U0497706

遼史
金史
元史

上海古籍出版社
上海書店

遼史

進遼史表

開府儀同三司上柱國錄軍國重事中書右丞相監修國史領經筵事臣脫脫言竊惟天文莫驗於璣衡人文莫證於簡策人主監天象之休咎則必察乎璣衡之精監人事之得失則必考乎簡策之信是以二者所掌俱有太史之稱然天道幽而難知人情顯而易見動靜者吉凶之兆敬怠者興亡之機史臣雖述前代之設施大意有助人君之鑑戒遼自唐季基于朔方造邦本席於干戈致治能資於黼黻敬天尊祖而出入必祭親仁善鄰而和戰以宜南府治民北府治兵春狩省耕秋狩省斂吏課每嚴於芻牧歲饑屢賜乎田租至若觀市赦罪則脗合六典之規臨軒策士則恪遵三歲之制享國二百一十九載政刑日舉品式備具蓋有足尚者焉迨夫子孫失御上下離心驕盈盛而釁隙生讒賊興而根本壓變强爲弱易於反掌吁可畏哉天祚自絕大石苟延國既邱墟史亦蕪茀耶律儼語多避忌陳大任辭乏精詳五代史繫之終篇宋舊史埒諸載記予奪各狥其主傳聞況失其真我世祖皇帝一視同仁深加愍惻嘗勅詞臣撰次三史首及於遼六十餘年歲月因循造物有待臣脫脫誠惶誠恐頓首頓首欽惟皇帝陛下如堯稽古而簡寬容衆若舜好問而濬哲冠倫講經兼誦乎祖謨訪治旁求乎往牒茲修史事斷自宸衷睿旨下而徵聘行朝士賀而遺逸起於是命臣脫脫以中書右丞相領都總裁中書平章政事臣鐵睦爾達世中書右丞今平章政事臣賀惟一御史中丞今翰林學士承旨臣張起巖翰林學士臣歐陽玄侍御史今集賢侍講學士兼國子祭酒臣呂思誠翰林侍講學士臣揭傒斯奉命爲總裁官中書遴選儒臣宗文太監今兵部尚書臣廉惠山海牙翰林直學士臣王沂祕書著作佐郎臣徐昺國史院編修官臣陳繹曾分撰遼史起至正三年四月迄四年三月發故府之櫝藏集遐方之驪獻蒐羅剔抉刪潤研劘紀志表傳勒成一代之書藏否是非不迷千載之實臣脫脫叨承隆寄幸覩成功載宣日月之光華願效涓埃之補報我朝之論議歸正氣之直則辭之昌遼國之君臣有知善者喜而惡者懼所撰本紀三十卷志三十一卷表八卷列傳四十六卷各著論贊具存體裁隨表以聞上塵天覽下情無任惴懼戰汗屏營之至臣脫脫誠惶誠恐頓首頓首謹言

遼史目錄

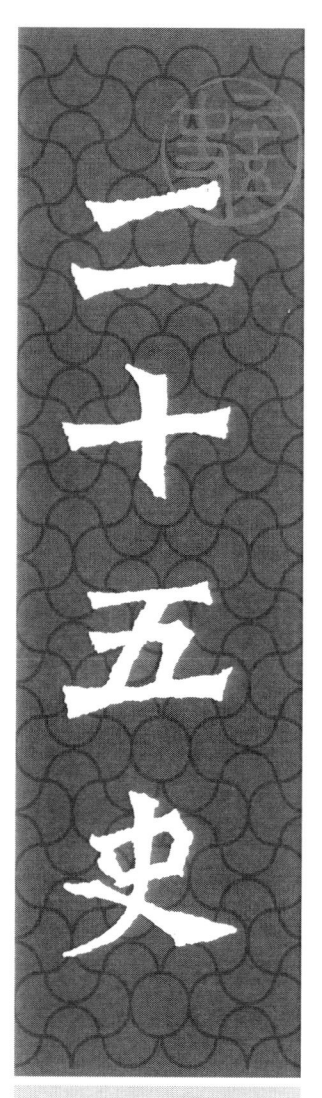

元中書右丞相總裁脫脫等修

遼史卷一

元中書右丞相總裁脫脫等修

本紀第一

太祖上

太祖大聖大明神烈天皇帝姓耶律氏諱億字阿保機小字啜里只契丹迭剌部霞瀨益石烈鄉耶律彌里人德祖皇帝長子母曰宣簡皇后蕭氏唐咸通十三年生初母夢日墮懷中有娠及生室有神光異香體如三歲兒卽能匍匐祖母簡獻皇后異之鞠爲己子常匿於別幕塗其面不令他人見三月能行晬而能言知未然事自謂左右若有神人翼衞雖齠齔言必及世務時伯父當國疑輒咨焉旣長身長九尺豐上銳下目光射人關弓三百斤爲撻馬狘沙里時小黃室韋不附太祖以計降之伐越兀及烏古六奚比沙狘諸部克之國人號阿主沙里唐天復元年歲辛酉痕德堇可汗立以太祖爲本部夷离堇專征討連破室韋于厥及奚帥轄剌哥俘獲甚衆冬十月授大迭烈府夷离堇明年秋七月以兵四十萬伐河東河北攻下九郡獲生口九萬五千駝馬牛羊不可勝紀九月城龍化州于潢河之南始建開教寺明年春伐女直下之獲其戶三百九月復攻下河東懷遠等軍冬十月引軍略至薊北俘獲以還先是德祖俘奚七千戶徙饒樂之淸河至是創爲奚迭剌部分十三縣遂拜太祖于越總知軍國事明年歲甲子三月廣龍化州之東城九月討黑車子室韋唐盧龍軍節度使劉仁恭發兵數萬遣養子趙霸來拒霸至武州太祖諜知之伏勁兵桃山下遣室韋人牟里詐稱其酋長所遣約霸兵會平原旣至四面伏發擒霸殲其衆乘勝大破室韋明年七月復討黑車子室韋唐河東節度使李克用遣通事康令德乞盟冬十月太祖以騎兵七萬會克用于雲州宴酣克用借兵以報劉仁恭木瓜澗之役太祖許之易袍馬約爲兄弟及進兵擊仁恭拔數州盡徙其民以歸明年二月復擊劉仁恭還襲山北奚破之汴州朱全忠遣人浮海奉書幣衣帶珍玩來聘十一月遣偏師討奚霫諸部及東北女直之未附者悉破降之十二月痕德堇可汗殂羣臣奉遺命請立太祖曷魯等勸進太祖三讓從之

元年春正月庚寅命有司設壇于如迂王集會堝燔柴告天卽皇帝位尊母蕭氏爲皇太后立皇后蕭氏北宰相蕭轄剌南宰相耶律歐里思率羣臣上尊號曰天皇帝后曰地皇后庚子詔皇族承遙輦氏九帳爲第十帳二月戊午以從弟迭栗底爲迭烈府夷离堇是月征黑車子室韋降其八部夏四月丁未朔唐梁王朱全忠廢其主尋弑之自立爲帝國號梁遣使來告劉仁恭子守光囚其父自稱幽州盧龍軍節度使秋七月乙酉其兄平州刺史守奇率其衆數千人來降命置之平盧城冬十月乙巳討黑車子室韋破之

二年春正月癸酉朔御正殿受百官及諸國使朝辛巳始置惕隱典族屬以皇弟撒剌爲之河東李克用子存勗襲遣使弔慰夏五月癸酉詔撒剌討烏丸黑車子室韋秋八月壬子幽州進合歡瓜冬十月己亥朔建明王樓築長城於鎭東海口遣輕兵取吐渾叛入室韋者

三年春正月幸遼東二月丁酉朔梁遣郎公遠來聘三月滄州節度使劉守文爲弟守光所攻遣人來乞兵討之命皇弟舍利素夷离堇蕭敵魯以兵會守文於北淖口進至橫海軍近淀一鼓破之守光潰去因名北淖口爲會盟口夏四月乙卯詔左僕射韓知古建碑龍化州大廣寺以紀功德五月甲申置羊城于炭山之北以通市易冬十月己巳遣鷹軍討黑車子室韋破之西北嗢娘改部族進輓車人

四年秋七月戊子朔以后兄蕭敵魯爲北府宰相后族爲相自此始冬十月烏馬山奚庫支及查剌底鋤勃德等叛討平之

五年春正月丙戌朔日有食之丙申上親征西部奚奚阻險叛服不常數招諭弗聽是役所向輒下遂分兵討東部奚亦平之於是盡有奚霫之地東際海南暨白檀西踰松漠北抵潢水凡五部咸入版籍三月次灤河刻石紀功復略地薊州夏四月壬申遣人使梁五月皇弟剌葛迭剌寅底石安端謀反安端妻粘睦姑知之以告得實上不忍加誅乃與諸弟登山刑牲告天地爲誓而赦其罪出剌葛爲迭剌部夷离堇封粘睦姑爲晉國夫人秋七月壬午朔斜離底洎諸蕃使來貢八月甲子劉守光僭號幽州稱燕冬十月戊午置鐵冶十一月壬午遣人使梁

六年春正月以化葛爲惕隱二年戊午親征劉守光三月至自幽州夏四月梁郢王友珪弑父自立秋七月丙午親征朮不姑降之俘獲以數萬計命弟剌葛分兵攻平州八月壬辰上次恩德山皇子李胡生冬十月戊寅剌葛破平州還復與迭剌寅底石安端等反甲申遣人使梁致祭壬辰還次北阿魯山聞諸弟以兵阻道引軍南趨十七濼是日燔柴翼日次七渡河諸弟各遣人謝

罪上猶矜憐許以自新是歲以兵討兩冶以所獲僧崇文等五十八歸西樓建天雄寺以居之以示天助雄武七年春正月甲辰朔以用兵免朝晉王李存勗拔幽州擒劉守光甲寅王師次赤水城弟剌葛等乞降上素服乘赭白馬以將軍耶律樂姑轄剌僅阿鉢爲御解兵器肅侍衞以受之因加慰諭剌葛等引退上復數遣使撫慰二月甲戌朔梁均王友貞討殺其兄友珪嗣立三月癸丑次蘆水弟迭剌哥圖爲奚王與安端擁千餘騎而至紿稱入覲上怒曰爾曹始謀逆亂朕特恕之使改過自新尚爾反覆將不利於朕遂拘之以所部分隸諸軍而剌葛引其衆至乙室堇淀具天子旗鼓將自立皇太后陰遣人諭令避去會弭姑乃懷里陽言車駕且至其衆驚潰掠居民北走上以兵追之剌葛遣其黨寅底石引兵徑趨行宮焚其輜重廬帳縱兵大殺皇后急遣蜀古魯救之僅得天子旗鼓而已其黨神速姑復刼西樓焚明王樓上至土河秣馬休兵若不爲意諸將請急追之上曰俟其遠遁人各懷土懷土既切其心必離我軍乘之破之必矣盡以先所獲資畜分賜將士留夷离畢直里姑總政務夏四月戊寅北追剌葛己卯次彌里問諸弟面木葉山射鬼箭厭禳乃執叛人解里向彼亦以其法厭之至達里淀選輕騎追及培只河盡獲其黨輜重生口先遣室韋及吐渾酋長拔剌迪里姑等五人分兵伏其前路命北宰相迪里古爲先鋒進擊之剌葛率兵逆戰迪里古以輕兵薄之其弟遏古只臨陣射數十人斃衆莫敢前相拒至晡衆乃潰追至柴河遂自焚其車乘廬帳而去前遇拔剌迪里姑等伏發合擊遂大敗之剌葛奔潰遺其所奪神帳於路上見而拜奠之所獲生口盡縱歸本土其黨庫古只磨朶皆面縛請罪師次札堵河大雨暴漲五月癸丑遣北宰相迪輦率驍騎先渡甲寅奏擒剌葛涅里袞阿鉢於榆河前北宰相蕭實魯寅底石自剄不殊遂以黑白羊祭天地壬戌剌葛涅里袞阿鉢詣行在以槀索自縛牽羊望拜上還至大嶺時大軍久出輜重不相屬士卒煑馬駒採野菜以爲食孳畜道斃者十七八物價十倍器服資貨委棄於楚里河狼藉數百里因更剌葛名暴里丙寅至庫里以青牛白馬祭天地以生口六百馬二千三百分賜大小鶻軍六月辛巳至榆嶺以轄頼縣人掃古非法殘民磔之甲申上登都庵山撫其先奇首可汗遺跡徘徊顧瞻而興歎焉閑獄官涅离擅造大校人不堪其苦有至死者命誅之壬辰次狠河獲逆黨雅里彌里生瘞之銅河南軌下放所俘還多爲于骨里所掠上怒引輕騎馳擊復遣驍將分道追襲盡獲其衆并掠者庚子次阿敦濼以養子涅里思附諸弟叛以鬼箭射殺之其餘黨六千各以輕重論刑于厥掠生口者三十餘人亦俾贖其罪放歸本部至石嶺西詔收回軍乏食所棄兵仗召北府兵驗而還之以夷离堇涅里袞附諸弟爲叛不忍顯戮命自投崖而死秋八月己卯幸龍眉宮轘逆黨二十九人以其妻女賜有功將校所掠珍寶孳畜還主亡其本物者命責償其家不能償者賜以其部曲九月壬戌上發自西樓冬十月庚午駐赤崖戊寅和州回鶻來貢癸未乙室府人迪里古迷骨离部人特里以從逆誅詔羣臣分決滯訟以韓知古錄其事只里姑掌捕亡十一月祠木葉山還次昭烏山省風俗見高年議朝政定吉凶儀十二月戊子燔柴于蓮花濼

八年春正月甲辰以曷魯爲迭剌部夷离堇忽烈爲惕隱于骨里部人特离敏執逆黨怖胡亞里只等十七人來獻上親鞫之辭多連宗室及有脅從者乃杖殺首惡怖胡餘竝原釋于越率懶之子化哥屢蓄姦謀上每優容之而反覆不悛召父老羣臣正其罪并其子戮之分其財以給衞士有司所鞫逆黨三百餘人獄既具上以人命至重死不復生賜宴一日隨其平生之好使爲之酒酣或歌或舞或戲射角觝各極其意明日乃以輕重論刑首惡剌葛其次迭剌哥上猶弟之不忍寘法杖而釋之以寅底石安端性本庸弱爲剌葛所使皆釋其罪前于越赫底里子解里剌葛妻轄剌已實預逆謀命皆絞殺之寅底石妻涅离脅從安端妻粘睦姑嘗有忠告竝免因謂左右曰諸弟性雖敏黠而蓄姦稔惡嘗自矜有出人之智安忍兇狠谿壑可塞而貪黷無厭求人之失雖小而可恕謂重如泰山身行不義雖入大惡謂輕於鴻毛昵比羣小謀及婦人同惡相濟以危國祚雖欲不敗其可得乎北宰相實魯妻餘盧覩姑於國至親一旦負朕從于叛逆未寘之法而病死此天誅也解里自幼與朕嘗同寢食眷遇之厚冠於宗屬亦與其父背大恩而從不軌茲可恕乎秋七月丙申朔有司上諸帳族與謀逆者三百餘人罪狀皆棄市上歎曰致人于死豈朕所欲若止負朕躬尚可容貸此曹恣行不道殘害忠良塗炭生民剽掠財產民間昔有萬馬今皆徒步有國以來所未嘗有實不得已而誅之冬十月甲子朔建開皇殿於明王樓基

九年春正月烏古部叛討平之夏六月幽州軍校齊行本舉其族及其部曲男女三千人請降詔授檢校尚書左僕射賜名兀欲給其廩食數日亡去幽帥周德威納之及詔索之德威語不遜乃議南征冬十月戊申釣魚于鴨淥江新羅遣使貢方物高麗遣使進寶劒吳越王錢鏐遣滕彥休來貢是歲君基太一神數見詔圖其像神冊元年春二月丙戌朔上在龍化州迭烈部夷离堇耶律曷魯等率百僚請上尊號三表乃允丙申羣臣及諸屬國築壇州東上尊號曰大聖大明天皇帝后曰應天大明地皇后大赦建元神冊初闕地爲壇得金鈴因名其地曰金鈴岡壇側滿林曰冊聖林三月丙辰以迭烈部夷离堇曷魯爲阿盧朶里于越百僚進秩頒賚有差賜酺三日立子倍爲皇太子夏四月乙酉朔晉幽州節度使盧國用來降以爲幽州兵馬留後甲辰梁遣郎公遠來賀六月庚寅吳越王遣滕彥休來貢秋七月壬申親征突厥吐渾党項小蕃沙陀諸部皆平之俘其酋長及其戶萬五千六百鎧甲兵仗器服九十餘萬寶貨駝馬牛羊不可勝算八月拔朔州擒節度使李嗣本勒石紀功於青塚南冬十月癸未朔乘勝而東十一月攻蔚新武嬀儒五州斬首萬四千七百餘級自代北至河曲踰陰山盡有其地遂改武州爲歸化州嬀州爲可汗州置西南面招討司選有功者領之其圍蔚州敵樓無故自壞衆軍大譟乘之不踰時而破時梁及吳越二使皆在焉詔引環城觀之因賜滕彥休名曰述呂十二月收山北八軍

二年春二月晉新州裨將盧文進殺節度使李存矩來降進攻其城刺史安金全遁以文進部將劉殷爲刺史三月辛亥攻幽州節度使周德威以幽并鎮定魏五州兵拒于居庸關之西合戰於新州東大破之斬首三萬餘級殺李嗣本之子武八以后弟阿骨只爲統軍實魯爲先鋒東出關略燕趙不遇敵而還己未于骨里叛命室魯以兵討之夏四月壬午圍幽州不克六月乙巳望城中有氣如烟火狀上曰未可攻也以大暑霖潦班師留曷魯盧國用守之剌葛與其子賽保里叛入幽州秋八月李存勗遣李嗣源等救幽州曷魯等以兵少而還三年春正月丙申以皇弟安端爲大內惕隱命攻雲州及西南諸部二月達旦國來聘癸亥城皇都以禮部尚書康默記充版築使梁遣使來聘晉吳越渤海高麗回鶻阻卜党項及幽鎮定魏潞等州各遣使來貢夏四月乙巳皇弟迭烈哥謀叛事覺知有罪當誅預爲營壙而諸戚請免上素惡其弟寅底石妻涅里袞乃曰涅里袞能代其死則從涅里袞自縊壙中并以奴女古叛人曷魯只生瘞其中遂赦迭烈哥五月乙亥詔建孔子廟佛寺道觀秋七月乙酉于越曷魯薨上震悼久之輟朝三日贈賻有加冬十二月庚子朔幸遼陽故城辛丑北府宰相蕭敵魯薨戊午以于越曷魯弟汗里軫爲迭烈部夷离堇蕭阿古只爲北府宰相甲子皇孫隈欲生

遼史卷一考證

太祖紀上太祖字阿保機德祖皇帝長子○臣長發按北庭雜記太祖父諱幹里遼史不載

三年二月丁酉朔梁遣郎公遠來聘○臣長發按資治通鑑梁開平元年五月契丹遣其臣袍笏梅老來通好帝遣太府少卿高頎報之二年五月契丹遣使隨高頎入貢且求冊命帝復遣司農卿渾特賜以手書是契丹聘梁二年中連有二使遼史不書此特書梁遣郎公遠來聘是梁之專使非報使也修史者各自尊其本國故凡書聘之例皆如此

七年春正月晉王李存勗拔幽州擒劉守光○臣人龍按五代新史唐莊宗本紀十年十月王如幽州劉守光背約不降攻破之十一年殺燕王劉守光於太原考天祐十年卽遼太祖之七年也晉王拔幽州事在七年十月殺守光在次年之春正月此書擒守光于七年之春正月與五代史不符

神冊元年春二月大赦建元○臣浩按舊史不記保機建元事自耶律德光方記天顯之名疑當特未得其傳故也

八月拔朔州擒節度使李嗣本○臣長發按資治通鑑契丹主阿保機自麟勝攻晉蔚州陷之虜振武節度使李嗣本注麟勝至蔚州中間懸隔雲朔蔚州恐當作朔州據此則遼史書朔州可正通鑑之誤

遼史卷二

元中書右丞相總裁脫脫等修

本紀第二

太祖下

四年春正月丙申射虎東山二月丙寅修遼陽故城以漢民渤海戶實之改爲東平郡置防禦使夏五月庚辰至自東平郡秋八月丁酉謁孔子廟命皇后皇太子分謁寺觀九月征烏古部道聞皇太后不豫一日馳六百里還侍太后病間復還軍中冬十月丙午次烏古部天大風雪兵不能進上禱于天俄頃而霽命皇太子將先

鋒軍進擊破之俘獲生口萬四千二百牛馬車乘廬帳器物二十餘萬自是舉部來附

五年春正月乙丑始製契丹大字夏五月丙寅吳越王復遣滕彥休貢犀角珊瑚授官以遣庚辰有龍見于拽剌山陽水上上射獲之藏其骨內府閏六月丁卯以皇弟蘇爲惕隱康默記爲夷离畢秋八月己未朔党項諸部叛辛未上親征九月己丑朔梁遣郎公遠來聘壬寅大字成詔頒行之皇太子率迭剌部夷离菫汙里軫等畧地雲內天德冬十月辛未攻天德癸酉節度使宋瑤降賜弓矢鞍馬旗鼓更其軍曰應天甲戌班師宋瑤復叛丙子拔其城擒宋瑤俘其家屬徙其民於陰山南十二月己未師還

六年春正月丙午以皇弟蘇爲南府宰相迭里爲惕隱南府宰相自諸弟搆亂府之名族多罹其禍故其位久虛以鋤得部轄得里只里古攝之府中數請擇任宗室上以舊制不可輒變請不已乃告于宗廟而後授之宗室爲南府宰相自此始夏五月丙戌朔詔定法律正班爵丙申詔畫前代直臣像爲招諫圖及詔長吏四孟月詢民利病六月乙卯朔日有食之冬十月癸丑朔晉新州防禦使王郁以所部山北兵馬內附丙子上率大軍入居庸關十一月癸卯下古北口丁未分兵畧檀順安遠三河良鄉望都潞滿城遂城等十餘城俘其民徙內地十二月癸丑王郁率其衆來朝上呼郁爲子賞賚甚厚而徙其衆于潢水之南庚申皇太子率王郁畧地定州康默記攻長蘆晉義武軍節度使王處直養子都囚其父自稱留後癸亥圍涿州有白兎緣壘而上是日破其郛癸酉刺史李嗣弼以城降乙亥存勖至定州王都迎謁馬前存勖引兵趨望都遇我軍禿餒五千騎圍之存勖力戰數四不解李嗣昭領三百騎來救我軍少却存勖乃得出大戰我軍不利引歸存勖至幽州遣二百騎躡我軍後我軍反擊悉擒之己卯還次檀州幽人來襲擊走之擒其裨將詔徙檀順民于東平瀋州

天贊元年春二月庚申復徇幽薊地癸酉詔改元赦軍前殊死以下夏四月甲寅攻薊州戊午拔之擒刺史胡瓊以盧國用涅魯古典軍民事壬戌大饗軍士癸亥李存勖圍鎮州張文禮求援命郎君迭烈將軍康末怛往擊敗之殺其將李嗣昭辛未攻石城縣拔之五月丁未張文禮卒其子處瑾遣人奉表來謝六月遣鷹軍擊西南諸部以所獲賜貧民冬十月甲子以蕭霞的爲北府宰相分迭剌部爲二院斜涅赤爲北院夷离菫綰思爲南院夷离菫詔分北大濃兀爲二部立兩節度使以統之十一月壬寅命皇子堯骨爲天下兵馬大元帥畧地薊北

二年春正月丙申大元帥堯骨克平州獲刺史趙思溫裨將張崇二月如平州甲子以平州爲盧龍軍置節度使三月戊寅軍于箭笴山討叛奚胡損獲之射以鬼箭誅其黨三百人沉之狗河置奚墮瑰部以勃魯恩權總其事夏四月己酉梁遣使來聘吳越王遣使來貢癸丑命堯骨攻幽州迭剌部夷离菫覿烈狗山西地庚申堯骨軍幽州東節度使符存審遣人出戰敗之擒其將裴信父子閏月庚辰堯骨抵鎮州壬午拔曲陽丙戌下北平是月晉王李存勖即皇帝位國號唐五月戊午堯骨師還癸亥大饗軍士賞賚有差六月辛丑波斯國來貢秋七月前北府宰相蕭阿古只及王郁狗地燕趙冬十月辛未朔日有食之己卯唐兵滅梁

三年春正月遣兵畧地燕南夏五月丙午以惕隱迭里爲南院夷离菫是月徙薊州民實遼州地渤海殺其刺史張秀實而掠其民六月乙酉召皇后皇太子大元帥及二宰相諸部頭等詔曰上天降監惠及烝民聖主明王萬載一遇朕既上承天命下統羣生每有征行皆奉天意是以機謀在己取舍如神國令既行人情大附舛訛歸正遐邇無愆可謂大含滇海安納泰山矣自我國之經營爲羣方之父母憲章斯在亂嗣何憂升降有期去來在我良籌聖會自有契於天人衆國羣王豈可化其凡骨三年之後歲在丙戌時值初秋必有歸處然未終兩事豈負親誠日月非遥戒嚴是速聞詔者皆驚懼莫識其意是日大舉征吐渾党項阻卜等部詔皇太子監國大元帥堯骨從行秋七月辛亥曷剌等擊素昆那山東部族破之八月乙酉至烏孤山以鵝祭天甲午次古單于國登阿里典壓得斯山以麃鹿祭九月丙申朔次古回鶻城勒石紀功庚子拜日于蹛林丙午遣騎攻阻卜南府宰相蘇南院夷离菫迭里畧地西南乙卯蘇等獻俘丁巳鑿金河水取烏山石輦致潢河木葉山以示山川朝海宗嶽之意癸亥大食國來貢甲子詔礲闢遏可汗故碑以契丹突厥漢字紀其功是月破胡母思山諸蕃部次業得思山以赤牛青馬祭天地回鶻霸里遣使來貢冬十月丙寅朔獵寓樂山獲野獸數千以充軍食丁卯軍于霸離思山遣兵踰流沙拔浮圖城盡取西鄙諸部十一月乙未朔獲甘州回鶻都督畢離遏因遣使諭其主烏毋主可汗射虎于烏剌邪里山抵霸室山六百餘里且行且獵日有鮮食軍士皆給

四年春正月壬寅以捷報皇后皇太子二月丙寅大元帥堯骨畧党項丁卯皇后遣康末怛問起居進御服酒膳乙亥蕭阿古只畧燕趙還進牙旗兵仗辛卯堯骨獻党項俘三月丙申饗軍于水精山夏四月甲子南攻小蕃下之皇后皇太子迎謁於札里河癸酉回鶻烏毋主可汗遣使貢謝五月甲寅淸暑室韋北陘秋九月癸巳至自西征冬十月丁卯唐以滅梁來告即遣使報聘庚辰日本國來貢辛巳高麗國來貢十一月丁酉幸安國寺飯僧赦京師囚縱五坊鷹鶻己酉新羅國來貢十二月乙亥詔曰所謂兩事一事已畢惟渤海世讎未雪豈宜安駐乃舉兵親征渤海大諲譔皇后皇太子大元帥堯骨皆從閏月壬辰祠木葉山壬寅以青牛白馬祭天地于烏山己酉次撒葛山射鬼箭丁巳次商嶺夜圍扶餘府

天顯元年春正月己未白氣貫日庚申拔扶餘城誅其守將丙寅命惕隱安端前北府宰相蕭阿古只等將萬騎爲先鋒遇諲譔老相兵破之皇太子大元帥堯骨南府宰相蘇北院夷离菫斜涅赤南院夷离菫迭里是夜圍忽汗城己巳諲譔請降庚午駐軍于忽汗城南辛未諲譔素服槀索牽羊率僚屬三百餘人出降上優禮而釋之甲戌詔諭渤海郡縣丙子遣近侍康末怛等十三人入城索兵器爲邏卒所害丁丑諲譔復叛攻其城破之駕幸城中諲譔請罪馬前詔以兵衞諲譔及族屬以出祭告天地復還軍中二月庚寅安邊鄚頡南海定理等府洎諸道節度刺史來朝慰勞遣之以所獲器幣諸物賜將士壬辰以青牛白馬祭天地大赦改元天顯以平渤海遣使報唐甲午復幸忽汗城閱府庫物賜從臣有差以奚部長勃魯恩王郁自回鶻新羅吐蕃党項室韋沙陀烏古等從征有功優加賞賚丙午改渤海國爲東丹忽汗城爲天福冊皇太子倍爲人皇王以主之以皇弟迭剌爲左大相渤海老相爲右大相渤海司徒大素賢爲左次相耶律羽之爲右次相赦其國內殊死以下丁未高麗濊貊鐵驪靺鞨來貢三月戊午遣夷离菫康默記左僕射韓延徽攻長嶺府甲子祭天丁卯幸人皇王宮己巳安邊鄚頡定理三府叛遣安端討之丁丑三府平壬午安端獻俘誅安邊府叛帥二人癸未宴東丹國僚佐頒賜有差甲申幸天福城乙酉班師以大諲譔舉族行夏四月丁亥朔次㩋子山辛卯人皇王率東丹國僚屬餞是月唐養子李嗣源反郭存謙弑其主存勗嗣源遂即位五月辛酉南海定理二府復叛大元帥堯骨討之六月丁酉二府平丙午次慎州唐遣姚坤以國哀來告秋七月丙辰鐵州刺史衞鈞反乙丑堯骨攻拔鐵州庚午東丹國左大相迭剌卒辛未衞送大諲譔于皇都西築城以居之賜諲譔名曰烏魯古妻曰阿里只盧龍行軍司馬張崇叛奔唐甲戌次扶餘府上不豫是夕大星隕于幄前辛巳平旦子城上見黃龍繚繞可長一里光耀奪目入于行宮有紫黑氣蔽天踰日乃散是日上崩年五十五天贊三年上所謂丙戌秋初必有歸處至是乃驗壬午皇后稱制權決軍國事八月辛卯康默記等攻下長嶺府甲午皇后奉梓宮西還壬寅堯骨討平諸州奔赴行在乙巳人皇王倍繼至九月壬戌南府宰相蘇薨丁卯梓宮至皇都權殯于子城西北己巳上諡昇天皇帝廟號太祖冬十月盧龍軍節度使盧國用叛奔于唐十一月丙寅殺南院夷离菫耶律迭里郎君耶律匹魯等二年八月丁酉葬太祖皇帝于祖陵置祖州天城軍節度使以奉陵寢統和二十六年七月進諡大聖大明天皇帝重熙二十一年九月加諡大聖大明神烈天皇帝太祖所崩行宮在扶餘城西南兩河之間後建昇天殿于此而以扶餘爲黃龍府云

贊曰遼之先出自炎帝世爲審吉國其可知者蓋自奇首云奇首生都菴山徙潢河之濱傳至雅里始立制度置官屬刻木爲契穴地爲牢讓阻午而不肯自立雅里生毗牒毗牒生頦領頦領生耨里思大度寡欲令不嚴而人化是爲肅祖肅祖生薩剌德嘗與黃室韋挑戰矢貫數札是爲懿祖懿祖生勻德實始教民稼穡善畜牧國以殷富是爲玄祖玄祖生撒剌的仁民愛物始置鐵冶教民鼓鑄是爲德祖即太祖之父也世爲契丹遙輦氏之夷离菫執其政柄德祖之弟述瀾北征于厥室韋南畧易定奚霫始興板築置城邑教民種桑麻習織組已有廣土衆民之志而太祖受可汗之禪遂建國東征西討如折枯拉朽東自海西至于流沙北絕大漠信威萬里歷年二百豈一日之故哉周公誅管蔡人未有能非之者剌葛安端之亂太祖既貸其死而復用之非人君之度乎舊史扶餘之變亦異矣夫

遼史卷二考證

太祖紀下神冊六年晉新州防禦使王郁以所部兵馬內附○臣長發按五代新史亦云郁新州防禦使惟資治通鑑則云郁新州團練使

天贊三年春正月遣兵畧地燕南夏五月渤海殺其刺史張秀實而掠其民○ 臣長發按通鑑所書是年契丹寇晉無虛月兵征渤海亦有月分可考乃遼史僅于正月書畧地燕南于五月書渤海殺刺史掠民以是知修史者遺漏之多也

遼史卷三

元中書右丞相總裁脫脫等修

本紀第三

太宗上

太宗孝武惠文皇帝諱德光字德謹小字堯骨太祖第二子母淳欽皇后蕭氏唐天復二年生神光異常獵者獲白鹿白鷹人以爲瑞及長貌嚴重而性寬仁軍國之務多所取決天贊元年授天下兵馬大元帥尋詔統六軍南徇地明年下平州獲趙思溫張崇回破箭笴山胡遜奚諸部悉降復以兵掠鎮定所至皆堅壁不敢戰師次幽州符存審拒于州南縱兵邀擊大破之擒裨將裴信等數十人及從太祖破于厥里諸部定河壖党項下山西諸鎮取回鶻單于城東平渤海破達盧古部東西萬里所向皆有功天顯元年七月太祖崩皇后攝軍國事明年秋治祖陵畢冬十一月壬戌人皇王倍率羣臣請于后曰皇子大元帥勳望中外攸屬宜承大統后從之是日即皇帝位癸亥謁太祖廟丙寅行柴册禮戊辰還都壬申御宣政殿羣臣上尊號曰嗣聖皇帝大赦有司請改元不許十二月庚辰尊皇太后爲太皇太后皇后爲應天皇太后立妃蕭氏爲皇后禮畢閱近侍班局辛巳諸道將帥辭歸鎮己丑祀天地庚寅遣使諭諸國辛卯閱羣牧于近郊戊戌女直遣使來貢壬寅謁太祖廟甲辰閱旗鼓客省諸局官屬丁未詔選遥輦氏九帳子弟可任官者

三年春正月己酉閱北剋兵籍庚戌閱南剋兵籍丁巳閱皮室拽剌墨离三軍己未黃龍府羅涅河女直達盧古來貢庚午以王郁爲興國軍節度使守中書令二月幸長濼己亥惕隱涅里衮進白狼辛丑達盧古來貢三月乙卯東蒐癸亥獵殺獮山乙丑獵松山唐義武軍節度使王都遣人以定州來歸唐主出師討之使來乞援命奚禿里鐵剌往救之四月戊寅東巡己卯祭麃鹿神丁亥於獵所縱公私取羽毛革木之材甲午取箭材赤山丙申獵三山鐵剌敗唐將王宴球于定州唐兵大集鐵剌請益師辛丑命惕隱涅里衮都統查剌赴之五月丙午建天膳堂獵索剌山戊申至自獵丁卯命林牙突呂不討烏古部己巳女直來貢六月己卯行瑟瑟禮秋七月丁未突呂不獻討烏古捷壬子王都奏唐兵破定州鐵剌死之涅里衮查剌等數十人被執上以出師非時甚悔之厚賜戰殁將校之家庚午有事于太祖廟八月丙子突厥來貢庚辰詔建應天皇太后誕聖碑于儀坤州九月己卯突呂不遣人獻討烏古俘癸未詔分賜羣臣己丑幸人皇王倍第庚寅遣人使唐辛卯再幸人皇王第癸巳有司請以上生日爲天授節皇太后生日爲永寧節冬十月癸卯朔以永寧節上率羣臣上壽於延和宫己酉謁太祖廟唐遣使遺玉笛甲子天授節上御五鸞殿受羣臣及諸國使賀十一月丙子鼻骨德來貢辛丑自將伐唐十二月癸卯祭天地庚戌聞唐主復遣使來聘上問左右皆曰唐數遣使來實畏威也未可輕舉觀釁而動可也上然之甲寅次杏堝唐使至遂班師時人皇王在皇都詔遣耶律羽之遷東丹民以實東平其民或亡入新羅女直因詔困乏不能遷者許上國富民給贍而隸屬之升東平郡爲南京

四年春正月壬申朔宴羣臣及諸國使觀俳優角牴戲己卯如瓜埚二月庚戌閱遥輦氏戶籍三月甲午望祀羣神夏四月辛亥至自瓜埚壬子謁太祖廟癸丑謁太祖行宫甲寅幸天城軍謁祖陵辛酉人皇王倍來朝癸亥錄囚五月癸酉謁二祖殿宴羣臣女直來貢戊子射柳于太祖行宫癸巳行瑟瑟禮六月丙午突呂不獻烏古俘戊申分賜將士己酉西巡己未選輕騎數千獵近山癸亥駐蹕凉陘秋七月庚辰觀市曲赦繫囚甲午祠太祖而東八月辛丑至京陘謁太祖廟癸卯自幸人皇王第己酉謁太祖廟九月庚午如南京戊寅祠木葉山己卯行再生禮癸巳至南京冬十月壬寅幸人皇王第宴羣臣甲辰幸諸營閱軍籍庚戌以雲中郡縣未下大閱六軍甲子詔皇弟李胡帥師趣雲中討郡縣之未附者十一月丙寅朔以出師告天地丁卯餞皇弟李胡于西郊壬申命大内惕隱告出師于太祖行宫甲申觀漁三叉口十二月戊申女直來貢戊午至自南京

五年春正月庚午皇弟李胡拔寰州捷至甲午朝皇太后二月己亥詔修南京癸卯李胡還自雲中朝于行在丙午以先所俘渤海戶賜李胡丙辰上與人皇王朝皇太后太后以皆工書命書于前以觀之辛酉召羣臣議軍國事三月丙寅朝皇太后丁卯皇弟李胡請赦宗室舍利郎君以罪繫獄者詔從之己巳幸皇叔安端第辛未人皇王獻白紵乙亥册皇弟李胡爲壽昌皇太子兼天下兵馬大元帥壬午以龍化州節度使劉居言同中書門下平章事乙酉宴人皇王僚屬便殿庚寅駕發南京夏四月乙未詔人皇王先赴祖陵謁太祖廟丙辰會祖陵人皇王歸國五月戊辰詔修襄潭離宫乙酉謁太祖廟己亥射柳于行在乙卯如沿柳湖丁巳拜太祖御容于明殿己未敵烈德來貢秋九月壬申烏古來貢戊子薦時果于太祖廟八月丁酉以大聖皇帝皇后宴寢之所號日月宫因建日月碑丙午如九層臺九月己卯詔舍利普寧撫慰人皇王庚辰詔置人皇王儀衛丁亥至自九層臺謁及祖廟冬十月戊戌遣使賜人皇王胙癸卯建太祖聖功碑于如廷正集會埚甲辰人皇王進玉笛十一月戊寅東丹奏人皇王浮海適唐

六年春正月甲子西南邊將以慕化轄戛斯國人來乙丑敵烈德來貢丁卯如南京三月辛未召大臣議軍國事丁亥人皇王倍妃蕭氏率其國僚屬來見夏四月己酉唐遣使來聘是月置中臺省于南京五月乙丑祠木葉山乙亥至自南京壬午謁太祖陵閏月庚寅射柳于近郊六月壬申如凉陘壬午烏古來貢秋七月丁亥女直來貢己酉命將校以兵南畧壬子薦時果于太祖廟東幸八月庚申皇子述律生告太祖廟辛巳鼻骨德來貢九月甲午詔修京城冬十月丁丑鐵驪來貢十一月乙酉唐遣使來聘十二月甲寅朔祭太祖廟丙辰遣人以詔賜唐盧龍軍節度使趙德鈞

七年春正月壬辰征西將軍課里遣拽剌鐸括奏軍事己亥唐遣使來聘癸卯遣人使唐戊申祠木葉山二月壬申拽剌迪里使吳越還吳越王遣使從獻寶器復遣使持幣往報之三月己丑林牙迪离畢指斥乘輿囚之丁未遣使諸國戊申上率羣臣朝于皇太后夏四月甲戌唐遣使來聘致人皇王倍書己卯女直來貢五月壬午朔幸祖州謁太祖陵六月戊辰御製太祖建國碑戊寅烏古敵烈德來貢庚辰觀角牴戲秋七月辛巳朔賜中外官吏物有差癸未賜高年布帛丙戌召羣臣耆老議政壬辰唐遣使遺紅牙笙癸巳使復至儀報定州之役也壬寅唐盧龍軍節度使趙德鈞遣人進時果丁未薦新于太祖廟八月壬戌捕鵝于沿柳湖風雨暴至舟覆溺死者六十餘人命存恤其家識以爲戒戊辰林牙迪离畢逸囚復獲而鞫之知其事本誣構釋之九月庚子阻卜來貢冬十月乙卯唐遣使來聘己巳遣使雲中十一月丁亥遣使存問獲里國丁未阻卜貢海東青鶻三十連十二月辛亥以叛人泥离衮家口分賜羣臣丁巳西狩駐蹕平地松林

八年春正月戊子女直來貢庚子命皇太弟李胡左威衛上將軍撒割率兵伐党項癸卯上親餞之二月辛亥吐谷渾阻卜來貢乙卯剋實魯使唐還以附獻物分賜羣臣三月辛卯皇太弟討党項勝還宴勞之丙申唐遣使請罷征党項兵上以戰捷及党項已聽命報之夏四月戊午党項來貢五月己丑獵獨牛山惕隱迪輦所乘內廐驄馬斃因賜名其山曰驄山戊戌如沿柳湖六月甲寅阻卜來貢甲子回鶻阿薩蘭來貢秋七月戊寅行納后禮癸未皇子提离古生丁亥鐵驪女直阻卜來貢冬十月乙巳阻卜來貢丙午至自沿柳湖辛亥唐遣使來聘己未遣拔剌使唐辛未烏古吐魯沒來貢十一月辛丑太皇太后崩遣使告哀于唐及人皇王倍是月唐主嗣源殂子從厚立十二月丁卯党項來貢

九年春正月癸酉漁于土河丙申党項貢驝鹿己亥南京進白麞閏月戊午唐遣使告哀即日遣弔祭壬戌東幸女直來貢二月壬申祠木葉山戊寅葬太皇太后于德陵前二日發喪于菆塗殿上具衰服以送後追諡宣簡皇后詔建碑于陵三月癸卯女直來貢夏四月唐李從珂弒其主自立人皇王倍自唐上書請討五月甲辰如沿柳湖癸丑女直來貢大星晝隕六月己巳朔鼻骨德來貢辛未唐李從厚謝弔祭所遣使初至闕秋八月壬午自將南伐乙酉拽剌解里手接飛鴈上異之因以祭天地九月庚子西南星隕如雨乙卯次雲州丁巳拔河陰冬十月丁亥畧地靈丘父老進牛酒犒師十一月辛丑圍武州之陽城壬寅陽城降癸卯注只城降括所俘丁壯籍于軍十二月壬辰皇子阿鉢撒葛里生皇后不豫是月駐蹕百湖之西南

十年春正月戊申皇后崩于行在二月戊寅百僚請加追諡不許辛巳宰相涅里衮謀南奔事覺執之三月戊午党項來貢夏四月吐谷渾酋長退欲德率衆內附丙戌皇太后父族及母前夫之族二帳並爲國舅以蕭緬思爲尚父領之己丑錄囚五月甲午朔始製服行后喪丙午葬于奉陵上自製文謚曰彰德皇后癸丑以舍利王庭鶚爲龍化州節度使六月乙丑吐渾來貢辛未幸

品不里淀秋七月乙卯獵南赤山冬十一月丙午幸弘福寺爲皇后飯僧見觀音畫像乃大聖皇帝應天皇后及人皇王所施顧左右曰昔與父母兄弟聚觀于此歲時未幾今我獨來悲歎不已乃自製文題于壁以極追感之意讀者悲之十二月庚辰如金瓶濼遣拽剌化哥窟魯里阿魯掃姑等捉生敵境

十一年春正月鈎魚于土河庚申如潢河三月庚寅朔女直來貢夏四月庚申謁祖陵戊辰還都謁太祖廟辛未燕民之復業者陳汴州事宜癸酉女直諸部來貢癸未賜回鶻使衣有差五月戊戌淸暑沿柳湖六月戊午朔鼻骨德來貢乙酉吐谷渾來貢秋七月辛卯烏古來貢壬辰蒲割頟公主率三河烏古來朝丙申唐河東節度使石敬瑭爲其主所討遣趙瑩因西南路招討盧不姑求救上白太后曰李從珂弒君自立神人共怒宜行天討時趙德鈞亦遣使至河東復遣桑維翰來告急遂許興師八月己未遣蕭轄里報河東師期丙寅吐谷渾來貢庚午自將以援敬瑭九月癸巳有飛鷹自墜而死南府夷离堇曷魯恩得之以獻卜之吉上曰此從珂自滅之兆也丁酉入鴈門戊戌次忻州祀天地己亥次太原庚子遣使諭敬瑭曰朕興師遠來當卽與卿破賊會唐將高行周符彥卿以兵來拒遂勒兵陳于太原及戰佯爲之却唐將張敬達楊光遠又陳于西未成列以兵薄之而行周彥卿爲伏兵所斷首尾不相救敬達光遠大敗棄仗如山斬首數萬級敬達走保晉安寨夷离堇的魯與戰死之敬瑭率官屬來見上執手撫慰之癸卯圍晉安甲辰以的魯子徒离骨嗣爲夷离堇仍以父字爲名以旌其忠南宰相鶻离底奚監軍寅你已將軍陪阿臨陳退懦上召切責之冬十月甲子封敬瑭爲晉王幸其府敬瑭與妻李率其親屬捧觴上壽初圍晉安分遣精兵守其要害以絕援兵之路而李從珂遣趙延壽以兵二萬屯團柏谷范延廣以兵二萬屯遼州幽州趙德鈞以所部兵萬餘由上黨趍延壽軍合勢進擊知此有備皆逗遛不進從珂遂將精騎三萬出次河橋親督諸軍然知其不救但日酣飲悲歌而已丁卯召敬瑭至行在所賜坐上從容語之曰吾三千里舉兵而來一戰而勝殆天意也觀汝雄偉弘大宜受茲南土世爲我藩輔遂命有司設壇晉陽備禮冊命十一月丁酉冊敬瑭爲大晉皇帝自戊戌至戊申候騎兩奏南有兵至復於西有兵至命惕隱迪輦注拒之敬達在圍八十餘日內外隔絕軍儲殆盡至濯馬糞屑木以飼馬馬俄至自相啖其驍尾死則以充食光遠等勸敬達出降敬達曰吾有死而已爾欲降寧斬吾首以降閏月甲子楊光遠安審琦殺敬達以降上聞敬達至死不變謂左右曰凡爲人臣當如此也命以禮葬所降軍士及馬五千匹以賜晉帝丙寅祀天地以告成功庚午僕射蕭酷古只奏趙德鈞等諸援兵將遁詔夜發兵追擊德鈞等軍皆投戈棄甲自相蹂踐擠于川谷者不可勝紀仍命皇太子馳輕騎據險要追及步兵萬餘悉降之辛未兵度團栢谷以酒肴祀天地俄追及德鈞父子乃率衆降次潞州召諸將議皆請班師從之命南宰相解領鶻离底奚監軍寅你已將軍陪阿先還壬申惕隱洼林牙迪离畢來獻俘晉帝辭歸上與宴飲酒酣執手約爲父子以白貂裘一廐馬二十戰馬千二百餞之命迪离畢將五千騎送入洛臨別謂之曰朕留此候亂定乃還耳辛巳晉帝至河陽李從珂窮蹙召人皇王倍同死不從遣人殺之乃舉族自焚詔收其士卒戰歿者瘞之汾水上以爲京觀晉命桑維翰爲文紀上功德十二月乙酉朔遣近侍撻魯存問晉帝丙戌以晉安所獲分賜將校戊子遣使馳奏皇太后及報諸道師還庚寅發太原辛卯聞晉帝入洛遣郎君解里德撫問壬辰次細河閱降將趙德鈞父子兵馬戊戌次鴈門以沙太保所部兵分隸諸將庚戌幸應州癸丑唐大同彰國振武三節度使迎見留之不遣

十二年春正月丙辰次堆子口唐大同軍節度判官吳巒閉城拒命遣崔廷勳圍其城庚申上親征至城下諭之巒降辛酉射鬼箭于雲州北壬戌祀天地癸亥遣國舅安端發奚西部民各還本土丙寅皇太后遣侍衞實魯趣行是夕率輕騎先進丁丑皇子迭律迎謁于灤河告功太祖行宮戊寅朝于皇太后進珍玩爲壽二月丁亥以軍前所獲俘叛入幽州者皆斬之壬寅詔諸部休養士卒癸卯晉遣唐所掠郞君刺哥文班吏蕭斛里還朝三月庚申晉遣使來貢丁卯晉天雄軍節度使范延廣潛遣人請內附不納己巳遣郞君的烈古梅里迭烈使晉壬午晉使及諸國使來見夏四月甲申地震幸平地松林觀潢水源五月甲寅幸頻蹕淀壬申震開皇殿六月甲申晉遣戶部尚書聶延祚等請上尊號及歸鴈門以北與幽薊之地仍歲貢帛三十萬疋詔不許庚戌侍中列率言范延廣叛晉引兵南向秋七月辛亥朔詔諸部治兵甲癸丑幸懷州謁奉陵甲子晉遣使來告范延廣反庚午遣耶律襄古皇使晉議軍事八月癸未晉遣使復請上尊號不許庚寅晉及太原劉知遠南唐李昪各遣使來貢庚子晉遣使以都汴及范延廣降來告九月壬子鼻骨德來貢庚申遣直里古使晉及南唐癸亥术不姑女直來貢辛未遣使高麗鐵驪癸酉回鶻來貢冬十月庚辰朔皇太后永寧節晉及回鶻燉煌諸國皆遣使來賀壬午詔回鶻使胡离只阿剌保問其風俗丁亥諸國使還就遣蒲里骨皮室胡末里使其國十一月己未遣使求醫于晉丁卯鐵驪來貢十二月甲申東幸祠木葉山癸丑醫來

遼史卷三考證

太宗紀上天顯元年人皇王倍率羣臣請于后曰皇子大元帥勳望中外攸屬宜承大統后從之○臣浩按資治通鑑契丹述律后愛中子德光欲立之命與突欲俱乘馬立帳前謂諸臣曰二子吾皆愛之莫知所立汝曹擇可立者執其轡諸臣知其意爭執德光轡遂立之據此則太宗之立由于后意乃遼史云人皇王倍率羣臣請于后而立之恐非事實

三年王都遣人以定州來歸唐主出師討之使來乞援命奚禿里鐵剌往救之鐵剌敗唐將王晏球于定州王都奏唐兵破定州鐵剌死之○臣宗楷按鐵剌資治通鑑作禿餒死在四年而遼史倂書于三年定州之戰下

九月庚寅遣人使唐○臣長發按資治通鑑閏六月契丹遣梅老李素等入貢遼史則遣人在于九月夫六月正在戰爭未必卽爲通使當以九月爲是

十一年唐河東節度使石敬瑭遣趙瑩求救上白太后河東復遣桑維翰來告急遂許興師○臣浩按資治通鑑石敬瑭遣間使求救于契丹令桑維翰草表據此則桑維翰草表求救于契丹未嘗親往告急晉高祖本紀及桑維翰傳並無石敬瑭遣維翰如契丹告急事

冬十月甲子封敬瑭爲晉王十一月丁酉冊敬塘爲大晉皇帝○臣浩按資治通鑑及五代新史皆無先封晉王事

十二年九月遣直里古使晉及南唐○臣長發按通鑑綱目五月吳與契丹通使修好契丹主亦遣使報之卽是役也蓋遼使至江南知詔已僭位故不書吳而直書南唐耳

遼史卷四

元中書右丞相總裁脫脫等修

本紀第四

太宗下

會同元年春正月戊申朔晉及諸國遣使來賀晉使且言已命和凝撰聖德神功碑戊辰遣人使晉二月壬午室韋進白麃戊子鐵驪來貢丁酉獵松山戊戌幸遼河東丙申上思人皇王遣惕隱率宗室以下祭其行宮丁未詔增晉使所經供億戶三月壬戌將東幸三尅言農務方興請減輜重促還期從之丙寅女直來貢癸酉東幸夏四月戊寅朔如南京甲申女直來貢乙酉幸溫泉己丑還宮朝于皇太后丁酉女直貢弓矢己亥西南邊大詳穩耶律魯不古奏党項捷五月甲寅晉復遣使請上尊號從之六月丙子朔吐谷渾及女直來貢辛卯南唐來貢癸巳詔建日月四時堂圖寫古帝王事于兩廡秋七月癸亥遣使賜晉馬丁卯遣鶻离底使晉梅里了古使南唐戊辰遣中臺省右相耶律述蘭迭烈哥使晉臨海軍節度使趙思溫副之冊晉帝爲英武明義皇帝八月戊子女直來貢庚子吐谷渾烏孫靺鞨皆來貢九月庚戌黑車子室韋貢名馬邊臣奏晉遣守司空馮道左散騎常侍韋勳來上皇太后尊號左僕射劉煦右諫議大夫盧重上皇帝尊號遂遣監軍寅你已充接伴壬子詔羣臣及高年凡授大臣爵秩皆賜錦袍金帶白馬金飾鞍勒著于令冬十月甲戌朔遣郞君迪里姑等撫問晉使壬寅晉遣使來謝冊禮是日復有使進獨峯駝及名馬十一月甲辰朔命南北宰相及夷离堇就館賜晉使馮道以下宴丙午上御開皇殿召見晉使壬子皇太后御開皇殿馮道韋勳冊上尊號曰廣德至仁昭烈崇簡應天皇太后甲子行再生柴冊禮丙寅皇帝御宣政殿劉煦盧重冊上尊號曰睿文神武法天啓運明德章信至道廣敬昭孝嗣聖皇帝大赦改元會同是月晉復遣趙瑩奉表來賀以幽薊瀛莫涿檀順嬀儒新武雲應朔寰蔚十六州并圖籍來獻於是詔以皇都爲上京府曰臨潢升幽州爲南京南京爲東京改新州爲奉聖州武州爲歸化州升北南二院及乙室夷离堇爲王以主簿爲令令爲刺史刺史爲節度使二部梯里已爲司徒達剌于爲副使麻都不爲縣令縣達剌于爲馬步置宣徽閤門使控鶴客省御史大夫中丞侍御判官文班牙署諸宮院世燭馬羣遙輦世燭南北府國舅帳郞君官爲敞史諸部宰相節度使帳爲司空二室韋闥林爲

僕射鷹坊監冶等局官長爲詳穩十二月戊戌遣同括阿鉢等使晉制加晉馮道守太傅劉煦守太保餘官各有差

二年春正月乙巳以受晉册遣使報南唐高麗丁未御開皇殿宴晉使馮道以下賜物有差戊申晉遣金吾衞大將軍馬從斌考功郎中劉知新來貢珍幣命分賜羣臣丙辰晉遣使謝免沿邊四州錢幣二月戊寅宴諸王及節度使來賀受册禮者仍命皇太子惕隱迪輦餞之癸巳謁太祖廟賜在京吏民物及內外羣臣官賞有差丁酉加兼侍中左金吾衞上將軍王郁檢校太尉三月畋于裹潭之側戊申女直來貢丁巳封皇子述律爲壽安王罨撒葛爲太平王己巳大賚百姓夏四月乙亥幸木葉山癸巳東京路奏狼食人五月乙巳禁南京鬻牝羊出境思奴古多里等坐盜官物籍其家南唐遣使來貢丁未以所貢物賜羣臣戊申回鶻單于使人乞授官詔第加刺史縣令六月丁丑雨雪是夏駐蹕頻蹕淀秋七月戊申晉遣使進犀帶庚戌吐谷渾來貢乙卯敞史阿鉢坐奉使失職命笞之閏月癸未乙室大王坐賦調不均以木劍背撻而釋之并罷南北府民上供及宰相節度諸賦役非舊制者乙酉遣的烈賜晉烏古良馬己丑以南王府二刺史貪蠹各杖一百仍繫虞候帳備射鬼箭選羣臣爲民所愛者代之八月乙丑晉遣使貢歲幣奏輸戌亥二歲金幣于燕京九月甲戌阻卜阿离底來貢己卯遣使使晉冬十月丁未上以烏古部水草肥美詔北南院徙三石烈戶居之十一月丁亥鐵驪燉煌竝遣使來貢十二月庚子釣魚于土河甲子回鶻使者傔人有以刃相擊者詔付其使處之

三年春正月戊子吳越王遣使來貢庚寅人皇王妃來朝回鶻使乞觀諸國使朝見禮從之壬辰遣陪謁阿鉢使晉致生辰禮晉以并鎭忻代之吐谷渾來歸二月己亥奚王勞骨寧率六節度使朝貢庚子烏古遣使獻伏鹿國俘賜其部夷离菫旗鼓以旌其功壬寅女直來貢辛亥墨離鶻末里使回鶻阿薩蘭還賜對衣勞之乙卯鴨淥江女直遣使來覲三月戊辰遣使使晉報幸南京己巳如南京辛未命惕隱耶律涅离骨德率萬騎先驅壬申次石嶺以奚王勞骨寧監軍寅你己朝謁不時切責之丙子魯不姑上党項俘獲數癸未獵水門獲白鹿庚寅詔扈從擾民者從軍律甲午幸薊州乙未晉及南唐各遣使來觀夏四月庚子至燕備法駕入自拱辰門御元和殿行入閤禮壬寅遣人使晉乙巳幸留守趙延壽別墅丙午晉遣宣徽使楊端王眺等來問起居壬子御便殿宴晉及諸國使丙辰晉遣使進茶藥壬戌御昭慶殿宴南京羣臣癸亥晉遣使賀端午以所進節物賜羣臣乙丑南唐進白龜五月庚午以端午宴羣臣及諸國使命回鶻燉煌二使作本俗舞俾諸使觀之庚辰晉遣使進弓矢甲申遣皇子天德及檢校司徒耶用和使晉戊子閱騎兵于南郊六月乙未朔東京宰相耶律羽之言渤海相大素賢不法詔僚佐部民舉有才德者代之丙申閱步卒于南郊庚子晉及轄剌骨只遣使來見壬寅駕發燕京命中書令蕭僧隱部諸道軍于長坐營癸丑次奉聖州甲寅勞軍士秋七月己巳獵猾底烈山癸酉朝于皇太后丙子從皇太后視人皇王妃疾戊寅人皇王妃蕭氏薨己卯以安重榮據鎭州叛晉詔征南將軍柳嚴邊備丙戌從人皇王行宮于其妃薨所辛卯晉遣使請行南郊禮許之八月己亥詔東丹吏民爲其王倍妃蕭氏服庚子阻卜來貢壬寅遣使南唐乙巳阻卜黑車子室韋賃烈等國來貢南唐遣使求靑氈帳賜之戊申以安端私城爲白川州辛亥鼻骨德使乞賜爵以其國相授之甲寅阻卜來貢乙卯置白川州官屬丙辰詔以于諸里河臚朐河之近地給賜南院歐菫突呂乙斯勃北院溫納何剌三石烈人爲農田九月庚午侍中崔窮古言晉主聞陛下數游獵意請節之上曰朕之畋獵非徒從樂所以練習武事也乃詔諭之壬午邊將奏破吐谷渾擒其長詔止誅其首惡及其丁壯餘竝釋之丙戌晉遣使貢名馬戊子女直及吳越王遣使來貢冬十月辛丑遣剋朗使吳越畧姑使南唐庚申晉遣使貢布及請親祠南嶽從之十一月己巳南唐遣使奉蠟丸書言晉密事丁丑詔有司教民播種紡績除姊亡妹續之法十二月壬辰朔率百僚謁太祖行宮甲午燔柴禮畢祠于神帳丙申遣使使晉丙辰詔契丹人授漢官者從漢儀聽與漢人婚姻丁巳詔燕京皇城西南堞建涼殿是冬駐蹕于傘淀

四年春正月壬戌以乙室品卑突軌三部鰥寡不能自存者官爲之配丙子南唐遣使來貢庚辰涅剌烏隗部獻党項俘獲數己丑詔定征党項功二月丙申皇太子獲白麕甲辰晉遣使進香藥丙子鐵驪來貢丁巳詔有司編始祖奇首可汗事迹己未晉遣楊彥詢來貢且言鎭州安重榮跋扈狀遂留不遣是月晉鎭州安重榮執遼使者拽剌三月特授回鶻使闊里于越并賜旌旗弓劒衣馬餘賜有差癸酉晉以許祀南郊遣使來謝進黃金十鎰夏四月己卯晉遣使進櫻桃五月庚辰吐谷渾夷离菫蘇等叛入晉遣牒蠟往諭晉及太原守臣六月辛卯振武軍節度副使趙崇逐其節度使耶律畫里以朔州叛附晉丙午命宣徽使裹古只赴朔州以兵圍其城有晉使至請開壁卽勿聽驛送闕下秋七月癸亥南唐遣使奉蠟丸書丙寅裹古只奏請遣使至朔令降守者猶堅壁弗納且言晉有貢物命卽以所貢物賜攻城將校己巳有司奏神纛車有蜂巢成蜜史占之吉壬申晉遣使進水晶硯八月癸巳南唐奉蠟丸書庚子晉遣使進犀弓竹矢吳越王遣使奉蠟丸書九月壬申有星孛于晉分丁丑幸歸化州冬十月辛丑有司奏燕薊大熟癸卯吳越王遣使來貢十一月丙寅晉以討安重榮來告庚午吐谷渾請降遣使撫諭阻卜來貢以其物賜左右丙子鴨淥江女直來貢壬午以永寧天授二節及正旦重午冬至臘竝受賀著令十二月戊子晉遣使來告山南節度使安從進反詔以便宜討之庚寅南唐遣使奉蠟丸書戊戌晉遣王升鸞來貢戊申晉以敗安重榮來告遂遣楊彥詢歸辛亥晉遣使乞罷戍兵詔惕隱朔古班師甲寅攻拔朔州遣控鶴指揮使諸里勞軍時裹古只戰歿城下上怒命誅城中丁壯仍以叛民上戶三十爲裹古只部曲

五年春正月丙辰朔上在歸化州御行殿受羣臣朝以諸道貢物進太后及賜宗室百僚戊午詔求直言北王府郎君耶律海思應詔召對稱旨特授宣徽使詔政事令僧隱等以契丹戶分屯南邊戊辰晉函安重榮首來獻上數欲親討重榮至是乃止癸酉遣使使晉是月晉以朔州平請使來賀遂遣客省使耶律化哥使晉并致生辰禮二月壬辰上將南幸以諸路有未平者召太子及羣臣議皆曰今襄鎭朔三州雖已平然吐谷渾爲安重榮所誘猶未歸命宜發兵討之以警諸部上曰正與朕合遂詔以明王隈恩代于越信恩爲西南路招討使以討之且諭明王宜先練習邊事而後之官甲午如南京遣使使晉索吐谷渾叛者乙未鼻骨德來貢三月乙卯朔晉遣齊州防禦使宋暉業翰林茶酒使張言來問起居閏月駐蹕陽門夏四月甲寅朔鐵驪來貢以其物分賜羣臣丙子晉遣使進射柳鞍馬五月五日戊午禁居喪六月癸丑朔晉齊王重貴遣使來貢丁巳徙覩古素撒來貢乙丑晉主敬瑭殂子重貴立戊辰晉遣使告哀輟朝七日庚午遣使往晉弔祭丁丑聞皇太后不豫上馳入侍湯藥必親嘗仍告太祖廟幸菩薩堂飯僧五萬人七月乃愈秋七月庚寅晉遣金吾衞大將軍梁言判四方館事朱崇節來謝書稱孫不稱臣遣客省使喬榮讓之景延廣答曰先帝則聖朝所立今主則我國自册爲鄰爲孫則可奉表稱臣則不可榮還具奏之上始有南伐之意辛卯阻卜鼻骨德烏古來貢將軍闒德里蒲骨等率降將轄德至闕并獻所獲丁未晉遣使以祖母哀來告八月辛酉女直阻卜烏古各貢方物甲子晉復襄州戊辰詔河東節度使劉知遠送叛臣烏古指揮使由燕京赴闕癸酉遣天城軍節度使蕭拜石弔祭于晉九月壬辰遣使賀晉帝嗣位冬十月己巳徵諸道兵遣將軍密骨德伐党項十一月己未武定軍奏松生棗十二月癸亥晉遣使來謝是冬駐蹕赤城

六年春二月乙卯晉遣使進先帝遺物辛酉晉遣使請居汴從之三月己卯朔吳越王遣使來貢甲申梅里喘引來歸戊子南唐遣使奉蠟丸書丁未晉至汴遣使來謝夏四月戊申朔日有食之五月己亥遣使如晉致生辰禮六月丁未朔鐵驪來貢己未奚鋤骨里部進白麕辛酉莫州進白鵲晉遣使貢金秋八月丁未朔晉復貢金己未如奉聖州晉遣其子延煦來朝冬十一月辛卯上京留守耶律迪輦得晉諜知有二心甲辰鐵驪來貢十二月丁未如南京議伐晉命趙延壽趙延昭安端解里等由滄恒易定分道而進大軍繼之是歲楊彥昭請移鎭柰濼及新鎭從之

七年春正月甲戌朔趙延壽延昭率前鋒五萬騎次任丘丙子安端入鴈門圍忻代己卯趙延壽圍貝州其軍校邵珂開南門納遼兵太守吳巒投井死己丑次元城授延壽魏博等州節度使封魏王率所部屯南樂丙申遣兵攻黎陽晉張彥澤來拒辛丑晉遣使來修舊好詔割河北諸州及遣桑維翰景延廣來議二月甲辰攻博州刺史周儒以城降晉平盧軍節度使楊光遠密道遼師自馬家口濟河晉將景延廣命石斌守麻家口白再榮守馬家口未幾周儒引遼軍麻荅營于河東攻鄆州北津以應光遠晉遣李守貞皇甫遇梁漢璋薛懷讓將兵萬人緣河水陸俱進遼軍圍晉別將于戚城晉主自將救之遼師解去守貞等至馬家口麻荅遣步卒萬人築營壘騎兵萬人守於外餘兵屯河西渡未已晉兵薄之遼軍不利三月癸酉朔趙延壽言晉諸軍沿河置柵皆畏怯不敢戰若率大兵直抵澶淵據其橋梁晉必可取是日晉兵駐澶淵其前軍高行周在戚城乃命延壽延昭以數萬騎出行周右上以精兵出其左戰至暮上

復以勁騎突其中軍晉軍不能戰命有謀者言晉軍東面數少沿河城柵不固乃急擊其東偏衆皆奔潰縱兵追及遂大敗之壬午留趙延昭守貝州徙所俘戶于內地夏四月癸丑還次南京辛未如涼陘五月癸酉耶律拔里得奏破德州擒刺史尹居藩及將吏二十七人六月甲辰黑車子室韋來貢乙巳紕沒里要里等國來貢秋七月己卯晉楊光遠遣人奉蠟丸書辛卯晉遣張暉奉表乞和留暉不遣八月辛酉回鶻遣使請婚不許是月晉鎮州兵來襲飛狐大同軍節度使耶律孔阿戰敗之九月庚午朔北幸十月丁未鼻骨德來貢壬戌天授節諸國進賀惟晉不至十一月壬申詔徵諸道兵以閏月朔會溫榆河北十二月癸卯南伐甲子次古北口閏月己巳朔閱諸道兵於溫榆河己卯圍恒州下其九縣

八年春正月庚子分兵攻邢洺磁三州殺掠殆盡入鄴都境張從恩馬全節安審琦兵悉陳于相州安陽水之南皇甫遇與濮州刺史慕容彥超將兵千騎來覘遼軍至鄴都遇遼軍數萬且戰且卻至榆林店遼軍繼至遇與彥超力戰百餘合遇馬斃步戰審琦引騎兵踰水以救遼軍乃還二月圍魏晉將杜重威率兵來救戊子晉將折從阮陷勝州三月戊戌師拔祁州殺其刺史沈斌庚戌杜重威李守貞攻泰州戊子趙延壽率前鋒薄泰城己未重威守貞引兵南遁追至陽城大敗之復以步卒爲方陣來拒與戰二十餘合壬戌復搏戰十餘里癸亥圍晉兵于白團衛村晉兵下鹿角爲營是夕大風至曙命鐵鷂軍下馬拔其鹿角奮短兵入擊順風縱火揚塵以助其勢晉軍大呼曰都招討何不用兵令士卒徒死諸將皆奮出戰張彥澤藥元福皇甫遇出兵大戰諸將繼至遼軍卻數百步風益甚晝晦如夜符彥卿以萬騎橫擊遼軍率步卒竝進遼軍不利上乘奚車退十餘里晉追兵急獲一橐駝乘之乃歸晉兵退保定州夏四月甲申還次南京杖戰不力者各數百庚寅宴將士於元和殿癸巳如涼陘六月戊辰回鶻來貢辛未吐谷渾鼻骨德皆來貢辛巳黑車子室韋來貢丁亥趙延壽奏晉兵襲高陽戍將擊走之秋七月乙卯獵平地松林晉遣孟守中奉表請和仍以前事荅之八月己巳詔侍衛蕭素撒閱羣牧于北陘九月壬寅次赤山宴從臣問軍國要務對曰軍國之務愛民爲本民富則兵足兵足則國強上以爲然辛酉還上京冬十月辛未祠木葉山十一月戊戌女直鐵驪來貢十二月癸亥朔朝謁太祖行宮乙丑雲州節度使耶律孔阿獲晉諜者戊辰獵賜諸國貢使衣馬

九年春正月庚子回鶻來貢丁未女直來貢二月戊辰鼻骨德奏軍籍三月己亥吐谷渾遣軍校恤烈獻生口千戶授恤烈檢校司空夏四月辛酉朔吐谷渾白可久來附是月如涼陘五月庚戌晉易州戍將孫方簡請內附六月戊子謁祖陵更閔神殿爲長思秋七月辛亥詔徵諸道兵敢傷禾稼者以軍法論癸丑女直來貢乙卯以阻卜酋長曷刺爲本部夷离堇八月丙寅烏古來貢是月自將南伐九月壬辰閱諸道兵于漁陽西棗林淀是月趙延壽與晉張彥澤戰于定州敗之十一月戊子朔進圍鎮州丙申先遣候騎報晉兵至遣精兵斷河橋晉兵退保武強南院大王迪輦將軍高模翰分兵由瀛州間道以進杜重威遣其將節度使梁漢璋率衆來拒與戰大敗之殺梁漢璋杜重威張彥澤引兵據中渡橋趙延壽以步卒前擊高彥溫以騎兵乘之追奔逐北殭屍數萬斬其將王清宋彥筠墮水死重威等退保中渡寨義武軍節度使李殷以城降遂進兵夾滹沱而營去中渡寨三里分兵圍之夜則列騎環守晝則出兵抄掠復命大內惕隱耶律朔骨里及趙延壽分兵圍守自將騎卒夜渡河出其後攻下欒城降騎卒數千分遣將士據其要害下令軍中預備軍食三日不得舉煙火但獲晉人卽黥而縱之諸饋運見者皆棄而走於是晉兵內外隔絕食盡勢窮十二月丙寅杜重威李守貞張彥澤等率所部二十萬衆來降上擁數萬騎臨大阜立馬以受之授重威守太傅鄴都留守守貞天平軍節度使餘各領舊職分降卒之半付重威半以隸趙延壽命御史大夫解里監軍傅住兒張彥澤持詔入汴諭晉帝母李氏以安其意且召桑維翰景延廣先來留騎兵千人守魏自率大軍而南壬申解里等至汴晉帝重貴素服拜命與母李氏奉表請罪初重貴絕和好維翰數諫止之不從至是彥澤殺維翰紿言自經死詔收葬之復其田園地宅仍厚恤其家甲戌彥澤遷重貴及其母若妻於開封府署以控鶴指揮使李榮督兵衛之壬午次赤岡重貴舉族出封丘門稾索牽羊以待上不忍臨視命改館封禪寺晉百官縞衣紗帽俯伏待罪上曰其主負恩其臣何罪命領職如故卽授安叔千金吾衛上將軍叔千出班獨立上曰汝邢州之請朕所不忘乃加鎮國軍節度使蓋在邢嘗密請內附也將軍康祥執景延廣來獻詔以牙籌數其罪凡八縶送都道自殺

大同元年春正月丁亥朔備法駕入汴御崇元殿受百官賀戊子以樞密副使劉敏權知開封府殺秦繼旻李彥紳及鄭州防禦使楊承勳以其弟承信爲平盧軍節度使襲父爵初楊光遠在青州求內附其子承勳不聽殺其判官丘濤及弟承祚等自歸于晉故誅之己丑以張彥澤擅徙重貴開封殺桑維翰縱兵大掠不道斬於市晉人臠食之辛卯降重貴爲崇祿大夫檢校太尉封負義侯癸巳以張礪爲平章事晉李崧爲樞密使馮道爲太傅和凝爲翰林學士趙瑩爲太子太保劉煦守太保馮玉爲太子少保癸卯遣趙瑩馮玉李彥韜將三百騎送負義侯及其母李氏缺妃缺氏妻馮氏弟重睿子延煦延寶等于黃龍府安置仍以其宮女五十人內宦三人東西班五十人醫官一人控鶴四人庖丁七人茶酒司三人儀鸞三人健卒十人從之二月丁巳朔建國號大遼大赦改元大同升鎮州爲中京以趙延壽爲大丞相兼政事令樞密使中京留守中外官僚將士爵賞有差辛未河東節度使北平王劉知遠自立爲帝國號漢詔以耿崇美爲昭義軍節度使高唐英爲昭德軍節度使崔廷勳爲河陽軍節度使分據要地三月丙戌朔以蕭翰爲宣武軍節度使賜將吏爵賞有差壬寅晉諸司僚吏嬪御宦寺方技百工圖籍曆象石經銅人明堂刻漏太常樂譜諸宮縣鹵簿法物及鎧仗悉送上京磁州帥梁暉以相州降漢己酉命高唐英討之夏四月丙辰朔發自汴州以馮道李崧和凝李瀚徐台符張礪等從行次赤岡夜有聲如雷起於御幄大星復隕於旗鼓前乙丑濟黎陽渡顧謂侍臣曰朕此行有三失縱兵掠芻粟一也括民私財二也不遽遣諸節度還鎮三也皇太弟遣使問軍前事上報曰初以兵二十萬降杜重威張彥澤下鎮州及入汴視其官屬具員者省之當其才者任之司屬雖存官吏廢墮猶雛飛之後徒有空巢久經離亂一至於此所在盜賊屯結土功不息饋餉非時民不堪命河東尚未歸命西路酋帥亦相黨附夙夜以思制之之術惟推心庶僚和協軍情撫綏百姓三者而已今所歸順凡七十六處得戶一百九萬百一十八非汴州炎熱水土難居止得一年太平可指掌而致且改鎮州爲中京以備巡幸欲伐河東姑俟別圖其槩如此戊辰次高邑不豫丁丑崩于欒城年四十六是歲九月壬子朔葬于鳳山陵曰懷陵廟號太宗統和二十六年七月上尊謚孝武皇帝重熙二十一年九月增謚孝武惠文皇帝

贊曰太宗甫定多方遠近向化建國號備典章至於鼇庶政閼名實錄囚徒教耕織配鰥寡求直言之士得郎君海思卽擢宣徽嘉唐張敬達忠於其君卒以禮葬輕遼衆而納三剋之請憫士卒而下休養之令親征晉國重貴面縛斯可謂威德兼弘英畧間見者矣入汴之後無幾微之驕有三失之訓傳稱鄭伯之善處勝書進秦誓之能悔過太宗蓋兼有之其卓矣乎

遼史卷四考證

太宗紀下十一月丙寅改元會同○臣長發按五代新史契丹改天顯十一年爲會同元年更其國號大遼考太宗本紀止有改元而無改國號一事但改元在天顯十二年五代新史則在十一年

三年遣剋朗使吳越○剋朗資治通鑑作遙折

遼史卷五

元中書右丞相總裁脫脫等修

本紀第五

世宗

世宗孝和莊憲皇帝諱阮小字兀欲讓國皇帝長子母柔貞皇后蕭氏帝儀觀豐偉內寬外嚴善騎射樂施予人望歸之太宗愛之如子會同九年從伐晉大同元年二月封永康王四月丁丑太宗崩於欒城戊寅梓宮次鎮陽卽皇帝位於柩前甲申次定州命天德朔古解里等護梓宮先赴上京太后聞帝卽位遣太弟李胡率兵拒之六月甲寅朔次南京五院夷离堇安端詳穩劉哥遣人馳報請爲前鋒至泰德泉遇李胡軍戰敗之上遣郎君勤德等詣兩軍諭解秋閏七月次潢河太后李胡整兵拒於橫渡相持數日用屋質之謀各罷兵趨上京既而聞太后李胡復有異謀遷于祖州誅司徒劃設及楚補里八月壬午朔尊母蕭氏爲皇太后以太后族刺只撒古魯爲國舅帳立詳穩以總焉以崇德宮戶分賜翼戴功臣及北院大王洼南院大王吼各五十安摶楚補各百的魯鐵刺子孫先以非罪籍沒者歸之癸未始置北院樞密使以安摶爲之九月壬子朔葬嗣聖皇帝

於懷陵丁卯行柴冊禮羣臣上尊號曰天授皇帝大赦改大同元年爲天祿元年追謚皇考曰讓國皇帝以安端主東丹國封明王察割爲泰寧王劉哥爲惕隱高勳爲南院樞密使

二年春正月天德蕭翰劉哥盆都等謀反誅天德杖蕭翰遷劉哥於邊罰盆都使轄戛斯國漢主劉知遠殂子承祐立夏四月庚辰朔南唐遣李朗王祚來慰且賀兼奉蠟丸書議攻漢秋七月壬申皇子賢生冬十月壬午南京留守魏王趙延壽薨以中臺省右相牒蠟爲南京留守封燕王十一月駐蹕彰武南

三年春正月蕭翰及公主阿不里謀反翰伏誅阿不里瘐死獄中庚申肆赦內外官各進一階夏六月戊寅以敞史耶律胡離軫爲北院大王己卯惕隱頹昱封漆水郡王秋九月辛丑朔召羣臣議南伐冬十月遣諸將率兵攻下貝州高老鎮狗地鄴都南宮堂陽殺深州刺史史萬山俘獲甚衆

四年春二月辛未泰寧王察割來朝留侍是月建政事省三月戊戌朔南唐遣趙延嗣張福等來賀南征捷秋九月乙丑朔如山西冬十月自將南伐攻下安平內丘束鹿等城大獲而還是歲冊皇后蕭氏

五年春正月癸亥朔如百泉湖漢郭威弑其主自立國號周遣朱憲來告卽遣使致良馬漢劉崇自立於太原二月周遣姚漢英華昭胤來以書辭抗禮留漢英等夏五月壬戌朔太子太傅趙學薨輟朝一日命歸葬于汴詔州縣錄事參軍主簿委政事省銓注六月辛卯朔劉崇爲周所攻遣使稱姪乞援且求封冊卽遣燕王牒蠟樞密使高勳冊爲大漢神武皇帝南唐遣蔣洪來乞舉兵應援是夏清暑百泉嶺九月庚申朔自將南伐壬戌次歸化州祥古山癸亥祭讓國皇帝于行宮羣臣皆醉察割反帝遇弑年三十四應曆元年葬於顯州西山陵曰顯陵二年謚孝和皇帝廟號世宗統和二十六年七月加謚孝和莊憲皇帝

贊曰世宗中才之主也入繼大統曾未三年納唐丸書卽議南伐旣之持重宜乖周防蓋有致禍之道矣然而孝友寬慈亦有君人之度焉未及師還變起沉湎豈不可哀也哉

遼史卷五考證

世宗紀天授五年遣燕王牒蠟樞密使高勳冊爲大漢神武皇帝○牒蠟資治通鑑十國春秋皆作述軋

遼史卷六

元中書右丞相總裁脫脫等修

本紀第六

穆宗一

穆宗孝安敬正皇帝諱璟小字述律太宗皇帝長子母曰靖安皇后蕭氏會同二年封壽安王天祿五年九月癸亥世宗遇害逆臣察割等伏誅丁卯卽皇帝位羣臣上尊號曰天順皇帝改元應歷戊辰如南京是月遣劉承訓告哀于漢冬十一月漢周南唐各遣使來弔乙亥詔朝會依嗣聖皇帝故事用漢禮十二月甲辰漢遣使獻弓矢鞍馬壬子鐵驪鼻骨德皆來貢

二年春正月戊午朔南唐遣使奉蠟丸書及進犀兕甲萬屬壬戌太尉忽古質謀逆伏誅二月癸卯女直來貢三月癸亥南唐遣使奉蠟丸書丁卯復遣使來貢甲申以耶律撻烈爲南院大王夏四月丙戌朔日有食之己亥鐵驪進鷹鶻五月丙辰朔視朝壬午南唐遣使來貢六月壬辰國舅政事令蕭眉古得宣政殿學士李澣等謀南奔事覺詔暴其罪乙未祭天地壬寅漢爲周所侵遣使求援命中臺省右相高模翰赴之丁未命乳媼之兄曷魯世爲阿速石烈夷离堇秋七月乙亥政事令婁國林牙敵烈侍中神都郎君海里等謀亂就繫八月己丑眉古得婁國等伏誅杖李澣而釋之九月甲寅朔雲州進嘉禾四莖二穗戊午詔以先平察割日用白黑羊玄酒祭天歲以爲常壬戌獵炭山祭天庚辰敵烈部來貢冬十月甲申朔漢遣使進葡萄酒甲午司徒老古等獻白雉戊申回鶻及轄戛斯皆遣使來貢十一月癸丑朔視朝己巳地震己卯日南至始用舊制行拜日禮朔州民進黑兎十二月癸未朔高模翰及漢兵圍晉州辛卯以生日飯僧釋繫囚甲辰獵于近郊祀天地辛亥明王安端薨

三年春閏正月壬午朔漢以高模翰卻周軍遣使來謝二月辛亥朔詔用嗣聖皇帝舊璽甲子太保敵烈脩易州城鎮州以兵來挑戰卻之三月庚辰朔南唐遣使來貢因附書于漢詔達之庚寅如應州擊鞠丁酉漢遣使進毬衣及馬庚子觀漁于神德湖夏四月庚申鐵驪來貢五月壬寅漢遣使言石晉樹先帝聖德神功碑爲周人所毀請再刻許之六月丁卯應天皇太后崩秋七月不視朝八月壬子以生日釋囚己未漢遣使求援三河烏古吐蕃吐谷渾鼻骨德皆遣使來貢九月庚子漢遣使貢藥冬十月己酉命太師唐骨德治大行皇太后園陵李胡子宛郎君嵇幹敵烈謀反事覺辭逮太平王罨撒葛林牙華割郎君新羅等皆執之十一月辛丑謚皇太后曰貞烈葬祖陵漢遣使來會冬駐蹕奉聖州以南京水部免今歲租

四年春正月戊寅回鶻來貢己丑華割嵇幹等伏誅宛及罨撒葛皆釋之是月周主威殂養子晉王柴榮嗣立二月丙午朔周攻漢命政事令耶律敵祿援之丙辰漢遣使進茶藥幸南京夏五月乙亥忻代二州叛漢遣南院大王撻烈助敵祿討之丁酉撻烈敗周將符彥卿於忻口六月癸亥撻烈獻所獲秋七月乙酉漢民有爲遼軍誤掠者遣使來請詔悉歸之九月丙申漢爲周人所侵遣使來告冬十一月彰國軍節度使蕭敵烈太保許從贇奏忻代二州捷十二月辛酉朔謁祖陵庚午漢遣使來貢是冬駐蹕杏堝

五年春正月辛未朔鼻骨德來貢二月庚子朔日有食之庚申漢遣使請上尊號不許壬戌如襄潭夏四月己酉周侵漢漢遣使求援癸丑命郎君蕭海璆世爲北府宰相秋九月庚辰漢王有疾遣使來告冬十月壬申女直來貢丁亥謁太宗廟庚寅南唐遣使來貢十一月乙未朔漢王崇殂子承鈞遣使來告且求嗣立遣使弔祭遂封冊之十二月乙丑朔謁太祖廟辛巳漢遣使來議軍事

六年夏五月丁酉謁懷陵六月甲子漢遣使來議軍事秋七月不視朝九月戊午謁祖陵冬十一月壬寅鼻骨德來貢十二月己未朔謁太祖廟

七年春正月庚子鼻骨德來貢二月辛酉南唐遣使奉蠟丸書辛未駐蹕潢河夏四月戊午朔還上京初女巫肖古上延年藥方當用男子膽和之不數年殺人甚多至是覺其妄辛巳射殺之五月辛卯漢遣使來貢六月丙辰周遣使來聘南唐遣使來貢八月己未周遣使來聘是秋不聽政冬十月庚申獵于七鷹山十二月丁巳詔大臣曰有罪者法當刑朕或肆怒濫及無辜卿等切諫無或面從辛巳還上京

八年春二月乙丑駐蹕潢河夏四月甲寅南京留守蕭思溫攻下沿邊州縣遣人勞之五月周陷束城縣六月辛未蕭思溫請益兵乞駕幸燕秋七月獵于拽剌山迄于九月射鹿諸山不視朝冬十一月辛酉漢遣使來告周復來侵乙丑使再至十二月庚辰又至

九年春正月戊辰駐蹕漢河夏四月丙戌周來侵戊戌以南京留守蕭思溫爲兵馬都總管擊之是月周拔益津尫橋淤口三關五月乙巳朔陷瀛莫二州癸亥如南京辛未周兵退六月乙亥朔視朝戊寅復容城縣庚申西幸如懷州是月周主榮殂子宗訓立秋七月發南京軍戍范陽冬十二月戊寅還上京庚辰王子敵烈前宣徽使海思及蕭達干等謀反事覺鞫之辛巳祀天地祖考告逆黨事敗丙申召羣臣議時政

十年春正月周殿前都點檢趙匡胤廢周自立建國號宋夏五月乙巳謁懷陵壬子漢以潞州歸附來告丙寅至自懷陵六月庚申漢以宋兵圍石州來告遣大同軍節度使阿剌率四部往援詔蕭思溫以三部兵助之秋七月己亥朔宋兵陷石州潞州復叛漢使來告辛酉政事令耶律壽遠太保楚阿不等謀反伏誅以酒脯祀天地于黑山八月如秋山幸懷州庚午以鎮茵石狻猊擊殺近侍古哥冬十月丙子李胡子喜隱謀反辭連李胡下獄死十一月海思獄中上書陳便宜

十一年春二月丙寅釋喜隱辛亥司徒烏里只子迭剌哥誣告其父謀反復詐乘傳及殺行人以其父請杖而釋之丙辰蕭思溫奏老人星見乞行赦宥閏月甲子如潢河夏四月癸巳朔日有食之是月射鹿不視朝五月乙亥司天王白李正等進歷六月甲午赦冬十一月歲星犯月

十二年春正月甲戌夜觀燈二月己丑朔以御史大夫蕭護思爲北院樞密使賜對衣鞍馬夏五月庚午以旱命左右以水相沃頃之果雨六月甲午祠木葉山及潢河秋如黑山赤山射鹿

十三年春正月自丁巳晝夜酣飲者九日丙寅宋欲城益津關命南京留守高勳統軍使崔延勳以兵援之癸酉殺獸人海里二月庚寅漢遣使來告欲巡邊徼乞張聲援壬辰如潢河癸巳觀羣臣射賜物有差乙巳老人星見三月癸丑朔殺鹿人彌里吉梟其首以示掌鹿者夏四月壬寅獵于潢河五月壬戌幹朗改國所進花鹿生麛六月癸未近侍傷獐杖殺之甲申殺獐人霞馬壬辰詔諸路錄囚秋七月辛亥朔漢以宋侵來告乙丑薦時羞於廟八月甲申以生日縱五坊鷹鶻戊戌幸近山呼鹿射之旬有七日而後返九月庚戌朔以青牛白馬祭天地飲于野次終夕乃罷辛亥以酒脯祭天地復終夜酣飲冬十月丙申漢以宋侵來告十一月庚午獵飲于虞人之家凡四日十二月戊子射野鹿賜虞人物有差庚寅殺彘人曷主

遼史卷六考證

穆宗紀一應歷四年周攻漢命政事令耶律敵祿援之〇臣長發按資治通鑑北漢入寇請兵于契丹契丹遣其武定節度使政事令楊衮將萬餘騎如晉陽據此則契丹所遣者楊衮而遼史則爲耶律敵祿豈敵祿本是楊衮而獲賜姓者耶

九年夏四月周拔益津瓦橋淤口三關五月乙巳朔陷瀛莫二州辛未周兵退〇臣長發按資治通鑑周世宗之拔三關得莫州在四月而瀛州之降乃在五月朔其退兵于五月壬子遼史記陷瀛莫二州于五月朔辛未周兵即退俱有誤

遼史卷七

元中書右丞相總裁脫脫等修

本紀第七

穆宗二

十四年春正月戊寅朔奉安神纛戊戌漢以宋將來襲馳告二月壬子詔西南面招討使撻烈進兵援漢癸亥如潢河戊辰支解鹿人沒荅海里等七人于野封土識其地己巳如老林東濼壬申漢以敗宋兵石州來告夏四月丁巳漢以擊退宋軍遣使來謝是月黃龍府甘露降五月射舐鹻鹿于白鷹山至于浹旬六月丙午朔獵于玉山竟月忘返秋七月壬辰以酒脯祀黑山八月乙巳如磑子嶺呼鹿射之獲鹿四賜虞人女瓌等物有差丁未還宮戊申以生日值天赦不受賀曲赦京師囚乙卯錄囚九月黃室韋叛冬十月丙午近侍烏古者進石錯賜白金二百五十兩丙辰以掌鹿矧思代斡里爲閘撒狘賜金帶金盞銀二百兩所隸死罪以下得專之十一月壬午日南至宴飲達旦自是晝寢夜飲殺近侍小六於禁中十二月丙午以黑兔祭神烏古叛掠民財畜詳穩僧隱與戰敗績僧隱及乙實等死之

十五年春正月己卯以樞密使雅里斯爲行軍都統虎軍詳穩楚思爲行軍都監益以突呂不部軍三百合諸部兵討之烏古夷离菫子勃勒底獨不叛詔褒之是月老人星見二月壬寅朔日有食之上東幸甲寅以獲鴨除鷹坊刺面腰斬之刑復其徭役是月烏古殺其長窣離底餘衆降復叛三月癸酉近侍東兒進匕筯不時手刃刺之丁丑大黃室韋酋長寅尼吉叛癸未五坊人四十戶叛入烏古癸巳虞人沙刺迭偵鵝失期加炮烙鐵梳之刑而死夏四月乙巳小黃室韋叛雅里斯楚思等擊之爲室韋所敗遣使詰之乙卯以禿里代雅里斯爲都統以女古爲監軍率輕騎進討仍令撻馬尋吉里持詔招諭五月壬申尋吉里奏諭之不從雅里斯以撻凜蘇二羣牧兵追至柴河與戰不利甲申庫古只奏室韋長寅尼吉亡入敵烈六月辛亥僉魯古獻良馬賜銀二千兩以近侍忽刺比馬至先以聞賜銀千兩是月敵烈來降秋七月甲戌雅里斯奏烏古至河德濼遣夷离菫畫里夷离畢常思擊之丁丑烏古掠上京北榆林峪居民遣林牙蕭幹討之庚辰雅里斯等與烏古戰不利十月丁未常思與烏古戰敗之十二月甲辰以近侍喜哥私歸殺其妻丁未殺近侍隨魯駐蹕黑山平淀

十六年春正月丁卯朔被酒不受賀甲申微行市中賜酒家銀絹乙酉殺近侍白海及家僕衫福押刺葛樞密使門吏老古撻馬失魯三月己巳東幸庚午獲鴨甲申獲鵝皆飲達旦五月甲申以歲旱泛舟于池禱雨不雨舍舟立水中而禱俄頃乃雨六月丙申以白海死非其罪賜其家銀絹秋七月壬午諭有司凡行幸之所必高立標識令民勿犯違以死論八月丁酉漢遣使貢金器鎧甲閏月乙丑觀野鹿入馴鹿羣立馬飲至晡九月庚子以重九宴飲夜以繼日至壬子乃罷己未殺狠人褭里十月庚辰漢主有母喪遣使賻弔十二月甲子幸酒人拔刺哥家復幸殿前都點檢耶律夷臘葛第宴飲連日賜金盂細錦及孕馬百疋左右授官者甚衆戊辰漢遣使來貢是冬駐蹕黑山平淀

十七年春正月庚寅朔林牙蕭幹郎君耶律賢適討烏古還帝執其手賜巵酒授賢適右皮室詳穩雅里斯楚思霞里三人賜醨酒以辱之乙卯夷离畢骨欲獻烏古俘二月甲子高勳奏宋將城益津關請以偏師擾之上從之夏四月戊辰殺鷹人敵魯丙子射柳祈雨復以水沃羣臣五月辛卯殺鹿人札葛壬辰北府宰相蕭海璖薨輟朝罷重五宴六月己未支解雉人壽哥念古殺鹿人四十四人是夏駐蹕褭潭秋八月辛酉生日以政事令阿不底病亟不受賀九月自丙戌朔獵于黑山赤山至于月終冬十月乙丑殺酒人粹你十一月辛卯殺近侍廷壽壬辰殺豕人阿不禮曷魯术里者涅里括庚子司天臺奏月當食不虧上以爲祥歡飲達旦壬寅殺鹿人唐果直哥撒剌十二月辛未手殺饔人海里復臠之是冬駐蹕黑河平淀

十八年春正月乙酉朔宴于宮中不受賀己亥觀燈于市以銀百兩市酒命羣臣亦市酒縱飲三夕二月乙卯幸五坊使霞實里家宴飲達旦三月甲申如潢河乙酉獲駕鵝祭天地造大酒器刻爲鹿文名曰鹿甗貯酒以祭天庚戌殺鶻人胡特魯近侍化葛及監囚海里仍剉海里之尸夏四月癸丑殺彘人抄里只己巳詔左右從班有材器幹局者不次擢用老耄者增俸以休于家五月丁亥重五以被酒不受賀壬辰獲鵝于述古水野飲終夜丁酉與政事令蕭排押南京留守高勳太師昭古劉承訓等酣飲連日夜己亥殺鹿人頗德臈哥陶瑰札不哥蘇古涅雛保彌古特敵荅等六月丙辰殺彘人屯奴己未爲殿前都點檢夷臘葛置神帳曲赦京畿囚甲戌撻烈於鴨窠中得牝犬來進是夏清暑褭潭秋七月辛丑漢主承鈞殂子繼元立來告遣使弔祭九月戊子殺詳穩八刺拽刺痕篤等四人己丑登小山祭天地戊戌知宋欲襲河東諭西南面都統南院大王撻烈豫爲之備己亥獵熊以喚鹿人鋪姑并掖庭戶賜夷臘葛甲辰以夷臘葛兼政事令仍以黑山東抹眞之地數十里賜之以女瓌爲近侍女直詳穩蔑陌爲本部夷离菫是秋獵于西京諸山冬十月辛亥朔宋圍太原詔撻烈爲兵馬總管發諸道兵救之十一月癸卯冬至被酒不受賀十二月丁丑殺酒人搭烈葛是冬駐蹕黑山東川

十九年春正月己卯朔宴宮中不受賀己丑立春被酒命殿前都點檢夷臘葛代行擊土牛禮甲午與羣臣爲葉格戲戊戌醉中驟加左右官乙巳詔太尉化哥曰朕醉中處事有乖無得曲從酒解可覆奏自立春飲至月終不聽政三月甲寅漢劉繼元嗣立遣使乞封冊辛酉遣韓知範冊爲皇帝癸亥殺前導末及益剌剉其屍棄之甲子漢遣使進白麂己巳如懷州獵獲熊歡飲方醉馳還行宮是夜近侍小哥盥人花哥庖人辛古等六人反帝遇弒年三十九廟號穆宗後附葬懷陵重熙二十一年謚曰孝安敬正皇帝

贊曰穆宗在位十八年知女巫妖妄見誅諭臣下濫刑切諫非不明也而荒耽于酒畋獵無厭偵鵝失期加炮烙鐵梳之刑獲鴨甚歡除鷹坊刺面之令賞罰無章朝政不視而嗜殺不已變起肘腋宜哉

遼史卷七考證

穆宗紀二十八年秋七月辛丑漢主承鈞殂子繼元立〇臣人龍按宋史北漢世家劉鈞卒繼恩立繼恩弑繼元立而遼史不書繼恩者蓋劉崇在時凡事稟命于遼歲使不絕鈞立禮文多畧遼主遣書責以三罪自是契丹使不來而漢使往輒見留至繼元復結契丹爲援而告已之立遼始遣使弔祭故據事而直書之非遺漏繼恩也

遼史卷八

元中書右丞相總裁脫脫等修

本紀第八

景宗一

景宗孝成康靖皇帝諱賢字賢寧小字明扆世宗皇帝第二子母曰懷節皇后蕭氏察割之亂帝甫四歲穆宗即位養永興宮既長穆宗酗酒怠政帝一日與韓匡嗣語及時事耶律賢適止之帝悟不復言應歷十九年二月戊辰入見穆宗曰吾兒已成人可付以政己巳穆宗遇弒帝率飛龍使女里侍中蕭思溫南院樞密使高勳率甲騎千人馳赴黎明至行在哭之慟羣臣勸進遂即皇帝位於柩前百官上尊號曰天贊皇帝大赦改元保寧以殿前都點檢耶律夷臘右皮室詳穩蕭烏里只宿衛不嚴斬之三月丙戌入上京以蕭思溫爲北院樞密使太平王罨撒葛亡入沙陀己丑夷离畢粘木衮以陰附罨撒葛伏誅癸巳罨撒葛入朝甲午以北院樞密使蕭思溫兼北府宰相己亥南院樞密使高勳封秦王夏四月戊申朔進封太平王罨撒葛爲齊王改封趙王喜隱爲宋王封隆先爲平王稍爲吳王道隱爲蜀王必攝爲越王敵烈爲冀王宛爲衛王五月戊寅立貴妃蕭氏

爲皇后丙申朔射柳祈雨有司請以帝生日爲天清節從之壬寅漢遣李匡弼劉繼文李元素來賀冬十月東幸褭潭十一月甲辰朔行柴冊禮祠木葉山駐蹕鶴谷乙巳蕭思溫封魏王北院大王屋質加于越

二年春正月丁未如漢河夏四月幸東京致奠于讓國皇帝及世宗廟五月癸丑西幸乙卯次盤道嶺盜殺北院樞密使蕭思溫六月還上京秋七月以右皮室詳穩賢適爲北院樞密使九月辛丑得國舅蕭海只及海里殺蕭思溫狀皆伏誅流其弟神覩于黃龍府十二月庚午漢遣使來貢

三年春正月甲寅右夷离畢奚底遣人獻敵烈俘詔賜有功將士庚申置登聞鼓院辛酉南京統軍使魏國公韓匡美封鄴王二月癸酉東幸壬午遣鐸遏使阿薩蘭回鶻己丑以青牛白馬祭天地三月丁未以飛龍使女里爲契丹行宮都部署夏四月丁卯世宗妃啜里及蒲哥厭魅賜死己卯祠木葉山行再生禮丙戌至自東幸戊子蕭神覩伏誅六月丙子漢遣使問起居自是繼月而至丁丑回鶻遣使來貢秋七月辛丑以北院樞密使賢適爲西北路招討使八月甲戌如秋山辛卯祭皇兄吼墓追冊爲皇太子諡莊聖九月乙巳賜傅父侍中達里迭太保楚補太保婆兒保母回室押雅等戶口牛羊有差又以潛邸給使者爲撻馬部置官主之壬子幸歸化州甲寅如南京冬十月己巳以黑白羊祀神癸未漢遣使來貢丙戌鼻骨德吐谷渾來貢十一月庚子臚朐河于越延尼里等率戶四百五十來附乞隸宮籍詔留其戶分隸敦睦積慶永興三宮優賜遣之十二月癸酉以青牛白馬祭天地己丑皇子隆緒生是冬駐蹕金川

四年春二月癸亥漢以皇子生遣使來賀閏月戊申齊王罨撒葛薨三月庚申朔追冊爲皇太叔夏四月庚寅朔追封蕭思溫爲楚國王是夏駐蹕冰井秋七月如雲州丁丑鼻骨德來貢冬十月丁亥朔如南京十二月甲午詔內外官上封事

五年春正月甲子惕隱休哥伐党項破之以俘獲之數來上漢遣使來貢庚午御五鳳樓觀燈二月丁亥近侍實魯里誤觸神纛法論死杖釋之壬辰越王必攝獻党項俘獲之數戊申以青牛白馬祭天地辛亥幸新城三月乙卯朔復幸新城追封皇后祖胡母里爲韓王贈伯胡魯古兼政事令尼古只兼侍中夏四月丙申白氣晝見五月癸亥于越屋質薨輟朝三日辛未女直侵邊殺都監達里迭拽刺斡里魯驅掠邊民牛馬己卯阿薩蘭回鶻來貢六月庚寅女直宰相及夷离菫來朝丙申漢遣人以宋事來告秋七月庚辰以保大軍節度使耶律斜里底爲中臺省左相是月駐蹕燕子城九月壬子鼻骨德部長曷魯撻覽來貢冬十月丁酉如南京十一月辛亥朔始獲應歷逆黨近侍小哥花哥辛古等誅之十二月戊戌漢將改元遣使稟命是月如歸化州

六年春正月癸未幸南京三月宋遣使請和以涿州刺史耶律昌朮加侍中與宋議和夏四月宋王喜隱坐謀反廢秋七月丁未朔閤門使酌古加檢校太尉兼御史大夫男海里以告喜隱事遙授隴州防禦使庚申獵于平地松林冬十月乙亥朔還上京十二月戊子以沙門昭敏爲三京諸道僧尼都總管加兼侍中

七年春正月甲戌朔宋遣使來賀壬寅望祠木葉山二月癸亥漢鴈門節度使劉繼文來朝貢方物丙寅以青牛白馬祭天地三月壬午耶律速撒等獻党項俘分賜羣臣夏四月遣郎君矧思使宋己酉祠木葉山辛亥射柳祈雨如頻蹕淀清暑五月丙戌祭神姑秋七月黃龍府衞將燕頗殺都監張琚以叛遣敞史耶律曷里必討之九月敗燕頗於治河遣其弟安搏追之燕頗走保兀惹城安搏乃還以餘黨千餘戶城通州是秋至自頻蹕淀冬十月釣魚土河

八年春正月癸酉宋遣使來聘二月壬寅諭史館學士書皇后言亦稱朕暨予著爲定式三月辛未遣五使廉問四方鰥寡孤獨及貧乏失職者賑之夏六月以西南面招討使耶律斜軫爲北院大王秋七月丙寅朔寧王只沒妻安只伏誅只沒高勳等除名辛未宋遣使來賀天清節八月癸卯漢遣使言天清節設無遮會飯僧祝釐丁未如秋山己酉漢以宋事來告是月女直侵貴德州東境九月己巳謁懷陵辛未東京統軍使察鄰詳穩涸奏女直襲歸州五寨剽掠而去乙亥鼻骨德來貢壬午漢爲宋人所侵遣使求援命南府宰相耶律沙冀王敵烈赴之戊子漢以宋師壓境遣駙馬都尉盧俊來告冬十月辛丑漢以遼師退宋軍來謝十一月丙子宋主匡胤殂其弟炅自立遣使來告辛卯遣郎君王六撻馬涅木古等使宋弔慰十二月壬寅遣蕭只古馬哲賀宋即位丁未漢以宋軍復至掠其軍儲來告且乞賜糧爲助戊午詔南京復禮部貢院是月轄戛斯國遣使來貢

遼史卷八考證

景宗紀一　保寧六年三月宋遣使請和以涿州刺史耶律昌朮加侍中與宋議和○臣人龍按職官分紀開寶七年契丹涿州刺史耶律琮以書遺雄州孫全興願講好于朝廷八年契丹遣欵附使克沙骨愼思來聘自是乃通使矣據此則通和乃契丹之意而遼史書宋遣使請和不書宋之報使諱之也遼書昌朮而宋書琮則名參差不同

八年十一月丙子宋主匡胤殂其弟炅自立○臣宗楷按太宗改名炅在太平興國二年二月遼史固預爲書之耳

遼史卷九

元中書右丞相總裁脫脫等修

本紀第九

景宗二

九年春正月丙寅女直遣使來貢二月庚子宋遣使致其先帝遺物甲寅以青牛白馬祭天地三月癸亥耶律沙敵烈獻援漢之役所獲宋俘戊辰詔以粟二十萬斛助漢五月庚午漢遣使來謝且以宋事來告己丑女直二十一人來請宰相夷离菫之職以次授之六月丙辰以宋王喜隱爲西南面招討使秋七月庚申朔回鶻遣使來貢甲子宋遣使來聘壬申漢以宋侵來告丙子遣使助漢戰馬八月漢遣使進葡萄酒冬十月甲子耶律沙以党項降酋可醜買友來見賜詔撫諭丁卯以可醜爲司徒買友爲太保各賜物遣之壬申女直遣使來貢乙酉漢復遣使以宋事來告十一月丁亥朔司天奏日當食不虧戊戌吐谷渾叛入太原者四百餘戶索而還之癸卯祠木葉山乙巳遣太保迭烈割等使宋乙卯漢復遣使以宋事來告十二月戊辰獵于近郊以所獲祭天

十年春正月癸丑如長濼二月庚午阿薩蘭回鶻來貢三月庚寅祭顯陵夏四月丁卯西幸己巳女直遣使來貢五月癸卯賜女里死遣人誅高勳等六月己未駐蹕沿柳湖秋七月庚戌享太祖廟九月癸未平王隆先子陳哥謀害其父車裂以徇是冬駐蹕金川

乾亨元年春正月乙酉遣撻馬長壽使宋問興師伐劉繼元之故丙申長壽還言河東逆命所當問罪若北朝不援和約如舊不然則戰二月丁卯漢以宋兵壓境遣使乞援詔南府宰相耶律沙爲都統冀王敵烈爲監軍赴之又命南院大王斜軫以所部從樞密副使抹只督之三月辛巳速撒遣人以別部化哥等降納之丙戌漢遣使謝撫諭軍民詔北院大王奚底乙室王撒合等以兵戍燕己丑漢復告宋兵入境詔左千牛衞大將軍韓悖大同軍節度使耶律善補以本路兵南援辛卯女直遣使來貢丁酉耶律沙等與宋戰於白馬嶺不利冀王敵烈及突呂不部節度使都敏黃皮室詳穩唐筈皆死之士卒死傷甚衆夏四月辛亥漢以行軍事宜來奏盧俊自代州馳狀告急辛酉敵烈來貢五月己卯宋兵至河東漢與戰不利劉繼文盧俊來奔六月劉繼元降宋漢亡甲子封劉繼文爲彭城郡王盧俊同政事門下平章事宋主來侵丁卯北院大王奚底統軍使蕭討古乙室王撒合擊之戰于沙河失利己巳宋主圍南京丁丑詔諭耶律沙及奚底討古等軍中事宜秋七月癸未沙等及宋兵戰于高梁河少却休哥斜軫橫擊大敗之宋主僅以身免至涿州竊乘驢車遁去甲申擊宋餘軍所殺甚衆獲兵仗器甲符印糧餽貨幣不可勝計辛丑耶律沙遣人上俘獲以權知南京留守事韓德讓權南京馬步軍都指揮使耶律學古知三司事劉弘皆能安人心捍城池並賜詔褒獎八月壬子阻卜惕隱曷魯夷离菫阿里覩等來朝乙丑耶律沙等獻俘丙寅以白馬之役責沙抹只復以走宋主功釋之奚底遇敵而退以劍背擊之撒合雖却部伍不亂宥之冀王敵烈麾下先遁者斬之都監以下杖之壬申宴沙抹只等將校賜物有差九月己卯燕王韓匡嗣爲都統南府宰相耶律沙爲監軍惕隱休哥南院大王斜軫權奚王抹只等各率所部兵南伐仍命大同軍節度使善補領山西兵分道以進冬十月乙丑韓匡嗣與宋兵戰於滿城敗績辛未太保矧思與宋兵戰於火山敗之乙亥詔數韓匡嗣五罪赦之十一月戊寅宴賞休哥及有功將校乙未南院樞密使兼政事令郭襲上書諫畋獵嘉納之辛丑冬至赦改元乾亨十二月乙卯燕王韓匡嗣遙授晉昌軍節度使降封秦王壬戌蜀王道隱南京留守徙封荆王是冬駐蹕南京

二年春正月丙子朔封皇子隆緒爲梁王隆慶爲恒王丁亥以惕隱休哥爲北院大王前樞密使賢適封西平郡王二月戊辰如清河三月丁亥西南面招討副使耶律王六太尉化哥遣人獻党項俘閏月庚午有鵠飛止御帳獲以祭天夏四月庚辰祈雨戊子清暑燕子城五月雷火乾陵松六月己亥喜隱復謀反囚于祖州秋七月戊午王六等獻党項俘八月戊戌東幸冬十月辛未朔命巫者祠天地及兵神辛巳將南伐祭旗鼓癸未次

南京丁亥獲敵人射鬼箭庚寅次固安以青牛白馬祭天地己亥圍瓦橋關十一月庚子朔宋兵夜襲營突呂不部節度使蕭幹及四捷軍詳穩耶律痕德戰却之壬寅休哥敗宋兵於瓦橋東守將張師引兵出戰休哥奮擊敗之戊申宋兵陣於水南休哥涉水擊破之追至莫州殺傷甚衆己酉宋兵復來擊之殆盡丙辰班師乙丑還次南京十二月庚午朔休哥拜于越大饗軍士

二年春二月丙子東幸己丑復幸南京三月乙卯皇子韓八卒辛酉葬潢土二河之間置永州以秦王韓匡嗣爲西南面招討使五月丙午上京漢軍亂刼立喜隱不克僞立其子留禮壽上京留守除室擒之秋七月甲子留禮壽伏誅冬十月如蒲瑰坡十一月辛亥加除室同政事門下平章事是月以南院樞密使郭襲爲武定軍節度使十二月以遼興軍節度使韓德讓爲南院樞密使

四年春正月己亥如華林天柱三月乙未清明與諸王大臣較射宴飲夏四月自將南伐至滿城戰不利守太尉奚瓦里中流矢死統軍使善補爲伏兵所圍樞密使斜軫救免詔以失備杖之五月班師清暑燕子城秋七月壬辰遣使賜喜隱死八月如西京九月庚子幸雲州甲辰獵于祥古山帝不豫壬子次焦山崩於行在年三十五在位十三年遺詔梁王隆緒嗣位軍國大事聽皇后命統和元年正月壬戌上尊謚孝成皇帝廟號景宗重熙二十一年加謚孝成康靖皇帝

贊曰遼興六十餘年神冊會同之間日不暇給天祿應歷之君不令其終保寧而來人人望治以景宗之資任人不疑信賞必罰若可與有爲也而竭國之力以助河東破軍殺將無救滅亡雖一取償於宋得不償失知匡嗣之罪數而不罰善郭襲之諫納而不用沙門昭敏以左道亂德寵以侍中不亦惑乎

遼史卷九考證

景宗紀二九年秋七月甲子宋遣使來聘○臣長發按續通鑑綱目夏四月乙卯葬永昌陵契丹遣耶律敵會葬尋遣辛仲甫報謝之遼史畧去會葬之使而止書宋使來聘

遼史卷十

元中書右丞相總裁脫脫等修

本紀第十

聖宗一

聖宗文武大孝宣皇帝諱隆緒小字文殊奴景宗皇帝長子母曰睿智皇后蕭氏帝幼喜書翰十歲能詩既長精射法曉音律好繪畫乾亨二年封梁王四年九月壬子景宗崩癸丑卽皇帝位於柩前時年十二皇后奉遺詔攝政詔諭諸道冬十月己未朔帝始臨朝辛酉羣臣上尊號曰昭聖皇帝尊皇后爲皇太后大赦以南院大王勃古哲總領山西諸州事北院大王于越休哥爲南面行軍都統奚王和朔奴副之同政事門下平章事蕭道寧領本部軍駐南京乙丑如顯州十一月甲午置乾州十二月戊午耶律速撒討阻卜辛酉南京留守荊王道隱奏宋遣使獻犀帶請和詔以無書却之甲子撻剌干乃萬十醉言宮掖事法當死杖而釋之辛未南面招討使秦王韓匡嗣薨癸酉奉大行皇帝梓宮于菆塗殿庚辰省置中臺省官

統和元年春正月戊午朔以大行在殯不受朝乙丑奉遺詔召先帝庶兄質睦于菆塗殿前復封寧王加宰相室昉宣徽使普領等恩丙寅荊王道隱有疾詔遣使存問是日皇太后幸其邸視疾戊辰以烏隈烏骨里部節度使耶律章瓦同政事門下平章事甲戌荊王道隱薨輟朝三日追封晉王遣使撫慰其家丙子以于越休哥爲南京留守仍賜南面行營總管印綬總邊事渤海撻馬解里以受先帝厚恩乞殉葬詔不許賜物以旌之戊寅遣使賜于越休哥及奚王籌寧統軍使頗德等湯藥命懇篤持送休哥下車牓以諭燕民辛巳速撒獻阻卜俘壬午涿州刺史安吉奏宋築城河北詔留守于越休哥撓之勿命就功趙妃及公主胡骨典奚王籌寧宰相安寧北大王普奴寧惕隱屈烈吳王稍寧王只沒與橫帳國舅契丹漢宮等並進助山陵費癸未齊國公主率內外命婦進物如之甲申西南面招討使韓德威奏党項十五部侵邊以兵擊破之乙酉以速撒破阻卜下詔褒美仍諭與大漢討党項諸部丁亥樞密使兼政事令室昉以年老請解兼職詔不允二月戊子朔禁所在官吏軍民不得無故聚衆私語及冒禁夜行違者坐之己丑南京奏聞宋多聚糧邊境及宋主將如臺山詔休哥嚴爲之備甲午葬景宗皇帝於乾陵以近幸朗掌飲伶人撻魯爲殉上與皇太后因爲書附上大行丙申皇太后請陵置奠命繪近臣於御容殿賜山陵工人物有差庚子以先帝遺物賜皇族及近臣辛丑南京統軍使耶律善補奏宋邊七十餘村來附詔撫存之乙巳以御容殿爲玉殿酒谷爲聖谷速撒奏討党項捷遣使慰勞戊申以惕隱化哥爲北院大王解領爲南府宰相辛亥幸聖山遂謁三陵甲寅以皇女長壽公主下嫁國舅宰相蕭婆項之子吳留三月戊午天德軍節度使頹剌父子戰歿以其弟涅離襲爵己未次獨山遣使賞西南面有功將士辛酉以大父帳太尉耶律曷魯寧爲惕隱甲子駐蹕遼河之平淀辛巳以國舅同平章事蕭道寧爲遼興軍節度使仍賜號忠亮佐理功臣壬午以青牛白馬祭天地夏四月丙戌朔幸東京以樞密副使耶律末只兼侍中爲東京留守庚寅謁太祖廟癸巳詔賜物命婦寡居者丙申南幸辛丑謁三陵以東京所進物分賜陵寢官吏復詔賜西南路招討使大漢劍不用命者得專殺壬寅致享于凝神殿癸卯謁乾陵乙巳遣人以酒脯祭平章耶律河陽墓庚戌幸夫人烏骨里第謁太祖御容禮畢幸公主胡古典第飲賜與甚厚壬子大臣以太后預政宜有尊號請下有司詳定册禮詔樞密院諭沿邊節將至行禮日止遣子弟奉表稱賀恐失邊備樞密請詔北府司徒頗德譯南京所進律文從之遂如徽州以耶律慶朗爲信州節度使五月丙辰朔國舅政事門下平章事蕭道寧以皇太后慶壽請歸父母家行禮而齊國公主及命婦羣臣各進物設宴賜國舅帳耆年物有差壬戌西南路招討請益兵討西突厥諸部詔北王府耶律蒲奴寧以敵畢迭烈二部兵赴之癸亥以于越休哥在南院過用吏人詔南大王母相循襲庚午耶律善補招亡入宋者得千餘戶歸國詔令撫慰辛未次永州祭王子藥師奴墓乙亥詔近臣議皇太后上尊號册禮樞密使韓德威以後漢太后臨朝故事草定上之丙子以青牛白馬祭天地戊寅幸木葉山西南路招討使大漢奏近遣拽剌跋剌哥諭党項諸部來者甚衆下詔襃美六月乙酉朔詔有司册皇太后日給三品以上法服三品以下用大射柳之服西南路招討使奏党項酋長執夷离菫子隈引等乞內附詔撫納之仍察其誠僞謹邊備丙戌還上京己丑有司奏同政事門下平章事駙馬都尉盧俊與公主不協詔離之遂出俊爲興國軍節度使辛卯有事于太廟甲午上率羣臣上皇太后尊號曰承天皇太后羣臣上皇帝尊號曰天輔皇帝大赦改元統和丁未覃恩中外文武官各進爵一級以樞密副使耶律斜軫守司徒秋七月甲寅朔皇太后聽政乙卯上親錄囚丁巳司徒婁國坐稱疾不赴山陵笞二十辛酉行再生禮癸亥臨潢尹褭姦進飲饌上與諸王分朋擊鞠丙子韓德威遣詳穩轄馬上破党項俘獲數千送夷离菫之子來獻辛巳賞西南面有功將士八月戊子上西巡己丑謁祖陵辛卯皇太后祭楚國王蕭思溫墓癸巳上與皇太后謁懷陵遂幸懷州甲午上與斜軫於太后前易弓矢鞍馬約以爲友己亥獵赤山遣使薦熊肪鹿脯于乾陵之凝神殿以政事令孫楨無子詔國舅小翁帳郎君桃隈爲之後乙巳詔于越休哥提點元城壬子韓德威表請伐党項之復叛者詔許之仍發別部兵數千以助之九月癸丑朔以東京平州旱蝗詔賑之乙卯謁永興長寧敦睦三宮丙辰南京留守奏秋霖害稼請權停關征以通山西糴易從之庚申謁宜簡皇帝廟辛酉幸祖州謁祖陵壬戌還上京辛未有司請以帝生日爲千齡節從之皇太后言故于越屋只有傅導功宜錄其子孫遂命其子泮決爲林牙丙子如老翁川冬十月癸未朔司天奏老人星見戊子以公主淑哥下嫁國舅詳穩照姑癸巳速撒奏敵烈部及叛蕃來降悉復故地乙未以燕京留守于越休哥言每歲諸節度使貢獻如契丹宮例止進鞍馬從之丁酉以吳王稍爲上京留守行臨潢尹事上將征高麗親閱東京留守耶律末只所總兵馬丙午命宣徽使兼侍中蒲領林牙肯德等將兵東討賜旗鼓及銀符十一月壬子朔觀漁撻馬濼癸丑應州奏獲宋諜者言宋除道五臺山將入靈丘界詔諜者及居停人並磔于市庚辰上與皇太后祭乾陵下詔諭三京左右相左右平章事副留守判官諸道節度使判官諸軍事判官錄事參軍等當執公方毋得阿順諸縣令佐如遇州官及朝使非理徵求毋或畏徇恒加采聽以爲殿最民間有父母在別籍異居者聽鄰里覺察坐之有孝于父母三世同居者旌其門閭十二月壬午朔謁凝神殿遣使分祭諸陵賜守殿官屬酒是日幸顯州丁亥以顯州歲貢綾錦分賜左右甲午東幸己亥皇太后觀漁于玉盆灣辛丑觀漁于濬淵甲辰勅諸刑辟已結正決遣而有冤者聽詣臺訴是夕然萬魚燈于雙溪戊申千齡節祭日月禮畢百僚稱賀

二年春正月甲子如長濼二月癸巳國舅帳彰德軍節度使蕭闥覽來朝甲午賜將軍耶律敵不春衣束帶丙申東路行軍宣徽使蕭蒲寧奏討女直捷遣使執手獎諭庚子朝皇太后太后因從觀獵于饒樂川乙巳五國

烏隈于厥節度使耶律隗洼以所轄諸部難治乞賜詔給劍便宜行事從之丙午上與諸王大臣較射丁未韓德威以征党項廻遂襲河東獻所俘賜詔褒美三月乙卯劃離部請今後詳穩止從本部選授爲宜上曰諸部官惟在得人豈得定以所部爲限不允贈故同平章事趙延煦兼侍中夏四月丁亥宣徽使同平章事耶律普寧都監蕭勤德獻征女直捷授普寧兼政事命勤德神武衛大將軍各賜金器諸物庚寅皇太后臨決滯獄辛卯祭風伯壬辰以宣徽南院使劉承規爲承德軍節度使崇德宮都部署保義軍節度使張德筠爲宣徽北院使五月乙卯祠木葉山丁丑駐蹕沿柳湖六月己卯朔皇太后决獄至月終秋七月癸丑皇太后行再生禮八月辛卯東京留守兼侍中耶律末只奏女直术不直賽里等八族乞舉衆內附詔納之九月戊申朔駐蹕土河辛未以景宗忌日詔諸道京鎮遣官行香飯僧冬十月丁丑朔以歸化州刺史耶律普寧爲彰德軍節度使右武衛大將軍韓倬爲彰國軍節度使兼侍衛親軍兵馬都指揮使冬十一月壬子以樞密直學士給事中鄭褒爲儒州刺史是月速撒等討阻卜殺其酋長撻剌干十二月辛丑以翰林學士承旨馬得臣爲宣政殿學士耶律頗德南京統軍使耶律瑤昇大內惕隱大仁靖東京中臺省右平章事

三年春正月丙午朔如長濼丁巳以翰林學士邢抱朴爲尚書禮部侍郎知制誥左拾遺知制誥劉景吏部郎中知制誥牛藏用並政事舍人二月丙子朔以牛藏用知樞密直學士三月乙巳朔樞密奏契丹諸役戶多困乏請以富戶代之上因閱諸部籍涅剌烏隈二部戶少而役重幷量免之夏四月乙亥朔祠木葉山壬午以鳳州刺史趙匡符爲保靜軍節度使癸未以左監門衛大將軍王庭鶚爲奉先軍節度使彰武軍節度使韓德凝爲崇義軍節度使五月壬子還上京癸酉以國舅蕭道寧同平章事知瀋州軍州事六月甲戌如栢坡皇太后親决滯獄乙亥以歸義軍節度使王希嚴爲興國軍節度使秋七月甲辰朔詔諸道繕甲兵以備東征高麗甲寅東幸甲子遣郎君班褭賜秦王韓匡嗣葬物丙寅駐蹕土河以暴漲命造船橋明日乘步輦出聽政老人星見丁卯遣使閱東京諸軍兵器及東征道路以平章事蕭道寧爲昭德軍節度使武定軍節度使守司空兼政事令郭襲爲天平軍節度使大同軍節度使守太子太師兼政事令劉延構爲義成軍節度使尉尚父秦王韓匡嗣尚書令八月癸酉朔以遼澤沮洳罷征高麗命樞密使耶律斜軫爲都統駙馬都尉蕭懇德爲監軍以兵討女直丁丑次龕城庚辰至顯州謁凝神殿辛巳幸乾州觀新宮癸未謁乾陵甲申命南北面臣僚分巡山陵林木及命乾顯二州上所部里社之數丙戌北皮室詳穩進勇敢士七人戊子故南院大王諧領已里婉妻蕭氏奏夫死不能葬詔有司助之庚寅東征都統所奏路尚陷濘未可進討詔俟澤涸深入癸巳皇太后謁顯陵庚子謁乾陵辛丑西幸閏九月癸酉命邢抱朴勾檢顯陵丙子行次海上庚辰重九駱駝山登高賜羣臣菊花酒辛巳詔諭東征將帥乘水涸進討丙申女直宰相术不里來貢戊戌駐蹕東古山己亥速撒奏术不姑諸部至近淀夷离堇易魯姑請行俘掠上曰諸部於國無惡何故俘掠徒生事耳不允冬十一月甲戌詔吳王稍領秦王韓匡嗣葬祭事丁丑詔以東北路兵馬監軍妻婆底里存撫邊民戊寅賜公主胡骨典葬夫金帛工匠辛卯以韓德讓兼政事令癸巳禁行在市易布帛不中尺度者丙申東征女直都統蕭闥覽菩薩奴以行軍所經地里物產來上

遼史卷十考證

聖宗紀一十二月辛酉南京留守荊王道隱奏宋遣使獻犀帶請和詔以無書却之○臣宗萬按宋史太宗本紀太平興國七年十二閏月豐州與契丹戰破之獲其天德節度使蕭太合二國之史觀之遼不書本國之敗績宋不書本國之求和

統和元年二月戊子朔○臣人龍按宋史太宗本紀太平興國八年二月戊子朔日有食之遼史失載

遼史卷十一

元　中　書　右　丞　相　總　裁　脫　脫　等　修

本紀第十一

聖宗二

四年春正月甲戌觀漁土河林牙耶律謀魯姑彰德軍節度使蕭闥覽上東征俘獲賜詔獎諭丙子樞密使耶律斜軫林牙勤德等上討女直所獲生口十餘萬馬二十餘萬及諸物己卯朝皇太后決滯訟壬午樞密使斜軫林牙勤德謀魯姑節度使闥覽統軍使室羅侍中抹只奚王府監軍迪烈與安吉等克女直還軍遣近侍泥里吉詔旌其功仍執手撫諭賜酒果勞之甲午幸長濼二月壬寅以四番都統軍李繼忠爲檢校司徒上柱國癸卯西夏李繼遷叛宋來降以爲定難軍節度使銀夏綏宥等州觀察處置等使特進檢校太師都督夏州諸軍事西番酋帥瓦泥乞移爲保大軍節度使鄜坊等州觀察處置等使甲寅耶律斜軫蕭闥覽謀魯姑等族帥來朝行飲至之禮賞賚有差丙寅行次梟里井三月甲戌于越休哥奏宋遣曹彬崔彥進米信由雄州道田重進飛狐道潘美楊繼業鴈門道來侵岐溝涿州固安新城皆陷詔宣徽使蒲領馳赴燕南與休哥議軍事分遣使者徵諸部兵益休哥以擊之復遣東京留守耶律抹只以大軍繼進賜劍專殺乙亥以親征告陵廟山川丙子統軍使耶律頗德敗宋軍于固安休哥絕其糧餉擒將吏獲馬牛器仗甚衆庚辰寰州刺史趙彥章以城叛附于宋辛巳宋兵入涿州義順軍節度副使趙希贊以朔州叛附于宋時上與皇太后駐兵駝羅口詔趣東征兵馬以爲應援壬午詔林牙勤德以兵守平州之海岸以備宋仍報平州節度使迪里姑若勤德未至遣人趣行馬乏則括民馬鐙甲闕則取於顯州之甲坊癸未遼軍與宋田重進戰于飛狐不利冀州防禦使大鵬翼康州刺史馬贇馬軍指揮使何萬通陷焉丁亥以北院樞密使耶律斜軫爲山西兵馬都統以北院宣徽使蒲領爲南征都統以副于越休哥彰國軍節度使艾正觀察判官宋雄以應州叛附于宋庚寅遣飛龍使亞剌文班吏亞達哥閱馬以給先發諸軍詔駙馬都尉蕭繼遠領之辛卯武定軍馬步軍都指揮使郢州防禦使呂行德副都指揮使張繼從馬軍都指揮使劉知進等以飛狐叛附于宋癸巳賜林牙謀魯姑旗鼓四劍一率禁軍之驍銳者南助休哥丙申步軍都指揮使穆超以靈丘叛附于宋詔遣使賜樞密使斜軫密旨及彰國軍節度使杓窊印以趣征討夏四月己亥朔次南京北郊庚子惕隱瑤昇西南面招討使韓德威以捷報辛丑宋潘美陷雲州壬寅遣抹只謀魯姑勤德等領偏師以助休哥仍賜旗鼓杓窊印撫諭將校癸卯休哥復以捷報上以酒脯祭天地率羣臣賀于皇太后詔勤德還軍丙午頗德上所獲鎧仗數戊申監軍宣徽使蒲領奏敵軍引退而奚王籌寧北大王蒲奴寧統軍使頗德等以兵追躡皆勝之遣敵吏勤德持詔褒美及詔侍中抹只統諸軍赴行在所頻不部節度使和盧覩黃皮室詳穩解里等各上所獲兵甲又詔兩部突騎赴蔚州以助闥覽橫帳郎君老君奴率諸郎君巡徼居庸之北將軍化哥統平州兵馬橫帳郎君奴哥爲黃皮室都監郎君謁里爲北府都監各以步兵赴蔚州以助斜軫庚戌以斜軫爲諸路兵馬都統闥覽兵馬副部署迪子都監以代善補韓德威癸丑以艾正趙希贊及應州朔州節度副使奚軍小校隘離轄渤海小校貫海等叛入于宋籍其家屬分賜有功將校宋將曹彬米信北渡拒馬河與于越休哥對壘挑戰南北列營長六七里時上次涿州東五十里甲寅詔于越休哥奚王籌寧宣徽使蒲領南北二王等嚴備水道無使敵兵得潛至涿州乙卯休哥等敗宋軍獻所獲器甲貨財賜詔褒美蔚州左右都押衙李存璋許彥欽等殺節度使蕭啜里執監城使銅州節度使耿紹忠以城叛附于宋丙辰復涿州告天地戊午上次沙姑河之北淀召林牙勤德議軍事諸將校各以所俘獲來上奚王籌寧南北二王率所部將校來朝以近侍粘米里所進自落鵲祭天地己未休哥蒲領來朝詔三司給軍前夏衣布庚申上朝皇太后辛酉大軍次固安壬戌圍固安城統軍使頗德先登城遂破大縱俘獲居民先被俘者命以官物贖之甲子賞攻城將士有差五月庚午遼師與曹彬米信戰于岐溝關大敗之追至拒馬河溺死者不可勝紀餘衆奔高陽又爲遼師衝擊死者數萬棄戈甲若丘陵輓漕數萬人匿岐溝空城中圍之壬申以皇太后生辰縱還癸酉班師還次新城休哥蒲領奏宋兵奔逃者皆殺之甲戌以軍捷遣使分諭諸路京鎮丁丑詔諸將校論功行賞無有不實己卯次固安南以青牛白馬祭天地庚辰以所俘宋人射鬼箭詔遣詳穩排亞率弘義宮兵及南北皮室郎君拽剌四軍赴應朔二州界與惕隱瑤昇招討韓德威等同禦宋兵在山西之未退者辛巳以瑤昇軍赴山西壬午還次南京癸未休哥籌寧蒲奴寧進俘獲斜軫遣判官蒲奴奏復蔚州斬首二萬餘級乘勝攻下靈丘飛狐賜蒲奴酒及銀器丙戌御元和殿大宴從軍將校封休哥爲宋國王加蒲領籌寧蒲奴寧及諸有功將校爵賞有差丁亥發南京詔休哥備器甲儲粟待秋大舉南征戊子斜軫奏宋軍復圍蔚州擊破之詔以兵授瑤昇韓德威等壬辰以宋兵至平州瑤昇韓德威不盡追殺降詔詰責仍諭據城未降者必盡掩殺無使遁逃癸巳以軍前降卒分賜扈從乙未賞頗德諸將校士卒六月戊戌朔詔韓德威赴闕加統軍使頗德檢校太師甲辰詔南京留守休哥遣礮手西助斜軫乙巳以夷离畢姪里古部送輜重行

宮暑行日五十里人馬疲乏遣使讓之丁未度居庸關壬子南京留守奏百姓歲輸三司鹽鐵錢折絹不如直詔增之甲寅斜軫奏復寰州乙卯皇太妃諸王公主迎上嶺表設御幄道傍置景宗御容率從臣進酒陳俘獲于前遂大宴戊午幸涼陘以所俘分賜皇族及乳母己未聞所遣宣諭回鶻覈列鄂國度里亞里等爲术不姑邀留詔速撒賜术不姑貨幣諭以朝廷來遠之意使者由是乃得行癸亥以節度使韓毗哥翰林學士邢抱朴等充雲州官諭招撫使丙寅以太尉王八所俘生口分賜趙妃及于越迪輦乙里婉秋七月丙子樞密使斜軫遣侍御涅里底斡勤哥奏復朔州擒宋將楊繼業及上所獲將校印綬詔勅賜涅里底等酒及銀器辛巳以捷告天地以宋歸命者二百四十人分賜從臣又以殺敵多詔上京開龍寺建佛事一月僧飯萬人辛卯斜軫奏大軍至蔚州營于州左得諜報敵兵且至乃設伏以待敵至縱兵逆擊追奔逐北至飛狐口遂乘勝鼓行而西入寰州殺守城吏卒千餘人宋將楊繼業初以驍勇自負號楊無敵北據雲朔數州至是引兵南出朔州三十里至狼牙村惡其名不進左右固請乃行遇斜軫伏四起中流矢墮馬被擒瘡發不食三日死遂函其首以獻詔詳穩轄麥室傳其首于越休哥以示諸軍仍以朔州之捷宣諭南京平州將吏自是宋守雲應諸州者聞繼業死皆棄城遁八月丁酉置先離闥覽官六員領于骨里女直迪烈于等諸部人之隸官籍者以北大王蒲奴寧爲山後五州都管乙巳韓德讓奏宋兵所掠州郡其逃民禾稼宜募人收穫以其半給收者從之乙卯斜軫還自軍獻俘己未用室昉韓德讓言復山西今年租賦詔第山西諸將校功過而賞罰之乙室帳宰相安寧以功過相當追告身一通諸括部節度使佛奴笞五十揚隱瑤昇拽剌𣫊列朔州節度使愼思應州節度使骨只雲州節度使化哥軍校李元迪蔚州節度使佛留都監崔其劉繼琛皆以聞敵逃遁奪官配烈仍配隸本貫領國舅軍王六笞五十壬戌以斜軫所部將校前破女直後有宋捷第功加賞癸亥加斜軫守太保九月丙寅朔皇太妃以上納后進衣物駞馬以助會親頒賜甲戌次黑河以重九登高于高水南阜祭天賜從臣命婦菊花酒丁丑次河陽北戊寅內外命婦進會親禮物辛巳納皇后蕭氏丙戌次儒州以大軍將南征詔遣皮室詳穩乞的郎君拽剌先赴本軍繕甲兵己丑召北大王蒲奴寧赴行在所甲午皇太后行再生禮冬十月丙申朔党

項阻卜遣使來貢丁酉皇太后復行再生禮爲帝祭神祈福己亥以乙室王帳郎君吳留爲御史大夫政事令室昉奏山西四州自宋兵後人民轉徙盜賊充斥乞下有司禁止命新州節度使蒲打里選人分道巡檢北大王帳郎君曷葛只里言本府王蒲奴寧十七罪詔橫帳太保覈國底鞫之蒲奴寧伏其罪十一笞二十釋之曷葛只里亦伏誣告六事命詳酌罪之知事勤德連坐杖一百免官甲辰出居庸關乙巳詔諸京鎮相次軍行諸細務權停理問庚戌分遣拽剌沿邊偵候辛亥命皇族盧帳駐東京延芳淀壬子詔以勅牓付于越休哥以南征諭拒馬河南六州乙卯幸南京戊午以南院大王留寧言復南院部民今年租賦壬戌以銀鼠青鼠及諸物賜京官僧道耆老甲子上與大臣分朋擊鞠十一月丙寅朔党項來貢庚午以政事令韓德讓守司徒壬申以古北松亭榆關征稅不法致阻商旅遣使鞫之女直請以兵從征許之癸酉御正殿大勞南征將校丙子南伐次狹底堝皇太后親閱輜重兵甲丁丑以休哥爲先鋒都統戊寅日南至上率從臣祭酒景宗御容辛巳詔以北大王蒲奴寧居奉聖州山西五州公事並聽與節度使蒲打里共裁決之癸未祭日月爲駙馬都尉勤德祈福乙酉置諸部監勒所部各守營伍毋相錯雜丙戌遣謀魯姑蕭繼遠沿邊巡徼以所獲宋卒射鬼箭丁亥以青牛白馬祭天地辛卯次白佛塔川獲自落馴狐以爲吉徵祭天地詔駙馬都尉蕭繼遠林牙謀魯姑太尉林八等固守封疆毋漏間諜軍中無故不得馳馬及縱諸軍殘南境桑果壬辰至唐興縣時宋軍屯滹沱橋北選將亂射之橋不能守進焚其橋癸巳涉沙河休哥來議事北皮室詳穩排亞獻所獲宋諜二人上賜衣物令還招諭泰州楮特部節度使盧補古都監耶律聆與宋戰于泰州不利甲午祭麃鹿神以盧補古臨陣逃遁奪告身一通其判官都監各杖之郎君拽剌雙骨里遇宋先鋒於望都擒其士卒九人獲甲馬十一賜酒及銀器乙未以盧補古等罪詔諭諸軍以御盞郎君化哥權楮特部節度使橫帳郎君佛留爲都監代盧補古權領國舅軍桃畏請置二校領散卒詔以郎君世音頗德等充命彰德軍節度使蕭闥覽將軍迪子畧地東路詔休哥排亞德議軍事十二月己亥休哥敗宋軍於望都遣人獻俘壬寅營于滹沱北詔休哥以騎兵絕宋兵毋令入邢州命太師王六謹偵候癸卯小校曷主遇宋輜重引兵殺獲甚衆并焚其芻粟甲辰詔南大王與休哥合勢進

討宰相安寧領迪离部及三剋軍殿上率大軍與宋將劉廷讓李敬源戰于莫州敗之乙巳擒宋將賀令圖楊重進等國舅詳穩撻烈哥宮使蕭打里死之丙午詔休哥以下入內殿賜酒勞之丁未築京觀復入南京禁軍擊楊團城守將以城降詔禁侵掠己酉營神榆村詔上楊團城粟麥兵甲之數辛亥以黑白二牲祭天地癸丑拔馮母鎮大縱俘掠丙辰邢州降丁巳拔深州以不即降誅守將以下縱兵大掠李繼遷引五百騎欵塞願婚大國永作藩輔詔以王子帳節度使耶律襄之女汀封義成公主下嫁賜馬三千匹

遼史卷十一考證

聖宗紀二統和四年十二月癸丑拔馮母鎮大縱俘掠

○臣長發按宋通鑑壬子契丹簿代州爲張齊賢所敗殺其國舅詳穩撻烈哥宮使蕭打里遼史于癸丑記拔馮母鎮大縱俘掠而壬子之敗則諱之

遼史卷十二

元中書右丞相總裁脫脫等修

本紀第十二

聖宗三

五年春正月乙丑破束城縣縱兵大掠丁卯次文安遣人諭降不聽遂擊破之盡殺其丁壯俘其老幼戊寅上還南京己卯御元和殿大賚將士壬辰如華林天柱二月甲午朔至自天柱三月癸亥朔幸長春宮賞花釣魚以牡丹徧賜近臣歡宴累日丁丑以諦居部下拽剌解里偵候有功命入御盞郎君班祇候夏四月癸巳朔幸南京丁酉上率百僚冊上皇太后尊號曰睿德神畧應運啟化承天皇太后禮畢羣臣上皇帝尊號曰至德廣孝昭聖天輔皇帝戊戌詔有司條上勳舊等第加恩癸丑淸暑氷井六月壬辰召大臣決庶政丙申以耶律蘇爲遙郡刺史秋七月戊辰涅剌部節度使撒葛里有惠政民請留從之是月獵平地松林九月丙戌幸南京是冬止焉

六年春正月庚申如華林天柱二月丁未奚王籌寧殺無罪人李浩所司議貴請貸其罪令出錢贍浩家從之甲寅大同軍節度使同平章政事劉京致仕己未休哥奏宋事宜上親覽之丙寅以司天趙宗德齊泰王守平邵祺閻梅從征四載言天象數有徵賜物有差三月癸未李繼遷遣使來貢夏四月乙未幸南京丁酉胡里室橫突韓德讓墮馬皇太后怒殺之戊戌幸宋國王休哥第五月癸亥南府宰相耶律沙薨閏月丙戌朔奉聖州言太祖所建金鈴閣壞乞加修繕詔以南征恐重勞百姓待軍還治之壬寅阿薩蘭回鶻來貢甲寅烏隈于厥部以歲貢貂鼠青鼠皮非土產皆於他處貿易以獻乞改貢詔自今止進牛馬六月癸亥党項太保阿剌悅來朝貢方物乙丑諭諸道兵馬備南征攻城器具乙酉夷离堇阿魯勃迭沙州節度使曹恭順還授于越秋七月丙戌觀市己亥遣南面招討使韓德威討河湟諸蕃違命者賜休哥排亞部諸軍戰馬己酉駐蹕于洛河壬子加韓德威開府儀同三司兼政事令門下平章事東京留守兼侍中漆水郡王耶律抹只爲大同軍節度使癸丑排亞請增置涿州驛傳丙辰以靑牛白馬祭天地八月戊午休哥與排亞梟里曷捉生將至易州遇宋兵殺其指揮使而還庚申幸黎園溫湯癸亥以將伐宋遣使祭木葉山丁丑瀕海女直遣使速魯里來朝西北路管押詳穩速撒哥以伐折立助里二部上所俘獲東路林牙蕭勤德及統軍石老以擊敗女直兵獻俘大同軍節度使耶律抹只奏今歲霜旱乏食乞增價折粟以利貧民詔從之濱海女直遣廝魯里來修土貢丙申化哥與术不姑春古里來貢休哥遣詳穩意德里獻所獲宋諜者丁酉皇太后幸韓德讓帳厚加賞賚命從臣分朋雙陸以盡歡九月戊戌幸南京己亥有事于太宗皇帝廟以唐元德爲奉陵軍節度使癸卯祭旗鼓南伐庚戌次涿州射帛書諭城中降不聽乙卯縱兵四面攻之城破乃降因撫諭其衆駙馬蕭勤德太師闥覽皆中流矢勤德載帝車中以歸聞宋軍退遣斜軫排亞等追擊大敗之冬十月戊午攻沙堆驛破之己巳以黑白羊祭天地庚午以宋降軍分置七指揮號歸聖軍壬申行軍參謀宣政殿學士馬得臣言諭降宋軍恐終不爲用請並放還詔不允丙子籌寧奏破狼山捷辛巳復奏敗宋兵于益津關癸未進軍長城口宋定州守將李興以兵來拒休哥擊敗之追奔五六里十一月甲申上以將攻長城口詔諸軍備攻具庚寅駐長城口督大軍四面進攻士潰圍委城遁斜軫招之不降上與韓德讓邀擊之殺獲殆盡獲者分隸燕軍辛卯攻滿城圍之甲午拔其城軍士開北門遁上使諭其將領乃率衆降戊戌攻下祁州

縱兵大掠己亥拔新樂庚子破小狼山砦丁未宋軍千人出益津關國舅郎君桃委詳穩十哥擊走之殺副將一人己酉休哥獻黃皮室詳穩狗地莫州所獲馬二十匹士卒二十八人命賜降者衣帶使隸燕京辛亥西路又送降卒二百餘人給寒者衾衣以馬得臣權宣徽院事十二月甲寅朔賜皮室詳穩乞得禿骨里戰馬橫帳郎君達打里刼掠命杖之丙辰畋于沙河休哥獻奚祥穩耶魯所獲宋諜丁巳遣北宰相蕭繼遠等往覘安平砦衞馬軍司奏攻祁州新樂都頭劉贊等三十人有功乞加恩賞是月大軍駐宋境是歲詔開貢舉一人及第

七年春正月癸未朔班師戊子宋雞壁砦守將郭榮率衆來降詔屯南京庚寅次長城口三卒出營刼掠笞以狥衆以所獲物分賜左右壬辰李繼遷與兄繼捧有怨乞與通好上知其非誠不許癸巳諭諸軍趣易州己亥禁部從伐民桑梓癸卯攻易州宋兵出遂城來援遣鐵林軍擊之擒其指揮使五人甲辰大軍齊進破易州降刺史劉墀守陴士卒南遁上帥師邀之無敢出者卽以馬質爲刺史趙質爲兵馬都監遷易州軍民于燕京以東京騎將夏貞顯之子仙壽先登授高州刺史乙巳幸易州御五花樓撫諭士庶丙午以青牛白馬祭天地詔諭三京諸道戊申次涿水謁景宗皇帝廟詔遣涿州刺史耶律守雄護送易州降人八百還隸本貫己酉次岐溝射鬼箭辛亥還次南京六軍解嚴二月壬子朔上御元和殿受百官賀詔雞壁砦民二百戶徙居檀順薊三州甲寅回鶻于闐師子等國來貢乙卯大饗軍士爵賞有差樞密使韓德讓封楚國王駙馬都尉蕭寧遠同政事門下平章事是日幸長春宮甲子詔南征所俘有親屬分隸諸帳者給官錢贖之使相從乙丑賞南征女直軍使東還丙寅禁舉人匿名飛書謗訕朝廷癸酉吐蕃党項來貢甲戌雲州租賦請止輸本道從之丙子以女直活骨德爲本部相分遣巫覡祭名山大川丁丑皇子佛寶奴生戊寅阿薩蘭于闐轄烈竝遣使來貢三月壬午朔遣使祭木葉山禁芻牧傷禾稼宋進士十七人挈家來歸命有司考其中第者補國學官餘授縣主簿尉李繼遷遣使來貢丁亥詔知易州趙質收戰亡士卒骸骨築京觀戊子賜于越宋國王紅珠筋線命入內神帳行再生禮皇太后賜物甚厚以雞壁砦民成廷朗等八戶隸飛狐己丑詔免雲州逋賦乙室王貫寧擊鞠爲所部郎君高四縱馬突死詔訊高四罪丙申詔開奇峰路通易州市戊戌以王子帳耶律襄之女封義成公主下嫁李繼遷是春駐蹕延芳淀夏四月甲寅還京乙卯國舅太師蕭闥覽爲子排亞請上皇女延壽公主許之丙辰謁太宗皇帝廟以御史大夫烏骨領乙室大王己未幸延壽寺飯僧甲子諫議大夫馬得臣以上好擊毬上疏切諫云臣伏見陛下聽朝之暇以擊毬爲樂臣思此事有三不宜上下分朋君臣爭勝君得臣奪君輸臣喜一不宜也往來交錯前後遮約爭心競起禮容全廢若貪月杖誤拂天衣臣既失儀君又難責二不宜也輕萬乘之貴逐廣場之娛地雖平至爲堅确馬雖良亦有驚蹶或因奔擊失其控御聖體寧無虧損太后豈不驚懼三不宜也臣望陛下念繼承之重止危險之戲疏奏大嘉納之丁卯吐渾還金回鶻安進吐蕃獨朶等自宋來歸皆賜衣帶皇太后謁奇首可汗廟丙子以舍利軍耶律沓爲常袞己卯駐蹕儒州龍泉庚辰遣宣徽使蕭領等率兵分道備宋以遙輦副使控骨离爲舍利拽剌詳穩五月辛巳祭風伯于儒州白馬村休哥引軍至滿城招降卒七百餘人遣使來獻詔隸東京辛卯獵桑乾河壬辰燕京奏宋兵至邊時暑未敢與戰且駐易州俟彼動則進擊退則班師從之六月庚戌朔以太師柘母迎合擸之二十辛酉詔燕樂密雲二縣荒地許民耕種免賦役十年甲戌宣政殿學士馬得臣卒詔贈太子少保賜錢十萬粟百石乙亥詔出諸畜賜邊部貧民是月休哥排亞破宋兵于秦州秋七月乙酉御含涼殿視朝丙戌以中丞耶律轂麥哥權夷离畢橫帳郎君耶律延壽爲御史大夫癸巳遣兵南征甲午以迪离畢涅剌烏濊三部各四人益東北路來人婁里德仍給印綬丁酉勞南征將士是日帝與皇太后謁景宗皇帝廟八月庚午放進士高正等二人及第冬十月禁置網捕兔十一月甲申于闐張文寶進內丹書十一月甲寅釣魚于沈子濼癸亥獵于好草嶺

遼史卷十三

元　中　書　右　丞　相　總　裁　脫　脫　等　修

本紀第十三

聖宗四

八年春正月辛巳如臺湖庚寅詔決滯獄庚子如沈子濼二月丁未朔于闐回鶻各遣使來貢壬申女直遣使來貢三月丁丑李繼遷遣使來貢庚辰太白熒惑鬭凡十有五次乙酉城杏堝以宋俘實之辛丑置宜州夏四月丙午朔嚴州刺史李壽英有惠政民請留從之庚戌女直遣使來貢庚午以歲旱諸部艱食振之五月戊子以宋降卒分隸諸軍庚寅女直宰相阿海來貢封順化王丙申清暑胡土白山詔括民田六月丙午以北面林牙磨魯古爲北院大王阿薩蘭回鶻于越達剌干各遣使來貢甲寅月掩天駟第一星丙辰女直遣使來貢秋七月庚辰改南京熊軍爲神軍詔東京路諸宮分提轄司置分定霸保和宣化三縣白川州置洪理儀坤州置廣義遼西州置長慶乾州置安德各一縣省遂媯松饒寧海瑞玉鐵里奉德等十州及玉田遼豐松山弘遠懷清雲龍平澤平山等八縣以其民分隸他郡八月乙卯以黑白羊祭天地九月乙亥北女直四部請內附壬辰李繼遷獻宋俘冬十月丙午以敗宋軍復遣使來告己酉阻卜等遣使來貢是月駐蹕大王州十一月庚寅以吐谷渾民饑振之丁酉太白晝見十二月癸卯李繼遷下宋麟鄜等州遣使來告女直遣使來貢庚戌遣使封李繼遷爲夏國王癸丑回鶻來貢是歲放鄭雲從等二人及第

九年春正月甲戌女直遣使來貢丙子詔禁私度僧尼庚辰如臺湖乙酉樞密使監修國史室昉等進實錄賜物有差戊子選宋降卒五百置爲宣力軍辛卯詔免三京諸道租賦仍罷括田二月丙午夏國遣使告伐宋捷丁未以涿州刺史耶律王六爲惕隱甲子建威寇振化來遠三城屯戍卒閏月辛未朔日有食之壬申遣翰林承旨邢抱朴三司使李嗣給事中劉京政事舍人張幹南京副留守吳浩分決諸道滯獄三月庚子朔振室韋烏古諸部戊申復遣庫部員外郎馬守琪倉部員外郎祁正虞部員外郎崔祐薊北縣令崔簡等分決諸道滯獄甲子幸南京夏四月甲戌回鶻來貢乙亥夏國王李繼遷遣杜白來謝封冊丙戌清暑炭山五月己未以秦王韓匡嗣私城爲全州六月丁亥突厥來貢是月南京霖雨傷稼秋七月癸卯通括戶口乙巳詔諸道舉才行察貪酷撫高年禁奢僭有歿於王事者官其子孫己未夏國以復綏銀二州遣使來告八月癸酉銅州嘉禾生東京甘露降戊寅女直進唤鹿人壬午東京進三足烏九月庚子鼻骨德來貢己酉駐蹕廟城南京地震冬十月丁卯阿薩蘭回鶻來貢壬申夏國王李繼遷遣使來上宋所授勅命丁丑定難軍節度使李繼捧來附授推忠効順啟聖定難功臣開府儀同三司檢校太師兼侍中封西平王十一月己亥以青牛白馬祭天地十二月夏國王李繼遷潛附于宋遣招討使韓德威持詔諭之是歲放進士石用中一人及第

十年春正月丁酉禁喪葬禮殺馬及藏甲冑金銀器玩丙午如臺湖二月乙丑朔日有食之韓德威奏李繼遷稱故不出至靈州俘掠以還壬申兀惹來貢壬午免雲州租賦庚寅夏國以韓德威俘掠遣使來奏賜詔安慰辛卯給復雲州流民三月甲辰鐵驪來貢丙辰如炭山夏四月乙丑以臺湖爲望幸里庚寅會羣臣較射五月癸巳朔州流民給復三年七月辛酉鐵驪來貢八月癸亥觀稼仍遣使分閱苗稼九月癸卯幸五臺山金河寺飯僧冬十月壬申夏國王遣使來貢戊寅鐵驪來貢十一月壬辰回鶻來貢十二月庚辰獵儒州東川拜天是月以東京留守蕭恒德等伐高麗

十一年春三月壬寅回鶻來貢丙午出內帑錢賜南京統軍司軍高麗王治遣朴良柔奉表請罪詔取女直鴨渌江東數百里地賜之二月癸亥霸州民妻王氏以妖惑衆伏誅夏四月幸炭山清暑六月大雨秋七月己丑桑乾羊河溢居庸關西害禾稼殆盡奉聖南京居民廬舍多墊溺者八月如秋山冬十月甲申朔駐蹕蕭瑰坂是時放進士王熙載等二人及第

十二年春正月癸丑朔漷陰鎮水漂溺三十餘村詔疏舊渠甲寅以同政事門下平章事耶律碩老爲惕隱詔復行在五十里內租乙卯幸延芳淀戊午蠲宜州賦調庚申郎君耶律鼻舍等謀叛伏誅壬戌以南院大王耶律景爲上京留守封漆水郡王霸州民李在宥年百三十有三賜束帛錦袍銀帶月給羊酒仍復其家二月甲申免南京被水戶租賦己丑高麗來貢甲午免諸部歲輸羊及關征庚子回鶻來貢三月丁巳高麗遣使請所俘人畜詔贖還戊午幸南京丙寅遣使撫諭高麗己巳涿州木連理壬申如長春宮觀牡丹是月復置南京統軍都監夏四月辛卯幸南京壬辰樞密直學士劉恕爲南院樞密副使戊戌以景宗石像成幸延壽寺飯僧五月甲寅詔北皮室軍老不任事者免役戊午如炭山清暑庚辰武定軍節度使韓德冲秩滿其民請留從之六月辛巳朔詔州縣長吏有才能無過者減一資考任之癸未可汗州刺史賈俊進新歷庚子錄囚甲辰詔龍鳳兩軍老疾者代之是月太白歲星相犯秋七月辛亥朔日有食之甲寅遣使視諸道禾稼辛酉南院樞密使室昉爲中京留守加尚父丙寅女直遣使來貢戊辰觀穫庚午詔契丹人犯十惡者依漢律己卯以翰林承旨邢抱朴參知政事八月庚辰朔詔皇太妃領西北路烏古等部兵及永興宮分軍撫定西邊以蕭撻凜督其軍事

乙酉宋遣使求和不許戊子以國舅帳尅蕭徒骨爲夷离畢乙未下詔戒諭中外官吏丁酉錄囚雜犯死罪以下釋之九月壬子室韋党項吐谷渾等來貢辛酉宋復遣使求和不許壬戌行拜輿禮癸酉阻卜等來貢冬十月乙酉獵可汗州之西山乙巳詔定均稅法丁未大理寺置少卿及正十一月戊申朔行再生禮鐵驪來貢詔諸部所俘宋人有官吏儒生抱器能者諸道軍有勇健者具以名聞庚戌詔郡邑貢明經茂材異等甲寅詔南京決滯獄己未官宋俘衛德升等六人十二月戊寅朔日有食之詔并奚王府輿理廬隗梅只三部爲一其二尅各分爲部以足六部之數甲申賜南京統軍司貧戶耕牛戊子高麗進妓樂却之庚寅禁游食民癸巳女直以宋人浮海路本國及兀惹叛來告丁未幸南京是年放進士呂德懋等二人及第

十三年春正月壬子幸延芳淀甲寅置廣靈縣丁巳增泰州遂城等縣賦庚申詔諸道勸農癸亥長寧軍節度使蕭解里秩滿民請留從之庚午如長春宮二月丁丑女直遣使來貢甲辰高麗遣李周禎來貢三月癸丑夏國遣使來貢戊辰武清縣百餘人入宋境剽掠命誅之還其所獲人畜財物夏四月己卯參知政事邢抱朴以母憂去官起復丙戌詔諸道民戶應歷以來脅從爲部曲者仍籍州縣甲午如炭山清暑五月壬子高麗進鷹乙亥北南乙室三府請括富民馬以備軍需不許給以官馬六月丙子朔改聖軍節度使劉繼琛秩滿民請留從之丁丑詔減前歲括田租賦甲申以宣徽使阿沒里私城爲豐州丙戌詔許昌平懷柔等縣諸人請業荒地秋七月乙巳朔女直遣使來貢丁巳兀惹烏昭度渤海燕頗等侵鐵驪遣奚王和朔奴等討之壬戌詔蔚朔等州龍衛威勝軍更戍八月丙子夏國遣使進馬壬辰詔修山澤祠宇先哲廟貌以時祀之九月戊午以南京太學生員浸多特賜水磑莊一區丁卯奉安景宗及皇太后石像于延芳淀冬十月乙亥置義倉辛巳回鶻來貢甲申高麗遣李知白來貢戊子兀惹歸欵詔諭之庚子鼻骨德來貢十一月乙巳阿薩蘭回鶻遣使來貢辛酉遣使冊王治爲高麗國王戊辰高麗遣童子十人來學本國語十二月己卯鐵驪遣使來貢鷹馬辛巳夏國以敗宋人遣使來告是年放進士王用極等二人

十四年春正月己酉漁于潞河丁巳蠲三京及諸州稅賦丙寅夏國遣使來貢庚午以宣徽使阿沒里家奴閻貴爲豐州刺史二月庚寅回鶻遣使來貢三月壬寅高麗王治表乞爲婚許以東京留守駙馬蕭恒德女嫁之庚戌高麗復遣童子十人來學本國語甲寅韓德威奏討党項捷甲子詔安集朔州流民夏四月甲戌東邊諸糺各置都監庚寅如炭山清暑己亥鑿大安山取劉守光所藏錢是月奚王和朔奴東京留守蕭恒德等五人以討兀惹不克削官改諸部令穩爲節度使五月癸卯詔參知政事邢抱朴決南京滯獄庚戌朔州威勝軍一百七人叛入宋六月辛未如炭山清暑鐵驪來貢乙酉回鶻來貢己丑高麗遣使來問起居後至無時秋七月戊午回鶻等來貢閏月丁丑五院部進穴地所得金馬冬十月丙辰命劉遂教南京神武軍士劍法賜袍帶錦幣戊午烏昭度乞內附十一月甲戌詔諸軍官毋非時畋獵妨農乙酉奉安景宗及太后石像于乾州是月回鶻阿薩蘭遣使爲子求婚不許十二月甲寅以南京道新定稅法太重減之甲子撻凜誘叛酋阿魯敦等六十人斬之封蘭陵郡王幸南京是年放進士張儉等三人

十五年春正月庚午幸延芳淀丙子以河西党項叛詔韓德威討之庚辰詔諸道勸民種樹癸未兀惹長武周來降戊子女直遣使來貢己丑詔南京決滯囚乙未免流民稅二月丙申朔如長春宮戊戌勸品部富民出錢以贍貧民庚子徙梁門遂城泰州北平民於內地丙午夏國遣使來貢甲寅問安皇太后丙辰韓德威奏破党項捷丁巳詔品部曠地令民耕種三月乙丑朔党項來貢戊辰募民耕灤州荒地免其租賦十年己巳夏國破宋兵遣使來告己卯封夏國王李繼遷爲西平王壬午通括宮分人戶免南京逋稅及義倉粟甲申河西党項乞內附庚寅兀惹烏昭度以地遠乞歲時免進鷹馬貂皮詔以生辰正且貢如舊餘免癸巳宋主炅殂子恒嗣位甲午皇太妃獻西邊捷夏四月乙未朔罷奚王部歲貢鷹戊戌錄囚壬寅發義倉粟賑南京諸縣民丙午廣德軍節度使韓德凝有善政秩滿其民請留從之己酉幸南京丁巳致奠于太宗皇帝廟己未如炭山清暑五月甲子朔日有食之己巳詔平州決滯獄是月敵烈八部殺詳穩以叛蕭撻凜追擊獲部族之半六月丙申鐵驪來貢壬子夏國遣使來謝封冊秋七月戊辰党項來貢辛未禁吐谷渾別部鬻馬於宋丙子高麗遣韓彥敬奉幣弔越國公主之喪辛卯詔南京疾決獄訟八月丁酉獵于平地松林皇太后誡曰前聖有言欲不可縱吾兒爲天下主馳騁田獵萬一有銜橛之變適遺予憂其深戒之九月丙寅罷東邊戍卒庚午幸饒州致奠太祖廟戊子蕭撻凜奏討阻卜捷冬十月壬辰朔駐蹕駝山罷奚王諸部貢物乙未賜宿衛時服丁酉禁諸山寺毋濫度僧尼戊戌弛東京道魚濼之禁戊申以上京獄訟繁冗詰其主者辛酉錄囚十一月壬戌朔錄囚丙戌幸顯州戊子謁顯陵庚寅謁乾陵是月高麗王治薨姪誦遣王同穎來告十二月乙巳釣魚土河己酉駐蹕駝山壬子夏國遣使來貢甲寅遣使祭高麗王治詔其姪權知國事丙辰錄囚是年放進士陳鼎等二人

遼史卷十三考證

聖宗紀四統和十二年正月幸延芳淀十三年九月奉安景宗及皇太后石像于延芳淀○臣宗楷按北平古今記謂統和四年命皇族盧帳駐東京延芳淀是東京亦有延芳淀也

遼史卷十四

元 中 書 右 丞 相 總 裁 脫 脫 等 修

本紀第十四

聖宗五

十六年春正月乙丑如長濼二月庚子夏國遣使來貢丙午以監門衛上將軍耶律喜羅爲中臺省左相三月甲子女直遣使來貢乙亥鼻骨德酋長來貢夏四月癸卯振崇德宮所隸州縣民之被水者丁未罷民輸官俸給自丙帑己酉祈雨乙卯如木葉山五月甲子祭白馬神丁卯祠木葉山告來歲南伐庚辰鐵驪來貢乙酉還上京婦人年踰九十者賜物六月戊子朔致奠於祖懷二陵是月清暑炭山秋七月丁巳朔錄囚聽政八月丁亥朔東幸九月丁巳朔駐蹕得勝口冬十一月遣使冊高麗國王誦十二月丙戌宋國王休哥薨輟朝五日進封皇弟恒王隆慶爲梁國王南京留守鄭王隆祐爲吳國王是年放進士楊文立等二人

十七年春正月乙卯朔如長春宮夏四月如炭山清暑六月兀惹烏昭慶來秋七月以伐宋詔諭諸道九月庚辰朔幸南京己亥南伐癸卯射鬼箭北院樞密使魏王耶律斜軫薨以韓德讓兼知北院樞密使事冬十月癸酉攻遂城不克遣蕭繼遠攻狼山鎮石砦破之次瀛州與宋軍戰擒其將康昭裔宋順獲兵仗器甲無算進攻樂壽縣拔之次遂城敵衆臨水以拒縱騎兵突之殺戮殆盡是年放進士初錫等四人及第

十八年春正月還次南京賞有功將士罰不用命者詔諸軍各還本道二月幸延芳淀夏四月己未駐蹕于清泉淀五月丁酉清暑炭山六月阻卜叛酋鶻碾之弟鐵剌不率部衆來附鶻碾無所歸遂降詔誅之秋七月駐蹕于湯泉九月乙亥朔駐蹕黑河冬十一月甲戌朔授西平王李繼遷子德昭朔方軍節度使十二月回鶻來貢是年放進士南承保等三人及第

十九年春正月辛巳以祗候郎君班詳穩觀音爲奚六部大王甲申回鶻進梵僧名醫三月乙亥夏國遣李文貴來貢乙酉西南面招討司奏党項捷壬辰皇后蕭氏以罪降爲貴妃賜大丞相韓德讓名德昌夏四月乙巳幸吳國王隆祐第視疾丙午問安皇太后五月癸酉清暑炭山丙戌冊蕭氏爲齊天皇后庚寅以十捷剌詳穩耶律壬奴爲乙室大王辛卯以青牛白馬祭天地六月乙巳以所俘宋將康昭裔爲昭順軍節度使戊午夏國奏下宋恒懷慶等三州賜詔襃之秋七月丙戌以東京統軍使耶律奴瓜爲南府宰相八月庚戌達盧骨部來貢九月己巳朔問安皇太后戊子駐蹕昌平庚寅西南面招討司奏討吐谷渾捷辛卯幸南京冬十月己亥南伐壬寅次鹽溝徙封吳國王隆祐爲楚國王留守京師丁未梁國王隆慶統先鋒軍以進辛亥射鬼箭壬子以青牛白馬祭天地甲寅遼軍與宋兵戰于遂城敗之庚申以黑白羊祭天地丙寅次滿城以泥淖班師十一月庚午射鬼箭丙子宋兵出於口益津關來侵偵候謀洼虞人招古擊敗之己卯觀漁儒門濼閏月己酉鼻骨德來貢己未減關市稅十二月庚辰免南京平州租稅

二十年春正月庚子如延芳淀癸丑東方五色虹見詔安撫西南面向化諸部甲寅夏國遣使貢馬駝辛酉女直宰相夷离底來貢二月丁丑女直遣其子來朝高麗遣使賀伐宋捷三月甲寅遣北府宰相蕭繼遠等南伐壬戌駐蹕鴛鴦濼夏四月丙寅朔文班太保達里底敗宋兵于梁門甲戌南京統軍使蕭撻凜破宋軍於泰州乙酉南征將校獻俘賜爵賞有差戊子鐵驪遣使來貢五月乙卯幸炭山清暑六月夏國遣劉仁勗來告下靈州秋七月甲午朔日有食之丁酉以邢抱朴爲南院樞密使辛丑高麗遣使來貢本國地里圖九月癸巳朔謁

顯陵告南伐捷冬十月癸亥朔至自顯陵十二月奚王府五帳六節度獻七金山土河川地賜金幣是歲南京平州麥秀兩岐放進士邢祥等六人及第

二十一年春正月如鴛鴦濼三月壬辰詔修日歷官毋書細事甲午朝皇太后戊午鐵驪來貢夏四月乙丑女直遣使來貢戊辰兀惹渤海奥里米越里篤越里古等五部遣使來貢是月耶律奴瓜蕭撻凜獲宋將王繼忠于望都五月庚寅朔清暑炭山丁巳西平王李繼遷薨其子德昭遣使來告六月己卯贈繼遷尚書令遣西上閤門使丁振弔慰辛巳党項來貢乙酉阻卜鐵剌里率諸部來降是月修可敦城秋七月庚戌阻卜烏古來貢甲寅以奚王府監軍耶律室魯爲南院大王八月乙酉阻卜鐵剌里來朝丙戌朝皇太后九月己亥夏國李德昭遣使來謝弔贈癸丑幸女河湯泉改其名曰松林冬十月丁巳駐蹕七渡河戊辰以楚國王隆祐爲西南面招討使十一月壬辰故于越耶律休哥之子道士奴高九等謀叛伏誅丙申通括南院部民十二月癸未罷三京諸道貢

二十二年春正月丁亥如鴛鴦濼二月乙卯朔女直遣使來貢丙寅南院樞密使邢抱朴薨輟朝三日三月己丑罷番部賀千齡節及冬至重五貢乙未西夏李德昭遣使上繼遷遺物夏四月丁卯朝皇太后五月清暑炭山六月戊子以可敦城爲鎮州軍曰建安秋七月甲申遣使封夏國李德昭爲西平王丁亥兀惹蒲奴里剖阿里越里篤奥里米等部來貢八月丙辰党項來貢庚申阻卜酋鐵刺里來朝戊辰鐵刺里求婚不許丙子駐蹕犬牙山九月己丑以南伐諭高麗丙午幸南京女直遣使獻所獲烏昭慶妻子丁未致祭于太宗皇帝廟以北院大王磨魯古太尉老君奴監北南王府兵庚戌命楚國王隆祐留守京師閏月己未南伐癸亥次固安以所獲諜者射鬼箭甲子以青牛白馬祭天地丙寅遼師與宋兵戰于唐興大破之丁卯蕭撻凜與宋軍戰于遂城敗之庚午軍于望都冬十月乙酉以黑白羊祭天地丙戌攻瀛州不克甲午下祁州賚降兵以酒脯祭天地己酉西平王李德昭遣使謝封冊十一月癸亥軍馬都指揮使耶律課里遇宋兵于洺州擊退之甲子東京留守蕭排押獲宋魏府官吏田逢吉郭守榮常顯劉綽等以獻丁卯南院大王善補奏宋遣人遺王繼忠弓矢密請求和詔繼忠與使會許和庚午攻破德清軍壬申次澶淵蕭撻凜中伏弩死乙亥攻破通利軍丁丑宋遣崇儀副使曹利用請和卽遣飛龍使韓杞持書報聘十二月庚辰朔日有食之旣癸未宋復遣曹利用來以無還地之意遣監門衛大將軍姚東之持書往報戊子宋遣李繼昌請和以太后爲叔母願歲輸銀十萬兩絹二十萬匹許之卽遣閤門使丁振持書報聘己丑詔諸軍解嚴是月班師皇太后賜大丞相齊王韓德昌姓耶律徙王晉是年放進士李可封等三人

二十三年春正月戊午還次南京庚申大饗將卒爵賞有差二月丙戌復置榷場於振武軍丁巳夏國遣使告下宋青城辛酉朝皇太后以惕隱化哥爲南院大王行軍都監老君奴爲惕隱乙丑振党項部丁卯回鶻來貢丁丑改易州飛狐招安使爲安撫使夏四月丙戌女直及阿薩蘭回鶻各遣使來貢乙未鐵驪來貢己亥党項來侵五月戊申朔宋遣孫僅等來賀皇太后生辰乙卯以金帛賜陣亾將士家丙寅高麗以與宋和遣使來賀六月壬辰清暑炭山甲午阻卜酋鐵刺里遣使賀與宋和己亥達旦國九部遣使來聘秋七月癸丑問安皇太后戊午党項來貢辛酉以青牛白馬祭天地壬戌烏古來貢丁卯女直遣使來貢阿薩蘭回鶻遣使來請先留使者皆遣之九月甲戌遣太尉阿里太傅楊六賀宋主生辰冬十月丙子朔鼻骨德來貢戊子朝皇太后甲午駐蹕七渡河癸卯宋歲幣始至後爲常十一月戊申上遣太保合住頒給使韓簡太后遣太師盆奴政事舍人高正使宋賀正旦辛亥觀漁桑乾河丁巳詔大丞相耶律德昌出宮籍屬于橫帳十二月丙申宋遣周漸等來賀千齡節丁酉復遣張若谷等來賀正旦

二十四年春正月如鴛鴦濼夏五月壬寅朔幸炭山清暑幽皇太妃胡輦于懷州囚夫人夷懶于南京餘黨皆生瘞之秋七月辛丑朔南幸八月丙戌改南京宮宣教門爲元和外三門爲南端左掖門爲萬春右掖門爲千秋是月沙州燉煌王曹壽遣使進大食國馬及美玉以對衣銀器等物賜之九月幸南京冬十月庚午朔帝率羣臣上皇太后尊號曰睿德神畧應運啓化承天皇太后羣臣上皇帝尊號曰至德廣孝昭聖天輔皇帝大赦是年放進士楊佶等二十二人及第

二十五年春正月建中京二月如鴛鴦濼夏四月清暑炭山六月賜皇太妃胡輦死于幽所秋七月壬申西平王李德昭母薨遣使弔祭甲戌遣使起復九月西北路招討使蕭圖玉討阻卜破之冬十月丙申駐蹕中京十二月己酉振饒州饑民

二十六年春二月如長濼夏四月辛卯朔祠木葉山五月庚申朔還上京丙寅高麗進龍鬚草席己巳遣使賀中京成庚午致祭祖懷二陵辛未駐蹕懷州秋七月增太祖太宗讓國皇帝世宗謚仍謚皇太弟李胡曰欽順皇帝冬十月戊子朔幸中京十二月蕭圖玉奏討甘州回鶻降其王耶刺里撫慰而還是年放進士史克忠等一十三人

二十七年春正月釣魚土河獵于瑞鹿原夏四月丙戌朔駐蹕中京營建宮室庚戌廢霸州處置司秋七月甲寅朔霖雨潢土斡刺陰涼四河皆溢漂没民舍八月甲申北幸冬十一月壬子朔行柴冊禮十二月乙酉南幸皇太后不豫戊子肆赦辛卯皇太后崩于行宮壬辰遣使報哀于宋夏高麗戊申如中京己酉詔免賀千齡節是歲御前引試劉二宜等三人

遼史卷十四考證

聖宗紀五統和十七年秋七月伐宋冬十月癸酉攻遂城不克次瀛州與宋軍戰擒其將康昭裔宋順○臣宗萬按康昭裔通鑑作康保裔據通鑑則保裔乃戰死眞宗優詔賻恤錄其子孫據遼史則昭裔已就擒後且以爲昭順軍節度使二者未知孰是

十八年春正月還次南京○臣長發按宋通鑑契丹知帝親征縱掠而去然則聖宗之還次南京因眞宗之親征而遼史諱之也

二十三年十二月丙申宋遣周漸等來賀千齡節丁酉復遣張若谷等來賀正旦○臣宗萬按周漸之使宋史不載而正旦所遣乃韓國華也此云張若谷與宋史異

遼史卷十五

元　中　書　右　丞　相　總　裁　脫　脫　等　修

本紀第十五

聖宗六

二十八年春正月辛亥朔不受賀甲寅如乾陵癸酉奉安大行皇太后梓宮于乾州菆塗殿二月丙戌宋遣王隨王儒等來弔祭己亥高麗遣魏守愚等來祭是月遣左龍虎衞上將軍蕭合卓饋大行皇太后遺物于宋仍遣臨海軍節度使蕭虛列左領軍衞上將軍張崇濟謝宋弔祭三月癸卯上大行皇太后謚爲聖神宣獻皇后是月宋高麗遣使來會葬夏四月甲子葬太后於乾陵賜大丞相耶律德昌名曰隆運庚午賜宅及陪葬地五月己卯朔如中京辛卯清暑七金山乙巳西北路招討使蕭圖玉奏伐甘州回鶻破肅州盡俘其民詔修土隗口故城以實之丙午高麗西京留守康肇弑其主誦擅立誦從兄詢詔諸道繕甲兵以備東征秋八月戊申振平州饑民辛亥幸中京丙寅謁顯乾二陵丁卯自將伐高麗遣使報宋以皇弟楚國王隆祐留守京師北府宰相駙馬都尉蕭排押爲都統北面林牙僧奴爲都監九月乙酉遣使冊西平王李德昭爲夏國王辛卯遣樞密直學士高正引進使韓杞宣問高麗王詢冬十月丙午朔女直進良馬萬匹乞從征高麗許之王詢遣使奉表乞罷師不許十一月乙酉大軍渡鴨淥江康肇拒戰敗之退保銅州丙戌肇復出右皮室詳穩耶律敵魯擒肇及副將李立追殺數十里獲所棄糧餉鎧仗戊子銅霍貴寧等州皆降排押至奴古達嶺遇敵兵戰敗之辛卯王詢遣使上表請朝許之禁軍士俘掠以政事舍人馬保佑爲開京留守安州團練使王八爲副留守遣太子太師乙凜將騎兵一千送保佑等赴京壬辰守將卓思正殺遼使者韓喜孫等十人領兵出拒保佑等還遣乙凜領兵擊之思正遂奔西京圍之五日不克駐蹕城西開京遇高麗兵敗之王詢棄城遁去遂焚開京至清江還

二十九年春正月乙亥朔班師所降諸城復叛至貴州南峻嶺谷大雨連日馬駝皆疲甲仗多遺棄霽乃得渡己丑次鴨淥江庚寅皇后及皇弟楚國王隆祐迎于來遠城壬辰詔罷諸軍己亥次東京二月己酉謁乾顯二陵戊午所俘高麗人分置諸陵廟餘賜內戚大臣三月己卯大丞相晉國王耶律隆運薨庚辰皇弟楚國王隆祐權知北院樞密使事樞密直學士高正爲北院樞密副使庚寅南京平州水振之己亥以北院大王耶律室魯爲北院樞密使封韓王北院郎君耶律世良爲北院大王前三司使劉愼行參知政事兼知南院樞密使事夏四月清暑老古堝五月甲戌朔詔已奏之事送所司附日歷又詔帳族有罪黥墨依諸部人例乙未以劉愼行爲南院樞密使南府宰相邢抱質知南院樞密使事六月庚戌升蔚州知州爲觀察使乙卯韓王耶律室魯薨丙辰以南院大王化哥爲北院樞密使丁巳詔西北路招討使駙馬都尉蕭圖玉安撫西鄙置阻卜諸部節

度使是秋獵于平地松林冬十月庚子駐蹕廣平淀甲寅贈大丞相晉國王耶律隆運尚書令謚文忠十一月庚午朔幸顯州十二月庚子復如廣平淀癸丑以知南院樞密使事邢抱質年老詔乘小車入朝是月置歸寧州是年御試放高承顏等二人及第

開泰元年春正月己巳朔宋遣趙湘符成翰來賀癸未長白山三十部女直酋長來貢乞授爵秩甲申駐蹕王子院丙戌望祠木葉山丁亥女直太保蒲撚等來朝戊子獵于買曷魯林庚寅祠木葉山辛卯曷蘇館大王曷里喜來朝二月壬子駐蹕瑞鹿原三月甲戌以蔚州爲觀察不隸武定軍乙亥如葦濼丁丑詔封皇女八人爲郡主乙酉詔卜日行拜山大射柳之禮命北宰相駙馬蘭陵郡王蕭寧樞密使司空邢抱質督有司具儀物丁亥皇弟楚國王隆祐徙封齊國王留守東京夏四月庚子高麗遣蔡忠順來乞稱臣如舊詔王詢親朝壬寅夏國遣使進良馬己酉祀風伯辛酉以前孟父房敞穩蕭佛奴爲左夷離畢五月戊辰朔還上京詔裴玄感邢祥知禮部貢舉放進士史簡等十九人及第以駙馬蕭紹宗爲鄭州防禦使乙亥以邢抱質爲大同軍節度使六月駐蹕上京七月丙子以耶律遂貞爲遼興軍節度使遂正北院宣徽使張昭瑩南院宣徽使耶律受益上京副留守寇卿彰德軍節度使命耶律釋身奴李操充賀宋國生辰信使副蕭涅衮齊泰賀宋正旦使副進士康文昭張素臣郎玄達坐論知貢舉裴玄感邢祥私曲秘書省正字李萬上書辭涉怨訕皆杖而徒之萬役陷河冶八月丙申鐵驪那沙等送兀惹百餘戶至賓州賜絲絹是日那沙乞賜佛像儒書詔賜護國仁王佛像一易詩書春秋禮記各一部己未高麗王詢遣田拱之奉表稱病不能朝詔復取六州地是月齊國王隆祐薨輟朝五日冬十月辛亥如中京閏月丁卯贈隆祐守太師謚仁孝十一月甲午朔文武百官加上尊號曰弘文宣武尊道至德崇仁廣孝聰睿昭聖神贊天輔皇帝大赦改元開泰改幽都府爲析津府薊北縣爲析津縣幽都縣爲宛平縣覃恩中外己亥賜夏國使東頭供奉官曹文斌呂文貴賈珪祐守榮武元正等爵有差癸卯前遼州錄事張庭美六世同居儀坤州劉興胤四世同居各給復三年甲辰西北招討使蕭圖玉奏七部太師阿里底因其部民之怨殺本部節度使霸暗并屠其家以叛阻卜執阿里底以獻而沿邊諸部皆叛十二月丙寅奉遷南京諸帝石像于中京觀德殿景宗及宣獻皇后于上京五鸞殿壬申振奉聖州饑民庚辰賜皇弟秦晉國王隆慶鐵券癸未劉晨言殿中高可垣中京留守推官李可舉治獄明允詔超遷之甲申詔諸道水菑饑民質男女者起來年正月日計傭錢十文價折傭盡遣還其家歸州言其居民本新羅所遷未習文字請設學以教之詔允所請貴德龍化儀坤雙遼同祖七州至是有詔始征商己丑詔諸鎮建宣敕樓

二年春正月癸巳朔以裴玄感爲翰林承旨邢祥給事中石用中翰林學士呂德推樞密直學士張儉政事舍人邢抱質加開府儀同三司守司空兼侍中王繼忠中京留守檢校太師戶部侍郎劉涇加工部尚書駙馬蕭紹宗加檢校太師耶律控溫加政事令封幽王丁未如瑞鹿原北院樞密使耶律化哥封豳王以馬氏爲麗儀耿氏淑儀尚寢白氏昭儀尚服李氏順儀尚功艾氏芳儀尚儀孫氏和儀己未錄囚烏古敵烈叛右皮室詳穩延壽率兵討之是月達旦國兵圍鎮州州軍堅守尋引去二月丙子詔以麥務川爲象雷縣女河川爲神水縣羅家軍爲閭山縣山子川爲富庶縣習家砦爲龍山縣阿覽峪爲勸農縣松山川爲松山縣金甸子爲金原縣壬午遣北院樞密副使高正按察諸道獄三月壬辰朔化哥以西北路畧平留兵戍鎮州赴行在夏四月甲子拜日詔從上京請以韓斌所括贍國撻魯河奉豪等州戶二萬五千四百有奇置長霸興仁保和等十縣丙子如緬山五月辛卯朔復命化哥等西討六月辛酉朔遣中丞耶律資忠使高麗取六州舊地秋七月壬辰烏古敵烈皆復故疆乙未西南招討使政事令斜軫奏党項諸部叛者皆遁黃河北模赧山其不叛者曷黨烏迷兩部因據其地今復西遷詰之則曰逐水草不早圖之後恐爲患又聞前後叛者多投西夏西夏不納詔遣使再問西遷之意若歸故地則可就加撫諭使不報上怒欲伐之遂詔李德昭令党項叛我欲西伐爾當東擊毋失掎角之勢仍命諸軍各市肥馬丁酉以惕隱耶律滌冽爲南府宰相太尉五哥爲惕隱癸卯釣魚曲溝戊申詔以敦睦宮子錢振貧民己酉化哥等破阻卜酋長烏八之衆丁卯封皇子宗訓大內惕隱八月壬戌遣引進使李延弘賜夏國王李德昭及義成公主車馬己丑耶律資忠使高麗還冬十月己未朔畋鹿井之北命耶律阿營等使宋賀生辰辛酉駐蹕長濼丙寅詳穩張馬留獻女直人知高麗事者上問之曰臣三年前爲高麗所虜爲郎官故知之自開京東馬行七日有大砦廣如開京旁州所貢珍異皆積于此勝羅等州之南亦有二大砦所積如之若大軍行由前路取曷蘇館女直北直渡鴨淥江並大河而上至郭州與大路會高麗可取而有也上納之十一月甲午錄囚癸丑樞密使豳王化哥以西征有罪削其官封出爲大同軍節度使十二月甲子以北院大王耶律世良爲北院樞密使封岐王以宰臣劉晟監修國史牛璘爲彰國軍節度使蕭孝穆爲西北路招討使放進士鮮于茂昭等六人及第

三年春正月己丑錄囚阻卜酋長烏八來朝封爲王乙未如渾河丁酉女直及鐵驪各遣使來貢是夕彗星見西方丙午畋潢河濱壬子帝及皇后獵瑞鹿原二月戊午詔增樞密使以下月俸甲子遣上京副留守耶律資忠復使高麗取六州舊地三月庚子遣耶律世良城招州戊申南京奉聖蔚雲應朔等州置轉運使夏四月戊午詔南京管內毋淹刑獄以妨農務癸亥烏古叛乙亥沙州回鶻曹順遣使來貢丙子以西北路招討都監蕭孝穆爲北府宰相五月乙酉朔清暑緬山六月乙亥合拔里一室二國舅爲一帳以乙室夷离畢蕭敵烈爲詳穩以總之甲申封皇姪胡都古爲廣平郡王是夏詔國舅詳穩蕭敵烈東京留守耶律團石等討高麗造浮梁于鴨淥江城保宣義定遠等州秋七月乙酉朔如平地松林壬辰詔政事省樞密院酒間授官釋罪毋即奉行明日覆奏八月甲寅朔幸沙嶺九月丁酉八部敵烈殺其詳穩稍瓦皆叛詔南府宰相耶律吾剌葛招撫之辛亥釋敵烈數人令招諭其衆壬子耶律世良遣使獻敵烈俘冬十月甲寅朔幸中京丙子以旗鼓拽剌詳穩題里姑爲奚六部大王放進士張用行等三十一人及第出身

四年春正月乙酉如瑞鹿原丙戌詔耶律世良再伐迪烈得戊子命詳穩拔姑溺水瑞鹿原以備春蒐丁酉獵馬蘭淀壬寅東征東京留守善寧平章涅里衮奏已總大軍及女直諸部兵分道進討遂遣使齎密詔軍前二月壬子朔如薩堤濼于闐國來貢夏四月癸丑以林牙建福爲北院大王甲寅蕭敵烈等伐高麗還丙寅曷蘇館部請括女直王殊只你戶舊無籍者會其丁入賦役從之樞密使貫寧奏大破八部迪烈得詔侍御撒剌奠諭代行執手之禮丙寅耶律世良等上破阻卜俘獲數戊辰駐蹕沿柳湖己巳女直遣使來貢壬申耶律世良討烏古破之甲戌遣使賞有功將校世良討迪烈得至清泥堝時于厥既平朝廷議內徙其衆于厥安土重遷遂叛世良懲創既破迪烈得輒殲其丁壯勒兵渡曷剌河進擊餘黨斥候不謹其將勃括聚兵稠林中擊遼軍不備遼軍小却結陣河曲勃括是夜來襲翌日遼後軍至勃括誘于厥之衆皆遁世良追之軍至險阨勃括方阻險少休遼軍偵知其所世良不亟掩之勃括輕騎遁去獲其輜重及所誘于厥之衆併遷迪烈得所獲轄麥里部民城臚朐河上以居之是月蕭楊哥尚南平郡主五月辛巳命北府宰相劉晟爲都統樞密使耶律世良爲副殿前都點檢蕭屈烈爲都監以伐高麗晟先攜家置邊郡致綏師期追還之以世良屈烈總兵進討以耶律德政爲遼興軍節度使蕭年骨烈天城軍節度使李仲舉卒詔賻恤其家六月庚戌上拜日如禮與麻都骨世勳易衣馬爲好以上京留守耶律八哥爲北院樞密副使秋七月上又拜日遂幸秋山自八月射鹿至于九月復自癸丑至于辛酉連獵于有栢碎石太保響應松山諸山丁卯與夷離畢兵部尚書蕭榮寧定爲交契以重君臣之好丙子以旗鼓拽剌詳穩題里姑爲六部奚王冬十月駐蹕撻剌割濼十一月庚申詔汰東京僧及命上京中京泊諸宮選精兵五萬五千人以備東征十二月南巡海徼還幸顯州

五年春正月丁未北幸庚戌耶律世良蕭屈烈與高麗戰于郭州西破之斬首數萬級盡獲其輜重乙卯師次南海軍耶律世良薨于軍癸酉駐蹕雪林二月己卯阻卜長來朝辛巳如薩堤濼庚寅以前東京統軍使耶律韓留爲右夷離畢戊戌皇子宗眞生三月乙卯鼻骨德長撒保特賽剌等來貢辛酉諸道獄空詔進階賜物丙寅以前北院大王耶律敵溫爲阿扎割只辛未党項魁可來降夏四月乙亥振招州民戊寅以左夷离畢蕭合卓爲北院樞密使曷魯寧爲副使庚辰清暑孤樹淀五月甲子尚書蕭姬隱坐出使後期削其官丁卯以耿元吉爲戶部使六月以政事舍人吳克昌按察霸州刑獄丁丑回鶻獻孔雀秋七月甲辰獵于赤山八月丙子幸懷州有事于諸陵戊寅還上京九月癸卯皇弟南京留守秦晉國王隆慶來朝上親出迎勞至實德山因同獵于松山乙丑駐蹕杏堝冬十月甲午封秦晉國王隆慶長子查割中山郡王次子遂哥樂安郡王十一月辛丑以參知政事馬保忠同知樞密院事監修國史丁巳以北面林牙蕭隈洼爲國舅詳穩十二月乙酉秦晉國王隆慶還至北安薨訃聞上爲哀慟輟朝七日丁酉宋遣張遜王承德來賀千齡節是歲放進士孫僳等四十八

人及第

六年春正月癸卯如錐子河二月甲戌以公主賽哥殺無罪婢駙馬蕭圖玉不能齊家降公主爲縣主削圖玉同平章事丁丑詔國舅帳詳穩蕭隗洼將本部兵東征高麗其國舅司事以都監攝之庚辰以南面林牙涅合爲南院大王三月乙巳如顯州葬秦晉國王隆慶有事于顯乾二陵追冊隆慶爲太弟夏四月辛卯封隆慶少子謝家奴爲長沙郡王以樞密使漆水郡王耶律制心權知諸行宮都部署事壬辰禁命婦再醮丙申如涼陘五月戊戌朔樞密使蕭合卓爲都統漢人行宮都部署王繼忠爲副殿前都點檢蕭屈烈爲都監以伐高麗翌日賜合卓劍俾得專殺丙午錄囚己酉設四帳都詳穩甲寅以南京統軍使蕭惠爲右夷离畢乙卯祠木葉山潢河乙丑駐蹕九層臺六月戊辰朔德妃蕭氏賜死葬兎兒山西後數日大風起冢上晝暝大雷電而雨不止者踰月是月南京諸縣蝗秋七月辛亥如秋山遣禮部尚書劉京翰林學士吳叔達知制誥仇正己起居舍人程翥吏部員外郎南承顔禮部員外郎王景運分路按察刑獄辛酉以西南路招討請置寧仁縣于勝州九月庚子還上京以皇子屬思生大赦丁未以駙馬蕭璉節度使化哥知制誥仇正己楊佶充賀宋生辰正旦使副乙卯蕭合卓等攻高麗興化軍不克還師冬十月丁卯南京路饑輓雲應朔弘等州粟振之辛未獵鏵子河庚寅駐蹕達離山十一月乙卯建州節度使石匡弼卒十二月丁卯上輕騎還上京戊子宋遣李行簡張信來賀千齡節翌日宋馮元張綸來賀正旦

遼史卷十五考證

聖宗紀六開泰四年夏四月甲寅蕭敵烈等伐高麗還○臣長發按通鑑綱目契丹遣敵烈討高麗高麗與女直設奇邀擊契丹大敗而還此不書敗諱之也

五月辛巳命北府宰相劉晟爲都統樞密使耶律世良爲副殿前都點檢蕭屈烈爲都監以伐高麗○臣長發按遼史高麗傳劉晟作愼行蕭屈烈作蕭虛烈

遼史卷十六

元中書右丞相總裁脫脫等修

本紀第十六

聖宗七

七年春正月甲辰如達離山二月乙丑朔拜日如渾河三月辛丑命東北越里篤剖阿里奧里米蒲奴里鐵驪等五部歲貢貂皮六萬五千馬三百丙午烏古部節度使蕭普達討叛命敵烈滅之夏四月拜日丙寅振川饒二州饑辛未振中京貧乏癸酉禁匿名書壬辰以三司使呂德懋爲樞密副使閏月壬子以蕭進忠爲彰武軍節度使兼五州制置戊午吐蕃王并里尊奏凡朝貢乞假道夏國從之五月丙寅皇子宗眞封梁王宗元永淸軍節度使宗簡右衛大將軍宗愿左驍衛大將軍宗偉右衛大將軍皇姪宗範昭義軍節度使宗熙鎭國軍節度使宗亮絳州節度使宗弼濮州觀察使宗奕曹州防禦使宗顯宗蕭皆防禦使以張儉守司徒兼政事令丙申品打魯瑰部節度使勃魯里至鼻洒河遇微雨忽天地晦冥大風飄四十三人飛旋空中良久乃墮數里外勃魯里幸獲免一酒壺在地反不移八月丙午行大射柳之禮庚申以耶律留寧吳守達使宋賀生辰蕭高九馬貽謀使宋賀正旦加平章蕭弘義開府儀同三司尚父兼政事令秋七月甲子詔翰林待詔陳升寫南征得勝圖于上京五鸞殿丁卯蒲奴里部來貢九月庚申蒲昵國使奏本國與烏里國封壤相接數侵掠不寧賜詔諭之戊辰詔内外官因事受賕事覺而稱子孫僕從者禁之庚午錄囚括馬給東征軍是月駐蹕土河川冬十月名中京新建二殿曰延慶曰永安壬寅以順義軍節度使石用中爲漢人行宮都部署丙辰詔以東平郡王蕭排押爲都統殿前都點檢蕭虛列爲副統東京留守耶律八哥爲都監伐高麗仍諭高麗守吏能率衆自歸者厚賞堅壁相拒者追悔無及十一月壬戌以呂德懋知吏部尚書楊又玄知詳覆院劉晟爲霸州節度使北府宰相劉愼行爲彰武軍節度使庚辰禁服用明金縷金貼金戊子幸中京十二月丁酉宋遣呂夷簡曹瑋來賀千齡節是月蕭排押等與高麗戰于茶陀二河遼軍失利天雲右皮室二軍没溺者衆遙輦帳詳穩阿果達客省使酌古渤海詳穩高淸明天雲軍詳穩海里等皆死之放進士張克恭等三十七人及第

八年春正月宋遣陳堯佐張羣來賀壬戌鐵驪來貢建景宗廟于中京封沙州節度使曹順爲燉煌郡王二月丁未以前南院樞密使韓制心爲中京留守漢人行宮都部署王繼忠南院樞密使丙辰祭風伯三月己未以契丹弘義宮使赫石爲興聖宮都部署前遙恩拈部節度使控骨里積慶宮都部署左祇候郎君耶律罕四捷軍都監乙亥東平王蕭韓寧東京留守耶律八哥國舅平章事蕭排押林牙要只等討高麗還坐失律數其罪而釋之己卯詔加征高麗有功渤海將校官壬午閤飛龍院馬癸未回跋部太師踏剌葛來貢丙戌置東京渤海承奉官都知押班夏四月戊子朔如緬山五月壬申以駙馬蕭克忠爲長寧軍節度使乙亥遷寧州渤海戶于遼土二河之間己卯曷蘇館惕隱阿不葛宰相賽剌來貢六月戊子錄征高麗戰殁將校子弟己丑以左夷离畢蕭解里爲西南面招討使御史大夫蕭要只爲夷离畢己亥惕隱耶律合葛爲南府宰相南面林牙耶律韓留爲惕隱癸卯弛大摐山猿嶺採木之禁乙巳以南皮室軍校等討高麗有功賜金帛有差秋七月己未征高麗戰殁諸將詔益封其妻庚申以東北路詳穩耶律獨迭爲北院大王辛酉肴里涅哥二奚軍征高麗有功皆賜金帛癸亥詔阻卜依舊歲貢馬千七百駞四百四十貂鼠皮萬青鼠皮二萬五千戊辰觀稼己巳回跋部太保麻門來貢庚午觀市曲赦市中繫囚命解寧馬翼充賀宋生辰使副八月庚寅遣郎君曷不式等率諸部兵會大軍討高麗九月己巳以石用中參知政事宋遣崔遵度王應昌來賀千齡節壬申錄囚甲戌復錄囚庚辰曷蘇館惕隱阿不割來貢壬午駐蹕土河川冬十月乙酉詔諸道事無巨細已斷者每三月一次條奏戊子遣耶律繼崇鄭玄瑕賀宋正旦癸巳詔橫帳三房不得與卑小帳族爲婚凡嫁娶必奏而後行癸卯以前北院大王建福爲阿扎割只甲辰改東路耗里太保城爲咸州建節以領之十一月甲寅置雲州宣德縣十二月辛卯駐蹕中京乙巳以廣平郡王宗業爲中京留守大定尹韓制心爲惕隱辛亥高麗王詢遣使乞貢方物詔納之

九年春正月宋遣劉平張元普來賀二月如鴛鴦濼五月庚午耶律資忠使高麗還王詢表請稱藩納貢歸所留王人只剌里只剌里在高麗六年忠節不屈以爲林牙辛未遣使釋王詢罪並允其請癸酉以耶律宗教檢校太傅宗誨啓聖軍節度使劉晟太子太傅仍賜保節功臣秋七月庚戌朔日有食之詔以近臣代拜救日甲寅遣使賜沙州回鶻燉煌郡王曹順衣物以查剌耿元吉韓九宋璋爲來年賀宋生辰正旦使副九月戊午以駙馬蕭紹宗平章事丁卯文武百僚奉表上尊號不許表三上迺從之乙亥沙州回鶻燉煌郡王曹順遣使來貢括諸道漢民馬賜東征軍以夷离畢延寧爲兵馬副都部署總兵東征是月駐蹕金鉼濼宋遣宋綬駱繼倫賀千齡節冬十月戊寅以涅里爲奚王都監突迭里爲北王府舍利軍詳穩郎君老使沙州還詔釋宿累國家舊使遠國多用犯徒罪而有才畧者使還即除其罪戊子西南招討奏党項部有宋犀族輸貢不時常有他意宜以時遣使督之詔曰邊鄙小族歲有常貢邊臣驕縱徵斂無度彼懷懼不能自達耳第遣淸愼官將示以恩信無或侵漁自然效順復奏諸居迭烈德部言節度使韓留有惠政今當代請留上命進其治狀辛丑如中京壬寅大食國遣使進象及方物爲子冊割請婚十一月丁巳以漆水郡王韓制心爲南京留守析津尹兵馬都總管己未以夷离畢蕭孝順爲南面諸行宮都部署加左僕射十二月丁亥禁僧然身煉指戊子詔中京建太祖廟制度祭器皆從古制乙巳詔來年冬行大冊禮放進士張仲舉四十五人

太平元年春正月丁丑朔宋使魯宗道成吉來賀如渾河二月乙卯幸鈹河壬戌獵高郗林三月戊戌皇子勃己只生庚子駙馬都尉蕭紹業建私城賜名睦州軍曰長慶是月大食國王復遣使請婚封王子班郎君胡思里女可老爲公主嫁之夏四月戊申東京留守奏女直三十部酋長請各以其子詣闕祗候詔與其父俱來受約乙卯錄囚丁卯置萊州是月淸暑緬山秋七月甲戌朔賜從獵女直人秋衣乙亥遣骨里取石晉所上玉璽于中京阻卜來貢辛巳如沙嶺是月獵潢河九月幸中京冬十月丁未敵烈酋長頗白來貢馬駝戊申錄囚甲子宋使李懿王仲賓來賀千齡節及蘇惟甫周鼎賀來歲元正即遣蕭善程翥報聘党項長曷魯來貢己未以薩鍬解里爲都點檢高六副點檢耶律羅漢奴左皮室詳穩嗦姑右皮室詳穩聊了西北路金吾耶律僧隱御史大夫求哥駙馬都尉蕭春骨里並大將軍庚申幸通天觀觀魚龍曼衍之戲翌日再幸還升玉輅自內三門入萬壽殿奠酒七廟御容因宴宗室十一月癸未上御昭慶殿文武百僚奉冊上尊號曰睿文英武遵道至德崇仁廣孝功成治定昭聖神贊天輔皇帝大赦改元太平中外官進級有差宋遣使來聘夏高麗遣使來貢甲申冊皇子梁王宗眞爲皇太子

二年春正月如納水鈎魚二月辛丑朔駐蹕魚兒濼三

月甲戌，如長春州。丁丑，宋使薛貽廓來告宋主恒殂，子禎嗣位。遣都點檢耶律僧隱等充宋祭奠使副，林牙蕭日新、觀察馮延休充宋后弔慰使副。戊寅，遣金吾耶律諧領、引進姚居信充宋主弔慰使副。戊子，爲宋主飯三京僧。是月，地震，雲、應二州屋摧地陷，嵬白山裂數百步，泉湧成流。夏四月，如緬山清暑。五月乙亥朔，參知政事石用中薨。庚辰，鐵驪遣使獻兀惹十六戶。六月乙未，宋遣使薛由等來饋其先帝遺物。秋七月己卯，以耶律信寧爲奉陵軍節度使，高麗國參知政事王同穎靜海軍節度使，耶律遂忠長寧軍節度使，耿延毅昭德軍節度使，高守貞河西軍節度使。九月癸巳，遣尚書僧隱、韓格賀宋主即位。壬寅，遣堂後官張克恭充賀夏國王李德昭生日使，耶律掃古、韓王充賀宋太后生日使副，耶律仙寧、史克忠充賀宋正旦使副。是月，駐蹕胡魯古思淀。冬十月癸卯朔，賜宰臣呂德懋、參知政事吳叔達、樞密副使楊又玄、右丞相馬保忠錢物有差。辛亥，至上京，曲赦畿內囚。十一月丙戌，宋遣使來謝。十二月辛丑，高麗王詢薨，其子欽遣使來報，卽命使冊欽爲高麗國王。甲寅，宋遣劉𤇈、郭志言來賀千齡節。是年，放進士張漸等四十七人。

三年春正月丙寅朔，如納水鈎魚。以僧隱爲平章事。乙亥，以蕭臺德爲南王府都監，林牙耶律信寧西北路招討都監。辛巳，賜越國公主私城之名曰懿州，軍曰慶懿。二月丙申，以丁振爲武信軍節度使，改封蘭陵郡王。戊申，以東平郡王蕭排押爲西南面都招討，進封𧹞王。夏四月，以耶律守寧爲都點檢。五月，清暑緬山。六月戊申，以南院宣徽使劉涇參知政事，蕭孝惠爲副點檢，蕭孝恭東京統軍兼沿邊巡檢使。戊午，以蕭璉爲左夷离畢，蕭琳爲詳穩。秋七月戊寅，以南府宰相耶律合葛爲上京留守，封漆水郡王。丙戌，以皇后生辰爲順天節。丁亥，賜緬山名曰永安。是月，獵赤山。閏月壬辰，以蕭伯達、韓紹雍充賀宋正旦使副，唐骨德、程昭文賀宋生辰使副。冬十月庚辰，宋遣薛奎、郭盛來賀順天節，王臻、慕容惟素賀千齡節。東征軍奏：統帥諧領常袞課奴率師自毛母國嶺入，林牙高九禪將大匡遇等率師鼓山嶺入，閱月未至撻離河，不遇敵而還，以是月會於弘怕只嶺，驅馬死者甚衆。駐蹕遼河。十一月辛卯朔，以皇姪宗範爲歸德軍節度使，北府宰相蕭孝穆南京留守，封燕王，南京留守韓制心南院大王、兵馬都總管，仇正燕京轉運使。十二月壬戌，以宗範爲平章事，封三韓郡王，仇道衛中京副留守，馬延休順州刺史，郎玄化西山轉運使，趙其樞密直學士。丁卯，以蕭永爲太子太師。己卯，封皇子重元秦國王。

四年春正月庚寅朔，宋遣張傳、張士禹、程琳、丁保衡來賀。如鴨子河。二月己未，獵撻魯河。詔改鴨子河曰混同江，撻魯河曰長春河。三月戊子，千齡節，詔賜諸宮分耆老食。夏四月癸酉，以右丞相馬保忠之子世弘使嶺表，至平地松林，爲盜所殺，特贈昭信軍節度使。五月，清暑永安山。己未，南院大王韓制心薨。戊辰，以鄭弘節爲兵部郎中，劉慎行順義軍節度使。辛未，以燕王蕭孝穆子順爲千牛衛將軍。甲戌，以中山郡王查哥爲保靜軍節度使，樂安郡王遂哥廣德軍節度使，蕭解里彰德軍節度使。庚辰，以遼興軍節度使周王胡都古爲臨海軍節度使，漆水郡王敵烈南院大王。秋七月，如秋山。八月丙辰，以韓紹芳爲樞密直學士，駙馬蕭匹敵都點檢。九月，以駙馬蕭紹宗爲武定軍節度使，耶律宗福安國軍節度使。冬十月，駐蹕遼河。宋遣蔡齊、李用和來賀千齡節。十一月，追封南院大王韓制心爲陳王。十二月，以蕭從政爲歸義軍節度使，康筠監門衛，充賀宋正旦使副。是年，放進士李㷰等四十七人。

遼史卷十七

元中書右丞相總裁脫脫等修

本紀第十七

聖宗八

五年春正月乙酉，如混同江。二月戊午，禁天下服用明金及金線綺，國親當服者，奏而後用。是月，如魚兒濼。三月壬辰，以左丞相張儉爲武定軍節度使、同政事門下平章事，鄭弘節臨潢少尹，劉慎行遼興軍節度使，武定軍節度使蕭匹敵契丹行宮都部署，樞密副使楊又玄史部尚書、參知政事兼樞密使。是月，如長春河魚兒濼，其水一夕有聲如雷，越沙岡四十里，別爲一陂。夏五月，清暑永安山。以蕭從順爲太子太師，吳叔達翰林學士，道士馮若谷加太子中允，耶律晨武定軍節度使，張儉彰信軍節度使，呂士宗禮部員外郎，李可舉順義軍節度使。秋七月，獵平地松林。九月，駐蹕南京。己亥，以蕭迪烈、李紹琪充賀宋太后生辰使副，耶律守寧、劉四端充賀宋主生辰使副。冬十月辛未，宋太后遣馮元宗、史方來賀順天節。十一月庚子，幸內果園宴，京民聚觀。求進士得七十二人，命賦詩，第其工拙，以張昱等一十四人爲太子校書郎，韓欒等五十八人爲崇文館校書郎。辛丑，以左祇候郎君詳穩蕭羅羅爲右夷离畢。十二月丁巳，以漢人行宮都部署蕭孝先爲上京留守，皇姪長沙郡王謝家奴匡義軍節度使，耶律仁舉興國軍節度使。甲子，蕭守寧爲點檢侍衛親軍馬步軍。乙丑，北院樞密使蕭合卓薨。十二月戊辰，以北府宰相蕭普古爲北院樞密使。己巳，遣蕭諧、李琪充賀宋正旦使副。庚午，以參知政事劉京爲順義軍節度使。乙亥，宋使李維、張綸來賀千齡節。是歲，燕民以年穀豐熟，車駕臨幸，爭以土物來獻。上禮高年，惠鰥寡，賜酺飲。至夕，六街燈火如晝，士庶嬉遊，上亦微行觀之。丁丑，禁工匠不得銷毀金銀器。

六年春正月己卯朔，宋遣徐奭、裴繼起、張若谷、崔準來賀。庚辰，如鴛鴦濼。二月己酉，以迷離己同知樞密院，黃翩爲兵馬都部署，達骨只副之，赫石爲都監，引軍城混同江、疏木河之間。黃龍府請建堡障三、烽臺十，詔以農隙築之。東京留守八哥奏黃翩領兵入女直界徇地，俘獲人馬牛豕，不可勝計，得降戶二百七十，詔獎諭之。戊午，以耶律野爲副點檢，以國舅帳蕭柳氏徒魯骨領西北路十二班軍、奚王府舍利軍。己巳，南京水，遣使振之。庚午，詔党項別部塌西設契丹節度使治之。三月戊寅，以大同軍節度使張儉入爲南院樞密使、左丞相兼政事令，參知政事吳叔達責授將作少監，出爲東州刺史。是月，阻卜來侵西北路，招討使蕭惠破之。夏四月丁未朔，以武定軍節度使耶律漢古爲惕隱。戊申，蒲盧毛朶部多兀惹戶，詔索之。丙寅，如永安山。五月辛卯，以東京統軍使蕭慥古爲契丹行宮都部署。癸卯，遣西北路招討使蕭惠將兵伐甘州回鶻。六月辛丑，詔凡官畜並印其左以識之。秋七月戊申，獵黑嶺。八月，蕭惠攻甘州不克，師還。自是阻卜諸部皆叛，遼軍與戰，皆爲所敗，監軍涅里姑、國舅帳太保曷不呂死之。詔遣惕隱耶律洪古、林牙化哥等將兵討之。九月，駐蹕遼河滸。冬十月丙子，曷蘇館諸部長來朝。庚辰，遣使問夏國五月與宋交戰之故。辛巳，以前南院大王直魯袞爲烏古敵烈都詳穩。庚寅，以蕭孝順、蕭紹宗兼侍中，駙馬蕭紹業平章政事，前南院大王胡覩堇同知上京留守，安哥通化州節度使。乙丑，宋遣韓翼、田承說來賀順天節。十一月戊辰，西北路招討司小校掃姑訴招討蕭惠三罪，詔都監奧骨覩按之。十二月庚辰，曷蘇館部乞建旗鼓，許之。辛巳，詔北面諸部廉察州縣及石烈、彌里之官，不治者罷之。詔大小職官有貪暴殘民者，立罷之，終身不錄；其不廉直，雖處重任，卽代之；能清勤自持者，在卑位亦當薦拔；其內族受賂事發，與常人所犯同科。戊戌，遣杜防、蕭蘊充賀宋生辰使副。庚子，駐蹕遼河。

七年春正月壬寅朔，宋遣張保維、孫繼業、孔道輔、馬崇至來賀。如混同江。辛亥，以女直白縷爲惕隱，蒲馬爲巖母部太師。甲寅，蒲盧毛朶部遣使來貢。夏四月乙未，獵黑嶺。五月，清暑永安山。西南路招討司奏陰山中產金銀，請置冶，從之。復遣使循遼河源求產金銀之所。六月，禁諸屯田不得擅貨官粟。癸巳，詔蕭惠再討阻卜。秋七月己亥朔，詔更定法令。庚子，詔諭駙馬蕭鉏不、公主粘米袞爾，於后有父母之尊，后或臨幸，祇謁先祖，祇拜空帳，失致敬之禮，今後可設像拜謁。乙巳，詔輦路所經，旁三十步內不得耕種者，不在訴訟之限。九月，駐蹕遼河。冬十月丁卯朔，詔諸帳院庶孽並從其母論貴賤。十一月，宋遣石中立、石貽孫來賀千齡節，王博文、王雙賀順天節。辛亥，以楊又玄、邢祥知貢舉。乙未，匡義軍節度使中山郡王查葛、保寧軍節度使長沙郡王謝家奴、廣德軍節度使樂安郡王遂哥奏，各將之官，乞選伴讀書史，從之。癸亥，以三韓王欽爲啓聖軍節度使，楊佶刑部侍郎。甲子，以左千牛衛上將軍耶律古昱爲北院大王。十二月丁卯，遣耶律遂英、王永錫充賀宋太后生辰，蕭速撒、馬保永充賀正旦使副。癸酉，以金吾蕭高六爲奚舍利軍詳穩。

八年春正月己亥，如混同江。庚申，党項侵邊，破之。甲子，詔州縣長吏勸農。二月戊子，燕京留守蕭孝穆乞于拒馬河接宋境上置戍長巡察，詔從之。三月，駐蹕長春河。夏五月，清暑永安山。六月，以韓寧、劉湘充賀宋太后生辰使副，吳克荷充賀夏國王李德昭生辰使。癸巳，權北院大王耶律鄭留奏今歲十一月皇太子納妃，諸族備會親之帳，詔以豪盛者三十戶給其費。秋七月丁酉，以遙輦帳郎君陳哥爲西北路巡檢，與蕭諧領同管二招討地。以南院大王耶律敵烈爲上京留守。戊戌，獵平地松林。九月壬辰朔，以渤海宰相羅漢權東京統軍使。壬子，幸中京。北敵烈部節度使耶律延壽請視諸部賜旗鼓，詔從之。癸丑，阻卜別部長胡懶來降。乙卯，阻卜長春古來降。冬十月，宋遣唐肅、葛懷愍來賀順天節。樞密使魏王耶律斜軫孫婦阿聒指斥乘輿，其孫骨欲爲之隱，事覺，乃並坐之，仍籍其家。詔燕城將士，若敵至，總管備城之東南，統軍守其西北，馬步軍備其野戰，統軍副使繕壁壘，課士卒，各練其事。十一月丙申，皇太子納妃蕭氏。以耶律求翰爲北院大王。冬十二月辛酉朔，以遙輦太尉謝佛留為天雲軍詳穩壬申以前北院大王耶律留寧為雙州節度使康筠崇德宮都部署謝十承興宮都部署族墳宜州節度使闕葩遂州節度使耶律野同知中京留守耶律曷魯突姚為大將軍丁丑詔庶孽雖已為良不得預世選丁亥宋遣寇瑊康德來賀千齡節朱諫曹英張逸劉永釗賀來歲兩宮正旦詔兩國舅及南北王府乃國之貴族賤庶不得任本部官是歲放進士張宥等五十七人

九年春正月至自中京二月戊辰遣使賜高麗王欽物如斡凜河夏五月清暑永安山六月戊子以長沙郡王謝家奴為廣德軍節度使樂安郡王遂哥匡義軍節度使中山郡王查葛保定軍節度使進封潞王豫章王貼不長寧軍節度使以耶律思忠耶律荷耶律曷遜輦謝佛留陳邈韓紹一韓知白張震充賀宋兩宮生辰及來歲正旦秋七月戊午朔如黑嶺八月己丑東京舍利軍詳穩大延琳囚留守駙馬都尉蕭孝先及南陽公主殺戶部使韓紹勳副使王嘉四捷軍都指揮使蕭頗得延琳遂僭位號其國為興遼年為天慶初東遼之地自神冊來附未有榷酤鹽麴之法關市之征亦甚寬弛馮延休韓紹勳相繼以燕地平山之法繩之民不堪命燕又仍歲大饑戶部副使王嘉復獻計造船使其民諳海事者漕粟以賑燕民水路艱險多至覆沒雖言不信鞭楚搒掠民怨思亂故延琳乘之首殺紹勳嘉以快其衆延琳先事與副留守王道平謀道平夜棄其家踰城走與延琳所遣召黃龍府黃翩者俱至行在告變上即徵諸道兵以時進討時國舅詳穩蕭匹敵治近延琳先率本管及家兵據其要害絕其西渡之計渤海太保夏行美亦舊主兵戍保州延琳密馳書使圖統帥耶律蒲古行美乃以實告蒲古得書遂殺渤海兵八百人而斷其東路延琳知黃龍保州皆不附遂分兵西取瀋州其節度使蕭王六初至其副張傑聲言欲降故不急攻及知其詐而已有備攻之不克而還時南北女直皆從延琳高麗亦稽其貢及諸道兵次第皆至延琳嬰城固守冬十月丙戌朔以南京留守燕王蕭孝穆為都統國舅詳穩蕭匹敵為副統奚六部大王蕭蒲奴為都監以討之十一月乙卯朔如顯陵丙寅以瀋州節度副使張傑為節度使其皇城進士張人紀趙睦等二十二人入朝試以詩賦皆賜第超授保州戍將夏行美平章事壬申以駙馬劉四端權知宣徽南院事十二月丁未宋遣仇永韓永錫來賀千齡節命耶律育吳克荷蕭可觀趙利用充賀宋生辰使副耶律元吉崔閏蕭昭古竇振充來歲賀宋正旦使

十年春正月己卯朔宋遣王夷簡竇處約張易張士宜來賀二月幸龍化州三月甲寅朔詳穩蕭匹敵至自遼東言都統蕭孝穆去城四面各五里許築城堡以圍之駙馬延寧與其妹穴地遁去惟公主崔八在後為守陴者覺而止夏四月如乾陵以耶律行平為廣平軍節度使夏行美為中順軍節度使李延弘知易州蕭從順加太子太師五月戊申清暑栢坡秋七月壬午詔來歲行貢舉法八月丙午東京賊將楊詳世密送款夜開南門納遼軍擒延琳渤海平冬十月駐蹕長寧淀十一月辛亥南京留守燕王蕭孝穆以東征將士凱還戎服見上上大加宴勞翌日以孝穆為東平王東京留守國舅詳穩駙馬都尉蕭匹敵封蘭陵郡王奚王蒲奴加侍中以權燕京留守兼侍中蕭惠為燕京統軍使前統軍委窊大將軍節度使宰相兼樞密使馬保忠權知燕京留守奚王府都監蕭阿古軫東京統軍使詔渤海舊族有勳勞材力者敘用餘分居來隰遷閏等州十二月乙巳宋遣梅詢王令傑來賀千齡節漆水郡王耶律敵烈加尚父烏古部節度使蕭普達為乙室部大王尚書左僕射蕭琳為臨海軍節度使

十一年春正月己酉朔如混同江二月如長春河三月上不豫夏五月大雨水諸河橫流皆失故道六月丁丑朔駐蹕大福河之北己卯帝崩于行宮年六十一在位四十九年景福元年閏十月壬申上尊謚曰文武大孝宣皇帝廟號聖宗

贊曰聖宗幼沖嗣位政出慈闈及宋人二道來攻親御甲冑一舉而復燕雲破信彬再舉而躙河朔不亦偉歟既而修心一啓佳兵不祥東有茶陀之敗西有甘州之喪此狃於常勝之過也然其踐阼四十九年理冤滯舉才行察貪殘抑奢僭錄死事之子孫振諸部之貧乏責迎合不忠之罪却高麗女樂之歸遼之諸帝在位長久令名無窮其唯聖宗乎

遼史卷十八

元中書右丞相總裁脫脫等修

本紀第十八

興宗一

興宗神聖孝章皇帝諱宗眞字夷不菫小字只骨聖宗長子母曰欽哀皇后蕭氏上始生齊天皇后取養之幼而聰明長而魁偉龍顏日角豁達大度善騎射好儒術通音律三歲封梁王太平元年冊為皇太子十年六月判北南院樞密使事十一年六月己卯聖宗崩即皇帝位於柩前壬午尊母元妃蕭氏為皇太后壬申遣使告哀于宋及夏高麗是年御宣政殿放進士劉貞等五十七人辛卯大赦改元景福乙未奉大行皇帝梓宮殯于永安山太平殿辛丑皇太后賜駙馬蕭鉏不里蕭匹敵死圍場都太師女直著骨里右祗候郎君詳穩蕭延留等七人皆棄市籍其家遷齊天皇后于上京秋七月丙午朔皇太后率皇族大臨于太平殿高麗遣使弔慰上召晉王蕭普古等飲博夜分乃罷丁未擊鞠戊申以耶律韓八為左夷离畢特末里為左祗候郎君詳穩橫帳郎君樂古權右祗候郎君詳穩己酉以耶律鄭留為于厥迪烈都詳穩高八為右皮室詳穩庚戌賑薊州民饑癸丑詔寫大行皇帝御容甲寅錄囚以觀察姚居信為上將軍建慶州于慶陵之南徙民實之充奉陵邑乙卯以比歲豐稔罷給東京統軍司糧丁巳上謁大行皇帝御容哀慟久之因詔寫北府宰相蕭孝先南府宰相蕭孝穆象于御容殿以蕭阿姑軫為東京留守丁卯謁太平殿焚先帝所御弓矢幸晉王普古第視疾辛未錄囚壬申上謁神主帳時奧隗蕭氏始入宮亦命拜之八月壬午還大行皇帝梓宮於菆塗殿九月戊申躬視慶陵庚戌問安于皇太后辛亥宋遣王隨曹儀致祭王駿許懷信梅詢張綸來慰兩宮范諷孫繼業賀即位孔道輔魏昭文賀皇太后冊禮戊午焚弧矢鞍勒于菆塗殿庚申夏國遣使來慰庚午以宋使弔祭喪服臨菆塗殿甲戌遣御史中丞耶律翥司農卿張確詳穩耶律勵四方館使高維翰謝宋弔慰冬十月戊寅宰臣呂德懋薨癸未殺鉏不里黨彌勒奴觀音奴等丙戌遣工部尚書高德順崇祿卿李可封致先帝遺物于宋以右領軍衞上將軍耶律遂少府監馬僤充皇太后謝宋使右監門衞上將軍耶律元載引進使魏永充皇帝謝宋使丁酉夏國遣使來賻戊戌以蕭革趙為果耶律郁馬保業充來歲賀宋正旦使閏月辛亥謁菆塗殿閱玄宮鬬器有司請以生辰為永壽節皇太后生辰為應聖節從之辛酉閱新造鎧甲丁卯振黃龍府饑民十一月壬辰上率百僚奠于菆塗殿出大行皇帝服御玩好焚之縱五坊鷹鶻甲午葬文武大孝宣皇帝于慶陵乙未祭天地問安皇太后丙申謁慶陵以遺物賜羣臣名其山曰慶雲殿曰望仙十二月癸丑至自慶陵皇太后聽政帝不親庶務羣臣表請不從是歲以興平公主下嫁夏國王李德昭子元昊以元昊為夏國公駙馬都尉

重熙元年春正月壬申朔皇太后御正殿受帝與羣臣朝宋遣任布王遵範陳琰王克善來賀乙亥宋遣鄭向郭遵範來賀永壽節丁丑如雪林二月大蒐三月壬申朔尚父漆水郡王敵烈復為惕隱是春皇太后誣齊天皇后以罪遣人即上京行弒后請具浴以就死許之有頃后崩夏四月乙巳清暑別韓斗秋七月獵平地松林以蕭達溥王英秀蕭麓張素羽充來歲賀宋正旦生辰使八月丙午駐蹕剌河源皇子洪基生冬十月己酉幸中京十一月己卯帝率羣臣上皇太后尊號曰法天應運仁德章聖皇太后羣臣上皇帝尊號曰文武仁聖昭孝皇帝大赦改元重熙癸未宋遣劉隨王德本來賀應聖節以楊佶為翰林承旨丙戌夏國遣使來賀辛卯五國酋長來貢夏國王李德昭薨冊其子夏國公元昊為夏國王十二月庚戌宋遣胥偃王從益崔暨張懷志來賀來歲正旦又遣楊日嚴王克纂來賀永壽節以北大王耶律求翰同平章事是年放進士劉師貞等五十七人

二年春正月庚辰東幸乙酉夏國遣使來貢壬辰女直詳穩臺押率所部來貢宋遣曹琮來告母后劉氏哀章得象安繼昌來饋母后遺物遼遣延昌宮使耶律壽寧給事中知制誥李奎充祭奠使天德軍節度使耶律卿寧大理卿和道亨河西軍節度使耶律嵩引進使馬世卿充兩宮弔慰使秋七月甲子朔以耶律楚高升耶律迪王惟允充兩宮賀宋生辰使副以耶律師古劉五常充賀宋來歲正旦使副八月丁酉幸溫泉宮乙卯遣使閱諸路禾稼冬十一月甲申宋遣劉寶符忠李昭述張茂實等來謝慰奠十二月乙未宋遣丁度王繼凝來賀應聖節己酉禁夏國使沿路私市金鐵甲寅宋遣章頻李懿王冲睦張緯李紘李繼一來賀永壽節及來歲正旦庚申以北府宰相蕭孝先為樞密使

三年春正月丁卯宋使章頻卒詔有司賻贈命近侍護喪以歸辛卯如春水二月壬辰以北院樞密使蕭普古

為東京留守戊申耶律大師奴有侍禋祿恩詔入屬籍夏四月甲寅振耶迷只部五月庚申朔清暑沿柳湖是月皇太后還政于上躬守慶陵六月己亥以蕭普古為南院樞密使秋七月戊子朔上始親政以耶律庶徵劉六符耶律睦薄可久充賀宋來歲正旦使副壬辰如秋山冬十月己未駐蹕中會川十二月宋遣段少連杜仁贊來賀來歲正旦楊偕李守忠來賀永壽節

四年春正月庚寅如耶迷只里三月乙酉朔立皇后蕭氏夏四月甲寅朔如涼陘五月庚子清暑散水源六月癸丑朔皇子寶信奴生以耶律信呂士宗蕭袞郭揆充賀宋生辰及來歲正旦使副秋七月壬午朔獵于黑嶺九月己酉駐蹕長寧淀冬十月如王子城十一月壬午改南京總管府為元帥府乙酉行柴冊禮于白嶺大赦加尚父耶律信寧政事令耶律求翰耆宿贊翊功臣十二月癸丑詔諸軍砲弩弓劒手以時閱習庚申宋遣鄭戩柴貽範楊日華張士禹來賀永壽節及正旦

五年春正月甲申如魚兒濼樞密使蕭延寧請改國舅乙室小功帳敞史為將軍從之四月庚申以潞王查葛為南府宰相崇德宮使耶律馬六為惕隱甲子幸后弟蕭無曲第曲水泛觴賦詩丁卯頒新定條制己巳上與大臣分朋擊鞠五月甲午南幸丁未如胡土白山清暑庚申幸北院大王高十行帳拜奧賜銀絹壬戌詔修南京宮闕府署秋七月辛丑錄囚耶律把八誣其弟韓哥謀殺已有司奏當反坐臨刑其弟泣訴臣惟一兄乞貸其死上憫而從之九月癸巳獵黃花山獲熊三十六賞獵人有差冬十月丁未幸南京辛亥曲赦析津府境內囚壬子御元和殿以日射三十六熊賦幸燕詩試進士于廷賜馮立趙徽四十九人進士第以馮立為右補闕趙徽以下皆為太子中舍賜緋衣銀魚遂大宴御試進士自此始宋遣宋郊王世文來賀永壽節甲子宰臣張儉等請幸禮部貢院歡飲至暮而罷賜物有差以耶律祥張素民耶律甫王澤充賀宋生辰正旦使副

六年春正月丁丑西幸三月戊寅以秦王蕭孝穆為北院樞密使徙封吳王晉王蕭孝先為南京留守夏四月獵野狐嶺閏月獵龍門縣西山五月己酉清暑炭山以耶律韓八為北院大王蕭把哥左夷离畢王子郎君詳穩鼻姑得林牙簽北面事耶律涅哥同簽點檢司甲寅錄囚以南大王耶律信寧故匿重囚及侍婢贓污命撻以劒脊而奪其官都監坐阿附及侍婢罪皆論死詔貸之丙辰以耶律信寧為西南路招討使庚申出飛龍廄馬賜皇太弟重元及北南面侍臣有差癸亥以上京留守耶律胡覩袞為南大王平章事蕭查剌寧上京留守侍中管寧行宮都部署耶律蒲奴寧烏古迪烈得都詳穩甲子以上京留守耶律洪古為北院大王六月壬申朔以善寧為殿前都點檢護衛太保耶律合住兼長寧宮使蕭阿剌里耶律烏魯斡耶律和尚蕭韓家奴蕭特里蕭求翰為各宮都部署上酒酣賦詩吳國王蕭孝穆北宰相蕭八撒等皆屬和夜中乃罷己卯祀天地癸未賜南院大王耶律胡覩袞命上親為製誥詞並賜詩以寵之丙申以北院大王侯哂為南京統軍使秋七月辛丑朔以北南樞密院獄空賞賚有差壬寅以皇太弟重元生子賜詩及寶玩器物曲赦死罪以下癸卯如秋山八月己卯北樞密院言越棘部民苦其酋帥坤長不法多流亡詔罷越棘等五國酋帥以契丹節度使一員領之冬十月癸酉駐蹕石寶岡十一月己亥朔阻卜酋長來貢辛亥以契丹行宮都部署蕭惠為南院樞密使壬子以管寧為南院樞密使蕭掃古諸行宮都部署耶律褭里知南面行宮副部署蕭阿剌里左祗候郎君詳穩耶律曷主右祗候郎君詳穩庚申幸晉國公主行帳視疾封皇子洪基為梁王十二月以楊佶為忠順軍節度使遣耶律斡秦鑑耶律德崔繼芳賀宋生辰及正旦

七年春正月戊戌朔宋遣高若訥夏元正謝絳張茂實來賀正旦及永壽節辛丑如混同江二月庚午如春州乙亥駐蹕東川丁丑高麗遣使來貢壬午幸五坊閱鷹鶻乙酉遣使慶州問安皇太后三月戊戌朔幸皇太弟重元行帳壬寅如蒲河淀辛亥夏國遣使來貢甲寅錄囚夏四月己巳以興平公主薨遣北院承旨耶律庶成持詔問夏國王李元昊公主生與元昊不睦沒詰其故己卯獵白馬堝甲申射兔新淀井乙未獵金山遣楊家進鹿尾茸于大安宮六月乙亥御清涼殿試進士賜邢彭年以下五十五人第秋七月甲辰錄囚乙巳阻卜酋長屯禿古斯來朝戊申如黑嶺九月丁未駐蹕平淀冬十月甲子朔渡遼河丙寅駐蹕白馬淀壬申錄囚十一月癸巳朔以耶律元方張泥韓至德蕭傳充賀宋生辰正旦使副辛丑問安皇太后進珍玩庚申錄囚十二月召善擊鞠者數十人于東京令與近臣角勝上臨觀之己巳以皇太弟重元判北南院樞密使事北府宰相撒八寧再任兼知東京留守事耶律應穩南府宰相查割折大內惕隱乙室已帳蕭翰乾州節度使劉六符參知政事王子帳冠哥王子郎君詳穩鉏窘大王平州節度使宰臣張克恭守司空宰臣韓紹芳加侍中惕隱耶律馬六北院宣徽使傅父耶律喜孫南府宰相癸未宋遣王皋正張士禹來賀永壽節甲申命日進酒于大安宮致薦慶陵丁亥錄囚非故殺者減科南面侍御壯骨里許取女直貢物罪死上以有吏能黥而流之

八年春正月壬辰朔宋遣韓琦王從益來賀丙申如混同江觀魚戊戌振品部庚戌叉魚于率沒里河丁巳禁朔州鬻羊于宋二月丙子駐蹕長春河夏六月乙丑詔括戶口秋七月丁巳謁慶陵致奠于望仙殿迎皇太后至顯州謁園陵還京冬十月駐蹕東京十一月甲午詔有言北院處事失平擊鍾及邀駕告者悉以奏聞戊戌朝皇太后召僧論佛法戊申皇太后行再生禮大赦己酉城長春閏十二月壬辰視吳國王蕭孝穆疾宋遣麗籍杜贊來賀永壽節

九年春正月丙辰朔上進酒于皇太后宮御正殿宋遣王拱辰彭再思來賀庚申如鴨子河二月駐蹕魚兒濼三月辛未以應聖節大赦五月乙卯朔清暑永安山六月射柳祈雨秋七月癸酉宋遣郭禎以伐夏來報遣樞密使杜防報聘丁丑如秋山冬十月癸未朔駐蹕中會川十一月甲子女直侵邊發黃龍府鐵驪軍拒之宋遣蘇伸向傳範來賀應聖節十二月庚寅以北大王府布猥帳郎君自言先世與國聯姻許置敞史命本帳蕭胡覩為之辛卯以所得女直戶置肅州以蕭迪劉三嘏耶律元方王惟吉耶律庶忠孫文昭蕭紹筠秦德昌充賀宋生辰及來歲正旦使副詔諸犯法者不得為官吏諸職官非婚祭不得沉酗廢事有治民安邊之畧者悉具以聞

遼史卷十九

元　中　書　右　丞　相　總　裁　脫　脫　等　修

本紀第十九

興宗二

十年春正月辛亥朔宋遣梁適張從一富弼趙日宣來賀甲子復遣吳育馮戴來賀永壽節二月庚辰朔詔蒲盧毛朶部歸曷蘇館戶之沒入者使復業甲申北樞密院言南北二王府洎諸部節度侍衞祗候郎君皆出族帳既免與民戍邊其祗候事請亦得以部曲代行詔從其請夏四月詔罷修鴨淥江浮梁及漢兵屯戍之役又以東京留守蕭撒八言弛東京擊鞠之禁六月戊寅以蕭寧耶律坦崔禹稱馬世良耶律仁先劉六符充賀宋生辰使副耶律庶成趙成耶律烈張旦充來歲賀宋正旦使副秋七月壬戌詔諸職官私取官物者以正盜論諸敢以先朝已斷事相告言者罪之諸帳郎君等於禁地射鹿決三百不徵償小將軍決二百以下及百姓犯者罪同郎君論八月丙戌以醫者鄧延貞治詳穩蕭留寧疾驗贈其父母官以獎之九月辛亥朝皇太后國舅留寧薨庚申皇太后射獲熊上進酒為壽癸亥上獵馬孟山草木蒙密恐獵者誤射傷人命耶律迪姑各書姓名于矢以志之丙寅夏國獻宋俘以石硬砦太保郭三避虎不射免官冬十月丙戌詔東京留守蕭孝忠察官吏有廉幹清彊者具以名聞庚寅以女直太師臺押為曷蘇館都大王辛卯以皇子胡盧斡里生北宰相駙馬撒八寧迎上至其第飲宴上命衞士與漢人角觝為樂壬辰復飲皇太后殿以皇子生肆赦夕復引公主駙馬及內族大臣入寢殿劇飲甲午幸中京庚子以駙馬都尉蕭忽列為國舅詳穩十一月丙辰回鶻遣使來貢十二月丙子朔宋遣劉沆王整來賀應聖節乙未置撻朮不姑酋長以胡撻剌為平章事上聞宋設關河治壕塹恐為邊患與南北樞密吳國王蕭孝穆趙國王蕭貫寧謀取宋舊割關南十縣地遂遣蕭英劉六符使宋庚寅宋遣張沔侯宗亮薛申侍其濬施昌言潘永照來賀永壽節及來歲正旦以宣政殿學士楊佶為吏部尚書判順度軍節度使事丁酉議伐宋詔諭諸道

十一年春正月戊申奉迎皇太后于內殿庚戌遣南院宣徽使蕭特末翰林學士劉六符使宋取晉陽及瓦橋以南十縣地且問興師伐夏及沿邊疏濬水澤增益兵戍之故二月壬寅如鴛鴦濼四月甲戌朔頒南征賞罰令六月乙亥宋遣富弼張茂實奉書來聘以書答之壬午御含涼殿放進士王寶等六十四人禁氈銀鬻入宋秋七月壬寅朔詔盜易官馬者減死論外路官勤瘁正直者考滿代不治事者即易之八月丙申宋復遣富弼張茂實奉書來聘乞增歲幣銀絹以書答之九月壬寅遣北院樞密副使耶律仁先漢人行宮副部署劉六符使宋約和是時富弼為上言大意謂遼與宋和坐獲歲幣則利在國家臣下無與與宋交兵則利在臣下害在國家上感其言和好始定閏月癸未耶律仁先遣人報宋歲增銀絹十萬兩匹文書稱貢送至白溝帝喜宴羣臣于昭慶殿是日振恤三父族之貧者辛卯仁先劉六

符還進宋國誓書冬十一月丁亥羣臣加上尊號曰聰文聖武英略神功睿哲仁孝皇帝冊皇后蕭氏曰貞懿宣慈崇聖皇后大赦梁王洪基進封燕國王十二月癸卯朝皇太后甲辰封皇太弟重元子涅魯古爲安定郡王己酉以宣獻皇后忌日上與皇太后素服飯僧于延壽憫忠三學三寺辛亥詔獨貢備伐宋諸部租稅一年壬子以吐渾党項多鬻馬夏國詔謹邊防己未宋遣賀正旦及永壽節使居邸帝微服往觀丁卯禁喪葬殺牛馬及藏珍寶

十二年春正月辛未遣同知析津府事耶律敵烈樞密院都承旨正惟吉諭夏國與宋和壬申以吳國王蕭孝穆爲南院樞密使北府宰相蕭孝忠北院樞密使封楚王韓國王蕭惠北府宰相同知元帥府事韓八南院大王耶律遼哂東京留守北院樞密副使耶律仁先同知東京留守事北面林牙蕭華北院樞密副使甲戌如武淸寨葦淀二月壬寅禁關南漢民弓矢己酉夏國以加上尊號遣使來賀甲寅耶律敵烈等使夏國還奏元昊罷兵卽遣使報宋三月辛卯幸南京壬辰高麗國以加上尊號遣使來賀夏四月己亥置回跋部詳穩都監庚子夏國遣使進馬駝五月辛卯斡魯蒲盧毛朵部二使來貢失期宥而遣還乙未詔復定禮制是月幸山西六月丙午詔世選宰相節度使族屬及身爲節度使之家許葬用銀器仍禁殺牲以祭庚戌詔漢人宮分戶絕恒產以親族繼之辛亥阻不大王屯禿古斯弟太尉撒葛里來朝丙辰回鶻遣使來貢甲子以南院樞密使吳國王蕭孝穆爲北院樞密使徙封齊國王秋七月丙寅朔北院樞密使蕭孝忠薨特釋繫囚庚寅夏國遣使上表請伐宋不從八月丙申謁慶陵辛丑燕國王洪基加尚書令知北南院樞密使事進封燕趙國王戊午以前西北路招討使蕭塔烈葛爲右夷离畢庚申于越耶律洪古薨甲子阻卜來貢九月壬申朝皇太后謁望仙殿壬午謁懷陵冬十月丁酉駐蹕中會川己亥北院樞密使蕭孝穆薨追贈大丞相晉國王庚子詔諸路上重囚遣官詳讞辛亥參知政事韓紹芳爲廣德軍節度使三司使劉六符長寧軍節度使壬子以夏人侵党項遣延昌宮使高家奴讓之甲子北府宰相蕭惠爲北院樞密使幽王遂哥爲惕隱惕隱敵魯古封漆水郡王西北路招討使樞密副使蕭阿剌同知北院宣徽事出飛龍廐馬分賜羣臣十一月丁丑追封楚王蕭孝忠爲楚國王丁亥以上京歲儉復其民租稅癸巳朝皇太后十二月戊申改政事省爲中書省

十三年春正月甲子朔朝皇太后戊辰如混同江辛未獵兀魯館岡二月庚戌如魚兒濼丙辰以參知政事杜防爲南府宰相三月丁亥高麗遣使來貢以宣政殿學士楊佶參知政事是月置契丹警巡院夏四月己酉遣東京留守耶律侯哂知黃龍府事耶律歐里斯將兵攻蒲盧毛朵部甲寅南院大王耶律高十奏党項等部叛附夏國丙辰西南面招討都監羅漢奴詳穩斡魯母等奏山西部族節度使屈烈以五部叛入西夏乞南北府兵援送實威塞州戶詔富者遣行餘留屯田天德軍五月壬戌朔羅漢奴奏所發部兵與党項戰不利招討使蕭普達四捷軍詳穩張佛奴歿于陣李元昊來援叛黨戊辰詔徵諸道兵會西南邊以討元昊六月甲午阻卜酋長烏八遣其子執元昊所遣來援使窊邑改來乞以兵助戰從之駐蹕永安山以將伐夏遣延昌宮使耶律高家奴告宋丙申詔前南院大王耶律谷欲翰林都林牙耶律庶成等編集國朝上世以來事蹟丙午高麗遣使來貢丁未錄囚秋七月辛酉香河縣民李宜兒以左道惑衆伏誅庚午行再生禮庚辰夏國遣使來朝八月乙未以夏使對不以情羈之丁巳夏國復遣使來詢以事宜又不以實對答之九月戊辰宋以親征夏國遣余靖致贐禮壬申會大軍于九十九泉以皇太弟重元北院樞密使韓國王蕭惠將先鋒兵西征冬十月庚寅祭天地丙申獲党項偵人射鬼箭丁酉李元昊上表謝罪己亥元昊遣使來奏欲收叛黨以獻從之辛亥元昊遣使來進方物詔北院樞密副使蕭革迓之壬子軍于河曲華言元昊親率党項三部來詔革詰其納叛背盟元昊伏罪賜酒許以自新遣之召羣臣議皆以大軍既集宜加討伐癸丑督數路兵掩襲殺數千人駙馬都尉蕭胡覩爲夏人所執丁巳元昊遣使以先被執者來歸詔所留夏使亦還其國十一月辛酉賜有功將校有差甲子班師丁卯改雲州爲西京辛巳朝皇太后十二月己丑幸西京戊戌以北院樞密副使耶律敵烈爲右夷离畢己亥高麗遣使來貢戊申蕭胡覩自夏來歸

十四年春正月庚申以侍中蕭虛烈爲南院統軍使封遼西郡王庚午如鴛鴦濼壬午以金吾衛大將軍敵魯古爲乙室大王甲申夏國遣使進鶻以常侍斡古得戰歿命其子習羅爲帥二月庚子朝皇太后駐蹕撒刺濼三月己卯宋以伐夏師還遣使來賀辛亥高麗遣使來貢閏五月癸丑淸暑永安山丁卯謁慶陵己卯阻卜大王屯禿古斯率諸酋長來朝庚辰夏國遣使來貢辛亥以西南面招討使蕭普達戰歿贈同中書門下平章事秋七月戊申駐蹕中會川冬十月甲子望祀木葉山十一月壬午朔回鶻阿薩蘭遣使來貢甲辰以同知北院宣徽事蕭阿剌爲北府宰相十二月癸丑觀漢軍習砲射擊刺癸亥決滯獄

十五年春正月乙酉如混同江禁契丹以奴婢鬻與漢人二月乙卯如長春河丙寅蒲盧毛朵界曷懶河戶來附詔撫之三月甲申朝皇太后乙酉以應聖節減死罪釋徒以下辛卯朝皇太后丁酉高麗遣使來貢詔諸道歲具獄訟以聞夏四月辛亥禁五京吏民擊鞠戊午罷遙輦帳戍軍壬戌以北女直詳穩蕭高六爲奚六部大王甲子淸暑永安山甲戌蒲盧毛朵曷懶河百八十戶來附六月癸丑以西京留守耶律馬六爲漢人行宮都部署參知政事楊佶出爲武定軍節度使戊辰御淸凉殿放進士王棠等六十八人甲戌西北路招討使耶律敵魯古坐贓免官秋七月乙酉幽王遂哥薨戊子觀穫乙未以北院宣徽使旅墳爲左夷离畢前南府宰相耶律喜孫東北路詳穩丙申籍諸路軍丁酉如秋山辛丑禁扈從踐民田丁未以女直部長遮母率衆來附加太師八月癸丑高麗王欽薨遣使來告九月甲辰禁以罝網捕狐兎冬十月己酉駐蹕中會川十一月丁亥以南院樞密使蕭孝友爲北府宰相契丹行宮都部署耶律仁先南院大王北府宰相蕭華同知北院樞密使事知夷离畢事耶律信先漢人行宮都部署左夷离畢旅墳惕隱漢人行宮都部署耶律敵烈左夷离畢己亥渤海部以契丹戶例通括軍馬乙巳賑南京貧民十二月壬申曲赦徒以下罪是日爲聖宗在時生辰

遼史卷二十

元　中　書　右　丞　相　總　裁　脫　脫　等　修

本紀第二十

興宗三

十六年春正月己卯如混同江二月庚申如魚兒濼辛酉禁羣臣遇宴樂奏請私事詔世選之官從各部耆舊擇材能者用之三月丁亥如黑水濼癸巳遣使審決雙州囚壬寅大雪夏四月乙巳朔皇太后不豫上馳往視疾丙午皇太后愈復如黑水濼丁卯肆赦六月戊申淸暑永安山丁巳阻卜大王屯禿古斯來朝獻方物戊午詔士庶言事秋七月辛卯幸慶州自是月至于九月日射獵于楚不溝霞列繫輪石塔諸山冬十月辛亥幸中京謁祖廟丙辰定公主行婦禮於舅姑儀庚午鐵驪仙門來朝以始入貢加右監門衛大將軍十一月戊寅祠木葉山己丑幸中京朝皇太后壬辰禁漏泄宮中事十二月辛丑朔女直遣使來貢辛亥謁太祖廟觀太宗收晉圖癸丑問安皇太后乙卯以太后愈雜犯死罪減一等論徒以下免庚申南府宰相杜防韓紹榮奏事有誤各以大杖決之出防爲武定軍節度使壬戌高麗遣使來貢

十七年春正月丁亥如春水閏月癸丑射虎于候里吉二月辛巳振瑤穩嘲穩部是月詔士庶言國家利便不得及己事奴婢所見許白其主不得自陳夏國王李元昊薨其子諒祚遣使來告卽遣永興宮使耶律褭里右護衛太保耶律興老將作少監王全慰奠三月癸卯以同知南京留守事蕭塔烈葛爲左夷离畢知右夷离畢事唐古爲右夷离畢丙午夏國李諒祚遣使上其父元昊遺物丁卯鐵不得國使來乞以本部軍助攻夏國不許夏四月辛未武定軍節度使杜防復爲南府宰相丙子高麗遣使來貢甲申蒲盧毛朵部大王蒲輦以造舟人來獻六月庚辰阻卜獻馬駝二萬辛卯長白山太師柴葛回跋部太師撒剌都來貢方物秋七月丁未于越摩梅欲之子不葛一及婆離八部夷离菫虎骷等內附甲寅錄囚減雜犯死罪八月丙戌復南京貧戶租稅戊子以殿前都點檢耶律義先爲行軍都部署中順軍節度使夏行美副部署東北面詳穩耶律朮者爲監軍伐蒲奴里酋陶得里冬十月甲申南院大王耶律韓八薨甲午駐蹕獨盧金十一月乙未朔遣使括馬丁巳賜皇太弟重元金券封皇子和魯斡爲越王阿璉許王忠順軍節度使謝家奴陳王西京留守貼不漢王惕隱旅墳遼西郡王行宮都部署別古得柳城郡王奉陵軍節度使侯古饒樂郡王安定郡王涅魯古進封楚王

十八年春正月甲午朔日有食之戊戌留夏國賀正使不遣己亥遣北院樞密副使蕭惟信以伐夏告宋辛丑錄囚丙午如鴛鴦濼丙辰獵霸特山耶律義先奏蒲奴里捷二月庚辰幸燕趙國王洪基帳視疾乙酉耶律義先等執陶得里以獻三月乙巳高昌國遣使來貢壬子以洪基疾愈赦雜犯死罪以下丁巳烏古遣使送款夏四月癸酉以南府宰相耶律高十爲南京統軍使五月甲辰五國酋長各率其部來附庚戌回跋部長兀迭臺

扎等來朝戊午五國節度使耶律仙童以降烏古叛人授左監門衛上將軍六月壬戌朔以韓國王蕭惠爲河南道行軍都統趙王蕭孝友漢王貼不副之乙丑錄囚丙寅行十二神纛禮己巳宋以遼師伐夏遣錢逸致贐禮庚辰阻卜來貢馬駝珍玩辛巳夏國使來貢留之不遣丁亥行再生禮秋七月戊戌親征八月辛酉渡河夏人遁乃還九月丁未蕭惠等爲夏人所敗冬十月北道行軍都統耶律敵魯古率阻卜諸軍至賀蘭山獲李元昊妻及其官僚家屬遇夏人三千來戰殪之烏古敵烈部都詳穩蕭慈氏奴南剋耶律斡里死焉十二月戊寅慶陵林木火己卯錄囚有弟從兄爲强盜者兄弟俱無子特原其弟

十九年春正月庚寅僧惠鑑加檢校太尉庚子耶律敵魯古復封漆水郡王諸將校及阻卜等部酋長各進爵有差射蕭慈氏奴同中書門下平章事辛丑遣使問罪于夏國壬寅如魚兒濼二月丁亥夏將洼普猥貨乙靈紀等來攻金肅城南面林牙耶律高家奴等破之洼普被創遁去殺猥貨乙靈紀三月戊戌殿前都點檢蕭迭里得與夏戰于三角川敗之癸卯命西南招討使蕭蒲奴北院大王宜新林牙蕭撒抹等帥師伐夏以行宮都部署別古得監戰甲辰遣同知北院樞密使蕭革按軍邊城以爲聲援己酉駐蹕息雞淀丙辰幸殿前都點檢蕭迭里得駙馬都尉蕭胡覩帳視疾夏四月丙寅如魚兒濼壬申蒲盧毛朶部惕隱信篤來貢甲申高麗遣使來貢五月己丑如涼陘癸巳蕭蒲奴等入夏境不與敵遇縱軍俘掠而還丁酉夏國洼普來降己亥遼夷拔思母部遣使來貢六月丙辰朔置倒塌嶺都監丙寅謁慶陵庚午幸慶州謁太安殿壬申詔醫卜屠販奴隸及倍父母或犯事逃亡者不得舉進士回跋曷蘇館蒲盧毛朶部各遣使貢馬甲戌宋遣使來賀伐夏捷高麗使俱至辛巳御金鑾殿試進士秋七月壬辰駐蹕括里蒲盌癸巳以燕趙國王洪基領北南樞密院乙未阻卜長豁得刺弟斡得來朝加太尉遣之戊戌錄囚戊申以左夷离畢蕭唐古爲北院樞密副使壬子獵侯里吉八月丁卯阻卜酋長嗢只葛拔里斯來朝九月壬寅夏人侵邊敵魯古遣六院軍將海里擊敗之冬十月庚午還上京辛未夏國王李諒祚母遣使乞依舊稱藩使還詔諭別遣信臣詣闕當徐思之壬申釋臨潢府役徒甲戌如中會川十一月甲午阻卜酋長豁得剌遣使來貢庚戌錄囚壬子出南府宰相韓知白爲武定軍節度使樞密副使楊績長寧軍節度使翰林學士王綱澤州刺史張宥徽州刺史知制誥周白海北州刺史閻月乙卯以漢王貼不爲中京留守辛未以同知北院樞密使事蕭革爲南院樞密使南院大王耶律仁先知北院樞密使事封宋王十二月丁亥北府宰相趙王蕭孝友出爲東京留守東京留守蕭塔列葛爲北府宰相南院樞密使潞王查葛爲南院大王庚戌韓國王蕭惠徙封魏王致仕壬子夏國李諒祚遣使上表乞依舊臣屬

二十年春正月戊戌駐蹕混同江二月甲申遣前北院都監蕭友括等使夏國索党項叛戶己丑如春耳濼甲辰吐蕃遣使來貢三月壬子朔幸黑水夏五月癸丑蕭友括等使夏還李諒祚母表乞如党項權進馬駝牛羊等物己巳夏國遣使求唐隆鎮及乞罷所建城邑以詔答之六月丙戌詔以所獲李元昊妻及前後所俘夏人安置蘇州以伐夏所獲物遣使遺宋秋七月如秋山九月詔更定條制駐蹕中會川冬十月己卯朔括諸道軍籍十一月庚申以惕隱都監蕭謨魯爲左夷离畢甲子命東京留守司總領戶部內省事丁卯罷中丞記錄職官過犯令承旨總之十二月乙酉以皇太后行再生禮肆赦

二十一年春正月辛亥如混同江二月如魚兒濼夏四月癸未以國舅詳穩蕭阿剌爲西北路招討使封西平郡王六月丙子駐蹕永安山秋七月甲辰朔召北府宰相蕭塔烈葛南府宰相漢王貼不南院樞密使蕭革知北院樞密使事仁先等賜坐論古今治道戊申祀天地己酉詔北南樞密院日再奏事壬子追尊太祖之祖爲簡獻皇帝廟號玄祖祖妣爲簡獻皇后太祖之考爲宣簡皇帝廟號德祖妣爲宣簡皇后追封太祖伯父夷离堇巖木爲蜀國王于越釋魯爲隋國王以燕趙國王洪基爲天下兵馬大元帥知惕隱事賜詔諭之癸亥近侍小底盧寶僞學御畫免死配役終身甲子如秋山戊辰謁慶陵以南院樞密使蕭革爲北院樞密使封吳王辛未如慶州壬申追封太祖弟寅底石爲許國王八月戊子太尉烏者薨詔配享聖宗廟九月乙卯平州進白兎己未謁懷陵庚申追上嗣聖皇帝天順皇帝尊謚及更謚彰德皇后曰靖安癸亥謚齊天皇后曰仁德皇后甲子謁祖陵增太祖謚大聖大明神烈天皇帝更謚貞烈皇后曰淳欽恭順皇帝曰章肅后蕭氏謚曰和敬冬十月戊寅駐蹕中會川丁亥夏國李諒祚遣使乞弛邊備卽遣蕭友括奉詔諭之戊子幸顯懿二州甲午遣興軍節度使蕭盧烈封鄭王南院大王潞王查葛爲南院樞密使進封越國王戊戌射虎于南撒葛栢辛丑謁乾陵十一月壬寅朔增謚文獻皇帝爲文獻欽義皇帝及謚二后曰端順曰柔貞復更謚世宗孝烈皇后爲懷節丁未增孝成皇帝謚曰孝成康靖皇帝更謚聖神宣獻皇后爲睿智甲子次中會川回鶻阿薩蘭遣使貢名馬文豹丙寅錄囚十二月戊戌以北府宰相塔烈葛爲南京統軍使鄭王盧烈北府宰相契丹行宮都部署耶律義先惕隱釋役徒限年者

二十二年春正月乙巳如混同江二月丙子回鶻阿薩蘭爲鄰國所侵遣使求援庚辰如春水三月癸亥李諒祚以賜詔許降遣使來謝丙寅如黑水濼夏四月戊子獵鶴淀五月壬寅詔內地州縣植果六月壬申駐蹕胡呂山癸未高麗遣使來貢秋七月己酉阻卜大王屯禿古斯率諸部長獻馬駝庚申如黑嶺閏月庚午烏古來貢癸巳長春州置錢帛司九月壬辰夏國李諒祚遣使進降表甲午遣南面林牙高家奴等奉詔撫諭冬十月丙申朔日有食之十一月辛卯詔諸職事官以禮受代及以罪去者置籍歲申樞密院十二月丙申朔詔回鶻部副使以契丹人充庚子應聖節曲赦徒以下罪壬子詔大臣曰朕與宋主約爲兄弟歡好歲久欲見其繪像可諭來使

二十三年春正月己巳如混同江癸酉獵雙子淀戊子夏國遣使貢方物壬辰如春水甲午獵盤直坡三月丁亥幸皇太弟重元帳夏四月癸卯高麗遣使來貢癸丑獵合只忽里五月己巳李諒祚乞進馬駝詔歲貢之庚寅駐蹕永安山壬辰夏國遣使來貢六月丙申如慶州己亥謁慶陵壬寅高麗王徽請官其子詔加檢校太尉辛亥吐蕃遣使來貢秋七月己巳夏國李諒祚遣使來求婚甲戌如秋山己卯詔八房族巾幘九月庚寅獵遇三虎縱犬獲之冬十月丁酉駐蹕中京戊戌幸新建祕書監辛丑有事于祖廟癸丑以開泰寺鑄銀佛像曲赦在京囚丙子李諒祚遣使進誓表十一月乙丑阻卜部長來貢壬申帝率羣臣上皇太后尊號曰仁慈聖善欽孝廣德安靜貞純懿和寬厚崇覺儀天皇太后大赦內外官進級有差癸未錄囚甲申羣臣上皇帝尊號曰欽天奉道祐世興歷武定文成聖神仁孝皇帝册皇后蕭氏曰貞懿慈和文惠孝敬廣愛崇聖皇后十二月丙申如中會川

二十四年春正月癸亥如混同江戊辰朝皇太后辛巳宋遣使來賀饋馴象二月己丑朔召宋使釣魚賦詩癸巳如長春河甲寅夏國遣使來賀三月癸亥皇太弟重元生子曲赦行在及長春鎮北二州徒以下罪夏五月駐蹕南崖秋七月壬午如秋山次南崖之北峪不豫八月丁亥疾大漸召燕趙國王洪基諭以治國之要戊子大赦縱五坊鷹鶻焚釣魚之具己丑帝崩于行宮年四十遺詔燕趙國王洪基嗣位清寧元年十月庚子上尊謚爲神聖孝章皇帝廟號興宗

贊曰興宗卽位年十有六矣不能先尊母后而尊其母以致臨朝專政賊殺不辜又不能以禮幾諫使齊天死於弒逆有虧王者之孝惜哉若夫大行在殯飲酒博鞠疊見簡書及其謁遺像而哀慟受宋弔而衰絰所爲若出二人何爲其然歟至於感富弼之言而申南宋之好許諒祚之盟而罷西夏之兵邊鄙不聳政治內修親策進士大修條制下至士庶得陳便宜則求治之志切矣于時左右大臣曾不聞一賢之進一事之諫欲庶幾古帝王之風其可得乎雖然聖宗而下可謂賢君矣

遼史卷二十一

元中書右丞相總裁脫脫等修

本紀第二十一

道宗一

道宗孝文皇帝諱洪基字涅鄰小字查剌興宗皇帝長子母曰仁懿皇后蕭氏六歲封梁王重熙十一年進封燕國總領中丞司事明年總北南院樞密使事加尚書令進封燕趙國王二十一年爲天下兵馬大元帥知惕隱事預朝政帝性沈靜嚴毅每朝興宗爲之斂容二十四年八月己丑興宗崩卽皇帝位於柩前哀慟不聽政辛卯百僚上表固請許之詔曰朕以菲德託居士民之上第恐智識有不及羣下有未信賦斂妄興賞罰不中上恩不能及下下情不能達上凡爾士庶直言無諱可則擇用否則不以爲愆卿等其體朕意壬辰以皇太弟重元爲皇太叔免漢拜不名癸巳遣使報哀于宋及夏高麗甲午遣重元安撫南京軍民戊戌以遺詔命西北路招討使西平郡王蕭阿剌爲北府宰相仍權知南院樞密使事北府宰相蕭盧烈爲武定軍節度使辛丑改元清寧大赦九月戊午詔常所幸圍場外毋禁庚申詔除護衛士餘不得佩刃入宮非勳戚後及夷离堇副使

承應諸職事人不得冠巾。壬戌詔夷离堇及副使之族并民奴賤不得服駝尼水獺裘刀柄兔鶻鞍勒珮子不許用犀玉骨突犀惟大將軍不禁乙丑賜內外臣僚爵賞有差庚午尊皇太后爲太皇太后辛未遣左夷离畢蕭謨魯翰林學士韓運以先帝遺物遺宋癸酉遣使以卽位報宋丙子尊皇后爲皇太后宴敢塗殿以上京留守宿國王陳留爲南京留守壬午遣使賜高麗夏國先帝遺物冬十月丁亥有司請以帝生日爲天安節從之以吳王仁先同知南京留守事陳王塗孛特爲南府宰相進封吳王壬寅以順義軍節度使十神奴爲南院大王十一月甲子葬興宗皇帝於慶陵宋及高麗遣使來會名其山曰永興丙寅以南院大王侯古爲中京留守北府宰相西平郡王蕭阿剌進封韓王壬申次懷州有事於太宗穆宗廟甲戌謁祖陵戊寅冬至有事於太祖景宗興宗廟不受羣臣賀十二月丙戌詔左夷离畢曰朕以眇冲獲嗣大位夙夜憂懼恐弗克任欲聞直言以匡其失今已數月未見所以副朕委任股肱耳目之意其令內外百官比秩滿各言一事仍轉諭所部無貴賤老幼皆得直言無諱戊子應聖節上太皇太后壽宴羣臣命婦冊妃蕭氏爲皇后進封皇弟越王和魯斡爲魯國王許王阿璉爲陳國王楚王涅魯古徙封吳王辛卯詔部署院事有機密卽奏其投謗訕書輒受及讀者並棄市癸巳皇族十公悖母伏誅甲午以樞密副使姚景行爲參知政事翰林學士吳湛爲樞密副使參知政事同知樞密院事韓紹文爲上京留守丙申宋遣歐陽修等來賀卽位戊戌詔設學養士頒五經傳疏置博士助教各一員癸卯以知涿州楊績參知政事兼同知樞密院事庚戌以聖宗在時生辰赦上京囚是年御清涼殿放進士張孝傑等四十四人

二年春正月丙辰詔州郡官及僚屬決囚如諸部族例己巳詔二女古部與世預宰相節度使之選者免皮室軍是月幸魚兒濼二月乙酉以左夷离畢蕭謨魯知西南面招討都監事乙巳以興宗在時生辰宴羣臣命各賦詩三月丁巳應聖節曲赦百里內囚己卯御製放鷹賦賜羣臣諭任臣之意閏月己亥始行東京所鑄錢乙巳南京獄空進留守以下官夏四月甲子詔曰方夏長養鳥獸孳育之時不得縱火於郊五月戊戌謁慶陵甲辰有事于興宗廟六月丁巳詔宰相舉才能之士戊午命有司籍軍補邊戍辛酉阻卜酋長來朝貢方物丁卯高麗遣使來貢辛未罷史官預聞朝議俾問宰相而後書乙亥中京蝗蝻爲災丙子詔强盜得實者聽諸路決之丁丑南院樞密使趙國王查葛爲上京留守同知南京留守事吳王仁先爲南院樞密使乙酉遣使分道平賦稅繕戎器勸農桑禁盜賊八月辛未如秋山九月庚子幸中京祭聖宗興宗於會安殿冬十月丙子如中會川十一月戊戌知左夷离畢事耶律劃里爲夷离畢北院大王耶律仙童知黃龍府事甲辰文武百僚上尊號曰天祐皇帝后曰懿德皇后大赦乙巳以皇太叔重元爲天下兵馬大元帥徙封趙國王查葛爲魏國王魯國王和魯斡爲宋國王陳國王阿璉爲秦國王吳王涅魯古進封楚國王百官進遷有差十二月戊申朔以韓王蕭阿剌爲北院樞密使東京留守宿國王陳留北府宰相宋國王和魯斡上京留守秦國王阿璉知中丞司事甲寅上皇太后尊號曰慈懿仁和文惠孝敬廣愛宗天皇太后

三年春正月庚辰如鴨子河丙戌置倒塌嶺節度使乙未五國部長來貢方物二月己未如大魚濼三月辛巳以楚國王涅魯古爲武定軍節度使夏四月丙辰清暑永安山五月己亥如慶陵獻酎於金殿同天殿六月辛未以魏國王查葛爲惕隱同知樞密院事蕭唐古南府宰相魏國王貼不東京留守秋七月甲申南京地震赦其境內乙酉如秋山八月辛亥帝以君臣同志華夷同風詩進皇太后九月庚子幸中會川冬十月己酉謁祖陵庚申謁讓國皇帝及世宗廟辛酉奠酎于玉殿十一月丙子以左夷离畢蕭謨魯爲契丹行宮都部署庚子高麗遣使來貢十二月庚戌禁職官於部內假貸貿易戊辰太皇太后不豫曲赦行在五百里內囚己巳太皇太后崩

四年春正月壬申朔遣使報哀于宋夏如鴨子河釣魚癸酉宋遣使奉宋主繪像來丁亥知易州事耶律頗得秩滿部民乞留許之二月丙午詔夷离畢諸路鞫死罪獄雖具仍令別州縣覆案無冤然後決之稱冤者卽具奏庚戌如魚兒濼三月戊寅募天德鎭武東勝等處勇捷者籍爲軍甲午肆赦夏四月甲辰謁慶陵丁卯宋遣使弔祭五月庚午朔上大行太皇太后尊謚曰欽哀皇后癸酉葬慶陵夏國高麗遣使來會乙酉如永安山清暑六月乙丑以北院樞密使鄭王蕭革爲南院樞密使徙封楚王南院樞密使吳王仁先爲北院樞密使秋七月辛巳制諸掌內藏庫官盜兩貫以上者許奴婢告壬午獵于黑嶺冬十月戊戌朔以同知東京留守事侯古爲南院大王保安軍節度使奚底爲奚六部大王十一月癸酉行再生及柴冊禮宴羣臣於八方陂庚寅御清風殿受大冊禮大赦以吳王仁先爲南京兵馬副元帥徙封隋王壬午謁太祖及諸帝宮丙戌祠木葉山禁造玉器十二月辛丑弛駝尼水獺裘之禁乙巳許士庶畜鷹辛亥南院樞密使楚王蕭革復爲北院樞密使閏月己巳賜皇太叔重元金券是歲皇子濬生

五年春如春州夏六月甲子朔駐蹕納葛濼己丑以南院樞密使蕭阿速爲北府宰相樞密副使耶律乙辛南院樞密使惕隱查葛遼興軍節度使魯王謝家奴武定軍節度使東京留守吳王貼不西京留守秋七月丁酉以烏古敵烈詳穩蕭謨魯爲左夷离畢冬十月壬子朔幸南京祭興宗於嘉寧殿十一月禁獵十二月壬戌以北院林牙奚馬六爲右夷离畢參知政事吳湛以弟洵冒入仕籍削爵爲民是年上御百福殿放進士梁援等百一十五人

六年春如鴛鴦濼夏五月戊子朔監修國史耶律白請編次御製詩賦仍命白爲序己酉駐蹕納葛濼六月戊午朔以東北路女直詳穩高家奴爲惕隱壬戌遣使錄囚丙寅中京置國子監命以時祭先聖先師癸未以隋王仁先爲北院大王賜御製誥冬十月甲子駐蹕藕絲淀

七年春三月庚戌如春州以耶律乙辛知北院樞密使事夏四月辛未禁吏民畜海東青鶻五月丙戌清暑永安山丙午謁慶陵辛亥殺東京留守陳王蕭阿剌六月壬子朔日有食之甲子以蕭謨魯爲順義軍節度使丁卯幸弘義永興崇德三宮致祭射柳賜宴賞賚有差戊辰行再生禮復命羣臣分朋射柳丁丑以楚國王涅魯古知南院樞密使事秋九月丁丑駐蹕藕絲淀冬十一月壬午以知黃龍府事耶律阿里只爲南院大王

遼史卷二十二

元中書右丞相總裁脫脫等修

本紀第二十二

道宗二

八年春正月癸丑如鴨子河二月駐蹕納葛濼三月戊申朔楚王蕭革致仕進封鄭國王夏五月吾獨婉惕隱屯禿葛等乞歲貢馬駝許之六月丙子朔駐蹕拖古烈辛丑以右夷离畢奚馬六爲奚六部大王是月御清涼殿放進士王鼎等九十三人秋七月甲子射熊于外室剌冬十月甲戌朔駐蹕獨盧金十二月庚辰以知北院樞密使事蕭圖古辭爲北院樞密使癸未幸西京戊子以皇太后行再生禮曲赦西京囚

九年春正月辛亥幸鴛鴦濼辛未禁民鬻銅三月辛未宋主禎殂以姪曙爲子嗣位夏五月丙午以隋王仁先爲南院樞密使徙封許王是月清暑曷里狘秋七月丙辰如太子山戊午皇太叔重元與其子楚國王涅魯古及陳國王陳六同知北院樞密使事蕭胡覩衛王貼不林牙涅剌溥古統軍使蕭迭里得駙馬都尉參及弟术者圖骨旗鼓拽剌詳穩耶律郭九文班太保奚叔內藏提點烏骨護衛左太保敵不古按答副官使韓家奴寶神奴等凡四百人誘脅弩手軍犯行宮時南院樞密使許王仁先知北樞密院事趙王耶律乙辛南府宰相蕭唐古北院宣徽使蕭韓家奴北院樞密副使蕭惟信敦睦宮使耶律良等率宿衛士卒數千人禦之涅魯古躍馬突出將戰爲近侍詳穩渤海阿厮護衛蘇射殺之己未族逆黨家庚申重元亡入大漠自殺辛酉詔論諸道壬戌以仁先爲北院樞密使進封宋王加尙父耶律乙辛南院樞密使韓家奴殿前都點檢封荆王蕭惟信耶律馮家奴並加太子太傅宿衛官蕭乙辛回鶻海鄰褭里耶律撻不也阿厮官分人急里哥霞抹乙辛只魯並加上將軍諸護衛及士卒庖夫弩手傘子等三百餘人各授官有差耶律良密告重元變命籍橫帳夷离堇房爲漢人行宮都部署癸亥貼不訴爲重元等所脅詔削爵爲民流鎭州戊辰以黑白羊祭天八月庚午朔遣使安撫南京吏民癸酉以永興宮使耶律塔不也有定亂功爲同知點檢司事冬十月戊辰朔幸興王寺庚午以六院部太保耶律合术知南院大王事是月駐蹕藕絲淀十一月辛丑以南院宣徽使蕭九哥爲北府宰相己未追封故富春郡王耶律義先爲許王是歲封皇子濬爲梁王

十年春正月己亥北幸二月禁南京民決水種粳稻秋七月壬申詔決諸路囚辛巳禁僧尼私詣行在妄述禍福取財物九月壬寅幸懷州謁太宗穆宗廟冬十月壬辰朔駐蹕中京戊午禁民私刊印文字十一月甲子定吏民衣服之制辛未禁六齋日屠殺丁丑詔求乾文閣所闕經籍命儒臣校讐庚辰以彰國軍節度使韓謝十爲惕隱詔南京不得私造御用綵段私貨鐵及非時飲酒命南京三司每歲春秋以官錢饗將士十二月癸巳以北院大王蕭兀古匿爲契丹行宮都部署是歲南京西京大熟

咸雍元年春正月辛酉朔文武百僚加上尊號曰聖文神武全功大略廣智聰仁睿孝天祐皇帝改元大赦冊梁王濬爲皇太子內外官賜級有差甲子如魚兒濼庚寅詔諸遇正旦重午冬至別表賀東宮三月丁亥以知興中府事楊績知樞密院事夏四月辛卯以知樞密院事張嗣復疾改知興中府事庚子清暑拖古烈五月辛巳夏國遣使來貢秋七月丙子以皇太后射獲熊賞賚百官有差八月丙申客星犯天廟詔諸路備盜賊嚴火禁九月乙亥駐蹕藕絲淀丁丑左夷离畢謔古爲孟父敵穩冬十月丁亥朔幸醫巫閭山己亥皇太后射獲虎大宴羣臣令各賦詩十一月壬戌有星如斗逆行隱隱有聲十二月甲午以遼王仁先爲南京留守徙封晉王辛亥以南京留守蕭惟信爲左夷离畢壬子熒惑與月並行自旦至午

二年春正月丁巳如鴨子河宋賀正使王巖卒以禮送還癸未幸山榆淀二月甲午詔武定軍節度使姚景行問以治道拜南院樞密使三月辛巳以東北路詳穩耶律韓福奴爲北院大王壬午彗星見於西方夏四月霖雨五月乙亥駐蹕拖古烈辛巳以戶部使劉詵爲樞密副使六月丙戌回鶻來貢甲辰阻卜來貢秋七月癸丑朔以西北路招討使蕭朮者爲北府宰相左夷离畢蕭惟信南院樞密使同知南院樞密使事耶律白楊隱丙辰南院樞密使姚景行致仕庚申錄囚辛酉景行復前職丁卯如藕絲淀以歲旱遣使賑山後貧民九月壬子朔日有食之以參知政事韓孚爲樞密副使冬十二月壬午以知樞密院事楊績爲南院樞密使樞密副使劉詵參知政事戊子僧守志加守司徒丁酉以西京留守合朮爲南院大王辛丑以蕭朮者爲武定軍節度使是年御永安殿放進士張臻等百一人

三年春正月辛亥如鴨子河甲子御安流殿釣魚三月癸亥宋主曙殂子頊嗣位遣使告哀卽遣右護衛太保蕭撻不也翰林學士陳覺等弔祭閏月丁亥扈駕軍營火賜錢粟及馬有差辛卯駐蹕春州北淀乙巳以蕭兀古匿爲北府宰相夏五月壬辰駐蹕納葛濼壬寅賜隨駕諸官工人馬六月戊申有司奏新城縣民楊從謀反僞署官吏上曰小人無知此兒戲爾獨流其首惡餘釋之庚戌宋遣使饋其先帝遺物辛亥宋以卽位遣陳襄來報卽遣知黃龍府事蕭圖古辭中書舍人馬鉉往賀壬戌南府宰相韓王蕭唐古致仕壬申以廣德軍節度使耶律燊奴爲南府宰相度支使趙徽參知政事秋七月辛丑熒惑晝見凡三十五日九月戊戌詔給諸路囚糧癸卯幸南京冬十一月壬辰夏國遣使進回鶻僧金佛梵覺經十二月丁未以參知政事劉詵爲樞密副使東北路詳穩高八南院大王樞密直學士張孝傑參知政事己酉以張孝傑同知樞密院事丁巳行再生禮赦死罪以下是月夏國王李諒祚薨是歲南京旱蝗

四年春正月甲戌朔日有食之丙子如鴛鴦濼辛巳改易州兵馬使爲安撫使丁亥獵炭山辛卯遣使振西京饑民二月甲辰朔詔元帥府募軍壬子夏國王李諒祚子秉常遣使告哀癸丑頒行御製華嚴經贊丁卯北行三月丙子遣使夏國弔祭甲申振應州饑民乙酉詔南京除軍行地餘皆得種稻庚寅振朔州饑民乙未夏國李秉常遣使獻其父諒祚遺物夏四月戊午阿薩蘭回鶻遣使來貢五月丙戌駐蹕拖古烈六月壬子西北路雨穀方三十里丙寅以北院林牙耶律趙三爲北院大王右夷离畢蕭素颯中京留守秋七月壬申置烏古敵烈部都統軍司丙子獵黑嶺是月南京霖雨地震九月己亥駐蹕藕絲淀冬十月辛亥曲赦南京徒罪以下囚永清武清安次固安新城歸義容城諸縣水復一歲租戊辰冊李秉常爲夏國王十二月辛亥夏國遣使來貢

五年春正月阻卜叛以晉王仁先爲西北路招討使領禁軍討之夏六月己亥駐蹕拖古烈丙午吐蕃遣使來貢壬戌以南院樞密使蕭惟信知北院樞密使事秋七月乙丑朔日有食之戊辰夏國遣使來謝封冊癸未詔禁皇族恃勢侵漁細民八月謁慶陵九月戊辰仁先遣人奏阻卜捷冬十月己亥駐蹕藕絲淀十一月丁卯詔四方館副使止以契丹人充丁丑五國部阿里部叛命蕭素颯討之閏月戊申夏國王李秉常遣使乞賜印綬己未僧志福加守司徒十二月甲子行皇太子再生禮減諸路徒以下罪一等乙丑詔百官廷議國政甲戌五國來降仍獻方物

六年春正月甲午如千鵝濼二月丙寅阻卜來朝貢方物夏四月癸未西北路招討司以所降阻卜酋長至行在五月甲辰清暑拖古烈甲寅設賢良科詔應是科者先以所業十萬言進六月辛巳阻卜來朝乙酉以惕隱耶律白爲中京留守是月御永安殿放進士趙廷睦等百三十八人秋七月辛亥獵于合魯聶特八月丙子耶律白薨追封遼西郡王九月庚戌幸藕絲淀甲寅以馬希白詩才敏妙十吏書不能給召試之冬十月丁卯五國部長來朝壬申西北路招討司擒阻卜酋長來獻十一月乙卯禁鬻生熟鐵于回鶻阻卜等界十二月戊午加圓釋法鈞二僧竝守司空己未以坤寧節赦徒罪以下辛酉禁漢人捕獵

七年春正月戊子如鴨子河二月乙丑女直進馬丙寅以南院樞密使姚景行知興中府事三月己酉以討五國功加知黃龍府事蒲延懷化軍節度使高元紀易州觀察使高正竝千牛衛上將軍五國節度使蕭陶蘇斡寧江州防禦使大榮竝靜江軍節度使幸黑水夏四月癸酉如納葛濼乙亥禁布帛短狹不中尺度者六月己卯吐蕃來貢癸未南院大王高八致仕秋七月甲申朔以東北路詳穩合里只爲南院大王西南面招討使拾得奴爲奚六部大王己丑遣使按問五京囚庚子如藕絲淀八月辛巳置佛骨于招仙浮圖罷獵禁居殺冬十月己卯如醫巫閭山壬戌以南府宰相耶律燊奴爲南京統軍使戊辰謁乾陵庚辰詔百官廷議軍國事十一月戊子免南京流民租己丑振饒州饑民丙午高麗遣使來貢十二月壬子以契丹行宮都部署耶律胡覩知北院樞密使事知北院樞密使事蕭惟信爲南府宰相兼契丹行宮都部署丁巳漢人行宮都部署李仲禧北院宣徽使劉霦樞密副使王觀都承旨楊興功各賜國姓戊寅回鶻來貢是歲春州斗粟六錢

遼史卷二十三

元中書右丞相總裁脫脫等修

本紀第二十三

道宗三

八年春正月癸未烏古敵烈部詳穩耶律巢等奏克北邊捷以戰多殺人飯僧南京中京甲申如魚兒濼壬寅昏霧連日二月丙辰北南樞密院言無事可陳壬戌以討北部功烏古敵烈部詳穩耶律巢知北院大王事都監蕭阿魯帶烏古敵烈部詳穩加左監門衛上將軍戊辰歲饑免武安州租稅振恩蔚順惠等州民三月癸卯有司奏春泰寧江三州三十餘人願爲僧尼受具足戒許之夏四月壬子振義饒二州民丁巳駐蹕塔里捨己卯清暑拖古烈五月壬午晉王仁先薨六月甲寅振易州貧民己未振中京甲子振興中府甲戌封北府宰相楊績爲趙王樞密副使耶律觀參知政事兼知南院樞密使事丁丑高麗遣使來貢秋七月己卯慶州靳文高八世同居詔賜爵丙申振饒州饑民丁酉幸黑嶺丁未以御書華嚴經五頌出示羣臣閏月辛未射熊于殺羊山八月庚辰混同郡王侯古薨遣使致祭九月甲子駐蹕藕絲淀冬十月己丑參知政事耶律觀矯制營私第降爲庶人癸巳回鶻來貢十一月庚戌免祖州稅丙辰大雪許民樵採禁地丁卯賜延昌宮貧戶錢十二月戊辰漢人行宮都部署耶律仲禧封韓國公樞密副使參知政事趙徽出爲武定軍節度使樞密副使柴德滋參知政事漢人行宮副部署耶律大悲奴陞都部署同知南院樞密使事蕭韓家奴知左夷离畢事丁丑以坤寧節大赦庚寅賜高麗佛經一藏

九年春正月丁未如雙濼夏四月壬辰如埕國崖秋七月甲辰獵大熊山戊申烏古敵烈統軍言八石烈敵烈人殺其節度使以叛己酉詔隗烏古部軍分道擊之丙寅南京奏歸義淶水兩縣蝗飛入宋境餘爲蜂所食八月丙申以耶律仲禧爲南院樞密使九月癸卯駐蹕獨盧金冬十月幸陰山遂如西京十一月戊午詔行幸之地免租一年甲子南院大王合理只致仕十二月辛未以知北院樞密使事耶律宜新爲中京留守南院宣徽使耶律撒剌爲南院大王壬辰高麗夏國竝遣使來貢

十年春正月乙卯如鴛鴦濼二月癸未蠲平州復業民租賦戊子阻卜來貢三月甲子如拖古烈以耶律巢爲北院大王夏四月旱辛未以奚人達魯三世同居賜官旌之五月丙寅錄囚六月戊辰親出題試進士壬申詔臣庶言得失丙子御永安殿策賢良秋七月丙辰如秋山癸卯謁慶陵九月庚戌幸東京謁二儀五鸞殿癸亥祠木葉山冬十月丁卯駐蹕藕絲淀丁丑詔有司頒行史記漢書十一月戊午高麗遣使來貢十二月辛巳改明年爲太康大赦

太康元年春正月乙未如混同江壬寅振雲州饑二月丁卯祥州火遣使恤災乙酉駐蹕大魚濼丁亥以獲鵝加鷹坊使耶律楊六爲工部尚書三月乙巳命皇太子寫佛書夏四月丙子振平州饑乙酉如犢山閏月丙午振平灤二州饑庚戌皇孫延禧生五月甲子賜妃之親

及東宮僚屬爵有差六月癸巳以興聖宮使奚謝家奴知奚六部大王事戊戌知三司使事韓操以錢穀增羨授三司使癸卯遣使按問諸路囚以惕隱大悲奴爲始平軍節度使參知政事柴德滋武定軍節度使乙卯吐蕃來貢丙辰詔皇太子總領朝政仍戒諭之以武定軍節度使趙徽爲南府宰相樞密副使楊遵勗參知政事秋七月辛酉朔獵平地松林丙寅振南京貧民八月庚寅朔日有食之九月乙亥駐蹕藕絲淀己卯以南京饑免租稅一年仍出錢粟振之冬十月西北路酋長遐拾雛搭雙古等來降十一月辛酉皇后被誣賜死殺伶人趙惟一高長命並籍其家屬十二月己丑以南京統軍使耶律藥奴爲惕隱漢人行宮都部署耶律霖樞密副使同知東京留守事蕭鐸剌夷离畢庚寅賜張孝傑國姓壬辰以西京留守蕭燕六爲左夷离畢

二年春正月己未如春水庚辰駐蹕雙淀二月戊子振黃龍府饑癸丑南京路饑免租稅一年三月辛酉皇太后崩壬戌遣殿前副點檢耶律轄古報哀于宋癸亥遣使報哀于高麗夏國丁卯大赦戊寅以皇太后遺物遺宋夏六月乙酉朔上大行皇太后尊謚曰仁懿皇后戊子宋及高麗夏國各遣使弔祭甲午葬仁懿皇后于慶陵己亥駐蹕拖古烈壬寅出北院樞密使魏王耶律乙辛爲中京留守丁未冊皇后蕭氏封其父祗候郎君籠里剌爲趙王叔西北路招討使余里也遼西郡王漢人行宮都部署駙馬都尉霞抹柳城郡王參知政事楊遵勗知南院樞密使事北院樞密副使蕭速撒知北院樞密使事漢人行宮副部署劉詵參知政事己酉南府宰相趙徽致仕秋七月戊辰如秋山癸酉柳城郡王霞抹薨八月庚寅獵遇麛失其母憫之不射九月戊午以南京蝗免明年租稅己卯駐蹕藕絲淀冬十月戊戌召中京留守魏王耶律乙辛復爲北院樞密使十一月甲戌上欲觀起居注修注郎不攧及忽突堇等不進各杖二百罷之流林牙蕭岩壽於烏隗部是月南京地震民舍多壞十二月己丑以左夷离畢蕭撻不也爲南院統軍使

三年春正月癸丑如混同江乙卯省諸道春貢金帛及停周歲所輸尚方銀二月壬午朔東北路統軍使蕭韓家奴加尚父封吳王甲申詔北院樞密使魏王耶律乙辛同母兄大奴同母弟阿思世預北南院樞密之選其異母諸弟世預夷离菫之選己丑如魚兒濼辛卯中京饑罷巡幸夏四月乙酉泛舟黑龍江五月丙辰玉田安次蝝傷稼癸亥日中有黑子己巳駐蹕犢山乙亥北院樞密使耶律乙辛奏右護衛太保查剌等告北院樞密使蕭速撒等八人謀立皇太子上以無狀不治出速撒等三人補外護衛撒撥等六人各鞭百餘徙于邊丙子以西北路招討使遼西郡王蕭余里也爲北府宰相兼知契丹行宮都部署事戊寅詔告謀逆事者重加官賞六月己卯朔耶律乙辛令牌印郎君蕭訛都斡誣首嘗預速撒等謀籍其姓名以告卽命乙辛及耶律仲禧蕭余里也耶律孝傑楊遵勗燕哥抄只蕭十三等鞫治杖皇太子囚之宮中辛巳殺宿直官敵里剌等三人壬午殺宣徽使撻不也等二人癸未殺始平軍節度使撒剌等十人又遣使殺上京留守速撒及已徙護衛撒撥等六人乙酉殺耶律撻不也及其弟陳留丙戌廢皇太子爲庶人囚之上京己丑回鶻來貢殺東京留守同知耶律同里不辛卯殺速撒等諸子籍其家戊申遣使按五京諸道獄秋七月辛亥護衛太保查剌加鎮國大將軍預突呂不部節度使之選室韋查剌及蕭寶神奴謀魯古並加左衛大將軍牌印郎君訛都斡尚皇女趙國公主授駙馬都尉始平軍節度使祗候郎君耶律撻不也及蕭圖古辭並加監門衛上將軍壬子知北院樞密副使蕭韓家奴爲漢人行宮都部署乙丑如秋山丁丑謁慶陵八月庚寅漢人行宮都部署蕭韓家奴薨辛丑謁慶陵九月癸亥玉田貢嘉禾壬申修乾陵廟冬十月辛丑駐蹕藕絲淀十一月北院樞密使耶律乙辛遣其私人盜殺庶人濬于上京閏十二月戊午以北府宰相遼西郡王蕭余里也知北院樞密使事左夷离畢耶律燕哥爲契丹行宮都部署丙寅預行正旦禮是歲南京大熟

四年春正月庚辰如春水甲午振東京饑二月乙丑駐蹕掃獲野戊辰以東路統軍使耶律王九爲惕隱夏四月辛亥高麗遣使乞賜鴨淥江以東地不許五月丙戌駐蹕散水原六月甲寅阻卜諸酋長進良馬秋七月甲戌諸路奏飯僧尼三十六萬八月癸卯詔有司決滯獄九月乙未駐蹕藕絲淀庚子五國部長來貢冬十月癸卯以參知政事劉伸爲保靜軍節度使十一月丁亥禁士庶服用錦綺日月山龍之文己丑回鶻遣使來貢庚寅南院樞密使耶律仲禧爲廣德軍節度使辛卯錦州民張寶四世同居命諸子三班院祗候十二月丁卯以北院樞密副使耶律霖知北院樞密使事

遼史卷二十四

元 中書右丞相總裁脫脫等修

本紀第二十四

道宗四

五年春正月壬申如混同江癸酉賜宰相耶律孝傑名仁傑乙亥如山榆淀三月辛未以宰相仁傑獲頭鵝加侍中壬辰以北院樞密使魏王耶律乙辛知南院大王事加于越知北院樞密使事耶律霖爲北院樞密使北院樞密副使耶律特里底知北院樞密使事左夷离畢耶律世遷同知北院樞密使事夏四月己未如納葛濼五月丁亥謁慶陵以契丹行宮都部署耶律燕哥爲南府宰相北面林牙耶律永寧爲夷离畢同知南院樞密使事蕭撻不也及殿前副點檢駙馬都尉蕭酬斡並封蘭陵郡王六月辛亥阻卜來貢丁巳以北府宰相遼西郡王蕭余里也爲西北路招討使己未遣使錄囚是月放進士劉瓘等百一十三人秋七月己卯獵夾山八月庚申命有司撰太宗神功碑立于南京九月己卯詔諸路毋禁僧徒開壇壬午禁扈從擾民冬十月戊戌夏國遣使來貢己亥駐蹕獨盧金壬子詔惟皇子仍一字王餘並削降丁巳振平州貧民己未以趙王楊績爲遼西郡王魏王耶律乙辛降封混同郡王吳王蕭韓家奴蘭陵郡王致仕十一月丁丑召沙門守道開壇于內殿癸未復南京流民差役三年被火之家免租稅一年十二月丙午彗星犯尾乙卯幸西京戊午行再生禮赦雜犯死罪以下

六年春正月癸酉如鴛鴦濼辛卯耶律乙辛出知興中府事三月庚寅封皇孫延禧爲梁王忠順軍節度使耶律頗德南院大王耶律仲禧南院樞密使戶部使陳毅參知政事夏四月乙卯獵炭山五月壬申免平州復業民租賦一年庚寅以旱禱雨命左右以水相沃俄而雨降六月戊戌駐蹕納葛濼戊申以度支使王績參知政事庚戌女直遣使來貢秋七月戊辰觀市癸未爲皇孫梁王延禧設旗鼓拽剌六人衞護之甲申獵沙嶺九月壬寅祠木葉山己酉駐蹕藕絲淀冬十月癸未朔省同知廣德軍節度使事命奉先軍節度使兼巡警乾顯二州丁卯耶律仁傑出爲武定軍節度使庚午參知政事劉詵致仕癸酉以陳毅爲漢人行宮都部署王績同知樞密院事辛巳回鶻遣使來貢十一月己丑朔日有食之癸卯召羣臣議政十二月甲子以耶律特里底爲孟父敞穩乙丑以蕭撻不也爲北府宰相耶律世遷知北院樞密使事耶律愼思同知北院樞密使事庚午免西京流民租賦一年甲戌減民賦丁亥豫行正旦禮戊子如混同江

七年春正月戊申五國部長來貢甲寅女直貢良馬二月甲子如魚兒濼夏五月壬子駐蹕嶺西癸丑有司奏永清武清固安三縣蝗甲寅以蕭撻不也兼殿前都點檢蕭酬斡爲漢人行宮都部署兼知樞密院事六月甲子詔月祭觀德殿歲寒食諸帝在時生辰及忌日詣景宗御容殿致奠丙寅阻卜余古赧來貢丁卯以翰林學士王言敷參知政事封北院宣徽使石篤漆水郡王秋七月戊子如秋山丙申謁慶陵八月丁卯射鹿赤山加圍場使涅葛爲靜江軍節度使九月戊子次懷州命皇后謁懷陵辛卯次祖州命皇后謁祖陵乙巳駐蹕藕絲淀冬十月戊辰以惕隱王九爲南院大王夷离畢奚抄只爲彰國軍節度使十一月乙酉詔歲出官錢振諸宮分及邊戍貧戶丁亥幸駙馬都尉蕭酬斡第方飲宰相梁穎諫曰天子不可飲人臣家上卽還宮己亥高麗遣使來貢辛亥除帛絹尺度狹短之令十二月丁卯武定軍節度使耶律仁傑以罪削爵爲民辛未知興中府事耶律乙辛以罪囚于萊州

八年春正月甲申如混同江丁酉鐵驪五國諸長各貢方物二月戊午如山榆淀辛酉詔北南院官凡給驛者必先奏聞貢新及奏獄訟方許馳驛餘並禁之己巳夏國獲宋將張天一遣使來獻壬申以耶律頗德爲南府宰相兼知北院樞密使燕哥爲惕隱蕭撻不也兼知契丹行宮都部署事三月庚戌黃龍府女直部長术乃率部民內附予官賜印綬是月詔行秬黍所定升斗夏四月壬戌以耶律世遷爲上京留守六月辛亥朔駐蹕納葛濼丙辰夏國遣使來貢丁巳以耶律頗德爲北院樞密使耶律巢哥南府宰相劉筠南院樞密使蕭撻不也兼知北院樞密使事王績漢人行宮都部署蕭酬斡國舅詳穩乙丑阻卜長來貢丙子以耶律愼思知右夷离畢事秋七月甲午如秋山南京霖雨沙河溢永清歸義新城安次武清香河六縣傷稼九月庚寅謁慶陵丁未駐蹕藕絲淀大風雪牛馬多死賜扈從官以下衣馬有差冬十月乙卯詔化哥傳導梁王延禧加金吾衛大將軍丙子謁乾陵十一月壬午以乙室大王蕭何葛爲南院宣徽使權知奚六部大王事圖赶爲本部大王十二月癸丑烏古敵烈統軍使耶律馬五爲北院大王庚申降皇后爲惠妃出居乾陵

遼史卷二十五

元　中　書　右　丞　相　總　裁　脫　脫　等　修

本紀第二十五

道宗五

三年春正月乙卯如魚兒濼甲戌出錢粟振南京貧民仍復其租賦己卯大雪二月丙戌發粟振中京饑甲辰以民多流散除安泊逃戶徵償法三月乙卯高麗遣使來貢己未免錦州貧民租一年甲戌免上京貧民租如錦州庚辰女直貢良馬夏四月戊子賜中京貧民帛及免諸路貢輸之半丙申賜隈烏古部貧民帛庚子如涼陘甲辰南府宰相王績薨乙巳詔出戶部司粟振諸路流民及義州之饑五月庚申海雲寺進濟民錢千萬秋七月丙辰獵黑嶺丁巳出雜帛賜興聖宮貧民庚午大雨罷獵丁丑秦越國王阿璉薨九月乙丑駐蹕匣魯金冬十月庚辰以參知政事王經爲三司使壬辰罷節度使已下官進珍玩癸卯追封秦越國王阿璉爲秦魏國王十一月甲寅以惕隱耶律坦同知南京留守事遼興軍節度使耶律王九爲南府宰相十二月己卯朔以樞密直學士呂嗣立參知政事

四年春正月庚戌如混同江甲寅太白晝見甲子五國部長來貢庚午免上京逋逃及貧戶稅賦甲戌以上京南京饑許良人自鬻丁丑曲赦西京役徒二月己丑如魚兒濼甲午曲赦春州役徒終身者皆五歲免己亥如春州赦泰州役徒三月乙丑免高麗歲貢己巳振上京及平錦來三州饑夏四月己卯振蘇吉復涤鐵五州貧民并免其租稅甲申振慶州貧民乙酉減諸路常貢服御物丁酉立入粟補官法癸卯西幸召樞密直學士耶律儼講尚書洪範五月辛亥命燕國王延禧寫尚書五子之歌乙卯振祖州貧民丁巳詔免役徒終身者五歲免之己未振春州貧民丙寅禁挾私引水犯田六月庚辰駐蹕散水原丁亥命燕國王延禧知中丞司事以同知南院樞密使慶耶律聶里知右夷离畢知右夷离畢事耶律郯也同知南院樞密使事庚寅北院樞密使耶律頗德致仕秋七月戊申曲赦奉聖州役徒丙辰遣使冊李乾順爲夏國王庚申如秋山己巳禁錢出境八月庚辰有司奏宛平永清蝗爲飛鳥所食庚寅謁慶陵冬十月丁丑獵遼水之濱己卯駐蹕藕絲淀癸未免百姓所貸官粟己丑知北院樞密使事耶律阿思封漆水郡王癸巳以乙室大王耶律敵烈知西北路招討使事權知西北路招討使事蕭朽哥知乙室大王事壬寅詔諸部長官親鞫獄訟十一月庚申興中府民張化法以父兄犯盜當死請代皆免十二月戊寅南府宰相耶律王九致仕癸未以孟父敞穩耶律慎思爲中京留守閏十二月癸卯朔預行正旦禮丙午如混同江

五年春正月癸未如魚兒濼甲午高麗遣使來貢三月癸酉詔析津太定二府精選舉人以聞仍詔諭學者當窮經明道夏四月甲辰以知奚六部大王事涅葛爲本部大王壬子獵北山甲子霖雨罷獵五月丁亥駐蹕赤勒嶺己丑以阻卜磨古斯爲諸部長癸巳回鶻遣使貢良馬己亥以同知南院樞密使事耶律郯也知右夷离畢事左祗候郎君班詳穩耶律涅里知北院大王事六月甲寅夏國遣使來謝封冊壬戌以參知政事王言敷爲樞密副使前樞密副使賈士勳參知政事兼同知樞密院事秋七月庚午獵沙嶺九月辛卯遣使遺宋鹿脯壬辰駐蹕藕絲淀冬十月乙巳以新定法令太煩復行舊法庚申以遼興軍節度使何葛爲乙室大王十一月丁卯朔燕國王延禧生子大赦妃之族屬進爵有差

六年春正月如混同江二月辛丑駐蹕雙山三月辛未女直遣使來貢夏四月丁酉東北路統軍司設掌法官庚子以同知南院樞密使事耶律吐朵知左夷离畢事五月壬辰駐蹕散水原六月甲寅遣使決五京囚秋七月丙子如黑嶺冬十月丁酉駐蹕藕絲淀十一月壬戌高麗遣使來貢己巳以南府宰相竇景庸爲武定軍節度使是年放進士文充等七十二人

七年春正月壬戌如混同江二月己亥駐蹕魚兒濼壬寅詔給渭州貧民耕牛布絹三月丙戌駐蹕黑龍江夏四月丙辰以漢人行宮副部署耶律谷欲知乙室大王事五月己未朔日有食之六月甲午駐蹕赤勒嶺己亥倒塌嶺人進古鼎有文曰萬歲永爲寶用辛丑回鶻遣使貢方物癸卯以權知東京留守蕭陶隗爲契丹行宮都部署丁未端拱殿門災秋七月戊午朔回鶻遣使來貢異物不納厚賜遣之八月庚寅以霖雨罷獵壬寅幸慶州謁慶陵九月丙申還上京己亥日本國遣鄭元心及僧應範等二十八人來貢冬十月辛巳命燕國王延禧爲天下兵馬大元帥總北南院樞密使事十一月庚子如藕絲淀甲子望祀木葉山

八年春正月乙酉如山榆淀乙未阻卜諸長來降三月己亥駐蹕撻里捨淀丁未曲赦中京蔚州役徒夏四月乙卯阻卜長來貢丁丑獵西山惕隱酋長胡里只來附五月甲辰駐蹕赤勒嶺六月乙丑夏國爲宋侵遣使乞

九年春正月辛巳如春水夏四月丙午朔大雪平地丈餘馬死者十六七五月如黑嶺六月己未駐蹕散水原甲子以耶律阿思爲契丹行宮都部署耶律慎思北院樞密副使庚午詔諸路檢括脫戶罪至死者原之閏月丁丑以漢人行宮副部署可汗奴爲南院大王戊寅追謚庶人濬爲昭懷太子丁亥阻卜來貢己丑以知興中府事邢熙年爲漢人行宮都部署漢人行宮都部署王績爲南院樞密副使秋七月乙巳獵馬尾山丁巳謁慶陵癸亥禁外官部內貸錢取息及使者館于民家八月高麗王徽薨九月癸卯朔日有食之己酉射熊于白石山加圍場使涅葛左金吾衛大將軍己巳以高麗王徽子三韓國公勳權知國事辛未五國部長來貢壬申召北南樞密院官議政事冬十月丁丑謁觀德殿己卯南院樞密使劉筠薨壬辰混同郡王耶律乙辛謀亡入宋伏誅十一月丙午進封梁王延禧爲燕國王大赦以南院宣徽使蕭何葛爲南府宰相三司使王經參知政事兼知樞密事甲寅詔僧善知讎校高麗所進佛經頒行之己未定諸令史譯史遷敘等級十二月丁亥以邢熙年知南院樞密使事辛卯以王言敷爲漢人行宮都部署高麗三韓國公王勳薨是年御前放進士李君裕等五十一人

十年春正月辛丑朔如春水丙午復建南京奉福寺浮圖戊辰如山榆淀二月庚午朔萌古國遣使來聘三月戊申遠萌古國遣使來聘丁巳命知制誥王師儒牌印郎君耶律固傳導燕國王延禧夏四月丁丑女直貢良馬五月壬戌駐蹕散水原乙丑阻卜來貢丙寅降國舅詳穩班位在敞穩之下六月壬辰禁毀銅錢爲器秋七月甲辰如黑嶺九月癸亥駐蹕藕絲淀冬十二月乙未改慶州大安軍曰興平是月改明年爲大安赦雜犯死罪以下

大安元年春正月丁酉如混同江癸卯王績知南院樞密使事邢熙年爲中京留守戊申以樞密直學士杜公謂參知政事庚戌五國酋長來貢良馬二月辛未如山榆淀夏四月乙酉宋主頊殂子煦嗣位使來告哀辛卯西幸六月戊辰駐蹕拖古烈壬申以王績爲南府宰相蕭撻不也兼知南院樞密使事丁丑遣使弔祭于宋戊寅宋遣王巽甄祐等饋其先帝遺物秋七月乙巳遣使賀宋主即位戊午獵于赤山八月丁卯幸慶州戊辰謁慶陵冬十月癸亥駐蹕好草淀戊辰夏國王李秉常遣使報其母梁氏哀甲申以蕭撻不也爲南院樞密使十一月乙未詔比者外官因譽進秩久而不調民被其害今後皆以資給遷轉丁酉以南女直詳穩蕭袍里爲北府宰相辛亥史臣進太祖以下七帝實錄丙辰遣使冊三韓國公王勳子運爲高麗國王己未詔僧尼無故不得赴闕十二月甲戌宋遣蔡卞來謝弔祭

二年春正月辛卯如混同江己酉五國諸部長來貢癸丑召權翰林學士趙孝嚴知制誥王師儒等講五經大義二月癸酉駐蹕山榆淀是月太白犯歲星三月乙酉女直貢良馬夏四月戊戌北幸癸丑遣使加統軍使蕭訛都斡太子太保禪將老古金吾衛大將軍蕭雅哥靜江軍節度使耶律燕奴右監門衛大將軍仍賜賚諸軍士五月丁巳朔以牧馬蕃息多至百萬賞群牧官以次進階乙亥駐蹕納葛濼戊寅宰相梁穎出知興中府事是月放進士張轂等二十六人六月丁亥朔以左夷离畢耶律坦爲惕隱知樞密院事耶律斡特剌兼知左夷离畢事丙申阻卜來朝癸卯遣使按諸路獄甲辰以同知南京留守事耶律那也知右夷离畢事乙巳阻卜酋長余古赧及愛的來朝詔燕國王延禧相結爲友戊申以契丹行宮都部署耶律阿思兼知北院大王事壬子高敫以下縣令錄事兄弟及子悉許敘用秋七月丁巳惠妃母燕國夫人削古以厭魅梁王事覺伏誅子蘭陵郡王蕭酬斡除名置邊郡仍隸興聖宮戊午獵沙嶺甲子賜興聖積慶二宮貧民錢乙酉出粟振遼州貧民八月戊子以雪罷獵九月庚午還上京壬申發粟振上京中京貧民丙子謁二儀五鸞二殿己卯出太祖太宗所御鎧仗示燕國王延禧諭以創業征伐之難辛巳召南府宰相議國政冬十月乙酉朔以樞密副使竇景庸知樞密院事丙戌五國部長來貢丁亥以夏國王李秉常薨遣使詔其子乾順知國事十一月甲戌爲燕國王延禧行再生禮曲赦上京囚戊寅高麗遣使謝封冊癸未出粟振乾顯成懿四州貧民十二月辛卯以蘭陵郡王蕭撻不也爲南院樞密使己亥夏國王李乾順遣使上其父遺物

援秋七月丁亥獵沙嶺九月乙巳駐蹕藕絲淀丁未日本國遣使來貢冬十月庚戌朔遣使遺宋鹿脯丙辰振西北路饑辛酉阻卜磨古斯殺金吾吐古斯以叛遣奚六部禿里耶律郭三發諸蕃部兵討之壬申南府宰相王荊薨戊寅以左夷离畢耶律涅里爲彰聖軍節度使十一月戊子以樞密副使王是敦兼知樞密院事權參知政事韓資讓參知政事漢人行宮都部署奚回离保知奚六部大王事丁酉以通州潦水害稼遣使振之戊申北院大王合魯薨是年放進士冠尊文等五十三人

九年春正月庚辰如混同江二月磨古斯來侵三月西北路招討使耶律阿魯掃古追磨古斯還都監蕭張九遇賊與戰不利二室韋拽剌北王府特滿羣牧宮分等軍多陷沒夏四月乙卯輿中府甘露降遣使祠佛飯僧癸酉獵西山六月丁未朔駐蹕散水原庚申以遼輿軍節度使榮哥爲南院大王知左夷离畢事耶律吐朶爲左夷离畢秋七月辛卯如黑嶺壬寅遣使賜高麗羊九月癸卯振西北路貧民冬十月庚戌有司奏磨古斯詣西北路招討使耶律撻不也僞降既而乘虛來襲撻不也死之阻卜烏古禮叛達里底拔思母並寇倒塌嶺壬子遣使籍諸路兵癸丑以南院大王特末同知南京留守事命鄭家奴率兵往援倒塌嶺甲寅駐蹕藕絲淀以左夷离畢耶律禿朶圖揚都管撒八並爲西北路行軍都監乙卯詔以馬三千給烏古部丙辰有司奏阻卜長轄底掠西路羣牧丁巳振西北路貧民己未燕國王延禧生子肆赦妃之族屬並進級壬戌以樞密直學士趙廷睦參知政事兼同知南院樞密使事癸亥烏古敵烈統軍使蕭朽哥奏討阻卜等部捷甲子宋遣使告其母后曹氏哀卽遣使弔祭己巳詔廣積貯以備水旱十一月辛巳特抹等奏討阻卜捷十二月丙辰宋遣使以母后遺留物來餽

十年春正月如春水癸未惕德來貢戊子烏古扎等來降達里底拔思母二部來侵四捷軍都監特抹死之二月甲辰以破阻卜賞有功者丙午西南面招討司奏討拔思母捷癸丑排雅僕里同葛虎骨僕果等來降達里底來侵三月壬申朔日有食之山北路副部署蕭阿魯帶奏討達里底捷夏四月壬寅朔惕德萌得斯老古得等各率所部來附詔復舊地甲辰駐蹕春州北平淀丙午烏古部節度使耶律陳家奴奏討茶扎剌捷庚戌以知北院樞密使事耶律斡特剌爲都統夷离畢耶律禿朶爲副統龍虎衛上將軍耶律胡呂都監討磨古斯遣積慶宮使蕭糺里監戰辛亥朽哥奏頗里八部來侵擊破之己巳除玉田密雲流民租賦一年閏月庚子賜西北路貧民錢達里底拔思母二部來降五月甲辰駐蹕赤勒嶺甲寅括馬戊午西北路招討司奏敵烈等部來侵統軍司出兵與戰不利招討司以兵擊破之敎睦宮太師耶律愛奴及其子死之辛酉以知國舅詳穩事蕭阿烈同領西北路行軍事六月辛未宋遣使來謝弔祭乙酉烏古敵烈統軍使朽哥有罪除名丙戌和烈葛等部來聘癸巳惕德來貢己亥禁邊民與蕃部爲婚是夏高麗國王運薨子昱遣使來告卽遣使賻贈秋七月庚子朔獵赤山是月阻卜等寇倒塌嶺盡掠西路羣牧馬去東北路統軍使耶律石柳以兵追及盡獲所掠而還九月己未以南院大王特末爲南院樞密使甲子敵烈諸酋來降釋其罪是月斡特剌破磨古斯冬十月丙子駐蹕藕絲淀壬午山北路副部署蕭阿魯帶以討達里底功加左金吾衛上將軍癸巳西北路統軍司獲阻卜長拍撒葛蒲魯等來獻十一月乙巳惕德銅刮阻卜的烈等來降達里底及拔思母等復來侵山北副部署阿魯帶擊敗之十二月癸酉三河縣民孫賓及其妻皆百歲復其家甲戌以參知政事趙廷睦兼同知樞密院事樞密副使王師儒參知政事兼同知樞密院事己卯詔錄西北路有功將士及戰沒者贈官乙酉詔改明年元減雜犯死罪以下仍除貧民租賦戊子西北路統軍司奏討磨古斯捷

遼史卷二十六

元中書右丞相總裁脫脫等修

本紀第二十六

道宗六

壽隆元年春正月己亥如混同江庚戌西南面招討司奏拔思母來侵蕭阿魯帶等擊破之乙卯振奉聖州貧民二月戊辰賜左右二皮室貧民錢癸酉高麗遣使來貢乙亥駐蹕魚兒濼三月丙午賜東北路貧民絹夏四月丁卯斡特剌奏討耶覩刮捷己亥女直遣使來貢庚寅錄西北路有功將士五月乙未朔左夷离畢耶律吐朶爲惕隱南京宣徽使耶律特末爲北院大王癸卯贈陣亡者官丁巳駐蹕特禮嶺六月己巳以知奚六部大王事回里不爲本部大王權參知政事趙孝嚴爲漢人行宮都部署圖揚都管撒八以討阻卜功加鎮國大將軍癸巳阻卜長沓里底及圖木葛來貢秋七月庚子阻卜長猛達斯等來貢癸卯獵沙嶺癸丑頗里八部來附進方物甲寅斡特剌奏磨古斯捷九月甲寅祠木葉山丙辰詔西京砲人弩人教西北路漢軍冬十月甲子駐蹕藕絲淀甲戌以北面林牙耶律大悲奴爲右夷离畢癸未以參知政事王師儒爲樞密副使漢人行宮都部署趙孝嚴參知政事壬辰錄討阻卜有功將士十一月丙申女直遣使進馬己亥以都統斡特剌爲西北路招討使封漆水郡王甲辰夏國進貝多葉佛經庚申高麗王昱疾命其子顒權知國事十二月癸亥朔以知北院樞密使事耶律阿思爲北院樞密使是年放進士陳衡甫等百三十人

二年春正月甲午如春水癸卯西南面招討司討拔思母破之乙卯駐蹕瑟尼思辛酉市牛給烏古敵烈隈烏古部貧民二月癸亥振達麻里別古部夏四月己卯振西北邊軍六月辛酉駐蹕撒里乃秋七月甲午阻卜來貢丙午獵赤山八月乙丑頗里八部進馬九月丙午徙烏古敵烈部于烏納水以扼北邊之衝冬十月戊辰駐蹕藕絲淀庚辰高麗遣使來貢十二月己未斡特剌討梅里急破之壬戌南府宰相耶律鐸魯斡致仕癸亥蕭撻不也爲北府宰相耶律大悲奴殿前都點檢乙亥夏國獻宋俘

三年春正月丁亥如春水壬寅烏古部節度使耶律陳家奴以功加尚書右僕射癸卯駐蹕雙山二月甲辰朔南京水遣使振之丙午阻卜長猛撒葛粘八葛長禿骨撒梅里急長忽魯八等請復舊地貢方物從之三月辛酉燕國王延禧生子癸亥賜名撻魯妃之父長哥遷左監門衛上將軍仍賜官屬錢是春高麗王昱薨夏四月南府宰相趙廷睦出知興中府事參知政事牛溫舒兼同知樞密院事五月癸亥斡特剌討阻卜破之己巳駐蹕撒里乃六月甲申詔罷諸路馳驛貢新丙戌詔每冬駐蹕之所宰相以下構宅毋役其民辛丑夏人來告宋城要地遣使之宋諭與夏和庚戌以契丹行宮都部署耶律吾也爲南院大王秋七月壬子朔獵黑嶺八月己亥蒲盧毛朶部長率其民來歸乙巳彗星見西方九月壬申駐蹕藕絲淀丁丑以武定軍節度使梁援爲漢人行宮都部署戊寅斡特剌奏討梅里急捷己卯五國部長來貢冬十月庚戌以西北路招討使斡特剌爲南府宰相十一月乙卯蒲盧毛朶部來貢戊午以安車召醫巫閭山僧志達己未以中京留守韓資讓知樞密院事同知南院樞密使事蕭藥師奴知右夷离畢丁丑西北路統軍司奏討梅里急捷

四年春正月壬子如魚兒濼己巳徙阻卜等貧民于山前辛未宋遣使來饋錦綺三月庚午幸春州丙子有司奏黃河清夏四月辛丑以雨罷獵五月癸酉那也奏北邊捷甲戌駐蹕撒里乃六月戊寅朔夏國爲宋所攻遣使求援丁亥以遼興軍節度使涅里爲惕隱前知惕隱事耶律郭三爲南京統軍使甲午以參知政事牛溫舒兼知中京留守事秋七月戊午如黑嶺冬十月乙亥朔駐蹕藕絲淀己卯以南府宰相斡特剌兼契丹行宮都部署以傅導燕國王延禧十一月乙巳朔知右夷离畢事蕭藥師奴樞密直學士耶律儼使宋諷與夏和辛酉夏復遣使求援十二月壬辰爲燕國王延禧行再生禮曲赦三百里內囚

五年春正月乙巳如魚兒濼己丑詔夏國王李乾順伐拔思母等部夏五月壬戌藥師奴等使宋迴奏宋罷兵癸亥謁乾陵戊辰以南府宰相斡特剌兼西北路招討使禁軍都統己巳駐蹕沿柳湖六月甲申以奚六部大王回离保爲契丹行宮都部署知右夷离畢事蕭藥師奴南面林牙兼知契丹行宮都部署事乙未五國部長來朝戊戌阻卜來貢己亥以輿聖宮使耶律郝家奴爲右夷离畢秋七月壬寅朔惕德長禿的等來貢辛亥如大牢古山閏九月丙子駐蹕獨盧金冬十月己亥朔高麗王顒遣使乞封冊丁巳斡特剌奏討耶都刮捷丙寅以同知南京留守事蕭得里底知北院樞密使事丁卯宋遣郭知章曹平來聘戊辰振遼州饑仍免租賦一年十一月甲戌振南北二糺乙酉夏國以宋罷兵遣使來謝十二月甲子以參知政事趙孝嚴爲漢人行宮都部署漢人行宮都部署梁援爲遼興軍節度使

六年春正月癸酉南院大王耶律吾也薨壬午以太師致仕禿開起爲奚六部大王丁亥如春水辛卯斡特剌執磨古斯來獻丙申詔問民疾苦二月丁未以烏古部節度使陳家奴爲南院大王己酉磔磨古斯于市癸丑出絹賜五院貧民辛酉宋遣使告宋主煦殂弟佶嗣位卽日遣使弔祭三月甲申弛朔州山林之禁夏四月丁酉朔日有食之癸卯如炭山五月壬午烏古部討茶扎

刺破之乙酉漢人行宮都部署撻孝嚴薨丙戌駐蹕納葛濼辛卯宋遣使饋先帝遺物乙未以東京留守何魯掃古爲惕隱南院宣徽使蕭常哥爲漢人行宮都部署六月庚子遣使賀宋主辛丑以有司案牘書宋主嗣位爲登寶位詔奪宰相鄭顓以下官出顓知興中府事韓資讓爲崇義軍節度使御史中丞韓君義爲廣順軍節度使癸丑阻卜長來貢戊午遣使決五京滯獄己未以遼興軍節度使梁援爲樞密副使秋七月庚午如沙嶺壬申耶覩刮諸部寇西北路八月斡特刺以兵擊敗之使來獻捷九月癸未望祠木葉山戊子駐蹕藕絲淀冬十月壬寅以樞密副使王師儒監修國史癸卯五國諸部長來貢甲寅以平州饑復其租賦一年十一月壬寅以天德軍民田世榮三世同居詔官之令一子三班院祗候丙子召醫巫閭山僧志達設壇於內殿戊子夏國王李乾順遣使請尚公主十二月乙未女直遣使來貢己亥以知右夷離畢事郝家奴爲北面林牙辛亥詔燕國王延禧擬注大將軍以下官庚申鐵驪來貢宋遣使來謝帝不豫是歲封高麗王顒爲三韓國公放進士康秉儉等八十七人

七年春正月壬戌朔力疾御淸風殿受百官及諸國使賀是夜白氣如練自天而降黑雲起于西北疾飛有聲北有青赤黑白氣相雜而落癸亥如混同江甲戌上崩于行宮年七十遺詔燕國王延禧嗣位六月庚子上尊諡仁聖大孝文皇帝廟號道宗

贊曰道宗初卽位求直言訪治道勸農興學救災恤患粲然可觀及夫謗訕之令旣行告訐之賞日重羣邪並興讒巧競進賊及骨肉皇基寖危衆正淪胥諸部反側甲兵之用無寧歲矣一歲而飯僧三十六萬一日而祝髮三千徒勤小惠蔑計大本尚足與論治哉

遼史卷二十七

元中書右丞相總裁脫脫等修

本紀第二十七

天祚皇帝一

天祚皇帝諱延禧字延寧小字阿果道宗之孫父順宗大孝順聖皇帝母貞順皇后蕭氏太康元年生六歲封梁王加守太尉兼中書令後三年進封燕國王大安七年總北南院樞密使事加尚書令爲天下兵馬大元帥壽隆七年正月甲戌道宗崩奉遺詔卽皇帝位于柩前羣臣上尊號曰天祚皇帝二月壬辰朔改元乾統大赦詔爲耶律乙辛所誣陷者復其官爵籍沒者出之流放者還之乙未遣使告哀于宋及西夏高麗乙巳以北府宰相蕭兀納爲遼興軍節度使加守太傅三月丁卯詔有司以張孝傑家屬分賜羣臣甲戌召僧法頤放戒于內庭夏四月旱六月庚寅朔如慶州甲午宋遣王潛等來弔祭丙申高麗夏國各遣使慰奠戊戌以南府宰相斡特刺兼南院樞密使庚子追諡懿德皇后爲宣懿皇后壬寅以宋魏國王和魯斡爲天下兵馬大元帥乙巳以北平郡王淳進封鄭王丁未北院樞密使耶律阿思加于越辛亥葬仁聖大孝文皇帝宣懿皇后于慶陵秋七月癸亥阻卜鐵驪來貢八月甲寅謁慶陵九月壬申謁懷陵乙亥駐蹕藕絲淀冬十月壬辰謁乾陵甲辰上皇考昭懷太子諡曰大孝順聖皇帝廟號順宗皇妣曰貞順皇后十二月戊子以樞密副使張琳知樞密院事翰林學士張奉珪參知政事兼同知樞密院事癸巳宋遣黃實來賀卽位丁酉高麗夏國並遣使來賀己巳詔先朝已行事不得陳告初以楊割爲生女直部節度使其俗呼爲太師是歲楊割死傳于兄之子烏雅束束死其弟阿骨打襲

二年春正月如鴨子河二月辛卯如春州三月大寒冰復合夏四月辛亥詔誅乙辛黨徒其子孫于邊發乙辛得里特之墓剖棺戮屍以其家屬分賜被殺之家五月乙丑斡特刺獻耶覩刮等部捷六月壬辰以雨罷獵駐蹕散水原丙午夏國王李乾順復遣使請尚公主丁未南院大王陳家奴致仕壬子李乾順爲宋所攻遣李造福田若水求援閏月庚申策賢良壬申降惠妃爲庶人秋七月獵黑嶺以霖雨給獵人馬阻卜來侵斡特刺等戰敗之冬十月乙卯蕭海里叛劫乾州武庫器甲命北面林牙郝家奴捕之蕭海里亡入陪术水阿典部丙寅以南府宰相耶律斡特刺爲北院樞密使參知政事牛溫舒知南院樞密使事十一月乙未郝家奴以不獲蕭海里免官壬寅以上京留守耶律愼思爲北院樞密副使有司請以帝生日爲天興節

三年春正月辛巳朔如混同江女直函蕭海里首遣使來獻戊申如春州二月庚午以武清縣大水弛其陂澤之禁夏五月戊子以獵人多亡嚴立科禁乙巳淸暑赤勒嶺丙午謁慶陵六月辛酉夏國王李乾順復遣使請尚公主秋七月中京雨雹傷稼冬十月甲辰如中京己未吐蕃遣使來貢庚申夏國復遣使求援己巳有事于觀德殿十一月丙申文武百官加上尊號曰惠文智武聖孝天祚皇帝大赦以宋魏國王和魯斡爲皇太叔梁王撻魯進封燕國王鄭王淳爲東京留守進封越國王百官各進一階丁酉以惕隱耶律阿魯掃古爲南院大王戊戌以受尊號告廟乙巳謁太祖廟追尊太祖之高祖曰昭烈皇帝廟號肅祖妣曰昭烈皇后曾祖曰莊敬皇帝廟號懿祖妣曰莊敬皇后召監修國史耶律儼纂太祖諸帝實錄十二月戊申如藕絲淀是年放進士馬恭回等百三人

四年春正月戊子幸魚兒濼壬寅獵木嶺癸卯燕國王撻魯薨二月丁丑鼻骨德遣使來貢夏六月甲辰駐蹕旺國崖甲寅夏國遣李造福田若水求援癸亥吐蕃遣使來貢秋七月南京蝗庚辰獵南山癸未以西北路招討使蕭得里底北院樞密副使耶律愼思並知北院樞密使事辛卯以同知南院樞密使事蕭敵里爲西北路招討使冬十月己酉鳳凰見于漷陰己未幸南京十一月乙亥御迎月樓賜貧民錢十二月辛丑以張琳爲南府宰相

五年春正月乙亥夏國遣李造福等來求援且乞伐宋庚寅以遼興軍節度使蕭常哥爲北府宰相丁酉遣樞密直學士高端禮等諷宋罷伐夏兵二月癸卯微行視民疾苦丙午幸鴛鴦濼三月壬申以族女南仙封成安公主下嫁夏國王李乾順夏四月甲申射虎炭山五月癸卯淸暑南崖壬子宋遣曾孝廣王戩報聘六月甲戌夏國遣使來謝及貢方物己丑幸候里吉秋七月謁慶陵九月辛亥駐蹕藕絲淀乙卯謁乾陵冬十一月戊戌禁商賈之家應進士舉丙辰高麗三韓國公王顒薨子俁遣使來告十二月己巳夏國復遣李造福田若水求援癸酉宋遣林洙來議與夏約和

六年春正月辛丑遣知北院樞密使蕭得里底知南院樞密使事牛溫舒使宋諷歸所侵夏地夏五月淸暑散水原六月辛巳夏國遣李造福等來謝秋七月癸巳阻卜來貢甲午如黑嶺庚子獵鹿角山冬十月己亥宋與夏通好遣劉正符曹穆來告庚辰以皇太叔南京留守和魯斡兼惕隱東京留守越國王淳爲南府宰相十一月乙未以謝家奴爲南院大王馬奴爲奚六部大王丙申行柴冊禮戊戌大赦以和魯斡爲義和仁聖皇太叔越國王淳進封魏國王封皇子敖盧斡爲晉王習泥烈爲饒樂郡王己亥謁太祖廟甲辰祠木葉山十二月己巳封耶律儼爲漆水郡王餘官進爵有差

七年春正月釣魚于鴨子河二月駐蹕大魚濼夏六月次散水原秋七月如黑嶺冬十月謁乾陵獵醫巫閭山是年放進士李石等百人

八年春正月如春州夏四月丙申封高麗王俁爲三韓國公贈其父顒爲高麗國王五月淸暑散水原六月壬辰西北路招討使蕭敵里率諸蕃來朝丙申射柳祈雨壬寅夏國王李乾順以成安公主生子遣使來告丁未如黑嶺秋七月戊辰以雨罷獵冬十二月己卯高麗遣使來謝

九年春正月丙午朔如鴨子河二月如春州三月戊午夏國以宋不歸地遣使來告夏四月壬午五國部來貢六月乙亥淸暑特禮嶺秋七月隕霜傷稼甲寅獵于候里吉八月丁酉雪罷獵冬十月癸酉望祀木葉山丁丑詔免今年租稅十二月甲申高麗遣使來貢是年放進士劉禎等九十人

十年春正月辛丑預行立春禮如鴨子河二月庚午朔駐蹕大魚濼夏四月丙子五國部長來貢丙戌預行再生禮癸巳獵于北山六月甲戌淸暑玉丘癸未夏國遣李造福等來貢甲午阻卜來貢秋七月辛丑謁慶陵閏月辛亥謁懷陵己未謁祖陵壬戌皇太叔和魯斡薨九月甲戌免重九節禮冬十月駐蹕藕絲淀十二月己酉改明年元是歲大饑

天慶元年春正月釣魚于鴨子河二月如春州三月乙亥五國部長來貢夏五月淸暑散水原秋七月獵冬十月駐蹕藕絲淀

二年春正月己未朔如鴨子河丁丑五國部長來貢二月丁酉如春州幸混同江釣魚界外生女直酋長在千里內者以故事皆來朝適遇頭魚宴酒半酣上臨軒命諸酋次第起舞獨阿骨打辭以不能諭之再三終不從他日上密謂樞密使蕭奉先曰前日之燕阿骨打意氣雄豪顧視不常可託以邊事誅之否則必貽後患奉先曰麤人不知禮義無大過而殺之恐傷向化之心假有異志又何能爲其弟吳乞買粘罕胡舍等嘗從獵能呼鹿刺虎搏熊上喜輒加官爵夏六月庚寅淸暑南崖甲午和州回鶻來貢戊戌成安公主來朝甲辰阻卜來貢秋七月乙丑獵南山九月己未射獲熊燕羣臣上親御琵琶初阿骨打混同江宴歸疑上知其異志遂稱兵先併旁近部族女直趙三阿鶻產拒之阿骨打虜其家屬二人走訴咸州詳穩司送北樞密院樞密使蕭奉先作常事以聞上仍送咸州詰責欲使自新後數召阿骨打竟稱疾不至冬十月辛亥高麗三韓國公王俁之母死

來告卽遣使致祭起復是月駐蹕奉聖州十一月乙卯幸南京丁卯謁太祖廟是年放進士韓昉等七十七人

三年春正月丙寅賜南京貧民錢丁卯如大魚濼甲戌禁僧尼破戒丙子獵狗牙山大寒獵人多死三月籍諸道戶徙大牢古山圍場地居民于別土阿骨打一日率五百騎突至咸州吏民大驚翌日赴詳穩司與趙三等面折庭下阿骨打不屈送所司問狀一夕遁去遣人訴于上謂詳穩司欲見殺故不敢留自是召不復至夏閏四月李弘以左道聚衆爲亂支解分示五京六月乙卯斡朗改國遣使來貢良犬丙辰夏國遣使來貢秋七月幸秋山九月駐蹕藕絲淀十一月甲午以三司使虞融知南院樞密使事西南面招討使蕭樂古爲南府宰相十二月庚戌高麗遣使來謝致祭癸丑回鶻遣使來貢甲寅以樞密直學士馬人望參知政事丙辰知樞密院事耶律儼薨癸亥高麗遣使來謝起復

四年春正月如春州初女直起兵以紇石烈部人阿疎不從遣其部撒改討之阿疎弟狄故保來告詔諭使勿討不聽阿疎來奔至是女直遣使來索不發夏五月淸暑散水原秋七月女直復遣使取阿疎不發乃遣侍御阿息保問境上多建城堡之故女直以慢語答曰若還阿疎朝貢如故不然城未能已遂發渾河北諸軍益東北路統軍司阿骨打乃與弟粘罕胡舍等謀以銀术割移烈婁室闍母等爲帥集女直諸部兵擒遼障鷹官及攻寧江州東北路統軍司以聞時上在慶州射鹿聞之略不介意遣海州刺史高仙壽統渤海軍應援蕭撻不也遇女直戰于寧江東敗績十月壬寅以守司空蕭嗣先爲東北路都統靜江軍節度使蕭撻不也爲副發契丹奚軍三千人中京禁兵及土豪二千人別選諸路武勇二千餘人以虞候崔公義爲都押官控鶴指揮邢穎爲副引軍屯出河店兩軍對壘女直軍潛渡混同江掩擊遼衆蕭嗣先軍潰崔公義邢穎耶律佛留蕭葛十等死之其獲免者十有七人蕭奉先懼其弟嗣先獲罪輒奏東征潰軍所至刼掠若不肆赦恐聚爲患上從之嗣先但免官而已諸軍相謂曰戰則有死而無功退則有生而無罪故士無鬬志望風奔潰十一月壬辰都統蕭敵里等營于斡鄰濼東又爲女直所襲士卒死者甚衆甲午蕭敵里亦坐免官辛丑以西北路招討使耶律斡里朶爲行軍都統副點檢蕭乙薛同知南院樞密使事耶律章奴副之十二月咸賓祥三州及鐵驪兀惹皆叛入女直乙薛往援賓州南軍諸將實婁特烈等往援咸州並爲女直所敗

遼史卷二十七考證

天祚紀一　五年十二月己巳夏國復遣李造福田若水求援癸酉宋遣林洙來議與夏約和○林洙宋史作林攄

遼史卷二十八

元中書右丞相總裁脫脫等修

本紀第二十八

天祚皇帝二

五年春正月下詔親征遣僧家奴持書約和斥阿骨打名阿骨打遣賽剌復書若歸叛人阿疎遷黃龍府於別地然後議之都統耶律斡里朶等與女直兵戰于達魯古城敗績二月饒州渤海古欲等反自稱大王三月以蕭謝佛留等討之遣耶律張家奴等六人齎書使女直斥其主名冀以速降夏四月癸丑蕭謝佛留等爲渤海古欲所敗以南面副部署蕭陶蘇斡爲都統赴之五月陶蘇斡及古欲戰敗績張家奴等以阿骨打書來復遣之往六月己亥朔淸暑特禮嶺壬子張家奴等還阿骨打復書亦斥名諭之使降癸丑以親征諭諸道丙辰陶蘇斡招獲古欲等癸亥以惕隱耶律朮里爲北院大王是月遣蕭辭剌使女直以書辭不屈見留秋七月辛未宋遣使致助軍銀絹丙子獵于嶺東是月都統斡里朶等與女直戰于白馬濼敗績八月甲子罷獵趨軍中以斡里朶等軍敗免官丙寅以圍場使阿不爲中軍都統耶律張家奴爲都監率番漢兵十萬蕭奉先充御營都統諸行營都部署耶律章奴爲副以精兵二萬爲先鋒餘分五部爲正軍貴族子弟千人爲硬軍扈從百司爲護衞軍北出駱駝口以都點檢蕭胡覩姑爲都統樞密直學士柴誼爲副將漢步騎三萬南出寧江州自長春州分道而進發數月糧期必滅女直九月丁卯朔女直軍陷黃龍府己巳知北院樞密使蕭得里底出爲西南面招討使辭剌還女直復遣賽剌以書來報若歸我叛人阿疎等卽當班師上親征粘罕兀朮等以書來上陽爲卑哀之辭實欲求戰書上上怒下詔有女直作過大軍翦除之語女直主聚衆剺面仰天慟哭曰始與汝等起兵蓋苦契丹殘忍欲自立國今主上親征奈何非人死戰莫能當也不若殺我一族汝等迎降轉禍爲福諸軍皆曰事已至此惟命是從乙巳耶律章奴反奔上京謀迎立魏國王淳上遣駙馬蕭昱領兵詣廣平淀護后妃行宮小底乙信持書馳報魏國王時章奴先遣王妃親弟蕭諦里以所謀說魏國王王曰此非細事主上自有諸王當立北南面大臣不來而汝言及此何也密令左右拘之有頃乙信等齎御札至備言章奴等欲廢立事魏國王立斬蕭諦里等首以獻單騎間道詣廣平淀待罪上遇之如初章奴知魏國王不聽率麾下掠慶饒懷祖等州結渤海羣盜衆至數萬趨廣平淀犯行宮順國女直阿鶻產以三百騎一戰而勝擒其貴族二百餘人並斬首以徇其妻子配役繡院或散諸近侍爲婢餘得脫者皆奔女直章奴詐爲使者欲奔女直爲邏者所獲縛送行在腰斬于市剖其心以獻祖廟支解以徇五路冬十一月遣駙馬蕭特末林牙蕭察剌等將騎兵五萬步卒四十萬親軍七十萬至駝門十二月乙巳耶律張家奴叛戊申親戰于護步答岡敗績盡亡其輜重己未錦州刺史耶律术者叛應張家奴庚申北面林牙耶律馬哥討張家奴癸亥以北院宣徽使蕭韓家奴知北院樞密使事南院宣徽使蕭特末爲漢人行宮都部署

六年春正月丙寅朔東京夜有惡少年十餘人乘酒執刃踰垣入留守府問留守蕭保先所在今軍變請爲備蕭保先出刺殺之戶部使大公鼎聞亂卽攝留守事與副留守高淸明集奚漢兵千人盡捕其衆斬之撫定其民東京故渤海地太祖力戰二十餘年乃得之而蕭保先嚴酷渤海苦之故有是變其禆將渤海高永昌僭號稱隆基元年遣蕭乙薛高興順招之不從閏月己亥遣蕭韓家奴張琳討之戊午貴德州守將耶律余覩以廣州渤海叛附永昌我師擊敗之二月戊辰侍御司徒撻不也等討張家奴戰于祖州敗績乙酉遣漢人行宮都部署蕭特末率諸將討張家奴戊子張家奴誘饒州渤海及中京賊侯槩等萬餘人攻陷高州三月東面行軍副統酬斡等擒侯槩于川州夏四月戊辰親征張家奴癸酉敗之甲戌誅叛黨饒州渤海平丙子賞平賊將士有差而蕭韓家奴張琳等復爲賊所敗五月淸暑散水原女直軍攻下瀋州復陷東京擒高永昌東京州縣族人痕孛鐸剌吳十撻不也道剌酬斡等十三人皆降女直六月乙丑籍諸路兵有雜畜十頭以上者皆從軍庚辰魏國王淳進封秦晉國王爲都元帥上京留守蕭撻不也爲契丹行宮都部署兼副元帥丁亥知北院樞密使事蕭韓家奴爲上京留守秋七月獵秋山春州渤海二千餘戶叛東北路統軍使勒兵追及盡俘以還八月烏古部叛遣中丞耶律撻不也等招之九月丙午謁懷陵冬十月丁卯以張琳軍敗奪官庚辰烏古部來降十一月東面行軍副統馬哥等攻曷蘇館敗績十二月乙亥封庶人蕭氏爲太皇太妃辛巳削副統耶律馬哥官

七年春正月甲寅減廐馬粟分給諸局是月女直軍攻春州東北面諸軍不戰自潰女古皮室四部及渤海人皆降復下泰州二月淶水縣賊董龐兒聚衆萬餘西京留守蕭乙薛南京統軍都監查剌與戰于易水破之三月龐兒黨復聚乙薛復擊破之于奉聖州夏五月庚寅東北面行軍諸將涅里合魯涅哥虛古等棄市乙巳諸圍場隙地縱百姓樵採六月辛巳以同知樞密院事余里也爲北院大王秋七月癸卯獵秋山八月丙寅獵狘斯那里山命都元帥秦晉王赴沿邊會四路兵馬防秋九月上自燕至陰涼河置怨軍八營募自宜州者曰前宜後宜自錦州者曰前錦後錦自乾自顯者曰乾曰顯又有乾顯大營巖州營凡二萬八千餘人屯衞州蒺蔾山丁酉獵輞子山冬十月乙卯朔至中京十二月丙寅都元帥秦晉國王淳遇女直軍戰于蒺蔾山敗績女直復拔顯州旁近州郡庚午下詔自責癸酉遣夷离畢查剌與大公鼎諸路募兵丁丑以西京留守蕭乙薛爲北府宰相東北路行軍都統奚霞末知奚六部大王事是歲女直阿骨打用鐵州楊朴策卽皇帝位建元天輔國號金楊朴又言自古英雄開國或受禪必先求大國封冊遂遣議和以求封冊

八年春正月幸鴛鴦濼丁亥遣耶律奴哥等使金議和庚寅保安軍節度使張崇以雙州二百戶降金東路諸州盜賊蜂起掠民自隨以充食二月耶律奴哥還自金金主復書曰能以兄事朕歲貢方物歸我上中京興中府三路州縣以親王公主駙馬大臣子孫爲質還我行人及元給信符幷宋夏高麗往復書詔表牒則可以如約三月甲午復遣奴哥使金夏四月辛酉以西南面招討使蕭得里底爲北院樞密使五月壬午朔奴哥以書來約不踰此月見報戊戌復遣奴哥使金要以酌中之議是月至納葛濼賊安生兒張高兒聚衆二十萬耶律馬哥等斬生兒于龍化州高兒亡入懿州與霍六哥相合金主遣胡突衮與奴哥持書報如前約六月丁卯遣奴哥等齎宋夏高麗書詔表牒至金霍六哥陷海北州

趣義州軍帥回離保等擊敗之通祺雙遼四州之民八百餘戶降于金秋七月獵秋山金復遣胡突袞來免取質子及上京興中府所屬州郡裁減歲幣之數如能以兄事朕册用漢儀可以如約八月庚午遣奴哥突迭使金議册禮九月突迭見留遣奴哥還謂之曰言如不從勿復遣使閏月丙寅遣奴哥復使金而蕭寶訛里等十五人各率戶降于金冬十月奴哥突迭持金書來龍化州張應古等四人率衆降金十一月副元帥蕭撻不也薨十二月甲申議定册禮遣奴哥使金寧昌軍節度使劉宏以懿州戶三千降金時山前諸路大饑乾顯宜錦興中等路斗粟直數縑民削榆皮食之既而人相食是年放進士王黨等百三人

九年春正月金遣烏林答贊謨持書來迎册二月至鴛鴦濼賊張撒八誘中京射糧軍僭號南面軍帥余覩擒撒八三月丁未朔遣知右夷离畢事蕭習泥烈等册金主爲東懷國皇帝己酉烏林答贊謨奴哥等先以書報夏五月阻卜補疎只等叛執招討使耶律斡里朶都監蕭斜里得死之秋七月獵南山金復遣烏林答贊謨來責册文無兄事之語不言大金而云東懷乃小邦懷其德之義及册文有渠材二字語涉輕侮若遙芬多戩等語皆非善意殊乖體式如依前書所定然後可從楊詢卿羅子韋率衆降金八月以遊王習泥烈爲西京留守九月至西京復遣習泥烈楊立忠先持册藁使金冬十月甲戌朔耶律陳圖奴等二十餘人謀反伏誅是月遣使送烏林答贊謨持書以還

十年春二月幸鴛鴦濼金復遣烏林答贊謨持書及册文副本以來仍責乞兵于高麗三月己酉民有羣馬者令取其一給東路軍庚申以金人所定大聖二字與先世稱號同復遣習泥烈往議金主怒遂絕之夏四月獵胡土白山聞金師再舉耶律白斯不等選精兵三千以濟遼師五月金主親攻上京克外郛留守撻不也率衆出降六月乙酉以北府宰相蕭乙薛爲上京留守知鹽鐵內省兩司東北統軍司事秋獵沙嶺冬復至西京

遼史卷二十九

元　中書右丞相總裁脫脫等修

本紀第二十九

天祚皇帝三

保大元年春正月丁酉朔改元肆赦初金人典兵郡縣所失幾半上有四子長趙王母趙昭容次晉王母文妃次秦王許王皆元妃生國人知晉王之賢深所屬望元妃之兄樞密使蕭奉先恐秦王不得立潛圖之文妃姊妹三人長適耶律撻曷里次文妃次適余覩一日其姊若妹俱會軍前奉先諷人誣駙馬蕭昱及余覩等謀立晉王事覺昱撻曷里等伏誅文妃亦賜死獨晉王未忍加罪余覩在軍中聞之大懼卽率千餘騎叛入金上遣知奚王府事蕭遐買北府宰相蕭德恭太常袞耶律諦里姑歸州觀察使蕭和尚奴四軍太師蕭幹將所部兵追之及諸閭山縣諸將議曰主上信蕭奉先言奉先視吾輩蔑如也余覩乃宗室豪俊常不肯爲奉先下若擒余都他日吾黨皆余覩也不若縱之還卽紿曰追襲不及奉先既見余覩之亡恐後日諸校亦叛遂勸驟加爵賞以結衆心以蕭遐買爲奚王蕭德恭試中書門下平章事兼判上京留守事耶律諦里姑爲龍虎衛上將軍蕭和尚奴金吾衛上將軍蕭幹鎮國大將軍二月幸鴛鴦濼夏五月至曷里狘秋七月獵炭山九月至南京冬十一月癸亥以西京留守趙王習泥烈爲惕隱

二年春正月乙亥金克中京進下澤州上出居庸關至鴛鴦濼聞余覩引金人婁室孛堇奄至蕭奉先曰余覩乃王子班之苗裔此來欲立甥晉王耳若爲社稷計不惜一子明其罪誅之可不戰而余覩自迴矣上遂賜晉王死素服三日耶律撒八等皆伏誅王素有人望諸軍聞其死無不流涕由是人心解體余覩引金人逼行宮上率衛兵五千餘騎幸雲中遺傳國璽于桑乾河二月庚寅朔日有食之既甲午知北院大王事耶律馬哥漢人行宮都部署蕭特末並爲都統大和宮使耶律補得副之將兵屯鴛鴦濼己亥金師敗奚王霞末于北安州遂降其城三月辛酉上聞金師將出嶺西遂趨白水濼乙丑羣牧使謨魯斡降金丙寅上至女古底倉聞金兵將近計不知所出乘輕騎入夾山方悟奉先之不忠怒曰汝父子誤我至此今欲誅汝何益于事恐軍心忿怨爾曹避敵苟安禍必及我其勿從行奉先下馬哭拜而去行未數里左右執其父子縛送金兵金人斬其長子昂以奉先及其次子昱械送金主道遇遼軍奪以歸國遂並賜死遂樞密使蕭得里底召撻不也典禁衛丁卯以北院樞密副使蕭僧孝奴知北院樞密使事同知北院樞密使事蕭查剌爲左夷离畢戊辰同知殿前點檢事耶律高八率衛士降金己巳偵人蕭和尚牌印郎君耶律哂斯爲金師所獲癸酉以諸局百工多亡凡扈從不限吏民皆官之初詔留宰相張琳李處溫與秦晉國王淳守燕處溫聞上入夾山數日命令不通卽與弟處能子奭外假怨軍內結都統蕭幹謀立淳遂與諸大臣耶律大石左企弓虞仲文曹勇義康公弼集蕃漢百官諸軍及父老數萬人詣淳府處溫邀張琳至白其事琳曰攝政則可處溫曰天意人心已定請立班耳處溫等請淳受禮淳方出李奭持赭袍被之令百官拜舞山呼淳驚駭再三辭不獲已而從之以處溫守太尉左企弓守司徒曹勇義知樞密院事虞仲文參知政事張琳守太師李處能直樞密院李奭爲少府少監提舉翰林醫官李爽陳秘十餘人曾與大計並賜進士及第授官有差蕭幹爲北樞密使駙馬都尉蕭旦知樞密院事改怨軍爲常勝軍於是肆赦自稱天錫皇帝改元建福降封天祚爲湘陰王遂據有燕雲平及上京遼西六路天祚所有沙漠已北西南西北路兩都招討府諸蕃部族而已夏四月辛卯西南面招討使耶律佛頂降金雲內寧邊東勝等州皆降阿疎爲金兵所擒金已取西京沙漠以南部族皆降上遂遁於訛莎烈時北部謨葛失賭馬駞食羊五月甲戌都統馬哥收集散亡會于漚里謹丙子以馬哥知北院樞密使事兼都統六月淳寢疾聞上傳檄天德雲內朔武應蔚等州合諸蕃精兵五萬騎約以八月入燕幷遣人問勞索衣裘茗藥淳甚驚命南北面大臣議而李處溫蕭幹等有迎秦拒湘之說集蕃漢百官議之從其議者東立惟南面行營都部署耶律寧西立處溫等問故寧曰天祚果能以諸蕃兵大舉奪燕則是天數未盡豈能拒之否則秦湘父子也拒則皆拒自古安有迎子而拒其父者處溫等相顧微笑以寧扇亂軍心欲殺之淳欹枕長歎曰彼忠臣也焉可殺天祚果來吾有死耳復何面目相見耶已而淳死衆乃議立秦王定爲帝太后遂稱制改元德興處溫父子懼禍南通童貫欲挾蕭太后納土于宋北通于金欲爲內應外以援立大功自陳蕭太后罵曰誤秦晉國王者皆汝父子悉數其過數十賜死臠其子奭而磔之籍其家得錢七萬緡金玉寶器稱是爲宰相數月之間所取也謨葛失以兵來援爲金人敗于洪灰水擒其子陀古及其屬阿敵音夏國援兵至亦爲金所敗秋七月丁巳朔敵烈部皮室叛烏古部節度使耶律棠古討平之加太子太保乙丑上京毛八十率二千戶降金辛未夏國遣曹价來問起居八月戊戌親遇金軍戰于石輦驛敗績都統蕭特末及其姪撒古被執辛丑會軍于歡撻新查剌金兵追之急棄輜重以遁九月敵烈部叛都統馬哥克之冬十月金兵攻蔚州降十一月乙丑聞金兵至奉聖州遂率衛兵屯于落昆髓秦晉王淳妻蕭德妃五表于金求立秦王不許以勁兵守居庸及金兵臨關厓石自崩戍卒多壓死不戰而潰德妃出古北口趨天德軍十二月知金主撫定南京上遂由埽里關出居四部族詳穩之家

三年春正月丁巳奚王回离保僭號稱天復元年命都統馬哥討之甲子初張瑴爲遼興軍節度副使民推瑴領州事秦晉王淳旣死蕭德妃遣時立愛知平州瑴知遼必亡練兵畜馬籍丁壯爲備立愛至瑴弗納金帥粘罕入燕首問平州事於故參知政事康公弼公弼曰瑴狂妄寡謀雖有鄉兵彼何能爲示之不疑圖之未晚金人招時立愛赴軍前加瑴臨海軍節度使仍知平州旣而又欲以精兵三千先下平州擒張瑴公弼曰若加兵是趣之叛也公弼請自往覘之瑴謂公弼曰遼之八路七路已降獨平州未解甲者防蕭幹耳厚賂公弼而還公弼復粘罕曰彼無足慮金人遂改平州爲南京加瑴試中書門下平章事判留守事庚辰宜錦乾顯成川豪懿等州相繼皆降上京盧彥綸叛殺契丹人二月乙酉朔興中府降金來州歸德軍節度使田顥權隰州刺史杜師回權遷州刺史高永昌權閏州刺史張成皆籍所管戶降金丙戌誅蕭德妃降淳爲庶人盡釋其黨癸巳興中宜州復城守三月駐蹕于雲內州南夏四月甲申朔以知北院樞密使蕭僧孝奴爲諸道大都督丙申金兵至居庸關擒耶律大石戊戌金兵圍輜重于青塚硬寨太保特母哥竊梁王雅里以遁秦王許王諸妃公主從臣皆陷沒庚子梁宋大長公主特里亡歸壬寅金遣人來招癸卯答言請和丙午金兵送族屬輜重東行乃遣兵邀戰于白水濼趙王習泥烈蕭道寧皆被執上遣牌印郞君謀盧瓦送兔紐金印僞降遂西遁雲內駙馬都尉乳奴詣金降己酉金復以書來招答其書壬子金帥書來不許請和是月特母哥挈雅里至上怒不能盡救諸子詰之五月乙卯夏國王李乾順遣使請臨其國

庚申軍將耶律敵烈等夜劫梁王雅里奔西北部立以爲帝改元神歷辛酉渡河止于金肅軍北回离保爲衆所殺六月遣使冊李乾順爲夏國皇帝秋九月耶律大石自金來歸冬十月復渡河東還居突呂不部梁王雅里殂耶律术烈繼之十一月突烈爲衆所殺

四年春正月上趨都統馬哥軍金人來攻棄營北遁馬哥被執謨葛失來迎贐馬駝羊又率部人防衞時侍從乏糧數日以衣易羊至烏古敵烈部以都點檢蕭乙薛知北院樞密使事封謨葛失爲神于越王特母哥降金二月耶律遙設等十人謀叛伏誅夏五月金人既克燕驅燕之大家東徙以燕空城及涿易檀順景薊州與宋以塞盟左企弓康公弼曹勇義虞仲文皆東遷燕民流離道路不勝其苦入平州言於留守張瑴曰宰相左企弓不謀守燕使吾民流離無所安集公今臨巨鎮握強兵盡忠於遼必能使我復歸鄉土人心亦惟公是望瑴遂召諸將領議皆曰聞天祚兵勢復振出沒漠南公若仗義勤王奉迎天祚以圖中興先責左企弓等叛降之罪而誅之盡歸燕民使復其業而以平州歸宋則宋無不接納平州遂爲藩鎮矣卽後日金人加兵內用平山之軍外得宋爲之援又何懼焉瑴曰此大事也不可草草翰林學士李石智而多謀可召與議石至其言與之合乃遣張謙率五百餘騎傳留守令召宰相左企弓曹勇義樞密使虞仲文參知政事康公弼至灤河西岸遣議事官趙秘校往數十罪曰天祚播遷夾山不卽奉迎一也勸皇叔秦晉王僭號二也詆訐君父降封湘陰三也天祚遣知閤王有慶來議事而殺之四也檄書始至有迎秦拒湘之議五也不謀守燕而降六也不顧大義臣事于金七也根括燕財取悅于金八也使燕人遷徙失業九也教金人發兵先下平州十也爾有十罪所不容誅左企弓等無以對皆縊殺之仍稱保大三年畫天祚象朝夕謁事必告而後行稱遼官秩六月榜諭燕人復業恒產爲常勝軍所占者悉還之燕民旣得歸大悅翰林學士李石更名安弼偕故三司使高黨往燕山說宋王安中曰平州帶甲萬餘瑴有文武材可用爲屏翰不然將爲肘腋之患安中深然之令安弼與黨詣宋宋主詔帥臣王安中詹度厚加安撫與免三年常賦瑴聞之自謂得計秋七月金人屯來州闍母聞平州附宋以二千騎問罪先入營州瑴以精兵萬騎擊敗之宋建平州爲泰寧軍以瑴爲節度使以安弼黨爲徽猷閣待制令宣撫司出銀絹數萬犒賞瑴喜遠迎金人謀知梟兵來襲瑴不得歸奔燕金人克三州始來索瑴王安中諱之索急斬一人貌類者去金人曰非瑴也以兵來取安中不得已殺瑴函其首送金天祚既得林牙耶律大石兵歸又得陰山室韋謨葛失兵自謂得天助再謀出兵復收燕雲大石林牙力諫曰自金人初陷長春遼陽則車駕不幸廣平淀而都中京及陷上京則都燕山及陷中京則幸雲中自雲中而播遷夾山向以全師不謀戰備使舉國漢地皆爲金有國勢至此而方求戰非計也當養兵待時而動不可輕舉不從大石遂殺乙薛及坡里括置北南面官屬自立爲王率所部西去上遂率諸軍出夾山下漁陽嶺取天德東勝寧邊雲內等州南下武州遇金人戰于奄遏下水復潰直趨山陰八月國舅詳穩蕭撻不也筆硯祗候察剌降金是月金主阿骨打死九月建州降金冬十月納突呂不部人訛哥之妻諳葛以訛哥爲本部節度使昭古牙率衆降金金攻興中府降之十一月從行者舉兵亂北護衞太保术者舍利詳穩牙不里等擊敗之十二月置二總管府

遼史卷三十

元　中　書　右　丞　相　總　裁　脫　脫　等　修

本紀第三十

天祚皇帝四

五年春正月辛巳党項小斛祿遣人請臨其地戊子趨天德過沙漠金兵忽至上徒步出走近侍進珠帽却之乘張仁貴馬得脫至天德己丑遇雪無禦寒具术者以貂裘帽進途次絕糧术者進麨與棗欲憩术者卽跪坐倚之假寐术者輩惟齧冰雪以濟饑過天德至夜將宿民家紿曰偵騎其家知之乃叩馬首跪而大慟潛宿其家居數日嘉其忠遙授以節度使遂趨党項以小斛祿爲西南面招討使總知軍事仍賜其子及諸校爵賞有差二月至應州新城東六十里爲金人完顏婁室等所獲八月癸卯至金丙午降封海濱王以疾終年五十有四在位二十四年金皇統元年二月改封豫王五年葬于廣寧府閭陽縣乾陵傍耶律淳者世號爲北遼淳小字涅里興宗第四孫南京留守宋魏王和魯斡之子清寧初太后鞠育之既長篤好文學昭懷太子得罪上欲以淳爲嗣上怒耶律白斯不知與淳善出淳爲彰聖等軍節度使天祚卽位進王鄭乾統二年加越王六年拜南府宰相首議制兩府禮儀上喜徙王魏其父和魯斡薨卽以淳襲父守南京冬夏入朝寵冠諸王天慶五年東征都監章奴濟鴨子河與淳子阿撒等三百餘人亡歸先遣敵里等以廢立之謀報淳淳斬敵里首以獻進封秦晉國王拜都元帥賜金券免漢拜禮不名許自擇將士乃募燕雲精兵東至錦州隊長武朝彥作亂劫淳淳匿而免收朝彥誅之會金兵至聚兵戰于阿里軫斗敗績收亡卒數千人拒之淳入朝釋其罪詔南京刻石紀功保大二年天祚入夾山奚王回離保林牙耶律大石等引唐靈武故事議欲立淳淳不從官屬勸進曰主上蒙塵中原擾攘若不立王百姓何歸宜熟計之遂卽位百官上號天錫皇帝改保大二年爲建福元年大赦放進士李寶信等一十九人遙降天祚爲湘陰王以燕雲平上京中京遼西六路淳主之沙漠以北南北路兩都招討府諸蕃部族等仍隸天祚自此遼國分矣封其妻普賢女爲德妃以回離保知北院樞密使事軍旅之事悉委大石又遣使報宋免歲幣結好宋人發兵問罪擊敗之尋遣使奉表于金乞爲附庸事未決淳病死年六十百官僞謚曰孝章皇帝廟號宣宗葬燕西香山永安陵遺命遙立秦王定以存社稷德妃爲皇太后稱制改建福爲德興元年放進士李球等百八人時宋兵來攻戰敗之由是人心大悅兵勢日振宰相李純等潛納宋兵居民內應抱關者被殺甚衆翌日攻內東門衞兵力戰宋軍大潰踰城而走死者相籍五表于金求立秦王不從而金兵大至德妃奔天德軍見天祚天祚怒誅德妃降淳庶人除其屬籍耶律雅里者天祚皇帝第二子也字撒鸞七歲欲立爲皇太子別置禁衞封梁王保大三年金師圍青冢寨雅里在軍中太保特母哥挾之出走間道行至陰山聞天祚失利趨雲內雅里馳赴時扈從者千餘人多於天祚天祚慮特母哥生變欲誅之責以不能全救諸王將訊之仗劍召雅里問曰特母哥教汝何爲雅里對曰無他言迺釋之天祚渡河奔夏隊帥耶律敵烈等劫雅里北走至沙嶺見蛇橫道而過識者以爲不祥後三日羣僚共立雅里爲主雅里遂卽位改元神歷命士庶上便宜雅里性寬大惡誅殺獲亡者笞之而已有自歸者卽官之因謂左右曰欲附來歸不附則去何須威逼耶每取唐貞觀政要及林牙資忠所作治國詩令侍從讀之烏古部節度使糺哲迭烈部統軍撻不也都監突里不等各率其衆來附自是諸部繼至而雅里日漸荒怠好擊鞠特母哥切諫乃不復出以耶律敵烈爲樞密使特母哥副之敵烈劫西北路招討使蕭糺里熒惑衆心志有不臣與其子麻涅並誅之以遙設爲招討使與諸蕃戰數敗杖免官從行有疲困者輒振給之直長保德諫曰今國家空虛賜賚若此將何以相給耶雅里怒曰昔畋於福山卿誣獵官今復有此言若無諸部我將何取不納初令羣牧運鹽濼倉粟而民盜之議籍以償雅里乃自爲直每粟一車償一羊三車一牛五車一馬八車一駝左右曰今一羊易粟二斗且不可得乃償一車雅里曰民有則我有若令盡償民何堪後獵查剌山一日而射黃羊四十狼二十一因致疾卒年三十耶律大石者世號爲西遼大石字重德太祖八代孫也通遼漢字善騎射登天慶五年進士第擢翰林應奉尋陞承旨遼以翰林爲林牙故稱大石林牙歷泰祥二州刺史遼興軍節度使保大二年金兵日逼天祚播越與諸大臣立秦晉王淳爲帝淳死立其妻蕭德妃爲太后以守燕及金兵至蕭德妃歸天祚天祚怒誅德妃而責大石曰我在汝何敢立淳對曰陛下以全國之勢不能一拒敵棄國遠遁使黎民塗炭卽立十淳皆太祖子孫豈不勝乞命於他人耶上無以答賜酒食赦其罪大石不自安遂殺蕭乙薛坡里括自立爲王率鐵騎二百宵遁北行三日過黑水見白達達詳穩牀古兒牀古兒獻馬四百駝二十羊若干西至可敦城駐北庭都護府會威武崇德會蕃新大林紫河駝等七州及大黃室韋敵剌王紀剌茶赤剌也喜鼻古德尼剌達剌乖達密里密兒紀合主烏古里阻卜普速完唐古忽母思奚的糺而畢十八部王衆諭曰我祖宗艱難創業歷世九主歷年二百金以臣屬逼我國家殘我黎庶屠翦我州邑使我天祚皇帝蒙塵于外日夜痛心疾首我今仗義而西欲借力諸蕃翦我仇敵復我疆宇惟爾衆亦有軫我國家憂我社稷思共救君父濟生民於難者乎遂得精兵萬餘置官吏立排甲具器仗明年二月甲午以青牛白馬祭天地祖宗整旅而西先遺書回鶻王畢勒哥曰昔我太祖皇帝北征過卜古罕城卽遣使至甘州詔爾祖烏母主曰汝思故國耶朕卽爲汝復之汝不能返耶則有之在朕猶在爾也爾祖卽表謝以爲遷國于此十有餘世軍民皆安土重遷不能復返矣是與爾國非一日之好也今我將西至大食假道爾國其勿致疑畢勒哥得書卽迎至邸大宴三日臨行獻馬六百駝百羊三千願質子孫爲附庸送至境外所過敵者勝之降者安之兵行萬里歸者數國獲駝馬牛羊財物不

可勝計軍勢日盛銳氣日倍至尋思干西域諸國舉兵十萬號忽兒珊來拒戰兩軍相望二里許諭將士曰彼軍雖多而無謀攻之則首尾不救我師必勝遣六院司大王蕭斡里剌招討副使耶律松山等將兵二千五百攻其右樞密副使蕭剌阿不招討使耶律朮薛等將兵二千五百攻其左自以衆攻其中三軍俱進忽兒珊大敗僵屍數十里駐軍尋思干凡九十日回回國王來降貢方物又西至起兒漫文武百官冊立大石爲帝以甲辰歲二月五日卽位年三十八號葛兒罕復上漢尊號曰天祐皇帝改元延慶追謚祖父爲嗣元皇帝祖母爲宣義皇后冊元妃蕭氏爲昭德皇后因謂百官曰朕與卿等行三萬里跋涉沙漠夙夜艱勤賴祖宗之福卿等之力冒登天位爾祖爾父宜加卹典共享尊榮自蕭斡里剌等四十九人祖父封爵有差延慶三年班師東歸馬行二十日得善地遂建都城號虎思斡耳朵改延慶爲康國元年三月以六院司大王蕭斡里剌爲兵馬都元帥敵剌部前同知樞密院事蕭查剌阿不副之茶赤剌部禿魯耶律燕山爲都部署護衞耶律鐵哥爲都監率七萬騎東征以青牛白馬祭天樹旗以誓于衆曰我大遼自太祖太宗艱難而成帝業其後嗣君躭樂無厭不恤國政盜賊蠭起天下土崩朕率爾衆遠至朔漠期復大業以光中興此非朕與爾世居之地申命元帥斡里剌曰今汝其往信賞必罰與士卒同甘苦擇善水草以立營量敵而進毋自取禍敗也行萬餘里無所得牛馬多死勒兵而還大石曰皇天弗順數也康國十年歿在位二十年廟號德宗子夷列年幼遺命皇后權國后名塔不煙號感天皇后稱制改元咸清在位七年子夷列卽位改元紹興籍民十八歲以上得八萬四千五百戶在位十三年歿廟號仁宗子幼遺詔以妹普速完權國稱制改元崇福號承天太后後與駙馬蕭朶魯不弟朴古只沙里通出駙馬爲東平王羅織殺之駙馬父斡里剌以兵圍其宮射殺普速完及朴古只沙里普速完在位十四年仁宗次子直魯古卽位改元天禧在位三十四年時秋出獵乃蠻王屈出律以伏兵八千擒之而據其位遂襲遼衣冠尊直魯古爲太上皇皇后爲皇太后朝夕問起居以侍終焉直魯古死遼絕耶律淳在天祚之世歷王大國受賜金券贊拜不名一時恩遇無與爲比當天祚播越以都元帥留守南京獨不可奮大義以激燕民及諸大臣與勤王之師東拒金而迎天祚乎乃自取之是篡也況忍王天祚哉大石旣帝淳而王天祚矣復歸天祚天祚責以大義乃自立爲王而去之幸藉祖宗餘威遺智建號萬里之外雖寡母弱子更繼迭承幾九十年亦可謂難矣然淳與雅里大石之立皆在天祚之世有君而復君之其可乎哉諸葛武侯爲獻帝發喪而後立先主爲帝者不可同年語矣故著以爲戒云

贊曰遼起朔野兵甲之盛鼓行鞠外席卷河朔樹晉植漢何其壯歟太祖太宗乘百戰之勢輯新造之邦英謀叡略可謂遠矣雖以世宗中才穆宗殘暴連遘弒逆而神器不搖蓋由祖宗威令猶足以震疊其國人也聖宗以來內脩政治外拓疆宇旣而申固鄰好四境乂安維持二百餘年之基有自來矣降臻天祚旣丁末運又觖人望崇信姦回自椓國本羣下離心金兵一集內難先作廢立之謀叛亡之迹相繼蠭起馴致土崩瓦解不可復支良可哀也耶律與蕭世爲甥舅義同休戚奉先挾私滅公首畎構難一至於斯天祚窮蹙始悟奉先誤己不旣晚乎淳雅里所謂名不正言不順事不成者也大石苟延彼善於此亦幾何哉

遼史卷三十一

元　中　書　右　丞　相　總　裁　脫　脫　等　修

志第一

營衞志上

上古之世草衣木食巢居穴處熙熙于于不求不爭爰自炎帝政衰蚩尤作亂始制干戈以毒天下軒轅氏作戮之涿鹿之阿處則象吻于宮行則懸旗于纛以爲天下萬世戒於是師兵營衞不得不設矣冀州以南歷洪水之變夏后始制城郭其人土著而居緅服之中外奮武衞內揆文敎守在四邊營衞之設以備非常而已并營以北勁風多寒隨陽遷徙歲無寧居曠土萬里寇賊姦宄乘隙而作營衞之設以爲常然其勢然也有遼始大設制尤密居有宮衞謂之斡魯朶出有行營謂之捺鉢分鎭邊圉謂之部族有事則以攻戰爲務閒暇則以畋漁爲生無日不營無在不衞立國規模莫重於此作營衞志

宮衞

遼國之法天子踐位置宮衞分州縣析部族設官府籍戶口備兵馬崩則扈從后妃宮帳以奉陵寢有調發則丁壯從戎事老弱居守太祖曰弘義宮應天皇后曰長寧宮太宗曰永興宮世宗曰積慶宮穆宗曰延昌宮景宗曰彰愍宮承天太后曰崇德宮聖宗曰興聖宮興宗曰延慶宮道宗曰太和宮天祚曰永昌宮又孝文皇太弟有敦睦宮丞相耶律隆運有文忠王府凡州三十八縣十提轄司四十一石烈二十三瓦里七十四抹里九十八得里二閘撒十九爲正戶八萬蕃漢轉戶十二萬三千共二十萬三千戶

算斡魯朶太祖置國語心腹曰算宮曰斡魯朶是爲弘義宮以心腹之衞置益以渤海俘錦州戶其斡魯朶在臨潢府陵寢在祖州東南二十里正戶八千蕃漢轉戶七千出騎軍六千

州五錦祖嚴祺銀

縣一富義

提轄司四南京西京奉聖州平州

石烈二曰須速魯

瓦里四曰合不曰撻撒曰慢押曰虎池

抹里四曰膻曰預墩曰鶻突曰糾里闢

得里二曰述壘北曰述壘南

國阿輦斡魯朶太宗置牧國曰國阿輦是爲永興宮初名孤穩斡魯朶以太祖平渤海俘戶東京懷州提轄司及雲州懷仁縣澤州灤河縣等戶置其斡魯朶在游古河側陵寢在懷州南三十里正戶三千蕃漢轉戶七千出騎軍五千

州四懷黔開來

縣二保和灤河

提轄司四南京西京奉聖州平州

石烈一北女古

瓦里四曰抹曰毋曰合李只曰述壘

抹里十三曰述壘軫曰大隔蔑曰小隔蔑曰毋曰歸化不木曰唐括曰吐谷曰百爾瓜忒曰合魯不只曰移馬不只曰膻曰清帶曰速穩

閘撒七曰伯德部曰守獵曰穴骨只曰合不頻尼曰虎里狘曰耶律只挾室曰僧隱令公

耶魯盌斡魯朶世宗置興盛曰耶魯盌是爲積慶宮以文獻皇帝衞從及太祖俘戶及雲州提轄司并高宜等州戶置其斡魯朶在土河東陵寢在長寧宮北正戶五千蕃漢轉戶八千出騎軍八千

州三康顯宜

縣一山東

提轄司四

石烈一兮膙

瓦里八曰達撒曰合不曰吸烈曰逼里曰潭馬曰朔不曰耶里直曰耶魯兀也

抹里十曰紇斯直曰蠻葛曰厥里曰潭馬忒曰出懶曰速忽魯椀曰牒里得曰閻馬曰迭里特曰女古

蒲速盌斡魯朶應天皇太后置興隆曰蒲速盌是爲長寧宮以遼州及海濱縣等戶置其斡魯朶在高州陵寢在龍化州東一百里世宗分屬讓國皇帝宮院正戶七千蕃漢轉戶六千出騎軍五千

州四遼儀坤遼西顯

縣三奉先歸義定霸

提轄司四

石烈一北女古

瓦里六曰潭馬曰合不曰達撒曰慢押曰耶里只曰渾只

抹里十三曰渾得移隣稍瓦只曰合四卑臘因鐵里卑稍只曰奪羅果只曰拏葛只曰合里只曰婆渾昆母溫曰阿魯埃得本曰東厮里門曰西厮里門曰東鐵里曰西鐵里曰牒得只曰滅母隣母

奪里本斡魯朶穆宗置討平曰奪里本是爲延昌宮以國阿輦斡魯朶戶及阻卜俘戶中京提轄司南京制置司咸信韓等州戶置其斡魯朶在糺雅里山南陵寢在京南正戶一千蕃漢轉戶三千出騎軍二千

州二遂韓

提轄司三中京南京平州

石烈一曰須

瓦里四曰抹骨古等曰兀沒曰潭馬曰合至直

抹里四曰抹骨登兀沒滅曰土木直移隣曰息

州決里曰莫瑰奪石

監母斡魯朶景宗置是爲彰愍宮遺留曰監母以章肅皇帝侍衞及武安州戶置其斡魯朶在合魯河陵寢在祖州南正戶八千蕃漢轉戶一萬出騎軍一萬

州四永龍化降聖同

縣二行唐阜俗

提轄司四

石烈二曰監母曰南女古

瓦里七曰潭馬曰奚烈曰埃合里直曰蠻雅葛曰特末曰烏也曰滅合里直

抹里十一曰尼母曷烈因稍瓦直曰察改因麻

得不曰移失隣斡直曰辛古不直曰撒改眞曰牙葛直曰虎狘阿里隣曰潑昆曰潭馬曰鬧獵曰楚兀眞果隣

孤穩斡魯朶承天太后置是爲崇德宮王曰孤穩以乾顯雙三州戸置其斡魯朶在土河東陵寢景宗皇帝正戸六千蕃漢轉戸一萬出騎軍一萬

州四乾川雙貴德

縣一潞上京

提轄司三南京西京奉聖州

石烈三曰鑊里曰涝曰迭里特女古

瓦里七曰達撒曰耶里曰合不曰歌不曰合里直曰慢押曰耶里直

抹里十一曰阿里厮直述壘曰預篤溫稍瓦直曰潭馬曰賃預篤溫一臘曰牙葛直曰牒得直曰虎溫曰孤溫曰撒里僧曰阿里葛斯過隣曰鐵里乖穩鑁里

鬧撒五曰合不直迷里幾頻你曰牒耳葛太保果直曰爪里阿本果直曰僧隱令公果直曰老昆令公果直

女古斡魯朶聖宗置是爲興聖宮金曰女古以國阿輦耶魯盌蒲速盌三斡魯朶戸置其斡魯朶在女混活直陵寢在慶州南安正戸一萬蕃漢轉戸二萬出騎軍五千

州五慶隰烏上京烏東京霸

提轄司四

石烈四曰毫兀眞女姑曰拏兀眞女室曰女特里特曰女古滂

瓦里六曰女古蒲速盌曰鶻篤曰乙抵曰蓊曰埃也

抹里九曰乙辛不只曰鐵乖溫曰埃合里只曰嘲瑰曰合魯山血古只曰奪忒排登血古只曰勞骨曰盧沙曰土隣

鬧撒五曰達隣頻你曰和里懶你曰爪阿不厥貞曰枯獨里僧曰袍達夫人厥只

窩篤盌斡魯朶興宗置是爲延慶宮孳息曰窩篤盌以諸斡魯朶及饒州戸置其斡魯朶在高州西陵寢在上京慶州正戸七千蕃漢轉戸一萬出騎軍一萬

州三饒長春泰

提轄四司

石烈二曰窩篤盌曰鶻篤骨

瓦里六曰窩篤盌曰厮把曰厮阿曰紇里曰得里曰歐烈

抹里六曰歐里本曰燕厮曰緬四曰乙僧曰北得里曰南得里

阿思斡魯朶道宗置是爲太和宮寬大曰阿思以諸斡魯朶御前承應人及興中府戸置其斡魯朶在好水濼陵寢在上京慶州正戸一萬蕃漢轉戸二萬出騎軍一萬五千

石烈二曰阿厮曰耶魯

瓦里八曰阿厮曰耶魯曰得里曰紇里曰撒不曰鶻篤曰蒲逮斡曰曷烈

抹里七曰恩州得里曰斡奢得里曰歐里本曰特滿曰奎剌土隣曰紇里曰阿里厮迷里

阿魯盌斡魯朶天祚皇帝置是爲永昌宮輔祐曰阿魯盌以諸斡魯朶御前承應人春宣州戸置正戸八千蕃漢轉戸一萬出騎軍一萬

石烈二曰阿魯盌曰榆魯盌

瓦里八曰阿魯斡曰合里也曰鶻突曰敵刺曰謀魯斡曰紇里曰奪里剌曰特末也

抹里八曰蒲速盌曰移輦曰斡篤盌曰特滿曰謀魯盌曰移典曰悅曰勃得本

孝文皇太弟敦睦宮謂之赤寔得本斡魯朶孝曰赤寔得本文獻皇帝承應人及渤海俘建瀋巖三州戸置陵寢在祖州西南三十里正戸三千蕃漢轉戸五千出騎軍五千

州三建瀋巖

提轄司一南京

石烈二曰嘲曰與敦

瓦里六曰乙辛曰得里曰奚烈直曰大潭馬曰小潭馬曰與敦

抹里二曰潭馬抹乖曰柳實

鬧撒二曰聶里頻你曰打里頻你

大丞相晉國王耶律隆運本韓氏名德讓以功賜國姓出宮籍隸橫帳季父房贈尙書令謚文忠無子以皇族魏王貼不子耶魯爲嗣早卒天祚皇帝又以皇子敖魯斡繼之官給葬具建廟乾陵側擬諸宮例建文忠王府正戸五千蕃漢轉戸八千出騎軍一萬

州一

提轄司六上京中京南京西京奉聖州平州

著帳郎君

著帳郎君初遙輦痕德菫可汗以蒲古只等三族害于越釋魯籍沒家屬入瓦里淳欽皇后宥之以爲著帳郎君世宗悉免後族戚世官犯罪者沒入

著帳戸

著帳戸本諸斡魯朶析出及諸罪沒入者凡承應小底司藏鷹坊湯藥尙飲盥漱尙膳尙衣裁造等役及宮中親王祗從伶官之屬皆充之

凡諸宮衞人丁四十萬八千騎軍十萬一千著帳釋宥沒入隨時增損無常額

遼史卷三十二

元 中 書 右 丞 相 總 裁 脫 脫 等 修

志第二

營衛志中

行營

周官土圭之法日東景朝多風日北景長多寒天地之間風氣異宜人生其間各適其便王者因三才而節制之長城以南多雨多暑其人耕稼以食桑麻以衣宮室以居城郭以治大漠之間多寒多風畜牧畋漁以食皮毛以衣轉徙隨時車馬爲家此天時地利所以限南北也遼國盡有大漠浸包長城之境因宜爲治秋冬違寒春夏避暑隨水草就畋漁歲以爲常四時各有行在之所謂之捺鉢

春捺鉢

曰鴨子河濼皇帝正月上旬起牙帳約六十日方至天鵝未至卓帳冰上鑿冰取魚冰泮乃縱鷹鶻捕鵝鴈晨出暮歸從事弋獵鴨子河濼東西二十里南北三十里在長春州東北三十五里四面皆沙堝多榆柳杏林皇帝每至侍御皆服墨綠色衣各備連鎚一柄鷹食一器刺鵝錐一枚於濼周圍相去各五七步排立皇帝冠巾衣時服繫玉束帶於上風望之有鵝之處舉旗探騎馳報遠泊鳴鼓鵝驚騰起左右圍騎皆舉幟麾之五坊擎進海東青鶻拜授皇帝放之鶻擒鵝墜勢力不加排立近者舉錐刺鵝取腦以飼鶻救鶻人例賞銀絹皇帝得頭鵝薦廟羣臣各獻酒果舉樂更相酬酢致賀語皆插鵝毛于首以爲樂賜從人酒遍散其毛弋獵網鉤春盡乃還

夏捺鉢

無常所多在吐兒山道宗每歲先幸黑山拜聖宗興宗陵賞金蓮乃幸子河避暑吐兒山在黑山東北三百里近饅頭山黑山在慶州北十三里上有池池中有金蓮子河在吐兒山東北三百里懷州西山有清涼殿亦爲行幸避暑之所四月中旬起牙帳卜吉地爲納涼所五月末旬六月上旬至居五旬與北南臣僚議國事暇日遊獵七月中旬乃去

秋捺鉢

曰伏虎林七月中旬自納涼處起牙帳入山射鹿及虎林在永州西北五十里嘗有虎據林傷害居民畜牧景宗領數騎獵焉虎伏草際戰慄不敢仰視上舍之因號伏虎林每歲車駕至皇族而下分布濼水側伺夜將半鹿飲鹽水令獵人吹角效鹿鳴旣集而射之謂之舐鹻鹿又名呼鹿

冬捺鉢

曰廣平淀在永州東南三十里本名白馬淀東西二十餘里南北十餘里地甚坦夷四望皆沙磧木多榆柳其地饒沙冬月稍暖牙帳多於此坐冬與北南大臣會議國事時出校獵講武兼受南宋及諸國禮貢皇帝牙帳以槍爲硬寨用毛繩連繫每槍下黑氈傘一以庇衞士風雪槍外小氈帳一層每帳五人各執兵仗爲禁圍南有省方殿殿北約二里曰壽寧殿皆木柱竹榱以氈爲蓋彩繪韜柱錦爲壁衣加緋繡額又以黃布繡龍爲地障窗槅皆以氈爲之傅以黃油絹基高尺餘兩廂廊廡亦以氈蓋無門戸省方殿北有鹿皮帳帳次北有八方公用殿壽寧殿北有長春帳衞以硬寨宮用契丹兵四千人每日輪番千人祗直禁圍外卓槍爲寨夜則拔槍移卓御寢帳周圍拒馬外設鋪傳鈴宿衞每歲四時周而復始

皇帝四時巡守契丹大小內外臣僚并應役次人及漢人宣徽院所管百司皆從漢人樞密院中書省唯摘宰相一員樞密院都副承旨二員令史十人中書令史一人御史臺大理寺選摘一人扈從每歲正月上旬車駕啓行宰相以下還於中京居守行遣漢人一切公事除拜官僚止行堂帖權差俟會議行在所取旨出給誥勅文官縣令錄事以下更不奏聞聽中書銓選武官須奏聞五月納涼行在所南北臣僚會議十月坐冬行在所亦如之

部族上

部落曰部氏族曰族契丹故俗分地而居合族而處有族而部部者五院六院之類是也有部而族者奚王室韋之類是也有部而不族者特里特免稍瓦葛术之類是

也有族而不部者遥輦九帳皇族三父房是也奇首八部爲高麗蠕蠕所侵僅以萬口附于元魏生聚未幾北齊見侵掠男女十餘萬口繼爲突厥所逼寄處高麗不過萬家部落離散非復古八部矣别部有臣附突厥者內附于隋者依紇臣水而居部落漸衆分爲十部有地遼西五百餘里唐世大賀氏仍爲八部而松漠玄州别出亦十部也遥輦氏承萬榮可突于散敗之餘更爲八部然遥輦迭剌别出又十部也阻午可汗析爲二十部契丹始大至于遼太祖析九帳三房之族更列二十部聖宗之世分置十有六增置十有八并舊爲五十四部內有拔里乙室已國舅族外有附庸十部盛矣其氏族可知者畧具皇族外戚二表餘五院六院乙室部止見益古撒里本涅剌烏古部止見撒里卜涅勒突呂不突舉部止見塔古里航斡皆兄弟也奚王府部時瑟哲里則臣主也品部有拏女楮特部有洼其餘世繫名字皆漫無所考矣舊志曰契丹之初草居野次靡有定所至涅里始制部族各有分地太祖之興以迭剌部强熾析爲五院六院奚六部以下多因俘降而置勝兵甲者卽著軍籍分隸諸路詳穩統軍招討司番居內地者歲時田牧平莽間邊防糺戸生生之資仰給畜牧績毛飲湩以爲衣食各安舊風狃習勞事不見紛華異物而遷故家給人足戎備整完卒之虎視四方强朝弱附東踰蟠木西越流沙莫不率服部族寔爲之爪牙云

古八部

悉萬丹部

何大何部

伏弗郁部

羽陵部

日連部

匹絜部

黎部

吐六于部

契丹之先曰奇首可汗生八子其後族屬漸盛分爲八部居松漠之間今永州木葉山有契丹始祖廟奇首可汗可敦并八子像在焉潢河之西土河之北奇首可汗故壤也

隋契丹十部

元魏末莫弗賀勿于畏高麗蠕蠕侵逼率車三千乘衆萬口內附乃去奇首可汗故壤居白狼水東北齊文宣帝自平州三道來侵虜男女十餘萬口分置諸州又爲突厥所逼以萬家寄處高麗境內隋開皇四年諸莫弗賀悉衆款塞聽居白狼故地又别部寄處高麗者曰出伏等率衆內附詔置獨奚那頡之北又别部臣附突厥者四千餘戸來降詔給糧遣還固辭不去部落漸衆徙逐水草依紇臣水而居在遼西正北二百里其地東西亘五百里南北三百里分爲十部逸其名

唐大賀氏八部

達稽部峭落州

紇便部彈汗州

獨活部無逢州

芬問部羽陵州

突便部日連州

芮奚部徒河州

墜斤部萬丹州

伏部州二匹黎赤山

唐太宗置玄州以契丹大帥據曲爲刺史又置松漠都督府以窟哥爲都督分八部并玄州爲十州則十部在其中矣

遥輦氏八部

旦利皆部

乙室活部

實活部

納尾部

頻没部

納會雞部

集解部

奚嗢部

唐當開元天寶間大賀氏既微遼始祖涅里立迪輦祖里爲阻午可汗時契丹因萬榮之敗部落凋散卽故有族衆分爲八部涅里所統迭剌部自爲别部不與其列并遥輦迭剌亦十部也

遥輦阻午可汗二十部

耶律七部

審密五部

八部

涅里相阻午可汗分三耶律爲七二審密爲五并前八部爲二十部三耶律一曰大賀二曰遥輦三曰世里卽皇族也二審密一曰乙室已二曰拔里卽國舅也其分部皆未詳可知者曰迭剌曰乙室曰品曰楮特曰烏隗曰突呂不曰捏剌曰突舉又有右大部左大部凡十逸其二大賀遥輦析爲六而世里合爲一茲所以迭剌部終遥輦之世强不可制云

遼史卷三十二考證

營衛志中古八部悉萬丹部何大何部伏佛郁部羽陵部日連部匹絜部黎部吐六于部○臣人龍按遼志始祖八部落一曰祖皆利部二曰乙室語部三曰實活部四曰納尾部五曰頻没部六曰內會雞部七曰某解部八曰奚嗢部名目與遼史不同

遼史卷三十三

元 中書右丞相總裁脫脫等修

志第三

營衛志下

部族下

遼起松漠經營撫納竟有唐晉帝王之器典章文物施及潢海之區作史者尚可以故俗語耶舊史有部族志歷代之所無也古者巡守于方岳五服之君各進其職遼之部族實似之故以部族置宮衛行營之後云

遼內四部族

遥輦九帳族

横帳三父房族

國舅帳拔里乙室已族

國舅部族

太祖二十部二國舅升帳分止十八部

五院部其先曰益古凡六營阻午可汗時與弟撒里本領之曰迭剌部傳至太祖以夷离堇卽位天贊元年以强大難制析五石烈爲五院六瓜爲六院各置夷离堇會同元年更夷离堇爲大王部隸北府以鎮南境大王及都監春夏居五院部之側秋居羊門甸石烈四

大蔑孤石烈

小蔑孤石烈

甌昆石烈太宗會同二年以烏古之地水草豐美命居之三年益以海勒水之地爲農田

乙習本石烈會同二年命以烏古之地

六院部隸北府以鎮南境其大王及都監春夏居泰德泉之北秋冬居獨盧金石烈四

轄懶石烈

阿速石烈

斡納撥石烈

斡納阿剌石烈會同二年命居烏古三年益以海勒水地

乙室部其先曰撒里本阻午可汗之世與其兄益古分營而領之曰乙室部會同二年更夷离堇爲大王隸南府其大王及都監鎮駐西南之境司徒居鴛鴦泊闢撒狘居車軸山石烈二

阿里答石烈

欲主石烈

品部其先曰拏女阻午可汗以其營爲部太祖更諸部夷离堇爲令穩統和中又改節度使隸北府屬西北路招討司司徒居太子墳凡戍軍隸節度使留後戸隸司徒石烈二

北哲里只石烈

南轄懶石烈

楮特部其先曰洼阻午可汗以其營爲部隸南府節度使屬西北路招討司司徒居柏坡山及鏵山之側石烈二

北石烈

南石烈

烏隗部其先曰撒里卜與其兄涅勒同營阻午可汗析爲二撒里卜爲烏隗部涅勒爲涅剌部俱隸北府烏隗部節度使屬東北路招討司司徒居徐母山郝里河之側石烈二

北石烈

南石烈

涅剌部其先曰涅勒阻午可汗分其營爲部節度使屬西南路招討司居黑山北司徒居郝里河側石烈二

北塌里石烈

南察里石烈

突呂不部其先曰塔古里領三營阻午可汗命分其一與弟航斡爲突舉部塔古里得其二更爲突呂不部隸北府節度使屬西北路招討司司徒居長春州西石烈二

北托不石烈

南須石烈

突舉部其先曰航斡阻午可汗分營置部隸南府戍於隗烏古部司徒居冗泉側石烈二

北石烈

南石烈
奚王府六部五帳分其先曰時瑟事東遙里十帳部
主哲里後逐哲里自立爲奚王卒弟吐勒斯立遙輦
鮮質可汗討之俘其拒敵者七百戶摭其降者以時
瑟鄰睦之故止俘部曲之半餘悉留焉奚勢由是衰
矣初爲五部曰遙里曰伯德曰奧里曰梅只曰楚里
太祖盡降之號五部奚天贊八年有東扒里厮胡損
者恃險堅壁於箭笴山以拒命揶揄曰大軍何能爲
我當飲墮瑰門下矣太祖滅之以奚府給役戶併括
諸部穩丁收合流散置墮瑰部因墮瑰門之語爲名
遂號六部奚命勃魯恩主之仍號奚王太宗卽位置
宰相常袞各二員聖宗合奧里梅只墮瑰三部爲一
特置二尅部以足六部之數奚王和朔奴討兀惹敗
績籍六部隸北府
突呂不室韋部本名大小二黃室韋戶太祖爲達馬
狘沙里以計降之乃置爲二部隸北府節度使屬東
北路統軍司戍泰州東北
涅剌拏古部與突呂不室韋部同節度使戍泰州東
迭剌迭達部本鮮質可汗所俘奚七百戶太祖卽位
以爲十四石烈置爲部隸南府節度使屬西南路招
討司戍黑山北部民居慶州南
乙室奧隗部神冊六年太祖以所俘奚戶置隸南府
節度使屬東北路兵馬司
楮特奧隗部太祖以奚戶置隸南府節度使屬東京
都部署司
品達魯虢部太祖以所俘達魯虢部置隸南府節度
使屬西南路招討司戍黑山北
烏古涅剌部亦曰涅離部太祖取于骨里戶六千神
冊六年析爲烏古涅剌及圖魯二部俱隸北府節度
使屬西南路招討司
圖魯部節度使屬東北路統軍司
已上太祖以遙輦氏舊部族分置者
凡十部增置者八
聖宗三十四部
撒里葛部奚有三營曰撒里葛曰窈介曰耨盌爪太
祖伐奚乞降願爲著帳子弟籍于宮分皆設夷离菫
聖宗各置爲部改設節度使皆隸南府以備畋獵之
役居澤州東
窈爪部與撒里葛部同居潭州南
耨盌爪部節度使屬東京都部署司
訛僕括部與撒里葛三部同居望雲縣東
特里特勉部初於八部各析二十戶以戍奚偵候落
馬河及速魯河側置二十詳穩聖宗以戶口蕃息置
爲部設節度使隸南府戍倒塌嶺居橐駞岡
稍瓦部初取諸宮及橫帳大族奴隸置稍瓦石烈稍
瓦鷹坊也居遼水東掌羅捕飛鳥聖宗以戶口蕃息
置部節度使屬東京都部署司
曷朮部初取諸宮及橫帳大族奴隸置曷朮石烈曷
朮鐵也以冶于海濱柳濕河三黜古斯手山聖宗以
戶口蕃息置部屬東京都部署司
遙里部居潭利二州間石烈三
撒里必石烈
北石烈
帖魯石烈
伯德部松山平州之間太師太保居中京西石烈六
啜勒石烈
速古石烈
腆你石烈
迭里石烈
旭特石烈
悅里石烈
楚里部居潭州北
奧里部統和十二年以奧梅只墮瑰三部民籍數寡
合爲一部并上三部本屬奚王府聖宗分置
南尅部
北尅部統和二年以奚府二尅分置二部
隗衍突厥部聖宗析四闢沙四頗憊戶置以鎭東北
女直之境開泰九年節度使奏請置石烈隸北府屬
黃龍府都部署司
奧衍突厥部與隗衍突厥同
涅剌越兀部以涅剌室韋戶置隸北府節度使屬西
南面招討司戍黑山北
奧衍女直部聖宗以女直戶置隸北府節度使屬西
北招討司戍鎭州境自北至河西部皆俘獲諸國之
民初隸諸宮戶口蕃息置部訖於五國皆有節度使
乙典女直部聖宗以女直戶置隸南府居高州北
斡突盌烏古部聖宗以烏古戶置隸南府節度使屬
西南面招討司戍黑山北
迭魯敵烈部聖宗以敵烈戶置隸北府節度使屬烏
古敵烈統軍司
室韋部聖宗以室韋戶置節度使屬西北路招討司
朮哲達魯虢部聖宗以達魯虢戶置隸北府節度使
屬東北路統軍司戍境內居境外
梅古悉部聖宗以唐古戶置隸北府節度使屬西南
面招討司
頡的部聖宗以唐古戶置隸北府節度使屬西南面
招討司
北敵烈部聖宗以敵烈戶置戍隗烏古部
匿訖唐古部聖宗置隸北府節度使屬西南面招討
司
北唐古部聖宗以唐古戶置隸北府節度使屬黃龍
府都部署司戍府南
南唐古部聖宗置隸北府
鶻剌唐古部與南唐古同節度使屬西南面招討司
河西部聖宗置隸北府節度使屬東北路統軍司
薛特部開泰四年以回鶻戶置隸北府居慈仁縣北
伯斯鼻骨德部本鼻骨德戶初隸諸宮聖宗以戶口
蕃息置部隸北府節度使屬東北路統軍司戍境內
居境外
達馬鼻骨德部聖宗以鼻骨德戶置隸南府節度使
屬東路統軍司
五國部剖阿里國盆奴里國奧里米國越里篤國越
里吉國聖宗時來附命居本土以鎭東北境屬黃龍
府都部署司重熙六年以越里吉國人尚海等訴酋
帥渾敞貪汚罷五國酋帥設節度使以領之
已上聖宗以舊部族置者十六增置十八
遼國外十部
烏古部
敵烈八部
隗古部
回跋部
嵒母部
吾禿婉部
迭剌葛部
回鶻部
長白山部
蒲盧毛朵部
右十部不能成國附庸於遼時叛時服各有職貢猶唐
人之有羈縻州也

遼史卷三十四

元　中　書　右　丞　相　總　裁　脫　脫　等　修

志第四

兵衛志上

軒轅氏合符東海邑于涿鹿之阿遷徙往來無常處以
兵爲營衞飛狐以北無慮以東西暨流沙四戰之地聖
人猶不免於兵衞地勢然耳遼國左都遼海右邑涿鹿
兵力莫彊焉其在隋世依紇臣水而居分爲十部兵多
者三千少者千餘順寒暑逐水草畜牧侵伐則十部相
與議興兵致役合契而後動獵則部得自行至唐大賀
氏勝兵四萬三千人分爲八部大賀氏中衰僅存五部
有耶律雅里者分五部爲八立二府以總之析三耶律
氏爲七二審密氏爲五凡二十部刻木爲契政令大行
遜不有國迺立遙輦氏代大賀氏兵力益振卽太祖六
世祖也及太祖會李克用于雲中以兵三十萬盛矣遙
輦耶瀾可汗十年歲在辛酉太祖授鉞專征破室韋于
厥奚三國俘獲廬帳不可勝紀十月授大迭烈府夷离
菫明賞罰繕甲兵休息民庶滋蕃孳牧務在戢兵十一
年總兵四十萬伐代北克郡縣九俘九萬五千口十二
年德祖討奚俘七千戶十五年遙輦可汗卒遺命遜位
于太祖太祖卽位五年討西奚東奚悉平之盡有奚霫
之衆六年春親征幽州東西旌旗相望亘數百里所經
郡縣望風皆下俘獲甚衆振旅而還秋親征背陰國俘
獲數萬計神冊元年親征突厥吐渾党項小蕃沙陀諸
部俘戶一萬五千六百攻振武乘勝而東攻蔚新武媯
儒五州俘獲不可勝紀斬不從命者萬四千七百級盡
有代北河曲陰山之衆遂取山北八軍四年親征于骨
里國俘獲一萬四千二百口五年征党項俘獲二千六
百口攻天德軍拔十有二柵徙其民六年出居庸關分
兵掠檀順等州安遠軍三河良鄉望都潞滿城遂城等
縣俘其民徙內地皇太子掠定州俘獲甚衆天贊元年
以戶口滋繁糺轄疎遠分北大濃兀爲二部立兩節度
以統之三年西征党項等國俘獲不可勝紀四年又親
征渤海天顯元年滅渤海國地方五千里兵數十萬五
京十五府六十二州盡有其衆契丹益大會同初太宗
滅唐立晉晉獻燕代十六州民衆兵彊莫之能禦矣

兵制

遼國兵制凡民年十五以上五十以下隸兵籍每正軍
一名馬三匹打草穀守營鋪家丁各一人人鐵甲九事
馬韉轡馬甲皮鐵視其力弓四箭四百長短鎗鎉鎚斧

鈸、小旗、鎚錐、火刀石、馬盂、杪一斗、杪袋、搭鈍傘各一，䌫馬繩二百尺，皆自備。人馬不給糧草，日遣打草穀騎四出抄掠以供之。鑄金魚符，調發軍馬。其捉馬及傳命有銀牌二百。軍所舍，有遠探欄子馬，以夜聽人馬之聲。凡舉兵，帝率蕃漢文武臣僚，以青牛白馬祭告天地、日神，惟不拜月，分命近臣告太祖以下諸陵及木葉山神，乃詔諸道徵兵。惟南北奚王、東京渤海兵馬、燕京統軍兵馬，雖奉詔，未敢發兵，必以聞。上遣大將持金魚符，合，然後行。始聞詔，攢戶丁，推戶力，覈籍齊衆以待。自十將以上，次第點集軍馬、器仗。符至，兵馬本司自領，使者不得與；唯再共點軍馬訖，又以上聞，量兵馬多少，再命使充軍主，與本司互相監督。又請引五方旗鼓，然後皇帝親點將校。又選勳戚大臣，充行營兵馬都統、副都統、都監各一人。又選諸軍兵馬尤精銳者三萬人爲護駕軍，又選驍勇三千人爲先鋒軍，又選剽悍百人之上爲遠探欄子軍，以上各有將領。又於諸軍每部，量衆寡，抽十人或五人合爲一隊，別立將領，以備勾取兵馬、騰遞公事。

其南伐點兵，多在幽州北千里鴛鴦泊，及行，並取居庸關、曹王峪、白馬口、古北口、安達馬口、松亭關、榆關等路。將至平州、幽州境，又遣使分道催發，不得久駐，恐踐禾稼。出兵不過九月，還師不過十二月。在路不得見僧尼、喪服之人。皇帝親征，留親王一人在幽州，權知軍國大事。既入南界，分爲三路，廣信軍、雄州、霸州各一。駕必由中道，兵馬都統、護駕等軍皆從。各路軍馬遇縣鎮，卽時攻擊。若大州軍，必先料其虛實、可攻次第，而後進兵。沿途民居、園囿、桑柘，必夷伐焚蕩。至宋北京，三路兵皆會，以議攻取。及退亦然。三路軍馬前後左右有先鋒。遠探欄子馬各十數人，在先鋒前後二十餘里，全副衣甲，夜中每行十里或五里少駐，下馬側聽無有人馬之聲，有則擒之；力不可敵，飛報先鋒，齊力攻擊。如有大軍，走報主帥。敵中虛實，動必知之。軍行當道州城，防守堅固不可攻擊，引兵過之。恐敵人出城邀阻，乃圍射鼓譟，詐爲攻擊。敵方閉城固守，前路無阻，引兵進，分兵抄截，使隨處州城隔絕不通，孤立無援。所過大小州城，至夜，恐城中出兵突擊，及與鄰州計會軍馬，甲夜，每城以騎兵百人去城門左右百餘步，被甲執兵，立馬以待。兵出，力不能加，馳還，勾集衆兵與戰。左右官道、斜徑、山路、河津，夜中並遣兵巡守。其打草穀家丁，各衣甲持兵，旋團爲隊，必先砍伐園林，然後驅掠老幼，運土木塡壕塹；攻城之際，必使先登，矢石擂木併下，止傷老幼。又於本國州縣起漢人鄉兵萬人，隨軍專伐園林，塡道路。御寨及諸營壘，唯用桑柘梨栗。軍退，縱火焚之。

敵軍旣陣，料其陣勢小大、山川形勢、往回道路、救援捷徑、漕運所出，各有以制之。然後於陣四面，列騎爲隊，每隊五七百人，十隊爲一道，十道當一面，各有主帥。最先一隊走馬大譟，衝突敵陣。得利，則諸隊齊進；若未利，引退，第二隊繼之。退者，息馬飲水杪。諸道皆然。更退迭進，敵陣不動，亦不力戰。歷二三日，待其困憊，又令打草穀家丁馬施雙箒，因風疾馳，揚塵敵陣，更互往來。中旣飢疲，目不相覩，可以取勝。若陣南獲勝，陣北失利，主將在中，無以知之，則以本國四方山川爲號，聲以相聞，得相救應。若帝不親征，重臣統兵不下十五萬衆，三路往還，北京會兵，進以九月，退以十二月，行事次第皆如之。若春以正月，秋以九月，不命都統，止遣騎兵六萬，不許深入，不攻城池，不伐林木，但於界外三百里內，耗蕩生聚，不令種養而已。

軍入南界，步騎車帳不循阡陌。三道將領各一人，率欄子馬各萬騎，支散游奕百十里外，更迭覘邏。及暮，以吹角爲號，衆卽頓舍，環繞御帳。自近及遠，折木稍屈，爲弓子鋪，不設鎗營塹柵之備。每軍行，鼓三伐，不問晝夜，大衆齊發。未遇大敵，不乘戰馬；俟近敵師，乘新羈馬，蹄有餘力。成列不戰，退則乘之。多伏兵斷糧道，冒夜舉火，上風曳柴，饋餉自齎，散而復聚，善戰能寒，此兵之所以彊也。

遼史卷三十五

元中書右丞相總裁脫脫等修

志第五

兵衛志中

御帳親軍

漢武帝多行幸之事，置期門、佽飛、羽林之目，天子始有親軍。唐太宗加親、勳、翊、千牛之衞，布腹心之地，防衞密矣。遼太祖宗室盛彊，分迭剌部爲二。宮衞內虛，經營四方，未遑鳩集。皇后述律氏居守之際，摘蕃漢精銳爲屬珊軍。太宗益選天下精甲，置諸爪牙爲皮室軍。合騎五十萬，國威壯矣。

大帳皮室軍

太宗置，凡三十萬騎。

屬珊軍

地皇后置，二十萬騎。

宮衞騎軍

太祖以迭剌部受禪，分本部爲五院、六院，統以皇族，而親衞缺然。乃立斡魯朵法，裂州縣，割戶丁，以彊幹弱支，詒謀嗣續，世建宮衞，入則居守，出則扈從，葬則因以守陵。有兵事，則五京、二州各提轄司傳檄而集，不待調發州縣、部族，十萬騎軍已立具矣。恩意親洽，兵甲犀利，教練完習。簡天下精銳，聚之腹心之中，懷舊者歲深，增新者世盛，此軍制之良者也。

弘義宮

正丁一萬六千

蕃漢轉丁一萬四千

騎軍六千

長寧宮

正丁一萬四千

蕃漢轉丁一萬二千

騎軍五千

永興宮

正丁六千

蕃漢轉丁一萬四千

騎軍五千

積慶宮

正丁一萬

蕃漢轉丁一萬六千

騎軍八千

延昌宮

正丁二千

蕃漢轉丁六千

騎軍二千

彰愍宮

正丁一萬六千

蕃漢轉丁二萬

騎軍一萬

崇德宮

正丁一萬二千

蕃漢轉丁二萬

騎軍一萬

興聖宮

正丁二萬

蕃漢轉丁四萬

騎軍五千

延慶宮

正丁一萬四千

蕃漢轉丁二萬

騎軍一萬

太和宮

正丁二萬

蕃漢轉丁四萬

騎軍一萬五千

永昌宮

正丁一萬四千

蕃漢轉丁二萬

騎軍一萬

敦睦宮

正丁六千

蕃漢轉丁一萬

騎軍五千

文忠王府

正丁一萬

蕃漢轉丁一萬六千

騎兵一萬

十二宮一府，自上京至南京總要之地，各置提轄司。重地每宮皆置，內地一二而已。太和、永昌二宮宜與興聖、延慶同，舊史不見提轄司，蓋闕文也。

南京

弘義宮提轄司

長寧宮提轄司

永興宮提轄司

積慶宮提轄司

延昌宮提轄司

彰愍宮提轄司

崇德宮提轄司

興聖宮提轄司

延慶宮提轄司

敦睦宮提轄司

文忠王府提轄司

西京
弘義宮提轄司
長寧宮提轄司
永興宮提轄司
積慶宮提轄司
彰愍宮提轄司
崇德宮提轄司
延慶宮提轄司
文忠王府提轄司
奉聖州
弘義宮提轄司
長寧宮提轄司
永興宮提轄司
積慶宮提轄司
彰愍宮提轄司
崇德宮提轄司
興聖宮提轄司
延慶宮提轄司
文忠王府提轄司
平州
弘義宮提轄司
長寧宮提轄司
永興宮提轄司
積慶宮提轄司
延昌宮提轄司
彰愍宮提轄司
興聖宮提轄司
延慶宮提轄司
文忠王府提轄司
中京
延昌宮提轄司
文忠王府提轄司
上京
文忠王府提轄司
凡諸宮衛丁四十萬八千出騎軍十萬一千
大首領部族軍
遼親王大臣體國如家征伐之際往往置私甲以從王事大者千餘騎小者數百人著籍皇府國有戎政量借三五千騎常留餘兵爲部族根本
太子軍
偉王軍
永康王軍
于越王軍
麻荅軍
五押軍
衆部族軍
衆部族分隸南北府守衛四邊各有司存具如左
北府凡二十八部
侍從宮帳
奚王府部
鎮南境
五院部
六院部
東北路招討司
烏隗部
東北路統軍司
涅里部
伯德部
奧里部
南剋部
北剋部
圖盧部
朮者達魯虢部
河西部
西北路招討司
突呂不部
奧衍女直部
室韋部
西南路招討司
涅剌部
烏古剌部
涅剌越兀部
梅古悉部
頡的部
匿訖唐古部
鶻剌唐古部
黃龍府都部署司
隗衍突厥部
奧衍突厥部
北唐古部
五國部
烏古敵烈統軍司
迭魯敵烈部
戍隗烏古部
北敵烈部
南府凡一十六部
鎮駐西南境
乙室部
西南路招討司
品部
迭達迭剌部
品達魯虢部
乙典女直部
西北路招討司
楮特部
東北路統軍司
達馬鼻古德部
東北路女直兵馬司
乙室奧隗部
東京都部署司
楮特部
東北路統軍司
達馬鼻古德部
東北路女直兵馬司
乙室奧隗部
東京都部署司
楮特奧隗部
窈爪部
稍瓦部
曷朮部
戍倒塌嶺
訛僕括部
屯駐本境
撒里葛部
南唐古部
薛特部

遼史卷三十五考證

兵衛志中大帳皮室軍太宗置凡三十萬騎○臣長發按遼志晉末契丹主部下兵謂之大帳有皮室兵約三萬騎

屬珊軍地皇后置二十萬騎○臣長發按遼志國母述律氏部下謂之屬珊有衆二萬

遼史卷三十六

元 中 書 右 丞 相 總 裁 脫 脫 等 修

志第六

兵衛志下

五京鄉丁

遼建五京臨潢契丹故壤遼陽漢之遼東爲渤海故國中京漢遼西地自唐以來契丹有之三京丁籍可紀者二十二萬六千一百蕃漢轉戶爲多析津大同故漢地籍丁八十萬六千七百契丹本戶多隸宮帳部族其餘蕃漢戶丁分隸者皆不與焉

太祖建皇都于臨潢府太宗定晉晉王石敬瑭來獻十六城乃定四京改皇都爲上京有丁一十六萬七千二百

臨潢府
臨潢縣丁七千
長泰縣丁八千
保和縣丁六千
定霸縣丁六千
宣化縣丁四千
潞縣丁六千
易俗縣丁一千五百
遷遼縣丁一千五百
祖州
長霸縣丁四千
咸寧縣丁二千
越王城丁二千
懷州
扶餘縣丁三千
顯理縣丁二千
慶州

玄寧縣丁一萬二千
泰州
興國縣丁一千四百
長春州
長春縣丁四千
烏州
愛民縣丁二千
永州
長寧縣丁九千
義豐縣丁三千
慈仁縣丁八百
儀坤州
廣義縣丁五千
龍化州
龍化縣丁二千
降聖州
永安縣丁一千五百
饒州
長樂縣丁八千
臨河縣丁二千
安民縣丁二千
頭下徽州丁二萬
成州丁八千
懿州丁八千
渭州丁二千
原州丁一千
壕州丁一萬二千
福州丁五百
橫州丁四百
鳳州丁一千
遂州丁一千
豐州丁一千
順州丁二千
閭州丁二千
松山州丁一千
豫州丁一千
寧州丁六百

東京本渤海以其地建南京遼陽府統縣六轄軍府州城二十六有丁四萬一千四百天顯十三年太宗改爲東京

遼陽府
遼陽縣丁三千
仙鄉縣丁三千
鶴野縣丁二千四百
析木縣丁二千
紫蒙縣丁二千
興遼縣丁二千
開州
開遠縣丁二千
鹽州丁五百
穆州丁五百
賀州丁五百
定州
定東縣丁一千六百
保州
來遠縣丁二千
辰州丁四千
盧州丁五百
鐵州丁二千
興州丁三千
湯州丁七百
崇州丁一千
海州丁三千
耀州丁一千二百
嬪州丁七百
淥州丁四千
桓州丁一千
豐州丁五百
正州丁七百
慕州丁三百

南京析津府統縣十轄軍府州城九有丁五十六萬六千

析津府
析津縣丁四萬
宛平縣丁四萬四千
昌平縣丁一萬四千
良鄉縣丁一萬四千
潞縣丁一萬一千
安次縣丁二萬四千
武清縣丁二萬
永清縣丁一萬
香河縣丁一萬四千
玉河縣丁二千
漷陰縣丁一萬
順州
懷柔縣丁一萬
檀州
密雲縣丁一萬
行唐縣丁六千
涿州
范陽縣丁二萬
固安縣丁二萬
新城縣丁二萬
歸義縣丁八萬
易州
易縣丁五萬
淶水縣丁五萬四千
容城縣丁一萬
薊州
漁陽縣丁八千
三河縣丁六千
玉田縣丁六千
平州
盧龍縣丁一萬四千
安喜縣丁一萬
望都縣丁六千
灤州
義豐縣丁八千
馬城縣丁六千
石城縣丁六千
營州
廣寧縣丁六千
景州
遵化縣丁六千

西京大同府統縣七轄軍府州城十七有丁三十二萬二千七百

大同府
大同縣丁二萬
雲中縣丁二萬
天城縣丁一萬
長青縣丁八千
奉義縣丁六千
懷仁縣丁六千
懷安縣丁六千
弘州
永寧縣丁二萬
順聖縣丁六千
德州
宣德縣丁六千
豐州
富民縣丁二千四百
振武縣鄉兵三百
奉聖州
永興縣丁一萬六千
礬山縣丁六千
龍門縣丁八千
望雲縣丁二千
歸化州
文德縣丁二萬
可汗州
懷來縣丁六千
儒州
縉山縣丁一萬
蔚州
靈仙縣丁四萬
定安縣丁二萬
飛狐縣丁一萬
靈丘縣丁六千
廣陵縣丁六千
應州
金城縣丁一萬六千
渾源縣丁一萬
河陰縣丁六千
朔州
鄯陽縣丁八千
寧遠縣丁四千
馬邑縣丁六千
金肅軍防秋兵一千
武州
神武縣丁一萬

河清軍防秋兵一千
聖宗統和二十三年城七金山建大定府號中京統縣九轄軍府州城二十三草創未定丁籍莫考可見者一縣
高州
三韓縣丁一萬
大約五京民丁可見者一百一十萬七千三百爲鄉兵
屬國軍
遼屬國可紀者五十有九朝貢無常有事則遣使徵兵或下詔專征不從者討之助軍衆寡各從其便無常額又有鐵不得國者興宗重熙十七年乞以兵助攻夏國詔不許
吐谷渾
鐵驪
靺鞨
兀惹
黑車子室韋
西奚
東部奚
烏馬山奚
斜離底
突厥
党項
小蕃
沙陀
阻卜
烏古
率昆那
胡母思山蕃
波斯
大食
甘州回鶻
新羅
烏孫
燉煌
賃烈
要里
回鶻
轄戛斯
吐蕃

黃室韋
小黃室韋
大黃室韋
阿薩蘭回鶻
于闐
師子
北女直
河西党項
南京女直
沙州燉煌
曷蘇館
沙州回鶻
查只底
蒲盧毛朶
蒲奴里
大蕃
高昌
回拔
頗里
達里底
拔思母
敵烈
粘八葛
梅里急
耶覩刮
鼻骨德
和州回鶻
斡朗改
高麗
西夏
女直
遼之爲國鄰於梁唐晉漢周宋晉以恩故始則父子一家終則寇讎相攻梁唐周隱然一敵國宋惟太宗征北漢遼不能救餘多敗衄縱得亦不償失良由石晉獻土中國失五關之故然也高麗小邦屢喪遼兵非以險阻足恃故歟西夏彈丸之地南敗宋東抗遼雖西北士馬雄勁元昊諒祚智勇過人能使党項阻卜掣肘大國蓋亦襟山帶河有以助其勢耳雖然宋久失地利而舊志言兵唯以敵宋爲務踰三關聚議北京猶不敢輕進豈不以大河在前三鎮在後臨事好謀之審不容不然歟

二帳十二宮一府五京有兵一百六十四萬二千八百宮丁大首領諸部族中京頭下等州屬國之衆皆不與焉不輕用之所以長世
邊境戍兵
又得高麗大遼事跡載東境戍兵以備高麗女直等國見其守國規模布置簡要舉一可知三邊矣
東京至鴨淥西北峰爲界
黃龍府正兵五千
咸州正兵一千
東京沿女直界至鴨淥江
軍堡凡七十各守軍二十人計正兵一千四百
來遠城宣義軍營八
太子營正兵三百
大營正兵六百
蒲州營正兵二百
新營正兵五百
加陀營正兵三百
王海城正兵三百
柳白營正兵四百
沃野營正兵一千
神虎軍城正兵一萬太康十年置
右一府一州二城七十堡八營計正兵二萬二千

遼史卷三十七

元　中　書　右　丞　相　總　裁　脫　脫　等　修

志第七

地理志一

帝堯畫天下爲九州舜以冀青地大分幽并營爲州十有二幽州在渤碣之間并州北有代朔營州東暨遼海其地負山帶海其民執干戈奮武衛風氣剛勁自古爲用武之地太祖以迭刺部之衆代遥輦氏起臨潢建皇都東併渤海得城邑之居百有三太宗立晉有幽涿檀薊順營平蔚朔雲應新嬀儒武寰十六州於是割古幽并營之境而跨有之東朝高麗西臣夏國南子石晉而兄弟趙宋吳越南唐航海輸貢嘻其盛矣遼國其先曰契丹本鮮卑之地居遼澤中去榆關一千一百三十里去幽州又七百一十四里南控黃龍北帶潢水冷陘屏右遼河塹左高原多榆柳下濕饒蒲葦當元魏時有地數百里至唐大賀氏蠶食扶餘室韋奚靺鞨之區地方二千餘里貞觀三年以其地置玄州尋置松漠都督府建八部爲州各置刺史達稽部曰峭落州紇便部曰彈汗州獨活部曰無逢州芬阿部曰羽陵州突便部曰日連州芮奚部曰徒河州墜斤部曰萬丹州伏部曰匹黎赤山二州以大賀氏窟哥爲使持節十州軍事分州建官蓋昉於此迨于五代闢地東西三千里遥輦氏更八部曰旦利皆部乙室活部實活部納尾部頻没部內會雞部集解部奚嗢部屬縣四十有一每部設刺史縣置令太宗以皇都爲上京升幽州爲南京改南京爲東京聖宗城中京興宗升雲州爲西京於是五京備焉又以征伐俘戶建州襟要之地多因舊居名之加以私奴置投下州總京五府六州軍城百五十有六縣二百有九部族五十有二屬國六十東至于海西至金山暨于流沙北至臚朐河南至白溝幅員萬里

上京道

上京臨潢府本漢遼東郡西安平之地新莽曰北安平太祖取天梯別魯等三山之勢于葦甸射金齪箭以識之謂之龍眉宮神冊三年城之名曰皇都天顯十三年更名上京府曰臨潢涞流河自西北南流遶京三面東入于曲江其北東流爲按出河又有御河沙河黑河潢河鴨子河他魯河狼河蒼耳河輞子河臚朐河陰涼河猪河鴛鴦湖興國惠民湖廣濟湖鹽濼百狗濼大神淀馬盂山兔兒山野鵲山鹽山鑿山松山平地松林大斧山列山屈劣山勒得山唐所封大賀氏勒得王有墓存焉戶三萬六千五百轄軍府州城二十五統縣十
臨潢縣太祖天贊初南攻燕薊以所俘人戶散居潢水之北縣臨潢水故以名地宜種植戶三千五百
長泰縣本渤海國長平縣民太祖伐大諲譔先得是邑遷其人於京西北與漢民雜居戶四千
定霸縣本扶餘府強師縣民太祖下扶餘遷其人於京西與漢人雜處分地耕種統和八年以諸宮提轄司人戶置隸長寧宮戶三千
保和縣本渤海國富利縣民太祖破龍州盡徙富利縣人散居京南統和八年以諸宮提轄司人戶置隸

彰愍宫戶四千

潞縣本幽州潞縣民天贊元年太祖破薊州掠潞縣民布於京東與渤海人雜處隸崇德宫戶三千

易俗縣本遼東渤海之民太平九年大延琳結構遼東夷叛圍守經年乃降盡遷於京北置縣居之是年又徙渤海叛人家屬置焉戶一千

遷遼縣本遼東諸縣渤海人大延琳叛擇其謀勇者置之左右後以城降戮之徙其家屬於京東北故名戶一千

渤海縣本東京人因叛徙置

興仁縣開泰二年置

宣化縣本遼東神化縣民太祖破鴨淥府盡徙其民居京之南統和八年以諸宫提轄司人戶置隸彰愍宫戶四千

上京太祖創業之地負山抱海天險足以為固地沃宜耕植水草便畜牧金齪一箭二百年之基壯矣天顯元年平渤海歸乃展郛郭建宫室名以天贊起三大殿曰開皇安德五鑾中有歷代帝王御容每月朔望節辰忌日在京文武百官並赴致祭又於內城東南隅建天雄寺奉安烈考宣簡皇帝遺像是歲太祖崩應天皇后於義節寺斷腕寘太祖陵即寺建斷腕樓樹碑焉太宗援立晉遣宰相馮道劉煦等持節具鹵簿法服至此册上太宗及應天皇后尊號太宗詔蕃部並依漢制御開皇殿闢承天門受禮因改皇都為上京城高二丈不設敵樓幅員二十七里門東曰迎春曰鴈兒南曰順陽西曰金鳳曰西鴈兒曰南福其北謂之皇城高三丈有樓櫓門東曰安東南曰大順西曰乾德北曰拱辰中有大內內南門曰承天有樓閣東門曰東華西曰西華此通內出入之所正南街東留守司衙次鹽鐵司次南門龍寺街南曰臨潢府其側臨潢縣縣西南崇孝寺承天皇后建寺西長泰縣又西天長觀西南國子監監北孔子廟廟東節義寺又西北安國寺太宗所建寺東齊天皇后故宅宅東有元妃宅即法天皇后所建也其南具聖尼寺綾錦院內省司麴院贍國省司二倉皆在大內西南八作司與天雄寺對南城謂之漢城南當橫街各有樓對峙下列井肆東門之北潞縣又東南興仁縣南門之東回鶻營回鶻商販留居上京置營居之西南同文驛諸國信使居之驛西南臨潢驛以待夏國使驛西福先寺寺西宣化縣西南定霸縣縣西保和縣西門之北易俗縣縣東遷遼縣

周廣順中胡嶠記曰上京西樓有邑屋市肆交易無錢而用布有綾錦諸工作宦者翰林伎術教坊角觝儒僧尼道士中國人并汾幽薊為多宋大中祥符九年薛映記曰上京者中京正北八十里至松山館七十里至崇信館九十里至廣寧館五十里至姚家寨館五十里至咸寧館三十里度潢水石橋旁有饒州唐於契丹嘗置饒樂今渤海人居之五十里保和館度黑水河七十里宣化館五十里長泰館館西二十里有佛舍民居即祖州又四十里至臨潢府自過崇信館乃契丹舊境其南奚地也入西門門曰金德內有臨潢館子城東門曰順陽北行至景福門又至承天門內有昭德宣政二殿與氊廬皆東向臨潢西北二百餘里號涼淀在饅頭山南避暑之處多豐草掘地丈餘即有堅冰

祖州天成軍上節度本遼右八部世沒里地太祖秋獵多於此始置西樓後因建城號祖州以高祖昭烈皇帝曾祖莊敬皇帝祖考簡獻皇帝皇考宣簡皇帝所生之地故名城高二丈無敵棚幅員九里門東曰望京南曰大夏西曰液山北曰興國西北隅有內城殿曰兩明奉安祖考御容曰二儀以白金鑄太祖像曰黑龍曰清秘各有太祖微時兵仗器物及服御皮毳之類存之以示後嗣使勿忘本內南門曰興聖凡三門上有樓閣東西有角樓東為州廨及諸官廨舍綾錦院班院祗候蕃漢渤海三百人供給內府取索東南橫街四隅有樓對峙下連市肆東長霸縣西咸寧縣有祖山山有太祖天皇帝廟御靴尚存又有龍門黎谷液山液泉白馬獨石天梯之山水則南沙河西液泉太祖陵鑿山為殿曰明殿殿南嶺有膳堂以備時祭門曰黑龍東偏有聖蹤殿立碑述太祖遊獵之事殿東有樓立碑以紀太祖創業之功皆在州西五里天顯中太宗建隸弘義宫統縣二城一

長霸縣本龍州長平縣民遷于此戶二千

咸寧縣本長寧縣破遼陽遷其民置戶一千

越王城太祖伯父于越王述魯西伐党項吐渾俘其民放牧於此因建城在州東南二十里戶一千

懷州奉陵軍上節度本唐歸誠州太宗行帳放牧於此天贊中從太祖破扶餘城下龍泉府俘其人築寨居之會同中掠燕薊所俘亦置此太宗崩葬西山曰懷陵大同元年世宗置州以奉焉是年有騎十餘獵于祖州西五十里大山中見太宗乘白馬獨追白狐射之一發而斃忽不見但獲狐與矢是日太宗崩于欒城後於其地建廟又於州之鳳凰門繪太宗馳騎貫狐之像穆宗被害葬懷陵側建鳳凰殿以奉焉有清涼殿為行幸避暑之所皆在州西二十里隸永興宫統縣二

扶餘縣本龍泉府太祖遷渤海扶餘縣降戶於此世宗置縣戶一千五百

顯理縣本顯理府人太祖伐渤海俘其王大諲譔遷民於此世宗置縣戶一千

慶州玄寧軍上節度本太保山黑河之地巖谷險峻穆宗建城號黑河州每歲來幸射虎障鷹軍國之事多委大臣後遇弒於此以地苦寒統和八年州廢聖宗秋畋愛其奇秀建號慶州遼國五代祖勃突貌異常有武略力敵百人衆推為王生于勃突山因以名沒葬山下在州二百里慶雲山本黑嶺也聖宗駐蹕愛羨曰吾萬歲後當葬此興宗遵遺命建永慶陵有望仙殿御容殿置蕃漢守陵三千戶並隸大內都總管司在州西二十里有黑山赤山太保山老翁嶺饅頭山興國湖轄失濼黑河景福元年復置更隸興聖宫統縣三

玄德縣本黑山黑河之地景福元年括落帳人戶從便居之戶六千

孝安縣

富義縣本義州太宗遷渤海義州民於此重熙元年降義豐縣後更名隸弘義宫

泰州德昌軍節度本契丹二十部族放牧之地因黑鼠族累犯通化州民不能禦遂移東南六百里來建城居之以近本族黑鼠穴居膚黑吻銳類鼠故以名州隸延慶宫兵事屬東北統軍司統縣二

樂康縣倚郭

興國縣本山前之民因罪配遞至此興宗置縣戶七百

長春州韶陽軍下節度本鴨子河春獵之地興宗重熙八年置隸延慶宫兵事屬東北統軍司統縣一

長春縣本混同江地燕薊犯罪者流配於此戶二千

烏州靜安軍刺史本烏丸之地東胡之種也遼北大王撥剌占為牧建城後官收隸興聖宫有遼河夜河烏丸川烏丸山統縣一

愛民縣撥剌王從軍南征俘漢民置于此戶一千

永州永昌軍觀察承天皇太后所建太祖於此置南樓乾亨三年置州于皇子韓八墓側東潢河南土河二水合流故號永州冬月牙帳多駐此謂之冬捺鉢有木葉山上建契丹始祖廟奇首可汗在南廟可敦在北廟繪塑二聖并八子神像相傳有神人乘白馬自馬盂山浮土河而東有天女駕青牛車由平地松林泛潢河而下至木葉山二水合流相遇為配偶生八子其後族屬漸盛分為八部每行軍及春秋時祭必用白馬青牛示不忘本云興王寺有白衣觀音像太祖援石晉主中國自潞州迴入幽州幸大悲閣指此像曰我夢神人令送石郎為中國帝即此也因移木葉山建廟春秋告賽尊為家神興軍必告之乃合符傳箭於諸部又有高淀山柳林淀亦曰馬淀隸彰愍宫統縣三

長寧縣本顯德府縣名太祖平渤海遷其民於此戶四千五百

義豐縣本鐵利府義州遼兵破之遷其民於南樓之西北仍名義州重熙元年廢州改今縣在州西北一百里又嘗改富義縣屬泰州始末不可具考今兩存之戶一千五百

慈仁縣太宗以皇子只撒古亡置慈州墳西重熙元年州廢改今縣戶四百

儀坤州啟聖軍節度本契丹右大部地應天皇后建州回鶻糯思居之至四世孫容我梅里生應天皇后述律氏適太祖太祖開拓四方平渤海后有力焉俘掠有伎藝者多歸帳下謂之屬珊以所生之地置州州建啟聖院中為儀寧殿太祖天皇帝應天地皇后銀像在焉隸長寧宫統縣一

廣義縣本回鶻部牧地應天皇后以四征所俘居之因建州縣統和八年以諸宫提轄司戶置來遠縣十三年併入戶二千五百

龍化州興國軍下節度本漢北安平縣地契丹始祖奇首可汗居此稱龍庭太祖於此建東樓唐天復二年太祖為迭烈部夷離菫破代北遷其民建城居之明年伐女直俘數百戶實焉天祐元年增修東城制度頗壯麗十三年太祖於城東金鈴岡受尊號曰大聖大明天皇帝建元神册天顯元年崩于東樓太宗升節度隸彰愍宫兵事屬北路女直兵馬司刺史州一未詳統縣一

龍化縣太祖東伐女直南掠燕薊所俘建城置邑戶一千

降聖州開國軍下刺史本大部落東樓之地太祖春月行帳多駐此應天皇后夢神人金冠素服執兵仗貌甚丰美異獸十二隨之中有黑兔躍入后懷因而有娠遂生太宗時黑雲覆帳火光照室有聲如雷諸部異之穆宗建州四面各三十里禁樵採放牧先屬延昌宫後隸

遼史卷三十八

元　中　書　右　丞　相　總　裁　脫　脫　等　修

志第八

地理志二

東京道

東京遼陽府本朝鮮之地周武王釋箕子囚去之朝鮮因以封之作八條之教尚禮義富農桑外戶不閉人不為盜傳四十餘世燕屬真番朝鮮始置吏築障秦屬遼東外徼漢初燕人滿王故空地武帝元封三年定朝鮮為真番臨屯樂浪玄菟四郡後漢出入青幽二州遼東玄菟二郡沿革不常漢末為公孫度所據傳子康孫淵自稱燕王建元紹漢魏滅之晉陷高麗後歸慕容垂子寶以勾麗王安為平州牧居之元魏太武遣使至其所居平壤城遼東京本此唐高宗平高麗於此置安東都護府後為渤海大氏所有大氏始保挹婁之東牟山武后萬歲通天中為契丹盡忠所逼有乞乞仲象者度遼水自固武后封為震國公傳子祚榮建都邑自稱震王併吞海北地方五千里兵數十萬中宗賜所都曰忽汗州封渤海郡王十有二世至彝震僭號改元擬建宮闕有五京十五府六十二州為遼東盛國忽汗州即故平壤城也號中京顯德府太祖建國攻渤海拔忽汗城俘其王大諲譔以為東丹王國立太子圖欲為人皇王以主之神冊四年葺遼陽故城以渤海漢戶建東平郡為防禦州天顯三年遷東丹國民居之升為南京城名天福高三丈有樓櫓幅員三十里八門東曰迎陽東南曰韶陽南曰龍原西南曰顯德西曰大順西北曰大遼北曰懷遠東北曰安遠宮城在東北隅高三丈具敵樓南為三門壯以樓觀四隅有角樓相去各二里宮牆北有讓國皇帝御容殿大內建二殿不置宮嬪唯以內省使副判官守之大東丹國新建南京碑銘在宮門之南外城謂之漢城分南北市中為看樓晨集南市夕集北市街西有金德寺大悲寺駙馬寺鐵幡竿在焉趙頭陀寺留守衙戶部司軍巡院歸化營軍千餘人河朔亡命皆籍於此東至北烏魯虎克四百里南至海邊鐵山八百六十里西至望平縣海口三百六十里北至挹婁縣范河二百七十里東西南三面抱海遼河出東北山口為范河西南流為大口入於海東梁河自東山西流與渾河合為小口會遼河入於海又名太子河亦曰大梁水渾河在東梁范河之閒沙河出東南山西北流徑蓋州入于海有蒲河清河浿水亦曰泥河又曰薪芊濼水多薪芊之草駐蹕山唐太宗征高麗駐蹕其巔數日勒石紀功焉俗稱手山山巔平石之上有掌指之狀泉出其中取之不竭又有明王山白石山亦曰横山天顯十三年改南京為東京府曰遼陽戶四萬六百四轄州府軍城八十七統縣九

遼陽縣本渤海國金德縣地漢浿水縣高麗改為勾麗縣渤海為常樂縣戶一千五百

仙鄉縣本漢遼隊縣渤海為永豐縣神仙傳云仙人白仲理能煉神丹點黃金以救百姓戶一千五百

鶴野縣本漢居就縣地渤海為雞山縣昔丁令威家此去家千年化鶴來歸集於華表柱以咮畫表云有鳥有鳥丁令威去家千年今來歸城郭雖是人民非何不學仙冢纍纍戶一千二百

析木縣本漢望平縣地渤海為花山縣戶一千

紫蒙縣本漢鏤芳縣地後拂涅國置東平府領紫蒙縣後徙遼城并入黃嶺縣渤海復為紫蒙縣戶一千

興遼縣本漢平郭縣地渤海改為長寧縣唐元和中渤海王大仁秀南定新羅北略諸部開置郡邑遂定今名戶一千

肅慎縣以渤海戶置

歸仁縣

順化縣

開州鎮國軍節度本濊貊地高麗為慶州渤海為東京龍原府有宮殿都督慶鹽穆賀四州事故縣六曰龍原永安烏山壁谷熊山白楊皆廢疊石為城周圍二十里唐薛仁貴征高麗與其大將溫沙門戰熊山擒善射者於石城即此太祖平渤海徙其民于大部落城遂廢聖宗伐新羅還周覽城基復加完葺開泰三年遷雙韓二州千餘戶實之號開封府開遠軍節度更名鎮國軍隸東京留守兵事屬東京統軍司統州三縣一

開遠縣本柵城地高麗為龍原縣渤海因之遼初廢聖宗東討復置以軍額民戶一千

鹽州本渤海龍河郡故縣四海陽接海格州龍河皆廢戶三百隸開州相去一百四十里

穆州保和軍刺史本渤海會農郡故縣四會農水岐順化美縣皆廢戶三百隸開州東北至開州一百二十里統縣一

會農縣

賀州刺史本渤海吉理郡故縣四洪賀送誠吉理石山皆廢戶三百隸開州

彰愍宮統縣一

永安縣本龍原府慶州縣名太祖平渤海破懷州之永安遷其人置寨於此建縣戶八百

饒州匡義軍中節度本唐饒樂府地貞觀中置松漠府太祖完葺故壘有潢河長水濼沒打河青山大福山松山隸延慶宮統縣三

長樂縣本遼城縣名太祖伐渤海遷其民建縣居之戶四千內一千戶納鐵

臨河縣本豐永縣人太宗分兵伐渤海遷於潢水之曲戶一千

安民縣太宗以渤海諸邑所俘雜置戶一千

頭下軍州皆諸王外戚大臣及諸部從征俘掠或置生口各團集建州縣以居之橫帳諸王國舅公主許創立州城自餘不得建城郭朝廷賜州縣額其節度使朝廷命之刺史以下皆以本主部曲充焉官位九品之下及井邑商賈之家征稅各歸頭下唯酒稅課納上京鹽鐵司

徽州宣德軍節度景宗女秦晉大長公主所建媵臣萬戶在宜州之北二百里因建州城北至上京七百里節度使以下皆公主府署戶一萬

成州長慶軍節度聖宗女晉國長公主以上賜媵臣戶置在宜州北一百六十里因建州城北至上京七百四十里戶四千

懿州廣順軍節度聖宗女燕國長公主以上賜媵臣戶置在顯州東北三百里因建州城西北至上京八百里戶四千

渭州高陽軍節度駙馬都尉蕭昌裔建尚秦國王隆慶女韓國長公主以所賜媵臣建州城顯州東北二百五十里遼制皇子嫡生者其女與帝女同戶一千

壕州國舅宰相南征俘掠漢民居遼東西安平縣故地在顯州東北二百二十里西北至上京七百二十里戶六千

原州本遼東北安平縣地顯州東北三百里國舅金德俘掠漢民建城西北至上京八百里戶五百

福州國舅蕭寧建南征俘掠漢民居北安平縣故地在原州北二十里西北至上京七百八十里戶三百

橫州國舅蕭克忠建部下牧人居漢故遼陽縣地因置州城在遼州西北九十里西北至上京七百二十里有橫山戶二百

鳳州橐離國故地渤海之安寧郡境南王府五帳分地在韓州北二百里西北至上京九百里戶四千

遂州本高州地南王府五帳放牧於此在檀州西二百里西北至上京一千里戶五百

豐州本遼澤大部落遙輦氏僧隱牧地北至上京三百五十里戶五百

順州本遼隊縣地橫帳南王府俘掠燕薊順州之民建城居之在顯州東北一百二十里西北至上京九百里戶一千

閭州羅古王牧地近醫巫閭山在遼州西一百三十里西北至上京九百五十里戶一千

松山州本遼澤大部落橫帳普古王牧地有松山北至上京一百七十里戶五百

豫州橫帳陳王牧地南至上京三百里戶五百

寧州本大賀氏勒得山橫帳管寧王放牧地在豫州東八十里西南至上京三百五十里戶三百

邊防城

遼國西北界防邊城因屯戍而立務據形勝不資丁賦具列如左

靜州觀察本泰州之金山天慶六年升

鎮州建安軍節度本古可敦城統和二十二年皇太妃奏置選諸部族二萬餘騎充屯軍專捍禦室韋羽厥等國凡有征討不得抽移渤海女直漢人配流之家七百餘戶分居鎮防維二州東南至上京三千餘里

維州刺史

防州刺史

河董城本回鶻可敦城語訛為河董城久廢遼人完之以防邊患高州界女直常為盜劫掠行旅遷其族於此東南至上京一千七百里

靜邊城本契丹二十部族水草地北鄰羽厥每入為盜建城置兵千餘騎防之東南至上京一千五百里

皮被河城地控北邊置兵五百於此防托皮被河出回紇北東南經羽厥入臚朐河沿河董城北東流合沱漉河入于海南至上京一千五百里

招州綏遠軍刺史開泰三年以女直戶置隸西北路招討司

塔懶主城太康九年置在臚朐河

定州保寧軍高麗置州故縣一曰定東聖宗統和十三年升軍遷遼西民實之隸東京留守司統縣一

定東縣高麗所置遼徙遼西民居之戶八百

保州宣義軍節度高麗置州故縣一曰來遠聖宗以高麗王詢擅立問罪不服開泰三年取其保定二州統和末高麗降於此置榷場隸東京統軍司統州軍二縣一

來遠縣初徙遼西諸縣民實之又徙奚漢兵七百防戍焉戶一千

宣州定遠軍刺史開泰三年徙漢戶置隸保州

懷化軍下刺史開泰三年置隸保州

辰州奉國軍節度本高麗蓋牟城唐太宗會李世勣攻破蓋牟城卽此渤海改爲蓋州又改辰州以辰韓得名井邑駢列最爲衝會遼徙其民於祖州初曰長平軍戶二千隸東京留守司統縣一

建安縣

盧州玄德軍刺史本渤海杉盧郡故縣五山陽杉盧漢陽白巖霜巖皆廢戶三百在京東一百三十里兵事屬南女直湯河司統縣一

熊岳縣西至海一十五里傍海有熊岳山

來遠城本熟女直地統和中伐高麗以燕軍驍猛置兩指揮建城防戍兵事屬東京統軍司

鐵州建武軍刺史本漢安市縣高麗爲安市城唐太宗攻之不下薛仁貴白衣登城卽此渤海置州故縣四位城河端蒼山龍珍皆廢戶一千在京西南六十里統縣一

湯池縣

興州中興軍節度本漢海冥縣地渤海置州故縣三盛吉蒜山鐵山皆廢戶二百在京西南三百里

湯州本漢襄平縣地故縣五靈峰常豐白石均谷嘉利皆廢戶五百在京西北一百里

崇州隆安軍刺史本漢長岑縣地渤海置州故縣三崇山潙水綠城皆廢戶五百在京東北一百五十里統縣一

崇信縣

海州南海軍節度本沃沮國地高麗爲沙卑城唐李世勣嘗攻焉渤海號南京南海府疊石爲城幅員九里都督沃晴椒三州故縣六沃沮鷲巖龍山濱海昇平靈泉皆廢太平中大延琳叛南海城堅守經歲不下別部酋長皆被擒乃降因盡徙其民於上京置遷遼縣移澤州民來實之戶一千五百統州二縣一

臨溟縣

耀州刺史本渤海椒州故縣五椒山貂嶺澌泉尖山巖淵皆廢戶七百隸海州東北至海州二百里統縣一

巖淵縣東界新羅故平壤城在縣西南東北至海州一百二十里

嬪州柔遠軍刺史本渤海晴州故縣五天晴神陽蓮池狼山仙巖皆廢戶五百隸海州東南至海州一百二十里

淥州鴨淥軍節度本高麗故國渤海號西京鴨淥府城高三丈廣輪二十里都督神桓豐正四州事故縣三神鹿神化劍門皆廢大延琳叛遷餘黨於上京置易俗縣居之在者戶二千隸東京留守司統州四縣二

弘聞縣

神鄉縣

桓州高麗中都城故縣三桓都神鄉淇水皆廢高麗王於此剏立宮闕國人謂之新國五世孫釗晉康帝建元初爲慕容皝所敗宮室焚蕩戶七百隸淥州在西南二百里

豐州渤海置盤安郡故縣四安豐渤恪隰壤硤石皆廢戶三百隸淥州在東北二百一十里

正州本沸流王故地國爲公孫康所併渤海置沸流郡有沸流水戶五百隸淥州在西北三百八十里統縣一

東那縣本漢東耐縣地在州西七十里

慕州本渤海安遠府地故縣二慕化崇平久廢戶二百隸淥州在西北二百里

顯州奉先軍上節度本渤海顯德府地世宗置以奉顯陵顯陵者東丹人皇王墓也人皇王性好讀書不喜射獵購書數萬卷置醫巫閭山絕頂築堂曰望海山南去海一百三十里大同元年世宗親護人皇王靈駕歸自汴京以人皇王愛醫巫閭山水奇秀因葬焉山形掩抱六重於其中作影殿制度宏麗州在山東南遷東京三百餘戶以實之應曆元年穆宗葬世宗於顯陵西山仍禁樵採有十三山有沙河隸長寧積慶二宮兵事屬東京都部署司統州三縣三

奉先縣本漢無慮縣卽醫巫閭幽州鎮山世宗析遼東長樂縣民以爲陵戶隸長寧宮

山東縣本漢望平縣穆宗割渤海永豐縣民爲陵戶隸積慶宮

歸義縣初置顯州渤海民自來助役世宗嘉憫因籍其人戶置縣隸長寧宮

嘉州嘉平軍下刺史隸顯州

遼西州阜成軍中刺史本漢遼西郡地世宗置州隸長寧宮屬顯州統縣一

長慶縣統和八年以諸宮提轄司人戶置

康州下刺史世宗遷渤海率賓府人戶置屬顯州初建長寧宮後屬積慶宮統縣一

率賓縣本渤海率賓府地

宗州下刺史在遼東石熊山耶律隆運以所俘漢民置聖宗立爲州隸文忠王府王薨屬提轄司統縣一

熊山縣本渤海縣地

乾州廣德軍上節度本漢無慮縣地聖宗統和三年置以奉景宗乾陵有凝神殿隸崇德宮兵事屬東京都部署司統州一縣四

奉陵縣本漢無慮縣地括諸落帳戶助營山陵

延昌縣析延昌宮戶置

靈山縣本渤海靈峰縣地

司農縣本渤海麓郡縣併麓波雲川二縣入焉

海北州廣化軍中刺史世宗以所俘漢戶置地在閭山之西南海之北初隸宣州後屬乾州統縣一

開義縣

貴德州寧遠軍下節度本漢襄平縣地漢公孫度所據太宗時察割以所俘漢民置後以弒逆誅沒入焉聖宗建貴德軍後更名有沱河大寶山隸崇德宮兵事屬東京都部署司統縣二

貴德縣本漢襄平縣渤海爲崇山縣

奉德縣本渤海緣城縣地常置奉德州

瀋州昭德軍中節度本挹婁國地渤海建瀋州故縣九皆廢太宗置興遼軍後更名初隸永興後屬敦睦宮兵事隸東京都部署司統州一縣二

樂郊縣太祖俘薊州三河民建三河縣後更名

靈源縣太祖俘薊州吏民建漁陽縣後更名

巖州白巖軍下刺史本渤海白巖城太宗撥屬瀋州初隸長寧宮後屬敦睦宮統縣一

白巖縣渤海置

集州懷衆軍下刺史古陴離郡地漢屬險瀆縣高麗爲霜巖縣渤海置州統縣一

奉集縣渤海置

廣州防禦漢屬襄平縣高麗爲當山縣渤海爲鐵利郡太祖遷渤海人居之建鐵利州統和八年省開泰七年以漢戶置統縣一

昌義縣

遼州始平軍下節度本拂涅國城渤海爲東平府唐太宗親征高麗李世勣拔遼城高宗詔程振蘇定方討高麗至新城大破之皆此地也太祖伐渤海先破東平府遷民實之故東平府都督伊蒙陀黑北五州共領縣十八皆廢太祖改爲州軍曰東平太宗更爲始平軍有遼河羊腸河錐子河蛇山狼山黑山巾子山隸長寧宮兵事屬北女直兵馬司統州一縣二

遼濱縣

安定縣

祺州祐聖軍下刺史本渤海蒙州地太祖以檀州俘於此建檀州後更名隸弘義宮兵事屬北女直兵馬司統縣一

慶雲縣太祖俘密雲民於此建密雲縣後更名

遂州刺史本渤海美州地採訪使耶律頗德以部下漢民置穆宗時頗德嗣絕沒入焉隸延昌宮統縣一

山河縣本渤海縣併黑川麓川二縣置

通州安遠軍節度本扶餘國王城渤海號扶餘城太祖改龍州聖宗更今名保寧七年以黃龍府叛人燕頗餘黨千餘戶置升節度統縣四

通遠縣本渤海扶餘縣併布多縣置

安遠縣本渤海顯義縣併鵲川縣置

歸仁縣本渤海強帥縣併新安縣置

漁谷縣本渤海縣

韓州東平軍下刺史本藁離國舊治柳河縣高麗置鄚頡府都督鄚頡二州渤海因之今廢太宗置三河榆河二州聖宗併二州置隸延昌宮兵事屬北女直兵馬司統縣一

柳河縣本渤海粵喜縣地併萬安縣置

雙州保安軍下節度本挹婁故地渤海置安定郡久廢漚里僧王從太宗南征以俘鎮定二州之民建城置州察割弒逆誅沒入焉初隸延昌宮後屬崇德宮兵事隸北女直兵馬司統縣一

雙城縣本渤海安夷縣地

銀州富國軍下刺史本渤海富州太祖以銀冶更名隸弘義宮兵事屬北女直兵馬司統縣三

延津縣本渤海富壽縣境有延津故城更名

新興縣本故越喜國地渤海置銀冶嘗置銀州

永平縣本渤海優富縣地太祖以俘戶置舊有永平寨
尚州鎮遠軍下節度本漢襄平縣地渤海爲東平寨太祖置州軍曰鎮東後更名隸彰愍宮兵事屬北女直兵馬司統州一未詳縣二
東平縣本漢襄平縣地產鐵撥戶三百採鍊隨征賦輸
永昌縣本高麗永寧縣地
咸州安東軍下節度本高麗銅山縣地渤海置銅山郡地在漢候城縣北渤海龍泉府南地多山險寇盜以爲淵數乃招平營等州客戶數百建城居之初號郝里太保城開泰八年置州兵事屬北女直兵馬司統縣一
咸平縣唐安東都護天寶中治營平二州間卽此太祖滅渤海復置安東軍開泰中置縣
信州彰聖軍下節度本越喜故城渤海置懷遠府今廢聖宗以地鄰高麗開泰初置州以所俘漢民實之兵事屬黃龍府都部署司統州三未詳縣二
武昌縣本渤海懷福縣地析平州提轄司及豹山縣一千戶隸之
定武縣本渤海豹山縣地析平州提轄司併乳水縣人戶置初名定功縣
賓州懷化軍節度本渤海城統和十七年遷兀惹戶置刺史于鴨子混同二水之間後升兵事隸黃龍府都部署事龍州黃龍府本渤海扶餘府太祖平渤海還至此崩有黃龍見更名保寧七年軍將燕頗叛府廢開泰九年遷城于東北以宗州檀州漢戶一千復置統州五縣三
黃龍縣本渤海長平縣併富利佐慕肅愼置
遷民縣本渤海永寧縣併豐水扶羅置
永平縣渤海置
益州觀察屬黃龍府統縣一
靜遠縣
安遠州懷義軍刺史屬黃龍府
威州武寧軍刺史屬黃龍府
清州建寧軍刺史屬黃龍府
雍州刺史屬黃龍府
湖州興利軍刺史渤海置兵事隸東京統軍司統縣一
長慶縣
渤州清化軍刺史渤海置兵事隸東京統軍司統縣一
貢珍縣渤海置

郢州彰聖軍刺史渤海置兵事隸北女直兵馬司統縣一
延慶縣
銅州廣利軍刺史渤海置兵事隸北兵馬司統縣一
析木縣本漢望平縣地渤海爲花山縣初隸東京後來屬
涑州刺史渤海置兵事隸南兵馬司
率賓府刺史故率賓國地
定理府刺史故挹婁國地
鐵利府刺史故鐵利國地
安定府
長嶺府
鎭海府防禦兵事隸南女直湯河司統縣一
平南縣
冀州防禦聖宗建升永安軍
東州以渤海戶置
尚州以渤海戶置
吉州福昌軍刺史
麓州下刺史渤海置
荆州刺史
懿州寧昌軍節度太平三年越國公主以媵臣戶置初曰慶懿軍更曰廣順軍隸上京清寧七年宣懿皇后進入改今名統縣二
寧昌縣本平陽縣
順安縣
媵州昌永軍刺史
順化城鄉義軍下刺史開泰三年以漢戶置兵事隸東京統軍司
寧州觀察統和二十九年伐高麗以渤海降戶置兵事隸東京統軍司統縣一
新安縣
衍州安廣軍防禦以漢戶置初刺史後升軍兵事屬東京統軍司統縣一
宜豐縣
連州德昌軍刺史以漢戶置兵事屬東京統軍司統縣一
安民縣
歸州觀察太祖平渤海以降戶置後廢統和二十九年伐高麗以所俘渤海戶復置兵事屬南女直湯河司統縣一
歸勝縣
蘇州安復軍節度本高麗南蘇興宗置州兵事屬南女直湯河司統縣二
來蘇縣
懷化縣
復州懷德軍節度興宗置兵事屬南女直湯河司統縣二
永寧縣
德勝縣
肅州信陵軍刺史重熙十年州民亡入女直取之復置兵事隸北女直兵馬司統縣一
清安縣
安州刺史兵事隸北女直兵馬司
榮州
率州
荷州
源州
渤海州
寧江州混同軍觀察清寧中置初防禦後升兵事屬東北統軍司統縣一
混同縣
河州德化軍置軍器坊
祥州瑞聖軍節度興宗以鐵驪戶置兵事隸黃龍府都部署司統縣一
懷德縣

遼史卷三十九

元中書右丞相總裁脫脫等修

志第九

地理志三

中京道

中京大定府虞爲營州夏屬冀州周在幽州之分秦郡天下是爲遼西漢爲新安平縣漢末步奚居之幅員千里多大山深谷阻險足以自固魏武北征縱兵大戰降者一十餘萬去之松漠其後拓拔氏乘遼建牙於此當饒樂河水之南溫渝河水之北唐太宗伐高麗駐蹕於此部帥蘇支從征有功奚長可度率衆內附爲置饒樂都督府咸通以後契丹始大奚族不敢復抗太祖建國舉族臣屬聖宗常過七金山土河之濱南望雲氣有郛郭樓闕之狀因議建都擇良工於燕薊董役二歲郛郭宮掖樓閣府庫市肆廊廡擬神都之制統和二十四年五帳院進故奚王牙帳地二十五年城之實以漢戶號曰中京府曰大定皇城中有祖廟景宗承天皇后御容殿城池湫濕多鑿井泄之人以爲便大同驛以待宋使朝天館待新羅使來賓館待夏使有七金山馬盂山雙山松山土河統州十縣九
大定縣白霫故地以諸國俘戶居之
長安縣本漢賓從縣以諸部人居之
富庶縣本漢新安平地開泰二年析京民置
勸農縣本漢賓從縣地開泰二年析京民置
文定縣開泰二年析京民置
升平縣開泰二年析京民置
歸化縣本漢柳城縣地
神水縣本漢徒河縣地開泰二年置
金源縣本唐青山縣境開泰二年析京民置
恩州懷德軍下刺史本漢新安平縣地太宗建州開泰中以渤海戶實之初隸永興宮後屬中京統縣一
恩化縣開泰中渤海人戶置
惠州惠和軍中刺史本唐歸義州地太祖俘漢民數百戶兔麛山下創城居之置州屬中京統縣一
惠和縣聖宗遷上京惠州民括諸宮院落帳戶置
高州觀察唐信州之地萬歲通天元年以契丹室活部置開泰中聖宗伐高麗以俘戶置高州有牛頂山欒河屬中京統縣一
三韓縣辰韓爲扶餘弁韓爲新羅馬韓爲高麗開泰中聖宗伐高麗俘三國之遺人置縣戶五千
武安州觀察唐沃州地太祖俘漢民居木葉山下因建城以遷之號杏堝新城復以遼西戶益之更曰新州統和八年改今名初刺史後升有黃柏嶺臬羅水儞沒里水屬中京統縣一
沃野縣
利州中觀察本京中阜俗縣統和二十六年置刺史州開泰元年升屬中京統縣一
阜俗縣唐末契丹漸熾役使奚人遷居琵琶川統和四年置縣初隸彰愍宮更隸中京後置州仍屬中京

榆州高平軍下刺史本漢臨渝縣地後隸右北平驪城縣唐載初二年析鎮州置黎州處靺鞨部落後爲奚人所據太宗南征橫帳解里以所俘鎮州民置州開泰中沒入屬中京統縣二

和衆縣本新黎縣地

永和縣本漢昌城縣地統和二十二年置

澤州廣濟軍下刺史本漢土垠縣地太祖俘蔚州民立寨居之採煉陷河銀冶隸中京留守司開泰中置澤州有松亭關神山九宮嶺石子嶺灤河撒河屬中京統縣二

神山縣神山在西南

灤河縣本漢徐無縣地屬永興宮

北安州興化軍上刺史本漢女祁縣地屬上谷郡晉爲馮跋所據唐爲奚王府西省地聖宗以漢戶置北安州屬中京統縣一

利民縣本漢且居縣地

潭州廣潤軍下刺史本中京之龍山縣開泰中置州仍屬中京統縣一

龍山縣本漢交黎縣地開泰二年以習家寨置

松江州勝安軍下刺史開泰中置統和八年省復置屬中京統縣一

松江縣本漢文成縣地邊松漠商賈會衝開泰二年置縣有松山川

宋王曾上契丹事曰出燕京北門至望京館五十里至順州七十里至檀州漸入山五十里至金溝館將至館川原平曠謂之金溝淀自此入山詰曲登陟無復里堠但以馬行記日約其里數九十里至古北口兩傍峻崖僅容車軌又度德勝嶺盤道數層俗名思鄉嶺八十里至新館過雕窠嶺偏槍嶺四十里至如來館過烏灤河東有灤州又過墨斗嶺度雲嶺芹菜嶺七十里至柳河館松亭嶺甚險峻七十里至打造部落東南行五十里至牛山館八十里至鹿兒峽館過蝦蟆嶺九十里至鐵漿館過石子嶺自此漸出山七十里至富谷館八十里至通天館二十里至中京大定府城垣卑小方圓纔四里許門但重屋無築闍之制南門曰朱夏門內通步廊多坊門又有市樓四曰天方大衢通闤望闕夾至大同館其門正北曰陽德閶闔城西內西南隅岡上有寺城南有園圃宴射之所自過北口居人草庵板屋耕種但無桑柘所種皆從壠上虞吹沙所壅山上長松鬱然深谷中時見畜牧牛馬橐駝多青鹽黃豕

成州興府軍節度晉國長公主以媵戶置軍曰長慶隸上京復改軍名統縣一

同昌縣

興中府本霸州彰武軍節度古孤竹國漢柳城縣地慕容皝以柳城之北龍山之南福德之地乃築龍城構宮廟改柳城爲龍城縣遂遷都號曰和龍宮慕容垂復居焉後爲馮跋所滅元魏取爲遼西郡隋平高保寧置營州煬帝廢州置柳城郡唐武德初改營州總管府尋爲都督府萬歲通天中陷李萬榮神龍初移府幽州開元四年復治柳城八年西徙漁陽十年還柳城後爲奚所據太祖平奚及俘燕民將建城命韓知方擇其處乃完葺柳城號霸州彰武軍節度統和中制置建霸宜錦白川等五州尋落制置隸積慶宮後屬興聖宮重熙十年升興中府有大華山小華山香高山麝香崖天授皇帝刻石在焉駐龍峪神射泉小靈河統州二縣四

興中縣本漢柳城縣地太祖掠漢民居此建霸城縣重熙中置府更名

營丘縣析霸城置

象雷縣開泰二年以麥務川置初隸中京後屬

閭山縣本漢且慮縣開泰二年以羅家軍置隸中京後屬

安德州化平軍下刺史以霸州安德縣置來屬統縣一

安德縣統和八年析霸城東南龍山徒河境戶置隸乾州更屬霸州置州來屬

黔州阜昌軍下刺史本漢遼西郡地太祖平渤海以所俘戶居之隸黑水河提轄司安帝置州析宜霸二州漢戶益之初隸永興宮更隸中京後置府來屬統縣一

盛吉縣太祖平渤海俘興州盛吉縣民來居因置縣

宜州崇義軍上節度本遼西絫縣地東丹王每秋畋于此興宗以定州俘戶建州有墳山松柏連亘百餘里禁樵採浚河界石爲堤隸積慶宮統縣二

弘政縣世宗以定州俘戶置民工織紝多技巧

聞義縣世宗置初隸海北州後來屬

錦州臨海軍中節度本漢遼東無慮縣慕容皝置西樂縣太祖以漢俘建州有大胡僧山小胡僧山大查牙山小查牙山淘河烏隸弘義宮統州一縣二

永樂縣

安昌縣

嚴州保肅軍下刺史本漢海陽縣地太祖平渤海遷漢戶雜居興州境聖宗於此建城焉隸弘義宮來屬統縣一

興城縣

川州長寧軍中節度本唐青山州地太祖弟明王安端置會同三年詔爲白川州安端子察割以大逆誅沒入省曰川州初隸崇德宮統和中屬文忠王府統縣三

弘理縣統和八年以諸宮提轄司戶置

咸康縣

宜民縣統和中置

建州保靜軍上節度唐武德中置昌樂縣太祖完葺故壘置州漢乾祐元年故石晉太后詣世宗求於漢城側耕墾自贍許於建州南四十里給地五十頃營構房室創立宗廟州在靈河之南屢遭水害聖宗遷於河北唐崇州故城初屬武寧軍隸永興宮後屬敦睦宮統縣二

永霸縣

永康縣本唐昌黎縣地

來州歸德軍下節度聖宗以女直五部歲饑來歸置州居之初刺史後升隸永興宮有三州山六州山五脂山統州二縣一

來賓縣本唐來遠縣地

隰州平海軍下刺史慕容皝置集寧縣聖宗括帳戶遷信州大雪不能進建城於此置焉隸興聖宮來屬統縣一

海陽縣本漢縣瀕海地多鹻鹵置鹽場於此

遷州興善軍下刺史本漢陽樂縣地聖宗平大延琳遷歸州民置來屬有箭笴山統縣一

遷民縣

潤州海陽軍下刺史聖宗平大延琳遷寧州之民居此置州統縣一

海濱縣本漢陽樂縣地遷潤州本東京城內渤海民戶因叛移於此

遼史卷四十

元中書右丞相總裁脫脫等修

志第十

地理志四

南京道

南京析津府本古冀州之地高陽氏謂之幽陵陶唐曰幽都有虞析爲幽州商併幽於冀周分并爲幽職方東北幽州山鎮醫巫閭澤藪豯養川河泲浸菑時其利魚鹽其畜馬牛豕其穀黍稷稻武王封太保奭于燕秦以其地爲漁陽上谷右北平遼西遼東五郡漢爲燕國歷封臧荼盧綰劉建劉澤劉旦常置涿郡廣陽國後漢爲廣平國廣陽郡或合于上谷復置幽州後周置燕及范陽郡隋爲幽州總管唐置大都督府改范陽節度使安祿山史思明李懷仙朱滔劉怦劉濟相繼割據劉總歸唐至張仲武張允仲以正得民劉仁恭父子僭爭遂入五代自唐而晉高祖以遼有援力之勞割幽州等十六州以獻太宗升爲南京又曰燕京城方三十六里崇三丈衡廣一丈五尺敵樓戰櫓具八門東曰安東迎春南曰開陽丹鳳西曰顯西清晉北曰通天拱辰大內在西南隅皇城內有景宗聖宗御容殿二東曰宣和南曰大內內門曰宣教改元和外三門曰南端左掖右掖左掖改萬春右掖改千秋門有樓閣毬場在其南東爲永平館皇城西門曰顯西設而不開北曰子北西城巔有涼殿東北隅有燕角樓坊市廨舍寺觀蓋不勝書其外有居庸松亭榆林之關古北之口桑乾河高梁河石子河大安山燕山中有瑤嶼府曰幽都軍號盧龍開泰元年落軍額統州六縣十一

析津縣本晉薊縣改薊北縣開泰元年更今名以燕分野旅寅爲析木之津故名戶二萬

宛平縣本晉幽都縣開泰元年改今名戶二萬二千

昌平縣本漢軍都縣後漢屬廣陽郡晉屬燕國元魏置東燕郡及昌平縣郡廢縣隸幽州在京北九十里戶七千

良鄉縣燕爲中都縣漢改良鄉縣舊屬涿郡北齊天保七年省入薊縣武平六年復置唐聖歷元年改固節鎮神龍元年復爲良鄉縣劉守光徙治此在京南六十里戶七千

潞縣本漢舊縣屬漁陽郡唐武德二年置元州貞觀元年州廢復爲縣有潞水在京東六十里戶三千

安次縣本漢舊縣屬漁陽郡唐武德四年徙至東南

五十里石梁城貞觀八年又徙今縣西五里常道城開元二十三年又徙耿就橋行市南在京南一百二十里戶一萬二千

永清縣本漢益昌縣隋置通澤縣唐置武隆縣改會昌天寶初爲永清縣在京南一百五十里戶五千

武清縣前漢雍奴縣屬漁陽郡水經雍奴者藪澤之名四面有水曰雍不流曰奴唐天寶初改武清在京東南一百五十里戶一萬

香河縣本武清孫村遼於新倉置榷鹽院居民聚集因分武清香河潞三縣戶置在京東南一百二十里戶七千

玉河縣本泉山地劉仁恭於大安山創宮觀司煉丹羽化之術于方士王若訥因割薊縣分置以供給之在京西四十里戶一千

漷陰縣本漢泉山之霍村鎮遼每季春弋獵於延芳淀居民成邑就城故漷陰鎮後改爲縣在縣東南九十里延芳淀方數百里春時鵝鶩所聚夏秋多菱芡國主春獵衛士皆衣墨綠各持連鎚鷹食刺鵝錐列水次相去五七步上風擊鼓驚鳥稍離水面國主親放海東青鶻擒之鵝墜恐鶻力不勝在列者以佩錐刺鵝急取其腦飼鶻得頭鵝者例賞銀絹國主皇族郡臣各有分地戶五千

宋王曾上契丹事曰自雄州白溝驛度河四十里至新城縣古督亢亭之地又七十里至涿州北復范水劉李河六十里至良鄉縣度盧溝河六十里至幽州號燕京子城就羅郭西南爲之正南曰啓夏門內有元和殿東門曰宣和城中坊閈皆有樓有閔忠寺本唐太宗爲征遼陣亡將士所造又有開泰寺魏王耶律漢寧造皆遣朝使遊觀南門外有于越王廨爲宴集之所門外永平館舊名碣石館清和後易之南即桑乾河

順州歸化軍中刺史秦上谷漢范陽北齊歸德郡境隋開皇中粟末靺鞨與高麗戰不勝厥稽部長突地稽率八部勝兵數千人自扶餘城西北舉落內附置順州以處之唐武德初改燕州會昌中改歸順州唐末仍爲順州有溫渝河白遂河曹王山曹操常駐軍于此黍谷山鄒衍吹律之地南有齊長城城東北有華林天柱二莊遼建涼殿春賞花夏納涼初軍曰歸寧後更名統縣一

懷柔縣唐貞觀六年置治五柳城改順義縣開元四年置松漠府彈汗州天寶元年改歸化縣乾元元年復今名戶五千

檀州武威軍下刺史本燕漁陽郡地漢爲白檀縣魏書曹公歷白檀破烏丸於柳城續漢書白檀在右北平元魏創密雲郡兼置安州後周改爲元州隋開皇十八年割燕樂密雲二縣置檀州唐天寶元年改密雲郡乾元元年復爲檀州遼加今軍號有桑溪鮑丘山桃花山螺山統縣二

密雲縣本漢白檀縣後漢以居斤奚元魏置密雲郡領白檀要陽密雲三縣高齊廢郡及二縣來屬戶五千

行唐縣本定州行唐縣太祖掠定州破行唐盡驅其民北至檀州擇曠土居之凡置十寨仍名行唐縣隸彰愍宮戶三千

涿州永泰軍上刺史漢高祖六年分燕置涿郡魏文帝改范陽郡晉爲范陽國元魏復爲郡隋開皇二年罷郡屬幽州大業三年以幽州爲涿郡唐武德元年郡廢爲涿縣七年改范陽縣大歷四年置涿州石晉以歸太祖有大房山六聘山涿水樓桑河橫溝河禮遜河祁溝河統縣四

范陽縣本漢涿縣唐武德中改范陽縣有涿水范水戶一萬

固安縣本漢方城縣先屬廣陽國隋開皇九年自易州淶水縣移置屬幽州取漢故安縣名唐武德四年屬北義州徙治章信堡貞觀二年義州廢移今治復屬幽州在州東南九十里戶一萬

新城縣本漢新昌縣唐大歷四年析固安縣置後省後唐天成四年復析范陽縣置在州南六十里戶一萬

歸義縣本漢易縣地齊併入鄚縣唐武德五年置北義州州廢復置縣來屬民居在巨馬河南橋治新城戶四千

易州高陽軍上刺史漢爲易安故二縣地隋置易州隋末爲上谷郡唐武德四年復易州天寶元年仍上谷郡乾元元年又改易州五代隸定州節度使會同九年孫方簡以其地來附應歷九年爲周世宗所取後屬宋統和七年攻克之升高陽軍有易水淶水狼山太寧山白馬山統縣三

易縣本漢縣故城在今縣東南六十里齊天保七年省隋開皇十六年於故安城西北隅置縣即今縣治也戶二萬五千

淶水縣本漢道縣今縣北一里故道城是也元魏移於故城南即今縣置周太象十八年改淶水縣在州東四十里有淶水戶二萬七千

容城縣本漢縣先屬涿郡故城在雄州西南唐武德五年屬北義州貞觀元年還來屬聖歷三年改全忠縣天寶元年復名容城縣在州東八十里戶民皆居巨馬河南橋治涿州新城戶五千

薊州尚武軍上刺史秦漁陽右北平二郡地隋開皇中徙治玄州總管府煬帝改漁陽郡唐武德元年廢入幽州開元十八年分立薊州統縣三

漁陽縣本漢縣屬漁陽郡晉省復置元魏省唐屬幽州開元十八年置薊州有鮑丘水戶四千

三河縣本漢臨朐縣地唐開元四年析潞州置戶三千

玉田縣本春秋無終子國漢置無終縣屬右北平郡元魏屬漁陽郡治省唐武德二年復置貞觀初省乾封中復置萬歲通天元年更名玉田屬幽州開元四年還屬幽州八年屬營州十一年又屬營州十八年來屬搜神記雍伯洛陽人性孝父母沒葬無終山山高八十里上無水雍伯置飲人有就飲者與石一斗種生玉因名玉田戶三千

景州清安軍下刺史本薊州遵化縣重熙中置戶三千

遵化縣本唐平州買馬監爲縣來屬

平州遼興軍上節度商爲孤竹國春秋山戎國秦爲遼西右北平二郡地漢因之漢末公孫度據有傳子康孫淵入魏隋開皇中改平州大業初復爲郡唐武德初改州天寶元年仍北平郡後唐復爲平州太祖天贊二年取之以定州俘戶錯置其地統州二縣三

盧龍縣本肥如國春秋晉滅肥肥子奔燕受封於此漢晉屬遼西郡元魏爲郡治兼立平州北齊屬北平郡隋開皇中省肥如入新昌十八年改新昌曰盧龍唐爲平州後因之戶七千

安喜縣本漢令支縣地久廢太祖以定州安喜縣俘戶置在平東北六十里戶五千

望都縣本漢海陽縣久廢太祖以定州望都縣俘戶置有海陽山縣在州南三十里戶三千

灤州永安軍中刺史本古黃洛城灤河環繞在盧龍山南齊桓公伐山戎見山神俞鬼即此秦爲右北平漢爲石城縣後名海陽縣漢末爲公孫度所有晉以後屬遼西石晉割地在平州之境太祖以俘戶置灤州負山帶河爲朔漢形勝之地有扶蘇泉甚甘美秦太子扶蘇北築長城常駐此臨榆山峰巒崛起高千餘仞下臨榆河統縣三

義豐縣本黃洛故城黃洛水北出盧龍山南流入於濡水漢屬遼西郡久廢唐季入契丹世宗置縣戶四千

馬城縣本盧龍縣地唐開元二十八年析置縣以通水運東北有千金冶東有茂鄉鎮遼割隸灤州在州西南四十里戶三千

石城縣漢置屬右北平郡久廢唐貞觀中於此置臨渝縣萬歲通天元年改石城縣在灤州南三十里唐儀鳳石刻在焉今縣又在其南五十里遷徙置以就鹽官戶三千

營州鄰海軍下刺史本商孤竹國秦屬遼西郡漢爲昌黎郡前燕慕容皝徙都于此元魏立營州領昌黎建德遼東樂浪冀陽營丘六郡後周爲高寶寧所據隋開皇置州大業改遼西郡唐武德元年改營州萬歲通天元年始入契丹聖曆二年僑治漁陽開元五年還治柳城天寶元年改曰柳城郡後唐復爲營州太祖以居定州俘戶統縣一

廣寧縣漢柳城縣屬遼西郡東北與奚契丹接境萬歲通天元年入契丹李萬營神龍元年移幽州界開元四年復舊地遼改今名戶三千

遼史卷四十考證

地理志四宛平縣本晉幽都縣○臣長發按清類天文分野之書唐建中元年朱滔立燕都縣石晉割地賂遼遼改幽都縣統和二十二年改宛平據此則本晉幽都縣似誤且統和二十三年訛作開泰元年

遼史卷四十一

元中書右丞相總裁脫脫等修

志第十一

地理志五

西京道

西京大同府陶唐冀州之域虞分并州夏復屬冀州周職方正北曰并州戰國屬趙武靈王始置雲中郡秦屬代王國後爲平城縣魏屬新興郡晉仍屬鴈門劉琨表封猗盧爲代王都平城元魏道武於此遂建都邑孝文帝改爲司州牧置代尹遷都洛邑改萬年又置恒州高

齊文宣帝廢州爲恒安鎭今謂之東城尋復恒州周復恒安鎭改朔州隋仍爲鎭唐武德四年置北恒州七年廢貞觀十四年移雲中定襄縣於此永淳元年默啜爲民患移民朔州開元十八年置雲中州天寶元年改雲中郡乾元元年曰雲州乾符三年大同軍節度使李國昌子克用爲雲中守捉使殺防禦使據州以聞僖宗赦克用以國昌爲大同軍防禦使不受命廣明元年李琢攻國昌國昌兵敗與克用奔北地黃巢入京師詔發代北軍尋赦國昌使討賊克用率三萬五千騎而南收京師功第一國昌封隴西郡王國昌卒克用取雲南旣而所向失利乃卑詞厚禮與太祖會于雲州之東城謀大舉兵攻梁不果克用子存勗滅梁是爲唐莊宗同光三年復以雲州爲大同軍節度使晉高祖代唐以契丹有援立功割山前代北地爲賂大同來屬因建西京敵樓棚櫓具廣袤二十里門東曰迎春南曰朝陽西曰定西北曰拱極元魏宮垣占城之北面雙闕尚在遼旣建都用爲重地非親王不得主之清寧八年建華嚴寺奉安諸帝石像銅像又有天王寺留守司衙南曰西省北門之東曰大同府北門之西曰大同驛初爲大同軍節度重熙十三年升爲西京府曰大同統州二縣七

大同縣本大同川地重熙十七年西夏犯邊析雲中縣置戶一萬

雲中縣趙置沿革與京府同戶一萬

天成縣本極塞之地魏道武帝置廣牧縣唐武德五年置定襄縣遼析雲中置在京北一百八十里戶五千

長青縣本白登臺地冒頓單于縱精騎三十餘萬圍漢高帝於白登七日卽此遼始置縣有青陂梁元帝橫吹曲云朝跋青陂暮上白登在京東北一百一十里戶四千

奉義縣本漢陶林縣地後唐武皇與太祖會此遼析雲中置戶三千

懷仁縣本漢沙南縣元魏葛榮亂縣廢隋開皇二年移雲內于此大業二年置大利縣屬雲州改屬定襄郡隋末陷突厥李克用敗赫連鐸駐兵于此遼改懷仁在京南六十里戶三千

懷安縣本漢夷輿縣地歷魏至隋爲突厥所據唐克頡利縣遂廢爲懷荒鎭高勳鎭燕奏分歸化州文德縣置初隸奉聖州後來屬在州西北二百八十里戶三千

弘州博寧軍下刺史東魏靜帝置北靈丘縣唐初地陷突厥開元中置橫野軍安邊縣天寶亂廢後爲褱陰村統和中以寰州近邊爲宋將潘美所破廢之乃於此置弘州初軍曰永寧有桑乾河白道泉白登山亦曰火燒山有火井統縣二

永寧縣戶一萬

順聖縣本魏安塞軍五代兵廢高勳鎭幽州奏景宗分永興縣置初隸奉聖州在州西北二百八十里戶三千

德州下刺史唐會昌中以西德店置德州開泰八年以漢戶復置有步落泉金河山野狐嶺白道坂縣一

宣德縣本漢桐過縣地屬雲中郡後隸定襄郡漢末廢高齊置紫阿鎭唐會昌中置縣戶三千

豐州天德軍節度使秦爲上郡北境漢屬五原郡地磧鹵少田疇自晉永嘉之亂屬赫連勃勃後周置永豐鎭隋開皇中升永豐縣改豐州大業七年爲五原郡義寧元年太守張遜奏改歸順郡唐武德元年爲豐州總管府六年省遷民於白馬縣遂廢貞觀四年分靈州境置豐州都督府領蕃戶天寶初改九原郡乾元元年復豐州後入回鶻會昌中克之後唐改天德軍太祖神册五年攻下更名應天軍復爲州有大鹽濼九十九泉没越濼古磧口青塚卽王昭君墓兵事屬西南面招討司統縣二

富民縣本漢臨戎縣遼改今名戶一千三百

振武縣本漢定襄郡盛樂縣背負陰山前帶黃河元魏嘗都盛樂卽此唐武德四年克突厥建雲中都督府麟德三年改單于大都督府聖歷元年又改安北都督開元七年割隸東受降城八年置振武軍節度使會昌五年爲安北都護府後唐莊宗以兄嗣本爲振武節度使太祖神册元年伐吐渾還攻之盡俘其民以東唯存鄉兵三百人防戍後更爲縣

雲內州開遠軍下節度本中受降城地遼初置代北雲朔招討司改雲內州清寧初升有威塞軍古可敦城大同州天安軍永濟柵安樂戍拂雲堆兵事屬西南面招討司縣二

柔服縣

寧人縣

天德軍本中受降城唐開元中廢橫塞軍置天安軍於大同川乾元中改天德軍移永濟柵今治是也太祖平党項遂破天德盡掠吏民以東後置招討司漸成井邑乃以國族爲天德軍節度使有黃河黑山峪盧城威塞軍秦長城唐長城又有牟那山鉗耳觜城在其北

寧邊州鎭西軍下刺史本唐隆鎭遼置兵事屬西南面招討司

奉聖州武定軍上節度本唐新州後唐置團練使總山後八軍莊宗以弟存矩爲之軍亂殺存矩于祁州擁大將盧文進亡歸太祖克新州莊宗遣李嗣源復取之同光二年升威塞軍石晉高祖割獻太宗改升有兩河會溫泉龍門山涿鹿山東南至南京三百里西北至西京四百四十里兵事屬西京都部署司統州三縣四

永興縣本漢涿鹿縣地黃帝與蚩尤戰于此戶八千

礬山縣本漢軍都縣山出白綠礬故名有礬山桑乾河在州南六十里戶三千

龍門縣有龍門山石壁對峙高數百尺望之若門徼外諸河及沙漠潦水皆於此趣海雨則俄頃水踰千仞晴則淸淺可涉實塞北控扼之衝要也在州東北二百八十里戶四千

望雲縣本望雲川地景宗於此建潛邸因而成井肆穆宗崩景宗入紹國統號御莊後置望雲縣直隸章愍宮附庸于此在州東北二百六十里戶一千

歸化州雄武軍上刺史本漢下洛縣元魏改文德縣唐升武州僖宗改毅州後唐太祖復武州明宗又爲毅州潞王仍爲武州晉高祖割獻于遼改今名有桑乾河會河川愛陽川炭山又謂之陘頭有涼殿承天皇后納涼於此山東北三十里有新涼殿景宗納涼於此唯松棚數陘而已斷雲嶺極高峻故名州西北至西京四百五十里統縣一

文德縣本漢女祁縣地元魏置戶一萬

可汗州清平軍下刺史本漢潘縣元魏置北齊置北燕郡改懷戎縣隋廢郡屬涿郡唐武德中復置北燕州縣仍舊貞觀八年改嬀州五代時奚王去諸以數千帳欲嬀州自別爲西奚號可汗州太祖因之有嬀泉在城中相傳舜嬪二女於此又有溫泉版泉磨笄山鷄鳴山喬山歷山統縣一

懷來縣本懷戎縣太祖改戶三千

儒州縉陽軍中刺史唐置後唐同光二年隸新州太宗改奉聖州仍屬有南溪河沽河宋王峪桃峪口統縣一

縉山縣本漢廣甯縣地唐天寶中割嬀州縣置戶五千

蔚州忠順軍上節度周職方并州川曰漚夷在州境飛狐縣趙襄子滅代武靈王置代郡項羽徙趙歇爲代王歇還趙立陳餘王代漢韓信斬餘復置代郡文帝初封代皆此地周宣帝始置蔚州隋開皇中廢唐武德四年復置至德二年改興唐縣乾元元年仍舊大中後朱邪執宜爲刺史有功賜姓名李國昌子克用乞爲留後僖宗不許廣明初攻敗國昌代北無備太祖來攻克之俘掠居民而去石晉獻地升忠順軍後更武安軍統和四年入宋尋復之降刺史隸奉聖州升觀察復忠順軍節度兵事屬西京都部署司統縣五

靈仙縣唐置興唐縣梁改隆化縣後唐同光初復靈晉改今名戶二萬

定安縣本漢東安陽縣地久廢後唐太祖伐劉仁恭次蔚州晨霧晦暝占不利深入會雷電大作燕軍解去卽此遼置定安縣西北至州六十里戶一萬

飛狐縣後周大象二年置廣昌縣于五龍城卽此隋仁壽元年改名飛狐相傳有狐於紫荆嶺食五粒松子成飛仙故云西北至州一百四十里戶五千

靈丘縣漢置後漢省東魏復置屬靈丘郡隋開皇中罷郡來屬大業初改隸代州唐武德六年仍舊東北至州一百八十里戶三千

廣陵縣本漢延陵縣隋唐爲鎭州後唐同光初分興唐縣置石晉割屬遼東南至州四十里戶三千

應州彰國軍上節度唐武德中置金城縣後改應州後唐明宗州人也天成元年升彰國軍節度興唐軍寰州隸焉遼因之北龍首山南鴈門兵事屬西京都部署司統縣三

金城縣本漢陰館縣地漢末廢爲陰館城大業末陷突厥唐始置金城縣遼因之戶八千

渾源縣唐置有渾源川在州東南一百五十里戶五千

河陰縣本漢陰館縣地初隸朔州清寧中來屬戶三千

朔州順義軍下節度本漢馬邑縣地元魏孝文帝始置朔州在今州北三百八十里定襄故城葛榮亂廢高齊天保六年復置在今州南四十七里新城八年徙馬邑卽今城武成帝置北道行臺周武帝置朔州總管府隋大業三年改馬邑郡唐武德四年復朔州遼升順義軍節度兵事屬西京都部署司統州一縣三

鄯陽縣本漢定襄縣地建安中置新興郡元魏置桑

乾郡高齊置招遠縣郡仍舊隋開皇三年罷郡隸朔州大業元年初名鄯陽縣遼因之戶四千

寧遠縣齊天保六年於朔州西置招遠縣唐乾元元年改今名遼因之有寧遠鎮東至朔州八十里戶二千

馬邑縣漢置屬鴈門郡唐開元五年析鄯陽縣東三十里置大同軍倚郭置馬邑縣南至朔州四十里戶三千

武州宣威軍下刺史趙惠王置武川塞魏置神武縣唐末置武州唐改毅州重熙九年復武州號宣威軍統縣一

神武縣魏置晉改新城後唐太祖生神武川之新城即此初隸朔州後置州併寧遠爲一縣來屬戶五千

東勝州武興軍下刺史隋開皇七年置勝州大業五年改榆林郡唐貞觀五年於南河地置決勝州故謂此爲東勝州天寶七年又爲榆林郡乾元元年復爲勝州太祖神冊元年破振武軍勝州之民皆趨河東州廢晉割代北來獻復置兵事屬西南面招討司統縣二

榆林縣

河濱縣

金肅州重熙十二年伐西夏置割燕民三百戶防秋軍一千實之屬西南面招討司

河清軍西夏歸遼開直路以趁上京重熙十二年建城號河清軍徙民五百戶防秋兵一千人實之屬西南面招討司

遼史卷四十二

元中書右丞相總裁脫脫等修

志第十二

曆象志上

遼以幽營立國禮樂制度規模日完授歷頒朔二百餘年今奉詔修遼史體與宋金儗其大明歷不可少也歷書法禁不可得求大明歷元得祖冲之法于外史冲之之法遼歷之所從出也歟國朝亦嘗因之以冲之法算而至於遼更歷之年以起元數是蓋遼大明歷遼歷因是固可補然弗之補史貴闕文也外史記其法司天存其職遼史志是足矣作歷象志

歷

大同元年太宗皇帝自晉汴京收百司僚屬伎術歷象遷于中京遼始有歷先是梁唐仍用唐景福崇玄歷晉天福四年司天監馬績奏上乙未元歷號調元歷太宗所收于汴是也穆宗應歷十一年司天王白李正等進歷蓋乙未元歷也聖宗統和十二年可汗州刺史賈俊進新歷則大明歷是也高麗所志大遼古今錄稱統和十二年始頒正朔改歷驗矣大明歷本宋祖冲之法具見沈約宋書具如左

宋武帝大明六年祖冲之上甲子元歷法未及施用因名大明歷

上元甲子至宋大明七年癸卯五萬一千九百三十九年算外

元法五十九萬二千三百六十五

紀法三萬九千四百九十一

章歲三百九十一

章月四千八百三十六

章閏一百四十四　閏法十二

月法十一萬六千三百二十一

日法三千九百三十九

餘數二十萬七千四十四

歲餘九千五百八十九

没分三百六十萬五千九百五十一

没法五萬一千七百六十一

周天一千四百四十二萬四千六百六十四

虛分萬四百四十九

行分法二十三

小分法一千七百一十七

通周七十二萬六千八百一十

會周七十一萬七千七百七十七

通法二萬六千三百七十七

差率三十九

推朔術

置入上元年數算外以章月乘之滿章歲爲積月不盡爲閏餘閏餘二百四十七以上其年有閏以月法乘積月滿日法爲積月不盡爲小餘六旬去積日不盡爲大餘大餘命以甲子算外所求年天正十一月朔也小餘千八百四十九以上其月大

求次月

加大餘二十九小餘二千九十餘滿日法從大餘大餘滿六旬去之命如前次月朔也

求弦望

加朔大餘七小餘十五百七小分一小分滿四從小餘小餘滿日法從大餘命如前上弦日也又加得望又加得下弦又加得後月朔也

推閏術

以閏餘減章歲餘滿閏法得一月命以天正算外閏所在也閏有進退以無中氣爲正

推二十四氣

置入上元年數算外以餘數乘之滿紀法爲積日不盡爲小餘六旬去積日不盡爲大餘大餘命以甲子算外天正十一月冬至日也

求次氣

加大餘十五小餘八千六百二十六小分五小分滿六從小餘滿紀法從大餘命如前次氣日也

求土王用事

加冬至大餘二十七小餘萬五千五百二十八季月土用事日也又加大餘九十一小餘萬二千二百七十次土用事日也

推没術

以九十乘冬至小餘以減没分滿没法爲日不盡爲日餘命日以冬至算外没日也

求次没

加日六十九日餘三萬四千四百四十二餘滿没法從日次没日也日餘盡爲滅

推日所在度術

以紀法乘朔積日爲度實周天去之餘滿紀法爲積度不盡爲度餘命以虛一次宿除之算外天正十一月朔夜半日所在度也

求次月

大月加度三十小月加度二十九入虛去度分

求行分

以小分法除度餘所得爲行分不盡爲小分小分滿法從行分行分滿法從度

求次日

加一度入虛去行分六小分百四十七

推月所在度術

以朔小餘乘百二十四爲度餘又以朔小餘乘八百六十爲微分微分滿月法從度度餘滿紀法爲度以減朔夜半日所在則月所在度

求次月

大月加度三十五度餘三萬一千八百三十四微分七萬七千九百六十七小月加度二十二度餘萬七千二百六十一微分六萬三千七百三十六入虛去度也

遲疾歷

	月行度	損益率	盈縮積分	差法
一日	十四行分十三	益七十	盈初	五千三百四
二日	十四十二	益六十五	盈百八十四萬二千三百一十六	五千二百七十
三日	十四十一	益五十七	盈三百五十五萬七百六	五千二百一十九
四日	十四八	益四十七	盈五百五萬八千三百八	五千一百五十一
五日	十三三十二	益三十四	盈六百二十九萬七千八百五十七	五千六十六
六日	十三十七	益二十二	盈七百二十萬二千六百九十一	四千九百八十一
七日	十三十一	益六	盈七百七十七萬二千七百一十一	四千八百七十九
八日	十三五	損九	盈七百九十四萬九百五十二	四千七百七十七
九日	十二三十二	損二十四	盈七百七十萬七千四百一十五	四千六百七十五
十日	十二十六	損三十九	盈七百七萬二千一百	四千五百七十三
十一日	十二十一	損五十二	盈六百三萬五千七	四千四百八十八
十二日	十二八	損六十	盈四百六十六萬三千一百	四千四百二十七
十三日	十二六	損六十五	盈三百九萬三百三	四千四百三
十四日	十二四	損七十	盈百三十八萬三千五百八十	四千三百六十九
十五日	十二五	益六十七	縮四十五萬七千六十九	四千三百八十六
十六日	十二七	益六十二	縮二百二十三萬七百五十五	四千四百二十
十七日	十二十	益五十五	縮三百八十七萬五千四	四千四百七十一
十八日	十二十四	益四十五	縮五百三十一萬九千三百八十五	四千五百二十九
十九日	十二十九	益三十二	縮六百四十八萬四百四	四千六百二十四
二十日	十三	益十九	縮七百三十一萬六千六百八	
二十一日	十三七	益四	縮七百八十一萬七千九百九十六	四千八百一十一
二十二日	十二十二	損十一	縮七百九十一萬七千六百七	四千九百二十三
二十三日	十三十九	損三十七	縮七百六十一萬五千四百四十	五千一十五
二十四日	十四一	損三十九	縮六百九十萬一千四百九十五	五千一百
二十五日	十四十六	損五十二	縮五百八十七萬一千七百二十五	五千一百八十五
二十六日	十四十	損六十二	縮四百四十九萬九千一百五十九	五千二百五十三
二十七日	十四十二	損六十七	縮二百八十五萬七千七百三十二	五千二百八十七
二十八日	十四十	損七十四	縮百八萬二千三百七十九	五千三百三十一

推入遲疾歷術以通法乘朔積日爲通實通周去之餘滿通法爲日不盡爲日餘命日算外天正十一月朔夜半入歷日也

求次月

大月加二日小月加一日日餘皆萬一千七百四十六歷滿二十七日日餘萬四千六百三十一則去之

求次日

加一日求日所在定度以夜半入歷日餘乘損益率以損益盈縮積分如差率而一所得滿紀法爲度不盡爲度餘以盈加縮減半行度及餘爲定度益之或滿法損之或不足以紀法進退求度行分如上法求次日如所入遲疾加之虛去分如上法

陰陽歷

	損益率	兼數
一日	益十六	初
二日	益十五	十六
三日	益十四	三十一
四日	益十二	四十五
五日	益九	五十七
六日	益五	六十六
七日	益一	七十一
八日	損二	七十二
九日	損六	七十
十日	損十	六十四
十一日	損十三	五十四
十二日	損十五	四十一
十三日	損十六	二十六
十四日	損十六	十

推入陰陽歷術置通實以會周去之不滿交數二十五萬入于八百八十八半爲朔入陽歷分各去之爲朔入陰歷分各滿通法得一日不盡爲日餘命日算外天正十一月朔夜半入歷日也

求次月

大月加二日小月加一日日餘皆二萬七百七十九歷滿十三日日餘萬五千九百八十七半則去之陽竟入陰陰竟入陽

求次日

加一日求朔望差以二千二十九乘朔小餘滿三百三爲日餘不盡倍之爲小分則朔差數也加一十四日日餘二萬一百八十六小分百二十五小分滿六百六從日餘日餘滿通法爲日卽望差數也又加之後月朔也

求合朔月食

置朔望夜半入陰陽歷及餘有半者去之置小分三百三以差數加之小分滿六百六從日餘日餘滿通法從日日滿一歷去之命日算外則朔望加時入歷也朔望加時入歷一日日餘四千一百九十八小分四百二十八以下十二日日餘萬一千七百八十八小分四百八十一以上朔則交會望則月食

求合朔月食定大小餘

合差數日餘加夜半入遲疾歷餘日餘滿通法從日則朔望加時入歷也以入歷餘乘損益率以損益盈縮積分如差法而一以盈減縮加本朔望小餘爲定小餘益之或滿法損之或不足以日法進退日

求合朔月食加時

以十二乘定小餘滿日法得一辰命以子算外加時所在辰也有餘者四之滿日法得一爲少二爲半三爲太又有餘者三之滿日法得一爲强以强并少爲少强并半爲半强并太爲太强得二者爲少弱以并太爲一辰弱以前辰名之

求月去日道度

置入陰陽歷餘乘損益率如通法而一以損益兼數爲定定數十二而一爲度不盡三而一爲少半太又不盡者一爲强二爲少弱則月去日道數也陽歷在表陰歷在裏

測景漏刻中星數

二十四氣	日中景	晝漏刻	夜漏刻	昏中星度	明中星度
冬至	一丈三尺	四十五	五十五	八十二 行分二十二	二百八十三 行分八
小寒	一丈二尺四寸三分	四十五 六	五十四 四	八十四	二百八十二 六
大寒	一丈一尺二寸	四十六 七	五十三 二	八十六 二	二百八十六
立春	九尺八寸	四十八 四	五十一 六	八十九 三	二百七十七 三
雨水	八尺一寸七分	五十 五	四十九 五	九十三	二百七十二 七
驚蟄	六尺六寸七分	五十二 九	四十七 一	九十一	二百六十八 二十
春分	五尺三寸七分	五十五 五	四十四 五	百二 三	二百六十四 三
清明	四尺二寸五分	五十八 一	四十一 九	百六 二十一	二百五十九 八
穀雨	二尺二寸六分	六十 四	三十九 六	百一十一 三	二百五十四 四
立夏	二尺五寸三分	六十二 四	三十七 六	百一十四 十八	二百五十一 七
小滿	一尺九寸九分	六十三 九	三十六 一	百一十七 十二	二百四十八 十七
芒種	一尺六寸九分	六十四 八	三十五 一	百一十九 四	二百四十七
夏至	一尺五寸	六十五	三十五	百一十九 十二	二百四十六 十七
小暑	一尺六寸九分	六十四 八分	三十五 一	百一十九 四	二百四十七 一
大暑	一尺九寸九分	六十三 九	三十六 一	百一十七 十二	二百四十八 十七
立秋	二尺五寸三分	六十三 四	三十七 六	百一十四 十八	二百五十一 十一
處暑	三尺二寸六分	六十 四	三十九 六	百一十一 二	二百五十四 四
白露	四尺二寸五分	五十八 一	四十一 九	百六 二十一	二百五十九 八
秋分	五尺三寸七分	五十五 五	四十四 五	百二 三	二百六十四 三
寒露	六尺六寸七分	五十二 九	四十七 一	九十七 九	二百六十八 十二
霜降	八尺一寸七分	五十 五	四十九 五	九十三	二百七十三 七
立冬	九尺八寸	四十八 四	五十一 六	八十九 三	二百七十七 三
小雪	一丈一尺二寸	四十六 七	五十三 二	八十六 一	二百八十六
大雪	一丈二尺四寸三分	四十五 六	五十四 四	八十四	二百八十二 六

求昏明中星

各以度數如夜半日所在則中星度

推五星術

木率千五百七十五萬三千八十二

火率三千八十萬四千一百九十六

土率千四百九十三萬三百五十四

金率二千三百六萬一十四

水率四百五十七萬六千二百四

推五星術

置度實各以率去之餘以減率其餘如紀法而一爲入歲日不盡爲日餘命以天正朔算外星合日

求星合度

以入歲日及餘從天正朔日積度及餘滿紀法從度滿三百六十餘度分則去之命以虛一算外星合所在度也

求星見日

以術伏日及餘加星合日及餘餘滿紀法從日命如前見日也

求星見度

以術伏度及餘加星合度及餘餘滿紀法從度入虛云度分命如前星見度也

行五星法

以小分法除度餘所得爲行分不盡爲小分及日加所行分滿法從度留者因前逆則減之伏不盡度從行入虛去行分六小分百四十七逆行出虛則加之

木星

初與日合伏十六日日餘萬七千八百三十二行二度度餘三萬七千五百四晨見東方從日行四分百一十二日行十九度十一分留二十八日逆日行三分八十六日退十一度五分又留一十八日從日行四分百一十五日夕伏西方日度餘如初一終三百九十八日日餘五萬五千六百六十四行三十三度度餘二萬五千二百一十五

火星

初與日合伏二十七日日餘六百八行五十五度度餘二萬八千八百六十五晨見東方從疾日行十七分九十二日行六十八度小遲日行十四分九十二日行五十六度大遲日行九分九十二日行三十六度留十日逆日行六分六十四日退十六度十六分又留十日從遲日行九分九十二日小疾日行十四分九十二日大疾日行十七分九十二日夕伏西方日度餘如初一終七百八十日日餘千二百一十六行四百一十四度度餘三萬二百五十八除一周定行四十九度度餘萬九千八百九

土星

初與日合伏十七日日餘千三百七十八行一度度餘萬九千三百三十三晨見東方行順日行二分八十四日行七度七分留三十三日行逆日行一分百一十日退四度十八分又留三十三日從日行二分八十四日夕伏西方日度餘如初一終三百七十八日日餘二千七百五十六行十二度度餘三萬一千七百九十八

金星

初與日合伏三十九日日餘三萬八千一百二十六行四十九度度餘三萬八千一百二十六夕見西方從疾日行一度五分九十二日行百十二度小遲日行一度四分九十二日行百八度大遲日行十七分四十五日行二十三度六分留九日遲日行十六分九日退六度六分夕伏西方伏五日退五度而與日合又五日退五度而晨見東方逆日行十六分九日留九日從日遲日行十七分四十五日小疾日行一度四分九十二日大疾日行一度五分九十二日晨伏東方日度餘如初一終五百八十三日日餘三萬六千七百六十一行星如之除一周定行二百八十度度餘二萬六千三百一十三合二百九十一日日餘三萬八千一百二十六行星亦如之

水星

初與日合伏十四日日餘三萬七千一百一十五行三十度度餘三萬七千一百一十五夕見西方從疾日行一度六分二十三日行二十九度遲日行二十分八日行六度二十二分留二日遲日行十一分二日退二十一分夕伏西方伏八日退八度而與日合又八日退八度晨見東方逆日行十一分二日留二

日從遲日行二十分八日疾日行一度六分二十三日晨伏東方日度餘如初一終百一十五日日餘三萬四千七百三十九行星如之一合五十七日日餘三萬七千一百一十五行星亦如之

上元之歲歲在甲子天正甲子朔夜半冬至日月五星聚于虛度之初陰陽遲疾竝自此始

梁武帝天監三年冲之子暅上疏論何承天歷乖謬不可用九年正月詔用祖冲之所造甲子元歷頒朔陳氏因梁亦用祖冲之歷至遼聖宗以賈俊所進新歷因宋大明舊號行之金曰重修大明歷傳至皇元亦曰重修大明歷及改授時歷别立司天監存肄之每歲甲子冬至重修其法書在太史院禁莫得聞

遼史卷四十三

元中書右丞相總裁脫脫等修

志第十三

歷象志中

閏考

月度不足是生朔虛天行有餘是爲氣盈盈虛相懸歲月乃牸積牸而差寒暑互易百穀不成庶政不明聖人驗以斗柄準以歲星爰立閏法信治百官是故閏正而月正月正而歲正歲月既正頒令考績無有不時國史正歲年以敘事莫重於此遼始徵歷梁唐入晉之後奄有帝制乙未大明歷法再變穆宗應歷六年周用顯德欽天歷十年宋用建隆應天歷景宗乾亨四年宋用乾元歷聖宗統和十九年宋用儀天曆太平元年宋用崇天歷道宗清寧十年宋用明天歷大康元年宋用奉元歷大安七年宋用觀天歷天祚皇帝乾統六年宋用紀元歷五代歷三變宋凡八變遼終始再變歷法不齊故定朔置閏時有不同覽者惑焉閏考

年 首鈌五閏	太祖神冊五年	天贊四年	太宗鈌閏天顯三年	六年	九年	十一年	會同二年	鈌酉七年	大同九年	穆宗鈌閏應歷三年	五年	八年	十一年	十三年	十六年
正					閏儼大任唐										
二															
三													閏儼大任宋		
四		梁閏													
五				閏儼唐			閏儼大任晉								
六	閏耶律儼陳大任														
七									閏儼大任高麗十年七月			閏儼大任			
八			閏儼												閏儼大任宋
九											閏儼大任				
十															
十一						閏儼大任唐									
十二								閏儼大任						宋閏	

月	十九年	景宗保寧四年	六年	九年	乾亨二年	四年	聖宗統和三年	六年	九年	十一年	十四年	十七年	十九年	二十二年	二十五年	二十八年
正																
二		閏儼大任宋							閏儼大任宋	高麗誤當在九年						宋閏
三					閏儼大任宋							宋閏				
四																
五	宋閏							閏儼大任							宋閏	
六																
七				宋閏							閏大任宋					
八																
九							宋閏							閏大任宋		
十			宋閏							宋閏高麗						
十一													閏儼大任			
十二						宋閏							宋閏異			

月	開泰元年	四年	七年	九年	太平三年	六年	九年	十一年	興宗重熙三年	六年	八年	十一年	十四年	十七年	十九年	二十二年
正				閏儼										閏儼宋高麗		
二							宋閏									
三										閏儼宋						
四			宋閏													
五						宋閏			宋閏				閏儼宋			
六		宋閏														
七																閏儼宋
八																
九					閏儼宋			閏儼大任宋高麗				閏儼宋				
十	宋閏															
十一															閏儼宋高麗	
十二				宋閏異							閏儼宋高麗					

年												
清寧二年			閏 儼 宋									
四年												閏 儼 宋
七年								宋閏				
十年						宋閏						
咸雍三年			宋閏									
五年											閏 大任 宋	
八年						閏 儼 宋						
太康元年				閏 儼 大任 宋								
三年 宋閏來年正月 異												閏 儼
六年									宋閏			
九年						閏 儼 大任 宋						
大安四年												閏 儼 大任 宋 高麗
七年								宋閏				
十年				閏 大任 宋								
壽昌三年		宋閏										
五年									閏 儼 大任 宋			
天祚乾統二年						閏 儼 大任 宋						
五年		宋閏										
七年										宋閏		
十年							閏 儼 大任	宋閏 異				
天慶三年					閏 儼 大任 宋							
六年	閏 儼 大任 宋											
八年									閏 儼 大任 宋			
保大元年					宋閏							
四年			宋閏 儼 大任									

遼史卷四十四

元中書右丞相總裁脫脫等修

志第十四

歷象志下

朔考

古者太史掌正歲年以敘事，國史以事繫日，以日月時繫年。時月不正，則敘事不一，故二史合爲一官，頒歷授時，必大一統。遼、漢、周、宋俱行夏時，各自爲歷，國史閏朔頗有異同。遼初用乙未元歷，本何承天元嘉歷法；後用大明歷，本祖冲之甲子元歷法。承天日食晦朏，一章必七閏；冲之日必食朔，或四年一閏。用乙未歷，漢、周多同；用大明歷，則閏與宋異。國史敘事，甲子不殊，閏朔多異，以此故也。耶律儼紀以大明法追正乙未月朔，又與陳大任紀時或牴牾，稽古君子往往惑之。用五代職方考、志契丹州軍例作朔考。法殊曰異，傳訛曰誤。遼史不書，國、儼、大任偏見竝見，各名地史以國冠朔，竝見注于后。

年	孟月朔	仲月朔	季月朔
太祖元年	丁未 耶律儼	梁丁丑	
二年			梁壬申
	乙亥 儼		
四年	梁子辰		
	戊子 儼		
五年	戊戌 儼		
		梁甲申	
	壬午 儼		梁辛巳
六年	丙戌 儼		
七年		甲戌 儼	
八年			
	甲子 儼		
九年	甲辰 儼	甲戌 儼	甲辰 儼
	癸酉 儼	壬寅 儼	壬申 儼 梁庚寅誤
	辛丑 儼	庚午 儼	庚子 儼
	己巳 儼		戊辰 儼
十年	戊戌 儼		
	丁卯 儼		
	丙申 儼		
	甲子 儼		
十一年	壬辰 儼		
			庚寅 儼
	庚申 儼		
	戊子 儼		
神冊元年	丙辰 儼	戊戌 儼	乙卯 儼
	乙酉 儼		甲申 儼
	甲寅 儼	癸未 儼	
	癸未 儼	壬子 儼	壬戌 儼
二年	辛亥 儼	庚辰 儼	庚戌 儼
	己卯 儼		戊寅 儼
	戊申 儼	戊寅 儼	
	丁丑 儼		
三年	乙亥 儼	甲辰 儼	甲戌
	癸卯 儼	癸酉 儼	
	壬申 儼		
	辛丑 儼		庚子
四年	庚午 儼	己亥 儼	
	戊戌 儼	丁卯 儼	
	丙寅 儼	乙未 儼	
	乙未 儼		
五年 閏六月庚申 儼大任	甲子 儼		癸亥 儼誤當作癸巳 梁
	癸巳 儼	壬戌 儼誤當作壬辰	辛亥 儼誤當作辛酉
	庚寅 儼	己未 儼 梁乙未誤	己丑 儼 大任
	己未 儼	戊午 儼誤當作戊子	
六年	戊子 儼	戊午 儼	丁亥 儼誤當作丁巳
	丁卯 儼誤作丁亥	丙戌 儼誤當作丙辰 大任	己卯 儼 大任
	甲申 儼		
	癸丑 儼 大任	壬午 儼	
天贊元年			
二年			
	辛未 儼 梁 大任		庚午 儼 唐
三年		唐己巳	
			丙申 儼
	丙寅 儼	乙未 儼	
四年			
	唐癸亥		

天顯元年		丁亥儼 大任					唐乙酉					
二年	唐癸丑				唐壬午		己卯儼唐		唐壬子			
三年 閏八月癸卯	戊申儼	丙子儼	甲辰儼	壬寅儼 大任癸卯異	丁丑儼唐	乙巳儼	癸酉儼	壬申儼	丁未儼唐	甲戌儼	癸酉儼	壬寅儼
四年	壬申儼 大任	庚子儼	戊辰儼	丙申儼	辛丑儼	己巳儼唐	丁丑儼	丙寅儼	辛未儼	戊戌儼	丁卯儼 大任	丙申儼
五年	丙寅儼	甲午儼	壬戌儼	辛卯儼	乙未儼	甲子儼	壬辰儼	庚申儼唐	乙丑儼	癸巳儼唐	辛酉儼	庚寅儼
六年 閏五月戊子 儼唐	庚申儼	己丑儼	丙戌儼	乙卯儼	己丑儼	戊午儼	丙辰儼	甲申儼唐	己未儼	丁巳儼	乙酉儼	甲寅儼唐
七年	癸未儼	癸丑儼	辛巳儼 大任	己酉儼	癸丑儼	壬午儼 大任	庚戌儼	己卯儼	癸未儼	壬子儼	庚辰儼	戊申儼
八年	戊寅儼	丁未儼	乙亥儼	甲辰儼	丁未儼	丙子儼		癸酉儼	丁丑儼	丙午儼		癸卯儼 大任己巳異
九年 閏正月壬寅 唐	壬申儼唐	庚午儼	己亥儼	戊辰儼	辛未儼	庚子儼	己巳儼	丁酉儼	辛丑儼	庚午儼	戊戌儼	丁卯儼
十年	丙申儼	乙丑儼	癸巳儼	壬戌儼	丙寅儼	甲午儼 大任		壬辰儼	乙未儼	甲子儼	癸巳儼	壬戌儼
十一年 閏十一月丙辰 儼唐 大任	辛卯儼	己未儼	丁亥儼	丙辰儼	庚申儼	己丑儼	丁巳儼	丙戌儼	庚寅儼 大任		丁亥儼	乙酉儼
十二年	甲寅儼 大任乙卯 晉二日乙卯同	癸未儼	辛亥儼	庚辰儼	甲申儼	壬子儼	辛巳儼	庚戌儼	甲寅儼	壬午儼	庚戌儼	己卯儼

會同元年	戊申儼 大任己酉異 晉同	戊寅儼 大任	丙午儼	甲戌儼	戊寅儼	丁未儼	乙亥儼	甲辰儼	戊申儼	丙子儼 大任	乙巳儼	甲戌儼
二年 閏七月 儼 大任晉	癸卯儼晉	壬申儼	庚子儼	戊戌儼	癸酉儼	壬寅儼	己亥儼	戊辰儼	癸卯儼	辛未儼	己巳儼	丁酉儼
三年	丁卯儼	丙申儼	甲子儼	癸巳儼	丁酉儼	丙寅儼	甲午儼	壬戌儼	丁卯儼	乙未儼	癸亥儼	壬辰儼
四年	辛酉儼	庚寅儼	己未儼	丁亥儼	辛卯儼	庚申儼	戊子儼	丁巳儼	辛酉儼	庚寅儼	戊午儼	丙戌儼
五年 閏三月甲申	丙辰儼	甲寅儼晉 大任	癸未儼	辛亥儼	乙酉儼	甲申儼	壬子儼	辛巳儼	乙卯儼	癸丑儼 大任	壬午儼	庚戌儼
六年	庚辰儼	戊申儼	丁丑儼	丙午儼	己酉儼	戊寅儼	丁未儼晉	乙亥儼	己卯儼 大任	丁未儼	丙子儼	乙巳儼
七年 閏十二月己巳 儼晉 大任	甲戌儼	癸卯儼	辛未儼	庚子儼	甲辰儼	壬申儼	辛丑儼	庚午儼	癸酉儼 大任	辛丑儼	庚午儼晉	己卯儼誤當作己亥
八年	戊戌儼	丙寅儼	乙未儼	甲子儼	戊辰儼	丙申儼	甲子儼晉	甲午儼	丁酉儼	乙丑儼	甲午儼	癸亥儼
九年	癸巳儼	辛酉儼 大任	己丑儼	戊午儼	壬戌儼晉	庚寅儼	己未儼	戊子儼 大任	壬辰儼	庚申儼	戊子儼	丁巳儼
大同元年 九月改天祿元年	丁亥儼 大任	丙辰儼 大任			丁巳儼 大任		壬午儼 大任		丙戌儼 大任	甲寅儼 大任	壬子儼	
世宗天祿二年		庚辰儼 大任	漢戊申							漢戊寅		
三年	漢乙巳		漢癸酉								辛丑儼 大任	

四年								漢甲子	戊戌儼 大任		乙丑儼 大任	
五年 九月改元應歷	癸亥儼 大任		辛酉儼 大任			壬戌儼 大任	丙辰儼誤當作庚寅			辛卯儼 大任	庚申儼 大任	
穆宗應歷二年	戊午儼 大任	丙戌儼 大任		甲申儼 大任		丙辰儼 大任		癸丑儼 大任	周丁巳	周乙酉	甲寅儼 大任	癸未儼 大任
三年	壬午儼閏 大任				辛亥儼 大任				庚申儼 大任			
四年	周丙子				丙午儼 大任							
五年 閏九月 儼大任	辛未儼 大任				庚子儼閏 大任			乙未儼 大任				乙丑儼 大任
六年												己未儼 大任
七年		戊午儼 大任								丙辰儼 大任		
八年 閏七月庚戌 儼 大任						周辛巳			周壬午			
九年						乙巳儼周 大任	甲戌儼 大任			乙亥儼 大任		
十年	宋辛丑	宋庚午	己亥儼宋	宋丁亥	宋辛未	宋己亥	戊辰儼宋 大任	宋丁酉	宋庚子	宋己巳	宋戊戌	宋丙寅
十一年 閏三月甲子 宋大任	宋丙申	癸巳儼宋 大任	宋壬戌	宋辛卯	宋乙丑	宋癸亥	宋壬辰	宋辛酉	宋乙未	宋癸巳	宋壬戌	宋庚寅

十二年	宋庚申	宋戊子	宋丙辰	宋乙酉	己丑儼宋 大任	丁巳儼宋戊午異	宋丙戌	宋乙卯	宋戊午	宋丁亥	宋丙辰	宋乙酉
十三年 宋閏十二月己酉	宋甲寅	宋壬午	辛亥儼宋 大任	宋己卯	宋甲申	宋壬子	宋庚辰	宋己酉	癸丑儼宋 大任	宋辛巳	庚戌儼宋 大任	宋己卯
十四年	戊寅儼宋 大任	宋丁未	宋甲戌	宋癸卯	宋戊申	宋丙子	宋甲辰	宋癸酉	宋丁丑	丙午儼宋乙巳異 大任	宋甲戌	宋癸卯
十五年	宋癸酉	宋辛丑	宋己巳	宋丁酉	壬寅儼宋 大任	宋辛未	宋戊戌	宋丁卯	宋壬申	宋庚子	宋戊辰	宋丁酉
十六年 閏八月壬戌 宋大任	丁卯儼宋 大任	宋丙申	宋甲子	宋辛酉	宋丙申	宋乙丑	宋癸巳	宋辛卯	宋丙寅	宋甲午	宋壬辰	宋辛酉
十七年	庚寅儼宋 大任	宋己未	宋戊子	宋丙辰	宋庚申	宋己丑	宋丁巳	宋乙酉	宋庚寅	宋戊午	丙戌宋大任	宋乙卯
十八年	乙酉儼宋 大任	癸丑宋大任	宋壬午	辛亥儼宋庚戌異 大任	宋甲寅	宋癸未	宋壬子	宋庚辰	甲申儼宋乙酉異 大任	宋癸丑	宋辛巳	宋辛酉
十九年 宋閏五月丁未	己卯儼宋 大任	戊申儼宋 大任	宋丙午	宋乙亥	己酉儼宋戊申異 大任	宋丁丑	宋丙子	甲辰儼宋 大任	宋戊寅	丙子儼宋 大任	宋乙巳	宋甲戌
景宗保寧二年	宋癸卯	宋辛未	宋庚子	宋己巳	宋壬申	宋辛丑	宋庚午	宋己亥	宋壬寅	宋庚午	宋己亥	宋己巳
三年	宋戊戌	宋丙寅	宋甲午	宋癸亥	宋丁卯	宋乙未	甲子儼宋 大任	宋癸巳	宋丙申	宋乙丑	宋甲午	癸亥儼宋 大任
四年 宋閏二月辛卯	宋壬辰	庚寅儼宋 大任	宋戊午	丁亥儼宋 大任	宋壬戌	宋己未	宋戊子	宋丁巳	庚申儼宋 大任	宋戊子	宋丁巳	宋丙戌
五年	宋丙辰	宋甲申	宋壬子	宋辛巳	宋丙戌	宋癸丑	宋壬午	辛亥儼宋 大任	乙卯儼宋 大任	宋癸未	宋壬子	宋辛巳

年												
六年（宋閏十月己巳）	宋庚戌	宋庚辰	宋庚戌	宋己卯	宋戊申	宋戊寅	丁未徽大任宋	宋丙子	宋丙午	乙亥徽大任宋	宋乙亥	宋甲辰
七年	甲戌徽大任宋	宋甲辰	宋癸酉	宋癸卯	宋壬申	宋壬寅	宋辛未	宋庚子	宋庚午	宋己亥	宋己巳	宋己亥
八年	宋戊辰	宋戊戌	宋戊辰	宋丁卯	宋丁酉	宋丙申	宋乙未	宋乙丑	甲子徽大任宋	宋癸亥	宋癸巳	宋癸亥
九年（閏七月庚寅）	宋壬戌	宋壬辰	宋壬戌	宋辛卯	宋辛酉	宋辛卯	庚申徽宋	宋己未	宋己丑	宋戊午	丁亥徽大任宋	宋丁巳
十年	宋丙戌	宋丙辰	宋乙酉	宋乙卯	宋乙酉	宋甲寅	宋甲申	癸丑徽大任宋	宋癸未	癸丑徽大任宋	宋癸未	宋壬子
乾亨元年	宋辛巳	宋辛亥	宋庚辰	宋己酉	己卯徽大任宋	宋己酉	宋戊寅	宋戊申	宋丁丑	宋丁未	宋丁丑	宋丙午
二年（宋閏二月甲辰）	丙子徽大任宋	宋乙巳	宋甲戌	宋甲戌	宋癸卯	宋癸酉	宋癸卯	宋壬申	宋壬寅	辛未徽大任宋	庚子徽大任宋	庚午徽大任宋
三年	宋庚子	宋己巳		宋戊辰	宋丁酉		宋丙申	宋乙丑	宋乙未	宋乙丑	宋乙未	宋甲子
四年（宋閏十二月戊子）	宋甲午			宋壬戌				宋庚申	宋己丑	己未徽大任宋	宋己丑	戊午徽大任宋
五年（是歲改統和元年）	戊午徽宋	戊子徽大任丁亥異宋	宋丁巳	丙戌徽大任宋	丙辰徽宋	乙酉徽大任宋	甲寅徽宋大任乙卯異	甲申徽大任宋	癸丑徽大任宋	癸未徽大任	壬子徽大任宋	壬午徽大任宋
聖宗統和二年	壬子徽宋	壬午徽	辛亥徽大任庚戌異宋	辛巳徽	庚戌徽	庚辰徽大任己卯異宋	己酉徽	戊寅徽	戊申徽大任宋	丁丑徽宋戊寅異	丁未徽宋	
三年（宋閏九月壬申）	丙午徽大任甲戌異宋	丙子徽宋乙亥異	乙巳徽宋	乙亥徽大任甲戌異宋	乙巳徽宋甲辰異	甲戌徽大任癸酉異宋	甲辰徽宋	癸酉徽大任宋	壬寅	辛丑徽宋	辛未	庚子徽宋

年												
四年	庚午徽宋	己亥徽宋庚子異	己巳徽大任宋	己亥宋大任	戊辰徽宋	戊戌徽宋	宋戊辰	丁酉徽大任丙申異宋	丙寅徽宋	丙申徽大任宋	乙丑徽大任丙寅異宋	丁酉徽誤宋乙未異
五年	甲子徽宋	甲午徽宋	癸亥徽大任宋	癸巳徽大任宋	壬戌徽宋癸亥異	壬辰徽宋	壬戌	宋辛卯	宋辛酉	宋甲寅	宋庚申	宋庚寅
六年（閏五月丙戌 宋大任）	己未徽宋	戊子徽宋己丑異	戊午徽宋	丁亥	丁巳徽宋丙辰異	丙辰徽宋	乙酉	乙卯	乙酉徽宋	宋甲寅	甲申徽宋	甲寅徽宋
七年	癸未徽大任宋	壬子徽宋	壬午徽大任宋	辛亥徽宋	庚辰大任宋	庚戌	宋己卯	宋己酉	宋己卯	宋己酉	宋戊寅	宋戊申
八年	宋戊寅	丁未徽宋	宋丙子	丙午徽宋	宋乙亥	宋甲辰	宋甲戌	宋癸卯	宋癸酉	宋癸卯	宋壬申	宋壬寅
九年（閏二月辛未 徽宋）	宋壬申	宋辛丑	庚子徽宋	宋庚午	宋己亥	宋己巳	宋戊戌	宋丁卯	宋丁酉	宋丙寅	宋丙申	宋丙寅
十年	宋丙申	乙丑徽宋	宋乙未	宋甲子	甲午徽	宋癸亥	宋壬辰	宋壬戌	宋壬辰	庚申徽誤宋辛酉	宋辛卯	宋庚申
十一年（宋閏十月甲申）	宋庚寅	宋己未	宋己丑	宋己未	宋戊子	宋戊午	宋丁亥	宋丙辰	宋丙戌	甲申徽誤宋乙卯	宋甲寅	宋甲申
十二年	癸丑徽大任宋甲寅異	宋癸未	宋癸丑	宋壬午	宋壬子	辛巳徽宋壬午異	辛亥徽大任宋	庚辰徽大任宋	宋庚戌	宋己卯	戊申徽大任宋	戊寅徽大任宋
十三年	宋戊申	丁丑徽大任宋	宋丁未	宋丙子	宋丙午	丙子徽大任宋	己巳徽大任宋	宋乙亥	宋甲辰	宋甲戌	宋癸卯高麗	宋癸酉
十四年（閏七月己巳 徽大任宋）	宋壬寅	宋壬申	宋辛丑	宋辛未	宋辛丑	宋庚午	宋己亥	宋己亥	宋戊辰	宋戊戌	宋丁卯	宋丁酉
十五年	宋丙寅	丙申徽大任宋	乙丑徽大任宋	乙未徽大任宋	甲子徽大任宋	宋癸巳	宋癸亥	宋癸巳	宋癸亥	壬辰徽大任宋	壬戌徽大任宋	宋壬辰

年												
十六年	宋辛酉	宋庚寅	宋庚申	宋己丑	宋戊午	戊子徽大任宋	丁巳徽大任宋	丁亥徽大任宋	丁巳徽大任宋	宋丙戌	宋丙辰	丙戌徽大任宋
十七年（宋閏三月甲申）	乙卯徽大任宋丙辰異	宋乙酉	宋甲寅	宋癸丑	宋壬午	宋壬子	宋辛丑	宋辛亥	庚辰徽大任	宋庚戌	宋庚辰	宋庚戌
十八年	宋己卯	宋己酉	宋戊寅	宋戊申	宋丁丑	宋丙午	宋丙子	宋乙巳	乙亥徽大任宋	宋甲辰	甲戌徽大任宋	宋甲辰
十九年（宋閏十二月戊辰）	宋甲戌	宋癸卯	宋壬申	宋壬寅	宋壬申	宋辛丑	庚午徽大任宋	宋庚子	己巳徽大任宋	宋己亥	宋戊辰	宋戊戌
二十年	宋丁酉	宋丁卯	宋丁酉	丙寅徽大任宋	宋丙申	宋乙丑	甲午徽大任宋	甲子徽大任宋	癸巳徽大任宋	癸亥徽大任宋	宋壬辰	宋壬戌
二十一年	宋辛卯	宋辛酉	宋辛卯	宋庚申	庚寅徽大任宋	宋己未	宋己丑	宋戊午	宋戊子	丁巳徽大任宋	丁亥徽大任宋	宋丙辰
二十二年（閏九月壬子 徽宋大任）	宋丙戌	乙卯徽大任宋	宋乙酉	宋甲寅	宋甲申	宋甲寅	宋癸未	宋癸丑	宋壬午	宋辛巳	宋辛亥	庚辰徽大任宋
二十三年	宋庚戌	宋己卯	宋己酉	宋戊寅	戊申徽大任宋	宋丁丑	宋丁未	宋丁丑	宋丙午	丙子徽大任宋	乙巳	宋乙亥
二十四年	宋甲辰	宋甲戌	宋癸卯	宋壬申	壬寅徽大任宋	宋辛未	辛丑徽大任宋	宋辛未	宋庚子	庚午徽宋	宋庚子	宋己巳
二十五年（宋閏五月丙寅）	宋己亥	宋戊辰	宋戊戌	宋丁卯	宋丙申	宋乙未	宋乙丑	宋甲午	宋甲子	宋甲午	宋甲子	宋癸巳
二十六年	宋癸亥	宋壬辰	宋壬戌	辛卯徽大任宋	庚申徽宋	宋庚寅	宋己未	宋己丑	宋戊午	戊子徽宋	宋戊午	宋丁亥
二十七年	宋丁巳	宋丁亥	宋丙辰	丙戌徽大任宋	宋乙卯	宋甲申	甲申徽誤宋大任甲寅	宋癸未	宋壬子	宋壬午	壬子徽大任宋	宋辛巳

年												
二十八年（宋閏二月辛亥）	辛亥徽大任宋	宋辛巳	宋庚辰	宋庚戌	己卯徽大任宋乙卯誤	宋戊申	宋戊寅	宋丁未	宋丙子	丙午徽大任宋	宋丙子	宋乙巳
二十九年	乙亥徽大任宋	宋乙巳	宋甲戌	宋甲辰	甲戌徽大任宋	宋癸卯	宋壬申	宋壬寅	宋辛未	宋庚子	庚午大任宋	宋庚子
開泰元年（宋閏十月己丑）	宋己巳	宋己亥	宋戊辰	宋戊戌	戊辰徽大任宋	宋丁酉	宋丁卯	宋丙申	宋丙寅	宋乙未	甲午大任	宋甲子
二年	宋癸巳	宋癸亥	壬辰徽大任宋	壬戌	辛卯徽大任宋	辛酉徽大任宋	辛卯	宋庚申	宋庚寅	己未徽大任宋	宋己丑	宋戊午
三年	宋戊子	宋丁巳	宋丙戌	宋丙辰	丙戌徽大任宋乙酉異	宋乙卯	乙酉徽大任宋	甲寅徽大任宋	宋甲申	甲寅徽大任宋	宋癸未	宋癸丑
四年（宋閏六月己卯）	宋壬午	壬子徽大任宋	宋辛巳	庚戌徽大任宋	宋庚辰	宋己酉	宋戊申	宋戊寅	宋戊申	宋戊寅	宋丁未	宋丁丑
五年	宋丙午	宋丙子	乙巳徽大任宋	宋甲戌	宋甲辰	宋甲戌	宋癸卯	宋壬申	宋壬寅	宋壬申	宋辛丑	宋辛未
六年	宋辛丑	宋庚午	宋庚子	宋己巳	戊戌徽大任宋	戊辰大任宋	宋丁酉	宋丙寅	宋丙申	宋丙寅	宋乙未	宋乙丑
七年（宋閏四月癸巳）	宋乙未	乙丑徽大任宋	宋乙未	宋甲子	宋壬戌	宋壬辰	宋辛酉	宋庚寅	宋庚申	宋庚寅	宋己未	宋己丑
八年	宋己未	宋己丑	宋戊午	戊子徽大任宋	宋丁巳	宋丙戌	宋丙辰	宋乙酉	宋甲寅	宋甲申	宋癸丑	宋癸未
九年（閏二月壬子 徽）	宋癸丑	宋癸未	宋壬子以下宋朔間月異	宋壬午徽三月以下用此推之	宋辛亥	宋辛巳	庚戌徽大任宋	宋庚辰	宋己酉	宋戊寅	宋戊申	宋丁丑宋閏丁未異
太平元年	宋丁丑	宋丙午	宋丙子	宋丙午	宋乙亥	宋乙巳	甲戌徽大任宋	宋甲辰	宋甲戌	宋癸卯	壬申徽宋癸酉異	宋壬寅

年	閏	正月	二月	三月	四月	五月	六月	七月	八月	九月	十月	十一月	十二月
二年		宋辛未	辛丑 徽 宋庚子異 大任	宋庚午	宋庚子	宋己巳	宋己亥	宋戊辰	宋戊戌	宋戊辰	宋丁酉	宋丁卯	宋丙申
三年	閏九月壬辰 宋徽	宋丙寅 高麗	宋乙未	宋甲子	宋甲午	宋癸亥	宋癸巳	宋壬戌	宋壬辰	宋壬戌	宋辛酉	宋辛卯	宋庚申
四年		宋庚寅	宋己未	戊子 宋徽	宋戊午	宋丁亥	宋丁巳	宋丙戌	宋丙辰	宋丙戌	宋乙卯	宋乙酉	宋乙卯
五年		宋甲申	宋甲寅	宋癸未	宋壬子	宋壬午	宋辛亥	宋庚辰	宋庚戌	宋庚辰	宋己酉	宋己未	宋己酉
六年	閏五月丙午 宋	宋己卯	宋戊申	宋戊寅	丁未 宋徽	宋丁丑	宋乙亥	宋甲辰	宋甲戌	宋甲辰	宋甲戌	宋癸卯	宋壬申
七年		宋壬寅	宋壬申	宋壬寅	宋辛未	宋庚子	宋庚午	宋己亥	宋戊辰	宋戊戌	宋丁卯	宋丁酉	宋丁卯
八年		宋丁酉	宋丙寅	宋丙申	宋丙寅	宋乙未	宋甲子	宋甲午	宋癸亥	宋壬辰	宋壬戌	宋辛卯	宋辛酉
九年	閏七月庚寅 宋	宋辛卯	宋庚申	宋庚申	宋己丑	宋己未	宋戊子	戊午 宋徽 大任	丁卯 徽誤 宋丁亥	宋丙辰	丙戌 宋徽 大任	乙卯 宋徽 大任	宋乙酉
十年		宋乙卯	宋甲申	宋甲寅	宋癸未	宋癸丑	宋癸未	宋壬子	宋壬午	宋辛亥	宋辛巳	宋庚戌	宋己卯
十一年	閏十月乙巳 宋徽	宋己酉	宋戊寅	宋戊申	宋丁丑	宋丁未	丁丑 宋徽 大任	宋丙午	宋庚子 誤當作丙子	宋丙午	宋乙亥	宋甲戌	宋癸卯
興宗 重熙 元年		宋壬申	宋壬寅	壬申 宋徽	宋辛丑	宋辛未	宋庚子	宋庚午	宋庚子	宋己巳	宋己亥	宋己巳	宋戊戌
二年		宋戊辰	宋丁酉	宋丙寅	宋丙申	宋乙丑	宋甲午	宋甲子	宋甲午	宋癸亥	宋癸巳	宋癸亥	宋癸巳

年	閏	正月	二月	三月	四月	五月	六月	七月	八月	九月	十月	十一月	十二月
三年	閏六月戊午 宋	宋壬戌	壬辰 宋徽	宋辛酉	宋庚寅	庚申 宋徽	宋己丑	戊子 宋徽	宋戊午	宋丁亥	宋丁巳	宋丁亥	宋丁巳
四年		宋丙戌	宋丙辰	乙酉 宋徽	甲寅 宋徽	宋甲申	癸酉 徽誤 宋癸丑	壬午 宋徽	宋壬子	宋辛巳	宋辛亥	宋辛巳	宋辛亥
五年		宋庚辰	宋庚戌	宋庚辰	宋己酉	宋戊寅	宋戊申	宋丁丑	丙午 宋徽	丙子	宋乙巳	宋乙亥	宋乙巳
六年	閏四月癸酉 宋	宋甲戌	宋甲辰	宋甲戌	宋甲辰	宋壬寅	宋壬申	辛丑 宋徽	宋庚午	宋庚子	宋己巳	宋己亥	己亥 徽誤 宋戊辰
七年		宋戊戌	宋戊辰	戊戌	宋丁卯	宋丁酉	宋丙寅	宋丙申	宋乙丑	宋甲午	甲子 宋徽	宋癸巳	宋癸亥
八年	閏十二月丁亥 宋	宋壬辰	宋壬戌	宋壬辰	宋辛酉	宋辛卯	宋庚申	宋庚寅	宋庚申	宋己丑	己未	宋戊子	宋丁巳
九年		丙辰 宋徽	宋丙戌	宋乙卯	宋乙酉	乙卯 徽 宋甲寅異	宋甲申	宋甲寅	宋癸未	宋癸丑	癸未 宋徽	宋壬子	宋壬午
十年		宋辛亥	庚辰 宋徽	宋庚戌	宋己卯	宋己酉	宋戊寅	宋戊申	宋丁丑	宋丁未	宋丁丑	宋丁未	宋丙子
十一年	閏九月辛未 宋	宋丙午	宋乙亥	甲辰 宋徽	甲戌 宋徽	宋癸卯	宋癸酉	壬寅 宋徽	宋壬申	宋辛丑	宋辛丑	宋庚午	宋庚子
十二年		宋庚午	宋己亥	宋戊辰	宋戊戌	宋丁卯	宋丙申	丙寅 宋徽	乙未 宋徽 高麗	壬申 徽 宋乙丑	宋乙未	宋乙丑	宋甲午
十三年		甲子 宋徽	宋甲午	宋癸亥	宋壬辰	壬戌 宋徽	宋辛卯	宋辛酉	宋庚寅	宋己未	宋己丑	宋戊午	宋戊子
十四年	閏五月丙戌 宋	宋戊午	宋戊子	宋丁巳	宋丁亥	宋丙辰	宋乙卯	甲申 宋徽	宋甲寅	宋癸未	宋癸丑	壬午 宋徽	宋壬子

年	閏	正月	二月	三月	四月	五月	六月	七月	八月	九月	十月	十一月	十二月
十五年		宋壬午	宋壬子	宋辛巳	辛亥 宋徽	宋庚辰	宋庚戌	宋己卯	宋戊申	宋戊寅	宋丁未	宋丁丑	宋丙午
十六年		宋丙子	宋丙午	宋乙亥	乙巳 宋徽	宋乙亥	宋甲辰	宋甲戌	宋癸卯	宋壬申	宋壬寅	宋辛未	辛丑 宋徽
十七年	閏正月庚子 宋	宋庚午	宋己巳	宋己亥	宋己巳	宋戊戌	宋戊辰	宋丁酉	宋丁卯	宋丙申	宋丙寅	乙未 宋徽	宋乙丑
十八年		甲午 宋徽 高麗	宋甲子	宋癸巳	宋癸亥	宋壬辰	宋壬戌	宋壬辰	宋辛酉	宋辛卯	宋庚申	宋庚寅	宋庚申
十九年	閏十一月甲寅 宋	宋己丑	宋戊午	宋戊子	宋丁巳	宋丁亥	丙辰 宋徽	丙戌	宋乙卯	宋乙酉	宋乙卯	宋甲申	宋甲申
二十年		宋癸丑	宋壬午	壬子 宋徽	宋辛巳	宋庚戌	宋庚辰	宋己酉	宋己卯	宋己酉	己卯 宋徽	宋戊申	宋戊寅
二十一年		宋戊申	宋丁丑	宋丙午	宋丙子	宋乙巳	宋甲戌	甲辰 宋徽	癸酉 宋徽	宋癸卯	宋癸酉	宋壬寅	宋壬申
二十二年	閏七月戊辰	宋壬寅	宋壬申	宋辛丑	宋庚午	宋庚子	宋己巳	宋戊戌	宋丁酉	宋丁卯	丙申 宋徽	宋丙寅	丙申 宋徽
二十三年		宋丙寅	宋乙未	宋乙丑	宋甲午	宋甲子	宋癸巳	宋壬戌	宋壬辰	宋辛酉	宋辛卯	宋庚申	宋庚寅
二十四年		宋庚申	宋己丑	宋己未	宋己丑	宋戊午	宋戊子	宋丁巳	宋丙戌	宋丙辰	宋乙酉	宋乙卯	宋甲申
道宗 清寧 二年	宋閏二月癸未	宋甲寅	宋癸未	宋癸丑	宋壬子	宋壬午	宋辛亥	宋辛巳	宋庚戌	宋庚辰	宋己酉	宋己卯	戊申 宋徽
三年		宋戊寅 高麗	宋丁未	宋丁丑	宋丙午	宋丙子	宋丙午	宋乙亥	宋乙巳	宋甲戌	宋甲辰	宋癸酉	宋癸卯

年	閏	正月	二月	三月	四月	五月	六月	七月	八月	九月	十月	十一月	十二月
四年	宋閏十二月丁卯	壬申 宋徽	宋壬寅	宋辛未	宋辛丑	庚午 宋徽	宋庚子	宋己巳	宋己亥	宋己巳	戊戌 宋徽	宋戊辰	宋丁酉
五年		宋丙申	宋丙寅	宋乙未	甲子 徽 宋乙丑異	宋甲午	宋癸亥	宋癸巳	宋癸亥	宋癸巳	壬子 誤 宋壬戌	宋壬辰	宋壬戌
六年		宋辛卯	宋庚申	宋庚寅	宋己未	戊子 宋徽	戊午 宋徽	宋丁亥	宋丁巳	宋丁亥	宋丙辰	宋丙戌	宋丙辰
七年	閏八月辛巳 宋	宋乙酉	宋乙卯	宋甲申	宋甲寅	宋癸未	壬午 徽誤 宋壬子	宋壬午	宋辛亥	宋庚戌	宋庚辰	宋庚戌	宋庚辰
八年		宋己酉	宋己卯	戊申 宋徽	宋戊寅	宋丁未	甲子 徽誤 宋丙子	宋丙午	宋乙亥	宋乙巳	甲戌 宋徽	宋甲辰	宋甲戌
九年		宋癸卯	宋癸酉	宋癸卯	宋壬申	宋壬寅	宋辛未	宋庚子	庚午 宋徽	宋己亥	戊辰 宋徽	宋戊戌	宋戊辰
十年	閏五月丙寅 宋	宋丁酉	宋丁卯	宋丁酉	宋丁卯	宋丙申	宋乙未	宋甲子	宋甲午	宋癸亥	壬辰 徽 宋癸巳異	宋壬戌	宋壬辰
咸雍 元年		辛酉 宋徽 大任 高麗	宋辛卯	宋辛酉	宋庚寅	宋庚申	宋己丑	宋己未	宋戊子	宋戊午	丁亥 宋徽 大任	宋丁巳	宋丙戌
二年		宋丙辰	宋乙酉	宋乙卯	宋甲申	宋甲寅	宋甲申	癸丑 宋徽 大任	宋癸未	壬子 宋徽 大任	宋壬午	宋辛亥	宋辛巳
三年	閏二月己卯 宋	宋庚戌	宋庚辰	宋己酉	宋戊申	宋戊寅	宋丁未	宋丁丑	宋丁未	宋丙子	宋丙午	宋乙亥	宋乙巳
四年		甲戌 宋徽 大任	甲辰 宋徽 大任	宋癸酉	宋壬寅	宋壬申	宋辛丑	宋辛未	宋辛丑	宋庚午	宋庚子	宋庚午	宋己亥
五年	閏十一月甲子 宋	宋己巳	宋戊戌	宋戊辰	宋丁酉	宋丙寅	宋丙申	乙丑 宋徽 大任	宋乙未	宋甲子	宋甲午	宋甲子	宋癸亥

六年	宋癸巳	宋辛酉	宋己丑	宋戊午	宋癸亥	宋庚寅	宋戊午	宋戊子	宋壬辰	宋庚申	宋戊子	宋丁巳
七年	宋丁亥	宋丙辰	甲申（宋徽 大任）	宋壬子	宋丁巳	宋乙酉	宋癸丑	宋壬午	宋丙戌	宋甲寅	宋壬午	宋辛亥
八年（閏七月戊申 宋）	宋辛巳	宋庚戌	宋戊寅	宋丙子	宋辛亥	宋庚辰	宋丁丑	宋丙午	宋辛巳	宋己酉	宋丙午	宋乙亥
九年	宋乙巳	宋甲戌	宋壬寅	宋庚午	宋乙亥	宋癸卯	宋壬申	宋庚子	宋甲辰	宋癸酉	宋辛丑	宋庚午
十年	宋己亥	宋戊辰	宋丁酉	宋乙丑	宋己巳	宋戊戌	宋丙寅	宋乙未	宋戊戌	宋丁卯	宋丙申	宋甲子
太康元年（閏四月壬辰 宋）	宋甲午	宋壬戌	辛酉（宋）	宋己丑	宋癸亥	宋辛酉	庚寅（宋徽 大任）	宋己未	宋癸巳	宋辛卯	宋庚申	宋己丑
二年	宋戊午	宋丙戌	宋乙卯	宋甲申	宋丁亥	宋丙辰	宋甲申	宋癸丑	宋丙辰	乙酉（宋徽 大任）	宋甲寅	宋癸未
三年	宋壬子	宋庚辰	宋辛酉	宋戊寅	壬午（宋徽 大任）	宋庚戌	宋戊寅	宋戊申	宋辛亥	己卯	宋戊申	宋丁丑
四年（閏五月丙子 宋）	宋丁未	宋甲辰	宋癸酉	宋壬寅	宋丙午	宋甲戌	宋壬寅	宋辛未	宋乙亥	宋癸卯	宋壬申	宋辛丑
五年	宋辛未	宋己亥	宋丁卯	宋丙申	宋庚子	宋戊辰	宋丙申	宋乙丑	宋庚午	宋戊戌	宋丙寅	宋乙未
六年（閏九月庚寅 宋）	宋乙丑	宋甲午	宋壬戌	己未（宋徽 大任）	宋乙未	癸亥（大任）	宋辛卯	己丑（宋徽 大任）	宋甲子	宋壬辰	宋庚申	宋己未
七年	宋己丑	宋戊午	宋丙戌	宋甲寅	宋戊午	宋丁亥	宋乙卯	宋癸未	宋戊子	宋丙辰	宋甲申	宋癸丑

八年	宋癸未	宋壬子	宋庚辰	宋戊申	宋癸丑	宋辛巳	宋庚戌	宋戊寅	宋壬午	辛亥（宋徽 大任）	宋己卯	宋丁未
九年（閏六月乙亥 宋）	宋丁丑	丙午（宋徽 大任）	宋甲辰	宋癸酉	宋丁未	宋丙子	宋甲戌	宋壬寅	宋丙子	宋乙巳	癸卯（徽 大任）	宋辛未
十年	辛丑（宋徽 大任 高麗）	宋庚午	宋戊戌	宋丁卯	庚午（宋徽）	宋己亥	宋戊辰	宋丁酉	宋庚子	宋己巳	宋戊戌	宋丙寅
大安元年（缺一閏）	宋丙申	宋甲子	宋癸巳	宋壬戌	宋乙丑	宋癸巳	宋壬戌	辛卯（高麗 宋）	宋甲午	宋癸亥	宋壬辰	辛酉
二年	宋庚寅	宋戊子	宋丙辰	己酉（宋徽誤 宋乙酉）	庚申	丁巳（宋徽 大任）	宋丙戌	宋庚午（誤當作乙卯）	宋戊午	丁亥（宋徽 大任丙午 誤）	宋丙辰	宋乙酉
三年	宋甲寅	宋壬午	宋庚戌	宋己卯	宋甲申	宋壬子	宋庚辰	宋己酉	宋癸丑	宋辛巳	宋庚戌	宋己卯
四年（閏十二月癸卯 宋）	宋己酉	宋丁丑	宋乙巳	宋癸酉	宋戊寅	宋丙午	宋甲戌	宋癸卯	宋戊申	宋丙子	宋甲辰	癸卯（徽誤大任 宋癸酉）
五年	宋壬申	宋辛丑	宋己巳	宋丁酉	宋壬寅	宋庚午	宋戊戌	丁卯（宋徽 大任）	宋壬申	宋庚子	宋戊辰	宋丁酉
六年	宋丁卯	宋丙申	宋甲子	宋壬辰	宋丙申	宋乙丑	宋癸巳	宋辛酉	宋丙寅	宋甲午	宋壬戌	宋辛卯
七年（閏八月丁巳 宋）	宋辛酉	宋庚寅	戊午（宋徽 大任）	宋丙辰	宋庚寅	己未（宋徽 大任）	宋戊子	宋乙酉	宋庚申	宋己丑	宋丙戌	宋乙卯
八年	宋甲申	宋癸丑	宋壬午	庚戌（宋徽 大任）	宋甲寅	宋癸未	宋壬子	宋庚辰	宋甲申	宋癸丑	宋辛巳	宋己酉
九年	宋己卯	宋丁未	宋丙子	宋乙巳	宋戊申	宋丁丑	宋丙午	宋乙亥	宋戊寅	丁未（宋徽 大任）	宋丙子	宋甲辰

十年（閏四月辛未 宋）	宋癸酉	壬寅（宋徽 大任）	庚子（宋 大任）	宋己巳	宋癸卯	宋辛丑	宋庚午	宋己亥	壬申（宋徽）	宋庚午	宋己亥	宋戊辰
壽隆元年	戊戌（宋徽 大任）	宋丙寅	宋甲午	宋癸亥	宋丁卯	乙未（宋徽 大任）	宋甲子	宋癸巳	宋丙申	宋乙丑	宋癸巳	宋癸亥
二年	宋壬辰	宋庚申	宋戊子	宋丁巳	宋壬戌	宋庚寅	宋戊午	宋丁亥	宋辛卯	宋己未	宋丁亥	宋丁巳
三年（閏二月丙戌 宋）	宋丙戌	宋甲申	壬子（大任）	宋辛巳	丙辰（宋徽 大任）	宋甲寅	宋壬午	宋辛亥	宋乙卯	宋癸未	宋辛亥	宋辛巳
四年	宋庚戌	宋己卯	宋丁未	乙亥（宋徽 大任）	宋庚辰	宋戊申	宋丙子	乙巳（宋徽 大任）	宋庚戌	戊寅（宋徽 大任）	宋丙午	宋乙亥
五年（閏九月庚午 宋）	宋甲辰	宋癸酉	壬寅（宋徽 大任）	己亥（宋徽 大任）	宋甲戌	宋癸卯	宋辛未	己巳（徽）	宋甲辰	宋壬申	宋庚子	宋戊戌
六年	宋戊辰	丁酉（宋徽 大任）	宋丙寅	宋甲午	宋戊戌	宋丁卯	宋乙未	宋癸亥	宋戊辰	宋丙申	宋甲子	宋癸巳
七年	壬戌（宋徽 大任）	宋辛卯	宋庚申	宋戊子	壬辰（宋徽 大任）	宋辛酉	宋庚寅	宋戊午	宋壬戌	宋庚寅	宋己未	宋丁亥
天祚 乾統二年（閏六月甲寅 宋）	宋丁巳	宋乙酉	宋甲申	宋壬子	宋丙戌	宋己卯	宋癸丑	宋壬午	宋丙辰	宋乙酉	宋癸未	宋辛亥
三年	宋辛巳	宋己酉	宋戊寅	宋丁未	宋庚戌	宋己卯	宋丁未	宋丁丑	宋庚辰	宋戊申	宋丁丑	宋丙午
四年	宋丙子	宋甲辰	宋壬申	宋辛丑	宋乙巳	宋癸酉	宋壬寅	宋辛未	宋甲戌	宋壬寅	宋辛未	宋庚子
五年（閏二月己巳 宋）	宋庚午	宋戊辰	宋丙申	宋乙丑	宋庚子	宋丁酉	宋乙丑	宋乙未	宋戊戌	宋丙寅	宋乙未	宋甲子

六年	宋甲午	宋壬戌	宋庚寅	宋己未	宋甲子	宋壬辰	宋庚申	宋戊子	宋癸巳	宋辛酉	宋己丑	宋戊午
七年（閏十月癸未 宋）	宋戊子	宋丁巳	宋己酉	宋癸丑	宋戊午	宋丙戌	宋甲寅	宋壬子	宋丁亥	宋丙辰	宋甲申	宋壬午
八年	宋壬子	宋辛巳	宋己酉	宋丁丑	宋壬午	宋庚戌	宋戊寅	宋丁未	宋辛亥（高麗）	宋庚辰	宋戊申	宋丙子
九年	丙午（宋 大任）	宋乙亥	宋甲辰	宋壬申	宋丙子	宋乙巳	宋癸酉	宋辛丑	宋乙巳	宋甲戌	宋壬寅	宋辛未
十年（閏八月丁酉 宋）	宋庚子	宋己巳	宋戊戌	宋丙申	宋庚午	宋己亥	宋丁卯	宋乙丑	宋己亥	宋戊辰	宋丙寅	宋乙未
天慶元年	宋甲子	宋癸巳	宋壬戌	宋庚寅	宋甲午	宋壬戌	宋辛卯	宋庚申	宋癸亥	宋壬辰	宋辛酉	宋己丑
二年	己未（宋徽 大任）	丁亥（宋徽 大任）	宋丙辰	宋乙酉	宋戊子	宋丁巳	宋乙酉	宋甲寅	宋戊午	宋丙戌	宋乙卯	宋甲申
三年（閏四月辛亥 宋）	宋甲寅	宋壬午	宋己卯	宋戊申	宋癸未	宋庚辰	宋己酉	宋戊寅	宋壬子	宋庚戌	宋己卯	宋戊申
四年	宋戊寅	宋丙午	宋甲戌	壬寅（宋徽 大任）	宋丁未	宋乙亥	宋癸卯	宋壬申	宋丙子	宋甲辰	宋癸酉	宋壬寅
五年	宋壬申	宋庚子	宋戊辰	宋丁酉	宋辛丑	宋庚午	宋戊戌	宋丙寅	宋辛未	己亥（宋徽 大任）	丁卯（宋徽 大任）	宋丙申
六年（閏正月丙申 宋）	宋丙寅	宋甲子	宋壬辰	宋辛酉	宋己丑	宋甲午	宋壬戌	宋庚寅	宋乙未	宋癸亥	宋辛卯	宋庚申
七年	宋庚寅	宋己未	宋丁亥	乙卯（宋徽 大任）	宋己未	宋戊子	宋丙辰	宋乙酉	宋己丑	宋戊午	宋丙戌	宋甲寅

年												
八年（閏五月庚戌宋）	宋甲申	宋癸丑	宋辛巳	宋己卯	宋癸丑	壬午宋儀	宋辛亥	宋己酉	宋癸未	宋壬子	宋庚辰	宋庚寅
九年	宋戊申	宋丙子	宋乙巳	甲戌宋大任	宋丁丑	宋丙午	宋乙亥	宋癸卯	丁未宋儀大任	宋丙子	宋甲辰	宋癸酉
十年	宋壬寅	宋辛未	宋己亥	宋戊辰	宋壬申	宋庚子	宋己巳	宋戊戌	宋辛丑	宋庚午	宋己亥	宋丁卯
保大元年（閏五月甲子宋）	丁酉宋儀大任	宋乙丑	宋癸亥	宋壬辰	宋丙寅	宋甲午	宋癸巳	宋壬戌	宋丙申	宋癸巳	宋壬戌	宋辛卯
二年	宋辛酉	宋己丑	丁巳宋儀大任	宋丙戌	庚寅宋儀大任	宋戊午	宋丁亥	宋丙辰	宋庚申	宋戊子	宋丁巳	宋丙戌
三年	宋乙卯	甲申宋儀大任	宋壬子	宋庚辰	乙酉宋儀	癸丑宋大任	宋辛巳	宋庚戌	宋甲寅	宋壬午	宋辛亥	宋庚辰
四年（閏三月戊寅宋）	宋庚戌	宋戊申	宋丙子	宋甲辰	宋己卯	宋丁丑	宋乙巳	宋甲戌	宋己酉	宋丙午	宋甲戌	宋甲辰
五年	宋癸酉	宋壬寅	宋庚午	宋戊戌	宋癸卯	宋壬申	宋庚子	宋戊辰	宋癸酉	宋辛丑	宋己巳	宋戊戌

宋元豐元年十二月詔司天監考遼及高麗日本國歷與奉元歷同異遼己未歲氣朔與宣明歷合日本戊午歲與遼歷相近高麗戊午年朔與奉元歷合氣有不同戊午遼太康四年己未五年也當遼宋之世二國司天固相參考矣高麗所進大遼事蹟載諸王冊文頗見月朔因附入

象

孟子有言天之高也星辰之遠也苟求其故千歲之日至可坐而致甚哉聖人之用心可謂廣大精微至矣盡矣日有晷景月有明魄斗有建除星有昏旦觀天之變而制器以候之八尺之表六尺之筩百刻之漏日月星辰示諸掌上運行既察度分既審於是像天圓以顯運行置地櫃以驗出入渾象是作天道之常尋尺之中可以俯窺陶唐之象是矣設三儀以明度分管一衡以正辰極渾儀是作天文之變六合之表可以仰觀有虞之璣是矣體莫固於金用莫利於水範金走水不出戶而知天道此聖人之所以爲聖也歷代儀象表漏各具于志太宗大同元年得晉歷象刻漏渾象後唐清泰二年已稱損折不可施用其至中京者槩可知矣古之鍊銅黑黃白青之氣盡然後用之故可施於久遠唐沙門一行鑄渾天儀時稱精妙未幾銅鐵漸澁不能自轉置不復用金質不精水性不行況移之冱寒之地乎

刻漏

晉天福三年造周官挈壺氏懸壺必爨之以火地雖冱寒蓋可施也

官星

古者官星萬餘名遭秦焚滅圖籍世秘不傳漢收散亡得甘德石申巫咸三家圖經經緯合千餘官僅存什一分爲三垣四宮二十八宿樞以二極建以北斗緯以五星日月代明貴而太一賤逮屎穰占決之用亦云備矣司馬遷天官書旣以具錄後世保章守候無出三家官星之外者天象昭垂歷代不易而漢晉隋唐之書累志天文近於衍矣且天象禨祥律格有禁書于勝國之史註誤學者不宜書其日食星變風雲震雪之祥具載帝紀不復書

遼史卷四十五

元 中書右丞相總裁脫脫等修

志第十五

百官志一

官生於職職沿於事而名加之後世沿名不究其實吏部一太宰也爲大司徒爲尚書爲中書爲門下兵部一司馬也爲大司馬爲太尉爲樞密使沿古官名分今之職事以配之於是先王統理天下之法如治絲而棼名實淆矣契丹舊俗事簡職專官制朴實不以名亂之其興也勃焉太祖神冊六年詔正班爵至于太宗兼制中國官分南北以國制治契丹以漢制待漢人國制簡朴漢制則沿名之風固存也遼國官制分北南院北面治宮帳部族屬國之政南面治漢人州縣租賦軍馬之事因俗而治得其宜矣初太祖分迭剌夷離菫爲北南二大王謂之北南院宰相樞密宣徽林牙下至郎君護衛皆分北南其實所治皆北面之事語遼官制者不可不辨凡遼朝官北樞密視兵部南樞密視吏部北南二王視戶部夷離畢視刑部宣徽視工部敵烈麻都視禮部北南府宰相總之惕隱治宗族林牙修文告于越坐而論議以象公師朝廷之上事簡職專此遼所以興也

契丹北樞密院掌兵機武銓羣牧之政凡契丹軍馬皆屬焉以其牙帳居大內帳殿之北故名北院元好問所謂北衙不理民是也

北院樞密使

知北院樞密使事

知樞密院事

北院樞密副使

知北院樞密副使事

同知北院樞密使事

簽書北樞密院事

北院都承旨

北院副承旨

北院林牙

知北院貼黃

給事北院知聖旨頭子事

掌北院頭子

北樞密院敞史

北院郎君

北樞密院通事

北院掾史

北樞密院中丞司

北南樞密院點檢中丞司事

總知中丞司事

北院左中丞

北院右中丞

同知中丞司事

北院侍御

契丹南樞密院掌文銓部族丁賦之政凡契丹人民皆屬焉以其牙帳居大內之南故名南院元好問所謂南衙不主兵是也

南院樞密使

知南院樞密使事

知南院樞密事

南院樞密副使

知南院樞密副使事

同知南院樞密使事

簽書南樞密院事

南院都承旨

南院副承旨

南院林牙

知南院貼黃

給事南院知聖旨頭子事

掌南院頭子

南樞密院敞史

南院郎君

南樞密院通事

南院掾史

南樞密院中丞司

北南樞密院點檢中丞司事

總知中丞司事

南院左中丞

南院右中丞

同知中丞司事

南院侍御

北宰相府掌佐理軍國之大政皇族四帳世預其選

北府左宰相

北府右宰相

總知軍國事

知國事

南宰相府掌佐理軍國之大政國舅五帳世預其選

南府左宰相

南府右宰相

總知軍國事

知國事

北大王院分掌部族軍民之政

北院大王初名迭剌部夷離菫太祖分北南院太宗會同元年改夷離菫爲大王

知北院大王事

北院太師

北院太保

北院司徒
北院司空
北院郎君
北院都統軍司掌北院從軍之政令
北院統軍使
北院副統軍使
北院統軍都監
北院詳穩司掌北院部族軍馬之政令
北院詳穩
北院都監
北院將軍
北院小將軍
北院都部署司掌北院部族軍民之事
北院都部署
北院副部署
南大王院分掌部族軍民之政
南面大王
知南院大王事
南院太師
南院太保天慶八年省南院太保
南院司徒
南院司空
南院郎君
南院都統軍司掌南院從軍之政令
南院統軍使
南院副統軍使
南院統軍都監
南院詳穩司掌南院部族軍馬之政令
南院詳穩
南院都監
南院將軍
南院小將軍
南院都部署司掌南院部族軍民之事
南院都部署
南院副部署
宣徽北院太宗會同元年置掌北院御前祗應之事
北院宣徽使
知北院宣徽事
北院宣徽副使
同知北院宣徽事

宣徽南院會同元年置掌南院御前祗應之事
南院宣徽使
知南院宣徽事
南院宣徽副使
同知南院宣徽事
大于越府無職掌班百僚之上非有大功德者不授遼國尊官猶南面之有三公太祖以遙輦氏于越受禪終遼之世以于越得重名者三人耶律曷魯屋質仁先謂之三于越
大于越
大惕隱司太祖置掌皇族之政教興宗重熙二十二年耶律義先拜惕隱戒族人曰國家三父房最爲貴族凡天下風化之所自出不孝不義雖小不可爲其妻晉國長公主之女每見中表必具禮服義先以身率先國族化之遼國設官之實於此可見太祖有國首設此官其後百官擇人必先宗姓
惕隱亦曰梯里已
知惕隱司事
惕隱司事
夷離畢院掌刑獄
夷離畢
左夷離畢
右夷離畢
知左夷離畢事
知右夷離畢事
敞史
選底掌獄
大林牙院掌文翰之事
北面都林牙
北面林牙承旨
北面林牙
左林牙
右林牙
敵烈麻都司掌禮儀
敵烈麻都
總知朝廷禮儀
總禮儀事
文班司所掌未詳
文班太保
文班林牙

文班牙署
文班吏
阿札割只所掌未詳遙輦故官後併樞密院
阿札割只
北面御帳官
三皇聖人也當淳朴之世重門擊柝猶嚴於侍暴客遼之先世未有城郭溝池宮室之固氊車爲營硬寨爲宮御帳之官不得不謹出於貴戚爲侍衞著帳爲近侍北南部族爲護衞武臣爲宿衞親軍爲禁衞百官番宿爲宿直奉宸以司供御三班以肅會朝硬寨以嚴晨夜法制可謂嚴密矣考其凡如左
侍衞司掌御帳親衞之事
侍衞太師
侍衞太保
侍衞司徒
侍衞司空
侍衞
近侍局
近侍直長
近侍
近侍小底
近侍詳穩司
近侍詳穩
近侍都監
近侍將軍
近侍小將軍
北護衞府掌北院護衞之事皇太后宮有左右護衞
北護衞太師
北護衞太保
北護衞司徒
總領左右護衞司
總領左右護衞
左護衞司
左護衞太保
左護衞
右護衞司
右護衞太保
右護衞
南護衞府掌南院護衞之事
南護衞太師

南護衞太保
南護衞司徒
總理左右護衞司
總理左右護衞
左護衞司
左護衞太保
左護衞
右護衞司
右護衞太保
右護衞
奉宸司掌供奉宸御之事
官名未詳
奉宸
二班院掌左右寄班之事
左班都知
右班都知
寄班都知
三班院祗候
宿衞司專掌宿衞之事
總宿衞事亦曰典宿衞事
總知宿衞事
同掌宿衞事
宿衞官
禁衞局
總禁衞事
禁衞長
宿直司掌輪直官員宿直之事皇太后宮有宿直官
宿直詳穩
宿直都監
宿直將軍
宿直小將軍
宿直官
宿直護衞
硬寨司掌禁圍槍寨下鋪傳鈴之事
硬寨太保
皇太子惕隱司掌皇太子宮帳之事
皇太子惕隱
北面著帳官
古者刑人不在君側叛逆家屬沒爲著帳執事禁衞可爲寒心此遼世所以多變起肘腋與

著帳郎君院遙輦痕德菫可汗以蒲古只等三族害于
越室魯家屬沒入瓦里應天皇太后知國政析出之以
爲著帳郎君娘子每加矜恤世宗悉免之其後內族外
戚及世官之家罪犯者皆沒入瓦里人戶益衆因復故
名皇太后皇太妃帳皆有著帳諸局
著帳郎君節度使
著帳郎君司徒
祗候郎君班詳穩司
祗候郎君班詳穩
祗候郎君直長
祗候郎君閘撒狘
祗候郎君
祗候郎君拽刺
左祗候郎君班詳穩司
左祗候郎君班詳穩
左祗候郎君直長
左祗候郎君閘撒狘
左祗候郎君
左祗候郎君拽刺
右祗候郎君班詳穩司
右祗候郎君班詳穩
右祗候郎君直長
右祗候郎君閘撒狘
右祗候郎君
右祗候郎君拽刺
筆硯局
筆硯祗候郎君
筆硯吏
牌印局
牌印郎君
裀褥局
裀褥郎君
燈燭局
燈燭郎君
牀幔局
牀幔郎君
殿幄局
殿幄郎君
車輿局
車輿郎君

御盞局
御盞郎君
本班局
本班郎君
皇太后祗應司
領皇太后諸局事
知皇太后宮諸司事
皇太妃祗應司
皇后祗應司
近位祗應司
皇太子祗應司
親王祗應司
著帳戶司本諸斡魯朵戶析出及諸色人犯罪沒入凡
御帳皇太后皇太妃皇后皇太子近位親王祗從伶官
皆充其役
著帳節度使
著帳殿中
承應小底局
筆硯小底
寢殿小底
佛殿小底
司藏小底
習馬小底
鷹坊小底
湯藥小底
尙飲小底
盥漱小底
尙膳小底
尙衣小底
裁造小底
北面皇族帳
肅祖長子洽昚之族在五院司叔子葛剌季子洽禮及
懿祖仲子帖剌季子褭古直之族皆在六院司此五房
者謂之二院皇族玄祖伯子麻魯無後次子巖木之後
曰孟父房叔子釋魯曰仲父房季子爲德祖德祖之元
子是爲太祖天皇帝謂之橫帳次曰剌葛曰迭剌曰寅
底石曰安端曰蘇皆曰季父房此一帳三房謂之四帳
皇族二院治之以北南二王四帳治之以大內惕隱皆
統於大惕隱司
大內惕隱司掌皇族四帳之政教

大內惕隱
知大內惕隱事
大內惕隱都監
大橫帳常袞司掌太祖皇帝後九帳皇族之事
橫帳常袞亦曰橫帳敞穩
橫帳太師
橫帳太保
橫帳司空
橫帳郎君
橫帳知事
孟父族帳常袞司掌蜀國王巖木房族之事
仲父族帳常袞司掌隋國王釋魯房族之事
季父族帳常袞司掌德祖皇帝三房族之事
四帳都詳穩司掌四帳軍馬之事
都詳穩
都監
將軍本名敞史
小將軍
橫帳詳穩司
孟父帳詳穩司
仲父帳詳穩司
季父帳詳穩司
舍利司掌皇族之軍政
舍利詳穩
舍利都監
舍利將軍
舍利小將軍
舍利
梅里
親王國官制未詳
王府近侍
王府祗候
大東丹國中臺省太祖天顯元年置乾亨元年聖宗省
左大相
右大相
左次相
右次相
王子院掌王子各帳之事
王子太師
王子太保

王子司徒
王子司空
王子班郎君
駙馬都尉府掌公主帳宅之事
駙馬都尉
北面諸帳官
遼太祖有帝王之度者三代遙輦氏尊九帳於御營之
上一也滅渤海國存其族帳亞於遙輦二也併奚王之
衆撫其帳部擬於國族三也有英雄之智者三任國舅
以耦皇族崇乙室以抗奚王列二院以制遙輦是以觀
北面諸帳官可以見之矣
遙輦九帳大常袞司掌遙輦洼可汗阻午可汗胡刺可
汗蘇可汗鮮質可汗昭古可汗耶瀾可汗巴剌可汗痕
德菫可汗九世宮分之事太祖受位于遙輦以九帳居
皇族一帳之上設常袞司以奉之有司不與焉凡遼十
二宮五京皆太祖以來征討所得非受之於遙輦也其
侍先世之厚蔑以加矣遼俗東嚮而尙左御帳東嚮遙
輦九帳南嚮皇族三父帳北嚮東西爲經南北爲緯故
謂御營爲橫帳云
大常袞亦曰敞穩
遙輦太師
遙輦太保
遙輦太尉
遙輦司徒
遙輦司空
遙輦侍中一作世燭太宗會同元年置
敞史
知事
遙輦帳節度使司
節度使
節度副使
遙輦糺詳穩司
遙輦糺詳穩
遙輦糺都監
遙輦糺將軍
遙輦糺小將軍
遙輦剋官名未詳
大國舅司掌國舅乙室已拔里二帳之事太祖天顯十
年合皇太后二帳爲國舅司聖宗開泰三年又併乙室
已拔里二司爲一帳

乙室已國舅太翁帳常袞一作敞穩
乙室已國舅小翁帳常袞
拔里國舅大父帳常袞
拔里國舅少父帳常袞
國舅太師
國舅太保
國舅太尉
國舅司徒
國舅司空
敞史太宗會同元年改郎君爲敞史知事
國舅乙室已大翁帳詳穩司
國舅詳穩
國舅都監
國舅本族將軍
國舅本族小將軍興宗重熙五年樞密院奏國舅
乙室已小翁帳敞史准大橫帳
洎國舅二父帳改爲將軍
國舅乙室已小翁帳詳穩司
國舅拔里大父帳詳穩司
國舅拔里少父帳詳穩司
國舅夷離畢司
國舅夷離畢
國舅左夷離畢
國舅右夷離畢
敞史
國舅帳剋
國舅別部世宗置
官制未詳
國舅別部敞史聖宗太平八年見國敞史譜
塔葛
渤海帳司官制未詳
渤海宰相
渤海太保
渤海撻馬
渤海近侍詳穩司
奚王府
乙室王府並見部族官
北面宮官
遼建諸宮斡魯朵部族蕃戶統以北面宮官具如左
諸行宮都部署院總契丹漢人諸行宮之事

諸行宮都部署
知行宮諸部署司事
諸行宮副部署
諸行宮判官
契丹行宮諸部署司總行在行軍諸斡魯朵之政令
契丹行宮都部署
知契丹行宮都部署事
契丹行宮副部署
契丹行宮判官
行宮諸部署司掌行在諸宮之政令
行宮都部署
行宮副部署
行宮部署判官
十二宮職名總目
某宮
某宮使
某宮副使
某宮太師
某宮太保
某宮侍中太宗會同元年置亦曰世燭
某宮都部署司掌本宮契丹軍民之事
某宮都部署
某宮副部署
某宮判官
某宮提轄司官制未詳
某宮馬羣司
侍中
敞史
某石烈石烈縣也
夷離菫本名彌里馬特本改辛袞會同元年升
麻普本名達剌干會同元年改
牙書會同元年置
某瓦里內族外戚世官犯罪沒入瓦里
抹鶻
某抹里
閘撒狘
某得里官名未詳
太祖弘義宮
太宗永興宮
世宗積慶宮

應天皇太后長寧宮
穆宗延昌宮
景宗彰愍宮
承天皇太后崇德宮
聖宗興聖宮
興宗延慶宮
道宗太和宮
天祚永昌宮
孝文皇太弟敦睦宮
文忠王府已上十二宮一府部署提轄石烈瓦里抹里
得等並見營衞志
押行宮輜重夷離畢司掌諸宮巡幸扈從輜重之事
夷離畢
敞史

遼史卷四十五考證
百官志一北院○臣長發按遼志官有契丹樞密院及
行宮都總管司謂之北院以其在牙帳之北以主蕃
事
大惕隱○臣長發按遼志惕隱宗正寺也
夷離畢○臣長發按遼志夷離畢參知政事也
敞史○臣長發按遼志佐吏則有敞史本古思奴古都
奴古徒奴古敞史見于百官志其思奴古國語解謂
官與敞史相近徒奴古國語解謂邊徼外小國而本
古都奴古未詳其義要之皆佐吏之類也
大林牙○臣長發按遼志林牙翰林學士也

遼史卷四十六
元中書右丞相總裁脫脫等修
志第十六
百官志二
北面部族官
部族詳見營衞志設官之制具如左
部族職名總目
大部族
某部大王本名夷離菫
某部左宰相

某部右宰相
某部太師
某部太保
某部太尉
某部司徒本名惕隱
某部節度使司
某部節度使
某部節度副使
某部節度判官
某部族詳穩司
某部族詳穩
某部族都監
某部族將軍
某部族小將軍
某石烈
某石烈夷離菫
某石烈麻普亦曰馬步本名石烈達剌干
某石烈牙書
某彌里彌鄉也
辛袞本曰馬特本
小部族
某部族司徒府
某部族司徒
某部族司空
某部族節度使司
某部族詳穩司
某石烈
令穩
麻普
牙書
某彌里
辛袞
五院部有知五院事在朝曰北大王院
六院部有知六院事在朝曰南大王院
乙室部在朝曰乙室王府有乙室府迪骨里節度使司
奚六部在朝曰奚王府有二常袞有二宰相又有吐里
太尉有奚六部漢軍詳穩有奚拽剌詳穩有
先離撻覽官
已上四大王府爲大部族
品部

楮特部
烏隗部
突呂不部
突舉部
涅剌部
遙里部
伯德部
墮瑰部
楚里部
奥里部
南剋部
北剋部
突呂不室韋部
涅剌拏古部
迭剌迭達部
乙室奥隗部
楮特奥隗部
品達魯虢部
烏古涅剌部
圖魯部
撒里葛部
窈爪部
耨盌爪部
訛僕括部
特里特勉部
稍瓦部
曷术部
隗衍突厥部
奥衍突厥部
涅剌越兀部
奥衍女直部
乙典女直部
斡突盌烏古部
迭魯敵烈部
大黄室韋部
小黄室韋部二黄室韋闥林改爲僕射
术哲達魯虢部
梅古悉部
頡的部
匿訖唐古部
北唐古部
南唐古部
鶴剌唐古部
河西部
北敵烈部
薛特部
伯斯鼻骨部
達馬鼻骨部
五國部

北面坊場局冶牧廐等官

遼始祖涅里究心農工之事太祖尤拳拳焉畜牧畋漁固俗尚也坊場牧廐設官如左

諸坊職名總目
某坊使
某坊副使
某坊詳穩司
某坊詳穩
某坊都監
鷹坊
鐵坊
五坊未詳
八坊内有軍器坊餘未詳
已上坊官
圍場
圍場都太師
圍場都管
圍場使
圍場副使
已上場官
局官職名總目
某局使
某局副使
客省局
器物局
太醫局
醫獸局有四局都林牙
已上局官
五冶未詳
太師
已上冶官
羣牧職名總目
某路羣牧使司
某羣太保
某羣侍中
某羣敞史
總典羣牧使司
總典羣牧部籍使
羣牧都林牙
某羣牧司
羣牧使
羣牧副使
西路羣牧使司
倒塌嶺西路羣牧使司
渾河北馬羣司
漠南馬羣司
漠北滑水馬羣司
牛羣司
已上羣牧官
尚廐
尚廐使
尚廐副使
飛龍院
飛龍使
飛龍副使
總領内外廐馬局
總領内外廐馬
已上諸廐官
監鳥獸詳穩司職名總目
監某鳥獸詳穩
監某鳥獸都監
監某鳥
監某獸
監鹿詳穩司
監雉
已上監養鳥獸官

北面軍官

遼宮帳部族京州屬國各自爲軍體統相承分數秩然雄長二百餘年凡以此也考其可知者如左

天下兵馬大元帥府太子親王總軍政
天下兵馬大元帥
副元帥
大元帥府大臣總軍馬之政
大元帥
副元帥
都元帥府大將總軍馬之事
兵馬都元帥
副元帥
同知元帥府事
便宜從事府亦曰便宜行事
便宜從事
大詳穩司
大詳穩
都監
將軍
小將軍
軍校
隊帥
東都省分掌軍馬之政
東都省太師
西都省分掌軍馬之政
西都省太師
大將軍府各統所治軍之政令
大將軍
小將軍
將軍
小將軍
護軍司
護軍司徒
衛軍司
衛軍司徒
諸路兵馬統署司
諸路兵馬都統署
諸路兵馬副統署
左皮室詳穩司
右皮室詳穩司
北皮室詳穩司
南皮室詳穩司
太宗選天下精甲三十萬爲皮室軍初太祖以行營爲宮選諸部豪健千餘人置爲腹心部耶律老古以功爲右皮室詳穩則皮

室軍自太祖時已有即腹心部是也太宗
增多至三十萬耳
黃皮室軍詳穩司黃皮室屬國名
屬珊軍詳穩司應天皇太后置軍二十萬選蕃漢精兵
珍美如珊瑚故名
舍利軍詳穩司統皇族之從軍者橫帳三父房屬焉
北王府舍利軍詳穩司五院皇族屬焉
南王府舍利軍詳穩司六院皇族屬焉
禁軍都詳穩司掌禁衞諸軍之事
各部族舍利司掌各部族子弟之軍政
郎君軍詳穩司掌著帳郎君之軍事
拽剌軍詳穩司走卒謂之拽剌
旗鼓拽剌詳穩司掌旗鼓之事
千拽剌詳穩司
猛拽剌詳穩司
墨離軍詳穩司
礮首軍詳穩司掌飛礮之事
弩手軍詳穩司掌強弩之事
鐵林軍詳穩司
大鷹軍詳穩司
鷹軍詳穩司
鶻軍詳穩司大小鶻軍即二室韋軍號
鳳軍詳穩司
龍軍詳穩司
飛龍軍詳穩司
虎軍詳穩司
熊軍詳穩司
左鐵鷂子軍詳穩司
右鐵鷂子軍詳穩司
龍衞軍詳穩司
威勝軍詳穩司
天雲軍詳穩司
特滿軍詳穩司
敵烈軍詳穩司
敵烈皮室詳穩司
滑里奚軍詳穩司
涅哥奚軍詳穩司
渤海軍詳穩司
女古烈詳穩司
奚王南剋軍詳穩司諸帳並有剋官為長餘同詳穩司

奚王北剋軍詳穩司
國舅帳剋軍
三剋軍
頻必剋軍
九剋軍
十二行糺軍諸糺並有司徒餘同詳穩司
各宮分糺軍
遙輦糺軍
各部族糺軍
羣牧二糺軍
怨軍八營都詳穩司天祚天慶六年命秦晉王淳募遼
東饑民得二萬餘人謂之怨軍及淳僭位改
號常勝軍
前宜營八營皆以所募州名為號
後宜營
前錦營
後錦營
乾營
顯營
乾顯大營
巖州營
北面邊防官
遼境東接高麗南與梁唐晉漢周宋六代為勍敵北鄰
阻卜朮不姑大國以十數西制西夏党項吐渾回鶻等
強國以百數居四戰之區虎踞其間莫敢與攖制之有
術故爾觀於邊防之官太祖太宗之雄圖見矣
諸軍都虞候司
都虞候
奚王府見部族官
大惕隱司見帳官
大國舅司
大常袞司
五院司見部族官
六院司
沓溫司未詳
已上上京路諸司控制諸奚
諸部署職名總目
某兵馬都部署
某兵馬副部署
某兵馬都監

某都部署判官
諸指揮使職名總目
某軍都指揮使
某軍副指揮使
某軍都監
諸統軍使職名總目有都統軍使副使都監等官
東京兵馬都部署司
契丹奚漢渤海四軍都指揮使司
契丹奚軍都指揮使司
奚軍都指揮使司
漢軍都指揮使司
渤海軍都指揮使司
東京都統軍使司
東京都詳穩司
保州都統軍司
湯河詳穩司亦曰南女直湯河司
杓窊司未詳
金吾營屬南面
銅州北兵馬指揮使司
淶州南兵馬指揮使司
已上遼陽路諸司控扼高麗
黃龍府兵馬都部署司一作都監署司
黃龍府鐵驪軍詳穩司
咸州兵馬詳穩司有知咸州路兵馬事同知咸州路兵
馬事咸州糺將
東北路都統軍使司有掌法官道宗大安六年置
已上長春路諸司控制東北諸國
南京都元帥府本南京兵馬都總管府興宗重熙四年
改有都元帥大元帥
南京兵馬都總管府屬南面有兵馬都總管有總領南
面邊事有總領南面軍務事有總領南面戍
兵等官
南京馬步軍都指揮使司屬南面
侍衞控鶴都指揮使司屬南面
燕京禁軍詳穩司
南京都統軍司又名燕京統軍司聖宗統和十二年復
置南京統軍都監
牛欄都統領司
都統領
副統領

距馬河戍長司聖宗開泰七年沿距馬河宋界東西七
百餘里特置戍長一員巡察
戍長
監軍寨統領司
石門統領司
南皮室軍詳穩司
北皮室軍詳穩司
猛拽剌詳穩司
管押平州甲馬司
管押平州甲馬
已上南京諸司並隸元帥府備禦
宋國
西南面安撫使司
西南面安撫使
西南面都招討司太祖神冊元年置亦曰西南路招討
司
西南面招討使
西南邊大詳穩司
西南路詳穩司
西南面五押招討司
五押招討大將軍
西南路巡察司又有西南巡邊官
西南路巡察將軍
西南面巡檢司
西南面巡檢
西南面同巡檢
西南面拽剌詳穩司
山北路都部署司又有知山北道邊境事官
金肅軍都部署司
南王府見北面朝官
北王府
乙室王府
山金司一作山陰司置在金山之北
已上西京諸司控制西夏
西北路招討使司有知西路招討事有監軍
西北路管押詳穩司
西北路總領司有總領西北路軍事官
領西北路十二班軍使司
契丹軍詳穩司
吐渾軍詳穩司

遼律軍詳穩司
禁軍詳穩司
奚王府舍利軍詳穩司
大室韋軍詳穩司
小室韋軍詳穩司
北王府軍詳穩司
特滿軍詳穩司
羣牧軍詳穩司
宮分軍詳穩司
西北路金吾軍屬南面
西北路兵馬都部署司
西北路阻卜部署司
西北路統軍司
西北路戍長司
西北路禁軍都統司
西北部鎮撫司兼掌西北諸部軍民在鎮撫西北部事官
西北路巡檢司
黑水河提轄司在中京黔州置
已上西北路諸司控制諸國
東北路兵馬詳穩司亦曰東北面詳穩司
東北路監軍馬司有東北路監軍馬使有管押東北路軍馬事官
東北路女直詳穩司
北女直兵馬司在東京遼州置
已上東北路諸司
東路兵馬都總管府有東路兵馬都總管有同知東路兵馬事官
東路都統軍使司
遼里等十軍都詳穩司
遼里軍諸詳穩司未詳
九水諸夷安撫使
已上東路諸司
西南面節制司有節制西南諸軍事
西南面都統軍司
已上西南邊諸司
山西兵馬都統軍司
西路招討使司
西邊大詳穩司
四蕃都軍所聖宗統和四年置授李繼冲
夏州管內蕃落使聖宗統和四年置授李繼遷
倒塌嶺節度使司
倒塌嶺統軍司
塌西節度使司
塌母城節度使司
已上西路諸司

北面行軍官

遼行軍官樞密都統部署之司上下相維先鋒兩翼嚴重中軍於遠探偵候爲尤謹臨陣委重於監戰司存有常秩然整暇所以爲制勝之道也

行樞密院有左右林牙有叅謀
行軍都統所有監軍有行軍諸部都監有監戰
行軍都統
行軍副都統
行軍都監
行軍都押司有都押官副押官
行軍都部署司
先鋒使司
先鋒都統所
左翼軍都統所
右翼軍都統所
中軍都統所
御營都統所
遠探軍有小校有拽剌
候騎有偵候有候人有拽剌
東征行樞密院
東征都統所亦曰東面行軍都統所又曰東路行軍都統所
東征統軍司
東征先鋒使司
西征統軍司
南征都統所亦曰南面行軍都統所
南征統軍司
南面行營總管府
南面行營都部署司
河南道行軍都統所
北道行軍都統所
東北面行軍都統所
西北面行軍都統所
西南面行軍都統所

北面屬國官

遼制屬國屬部官大者擬王封小者准部使命其酋長與契丹人區別而用恩威兼制得柔遠之道考其可知者具如左

屬國職名總目
某國大王
某國于越
某國左相
某國右相
某國惕隱亦曰司徒
某國太師
某國太保
某國司空本名闥林
某國某部節度使司
某國某部節度使
某國某部節度副使
某國詳穩司
某國詳穩
某國都監
某國將軍
某國小將軍
大部職名
並同屬國
諸部職名
並同部族
女直國順化王府
景宗保寧九年女直國來請宰相夷離堇之職以次授者二十一人聖宗統和八年封女直阿海爲順化王亦作阿改天祚天慶二年有順國女直阿鶻產大王
北女直國大王府
南女直國大王府
曷蘇館路女直國大王府亦曰合蘇袞部女直王又曰合素女直王又曰蘇館都大王聖宗太平六年曷蘇館諸部許建旗鼓
長白山女直國大王府聖宗統和三十年長白山三十部女直乞授爵秩
鴨淥江女直大王府
瀕海女直國大王府
阻卜國大王府
阻卜扎剌部節度使司
阻卜諸部節度使司聖宗統和二十九年置
阻卜別部節度使司
西阻卜國大王府
北阻卜國大王府
西北阻卜國大王府
乞粟河國大王府
城屈里國大王府
术不姑國大王府亦曰述不姑又有直不姑
阿薩蘭回鶻大王亦曰阿思懶王府
回鶻國單于府興宗重熙二十二年詔回鶻部副使以契丹人充
沙州回鶻燉煌郡王
甘州回鶻大王府
高昌國大王府
党項國大王府
西夏國西平王府
高麗國王府
新羅國王府
日本國王府
吐谷渾國王府
吐渾國王府
轄戛斯國王府
室韋國王府
黑車子室韋國王府
鐵驪國王府
靺鞨國王府
沙陀國王府
濊貊國王府
突厥國王府
西突厥國王府
斡朗改國王府
迪烈德國王府亦曰敵烈亦曰迭烈德
于厥國王府
越離覩國王府亦曰斡離都
阿里國王府
襖里國王府
朱灰國王府
烏孫國王府
于闐國王府

獅子國王府
大食國王府
西蕃國王府
大蕃國王府
小蕃國王府
吐蕃國王府
阿撒里國王府
波剌國王府
惕隱國王府
仙門國王府
鐵不得國王府
鼻國德國王府
轄剌國只國王府
賃烈國王府
獲里國王府
怕里國王府
嗢溫國王府
阿鉢頗得國王府
阿鉢押國王府
紐沒里國王府
要里國王府
徒覩古國王府亦曰徒魯古
素撒國王府
夷都袞國王府
婆都魯國王府
霸斯黑國王府
達離諫國王府
達盧古國王府
三河國王府
覈列哿國王府
述律子國王府
殊保國王府
蒲泯國王府
烏里國王府

已上諸國

蒲盧毛朶部大王府
回跋部大王府
嵓母部大王府
黃龍府女直部大王府道宗太康八年賜官及印
吾禿婉部大王府
烏隈于厥部大王府
婆離八部大王府
于厥里部族大王府太宗會同三年賜旗鼓

已上大部

生女直部
直不姑部
孤山部
拔思母部
茶扎剌部
粘八葛部
耶覩刮部
耶迷只部
撻木不姑部
渤海部
西北渤海部
達里得部亦曰達離底
烏古部
隈烏古部
三河烏古部
烏隈烏骨里部
敵烈部
迪離畢部
涅剌部
烏濊部

已上三部隸夫人婆底里東北路管押司

鉏德部
諦居部亦曰諦輦部
涅剌奧隗部
八石烈敵烈部
迭剌葛部
兀惹部亦曰烏惹部
党項部
隗衍党項部
山南党項部
北大濃兀部
南大濃兀部
九石烈部
嗢娘改部
鼻德骨部
退欲德部
涅古部
遙思拈部
劃離部聖宗統和元年劃離部請今後詳穩於當部人內選授不許
四部族部
四蕃部
三國部
素昆那山東部
胡母思山部
盧不姑部
照姑部
白可久部
俞魯古部
七火室韋部
黃皮室韋部
瑤穩部
嘲穩部
二女古部
蔑思乃部
麻達里別古部
梅里急部
斡魯部
榆里底乃部
率類部
五部蕃部
蒲奴里部
閘古胡里扒部

已上諸部

遼史卷四十七

元中書右丞相總裁脫脫等修

志第十七上

百官志三

南面

契丹國自唐太宗置都督刺史武后加以王封玄宗置經畧使始有唐官爵矣其後習聞河北藩鎮受唐官名於是太師太保司徒司空施于部族太祖因之大同元年世宗始置北院樞密使明年世宗以高勳爲南院樞密則樞密之設蓋自太宗入汴始矣天祿四年建政事省於是南面官僚可得而書其始漢人樞密院兼尚書省吏兵刑有承旨戶工有主事中書省兼禮部別有戶部使司以營州之地加幽冀之半用是適足矣中葉彌文耶律楊六爲太傅知有三師矣忽古質爲太尉知有三公矣於韓古得爲常侍劉涇爲禮部尚書知有門下尚書省矣庫部虞部倉部員外出使則知備郎官列宿之員室昉監修則知國史有院程翥舍人則知起居有注邢抱朴承旨王言敷學士則知有翰林內制張幹政事舍人則知有中書外制大理司農有卿國子少府有監九卿列監見矣金吾千牛有大將十六列衛見矣太子上有師保下有府率東宮備官也節度觀察防禦團練刺史咸在方州如唐制也凡唐官可考見者列具于篇無徵者不書

南面朝官

遼有北面朝官矣既得燕代十有六州乃用唐制復設南面三省六部臺院寺監諸衛東宮之官誠有志帝王之盛制亦以招徠中國之人也三師府本名三公漢以丞相太尉御史大夫爲三公故稱三師

太師穆宗應曆三年見太師唐骨德

太傅太宗會同元年命馬道守太傅

太保會同元年劉煦守太保

少師耶律裔忠傳見少師蕭把哥

少傅

少保

掌印耶律乙辛重熙中掌太保印

三公府先漢丞相太尉御史大夫後漢更名太司徒太司馬大司空唐太尉司徒司空又名三司

太尉太宗天顯十一年見太尉趙思溫

司徒世宗天祿元年見司徒劉設

司空聖宗統和三十年見司空邢抱質

漢人樞密院本兵部之職在周爲大司馬漢爲太尉唐季宦官用事內置樞密院後改用士人晉天福中廢開運元年復置太祖初有漢兒司韓知古總知漢兒司事太宗入汴因晉置樞密院掌漢人兵馬之政初兼尚書省

樞密使太宗大同元年見樞密使李崧

知樞密使事

知樞密院事

樞密副使楊遵勗咸雍中爲樞密

同知樞密院事聖宗太平六年見同知樞密院事

耶律迷離已
知樞密院副使事楊皙興宗重熙十二年知樞密
院副使事
樞密直學士聖宗統和二年見樞密直學士郭嘏
樞密都承旨聖宗開泰九年見樞密都承旨
韓紹芳
樞密副承旨楊遵勗重熙中爲樞密副承旨
吏房承旨
兵刑房承旨
户房主事
廳房主事郎工部
中書省初名政事省太祖置官世宗天祿四年建政事
省興宗重熙十三年改中書省
中書令韓延徽太祖時爲政事令韓知古天顯初
爲中書令會同五年又見政事
令趙延壽
大丞相太宗大同元年見大丞相趙延壽
左丞相聖宗太平四年見左丞相張儉
右丞相聖宗開泰元年見右丞相馬保忠
知中書省事蕭孝友興宗重熙十年知中書省事
中書侍郎韓資讓壽隆初爲中書侍郎
同中書門下平章事太祖加王郁同政事門下平
章事太宗大同元年見平章事
張礪
參知政事聖宗統和十二年見參知政事邢抱朴
堂後官太平二年見堂後官張克恭
主事
守當官並見耶律儼建官制度
令史耶律儼道宗咸雍三年爲中書省令史
中書舍人院
中書舍人室昉景宗保寧間爲政事舍人道宗咸
雍三年見中書舍人馬鉉
右諫院
右諫議大夫聖宗統和七年見諫議大夫馬得臣
右補闕
右拾遺劉景穆宗應歷初爲右拾遺
門下省
侍中趙思忠太宗會同中爲侍中
常侍興宗重熙十四年見常侍韓古得
散騎常侍馬人望天祚乾統中爲左散騎常侍

給事中聖宗統和二年見給事中郭嘏
門下侍郎楊皙清寧初爲門下侍郎
起居舍人院
起居舍人聖宗開泰五年見起居舍人程翥
知起居注耶律敵烈重熙末知起居注
起居郎杜防開泰中爲起居郎
左諫院
左諫議大夫
左補闕
左拾遺統和三年見左拾遺劉景
通事舍人院
通事舍人統和七年見通事舍人李琬
符寶司
符寶郎耶律玦重熙初爲符寶郎
東上閤門司太宗會同元年置
東上閤門使韓延徽傳見東上閤門使鄭延豐
東上閤門副使
西上閤門司
西上閤門使統和二十一年見西上閤門使丁振
西上閤門副使
東頭承奉班
東頭承奉官韓德讓景宗時爲東頭承奉官
西頭承奉班
西頭承奉官
通進司
左通進
右通進耶律瑶質景宗時爲右通進
登聞鼓院
登聞鼓使
匭院
知匭院使太平三年見知匭院事杜防
誥院
誥院給事耶律鐸斡重熙末爲誥院給事
尚書省太祖嘗置左右尚書
尚書令蕭思温景宗保寧初爲尚書令
左僕射太祖初康默記爲左尚書三年見左僕射
韓知古
右僕射太宗會同元年見右僕射烈束
左丞武白爲尚書左丞
右丞

左司郎中
右司郎中
左司員外郎
右司員外郎
六部職名總目
某部
某部尚書聖宗開泰元年見吏部尚書劉績
某部侍郎王觀興宗重熙中爲兵部侍郎李澣穆
宗朝累遷工部侍郎
某部郎中劉輝道宗大安末爲禮部郎中
某部員外郎開泰五年見禮部員外郎王景運
某部郎中聖宗統和九年見虞部郎中崔祐諸曹
郎官未詳
御史臺太宗會同元年置
御史大夫會同九年見御史大夫耶律解里
御史中丞
侍御重熙七年見南面侍御壯骨里
殿中司
殿中聖宗開泰元年見殿中高可恒
殿中丞
尚舍局見遼朝雜禮
奉御
尚乘局奉御
尚輦局奉御
尚食局奉御
尚衣局奉御
翰林院掌天子文翰之事
翰林都林牙興宗重熙十三年見翰林都林牙耶
律庶成
南面林牙耶律磨魯古聖宗統和初爲南面林牙
翰林學士承旨趙延壽傳見翰林學士承旨張礪
翰林學士太宗大同元年見和凝爲翰林學士
翰林祭酒韓德崇景宗保寧初爲翰林祭酒
知制誥室昉太宗入汴詔知制誥
翰林畫院
翰林畫待詔聖宗開泰七年見翰林畫待詔陳升
翰林醫官天祚保大二年見提舉翰林醫官李奭
國史院
監修國史聖宗統和九年見監修國史室昉
史館學士景宗保寧八年見史館學士

史館修撰劉輝大安末爲史館修撰
修國史耶律玦重熙初修國史
宣政殿
宣政殿學士穆宗應歷元年見宣政殿學士李澣
觀書殿
觀書殿學士王鼎壽隆初爲觀書殿學士
昭文館
昭文館直學士楊遵勗子晦爲昭文館直學士
崇文館
崇文館大學士韓延徽太祖時爲崇文館大學士
乾文閣
乾文閣學士王觀道宗咸雍五年爲乾文閣學士
宣徽院太宗會同元年置
宣徽使
知宣徽院事馬得臣統和初知宣徽院事
宣徽副使
同知宣徽使事
同知宣徽院事
內省
內省使聖宗太平九年初見內省使
內省副使
內藏庫
內藏庫提點道宗清寧元年見內藏庫提點
耶律烏骨
內侍省
黃門令
內謁者
內侍省押班
內侍左廂押班
內侍右廂押班
契丹漢兒渤海內侍都知
左承宣使
右承宣使
內庫
都提點內庫
尚衣庫
尚衣庫使
湯藥局
都提點勾當湯藥內侍省官並見王繼恩趙
安仁傳

客省太宗會同元年置
都客省興宗重熙十年見都客省回鶻重哥
客省使會同五年見客省使耶律化哥
左客省使蕭護思應歷初爲左客省使
右客省使
客省副使
四方館
四方館使高勳太宗入汴爲四方館使
四方館副使道宗咸雍五年詔四方館副使
止以契丹人充
引進司
引進使聖宗統和二十八年見引進使韓杞
點簽司
同簽點簽司事興宗重熙六年見同簽點簽
司事耶律圖寧
禮信司
勾當禮信司興宗重熙七年見勾當禮信司
骨欲
禮賓使司
禮賓使大公鼎曾祖忠爲禮賓使
寺官職名總目
某卿興宗景福元年見崇祿卿李可封
某少卿耶律儼子處貞爲太常少卿
某丞
某主簿
太常寺有博士贊引太祝奉禮郎協律郎
諸署職名總目
某署令
某署丞
太樂署
鼓吹署
法物庫遼朝雜禮有法物庫所掌圖籍
法物庫使
法物庫副使
崇祿寺本光祿寺太宗諱改
衞尉寺
宗正寺職在大惕隱司
太僕寺有乘黃署
大理寺有提點大理寺有大理正聖宗統和十二年置
鴻臚寺

司農寺
諸監職名總目
某太監興宗景福元年見少府監馬憚
某少監興宗重熙十七年見將作少監王企
某監丞
某監主簿
祕書監有祕書郎祕書郎正字
著作局
著作郎
著作佐郎楊晳聖宗統和十一年爲著作佐
郎
校書郎楊佶統和中爲校書郎
正字開泰元年見正字李萬
司天監有太史令有司歷靈臺郎挈壺正五官正丞主
簿五官靈臺郎保章正司歷監候挈壺正司辰刻漏博
士典鍾典鼓
國子監上京國子監太祖置
祭酒
司業
監丞
主簿
國子學
博士武白爲上京國子博士
助教
太府監
少府監
將作監
都水監
已上文官
諸衞職名總目
各衞
大將軍聖宗開泰七年見皇子宗簡右衞大將軍
上將軍王繼忠統和二十二年加左武衞上將軍
將軍聖宗太平四年見千牛衞將軍蕭順
折衝都尉
果毅都尉
親衞
勳衞
翊衞
左右衞

左右驍衞
左右武衞
左右威衞
左右領軍衞
左右金吾衞
左右監門衞
左右千牛衞
左右羽林軍
左右龍虎軍
左右神武軍
左右神策軍
左右神威軍
已上武官
東宮三師府凡東宮官多見遼朝雜禮
太子太師太宗大同元年見太子太師李崧
太子太傅世宗天祿五年見太子太傅趙瑩
太子太保大同元年見太子太保趙瑩
太子少師聖宗太平十一年見太子少師蕭從順
太子少傅耶律合里重熙中爲太子少傅
太子少保大同元年見太子少保馮玉
太子賓客院
太子賓客
太子詹事院
太子詹事
少詹事
詹事丞
詹事主簿
太子司直司
太子司直
左春坊
太子左庶子
太子中允聖宗太平五年見太子中允馬若谷
太子司議郎
太子左諭德
太子左贊善大夫
文學館
崇文館學士
崇文館直學士
太子校書郎聖宗太平五年見太子校書郎韓欒
司經局

太子洗馬劉輝大安末爲太子洗馬
太子文學
太子校書郎聖宗太平五年見太子校書郎張昱
太子正字
典設局
典設郎
宮門局
宮門郎
右春坊
太子右庶子
太子中舍人
太子舍人
太子右諭德
右贊善大夫
太子通事舍人
太子家令寺
太子家令
丞
主簿
太子率更寺
太子率更令
丞
主簿
太子僕寺
太子僕
丞
主簿
太子率府職名總目
某率興宗重熙十四年見率府率習羅
太子左右衞率府
太子左右司禦率府
太子左右清道率府
太子左右監門率府
太子左右內率府
已上東宮官
王傅府
王傅蕭惟信重熙十五年爲燕趙王傅
親王內史府
內史道宗太康三年見內史奚家奴
長史

參軍
諸王文學館
諸王教授姚景行重熙中爲燕趙國王教授
諸王伴讀聖宗太平八年長沙郡王宗允等奏選
諸王伴讀
已上諸王府官
南面宮官
漢兒行宮都部署院亦曰南面行宮都部署司聖宗開
泰九年改左僕射
漢兒行宮都部署開泰七年見漢兒行宮都部署
石用中
漢兒行宮副部署興宗重熙十五年見漢兒行宮
副部署耶律敵烈
知南面諸行宮副部署重熙十年見知南面諸行
宮副部署耶律褭里
同知漢兒行宮都部署事道宗太康三年見同知
漢兒行宮都部署事蕭撻不也
同簽部署司事耶律儼太康中爲同簽部署司事
都部署判官耶律儼咸雍中爲都部署判官
十二宮南面行宮都部署司職名總目
某宮漢人行宮都部部署
某宮南面副都部署
某宮同知漢人都部署
弘義宮
永興宮
積慶宮
長寧宮
延昌宮
彰愍宮
崇德宮
興聖宮
延慶宮
太和宮
永昌宮
敦睦宮
遼史卷四十七考證
百官志三南面○臣長發按遼志有漢人樞密院中書
省行宮都總管司謂之南面以其在牙帳之南以主
漢事

遼史卷四十八
元中書右丞相總裁脫脫等修
志第十七下
百官志四
南面京官
遼有五京上京爲皇都凡朝官京官皆有之餘四京隨
宜設官爲制不一大抵西京多邊防官南京中京多財
賦官五京並署者列陳之特置者分列于後
二京宰相府職名總目
左相
右相
左平章政事
右平章政事
東京宰相府聖宗統和元年詔三京左右相左右平章
事
中京宰相府
南京宰相府
諸京內省客省職名總目
某京某省使
某京某省副使耶律蒲奴開泰末爲上京內客省
副使
上京內省司
東京內省司地理志東京大內不置宮嬪唯以內省使
副判官守之
五京諸使職名總目
某京某使王棠重熙中爲上京鹽鐵使
知某京某使事張孝傑清寧間知戸部使事
某京某副使劉伸重熙中爲三司副使
同知某京某使事道宗太康三年見撻不也同知
度支使事
某京某判官聖宗太平九年見戸部使判官
上京鹽鐵使司
東京戸部使司
中京度支使司
南京三司使司
南京轉運使司亦曰燕京轉運使司
西京計司
五京留守司兼府尹職名總目
某京留守行某府尹事聖宗統和元年見上京留
守行臨潢尹事吳王稍
某京副留守天祚天慶六年見東京副留守高清
臣
知某京留守事蕭惠開泰二年知東京留守事
某府少尹聖宗太平四年見臨潢少尹鄭弘節
同知某京留守事太平八年見中京同知耶律野
同簽某京留守事蕭滴冽太平六年同簽南京留
守事
某京留守判官室昉天祿中爲南京留守判官
某京留守推官聖宗開泰元年見中京留守推官
李可舉
上京留守司
東京留守司
中京留守司太宗大同元年命趙延壽爲中京留守治
鎭州聖宗統和十二年命室昉爲中京留守
治大定府
南京留守司太宗天顯三年升東平郡爲南京治遼陽
十三年以幽州爲南京治析津聖宗開泰元
年改幽都府爲析津府
西京留守司
五京都總管府職名總目
某京都總管知某府事
同知某府事聖宗太平五年見同知中京事蕭堯
亥
上京都總管府
東京都總管府
中京都總管府
南京都總管府
西京都總管府
五京都虞候司職名總目
都虞候
上京都虞候司
東京都虞候司
南京都虞候司
西京都虞候司
中京都虞候司
五京警巡院職名總目
某京警巡使
某京警巡副使
上京警巡院
東京警巡院
中京警巡院
南京警巡院
西京警巡院
五京處置使司職名總目
某京處置使
上京處置司
東京處置司
中京處置司
西京處置司
南京處置司
五京學職名總目道宗清寧五年詔設學養士頒經及
傳疏置博士助教各一員
博士
助教
上京學上京別有國子監見朝官
東京學
中京學中京別有國子監與朝官同
南京學亦曰南京太學太宗置聖宗統和十三年賜水
磑莊一區
西京學
已上五京官
上京城隍使司亦曰上京皇城使
上京城隍使韓德讓景宗時爲上京城隍使
東京渤海承奉官聖宗開泰八年耶律八哥奏渤海承
奉班宜設官以統之因置
渤海承奉都知押班
遼陽大都督府太宗會同二年置
遼陽大都督會同二年都督曷魯泊等闕防遼陽
東都
東京安撫使司
東京安撫使
東京軍巡院地理志東京有歸化營軍千餘人籍河朔
亡命於此置軍巡院
東京軍巡使
中京文思院
中京文思使馬人望父佺爲中京文思使
中京路按問使司
中京路按問使耶律和尚重熙二十四年爲中京
路按問使
中京巡邏使司

中京巡邏使耶律古昱開泰間爲中京巡邏使

中京大內都部署司

中京六內都部署聖宗開泰元年見中京大內都部署

中京大內副部署

南京宣徽院

南京宣徽使道宗壽隆元年見宣徽使耶律特末

知南京宣徽院使事

知南京宣徽院事

南宣徽副使

同知南京宣徽院事

南京處置使司聖宗開泰元年見秦王隆慶爲燕京管內處置使

燕京管內處置使

南京侍衛親軍馬步軍都指揮使司

南京侍衛親軍馬步軍都指揮使蕭討古乾亨初爲南京侍衛親軍都指揮使

南京馬步副指揮使

南京侍衛親軍馬軍都指揮使司

南京馬軍都指揮使

南京馬軍副指揮使

南京侍衛親軍步軍都指揮使司

南京步軍都指揮使

南京步軍副指揮使

南京栗園司

典南京栗園

雲州宣諭招撫使司

雲州管內宣諭招撫使二員統和四年見韓眦哥邢抱質爲雲州管內宣諭招撫使

南面大蕃府官

黃龍府

知黃龍府事興宗重熙十三年見知黃龍府事耶律醜里斯

同知黃龍府事

黃龍府判官

黃龍府侍衛親軍馬步軍都指揮使

黃龍府侍衛親軍都指揮使

黃龍府侍衛親軍副指揮使

黃龍府侍衛馬軍都指揮使

黃龍府侍衛步軍都指揮使

黃龍府侍衛馬軍副指揮使

黃龍府侍衛步軍副指揮使

黃龍府學

博士

助教

興中府

知興中府事咸雍元年知興中府事楊績

同知興中府事

興中府判官

興中府學

博士

助教

南面方州官

遼東西燕秦漢唐已置郡縣設官職矣高麗渤海因之至遼五京列峙包括燕代悉爲畿甸二百餘年城郭相望田野益闢冠以節度承以觀察防禦團練等使分以刺史縣令大略採用唐制其間宗室外戚大臣之家築城賜額謂之頭下州軍唯節度使朝廷命之後往往皆歸王府不能州者謂之軍不能縣者謂之城不能城者謂之堡其設官則未詳云

節度使職名總目

某州某軍節度使

某州某軍節度副使

同知節度使事耶律玦重熙中同知遼興軍節度使事

行軍司馬

軍事判官

掌書記劉伸重熙五年爲彰武軍節度使掌書記

衙官

某馬步軍都指揮使司

都指揮使

副指揮使

某馬軍指揮使司

指揮使

副指揮使

某步軍指揮使司

指揮使

副指揮使

上京道

懷州奉陵軍節度使司

慶州玄寧軍節度使司

泰州德昌軍節度使司

長春州韶陽軍節度使司

儀坤州啓聖軍節度使司

龍化州興國軍節度使司

饒州匡義軍節度使司

徽州宣德軍節度使司

成州長慶軍節度使司

懿州廣順軍節度使司

渭州高陽軍節度使司

鎮州建安軍節度使司

東京道

開州鎮國軍節度使司

保州宣義軍節度使司

辰州奉國軍節度使司

興州中興軍節度使司

海州南海軍節度使司

淥州鴨淥軍節度使司

顯州奉先軍節度使司

乾州廣德軍節度使司

貴德州寧遠軍節度使司

瀋州昭德軍節度使司

遼州始平軍節度使司

通州安遠軍節度使司

雙州保安軍節度使司

同州鎮安軍節度使司

咸州安東軍節度使司

信州彰聖軍節度使司

賓州懷化軍節度使司

懿州寧昌軍節度使司

蘇州安復軍節度使司

復州懷德軍節度使司

祥州瑞聖軍節度使司

中京道

成州興府軍節度使司

興中府彰武軍節度使司

宜州崇義軍節度使司

錦州臨海軍節度使司

川州長寧軍節度使司

建州保靜軍節度使司

來州歸德軍節度使司

南京道

幽州盧龍軍節度使司

平州遼興軍節度使司

西京道

雲中大同軍節度使司

雲內州開軍節度使司

奉聖州武定軍節度使司

蔚州忠順軍節度使司

應州彰國軍節度使司

朔州順義軍節度使司

觀察使職名總目

某州軍觀察使

某州軍觀察副使

某州軍觀察判官王鼎清寧五年爲易州觀察判官

州學

博士

助教

中京道

高州觀察使司

武安州觀察使司

利州觀察使司

東京道

益州觀察使司

寧州觀察使司

歸州觀察使司

寧江州混同軍觀察使司

上京道

永州永昌軍觀察使司

靜州觀察使司

團練使司職名總目

某州團練使

某州團練副使

某州團練判官

州學

博士

助教

東京道

安州團練使
防禦使司職名總目
某州防禦使
某州防禦副使
某州防禦判官
州學
博士
助教
東京道
廣州防禦使司
鎮海府防禦使司
冀州防禦使司
衍州安廣軍防禦使司
州刺史職名總目
某州刺史
某州同知州事耶律獨攧重熙中同知金肅軍事
某州錄事參軍世宗天祿五年詔州錄事參軍委
政事省差注
州學
博士
助教
上京道五州烏降聖維防招
東京道三十七州穆賀盧鐵崇耀嬪遼西康宗海北巖
集祺遂韓銀安遠威清雍湖渤郢銅涑率賓
定理鐵利吉麗荊勝順化連肅烏
中京道十三州恩惠榆澤北安潭松山安德黔嚴濕遷
潤
南京道八州順檀涿易薊景灤營
西京道八州弘德寧邊歸化可汗儒武東勝
縣職名總目
某縣令
某縣丞
某縣主簿世宗天祿五年詔縣主簿政事省差注
某縣尉
縣學太公鼎爲良鄉縣尹建孔子廟
博士
助教
五京諸州屬縣見地理志縣有驛遞馬牛旗鼓鄉正廳
隸倉司等役有破產不能給者良民患之馬人望設法
使民出錢免役官自募人倉司給使以公使充人以爲

使
南面分司官
平理庶獄採摭民隱漢唐以來賢主以爲恤民之令典
官不常設有詔則選材望官爲之
分決諸道滯獄使聖宗統和九年命邢抱朴等五員又
命馬守瑛等三員分決諸道滯獄
按察諸道刑獄使開泰五年遣劉涇等分路按察刑獄
採訪使太宗會同三年命于骨鄰爲採訪使
南面財賦官
遼國以畜牧田漁爲稼穡財賦之官初甚簡易自涅里
教耕織而後鹽鐵諸利日以滋殖既得燕代益富饒矣
諸錢帛司職名總目
某州錢帛都點檢大公鼎爲長春州錢帛都提點
長春路錢帛司興宗重熙二十二年置
遼西路錢帛司
平州路錢帛司
轉運司職名總目
某轉運使
某轉運副使
同知某轉運使
某轉運判官
山西路都轉運使司楊晳興宗重熙二十年爲山西轉
運使
奉聖州轉運使司聖宗開泰三年置
蔚州轉運使司
應州轉運使司
朔州轉運使司
保州轉運使司已上並開泰三年置
西山轉運使司聖宗太平三年見西山轉運使郎玄化
南面軍官
傳曰雖楚有材晉實用之遼自太祖以來攻掠五代宋
境得其人則就用之東北二部以農以工有事則從軍
政計之善者也
點檢司職名總目
某都點檢穆宗十三年見殿前都點檢耶律夷刺
葛
某副點檢聖宗太平六年見副點檢耶律野
同知某都點檢道宗清寧九年見同知點檢司事
耶律撻不也
點檢司

殿前都點檢司
點檢侍衛親軍馬步司
諸指揮使司職名總目
某軍都指揮使聖宗統和二年見侍衛親軍都指
揮使韓倬
某軍副指揮使
某軍都監
某軍都指揮使司
某軍副指揮使司
並同前
侍衛親軍馬步軍都指揮使司
侍衛親軍馬軍都指揮使司
侍衛親軍步軍都指揮使司
侍衛控鶴兵馬都指揮使司
侍衛漢軍兵馬都指揮使司
四軍兵馬都指揮使司
歸聖軍兵馬都指揮使司聖宗統和五年以宋降軍置
七指揮署左右廂凡四十二員七年隸總管府
歸聖軍左廂兵馬都指揮使司
歸聖軍右廂兵馬都指揮使司
第一左廂兵馬都指揮使司
第一右廂兵馬都指揮使司
第二左廂兵馬都指揮使司
第二右廂兵馬都指揮使司
第三左廂兵馬都指揮使司
第三右廂兵馬都指揮使司
第四左廂兵馬都指揮使司
第四右廂兵馬都指揮使司
第五左廂兵馬都指揮使司
第五右廂兵馬都指揮使司
第六左廂兵馬都指揮使司
第六右廂兵馬都指揮使司
第七左廂兵馬都指揮使司
第七右廂兵馬都指揮使司
宣力軍都指揮使司
四捷軍都指揮使司
天聖軍都指揮使司
漢軍都指揮使司
諸軍都團練使職名總目
某軍都團練使趙思温太祖神册二年爲漢軍都

團練使
某軍團練副使
某軍團練判官
漢軍都團練使司
諸軍兵馬都總管府職名總目
某兵馬都總管聖宗太平四年見兵馬都總管
某兵馬副總管
同知某兵馬事
某兵馬判官
兵馬都總管府
歸聖軍兵馬都總管府
南面邊防官
三皇五帝寬柔之化澤及漢唐好生惡殺習與性成雖
五代極亂習於戰鬭者財幾人耳宋以文勝然遼之邊
防猶重於南面直以其地大民衆故耳卒之親仁善鄰
桴鼓不鳴幾二百年此遼之所以爲美也歟
易州飛狐招安使聖宗統和二十三年改安撫使司
易州飛狐兵馬司道宗咸雍四年改易州安撫司
易州飛狐招撫司
西南面招安使司耶律合住景宗保寧初爲西南面招
安使
巡檢使司耶律合住景宗保寧中爲巡檢使
五州都總管府耶律速撒穆宗應歷初爲義覇祥順聖
五州都總管
山後五州都管司聖宗統和四年見蒲奴寧爲山後五
州都管
五州制置使司聖宗開泰九年見覇建宜泉錦五州制
置使
三州處置使司韓德樞太宗時爲平灤營三州處置使
覇州處置使司統和二十七年廢

遼史卷四十九

元中書右丞相總裁脫脫等修

志第十八

禮志一

理自天設情繇人生以理制情而禮樂之用行焉林豺
梁獺是生郊禘窪尊燔黍是生燕饗蕢桴瓦棺是生喪
葬儷皮緇布是生婚冠皇造帝秩三王彌文一文一質
蓋本于忠變通革弊與時宜之唯聖人爲能通其意執
理者膠瑟聚訟不適人情徇情者稊稗綿蕝不中天理
秦漢而降君子無取焉遼本朝鮮故壤箕子八條之敎

流風遺俗蓋有存者自其上世緣情制宜隱然有尚質之風遙輦胡剌可汗制祭山儀蘇可汗制瑟瑟儀阻午可汗制柴冊再生儀其情朴其用儉敬天恤災施惠本孝出於悃忱殆有得於膠瑟聚訟之表者太古之上推輪五禮何以異茲太宗克晉稍用漢禮今國史院有金陳大任遼禮儀志皆其國俗之故又有遼朝雜禮漢儀爲多別得宣文閣所藏耶律儼志視大任爲加詳存其略著于篇

吉儀

祭山儀設天神地祇位于木葉山東鄉中立君樹前植羣樹以像朝班又偶植二樹以爲神門皇帝皇后至夷离畢具禮儀牲用赭白馬玄牛赤白羊皆牡僕臣曰旗鼓拽剌殺牲體割懸之君樹太巫以酒酹牲禮官曰敵烈麻都奏儀辦皇帝服金文金冠白綾袍絳帶懸魚三山絳垂飾犀玉刀錯絡縫烏靴皇后御絳帓絡縫紅袍懸玉佩雙結帕絡縫烏靴皇帝皇后御鞍馬羣臣在南命婦在北服從各部旗幟之色以從皇帝皇后至君樹前下馬升南壇御榻坐羣臣命婦分班以次入就位合班拜訖復位皇帝皇后詣天神地祇位致奠閤門使讀祝訖復位坐北府宰相及惕隱以次致奠于君樹徧及羣樹樂作羣臣命婦退皇帝率孟父仲父季父之族三匝神門樹餘族七匝皇帝皇后再拜在位者皆再拜上香再拜如初皇帝皇后升壇御龍文方茵坐再聲警詣祭東所羣臣命婦從班列如初巫衣白衣惕隱以素巾拜而冠之巫三致辭每致辭皇帝皇后一拜在位者皆一拜皇帝皇后各舉酒二爵肉二器再奠大臣命婦右持酒左持肉各一器少後立一奠命惕隱東向擲之皇帝皇后六拜在位者皆六拜皇帝皇后復位坐命中丞奉茶果餅餌各二器奠于天神地祇位執事郎君二十八持福酒胙肉詣皇帝皇后前太巫奠酹訖皇帝皇后再拜在位者皆再拜皇帝皇后一拜飲福受胙復位坐在位者以次飲皇帝皇后率羣臣復班位再拜聲蹕一拜退

太祖幸幽州大悲閣遷白衣觀音像建廟木葉山尊爲家神於拜山儀過樹之後增詣菩薩堂儀一節然後拜神非胡剌可汗之故也興宗先有事于菩薩堂及木葉山遼河神然後行拜山儀冠服節文多所變更後因以爲常神主樹木懸牲告辦班位奠祝致嘏飲福往往暗合于禮天理人情放諸四海而準信矣夫興宗更制不能正以經術無以大過於昔故不載

瑟瑟儀若旱擇吉日行瑟瑟儀以祈雨前期置百柱天棚及期皇帝致奠于先帝御容乃射柳皇帝再射親王宰執以次各一射中柳者質誌柳者冠服不中者以冠服質之不勝者進飲於勝者然後各歸其冠服又翼日植柳天棚之東南巫以酒醴黍稷薦植柳祝之皇帝皇后祭東方畢子弟射柳皇族國舅羣臣與禮者賜物有差既三日雨則賜敵烈麻都馬四疋衣四襲否則以水沃之

道宗清寧元年皇帝射柳訖詣風師壇再拜

柴冊儀擇吉日前期置柴冊殿及壇壇之制厚積薪以木爲三級壇置其上席百尺氈龍文方茵又置再生母后搜索之室皇帝入再生室行再生儀畢八部之叟前導後扈左右扶翼皇帝冊殿之東北隅拜日畢乘馬選外戚之老者御皇帝疾馳仆御者從者以氈覆之皇帝詣高阜地大臣諸部帥列儀仗遙望以拜皇帝遣使勑曰先帝升遐有伯叔父兄在當選賢者冲人不德何以爲謀羣臣對曰臣等以先帝厚恩陛下明德咸願盡心敢有他圖皇帝令曰必從汝等所願我將信明賞罰爾有功陟而任之爾有罪黜而棄之若聽朕命則當謨之僉曰唯帝命是從皇帝于所識之地封土石以誌之遂行拜先帝御容宴饗羣臣翼日皇帝出冊殿護衛太保扶翼升壇奉七廟神主置龍文方茵北南府宰相率羣臣圜立各舉氈邊贊祝訖樞密使奉玉寶玉冊入有司讀冊訖樞密使稱尊號以進羣臣三稱萬歲皆拜宰相北南院大王諸部帥進赭白羊各一羣皇帝更衣拜諸帝御容遂宴羣臣賜賚各有差

拜日儀皇帝升露臺設褥向日再拜上香門使通閤使或副應拜臣僚殿左右階陪位再拜皇帝昇坐奏牓訖北班起居畢時相已下通名再拜不出班奏聖躬萬福又再拜各祗候宣徽已下橫班同諸司閤門北面先奏事餘同教坊與臣僚同

告廟儀至日臣僚昧爽朝服詣太祖廟次引臣僚合班先見御容再拜畢引班首左上至褥位再拜贊上香揖欄內上香畢復褥位再拜各祗候立定左右舉告廟祝版於御容前跪捧中書舍人俛跪讀訖俛興退引班首左下復位又再拜分引上殿次第進酒三分班引出

謁廟儀至日昧爽南北臣僚各具朝服赴廟車駕至臣僚於門外依位序立望駕鞠躬班首不出班奏聖躬萬福舍人贊各祗候畢皇帝降車分引南北臣僚左右入至丹墀褥位合班定皇帝升露臺褥位宣徽贊皇帝再拜殿上下臣僚陪位皆再拜上香畢退復位再拜分引臣僚左右上殿位立進御容酒依常禮若即退再拜舍人贊好去引退禮畢

告廟謁廟皆曰拜容以先帝先后生辰及忌辰行禮自太宗始也其後正旦皇帝生辰諸節辰皆行之若忌辰及車駕行幸亦嘗遣使行禮凡瑟瑟柴冊再生納后則親行之凡柴冊親征則告幸諸京則謁四時有薦新

孟冬朔拜陵儀有司設酒饌于山陵皇帝皇后駕至敵烈麻都奏儀辦閤門使贊皇帝皇后詣位四拜訖巫贊祝燔胙及時服酹酒薦牲大臣命婦以次燔胙四拜皇帝皇后率羣臣命婦循諸陵各三匝還宮翼日羣臣入謝

爇節儀皇帝即位凡征伐叛國俘掠人民或臣下進獻人口或犯罪沒官戶皇帝親覽閒田建州縣以居之設官治其事及帝崩所置人戶府庫錢粟穹廬中置小氈殿帝及后妃皆鑄金像納焉節辰忌日朔望皆致祭于穹廬之前又築土爲臺高丈餘置大盤于上祭酒食撒於其中焚之國俗謂之爇節

歲除儀初夕勑使及夷离畢率執事郎君至殿前以鹽及羊膏置爐中燎之巫及大巫以次贊祝火神訖閤門使贊皇帝面火再拜

初皇帝皆親拜至道宗始命夷离畢拜之

遼史卷五十

元中書右丞相總裁脫脫等修

志第十九

禮志二

凶儀

喪葬儀聖宗崩興宗哭臨于菆塗殿大行之夕四鼓終皇帝率羣臣入柩前三致奠奉柩出殿之西北門就輼輬車藉以素裀巫者祓除之詰旦發引至祭所凡五致奠太巫祈禳皇族外戚大臣諸京官以次致祭乃以衣弓矢鞍勒圖畫馬駝儀衛等物皆燔之至山陵葬畢上哀冊皇帝御幄命改火面火致奠三拜又東向再拜天地訖乘馬率送葬者過神門之木乃下東向又再拜翼日詰旦率羣臣命婦詣山陵行初奠之禮升御容殿受遺賜又翼日再奠如初興宗崩道宗親擇地以葬道宗崩菆塗于遊仙殿有司奉喪服天祚皇帝問禮于總知翰林院事耶律固始服斬衰皇族外戚使相矮敦官及郎君服如之餘官及承應人皆白枲衣巾以入哭臨惕隱三父房南府宰相遙輦常衮九奚首郎君夷离畢國舅詳穩十閘撒郎君南院大王郎君各以次薦奠進鞍馬衣襲犀玉帶等物表列其數讀訖焚表諸國所賻器服親王諸京留守奠祭進賻物亦如之先帝小斂前一日皇帝喪服上香奠酒哭臨其夜北院樞密使契丹行宮都部署入小斂翼日遣北院樞密副使林牙以所賵器服置之幽宮靈柩升車親王推之至食羖之次蓋遼國舊俗於此刑羖羊以祭皇族外戚諸京州官以次致祭至葬所靈柩降車就轝皇帝免喪服步引至長福岡是夕皇帝入陵寢授遺物于皇族外戚及諸大臣乃出命以先帝寢幄過於陵前神門之木帝不親往遣近侍冠服赴之初奠皇帝皇后率皇族外戚使相節度使夫人以上命婦皆拜祭循陵三匝而降再奠如初辭陵而還

上謚冊儀先一日於菆塗殿西廊設御幄并臣僚幕次大樂令展宮懸於殿庭協律郎設舉麾位至日北南面臣僚朝服昧爽赴菆塗殿先置冊寶案于西廊下閤使引皇帝至御幄服衰衣皂帶臣僚班齊分班引入饗殿合班立定引冊案上殿至褥位寶案次之設於西階閤使引皇帝自西階升殿初行樂作至位立樂止宣徽使揖皇帝鞠躬再拜陪位者皆再拜翰林使執臺琖以進皇帝再拜引至神座前跪奠三樂作進奠訖復位樂止又再拜陪位者皆再拜引皇帝于神座前北面立捧冊函者去蓋進前跪冊案退置殿西壁下引讀冊者進前俛伏跪自通全銜臣讀謚冊讀訖俛伏興復位捧冊函者置于案上捧寶函者進前跪讀寶官通銜跪讀訖引皇帝至褥位再拜陪位者皆再拜禮畢引皇帝歸御幄初行樂作至御幄樂止引臣僚分班出若皇太后奠酒依常儀

忌辰儀先一日奏忌辰榜子預寫名紙大紙一幅用陰面後第三行書文武百僚宰臣某以下謹詣西上閤門進名奉慰至日應拜大小臣僚並皂衣皂鞓帶四

鼓至時於幕次前在京於僧寺班齊依位望闕敘立直日舍人跪右執名紙在前班首以下皆再拜引退名紙於宣徽使面付內侍奏聞

宋使祭奠弔慰儀太皇太后至葳塗殿服喪服太后於北間南面垂簾坐皇帝於南間北面坐宋使至幕次宣賜素服皂帶更衣訖引南北臣僚入班立定可矮敦以下並上殿依位立先引祭奠使副捧祭文南洞門入殿上下臣僚並舉哀至丹墀立定西上閤門使自南階下受祭文上殿啓封置於香案哭止祭奠禮物列殿前引使副南階上殿至褥位立揖再拜引太使近前上香退再拜大使近前跪捧臺琖進奠酒三教坊奏樂退再拜揖中書二舍人跪捧祭文引大使近前俛伏跪讀訖舉哀引使副下殿立定哭止禮物擔床出畢引使副近南面北立勾弔慰使副南洞門入四使同見大行皇帝靈再拜引出歸幕次皇太后別殿坐服喪服先引北南面臣僚並於殿上下依位立弔慰使副捧書匣右入當殿立閤門使右下殿受書匣上殿奏封全開讀訖引使副南階上殿傳達弔慰訖退下殿立引禮物擔床過畢引使副近南北面立勾祭奠使副入四使同見鞠躬再拜不出班奏聖躬萬福再拜出班謝面天顏又再拜立定宣徽傳聖旨撫問就位謝再拜引出歸幕次皇帝御南殿服喪服使副入見如見皇太后儀加謝遠接撫問湯藥再拜次宣賜使副并從人祭奠使副別賜讀祭文例物卽日就館賜宴高麗夏國奉弔進賻等使禮畧如之道宗崩天祚皇帝問禮于耶律固宋國遣使弔及致祭歸賵皇帝喪服御游仙之北別殿使入門皇帝哭使者詣柩前上香讀祭文訖又哭有司讀遺詔慟哭使者出少頃復入陳賻賵于柩前皇帝入臨哭退更衣御游仙殿南之幄殿使者入見且辭勅有司賜宴於館

宋使告哀儀皇帝素冠服臣僚皂袍鞓帶宋使奉書右入丹墀內立西上閤門使右階下殿受書匣上殿欄內鞠躬奏封全開封於殿西案授宰相讀訖皇帝舉哀舍人引使者右階上欄內俛跪附奏起居訖俛興立皇帝宣問南朝皇帝聖躬萬福使者跪奏來時皇帝聖躬萬福起退舍人引使者右階下殿於丹墀西面東鞠躬通事舍人通使者名某祗候見再拜不出班奏聖躬萬福再拜出班謝面天顏再拜又出班謝遠接撫問湯藥再拜贊祗候引出就幕次宣賜衣物引從人入通名拜奏聖躬萬福出就幕賜衣如使者之儀又引使者入面殿鞠躬贊謝恩再贊有勅賜宴再拜贊祗候出就幕次宴引從人謝恩拜勅賜宴皆如初宴畢歸館

宋使進遺留禮物儀百官昧爽朝服殿前班立宋遺留使告登位使副入內門館伴副使引謝登位使就幕次坐館伴大使與遺留使副奉書入至西上閤門外褪位立閤使受書匣置殿西階下案引進使引遺留物於西上閤門入卽於廊下橫門出皇帝升殿坐宣徽使押殿前班起居畢引宰臣押文武班起居引中書令西階上殿奏宋使見牓子契丹臣僚起居控鶴官起居遺留使副西上閤門入面殿立舍人引使副西階上殿附奏起居訖引西階下殿於丹墀東西面鞠躬通名奏聖躬萬福如告哀使之儀謝面天顏謝遠接撫問湯藥引遺留使從人見亦如之次引告登位使副奉書匣於東上閤門入面殿立閤使東階下殿受書匣中書令讀訖舍人引使副東階上殿附奏起居引下殿南面立告登位禮物入卽於廊下橫門出退西面鞠躬附奏起居謝面天顏遠接等皆如遺留使之儀宣賜遺留登位兩使副併從人衣物如告哀使應坐臣僚皆上殿就位立分引兩使副等於兩廊立皇帝問使副衝涉不易丹墀內五拜各引上殿祗候位立大臣進酒皇帝飲酒契丹通漢人贊殿上臣僚皆拜稱萬歲贊各就坐行酒殽茶饍饅頭畢從人出水飯畢臣僚皆起契丹通漢人贊皆再拜稱萬歲各祗候獨引宋使副下殿謝五拜引出控鶴官門外祗候報閤門無事供奉官捲班出

高麗夏國告終儀先期於行宮左右下御帳設使客幕次於東南至日北面臣僚各常服其餘臣僚並朝服入朝使者至幕次有司以嗣子表狀先呈樞密院准備奏呈先引北面臣僚并矮墩已上近御帳相對立其餘臣僚依班位序立引告終人使右入至丹墀面殿立引右上立揖少前拜跪奏訖宣問若嗣子已立恭身受聖旨奏訖復位嗣子未立不宣問引右下丹墀面北鞠躬通班畢引面殿再拜不出班奏聖躬萬福再拜出班謝面天顏復位再拜出班謝遠接復位再拜贊祗候退就幕次再入依前面北鞠躬通辭再拜敘戀闕再拜贊好去禮畢

遼史卷五十一

元　中　書　右　丞　相　總　裁　脫　脫　等　修

志第二十

禮志三

軍儀

皇帝親征儀常以秋冬應敵制變或無時將出師必先告廟乃立三神主祭之曰先帝曰道路曰軍旅刑青牛白馬以祭天地其祭常依獨樹無獨樹卽所舍而行之或皇帝服介冑祭諸先帝宮廟乃閱兵將行牝麕各一爲禡祭將臨敵結馬尾祈拜天地而後入下城克敵祭天地牲以白黑羊班師以所獲牡馬牛各一祭天地出師以死囚還師以一諜者植柱縛其上于所向之方亂射之矢集如蝟謂之射鬼箭

臘儀臘十二月辰日前期一日詔司獵官選獵地其日皇帝皇后焚香拜日畢設圍命獵夫張左右翼司獵官奏成列皇帝皇后升轝敵烈麻都以酒二尊盤飧奉進北南院大王以下進馬及衣皇帝降輿祭東畢乘馬入圍中皇太子親王率羣官進酒分兩翼而行皇帝始獲兎羣臣進酒上壽各賜以酒至中食之次親王大臣各進所獲及酒訖賜羣臣飲還宮應歷元年冬漢遣使來賀自是遂以爲常儀統和中罷之

出軍儀制見兵志

禮志四

賓儀

常朝起居儀昧爽臣僚朝服入朝各依幕次內侍奏班齊先引京官班於三門外當直舍人放起居再拜各祗候次依兩府以下文武官於丹墀內面殿立豎班諸司并供奉官於東西道外相向立定當直閤使副贊放起居再拜各祗候退還幕次公服帝升殿坐兩府并京官丹墀內聲喏各祗候教坊司同北班起居畢奏事

燕京嘉寧殿西京同文殿朝服幞頭袍笏公服紫

彩帽

正座儀皇帝升殿坐警聲絕契丹漢人殿前班畢各依位侍立次教坊班畢捲退京官班入拜畢揖於右橫街西依位班立次武班入拜畢依位立文班入拜畢依位立北班入起居畢於左橫街東序班立次兩府班入鞠躬通宰臣某官已下起居拜畢引上殿奏事

已上六班起居並七拜內有不帶節度使班首止通名亦七拜捲班與常朝同直院有旨入文班留守司三司統軍司制置司謂之京官都部署司官使副宮使都承以下令史北面主事以下隨駕諸司爲武官館閣大理寺堂後以下御史臺隨駕閣員令史司天臺翰林醫官院爲文官

天慶二年冬教坊並服袍

臣僚接見儀皇帝御座奏見牓子畢臣僚左入鞠躬通文武百僚宰臣某官以下祗候見引面殿鞠躬起居凡七拜引班首出班謝面天顏復位舞蹈五拜鞠躬宣荅問制再拜宣訖謝宣諭五拜各祗候畢可矮敦以上引近前問聖躬萬福傳宣問跋涉不易鞠躬引班舍人贊各祗候畢引右上准備宣問其餘臣僚並於右侍立

宣荅云卿等久居鄉邑來奉乘輿時屬霜寒或云炎蒸諒多勞止卿各平安好想宜知悉

問聖體儀皇帝行幸車駕至捺鉢坐御帳臣僚公服問聖躬萬福贊再拜各祗候奏事宣徽以下常服教坊與臣僚同

保大元年夏特旨通名再拜不稱宰臣

車駕還京儀前期一日宣徽以下橫班諸司閤門並公服於宿帳祗候至日詰旦皇帝乘玉輅閤門宣諭軍民訖導駕時相以下進至內門閤副勘前畢通事舍人鞠躬奏臣宣放仗禮畢

勘箭儀皇帝乘玉輅至內門北南臣僚於輅前對班立場箭官執雌箭門中立東上閤門使詣車前執雄箭在車左立勾勘箭官進勘箭官揖進至車約五部面車立閤使言受箭行勘勘箭官拜跪受箭舉手勘訖鞠躬奏內外勘同閤使言准勅行勘勘箭官平立退至門中舊位立當胷執箭贊軍將門仗官近前門使官應聲開門舉聲兩邊齊出並列左右立勘箭官舉右手贊呈箭次贊內出喚仗御箭一隻准勅付左金吾仗行勘贊合不合應合合合贊同不同應同同同訖勘箭官再進依位立鞠躬自通全銜臣某對御勘箭同退門中立贊其箭謹付閤門使進入事畢其箭授閤使轉付宣徽

宋使見皇太后儀宋使賀生辰正旦至日臣僚昧爽入朝使者至幕次臣僚班齊皇太后御殿坐宣徽使押殿前班起居畢捲班次契丹臣僚班起居畢引應坐臣僚上殿就位立其餘臣僚不應坐者退於東面侍立漢人臣僚東洞門入面西鞠躬舍人鞠躬通某以下起居凡七拜畢贊各祗候引應坐臣僚上殿就位

立中書令大王西階上殿奏宋使并從人牓子訖就位立其餘臣僚不應坐者退於西面侍立次引宋使副六人於東洞門入丹墀內面殿齊立閤使自東階下受書匣使人捧書匣者皆跪閤使搢笏立受書匣自東階上殿欄內鞠躬奏封全訖授樞密開封宰臣對皇太后讀訖引使副六人東階上殿欄內立使者揖生辰節大使少前使者俛伏跪附起居訖起復位立次引賀皇太后正旦大使附起居如前儀皇太后宣問南朝皇帝聖躬萬福舍人揖生辰大使并皇太后正旦大使少前皆跪唯生辰大使奏來時聖躬萬福皆俛伏興引東階下殿丹墀內面殿齊立引進使引禮物於西洞門入殿前置擔牀控鶴官起居四拜擔牀於東便門出畢揖使副退於東方西面皆鞠躬舍人鞠躬通南朝國信使其官某以下祗候見舞蹈五拜畢不出班奏聖躬萬福再拜揖首出班謝面天顏訖復位舞蹈五拜畢贊各上殿祗候引各使副西階上殿就位勾從人兩洞門入面殿鞠躬通名贊拜起居四拜畢贊各祗候分班引兩洞門出若宣問使副跋涉不易引西階下殿丹墀內舞蹈五拜畢贊各上殿祗候引西階上殿就位立契丹舍人漢人閤使齊贊拜應坐臣僚并使副皆拜稱萬歲贊各就坐行湯行茶供過人出殿門揖臣僚并使副起鞠躬契丹舍人漢人閤使齊贊皆拜稱萬歲贊各祗候先引宋使副西階下殿西洞門出次揖臣僚出畢報閤門無事皇太后起

宋使見皇帝儀宋使賀生辰正旦至日臣僚昧爽入朝使者至幕次奏班齊聲警皇帝升殿坐宣徽使押殿前班起居畢捲班出契丹臣僚班起居畢引應坐臣僚上殿就位立其餘臣僚不應坐者並退於北面侍立次引漢人臣僚北洞門入面殿鞠躬舍人鞠躬通某官某以下起居皆七拜畢引應坐臣僚上殿就位立引首相南階上殿奏宋使并從人牓子就位立臣僚並退於南面侍立教坊入起居畢引南使副北洞門入丹墀內面殿立閤使北階下殿受書匣使人捧書匣者跪閤使搢笏立受於北階上殿欄內鞠躬奏封全訖授樞密開封宰相對皇帝讀訖舍人引使副北階上殿欄內立揖生辰大使少前俛伏跪附起居俛伏興復位立大使俛伏跪奏訖俛伏興退引北階下殿揖使副北方南面鞠躬舍人鞠躬通南朝國信使某官某以下祗候見起居七拜畢揖班首出班謝面天顏舞蹈五拜畢出班謝遠接御筵撫問湯藥舞蹈五拜畢贊各祗候引出歸幕次閤使傳宣賜對衣金帶匀從人以下入見舍人贊班首姓名以下再拜不出班奏聖躬萬福贊再拜稱萬歲贊各祗候引出舍人傳宣賜衣使副并從人服賜衣畢舍人引使副入丹墀內面殿鞠躬舍人贊謝恩拜舞蹈五拜畢贊上殿祗候引使副南階上殿就位立勾從人入贊謝恩拜稱萬歲贊有勅賜宴再拜稱萬歲贊各祗候承受官引北廊下立御牀入大臣進酒皇帝飲酒契丹舍人漢人閤使齊贊拜應坐并侍立臣僚皆拜稱萬歲贊各祗候卒飲贊拜應坐臣僚皆拜稱萬歲贊各就坐行酒親王使相使副共樂曲若宣令飲盡並起立飲訖放琖就位謝贊拜並隨拜稱萬歲贊各就坐次行方茵地坐臣僚等官酒若宣令飲盡贊謝如初殿上酒一行畢贊廊下從人拜稱萬歲贊各就坐若傳宣令飲盡並拜稱萬歲贊各就坐殿上酒三行行茶行殽行膳酒五行候曲終揖廊下從人起贊拜稱萬歲贊各祗候引出曲破臣僚并使副並起鞠躬贊拜應坐臣僚并使副皆拜稱萬歲贊各祗候引使副南階下殿丹墀內舞蹈五拜畢贊各祗候引出次引衆臣僚下殿出畢報閤門無事皇帝起聲蹕

曲宴宋使儀昧爽臣僚入朝宋使至幕次皇帝升殿前教坊契丹文武班皆如初見之儀宋使副綴翰林學士班東洞門入面西鞠躬舍人鞠躬通文武百僚臣某以下起居七拜謝宣召赴宴致詞訖舞蹈五拜畢贊各上殿祗候舍人引大臣使相臣僚使副及方茵朵殿應坐臣僚並於西階上殿就位立其餘不應坐臣僚並於西洞門出勾從人入起居謝賜宴兩廊立如初見之儀二人監琖教坊再拜贊各上殿祗候御牀入大臣進酒舍人閤使贊拜行酒皆如初見之儀次行方茵朵殿臣僚酒傳宣飲盡如常儀殿上酒一行畢兩廊從人行酒如初殿上行餅茶畢教坊致語揖臣僚使副并廊下從人皆起立候口號絕揖臣僚等皆鞠躬贊拜殿上應坐并侍立臣僚皆拜稱萬歲贊各就坐次贊廊下從人拜亦如之歇宴揖臣僚起立御牀出皇帝起入閤引臣僚東西階下殿還幕次內賜花承受官引從人出賜花亦如之簪花畢引從人復兩廊位立次引臣僚使副兩洞門入復殿上位立皇帝出閤復坐御牀入揖應坐臣僚使副及侍立臣僚鞠躬贊拜稱萬歲贊各就坐贊兩廊從人亦如之行單茶行酒行膳行果殿上酒九行使相樂曲聲絕揖兩廊從人起贊拜稱萬歲贊各好去承受引出曲破殿上臣僚使副皆起立贊拜稱萬歲贊各祗候引臣僚使副東西階下殿契丹班謝宴出漢人并使副班謝宴舞蹈五拜畢贊各好去引出畢報閤門無事皇帝起

賀生辰正旦宋使朝辭皇太后儀臣僚使副班齊如曲宴儀皇太后升殿坐殿前契丹文武起居上殿畢宰臣奏宋使副從人朝辭牓子畢就位立舍人引使副北洞門入面南鞠躬舍人鞠躬通南朝國信使某官某以下祗候辭再拜不出班奏聖躬萬福再拜出班戀闕致詞訖又再拜贊各上殿祗候舍人引南階上殿就位立引從人贊姓名再拜奏聖躬萬福再拜稱萬歲贊各好去引出殿上揖應坐臣僚并使副就位鞠躬贊拜稱萬歲贊各就坐行湯行茶畢揖臣僚并南使起立與應坐臣僚鞠躬贊拜稱萬歲贊各祗候立引使副六人於欄內拜跪受書匣直起立揖少前鞠躬受傳答語訖退於北階下殿丹墀內面殿鞠躬舍人贊各好去引出臣僚出

賀生辰正旦宋使朝辭皇帝儀臣僚入朝如常儀宋使至幕次於外賜從人衣物皇帝升殿宣徽契丹文武班起居上殿如曲宴儀中書令奏宋使副并從人朝辭牓子畢臣僚並於南面侍立教坊起居畢舍人引使副六人北洞門入丹墀北方面南鞠躬舍人鞠躬通南朝國信使某官某以下祗候辭再拜起居戀闕如辭皇太后儀贊各祗候平身立揖使副鞠躬宣徽贊有勅使副再拜鞠躬平身立宣徽使贊各賜卿對衣金帶疋段弓箭鞍馬等想宜知悉使副平身立揖大使三人少前俛伏跪搢笏閤門使授別錄賜物過畢俛起復位立揖副使三人受賜亦如之贊謝恩舞蹈五拜贊上殿祗候舍人引使副南階上殿就位立引從人贊謝恩再拜起居再拜贊賜宴再拜皆稱萬歲贊各祗候承受引兩廊立御牀入皇帝飲酒舍人閤使贊臣僚使副拜稱萬歲皆如曲宴應坐臣僚拜稱萬歲就坐行酒樂曲方茵兩廊皆如之行殽行茶行膳亦如之行饅頭畢從人起如登位使之儀曲破臣僚使副皆起立拜稱萬歲如辭太后之儀使副下殿舞蹈五拜贊各上殿祗候引北階上殿欄內立揖生辰正旦大使二人少前齊跪受書畢起立揖磬折受起居畢退引北階下殿丹墀內並鞠躬舍人贊各好去引南洞門出次引殿上臣僚南北洞門出畢報閤門無事

高麗使入見儀臣僚常服起居應上殿臣僚殿上序立閤門奏牓子引高麗使副面殿立引上露臺拜跪附奏起居訖拜起立閤門傳宣王詢安否使副皆跪大使奏臣等來時詢安引下殿面殿立進奉物入列置殿前控鶴官起居畢引進使鞠躬通高麗國王詢進奉宣徽使殿上贊進奉赴庫馬出擔牀出畢引使副退面西鞠躬舍人鞠躬通高麗國謝恩進奉使某官某以下祗候見舞蹈五拜不出班奏聖躬萬福再拜出班謝面天顏五拜出班謝遠接湯藥五拜贊各祗候使副私獻入列置殿前控鶴官起居引進使鞠躬通高麗國謝恩進奉某官某以下進奉宣徽使殿上贊如初引使副西階上殿序立皇帝不入御牀臣僚伴酒契丹舍人通漢人閤使贊再拜稱萬歲各就坐酒三行殽膳二味若宣令飲盡就位拜稱萬歲贊各就坐殽膳不贊起再拜稱萬歲引下殿舞蹈五拜贊各祗候引出於幕次內別差使臣伴宴起宣賜衣物訖遥謝五拜畢歸館

曲宴高麗使儀臣僚入朝班齊皇帝升殿宣徽教坊控鶴文武班起居皆如常儀謝宣宴如宋使儀贊各上殿祗候契丹臣僚謝宣宴勾高麗使入面南鞠躬舍人鞠躬通高麗國謝恩進奉使某官某以下起居謝宣宴共十二拜贊各上殿祗候臣僚使副就位立大臣進酒契丹舍人通漢人閤使贊上殿臣僚皆拜贊各祗候進酒大臣復位立贊應坐臣僚拜贊各就坐行酒若宣令飲盡贊再拜贊各就坐教坊致語臣僚皆起立口號絕贊再拜贊各就坐凡拜皆稱萬歲曲破臣僚起下殿契丹臣僚謝宴中書令以下謝宴畢引使副謝七拜贊各好去控鶴官門外祗候報閤門無事供奉官捲班出來日問聖體

高麗使朝辭儀臣僚起居上殿如常儀閤門奏高麗使朝辭牓子起居戀闕如宋使之儀贊各上殿祗候引西階上殿立契丹舍人贊拜稱萬歲贊各就坐中書令以下伴酒三行殽膳二味皆如初見之儀既謝贊有勅宴五拜贊各好去引出於幕次內別差使臣伴宴畢賜衣物跪受遥謝五拜歸館

西夏國進奉使朝見儀臣僚常朝畢引使者左入至丹墀面殿立引使者上露臺立揖少前拜跪附奏起居訖俛興復位閤使宣問某安否鞠躬聽旨跪奏某安

俛伏興退復位引左下至丹墀面殿立禮物右入左出畢閤使鞠躬通某國進奉使姓名候見共一十七拜贊祇候乎立有私獻過畢揖使者鞠躬贊進奉收訖贊祇候引左上殿就位立臣僚使者齊聲喏酒三行引使左下至丹墀謝宴五拜畢贊有勑宴五拜祇候引右出禮畢於外賜宴客省伴宴仍賜衣物

西夏使朝辭儀常朝畢引使者左入通某國某使祇候辭再拜不出班起居再拜出班戀闕致詞復再拜賜衣物謝恩如常儀若賜宴五拜畢贊好去引右出

遼史卷五十二

元中書右丞相總裁脫脫等修

志第二十一

禮志五

嘉儀上

皇帝受冊儀前期一日尚舍奉御設幄於正殿北牖下南面設御坐奉禮郎設官僚客使幕次於東西朝堂太樂令設宮懸於殿庭舉麾位在殿第二重西階上東向乘黃令陳車輅尚輦奉御陳輿輦尚舍奉御設解劍席于東西階設文官六品已上位橫街南東方西向武官五品已上位橫街南西方東向皆北上重行每等異位將士各勒所部六軍仗屯諸門金吾仗黃麾仗陳于殿庭至日押冊官引冊自西便門入置冊案西階上通事舍人引侍從班入就位侍中東階下解劍履上殿欄外俛伏跪奏中嚴下殿劍履復位立閤使西階上殿欄外跪請木契面殿鞠躬奏奉敕喚仗殿中監少監殿中丞等押金吾四色仗入位臣僚後協律郎入就舉麾位符寶郎詣閤奉迎通事舍人引文官四品至六品武官三品至五品就門外位皇帝御輦至宣德門宣徽使押內諸司班起居引皇帝至閤服袞冕侍中東階下解劍履上殿版奏外辦太常博士引太常卿太常卿引帝內諸司出協律郎舉麾太樂令令撞黃鍾之鍾左五鍾皆應工人鼓柷樂作皇帝即御坐宣徽使贊扇合樂止贊簾捲扇開符寶郎奉寶進左右金吾報平安通事舍人引文官三品武官二品已上入門樂作就相向位畢樂止通事舍人引侍從班南班文官三品武官二品已上合班北向東班西上西班東上起居七拜分班各復位通事舍人引押冊官押冊自西階下至丹墀當殿置香案冊案置冊訖樂作就位樂止捧冊官近後東西相對立舍人引侍從班并南班合班北向如初贊再拜在位者皆再拜舞蹈五拜分班各復位如初捧冊官就西階下解劍席解劍履捧冊西階上殿樂作置冊御坐前東西立北向捧冊官西牖下立北上樂止讀冊官出班當殿立贊再拜三呼萬歲就西階下解劍席解劍履西階上殿欄內立當御坐前侍中取冊捧冊官捧冊匣至讀冊官前跪相對捧冊讀冊官俛伏跪讀訖俛伏興捧冊官跪左膝以冊授侍中侍中受冊以冊授執事者降自西階劍履訖復當殿位贊再拜三呼萬歲復分班位舍人引侍從班南班合班北向如初贊拜在位者皆拜舞蹈鞠躬如初通事舍人引班首西階下解劍履上殿樂作就欄內位樂止俛伏跪通全銜臣某等致詞稱賀訖俛伏興降西階下帶劍納舄樂作復位樂止贊拜在位者皆再拜舞蹈五拜鞠躬侍中臨軒西向稱有制皆再拜侍中宣答訖贊皆再拜舞蹈五拜分班各復位三品已上出樂作出門畢樂止侍中當御坐俛伏跪通全銜奏禮畢俛伏興退東階下殿帶劍納履復位宣徽使贊扇合下簾太常博士太常卿引皇帝起樂作至閤樂止舍人引文官四品武官三品以下出門外分班立次引侍從班出次兵部吏部出次金吾出次起居郎舍人出次殿中監少監押金吾細仗出仍位臣僚後次東西上閤門使於丹墀內鞠躬奏衙內無事捲班出閤門使丹墀內鞠躬揖奏敕放仗出門外文武班中間立喚承受官承受官聲喏至閤使後鞠躬揖閤使鞠躬稱奉敕放仗承受聲喏鞠躬揖平身立引聲奉敕放仗聲絕趨退文武合班再拜舍人一員攝詞令官殿前鞠躬揖稱奉敕放黃麾仗出放金吾仗亦如之翼日文武臣僚入問聖躬

大平元年行此儀大略遵唐晉舊儀又有上契丹冊儀以阻午可汗柴冊禮合唐禮雜就之又有上漢冊儀與此儀大同小異加以上寶儀

冊皇太后儀前期陳設於元和殿如皇帝受冊之儀至日皇帝御弘政殿冊入侍從班入門外金吾列仗文武分班侍中解劍奏中嚴宣徽使請木契喚仗皆如之樂工入閤使門外文武班中間立喚承受官聲喏趨至閤使後立閤使鞠躬揖稱奉敕喚仗承受官鞠躬聲喏揖引聲奉敕喚仗文武合班再拜殿中監押仗入文武官入亦如之宣徽使押內諸司供奉官天橋班候皇太后御紫宸殿乘平頭輦童子女童隊樂引至金鸞門閤使奏內諸司起居訖贊引駕自下先行至元和殿皇太后入西北隅閤內更衣侍中解劍上殿奏外辦宣徽受版入奏侍中降復位協律郎舉麾樂作太樂令太常卿導引皇太后升坐宣徽使贊扇合簾捲扇開樂止符寶郎奉寶置皇太后坐右左右金吾大將軍對揖鞠躬奏軍國內外平安東上閤門副使引丞相東門入西上閤門副使引親王西門入通事舍人引文武班入如儀樂作至位樂止文武班趨進相向再拜退復位東西上閤門使宣徽使自弘政殿引皇帝御肩輿至西便門下引入門樂作至殿前位樂止宣徽使贊皇帝拜問皇太后聖躬萬福拜皇帝御西閤坐合班起居如儀北府宰相押冊中書樞密令史八人舁冊東西上閤門使引冊宣徽使引皇帝送冊樂作至殿前置冊位樂止宣徽使贊皇帝再拜稱萬歲羣臣陪位揖翰林學士四人大將軍四人舁冊皇帝捧冊行三舉武授冊舁之西階上殿樂作置太后坐前樂止皇帝冊西面東立舍人引丞相當殿再拜三呼萬歲解劍西階上殿樂作至讀冊位樂止俛伏跪讀冊訖俛伏三呼萬歲復班位宣徽使引皇帝下殿樂作至殿前位樂止皇帝拜舞蹈拜訖引皇帝西階上殿至皇太后坐前位俛跪致詞訖俛伏興引西階下至殿前位拜舞蹈拜鞠躬侍中臨軒宣太后答稱有制皇帝再拜宣訖引皇帝上殿樂作至西閤樂止丞相親王侍從文武合班贊拜舞蹈三呼萬歲如儀丞相上賀侍中宣答如儀丞相以下出畢樂出門樂止侍中奏禮畢宣徽索扇扇合下簾皇太后起舉樂入閤樂止文武官出門外分班侍從兵部吏部起居金吾仗出如儀閤使奏放仗皆如皇帝受冊之儀

冊皇后儀至日北南臣僚內外命婦詣端拱殿幕次皇后至閤侍中奏中嚴引命婦班入就東西相向位立皇帝臨軒命使發冊使副押冊至端拱殿門外幕次侍中奏外辦所司承旨索扇扇上舉麾樂作皇后出閤升坐扇開簾捲偃麾樂止引命婦合班面殿起居八拜皇后降坐樂作至殿下褥位樂止引冊入置皇后褥位前侍中傳宣皇后四拜命婦陪位皆拜引讀冊官至皇后褥位前俛伏跪讀訖皇后四拜陪位者皆拜引皇后升殿使臣引冊置皇后坐前冊案退西向侍立命婦當殿稱賀四拜引班首東階上殿致詞訖東階下殿復位四拜侍中奏宣答稱有敕旨四拜宣答訖四拜班首上殿進酒皇后賜押冊使副等酒訖侍中奏禮畢承旨索扇樂作皇后起入閤樂止分引命婦等東西門出

冊皇太子儀前期一日設幄坐于宣慶殿設文武官幕次于朝堂并殿庭板位太樂令陳宮縣皆如皇帝受冊儀守宮設皇太子次于朝堂北西向乘黃令陳金輅朝堂門外西向皇太子儀仗笳簫鼓吹等陳宣慶門外典儀設皇太子版位于殿橫街南近東北向設文武官五品以上位於樂縣東西餘官如常儀至日門下侍郎奉冊中書侍郎奉寶綬各置于案令史二人絳服對舉案立寶案在橫街北西向冊案在北門下侍郎中書侍郎竝立案後侍中版奏中嚴皇太子遠遊冠絳紗袍秉珪出太子舍人引入就版位北面殿立東宮官三師以下皆從立皇太子東南西向太子入門樂作至位樂止典儀贊皇太子再拜在位者皆再拜中書令立太子東北西向門下侍郎引冊案中書侍郎取冊進授中書令退復位傳宣官稱有制皇太子再拜傳宣訖再拜中書令跪讀冊訖俛伏興皇太子再拜受冊退授左庶子中書侍郎取寶進授中書令皇太子進受寶退授左庶子中書令以下退復位舁案者以案退典儀贊再拜皇太子拜在位者皆再拜太子舍人引皇太子退樂作出門樂止侍中奏禮畢皇太子升金輅左庶子以下夾侍儀仗鼓吹等竝列宣慶門外三師三少諸宮臣於金輅前後導從鳴鐃而行還東宮宮庭先設仗衛如式至宮門鐃止皇太子降金輅舍人引入就位坐文武宮臣序班稱賀禮畢

冊王妃公主儀至日押冊使副并讀冊等官押冊東便門入持節前導至殿冊案置橫街北少東引使副等面殿立而鞠躬侍中臨軒稱有制皆再拜鞠躬宣制訖舞蹈五拜引冊於宣慶門出使副等押領儀仗冊案赴各私第廳前向闕陳列設傳宣受冊拜褥冊案置褥左去幕蓋使副案右序立受冊者就位立傳宣稱有制再拜宣制畢舁冊人舉冊匣於褥前跪捧引讀冊者與受冊者皆俛伏跪讀訖皆俛伏興受冊者謝恩國王五拜王妃公主四拜若冊禮同日先上皇太后冊寶次臨軒同制遣使冊皇后諸王妃主次冊皇太子

皇帝納后之儀擇吉日至日后族畢集詰旦后出私舍坐于堂皇帝遣使及媒者以牲酒饔餼至門執事者

以告使及媒者入謁再拜平身立少頃拜進酒于皇后次及后之父母宗族兄弟酒徧再拜納幣致詞再拜訖后族皆坐惕隱夫人四拜請就車后辭父母伯叔父母兄各四拜宗族長者皆再拜皇后升車父母飲后酒致戒詞徧及使者媒者送者發軔伯叔父母兄飲后酒如初教坊遮道贊祝后命賜以物后族追拜進酒遂行將至宮門宰相傳敕賜皇后酒徧及送者既至惕隱率皇族奉迎再拜皇后車至便殿東南七十步止惕隱夫人請降車負銀罌捧縢履黃道行後一人張羔裘若襲之前一婦人捧鏡却行置鞍于道后過其上乃詣神主室三拜南北向各一拜酹酒向謁者一拜起居訖再拜次詣舅姑御容拜奠酒選皇族諸婦宜子孫者再拜之授以罌縢又詣諸帝御容拜奠酒神賜襲衣珠玉珮飾拜受服之后姊若妹陪拜者各賜物皇族迎者后族送者徧賜酒皆相偶飲訖后坐別殿送后者退食于次媒者傳旨命送后者列于殿北俟皇帝即御坐選皇族尊者一人當奧坐主婚禮命執事者往來致辭于后族引后族之長率送后者升當御坐皆再拜又一人少進附奏送后之詞退復位再拜后族之長及送后者向當奧者三拜南北向各一拜向謁者一拜后族之長跪問聖躬萬福再拜復奏送后之詞又再拜當奧者與媒者行酒三周命送后者再拜皆坐終宴翼日皇帝晨興詣先帝御容拜奠酒訖復御殿宴后族及羣臣皇族后族偶飲如初百戲角觝戲馬較勝以爲樂又翼日皇帝御殿賜后族及贐送后者各有差受賜者再拜進酒再拜皇帝御別殿有司進皇后服飾之籍酒五行送后者辭訖皇族獻后族禮物后族以禮物謝當奧者禮畢

公主下嫁儀選公主諸父一人爲婚主凡當奧者媒者致詞之儀自納幣至禮成大略如納后儀擇吉日詰旦媒者趣尚主之家詣宮俟皇帝皇后御便殿率其族入見進酒訖命皇族與尚主之族相偶飲翼日尚主之家以公主及婿率其族入見致宴于皇帝皇后獻贐送者禮物訖朝辭賜公主青幰車二螭頭蓋部皆飾以銀駕駝送終車一車樓純錦銀螭懸鐸後垂大氈駕牛載羊一謂之祭羊擬送終之具至覆尸儀物咸在賜其婿朝服四時襲衣鞍馬凡所須無不備選皇族一人送至其家

親王女封公主者婚儀倣此以親疏爲差降

遼史卷五十三

元　中　書　右　丞　相　總　裁　脫　脫　等　修

志第二十二

禮志六

嘉儀下

皇太后生辰朝賀儀至日臣僚入朝國使至幕班齊如常儀皇太后升殿坐皇帝東面側坐契丹舍人殿上通名契丹漢人臣僚宋使副綴翰林學士班東西兩洞門入合班稱賀班首上殿祝壽分班引出皆如正旦之儀教坊起居七拜契丹漢人臣僚入進酒皆如正旦之儀唯宣答稱聖旨皇帝降御座進奉皇太后生辰禮物過畢皇帝殿上再拜殿下臣僚皆再拜皇帝升御座引臣僚分班出引中書令北大王西階上殿奏契丹臣僚進奉次漢人臣僚并諸道進奉控鶴官置擔牀起居四拜畢引進使鞠躬通文武百僚某官某以下高麗夏國諸道進奉宣徽使殿上贊進奉各付所司控鶴官聲喏擔牀過畢契丹漢人臣僚以次謝五拜贊各祗候引出教坊諸道進奉使謝如之契丹臣僚謝宣宴引上殿就位立漢人臣僚并宋使副東洞門入面西謝宣宴如正旦儀贊各上殿祗候臣僚使副上殿就位立亦如之監琖教坊上殿從人入東廊立皆如之御牀入皇帝初進酒臣僚就位陪拜皇太后飲酒殿上應坐侍立臣僚皆拜稱萬歲贊各祗候立皇太后卒飲手賜皇帝酒皇帝跪卒飲退就褥位再拜臣僚皆陪拜若皇帝親賜使相臣僚宋使副酒皆立飲皇帝升坐贊應坐臣僚并使副皆拜稱萬歲贊各就坐行方裀朶殿臣僚酒如正旦儀一進酒兩廊從人拜稱萬歲各就坐親王進酒如正旦儀若皇太后手賜親王酒跪飲訖退露臺上五拜贊祗候殿上三進酒行餅茶訖教坊跪致語揖臣僚使副廊下從人皆立口號絕贊拜亦如之行茶行殽膳皆如之大饌入行粥盌殿上七進酒使相臣僚樂曲終揖廊下從人起拜稱萬歲各好去承受官引兩門出曲破揖臣僚使副起鞠躬贊拜皆拜稱萬歲贊各祗候引臣僚使副下殿契丹臣僚謝宴畢出漢人臣僚使副舞蹈五拜畢贊各好去出洞門畢報閤門無事皇太后皇帝起

應聖節宋遣使來賀生辰正旦始制此儀故詳見賓儀

凡五拜拜興再拜興再拜興跪搢笏三舞蹈三叩頭出笏就拜興拜興再拜興再拜興其就拜亦曰俛伏興

賓儀臣僚皆曰坐於此儀曰高裀與方裀別

皇帝生辰朝賀儀臣僚國使班齊皇帝升殿坐臣僚使副入合班稱賀合班出皆如皇太后生辰儀中書令北大王奏諸道進奉表目教坊起居七拜臣僚東西門入合班再拜贊進酒班首上殿進酒宣徽使宣答羣臣謝宣諭分班奏樂皇帝卒飲合班班首下殿分班出皆如正旦之儀進奉皆如皇太后生辰儀皇帝詣皇太后殿近上皇族外戚大臣竝從奉迎太后卽皇帝殿坐皇太后御小輦皇帝輦側步從臣僚分行序引宣徽使諸司閤門攢隊前引教坊動樂控鶴起居四拜引駕臣僚竝於山樓南方立候皇太后入閤揖使副并臣僚入幕次皇太后升殿坐皇帝東方側坐引契丹漢人臣僚使副兩洞門入合班起居舞蹈五拜贊各祗候面殿立皇帝降御座殿上立進皇太后生辰物過畢皇帝殿上再拜殿上下臣僚皆拜皇帝升御座引臣僚分班出契丹臣僚入謝宣宴漢人臣僚使副入通名謝宣宴上殿就位不應坐臣僚出從人入皆如儀御牀入皇帝初進皇太后酒皇太后賜皇帝酒皆如皇太后生辰儀贊各就坐行酒宣飲盡就位謝如儀殿上一進酒畢從人入就位如儀親王進酒行餅茶教坊致語如儀行茶行殽膳如儀七進酒使相樂曲終從人起曲破臣僚使副起餘皆如正旦之儀

皇后生辰儀臣僚昧爽朝皇帝皇后大帳前拜日契丹漢人臣僚陪拜皇帝升殿坐皇后再拜臣僚殿下合班陪拜皇帝賜皇后生辰禮物皇后殿上謝再拜臣僚皆拜契丹舍人通名契丹漢人臣僚以次入賀琖入舍人贊舞蹈五拜起居不表聖躬萬福贊再拜班首上殿拜跪自通全銜祝壽訖引下殿復位鞠躬贊舞蹈五拜贊各祗候引宰臣一員上殿奏百僚諸道進表目教坊起居七拜不賀控鶴官起居四拜諸道押衙附奏起居賜宴共八拜契丹漢人合班進壽酒舞蹈五拜引大臣一員上殿欄外褥位搢笏執臺琖進酒皇帝皇后受琖退復褥位授臺出笏欄內拜跪自通全銜祝壽臣等謹進千萬歲壽酒訖引下殿復位舞蹈五拜鞠躬宣徽使奏宣答如儀引上殿搢笏執臺皇帝皇后飲殿下臣僚分班教坊奏樂皆拜稱萬歲卒飲皇帝皇后授琖引下殿舞蹈五拜贊各祗候引出臣僚進奉如儀宣宴如儀教坊監琖臣僚上殿祗候如儀皇后進皇帝酒殿上贊拜侍臣僚皆拜皇帝受琖皆拜皇后坐契丹舍人漢人閤使殿上贊拜皆拜稱萬歲贊各就坐大臣進皇帝皇后酒行酒如儀酒三行行殽行膳又進皇帝皇后酒再行大饌入行粥教坊致語臣僚皆起立口號絕贊拜稱萬歲引下殿謝宴引出皆如常儀

進士接見儀其日舉人從時相至御帳側通名牓子與時相牓子同奏訖時相朝見如常儀畢揖進士第一名以下丹墀內面殿鞠躬通名四拜贊各祗候皆退若有進文字者不退奉卷平立閤門奏受跪左膝授訖直起退禮畢

進士賜等甲敕儀臣僚起居畢讀卷官奏訖於左方依等甲唱姓名序立閤使交收敕牒閤使奏引至丹墀依等甲序立閤使稱有敕再拜鞠躬舍人宣敕各依等甲賜卿敕牒一道想宜知悉揖拜各跪左膝受敕訖鞠躬皆再拜各祗候分引左右相向侍立候奏事畢引兩階上殿就位齊聲喏賜坐酒三行起聲喏如初退揖出禮畢牌印郎君行酒閤使勸飲

進士賜章服儀皇帝御殿臣僚公服引進士入東方面西再拜揖就丹墀位面殿鞠躬閤使稱有敕再拜鞠躬舍人宣敕各依等甲賜卿敕牒一道兼賜章服想宜知悉揖再拜跪受敕訖再拜退引至章服所更衣訖揖復丹墀位鞠躬贊謝恩舞蹈五拜各祗候殿東亭內序立聲喏坐賜宴簪花宣閤使一員閤門三人或二人勸飲終日禮畢

宰相中謝儀皇帝常服升殿坐諸班起居如常儀應坐臣僚上殿其餘臣僚殿下東西侍立皆如宋使初見之儀引中謝官左入至丹墀面西立舍人當殿鞠躬通新受具官姓名祗候中謝宣徽殿上索通班舍人就贊禮位贊某官至宣徽贊通班舍人二人對立揖中謝官鞠躬贊就拜位舍人二人引面殿鞠躬贊拜中謝官舞蹈五拜不出班奏聖躬萬福贊再拜揖出班跪敘官致詞訖俛伏興復位贊拜舞蹈五拜又出班中謝致詞如初儀共十有七拜贊祗候引右階上殿就位揖應坐臣僚聲喏坐供奉官行酒傳宣飲盡臣僚搢笏執琖起位後立飲置琖出笏贊拜臣僚皆再拜贊各坐搢笏執琖授供奉官琖酒三行揖應坐臣僚聲喏立引中謝官右階下殿至丹墀面殿鞠躬贊拜舞蹈五拜引右出臣僚皆出丞相樞密使同餘官不升殿賜酒不帶節度使不通班止通名七拜衆

謝班首一人出班中謝

拜表儀其日先於東上閤門陳設氈位分引南北臣僚諸國使副於氈位合班通事舍人二人舁表案置班首前揖鞠躬再拜平身中書舍人立案側班首跪搢笏與捧表跪左膝以表授中書舍人出笏就拜興再拜中書舍人復置表案上通事舍人舁表案於東上閤門入捲班分引出禮畢

元日皇帝不御坐行此儀餘應上表有故皆倣此

賀生皇子儀其日奉先帝御容設正殿皇帝御八角殿升坐聲警畢北南宣徽使殿階上左右立北南臣僚金冠盛服合班入班首二人捧表立讀表官先於左階上側立二宣徽使東西階下殿受表捧表者跪左膝授訖就拜興再拜各祗候二宣徽使俱左階上授讀表官讀訖揖臣僚鞠躬引北面班首左階上殿欄內稱賀訖引左階下殿復位舞蹈五拜禮畢

賀祥瑞儀聲警北南臣僚金冠盛服合班立班首二人各奉表賀北南宣徽使左階下殿受表上殿授讀表大臣讀訖揖殿下臣僚鞠躬五拜畢鞠躬引班首二人左階上殿欄內拜跪稱賀致詞訖引左階下殿復位五拜畢鞠躬宣答聽制訖再拜鞠躬謝宣諭五拜畢各祗候分班侍立禮畢兩府奏事如常

乾統六年木葉山瑞雲見始行此儀天慶元年天雨穀謝宣諭後趙王進酒教坊動樂臣僚酒一行禮畢奏事

賀平難儀皇帝皇后升殿坐北南臣僚并命婦合班五拜揖班首二人出班俛跪搢笏執表舁案近前閤使受表置案上皆再拜通事舍人二人舁案左階上殿置露臺上讀表官受入讀表對御讀訖臣僚殿下五拜鞠躬引班首二人左右階上殿欄內並立先引北面班首少前跪致詞訖退復褥位次引南面班首亦如之畢分引左右階下殿復位五拜鞠躬宣徽稱有敕再拜宣答內難已平與公等內外同慶謝宣諭五拜捲班臣僚從皇帝命婦從皇后詣皇太后殿見先帝御容陪位皆再拜皇太后正坐稱賀共十拜並引上殿賜宴如儀

平難之儀道宗清寧九年太叔重元謀逆仁懿太后親率衛士與逆黨戰事平因制此儀

正旦朝賀儀臣僚并諸國使昧爽入朝奏班齊皇帝升殿坐契丹舍人殿上通訖引契丹臣僚東洞門入引漢人臣僚并諸國使西洞門入合班舞蹈五拜鞠躬平身引親王東階上殿欄內褥位俛伏跪自通全銜臣某等祝壽訖伏興退引東階下殿復位舞蹈五拜畢鞠躬宣徽使殿上鞠躬奏臣宣答稱有敕班首以下聽制訖再拜鞠躬宣徽傳宣云履新之慶與公等同之舍人贊謝宣諭拜舞蹈五拜贊各祗候分班引出引班首西階上殿奏表目訖教坊起居賀十二拜畢贊各祗候引契丹漢人臣僚并諸國使東西洞門入合班再拜贊進酒引親王東階上殿就欄內褥位搢笏執臺琖進酒訖退復褥位置臺出笏少前俛跪自通全銜臣某等謹進千萬歲壽酒俛伏興退復褥位與殿下臣僚皆再拜鞠躬俟宣徽使殿上鞠躬奏臣宣答稱有制親王以下再拜如初儀傳宣云飲公等壽酒與公等內外同慶舍人贊謝宣諭如初贊各祗候親王搢笏執臺殿下臣僚分班皇帝飲酒教坊奏樂殿上下臣僚皆拜稱萬歲贊各祗候樂止教坊再拜皇帝卒飲親王進受琖復褥位置臺琖出笏揖臣僚合班引親王東階下殿復位鞠躬再拜贊各祗候分班引出皇帝起詣皇太后殿臣僚并諸國使皆從皇太后升殿皇帝東方側坐引契丹漢人臣僚并諸國使兩洞門入班稱賀進酒皆如皇帝之儀畢引出教坊入起居進酒亦如之皇太后宣答稱聖旨契丹班謝宣宴上殿就位立漢人臣僚并諸國使東洞門入丹墀東方面西鞠躬舍人鞠躬通文武百僚宰臣某已下謝宣宴再拜出班致詞訖退復位舞蹈五拜贊各上殿祗候引宰臣以下并諸國使副方裀朵殿臣僚西階上殿就位立不應坐臣僚並於西洞門出二人監琖教坊再拜贊各上階下殿謝宴如皇太后生辰儀

冬至朝賀儀臣僚班齊如正旦儀皇帝皇后拜日臣僚陪位再拜皇帝皇后升殿坐契丹舍人通臣僚入合班親王祝壽宣答皆如正旦之儀謝訖舞蹈五拜鞠躬出班奏聖躬萬福復位再拜鞠躬班首出班俛伏跪祝壽訖伏興舞蹈五拜鞠躬贊各祗候分班不出合班御牀入再拜鞠躬贊進酒臣僚平身引親王左階上殿就欄內褥位搢笏執臺琖進酒皇帝皇后受琖訖退就褥位置臺出笏俛伏跪少前自通全銜臣某等謹進千萬歲壽酒俛伏興退復褥位再拜鞠躬殿下臣僚皆再拜鞠躬宣答如正旦儀親王搢笏執臺分班皇帝皇后飲酒奏樂殿上下臣僚皆拜稱萬歲壽樂止教坊再拜臣僚合班親王進受琖至褥位置臺琖出笏引左階下殿御牀出親王復丹墀位再拜鞠躬贊祗候分班引出班首右階上殿奏表目進奉諸道進奉教坊進奉過訖贊進奉收班首舞蹈五拜鞠躬贊各祗候班首出臣僚復入合班謝舞蹈五拜鞠躬贊各祗候分班引出聲警皇帝皇后起赴北殿皇太后於御容殿與皇帝皇后率臣僚再拜皇太后上香皆再拜贊各祗候可矮墩以上上殿皇太后三進御容酒陪位皆拜皇太后升殿坐皇帝就露臺上褥位親王押北南臣僚班丹墀內立皇帝再拜臣僚皆拜鞠躬皇帝欄內跪祝皇太后壽訖復位再拜凡拜皆稱萬歲贊各祗候臣僚不出皇帝皇后側座親王進酒臣僚陪拜皇太后宣答皆如正旦之儀臣僚分班不出班首右階上殿奏表目合班謝宣宴上殿就位如儀御牀入皇帝進皇太后酒如初各就座行酒宣飲盡如皇太后生辰之儀皇后進酒如皇帝之儀三進酒行茶教坊致語行殽膳大饌七進酒曲破臣僚起御牀出謝宴皆如皇太后生辰儀

立春儀皇帝出就內殿拜先帝御容北南臣僚丹墀內合班再拜可矮墩以上入殿賜坐帝進御容酒陪位并侍立皆再拜一進酒臣僚下殿左右相向立皇帝戴幡勝等第賜幡勝臣僚簪畢皇帝於土牛前上香三奠酒不拜教坊動樂侍儀使跪進綵杖皇帝鞭土牛可矮墩以上北南臣僚丹墀內合班跪左膝受綵杖直起再拜贊各祗候司辰報春至鞭土牛三匝矮墩鞭止引節度使以上上殿撒穀豆擊土牛撒穀豆許衆奪之臣僚依位坐酒兩行春盤入酒三行畢行茶皆起禮畢

重午儀至日臣僚昧爽赴御帳皇帝繫長壽綵縷升車坐引北南臣僚合班如丹墀之儀所司各賜壽縷揖臣僚跪受再拜引退從駕至膳所酒三行若賜宴臨時聽敕

重九儀北南臣僚旦赴御帳從駕至圍場賜茶皇帝就坐引臣僚御前班立所司各賜菊花酒跪受再拜酒三行揖起

藏鬮儀至日北南臣僚常服入朝皇帝御天祥殿臣僚依位賜坐契丹南面漢人北面分朋行鬮或五或七籌賜膳入食畢皆起頃之復坐行鬮如初晚賜茶三籌或五籌罷教坊承應若帝得鬮臣僚進酒訖以次賜酒

太康十年十二月二十二日始行是儀是日不御朝

歲時雜儀正旦國俗以糯飯和白羊髓爲餅丸之若拳每帳賜四十九枚戊夜各於帳內窗中擲丸於外數偶動樂飲宴數奇令巫十有二人鳴鈴執箭繞帳歌呼帳內爆鹽爐中燒地拍鼠謂之驚鬼居七日乃出國語謂正旦爲迺捏咿唲迺正也捏咿唲旦也

立春婦人進春書刻青繒爲幟像龍御之或爲蟾蜍書幟曰宜春

人日凡正月之日一雞二狗三豕四羊五馬六牛七日爲人其占晴爲祥陰爲災俗煎餅食於庭中謂之薰天

二月一日爲中和節國舅族蕭氏設宴以延國族耶律氏歲以爲常國語是日爲狎里叵狎里請也叵時也狎讀若狎叵讀若頗

二月八日爲悉達太子生辰京府及諸州雕木爲像儀仗百戲導從循城爲樂悉達太子者西域淨梵王子姓瞿曇氏名釋迦牟尼以其覺性稱之曰佛

三月三日爲上巳國俗刻木爲兔分朋走馬射之先中者勝負朋下馬列跪進酒勝朋馬上飲之國語謂是日爲陶里樺陶里兔也樺射也

五月重五日午時採艾葉和綿著衣七事以奉天子北南臣僚各賜三事君臣宴樂渤海膳夫進艾餻以五綵絲爲索纏臂謂之合歡結又以綵絲宛轉爲人形簪之謂之長命縷國語謂是日爲討賽咿唲討五賽咿唲月也

夏至之日俗謂之朝節婦人進綵扇以粉脂囊相贈遺

六月十有八日國俗耶律氏設宴以延國舅族蕭氏亦謂之狎里叵

七月十三日夜天子於宮西三十里卓帳宿焉前期備酒饌翼日諸軍部落從者皆動蕃樂飲宴至暮乃歸行宮謂之迎節十五日中元動漢樂大宴十六日昧爽復往西方隨行諸軍部落大譟三謂之送節國語謂之賽咿唲奢奢好也

八月八日國俗屠白犬於寢帳前七步瘞之露其喙後七日中秋移寢帳於其上國語謂之捏褐耐捏褐犬也耐首也

九月重九日天子率羣臣部族射虎少者爲負罰重九宴射畢擇高地卓帳賜蕃漢臣僚飲菊花酒兔肝爲臡鹿舌爲醬又研茱萸酒灑門戶以禬禳國語謂是日爲必里遲離九月九日也

歲十月五京進紙造小衣甲槍刀器械萬副十五日天子與羣臣望祭木葉山用國字書狀并焚之國語謂之戴辣戴燒也辣甲也

冬至日國俗屠白羊白馬白鴈各取血和酒天子望拜黑山黑山在境北俗謂國人魂魄其神司之猶中國之岱宗云每歲是日五京進紙造人馬萬餘事祭山而焚之俗甚嚴畏非祭不敢近山

臘辰日天子率北南臣僚並戎服戊夜坐朝作樂飲酒等第賜甲仗羊馬國語謂是日爲炒伍侕尀炒伍侕戰也

再生儀凡十有二歲皇帝本命前一年季冬之月擇吉日前期禁門北除地置再生室母后室先帝神主輿在再生室東南倒植三岐木其日以童子及產醫嫗置室中一婦人執酒一叟持矢箙立於室外有司請神主降輿致奠奠訖皇帝出寢殿詣再生室羣臣奉迎再拜皇帝入室釋服跣以童子從三過岐木之下每過產醫嫗致詞拂拭帝躬童子過岐木七皇帝臥木側叟擊箙曰生男矣太巫幪皇帝首興羣臣稱賀再拜產醫嫗受酒于執酒婦以進太巫奉襁褓綵結等物贊祝之預選七叟各立御名繫于綵皆跪進皇帝選嘉名受之賜物再拜退羣臣皆進襁褓綵結等物皇帝拜先帝諸御容遂宴羣臣

善哉阻午可汗之垂訓後嗣也孺子無不慕其親者嗜欲深而愛淺妻子具而孝衰人人皆然而況天子乎再生之儀歲一周星使天子一行是禮以起其孝心夫體之也眞則其思之也切孺子之慕將有油然發于中心者感發之妙非言語文字之所能及善哉阻午可汗之垂訓後嗣也始之以三過岐木母氏劬勞能無念乎終之以拜先帝御容敬承宗廟宜何如哉詩曰無念爾祖聿脩厥德

遼史卷五十四

元 中 書 右 丞 相 總 裁 脫 脫 等 修

志第二十三

樂志

遼有國樂有雅樂有大樂有散樂有鐃歌橫吹樂舊史稱聖宗興宗咸通音律聲氣歌辭舞節徵諸太常儀鳳敎坊不可得按紀志遼朝雜禮參考史籍定其可知者以補一代之闕文嗚呼咸韶夏武之樂聲亡書逸河間作記史遷因以爲書寥乎希哉遼之樂觀此足矣

國樂

遼有國樂猶先王之風其諸國樂猶諸侯之風故志其略

正月朔日朝賀用宮懸雅樂元會用大樂曲破後用散樂角觝終之是夜皇帝燕飲用國樂

七月十三日皇帝出行宮三十里卓帳十四日設宴應從諸軍隨各部落動樂十五日中元大宴用漢樂

春飛放杏堝皇帝射獲頭鵝薦廟燕飲樂工數十人執小樂器侑酒

諸國樂

太宗會同三年晉宣徽使楊端王朓等及諸國使朝見皇帝御便殿賜宴端朓起進酒作歌舞上爲舉觴極歡

會同三年端午日百僚洎諸國使稱賀如式燕飲命回鶻燉煌二使作本國舞

天祚天慶二年駕幸混同江頭魚酒筵半酣上命諸酋長次第歌舞爲樂女直阿骨打端立直視辭以不能上謂蕭奉先曰阿骨打意氣雄豪顧視不常可托以邊事誅之不然恐貽後患奉先奏阿骨打無大過殺之傷向化之意蕞爾小國又何能爲

雅樂

自漢以後相承雅樂有古頌焉有古大雅焉遼闕郊廟禮無頌樂大同元年太宗自汴將還得晉太常樂譜宮懸樂架委所司先赴中京

聖宗太平元年尊號冊禮設宮懸於殿庭舉麾位在殿第三重西階之上協律郎各入就舉麾位太常博士引太常卿太常卿引皇帝將仗動協律郎舉麾太樂令令撞黃鍾之鍾左右鍾皆應工人舉柷樂作皇帝卽御坐扇合樂止

王公入門樂作至位樂止

通事舍人引押冊大臣初動樂作置冊殿前香案訖就位樂止

舁冊官奉冊初動樂作升殿置冊御坐前就西墉北上位樂止

大臣上殿樂作至殿欄內位樂止

大臣降殿階樂作復位樂止

王公三品以上出樂作太常博士引太常卿太常卿引皇帝降御坐入閤樂止

興宗重熙九年上契丹冊皇帝出奏隆安之樂

聖宗統和元年冊承天皇太后設宮懸簨簴太樂工協律郎入太后儀衛動舉麾太和樂作太樂令太常卿導引升御坐簾捲樂止

文武三品以上入舒和樂作至位樂止

皇帝入門雍和樂作至殿前位樂止

宰相押冊皇帝隨冊樂作至殿前置冊於案樂止

翰林學士大將軍舁冊樂作置御坐前樂止

丞相上殿樂作至讀冊位樂止

皇帝下殿樂作至位樂止

太后宣答訖樂作皇帝至西閤樂止

親王丞相上殿樂作退班出樂止

下簾樂作皇太后入內樂止

冊皇太子儀太子初入門貞安之樂作

冊禮樂工次第

四隅各置建鼓一虡樂工各一人

宮懸每面九虡每虡樂工一人

樂虡近北置柷敔各一樂工各一人

樂虡內坐部樂工左右各一百二人

樂虡西南武舞六十四人執小旗二人

樂虡東南文舞六十四人執小旗二人

協律郎二人

太樂令一人

唐十二和樂遼初用之

豫和祀天神

順和祭地祇

永和享宗廟

肅和登歌奠玉帛

雍和入俎接神

壽和酌獻飲神

太和節升降

舒和節出入

昭和舉酒

休和以飯

正和皇后受冊以行

承和太子以行

遼十二安樂初梁改唐十二和樂爲九慶樂後唐建唐宗廟仍用十二和樂晉改爲十二同樂遼雜禮天子出入奏隆安太子行奏貞安則是遼嘗改樂名矣餘十安樂名缺

遼雅樂歌辭文闕不具八音器數大抵因唐之舊

八音

金　鎛鍾

石　球磬

絲　琴瑟

竹　籥簫箎

匏　笙竽

土　壎

革　鼓鼗

木　柷敔

十二律用周黍尺九寸管空徑三分爲本道宗太康中詔行秬黍所定升斗嘗定律矣其法大抵用古律焉

大樂

自漢以來因秦楚之聲置樂府至隋高祖詔求知音者鄭譯得西域蘇祇婆七旦之聲求合七音八十四調之說由是雅俗之樂皆此聲矣用之朝廷別於雅樂者謂之大樂晉高祖使馮道劉煦冊應天太后太宗皇帝其聲器工官與法駕同歸於遼

聖宗太平元年冊承天皇太后童子弟子隊樂引太后輦至金鑾門

天祚皇帝天慶元年上壽儀

皇帝出東閤鳴鞭樂作　簾捲扇開樂止

太尉執臺分班太樂令舉麾樂作　皇帝飲酒訖樂止

應坐臣僚東西外殿太樂令引堂上樂升大臣執臺

太樂令奏舉觴登歌樂作飲訖樂止

行臣僚酒徧太樂令奏巡周舉麾樂作　飲訖樂止

太常卿進御食太官令奏食徧樂作　文舞入三變引出樂止

次進酒行臣僚酒舉觴巡周樂作　飲訖樂止

次進食食徧樂作　武舞入三變引出樂止

扇合簾下鳴鞭樂作　皇帝入西閤樂止

大樂器本唐太宗七德九功之樂武后毀唐宗廟七德九功樂舞遂亡自後宗廟用隋文武二舞朝廷用高宗景雲樂代之元會第一奏景雲樂舞杜佑通典已稱諸樂並亡唯景雲樂舞僅存唐末五代版蕩之餘在者希矣遼國大樂晉代所傳雜禮雖見坐部樂工左右各一百二人蓋亦以景雲遺工充坐部其坐立部樂自唐已亡可考者唯景雲四部樂舞而已

玉磬

方響

搊箏

筑
臥箜篌
大箜篌
小箜篌
大琵琶
小琵琶
大五絃
小五絃
吹葉
大笙
小笙
觱篥
簫
銅鈸
長笛
尺八笛
短笛
以上皆一人
毛員鼓
連鞉鼓
具
以上皆二人餘每器工一人
歌二人
舞二十人分四部
景雲舞八人
慶雲樂舞四人
破陣樂舞四人
承天樂舞四人

大樂調雅樂有七音大樂亦有七聲謂之七旦一曰婆陁力平聲二曰雞識長聲三曰沙識質直聲四曰沙侯加濫聲五曰沙臘皆應聲六曰般贍五聲七曰俟利箑斛先聲自隋以來樂府取其聲四旦二十八調爲大樂

婆陁力旦
正宮
高宮
中呂宮
道調宮
南呂宮
仙呂宮
黃鍾宮

雞識旦
越調
大食調
高大食調
雙調
小食調
歇指調
林鍾商調

沙識旦
大食角
高大食角
雙角
小食角
歇指角
林鍾角
越角

沙侯加濫旦
中呂調
正平調
高平調
仙呂調
黃鍾調
般涉調
高般涉調

右四旦二十八調不用黍律以琵琶絃叶之皆從濁至清迭更其聲下益濁上益清七七四十九調餘二十一調失其傳蓋出九部樂之龜茲部云

大樂聲各調之中度曲協音其聲凡十曰五凡工尺上一四六勾合近十二雅律於律呂各闕其一猶雅音之不及商也

散樂

殷人作靡靡之樂其聲往而不反流爲鄭衛之聲秦漢之間秦楚聲作鄭衛寖亡漢武帝以李延年典樂府稍用西涼之聲今之散樂俳優歌舞雜進往往漢樂府之遺聲晉天福三年遣劉煦以伶官來歸遼有散樂蓋由此矣

遼冊皇后儀
呈百戲角觝戲馬以爲樂

皇帝生辰樂次
酒一行 觱篥起歌
酒二行 歌手伎入
酒三行 琵琶獨彈
餅茶致語
食入雜劇進
酒四行
闕
酒五行 笙獨吹鼓笛進
酒六行 箏獨彈築毬
酒七行 歌曲破角觝

曲宴宋國使樂次
酒一行 觱篥起歌
酒二行 歌
酒三行 歌手伎入
酒四行 琵琶獨彈
餅茶致語
食入雜劇進
酒五行
闕
酒六行 笙獨吹合法曲
酒七行 箏獨彈
酒八行 歌擊架樂
酒九行 歌角觝

散樂以三音該三才之義四聲調四時之氣應十二管之數截竹爲四竅之笛以叶音聲而被之絃歌三音天音揚地音抑人音中皆有聲無文四時春聲曰平夏聲曰上秋聲曰去冬聲曰入

散樂器觱篥簫笛笙琵琶五絃箜篌箏方響杖鼓第二鼓第三鼓腰鼓大鼓鞚拍板

雜戲自齊景公用倡優侏儒至漢武帝設魚龍曼延之戲後漢有繩舞自刎之伎杜佑以爲多幻術皆出西域哇俚不經故不具述

鼓吹樂

鼓吹樂一曰短簫鐃歌樂自漢有之謂之軍樂遼雜禮朝會設熊羆十二案法駕有前後部鼓吹百官鹵簿皆有鼓吹樂

前部
鼓吹令二人
掆鼓十二
金鉦十二
大鼓百二十
長鳴百二十
鐃十二
鼓十二
歌二十四
管二十四
簫二十四
笳二十四

後部
大角百二十
鼓吹丞二人
羽葆十二
鼓十二
管二十四
簫二十四
鐃十二
鼓十二
簫二十四
笳二十四

右前後鼓吹行則導駕奏之朝會則列仗設而不奏

橫吹樂

橫吹亦軍樂與鼓吹分部而同焉皆屬鼓吹令

前部
大橫吹百二十
節鼓二
笛二十四
觱篥二十四
笳二十四
桃皮觱篥二十四
掆鼓十二
金鉦十二
小鼓百二十
中鳴百二十
羽葆十二
鼓十二
管二十四
簫二十四
笳二十四

後部
小橫吹百二十四
笛二十四

簫二十四
觱篥二十四
桃皮觱篥二十四
百官鼓吹橫吹樂自四品以上名有增損見儀衛志自周衰先王之樂寖以亡缺周南變爲秦風始皇有天下鄭衞秦燕趙楚之聲迭進而雅聲亡矣漢唐之盛文事多西音是爲大樂散樂武事皆北音是爲鼓吹橫吹樂雅樂在者其器雅其音亦西云

遼史卷五十五

元中書右丞相總裁脫脫等修

志第二十四

儀衛志一

遼太祖奮自朔方太宗繼志述事以成其業於是舉渤海立敬瑭破重貴盡致周秦兩漢隋唐文物之遺餘而居有之路車法物以隆等威金符玉璽以布號令是以傳至九主二百餘年豈獨以兵革之利士馬之強哉文謂之儀武謂之衞足以成一代之規模矣考遼所有輿服符璽儀仗作儀衛志

輿服

自皇帝而降輿服之制其來遠矣禹乘四載作小車商人得桑根之瑞爲大輅周人加金玉象飾益備秦取六國儀物而分別其用先王之制置而弗御至漢中葉銳意稽古然禮文之事名存實亡蓋得十一於千百焉唐之車輅因周隋遺法損益可知而祭服皆青朝服皆絳常服用宇文制以紫緋綠碧分品秩五代頗以常服代朝服遼國自太宗入晉之後皇帝與南班漢官用漢服太后與北班契丹臣僚用國服其漢服卽五代晉之遺制也考之載籍之可徵者著輿服篇冠諸儀衞之首

國輿

契丹故俗便於鞍馬隨水草遷徙則有氈車任載有大車婦人乘馬亦有小車貴富者加之華飾禁制疏闊貴適用而已帝后加隆勢固然也輯其可知著于篇
大輿柴冊再生儀載神主見之
輿臘儀見皇帝皇后升輿降輿
總纛車駕以御驄祭山儀見皇太后升總纛車
車納后儀見皇后就車
青幰車二螭頭蓋部皆飾以銀駕用駝公主下嫁以賜之古者王姬下嫁車服不繫其夫下王后一等此其遺意歟
送終車車樓純飾以錦螭頭以銀下懸鐸後垂大氈駕以牛上載羊一謂之祭羊以擬送終之用亦賜公主
椅冊皇太后儀皇帝乘椅自便殿至西便門
鞍馬祭山儀皇帝乘馬侍皇太后行臘儀皇帝降輿祭東畢乘馬入獵圍瑟瑟儀俱乘馬東行羣臣在南命婦在北

漢輿

太宗皇帝會同元年晉使馮道劉煦等備車輅法物上皇帝皇太后尊號冊禮自此天子車服昉見於遼太平中行漢冊禮乘黃令陳車輅尚輦奉御陳輿輦盛唐輦輅盡在遼廷矣
五輅周官典輅有五輅秦亡之後漢創製
玉輅祀天祭地享宗廟朝賀納后用之青質玉飾黃屋左纛十二鑾在衡二鈴在軾龍輈左建旂十二旒皆畫升龍長曳地駕蒼龍金叜鏤錫鞶纓十二就遼國勘箭儀皇帝乘玉輅至內門聖宗開泰十年上升玉輅自內三門入萬壽殿進七廟御容酒
金輅饗射祀還飮至用之赤質金飾餘如玉輅色從其質駕赤騮
象輅行道用之黃質象飾餘如金輅駕黃騮
革輅巡狩武事用之白質革鞔駕白駱
木輅田獵用之黑質漆飾駕黑騮
車制小於輅小事乘之
耕根車耕籍用之青質蓋三重餘如玉輅
安車一名進賢車臨幸用之金飾重輿曲壁八鑾在衡紫油纁朱裏幰朱絲絡網駕赤騮朱鞶纓
四望車一名明遠車拜陵臨弔則用之金飾青油纁朱裏通幰駕牛餘同安車
涼車赤質省方罷獵用之赤質金塗銀裝五綵龍鳳織藤油壁緋條蓮座駕以橐駝
輦用人挽本宮中所乘唐高宗始制七輦周官巾車有輦以人組挽之太平冊禮皇帝御輦
大鳳輦赤質頂有金鳳壁畫雲氣金翅前有軾下有构欄絡帶皆繡雲鳳銀梯主輦八十人
大芳輦
仙游輦
小輦永壽節儀皇太后乘小輦
芳亭輦黑質幕屋緋欄皆繡雲鳳朱綠夾窻花板紅網兩簾四竿銀飾梯主輦百二十人
大玉輦
小玉輦
逍遙輦常用之椶屋赤質金塗銀裝紅條輦官十二人春夏緋衫秋冬素錦服
平頭輦常行用之制如逍遙無屋冊承天皇太后儀皇太后乘平頭輦
步輦聖宗統和三年駐蹕土河乘步輦聽政
羊車古輦車赤質兩壁龜文鳳翅緋幰絡帶門簾皆繡瑞羊畫輪駕以牛隋易果下馬童子十八人服繡瑞羊挽之
輿以人肩之天子用韉絡臂綰
腰輿前後長竿各二金銀螭頭緋繡鳳襴上施錦褥別設小床奉輿十六人
小輿赤質青頂曲柄緋繡絡帶制如鳳輦而小上有御座奉輿二十四人
皇太子車輅
金輅從祀享正冬大朝納妃用之冊皇太子儀乘黃令陳金輅皇太子升降金輅
軺車五日常朝享宮臣出入行道用之金飾紫幰朱裏駕一馬
四望車弔臨用之金飾紫油纁通幰駕一馬

遼史卷五十六

元中書右丞相總裁脫脫等修

志第二十五

儀衛志二

國服

上古之人網罟禽獸食肉衣皮以儷鹿韋掩前後謂之韠然後夏葛冬裘之制興焉周公陳王業七月之詩至於一日于貉三月條桑八月載績公私之用由是出矣契丹轉居薦草之間去邃古之風猶未遠也太祖仲父述瀾以遙輦氏于越之官占居潢河沃壤始置城邑爲樹藝桑麻組織之教有遼王業之隆其亦肇迹於此乎太祖帝北方太宗制中國紫銀之鼠羅綺之篚麕載而至纖麗耎毳被土綢木於是定衣冠之制北班國制南班漢制各從其便焉詳國服以著厥始云
祭服遼國以祭山爲大禮服飾尤盛
大祀皇帝服金文金冠白綾袍紅帶懸魚三山紅垂飾犀玉刀錯絡縫烏鞾
小祀皇帝硬帽紅克絲龜文袍皇后戴紅帕服絡縫紅袍懸玉佩雙同心帕絡縫烏鞾
臣僚命婦服飾各從本部旗幟之色
朝服太祖丙寅歲卽皇帝位朝服衷甲以備非常其後行瑟瑟禮大射柳卽此服聖宗統和元年冊承天皇太后給三品以上用漢法服三品以下用大射柳之服
皇帝服實里薛袞冠絡縫紅袍垂飾犀玉帶錯絡縫韠謂之國服袞冕太宗更以錦袍金帶
臣僚戴氈冠金花爲飾或加珠玉翠毛額後垂金花織成夾帶中貯髮一總或紗冠制如烏紗帽無簷不擫雙耳額前綴金花上結紫帶末綴珠服紫窄袍繫鞊鞢帶以黃紅色條裹革爲之用金玉水晶靛石綴飾謂之盤紫太宗更以錦袍金帶會同元年羣臣高年有爵秩者皆賜之
公服謂之展裹著紫興宗重熙二十二年詔八房族巾幘道宗清寧元年詔非勳戚之後及夷離堇副使并承應有職事人不帶巾
皇帝紫皂幅巾紫窄袍玉束帶或衣紅襖臣僚亦幅巾紫衣
常服
宰相中謝儀帝常服高麗使入見儀臣僚便衣謂之盤裹綠花窄袍中單多紅綠色貴者披貂裘以紫黑色爲貴青次之又有銀鼠尤潔白賤者貂毛羊鼠沙狐裘
田獵服
皇帝幅巾擐甲戎裝以貂鼠或鵝項鴨頭爲扞腰蕃漢諸司使以上並戎裝衣皆左衽黑綠色
弔服太祖叛弟剌哥等降素服受之
素服乘赭白馬

漢服

黃帝始制冕冠章服後王以祀以祭以享唐收殷冔周弁以朝冠端以居所以別尊卑辨儀物也厥後唐以冕冠青衣爲祭服通天絳袍爲朝服平巾幘袍襴爲常服

大同元年正月朔，太宗皇帝入晉，備法駕，受文武百官賀于汴京崇元殿，自是日以爲常。是年北歸，唐晉文物遼則用之。左右采訂，摭其常用者存諸篇。

祭服：遼之世，郊丘不建，大裘冕服不書。

衮冕：祭祀宗廟、遣上將出征、飲至、踐阼、加元服、納后若元日受朝則服之。金飾，垂白珠十二旒，以組爲纓，色如其綬，黈纊充耳，玉簪導；玄衣纁裳，十二章：八章在衣，日、月、星、龍、華蟲、火、山、宗彝；四章在裳，藻、粉米、黼、黻。衣褾領爲升龍，織成文，各爲六等；龍山以下，每章一行，行十二。白紗中單，黼領，青褾、襈、裾。韍、革帶、大帶、劍、佩、綬、舄加金飾。元日朝會儀，皇帝服衮冕。

朝服：乾亨五年，聖宗册承天太后，給三品以上法服。雜禮，册承天太后儀，侍中就席，解劍脫履。重熙五年尊號册禮，皇帝服龍衮，北南臣僚竝朝服，蓋遼制。會同中，太后、北面臣僚國服；皇帝、南面臣僚漢服。乾亨以後，大禮雖北面三品以上亦用漢服；重熙以後，大禮竝漢服矣。常朝仍遼會同之制。

皇帝通天冠：諸祭還及冬至、朔日受朝、臨軒拜王公、元會、冬會服之。冠加金博山，附蟬十二，首施珠翠，黑介幘，髮纓翠緌，玉若犀簪導。絳紗袍，白紗中單，褾領，朱襈裾，白裙襦，絳蔽膝，白假帶方心曲領。其革帶、佩劍、綬、襪、舄。若未加元服，則雙童髻，空頂黑介幘，雙玉導，加寶飾。元日上壽儀，皇帝服通天冠、絳紗袍。

皇太子遠遊冠：謁廟還宮、元日、冬至、朔日入朝服之。三梁冠，加金附蟬九首，施珠翠，黑介幘，髮纓翠緌，犀簪導。絳紗袍，白紗中單，皁領褾襈裾，白裙襦，白假帶方心曲領，絳紗蔽膝。其革帶、劍、佩、綬、襪、舄與上同。後改用白襪黑舄。未冠則雙童髻，空頂黑介幘，雙玉導，加寶飾。册皇太子儀，皇太子冠遠遊，服絳紗袍。

親王遠遊冠：陪祭、朝饗、拜表、大事服之。冠三梁，加金附蟬，黑介幘，青緌，導。絳紗單衣，白紗中單，皁領襈裾，白裙襦，革帶鉤䚢，假帶曲領方心，絳紗蔽膝，襪舄，劍、佩、綬。二品以上同。

諸王遠遊冠：三梁，黑介幘，青緌。

三品以上進賢冠：三梁，寶飾。

五品以上進賢冠：二梁，金飾。

九品以上進賢冠：一梁，無飾。

七品以上去劍、佩、綬。

八品以下同。

公服：勘箭儀，閤使公服繫履。遼國常用公服矣。

皇帝翼善冠：朔視朝用之。柘黃袍，九環帶，白練裙襦，六合鞾。

皇太子遠遊冠：五日常朝、元日、冬至受朝服。絳紗單衣，白裙襦，革帶金鉤䚢，假帶方心，紛鞶囊，白襪，烏皮履。

一品以下、五品以上：冠幘纓，簪導，謁見東宮及餘公事服之。絳紗單衣，白裙襦，帶鉤䚢，假帶方心，襪履，紛鞶囊。

六品以下：冠幘纓，簪導，去紛鞶囊，餘竝同。

常服：遼國謂之「穿執」。起居禮，臣僚穿執。言穿鞾、執笏也。

皇帝柘黃袍衫，折上頭巾，九環帶，六合鞾，起自宇文氏。唐太宗貞觀已後，非元日、冬至受朝及大祭祀，皆常服而已。

皇太子進德冠，九琪，金飾，絳紗單衣，白裙襦，白襪，烏皮履。

五品以上，幞頭，亦曰折上巾，紫袍，牙笏，金玉帶。文官佩手巾、算袋、刀子、礪石、金魚袋；武官鞊鞢七事：佩刀、刀子、磨石、契苾眞、噦厥、計筒、大石袋，烏皮六合鞾。

六品以下，幞頭，緋衣，木笏，銀帶，魚袋佩，鞾同。

八品九品，幞頭，綠袍，鍮石帶，鞾同。

遼史卷五十七

元 中 書 右 丞 相 總 裁 脫 脫 等 修

志第二十六

儀衞志三

符印

遙輦氏之世，受印于回鶻。至耶瀾可汗請印於唐，武宗始賜「奉國契丹印」。太祖神册元年，梁幽州刺史來歸，詔賜印綬。是時太祖受位遙輦十年矣。會同九年，太宗伐晉，末帝表上傳國寶一、金印三，天子符瑞於是歸遼。

傳國寶：秦始皇作，用藍玉，螭紐，六面。其正面文「受命于天，旣壽永昌」，魚鳥篆。子嬰以上漢高祖。王莽篡漢，平皇后投璽殿階，螭角微玷。獻帝失之，孫堅得于井中，傳至孫權，以歸于魏。魏文帝隸刻肩際曰「大魏受漢傳國之寶」。唐更名「受命寶」。晉亡歸遼。自三國以來，僭僞諸國往往模擬私製，歷代府庫所藏不一，莫辨眞僞。聖宗開泰十年，馳驛取石晉所上玉璽于中京。興宗重熙七年，以有傳國寶者爲正統賦試進士。天祚保大二年，遺傳國璽于桑乾河。

玉印：太宗破晉北歸，得于汴宮，藏隨駕庫。穆宗應歷二年，詔用太宗舊寶。

御前寶：金鑄，文曰「御前之寶」，以印臣僚宣命。

詔書寶：文曰「書詔之寶」。凡書詔批荅用之。

契丹寶：受契丹册儀，符寶郎捧寶置御坐東。

金印三：晉帝所上，其文未詳。

皇太后寶：制未詳。天顯二年，應天皇后稱制，羣臣上璽綬。册承天皇太后儀，符寶郎奉寶置皇太后坐右。

皇后印：文曰「皇后教印」。

皇太子寶：未詳其制。重熙九年，册皇太子儀，中書令授皇太子寶。

印

吏部印：文曰「吏部之印」，銀鑄，以印文官制誥。

兵部印：文曰「兵部之印」，銀鑄，以印軍職制誥。

契丹樞密院、契丹諸行軍部署、漢人樞密院、中書省、漢人諸行宮都部署印：竝銀鑄，文不過六字以上，以硃爲色。

南北王以下內外百司印：竝銅鑄，以黃丹爲色；諸稅務以赤石爲色。

杓窊印：杓窊，鷙鳥之總名，以爲印紐，取疾速之義。行軍詔賜將帥用之。道宗賜耶律仁先鷹紐印卽此。

符契

自大賀氏八部用兵，則合契而動，不過刻木爲牌合。太祖受命，易以金魚。

金魚符：七枚，黃金鑄，長六寸，各有字號，每魚左右判合之。有事，以左半先授守將，使者執右半，大小、長短、字號合同，然後發兵。事訖，歸于內府。

銀牌：二百面，長尺，刻以國字，文曰「宜速」，又曰「勑走馬牌」。國有重事，皇帝以牌親授使者，手劄給驛馬若干。驛馬闕，取它馬代。法，晝夜馳七百里，其次五百里。所至如天子親臨，須索更易，無敢違者。使回，皇帝親受之，手封牌印，郎君收掌。

木契：正面爲陽，背面爲陰。閤門與仗則用之。朝賀之禮，宣徽使請陽面木契下殿，至于殿門，以契授西上閤門使，云「授契行勘」。勘契官聲喏，跪受契，舉手勘契，同俛興，鞠躬奏「內外勘契同」。閤門使云「准勑勘契行勘」。勘契官執陰面木契，聲喏，平身立，少退近後，引聲云「軍將門仗官」，齊聲喏。勘契官云「內出喚仗木契一隻，准勑付左右金吾仗行勘」。勘契官云「合不合」，門仗官云「合」，凡再。勘契官云「同不同」，門仗官云「同」，亦再。勘契官近前鞠躬，奏「勘官左金吾引駕仗勾畫都知某官某對御勘同」。平身，少退近後，右手舉契，云「其契謹付閤門使進入」。閤門使引聲喏，門仗官下聲喏。勘契官跪以契授閤門使，上殿納契。宣徽使受契。閤門使下殿，奉勑喚仗。

木箭：內箭爲雄，外箭爲雌。皇帝行幸則用之。還宮，勘箭官執雌箭，東上閤門使執雄箭，如勘契之儀，詳具禮儀志。

遼史卷五十八

元 中 書 右 丞 相 總 裁 脫 脫 等 修

志第二十七

儀衞志四

帝王處則重門擊柝，出則以師兵爲營衞，勞人動衆，豈得已哉。天下大患生於大欲，不得不遠慮深防耳。智英勇傑，魁臣雄藩，於是乎在。寓武備於文物之中，此儀仗所由設也。金吾、黃麾六軍之仗，遼受之晉，晉受之後唐，後唐受之梁、唐，其來也有自。耶律儼、陳大任舊志有未備者，兼考之遼朝雜禮云。

國仗

王通氏言：「舜歲徧四岳，民不告勞，營衞省，徵求寡耳。」遼太祖匹馬一麾，斥地萬里，經營四方，未嘗寧居，所至樂從，用此道也。太宗兼制中國，秦皇、漢武之儀文日至。後嗣因之，旌頭豹尾，馳騁五京之間，終歲勤動，轍迹相尋，民勞財匱，此之故歟。遼自大賀氏摩會受唐鼓纛之賜，是爲國仗。其制甚簡，太宗伐唐、晉以前，所用皆是物也。著于篇首，以見艱難創業之主，豈必厚衛其身云。

十二神纛

十二旗

十二鼓

曲柄華蓋

直柄華蓋

遙輦末主遺制迎十二神纛天子旗鼓置太子帳前諸弟剌哥等叛匀德實縱火焚行宮皇后命曷古魯救之止得天子旗鼓太宗卽位置旗鼓神纛于殿前聖宗以輕車儀衞拜帝山

渤海仗

天顯四年太宗幸遼陽府人皇王備乘輿羽衞以迎乾亨五年聖宗東巡東京留守具儀衞迎車駕此故渤海儀衞也

漢仗

大賀失活入朝于唐妟固兄弟繼之尙主封王飫觀上國開元東封邵固扈從又覽太平之盛自是朝貢歲至于唐遼始祖涅里立遙輦氏世爲國相目見耳聞歆企帝王之容輝有年矣遙輦致鼓纛於太祖帳前會何足以副其雄心霸氣之所睥睨哉厥後交梁聘唐不憚勞勩至於太宗立晉以要冊禮入汴而收法物然後累世之所願欲者一舉而得之太原擅命力非不敵席卷法物先致中京蹀棄山河不少顧慮志可知矣於是秦漢以來帝王文物盡入于遼周宋按圖更製乃非故物遼之所重此其大端故特著焉

太宗會同元年晉使馮道備車輅法物上皇太后冊禮劉煦盧重備禮上皇帝尊號

三年上在薊州觀導駕儀衞圖遂備法駕幸燕御元和殿行入閤禮

六年備法駕幸燕迎導御元和殿

大同元年正月朔備法駕至汴上御崇元殿受文武百僚朝賀自是日以爲常

二月朔上御崇元殿備禮受朝賀

三月將幸中京鎭陽詔收鹵簿法物委所司押領先往未幾鎭陽入漢鹵簿法物隨世宗歸于上京

四月皇太弟李胡遣使問軍事上報曰朝廷起居如禮是月太宗崩世宗卽位鹵簿法物備而不御

穆宗應曆元年詔朝會依嗣聖皇帝故事用漢禮

景宗乾亨五年二月神柩升轀輬車具鹵簿儀衞

六月聖宗至于上京留守具法駕迎導

聖宗統和元年車駕還上京迎導儀衞如式

三年駕幸上京留守具儀衞奉迎

四年燕京留守具儀衞導駕入京上御元和殿百僚朝賀是後儀衞常事史不復書

鹵簿儀仗人數馬匹

步行擎執二千四百一十二人坐馬擎執二百七十五人坐馬樂人二百七十三人步行教坊人七十一人御馬牽攏官五十二人御馬二十六匹官僚馬牽攏官六十六人坐馬挂甲人五百九十八人步行挂甲人百六十人金甲二人神輿十二人長壽仙一人諸職官等三百五人內侍一人引稍押衙二人赤縣令一人府牧一人府吏二人少尹一人司錄一人功曹一人太常少卿一人太常丞一人太常博士一人司徒一人太僕卿一人鴻臚卿一人大理卿一人御史大夫一人侍御史二人殿中侍御史二人監察御史一人兵部尙書一人兵部侍郎一人兵部郎中一人兵部員外郎一人符寶郎一人左右諸衞將軍三十五人左右諸折衝二十一人左右諸果毅二十八人尙乘奉御二人排仗承直二人左右夾騎二人都頭六人主帥一十四人教坊司差押纛二人左右金吾四人虞候佽飛一十六人鼓吹令二人漏刻生二人押當官一人司天監一人令史一人司辰一人統軍六人千牛備身二人左右親勳二人左右郎將四人左右拾遺二人左右補闕二人起居舍人一人左右諫議大夫二人給事中書舍人二人左右散騎常侍二人門下侍郎二人中書侍郎二人鳴鞭二人內侍內差侍中一人中書令一人監門校尉二人排列官二人武衞隊正一人隨駕諸司供奉官三十人三班供奉官六十人通事舍人四人御史中丞二人乘黃丞二人都尉一人太僕卿一人步行太卜令一人職官乘馬三百四匹進馬四匹駕車馬二十八匹人之數凡四千二百三十有九馬之數凡千五百二十得諸本朝太常卿徐世隆家藏遼朝雜禮者如是至於儀注之詳不敢傳會云

遼史卷五十九

元中書右丞相總裁脫脫等修

志第二十八

食貨志上

契丹舊俗其富以馬其强以兵縱馬於野弛兵於民有事而戰彍騎介夫卯命辰集馬逐水草人仰湩酪挽强射生以給日用糗糧芻茭道在是矣以是制勝所向無前及其有國內建宗廟朝廷外置郡縣牧守制度日增經費日廣上下相師服御浸盛而食貨之用斯爲急矣於是五京及長春遼西平州置鹽鐵轉運度支錢帛諸司以掌出納其制數差等雖不可悉而大要散見舊史若農穀租賦鹽鐵貿易坑冶泉幣羣牧逐類採摭緝而爲篇以存一代食貨之畧

初皇祖匀德實爲大迭烈府夷离菫喜稼穡善畜牧相地利以教民耕仲父述瀾爲于越飭國人樹桑麻習組織太祖平諸弟之亂弭兵輕賦專意於農嘗以戶口滋繁糺轄疎遠分北大濃兀爲二部程以樹藝諸部效之太宗會同初將東獵三尅奏減輜重疾趨北山取物以備國用無害農務尋詔有司勸農桑教紡績以烏古之地水草豐美命甌昆石烈居之益以海勒水之善地爲農田三年詔以諧里河臚朐河近地賜南院歐菫突呂乙斯勃北院溫納河剌三石烈人以事耕種八年駐蹕赤山宴從臣問軍國要務左右對曰軍國之務愛民爲本民富則兵足兵足則國彊上深然之是年詔徵諸道兵仍戒敢有傷禾稼者以軍法論應曆間雲州進嘉禾時謂重農所召保寧七年漢有宋兵使來乞糧詔賜粟二十萬斛助之非經費有餘其能若是聖宗乾亨五年詔曰五稼不登開帑藏而代民稅螟蝗爲災罷徭役以恤饑貧帝常過藁城見乙室奧隗部下婦人迪輦等黍過熟未穫遣人助刈太師韓德讓言兵後逋民棄業禾稼棲畝募人穫之以半給穫者政事令室昉亦言山西諸州給軍興民力凋敝田穀多躙於邊兵請復今年租六年霜旱災民饑詔三司舊以稅錢折粟估價不實其增以利民又徙吉避寨居民三百戶于檀順薊三州擇沃壤給牛種穀十三年詔諸道置義倉歲秋社民隨所穫戶出粟庤倉社司籍其目歲儉發以振民統和十五年詔免南京舊欠義倉粟仍禁諸軍官非時畋牧妨農開泰元年詔曰朕惟百姓徭役煩重則多給工價年穀不登發倉以貸田園蕪廢者則給牛種以助之太平初幸燕燕民以年豐進土產珍異上禮高年惠鰥寡賜酺連日九年燕地饑戶部副使王嘉請造船募習海漕者移遼東粟餉燕議者稱道險不便而寢興宗卽位遣使閱諸道禾稼是年通括戶口詔曰朕於早歲習知稼穡力辦者廣務耕耘罕聞輸納家食者全虧種植多至流亡宜通檢括普爲均平禁諸職官不得擅造酒糜穀有婚祭者有司給文字始聽道宗初年西北雨穀三十里春州斗粟六錢時西蕃多叛上欲爲守禦計命耶律唐古督耕稼以給西軍唐古率衆田臚朐河側歲登上熟移屯鎭州凡十四稔積粟數十萬斛每斗不過數錢以馬人望前爲南京度支判官公私兼裕檢括戶口用法平恕乃遷中京度支使視事半歲積粟十五萬斛擢左散騎常侍遼之農穀至是爲盛而東京如咸信蘇復辰海同銀烏遂春泰等五十餘城內沿邊諸州各有和糴倉依祖宗法出陳易新許民自願假貸收息二分所在無慮二三十萬石雖累兵興未嘗用乏迨天慶間金兵大入盡爲所有會天祚播遷耶律敵烈等逼立梁王雅里令羣牧人戶運鹽濼倉粟人戶侵耗議籍其產以償雅里自定其直粟一車一羊三車一牛五車一馬八車一駝從者曰今一羊易粟二斗尙不可得此直太輕雅里曰民有則我有若令盡償衆何以堪事雖無及然使天未絕遼斯言亦足以收人心矣夫賦稅之制自太祖任韓延徽始制國用太宗籍五京戶丁以定賦稅戶丁之數無所於考聖宗乾亨間以上京云爲戶訾具實饒善避繇役遺害貧民遂勅各戶凡子錢到本悉送歸官與民均差統和中耶律昭言西北之衆每歲農時一夫偵候一夫治公田二夫給糺官之役當時沿邊各置屯田戍兵易田積穀以給軍餉故太平七年詔諸屯田在官斛粟不得擅貸在屯者力耕公田不輸稅賦此公田制也餘民應募或治閑田或治私田則計畝出粟以賦公上十五年募民耕灤河曠地十年始租此在官閑田制也又詔山前後未納稅戶竝於密雲燕樂兩縣占田置業入稅此私田制也各部大臣從上征伐俘掠人戶自置郛郭爲頭下軍州凡市井之賦各歸頭下惟酒稅赴納上京此分頭下軍州賦爲二等也先是遼東新附地不榷酤而鹽麴之禁亦弛馮延休韓紹勳相繼商利欲與燕地平山例加繩約其民病之遂起大延琳之亂連年詔復其租民始安靖南京歲納三司鹽鐵錢折絹大同歲納三司稅錢折粟開遠軍故事民歲輸稅斗粟折五錢耶律抹只守郡表請折六錢亦皆利民善政也

遼史卷六十

元中書右丞相總裁脫脫等修

志第二十九

食貨志下

征商之法則自太祖置羊城於炭山北起榷務以通諸道市易太宗得燕置南京城北有市百物山偫命有司治其征餘四京及它州縣貨產懋遷之地置亦如之東平郡城中置看樓分南北市禺中交易市北午漏下交易市南雄州高昌渤海亦立互市以通南宋西北諸部高麗之貨故女直以金帛布蜜蠟諸藥材及鐵離靺鞨

于厥等部以蛤珠青鼠貂鼠膠魚之皮牛羊駝馬毳罽等物來易於遼者道路繦屬聖宗乾亨間燕京留守司言民艱食請弛居庸關稅以通山西糴易又令有司諭諸行宮布帛短狹不中爲度者不粥於市明年詔以南北府市場人少宜率當部車百乘赴集開奇峯路以通易州貿易二十三年振武軍及保州並置榷場時北院大王耶律室魯以俸羊多闕部人貧乏請以羸老之羊及皮毛易南中之絹上下爲便至天祚之亂賦斂既重交易法壞財日匱而民日困矣鹽筴之法則自太祖以所得漢民數多即八部中分古漢城別爲一部治之城在炭山南有鹽池之利即後魏滑鹽縣也八部皆取食之及征幽薊還次于鶴剌濼命取鹽給軍自後濼中鹽益多上下足用會同初太宗有大造於晉晉獻十六州地而瀛莫在焉始得河間煮海之利置榷鹽院於香河縣於是燕雲迤北暫食滄鹽一時產鹽之地如渤海鎮城海陽豐州陽洛城廣濟湖等處五京計司各以其地領之其煎取之制歲出之額不可得而詳矣坑冶則自太祖始併室韋其地產銅鐵金銀其人善作銅鐵器又有曷术部者多鐵曷术國語鐵也部置三冶曰柳濕河曰三黜古斯曰手山神冊初平渤海得廣州本渤海鐵利府改曰鐵利州地亦多鐵東平縣本漢襄平縣故地產鐵鑛置採煉者三百戶隨賦供納以諸坑冶多在國東故東京置戶部司長春州置錢帛司太祖征幽薊師還次山麓得銀鐵鑛命置冶聖宗太平間於潢河北陰山及遼河之源各得金銀鑛興冶採煉自此以訖天祚國家皆賴其利鼓鑄之法先代撒剌的爲夷离菫以土產多銅始造錢幣太祖其子襲而用之遂致富彊以開帝業太宗置五冶太師以總四方錢鐵石敬瑭又獻沿邊所積錢以備軍實景宗以舊錢不足於用始鑄乾亨新錢錢用流布聖宗鑿大安山取劉守光所藏錢散諸五計司兼鑄太平錢新舊互用由是國家之錢演迤域中所以統和出內藏錢賜南京諸軍司開泰中詔諸道貧乏百姓有典質男女計傭價日以十文折盡還父母每歲春秋以官錢宴饗將士錢不勝多故東京所鑄至清寧中始用是時詔禁諸路不得貨銅鐵以防私鑄又禁銅鐵賣入回鶻法益嚴矣道宗之世錢有四等曰咸雍曰大康曰大安曰壽隆皆因改元易名其肉好銖數亦無所考第詔楊遵勗徵戶部司逋戶舊錢得四十餘萬繦拜樞密直學士劉伸爲戶部使歲入羨餘錢三十萬繦擢南院樞密使其以災沴出錢以振貧乏及諸宮分邊戍人戶是時雖未有貫朽不可較之積亦可謂富矣至其末年經費浩穰鼓鑄仍舊國用不給雖以海雲佛寺千萬之助受而不拒尋禁民錢不得出境天祚之世更鑄乾統天慶二等新錢而上下窮困府庫無餘積

始太祖爲迭烈府夷离菫也懲遙輦氏單弱於是撫諸部明賞罰不妄征討因民之利而利之羣牧蕃息上下給足及即位伐河東下代北郡縣獲牛羊駝馬十餘萬樞密使耶律斜軫討女直復獲馬二十餘萬分牧水草便地數歲所增不勝算當時括富人馬不加多賜大小鶻軍萬餘疋不加少蓋畜牧有法然也咸雍五年蕭陶隗爲馬羣太保上書猶言羣牧名存實亡上下相欺宜括實數以爲定籍厥後東丹國歲貢千疋女直萬疋直不古等國萬疋阻卜及吾獨婉惕隱各二萬疋西夏室韋各三百疋越里篤剖阿里奧里米蒲奴里鐵驪等諸部三百疋仍禁朔州路羊馬入宋吐渾党項馬鬻于夏以故羣牧滋繁數至百有餘萬諸司牧官以次進階自太祖及興宗垂二百年羣牧之盛如一日天祚初年馬猶有數萬羣每羣不下千疋祖宗舊制常選南征馬數萬疋牧于雄霸清滄間以備燕雲緩急復選數萬給四時遊畋餘則分地以牧法至善也至末年累與金戰番漢戰馬損十六七雖增價數倍竟無所買乃冒法買官馬從軍諸羣牧私賣日多畋獵亦不足用遂爲金所敗棄衆播遷以訖于亡松漠以北舊馬皆爲大石林牙所有

遼之食貨其可見者如是耳至於鄰國歲幣諸屬國歲貢土宜雖累朝軍國經費多所仰給然非本國所出況名數已見本紀茲不復載夫冀北宜馬海濱宜鹽無以議爲遼地半沙磧三時多寒春秋耕穫及其時黍稌高下因其地蓋不得與中土同矣然而遼自初年農穀充羨振饑恤難用不少蘄旁及鄰國沛然有餘果何道而致其利歟此無他勤課得人規措有法故也世之論錢幣者恒患其重滯之難致鼓鑄之弗給也於是楮幣權宜之法興焉西北之通舟楫比之東南十纔一二遼之方盛貨泉流衍國用以殷給戍賞征賜與億萬未聞有所謂楮幣也又何道而致其便歟此無他舊儲新鑄並聽民用故也孟子曰周于利者凶年不能殺人力苟至一夫猶足以勝時災況爲國乎以是知善謀國者有道以制天時地利之宜無往而不遂其志食莫大於穀貨莫大於錢特志二者以表遼初用事之臣亦善裕其國者矣

遼史卷六十一

元中書右丞相總裁脫脫等修

志第三十

刑法志上

刑也者始於兵而終於禮者也鴻荒之代生民有兵如蠭有螫自衛而已蚩尤惟始作亂斯民鴟義姦宄並作刑之用豈能已乎帝堯清問下民乃命三后恤功于民伯夷降典折民惟刑故曰刑也者始於兵而終於禮者也先王順天地四時以建六卿秋刑官也象時之成物焉秋傳氣於夏變色於春推可知也遼以用武立國禁暴戢姦莫先於刑國初制法有出於五服三就之外者兵之勢方張禮之用未遑也及阻午可汗知宗室雅里之賢命爲夷离菫以掌刑辟豈非士師之官非賢者不可爲乎太祖太宗經理疆土擐甲之士歲無寧居威克厥愛理勢然也子孫相繼其法互有輕重中間能審權宜終之以禮者惟景聖二宗爲優耳然其制刑之凡有四曰死曰流曰徒曰杖死刑有絞斬凌遲之屬又有籍沒之法流刑量罪輕重寘之邊城部族之地遠則投諸境外又遠則罰使絕域徒刑一曰終身二曰五年三曰一年半終身者決五百其次遞減百又有黥刺之法杖刑自五十至三百凡杖五十以上者以沙袋決之又有木劍大棒鐵骨朶之法木劍大棒之數三自十五至三十鐵骨朶之數或五或七有重罪者將決以沙袋先于脽骨之上及四周擊之拷訊之具有麤細杖及鞭烙法麤杖之數二十細杖之數三自三十至於六十鞭烙之數凡烙三十者鞭三百烙五十者鞭五百被告諸事應伏而不服者以此訊之品官公事誤犯民年七十以上十五以下犯罪者聽以贖論贖銅之數杖一百者輸錢千亦有八議八縱之法籍沒之法始自太祖爲撻馬狘沙里時奉痕德菫可汗命案于越釋魯遇害事以其首惡家屬沒入瓦里及淳欽皇后時析出以爲著帳郎君至世宗詔免之其後內外戚屬及世官之家犯反逆等罪復沒入焉餘人則沒爲著帳戶其沒入宮分分賜臣下者亦有之木劍大棒者太宗時制木劍面平背隆大臣犯罪重欲寬宥則擊之沙袋者穆宗時制其制用熟皮合縫之長六寸廣二寸柄一尺許徒刑之數詳于重熙制杖刑以下之數詳于咸雍制其餘非常用而無定式者不可殫紀

太祖初年庶事草創犯罪者量輕重決之其後治諸弟逆黨權宜立法親王從逆不磬諸甸人或投高崖殺之淫亂不軌者五車轘殺之逆父母者視此訕詈犯上者以熟鐵錐㨋其口殺之從坐者量罪輕重杖決杖有二大者重錢五百小者三百又爲梟磔生瘞射鬼箭砲擲支解之刑歸於重法閑民使不爲變耳歲癸酉下詔曰朕自北征以來四方獄訟積滯頗多今休戰息民羣臣其副朕意詳決之無或寃枉乃命北府宰相蕭敵魯等分道疏決有遼欽恤之意昉見于此神冊六年克定諸夷上謂侍臣曰凡國家庶務鉅細各殊若憲度不明則何以爲治羣下亦何由知禁乃詔大臣定治契丹及諸夷之法漢人則斷以律令仍置鍾院以達民寃至太宗時治渤海人一依漢法餘無改焉會同四年皇族舍利郎君謀毒通事解里等已中者二人命重杖之及其妻流于厥拔离弭河族造藥者世宗天祿二年天德蕭翰劉哥及其弟盆都等謀反天德伏誅杖翰流劉哥遣盆都使轄戛斯國夫四人之罪均而刑異遼之世同罪異論者蓋多穆宗應曆十二年國舅帳郎君蕭延之奴海里彊陵拽剌秃里年未及之女以法無文加之宮刑仍付秃里以爲奴因著爲令十六年諭有司自先朝行幸頓次必高立標識以禁行者比聞楚古輩故低置其標深草中利人誤入因之取財自今有復然者以死論然帝嗜酒及獵不恤政事五坊掌獸近侍奉膳掌酒人等以獐鹿野豕鶻雉之屬亡失傷斃及私歸逃亡在告踰期召不時至或以奏對少不如意或以飲食細故或因犯者遷怒無辜輒加炮烙鐵梳之刑甚者至于無算或以手刃刺之斬擊射燎斷手足爛肩股折腰脛劃口碎齒棄屍于野且命築封于其地死者至百有餘人京師置百尺牢以處繫囚蓋其即位未久惑女巫肖古之言取人膽合延年藥故殺人頗衆後悟其詐以鳴鏑叢射騎踐殺之及海里之死爲長夜之飲五坊掌獸人等及左右給事誅戮者相繼不絕雖嘗悔其因怒濫刑諭大臣切諫在廷畏懦鮮能匡救雖諫又不能聽當其將殺壽哥念古殿前都點檢耶律夷臘葛諫曰壽哥等斃所掌雉畏罪而亡法不應死帝怒斬壽哥等支解之命有司盡取鹿人之在繫者凡六十五人斬所犯重者四十四人餘悉痛杖之中有欲寘死者賴王子必攝等諫得免已而怒頗德飼鹿不時致傷而斃遂殺之季年暴虐益甚嘗謂太尉化葛曰朕醉中有處決不當者醒當覆奏徒能言之竟無悛意故及於難雖云虐止褻御上不及大臣下不及百姓然刑法之制豈人主快情縱意之具邪景宗在潛已監其失及即位以宿衞失職監殿前都點檢耶律夷臘葛趙王喜隱自囚所

擅去械鏁求見自辯語之曰枉直未分焉有出獄自辯之理命復縶之既而躬錄囚徒盡召而釋之保寧三年以穆宗廢鍾院窮民有寃者無所訴故詔復之仍命鑄鍾紀詔其上道所以廢置之意吳王稍爲奴所告有司請鞫帝曰朕知其誣若案問恐餘人效之命斬以徇五年近侍實魯里誤觸神纛法應死杖而釋之庶幾寬猛相濟然緩于討賊應歷逆黨至是始獲而誅焉議者以此少之聖宗冲年嗣位睿智皇后稱制留心聽斷嘗勸帝宜寬法律帝壯益習國事銳意於治當時更定法令凡十數事多合人心其用刑又能詳慎先是契丹及漢人相毆致死其法輕重不均至是一等科之統和十二年詔契丹人犯十惡亦斷以律舊法死囚屍市三日至是一宿卽聽收瘞二十四年詔主非犯謀反大逆及流死罪者其奴婢無得告首若奴婢犯罪至死聽送有司其主無得擅殺二十九年以舊法宰相節度使世選之家子孫犯罪徒杖如齊民惟免黥面詔自今但犯罪當黥卽準法同科開泰八年以竊盜贓滿十貫爲首者處死其法太重故增至二十五貫其首處死從者決流當赦諸處刑獄有寃不能申雪者聽詣御史臺陳訴委官覆問往時大理寺獄訟凡關覆奏者以翰林學士給事中政事舍人詳決至是始置少卿及正主之猶慮其未盡而親爲錄囚數遣使詣諸道審決寃滯如邢抱朴之屬所至人自以爲無寃五院部民有自壞鎧甲者其長佛奴杖殺之上怒其用法太峻詔奪官吏以故不敢酷撻剌干乃方十因醉言宮掖事法當死特貰其罪五院部民偶遺火延及木葉山兆域亦當死杖而釋之因著爲法至於敵八哥始竊薊州王令謙家財及覺以刃刺令謙幸不死有司擬以盜論止加杖罪叉那毋古犯竊盜者十有三次皆以情不可恕論棄市因詔自今三犯竊盜者黥額徒三年四則黥面徒五年至於五則處死若是者重輕適宜足以示訓近侍劉哥烏古斯嘗從齊王妻而逃以赦後會千齡節出首乃詔諸近侍護衛集視而腰斬之於是國無倖民綱紀修舉吏多奉職人重犯法故統和中南京及易平二州以獄空聞至開泰五年諸道皆獄空有刑措之風焉故事樞密使非國家重務未嘗親決凡獄訟惟夷离堇主之及蕭合卓蕭朴相繼爲樞密使專尚吏才始自聽訟時人轉相效習以狡智相高風俗自此衰矣故太平六年下詔曰朕以國家有契丹漢人故以南北二院分治之蓋欲去貪枉除煩擾也若貴賤異法則怨必生夫小民犯罪必不能動有司以達於朝惟內族外戚多恃恩行賄以圖苟免如是則法廢矣自今貴戚以事被告不以事之大小竝令所在官司案問具申北南院覆問得實以聞其不案輒申及受請託爲奏言者以本犯人罪罪之七年詔中外大臣曰制條中有遺闕及輕重失中者其條上之議增改焉

遼史卷六十二

元中書右丞相總裁脫脫等修

志第三十一

刑法志下

興宗卽位欽哀皇后始得志昆弟專權馮家奴等希欽哀意誣蕭浞卜等謀反連及嫡后仁德皇后浞卜等十餘人與仁德姻援坐罪者四十餘輩皆被大辟仍籍其家幽仁德于上京既而遣人弒之迫殞非命中外切憤欽哀後謀廢立遷于慶州及奉迎以歸頗復預事其酷虐不得逞矣然興宗好名喜變更又溺浮屠法務行小惠數降赦宥釋死囚甚衆重熙元年詔職事官公罪聽贖私罪各從本法子弟及家人受賕不知情者止坐犯人先是南京三司銷錢作器皿三斤持錢出南京十貫及盜遺火家物五貫者處死至是銅逾三斤持錢及所盜物二十貫以上處死二年有司奏元年詔曰犯重罪徒終身者加以捶楚而又黥面是犯一罪而具三刑宜免黥其職事官及宰相節度使世選之家子孫犯姦罪至徒者未審黥否上諭曰犯罪而悔過自新者亦有可用之人一黥其面終身爲辱朕甚憫焉後犯終身徒者上刺頸奴婢犯逃若盜其主物主無得擅黥其面刺臂及頸者聽犯竊盜者初刺右臂再刺左三刺頸之右四刺左至于五則處死五年新定條制成詔有司凡朝日執之仍頒行諸道蓋纂修太祖以來法令參以古制其刑有死流杖及三等之徒而五凡五百四十七條時有羣牧人竊易官印以馬與人者法當死帝曰一馬殺二人不亦甚乎減死論又有兄弟犯彊盜當死以弟從兄且俱無子特原其弟至於枉法受賕詐敕走遞僞學御書盜外國貢物者例皆免死郡王貼不家奴彌里吉告其主言涉怨望鞫之無驗當反坐以欽哀皇后裹言竟不加罪亦不斷付其主僅籍沒焉寧遠軍節度使蕭白彊掠烏古敵烈都詳穩敵魯之女爲妻亦以后言免死杖而奪其官梅里狗丹使酒殺人而逃會永壽節出首特赦其罪皇妹秦國公主生日帝幸其第伶人張隋本宋所遣的者大臣覺之以聞召詰欵伏乃遽釋之後詔諸職官私取官物者以正盜論諸帳郎君等於禁地射鹿決杖三百不徵償小將軍決二百已下至百姓犯者決三百聖宗之風替矣道宗淸寧元年詔諸宮都部署曰凡有機密事卽可面奏餘所訴事以法施行有投誹訕之書其受及讀者皆棄市二年命諸郡長吏如諸部例與僚屬同決罪囚無致枉死獄中下詔曰先時諸路死刑皆待決于朝故獄訟留滯自今凡彊盜得實者聽卽決之四年復詔左夷离畢曰比詔外路死刑聽所在官司卽決然恐未能悉其情或有枉者自今雖已欵伏仍令附近官司覆問無寃然後決之有寃者卽具以聞咸雍元年詔獄囚無家者給以糧六年帝以契丹漢人風俗不同國法不可異施於是命惕隱蘇樞密使乙辛等更定條制凡合于律令者具載之其不合者別存之時校定官卽重熙舊制更竊盜贓二十五貫處死一條增至五十貫處死又刪其重復者二條爲五百四十五條取律一百七十三條又創增七十一條凡七百八十九條增重編者至千餘條皆分類列以太康間所定復以律及條例參校續增三十六條其後因事續校至大安三年止又增六十七條條約既繁典者不能徧習愚民莫知所避犯法者衆吏得因緣爲姦故五年詔曰法者所以示民信而致國治簡易如天地不忒如四時使民可避而不可犯比命有司纂修刑法然不能明體朕意多作條目以罔民于罪朕甚不取自今復用舊法餘悉除之然自太康元年北院樞密使耶律乙辛等用事宮婢單登等誣告宣懿皇后乙辛以聞卽詔乙辛劾狀因實其事上怒族伶人趙惟一斬高長命皆籍其家仍賜皇后自盡三年乙辛又與其黨謀構昭懷太子陰令右護衛太保耶律查剌告知樞密院事蕭速撒等八人謀立皇太子詔案無狀出速撒達不也外補流護衛撒撥等六人詔告首謀逆者重加官賞否則悉行誅戮乙辛敎牌印郎君蕭訛都斡自首臣嘗預速撒等謀因籍姓名以告帝信之以乙辛等鞫案至杖皇太子囚之宮中別室殺撻不也撒剌等三十五人又殺速撒等諸子其幼稚及婦女奴婢家產皆籍沒之或分賜羣臣燕哥等詐爲太子變書以聞上大怒廢太子徙上京乙辛尋遣人弒于囚所帝猶不寤朝廷上下無復紀律天祚乾統元年凡太康三年預乙辛所害者悉復官爵籍沒者出之流放者還鄉里至二年始發乙辛等墓剖棺戮尸誅其子孫餘黨子孫減死徙邊其家屬奴婢皆分賜被害之家如耶律撻不也蕭達魯古等黨人之尤兇狡者皆以賂免至于覆軍失城者第免官而已行軍將軍耶律涅里三人有禁地射鹿之罪皆棄市其職官諸局人有過者鐫降決斷之外悉從軍賞罰無章怨讟日起劇盜相挺叛亡接踵天祚大恐益務繩以嚴酷由是投崖砲擲釘割臠殺之刑復興焉或有分尸五京甚者至取其心以獻祖廟雖由天祚救患無策流爲殘忍亦由祖宗有以啓之也遼之先代用法尚嚴使其子孫皆有君人之量知所自擇猶非祖宗貽謀之道不幸一有昏暴者少引以藉口何所不至然遼之季世與其先代用刑同而興亡異者何歟蓋創業之君施之於法未定之前民猶未敢測也亡國之主施之於法旣定之後民復何所賴焉此其所爲異也傳曰新國輕典豈獨權事宜而已乎天祚末年遊畋無度頗有倦勤意諸子惟文妃所生敖盧斡最賢蕭奉先乃元妃兄深忌之會文妃之女兄適耶律撻曷里女弟適耶律余覩奉先乃誣告余覩等謀立晉王尊天祚爲太上皇遂戮撻曷里及其妻賜文妃自盡敖盧斡以不與謀得免及天祚西狩奉聖州又以耶律撒八等欲劫立敖盧斡遂誅撒八盡其黨與敖盧斡以有人望卽日賜死當時從行百官諸局承應人及軍士聞者皆流涕蓋自興宗時遽起大獄仁德皇后歿于幽所遼政始衰道宗殺宣懿皇后遷昭懷太子太子尋被害天祚知其父之寃而已亦幾殆至是又自殺其子敖盧斡傳曰於所厚者薄無所不薄矣遼二百餘年骨肉自相殘滅天祚荒暴尤甚遂至于亡噫

遼史卷六十三

元中書右丞相總裁脫脫等修

表第一

世表

天開於子地闢於丑人生於寅天地人之初一焉耳矣天動也有恒度地靜也有恒形人動靜無方居止靡常天主流行地主蓄泄二氣無在而弗達亦惟人之所在而畀付焉庖犧氏降炎帝氏黃帝氏子孫衆多王畿之封建有限王政之布濩無窮故君四方者多二帝子孫而自服土中者本同出也考之宇文周之書遼本炎帝

之後而耶律儼稱遼爲軒轅後儼志晚出盍從周書蓋炎帝之裔曰葛烏菟者世雄朔陲後爲冒頓可汗所襲保鮮卑山以居號鮮卑氏既而慕容燕破之析其部曰宇文曰庫莫奚曰契丹契丹之名昉見于此隋唐之際契丹之君號大賀氏武后遣將擊潰其衆大賀氏微別部長過折代之過折尋滅迭刺部長湼里立迪輦糺里爲阻午可汗更號遙輦氏唐賜國姓曰李懷秀既而懷秀叛唐更封楷落爲王而湼里之後曰耨里思者左右懷秀楷落至于屈戍幾百年國勢復振至耨里思之孫曰阿保機功業勃興號世里氏是爲遼太祖於是世里氏與大賀遙輦號三耶律自時厥後國日益大起唐季涉五代宋二百餘年名隨代遷字傳音轉此其言語文字之相通可考而知者也其所不可知者有若奇首可汗胡剌可汗蘇可汗昭古可汗皆遼之先而世次不可考矣摭其可知者作遼世表

帝統　契丹先世

漢　冒頓可汗以兵襲東胡滅之餘衆保鮮卑山因號鮮卑

魏　青龍中部長比能稍桀驁爲幽州刺史王雄所害散徙潢水之南黃龍之北

晉　鮮卑葛烏菟之後曰普回普回有子莫那自陰山南徙始居遼西九世爲慕容晃所滅鮮卑衆散爲宇文氏或爲庫莫奚或爲契丹

元魏　契丹國在庫莫奚東異族同類東部鮮卑之別支也至是始自號契丹爲慕容氏所破俱竄松漠之間道武帝登國間大破之遂與庫莫奚分背經數十年稍滋蔓有部落於和龍之北數百里太武帝太平眞君以來歲致名馬獻文時使莫弗紇何辰來獻始班諸國末欣服萬丹部何大何部伏弗郁部羽陵部日連部匹絜部黎部吐六于部以名馬文皮來貢得交市于和龍密雲之間太和三年高句麗與蠕蠕謀取地豆于以分之契丹懼莫弗賀勿于率其部落車三千乘衆萬餘口內附止於白狼水東

北齊　天保四年九月契丹犯塞文宣帝親討之至平州乃趨長塹司徒潘相樂率精騎五千自東道趨青山安德王韓軌帥騎四千東斷走路帝親踰山嶺奮擊虜男女十餘萬雜畜數十萬相樂又於青山大破別部所虜生口分置諸州復爲突厥所逼又以萬家寄處高麗境內

隋　開皇四年率諸莫弗賀來謁五年悉衆款塞高祖納之聽居故地六年諸部相攻不止又與突厥相侵高祖使使諭解之別部出伏等違高麗率衆內附置於渴奚那頡之北開皇末別部四千餘戶違突厥來降高祖給糧遣還固辭不去部落漸衆遂北徙逐水草當遼西正北二百里依紇臣水而居東西亘五百里南北三百里分爲十部兵多者三千少者千餘有征伐酋帥相與議之興兵則合符契突厥沙鉢略可汗遣吐屯潘垤統之契丹殺吐屯大業七年貢方物

唐　契丹地直京師東北五千里而贏東距高麗西奚南營州北靺鞨室韋阻冷陘山以自固射獵居處無常其君大賀氏有勝兵四萬析八部臣于突厥以爲俟斤凡調發攻戰則諸部畢會獵則部得自行與奚不平每鬬不利輒遁保鮮卑山武德中大帥孫敖曹與靺鞨長突地稽俱來朝二年入犯平州境六年君長咄羅獻名馬豐貂貞觀二年摩會來降突厥請以梁師都易契丹太宗曰契丹突厥不同類師都唐編戶我將擒之不可易降者三年摩會入朝賜鼓纛由是有常貢帝伐高麗悉發契丹奚首領從軍還過營州以窟哥爲左武衛將軍大帥紇主攎曲率衆來歸卽其部爲玄州以攎曲爲刺史隸營州都督府窟哥舉部內屬乃置松漠都督府以窟哥爲都督封無極男賜姓李氏以逵稽部爲峭落州紇便部爲彈汗州獨活部爲無逢州芬問部爲羽陵州突便部爲日連州芮奚部爲徒河州墜斤部爲萬丹州伏部爲匹黎赤山二州俱隸松漠府以辱紇主爲刺史窟哥死與奚叛行軍總管阿史德樞賓執松漠都督阿不固獻于東都窟哥二孫曰枯莫離彈汗州刺史歸順郡王曰盡忠松漠都督敖曹曾孫曰萬榮歸誠州刺史時營州都督趙文翽數侵侮其下盡忠等怨望與萬榮共舉兵殺文翽據營州自號無上可汗推萬榮爲帥不二旬衆數萬攻崇州執擊討副使許欽寂武后怒詔將軍曹仁師等二十八將擊之更號萬榮曰萬斬盡忠曰盡滅戰西硤石黃獐谷王師敗績進攻平州不克武后益發兵擊契丹萬榮夜襲檀州清邊道副總管張九節拒戰萬榮敗走俄盡忠死突厥默啜襲破其部萬榮收散兵復振別將駱務整何阿小入冀州殺刺史陸寶積掠數千人武后聞盡忠死詔夏官尚書王孝傑等率兵十七萬討萬榮戰東硤石敗績孝傑死之萬榮進屠幽州又詔御史大夫婁師德等率兵二十萬擊之萬榮乘銳鈔行而南殘瀛州屬縣神兵總管楊立基率奚兵掩擊大破萬榮執何阿小別將李楷固駱務整降萬榮委軍走立基與奚四面合擊萬榮衆潰東走張九節設三伏待之萬榮窮蹙與家奴輕騎走潞河東憊甚臥林下奴斬其首以獻九節傳東都契丹餘衆不能立遂附突厥開元二年盡忠從父弟失活率部落歸唐

失活玄宗賜丹書鐵券開元四年與奚長李大酺偕來詔復置松漠府以失活爲都督封松漠郡王仍置靜析軍以失活爲經略大使八部長皆爲刺史五年以楊氏爲永樂公主下嫁失活六年卒

娑固失活之弟帝以娑固襲爵開元七年十一月娑固與公主來朝衙官可突于勇悍得衆心娑固欲除之事泄可突于攻之娑固奔營州都督許欽澹及奚君李大酺攻可突于不勝娑固大酺皆死（韓愈作可突于劉煦宋祁及唐會要皆作可突）于

鬱于娑固從父弟也可突于推以爲主遣使謝罪玄宗冊立襲娑固位開元十年鬱于入朝以慕容氏爲燕郡公主下嫁鬱于卒

咄于鬱于之弟襲官爵開元十三年咄于復與可突于猜阻與公主來奔改封遼陽王

邵固咄于之弟國人共立之開元十三年冬朝于行在從封禪泰山改封廣化郡王以陳氏爲東光公主下嫁邵固十八年爲可突于所弒以其衆降突厥東光公主走平盧

屈列不知其世系可突于立之開元二十二年六月幽州節度使張守珪大破可突于十二月又破之斬屈列及可突于等傳首東都餘衆散走山谷

過折本契丹部長爲松漠府衙官斬可突于及屈列歸唐幽州節度使張守珪立之封北平郡王是年可突于餘黨泥禮弒過折屠其家一子剌乾走安東拜左驍衛將軍自此契丹中衰大賀氏附庸於奚王以通于唐朝貢歲至至德寶應間再至大歷十二年貞元九年十年十一年三至元和中七至大和開成間四至泥禮耶律儼遼史書爲涅里陳大任書爲雅里蓋遼太祖之始祖也

李懷秀唐賜姓名契丹名迪輦組里本八部大帥天寶四年降唐拜松漠都督安祿山表請討契丹懷秀發兵十萬與祿山戰潢水南祿山大敗自是與祿山兵連不解耶律儼紀云太祖四代祖耨里思爲迭剌部夷离菫遣將只里姑括里大敗范陽安祿山于潢水適當懷秀之世則懷秀固遙輦氏之首君爲阻午可汗明矣

楷落以唐封恭仁王代松漠都督遂稱契丹王其後寖大貞元四年犯北邊幽州以聞自祿山反河北割據道隔不通世次不可悉考

契丹王屈戍武宗會昌二年授雲麾將軍幽州節度使是爲耶瀾可汗張仲武奏契丹舊用回鶻印乞賜聖造詔以奉國契丹爲文（高麗古今錄作屈戍）

契丹王習爾是爲巴剌可汗咸通中再遣使貢獻部落寖强

契丹王欽德習爾之族也是爲痕德堇可汗光啓中鈔掠奚室韋諸部皆役服之數與劉仁恭相攻晚年政衰八部大人法常三歲代迭剌部耶律阿保機建鼓旗自爲一部不肯受代自號爲王盡有契丹國遙輦氏遂亡

蕭韓家奴有言先世遙輦可汗洼之後國祚中絕自夷离菫雅里立阻午可汗大位始定今以唐史遼史參考大賀氏絕于邵固雅里所立則懷秀也其間唯屈列過折二世屈列乃可突于所立過折以別部長爲雅里所殺唐史稱泥里爲可突于餘黨則洼可汗者殆爲屈列耶

遼史卷六十四

元中書右丞相總裁脫脫等修

表第二

皇子表

帝官天下王者家焉至于親九族敬五宗其揆一也三代以上封建久長故吳魯燕蔡衞晉鄭太史遷既著世家又列年表不厭其詳自漢以降封建實亡猶有其名長世者登世家自絕者置列傳然王子侯猶可以年表也班固以爲文無實併諸侯削年而表世君子譏之自魏以降不帝不世王侯身徙數封朝不謀夕於是列而

傳之功不足以垂法，罪不足以著戒，碌碌然抑又甚焉。今摘其功罪傑然者，列諸傳；敘親親之恩、敬長之義，而無他可書者，略表見之，爲皇子表。

帝系	名字	行第	封爵	官職	功	罪	薨壽	子孫
肅祖四子昭烈皇后蕭氏生	洽昚字牙新	第一		迭剌部夷离堇	有德行分五石烈爲七六爪爲十一			房在五院司
懿祖第二見帝紀	葛剌字古昆	第三		舍利			早卒	房在六院司
	洽禮字敵輦	第四		舍利				房在六院司
懿祖四子	叔剌	第一		舍利			早卒	
莊敬皇后蕭氏生	帖剌字痕得	第二		九任迭剌部夷离堇			卒年七十	六院司呼爲夷离堇房
玄祖第三見帝紀	褭古直字巖母根	第四		舍利	善射		年幾冠墮馬卒	六院司呼爲舍利房
玄祖四子	麻魯	第一		舍利			早卒	
簡獻皇后蕭氏生德祖第四見帝紀	巖木字敵輦	第二	重熙中追封蜀國王	三爲迭剌部夷离堇	身長八尺多力能裂麕皮語音如鐘彌里本嶺去家數里嘗登嶺呼其從家人悉聞之		年四十五薨	二子胡古只求撥其後即三父房之孟父
	釋魯字述瀾	第三	重熙中追封爲隋國王	于越	聯昚多力賢而有智先遙輦氏可汗歲貢于突厥釋魯爲于越始免教民種樹桑麻		年五十七爲子滑哥所弒	子滑哥其後即三父房之仲父
德祖六子宣簡皇后蕭氏生五子太祖第一見帝紀	剌葛字率懶	第二		太祖即位爲惕隱改迭剌部夷离堇	爲惕隱討涅烈部破之改爲迭剌部夷离堇從太祖親征統本部兵攻下平州	性愚險破涅烈部而驕與弟迭剌安端等謀亂事覺按問具伏太祖令誓而捨之太祖曰汝謀此事不過欲富貴爾出爲迭剌部夷离堇復謀爲亂誘諸弟據西山以阻歸路太祖聞而避之次赤水城剌葛詐降復使神速焚明王樓大掠而去至擊只喝只二河與追兵戰衆潰及鴨里河女骨部人邀擊之剌葛輕騎遁去至榆河先鋒敵魯生擒之太祖念其同氣不忍加刑杖而釋之神冊二年南奔	自幽州南竄爲人所殺	子賽保即二父房之季父
	迭剌字雲獨昆	第三		天顯元年爲中臺省左大相	性敏給太祖曰迭剌之智卒然圖功吾所不及緩以謀事不如我回鶻使至無能通其語者太祖曰迭剌聰敏可使遣迓之相從二旬能習其言語書因制契丹小字數少而該貫	與兄剌葛謀反剌葛遁迭剌與安端降太祖杖而釋之神冊三年欲南奔事覺親戚請免於上又赦之		
	寅底石字阿辛	第四	重熙間追封許國王	太祖遺詔寅底石守太師政事令輔東丹王		生而闇懦與兄剌葛作亂兵敗太祖赦之後復與剌葛遁至榆河自刺不死被擒太祖釋之	太祖命輔東丹王淳欽皇后遣司徒劃沙殺于路	孫阿烈
	安端字猊隱	第五	天祿初以功王東丹國賜號明王	神冊三年爲惕隱天贊四年爲北院夷离堇	神冊元年討平雲州天贊元年征勃海破老相兵三萬餘人安邊鄚頡定里三府叛平之太宗即位有定策功會同中伐晉率兵先出鴈門下忻代世宗初立以兵往應及李胡戰于泰德泉敗之	與兄剌葛謀亂妻粘睦姑告變太祖誓而免之復叛兵敗見擒杖而釋之子察割弒逆被誅穆宗赦通謀罪放歸田里		
	蘇字雲獨昆	第六		神冊五年爲惕隱六年爲南府宰相	言無隱情太祖尤愛之滄州節度使劉守文求救太祖命往救解滄州圍剌葛詐降蘇往來其間既平蘇力爲多天贊三年與迭里略地西南天顯初征渤海攻破忽汗城大諲譔降性柔順事上忠謹太祖二十一功臣蘇居其一	在南府以賄聞民頗怨	征勃海國還薨	已上竝係季父房
太祖四子淳欽皇后蕭氏生三子太宗第二見帝紀	倍小字圖欲唐明宗賜姓東丹名慕華改賜姓李名贊華	第一	神冊元年立爲皇太子天顯元年爲東丹國人皇王建元甘露稱制行事置左右大相及百官一用漢法太宗立詔居東平郡升爲南京太宗謚曰文武元皇王世宗謚讓國皇帝統和中更謚文獻皇帝重熙二十年增謚文獻欽義皇帝	唐遣人來招倍浮海奔唐唐人迎以天子儀衞改瑞州爲懷化軍拜懷化軍節度使瑞慎等州觀察使移鎮滑州召入遙領虔州節度使	聰敏好學通陰陽醫藥鍼灸之術知音律善畫工文章太祖征烏古党項倍爲先鋒都統經略燕地至定州閭太祖與李存勗相拒于雲碧店引兵驅赴存勗退走陳渤海可取之計天顯元年從征渤海拔扶餘城太祖欲括戶口諫止且勸乘勢攻忽汗城夜圍降之唐李從珂自立審報太宗曰從珂弒君不可不討	外寬內忍刻急喜殺人	唐主從珂將自焚遣壯士李彥紳害之薨年三十八葬醫巫閭山	子婁國隆先道隱已下竝係橫帳
	李胡一名洪古字奚隱	第三	天顯五年立爲皇太弟統和追謚欽順皇帝重熙二十一年更謚章肅皇帝	天顯五年兼天下兵馬大元帥	勇悍多力天顯五年徇代北攻寰州多俘而還太宗凡親征常留守京師	性酷忍小怒輒黥人面或投水火中世宗即位于鎮陽太后怒遣李胡將兵往擊至泰德泉爲安端劉哥所敗耶律屋質諫太后李胡作色曰我在兀欲安得立屋質曰民心畏公酷暴無如之何太后曰我與太祖愛汝異於諸子諺曰偏憐之子不保業難得之婦不主家我非不欲立汝汝自不能矣李胡往世宗軍議和解劍而後見和約定還上京有告李胡與太后謀	死于囚所年五十葬玉峯山西谷	二子宋王喜隱衞王宛

						廢立徙祖州穆宗時喜隱反辭連李胡囚之		
宮人蕭氏生子一	牙里果字敵輦	第四		自晉還始爲惕隱	性沉默善騎射	天顯三年救耶律沙于定州爲李嗣源所獲至石晉立始得還	以病薨	二子敵烈奚底皆知名
太宗五子 靖安皇后蕭氏生二子穆宗第一見帝紀	罨撒葛	第二	會同元年封太平王世宗詔許與晉主往復以禮見昆弟景宗封齊王贈皇太叔謚欽靖	穆宗委以國政		謀亂令司天魏璘卜日覺貶西北邊戍景宗即位撒葛懼竄于大漠召還釋其罪	保寧四年病疽薨	
宮人蕭氏生子三	天德字苾扇	第三			猛悍矯捷人望而畏太宗討石重貴至望都晉將杜重威率兵十萬先據河梁上欲以計破之募能斷橫道者天德請以五千騎行許之從間道擊走衛送之軍火其輜重重威窮蹙乃降會同三年與郎用和使晉世宗即位遣天德護送太宗靈柩于上京太后遣李胡拒世宗遇耶律留哥等于泰德泉戰甚力敗之	與李胡戰于泰德泉太后聞之不悅後不復用與侍衛蕭翰謀反繫獄耶律留哥盆都等辭連天德併按之天德斷鎖不能出	天祿二年伏誅	
	敵烈字巴速堇	第四	保寧初封冀王		多力善射保寧初宋人侵漢與南府宰	與宣徽使耶律海思等謀反事覺穆宗	殁于陣	子生哥白馬嶺之敗俱殁

					相耶律沙將兵往援却敵而還	釋之乾亨初宋主攻河東至白馬嶺敵烈以先鋒度澗未半宋軍迎擊師潰		
	必攝字箴堇	第五	穆宗封爲越王		應歷間族人恒特及蕭啜里有罪欲亡必攝密以聞上以爲忠常以侍從上好畜鹿有傷驚及逸去即殺主者適欲誅一監養鹿官必攝諫而免景宗時討党項有功		以疾薨	
世宗三子 景宗第二見帝紀	吼阿不	第一舊史皇族傳書在第三且云未詳所出按景宗本紀云景宗皇帝世宗第二子又按舊史本傳云景宗立親祭于墓追冊爲皇太子當是世宗嫡長子也	景宗立追冊爲皇太子謚莊聖				早薨墓號太子院	
妃甄氏生一子	只沒字和魯堇	第三舊史皇族傳書在第一	景宗封爲寧王保寧八年奪爵統和元年皇太后稱制詔復舊爵		敏給好學通契丹漢字能詩統和元年應皇太后命賦移芍藥詩	應歷末與宮人私通上怒榜掠數百刺一目而宮之繫獄將棄市景宗即位釋之賜以所私宮人保寧八年妻造鴆毒奪爵貶烏古部賦放鶻詩徵還		
景宗四	隆慶字	第二	八歲封	初兼侍	統和十		入覲還	子五人

子 睿智皇后蕭氏生三子聖宗第一見帝紀	燕隱小字普賢奴		恒王統和十六年徙王梁國開泰初更王晉國進王秦晉追贈皇太弟	中統和中拜南京留守開泰初加守太師兼政事令尋拜大元帥賜金券	七年南征爲先鋒至瀛州遇宋將范庭召列陣以待隆慶遣蕭柳擊敗之逃入空堅圍而盡殪十九年復敗宋人于行唐		至北安州浴溫泉疾薨葬醫巫閭山	查葛遂哥謝家奴驢糞蘇撒
	隆祐小字高七一字胡都堇	第三	乾亨初封鄭王統和中徙王吳更王楚開泰中改王齊謚仁孝重熙間改謚孝靖	統和中伐宋留守京師拜西南面招討使及征高麗復留守京師權知北院樞密使出守東京贈守太師			開泰元年薨	子三人胡都古合祿貼不
一子不詳所出	藥師奴	第四					早卒葬王子院	
聖宗六子 欽哀皇后蕭氏生二子興宗第一見帝紀	重元小字孛吉只	第二	太平三年封秦國王興宗立爲皇太弟賜金券道宗冊爲皇太叔免拜不名復賜金券	歷南北院樞密使南京留守知元帥府事道宗拜天下兵馬大元帥	聖宗崩欽哀皇后稱制密謀立重元重元以所謀白於上上益重之後雖處戎職未嘗離輦下尊寵古未之有	淸寧九年車駕秋獵灤水重元子涅魯古與陳六蕭胡覩等四百餘人謀反誘脅弩手軍攻行宮將戰其黨多悔過効順各奔潰重元奔走大漠歎曰涅魯古使我至此	謀反軍潰自殺	子涅魯古謀反戰殁
一子未詳所出	別古特字撒懶	第三	重熙中封柳城郡王	太平七年遙領彰信軍節度使爲王子郎君班詳穩重熙中累遷契丹行宮都部署	明敏善射討夏國督戰有功		討夏軍還薨	
僕隗氏生二子	吳哥字洪隱	第四	燕王	開泰二年爲惕隱出爲南京留守			薨于南京	四世孫敵烈術烈術烈繼梁王雅里稱帝

	狗兒字屠魯昆	第五	太平元年拜南府宰相				暴疾薨	
姜氏生子一	侯古字訛里本	第六	重熙七年封饒樂郡王咸雍中徙混同郡王	重熙初王子郎君班詳穩後爲上京留守			薨于京	
興宗三子 仁懿皇后蕭氏生三子道宗第一見帝紀	和魯斡字阿輦	第二	重熙十七年封越王淸寧初徙王魯進王宋魏乾統三年冊爲皇太叔	淸寧中拜上京留守改南京留守乾統初爲天下兵馬大元帥加守太師免拜不名三年爲惕隱加義和仁壽之號復守南京	重元亂和魯斡夜赴戰	天祚即位弛圍場之禁和魯斡請曰天子以巡幸爲大事雖居諒陰不可廢也上以爲然復命有司促備春水之行	從獵于慶州薨	子三人石篤遠淳淳封秦晉王稱帝
	阿璉字訛里本	第三	重熙十七年封許王淸寧初徙陳王秦王進封秦越國追封秦魏國王謚欽正	淸寧中出爲遂興軍節度使咸雍間歷西京北京留守			從車駕秋獵以疾薨	
道宗一子 宣懿皇后蕭氏生	濬小字耶魯斡	第一	六歲封梁王八歲立爲皇太子謚昭懷以天子禮葬乾統初追尊大孝順聖皇帝廟號順宗	太康元年兼領北南院樞密使	幼能言好學知書文帝嘗曰此子聰慧殆天授七歲從獵連中二鹿上謂左右曰祖先騎射絕人威振天下是兒雖幼當不墜祖風後復遇十鹿射之獲九帝喜爲設宴		年二十爲乙辛誣害囚上京見殺葬玉峯山	子天祚皇帝諱延禧
天祚六子 文妃生一子	敖魯斡	第一出繼大丞相耶律隆運後	初封晉王		喜揚人善勸其不能中外稱其長者	保大元年南軍都統耶律余睹以敖魯斡有人望與文妃密謀立之不果余睹降金文妃伏誅敖盧斡不與謀得免耶	保大二年以得人心縊死	

	元妃生一子	四子未詳所出			
	雅里字撒鸞	撻魯	習泥烈	定	寧
	第二	第三	第四	第五	第六
	七歲被立爲太子別置禁衛封梁王天祚奔夏衆推爲帝改元神曆	燕國王	趙王	秦王	許王
律撒八等復謀立敖魯斡事覺或勸之亡曰安忍爲蕞爾之軀失臣子之節聞者傷之					
		早薨	從天祚至白水爲金師所獲	至青塚爲金師所獲	至青塚爲金師所獲

遼史卷六十五

元中書右丞相總裁脫脫等修

表第三

公主表

春秋之法主姬下嫁書于策以魯公同姓之國爲之婚主故爾古者婦諱不出門內言不出梱公主悉列于傳非禮也然遼國專任外戚公主多見記傳間不得不表見之禮男女異長不當與皇子同列別爲公主附表

屬	太祖一女	太宗二女	
母			
名	質古	呂不古第一	嘲瑰第二
封		應曆間封汧國長公主保寧中進封燕國大長公主	
下嫁	下嫁淳欽皇后弟蕭室魯	下嫁北府宰相蕭思溫	下嫁北府宰相蕭海瓈
事	初爲奧姑契丹故俗凡婚燕之禮推女子之可尊敬者坐於奧謂之奧姑		
罪			
薨	未封而卒	以疾薨	應曆初未封卒
子			

屬	世宗三女			景宗四女				聖宗十四女				
母	懷節皇后生			睿智皇后生三女			渤海妃生一女	貴妃生一女	欽哀皇后生二女		蕭氏生二女蕭氏國舅夷离畢房之女	
名	和古典第一	觀音第二	撒剌第三	觀音女第一	長壽女第二	延壽女第三	淑哥第四	燕哥第一	巖母堇第二	槊古第三	崔八第四	陶哥第五
封	保寧間封秦國長公主	保寧間封晉國長公主		封魏國公主進封齊國景福中封燕國大長公主	封吳國公主統和初進封衛國改封魏國長公主	封越國公主追封趙國	無封號	封鄭國公主進封秦國興宗封宋國長公主	開泰七年封魏國公主進封秦國長公主改封秦晉國長公主清寧初加大長公主	封越國公主進封晉國景福初封晉蜀國長公主清寧初加大長公主	封南陽郡主進封公主	封長寧郡主進封公主
下嫁	下嫁侍中蕭啜里	下嫁蕭夏剌	下嫁蕭幹里	下嫁北府宰相蕭繼先	下嫁宰相蕭排押	下嫁蕭恒德	乾亨二年下嫁盧俊	下嫁蕭匹里	下嫁蕭啜不	下嫁蕭孝忠	下嫁蕭孝先	下嫁蕭楊六
事				皇后尤加愛賜奴婢萬口		性沉厚睿智皇后於諸女尤愛甚得婦道不以貴寵自驕				姿質秀麗禮法自將		
罪							與駙馬都尉盧俊不諧表請離婚改適蕭神奴		改適蕭海里不諧離之又適蕭胡覩不諧離之乃適韓國王蕭惠			
薨	以疾薨		未封卒	重熙中薨	開泰六年薨	年二十一以疾薨				以疾薨	太平末東京大延琳反遇害	
子												

屬										興宗二女		道宗三女	
母	蕭氏生二女	馬氏生一女	大氏生一女	白氏生四女				李氏生一女	艾氏生一女	仁懿皇后生二女		宣懿皇后生三女	
名	鈿匿第六	九哥第七	長壽第八	八哥第九	十哥第十	擘失第十一	秦哥第十二	賽哥第十三	興哥第十四	跋芹第一	斡里太第二	撒葛只第一	糺里第二
封	封平原郡主進封荊國公主	封潯陽郡主進封公主	封臨海郡主進封公主	封同昌縣主進封公主	封三河郡主進封公主	封仁壽縣主進封公主		封金鄉郡主進封公主		封魏國公主重熙末徙封晉國加長公主	封鄭國公主清寧間加長公主壽隆間加大長公主	封鄭國公主咸雍中徙封魏國	封齊國公主進封趙國
下嫁	下嫁蕭雙古	下嫁蕭璉	下嫁大力秋	下嫁劉三嘏	下嫁奚王蕭高九	下嫁劉四端	下嫁蕭忽烈	統和中下嫁蕭圖玉	下嫁蕭王六	下嫁蕭撒八	下嫁蕭余里也	下嫁蕭末	下嫁蕭撻不也
事												端麗有智	駙馬都尉撻不也坐昭懷太子事被害其弟訛都斡欲邇尚公主公主以訛都斡黨乙辛惡之未幾訛都斡以事伏誅天祚初乙辛用事公主每以匡救爲心竟誅乙辛
罪								以殺奴婢得罪		與駙馬都尉蕭撒八不諧離之清寧初改適蕭何速以婦道不修徙中京又嫁蕭窩匿			
薨			駙馬都尉大力秋坐大延琳事伏誅改適蕭慥古					薨于貶所				太康初薨	大安五年以疾薨
子													

屬		昭懷太子一女	天祚六女		
母			文妃生一女	元妃生三女	宮人生二女
名	特里第三	延壽	余里衍		
封	封越國公主乾統初進封秦晉國大長公主徙封梁宋國大長公主	封楚國公主徙封許國乾統元年進封趙國加秦晉國長公主	封蜀國公主		
下嫁	下嫁蕭酬斡	下嫁蕭韓家奴			
事	公主從天祚出奔明年攻應州留公主守輜重金人圍之公主奔行在所天祚潛遁爲金人所獲	初遭乙辛之難與兄天祚俱養于蕭懷忠家後李氏進挾穀歌文帝感悟召還宮	爲金人所獲	俱爲金人所獲	俱爲金人所獲
罪	太康八年以駙馬都尉蕭酬斡得罪離之大安初改適蕭特末爲都統與金人戰敗于石輦鐸被擒				
薨					
子					

遼史卷六十六

元中書右丞相總裁脫脫等修

表第四

皇族表

遼太祖建國諸弟窺覦含容誘掖弗忍致辟古聖人猶難之雖其度量恢廓然經國之慮遠矣終遼之世其出於橫帳五院六院之間者大惡固有元勳寔多不表見之莫知源委作皇族表

一世	五院夷离堇房洽昚	六院郎君房葛剌			六院夷离堇房帖剌	
二世					夷离堇蒲古只	于越轄底
三世				右系出肅祖昭烈皇帝		迭里特
四世	五院夷离堇敵魯古		不知世次太子太傅棠古			
五世	北院大王圖魯窘					
六世						
七世						
八世						
九世		侍中陳家奴				

院部令利房裏古直			不知世次北院夷离菫斜涅赤				廷右皮室詳穩老古 大王頗德	
				政事令撻烈				
				北院大王曷魯				
				南院大王吾也				
簡獻皇帝兄匣馬葛	遙輦可汗時本部夷离菫偶思	阿魯敦惕剌 于越曷魯撒剌						
				太師斜軫	小將軍狗兒			
右系出懿祖莊敬皇帝								
橫帳孟父房巖木楚國王	迭剌部夷离菫胡古只 迭剌部夷离菫末掇 迭剌夷离菫楚不魯	捕撻馬狘沙里 神速 北院樞密使安摶 左皮室詳穩撒給						
孟父房不知世次惕隱朔古								
				于越屋質	屯項節度使唐古		節度劉家奴	昭德節度孟簡
		孟父房楚國王之後不知世次		匡義節度大悲奴				
				惕隱阿魯掃古				
				滌洌	撒剌竹			
				漆水郡王頹昱				
				北院宣徽使敵祿				
				右皮室詳穩奚低				
				南院大王善補				
				侍中化哥		于越弘古		
				北院宣徽使馬六南京宣徽使奴古				
					達			
				燕王瑰引		于越仁先 惕隱許王義先 南面林牙信先		
仲父房隨國王釋魯	滑哥	痕只 于越洼						
				惕隱學古				
				東路統軍使烏古不 國留				
				昭德節度資忠 昭				

		于越休哥	于越高十	匡義節度馬哥				
		仲父房不知世次北院大王的祿						
				北面林牙韓留				
				定武節度仙童				
				西北招討使塔不也				
				大同節度觀音				
	太祖從姪不知所出	于越魯不古	西平郡王贇適					
		右系出玄祖簡獻皇帝						
季父房	賽保							
夷离菫剌葛	中京留守拔里							
左大相迭剌		鎮國節度台住						
許國王寅底石		中書令阿烈					混同郡王斡特剌	
	劉哥 盆哥 化葛里 奚蹇 察割							
明王安端 南府宰相蘇		尚父奴瓜		北院樞密使頗的 北院樞密使實				
				古 惕隱蕭鐵驪				
鐸穩			太師里斯	惕隱燕哥				
		季父房不知世次			平章的烈 中京路案問使和尚 林牙高家 漆水郡王撻不也 南府宰相 烏古部節度使 釋魯斡 普古			
				北面大王特麼 先鋒都監張奴 檢校太師吳九 林牙庶成 都林牙 庶箴 蒲古只			朗	
		右系出德祖宣簡皇帝						
讓國文獻皇帝倍	平王隆先 晉王道隱	陳哥						

	遼國		
章肅皇帝李胡	宋王喜隱	留禮壽	
惕隱牙里果	衛王宛 南府宰相敵烈		
	室魯		
	北院大王奚底		
	右系出太祖天皇帝		
冀王敵烈	蛙哥		
	右系出太宗孝武惠文皇帝		
皇太弟隆慶	魏國王 查葛		
	幽王遂哥		
	陳王謝家奴		
	遼西郡王驢糞		
	漆水郡王蘇撒	祗候郎君王家奴	
		祗候郎君羅漢奴	
齊國王隆祐	周王胡都古 魏王合祿		
	右系出景宗孝成康靖皇帝		
重元	涅魯古		
燕王吳哥			敵烈 述烈 糾帝
	右系出聖宗文武大孝宣皇帝		
皇太叔和魯斡	漆水郡王石篤		
	匡義節度遼		
	秦晉國王淳稱帝		
	右系出興宗神聖孝章皇帝		

遼史卷六十七

元 中書右丞相總裁脫脫等修

表第五

外戚表

漢外戚有新室之患晉宗室有八王之難遼史耶律蕭氏十居八九宗室外戚勢分力敵相為唇齒以翰邦家是或一道然以是而興亦以是而亡又其法之弊也契丹外戚其先曰二審密氏曰拔里曰乙室已至遼太祖娶述律氏述律本回鶻糯思之後大同元年太宗自汴將還留外戚小漢為汴州節度使賜姓名曰蕭翰以從中國之俗由是拔里乙室已述律三族皆為蕭姓拔里二房曰大父少父乙室已亦二房曰大翁小翁世宗以舅氏塔列葛為國舅別部三族世預北宰相之選自太祖神冊二年命阿骨只始也聖宗合拔里乙室已二國舅帳為一與別部為二此遼外戚之始末也作外戚表

戚	一世	二世	三世	四世	五世	六世	七世	八世	九世	十世	十一世
蕭氏	五世祖胡母里	北府宰相敵魯	北府宰相辯	平章事討古							
景宗睿智皇后父思溫	忽沒里	北府宰相思溫	北府宰相繼先 思溫無嗣睿智皇后命為後								
		馬羣侍中朮魯烈	蘭陵郡王撻凜	南京統軍造古							
			大父房不知世次		林牙蕭和尚 北院宣徽使特末				北院樞密使革		
太祖淳欽皇后父月椀	訶扎谿只月椀	北府宰相阿古只				北府宰相排押					
世宗懷節皇后父阿古只							蘭陵郡王恒	蘭陵郡王恒敵 東路統軍鄉			
道宗宣懿皇后父惠					蘭陵郡王某		齊國王某	北院樞密使惠	西北招討使慈氏奴		乙古蒲隱
興宗仁懿皇后父孝穆							國舅詳穩陶瑰	大丞相孝穆	北院樞密使阿剌	趙國王別里剌	蘭陵郡王酬斡

（上欄，接前卷外戚表）

穆						太宗靖安皇后父室魯						聖宗仁德皇后父隗因						
						駙馬都尉室魯	勉思											
					宰相撻列			少父房不知世次				不知房族世次	國舅族不知世次		國舅別部不知世次			戚屬不知世次
								勞古聖宗詩友	中書令乙薛	始平節度使糺都斡	國舅詳穩雙谷	隗因	國舅郡王高九	漢人行宮都部署韓家	北府宰相只魯			令穩塔列
								南院樞密使朴			南京統軍迭里得黃八		北府宰相术哲				七世孫臺硒	總知軍國海璨
													蘭陵郡王撻不也		八世孫世還北府宰相塔烈葛			烏古節度圖玉
	北院樞密使孝先	北院樞密使孝忠	北府宰相孝友															南京統軍雙古
北院宣徽使八	使相撒磨	南院樞密使阿速		樞密副使胡覩														敵烈統軍訛都
	蘭陵郡王得里底				龍虎衛上將軍忽古	臨海節度使拔剌												
	磨撒																	

遼史卷六十八

元中書右丞相總裁脫脫等修

表第六

遊幸表

朔漠以畜牧射獵爲業猶漢人之劭農生生之資於是乎出自遼有國建立五京置南北院控制諸夏而遊田之習尚因其舊太祖經營四方有所不暇穆宗天祚之世史不勝書今援司馬遷別書封禪例列于表觀者固足以鑒云作遊幸表

太祖	七年	九年	神冊四年	五年	天贊二年	三年
正月			射虎于東山			
二月					如平州	
三月						
四月						
五月				射龍於拽剌山陽水上其龍一角尾長足短身長五尺舌二尺有半勑藏內庫		
六月		射野馬於漠北				
七月	大鳥林河觀魚					
八月						
九月						次回鶻城獵于野烏篤斡山幸回鶻城遺
十月						
十一月						
十二月			幸遼陽故城			

月		天顯元年	四年	五年	六年	九年	十年	十一年	十二年	會同元年	二年	六年	七年	九年	世宗五年	穆宗應曆三年	四年	五年	六年	七年	八年	九年
正月			獵于潢河																			
二月			獵于近地		獵于近山獲虎						獵于盤山						獵于郭盤山					
三月		幸天福城		蒐于近淀	是春蒐于潢水之曲		蒐于滿德湖			射虎于松山				釣魚于土河								
四月					觀銀冶射柳					觀伐木												
五月						射柳																獵于鹿過南林
六月			如涼陘	射柳如沿柳湖				射柳	射柳					射柳		障鷹于鞘山獵于短羊山				射柳		獵于白鷹山
七月											獵于炭山		障鷹于炭山		如太液谷留飲三日	障鷹于圖鹿峪	障鷹于白羊山			射柳	獵赤山	射鹿于鳳凰門下
八月					障鷹于近山							障鷹于合不剌山										射鹿於近山迄于九月
九月	于西河石堰得白兔觀魚烏魯古河						如金瓶濼											獵于西山擊鞠				
十月			出獵獲虎																與羣臣水上擊髀石爲戲			
十一月																						
十二月					獵于小滿得山															獵于赤山獵于拽剌山		獵于黑山

月	十年	十一年	十二年	十三年	十四年	十五年	十六年	十七年	十八年	十九年	景宗保寧元年	二年	三年	四年
正月				丁卯夜觀燈			擊鞠		幸太師女右第宴飲終夜					
二月	獵于圖不得泉如裹潭獵于城吉得井		獵于蘇隱山		如潢河			如潢河	如裹潭	幸鹿囿飲酒至暮幸五坊				
三月		射鹿于遂斯嶺		獵多獲鴈鴨還宮飲至終夜自是晝出夜飲迄于月終										
四月							以野麀入馴鹿羣觀之飲至竟日	駐蹕于裹潭						
五月	射鹻鹿于鳳凰門			射柳	獵于玉山射卧鹿于白嶺山								射柳	
六月		射鹿于赤山射柳	是夏射舐鹻鹿于玉山	是夏獵于玉山	射舐鹻鹿于鳥德泉				避暑于裹潭			是夏幸塌母城進幸東京		觀從臣射柳
七月					射舐鹻鹿于赤山呼鹿射之		獵于玉山						如沿柳湖	射柳
八月	次三石嶺呼鹿射之								射鹿于近山三旬而返		如秋山		射鴨于惠民湖獵于平地松林獵于遼河之源	
九月				登高以南唐所貢菊花酒賜羣臣是秋射鹿於黑山拽剌山		是秋獵于黑山			以菊花酒飲從臣獵熊				獵于胡土白山幸于越屋質第	
十月									射鹿于皇咸嶺復射鹿射蟲		濆于赤山濼		駐蹕于蒲瑰坂	
十一月									射鹿于皇咸嶺					
十二月	獵于天梯山			獵于三嶺	幸樞密使蕭護思第	獵于七鷹山		獵于碓觜嶺						

五年	六年	七年	八年	九年	十年	乾亨元年	二年	三年	四年	聖宗統和元年	二年	三年	四年	五年	六年	七年
如神得湖如應州		如查瀨淀		如鹿嶋		觀燈于市					幸近地		觀魚于新灣獵于謁頓甸			
			如金瓶濼					放鶻于溫泉南			如潢河			幸潞縣西放鶻擒鷲		
					獵于頡山復如長濼		閏月如南京賞牡丹西幸			從禽于近川獲六鵝幸甘露等寺駐驛長濼又駐驛于閣旬旁山獵于殺獵旬大獲鹿豕	獵于山檢旬					擊鞠
	幸水井							幸羊城濼						北幸趣沒打河避暑	幸延壽延洪二寺及秦國長公主第	擊鞠
						幸惠民湖				幸興王寺獵于盂馬里坂			如炭山清暑獵于燕山			射熊于虎
																幸秦國公
												大畢骨水山障鷹吹于赤山		沿東山行獵	觀鹿于炭山幸黎園溫湯	障鷹于花
					獵于赤山	幸水井		獵于炭山			幸鵝山觀障鷹獵于嶺右	障鷹于斜巻山擊鞠獵于赤山	障鷹于炭山獵于炭山獵于盡達刺山		射鹿于近山駐驛赤城南	
駐驛于歸化州西硬城									獵于炭山	獵于黑山		渡怕里水觀海	獵于畫達刺山駐驛白楊嶺			
			如長濼	如老翁川釣魚于赤山濼	漁于裏潭					駐驛于老翁州			幸齊國公主第宴			
										釣魚于近川		獵于東右山				
							如蒲瑰坂獵于檀州之南								獵于沙河	獵于薊州

	八年	九年	十年	十一年	十二年	十三年	十四年	十五年	十六年	十七年	十九年	二十年	二十一年	二十二年	二十三年
				幸延芳淀			幸延芳淀								
		如曲水濼				幸延芳淀					獵于崖頭川				
	幸盤山諸寺獵西括折山														
獵于新西道東					如炭山清暑			幸延壽寺			如高嶋林				
特嶺			射鹿于湯山										觀市		獵于柣特凜谷
主第							擊鞠		獵于平地松林						獵于畫盧打山獵于奴穆真峪獵于吾魯真峪獵于野葛嶺獵于沙渚卷峪獵于括只阿刺阿里山獵于青林川射熊養之
山幸秦國公主第											觀市				
		獵于盤道嶺獵于炭山			獵于東山			如秋山		獵于諸山	駐驛于昌平幸南京	獵于平地松林		獵于裏古狨	
			射鹿于蔚州南山		獵于宰相山獵于黑河南山	幸大王川						叉魚于遼河	獵于田里不魯斡		
			射熊于紫荊口												獵于孩里迭札刺獵于虎特嶺
					漁于潞縣西濼								釣魚于周河		獵于桑乾河
之南甸釣魚于曲水濼					獵于順州西旬						漁于崖頭川漁于閘崖				

二十八年	二十九年	三十年	開泰元年	二年	三年	四年	五年	六年	七年	八年	九年	太平元年
		獵于賈曷魯林	幸興王寺			獵于沙阜獵于鍋林				如渾河	獵于馬盂山	
				獵于阿里濼如薩隄濼	觀漁于瓖泥濼							
					觀漁于三樹濼弋鵝于薩堤濼				如三樹濼	獵于雪林獵于石底水		
			捕魚于排得述魯濼			獵于牛山獵于直舍山	獵于潭河之西				如大魚濼	獵于渾河山
		幸上京						獵于佷林東觀漁于蓮花濼獵干殺羊塌		獵于樺山獵于淺嶺山獵于涅烈山獵于歇恩山		
	獵于沙嶺											
				獵于永安山障鷹于縮山吹于陷嶺						如秋山障鷹于緬山		獵于鵰子山障鷹于只舍山
幸榆林湯泉				獵于赤山						獵于近旬	獵于果里白山獵于崖頭川獵于蓊夢山獵于榆林射奧鹿于侯勒水灘射奧鹿于鐵里必山獵于遼河之源	獵于馬盂山
											獵于松山獵于黑山	
		幸中京		釣魚于長濼							觀漁于沙濼	
										幸中京		
										幸開泰寺宴飲幸秦晉長公主第作藏鬮宴幸開泰寺		

三年	四年	五年	六年	七年	八年	九年	十年	興宗景福元年	重熙元年	三年	四年	五年	六年	七年	八年	九年
觀漁于鴨濼江					釣魚弋鵝于長春河					東幸	東幸	獵于平地松林	獵于鴛鴦濼		叉魚于治河	
駐驛于魚兒濼	如魚兒濼			如長春河飛放						射柳			獵于野狐嶺		獵于武清寨之葦甸	
飛放于繼魯河	飛放于長春河															
		獵黑嶺西至銅河				獵于陘山			清暑于別鞏斗		獵于娥兒山			射柳獵金山		獵至于月終駐
			避暑于永安山之涼陘						駐驛于別嶺旬	駐驛于永安山		釣魚于赤項濼次五鵝部弋獵飲酒	擊鞠幸于北護衛大保耶律合住帳賜物歡飲			
												擊鞠放海東青鶻于華濼擊鞠	幸蕭孝穆第醉飲			
	獵于平地松林				駕至遼河源獵		獵于沙嶺	幸楚姑公主帳幸皇姊裡木致第	障鷹于習禮吉山	東幸射鹿			射鹿于耶里山	擊鞠射熊鹿于轄刺罷射虎于東刺山獵于顏羅札不葛		
		獵于檀州北山射兔于平川		獵于黑嶺			獵于平地松林		駐驛于遼河上源			如秋山獵于炭山之側				
	射兔于平川		獵于佷河						獵于習禮吉山獵于牛山					射鹿于熊子嶺獵于娥兒山		
									幸中京				擊鞠		擊鞠	觀漁于混同江
													幸晉國公主行帳	擊鞠		
								幸福密延寧第						幸佛寺受戒	閏月擊鞠	駐驛于永安山

（遊幸表續）

- （續）：蹕于永安山清暑　飛放于鄰陽軍
- 十年：射虎于發巫闘山幸外祖母齊國太妃之帳　獵于撒都　獵于烽臺山親射虎立[illegible]
- 十一年：幸牛山濼　如赤蝸濼　閏月幸南京宴皇太弟重元第泛舟于臨水殿宴飲　幸延壽寺飯僧詔宋使觀擊鞠
- 十二年：幸慶州諸寺焚香獵于輞刺山獵于永安山
- 十三年：射鹿于拜馬山　獵于陰山
- 十四年：獵于黑嶺　獵于平川
- 十五年：如魚兒濼　射鹿于凌林山　南府宰相杜防生男幸其居[illegible]　幸秦國長公主帳
- 十六年：射鹿于訛魯古只山　觀市擊鞠射鬼于都里也刺幸慶州諸寺焚香障[illegible]于直舍山　障鷹于霞列山射鹿于擊輸山　觀擊鞠　幸興王寺拜佛
- 十九年：獵于分金山　獵于烏里嶺　幸廣坊使[illegible]得帳　射熊于[illegible]巫斷山　射鹿于索阿不山　獵于不野山
- 二十年：如多樹濼
- 二十[illegible]年：獵于涼陘諸山　擊鞠觀市[illegible]　射[illegible]于黑山獵于[illegible]山[illegible]白山[illegible]　觀燈　觀擊鞠[illegible]平頂山
- 二十[illegible]年：獵于黑林　射熊于馬底[illegible]嶺射[illegible]門　駐蹕于訛魯昆城
- 二十[illegible]年：獵[illegible]水如[illegible]中[illegible]濼[illegible]　[illegible]寺　擊鞠　獵于[illegible]只吉　擊鞠
- 道宗清寧元年：獵射虎獲之

- 十年：獵于赤山以皇太后射獲大鹿設宴庚寅獵梁王濬遇十鹿射之得九帝大喜復設宴　幸七金山三學寺　幸北牡山
- 咸雍元年：幸黑嶺
- 二年：如櫓緣淀
- 三年：幸沙奴侍　駐蹕于鴛鴦泊　幸魏王乙辛第　獵于赤山
- 四年：北辛　射柳幸魏王乙辛第
- 六年：獵于木葉山
- 七年：如魚兒濼
- 九年：如黑水濼　幸金河寺　獵于三門口
- 太康二年：避暑于永安山
- 四年：獵于黑嶺
- 六年：獵于白石山
- 大安元年：射鹿于潑山
- 二年：射鹿于查沙
- 九年：獵于拖古烈　獵于漫牙觀山
- 壽隆元年：射鹿查沙
- 二年：幸沙門恆策戒壇問佛法
- 三年：射熊于沸葛都　射熊于沙只直山
- 五年：射熊于青崖　射熊于親里山
- 天祚皇帝乾統三年：獵于[illegible]里山虎傷獵夫庚子射熊于善山
- 四年：射鹿于沙　射熊于凡
- （續）：只山　石刺山
- 六年：獵于撒不烈山
- 八年：獵于柏山
- 天慶二年：如斧河水
- 四年：如慶州射鹿于秋山　駐蹕于藕絲淀
- 七年：獵于[illegible]山虎傷獵夫

遼史卷六十八考證

遊幸表聖宗統和八年幸盤山諸寺獵西括折山○臣長發按四正山居志盤山一名東五臺自來峰北臺也先師臺南臺也紫蓋峰中臺也九華峰東臺也舞劍臺西臺也張甲石爲下盤古中盤爲中盤雲罩寺爲上盤上盤之勝以松中盤以石下盤以水

道宗清寧二年庚寅獵梁王濬遇十鹿射之得九帝大喜○臣人龍按道宗本紀清寧四年皇子濬生九年封爲梁王今乃于清寧二年書梁王濬射鹿事與紀不合

遼史卷六十九

元　中書右丞相總裁脫脫等　修

表第七

部族表

司馬遷作史記敘四裔於篇末秦漢以降各有其國彼疆此界道里云邈不能混一寰宇周知種落鄰國聘貢往來焉能歷覽或口傳意記模寫梗槩耳遼接五代漢地遠近載諸簡冊可考西北沙漠之地樹藝五穀衣服車馬禮文制度文爲土產品物得其粗而失其精部落之名姓氏之號得其音而未得其字歷代踵訛艱於考索遼氏與諸部相通往來朝貢及西遼所至之地見於紀傳亦豈少也哉其事則書於紀部族則列於表云

年	太祖元年	二年	三年	四年	五年	神冊元年	三年	四年	六年
紀									
正月	黑車子室韋八部降				西奚部東奚部叛討平之		皇弟安端爲惕隱攻西南諸部		
二月									
三月									皇太子暨諸將分擊部落以烏古奚爲圖盧涅禽奧異三部
四月									
五月		皇弟惕隱撒刺討烏	九及黑車子室韋						
六月									
七月						征突厥党項小蕃沙陀諸部破降之			
八月									
九月								征烏古部	
十月	討黑車子室韋		討黑車子室韋破之西北嗢娘改部族進牽車人	烏馬山奚庫支泊查刺底鋤勃德等部叛討平之					
十一月									
十二月									

天贊元年	二年	三年	天顯元年	二年太宗不改元年	四年	五年	六年	七年	九年	十一年	十二年	會同元年	三年	四年
							敵烈來貢						烏古獻伏鹿國俘	涅剌烏隗二部
			奚部長勃魯恩王郁從征有功賞之									室韋進白鹿		烏古來貢于厥
	討奚胡損獲之置奚墮瑰部		安邊鄚頡定理二府叛討之											
				突呂不討烏古部										
擊西南諸部					突呂不獻烏古俘	敵烈來貢	烏古來貢	烏古敵烈來貢	鼻骨德來貢	鼻骨德來貢				阿里底來貢
		韃山東部族破之				烏古來貢				于厥里來貢				
							鼻骨德來貢						黑車子室韋來貢	
		破胡母思山蕃部		突呂不獻烏古俘							鼻骨德來貢	黑車子室韋貢名馬	术不姑三部人來貢	
分迭剌部爲二院														
				鼻骨德來貢										术不姑來貢

	五年	六年	七年	八年	九年	穆宗應歷元年	二年	三年	五年	六年	七年	十四年
上党項俘獲乙室品突舉三部上党項俘獲					鼻骨德奏軍籍				鼻骨德來貢		鼻骨德來貢	
里來貢	鼻骨德來貢											
			黑車子室韋來貢									
		奚鋤勃德部進白麝	鼻骨德來貢	鼻骨德來貢黑車子室韋來貢								
	鼻骨德烏古來貢术不姑鼻骨德于厥里來貢											
				鼻骨德來貢	烏古來貢			烏古鼻骨德來貢				
							敵烈部來貢					黃室韋叛
										鼻骨德來貢		
女直來貢								敵烈部來貢				
						鼻骨德來貢						庫古只奏黃室韋掠馬牛叛去庫古只與黃室韋戰敗之降其衆賜詔撫諭烏古叛掠

	十五年	十七年	景宗保寧三年	四年	五年	八年	乾亨元年	聖宗統和元年	二年	三年
	烏古殺其酋長窣离底降而復叛	夷离畢骨欲獻烏古之俘								
	大黃室韋酋長寅底吉叛五坊人四十戶叛入烏古								五國隈烏古部節度使耶律隈洼以所轄諸部難制請賜詔給劒仍便宜從事從之	上閱諸部籍以涅剌
	小黃室韋叛去雅里斯楚思等擊之爲室韋所敗遣使讓之								劃離部人請今後詳穩只於當部選授二以諸部官長惟在得人詔不允	
	庫古只奏室韋酋長寅底吉亡入敵烈						敵烈來貢		耶律蒲寧都監蕭勤德東征女直同獻捷	
	敵烈來降									
	烏古至河德濼遣夷离堇畫里夷离畢常思以擊之丁丑烏古掠上京北榆林峪居民遣林牙蕭斡討之									
				鼻骨德來貢						
										乙室奧隈部秦過熟
					鼻骨德部長島魯撻覽來朝	鼻骨德來貢				乙室姥隈族部副使
	常思與烏古戰大敗之		鼻骨德來貢					速撒奏敵烈部降速撒奏叛蕃來降		
居民蓄財										

	四年	五年	六年	九年	十一年	十三年	十五年	十六年	十九年	二十一年	二十
烏隈二部額少役重故量免之											
	頻不部節度使和盧覩黃皮室詳穩解里等各上所獲兵甲			振濟室韋烏古部				鼻骨德酋長來貢			罷蕃
			詔烏隈于厥部却貢貂鼠青鼠皮止以馬牛入貢				罷奚五部歲貢麕鹿			奧里等部來貢	
	姪里古部送輜重行宮						敵烈八部殺詳穩以叛蕭撻凜追擊獲其部族之半				
		涅剌部節度使撒葛里有惠政部民請留從之	以西南面招討使韓德威討河湟路違命諸蕃								
										烏古來貢	蒲奴
未獲遣人以助收刈					詔皇太妃領西北路烏古部兵				達盧骨部來貢		
進物术不姑諸部來至近地				鼻骨德來貢							
						鼻骨德來貢	罷奚王諸部貢物				
									閏月鼻骨德來貢		

二年	二十三年	開泰元年	二年	三年	四年	五年	七年
		曷蘇館大王曷里喜來朝	烏古敵烈叛命右皮室詳穩延壽率兵討之	鐵驪來貢	耶律世良討敵烈得部		
部賀千齡節及冬至重五進貢						鼻骨德酋長撒保特賽剌等來貢	命東北越里篤剖阿
				烏古叛	耶律世良討叛命烏古盡殺之遣使賞軍前有功將校		
里部阿里等部來貢	烏古來貢		烏古敵烈皆復故地				
				八部敵烈殺其詳穩稍瓦皆叛詔南府宰相耶律吾剌葛招撫之釋所囚敵烈數人令招諭其衆壬子耶律世良遣使獻敵烈之俘			
					以旗鼓拽剌詳穩題里姑爲六部奚主		蒲奴里部來貢
	鼻骨德來貢						

	八年	九年	六年	七年	興宗重熙元年	三年	十年	十二年
							曷蘇館人戶沒入蒲盧毛朵部者索還復業	
				蒲盧毛朵部遣使來貢				
里奧里米蒲奴里鐵驪等五部歲貢貂皮六萬五千馬三百疋烏古部節度使蕭普達討叛命敵烈滅之	回跋部太師踏剌葛來貢			女直部蒲盧毛朵部送來州收營				
			蒲盧毛朵部內多有兀惹民戶詔索之		振濟耶迷只部			置回跋部詳穩都監
		曷蘇館惕隱阿不葛宰相賽剌來貢						以幹朵蒲盧毛朵部二使來貢不時釋其
	回跋部太保麻門來貢							
	曷蘇館惕隱阿不葛來貢		术不姑諸部皆叛					
		敵烈酋長頗白來貢馬駝	曷蘇館諸部長來貢					
				查只底部民四百戶來附	五國酋長來貢			
			曷蘇館部乞建旗鼓許之				术不姑酋長來貢	

十三年	十五年	十七年	十八年
			耶律義先奏蒲奴里之捷
	蒲盧毛朵界曷懶河人戶來附	振濟瑤穩嘲穩部	耶律義先等執陶得里以獻
			烏古遣使送款
耶律歐里斯將兵攻蒲盧毛朵部西南面招討都監羅漢奴詳穩斡魯母等奏山西部族節度使屈烈以五部叛入西夏仍乞南北府兵援送實威塞州人戶詔選富者發之餘令屯田于天德軍	蒲盧毛朵曷懶河一百八十戶來附	蒲盧毛朵部大王蒲輦進舡工	
罪遣之羅漢奴奏所發部兵與党項戰不利			五國酋長各率其部來附回跋部長兀迭臺扎等來朝五國節度使耶律仙童以
	女直部長遮母率衆來附	長白山太師柴葛回跋太師撒剌都來貢方物	
		婆离八部夷离堇虎黠等內附	
		伐蒲奴里酋陶得里	
元昊率党項三部酋長來降			

	十九年	二十一年	道宗清寧二年	三年	八年	咸雍五年	六年	九年
			詔二女古部與世預宰相節度使之選者免皮室庫役	五國部長貢方物				
	蒲盧毛朵部惕隱信篤來貢高麗來貢							
降烏古叛人投左監門衛上將軍	遠夷拔思母部遣使來貢				吾獨婉惕隱屯禿葛等乞歲貢馬駝許之			
	回跋曷蘇館蒲盧毛朵部各遣使進馬	遣使詣五國及鼻骨德烏古敵烈四部捕海東青鶻						
								八石烈敵烈人殺其節度使以叛上詔限烏古部軍分兩道擊
							五國部長來朝	
						五國部阿里部叛命左夷离畢蕭素颭討之		
						五國酋長來降仍獻方物		

	大康元年	四年	七年	八年	九年	大安元年	二年	三年	四年	八年	九年	十年
			五國部長來貢	五國諸酋長貢方物		五國酋長來貢良馬	五國諸部長來貢		五國諸部長來貢			惕德酋長來貢
								出絹賜烏古部貧民				烏古部節度使
												西北路招討司
												和烈葛部來貢
之								四北部渤海進牛				
		五國部長來貢			五國部長來貢							
	西北路叛命會長退搭離搭雙古等來降						五國部長來貢		詔諸部官長親鞫獄訟	阻卜酋長磨古斯殺金吾吐古斯以叛遣奚六部吐里耶律郭三發諸蕃部兵討之	詔以戰馬三千給烏古部烏古敵烈統軍使蕭朽哥奏討阻卜之捷	
												是歲惕隱酋長

	壽隆元年	二年	三年	五年	六年	天祚乾統二年
	敵烈入寇掠羣牧馬戍兵襲之盡得所掠	市牛以給烏古敵烈隗烏古部貧民	烏古部節度使耶律陳家奴討有功		斡特剌獲叛命磨古斯來獻	
		振達麻里別古部				
耶律陳家奴奏討茶札剌之捷知北院樞密使事耶律斡特剌為都統夷离畢耶律禿朵為副統龍虎衞上將軍耶律胡呂為都監討磨古斯遣積慶宮使蕭紀里監戰	斡特剌奏耶睹刮之捷					
奏敵烈部入寇統軍司兵與戰不利招討司兵擊破之					烏古部討茶扎剌破之	斡特剌獻耶覩刮等
惕德酋長來貢				五國部長來貢		
	頗里八部酋長來附且進方物斡特剌奏磨古斯之捷			惕德酋長禿的等來貢	耶覩刮諸部寇西北路	
		頗里八部進馬	蒲盧毛朵部長率其部民來歸		斡特剌奏耶覩刮諸部之捷	
			五國部長來貢			
				斡特剌奏討耶覩刮之捷	五國諸部長來貢	
			蒲盧毛朵部來貢			
萌得斯領所部來降詔復舊地頗里八部來寇擊破之						

	四年	九年	十年	天慶元年	二年	五年	六年	保大二年	三年	四年
					五國部長來貢					上北遁謨葛失來迎率部人防衛時侍從乏糧數日以衣易羊至烏
	鼻骨德遣使來貢					饒州渤海古欲等反自稱大王以蕭謝佛留等討之				
				五國部長來貢						
		五國部長來貢	五國部長來貢					金師取西京沙漠以南部族皆降之帝遁訛莎烈		
部之捷									軍將耶律敵烈等劫梁王雅里奔西北部	
								烏古部節度使耶律棠古破敵烈部叛命皮室加太子太保		
							烏古部叛遣中丞耶律撻不也等招之			
								都統馬哥討叛命敵烈部克之	耶律大石自金朝亡歸復渡河東還居突呂不部	
							烏古部降			
							東面行宮副統馬哥余覩等攻曷蘇館敗績			上納突呂不部人訛哥之妻諳葛以訛哥為本部節度使
								聞金主撫定南京遂由播里闕出居四部族詳穩之家		

古敵烈部封謨葛失為神于越

天祚播越耶律大石立燕晉國王淳淳死與蕭妃奔天德軍上誅妃責大石大石率衆西去自立為帝所歷諸部附見于後

大黃室韋部	尼剌部	普速完部	回回大食部
白達旦部	達剌乖部	唐古部	尋思于地
敵烈部	達密里部	忽母思部	起而漫地
王紀剌部	密兒紀部	奚的部	
茶赤剌部	合主部	紀而畢部	
也喜部	烏古里部	乃蠻部	
鼻骨德部	阻卜部	畏吾兒城	

遼史卷七十

元中書右丞相總裁脫脫等修

表第八

屬國表

周有天下不期而會者八百餘國遼居松漠最為強盛天命有歸建國改元號令法度皆遵漢制命將出師臣服諸國人民皆入版籍貢賦悉輸內帑東西朔南何啻萬里視古起百里國而致太平之業者亦幾矣故有遼之盛不可不著作屬國表

紀年	太祖元年	神冊元年	三年
正月		御正殿受百寮暨諸國使人朝賀	
二月			渤海高麗回鶻阻卜
三月			高麗洎西北諸番皆
四月			
五月			
六月			
七月			
八月			
九月			
十月			
十一月			
十二月	和州回鶻來貢		

四年
- 党項冬遣使來貢
- 遣使來貢回鶻獻珊瑚樹
- 師次骨里國分路擊之舉國歸附

五年
- 征党項

天贊二年
- 波斯國來貢

三年
- 西討吐渾党項阻卜
- 大食國來貢回鶻霸里遣使來貢攻阻卜
- 遣兵踰流沙拔浮圖城盡取西鄙諸部
- 獲甘州回鶻烏母主可汗

四年
- 大元帥堯骨略地党項
- 攻小蕃下之回鶻烏母主可汗遣使貢謝
- 日本國來貢
- 新羅國來貢

天顯元年
- 回鶻新羅吐蕃党項沙陀從征有功賞之濊貊靺鞨來貢改渤海國為東丹國忽汗城為天福城

二年　太宗不改元
- 女直國遣使來貢

三年
- 達盧古來貢
- 突厥來貢

六年
- 西南邊將以慕化轄戛斯國人來貢
- 鐵驪來貢

七年
- 女直來貢
- 阻卜貢海東青鶻

八年
- 皇太弟李胡率兵伐党項
- 吐渾阻卜來貢
- 党項來貢
- 阻卜來貢阿薩蘭回鶻來貢
- 鐵驪來貢阻卜來貢术不姑來貢
- 阻卜來貢术不姑來貢

九年
- 党項貢駝鹿
- 女直來貢

十年
- 党項來貢
- 吐谷渾酋長率衆內附
- 吐渾來貢

十一年
- 女直國遣使來貢
- 吐谷渾來貢
- 吐渾來貢

十二年
- 女直國遣使來貢回鶻來貢
- 鐵驪來貢

會同元年
- 鐵驪來貢
- 女直國遣使來貢
- 女直國遣使進弓矢西南邊大詳穩耶律魯不古奏党項之捷
- 吐谷渾來貢
- 吐谷渾烏孫靺鞨各來貢

二年
- 女直國來貢
- 吐谷渾來貢
- 阻卜來貢
- 鐵驪燉煌並遣使來貢

三年
- 女直來貢
- 阻卜來貢阻卜及賃烈國來貢阻卜來貢
- 女直國來貢

四年
- 鐵驪來貢
- 魯不古伐党項回獻俘
- 吐谷渾降阻卜來貢女直國遣使來貢

五年
- 鐵驪來貢
- 素撒國人來貢阻卜貢方物
- 阻卜來貢
- 党項逆命伐之

六年
- 鐵驪來貢
- 鐵驪來貢

七年
- 賃烈要里等國來貢
- 回鶻遣使請婚不許

八年
- 回鶻來貢吐谷渾來貢維沒里要里等國貢方物
- 鐵驪來貢

（年欄無標）
- 回鶻女直來貢
- 吐渾進生口
- 吐渾白可久來附
- 女直來貢

穆宗應曆元年
- 鐵驪來貢

二年
- 女直來貢
- 鐵驪貢鷹鶻
- 回鶻及轄戛斯國來貢

三年
- 鐵驪來貢
- 吐蕃吐谷渾來貢

十二年
- 女直國貢鼻上有毛小兒

十三年
- 斡朗改國進花鹿生麛視之

景宗保寧三年
- 漢遣使來告
- 回鶻遣使來貢
- 漢以宋入來攻遣使來告
- 吐渾國來貢

五年
- 伐党項破之上俘獲之數
- 女直國侵邊阿薩蘭回鶻來貢

八年
- 女直國侵貴德州
- 轄戛斯國遣使來貢

九年
- 女直國遣使來貢
- 女直國二十一人來請宰相夷離堇之職以次授之
- 回鶻遣使來貢
- 耶律沙以党項降酋可醜買友來賜詔撫諭女直國遣使來貢
- 吐谷渾叛入太原四百餘戶索而還之

十年
- 阿薩蘭回鶻遣使來貢
- 女直國遣使來貢

乾亨元年
- 女直國宰相遣使來貢

四年
- 討阻卜

聖宗統和元年
- 党項十五部寇邊西南面招討使韓德威破之叛阻卜韓德威討党項諸部
- 韓德威破党項上俘獲之數
- 女直宰相海里等八族內附

二年
- 遣撒等許阻卜款酋長撻剌干

三年
- 女直國宰相术不里來朝

四年
- 阻卜遣使來貢
- 党項來貢

六年
- 閏月阿薩蘭回鶻來貢
- 党項太保阿達快來朝
- 女直宰相達魯里來朝

七年
- 回鶻于闐師子等國來貢党項遣使來貢
- 阿思懶于闐轄烈二國來貢吐蕃來貢
- 于闐遣張文寶進內丹書

八年
- 于闐回鶻各遣使來貢女直國遣使來貢
- 女直國遣使來貢
- 女直國宰相阿海來朝
- 阿薩蘭回鶻于越達剌干遣使來貢女直遣使來貢
- 北女直國四部請內附
- 阻卜遣使來貢
- 女直遣使來貢回鶻來貢

九年
- 女直國遣使來貢
- 回鶻來貢
- 突厥來貢
- 女直國進喚鹿人
- 阿薩蘭回鶻來貢

十年
- 兀惹來貢
- 鐵驪來貢
- 鐵驪來貢
- 鐵驪來貢
- 回鶻來貢

十一年
- 回鶻來貢

十二年	十三年	十四年	十五年	十六年	十七年	十八年	十九年
			河西党項叛韓德威討之兀惹長武周來降女直國遣使來貢				回鶻
回鶻來貢高麗來貢	女直國遣使來貢	回鶻遣使來貢女直國遣使來貢	韓德威奏破党項之捷	夏國遣使來貢			
高麗遣使請所俘生口詔還之	夏國遣使來貢	韓德威奏討党項之捷	党項來貢河西党項乞內附兀惹烏昭慶乞歲時免進貢鷹馬貂皮以其地遠詔生辰正旦外並免	女直國遣使來貢			西南
	高麗進鷹			鐵驪來貢			
回鶻遣使來貢		鐵驪來貢回鶻來貢	鐵驪來貢		兀惹烏昭慶來降釋之	阻卜叛酋鶻碾之弟鐵剌不率部民來附鶻碾無所歸降詔誅之	
女直國遣使來貢	女直國遣使來貢	回鶻來貢	党項酋長來貢禁吐渾別部鬻馬於宋				
							達盧
党項吐谷渾來貢阻卜來貢			蕭撻凜奏討阻卜之捷				西南
	回鶻來貢兀惹歸款鼻骨來貢						
鐵驪來貢	阿薩蘭回鶻遣使來貢高麗遣童子十人來學本國語	阿薩蘭回鶻遣使為子求婚不許					鼻骨
女直國以宋人由海道路本國及說兀惹叛遣使來告	鐵驪遣使來貢鷹馬					回鶻來貢	

	二十年	二十一年	二十二年	二十三年	二十四年	二十五年
進梵僧名醫	女直國宰相夷离底來貢					
	女直國大王阿改遣其子出嬌你耶剌改寨剌來朝		女直國遣使來貢			
面招討使奏討党項之捷		鐵驪來貢		振党項部回鶻來貢		
	鐵驪遣使來貢	女直國來貢兀惹渤海奧里米越里篤越里吉五部來貢		女直國及阿薩蘭回鶻各遣使來貢鐵驪來貢党項來寇		
	高麗遣使來進本國地里圖	党項來貢阻卜酋長鐵剌里率諸部來降		阻卜酋鐵剌里遣使賀與宋和	沙州燉煌王曹壽遣使進大食馬及美玉以對衣銀器等物賜之	
		阻卜鐵剌里來朝		党項來貢烏古來貢女直國遣使來貢阿薩蘭回鶻遣使來因請先留使者皆遣之		
骨部來貢			党項來貢阻卜酋鐵剌里來朝鐵剌里求婚許之			
面招討司奏討吐谷渾之捷			南京女直國遣使獻所獲烏昭慶妻子			西北路招討使蕭圖玉討
德來貢						

	二十六年	二十八年	二十九年	開泰元年	二年	三年
				女直國太保蒲撚等來朝		阻卜酋長烏八朝貢封烏八爲王女直國及鐵驪各遣使來
						沙州回鶻曹順遣使來貢回賜衣幣
	高麗進文化武功兩殿龍鬚草地席	西北路招討使蕭圖玉奏伐甘州回鶻破其屬郡肅州盡俘其生口詔修土隗口故城以實之				
			詔西北路招討使駙馬都尉蕭圖玉安撫西鄙置阻卜等部			
					化哥等破阻卜酋長烏八之衆	
				鐵驪那沙等送兀惹百餘戶至賓州賜絲絹以賞之		
叛命阻卜破之						
	蕭圖玉驗奏討甘州回鶻降其王耶剌里撫慰而還					

	四年	五年	八年	九年	太平元年	二年	六年
貢		耶律世良與蕭善寧東討高麗破之	鐵驪來貢				
	于闐國來貢	阻卜酋長來朝			大食國王復遣使請婚以王子班郎君胡思里女可老封公主降之		詔党項別部塌西設契丹節度使治之
	耶律世良等破阻卜上俘獲之數女直國遣使來貢	叛命党項酋長懸可來降					阻卜入寇西北路招討使蕭惠破之
						鐵驪遣使進兀惹人一十	
						六戶	遣北路招討使蕭惠將兵伐甘州回鶻
					阻卜扎剌部來貢		
			詔阻卜依舊歲貢馬駝貂鼠青鼠皮等物	遣使賜沙州回鶻燉煌郡王曹順衣物			
							蕭惠攻甘州不克師還自是西阻卜諸部皆叛遼軍與戰敗績涅里姑曷不呂皆殁於陣
				沙州回鶻燉煌郡王曹順遣使來貢	党項酋長曷魯來貢		
				大食國王遣使為其子册哥請婚進象及方物			

（七年前）：遣惕隱耶律洪古等將兵討之

七年：詔蕭惠再討阻卜

八年：党項寇邊破之

興宗重熙二年：女直國詳穩臺押率所部來貢

六年：阻卜酋長來貢

七年：高麗遣使來貢　夏國遣使來貢　阻卜酋長屯禿古廝來朝

九年：女直國人侵邊發黃龍府路鐵驪軍拒之

十年：夏國遣使獻所俘宋將及生口　回鶻遣使來貢

十一年：以吐渾及党項多鬻馬于夏國詔沿邊築障塞以防之

十二年：高麗國以加上尊號遣使來賀　夏國遣使進馬駝　阻卜大王屯禿古斯弟太尉撒葛里來朝回鶻遣使來貢　阻卜來貢　夏人侵掠党項遣延昌宮使高家奴問之

十三年：高麗遣使來貢　南院大王耶律高十奏党項等部叛附夏國　羅漢奴奏所發部兵與党項戰不利　阻卜酋長烏八遣其子執元昊求援使者窊邑　夏國遣使來朝　夏國復遣使來詢　獲叛命党項偵人射鬼箭元昊親執党項三部

（續）：改來且乞以兵助戰從之　酋長來降

十四年：高麗遣使來貢　阻卜大王屯禿古斯率諸酋長來朝夏國遣使來朝　阿薩蘭回鶻遣使來貢

十五年：高麗遣使來貢

十六年：阻卜大王屯禿古廝來朝進方物　鐵驪仙門來朝以前此未嘗入貢仍加右監門衛大將軍　女直國遣使來貢阿薩蘭回鶻王以公主生子遣使來告

十七年：鐵不得國遣使來乞以本部軍助攻夏國不許　高麗遣使來貢　阻卜進馬駝二萬

十八年：高昌國遣使來貢　阻卜來貢馬駝珍玩

十九年：高麗遣使來貢　遠夷拔思母部遣使來貢　高麗遣使來賀伐夏之捷　阻卜酋長豁得剌弟斡得來朝加太尉遣之　阻卜酋長喘只葛拔里斯來朝　阻卜酋長豁得剌遣使來貢

二十年：吐蕃遣使來貢

二十一年：阿薩蘭回鶻遣使貢名馬文豹

二十二年：阿薩蘭回鶻為鄰國所侵遣使求援　高麗遣使來貢　阻卜大王屯禿古斯率諸部長進馬駝

二十三年：夏國遣使貢方物　高麗遣使來貢　夏國遣使來　吐蕃遣使來貢　阻卜酋長來貢

道宗清寧二年：阻卜酋長來朝及貢方物

咸雍二年：回鶻來貢阻卜酋長來貢

四年：阿薩蘭回鶻遣使來貢　夏國遣使來貢

五年：阻卜酋長叛以南京留守晉王仁先為西北路招討使領禁軍討之　吐蕃遣使來貢　晉王仁先遣使奏阻卜之捷

六年：阻卜酋長來朝且貢方物　西北路招討司以所降阻卜酋來　阻卜酋長來貢　西北路招討使擒阻卜酋長來獻以所降阻卜酋長圖木同刮來

七年：女直國進馬　吐蕃來貢　高麗遣使來貢　回鶻來貢

八年：振易州貧民高麗遣使來貢　回鶻來貢

九年：回鶻來貢　高麗夏國並遣使來貢

十年：阻卜諸酋長來貢　高麗遣使來貢

太康元年：吐蕃來貢

二年：回鶻來貢

四年：高麗遣使乞賜鴨淥江以東地不許　阻卜酋長來貢阻卜諸酋長進良馬　回鶻遣使來貢

五年：阻卜

（續）：酋長來貢

六年：女直國遣使來貢

七年：女直國貢良馬　阻卜與余古赧來貢　高麗遣使來貢

八年：鐵驪酋長貢方物　阻卜酋長來貢

九年：阻卜酋長來貢

十年：女直國貢良馬及犬　阻卜諸酋長來貢

大安二年：女直國來貢良馬　阻卜諸酋長來朝　高麗遣使謝封冊

三年：女直國來貢良馬高麗遣使來貢

四年：免高麗歲貢

五年：高麗遣使來貢　回鶻遣使貢良馬

六年：女直國遣使貢良馬　高麗遣使來貢

七年：回鶻遣使貢方物　回鶻遣使來貢異物不納厚賜遣之　日本國遣鄭元等二十八人來貢

八年：阻卜諸酋長來降　阻卜酋長來貢　日本國遣使來貢　阻卜酋長磨古斯殺金吾禿古斯以叛遣奚六部禿里耶律郭三發諸蕃部兵討之

九年：磨古斯入寇　西北路招討使耶律阿魯　有司奏磨古斯諳西北路

	十年	壽隆元年	二年	三年
	烏古扎等來降達里底拔思母二部入寇	西南面招討使奏拔思母入寇擊敗之 蕭阿魯帶等討拔思母破之	西南面招討使討拔思母破之	
婦古追磨古斯還都監蕭張九遇賊衆與戰不利二室韋拽剌北王府特滿羣牧宮分等軍多陷于賊	西南面招討使奏拔思母之捷 達里底入寇	高麗遣使來貢		阻卜酋長猛撒葛及粘八葛酋長禿骨撒
	山北路副部署蕭阿魯帶奏達里底之捷			
	閏月達里底拔思母二部來降	女直遣使來貢		
				斡特剌討阻卜破之
		阻卜酋長禿里底及圖木葛來朝貢		
	阻卜來寇倒塌嶺西路羣牧及渾河北牧馬皆爲所掠東北路統軍使耶律石柳以兵追及盡獲所掠	阻卜酋長猛達斯來貢		
			阻卜來貢	
				斡特剌遣人奏梅里急之捷
招討使耶律撻不也遇害附近阻卜酋長烏古扎叛去達里底及拔思母並寇倒塌嶺路阻卜酋轄底侵掠西路羣牧	西北路統軍司獲阻卜酋拍撒葛蒲魯等來獻			
	惕德酋銅剖阻卜酋的烈等來降達里底及拔思母並來寇山北副部署阿魯帶擊敗之	女直遣使進馬	高麗來貢	
	西北路統軍司奏討磨古斯之捷			西北路統軍司奏梅里急之捷

	五年	六年	七年	天祚乾統二年	三年	四年	六年	八年	九年	十年	天慶二年	三年
	詔夏國王李乾順伐拔思母部				女直國梟蕭海里首遣使來獻							
梅里急酋長忽魯八等請復舊地以貢方物												
									夏國以宋不歸地遣使來告			
	阻卜來貢	阻卜酋長來貢	阻卜鐵驪酋長來貢	阻卜入寇斡特剌等戰敗之		吐蕃遣使來貢		西北路招討使蕭敵里率諸蕃酋長來朝		阻卜來貢	和州回鶻來貢 阻卜酋長來貢	斡朗改國遣使來獻良犬
							阻卜來貢					
					吐蕃遣使來貢							
								高麗遣使來謝				
		女直國遣使來貢 鐵驪來貢							高麗遣使來貢			回鶻遣使來貢 高麗遣使來謝 鐵驪

	四年	五年	六年	七年
		遣僧家奴持書約和斥女直國主名 女直國主遣塞剌復書若歸叛人阿疎遷黃龍府於別地然後圖之		女直軍攻春州女古皮室四部及渤海人
	女直國遣使索叛人阿疎不發	遣耶律張家奴蒲蘇阿息保聶葛訖石保得里底等齎書使女直國斥其名諭以速降		
		張家奴等以女直國主書來 復遣張家奴以往	女直軍攻下瀋州 族人痕李鐸剌吳十撻不也道剌酬斡平甲盧僕古鬭南剌韓七吳十那也溫易魯十三人皆歸女直國	
		張家奴等還女直國主復書亦指其名諭之使降 遣蕭辭剌使女直國以書辭不屈見留		
	女直國復遣使來取阿疎不發即遣侍御阿息保往問境上建城堡之故	都統斡里朵等及女直軍戰于白馬濼敗績		
	阿息保還言女直國主之意若還阿疎朝貢如舊不然城未能已 女直國遣師來攻			
		女直軍下黃龍府 女直國主遣塞剌以書來報若歸我叛人阿疎即當班師		
	女直國下寧江州			
兀惹叛歸女直				都元帥秦晉國王淳遇女直軍戰于蒺藜

	八年	
告降復下泰州	遣耶律奴哥等使金國復議和好 保安軍節度使張崇以雙州民二百戶歸金國	金遣烏林答贊謨持書來迎冊禮
	耶律奴哥還金主復書大略言如以兄事朕歲貢方物歸上中京興中府三路州縣以親王公主駙馬大臣子孫爲質及還我行人與元給信牌并宋夏高麗往復書詔表牒可以如約	
	復遣奴哥使金國	遣知右夷離畢事蕭習泥烈大理寺提點楊勉等冊金主爲東懷國皇帝
	奴哥以書來約不踰此月見報 復遣奴哥使金國要以酌中之議 金主遣胡突衮與奴哥持書來大略如前所約	阻卜補疏只等反
	遣胡突衮齎三國書詔表牒復使金國 通祺雙遼四州之民八百餘戶歸附金朝	
	金朝復遣胡突衮以書來免所取質及上京興中府所屬州郡裁減歲幣之數如能以兄事朕冊用漢儀可以如約	金復遣烏林答贊謨持書來責冊文無兄事之語不言大金而云東懷及乘體式如依前書所定然後可從 楊詢
	奴哥突迭復使金朝議冊禮	
	突迭見留 奴哥還金主復書謂如不能從勿復遣使 遣奴哥復使金朝蕭賓訛里野特末霍石韓慶和王伯龍等各率衆歸于金	復遣蕭習泥烈楊立忠先持冊藁使于金
	奴哥突迭持金主書來 龍化州張應古劉仲良渤海二哥等率衆歸附金朝	
山敗績 女直軍復攻拔顯州 是歲女直國王即皇帝位建元天輔國號金	以議定冊禮遣奴哥使于金 寧昌軍節度使劉宏以懿州民戶三千歸金	遣使送贊謨以還

	十年	保大元年	二年	三年
			金師克中京進下澤州	遼興軍宜錦乾顯成川豪懿等州降金
	金復遣贊謨以書并撰到冊文副本以來仍責乞兵于高麗		金師敗奚王霞末于北安州遂降其城	興中府降金歸德軍及隰遷潤三州款附金
	以金朝所定冊內事大聖二字與先世稱號相同復遣習泥烈持書議之		闍母師將出嶺西遂撻白水濼羣牧使謨魯斡歸金闍母師將及輕騎以遇駁前貼檢耶律高八率衛士歸金	
			金師取西京	金師至居庸關耶律大石被擒金師圍輜重於青塚硬寨金遣人以書來招回書請和金師以兵送族屬東行乃遣兵
	金主親師攻上京已攻外郛留守撻不也出降	南京統軍耶律余覩率將吏戶歸于金		回金師書乞爲弟若子量賜土地夏國王李乾順請臨其國
			夏國遣兵來援爲金師所敗	冊李乾順爲夏國皇帝
轄擊于韋率衆歸金				
			親遇金師戰于石輦驛敗績夏國遣曹介來問起居	
			奉聖州降金	
			蔚州降金	
			金師屯奉聖上遣于落見髓	
			金主撫定南京	

	四年	五年
	金師來攻上棄營北遁特母哥歸金	党項小斛祿遣人請臨其地上過沙漠金師忽至徒步出走
		上至應州新城爲金師完顏婁室等所獲
遼戰于白水濼爲金師所敗金師以書來招以書答之金師復書不許請和		
	蕭撻不也察剌歸金	
	建州降金	
	興中府降金	

遼史卷七十一

元　中書右丞相總裁脫脫等修

列傳第一

后妃

書始媯虞詩興關雎國史記載往往自家而國以立天下之本然尊卑之分不可易也司馬遷列呂后于紀班固因之而傳元后於外戚之後范曄登后妃于帝紀天子紀年以敘事謂之紀后曷爲而紀之自晉史列諸后以首傳隋唐以來莫之能易也遼因突厥稱皇后曰可敦國語謂之脦俚蹇尊稱曰褥斡麼蓋以配后土而母之云太祖稱帝尊祖母曰太皇太后母曰皇太后嫡曰皇后等以徽稱加以美號質於隋唐文於故俗后族唯乙室拔里氏而世任其國事太祖慕漢高皇帝故耶律儼稱劉氏以乙室拔里比蕭相國遂爲蕭氏耶律儼陳大任遼史后妃傳大同小異酌取其當著于篇

肅祖昭烈皇后蕭氏小字卓眞歸肅祖生四子見皇子表乾統三年追尊昭烈皇后

懿祖莊敬皇后蕭氏小字牙里辛肅祖嘗過其家曰同姓可結交異姓可結婚知爲蕭氏爲懿祖聘焉生男女七人乾統三年追尊莊敬皇后

玄祖簡獻皇后蕭氏小字月里朶玄祖爲狠德所害后嫠居恐不免命四子往依鄰家耶律臺押乃獲安太祖生后以骨相異常懼有陰圖害者鞠之別帳重熙二十一年追尊簡獻皇后

德祖宣簡皇后蕭氏小字巖母斤遙輦氏宰相剔剌之女男女六人太祖長子也天顯十一年崩祔德陵重熙二十一年追尊宣簡皇后

太祖淳欽皇后述律氏諱平小字月理朶其先回鶻人糯思生魏寧舍利魏寧生慎思梅里慎思生婆姑梅里婆姑娶勻德恝王女生后于契丹右大部婆姑名月椀仕遙輦氏爲阿扎割只后簡重果斷有雄畧嘗至遼土二河之會有女子乘青牛車倉卒避路忽不見未幾童謠曰青牛嫗曾避路蓋諺謂地祇爲青牛嫗云太祖卽位羣臣上尊號曰地皇后神冊元年大冊加號應天大明地皇后行兵御衆后嘗與謀太祖嘗渡磧擊党項黃頭臭泊二室韋乘虛襲之后知勒兵以待奮擊大破之名震諸夷時晉王李存勗欲結援以叔母事后幽州劉守光遣韓延徽求援不拜太祖怒留之使牧馬后曰守節不屈賢者也宜禮用之太祖乃召延徽與語大悅以爲謀主吳主李昪獻猛火油以水沃之愈熾太祖選三萬騎以攻幽州后曰豈有試油而攻人國者指帳前樹曰無皮可以生乎太祖曰不可后曰幽州之有土有民亦由是耳吾以三千騎掠其四野不過數年困而歸我矣何必爲此萬一不勝爲中國笑吾部落不亦解體乎其平渤海后與有謀太祖崩后稱制攝軍國事及葬欲以身殉親戚百官力諫因斷右腕納于柩太宗卽位尊爲皇太后會同初上尊號曰廣德至仁昭烈崇簡應天太后初太祖嘗謂太宗必興我家后欲令皇太子倍避之太祖冊倍爲東丹王太祖崩太宗立東丹王避之唐太后嘗屬意於少子李胡太宗崩世宗卽位于鎮陽太后怒遣李胡以兵逆擊李胡敗太后親率師遇于潢河之橫渡賴耶律屋質諫罷兵遷太后于祖州應歷三年崩年七十五祔祖陵諡曰貞烈重熙二十一年更今諡

太宗靖安皇后蕭氏小字溫淳欽皇后弟室魯之女帝爲大元帥納爲妃生穆宗及卽位立爲皇后性聰慧潔素尤被寵顧雖軍旅田獵必與天顯十年崩諡彰德葬奉陵重熙二十一年更今諡

世宗懷節皇后蕭氏小字撒葛只淳欽皇后弟阿古只之女帝爲永康王納之生景宗天祿末立爲皇后明年秋生萌古公主在蓐察割作亂弒太后及帝后乘步輦直詣察割請畢收殮明日遇害諡曰孝烈皇后重熙二十一年更今諡

世宗妃甄氏後唐宮人有姿色帝從太宗南征得之寵遇甚厚生寧王只沒及卽位立爲皇后嚴明端重風神閑雅內治有法莫干以私劉知遠郭威稱帝世宗承强盛之資奄奄歲時后與參帷幄密贊大謀不果用察割作亂遇害景宗立葬二后于醫巫閭山建廟陵寢側

穆宗皇后蕭氏父知璠內供奉翰林承旨后生有雲氣馥郁久之幼有儀則帝居藩納爲妃及正位中宮性柔婉不能規正無子

景宗睿知皇后蕭氏諱綽小字燕燕北府宰相思溫女早慧思溫嘗觀諸女掃地惟后潔除喜曰此女必能成家帝卽位選爲貴妃尋冊爲皇后生聖宗景宗崩尊爲皇太后攝國政后泣曰母寡子弱族屬雄强邊防未靖柰何耶律斜軫韓德讓進曰信任臣等何慮之有於是后與斜軫德讓參決大政委于越休哥以南邊事統和元年上尊號曰承天皇太后二十四年加上尊號曰睿德神畧應運啓化承天皇太后二十七年崩諡曰聖神宣獻皇后重熙二十一年更今諡后明達治道聞善必從故羣臣咸竭其忠習知軍政澶淵之役親御戎車指

慶三軍賞罰信明將士用命聖宗稱遼盛主后教訓爲多

聖宗仁德皇后蕭氏小字菩薩哥睿智皇后弟隗因之女年十二美而才選入掖庭統和十九年冊爲齊天皇后嘗以草莛爲殿式密付有司令造清風天祥八方三殿既成益寵異所乘車置龍首鴟尾飾以黃金又造九龍輅諸子車以白金爲浮圖各有巧思夏秋從行山谷間花木如繡車服相錯人望之以爲神仙生皇子二皆早卒開泰五年宮人耨斤生興宗后養爲子帝大漸耨斤詈后曰老物寵亦有既耶左右扶后出帝崩耨斤自立爲皇太后是爲欽哀皇后護衛馮家奴喜孫等希旨誣告北府宰相蕭浞卜國舅蕭匹敵謀逆詔令鞫治連及后興宗聞之曰皇后侍先帝四十年撫育眇躬當爲太后今不果反罪之可乎欽哀曰此人若在恐爲後患帝曰皇后無子而老雖在無能爲也欽哀不從遷后于上京車駕春蒐欽哀慮帝懷鞫育恩馳遣人加害使至后曰我實無辜天下共知卿待我浴而後就死可乎使者退比反后已崩年五十是日若有見后于木葉山陰者乘青蓋車衞從甚嚴追尊仁德皇后與欽哀竝祔慶陵

聖宗欽哀皇后蕭氏小字耨斤淳欽皇后弟阿古只五世孫黝面狠視母嘗夢金柱擎天諸子欲上不能后後至與僕從皆陞異之久之入宮嘗拂承天太后榻獲金雞吞之膚色光澤勝常太后驚異曰是必有奇子已而生興宗仁德皇后無子取而養之如已出后以興宗侍仁德皇后謹不悅聖宗崩令馮家奴等誣仁德皇后與蕭浞卜蕭匹敵等謀亂從上京害之自立爲皇太后攝政以生辰爲應聖節重熙元年尊爲仁慈聖善欽孝廣德安靖貞純寬厚崇覺儀天皇太后三年后陰召諸弟議欲立少子重元重元以所謀白帝帝收太后符璽遷于慶州七括宮六年秋帝悔之親馭奉迎侍養益孝謹后常不懌帝崩殊無戚容見崇聖皇后悲泣如禮謂曰汝年尚幼何哀痛如是清寧初尊爲太皇太后崩謚曰欽哀皇后初攝政追封曾祖爲蘭陵郡王父爲齊國王諸弟皆王之雖漢五侯無以過

興宗仁懿皇后蕭氏小字撻里欽哀皇后弟孝穆之長女性寬容姿貌端麗帝卽位入宮生道宗重熙四年立爲皇后二十三年號貞懿慈和文惠孝敬廣愛崇聖皇后道宗卽位尊爲皇太后清寧二年上尊號曰慈懿仁和文惠孝敬廣愛宗天皇太后九年秋敦睦宮使耶律良以重元與其子涅魯古反狀密告太后乃言于帝帝疑之太后曰此社稷大事宜早爲計帝始戒嚴及戰太后親督衞士破逆黨太康二年崩謚仁懿皇后仁慈淑謹中外感德凡正旦生辰諸國貢幣悉賜貧瘠嘗夢重元曰臣骨在太子山北不勝寒栗寤卽命星之慈憫類此

興宗貴妃蕭氏小字三嬙駙馬都尉匹里之女選入東宮帝卽位立爲皇后重熙初以罪降貴妃

道宗宣懿皇后蕭氏小字觀音欽哀皇后弟樞密使惠之女姿容冠絕工詩善談論自製歌詞尤善琵琶重熙中帝王燕趙納爲妃清寧初立爲懿德皇后皇太叔重元妻以艷冶自矜后見之戒曰爲貴家婦何必如此后生太子濬有專房寵好音樂伶官趙惟一得侍左右太康初宮婢單登教坊朱頂鶴誣后與惟一私樞密使耶律乙辛以聞詔乙辛與張孝傑劾狀因而實之族誅惟一賜后自盡歸其屍於家乾統初追謚宣懿皇后合葬慶陵

道宗惠妃蕭氏小字坦思駙馬都尉霞抹之妹太康二年乙辛譽之選入掖庭立爲皇后居數歲未見皇嗣后妹斡特懶先嫁乙辛子綏也后以宜子言于帝離婚納宮中八年皇孫延禧封梁王降爲惠妃徙乾陵斡特懶還其家頃之其母燕國夫人厭魅梁王伏誅貶妃爲庶人幽于宜州諸弟沒入興聖宮天慶六年召還封太皇太妃後二年奔黑頂山卒葬太子山

天祚皇后蕭氏小字奪里懶宰相繼先五世孫大安三年入宮明年封燕國王妃乾統初冊爲皇后性閑淑有儀則兄弟奉先保先等緣后寵柄任女直亂從天祚西狩以疾崩

天祚德妃蕭氏小字師姑北府宰相常哥之女壽隆二年入宮封燕國妃生子撻魯乾統三年改德妃以柴冊禮封撻魯爲燕國王加妃號贊翼王薨以哀戚卒

天祚文妃蕭氏小字瑟瑟國舅大父房之女乾統初帝幸耶律撻葛第見而悅之匿宮中數月皇太叔和魯斡勸帝以禮選納三年冬立爲文妃生蜀國公主晉王敖盧斡尤被寵幸以柴冊加號承翼善歌詩女直亂作日見侵迫帝畋遊不恤忠臣多被疎斥妃作歌諷諫其詞曰勿嗟塞上兮暗紅塵勿傷多難兮畏夷人不如塞姦邪之路兮選取賢臣直須臥薪嘗膽兮激壯士之捐身可以朝清漠北兮夕枕燕雲又歌曰丞相來朝兮劍佩鳴千官側目兮寂無聲養成外患兮嗟何及禍盡忠臣兮罰不明親戚竝居兮藩屛位私門潛畜兮爪牙兵可憐往代兮秦天子猶向宮中兮望太平天祚見而銜之播遷以來郡縣所失幾半上頗有倦勤之意諸皇子敖盧斡最賢素有人望元后兄蕭奉先深忌之誣南軍都統余覩謀立晉王以妃與聞賜死

天祚元妃蕭氏小字貴哥燕國妃之妹年十七冊爲元妃性沉靜嘗晝寢近侍盜貂裀妃覺而不言宮掖稱其寬厚從天祚西狩以疾薨

論曰遼以鞍馬爲家后妃往往長於射御軍旅田獵未嘗不從如應天之奮擊室韋承天之御戎澶淵仁懿之親破重元古所未有亦其俗也靖安無毀無譽齊天巧思乃奢侈之漸宣懿度曲知音豈致誣蠛之階乎文妃能歌詩諷諫而謂謀私其子非矣若簡憲之艱危保孤懷節之從容就義雖烈丈夫何以過之欽哀狠桀賊殺嫡后而興宗不能防閑其母惜哉

遼史卷七十二

元　中　書　右　丞　相　總　裁　脫　脫　等　修

列傳第二

宗室

義宗倍　子平王隆先　晉王道隱

章肅皇帝李胡　子宋王喜隱

順宗濬　晉王敖盧斡

義宗名倍小字圖欲太祖長子母淳欽皇后蕭氏幼聰敏好學外寬內摯神冊元年春立爲皇太子時太祖問侍臣曰受命之君當事天敬神有大功德者朕欲祀之何先皆以佛對太祖曰佛非中國教倍曰孔子大聖萬世所尊宜先太祖大悅卽建孔子廟詔皇太子春秋釋奠嘗從征烏古党項爲先鋒都統及經略燕地太祖西征留倍守京師因陳取渤海計天顯元年從征渤海拔扶餘城上欲括戶口倍諫曰今始得地而料民民必不安若乘破竹之勢徑造忽汗城克之必矣太祖從之倍與大元帥德光爲前鋒夜圍忽汗城大諲譔窮蹙請降尋復叛太祖破之改其國曰東丹名其城曰天福以倍爲人皇王主之仍賜天子冠服建元甘露稱制置左右大次四相及百官一用漢法歲貢布十五萬端馬千匹上諭曰此地瀕海非可久居留汝撫治以見朕愛民之心篤將還倍作歌以獻陛辭太祖曰得汝治東土吾復何憂倍號泣而出遂如儀坤州未幾諸部多叛大元帥討平之太祖訃至倍卽日奔赴山陵倍知皇太后意欲立德光乃謂公卿曰大元帥功德及人神中外攸屬宜主社稷乃與羣臣請於太后而讓位焉於是大元帥卽皇帝位是爲太宗太宗既立見疑以東平爲南京徙倍居之盡遷其民又置衞士陰伺動靜倍既歸國命王繼遠撰建南京碑起書樓于西宮作樂田園詩唐明宗聞之遣人跨海持書密召倍倍因畋海上使再至倍謂左右曰我以天下讓主上今反見疑不如適他國以成吳太伯之名立木海上刻詩曰小山壓大山大山全無力羞見故鄉人從此投外國攜高美人載書浮海而去唐以天子儀衞迎倍倍坐船殿衆官陪列上壽至汴見明宗明宗以莊宗后夏氏妻之賜姓東丹名之曰慕華改賜姓李名贊華移鎭滑州遙領虔州節度使倍雖在異國常思其親問安之使不絕後明宗養子從珂弒其君自立倍密報太宗曰從珂弒君盍討之及太宗立石敬瑭爲晉主加兵于洛從珂欲自焚召倍與俱倍不從遣壯士李彥紳害之時年三十八有一僧爲收瘞之敬瑭入洛喪服臨哭以王禮權厝後太宗改葬于醫巫閭山謚曰文武元皇王世宗卽位謚讓國皇帝陵曰顯陵統和中更謚文獻重熙二十年增謚文獻欽義皇帝廟號義宗及謚二后曰端順曰柔貞倍初市書至萬卷藏于醫巫閭絕頂之望海堂通陰陽知音律精醫藥砭焫之術工遼漢文章嘗譯陰符經善畫本國人物如射騎獵雪騎千鹿圖皆入宋秘府然性刻急好殺婢妾微過常加封灼夏氏懼而求削髮爲尼五子長世宗次婁國稍隆先道隱各有傳

平王隆先字團隱母大氏景宗卽位始封平王未幾兼政事令留守東京薄賦稅省刑獄恤鰥寡數薦賢能之士後與統軍耶律室魯同討高麗有功還薨葬醫巫閭山之道隱谷平王爲人聰明博學能詩有閬苑集行于世保寧之季其子陳哥與渤海官屬謀殺其父舉兵作亂上命轘裂于市

晉王道隱字留隱母高氏道隱生于唐人皇王遣李從珂之害時年尚幼洛陽僧匿而養之因名道隱太宗滅唐還京詔賜外羅山地居焉性沉靜有文武才時人稱之景宗卽位封蜀王爲上京留守乾亨元年還守南京

號令嚴肅民獲安業居數年徙封荊王統和初病薨追封晉王

論曰自古新造之國一傳而太子讓豈易得哉遼之義宗可謂盛矣然讓而見疑豈不以於建元稱制之際乎斯則一時君臣昧於禮制之過也東書浮海寄跡他國思親不忘問安不絕其心甚有足諒者焉觀其始慕泰伯之賢而爲遠適之謀終疾陳恒之惡而有請討之舉志趣之卓蓋已見於早歲先祀孔子之言歟善不令終天道難詰得非性刻嗜殺之所致也雖然終遼之代賢聖繼統皆其子孫至德之報昭然在茲矣

章肅皇帝小字李胡一名洪古字奚隱太祖第三子母淳欽皇后蕭氏少勇悍多力而性殘酷小怒輒黥人面或投水火中太祖嘗觀諸子寢李胡縮項臥內曰是必在諸子下又嘗大寒命三子採薪太宗不擇而取最先至人皇王取其乾者束而歸後至李胡取少而棄多既至袖手而立太祖曰長巧而次成少不及矣而母篤愛李胡天顯五年遣徇地代北攻寰州多俘而還遂立爲皇太弟兼天下兵馬大元帥太宗親征常留守京師世宗卽位鎮陽太后怒遣李胡將兵擊之至泰德泉爲安端留哥所敗太后與世宗隔潢河而陣各言舉兵意耶律屋質入諫太后曰主上已立宜許之時李胡在側作色曰我在兀欲安得立屋質曰柰公酷暴失人心何太后顧李胡曰昔我與太祖愛汝異於諸子諺云偏憐之子不保業難得之婦不主家我非不欲立汝汝自不能矣及會議世宗使解劍而言和約旣定趨上京會有告李胡與太后謀廢立者徙李胡祖州禁其出入穆宗時其子喜隱謀反辭逮李胡囚之死獄中年五十葬玉峯山西谷統和中追諡欽順皇帝重熙二十一年更諡章肅后曰和敬二子宋王喜隱衞王宛

喜隱字完德雄偉善騎射封趙王應歷中謀反事覺上臨問有狀以親釋之未幾復反下獄景宗卽位聞有赦自去其械而朝上怒曰汝罪人何得擅離禁所詔誅守者復實于獄及改元保寧乃宥之妻以皇后之姊復爵王宋喜隱輕僄無恒小得志卽驕上嘗召不時至怒而鞭之由是憤怨謀亂貶而復召適見上與劉繼元書辭意卑遜諫曰本朝於漢爲祖書旨如此恐虧國體帝尋改之援西南面招討使命之河東索吐蕃戶稍見進用復誘羣小謀叛上命械其手足築圜土囚祖州宋降卒二百餘人欲刼立喜隱以城堅不得入立其子留禮壽上京留守除室擒之留禮壽伏誅賜喜隱死

論曰李胡殘酷驕盈太祖知其不才而不能教太后不知其惡而溺愛之初以屋質之言定立世宗而復謀廢立子孫繼以逆誅幷及其身可哀也已夫自太祖之世剌葛安端首倡禍亂太祖旣不之誅又復用之固爲有君人之量然惟太祖之才足以駕馭庶乎其可也李胡而下宗王反側無代無之遼之內難與國始終厥後嗣君雖嚴法以繩之卒不可止烏虖創業垂統之主所以貽厥孫謀者可不審歟

順宗名濬小字耶魯斡道宗長子母宣懿皇后蕭氏幼而能言好學知書道宗嘗曰此子聰慧殆天授歟六歲封梁王明年從上獵矢連發三中上顧左右曰朕祖宗以來騎射絕人威震天下是兒雖幼不墜其風後遇十鹿射獲其九帝喜設宴八歲立爲皇太子太康元年兼領北南樞密院事及母后被害太子有憂色耶律乙辛爲北院樞密使常不自安會護衞蕭忽古謀害乙辛事覺下獄副點檢蕭十三謂乙辛曰臣民心屬太子公非閥閱一日若立吾輩措身何地迺與同知北院宣徽事蕭特裏特謀搆陷太子陰令護尉太保耶律查剌誣告都宮使耶律撒剌知院耶律速撒護衞蕭忽古謀廢立詔案無迹不治乙辛復令牌印郎君蕭訛都斡等言查剌前告非妄臣實與謀欲殺耶律乙辛等然後立太子臣若不言恐事發連坐帝信之幽太子于別室以耶律燕哥鞫案太子具陳枉狀曰吾爲儲副尚何所求公當爲我辨之燕哥乃乙辛之黨易其言爲欵伏上大怒廢太子爲庶人將出曰我何罪至是十三叱登車遣衞士閤其扉徙于上京囚圜堵中乙辛尋遣達魯古撒八往害之太子年方二十上京留守蕭撻得給以疾薨聞上哀之命有司葬龍門山欲召其妃乙辛陰遣人殺之州後知其寃悔恨無及諡曰昭懷太子以天子禮改葬玉峯山乾統初追尊大孝順聖皇帝廟號順宗妃蕭氏貞順皇后一子延禧卽天祚皇帝

論曰道宗知太子之賢而不能辨乙辛之詐竟絕父子之親爲萬世惜乙辛知爲一身之計不知有君臣之義豈復知有太子乎姦邪之臣亂人家國如此可不戒哉可不戒哉

晉王小字敖盧斡天祚皇帝長子母曰文妃蕭氏甫髫齓馳馬善射出爲大丞相耶律隆運後封晉王性樂道人善而矜人不能時宮中見讀書者輒斥敖盧斡嘗入寢殿見小底茶剌閱書因取觀會諸王至陰袖而歸之曰勿令他人見也一時號稱長者及長積有人望內外歸心保大元年南軍都統耶律余覩與其母文妃密謀立之事覺余覩降金文妃伏誅敖盧斡實不與謀免二年耶律撒八等復謀立不克上知敖盧斡得人心不忍加誅令縊殺之或勸之亡敖盧斡曰安忍爲蕞爾之軀而失臣子之大節就死聞者傷之

論曰天祚不君臣下謀立其子適以殺之敖盧斡重君父之命不亡而死申生其恭矣乎

遼史卷七十二考證

義宗傳義宗小字圖欲○圖欲五代新史作突欲

攜高美人載書浮海而去唐以天子儀衞迎倍以莊宗后夏氏妻之賜姓李名贊華○臣浩按五代會要莊宗昭容夏氏封虢國夫人五代舊史曰明宗入洛莊宗宮人數百悉令歸其骨肉惟夏氏無所歸贊華來歸以妻贊華據此則莊宗后三字有誤

遼史卷七十三

元中書右丞相總裁脫脫等修

列傳第三

耶律曷魯　蕭敵魯阿古只

耶律斜涅赤老古　頗德

耶律欲穩　耶律海里

耶律曷魯字控溫一字洪隱迭剌部人祖匣馬葛簡憲皇帝兄父偶思遙輦時爲本部夷离堇曷魯其長子也性質厚在髫髻與太祖遊從父釋魯奇之曰興我家者必二兒也太祖旣長相與易裘馬爲好然曷魯事太祖彌謹會滑哥弒其父釋魯太祖顧曷魯曰滑哥弒父料我必不能容將反噬我今彼歸罪臺哂爲解我姑與之是賊吾不忘也自是曷魯常佩刀從太祖以備不虞居久之曷魯父偶思病召曷魯曰阿保機神畧天授汝率諸弟赤心事之已而太祖來問疾偶思執其手曰爾命世奇才吾兒曷魯者他日可委以事吾已諭之矣旣而以諸子屬之太祖爲撻馬狘沙里參預部族事曷魯領數騎召小黃室韋來附太祖素有大志而知曷魯賢軍國事非曷魯議不行會討越兀與烏古部曷魯爲前鋒戰有功及太祖爲迭剌部夷离堇討奚部其長朮里偪險而壘攻莫能下命曷魯持一笴往諭之旣入爲所執迺說奚曰契丹與奚言語相通實一國也我夷离堇於奚豈有輘轢之心哉漢人殺我祖奚首夷离堇怨次骨日夜思報漢人顧力單弱使我求援於奚傳矢以示信耳夷离堇受命於天撫下以德故能有此衆也今奚殺我違天背德不祥莫大焉且兵連禍結當自此始豈爾國之利乎朮里感其言乃降太祖爲于越秉國政欲命曷魯爲迭剌部夷离堇辭曰賊在君側未敢遠去太祖討黑車子室韋幽州劉仁恭遣養子趙霸率衆來救曷魯伏兵桃山俟霸衆過半而要之與太祖合擊斬獲甚衆遂降室韋太祖會李克用于雲州時曷魯侍克用顧而壯之曰偉男子爲誰太祖曰吾族曷魯也會遙輦痕德堇可汗歿羣臣奉遺命請立太祖太祖辭曰昔吾祖夷离堇雅里嘗以不當立而辭今若等復爲是言何歟曷魯進曰曩吾祖之辭遺命弗及符瑞未見第爲國人所推戴耳今先君言猶在耳天人所與若合符契天不可逆人不可拂而君命不可違也太祖曰遺命固然汝焉知天道曷魯曰聞于越之生也神光屬天異香盈幄夢受神誨龍錫金佩天道無私必應有德我國削弱齮齕於鄰部日久以故生聖人以興起之可汗知天意故有是命且遙輦九營棊布非無可立者小大臣民屬心于越天也昔者于越伯父釋魯嘗曰吾猶蛇兒猶龍也天時人事幾不可失太祖猶未許是夜獨召曷魯責曰衆以遺命迫我汝不明吾心而亦僥隨耶曷魯曰在昔夷离堇雅里雖推戴者衆辭之而立阻午爲可汗相傳十餘世君臣之分亂紀綱之統隳委質他國若綴斿然羽檄蠭午民疲奔命興王之運實在今日應天順人以答顧命不可失也太祖乃許明日卽皇帝位命曷魯總軍國事時制度未講國用未充扈從未備而諸弟剌葛等往往覬非望太祖宮行營始置腹心部選諸部豪健二千餘充之以曷魯及蕭敵魯總焉已而諸弟之亂作太祖命曷魯總領軍事討平之以功爲迭剌部夷离堇時民更兵荒剽日以抗敵曷魯撫輯有方畜牧益滋民用富庶乃討烏古部破之自是震懾不敢復叛迺請制朝儀建元率百官上尊號太祖旣備禮受冊拜曷魯爲阿魯敦于越阿魯敦者遼言盛名也後太祖伐西南諸夷數爲前鋒神冊二年從逼幽州與唐節度使周德威拒戰可汗州西敗其軍遂圍幽州未下太祖以時暑班師留曷魯與盧國用守之俄而救兵繼至曷魯等以軍少無援退三年七月皇都旣成燕羣臣以落之曷魯是

月得疾薨年四十七旣葬賜名其阡宴答山曰于越峪詔立石紀功淸寧間命立祠上京初曷魯病革太祖臨視問所欲言曷魯曰陛下聖德寬仁羣生咸遂帝業隆興臣旣蒙寵遇雖瞑目無憾惟析迭剌部議未決願亟行之及薨太祖流涕曰斯人若登三五載吾謀蔑不濟矣後太祖二十一功臣各有所擬以曷魯爲心云子惕剌撒剌俱不仕

論曰曷魯以肺腑之親任帷幄之寄言如蓍龜謀成戰勝可謂算無遺策矣其君臣相得之誠庶幾漢之於光武歟夫信其所可信智也太祖有焉故曰惟聖知聖惟賢知賢斯近之矣

蕭敵魯字敵輦其母爲德祖女弟而淳欽皇后又其女兄也五世祖曰胡母里遙輦氏時嘗使唐唐留之幽州一夕折關遁歸國由是世爲決獄官敵魯性寬厚膂力絕人習軍旅事太祖潛藩日侍左右凡征討必與行陣旣卽位敵魯與弟阿古只耶律釋魯耶律曷魯皆總宿衞拜敵魯北府宰相世其官太祖征奚及討劉守光敵魯略地海濱殺獲甚衆頃之剌葛等作亂潰而北走敵魯率輕騎追之兼晝夜行至榆河敗其黨獲剌葛以獻太祖嘉之錫賚甚渥後討西南夷功居諸將先神冊三年十二月卒敵魯有膽畧聞敵所在卽馳赴親冒矢石前後戰未嘗少衄必勝乃止以故在太祖功臣列喻以手云弟阿古只

阿古只字撒本少卓越自放不羈長驍勇善射臨敵敢前每射甲楯輒洞貫太祖爲于越時以材勇充任使旣卽位與敵魯總腹心部剌葛之亂也淳欽皇后軍黑山阻險自固太祖方經畧奚地命阿古只統百騎往衞之逆黨迭里特耶律滑哥素憚其勇畧相戒曰是不可犯也剌葛旣北走與敵魯追擒于榆河神冊初元討西南夷有功徇山西諸郡縣又下之敗周德威軍三年以功拜北府宰相世其職天贊初與王郁畧地燕趙破磁窯鎭太祖西征悉誘以南面邊事攻渤海破扶餘城獨將騎兵五百敗老相軍三萬渤海旣平改東丹國頃之已降郡縣復叛盜賊蜂起阿古只與康默記討之所向披靡會賊游騎七千自鴨淥府來援勢張甚阿古只帥麾下精銳直犯其鋒一戰克之斬馘二千餘遂進軍破回跋城以病卒功臣中喻阿古只爲耳云子安團官至右皮室詳穩

耶律斜涅赤字撒剌六院部舍利褭古直之族始字鐸盌早隸太祖幕下嘗有疾賜鐏酒飲而愈遂言酒尊曰撒剌故詔易字焉太祖卽位掌腹心部天贊初分迭剌部爲北南院斜涅赤爲北院夷离堇帝西征至流沙威聲大振諸夷潰散遁命斜涅赤撫集之及討渤海破扶餘城斜涅赤從太子大元帥率衆夜圍忽汗城大諲譔降已而復叛命諸將分地攻之詰旦斜涅赤感勵士伍鼓譟登陴敵震慴莫敢禦遂破之天顯中卒年七十居佐命功臣之一姪老古頗德

老古字撒懶其母淳欽皇后姊也老古幼養宮掖旣長沉毅有勇畧隸太祖帳下旣卽位屢有戰功剌葛之亂也欲乘我不備爲掩襲計紿降太祖將納之命老古耶律欲穩嚴號令勒士卒控轡以防其變逆黨知有備懼而遁以功授右皮室詳穩典宿衞太祖侵燕趙遇唐兵雲碧店老古恃勇輕敵直犯其鋒戰久之被數創歸營而卒太祖深悼惜之佐命功臣其一也

頗德字兀古鄰弱冠事太祖天顯初爲左皮室詳穩典宿衞遷南院夷离堇治有聲石敬塘破張敬達軍於太原北時頗德勒兵爲援敬達遁敬瑭追至晉安寨圍之頗德領輕騎襲潞州塞其餉道唐諸將懼殺敬達以降會同初改迭剌部夷离堇爲大王卽拜頗德旣而加采訪使舊制肅祖以下宗室稱院德祖宗室號三父房稱橫帳百官子弟及籍沒人稱著帳耶律斜的言橫帳班列不可與北南院竝太宗詔在廷議皆曰然乃詔橫帳班列居上頗德奏曰臣伏見官制北南院大王品在惕隱上今橫帳始圖爵位之高願與北南院參任茲又恥與同列夫橫帳與諸族皆臣也班列奚以異帝乃諭百官曰朕所不知卿等不宜面從詔仍舊制其强直不撓如此頗德狀貌秀偉初太祖見之曰是子風骨異常兒必爲國器後果然卒年四十九

耶律欲穩字轄剌干突呂不部人祖臺押遙輦時爲北邊拽剌簡獻皇后與諸子之罹難也嘗倚之以免太祖思其功不忘又多欲穩嚴重有濟世志乃命典司近部以遏諸族窺覬之想欲穩旣見器重益感奮思報太祖始置宮分以自衞欲穩率門客首附宮籍帝益嘉其忠詔以臺押配享廟廷及平剌葛等亂以功遷奚迭剌部夷离堇從征渤海有功天顯初卒後諸帝以太祖之與欲穩也爲故往往取其子孫爲友宮分中稱八房皆其後也弟霞里終奚六部禿里

耶律海里字涅剌昆遙輦昭古可汗之裔太祖傳位海里與有力焉初受命屬籍比局萌覬覦而遙輦故族尤觖望海里多先帝知人之明而素服太祖威德獨歸心焉以故太祖託爲耳目數從征討旣淸內亂始置遙輦敵穩令海里領之天顯初征渤海海里將遙輦糺破忽汗城師班卒

遼史卷七十四

元　中　書　右　丞　相　總　裁　脫　脫　等　修

列傳第四

耶律敵剌　蕭痕篤

康默記 延壽　韓延徽 德樞 紹勳 紹芳 資讓

韓知古 匡嗣 德源 德凝

耶律敵剌字合魯隱遙輦鮮質可汗之子太祖踐阼與敵穩海里同心輔政太祖知其忠實命掌禮儀且委以軍事後以平內亂功代轄里爲奚六部吐里卒敵剌善騎射頗好禮文

蕭痕篤字兀里軫迭剌部人其先相遙輦氏痕篤少慷慨以才能自任早隸太祖帳下數從征討旣踐阼除北府宰相痕篤事親孝爲政尙寬簡

康默記本名照少爲薊州衙校太祖侵薊州得之愛其材隸麾下一切蕃漢相涉事屬默記折衷之悉合上意時諸部新附文法未備默記推析律意論決重輕不差毫釐罹禁網者人人自以爲不寃頃之拜左尙書神冊三年始建都默記董役人咸勸趨百日而訖事五年爲皇都夷离畢會太祖出師居庸關命默記將漢軍進逼長蘆水寨俘馘甚衆天贊四年親征渤海默記與韓知古從後大諲譔叛命諸將攻之默記分薄東門率驍勇先登旣拔與韓延徽下長嶺府軍還已下城邑多叛默記與阿古只平之旣破回跋城歸營太祖山陵畢卒佐命功臣其一也孫延壽字眘昌少倜儻謂其所親大丈夫爲將當效節邊垂馬革裹屍景宗特授千牛衞大將軍宋人攻南京諸將旣成列延壽獨奮擊陣前敵遂大潰以功遙授保大軍節度使乾寧三年卒

韓延徽字藏明幽州安次人父夢殷累官薊儒順三州刺史延徽少英爽帥劉仁恭奇之召爲幽都府文學平州錄事參軍同馮道祗候院授幽州觀察度支使後守光爲帥延徽來聘太祖怒其不屈留之述律后諫曰彼秉節弗撓賢者也柰何困辱之太祖召與語合上意立命參軍事攻党項室韋服諸部落延徽之籌居多乃請樹城郭分市里以居漢人之降者又爲定配偶敎墾藝以生養之以故逃亡者少居久之慨然懷其鄉里賦詩見意遂亡歸唐已而與他將王緘有隙懼及難乃省親幽州匿故人王德明舍德明問所適延徽曰吾將復走契丹德明不以爲然延徽笑曰彼失我如失左右手其見我必喜旣至太祖問故延徽曰忘親非孝棄君非忠臣雖挺身逃臣心在陛下臣是以復來上大悅賜名曰匣列匣列遼言復來也卽命爲守政事令崇文館大學士中外事悉令參決天贊四年從征渤海大諲譔乞降旣而復叛與諸將破其城以功拜左僕射又與康默記攻長嶺府拔之師還太祖崩哀動左右太宗朝封魯國公仍爲政事令使晉還改南京三司使世宗朝遷南府宰相建政事省設張理具稱盡力吏天祿三年六月河東使請行冊禮帝召延徽定其制延徽奏一遵太宗冊晉帝禮從之應歷中致事子德樞鎭東平詔許每歲東歸省九年卒年七十八上聞震悼贈尙書令葬幽州之魯郭世爲崇文令公初延徽南奔太祖夢白鶴自帳中出比還復入帳中詰旦謂侍臣曰延徽至矣已而果然太祖初元庶事草創凡營都邑建宮殿正君臣定名分法度井井延徽力也爲佐命功臣之一子德樞德樞年甫十五太宗見之謂延徽曰是兒卿家之福朕國之寶眞英物也未冠守左羽林大將軍遷特進太尉時漢人降與轉徙者多寓東平丁歲菑饑饉疾癘德樞請往撫字之授遼興軍節度使下車整紛剔蠹恩煦信孚勸農桑興敎化期月民獲蘇息入爲南院宣徽使遙授天平軍節度使平灤營三州管內觀察處置等使門下平章事已而加開府儀同三司行侍中封趙國公保寧元年卒孫紹勳紹芳紹勳仕至東京戶部使會大延琳叛被執辭不屈賊以鋸解之憤罵至死紹芳重熙間參知政事加兼侍中時廷議征李元昊力諫不聽出爲廣德軍節度使聞敗嘔血卒孫資讓壽隆初拜中書侍郎平章事會宋徽宗嗣位遣使來報有司按籍有登寶位文坐是出爲崇義軍節度使改鎭遼興卒

韓知古薊州玉田人善謀有識量太祖平薊時知古六歲爲淳欽皇后兄欲穩所得后來嬪知古從焉未得省見久之負其有怏怏不得志挺身逃庸保以供資用其子匡嗣得親近太祖因間言太祖召見與語賢之命參

謀議神册初遙授彰武軍節度使久之信任益篤總知漢兒司事兼主諸國禮儀時儀法疏闊知古援據故典參酌國俗與漢儀雜就之使國人易知而行頃之拜左僕射與康默記將漢軍征渤海有功遷中書令天顯中卒爲佐命功臣之一子匡嗣

匡嗣以善醫直長樂宮皇后視之猶子應歷十年爲太祖廟詳穩後宋王喜隱謀叛辭引匡嗣上置不問初景宗在藩邸善匡嗣卽位拜上京留守頃之王燕改南京留守保寧末以留守攝樞密使時耶律虎古使宋還言宋人必取河東合先事以爲備匡嗣詆之曰寧有是已而宋人果取太原乘勝逼燕匡嗣與南府宰相沙喝隱休哥侵宋軍于滿城方陣宋人請降匡嗣欲納之休哥曰彼軍氣甚銳疑誘我也可整頓士卒以禦匡嗣不聽俄而宋軍鼓譟薄我衆蹙踐塵起漲天匡嗣倉卒諭諸將無當其鋒衆旣奔遇伏兵扼要路匡嗣棄旗鼓遁其衆走易州山獨休哥收所棄兵械全軍還帝怒匡嗣數之曰違衆謀深入敵境爾罪一也號令不肅行伍不整爾罪二也棄我師旅挺身鼠竄爾罪三也偵候失機守禦弗備爾罪四也捐棄旗鼓損威辱國爾罪五也促令誅之皇后引諸內戚徐爲開解上重違其請良久威稍霽乃杖而免之旣而遙授晉昌軍節度使乾亨二年改西南面招討使卒睿智皇后聞之遣使臨弔賻贈甚厚後追贈尚書令五子德源德讓後賜名隆運德威德崇德凝德源德凝附傳餘各有傳

德源性愚而貪早侍景宗邸及卽位列近侍統和間官崇義興國二軍節度使加檢校太師以賄名德讓貽書諫之終不悛以故論者少之後加同政事門下平章事遙攝保寧軍節度使乾亨初卒

德凝謙遜廉謹保寧中遷護軍司徒開泰中累遷護衛太保都宮使崇義軍節度使移鎭廣德秩滿部民請留從之改西南面招討使党項隆益答叛平之遷大同軍節度使卒于官子郭三終天德軍節度使孫高家奴終南院宣徽使高十終遼興軍節度使

遼史卷七十五

元中書右丞相總裁脫脫等修

列傳第五

耶律覿烈 羽之　耶律鐸臻 古　突呂不

王郁　耶律圖魯窘

耶律覿烈字兀里軫六院部蒲古只夷离菫之後父偶思亦爲夷离菫初太祖爲于越時覿烈以謹愿寬恕見器使旣卽位兄曷魯典宿衛以故覿烈入侍帷幄與聞政事神册三年曷魯薨命覿烈爲迭剌部夷离菫屬以南方事會討党項皇太子爲先鋒覿烈副之軍至天德雲內分道並進覿烈率偏師渡河力戰斬獲甚衆天贊初析迭剌部爲北南院罷夷离菫時大元帥率師由古北口畧燕地覿烈徇山西所至城堡皆下太祖嘉其功錫賚甚厚從伐渤海拔扶餘城留覿烈與寅底石守之天顯二年留守南京十年卒年五十六弟羽之

羽之小字兀里字寅底哂幼豪爽不羣長嗜學通諸部語太祖經營之初多預軍謀天顯元年渤海平立皇太子爲東丹王以羽之爲中臺省右次相時人心未安左大相迭剌不踰月薨羽之莅事勤恪威信並行太宗卽位上表曰我大聖天皇始有東土擇賢輔以撫斯民不以臣愚而任之國家利害敢不以聞渤海昔畏南朝阻險自衞居忽汗城今去上京遼邈旣不爲用又不罷戍果何爲哉先帝因彼離心乘釁而動故不戰而克天授人與彼一時也遺種寖以蕃息今居遠境恐爲後患梁水之地乃其故鄉地衍土沃有木鐵鹽魚之利乘其微弱徙還其民萬世長策也彼得故鄉又獲木鐵鹽魚之饒必安居樂業然後選徒以翼吾左突厥党項室韋夾輔吾右可以坐制南邦混一天下成聖祖未集之功貽後世無疆之福表奏帝嘉納之是歲詔徙東丹國民於梁水時稱其善人皇王奔唐羽之鎭撫國人一切如故以功加守太傅遷中臺省左相會同初以册禮赴闕加特進表奏左次相渤海蘇貪墨不法事卒子和里終東京留守

耶律鐸臻字敵輦六院部人祖蒲古只遙輦氏時再爲本部夷离菫耶律狠德等旣害玄祖暴横益肆蒲古只以計誘其黨悉誅夷之鐸臻幼有志節太祖爲于越常居左右後卽位梁人遣使求轅軸材太祖難之鐸臻曰梁名求材實覘吾輕重宜答曰材之所生必深山窮谷有神司之須白鼻赤驢禱祠然後可伐如此則其語自塞矣已而果然天贊三年將伐渤海鐸臻諫曰陛下先事渤海則西夏必躡吾後請先西討庶無後顧憂太祖從之及淳欽皇后稱制惡鐸臻囚之誓曰鐵鎖朽當釋汝旣而召之使者欲去鎖鐸臻辭曰鐵未朽可釋乎后聞嘉歎趣召釋之天顯二年卒弟古突呂不

古字涅剌昆初名霞馬葛太祖爲于越嘗從畧地山右會李克用於雲州古侍克用異之曰是兒骨相非常不宜使在左右以故太祖頗忌之時方西討諸弟亂作聞變太祖問古與否曰無喜曰吾無患矣趣召古議古陳殄滅之策後皆如言以故錫賚甚厚神册末南伐以古佐右皮室詳穩老古與唐兵戰于雲碧店老古中流矢傷甚太祖疑古陰害之古知上意跪曰陛下疑臣恥居老古麾下耶及今老古在請遣使問之太祖使問老古對曰臣於古無可疑者上意乃釋老古卒遂以古爲右皮室詳穩旣卒太祖謂左右曰古死猶長松自倒非吾伐之也

突呂不字鐸袞幼聰敏嗜學事太祖見器重及製契丹大字突呂不贊成爲多未幾爲文班林牙領國子博士知制誥明年受詔撰決獄法太祖畧燕詔與皇太子及王郁攻定州師還至順州幽州馬步軍指揮使王千率衆來襲突呂不射其馬躓擒之天贊二年皇子堯骨爲大元帥突呂不爲副旣克平州進軍燕趙攻下曲陽北平至易州易人來拒踰濠而陣李景章出降言城中人無鬭志大元帥將修攻具突呂不諫曰我師遠來人馬疲憊勢不可久留乃止軍還大元帥以其謀聞太祖大悅賜賚優渥車駕西征突呂不與大元帥爲先鋒伐党項有功太祖犒師水精山大元帥東歸突呂不留屯西南部復討党項多獲而還太祖東伐大諲譔降而復叛攻之突呂不先登渤海平承詔銘太祖功德于永興殿壁班師已下州郡往往復叛突呂不從大元帥攻破之淳欽皇后稱制有飛語中傷者后怒突呂不懼而亡太宗知其無罪召還天顯三年討烏古部俘獲甚衆伐唐以突呂不爲左翼攻唐軍霞沙寨降之十一年送晉主石敬瑭入洛及大册突呂不總禮儀事加特進檢校太尉會同五年卒

王郁京兆萬年人唐義武軍節度使處直之孽子伯父處存鎭義武卒三軍推其子郜襲處直爲都知兵馬使光化三年梁王朱全忠攻定州郜遣處直拒于沙河兵敗入城逐郜郜奔太原亂兵推處直爲留後遣人請事梁王梁與晉王克用絕好表處直爲義武軍節度使初郜之亡也郁從之晉王克用妻以女用爲新州防禦使處直料晉必討張文禮鎭亡則定不獨存益自疑陰使郁北導契丹入塞以牽晉兵且許爲嗣郁自奔晉常恐失父心得使大喜神册六年奉表送款舉室來降太祖以爲養子未幾郁兄都囚父自爲留後帝遣郁從皇太子討之至定州都堅壁不出掠居民而還明年從皇太子攻鎭州遇唐兵于定州破之天贊二年秋郁及阿古只畧地燕趙攻下磁窯務從太祖平渤海戰有功加同政事門下平章事改崇義軍節度使太祖崩郁與妻會葬其妻泣訴於淳欽皇后求歸鄉國許之郁奏曰臣本唐主之壻王已被弑此行夫妻豈能相保願常侍太后后喜曰漢人中惟王郎最忠孝以太祖嘗與李克用約爲兄弟故也尋加政事令還宜州卒

耶律圖魯窘字阿魯隱肅祖子治昚之孫勇而有謀畧太宗立晉之役其父敵魯古爲五院夷离菫殁于兵帝卽以其職授圖魯窘會同元年改北院大王嘗屏左右與議大事占對合上意從討石重貴杜重威擁十萬餘衆拒滹沱橋力戰數日不得進帝曰兩軍爭渡人馬疲矣計安出諸將請緩師爲後圖帝然之圖魯窘厲色進曰臣愚竊以爲陛下樂於安逸則謹守四境可也旣欲擴大疆宇出師遠攻詎能無廑聖慮若中路而止適爲賊利則必陷南京夷屬邑若此則爭戰未已吾民無奠枕之期矣且彼步我騎何慮不克況漢人足力弱而行緩如選輕銳騎先絕其餉道則事蔑不濟矣帝喜曰國強則其人賢海巨則其魚大於是塞其餉道數出師以牽撓其勢重威果降如言以功獲賜甚厚明年春卒軍中

論曰神册初元將相大臣拔起風塵之中翼扶王運以任職取名者固一時之材亦由太祖推誠御下不任獨斷用能總攬羣策而爲之用歟其投天隙而列功庸至有心腹耳目手足之論豈偶然哉討党項走敵魯平剌葛定渤海功亦偉矣若默記治獄不冤頗得持論不撓延徽立經陳紀紹勳秉節而死圖魯窘料敵制勝豈器博者無近用道長者其功遠歟稱爲佐命固宜

遼史卷七十五考證

王郁傳郁兄都囚父自爲留後帝遣郁討之至定州都堅壁不出掠居民而還○臣長發按資治通鑑望都之敗契丹主責王郁縶之以歸自是不聽其謀遼史不載其事

遼史卷七十六

元　中　書　右　丞　相　總　裁　脫　脫　等　修

列傳第六

耶律解里字潑單突呂不部人世爲小吏解里早隸太宗麾下擢爲軍校天顯間唐攻定州旣陷解里爲唐兵所獲晉高祖立始歸國太宗責其罪拜御史大夫會同九年伐晉師次滹沱河奪中渡橋降其將杜重威上命解里與降將張彥澤率騎兵三千疾趨河南所至無敢當其鋒旣入汴解里等遷晉王重貴于開封府彥澤恣殺掠亂宮掖解里不能禁百姓騷然莫不怨憤車駕至京數彥澤罪斬于市汴人大悅解里亦被詰責尋釋之天祿間加守太子太傅應歷初置本部令穩解里世其職卒

耶律拔里得字孩鄰太祖弟剌葛之子太宗卽位以親愛見任會同七年討石重貴拔里得進圍德州下之擒刺史師居璠等二十七人九年再舉兵次滹沱河降杜重威戰功居多太宗入汴以功授安國軍節度使總領河北道事師還州郡往往叛以應劉知遠拔里得不能守而歸世宗卽位遷中京留守卒

耶律朔古字獨骨項横帳孟父之後幼爲太祖所養旣冠爲右皮室詳穩從伐渤海戰有功天顯七年授三河烏古部都詳穩平易近民民安之以故久其任會同間爲惕隱時晉主石重貴渝盟帝親征晉將杜重威擁衆拒滹沱月餘帝由他渡濟朔古與趙延壽據中渡橋重威兵却遂降是歲入汴世宗卽位朔古奉太宗喪歸上京佐皇太后出師坐是免官卒

耶律魯不古字信寧太祖從姪也初太祖制契丹國字魯不古以贊成功授林牙監修國史後率偏師爲西南邊大詳穩從伐党項有功會河東節度使石敬瑭爲其主所討遣人求援魯不古導送于朝如其請帝親率師往援魯不古從擊唐將張敬達于太原北敗之會同初從討党項俘獲最諸將師還天冊中拜于越六年爲北院大王終年五十五

趙延壽本姓劉恒山人父邧令蓨梁開平初滄州節度使劉守文陷蓨其裨將趙得鈞獲延壽養以爲子少美容貌好書史唐明宗先以女妻之及卽位封其女爲興平公主拜延壽駙馬都尉樞密使明宗子從榮恃權跋扈內外莫不震懾延壽求補外避之出爲宣武軍節度使淸泰初加魯國公復爲樞密使鎭許州石敬瑭發兵太原唐遣張敬達往討會敬達敗保晉安寨延壽與德鈞往救聞晉安已破走團栢峪太宗追及延壽與其父俱降明年德鈞卒以延壽爲幽州節度使封燕王及改幽州爲南京遷留守總山南事天顯末以延壽妻在晉詔取之以歸自是益自激昂圖報會同初帝幸其第加政事令冬晉人背盟帝親征延壽爲先鋒下貝州授魏博等州節度使封魏王敗晉軍于南樂獲其將賽項羽軍元城晉將李守貞高行周率兵來逆破之至頓丘會大霖雨帝欲班師延壽諫曰晉軍屯河濱不敢出戰若徑入澶州奪其橋則晉不足平上然之適晉軍先歸澶州高行周至析城延壽將輕兵逆戰上親督騎士突其陣敵遂潰師還留延壽徇貝冀深三州八年再伐晉晉主遣延壽族人趙行實以書來招時晉人堅壁不出延壽紿曰我陷虜久寧忘父母之邦若以軍逆我卽歸晉人以爲然遣杜重威率兵迎之延壽至滹沱河據中渡橋與晉軍力戰手殺其將王清兩軍相拒太宗潛由他渡濟留延壽與耶律朔古據橋敵不能奪屢敗之杜重威埽厩衆降上喜賜延壽龍鳳赭袍且曰漢兵皆爾所有爾宜親往撫慰延壽至營杜重威李守貞迎謁馬首後太宗克汴延壽因李崧求爲皇太子上曰吾於魏王雖割肌肉亦不惜但皇太子須天子之子得爲魏王豈得爲也蓋上嘗許滅晉後以中原帝延壽以故摧堅破敵延壽常以身先至是以崧達意上命遷延壽秩翰林學士承旨張礪進擬中京留守大丞相錄尚書事都督中外諸軍事上塗錄尚書事都督中外諸軍事世宗卽位以翌戴功授樞密使天祿二年薨

高模翰一名松渤海人有膂力善騎射好談兵初太祖平渤海模翰避地高麗王妻以女因罪亡歸坐使酒殺人下獄太祖知其才貰之天顯十一年七月唐遣張敬達楊光遠帥師五十萬攻太原勢銳甚石敬瑭遣人求救太宗許之九月徵兵出太原模翰與敬達軍接戰敗之太原圍解敬瑭夜出謁帝約爲父子帝召模翰等賜以酒饌親饗士卒士氣益振翌日復戰又敗之敬達鼠竄晉安寨模翰獻俘于帝會敬瑭自立爲晉帝光遠斬敬達以降諸州悉下上諭模翰曰朕自起兵百餘戰卿功第一雖古名將無以加乃授上將軍會同元年冊禮告成宴百官及諸國使于二儀殿帝指模翰曰此國之勇將朕統一天下斯人之力也羣臣皆稱萬歲及晉叛盟出師南伐模翰爲統軍副使與僧遏前驅拔赤城破德貝諸寨是冬兼總左右鐵鷂子軍下關南城邑數十三月敕虎官楊章赴乾寧軍爲滄州節度使田武名所圍模翰與趙延壽聚議往救俄有光自模翰目中出縈繞旗矛睒睒如流星久之模翰喜曰此天贊之祥遂進兵殺獲甚衆以功加侍中略地鹽山破饒安晉人震怖不敢接戰加太傅晉以魏府節度使杜重威領兵三十萬來拒模翰謂左右曰軍法在正不在多以多陵少不義必敗其晉之謂乎詰旦以麾下三百人逆戰殺其先鋒梁漢璋餘兵敗走手詔褒美比漢之李陵頃之杜重威等復至滹沱河帝召模翰問計上善其言曰諸將莫及此乃令模翰守中渡橋及戰復敗之上曰朕憑高觀兩軍之勢顧卿英銳無敵如鷹逐雉兎當圖形麟閣爵貽後裔已而杜重威等降車駕入汴加特進檢校太師封悊郡開國公賜璽書劍器爲汴州巡檢使平氾水諸山土賊遷鎭中京天祿二年加開府儀同三司賜對衣鞍勒名馬應歷初召爲中臺省右相至東京父老歡迎曰公起戎行致身富貴爲鄕里榮相如買臣輩不足過也九年正月遷左相卒

趙思溫字文美盧龍人少果銳膂力兼人隸燕帥劉仁恭幕李存勗問罪于燕思溫統偏師拒之流矢中目裂眥漬血戰猶不已爲存勗將周德威所擒存勗壯而釋其縛久之日見信用與梁戰於莘縣以驍勇聞授平州刺史兼平營薊三州都指揮使神冊二年太祖遣大將經畧燕地思溫來降及伐渤海以思溫爲漢軍都團練使力戰拔扶餘城身被數創太祖親爲調藥太宗卽位以功擢檢校太保保靜軍節度使天顯十一年唐兵攻太原石敬瑭遣使求救上命思溫自嵐憲間出兵援之旣罷兵改南京留守盧龍軍節度使管內觀察處置等使開府儀同三司兼侍中賜協謀靜亂翊聖功臣尋改臨海軍節度使會同初從耶律牒蠟使晉行冊禮還加檢校太師二年有星隕于庭卒上遣使賻祭贈太師魏國公子延昭延靖官至使相

耶律漚里思六院夷离堇蒲古只之後負勇畧每戰被重鎧揮鐵槊所向披靡會同間伐晉上至河而獵適海東青鶻搏雉晉人隔水以鴿引去上顧左右曰誰爲我得此人漚里思請內廐馬濟河擒之并殺救者數人還上大悅優加賞賚旣而晉將杜重威逆于望都據水勒戰漚里思介馬突陣餘軍繼之被圍衆言陣薄處可出漚里思曰恐彼有他備竟引兵衝堅而出迴視衆所指皆大塹也其料敵多此類是年總領敵烈皮室軍坐私免部曲奪官卒

張礪磁州人初仕唐爲掌書紀遷翰林學士會石敬瑭起兵唐主以礪爲招討判官從趙德鈞援張敬達于河東及敬達敗礪入契丹後太宗見礪剛直有文彩擢翰林學士礪臨事必盡言無所避上益重之未幾謀亡歸爲追騎所獲上責曰汝何故亡礪對曰臣不習北方土俗飲食居處意常鬱鬱以是亡耳上顧通事高彥英曰朕嘗戒汝善遇此人何乃使失所而亡礪去可再得耶遂杖彥英而謝礪會同初陞翰林承旨兼吏部尚書從太宗伐晉入汴諸將蕭翰耶律郎五麻答輩肆殺掠礪奏曰今大遼始得中國宜以中國人治之不可專用國人及左右近習苟政令乖失則人心不服雖得之亦將失之上不聽改右僕射兼門下侍郎平章事頃之車駕北還至欒城崩時礪在恒州蕭翰與麻答以兵圍其第礪方臥病出見之翰數之曰汝何故於先帝言國人不可爲節度使我以國舅之親有征伐功先帝留我守汴以爲宣武軍節度使汝獨以爲不可又譖我與解里好掠人財物子女今必殺汝趣令鎖之礪抗聲曰此國家大體安危所繫吾實言之欲殺卽殺奚以鎖爲麻答以礪大臣不可專殺乃救止之是夕礪恚憤卒

論曰初晉因遼之兵而得天下故兼臣禮而父事之割地以爲壽輸帛以爲貢未久也而會同之師次滹沱矣豈羣帥貪功黷武而致然歟抑所謂信不由衷也哉模翰以功名自終可謂良將若延壽之勳雖著至於覬覦儲位謬矣利令智昏固無足議若乃成末釁以齮僨功如解里者何譏焉

遼史卷七十六考證

趙延壽傳世宗卽位以翌戴功授樞密使天祿二年薨○臣浩按延壽之圖自立世宗之執延壽通鑑紀載甚詳遼史皆不載

趙思溫傳子延昭○臣人龍按延昭通鑑作延煦爲石晉祁州刺史

遼史卷七十七

元中書右丞相總裁脫脫等修

列傳第七

耶律屋質　耶律吼 何魯不
耶律安摶　耶律洼
耶律頹昱　耶律撻烈

耶律屋質字敵輦系出孟父房姿簡靜有器識重然諾遇事造次處之從容人莫能測博學知天文會同間爲惕隱太宗崩諸大臣立世宗太后聞之怒甚遣皇子李胡以兵逆擊遇安端劉哥等于泰德泉敗歸李胡盡執世宗臣僚家屬謂守者曰我戰不克先殪此曹人皆恟恟相謂曰若果戰則是父子兄弟相夷矣軍次潢河橫渡隔岸相拒時屋質從太后世宗以屋質善籌欲行間乃設事奉書以試太后太后得書以示屋質屋質讀竟言曰太后佐太祖定天下故臣願竭死力若太后見疑臣雖欲盡忠得乎爲今之計莫若以言和解事必有成否卽宜速戰以決勝負然人心一搖國禍不淺惟太后裁察太后曰我若疑卿安肯以書示汝屋質對曰李胡永康王皆太祖子孫神器非移他族何不可之有太后宜思長策與永康王和議太后曰誰可遣者對曰太后不疑臣臣請往萬一永康王見聽廟社之福太后乃遣屋質授書於帝帝遣宣徽使耶律海思復書辭多不遜屋質諫曰書意如此國家之憂未艾也能釋怨以安社稷則臣以爲莫若和好帝曰彼衆烏合安能敵我屋質曰卽不敵柰骨肉何況未知孰勝借曰幸勝諸臣之族執於李胡者無噍類矣以此計之惟和爲善左右聞者失色帝良久問曰若何而和屋質對曰與太后相見各紓忿恚和之不難不然決戰非晚帝然之遂遣海思詣太后約和往返數日議乃定始相見怨言交讓殊無和意太后謂屋質曰汝當爲我畫之屋質進曰太后與大王若能釋怨臣乃敢進說太后曰汝第言之屋質借謁者籌執之謂太后曰昔人皇王在何故立嗣聖太后曰立嗣聖者太祖遺旨又曰大王何故擅立不稟尊親帝曰人皇王當立而不立所以去之屋質正色曰人皇王捨父母之國而奔唐子道當如是耶大王見太后不少遜謝惟怨是尋太后牽于偏愛託先帝遺命妄授神器如此何敢望和當速交戰擲籌而退太后泣曰向太祖遭諸弟亂天下荼毒瘡痍未復庸可再乎乃索籌一帝曰父不爲而子爲又誰咎也亦取籌而執左右感激大慟太后復謂屋質曰議既定神器竟誰歸屋質曰太后若授永康王順天合人復何疑李胡厲聲曰我在兀欲安得立屋質曰禮有世嫡不傳諸弟昔嗣聖之立尚以爲非況公暴戾殘忍人多怨讟萬口一辭願立永康王不可奪也太后顧李胡曰汝亦聞此言乎汝實自爲之乃許立永康帝謂屋質曰汝與朕屬尤近何反助太后屋質對曰臣以社稷至重不可輕付故如是耳上喜其忠天祿二年耶律天德蕭翰謀反下獄惕隱劉哥及其弟盆都結天德等爲亂耶律石剌潛告屋質屋質遽引入見白其事劉哥等不服事遂寢未幾劉哥邀駕觀樗蒲捧觴上壽袖刃而進帝覺命執之親詰其事劉哥自誓帝復不問屋質奏曰當使劉哥與石剌對狀不可輒恕帝曰卿爲朕鞫之屋質率劍士往訊之天德等伏罪誅天德杖翰遷劉哥以盆都使轄戛斯國三年表列泰寧王察割陰謀事上不聽五年爲右皮室詳穩秋上祭讓國皇帝于行宮與羣臣皆醉察割弒帝屋質聞有言衣紫者不可失乃易衣而出亟遣人召諸王及喻禁衞長皮室等同力討賊時壽安王歸帳屋質遣弟冲迎之王室尚猶豫屋質曰大王嗣聖子賊若得之必不容羣臣將誰事社稷將誰賴萬一落賊手悔將何及王始悟諸將聞屋質出相繼而至遲明整兵出賊不意圍之遂誅察割亂既平穆宗卽位謂屋質曰朕之性命實出卿手命知國事以逆黨財產盡賜之屋質固辭應歷五年爲北院大王總山西事保寧初宋圍太原以屋質率兵往援至白馬嶺遣勁卒夜出間道疾馳駐太原西鳴鼓舉火宋兵以爲大軍至懼而宵遁以功加于越四年漢劉繼元遣使來貢致幣於屋質屋質以聞帝命受之是年五月薨年五十七帝痛悼輟朝三日後道宗詔上京立祠祭享樹碑以紀其功云

耶律吼字曷魯六院部夷离菫蒲古只之後端愨好施不事生產太宗特加倚任會同六年爲南院大王蒞事精簡人不敢以年少易之時晉主石重貴表不稱臣辭多踞慢吼言晉罪不可不伐及帝親征以所部兵從既入汴諸將皆取內帑珍異吼獨取馬鎧帝嘉之及帝崩于欒城無遺詔軍中憂懼不知所爲吼詣北院大王耶律洼議曰天位不可一日曠若請于太后則必屬李胡李胡暴戾殘忍詎能子民必欲厭人望則當立永康王洼然之會耶律安摶來意與吼合遂定議立永康王是爲世宗頊之以功加採訪使賜以寶貨吼辭曰臣位已高敢復求富臣從弟的琭諸子坐事籍沒陛下哀而出之則臣受賜多矣上曰吼舍重賞以族人爲請其賢遠甚許之仍賜宮戶五十時有取當世名流作七賢傳者吼與其一天祿三年卒年三十九子何魯不

何魯不字斜寧嘗與耶律屋質平察割亂穆宗以其父吼首議立世宗故不顯用晚年爲本族敞史及景宗卽位以平察割功授昭德軍節度使爲北院大王時黃龍府軍將燕頗殺守臣以叛何魯不討之破於鴨綠江坐不親追擊以至失賊杖之乾亨間卒

耶律安摶曾祖巖木玄祖之長子祖楚不魯爲本部夷离菫父迭里幼多疾時太祖爲撻馬狘沙里常加撫育神冊六年爲惕隱從太祖將龍軍討阻卜党項有功天贊三年爲南院夷离菫征渤海攻忽汗城俘斬甚衆太祖崩淳欽皇后稱制欲以大元帥嗣位迭里建言帝位宜先嫡長今東丹王赴朝當立由是忤旨以黨附東丹王詔下獄訊鞫加以炮烙不伏殺之籍其家安摶自幼若成人居父喪哀毀過禮見者傷之太宗屢加慰諭嘗曰此兒必爲令器既長寡言笑重然諾動遵繩矩事母至孝以父死非罪未葬不預宴樂世宗在藩邸尤加憐恤安摶密自結納太宗伐晉還至欒城崩諸將欲立世宗以李胡及壽安王在朝猶豫未決時安摶直宿衞世宗密召問計安摶曰大王聰安寬恕人皇王之嫡長先帝雖有壽安天下屬意多在大王今若不斷後悔無及會有自京師來者安摶詐以李胡死傳報軍中皆以爲信於是安摶詣北南二大王計之北院大王洼聞而遽起曰吾二人方議此事先帝嘗欲以永康王爲儲貳今日之事有我輩在孰敢不從但恐不白太后而立爲國家啓釁安摶對曰大王既知先帝欲以永康王爲儲副況永康王賢明人心樂附今天下甫定稍緩則大事去矣若白太后必立李胡且李胡殘暴行路共知果嗣位如社稷何南院大王吼曰此言是也吾計決矣乃整軍召諸將奉世宗卽位于太宗柩前帝立以安摶爲腹心總知宿衞是歲約和于潢河橫渡太后問安摶曰吾與汝有何隙安摶以父死爲對太后默然及置北院樞密使上命安摶爲之賜奴婢百口寵任無比事皆取決焉然性太寬事循苟簡豪猾縱恣不能制天祿末察割兵犯御幄又不能討由是中外短之穆宗卽位以立世宗之故不復委用應歷三年或誣安摶與齊王罨撒葛謀亂繫獄死姪撒給左皮室詳穩

耶律洼字敵輦隋國王釋魯孫南院夷离菫綰思子少有器識人以公輔期之太祖時雖未官常任以事太宗卽位爲惕隱天顯末帝援河東洼爲先鋒敗張敬達軍於太原北會同中遷北院大王及伐晉復爲先鋒與梁漢璋戰於瀛州敗之太宗崩于欒城南方州郡多叛士馬困乏軍中不知所爲洼與耶律吼定策立世宗乃令諸將曰大行上賓神器無主永康王人皇王之嫡長天人所屬當立有不從者以軍法從事諸將皆曰諾世宗卽位賜宮戶五十拜于越卒年五十四

耶律頹昱字團寧孟父楚國王之後父末掇嘗爲夷离菫頹昱性端直會同中領九石烈部政濟寬猛世宗卽位爲惕隱天祿三年兼政事令封漆水郡王及穆宗立以匡贊功嘗許以本部大王後將葬世宗頹昱懇言於帝曰臣蒙先帝厚恩未能報幸及大葬臣請陪位帝由是不悅寢其議薨

耶律撻烈字涅魯衮六院部郎君褭古直之後沉厚多智有任重才年四十未仕會同間爲邊部令穩應歷初陞南院大王均賦役勸耕稼部人化之戶口豐殖時周人侵漢以撻烈都統西南道軍援之周已下太原數城漢人不敢戰及聞撻烈兵至周主遣郭從義尚鈞等率精騎拒於忻口撻烈擊敗之獲其將史彥超周軍遁歸復所陷城邑漢主詣撻烈謝及漢主殂宋師來伐上命撻烈爲行軍都統發諸道兵救之既出鴈門宋諜知而退保寧元年加兼政事令致政乾亨初召之上見鬚髮皓然精力猶健問以政事厚禮之以疾薨年七十九撻烈凡用兵賞罰信明得士卒心河東單弱不爲周宋所併者撻烈有力焉在治所不修邊幅百姓無稱年穀屢稔時耶律屋質居北院撻烈居南院俱有政迹朝議以爲富民大王云

贊曰立嗣以嫡禮也太宗崩非安摶吼洼謀而克斷策立世宗非屋質直而能諫杜太后之私折李胡之暴以成橫渡之約則亂將誰定四臣者庶幾春秋首止之功哉

遼史卷七十七考證

耶律吼傳吼詣北院大王耶律洼議立永康王會耶律安摶來意與吼合遂定議是爲世宗以功加採訪使賜以寶貨從弟的琭諸子賜宮戶五十〇臣長發按推戴世宗吼及諸人之功也而本紀于世宗之立並不紀吼及諸臣一語而僅于分賜翼戴諸臣列其名再吼從弟的琭本紀又爲的魯本紀安摶爲樞密使而安摶本傳又不之載修史之互異若此

遼史卷七十八

元　中　書　右　丞　相　總　裁　脫　脫　等　修

列傳第八

耶律夷臘葛　蕭海瓈

蕭護思　蕭思溫

蕭繼先

耶律夷臘葛字蘇散本宮分人檢校太師合魯之子應曆初以父任入侍數歲始爲殿前都點檢時上新卽位疑諸王有異志引夷臘葛爲布衣交一切機密事必與之謀遷寄班都知賜宮戶時上酗酒數以細故殺人有監雉者因傷雉而亡獲之欲誅夷臘葛諫曰是罪不應死帝竟殺之以屍付夷臘葛曰收汝故人夷臘葛終不爲止復有監鹿詳穩亡一鹿下獄當死夷臘葛又諫曰人命至重豈可爲一獸殺之良久得免遼法嬖岐角者惟天子得射會秋獵善爲鹿鳴者呼一嬖至命夷臘葛射應弦而踣上大悅賜金銀各百兩名馬百匹及黑山東抹眞之地後穆宗被弒坐守衞不嚴被誅

蕭海瓈字寅的哂其先遙輦氏時爲本部夷离堇父塔列天顯間爲本部令穩海瓈貌魁偉膂力過人天祿間娶明王安端女蒨因翁主應歷初察割亂蒨因連坐繼娶嘲瑰翁主上以近戚嘉其勤篤命預北府宰相選頃之總知軍國事時諸王多坐反逆海瓈爲人廉謹達政體每被命案獄多得其情人無冤者繇是知名漢主劉承鈞每遣使入貢必別致幣物詔許受之年五十卒帝悼輟朝二日

蕭護思字延寧世爲北院吏累遷御史中丞總典羣牧部籍應歷初遷左客省使未幾拜御史大夫時諸王多坐事繫獄上以護思有才幹詔窮治稱旨改北院樞密使仍命世預宰相選護思辭曰臣子孫賢否未知得一客省使足矣從之上晚歲酗酒用刑多濫護思居要地踽踽自保未嘗一言匡救議者以是少之年五十七卒

蕭思溫小字寅古宰相敵魯之族弟忽沒里之子通書史太宗時爲奚禿里太尉尚燕國公主爲羣牧都林牙思溫在軍中握齱修邊幅僚佐皆言非將帥才尋爲南京留守初周人攻揚州上遣思溫躡其後憚暑不敢進拔緣邊數城而還後周師來侵圍馮母鎭勢甚張思溫請益兵帝報曰敵來則與統軍司併兵拒之敵去則務農作勿勞士馬會敵入東城我軍退渡滹沱而屯思溫勒兵徐行周軍數日不動思溫與諸將議曰敵衆而銳戰不利則有後患不如頓兵以老其師躡而擊之可以必勝諸將從之遂與統軍司兵會飾他說請濟師周人引退思溫亦還已而周主復北侵與其將傳元卿李崇進等分道並進圍瀛州陷益津瓦橋淤口三關垂迫固安思溫不知計所出但云車駕旦夕至麾下士奮躍請戰不從已而陷易瀛莫等州京畿人皆震駭往往遁入西山思溫以邊防失利恐朝廷罪已表請親征會周主榮以病歸思溫退至益津僞言不知所在遇步卒二千餘人來拒敗之是年周喪燕民始安乃班師時穆宗湎酒嗜殺思溫以密戚預政無所匡輔士論不與十九年春蒐上射熊而中思溫與夷离畢牙里斯等進酒上壽帝醉還宮是夜爲庖人斯奴古等所弒思溫與南院樞密使高勳飛龍使女里等立景宗保寧初爲北院樞密使兼北府宰相仍命世預其選上冊思溫女爲后加尚書令封魏王從帝獵閭山爲賊所害

蕭繼先字楊隱小字留只哥幼穎悟叔思溫命爲子睿智皇后尤愛之乾亨初尚齊國公主拜駙馬都尉統和四年宋人來侵繼先率邏騎逆境上多所俘獲上嘉之拜北府宰相自是出師繼先必將本府兵從拔狼山石壘從破宋軍應州上南征取通利軍戰稱捷力及親征高麗以繼先年老留守上京卒年五十八繼先雖處富貴尚儉素所至以善治稱故將兵攻戰未嘗失利名重戚里

論曰嗚呼人君之過莫大於殺無辜湯之伐桀也數其罪曰並告無辜於上下神祇武王之伐紂也數其罪曰無辜籲天堯之伐苗民也呂侯追數其罪曰殺戮無辜迹是言之夷獵葛之諫廩廩庶幾古君子之風矣雖然善諫者不諫於已然蓋必先得於心術之微而察脉者先其病而治之則易爲功穆宗沈湎失德蓋其資富彊之勢以自肆久矣使羣臣於造次動作之際此諫彼諍提而警之以防其甚則亦詎至是哉予以知護思思溫處位優重耽祿取容眞鄙夫矣若海瓈之折獄繼先之善治可謂任職臣歟

遼史卷七十八考證

蕭思溫傳周主北侵與其將傳元卿李崇進等分道並進圍瀛州陷益津瓦橋淤口三關○臣宗楷按宋史紀周之取三關自南而北遼史紀遼之失三關自北而南各就其形勢而言至通鑑並無傳元卿將兵者乃宋太祖而李重進則遼史譌爲李崇進也

從帝獵閭山爲賊所害○臣宗楷按女里傳有司案詰女里袖中得殺樞密使蕭思溫賊書賜死高勳傳勳謀害尚書令蕭思溫詔獄誅之據此則殺思溫之賊乃女里與高勳也

遼史卷七十九

元　中　書　右　丞　相　總　裁　脫　脫　等　修

列傳第九

室昉　耶律賢適

女里　郭襲

耶律阿沒里

室昉字夢奇南京人幼謹厚篤學不出外戶者二十年雖里人莫識其精如此會同初登進士第爲盧龍巡捕官太宗入汴受冊禮詔昉知制誥總禮儀事天祿中爲南京留守判官應歷間累遷翰林學士出入禁闥十餘年保寧間兼政事舍人數延問古今治亂得失奏對稱旨上多昉有理劇才改南京副留守決訟平允人皆便之遷工部尚書尋改樞密副使參知政事頃之拜樞密使兼北府宰相加同政事門下平章事乾亨初監修國史統和元年告老不許進尚書無逸篇以諫太后聞而嘉獎二年秋詔修諸嶺路昉發民夫二十萬一日畢功是時昉與韓德讓耶律斜軫相友善同心輔政整析蠹弊知無不言務在息民薄賦以故法度修明朝無異議八年復請致政詔入朝免拜賜几杖太后遣閤門使李從訓持詔勞問令常居南京封鄭國公初晉國公主建佛寺于南京上許賜額昉奏曰詔書悉罷無名寺院今以主請賜額不惟違前詔恐此風愈熾上從之表進所撰實錄二十卷手詔褒之加政事令賜帛六百匹九年薦韓德讓自代不從上以昉年老苦寒賜貂皮衾褥許乘輦入朝病劇遣翰林學士張幹就第授中京留守加尚父卒年七十五上嗟悼輟朝二日贈尚書令遺言戒厚葬恐人譽過情自志其墓

耶律賢適字阿古眞于越魯不古之子嗜學有大志滑稽玩世人莫之知惟于越屋質器之嘗謂人曰是人當國天下幸甚應歷中朝臣多以言獲譴賢適樂於靜退游獵自娛與親朋言不及時事會討烏古還擢右皮室詳穩景宗在藩邸常與韓匡嗣女里等游言或刺譏賢適勸以宜早疎絕由是穆宗終不見疑賢適之力也景宗立以功加檢校太保尋遙授寧江軍節度使賜推忠協力功臣時帝初踐阼多疑諸王或萌非望陰以賢適爲腹心加特進同中書門下平章事保寧二年秋拜北院樞密使兼侍中賜保節功臣三年爲西北路兵馬都部署賢適忠介膚敏推誠待人雖燕息不忘政務以故百司首職罔敢媮惰累年滯獄悉決之大丞相高勳契丹行宮都部署女里席寵放恣及帝姨母保母勢薰灼一時納賂請謁門若賈區賢適患之言于帝不報以病解職又不允令鑄手印行事乾亨初疾篤得請明年封西平郡王薨年五十三子觀音大同軍節度使

女里字涅烈袞逸其氏族補積慶宮人應歷初爲習馬小底以母憂去一日至雅伯山見一巨人惶懼走巨人止之曰勿懼我地祇也葬爾母於斯當速詣闕必貴女里從之累遷馬羣侍中時景宗在藩邸以女里出自本宮待遇殊厚女里亦傾心結納及穆宗遇弒女里奔赴景宗是夜集禁兵五百以衞旣卽位以翼戴功加政事令契丹行宮都部署賞賚甚渥尋加守太尉北漢主劉繼元聞女里爲上信任遇其生日必致禮女里素貪同列蕭阿不底亦好賄二人相善人有氈裘爲梟耳子所著者或戲曰若遇女里阿不底必盡取之傳以爲笑其貪猥如此保寧末坐私藏甲五百屬有司案詰女里袖中又得殺樞密使蕭思溫賊書賜死女里善識馬嘗行郊野見數馬跡指其一曰此奇駿也以已馬易之果然

郭襲不知何郡人性端介識治體久淹外調景宗卽位召見對稱旨知可任以事拜南院樞密使尋加兼政事令以帝數游獵襲上書諫曰昔唐高祖好獵蘇世長言不滿十旬未足爲樂高祖卽日罷史稱其美伏念聖祖創業艱難修德布政宵旰不懈穆宗逞無厭之欲不恤國事天下愁怨陛下繼統海內翕然望中興之治十餘年間征伐未已而寇賊未弭年穀雖登而瘡痍未復正宜戒懼修省以懷永圖側聞恣意遊獵甚於往日萬一有銜橛之變搏噬之虞悔將何及況南有强敵伺隙而動聞之得無生心乎伏望陛下節從禽酣飲之樂爲生靈社稷計則有無疆之休上覽而稱善賜協贊功臣拜武定軍節度使卒

耶律阿沒里字蒲鄰遙輦嘲古可汗之四世孫幼聰敏

保寧中爲南院宣徽使統和初皇太后稱制與耶律斜軫參預國論爲都統以征高麗功遷北院宣徽使加政事令四年春宋將曹彬米信等侵燕上親征阿没里爲都監屢破敵軍十二年行在多盜阿没里立禁捕法盜始息先是叛逆之家兄弟不知情者亦連坐阿没里諫曰夫兄弟雖曰同胞賦性各異一行逆謀雖不與知輒坐以法是刑及無罪也自今雖同居兄弟不知情者免連坐太后嘉納著爲令致仕卒阿没里性好聚斂每從征所掠人口聚而建城請爲豐州就以家奴閻貴爲刺史時議鄙之子賢哥左夷离畢

論曰景宗之世人望中興豈其勤心庶績而然蓋承穆宗暬虐之餘爲善易見亦由羣臣多賢左右弼諧之力也室昉進無逸之篇郭襲陳諫獵之疏阿没里請免同氣之坐所謂仁人之言其利溥哉賢適忠介亦近世之名臣女里貪猥後人所當取鑑者也

遼史卷七十九考證

室昉傳樞密副使參知政事拜樞密使兼北府宰相加同政事門下平章事○臣人龍按百官志止云室昉爲政事舍人其樞密副使參知政事樞密使北府宰相同政事門下平章事職任甚重竟不載且北府宰相皇族四帳世預其選室昉南京人何爲亦被簡用而景宗本紀又不見室昉宰相之命是其中必有誤也

遼史卷八十

元中書右丞相總裁脱脱等修

列傳第十

張儉　邢抱朴

馬得臣　蕭朴

耶律八哥

張儉宛平人性端愨不事外飾統和十四年舉進士第一調雲州幕官故事車駕經行長吏當有所獻聖宗獵雲中節度使進曰臣境無他產惟幕僚張儉一代之寶願以爲獻先是上夢四人侍側賜食人二口至聞儉名始悟召見容止朴野訪及世務占奏三十餘事由此顧遇特異踐歷清華號稱明幹開泰中累遷同知樞密院事太平五年出爲武定軍節度使移鎭大同六年入爲南院樞密使帝方眷倚參知政事吳叔達與儉不相能帝怒出叔達爲康州刺史拜儉左丞相封韓王帝不豫受遺詔輔立太子是爲興宗賜貞亮弘靖保義守節耆德功臣拜太師中書令加尚父徙王陳重熙五年帝幸禮部貢院及親試進士皆儉發之進見不名賜詩褒美儉衣唯紬帛食不重味月俸有餘賙給親舊方冬奏事便殿帝見衣袍弊惡密令近侍以火夾穿孔記之屢見不易帝問其故儉對曰臣服此袍已三十年時尚奢靡故以此微諷諭之上憐其清貧令恣取內府物儉奉詔持布三端而出益見獎重儉弟五人上欲俱賜進士第固辭有司獲盜八人既戮之乃獲正賊家人訴冤儉三乞申理上勃然曰卿欲朕償命耶儉曰八家老稚無告少加存恤使得收葬足慰存没矣乃從之儉在相位二十餘年裨益爲多致政歸第會宋書辭不如禮上將親征幸儉第尚食先往具饌却之進葵羹乾飯帝食之美徐問以策儉極陳利害且曰第遣一使問之何必遠勞車駕上悅而止復卽其第賜宴器玩悉與之十二年薨年九十一勅葬宛平縣

邢抱朴應州人刑部郎中簡之子也抱朴性頴悟好學博古保寧初爲政事舍人知制誥累遷翰林學士加禮部侍郎統和四年山西州縣被兵命抱朴鎭撫之民始安加戶部尚書遷翰林學士承旨與室昉同修實錄決南京滯獄還優詔褒美十年拜參知政事以樞密使韓德讓薦按察諸道守令能否而黜陟之大協人望尋以母憂去官詔起視事表乞終制不從宰相密諭上意乃視事人以孝稱及耶律休哥留守南京又多滯獄復詔抱朴平決之人無冤者改南院樞密使卒贈侍中初抱朴與弟抱質受經于母陳氏皆以儒術顯抱質亦官至侍中時人榮之

馬得臣南京人好學博古善屬文尤長於詩保寧間累遷政事舍人翰林學士常預朝議以正直稱乾亨初宋師屢犯邊命爲南京副留守復拜翰林學士承旨聖宗卽位皇太后稱制兼侍讀學士上閱唐高祖太宗玄宗三紀得臣乃錄其行事可法者進之及扈從伐宋進言降不可殺亡不可追二三其德者別議詔從之俄兼諫議大夫知宣徽院事時上擊鞠無度上書諫曰臣竊觀房玄齡杜如晦隋季書生向不遇太宗安能爲一代名相臣雖不才陛下在東宮幸列侍從今又得侍聖讀未有裨補聖明陛下嘗問臣以貞觀開元之事臣請畧陳之臣聞唐太宗侍太上皇宴罷則挽輦至內殿玄宗與兄弟歡飲盡家人禮陛下嗣祖考之祚躬侍太后可謂至孝臣更望定省之餘睦六親加愛敬則陛下親親之道比隆二帝矣臣又聞二帝耽玩經史數引公卿講學至于日昃故當時天下翕然嚮風以隆文治今陛下游心典籍分解章句臣願研究經理深造而篤行之二帝之治不難致矣臣又聞太宗射豕唐儉諫之玄宗臂鷹韓休言之二帝莫不樂從今陛下以毬馬爲樂愚臣思之有不宜者三故不避斧鉞言之竊以君臣同戲不免分爭君得臣愧彼負此喜一不宜躍馬揮杖縱橫馳騖不顧上下之分爭先取勝失人臣禮二不宜輕萬乘之尊圖一時之樂萬一有銜勒之失其如社稷太后何三不宜儻陛下不以臣言爲迂少賜省覽天下之福羣臣之願也書奏帝嘉歎良久未幾卒贈太子太保詔有司給葬

蕭朴字延寧國舅少父房之族父勞古以善屬文爲聖宗詩友朴幼如老成人及長博學多智開泰初補牌印郎君爲南院承旨權知轉運事尋改南面林牙帝問以政朴具陳百姓疾苦國用豐耗帝悅曰吾得人矣擢左夷离畢時蕭合卓爲樞密使朴知部署院事以酒廢事出爲興國軍節度使俄召爲南面林牙太平三年守太子太傅明年拜北府宰相遷北院樞密使時太平日久帝留心翰墨始畫譜牒以別嫡庶由是爭訟紛起朴有吏才能知人主意敷奏稱旨朝議多取決之封蘭陵郡王進王恒加中書令及大延琳叛詔安撫東京以便宜從事興宗卽位皇太后稱制國事一委弟孝先方仁德皇后以馮家奴所誣被害朴屢言其冤不報每念至此爲之嘔血重熙初改王韓拜東京留守及還太后于慶州朴從王楚升南院樞密使四年王魏薨年五十贈齊王子鐸剌國舅詳穩

耶律八哥字烏古鄰五院部人幼聰慧書一覽輒成誦統和中以世業爲本部吏未幾陞閘撒狘尋轉樞密院侍御會宋將曹彬米信侵燕八哥以扈從有功擢上京留守開泰四年召爲北院樞密副使頃之留守東京七年上命東平王蕭排押帥師伐高麗八哥爲都監至開京大掠而還濟茶陀二河高麗追兵至諸將皆欲使敵渡兩河擊之獨八哥以爲不可曰敵若渡兩河必殊死戰乃危道也不若擊於兩河之間排押從之戰敗績明年還東京奏渤海承奉官宜有以統領之上從其言置都知押班後以茶陀之敗削使相降西北路都監卒

論曰張儉名符帝夢遂結主知服弊袍不易志敎薄俗功著兩朝世稱賢相非過也邢抱朴甄別守令大愜人望兩決滯獄民無冤濫馬得臣引盛唐之治以諫其君蕭朴痛皇后之誣至於嘔血四人者皆以明經致位忠藎若此宜矣聖宗得人於斯爲盛

遼史卷八十一

元中書右丞相總裁脱脱等修

列傳第十一

耶律室魯歐里斯　王繼忠

蕭孝忠　陳昭衮

蕭合卓

耶律室魯字乙辛隱六院部人魁岸美容儀聖宗同年生帝愛之甫冠補祗候郎君未幾爲宿直官及出師伐宋爲隊帥從南府宰相耶律奴瓜統軍使蕭撻覽畧地趙魏有功加檢校太師爲北院大王攻拔通利軍宋和議成特進門下平章事賜推誠竭節保義功臣以本部傔羊多闕部人空乏請以羸老之羊及皮毛歲易南中絹彼此利之拜北院樞密使封韓王自韓德讓知北院職多廢曠室魯拜命之日朝野相慶從上獵松林至沙嶺卒年四十四贈守司徒政事令二子十神奴歐里斯十神奴南院大王

歐里思字留隱少有大志未冠補祗候郎君開泰初爲本部司徒秩滿閑居徵爲郎君班詳穩遷右皮室詳穩將本部兵從東平王蕭排押伐高麗至茶陀二河戰不利歐里斯獨全軍還帝嘉賞終西南面招討使

王繼忠不知何郡人仕宋爲鄆州刺史殿前都虞候統和二十一年宋遣繼忠屯定之望都以輕騎覘我軍遇南府宰相耶律奴瓜等獲之太后知其賢授戶部使以康默記族女女之繼忠亦自激昂事必盡力宋以繼忠先朝舊臣每遣使必有附賜聖宗許受之二十二年宋使來聘遺繼忠弧矢鞭策及求和劄子有曰自臨大位愛養黎元豈欲窮兵惟思息戰每敕邊事嚴諭守臣至于北界人民不令小有侵擾衆所具悉爾亦備知向以知雄州何承矩已布此懇自後杳無所聞汝可密言如許通和卽當別使往請詔繼忠與宋使相見仍許講和

以繼忠家無奴隸賜宮戶三十加左武衛上將軍攝中京留守五年爲漢人行宮都部署封琅邪郡王六年進楚王賜國姓上嘗宴飲議以蕭合卓爲北院樞密使繼忠曰合卓雖有刀筆才暗於大體蕭敵烈才行兼備可任上不納竟用合卓及遣合卓伐高麗繼忠爲行軍副部署攻興化鎮月餘不下師還上謂明於知人拜樞密使太平三年致仕卒子懷玉仕至防禦使

蕭孝忠字撒板小字圖古斯志慷慨開泰中補祗候郎君尚越國公主拜駙馬都尉累遷殿前都點檢太平中擢北府宰相重熙七年爲東京留守時禁渤海人擊毬孝忠言東京最爲重鎮無從禽之地若非毬馬何以習武且天子以四海爲家何分彼此宜弛其禁從之十二年入朝封楚王拜北院樞密使國制以契丹漢人分北南院樞密治之孝忠奏曰一國二樞密風俗所以不同若併爲一天下幸甚事未及行薨追封楚國王帝素服哭臨赦死囚數人爲孝忠薦福葬日親臨賜宮戶守塚子阿速終南院樞密使

陳昭袞小字王九雲州人工譯鞮勇而善射統和中補祗候郎君爲奚拽剌詳穩累遷敦睦宮太保兼掌圍場事開泰五年秋大獵帝射虎以馬馳太速矢不及發虎怒奮勢將犯蹕左右辟易昭袞捨馬捉虎兩耳騎之虎駭且逸上命衛士追射昭袞大呼止之虎雖軼山昭袞終不墮地伺便拔佩刀殺之輦至上前慰勞良久即日設燕悉以席上金銀器賜之特加節鉞遷圍場都太師賜國姓命張儉呂德懋賦以美之遷歸義軍節度使同知上京留守歷西南面招討都監卒

蕭合卓字合魯隱突呂不部人始爲本部吏統和初以謹恪補南院侍郎十八年北院樞密使韓德讓薦合卓爲中丞以太后遺物使宋還遷北院樞密副使開泰三年爲左夷離畢合卓久居近職明習典故善占對以是尤被寵遇陞北院樞密使時議以爲無完行不可大用南院樞密使王繼忠侍宴又譏其短帝頗不悅六年遣合卓伐高麗還時求進者多附之然其服食僕馬不加于舊帝知其廉以族屬女妻其子詔許親友饋獻豪貴奔趨于門太平五年有疾帝欲臨視合卓辭曰臣無狀猥蒙重仕今形容毀瘁恐陛下見而動心帝從之會北府宰相蕭朴問疾合卓執其手曰吾死君必爲樞密使愼勿舉勝已者朴出而鄙之是日卒子烏古終本部節度使

論曰統和諸臣名昭王室者多矣室魯拜樞密使朝野相慶必有得民心者繼忠旣不能死國難通南北之和有知人之鑑奚足尚哉孝忠昭袞皆有可稱者合卓臨終致蕭朴毋舉勝已者樞密其誤國之罪大矣

遼史卷八十一考證

王繼忠傳子懷玉仕至防禦使○臣宗萬按宋史繼忠子有懷節懷敏懷德懷政而此云懷玉者意宋史所載乃官其四子之名而懷玉則繼忠仕契丹所生子也

遼史卷八十二

元　中　書　右　丞　相　總　裁　脫　脫　等　修

列傳第十二

耶律隆運德威　滌魯　制心
耶律勃古哲　蕭陽阿
武白　蕭常哥
耶律虎古磨魯古

耶律隆運本姓韓名德讓西南面招討使匡嗣之子也統和十九年賜名德昌二十二年賜姓耶律二十八年復賜名隆運重厚有智略明治體喜建功立事侍景宗以謹飭聞加東頭承奉官補樞密院通事轉上京皇城使遙授彰德軍節度使代其父匡嗣爲上京留守權知京事甚有聲尋復代父守南京時人榮之宋兵取河東侵燕五院糺詳穩奚底統軍蕭討古等敗歸宋兵圍城招脅甚急人懷二心隆運登城日夜守禦援軍至圍解及戰高梁河宋兵敗走隆運邀擊又破之以功拜遼興軍節度使徵爲南院樞密使景宗疾大漸與耶律斜軫俱受顧命立梁王爲帝皇后爲皇太后稱制隆運總宿衛事太后益寵任之統和元年加開府儀同三司兼政事令四年宋遣曹彬米信將十萬衆來侵隆運從太后出師敗之加守司空封楚國公師還與北府宰相室昉共執國政上言西州數被兵加以歲饑宜輕稅賦以來流民從之六年太后觀擊鞠胡里室突隆運墜馬命立斬之詔率師伐宋圍沙堆敵乘夜來襲隆運嚴軍以待敗走之封楚王九年復言燕人挾姦苟免賦役貴族因爲囊橐可遣北院宣徽使趙智戒諭從之十一年丁母憂詔强起之明年室昉致政以隆運代爲北府宰相仍領樞密使監修國史賜興化功臣十二年六月奏三京諸鞫獄官吏多因請託曲加寬貸或妄行搒掠乞行禁止上可其奏又表請任賢去邪太后喜曰進賢輔政眞大臣之職優加賜賚服闋加守太保兼政事令會北院樞密使耶律斜軫薨詔隆運兼之久之拜大丞相進王齊總二樞府事以南京平州歲不登奏免百姓農器錢及請平諸郡商賈價並從之二十二年從太后南征及河許宋成而還徙王晉賜姓出宮籍隸橫帳季父房後乃改賜今名位親王上賜田宅及陪葬地從伐高麗還得久疾帝與后臨視醫藥薨年七十一贈尚書令謚文忠官給葬具建廟乾陵側無子清寧三年以魏王貼不子耶魯爲嗣天祚立以皇子敖盧斡繼之弟德威姪制心

德威性剛介善馳射保寧初歷上京皇城使儒州防禦使改北院宣徽使乾亨初丁父喪彊起復職權西南招討使統和初党項寇邊一戰却之賜劒許便宜行事領突呂不迭剌二糺軍以討平稍古葛功眞授招討使夏州李繼遷叛宋內附德威請納之旣得繼遷諸夷皆從璽書褒獎與惕隱耶律善補敗宋將楊繼業加開府儀同三司政事門下平章事未幾以山西城邑多陷奪兵柄李繼遷受賂潛懷二心奉詔率兵往諭繼遷託以西征不出德威至靈州俘掠而還年五十五卒贈兼侍中子秀金終彰國軍節度使二孫謝十滌魯謝十終惕隱

滌魯字遵寧幼養宮中授小將軍重熙初歷北院宣徽使右林牙副點檢拜惕隱改西北路招討使封漆水郡王請減軍籍三千二百八十人後以私取回鶻使者獺毛裘及私取阻卜貢物事覺決大杖削爵免官俄起爲北院宣徽使十九年改烏古敵烈部都詳穩尋爲東北路詳穩封混同郡王清寧初徙王鄧擢拜南府宰相以年老乞骸骨更王漢太康中薨年八十滌魯神情秀徹聖宗子視之興宗待以兄禮雖貴愈謙初爲都點檢扈從獵黑嶺獲熊上因樂飲謂滌魯曰汝有求乎對曰臣富貴踰分不敢他望惟臣叔先朝優遇身歿之後不肖子坐罪籍没四時之薦享諸孫中得赦一人以主祭臣願畢矣詔免籍復其産子燕五官至南京步軍都指揮使

制心小字可汗奴父德崇善醫視人形色輒決其病累官至武定軍節度使制心善訓鷹隼統和中爲歸化州刺史開泰中拜上京留守進漢人行宮都部署封漆水郡王以皇后外弟恩遇日隆樞密副使蕭合卓用事制心奏合卓寡識度無行檢上默然每內宴歡洽輒避之皇后不悅曰汝不樂耶制心對曰寵貴鮮能長保以是爲憂耳太平中歷中京留守惕隱南京留守徙王燕遷南院大王或勸制心奉佛對曰吾不知佛法惟心無私則近之矣一日沐浴更衣而臥家人聞絲竹之聲怪而入視則已逝矣年五十三贈政事令追封陳王守上京時酒禁方嚴有捕獲私醖者一飲而盡笑而不詰卒之日部民若哀父母

耶律勃古哲字蒲奴隱六院夷离堇蒲古只之後勇悍善治生保寧中爲天德軍節度使歷南京侍衛馬步軍都指揮使以討平党項羌阿里撒米僕里鼈米遷南院大王聖宗即位太后稱制會羣臣議軍國事勃古哲上疏陳便宜數事稱旨即日兼領山西路諸州事統和四年宋將曹彬等侵燕勃古哲擊之甚力賜輸忠保節致主功臣總知山西五州會有告勃古哲曲法虐民者按之有狀以大杖決之八年爲南京統軍使卒子爻里官至詳穩

蕭陽阿字稍隱端殼簡嚴識遼漢字通天文相法父卒自五蕃部親挽喪車至奚王嶺人稱其孝年十九爲本班郎君歷鐵林鐵鷂大鷹三軍詳穩乾統元年由烏古敵烈部屯田太保爲易州刺史幸臣劉彥良嘗以事至州怙寵恣横爲陽阿所沮彥良歸妄加毀訾尋遣人代陽阿州民千餘詣闕請留即日授武安州觀察使歷烏古涅里順義彰信等軍節度使權知東北路統軍使事聞耶律耶不鐸魯斡等叛獨引麾下三十餘人追捕之身被二創生擒十餘人送之行在坐不獲首惡免官未幾權南京留守卒

武白不知何郡人爲宋國子博士差知相州至通利軍爲我軍所俘詔授上京國子博士改臨潢縣令遷廣德軍節度副使先是有訟宰相劉愼行與子婦姚氏私者有司出其罪聖宗詔白鞫之白正其事使新羅還權中京留守時愼行諸子皆處權要以白斷百姓分籍事不直坐左遷未幾遷尚書左丞知樞密事拜遼興軍節度使致仕卒

蕭常哥字胡獨堇國舅之族祖約直同政事門下平章事父實老累官節度使常哥魁偉寡言年三十餘始爲祗候郎君歷本族將軍松山州刺史壽隆二年以女爲燕王妃拜永興宮使及妃生子爲南院宣徽使尋改漢人行宮都部署統和初加太子太師爲國舅詳穩二年改遼興軍節度使召爲北府宰相以柴冊禮加兼侍中天慶元年致仕卒謚曰欽肅

耶律虎古字海鄰六院夷离堇覿烈之孫少穎悟重然諾保寧初補御琖郎君十年使宋還以宋取河東之意

聞于上。燕王韓匡嗣曰何以知之虎古曰諸僭號之國宋皆併收惟河東未下今宋講武習戰意必在漢匡嗣力沮乃止明年宋果伐漢帝以虎古能料事器之乃曰吾與匡嗣慮不及此授涿州刺史統和初皇太后稱制召赴京師與韓德讓以事相忤德讓怒取護衞所執戎仗擊其腦卒子磨魯古

磨魯古字遙隱有智識善射統和初拜南面林牙四年宋侵燕太后親征磨魯古爲前鋒手中流矢拔而復進太后旣至磨魯古以創不能戰與北府宰相蕭繼先逖邏境上累遷北院大王七年伐宋爲先鋒與耶律奴瓜破其將李忠吉于定州以疾卒于軍

論曰德讓在統和間位兼將相其克敵制勝進賢輔國功業茂矣至賜姓名王齊晉抑有寵於太后而致然歟宗族如德威平党項滌魯完宗祀制心不苟合家聲益振豈無所自哉若勃古之忠陽阿之孝武白之直亦彬彬乎一代之良臣矣

遼史卷八十三

元中書右丞相總裁脫脫等修

列傳第十三

耶律休哥 馬哥　耶律斜軫

耶律奚低　耶律學古 烏不呂

耶律休哥字遜寧祖釋魯隋國王父綰思南院夷離堇休哥少有公輔器初烏古室韋二部叛休哥從北府宰相蕭幹討之應歷末爲惕隱乾亨元年宋侵燕北院大王奚底統軍使蕭討古等敗績南京被圍帝命休哥代奚底將五院軍往救遇大敵于高梁河與耶律斜軫分左右翼擊敗之追殺三十餘里斬首萬餘級休哥被三創明旦宋主遁去休哥以創不能騎輕車追至涿州不及而還是年冬上命韓匡嗣耶律沙伐宋以報圍城之役休哥率本部兵從匡嗣等戰于滿城翌日將復戰宋人請降匡嗣信之休哥曰彼衆整而銳必不肯屈乃誘我耳宜嚴兵以待匡嗣不聽休哥引兵憑高而視須臾南兵大至鼓譟疾馳匡嗣倉卒不知所爲士卒棄旗鼓而走遂敗績休哥整兵進擊敵乃卻詔總南面戍兵爲北院大王車駕親征圍瓦橋關宋兵來救守將張師突圍出帝親督戰休哥斬師餘衆退走入城宋陣于水南將戰帝以休哥馬介獨黃慮爲敵所識乃賜玄甲白馬易之休哥率精騎渡水擊敗之追至莫州橫屍滿道𢿙矢俱罄生獲數將以獻帝悅賜御馬金盂勞之曰爾勇過于名若人人如卿何憂不克師還拜于越聖宗卽位太后稱制令休哥總南面軍務以便宜從事休哥均戍兵立更休法勸農桑修武備邊境大治統和四年宋復來侵其將范密楊繼業出雲州曹彬米信出雄易取岐溝涿州陷固安置屯時北南院奚部兵未至休哥力寡不敢出戰夜以輕騎出兩軍間殺其單弱以脅餘衆晝則以精銳張其勢使彼勞於防禦以疲其力又設伏林莽絕其糧道曹彬等以糧運不繼退保白溝月餘復至休哥以輕兵薄之伺彼蓐食擊其離伍單出者且戰且卻由是南軍自救不暇結方陣塹地兩邊而行軍渴乏井漉淖而飲凡四日始達于涿聞太后軍至彬等冒雨而遁太后益以銳卒追及之彼力窮環糧車自衞休哥圍之至夜彬信以數騎亡去餘衆悉潰追至易州東聞宋師尚有數萬瀕沙河而爨促兵往擊之宋師望塵奔竄墮岸相蹂死者過半沙河爲之不流太后旋旆休哥收宋屍爲京觀封宋國王又上言可乘宋弱略地至河爲界書奏不納及太后南征休哥爲先鋒敗宋兵於望都時宋將劉廷讓以數萬騎並海而出約與李敬源合兵聲言取燕休哥聞之先以兵扼其要地會太后軍至接戰殺敬源廷讓走瀛州七年宋遣劉廷讓等乘暑潦來攻易州諸將憚之獨休哥率銳卒逆擊于沙河之北殺傷數萬獲輜重不可計獻于朝太后嘉其功詔免拜不名自是宋不敢北向時宋人欲止兒啼乃曰于越至矣休哥以燕民疲獘省賦役恤孤寡戒戍兵無犯宋境雖馬牛逸于北者悉還之遠近向化邊鄙以安十六年薨是夕雨木冰聖宗詔立祠南京休哥智略宏遠料敵如神每戰勝讓功諸將故士卒樂爲之用身更百戰未嘗殺一無辜二子高八官至節度使高十終于越孫馬哥

馬哥字訛特懶興宗時以散職入見上問卿奉佛乎對曰臣每旦誦太祖太宗及先臣遺訓未暇奉佛帝悅淸寧中遷唐古部節度使咸雍中累遷匡義軍節度使太康初致仕卒

耶律斜軫字韓隱于越曷魯之孫性明敏不事生產保寧元年樞密使蕭思溫薦斜軫有經國才上曰朕知之第佚蕩豈可羈屈對曰外雖佚蕩中未可量乃召問以時政占對剴切帝器重之妻以皇后之姪命節制西南面諸軍仍援河東攻南院大王乾亨初宋再攻河東從耶律沙至白馬嶺遇敵沙等戰不利斜軫赴之令麾下萬矢齊發敵氣褫而退是年秋宋下河東乘勝襲燕北院大王耶律奚底與蕭討古逆戰敗績退屯淸河北斜軫取奚底等靑幟軍于得勝口以誘敵敵果爭赴斜軫出其後奮擊敗之及高梁之戰與耶律休哥分左右翼夾擊大敗宋軍統和初皇太后稱制益見委任爲北院樞密使會宋將曹彬米信出雄易楊繼業出代州太后親帥師救燕以斜軫爲山西路兵馬都統繼業陷山西諸郡各以兵守自屯代州斜軫至定安遇賀令圖軍擊破之追至五臺斬首數萬級明日至蔚州敵不敢出斜軫書帛射城上諭以招慰意陰聞宋軍來救令都監耶律題子夜伏兵險阨俟敵至而發城守者見救至突出斜軫擊其背二軍俱潰追至飛狐斬首二萬餘級遂取蔚州賀令圖潘美復以兵來斜軫逆于飛狐擊敗之宋軍在渾源應州者皆棄城走斜軫聞繼業出兵令蕭撻凜伏兵于路明旦繼業兵至斜軫擁衆爲戰勢繼業麾幟而前斜軫佯退伏兵發斜軫進攻繼業敗走至狼牙村衆軍皆潰繼業爲流矢所中被擒斜軫責曰汝與我國角勝三十餘年今日何面目相見繼業但稱死罪而已初繼業在宋以驍勇聞人號楊無敵首建梗邊之策至狼牙村心惡之欲避不可得旣擒三日死斜軫歸闕以功加守太保從太后南伐卒于軍太后親爲哀臨仍給葬具庶子狗兒官至小將軍

耶律奚低孟父楚國王之後便弓馬勇於攻戰景宗時多任以軍事統和四年爲右皮室詳穩時宋將楊繼業陷山西郡縣奚低從樞密使斜軫討之凡戰必以身先矢無虛發繼業敗于朔州之南匿深林中奚低望袍影而射繼業墮馬先是軍令須生擒繼業奚低以故不能爲功後太后南伐屢有戰績以病卒

耶律學古字乙辛隱于越洼之庶孫穎悟好學工譯鞮及詩保寧中補御盞郞君乾亨元年宋旣下河東乘勝侵燕學古受詔往援始至京宋敗耶律奚底蕭討古等勢益張圍城三周穴地而進城中民懷二心學古以計安反側隨宜備禦晝夜不少懈適有敵三百餘人夜登城學古戰卻之會援軍至圍遂解學古開門列陣四面鳴鼓居民大呼聲震天地旋有高梁之捷以功遙授保靜軍節度使爲南京馬步軍都指揮使二年伐宋乞將漢軍從之改彰國軍節度使時南境未靜民思休息學古禁寇掠以安之會宋將潘美率兵分道來侵學古以軍少虛張旗幟雜丁黃爲疑兵是夜適獨虎峪舉烽火遣人偵視見敵俘掠村野擊之悉獲所掠物擒其將領自是學古與潘美各守邊約無相侵軼民獲安業以功爲惕隱卒弟烏不呂

烏不呂字留隱嚴重有膂力善屬文統和中伐宋屢任以軍事嘗與爻直不相能因曰爾奴才何所知爻直訟于北院樞密使韓德讓德讓怒問曰爾安得此奴耳烏不呂對曰三父異籍時亦易得德讓笑而釋之後從蕭柘德伐蒲盧毛朶部以功爲東路統軍都監及德讓爲大丞相薦其材可任統軍使太后曰烏不呂嘗不遜於卿何善而薦德讓奏曰臣忝相位於臣猶不屈況於其餘以此知可用若任使之必能鎭撫諸蕃太后從之加金紫崇祿大夫檢校太尉而弟國留以罪亡烏不呂及其母俱下吏恐禍及母陰使人召國留紿曰太后知事之誣汝第來勿畏國留至送有司坐誅其後退歸田里以疾卒

論曰宋乘下太原之銳以師圍燕繼遣曹彬楊繼業等分道來伐是兩役也遼亦岌岌乎殆哉休哥奮擊于高梁敵兵奔潰斜軫擒繼業于朔州旋復故地宋自是不復深入社稷固而邊境寧雖配古名將無愧矣然非學古之在南京安其反側則二將之功蓋亦難致故曰國以人重信哉

遼史卷八十三考證

耶律休哥傳七年宋遣劉廷讓等乘暑潦來攻易州休哥率銳卒逆擊于沙河之北殺傷數萬獲輜重不可計○臣浩按廷讓沙河之敗宋史不載

耶律斜軫傳繼業爲流矢所中被擒斜軫責曰汝與我國角勝三十餘年今日何面目相見繼業但稱死罪而已○臣浩按楊業秉性忠義被擒三日不食死安得有稱死罪之語至業之稱繼業以業在北漢時原賜姓劉名繼業也

遼史卷八十四

元中書右丞相總裁脫脫等修

列傳第十四

耶律沙 耶律抹只
蕭幹 討古 耶律善補
耶律海里

耶律沙字安隱其先嘗相遙輦氏應歷間累官南府宰相景宗即位總領南面邊事保寧間宋攻河東沙將兵救之有功加守太保乾亨初宋復北侵沙將兵由間道至白馬嶺阻大澗遇敵沙與諸將欲待後軍至而戰冀王敵烈監軍耶律抹只等以爲急擊之便沙不能奪敵烈等以先鋒渡澗未半爲宋人所擊兵潰敵烈及其子蛙哥沙之子德里令穩都敏詳穩唐筈等五將俱沒會北院大王耶律斜軫兵至萬矢俱發敵軍始退沙將趨太原會漢駙馬都尉盧俊來奔言太原已陷遂勒兵還宋乘銳侵燕沙與戰于高梁河稍却遇耶律休哥及斜軫等邀擊敗宋軍宋主宵遁至涿州微服乘驢車間道而走上以功釋前過是年復從韓匡嗣伐宋敗績帝欲誅之以皇后營救得免睿智皇后稱制召賜几杖以優其老復從伐宋敗劉廷讓李敬源之軍賜賚優渥統和六年卒

耶律抹只字留隱仲父隋國王之後初以皇族入侍景宗即位爲林牙以幹給稱保寧間遷樞密副使宋攻河東南府宰相耶律沙爲都統將兵往援抹只監其軍及白馬嶺之敗僅以身免宋乘銳攻燕將奚兵翌休哥擊敗之上以功釋前過十一年從都統韓匡嗣伐宋戰于滿城爲宋將所紿諸軍奔潰獨抹只部伍不亂徐整旗鼓而歸璽書褒諭改南海軍節度使乾亨二年拜樞密副使統和初爲東京留守宋將曹彬米信等侵邊抹只引兵至南京先繕守禦備及車駕臨幸抹只與耶律休哥逆戰于涿之東克之遷開遠軍節度使故事州民歲輸稅斗粟折錢五抹只表請折錢六部民便之統和末卒

蕭幹小字項烈字婆典北府宰相敵魯之子性質直初察割之亂其黨胡古只與幹善使人召之幹曰吾豈能從逆臣縛其人送壽安王賊平上嘉其忠拜羣牧都林牙復以伐烏古功遷北府宰相改突呂不部節度使乾亨初宋伐河東乘勝侵燕詔幹拒之戰于高梁河耶律沙退走幹與耶律休哥等併力戰敗之上手勅慰勞自是每征伐必參決軍事加政事令二年宋兵圍瓦橋夜襲我營幹及耶律匀骨戰却之時皇后以父呼幹及后爲皇太后稱制幹數條奏便宜多見聽用統和四年卒

姪討古

討古字括寧性忠簡應歷初始入侍會冀王敵烈宣徽使海思謀反討古與耶律阿烈密告於上上嘉其忠詔尚朴謹公主保寧末爲南京統軍使乾亨初宋侵燕討古與北院大王奚底拒之不克軍潰討古等不敢復戰退屯清河帝聞其敗遣使責之曰卿等不嚴偵候用兵無法遇敵即敗奚以將爲討古懼頃之援兵至討古奮力以敗宋軍上釋其罪降爲南京侍衞親軍都指揮使四年卒

耶律善補字瑤昇孟父楚國王之後純謹有才智景宗即位授千牛衞大將軍遷大同軍節度使及伐宋韓匡嗣與耶律沙將兵由東路進善補以南京統軍使由西路進善補聞匡嗣失利斂兵還乾亨末與宋軍戰于滿城爲伏兵所圍斜軫救之獲免以失備大杖決之統和初爲惕隱會宋來侵善補爲都元帥逆之不敢戰故嶺西州郡多陷罷惕隱以其叔安端有匡輔世宗功上愍之徵善補爲南府宰相遷南院大王會再舉伐宋欲攻魏府召衆集議將士以魏城無備皆言可攻善補曰攻固易然城大叵量若克其城士卒貪俘掠勢必不可遏且傍多巨鎮各出援兵內有重敵何以當之上乃止善補性懦守靜凡征討憚攻戰急還以故戰多不利年七十四卒

耶律海里字留隱令穩援里得之長子察割之亂其母的魯與焉遣人召海里海里拒之亂平的魯以子故獲免海里儉素不喜聲利以射獵自娛雖居閑人敬之若貴官然保寧初拜彰國軍節度使遷惕隱秩滿稱疾不仕久之復爲南院大王及曹彬米信等來侵海里有却敵功賜賚忠保義匡國功臣帝屢親征海里在南院十餘年鎮以寬靜戶口增給時議重之封漆水郡王遷上京留守薨詔以家貧給葬具

論曰當高梁朔州之捷偏裨之將如沙與抹只既因休哥斜軫類見其功所謂失之東隅收之桑榆若蕭幹海里拒察割之招討古告海思之變則不止有戰功而已其視善補畏懦豈不優哉

遼史卷八十五

元中書右丞相總裁脫脫等修

列傳第十五

蕭撻凜 蕭觀音奴
耶律題子 耶律諧理
耶律奴瓜 蕭柳
高勳 奚和朔奴
蕭塔烈葛 耶律撒合

蕭撻凜字馳寧思溫之再從姪父术魯列善相馬應歷間爲馬群侍中撻凜幼敦厚有才略通天文保寧初爲宿直官累任藉劇統和四年宋楊繼業率兵由代州來侵攻陷城邑撻凜以諸軍副部署從樞密使耶律斜軫敗之擒繼業于朔州六年秋改南院都監從駕南征攻沙堆力戰被創太后嘗親臨視明年加右監門衞上將軍檢校太師遙授彰德軍節度使十一年與東京留守蕭恒德伐高麗破之高麗稱臣奉貢十二年夏人梗邊皇太妃受命總烏古及永興宮分軍討之撻凜爲阻卜都詳穩凡軍中號令太妃並委撻凜師還以功加兼侍中封蘭陵郡王十五年敵烈部人殺詳穩而叛遁于西北荒撻凜將輕騎逐之因討阻卜之未服者諸蕃歲貢方物充于國自後往來若一家焉上賜詩嘉獎仍命林牙耶律昭作賦以述其功撻凜以諸部叛服不常上表乞建三城以絕邊患從之俄召爲南京統軍使二十年復伐宋擒其將王先知破其軍于遂城下祁州上手詔獎論進至澶淵宋主軍於城隍間未接戰撻凜按視地形取宋之羊觀鹽堆鳧鷹中伏弩卒明日轉車至大后哭之慟輟朝五日子慥古南京統軍使

蕭觀音奴字耶寧奚王搭紇之孫統和十二年爲右祗候郎君班詳穩遷奚六部大王先是俸秩外給獐鹿百數皆取於民觀音奴奏罷之及伐宋與蕭撻凜爲先鋒降祁州下德清軍上加優賞同知南院事卒

耶律題子字勝隱北府宰相兀里之孫善射工畫保寧間爲御盞郎君九年奉使于漢具言兩國通好長久之計其主繼元深加禮重統和二年將兵與西邊詳穩耶律速撒討阤羅斤大破之四年宋將楊繼業陷山西城邑題子從北院樞密使耶律斜軫擊之敗賀令圖於定安授西南面招討都監宋兵守蔚州急召外援題子聞之夜伏兵道傍黎明宋兵果來過未半而擊之城中軍出斜軫復邀之兩軍俱潰奔飛狐地隘不得進殺傷甚衆賀令圖復集敗卒來襲蔚州題子逆戰破之應州守將自遁進圍寰州冒矢石登城宋軍大潰當斜軫擒繼業于朔州題子功居多是年冬復與蕭撻凜由東路擊宋俘獲甚衆後聞宋兵屯易州率兵逆之至易境而卒初題子破令圖宋將有因傷而仆題子繪其狀以示宋人咸嗟神妙

耶律諧理字烏古鄰突舉部人統和五年宋將楊繼業來攻山西諧理從耶律斜軫擊之常居先鋒偵候有功是歲伐宋宋人拒於滹沱河諧理率精騎便道先濟獲其將康保威以功詔世預節度使選太平元年稍遷本部節度使六年從蕭惠攻甘州不克會阻卜攻圍三剋軍諧理與都監耶律涅魯古往救至可敦城西南遇敵不能陣中流矢卒

耶律奴瓜字延寧太祖異母弟南府宰相蘇之孫有膂力善調鷹隼統和四年宋楊繼業來侵奴瓜爲黃皮室糺都監擊敗之盡復所陷城邑軍還加諸衞小將軍及伐宋有功遷黃皮室詳穩六年再舉將先鋒軍敗宋游兵于定州爲東京統軍使加金紫崇祿大夫從奚王和朔奴伐兀惹以戰失利削金紫崇祿階十九年拜南府宰相二十一年復伐宋擒其將王繼忠于望都俘殺甚衆以功加同政事門下平章事二十六年爲遼興軍節度使尋復爲南府宰相開泰初加尚父卒

蕭柳字徒門淳欽皇后弟阿古只五世孫幼養于伯父排押之家多知能文膂力絕人統和中叔父恒德臨終薦其才詔入侍衞十七年南伐宋將范庭召列方陣而待時皇弟隆慶爲先鋒問諸將佐誰敢當者柳曰若得駿馬則願爲之先隆慶授以甲騎柳攬轡謂諸將曰陣若動諸君急攻遂馳而前敵少却隆慶席勢攻之南軍遂亂中流矢裹創而戰衆皆披靡時排押留守東京奏柳爲四軍兵馬都指揮使明年爲北女直詳穩政濟寬猛部民畏愛遷東路統軍使秩滿百姓願留復任許之從伐高麗遇大蛇當路前驅者請避柳曰壯士安懼此拔劍斷蛇師還致仕柳好滑稽雖君臣燕飲詼諧無所忌時人比之俳優臨終謂人曰吾少有致君志不能直遂故以諧進冀萬有一補俳優名何避焉頃之被褻衣而坐呼曰吾去矣言訖而逝耶律觀音奴集柳所著詩千篇目曰歲寒集

高勳字鼎臣晉北平王信韜之子性通敏仕晉爲閤門使會同九年與杜重威來降太宗入汴授四方館使好結權貴能服勤大臣多推譽之天祿間爲樞密使總漢軍事五年劉崇遣使來求封冊詔勳冊崇爲大漢神武

皇帝應歷初封趙王出爲上京留守尋移南京會宋欲城益津數上書請假巡徼以援之帝然其奏宋遂不果城十七年宋略地益津關勲擊敗之知南院樞密事景宗卽位以定策功進王秦保寧中以南京郊內多隙地請疏畦種稻帝欲從之林牙耶律昆宣言於朝曰高勲此奏必有異志果令種稻以水爲畦設以京叛官軍何自而入帝疑之不納尋遷南院樞密使以毒藥餽駙馬都尉蕭啜里事覺流銅州尋又謀害尚書令蕭思溫詔獄誅之沒其産皆賜思溫家

奚和朔奴字籌寧奚可汗之裔保寧中爲奚六部長統和初皇太后稱制以耶律休哥領南邊事和朔奴爲南面行軍副部署四年宋曹彬米信等來侵和朔奴與休哥破宋兵于燕南手詔褒美軍還怙權撾無罪人李浩至死上以其功釋之冬南征將本部軍由別道進擊敵軍於狼山俘獲甚衆八年上表曰臣竊見太宗之時奚六部二宰相二常袞誥命大常袞班在酋長左右副常袞總知酋長五房族屬二宰相匡輔酋長建明善事今宰相職如故二常袞別無所掌乞依舊制從之十三年秋遷都部署伐兀惹駐于鐵驪林馬數月進至兀惹城利其俘掠請降不許令急攻之城中大恐皆殊死戰和朔奴知不能克從副部署蕭恒德議掠地東南循高麗北界而還以地遠糧絕士馬死傷詔降封爵卒子烏也郎君班詳穩

蕭塔列葛字雄隱五院部人八世祖只魯遥輦氏時嘗爲虞人唐安祿山來攻只魯戰于黑山之陽敗之以功爲北府宰相世預其選塔列葛仕開泰間累遷西南面招討使重熙十一年使西夏諭伐宋事約元昊出別道以會十二年改右夷离畢同知南京留守轉左夷离畢俄授東京留守以世選爲北府宰相卒

耶律撒合字率懶乙室部人南府宰相歐禮斯子天祿間始仕應歷中拜乙室大王兼知兵馬事乾亨初宋來侵詔以本部兵守南京與北院大王奚底統軍蕭討古等逆戰奚底等敗走獨撒合全軍還上諭之曰拒敵當如此卿勉之無憂不富貴加守太保統和間卒

論曰遼在統和間數舉兵伐宋諸將如耶律諧理奴瓜蕭柳等俱有降城擒將之功最後以蕭撻凜爲統軍直抵澶淵將與宋戰撻凜中弩我兵失倚和議始定或者天厭其亂使南北之民休息者耶

遼史卷八十六

元　中　書　右　丞　相　總　裁　脫　脫　等　修

列傳第十六

耶律合住　劉景
劉六符　耶律裹履
牛溫舒　杜防
蕭和尚特末　耶律合理只
耶律頗的

耶律合住字粘袞太祖弟迭剌之孫幼不好弄臨事明敏善談論初以近族入侍每從征伐有功保寧初加右龍虎衛上將軍以宋師屢梗南邊拜涿州刺史西南兵馬都監招安巡檢等使賜推忠奉國功臣合住久任邊防雖有克獲功然務鎭靜不妄生事以邀近功鄰壤敬畏屬部乂安宋數遣人結歡冀達和意合住表聞其事帝許議和安邊懷敵多有力焉拜左金吾衛上將軍秩滿遙攝鎭國軍節度使卒合住智而有文曉暢戎政鎭范陽時嘗領數騎徑詣雄州北門與郡將立馬陳兩國利害及周師侵邊本末辭氣慷慨左右壯之自是邊境數年無事議者以謂合住一言賢於數十萬兵

劉景字可大河間人四世祖怦卽朱滔之甥唐右僕射盧龍軍節度使父守敬南京副留守景資端厚好學能文燕王趙延壽辟爲幽都府文學應歷初遷右拾遺知制誥爲翰林學士九年周人侵燕留守蕭思溫上急變帝欲俟秋出師景諫曰河北三關已陷于敵今復侵燕安可坐視上不聽會父憂去未幾起復舊職一日召草赦既成留數月不出景奏曰唐制赦書日行五百里今稽期弗發非也上亦不報景宗卽位以景忠實擢禮部侍郎遷尚書宣政殿學士上方欲倚用乃書其笏曰劉景可爲宰相頃之爲南京副留守時留守韓匡嗣因扈從北上景與其子德讓共理京事俄召爲戶部使歷武定開遠二軍節度使統和六年致仕加兼侍中卒年六十七贈太子太師子愼行孫一德二玄三嘏四端五常六符皆具六符傳

劉六符父愼行由膳部員外郎累遷至北府宰相監修國史時上多卽宴飲行誅賞愼行諫曰以喜怒加威福恐未當帝悟諭政府自今宴飮有刑賞事翌日稟行爲都統伐高麗以失軍期下吏議貴乃免出爲彰武軍節度使賜保節功臣子六人一德二玄三嘏四端五常六符德早世玄終上京留守常歷三司使武定軍節度使嘏端符皆第進士嘏端俱尚主爲駙馬都尉三嘏獻聖宗一矢斃雙鹿賦上嘉其贍麗與公主不諧奔宋歸殺之四端以衛尉少卿使宋賀生辰方宴大張女樂竟席不顧人憚其嚴還拜樞密直學士六符有志操能文重熙初遷政事舍人擢翰林學士十一年與宣徽使蕭特末使宋索十縣地還爲漢人行宮副部署會宋遣使增歲幣以易十縣復與耶律仁先使宋定進貢名宋難之六符曰本朝兵强將勇海內共知人人願從事于宋若恣其俘獲以飽所欲與進貢字孰多況大兵駐燕萬一南進何以禦之顧小節忘大患悔將何及宋乃從之歲幣稱貢六符還加同中書門下平章事及宋幣至命六符爲三司使以受之六符與參知政事杜防有隙防以六符嘗受宋賂白其事出爲長寧軍節度使俄召爲三司使道宗卽位將行大冊禮北院樞密使蕭革曰行大禮備儀物必擇廣地莫若黃川六符曰不然禮儀國之大體帝王之樂不奏于野今中京四方之極朝覲各得其所宜中京行之上從其議尋以疾卒

耶律裹履字海隣六院夷离堇蒲古只之後風神爽秀工于畫重熙間累遷同知點檢司事駙馬都尉蕭胡覩爲夏人所執奉詔索之三返以歸轉永興宮使右祗候郎君班詳穩裹履將娶秦晉長公主孫其母與公主婢有隙謂裹履曰能去婢乃許爾婚裹履以計殺之婚成事覺有司以大辟論裹履善畫寫聖宗眞以獻得減坐長流邊戍復以寫眞召拜同知南院宣徽事使宋賀正爲宋主容以歸清寧間復使宋宋主賜宴瓶花隔面未得其眞陛辭僅一視及境以像示餞者駭其神妙聞重元亂不卽勤王賊平入賀帝責讓之宴酣顧裹履曰重元事成卿必得爲上客裹履大慙咸雍中加太子太師卒

牛溫舒范陽人剛正尚節義有遠器咸雍中擢進士第滯小官大安初累遷戶部使轉給事中知三司使事國民兼足上以爲能加戶部侍郎改三司使壽隆中拜參知政事兼同知樞密院事攝中京留守部民詣闕請眞拜從之召爲三司使乾統初復參知政事知南院樞密使事五年夏爲宋所攻來請和解溫舒與蕭得里底使宋方大燕優人爲道士裝索土泥藥爐優曰土少不能和溫舒遽起以手籍土懷之宋主問其故溫舒對曰臣奉天子威命來和若不從則當卷土收去宋人大驚遂許夏和還加中書令卒

杜防涿州歸義縣人開泰五年擢進士甲科累遷起居郎知制誥人以爲有宰相器太平中遷政事舍人拜樞密副使重熙九年夏人侵宋宋遣郭禎來告請與夏和上命防使夏解之如約罷兵各歸侵地拜參知政事韓紹芳劉六符忌之防待以誠十二年紹芳等罷愈見信任十二年拜南府宰相防生子帝幸其第賜名王門奴以進奏有誤出爲武定軍節度使十四年復召爲南府宰相二十一年秋祭仁德皇后詔儒臣賦詩防爲冠賜金帶道宗諒陰爲大行皇帝山陵使清寧二年上諭防曰朕以卿年老嗜酒不欲煩以劇務朝廷之事總綱而已頃之拜右丞相加尚父卒上歎悼不已賵贈加等官給葬具贈中書令謚曰元肅子公謂終南府宰相

蕭和尚字洪寧國舅大父房之後忠直多志畧開泰初補玉盞郎君尋爲內史太醫等局都林牙使宋賀正將宴典儀者告班節度使下和尚曰班次如此是不以大國之使相禮且以錦服爲貺如待蕃部若果如是吾不預宴宋臣不能對易以紫服位視執政使禮始定八年秋爲唐古部節度使卒弟特末

特末字何寧爲人機辨任氣太平中累遷安東軍節度使有能稱十一年召爲左祗候郎君班詳穩未幾遷左夷离畢重熙十年累遷北院宣徽使劉六符使宋索十縣故地宋請增銀絹十萬兩疋以易之歸稱旨加同政事門下平章事詔城西南澶底甸還復爲北院宣徽使卒

耶律合里只字特滿六院夷离菫蒲古只之後重熙中累遷西南面招討都監充宋國生辰使館于白溝驛宋宴勞優者嘲蕭惠河西之敗合里只曰勝負兵家常事我嗣聖皇帝俘石重貴至今輿中有石家寨惠之一敗何足較哉宋人慚服帝聞之曰優伶失辭何可傷兩國交好鞭二百免官清寧初起爲懷化軍節度使七年入爲北院大王封幽國公歷遼興軍節度使東北路詳穩加兼侍中致仕卒合里只明達勤恪懷柔有道置諸賓館及西邊營田皆自合里只發之

耶律頗的字撒版季父房奴瓜之孫孤介寡合重熙初補牌印郎君清寧初稍遷知易州去官部民請留許之咸雍八年改彰國軍節度使上獵大牢古山頗的謁于行宮帝問邊事對曰自應州南境至天池皆我耕牧之地清寧間邊將不謹爲宋所侵烽堠內移似非所宜道宗然之拜北面林牙後遣人使宋得其侵地命頗的往定疆界還拜南院宣徽使太康四年遷忠順軍節度使尋爲南院大王改同知南京留守事召拜南府宰相賜貞良功臣封吳國公爲北院樞密使廉謹奉公知無不

為大安中致仕卒子霞抹北院樞密副使

論曰耶律合住安邊講好養兵息民其慮深遠矣六符啓釁邀功豈國家之利哉牛杜頗的合里只輩銜命出使幸不辱命褭履殺人婢以求婚身負罪釁畫其主容以冀免死亦可醜也

遼史卷八十七

元 中 書 右 丞 相 總 裁 脫 脫 等 修

列傳第十七

蕭孝穆 撒八 孝友　孝先　蕭蒲奴

耶律蒲古　夏行美

蕭孝穆小字胡獨堇淳欽皇后弟阿古只五世孫父陶瑰為國舅詳穩孝穆廉謹有禮法統和二十八年累遷西北路招討都監開泰元年遙授建雄軍節度使加檢校太保是年术烈等變孝穆擊走之冬進軍可敦城阻卜結五羣牧長查剌阿覩等謀中外相應孝穆悉誅之迺嚴備禦以待餘黨遂潰以功遷九水諸部安撫使尋拜北府宰相賜忠穆熙霸功臣檢校太師同政事門下平章事八年還京師太平二年知樞密院事充漢人行宮都部署三年封燕王南京留守兵馬都總管九年大延琳以東京叛孝穆為都統討之戰于蒲水中軍稍却副部署蕭匹敵都監蕭蒲奴以兩翼夾擊賊潰追敗之于手山北延琳走入城深溝自衛孝穆圍之築重城起樓櫓使內外不相通城中撤屋以爨其將楊詳世等擒延琳以降遼東悉平改東京留守賜佐國功臣為政務寬簡撫納流徙其民安之興宗即位徙王秦尋復為南京留守重熙六年進封吳國王拜北院樞密使八年表請籍天下戶口以均徭役又陳諸部及舍利軍利害從之由是政賦稍平衆悅九年徙王楚時天下無事戶口蕃息上富于春秋每言及周取十縣慨然有南伐之志群臣多順旨孝穆諫曰昔太祖南伐終以無功嗣聖皇帝仆唐立晉後以重貴叛長驅入汴鑾馭始旋反來侵軼自後連兵二十餘年僅得和好蒸民樂業南北相通今國家比之曩日雖曰富強然勳臣宿將往往物故且宋人無罪陛下不宜棄先帝盟約時上意已決書奏不報以年老乞骸骨不許十一年復為北院樞密使更王齊薨追贈大丞相晉國王諡曰貞孝穆雖椒房親位高益畏太后有賜輒辭不受妻子無驕色與人交始終如一所薦拔皆忠直士嘗語人曰樞密選賢而用何事不濟若自親煩碎則大事凝滯矣自蕭合卓以吏才進其後轉効不知大體歎曰不能移風易俗偷安爵位臣子之道若是乎時稱為國寶臣目所著文曰寶老集二子阿剌撒八弟孝先孝忠孝友各有傳

撒八字周隱七歲以戚屬加左右千牛衛大將軍重熙初補祗候郎君性廉介風姿爽朗善毬馬馳射帝每燕飲喜諧謔撒八雖承寵顧常以禮自持時人稱之以柴冊禮恩加檢校大傳永興宮使總領左右護衛同知點檢司事尚魏國公主拜駙馬都尉為北院宣徽使仍總知朝廷禮儀重熙末出為西北路招討使武寧郡王居官以治稱清寧初薨年三十九追封齊王

孝先字延寧小字海里統和十八年補祗候郎君尚南陽公主拜駙馬都尉開泰五年為國舅詳穩將兵城東鄙還為南京統軍使太平三年為漢人行宮都部署尋加太子太傅五年遷上京留守以母老求侍復為國舅詳穩改東京留守會大延琳反被圍數月穴地而出延琳平留守上京十一年帝不豫欽哀召孝先總禁衛事興宗諒陰欽哀弒仁德皇后孝先與蕭浞卜蕭匹敵等謀居多及欽哀攝政遙授天平軍節度使加守司徒兼政事令重熙初封楚王為北院樞密使孝先以椒房親為太后所重在樞府好惡自恣權傾人主朝多側目二年太后與孝先謀廢立事帝知之勒衛兵出宮召孝先至諭以廢太后意孝先震懾不能對遷太后于慶州孝先恒鬱鬱不樂四年徙王晉後為南京留守卒謚忠肅

孝友字撻不衍小字陳留開泰初以戚屬為小將軍太平元年以大冊加左武衛大將軍檢校太保賜名孝友重熙元年累遷西北路招討使封蘭陵郡王八年進王陳先是蕭惠為招討使事以威制西羌諸夷多叛孝友下車厚加綏撫每入貢輒增其賜物羌人以安久之寖成姑息諸夷桀驁之風遂熾議者譏其過中十年加政事令賜効節宣庸定遠功臣更王吳後以葬兄孝穆孝忠還京師拜南院樞密使加賜翊聖協穆保義功臣進王趙拜中書令丁母憂起復北府宰相出知東京留守會伐夏孝友與樞密使蕭惠失利河南帝欲誅之太后救免復為東京留守徙王燕改上京留守更王秦清寧初加尚父頃之復留守東京明年復為北府宰相帝親製誥詞以褒寵之以柴冊恩遙授洛京留守益賜純德功臣致仕進封豐國王坐子胡覩首與重元亂伏誅年七十三胡覩在逆臣傳

蕭蒲奴字留隱奚王楚不寧之後幼孤貧傭于醫家牧牛傷人稼數遭笞辱醫者嘗見蒲奴熟寐有蛇遶身異之教以讀書聰敏嗜學不數年涉獵經史習騎射既冠意氣豪邁開泰間選充護衛稍進用俄坐罪黥流烏古部久之召還累任劇遷奚六部大王治有聲太平九年大延琳據東京叛蒲奴為都監將右翼軍遇賊戰蒲水中軍少却蒲奴與左翼軍夾攻之先據高麗女直要衝使不得求援又敗賊于手山延琳走入城蒲奴不介馬而馳追殺餘賊已而大軍圍東京蒲奴討諸叛邑平吼山賊延琳堅守不敢出既被擒蒲奴以功加兼侍中重熙六年改北阻卜副部署再授奚六部大王十五年為西南面招討使西征夏國蒲奴以兵二千據河橋聚巨艦數十艘仍作大鉤人莫測戰之日布舟于河綿亘三十餘里遣人伺上流有浮物輒取之大軍既失利蒲奴未知適有大木順流而下勢將壞浮梁斷歸路操舟者爭鉤致之橋得不壞明年復西征懸兵深入大掠而還復為奚六部大王致仕卒

耶律蒲古字提隱太祖弟蘇之四世孫以武勇稱統和初為涿州刺史從伐高麗有功開泰末為上京內客省副使太平二年城鴨淥江蒲古守之在鎮有治績五年改廣德軍節度使尋遷東京統軍使莅政嚴肅諸部懾服九年大延琳叛以書結保州夏行美執其人送蒲古蒲古入據保州延琳氣沮以功拜惕隱十一年為子鐵驪所弒

夏行美渤海人太平九年大延琳叛時行美總渤海軍于保州延琳使人說欲與俱叛行美執送統軍耶律蒲古又誘賊黨百人殺之延琳謀沮迺嬰城自守數月而破以功加同政事門下平章事錫賚甚厚明年擢忠順軍節度使重熙十七年遷副部署從點檢耶律義先討蒲奴里獲其酋陶得里以歸致仕卒上思其功遣使祭于家

論曰不有君子其能國乎方其擒延琳定遼東一時諸將之功偉矣宜其撫劒抵掌賈餘勇以威天下也蕭孝穆之諫南侵其意防何其弘遠歟是豈矇句語難者所能知哉至論移風俗為治之本親煩碎為失大臣體又何其深切著明也為國寶臣宜矣孝先預弒仁德之謀猶依城社以逃熏灌為國巨蠹雖功何議焉

遼史卷八十八

元 中 書 右 丞 相 總 裁 脫 脫 等 修

列傳第十八

蕭敵烈 拔剌　耶律盆奴

蕭排押 恒德 匹敵　耶律資忠

耶律瑤質　耶律弘古

高正　耶律的琭

大康乂

蕭敵烈字涅魯袞宰相撻烈四世孫識度弘遠為鄉里推重始為牛羣敵史帝聞其賢召入侍遷國舅詳穩統和二十八年帝謂羣臣曰高麗康肇弒其君誦立誦族兄詢而相之大逆也宜發兵問其罪羣臣皆曰可敵烈諫曰國家連年征討士卒抏敝況陛下在諒陰年穀不登創痍未復島夷小國城壘完固勝不為武萬一失利恐貽後悔不如遣一介之使往問其故彼若伏罪則已不然俟服除歲豐舉兵未晚時令已下言雖不行識者韙之明年同知左夷离畢事改右夷离畢開泰初率兵巡西邊時夷离堇部下閘撒狘撲里失室勃葛率部民遁敵烈追擒之令復業遷國舅詳穩從樞密使耶律世良伐高麗還加同政事門下平章事拜上京留守敵烈為人寬厚達政體廷臣皆謂有王佐才漢人行宮都部署王繼忠薦其材可為樞密使帝疑其黨而止為中京留守卒族子忽古有傳弟拔剌

拔剌字別勒隱多智善騎射開泰間以兄為右夷离畢始補郎君累遷奚六部禿里太尉太平末大延琳叛拔剌將北南院兵往討遇于蒲水南院兵少却至手山復與賊遇拔剌乃易兩院旗幟諜勇力戰破之上聞以手詔褒獎賜內廐馬重熙中遷四捷軍詳穩謝事歸鄉里數歲起為昭德軍節度使尋改國舅詳穩卒

耶律盆奴字胡獨堇惕隱涅魯古之孫景宗時為烏古部詳穩政尚嚴急民苦之有司以聞詔曰盆奴任方面寄以細故究問恐損威望尋遷馬羣太保統和十六年隱實燕軍之不任事者汰之二十八年駕征高麗盆奴為先鋒至銅州高麗將康肇分兵為三以抗我軍一營于州西據三水之會肇居其中一營近州之山一附城而營盆奴率耶律弘古擊破三水營擒肇李玄蘊等軍望風潰會大軍至斬三萬餘級追至開京破敵於西嶺高麗王詢聞邊城不守遁去盆奴入開京焚其王宮適撫慰其民人上嘉其功遷北院大王薨

蕭排押字韓隱國舅少父房之後多智略能騎射統和

初爲左皮室詳穩討阻卜有功四年破宋將曹彬米信兵于望都凡軍事有疑每預參決尋總永興宮分糺及舍利拽剌二皮室等軍與樞密使耶律斜軫收復山西所陷城邑是冬攻宋隸先鋒圍蒲城率所部先登拔之改南京統軍使尚衛國公主拜駙馬都尉加同政事門下平章事十三年歷北南院宣徽使條上時政得失及賦役法上嘉納焉十五年加政事令遷東京留守二十二年復攻宋將渤海軍下德清軍後蕭撻凜卒專任南面事宋和議成爲北府宰相聖宗征高麗將兵由北道進至開京西嶺破敵軍斬數千級高麗王詢懼奔平州排押入開京大掠而還帝嘉之封蘭陵郡王開泰二年以宰相知西南面招討使五年進王東平排押爲政寬裕而善斷諸部畏愛民以殷富時議多之七年再伐高麗至開京敵奔潰縱兵俘掠而還渡茶陀二河敵夾射排押委甲仗走坐是免官太平三年復王豳薨弟恒德

恒德字遜寧有膽略而善謀統和元年尚越國公主拜駙馬都尉遷南面林牙從宣徽使耶律阿沒里征高麗還改北面林牙會宋將曹彬米信侵燕耶律休哥與恒德議軍事多見信用爲東京留守六年上攻宋圍沙堆恒德獨當一面城上矢石如雨恒德意氣自若督將士奪其陴城陷中流矢太后親臨視賜藥攻長城口復先登太后益多其功時高麗未附恒德受詔率兵拔其邊城王始懼上表請降十二年八月賜啓聖竭力功臣從都部署和朔奴討兀惹未戰兀惹請降恒德利其俘獲不許兀惹死戰城不能拔和朔奴議欲引退恒德曰以彼偪疆吾奉詔來討無功而還諸部謂我何若深入多獲猶勝徒返和朔奴不得已進擊東南諸部至高麗北鄙比還道遠糧絕士馬死傷甚衆坐是削功臣號十四年爲行軍都部署伐蒲盧毛朶部還公主疾太后遣宮人賢釋侍之恒德私焉公主恚而薨太后怒賜死後追封蘭陵郡王子匹敵

匹敵字蘇隱一名昌裔生未月父母俱死育于禁掖既長尚秦晉王公主拜駙馬都尉爲殿前副點檢統和八年改北面林牙太平四年遷殿前都點檢出爲國舅詳穩九年渤海大延琳叛刼掠隣部與南京留守蕭孝穆往討孝穆欲全城降乃築重城圍之數月城中人陰來納款遂擒延琳東京平以功封蘭陵郡王十一年聖宗不豫先是欽哀與仁德皇后有隙以匹敵嘗爲后所愛忌之時護衛馮家奴上變誣弟泥卜與匹敵謀逆以皇后攝政徐議當立者公主竊聞其謀謂匹敵曰爾將無罪被戮與其死何若奔女直國以全其生匹敵曰朝廷詎肯以飛語害忠良寧死弗適他國及欽哀攝政殺之

耶律資忠字沃衍小字札剌系出仲父房兄國留善屬文聖宗重之時妻弟之妻阿古與奴通將奔女直國國留追及奴殺之阿古自經阿古母有寵于太后事聞太后怒將殺之帝度不能救遣人訣別問以後事國留謝曰陛下憫臣無辜恩漏九泉死且不朽既死人多冤之在獄著兎賦寤寐歌爲世所稱資忠博學工辭章年四十未仕聖宗知其賢召補宿衛數問以古今治亂資忠對無隱開泰中授中丞眷遇日隆初高麗內屬取女直六部地以賜至是貢獻不時至詔資忠往問故高麗無歸地意由是權貴數短於上出爲上京副留守四年再使高麗留弗遣資忠每懷君親輒有著述號西亭集帝與羣臣宴時一記憶曰資忠亦有此樂乎九年高麗上表謝罪始送資忠還帝郊迎同載以歸命大臣宴勞留禁中數日謂曰朕將屈卿爲樞密何如資忠對曰臣不才不敢奉詔乃以爲林牙知惕隱事初資忠在高麗也弟昭爲著帳郎君坐罪沒家產至是乃復橫帳且還舊產詔以外戚女妻之是時樞密使蕭合卓少師蕭把哥有寵資忠不肯俛附詆之帝怒奪官數歲出知來遠城事歷保定昭德二軍節度使聖宗崩表請會葬既至伏梓宮大慟曰臣幸遇聖明橫被搆譖不獲盡犬馬報氣絕而蘇興宗命醫治疾久之言國舅侍中無憂國心陛下不當復用唐景福舊號於是用事者惡之遣歸鎮卒弟昭有傳

耶律瑤質字拔里堇積慶宮人父侯古室韋部節度使瑤質篤學廉介有經世志統和十年累遷至積慶宮使聖宗嘗諭瑤質曰聞卿正直是以進用國有利害爾言宜無所隱由是所陳多見嘉納上征高麗破康肇軍于銅州瑤質之力爲多王詢乞降羣臣議皆謂宜納瑤質曰王詢始一戰而敗遽求納欵此詐耳納之恐墮其姦計待其勢窮力屈納之未晚已而詢果遁清野無所獲其衆阻險而壘攻之不下瑤質以計降之擢拜四蕃部詳穩時招討使耶律頗的爲總管瑤質恥居其下上表曰臣先朝舊臣今既垂老乞還新命覬得常侍左右帝曰朕不使汝久處是任且命無隸招討得專奏事到部戢暴懷善政績顯著卒于官

耶律弘古字盆納隱遙輦鮮質可汗之後統和初嘗以軍事任爲拽剌詳穩尋徙南京統軍使十三年狗地南鄙克敵於四岳橋斬首百餘級攻宋以戰功遷東京留守封楚國公後伐高麗副先鋒耶律盆奴擒康肇于銅州三十年西北部叛從南府宰相耶律奴瓜討之及典禁軍號令整肅諸部多降尋遷侍中卒

高正不知何郡人統和初舉進士第累遷樞密直學士上將伐高麗遣正先往諭意及還遷右僕射時高麗王詢表請入覲上許之遣正率騎兵千人迓之館于路爲高麗將卓思正所圍正以勢不可敵與麾下壯士突圍出士卒死傷者衆上悔輕發釋其罪明年遷工部侍郎爲北院樞密副使開泰五年卒

耶律的琭字耶寧仲父房之後習兵事爲左皮室詳穩統和二十八年伐高麗的琭率本部軍與盆奴等擒康肇李玄蘊于銅州帝壯之曰以卿英才爲國戮力眞吾家千里駒也乃賜御馬及細鎧明年爲北院大王出爲烏古敵烈部都詳穩年七十二卒

大康乂渤海人開泰間累官南府宰相出知黃龍府善綏撫東部懷服輸里底乃部長伯陰與輸烈比來附送于朝且言蒲盧毛朶界多渤海人乞取之詔從其請康乂領兵至大石河駞準城掠數百戶以歸未幾卒

論曰高句驪弒其君誦而立詢遼與問罪之師宜其箪食壺漿以迎除舍以待而迺乘險旅拒俾智者竭其謀勇者竭其力雖得其要領而顚躓獨居一海之中自若也豈服人者以德而不以力歟況乎殘毀其宮室係累其民人所謂以燕伐燕也歟嗚呼朱崖之棄捐之之力也敵烈之諫有焉

遼史卷八十八考證

耶律資忠傳高麗內屬取女直六部地詔資忠往問故四年再使高麗留弗遣九年高麗上表謝罪始送資忠還○臣長發按聖宗本紀資忠使高麗者再一是開泰二年六月還于八月一是開泰三年二月還于九年五月本傳誤三年爲四年

遼史卷八十九

元中書右丞相總裁脫脫等修

列傳第十九

耶律庶成 庶箴 蒲魯　楊皙　耶律韓留　楊佶　耶律和尚

耶律庶成字喜隱小字陳六季父房之後父吳九檢校太師庶成幼好學書過目不忘善遼漢文字於詩尤工重熙初補牌印郎君累遷樞密直學士與蕭韓家奴各進四時逸樂賦帝嗟賞初契丹醫人鮮知切脈審藥上命庶成譯方脈書行之自是人皆通習雖諸部族亦知醫事時入禁中參決疑議偕林牙蕭韓家奴等撰實錄及禮書與樞密副使耶律德儈定法令上詔庶成曰方今法令輕重不倫法令者爲政所先人命所繫不可不愼卿其審度輕重從宜修定庶成參酌古今刊正訛謬成書以進帝覽而善之庶成方進用爲妻胡篤所誣以罪奪官紬爲庶耶律使吐蕃凡十二年清寧間始歸帝知其誣詔復本族仍還所奪官卒庶成嘗謂林牙蕭善卜者胡呂古卜曰官止林牙因妻得罪及置於理法當離婚胡篤適有娠至期不產而死剖視之其子以手抱心識者謂誣夫之報有詩文行于世弟庶箴

庶箴字陳甫善屬文重熙中爲本族將軍咸雍元年同知東京留守事俄徙烏衍突厥部節度使九年知薊州事明年遷都林牙上表乞廣本國姓氏曰我朝創業以來法制修明惟姓氏止分爲二耶律與蕭而已始太祖制契丹大字取諸部鄉里之名續作一篇著于卷末臣請推廣之使諸部各立姓氏庶男女婚媾有合典禮帝以舊制不可遽釐不聽太康二年出耶律乙辛爲中京留守庶箴與耶律孟簡表賀頃之乙辛復爲樞密使專權恣虐庶箴私見乙辛泣曰前抗表非庶箴之願也乙辛信其言乃得自安聞者鄙之八年致仕卒子蒲魯

蒲魯字乃展幼聰悟好學甫七歲能誦契丹大字習漢文未十年博通經籍重熙中舉進士第主文以國制無契丹試進士之條聞于上以庶箴擅令子就科目鞭之二百尋命蒲魯爲牌印郎君應詔賦詩立成以進帝嘉賞顧左右曰文才如此必不能武事蒲魯奏曰臣自蒙義方兼習騎射在流輩中亦可周旋帝未之信會從獵三矢中三兎帝奇之轉通進是時父庶箴嘗寄戒諭詩蒲魯答以賦衆稱其典雅寵遇漸隆清寧初卒

楊皙字昌時安次人幼通五經大義聖宗聞其頴悟詔

試詩授秘書省校書郎太平十一年擢進士乙科爲著作佐郎重熙十二年累遷樞密都承旨權度支使登對稱旨進樞密副使歷長寧軍節度使山西路轉運使知興中府清寧初入知南院樞密使與姚景行同總朝政請行柴冊禮封趙國公以足疾復知興中府咸雍初徙封齊召賜同德功臣尚書左僕射兼中書令拜樞密使改封晉給宰相樞密使兩廳傔從封趙王屢請歸政益賜保節功臣致仕太康五年例改遼西郡王薨

耶律韓留字速寧仲父隋國王之後有明識篤行義舉止嚴重工爲詩統和間召與御院通進開泰三年稍遷烏古敵烈部都監俄知詳穩事敵烈部叛將宮分軍從樞密使耶律世良討平之加千牛衞大將軍重熙元年累遷至同知上京留守改奚六部禿里太尉性不苟合爲樞密使蕭解里所忌上欲召用韓留解里言目病不能視議遂寢四年召爲北面林牙帝曰朕早欲用卿聞有疾故待之至今韓留對曰臣昔有目疾才數月耳然亦不至于昏第臣駑拙不能事權貴是以不獲早覲天顏非陛下聖察則愚臣豈有今日耶詔進述懷詩上嘉歎方將大用卒

楊佶字正叔南京人幼穎悟異常讀書自能成句識者奇之弱冠聲名籍甚統和二十四年舉進士第一歷校書郎大理正開泰六年轉儀曹郎典掌書命加諫議大夫出知易州治尚清簡徵發期會必信人爲大理少卿累遷翰林學士文章號得體八年燕地饑疫民多流殍以佶同知南京留守事發倉廩振乏絕貧民鬻子者計傭而出之宋遣梅詢賀千齡節詔佶迎送多唱酬詢每見稱賞復爲翰林學士重熙元年歷翰林學士承旨丁母憂起復工部尚書歷中順軍節度使朔武等州觀察處置使天德軍節度使加特進檢校太師同中書門下平章事復拜參知政事兼知南院樞密使十五年出爲武定軍節度使境內亢旱苗稼將槁視事之夕雨澤霑足百姓歌曰何以蘇我上天降雨誰其撫我楊公爲主灤陽水失故道歲爲民害乃以己俸創長橋人不病涉及被召郡民攀轅泣送上御清涼殿宴勞之卽日除吏部尚書兼門下侍郎同中書門下平章事上曰卿今日何減呂望之遇文王佶對曰呂望比臣遭際有十年之晚上悅其居相位以進賢爲己任事總大綱責成百司人人樂爲之用三請致政許之月給錢粟傔隷四時遣使存問卒有登瀛集行于世

耶律和尚字特抹系出季父房善滑稽重熙初補祗候郎君時帝篤于親親凡三父之後皆序父兄行第於和尚尤狎愛然每侍宴飲雖詼諧未嘗有一言之過由是上益重之歷積慶永興宮使累遷至同知南院宣徽使事南面林牙十六年出爲懷化軍節度使俄召爲御史大夫二十三年因大冊加天平軍節度使檢校太師從中京路案問使卒和尚雅有美行數以財恤親友人皆愛重然嗜酒不事事以故不獲柄用或以爲言答曰吾非不知顧人生如風燈石火不飲將何爲晚年沈湎尤甚人稱爲酒仙云

論曰庶成定法令治民者不容高下其手庶箴雖嘗表請廣姓氏以秩典禮其隨勢俯仰則有愧於其子蒲魯矣楊晳爲上寵遇迭封王爵而功業不少槩見然得愛民治國之要其楊佶哉

遼史卷九十

元　中書右丞相總裁脫脫等修

列傳第二十

蕭阿剌　耶律義先
信先　蕭陶隗
蕭塔剌葛　耶律敵祿

蕭阿剌字阿里懶北院樞密使孝穆之子也幼養宮中興宗尤愛之重熙六年爲弘義宮使累遷同知北院樞密使加同中書門下平章事出爲東京留守二十一年拜西北路招討使封西北郡王尋尚秦晉國王公主拜駙馬都尉清寧元年遺詔拜北府宰相兼南院樞密使進王韓明年改北院樞密使徙王陳與蕭革同掌國政革諂諛不法阿剌爭之不得告歸上由此惡之除東京留守會行瑟瑟禮入朝陳時政得失革以事中傷帝怒縊殺之皇太后營救不及大慟曰阿剌何罪而遽見殺帝乃優加賻贈葬乾陵之赤山阿剌性忠果曉世務有經濟才議者以謂阿剌若在無重元乙辛之亂

耶律義先于越仁先之弟也美風姿舉止嚴重重熙初補祗候郎君班詳穩十三年車駕西征爲十二行糺都監戰功最改南院宣徽使時蕭革同知樞密院事席寵擅權義先疾之因侍讌言于帝曰革狡佞喜亂一朝大用必誤國家言甚激切不納它日侍宴上命羣臣博負者罰一巨觥義先當與革對憮然曰臣縱不能進賢退不肖安能與國賊博哉帝止之曰卿醉矣義先厲聲詬不已上大怒賴皇后救得解翌日上謂革曰義先無禮當黜之革對曰義先天性忠直今以酒失而出誰敢言人之過上謂革忠直益加信任義先鬱鬱不自得然議事未嘗少沮又於上前博義先祝曰向言人過且犯天威今日一擲可表愚款俄得堂印上愕然十六年爲殿前都點檢討蒲奴里多所招降獲其酋長陶得里以歸手詔褒獎以功改南京統軍使封武昌郡王奏請統軍司錢營息以贍貧民未朞軍器完整民得休息二十一年拜惕隱進王富春薨年四十二義先常戒其族人曰國中三父房皆帝之昆弟不孝不義尤不可爲其接下無貴賤賢否皆與均禮其妻晉國長公主之女每遇中表親非禮服不見故內外多化之清寧間追贈許王弟信先

信先興宗以其父瑰引爲剌血友幼養于宮善騎射重熙十四年爲左護衞太保同知殿前點檢司事十八年兼右祗候郎君班詳穩上問所欲信先曰先臣瑰引與陛下分如同氣然不及王封儻使蒙恩地下臣願畢矣上曰此朕遺忘之過追封燕王是年從蕭惠伐夏敗於河南例被責清寧初爲南面林牙卒

蕭陶隗字烏古鄰宰相轄特六世孫剛直有威重咸雍初任馬羣太保素知羣牧名存實亡悉閱舊籍除其羸病錄其實數牧人畏服陶隗上書曰羣牧以少爲多以無爲有上下相蒙積弊成風不若括見眞數著爲定籍公私兩濟從之畜產歲以蕃息太康中累遷契丹行宮都部署上嘗謂羣臣曰北樞密院軍國重任久闕其人耶律阿思蕭斡特剌二人孰愈羣臣各譽所長陶隗獨默然上問卿何不言陶隗曰訛特剌懦而敗事阿思有才而貪將爲禍基不得已而用敗事猶勝基禍上曰陶隗雖魏徵不能過但恨吾不及太宗爾然竟以阿思爲樞密使由是阿思銜之九年西圉不寧阿思奏曰邊隅事大可擇重臣鎭撫上曰陶隗何如阿思曰誠如聖旨遂拜西南面招討使阿思陰與蕭阿忽帶誣奏賊掠漢南牧馬及居民畜產陶隗不急追捕罪當死詔免官久之起爲塌母城節度使未行疽發背卒陶隗負氣怒則須髯輒張每有大議必毅然決之雖上有難色未嘗遂已見權貴無少屈竟爲阿思所陷時人惜之二子曰圖木轄式阿思死始獲進用

蕭塔剌葛字陶哂六院部人素剛直太祖時坐叔祖臺哂謀殺于越釋魯沒入弘義宮世宗卽位以舅氏故出其籍補國舅別部敞史或言泰寧王察割有無君心塔剌葛曰彼縱忍行不義人孰肯從他日侍宴酒酣塔剌葛捉察割耳強飲之曰上固知汝傲狠然以國屬曲加矜憫使汝在左右且度汝才何能爲若長惡不悛徒自取赤族之禍察割不能答強笑曰何戲之虐也天祿末塔剌葛爲北府宰相及察割作亂塔剌葛醉詈曰吾悔不殺此逆賊尋爲察割所害

耶律敵祿字陽隱孟父楚國王之後性質直多膂力察割作亂敵祿聞之入見壽安王慷慨言曰願得精兵數百破賊黨王嘉其忠穆宗卽位爲北院宣徽使上以飛狐道狹詔敵祿廣之明年將兵援河東至太原與漢王會于高平擊周軍敗之仍降其衆忻代二州叛將兵討之會耶律撻烈至敗周師於忻口師還卒

論曰忠臣惟知有國而不知有身故惡惡不避其患阿剌以諂諛不法折蕭革陶隗以用必基禍言阿思塔剌葛以忍行不義徒自取赤族之罪責察割其心可謂忠矣言一出而禍輒隨之吁邪正既不辨國焉得無亂哉

遼史卷九十一

元　中書右丞相總裁脫脫等修

列傳第二十一

耶律韓八　耶律唐古　蕭朮哲 藥師奴
耶律玦　耶律僕里篤

耶律韓八字嘲隱倜儻有大志北院詳穩古之五世孫太平中游京師寓行宮側惟囊衣匹馬而已帝微服出獵見而問之曰汝爲何人韓八初不識漫應曰我北院部人韓八來覓官耳帝與語知有長才陰識之會北院奏南京疑獄久不決帝召韓八馳驛審錄舉朝皆驚韓八量情處理人無冤者上嘉之籍羣牧馬闕其二同事者考尋不已韓八略不加詰卽先馳奏帝益信任景福元年爲左夷离畢徙北面林牙眷遇優異重熙六年改北院大王政務寬仁復爲左夷离畢十二年再爲北院大王入朝帝從容謂曰卿守邊任重當實府庫振貧乏以報朕旣受詔愈竭忠謹知無不言便益爲多卒年五十五上聞悼惜死之日篋無舊蓄櫪無新衣遣使弔祭給葬具韓八平居不屑細務喜慍不形嘗失所乘馬家僮以同色者代之數月不覺

耶律唐古字敵隱于越屋質之庶子廉謹善屬文統和

二十四年遣屋質安民治盜之法以進補小將軍遷西南面巡檢歷豪州刺史唐古部詳穩嚴立科條禁姦民鬻馬於宋夏界因陳弭私販安邊境之要太后嘉之詔邊境遵行著爲令朝議欲廣西南封域黑山之西綿亘數千里唐古言戍壘太遠卒有警急赴援不及非良策也從之西蕃來侵詔議守禦計命唐古勸督耕稼以給西軍田于臚朐河側是歲大熟明年移屯鎭州凡十四稔積粟數十萬斛斗米數錢重熙間改隗衍党項部節度使先是築可敦城以鎭西域諸部縱民畜牧反招寇掠重熙四年上疏曰自建可敦城巳來西蕃數爲邊患每煩遠戍歲月既久國力耗竭不若復守故疆省罷戍役不報是年致仕乞勒其父屋質功于石帝命耶律庶成製文勒石上京崇孝寺卒年七十八

蕭朮哲字石魯隱孝穆弟高九之子以戚屬加監門衞上將軍重熙十三年將衞兵討李元昊有功遷興聖宮使蒲奴里部長陶得里叛朮哲爲統軍都監從都統耶律義先擊之擒陶得里朮哲與義先不協誣義先罪免官稍遷西南面招討都監坐事下獄以太后言杖而釋之清寧初爲國舅詳穩西北路招討使私取官粟三百斛及代留畜産令主者鬻之以償後族弟胡覩到部發其事帝怒決以大杖免官尋起爲昭德軍節度使徵爲北院宣徽使九年上以朮哲先爲招討威行諸部復爲西北路招討使訓士卒增器械省追呼嚴號令人不敢犯邊境晏然十年入朝封柳城郡王咸雍二年拜北府宰相爲北院樞密使耶律乙辛所忌誣朮哲與護衞蕭忽古等謀害乙辛詔獄無狀罷相出鎭順義軍卒追王晉宋梁三國姪藥師奴

藥師奴幼穎悟謹禮法補祗候郎君太康中爲興聖宮使累遷同知殿前點檢司事上嘉其宿衞嚴肅遷右夷离畢夏王李乾順爲宋所攻求解帝命藥師奴持節使宋請罷兵通好宋從之拜南面林牙改漢人行宮副部署乾統初出爲安宋軍節度使卒

耶律玦字吾展遙輦鮮質可汗之後重熙初召修國史補符寶郎累遷知北院副部署事入見太后后顧左右曰先皇謂玦必爲偉人果然除樞密副使出爲西南面招討都監歷同簽南京留守事南面林牙皇弟秦國王爲遼興軍節度使以玦同知使事多所匡正十年復爲樞密副使咸雍初兼北院副部署及秦國王爲西京留守請玦爲佐從之歲中獄空者三名爲孟父房敞穩玦不喜貨殖帝知其貧賜宮戶十嘗謂宰相曰契丹忠正無如玦者漢人則劉伸而已然熟察之玦優於伸先是西北諸部久不能平上遣玦問狀執弛慢者痛繩之以酒疾卒

耶律僕里篤字燕隱六院林牙突呂不也四世孫開泰間爲本班郎君有捕盜功樞密使蕭朴薦之遷率府率太平中同知南院宣徽事累遷彰聖軍節度使十六年知興中府以獄空聞十八年伐夏攝西南面招討使十九年夏人侵金肅軍敗之斬首萬餘級加右武衞上將軍時近邊羣牧數被寇掠遷倒塌嶺都監以治之桴鼓不鳴二十年知金肅軍事宰相趙惟節總領邊城橋道芻粟請貳帝命僕里篤副之以稱職聞清寧初歷長寧匡義二軍節度使致仕咸雍間卒子阿固質終倒塌嶺都監

論曰韓八因帝徵行才始見售及任以事落落知大體不負上之知矣唐古朮哲經略西北邊勸農積粟訓練士卒敵人不敢犯玦以忠直見稱於上僕里篤以幹敏爲宰相佐在鎭俱以獄空聞之數人者豈特甲冑之士亦李牧程不識之亞歟

遼史卷九十二

元中書右丞相總裁脫脫等修

列傳第二十二

蕭奪剌　蕭普達　耶律侯哂　耶律古昱
耶律獨攧　蕭韓家　蕭烏野

蕭奪剌字挼懶遙輦洼可汗宮人祖涅魯古北院樞密副使父撒抹字胡獨堇重熙初補祗候郎君累遷北面林牙十九年從耶律宜新蕭蒲奴伐夏至蕭惠敗績之地獲偵候者知人煙聚落多國人陷没而不能還者盡俘以歸拜大父敞穩知山北道邊境事清寧初歷西南面西北路招討使加同中書門下平章事卒奪剌體貌豐偉騎射絕人由祗候郎君陞漢人行宮副部署後爲烏古敵烈統軍使克敵有功加龍虎衞上將軍授西北路招討使因陳北邊利害請以本路諸部與倒塌嶺統軍司連兵屯戍再表不納改東北路統軍使乾統元年以久練邊事復爲西北路招討使北阻卜耶覩刮率鄰部來侵奪剌逆擊追奔數十里二年乘耶覩刮無備以輕騎襲之獲馬萬五千疋牛羊稱是先是有詔方面無事招討副統軍都監內一員入覲是時同僚皆闕奪剌以軍事付幕吏而朝坐是免官改西京留守復爲東北路統軍卒于官

蕭普達字彌隱統和初爲南院承旨開泰六年出爲烏古部節度使七年敵烈部叛討平之徙烏古敵烈部都監遣敵烈騎卒取北阻卜名馬以獻賜詔褒獎重熙初改烏古敵烈部都詳穩討諸蕃有功普達深練邊事能以悅使人有所俘獲悉散麾下由是大得衆心歷西南面招討使党項叛入西夏普達討之中流矢歿于陣帝聞惜之賻贈加厚

耶律侯哂字禿寧北院夷离堇蒲古只之後祖査只北院大王父忽古黃皮室詳穩侯哂初爲西南巡邊官以廉潔稱累遷南京統軍使尋爲北院大王重熙十一年党項部人多叛入西夏侯哂受詔巡西邊沿河要地多建城堡以鎭之徙東京留守十三年與知府蕭歐里斯討蒲盧毛朶部有功加兼侍中致仕卒

耶律古昱字磨魯堇北院林牙突呂不四世孫有膂力工馳射開泰間爲烏古敵烈部都監會部人叛從樞密使耶律世良討平之以功詔鎭撫西北部教以種樹畜牧不數年民多富實中京盜起命古昱爲巡邏使悉擒之上親征渤海將黃皮室軍有破敵功累遷御史中丞尋授開遠軍節度使徙鎭歸德二十一年改天成軍節度使卒于官年七十贈同中書門下平章事二子宜新兀没宜新重熙間從蕭惠討西夏惠敗績宜新一軍獨全拜北院大王兀没太康三年爲漢人行宮副部署乙辛誣害太子詞連兀没帝釋之是秋乙辛復奏與蕭楊九私議宮壼事被害乾統間贈同中書門下平章事

耶律獨攧字胡獨堇太師古昱之子重熙初爲左護衞將禁兵從伐夏有功授十二行糺司徒再舉伐夏獨攧括山西諸郡馬還遷拽剌詳穩西南未平命獨攧同知金肅軍事夏人來侵擊敗之進涅剌奧隗部節度使清寧元年召爲皇太后左護衞太保四年改寧遠軍節度使東路饑奏振之歷五國烏古部遼興軍三鎭節度使四捷軍詳穩太康元年卒追贈同中書門下平章事子阿思有傳

蕭韓家國舅之族姓端簡謹愿動循禮法清寧中爲護衞太保太康二年遷知北院樞密副使三年經畫西南邊天池舊塹立堡砦正疆界刻石而還爲漢人行宮都部署是年秋獵墮馬卒

蕭烏野字草隱其先出興聖宮分觀察使塔里直之孫也性孝悌尚禮法雅爲鄉黨所稱重熙中補護衞與宗見其勤恪遷護衞太保佐耶律仁先平重元亂以功加團練使時敵烈部數爲鄰部侵擾民多困弊命烏野爲敵烈部節度使恤困窮省徭役不數月部人以安尋以母老歸養于家母亡尤極哀毀服闋歷官興聖延慶二宮使卒

論曰烏古敵烈大部也奪剌爲統軍克敵有功普達居詳穩悅以使人西北重鎭也侯哂巡邊以廉稱古昱鎭撫而民富獨攧駐金肅而夏人不敢東獵噫部人內附方面以寧雖朝廷處置得宜而諸將之力抑亦何可少哉

遼史卷九十三

元中書右丞相總裁脫脫等修

列傳第二十三

蕭惠 慈氏奴　蕭迂魯 鐸盧斡　蕭圖玉
耶律鐸軫

蕭惠字伯仁小字脫古思淳欽皇后弟阿古只五世孫初以中宮親爲國舅詳穩從伯父排押征高麗至奴古達北嶺高麗阻險以拒惠力戰破之及攻開京以軍律整肅聞授契丹行宮都部署開泰二年改南京統軍使未幾爲右夷离畢加同中書門下平章事朝議以遼東重地非勳戚不能鎭撫乃命惠知東京留守事改西北路招討使封魏國公太平六年討回鶻阿薩蘭部徵兵諸路獨阻卜酋長直剌後期立斬以狥進至甘州攻圍三日不克而還時直剌之子聚兵來襲阻卜酋長烏八密以告惠未之信會西阻卜叛襲三克軍都監涅魯古突舉部節度使諧里阿不呂等將兵三千來救遇敵于可敦城西南諸理阿不呂戰歿士卒潰散惠倉卒列陣敵出不意攻我營衆請乘時奮擊惠以我軍疲敝未可用弗聽烏八請以夜斫營惠又不許阻卜歸惠乃設伏兵擊之前鋒始交敵敗走惠爲招討累年屢遭侵掠士馬疲困七年左遷南京侍衞親軍馬步軍都指揮使尋遷南京統軍使興宗卽位知興中府歷順義軍節度使東京留守西南面招討使加開府儀同三司檢校太師兼侍中封鄭王賜推誠協謀竭節功臣重熙六年復爲契丹行宮都部署加守太師徙王趙拜南院樞密使更王齊是時帝欲一天下謀取三關集羣臣議惠曰兩國疆弱聖慮所悉宋人西征有年師老民疲陛下親率六軍臨之其勝必矣蕭孝穆曰我先朝與宋和好無罪伐之其曲在我況勝敗未可逆料願陛下熟察帝從惠言遹遣使索宋十城會諸軍于燕惠與太弟帥師壓宋境

宋人重失十城增歲幣請和惠以首事功進王韓十二年兼北府宰相同知元帥府事又爲北樞密使十三年夏國李元昊誘山南党項諸部帝親征元昊懼請降惠曰元昊忘奕世恩萌姦計車駕親臨不盡歸所掠天誘其衷使彼來迎天與不圖後悔何及帝從之詰旦進軍夏人列拒馬于河西蔽盾以立惠擊敗之元昊走惠麾先鋒及右翼邀之夏人千餘潰圍出我師逆擊大風忽起飛沙眯目軍亂夏人乘之蹂踐而死者不可勝計詔班師十七年尚弟姊秦晉國長公主拜駙馬都尉明年帝復征夏國惠自河南進戰艦糧船綿亘又百里既入敵境偵候不遠鎧甲載于車軍士不得乘馬諸將咸請備不虞惠曰諒祚必自迎車駕何暇及我無故設備徒自弊耳數日我軍未營候者報夏師至惠方詰妄言罪諒祚軍從阪而下惠與麾下不及甲而走追者射惠幾不免軍士死傷尤衆師還以惠子慈氏奴歿于陣詔釋其罪十九年請老詔賜肩輿入朝策杖上殿辭章再上乃許之封魏國王詔冬夏赴行在參決疑議既歸遺賜湯藥及他賜賚不絕每生日輒賜詩以示尊寵清寧二年薨年七十四遺命家人薄葬訃聞輟朝三日惠性寬厚自奉儉薄興宗使惠恣取珍物惠曰臣以戚屬據要地祿足養廉奴婢千餘不爲闕乏陛下猶有所賜貧於臣者何以待之帝以爲然故爲將雖數敗朝不之罪也弟虛列武定軍節度使二子慈氏奴兀古匿兀古匿終北府宰相慈氏奴字寧隱太平初以戚屬補祗候郎君上愛其勤愼陞閘撒狘加右監門衞上將軍西邊有警授西北路招討都監領保大軍節度使政濟恩威諸部悅附入爲殿前副點檢歷烏古敵烈部詳穩征李諒祚爲統軍都監與西北路招討使敵魯古率蕃部諸軍由北路趨涼州獲諒祚親屬夏人扼險以拒慈氏奴中流矢卒年五十一贈中書門下平章事

蕭迂魯字胡突堇五院部人父約質歷官節度使迂魯重熙間爲牌印郎君清寧九年國家既平重元之亂其黨郭九等亡詔迂魯追捕獲之遷護衞太保咸雍元年使宋議邊事稱旨知殿前副點檢事五年阻卜叛爲行軍都監擊敗之俘獲甚衆初軍出止給五月糧過期糧乏士卒往往叛歸迂魯坐失計免官降戍西北部未行會北部兵起迂魯將烏古敵烈兵擊敗之每戰以身先緣是釋前罪命總知烏古敵烈部九年敵烈叛都監耶律獨迭以兵少不戰屯臚朐河敵烈合邊人掠居民迂魯率精騎四百力戰敗之盡獲其輜重織閭酋長合朮三千餘騎掠附近部落縱兵躡其後連戰二日斬數千級盡得被掠人畜而還偵敵烈黨五百餘騎劫捕鷹戶逆擊走之俘斬甚衆自是敵烈勢沮時敵烈方爲邊患而阻卜相繼寇掠邊人以故疲獘朝廷以地遠不能時益援軍而使疆圉帖然者皆迂魯力也帝嘉其功拜左皮室詳穩會宋求天池之地詔迂魯兼統兩皮室軍屯太牢古山以備之太康初阻卜叛遷西北招討都監從都統耶律趙三征討有功改南京統軍都監黄皮室詳穩未幾遷東北路統軍都監卒弟鐸盧斡

鐸盧斡字撒板幼驚悟異常兒三歲失母哭盡哀見者傷之及長魁偉沉毅好學善屬文有才幹年三十始仕爲朝野推重給事北院知聖旨事太康二年乙辛再入樞府鐸盧斡素與蕭巖壽善誣以罪謫戍西北部坐皇太子事特恩減死仍錮終身在戍十餘年太子事稍直始得歸鄉里屏居謝人事一日臨流聞雉鳴三復孔子時哉語作古詩三章見志當時名士稱其高情雅韻不減古人壽隆六年卒年六十一乾統初贈彰義軍節度使

蕭圖玉字兀衍北府宰相海瓈之子統和初皇太后稱制以戚屬入侍尋爲烏古部都監討速母縷等部有功遷烏古部節度使十九年總領西北路軍事後以本路兵伐甘州降其酋長牙懶既而牙懶復叛命討之克肅州盡遷其民于土隗口故城師還詔尚金鄉公主拜駙馬都尉加同政事令門下平章事上言曰阻卜今已服化宜各分部治以節度使上從之自後節度使往往非材部民怨而思叛開泰元年七月石烈太師阿里底殺其節度使西奔窩魯朶城蓋古所謂龍庭單于城也已而阻卜復叛圍圖玉于可敦城勢甚張圖玉使諸軍齊射却之屯于窩魯朶城明年北院樞密使耶律化哥引兵來救圖玉遣人誘諸部皆降帝以圖玉始雖失計後得人心釋之仍領諸部請益軍詔讓之曰叛者既服兵安用益且前日之役死傷甚衆若從汝謀邊事何時而息遂止會公主坐殺家婢降封郡主圖玉罷使相尋起爲烏古敵烈部詳穩以老代還卒子雙古南京統軍使孫訛篤斡尚三韓郡王合魯之女骨浴公主終烏古敵烈部統軍使以善戰名于世

耶律鐸軫字敵輦積慶宮人仕統和間性疎簡不顧小節人初以是短之後侵宋分總龕師以從及戰取緋帛被介胄以自標顯馳突出入敵陣格殺甚衆太后望見喜召謂之曰卿戮力如此何患不濟厚賞之由是多以軍事屬任俄授東北詳穩開泰二年進討阻卜克之重熙間歷東路統軍使天德軍節度使十七年城西邊命鐸軫相地及造戰艦因成樓船百三十艘上置兵下立馬規制堅壯稱旨及西征詔鐸軫率兵由別道進會于河濱敵兵阻河而陣帝御戰艦絕河擊之大捷而歸親賜巵酒仍問所欲鐸軫對曰臣幸被聖恩得効駑力萬死不能報國又將何求帝愈重之手書鐸軫衣裾曰勤國忠君舉世無雙卒于官年七十子低烈歷觀察節度使

論曰劫遼之謀復三關也蕭惠贊伐宋之舉而宋人增幣請和狃於一勝移師西夏而勇智俱廢敗潰隨之豈非貪小利迷遠圖而然況所得不償所亡利果安在哉同時諸將撫綏邊圉若迂魯忠勤不伐鐸軫高情雅韻鐸盧斡雖廉不逮蕭惠而無邀功啓釁之罪亦庶乎君子之風矣

遼史卷九十四

元中書右丞相總裁脫脫等修

列傳第二十四

耶律化哥　耶律斡臘　耶律速撒

蕭阿魯帶　耶律那也　耶律何魯掃古

耶律世良

耶律化哥字弘隱孟父楚國王之後善騎射乾亨初爲北院林牙統和四年南侵宋化哥擒諜者知敵由海路來襲即先據平州要地事平拜上京留守遷北院大王十六年復侵宋爲先鋒破敵于遂城以功遷南院大王尋改北院樞密使開泰元年伐阻卜阻卜棄輜重遁走俘獲甚多帝嘉之封豳王後邊吏奏自化哥還闕糧乏馬弱勢不可守上復遣化哥經略西境化哥與邊將深入聞蕃部逆命居翼只水化哥徐以兵進敵望風奔潰獲羊馬及輜重路由白拔烈遇阿薩蘭回鶻掠之都監裹里繼至謂化哥曰君誤矣此部實効順者化哥悉還所俘諸蕃由此不附上使案之削王爵以侍中遙領大同軍節度使卒

耶律斡臘字斯寧奚迭剌部人趫捷有力善騎射保寧初補護衞車駕獵頡山適豪猪伏叢莽帝射中猪突出御者托滿拾轡而避廐人鶻骨翼之斡臘復射而斃帝嘉賞及獵赤山適奔鹿奮角突前路隘不容避垂犯蹕斡臘以身當之鹿觸而顚帝謂曰朕冒獵兩瀕于危賴卿以免始見爾心遷護衞太保從樞密使耶律斜軫破宋將楊繼業軍于山西統和十三年秋爲行軍都監從都部署奚王和朔奴伐兀惹烏昭度數月至其城昭度請降和朔奴利其俘掠令四面急攻昭度率衆死守隨方捍禦依埤堄虛構戰棚誘我軍登陴俄撤枝柱登者盡覆和朔奴知不能下欲退蕭恒德謂師久無功何以藉口若深入大掠猶勝空返斡臘曰深入恐所得不償所損恒德不從略地東南循高麗北鄙還道遠糧絕人馬多死詔奪諸將官惟斡臘以前議得免壽加同政事門下平章事爲東京留守開泰中卒

耶律速撒字阿敏性忠直簡毅練武事應歷初爲侍從累遷突呂不部節度使歷霸濟祥順聖五州都總管俄爲敦睦宮太師保寧三年改九部都詳穩四年伐党項屢立戰功手詔勞之統和初皇太后稱制西邊甫定速撒務安集諸蕃利害輒具以聞太后益信任之凡臨戎與士卒同甘苦所獲均賜將校賞順討逆威信大振在邊二十年卒

蕭阿魯帶字乙辛隱烏隗部人父女古仕至乣詳隱阿魯帶少習騎射曉兵法清寧間始仕累遷本部司徒改烏古敵烈統軍都監大安七年遷山北副部署九年達理得拔思母二部來侵率兵擊却之達理得復劫牛羊去阿魯帶引兵追及盡獲所掠斬渠帥數人是冬達理得等以三百餘人梗邊復戰却之斬首二百餘級加金吾衞上將軍封蘭陵縣公壽隆元年第功加同中書門下平章事進爵郡公改西北路招討使乾統三年坐留宋俘當遣還者爲奴免官後被徵以老疾致仕卒

耶律那也字移斯輦夷离菫蒲古只之後父斡常爲北剋從伐夏戰歿季父趙三始爲宿直官累遷至北面林牙咸雍四年拜北院大王改西南面招討使太康中西北諸部擾邊議欲往討帝以爲非趙三不可遂拜西北路招討使兼行軍都統平之以功復爲北院大王那也敦厚才敏上以其父斡死王事九歲加諸衞小將軍爲題里司徒尋召爲宿直官太康三年爲遙輦剋大安九年爲倒塌嶺節度使明年冬以北阻卜長磨古斯叛與招討都監耶律胡呂率精騎二千往討破之那也薦胡呂爲漢人行宮副部署壽隆元年復討達理拔思等有功賜詔褒美改烏古敵烈部統軍使邊境以寧部民乞

留詔許再任乾統六年拜中京留守改北院大王薨那也爲人廉介長于理民每有關訟親聽曲直不尚威嚴常曰凡治人本欲分別是非何事迫脅以立名故所至以惠化稱

耶律何魯掃古字烏古鄰孟父房之後重熙末補祗候郎君清寧初加安州團練使太康中歷懷德軍節度使奚六部禿里太尉詔與樞密官措畫東北邊事改左護衛太保侍上言多率易察無他腸以故上優貸之八年知西北路招討使事時邊部耶都刮等來侵何魯掃古誘北阻卜酋豪磨古斯攻之俘獲甚衆以功加左僕射復討耶覩刮等誤擊磨古斯北阻卜由是叛命遣都監張九討之不克二室韋與六院部特滿羣牧宮分等軍俱陷于敵何魯掃古不以實聞坐是削官決以大杖壽隆間累遷惕隱兼侍中賜保節功臣道宗崩與宰相耶律儼總山陵事乾統中致仕卒

耶律世良小字斡六院部人才敏給練達國朝典故及世諳上書與族弟敵烈爭嫡庶帝始識之時北院樞密使韓德讓病帝問孰可代卿德讓曰世良可北院大王耶律室魯復問北院之選德讓曰無出世良統和末爲北院大王開泰初因大冊禮加檢校太尉同政事門下平章事時邊部拒命詔北院樞密使耶律化哥將兵以世良爲都監往禦之明年化哥還將罷兵世良上書曰化哥以爲無事而還不思師老糧乏敵人已去焉能久守若益兵可克也帝即命化哥益兵與世良追之至安眞河大破而還自是邊境以寧以功王岐拜北院樞密使三年命選馬駝于烏古部會敵烈部人夷刺殺其酋長稍瓦而叛鄰部皆應攻陷巨母古城世良率兵壓境遣人招之降數部各復故地四年伐高麗爲副部署都統劉愼行逗遛失期執還京師世良獨進兵明年至北都護府彼追兵于郭州以暴疾卒

論曰大之懷小也以德制之也以威德不足懷威不足制而欲服人也難矣化哥利俘獲而諸蕃不附何魯掃古誤擊磨古斯而阻卜叛命是皆喜於一旦之功而不圖後日之患庸何議焉若斡臘之戒深入速撤之務安集亦鐵中之錚錚者邪

遼史卷九十五

元　中　書　右　丞　相　總　裁　脫　脫　等　修

列傳第二十五

耶律弘古　耶律馬六　蕭滴冽
耶律適祿　耶律陳家奴　耶律特麽
耶律仙童　蕭素颯　耶律大悲奴

耶律弘古字胡篤堇樞密使化哥之弟統和間累遷順義軍節度使入爲北面林牙太平元年加同政事門下平章事出爲彰國軍節度使兼山北道兵馬都部署徙武定軍節度使拜惕隱六年討阻卜有功聖宗嘗刺臂血與弘古盟爲友禮遇尤異拜南府宰相改上京留守重熙六年遷南院大王御製誥辭以寵之十三年加于越帝憫其勞復授武定軍節度使卒訃聞上哭曰惜哉善人喪至親臨奠焉

耶律馬六字揚隱孟父楚國王之後性寬和善諧謔親朋會遇一坐盡傾怙于榮利與耶律弘古爲刺血友弘古爲惕隱薦補宿直官重熙初遷旗鼓拽刺詳穩爲人畏愼容物或有面相陵折者恬然若弗聞不臧否世務以故上益親狎三年遷崇德宮使爲惕隱御製誥辭以褒之拜北院宣徽使寵遇過宰輔帝常以兄呼之改遼興軍節度使卒年七十子奴古達終南京宣徽使

蕭滴冽字國寧遙輦鮮質可汗宮人重熙初遙攝鎭國軍節度使六年奉詔使宋傷足而跛不告遂行帝怒及還決以大杖降同簽南京留守事遙授靜江軍節度使歷羣牧都林牙累遷右夷离畢以才幹見任使會車駕西征元昊乞降帝以前後反覆遣滴冽往覘誠否因爲元昊陳述禍福聽命乃還拜北院樞密副使出爲中京留守十九年改西京留守卒

耶律適祿字撒懶清寧初爲本班郎中稍遷宿直官乾統中從伐阻卜有功加奉宸歷護衛太保改弘義宮副使時上京梟賊趙鍾哥跋扈自肆適祿擒之加泰州觀察使爲達魯虢部節度使天慶中知興中府加金吾衛上將軍爲盜所殺

耶律陳家奴字綿辛懿祖弟葛剌之八世孫重熙中補牌印郎君坐直日不至降本班會帝獵陳家奴逐鹿圍內鞭之二百時耶律仁先薦陳家奴健捷比海東青鶻授御盞郎君歷鷹坊尚廄四方館副使改徙魯古皮室詳穩會太后生辰進詩獻馴鹿太后嘉獎賜珠二琲雜綵二百段兄撒鉢卒陳家奴聞訃不告而去帝怒鞭之清寧初累遷右夷離畢適帝與燕國王射鹿俱中王時年九歲帝悅陳家奴應制進詩帝喜解衣以賜後皇太子廢帝疑陳家奴黨附罷之時西北諸部寇邊以陳家奴爲烏古部節度使行軍都監賜甲一屬馬二疋討諸部擒其酋送于朝偵候者見馬蹤意寇至陳家奴遣報元帥耶律愛奴覘之曰此野馬也將出獵賊至愛奴戰殁有司詰案陳家奴不伏詔釋之由是感激每事竭力後諸部復來侵陳家奴率兵三往皆克邊境遂寧以老告歸不從道宗崩爲山陵使致仕年八十卒

耶律特麽季父房之後重熙間爲北尅累遷六部禿里太尉大安四年爲倒撻嶺節度使頃之爲禁軍都監是冬討磨古斯斬首二千餘級十年復討之既捷授南院宣徽使壽隆元年爲北院大王四年知黃龍府事薨

耶律仙童仲父房之後重熙初爲宿直官累遷惕隱都監以寬厚稱蒲奴里叛仙童爲五國節度使率師討之擒其帥陶得里又擊烏隗叛降其衆改彰國軍節度使拜北院大王清寧二年知黃龍府事遷侍衛親軍馬步軍都指揮歷忠順武定二軍節度使致仕封蔣國公咸雍初徙封許國卒

蕭素颯字特免五院部人重熙間始仕累遷北院承旨彰愍宮使清寧初歷左皮室詳穩右夷离畢咸雍五年剖阿里部叛素颯討降之率其酋長來朝帝嘉其功徙北院林牙改南院副部署卒子謀魯斡字回璉初補夷离畢郎君遷文班太保太康中改南京統軍使爲右夷离畢與樞密使耶律阿思論事不合見忌出爲馬羣太保北部來侵謀魯斡破之以功遷同知烏古敵烈統軍仍許便宜行事後以讒毀降領西北路戍軍復爲馬羣太保卒

耶律大悲奴字休堅王子班聶里古之後太康中歷永興建昌宮使右皮室詳穩會阻卜叛奉詔招降之壽隆二年拜殿前都點檢乾統初歷上京留守惕隱復爲都點檢改西南面招討使請老不許天慶中留守上京領北南樞密院點檢中丞諸司等事以彰國軍節度使致仕卒大悲奴舉止閑雅好禮儀爲時人所稱

論曰遼自神冊而降席富彊之勢內修法度外事征伐一時將帥震揚威靈風行電埽討西夏征党項破阻卜平敵烈諸部震慴聞鼙鼓而膽落股弁斯可謂雄武之國矣其戰勝攻取必有奇謀祕計神變莫測者將前史所載不足以發之邪抑天之所授衆莫與爭而能然耶雖然兵者凶器可戢而不可玩爭者末節可遏而不可名此黃石公所謂柔能制剛弱能制彊也又況乎仁者之無敵哉遼之君臣智足守此金人果能乘其敝而躡其後乎是以於耶律弘古輩諸將不能無慨然也

遼史卷九十六

元　中　書　右　丞　相　總　裁　脫　脫　等　修

列傳第二十六

耶律仁先撻不也　耶律良　蕭韓家奴
蕭德　蕭惟信　蕭樂音奴
耶律敵烈　姚景行　耶律阿思

耶律仁先字紏鄰小字查剌孟父房之後父瑰引南府宰相封燕王仁先魁偉爽秀有智略重熙三年補護衛帝與論政才之仁先以不世遇言無所隱授宿直將軍累遷殿前副點檢改鶴剌唐古部節度使俄召爲北面林牙十一年陞北院樞密副使時宋請增歲幣銀絹以償十縣地產仁先與劉六符使宋仍議書貢宋難之仁先曰曩者石晉報德本朝割地以獻周人攘而取之是非利害灼然可見宋無辭以對乃定議增銀絹十萬兩匹仍稱貢既還同知南京留守事十三年伐夏留仁先鎭邊未幾召爲契丹行宮都部署奏復王子班郎君及諸宮雜役十六年遷北院大王奏今兩院戶口殷庶乞免他部助役從之十八年再舉伐夏仁先與皇太弟重元爲前鋒蕭惠失利于河南帝猶欲進兵仁先力諫乃止後知北院樞密使遷東京留守女直恃險侵掠不止仁先乞開山通道以控制之邊民安業封吳王清寧初爲南院樞密使以耶律化哥譖出爲南京兵馬副元帥守太尉更王隋六年復爲北院大王民歡迎數百里如見父兄時北南院樞密官涅魯古蕭胡覩等忌之請以仁先爲西北路招討使耶律乙辛奏曰仁先舊臣德冠一時不宜補外復拜南院樞密使更王許七月上獵太子山耶律良奏重元謀逆帝召仁先語之仁先曰此曹兇狠臣固疑之久矣帝趣仁先捕之仁先出且曰陛下宜謹爲之備未及介馬重元犯帷宮帝欲幸北南院仁先曰陛下若舍扈從而行賊必躡其後且南北大王心

未可知仁先子撻不也曰聖意豈可違乎仁先怒擊其首帝悟悉委仁先以討賊事乃環車爲營拆行馬作兵仗率官屬近侍三十餘騎陣柢枑外及交戰賊衆多降涅魯古中矢墮馬擒之重元被傷而退仁先以五院部蕭塔剌所居最近亟召之分遣人集諸軍黎明重元率奚人二千犯行宮蕭塔剌兵適至仁先料賊勢不能久俟其氣沮攻之乃背營而陣乘便奮擊賊衆奔潰追殺二十餘里重元與數騎遁去帝執仁先手曰平亂皆卿之功也加尚父進封宋王爲北院樞密使親製文以褒之詔畫灤河戰圖以旌其功咸雍元年加于越改封遼王與耶律乙辛共知北院樞密事乙辛恃寵不法仁先抑之由是見忌出爲南京留守改王晉恤孤惸禁姦慝宋聞風震服議者以爲自于越休哥之後惟仁先一人而已阻卜塔里干叛命仁先爲西北路招討使錫鷹紐印及劍上諭曰卿去朝廷遠每俟奏行恐失機會可便宜從事仁先嚴斥堠扼敵衝懷柔服從庶事整飭塔里干復來寇仁先逆擊追殺八十餘里大軍繼至又敗之別部把里斯禿沒等來救見其屢挫不敢戰而降北邊遂安八年卒年六十遺命家人薄葬弟義先信先俱有傳子撻不也

撻不也字胡獨菫清寧二年補祗候郎君累遷永興宮使以平重元之亂遙授忠正軍節度使賜定亂功臣同知殿前點檢司事歷高陽臨海二軍節度使左皮室詳穩太康六年授西北路招討使率諸部酋長入朝加兼侍中自蕭敵祿爲招討之後朝廷務姑息多擇柔愿者用之諸部漸至跋扈撻不也含容尤甚邊防益廢尋改西南面招討使阻卜酋長磨古斯來侵西北路招討使何魯掃古戰不利詔撻不也代之磨古斯之爲酋長由撻不也所薦至是遣人誘致之磨古斯紿降撻不也逆于鎭州西南沙磧間禁士卒無得妄動敵至裨將耶律綰斯徐烈見其勢銳不及戰而走遂被害年五十八贈侍中諡曰貞愍撻不也少謹愿後爲族嫠婦所惑出其妻終以無子人以此譏之

耶律良字習撚小字蘇著帳郎君之後生於乾州讀書醫巫閭山學既博將入南山肄業友人止之曰爾無僕御驅馳千里縱聞見過人年亦垂暮今若即仕已有餘地良曰窮通命也非爾所知不聽留數年而歸重熙中補寢殿小底尋爲燕趙國王近侍以家貧詔乘廐馬遷修起居注會獵秋山良進秋游賦上嘉之清寧中上幸鴨子河作捕魚賦由是寵遇稍隆遷知制誥兼知部署司事奏請編御製詩文目曰清寧集上命良詩爲慶會集親製其序頃之爲敦睦宮使兼權知皇太后宮諸局事良聞重元與子涅魯古謀亂以帝篤於親愛不敢遽奏密言於皇太后太后託疾召帝白其事帝謂良曰汝欲間我骨肉耶良奏曰臣若妄言甘伏斧鑕陛下不早備恐墮賊計如召涅魯古不來可卜其事帝從其言使者及門涅魯古意欲害之羈於帳下使者以佩刀斷帟而出馳至行宮以狀聞帝始信亂平以功遷漢人行宮都部署咸雍初同知南院樞密使事爲惕隱出知中京留守事未幾卒帝嗟悼遣重臣賻祭給葬具追封遼西郡王諡曰忠成

蕭韓家奴字括寧奚長渤魯恩之後性孝友太平中補祗候郎君累遷敦睦宮使伐夏爲左翼都監遷北面林牙俄爲南院副部署賜玉帶改奚六部大王治有聲清寧初封韓國公歷南京統軍使北院宣徽使封蘭陵郡王九年上獵太子山聞重元亂馳詣行在帝倉卒欲避于北南大王院與耶律仁先執轡固諫乃止明旦重元復誘奚獵夫來韓家奴獨出諭之曰汝曹去順效逆徒取族滅何若悔過轉禍爲福獵夫投仗首服以功遷殿前都點檢封荆王賜貞忠保義奉國竭貞平亂功臣咸雍二年遷西南面招討使太康初徙王吳賜白海東青鶻皇太子爲乙辛所構幽于上京韓家奴上書力言其冤不報四年復爲西南面招討使例削一字王爵改王蘭陵薨子楊九終右祗候郎君班詳穩贈同中書門下平章事

蕭德字特末隱楮特部人性和易篤學好禮法太平中領牌印直宿累遷北院樞密副使敷奏詳明多稱上旨詔與林牙耶律庶成修律令改契丹行宮都部署賜宮戶十有五清寧元年遷同知北院樞密使封魯國公上以德爲先朝耆舊拜南府宰相五年轉南京統軍使九年復爲南府宰相重元之亂推鋒力戰斬涅魯古首以獻論功封漢王咸雍初以告老歸優詔不許久之加尚父致仕卒年七十二

蕭惟信字耶寧楮特部人五世祖霞賴南府宰相曾祖烏古中書令祖阿古只知平州父高八多智數博覽古今開泰初爲北院承旨稍遷右夷离畢以幹敏稱拜南府宰相累遷倒塌嶺節度使知興中府復爲右夷离畢陵青誘衆作亂事覺高八按之止誅首惡餘並釋之歸奏稱旨惟信資沉毅篤志于學能辨論重熙初始仕累遷左中丞十五年徙燕趙國王傅帝諭之曰燕趙左右多面諛不聞忠言浸以成性汝當以道規誨使知君父之義有不可處王邸者以名聞惟信輔導以禮十七年遷北院樞密副使坐事免官尋復職兼北面林牙清寧九年重元作亂犯灤河行宮惟信從耶律仁先破之賜竭忠定亂功臣歷南京留守左右夷离畢復爲北院樞密副使太康中以老乞骸骨不聽樞密使耶律乙辛譖廢太子中外知其冤無敢言者惟信數廷爭不得復告老加守司徒卒

蕭樂音奴字婆丹奚六部敵穩突呂不六世孫父拔剌三歲居父母喪毀瘠過甚養于家奴奚列阿不重熙初興宗獵奚山過拔剌所居奚列阿不言于近臣拔剌得見上年甫十歲氣象如成人帝悅之錫賚甚厚既長有遠志不樂仕進隱于奚王嶺之挿合谷上以其名家又有時譽就拜合利軍詳穩樂音奴貌偉言辯通遼漢文字善騎射擊鞠所交皆一時名士年四十始爲護衞平重元之亂以功遷護衞太保改本部南尅俄爲旗鼓拽剌詳穩監障海東青鶻獲白花者十三賜稍榍庫弁玉吐鶻拜五蕃部節度使卒子陽阿有傳

耶律敵烈字撒懶採訪使乣五世孫寬厚好學工文詞重熙末補牌印郎君兼知起居注清寧元年稍遷同知永州事禁盜有功改北面林牙承旨九年重元作亂敵烈赴援力戰平之遙授臨海軍節度使十年徙武安州觀察使咸雍五年累遷長寧宮使檢括戶部司乾州錢帛逋負立出納經畫法公私便之太康四年爲南院大王秩滿部民請留同知南京留守事有疾上命乘傳赴闕遣太醫視之遷上京大安中改塌母城節度使以疾致仕加兼侍中賜一品俸八年卒

姚景行始名景禧祖漢英本周將應歷初來聘用敵國禮帝怒留之隸漢人宮分及景行既貴始出籍貫興中縣景行博學重熙五年擢進士乙科爲將作監改燕趙國王教授不數年至翰林學士樞密副使參知政事性敦厚廉直人望歸之道宗即位多被顧問爲北府宰相九年秋告歸道聞重元亂收集行旅得三百餘騎勤王比至賊已平帝嘉其忠賜以逆人財產咸雍元年出爲武定軍節度使明年驛召拜南院樞密使上從容問治道引入內殿出御書及太子書示之賜什器車仗帝有意伐宋召景行問曰宋人好生邊事如何對曰自聖宗皇帝以威德懷遠宋修職貢迨今幾六十年若以細故用兵恐違先帝成約上然其言而止致仕不踰月復舊職丁家艱起復兼中書令上問古今儒士優劣占對稱旨知興中府改朔方軍節度使太康初徙鎭遼興以上京多滯獄命爲留守不數月以獄空聞累乞致政不從復請許之加守太師卒遣使弔祭追封柳城郡王諡文憲壽隆五年詔爲立祠

耶律阿思字撒班清寧初補祗候郎君以善射掌獵事進渤海近侍詳穩重元之亂與護衞蘇射殺涅魯古賜號靖亂功臣徙契丹行宮都部署大安初爲北院大王封漆水郡王十一年爲北院樞密使監修國史道宗崩受顧命加于越錄乙辛黨人罪重者當籍其家阿思受賂多所寬貸蕭合魯嘗言當修邊備阿思力沮其事或譏其以金賣國後以風疾失音致仕加尚父封趙王薨年八十追封齊國王

論曰灤河之變重元擁兵行幄微仁先等道宗其危乎當其止幸北南院召塔剌兵以靖大難功宜居首良以反謀白太后韓家奴以逆順降奚人德與阿思殺涅魯古皆有討賊之力爲仁先齊名休哥勳德兼備此其一節歟

遼史卷九十七

元中書右丞相總裁脫脫等修

列傳第二十七

耶律斡特剌　孩里　竇景庸
耶律引吉　楊績　趙徽
王觀　耶律喜孫

耶律斡特剌字乙辛隱許國王寅底石六世孫少不喜官祿年四十一始補本班郎君時樞密使耶律乙辛擅權讒害忠良斡特剌恐禍及深自抑畏太康中爲宿直官歷左右護衞太保大安元年升燕王傅徙左夷离畢四年改北院樞密副使帝賜詩褒之遷知北院樞密使事賜翼聖佐義功臣北阻卜酋長磨古斯叛斡特剌率兵進討會天大雪敗磨古斯四別部斬首千餘級拜西北路招討使封漆水郡王加賜宣力守正功臣尋拜南府宰相復討闔古胡里扒部破之召爲契丹行宮都部署先是北南府有訟各州府得就按之比歲非奉樞密檄不得鞫問以故訟者稽留斡特剌奏請如舊從之五年復爲西北路招討使討耶覩剖部俘斬甚衆獲馬駝牛羊各數萬明年擒磨古斯加守太保賜奉國匡化功臣乾統初乞致仕不許止罷招討南院樞密使封混同

郡王遷北院樞密使加守太師賜推誠贊治功臣致仕薨諡曰敬肅

孩里字胡輦回鶻人其先在太祖時來貢願留因任用之孩里重熙間歷近侍長清寧九年討重元之亂有功加金吾衛上將軍賜平亂功臣累遷殿前都點檢以宿衛嚴肅稱太康初加守太子大保二年加同中書門下平章事三年改同知南院宣徽使事會耶律乙辛出守中京孩里入賀及議復召陳其不可後乙辛再入樞府出孩里爲廣利軍節度使及皇太子被誣孩里當連坐有詔勿問大安初歷品達魯虢部節度使壽隆五年有疾自言吾數已盡却醫藥卒年七十七孩里素信浮圖清寧初從上獵墮馬憒而復蘇言始見二人引至一城宮室宏敞有衣緋袍人坐殿上左右列侍導孩里升階持牘者示之曰本取大腹骨欲誤執汝牘上書官至使相壽七十七須臾還擠之大壑而寤道宗聞之命書其事後皆驗

竇景庸中京人中書令振之子聰敏好學清寧中第進士授秘書省校書郎累遷少府少監咸雍六年授樞密直學士尋知漢人行宮副都署事大安初遷南院樞密副使監修國史知樞密院事賜同德功臣封陳國公有疾表請致仕不從加太子太保授武定軍節度使審決冤滯輕重得宜以獄空聞七年拜中京留守九年薨諡曰肅憲子瑜三司副使

耶律引吉字阿括品部人父雙古鎮西邊二十餘年治尚嚴肅不殖貨利時多稱之引吉寅畏好義以蔭補官累遷東京副留守北樞密院侍御時蕭革蕭圖古辭等以倖見任鬻爵納賄引吉以直道處其間無所阿唯改客省使時朝廷遣使括三京隱戶不得以引吉代之得數千餘戶時昭懷太子知北南院事選引吉爲輔導樞密使乙辛將傾太子惡引吉在側奏出之爲羣牧林牙太康元年乙辛請賜牧地引吉奏曰今牧地褊陿畜不蕃息豈可分賜臣下帝乃止乙辛由是益嫉之除懷德軍節度使徙漠北滑水馬羣太保卒

楊績良鄉人太平十一年進士及第累遷南院樞密副使與杜防韓知白等擅給進士堂帖降長寧軍節度使徙知涿州清寧初拜參知政事兼同知樞密院事爲南府宰相九年聞重元亂與姚景行勤王上嘉之十年知興中府咸雍初入知樞密院事二年乞致仕不許拜南院樞密使帝以績舊臣特詔燕見論古今治亂人臣邪正帝曰方今羣臣忠直耶律玦劉伸而已然伸不及玦之剛介績拜賀曰何代無賢世亂則獨善其身主聖則兼濟天下陛下銖分邪正升黜分明天下幸甚累表告歸不許封趙王太康中以例改王遼西致仕加守太保薨子貴忠知興中府

趙徽南京人重熙五年擢甲科累遷大理正清寧二年銅州人妄毀三教徽按鞫之以狀聞稱旨歷煩劇有能名累遷翰林學士承旨咸雍初爲度支使三年拜參知政事出爲武定軍節度使及代軍民請留後同知樞密院事兼南府宰相門下侍郎平章事致仕卒追贈中書令諡文憲

王觀南京人博學有才辯重熙七年中進士乙科興宗崩充夏國報哀使還除給事中咸雍初遷翰林學士五年兼乾文閣學士七年改南院樞密副使賜國姓參知政事兼知南院樞密事坐矯制修私第削爵爲民卒

耶律喜孫字盈隱永興宮分人興宗在青宮嘗居左右輔導聖宗大漸喜孫與馮家奴告仁德皇后同宰相蕭浞卜等謀逆事及欽哀爲皇太后稱制喜孫尤見寵任重熙中其子涅哥爲近侍坐事伏誅帝以喜孫有翼戴功且悼其子罪死欲世其官喜孫無所出之部因見馬印文有品部號使隸其部拜南府宰相尋出爲東北路詳穩卒

論曰孩里引吉之爲臣也當乙辛擅權蕭革貪黷之日雖與同官而能以正自處不少阿唯其過人遠矣傳曰歲寒知松柏之後凋二子有焉若幹特剌之戰功竇景庸之讞獄楊績之忠言亦賢矣夫

遼史卷九十八

元中書右丞相總裁脫脫等修

列傳第二十八

蕭兀納　耶律儼　劉伸　耶律胡呂

蕭兀納一名撻不也字特免六院部人其先嘗爲西南面拽剌兀納魁偉簡重善騎射清寧初兄圖獨以事入見帝問族人可用者圖獨以兀納對補祗候郎君遷近侍敞史護衛太保太康初爲北院宣徽使時乙辛已害太子因言宋魏國王和魯斡之子淳可爲儲嗣羣臣莫敢言唯兀納及夷离畢蕭陶隗諫曰舍嫡不立是以國與人也帝猶豫不決五年帝出獵乙辛請留皇孫帝欲從之兀納奏曰竊聞車駕出遊將留皇孫苟保護非人恐有他變果留臣請侍左右帝乃悟命皇孫從行由此始疑乙辛頃之同知南院樞密使事出乙辛淳等帝嘉其忠封蘭陵郡王人謂近於古社稷臣授殿前都點檢上謂王師儒耶律固等曰兀納忠純雖狄仁傑輔唐屋質立穆宗無以過也卿等宜達燕王知之自是令兀納輔導燕王益見優寵大安初詔尚越國公主兀納固辭改南院樞密使奏請掾史宜以歲月遷敘從之壽隆元年拜北府宰相初天祚在潛邸兀納數以直言忤旨及嗣位出爲遼興軍節度使守太傅以佛殿小底王華誣兀納借内府犀角詔鞫之兀納奏曰臣在先朝詔許日取帑錢十萬爲私費臣未嘗妄取一錢肯借犀角乎天祚愈怒奪太傅官降寧邊州刺史尋改臨海軍節度使兀納上書曰自蕭海里亡入女直彼有輕朝廷心宜益兵以備不虞不報天慶元年知黃龍府事改東北路統軍使復上書曰臣治與女直接境觀其所爲其志非小宜先其未發舉兵圖之章數上皆不聽及金兵來侵戰于寧江州其孫移敵蹇死之兀納退走入城留官屬守禦自以三百騎渡混同江而西城遂陷後與蕭敵里拒金兵于長濼以軍敗免官五年天祚親征兀納殿復敗績後數日乃與百官入見授上京留守六年耶律章奴叛來攻京城兀納發府庫以賚士卒諭以逆順完城池以死拒戰章奴無所得而去以功授副元帥尋爲契丹都宮使天祚以兀納先朝重臣有定策勳每延問以政兀納對甚切上雖優容終不能用以疾卒年七十

耶律儼字若思析津人本姓李氏父仲禧重熙中始仕清寧初同知南院宣徽使事四年城鴨子混同二水間拜北院宣徽使咸雍初坐誤奏事出爲榆州刺史俄詔復舊職遷漢人行宮都部署六年賜國姓封韓國公改南院樞密使時樞臣乙辛等誣陷皇太子詔仲禧偕乙辛鞫之蔓引無辜未嘗雪正乙辛薦仲禧可任拜廣德軍節度使復爲南院樞密使卒諡欽惠儼儀觀秀整好學有詩名登咸雍進士第守著作佐郎補中書省令史以勤敏稱太康初歷都部署判官將作少監後兩府奏事論羣臣優劣唯稱儼才俊改少府少監知大理正賜紫六年遷大理少卿奏讞詳平明年歷大理卿丁父憂奪服同僉部署司事大安初爲景州刺史繩胥徒禁豪猾撫老恤貧未數月善政流播郡人刻石頌德二年改御史中丞詔案上京滯獄多所平反同知宣徽院事提點大理寺六年冬改山西路都轉運使刮剔垢弊奏定課額益州縣俸給事皆施行壽隆初授樞密直學士以母憂去官尋召復舊職宋攻夏李乾順遣使求和解帝命儼如宋平之拜參知政事六年駕幸鴛鴦濼召至內殿訪以政事帝晚年倦勤用人不能自擇令各擲骰子以采勝者官之儼嘗得勝采上曰上相之徵也遷知樞密院事賜經邦佐運功臣封越國公修皇朝實錄七十卷帝大漸儼與北院樞密使阿思同受顧命乾統三年徙封秦國六年封漆水郡王天慶中以疾命乘小車入朝疾甚遣太醫視之薨贈尚父諡曰忠懿儼素廉潔一介不取於人經籍一覽成誦又善伺人主意妻邢氏有美色嘗出入禁中儼教之曰慎勿失上意由是權寵益固三子處貞太常少卿處兼同知中京留守事處能少府少監

劉伸字濟時宛平人少穎悟長以辭翰聞重熙五年登進士第歷彰武軍節度使掌書記大理正因奏獄上適與近臣語不顧伸進曰臣聞自古帝王必重民命願陛下省臣之奏上大驚異擢樞密都承旨權中京副留守詔徙富民以實春泰二州伸以爲不可奏罷之遷大理少卿人以不冤歷大理卿改西京副留守以父憂終制爲三司副使加諫議大夫提點大理寺以伸明法而恕案冤獄全活者衆徙南京副留守俄改崇義軍節度使政務簡靜民用不擾致烏鵲同巢之異優詔褒之改戶部使歲入羨餘錢三十萬緡拜南院樞密副使道宗嘗謂大臣曰今之忠直耶律玦劉伸而已宰相楊績賀其得人拜參知政事上諭之曰卿勿憚宰相時北院樞密使乙辛勢焰方熾伸奏曰臣於乙辛尚不畏何宰相之畏乙辛銜之相與排詆出爲保靜軍節度使上終欲大用加守太子太保遷上京留守乙辛以事徙鎮雄武復以崇義軍節度使致仕適燕薊民饑伸與致仕趙徽韓造日濟以糜粥所活不勝算大安二年卒上震悼賻贈加等

耶律胡呂字蘇撒弘義宮分人其先欲穩佐太祖有功爲迭烈部夷离堇父楊五左監門衛大將軍胡呂性謙謹於人無適莫重熙末補寢殿小底以善職屢更華要遷千牛衛大將軍大安中北阻卜酋磨魯斯叛爲招討都監與耶律那也率精騎二千討平之以功爲漢人行宮副部署兼知太和宮事致仕加同中書門下平章事卒

論曰兀納當道宗昏亂之會擁佑皇孫使乙辛姦計不

獲復遝而遼祚以續比之星質立穆宗非溢美也儼以俊才濫政所至有能譽纂述遼史具一代治亂亦云勤矣但其固寵不能以禮正家惜哉劉伸三爲大理民無冤抑一登戶部上下兼裕至與耶律玦並稱忠直不亦宜乎

遼史卷九十九

元 中書右丞相總裁脫脫等修

列傳第二十九

蕭巖壽 耶律撒剌 蕭速撒

耶律撻不也 蕭撻不也 蕭忽古

耶律石柳

蕭巖壽乙室部人性剛直尚氣仕重熙末道宗卽位皇太后屢稱其賢由是進用上出獵較巖壽典其事未嘗高下于心帝益重之歷文班太保同知樞密院事咸雍四年從耶律仁先伐阻卜破之有詔留屯亡歸者衆由是鐫兩官十年討敵烈部有功爲其部節度使太康元年同知南院宣徽使事遷北面林牙密奏乙辛以皇太子知國政心不自安與張孝傑數相過從恐有陰謀動搖太子上悟出乙辛爲上京留守會乙辛生日上遣近臣耶律白斯本賜物爲壽乙辛因私屬白上臣見姦人在朝陛下孤危身雖在外竊用寒心白斯本還以聞上遣人賜乙辛車諭曰無慮弗用行將召矣由是反疑巖壽出爲順義軍節度使乙辛復入爲樞密使流巖壽于烏隗路終身拘作巖壽雖竄逐恒以社稷爲憂時人爲之語曰以狠牧羊何能久長三年乙辛誣巖壽與謀廢立事執還殺之年四十九乾統間贈同中書門下平章事繪像宜福殿巖壽廉直面折廷諍多與乙辛忤故及於難

耶律撒剌字董隱南院大王磨魯古之孫性忠直沉厚清寧初累遷西南面招討使以治稱咸雍九年改北院大王未幾爲契丹行宮都部署太康二年耶律乙辛爲中京留守詔百官廷議欲復召之羣臣無敢正言撒剌獨奏曰蕭巖壽言乙辛有罪不可爲樞臣故陛下出之今復召恐天下生疑進諫者三不納左右爲之震慄乙辛復爲樞密使見撒剌讓曰與君無憾何獨異議撒剌曰此社稷計何憾之有乙辛誣撒剌與速撒同謀廢立詔按無迹出爲始平軍節度使及蕭訛都斡誣首竟遣使殺之乾統間追封漆水郡王繪像宜福殿仍追贈三子官爵

蕭速撒字禿魯堇突呂不部人性沉毅重熙間累遷右護衛太保蒲奴里叛從耶律義先往討執首亂陶得里以歸清寧中歷北面林牙彰國軍節度使入爲北院樞密副使咸雍十年經略西南邊撤宋堡障戍以皮室軍上嘉之太康二年知北院樞密使耶律乙辛權寵方盛附麗者多至通顯速撒未嘗造門乙辛銜之誣構速撒首謀廢立按之無驗出爲上京留守乙辛復令蕭訛都斡以前事誣告上怒不復加訊遣使殺之時方盛暑尸諸原野容色不變烏鵲不敢近乾統間追封蘭陵郡王繪像宜福殿

耶律撻不也字撒班繫出季父房父高家仕至林牙重熙間破夏人于金肅軍有功優加賞賚撻不也清寧中補牌印郎君累遷永興宮使九年平重元之亂以功知點檢司事賜平亂功臣爲懷德軍節度使咸雍五年遷遙輦剋太康三年授北院宣徽使耶律乙辛謀害太子撻不也知其姦欲殺乙辛及蕭特里得蕭十三等乙辛知之令其黨誣構撻不也與廢立事殺之乾統間追封漆水郡王繪像宜福殿

蕭撻不也字斡里端國舅郡王高九之孫性剛直咸雍中補祗候郎君太康元年爲彰愍宮使尚趙國公主拜駙馬都尉三年改同知漢人行宮都部署與北院宣徽使耶律撻不也善乙辛嫉之令人誣告謀廢立事不勝搒掠誣伏上引問昏瞶不能自陳遂見殺乾統間追封蘭陵郡王繪像宜福殿

蕭忽古字阿斯憐性忠直趫捷有力甫冠補禁軍咸雍初從招討使耶律趙三討番部之違命者及講降來介有能躍駝峯而上者以儇捷相詫趙三問左右誰能此忽古被重鎧而出手不及峯一躍而上使者大駭趙三以女妻之帝聞召爲護衛時北院樞密使耶律乙辛以姦佞得幸肆行兇暴忽古伏于橋下伺其過欲殺之俄以暴雨壞橋不果後又欲殺于獵所爲親友所阻太康三年復欲殺乙辛及蕭得里特等乙辛知而械繫之考劾不服流于邊及太子廢徙于上京召忽古至殺之乾統初追贈龍虎衛上將軍

耶律石柳字酬宛六院部人祖獨攧南院大王父安十統軍副使石柳性剛直有經世志始爲牌印郎君太康初爲夷离畢郎君時樞密使耶律乙辛誣殺皇后謀廢太子斥忠賢進姦黨石柳惡其所爲乙辛覺之太子既廢以石柳附太子流鎮州天祚卽位召爲御史中丞時方治乙辛黨有司不以爲意石柳上書曰臣前爲姦臣所陷斥竄邊郡幸蒙召用不敢隱默恩賞明則賢者勸刑罰當則姦人消二者旣舉天下不勞而治臣見耶律乙辛身出寒微位居樞要竊權肆惡不勝名狀蔽先帝之明誣陷順聖構害忠讜敗國罔上自古所無賴廟社之休陛下獲纂成業積年之冤一旦洗雪政陛下英斷克成孝道之秋如蕭得里特實乙辛之黨耶律合魯亦不爲早辨賴陛下之明遂正其事臣見陛下多疑故有司顧望不切推問乙辛在先帝朝權寵無比先帝若以順考爲實則乙辛爲功臣陛下豈得立耶先帝黜逐嬖后詔陛下在左右是亦悔前非也陛下詎可忘父讐不報寬逆黨不誅今靈骨未獲而求之不切傳曰聖人之德無加于孝昔唐德宗因亂失母思慕悲傷孝道益著周公誅飛廉惡來天下大悅今逆黨未除大冤不報上無以慰順考之靈下無以釋天下之憤怨氣上結水旱爲沴臣願陛下下明詔求順考之瘞所盡收逆黨以正邦憲快四方忠義之心昭國家賞罰之用然後致治之道可得而舉矣謹别錄順聖升遐及乙辛等事昧死以聞書奏不報聞者莫不歎惋乾統中遙授靜江軍節度使卒子馬哥同中書門下平章事

論曰易言履霜堅氷至謹始也使道宗能從巖壽撒剌之諫后何得而誣太子何得而廢哉速撒撻不也以忠言見殺國欲無亂得乎石柳之書亦幸出於乙辛既敗之後獲行其說有國家者可不知人哉

遼史卷一百

元 中書右丞相總裁脫脫等修

列傳第三十

耶律棠古 蕭得里底 蕭酬斡

耶律章奴 耶律术者

耶律棠古字蒲速宛六院郎君葛剌之後太康中補本班郎君累遷至大將軍性坦率好別白黑人有不善必盡言無隱時號强棠古在朝數論宰相得失由是久不得調後出爲西北戍長乾統三年蕭得里底爲西北路招討使以后族慢侮僚吏棠古不屈乃罷之棠古訟之朝不省天慶初烏古敵烈叛召拜烏古部節度使至部諭降之遂出私財及發富民積以振其困乏部民大悅加鎮國上將軍會蕭得里底以都統率兵與金人戰敗績棠古請以軍法論且曰臣雖老願爲國破敵不納保大元年乞致仕明年天祚出奔棠古謁於倒塌嶺爲上流涕上慰止之復拜烏古部節度使及至部敵烈以五千人來攻棠古率家奴擊破之加太子太傅年七十二卒

蕭得里底字糺鄰晉王孝先之孫父撒鉢歷官使相得里底短而僂外謹內倨太康中補祗候郎君稍遷興聖宮副使兼同知中丞司事大安中燕王妃生子得里底以妃叔故歷寧遠軍節度使長寧宮使壽隆二年監討達里得拔思母二部多俘而還改同知南京留守事乾統元年爲北面林牙同知北院樞密事受詔與北院樞密使耶律阿思治乙辛餘黨阿思納賄多出其罪得里底不能制亦附會之四年知北院樞密事夏王李乾順爲宋所攻遣使請和解詔得里底與南院樞密使牛溫舒使宋平之宋旣許得里底受書之日乃曰始奉命取要約歸不見書辭豈敢徒還遂對宋主發函而讀旣還朝議爲是天慶三年加守司徒封蘭陵郡王女直初起廷臣多欲乘其未備舉兵往討得里底獨阻之以至敗衂天祚以得里底不合人望出爲西南面招討使八年召爲北院樞密使寵任彌篤是時諸路大亂飛章告急者絡繹而至得里底不卽上聞有功者亦無甄別由是將校怨怒人無鬬志保大二年金兵至嶺東會耶律撒八習騎撒跋等謀立晉王敖盧斡事泄上召得里底議曰反者必以此兒爲名若不除去何以獲安得里底唯唯竟無一言中理王旣死人心益離金兵踰嶺天祚率衛兵西遁元妃蕭氏得里底之姪謂得里底曰爾任國政致君至此何以生爲得里底但謝罪不能對明日天祚怒逐得里底與其子麼撒得里底旣去爲耶律高山奴執送金兵得里底伺守者怠脫身亡歸復爲耶律九斤所得送之耶律淳時淳已僭號得里底自知不免諦曰吾不能事僭竊之君不食數日卒子麼撒爲金兵所殺

蕭酬斡字訛里本國舅少父房之後祖阿剌終採訪使父別里剌以后父封趙王酬斡貌雄偉性和易年十四尚越國公主拜駙馬都尉爲祗候郎君班詳穩年十八封蘭陵郡王時帝欲立皇孫爲嗣恐無以解天下疑出酬斡爲國舅詳穩降皇后爲惠妃遷于乾州初酬斡母

入朝擅取驛馬至是覺奪其封號復與妹嗇姐爲巫蠱伏誅詔酬斡與公主離婚籍輿聖宮流烏古敵烈部天慶中以妹復尊爲太皇太妃召酬斡爲南女直詳穩還征東副統軍時廣州渤海作亂乃與駙馬都尉蕭韓家奴襲其不備平之復敗敵將侯槩于川州是歲東京叛遇敵來擊師潰獨酬斡率麾下數人力戰歿于陣追贈龍虎衛上將軍

耶律章奴字特末衍季父房之後父查剌養高不仕章奴明敏善談論大安中補牌印郎君乾統元年累遷右中丞兼領牌印宿直事六年以直宿不謹降知内客省事天慶四年授東北路統軍副使五年改同知咸州路兵馬事及天祚親征女直蕭胡篤爲先鋒都統章奴爲都監大軍渡鴨子河章奴與魏國王淳妻兄蕭敵里及其甥蕭延留等謀立淳誘將卒三百餘人亡歸既而天祚爲女直所敗章奴乃遣敵里延留以廢立事馳報淳淳猶豫未決會行宮使者乙信持天祚御札至備言章奴叛命淳對使者號哭卽斬敵里延留首以獻天祚章奴見淳不從誘草寇數百攻掠上京取府庫財物至祖州率僚屬告太祖廟云我大遼基業由太祖百戰而成今天下土崩竊見興宗皇帝孫魏國王淳道德隆厚能理世安民臣等欲立以主社稷會淳適好草甸大事未遂邇來天祚惟耽樂是從不恤萬幾強敵肆侮師徒敗績加以盜賊蜂起邦國危于累卵臣等忝預族屬世蒙恩渥上欲安九廟之靈下欲救萬民之命乃有此舉實出至誠冀累聖垂祐西至慶州復祀諸廟仍述所以舉兵之意移檄州縣諸陵官僚士卒稍稍屬心時饒州渤海及侯槩等相繼來應衆至數萬趨廣平淀其黨耶律女古等暴橫不法刼掠婦女財畜章奴度不能制内懷悔恨又攻上京不克北走降虜上順國女直阿鶻產率兵追敗之殺其將耶律彌里直擒貴族二百餘人其妻子配役繡院或散諸近侍爲婢餘得脫者皆遁去章奴詐爲使者欲奔女直爲邏者所獲縛送行在伏誅

耶律术者字能典于越蒲古只之後魁偉雄辨乾統初補祗候郎君六年因柴冊加觀察使天慶五年受詔監都統耶律斡里朶戰及敗左遷銀州刺史徙咸州糺將嘗與耶律章奴謀立魏國王淳及聞章奴自鴨子河亡去卽引麾下數人往會之道爲游兵所執送行在所上問曰予何負卿而反术者對曰臣誠無憾但以天下大亂已非遼有小人滿朝賢臣竄斥誠不忍見天皇帝艱難之業一旦土崩臣所以痛入骨髓而有此舉非爲身計後數日復問术者厲聲數上過惡陳社稷危亡之本遂殺之

論曰遼末同事之臣其善惡何相遠也棠古骨鯁不屈權要兩鎮烏古恩威並著酬斡平亂渤海又以討叛力戰而死忠可尙矣得里底縱女直而不討寢變告而不聞其蔽主聰明爲國階亂莫斯之甚也章奴术者乘時多艱潛謀廢立將求寵幸以犯大逆其得免於天下之戮哉

遼史卷一百一

元中書右丞相總裁脫脫等修

列傳第三十一

蕭陶蘇斡　耶律阿息保

蕭乙薛　蕭胡篤

蕭陶蘇斡字乙辛隱突呂不部人四世祖因吉髮長五尺時呼爲長髮因吉祖里拔奧隗部節度使陶蘇斡謹愿不妄交伯父留哥坐事免官閭重元亂挈家赴行在時陶蘇斡雖幼已如成人補筆硯小底累遷祗候郎君轉樞密院侍御咸雍五年遷崇德宮使會有訴北南院聽訟不直者事下陶蘇斡悉改正之爲耶律阿思所忌帝欲召用輒爲所沮八年歷漠北滑水馬羣太保數年不調嘗曰用才未盡不若閑乾統中遷漠南馬羣太保以太風傷草馬多死鞠之三百免官九年從天齊殿宿衞明年穀價翔踊宿衞士多不給陶蘇斡出私廩賙之召同知南院樞密使事天慶四年爲漢人行宮副部署時金兵初起攻陷寧江州天祚召羣臣議陶蘇斡曰女直國雖小其人勇而善射自執我叛人蕭海里勢益張我兵久不練若遇強敵稍有不利諸部離心不可制矣爲今之計莫若大發諸道兵以威壓之庶可服也北院樞密使蕭得里底曰如陶蘇斡之謀徒示弱耳但發滑水以北兵足以拒之遂不用其計數月間邊兵屢北人益不安饒州渤海結構頭下城以叛有步騎三萬餘招之不下陶蘇斡帥兵往討擒其渠魁斬首數千級得所掠物悉還其主及耶律章奴叛陶蘇斡與留守耶律大悲奴爲守禦章奴既平陶蘇斡請曰今邊兵懈弛若清暑嶺西則漢人嚮聚民心益搖臣愚以爲宜罷此行不納乃命陶蘇斡控扼東路招集散卒後以太子太傅致仕卒

耶律阿息保字特里典五院部人祖胡劣太子時從居西北部世爲招討司吏阿息保慷慨有大志年十六以才幹補內史天慶初轉樞密院侍御金人起兵城境上遣阿息保問之金人曰若歸阿踈敢不聽命阿息保具以聞金兵陷寧江州邊兵屢敗遣阿息保與耶律章奴等齎書而東冀以脅降阿息保曰臣前使依詔開諭畧無所屈將還謂臣曰若所請不遂無相見今臣請獨往不聽將行別蕭得里底曰不肖適異國必無生還願公善輔國家既至阿息保見執久乃遁歸及天祚敗績遷都巡捕使六年從阿踈討耶律章奴加領軍衞大將軍阿踈將兵而東阿息保送至軍乃還天祚怒其專輒之三百尋爲奚六部禿里太尉後阿踈反阿息保以偏師進擊臨陣墜馬被擒因阿踈有舊得免時阿踈頗好殺阿息保謂曰欲舉大事何以殺爲由是全活者衆會阿踈敗乃還以戰失利囚中京數歲保大二年金兵至中京始出獄尋爲敵烈皮室詳穩是時魏王淳僭號屢遣人以書來招阿息保封書以獻因諫曰東兵甚銳未可輕敵及右輦鐸之敗天祚奔竄召阿息保不時至疑有貳心并怒爲淳所招殺之初阿息保知國將亡前後諫甚切及死以非罪人尤惜之

蕭乙薛字特免國舅少父房之後性謹愿壽隆間累任劇官天慶初知國舅詳穩事遷殿前副點檢金兵起爲行軍副都統以戰失利罷職六年出爲武定軍節度使遷西京留守明年討劇賊董龐兒戰易水西大破之以功爲北府宰相加左僕射兼東北路都統十年金兵陷上京詔兼上京留守東北路統軍使爲政寬猛得宜民之窮困者輒加振恤衆咸愛之保大二年金兵大至乙薛軍潰左遷西南面招討使以部民流散不赴及天祚播遷給侍從不闕拜殿前都點檢凡金兵所過諸營敗卒復聚上京遣乙薛爲上京留守以安撫之明年盧彥倫以城叛乙薛被執數月以居官無過得釋後爲耶律大石所殺

蕭胡篤字合术隱其先撒葛只太祖時願隸宮分遂爲太和宮分人曾祖敵魯明醫人有疾觀其形色卽知病所在統和中宰相韓德讓貴寵敵魯希旨言德讓宜賜國姓籍橫帳由是世預太醫選子孫因之入官者衆胡篤爲人便佞與物無忤清寧初補近侍大安元年爲彰愍宮太師壽隆二年轉永興宮太師天慶初累遷至殿前副點檢五年從天祚東征爲先鋒都統臨事猶豫凡隊伍皆以圍場名號之進至剌离水與金兵戰敗大軍亦却及討耶律章奴以籍私奴爲軍遷知北院樞密使事卒胡篤長于騎射見天祚好游畋每言從禽之樂以逢其意天祚悅而從之國政隳廢自此始云

論曰甚矣承平日久上下狃於故常之可畏也天慶之間女直方熾惟陶蘇斡明於料敵善於忠諫惜乎天祚痼蔽不見信用阿息保不死阿踈之難乙薛甘忍盧彥倫之執大節已失他有所長亦奚足取胡篤以游畋逢迎天祚而隳國政可勝罪哉

遼史卷一百二

元中書右丞相總裁脫脫等修

列傳第三十二

蕭奉先　李處温　張琳　耶律余覩

蕭奉先天祚元妃之兄也外寬內忌因元妃爲上眷倚累官樞密使封蘭陵郡王天慶二年上幸混同江釣魚故事生女直酋長在千里內者皆朝行在適頭魚宴上使諸酋次第歌舞爲樂至阿骨打但端立直視辭以不能再三旨諭不從上密謂奉先曰阿骨打跋扈若此可託以邊事誅之奉先曰彼麤人不知禮義且無大過殺之傷向化心設有異志蕞爾小國亦何能爲上乃止四年阿骨打起兵犯寧江州東北路統軍使蕭撻不也戰失利上命奉先弟嗣先爲都統將番漢兵往討屯出河店女直乃潛渡混同江乘我師未備擊之嗣先敗績軍將往往遁去奉先懼弟被誅乃奏東征潰軍逃罪所至劫掠若不肆赦將嘯聚爲患從之嗣先詣闕待罪止免官而已由是士無鬭志遇敵輒潰郡縣所失日多初奉先誣耶律余覩結駙馬蕭昱謀立其甥晉王事覺殺昱余覩在軍中聞之懼奔女直保大二年余覩爲女直監軍引兵奄至上憂甚奉先曰余覩乃王子班之苗裔此來實無亡遼心欲立晉王耳若以社稷計不惜一子誅之可不戰而退遂賜晉王死中外莫不流涕人心益解體當女直之兵未至也奉先逢迎天祚言女直雖能攻我上京終不能遠離巢穴而一旦越三千里直擣雲中計無所出惟請播遷夾山天祚方悟顧謂奉先曰汝父子誤我至此殺之何益汝去毋從我行恐軍心忿怒禍必及我奉先父子慟哭而去爲左右執送女直兵女直兵斬其長子昂送奉先及次子昱於其國主道遇我兵奪歸天祚竝賜死

李處温析津人伯父儼太康初爲將作少監累官參知

政事封漆水郡王雅與北樞密使蕭奉先友舊執政十餘年善逢迎取媚天祚又寵任之儼卒奉先薦處溫爲相處溫因奉先有援已力傾心阿附以固權位而貪汚尤甚凡所接引類多小人保大初金人陷中京諸將莫能支天祚懼奔夾山兵勢日迫處溫與族弟處能子奭外假怨軍聲援結都統蕭幹謀立魏國王淳召番漢官屬詣魏王府勸進魏國王將出奭乃持赭袍衣之令百官拜舞稱賀魏王固辭不得遂稱天錫皇帝以處溫守太尉處能直樞密院奭爲少府少監左企弓以下及親舊與其事者賜官有差會魏國王病自知不起密授處溫番漢馬步軍都元帥意將屬以後事及病亟蕭幹等矯詔南面宰執入議獨處溫稱疾不至陰聚勇士爲備紿云奉密旨防他變魏國王卒蕭幹擁契丹兵宣言當立王妃蕭氏爲太后權主軍國事衆無敢異者幹以后命召處溫至時方多難未欲即誅但追毀元帥劄子處能懼及禍落髮爲僧尋有永清人傅遵說隨郭藥師入燕被擒具言處溫嘗遺易州富民趙履仁書達宋將童貫欲挾蕭后納土歸宋后執處溫問之處溫曰臣父子於宣宗有定策功宜世蒙宥容可使因讒獲罪后曰向使魏國王如周公則終享親賢之名於後世誤王者皆汝父子何功之有并數其前罪惡處溫無以對乃賜死奭亦伏誅

張琳瀋州人幼有大志壽隆末爲秘書中允天祚即位累遷戶部使頃之擢南府宰相初天祚之敗於女直也意謂蕭奉先不知兵乃召琳付以東征事琳以舊制凡軍國大計漢人不與辭之上不允琳奏曰前日之敗失於輕舉若用漢兵二十萬分道進討無不克者上許其半仍詔中京上京長春遼西四路計戶產出軍時有起至二百軍者生業蕩散民甚苦之四路軍甫集尋復遁去及中京陷天祚幸雲中留琳與李處溫佐魏國王淳守南京處溫父子召琳欲立淳爲帝琳曰王雖帝胄初無上命攝政則可即眞則不可處溫曰今日之事天人所與豈可易也琳雖有難色亦勉從之淳既稱帝諸將咸居權要琳獨守太師十日一朝平章軍國大事陽以元老尊之實則不使與政琳由是鬱悒而卒

耶律余覩一名余都姑國族之近者也慷慨尚氣義保大初歷官副都統其妻天祚文妃之妹文妃生晉王最賢國人皆屬望時蕭奉先之妹亦爲天祚元妃生秦王奉先恐秦王不得立深忌余覩將潛圖之適耶律撻葛里之妻會余覩之妻於軍中奉先諷人誣余覩結駙馬蕭昱撻葛里謀立晉王尊天祚爲太上皇事覺殺昱及撻葛里妻賜文妃死余覩在軍中聞之懼不能自明被誅即引兵千餘并骨肉軍帳叛歸女直會大霖雨道途留阻天祚遣知奚王府蕭遐買北宰相蕭德恭大常袞耶律諦里姑歸州觀察使蕭和尚奴四軍太師蕭幹追捕甚急至閭山及之諸將議曰蕭奉先恃寵蔑害官兵余覩乃宗室雄才素不肯爲其下若擒之則他日吾輩皆余覩矣不如縱之還紿云追襲不及余覩既入女直爲其國前鋒引婁室孛堇兵攻陷州郡不測而至天祚聞之大驚知不能敵率衞兵入夾山余覩在女直爲監軍久不調意不自安乃假遊獵遁西夏夏人問汝來有兵幾何余覩以二三百對夏人不納卒

論曰遼之亡也雖孽降自天亦柄國之臣有以誤之也當天慶而後政歸后族奉先沮天祚防微之計陷晉王非罪之誅夾山之禍已見於此矣處溫逼魏王以僭號結宋將以賣國迹其姦佞如出一軌嗚呼天祚之所倚毗者若此國欲不亡得乎張琳婞婞守位余覩反覆自困則又何足議哉

遼史卷一百二考證

蕭奉先傳頭魚宴上謂奉先阿骨打跋扈誅之奉先曰無大過上乃止○臣浩按阿骨打以奉先言不誅既記于天祚本紀又見于樂志及遊幸表復書于奉先傳自昔史書兩人一事者必曰語在某傳晉書王隱諫祖約奕棊一事兩傳俱出孔毅父猶譏之此爲文繁矣

遼史卷一百三

元　中　書　右　丞　相　總　裁　脫　脫　等　修

列傳第三十三

文學上

遼起松漠太祖以兵經略方內禮文之事固所未遑及太宗入汴取晉圖書禮器而北然後制度漸以修舉至景聖間則科目聿興士有由下僚擢陞侍從駸駸崇儒之美但其風氣剛勁三面鄰敵歲時以蒐獮爲務而典章文物視古猶闕然二百年之業非數君子爲之綜理則後世惡所考述哉作文學傳

蕭韓家奴字休堅涅剌部人中書令安摶之孫少好學弱冠入南山讀書博覽經史通遼漢文字統和十四年始仕家有一牛不任驅策其奴得善價鬻之韓家奴曰利已誤人非吾所欲乃歸直取牛二十八年爲右通進典南京栗園重熙初同知三司使事四年遷天成軍節度使徙彰愍宮使帝與語才之命爲詩友嘗從容問曰卿居外有異聞乎韓家奴對曰臣惟知炒栗小者熟則大者必生大者熟則小者必焦使大小均熟始爲盡美不知其他蓋嘗掌栗園故託栗以諷諫帝大笑詔作四時逸樂賦帝稱善時詔天下言治道之要制問徭役不加于舊征伐亦不常有年穀既登帑廩既實而民重困豈爲吏者慢爲民者惰歟今之徭役何者最重何者尤苦何所蠲省則爲便益補役之法何可以復盜賊之害何可以止韓家奴對曰臣伏見比年以來高麗未賓阻卜猶强戰守之備誠不容已乃者選富民防邊自備糧糗道路修阻動淹歲月比至屯所費已過半隻牛單轂鮮有還者其無丁之家倍直傭僦人憚其勞半途亡竄故戍卒之食多不能給求假于人則十倍其息至有鬻子割田不能償者或逋役不歸在軍物故則復補以少壯其鴨淥江之東戍役大率如此況渤海女直高麗合從連衡不時征討富者從軍貧者偵候加之水旱菽粟不登民以日困蓋勢使之然也方今最重之役無過西戍如無西戍雖遇凶年困弊不至於此若能徙西戍稍近則往來不勞民無深患議者謂徙之非便一則損威名二則召侵侮三則棄耕牧之地臣謂不然阻卜諸部自來有之曩時北至臚朐河南至邊境人多散居無所統壹惟往來抄掠及太祖西征至於流沙阻卜望風悉降西域諸國皆願入貢因遷種落內置三部以益吾國不營城邑不置戍兵阻卜累世不敢爲寇統和間皇太妃出師西域拓土既遠降附亦衆自後一部或叛鄰部討之使同力相制正得馭遠人之道及城可敦開境數千里西北之民徭役日增生業日殫警急既不能救叛服亦復不恒空有廣地之名而無得地之實若貪土不已漸至虛耗其患有不勝言者況邊情不可深信亦不可頓絕得不爲益捨不爲損國家大敵惟在南方今雖連和難保他日若南方有變屯戍遼邈卒難赴援我進則敵退我還則敵來不可不慮也方今太平已久正可恩結諸部釋罪而歸地內徙戍兵以增堡障外明約束以正疆界每部各置酋長歲修職貢叛則討之服則撫之諸部既安必不生釁如是則臣雖不能保其久而無變知其必不深入侵掠也或云棄地則損威殊不知殫費竭財以貪無用之地使彼小部抗衡大國萬一有敗損威豈淺或又云沃壤不可遽棄臣以爲土雖沃民不能久居一旦敵來則不免內徙豈可指爲吾土而惜之夫帑廩雖隨部而有此特周急部民一偏之惠不能均濟天下如欲均濟天下則當知民困之由而窒其隙節盤遊簡驛傳薄賦斂戒奢侈期以數年則困者可蘇貧者可富矣蓋民者國之本兵者國之衞兵不調則曠軍役調之則損國本且諸部皆有補役之法昔補役始行居者行者類皆富實故累世從戍易爲更代近歲邊虞數起民多匱乏既不任役事隨補隨缺苟無上戶則中戶當之曠日彌年其窮益甚所以取代爲艱也非惟補役如此在邊戍兵亦然譬如一抔之土豈能塡尋丈之壑欲爲長久之便莫若使遠戍疲兵還於故鄉薄其徭役使人人給足則補役之道可以復故也臣又聞自昔有國家者不能無盜比年以來羣黎凋弊利於剽竊良民往往化爲凶暴甚者殺人無忌至有亡命山澤基亂首禍所謂民以困窮皆爲盜賊者誠如聖慮今欲芟夷本根願陛下輕徭省役使民務農衣食既足安習教化而重犯法則民趨禮義刑罰罕用矣臣聞唐太宗問羣臣治盜之方皆曰嚴刑峻法太宗笑曰寇盜所以滋者由賦斂無度民不聊生今朕內省嗜欲外罷游幸使海內安靜則寇盜自止由此觀之寇盜多寡皆由衣食豐儉徭役重輕耳今宜徙可敦城於近地與西南副都部署烏古敵烈隗烏古等部聲援相接罷黑嶺二軍并開保州皆隸東京益東北戍軍及南京總管兵增修壁壘候尉相望繕完樓櫓浚治城隍以爲邊防此方今之急務也願陛下裁之擢翰林都林牙兼修國史仍詔諭之曰文章之職國之光華非才不用以卿文學爲時大儒是用授卿以翰林之職朕之起居悉以實錄自是日見親信每入侍賜坐遇勝日帝與飲酒賦詩以相醻酢君臣相得無比韓家奴知無不言雖諧謔不忘規諷十三年春上疏曰臣聞先世遙輦洼可汗之後國祚中絕自夷离菫雅里立阻午大位始定然上世俗朴未有尊稱臣以爲三皇禮文未備正與遙輦氏同後世之君以禮樂治天下而崇本追遠之義興焉近者唐高祖創立先廟尊四世爲帝昔我太祖代遙輦即位乃製文字修禮法建天皇帝名號制宮室以示威服興利除害混一海內厥後累聖相承自夷离菫湖烈以下大號未加天皇帝之考夷离菫的魯猶以名呼臣以爲宜依唐典追崇

四祖爲皇帝則陛下弘業有光墜典復舉矣疏奏帝納之始行追冊玄德二祖之禮韓家奴每見帝獵未嘗不諫會有司奏獵秋山熊虎傷死數十人韓家奴書于冊帝見命去之韓家奴既出復書他日帝見之曰史筆當如是帝問韓家奴我國家創業以來孰爲賢主韓家奴以穆宗對帝怪之曰穆宗嗜酒喜怒不常視人猶草芥卿何謂賢韓家奴對曰穆宗雖暴虐省徭輕賦人樂其生終穆之世無罪被戮未有過今日秋山傷死者臣故以穆宗爲賢帝默然詔與耶律庶成錄遥輦可汗至重熙以來事迹集爲二十卷進之十五年復詔曰古之治天下者明禮義正法度我朝之興世有明德雖中外嚮化然禮書未作無以示後世卿可與庶成酌古準今制爲禮典事或有疑與北南院同議韓家奴既被詔博考經籍自天子達于庶人情文制度可行於世不繆於古者譔成三卷進之又詔譯諸書韓家奴欲帝知古今成敗譯通歷貞觀政要五代史時帝以其老不任朝謁拜歸德軍節度使以善治聞帝遣使問勞韓家奴表謝召修國史卒年七十二有六義集十二卷行于世

李澣初仕晉爲中書舍人晉亡歸遼當太宗崩世宗立恂恂不定澣與高勳等十餘人羈留南京久之從歸上京授翰林學士穆宗卽位累遷工部侍郎時澣兄濤在汴爲翰林學士密遣人召澣澣得書託求醫南京易服夜出欲遁歸汴至涿爲徼巡者所得送之南京下吏澣伺獄吏熟寢以衣帶自經不死防之愈嚴械赴上京自投潢河中流爲鐵索牽掣又不死及抵上京帝欲殺之時高勳已爲樞密使救止之屢言於上曰澣本非負恩以母年八十急於省覲致罪且澣富於文學方今少有倫比若留掌詞命可以增光國體帝怒稍解仍令禁錮于奉國寺凡六年艱苦萬狀會上欲建太宗功德碑高勳奏曰非李澣無可秉筆者詔從之文成以進上悅釋囚尋加禮部尚書宣政殿學士卒

論曰統和重熙之間務修文治而韓家奴對策落落累數百言槩可施諸行事亦遼之晁賈哉李澣雖以詞章見稱而其進退不足論矣

遼史卷一百四

元中書右丞相總裁脫脫等修

列傳第三十四

文學下

王鼎字虛中涿州人幼好學居太寧山數年博通經史時馬唐俊有文名燕薊間適上巳與同志祓禊水濱酌酒賦詩鼎偶造席唐俊見鼎樸野置下坐欲以詩困之先出所作索賦鼎援筆立成唐俊驚其敏妙因與定交清寧五年擢進士第調易州觀察判官改淶水縣令累遷翰林學士當代典章多出其手上書言治道十事帝以鼎達政體事多咨訪鼎正直不阿人有過必面詆之壽隆初陞觀書殿學士一日宴主第醉與客忤怨上不知已坐是下吏狀聞上大怒杖黥奪官流鎮州居數歲有赦鼎獨不免會守臣召鼎爲賀表因以詩貽使者有誰知天雨露獨不到孤寒之句上聞而憐之卽召還復其職乾統六年鼎宰縣時憩于庭俄有暴風舉卧榻空中鼎無懼色但覺枕榻俱高乃曰吾中朝端士邪無干正可徐置之須臾榻復故處風遂止

耶律昭字述寧博學善屬文統和中坐兄國留事流西北部會蕭撻凜爲西北路招討使愛之奏免其役禮致門下欲召用以疾辭撻凜問曰今軍旅甫罷三邊晏然惟阻卜伺隙而動討之則路遠難至縱之則邊民被掠增戍兵則餽餉不給欲苟一時之安不能終保無變計將安出昭以書答曰竊聞治得其要則仇敵爲一家失其術則部曲爲行路夫西北諸部每當農時一夫爲偵候一夫治公田二夫給糺官之役大率四丁無一室處芻牧之事仰給妻孥一遭寇掠貧窮立至春夏賑恤吏多雜以穅粃重以掊克不過數月又復告困且畜牧者富國之本有司防其隱沒聚之一所不得各就水草便地兼以逋亡戍卒隨時補調不習風土故日瘠月損馴至耗竭爲今之計莫若振窮薄賦給以牛種使遂耕獲置游兵以防盜掠頒俘獲以助伏臘散畜牧以就便地期以數年富强可望然後練簡精兵以備行伍何守之不固何動而不克哉然必去其難制者則餘種自畏若捨大而謀小避强而攻弱非徒虛費財力亦不足以威服其心此二者利害之機不可不察昭聞古之名將安邊立功在德不在衆故謝玄以八千破符堅百萬休哥以五隊敗曹彬十萬良由恩結士心得其死力也閤下膺非常之遇專方面之寄宜遠師古人以就勳業上觀乾象下盡人謀察地形之險易料敵勢之虛實慮無遺策利施後世矣撻凜然之開泰中獵于拔里堵山爲羯羊所觸卒

劉輝好學善屬文疏簡有遠略太康五年第進士大安末爲太子洗馬上書言西邊諸番爲患士卒遠戍中國之民疲于飛輓非長久之策爲今之務莫若城于鹽濼實以漢戶使耕田聚糧以爲西北之費言雖不行識者韙之壽隆二年復上書曰宋歐陽修編五代史附我朝於四夷妄加貶訾且宋人賴我朝寬大許通和好得盡兄弟之禮今反令臣下妄意作史恬不經意臣請以趙氏初起事蹟詳附國史上嘉其言遷禮部郎中詔以賢良對策輝言多中時病擢史館修撰卒

耶律孟簡字復易于越屋質之五世孫父劉家奴官至節度使孟簡性穎悟六歲父晨出獵俾賦曉天星月詩孟簡應聲而成父大奇之旣長善屬文太康初樞密使耶律乙辛以姦險竊柄出爲中京留守孟簡與耶律庶箴表賀未幾乙辛復舊職銜之謫巡磁窯關時雖以讒見逐不形辭色遇林泉勝地終日忘歸明年流保州及聞皇太子被害不勝哀痛以詩傷之作放懷詩二十首自序云禽獸有哀樂之聲螻蟻有動靜之形在物猶然況於人乎然賢達哀樂不在窮通禍福之間易曰樂天知命故不憂是以顏淵簞瓢自得此知命而樂者也予雖流放以道自安又何疑耶太康中始得歸鄉里詣闕上表曰本朝之興幾二百年宜有國史以垂後世乃編耶律曷魯屋質休哥三人行事以進上命置局編修孟簡謂僚官曰史筆天下之大信一言當否百世從之苟無明識好惡徇情則禍不測故左氏司馬遷班固范曄俱罹殃禍可不愼歟乾統中遷六院部太保處事不拘文法時多笑其迂孟簡聞之曰上古之時無簿書法令而天下治蓋簿書法令適足以滋姦倖非聖人致治之本改高州觀察使修學校招生徒遷昭德軍節度使以中京饑詔與學士劉嗣昌減價糶粟事未畢卒

耶律谷欲字休堅六院部人父阿古只官至節度使谷欲冲澹有禮法工文章統和中爲本部太保開泰中稍遷塌母城節度使鞫霸州疑獄稱旨授啓聖軍節度使太平中復爲本部太保謝病歸俄擢南院大王歎風俗日頹請老不許興宗命爲詩友數問治要多所匡建奉詔與林牙耶律庶成蕭韓家奴編遼國上世事迹及諸帝實錄未成而卒年九十

論曰孔子言誦詩三百授之以政不達雖多亦奚以爲王鼎忠直達政劉輝侍青宮建言國計昭陳邊防利害皆洞達閫敏孟簡疾乙辛姦邪黜而不怨孰謂文學之士無益於治哉

遼史卷一百四考證

王鼎傳清寧五年擢進士第○臣長發按道宗本紀清寧八年放進士王鼎等九十三人據此則五年爲誤否則豈有兩王鼎耶

遼史卷一百五

元中書右丞相總裁脫脫等修

列傳第三十五

能吏

漢以璽書賜二千石唐疏刺史縣令于屏以示獎率故二史有循吏良吏之傳遼自太祖創業太宗撫有燕薊任賢使能之道亦略備矣然惟朝廷參置國官吏州縣者多遵唐制歷世旣久選舉益嚴時又分遣重臣巡行境內察賢否而進退之是以治民理財決獄弭盜各有其人考其德政雖未足以與諸循良之列抑亦可謂能吏矣作能吏傳

大公鼎渤海人先世籍遼陽率賓縣統和間徙遼東豪右以實中京因家于大定曾祖忠禮賓使父信興中主簿公鼎幼莊愿長而好學咸雍十年登進士第調瀋州觀察判官時遼東雨水傷稼北樞密院大發瀕河丁壯以完隄防有司承令峻急公鼎獨曰邊障甫寧大興役事非利國便農之道乃疏奏其事朝廷從之罷役水亦不爲災瀕河千里人莫不悅改良鄉令省徭役務農桑建孔子廟學部民服化累遷興國軍節度副使時有隸鷹坊者以羅畢爲名擾害田里歲久民不堪公鼎言于上卽命禁戢會公鼎造朝大臣諭上嘉納之意公鼎曰一郡獲安誠爲大幸他郡如此者衆願均其賜于天下從之徙長春州錢帛都提點車駕如春水貴主例爲假貸公鼎曰豈可輟官用徇人情拒之頗聞怨詈語曰此吾職不敢廢也俄拜大理卿多所平反天祚卽位歷長寧軍節度使南京副留守改東京戶部使時盜殺留守蕭保先始利其財因而倡亂民亦互生猜忌家自爲鬭公鼎單騎行郡陳以禍福衆皆投兵而拜曰是不欺我敢弗聽命安輯如故拜中京留守賜貞亮功臣乘傳赴官時盜賊充斥有遇公鼎于路者卽叩馬乞自新公鼎

給以符約俾還業聞者接踵而至不旬日境內清肅天祚聞之加賜保節功臣時人心反側公鼎慮生變請布恩惠以安之爲之肆赦公鼎累表乞歸不許會奴賊張撒八率無賴嘯聚公鼎欲擊而勢有不能嘆曰吾欲謝事久矣爲世故所牽不幸至此豈命也夫因憂憤成疾保大元年卒年七十九子昌齡左承制昌嗣洺州刺史昌朝鎭寧軍節度

蕭文字國華外戚之賢者也父直善安州防禦使文篤志力學喜慍不形太康初掌秦越國王中丞司事以才幹稱尋知北面帖黃王邦彥子爭蔭數歲不能定有司以聞上命文詰之立決車駕將還宮承詔閱習儀衞雖執事林林指顧如一遷同知奉國軍節度使歷國舅都監壽隆末知易州兼西南面安撫使高陽土沃民富吏其邑者每黷于貨民甚苦之文始至悉去舊弊務農桑崇禮教民皆化之時大旱百姓憂甚文禱之輒雨屬縣又蝗議捕除之文曰蝗天災捕之何益但反躬自責蝗盡飛去遺者亦不食苗散在草莽爲鳥鵲所食會霪雨不止文復隨禱而霽是歲大熟朝廷以文可大用遷唐古部節度使高陽勒石頌之後不知所終

馬人望字儼叔高祖胤卿爲石晉青州刺史太祖兵至堅守不降城破被執太祖義而釋之徙其族于醫巫閭山因家焉曾祖廷煦南京留守祖淵中京副留守父詮中京文思使人望穎悟幼孤長以才學稱咸雍中第進士爲松山縣令歲運澤州官炭獨役松山人望請于中京留守蕭吐渾均役他邑吐渾怒下吏繫幾百日復引詰之人望不屈蕭喜曰君爲民如此後必大用以事聞于朝悉從所請徙知涿州新城縣縣與宋接境驛道所從出人望治不擾吏民畏愛近臣有聘宋還者帝問以外事多薦之擢中京度支司鹽鐵判官轉南京三司度支判官公私兼裕遷警巡使京城獄訟塡委人望處決無一寃者會檢括戶口未兩旬而畢同知留守蕭保先怪而問之人望曰民產若括之無遺他日必長厚斂之弊大率十得六七足矣保先謝曰公慮遠吾不及也先是樞密使乙辛竊弄威柄卒害太子及天祚嗣位將報父仇選人望與蕭報恩究其事人望平心以處所活甚衆改上京副留守會劇賊趙鍾哥犯闕劫宮女御物人望率衆捕之右臂中矢炷以艾力疾馳逐賊棄所掠而遁人望令關津譏察行旅悉獲其盜尋擢樞密都承旨宰相耶律儼惡人望與已異遷南京諸宮提轄制置歲中爲保靜軍節度使有二吏兇暴民畏如虎人望假以辭色陰令發其事黥配之是歲諸處饑乏惟人望所治粒食不闕路不鳴桴遙授彰義軍節度使遷中京度支使始至府廩皆空視事半歲積粟十五萬斛錢二十萬繦徙左散騎常侍累遷樞密直學士未幾拜參知政事判南京三司使事時錢粟出納之弊惟燕爲甚人望以縑帛爲通歷凡庫物出入皆使別籍名曰臨庫姦人黠吏莫得軒輊乃以年老揚言道路朝論不察改南院宣徽使以示優老踰年天祚手書宣馬宣徽四字詔之既至諭曰以卿爲老誤聽也遂拜南院樞密使人不敢干以私用人必公議所當與者如曹勇義虞仲文嘗爲姦人所擠人望推薦皆爲名臣當時民所甚患者驛遞馬牛旗鼓鄉正廳隸倉司之役至破產不能給人望使民出錢官自募役時以爲便久之請老以守司徒兼侍中致仕卒諡曰文獻人望有操守喜怒不形未嘗附麗求進初除執政家人賀之人望愀然曰得勿喜失勿憂抗之甚高擠之必酷其畏愼如此

耶律鐸魯斡字乙辛隱季父房之後廉約重義重熙末給事誥院咸雍中累遷同知南京留守事被召以部民懇留乃賜詔褒獎太康初改西南面招討使爲北面林牙遷左夷離畢大安五年拜南府宰相壽隆初致仕卒鐸魯斡所至有聲吏民畏愛及退居鄉里子普古爲烏古部節度使遣人來迎既至見積委甚富謂普古曰辭親入仕當以裕國安民爲事枉道欺君以苟貨利非吾志也命駕而歸普古後爲盜所殺

楊遵勗字益誠涿州范陽人重熙十九年登進士第調儒州軍事判官累遷樞密院副承旨咸雍三年爲宋國賀正使還遷都承旨天下之事叢于樞府簿書塡委遵勗一目五行俱下剖決如流敷奏詳敏上嘉之奉詔徵戶部逋錢得四十餘萬緡拜樞密直學士改樞密副使太康初參知政事徙知樞密院事兼門下侍郎平章事拜南府宰相耶律乙辛誣皇太子詔遵勗與燕哥案其事遵勗不敢正言時議短之尋拜北府宰相大安中暴卒年五十六贈守司空諡康懿子晦終昭文館直學士

王棠涿州新城人博古善屬文重熙十五年擢進士鄉貢禮部廷試對皆第一累遷上京鹽鐵使或誣以賄無狀釋之遷東京戶部使太康二年遼東饑民多死請振恤從之三年入爲樞密副使拜南府宰相大安末卒棠練達朝政臨事不怠在政府修明法度有聲

論曰孟子論民爲貴社稷次之司牧者當如何以盡心公鼎奏罷完隄役以息民拒公主假貸以守法單騎行郡化盜爲良庶幾召杜之美文知易州兩賜應禱蝗不爲災人望爲民不避囚繫判度支公私兼裕亦卓乎未易及已鐸魯斡吏畏民愛楊遵勗決事如流眞能吏哉

遼史卷一百六

元中書右丞相總裁脫脫等修

列傳第三十六

卓行

遼之共國任事耶律蕭二族而已二族之中有退然自足不淫於富貴不詘於聲利可以振頹風激薄俗亦足嘉尙者得三人焉作卓行傳

蕭札剌字虛輦北府宰相排押之弟性介特不事生業保寧間以戚屬進累遷寧遠軍節度使秩滿里居淡泊自適統和末召爲南京馬步軍都指揮使以疾求退不聽遷夷離畢又以疾辭許之遂入頡山杜門不出上嘉其志不復徵札剌自是家于頡山親友或過之終日言不及世務凡宴游相邀亦不拒一歲山居過半與世俗不偶耶律資忠重之目曰頡山老人卒

耶律官奴字奚隱林牙斡魯之孫沉厚多學詳於本朝世系嗜酒好佚初徵爲宿直將軍重熙九年以疾去官上以官奴屬尊欲成其志乃許自擇一路節度使官奴辭曰臣愚鈍不任官使加歸義軍節度使輒請致政官奴與歐里部人蕭唑友善唑謂官奴曰仕不能致主澤民成大功烈何屑屑爲也吾與若居林下以枕簟自隨觴詠自樂雖不官無慊焉官奴然之時稱二逸乾統間官奴卒

蕭蒲離不字挼懶魏國王惠之四世孫父母蚤喪鞠于祖父兀古匿性孝悌年十三兀古匿卒自以早失怙恃復遭祖喪哀毀踰禮族里嘉歎嘗謂人曰我於親不得終養今謹爲訓者苟不自勉何以報鞠育恩自是力學於文藝無不精乾統間以兀古匿之故召之不應常與親識游獵山水奉養無長物僕隸欣欣如也或曰公胡不念以嗣先世功名答曰自度不足以繼先業年踰強仕安能益主庇民累徵皆以疾辭晚年謝絕人事卜居抹古山屛遠葷茹潛心佛書延有道者談論彌日人問所得何如但曰有深樂惟覺六鑿不相攘餘無知者一日易服無疾而逝

論曰隱固未易爲也而亦未可輕以與人若札剌謝職不談時務官奴兩辭節鎭蒲离不召而不赴雖未足謂之隱然在當時能知內外之分甘於肥遯不猶愈於求富貴利達而爲妻妾羞者哉故稱卓行可也

遼史卷一百七

元中書右丞相總裁脫脫等修

列傳第三十七

列女

男女居室人之大倫與其得烈女不若得賢女天下而有烈女之名非幸也詩讚衞共姜春秋褒宋伯姬蓋不得已所以重人倫之變也遼據北方風化視中土爲疎終遼之世得賢女二烈女三以見人心之天理有不與世道存亡者

邢簡妻陳氏營州人父陞五代時累官司徒陳氏甫笄涉通經義凡覽詩賦輒能誦尤好吟詠時以女秀才名之年二十歸於簡孝舅姑閨門和睦親黨推重有六子陳氏親教以經後二子抱朴抱質皆以賢位宰相統和十二年卒睿智皇后聞之嗟悼贈魯國夫人刻石以表其行及遷祔遣使以祭論者謂貞靜柔順婦道母儀始終無歉云

耶律氏太師適魯之妹小字常哥幼爽秀有成人風及長操行脩潔自誓不嫁能詩文不苟作讀通歷見前人得失歷能品藻咸雍間作文以述時政其略曰君以民爲體民以君爲心人主當任忠賢人臣當去比周則政化平陰陽順欲懷遠則崇恩尙德欲强國則輕徭薄賦四端五典爲治教之本六府三事實生民之命淫侈可以爲戒勤儉可以爲師錯枉則人不敢詐顯忠則人不敢欺勿泥空門崇飾土木勿事邊鄙妄費金帛滿當思溢安必慮危刑罰當罪則民勸善不寶遠物則賢者至建萬世磐石之業制諸部强橫之心欲率下則先正身欲治遠則始朝廷上稱善時樞密使耶律乙辛愛其才屢求詩常哥遺以回文乙辛知其諷已銜之太康三年皇太子坐事乙辛誣以罪按無跡獲免會兄適魯謫鎭州常哥與俱嘗布衣蔬食人問曰何自苦如此對曰皇

儲無罪遭廢我輩豈可美食安寢及太子被害不勝哀痛年七十卒于家

耶律奴妻蕭氏小字意辛國舅駙馬都尉陶蘇斡之女母胡獨公主意辛美姿容年二十始適奴事親睦族以孝謹聞嘗與娣姒會爭言厭魅以取夫寵意辛曰厭魅不若禮法衆問其故意辛曰脩己以潔奉長以敬事夫以柔撫下以寬毋使君子見其輕易此之爲禮法自然取重於夫以厭魅獲寵獨不愧於心乎聞者大慙初奴與樞密使乙辛有隙及皇太子廢被誣奪爵沒入興聖宮流烏古部上以意辛公主之女欲使絕婚意辛辭曰陛下以妾葭莩之親使免流竄實天地之恩然夫婦之義生死以之妾自笄年從奴一旦臨難頓爾乖離背綱常之道於禽獸何異幸陛下哀憐與奴俱行妾卽死無恨帝感其言從之意辛久在貶所親執役事雖勞無難色事夫禮敬有加于舊壽隆中上書乞子孫爲著帳郎君帝嘉其節召舉家還子國隱乾統間始仕保大中意辛在臨潢謂諸子曰吾度盧彥倫必叛汝輩速避我當死之賊至遇害

耶律术者妻蕭氏小字訛里本國舅孛堇之女性端慤有容色自幼與他女異年十八歸术者謹裕貞婉娣姒推尊之及居术者喪極哀毀旣葬謂所親曰夫婦之道如陰陽表裏無陽則陰不能立無表則裏無所附妾今不幸失所天且生必有死理之自然术者早歲登朝有才不壽天禍妾身罹此酷罰復何依恃儻死者可見則從不可見則當與俱侍婢慰勉竟無回意自刄而卒

耶律中妻蕭氏小字挼蘭韓國王惠之四世孫聰慧謹愿年二十歸於中事夫敬順親戚咸譽其德中嘗謂曰汝可粗知書以前貞淑爲鑑遂發心誦習多涉古今天慶中爲賊所執潛置刄於履誓曰人欲汙我者卽死之至夜賊遁而免久之帝召中爲五院都監中謂妻曰吾本無宦情今不能免我當以死報國汝能從我乎挼蘭對曰謹奉教及金兵徇地嶺西盡徙其民中守節死挼蘭悲戚不形於外人怪之俄躍馬突出至中死所自殺

論曰陳氏以經教二子並爲賢相耶律氏自潔不嫁居閨閫之內而不忘忠其君非賢而能之乎三蕭氏之節雖烈丈夫有不能者矣

遼史卷一百八

元　中　書　右　丞　相　總　裁　脫　脫　等　修

列傳第三十八

方技

孔子稱小道必有可觀醫卜是已醫以濟夭札卜以決猶豫皆有補於國有惠於民前史錄而不遺故傳

直魯古吐谷渾人初太祖破吐谷渾一騎士棄橐反射不中而去及追兵開橐視之中得一嬰兒卽直魯古也因所俘者問其故乃知射橐者嬰之父也世善醫雖馬上視疾亦知標本意不欲子爲人所得欲殺之耳由是進於太祖淳欽皇后收養之長亦能醫專事鍼灸太宗時以太醫給侍嘗撰脈訣鍼灸書行于世年九十卒

王白冀州人明天文善卜筮晉司天少監太宗入汴得之應歷十九年王子只沒以事下獄其母求卜白曰此人當王未能殺也毋過憂景宗卽位釋其罪封寧王竟如其言凡決禍福多此類保寧中歷彰武興國二軍節度使撰百中歌行于世

魏璘不知何郡人以卜名世太宗得于汴天祿元年上命馳馬較遲疾以爲勝負問王白及璘孰勝白奏曰赤者勝璘曰臣所見驄馬當勝旣馳竟如璘言上異而問之白曰今日火王故知赤者勝璘曰不然火雖王而上有煙以煙察之靑者必勝上嘉之五年察割謀逆私卜于璘璘始卜謂曰大王之數得一日矣宜愼之及亂果敗應歷中周兵犯燕上以勝敗問璘璘曰周姓柴也燕分火也柴入火必焚其言果驗璘嘗爲太平王罨撒葛卜僭立事上聞之免死流烏古部一日節度使召璘適有獻雙鯉者戲曰君卜此魚何時得食璘良久答曰公與僕不出今日有不測禍奚暇食魚急命烹之未及食寇至俱遇害

耶律敵魯字撒不椀其先本五院之族始置宮分隷焉敵魯精于醫察形色卽知病原雖不診候有十全功統和初爲大丞相韓德讓所薦官至節度使初樞密使耶律斜軫妻有沈痾易數醫不能治敵魯視之曰心有畜熱非藥石所及當以意療因其聵聒之使狂用泄其毒則可於是令大擊鉦鼓於前翌日果狂叫呼怒罵力極而止遂愈治法多此類人莫能測年八十卒

耶律乙不哥字習撚六院郎君褭古直之後幼好學尤長於卜筮不樂仕進嘗爲人擇葬地曰後三日有牛乘人逐牛過者卽啓土至期果一人負乳犢引牸牛而過其人曰所謂牛乘人者此也遂啓土旣葬吉凶盡如其言又爲失鷹者占曰鷹在汝家東北三十里濼西榆上往求之果得當時占候無不驗

論曰方技術者也苟精其業而不畔于道君子必取焉直魯古王白耶律敵魯無大得失錄之宜矣魏璘爲察割卜謀逆爲罨撒葛卜僭立罪在不貰雖有寸長亦奚足取哉存而弗削爲來者戒

遼史卷一百九

元　中　書　右　丞　相　總　裁　脫　脫　等　修

列傳第三十九

伶官

伶官之徵者也五代史列鏡新磨於傳是必有所取矣遼之伶官當時固多然能因詼諧示諫以消未形之亂惟羅衣輕耳孔子曰君子不以人廢言是宜傳

羅衣輕不知其鄉里滑稽通變一時諧譃多所規諷興宗敗於李元昊也單騎突出幾不得脫先是元昊獲遼人輒劓其鼻有奔北者惟恐追及故羅衣輕止之曰且觀鼻在否上怒以毳索繫帳後將殺之太子笑曰打諢底不是黃幡綽羅衣輕應聲曰行兵底亦不是唐太宗上聞而釋之上嘗與太弟重元狎昵宴酣許以千秋萬歲後傳位重元喜甚驕縱不法又因雙陸賭以居民城邑帝屢不競前後已償數城重元旣恃梁孝王之寵又多鄭叔段之過朝臣無敢言者道路以目一日復博羅衣輕指其局曰雙陸休癡和你都輸去也帝始悟不復戲淸寧間以疾卒

宦官

周禮寺人掌中門之禁至巷伯詩列于雅勃貂功著于晉雖忠於所事而非其職矣漢唐中世竊權蠹政有不忍言者是皆寵遇之過遼宦者二人其賢不肖皆可爲後世鑑故傳焉

王繼恩棣州人睿知皇后南征繼恩被俘初皇后以公私所獲十歲已下兒容貌可觀者近百人載赴凉陘並使閹爲豎繼恩在焉聰慧通書及遼語擢內謁者內侍左廂押班聖宗親政累遷尙衣庫使左承宣監門衛大將軍靈州觀察使內庫都提點繼恩好淸談不喜權利每得賜賚市書至萬卷載以自隨誦讀不倦每宋使來聘繼恩多充宣賜使後不知所終

趙安仁字小喜深州樂壽人自幼被俘統和中爲黃門令秦晉國王府祗候王薨授內侍省押班御院通進開泰八年與李勝哥謀奔南土爲游兵所擒初仁德皇后與欽哀有隙欽哀密令安仁伺皇后動靜無不知者仁德皇后威權旣重安仁懼禍復謀亡歸仁德欲誅之欽哀以言營救聖宗曰小喜言父母兄弟俱在南朝每一念神魂隕越今爲思親冒死而亡亦孝子用心實可憐憫赦之重熙初欽哀攝政欲廢帝立少子重元帝與安仁謀遷太后慶州守陵授安仁左承宣監門衛大將軍充契丹漢人渤海內侍都知兼都提點會上思太后親馭奉迎太后責曰汝負萬死我嘗營救不望汝報何爲離間我母子邪安仁無答後不知所終

論曰名器所以礪天下非賢而有功則不可授況宦者乎繼恩爲內謁者安仁爲黃門令似矣何至溺於私愛而授以觀察使大將軍耶易曰負且乘致寇至此安仁所以不克有終繼恩幸而免歟

遼史卷一百十

元　中　書　右　丞　相　總　裁　脫　脫　等　修

列傳第四十

姦臣上

春秋褒貶善惡並書示勸懲也故遷固傳佞幸酷吏歐陽脩則幷姦臣錄之將俾爲君者知所鑒爲臣者知所戒此天地聖賢之心國家安危之機治亂之原也遼自耶律乙辛而下姦臣十人其敗國皆足以爲戒故列於傳

耶律乙辛字胡覩衮五院部人父迭剌家貧服用不給部人號窮迭剌初乙辛母方娠夜夢手搏羖羊拔其角尾旣寤占之術者曰此吉兆也羊去角尾爲王字汝後有子當王及乙辛生適在路無水以浴迴車破轍忽見湧泉迭剌自以得子欲酒以慶聞酒香于草棘間得二榼因祭東焉乙辛幼慧黠嘗牧羊至日昃迭剌視之乙辛熟寢迭剌觸之覺乙辛怒曰何遽驚我適夢人手執日月以食我我已食月啗日方半而覺惜不盡食之迭剌自是不令牧羊及長美風儀外和內狡重熙中爲文班吏掌太保印陪從入宮皇后見乙辛詳雅如素宦命補筆硯吏帝亦愛之累遷護衞太保道宗卽位以乙辛

先朝任使賜漢人戶四十同知點檢司事常召決疑議歷北院同知歷樞密副使清寧五年爲南院樞密使改知北院封趙王九年耶律仁先爲南院樞密使時駙馬都尉蕭胡覩與重元黨惡仁先在朝奏曰仁先可任西北路招討使帝將從之乙辛奏曰臣新參國政未知治體仁先乃先帝舊臣不可遽離朝廷帝然之重元亂平拜北院樞密使進王魏賜匡時翊聖竭忠平亂功臣咸雍五年加守太師詔四方有軍旅許以便宜從事勢震中外門下饋賂不絕凡阿順者蒙薦擢忠直者被斥竄太康元年皇太子始預朝政法度修明乙辛不得逞謀以事誣皇后后既死乙辛不自安又欲害太子乘間入奏曰帝與后如天地並位中宮豈可曠盛稱其黨駙馬都尉蕭霞抹之妹美而賢上信之納于宮尋册爲皇后時護衛蕭忽古知乙辛姦狀伏橋下欲殺之俄暴雨壞橋謀不遂林牙蕭巖壽密奏曰乙辛自皇太子預政內懷疑懼又與宰相張孝傑相附會恐有異圖不可使居要地出爲中京留守乙辛泣謂人曰乙辛無過因讒見出其黨蕭霞抹輩以其言聞於上上悔之無何出蕭巖壽爲順義軍節度使詔近臣議召乙辛事北面官屬無敢言者耶律撒剌曰初以蕭巖壽奏出乙辛若所言不當宜坐以罪若當則不可復召累諫不從乃復召爲北院樞密使時皇太子以母后之故憂見顏色乙辛黨欣躍相慶讒謗沸騰忠良之士斥逐殆盡乙辛因蕭十三之言夜召蕭得裏特謀構太子令護衛太保耶律查剌誣告耶律撒剌等同謀立皇太子詔按無迹而罷又令牌印郎君蕭訛都斡詣上誣首耶律查剌前告耶律撒剌等事皆實臣亦與其謀本欲殺乙辛等而立太子臣等若不言恐事白連坐詔使鞫劾乙辛迫令具伏上怒命誅撒剌及速撒等乙辛恐帝疑引數人庭詰各令荷重校繩繫其頸不能出氣人人不堪其酷惟求速死反奏曰別無異辭時方暑尸不得瘞以至地臭乃囚皇太子於上京監衛者皆其黨尋遣蕭達魯古撒把害太子乙辛黨大喜聚飲數日上京留守蕭撻得以卒聞上哀悼欲召其妻乙辛陰遣人殺之以滅其口五年正月上將出獵乙辛奏留皇孫上欲從之同知點檢蕭兀納諫曰陛下若從乙辛留皇孫皇孫尙幼左右無人願留臣保護以防不測遂與皇孫俱行由是上始疑乙辛頗知其姦會北幸將次黑山之平定上適見扈從官屬多隨乙辛後惡之出乙辛知南院大王事及例削一字王爵改王混同意稍自安及赴闕入謝帝即日遣還改知興中府事七年冬坐以禁物鬻入外國下有司議法當死乙辛黨耶律燕哥獨奏當入八議得減死論擊以鐵骨朵幽於來州後謀奔宋及私藏兵甲事覺縊殺之乾統二年發冢戮其屍

張孝傑建州永霸縣人家貧好學重熙二十四年擢進士第一清寧間累遷樞密直學士咸雍初坐誤奏事出爲惠州刺史俄召復舊職兼知戶部司事三年參知政事同知樞密院事加工部侍郎八年封陳國公上以孝傑勤幹數問以事爲北府宰相漢人貴幸無比太康元年賜國姓明年秋獵帝一日射鹿三十燕從官酒酣命賦雲上于天詩詔孝傑坐御榻傍上誦黍離詩知我者謂我心憂不知我者謂我何求孝傑奏曰今天下太平陛下何憂富有四海陛下何求帝大悅三年羣臣侍燕上曰先帝用仁先化葛以賢智也朕有孝傑乙辛不在仁先化葛下誠爲得人歡飲至夜乃罷是年夏乙辛譖皇太子孝傑同力相濟及乙辛受詔按皇太子黨人誣害忠良孝傑之謀居多乙辛薦孝傑忠於社稷帝謂孝傑可比狄仁傑賜名仁傑乃許放海東青鶻六年既出乙辛上亦悟孝傑姦佞尋出爲武定軍節度使坐私販廣濟湖鹽及擅改詔旨削爵貶安肅州數年乃歸大安中死於鄉乾統初剖棺戮屍以族產分賜臣下孝傑久在相位貪貨無厭時與親戚會飲嘗曰無百萬兩黃金不足爲宰相家初孝傑及第詣佛寺忽迅風吹孝傑幞頭與浮圖齊墜地而碎有老僧曰此人必驟貴然亦不得其死竟如其言

耶律燕哥字善寧季父房之後四世祖鐸穩太祖異母弟父曰谿里斯官至太師燕哥狡佞而敏清寧間爲左護衛太保太康初轉北面林牙初耶律乙辛自中京留守復爲樞密使以燕哥爲耳目凡聞見必以告乙辛愛而薦之帝亦以爲賢拜左夷离畢及皇太子被誣帝遣燕哥往訊之太子謂燕哥曰帝惟我一子今爲儲嗣復何求敢爲此事公與我爲昆弟行當念無辜達意於帝禱之甚懇蕭十三聞之謂燕哥曰宜以太子言易爲伏狀燕哥領之盡如所教以奏及太子被逐乙辛殺害忠良多燕哥之謀爲契丹行宮都部署五年夏拜南府宰相遷惕隱大安三年爲西京留守致仕壽隆初以疾卒

蕭十三茂古乃部人父鐸魯斡歷官節度使十三辨黠善揣摩人意清寧間以年勞遷護衛太保太康初耶律乙辛復入樞府益橫恣時十三出入乙辛家以朝臣不附者輒使出之十三由宿衛遷殿前副點檢三年夏護衛蕭忽古等謀殺乙辛事覺下獄十三謂乙辛曰今太子猶在臣民屬心大王素無根柢之助復有誣皇后之怨若太子立王置身何地宜熟計之乙辛曰吾憂此久矣是夜召蕭得裏特謀所以構太子事十三計既行尋遷殿前都點檢兼同知樞密院事復令蕭訛都斡等誣首耶律查剌前告耶律撒剌等事皆實詔究其事太子不服別遣夷离畢耶律燕哥問太子太子具陳所以見誣之狀十三聞之謂燕哥曰如此奏則大事去矣當易其辭爲伏款燕哥入如十三言奏之上大怒廢太子太子將出曰我何罪至是十三叱令登車遣衛卒闔車門是年遷北院樞密副使復陳陰害太子計乙辛從之及乙辛出知南院大王事亦出十三爲保州統軍使卒乾統間剖棺戮屍二子的里得念經皆伏誅

遼史卷一百十一

元中書右丞相總裁脫脫等修

列傳第四十一

姦臣下

蕭余里也字訛都椀國舅阿剌次子便佞滑稽善女工重熙間以外戚進清寧初補祗候郎君尚鄭國公主拜駙馬都尉累遷南面林牙以父阿剌爲蕭革所譖出余里也爲奉先軍節度使十年冬召爲北面林牙咸雍中會有告余里也與族人朮哲謀害耶律乙辛按無狀出爲寧遠軍節度使自後余里也揣乙辛意傾心事之薦爲國舅詳穩太康初封遼西郡王時乙辛擅恣凡不附已者出之乃引余里也爲北府宰相兼知契丹行宮都部署事及乙辛謀構皇太子余里也多助成之遂知北院樞密事賜推誠協贊功臣以女姪妻乙辛子綏也恃勢橫肆至有無君之語朝野側目帝出乙辛知南院大王事坐與乙辛黨以天平軍節度使歸第尋拜西北路招討使以母憂去官卒

耶律合魯字胡都菫六院舍利裹古直之後柔佞喜苟合仕清寧初時乙辛引用羣小合魯附之遂見委任俄擢南面林牙乙辛譖皇太子殺忠直合魯多預其謀弟吾也亦黨乙辛時號二賊乙辛薦爲北院大王卒吾也亦至南院大王

蕭得裏特遙輦洼可汗宮分人善阿意順色清寧初乙辛用事甚見引用累遷北面林牙同知北院宣徽使事及皇太子廢遣得裏特監送上京得裏特促其行不令下車起居飲食數加陵侮至則築圜堵囚之太康中遷西南招討使歷順義軍節度使轉國舅詳穩壽隆五年坐怨望以老免死圖門籍與聖宮貶西北統軍司卒二子得末訛里乾統間以父與乙辛謀伏誅

蕭訛都斡國舅少父房之後咸雍中補牌印郎君太康三年樞密使乙辛陰懷逆謀乃令護衛太保耶律查剌誣告耶律撒剌等廢立事詔按無狀皆補外頃之訛都斡希乙辛意欲實其事與耶律塔不也等入闕誣奏耶律撒剌等謀害乙辛欲立皇太子事臣亦預謀今不自言恐事泄連坐帝果怒徙皇太子于上京訛都斡尚皇女趙國公主爲駙馬都尉後與乙辛議不合銜之復以車服僭擬人主被誅訛都斡臨刑語人曰前告耶律撒剌事皆乙辛教我恐事彰殺我以滅口耳

蕭達魯古遙輦嘲古可汗宮分人性姦險清寧間乙辛爲樞密使竊權用事陰懷逆謀達魯古比附之遂見獎拔稍遷至旗鼓拽剌詳穩乙辛欲害太子以達魯古兇果可使遣與近侍直長撒把詣上京同留守蕭撻得夜引力士至囚室紿以有赦召太子出殺之函其首以歸詐云疾薨以達魯古爲國舅詳穩達魯古恐殺太子事白出入常佩刀有急召即欲自殺乾統間詔樞密使耶律阿思大索乙辛黨人達魯古以賂獲免後以疾卒

耶律塔不也仲父房之後以善擊鞠幸於上凡馳騁鞠不離杖咸雍初補祗候郎君與耶律乙辛善故內外畏之及太子被譖按無迹塔不也附乙辛欲實其誣與訛都斡等密奏太子謀亂事本實臣不首恐事覺連坐帝信之廢太子改延慶宮副使壽隆元年爲行宮都部署天祚嗣位以塔不也黨乙辛出爲特免部節度使及樞密使耶律阿思大索乙辛舊黨塔不也以賂獲免徙敵烈部節度使復爲敦睦宮使天慶元年出爲西北路招討使以疾卒

蕭圖古辭字何寧褚特部人仕重熙中以能稱累遷左中丞清寧初歷北面林牙改北院樞密副使辨敏善伺顏色應對合上意皇太后嘗曰有大事非耶律化哥蕭圖古辭不能決眷遇日隆知北院樞密使事六年出知黃龍府八年拜南府宰相頃之爲北院樞密使詔許便

宜從事爲人姦佞有餘好聚歛專復變更法度爲樞密數月所薦引多爲重元黨與由是免爲庶人後沒入興聖宮卒

論曰舜流共工孔子誅少正卯治姦之法嚴矣後世不是之察反以爲忠而信任之不至於流毒宗社而未已道宗之於乙辛是也當其留仁先討重元若眞爲國計者不知包藏禍心待時而發耳一旦專權又得孝傑燕哥十三爲之腹心故肆惡而無忌憚始誣皇后又殺太子及其妃其禍之酷良可悲哉嗚呼君之所親莫皇后太子若也姦臣殺之而不知羣臣言之而不悟一時忠讜廢戮幾盡雖黑山親見官屬之盛僅削一字王號至私藏甲兵然後誅之吁乙辛之罪固非一死可謝天下抑亦道宗不明無斷有以養成之也如蕭余里也輩忘君黨惡以饕富貴雖幸而死諸牖下其得免於遺臭之辱哉

遼史卷一百十二

元中書右丞相總裁脫脫等修

列傳第四十二

逆臣上

易曰天尊地卑乾坤定矣卑高以陳貴賤位矣貴賤位而後君臣之分定君臣之分定而後天地和天地和而後萬化成五帝三王之治用此道也三代而降臣弑其君者有之子弑其父者有之孔子作春秋以寓王法誅死者於前懼生者於後其慮深遠矣歐陽修作唐書創逆臣傳蓋亦春秋之意也遼叛逆之臣二十有二迹其事則又有甚焉者然豈一朝一夕之故哉列于傳所以公天下之貶以示夫戒云

轄底字涅烈袞肅祖孫夷离堇帖剌之子幼黠而辯時險佞者多附之遙輦痕德堇可汗時異母兄罨古只爲迭剌部夷离堇故事爲夷离堇者得行再生禮罨古只方就帳易服轄底遂取紅袍貂蟬冠乘白馬而出乃令黨人大呼曰夷离堇出矣衆皆羅拜因行柴冊禮自立爲夷离堇與于越耶律釋魯同知國政及釋魯遇害轄底懼人圖己挈其二子迭里特朔刮奔渤海僞爲失明後因毬馬之會與二子奪良馬奔歸國益爲姦惡常以巧辭獲免太祖將卽位讓轄底轄底曰皇帝聖人由天所命臣豈敢當太祖命爲于越及自將伐西南諸部轄底誘剌葛等亂不從者殺之車駕還至赤水城轄底懼與剌葛俱北走至榆河爲追兵所獲太祖問曰朕初卽位嘗以國讓叔父辭之今反欲立吾弟何也轄底對曰始臣不知天子之貴及陛下卽位衞從甚嚴與凡庶不同臣嘗奏事心動始有窺覦之意度陛下英武必不可取諸弟懦弱得則易圖也事若成豈容諸弟乎太祖謂諸弟曰汝輩乃從斯人之言耶迭剌曰謀大事者須用如此人事成亦必去之轄底不復對囚數月縊殺之將刑太祖謂曰叔父罪當死朕不敢赦事有便國者宜悉言之轄底曰迭剌部人衆勢强故多爲亂宜分爲二以弱其勢子迭里特

迭里特字海隣有膂力善馳射馬蹶不仆尤神于醫視人疾若隔紗覩物莫不悉見太祖在潛已加眷遇及卽位拜迭剌部夷离堇太祖嘗思鹿醢解酲以山林所有問能取者迭里特曰臣能得之乘內廐馬逐鹿射其一欲復射馬跌而斃迭里特躍而前弓猶不弛復獲其一帝歡甚曰吾弟萬人敵會帝患心痛召迭里特視之迭里特曰膏肓有瘀血如彈丸然藥不能及必鍼而後愈帝從之嘔出瘀血痛止帝以其親每加賜賚然知其爲人未嘗任以職後從剌葛亂與其父轄底俱縊殺之

察割字歐辛明王安端之子善騎射貌恭而心狡人以爲懦太祖曰此兒頑非懦也其父安端嘗使奏事太祖謂近侍曰此子目若風駝面有反相朕若獨居無令入門世宗卽位于鎮陽安端聞之欲持兩端察割曰太弟忌刻若果立豈容我輩永康王寬厚且與劉哥相善宜往與計安端卽與劉哥謀歸世宗及和議成以功封泰寧王會安端爲西南面大詳穩察割佯爲父惡陰遣人白於帝卽召之旣至上前泣訴不勝哀帝憫之使領女石烈軍出入禁中數被恩遇帝每出獵察割託手疾不操弓矢但執鍊鎚馳走屢以家之細事聞於上上以爲誠察割以諸族屬雜處不克以逞漸徙廬帳迫於行宮右皮室詳穩耶律屋質察其姦邪表列其狀帝不信以表示察割察割稱屋質疾已哽咽流涕帝曰朕固知無此何至泣耶察割時出怨言屋質曰汝雖無是心因我過疑汝勿爲非義可也他日屋質又請於帝帝曰察割捨父事我可保無他屋質曰察割於父旣不孝於君安能忠帝不納天祿五年七月帝幸太液谷留飲三日察割謀亂不果帝伐周至詳古山太后與帝祭文獻皇帝于行宮羣臣皆醉察割歸見壽安王邀與語王弗從察割以謀告耶律盆都盆都從之是夕同率兵入弑太后及帝因僭位號百官不從者執其家屬至夜閱內府物見碼碯盌曰此希世寶今爲我有詫于其妻妻曰壽安王屋質在吾屬無噍類此物何益察割曰壽安年幼屋質不過引數奴詰旦來朝固不足憂其黨矧斯報壽安屋質以兵圍於外察割尋遣人弑皇后于柩前倉惶出陣壽安遣人諭曰汝等旣行弑逆復將若何有夷离堇劃者委兵歸壽安王餘衆望之徐徐而往察割知其不濟乃繫羣官家屬執弓矢脅曰無過殺此曹爾叱令速出時林牙耶律敵獵亦在繫中進曰不有所廢壽安王何以興籍此爲辭猶可以免察割曰誠如公言誰當使者敵獵請與罨撒葛同往說之察割從其計壽安王復令敵獵誘察割斷殺之諸子皆伏誅

婁國字勉辛文獻皇帝之子天祿五年遙授武定軍節度使及察割作亂穆宗與屋質從林牙敵獵計誘而出之婁國手刃察割改南京留守穆宗沉湎不恤政事婁國有覬覦之心誘敵獵及羣不逞謀逆事覺按問不服帝曰朕爲壽安王時卿數以此事說我今日豈有虛乎婁國不能對及餘黨盡服遂縊於可汗州西谷詔有司擇絕後之地以葬

重元小字孛吉只聖宗次子材勇絕人眉目秀朗寡言笑人望而畏太平三年封秦國王聖宗崩欽哀皇后稱制密謀立重元重元以所謀白於上上益重之封爲皇太弟歷北院樞密使南京留守知元帥府事重元處戎職未嘗離輦下先是契丹人犯法例須漢人禁勘受枉者多重元奏請五京各置契丹警巡使詔從之賜以金券誓書道宗卽位冊爲皇太叔免拜不名爲天下兵馬大元帥復賜金券四頂帽二色袍尊寵所未有清寧九年車駕獵灤水以其子涅魯古素謀與同黨陳國王陳六知北院樞密事蕭胡覩等凡四百餘人誘脅弩手軍陣于帷宮外將戰其黨多悔過効順各自奔潰重元旣知失計北走大漠歎曰涅魯古使我至此遂自殺先是重元將起兵帳前雨赤如血識者謂敗亡之兆子涅魯古

涅魯古小字耶魯綰性陰狠興宗一見謂曰此子目有反相重熙十一年封安定郡王十七年進王楚爲惕隱清寧二年出爲武定軍節度使七年知南院樞密使事說其父重元詐病俟車駕臨問因行弑逆九年秋獵帝用耶律良之計遣人急召涅魯古涅魯古以事泄遽擁兵犯行宮南院樞密使許王仁先等率宿衞士討之涅魯古躍馬突出爲近侍詳穩渤海阿厮護衞蘇射殺之

滑哥字斯懶隋國王釋魯之子性陰險初烝其父妾懼事彰與剋蕭臺哂等共害其父歸咎臺哂滑哥獲免太祖卽位務廣恩施雖知滑哥兇逆姑示含忍授以惕隱六年滑哥預諸弟之亂事平羣臣議其罪皆謂滑哥不可釋於是與其子痕只俱凌遲而死勅軍士恣取其產帝曰滑哥不畏上天反君弑父其惡不可言諸弟作亂皆此人敎之也

遼史卷一百十三

元中書右丞相總裁脫脫等修

列傳第四十三

逆臣中

蕭翰一名敵烈字寒眞宰相敵魯之子天贊初唐兵圍鎮州節度使張文禮遣使告急翰受詔與康末怛往救克之殺其將李嗣昭拔石城會同初領漢軍侍衞八年伐晉敗晉將杜重威追至望都翰奏曰可令軍下馬而射帝從其言軍士步進敵人持短兵猝至我軍失利帝悔之曰此吾用言之過至此及從駕入汴爲宣武軍節度使會帝崩欒城世宗卽位翰聞之委事於李從敏徑趍行在是年秋世宗與皇太后相拒於潢河橫渡和議未定太后問翰曰汝何怨而叛對曰臣母無罪太后殺之以此不能無憾初耶律屋質以附太后被囚翰聞而快之卽囚所謂曰汝嘗言我輩不及今在徙幷何也對曰第願公不至如此翰黙然天祿二年尚帝妹阿不里後與天德謀反下獄復結惕隱劉哥及其弟盆都亂耶律石剌告屋質屋質遽入奏之翰等不伏帝不欲發其事屋質固諍以爲不可乃詔屋質鞫案翰伏辜帝竟釋之復與公主以書結明安王端反屋質得其書以奏翰伏誅

牒蠟字述蘭六院夷离堇蒲古只之後天顯中爲中臺省右相會同二年與趙思溫持節冊晉帝及我師伐晉至滹沱河降晉將杜重威牒蠟功居多大同元年平相州之叛斬首數萬級世宗卽位遣使馳報仍命牒蠟執偏將術者以來其使誤入術者營術者得詔反誘牒蠟執送太后牒蠟亡歸世宗和約旣成封燕王爲南京留守天祿五年察割弑逆牒蠟方醉其妻扶入察割之幕因從之明旦壽安王討亂凡脅從者皆棄兵降牒蠟不降陵遲而死妻子皆誅

朗字歐新季父房菴古只之孫性輕佻多力人呼爲虎斯天顯間以材勇進每戰輒克由是得名會同九年太宗入汴命知澶淵控扼河渡天祿元年燕趙以南皆應劉知遠朗與汴守蕭翰棄城歸闕先是朗祖菴谷只爲其弟轄底詐取夷离菫自是族中無任六院職事者世宗不悉其事以朗爲六院大王及察割作亂遣人報朗曰事成矣朗遣詳穩蕭胡里以所部軍往命曰當持兩端助其勝者穆宗即位伏誅籍其家屬

劉哥字明隱太祖兄寅底石之子幼驕狠好陵侮人長益兇狡太宗惡之使守邊徼累遷西南邊大詳穩會同十年叔父安端從帝伐晉以病先歸與劉哥鄰居世宗立於軍中安端議所往劉哥首建附世宗之策以本部兵助之時太后命皇太弟李胡率兵而南劉哥安端遇于泰德泉既接戰安端墜馬王子天德馳至欲以槍刺之劉哥以身衛安端射天德貫甲不及膚安端得馬復戰太弟兵敗劉哥與安端朝於行在及和議成太后問劉哥曰汝何怨而叛對曰臣父無罪太后殺之以此怨耳事平以功爲惕隱天祿中與其弟盆都王子天德侍衛蕭翰謀反耶律石剌發其事劉哥以飾辭免後請帝博欲因進酒弒逆帝覺之不果被囚一日召劉哥鎖項以博帝問汝實反耶劉哥誓曰臣若有反心必生千頭疽死遂貰之耶律屋質固諍以爲罪在不赦上命屋質按之具服詔免死流烏古部果以千頭疽死弟盆都

盆都殘忍多力膚若蚍皮天祿初以族屬爲皮室詳穩二年與兄劉哥謀反免死使於轄戛斯國既還復預察割之亂陵遲而死異母弟二人化葛里奚蹇應歷初無職任以族子甚見優禮三年或告化葛里奚蹇與衛王宛謀逆下獄飾辭獲免四年春復反伏誅

海思字鐸袞隋國王釋魯之庶子機警口辯會同五年詔求直言時海思年十八衣羊裘乘牛詣闕有司問曰汝何故來對曰應詔言事苟不以貧稚見遺亦可備直言之選有司以聞會帝將出獵使謂曰俟吾還則見之海思曰臣以陛下急於求賢是以來耳今反緩於獵請從此歸帝聞即召見賜坐問以治道命明王安端與耶律頗德試之數日安端等奏曰海思之材臣等所不及帝召海思問曰與汝言者何如人也對曰安端言無收檢若空車走峻坂頗德如著靴行曠野射鴇帝大笑擢宣徽使屢任以事帝知其貧以金器賜之海思即散於親友後從帝伐晉有功世宗即位於軍中皇太后以兵逆於潢河橫渡太后遣耶律屋質責世宗自立屋質至帝前諭旨不屈世宗遣海思對亦不遜且命之曰汝見屋質勿懼海思見太后還不稱旨既和領太后諸局事穆宗即位與冀王敵烈謀反死獄中

敵獵字烏輦六院夷离菫朮不魯之子少多詐世宗即位爲郡牧都林牙察割謀亂官僚多被囚繫及壽安王與耶律屋質率兵來討諸黨以次引去察割度事不成即詣囚所持弓矢脅曰悉殺此曹敵獵進曰殺何益於事竊料屋質將立壽安王故爲此舉且壽安未必知若遣人籍此爲辭庶可免察割曰如公言誰可使者敵獵曰大王若不疑敵獵請與罨撒葛同往說之察割遣之壽安王用敵獵計誘殺察割凡被脅之人無一被害者皆敵獵之力亂既平帝嘉賞然未顯用敵獵失望居常怏怏結羣不逞陰懷不軌應歷二年與其黨謀立婁國事覺陵遲死

蕭革小字滑哥字胡突堇國舅房林牙和尚之子警悟多智數太平初累遷官職游近習間以諛悅相比暱爲流輩所稱由是名達於上重熙初拜北面林牙十二年爲北院樞密副使帝嘗與近臣宴謂革曰朕知卿才故自拔擢卿宜勉力革曰臣不才誤蒙聖知無以報萬一惟竭愚衷安敢怠明年拜北府宰相十五年改同知北院樞密事革怙寵專權同僚具位而已時夷离畢耶律義先知革姦佞因侍燕言革所短用之將敗事帝不聽一日上令義先對革巡擲義先酒酣曰臣備位大臣縱不能進忠去佞安能與賊博乎革銜之佯言曰公相謔不既甚乎義先詬詈不已帝怒皇后解之曰義先酒狂醒可治也翌日上詔革謂曰義先無禮可痛繩之革曰義先之才豈逃聖鑒然天下皆知忠直今以酒過爲罪恐咈人望帝以革犯而不校眷遇益厚其矯情媚上多此類拜南院樞密使詔班諸王上封吳王改知北院進王鄭兼中書令帝大漸詔革曰大位不可一日曠朕若弗瘳宜即令燕趙國王嗣位清寧元年復爲南院樞密使更王楚復徙北院與國舅蕭阿剌同掌朝政革多私撓阿剌每裁正之由是有隙出阿剌爲東京留守會南郊阿剌以例赴闕帝訪羣臣以時務阿剌陳利病言甚激切革伺帝意不悅因譖曰阿剌恃寵有慢上心非臣子禮帝大怒縊阿剌于殿下後上知革姦計寵遇漸衰八年致仕封鄭國王九年秋革以其子爲重元壻革預其謀陵遲殺之

遼史卷一百十三考證

蕭翰傳委事于李從敏徑趨行在○臣人龍按資治通鑑翰欲北歸時唐明宗子許王從益在洛陽翰遣高模翰迎之矯稱契丹主命以從益知南朝軍國事則從敏當作從益

遼史卷一百十四

元　中　書　右　丞　相　總　裁　脫　脫　等　修

列傳第四十四

逆臣下

蕭胡覩字乙辛口吃視斜髮鬈伯父孝穆見之曰是兒狀貌族中未嘗有及壯魁梧桀傲多揚人惡重熙中爲祗候郎君俄遷興聖宮使尚秦國長公主授駙馬都尉以不諧離婚復尚齊國公主爲北面林牙清寧中歷北南院樞密副使代族兄朮哲爲西北路招討使時蕭革與蕭阿剌俱爲樞密使不協革以朮哲爲阿剌所愛嫉之朮哲受代赴闕先嘗借官粟留直而去胡覩希革意發其事朮哲因得罪胡覩又欲要權歲時獻遺珍玩畜產于革二人相愛過于兄弟胡覩族弟敵烈爲北剋薦國舅詳穩蕭胡篤于胡覩胡覩見其辯給壯勇傾心交結每遇休沐言論終日人皆怪之會胡覩同知北院樞密事奏胡篤及敵烈可用帝以敵烈爲旗鼓拽剌詳穩胡篤爲宿直官及革搆陷其兄阿剌胡篤陰爲之助時人醜之耶律乙辛知北院樞密事胡覩位在乙辛下意怏怏不平初胡覩嘗與重元子涅魯古謀逆欲其速發會車駕獵太子山遂與涅魯古脅弩手軍犯行宮既戰涅魯古中流矢而斃衆皆逃散時同黨耶律撒剌竹適在圍場聞亂率獵夫來援其黨謂胡覩等曰我軍甚衆乘其無備中夜決戰事冀有成若至明日其誰從我胡覩曰倉卒中黑白不辨若內外軍相應則吾事去矣黎明而發何遲之有重元聽胡覩之計令四面巡警待旦是夜同黨立重元僭位號胡覩自爲樞密使明日戰敗胡覩被創單騎遁走至十七濼投水死五子同日誅之

蕭迭里得字胡覩堇國舅少父房之後父雙古尚鈿匿公主仕至國舅詳穩迭里得幼警敏不羈好射獵太平中以外戚補祗候郎君歷延昌宮使殿前副點檢重熙十三年伐夏迭里得將偏師首入敵境多所俘掠遷都點檢改烏古敵烈部都詳穩十八年再舉西伐迭里得奏軍馬器械之事務在選將夏人豈爲難制但嚴設斥堠不用掩襲計何慮不勝帝曰卿其速行無後軍期既而迭里得失利還復爲都點檢十九年夏人來侵金肅軍上遣迭里得率輕兵督戰至河南三角川斬候者八人擒觀察使以功命知漢人行宮都部署事出爲西南面招討使族弟黃八家奴告其主私議宮掖事迭里得寢之事覺決大杖削爵爲民清寧中上以所坐事非迭里得所犯起爲南京統軍使至是從重元子涅魯古等亂敗走被擒伏誅

古迭本宮分人不知姓氏好戲狎不喜繩檢膂力過人善擊鞠重熙初爲護衛歷宿直官十三年西征以古迭爲先鋒夏人伏兵掩之古迭力戰麾下士多殁乃單騎突出遇夏王李元昊來圍勢甚急古迭馳射應弦輒仆躍馬直擊中堅夏兵不能當踣乃還營改興聖宮太保清寧九年從重元涅魯古亂與扈從兵戰敗而遁追擒之陵遲而死

撒剌竹孟父房滌冽之孫性兇暴清寧中累遷宣徽使改殿前都點檢首與重元謀亂會帝獵灤河重元恐事泄與扈從軍倉卒而戰其子涅魯古既死同黨潰散撒剌竹適在畋所聞亂劫獵夫以援既至知涅魯古已死大悔恨之謂曰我輩惟有死戰胡爲若兒戲自取殄滅今行宮無備乘夜劫之大事可濟若俟明旦彼將有備安知我衆不攜貳一失機會悔將奚及重元蕭胡覩等曰今夕但可四面圍之勿令外軍得入彼何能備不從遲明投杖而走撒剌竹戰死

奚回离保一名翰字挼懶奚王忒鄰之後善騎射趫捷而勇與其兄醬里剌齊名大安中車駕幸中京補護衛稍遷鐵鷂軍詳穩天慶間從北女直詳穩兼知咸州路兵馬事改東京統軍既而諸蕃入寇悉破之遷奚六部大王兼總知東路兵馬事保大二年金兵至天祚播遷回离保率吏民立秦晉國王淳爲帝淳僭署回离保知北院樞密事兼諸軍都統屢敗宋兵淳死其妻普賢女攝事是年金兵由居庸關入回离保知北院即簫箭笱山自立號奚國皇帝改元天復設奚漢渤海三樞密院改東西節度使爲二王分司建官時奚人巴輒韓家奴等引兵擊附近契丹部落掠人畜羣情大駭會回离保爲郭藥師所敗一軍離心其黨耶律阿古哲與其甥乙室八斤等殺之僭立凡八月

蕭特烈字訛都椀遙輦洼可汗宮分人乾統中入宿衞出爲順義軍節度使天慶四年同知咸州路兵馬事五年以兵敗奪節度使保大元年遷隗古部節度使及天祚在山西集羣牧兵特烈爲副統軍聞金兵將至特烈諭士卒以君臣之義死戰于石輦鐸金兵不戰特烈伺間欲攻之天祚喜甚召嬪御諸子登高同觀將旄之金兵望日月旗知天祚在其下以勁兵直趨犇擊無敢當者天祚遁走特烈所至招集散亡尋爲中軍都統復敗于梯巳山天祚決意渡河奔夏從臣切諫不聽人情惶懼不知所爲特烈陰謂耶律兀直曰事勢如此億兆離心正我輩效節之秋不早爲計奈社稷何遂共刼梁王雅里奔西北諸部僞立爲帝特烈自爲樞密使雅里卒欲擇可立者會耶律兀直言术烈才德純備兼興宗之孫衆皆曰可遂僭立焉特烈僞職如故未三旬與术烈俱爲亂兵所殺

論曰遼之秉國鈞握兵柄節制諸部帳非宗室外戚不使豈不以爲帝王久長萬世之計哉及夫肆叛逆致亂亡皆是人也有國家者可不深戒矣乎

遼史卷一百十五

元中書右丞相總裁脫脫等修

二國外紀第四十五

高麗

高麗自有國以來傳次久近人民土田歷代各有其志然高麗與遼相爲始終二百餘年自太祖皇帝神冊間高麗遣使進寶劍天贊三年來貢太宗天顯二年來貢會同二年受晉上尊號冊遣使往報聖宗統和三年秋七月詔諸道各完戎器以備東征高麗八月以遼澤沮洳罷師十年以東京留守蕭恒德伐高麗十一年王治遣朴良柔奉表請罪詔取女直國鴨淥江東數百里地賜之十三年入貢三月王治遣使請所俘生口詔續還之仍遣使撫諭十二月王治進妓樂詔却之十三年治遣李周楨來貢又進鷹十月遣李知白奉貢十一月遣使冊治爲王遣童子十人來學本國語十四年王治表乞爲婚姻以東京留守駙馬蕭恒德女下嫁之六月遣使來問起居自是至者無時十五年韓彥敬來納聘幣帛駙馬蕭恒德妻越國公主薨十一月治薨其姪誦遣王同頴來告十二月遣使致祭詔其姪記權知國事十六年遣使冊誦爲王二十年誦遣使賀伐宋之捷七月來貢本國地里圖二十二年以南伐事詔諭之二十三年高麗聞與宋和遣使來賀二十六年進龍鬚草席及賀中京城二十七年承天皇太后崩遣使報以國哀二十八年誦遣魏守愚等來祭三月使來會葬五月高麗西京留守康肇弒其主誦擅立誦從兄詢八月聖宗自將伐高麗報宋遣引進使韓杞宣問詢詢奉表乞罷師不許十一月大軍渡鴨淥江康肇拒戰于銅州敗之肇復出右皮室詳穩耶律敵魯擒肇等追奔數十里獲所棄糧餉鎧仗銅霍貴寧等州皆降詢上表請朝許之禁軍士俘掠以政事舍人馬保祐爲開京留守安州團練使王八爲副留守太子太師乙凜將騎兵一千送保祐等赴京守將卓思正殺我使者韓喜孫等十人領兵出拒保祐等復還乙凜領兵擊之思正遂奔西京圍之五日不克駐驆于城西佛寺高麗禮部郎中渤海陁失來降遣排押盆奴攻開京遇敵于京西敗之詢棄城遁走遂焚開京至清江而還二十九年正月班師所降諸城復叛至貴德州南嶺谷大雨連日馬乃得渡馬駝皆疲甲仗多遺棄次鴨淥江以所俘人分置諸陵廟分賜內戚大臣開泰元年詢遣蔡忠順來乞稱臣如舊詔詢親朝八月遣田拱之奉表稱病不能朝詔復取六州之地二年耶律資忠使高麗取地未幾還三年資忠復使如前索地五月詔國舅詳穩蕭敵烈東京留守耶律團石等造浮梁于鴨淥江城保宣義定遠等州四年命北府宰相劉慎行爲都統樞密使耶律世良爲副殿前都點檢蕭虛烈爲都監慎行挈家邊上致緩師期追還之以世良虛烈總兵伐高麗五年世良等與高麗戰于郭州西破之六年樞密使蕭合卓爲都統漢人行宮都部署王繼忠爲副殿前都點檢蕭虛烈爲都監進討蕭合卓攻興化軍不克師還七年詔東平郡王蕭排押爲都統蕭虛烈爲副統東京留守耶律八哥爲都監復伐高麗十二月蕭排押與戰于茶陁二河之間我軍不利天雲右皮室二軍沒溺者衆天雲軍詳穩海里遙輦帳詳穩阿果達客省使酌古渤海詳穩高清明等皆沒于陣八年詔數排押討高麗罪釋之加有功將校益封戰沒將校之妻錄其子弟以南皮室有功賜衣服銀絹有差出金帛賜肴里涅哥二奚軍八月遣郎君曷不呂等率諸部軍會大軍同討高麗詢遣使來乞貢方物九年資忠還以詢降表進釋詢罪太平元年詢薨遣使來報嗣位卽遣使冊王欽爲王九年賜欽物十一年聖宗崩遣使告哀七月使來慰奠興宗重熙七年來貢十二年三月以加上尊號來賀十三年遣使來貢三十四年三月又來貢十五年入貢八月王欽薨遣使來告十六年來貢明年又來貢十九年復貢六月遣使來賀伐夏之捷二十二年入貢二十三年四月王徽請官其子詔加檢校太尉興宗崩道宗卽位清寧元年八月遣使報國哀以先帝遺留物賜之十一月使來會葬二年三年皆來貢四年春遣使報太皇太后哀五月使來會葬七年八年來貢十二月以佛經一藏賜徽九年十年來貢太康元年三月皇太后崩遣使告哀六月使來弔祭四年王徽乞賜鴨淥江以東地不許九年八月王徽薨以徽子三韓國公勳權知國事十二月勳薨大安元年冊勳子運爲國王二年遣使來謝封冊三年來貢四年三月免歲貢五年六年連貢九年賜王運羊十年運薨子昱遣使來告卽賻贈壽隆元年來貢十一月王昱病命其子顒權知國事二年來貢三年三月王昱薨五年王顒乞封冊六年封顒爲三韓國公七年道宗崩天祚卽位改爲乾統元年報道宗哀使來慰奠十二月遣使來賀五年三韓國公顒薨子俟遣使來告八月封俟爲三韓國公贈其父顒爲國王十二月遣使來謝九年來貢天慶二年王俟母薨來告遣使致祭起復三年遣使來謝致祭又來謝起復十年乞兵于高麗以禦金而金人責之至是遼國亡矣

西夏

西夏本魏拓跋氏後其地則赫連國也遠祖思恭唐季受賜姓曰李涉五代至宋世有其地至李繼遷始大據夏銀綏宥靜五州緣境七鎭其東西二十五驛南北十餘驛子德明曉佛書通法律嘗觀太一金鑑訣野戰歌製番書十二卷又製字若符篆其俗衣白窄衫氈冠冠後垂紅結綬自號嵬名設官分文武其冠用金縷貼間起雲銀紙帖緋衣金塗銀帶佩蹀躞解錐短刀弓矢穿靴禿髮耳重環紫旋襴六襲出入乘馬張青蓋以二旗前引從者百餘騎民庶衣青綠革樂之五音爲一音裁禮之九拜爲三拜凡出兵先卜有四一炙勃焦以艾灼羊胛骨二擗算擗竹于地以求數若揲蓍然三呪羊其夜牽羊焚香禱之又焚穀火于野次晨屠羊腸胃通則吉羊心有血則敗四矢擊弦聽其聲知勝負及敵至之期病者不用醫藥召巫者送鬼西夏語以巫爲厮也或遷他室謂之閃病喜報仇有喪則不伐人負甲葉於背識之仇解用雞猪犬血和酒貯於髑髏中飲之乃誓曰若復報仇穀麥不收男女禿癩六畜死蛇入帳有力小不能復仇者集壯婦享以牛羊酒食趨讎家縱火焚其廬舍俗曰敵女兵不祥輒避去訴于官官擇舌辯氣直之人爲和斷官聽其屈直殺人者納命價錢百二十千土產大麥蓽豆青稞床子古子蔓鹹地蓬實蓯蓉苗小蕪荑席雞草子地黃葉登廂草沙葱野韭拒灰蓧白蒿鹹地松實民年十五爲丁有二丁者取一爲正軍負擔雜使一人爲抄四丁爲兩抄餘人得射它丁皆習戰鬭正軍馬駝各一每家自置一家團練使上張弓矢各一馬五百疋槖駝一旗鼓五槍劍棍棓粆袋雨氈渾脫鍬钁箭牌鐵笊籬各一刺史以下人各一駝箭三百毛幕一餘兵三人共一幕有砲手二百人號潑喜勇健者號撞令郎齋糧不過一旬晝則舉煙揚塵夜則篝火爲候若獲人馬射之號曰殺鬼招魂或射草縛人出軍用單日避晦日多立虛寨設伏兵衣重甲乘善馬以鐵騎爲前鋒用鉤索絞聯雖死馬上不落其民俗勇悍衣冠騎乘土產品物子姓傳國亦畧知其大槩耳初西夏臣宋有年賜姓曰趙迨遼聖宗統和四年繼遷叛宋始來附遼授特進檢校太師都督夏州諸軍事遂復姓李十月遣使來貢六年入貢七年來貢以王子帳耶律襄之女封義成公主下嫁繼遷八年正月來謝三月又來貢九月繼遷遣使獻宋俘十月以敗宋軍來告十二月下宋麟鄜等州來告遣使封繼遷爲夏國王九年二月遣使告伐宋之捷四月遣李知白來謝封冊七月復銀綏二州來告十月繼遷以宋所授敕命遣使來上是月定難軍節度使李繼捧來附授開府儀同三司檢校太師兼侍中封西平王仍賜推忠效順啓聖定難功臣十二月繼遷潛附于宋遣韓德威持詔諭之十年二月韓德威還奏繼遷託故不出至靈州俘掠以還西夏遣使來奏宋師遣使來告十四年又來貢十三年三月以破宋兵來告封繼遷爲西平王六月遣使來謝封冊十六年來貢十八年授繼遷子德明朔方軍節度使十九年遣李文冀來貢六月奏下宋恒環慶三州賜詔褒美二十年遣使來進馬駝六月遣劉仁勗來告下靈州二十一年繼遷薨其子德昭遣使來告六月贈繼遷尚書令遣西上閤門使丁振弔慰八月德昭遣使來謝弔贈二十二年三月德昭遣使上繼遷遺留物七月封德昭爲西平王十月遣使來謝封冊二十三年下宋青城來告二十五年德昭母薨遣使弔祭起復二十七年承天皇太后崩遣使報哀于夏二十八年遣使冊德昭爲夏國王開

泰元年德昭遣使進良馬二年遣引進使李延弘賜夏國王李德昭及義成公主車馬太平元年來貢十一年聖宗崩報哀于夏德昭遣使來進賻幣興宗即位以興平公主下嫁李元昊以元昊爲駙馬都尉重熙元年夏國遣使來賀李德昭薨冊其子夏國公元昊爲王二年來貢十二月禁夏國使沿路私市金鐵七年來貢李元昊與興平公主不諧公主薨遣北院承旨耶律庶成持詔問之九年宋遣郭禎以伐夏來報十年夏國獻所俘宋將及生口十一年遣使問宋與師伐夏之由十二月禁吐渾鬻馬于夏沿邊築障塞以防之十二年正月遣樞密都承旨王惟吉諭夏國與宋和二月元昊以加上尊號遣使來賀耶律敵烈等使夏國還奏元昊罷兵遣使報宋四月夏國遣使進馬駝七月元昊上表請伐宋不從十月夏人侵党項遣延昌宮使高家奴讓之十三年四月党項及山西部節度使屈烈以五部叛入西夏詔徵諸道兵討之六月阻卜子烏八執元昊八月夏使對不以情羈之使復來詢事宜不實對答之十月元昊上表請罪欲收集叛黨以獻從之進方物命北院樞密副使蕭革迓之元昊親率党項三部來降詰其納叛背盟元昊伏罪初夏人執蕭胡覩至是請以被執者來歸詔所留夏使亦還其國十二月胡覩來歸又遣使來貢十七年元昊薨其子諒祚遣使來告上其父遺留物鐵不得國乞以本部軍助攻夏國不許十八年復議伐夏留其賀正使不遣遣北院樞密副使蕭惟信以伐夏告宋六月夏國遣使來貢留之七月親征八月渡河夏人遁九月蕭惠爲夏人所敗十月招討使耶律敵古率阻卜軍至賀蘭山獲元昊妻及其官屬遇其軍三千來拒殪之詳穩蕭慈氏奴南剋耶律斡里歿于陣十九年正月遣使問罪于夏夏將洼普等攻之肅城耶律高家奴等破之洼普被創遁去殺猥貨乙靈紀三月殿前都點檢蕭迭里得與夏軍戰于三角川敗之招討使蕭蒲奴北院大王宜新等帥師伐夏都部署別古得爲監戰五月蕭蒲奴等入夏境不遇敵縱軍俘掠而還夏國洼普來降十月李諒祚母遣使乞依舊稱臣十二月諒祚上表如母訓二十年二月遣使索党項叛戶五月蕭叉括使夏回進諒祚母表乞代党項權進馬駝牛羊等物叉求唐隆鎮仍乞罷所建城邑以詔答之六月獲元昊妻及俘到夏人置于蘇州二十一年十月諒祚遣使乞弛邊備遣叉括賚詔諭之二十二年七月諒祚進降表遣林牙高家奴賚詔撫諭二十三年正月貢方物五月乞進馬駝詔歲貢之七月諒祚遣使求婚十月進誓表興宗崩遣使報哀于夏二十四年道宗即位淸寧元年遣使來賀九月以先帝遺物賜夏四年四月遣使會葬九年正月禁民鬻銅于夏咸雍元年五月來貢三年十一月遣使進回鶻僧金佛梵覺經十二月諒祚薨四年二月諒祚子秉常遣使報哀卽遣使弔祭秉常上其父遺物十月冊秉常爲夏國王十二月來貢五年七月遣使來謝封冊十一月秉常乞賜印綬九年遣使來貢太康二年正月仁懿皇后崩遣使報哀于夏以皇太后遺物賜之遣使來弔祭五年來貢八年二月遣使以所獲宋將張天益來獻大安元年十月秉常遣使報其母哀二年十月秉常薨遣使詔其子乾順知國事十二月李乾順遣使上其父秉常遺物四年七月冊乾順爲夏國王五年六月遣使來謝封冊八年六月夏爲宋所侵遣使乞援壽隆三年六月以宋人置壁壘于要地遣使來告四年六月求援十一月遣樞密直學士耶律儼使宋諷與夏和夏復遣使求援五年正月乾順伐拔母來思等部十一月夏以宋人罷兵遣使來謝六年十一月遣使請尚公主七年道宗崩遣使告哀于夏遣使來慰奠天祚卽位乾統元年夏遣使來賀二年復請尚公主又以爲宋所侵遣李造福田若水來求援三年復遣使請尚公主十月使復來求援四年五年李造福等至乞援以族女南仙封成安公主下嫁乾順六年正月遣牛溫舒使宋令歸所侵夏地六月遣李造福來謝八年乾順以成安公主生子遣使來告九年以宋不歸地來告十年還李造福等來貢天慶三年六月來貢保大二年天祚播遷乾順率兵來援爲金師所敗乾順請臨其國六月遣使冊乾順爲夏國皇帝而天祚被執歸金矣

論曰高麗西夏之事遼雖嘗請昏下嫁烏足以得其固志哉三韓接壤反覆易知凉州負遠納叛侵疆乘隙輒動貢使方往事釁隨生興師問罪屢煩親征取勝固多敗亦貽悔昔吳趙咨對魏之言也大國有征伐之兵小國有備禦之固豈其然乎先王柔遠以德而不以力尚矣遼亡求援二國雖能出師豈金敵哉

遼史卷一百十五考證

西夏紀定難軍節度使李繼捧來附○臣人龍按繼捧未嘗附契丹蓋繼遷之誤

繼遷子德明○臣人龍按宋史夏國傳繼遷子德明未嘗改名德昭遼史前稱繼遷子德明後連云德昭豈其通名契丹乃改名德昭耶

遼史卷一百十六

元　中　書　右　丞　相　總　裁　脫　脫　等　修

國語解第四十六

國語解

史自遷固以迄晉唐其爲書雄深浩博讀者未能盡曉於是裴駰顏師古李賢何超董衡諸儒訓詁註釋然後制度名物方言奇字可以一覽而周知其有助於後學多矣遼之初興與奚室韋密邇土俗言語大槩近俚至太祖太宗奄有朔方其制雖參用漢法而先世奇首遙輦之制尚多存者子孫相繼亦遵守而不易故史之所載官制宮衞部族地理率以國語爲之稱號不有註釋以辨之則世何從而知後何從而考哉今卽本史參互研究撰次遼國語解以附其後庶幾讀者無齟齬之患云

帝紀

太祖紀

耶律氏

本紀首書太祖姓耶律氏繼書皇后蕭氏則有國之初已分二姓矣有謂始興之地曰世里譯者以世里爲耶律故國族皆以耶律爲姓有謂述律皇后兄子名蕭翰者爲宣武軍節度使其妹復爲皇后故后族皆以蕭爲姓其說與紀不合故陳大任不取又有言以漢字書者曰耶律蕭以契丹字書者曰移剌石抹則亦無可考矣

蕭氏

霞瀨益石烈

鄉名諸官下皆有石烈設官治之

彌里

鄉之小者

撻馬狘沙里

撻馬人從也沙里郎君也管率衆人之官後有止稱撻馬者

大迭烈特

卽迭剌部之府也初阻午可汗與其弟撒里本領之及太祖以部夷离菫卽位因強大難制析爲二院烈剌音相近

夷离菫

統軍馬大官會同初改爲大王

集會堝下窩陀二音

地名

阿主沙里

阿主父祖稱

惕隱

典族屬官卽宗政職也

奚霫下音習

國名中京地也

黑車子

國也以善製車帳得名契丹之先嘗遣人往學之

于越

貴官無所職其位居北南大上非有大功德者不授

鷹軍

鷹鷙以之名軍取捷速之義後託龍軍虎軍鐵鷂軍者倣此

嗢娘改上音九

地名

西樓

遼有四樓在上京者曰西樓木葉山曰南樓龍化州曰東樓唐州曰北樓歲時遊獵常在四樓間

阿點夷离的

阿點貴稱夷离的大臣夫人之稱

糺轄

糺軍名轄者管束之義

夷离畢

卽參知政事後置夷离畢院以掌刑政宋刁約使遼有詩云押宴夷离畢知其爲執政官

射鬼箭

凡帝親征服介冑祭諸先帝出則取死囚一
人置所向之方亂矢射之名射鬼箭以祓不
祥及班師則射所俘後因爲刑法之用
暴里
惡人名也
大小鶻軍
二室韋軍號也
神纛
從者所執以旄牛尾爲之纓槍屬也
龍眉宮
太祖取天梯蒙國别魯三山之勢于葦淀射
金齪箭以識之名龍眉宮神册三年築都城
于其地臨潢府是也齪測角切箭名
蛸里
室韋部名
君基太乙神
福神名其神所臨之國君能建極孚于上下
則治化升平民享多福
撻林
官名後二室韋部改爲僕射又名司空
舍利
契丹豪民要裹頭巾者納牛駝十頭馬百匹
乃給官名曰舍利後遂爲諸帳官以郎君繫
之
阿廬朶里一名阿魯敦
貴顯名遼于越官兼此者惟曷魯耳
遥底
王獄官
常袞
官名掌遥輦部族戶籍等事奚六部常袞掌
奚之族屬
諲譔
渤海國主名
尅釋魯
尅官名釋魯人名後尅朔尅臺哂倣此
烏魯古阿里只
太祖及述律后受諲譔降時所乘二馬名也
因賜諲譔夫婦以爲名
太宗紀
箭笴山笴音幹

胡損奚所居
柴册
禮名積薪爲壇受羣臣玉册禮畢燔柴祀天
阻午可汗制也
遥輦氏九帳
遥輦九可汗宮分
北尅南尅
掌軍官名猶漢南北軍之職
祭麃鹿神
遼俗好射麃鹿每出獵必祭其神以祈多獲
林牙
掌文翰官時稱爲學士其郡牧所設止管簿
書
瑟瑟禮
祈雨射柳之儀遥輦蘇可汗制
再生禮
國俗每十二年一次行始生之禮名曰再生
惟帝與太后太子及夷离堇得行之又名覆
誕
神速姑
宗室人名能知蛇語
蒲割額下乃頂切
公主名也
三尅
統軍官猶云三帥也
詳穩
諸官府監治長官
梯里已
諸部下官也後陞司徒
達剌干
縣官也後陞副使
麻都不
縣官之佐也後陞爲令
馬步
未詳何官以達剌干陞爲之
牙署
官名疑卽牙書石烈官也
世燭
遥輦帳侍中之官
敞史

官府之佐吏也
思奴古
官與敞史相近
徒覩古
邊徼外小國
世宗穆宗紀
蹛村蹛上音帶
地名卽松林故地
闡撒狘
抹里司官亦掌宮衞之禁者
撻馬
扈從之官
濃兀
部分名
葉格戲
宋錢僖公家有葉子揭格之戲
景宗聖宗紀
飛龍使
掌馬官亦爲導騎
橫帳
德祖族屬號三父房稱橫帳宗室之尤貴者
著帳
凡世官之家洎諸色人因事籍沒者爲著帳
戶官有著帳郎君
杓窊印
杓窊鷙鳥總稱以爲印紐取疾速之義凡調
發軍馬則用之與金魚符銀牌略同
國舅帳尅
官制有大國舅帳此則本帳下掌兵之官
拜奧禮
凡納后卽族中選尊者一人當奧而坐以主
其禮爲之奧姑送后者拜而致敬故云拜奧
禮
拜山禮
祀木葉山之儀
敵穩
諸帳下官亦作常袞蓋字相近也
萬役陷河冶
地名本漢土垠縣有銀礦太祖募民立寨以
專採煉故名陷河冶

合蘇袞
女直别部名又作曷蘇館
執手禮
將帥有克敵功上親執手慰勞若將在軍則
遣人代行執手禮優遇之意
阿札割只
官名位在樞密使下蓋墩官也
四捷軍
遼以宋降者分立二部一日四捷軍一日歸
聖軍
山金司
以陰山產金置冶採煉故以名司後改統軍
司
興宗紀
别輦斗
地名
虎骷骷下北潘切
婆離八部人名
解洗禮
解裝前夜飲至之義
獨盧金
地名六院官屬秋冬居之
行十二神纛禮
神纛解見前凡大祭祀大朝會以十二纛列
諸御前
南撒葛栢
地名
合只忽里
地名
拖古烈
地名
曷里狘
地名
道宗紀
塔里捨
地名
撒里乃
地名
三班院祗候
左右班并寄班爲三班祗候官名

高敫　遼排班圖有高墩矮墩方墩之列自大丞相至阿札割只皆墩官也

天祚紀

侯里古　地名

頭魚宴　上歲時鈎魚得頭魚輒置酒張宴與頭鵝宴同

訛莎烈　地名

遝里謹　地名

權撻新查刺　地名

射糧軍　射請也

女古底　地名

落昆髓　地名

阿里軫斗　地名

忽兒珊　西域大將軍名

起兒漫　地名

虎思斡魯朶　思亦作斯有力稱斡魯朶官帳名

葛兒罕　漠北君王稱

志

禮樂志

祭東　國俗凡祭皆東向故曰祭東

敵烈麻都　掌禮官

旗鼓拽剌　拽剌官名軍制有拽剌司此則掌旗鼓者也

爇節

時歲雜禮名

九奚首　奚首營帳名

食羖之天　大行殯出葬臣以羖羊祭於路名曰食羖之天

㸂祭（㸂上熱於切）　凡出征以牝牡麃各一祭之曰㸂詛敵也

勘箭　車駕遠歸闕門使持雄箭勘箭官持雌箭比較相合而後入宮

檐牀　一人肩任曰檐兩人以手共舁曰牀

攢隊　士卒攢簇各爲隊伍

方裀朶殿　凡御宴官卑地坐殿中方裀之上其不應升殿則賜坐左右朶殿

地拍　田鼠名正旦日上於隐闈擲米團得隻數爲不利則燒地拍鼠以禳之

迺捏咿唲　正月朔旦也

䏩里时　䏩讀作狎时讀作頗二月一日也六月十八日宴國舅族亦曰䏩里时

陶里樺　上巳日射兎之節名

討賽咿唲　重午日也

賽伊唲奢　日辰之好也

捏褐耐　大首也

必里遲離　重九日也

戴辇　燒甲也

炒伍侕时　戲名也

卓帳　卓立也帳氈廬也

百官志

石烈辛袞　石烈官之長

令穩　官名

彌里馬特本　官名後壓辛袞

麻普　即麻都不縣官之副也初名達剌于

知聖旨頭子事　掌詔命奏事官

提轄司　諸宮典兵官

皮室　軍制有南北左右皮室及黃皮室皆掌精兵

鷹房　即工部

梅里　貴戚官名遂律皇后族有愼思梅里婆姑梅里未詳何職

抹鶻　瓦里司之官

先離撻覽　奚渤海等國官名疑即撻林字訛

營衛志

象吻　黃帝治宮室陶蚩尤象置棟上名曰蚩吻

瓦里　官府名宮帳部皆設之凡宮室外戚大臣犯罪者家屬没入於此

抹里　官府名閘撒狘亦抹里官之一

算斡魯朶　算腹心拽剌也斡魯朶宮也已下國阿輦至監母皆斡魯朶名其注語則始置之義也

國阿輦　收國也

奪里本　討平也

耶魯盌　興旺也

蒲速盌　義與耶魯盌同

女古　金也

孤穩　玉也

窩篤盌　慈息也

阿斯　寬大也

何魯盌　輔佐也

得失得本　孝也

監母　遺留也

地理志

屬珊　應天皇后從太祖征討所俘人戶有技藝者置之帳下名屬珊蓋比珊瑚之寶

永州　其地居潢河土河二水之間故名永州蓋以字從二從水也

鄚頡（上幕各切　下胡結切）　渤海郡府名

且慮（皆平聲）　興中府縣名

貕養（上音奚）　幽州澤藪名見周職方

菑時　幽州浸名出同上

墮瑰　門名遼有墮瑰部

野旅寅　野謂星野旅謂躔次寅者辰舍東北之位燕分析津之所也

儀衛志

金嬰(下祖㝅切)　馬首飾也

果下馬　馬名謂果樹下可乘行者言其小也

實里薛袞　祭服之冠行拜山禮則服之

粘楪帶(上他協切下徒協切)　武官束帶也

扞腰　卽拄腰以鵝項鴨頭爲之

胡木鍪　胄名

鞔馬(上讀)　馬不施鞍轡曰鞔

白氈(音餌)　以白鷺羽爲網又屬也

兵衞志

捉馬　拘刷馬也

欄子軍　居先鋒前二十餘里偵候敵人動靜

弓子舖　遼軍馬頓舍不設營塹折木梢爲弓以爲團集之所又諸國使來道旁簽置木梢弓以充欄楯

食貨志

云爲所　義卽營運字之訛

刑法志

鍾院　有冤者擊鍾以達于上猶怨鼓云

楚古　官名掌北面詔四者

皇子表

五石烈　卽五院非是分院爲五以五石烈爲一院也

六爪　爪百數也遼有六百家奚後爲院義與五院同二院卽迭剌部析之爲二者是也

裂麃皮　麃牝鹿力能分牡鹿皮

世表

莫弗紇　諸部酋長稱又云莫弗賀

蠕蠕(而宣切)　國名

俟斤　突厥官名

遊幸表

鍬鹹鹿　鹿性嗜鹹灑鹻於地以誘鹿射之

女瓌　虞人名

列傳

可敦　突厥皇后之稱

忒里蹇　遼皇后之稱

耨斡麼　麼亦作改耨斡后土稱麼母稱

乙室板里　國舅帳二族一名

諸功臣傳

龍錫金佩　太祖從兄鐸骨札以本帳下蛇鳴命知蛇語者神速姑解之知蛇謂穴傍(疑有缺)得金以爲帶名龍錫金

撒剌　酒樽名

遙輦糺　遙輦帳下軍也其書永興宮分糺十二行糺黃皮室糺者倣此

吐里　官名與奚六部禿里同吐禿字訛

寢殿小底　官名遼制多小底官餘不注

雜丁黃　禮男幼爲黃四歲爲小十六爲中二十一爲丁軍中雜幼弱以疑敵也

遙輦尅　遙輦帳下掌兵官

柢柾　宮衞門外行馬也

楫柮犀　千歲蛇角又爲篤納犀

珠二琲(下蒲昧切)　珠五百枚爲琲

題里司徒　題里官府名

座中(上陟栗切)　地名

堂印　博之采名

臨庫　以帛爲通歷具一庫之物盡數籍之曰臨庫

堂帖　遼制宰相凡除拜行頭子堂帖權差俟再取二日出給告勑故官有知頭子事見陰山雜錄

夷离堇畫者　畫者人名爲夷离堇官

虎斯　有力稱紀言虎思義同

原任詹事臣浩謹言昔元順帝至正三年四月命中書右丞相脫脫等分撰遼史明年三月書成而敘次簡直條理通貫惟是遼之建國起于唐末歷五代至宋而金代之稽諸四史所載頗多異同司馬光資治通鑑薛應旂宋元通鑑王宗沐續資治通鑑其編輯參差不一臣等奉

勑校勘謹就數書中見確有證佐者徵引若干條附於卷末以備參考云臣謹識

原任詹事臣陳浩侍講學士臣周長發洗馬臣陸宗楷編修臣孫人龍主事臣王文清知州臣王祖庚拔貢生臣郭世燦等奉

勑恭校刊

金史

進金史表

開府儀同三司上柱國錄軍國重事中書右丞相監
修國史領經筵事提調太醫院廣惠司事臣阿魯圖
言竊惟漢高帝入關任蕭何而收秦籍唐太宗即祚
命魏徵以作隋書蓋歷數歸眞主之朝而簡編載前
代之事國可滅史不可滅善吾師惡亦吾師矧夫典
故之源流章程之沿革不披往牒曷蓄前聞維此金
源起於海裔以滿萬之衆橫行天下不十年之久專
制域中其用兵也如縱燎而乘風其得國也若置郵
而傳命及熙興於禮樂乃煥有乎聲明昔循初而迄
終因考功而論德非武元之英略不足以開九帝之
業非大定之仁政不足以固百年之基天會有吞四
海之勢而未有壹四海之規明昌能成一代之制而
亦能壞一代之法海陵無道自取覆敗宣宗輕動曷
濟中興迨夫浚郊多壘之秋汝水飛煙之日天人屬
望久有在矣君臣守義蓋足取焉我太祖法天啓運
聖武皇帝以有名之師而釋奕世之憤以無敵之仁
而收兆民之心勁卒擣居庸關北拊其背大軍出紫
荊口南扼其吭指顧可成於隽功操縱莫窺於廟算
懲彼取遼之暴容其涉河以遷太宗英文皇帝席卷
雲朔而狥地井營橐括趙代而傳檄齊魯滅夏國以
蹴秦鞏通宋人以偪河淮睿宗仁聖景襄皇帝冐萬
險出饒風長驅平陸戰三峯乘大雪遂定中原太陽
出而爝火熸正音作而衆樂廢爰及世祖聖德神功
文武皇帝恢弘王化勞來遺黎燕地定都撫武靈之
舊址遼陽建省撫肅愼之故墟于時張柔歸金史於
其先王鶚輯金事於其後是以纂修之命見諸敷遺
之謀延祐申舉而未遑天歷推行而弗竟臣阿魯圖
誠惶誠懼頓首頓首欽惟皇帝陛下緝熙聖學紹述
先猷當邦家閒暇之時治經史討論之務念彼泰和
以來之事蹟涉我聖代初興之歲年太祖受帝號於
丙寅先五載而朱鳳應世皇毓聖質於乙亥蚤一歲
而黃河清若此眞符昭然成命第以變故多而舊吏
闕者艾沒而新說訛弗折衷於大朝恐失眞於他日
於是聖心獨斷盛事力行申命臣阿魯圖以中書右
丞相臣別兒怯不花以中書左丞相領三史事臣脫
脫以前中書右丞相仍都總裁臣御史大夫帖睦爾
達世臣中書平章政事賀惟一臣翰林學士承旨張
起巖臣翰林學士歐陽玄臣治書侍御史李好文臣
禮部尚書王沂臣崇文太監楊宗瑞爲總裁官臣江
西湖東道肅政廉訪使沙剌班臣江西湖東道肅政
廉訪副使王理臣翰林待制伯顏臣國子博士費著
臣祕書監著作郎趙時敏臣太常博士商企翁爲史
官集衆技以責成書佇奏篇以覽近監臣阿魯圖仰
承隆委俯竭微勞紬石室之文誠乏司馬遷之作獻
金鏡之錄願攄張相國之忠謹撰述本紀十九卷志
三十九卷表四卷列傳七十三卷目錄二卷裝潢成
一百三十七帙隨表以聞上塵天覽無任慚愧戰汗
屛營之至臣阿魯圖誠惶誠懼頓首頓首謹言至正
四年十一月日開府儀同三司上柱國錄軍國重事
中書右丞相監修國史領經筵事提調太醫院廣惠
司臣阿魯圖上表

修金史官員

領三史事開府儀同三司上柱國錄軍國重事中書
右丞相監修國史領經筵事阿魯圖開府儀同三
司上柱國錄軍國重事中書左丞相領經筵事別
兒怯不花
都總裁開府儀同三司上柱國錄軍國重事前中書
右丞相監修國史領經筵事脫脫
總裁官銀青榮祿大夫御史大夫知經筵事帖睦爾
達世光祿大夫中書平章政事知經筵事賀惟一
翰林學士承旨榮祿大夫知制誥兼修國史張起
巖翰林學士資善大夫知制誥同修國史歐陽玄
翰林侍講學士中奉大夫知制誥同修國史同知
經筵事揭傒斯嘉議大夫治書侍御史李好文正
議大夫崇文太監檢校書籍事楊宗瑞中大夫禮
部尚書王沂
纂修官江西湖東道肅政廉訪使沙剌班江西湖東
道肅政廉訪副使王理翰林待制奉議大夫兼國
史院編修官伯顏奉訓大夫監察御史趙時敏奉
訓大夫國子博士費著承務郎太常博士商企翁
提調官榮祿大夫中書平章政事知經筵事伯顏榮
祿大夫中書右丞知經筵事達世帖睦爾資德大
夫中書左丞董守簡中奉大夫參議中書省事鎖
南班嘉議大夫參議中書省事鑾子亞中大夫參
議中書省事丁元奉議大夫右司郎中老老承德
郎右司郎中陳思謙中順大夫左司郎中鑾子亞
中大夫左司郎中何執禮奉訓大夫左司員外郎
倉赤奉訓大夫左司都事趙公諒朝議大夫吏部
尚書拜住通議大夫兵部尚書李獻正議大夫戶
部尚書秦從龍正議大夫工部尚書路希賢朝散
大夫禮部侍郎靳義亞中大夫刑部郎中顧恕通
議大夫僉太常禮儀院事杜秉彝文林郎翰林國
史院都事趙中

金史目錄

元　中書右丞相總裁脫脫等　修

欽定金國語解

金九帝起太祖收國元年乙未盡哀宗天興三年甲午百二十年

金史卷一

元中書右丞相總裁脫脫等修

本紀第一

世紀

金之先出靺鞨氏靺鞨本號勿吉勿吉古肅愼地也元魏時勿吉有七部曰粟末部曰伯咄部曰安車骨部曰拂涅部曰號室部曰黑水部曰白山部隋稱靺鞨而七部並同唐初有黑水靺鞨粟末靺鞨其五部無聞粟末靺鞨始附高麗姓大氏李勣破高麗粟末靺鞨保東牟山後爲渤海稱王傳十餘世有文字禮樂官府制度有五京十五府六十二州黑水靺鞨居肅愼地東瀕海南接高麗亦附于高麗嘗以兵十五萬衆助高麗拒唐太宗敗于安市開元中來朝置黑水府以部長爲都督刺史置長史監之賜都督姓李氏名獻誠領黑水經略使其後渤海盛強黑水役屬之朝貢遂絶五代時契丹盡取渤海地而黑水靺鞨附屬于契丹其在南者籍契丹號熟女直其在北者不在契丹籍號生女直生女直地有混同江長白山混同江亦號黑龍江所謂白山黑水是也金之始祖諱函普初從高麗來年已六十餘矣兄阿古迺好佛留高麗不肯從曰後世子孫必有能相聚者吾不能去也獨與弟保活里俱始祖居完顏部僕幹水之涯保活里居耶懶其後胡十門以曷蘇館歸太祖自言其祖兄弟三人相別而去蓋自謂阿古迺之後石土門迪古乃保活里之裔也及太祖敗遼兵于境上獲耶律謝十乃使梁福斡荅剌招諭渤海人曰女直渤海本同一家蓋其初皆勿吉之七部也始祖至完顏部居久之其部人嘗殺它族之人由是兩族交惡鬨鬭不能解完顏部人謂始祖曰若能爲部人解此怨使兩族不相殺部有賢女年六十而未嫁當以相配仍爲同部始祖曰諾迺自往諭之曰殺一人而鬭不解損傷益多曷若止誅首亂者一人部內以物納償汝可以無鬭而且獲利焉怨家從之乃爲約曰凡有殺傷人者徵其家人口一馬十偶牸牛十黃金六兩與所殺傷之家卽兩解不得私鬭曰謹如約女直之俗殺人償馬牛三十自此始既備償如約部衆信服之謝以青牛一并許歸六十之婦始祖乃以青牛爲聘禮而納之并得其貲產後生二男長曰烏魯次曰斡魯一女曰注思板遂爲完顏部人天會十四年追謚景元皇帝廟號始祖皇統四年號其藏曰光陵五年增謚始祖懿憲景元皇帝子德帝諱烏魯天會十四年追謚德皇帝皇統四年號其藏曰熙陵五年增謚淵穆玄德皇帝子安帝諱跋海天會十四年追謚安皇帝皇統四年號其藏建陵五年增謚和靖慶安皇帝子獻祖諱綏可黑水舊俗無室廬負山水坎地梁木其上覆以土夏則出隨水草以居冬則入處其中遷徙不常獻祖乃徙居海古水耕墾樹藝始築室有棟宇之制人呼其地爲納葛里納葛里者漢語居室也自此遂定居于安出虎水之側矣天會十四年追謚定昭皇帝廟號獻祖皇統四年號其藏曰輝陵五年增謚獻祖純烈定昭皇帝子昭祖諱石魯剛毅質直生女直無書契無約束不可檢制昭祖欲稍立條教諸父部人皆不悅欲坑殺之已被執叔父謝里忽知部衆將殺昭祖曰吾兄子賢人也必能承家安輯部衆此輩奈何輒欲坑殺之亟往彎弓注矢射于衆中刼執者皆散走昭祖乃得免昭祖稍以條教爲治部落寖強遼以惕隱官之諸部猶以舊俗不肯用條教昭祖耀武至于青嶺白山順者撫之不從者討伐之入于蘇濱耶懶之地所至克捷還經僕鷲水僕鷲漢語惡瘡也昭祖惡其地名雖已困憊不肯止行至姑里甸得疾迨夜寢于村舍有盜至遂中夜啓行至逼剌紀村止焉是夕卒載柩而行遇賊於路奪柩去部衆追賊與戰復得柩加古部人蒲虎復來襲之垂及蒲虎問諸路人曰石魯柩去此幾何其人曰遠矣追之不及也蒲虎遂止於是乃得歸葬焉生女直之俗至昭祖時稍用條教民頗聽從尚未有文字無官府不知歲月晦朔是以年壽脩短莫得而考焉天會十五年追謚成襄皇帝廟號昭祖皇統四年藏號安陵五年增謚昭祖武惠成襄皇帝子景祖諱烏古迺遼太平元年辛酉歲生自始祖至此已六世矣景祖稍役屬諸部自白山耶悔統門耶懶土骨論之屬以至五國之長皆聽命是時遼之邊民有逃而歸者及遼以兵從鐵勒烏惹之民鐵勒烏惹多不肯從亦逃而來歸遼使曷魯林牙將兵來索逋逃之民景祖恐遼兵深入盡得山川道路險易或將圖之乃以計止之曰兵若深入諸部必驚擾變生不測逋戸亦不可得非計也曷魯以爲然遂止其軍與曷魯自行索之是時鄰部雖稍從孩懶水烏林荅部石顯尚拒阻不服攻之不克景祖以計告於遼主遼主遣使責讓石顯石顯乃遣其子婆諸刊入朝遼主厚賜遣還其後石顯與婆諸刊入見遼主於春蒐遼主乃留石顯於邊地而遣婆諸刊還所部景祖之謀也既而五國蒲聶部節度使拔乙門叛遼鷹路不通遼人將討之先遣同幹來諭旨景祖曰可以計取若用兵彼將走保險阻非歲月可平也遼人從之蓋景祖終畏遼兵之入其境也故自以爲功於是景祖陽與拔乙門爲好而以妻子爲質襲而擒之獻於遼主遼主召見於寢殿燕賜加等以爲生女直部族節度使遼人呼節度使爲太師金人稱都太師者自此始遼主將刻印與之景祖不肯繫遼籍辭曰請俟他日遼主終欲與之遣使來景祖詭使部人揚言曰主公若受印繫籍部人必殺之用是以拒之遼使乃還既爲節度使有官屬紀綱漸立矣生女直舊無鐵鄰國有以甲冑來鬻者傾貲厚賈以與貿易亦令昆弟族人皆售之得鐵既多因之以修弓矢備器械兵勢稍振前後願附者衆斡泯水蒲察部泰神忒保水完顏部統門水溫迪痕部神隱水完顏部皆相繼來附景祖爲人寬恕能容物平生不見喜慍推財與人分食解衣無所吝惜人或忤之亦不念先時有叛去者遣人諭誘之叛者曰汝主活羅也活羅吾能獲之吾豈能爲活羅屈哉活羅漢語慈烏也北方有之狀如大雞善啄物見牛馬橐駝脊間有瘡啄其脊間食之馬牛輒死若飢不得食雖砂石亦食之景祖嗜酒好色飲啗過人時人呼曰活羅故彼以此訕之亦不以介意其後訕者力屈來降厚賜遣還曷懶水有率衆降者

錄其歲月姓名，卽遣去，俾復其故，人以此益信服之。遼咸雍八年，五國沒撚部謝野勃堇叛遼，鷹路不通。景祖伐之，謝野來禦。景祖被重鎧，率衆力戰，謝野兵敗走。拔里邁濼時方十月，氷忽解，謝野不能軍，衆皆潰去。乃旋師，道中遇逋亡要遮險阻，晝夜拒戰，比至部，已憊，卽往見遼邊將達魯骨，自陳敗謝野功。行次來流水，未見達魯骨，疾作而復，卒於家，年五十四。天會十四年，追謚惠桓皇帝，廟號景祖。皇統四年，藏號定陵。五年，增謚景祖英烈惠桓皇帝。第二子襲節度使，是爲世祖，諱劾里鉢。生女直之俗，生子年長卽異居。景祖九子，元配唐括氏生劾者，次世祖，次劾孫，次肅宗，次穆宗。及當異居，景祖曰：「劾者柔和，可治家務。劾里鉢有器量智識，何事不成。劾孫亦柔善人耳。」乃命劾者與世祖同居，劾孫與肅宗同居。景祖卒，世祖繼之。世祖卒，肅宗繼之。肅宗卒，穆宗繼之。穆宗復傳世祖之子，至於太祖，竟登大位焉。世祖，遼重熙八年己卯歲生。遼咸雍十年，襲節度使。景祖異母弟跋黑有異志，世祖慮其爲變，加意事之，不使將兵，但爲部長。跋黑遂誘桓赧、散達、烏春、窩謀罕爲亂，及間諸部使貳于世祖。世祖猶欲撫慰之，語在跋黑、桓赧等傳中。世祖嘗買加古部鍛工烏不屯被甲九十，烏春欲託此以爲兵端，世祖還其甲，語在烏春傳。部中有流言曰：「欲生則附於跋黑，欲死則附于劾里鉢、頗剌淑。」世祖聞之，疑焉，無以察之，乃佯爲具裝，欲有所往者，陰遣人揚言曰：「寇至。」部衆聞者莫知虛實，有保於跋黑之室者，有保於世祖之室者，世祖乃盡得兄弟部屬向背彼此之情矣。間數年，烏春來攻，世祖拒之。時十月已半，大雨累晝夜，氷澌覆地，烏春不能進。旣而悔曰：「此天也。」乃引兵去。烏春舍於阿里矮村滓不乃家，而以兵圍其弟勝昆於胡不村。兵退，勝昆執其兄滓不乃，而請涖殺于世祖，且請免其孥戮，從之。桓赧、散達亦舉兵，遣肅宗拒之。當是時，烏春兵在北，桓赧兵在南，其勢甚盛。戒之曰：「可和則與之和，否則決戰。」肅宗兵敗。會烏春以久雨解去，世祖乃以偏師涉舍很水，經貼割水，覆桓赧、散達之家。明日，大霧晦冥，失道，至婆多吐水乃覺，卽還。至舍很、貼割之間，升高阜望之，見六騎來，大呼馳擊之。世祖射一人斃，生獲五人，問之，乃知卜灰、撒骨出使助桓赧、散達者也。世祖至桓赧、散達所居，焚蕩其室家，殺百許人。舊將主保亦死之。比世祖還，與肅宗會，肅宗兵又敗矣。世祖讓肅宗失利之狀，遣人議和。桓赧、散達曰：「以爾盈歌之大赤馬、辭不失之紫騮馬與我，我則和。」二馬皆女直名馬，不許。桓赧、散達大會諸部來攻，過裴滿部，以其附於世祖也，縱火焚之。蒲察部沙祗勃堇、胡補答勃堇使阿喜來告難，世祖使之詭從以自全，曰：「戰則以旗鼓自別。」世祖往禦桓赧之衆，將行，有報者曰：「跋黑食於愛妾之父家，肉脹咽死矣。」乃遣肅宗求援於遼。遂率衆出，使辭不失取海姑兄弟兵，已而乃知海姑兄弟貳於桓赧矣，欲併取其衆。徑至海姑，偵者報曰：「敵已至。」將戰，世祖戒辭不失曰：「汝先陣於脫豁改原，待吾三揚旗、三鳴鼓，卽棄旗決戰。死生唯在今日，命不足惜。」使裴滿胡喜率大紫騮馬以爲貳馬，馳至陣。時桓赧、散達盛强，世祖軍吏未戰而懼，皆植立無人色。世祖陽陽如平常，亦無責讓之言，但令士卒解甲少憩，以水沃面，調麨水飲之。有項，訓厲之，軍勢復振。乃避衆，獨引穆宗執其手，密與之言曰：「今日之事，若勝則已，萬一有不勝，吾必無生。汝今介馬遙觀，勿預戰事。若我死，汝勿收吾骨，勿顧戀親戚，亟馳馬奔告汝兄頗剌淑，于遼繫籍受印，乞師以報此讐。」語畢，袒袖，不被甲，以縕袍垂襴護前後心，韔弓提劍，三揚旗，三鳴鼓，棄旗搏戰，身爲軍鋒，突入敵陣，衆從之。辭不失從後奮擊，大敗之。乘勝逐之，自阿不彎至于北隘甸，死者如仆麻，破多吐水水爲之赤，棄車甲馬牛軍實盡獲之。世祖曰：「今日之捷，非天不能及此，亦可以知足矣。雖縱之去，敗軍之氣沒世不振。」乃引軍還。世祖視其戰地，馳突成大路，闊且三十壟，手殺九人，自相重積，人皆異之。桓赧、散達自此不能復聚，未幾，各以其屬來降，遼大安七年也。初，桓赧兄弟之變，不朮魯部卜灰、蒲察部撒骨出助之。至是，招之不肯和。卜灰之黨石魯遂殺卜灰來降。撒骨出追躡亡者，道傍人潛射之，中口而死。自是舊部悉歸。景祖時，斡勒部人盃乃來屬，及是，有他志。會其家失火，因以縱火誣歡都，世祖徵償如約。盃乃不自安，遂結烏春、窩謀罕舉兵，使肅宗與戰，敗之，獲盃乃。世祖獻之於遼。臘醅、麻產侵掠野居女直，畧來流水牧馬。世祖擊之，中四創，久之疾愈。臘醅等復畧穆宗牧馬，交結諸部。世祖復伐之，臘醅等紿降，乃旋。臘醅得姑里甸兵百十有七人，據暮稜水，守險，石顯子婆諸刊亦在其中。世祖圍而克之，盡獲姑里甸兵。麻產遁去，遂擒臘醅及婆諸刊，皆獻之遼。旣已復請之，遼人與之，并以前後所獻罪人歸之。歡都在破烏春等於斜堆，故石、拔石皆就擒。世祖自將與歡都合兵嶺東，諸軍皆至。是時烏春已前死，窩謀罕請于遼，願和解。旣與和，復來襲。乃進軍圍之，窩謀罕棄城遁去，破其城，盡俘獲之，以功差次分賜諸軍。城始破，議渠長生殺，衆皆長跪。遼使者在坐，忽一人佩長刀突前咫尺，謂世祖曰：「勿殺我。」遼使及左右皆走匿，世祖色不少動，執其人之手，語之曰：「吾不殺汝也。」於是罰左右匿者，曰：「汝等何敢失次耶？」罰旣已，乃徐使執突前者殺之。其膽勇鎭物如此。師還，寢疾，遂篤。元娶拏懶氏哭不止，世祖曰：「汝勿哭，汝惟後我一歲耳。」肅宗請後事，曰：「汝惟後我三年。」肅宗出，謂人曰：「吾兄至此亦不與我好言。」乃叩地而哭。俄呼穆宗謂曰：「烏雅束柔善，若辦集契丹事，阿骨打能之。」遼大安八年五月十五日卒，襲位十九年，年五十四。明年，拏懶氏卒。又明年，肅宗卒。肅宗病篤，歎曰：「我兄眞多智哉。」世祖天性嚴重，有智識，一見必識，暫聞不忘。凝寒不縮栗，動止不回顧。每戰未嘗被甲，先以夢兆候其勝負。嘗乘醉騎驢入室中，明日見驢足跡，問而知之，自是不復飲酒。襲位之初，內外潰叛，締交爲寇。世祖乃因敗爲功，變弱爲彊。旣破桓赧、散達、烏春、窩謀罕，基業自此大矣。天會十五年，追謚聖肅皇帝，廟號世祖。皇統四年，號其藏曰永陵。五年，增謚世祖神武聖肅皇帝。母弟頗剌淑襲節度使。景祖第四子也，是爲肅宗。遼重熙十一年壬午歲生。在父兄時號國相。國相之稱不知始何時。初，雅達爲國相。雅達者，桓赧、散達之父也。景祖以幣馬求之於雅達，而命肅宗爲之。肅宗自幼機敏善辯。當其兄時，身居國相，盡心匡輔。是時叔父跋黑有異志，及桓赧、散達、烏春、窩謀罕、石顯父子、臘醅、麻產作難，用兵之際，肅宗屢當一面。尤能知遼人國政人情。凡有遼事，一切委之肅宗專心焉。凡白事於遼官，皆令遠跪陳辭，譯者傳致之，往往爲譯者錯亂。肅宗欲得自前委曲言之，故先不以實告譯者。譯者惑之，不得已，引之前，使自言。乃以草木瓦石爲籌，枚數其事而陳之。官吏聽者皆愕然，問其故，則爲卑辭以對曰：「鄙陋無文故如此。」官吏以爲實然，不復疑之，是以所訴無不如意。桓赧、散達之戰，部人賽罕死之。其弟活羅陰懷忿怨，一日，忽以劍舂置肅宗項上，曰：「吾兄爲汝輩死矣，到汝以償，則如之何？」久之，因其兄柩至，遂怒而攻習不出，習不出走避之，攻肅宗于家，矢注次室之裙，著于門扉，復攻歡都，歡都衷甲拒于室中，旣不能入，持其門旝而去，往附盃乃。盃乃誘烏春兵度嶺，世祖與遇于蘇素海甸。世祖曰：「予昔有異夢，今不可親戰。若左軍中有力戰者，則大功成矣。」命肅宗及斜列、辭不失與之戰。肅宗下馬，名呼世祖，復自呼其名而言曰：「若天助我當爲衆部長，則今日之事神祇監之。」語畢再拜，遂炷火束縕。項之，大風自後起，火益熾。是時八月，并青草皆焚之，煙焰漲天。我軍隨煙衝擊，大敗之，遂獲盃乃，囚而獻諸遼，并獲活羅。肅宗釋其罪，左右任使之，後竟得其力焉。大安八年，自國相襲位。是時麻產尚據直屋鎧水，繕完營堡，誘納亡命，招之不聽。遣康宗伐之，太祖別軍取麻產家屬，錡釜無遺。旣獲麻產，殺之，獻馘于遼。陶溫水民來附。二年癸酉，遣太祖以偏師伐泥龐古部帥水抹離海村跋黑、播立開，平之。自是寇賊皆息。三年八月，肅宗卒。天會十五年，追謚穆憲皇帝。皇統四年，藏號泰陵。五年，增謚肅宗明睿穆憲皇帝。母弟穆宗諱盈歌，字烏魯完，景祖第五子也。南人稱揚割太師，又曰揚割追謚孝平皇帝，號穆宗，又曰揚割號仁祖。金代無號仁祖者。穆宗諱盈歌，謚孝平，盈近揚，歌近割，南北音訛。遼人呼節度使爲太師，自景祖至太祖皆有是稱。凡叢言、松漠記、張棣金志等書皆無足取。穆宗，遼重熙二十一年癸巳歲生。肅宗時，擒麻產，遼命穆宗爲詳穩。大安十年甲戌，襲節度使，年四十二。以兄劾者子撒改爲國相。三年丙子，唐括部跋葛勃堇與溫都部人跋忒有舊，跋葛以事往，跋忒殺跋葛。使太祖率師伐跋忒，跋忒亡去，追及，殺之。星顯水紇石烈部阿疎、毛睹祿阻兵爲難，穆宗自將伐阿疎，撒改以偏師攻鈍恩城，拔之。阿疎初聞來伐，乃自訴于遼，遂留劾者守阿疎城，穆宗乃還。會陶溫水、徒籠古水紇石烈部阿閤版及石魯阻五國鷹路，執殺遼捕鷹使者，遼詔穆宗討之。阿閤版等據險立柵，方大寒，乃募善射者操勁弓利矢攻之，數日，入其城，出遼使存者數人，俾之歸。統門、渾蠢水之交烏古論部留可、詐都與蘇濱水烏古論敵庫德起兵于米里迷石罕城，納根涅之子鈍恩亦亡去，於是兩黨作難。八月，撒改爲都統，辭不失、阿里合懣、斡帶副之，以伐留可、詐都、塢塔等。謾都訶、石土門伐敵庫德。撒改欲先平邊地城堡，或欲先取留可，莫能決，乃命太祖往。鈍恩將援留可，乘謾都訶兵未集而攻之。石土門軍旣與謾都訶會，迎擊鈍恩，大敗之，降米里迷石罕城，獲鈍恩、敵庫德，釋弗殺。太祖度盆搦嶺，與撒改會，攻破留可城。留可已先往遼矣。盡殺其城中渠長，還圍塢塔城。塢塔先已亡在外，城降於軍。詐都亦降於蒲家奴。於是撫寧諸路如舊時。太祖因致穆宗教，統門、渾蠢、耶悔、星顯四路及嶺東諸部自今勿復稱都部長。命勝管、醜阿等撫定乙離骨嶺注阿門水之西諸部居民，又命斡帶及偏裨悉平二涅囊虎、二蠢出等路寇盜而還。七年庚辰，劾者尚守阿疎城毛睹𧂭來降阿踈猶在遼遼使使來罷兵未到穆宗使烏林荅石魯往佐劾者戒之曰遼使來罷兵但換我軍衣服旗幟與阿踈城中無辨勿令遼使知之因戒劾者曰遼使可以計却勿聽其言遂罷兵也遼使果來罷兵穆宗使蒲察部胡魯勃堇邈遜孛堇與俱至阿踈城劾者見遼使詭謂胡魯邈遜曰我部族自相攻擊干汝等何事誰識汝之太師乃援創刺殺胡魯邈遜所乘馬遼使驚駭遽走不敢回顧徑歸居數日破其城狄故保還自遼在城中執而殺之阿踈復訴於遼遼遣奚節度使乙烈來穆宗至來流水興和村見乙烈問阿踈城事命穆宗曰凡攻城所獲存者復與之不存者備償且徵馬數百匹穆宗與僚佐謀曰若償阿踈則諸部不復可號令任使也乃令主隈禿荅兩水之民陽爲阻絶鷹路復使鼈故德部節度使言于遼曰欲開鷹路非生女直節度使不可遼不知其爲穆宗謀也信之命穆宗討阻絶鷹路者而阿踈城事遂止穆宗聲言平鷹路畋於土溫水而歸是歲留可來降八年辛巳遼使使特賜物來賞平鷹路之有功者九年壬午使蒲家奴以遼賜給主隈禿荅之民且修鷹路而歸冬蕭海里叛入于係案女直阿典部遣其族人斡達剌來結和曰願與太師爲友同往伐遼穆宗執斡達剌會遼命穆宗捕討海里穆宗送斡達剌于遼募軍得甲千餘女直甲兵之數始見于此蓋未嘗滿千也軍次混同水蕭海里再使人來復執之既而與海里遇海里遙問曰我使者安在對曰與後人偕來海里不信是時遼追海里兵數千人攻之不能克穆宗謂遼將曰退爾軍我當獨取海里遼將許之太祖策馬突戰流矢中海里首海里墮馬下執而殺之大破其軍使阿离合懣獻馘于遼金人自此知遼兵之易與也是役也康宗最先登於是以先登并有功者爲前行次以諸軍讓俘獲歸所部穆宗朝遼主于漁所大被嘉賞授以使相錫予加等十年癸未二月穆宗還遼使使授從破海里者官賞高麗始來通好十月二十九日穆宗卒年五十有一初諸部各有信牌穆宗用太祖議擅置牌號者寘于法自是號令乃一民聽不疑矣自景祖以來兩世四主志業相因卒定離析一切治以本部法令東南至于乙離骨曷懶耶懶土骨論東北至于五國主隈禿荅金蓋盛于此天會十五年追謚孝平皇帝廟號穆宗皇統四年號其藏曰獻陵五年增謚章順孝平皇帝兄子康宗諱烏雅束字毛路完世祖長子也遼清寧七年辛丑歲生乾統五年癸未襲節度使年四十三穆宗末年阿踈使達紀誘扇邊民曷懶甸人執送之穆宗使石適歡撫納曷懶甸未行穆宗卒至是遣焉先是高麗通好既而頗有隙高麗使來請議事使者至高麗拒而不納五水之民附于高麗執團練使十四人語在高麗傳中二年甲申高麗再來伐石適歡再破之高麗復請和前所執團練十四人皆遣歸石適歡撫定邊民而還蘇濱水民不聽命使斡帶等至活羅海川召諸官僚告諭之含國部蘇濱水居斡豁勃堇不至斡准部職德部既至復亡去塢塔遇二部於馬紀嶺執之而來遂伐斡豁克之斡帶進至北琴海攻拔泓忒城乃還四年丙戌高麗遣黑歡方石來賀襲位遣盃魯報之高麗約還諸亡在彼者乃使阿聒勝昆往受之高麗背約殺二使築九城於曷懶甸以兵數萬來攻斡賽敗之斡魯亦築九城與高麗九城相對高麗復來攻斡賽復敗之高麗約以還逋逃之人退九城之軍復所侵故地九月乃罷兵七年己丑歲不登減盜賊徵償振貧乏者十一年癸酉康宗卒年五十三天會十五年追謚恭簡皇帝皇統四年號其藏曰喬陵五年增謚康宗獻敏恭簡皇帝

贊曰金之厥初兄弟三人亦微矣熙宗追帝祖宗定著始祖景祖世祖廟世世不祧始祖娶六十之婦而生二男一女豈非天耶景祖不受遼籍遼印取雅達國相以與其子世祖既破桓赧散達遼政日衰而以太祖屬之穆宗其思慮豈不深遠矣夫

金史卷一考證

世紀女直○臣宗楷按金志本名朱里真音轉爲女真或曰慮真避契丹興宗名又曰女直

金之始祖諱函普德帝諱烏魯安帝諱跋海獻祖諱綏可昭祖諱石魯景祖諱烏古廼世祖諱劾里鉢世祖母弟頗剌淑肅宗母弟盈歌穆宗兄烏雅束○臣浩按松漠紀聞金九代祖名龕福號始祖八代祖名訛魯七代祖名佯海六代祖名隨闊五代祖孛堇名實魯高祖太師名胡來曾祖名核里曾叔祖太師名蒲剌麥曾季祖太師名揚哥伯祖太師名吳剌束俱追加謚號

金史卷二

元中書右丞相總裁脫脫等修

本紀第二

太祖

太祖應乾興運昭德定功仁明莊孝大聖武元皇帝諱旻本諱阿骨打世祖第二子也母曰翼簡皇后拏懶氏遼道宗時有五色雲氣屢出東方大若二千斛囷倉之狀司天孔致和竊謂人曰其下當生異人建非常之事天以象告非人力所能爲也咸雍四年戊申七月一日太祖生幼時與羣兒戲力兼數輩舉止端重世祖尤愛之世祖與臘醅麻產戰於野鵲木世祖被四創疾困坐太祖于膝循其髮而撫之曰此兒長大吾復何憂十歲好弓矢甫成童卽善射一日遼使坐府中顧見太祖手持弓矢使射羣烏連三發皆中遼使矍然曰奇男子也太祖嘗宴紇石烈部活离罕家散步門外南望高阜使衆射之皆不能至太祖一發過之度所至踰三百二十步宗室謾都訶最善射遠其不及者猶百步也天德三年立射碑以識焉世祖伐卜灰太祖因辭不失請從行世祖不許而心異之烏春既死窩謀罕請和既請和復來攻遂圍其城太祖年二十三被短甲免冑不介馬行圍號令諸軍城中望而識之壯士太峪乘駿馬持槍出城馳刺太祖太祖不及備舅氏活臘胡馳出其間擊太峪槍折刺中其馬太峪僅得免嘗與沙忽帶出營殺略不令世祖知之且還敵以重兵追之獨行隘巷中失道追者益急値高岸與人等馬一躍而過追者乃還世祖寢疾太祖以事如遼統軍司將行世祖戒之曰汝速了此事五月未半而歸則我猶及見汝也太祖往見曷魯騷古統軍既畢事前世祖沒一日還至家世祖見太祖來所請事皆如志喜甚執太祖手抱其頸而撫之謂穆宗曰烏雅束柔善惟此子足了契丹事穆宗亦雅重太祖出入必俱太祖遠出而歸穆宗必親迓之世祖已擒臘醅麻產尚據直屋鎧水肅宗使太祖先取麻產家屬康宗至直屋鎧水圍之太祖會軍親獲麻產獻馘於遼遼命太祖爲詳穩仍命穆宗辭不失歡都皆爲詳穩久之以偏師伐泥厖古部跋黑播立開等乃以達塗阿爲鄉導沿帥水夜行襲之虜其妻子初溫都部跋忒殺唐括部跋葛穆宗命太祖伐之太祖入辭謂穆宗曰昨夕見赤祥此行必克敵遂行是歲大雪寒甚與烏古論部兵沿土溫水過末鄰鄉追及跋忒於阿斯溫山北濼之間殺之軍還穆宗親迓太祖於霸建村撒改以都統伐留可謾都訶合石土門伐敵庫德撒改與將佐議或欲先平邊地部落城堡或欲徑攻留可城議不能決願得太祖至軍中穆宗使太祖往曰事必有可疑軍之未發者止有甲士七十盡以畀汝謾都訶在米里迷石罕城下石土門未到土人欲執謾都訶以與敵使來告急遇太祖於斜堆甸太祖曰國兵盡在此矣使敵先得志於謾都訶後雖種誅之何益也乃分甲士四十與之太祖以三十人詣撒改軍道遇人曰敵已據盆搦嶺南路矣衆欲由沙偏嶺往太祖曰汝等畏敵耶既度盆搦嶺不見敵已而聞敵乃守沙偏嶺以拒我及至撒改軍夜急攻之遲明破其衆是時留可塢塔皆在遼既破留可還攻塢塔城城中人以城降初太祖過盆搦嶺經塢塔城下從騎有後者塢塔城人攻而奪之釜太祖駐馬呼謂之曰毋取我炊食器其人謾言曰公能來此何憂不得食太祖以鞭指之曰吾破留可卽於汝乎取之至是其人持釜而前曰奴輩誰敢毀祥穩之器也遣蒲家奴招詐都詐都乃降釋之穆宗將伐蕭海里募兵得千餘人女直兵未嘗滿千至是太祖勇氣自倍曰有此甲兵何事不可圖也海里來戰與遼兵合因止遼人自爲戰勃海留守以甲贈太祖太祖亦不受穆宗問何爲不受曰被彼甲而戰戰勝則是因彼成功也穆宗末年令諸部不得擅置信牌馳驛訊事號令自此始一皆自太祖啓之康宗七年歲不登民多流莩彊者轉而爲盜歡都等欲重其法爲盜者皆殺之太祖曰以財殺人不可財者人所致也遂減盜賊徵償法爲徵三倍民間多逋負賣妻子不能償康宗與官屬會議太祖在外庭以帛繫杖端麾其衆令曰今貧者不能自活賣妻子以償債骨肉之愛人心所同自今三年勿徵過三年徐圖之衆皆聽令聞者感泣自是遠近歸心焉歲癸巳十月康宗夢逐狼屢發不能中太祖前射中之旦日以所夢問僚佐衆曰吉兄不能得而弟得之之兆也是歲康宗卽世太祖襲位爲都勃極烈遼使阿息保來曰何以不告喪太祖曰有喪不能弔而乃以爲罪乎他日阿息保復來徑騎至康宗殯所閱賵馬欲取之太祖怒將殺之宗雄諫而止既而遼命久不至遼主好畋獵淫酗怠于政事四方奏事往往不見省紇石烈阿踈既奔遼穆宗取其城及其部衆不能歸遂與族弟銀术可辭里罕陰結南江居人渾都僕速欲與俱亡入高麗事覺太祖使夾古撒喝捕之而銀术可辭里罕先爲遼戍所獲渾都僕速已亡去撒喝取其妻子而還二年甲午六月太祖至江西遼

使使來致襲節度之命初遼每歲遣使市名鷹海東靑于海上道出境內使者貪縱徵索無藝公私厭苦之康宗嘗以不遣阿疎爲言稍拒其使者太祖嗣節度亦遣蒲家奴往索阿疎故常以此二者爲言終至于滅遼然後已至是復遣宗室習古迺完顏銀术可往索阿疎習古迺等還具言遼主驕肆廢弛之狀於是召官僚耆舊以伐遼告之使備衝要建城堡修戎器以聽後命遼統軍司聞之使節度使捏哥來問狀曰汝等有異志乎修戰具飭守備將以誰禦太祖荅之曰設險自守又何問哉遼復遣阿息保來詰之太祖謂之曰我小國也事大國不敢廢禮大國德澤不施而逋逃是主以此字小能無望乎若以阿疎與我請事朝貢苟不獲已豈能束手受制也阿息保還遼人始爲備命統軍蕭撻不野調諸軍於寧江州太祖聞之使僕聒剌復索阿疎實觀其形勢僕聒剌還言遼兵多不知其數太祖曰彼初調兵豈能遽集如此復遣胡沙保往還言惟四院統軍司與寧江州軍及渤海八百人耳太祖曰果如吾言謂諸將佐曰遼人知我將舉兵集諸路軍備我我必先發制之無爲人制衆皆曰善乃入見宣靖皇后告以伐遼事后曰汝嗣父兄立邦家見可則行吾老矣無貽我憂汝必不至是也太祖感泣奉觴爲壽卽奉后率諸將出門舉觴東向以遼人荒肆不歸阿疎并已用兵之意禱於皇天后土酹畢后命太祖正坐與僚屬會酒號令諸部使婆盧火徵移懶路迪古乃兵斡魯古阿魯撫諭斡忽急賽兩路係遼籍女直實不迭往完睹路執遼障鷹官達魯古部副使辭列寧江州渤海大家奴於是達魯古部實里館來告曰聞舉兵伐遼我部誰從太祖曰吾兵雖少舊國也與汝鄰境固當從我若畏遼人自往就之九月太祖進軍寧江州次寥晦城婆盧火徵兵後期杖之復遣督軍諸路兵皆會于來流水得二千五百人致遼之罪申告于天地曰世事遼國恪修職貢定烏春窩謀罕之亂破蕭海里之衆有功不省而侵侮是加罪人阿疎屢請不遣今將問罪於遼天地其鑒佑之遂命諸將傳梃而誓曰汝等同心盡力有功者奴婢部曲爲良庶人官之先有官者敘進輕重眡功苟違誓言身死梃下家屬無赦師次唐括帶斡甲之地諸軍禳射介而立有光如烈火起於人足及戈矛之上人以爲兵祥明日次扎只水光見如初將至遼界先使宗幹督士卒夷塹旣度遇渤海軍攻我左翼七謀克衆少却敵兵直犯中軍斜也出戰哲垤先驟太祖曰戰不可易也遣宗幹止之宗幹馳出斜也前控止哲垤馬斜也遂與俱還敵人從之耶律謝十墜馬遼人前救太祖射救者斃併射謝十中之有騎突前又射之徹扎洞胷謝十拔箭走追射之中其背飲矢之半僨而死獲所乘馬宗幹與數騎陷遼軍中太祖救之免胄戰或自傍射之矢拂于額太祖顧見射者一矢而斃謂將士曰盡敵而止衆從之勇氣自倍敵大奔相蹂踐死者十七八撒改在別路不及會戰使人以戰勝告之而以謝十馬賜之撒改使其子宗翰完顏希尹來賀且稱帝因勸進太祖曰一戰而勝遂稱大號何示人淺也進軍寧江州諸軍塡塹攻城寧江人自東門出溫迪痕阿徒罕邀擊盡殪之十月朔克其城獲防禦使大藥師奴陰縱之使招諭遼人鐵驪部來送欵次來流城以俘獲賜將士召渤海梁福斡苔剌使之僞亡去招諭其鄉人曰女直渤海本同一家我興師伐罪不濫及無辜也使完顏婁室招諭係遼籍女直師還謁宣靖皇后以所獲頒宗室耆老以實里館貲產給將士初命諸路以三百戶爲謀克十謀克爲猛安酬斡等撫定鼈謀水女直鼈古酋長胡蘇魯以城降十一月遼都統蕭糺里副都統撻不野將步騎十萬會于鴨子河北太祖自將擊之未至鴨子河旣夜太祖方就枕若有扶其首者三寤而起曰神明警我也卽鳴鼓舉燧而行黎明及河遼兵方壞陵道選壯士十輩擊走之大軍繼進遂登岸甲士三千七百至者纔三之一俄與敵遇于出河店會大風起塵埃蔽天乘風勢擊之遼兵潰逐至斡論濼殺獲首虜及車馬甲兵珍玩不可勝計徧賜官屬將士燕犒彌日遼人嘗言女直兵若滿萬則不可敵至是始滿萬云斡魯敗遼兵斬其節度使撻不野僕虺等攻賓州拔之兀惹雛鶻室來降遼將赤狗兒戰于賓州僕虺渾黜敗之鐵驪王回离保以所部降吾睹補蒲察復敗赤狗兒蕭乙薛軍于祥州東斡忽急塞兩路降斡魯古敗遼軍于咸州西斬統軍實婁于陣完顏婁室克咸州是月吳乞買撒改辭不失率官屬諸將勸進願以新歲元日恭上尊號太祖不許阿离合懣蒲家奴宗翰等進曰今大功已建若不稱號無以繫天下心太祖曰吾將思之

收國元年正月壬申朔羣臣奉上尊號是日卽皇帝位上曰遼以賓鐵爲號取其堅也賓鐵雖堅終亦變壞惟金不變不壞金之色白完顏部色尚白於是國號大金改元收國丙子上自將攻黃龍府進臨益州州人走保黃龍取其餘民以歸遼遣都統耶律訛里朶左副統蕭乙薛右副統耶律張奴都監蕭謝佛留騎二十萬步卒七萬戍邊留婁室銀术可守黃龍上率兵趨達魯古城次寧江州西遼使僧家奴來議和國書斥上名且使爲屬國庚子進師有火光正圓自空而墜上曰此祥徵殆天助也酹白水而拜將士莫不喜躍進逼達魯古城上登高望遼兵若連雲灌木狀顧謂左右曰遼兵心貳而情怯雖多不足畏遂趨高阜爲陣宗雄以右翼先馳遼左軍左軍却左翼出其陣後遼右軍皆力戰婁室銀术可衝其中堅凡九陷陣皆力戰而出宗翰請以中軍助之上使宗幹往爲疑兵宗雄已得利擊遼右軍遼兵遂敗乘勝追躡至其營會日已暮圍之黎明遼軍潰圍出逐北至阿婁岡遼步卒盡殪得其耕具數千以給諸軍是役也遼人本欲屯田且戰且守故併其耕具獲之二月師還三月辛未朔獵于寥晦城四月遼耶律張奴以國書來上以書辭慢侮留其五人獨遣張奴回報書亦如之五月庚午朔避暑于近郊甲戌拜天射柳故事五月五日七月十五日九月九日拜天射柳歲以爲常六月己亥朔遼耶律張奴復以國書來猶斥上名上亦斥遼主名以復之且諭之使降七月戊辰以弟吳乞買爲諳班勃極烈國相撒改爲國論勃極烈辭不失爲阿買勃極烈弟斜也爲國論勃極烈甲戌遼使辭剌以書來留之不遣九百奚營來降八月戊戌上親征黃龍府次混同江無舟上使一人道前乘赭白馬徑涉曰視吾鞭所指而行諸軍隨之水及馬腹後使舟人測其渡處深不得其底熙宗天眷二年以黃龍府爲濟州軍曰利涉蓋以太祖涉濟故也九月克黃龍府遣辭剌還遂班師至江徑渡如前丁丑至自黃龍府己卯黃龍見空中癸巳以國論勃極烈撒改爲國論忽魯勃極烈阿离合懣爲國論乙室勃極烈十一月遼主聞取黃龍府大懼自將七十萬至駝門駙馬蕭特末林牙蕭查剌等將騎五萬步四十萬至斡鄰濼上自將禦之十二月己亥行次爻剌會諸將議皆曰遼兵號七十萬其鋒未易當吾軍遠來人馬疲乏宜駐于此深溝高壘以待上從之遣迪古乃銀术可鎭達魯古丁未上以騎兵親候遼軍獲督餉者知遼主以張奴叛西還二日矣是日上還至熟結濼有光見于矛端戊申諸將曰今遼主旣還可乘怠追擊之上曰敵來不迎戰去而追之欲以此爲勇邪衆皆悚愧願自効上復曰誠欲追敵約齎以往無事餽饋若破敵何求不得衆皆奮躍追及遼主于護步荅岡是役也兵止二萬上曰彼衆我寡兵不可分視其中軍最堅遼主必在焉敗其中軍可以得志使右翼先戰兵數交左翼合而攻之遼兵大潰我師馳之橫出其中遼師敗績死者相屬百餘里獲輿輦帟幄兵械軍資他寶物馬牛不可勝計是戰斜也援矛殺數十人阿离本被圍溫迪罕迪忽迭以四謀克兵出之完顏蒙刮身被數創力戰不已功皆論最蕭特末等焚營遁去遂班師夾谷撒喝取開州婆盧火下特鄰城辭里罕降

二年正月戊子詔曰自破遼兵四方來降者衆宜加優恤自今契丹奚漢渤海係遼籍女直章室達魯古兀惹鐵驪諸部官民已降或爲軍所俘獲逃遁而還者勿以爲罪其酋長仍官之且使從宜居處閏月高永昌據東京使撻不野來求援高麗遣使來賀捷且求保州詔許自取之二月己巳詔曰比以歲凶庶民艱食多依附豪族因爲奴隸及有犯法徵償莫辦折身爲奴者或私約立限以人對贖過期則爲奴者並聽以兩人贖一爲良若元約以一人贖者卽從元約四月乙丑以斡魯統內外諸軍與蒲察迪古乃會咸州路都統斡魯古討高永昌胡沙補等被害五月斡魯等敗永昌撻不野擒永昌以獻戮之于軍東京州縣及南路係遼女直皆降詔除遼法省稅賦置猛安謀克一如本朝之制以斡魯爲南路都統迭勃極烈阿徒罕破遼兵六萬于照散城九月己亥上獵近郊乙巳南路都統斡魯來見于婆盧買水始製金牌十二月庚申朔諳班勃極烈吳乞買及羣臣上尊號曰大聖皇帝改明年爲天輔元年天輔元年正月開州叛加古撒喝等討平之國論吳勃極烈斜也以兵一萬取泰州四月遼秦晉國王耶律捏里來伐迪古乃婁室婆盧火將兵二萬會咸州路都統斡魯古擊之五月丁巳詔自收寧江州已後同姓爲婚者杖而離之七月戊申以完顏斡論知東京事八月癸亥高麗遣使來請保州十二月甲子斡魯古等敗耶律捏里兵于蒺藜山拔顯州乾懿豪徽成川惠等州皆降是月宋使登州防禦使馬政以國書來其略曰日出之分實生聖人竊聞征遼屢破勍敵若克遼之後五代時陷入契丹漢地願畀下邑

二年正月庚寅遼雙州節度使張崇降使散覩如宋報聘書曰所請之地今當與宋夾攻得者有之二月癸丑朔遼使耶律奴哥等來議和辛酉孛堇迪古乃婁室來見上以遼主近在中京而敢輒來皆杖之勃里保雙古等言咸州都統斡魯古知遼主在中京而不進討芻糧豐足而不以實聞攻顯州時所獲生口財畜多自取三

月癸未朔命闍哥代爲都統而鞫治之斡魯古坐降謀克壬辰遼使耶律奴哥以國書來庚子以婁室言黃龍府地僻且遠宜重戍守乃命合諸路謀克以婁室爲萬戶鎭之四月辛巳遼使以國書來五月丙申命胡突袞如遼六月甲寅詔有司禁民凌虐典雇良人及倍取贖直者甲戌遼通祺雙遼等州八百餘戶來歸命分置諸部擇膏腴之地處之七月癸未詔曰匹里水路完顏朮里古渤海大家奴等六謀克貧乏之民昔嘗給以官糧置之漁獵之地今歷日已久不知登耗可具其數以聞胡突袞還自遼耶律奴哥復以國書來丙申胡突袞如遼遼戶二百來歸處之泰州詔遣阿里骨李家奴特里底招諭未降者仍詔達魯古部勃堇辭列凡降附新民善爲存撫來者各令從便安居給以官糧毋輒動擾八月胡突袞還自遼耶律奴哥突迭復以國書來九月戊子詔曰國書詔令宜選善屬文者爲之其令所在訪求博學雄才之士敦遣赴闕閏月庚戌朔以降將霍石韓慶和爲千戶九百奚部蕭寶乙辛北部訛里野漢人王六兒王伯龍契丹特末高從祐等各率衆來降遼耶律奴哥以國書來十月癸未以龍化州降者張應古劉仲良爲千戶乙未咸州都統司言漢人李孝功渤海二哥率衆來降命各以所部爲千戶十二月甲辰遣孛堇朮孛以定邊地諭高麗耶律奴哥以國書來遼懿州節度使劉宏以戶三千并執遼候人來降以爲千戶川州寇二萬已降復叛紇石烈照里擊破之

三年正月甲寅東京人爲質者永吉等五人結衆叛事覺誅其首惡餘皆杖百沒入在行家屬資產之半詔知東京事斡論繼有犯者並如之丙辰詔鼈古孛堇酬斡曰胡魯古迭八合二部來送款若等先時不無交惡自今毋相侵擾三月耶律奴哥以國書來四月丙子朔日有食之五月壬戌詔咸州路都統司曰兵興以前曷蘇館回怕里與係遼籍不係遼籍女直戶民有犯罪流竄邊境或亡入于遼者本皆吾民遠在異境朕甚憫之今既議和當行理索可明諭諸路千戶謀克徧與詢訪其官稱名氏地里具錄以上六月辛卯遼遣太傅習泥烈等奉冊璽來上擿冊文不合者數事復之散覩還自宋宋使馬政及其子宏來聘散覩受宋團練使上怒杖而奪之宋使還復遣孛堇辭列曷魯等如宋七月辛亥遼人楊詢卿羅子韋各率衆來降命各以所部爲謀克八月己丑頒女直字九月以遼冊禮使失期詔諸路軍過江屯駐十一月習泥烈等復以國書來曷懶甸長城高麗增築三尺詔胡剌古習顯愼固營壘

四年二月辭列曷魯還自宋宋使趙良嗣王瓌來議燕京西京地三月甲辰上謂羣臣曰遼人屢敗遣使求成惟飾虛辭以爲緩師之計當議進討其令咸州路統軍司治軍旅修器械具數以聞辛酉詔咸州路都統司曰朕以遼國和議無成將以四月二十五日進師令斜葛留兵一千鎭守闍母以餘兵來會于渾河遼習泥烈以國書來四月乙未上自將伐遼以遼使習泥烈宋使趙良嗣等從行五月甲辰次渾河西使宗雄先趨上京遣降者馬乙持詔諭城中壬子至上京詔官民曰遼主失道上下同怨朕興兵以來所過城邑負固不服者卽攻拔之降者撫恤之汝等必聞之矣今爾國和好之事反覆見欺朕不欲天下生靈久罹塗炭遂決策進討比遣宗雄等相繼招諭尚不聽從今若攻之則城破矣重以弔伐之義不欲殘民故開示明詔諭以禍福其審圖之上京人恃禦備儲蓄爲固守計甲寅亟命進攻上謂習泥烈趙良嗣等曰汝可觀我用兵以卜去就上親臨城督將士諸軍鼓譟而進自旦及巳闍母以麾下先登克其外城留守撻不野以城降趙良嗣等奉觴爲壽皆稱萬歲是日赦上京官民詔諭遼副統余覩壬戌次沃黑河宗幹率羣臣諫曰地遠時暑軍馬罷乏若深入敵境糧餽乏絕恐有後艱上從之乃班師命分兵攻慶州余覩襲闍母於遼河完顏背荅烏塔等戰却之完顏特虎死焉七月癸卯上至自伐遼九月蠋隈水部實里古達等殺孛堇酬斡僕忽得以叛十月戊辰朔日有食之戊寅命斡魯分胡剌古烏春之兵以討實里古達十一月東京留守司乞本京官民質子增數番代上不許曰諸質子已各受田盧若復番代則往來動搖可並仍舊十二月宋復使馬政來請西京之地

五年春正月斡魯敗實里古達於合撻剌山誅首惡四人餘悉撫定二月遣昱及宗雄分諸路猛安謀克之民萬戶屯泰州以婆盧火統之賜耕牛五十四月乙丑朔宗翰請伐遼詔諸路預戒軍事五月遼都統耶律余覩等詣咸州降閏月辛巳國論胡魯勃極烈撒改薨六月癸巳余覩與其將吏來見丙申千戶胡离荅坐擅署部人爲蒲里衍杖一百罷之庚子詔諳班勃極烈吳乞買貳國政以吳勃極烈斜也爲忽魯勃極烈蒲家奴爲吳勃極烈宗翰爲移賚勃極烈七月庚辰詔咸州都統司曰自余覩來灼見遼國事宜已決議親征其治軍以俟師期尋以連雨罷親征命吳勃極烈昱爲都統移賚勃極烈宗翰副之師師而西十一月辛丑以忽魯勃極烈杲爲內外諸軍都統以昱宗翰宗幹宗望宗盤等副之甲辰詔曰遼政不綱人神共棄今欲中外一統故命汝率大軍以行討伐爾其愼重兵事擇用善謀賞罰必行糧餉必繼勿擾降服勿縱俘掠見可而進無淹師期事有從權毋須申稟戊申詔曰若克中京所得禮樂儀仗圖書文籍並先次津發赴闕

六年正月癸酉都統杲克高恩回紇三城乙亥取中京遂下澤州二月庚寅朔日有食之己亥宗翰等敗遼奚王霞末于北安州降奚都西節度使訛里剌以本部降壬寅都統杲遣使來奏捷幷獻所獲貨寶詔曰汝等提兵于外克副所任攻下城邑撫安人民朕甚嘉之所言分遣將士招降山前諸部計悉已撫定續遣來報山後若未可往卽營田牧馬俟及秋成乃圖大舉更當熟議見可則行如欲益兵具數來上不可恃一戰之勝輒有弛慢新降附者當善撫存宣諭將士使知朕意宗翰駐北安遣希尹等略地獲遼護衞耶律習泥烈知遼主獵鴛鴦濼以其子晉王賢而有人望惡而殺之衆益離心雖有西北西南兩路兵馬皆羸弱遂遣耨盌溫都等報都統杲進兵襲之三月都統杲出靑嶺宗翰出瓢嶺追遼主于鴛鴦濼遼主奔西京宗翰復追至白水濼不及獲其貨寶己巳至西京壬申西京降希尹追遼主于乙室部不及乙亥西京復叛是月遼秦晉國王耶律捏里卽位于燕四月辛卯復取西京壬辰遣徒單吳甲高慶裔于宋戊戌都統杲自西京趨白水濼吳勃極烈昱襲毗室部于鐵呂川爲敵所敗還會察剌兵追至黃水北大破之耶律坦招徠西南諸部西至夏其招討使耶律佛頂降金肅西平二郡漢軍四千餘人叛去耶律坦等襲取之闍母婁室招降天德雲內寧邊東勝等州獲阿疎而還是時山西城邑諸部雖降人心未固遼主保陰山耶律捏里在燕京都統杲遣宗望入奏請上臨軍五月辛酉宗望來奏捷百官入賀賜宴歡甚先是獲遼樞密使得里底節度使和尚雅里斯余里野等都統杲使阿鄰護送赴闕得里底道亡阿鄰坐誅耶律捏里遣使請罷兵戊寅使楊勉以書諭捏里使之降謀葛失遣其子菹泥刮失貢方物六月戊子朔上親征遼發自上京諳班勃極烈吳乞買監國辛亥詔諭上京官民曰朕順天弔伐已定三京但以遼主未獲兵不能已今者親征欲由上京路進恐撫定新民驚疑失業已出自篤密呂其先降後叛逃入險阻者詔後出首悉免其罪若猶拒命孥戮無赦是月耶律捏里卒斡魯婁室敗夏人於野谷七月甲子詔諸將無得遠迎以廢軍務乙丑上京漢人毛八十率二千餘戶降因命領之丙寅以斡荅剌招降者衆命領八千戶以忽薛副之壬午希尹以阿疎見杖而釋之八月己丑次鴛鴦濼都統杲率官屬來見癸巳上追遼主于大魚濼昱宗望追及遼主于石輦鐸與戰敗之遼主遁己亥次居延北辛丑中京將完顏渾黜敗契丹奚漢六萬于高州孛堇麻吉死之得里得滿部降昱宗望追遼主于烏里質鐸不及九月庚申次草濼闍母平中京部族之先叛者及招撫訟海郡縣節度使耶律愼思領諸部入內地乙丑詔六部奚曰汝等旣降復叛扇誘衆心罪在不赦尚以歸附日淺恐綏懷之道有所未孚故復令招諭若能速降當釋其罪官皆仍舊歸化州降戊辰次歸化州甲戌宗雄薨丁丑奉聖州降十月丙戌朔次奉聖州詔曰朕屢勅將臣安輯懷附無或侵擾然愚民無知尚多逃匿山林卽欲加兵深所不忍今其逃散人民罪無輕重咸與矜免有能率衆歸附者授之世官或奴婢先其主降並釋爲良其布告之使諭朕意蔚州降庚寅余覩等遣蔚州降臣翟昭彥徐興田慶來見命昭彥慶皆爲刺史與爲團練使詔曰比以幽薊一方招之不服今欲帥師以往故先安撫山西諸部汝等旣已懷服宜加撫存官民未附已前罪無輕重及係官逋負皆與釋免諸官各遷敍之丁酉蔚州翟昭彥田慶殺知州事蕭觀寧等以叛丙午復降十一月詔諭燕京官民王師所至降者赦其罪官皆仍舊十二月上伐燕京宗望率兵七千先之迪古乃出得勝口銀朮哥出居庸關婁室爲左翼婆盧火爲右翼取居庸關丁亥次嬀州戊子次居庸關庚寅遼統軍都監高六等來送款上至燕京入自南門使銀朮哥婁室陳于城上乃次于城南遼知樞密院左企弓虞仲文樞密使曹勇義副使張彥忠參知政事康公弼僉書劉彥宗奉表降辛卯遼百官詣軍門叩頭請罪詔一切釋之壬辰上御德勝殿羣臣稱賀甲午命左企弓等撫定燕京諸州縣詔西京官吏曰乃者師至燕都已皆撫定唯蕭妃與官屬數人遁去已發兵追襲或至彼路可執以來黃龍府叛宗輔討平之

七年正月丁巳遼奚王回离保僭稱帝甲子遼平州節度使時立愛降詔曲赦平州又詔諳班勃極烈曰比遣昂徙諸部民人于嶺東而昂悖戾騷動頗擾致多怨叛其違命失衆當寘重典若或有疑禁錮以待庚午詔中

京都統斡論曰聞卿撫定人民各安其業朕甚嘉之回离保聚徒逆命汝宜計畫無使滋蔓壬申詔招諭回离保癸酉以時立愛言招撫諸部己卯宋使來議燕京西京地庚辰宜錦乾顯成川豪懿等州皆降甲申詔曰諸州部族歸附日淺民心未寧今農事將興可遣分諭典兵之官無縱軍士動擾人民以廢農業二月乙酉朔命撒八詔諭興中府降之遼來州節度使田顥隰州刺史杜師回遷州刺史高永福潤州刺史張成皆降壬辰詔諳班勃極烈曰郡縣今皆撫定有逃散未降者已釋其罪更宜招諭之前後起遷戶民去鄉未久豈無懷土之心可令所在有司深加存恤毋輒有騷動衣食不足者官賑貸之癸巳詔曰頃因兵事未息諸路關津絕其往來今天下一家若仍禁之非所以便民也自今顯咸東京等路往來聽從其便其間被虜及鬻身者並許自贖爲良仍令驅驛布告與中宜州復叛宋使趙良嗣來請加歲幣以代燕稅及議畫疆與遣使賀正旦生辰置榷場交易并計議西京等事癸卯銀朮哥鐸剌如宋乙巳詔都統杲曰新附之民有材能者可錄用之戊申詔平州官與宋使同分割所與燕京六州之地癸丑大赦是月改平州爲南京以張覺爲留守三月甲寅朔將誅昂以習不失諫杖之七十仍拘泰州戊午都統杲等言耶律麻哲余覩吳十鐸剌等謀叛宜早圖之上召余覩從容謂之曰朕得天下皆我君臣同心同德以成大功固非汝等之力今聞汝等謀叛若誠然耶必須鞍馬甲胄器械之屬當悉付汝朕不食言若再爲我擒無望免死欲留事朕無懷異志吾不汝疑余覩皆戰慄不能對命杖鐸剌七十餘並釋之宋使盧益趙良嗣馬宏以國書來四月丁亥遣斡魯宗望襲遼主于陰山壬辰復書于宋師初入燕遼兵復犯奉聖州林牙大石壁龍門東二十五里都統斡魯聞之遣照立婁室馬和尚等率兵討之生獲大石悉降其衆癸巳詔曰自今軍事若皆中覆不無留滯應此路事務申都統司餘皆取決樞密院契丹九斤聚黨興中府作亂擒之九斤自殺命習古乃婆盧火監護長勝軍及燕京豪族工匠由松亭關徙之內地己亥次儒州斡魯宗望等襲遼權六院司喝离質于白水濼獲之其宗屬秦王許王等十五人降聞遼主留輜重青冢以兵萬人往應州遣照里背荅宗望婁室銀朮哥等追襲之宗望追及遼主決戰大敗之獲其子趙王習泥烈及傳國璽五月甲寅南京留守張覺據城叛丙寅次野狐嶺己巳次落藜濼斡魯等以趙王習泥烈林牙大石駙馬孔奴等來獻并上所獲國璽宗雋以所俘遼主子秦王許王女奧野等來見奚路都統撻懶攻速古啜里鐵尼所部十三巖皆平之又遣奚馬和尚攻下品達魯古并五院司諸部執其節度乙列回离保爲其下所殺辛巳詔諭南京官民六月壬午朔次鴛鴦濼是日闍母敗張覺于營州丙申上不豫將還上京命移賚勃極烈宗翰爲都統吳勃極烈昱迭勃極烈斡魯副之駐兵雲中以備邊己酉次斡獨山驛召諳班勃極烈吳乞買七月辛酉次牛山宗翰還軍中八月辛巳朔日有食之乙未次渾河北諳班勃極烈吳乞買率宗室百官上謁戊申上崩于部堵濼西行宮年五十六九月癸丑梓宮至上京乙卯葬宮城西南寧神殿丙辰諳班勃極烈即皇帝位天會三年三月上尊謚曰武元皇帝廟號太祖立原廟于西京天會十三年二月辛酉改葬和陵立開天啓祚睿德神功之碑于燕京城南嘗所駐蹕之地皇統四年改和陵曰睿陵五年十月增謚應乾興運昭德定功睿神莊孝仁明大聖武元皇帝貞元三年十一月改葬于大房山仍號睿陵

贊曰太祖英謨睿略豁達大度知人善任人樂爲用世祖陰有取遼之志是以兄弟相授傳及康宗遂及太祖臨終以太祖屬穆宗其素志蓋如是也初定東京即除去遼法減省租稅用本國制度遼主播越宋納歲幣以幽薊武朔等州與宋而置南京于平州宋人終不能守燕代卒之遼主見獲宋主被執雖功成于天會間而規摹運爲實自此始金有天下百十有九年太祖數年之間算無遺策兵無留行底定大業傳之子孫嗚呼雄哉

金史卷二考證

太祖紀國號大金○臣人龍按金志太祖以其國產大金及有金水源故稱爲大金

趙良嗣○臣人龍按宋史姦臣傳趙良嗣本燕人馬植易姓名李良嗣徽宗賜姓趙

遼國和議無成○臣人龍按遼史天祚紀遣蕭習泥烈等册金主爲東懷國皇帝金以册文不言大金而云東懷乃小邦懷其德之義且語涉輕侮故和議無成

遼秦晉國王耶律揑里○遼史揑里名淳

以張覺爲留守○張覺遼史作張瑴宋元通鑑亦作張瑴

金史卷三

元　中　書　右　丞　相　總　裁　脫　脫　等　修

本紀第三

太宗

太宗體元應運世德昭功哲惠仁聖文烈皇帝諱晟本諱吳乞買世祖第四子母曰翼簡皇后拏懶氏太祖母弟也遼太康元年乙卯歲生初爲穆宗養子收國元年十月命爲諳班勃極烈太祖征伐常居守天輔五年賜詔曰汝惟朕之母弟義均一體是用汝貳我國政凡軍事違者閲實其罪從宜處之其餘事無大小一依本朝舊制天輔七年六月太祖次鴛鴦濼有疾至斡獨山驛召赴行在詔曰今遼主盡喪其師奔于夏國遼官特列遙設等刼其子雅里而立之已留宗翰等措畫朕親巡已久功亦大就所獲州部政須綏撫是用還都八月中旬可至春州汝率內戚迎我若至豹子崖尤善八月乙未會于渾河北戊申太祖崩九月乙卯葬太祖于宮城西國論勃極烈杲鄆王昂宗峻宗幹率宗親百官請正帝位不許固請亦不許宗幹率諸弟以赭袍被體寘璽懷中丙辰卽皇帝位己未告祀天地丙寅大赦中外改天輔七年爲天會元年癸酉發春州粟賑降人之徙于上京者戊寅詔諸猛安賦米給戶口在內地匱乏者南路軍帥闍母敗張覺于樓峯口十月壬辰詔以空名宣頭百道給西南西北兩路都統宗翰曰今寄爾以方面如當遷授必待奏請恐致稽滯以其便宜從事己亥上京慶元寺僧獻佛骨却之闍母及張覺戰于兎耳山闍母敗績十一月壬子命宗望問闍母罪以其兵討張覺壬戌復以空名宣頭及銀牌給上京路軍帥實古迺婆盧火等癸亥宗望以闍母軍發廣寧下瀕海諸郡縣詔諭南京割武朔二州入于宋婁室破朔州西山擒其帥趙公直勃堇斡魯別及勃剌速破走乙室白答於歸化己巳徙遷潤來隰四州之民于瀋州庚午宗望及張覺戰于南京東大敗之張覺奔宋城中人執其父及二子以獻戮之軍中壬申張忠嗣張敦固以南京降遣使與張敦固入諭城中復殺其使者以叛己卯詔女直人先有附于遼今復虜獲者悉從其所欲居而復之其奴婢部曲昔雖逃背今能復歸者並聽爲民十二月辛巳蠲民間貸息詔以咸州以南蘇復州以北年穀不登其應輸南京軍糧免之甲午詔曰比聞民間乏食至有鬻其子者其聽以丁力等者贖之是日以國論勃極烈杲爲諳班勃極烈宗幹爲國論勃極烈遣勃堇李靖如宋告哀

二年春正月庚戌朔以設都訶爲阿捨勃極烈參議國政壬子命賞宗望及將士克南京之功赦闍母罪甲寅以空名宣頭五十銀牌十給宗望戊午詔孛堇完顏阿實賚曰先帝以同姓之人有自鬻及典質其身者命官爲贖今聞尚有未復者其悉閱贖之癸亥以東京比歲不登詔減田租市租之半甲戌西南西北兩路都統宗翰宗望請勿割山西郡縣與宋上曰是違先帝之命也其速與之夏國奉表稱藩以下寨以北陰山以南乙室耶剌部吐祿濼西之地與之丙子貽宋書索俘虜叛亡丁丑始自京師至南京每五十里置驛二月詔有盜發遼諸陵者罪死庚寅詔命給宗翰馬七百疋田種千石米七千石以賑新附之民丁酉命徙移懶路都孛堇完顏忠于蘇瀕水乙巳詔諭南京官僚小大之事必關白軍帥無得專達朝廷丙午宗翰乞濟師詔有司選精兵五千給之丁未命宗望凡南京留守及諸闕員可選勳賢有人望者就注擬之具姓名官階以聞三月己酉朔命宗望以宋歲幣銀絹分賜將士之有功者庚戌叛人活孛帶降詔釋之宗望請選良吏招撫遷潤來隰之民保山砦者從之己未宗望以南京反覆凡攻取之計乞與知樞密院事劉彥宗裁決之劉公胄王永福棄家踰城來降以公胄爲廣寧尹永福爲奉先軍節度使辛未夏國王李乾順遣使上誓表閏月戊寅朔賜夏國誓詔辛巳命置驛上京春泰之間己丑烏虎里迪烈底兩部來降丙午旣許割山西諸鎮與宋以宗翰言罷之是月斜野襲遙輦昭古牙走之獲其妻孥羣從及豪族勃堇渾啜等破奚七巖而撫其民人四月己酉以宗翰經略西夏及破遼功賜以十馬使自擇其二餘以分諸帥賑上京路西北路降者及新徙嶺東之人戊午以實古迺所築上京新城名會平州乙亥詔贖上京路新遷寧江州戶口賣身者六百餘人宋遣使來弔喪以高朮僕古等充遺留國信使高興輔劉興嗣等充告卽位國信使如宋五月丁丑朔上京軍帥實古迺以所獲印綬二十二及銀牌來上癸未詔曰新降之民訴訟者衆今方農時或失田業可俟農隙聽決丁亥婁速路猛安僕盧古以贓罷以謀克習泥烈代之乙巳曷懶路軍帥完顏忽剌古等言往者歲捕海狗海東青鴉鶻於高麗之境近以二舟往彼乃以戰艦十四要而擊之盡殺二舟之人奪其兵仗上曰以小故起戰爭甚非所宜今後非奉命毋輒往闍母克南京殺都統張敦固七月壬午皇子宗

峻薨丙戌禁外方使介冗從多者壬辰鶻實答言高麗納吾叛亡增其邊備必有異圖詔曰納我叛亡而弗歸其曲在彼凡有通問毋違常式或來侵略整爾行列與之從事敢先犯彼雖捷必罰乙未以烏虎部及諸營叛以昃勃極烈昱等討平之八月乙巳朔以孛堇烏爪乃等爲賀宋生辰使丁巳撒离改部猛安雛思以贓罷以奚金家奴代之六部都統撻懶擊走昭古牙殺其隊將曷魯燥白撒曷等又破降駱駞山金源典中諸軍詔增給銀牌十十月甲辰朔夏國遣使謝誓詔戊午天清節宋夏遣使來賀甲子詔發寧江州粟賑泰州民被秋潦者遙輦昭古牙率衆來降與中府降丙寅詔有司運米五萬石于廣寧以給南京潤州戍卒命南路軍帥闍母以甲士千人益合蘇館路孛堇完顏阿實賚以備高麗戊辰西南西北兩路權都統斡魯言遼詳穩撻不野來奔言耶律大石自稱爲王置南北官屬有戰馬萬疋遼主從者不過四千戸有步騎萬餘欲趣天德駐余睹谷詔曰追襲遼主必酌事宜其討大石則俟報下十一月癸未闍母下宜州拔杈枒山殺節度使韓慶民癸卯詔以米五萬石給撻懶實古迺十二月戊申以孛堇高居慶等爲賀宋正旦使

三年正月癸酉朔宋夏遣使來賀戊子同知宣徽院事韓資正加尚書左僕射爲諸宮都部署乙未夏國遣使奠幣及賀即位宋遣使賀即位二月壬戌婁室獲遼主于余睹谷丁卯以厖葛城地分授所徙烏虎里迪烈二部及契丹民三月乙亥阿捨勃極烈謾都訶薨丙子賑奚契丹新附之民辛巳建乾元殿斡魯獻傳國寶以謀葛失來附請授印綬是日賜完顏婁室鐵券四月壬寅朔詔以遼主赴京師丁巳南路軍帥察剌以罪罷五月己丑蕭八斤獲遼玉寶來獻六月庚申以獲遼主遣李用和等充告慶使如宋七月壬申禁內外官宗室毋私役百姓己卯南京帥以錦州野蠶成繭奉其絲綿來獻命賞其長吏詔權勢之家毋買貧民爲奴其脅買者一人償十五人詐買者一人償二人皆杖一百甲申詔南京括官豪牧馬以等第取之分給諸軍以耶律固等爲宋報謝使八月癸卯斡魯以遼主至京師甲辰告于太祖廟丙午遼主延禧入見降封海濱王壬子詔有司揀閱善射勇健之士以備宋九月壬午廣寧府獻嘉禾癸巳保州路都孛堇加古撒曷有罪伏誅以孛堇徒單烏烈代之十月甲辰詔諸將伐宋以諳班勃極烈杲兼領都元帥移賚勃極烈宗翰兼左副元帥先鋒經略使完顏希尹爲元帥右監軍左金吾上將軍耶律余睹爲元帥右都監自西京入太原六部路軍帥撻懶爲六部路都統斜也副之宗望爲南京路都統闍母副之知樞密院事劉彥宗兼領漢軍都統自南京入燕山詔建太祖廟于西京召耶魯赴京師教授女直字戊申有司言權南路軍帥鶻實荅官吏貪縱詔鞫之壬子天清節宋夏遣使來賀丁巳以闍母爲南京路都統埽喝副之宗望爲闍母劉彥宗兩軍監戰壬戌詔曰今大有年無儲蓄則何以備饑饉其令牛一具賦粟一石每謀克爲一廩貯之宋易州戍將韓民毅以軍降處之蔚州十一月庚辰以降封遼主爲海濱王詔中外辛卯南路軍帥司請禁契丹奚漢人挾兵器詔勿禁以張忠嗣權簽南京中書樞密院事十二月庚子宗翰下朔州甲辰宗望諸軍及宋郭藥師張企徽劉舜仁戰于白河大破之蒲莧敗宋兵于古北口丙午郭藥師降燕山州縣悉平戊申宗翰克代州乙卯中山降丙辰宗望破宋兵五千于眞定戊午宗翰圍太原耶律余睹破宋河東陝西援兵于汾河北甲子宗望克信德府

四年春正月丁卯朔始朝日降臣郭藥師董才皆賜姓完顏氏戊辰宗弼取湯陰大臭攻下濬州迪古補取黎陽己巳諸軍渡河庚午取滑州宗望使吳孝民等入汴問宋取首謀平山童貫譚稹詹度及張覺等宋太上皇帝出奔癸酉諸軍圍汴甲戌宋使李梲來謝罪且請修好宗望許宋修好約質割三鎭地增歲幣載書稱伯姪戊寅宋以康王構少宰張邦昌爲質辛巳宋上誓書地圖稱姪大宋皇帝伯大金皇帝癸未諸軍解圍二月丁酉朔夜宋將姚平仲兵四十萬來襲宗望營敗之己亥復進師圍汴宋使宇文虛中以書來改以肅王樞爲質遣康王構歸師還壬子以滑濬二州與宋宗翰定威勝軍攻下隆德府丁巳次澤州海濱王家奴誣其主欲亡去詔誅其首惡餘並杖之三月癸未銀朮可圍太原宗翰還西京四月癸卯宗望使宗弼來奏捷乙丑耿守忠等大敗宋人于西都谷五月辛未宋种師中以兵出井陘癸酉完顏活女敗之于殺熊嶺斬師中於陣是日拔离速敗宋姚古軍於隆州谷六月丙申朔高麗國王王楷奉表稱藩庚戌宗望獻所獲三象庚申以宗望爲右副元帥七月丙寅遣高伯淑等宣諭高麗壬申出金牌命孛堇大臭以所領渤海軍八猛安爲萬戸戊子以鐵勒部長奪离剌不從其兄蔞里本叛賜馬十一豕百錢五百萬蕭仲恭使宋還以所持宋帝與耶律余睹蠟書自陳八月庚子詔左副元帥宗翰右副元帥宗望伐宋宋張灝率兵出汾州拔离速擊走之劉臻以兵出壽陽婁室破之庚戌宗翰伐西京辛亥婁室等破宋張灝軍于文水癸丑宗望發保州是日耶律鐸破宋兵于雄州那野等敗宋兵于中山甲寅新城縣進白烏庚申突撚取新樂九月丙寅宗翰克太原執經略使張孝純鶻沙虎取平遙靈石孝義介休諸縣己巳復以南京爲平州辛未宗望破宋种師閔軍於井陘取天威軍克眞定殺其守李邈十月婁室克汾州石州降蒲察克平定軍遼州降丁未天清節高麗夏遣使來賀中京進嘉禾十一月甲子宗翰自太原趨汴丙寅宗望自眞定趨汴戊辰宗翰下威勝軍癸酉撒剌荅破天井關乙亥宗翰克隆德府活女渡盟津西京永安軍鄭州皆降庚辰宗翰克澤州宗望諸軍渡河臨河大名二縣德清軍開德府皆下丙戌克懷州是日宗望至汴閏月壬辰朔宋出兵拒戰宗望等擊敗之癸巳宗翰至汴丙辰克汴城庚申以高隨充高麗生日使辛酉宋主桓出居青城十二月癸亥宋主桓降是日歸于汴城庚辰詔曰朕惟國家四境雖遠而兵革未息田野雖廣而畎畝未闢百工略備而祿秩未均方貢僅修而賓館未贍是皆出乎民力苟不務本業而抑游手欲上下皆足其可得乎其令所在長吏敦勸農功

五年正月辛卯朔高麗王遣使來賀癸巳宗翰宗望使使以宋降表來上乙未知樞密院事劉彥宗上表請復立趙氏不聽丁巳回鶻喝里可汗遣使入貢二月丙寅詔降宋二帝爲庶人三月丁酉立宋少宰張邦昌爲大楚皇帝割地賜夏國四月乙酉克陝府取虢州丙戌以六部路都統撻懶爲元帥左監軍南京路都統闍母爲元帥左都監宗翰宗望以宋二帝歸己丑詔曰合蘇館諸部與新附人民其在降附之後同姓爲婚者離之五月庚寅朔宋康王構即位於歸德宋殺張邦昌婁室降解縣慈隰石河中岢嵐寧化保德火山諸城撻懶徇地山東下密州迪虎下單州廣信軍降六月庚申詔曰自河之北今既分畫重念其民或見城邑有被殘者不無疑懼遂命堅守若即討伐生靈可愍其申諭以理招輯安全之儻執不移自當致討若諸軍敢利於俘掠輒肆蕩毀者底于罰庚辰右副元帥宗望薨漢國王宗傑繼薨七月甲午賜宗翰券書除反逆外咸貰勿論以石州戍將烏虎棄城喪師杖之削其官八月戊寅以宋捷遣耶律居謹等充宣慶使使高麗丙戌以宗輔爲右副元帥詔曰河北河東郡縣職員多闕宜開貢舉取士以安新民其南北進士各以所業試之九月丁未詔曰內地諸路每耕牛一具賦粟五斗以備歉歲辛亥賜元帥右監軍完顏希尹萬戸銀朮可券書除赦所不原餘並勿論闍母取河間大敗宋兵于莫州雄州降撻懶克祁州永寧軍保州順安軍皆降冬十月丁卯沙州回鶻活剌散可汗遣使入貢辛未天清節高麗夏遣使來賀宋二帝自燕徙居于中京十二月丙寅右副元帥宗輔伐宋徇地淄青烏林荅泰欲敗宋將李成于淄州趙州降阿里刮徇地濬州敗敵兵遂取滑州乙亥西南路都統斡魯薨己卯賽里下汝州

六年正月丙戌朔高麗夏遣使來賀宗弼破宋鄭宗孟軍于青州銀朮可取鄧州薩謀魯入襄陽拔离速入均州馬五取房州癸巳克青州癸卯闍母克濰州丁未迪古補敗宋將趙子昉兵撒离喝敗宋兵于河上甲寅宋將馬括兵次樂安宗輔擊敗之聞宋主在維揚以農時還師宗弼敗宋兵于河上二月乙卯朔拔离速取唐州癸亥取蔡州己巳移剌古敗宋將臺宗雋等兵于大名庚午再破其軍獲臺宗雋及宋忠甲戌拔离速取陳州癸未克潁昌府鄭州叛入于宋復取鄭州遷洛陽襄陽潁昌汝鄭均房唐鄧陳蔡之民于河北宗翰復遣婁室攻下同華京兆鳳翔擒宋經制使傅亮阿鄰破河中斡魯入馮翊三月壬辰命南路軍帥實古迺籍節度使完顏愼思所領諸部及未置猛安謀克戸來上己酉撻懶下恩州五月戊戌移沙土古思以本部來附六月己未詔求祖宗遺事撻懶遣兵徇下磁州信德府眞定賊自稱元帥泰王撒离喝討平之七月乙巳宋王遣使奉表請和詔進兵伐之以宋二庶人赴上京八月乙卯婁室敗宋兵于華州訛特剌破敵于渭水遂取下邽丁丑以宋二庶人素服見太祖廟遂入見于乾元殿封其父昏德公子重昏侯是日告于太祖廟以州郡職員名稱及俸給因革詔中外九月辛丑繩果等敗宋兵于蒲城甲辰又破敵于同州乙丑取丹州十月丙寅天清節高麗夏遣使來賀癸酉知樞密院事劉彥宗薨丁丑蒲察婁室敗宋兵于臨眞戊寅徙昏德公重昏侯于韓州庚辰宗翰宗輔會于濮伐宋十一月庚寅蒲察婁室取延安府壬辰賑移懶路乙未取濮州綏德軍降婁室再攻晉寧軍其守徐徽言固守不能克十二月丙辰宗弼取開德府丁卯宗輔克大名府鶻沙虎敗宋兵于鞏

七年正月庚辰朔高麗夏遣使來賀辛巳吳國王闍母

甍甲午以南京留守韓企先同中書門下平章事知樞密院事二月戊辰宋麟府路安撫使折可求以麟府豐三州降己巳婁室塞里鶻沙虎等破晉寧軍其守徐徽言據子城拒戰庚午率衆潰圍走擒之使之拜不拜臨之以兵不動命降將折可求諭之降指可求大罵出不遜語遂殺之其統制孫昂及士卒皆不屈盡殺之甲戌詔禁醫巫閭山遼代山陵樵採三月己卯朔日中有黑子壬寅詔軍興以來良人被略爲驅者聽其父母夫妻子贖之尚書左僕射高眞罷四月蒲察婁室取鄜坊二州五月乙卯拔离速等襲宋主于揚州九月丙午朔日有食之庚午宗弼敗宋兵于睢陽辛未降其城是月曹州降十月丙子朔京兆府降丁丑鞏州降庚寅天淸節高麗夏遣使來賀丁酉阿里當海大㚖破敵于壽春己亥安撫使馬世元以城降甲辰廬州降十一月庚戌徙曷蘇館都統司治寧州乙卯高麗遣使來貢丙辰宗弼取和州壬戌宗弼渡江敗宋副元帥杜充軍于江寧丁卯守臣陳邦光以城降十二月丙戌宗弼取湖州丁亥克杭州阿里蒲盧渾追宋主于明州越州降大㚖敗宋樞密使周望于秀州又敗宋兵于杭州東北戊戌阿里蒲盧渾敗宋兵于東關遂濟曹娥江壬寅敗宋兵于高橋宋主入于海

八年正月甲辰朔高麗夏遣使來賀丁巳以同中書門下平章事韓企先爲尚書左僕射兼侍中己未阿里蒲盧渾克明州執其守臣趙伯諤庚申詔曰避役之民以微直鬻身權貴之家者悉出還本貫阿魯補斜里也下太平順昌及濠州是月宋副元帥杜充以其衆降二月乙亥宗弼還自杭州庚寅取秀州戊戌取平江汴京亂三月丁卯大迪里復取之宗弼及宋韓世忠戰于鎭江不利四月丙申復戰于江寧敗之諸軍渡江是日阿魯補戰于拓皐己亥周企戰于壽春辛丑婁室戰于淳化皆勝之醴州降遂克邠州五月癸卯禁私度僧尼及繼父繼母之男女無相嫁娶戊申詔曰河北河東簽軍其家屬流寓河南被俘掠爲奴婢者官爲贖之俾復其業六月壬申詔遣遼統軍使耶律曷禮質節度使蕭別离剌等十八分治新附州鎭癸酉詔以昏德公六女爲宗婦七月辛亥詔給泰州都統婆盧火所部諸謀克甲冑各五十先遣婁室經略陝西所下城邑叛服不常其監戰阿盧補請益兵帥府會諸將議曰兵威非不足綏懷之道有所未盡誠得位望隆重恩威兼濟者以往可指日而定若以皇子右副元帥宗輔往爲宜以聞詔曰婁室往者所向輒克今使專征陝西淹延未定豈倦于兵而自愛耶關陝重地卿等其戮力焉丁卯上如東京溫湯徙昏德公重昏侯于鶻里改路九月戊申立劉豫爲大齊皇帝世修子禮都大名府辛酉詔班勃極烈都元帥杲薨癸亥宗輔等敗宋張浚軍于富平耀州降乙丑鳳翔府降十月乙亥上至自東京齊帝劉豫遣使謝封冊甲申天淸節齊高麗夏遣使來賀以鐵驪突离剌同中書門下平章事詔遼宋官上本國誥命等第換授十一月甲辰宗輔下涇州丁未渭州降敗宋劉倪軍于瓦亭戊申原州降宋涇原路統制張中孚知鎭戎軍李彥琦以衆降馬五等擊宋吳玠軍于隴州庚戌以遙鎭節度使烏克壽等爲齊劉豫生日使癸亥宗輔以陝西事狀聞詔獎諭之十二月丁丑完顏婁室薨乙酉宗輔敗宋劉維輔軍壬辰熙州降

九年正月己亥朔齊高麗夏遣使來賀戊申命以徒門水以西渾疃星顯僝蠢三水以北閑田給曷懶路諸謀克辛亥蒲察鶻拔魯完顏忒里討張萬敵于白馬湖陷于敵癸丑以同中書門下平章事時立愛爲侍中知樞密院張忠嗣爲宣政殿大學士知三司使事宗弼阿盧補撫定鞏洮河樂西寧蘭廓積石等州涇原熙河兩路皆平四月己卯詔新徙戍邊戶匱于衣食有典質其親屬奴婢者官爲贖之戶計其口而有二三者以官奴婢益之使戶爲四口又乏耕牛者給以官牛別委官勸督田作戍戶及邊軍資糧不繼糴粟于民而與賑䘏其續遷戍戶在中路者姑止之即其地種藝俟畢穫而行及來春農時以至戍所五月丙午分遣使者諸路勸農六月壬辰賜昏德公重昏侯時服各兩襲八月辛巳回鶻隈欲遣使來貢九月己酉和州回鶻執耶律大石之黨撒八迪里突迭來獻十月戊寅天淸節齊高麗夏遣使來賀撒离喝攻下慶陽慕洧以環州降宗弼與宋吳玠戰于和尚原敗績十一月己未遷趙氏疎屬于上京以陝西地賜齊

十年正月癸巳朔齊高麗夏遣使來賀己酉齊表謝賜地壬子詔曰昔遼人分士庶之族賦役皆有等差其悉均之二月庚午賑上京路戍邊猛安民四月丁卯詔諸良人知情嫁奴者聽如故爲妻其不知而嫁者去住悉從所欲移賚勃極烈左副元帥宗翰朝京師庚午以太祖孫亶爲諳班勃極烈皇子宗磐爲國論忽魯勃極烈國論勃極烈宗幹爲國論左勃極烈移賚勃極烈左副元帥宗翰爲國論右勃極烈兼都元帥右副元帥宗輔爲左副元帥庚寅聞鴨綠混同江暴漲命賑徙戍邊戶在混同江者閏月辛卯詔分遣鶻沙虎等十二人閱諸路丁壯調赴軍七月甲午賑泰州路戍邊戶上如中京九月元帥右都監耶律余睹謀反出奔其黨燕京統軍使蕭高六伏誅蔚州節度使蕭特謀葛自殺十月壬寅天淸節大赦齊高麗夏遣使來賀上如興中府齊使使來告母喪十一月癸亥以武良莫爲齊弔祭使癸未撒离喝請取劒外十三州從之部族節度使土古厮捕斬余睹及其諸子函其首來獻十二月庚子撒离喝克金州上至自興中府

十一年正月丁巳朔齊高麗夏遣使來賀丁卯撒离喝敗吳玠于饒峰關戊辰取洋州甲戌入興元府二月己亥元帥府言承詔賑軍士臣恐有司錢幣將不繼請自元帥以下有蓄者出錢助給之詔曰官有府庫而取於臣下此何理耶其悉從官給八月甲申黃龍府置錢帛司戊子趙楞誣告其父昏德公謀反楞及其壻劉文彥伏誅戊戌詔曰比以軍旅未定嘗命帥府自擇人授官今並從朝廷選注十月丙申天淸節齊高麗夏遣使來賀十一月丙寅賑移懶路宗弼克和尚原十二月癸未賑曷懶路

十二年正月辛亥朔齊高麗夏遣使來賀甲子初改定制度詔中外丙寅如東京二月丁酉撒离喝敗宋吳玠軍于固鎭四月至自東京六月甲午以阿盧補爲元帥右都監十月庚寅天淸節齊高麗夏遣使來賀

十三年正月丙午朔日有食之己巳上崩于明德宮年六十一庚午諳班勃極烈即皇帝位于柩前三月庚辰上尊謚曰文烈皇帝廟號太宗乙酉葬和陵皇統四年改號恭陵五年增上尊謚曰體元應運世德昭功哲惠仁聖文烈皇帝貞元三年十一月戊申改葬于大房山仍號恭陵

贊曰天輔草創未遑禮樂之事太宗以斜也宗幹知國政以宗翰宗望總戎事既滅遼舉宋即議禮制度治歷明時纘以武功述以文事經國規摹至是始定在位十三年宮室苑籞無所增益末聽大臣計傳位熙宗使太祖世嗣不失正緒可謂行其所甚難矣

金史卷四

元中書右丞相總裁脫脫等修

本紀第四

熙宗

熙宗弘基纘武莊靖孝成皇帝諱亶本諱合剌太祖孫景宣皇帝子母蒲察氏天輔三年己亥歲生天會八年諳班勃極烈杲薨太宗意久未決十年左副元帥宗翰右副元帥宗輔左監軍完顏希尹入朝與宗幹議曰諳班勃極烈虛位已久今不早定恐授非其人合剌先帝嫡孫當立相與請於太宗者再三迺從之四月庚午詔曰爾爲太祖之嫡孫故命爾爲諳班勃極烈其無自謂冲幼狎于童戲惟敬厥德諳班勃極烈者太宗嘗居是官及登大位以命弟杲杲薨帝定議爲儲嗣故以是命焉十三年正月己巳太宗崩庚午即皇帝位甲戌詔中外詔公私禁酒癸酉遣使告哀于齊高麗夏及報即位仍詔齊自今稱臣勿稱子二月乙巳追謚太祖后唐括氏曰聖穆皇后裴滿氏曰光懿皇后追冊太祖妃僕散氏曰德妃烏古論氏曰賢妃辛酉改葬太祖于和陵三月己卯齊高麗使來弔祭庚辰謚大行皇帝曰文烈廟號太宗乙酉葬太宗于和陵甲午以國論右勃極烈都元帥宗翰爲太保領三省事封晉國王戊戌詔諸國使賜宴不舉樂四月戊午齊高麗遣使賀即位丙寅昏德公趙佶薨遣使致祭及賻贈是月甘露降于熊岳縣五月甲申左副元帥宗輔薨九月壬申追尊皇考豐王爲景宣皇帝廟號徽宗皇妣蒲察氏爲惠昭皇后戊寅尊太祖后紇石烈氏太宗后唐括氏皆爲太皇太后詔中外乙酉改葬徽宗及惠昭后于興陵十一月以尚書令宋國王宗磐爲太師乙亥初頒曆己卯以元帥左監軍完顏希尹爲尚書左丞相兼侍中太子少保高慶裔爲左丞平陽尹蕭慶爲右丞己丑建天開殿于爻剌十二月癸亥始定齊高麗夏朝賀賜宴朝辭儀以京西鹿囿賜農民十四年正月己巳朔上朝太皇太后于兩宮齊高麗夏遣使來賀癸酉頒曆于高麗丁丑太皇太后紇石烈氏崩乙酉萬壽節齊高麗夏遣使來賀上本七月七日生以同皇考忌日改用正月十七日二月癸卯上尊謚曰欽獻皇后葬睿陵三月壬午以太保宗翰太師宗磐太傅宗幹並領三省事丁酉高麗遣使來弔八月丙辰追尊九代祖以下曰皇帝皇后定始祖景祖世祖太祖太宗廟皆不祧癸亥詔齊國與本朝軍民訴訟相關者文移署年止用天會十月甲寅以吳激爲高麗王

生日使蕭仲恭爲齊劉豫回謝并生日正旦使十五年正月癸亥朔上朝太皇太后于明德宮齊高麗夏遣使來賀初用大明曆己卯萬壽節齊高麗夏遣使來賀六月庚戌尚書左丞高慶裔轉運使劉思有罪伏誅七月辛巳太保領三省事晉國王宗翰薨丙戌夜京師地震封皇叔宗雋宗固叔祖暈皆爲王丁亥汰兵與濫爵十月乙卯以元帥左監軍撻懶爲左副元帥封魯國王宗弼右副元帥封瀋王知樞密院事兼侍中時立愛致仕十一月丙午廢齊國降封劉豫爲蜀王詔中外置行臺尚書省于汴十二月戊辰劉豫上表謝封爵癸未詔改明年爲天眷元年大赦命韓昉耶律紹文等編修國史以勗爲尚書左丞同中書門下平章事徙蜀王劉豫臨潢府

天眷元年正月戊子朔上朝明德宮高麗夏遣使來賀頒女直小字封大司空昱爲王甲辰萬壽節高麗夏遣使來賀二月壬戌上如爻剌春水乙丑幸天開殿己巳詔罷來流水混同江護邏地與民耕牧三月庚寅以禁苑隙地分給百姓戊申以韓昉爲翰林學士四月丁卯命少府監盧彥倫營建宮室止從儉素壬午朝享于天元殿立裴滿氏爲貴妃五月己亥詔以經義詞賦兩科取士六月戊午上至自天開殿秋七月辛卯左副元帥撻懶東京留守宗雋來朝丁酉按出滸河溢壞廬舍民多溺死壬寅左丞相希尹罷八月甲寅朔頒行官制癸亥回鶻遣使朝貢己卯以河南地與宋以右司侍郎張通古等使江南以京師爲上京府曰會寧舊上京爲北京九月甲申朔以燕爲會寧牧封鄧王乙未詔百官誥命女直契丹漢人各用本字渤海同漢人丁酉改燕京樞密院爲行臺尚書省戊戌上朝明德宮甲辰以奕爲平章政事己酉省燕中西三京平州東西等路州縣辛亥權行臺左丞相張孝純致仕十月甲寅朔以御前管勾契丹文字李德固爲參知政事丙寅封叔宗強爲紀王宗敏邢王太宗子斛魯補等十三人爲王己巳始禁親王以下佩刀入宮辛未定封國制癸酉以東京留守宗雋爲尚書左丞相兼侍中封陳王十一月丙辰以康宗以上畫像工畢奠獻于乾元殿十二月癸亥新宮成甲戌高麗遣使入貢丁丑立貴妃裴滿氏爲皇后

二年正月壬午朔高麗夏遣使來賀戊戌萬壽節高麗夏遣使來賀以左丞相宗雋爲太保領三省事進封兗國王與中尹完顏希尹復爲尚書左丞相兼侍中二月乙未上如天開殿三月丙辰命百官詳定儀制四月甲戌百官朝參初用朝服己卯宋遣使謝河南地五月戊子太白晝見乙巳上至自天開殿六月己酉朔初御冠服辛亥吳十謀反伏誅己未上從容謂侍臣曰朕每閱貞觀政要見其君臣議論大可規法翰林學士韓昉對曰皆由太宗溫顏訪問房杜輩竭忠盡誠其書雖簡足以爲法上曰太宗固一代賢君明皇何如昉曰唐自太宗以來惟明皇憲宗可數明皇所謂有始而無終者初以艱危得位用姚崇宋璟惟正是行故能成開元之治末年怠于萬機委政李林甫奸諛是用以致天寶之亂苟能慎終如始則貞觀之風不難追矣上稱善又曰周成王何如主昉對曰古之賢君上曰成王雖賢亦周公輔佐之力後世疑周公殺其兄以朕觀之爲社稷大計亦不當非也七月辛巳宋國王宗磐兗國王宗雋謀反伏誅丙戌以右副元帥宗弼爲都元帥進封越國王丁亥以誅宗磐等詔中外己丑以左副元帥撻懶爲行臺左丞相杜充爲行臺右丞相蕭寶耶律暉行臺平章政事甲午咸州詳穩沂王暈坐與宗磐謀反伏誅辛丑以太傅領三省事宗幹爲太師領三省如故進封梁宋國王八月辛亥行臺左丞相撻懶翼王鶻懶及活离胡土撻懶子斡帶烏達補謀反伏誅丁丑太白晝見九月戊寅朔降封太宗諸子大司空昱罷丙申初居新宮立太祖原廟于慶元宮壬寅宋遣王倫等乞歸父喪及母韋氏等拘倫不遣以溫都思忠諸路廉問十月癸酉夏國使來告喪十二月豫國公昱薨

三年正月丁丑朔高麗夏遣使來賀癸巳萬壽節高麗夏遣使來賀以都元帥宗弼領行臺尚書省事四月乙巳朔溫都思忠廉問諸路得廉吏杜遵晦以下百二十四人各進一階貪吏張軫以下二十一人皆罷之癸丑蜀國公完顏銀朮哥薨丁卯上如燕京五月丙子詔元帥府復取河南陝西地己卯詔冊李仁孝爲夏國王命都元帥宗弼以兵自黎陽趨汴右監軍撒离合出河中趨陝西是月河南平六月陝西平上次涼陘大旱使蕭彥讓田瑴決西京囚秋七月癸卯朔日有食之乙卯宗弼遣使奏河南陝西捷丁卯詔文武官五品以上致仕給俸祿之半職三品者仍給傔人八月辛巳詔撫諭陝西五路壬午初定公主郡縣主及駙馬官品九月壬寅朔宗弼來朝戊申上至燕京己酉親饗太祖廟庚申宗弼還軍中夏國遣使謝賻贈癸亥殺左丞相完顏希尹右丞相蕭慶及希尹子昭武大將軍把搭符寶郎漫帶戊辰夏國遣使謝封冊十一月癸丑以孔子四十九代孫璠襲封衍聖公癸亥以都點檢蕭仲恭爲尚書右丞前西京留守昂爲平章政事甲子行臺尚書右丞相杜充薨十二月乙亥都元帥宗弼上言宋將岳飛張俊韓世忠率衆渡江詔命擊之丁丑地震己亥以元帥左監軍阿離補爲左副元帥右監軍撒离合爲右副元帥

皇統元年正月辛丑朔高麗夏遣使來賀庚戌羣臣上尊號曰崇天體道欽明文武聖德皇帝初御袞冕癸丑謝太廟大赦改元丁巳萬壽節高麗夏遣使來賀己未初定命婦封號夏國請置榷場許之己巳封平章政事昂爲漆水郡王二月戊寅詔諸致仕官職俱至三品者俸祿人力各給其半宗弼克廬州乙酉改封海濱王耶律延禧爲豫王昏德公趙佶爲天水郡王重昏侯趙桓爲天水郡公戊午上親祭孔子廟北面再拜退謂侍臣曰朕幼年游佚不知志學歲月逾邁深以爲悔孔子雖無位其道可尊使萬世景仰大凡爲善不可不勉自是頗讀尚書論語及五代遼史諸書或以夜繼焉己未上宴羣臣于瑤池殿適宗弼遣使奏捷侍臣多進詩稱賀帝覽之曰太平之世當尚文物自古致治皆由是也四月丙子以濟南尹韓昉參知政事辛巳宗弼請伐江南從之五月己酉太師領三省事梁宋國王宗幹薨庚戌上親臨日官奏戌亥不宜哭泣上曰君臣之義骨肉之親豈可避之遂哭之慟命輟朝七日六月甲戌詔都元帥宗弼與宰執同入奏事庚寅行臺平章政事耶律暉致仕壬辰有司請舉樂上以宗幹新喪不允甲午紀王宗強薨上親臨輟朝如宗幹喪七月癸卯以景宣皇帝忌辰命尚食徹肉丙午以宗弼爲尚書左丞相兼侍中都元帥領行臺如故己酉宗弼還軍中辛亥參知政事耶律讓罷九月戊申上至自燕京朝太皇太后于明德宮詔賜鰥寡孤獨不能自存者人絹二疋絮三斤是秋蝗都元帥宗弼伐宋渡淮以書讓宋宋復書乞罷兵宗弼以便宜畫淮爲界十一月己酉高麗國賀受尊號稽古殿火十二月癸巳夏國賀受尊號天水郡公趙桓乞本品俸詔賙濟之左丞勗進先朝實錄三卷上焚香立受之

二年正月乙未朔高麗夏遣使來賀己亥上獵于來流河乙巳命代高麗丁未上至自來流河辛亥萬壽節高麗夏遣使來賀壬子衍聖公孔璠薨子拯襲二月丁卯上如天開殿甲戌賑熙河路戊子皇子濟安生辛卯宋使曹勛來許歲幣銀絹二十五萬兩疋畫淮爲界世世子孫永守誓言改封蜀王劉豫爲曹王壬辰以皇子生赦中外三月辛丑還自天開殿大雪丙午以宗弼爲太傅丙辰遣左宣徽使劉筈以袞冕圭冊冊宋康王爲帝歸宋帝母韋氏及故妻邢氏天水郡王并妻鄭氏喪于江南戊午立子濟安爲皇太子丙寅以臣宋告中外庚午五雲樓重明等殿成五月癸巳朔不視朝上自去年荒于酒與近臣飲或繼以夜宰相入諫輒飲以酒曰知卿等意今既飲矣明日當戒因復飲乙卯賜宋誓詔辛酉宴羣臣於五雲樓皆盡醉而罷七月甲午回鶻遣使來貢北京廣寧府蝗丁酉賜宗弼金券八月丁卯詔歸朱弁張邵洪皓于宋辛未復太宗子胡盧爲王賑陝西九月壬辰詔給天水郡王子姪壻天水郡公子俸給十一月甲寅平章政事漆水郡王昂薨追封鄆王十二月乙丑高麗王遣使謝封冊庚午宋遣使謝歸三喪及母韋氏壬申上獵于核耶呆米路癸未還宮甲申皇太子濟安薨

三年正月己丑朔以皇太子喪不御正殿羣臣詣便殿稱賀宋高麗夏使詣皇極殿遙賀乙巳萬壽節如正旦儀三月辛卯以尚書左丞勗爲平章政事殿前都點檢宗憲爲尚書左丞丁酉太皇太后唐括氏崩己酉封子道濟爲魏王五月丁巳朔京兆進瑞麥癸亥上致祭太皇太后甲申初立太廟社稷六月己酉初置驍騎軍七月丙寅上致祭太皇太后庚辰太原路進獬豸并瑞麥八月辛卯詔給天水郡王孫及天水郡公婿俸祿丙申老人星見乙巳謚太皇太后曰欽仁皇后戊申葬恭陵十二月癸未朔日有食之

四年正月癸丑朔宋高麗夏遣使來賀甲寅詔以去年宋幣賜始祖以下宗室己未以宋使王倫爲平州轉運使旣受命復辭罪其反覆誅之乙丑陝西進嘉禾十有二莖莖皆七穗己巳萬壽節宋高麗夏遣使來賀乙亥上祭欽仁皇后哭盡哀二月癸未上如東京丙申次百泊河春水丁酉回鶻遣使來賀以粘合韓奴報之五月辛亥朔次薰風殿六月辛巳朔日有食之七月庚午建原廟于東京八月癸未殺魏王道濟九月乙酉上如東京壬子畋于沙河射虎獲之十月乙卯遣使祭遼主陵辛酉詔薰風殿二十里內及巡幸所過五里內並復一歲癸酉行臺左丞相張孝純薨十一月壬辰立借貸飢民酬賞格甲辰以河朔諸郡地震詔復百姓一年其壓死無人收葬者官爲斂藏之陝西蒲解汝蔡等處因歲饑流民典顧爲奴婢者官給絹贖爲良放還其鄉十一月己酉上獵于海島十二月甲午至東京

五年正月丁未朔宋高麗夏遣使來賀癸亥萬壽節宋高麗夏遣使來賀二月乙未次濟州春水三月戊辰次天開殿五月戊午初用御製小字壬申以平章政事勗諫上爲止酒仍布告廷臣六月乙亥朔日有食之八月戊戌發天開殿九月庚申至自東京十月辛卯增諡太祖閏月戊寅大名府進牛生麟壬辰懷州進嘉禾十二月戊申增諡始祖以下十帝及太宗徽宗丁巳赦

六年正月辛未朔宋高麗夏遣使來賀壬申封太祖諸孫爲王乙亥畋于謀勒甲申還京師丁亥萬壽節宋高麗夏遣使來賀庚寅以邊地賜夏國壬辰如春水帝從禽導騎慢入大澤中帝馬陷因步出亦不罪導者乙未封偎喝爲王二月丙寅右丞相韓企先薨三月壬申以阿離補爲行臺右丞相四月庚子朔上至自春水以同判大宗正事宗固爲太保右丞相兼中書令戊午行臺右丞相阿离補薨五月壬申高麗王楷薨辛卯以左宣徽使劉筈爲行臺右丞相六月乙巳殺宇文虛中及高士談乙丑遣使弔祭高麗并起復嗣王晛九月戊辰朔以許王破汴睿宗平陝西鄭王克遼及婁室銀術可皆有大功竝爲立碑戊寅曹王劉豫薨是歲遣粘割韓奴招耶律大石被害

七年正月乙丑朔宋高麗夏遣使來賀辛巳萬壽節宋高麗夏遣使來賀癸未以西京鹿囿爲民田丁亥太白經天三月戊寅高麗遣使謝弔祭起復四月戊午宴便殿上醉酒殺戶部尚書宗禮六月丁酉殺橫海軍節度使田瑴左司郎中奚毅翰林待制邢具瞻及王植高鳳廷王傚趙益興龔夷鑒等七月己巳太白經天曲赦畿內九月太保右丞相宗固薨以都元帥宗弼爲太師領三省事都元帥行臺尚書省事如故平章政事勗爲左丞相兼侍中都點檢宗賢爲右丞相兼中書令行臺右丞相劉筈右丞蕭仲恭爲平章政事李德固爲尚書右丞秘書監蕭肄爲參知政事十月壬子平章行臺尚書省事奚寶薨十一月癸酉以工部侍郎僕散太彎爲御史大夫乙亥兵部尚書秉德進三角羊己卯詔減常膳羊豕五之二癸未以尚書左丞宗憲爲行臺平章政事同判大宗正事亮爲尚書左丞十二月戊午參知政事韓昉罷兵部尚書秉德爲參知政事

八年正月庚申朔宋高麗夏遣使來賀丙子萬壽節宋高麗夏遣使來賀二月壬子以哥魯葛波古等爲橫賜高麗夏國使甲寅以大理卿宗安等爲高麗王晛封冊使乙卯上如天開殿四月戊子朔日有食之辛丑遣參知政事秉德等廉察官吏庚戌至自天開殿甲寅遼史成六月乙卯平章政事蕭仲恭爲行臺左丞相左丞亮爲平章政事都點檢唐括辯爲尚書左丞高麗王遣使謝封冊七月乙亥御史大夫僕散太彎罷以侍衞親軍都指揮使阿魯帶爲御史大夫戊寅以尚書左丞唐括辯奉職不謹杖之八月戊戌宗弼進太祖實錄上焚香立受之庚子以尚書左丞相勗領行臺尚書省事右丞相宗賢爲太保尚書左丞相丙午以行臺左丞相蕭仲恭爲尚書右丞相閏月庚申宰臣以西林多鹿請上獵上恐害稼不允丙寅太廟成九月丙申尚書左丞唐括辯罷以左宣徽使稟爲尚書左丞十月辛酉太師領三省事都元帥越國王宗弼薨十一月壬辰太白經天乙未左丞相宗賢左丞稟等言州郡長吏當竝用本國人上曰四海之內皆朕臣子若分別待之豈能致一諺不云乎疑人勿使使人勿疑自今本國及諸色人量才通用之辛丑以尚書左丞相宗賢爲左副元帥平章政事亮爲尚書左丞相兼侍中叅知政事秉德爲平章政事庚戌左副元帥宗賢復爲太保左丞相左副元帥如故十二月乙卯以右丞相蕭仲恭爲太傅領三省事左丞相亮爲尚書右丞相乙亥以左丞相宗賢爲太師領三省事兼都元帥

九年正月甲申朔宋高麗夏遣使來賀戊戌太師領三省事都元帥宗賢罷領行臺尚書省事勗爲太師領三省事同判大宗正事充爲尚書左丞相右丞相亮兼都元帥庚子萬壽節宋高麗夏遣使來賀壬寅左丞相充薨丙午以右丞相亮爲左丞相判大宗正事宗本爲尚書右丞相左副元帥宗敏爲都元帥南京留守宗賢爲左副元帥兼西京留守己酉宗賢復爲太保領三省事二月甲寅會寧牧唐括辯復爲尚書左丞尚書左丞稟爲行臺平章政事三月癸未朔日有食之辛丑以司空宗本爲尚書右丞相兼中書令左丞相亮爲太保領三省事四月壬申夜大風雨雷電震壞寢殿鴟尾有火入上寢燒幃幔帝趨別殿避之丁丑有龍鬭於利州榆林河水上大風壞民居官舍瓦木人畜皆飄颺十數里死傷者數百人五月戊子以四月壬申丁丑天變肆赦命翰林學士張鈞草詔參知政事蕭肄擿其語以爲誹謗上怒殺鈞是日曲赦上京囚庚寅出太保領三省事亮領行臺尚書省事戊申武庫署令耶律八斤妄稱上言宿直將軍蕭榮與胙王元爲黨誅之六月己未以都元帥宗敏爲太保領三省事兼左副元帥左丞相宗賢兼都元帥八月庚申以劉筈爲司空行臺右丞相如故宰臣議徙遼陽渤海之民於燕南從之侍從高壽星等當遷訴於后后以白上上怒議者杖平章政事秉德殺左司郎中三合九月丙申以領行臺尚書省事亮復爲平章政事戊戌以右丞相宗本爲太保領三省事左副元帥宗敏領行臺尚書省事平章政事秉德爲尚書左丞相兼中書令司空劉筈爲平章政事庚子以御史大夫宗甫爲參知政事十月乙丑殺北京留守胙王元及弟安武軍節度使查剌左衞將軍特思大赦癸酉以翰林學士京爲御史大夫十一月癸未殺皇后裴滿氏召胙王妃撒卯入宮戊子殺故鄧王子阿懶達懶癸巳上獵于忽剌渾土溫遣使殺德妃烏古論氏及夾谷氏張氏十二月己酉朔上至自獵所丙辰殺妃裴滿氏於寢殿而平章政事亮因羣臣震恐與所親駙馬唐括辯寢殿小底大興國護衞十人長忽土阿里出虎等謀爲亂丁巳以忽土阿里出虎當內直命省令史李老僧語興國夜二鼓興國竊符矯詔開宮門召辯等亮懷刀與其妹夫特厮隨辯入室宮門守者以辯駙馬不疑內之及殿門衞士覺抽刃刼之莫敢動忽土阿里出虎至帝前帝求榻上常所置佩刀不知已爲興國易置其處忽土阿里出虎遂進弒帝亮復前手刃之血濺滿其面與衣帝崩時年三十一左丞相秉德等遂奉亮坐羅拜呼萬歲立以爲帝降帝爲東昏王葬于皇后裴滿氏墓中貞元三年改葬于大房山蓼香甸諸王同兆域大定初追諡武靈皇帝廟號閔宗陵曰思陵別立廟十九年升祔于太廟增諡弘基纘武莊靖孝成皇帝二十七年改廟號熙宗二十八年以思陵狹小改葬于峨眉谷仍號思陵詔中外

贊曰熙宗之時四方無事敬禮宗室大臣委以國政其繼體守文之治有足觀者末年酗酒妄殺人懷危懼所謂前有讒而不見後有賊而不知馴致其禍非一朝一夕故也

金史卷四考證

熙宗紀十五年十一月丙午廢齊國降封劉豫爲蜀王○臣宗楷按宋元通鑑岳飛遣間齎蠟書與豫約同謀兀朮兀朮得書白金主議廢之

天眷元年四月立裴滿氏爲貴妃○松漠紀聞亶之配曰屠始坦氏

三年十二月乙亥都元帥宗弼上言宋將岳飛張俊韓世忠率衆渡江詔命擊之○臣浩按續通鑑本末補紹興十一年命張俊楊沂中帥兵赴淮西岳飛進兵江州無有韓世忠率衆渡江之文金史遺楊沂中而舉韓世忠是必有悞

金史卷五

元中書右丞相總裁脫脫等修

本紀第五

海陵

廢帝海陵庶人亮字元功本諱迪古乃遼王宗幹第二子也母大氏天輔六年壬寅歲生天眷三年年十八以宗室子爲奉國上將軍赴梁王宗弼軍前任使以爲行軍萬戶遷驃騎上將軍皇統四年加龍虎衞上將軍爲中京留守遷光祿大夫爲人僄急多猜忌殘忍任數初熙宗以太祖嫡孫嗣位亮意以爲宗幹太祖長子而已亦太祖孫遂懷覬覦在中京專務立威以厭伏小人猛安蕭裕傾險敢決亮結納之每與論天下事裕揣知其意因勸海陵舉大事語在裕傳七年五月召爲同判大宗正事加特進十一月拜尚書右丞務攬持權柄用其腹心爲省臺要職引蕭裕爲兵部侍郎一日因召對語及太祖創業艱難亮因嗚咽流涕熙宗以爲忠八年六月拜平章政事十一月拜右丞相九年正月兼都元帥熙宗使小底大興國賜亮生日悼后亦附賜禮物熙宗不悅杖興國百追其賜物海陵由此不自安三月拜太保領三省事益邀求人譽引用勢望子孫結其驩心四月學士張鈞草詔忤旨死熙宗問誰使爲之左丞相宗賢對曰太保實然熙宗不悅遂出爲領行臺尚書省事過中京與蕭裕定約而去至良鄉召還海陵莫測所以召還之意大恐既至復爲平章政事由是益危迫熙宗嘗以事杖左丞唐括辯及右丞相秉德辯乃與大理卿烏帶謀廢立而烏帶先以此謀告海陵他日海陵與辯語及廢立事曰若舉大事誰可立者辯曰胙王常勝乎問其次曰鄧王子阿懶亮曰阿懶屬疎安得立辯曰公豈有意邪海陵曰果不得已捨我其誰於是旦夕相與密謀護衞將軍特思疑之以告悼后曰辯等公餘每竊

竊聚語竊疑之后以告熙宗熙宗怒召辯謂曰爾與亮謀何事將如我何杖之亮因此忌常勝阿懶且惡特思因河南兵士孫進自稱皇弟按察大王而熙宗之弟止有常勝查剌海陵乘此搆常勝查剌阿懶達懶熙宗使特思鞫之無狀海陵曰特思鞫不以實遂俱殺之護衛十八長僕散忽土舊受宗幹恩徒單阿里出虎與海陵姻家大興國給事寢殿時時乘夜從主者取符鑰歸家以爲常興國嘗以李老僧屬海陵得爲尚書省令史故使老僧結興國爲內應而興國亦以被杖怨熙宗遂與亮約十二月丁巳忽土阿里出虎內直是夜興國取符鑰啓門納海陵秉德辯烏帶徒單貞李老僧等入至寢殿遂弑熙宗秉德等未有所屬忽土曰始者議立平章今復何疑乃奉海陵坐皆拜稱萬歲詐以熙宗欲議立后召大臣遂殺曹國王宗敏左丞相宗賢是日以秉德爲左丞相兼侍中左副元帥辯爲右丞相兼中書令烏帶爲平章政事忽土爲左副點檢阿里出虎爲右副點檢貞爲左衛將軍興國爲廣寧尹於是自太師領三省事勗以下二十人進爵增職各有差己未大赦改皇統九年爲天德元年參知政事蕭肆除名鎮南統軍孛極爲尚書左丞賜左丞相秉德右丞相辯平章政事烏帶廣寧尹興國點檢忽土阿里出虎左衛將軍貞尚書省令史老僧辯父刑部尚書阿里等錢絹馬牛羊有差甲子誓太祖廟召秉德辯烏帶忽土阿里出虎興國六人賜誓券丙寅以燕京路都轉運使劉麟爲參知政事癸酉太傅領三省事蕭仲恭尚書右丞稟罷以行臺尚書左丞溫都思忠爲右丞乙亥追謚皇考太師憲古弘道文昭武烈章孝睿明皇帝廟號德宗名其故居曰興聖宮宋高麗夏賀正旦使中道遣還

二年正月辛巳以同知中京留守事蕭裕爲秘書監癸巳尊嫡母徒單氏及母大氏皆爲皇太后名徒單氏宮曰永壽大氏宮曰永寧乙巳以斷官守務農時愼刑罰揚側陋恤窮民節財用審才實七事詔中外遣侍衛親軍步軍都指揮使完顏思恭等以廢立事報諭宋高麗夏國以左丞相兼左副元帥秉德領行臺尚書省事二月戊申朔封子元壽爲崇王庚戌降前帝爲東昏王給天水郡公孫女二人月俸甲子以兵部尚書完顏元宜等充賀宋生日使戊辰羣臣上尊號曰法天膺運睿武宣文大明聖孝皇帝詔中外永壽永寧兩太后父祖贈官有差以右丞相唐括辯爲左丞相平章政事烏帶爲右丞相三月丙戌宋高麗遣使賀卽位以弟兖爲司徒兼都元帥詔以天水郡王玉帶歸宋四月戊午殺太傅領三省事宗本尚書左丞相唐括辯判大宗正府事宗美遣使殺領行臺尚書省事秉德東京留守宗懿北京留守卞及太宗子孫七十餘人周本國王宗翰子孫三十餘人諸宗室五十餘人辛酉以尚書省譯史蕭玉爲禮部尚書秘書監蕭裕爲尚書左丞司徒兖領三省事封王都元帥如故右丞相烏帶爲司空左丞相兼侍中平章政事劉筈爲尚書右丞相兼中書令左丞宗義右丞溫都思忠爲平章政事參知政事劉麟爲尚書右丞殿前左副點檢僕散忽土爲殿前都點檢五月戊子以平章行臺尚書省事右副元帥大㚖爲行臺尚書右丞相元帥如故壬辰以左副元帥撒離喝爲行臺尚書左丞相元帥如故同判大宗正事宗安爲御史大夫六月丙午朔高麗遣使賀卽位甲子太廟初設四神門及四隅罘罳七月己丑司空左丞相兼侍中烏帶罷以平章政事溫都思忠爲左丞相尚書左丞蕭裕爲平章政事右丞劉麟爲左丞侍衛親軍步軍都指揮使完顏思恭爲右丞參知政事張浩丁憂起復如故戊戌夏國遣使賀卽位及受尊號八月戊申以司徒兖爲大尉領三省事都元帥如故以禮部尚書蕭裕爲參知政事九月甲午立惠妃徒單氏爲皇后十月癸卯太師領三省事勗致仕辛未殺太皇太妃蕭氏及其子任王偎喝使使殺行臺左丞相左副元帥撒離喝于汴并殺平章政事宗義前工部尚書謀里野御史大夫宗安皆夷其族以魏王斡帶之孫活里甲好脩飾亦族之十一月癸未尚書左丞相劉筈罷以會寧牧徒單恭爲平章政事尚書左丞劉麟右丞完顏思恭罷以參知政事張浩爲尚書右丞乙酉以行臺尚書左丞張通古爲尚書左丞丙戌白虹貫日丁亥以太后旨稱令旨戊子以十二事戒約官吏乙丑命庶官許求次室二人百姓亦許置妾十二月癸卯朔詔去羣臣所上尊號丙午初定襲封衍聖公俸格命外官去所屬百里外者不許參謁百里內者往還不得過三日癸丑立太祖射碑于紇石烈部中上及皇后致奠于碑下甲寅野人來獻異香却之乙卯有司奏慶雲見上曰朕何德以當此自今瑞應毋得上聞若有災異當以諭朕使自警焉己未罷行臺尚書省改都元帥府爲樞密院詔改定繼絶法以右副元帥大㚖爲尚書右丞相兼中書令參知行臺尚書省事張中孚爲參知政事都元帥兖爲樞密使太尉領三省事如故元帥左監軍昂爲樞密副使刑部尚書趙資福爲御史大夫

三年正月癸酉朔宋高麗夏遣使來賀乙亥參知政事蕭玉丁憂起復如故癸未立春觀擊土牛丁亥初造曆山于宮中戊子生辰宋高麗夏遣使來賀甲午初置國子監謂御史大夫趙資福曰汝等多狥私情未聞有所彈劾朕甚不取自今百官有不法者必當舉劾無憚權貴乙未上出獵宰相以下辭於近郊上駐馬戒之曰朕不惜高爵厚祿以任汝等比聞事多留滯豈汝等苟圖自安不以民事自念耶自今朕將察其勤惰以爲賞罰其各勉之丁酉白虹貫日二月丁巳還宮三月庚寅以翰林學士劉長言等爲宋生日使壬辰詔廣燕城建宮室己亥謂侍臣曰昨太子生日皇后獻朕一物大是珍異卿試觀之卽出諸絳囊中乃田家稼穡圖后意太子生深宮之中不知民間稼穡之艱難故以爲獻朕甚賢之四月丙午詔遷都燕京辛酉有司圖上燕城宮室制度營建陰陽五姓所宜海陵曰國家吉凶在德不在地使桀紂居之雖卜善地何益使堯舜居之何用卜爲丙寅罷歲貢鷹隼沂州男子吳眞犯法當死有司以其母老疾無侍爲請命官與養濟著爲令閏月辛未朔命尚書右丞張浩調選燕京仍諭浩無私狥丙子命大官常膳惟進魚肉舊貢鵝鴨等悉罷之丁丑罷皇統間苑中所養禽獸歸德軍節度使阿魯補以擅官舍材木搆私第賜死戊戌詔朝官稱疾不治事者尚書省令監察御史與太醫同診視無實者坐之五月壬子以戒敕宰相以下官詔中外戊辰宰臣請益嬪御以廣嗣續上命徒單貞語宰臣前所誅黨人諸婦人中多朕中表親欲納之宮中平章政事蕭裕不可上不從遂納宗本子莎魯賴宗固子胡里剌胡失打秉德弟糺里罕妻宮中六月丙子殺太府監完顏馮六宋遣使祈請山陵不許九月庚戌賜燕京役夫帛人一匹以東京路兵馬都總管府判官蕭子敏爲高麗生日使修起居注蕭彭哥爲夏國生日使十月己巳殺蘭子山猛安蕭拱以右副點檢不朮魯阿海等爲宋正旦使十一月癸亥詔罷世襲萬戶官前後賜姓人各復本姓十二月戊辰杖壽寧縣主徐輦癸酉獵于近郊乙酉還宮是歲子崇王元壽薨

四年正月丁酉朔宋高麗夏遣使來賀羣臣請立皇太子從之戊戌初定東宮官屬立捕盜賞格癸卯太白經天壬子生辰宋高麗夏遣使來賀癸亥朝謁世祖太祖太宗德宗陵甲子還宮二月丁卯立子光英爲皇太子庚午詔中外甲戌如燕京昭義軍節度使蕭仲宣家奴告其主怨謗上曰仲宣之姪迪輦阿不近以誹謗誅故敢妄愬命殺告者迪輦阿不者蕭拱也戊子次泰州三月丙申朔以刑部尚書田秀穎等爲宋生日使四月丙寅朔有司請今歲河南北選人並赴中京銓注從之壬辰上自泰州如涼陘五月丁酉獵于立列只山甲寅賜獵士人一羊乙卯次臨潢府丁巳太白經天六月甲子朔駐綿山戊寅權楚底部猛安那野伏誅七月癸卯命崇義軍節度使烏帶之妻唐括定哥殺其夫而納之八月癸亥朔獵于途你山甲戌以侍御史保魯鞫事不實杖之丙子次于鐸瓦九月甲午次中京丙午尚書右丞相大㚖罷殺太府少監劉景以都水使者完顏龐淥爲高麗生日使吏部郎中蕭中立爲夏國生日使十月壬戌朔使使奉遷太廟神主御史大夫趙資福罷甲申以太子詹事張用直等爲賀宋正旦使殺太祖長公主兀魯杖罷其夫平章政事徒單恭封其侍婢忽撻爲國夫人恭之兄定哥初尚兀魯定哥死恭強納焉而不相能又與侍婢忽撻不協忽撻得幸于后遂譖于上故見殺而并罷恭十一月戊戌以咸平尹李德固爲平章政事辛丑買珠于烏古迪烈部及蒲與路禁百姓私相貿易仍調兩路民夫採珠一年戊申以前平章政事徒單恭爲司徒十二月甲子斬妄人敲傀于中京市辛未以汴京路都轉運使左瀛等爲賀宋正旦使庚寅太尉領三省事樞密使兖薨

貞元元年正月辛卯朔上不視朝詔有司受宋高麗夏回紇貢獻丙午生辰宋高麗夏遣使來賀以中京留守高楨爲御史大夫二月庚申上自中京如燕京三月辛亥上至燕京初備法駕甲寅親選良家子百三十餘人充後宮乙卯以遷都詔中外改元貞元改燕京爲中都府曰大興汴京爲南京中京爲北京丙辰以司徒徒單恭爲太保領三省事平章政事蕭裕爲右丞相兼中書令右丞張浩左丞張通古爲平章政事參知政事張中孚爲左丞蕭玉爲右丞平章政事李德固爲司空左宣徽使劉萼爲參知政事樞密副使昂爲樞密使工部尚書僕散師恭爲樞密副使四月辛酉以右宣徽使紇石烈撒合輦等爲宋賀生日使辛未特封唐括定哥爲貴妃戊寅皇太后大氏崩五月辛卯殺弟西京留守蒲家西京兵馬完顏謨盧瓦編修官圓福奴通進孛迭坐與蒲家善并殺之乙卯以京城隙地賜朝官及衞士六月乙丑以安國軍節度使耶律恕爲參知政事七月戊子朔元賜朝官京城隙地徵錢有差八月壬戌司空李德固薨禁中都路捕射麞兎戊寅賜營建宮室工匠及役

夫帛九月丁亥朔以翰林待制謀良虎爲夏國生日使吏部郎中窊合山爲高麗生日使十月丁巳獵于良鄉封料石岡神爲靈應王初海陵嘗過此祠持杯校禱曰使吾有天命當得吉卜投之吉又禱曰果如所卜他日當有報否則毀爾祠宇投之又吉故封之戊午還宮壬戌有司言太后園陵未畢合停冬享及祫祭從之丙子命內外官聞大功以上喪止給當日假若父母喪聽給假三日著爲令十一月丙戌朔定州獻嘉禾詔自今不得復進己丑瑤池殿成丙申以戶部尚書蔡松年等爲賀宋正旦使戊戌左丞相耨盌溫都思忠致仕庚戌以樞密使昂爲左丞相樞密副使僕散思恭爲樞密使十二月太白經天戊午特賜貴妃唐括定哥家奴孫梅進士及第壬戌以簽書樞密院事南撒爲樞密副使辛未封所納皇叔曹國王宗敏妃阿懶爲昭妃丙子貴妃唐括定哥坐與舊奴姦賜死閏月乙酉朔殺護衛特謨葛癸巳定社稷制度太白經天癸卯以太保領三省事徒單恭爲太師領三省事如故命西京路統軍撻懶西北路招討蕭懷忠臨潢府總管馬和尚烏古迪烈司招討斜野等北巡

二年正月甲寅朔上不豫不視朝賜宋高麗夏使就館燕庚申太白經天尚書右丞相蕭裕與前眞定尹蕭馮家奴前御史中丞蕭招折博州同知遙設等謀反伏誅詔中外己巳生辰宋高麗夏遣使來賀二月甲申朔以平章政事張浩爲尚書右丞相兼中書令甲午以尚書右丞蕭玉爲平章政事前河南路統軍使張暉爲尚書右丞西北路招討使蕭好胡爲樞密副使三月戊辰夏遣使賀遷都丙戌幸大興府及都轉運使司遣薦舍桃于衍慶宮五月癸丑朔日有食之避正殿勅百官勿治事己未詔自今每月上七日不奏刑名尚食進膳不進肉丁卯始置交鈔庫設使副員丁丑太原尹徒單阿里出虎伏誅復命其子朮斯剌乘傳焚其骨擲水中七月庚申初設鹽鈔香茶文引印造庫使副丙子參知政事耶律恕罷八月丙午以左丞相昂去衣杖其弟婦命杖之戊申以御史大夫高楨爲司空御史大夫如故九月己未常武殿擊鞠令百姓縱觀辛酉以吏部尚書蕭賾爲參知政事癸亥獵于近郊丁卯次順州太師領三省事徒單恭薨是夜還宮乙亥復獵于近郊十月庚辰朔殺廣寧尹韓王亨庚寅還宮庚子以左丞相致仕溫都思忠起爲太傅領三省事以刑部侍郎白彥恭等爲賀宋正旦使十一月戊辰上命諸從姊妹皆分屬諸妃出入禁中與爲淫亂臥內徧設地衣裸逐爲戲是月初置惠民局高麗遣使謝賜生日十二月乙酉以太傅溫都思忠爲太師領三省事如故平章政事張通古爲司徒平章政事如故

三年正月己酉朔宋高麗夏遣使來賀辛酉以判東京留守大㚖爲太傅領三省事甲子生辰宋高麗夏遣使來賀二月壬午以左丞相昂爲太尉樞密使右丞相張浩爲左丞相兼侍中樞密使僕散思恭爲右丞相兼中書令尚書左丞張中孚罷右丞張暉爲平章政事參知政事劉蕚爲左丞參知政事蕭賾爲右丞吏部尚書蔡松年爲參知政事三月壬子以左丞相張浩平章政事張暉每見僧法寶必坐其下失大臣體各杖二十僧法寶妄自尊大杖二百乙卯命以大房山雲峰寺爲山陵建行宮其麓庚午以左司郎中李通爲賀宋生日使夏四月丁丑朔昏霧四塞日無光凡十有七日五月丁未朔日有食之癸丑南京大內火乙卯命判大宗正事京等如上京奉遷太祖太宗梓宮丙寅如大房山營山陵六月丙戌登寶昌門觀角抵百姓縱觀乙未命右丞相僕散思恭大宗正丞胡拔魯如上京奉遷山陵及迎永壽宮皇太后七月癸丑太白晝見辛酉如大房山杖提舉營造官吏部尚書耶律安禮等乙亥還宮八月壬午如大房山甲申啓土賜役夫人絹一疋是日還宮甲午遣平章政事蕭玉迎祭祖宗梓宮於廣寧乙未增置教坊人數庚子杖左宣徽使敬嗣暉同知宣徽事烏居仁及尚食官九月戊申平章政事張暉迎祭梓宮于宗州乙卯上謂宰臣及左司官曰朝廷之事尤在愼密昨授張中孚趙慶襲官除書未到先已知之皆汝等泄之也敢復爾者殺無赦己未如大房山庚申還宮丙寅以殿前都點檢納合椿年爲參知政事丁卯上親迎梓宮及皇太后于沙流河命左右持杖二束跽太后前曰亮不孝久失溫凊願痛笞之太后掖起之曰凡民有子克家猶愛之況我有子如此叱持杖者退庚午獵親射麞以薦梓宮壬申至自沙流河十月丙子皇太后至中都居壽康宮戊寅權奉安太廟神主于延聖寺致奠梓宮于東郊舉哀己卯梓宮至中都以大安殿爲丕承殿安置壬午命省部諸司便服治事不奏死刑一月辛卯告于丕承殿乙未如蔇宮冊諡永寧皇太后曰慈憲皇后丁酉大房山行宮成名曰磐寧戊戌還宮己亥以翰林學士承旨耶律歸一等爲賀宋正旦使十一月乙巳朔梓宮發丕承殿戊申山陵禮成甲寅詔內外大小職官覃遷一重貞元四年租稅並與放免軍士久於屯戍不經替換者人賜絹三疋銀三兩羣臣稱賀丙辰燕百官於泰和殿丁卯奉安神主于太廟戊辰羣臣稱賀辛未獵于近郊十二月己丑還宮薦氷乙未上朝太后于壽康宮己亥太傅領三省事大㚖薨親臨哭之命有司廢務及禁樂三日

正隆元年正月癸卯朔宋高麗夏遣使來賀己酉羣臣奉上尊號曰聖文神武皇帝上自九月廢朝常數月不出有急奏召左右司郎中省于臥內庚戌始視朝戊午生辰宋高麗夏遣使來賀乙丑觀角抵戲罷中書門下省以太師領三省事溫都思忠爲尚書令太尉樞密使昂爲太保右丞相僕散思恭爲太尉樞密使左丞劉蕚右丞蕭賾罷參知政事蔡松年爲尚書右丞樞密副使蕭懷忠罷吏部尚書耶律安禮爲樞密副使平章政事蕭玉爲右丞相平章政事張暉罷不置平章政事官二月癸酉朔改元正隆大赦庚辰御宣華門觀迎佛賜諸寺僧絹五百疋綵五十段銀五百兩辛巳改定內外諸司印記乙未司徒張通古致仕庚子謁山陵辛丑還都三月壬寅朔始定職事官朝參等格仍罷兵衛庚申以左宣徽使敬嗣暉等爲賀宋生日使四月太尉樞密使僕散思恭以父憂起復如故五月辛亥修容安氏閤安御爲妖所憑舞譟宮中命殺之是月頒行正隆官制六月庚辰天水郡公趙桓薨丙戌以尚書右丞蔡松年爲左丞樞密副使耶律安禮爲右丞駙馬都尉烏古論當海爲樞密副使七月己酉命太保昂如上京奉遷始祖以下梓宮八月丁丑如大房山行視山陵十月乙酉葬始祖以下十帝于大房山丁酉還宮閏月己亥朔山陵禮成羣臣稱賀甲辰回鶻使使寅朮烏籠骨來貢庚寅杖右丞相蕭玉左丞蔡松年右丞耶律安禮御史中丞馬諷等十一月己巳朔以右司郎中梁銶等爲賀宋正旦使癸巳禁二月八日迎佛

二年正月戊辰朔宋高麗夏遣使來賀庚辰太白晝見癸未生辰宋高麗夏遣使來賀庚寅以工部侍郎韓錫同知宣徽院事錫不謝杖百二十奪所授官二月辛丑初定太廟時享牲牢禮儀癸卯改定親王以下封爵等第命置局追取存亡誥身存者二品以上死者一品參酌削降公私文書但有王爵字者皆立限毀抹雖墳墓碑志並發而毀之三月丙寅朔高麗遣使賀受尊號四月戊戌追降景宣皇帝爲遼王以簽書宣徽院事張岊爲橫賜高麗使宿直將軍溫敦幹喝爲橫賜夏國使六月乙未參知政事納合椿年薨以禮部尚書耶律守素等爲賀宋生日使八月癸卯始置登聞院甲寅罷上京留守司九月乙丑以宿直將軍僕散烏里黑爲夏國生日使戊子罷護駕軍置龍翔虎步軍罷尚書省文資令史出爲外官是秋中都山東河東蝗十月壬寅命會寧府毀舊宮殿諸大族第宅及儲慶寺仍夷其址而耕種之丁未禁賣古器入他境乙卯初鑄銅錢十二月辛未以侍衛親軍副指揮使高助不古等爲賀宋正旦使十二月己亥以侍衛親軍都指揮使紇石烈良弼爲參知政事

三年正月壬戌朔宋高麗夏遣使來賀丙寅子矧思阿不死殺太醫副使謝友正及其乳母等丁丑生辰宋高麗夏遣使來賀己卯杖右諫議大夫楊伯雄二月壬辰朔都城及京兆初置錢監甲午遣使檢視隨路金銀銅鐵冶三月辛酉朔司天奏日食候之不見命自今遇日食面奏不須頒告辛巳以兵部尚書蕭恭等爲賀宋生日使四月丙辰樞密副使烏古論當海罷以北京留守張暉爲樞密副使六月壬辰蝗入京師七月庚申封子廣陽爲滕王甲申以右丞相蕭玉爲司徒尚書左丞蔡松年爲右丞相右丞耶律安禮爲左丞參知政事紇石烈良弼爲右丞左宣徽使敬嗣暉戶部尚書李通爲參知政事九月己未太白經天甲子滕王廣陽薨庚午以宿直將軍阿魯保爲夏國生日使丁丑以教坊提點高存福爲高麗生日使辛巳遷中都屯軍一猛安於南京遣吏部尚書李惇等分地安置十月戊戌詔尚書省凡事理不當者許詣登聞檢院投狀院類奏覽訖付御史臺理問十一月辛酉以工部尚書蘇保衡等爲賀宋正旦使癸亥詔有司勸政安民癸未尚書左丞耶律安禮罷參知政事李通以憂制起復如故詔左丞相張浩參知政事敬嗣暉營建南京宮室十二月乙卯以樞密副使張暉爲尚書左丞歸德尹致仕高召和式起爲樞密副使

四年正月丙辰朔宋高麗夏遣使來賀上朝太后于壽康宮丁巳御史大夫高楨薨庚申更定私相越境法並論死辛酉罷鳳翔唐鄧潁蔡鞏洮膠西諸榷場置場泗州辛未生辰宋高麗夏遣使來賀二月己丑以左宣徽使許霖爲御史大夫丁未修中都城造戰船于通州詔諭宰臣以伐宋事調諸路猛安謀克軍年二十以上五十以下者皆籍之雖親老丁多亦不許留侍三月丙辰朔遣兵部尚書蕭恭經畫夏國邊界遣使分詣諸道總

管府督造兵器四月辛丑命增山東路泉水畢括兩營兵士廩給庚戌詔諸路舊貯軍器竝致于中都時方建宮室于南京又中都與四方所造軍器材用皆賦於民箭翎一尺至千錢村落間往往椎牛以供筋革至於烏鵲狗彘無不被害者辛亥尚書左丞張暉御史大夫許霖罷以大興尹徒單貞爲樞密副使以秘書監王可道等爲賀宋生日使八月詔諸路調馬以戶口爲差計五十六萬餘疋富室有至六十疋者仍令戶自養飼以俟巳卯尚書右丞相蔡松年薨九月以翰林待制完顏達紀爲高麗生日使宿直將軍加古撻懶爲夏國生日使十月乙亥獵于近郊觀造船于通州賜尚書右丞紇石烈良弼樞密副使徒單貞佩刀入宮十一月甲辰以翰林侍講學士施宜生等爲賀宋正旦使十二月乙卯宋遣使告母韋氏哀甲子太白晝見乙丑以左副點檢大懷忠等爲宋弔祭使乙亥太醫使祈宰上疏諫伐宋殺之

五年正月庚辰朔宋高麗夏遣使來賀乙未生辰宋高麗夏遣使來賀二月壬子宋遣使獻母后遺留物丁卯太白晝見辛未河東陝西地震鎮戎德順軍大風壞廬舍人多壓死甲戌遣引進使高植刑部郎中海狗分道監視所獲盜賊竝凌遲處死或鋸灼去皮截手足仍戒屯戍千戶謀克等後有獲者竝處死總管府官亦決罰三月辛巳東海縣民張旺徐元等反遣都水監徐文步軍指揮使張弘信同知大興尹事李惟忠宿直將軍蕭阿窊率舟師九百浮海討之命之曰朕意不在一邑將試舟師耳庚子以司徒判大宗正事蕭玉爲御史大夫司徒如故尚書右丞紇石烈良弼爲左丞橫海軍節度使致仕劉長言起爲右丞四月庚戌昭妃蒲察阿里忽有罪賜死甲寅宿州防禦使耶律翼使宋失體杖二百除名甲戌太白晝見六月徐文等破賊張旺徐元東海平七月辛巳詔東海縣徐元張旺詿誤者竝釋之壬午以張弘信被命討賊稱疾逗遛萊州與妓樂飲燕杖之二百癸卯遣使簽諸路漢軍八月丙午朔日有食之辛亥命榷貨務并印造鈔引庫起赴南京己巳樞密副使徒單貞罷以太子少保徒單永年爲樞密副使辛未謁山陵見田間穫者問其豐耗以衣賜之九月己卯還宮十月庚午遣護衞完顏普連等二十四人督捕山東河東河北中都盜賊籍諸路水手得三萬人十一月乙酉以濟南尹僕散烏者等爲賀宋正旦使尚書右丞劉長言罷命親軍司以所掌付大興府置左右驍騎都副指揮使隸點檢司步軍都指揮使隸宣徽院十二月癸丑禁中都河北山東河南河東京兆軍民網捕禽獸及畜養鷹隼者戊辰禁朝官飲酒犯者死三國人使燕飲者罪

六年正月甲戌朔宋高麗夏遣使來賀丁丑判大宗正徒單貞益都尹京安武軍節度使爽金吾衞上將軍阿速飲酒以近屬故杖貞七十餘皆杖百壬午上將如南京以司徒御史大夫蕭玉爲大興尹司徒如故樞密副使徒單永年罷以都點檢紇石烈志寧爲樞密副使己丑生辰宋高麗夏遣使來賀癸丑命參知政事李通諭宋使徐度等曰朕昔從梁王軍樂南京風土常欲巡幸今營繕將畢功期以二月末先往河南帝王巡守自古有之以淮右多隙地欲校獵其間從兵不踰萬人況朕祖宗陵廟在此安能久于彼乎汝等歸告汝主令有司宣諭朕意使淮南之民無懷疑懼庚子詔自中都至河南府所過州縣調從獵騎士二千辛丑殺蒲察阿虎迭女叉察叉察慶宜公主出幼鞠宮中上屢欲納之太后不可至是以罪殺之二月乙巳杖衞王襄之妃及左宣徽使許霖甲寅以參知政事李通爲尚書右丞巳未禁扈從縱獵擾民庚申徵諸道水手運戰船癸亥發中都丙寅次安肅州三月巳卯改河南北邙山爲太平山稱舊名者以違制論丁亥將至獲嘉有男子上書言事斬之所言莫得聞癸巳次河南府因出獵幸汝州溫湯視行宮地自中都至河南所過麥皆爲空復禁扈從毋輒離次及游賞飲酒犯者罪皆死而莫有從者詔內地諸猛安赴山後牧馬俟秋竝發弟兗之妻烏延氏有罪賜死烏延氏之弟南京兵馬副都指揮使習泥亦以罪誅四月丁未詔百官先赴南京治事尚書省樞密院大宗正府勸農司太府少府皆從行吏戶兵刑部四方館都水監大理司官各留一員以簽書樞密院事高景山等爲賀宋生日使戊申詔汝州百五十里內州縣量遣商賈赴溫湯置市詔有司移問宋人蔡潁壽諸州對境創置堡戍者庚戌發河南府契丹不補自山馳下伏道左自陳破東海賊有功爲李惟忠所抑立命斬之丁卯次溫湯諴扈從毋輒過汝水上獵奔鹿突之墮馬嘔血數日遣使徵諸道兵五月庚辰太師尚書令耨盌溫都思忠薨契丹諸部反遣右將軍蕭禿剌等討之六月癸卯命樞密使僕散忠恭西京留守蕭懷忠將兵一萬討契丹諸部上自汝州如南京壬戌次南京近郊左丞相張浩率百官迎謁是夜大風壞承天門鴟尾癸亥上備法駕入于南京七月丁亥以左丞相張浩爲太傅尚書令司徒大興尹蕭玉爲尚書左丞相吏部尚書白彥恭爲樞密副使樞密副使紇石烈志寧爲開封尹安武軍節度使徒單貞爲御史大夫巳丑賜從駕從行從軍及千戶謀克錢帛大括天下騾馬殺亡遼耶律氏宋趙氏子男凡百三十餘人八月壬寅單州賊杜奎據城叛遣都點檢耶律湛右驍騎副都指揮使大磐討之以樞密副使白彥恭爲北面兵馬都統開封尹紇石烈志寧副之中都留守完顏彀亨爲西北面兵馬都統西北路招討使唐括孛古的副之討契丹癸丑以諫伐宋弒皇太后徒單氏于寧德宮仍命即宮中焚之棄其骨水中幷殺其侍婢等十餘人癸亥殺右將軍蕭禿剌護衞十人長斡盧保族樞密使僕散師恭北京留守蕭賾西京留守蕭懷忠杖尚書令張浩左丞相蕭玉以太常博士張崇爲高麗生日使蕭簡忠爲夏國生日使甲子封所幸太后侍婢高福娘爲郧國夫人九月庚午朔以太保判大宗正事昂爲樞密使太保如故戊子殺前壽州刺史毛良虎庚寅大名府賊王九據城叛衆至數萬所至盜賊蜂起大者連城邑小者保山澤或以十數騎張旗幟而行官軍莫敢近上又惡聞盜賊事言者輒罪之上自將三十二總管兵伐宋進自壽春以太保樞密使昂爲左領軍大都督尚書右丞李通副之尚書左丞紇石烈良弼爲右領軍大都督判大宗正事烏延蒲盧渾副之御史大夫徒單貞爲左監軍同判大宗正事徒單永年爲右監軍左宣徽使許霖爲左都監河南尹蒲察斡論爲右都監皆從工部尚書蘇保衡爲浙東道水軍都統制益都尹鄭家副之由海道徑趨臨安太原尹劉萼爲漢南道行營兵馬都統制濟南尹僕散烏者副之進自蔡州河中尹徒單合喜爲西蜀道行營兵馬都統制平陽尹張中彥副之由鳳翔取散關駐軍以俟後命武勝武平武捷三軍爲前鋒徒單貞別將兵二萬入淮陰甲午上發南京詔皇后及太子光英居守尚書令張浩左丞相蕭玉參知政事敬嗣暉留治省事丙申太白晝見將士自軍中亡歸者相屬于道蘇館猛安福壽東京謀克金住等始授甲于大名即舉部亡歸從者衆至萬餘皆公言於路曰我輩今往東京立新天子矣十月乙巳陰迷失道二鼓始達營所丙午慶雲見東京留守曹國公烏祿即位于遼陽改元大定大赦數海陵過惡弑皇太后徒單氏殺太宗及宗翰宗弼子孫及宗本諸王毀上京宮室殺遼豫王宋天水郡王郡公子孫等數十事丁未大軍渡淮將至廬州獲白鹿以爲武王白魚之兆漢南道劉萼取通化軍蔣州信陽軍徒單貞敗宋將王權于盱眙進取揚州前鋒軍至段寨宋戍兵皆遁去敗宋兵于蔚子橋敗宋兵于巢縣斬二百級至和州王權夜以兵千餘來襲射却之翼日兩宋人夜焚其積聚遁去詰旦追之宋人逆戰猛安韓棠軍却遂失利溫都奧刺奔北武捷軍副總管阿散率猛安謀克力戰却之王權退保南岸癸亥上次和州阿散等進階賞賚有差西蜀道徒單合喜駐散關宋人攻秦州臘家城德順州克之浙東道蘇保衡與宋人戰于海道敗績副統制鄭家死之十一月庚午左司郎中兀不喝等聞赦入白東京即位改元事上拊髀歎曰我本欲滅宋後改元大定豈非天命乎出其書示之即預志改元事也以勸農使完顏元宜爲浙西道兵馬都統制刑部尚書郭安國副之上駐軍江北遣武平總管阿鄰先渡江至南岸失利上還和州遂進兵揚州甲午會舟師于瓜洲渡期以明日渡江乙未浙西兵馬都統制完顏元宜等軍反帝遇弒崩年四十海陵在位十餘年每飾情貌以御臣下却尚食進鵝以示儉及游獵頓次不時需索一鵝一鶉民間或用數萬售之有以一牛易一鵝者或以敝衾覆衣以示近臣或服補綴令記注官見之或取軍士陳米飯與尚食同進先食軍士飯幾盡或見民車陷泥澤令衞士下挽俟車出然後行與近臣燕語輒引古昔賢君以自況顯責大臣使進直言使張仲軻輩爲諫官而祁宰竟以直諫死比昵羣小官賞無度左右有寵倖者人或以名呼之即授以顯階常置黃金裀褥間有喜之者令自取之而淫嬖不擇骨肉刑殺不問有罪至營南京宮殿運一木之費至二千萬牽一車之力至五百人宮殿之飾徧傅黃金而後間以五采金屑飛空如落雪一殿之費以億萬計成而復毀務極華麗其南征造戰艦江上毀民廬舍以爲材煑死人膏以爲油殫民力如馬牛費財用如土苴空國以圖人國遂至於敗都督府以其柩置之南京班荊館大定二年降封爲海陵郡王諡曰煬二月世宗使小底婁室與南京官遷其柩於寧德宮四月葬于大房山鹿門谷諸王兆域中二十年熙宗既祔廟有司奏曰煬王之罪未正準晉趙王倫廢惠帝自立惠帝反正誅倫廢爲庶人煬帝罪惡過於倫不當有王封亦不當在諸王塋域乃詔降爲海陵庶人改葬于山陵西南四十里

贊曰海陵智足以拒諫言足以飾非欲爲君則弑其君

欲伐國則弑其母欲奪人之妻則使之殺其夫三綱絶矣何暇他論至於屠滅宗族翦刈忠良婦姑姊妹盡入嬪御方以三十二總管之兵圖一天下卒之戾氣感召身由惡終使天下後世稱無道主以海陵爲首可不戒哉可不戒哉

金史卷六

元中書右丞相總裁脫脫等修

本紀第六

世宗上

世宗光天興運文德武功聖明仁孝皇帝諱雍本諱烏祿太祖孫睿宗子也母曰貞懿皇后李氏天輔七年癸卯歲生于上京體貌奇偉美鬚髯長過其腹胷間有七子如北斗形性仁孝沉靜明達善騎射國人推爲第一每出獵耆老皆隨而觀之皇統間以宗室子例授光祿大夫封葛王爲兵部尚書天德初判會寧牧明年判大宗正事改中京留守俄改燕京未幾爲濟南尹貞元初爲西京留守三年改東京進封趙王正隆二年例降封鄭國公進封衛國三年再任留守徙封曹國六年五月居貞懿皇后喪一日方寢有紅光照室及黃龍見寢室上又嘗夜有大星流入留守第中是歲東梁水漲溢暴至城下水與城等決女墻石罅中流入城湍激如涌城中人惶駭上親登城舉酒酹之水退海陵南伐天下騷動是時籍契丹部人丁壯爲兵部人不願行以告使者使者燥合畏海陵不以告部人遂反至是咸平府謀克括里攻陷韓州據咸平將犯東京八月起復東京留守婆速路兵四百來會討括里復得城中子弟願爲兵者數百人帝舅興中少尹李石以病免家居遼陽戊午發東京以石主留務賊覘者聞鼙鼓聲震天見旌旗蔽野傳言國公兵十萬且至賊衆至瀋州遯去會烏延查剌等敗賊兵還至常安縣海陵使婆速路總管完顏謀衍來討賊以兵屬之九月至東京副留守高存福其女在海陵後宮海陵使存福伺起居適以造兵器餘材造甲數十存福宜言留守何爲造甲密使人以白海陵遂與推官李彥隆託爲擊毬謀不利存福家人以其謀來告平定知軍李蒲速越亦言其事海陵嘗聞上有疾即使近習來覘動靜至是又使謀良虎圖淮北諸王上知之心常隱憂及討括里還至淸河遇故吏六斤乘傳自南來具言海陵殺其母殺兄子檀奴阿里白及樞密使僕散忽土等又曰且遣人來害宗室兄弟矣上聞之益懼及聞存福圖已事且有迹李石勸上早圖之於是以議備賊事召官屬會淸安寺彥隆先到存福繫召始來並於座上執之是月復有雲來自西黃龍見雲中十月辛丑南征萬戶完顏福壽高忠建盧萬家奴等自山東率所領兵二萬完顏謀衍自長安率兵五千皆來附謀衍即以臣禮上謁乙巳諸軍入城共擊殺存福等是夜諸軍被甲環衛皇城丙午慶雲見官屬諸軍勸進固讓良久於是親告于太祖廟還御宣政殿即皇帝位以完顏謀衍爲右副元帥高忠建元帥左監軍完顏福壽右監軍盧萬家奴顯德軍節度使丁未大赦改元大定下詔暴揚海陵罪惡數十事己酉饗將士賜官賞各有差仍給復三年會寧胡里改速頻等路南伐諸軍會尚書省奏請以從軍來者補諸局司承應人及官吏闕員上曰舊人南征者即還何以處之必不可闕者量用新人可也辛亥以利涉軍節度使獨吉義爲參知政事中都留守西北面行營都統完顏穀英將兵三萬駐歸化以爲左副元帥丁巳出內府金銀器物贍軍吏民出財物佐官用者甚衆壬戌以前臨潢尹晏爲左丞相癸亥詔諭南京太傅尚書令張浩甲子興平軍節度使張玄素上謁尚書省奏正隆軍興之餘進錢粟者宜量授以官從之詔遣移剌札八招契丹諸部爲亂者以前肇州防禦使神土懣爲元帥右都監十一月己巳朔以左丞相晏兼都元帥辛未以戶部尚書李石爲參知政事己卯詔調民間馬克軍用事畢還主死者給價阿瑣璋殺同知中都留守事沙离只阿瑣自稱中都留守璋自稱同知留守事使後家奴等來上表賀辛巳以如中都期日詔羣臣壬午詔中都都轉運使左淵曰凡宮殿張設毋得增置無役一夫以擾百姓但謹圍禁嚴出入而已以尚書右司員外郎完顏兀古出爲詔諭高麗使癸未遣權元帥左都監吾札忽右都監神土懣廣寧尹僕散渾坦討契丹諸部甲申追尊皇考豳王爲皇帝謚簡肅廟號睿宗皇妣蒲察氏曰欽慈皇后李氏曰貞懿皇后羣臣上尊號曰仁明聖孝皇帝乙酉追復東昏王帝號謚武靈廟號閔宗詔中外封子實魯剌爲許王胡土瓦爲楚王戊子辭謁太祖廟及貞懿皇后園陵己丑如中都大小口使中都留守宗憲先往壬辰大梁魚務樞密副使北面行營都統白彥敬南京留守北面行營副統紇石烈志寧以所統軍數來上安武軍節度使奕來歸乙未完顏元宜等弑海陵於揚州丙申大義州丁酉宋人破陝州防禦使折可直降同知防禦使事李柔立死之十二月乙卯大三河縣左副元帥完顏穀英來朝丙辰大通州延安尹唐括德溫來朝丁巳至中都戊午謁太祖廟己未御貞元殿受羣臣朝庚申以元帥左監軍高忠建等爲報諭宋國使壬戌詔軍士自東京扈從至京師者復三年同知河間尹高昌福上書陳便宜上覽之再三詔內外大小職官陳便宜丙寅詔左副元帥完顏穀英規措南邊及陝西等路事

二年正月戊辰朔日有食之伐鼓用幣上徹樂減膳不視朝庚午上謂宰相曰進賢退不肖宰相之職也有才能高於已者或懼其分權往往不肯引置同列朕甚不取卿等毋以此爲心以前翰林學士承旨致仕翟永固爲尚書左丞濟南尹僕散忠義爲右丞都統斜哥副統完顏布輝坐擅易置中都官吏斜哥除名布輝削兩階罷之辛未御大和殿宴百官宗戚命婦賜賚有差壬申敕御史臺檢察六部文移稽而不行行而失當皆舉劾之甲戌除迎賽神佛禁令乙亥如大房山丙子獻享山陵禮畢欲獵而還左丞相晏等諫曰邊事未寧不宜游幸戊寅還宮因諭晏等曰朕常慕古之帝王虛心受諫卿等有言即言毋緘默以自便辛巳以兵部尚書可喜等謀反伏誅詔中外是日賜扈從猛安謀克甲士下至阿里喜有差遣左副點檢蒲察阿孛罕等賞賚河南將士以前勸農使移剌元宜爲御史大夫詔前工部尚書蘇保衡太子少保高思廉振賜山東百姓粟帛無妻者具姓名以聞庚寅行納粟補官法遣右副元帥完顏謀衍率師討蕭窩斡壬辰上謂宰執曰朕即位未半年可行之事甚多近日全無數奏朕深居九重正賴卿等贊襄各思所長以聞朕豈有倦怠癸巳太白晝見甲午上謂宰執曰卿等當參民間利害及時事之可否以時敷奏不可公餘輒從自便優游而已命河北山東陝西等路征南步軍並放還家咸平濟州軍三萬入屯京師丙申以西南路招討使完顏思敬兵部尚書阿隣督北邊將士二月己亥前翰林待制大穎以言盜賊忤海陵杖而除名起爲秘書丞蒲闍馬欽以詔事海陵得幸除名庚子詔前戶部尚書梁球戶部郎中耶律道安撫山東百姓招諭盜賊或避賊及避徭役在他所者並令歸業及時農種無問罪名輕重並與原免壬寅太傅尚書令張浩來見癸卯以上初即位遣遼陽主簿石抹移迭東京麴院都監移剌葛補招契丹叛人爲白彥敬紇石烈志寧所害並贈鎭國上將軍令其家各食五品俸仍收錄其子甲辰以張浩爲太師尚書令如故御史大夫移剌元宜爲平章政事辛亥定世襲猛安謀克遷授格壬子以太保左領軍大都督奔睹爲都元帥太保如故癸丑詔降蕭玉敬嗣暉許霖等官放歸田里甲寅復用進士爲尚書省令史丙辰嵩州刺史石抹术突剌等敗宋兵於壽安縣丁巳鄭州防禦使蒲察世傑取陝州甲子詔都元帥奔睹開府山東經略邊事澤州刺史特末哥及其妻高福娘伏誅閏月甲戌上謂宰臣曰比聞外議言奏事甚難朕於可行者未嘗不從自今敷奏勿有所隱朕固樂聞之戊子上謂宰臣曰臣民上書者多敕尚書省詳閱而不即具奏天下將謂朕徒受其言而不行也其亟條具以聞庚寅詔平章政事移剌元宜泰州路規措邊事辛卯太和厚德殿火乙未尚書兵部侍郎溫敦朮突剌等與窩斡戰敗于勝州三月癸亥參知政事獨吉義罷元帥左都監徒單合喜敗宋將吳璘于德順州甲辰追削李通官職乙巳免南京正隆丁夫貸役錢辛亥以廉平誡諭中外官吏癸亥詔河南陝西山東昨因捕賊良民被虜爲賊者釐正之四月己巳右副元帥完顏謀衍等敗窩斡于長濼辛未降廢帝亮爲海陵郡王乙亥詔減御膳及宮中食物之半夏國遣使來賀即位及進方物及賀萬春節右副元帥完顏謀衍復敗窩斡於霿淞河辛巳宴夏使貞元殿故事外國使三節人從皆坐廡下賜食上察其食不精腆日何以服遠人之心掌食官皆杖六十癸未夏使朝辭乞互市從之己丑以左丞相晏爲太尉壬辰詔征契丹部將士曰應契丹與大軍未戰而降者不得役傷仍安撫之後招誘來降者除奴婢以已虜爲定其親屬使各還其家仍官爲贖之五月丁酉朔以曷速館節度使白彥敬爲御史大夫戊戌遣元帥左監軍高忠建會北征將帥討契丹己亥以臨海軍節度使紇石烈志寧爲元帥右監軍右副元帥完顏謀衍元帥右監軍完顏福壽坐逗遛召還京師皆罷之壬寅立楚王允迪爲皇太子詔中外丁巳押軍萬戶裴滿按剌猛安移剌沙里剌敗宋兵于華州六月戊辰命御史大夫白彥敬西北路市馬庚午以尚書右丞僕散忠義爲平章政事兼右副元帥經略契丹詔出內府金銀給征契丹軍用戊寅詔居庸關古北口譏察契丹姦細捕獲者加官賞己卯詔守禦古北口及石門

覊庚辰宋遣使賀即位壬午右副元帥僕散忠義與窩斡戰于花道戊子以南京留守紇石烈良弼爲尚書右丞右副元帥庚寅僕散忠義大敗窩斡于裊嶺西陷泉獲其弟裊壬辰以西南路招討使完顏思敬爲元帥右都監七月丁酉復取原州丙午宋主傳位于子眘甲寅詔諭契丹丁巳速頻軍士朮里古等誣完顏謀衍子斜哥寄書其父謀反并以其書上之上覽書曰此誣也止訊告者訊之果誣也朮里古伏誅庚申太尉尚書左丞相晏致仕壬戌詔發濟州會寧府軍在京師者以五千人赴北京都統府陝西都統璋敗宋將吳璘于張義堡八月乙丑朔奚抹白謀克徐列等降左監軍高忠建破奚于栲栳山及招降旁近奚六營有不降者攻破之盡殺其男子以其婦女童孺分給諸軍丁卯永與縣進嘉禾壬申萬戶溫迪罕阿魯帶與奚戰于古北口敗焉詔同判大宗正事完顏謀衍等禦之癸酉上謂宰臣曰百姓上書陳時政其言猶有所補卿等位居機要略無獻替可乎夫聽斷獄訟簿書期會何人不能唐虞之聖猶務兼覽博照乃能成治正隆專任獨見故取敗亡朕早夜孜孜冀聞讜論卿等宜體朕意詔百司官吏凡上書言事或爲有司所抑許進表以聞朕將親覽以觀人材優劣夏國遣使賀尊號丁丑免齊國妃韓王亨樞密忽土留守賾等家親屬在宮籍者詔元帥右都監完顏思敬以所部軍與大軍會討窩斡乙酉詔左諫議大夫石琚監察御史馬仲尹廉察河北東路丁亥詔御史臺曰卿等所劾惟諸局行移稽緩及緩於赴局者耳此細事也自三公以下官僚善惡邪正當審察之若止理細務而略其大者將治卿等罪矣契丹老和尚降辛卯罷諸關征稅九月甲午朔完顏謀衍擒奚猛安合住元帥右都監徒單合喜大敗宋將吳璘于德順州乙未詔尚書右丞紇石烈良弼以便宜招撫奚契丹之叛者庚子元帥右都監完顏思敬獲契丹窩斡餘衆悉平以尚書左司員外郎完顏正臣爲夏國生日使壬寅獵于近郊乙巳以移剌窩斡平詔中外庚戌改葬睿宗皇帝壬子以元帥右都監完顏思敬爲右副元帥戊午詔思敬經略南邊辛酉奉遷睿宗皇帝梓宮于磐寧宮癸亥元帥右監軍徒單合喜等敗宋兵于德順州河南統軍使宗尹復取汝州十月丁卯以左副元帥完顏穀英爲平章政事戊辰如山陵謁睿宗皇帝梓宮哭盡哀平章政事右副元帥僕散忠義等還自軍上謁丙戌以僕散忠義爲尚書右丞相元帥左監軍紇石烈志寧爲左副元帥戊子葬睿宗皇帝于景陵大赦己丑詔左副元帥紇石烈志寧經略南邊壬辰華州防禦使蒲察世傑丹州刺史赤盞胡速魯改敗宋兵于德順州十一月癸巳朔詔右丞相僕散忠義伐宋丁酉第職官廉能汙濫不職各爲三等而黜陟之十二月乙酉遣尚書刑部侍郎劉仲淵等廉察宣諭東京北京等路

三年正月壬辰朔高麗夏遣使來賀庚子太白晝見壬子遣客省使烏居仁賞勞河南軍士癸丑復取德順州二月甲子詔太子少詹事楊伯雄等廉問山西路庚午上謂宰相曰灤州飢民流散逐食甚可矜恤移於山西富民贍濟仍于道路計口給食壬申詔撫諭陝西庚辰太保都元帥奔睹薨丙戌趙景元等以亂言伏誅庚寅高麗夏遣使來賀萬春節高麗遣使賀即位東京僧法通以妖術亂衆都統府討平之三月丙申中都以南八路蝗詔尚書省遣官捕之壬寅詔戶部侍郎魏子平等九人分詣諸路猛安謀克勸農及廉問詔臨潢漢民逐食於會寧府濟信等州庚戌詔免去年租稅四月辛酉朔右副元帥完顏思敬罷丁卯平章政事完顏穀英御史大夫白彥敬罷以參知政事李石爲御史大夫丁丑詔吏犯贓罪雖會赦不敍己卯以引進使韓綱爲橫賜高麗使乙酉賑山西路猛安謀克貧民給六十日糧是月取商虢環州宋所侵一十六州至是皆復五月辛卯朔右丞相僕散忠義朝京師乙未以重五幸廣樂園射柳命皇太子親王百官皆射勝者賜物有差上復御常武殿賜宴擊毬自是歲以爲常丙申宋人攻破靈壁虹縣己亥罷河南山東陝西統軍司置都統副統以太子詹事完顏守道從皇太子上召諭守道曰卿任執政所責非輕自今毋從行辛丑以右丞相僕散忠義兼都元帥癸卯僕散忠義還軍河南路都統奚撻不也叛入于宋丙午宋人攻破宿州辛亥更定出征軍逃亡法尚書省請籍天德間被誅大臣諸奴隸及從窩斡亂者爲軍上以四方甫定民意稍蘇而復簽軍非長策不聽癸丑詔諭契丹餘黨蒲速越等如能自新並釋其罪若執蒲速越父子以來者仍官賞之左副元帥紇石烈志寧復取宿州河南副統孛朮魯定方死于陣乙卯以北京留守完顏思敬復爲右副元帥中都蝗詔參知政事完顏守道按問大興府捕蝗官六月庚申朔日有食之以刑部尚書蘇保衡爲參知政事丙子詔曰正隆之末濟州路逃回軍士爲中都官軍所邀殺者官爲收葬己卯觀稼于近郊甲申太師尚書令張浩罷以宿直將軍阿勒根和衍爲橫賜夏國使七月庚戌太白晝見以太子太師宗憲爲平章政事以孔總爲襲封衍聖公八月丙寅太白經天庚午詔曰祖宗時有勞効未曾遷賞者五品以上奏聞六品以下及無職事者尚書省約量升除甲戌詔參知政事完顏守道招撫契丹餘黨戊寅詔罷契丹猛安謀克其戶分隸女直猛安謀克命諸官員年老者許存馬一二匹餘並括買入官敕殿前都點檢唐括德溫重九出獵國朝舊俗今扈從軍二千能無擾民可嚴爲約束仍以錢萬貫分賜之乙酉如大房山丁亥薦享于睿陵戊子還宮癸巳宿直將軍僕散習尼列爲夏國生日使九月丁酉秋獵以重九拜天于北郊丙午詔翰林待制劉仲誨等廉問車駕所經州縣乙卯還宮十月甲子大享于太廟丙寅以許王府長史移剌天佛留爲高麗生日使癸酉冬獵十一月庚寅太白晝見經天壬辰還都戊申詔求仕官輒入權要之門追一官仍降除以請求有所饋獻及受之者具狀奏裁庚戌百官請上尊號不允詔中都平州及饑荒地并經契丹剽掠有質賣妻子者官爲收贖壬子尚書左丞翟永固罷癸丑罷貢金線段疋甲寅以尚書右丞紇石烈良弼爲左丞吏部尚書石琚爲參知政事十二月丁丑臘獵于近郊以所獲薦山陵自是歲以爲常詔流民未復業增限招誘己卯參知政事蘇保衡至自軍辛巳以爲尚書右丞

四年正月丁亥朔高麗夏遣使來賀戊子罷路府州元日及萬春節貢獻上謂侍臣曰秦王宗翰有功於國何乃無嗣皆未知所對上曰朕嘗聞宗翰在西京坑殺匄者千人得非其報耶癸巳百官復請上尊號不允丁酉如安州春水壬寅至安州大雪詔扈從人舍民家者人日支錢一百與其主甲辰元帥府言宋遣審議官胡昉致尚書右僕射書來議和好以其言失信拘昉軍中以書答之及以書進上覽之曰宋人失信行人何罪當即遣還邊事令元帥府從宜措畫乙巳尚書省奏徐州民曹珪討賊江志而子弼亦在賊中并殺之法當補二官敘雜班上以所奏未當進一官正班用之辛亥獲頭鵝遣使薦山陵自是歲以爲常二月丁巳免安州今年賦役及保塞縣御城邊吳二村凡扈從人嘗止其家者亦復一年辛酉獵于高陽之北庚午還都庚辰以北京粟價踴貴詔免今年課甲三月丙戌朔萬春節高麗夏遣使來賀詔免北京歲課段匹一年庚子京師地震壬寅百官復請上尊號不允四月丁巳平章政事完顏元宜罷甲戌出宮女二十一人五月旱癸卯敕有司審冤獄禁宮中音樂放毬場役夫乙巳詔禮部尚書王競禱雨于北岳己酉命參知政事石琚等於北郊望祭禱雨壬子雨窩斡餘黨蒲速越伏誅六月甲寅朔日有食之壬戌尚書左丞紇石烈良弼至自征南元帥府甲子以雨足命有司祭謝嶽鎮海瀆于北郊己巳幸東宮視皇太子疾庚午初定祭五嶽四瀆禮辛未觀稼于近郊庚辰詔諭元帥府曰所請伐宋軍萬五千今以騎三千步四千赴之詔陝西元帥府議入蜀利害以聞七月壬辰故衛王襄妃及其子和尚以妖妄伏誅庚子以尚書左丞紇石烈良弼爲平章政事辛丑大風雷雨拔木八月甲寅朔詔征南元帥府曰前所請收復舊疆乞候秋涼進發今已秋涼復俟何時戊午以參知政事完顏守道爲尚書左丞大興尹唐括安禮爲參知政事壬申上謂宰臣曰卿每奏皆常事凡治國安民及朝政不便於民者未嘗及也如此則宰相之任誰不能之己卯如大房山辛巳致祭于山陵九月癸未朔還都乙酉上謂宰臣曰形勢之家親識訴訟請屬道達官吏往往屈法徇情宜一切禁止己丑上謂宰臣曰北京懿州臨潢等路嘗經契丹寇掠平薊二州近復蝗旱百姓艱食父母兄弟不能相保多冒鬻爲奴朕甚憫之可速遣使閱實其數出內庫物贖之乙未幸鷹房主者以鷹隼置內省堂上上怒曰此宰相廳事豈置鷹隼處耶痛責其人俾置他所己亥以宿直將軍烏里雅爲夏國生日使辛亥以太子少詹事烏古論三合爲高麗生日使十月癸亥朔獵于密雲縣丙寅還都己卯命泰寧軍節度使張弘信等二十四人分路通檢諸路物力十一月乙酉征南都統徒單克寧敗宋兵取楚州己丑封子永功爲鄭王辛卯冬獵乙未詔進師伐宋戊戌次河間府辛丑尚書省火甲辰次清州閏月壬子朔還都十二月丁亥尚書省奏都統高景山取商州己丑臘獵于近郊辛卯太白晝見經天是歲大有年斷死罪十有七人

五年正月辛卯朔高麗夏遣使來賀乙卯詔泰州臨潢接境設邊堡七十駐兵萬三千己未宋通問使魏杞等以國書來書不稱大稱姪宋皇帝稱名再拜奉書于叔大金皇帝歲幣二十萬辛未詔中外復命有司旱蝗水溢之處與免租賦癸酉命元帥府諸新舊軍以六萬人留戍餘並放還以宋國歲幣悉賞諸軍二月壬午以左副都點檢完顏仲等爲宋報問使壬寅罷納粟補官令三月戊申萬春節宋高麗夏遣使來賀壬申羣臣奉上尊號曰應天興祚仁德聖孝皇帝詔中外四月癸卯西

京留守壽王京謀反獄成特免死杖之除名嵐州安置乙巳右副元帥完顏思敬罷丁未右丞相都元帥僕散忠義還自軍五月壬子左副元帥紇石烈志寧以召入見丁巳以僕散忠義爲尚書左丞相紇石烈志寧爲平章政事還軍乙丑以平章政事宗憲爲尚書右丞相癸酉罷山東路都統府以其軍各隸總管府六月甲辰芝產大安殿柱丙午京師地震雨毛七月戊申朔京師地復震罷陝西都統府復置統軍司京兆徙陝西元帥府河中八月己卯前宿州防禦使烏林荅剌撒以與宋李世輔交通伏誅癸巳宋夏遣使賀尊號九月丁未朔以吏部尚書高衎等爲賀宋生日使戊申秋獵庚戌以宿直將軍术虎蒲查爲夏國生日使甲戌還都十月丁丑朔地震辛巳以大宗正丞璋爲高麗生日使乙未冬獵辛丑還都十一月丙午朔上謂宰臣曰朕在位日淺未能徧識臣下賢否全賴卿等盡公舉薦今六品以下殊乏人材何以副朕求賢之意癸丑幸東宮戊午以右副都點檢烏古論粘没曷爲賀宋正旦使癸亥立諸路通檢地土等第稅法癸酉大霧晝晦十二月己丑獵于近郊高麗遣使賀尊號

六年正月丙午朔宋高麗夏遣使來賀庚午敕有司宮中張設毋以塗金爲飾二月丁亥尚書左丞相兼都元帥沂國公僕散忠義薨三月壬寅萬春節宋高麗夏遣使來賀甲寅上如西京庚申次歸化州西京留守唐括德溫上謁戊辰至西京庚午朝謁太祖廟壬申擊毬百姓縱觀四月甲戌朔詔月朔禁屠宰戊戌以尚書右司郎中移剌道爲橫賜高麗使宿直將軍斜卯攦剌爲橫賜夏國使辛丑太白晝見五月戊申幸華嚴寺觀故遼諸帝銅像詔主僧謹視之壬子詔雲中大同縣及警巡院給復一年壬戌詔將幸銀山諸扈從軍士賜錢五萬貫有敢損苗稼者並償之六月辛巳太白晝見經天丙戌發自西京庚子獵于銀山七月辛酉次三叉口八月辛未朔次涼陘庚辰獵于望雲之南山九月辛丑朔至自西京丁未以戶部尚書魏子平爲賀宋生日使辛亥以翰林待制移剌熙載爲夏國生日使澤州刺史劉德裕等以盜用官錢伏誅壬子太白晝見癸丑尚書右丞相宗憲薨丙辰太白晝見經天十月己卯以尚書兵部侍郎移剌按荅爲高麗生日使甲申朝享于太廟詔免雄莫等州今年租壬辰太白晝見經天丁酉如安肅州冬獵十一月丙午還都癸丑以右副都點檢烏古論元忠爲賀宋正旦使上謂宰臣曰朝官當愼選其人庶可激厲其餘若不當則啓覬覦之心卿等必知人才優劣舉實才用之庚申太白晝見經天丁卯參知政事石琚以母憂罷十二月甲戌詔有司每月朔望及上七日毋奏刑名戊子太白晝見經天甲午泰州民合住謀反伏誅丙申以平章政事紇石烈良弼爲尚書右丞相紇石烈志寧爲樞密使

七年正月庚子朔宋高麗夏遣使來賀辛亥石琚起復參知政事壬子上服袞冕御大安殿受尊號冊寶禮癸丑大赦庚申以元帥左監軍徒單合喜爲樞密副使二月庚寅尚書右丞蘇保衡薨丙申以參知政事石琚爲尚書右丞三月己亥朔萬春節宋高麗夏遣使來賀四月戊辰朔日有食之壬辰以御史大夫李石爲司徒大夫如故五月丙午大興府獄空詔賜錢三百貫爲宴樂之用以勞之甲寅以北京留守耨盌溫敦兀帶爲參知政事六月癸酉命地衣用龍文者罷之七月戊申禁服用金線其織賣者皆抵罪丙辰幸東宮己未幸東宮視皇太子疾閏月丁卯觀稼于近郊戊辰越王永中進封許王鄭王永功封隨王永成封瀋王甲戌詔遣秘書監移剌子敬經略北邊戊寅幸東宮己卯慶雲環日壬午觀稼于近郊戊子觀稼于北郊八月辛亥慶雲環日癸丑尚書右丞相監修國史紇石烈良弼進太宗實錄上立受之己未如大房山壬戌致祭睿陵九月乙丑朔還宮己巳右三部檢法官韓贊以捕蝗受賂除名詔吏人但犯贓罪雖會赦非特旨不敍以勸農使蒲察莎魯窩等爲賀宋生日使辛未參知政事唐括安禮罷乙亥以宿直將軍唐括鶻魯爲夏國生日使庚辰地震辛巳以都水監李衛國爲高麗生日使乙酉秋獵庚寅次保州詔修起居注王天祺察訪所經過州縣官十月乙未朔上謂侍臣曰近聞朕所幸郡邑曾宴寢堂宇後皆避之此甚無謂可宣諭令仍舊居止戊申還都丁巳上謂宰臣曰海陵不辨人才優劣惟狥己欲多所升擢朕即位以來以此爲戒止取實才用之近聞蠡州同知移剌延壽在官汚濫詢其出身乃正隆時鷹房子如鷹房廚人之類可典城牧民耶自今如此局分不得授以臨民職任以御史中丞孟浩爲參知政事是日參知政事耨盌溫敦兀帶薨辛酉敕有司於東宮涼樓前增建殿位孟浩諫曰皇太子雖爲儲貳宜示以儉德不當與至尊宮室相侔乃罷之十一月乙丑朔上謂宰臣曰聞縣令多非其人其令吏部察其善惡明加黜陟辛未以河間尹徒單克寧等爲賀宋正旦使壬申太白晝見丁丑歲星晝見丁亥樞密副使徒單合喜罷十二月戊戌東京留守徒單合喜北京留守完顏謀衍肇州防禦使蒲察通朝辭賜通金帶諭之曰卿雖有才然用心多詐朕左右須忠實人故命卿補外賜卿金帶者答卿服勞之久也又顧謂左宣徽使敬嗣暉曰如卿不可謂無才所欠者純實耳甲辰以北京留守完顏思敬爲平章政事是歲斷死囚二十人

八年正月甲子朔宋高麗夏遣使來賀乙丑上謂宰臣曰朕治天下方與卿等共之事有不可各當面陳以輔朕之不逮愼毋阿順取容卿等致位公相正行道揚名之時苟或偷安自便雖爲今日之幸後世以爲何如羣臣皆稱萬歲辛未謂秘書監移剌子敬等曰昔唐虞之時未有華飾漢惟孝文務爲純儉朕於宮室惟恐過度其或興修即損宮人歲費以充之今亦不復營建矣如宴飲之事近惟太子生日及歲元嘗飲酒往者亦止上元中秋飲之亦未嘗至醉至於佛法尤所未信梁武帝爲同泰寺奴遼道宗以民戶賜寺僧復加以三公之官其惑深矣庚辰行皇太子冊禮二月甲午朔制子爲改嫁母服喪三年上諭左宣徽使敬嗣暉曰凡爲人臣上欲要君之恩下欲干民之譽必虧忠節卿宜戒之三月癸亥朔萬春節宋高麗夏遣使來賀己巳命以職官子補令史丁丑命護衛親軍百戶五十戶非直日不得帶刀入宮己丑太白晝見四月丙午詔曰馬者軍旅所用牛者農耕之資殺牛有禁馬亦何殊其令禁之戊申擊毬常武殿司天馬貴中諫曰陛下爲天下主繫社稷之重又春秋高圍獵擊毬危事也宜悉罷之上曰朕以示習武耳五月甲子北望淀大震風雨雹廣十里長六十里詔戶工兩部自今宮中之飾並勿用黃金乙丑上如涼陘丁卯歲星晝見庚寅改旺國崖曰靜寧山曷里滸東川曰金蓮川六月河決李固渡水入曹州七月甲子制盜羣牧馬者死告者給錢三百貫戊辰上謂平章政事完顏思敬等曰朕思得賢士寤寐不忘自今朝臣出外即令體訪外任職官廉能者及草萊之士可以助治者具姓名以聞甲戌秋獵己卯次三叉口上諭點檢司曰沿路禾稼甚佳其扈從人少有蹂踐則當汝罪八月乙卯至自涼陘九月辛酉上諭尚書右丞石琚參政孟浩曰聞蔚州採地蕈役夫數百千人朕所用幾何而擾動如此自今差役凡稱御前者皆須稟奏仍令附冊癸亥以右宣徽使移剌神獨斡等爲賀宋生日使己巳以引進使高希甫爲夏國生日使庚午上幸東宮癸酉上諭宰臣曰卿等舉用人材凡己所知識必使他人舉奏朕甚不喜如其果賢何必以親疎爲避忌也以戶部尚書魏子平爲參知政事辛巳上謂御史大夫李石曰臺憲固在分别邪正然內外百司豈謂無人惟見卿等劾人之罪不聞舉善自今宜令監察御史分别剌舉善惡以聞上嘗命左衛將軍大磐訪求良弓而磐多自取護衛妻室以告上命點檢司鞫磐磐妹爲寶林磐屬內侍僧兒言之寶林寶林以聞命杖僧兒百出磐爲隴州防禦使十月己丑朔以戒諭官吏貪墨詔中外乙未命涿州刺史兼提點山陵每以朔望致祭朔則用素望則用肉仍以明年正月爲首及命圖畫功臣於太祖廟其未立碑者立之以翰林待制靖爲高麗生日使上謂宰臣曰海陵時修起居注不任直臣故所書多不實可訪求得實詳而錄之參政孟浩進曰良史直筆君舉必書自古帝王不自觀史意正在此辛亥詔罷復州歲貢鹿筋十一月乙丑幸東宮以同簽大宗正事闍合土等爲賀宋正旦使十二月戊子朔遣武定軍節度使移剌按等招諭阻䪁

九年正月戊午朔宋高麗夏遣使來賀辛酉上與宣徽使敬嗣暉秘書監移剌子敬論古今事因曰亡遼日屠食羊三百亦豈能盡用徒傷生耳朕雖處至尊每當食常思貧民飢餒猶在己也彼身爲惡而口祈福何益之有如海陵以張仲軻爲諫議大夫何以得聞忠言朕與大臣論議一事非正不言卿等不以正對豈人臣之道也庚午詔諸州縣和糴毋得抑配百姓戊寅契丹外失剌等謀叛伏誅丙戌制漢人渤海兄弟之妻服闋歸宗以禮續婚者聽二月庚寅制妄言邊關兵馬者徒二年丙申詔改葬漢二燕王於城東庚子以中都等路水免稅詔中外又以曹單二州被水尤甚給復一年甲寅詔女直人與諸色人公事相關只就女直理問三月丁巳朔萬春節宋高麗夏遣使來賀丁卯以尚書省定網捕走獸法或至徒上曰以禽獸之故而抵民以徒是重禽獸而輕民命也豈朕意哉自今有犯可杖而釋之詔御史中丞移剌道廉問山東河南辛未禁民間稱言銷金條理內舊有者改作明金字辛巳以大名路諸猛安民戶艱食遣使發倉廩減價出之四月己丑謂宰臣曰朕觀在位之臣初入仕時競求聲譽以取爵位亦旣顯達即狥默苟容爲自安計朕甚不取宜宣諭百官使知朕意癸巳遣翰林修撰蒲察兀虎監察御史完顏鶻沙分詣河北西路大名河南山東等路勸猛安謀克農五月

丙辰朔以符寶郎徒單懷貞爲橫賜高麗使宿直將軍完顏賽也爲橫賜夏國使戊辰尚書省奏越王永中隋王永功二府有所興造發役夫上曰朕見宮中竹有枯瘁者欲令更植恐勞人而止二王府各有引從人力又奴婢甚多何得更役百姓爾等但以例爲請海陵橫役無度可盡爲例耶自今在都浮役久爲例者仍舊餘並官給傭直重者奏聞六月庚寅冀州張和等反伏誅戊戌以久旱命宮中毋用扇庚子雨七月乙卯朔罷東北路採珠壬申觀稼于近郊八月甲申朔有司奏日食以雨不見伐鼓用幣如常禮九月甲寅朔以刑部尚書高德基等爲賀宋生日使宿直將軍僕散守中爲夏國生日使提點司天臺馬貴中爲高麗生日使皇太子月料歲給錢五萬貫上謂臺臣曰比聞朝官內有攬中官物以規貨利者汝何不言皆對曰不知上曰朕尚知之汝有不知者乎朕若舉行汝將安用壬戌秋獵十月丁亥還都辛丑以尚書右丞相紇石烈良弼爲左丞相樞密使紇石烈志寧爲右丞相詔宗廟之祭以鹿代牛著爲令丙午大享于太廟辛亥以平章政事完顏思敬爲樞密使十一月己未以尚書左丞完顏守道爲平章政事右丞石琚爲左丞參知政事孟浩爲右丞庚申上幸東宮辛酉以京兆尹毅等爲賀宋正旦使壬戌冬獵丙子還都十二月丙戌詔賑臨潢泰州山東東路河北東路諸猛安民以東京留守徒單合喜爲平章政事丁酉太白晝見辛丑獵于近郊丙午制職官犯公罪在官已承伏者雖去官猶論

十年正月壬子朔宋高麗夏遣使來賀甲子命宮中元宵無得張燈甲戌以司徒御史大夫李石爲太尉尚書令二月甲午安化軍節度使徒單子溫副使老君奴以贓罪伏誅戊申上謂近臣曰護衛以後皆是治民之官其令教以讀書三月壬子朔萬春節宋高麗夏遣使來賀丙辰上因命護衛中善射者押賜宋使射弓宴宋使中五十押宴者纔中其七謂左右將軍曰護衛十年出爲五品職官每三日上直役亦輕矣豈徒令飽食安臥而已弓矢不習將焉用之戊午以河南統軍使宗敘爲參知政事庚午上謂參政宗敘曰卿昨爲河南統軍時言黃河堤埽利害甚合朕意朕每念百姓差調官吏互爲姦弊不早計料臨期星火率斂所費倍徙爲害非細卿旣參朝政皆當革弊擇利行之又諭左丞石琚曰女直人徑居達要不知閭閻疾苦汝等自丞簿至是民間何事不知凡有利害宜悉敷陳四月丁酉制命婦犯姦不用夫廕以子封者不拘此法五月乙卯如柳河川閏月庚辰夏國任得敬脅其主李仁孝使上表請中分其國上問宰臣李石石等以爲事繫彼國不如許之上曰彼劫於權臣耳詔不許并郤其貢物七月壬午秋獵戊戌放圍場役夫詔扈從糧食並從官給乙卯勑扈從人縱畜牧蹂踐禾稼者杖之仍償其直八月己未至自柳河川壬申遣參知政事宗敘北巡九月庚辰尚書左丞相紇石烈良弼丁憂起復如故壬午以簽書樞密院事移剌子敬爲賀宋生日使庚寅以戶部郎中夾谷阿里補爲夏國生日使十月己酉以大宗正丞紇爲高麗生日使甲寅如霸州冬獵乙丑上謂大臣曰比因巡獵聞固安縣令高昌裔不職已令罷之霸州司候成奉先奉職謹恪可進一階除固安令辛未上謂宰臣曰朕凡論事有未能深究其利害者卿等宜悉心論列無爲面從而退有後言十一月辛巳制盜太廟物者與盜宮中物同論甲申上幸東宮丁亥以太子詹事蒲察蒲速越等爲賀宋正旦使癸巳夏國以誅任得敬遣使來謝詔慰諭之十二月丙寅上謂宰臣曰比體中不佳有妨朝事今觀所奏事皆依條格殊無一利國之事若一朝行一事歲計有餘則其利博矣朕居深宮豈能悉知外事卿等尤當注意

十一年正月丙子朔宋夏遣使來賀丁丑封子永升爲徐王永蹈爲滕王永濟爲薛王壬午詔職官年七十以上致仕者不拘官品並給俸祿之半丙申命賑南京屯田猛安被水災者戊戌尚書省奏汾陽軍節度副使牛信昌生日受饋獻法當奪官上曰朝廷行事苟不自正何以正天下尚書省樞密院生日節辰饋獻不少此而不問小官饋獻卽加按劾豈正天下之道自今宰執樞密饋獻亦宜罷去上謂宰臣曰往歲淸暑山西近路禾稼甚廣殆無畜牧之地因命五里外乃得耕墾今聞民皆去之他所甚可矜憫其命依舊耕種事有類此卿等宜卽告朕三月乙亥朔萬春節宋夏遣使來賀辛巳命有司以天水郡公旅櫬依一品禮葬於鞏洛之原四月丁未歸德府民臧安兒謀反伏誅大理卿李昌圖以廉問眞定尹徒單貞咸平尹石抹阿沒剌受贓不法旣得罪狀不卽黜罷杖之四十癸亥參知政事魏子平罷高麗國王晛弟皓廢其主自立詐稱讓國遣使以表來上五月辛卯詔遣吏部侍郞靖使高麗問故癸巳以南京留守移剌成爲樞密副使六月己酉詔曰諸路常貢數內同州沙苑羊非急用徒勞民爾自今罷之朕居深宮勞民之事豈能盡知似此當具以聞戊午觀稼于近郊甲子平章政事徒單合喜薨七月甲申參知政事宗敘薨八月癸卯朔太白晝見詔朝臣曰朕嘗諭汝等國家利便治體遺闕皆可直言外路官民亦嘗言事汝等終無一語凡政事所行豈能皆當自今直言得失毋有所隱乙巳上謂宰臣曰隨朝之官自謂歷一考則當得某職兩考則當得某職第務因循碌碌而已自今以外路官與內除者察其公勤則升用之但苟簡於事不須任滿便以本品出之賞罰不明豈能勸勉庚戌詔曰應因竄幹被掠女直及諸色人未經刷放者官爲贖放隱匿者以違制論其年幼不能稱說住貫者從便住坐上謂宰臣曰五品以下闕員甚多而難於得人三品以上朕則知之五品以下不能知也卿等曾無一言見舉者欲畫久安之計興百姓之利而無良輔佐所行皆尋常事耳雖日日視朝何益之有卿等宜勉思之己巳以尚書刑部侍郞烏林答天錫等爲賀宋生日使近侍局使劉琉爲夏國生日使九月癸未獵于橫山庚寅還都十月壬寅朔以左宣徽使敬嗣暉爲參知政事甲寅上謂宰臣曰朕已行之事卿等以爲成命不可復更但承順而已一無執奏且卿等凡有奏何嘗不從自今朕旨雖出宜審而行有未便者卽奏改之或在下位有言尚書省所行未便亦當從而改之毋拒而不從丙寅尚書左丞相紇石烈良弼進睿宗實錄戊辰上謂宰臣曰衍慶宮圖畫功臣已命增爲二十人如丞相韓企先自本朝興國以來憲章法度多出其手至於關決大政但與大臣謀議終不使外人知覺漢人宰相前後無比若褒顯之亦足示勸愼無遺之十一月丁丑以西南路招討使宗寧等爲賀宋正旦使戊寅幸東宮上謂皇太子曰吾兒在儲貳之位朕爲汝措天下當無復有經營之事汝惟無忘祖宗純厚之風以勤修道德爲孝明信賞罰爲治而已昔唐太宗謂其子高宗曰吾伐高麗不克終汝可繼之如此之事朕不以遺汝如遼之海濱王以國人愛其子嫉而殺之此何理也子爲衆愛愈爲美事所爲若此安有不亡唐太宗有道之君而謂其子高宗曰爾於李勣無恩今以事出之我死宜卽授以僕射彼必致死力矣君人者焉用僞爲受恩於父安有忘報於子者乎朕御臣下惟以誠實耳羣臣皆稱萬歲丙戌朝享于太廟丁亥有事于圓丘大赦癸巳羣臣奉上尊號曰應天興祚欽文廣武仁德聖孝皇帝乙未詔中外十二月癸卯冬獵乙卯還宮丙辰參知政事敬嗣暉薨辛酉進封越王永中趙王隋王永功曹王濬王永成豳王徐王永升虞王滕王永蹈徐王薛王永濟滕王乙丑趙王永中曹王永功俱授猛安仍命永功親治事以習爲政

金史卷六考證

世宗紀上諱雍○宋史一名裒

皇統間以宗室子例授光祿大夫○臣人龍按資治通鑑節要續編天眷三年金烏祿侵南京留守路允迪以城降之金烏祿圍順昌府劉錡敗之是烏祿不但於皇統間以宗室子例授光祿大夫也

大定二年四月辛巳宴夏使貞元殿○臣浩按北平古今記大定二年四月以後卽無貞元殿之稱或以海陵年號爲嫌而改之也

金史卷七

元中書右丞相總裁脫脫等修

本紀第七

世宗中

十二年正月庚午朔宋高麗夏遣使來賀戊寅詔有司凡陳言文字皆國政利害自今言有可行以其本封送秘書監當行者錄副付所司丙申以水旱免中都西京南京河北河東山西陝西去年租稅二月壬寅上召諸王府長史諭之曰朕選汝等正欲勸導諸王使之爲善如諸王所爲有所未善當力陳之尚或不從則具某日行某事以奏若阿意不言朕惟汝罪丙午尚書省奏廉察到同知城陽軍事山和尚等清强官上曰此輩暗察明訪皆著政聲可第其政績各進官旌賞其速議升除庚戌上如順州春水癸丑還都丙辰詔自今官長不法其僚佐不能糾正又不言上者並坐之戶部尚書高德基濫支朝官俸錢四十萬貫杖八十三月己巳朔萬春節宋高麗夏遣使來賀乙亥詔尚書省贓汙之官已被廉問若仍舊職必復害民其遣使諸道卽日罷之丁丑詔遣宿直將軍烏古論思列冊封王皓爲高麗國王庚寅雨土癸巳以前西北路招討使移剌道爲參知政事

回紇遣使來貢丁酉北京曹貴等謀反伏誅四月旱癸卯尚書右丞孟浩罷丁巳西北路納合七斤等謀反伏誅癸亥以久旱命禱祠山川詔宰臣曰諸府少尹多闕員當選進士雖資敘未至而有政聲者擢用之以宿直將軍唐括阿忽里爲橫賜夏國使乙丑大名尹荊王文以贓罪奪王爵降授德州防禦使回紇使使來貢丙寅尚書右丞相紇石烈志寧薨丁卯宋高麗遣使賀尊號阻轐來貢五月癸酉上如百花川甲戌命賑山東東路胡剌溫猛安民飢丁丑次阻居久旱而雨戊寅觀稼禁扈從蹂踐民田禁百官及承應人不得服純黃油衣癸未諭宰臣曰朕每次舍凡秣馬之具皆假於民間多亡失不還其主此彈壓官不職可擇人代之所過卽令詢問但亡失民間什物竝償其直乙酉詔給西北路人戶牛六月甲寅如金蓮川九月丙子至自金蓮川辛巳以右副都點檢夾谷淸臣等爲賀宋生日使右衞將軍粘割斡特剌爲夏國生日使丁亥太白晝見在日前鄜州李方等謀反伏誅十月高麗國王王晧遣使謝封册乙未臨奠故右丞相紇石烈志寧喪志寧妻永安縣主進鎧甲弓矢鷹鶻重綵壬子召皇太子及趙王永中上殿上顧謂宰臣曰京嘗圖逆今不除之恐爲後患又曰天下大器歸於有德海陵失道朕乃得之但務修德餘何足慮皇太子及永中皆曰誠如聖訓遂釋之丙辰以德州防禦使文貲產賜其兄之子咬住且論其册文之罪汝等皆當連坐念宋王有大功於國故置不問仍以家產賜汝子十一月甲戌上謂宰臣曰宗室中有不任官事者若不加恩澤於親親之道有所未弘朕欲授以散官量予廩祿未知前代何如左丞石琚曰陶唐之親九族周家之內睦九族見於詩書皆帝王美事也丙子上以曹國公主家奴犯事宛平令劉彥弼杖之主乃折辱令旣深責公主又以臺臣徇勢偷安畏忌不敢言奪俸一月以陝西統軍使璋爲御史大夫以戶部尚書曹望之爲賀宋正旦使壬午同州民屈立等謀反伏誅戊子上屏侍臣與宰臣議事記注官亦退上曰史官記人君善惡朕之言動及與卿等所議皆當與知其於記錄無或有隱可以朕意諭之十二月乙未朔以濟南尹劉蕚在定武軍貪墨不道命大理少卿張九思鞫之丁酉詔遣官及護衞二十人分路選年二十以上四十以下有門地才行及善射者充護衞不得過百人冀州王瓊等謀反伏誅德州防禦使文以謀反伏誅辛丑出宮女二十餘人己酉樞密副使移剌成罷辛亥禁審錄官以宴飲廢公務詔金銀坑冶聽民開採毋得收稅癸丑獵于近郊以殿前都點檢徒單克寧爲樞密副使己未詔自今除名人子孫有在仕者竝取奏裁

十三年正月乙丑朔宋高麗夏遣使來賀癸酉尚書省奏南客車俊等因榷場貿易誤犯邊界罪當死上曰本非故意可免罪發還毋令彼國知之恐復治其罪詔有司嚴禁州縣坊里爲民害者閏月壬子詔太子詹事曰東宮官屬尤當選用正人如行檢不修及不稱職者具以名聞辛酉太白晝見洛陽縣賊聚衆攻盧氏縣殺縣令李庭才亡入于宋三月癸巳朔萬春節宋高麗夏遣使來賀乙卯上謂宰臣曰會寧乃國家興王之地自海陵遷都永安女直人寖忘舊風朕時嘗見女直風俗迄今不忘今之燕飲音樂皆習漢風蓋以備禮也非朕心所好東宮不知女直風俗第以朕故猶尚存之恐異時一變此風非長久之計甚欲一至會寧使子孫得見舊俗庶幾習效之太子詹事劉仲誨請增東宮牧人及張設上曰東宮諸司局人自有常數張設已具尚何增益太子生於富貴易入於侈惟當導以淳儉朕自卽位以來服御器物往往仍舊卿以此意諭之四月己巳定出繼子所繼財產不及本家者以所繼與本家財產通數均分制以有司言特授洺州孝子劉政太子掌飲丞乙亥上御睿思殿命歌者歌女直詞顧謂皇太子及諸王曰朕思先朝所行之事未嘗暫忘故時聽此詞亦欲令汝輩知之汝輩自幼惟習漢人風俗不知女直純實之風至於文字語言或不通曉是忘本也汝輩當體朕意至於子孫亦當遵朕敎誡也辛巳更定盜宗廟祭物法五月壬辰朔日有食之戊戌禁女直人毋得譯爲漢姓壬寅眞定尹孟浩薨甲辰尚書省奏鄧州民范三歐殺人當死而親老無侍上曰在醜不爭謂之孝孝然後能養斯人以一朝之忿忘其身而有事親之心乎可論如法其親官與養濟六月樞密使完顏思敬薨七月庚子復以會寧府爲上京庚戌罷歲課雉尾八月丁卯以判大興尹趙王永中爲樞密使詔賜諸猛安謀克廉能三等官賞己卯御史大夫璋罷丙戌以左副都點檢襄等爲賀宋生日使丁亥秋獵九月辛卯朔以宿直將軍胡什賚爲夏國生日使辛亥還都大名府僧李智究等謀反伏誅十月乙丑歲星晝見丙子以前南京留守唐括安禮爲尚書右丞十一月以大興尹璋爲賀宋正旦使引進使大洞爲高麗生日使上謂宰臣曰外路正五品職事多闕員何也太尉李石對曰資考少有及者上曰苟有賢能當不次用之壬子吏部尚書梁肅請禁奴婢服羅綺上曰近已禁其服明金行之以漸可也且敎化之行當自貴近始朕宮中服御常自節約舊服明金者已減太半矣近民間風俗比正隆時間稍淳儉卿等當更務從儉素使民知所效也

十四年正月己丑朔宋高麗夏遣使來賀二月壬戌以大興尹璋使宋有罪杖百五十除名仍以所受禮物入官丙寅以刑部尚書梁肅等爲宋詳問使庚午以太尉尚書令李石爲太保致仕戊寅詔免去年被水旱百姓租稅三月戊子朔萬春節宋高麗夏遣使來賀甲午上謂大臣曰海陵純尚吏事當時宰執止以案牘爲功卿等當思經濟之術不可狃于故常也又詔猛安謀克之民今後不許殺生祈祭若遇節辰及祭天日許得飲會自二月一日至八月終竝禁絕飲燕亦不許赴會他所恐妨農功雖閑月亦不許痛飲犯者抵罪可徧諭之又命應衞士有不閑女直語者竝勒習學仍自後不得漢語辛丑太白歲星晝見甲辰上更名雍詔中外丙辰太白歲星晝見經天四月乙丑上論宰臣曰閭愚民祈福多建佛寺雖已條禁尚多犯者宜申約束無令徒費財用戊辰有事于太廟以皇太子攝行事乙亥以勸農副使完顏蒲涅爲橫賜高麗使上御垂拱殿顧謂皇太子及親王曰人之行莫大於孝弟孝弟無不蒙天日之祐汝等宜盡孝于父母友于兄弟自古兄弟之際多因妻妾離間以至相違且妻者乃外屬耳可比兄弟之親乎若妻言是聽而兄弟相違甚非理也汝等當以朕言常銘于心戊子以樞密副使徒單克寧兼大興尹五月丙戌朔詳問使梁肅等還自宋甲午如金蓮川六月己未太白晝見八月丁巳次紇里舌日中白龍見御帳東小港中須臾乘雲雷而去癸亥獵于彌離補己卯太白晝見九月丁亥還都乙未以兵部尚書完顏讓等爲賀宋生日使宿直將軍崇肅爲夏國生日使癸卯上退朝謂侍臣曰朕自在潛邸及踐阼以至于今於親屬舊知未嘗欺心有狗近御史臺奏樞密使永中嘗致書河南統軍使完顏仲託以賣馬朕知而不問朕之欺心此一事耳夙夜思之甚如有疾己酉宋遣使報聘十月乙卯朔詔圖畫功臣二十人衍慶宮聖武殿之左右廡十一月甲申朔日有食之丙申御史中丞劉仲誨等爲賀宋正旦使戊戌召尚食局使諭之曰大官之食皆民脂膏日者品味太多不可徧舉徒爲虛費自今止進可口者數品而已戊申以儀鸞局使曹士元爲高麗國生日使十二月戊寅以平章政事完顏守道爲右丞相樞密副使徒單克寧爲平章政事

十五年正月此下闕七月丙午粘拔恩與所部康里孛古等內附九月戊子至自金蓮川辛卯高麗西京留守趙位寵叛其君請以慈悲嶺以西鴨綠江以東四十餘城內附不納丙申幸新宮閏月己酉朔定應禁弓箭鎗刀路分品官家奴客旅等許帶弓箭制上謂左丞相良弼曰今之在官者須職位稱愜所望然後始加勉力其或稍不如意則止以度日爲務是豈忠臣之道耶丁巳又謂良弼曰武靈時領省兼德左丞相言皆有能名然爲政不務遠圖止以苛刻爲事言及可喜等在會寧時一月之間杖而殺之者二十人罪皆不至於死於理可乎海陵爲人如虎此輩尚欲以術數要之以至賣直取死得爲能乎己未以歸德尹完顏王祥等爲賀宋生日使符寶郎斜卯和尚爲夏國生日使辛酉高麗國王奏告趙位寵伏誅詔慰答之詔親王百官傔人所服紅紫改爲黑紫甲戌詔年老之人毋注縣令年老而任從政其佐亦擇壯者參用十月乙未冬獵丁未還都十一月乙卯上幸東宮初唐古部族節度使移剌毛得之子殺其妻而逃上命捕之至是皇姑梁國公主請赦之上謂宰臣曰公主婦人不識典法罪尚可恕毛得請託至此豈可貸宥不許戊午以右宣徽使靖等爲賀宋正旦使甲子太白晝見戊辰以宿直將軍阿典蒲魯虎爲高麗生日使

十六年正月戊申朔宋高麗夏遣使來賀甲寅詔免去年被水旱路分租稅甲子詔宗屬未附玉牒者竝與編次丙寅上與親王宰執從官從容論古今興廢事曰經籍之興其來久矣垂敎後世無不盡善今之學者旣能誦之必須行之然知而不能行者多矣苟不能行誦之何益女直舊風最爲純直雖不知書然其祭天地敬親戚尊耆老接賓客信朋友禮意款曲皆出自然其善與古書所載無異汝輩當習學之舊風不可忘也戊辰宮中火庚午上按鷹高橋見道側醉人墮驢而臥命左右扶而乘之送至其家辛未皇姑邀上至私第諸妃皆從宴飲甚歡公主每進酒上立飲之二月庚寅皇子濬王妃徒單氏以姦伏誅己亥平章政事徒單克寧罷以女故三月丙午朔日有食之是日萬春節改用明日宋高麗夏遣使來賀戊申雨豆於臨潢之境戊午上御廣仁殿皇太子親王皆侍膳上從容訓之曰大凡資用當務節省如其有餘可周親戚勿妄費也因舉所御服曰此

服已三年未嘗更換尚爾完好汝等宜識之壬申復置吾都椀部禿里四月丙戌詔京府設學養士及定宗室宰相子程試等第戊子制商賈舟車不得用馬以東京留守崇尹爲樞密副使壬寅如金蓮川五月戊申南京宮殿火甲寅太白晝見庚申遣使禱雨靜寧山神有頃而雨六月山東兩路蝗七月壬子夏津縣令移刺山住坐贓伏誅八月辛巳次霹靂濼九月乙巳至自金蓮川己酉諭左丞相紇石烈良弼曰西邊自來不備儲蓄其令所在和糴以爲緩急之備癸丑以殿前都點檢蒲察通等爲賀宋生日使宿直將軍完顏覿古速爲夏國生日使諭左丞相良弼曰海陵非理殺戮臣下甚可哀憫其孛論出等遺骸仰逐處訪求官爲收葬辛酉以南京宮殿火留守轉運兩司官皆抵罪十月丙申詔諭宰執曰諸王小字未嘗以女直語命之今皆當更易卿等擇名以上十一月壬寅朔參知政事王蔚罷尚書省奏河北東路胡刺溫猛安所轄謀克孛术魯舍厮以謀克讓其兄子蒲速列上賢而從之仍令議加舍厮恩賞戊午以同知宣徽院事劉珫等爲賀宋正旦使庚申以吏部尚書張汝弼爲參知政事甲子以粘割韓奴之子詳古爲尚輦局直長婁室爲武器直長初韓奴被旨招契丹大石後不知所終至是因粘拔恩部長撒里雅寅特斯等來詢知其死節之詳故錄其後遣兵部郎中移刺子元爲高麗國生日使十二月壬申朔詔諸科人出身四十年方注縣令年歲太遠今後仕及三十二年別無負犯贓染追奪便與縣令丙子詔諸流移人老病者官與養濟上諭宰臣曰凡已經奏斷事有未當卿等勿謂已行不爲奏聞改正朕以萬幾之繁豈無一失卿等但言之朕當更改必無吝也庚寅定榷場香茶罪賞法

十七年正月壬寅朔宋高麗夏遣使來賀高麗并表謝不納趙位寵丙午有司奏高麗所進玉帶乃石似玉者上曰小國無能辨識者誤以爲玉耳且人不易物惟德其物若復却之豈禮體耶戊申詔於衍慶宮聖武殿西建世祖神御殿東建太宗睿宗神御殿詔西北路招討司契丹民戶其嘗叛亂者已行措置其不與叛亂及放良奴隸可徙烏古里石壘部令及春耕作尚書省奏吾都椀部體土胡魯雅里密斯請入獻許之庚戌詔諸大臣家應請功臣號者既不許其子孫自陳吏部考功郎其詳考其勞績當賜號者即以聞壬子上謂宰臣曰宗宰中年高者往往未有官稱其先皆有功於國朕欲稍加以官使有名位可稱如何對曰親親報功先王之令則丁巳詔朝官嫁娶給假三日不須申告壬戌詔宰臣海陵時大臣無辜被戮家屬籍沒者竝釋爲良遼豫王宋天水郡王被害子孫各葬於廣寧河南舊塋其後復詔天水郡王親屬於都北安葬外咸平所寄骨殖官爲葬於本處遼豫王親屬未入本塋者亦遷祔之三月辛丑朔宋高麗夏遣使來賀辛亥詔免河北山東陝西河東西京遼東等十路去年被旱蝗租稅賑東京婆速曷速館三路乙丑尚書省奏三路之粟不能周給上曰朕嘗語卿等遇豐年即廣糴以備凶歉卿等皆言天下倉廩盈溢今欲賑濟乃云不給自古帝王皆以蓄積爲國家長計朕之積粟豈欲獨用之耶今既不給可於鄰道取之以濟自今預備當以爲常四月甲戌制世襲猛安謀克若出仕者雖年未及六十欲令子孫襲者聽戊寅諭宰臣曰郡縣之官雖以罪解一二歲後亦須再用猛安謀克皆太祖創業之際於國勤勞有功之人其世襲之官不宜以小罪奪免戊子以滕王府長史徒單烏者爲橫賜高麗使五月尚書省奏定皇家袒免以上親燕賚班次竝從唐制癸卯幸姚村淀閱七品以下官及宗室子諸局承應人射柳賞有差六月己卯謂宰臣曰朕年老矣恐因一時喜怒處置有所不當卿等即當執奏毋爲面從成朕之失乙未以英王爽之子思列爲忠順軍節度副使爽入謝上曰朕以卿疾故特任卿子所冀卿因喜而愈也欲即加峻授恐思列年幼未閑政事汝當訓之使有善可觀更當升擢七月壬子尚書省奏歲以羊三萬賜西北路戍兵上問如何運致宰臣不能對上曰朕雖退朝留心政務不遑安寧卿等勿謂細事非帝王所宜問以卿等於國家之事未嘗用心故問之耳是月大雨河決八月己巳觀稼于近郊壬申以監察御史體察東北路官吏輒受訟牒爲不稱職笞之五十庚辰上謂宰臣曰今之在官者同僚所見事雖當理亦以爲非意謂從之則恐人謂政非己出如此者多朕甚惡之令觀大理寺所斷雖制有正條理不能行者別具情見朕惟取其所長夫爲人之理他人之善者從之則可謂善矣壬午上謂宰臣曰今在下僚豈無人材但在上者不爲汲引惡其材勝己故耳丙戌上謂御史中丞紇石烈邈曰臺臣糾察吏治之能否務去其擾民且冀其得賢也今所至輒受訟牒聽其妄告使爲政者如何則可也九月丁酉朔日有食之辛丑封子永德爲薛王以右副都點檢完顏習尼列等爲賀宋生日使癸卯以兵部郎中石抹忽土爲夏國生日使戊申秋獵庚戌歲星熒惑太白聚於尾甲子還都十月己巳夏國進百頭帳詔却之境上癸酉有司奏衍慶宮所畫功臣二十人惟五人有謚今考檢餘十五人功狀擬定謚號以進詔可詔以羊十萬付烏古里石壘部蓄收其滋息以予貧民丁丑制諸猛安父任別職子須年二十五以上方許承襲辛巳上謂宰臣曰今在位不聞薦賢何也昔狄仁傑起自下僚力扶唐祚使既危而安延數百年之永仁傑雖賢非婁師德何以自薦乎癸未更護送罪人逃亡制上謂宰臣曰近觀上封章者殊無大利害且古之諫者既忠於國亦以求名今之諫者爲利而已如戶部尚書曹望之濟南尹梁肅皆上書言事蓋覬覦執政耳其於國政竟何所補達官如此況餘人乎昔海陵南伐太醫使祁宰極諫至戮於市此本朝以來一人而已丁亥上命宰臣曰監察御史田忠孺嘗上書言事今當升擢以勵其餘十一月戊戌以南京留守徒單克寧爲平章政事庚戌上謂宰臣曰朕常恐重斂以困吾民自今諸路差科之煩細者亦具以聞有司奏夏國進御帳使因邊臣懇求進入乃許之以尚書左丞石琚爲平章政事丙辰以延安尹完顏蒲刺睹等爲賀宋正旦使十二月戊辰以渤海舊俗男女婚娶多不以禮必先攘竊以奔詔禁絕之犯者以姦論以宿直將軍僕散懷忠爲高麗生日使己巳太白晝見壬申以尚書右丞唐括安禮爲左丞殿前都點檢蒲察通爲右丞上謂宰執曰朕今年已五十有五若年踰六十雖欲有爲而莫之能矣宜及朕之康强其女直人猛安謀克及國家政事之未完與夫法令之未一者宜皆脩舉之凡所施行朕不爲怠

十八年正月丙申朔宋高麗夏遣使來賀壬寅定殺異居周親奴婢同居卑幼輒殺奴婢及妻無罪而輒毆殺者罪庚戌修起居注移刺傑上書言每屏人議事雖史官亦不與聞無由紀錄上以問平章政事石琚左丞唐括安禮對曰古者天子置史官於左右言動必書所以儆戒人君庶幾有所畏也庚申免中都河北河東山東河南陝西等路前年被災租稅壬戌如春水二月丙寅朔次管莊丙子次華港己丑還宮三月乙未朔萬春節宋高麗夏遣使來賀乙巳命戍邊女直人遇祭祀婚嫁節辰許自造酒丁未上謂宰執曰縣令之職最爲親民當得賢材用之邇來犯法者衆殊不聞有能者比在春水見石城玉田兩縣令皆年老苟祿而已畿甸尚爾遠縣可知平章政事石琚對曰良鄉令焦旭慶都令李伯達皆能吏可任上曰審如卿言可擢用之己酉禁民間無得剏興寺觀獻州人殷小二等謀反伏誅四月己巳上謂宰臣曰朕巡幸所至必令體訪官吏臧否向玉田知主簿石抹杳乃能吏也可授本縣令己丑以太子左贊善阿不罕德甫爲橫賜高麗使五月丙午上如金蓮川六月庚午尚書左丞相紇石烈良弼薨閏月辛丑命賑西南西北兩招討司民及烏古里石壘部轉戶饑七月丙子上謂宰臣曰職官始犯贓罪容有錯誤至於再犯是無改過之心自今再犯不以贓數多寡竝除名八月乙巳至自金蓮川丙辰以尚書右丞相完顏守道爲左丞相平章政事石琚爲右丞相九月辛未以大理卿張九思等爲賀宋生日使侍御史完顏蒲魯虎爲夏國生日使癸酉以尚書左丞唐括安禮爲平章政事乙亥以右丞蒲察通爲左丞參知政事移刺道爲右丞刑部尚書粘割斡特刺爲參知政事十月庚寅朔陝州防禦使石抹斲家奴以罪除名甲午御史中丞劉仲晦侍御史李瑜坐失糾察大長公主事各削官一階十一月庚申朔尚書省奏擬同知永寧軍節度使事阿可爲刺史上曰阿可年幼於事未練授佐貳官可也平章政事唐括安禮奏曰臣等以阿可宗室故擬是職上曰郡守係千里休戚安可不擇人而私其親耶若以親親之恩賜與雖厚無害於政使之治郡而非其才一境何賴焉壬申以靜難軍節度使烏延查刺等爲賀宋正旦使丙子尚書省奏崇信縣令石安節買車材於部民三日不償其直當削官一階解職上因言凡在官者但當取其貪汚與清白之尤者數人黜陟之則人自知懲勸矣夫朝廷之政太寬則人不知懼太猛則小玷亦將不免於罪惟當用中典耳戊寅上責宰臣曰近問趙承元何故再任卿等言曹王嘗遣人言其才能幹敏故再任之官爵擬注雖由卿輩予奪之權當出于朕曹王之言尚從之假皇太子有所論則其從可知矣此事因卿言始知其不知者知復幾何且卿等公受請屬可乎蓋承元前爲曹王府文學與王邸婢姦杖百五十除名而復用也丙戌以吏部尚書烏古論元忠爲御史大夫以東上閤門使左光慶爲高麗生日使十二月庚戌封孫吾都補溫國公麻達葛金源郡王承慶道國公壬子羣臣奉上大金受命萬世之寶

十九年正月庚申朔宋高麗夏遣使來賀丁卯如春水二月己酉還宮乙卯免去年被水旱民田租稅三月己未朔萬春節宋高麗夏遣使來賀乙丑尚書省奏虧課院務官顏葵等六十八人各合削官一階上曰以承廕

人主權沾此違法也法弊則當更張唐宋法有可行者則行之已上與宰臣論史事且曰朕觀前史多溢美大抵史書載事貴實不必浮辭諂諛也辛未上謂宰臣曰姦邪之臣欲有規求往往私其黨與不肯明言託以他事陽不與而陰爲之力朕觀古之姦人當國家建儲之時恐其聰明不利於己往往風以陰事破壞其議惟擇昏懦者立之冀他日可弄權爲功利也如晉武欲立其弟而姦臣沮之竟立惠帝以致喪亂此明驗也丁丑上謂宰臣曰朕觀前代人臣將諫於朝與父母妻子訣示以必死同列目覩其死亦不顧身又爲之諫此盡忠於國者人所難能也己卯制糾彈之官知有犯法而不舉者減犯人罪一等科之關親者許回避上謂宰臣曰人多奉釋老意欲徼福朕蚤年亦頗惑之旋悟其非且上天立君使之治民若盤樂怠忽欲以僥倖祈福難矣果能愛養下民上當天心福必報之四月己丑朔詔賑西南路招討司所部民己酉以升祔閔宗詔中外丁巳歲星晝見五月戊寅幸太寧宮六月戊子朔詔更定制條七月辛未有司奏擬趙王子石古乃人從上不從謂宰相曰兒輩尚幼若奉承太過使侈心滋大卒難節抑此不可長諸兒每入侍當其語笑娛樂之際朕必淵默涖之以嚴庶其知朕敎戒之意使常畏懼而寡過也癸酉密州民許通等謀反伏誅丙子太白晝見庚辰至自太寧宮八月壬辰尚書右丞相石琚致仕戊戌以宋大觀錢當五用丙午濟南民劉溪忠謀反伏誅九月戊午以左宣徽使蒲察鼎壽等爲賀宋生日使太子左衞率府率裴滿胡刺爲夏國生日使癸亥秋獵癸未還郡十月辛卯西南路招討使哲典以贓罪伏誅辛亥制知情服內成親者雖自首仍依律坐之十一月壬戌改葬昭德皇后大赦以御史中丞移刺慥等爲賀宋正旦使戊辰以西上閤門使盧拱爲高麗生日使壬申上如河間冬獵癸未至自河間

二十年正月甲寅朔宋高麗夏遣使來賀戊午定試令史格壬戌命歲以錢五千貫造隨朝百官節酒及冰燭藥炭視品秩給之己巳如春水丙子幸石城縣行宮丁丑以玉田縣行宮之地偏林爲御林大淀濼爲長春淀二月丁未還都三月癸丑朔萬春節宋高麗夏遣使來賀己未詔有犯罪被問之官雖遇赦不得復職乙丑以新定猛安謀克詔免中都西京河北山東河東陝西路去年租稅辛巳以平章政事徒單克寧爲尚書右丞相御史大夫烏古論元忠爲平章政事四月丁亥定冒廕罪賞己亥刺宗室及外戚并一品命婦衣服聽用明金以西上閤門使郭喜國爲橫賜高麗使太寧宮火乙巳上謂宰臣曰女直官多謂朕食用大儉朕謂不然夫一食多費豈爲美事兇朕年高不欲屠宰物命貴爲天子能自節約亦不惡也朕服御或舊常使澣濯至于破碎方始更易向時帳幕常用塗金爲飾今則不爾但令足用何必事紛華也庚戌如金蓮川五月丙寅京師地震生黑白毛七月旱八月壬午秋獵九月壬戌至自金蓮川以太府監李佾等爲賀宋生日使少府少監賽補爲夏國生日使丙子蒲速椀羣牧老忽謀叛伏誅十月庚辰朔更定銓注縣令丞簿格詔西北路招討司每進馬駝鷹鶻等輒率斂部內自今並罷之壬午上謂宰臣曰察問細微非人君之體朕亦知之然以卿等殊不用心故時或察問如山後之地皆爲親王公主權勢之家所占轉租於民皆由卿等之不察卿等當盡心勤事毋令朕之煩勞也詔徙遙落河移馬河兩猛安於大名東平等路安置戊戌上謂宰臣曰凡人在下位欲冀升進勉爲公廉賢不肖何以知之及其通顯觀其施爲方見本心如招討哲典初任定州同知繼爲都司未嘗少有私狥所至皆有清名及爲招討不固守人心險于山川誠難知也壬寅上謂宰臣曰近覽資治通鑑編次累代廢興甚有鑒戒司馬光用心如此古之良史無以加也校書郎毛麾朕屢問以事善於應對眞該博老儒可除太常職事以備討論甲辰以殿前都點檢襄爲御史大夫十一月丁巳尚書右丞移剌道罷乙丑以眞定尹徒單守素等爲賀宋正旦使癸酉以御史大夫襄爲尚書右丞乙亥上諭宰臣曰郡守選人資考雖未及廉能者則升用之以勵其餘以太常少卿任倜爲高麗生日使十二月辛巳上謂宰臣曰岐國用人但一言合意便升用之一言之失便責罰之凡人言辭一得一失賢者不免自古用人咸試以事若止以奏對之間安能知人賢否朕之取人衆所與者用之不以獨見爲是也己亥河決衞州辛丑獵于近郊癸卯特授襲封衍聖公孔總兗州曲阜令封爵如故

金史卷八

元　中　書　右　丞　相　總　裁　脫　脫　等　修

本紀第八

世宗下

二十一年正月戊申朔宋高麗夏遣使來賀壬子以夏國請詔復綏德軍榷場仍許就館市易上聞山東大名等路猛安謀克之民驕縱奢侈不事耕稼詔遣閱實計口授地必令自耕地有餘而力不贍者方許招人租佃仍禁農時飲酒丙辰追貶海陵煬王亮爲庶人詔中外甲子如春水丙子大永清縣有移刺余里也者契丹人也隸虞王猛安有一妻一妾妻之子六妾之子四妻死其六子廬墓下更宿守之妾之子皆曰是嫡母也我輩獨不當守墳墓乎於是亦更宿焉三歲如一上因獵過而聞之賜錢五百貫仍令縣官積錢於市以示縣民然後給之以爲孝子之勸二月戊戌太白晝見庚子還都壬寅以河南尹張景仁爲御史大夫乙巳以元妃李氏之喪致祭興德宮過市肆不聞樂聲謂宰臣曰豈以妃故禁之耶細民日作而食若禁之是廢其生計也其勿禁朕前將詣興德宮有司請由薊門朕恐妨市民生業特從他道顧見街衢門肆或有毀撤障以簾箔何必爾也自今勿復毀撤三月丁未朔萬春節宋高麗夏遣使來賀上初聞薊平灤等州民乏食命有司發粟糶之貧不能糴者貸之有司以貸貧民恐不能償止貸有戶籍者上至長春宮聞之更遣人閱實賑貸以監察御史石抹元禮鄭大卿不糾舉各笞四十前所遣官皆論罪甲子太白晝見乙丑詔山後冒占官地十頃以上者皆籍入官均給貧民遼州民宋忠等亂言伏誅上謂宰臣曰近聞宗州節度使阿思懣行事多不法通州刺史完顏守能旣與招討職事猶不守廉達官貴要多行非理監察未嘗舉劾幹覩只羣牧副使僕散那也取部人二毬杖至細事也乃便劾奏謂之稱職可乎今監察職事修舉者與遷擢不稱者大則降罰小則決責仍不許去官閏月己卯恩州民鄒明等亂言伏誅辛卯漁陽令夾谷移里罕司候判官劉居漸以被命賑貸止給富戶各削三官通州刺史郭邦傑總其事奪俸三月乙未上謂宰臣曰朕觀自古人君多進用讒諂其間蒙蔽爲害非細若漢明帝尚爲此輩惑之朕雖不及古之明君然近習讒言未嘗入耳至於宰輔之臣亦未嘗偏用一人私議也癸卯以尚書左丞相完顏守道爲太尉尚書令尚書左丞蒲察通爲平章政事右丞襄爲左丞參知政事張汝弼爲右丞彰德軍節度使粱肅爲參知政事四月戊申以右丞相徒單克寧爲左丞相平章政事唐括安禮爲右丞相增築泰州臨潢府等路邊堡及屋宇庚戌奉安昭祖以下三祖三宗御容於衍慶宮行親祀禮上諭宰臣曰朕之言行豈能無過常欲人直諫而無肯言者使其言果善朕從而行之又何難也戊申以滕王府長史把德固爲橫賜夏國使壬申幸壽安宮五月戊子西北路招討使完顏守能以贓罪杖一百除名七月丙戌還都丁酉樞密使趙王永中罷己亥以左丞相徒單克寧爲樞密使辛丑以太尉尚書令完顏守道復爲左丞相太尉如故八月乙丑以右副都點檢胡什賚等爲賀宋生日使吏部郎中奚相失海爲夏國生日使

二十二年三月辛未朔萬春節宋高麗夏遣使來賀丁丑命尚書省申勅西北路招討司勒猛安謀克官督部人習武備甲申諭戶部今歲行幸山後所須並不得取之民間雖所用人夫並以官錢和雇違者杖八十罷職癸巳詔頒重修制條以吏部尚書張汝霖爲御史大夫四月乙卯行監臨院務官食直法以劭明肅尊號詔中外從皇太子請也甲子上如金蓮川五月甲申太白晝見六月庚子朔制立限放良人奴限內娶良人爲妻所生男女卽爲良丁巳右丞相致仕石琚薨七月辛巳宰臣奏事上頗違豫宰臣請退上曰豈以朕之微爽於和而倦臨朝之大政耶使終其奏甲午秋獵八月戊辰太白經天九月戊寅至自金蓮川以左衞將軍禪赤等爲賀宋生日使上輦局使僕散曷速罕爲夏國生日使己丑以同知東京留守司事裔在任專恣失上下之分論授復州刺史乙未壽州刺史訛里也同知查剌軍事判官孫紹先榷場副使韓仲英等以受商賂縱禁物出界皆處死十月辛丑徙河間宗室于平州庚戌祫享于太廟十一月丙子以吏部尚書李术魯阿魯罕等爲賀宋正旦使東京留守徒單貞以與海陵逆謀伏誅妻永平縣主子愼思並賜死甲申以宿直將軍僕散忠佐爲高麗生日使玉田縣令移剌查坐贓伏誅戊子冬獵十二月庚子還都癸丑獵近郊辛酉立强取諸部羊馬法

二十三年正月丁卯朔宋高麗夏遣使來賀庚午詔有司但獲强盜迹狀旣明賞隨給之勿得更待丁丑參知政事粱肅致仕辛巳廣樂園燈山火壬午如春水詔夾道三十里內被役之民與免今年租稅仍給傭直甲午大邦基伏誅二月乙巳還都戊申以尚書右丞張汝弼攝太尉致祭于至聖文宣王廟庚戌以戶部尚書張仲

愈爲參知政事御史臺進所察州縣官罪上覽之曰卿等所廉皆細碎事又止錄其惡而不舉其善審如是其爲官者不亦難乎其併察善惡以聞三月丙寅朔萬春節宋高麗夏遣使來賀丙子初製宣命之寶金玉各一尚書右丞相烏古論元忠罷潞州涉縣人陳圓亂言伏誅乙酉雨土丙戌詔戒諭中外百官辛丑更定奉使三國人從差遣格祁州刺史大磐坐無罪掠死染工妄認良人二十五口爲奴削官四階罷之癸丑地生白毛以大理正紇石烈木列速爲橫賜高麗使壬戌幸壽安宮勅有司爲民禱雨是夕雨五月庚午縣令大雛訛只等十人以不任職罷歸六十以上者進官兩階六十以下者進官一階並給半俸甲戌命應部除官嘗以罪罷而再敍者遣使按其治迹如有善狀方許授以縣令無治狀者不論任數多少並不得授丁亥雷雨雹地生白毛六月壬子有司奏右司郎中段珪卒上曰是人甚明正可用者也如知登聞檢院巨構每事但委順而已撫人自古忠直者鮮遼兵至則從遼宋人至則從宋本朝至則從本朝其俗詭隨有自來矣雖屢經遷變而未嘗殘破者凡以此也南人勁挺敢言直諫者多前有一人見殺後復一人諫之甚可尚也又曰昨夕苦暑朕通宵不寐因念小民比屋卑隘何以安處七月乙酉平章政事移剌道參知政事張仲愈皆罷御史大夫張汝霖坐失料舉降授棣州防禦使八月乙未觀稼于東郊以女直字孝經千部付點檢司分賜護衛親軍癸卯還都乙巳大名府猛安人馬和尚謀叛伏誅括定猛安謀克戶口田土牛具以戶部尚書程輝爲參知政事九月己巳以同僉大宗正事方等爲賀宋生日使宿直將軍完顏斜里虎爲夏國生日使譯經所進所譯易書論語孟子老子楊子文中子劉子及新唐書上謂宰臣曰朕所以令譯五經者正欲女直人知仁義道德所在耳命頒行之辛未秋獵十月癸巳還都庚戌幸東宮賜皇孫吾都補洗兒禮己未慶雲見辛酉太白晝見十一月壬戌朔日有食之丙寅平章政事蒲察通罷丁卯歲星晝見壬申以樞密副使崇尹爲平章政事閏月甲午上謂宰臣曰帝王之政固以寬慈爲德然如梁武帝專務寬慈以至綱紀大壞朕嘗思之賞罰不濫即是寬政也餘復何爲以尚書左丞襄爲平章政事右丞張汝弼爲左丞參知政事粘割斡特剌爲右丞禮部尚書張汝霖爲參知政事以西京留守婆盧火等爲賀宋正旦使制外任官嘗爲宰執者凡吏牘上省部依親王例免書名戊午歲星晝見上謂宰臣曰女直進士可依漢兒進士補省令史夫儒者操行清潔非禮不行以吏出身者自幼爲吏習其貪墨至於爲官習性不能遷改政道興廢實由於此庚申尚書省左司員外郎徐偉奏事上謂宰臣曰斯人純而幹右司郎中郭邦傑直而頗躁十二月癸酉上謂宰臣曰海陵自以不道恐上京宗室起而圖之故不問疎近並徙之南豈非以漢光武宋康王之疎庶得繼大統故有是心過慮若此何其謬也乙酉高麗以母喪來告丁亥以眞定尹烏古論元忠復爲尚書右丞相

二十四年正月辛卯朔宋夏遣使來賀徐州進芝草十有八莖眞定進嘉禾二本六莖異畝同穎戊戌如長春宮春水二月壬申還都癸酉上曰朕將往上京念本朝風俗重端午節比及端午到上京則燕勞鄉閭宗室父老甲戌制一品職事官庶孽子承廕更不引見丙戌以東上閤門使完顏進兒等爲高麗勅祭使西上閤門使大仲尹爲慰問使虞王府長史永明爲起復使以器物局使亯爲橫賜夏國使三月庚寅朔萬春節宋夏遣使來賀甲午以上將如上京尚書省奏定皇太子守國諸儀丙申尚書省進皇太子守國寶上召皇太子授之且論之曰上京祖宗興王之地欲與諸王一到或留二三年以汝守國譬之農家種田商人營財但能不墜父業即爲克家子況社稷任重尤宜畏愼常時觀汝甚謹今日能紓朕憂乃見中心孝也皇太子再三辭讓以不諳政務乞備扈從上曰政事無甚難但用心公正毋納讒邪久之自熟皇太子流涕左右皆爲之感動皇太子乃受寶丁酉如山陵己亥還都壬寅如上京皇太子允恭守國癸卯宰執以下奉辭于通州上謂宰執曰卿董皆故老皇太子守國宜悉心輔之以副朕意又謂樞密使徒單克寧曰朕巡省之後脫或有事卿必親之毋忽細微大難圖也又顧六部官曰朕聞省部文字多以小不合而駁之苟求自便致累歲不能結絕朕甚惡之自今可行則行可罷則罷毋使在下有滯留之歎時諸王皆從以趙王永中留輔太子四月己未朔太白晝見咸平尹移剌道薨庚申次廣寧府丙寅次東京丁卯朝謁孝寧宮給復東京百里內夏秋稅租一年在城隨關年七十者補一官曲赦百里內犯徒二年以下罪乙酉觀漁于混同江五月己丑至上京居于光興宮庚寅朝謁于慶元宮戊戌宴于皇武殿上謂宗戚曰朕思故鄉積有日矣今既至此可極歡飲君臣同之賜諸王妃主宰執百官命婦各有差宗戚皆霑醉起舞竟日乃罷六月辛酉幸按出虎水臨漪亭壬戌閱馬于綠野淀七月己未上謂宰臣曰天子巡狩當舉善罰惡凡士民之孝弟婣睦者舉而用之其不顧廉恥無行之人則教戒之不悛者則加懲罰丙午獵于勃野淀乙卯上謂宰臣曰今時之人有罪不問既過之後則謂不知有罪必責則謂每事尋罪風俗之薄如此不以文德感之安能復于古也卿等以德輔佐當使復還古風八月癸亥以太府監張大節等爲賀宋生日使侍御史遙里特末哥爲夏國生日使乙亥詔免上京今年市稅九月甲辰歲星晝見十月丁卯獵于近郊十一月辛卯還宮甲午詔以上京天寒地遠宋正旦生日高麗夏國生日並不須遣使令有司報諭丙午尚書省奏徒速頻胡里改三猛安二十四謀克以實上京十二月丙辰獵于近郊己卯還宮

二十五年正月乙酉朔丁亥宴妃嬪親王公主文武從官于光德殿宗室宗婦及五品以上命婦與坐者千七百餘人賞賚有差二月癸酉以東平尹烏古論思列怨望殺之丁丑如春水四月己未至自春水癸亥幸皇武殿擊毬許士民縱觀甲子詔於速頻胡里改兩路猛安下選三十謀克爲三猛安移置于率督畔窟之地以實上京壬申曲赦會寧府仍放免今年租稅百姓年七十以上者補一官甲戌以會寧府官一人兼大宗正丞以治宗室之政上謂羣臣曰上京風物朕自樂之每奏還都輒用感愴祖宗舊邦不忍捨去萬歲之後當置朕於太祖之側卿等無忘朕言丁丑宴宗室宗婦于皇武殿大功親賜官三階小功二階緦麻一階年高屬近者加宣武將軍及封宗女賜銀絹各有差日朕尋常不飲酒今日甚欲沉醉此樂亦不易得也宗室婦女及羣臣故老以次起舞進酒上曰吾來數月未有一人歌本曲者吾爲汝等歌之命宗室子弟敘坐殿下者皆坐殿上聽上自歌其詞道王業之艱難及繼述之不易至慨想祖宗宛然如睹慷慨悲咽不能成聲歌畢泣下右丞相元忠率羣臣宗戚捧觴上壽皆稱萬歲於是諸夫人更歌本曲如私家之會既醉上復續調至一鼓乃罷己卯發上京庚辰宗室戚屬奉辭上曰朕久思故鄉甚欲留一二歲京師天下根本不能久於此也太平歲久國無征徭汝等皆奢縱往往貧乏朕甚憐之當務儉約無忘祖先艱難因泣數行下宗室戚屬皆感泣而退五月庚寅平章政事襄奉御平山等射懷孕兔上怒杖平山三十召襄誡飭之遂下詔禁射兔壬寅次天平山好水川癸卯遣使臨潢泰州勸農丙午命尚書省奏事衣窄紫六月甲寅獵近山見田壠不治命笞田者庚申皇太子允恭薨丙寅尚書右丞相烏古論元忠罷庚午遣左宣徽使唐括鼎詣京師致祭皇太子戊寅命皇太子妃及諸皇孫執喪並用漢儀七月戊申發好水川九月辛巳朔次轄沙河賜百歲老嫗帛甲申次遼水召見百二十歲女直老人能道太祖開創事上嘉歎賜食併賜帛己酉至自上京是日上臨奠宣孝皇太子于熙春園十月丙辰尚書省奏親軍數多宜稍減損詔定額爲三千宰臣退上謂左右曰宰相年老艱于久立可置小榻廊下使少休息甲子禁上京等路大雪及含胎時採捕上謂宰臣曰護衛年老出職而授臨民手字尚不能書何以治民其胸中明暗外不能知精神昏耄已見於外是強其所不能也天子以兆民爲子不能家家而撫在用人而已知其不能而強授之百姓其謂我何丁丑命學士院諫院秘書監司天臺著作局閤門通進拱衛直武器署等官凡直宮中午前許退十一月庚辰朔詔曰豺未祭獸不許採捕冬月雪尺以上不許用網及速撒海恐盡獸類歲星晝見壬午太白晝見甲午以臨潢尹僕散守中等爲賀宋正旦使丙申夏國遣使問起居戊戌以曹王永功爲御史大夫壬寅以禮部員外郎移剌履爲高麗生日使十二月戊午以皇孫金源郡王麻達葛判大興尹進封原王甲子太白晝見經天丙寅左丞相完顏守道左丞張汝弼右丞粘割斡特剌參知政事張汝霖坐擅增東宮諸皇孫食料各削官一階甲戌制增留守統軍總管招討都轉運府尹轉運節度使月俸上謂宰臣曰太尉守道論事止務從寬犯罪罷職者多欲復用若懲其首惡後來知畏罪而復用何以示戒是日命範銅爲禮信之寶凡賜外方禮物給信袋則用之丙子上問宰臣曰原王大興行事如何右丞斡特剌對曰聞都人皆稱之上曰朕令察于民間咸言見事甚明予奪皆不失當曹豳二王弗能及也又聞有女直人訴事以女直語問之漢人訴事漢語問之大抵習本朝語爲善不習則淳風將棄汝弼對曰不忘本者聖人之道也斡特剌曰以西夏小邦崇尚舊俗猶能保國數百年上曰事當任實一事有僞則喪百眞故凡事莫如眞實也

二十六年正月庚辰朔宋高麗夏遣使來賀甲辰如長春宮春水二月癸酉還都乙亥詔曰每季求仕人問以疑難令剖決之其才識可取者仍訪察政迹如其言行相副即加陞用三月己卯朔萬春節宋高麗夏遣使來賀丁亥以大理卿闞上問誰可右丞粘割斡特剌言前

吏部尚書唐括貢可乃授以是職己丑尚書省擬奏除授上曰卿等在省未嘗薦士止限資級安能得人古有布衣入相者聞宋亦多用山東河南流寓疏遠之人皆不拘於貴近也以本朝境土之大豈無其人朕難徧知卿又不舉自古豈有終身爲相者外官三品以上必有可用之人但無故得進耳左丞張汝弼曰下位雖有才能必試之乃見參政程輝曰外官雖有聲一旦入朝却不稱任亦在沙汰而已癸巳香山寺成幸其寺賜名大永安給田二千畝粟七千株錢二萬貫丁酉以親軍完顏乞奴言制猛安謀克皆先讀女直字經史然後承襲因曰但令稍通古今則不肯爲非爾一親軍麄人乃能言此審其有益何憚而不從四月壬子尚書省奏定院務監官虧兌陪納法及橫班格因曰朕常日御膳亦從減省嘗有一公主至至無餘膳可與當直官皆目睹之若欲豐膳雖日用五十羊亦不難矣然皆民之脂膏不忍爲也監臨官惟知利己不知其利自何而來朕嘗歷外任稔知民間之事想前代之君雖享富貴不知稼穡艱難者甚多其失天下皆由此也遼主聞民間乏食謂何不食乾腊蓋幼失師保之訓及其即位故不知民間疾苦也隋煬帝時楊素專權行事乃不慎委任之過也與正人同處所知必正道所聞必正言不可不慎也今原王府官屬當選純謹秉性正直者充勿用有權術之人戊午尚書左丞張汝弼罷己未幸永安宮壬戌太尉左丞相完顏守道致仕以客省使李磐爲橫賜高麗使尚書省奏北京轉運使以贓除名尚書省奏事上曰比有上書言職官犯除名不可復用朕謂此言極當如軍期急速權可使用今天下無事復用此輩何以戒將來又奏年前以諸路水旱於軍民地土二十一萬餘頃內擬免稅四十九萬餘石從之詔曰今之稅考古行之但遇災傷常加蠲免五月甲申以司徒樞密使徒單克寧爲太尉尚書左丞相判大宗正事趙王永中復爲樞密使太興尹原王麻達葛爲尚書右丞相賜名璟參知政事程輝致仕戊子盧溝決於上陽村湍流成河遂因之庚寅御史大夫曹王永功罷以豳王永成爲御史大夫戊戌以尚書右丞粘割斡特剌爲左丞參知政事張汝霖爲右丞六月癸亥尚書省奏速頻胡里改世襲謀克事上曰其人皆勇悍昔世祖與之鄰苦戰累年僅能克復其後乍服乍叛至穆康時始服聲教近世亦嘗分徙朕欲稍遷其民上京實國家長久之計己巳上謂宰執曰齊桓中庸主也得一管仲遂成霸業朕夙夜以思惟恐失人朕既不知卿等又不薦必俟全才而後舉蓋亦難矣如舉某人長於某事朕亦量材用之朕與卿等俱老矣天下至大豈得無人薦舉人材當今急務也又言人之有幹能固不易得然不若德行之士最優也上謂右丞相原王曰爾嘗讀太祖實錄乎太祖征麻產襲之至泥淖馬不能進太祖捨馬而步歡都射中麻產遂擒之創業之難如此可不思乎甲戌詔曰凡陳言文字詣登聞檢院送學士院聞奏毋經省廷七月壬午詔給內外職事官兼職俸錢丙申御史中丞馬惠迪爲參知政事庚子上聞同知中都路都轉運使事趙曦瑞其在職應錢穀利害文字多不題署但思安身降授積石州刺史閏月己未還都八月丁丑上謂宰臣曰親軍雖不識字亦令依例出職若涉贓賄必痛繩之太尉左丞相克寧曰依法則可上曰朕於女直人未嘗不知優恤然涉於贓罪雖朕子弟亦不能恕太尉之意欲姑息女直人耳戊寅尚書省奏河決衞州壞命戶部侍郎王寂都水少監王汝嘉徙衞州胙城縣丁亥尚書省奏遣吏部侍郎李晏等二十六人分路推排諸路物力從之己丑以宿直將軍李達可爲夏國生日使辛卯以益都尹崇浩等爲賀宋生日使甲午秋獵九月庚子次薊州辛丑幸仙洞寺壬寅幸香林淨名二寺九月甲辰朔幸盤山上方寺因徧歷中盤天香感化諸寺庚申還都丙寅上謂宰臣曰烏底改叛亡已遣人討之可益以甲士毀其船栰參知政事馬惠迪曰得其人不可用有其地不可居恐不足勞聖慮上曰朕亦知此類無用所以毀其船栰欲不使再窺邊境耳十月戊寅定職官犯贓同職相糾察法庚寅上謂宰臣曰西南西北兩路招討司地隘猛安人戶無處圍獵不能閑習騎射委各猛安謀克官依時教練其弛慢過期及不親監視並決罰之甲午詔增河防軍數戊戌寧昌軍節度使崇肅行軍都統忠道以討烏底改不待克敵而還崇肅杖七十削官一階忠道杖八十削官三階十一月甲辰朔定閔宗陵廟薦享禮上謂宰臣曰女直人中材傑之士朕少有識者蓋亦難得也新進士如徒單鎰夾古阿里補尼龐古鑑輩皆可用之材也起身刀筆者雖有力可用其廉介之節終不及進士今五品以上闕員甚多必資級相當至老有不能得者況欲至卿相乎古來宰相率不過三五年而退罕有三二十年者卿等特不舉人甚非朕意上顧修起居注崇璧曰斯人孱弱付之以事未必能辦以其謹厚長者故置諸左右欲諸官劾其爲人也辛亥以刑部尚書移剌子元等爲賀宋正旦使戊午以左警巡副使鶻沙通敏善斷擢殿中侍御史兼右三部司正庚申立右丞相原王璟爲皇太孫甲子上謂宰臣曰朕聞宋軍自來教習不輟今我軍專務游惰卿等勿謂天下既安而無豫防之心一旦有警軍不可用顧不敗事耶其令以時訓練丙寅上謂侍臣曰唐太子承乾所爲多非度太宗縱而弗檢遂至於廢如早爲禁止當不至是朕於聖經不能深解至於史傳開卷輒有所益每見善人不忘忠孝檢身廉潔皆出天性至於常人多喜爲非有天下者苟無以懲之何由致治孔子爲政七日而誅少正卯聖人尚爾況餘人乎戊辰上謂宰臣曰朕雖年老聞善不厭孔子云見善如不及見不善如探湯大哉言乎右丞張汝弼對曰知之非艱行之惟艱以拱衞直副都指揮使韓景懋爲高麗生日使以近侍局直長尼龐古鑑純直通敏擢皇太孫侍丞己巳獵近郊庚午上謂宰臣曰朕方前古明君固不可及至於不納近臣讒言不受戚里私謁亦無愧矣朕嘗自思豈能無過所患過而不改過而能改庶幾無咎省朕之過頗喜興土木之工自今不復作矣十二月甲申上退朝御香閣左諫議大夫黃久約言遞送荔支非便上諭之曰朕不知也今令罷之丙戌上謂宰臣曰有司奉上惟沽辦事之名不問利害如何朕嘗欲得新荔支兵部遂於道路特設鋪遞比因諫官黃久約言朕方知之夫爲人無識一旦臨事便至顚沛宮中事無大小朕常親覽者以不得人故也如使得人寧復他慮丁亥上謂宰臣曰朕年來惟以省約爲務常膳止四五味已厭飫之比初即位十減七八宰臣曰天子自有制不同餘人上曰天子亦人耳枉費安用丙申上謂宰臣曰比聞河水泛溢民罹其害者貲產皆空今復遣官於彼推排何耶右丞張汝霖曰今推排皆非被災之處上曰必隣道也既隣水而居豈無驚擾遷避者乎計其貲產豈有餘哉尚何推排爲又曰平時用人宜尚平直至於軍職當用權謀使人不易測可以集事唐太宗自少年能用兵其後雖居帝位猶不能改吮瘡剪鬚皆權謀也

二十七年正月癸卯朔宋高麗夏遣使來賀己酉以襄城令趙渢爲應奉翰林文字渢入謝上問宰臣曰此党懷英所薦耶對曰諫議黃久約亦嘗薦之上曰學士院比舊殊無人材何也右丞張汝霖曰人材須作養若令久任練習自可得人庚戌如長春宮春水二月乙亥還都己卯改閔宗廟號曰熙宗癸未命曲陽縣置錢監賜名利通乙酉上謂宰執曰朕自即位以來言事者雖有狂妄未嘗罪之卿等未嘗肯盡言何也當言而不言是相疑也君臣無疑則謂之嘉會事有利害可竭誠言之朕見緘默不言之人不欲觀之矣丁亥命沿河京府州縣長貳官並帶管勾河防事己丑諭宰執曰近侍局官須選忠直練達之人用之朕雖不聽讒言使佞人在側將恐漸漬聽從之矣上謂宰執曰朕聞寶坻尉蒙括特末也清廉其爲政何如左丞斡特剌對曰其部民亦稱譽之然不知所稱何事上曰凡爲官但得清廉亦可矣安得全才之人可進官一階永爲令又言朕時或體中不佳未嘗不視朝諸王百官但有微疾便不治事自今宜戒之丙申命罪人在禁有疾聽親屬入視三月癸卯朔萬春節宋高麗夏遣使來賀辛亥皇太孫受冊赦乙卯尚書省言孟家山金口閘下視都城百四十餘尺恐暴水爲害請閉之從之上謂大臣曰十室之邑必有忠信今天下之廣人民之衆豈得無人唐之顏真卿段秀實皆節義之臣也終不升用亦當時大臣固蔽而不舉也卿等當不私親故而特舉忠正之人朕將用之又言國初風俗淳儉居家惟布衣非大會賓客未嘗輒烹羊豕朕嘗念當時節儉之風不欲妄費凡宮中之官與賜之食者皆有常數四月丙戌以刑部尚書崇浩爲參知政事丙申上如金蓮川辛丑京師地震五月壬子詔罷曷懶路所進海葱及太府監日進時果曰葱果應用幾何徒勞人耳惟上林諸果三日一進庚午以所進御膳味不調適有旨問之尚食局直長言臣聞老母病劇私心憒亂如喪魂魄以此有失嘗視臣罪萬死上嘉其孝即令還家侍疾俟平愈乃來六月戊寅免中都河北等路嘗被河決水災軍民租稅庚辰太白晝見七月丙午太白晝見經天壬子秋獵八月丙戌次雙山子九月己亥朔還都己酉上謂宰臣曰朕今歲春水所過州縣其小官多幹事蓋朕前嘗有賞擢故皆勉力以此見專任責罰不如用賞之有激勸也以河中尹田彥皐等爲賀宋生日使武器署令斜卯阿土爲夏國生日使十月乙亥宋前主構殂庚辰祫享于太廟庚寅上謂宰臣曰朕觀唐史惟魏徵善諫所言皆國家大事甚得諫臣之體近時臺諫惟指摘一二細碎事姑以塞責未嘗有及國家大利害者豈知而不言歟無乃亦不知也宰臣無以對十一月庚戌以左副都點檢崇安爲賀宋正旦使甲寅詔河水泛溢農夫被災者與免差稅一年衞懷孟鄭四州塞河勞役併免今年差稅庚申平章政事崇尹致

仕甲子上謂宰臣曰卿等老矣殊無可以自代者乎必待朕知而後進乎顧右丞張汝霖曰若右丞者亦右丞相所言也平章政事襄及汝霖對曰臣等苟有所知豈敢不言但無人耳上曰春秋諸國分裂土地褊小皆稱有賢卿等不舉而已今朕自勉庶幾致治他日子孫誰與共治者乎宰臣皆有慚色十二月庚午以翰林待制趙可爲高麗生日使丁丑獵于近郊壬午宋遣使告哀甲申上諭宰臣曰人皆以奉道崇佛設齋讀經爲福朕使百姓無寃天下安樂不勝於彼乎爾等居輔相之任誠能匡益國家使百姓蒙利不惟身享其報亦將施及子孫矣左丞斡特剌曰臣等敢不盡心第才不逮不能稱職耳上曰人亦安能每事盡善但加勉勵可也戊子禁女直人不得改稱漢姓學南人衣裝犯者抵罪

二十八年正月丁酉朔宋高麗夏遣使來賀癸卯遣宣徽使蒲察克忠爲宋弔祭使甲辰如春水二月乙亥還都己丑宋遣使獻先帝遺留物癸巳宋使朝辭以所獻禮物中玉器五玻璃器二十及弓劒之屬使還遺宋曰此皆爾國前主珍玩之物所宜寶藏以無忘追慕今受之義有不忍歸告爾主使知朕意也三月丁酉朔萬春節宋高麗夏遣使來賀御慶和殿受羣臣朝復宴于神龍殿諸王公主以次捧觴上壽上驩甚以本國音自度曲蓋言臨御久春秋高渺然思國家基緒之重萬世無窮之託以戒皇太孫當修身養德善于持守及命太尉左丞相克寧盡忠輔導之意於是上自歌之皇太孫及克寧和之極驩而罷戊申命隨朝六品外路五品以職事官舉進士已在仕才可居翰苑者試制詔等文字三道取文理優贍者補充學士院職仕應赴部求仕人老病昏昧者勒令致仕止給半俸更不遷官甲寅幸壽安宮四月癸酉命增外任小官及繁難局分承應人俸丁丑以陝西路統軍使孛朮魯阿魯罕爲參知政事癸未命建女直大學五月丙午制諸教授必以宿儒高才者充給俸與丞簿等戊申宋使來謝弔祭七月辛亥尚書左丞粘割斡特剌罷八月甲子朔日有食之辛未還都庚辰上謂宰臣曰近聞烏底改有不順服之意若遣使責問彼或抵捍不遜則邊境生事有不可已者朕嘗思之招徠遠人於國家殊無所益彼來則聽之不來則勿强其來此前世羈縻之長策也參知政事孛朮魯阿魯罕罷壬午以山東路統軍使完顏婆盧火爲參知政事甲申上謂宰臣曰用人之道當自其壯年心力精强時用之若拘以資格則往往至於耄老此不思之甚也阿魯罕使其早用朝廷必得補助之力惜其已衰老矣凡有可用之材汝等宜早思之九月甲午朔以鷹房使崇夔爲夏國生日使安武軍節度使王克溫等爲賀宋生日使己亥秋獵乙卯還都十月乙丑京府及節度州增置流泉務凡二十八所禁糠禪瓢禪其停止之家抵罪乙酉尚書省奏擬除授而拘以資格上曰日月資考所以待庸常之人若才行過人豈可拘以常例國家事務皆須得人汝等不能隨才委使所以事多不治朕固不知用人之術汝等但務循資守格不思進用才能豈以才能見用將奪己之祿位乎不然是無知人之明也羣臣皆曰臣等豈敢蔽賢才識不逮耳上顧謂右丞張汝霖曰前世忠言之臣何多今日何少也汝霖對曰世亂則忠言進承平則忠言無所施上曰何代無可言之事但古人知無不言今人不肯言耳汝霖不能對十一月戊戌以改葬熙陵詔中外上謂侍臣曰凡修身者喜怒不可太極怒極則心勞喜極則氣散得中甚難是故節其喜怒以思安身今宮中一歲未嘗責罰人也庚子太白晝見詔南京大名府等處避水逃移不能復業者官與津濟錢仍量地頃畝給以耕牛甲辰以河中尹田彥皐等爲賀宋正旦使戊申上謂宰臣曰制條以拘於舊律間有難解之辭夫法律歷代損益而爲之彼智慮不及而有乖違本意者若行删正令衆易曉有何不可宜修之務令明白有司奏重修上京御容殿上謂宰臣曰宮殿制度苟務華飾必不堅固今仁政殿遼時所建全無華飾但見它處歲歲修完惟此殿如舊以此見虛華無實者不能經久也今土木之工滅裂尤甚下則吏與工匠相結爲姦侵尅工物上則戶工部官支錢度材惟務苟辦至有工役纔畢隨卽欹漏者姦弊苟且勞民費財莫甚於此自今體究重抵以罪庚戌上謂宰臣曰朕近讀漢書見光武所爲人有所難能者更始旣害其兄伯升當亂離之際不思報怨事更始如平日人不見戚容豈非人所難能乎此其度量蓋將大有爲者也其他庸主豈可及哉右丞張汝霖曰湖陽公主奴殺人匿主車中洛陽令董宣從車中曳奴下殺之主入奏光武欲殺宣及聞宣言意遂解使宣謝主宣不奉詔主以言激怒光武光武但笑而已更賜宣錢三十萬上曰光武聞直言而怒解可謂賢主矣令宣謝主則非也高祖英雄大度駕馭豪傑起自布衣數年而成帝業非光武所及然及卽帝位猶有布衣麤豪之氣光武所不爲也癸丑幸太尉克寧第十二月丙寅以大理正移剌彥拱爲高麗生日使乙亥上不豫庚辰赦天下乙酉詔皇太孫璟攝政居慶和殿東廡丙戌以太尉左丞相徒單克寧爲太尉兼尚書令平章政事襄爲尚書右丞相右丞張汝霖爲平章政事參知政事完顏婆盧火罷以戶部尚書劉暐爲參知政事戊子詔尚書令徒單克寧左丞相襄平章政事張汝霖宿於內殿

二十九年正月壬辰朔上大漸不能視朝詔遣宋高麗夏賀正旦使還癸巳上崩于福安殿壽六十七皇太孫卽皇帝位己亥殯于太安殿三月辛卯朔上尊謚曰光天興運文德武功聖明仁孝皇帝廟號世宗四月乙酉葬興陵

贊曰世宗之立雖由勸進然天命人心之所歸雖古聖賢之君亦不能辭也蓋自太祖以來海內用兵寧歲無幾重以海陵無道賦役繁興盜賊滿野兵甲並起萬姓盻盻國內騷然老無留養之丁幼無顧復之愛顛危愁困待盡朝夕世宗久典外郡明禍亂之故知吏治之得失卽位五載而南北講好與民休息於是躬節儉崇孝弟信賞罰重農桑愼守令之選嚴廉察之責却任得敬分國之請拒趙位寵郡縣之獻孳孳爲治夜以繼日可謂得爲君之道矣當此之時羣臣守職上下相安家給人足倉廩有餘刑部歲斷死罪或十七人或二十人號稱小堯舜此其效驗也然舉賢之急求言之切不絕于訓辭而羣臣偷安苟祿不能將順其美以底大順惜哉

金史卷八考證

世宗紀下二十六年五月戊子盧溝決于上陽村○臣浩按金史河渠志書大定二十五年五月盧溝決于上陽村與世宗紀年分不同

二十八年十一月戊戌以改葬熙陵○臣人龍按思陵錄淳熙十五年十二月諜報金人制曰朕惟熙宗以武元嫡孫受文烈顧命卽位十有五年海陵庶人亮簒逆誣詆降從王封肆予一人纘承先緒仰惟熙宗位號宜正是以稽合禮文升祔太室惟是葬非其所爰命有司卜地涓日奉遷梓宮已于十月初八日備禮葬于思陵庶慰在天之靈大定二十八年十一月日此制金史失載

金史卷九

元中書右丞相總裁脫脫等修

本紀第九

章宗一

章宗憲天光運仁文義武神聖英孝皇帝諱璟小字麻達葛顯宗嫡子也母曰孝懿皇后徒單氏大定八年世宗幸金蓮川秋七月丙戌次冰井上生翌日世宗幸東宮宴飲歡甚語顯宗曰祖宗積慶而有今日社稷之福也又謂司徒李石樞密使紇石烈志寧等曰朕子雖多皇后止有太子一人幸見嫡孫又生於麻達葛山朕嘗喜其地衍而氣清其以山名之羣臣皆稱萬歲十八年封金源郡王始習本朝語言文字及漢字經書以進士完顏匡司經徐孝美等侍讀二十四年世宗東巡顯宗守國上奉表詣上京問安仍請車駕還都世宗嘉其意賜勅書答諭二十五年三月萬春節復奉表朝賀六月顯宗崩世宗遣滕王府長史臺御院通進胥來護視十二月進封原王判大興府事入以國語謝世宗喜且爲之感動謂宰臣曰朕嘗命諸王習本朝語惟原王語甚習朕甚嘉之諭旨曰朕固知汝年幼服制中未可付以繁然政事亦須學京輦之任姑試爾才其勉之二十六年四月詔賜名璟五月拜尚書右丞相世宗謂曰宮中有輿地圖觀之可以具知天下遠近阨塞又謂宰臣曰朕所以置原王於近輔者欲令親見朝廷議論習知政事之體故也十一月詔立爲皇太孫稱謝於慶和殿世宗諭之曰爾年尚幼以明德皇后嫡孫惟汝一人試之以事甚有可學之資朕從正立汝爲皇太孫建立在朕保守在汝宜行正養德勿近邪佞事朕必盡忠孝無失衆望則惟汝嘉二十七年三月世宗御大安殿授皇太孫冊赦中外丁巳謁謝太廟及山陵始受百官牋賀二十八年十二月乙亥世宗不豫詔攝政聽授五品以下官丁亥受攝政之寶二十九年春正月癸巳世宗崩卽皇帝位于柩前丙申詔中外賜內外官覃恩兩重三品已上者一重免今歲租稅并自來懸欠係官等錢鰥寡孤獨人絹一疋米兩石己亥遷大行皇帝梓宮于太安殿癸卯以皇太后命爲令旨甲辰以大理卿王元德等報哀于宋高麗夏乙卯白虹貫日亘天丁巳參知政事崇浩罷山東統軍裔以私過都城不赴哭臨笞五十降授彰化軍節度使戊午名皇太后宮曰仁壽設衛尉等官二月辛酉朔日有食之癸亥始聽政追尊皇考爲皇帝尊母爲皇太后甲子命學士院進呈漢唐便民事及

當今急務。己丑，白虹亘天。勑登聞鼓院所以達冤枉，舊嘗鎖戶，其令開之。戊辰，更仁壽宮名隆慶。詔宮籍監戶舊係睿宗及大行皇帝、皇考之奴婢者，悉放爲良。己巳，勑御史臺，自今監察令本臺辟舉，任內不稱職亦從奏罷。丁丑，增定百官俸。乙酉，詔有司稽考典故，許引用宋事。是月，宋主內禪，子惇嗣立。三月壬辰，朝于隆慶宮，是月凡五朝。己酉，詔以生辰爲天壽節。癸丑，夏國遣使來弔。夏四月己巳，夏國遣使來祭。辛未，宋遣使來弔祭。乙酉，葬世宗光天興運文德武功聖明仁孝皇帝於興陵。戊子，朝于隆慶宮。五月庚寅朔，太白晝見。壬寅，宋主遣使來報嗣位，夏國遣使來賀卽位。丙午，以祔廟禮成，大赦。丁未，地生白毛。庚戌，詔罷送宣錢，今後諸護衞考滿賜官錢二千貫。壬子，勑收錄功臣子孫，量材於局分承應。戊午，朝于隆慶宮。以東北路招討使溫迪罕速可等爲賀宋主卽位使。河溢曹州。閏月庚申朔，封兄珣爲豐王，琮鄆王，瓌瀛王，從彝沂王，弟從憲壽王，玠溫王。辛酉，制諸飢民賣身已贖放爲良，復與奴主男女並聽爲良。丙寅，觀稼于近郊。庚午，以樞密副使唐括貢爲御史大夫。壬申，封乳母孫氏蕭國夫人，姚氏莘國夫人。丙子，進封趙王永中漢王，曹王永功冀王，豳王永成吳王，虞王永升隨王，徐王永蹈衞王，滕王永濟潞王，薛王永德潘王。庚辰，宋遣使來賀卽位。癸未，朝于隆慶宮。詔學士院自今誥詞並用四六。乙酉，詔諸有司凡承應人係將來受親民之職，可命所屬諭使爲學，其護衞、符寶、奉御、奉職、侍直近密，當選有德行學問之人爲之教授。六月己丑朔，有司言律科舉人止知讀律，不知教化之原，必使通治論語、孟子，涵養器度，遇府會試，委經義試官出題別試，與本科通定去留爲宜，從之。詔有司請親王到任各給錢二十萬。辛卯，修起居注完顏烏者、知登聞檢院孫鐸皆上書諫罷圍獵，上納其言。拾遺馬升上儉德箴。乙未，初置提刑司，分按九路，並兼勸農採訪事，屯田鎭防諸軍皆屬焉。丁酉，幸慶壽寺，作瀘溝石橋。己亥，朝于隆慶宮。甲辰，罷送赦禮物錢。朝于隆慶宮。乙卯，高麗國王晧遣使來弔祭及會葬。勑有司移報宋、高麗、夏，天壽節於九月一日來賀。丁巳，命提刑官除後於便殿聽旨，每十月使副內一員入見議事，如止一員則令判官入見，其判官所掌煩劇，可升同隨朝職任。秋七月辛酉，減民地稅十之一，河東南北路十之二，下田十之三。甲子，朝于隆慶宮。乙丑，勑近侍官授外任三品、四品，賜金帶、一重幣有差。丁卯，以太尉、尚書令、東平郡王徒單克寧爲太傅，改封金源郡王。辛未，高麗遣使來賀卽位。甲戌，乙酉，太后幸壽安宮。辛巳，詔京府節鎭防禦州設學養士。初設經童科。御史大夫唐括貢罷。禮部尚書移剌履爲參知政事。以刑部尚書完顏守貞等爲賀宋生日使。八月戊子朔，奉皇太后幸壽安宮。辛卯，勑有司京府州鎭設學校處，其長貳幕職內各以進士官提控其事，仍具入銜。壬辰，初定品官子孫試補令史格及提刑司所掌三十二條。左司諫郭安民上疏論三事，曰崇節儉，去嗜欲，廣學問。丁酉，如大房山。戊戌，謁奠諸陵。己亥，還都。庚子，朝于隆慶宮，是月凡三朝。壬寅，制提刑司設女直、契丹、漢兒知法各一人。甲辰，參知政事劉瑋罷。丙辰，宋、高麗、夏遣使來賀天壽節。九月戊午朔，天壽節，以世宗喪不受朝。庚申，詔增守山陵爲二十丁，給地十頃。壬戌，詔罷告捕亂言人賞。甲子，制諸盜賊聚集至十人或騎五人以上，所屬移捕盜官捕之，仍遞言省部；三十人以上聞奏，違者杖百。是日，朝于隆慶宮，是月凡四朝。丁卯，制强族大姓不得與所屬官吏交往，違者有罪。戊辰，以隆慶宮衞尉把思忠爲夏國生日使。庚午，以尚輦局使崇德爲橫賜高麗使。丙子，獵于近郊。戊寅，監察御史焦旭劾奏太傅克寧、右丞相襄不應請車駕田獵，上曰：「此小事，不須治之。」乙酉，如大房山。冬十月丁亥朔，謁奠諸陵。己丑，還都。庚寅，朝于隆慶宮，是月凡四朝。辛卯，上顧謂宰臣曰：「翰林闕人。」平章政事汝霖對曰：「鳳翔治中郝俁可。」汝霖諫止田獵，詔答曰：「卿能每事如此，朕復何憂。然時異事殊，得中爲當。」丙申，冬獵。己亥，次羅山。庚子，次玉田。辛丑，沁州、丹州進嘉禾。丁亥，次寶坻。庚戌，中侍石抹阿古誤帶刀入禁門，罪應死，詔杖八十。癸丑，至自寶坻。十一月己未，朝于隆慶宮。辛酉，以右宣徽院使裴滿餘慶等爲賀宋正旦使。癸亥，上謂宰臣曰：「今之用人太拘資歷，循資之法起於唐代，如此何以得人。」平章政事汝霖對曰：「不拘資格，所以待非常之材。」上曰：「崔祐甫爲相未踰年，薦八百人，豈皆非常之材歟。」甲子，諭尚書省曰：「太傅年高，每趨朝而又赴省，恐不易。自今旬休外，四日一居休，庶得調攝，常事他相理問，惟大事白之可也。」戊辰，諭尚書省，自今五品以上官各舉所知，歲限所舉之數，如不舉者坐以蔽賢之罪，仍依唐制，凡五品以上官到任卽舉自代，並從提刑司採訪之。己巳，初制轉遞文字法。壬申，朝于隆慶宮。乙亥，命參知政事移剌履提控刊修遼史。丁丑，以西上閤門使移剌郝爲高麗生日使。御史臺奏故事臺官不得與人相見，蓋爲親王宰執形勢之家恐有私狥，然無以訪知民間利病、官吏善惡。詔自今許與四品以下官相見，三品以上如故。辛巳，詔有司今後諸處或有饑饉，令總管、節度使或提刑司先行賑貸或賑濟，然後言上。十二月丙戌朔，朝于隆慶宮，是月凡五朝。詔罷鑄錢。丁亥，密州進白雉。壬辰，諭有司，女直人及百姓不得用網捕野物及不得放羣鷹枉害物命，亦恐女直人廢射也。戊戌，復置北京、遼東鹽使司，仍罷巡鹽使。以河東南北路提刑司言，賑寧化、保德、嵐州饑，其流移復業，給復一年。是日，禁宮中上直官及承應人毋得飮酒。乙巳，祭奠興陵。壬子，諭臺臣曰：「提刑司所舉劾多小過，行則失大體，不行則恐有所沮，其以此意諭之。」甲寅，宋、高麗、夏遣使來賀正旦。是冬無雪。

明昌元年春正月丙辰朔，改元，以世宗喪不受朝賀。上朝于隆慶宮，是月凡四朝。丁巳，制諸王任外路者許游獵五日，過此禁之，仍令戒約人從毋擾民。辛酉，諭尚書省，宰執所以總持國家，不得受人餽遺，或遇生辰受所獻毋過萬錢，若緦、大功以上親及二品以上官不禁。壬戌，以知河中府事王蔚爲尚書右丞，刑部尚書完顏守貞爲參知政事。甲子，如大房山。乙丑，奠謁興陵、裕陵。丙寅，還都。戊辰，制禁自披剃爲僧道者。勑外路求世宗御書。辛未，如近畿春水。己卯，如春水。二月丁亥，太白晝見。丙申，遣諸王凡出獵毋越本境。壬寅，諭有司寒食給假五日，著于令。甲辰，至自春水，朝于隆慶宮，是月凡四朝。癸丑，地生白毛。甲寅，如大房山。三月乙卯朔，謁奠興陵。丙辰，還都，朝于隆慶宮，是月凡六朝。己未，勑點檢司，諸試護衞人須身形及格，若功臣子孫善射出衆，雖不及格亦令入見。癸亥，禮官言民或一產三男，內有才行可用者，可令察舉量材敍用。其驅婢所生，舊制官給錢百貫以資乳哺，尚書省請更給錢四十貫贖以爲良，制可。丙寅，有司言舊制朝官六品以下從人輸庸者聽，五品以上不許輸庸，恐傷禮體，其有官職俱至三品、年六十以上致仕者，人力給半，乞不分內外，願令輸庸者聽，從之。乙巳，擊毬於西苑，百寮會觀。癸酉，詔內外五品以上歲舉廉能官一員，不舉者坐蔽賢罪。乙亥，初設應制及宏詞科。丁丑，制內外官并諸局承應人遇祖父母、父母忌日，並給假一日。辛巳，詔修曲阜孔子廟學。壬午，如壽安宮。夏四月甲申朔，朝于隆慶宮，是月凡四朝。戊戌，如壽安宮。五月，不雨。乙卯，祈于北郊及太廟。朝于隆慶宮，是月凡三朝。丙辰，以鷹坊使移剌寧爲橫賜夏國使。戊午，拜天于西苑，射柳、擊毬，縱百姓觀。壬戌，祈雨于社稷。甲子，制省元及四舉終場人許該恩。己巳，復祈雨于太廟。庚午，置知登聞鼓院事一人。丙子，以祈雨望祭嶽鎭海瀆于北郊。戊寅，命內外官五品以上任內舉所知才能官一員以自代。壬午，以參知政事移剌履爲尚書右丞，御史中丞徒單鎰爲參知政事。尚書右丞相襄罷。六月己丑，制定親王家人有犯，其長史、府掾失覺察故縱罪。壬辰，奉皇太后幸壽慶寺。甲辰，勑僧道三年一試。秋七月己巳，以禮部尚書王翛等爲賀宋生日使。庚午，朝于隆慶宮。丁丑，詔罷西北路蝦蟆山市場。八月癸未朔，禁指託親王公主奴隸占網船、侵商旅及妄徵錢債。乙酉，詔設常平倉。丁亥，至自壽安宮。戊子，朝于隆慶宮，是月凡三朝。己丑，以判大睦親府事宗寧爲平章政事。壬辰，幸玉泉山，卽日還宮。癸巳，罷諸府鎭流泉務，選才幹之官爲諸州刺史，皆召見諭戒之。戊戌，上諭宰臣曰：「何以使民棄末而務本，以廣儲蓄？」令集百官議。戶部尚書鄧儼等曰：「今風俗侈靡，宜定制度，辨上下，使服用居室各有差等，抑昏喪過度之禮，禁追逐無名之費，用度有節，蓄積自廣矣。」右丞履、參知政事守貞、鎰曰：「凡人之情，見美則願，若不節以制度，將見奢侈無極，費用過多，民之貧乏殆由此致。方今承平之際，正宜講究此事，爲經久法。」上是履議。壬寅，勑麻吉以皇家袒免之親，特收充尚書省祗候郎君，仍爲永制。丁未，獵于近郊。己酉，宋、高麗、夏遣使來賀天壽節。九月壬子朔，天壽節，以世宗喪不受朝。丙辰，以廉能進擢北海縣令張翛等十八人官。己未，以武衞軍副都指揮使烏林答謀甲爲夏國生日使。庚申，朝于隆慶宮。壬戌，如秋山。冬十月丁亥，至自秋山。戊子，朝于隆慶宮。丙申，詔賜貴德州孝子翟巽、遂州節婦張氏各絹十疋、粟二十石。戊戌，以有司言，登聞鼓院同記注院勿有所隸。制民庶聘財爲三等，上百貫，次五十貫，次二十貫。丁未，獵于近郊。十一月乙卯，朝于隆慶宮，是月凡五朝。以惑衆亂民，禁罷全眞及五行毗盧。以僉書樞密院事把德固等爲賀宋正旦使。丁巳，制諸職官讓廕兄弟子姪者從其所請。戊辰，召禮部尚書王翛、諫議大夫張暐詣殿門，諭之曰：「朝廷可行之事，汝諫官、禮官卽當辨析。小民之言有可採者，朕尚從之，況卿等乎。自今所議，毋但附合於尚書省。」辛未，以西上閤門使移剌撻不也爲高麗生日使。丙子，冬獵。己卯，次雄州。判眞定府事吳王永成、判定武軍節度使隋王永升來朝。十二月壬午，免獵地今年稅。丁亥，次饒陽。己丑，平章政事張汝霖薨。丁酉，至自饒陽。甲辰，幸太傅徒單克寧第親疾以克寧爲太師尚書令封淄王賜銀千五百兩絹二千疋乙巳朝于隆慶宮丙午詔有司正旦可先賀隆慶宮然後進酒丁未宋高麗夏遣使來賀正旦

二年春正月庚戌朔以世宗喪不受朝癸丑諭有司夏國使可令館內貿易一日尚書省言故事許貿易三日從之甲寅始許宮中稱聖主乙卯皇太后不豫自是日往侍疾丙夜乃還辛酉皇太后崩丙寅以左副都點檢亩等報哀于宋高麗夏庚午太師尚書令淄王徒單克寧薨甲戌百官表請聽政不許戊寅詔賜隨括里部羊三萬口重幣五百端絹二千疋以振其乏吳王永成隋王永升以聞國喪奔赴失期罰其俸一月其長史皆五十己卯有司言漢王永中以疾失期上論使同二月壬午百官復請聽政不許壬辰上始視朝勅親王及三品官之家毋許僧尼道士出入諭有司進士程文但合格者卽取之毋限人數丙申以樞密副使夾谷清臣爲尚書左丞戊戌更定奴誘良人法丙午初設王傅府尉官三月丁巳夏國遣使來弔癸亥勅有司國號犯漢遼唐宋等名不得封臣下有司議以遼爲恒宋爲沐秦爲鎬晉爲并漢爲益梁爲邵齊爲彭殷爲譙唐爲絳吳爲鄆蜀爲夔陳爲宛隋爲涇虞爲澤制可丁卯夏國遣使來祭乙亥高麗遣使來弔祭丁丑宋遣使來弔祭四月戊寅朔尚書省言齊民與屯田戶往往不睦若令遞相婚姻實國家長久安寧之計從之乙酉葬孝懿皇太后于裕陵戊子制諸部內災傷主司應言而不言及妄言者杖七十檢視不以實者罪如之因而有傷人命者以違制論致枉有徵免者坐贓論妄告者戶長坐詐不以實罪計贓重從詐匿不輸法庚寅禁民庶不得服純黃銀褐色婦人勿禁著爲永制辛卯上幸壽安宮諫議大夫張暐等上疏請止其行不允癸巳諭有司自今女直字直譯爲漢字國史院專寫契丹字者罷之甲午改封永中爲并王永功爲魯王永成兗王永升曹王永蹈鄭王永濟韓王永德豳王戊戌增太學博士助教員己亥學士院新進唐杜甫韓愈劉禹錫杜牧賈島王建宋王禹偁歐陽修王安石蘇軾張耒秦觀等集二十六部庚子改壽安宮名萬寧壬寅如萬寧宮詔襲封衍聖公孔元措視四品秩五月庚戌勅自今四日一奏事仍免朝戊辰詔諸郡邑文宣王廟風雨師社稷神壇隳廢者復之詔御史臺令史並以終場舉人充六月戊子平章政事崇寧薨癸巳禁稱本朝人及本朝言語爲蕃違者杖之丙午尚書右丞移剌履薨秋七月丁巳以參知政事徒單鎰爲尚書右丞御史中丞夾谷衡爲參知政事己未觀稼于近郊己巳禁職官元日生辰受所屬獻遺仍爲永制以同僉大睦親府事兗等爲賀宋生日使庚午諭有司自今外路公主應赴闕其駙馬都尉非奉旨毋擅離職八月癸未至自萬寧宮己亥勅山東河北闕食等處許納粟補官諭有司自今親王所領如有軍處令佐貳總押軍事乙巳宋高麗夏遣使來賀天壽節九月丁未朔天壽節以皇太后喪不受朝甲寅如大房山乙卯謁奠裕陵丙辰還都丁巳以西上閤門使白琬爲夏國生日使己未定詐爲制書未施行罪以尚書左丞夾谷清臣爲平章政事封芮國公參知政事完顏守貞爲尚書左丞知大興府事張萬公爲參知政事庚申如秋山冬十月己丑至自秋山甲午勅司獄毋得與府州司縣官筵宴還往違者罪之禁以太一混受籙私建菴室者壬寅以河北山東旱應雜犯及强盜已未發覺減死一等釋徒以下十一月丙午朔制諸女直人不得以姓氏譯爲漢字甲寅禁伶人不得以歷代帝王爲戲及稱萬歲犯者以不應爲事重法科丁巳以豳王傅宗璧等爲賀宋正旦使戊午夏人殺我邊將阿魯帶甲子制投匿名書者徒四年丙寅以近侍局副使完顏匡爲高麗生日使壬申勅提刑司官自今每十五日一朝十二月乙亥朔勅三品致仕官所得傔從毋令輸庸己卯定鎭邊守將致盜賊罪甲申獵于近郊乙酉詔罷契丹字己丑尚書右丞徒單鎰罷癸卯宋高麗夏遣使來賀正旦

三年春正月乙巳朔以皇太后喪不受朝丙辰以孝懿皇后小祥尚書省請依明昌元年世宗忌辰例諸王陪位服慘素去金玉之飾百官不視事禁音樂屠宰從之壬戌如春水二月甲戌朔勅猛安謀克許於冬月率所屬戶畋獵二次每出不得過十日壬辰至自春水丁酉獵于近郊辛丑詔追復田瑴等官爵閏月甲子以山東路統軍使烏林答愿爲御史大夫三月乙亥更定强盜徵贓品官及諸人親獲强盜官賞制辛巳初設左右衞副將軍癸未瀘溝石橋成幸熙春園丁亥如萬寧宮辛卯詔賜棣州孝子劉瑜錦州孝子劉慶祐絹粟旌其門閭復其身上因問宰臣曰從來孝義之人曾官使者幾何左丞守貞對曰世宗時有劉政者嘗官之然若輩多淳質不及事上曰豈必盡然孝義之人素行已備稍可用卽當用之後雖有希覬作僞者然僞爲孝義猶不失爲善可檢勘前後所申孝義之人如有可用者可具以聞癸巳尚書省奏言事者謂釋道之流不拜父母親屬敗害風俗莫此爲甚禮官言唐開元二年勅云聞道士女冠僧尼不拜二親是爲子而忘其生傲親而徇於末自今以後並聽拜父母其有喪紀輕重及尊屬禮數一准常儀臣等以爲宜依典故行之制可左丞守貞言上嘗命臣問忻州陳穀上書所言事其一極論守令之弊臣面問所以救之之道莫之能言上曰方今政欲知其弊也彼雖無救弊之術但能言其弊亦足嘉矣如穀言及隨處有司不能奉行條制爲人傭僱尚須出力況食國家祿而乃如是得無媿臣子之行乎其令檢會前後所降條理舉行之是日溫王玠薨丁酉命有司祈雨望祀嶽鎭海瀆于北郊四月壬寅朔定宣聖廟春秋釋奠三獻官以祭酒司業博士充祝詞稱皇帝謹遣及登歌改用太常樂工其獻官并執事與享者並法服陪位學官公服學生儒服尚書省奏提刑司察舉涿州進士劉器博博州進士張安行河中府胡光謙光謙年踰八十三尚可任用勅劉器博張安行特賜同進士出身胡光謙召赴闕甲辰祈雨于社稷丙午罷天山北界外採銅戊申瀛王瓌薨戊午詔集百官議北邊開壕事詔賜雲內孝子孟興絹十疋粟二十石賜同州人妻師氏謚曰節丙辰旱災下詔責躬丁卯復以祈雨望祭嶽鎭海瀆山川于北郊戊辰勅親王衣領用銀褐紫綠遣御史中丞吳鼎樞等會決中都冤獄外路委提刑司處決左丞守貞以旱上表乞解職不允參知政事衡萬公皆入謝上曰前詔所謂罷不急之役省無名之費議冗官決滯獄四事其速行之五月壬申朔以尚書禮部員外郎孛术魯子元爲横賜高麗使癸酉罷北邊開壕之役甲戌祈雨于社稷是日雨戊寅出宮女百八十三人尚書省奏近于山東河北之饑已委宣差所至安撫賑濟復遣右三部司正范文淵往視之乙酉以雨足致祭于社稷戊子百官賀雨足尚書左丞完顏守貞罷己丑以雨足望祀嶽鎭海瀆六月癸卯宰臣請罷提刑司上曰諸路提刑司官止三十餘員猶患不得其人州郡三百餘處其能盡得人乎弗許甲寅以久雨命有司祈晴丁巳定提刑司條制辛酉詔定內外所司公事故作疑申呈罪罰格乙丑以知大名府事劉瑋爲尚書右丞有司言河州災傷民乏食而租稅有未輸詔免之諭戶部可預給百官冬季俸令就倉以時直糴與貧民秋成各以其貲糴之其所得必多矣而上下便之其承應人不願者聽秋七月戊寅勅尚書省曰飢民如至遼東恐難遽得食必有飢死者其令散糧官問其所欲居止給以文書命隨處官長計口分散令富者出粟養之限以兩月其粟充秋稅之數己卯祁州刺史頓長壽安武軍節度副使胡剌坐賑濟不及四縣各杖五十癸未詔增北邊軍千二百人分置諸堡丁亥胡光謙至闕命學士院以雜文試之稱旨上曰朕欲親問之辛卯以殿前都點檢僕散端等爲賀宋生日使己亥上謂宰臣曰聞諸王傅尉多苛細舉動拘防亦非朕意是職之設本欲輔導諸王使歸之正得其大體而已平章政事清臣曰請以聖意徧行之曰已諭之矣八月癸卯勅諸職官老病不肯辭避有司論使休閑者不在給俸之列格前勿論上以軍民不和吏員姦弊詔四品以下六品以上集議于尚書省各述所見以聞甲辰集三品以下六品以上官問以朝政得失及民間利害令各書所對丁未以有司奏寧海州文登縣王震孝行以嘗業進士并試其文特賜同進士出身仍主教授一等職任辛亥至自萬寧宮特賜胡光謙明昌二年進士第三甲及第授將仕郞太常寺奉禮郞官制舊設是職未嘗除人以光謙德行才能故特授之己未以烏林答愿爲尚書左丞辛酉獵于近郊乙丑上謂宰臣曰朕欲任官令久於其事若今日作禮官明日司錢穀雖間有異材然事能悉辦者鮮矣對曰使中材之人久於其職事既熟終亦得力上問太常卿張暐古有三恪今何無之暐具典故以聞丁卯宋高麗夏遣使來賀天壽節九月庚午朔天壽節以皇太后喪不受朝諭尚書省去歲山東河北被災傷處所闕租稅及借貸錢粟若便徵之恐貧民未蘇俟豐收日以分數徵可也又謂宰臣曰隨路提刑司專止察老病不任職及不堪親民者如得其實卽改除他路若他路提刑司覆察得實勿復注親民之職卿等其議行之甲戌以郊社署令唐括合達爲夏國生日使己卯如秋山免圍場經過人戶今歲夏秋租稅之半曾當差役者復一年冬十月壬寅至自秋山丙午勅御史臺提刑司自今保申廉能官勿復有乞升品語壬子有司奏增修曲阜宣聖廟畢勅党懷英撰碑文朕將親行釋奠之禮其檢討典故以聞甲寅勅置常平倉處並令州府官以本職提刑縣官兼管勾其事以所糴多寡約量升降以爲永制賜河南路提刑司所舉逸民游總同進士出身以年老不樂仕進授登仕郞給正八品半俸終身戊午諭尚書省訪求博物多知之士癸亥遣諭諸王府傅尉曰朕分命諸王出鎭蓋欲政事之暇安便優逸有以自適耳然慮其舉措之間或違於理所以分置傅尉使勸導彌縫不

入於過失而已若公餘遊宴不至過度亦復何害今聞爾等或用意太過凡王門細碎之事無妨公道者一一干與贊助之道豈當如是宜各思議分事舉其中無失禮體仍就諭諸王使知朕意丙寅勅應保舉官及試中書判者委官覆察言行相副者量與陞除隨朝及六品以上各隨所長用之己巳獵于近郊十一月庚午朔尚書省奏翰林侍講學士党懷英舉孔子四十八代孫端甫年德俱高該通古學濟南府舉魏汝翼有文章德誼苦學三十餘年已四舉終場蔚州舉劉震亨學行俱優嘗充舉首益都府舉王樞博學善書事親至孝勅魏汝翼特賜進士及第劉震亨等同進士出身並附王澤榜孔端甫俟春暖召之丙子詔臣庶名犯古帝王而姓復同者禁之周公孔子之名亦令回避戊寅升相州爲彰德府以前右副都點檢溫敦忠等爲賀宋正旦使壬午尚書省奏知河南府事程嶧乞進封父祖權尚書禮部郎中党懷英言凡宰執改除外任長官其佐官以下相見禮儀皆與他長官不同其子亦得試補省令史其子且爾父祖封贈理當不同合與宰執一例封贈從之甲申改提刑司令史爲書史丙申以有司言河州定羌民張顯孝友力田焚券已責又獻粟千石以賑饑棣州民榮楫賑米七百石錢三百貫冬月散柴薪三千束皆別無希覬特各補兩官仍正班敘十二月癸卯以東上閤門使張汝猷爲高麗生日使辛亥諭有司祈雪癸丑獵于近郊丙辰有赤氣見于北方丁巳勅華州下邽縣置武定鎭倉京兆櫟陽縣置粟邑鎭倉許州舞陽縣置北舞渡倉各設倉草都監一人縣官兼領之乙丑定到任告致仕格丁卯宋高麗夏遣使來賀正旦

金史卷十

元 中 書 右 丞 相 總 裁 脫 脫 等 修

本紀第十

章宗二

四年春正月己巳朔以皇太后喪不受朝辛未以平章政事夾谷清臣爲尚書右丞相兼修國史丁丑遣戶部侍郎李獻可等分路勸農事癸未尚書省奏大興府推官蘇德秀爲禮部主事上曰朕旣嘗語卿百官當使久於其職彼方任理官復改戶曹尋又除禮部人才豈能兼之若久於其職但中材勝於新人事旣經練亦必有濟後不可輕易改除上又言凡稱政有異迹者謂其斷事有軼才也若止清廉此乃本分以貪汙者多故顯其異耳宰臣又言近言事者謂方今孝弟廉恥道缺乞正風俗此蓋官吏不能奉宣教化使然今之察舉官吏者多責近效以幹辦爲上其有秉心寬厚欲行德化者輒謂之迂闊故人人皆以教化爲餘事此孝弟所以廢也若論所司官吏有能務行德化者擢而用之則教化可行孝弟可興矣今之所察舉皆先才而後德巧猾之徒雖有贓污一旦見用猶爲能吏此廉恥所以喪也若論所司察舉官吏必審眞僞使有才無行者不能覬覦非道求進者加之糾劾則奔競之俗息而廉恥可興矣辛卯賑河北諸路被水災者癸巳諭點檢司行宮外地及圍獵之處悉與民耕雖禁地聽民持農器出入丙申東京路副使王勝進鷹遣諭之亡汝職非輕民間利害官吏邪正略不具聞而乃以鷹進此豈汝所職也後毋復爾二月戊戌朔如春水始以春秋二仲月上戊日祭社稷癸丑獵于姚村淀癸亥至自春水丙寅參知政事張萬公罷三月戊辰朔諸路提刑司入見各問以職事仍誡諭曰朕特設提刑司本欲安民于今五年効猶未著蓋多不識本職之體而徒事細碎以致州縣例皆畏縮而不敢行事迺者山東民艱于食嘗遣使賑濟蓋卿等不職故至於此旣往之失其思悛改庚午上將幸景明宮御史中丞董師中等上書切諫不報壬申章再上補闕許安仁拾遺路鐸皆諫乃止制定民習角觝槍棒罪以工部尚書胥持國爲參知政事丙子特賜有司孔端甫及第授小學教授尋以老年命食主簿半俸致事甲申幸香山永安寺及玉泉山甲午定配享功臣勅自今御史臺奏事修起居注並令迴避夏四月丁酉朔幸興陵崇妃第是日始舉樂自己亥至癸卯百官三表請上尊號上曰祖宗古先有受尊號者蓋有其德故有其名比年五穀不登百姓流離正當戒懼修身之日豈得虛受榮名耶不許仍斷來章戊申親禘于太廟庚戌如萬寧宮辛亥右丞相清臣率百官及耆艾等復請上尊號學官劉璣亦率六學諸生趙楷等七百九十五人詣紫宸門請上尊號如唐元和故事不許丁巳賑河州饑勅女直進士及第後仍試以騎射中選者升擢之乙丑減尚廄食穀馬五月丙寅朔曹王永升及諸王請上尊號不許以尚廄局使石抹貞爲橫賜夏國使己巳上以羣臣累上尊號不受詔諭中外徒罪以下遞降一等杖以下原之甲戌觀稼于近郊辛巳諭左司徧諭諸路令月具雨澤田禾分數以聞癸未以久雨禜六月癸丑賜有司所舉德行才能之士安州崔秉仁兗州翟駒錦州齊文乙大名孫可久陳信仁應州董戣並同進士出身丙辰以晴致祭嶽鎭海瀆壬戌尚書右丞相夾谷清臣進封戴國公西京留守完顏守貞爲平章政事封蕭國公尚書右丞劉瑋罷秋七月辛巳南京路提刑司自許州還治南京己丑制三品以上官有故者若親賢勳舊尚書省即與聞奏議加追贈命以銀改鑄禮信之寶仍塗以金以同判大睦親府事襄爲樞密使以御史中丞董師中等爲賀宋生日使八月己亥樞密使襄帥百僚再請上尊號不許是日歲星太白晝見庚子大赦甲辰至自萬寧宮丁未釋奠孔子廟北面再拜辛亥國史院進世宗實錄上服袍帶御仁政殿降座立受之九月甲子朔天壽節御大安殿受親王百官及宋高麗夏使朝賀戊辰以參知政事夾谷衡爲尚書右丞戶部尚書馬琪爲參知政事勅尚書省大定二十九年以後士庶言事或係國家或邊關大利害已嘗施行者可特補一官有益於官民量給以賞以西上閤門使大磐爲夏國生日使庚午如山陵次奉先縣辛未拜天于縣西壬申致奠諸陵癸酉如秋山十一月庚午右丞相清臣參知政事持國上表丐閑優詔不許戊寅以翰林直學士完顏匡等爲賀宋正旦使命匡權易名弼以避宋諱壬午木冰丙戌詔諸職官以贓汙不職被罪以廉能獲升者令隨路京府州縣列其姓名揭之公署以示勸懲庚寅夏國嗣子李純佑遣使來訃告十二月甲午朔夏國李純佑遣使奉故王仁孝遺表以進諭大興府於暖湯院日給米五石以贍貧者戊戌定武軍節度使鄭王永蹈以謀反伏誅己亥諭有司以鄭王財產分賜諸王澤國公主財物分賜諸公主甲辰諸王府增置司馬一人以糺石烈珵爲高麗生日使西上閤門使大磐等爲夏國勅祭慰問使庚戌尚書省以科目近多得人乞是舉增取進士上然之詔有司會試毋限人數甲寅冊長白山之神爲開天弘聖帝丙辰獵于近郊是歲大有年邢洺深冀及河北十六謀克之地野蠶成繭

五年春正月癸亥朔宋高麗夏遣使來賀乙丑昭容李氏進位淑妃己巳初用唐宋典禮皇后忌辰皆廢務尚書省進區田法詔相其地宜務從民便又言遣官勸農之擾命提刑司禁止之乙亥以葉魯谷神始製女直字詔加封贈依蒼頡立廟盩厔例祠於上京納里渾莊歲時致祭令其子孫拜奠本路官一人及本千戶春秋二祭辛巳前中都路都轉運使王寂薦三舉終場人蔡州文商經明行修足備顧問前河北西路轉運使李揚言慶陽府進士李獎純德博學鄉曲譽之絳州李天祺應州康晉侯屢赴廷試皆有才德上曰文商可令召之李獎給主簿半俸終身餘賜同進士出身遣國子祭酒劉璣冊李純祐爲夏國王丁亥幸城南別宮丁酉初定長吏勸課能否賞罰格尚書省奏禮官言孝懿皇后祥除已久宜易隆慶宮爲東宮慈訓殿爲承華殿從之詔購求崇文總目內所闕書籍戊戌祭社稷以宣獻皇后忌辰用熙寧祀儀樂縣而不作二月甲辰鄆王琮薨己酉宰臣請罷北邊屯駐軍馬不允癸丑以齊河縣民張涓濟陽縣王琛河州李錡急義好施詔復之終身仍著于令命宣徽使移剌敏戶部主事赤盞實理哥相視北邊營屯經畫長久之計三月壬申初定限錢禁庚辰初定日月風雨雷師常祀戊子置弘文院譯寫經書夏四月壬辰朔幸北苑庚子詔各路所舉德行才能之士涿州時琦雲中劉摯鄭州李升恩州傅礪濟南趙摯與中田扈方六人並特賜同進士出身以文商爲國子教授特遷登仕郎己酉詔自今篚櫝床榻之飾毋以金玉壬子特賜翰林待制溫迪罕迪翰林學士承旨中奉大夫乙卯幸景明宮董師中賈守謙路鐸先後凡兩上封事切諫不報五月庚午次烏十撒八戊子桓撫二州旱遣使禱于緡山六月壬辰如永井己亥出獵登胡土白山酹酒再拜曹王永升以下進酒丙午拜天曲赦西北路己未如杏沙秋山是月宋前主眘殂七月戊辰獵于谿赤火一發貫雙鹿是日獲鹿二百二十二賜扈從官有差辛巳次魯溫合失不是日上親射獲黃羊四百七十一乙酉次永井丙戌以天壽節宴樞光殿凡從官及承應人遇覃恩遷秩者並受宣勅於殿前時久雨初霽有龍曳尾于殿前雲間戊子御膳羹中有髮上舉視而棄之戒左右毋宣言八月辛亥至自景明宮壬子河決陽武故堤灌封丘而東丁巳賜從幸山後親軍銀絹有差九月戊午朔天壽節宋高麗夏遣使來賀壬戌命增定捕盜官被殺賻錢及官賞格甲子都水監官王汝嘉等坐河決各削官兩階杖七十罷之乙丑上御睿思殿諸路提刑使入見戊辰初令民買撲隨處金銀銅冶命參知政事馬琪往視河決仍許便宜從事壬申宋主遣使來告哀戊寅以知大興府事尼厖古鑑等爲宋國弔祭使經王伯溫等八人官有差甲申命上京等九路并諸抹

及乣等處選軍三萬俟來春調發仍命諸路并北阻䪁以六年夏會兵臨潢冬十月庚寅右丞相夾谷清臣等表請上尊號不允宋遣使獻遺留物壬寅右丞相清臣復請上尊號國子祭酒劉璣亦率六學諸生上表陳請不允遣戶部員外郎何格賑河決被災人戶庚戌張汝弼妻高陀斡以謀逆伏誅壬子尚書省奏升提刑司所察廉官南皮縣令史肅以下十有二人而大興主簿蒙括蠻都亦在選中上知其人曰蠻都澆浮人也升之可乎與其任澆浮孰若用淳厚況蠻都常才才智過人猶不當用恐敗風俗況常才耶其再察之閏月戊午朔宋主遣使來報卽位甲子親王百官各奉表請上尊號不允丙寅以代國公歡都等五人配享世祖廟庭甲戌以河東南北提刑使王啓等爲賀宋主卽位使乙亥獵于近郊戊寅上問輔臣孔子廟諸處何如平章政事守貞曰諸縣見議建立上因曰僧徒修飾宇像甚嚴道流次之惟儒者於孔子廟最爲滅裂守貞曰儒者不能長居學校非若僧道久處寺觀上曰僧道以佛老營利故務在莊嚴閎侈起人施利自多所以爲觀美也庚辰參知政事馬琪自行省回具奏河防利害語載琪傳中丙戌以翰林待制奧屯忠孝權戶部侍郎太府少監溫昉權工部侍郎行戶工部事修治河防以引進使完顏衷爲夏國生日使十一月癸巳詔罷紫荆嶺所護圍場庚子以右宣徽使移剌敏等爲賀宋正旦使癸丑太白晝見十二月辛酉平章政事完顏守貞罷以知大興府事尼厖古鑑爲參知政事以戶部郎中李敬義爲賜高麗生日使丁卯免被黃河水災今年秋稅辛巳勅減修內司備營造軍千人都城所五百人癸未勅尚書省自今獻靈芝嘉禾者不賞

六年春正月丁亥朔受宋高麗夏使朝賀庚寅太白晝見辛卯勅有司給天水郡公家屬田宅壬辰如春水庚戌罷陝西括地辛亥諭胥持國河上役夫聚居恐生疾疫可廩醫護視之乙卯次御林二月丁巳朔勅有司行宮側及獵所有農者勿禁己未始祭高禖庚午至自春水丁丑京師地震大雨雹晝晦震應天門右鴟尾癸未宋遣使來報謝三月丙戌朔日有食之甲午以翰林直學士孛术魯子元兼右司諫監察御史田仲禮爲左拾遺翰林修撰僕散訛可兼右拾遺諭之曰國家設置諫官非取虛名蓋責實效庶幾有所裨益卿等皆朝廷選擢置之諫職如國家利害官吏邪正極言無隱近路鐸左遷本以他罪卿等勿以被責遂畏縮不言其悉心戮力毋得緘默丙申如萬寧宮戊戌以北邊糧運括郡牧所三招討司猛安謀克隨乣及迭剌唐古部諸抹西京太原官民驝五千克之惟民以驝載爲業者勿括以銀五十萬兩錢二十三萬六千九百貫以備支給銀五萬兩金盂二千八百兩金牌百兩銀盂八千兩絹五萬匹雜綵千端衣四百四十六襲以備賞勞庚子以郡舉才行之士翟介然以下三人特賜進士及第李貞固以下十五人同進士出身夏四月癸亥勅有司以增修曲阜宣聖廟工畢賜衍聖公以下三獻法服及登歌樂一部仍遣太常舊工往教孔氏子弟以備祭禮甲子以尚書左丞烏林荅愿爲平章政事右丞夾谷衡爲尚書左丞丙子幸玉泉山戊寅以修河防工畢參知政事胥持國進官二階翰林侍制奧屯忠孝以下三十六人各一階獲嘉令王維翰以下五十六人各賜銀幣有差庚辰以尚書右丞相夾谷清臣爲左丞相監修國史封密國公樞密使襄爲尚書右丞相封任國公參知政事胥持國爲尚書右丞壬午賜宰臣手詔以風俗不淳官吏苟且責之五月丙戌命減萬寧宮陳設九十四所辛卯以出師遣禮部尚書張暐告于廟社乙未判平陽府事鎬王永中以罪賜死并及二子丁酉詔中外乙巳詔諸路猛安謀克農隙講武本路提刑司察其惰者罰之庚戌命左丞相夾谷清臣行省于臨潢府六月丙辰右諫議大夫賈守謙右拾遺僕散訛可坐鎬王永中事奏對不實削官二階罷之御史中丞孫卽康右補闕蒙括胡剌右拾遺田仲禮各罰金二十斤丙寅以樞密副使唐括貢爲樞密使以久雨禜庚辰太白經天辛巳左丞相清臣遣使來獻捷七月丙申幸曹王永升第甲辰始定文武官六貫石以上承應人并及廕者若在籍儒生章服制八月己未命兗州長官以曲阜新修廟告成于宣聖癸亥至自萬寧宮己巳以溫敦伯英言命禮部令學官講經辛未以吏部尚書吳鼎樞等爲賀宋生日使壬申行省都事獨吉永中來報捷乙亥勅宮中承應人出職後三年內犯贓罪者元舉官連坐不在去官之限著爲令辛巳木波進馬九月壬午朔天壽節宋高麗夏遣使來賀甲申冊靜寧山神爲鎭安公忽土白山神爲瑞聖公丙戌知河間府事移剌仲方爲御史大夫辛卯如秋山以尚書左司郎中粘割胡上爲夏國生日使冬十月丙辰至自秋山丁巳以歲幸春水秋山五日一進起居表自今可十日一進乙亥命尚書左丞夾谷衡行省于撫州命選親軍武衛軍各五百人以從仍給錢五千萬十一月戊子左丞相夾谷清臣罷右丞相襄代領行省事丙申以刑部尚書紇石烈貞等爲賀宋正旦使壬寅初定猛安謀克鎭邊後放免者授官格禁射糧軍應役但成隊伍不得持兵器及凡可以傷人者甲辰報敗敵於望雲乙巳以樞密使唐括貢御史大夫移剌仲方禮部尚書張暐等二十三人充計議官凡軍事則議之戊申初定縣官增水田陞除制十二月乙卯詔招撫北邊軍民以知登聞檢院賈益爲高麗生日使戶部員外郎納蘭昉爲橫賜使戊午禮部尚書張暐等進大金儀禮丁卯應奉翰林文字趙秉文上書論姦欺乙亥詔加五鎭四瀆王爵庚辰上幸後園閱軍器是月右丞相襄率駙馬都尉僕散揆等進軍大鹽濼分兵攻取諸營

承安元年春正月辛巳朔受宋高麗夏使朝賀甲申大鹽濼羣牧使移剌覩等爲廣吉剌部兵所敗死之丁亥國子學齋長張守愚上平邊議三篇特授本學教授仍以其議付史館二月甲子命有司祀高禖如新儀丁卯右丞相襄左丞衡至自軍中己巳復命還軍幸都南行宮春水甲戌至自行宮是月初造虎符發兵三月丁酉如萬寧宮不雨遣官望祭嶽鎭海瀆于北郊癸卯勅尚書省刑獄雖已奏行其間恐有疑枉其再議以聞人命至重不可不愼也甲辰遣參知政事尼厖古鑑祈雨于社稷丁未復遣使就祈于東嶽夏四月辛亥命尚書右丞胥持國祈雨于太廟壬子遣使審決冤獄京城禁鐵扇戊午初行區種法民十五以上六十以下有土田者丁種一畝乙丑命御史大夫移剌仲方祈雨于社稷壬申命參知政事馬琪祈雨于太廟甲戌尚書省以趙承元言請追上孝懿皇太后冊寶然後行謚冊禮禮官執奏尊皇太后已詔示中外無追冊禮從之戊寅上以久不雨命禮部尚書張暐祈于北嶽己卯遣官望祭嶽鎭海瀆于北郊五月庚辰朔觀稼于近郊因閱區田乙酉以久旱徙市庚寅詔復市如常壬辰以尚藥局副使粘割忠爲橫賜夏國使乙未參知政事尼厖古鑑薨庚子雨足六月甲寅上以百姓艱食詔出倉粟十萬石減價以糶之乙丑平晉縣民利通家蠶自成綿段長七尺一寸五分闊四尺九寸詔賜絹十匹丁卯勅自今長老太師大德不限年甲長老太師許度弟子三人大德二人戒僧年四十以上者度一人其大定十五年附籍沙彌年六十以上並令受戒仍不許度弟子尼道士女冠亦如之御史大夫移剌仲方罷庚午幸環秀亭觀稼癸酉詔應禁軍器路分步弓手擬於射糧軍內選之馬弓手擬於猛安謀克軍戶餘丁內選之其有爲百姓害從本州縣斷遣無猛安戶於二百里內屯駐軍餘丁內取之依步弓手月給二貫石七月庚辰御紫宸殿受諸王百官賀賜諸王宰執酒勅有司以酒萬尊置通衢賜民縱飲乙酉勅今後高麗夏使入見敷奏令新設各國通事具公服與閤門使上殿監聽命有司收瘞西北路陣亡骸骨八月己酉獵于近郊癸丑幸玉泉山甲子以郊祀日期詔中外戊辰至自萬寧宮以陝西西路轉運使董師中爲御史大夫癸酉左丞衡丁父憂九月丁丑朔天壽節宋高麗夏遣使來賀辛巳以右丞相襄爲左丞相監修國史封常山郡王壬午賜襄酒百尊太白晝見癸未都人進酒三千一百瓶詔以賜北邊軍吏以吏部尚書張嗣等爲賀宋生日使癸巳左丞衡起復丁酉知大興府卞同知郭鑄以擅逮問宰臣各笞四十辛丑西南路招討使僕散揆至自軍乙巳以國子監丞烏古論達吉不爲夏國生日使冬十月丙午朔詔選親軍八百人戍撫州庚戌命左丞相襄行省于北京簽書樞密院事完顏匡行院於撫州丙辰祫享于太廟十一月戊子參知政事馬琪罷庚寅特滿郡牧契丹陁鎖德壽反泰州軍擊敗之御史大夫董師中北京留守裔並爲參知政事甲午以陝西路統軍使崇道等爲賀宋正旦使丁酉朝享于太廟戊戌有事于南郊大赦改元己亥曹王永升率親王百官賀癸卯命有司祈雪仍遣官祈于東嶽十二月丙午樞密使唐括貢率百官請上尊號不允己酉遣提點太醫近侍局使李仁惠勞賜北邊將士授官者萬一千人授賞者幾二萬人凡用銀二十萬兩絹五萬匹錢三十二萬貫庚戌以同知登聞檢院阿不罕得剛爲高麗國生日使壬子樞密使唐括貢復率百官請上尊號不允

二年春正月乙亥朔宋高麗夏遣使來賀乙酉勅職官犯贓私不得訴于同官丁亥如安州春水丁酉至自春水辛丑宋主以母后喪遣使告哀二月丁巳勅自今職官犯贓每削一官殿一年是日太白晝見經天是月特命襲封衍聖公孔元措世襲兼曲阜令三月己卯親王百官復請上尊號不允壬午命尚書戶部侍郎溫昉佩金符行六部尚書於撫州庚寅幸西園閱軍器辛卯始定保舉德行才能格癸巳平章政事烏林荅愿罷丁酉樞密使唐括貢率百官請上尊號不允以參知政事裔代左丞相襄行省于北京夏四月甲寅如萬寧宮丙辰命有司祈雨望祭嶽鎭海瀆于北郊甲子祈雨于社稷

尚書省奏比歲北邊調度頗多請降僧道空名度牒紫褐師德號以助軍儲從之癸酉親王宣勅始用女直字五月甲戌朔諭宰臣曰比以軍須隨路賦調司縣不度緩急促期徵斂使民費及數倍胥吏又乘之以侵暴其令提刑司究察之丙子集官吏于尚書省詔諭之曰今紀綱不立官吏弛慢遷延苟簡習以成弊職官多以吉善求名計得自安國家何賴焉至於狥情賣法省部令史尤甚尚書省其戒諭之丁丑北京行省參知政事裔移駐臨潢府庚辰升撫州爲鎮寧軍以雨足報祭于社稷甲申望祭嶽鎮海瀆于北郊丁亥左丞相襄詣臨潢府己丑皇子生庚寅詔中外降死罪釋徒以下六月乙巳命禮部尚書張暐報祀高禖丙午雨雹戊申以澄州刺史王遵古爲翰林直學士仍勅無與撰述入直則奏聞或霖雨免入直以遵古年老且嘗侍講讀也庚戌詔罷瑤光殿工作甲寅置全州盤安軍節度使治安豐縣乙卯封皇子爲壽王閏月甲午出西横門觀稼秋七月壬寅朔幸天長觀建普天大醮禁屠宰七日無奏刑百司權停決罰己未命西上閤門使劉頗賜參知政事裔宴于行省戊辰天壽節御紫宸殿受朝八月庚辰勅計議官所進奏帖可直言利害勿用浮辭辛巳以邊事未寧詔集六品以上官於尚書省問攻守之計凡中外臣僚不以職位高下或有方略材武或長於調度各舉三五人以備選用無有顧望不盡所懷期五日封章以進議者凡八十四人言攻者五守者四十六且攻且守者三十三召對睿思殿論難久之癸未至自萬寧宮丙戌以左丞相襄爲左副元帥參知政事董師中尚書左丞左宣徽使膏尚書右丞戶部尚書楊伯通參知政事尚書左丞夾谷衡罷右丞胥持國致仕庚寅參知政事裔罷樞密使唐括貢致仕壬辰以左副元帥襄爲樞密使兼平章政事九月辛丑朔天壽節宋高麗夏遣使來賀壬寅遣官分詣上京東京北京咸平臨潢西京等路招募漢軍不足則簽補之乙巳以夏使朝辭詔答許復保安蘭州榷場丁未以知歸德府事完顏愈爲賀宋生日使癸丑以上京留守粘割訛特剌爲平章政事辛酉以樞密使兼平章政事襄知大興府事胥持國爲樞密副使權參知政事行省于北京乙丑始置軍器監掌治戎器班少府監下設甲坊利器二署隸焉丁卯分遣官於東西北路河北等路中都二節鎮買牛五萬頭冬十月庚午朔初設講議所官十員共議錢穀以中都路轉運使孫鐸戶部侍郎高汝礪等爲之庚辰尚書省奏高麗國牒報其王以老疾令母弟晫權國事壬午尚書省行推排丁亥皇子壽王薨壬辰詔獎諭西南路招討使僕散揆等有功將士甲午大雪以米千石賜普濟院令爲粥以食貧民丙申以禮部員外郎棠括仁本爲夏國生日使十一月甲辰冬至有事于南郊乙巳以薪貴勅圍場地內無禁樵採壬子諭尚書省猛安謀克既不隸提刑司宜令監察御史察其臧否庚申北京留守裔以行省失職杖一百除名右諫議大夫納蘭昉杖九十削官二階罷之甲子諭宰臣曰朕居九重民間難以徧知宰相不見賓客何以得知民間利害十二月乙巳朔勅御史臺糾察諂佞趨走有實跡者己卯始鑄承安寶貨癸未遣戶部侍郎上官瑜體究西京逃亡勸率沿邊軍民耕種戶部郎中李敬義規措臨潢等路農務乙酉諭宰臣今後水潦旱蝗盜賊竊發命提刑司預爲規畫戊子諭西南路將士庚寅豫王永成進馬八十疋賜詔獎諭稱皇叔豫王而不名

金史卷十一

元中書右丞相總裁脫脫等修

本紀第十一

章宗三

三年春正月己亥朔日有食之辛丑宋夏遣使來賀癸卯諭有司凡館接伴并奉使者毋以語言相勝務存大體奉使者亦必得其人乃可乙卯詔罷講議所丙辰如城南春水丁巳併上京東京兩路提刑司爲一提刑使副兼安撫使副安撫專掌教習武事毋令改其本俗己未以都南行宮名建春甲子至自春水乙丑宋主以祖母喪遣使告哀二月己巳朔幸建春宮辛巳諭宰臣曰自今內外官有闕有才能可任者雖資歷未及亦具以聞雖親故毋有所避以武衞軍都指揮使烏林答天益等爲宋弔祭使甲申至自建春宮丙戌斜出內附辛卯平章政事粘割斡特剌薨三月戊戌以禮部尚書張暐爲御史大夫壬寅始摧醋甲寅如萬寧宮丁巳勅隨處盜賊毋以强爲竊以多爲少以有爲無嘯聚三十人以上奏聞違者杖百丙寅高麗王王晧以弟晫權國事遣使奉表來告夏四月戊辰朔諭有司宰相遇雨可循殿廡出入丙申諭御史臺曰隨朝大小官雖有才能奉多苟簡朕甚惡之其察舉以聞提刑司所察廉能汙濫官皆當殿奏餘事可轉以聞以侍御史孫俁爲宣問高麗王王晧使庚子右宣徽使張汝方以漏泄廷議削官兩階五月壬寅射柳擊毬縱百姓觀戊申以客省使移剌郁爲夏國生日使甲子參知政事楊伯通表乞致仕不許秋七月丙午幸香山己酉如萬寧宮甲寅還宮八月辛未獵于近郊癸酉獵于香山戊寅如萬寧宮庚辰以護衞石和尚爲押軍萬戶率親軍八百人武衞軍千六百人戍西北路癸未還宮宋遣使來報謝九月丙申朔天壽節宋夏遣使來賀以中都路都轉運使孫鐸等爲賀宋生日使乙巳獵于近郊庚戌參知政事楊伯通再表乞致政不許戊午木波進馬冬十月庚午獵于近郊癸未行樞密院言斜出等請開榷場於轄里褭從之丁亥定官民存留見錢之數設回易務更立行用鈔法十一月丁酉樞密使兼平章政事襄至自軍癸卯以爲尚書左丞相監修國史丁未以太常卿楊庭筠等爲賀宋正旦使戊申詔獎諭樞密副使夾谷衡以下將士辛亥定屬託法定軍前官吏選賞格以邊事定詔中外減死罪徒以下釋之賜左丞相襄以下將士金幣有差甲寅冬獵十二月甲子朔獵于酸棗林大風寒罷獵凍死者五百餘人己巳還都丙戌尚書右丞膏罷高麗權國事王晫遣使奉表來告

四年春正月癸巳朔宋夏遣使來賀乙巳尚書左丞董師中致仕辛酉監察御史姬端修以妄言下吏尚書左丞相襄爲司空職如故樞密副使夾谷衡爲平章政事封英國公前知濟南府事張萬公起復爲平章政事封壽國公楊伯通爲尚書左丞簽樞密院事完顏匡爲尚書右丞二月乙丑如建春宮春水己巳還宮庚午御宣華門觀迎佛辛未如建春宮赦姬端修罪令居家俟命司空襄言西南路招討使僕散揆治邊有功召赴闕以知興中府事紇石烈子仁代之壬申諭有司自三月一日爲始每旬三品至五品官各一人轉對六品亦以次對臺諫勿與有應奏事與轉對官相見無面對者上章亦聽乙亥還宮戊寅如建春宮庚辰上論點檢司曰自蒲河至長河及細河以東朕常所經行官爲和買其地令百姓畊之仍免其租稅甲申還宮乙酉以西南路招討使僕散揆爲參知政事起姬端修爲太學博士如建春宮戊子還宮三月丁酉同判大睦親府事宗浩爲樞密使封崇國公己亥如建春宮遣使冊王晫爲高麗國王戶部尚書孫鐸郎中李仲略國子祭酒趙忱始轉對香閤丁未勅尚書官員必須改除者議之其月日淺者毋數改易乙卯尚書省奏減親軍武衞軍額及太學女直漢兒生員罷小學官及外路教授詔學校仍舊武衞軍額再議餘報可司空襄右丞匡參知政事揆請罷諸路提點刑獄從之戊午雨雹夏四月癸亥改提刑司爲按察使司戊辰如萬寧宮壬申左丞楊伯通致仕御史大夫張暐以奏事不實追一官侍御史路鐸追兩官俱罷之姬端修杖七十贖壬午英王從憲進封瀛王詔同州許州節度使罷兼陝西河南副統軍五月壬辰朔以旱下詔責躬求直言避正殿減膳審理冤獄命奏事於泰和殿戊戌命有司望祭嶽瀆禱雨己亥應奉翰林文字陳載言四事其一邊民苦于寇掠其二農民困于軍須其三審決冤滯一切從寬苟縱有罪其四行省官員例獲厚賞而沿邊司縣曾不霑及此亦干和氣致旱災之所由也上是之壬寅以兵部郎中完顏撒里合爲夏國生日使戊申宰臣以京畿雨率百官請御正殿復常膳不從尚書省奏上更定給發虎符制著于令庚戌諭宰臣曰諸路旱或關執政今惟大興宛平兩縣不雨得非其守令之過歟司空襄平章政事萬公參知政事揆上表待罪上以罪己答之令各還職詔頒銅杖式壬子祈雨于太廟乙卯更定軍功賞格戊午司空襄以下再請御正殿復常膳不從庚申平章政事夾谷衡薨以宿直將軍徒單仲華爲横賜夏國使六月丁卯雨司空襄以下復表請御正殿復常膳從之甲戌以雨足命有司報謝于太廟丁丑右補闕楊庭秀言自轉對官外復令隨朝八品以上外路五品以上及出使外路有可言者並許移檢院以聞則時政得失民間利病可周知矣從之己卯以雨足報祭社稷辛巳遣官報祀嶽瀆癸未奉職醜和尚進浮漏水稱影儀簡儀圖命有司依式造之丁亥定宮中親戚非公事傳達語言轉遞諸物及書簡出入者罪七月甲辰更定尚藥儀鸞局學者格辛亥勅宣徽院官天壽節凡致仕宰執悉召與宴丙辰以久雨令大興府祈晴八月己巳獵于近郊壬申獵于香山甲戌以皇嗣未立命有司祈于太廟丁丑獵于近郊庚辰還宮九月庚寅朔天壽節宋高麗夏遣使來賀己亥如薊州秋山己未以知東平府事僕散琦等爲賀宋生日使冬十月丙寅至自秋山壬午初定百官休假甲申初置審官院乙未勅京府州縣設普濟院每歲十月至明年四月設粥以食貧民甲申平章政事張萬公表乞致政不許庚戌命有司祈雪十一月甲寅定護衞改充奉

御格以知濟南府事范楫等爲賀宋正旦使十二月已未除授文字初送審官院辛酉更定考試隨朝檢知法條格右補闕楊庭秀請類集太祖太宗世宗三朝聖訓以時觀覽從之仍詔增熙宗爲四朝癸未更定科舉法增設國史院女直漢人同修史各一人定親軍及承應人退閑遷賞格是月淑妃李氏進封元妃

五年春正月戊子朔宋高麗夏遣使來賀乙未以尚書省言會試取策論詞賦經義不得過六百人合格者不及其數則闕之丙申如春水庚子命左右司五日一轉奏事辛丑諭點檢司車駕所至仍令百姓市易庚戌定猛安謀克軍前怠慢罷世襲制二月辛未至自春水辛巳有司奏應奉翰林文字溫迪罕天興與其兄直學士思齊同僚學士院定撰制誥文字合無廻避詔不須避仍爲定制癸卯定進納粟補官之家存留弓箭制丁未上與宰臣論置相曰徒單鎰朕志先定賈鉉如何皆曰知延安府事孫即康可平章政事萬公亦曰即康及第先鉉一榜上曰至此安問榜次特以貫才可用耳尚書省奏右補闕楊庭秀言乞令尚書省及第左右官一人應入史事者編次日歷或一月或一季封送史院上是其言仍令送著作局潤色付之三月庚申大睦親府進重修玉牒平章政事張萬公乞致政不許壬戌命有司禱雨癸亥雨戶部尚書孫鐸大理卿完顏撒剌國子司業蒙括仁本召對便殿丙寅如萬寧宮戊辰定妻亡服內婚娶聽離制親王宰執百官再請上尊號不許庚午以知大興府事卞爲御史大夫丙子尚書省奏擬同知商州事蒲察西京爲濟南府判官上曰宰相豈可止徇人情要當重惜名爵此人不堪朕常記之止與七品足矣庚辰以上京留守徒單鎰爲平章政事封濟國公辛巳定本國婚聘禮制改山東東路舊皇城猛安名曰合里哥阿隣四月丙戌朔文武百官再請上尊號不許丙午尚書省進律義五月乙卯朔定猛安謀克鬭毆殺人遇赦免死罷世襲制以雨足遣使報祭社稷丁巳定策論進士及承蔭人試弓箭格戊午勅來日重五拜天服公裳者拜禮仍舊諸便服者並用女直拜己未勅諸路按察司糾察親民官以大杖箠人者乙亥親王文武百官六學各上表請上尊號不許庚辰地震詔定進納官有犯決斷法六月乙巳遣有司祈晴望祭嶽瀆七月乙卯朔以晴遣官望祭嶽鎭海瀆癸亥定居祖父母喪婚娶聽離法初置蒲思行群牧辛未平章政事萬公特賜告兩月甲戌獵于近郊八月壬辰幸香山乙未至自香山丁未勅審官院奏事其院官皆許升殿戊申更定鎭防軍犯徒配役法九月甲寅朔天壽節宋高麗遣使來賀戊午命樞密使宗浩禮部尚書賈鉉佩金符行省山東等路括地已未尚書省奏西北路招討使獨吉思忠言各路邊堡墻隍西自坦舌東至胡烈公幾六百里向以起築忽遽並無女墻副隄近令修完計工七十五萬止役戍軍未嘗動民今已畢功上賜詔獎諭修玉牒成定皇族收養異姓男爲子者徒三年姓同者減二等立嫡違法者徒一年癸亥如薊州秋山冬十月庚寅至自秋山庚子風霾宋遣使來告哀辛丑集百官于尚書省問間者亢旱近則久陰豈政有錯謬而致然歟各以所見對以禮部郎中劉公憲爲高麗生日使丁未獵于近郊以宿直將軍完顏觀音奴爲夏國生日使十一月癸丑朔日有食之乙卯以國使院編修官呂卿雲爲左補闕兼應奉翰林文字審官院以資淺駁奏上諭之曰明昌間卿雲嘗上書言宮掖事辭甚切直皆他人不能言者卿輩蓋不知也臣下言事不令外人知乃是謹密正當顯用卿宜悉之以工部尚書烏古論誼等爲宋弔祭使初定品官過闕則下制已巳宋復遣使來告哀辛未以殿前右副點檢紇石烈忠定爲賀宋正旦使十二月癸未朔詔改明年爲泰和元年以河南路統軍使充等爲宋弔祭使乙未定管軍官受所部財物輒放離役及令人代役法辛丑詔宮籍監戶百姓自願以女爲婚者聽癸卯定造作不如法三年內有損壞者罪有差

泰和元年正月壬子朔宋高麗夏遣使來賀壬戌宋遣使獻先帝遺留物己巳以太府監孫復言方今在仕者三萬七千餘員而門蔭補敘居三之二諸司待闕動至累年蓋以補蔭猥多流品混淆本末相舛至於進納之人既無勞績又非科第而亦蔭及子孫無所分別欲流之淸必澄其源乃更定蔭敘法而頒行之尚書省奏今杖式輕細民不知畏請用大杖詔不許過五分庚午如長春宮春水辛未上以方春禁殺含胎兎犯者罪之告者賞之甲戌初命文武官官職俱至三品者許贈其祖二月壬辰去造土茶律丁未至自春水三月乙丑夏國遣使來謝壬申幸天長觀癸酉如萬寧宮乙亥宋遣使來報謝丁丑更定鎭防千戶謀克放老人除格辛巳敕官司私文字避始祖以下廟諱小字犯者論如律夏四月甲辰詔諭契丹人戶累經簽軍立功者官賞恩例與女直人同仍許養馬爲吏五月甲寅擊毬于臨武殿令都民縱觀丙辰樞密使宗浩罷壬戌幸玉泉山戊寅制尊長有罪卑幼追捕律以直東上閤門劉頔爲橫賜高麗使六月己卯幸香山乙酉平章政事張萬公表乞致仕不許辛卯祈雨于北郊己亥用尚書省言申明舊制猛安謀克戶每田四十畝樹桑一畝毀樹木者有禁鬻地土者有刑其田多汙萊人戶闕乏并坐所臨長吏按察司以時勸督有故慢者量決罰之仍減牛頭稅三之一勅尚書省舉行風俗奢僭之禁乙巳初許諸科徵鋪馬黃河夫軍須等錢折納銀一半願納錢鈔者聽丁未詔有司修蓮花漏七月辛酉禁放良人不得應諸科舉子孫不在禁限甲子諭刑部官凡上書人言及宰相者不得申省乙丑更定古選注縣令丞簿格己巳初禁廟諱同音字八月庚辰初命戶絕者田宅以三分之一付其女及女孫戊子特改授司空襄河間府路窦注海世襲猛安乙未至自萬寧宮丙申宋遣使來報謝壬寅制猛安謀克並隸按察司監察御史止按部糾舉有罪則併坐監臨之官詔推排西北京遼東三路人戶物力九月戊申朔天壽節宋高麗夏遣使來賀更定贍學養仕法生員給民佃官田人六十畝歲支粟三十石國子生人百八畝歲給以所入官爲掌其數以右宣徽使徒單懷忠等爲賀宋生日使甲寅如秋山丙子至自秋山冬十月乙酉祫享于太廟戊子平章政事張萬公乞致仕不許壬辰御史臺奏在制按察司官比任終遣官考覈然後尚書省命官覆察之今監察御史添設員多宜分路巡行每路女直漢人各一人同往從之仍敕分四路丙申御史大夫卞乞致仕不許戊戌以武衛軍都指揮使司判官納合鉉爲高麗生日使壬寅敕有司購遺書宜償其價以廣搜訪藏書之家有珍惜不願送官者官爲謄寫畢復還之仍量給其直之半甲辰以刑部員外郎完顏綱爲夏國生日使十一月庚戌司空襄以下文武百官復請上尊號不許辛亥敕尚書凡役衆勞民之事勿輕行之丁巳諭工部曰比聞懷州有橙結實官吏檢視已嘗擾民今復進柑得無重擾民乎其誡所司遇有則進無則已庚申以殿前右衛將軍紇石烈七斤等爲賀宋正旦使十二月辛巳勅改原廟春秋祭祀稱朝獻司空襄以下復請上尊號詔不允仍斷來章丁酉司空襄等進新定律令勅條格式五十二卷辛丑詔頒行之壬寅獵于近郊乙巳初定廉能官升注格

二年春正月丁未朔宋高麗夏遣使來賀乙卯始朝獻于衍慶宮庚申幸芳苑觀燈癸酉歸德軍節度副使韓琛以强市民布帛削一官罷之甲戌如建春宮二月戊戌初置內侍寄祿官乙巳還宮三月甲寅初置宮苑司都同監各一人甲子蔡王從彝母充等太師卒詔有司定喪禮葬儀事載從彝傳四月庚辰幸昇國長公主第問疾已亥定遷三品官格復撲買河濼法辛丑諭御史臺諸訴事于臺當以實上聞不得輒稱察知癸卯如萬寧宮命有司祈雨五月甲辰朔日有食之戊申如泰和宮辛亥初薦新于太廟壬戌諭有司曰金井捺鉢不過二三日留朕之所止一涼廈足矣若加修治徒費人力其藩籬不急之處用圍幕可也甲子更泰和宮曰慶寧長樂川曰雲龍已巳勅御史臺京師拜廟及巡幸所過州縣止令灑掃不許以黃土覆道違者糾之六月辛卯諭尚書省諸路禾稼及雨多寡令州郡以聞七月辛亥有司奏還宮日請用黃麾杖不許乙卯朝獻于衍慶宮八月丙申鳳凰見于磁州武安縣鼓山石聖臺丁酉還宮皇子生九月壬寅朔天壽節宋高麗夏遣使來賀甲寅以拱衛直都指揮使完顏瑭等爲賀宋生日使且戒之曰兩國和好矣汝不宜爭細故傷大體癸亥以皇子生親謝南北郊庚午封皇子爲葛王冬十月戊寅報謝于太廟及山陵甲申以鳳凰見詔中外丙戌獵于近郊壬辰遣尚輦局副使李仲元爲高麗國生日使以宿直將軍紇石烈毅爲夏國生日使瀛王府司馬獨吉溫爲橫賜使十一月甲辰更定德運爲土臘用辰以西京留守宗浩爲樞密使戊申以更定德運詔中外庚辰初命外官三品到任進表稱謝甲子幸玉虛觀遣使報謝于太清宮十二月癸酉以皇子晬日放僧道戒牒三千以武安軍節度使徒單公弼等爲賀宋正旦使戊寅冬獵庚辰報謝于高禖丁酉還都閏月庚戌司空襄薨癸丑初命監察御史非特旨不許舉官辛酉遣使報謝于北嶽定人戶物力隨時推收法丁卯遣使報謝于長白山冬無雪

三年春正月辛未朔宋高麗夏遣使來賀癸酉遣官祈雪于北嶽丁丑朝獻于衍慶宮己卯以樞密使宗浩爲尚書右丞相右丞完顏匡爲左丞參知政事僕散揆爲右丞御史中丞孫即康刑部尚書賈鉉並爲參知政事庚辰如建春宮二月癸丑還宮甲子定諸職官省親拜墓給假例三月壬申朔平章政事張萬公致仕庚辰如萬寧宮丁亥定從入銅牌賣毀罪賞制庚寅定職官應遷三品格刺史以上及朝資歷在刺史以上身故者每半年一次敷奏甲午如玉泉山丙申以殿前都點檢僕散端爲御史大夫四月乙巳禘于太廟勅點檢司致仕

官入宮年高艱于步履者並聽策杖仍令舍人護衛扶之丁巳勑有司祈雨仍頒土龍法己未命吏部侍郎李炳國子司業蒙括仁本知登聞檢院喬宇等再詳定儀禮庚申諭省司官中所用物如民間難得勿強市之癸亥尚書省奏遣官分路覆實御史所察事五月壬午以重五拜天射柳上三發三中四品以上官侍宴魚藻殿以天氣方暑命兵士甲者釋之丙戌以定律令正土德鳳凰來皇嗣建大赦辛卯皇子葛王薨壬辰定擅增減宮門鎖鑰罪丙申作太極宮六月己亥太白晝見壬寅詔選聰明方正之士爲修起居注又詰點檢司諸親軍所設教授及授業人若干其爲教何法通大義者幾人各具以聞戊申定職官追贈法惟嘗犯贓罪者不在追贈之列壬戌遣官行視中都田禾水澤分數七月壬申朝獻于衍慶宮乙亥定大臣薨百官奉慰禮庚辰獵于近郊丁亥上諭宰臣凡奏事朕欲徐思或如已者若除授事可俟三五日再奏餘並二十日奏之八月丙辰還宮庚申命編修官左容充宮教賜銀幣九月丙寅朔天壽節宋高麗夏遣使來賀壬申以刑部尚書承暉等爲賀宋生日使戊子以萬寧宮提舉司隸工部壬辰詔定千戶謀克受隨處捕盜官公移盜急不即以衆應之者罪有差召右丞相宗浩還朝冬十月戊戌日將暮赤如赭己亥大風甲辰申酉間天大赤夜將旦亦如之壬子右丞僕散揆至自北邊丙辰召至香閣慰勞之以尚食局使師孝爲高麗生日使庚申尚書左丞完顏匡等進世宗實錄上降座立受之壬戌以薊州刺史完顏太平爲夏國生日使奉御完顏阿魯帶以使宋還言宋權臣韓侂胄市馬厲兵將謀北侵上怒以爲生事笞之五十出爲彰德府判官及淮平陷乃擢爲安國軍節度副使丁卯諭尚書省士庶陳言皆從所司以聞自今可悉令詣闕量與食直仍給官舍居之其言切直及繫利害重者並三日內奏聞十一月辛未以簽樞密院事獨吉思忠等爲賀宋正旦使丁丑冬獵以獲兎薦山陵甲午詔監察等事可二年一出十二月庚子諭宰臣曰賀正宋使且至可令監察隨之以爲常壬寅還都己酉賜天長觀額爲太極宮辛亥詔諸親王公主每歲寒食十月朔聽朝謁興裕二陵忌辰亦如之癸丑詔遣監察御史分按諸路所遣者女直人即以漢人朝臣偕所遣者漢人即以女直朝臣偕戊午勑行宮名曰光春其朝殿曰蘭皐寢殿曰輝寧

金史卷十二

元中書右丞相總裁脫脫等修

本紀第十二

章宗四

四年春正月乙丑朔宋高麗夏遣使來賀丁卯諭外方使人不得佩刀入宮庚午幸豫王永成第視疾辛未如光春宮春水壬申陰霧木氷丁丑行尚書省奏宋賀正使還至慶都卒詔遣防禦使女奚列往祭致賻絹布各二百二十疋仍命送伴使張雲護喪以歸豫王永成薨辛卯高麗國王王晫沒嗣子韺遣使來告哀二月乙未朔還宮丁酉以山東河北旱詔祈雨東北二嶽己亥命購豫王永成遺文庚戌始祭三皇五帝四王癸丑詔刺史州郡無宣聖廟學者並增修之三月丁卯日昏無光大風毀宣陽門鴟尾癸酉命大興府祈雨戊寅幸太極宮詔定前代帝王合致祭者尚書省奏三皇五帝四王已行三年一祭之禮若夏太康殷太甲太戊武丁周成王康王宣王漢高祖文景武宣光武明帝章帝唐高祖文皇一十七君致祭爲宜從之乙酉祈雨于北郊丁亥如萬寧宮壬辰祈雨于社稷遼陽府判官斜卯劉家以上書論列朝臣削官一階罷之夏四月丙申詔定縣令以下考課法己亥祈雨于太廟庚子增定關防姦細格丙午定衣服制以祈雨望祀嶽鎮海瀆于北郊癸丑祈雨于社稷甲寅以久旱下詔責躬求直言避正殿減膳撤樂省御廄馬免旱甾州縣徭役及今年夏稅遣使審繫囚理冤獄乙卯宰臣上表待罪詔答曰朕德有愆上天示異卿等各趨乃職思副朕懷戊午以西上閤門使張偁等爲故高麗國王王晫勑祭使東上閤門使石愨等爲高麗國王王韺慰問起復橫賜使庚申祈雨于太廟壬戌萬寧宮端門災五月乙丑祈雨于北郊有司請雩詔三禱嶽瀆社稷宗廟不雨乃行之癸酉平章政事徒單鎰尚書右丞完顏匡罷甲戌雨乙亥百官上表請御正殿復常儀乙酉謝雨于宗廟丁亥報祀社稷汰隨朝冗官定省令史闕決公務詭稱已禀擅退六部大理寺法狀及妄有所更易者罪辛卯報謝嶽鎮海瀆六月壬辰朔罷兼官俸給壬寅復行吏目移轉法乙巳始祭中霤戊申罷惠川高三州秀巖灤陽徽川咸寧全安利民六縣及北京宮苑使諸羣牧提舉居庸紫荆通會三關使西北路鎮防十三千戶諸路醫學博士壬子司天臺長行張翼進天象傳秋七月丁卯定申報盜賊制戊辰朝獻于衍慶宮庚午幸望京甸壬申如萬寧宮甲戌罷限錢法甲申改葬鎬王永中于威州八月大理丞姬端修司直溫敦按帶論奏知大興府事紇石烈執中坐所言不當各削一官罷職丁酉以尚書右丞相崇浩爲左丞相右丞僕散揆爲平章政事參知政事孫即康爲尚書右丞御史大夫僕散端爲左丞吏部尚書獨吉思忠爲參知政事庚子詔完顏綱喬宇宋元吉等編類陳言文字其言涉宮庭若大臣省臺六部各以類從凡二千卷辛丑以西京留守崇肅爲御史大夫癸卯更定閤門祗候出職格先是以天旱詔求直言至是尚書省奏河南府盧顯達汝州王大材所陳言涉不遜請以情理切害論其罪從之仍徧諭中外命諸路學校生徒少者罷教授止以本州府文資官提控之丁未以安州軍事判官劉常言諸按察司體訪不實輒加糾劾者從故出入人罪論仍勒停若事涉私曲各從本法辛亥還宮乙卯以知眞定府事完顏昌等爲賀宋生日使丁巳幸太極宮弛圍場遠地禁縱民耕捕樵採減教坊長行五十人渤海教坊長行三十人文繡署女工五十人出宮女百六十人九月庚申朔天壽節宋高麗夏遣使來賀丙寅如薊州秋山壬申定屯田戶自種及租佃法冬十月甲午定私鹽法丙申詔親軍三十五以下令習孝經論語癸卯至自秋山甲寅以提點尚衣局完顏變爲夏國生日使十一月丁卯以殿前右副都點檢烏林答毅等爲賀宋正旦使癸酉木氷凡三日丁丑定收補承應人格十二月己丑朔新平等縣蚜蚄蟲生己亥左丞相崇浩等請上尊號不許辛丑勑陝西河南饑民所鬻男女官爲贖之乙卯百官再表乞受尊號不許

五年春正月己未朔大雪宋高麗夏遣使來賀庚申謁衍慶宮乙丑幸太極宮丁卯如光春宮春水壬申朝獻于衍慶宮乙亥詔有司自太和三年郡縣三經行幸民嘗供億者賜今年租稅之半丁丑次霸州調山東河北軍夫改治漕渠二月己丑朔諭按察司近制以鎮靜而知大體爲稱職苛細而闇於大體爲不稱由是各路按察以因循爲事莫思舉刺郡縣以貪黷相尚莫能畏戢自今若糾察得實民無冤滯能使一路鎮靜者爲稱職其或煩紊使民不得伸愬者是爲曠廢癸巳定鞫勘官受飲宴者罪己亥如建春宮甲寅制盜用及僞造都門契者罪視宮城門減一等三月庚申還宮癸亥更定兩稅輸限乙丑宋兵入秦川界庚午親王百官請上尊號不許甲戌諭有司進士名有犯孔子諱者避之仍著爲令命給米諸寺自十月十五日至次年正月十五日作糜以食貧民戊寅罷獄空錢辛巳宋兵入鞏州來遠鎮唐州得宋諜者言韓侂胄屯兵鄂岳將謀北侵四月戊子朔如萬寧宮癸巳命樞密院移文宋人依誓約撤新兵毋縱入境壬子定隨路轉運司及府官每季檢視庫物法五月甲子以平章政事僕散揆爲河南宣撫使籍諸道兵以備宋癸酉詔定遼東邑社人數戊寅更定檢知法勒留格己卯如慶寧宮制司屬丞凡遭父母喪止給卒哭假爲永制甲申宋人入漣水縣六月戊子復漣水縣丁酉制定本朝婚禮更定黨米麪入外界法己酉制鎮防軍逃亡致邊事失錯陷敗戶口者罪甲寅詔拜禮不依本朝者罰召諸大臣問備宋之策皆以設備養惡爲言上以南北和好四十餘載民不知兵不忍先發七月戊辰如錦屏山壬申朝獻于衍慶宮乙亥宣撫使揆奏定姦細罪賞法丙子定圍場誤射中人罪壬午詔諸縣盜賊多所選注巡尉八月辛卯詔罷宣撫司時宋殿帥郭倪濠州守將田俊邁誘虹縣民蘇貴等爲間河南將臣亦屢縱諜往往利俊邁之賂反爲遊說皆言宋之增戍本虞他盜及聞行臺之建亦畏讐不敢去備且兵皆白丁自裹糧糒窮蹙饑疫死者十二三由是中外信之宣撫司以宋三省樞密院及盱眙軍牒來上又皆鐫黜邊臣爲辭宣撫使揆因請罷司從之揆又奏罷臨洮德順秦鞏新置弓箭手閏月乙卯朔典衛司丙子還宮九月甲申朔天壽節宋高麗夏遣使來賀戊子西北方黑雲間有赤氣如火色次及西南正南東南方皆赤有白氣貫其中至中夜赤氣滿天四更乃散以河南路統軍使紇石烈子仁等爲賀宋生日使戊戌宋兵三百攻比陽寺莊副巡檢阿里根寺家奴死之甲辰宋人焚黃澗廣巡檢高顥冬十月庚申以刑部員外郎李元忠爲高麗生日使丁丑宋人襲比陽唐州軍事判官撒覩死之十一月乙酉宋人入內鄉攻洛南之固縣商州司獄壽祖追至丹河擊敗之己丑以太常卿趙之傑等爲賀宋正旦使癸巳山東闕食賜錢三萬貫以賑之乙未初定武舉格丁酉詔山東陝西帥臣訓練士卒以備非常仍以銀十五萬兩分給邊帥募民偵伺復遣武衞軍副都指揮使完顏太平殿前右衞副將軍蒲察阿里赴邊伺其入伏兵掩之戊戌大雪免朝參己亥更定宮中局署承應收補格宋吳曦擁衆興元欲窺關隴皇甫斌益募兵擾淮北所掠即以與之使自爲戰

六年春正月癸未朔宋高麗夏遣使來賀丁亥宋使陳克俊等朝辭遣御史大夫孟鑄就館諭克俊等曰大定

初世宗皇帝許宋世爲姪國朕遵守遺法和好至今豈意爾國屢有盜賊犯我邊境以此遣大臣宣撫河南軍民及得爾國有司公移稱已罷黜邊臣抽去兵卒朕方以天下爲度不介小嫌遂罷宣撫司未幾盜賊甚于前日比來羣臣屢以爾國渝盟爲言朕惟和好歲久委曲涵容恐姪宋皇帝或未詳知若依前不息臣下或復有云朕雖兼愛生靈事亦豈能終已卿等歸國當以朕意具言之汝主辛卯朝享于衍慶宮丙申宋興元守將吳曦遣兵圍抹熟龍堡部將蒲鮮長安擊走之斬其將辛丑更定保伍法癸卯始以汾河縣官兼管句漕河事州府府官兼提控丁未如春水庚戌宋人入撒牟谷陝西統軍判官完顏掴刺鞏州兵馬鈐轄完顏七斤約宋西和州守將會境上俄伏發爲所襲木波部長趙彦雄等七人死焉掴刺馬陷淖中中流矢七斤僅以身免二月甲戌御史中丞孟鑄言提刑改爲按察司又差官覆察體訪復遣官覆察之誠爲繁冗請自今差監察時即遣權削而望輕非便參知政事賈鉉曰按察司旣差監察官與俱更不覆察從之三月甲午尚書省奏商州刺史烏古論兗州請賻押軍官與南兵戰没者又奏遷右振肅蒲察五斤官皆從之明昌初五斤嘗爲奉御出使山東至河間以百姓饑輒移提刑司開倉賑之還具以聞上初甚悅太傅徒單克寧言陛下始親大政不宜假近侍人權乞正專擅之罪詔杖之二十克寧又以爲言乃罷之後上思之由泰州都軍召爲振肅己亥如萬寧宮甲辰勅尚書省祖父母父母無人侍養而子孫遠遊至經歲者甚傷風化雖舊有徒二年之罪似涉太輕其考前律再議以聞己酉宋人攻靈璧南京按察使行部至縣匿民舍得免四月丙辰宋人圍壽春壽春告急于亳同知防禦使賢聖奴將步騎六百赴之乃退癸亥尚書省奏河南統軍司言統軍使紇石烈子仁等遣嚴整閭忠周秀董入襄陽覘敵陰事還言皇甫斌遣兵四萬規取鄧以我叛人田元爲鄉導三萬人規取唐以張貞張勝爲鄉導俱授統領官故不敢無備乃聚鄭汝陽翟之兵于昌武以南京副留守兼兵馬副都總管紇石烈毅統之聚亳陳襄邑之兵于歸德以河南路副統軍徒單鐸統之而自以所部兵駐汴及擬山東東西路軍七千付統軍紇石烈執中駐大名河北東西路軍萬七千屯河南皆給以馬有老弱者易其人皆從之甲子宋人攻天水界乙丑入東柯谷部將劉鐸戰敗之丙寅詔平章政事僕散揆領行省于汴許以便宜從事升諸道統軍司爲兵馬都統府以山東東西路統軍使紇石烈執中爲山東西路兵馬都統使定海軍節度使副都統軍使完顏撒剌副之陝西統軍使充爲陝西五路兵馬都統使通遠軍節度使胡沙知臨洮府事石抹仲温副之河南皆聽揆節制如故盡徵諸道籍兵辛未宋吳曦攻來遠鎮之蘭家嶺丙子詔內外職官納馬各有數丁丑宋人入新息內鄉又入泗州戊寅入褒信己卯入虹縣庚辰入潁上五月壬午宋李爽圍壽州田俊邁入蘄縣秦詵攻蔡州防禦使完顏佛住敗之又入金城海口殺長山尉執二巡檢以去甲申太白晝見丙戌以宋畔盟出師告于天地太廟社稷丁亥親告于衍慶宮戊子平章政事僕散揆兼左副元帥陝西兵馬都統使充爲元帥右監軍知眞定府事烏古論誼爲元帥左都監辛卯以征南詔中外賜唐州刺史吾古孫兀屯總押鄧州兵馬事完顏江山爵各二級蔡州防禦使完顏佛住爵一級餘賞賚有差又以非嚴整上變必爲所誤授整嵩州巡檢使賜爵八級錢二百萬上以宋兵方熾東北新調之兵未集河南之衆不足支命河北大名北京天山之兵萬五千屯眞定河間清獻等以爲應壬辰諭尚書省今國家多故凡言軍國利害五品以上官以次奏陳朕將親問之六品以下則具帖子以進癸巳山東路災赦死罪已下以樞密副使完顏匡爲右副元帥宋田俊邁攻宿州安國軍節度副使納蘭邦烈等出兵擊之邦烈中流矢宋郭倬李汝翼以衆繼至遂圍宿州壬寅納蘭邦烈等擊敗之俊邁退保于蘄癸卯執俊邁于蘄甲辰皇甫斌攻唐州刺史吾古孫兀屯拒之行省遣泌陽副巡檢納合軍勝來援遂擊敗之庚戌太白經天六月辛亥朔左丞僕散端以母憂罷平章政事揆報蘄之捷并送所獲宋將田俊邁至闕上降詔褒諭賜紇石烈貞納蘭邦烈史扢搭等爵賞有差宋將李爽以兵圍壽州刺史徒單羲拒守踰月不能下壬子河南統軍判官乞住及買哥等以兵來援羲出兵應之爽大敗同知軍州事蒲烈古中流矢死乙卯初置急遞鋪腰鈴轉遞日行三百里非軍期河防不許起馬定軍前差發受贓罪除飛蝗入境雖不損苗稼亦坐罪法丁巳詔彰德府宋韓侂胄祖琦墳毋得損壞仍禁樵採庚申右翼都統完顏賽不敗宋曹統制于溱水辛酉詔有司有宋宗族所居各具以聞長官常加提控壬戌平章政事揆報壽州之捷戊辰詔升壽州爲防禦免今年租稅諸科名錢釋死罪以下以徒單羲爲防禦使贈蒲烈古昭勇大將軍賜錢三百貫官其子圖刺擢乞住同知昌武軍節度使事買哥河南路統軍判官都統賽不副統蒲鮮萬奴各進爵一級賜金幣有差辛未木星晝見至七月戊申經天乙亥宋吳曦攻鹽川戍將完顏王喜敗之秋七月癸未宋商榮復攻東海縣令完顏卞僧復敗之還中伏矢死贈海州刺史以銀五百兩絹百疋給其家仍官其一子甲申朝獻于衍慶宮丁亥勅翰林直學士陳大任以本職專修遼史甲午宋統制戚春以舟師攻邳州刺史完顏從正敗之春赴水死斬其副夏統制吳曦兵五萬入秦州陝西路都統副使承裕等敗之丙申夏國王李純佑廢姪安全立遣使奉表來告詔禁賣馬入外境但至界欲賣而爲所捕即論死八月庚戌山東帥來報邳州之捷辛亥木星晨見乙卯以羌酋青宜可爲疊州副都總管己未太白晝見丙寅左丞僕散端起復前職詔設平南諸將軍辛未宋程松襲取方山原蒲察貞破走之壬申太白晝見經天甲戌至自萬寧宮乙亥赦唐鄧潁蔡宿泗六州免來年租稅三分之一九月己卯朔天壽節高麗遣使來賀辛巳元帥右都監蒲察貞取和尚原臨洮蕃部遵寧獻芻粟戰馬以助軍乙酉將五鼓北方有赤白氣數道起于王良之下行至北斗開陽搖光之東丙戌幸香山庚寅勅行尚書省有方略出衆武藝絕倫才幹辦事工巧過人者其招選之甲午參知政事賈鉉乞致政不許戊戌尚書左丞僕散端行省于汴己亥尚書戶部侍郎梁鏜行六部尚書事於山東辛丑遣尚書左司郎中溫迪罕思敬冊李安全爲夏國王甲辰宋吳曦將馮興楊雄李珪等入秦州陝西都統副使承裕等擊破之斬楊雄李珪冬十月戊申朔平章政事僕散揆督諸道兵伐宋庚戌揆以行省兵三萬出潁壽河南路統軍使紇石烈子仁以兵三萬出渦口元帥匡以兵二萬五千出唐鄧左監軍紇石烈執中以山東兵二萬出清口右監軍充以關中兵一萬出陳倉右都監蒲察貞以岐隴兵一萬出成紀蜀漢路安撫使完顏綱以漢蕃步騎一萬出臨潭臨洮路兵馬都總管石抹仲溫以隴右步騎五千出鹽川隴州防禦使完顏璘以本部兵五千出來遠甲子獵于近郊十一月戊寅朔詔定諸州府物力差役式壬午完顏匡攻下棗陽乙酉詔屯田軍戶與所居民爲昏因者聽丁亥僕散揆克安豐軍取霍丘縣紇石烈執中克淮陰遂圍楚州己丑尚書省奏減朝官及承應人月俸折支錢庚寅完顏匡克光化軍及神馬坡壬辰僕散揆次廬江宋督視江淮兵馬事丘崈遣劉祐來乞和紇石烈子仁克定遠縣乙未完顏匡取隨州丙申紇石烈子仁克滁州戊戌詔諸路行用小鈔完顏匡圍德安別以兵徇下安陸應城雲夢孝感漢川荊山等縣庚子日斜有流星二光芒如炬幾及一丈起東北没東南初定茶禁完顏綱圍祐州降之宋丘崈遣林拱持書乞和辛丑完顏匡攻襄陽破其外城僕散揆克含山蒲察貞克天水紇石烈子仁徇下來安全椒二縣壬寅完顏綱徇下荔川閭川等城癸卯丘崈復遣宋顯等以書幣乞和乙巳完顏綱克宕昌丙午蒲察貞克西和州十二月丁未朔完顏匡克宜城僕散揆攻和州史扢搭中流矢死壬子完顏綱次大潭縣降之蒲察貞克成州癸丑宋太尉昭信軍節度使四川宣撫副使吳曦納款于完顏綱戊午右監軍充攻下大散關己未紇石烈子仁克眞州丘崈復遣陳璧等奉書乞和辛酉右監軍充遣兀顏抄合以兵趣鳳州城潰入爲完顏綱遣京兆錄事張仔會吳曦于興州之置口曦具言所以歸朝之意仔請以告身爲報盡出以付之仍獻階州乙丑初設都提控急遞鋪官平章政事僕散揆班師完顏綱以朝命假太倉使馬良顯齎詔書金印立吳曦爲蜀王戊辰蒲察貞以西和天水等捷來報完顏匡進所掠女子百人己巳曦遣其果州團練使郭澄提舉仙人關使任辛奉表及蜀地圖志吳氏譜牒來上壬申詔完顏匡權尚書右丞行省事右副元帥如故以紇石烈執中縱下虜掠遣近臣杖其經歷阿里不孫等仍詔放還所掠

七年春正月丁丑朔高麗夏遣使來賀完顏匡進攻襄陽戊寅勅宰臣舉材幹官同議南征事辛巳詔御史大夫崇肅同判大睦親府事徒單懷忠吏部尚書范楫戶部尚書高汝礪禮部尚書張行簡知大興府事溫迪罕思齊等十有四人同對于慶和殿壬午詔百官及前十四人同對于廣仁殿甲申朝獻于衍慶宮乙酉贈故壽州死節軍士魏全宣武將軍蒙城令封其妻鄉君子俟年至十五收充八貫石正班局分承應仍賜錢百萬初李爽圍壽州刺史羲募人往斫敵營全在選中而爲敵所執敵令罵羲則免全陽許及至城下反罵敵遂殺之至死罵不絕聲故有是恩戊子召完顏綱赴闕庚寅僕散揆還駐下蔡而病丙申以左丞相崇浩兼都元帥行省于南京以代揆己亥有司奏更定茶禁辛丑完顏匡取穀城二月丙辰赦鳳成西和階山五州丁巳詔追復永中永蹈王爵宋知樞密院張巖遣方信孺以書請平章政事揆左丞端乞和己未獵于近郊完顏匡克荊門

軍癸亥如建春宮吳曦遣使奉三表來謝封爵陳誓言賀全蜀內附丙寅還宮戊辰平章政事兼左副元帥僕散揆薨于軍癸酉遣同知府事朮虎高琪等冊吳曦爲蜀國王判平陽府事衛王永濟改武定軍節度使兼奉聖州管內觀察使是月蜀國王吳曦爲宋臣安丙所殺三月戊子幸太極宮庚寅詔撫諭陝西軍士壬辰初定蟲蝻生發地主及鄰主首不申之罪宋復攻破階州癸巳復攻破西和州乙未宣撫副使完顏綱至鳳翔詔撤五州之兵分保要害綱召諸軍還庚子以完顏匡爲左副元帥壬寅如萬寧宮甲辰幸西園夏四月壬子遣宮籍副監楊序爲橫賜高麗王使癸丑宋人攻破散關鞏州鈐轄兀顏阿失死之丙辰以紇石烈子仁爲右副元帥戊辰詔元帥府分遣諸將遊奕淮南諸州癸酉復下散關五月己卯幸東園射柳己丑幸玉泉山丙申宋知樞密院事張巖復遣方信孺以書至都元帥府增歲幣乞和四州安撫使安丙遣四和州安撫使李孝義率步騎三萬攻秦州圍皂角堡朮虎高琪以兵赴之七戰而解其圍是月放宮女二十八人六月乙巳朔詔朝官六品外官五品以上及親王舉通錢穀官一人不舉者罰舉不當者論如律己酉以山東盜制同黨能自殺捕出首官賞法戊午烏古論誼爲元帥左監軍完顏撒剌爲元帥左都監乙丑遣使捕蝗秋七月庚辰朝獻于衍慶宮壬午詔民間交易典質一貫以上並用交鈔毋用錢乙酉勅尚書省自今初受監察者令進利害帖子以待召見甲午左副元帥匡至自許州乙未詔覈西夏人口盡贖放還敢有藏匿者以違制論八月戊申宋張巖復遣方信孺齎其主誓書藁來乞和庚戌割汝州襄城縣于許州戊辰至自萬寧宮九月甲戌朔天壽節高麗夏遣使來賀左丞相兼都元帥崇浩薨于軍甲申定西北京遼東鹽司判官諸場管句增虧升降格以尚書左丞僕散端爲平章政事封申國公左副元帥完顏匡爲平章政事兼左副元帥封定國公丙戌獵于近郊壬辰還宮戊戌更定受制忘誤及誤寫制書事重加等罪壬寅勅女直人不得改爲漢姓及學南人裝束冬十月甲辰詔應廕之家旁正廕足其正廕者未出官而亡許補廕一人辛亥以武庫令朮甲法心爲高麗生日使丙辰獵于近郊己巳詔定隨軍遷賞格辛未陝西宣撫使徒單鎰分遣副統把回海攻下蘇嶺關是月定南征將士功賞格十一月癸酉詔新定學令內削去薛居正五代史止用歐陽修所撰是日都統押剌拔鶻嶺關新道口副統回海取小湖關敖倉進至營口鎮遂取其城丙子宋韓侂胄遣左司郎中王柟以書來乞和請稱伯復增歲幣犒軍錢誅蘇師旦函首以獻丙戌上聞陝州防禦使紇石烈孛孫禁民糴命尚書省罪之壬辰宋參知政事錢象祖以誅韓侂胄移書行省甲午獵于近郊戊戌參知政事賈鉉罷詔完顏匡檄宋函侂胄首以贖淮南故地十二月壬寅朔遼史成丙午以符寶郎烏古論福齡爲夏國生日使丙午詔策論進士免試弓箭擊毬庚申以尚書右丞孫卽康爲左丞參知政事獨吉思忠爲右丞中都路都運使孫鐸爲參知政事

八年春正月辛未朔高麗夏遣使來賀壬申朝謁于衍慶宮癸酉收毀大鈔行小鈔以元帥左都監完顏撒剌爲參知政事乙亥宋安丙遣兵襲鶻嶺關副統把回海完顏搨剌擊走之斬其將景統領丙子左司郎中劉昂通州刺史史肅監察御史王宇吏部主事曹元吏部員外郎徒單永康太倉使馬良顯順州刺史唐括直思白坐與蒲陰令太中私議朝政皆杖之癸未如春水丙戌如光春宮二月乙巳宋參知政事錢象祖遣王柟來以書上行省復請川陝關隘甲寅如建春宮庚申諭有司曰方農作時雖在禁地亦令耕種己巳還宮三月丁亥幸瀛王第視疾庚寅以與宋和諭尚書省壬辰宰臣上表謝罪甲午瀛王從憲薨乙未上親臨祭夏四月癸卯日暈三重皆內黃外赤戊申禘于太廟庚戌如萬寧宮甲寅以北邊無事勅尚書省命東北路招討司還治泰州就兼節度使其副招討仍置于邊詔諭有司以苗稼方興宜速遣官分道巡行農事以備蟲蝻詔更定猛安謀克承襲程試格宋錢象祖復遣王柟以書上行省庚申詔諸路按察司歲賜公用錢閏月辛未諭尚書省曰翰林侍講學士蒲察畏也言使宋官當選人其言甚當彼通謝使雖未到闕其報聘人當先議擇自此更始凡有禮數皆在奉使今既行之遂爲永例不可不慎也甲戌制諸州府司縣造作不得役諸色人匠違者準私役之律計傭以受所監臨財物論甲申定承應人收補年甲格甲午雨雹定保甲軍殺獲南軍官賞乙未宋獻韓侂胄等首于元帥府五月丁未御應天門備黃麾立仗親王文武合班起居中路兵馬提控平南撫軍上將軍紇石烈貞以宋賊臣韓侂胄蘇師旦首獻并奉元帥府露布以聞懸其首并畫像于市以露布頒中外丙辰平章政事匡至自軍己未更元帥府爲樞密院癸亥詔移天壽節於十月十五日丁卯遣使分路捕蝗六月癸酉宋通謝使朝議大夫試禮部尚書許奕福州觀察使右武衛上將軍吳衡等奉其主書入見甲戌謁謝于衍慶宮癸未以許宋平詔中外免河南山東陝西等六路今年夏稅河東河北大名等五路半之丁亥以元帥左都監烏古論誼爲御史大夫戊子飛蝗入京畿乙未定服飾明金象金制丁酉以副都檢點完顏侃爲宋論成使禮部侍郎喬宇副之秋七月戊戌朔太白晝見庚子詔更定蝗蟲生發坐罪法乙巳朝獻于衍慶宮詔頒捕蝗圖于中外戊申宋使朝辭致答通謝書及誓書于宋主八月壬申更定遼東行使鈔法癸酉如建春宮己丑以戶部尚書高汝礪等爲宋生日使庚寅如秋山九月甲子遣吏部尚書賈守謙等一十三人與各路按察司官推排民戶物力乙丑至自秋山冬十月辛未以吏部郎中郭郛爲高麗生日使辛巳宋高麗夏遣使來賀夏國有兵遣使來告癸未更定安泊強竊盜罪格辛卯以軍民共舉爲廉能官條附善最法十一月丁酉朔詔諸路按察使並兼轉運使初設三司使掌判鹽鐵度支勸農事以樞密使紇石烈子仁兼三司使癸卯詔戒諭尚書省曰國家之治在於紀綱紀綱所先賞罰必信今廼上自省部之重下逮司縣之間律度弗循私懷自便遷延曠歲苟且成風習此爲恒從何致理朝廷者百官之本京師者諸夏之儀其勗自今各懲己往遵繩奉法竭力赴功無枉撓以循情無依違而避勢壹歸于正用範乃民是日御臨武殿試護衛丁未勅諭臨潢泰州路兵馬都總管承裔等修邊備乙卯上不豫丙辰崩于福安殿年四十一大安元年春正月謚曰憲天光運仁文義武神聖英孝皇帝廟號章宗二月甲申葬道陵

贊曰章宗在位二十年承世宗治平日久宇內小康乃正禮樂修刑法定官制典章文物粲然成一代治規又數問羣臣漢宣綜核名實唐代考課之法蓋欲跨遼宋而比跡於漢唐亦可謂有志於治者矣然婢寵擅朝冢嗣未立疏忌宗室而傳授非人向之所謂維持鞏固於久遠者徒爲文具而不得爲後世子孫一日之用金源氏從此衰矣昔揚雄氏有云秦之有司負秦之法度秦之法度負聖人之法度蓋有以夫

金史卷十二考證

章宗紀四泰和五年三月得宋諜者言韓侂胄屯兵鄂岳將謀北侵○臣宗楷按宋史寧宗本紀嘉泰三年冬金國多難懼朝廷乘其隙沿邊聚糧增戍且禁襄陽榷場邊釁之開蓋自此始

金史卷十三

元中書右丞相總裁脫脫等修

本紀第十三

衛紹王

衛紹王諱永濟小字興勝更諱允濟章宗時避顯宗諱詔改允爲永世宗第七子母曰元妃李氏衛王長身美髯鬚天資儉約不好華飾大定十一年封薛王是歲進封滕王十七年授世襲猛安二十五年加開府儀同三司二十六年爲秘書監明年轉刑部尚書又明年改殿前都點檢二十九年世宗崩章宗卽位進封潞王起復判安武軍節度使五月至冀州以到任表謝賜詔優答明昌二年進封韓王四年改判興平軍五年改沁南軍承安二年改封衛王三年改昭義軍泰和元年改判彰德府事五年改判平陽府初章宗誅鄭王永蹈趙王允中久頗悔之七年下詔追復舊封仍賜謚而永蹈無後乃以衛王子按陳爲鄭王後賜衛王詔曰朕念鄭王自棄天常以干國憲藁瘞曠野忽諸不祀歷歲既久深用愴然親親之情有懷難置已詔追復舊爵改葬如儀稽考古禮以卿之子按陳爲鄭王後謹其祭祀卿其悉之已而改武定軍節度使八年十一月自武定軍入朝是時章宗已感嗽疾衛王且辭行而章宗意留之章宗初年雅愛諸王置王傅府尉官以傳導德義及永中永蹈之誅由是疏忌宗室遂以王傅府尉檢制王家苛問嚴密門戶出入皆有籍而衛王乃永蹈母弟柔弱鮮智能故章宗愛之既無繼嗣而諸叔兄弟多在章宗皆不肯立惟欲立衛王故於辭行留之無何章宗大漸元妃李氏黃門李新喜平章政事完顏匡定策章宗崩匡等傳遺詔立衛王衛王固讓乃承詔舉哀卽皇帝位于柩前明日羣臣朝見于大安殿詔路府州縣爲大行皇帝服七日

大安元年正月辛丑飛星如火起天市垣有尾跡若赤龍壬戌改元大赦立元妃徒單氏爲皇后二月乙丑朔太白晝見經天壬辰章宗內人范氏損其遺腹以詔內外初章宗遺詔內人有娠者兩人生男則立爲儲貳至是平章政事僕散端等奏承御賈氏當以十一月免乳今則已出三月范氏產期合在正月醫稱胎氣有損用藥調治脉息雖和胎形已失范氏願削髮爲尼封皇子六人爲王三月甲辰道陵禮成大赦詔曰自今於朕名不連續及祀詠等字不須別收以平章政事僕散端爲右丞相四月庚辰殺章宗元妃李氏及承御賈氏以平章政事完顏匡爲尚書令五月高麗賀卽位試宏詞科七月幸海王莊臨奠魯國公主八月萬秋節宋遣使來賀九月如大房山謁奠睿陵裕陵道陵百官表請建儲不允十月歲星犯左執法己卯詔戒勵風俗十一月平陽地震有聲如雷自西北來十二月詔平陽地震人戶三人死者免租稅一年二人及傷者免一年貧民死者給葬錢五千傷者三千尚書令申王完顏匡薨右丞相僕散端爲左丞相進封兄越王永功爲譙王御史大夫張行簡爲太保

二年正月庚戌朔日中有流星出大如盆其色碧向西行漸如車輪尾長數丈沒于蜀中至地復起光散如火二月客星入紫微垣光散爲赤龍地大震有聲如雷以禮部侍郎耿端義爲參知政事四月校大金儀禮北方有黑氣如大道東西亘天徐邳州河清五百餘里以告宗廟社稷五月詔儒臣編續資治通鑑六月大旱下詔罪己振貧民闕食者曲赦西京太原兩路雜犯死罪減一等徒以下免丙寅地震七月地震八月地震乙丑立子胙王從恪爲皇太子萬秋節宋遣使來賀獵于近郊夏人侵葭州九月地大震乙未詔求直言招勇敢撫流亡庚子遣使慰撫宣德行省軍士丙午京師戒嚴上日出巡撫百官請視朝不允辛亥宣德行省罷癸丑詔撫諭中都西京清倉被兵民戶十一月獵于近郊中都大悲閣東渠內火自出逾旬乃滅閣南刹竿下石罅中火自出人近之卽滅俄復出如是者復旬日中都火燄民居十二月辛酉朔日有食之是歲大饑禁百姓不得傳說邊事

三年正月乙酉朔宋高麗夏遣使來賀熒惑入氐中二月熒惑犯房宿有大風從北來發屋折木通玄門重關折東華門重關折閏月熒惑犯鍵閉星三月大悲閣災延及民居有黑氣起北方廣長若大堤內有三白氣貫之如龍虎狀掠民間馬令職官出馬有差四月大元太祖法天起運聖武皇帝來征遣西北路招討使粘合合打乞和平章政事獨吉千家奴參知政事胡沙行省事備邊西京留守紇石烈胡沙虎行樞密院事參知政事奧屯忠孝爲尚書右丞戶部尚書梁瑭爲參知政事六月壬寅更定軍前賞罰格八月詔獎諭行省官慰撫軍士千家奴胡沙自撫州退軍駐于宣平河南大名路軍逃歸下詔招撫之九月千家奴胡沙敗績于會河堡居庸關失守禁男子不得輒出中都城門大元前軍至中都中都戒嚴參知政事梁瑭鎭撫京城十月每夜初更正東西北天明如月初出經月乃滅熒惑犯壘壁陣上京留守徒單鎰遣同知烏古孫兀屯將兵二萬衞中都泰州刺史朮虎高琪屯通玄門外上巡撫諸軍罷宣德行省十一月殺河南陳言人郝贊以上京留守徒單鎰爲右丞相簽中都在城軍紇石烈胡沙虎棄西京走還京師卽以爲右副元帥權尚書左丞是時德興府弘州昌平懷來縉山豐潤密雲撫寧集寧東過平灤南至清滄由臨潢過遼河西南至忻代皆歸大元初徒單鎰請徙桓昌撫百姓入內地上信梁瑭議以責鎰曰是自蹙境土也及大元已定三州上悔之至是鎰復請置行省事于東京備不虞上不悅曰無故遣大臣動搖人心未幾東京不守上乃大悔右副元帥胡沙虎請兵二萬屯宣德詔與三千人屯媯川平章政事千家奴參知政事胡沙坐覆全軍千家奴除名胡沙責授咸平路兵馬總管萬戶⿰亻瓜頭屯古北口十二月簽陝西兩路漢軍五千人赴中都太保張行簡左丞相僕散端宿禁中議軍事左丞相僕散端罷

崇慶元年正月朔改元赦宋夏遣使來賀右副元帥胡沙虎請退軍屯南口詔數其罪免之三月大旱遣使冊李遵頊爲夏國王以御史大夫福興爲參知政事參知政事孟鑄爲御史大夫夏人犯葭州延安路兵馬總管完顏奴婢禦之五月簽陝西勇敢軍二萬人射糧軍一萬人赴中都括陝西馬武安軍節度使致仕賈鉉起復參知政事參知政事福興爲尚書左丞詔賣空名勅牒河東陝西大饑斗米錢數千流莩滿野以南京留守僕散端爲河南陝西安撫使提控軍馬七月有風自東來吹帛一段高數十丈飛動如龍形墜於拱辰門八月萬秋節以兵事不設宴十月曲赦西京遼東北京十一月賑河東南路南京路陝西東路山東西路衞州旱災十二月夏國王李遵頊謝封冊

至寧元年正月賑河東陝西饑二月詔撫諭遼東知大名府事烏古論誼謀不軌伏誅三月太陰太白與日並見相去尺餘五月改元詔諭咸平路契丹部人之嘯聚者起胡沙虎復爲右副元帥領武衞軍三千人屯通玄門外陝西大旱六月夏人犯保安州殺刺史犯慶陽府殺同知府事以戶部尚書胥鼎刑部尚書王維爲參知政事八月尚書左丞完顏元奴將兵備邊詔軍官軍士賜賚有差大霧晝晦治中福海別將兵屯城北辛卯胡沙虎矯詔以誅反者招福海執而殺之奪其兵壬辰自通玄門入殺知大興府徒單南平刑部侍郎徒單沒撚於廣陽門西福海男符寶郎鄯陽都統石古乃率衆拒戰死之胡沙虎叩東華門遣人呼守直親軍百戶冬兒五十戶蒲察六斤不應許以世襲猛安三品官職亦不應都點檢徒單渭河縋而出護衞斜烈搯鑠啓門胡沙虎以兵入宮盡逐衞士代以其黨自稱監國都元帥癸巳逼上出宮以素車載至故邸以武衞軍二百人錮守之尚宮左夫人鄭氏爲內職掌寶璽聞難端居璽所待變胡沙虎遣黃門入收璽鄭曰璽天子所用胡沙虎人臣取將何爲黃門曰今天時大變主上猶且不保況璽乎御侍當思自脫計鄭厲聲罵曰若輩宮中近侍恩遇尤隆君難不以死執之反爲逆豎奪璽耶我死可必璽必不與遂瞑目不語黃門出胡沙虎卒取宣命之寶僞除其黨醜奴爲德州防禦使烏古論奪剌順天軍節度使提控宿直將軍徒單金壽永定軍節度使及其餘黨凡數十人皆遷官遂使宦者李思中害上於邸誘奉御和尚使作書急召其父左丞元奴議事元奴以軍來幷其子皆殺之九月甲辰宣宗卽位丁未詣邸臨奠伏哭盡哀勅以禮改葬胡沙虎請廢爲庶人詔百官議于朝堂議者二百餘人太子少傅奧屯忠孝侍讀學士蒲察思忠請從廢黜戶部尚書武都拾遺田庭芳等三十人請降爲王侯太子太保張行簡請用漢昌邑王晉海西公故事侍御史完顏訛出等十人請降復王封胡沙虎固執前議宣宗不得已乃降封東海郡侯昭雪道陵元妃李氏承御賈氏十月辛亥元帥右監軍朮虎高琪殺胡沙虎于其第胡沙虎者紇石烈執中也宣宗乃下詔削其官爵贈石古乃順州刺史鄯陽順天軍節度使凡從二人拒戰者千戶賞錢五百貫謀克三百貫蒲輦散軍二百貫各遷官兩階戰沒者賻賞付其家冬兒加龍虎衞上將軍再遷宿直將軍蒲察六斤加定遠大將軍武衞軍鈐轄石古乃子尚幼給俸八貫石勅有司候其年十五以聞貞祐四年詔追復衞王諡曰紹

贊曰衞紹王政亂於內兵敗於外其滅亡已有徵矣身弒國蹙記注亡失南遷後不復紀載皇朝中統三年翰林學士承旨王鶚有志論著求大安崇慶事不可得采摭當時詔令故金部令史竇祥年八十九耳目聰明能記憶舊事從之得二十餘條司天提點張正之寫災異十六條張承旨家手本載舊事五條金禮部尚書楊雲翼日錄四十條陳老日錄三十條藏在史館條件雖多重復者三之二惟所載李妃完顏匡定策獨吉千家奴兵敗紇石烈執中作難及日食星變地震氛祲不相背盭今校其重出刪其繁雜章宗實錄詳其前事宣宗實錄詳其後事又於金掌奏目女官大明居士王氏所紀得資明夫人援璽事附著于篇亦可以存其梗槩云爾

金史卷十四

元中書右丞相總裁脫脫等修

本紀第十四

宣宗上

宣宗繼天興統述道勤仁英武聖孝皇帝諱珣本名吾睹補顯宗長子母曰昭華劉氏大定三年癸未歲生世宗養于宮中十八年封溫國公加特進二十六年賜今名二十九年進封豐王加開府儀同三司累判兵吏部又判永定彰德等軍承安元年進封翼王泰和五年改賜名從嘉八年進封邢王又封昇王所至著祥異至寧元年八月衞紹王被弒徒單鎰等迎于彰德府旣至京親王百官上表勸進甲辰卽皇帝位於大安殿以紇石烈胡沙虎爲太師尚書令兼都元帥封澤王九月乙巳朔諭尚書省事有規畫者皆卽規畫悉依世宗所行行之丙子以駙馬雄名第賜胡沙虎丁未諭宰臣曰朕卽大位羣臣凡有所見各直言勿隱臨奠于衞紹王第有司奏舊禮當設坐哭上命撤坐伏哭盡哀勅有司以禮改葬戊申御仁政殿視朝賜胡沙虎坐胡沙虎不辭辛亥封皇子守禮爲遂王守純爲濮王皇女溫國公主薨王永升薨上親臨奠大元遣乙里只來壬子改元貞祐

大赦恩賚中外臣民有差丙辰左諫議大夫張行信上章言崇節儉廣聽納明賞罰三事尚書右丞相徒單鎰進左丞相封廣平郡王庚申澤王胡沙虎等議廢故衞王爲庶人上曰朕徐思之以諭卿等壬戌授胡沙虎中都路和魯忽土世襲猛安丙寅詔諭六品以下官事有可言者言之無隱閏月戊辰朔拜日于仁政殿自是每月吉爲常授尚書左丞相徒單鎰中都路迭魯猛安庚午上復舊名珣詔所司告天地廟社前所更名二字自今不須迴避辛未詔追尊皇妣爲皇太后是日皇妃皇子至自彰德府遣使使宋己卯左諫議大夫張行信上疏請立皇太子甲申立子守忠爲皇太子丙戌詔降故衞王爲東海郡侯甲午減定監察御史爲十二員冬十月丁酉朔京師戒嚴辛丑大元乙里只來乙巳詔應遷加官賞諸色人與本朝人一體庚戌勑有司皇太子冊禮俟邊事息然後舉行辛亥元帥右監軍术虎高琪戰于城北凡兩敗績而歸就以兵殺胡沙虎于其第持其首詣闕待罪赦之仍授左副元帥壬子殿前都點檢紇石烈特末也等補外張行信上封事言正刑賞擇將帥及鄯陽石古乃之寃大元兵下涿州設京城鎮撫彈壓官置招賢所癸亥放宮女百三十人十一月戊辰夏人攻會州徒單醜兒出兵擊走之庚午將乞和于大元詔百官議于尚書省以橫海軍節度使承暉爲尚書右丞耿端義爲參知政事癸未詔贈死事裴滿福興及鄯陽石古乃官大元兵徇觀州刺史高守約死之又徇河間府滄州乙未定亡失告身文憑格十二月丁酉朔上御應天門詔諭軍士仍出銀以賜之平章政事徒單公弼進尚書右丞相尚書右丞承暉進都元帥兼平章政事左副元帥术虎高琪進平章政事兼前職

二年春正月丁卯朔以邊事未息詔免朝賀辛未大元兵徇彰德府知府事黃摑九住死之宋人攻秦州統軍使石抹仲溫擊却之癸未司司奏請權止今年禘享朝獻原廟及皇太后冊禮從之乙酉從處士王澮不至大元兵徇益都府命有司復議本朝德運乙未大元兵徇懷州沁南軍節度使宋扆死之二月丙申朔壬子大元乙里只扎八來丙辰罷按察司壬戌大元乙里只復來三月辛未遣承暉詣大元請和丁丑赦國內癸未京師大括粟甲申大元乙里只扎八來詔百官議于尚書省戊子以濮王守純爲殿前都點檢兼侍衞親軍都指揮使權都元帥府事庚寅奉衞紹王公主歸于大元太祖皇帝是爲公主皇后辛卯詔許諸人納粟買官京師戒嚴壬辰大元兵下嵐州鎭西軍節度使烏古論仲溫死之夏四月乙未朔以知大興府事胥鼎爲尚書右丞戊戌奉遷昭聖皇后柩于新寺時山東河北諸郡失守惟眞定清沃大名東平徐邳海數城僅存而已河東州縣亦多殘燬兵退命僕散安貞等爲諸路宣撫使安集遺黎至是以大元允和議大赦國內癸卯權厝昭聖皇后于新寺甲辰詔有司具陣亡人子孫以備錄用丁未以都元帥承暉爲平章政事庚戌左丞相監修國史廣平郡王徒單鎰薨乙卯尚書省奏巡幸南京詔從之己未葬衞紹王五月癸酉承暉加金紫光祿大夫封定國公尚書左丞抹撚盡忠加崇進封申國公甲戌霍王從彝薨乙亥輟朝上決意南遷詔告國內太學生趙昉等上章極論利害以大計已定不能中止皆慰諭而遣之詣原廟奉辭戊寅將發雨不果行以南京留守僕散端等嘗請臨幸及行先詔諭之辛巳詔遷衞紹鎬厲王家屬于鄭州壬午車駕發中都是日雨至甲申止丙戌次定興禁有司扈從踐蹂民田丁亥次安肅州元帥右監軍完顏弼以兵迎見癸巳次中山府勑扈從軍所踐禾稼計直酬之六月甲午朔以按察轉運使高汝礪爲參知政事癸丑次內丘縣大元乙里只來戊午次彰德府曲赦其境內庚申次鉅橋鎭是日南京行宮寶鎭閣災壬戌次宜村黃龍見西北秋七月車駕至南京詔立元妃溫敦氏爲皇后八月甲午以立后百官上表稱賀庚子皇太子至自中都丁未夏人入邊命移文責之甲寅罷經略司應奉翰林文字完顏素蘭上書言事九月壬戌朔日有食之皇孫生癸亥山東路報萊州之捷辛未立監察御史陞黜格庚辰詔訓練軍士丁亥諭宣徽院正旦生辰不須進物太白晝見于軫戊子禁軍官圍獵冬十月甲午詔遣官市木波西羌馬陝西軍戶戰死者給糧贍其家丁酉大元兵徇順州勸農使王晦死之壬寅左副元帥兼尚書左丞抹撚盡忠進平章政事以御史中丞孛术魯德裕爲參知政事兼僉樞密院事曲赦中都路乙卯遣參知政事孛术魯德裕行尚書省于大名府丙辰大元兵收成州諭大名行省貶損用度德州防禦使完顏醜奴伏誅十一月丁卯以御史大夫僕散端爲尚書左丞相曲赦山東路辛未詔賜衞紹王家屬旣稟詔有司答夏國牒丙子許諸色人試武舉蘭州譯人程陳僧叛西結夏人爲援辛巳熒惑犯房宿鉤鈐星癸未曲赦遼東路勅罷宣撫司輒擬官十二月戊戌遣眞定行元帥府事永錫等援中都須勸農詔丁未以和議旣定聽民南渡乙卯登州刺史耿格伏誅流其妻孥大元兵徇懿州節度使高閭山死之

三年春正月辛酉朔宋遣使來賀壬戌遣內侍諭永錫防邊毋以和議爲辭癸亥曲宴羣臣宋使定文武五品以上侍坐員遂爲常制乙丑詔宣撫阿海總管合住討賊劉二祖張汝楫戊辰尚書省言內外軍人入粟補官者多行伍浸虛請俟平定應監差者與三酬門戶有職事者陞一等其子弟應廕者罷之上可其奏乙亥夏人犯環州北京軍亂殺宣撫使奧屯襄丁丑右副元帥蒲察七斤以其軍降於大元辛巳皇太子疾輟朝乙酉皇太子薨二月辛卯環州刺史烏古論延壽及斜卯毛良虎等敗夏人于州境詔進官有差大元乙里只來壬辰上臨奠皇太子殯所有司奏辰日不哭上曰父子至親何可拘忌命御史中丞李英元帥右都監烏古論慶壽領兵護餽中都付以空名宣勑許視功遷敘逗撓者治以軍律乙未改寧邊州隸嵐州丁酉詔諸色人遷官並視女直人有司妄生分別以違制論從戶部郎中奧屯阿虎請也辛丑勑宰臣饋乙里只酒饌壬寅頒獎諭官吏軍民詔曲赦招撫北京作亂者丙午尚書省以南遷後吏部秋冬置選南京春夏置選中都赴調者不便請併選於南京從之武清縣巡檢梁佐柳口巡檢李咬住以誅紇賊張暉劉永昌等功進官有差皆賜姓完顏丁未山東宣撫使僕散安貞遣提控僕散留家等破賊楊安兒步騎三萬殲其衆降僞頭目三百餘人脅從民三萬餘戶戊申減沿邊州府官資考有差壬子立保城無虞及捕獲姦叛遷賞格乙卯勑奏急事不拘假日丁巳日初出赤如血欲沒復然戊午大風隆德殿鴟尾壞三月壬戌詔河北州縣官令文武五品以上辟舉不聽以它事差占仍勒終任有勞績者但升遷領之職應降罰者亦止本處居住時河北殘燬吏治多苟且以求代易故著是令癸亥詔百官各陳防邊利害封章以聞丙寅勅河東河北大名長貳官訓練隨處義兵鄰境有警責其捄援降人自拔歸國者遷職仍列其姓名以招諭來者沿河州縣官罷軟不勝職任者汰去令五品已上官公舉仍許令季到部人內先擇能者量緩急易之丁卯安武軍節度使張行信上書言急務四事庚午論遼東宣撫使蒲鮮萬奴遴精銳屯瀋州廣寧以候進止壬申長春節宋遣使來賀戊寅諭尚書省歲旱議弛諸處碾磑以其水漑民田己卯雨自去冬不雨雪至是始雨勸農事李華言河北州縣官吏多求河南差占以避難宜發元任領戍兵者不可離則別注以往庚辰御史臺言在京軍官及委差官芻糧券例悉同征行乞減其給樞密院委差有俸人吏非征行不必給皆從之勑尚書省入粟補官者毋括其戶爲軍有司議賞軍功毋有所沮格壬午山東宣撫司報大沫堌之捷夾谷石里哥及沒烈擒賊渠劉二祖等斬之前後殪賊萬計西京軍民變遣官撫諭之己丑禁州縣置刃於杖以決罪人前年京兆治中李友直私逃華州結同知防禦使馮朝河州防禦判官郝遵甫平涼府同知致仕楊庭秀水洛縣主簿宿徽等圖集州民號忠義扈駕都統府相挺爲亂殺其防禦判官完顏八斤及城中女直人以書約都統楊珪爲府兵所得珪諱之請自效誘友直等執之麾所招千餘人納仗阬諸城下時京師道路隔絕安撫司以便宜族友直等至是以狀聞乃贈八斤及被害官軍十餘人各一官賻錢二百貫夏四月癸巳河東宣撫使胥鼎言利害十三事長勝軍都統楊珪伏誅丙申河南路蝗遣官分捕上諭宰臣曰朕在潛邸聞捕蝗者止及道傍使者不見處卽不加意當以此意戒之權參知政事德升言舊制夏至後免朝四日一奏事上曰此在平時可也方今多故勿謂朕勞遂云當免但使國事無廢則善矣己亥曲赦山東路癸卯籍赴選監當官爲軍乙巳罷都南行尚書六部侯摯言九事曲赦蒲察七斤脅從之黨募能殺獲七斤者以其官官之丙午以調度不給凡隨朝六品以下官及承應人罷其從己人力輸傭錢經兵州府其吏減半司縣吏減三之一其餘除開封府南京轉運司外例減三之一有祿官吏被差不出本境者並罷給券出境者以其半給之脩內司軍夫亦減其半丁未故皇太子啓菆賜謚曰莊獻戊申權葬迎朔門外詔自今策論詞賦進士第一甲第一人特遷奉直大夫第二人以下經義第一人並儒林郎第二甲以下徵事郎同進士從事郎經童將仕郎壬子艾國公從厚薨詔遣使同山西宣撫司選其民勇健者爲軍諭有司勿拒河北避兵之民所至加存卹用山東西路宣撫副使完顏弼言招大沫堌渠賊孫邦佐張汝楫以五品職下詔湔洗其罪乙卯詔檢覈朝廷差遣官券歷無故稽留中道者罪之丙辰諭田琢留山西流民少壯者充軍老幼者令就食於邢洺等州欲趣河南者聽上議遣親軍六千餘及所募二千七百人援中都宰臣以爲行宮單弱親軍不可遣遂止五月庚申招撫山西軍民仍降詔諭之是日中都破尚書右丞相兼都元帥定國公承暉死之

戶部尚書任天寵知大興府事高霖皆及於難壬戌降空名宣勑紫衣師德號度牒以補軍儲辛未立皇孫鏗爲皇太孫癸酉劉炳上書言十事辛巳上諭宰臣多事之秋陳言者悉送省恐卿等不暇朕於宮中置局命方正官數員擇可取者付出施行何如宰臣請如聖諭詔削納馬補官恩例戊子謀伐西夏遣大臣鎭撫京兆秋七月戊午朔大元兵收濟源縣己未徵弓箭丁內外品官三品以上三副四品五品二副餘以等級徵之庚申置陳潁漕運提舉官以戶部勾當官往來督察有星如太白色靑白有尾出紫微垣北極傍入貫索中上聞河北議察官有要求民財始聽民渡河者避兵民至或餓死自溺特命御史臺體訪之又禁隨朝職官斂民碾磑以自營利詔河間孤城移其軍民就粟清州括民間騾付諸軍與馬參用辛酉議括官田及牧馬地以贍河北軍戶之從河南者已爲民佃者俟穫畢日付之羣臣迭言其不便遂寢癸亥詔河北郡縣軍須並減河南之半定尚書所造諸符樞密院鹿宣撫司魚統軍司虎丙寅遣參知政事高汝礪往河南便宜措置糧儲制品官納弓箭之令丁憂致仕者免甲戌借平陽民租一年詔職官吏兵亡失告身見任者保識即重給之妄冒者從詐僞法丙子尚書省奏給皇太孫歲賜錢上不從曰襁褓兒安所用之詔致仕官俸給比南征時減其半丁丑肅宗神主至自中都奉安于明俊殿戊寅月入畢宿中戊夜犯畢大星己卯明德皇后神主至自中都裁損宮中歲給有差甲申詔尚書省行六部太多其令各路運司兼之改交鈔名貞祐寶券八月戊子朔以陝西統軍使完顏合打簽樞密院事己丑制軍府庶事樞密院官須與經歷官裁決經歷議是而院官不從許直以聞癸巳詔遣官體究京西路新遷軍戶丙申諭尚書省職官犯罪大者即施行之小者籍之事定始論其罪諭樞密院撤合輦所簽軍有具戒僧人可罷遣之己亥詔武舉官非見任及已從軍者隨處調赴京師別爲一軍以備用被薦未授官者量才任之庚子上慮平陽城大兵食不足議棄之宰臣持不可賞前冀州教授祐割式都集義兵出方略遇土寇兵後攝州復立州治積芻糧招徠民戶至五萬置山東西路總管府于歸德府及徐亳二州特遷三官升正五品職以太常卿侯摯爲參知政事行中書省于河北東西兩路太祖御容至自西京奉安于啓慶宮甲辰置行樞密院于徐州歸德府詔諸職官不拘何從出身其不可大用者尚書省具以聞丙午山東西路宣撫司完顏弼表遙授同知東平府事張汝楫將謀復叛密遣人招同知益都府事孫邦佐邦佐斬其人馳報弼弼殺汝楫及其黨萬餘承制陞邦佐德州防禦使餘立功者賞有差上嘉弼功加崇進封密國公詔獎諭之丁未詔近臣舉良將加孫邦佐昭毅大將軍泰定軍節度使仍官其子戊申東平益都太原潞州置元帥府大赦乙酉監察御史許古獻恢復中都之策紅襖賊掠城武宣撫副使顏盞天澤討走之斬首數百級進天澤一官將校有功者命就遷賞命侯摯招邢州賊程邦傑以官不從則誘其黨圖之減戶部幹辦官四員及差委官有差壬子置行省于陝西乙卯增沿河關糴之法十取其八以抑販粟之弊仍嚴禁私渡增步軍萬人戍京以西四萬人戍京以東遣陝西騎兵二千增京畿之衞諭陝西堅守延安臨洮環慶蘭會保安綏德平涼德順鎭戎涇原鄜坊邠寧乾耀等處要害分渭南州郡步兵屯平原令宣撫使治邠州副使治同州之澄城以統之更以步騎守沿渭諸津丙辰元帥左監軍兼知眞定府事永錫坐援中都失律削官爵杖之八十九月丁巳朔戶部侍郎奧屯阿虎言國家多故職官往往不仕乞限以兩季違者勿復任用上嫌其太重命違限者止奪三官降職三等仍永不升注辛酉除名永錫特遷信武將軍息州刺史甲子諭宰臣沿淮塘路以南地畀授民業令爲豪勢據奪者其令有司察之丙寅樞密院言陝西河東世襲蕃部巡檢昨與世襲猛安謀克例罷其俸令邊事方急宜仍給之庶獲其用又西邊弓箭手有才武出衆獲功未推賞者令宣撫司覈實以聞從之丁卯以秋稼未穫禁軍官圍獵詔授隱士王澮太中大夫右諫議大夫充遼東宣撫司參謀官戊辰遙授武寧軍節度副使徒單吾典告平章政事抹撚盡忠逆謀詔有司鞫之設潼關提控總領軍馬等官辛未置河北東路行總管府於原武陽武封丘陳留延津通許杞諸縣以治所徙軍戶命司屬令和尚等護治翠國公按春第上謂宰臣曰按春所爲不愼或至犯法舍之則理所不容治之則失親親之道但當設官以防之耳按春尋以不法謫博州防禦使黜衞紹王母李氏光獻皇后尊諡神主在太廟畫像在衍慶宮並遷出之陳州鎭防軍段仲連進羊三百詔遷三官命右丞汝礪詣陳州規畫糧儲壬申以蘇門縣爲輝州癸酉朝謁世祖太祖御容于啓慶宮行獻享禮始用樂賜東永昌姓爲溫敦氏包世顯包疙疸爲烏古論氏覩令孤爲和速嘉氏何定爲必蘭氏馬福德馬柏壽爲夾谷氏各遷一官甲戌朝謁太宗熙宗睿宗御容行獻享禮詔開滑濬濟曹滕諸州置連珠寨如衞州乙亥詔河北山東等路及平涼慶陽臨洮府涇邠秦鞏德順諸州經兵四品以下職事官並以二十月爲滿募隨處主帥及官軍義軍將校有能率衆復取中都者封王遷一品階授二品職能戰却敵善誘降人取附都州縣者予本處長官散官隨職遷授餘州縣遞減二等紅襖賊周元兒陷深祁州束鹿安平無極等縣眞定帥府以計破之斬元兒及殺其黨五百餘人丁丑詔司縣官能募民進糧五十石以上減一資考萬石以上遷一官減二資考二萬石以上遷一官升一等注見闕諸色人以功賜國姓者能以千人敗敵三千人賜及緦麻以上親二千人以上賜及大功以上親千人以上賜止其家庚辰陝西宣撫司來上第五將城萬戶楊再興擊走夏人之捷壬午以空名宣勑付陝西宣撫司凡夏人入寇有能臨陣立功者五品以下並聽遷授乙酉置大名府行總管府于柘城縣以治所徙軍戶冬十月丙戌朔翰林侍讀學士權參知政事烏古論德升出爲集義軍節度使兼亳州管內觀察使丁亥尚書右丞汝礪言河北軍戶之徙河南者宜以係官閑田及牧馬草地之可耕者賜之使自耕以食而罷其月糧上從其請命右司諫馮開隨處按視人給三十畝夏人入保安都統完顏國家奴破之攻延安戍將又敗之是日捷至戊子以御史中丞徒單思忠爲參知政事己丑平章抹撚盡忠下獄既久監察御史許古言盡忠逮繫有司此必重罪而莫知其由甚駭衆聽乞遣公正重臣鞫之如得其實明示罪目以厭中外之心書上不報庚寅遂誅盡忠癸巳罪狀盡忠告中外詔樞密副使僕散安貞行樞密院于徐州戊戌遼東宣撫司報敗留哥之捷甲辰詔求廣平郡王承暉之後得其猶子歷亭縣丞永懷以爲器物直長丙午夏人陷臨洮陝西宣撫副使完顏胡失刺被執庚戌詔尚書左丞相僕散端兼都元帥行尚書省于陝西辛亥蒙古綱奏昨被旨權山東路宣撫副使僕散安貞權於沿河任使之壬子以同華舊屯陝西兵屯東平行至徐北岸北兵已偪徐不可往詔樞密副使及河南所移步騎舊隸陝州宣撫司者改隸陝西行省召中奉大夫襲封衍聖公孔元措爲太常博士上初用元措於朝或言聖墳廟在曲阜宜遣之奉祀既而上念元措聖人之後山東寇盜縱橫恐罹其害是使之奉祀而反絕之也故有是命遼東賊蒲鮮萬奴僭號改元天泰十一月丙辰朔河北行尚書省侯摯入見詔河北西路宣撫副使田琢自濬徙其兵屯陝戊午樞密院進王世安取盱眙楚州之策遂以世安爲招撫使與泗州元帥府所遣人同往淮南計度其事戊辰夏人犯綏德之克戎寨官軍敗之犯綏平又敗之賞有功將士及來告捷者參知政事徒單思忠言今陳言者多摭拾細故乞不送省止令近侍局度其可否發遣上曰若爾是塞言路凡係國家者豈得不由尚書省乎庚午上與尚書左丞汝礪商略遣官括田賜軍之利害汝礪言不便者數端乃詔有司罷其令仍給軍糧之半其半給詔寶之價壬申遣參知政事侯摯祭河神于宜村甲戌移剌塔不也以軍萬人破夏人數萬於熟羊寨丙子詔市民間輓車羸疾牝馬置羣牧中以圖滋息知臨洮府陀滿胡土門破夏人八萬於城下丁丑監察御史陳規劾參知政事侯摯上不允所言而慰荅之庚辰上謂宰臣曰朕恐括地擾民罷其令矣官荒牧馬地軍戶願耕者聽已爲民承種者勿徵舊例黜檢左右將軍近侍局官護衞承應人秩滿皆賜匹帛雖所司爲之製造然不免賦取於民近亦罷之止給寶券至於朕所服御亦以官絲付太府監織之自今勿復及民也大元兵徇彰德府知府陀滿斜烈死之十二月乙酉朔徙朔州民分屯嵐石隰吉絳解等州戊子以軍事免樞密院官朝拜己丑侯摯復行尚書省于河北庚寅太白晝見壬子詔免元日朝賀乙未勅贈昭聖皇后三代官爵太康縣人劉全時溫東平府民李寧謀反伏誅戊戌陝西行元帥府乞益兵以田琢之衆隸之仍獎諭以詔壬寅詔林州刺史惟宏與都提控從坦同經理邊事諸將功賞次第便宜行之乙巳大元兵徇大名府癸丑皇太孫薨以殤無祭享之制缺日勞民論宣徽院免元日親王公主進酒甲寅禮官奏正旦宋遣使來賀不宜輟朝不舉樂服色如常儀詔臨洮路兵馬都總管陀滿胡土門缺階缺

四年春正月癸亥監察御史田逈秀條陳五事丙寅紅襖賊犯泰安德博等州山東西路行元帥府敗之丁卯諭御史臺曰今旦視朝百官既拜之後始聞開封府報衙聲四方多故之秋弛慢如此可乎中丞福興號素謹于官事者當一詰之己巳尚書右丞高汝礪進左丞庚午大元兵收曹州辛未參知政事侯摯進尚書右丞壬申太原元帥監軍烏古論德升招其民降比者得四千三百三十餘人癸酉詔賜故皇太孫謚曰冲懷更定捕獲僞造寶券者官賞乙亥以殿前都點檢皇子遂王守

禮爲樞密使樞密使濮王守純爲平章政事己卯立遂王守禮爲皇太子庚辰詔免逃戶租壬午言者請遣官勸農至秋成考其績以甄賞宰臣言民恃農以生初不待勸但寬其力勿奪其時而已遣官不過督州縣計頃畝嚴期會而已吏卒因爲姦利是乃妨農何名爲勸上是其言不遣二月甲申朔日有食之上不視朝詔皇太子控制樞密院事大元兵圍太原乙酉以信武將軍宣撫副使永錫簽樞密院事權尚書右丞皇太子既總樞務詔有司議典禮以金鑄撫軍之寶授太子啓稟之際用之平章政事高琪表乞致仕不允召樞密院官問所以備禦之策丁亥以河東南路宣撫使胥鼎爲樞密副使權尚書左丞行省于平陽鼎方抗表求退詔勉諭就職因有是命行省左丞相僕散端先亦告老遣太醫往鎭護視其疾戊子宰臣以皇太子既立服御儀物悉與已受冊同今邊事未寧請少緩冊寶之禮從之戊戌免親王公主長春節入賀致禮己亥大元兵攻下霍山諸隘甲辰命參知政事李革爲修奉太廟使禮部尚書張行信提控修奉社稷權祔肅宗神主于世祖室奉始祖以下神主于隨室祭器以瓦代銅獻官以公服行事供張等物並從簡約庚戌詔凡死節之臣籍其數立廟致祭壬子任國公瑋薨輟朝是月同知觀州軍州事張開復河間府滄獻等州并屬縣十有三表請赦旁郡脅從之臣又請以宣撫司空名宣勑二百道付之從權署補仍以糧繼其軍食詔樞密措畫三月乙卯以將修太廟遣李革奏告祖宗神主于明俊殿丁巳曲赦中都河北等路議軍戶給地事乙丑延州刺史溫撒可喜上疏言皇太子宜選正人爲師保丙寅長春節宋遣使來賀己巳以將修社稷遣太子少保張行信預告滄州經略副使張文破趙福復恩州丙子曲赦遼東路己卯處士王澮以右諫議大夫復遷中奉大夫翰林學士仍賜詔褒諭庚辰復邢州捷至夏四月己丑陝西行省來報秦州官軍破妖賊趙用劉高二之捷遣官鞫單州防禦使僕散倬之罪罷其城單州之役癸巳張開奏復清州等十有一城詔遷官兩階賞將士有差甲午改賜皇太子名守緒詔諭陝西路軍民丙申河北行省侯摯言比商販粟渡河官遮糴其什八商遂不行民飢益甚請罷其令從之河南陝西蝗丁酉太白晝見于奎己亥夏人葩俄族都管汪三郎率其蕃戶來歸以千羊進詔納之優給其直辛丑侯摯言紅襖賊掠臨沂費縣之境官軍敗之獲其黨訊之知其渠賊郝定僭號署官已陷滕兗單諸州萊蕪新泰等十餘縣時道路不通宰臣請諭摯爲備仍詔樞密院招捕蔡息行元帥府兵拔木陡關斬首千級甲辰有司言扶風郿縣有蟲傷麥五月癸丑朔禮官言太廟既成行都禮難簡約惟以親行祔享爲敬請權不用鹵簿儀仗及宮縣樂舞從之山東行省上沂州之捷甲寅鳳翔及華汝等州蝗辛酉以尚書右丞侯摯行省事于東平己巳來遠鎭獲夏諜者陳昱等知夏人將圖臨洮鞏州關長安命陝西行省嚴爲之備丙子上將以七月行祔享禮慮時雨有妨詔改用十月夏人修來羌城界河橋元帥右都監完顏賽不遣兵焚之俘馘甚多戊寅京兆同華鄧裕汝亳宿泗等州蝗六月戊子詔凡進奉帖及申尚書省樞密院關應密大事私發視者絞誤者減二等制書應密者如之壬辰遼西僞瀛王張致遣完顏南合張頑僧上表來歸詔授致特進行北京路元帥府事兼本路宣撫使南合同知北京兵馬總管府頑僧同知廣寧府丙申水星晝見于奎百有一日乃伏癸卯詔有司祈雨丁未河南大蝗傷稼遣官分道捕之罷河北諸路宣撫司更置經略司壬子以旱詔參知政事李革審決京師冤獄秋七月癸丑朔貽義軍節度使必蘭阿魯帶復威州及獲鹿縣飛蝗過京師甲寅山東行省檻賊郝定等至京師伏誅乙卯以旱蝗詔中外己未勑減尚食數品及後宮歲給縑帛有差辛酉監察御史陳規上章條陳八事閏月壬午朔日有食之辛卯復深州癸巳翰林學士完顏孛迭進中興事跡甲午命掌軍官舉奇才絕力之人提控都副統等官互舉其屬頒舉官賞罰格許功過相除品官及草澤人有才武者舉薦升降亦如之庚子詔河南陝西鎭防軍應廢及納粟補官者當役如舊候事定乃聽赴銓八月甲寅太子少保兼禮部尚書張行信定祔享親祀之儀以進上嘉納之三原縣僧廣惠進僧道納粟多寡與都副威儀及監寺等格從其言鬻之夏人入安塞堡元帥左監軍烏古論慶壽遣軍敗之壬戌賜張行信寶券二萬貫重幣十端旌其議禮之當乙亥詔諭中都民命大名招撫使募人持詔以往丙子大元兵攻延安己卯夏人入結耶觜川官軍擊走之九月辛巳朔大元兵攻坊州以簽樞密院事永錫爲御史大夫領兵赴陝西便宜從事壬辰大元兵攻代州經略使奧屯醜和尚戰沒以中尉衛完顏奴婢等充賀宋生日使冬十月己未親王百官奉迎祖宗神主于太廟招射生獵戶練習武藝知山徑者分屯陝虢要地命元帥左監軍必蘭阿魯帶守潼關遂授知歸德府事完顏仲元軍盧氏大元兵攻潼關西安軍節度使泥龐古蒲魯虎戰沒辛酉上親行祔享禮甲子祔享禮成赦乙丑詔諭河南官吏軍民以賞格募立功之士命參知政事徒單思忠提控鎭撫京師移剌周剌阿不屯關陝丙寅詔京師具防城器械多鑿坎穽築垣墻於隙地徙衛紹及鎬厲王家屬于京師丁卯以奉安社稷遣官預告戊辰命張行信攝太尉奉安社稷禮樂咸殺其數詔吏禮兵工四部尚書董防城之役大元兵徇汝州己巳沿河唯存通報小舟餘皆焚之庚午詔宿糧州縣屯兵其簽民爲兵者就署隊長以自防遏河南行省胥鼎遣潞州元帥左監軍必蘭阿魯帶以軍一萬孟州經略使徒單百家以軍五千由便道濟河趨關陝自將平陽精兵援京師命樞府督軍應之辛未置官領招賢所事命內外官採訪有才識勇略能區畫防城者具以聞得實超任仍賞舉主內員長才不爲人所知者聽赴招賢所自陳壬申以龍虎衛上將軍裴滿羊哥知歸德府事行樞密院事癸酉詔罷遣有司所拘民間輸稅車牛以運軍士衣糧者甲戌諭附京民盡徙其芻糧入城官儲併運之丙子行樞密院知河南府事完顏合打以徵兵失應坐誅戶部郎中聚琦以沒王事官其子己卯議禁京師糜穀近侍以寶券方行恐滯其用不果吏部令史韓希祖陳言曾以戰功致身者盡拘京師備用從之十一月庚辰朔增定守禦官及軍人遷賞格辛巳詔止附京農民自撤其廬舍壬午河東行省胥鼎入援京師用其言以知平陽府王質權元帥左監軍同知完顏僧家奴權右監軍代鎭河東拜鼎爲尚書左丞兼樞密副使知歸德府完顏伯嘉簽樞密院事以完顏合打伏誅詔中外乙酉元帥右都監完顏賽不來獻其提控石盞合喜楊幹烈等大敗夏人于定西之捷命行省視其功賞之大元兵至澠池右副元帥蒲察阿里不孫軍潰而逃失其所佩虎符丙戌前臨潢府推官權元帥右監軍完顏合達率官軍老幼自北歸國升鎭南軍節度使進官三階詔出公帑綿絹付有司償所括民服以衣軍者是夕月暈木星木在奎月在壁己丑定毀防城器具法辛卯詔立功五品以上官賜饌御前六品以下官賜饌近侍局癸巳上諭皇太子京城提控官有以文資充者彼豈知兵其速易之甲午放免諸職官傔從及諸司局射糧兵卒嘗選充軍者戊戌勑諸州縣簽籍軍民以備土寇華州元帥府復潼關庚子罷在京防城民軍遣御史陳規等充河南宣差安撫捕盜官河南路統軍使紇石烈掃合以發兵後期坐誅甲辰以尚書工部侍郎和尚等充賀宋正旦使丙午河南行樞密院從坦言其族人道哥願隸行伍以自效上嘉其忠許之內族承立進所獲馬駝上曰此軍士所得卽以予之可也朕安用哉因徧諭諸道將帥後勿復如是十二月辛亥平章政事朮虎高琪加崇進尚書右丞相參知政事李革罷癸亥大元兵攻平陽丙寅皇太子議伐西夏大元兵徇大名府壬申大元兵進自代州神仙橫城及平定承天鎭諸隘攻太原府宣撫使烏古論禮遣人間道齎蠟書至京師告急詔發潞州元帥府平陽河中絳孟宣撫司兵援之乙亥高琪請修南京裏城上曰民力已困此役一興病滋甚矣城雖完固朕亦何能獨安此乎

金史卷十五

元 中 書 右 丞 相 總 裁 脫 脫 等 修

本紀第十五

宣宗中

興定元年春正月己卯朔宋遣使來賀癸未宋使朝辭上謂宰臣曰聞息州南境有盜此乃彼界饑民沿淮爲亂爾宋人何故攻我高琪請伐之以廣疆土上曰朕意不然但能守祖宗所付足矣安事外討乙未詔中都西京北京等路策論進士及武舉人權試于南京東平婆速上京等四路丙申東平行省言調兵以來吏卒因勞進爵多至五品例獲封贈及民年七十並該覃恩若人往自陳公私俱費請令本路爲製誥勑類赴朝廷以求印署使受命者量輸諸物而給之人力不勞兵食少濟從之皇子平章政事濮王守純授世襲東平府路三屯猛安尚書左丞胥鼎進平章政事封莘國公癸卯議減庶官冗員乙巳大元兵攻觀州二月戊申朔初用貞祐通寶凡一貫當貞祐寶券千貫己酉命樞密院汰罷軟軍士諭尚書省用官馬給驛傳以紓民力庚戌皇后生辰詔百官免賀仍諭旨曰時方多難將來長春節亦免賀禮辛亥以崇進元帥右都監完顏賽不簽樞密院事

癸丑，罷招賢所。乙卯，皇孫生，宣徽請稱賀，詔無用樂。己未，大元兵徇忻代。詔定州縣官雖積階至三品坐乏軍儲者聽行部決遣。壬戌，尚書省以軍儲不繼，請罷州府學生廩給，上曰：「自古文武並用，向在中都設學養士猶未嘗廢，況今日乎？其令仍舊給之。」丙子，議置莊獻太子廟。三月戊寅，勅事關刑名當面議之，勿聽轉奏。以絳陽軍節度使李革知平陽府兼河東南路兵馬都總管，權參知政事，行尚書省。壬午，定民間收潰軍亡馬之法及以馬送官酬直之格。乙酉，上宮中見蝗，遣官分道督捕，仍戒其勿以苛暴擾民。庚寅，長春節，宋遣使來賀。辛卯，詔罷平陽、河中元帥。乙未，先徵山東兵接應苗道潤共復中都，而石海據眞定叛，慮爲所梗，乃集粘割貞、郭文振、武仙所部精銳與東平軍爲犄角之勢圖之。己亥，大元兵攻新城。庚子，攻霸州。甲辰，威州刺史武仙率兵斬石海及其黨二百餘人，降葛仲、趙林、張立等軍，盡獲海僭擬之物。壽進仙權知眞定府事。夏四月丁未朔，以宋歲幣不至，命烏古論慶壽、完顏賽不等經畧南邊。戊申，孟州經畧司萬戶宋子玉率所部叛，斬關而出，經畧使從坦等追敗之。庚戌，花帽軍作亂于滕州，詔山東行省討之。南陽五朶山盜發，衆至千餘人，節度副使移剌羊哥出討，遇之方城，招之不從，乃進擊之，殺其衆殆盡。癸丑，以安化軍節度使完顏寓權元帥左都監，行元帥府事，督經畧使苗道潤進復都城，且令和輯河間招撫使移剌鐵哥等軍。鐵哥與道潤不協，互言其有異志，故命重臣臨鎮之。戊午，單州雨雹傷稼，詔遣官勸諭農民改蒔秋田，官給其種。平定州賊閻得用之黨閼顯殺德用，以其衆降。己未，以權參知政事遼東路行省完顏阿里不孫爲參知政事，行尚書省元帥府于婆速路；以權遼東路宣撫使蒲察五斤權參知政事，行尚書省元帥府于上京。庚申，李革請罷義軍總領使副以昇州縣，尚書省以秋防在邇，改法非便，姑如舊制，州縣各司察之。甲子，元帥完顏賽不破宋兵于信陽，使來奏捷。乙丑，濟南、泰安、滕、兗等州賊並起，侯摯遣棣州防禦使完顏霆討平之，降其壯士二萬人，老幼五萬人。完顏賽不復奏敗宋軍于龐山等處，俘馘甚衆。戊辰，太白晝見于井。辛未，權孟州經畧使從坦追賊宋子玉至輝州境上，其黨邢福殺子玉以衆來歸。壬申，以萬奴叛逆未殄，詔諭遼東諸將。完顏賽不軍渡淮，破光州兩關，獲軍實分給將士。五月戊寅，陝西行省破夏人于大北岔，是日捷至。丁亥，民苑汝濟上書陳利害，上以示宰臣曰：「卑賤小人猶能盡言如此，有可采者卽行之。」己丑，賊宋子玉餘黨家屬悉放歸農。尚書右丞蒲察移剌都棄官擅赴京師，降知河南府事，行樞密院兼行六部事。壬辰，延州原武縣雨雹傷稼，詔官貸民種改蒔。癸巳，宋人攻潁州，焚掠而去。戊戌，行樞密院兵敗宋人於泥河灣，又敗之樊城縣。山東行帥府事蒙古綱擅械轉運使李秉鈞，法當決，秉鈞返詈綱，應論贖，詔兩釋之。宋人取漣水縣。癸卯，蘭州水軍千戶李平等若提控蒲察燕京貪暴，殺之，構夏人以叛，脅其徒張辰俱行，辰以計盡獲之。陝西行省便宜遷辰官四階，授同知蘭州事，賞士卒有差，以其事上聞。甲辰，大元兵下沔城縣，軍官任福死之。丙午，定河北求仕官渡河之法，曾經總兵者白樞密院驗據聽渡。行樞密院事烏古論慶壽南伐還，奏不以實，詔鞫之。六月己酉，苗道潤表歸國人李琛復以衆叛，琛亦表道潤異謀，詔山東行省察之。脩漳關，遣中使持詔及暑藥勞夫匠。權參知政事張行信進參知政事。庚戌，詔捕治遼東受僞署官家屬，得按察使高禮妻子，皆戮之。壬子，制鄜、坊、丹州四品以下州縣官視環慶例，以二十月終更。甲寅，招撫使惟宏言彰德府守臣擅徙民山砦避兵，上曰：「雖保之城，守之何益，徒傷吾民爾。」勿治。乙卯，顯宗忌日，謁奠于啓慶宮。丙辰，詔樞密院遣經歷官分諭行院，嚴兵利器以守衝要，仍禁飲宴，違以軍律論。宋人合土寇攻東海境。戊午，以宋遣兵數犯境及歲幣不至，詔諭沿邊罪宋。己未，詔凡上書人其言已采用者，上其姓名。辛酉，以進士朱蓋、草澤人李維嶽論議可取，詔給八貫石俸。乙丑，設潼關使副及三門集津提舉官。尚書左丞相兼都元帥僕散端薨，輟朝。置南京流泉務。遼東行省遣使來上正月中敗契丹之捷。秋七月丙子朔，日有食之。辛巳，宋人圍泗州。壬午，圍靈壁縣。癸未，陝州振威軍萬戶馬寬逐其刺史李策，據城叛，遣使招之乃降，已而復謀變，州吏擒戮之，夷其族。甲申，詔諭遼東諸路。乙酉，宋人襲破東海縣。丙申，置提舉倉場使副。癸卯，太社壇產嘉禾，一莖十有五穗。甲辰，夏人犯黃鶴岔，官軍敗之。乙巳，初置集賢院知院事、同知院事等官。宋人及土寇攻海州，經畧使擊破其衆。夏人圍羊狼寨，帥府發諸鎭兵擊走之。八月戊申，陝西行省報木波賊犯洮州，敗績遁去。木星晝見于昴，六十有七日乃伏。己酉，海州經畧司表官軍與宋人戰石湫南，戰漣水縣，戰中土橋，宋兵敗績。壬子，削御史大夫永錫官爵，有司論失律當斬，上以近族特貰其死。癸丑，宋人攻確山縣，爲官軍所敗。詔諭國內軍士使知宋人渝盟之故，仍命大臣議其事。乙卯，集賢院諮議官朱蓋上書陳禦敵三策。壬戌，海州經畧使阿不罕奴失剌敗宋人于其境，提控李元與宋人戰，屢捷，多所俘獲。徙欄通渡經畧司於黃陵岡。乙丑，制增定擒捕逃軍賞格及居停人罪。丙寅，左司諫僕散毅夫乞更開封府號，賜美名，以尉氏縣爲刺郡，睢州爲防禦使，與鄭、延二州左右前後輔京師，上曰：「山陵在中都，朕豈樂久居此乎？」遂止。癸酉，太祖忌日，謁奠于啓慶宮。甲戌，元帥右都監承裔遣其部將納蘭記僧等合葩俄族都管尼龐古以兵掩襲瓜黎餘族諸蕃帳，屢破之，斬馘士卒，擒其首領，俘獲人畜甚多，是日捷至。九月丁丑，更定監察御史失察法。以元帥左監軍必蘭阿魯帶權參知政事，行省于益都。戊寅，夏人犯綏德之克戎寨，都統羅世暉逆擊却之。己卯，蔡州帥府偵宋人將窺息州，以輕兵誘其進，別以銳師邀擊之，虜其將沈俊。壬午，以改元興定赦國內。甲申，罷規運所，設行六部。辛卯，大元兵徇隰州及汾西縣。癸巳，攻沁州。遼東行省完顏阿里不孫爲叛人伯德胡土所殺。月犯東井西扇北第二星。乙未，大元兵攻太原籛箕掌寨。丁酉，薄太原城，攻交城、清源。癸卯，立沿河冰牆鹿角。冬十月丁未，以霖雨詔寬農民輸稅之限。庚戌，以將有事于宋，詔帥臣整厲師徒。辛亥，遣官括市民馬，紅賞格以示勸。甲寅，命高汝礪、張行簡同脩章宗實錄。息州帥府獻破宋人于中渡之捷。乙卯，大元兵徇中山府及新樂縣。丙辰，丹州進嘉禾，異畝同穎。辛酉，制定州府司縣官失覺姦細罪。壬戌，右司諫兼侍御史許古上疏請先遣使與宋議和。乙丑，大元兵下磁州。丙寅，定職官不求仕及規避不赴任法。高汝礪上疏言和議先發於我，恐自示弱，非便。戊辰，上命許古草通宋議和牒，既進，以示宰臣，宰臣以其言有祈哀之意，徒示微弱，無足取者，議遂寢。辛未，罷流泉務。大元兵收鄒平、長山及淄州。壬申，改鄆國號爲管，避上嫌名。高汝礪表致仕，不允。壬午，從宜移剌買奴言五朶山賊魚張二等若悉誅之，屢詔免罪，恐乖恩信，且其親屬淪落宋境，近在均州，或相構亂，乞貸其死，徙之歸德、睢、陳、鈞、許間爲便，詔許之。癸未，月暈木火二星，木在胃，火在昴。丙戌，太白晝見。遣翰林侍講學士楊雲翼禁之。大元兵收山東濱、棣、博三州。己丑，下淄州。庚寅，下沂州。甲午，河西掬納籛納等族千餘戶來歸。丁酉，詔唐鄧蔡州行元帥府舉兵伐宋。戊戌，大元兵攻太原府。庚子，上謂宰臣曰：「朕聞百姓流亡，逋賦皆配見戶，人何以堪？又添徵軍須錢太多，亡者詎肯復業？其并議除之。」宰臣論命行部官閱實蠲貸，已代納者給以恩例，或除他役，或減本戶雜征四之一。上曰：「朕於此事未嘗去懷，其亟行之。」十二月甲辰朔，大元兵攻潞州，都統馬甫死之。戊申，卽墨移風砦於大舶中得日本國太宰府民七十二人，因糴遇風飄至中國，有司覆驗無他，詔給以糧，俾還本國。庚戌，元帥左監軍蒲察五斤進右副元帥，權參知政事，充遼東行省。是日，大元兵平益都府。辛亥，陝西行省胥鼎諫伐宋，不報。甲寅，海州經畧使報提控韓璧敗宋人于鹽倉。己未，大元兵復攻沂州，官民棄城遁。辛酉，下密州，節度使完顏寓死之。壬戌，侯摯兼三司使。庚午，免逃戶復業者差賦。

二年春正月乙亥，詔議賑恤。辛巳，勅南征將帥所至毋縱殺掠。壬午，宋人攻淮北唐州，元帥府擊敗之，獲統領季雄韜、陳臯以歸。癸未，近侍局副使訛可遣使報南師之捷。乙酉，陝西行省獲歸國人，言大元兵圍夏王城，李遵頊命其子居守而出走西涼。詔諭諸帥府明斥候，嚴守備。戊子，唐鄧元帥完顏賽不報連破宋人之捷。宋人攻泗州，又戰却之。二月癸卯，宋人侵青口，行樞密院遣兵敗之。甲辰，免中京、嵩、汝等州逋租。諭胥鼎克宋散關，可保則保，不可保則焚毀而還。定奴婢捄主法。丙午，訛可敗宋人于防山。紇石烈桓端亦遣使來上光州、信陽之捷。庚戌，海州經畧敗宋兵于朐山，表請繼其軍儲，督東平帥府發兵護送貲糧以應之。許州長社縣何冕等謀反，伏誅。辛亥，張行信出爲彰化軍節度使兼涇州管內觀察使。壬子，御史以北兵退，請汰各處行樞密院、元帥府冗官，尚書以爲非便，上從尚書言，仍舊制。完顏賽不報棗陽之捷。癸丑，完顏阿鄰報皂郊堡之捷。丁巳，壽州行樞密院破宋人高柳橋水砦，夷其砦而還。壬戌，訛可遣兵拔宋柵碁盤嶺，又破其衆於裴家莊、寒山嶺、龍門關等處，得粟二千餘石。乙丑，諭樞密曰：「中京、商、虢諸州軍人願畊屯田，比括地授之，閒徐、宿軍獨不願受，意謂予田必絕其廩給也，朕肯爾邪？其以朕意曉之。」丙寅，諭尚書省曰：「聞中都納粟官多爲吏部繳駁，殊不知方闕乏時，利害爲如何？又立功戰陣人必責保官，若輩皆時覲運薪炭入城者，朕嘗植恩授以官，此豈容僞，而間義軍白丁豈識職官，苟文牒可信，卽當與之。至若在都亦爲所沮格，其悉諭之，勿復若是。」紇石烈牙吾塔破宋人于盱眙軍，上俘獲之數。己巳，以侯摯行省河北，兼行三司安撫司事。三月庚辰，尚書集文資官雜議進士之選詔依泰和例行之癸未詔可敗宋人于光化軍甲申長春節戊子諭宰臣曰舊制廷試進士日晡後出宮近欲復舊恐能文而思遲者不得盡其才其令日沒乃出以御史中丞把胡魯爲參知政事陝西行六部尚書楊貞削五官累杖一百七十解職詔可表言官軍自楓栢入宋境所向多克捷癸巳宋人爭皂郊堡擊官軍軍潰主將完顏阿鄰戰沒丙申更定京城捕告强盜官賞制辛丑上京行省蒲察五斤表左監軍哥不靄誣防州宣撫副使紇石烈按敦將叛而殺之事下尚書省宰臣以爲按敦之死徐議郵典哥不靄亦姑牢籠使之上勉從其言夏四月壬寅朔捕察五斤表遼東便宜阿里不孫貸糧高麗不應輒以兵掠其境上命五斤遣人以詔往諭高麗使知興兵非上國意乙巳詔河南路行總管府節鎭以上官充宣差捕盜使以防禦刺史以上長貳官及世襲猛安之才武者爲之副又命濮王府尉完顏毛良虎爲宣差提控以巡督之是日曲赦遼東等路以戶部尚書夾谷必蘭爲翰林學士承旨權參知政事行省于遼東丁未承裔敗宋人于皂郊堡庚戌御史劾集賢院諮議官李維嶽本中山府無極縣進士趙孝選家奴乞正其事上曰國家用人奚擇貴賤命以官銀五十兩贖放爲良任使仍舊壬子遣侍御史完顏素蘭近侍局副使訛可同赴遼東察訪叛賊萬奴事體行省侯摯督兵復密州提控朱琛復高密縣癸丑完顏素蘭請宣諭高麗復開互市從之乙卯特賜武舉温迪罕繳住以下一百四十人及第丁巳陝西行省兵破宋雞公山取和州成州至河池縣黑谷關守者皆遁前後獲糧九萬斛錢數千萬軍實不可勝計戊午紅襖賊犯徐邳行樞密院兵大破之己未阿里不孫自潼關之敗失其所在變姓名匿居柘城爲御史覺察繫其家屬將窮治之乃遣子上書詣吏待罪臺臣力請誅之以懲不忠上卒赦其罪諭以自效癸亥遣重臣審理京師冤獄丁卯河南諸郡蝗臨洮路報敗宋人之捷東平行省敗黑旗賊按膠西縣渠賊李全來援併破之戊辰河北行省敗紅襖賊進至密州降僞將校數十人士卒七百人悉復其業五月辛未朔鳳翔元帥完顏閭山破宋人部落堝香爐堡諸屯甲戌招撫副使黃摑阿魯答襲破李全于莒州及日照縣之南三道擊之追奔四十里丙子夏人自葭州入鄜延元帥承立遣兵敗之馬吉峯是日捷至詔遣官督捕河南諸路蝗辛巳策論詞賦經義進士及武舉人入見賜誥命章服萊州民曲貴殺節度經略使內族轉奴自稱元帥構宋人據城叛山東招撫司遣提控王庭玉招撫副使黃摑阿魯答等討平之斬僞統制白珍及牙校數十人生擒貴及僞節度使呂忠等十餘人誅之乃命庭玉保萊朱琛保密阿魯答保寧海以安輯其民丙戌陝西行省言四月中鞏州行元帥承裔遣提控烏古論長壽納蘭記僧分道伐宋長壽出鹽川鎭記僧出鐵城堡皆克捷而還辛卯壽州行樞密院南城軍攻辛城鎭一軍趣史河與宋人戰勝之壬辰河北行省復黃縣乙未第鳳翔秦鞏三道南征將士功各遷其官丙申增隨朝官及諸承應人俸戊戌陝西行省連報承裔等入宋境之捷己亥大元兵徇錦州元帥劉仲亨死之庚子陝州羣狼傷百餘人立賞募人捕殺六月甲辰樞密院言諸道表稱大元集兵應州飛狐將分道南下覘其意不在河北而在陝西河東各路義士土兵蕃漢弓箭手宜於農隙教閱以備緩急東平單州衝要豫徙其農民糧畜置可守之城修近城水砦因以爲固潼谷遼連商虢宜令兩帥府選官按視阨塞又言賈瑀等刺殺苗道潤乞治瑀等專殺之罪餘州郡各以正職授頭目使分治一方上諭之曰道潤之衆亟收集之瑀等是非未明姑置勿問諸頭目各制一方利害至重更深處之石州賊馮天羽衆數千據臨泉縣爲亂帥府命將討捕之爲賊所敗旁郡縣將謀應之州刺史紇石烈公順赴以兵天羽等數十人迎降公順殺之餘賊走保積翠山遣將王九思攻之不下詔國史院編脩官馬季良持詔勑金幣往招之比至九思先破柵殺賊二千人餘復走險已而其黨安國用等詣季良降者五千餘人就署國用同知孟州防禦使事以久遷擢有差分其衆于絳霍間丁未以參知政事把胡魯權左副元帥與平章政事胥鼎協力防秋己酉苗道潤所部軍請隷潞州元帥府詔河北行省審處之壬子紅襖賊犯沂州官軍敗之追至白里港都提控齊信没於陣有司議贈郿丙辰遣監察御史粘割梭失往河中絳解等郡同守土官商度可保城池丁巳上以久旱諭宰臣治京獄冤因及京城小民中納石炭既給其價御史劾以過請官錢並繫之獄有論至極刑者欲悉從寬宥何如高琪對不然遂止壬戌御史言戶部員外郎臧伯昇供億息州偶遇官軍戰勝亦冒遷一官乞論其罪上曰軍前如此者何止伯昇今遽見罪餘皆不安且詰所從來勢連及帥府多故之秋豈爲一官遂忘大計但令釐正之癸亥遣高汝礪徙單思忠禱雨秋七月庚午朔日有食之辛未詔賞南伐將士有差夏人犯龕谷提控夾谷瑞及其副趙防擊走之甲戌以旱災詔中外己卯遣官望祀嶽鎭海瀆于北郊享太廟祭太社太稷祭九宮貴神于東郊以禱雨遣太子太保阿不罕德剛禮部尚書楊雲翼分道審理冤獄癸未大雨太子親王百官表請御正殿復常膳庚寅擇明幹官提控銓選無違失者與升擢令譯史不任事者驗已歷俸月放滿別選能者甲午夏人復犯龕谷夾谷瑞大破之用點檢承立言遣官詣諸道選寄居守闕丁憂官及親軍入仕才堪總兵者得一百六人付樞密任使八月庚子朔江北行省以苗道潤軍隷涿州刺史李瘸驢副以張甫張柔戊申勑親軍百戶以下授職待闕者給本俸仍充役俟當赴任遣之己酉詔河北行省完顏霆進軍援山東招撫使田琢自今將士立功聽琢先賞以聞大元遣木華里等帥步騎數萬自太和嶺徇河東乙卯大元兵收代州辛酉棣州提控紇石烈醜漢討賊張聚大破其衆復濱棣二州姦人李宜伏誅復禁北歸民渡河戊辰大元兵收隰州九月乙亥下太原府元帥左監軍兼知樞府事烏古論德升死之丙戌諭皇太子曰軍務之速動關機會悉從中覆則或稽緩自今有當亟行者先行後聞以戶部尚書納合蒲剌都爲元帥右監軍行元帥府事于潞州戊子置秦關等處九守禦使命完顏蒲察等分戍諸阨議遷海州侯摯言不便止大元兵徇汾州節度使兀顏訛出虎死之庚寅李全破密州執招撫副使黃摑阿魯答同知節度使夾谷寺家奴辛卯大元兵下孝義縣乙未設贍處行六部官以京府節鎭長官充尚書次侍郎郎中員外郎防刺長官侍郎次郎中員外郎主事勾當官聽所屬任使州府官並充勸農事防刺長官及京府節鎭同知以下充副使丙申李全破壽光縣冬十月甲辰李全破鄒平縣戊申破臨朐縣己酉大元兵徇絳潞壬子攻平陽提控郭用死之癸丑下平陽知府事權參知政事行尚書省李革及從坦死之甲寅權平定州刺史范鐸以棄城伏誅詔諸部錄四官凡坐軍期者皆奏讞山東路轉運副使兼同知沂州防禦使程戩及邳州副提控王汝霖等通宋人爲變伏誅宋人攻漣水縣提控劉瑛敗之丁巳大元兵攻澤州戊午尚書省言獲姦細叛亡率多僧道詔沿邊諸州惟本處受度聽依舊居止來自河北山東遣入內郡譏其出入己未李全據安丘提控王政屯昌樂侯王庭玉兵同進討宣差太府少監伯德玩擅率政兵攻全爲全所敗提控王顯死焉田琢上言乞正玩罪癸亥月犯軒轅左角之少民星甲子詔河東北路忻代寧化東勝諸州並受嵐州帥府節制十一月庚午大赦庚辰御登賢門召致政舊臣賜食訪以時政得失辛巳以行元帥府紇石烈桓端權簽樞密院事行院于徐州權右都監訛可行元帥府事于息州甲申河東南路隰吉等州聽絳州元帥府節制大元兵收潞州元帥右監軍納合蒲剌都參議官修起居注王良臣死之戊子龕谷提控夾谷瑞敗夏人于質孤保河北行省報海州之捷壬辰定經兵州縣職官子孫非本貫理蔭及過期不蔭等格丙申大元兵下太原之韓村砦定京師失火法十二月己亥朔以御史中丞完顏伯嘉權參知政事元帥左監軍行河中府尚書省元帥府控制河東南北路便宜從事升絳州爲晉安府總管河東南路兵降平陽爲散府辛丑簽樞密院事蒲察移剌都伏誅壬寅前山東西路轉運使致仕移剌福僧上章言時事癸卯詔大理卿溫迪罕達權同簽樞密院事行院于許州甲辰以誅移剌都詔中外乙巳命徒單思忠祈雪已而大雪甲寅以開封府治中呂子羽等使宋講和紅襖賊攻彭城之胡村寨徐州兵討敗之乙卯以禮部侍郎抹撚胡魯剌爲汾陽軍節度使權元帥右監軍嵐州元帥古里甲完復河東丁巳籍瀕河埽兵癸亥尚書省言樞密掌天下兵皇太子撫軍而諸道又設行院其有功及失律者須白院啓東宮至於奏可然後誅賞有司但奉行而已自今軍中號令關賞罰者皆明注詔旨教令毋容軍司售其姦欺上從之以樞密副使駙馬都尉僕散安貞爲左副元帥權參知政事行尚書省元帥府事伐宋甲子上諭旨有司京師丐食死於祁寒朕甚憫之給以後苑竹木令居獲燠所

三年春正月庚午呂子羽至淮宋人不納而還詔伐宋丙子稅民種地畝議行均輸戊寅勑和市邊城軍需無至配民定鎭戍征行軍官減資歷月日格壬午大雪上聞東掖有撤瓦聲問左右知爲丁夫葺器物庫廡舍上惻然諭主者曰雪寒役人不休可乎姑止之丙戌紇石烈牙吾塔上壕州香山村之捷丁亥諭宣徽皇后生日免百官賀壬辰以大元兵已定太原河北事勢非復向日集百官議備禦長久之計伐宋捷至上謂侍臣曰此事豈得已哉近日遣使實欲講和彼既不從安得不用兵也免單丁民戶月輸軍需錢甲午有司請立價以買南征軍士所獲馬上恐失衆心因至敗事不聽乙未勑尚書省自今六部稟議常事但可再送不得趣召辯正

餘應入法寺定斷而再送猶未當者具以聞下吏治之宰相執政以下皆不得召部寺官部寺官亦不得詣省犯者論違制丁酉鄧州元帥府提控婁室有罪減死削爵二月庚子上與太子謀南征帥不得其人歎曰天下之廣緩急無可使者朕安得不憂紇石烈牙吾塔敗宋人于滁甲辰胥鼎言軍中誅賞近制須聞朝廷賞由中出示恩有歸可部分失律主將不得即治其罪不可詔尚書樞密雜議宰臣請城守野戰將校有罪從七品以下許便宜決罰餘悉奏裁上曰七品以下財令治之將權太輕或至誤事自今四品以下聽決乙巳攻宋光山縣俘其統制蔡從定等光州以兵來援復敗之丙午上謂宰臣江淮之人號稱選愞然官軍攻蔓菁嶋其衆困甚脅之使降無一肯從者我家河朔州郡一遇北警往往出降此何理也丁未勑凡立功將士有居喪者特起復還授戊申拔宋小江寨殺其統制王大蓬己酉取宋武休關庚戌元帥右都監承立以綏德保安之境各獲夏人統軍司文移來上其辭雖涉不遜而皆有保境息民之言詔尚書省議之宰臣言鎮戎㵎平等鎮近耗夏人數犯疆場此文正緩我爾宜嚴備禦以破姦計上然其言又曰頃近侍還自陝西謂白撒已得鳳州如得武休關將遂取蜀朕意殊不然假令得之亦何可守此舉蓋爲宋人渝盟初豈貪其土地邪朕重惜生靈惟和議早成爲佳爾高汝礪乞致事優詔不允甲寅詔陝西行省從七品以下官許注擬有罪許決罰丁憂待闕隨宜任使軍官徒以上罪及軍事怠慢者巡按御史治之己未行省安貞入宋境破梁縣等軍擒統制李申之右副元帥完顏賽不左都監牙吾塔白石關平山砦之捷俱至三月丁卯朔陝西兵破宋虎頭關取興元洋州捷至上大悅庚午破宋人于七户倉甲戌高麗先請朝貢因遣使撫諭之使還表言道路不通俟平定後議通欵命行省姑示羈縻勿絕其好戊寅蔡州行元帥府右都監完顏合達破宋人于海林關擒統制張時己卯長春節免朝賀提控奧屯吾里不敗宋人于上津縣軍還至濠州宋人來拒牙吾塔擊走之乙酉河南路節鎮以上立軍器庫設使副各一員防刺郡設都監同監各一員完顏合達敗宋人于馬嶺堡丙戌行省安貞破宋人于石堈山己丑追賜皇后父太尉汴國公彥昌姓溫敦庚寅攻宋麻城縣拔之獲其令張倜等辛卯行省安貞破宋兵于塗山壬辰賽不敗宋人于老户鎮又敗宋人于石鵲崖甲午錄用罪廢官副元帥蒲察阿里不孫御史大夫永錫等七十人詔太原等路州縣闕正授官令民推其所愛爲長從行省量與職任及運解鹽入陝西以濟調度命胥鼎兼領其事閏三月丙申朔申明屠宰牛罪律以雄霸以東付權中都經略李瘸驢易州以西付權中都西路經畧靖安民治之遙授金安軍節度使完顏和尚故行軍副提控夾古吾典皆除名庚子皇子平章政事濮王守純進封英王壬寅叛賊王公喜構宋人取沂州甲辰以沂國公主薨輟朝丙午給空名宣勑及金銀符付嵐州帥古里甲許便宜遷注以招脅從丁未諭樞密院議晉安東平河中諸郡備兵之策庚戌行省左副元帥僕散安貞至自軍前入見于仁安殿辛亥少府少監粘割梭失言利害七事甲寅以南伐師還罷南邊州郡籍民爲兵者戊午夏人破葭州之通秦砦刺史紇石烈王家奴戰没壬戌治書侍御史蒲魯虎上書請選太子師傅甲子胥鼎等各遷官賞南伐之功夏四月丙寅朔裕宿等州置元帥府選陝西步騎精鋭六千人實京兆戊辰選精鋭六萬分屯平涼涇邠乾耀等州庚午以秦州防禦使女奚烈古里間行元帥府于平涼罷募民運解鹽築京師裏城命侯摯董役高琪總監之甲戌以知臨洮府事石盞合喜爲元帥左都監行元帥府事于鞏州壬午遣近侍四人巡視築城丁夫時其飲食聽其更休督吏慘酷悉禁止之癸未陝西黑風晝起有聲如雷地大震甲申詔河北州縣官止令土著推其所愛者充朝廷已授者別議任使乙酉夏人據通秦寨提控納合買住擊敗之己丑林州都統霍成以疑貳誣殺降人論罪當死元帥惟良不欲以殺敵人誅邊將請寬其罰仍請立護送降民賞格以杜後患上爲之赦成而命有司班賞格焉護送十人以上至者遷一官不及者每名賞錢二百緡五十人以上兩官百人以上兩官雜班任使庚寅以時暑詔朝臣四日一奏事高汝礪請備防秋之糧宜及年豐於河南州郡驗直立式募民入粟上與議定其法而行之同提舉榷貨司王三錫請榷油歲可入銀數萬兩高琪主之衆以爲不便遂止辛卯夏人犯通秦砦元帥完顏合達出兵安塞堡以擣其巢至隆州夏人逆戰官軍擊之衆潰進薄城俄陷其西南隅會日暮還壬辰以同知平陽府事胡天作充便宜招撫使五月乙未朔鳳翔元帥府遣兵敗宋人于黃牛等堡壬子太白晝見于參六月甲子朔時暑給修城夫病者藥餌遣諭元帥合達曰以卿幹局故有唐鄧之委或有侵軼戰退不宜遠追第固吾圉以驃騎上將軍河南路統軍使石盞女魯歡爲元帥右都監行平涼元帥府事詔赴遼東等處行省給銀符及空名宣勑聽便宜處置壬申制沿河戍兵逃亡罪並同征行軍人例詔御史中丞完顏伯嘉行樞密院于許州甲戌定防秋將校擊毬飲燕之罰李全寇日照博興紇石烈萬奴敗之寇即墨完顏僧壽又敗之復萊州戊寅詔陝西簽軍如河南例曲赦河東南北路丁亥命防禦使徒單福定等帥所部義軍與沂州民老幼盡徙于邳戊子遼州總領提控唐括狗兒帥師復太原府平涼等處地震詔右司諫郭著撫諭其軍民秋七月丁酉籍邳海等州義軍及脅從歸國而充軍者人給地三十畝有力者五十畝仍蠲差稅日支糧二升號決勝軍戊戌上進樞密臣僚諭之曰裏城久未畢功尚書欲增調民朕慮妨農况糧儲不繼將若之何盍改圖之樞臣言是役之興實爲大計今功已過半偶值霖潦成功差遲尚書議增丁夫勢必驗户不令妨業比及防秋當告成矣上曰卿等善爲計畫無貽朕憂庚子以地震曲赦陝西路甲辰置東西南三路行三司乙卯曲赦山東西路丁巳遣徒單思忠以地震祭地祇于上清宮八月丙寅補闕許古等削官解職丁卯木星犯輿鬼東南星戊辰遣禮部尚書楊雲翼祭社稷翰林侍讀學士趙秉文祭后土于河中府西京行三司李復亨言汝鄧冶鐵河南北食鹽之利木星晝見于柳百有九日乃滅壬申上勑臺臣朕處分尚書事或至數日不奉行及再問則巧飾次第以對大臣容有遺忘左右司玩弛臺臣當糾今後復爾併罪卿等乃定御史上下半月勾檢省中制勑文字大元兵下武州軍事判官郭秀死之丁丑綏在京差徭中山治中王善殺權知府事李仲等以叛大元兵下合河縣縣令喬天翼等死之乙酉命樞密遣官簡嶺外諸軍之武健者養之彰德邢洛衞濬懷孟等城弱者罷遣戊子勑侯摯諭三司行部官勸民種麥無種粒者貸之九月甲午詔單州經畧使完顏仲屯宿州與右都監紇石烈德同行帥府事丙申唐州從宜夾谷天成敗宋人于桐栢丁酉尚書省請申命侯摯廣營積貯上不許曰徵斂已多今更規畫不過復取於民爾防秋稍緩當量減戍兵用度幸足何至是邪甲辰大元兵狥東勝州節度使伯德窊哥死之庚戌命行省胥鼎領兵赴河中壬子眞定招撫使武仙請給金銀符賞有功從之沿河造戰艦付行院帥府冬十月癸亥朔定保舉縣令能否升黜舉主制乙丑用蒙古綱言招集義軍各置都統副統等官如貞祐三年制平涼府先以地震被命爇祭方行事慶雲見以圖來上遣官覆驗得實是日百官奉表稱賀丁卯以完顏開權元帥左都監郭文振權右都監並行元帥府事謀復太原壬申定贓吏計罪以銀爲則癸酉以慶雲遣官告太廟甲戌以慶雲詔國內己卯大元兵次單州境詔諸路民應遷避兵而不欲者亟遣人以利害曉之癸未裏城畢工百官稱賀宴宰臣便殿遷右丞摯官一階賜右丞相琪左丞汝礪參知政事思忠金鼎各一重幣三是役上慮擾民募人能致甓五十萬者遷一官百萬仍升一等平陽判官完顏阿剌左廂議察霍定和發宋蔡京故居得二百萬有奇准格遷賞甲申宰臣請以裏城之功建碑會朝門從之丁亥大元兵屯綿上壬辰命有司葺閒舍給薪米以濟貧民期明年二月罷侯摯平則贍之以爲常十一月癸巳朔前嵐州倉使張祐自夏國來歸以樞密副使僕散安貞同簽院事詭可行院事于河北乙未以官鹽借朝士之無馬者乘之仍給芻豆己亥大元兵狥彰德府辛丑詔朝官七品外路六品以上官二歲舉縣令一人戶部令史蘇唐催租封丘期限迫促民有生刈禾輸租者上聞之遣吏按問杖唐五十縣令高希隆減二等尚書以希隆罰輕上曰使臣至外路自非至剛者孰能不從其依前詔甲寅徐州總領納合六哥大破紅襖賊于秋山禮部郎中抹撚胡魯剌上疏言時事丁巳右丞相高琪下獄泰安軍副使張天翼爲賊張林所執以歸宋縶之楚州至是逃歸授睢州刺史超兩官進職一等戊午大元兵平晉安府行元帥府事工部尚書粘割貞死之十二月誅高琪

金史卷十五考證

宣宗紀中興定元年冬十月丙戌太白晝見○宋史寧宗本紀書十一月太白晝見戊戌太白經天金史書於十月丙戌恐有錯悞

金史卷十六

元中書右丞相總裁脫脫等修

本紀第十六

宣宗下

四年春正月壬辰朔詔免朝丙申金安軍節度使行元帥府事古里甲石倫除名丁酉大元兵下好義堡霍州刺史移剌阿里合等死之詔贈官有差庚戌宋步騎十餘萬圍鄧州聞援軍至夜焚營去招撫副使术虎移剌答追及之奪其俘還壬子晝晦有頃大雷電雨以風癸丑戶部侍郎張師魯上書請遣騎兵數千及春淮蜀並進以撓宋丙辰以武仙進領中京留守進官一階三月辛丑議遷睢州治書侍御史蒲魯虎奉詔相視京東城池還言勿遷便乃止癸卯長春節詔免朝乙巳林州元帥惟良擒叛人單仲李俊誅之降其黨盧廣己酉以吏部尚書李復亨參知政事南京兵馬使术甲賽也行懷孟帥府事辛亥進平章政事高汝礪爲尚書右丞相監修國史封壽國公參知政事李復亨兼修國史平章政事陝西行尚書省胥鼎進封溫國公致仕壬子紅襖賊于忙兒襲據海州經略使完顏陳兒以兵擊敗忙兒復取之甲寅木星犯鬼宿積尸氣夏四月庚申朔詔御史中丞完顏伯嘉提控防城事癸亥安武軍節度使柴茂破紅襖賊于棗强鄆州經略使段增順破叛賊甄全于唐縣夏人犯邊元帥石盞合喜破之乙丑以彰德衞輝滑濬諸州隸河南路轉運司以河南路轉運司爲都轉運視中都增置官吏戊辰禘于太廟大元遣趙瑞以兵攻孟州提控魯德王安復大名府以參知政事把胡魯權尚書右丞左副元帥元帥左都監承立爲右監軍權參知政事同行尚書省元帥府于京兆庚辰東平元帥府總領提控蒲察山兒破紅襖賊于聊城壬午命六部撿法以法狀親白部官聽其面議大理寺如之五月壬辰定二品至三品立功遷官格癸巳紅襖賊寇樂陵鹽山橫海節度使王福連擊敗之張聚來寇又敗之甲午上擊鞠于臨武殿丙申以時暑免常朝四日一奏事丁酉諭工部暑月停工役癸卯大元兵狥陝州丙辰大元兵狥兗州泰定軍節度使完顏畏可死之六月丙寅遣人招張柔丁卯詔減監察御史四員戊辰山東民僑居者募壯士五百人益東莒公燕寧軍月犯土星己巳太白晝見于張百八十有四日乃伏甲戌制諸倉場庫院巡護軍受提舉倉場司及監支納官彈壓京畿不雨勑有司閱獄雜犯死罪以下皆釋之丁丑大元遣楊在攻下大名又攻開州及東明長垣等縣己卯祈雨庚辰宋人方子忻來歸有司處之鄭州上曰吾民奔宋者彼例衣食之彼來歸者不善視之或復逃歸漏泄機事命增子忻廩給有司優遇之元帥右監軍權參知政事承立上封事秋七月辛卯宋人及紅襖賊犯河朔諸郡皆降獨滄州經略使王福固守會益都賊張林來攻福乃叛降林帥府請討之是日雨癸丑林州行元帥府遣總領嚴祿等討紅襖賊于彰德府生擒僞安撫使王九詔參知政事李復亨爲宣慰使御史中丞完顏伯嘉副之循行郡縣勸農以烏古論仲端等使大元八月戊午朔嚴實戊江王贇據濟南山東招撫高居實遣人招嚴實于青崖砦獲其欽以聞李全犯東平府監軍王庭玉敗之擒其僞安化軍節度使張林庚申高陽公張甫請增兵守冀州上諭樞密潁州民渡淮爲宋軍者凡十村可追索主者懲一二以誡其餘庚午勑掌兵官不聽舉縣令夏人陷會州刺史烏古論世顯降甲戌陝西行省報龕谷敗夏人之捷乙亥上諭宰臣河南水苗唐鄧尤甚其被苗州縣已除其租餘順成之方止責正供和糴雜徵並免仍自今歲九月始停周歲桑皮故紙折輸流民佃荒田者如上優免丙子陝西行省與夏人議和戊寅定選補親軍法己卯罷葭州招撫司壬午陝西路行省承裔報定西州之捷丙戌以隨路諸軍戶徙河南京東西南路各設檢察使副恒山公武仙降大元九月戊子詔遣官于河南陝西選親軍辛卯進章宗實錄戊戌大元木華里屯軍眞定置總領元帥府于歸德以壽州陳留兩鎭兵屬之庚子夏人入定西州壬寅宋人屯皂郊堡行軍提控完顏益都擊敗之大元遣塔忽等來癸卯夏人來侵甲辰滕州招捕提控夏義勇討紅襖賊敗之乙巳詔參知政事李復亨提控芻糧事己酉夏人陷西寧州尚書省都事僕散奴失不坐誅駙馬都尉徒單壽春奪官一階杖六十癸丑更定安泊逃亡出征軍人罪及捕獲賞格甲寅宋人出秦州及夏人來侵丙辰鞏州行元帥府事石盞合喜報定西州之捷冬十月壬戌大元遣蒙古塔忽訛里剌等來己卯陝西東路行省報綏德州之捷泗州元帥府言紅襖賊一月四入寇掠人畜而去庚辰上擊鞠于臨武殿辛巳授紅襖賊時青滕陽公本處兵馬總領元帥兼宣撫癸未京西山寨各設守禦使副令本路帥府總之諭陝西行省圖復會州上擊鞠于臨武殿十一月丁亥朔免越王永功朔望朝參易水公靖安民爲其下所殺戊子黃陵堈經略使烏古論石虎等以戰陣失律伏誅壬辰木星晝見于翼積六十有七日伏夜又犯靈臺第一星甲午河南水遣官勸課吏浮山縣名忠孝戊戌詔復衞紹王王爵仍加開府儀同三司壬寅山東東路軍戶徙許州命行東平總管府治之判官一人分司臨潁乙巳詔柴茂權元帥左都監蓋仁貴攝右都監同行元帥府于眞定是月大元木華里國王以兵圍東平十二月甲戌祈雪禮部郎中權左司諫抹撚胡魯剌上封事戊寅詔軍官許月擊鞠者三次以習武事庚辰臘享于太廟乙酉鎭南軍節度使溫迪罕思敬上書錢幣稅賦二事

五年春正月丙戌朔免朝丁亥世宗忌日謁奠于啓慶宮戊子拓南京諸河逋戶舊耕官田給軍戶壬辰議禦西夏及征南事論皇太子以東平禦敵方畧甲午諭樞密院南伐事更當詳議其便撰故衞王事跡如海陵庶人例丁酉大元兵攻天井關戊戌宋人襲泗州西城提控王祿死之辛丑太白晝見于牛二百三十有二日伏乙巳詔諸道兵集蔡州己酉伐宋庚戌山東行省報東平之捷二月丙辰朔置招撫司于單州曲赦東平府庚申下詔伐宋以內族惟弼權同簽樞密院事行院于中京斡勒合打權元帥府右都監行元帥府于蔡息納合降福權簽樞密院事行院于宿州孛术魯達阿權元帥右都監完顏訛論副右都監行元帥府于唐鄧戊辰罷懷州行元帥府復置招撫司與孟州經畧司並受中京行樞密院節制辛未僕散安貞以兵出息州破宋人于淨居山寺拔黃土關癸酉以旱災曲赦河南路丙子禁京城兵器元帥紇石烈牙吾塔破宋兵復泗州進逼濠州至渦口乏糧而還西城癸未以旱災詔中外三月丙戌朔上御仁安殿祈雨仍望祭于北郊庚寅宋人圍唐鄧行元帥府事完顏訛論力戰却之前鄧州千戶孛术魯毛良虎自拔歸國訛論便宜遷其官三階授同知唐州事乞正授以示信從之乙未罷河南路行三司丙申參知政事徒單思忠進尚書右丞兼修國史以太子詹事僕散毅夫爲參知政事諭宰臣曰今奉御奉職多不留心采訪外事聞章宗時近侍人秩滿以所采事定升降今亦宜預爲攷覈之法以激勸之戊戌長春節免朝己亥夏因叛人實趙兒之招入據來羌城孛术魯合住以重賞誘脅從人爲內應督兵急攻城拔之省試經義進士考官於常額外多放喬松等十餘人有司奏請駁放上已允尋復遣諭松等曰汝等中選而復黜不能無動于心方今久旱恐傷和氣今特恩放汝矣庚子賜林州行元帥府經歷官康琚進士及第琚以武階乞赴廷試故有是命丙午以旱築壇祀雷雨師壬子雨四月己未山東行省蒙古綱言東莒公燕寧戰敗而死寧所居天勝砦據險寧亡衆無所歸變在朝夕權署其提控孫邦佐爲招撫使黃摑兀也爲總領以撫其衆遣使請命勑有司議之辛酉禱雨于太廟丙寅僕散安貞破宋黃蘄等州壬申俘宋宗室男女七十餘口獻于京師癸酉詔親軍中武舉第而授職需次者仍執舊役廩給循常闕至發遣辛巳監察御史劉從益以彈劾失當奪官一階罷之詔定進士中下甲及監官散階至明威者舉充縣令法五月甲申朔日有食之戊戌宋人據楚丘官軍復之庚子納蘭記僧伏誅告人趙銳升職四等壬寅陝西元帥完顏賽不遣使來獻晉安平陽之捷方議其賞御史烏古論胡魯劾其縱將士鹵掠不副主上除亂救民之意乞正其罪上以賽不有功詔勿問賞議亦寢癸卯唐州守將訛論爲元帥賽不猶子與宋人戰唐州境上爲宋人所敗死者七百餘人匿之而以捷聞御史納蘭發其事上以賽不故亦不之罪而以是意諭之乃稱納蘭敢言錄其功付有司秩滿考最癸丑東平內徙命蒙古綱行省于邳州王庭玉行帥府于黃陵堈六月甲寅朔尚書省奏駙馬都尉安貞反狀上聞奏慮其不實謂平章政事英王守純曰國家誅一大臣必合天下後世公議其令覆按之乙丑遣使諭晉陽公郭文振上黨公完顏開各守疆土同心濟難毋以細故啓釁端誤國事戊寅僕散安貞坐謀反并其三子皆伏誅己卯越王永功薨庚辰輟朝壬午上親奠于殯所秋七月己亥義勇軍叛據碭山縣庚子詔增給徐州清口等處戍兵衣糧己酉碭山賊夜襲永城縣行軍副總領高琬敗之命蒙古綱併力討捕辛亥單州招撫劉瓊乞移河南糧濟其軍詔給之八月壬子朔罷黃陵堈招撫司上諭尚書省碭山叛軍家屬囚歸德旬餘不給糧恐傷其生宰臣奏已給之矣又諭樞密河北艱食民欲南來者日益多速令渡之毋致殍死癸亥林懷帥府邀擊紅襖賊于伏恩村敗之甲子詔南征潰軍復歸而能力戰者依出界立功格賞之乙丑宋人掠沈丘殺縣令甲戌命有司除逋戶負租毋徵見戶九月甲申以京東歲饑多盜遣御史大夫紇石烈胡失門爲宣慰使往撫安之更定監察御史違犯的決法丁亥詔州府及軍官捕盜慢職四品以下宣慰使決之三品以上奏裁戊子增授隰州招撫使軒成官改授西省節制乙巳崇進駙馬都尉定國公

徒單公弼甕庚戌歲星犯左執法右丞相高汝礪表乞致仕詔溫留之冬十月癸丑進汝礪官榮祿大夫命僕散毅夫行尚書省于京東督諸軍芻糧乙卯太醫侯濟張子英治皇孫疾用藥瞑眩皇孫不能任遂不療罪當死上曰濟等所犯誠宜死然在諸叔及弟兄之子便應准法行之以朕孫故殺人所不忍也命杖七十除名尚書省言司縣官貪暴不法部民逃亡旣有決罰他縣停匿亦宜定罪隨處士民久困徭役客戶販鬻坐獲厚利官無所歛亦宜稍及客戶以寬土民行院帥府幕職雖無部衆亦嘗贊畫戎功而推賞止進官一階宜聽主將保奏第功行賞上皆從其請戊午遣親軍討河南羣盜辛酉大元兵攻綏德州壬戌夏人復侵龕谷甲子勑監察所彈事同列不可預聞著爲令丁卯夏人犯定西積石之境戊寅分京畿戍卒萬二千河中民兵八千以許州元帥紇石烈鶴壽將之屯潼關西十一月癸未陝西東路行省報安塞堡敗夏人之捷甲申諭太府減損食品庚寅募民興南陽水田壬辰太子親王百官表賀安塞堡之捷卻之乙未夏人攻龕谷宋人攻蘄縣紅襖賊掠宿州辛丑詔蠲徐邳宿泗等州逋租官民有能墾闢閒田除來年科徵歸德亳壽潁停閣逋戶租外仍蠲三之一逋戶田廬有司募民承業禁其毀損以俟來復蒲城縣民李文秀等謀反伏誅壬寅宋人焚潁州執防禦判官而去是日相國寺火大元兵攻延安十二月辛亥朔以大元兵下潼關京兆詔省院議之壬子罷辟舉縣令法丁巳禮部侍郎烏古孫仲端翰林待制安庭珍使北還各遷一階庚申罷河南義軍丁卯詔罷新簽民軍減樞密院掌兵官及京城戍兵仍諭行院帥府毋擅增設補簽辛未罷行總管府及招討統軍檢察等司定宋人來歸賞格及詐誘征防軍人逃亡罪法癸酉元帥合達買住及其將士以延安功特賞賚之仍下詔奬諭閏月辛巳朔大元兵徇鄜州保大軍節度使完顏六斤權元帥左都監紇石烈鶴壽右都監蒲察婁室進授金安軍節度使女奚烈資祿皆死之乙酉提控木甲咬住破沈丘賊于陳瓦丙戌頒詔撫諭河南土寇戊子熒惑犯軒轅己丑孫瑀及捕盜官吾古出招降泰和縣賊二千人詔斬其首惡餘皆釋之同知保靜軍節度使郭澍以徵糧失期誣殺平民坐誅辛卯官軍復葭州癸巳通遠軍節度使孛术魯合往削官甲午月犯熒惑丙申紅襖賊夜入蒙城縣縣官失其符印軍民死者甚衆賊大掠而去戊戌鎭星晝見于軫己亥發兵捕京東盜太白晝見于室壬寅發上林署粟賑貧民陳亳等州鹿邑城父諸縣盜蠭起趣樞府遣官討之捕盜軍所過殘民遣御史一人按視軍所獲牛有司以官錢收贖戊申詔定招捕土寇官賞格己酉更造興定寶泉每一貫當通寶四百貫

元光元年春正月庚戌朔免朝辛亥世宗忌辰謁奠于啓慶宮元帥惟弼破紅襖賊于張鸞店壬午遣官墾種京東西南三路水田甲寅禁非邊關急速事無馳傳有濫乘者州縣徑白省部四方館從御史臺外路從分按御史治之詔陝西西路行省徙京兆者兵退還治平涼防州刺史把移失刺以棄城伏誅鄭州防禦使裴滿羊哥同知防禦使古里甲石倫除名西面節度使把古乃住奪官一階丁卯詔撫諭京東百姓壬辰詔徙中京唐鄧商虢許陝等州屯軍及諸軍家屬赴京兆同華就糧屯二月乙酉陝西西路行省請以厚賞募河西諸蕃部族寺僧圖復大通城命行省樞密院籌之癸巳上諭宰臣宋人以事兵攻平輿褒信我師力戰卻之又偵知其事狀之詳若俟帥府上功推賞豈急於勸奬之道其遣清望官齎空名宣勑覈實給之乙未詔諭河南陝西大元兵屯葭州壬寅權定行省樞府元帥府輒授左右司經歷司官罪法甲辰上念鄜延被兵又延安受圍晝發民粟給軍詔除延安鄜坊丹葭綏德稅租仍令有司償其粟直不足者許補官戊申恒州軍變萬戶呼延棫等千餘人殺掠城中焚廬舍而去己酉遣元帥左監軍訛可行元帥府事節制三路軍馬伐宋同簽樞密院事時全行院事副之三月辛酉宋人掠確山縣之劉村丙寅歲星犯太微左執法戊辰樞密院委差官賈天安上書言利害壬申尚書右丞徒單思忠以病馬輸官冒取高價御史劾之有司以監主自盜論死上顧惜大體降授陳州防禦使癸酉提控李師林敗夏人于永木嶺郭文振表近得俘者言南北合兵將攻河南陝西詔樞密備禦夏四月辛巳以金吾衛上將軍勸農使訛可簽樞密院事置大司農司設大司農卿少卿丞京東西南三路置行司並兼採訪事壬午大元兵攻陵川縣丁酉林懷路行元帥府事惟艮削官兩階罷之更定辟舉縣令之法而復行之戊戌籍丁憂待闕追殿等官備防秋丁未行樞密院報淮南之捷五月戊申朔大元兵屯隰吉翼等州壬戌訛可時全軍大敗甲子訛可以敗績當死上面數而責之勉其後效命腹官兩階丁卯召致政胥鼎等赴省議利害壬申時全伏誅六月戊寅朔造舟運陝西糧由大慶關渡抵湖城癸未大赦陳州防禦使呂子羽坐乏軍興自盡制諸監官及八品以下職事丁憂待闕任滿遷授者試補侍衛親軍命各路司農司設捕盜方畧丁酉紅襖賊掠柳子鎭驅百姓及驛馬而去提控張瑀追擊奪所掠還僞監軍王二據黎陽縣提控王泉討之復其城七月庚戌大元將按察兒以其衆屯晉安冀州之境丙辰上黨公完顏開復澤州己未歸德行樞密院王庭玉報曹州破紅襖賊之捷庚申定監當官選法河北羣盜犯封丘開封界令樞密院禦捕甲子京東總帥紇石烈牙吾塔請自今行院帥府幕職有過得自決之不允戊辰紅襖賊襲徐州之十八里砦又襲古城桃園官軍破之乙亥太白晝見經天與日爭光八月丁丑定西征將士官賞有差己卯彗星見西方甲申增定藏匿逃亡親軍罪及告捕賞格積石州蕃族叛附于夏鞏州提控尼龎古三郎討之獲羊千口進尚膳詔卻之以彗星見改元大赦諭旨宰臣曰赦書已頒時刻之間人命所係其令將命者速往計期而至以大司農把胡魯爲參知政事癸巳河間公移刺衆家奴高陽公張甫兵復河間府是日報捷者始達上以道途梗塞報者艱虞命厚賞之夏人入德順壬寅祈雨九月丙午朔以左右警巡使兼彈壓諭陝西行省備邊壬子牙吾塔請以兵由壽州渡淮擣宋人巢穴不從乙卯議經畧淮南己巳宋人掠遂平縣之石砦店復侵南陽唐州提控夾谷九住敗之冬十月丁丑夏人掠德順之神林堡壬午宋張惠攻零子鎭爲斡魯朶所敗虜其禆將二人河中府萬戶孫仲威執其安撫使阿不罕胡魯刺據城叛陝西行省遣將討平之癸未復曹州甲申上獵于近郊詔免百官送迎且勿令治道以勞百姓庚寅徙彰德招撫使杜先軍於衞州乙未大元兵下滎州之胡壁堡及臨晉庚子詔所司巡護避兵民資產甲辰以京兆官民避兵南山者多至百萬詔兼同知府事完顏霆等安撫其衆十一月丁未大元兵徇同州定國軍節度使李復亨同知定國軍節度使訛可皆自盡甲寅京東總帥牙吾塔報臨淮破宋兵之捷戊辰大元兵攻鳳翔府十二月乙亥朔上謂皇太子曰吾嘗夜思天下事必索燭以記明而卽行汝亦當然以河中治中侯小叔權元帥府右都監許便宜行事乙酉遷同知平陽府事史詠龍虎衞上將軍賜號守節忠臣權行平陽公府事丁亥疊州總管青宜可卒特命其子角襲職詔諭近侍局官曰奉御奉職皆少年不知書朕憶曩時置說書人日爲講論自古君臣父子之教使知所以事上者其復置己丑蘭州提控唐括昉敗夏人于質孤堡大元以大軍攻鳳翔

二年春正月甲辰朔詔免朝賀乙巳世宗忌日謁奠于啓慶宮右丞相汝礪乞致政上面諭使留大元兵下河中府權元帥右都監侯小叔復之壬子壽州防禦使完顏乃刺奪官四階甲寅上諭宰臣曰向有人言便宜事卿等屢奏乞作中旨行之帝王從諫足矣豈可掠人之美以爲己出哉戊午四方館使李瘸驢以罪罷宰臣請以散地羈縻之上曰此輩豪傑正須誠待若以術制適使自疑但不畀軍政外補何害授瘸驢恒州刺史又謂鬻爵恩例有丁憂官得起復者是教人以不孝也何爲著此令哉丁卯大元兵復下河中府二月甲戌朔皇后生辰詔免賀禮己卯丞相汝礪朝會免拜設榻殿下久立賜休壬午詔軍官犯罪舊制更不任用今多故之秋人才難得朕欲除大罪外徒刑追配有武藝善掌兵者量才復用其令尚書省議以聞丁亥大赦己亥鳳翔圍解石盞合喜加金紫光祿大夫升左監軍特授大名府海谷忽申猛安完顏仲元加光祿大夫升右監軍特授河北東路洮委必刺猛安各賜金鞶帶有差三月甲辰朔宋人襲汝陽壬子誡諭平章英王守純崇飲癸丑以河中府推官籍阿外權元帥右都監總領侯小叔軍甲寅上謂宰臣人有才堪任事其心不正者終不足貴丞相汝礪對曰其心不正而濟之以才所謂虎而翼者也雖古聖人亦未易知上以爲然丙辰長春節免朝以戶部尚書石盞畏忻爲參知政事兼修國史辛酉禁茶壬戌詔以鳳翔戰功及頒賞等級徧諭諸郡甲子以完顏伯嘉權參知政事行尚書省于河中府辛未詔職官犯罪非死罪除名遇赦幸免有才幹者中外並用夏四月癸酉朔復霍州汾西縣詔給空名宣勑遷賞將士之有功者丙子設京兆南山安撫司丁丑故鳳翔萬戶完顏醜和以死節贈懷遠大將軍授刺史職其父恕除以功例賞外遷兩官升職二等己卯遣官閱河南帥府見兵籍閑官豪右親丁及遼東河北客戶爲軍庚子募西山獵戶爲軍五月癸卯朔始造元光重寶丙午復河中府及榮州遣人持檄招前恒山公武仙乙卯權平陽公史詠復霍州及洪洞縣丁巳始造元光珍貨同銀行用戊午以檄招東平嚴實己未參知政事毅夫言脅從人號忠孝軍而置沿淮者所爲多不法請防閑之上曰人心無常顧馭之何如爾馭之有術遠方猶且聽命況此輩

乎不然雖左右亦難防閑正在廓開大度而已若是而不能致太平者命也庚申簽河南路寄居官民充軍辛酉徙晉陽公郭文振兵于孟州甲子徙權平陽公史詠兵于解州河中府六月乙亥京東總帥報淮南之捷丁亥罷行省所置監察御史兼彈壓之職戊子議遣人招李全嚴實張林甲午詔罷河中行省置元帥府辛丑遣授靜難軍節度使顏盞蝦蟆等以保鳳翔功進官秋七月壬寅朔夏人犯積石州羌界寺族多陷沒惟桑逋寺僧看逋昭逋斯沒及荅那寺僧奔鞫等拒而不從詔賞諸僧鈐轄正將等官而給以廩祿乙巳遣兵守衞解州鹽池庚戌以空名宣勑遷賞諸部降人壬子除市易用銀及銀與寶泉私相易之禁癸丑勑諸御史曰瑣細事非人主所宜詰然凡涉姦弊靡不有關國政者比聞朝官及承應人月給俸糧多雜糠土有司所收曷嘗有是物哉至于出納斗斛亦小大不一此皆理所不容者而臺官初不問事事須朕言之安用汝曹也乙卯丹鳳門壞丁巳陰坡族之骨鞫門等叛歸夏元帥夾谷瑞發兵討之以捷聞御史中丞師安石言制敵二事戊午宰臣方對次有司奏前奉御溫敦太平卒上大駭曰朕屢欲授太平一職每以事阻今僅授之未數日而亡豈非天邪因謂宰臣曰海陵時有護衞二人私語一曰富貴在天一曰由君所賜海陵竊聞之詔授言由君所賜者以五品職意謂誠由己也而其人以疾竟不及授章宗秋還聞平章張萬公薨歎曰朕迴將拜萬公丞相而遂不起命也乙丑詔籍陝西路僑居官民爲軍八月辛未朔邳州從宜經畧使納合六哥等率都統金山顏俊以沂州百餘人晨入省署殺行尚書省蒙古綱據州反壬申詔賞京兆路官軍保全南山諸谷之官以所全人數多寡爲等第千人以上官一階三千人以上兩階五千人以上三階仍陞職一等能以力戰護之者又增一階戰沒者就以贈之甲戌遣官持空名宣敕論以重賞招納合六哥拒命卽命牙吾塔合行院兵討滅之乙亥火星入鬼宿中掩積尸氣乙酉詔能捕獲反賊六哥者除見定官外仍與世襲謀克丙戌遣官分行蔡息陳亳唐鄧裕諸州泊司農司州縣吏同議凡民丁相聚立砦避兵與各巡檢軍相依者五千戶以上置砦長一員百戶增副一員仍先遷一官能安民弭盜勸農者論功注授九月庚子朔日有食之宋人入壽州女奚烈蒲乃力戰却之壬寅樞密院奏提控木甲剉只罕破宋人之功甲辰宋人攻南陽丙午牙吾塔報桃園淮陽之捷并以納合六斤結搆李全之狀來告戊申降人孫邦佐自李全軍中歸遙授知東平府兼山東西路兵馬都總管官軍與宋人力戰于胡陂而却之提控术虎春兒爲所殺癸丑納合六哥所署僞都統烏古論賽漢夾谷留住等來歸己未贈术虎春兒銀青光祿大夫丙寅扎也胡魯等拔邳州南城丁卯權御史中丞師安石等劾英王守純不實付有司鞫治尋詔免罪而猶責諭之冬十月癸酉徙晉陽公郭文振等兵于衞州乙亥制行樞密院及元帥府農隙之月分番巡徼校獵月不過三次丁丑上獵于近郊己卯祫于太廟壬午火星犯靈臺乙酉上獵于近郊辛卯詔石壕店沔池永寧縣各屯兵千人壬辰滕州人時明謀反伏誅戊戌唐鄧行元帥府報淮南之捷十一月己亥紅襖賊僞監軍徐福等來降詔進牙吾塔官一階賜金幣有差辛丑總帥牙吾塔報邳州之捷函叛人六哥首以獻開封縣境有虎咥人詔親軍百人射殺之賞射獲者銀二十兩而以內府藥賜傷者丙午邳州紅襖賊三千來降初擬置諸陳許之間上以爲若輩雖降家屬尚在河朔餘黨必殺之所得者寡而被害者衆亦復安忍不若命使撫諭加以官賞而遣之還果忠於我雖處河朔豈負我邪且餘衆感恩將有效順者矣戊午以上黨公完顏開之請諭開及郭文振史詠王遇張道盧芝等各與所鄰帥府相視可耕上田及瀕河北岸之地分界而種之以給軍餉辛酉鞏州行元帥府報會州破夏人之捷十二月己巳朔徙公准巡檢邊軍于內地癸酉以空名宣命金銀符給完顏開賞功辛巳詔延安土人充司縣官義軍使者選人代之量免其民差稅邳州民丁死戰陣者各贈官一階歸德徐邳宿泗永亳潁壽等州復業及新地民免差稅二年見戶一年嘗供給邳州者復免一年之半睢州陳留杞縣免三之一丁亥上不豫免朝戊子皇太子率百官及王妃公主入問起居己丑復入問起居庚寅上崩于寧德殿壽六十有一上疾大漸暮夜近臣皆出惟前朝資明夫人鄭氏年老侍側上知其可託詔之曰速召皇太子主後事言絕而崩夫人秘之是夜皇后及貴妃龐氏問安寢閤龐氏陰狡機慧常以其子守純年長不得立心鞅鞅夫人恐其爲變卽紿之曰上方更衣后妃可少休他室伺其入遽鑰之急召大臣傳遺詔立皇太子始啓戶出后妃發喪皇太子方入宮英王守純已先入皇太子知之分遣樞密院官及東宮親衞軍官移剌蒲阿集軍三萬餘于東華門街部署既定命護衞四人監守純於近侍局乃卽皇帝位於柩前壬辰宣遺詔是日詔赦中外明年正月戊戌朔改元正大謚大行曰繼天興統述道勤仁英武聖孝皇帝廟號宣宗三月庚申葬德陵

贊曰宣宗當金源末運雖乏撥亂反正之材而有勵精圖治之志迹其勤政憂民中興之業蓋可期也然而卒無成功者何哉良由性本猜忌崇信暬御奬用吏胥苛刻成風舉措失當故也執中元惡此豈可相者乎顧乃懷其援立之私自除廉陛之分悖禮甚矣高琪之誅執中雖云除惡律以春秋之法豈逃趙鞅晉陽之責既不能罪而遂相之失之又失者也遷汴之後北顧大元之朝日益隆盛智識之士孰不先知方且狃於餘威牽制羣議南開宋釁西啓夏侮兵力既分功不補患曾未數年昔也日闢國百里今也日蹙國百里其能濟乎再遷遂至失國豈不重可歎哉

金史卷十七

元中書右丞相總裁脫脫等修

本紀第十七

哀宗上

哀宗諱守緒初諱守禮又諱寧甲速宣宗第三子母曰明惠皇后王氏賜姓溫敦氏仁聖皇后之女兄也承安三年八月二十三日生於翼邸仁聖無子養爲己子泰和中授金紫光祿大夫宣宗登極進封遂王授秘書監改樞密使貞祐初莊獻太子守忠薨立皇孫鏗爲皇太孫尋又薨四年正月己卯立守禮爲皇太子仍控制樞密院事詔略曰子以母貴遂王守禮地鄰冢嫡慶集元妃立爲皇太子其典禮有司條具以聞四月甲午用太子少保張行信言更賜名守緒元光二年十二月庚寅宣宗崩辛卯奉遺詔卽皇帝位于柩前壬辰詔大赦略曰朕述先帝之遺意有便於時欲行而未及者悉奉而行之國家已有定制有司往往以情破法使人罔遭刑憲今後有本條而不避者以故入人罪罪之草澤士庶許令直言軍國利害雖涉譏諷無可采取者並不坐罪

正大元年春正月戊戌朔詔改元正大庚子上居廬百官始奏事祕書監權吏部侍郎蒲察合住改恒州刺史左司員外郎泥龎古華山同知楨州軍州事逐二姦臣大夫士相賀邠州節度使移剌木納阿卜貢白兎詔曰得賢臣輔佐年穀豐登此上瑞也焉事此爲令有司給道里費縱之本土禮部其徧諭四方使知朕意丁巳詔朝臣議修復河中府禮部尚書趙秉文太常卿楊雲翼等言陝西民方疲敝未堪力役遂止戊午上始視朝大司農守汝州防禦使李蹊爲太常卿權參知政事平章政事荆王守純罷判睦親府參知政事僕散五斤罷充大行山陵使尊皇后溫敦氏元妃溫敦氏皆爲皇太后號其宮一曰仁聖一曰慈聖百官入賀于隆德殿是日大風飄端門瓦赤盞合喜權樞密副使有男子服麻衣望承天門且笑且哭詰之則曰吾笑笑將相無人吾哭哭金國將亡羣臣請寘重典上持不可曰近詔草澤諸人直言雖涉譏訕不坐法司唯以君門非笑哭之所重杖而遣之南陽民布陳謀反伏誅三月熒惑犯左執法戊申奉安宣宗御容于孝嚴寺辛亥丞相高汝礪薨癸丑葬宣宗于德陵甲寅起復邠州節度使致仕張行信爲尚書左丞以延安帥臣完顏合達禦有功授金虎符權參知政事行尚書省事于京兆兼統河東兩路夏四月癸酉宣宗祔廟大赦中外熒惑犯右執法五月戊戌平章政事把胡魯薨癸卯樞密副使完顏賽不爲平章政事權參知政事石盞尉忻爲尚書右丞太常卿李蹊爲翰林承旨仍權參政甲辰賜策論進士孛术論長河以下十餘人及第經義進士張介以下五人及第戊申賜詞賦進士王鶚以下五十人及第詔刑部登聞檢鼓院毋鎖閉防護聽有寃者陳訴六月甲戌宰執請擊鞠上以新喪不許辛卯立妃徒單氏爲皇后遣樞密判官移剌蒲阿率兵至光州榜諭宋界軍民更不南伐秋七月己亥詔諭百官各勤乃職癸卯補修大樂九月樞密判官移剌蒲阿復澤潞獲馬千疋冬十月戊午夏國遣使來修好十二月乙巳桓州刺史蒲察合住有罪伏誅甲寅宣宗小祥燒飯于德陵改定辟舉縣令法以六事課縣令京東西南陝西設大司農司兼採訪公事京師大司農總之左丞張行信言先帝詔國內刑不上大夫治以廉恥丞相高琪所定職官犯罪的決百餘條乞改依舊制上欲彰先帝之美略施行之

二年春正月甲申有黃黑之祲夏四月辛卯朔恒山公武仙自眞定府來奔起復平章政事致仕莘國公胥鼎爲平章政事行省事于衞州進封英國公甲午以京畿旱遣使慮囚鈞許州大雨雹丁酉宿鄭州雨傷麥五月丁丑以旱甚責

己避正殿，減常膳，赦罪蘇椿自大名來奔，詔置椿許州。秋七月，都水蒲察毛花輦殺人，免死除名。八月，鞏州元帥田瑞反，行省軍圍之，其母弟十哥殺瑞出降，赦其罪，以爲涇州節度使，世襲猛安。九月，夏國和議定，以兄事金，各用本國年號，遣使來聘，奉國書稱弟。冬十月，以夏國修好詔中外。新軍政改總領爲都尉。己酉，以誅田瑞詔中外。癸亥，遣禮部尚書奥敦良弼、大理卿裴滿欽甫、侍御史烏古孫弘毅爲夏國報成使，國書稱兄。乙亥，面諭臺諫完顏素蘭、陳規曰：「宋人輕犯邊界，我以輕騎襲之，冀其懲創通好，以息吾民耳。夏人從來臣屬我朝，今稱弟以和，我尚不以爲辱。果得和好，以安吾民，尚欲用兵乎？卿等宜悉朕意。」移剌蒲阿及宋人戰于光州，獲馬數千，殺人千餘而還。內族王家奴故殺鮮于主簿，權貴多救之者，上曰：「英王朕兄，敢妄捶一人乎？朕爲人主，敢以無罪害一人乎？國家衰弱之際，生靈有幾何，而族子恃勢殺一主簿，吾民無主矣。」特命斬之。詔有司爲死節士十有三人立褒忠廟。禁宿泗青口巡邊官兵毋復擅殺過淮紅衲軍。詔趙秉文、楊雲翼作龜鏡萬年錄。

三年春正月丁巳朔，夏國遣使來賀。三月，陝西旱。平章政事胥鼎復請致仕，不許。詔尚書省議減用度。夏四月辛卯，親享于太廟。鄜國夫人車經御路過廟前，馭者乘馬、二婢坐車中俱不下，詔繫獄杖之。辛丑，以旱遣官禱于濟瀆。癸卯，祈于太廟。禁織扇。河南大雨雹。己酉，遣使慮囚，遣使捕蝗。五月己未，大雨。宋兵掠壽州境。癸亥，永州桃園軍失利，死者四百人。乙丑，大雨。壬申，詔諭陝州趙甫等能以土地來歸，當任使之。六月辛卯，京東大雨雹，蝗盡死。壬子，詔諭高麗及遼東行省葛不靄討反賊萬家奴，赦脅從者。秋七月庚午，平章政事英國公胥鼎薨。八月，移剌蒲阿復曲沃及晉安。辛卯，詔設益政院于內廷，以禮部尚書楊雲翼等爲益政院說書官，日二人直，備顧問。冬十月丁酉，夏使來報哀。十一月庚申，議與宋修好。戊辰，又議之。己巳，宋忠義軍夏全自楚州來歸，楚州王義深、張惠、范成進以城降，封四人爲郡王。辛未，改楚州爲平淮府。以夏全等來降，赦諸路從宋及淮楚官吏軍民并其家屬。甲戌，遣使夏國賀正旦。丙子，夏以兵事方殷，來報各停使聘。大元兵征西夏，平中興府。召陝西行省及陝州總帥完顏訛可、靈寶總帥紇石烈牙吾塔赴汴議兵事。詔諭陝西兩省，凡戎事三品以下官聽以功過賞罰之，銀二十五萬兩從其給賞。遣中大夫完顏履信爲弔祭夏國使。

四年春正月辛亥朔，壬戌，增築中京城，浚汴城外濠。二月，蒲阿、牙吾塔復平陽，執知府李七斤，獲馬八千。三月，簽勞效官充軍，有怨言，不果用。以銀贖平陽虜獲男女分賜官軍者，聽自便。大元兵平德順府，節度使愛申、攝府判馬肩龍死之。大元兵復下平陽。己巳，徵夏稅二倍。夏五月丁丑，議乞和于大元。大元兵平臨洮府，總管陁滿胡土門死之。陝西行省進三策：上策自將出戰，中策幸陝州，下策棄秦保潼關。不從。六月戊申朔，遣前御史大夫完顏合周爲議和使。丙辰，地震，太白入井。賜詞賦經義盧亞以下進士第。秋七月，大元兵自鳳翔徇京兆，關中大震。工部尚書師安石爲尚書右丞。壬辰，以中丞烏古孫卜吉、祭酒裴滿阿虎帶兼司農卿，簽民軍，勸率富民入保城聚，兼督秋稅，令百姓知避遷之計。丁酉，赦陝西東西兩路，賜民今年租。八月庚戌，詔有司罷遣防備丁壯、修城民夫，軍須差發應不急者權停。己巳，萬年節，同知集賢院史公奕進大定遺訓，待制呂造進尚書要略。是日，大風落左掖門鴟尾，壞丹鳳門扉。隕霜，禾盡損。李全自益都復入楚州，據之。遣總帥完顏訛可、元帥慶山奴守盱眙，與全戰于龜山，敗績。冬十月辛酉，右拾遺李大節、右司諫陳規劾同判睦親府事撒合輦姦贓，不報。壬戌，外臺監察御史諫獵，上怒，以邀名賣直責之。詔贈德順府死事愛申、馬肩龍等官。以淮南王爵招李全。十一月乙未，未時，日上有二白虹貫之。丁酉，獵于近郊。十二月，眞授李蹊參知政事。大元兵下商州。壬子，遣使安撫陝西，以牛千頭賜貧民。

五年春正月丁丑，親祭三廟。庚辰，遣知開封府事完顏麻斤出如大元弔慰。丙戌，議擊盱眙。辛卯，以龜山之敗，降元帥慶山奴爲定國軍節度使。二月乙巳朔，大寒，雷，雨雪，木之華者盡死。癸丑，詔有司以臨洮總管陁蒲胡土門塑像入褒忠廟，書死節子孫于御屏，量材官使之。三月甲戌朔，羣臣請依祖宗故事，樞密院聽尚書省節制，不從。乙酉，監察御史烏古論不魯剌劾近侍張文壽、張仁壽、李麟之受饋遺，曲赦其罪而出之。夏四月甲辰朔，以御史言三姦不已，凡四日不視朝。八日，議放還西夏人口。丙寅，右丞師安石薨。親衞軍王咬兒酗酒殺其孫，大理寺當以徙刑，特命斬之。五月癸巳，定國軍節度使慶山奴以受賂奪一官。六月壬戌，以旱赦雜犯死罪已下。秋七月戊子，同判睦親府事撒合輦出爲中京留守，行樞密院事。八月乙卯，以旱遣使禱于上清宮。甲子，參知政事白撒爲尚書右丞，太常卿顏盞世魯權參知政事。增築歸德行樞密院，擬工役數百萬，詔遣權樞密院判官白華喩以農夫勞苦，減其工三之二。以節制不一，併衞州帥府於恒山公府，命白華往經畫之。九月庚寅，雨足始種麥。冬十一月辛巳，進宣宗實錄。十二月庚子朔，日有食之。完顏麻斤出以奉使不職，免死除名。壬子，完顏訥申改侍講學士，充國信使。以陝西大寒，賜軍士柴炭銀有差。京兆、鳳翔府司竹監進竹，令分給之。

六年春二月丙辰，樞密院判官移剌蒲阿權樞密副使。耀州刺史李興有戰功，詔賜玉兎鶻帶、金器。以丞相完顏賽不行尚書省事于關中，召平章政事完顏合達還朝。移剌蒲阿率忠孝軍總領完顏陳和尚忠孝軍一千騎駐邠州，遣白華喩蒲阿以用兵之意，詔樞密更給忠孝軍馬疋，以漸調發都尉司步卒及忠孝馬軍屯京西，以白華專備軍須。三月乙亥，忠孝軍總領陳和尚有戰功，授定遠大將軍、平凉府判官，世襲謀克。夏五月，隴州防禦使石抹冬兒進黃鸚鵡，詔曰：「外方獻珍禽異獸，違物性，損人力，令勿復進。」秋七月，罷陝西行省軍中浮費。八月，移剌蒲阿再復澤潞。九月，洮河蘭會元帥顏盞蝦蟆進西馬二疋，詔曰：「卿武藝超絕，此馬可充戰用，朕乘此豈能盡其力。既入進，即尚廐物也，今以賜卿，其悉朕意。」冬十月，移剌蒲阿東還，令陳和尚率陝西歸順馬軍屯鈞許。大元兵駐慶陽界，詔陝西行省遣使奉羊酒幣帛乞緩師請和。十一月，遣使鈞許選試陝西歸順人，得軍二千，以藝優者充忠孝軍，次充合里合軍。十二月，詔副樞蒲阿、總帥紇石烈牙吾塔、權簽樞密院事完顏訛可救慶陽。罷附京獵地百里，聽民耕稼。

七年春正月，副樞蒲阿、總帥牙吾塔、權簽院事訛可解慶陽之圍。以訛可屯邠州，蒲阿、牙吾塔還京兆。夏五月，詔釋清口宋敗軍三千人，願留者五百人以屯許州，餘悉縱遣之。賜經義詞賦李瑭以下進士第。秋七月，以平章政事合達權樞密副使。八月，賜陝西死事之孤鹽引及絹，仍量材任使。大元兵圍武仙于舊衞州。冬十月，平章合達、副樞蒲阿引兵救衞州，衞州圍解。上登承天門犒軍，合達、蒲阿並世襲謀克。移剌蒲阿權參知政事，同合達行省事于閿鄉，以備潼關。

八年春正月，大元兵圍鳳翔府，遣樞密院判官白華、右司郎中夾谷八里門諭閿鄉行省進兵。合達、蒲阿以未見機會不行。復遣白華諭合達、蒲阿將兵出關，以解鳳翔之圍，又不行。夏四月丁巳朔，赦，全免京西路軍需錢一年，旱災州縣差稅從實減貸。大元兵平鳳翔府，兩行省棄京兆，遷居民於河南，留慶山奴守之。五月，李全妻楊妙眞以全陷沒于宋，構浮梁楚州北，欲復宋讎，遣合達、蒲阿屯桃源界滋河口以備侵軼。宋八里莊人拒其主將納合達、蒲阿，詔改八里莊爲鎭淮府。秋七月，宋將焚浮梁。九月丙申，慈聖宮皇太后溫敦氏崩，遣詣園陵，制度務從儉約。大元兵駐河中府，慶山奴棄京兆東還。召合達、蒲阿赴汴議，引兵趨河中府，懼不敢行，還陝州。出師至冷水谷而歸。大元兵攻河中府，合達、蒲阿遣元帥王敢率兵萬人救之。冬十月，右丞相賽不致仕。十一月丁未，大元進兵嶢峯關，由金州而樞密院議以逸待勞，未可與戰。上諭之曰：「南渡二十年，所在之民破田宅，鬻妻子，竭肝腦以養軍。今兵至不能逆戰，止以自護，京城縱存，何以爲國，天下其謂我何。朕思之熟矣，存與亡有天命，惟不負吾民可也。」乃詔諸將屯軍襄鄧。十二月己未，葬明惠皇后。河中府破，權簽樞密院事草火訛可死之。元帥板子訛可提敗卒三千走閿鄉，詔赦將佐以下，杖訛可二百以死。合達、蒲阿率諸軍入鄧州，楊沃衍、陳和尚、武仙皆引兵來會，出屯順陽。戊辰，大元兵渡漢江而北。丙子，畢渡。合達、蒲阿將兵禦于禹山之前，大元兵分道趨汴京，京師戒嚴。是夜二鼓，合達、蒲阿引軍還鄧州，大元兵躡其後，盡獲其輜重。

天興元年（是年本正大九年，正月改元開興，四月又改元天興。）春正月壬午朔，日有兩珥。大元兵道唐州，元帥完顏兩婁室與戰襄城之汝墳，敗績，兩婁室走汴京。遣完顏麻斤出等部民丁萬人決河水衞京城。癸未，置尚書省樞密院于宮中，以便召問。起前元帥古里甲石倫權昌武軍節度使，行元帥府事。合達、蒲阿引軍自鄧州赴汴京。乙酉，以點檢夾谷撒合爲總帥，將步騎三萬巡河渡，權近侍局使徒單長樂監其軍。起近京諸邑軍家屬五十萬口入京。丙戌，大元兵既定河中，由河清縣白坡渡河。丁亥，長樂、撒合引兵至封丘而還。戊子，左司郎中斜卯愛實上書請斬長樂、撒合以肅軍政，不從。都尉烏林荅胡土一軍自潼關入援，至偃師，聞大元兵渡河，遂走登封少室山。壬辰，衞州節度使完顏斜捻阿不棄城走汴。甲午，修京城樓櫓及守禦備。大元兵薄鄭州，與白坡兵合，屯軍元帥馬伯堅以城降，防禦使烏林荅咬住死之。乙未，大元游騎至汴城。丁酉，大雪，大元兵及兩省軍戰鈞州之三峯山，兩省軍大潰，合達、陳和尚、楊沃衍走鈞州，城破，皆死之。樞密副使蒲阿就執，尋亦死。武仙走密縣。自是兵不復振。己亥，徐州行省完顏慶山奴引兵入援，義勝軍校侯進杜正張興率所部北降慶山奴入睢州庚子御端門肆赦改元開興辛丑潼關守將李平以關降大元壬寅扶溝民錢大亨李鈞叛殺縣令王浩及其簿尉庚戌許州軍變殺元帥古里甲石倫粘合全周蘇椿等以城降大元二月壬子朔慶山奴謀走歸德至陽驛店遇大元兵徐帥完顏兀里力戰而死慶山奴被擒使招京城不從睢州刺史張文壽棄城從慶山奴皆死之甲寅大元兵狥臨潁攝縣令張若愚死之戊午次盧氏關陝行省總帥兩軍及秦藍帥府軍棄潼關而東與之遇天又大雪未戰而潰行省徒單兀典總帥納合合閏敗死完顏重喜降斬于馬前都尉鄭倜殺都尉苗英亦降秦藍總帥府經歷商衡死之大元兵下睢州庚申翰林待制馮延登使北來歸乙丑大元兵攻歸德庚午起復右丞相致仕賽不爲左丞相括京師民軍二十萬分隸諸帥人月給粟一石有五斗三月丁亥大元軍平中京留守撒合輦投水死甲午命平章政事白撒宿上淸宮樞密副使合喜宿大佛寺以備緩急大元遣使自鄭州來諭降使者立出國書以授譯史譯史以授宰相宰相跪進上起立受之以付有司書索翰林學士趙秉文衍聖公孔元措等二十七家及歸順人家屬蒲阿妻子繡女弓匠鷹人又數十人庚子封荆王子訛可爲曹王議以爲質密國公璹以曹王幼請代行上慰遣之不聽其代壬寅尚書左丞李蹊送曹王出質諫議大夫裴滿阿虎帶太府監國世榮爲講和使戶部侍郎楊慥權參知政事分軍防守四城大元兵攻汴城上出承天門撫西面將士千戶劉壽語不遜詔釋勿問癸卯上復出撫東面將士親傅戰傷者藥于南薰門下仍賜巵酒出內府金帛器皿以賞戰士乙巳鳳翔府砲軍萬戶王阿驢樊喬來歸己酉造革車三千兩已而不用置局養無家俘民夏四月癸丑兵士李新有功擢四方館使元帥劉益比其子戰死丁巳遣戶部侍郎楊仁奉金帛詣大元兵乞和戊午又以珍異往謝許和癸亥明惠皇后陵被發失柩所在遣中官往視之至是始得以兵護宮女十人出迎朔門奉柩至城下設御幄安置是夜復葬之戮鄭倜妻子甲子御端門肆赦改元天興詔內外官民能完復州郡者功賞有差出金帛酒炙犒餫軍士減御膳罷冗員放宮女上書不得稱聖改聖旨爲制旨釋鎬厲王衛紹王二族禁錮聽自便乙丑百官初起居于隆德殿前丙寅以尚書省兼樞密院事丁卯放宮女聽以衣裝自隨金珠留犒士卒汴京解嚴步軍始出封丘門采薪蔬己巳建威都尉完顏兀論同大元使没忒入城庚午見使臣於隆德殿放宮女如前辛未開鄭門聽百姓男子出入甲戌御承天門大饗將士聞有聲屈者乃還宮乙亥有詔止奏事許州進櫻桃五月辛巳還民告出城者以萬數賽不白撒不聽乙酉以南陽郡王子思烈行尚書省于鄧州召援兵丙戌拜天於大慶殿詔白撒致仕放京城四面軍李辛不奉詔丁亥鑿洧川漕渠尋罷之馮延登以奉使有勞授禮部侍郎戊子裕州鎭防軍將領賀都喜率西軍二千人入援放遷民出京辛卯大寒如冬密國公璹薨汴京大疫凡五十日諸門出死者九十餘萬人貧不能葬者不在是數癸巳楊春入據亳州觀察判官劉均死之辛丑上御香閣面責宰相乙丑將相受保城爵賞六月庚戌朔詔百官舉大將衆舉劉益不能用癸丑飛虎軍二百人奪封丘門出奔甲寅以出師錮門禁乙卯白撒開渠於私第東丙辰閱官馬擇瘠者殺以食丁巳封仙據徐州徒單益都走宿州推張興行省事庚申塞京城四門以便守禦壬戌國用安入徐州殺張興推封仙爲元帥以主州事己巳詔贈禦侮中郎將完顏陳和尚鎭南軍節度使立褒忠廟碑權參知政事楊慥罷辛未復修汴城以疫後園戶僧道醫師粥棺者擅厚利命有司倍征之以助其用甲戌宿州鎭防千戶高臘哥李宣殺節度使紇石烈阿虎父子請行省徒單益都主帥事益都不從率其將吏西走至穀熟遇大元軍死之乙亥左丞李蹊送曹王與其子仝俱還丁丑恒山公武仙殺士人李汾七月庚辰朔兵仍有火辛巳軍士撾登聞鼓乞將劉益癸未尚書右丞顏盞世魯罷吏部尚書完顏奴申爲參知政事甲申飛虎軍事申福蔡元擅殺北使唐慶等三十餘人于館詔貰其罪和議遂絕乙酉都人楊言欲殺白撒密詔遣衛士護其家丙戌軍士毀白撒別墅斜捻阿不妄殺市人之過其門者以靖亂丁亥拜天于承天門下出內府及兩宮物賜軍士戊子下令招軍辛卯簽民爲兵鞏昌民百二十人赴援乙未宿州帥衆僧奴稱國安用降遣近侍直長因世英等持詔封安用爲兗王行京東等路尚書省事賜姓完顏改名用安新軍有撾登聞鼓者杖殺之乙巳金木火太陰會于軫翼丙午參知政事完顏思烈恒山公武仙鞏昌總帥完顏忽斜虎率諸將兵自汝州入援以合喜爲樞密使將兵一萬應之命左丞李蹊勸諭出師乃行八月己酉朔合喜屯杏花營又益兵五千人始進屯中牟故城庚戌發丁壯五千人運糧餉合喜軍辛亥完顏思烈遇大元兵于京水遂潰武仙退保留山思烈走御寨中京元帥左監軍壬子任守貞死之合喜棄輜重奔至鄭門聚兵乃入甲寅免合喜爲庶人籍其家以賜軍士降監軍長樂爲符寶郎丁巳釋奠孔子戊午括民間粟己未籍徒單兀典完顏重喜納合合閏家貲前儀封令魏璠上言鞏昌帥完顏仲德沉毅有遠謀臣請奉命往召不報戊辰免府試起復前大司農侯摯爲平章政事進封蕭國公行京東路尚書省事己巳摯帥兵行至封丘將士將潰摯止之乃與衆還汴壬申聽無軍家口出京甲戌金木星交乙亥賣官及許買進士第丙子詔罷括粟復以進獻取之丁丑京城民楊興入貲授延州刺史戊寅劉仲温入貲授許州刺史

金史卷十八

元　中書右丞相總裁脫脫等修

本紀第十八

哀宗下

九月戊寅朔詔減親衛軍己丑軍士殺鄭門守者出之庚辰起上黨公張開及臨淄郡王王義深廣平郡王范成爲元帥以前御史大夫完顏合周權參知政事乙未以牓召民賣放下年軍需錢上戶田租如之辛丑夜大雷工部尚書范乃速震死閏月戊申朔遣使以鐵券一虎符六大信牌十織金龍文御衣賜越王玉魚帶一弓矢二賜兗王用安其父母妻皆贈封之又以世襲宣命十郡王宣命十玉兎鶻帶十付用安其同盟可賜者卽賜之辛亥遣張開溫撒辛劉益高顯率步軍護陳留通許糧道罷貧民進獻糧戊午招鄉導己未有箭射入宮中書姦臣姓名兩日而再得之辛酉再括京城粟以御史大夫合周點檢徒單百家等主之丙寅括粟使者兵馬都總領完顏九住以粟有蓬稗杖殺孝婦于省門十月以前司農卿李渙飛語詔左丞李蹊戶部侍郎楊慥繫獄將以軍儲失計坐罪俄蹊慥並除名而止籍慥家貲渙遂權戶部尚書尋赦殘欠糧其應以糧事繫者皆釋之詔徵諸道軍期以十二月一日入援十一月丁未朔賜貧民粥平章政事侯摯致仕左司郎中斜卯愛實以言事忤近侍送有司尋釋之己酉衛州軍校白晝取豐備倉米壬子京城人相食癸丑詔曹門宋門放士民出就食壬戌召諸將相入議事兗王用安率兵至徐州元帥王德全閉城不納會劉安國與宿帥衆僧奴引兵入援至臨渙用安使人刼殺之攻徐州久不能下退保漣水制使因世英以用安不赴援還至宿州西遇大元兵死之丙寅河解元帥權與寶軍節度使趙偉襲據陝州以叛殺行省阿不罕奴十剌以下凡二十一人誣阿不罕奴十剌等反狀以聞上知其冤不能直其事就授偉元帥左監軍兼西安軍節度使行總帥府事偉尋亦歸北十二月丙子朔以事勢危急遣近侍郞白華問計華對以紀季以酅入齊之義遂以爲右司郞中甲申詔議親出乙酉再議於大慶殿上欲以官奴高顯劉益爲元帥不果是日除拜扈從及留守京城官以右丞相樞密使兼左副元帥賽不平章政事權樞密使兼右副元帥白撒右副元帥兼樞密副使權參知政事訛出兵部尚書權尚書左丞李蹊元帥左監軍行總帥府事徒單百家等率諸軍扈從參知政事兼樞密院副使完顏奴申樞密副使兼知開封府權參知政事習捏阿不裹城四面都總領戶部尚書完顏珠顆外城東面元帥把撒合南面元帥术甲咬住西面元帥崔立北面元帥孛术魯買奴等留守除拜既定以京城付之擢魏璠爲翰林修撰如鄧州招武仙入援丁亥上御端門發府庫及兩府器皿宮人衣服賜將士戊戌官奴阿里合謀立荆王不果朝廷知其謀置不問庚子上發南京與太后皇后諸妃別大慟行次公主苑太后遣中官持米肉犒軍士辛丑至開陽門外麾百官退詔諭戍兵曰社稷宗廟在此汝等壯士也毋以不預進發之數便謂無功若保守無虞將來功賞顧豈在戰士下聞者皆灑泣是日鞏昌元帥完顏忽斜虎至自金昌爲上言京西三百里之間無井竈不可往東行之議遂決以爲尚書右丞從行遂次陳留壬寅次杞縣癸卯次黃城丞相完顏賽不之子按春有罪伏誅甲辰次黃陵岡乙巳諸將請幸河朔從之

二年正月丙午朔濟河北風大作後軍不克濟丁未大元兵追擊于南岸元帥完顏猪兒賀都喜死之建威都尉完顏兀論出降丁酉上哭祭戰死士于河北岸皆贈官斬兀論出二弟以殉赦河朔招集兵糧議取衛州元

帥蒲察官奴將忠孝軍千人東面元帥高顯果毅都尉粘哥咬住領軍萬人爲前鋒至蒲城庚戌上次漚麻岡平章政事白撒元帥和速嘉兀底不戀至辛亥白撒引兵攻衞州不克乙卯聞大元兵自河南渡河至衞之西南遂退師丁巳戰于白公廟白撒敗績棄軍東遁元帥劉益上黨公張開亦遁並爲民家所殺益部曲王全降戊午上進次蒲城復還魏樓村李辛自汴京出奔伏誅己未上以白撒謀夜棄六軍渡河與副元帥合里合六七人走歸德庚申諸軍始知上已往遂潰辛酉司農大卿蒲察世達元帥完顏忽土出歸德西門奉迎上入歸德赦在府囚軍民普覃一官賜進士終場王輔以下十六人出身遣奉御术甲塔失不后弟徒單四喜往汴京奉迎兩宮白撒還自蒲城聚兵于大橋不敢入壬戌遣使召白撒至數其罪下之獄仍籍其家財以賜將士曰汝輩宜竭忠力毋如斯人誤國人予金一兩七日白撒及其子忽土都皆死獄中右丞相賽不致仕右丞完顏忽斜虎行省事于徐州官奴再請率兵北渡女魯權不可遣歸德知府行戶部尚書蒲察世達都轉運使張俊民如陳蔡取糧以元帥李琦王璧護之戊辰安平都尉京城西面元帥崔立與其黨韓鐸藥安國等舉兵爲亂殺參知政事完顏奴申樞密副使完顏斜捻阿不勸兵入見太后傳令立衞王子從恪爲梁王監國自爲太師馬軍都元帥尚書令尋自稱左丞相都元帥尚書令鄭王弟倚平章政事侃殿前都點檢其黨孛术魯長河御史中丞韓鐸副元帥兼知開封府折希顏藥安國張軍奴完顏合答並元帥師肅左右司郎中賈良兵部郎中兼右司都事又署工部尚書溫迪罕二十吏部侍郎劉仲周並爲參知政事宣徽使奧屯舜卿爲尚書左丞戶部侍郎張正倫爲尚書右丞左右司都事張節爲左右司郎中尚書省掾元好問爲左右司員外郎都轉運知事王天祺懷州同知康瑭並爲左右司都事開封判官李禹翼棄官去戶部主事鄭著召不起是日右副點檢溫敦阿里左右司員外郎聶天驥御史大夫裴滿阿虎帶諫議大夫左右司郎中烏古孫奴申左副點檢完顏阿散奉御忙哥講議蒲察琦並死之遂送款大元軍前癸酉大元將碎不嚕進兵汴京甲戌立閱隨駕官屬軍民子女於省署及禁民間嫁娶括京城財兩宮值變不果行荅失不以其父咬住四喜以其妻奪門而出庚午至歸德上怒二人皆斬於市乙亥遣右宣徽提點近侍局事移剌粘古如徐州相地形察倉庫虛實白華如鄧州召兵二月丙子朔魚山張巘殺元帥完顏忽土行省忽斜虎自率兵討之會從宜嚴祿誅巘乃還括城中糧知歸德府事石盞女魯懽爲樞密副使權參知政事留元帥官奴忠孝軍四百五十人都尉馬用軍二百八十餘人發餘軍赴宿徐陳三州就糧三月乙丑石盞女魯懽乞盡散衞兵出城就食官奴私與國用安謀邀上幸海州不從蔡帥烏古論鎬以糧四百餘斛至歸德表請臨幸上遣學士烏古論蒲鮮以幸蔡之意諭其州人戊辰官奴以忠孝軍爲亂攻殺馬用遂殺尚書左丞李蹊參知政事石盞女魯懽點檢徒單長樂從官右丞已下三百餘人上赦官奴暴女魯懽罪狀以官奴爲樞密副使權參知政事左右司郎中張天綱爲戶部侍郎權參知政事辛巳官奴眞授參知政事兼左副元帥官奴以上居照碧堂禁諸臣無一人敢奏對者上日悲泣言曰自古無不亡之國不死之主但恨朕不知用人致爲此奴所囚耳遂與內局令宋珪等謀誅官奴夏四月壬午徐州行省完顏忽斜虎執王德全并其子誅之及其黨王琳楊璝斜卯延壽召經歷商瑀用之魚山從宜嚴祿叛歸漣水庚寅陳州都尉李順兒殺行省粘葛奴申及招撫使劉天起送款于崔立張俊民李琦奔汴京王璧還歸德癸巳崔立以梁王從恪荆王守純及諸宗室男女五百餘人至青城皆及於難甲午兩宮北遷甲辰鄧州節度使移剌瑗以其城叛與白華俱亡入宋六月己卯官奴及其黨阿里合白進皆伏誅上御雙門赦忠孝軍以安反側遂决策遷蔡詔蔡息陳潁各以兵來迓中京留守權參政烏林荅胡土棄城奔蔡壬午中京破留守兼便宜總帥強伸死之戊子召徐州行省完顏忽斜虎赴行在所以抹撚兀典代行省事郭恩爲總帥兼節度使辛卯上發歸德留元帥王璧守之壬辰次亳州癸巳以亳州節度使王進同知節度使王賓徵民丁運鐵甲糗糧留權參政張天綱董之就遷有功將士臨淄郡王王義深據靈壁望口寨以叛遣近侍直長女奚烈完出將徐宿兵討之義深敗走漣水入宋丙申亳州鎭防軍崔復哥殺守臣王賓等張天綱以便宜授復哥節度使罷運鐵甲糗糧州人乃安己亥上入蔡州詔尚書省爲書召武仙會兵入援徐州行省抹撚兀典赴蔡州起復右丞相致仕賽不代行省事七月癸卯朔曲赦蔡州管內雜犯死罪以下官吏軍民普覃兩官經應辦者更遷一官弛門禁通衆貨蔡人便之乙巳以烏古論鎬爲御史大夫總帥如故張天綱爲御史中丞仍權參政完顏藥師爲鎭南軍節度使兼蔡州管內觀察使戊申左右司郎中烏古論蒲鮮兼息州刺史權元帥右都監行帥府事征行元帥權總帥婁室簽樞密院事己酉選室女備宮中使令已得數人以右丞忽斜虎諫留識文義者一人餘聽自便乙卯遣魏璠徵武仙兵丁巳護衞蒲鮮石魯負祖宗御容至自汴勅有司奉安于乾元寺前御史大夫蒲察世達西面元帥把撒合自汴來歸辛酉武仙刼將士謀取宋金州至淅水衆潰行六部尚書盧芝侍郎石玠謀歸蔡州仙追芝不及遂殺玠丁卯定進馬遷賞格又定括馬罪格以簽樞密院事權參政抹撚兀典領其事遣使分詣諸道選兵會于蔡己巳以蒲察世達爲吏部侍郎權行六部尚書八月癸酉朔以秦州元帥粘哥完展權參知政事行省事於陝西諭以蠟書期九月中徵兵與上會于饒豐關欲出宋不意以取興元甲戌大元使王檝諭宋還宋以軍護其行青山招撫盧進得遷吏言以聞上爲之擢丁丑上閱兵于見山亭癸未元帥楚琇復立壽州於蒙城詔遷賞有差州縣官皆眞授乙酉大元召宋兵攻唐州元帥右監軍烏古論黑漢死于戰主帥蒲察某爲部曲兵所食城破宋人求食人者盡戮之餘無所犯宋人駐兵息州南丙戌詔權參政抹撚兀典簽樞密院事婁室行省院于息州丁亥烏古論鎬權參知政事兀林荅胡土爲殿前都點檢庚寅初設四隅機察官壬辰息州行省抹撚兀典以兵襲宋人于中渡店斬獲甚衆乙未萬年節州郡以表來賀二十餘所辛丑設四隅和糴官及惠民司以太醫數人更直病人官給以藥仍擇年老進士二人爲醫藥官九月癸卯朔假蔡州都軍致仕內族阿虎帶同僉大睦親府事使宋借糧入辭上諭之曰宋人負朕深矣朕自即位以來戒飭邊將無犯南界邊臣有自請征討者未嘗不切責之向得宋一州隨即付與近淮陰來歸彼多以金幣爲贖朕若受財是貨之也付之全城秋毫無犯淸口臨陣生獲數千人悉以資糧遣之今乘我疲敝據我壽州誘我鄧州又攻我唐州彼爲謀亦淺矣大元滅國四十以及西夏夏亡及於我我亡必及於宋脣亡齒寒自然之理若與我連和所以爲我者亦爲彼也卿其以此曉之至宋宋不許戊申魯山元帥元志率兵入援賜以大信牌升爲總帥庚戌以重九拜天于節度使廳羣臣陪從成禮上面諭之曰國家自開創涵養汝等百有餘年汝等或以先世立功或以勞効起身被堅執銳積有年矣今當厄運與朕同患可謂忠矣比聞北兵將至正汝等立功報國之秋縱死王事不失爲忠孝之鬼往者汝等立功常慮不爲朝廷所知今日臨敵朕親見之矣汝等勉之因賜巵酒酒未竟邏騎馳奏敵兵數百突至城下將士踴躍咸請一戰上許之是日分軍防守四面及子城以總帥孛术魯婁室守東面內族承麟副之參知政事烏古論鎬守南面總帥元志副之殿前都點檢兀林荅胡土守西面忠孝軍元帥蔡八兒副之忠孝軍元帥權殿前右副點檢王山兒守北面元帥紇石烈柏壽副之遙授西安軍節度使兼殿前右衞將軍行元帥府事女奚烈完出守東南元帥左都監夾谷當哥副之殿前右衞將軍權左副都點檢內族斜烈守子城都尉王愛實副之辛亥大元兵築長壘圍蔡城己未括蔡城粟辛酉禁公私釀酒十月戊辰更造天興寶辛巳縱飢民老稚羸疾者出城癸未徐州守臣郭恩殺逐官吏以叛行省賽不死之甲申給飢民船聽採城壕菱芡水草以食戊子徵諸道兵辛卯上閱射于子城中者賞麥有差丙申殿前左副都點檢溫敦昌孫戰歿戊戌賜義軍戰歿被創者麥十一月辛丑朔以右副都點檢阿勒根移失剌爲宣差鎭撫都彈壓別設彈壓四員副之四隅機察亦隸焉宋遣其將江海孟珙帥兵萬人獻糧三十萬石助大元兵攻蔡十二月甲戌盡籍民丁防守括婦人壯健者假男子衣冠運大石上親出撫軍丁丑大元兵决練江宋兵决柴潭入汝水己卯大元兵破外城宿州副總帥高刺哥戰歿辛巳以總帥孛术魯婁室殿前都點檢兀林荅胡土皆權參政都尉完顏承麟爲東面元帥權總帥己丑大元兵墮西城上謂侍臣曰我爲金紫十年太子十年人主十年自知無大過惡死無恨矣所恨者祖宗傳祚百年至我而絕與自古荒淫暴亂之君等爲亡國獨此爲介介爾又曰古無不亡之國亡國之君往往爲人囚縶或爲俘獻或辱於階庭閉之空谷朕必不至於此卿等觀之朕志决矣都尉王愛實戰歿砲軍總帥王鋭殺元帥夾谷當哥率三十人降大元庚寅以御用器皿賞戰士甲午上微服率兵夜出東城謀遁及柵不果戰而還乙未殺尚廐馬五十疋官馬一百五十疋犒將士

三年正月壬寅册柴潭神爲護國靈應王甲辰以近侍分守四城戊申夜上集百官傳位于東面元帥承麟承麟固讓詔曰朕所以付卿者豈得已哉以肌體肥重不便鞍馬馳突卿平日趫捷有將畧萬一得免祚胤不絕此朕志也己酉承麟即皇帝位百官稱賀禮畢亟出捍

敵而南面已立宋幟俄頃四面呼聲震天地南面守者棄門大軍入與城中軍巷戰城中軍不能禦帝自謚于幽蘭軒末帝退保子城聞帝崩率羣臣入哭謚曰哀宗哭奠未畢城潰諸禁近舉火焚之奉御絳山收哀宗骨瘞之汝水上末帝爲亂兵所害金亡

贊曰金之初興天下莫彊焉太祖太宗威制中國大槩欲効遼初故事立楚立齊委而去之宋人不競遂失故物熙宗海陵濟以虐政中原觖望金事幾去天厭南北之兵挺生世宗以仁易暴休息斯民是故金祚百有餘年由大定之政有以固結人心乃克爾也章宗志存潤色而秕政日多誅求無藝民力浸竭明昌承安盛極衰始至於衞紹紀綱大壞亡徵已見宣宗南度棄厭本根外狃餘威連兵宋夏內致困憊自速土崩哀宗之世無足爲者皇元功德日盛天人屬心日出爝息理勢必然區區生聚圖存於亡力盡乃斃可哀也矣雖然在禮國君死社稷哀宗無愧焉

金史卷十八考證

哀宗紀下天興二年夏四月癸巳崔立以梁王從恪荊王守純及諸宗室男女五百餘人至青城皆及於難○臣人龍按元史太宗本紀速不台進至青城崔立執金太后王氏后徒單氏及荊王從恪梁王守純等五百餘人至軍中速不台殺二王及其族屬而送后妃等于和林

內族阿虎帶○臣人龍按元史類編注內族卽宗室金避世宗父宗堯諱故改之

金史卷十九

元中書右丞相總裁脫脫等修

本紀第十九

世紀追尊

景宣皇帝諱宗峻本諱繩果太祖第二子母曰聖穆皇后唐括氏太祖元妃宗峻在諸子中最嫡天輔五年忽魯勃極烈杲都統諸軍取中京帝別領合扎猛安受金牌旣克中京遂與杲俱襲遼主于鴛鴦濼遼主走陰山耿守忠救西京帝與宗翰等擊走之西京城南有浮圖敵先據之下射士卒多傷帝曰先取是則西京可下旣而攻浮圖克之遂下西京太祖崩帝與兄宗幹率宗室羣臣立太宗天會二年薨熙宗卽位追上尊謚曰景宣皇帝廟號徽宗改葬興陵海陵弒立降熙宗爲東昏王降帝爲豐王世宗復尊熙宗廟謚尊帝爲景宣皇帝子合剌常勝查剌合剌是爲熙宗

睿宗立德顯仁啓聖廣運文武簡肅皇帝諱宗堯初諱宗輔本諱訛里朶大定上尊謚追上今諱魁偉尊嚴人望而畏之性寬恕好施惠尚誠實太祖征伐四方諸子皆總戎旅帝常在帷幄天輔六年太祖親征太宗居守黃龍府安福哥誘新降之民以叛帝與烏古迺討平之南路軍帥鶻實荅以贓敗帝往閱實之咸稱平允天會五年宗望薨帝爲右副元帥駐兵燕京十一月分遣諸將伐宋帝發自河間徇地淄青宋馬括兵二十萬至樂安帝率師擊破之聞宋主在揚州時東作方興留大軍夾河屯田而還軍山西二月移剌古破宋臺宗雋宋忠軍五萬于大名明日再破之獲宗雋忠而還冀州人乘夜出兵襲照里營照里擊敗之宋主奉表請和密書以誘契丹漢人詔伐宋帝發自河北降滑州取開德府攻大名府克之河北平初伐宋河北河東諸將議不決或欲先定河北或欲先平陝西太宗兩用其策而宗翰來會于濮旣平河北遂取東平及徐州盡得宋人江淮運致金幣在徐州官庫者分給諸軍而劉豫遂以濟南降使拔離速等襲宋主于揚州而宋主聞之北拔離速至揚州前夕已渡江矣宋主乃貶去帝號再以書來請存社稷語在宗翰傳中旣而宗弼追宋主宋主渡江入于杭州復遁入海宗弼乃還於是婁室所下陝西城邑輒叛宗翰等日前討宋故分西師合于東軍而陝西五路兵力雄勁當併力攻取令撻懶撫定江北宗弼以精兵二萬先往洛陽以八月往陝西或使宗弼遂將以行或宗輔宗翰宗尹中以一人往上曰婁室往者所向輒辦今專征陝右豈倦于兵而自愛邪卿等其戮力焉由是詔帝往是時宋張浚兵取陝西帝至洛水治兵張浚騎兵六萬步卒十二萬壁富平帝至富平婁室爲左翼宗弼爲右翼兩軍並進自日中至于昏暮凡六合戰破之耀州鳳翔府皆來降遂下涇渭二州敗宋經略使劉倪軍于兎亭原州降撒離喝破德順軍靜邊寨宋涇原路統制張中孚知鎮戎軍李彥琦以城降宋秦鳳路都統制吳玠軍于隴州境上招討都監馬五擊走之降一縣而還帝進兵降甘泉等三堡取保川城破宋熙河路副總管軍三萬獲馬千餘拔安西等二寨熙州降分遣左翼都統阿盧補右翼都統宗弼招撫城邑之未下者遂得鞏洮河樂西寧蘭廓積石等州定遠和政甘峪寧洮安隴等城寨及鎮堡蕃漢營部四十餘於是涇原熙河兩路皆平撒離喝降慶陽府慕洧以環州降旣定陝西五路乃選騎兵六千使撒離喝屯衞要於是班師與宗翰俱朝京師立熙宗爲諳班勃極烈帝爲左副元帥十三年行次媯州薨年四十陪葬睿陵追封潞王謚襄穆皇統六年進冀國王正隆二年追贈太師上柱國改封許王世宗卽位追上尊謚立德顯仁啓聖廣運文武簡肅皇帝廟號睿宗二年改葬于大房山號景陵

顯宗體道弘仁英文睿德光孝皇帝諱允恭本諱胡土瓦世宗第二子母曰明德皇后烏林荅氏皇統六年丙寅歲生體貌雄偉孝友謹厚大定元年十一月世宗卽位于東京乙酉封楚王置官屬十二月從至中都二年四月己卯賜名允迪五月壬寅立爲皇太子世宗謂之曰在禮貴嫡所以立卿卿友于兄弟接百官以禮勿以儲位生驕慢日勉學問非有召命不須侍食帝上表謝專心學問與諸儒臣講議於承華殿燕閒觀書乙夜忘倦翼日輒以疑字付儒臣校證九月庚子詔東宮三師對皇太子稱名少師以降稱臣十一月庚子生辰百官賀于承華殿世宗賜以襲衣良馬賜宴于仁政殿皇族百官皆與自後生辰世宗或幸東宮或宴內殿歲以爲常十二月辛卯奏曰東宮賀禮親王及一品皇族皆北面拜伏臣但荅揖伏望天慈聽臣荅拜庶惇親親友愛之道世宗從之以爲定制世宗聞儒者鄭松賢松先爲同知博州防禦事致仕起爲左諭德詔免朝參令輔太子讀書松以友諭自處帝嘗領松使取服帶松對曰臣忝諭德不敢奉命帝改容稱善自是益加禮遇每出獵獲鹿輒分賜之四年九月納妃徒單氏行親迎禮故事大駕鹵簿天子乘玉路皇太子鹵簿乘金路六年世宗行自西京還都禮官不知皇太子自有鹵簿金路乃請太子就乘大駕綴路行在天子之前上疑其非禮詳閱舊典禮官始覺其誤於是禮部郎中李邦直員外郎李山削一階太常少卿武之才太常丞張子羽博士張渠削兩階頃之禮官議受冊謁謝太廟服常朝服乘馬世宗曰此與外官禮上後謁諸神廟無異海陵一時率意行之何足爲法大冊與三歲祫享當用古禮爲是孔子曰禮與其奢也寧儉不當輕易如此又曰右丞蘇保衡雖漢人不通經史參政石琚通經史而不言前日禮官旣已削奪猶不懼邪其具前代典禮以聞朕將擇而處之久之將授太子冊寶儀注備儀仗告太廟上曰朕受尊號謁謝乃用故宋眞宗故事常朝服乘馬皇太子乃用備禮前後不稱甚無謂也謂右丞相良弼左丞守道曰此卿等不用心所致良弼等謝曰臣愚慮不及此上復曰此文臣因循故也是年十月甲申祫享于太廟行亞獻禮七年帝有疾詔左丞守道侍湯藥徙居瓊林苑臨芳殿調治八年正月甲戌改賜名允恭庚戌受皇太子冊寶帝上表謝九年五月世宗命避暑于草濼隋王惟功從行其應從行者皆給道路費帝奏曰遠去闕廷獨就凉地非臣子所安願罷行世宗曰汝體羸弱山後高凉故命汝往丁丑百官奉辭于都城之北再拜帝荅拜是月百官承詔具牋問起居六月百官問起居如前八月乙酉至自草濼百官迎謁于都城之北如送儀丙戌入見世宗曰吾兒相别經夏極甚思憶也九月詔皇太子供膳勿月支歲給五千萬十年八月帝在承華殿經筵太子太保壽王爽啓曰殿下頗未熟本朝語何不屏去左右漢官皆用女直人帝曰諭德贊善及侍從官曷敢輒去爽乃揖而退帝曰宮官四員謂之諭德贊善義可見矣而反欲去之無學故也有使者自山東還帝問民間何所苦使者曰錢難最苦官庫錢滿有露積者而民間無錢以此苦之帝曰貯之空室雖多奚爲謂戶部尚書張仲愈曰天子富藏天下何必獨在府庫也因奏曰錢在府庫何異銅鑛在野乞流轉使公私俱利世宗嘉納詔有司議行之十一月丁亥有事於圜丘帝行亞獻禮十二年五月世宗聞德州防禦使胡剌謀叛因曰朕於親親之道未嘗不篤而輒敢如此帝徐奏曰叔胡剌性荒縱耽娛樂而無子嗣忽如此狂謀望更閱實之十月己未祫享于太廟帝攝行祀事十二年十月承詔與趙王惟中曹王惟功獵于保州定州十一月甲午還京師十四年四月乙亥世宗御垂拱殿帝及諸王侍側世宗論及兄弟妻子之際世宗曰婦言是聽而兄弟相違甚哉帝對曰思齊之詩曰刑于寡妻至于兄弟以御于家邦臣等愚昧願相勵而修之因引棠棣華萼相承眷令急難之義爲文見意以誡兄弟焉十五年世宗詔五品職事官謝見皇太子十七年五月甲辰侍宴于常武殿典食令湼合進粥帝將食有蜘蛛在粥盌中湼合恐懼失措帝從容曰蜘蛛吐絲乘空忽墜此中爾豈汝罪哉十月己卯祫享于太廟攝行祀事十九年四月戊申有事于太廟攝行祀事丁巳詹事烏林荅愿入謝帝命取幞頭腰帶官屬請曰此見宰相師傅之禮也帝

日愿事陛下久以此加敬爾皆曰非臣等所及十一月改葬明德皇后于坤厚陵帝徒行輓靈車遇大風雪左右進雨具帝却之比至壙所衣盡霑濕觀者無不下淚海陵雖貶黜爲庶人宗幹尚稱明肅皇帝議者以爲未盡帝具表奏論世宗嘉納之於是宗幹削去帝號降封遼王二十四年世宗將幸上京詔帝守國作守國之寶以授之其遣使祭享五品以上官及事利害重者遣使馳奏六品以下官其餘常事並聽裁決每三日一次於集賢殿受尚書省啓事京朝官遇朔望具朝服問候車駕在路每二十日一遣使問起居已達上京每三十日一問起居世宗曰今巡幸或能留三二年以汝守國譬之農家種田商人營利但能不墜父業卽爲克家子也帝對曰臣在東宮二十餘年過失甚多陛下以明德皇后之故未嘗見責臣誠愚昧不克負荷乞備扈從世宗曰凡人養子皆望投老得力朕留太尉左右丞參政輔汝彼皆國家舊人可與商議且政事無難但用心公正無納讒邪一月之後政事自熟帝流涕堅辭左右爲之感動三月世宗如上京帝守國留中都初帝在東宮或攜中侍步于芳苑中侍出入禁中未嘗限阻此輩見帝守國各爲得意帝知之謂諸侍中曰我向在東宮不親國政日與汝輩語話今旣守國汝等有召命然後得入五月世宗至上京賜物書曰朕以前月八日到遼陽此月二日達上京翌日祀慶元廟省方觀民古之制也汝守國任重夏暑方熾益當自愛無貽朕憂帝謂徒單克寧曰車駕巡幸以國事見屬州名最重人之死生繫焉凡有可議當盡至公比主上還都勿有廢事自是凡啓稟刑名帝自披閱召都事委曲折正移晷忘倦或賜之食近侍報瑶池位蓮開當設宴帝曰聖上東巡命我守國何敢宴遊廢事採致數花足矣七月遣子金源郡王麻達葛奉表問起居請世宗還都十一月壬寅帝冬獵辛亥還都二十五年正月乙酉免羣臣賀禮帝自守國深懷謙抑宫臣不庭拜啓事時不侍立免朔望禮京朝朔望日當具公服問候並停免至是羣臣當賀亦不肯受甲寅帝如春水二月庚申還都丁卯遣子金源郡王麻達葛奉表賀萬春節四月久不雨帝親禱卽日霑足六月甲寅帝不豫庚申崩于承華殿世宗自上京還次天平山好水川訃聞爲位臨奠于行宮之南大慟者久之親王百官皇族命婦及侍衞皆會哭世宗號泣還宮比至中都爲位奠哭者凡七焉世宗以豳王永成爲中都留守來護喪遣滕王府長史再興御院通進阿里剌來保護金源郡王遣左宣徽使唐括鼎來致祭詔妃徒單氏及諸皇孫喪服並如漢制帝在儲位久恩德在人者深每日三時哭臨侍衞軍士皆爭入臨伏哭于承華殿下聲殷如雷中都百姓市門巷端爲位慟哭七月壬午朔賜謚宣孝太子九月庚寅殯于南園熙春殿己酉世宗至自上京未入國門先至熙春殿致奠慟哭久之比葬親臨者六帝事世宗凡巡幸西京涼陘及上陵祭廟謁衍慶宮田獵觀稼拜天射柳未嘗去左右上有事于圜丘及親享于太廟則行亞獻禮不親祀則攝行祀事國有大慶則率百官上表賀正旦萬春節則總班上壽冬十月庚戌朔宰相以下朝見于慶和殿太尉完顏守道上壽世宗追悼悽愴者久之十一月甲申靈駕發引世宗路祭于都城之西庚寅葬于大房山世宗欲加帝號以問羣臣翰林修撰趙可對曰唐高宗追謚太子弘爲孝敬皇帝左丞張汝弼曰此蓋出于武后遂止乃建廟于衍慶宮後祭用三獻樂用登歌二十六年立子璟爲皇太孫二十九年世宗崩太孫卽位是爲章宗五月甲午追謚體道弘仁英文睿德光孝皇帝廟號顯宗丁酉祔于太廟陵曰裕陵帝天性仁厚不忍刑殺梁檀兒盜金銀葉憐其母老李福興盜段匹値坤厚陵禮成家令本把盜銀器値萬春節皆委曲全活之亡失物者責其償而不加罪聞四方饑饉輒先奏加賑贍因田獵出巡所過問民間疾苦敬禮大臣友愛兄弟葬明德皇后于坤厚陵諸妃皆祔自磐寧宮發引趙王惟中以其母轜車先發令張黃蓋者前行帝呼執蓋者不應少府監張謹言欲奏其事帝止之嘗作重光座銘及刻左右銘于小玉碑并刻其碑陰皆深有理致最善射而不彈物嘗奉詔拜陵先獵射一鹿獲之卽命罷獵曰足奉祀事焉用多殺好生蓋其天性云

贊曰遼王杲取中京宗翰宗望皆從景宣別領合扎猛安合扎猛安者太子之猛安也宗翰請立熙宗宗望不敢違太宗不能拒其義正其理直矣舊史稱睿宗寬恕好施惠熙宗不終海陵隕斃自時厥後得大位者皆其子孫有以夫顯宗孝友惇睦在東宮二十五年不聞有過承意開導四方陰受其賜天不假之年惜哉

金史卷二十

元　中　書　右　丞　相　總　裁　脫　脫　等　修

志第一

天文

自伏羲仰觀俯察黃帝迎日推策重黎序天地堯歷象日月星辰舜齊七政周武王訪箕子陳洪範協五紀而觀天之道備矣易曰天垂象見吉凶聖人象之故孔子因魯史作春秋於日星風雨霜雹雷霆皆書變而不書常所以明天道驗人事也秦漢而下治日患少陰陽愆違天象錯迕無代無之金百有十九年而日食四十二星辰風雨霜雹雷霆之變不知其幾金九主莫賢於世宗二十九年之間猶日食者十有一日珥虹貫者四五然終金之世慶雲環日者三皆見於世宗之世義和之後漢有司馬唐有袁李皆世掌天官故其說詳且六合爲一推步之術不見異同金宋角立兩國置歷法有差殊而日官之選亦有精粗之異今奉詔作金史於志天文各因其舊特以春秋爲準云

日薄食煇珥雲氣　太祖天輔三年夏四月丙子朔日食　四年冬十月戊辰朔日食　六年春二月庚寅朔日食　七年秋八月辛巳朔日食

太宗天會七年三月己卯朔日中有黑子九月丙午朔日食　十三年正月丙午朔日食

熙宗天會十四年十一月丙寅日中有黑子斜角交行

天眷三年七月癸卯朔日食

皇統三年十二月癸未朔日食　四年六月辛巳朔日食　五年六月乙亥朔日食　八年四月戊子朔日食　九年三月癸未朔日食

海陵庶人天德二年正月甲辰日有暈珥白虹貫之十一月丙戌白虹貫日十二月乙卯慶雲見狀如鸞鳳五彩　三年正月丁酉白虹貫日

貞元二年五月癸丑朔日食　三年四月丁丑朔昏霧四塞日無光凡十有七日乃霽五月丁未朔日食

正隆三年三月辛酉朔司天奏日食候之不見海陵勑自今日食皆面奏不須頒告中外　五年八月丙午朔日食庚午日中有黑子狀如人　六年二月甲辰朔日有暈珥戴背十月丙午慶雲見

世宗大定二年正月戊辰朔日食伐鼓用幣命壽王京代拜行禮爲制凡遇日月虧食禁酒樂屠宰一日　三年六月庚申朔日食上不視朝命官代拜有司不治務過時乃罷後爲常　四年六月甲寅朔日食　七年四月戊辰朔日食上避正殿減膳伐鼓應天門內百官各於本司庭立明復乃止閏七月己卯午刻慶雲環日八月辛亥午刻慶雲環日　九年八月甲申朔有司奏日當食以雨不見爲近奉安太祖乃伐鼓于社用幣于應天門內　十三年五月壬辰朔日食　十四年十一月甲申朔日食　十六年三月丙午朔日食　十七年九月丁酉朔日食　二十三年十月己未慶雲見於日側十一月壬戌朔日食　二十八年八月甲子朔日食　二十九年正月乙卯巳初日有暈左右有珥上有背氣兩重其色青赤而厚復有白虹貫之亘天其東有戟氣長四尺餘五刻而散丁巳巳初日有兩珥上有背氣兩重其色青赤而淡頃之背氣於日上爲冠已而俱散二月辛酉朔日食甲子辰刻日上有重暈兩珥抱而復背背而復抱凡三四次乙丑日暈兩珥有負氣承氣而白虹亘天左右有戟氣

章宗明昌三年十二月丙辰北方微有赤氣　四年九月癸未日上有抱氣二戴氣一俱相連左右有珥其色鮮明　六年三月丙戌朔日食

承安三年正月己亥朔日食陰雲不見　五年十一月癸丑日食（宋史作六月乙酉朔）

泰和二年五月甲辰朔日食　三年十月戊戌日將沒色赤如赭甲辰申酉間天色赤夜將旦復然　四年三月丁卯日昏無光　五年九月戊子戌時西北方黑雲間有赤氣如火次及西南正南東南方皆赤中有白氣貫徹乍隱乍見既而爲雨隨作風至二更初黑雲間赤氣復起於西北方及正西正東東北往來遊曳內有白氣數道時復出沒其赤氣又滿中天約四更皆散　六年正月北京申龍山縣西見有雲結成車牛行帳之狀或如前後摧損之勢晡時乃散二月壬子朔日食七月癸巳申刻日上有背氣一內赤外青須臾散九月乙酉夜將曙北方有赤白氣數道歷王良下徐行至北斗開陽搖光之東而散　八年四月癸卯巳刻日暈二重內黃外赤移時而散

衞紹王大安元年四月壬申北方有黑氣如大道東西竟天至五更散十二月辛酉朔日食　三年三月辛酉辰刻北方有黑氣如堤內有白氣三似龍虎之狀十月己卯東北西北每至初更如月將出之狀明至夜半而滅經月乃已

宣宗貞祐元年十月丙午夜有白氣三衝紫微而不貫十二月丙申白氣東西竟天移時散　二年九月壬戌

朔日食大星皆見　三年正月壬戌日有左右珥上有冠氣移刻散二月丁巳日初出赤如血將沒復然六月戊申夜有黑氣廣如大路自東南至於西北其長竟天　四年二月甲申朔日食閏七月壬午朔日食

興定元年七月丙子朔日食　二年七月庚午朔日食　三年七月庚申五色雲見十月乙丑平涼府慶雲見遣官驗實以告太廟詔國中　五年正月山東行省蒙古綱奏慶雲見命圖以進四月丙子日正午有黃暈四匝其色鮮明五月甲申朔日食六月戊寅日將出有氣如大道經丑未歷虛危東西不見首尾移時沒十二月己巳北方有白氣廣三尺餘東西亘天

元光元年十一月丁未東北有赤雲如火　二年五月辛未日暈不匝而有背氣九月庚子朔日食

哀宗正大二年二月甲寅有黃黑祲　三年三月庚午省前有氣微黃自東北亘西南其狀如虹中有白物十餘往來飛翔又有光倏見如二星移時方滅　四年十一月乙未日上有虹背而向外者二約長丈餘兩旁俱有白虹貫之是年六月丙辰有白氣經天或云太白入井　五年十二月庚子朔日食　八年三月庚戌酉正日忽白而失色乍明乍暗左右有氣似日而無光與日相凌而日光四出搖盪至沒

天興元年正月壬午朔日有兩珥　三年正月己酉日大赤無光京索之間雨血十餘里是日蔡城陷金亡

月五星凌犯及星變　太宗天會七年十一月甲寅天旗明河鼓直　十年閏四月丙申熒惑入氐八月辛亥彗星出於文昌　十一年五月乙丑月忽失行而南頃之復故七月己巳昏有大星隕于東南如散火十二月丙戌月食昴

熙宗天會十三年十一月乙酉月食命有司用幣以救著爲令　十四年正月辛巳太白晝見凡四十餘日伏壬辰熒惑入月三月丁酉夜中星搖九月癸未有星大如缶起西南流于正西十一月己巳狼星搖　十五年正月戊辰歲星犯積尸氣

天眷二年三月辛巳朔歲星留逆在太微五月戊子太白晝見八月丁丑太白晝見九月辛巳犯軒轅左星乙巳犯左執法十一月戊寅入氐　三年七月壬戌月犯畢十二月壬午月掩東井東轅南第一星

皇統元年二月甲戌月掩畢大星　二年十一月己酉月犯軒轅大星甲寅月犯氐東北星　三年正月己丑熒惑逆犯軒轅次北一星二月乙丑月犯畢大星閏四月癸巳月掩軒轅左角星八月丙申老人星見九月丁丑月犯軒轅大星　四年八月癸未熒惑入輿鬼　五年四月丙申彗星見於西北長丈餘至五月壬戌始滅甲辰熒惑犯左執法　六年九月戊寅熒惑犯西垣上將己丑月犯軒轅第二星　七年正月辛未彗星出東方長丈餘凡十五日滅丁亥太白經天七月己巳太白經天庚辰熒惑犯房第二星十一月壬戌歲星逆犯井東扇第二星　八年閏八月丙子熒惑入太微垣十月甲申太白晝見十一月壬辰經天十二月丙寅太白晝見　九年二月癸亥月掩軒轅第二星七月甲辰太白辰星歲星合于張丁未熒惑犯南斗第四星八月壬子又歷南斗第三星

海陵天德元年十二月甲子土犯東井東星　二年正月乙酉月犯昴壬辰犯木乙未犯角二月丙寅犯心大星九月乙亥太白晝見至明年正月辛卯後不見丁酉月犯軒轅左角十月乙丑犯太微上將十二月癸丑犯昴　三年二月丙辰月食十月丁亥月犯軒轅左角　四年正月癸卯太白經天二月乙亥月掩鬼犯鎮星五月己亥太白經天丁巳又經天六月癸巳太白犯井東第二星八月辛未太白犯軒轅大星十一月甲辰熒惑犯鉤鈐丙午月犯井北第一星十二月乙卯朔太白經天丙子月食閏月己亥太白經天

貞元元年正月辛丑月犯井東第一星四月戊寅有星如杯自氐入于天市其光燭地十二月乙卯太白經天庚午月食閏月乙酉太白經天　二年正月庚申太白經天是夜月掩昴二月辛丑犯心前星三月辛巳月食七月癸丑太白晝見凡三十有三日伏八月戊戌熒惑入井凡十一日而出十一月甲子月食　三年八月乙酉月犯牛九月辛亥犯建星十一月戊午掩井鉞星

正隆二年正月庚辰太白晝見凡六十七日伏　三年正月丁亥有流星如杯長二丈餘其光燭地出太微沒於梗河之北二月己卯熒惑入鬼辛巳月食甲午月掩歲星六月丁酉犯氐九月己未太白經天至明年正月二十一日不見十二月戊申月入氐　四年九月壬寅月掩軒轅右角十一月壬辰入畢犯大星十二月太白晝見凡七日　五年正月海陵問司天提點馬貴中曰朕欲自將伐宋天道如何貴中對曰去年十月甲戌熒惑順入太微至屏星留退西出占書熒惑常以十月入太微庭受制出伺無道之國又去年十二月太白晝見經天占爲兵喪爲不臣爲更主又主有兵兵罷無兵兵起甲午月食二月丁卯太白晝見四月甲戌復見凡百六十有九日乃伏　六年七月乙酉月食九月丙申太白晝見先是海陵問司天馬貴中曰近日天道何如貴中曰前年八月二十九日太白入太微右掖門九月二日至端門九日至左掖門出竝歷左右執法太微爲天子南宮太白兵將之象其占兵入天子之庭海陵曰今將征伐而兵將出入太微正其事也貴中又言當端門而出其占爲受制歷左右執法爲受事此當有出使者或爲兵或爲賊海陵曰兵興之際小賊固不能無也是歲海陵南伐遇弒

世宗大定元年十月丙午熒惑入太微垣在上將東丁巳月犯井西扇北第二星　二年正月癸巳太白晝見閏二月戊寅月掩軒轅大星三月戊申掩太微東藩南第一星八月乙酉犯井西扇北第二星九月庚戌犯畢距星十月戊辰有大星如太白起室壁間沒於羽林軍尾跡長丈餘　三年正月庚子太白晝見凡百有十日乃伏五月辛丑月入氐七月庚戌太白晝見百二十有七日乃伏八月丁未月犯井距星丙寅太白晝見經天十月庚辰月犯太微垣西上將星十一月庚寅太白晝見經天歲星入氐凡二十四日伏壬子月入氐　四年正月戊子熒惑歲星同居氐己丑熒惑出氐二月壬午歲星退入氐凡二十九日九月丙午月犯軒轅大星北次星十一月丙申月食既十二月辛卯太白晝見經天癸卯月掩房北第一星　五年正月癸亥月掩軒轅大星北次星八月丁酉犯井東扇第一星十一月癸丑熒惑入氐凡二十一日　六年二月丙申月犯南斗東南第二星三月己未入氐四月辛丑太白晝見八十有八日伏六月太白晝見辛巳經天九月壬子太白晝見百有三日乃伏丙辰經天十月壬辰復晝見經天十一月辛亥金入氐凡七日庚申太白晝見經天十二月戊子復見經天癸巳月犯房北第二星　七年十月乙巳火入氐凡四日十一月壬申太白晝見九十有一日伏丁丑歲星晝見二日　八年正月癸未月掩心大星三月庚午掩軒轅大星北一星己丑太白晝見百五十有八日乃伏五月丁卯歲星晝見八月甲午太白犯軒轅大星十月庚子月掩熒惑十一月庚午犯昴　九年正月戊寅月掩心後星四月庚子掩心前星八月癸卯掩昴十二月丙戌犯土丁酉太白晝見十有六日伏　十年正月丙寅月掩軒轅大星七月庚子犯五車東南星八月戊申朔木星掩熒惑在參畢間　十一年二月壬戌熒惑犯井東扇北第一星八月癸卯太白晝見　十二年五月辛巳月犯心後星八月癸卯犯心大星辛亥熒惑掩井東扇北第二星丁亥太白晝見在日前九十有八日伏十月己酉熒惑掩鬼西北星歲星晝見在日後四十有七日伏　十三年閏正月辛酉太白晝見四十有九日伏二月己丑熒惑犯鬼西北星三月癸巳朔入鬼次日犯積尸氣六月辛未月犯心前星十月乙丑歲星晝見於日後五十有三日伏　十四年三月辛丑太白歲星晝見十有八日伏丙辰二星經天凡二日六月己未太白晝見三十有九日八月己卯晝見又百三十二日乃伏庚辰熒惑犯積尸氣十月丙寅歲星晝見六日十一月甲子太白晝見八十有六日伏十二月乙丑月掩井西扇北第一星　十六年三月庚申月食五月甲寅太白晝見五十有四日伏庚午月掩太白七月丁未犯角宿距星甲子掩畢宿距星八月丙子太白犯軒轅大星九月丁巳月食十月丁丑熒惑入太微十一月甲寅月掩畢距星戊辰熒惑犯太微上將十二月己丑月掩太微左執法　十七年春正月丙寅熒惑犯太微西藩上相九月庚戌歲星熒惑太白聚於尾十二月己巳太白晝見四十有四日伏　十八年七月庚辰土星犯井東扇北第二星九月己丑熒惑犯左執法十二月甲午鎮星掩井西扇北第一星凡十日　十九年正月甲戌月食既三月甲戌熒惑犯氐距星四月丁巳歲星晝見凡七日七月丙子太白晝見四十有五日伏八月癸卯犯軒轅御女辛亥熒惑掩南斗杓第二星九月壬申月掩畢大星十一月辛未熒惑掩歲星十二月丁亥月犯歲星　二十年二月己丑月掩畢大星三月丙辰掩畢西第二星　二十一年二月戊子月犯鎮星戊戌太白晝見二月甲子太白晝見四月壬申熒惑掩斗魁第二星十有四日六月甲戌客星見于華蓋凡百五十有六日滅七月乙亥朔熒惑順入斗魁中五日　以下史闕　二十二年五月甲申太白晝見六十有四日伏七月戊子歲星晝見二日八月戊辰太白晝見百二十有八日其經天者六十四日十一月辛未熒惑行氐中乙亥太白入氐辛巳夜月食既癸未熒惑太白皆出氐中十二月戊戌熒惑犯鉤鈐　二十三年五月己卯月食既九月甲申歲星晝見五十有五日伏十月辛酉太白晝見百四十有九日乃伏十一月丁卯歲星晝見三十有三日伏閏十一月庚申歲星晝見九十日伏　二十四年四月己未朔太白晝見百四十有五日乃伏甲申

月掩太白九月庚子歲星犯軒轅大星甲辰晝見凡五十二日伏十月壬申太白辰星同度　二十五年三月乙酉太白與月相犯九月丁亥月在斗魁中犯西第五星十一月庚辰朔歲星晝見在日後凡七十四日壬午太白晝見在日後百十有一日乃伏十二月己未月犯熒惑甲子太白晝見經天　二十六年三月丙戌熒惑入井鎭星犯太微東藩上相壬辰月食四月丁丑熒惑犯鬼西南星七月丙申月掩心前星八月乙亥朔日月五星會于軫十二月乙未月掩心前大星又犯于後星　二十七年五月壬子月犯心大星六月庚辰太白晝見百七十有三日乃伏癸巳月掩昴七月丙午犯房南第一星是日太白晝見經天十月己丑太白入氐十二月丁丑月掩昴　二十八年正月己未歲星留於房甲子守房北第一星十一月丙申鎭星入氐庚子太白晝見在日前四十有九日伏十二月壬申月掩昴　二十九年正月丁酉土星留氐中三十有七日逆行後七十九日出氐五月庚寅朔太白晝見在日後六月丙辰月犯太白月北星南同在柳宿十一月己未熒惑守軒轅至戊辰退行其色稍怒十二月辛丑月食既

章宗明昌元年二月丁亥太白晝見六月丁酉月食既十二月乙未月食　二年六月壬辰月食十一月乙丑金木二星見在日前十三日方伏而順行危宿在羽林軍上壘壁陣下光芒明大十二月戊子木金相犯有光芒　三年三月戊戌熒惑順行犯太微西藩上將四月丁巳月食己未熒惑掩右執法色怒而稍赤　四年正月丙子月有暈白虹貫其中八月己亥卯初三刻歲星見未正二刻太白見俱在午位其夜歲星留胃十三度守天廩九月戊申月食　五年十月癸卯月食十一月癸丑太白晝見在日前三十有三日伏　六年正月庚寅太白晝見在日前百有二日乃伏六月庚辰復晝見在日後百六十七日唯是日經天

承安元年四月司天奏河津星象事上諭宰相曰天道不測當預防之八月壬戌月食九月壬午太白晝見在日前百有七日乃伏　二年二月丁巳太白晝見在日後百九十有五日乃伏己未經天是夜月食既　三年正月甲寅月食七月庚戌月食　五年五月庚午月食六月庚戌月掩太白

泰和元年十一月辛酉月食　二年五月己未月食　三年三月癸未月食六月戊戌太白晝見在日後百有十日乃伏　四年九月乙亥月食　五年三月壬申月食八月己巳月食　六年五月甲申太白晝見在日前七十有六日庚戌經天六月辛未歲星晝見在日後七月戊申經天八月癸卯月暈圍太白熒惑二星辛亥歲星辰見至夜五更與東井距星相去七寸內癸丑夜半有流星如太白其色赤起於婁宿己未卯正初刻太白晝見在日前其夜五更熒惑與輿鬼積尸氣相犯在七寸內庚申卯正初刻太白晝見在日後其夜五更初熒惑在輿鬼積尸氣中壬申太白晝見經天在日後十月丙午歲星犯東井距星十一月壬午太白入氐　七年正月丙戌初更月有暈圍歲鎭二星在參畢間辛卯月食三月癸丑月掩軒轅大星七月戊子月食九月己卯初更月在南斗魁中旦歲星在輿鬼中　八年正月丙戌月食七月戊戌朔太白晝見在日後八月壬戌太白歲星光芒相及同在張一度十一月庚子未刻有流星如太白者二光芒如炬幾一丈起東北沒東南

衞紹王大安元年正月辛丑有飛星如火起天市垣尾跡如赤龍之狀移刻散二月乙丑朔太白晝見經天六月丁丑月食十月乙丑月食熒惑丙寅歲星犯左執法　二年正月庚戌朔日中有流星出大如盆其色碧西行漸如車輪尾長數丈沒于濁中至地復起光散如火移刻滅二月客星入紫微中其光散如赤龍之狀　三年正月乙酉熒惑入氐中凡十有一日乃出二月熒惑犯房閏月月犯鍵閉星十月癸巳犯壘壁陣

崇慶元年春三月日正午日月太白皆相去咫尺

宣宗貞祐元年十一月丙子熒惑入壘壁陣　二年二月庚戌月食八月丁未月食九月丁亥太白晝見於軫十一月庚辰鎭星犯太微東垣上相辛巳熒惑犯房鈎鈐　三年七月庚申有流星如太白其色青白有尾出紫微垣北極之旁入貫索中己卯月入畢至戌夜犯畢大星八月辛丑月食既十二月庚寅太白晝見於危八十有五日伏　四年正月乙卯夜中天有流星大如日色赤長丈餘墜於西南其聲如雷二月己亥月食四月丁酉太白晝見於奎百九十有六日乃伏六月丙申歲星晝見於奎百有一日乃伏閏七月乙未月食辛丑犯畢十一月丙戌月暈歲星歲在奎月在壁己丑犯畢大星十二月戊午復犯畢大星

興定元年正月乙酉月犯畢左股第二星四月戊辰太白晝見於井百六十有二日乃伏八月戊申歲星晝見於昴六十有七日伏九月癸巳月犯東井西扇第二星十月癸丑夜有流星大如杯尾長丈餘自軒轅起貫太微沒於角宿之上十一月癸未月暈歲星熒惑二星木在胃火在昴丙戌太白晝見十二月戊午月食　二年六月乙卯月食八月壬戌有流星大如杯尾長丈餘其光燭地起建星沒尾中一云自東北至西南而墜其光如塔狀先有聲如風後若雷者三牕紙皆震十月庚申月犯軒轅左角之少民星十一月壬子月食既　三年五月庚戌月食既壬子太白晝見於參三十有六日經天又百八十四日乃伏七月壬寅初昏有星自西南來其光燭地狀如月而稍不圓色青白有小星千百環之若迸火然墜於東北少頃有聲如鼓八月丁卯歲星犯輿鬼東南星己巳歲星晝見於柳百有九日乃伏十一月乙巳月食癸丑白虹二夾月尋復貫之　四年正月庚子月犯東井三月甲寅歲星犯鬼積尸氣五月甲辰月食六月戊辰犯鎭星己巳太白晝見於張百八十有四日乃伏十一月壬辰歲星晝見于翼六十有七日夜又犯靈臺北第一星　五年正月辛丑太白晝見於牛二百三十有二日乃伏司天夾谷德玉等奏以爲臣强之象請致祭以禳之宣宗曰斗牛吳分蓋宋境也他國有災吾禳之可乎九月庚戌歲星犯左執法閏十二月戊子熒惑犯軒轅甲午月犯熒惑戊戌鎭星晝見于軫己亥太白晝見於室　六年正月辛酉月犯熒惑壬戌犯軒轅三月壬子月食太白四月癸亥月食丙寅歲星犯太微左執法七月乙亥太白經天與日爭光八月己卯彗星出於亢宿右攝提周鼎之間指大角太史奏除舊布新之象宜改元修政以消天變於是改是年爲元光元年九月丁未滅壬申月食歲星

元光二年八月乙亥熒惑入輿鬼掩積尸氣十月壬午犯靈臺十一月又犯心大星

哀宗正大元年正月丙午月犯昴三月癸丑犯熒惑是月熒惑逆行犯左執法四月癸酉熒惑犯右執法乙未太白辰星相犯　三年十一月丙辰月掩熒惑丁巳熒惑犯歲星庚申犯壘壁陣癸酉五星並見於西南十二月熒惑入月　四年正月壬戌熒惑犯太白六月丙辰太白入井七月丁亥熒惑犯斗從西第二星　五年五月乙酉月掩心大星　七年十月己巳月暈至五更復有大連環貫之絡北斗內有戟氣十二月庚寅有星出天津下大如鎭星而色不明初犯輦道二日見於東北在織女南乙未入天市垣戊申方出癸丑歷房北復東南行入積薪凡二十五日而滅

天興元年七月乙巳太白歲星熒惑太陰俱會於軫翼司天武亢極言天變上惟欵息竟亦不之罪也八月甲戌太白歲星交閏九月己酉彗星見東方色白長丈餘彎曲如象牙出角軫南行至十二日長二丈十六日月燭不見二十七日五更復出東南約長四丈餘至十月一日始滅凡四十有八日司天奏其咎在北哀宗曰我亦北人今日之事我當滅也何乃不先不後適丁此乎

金史卷二十考證

天文志日簿食煇珥雲氣○臣召南按此志祇分二類此及月五星凌犯星變是也二條係提綱應專行書不與後文連接

左右有珥上有背氣兩重○背字舊本訛皆今改正

貞元元年正月辛丑○南本作二年

八月乙亥朔日月五星會於軫○臣召南按是歲爲丙午宋孝宗淳熙十三年金世宗大定二十六年也

尾長數丈沒于濁中○本紀作蜀中非也凡言流星至濁中沒者以四方游氣未審星之度分也此非蜀地本文是

月犯畢左股第二星○左舊本訛有

哀宗曰我亦北人○哀舊本訛京

金史卷二十一

元　中書右丞相總裁脫脫等修

志第二

曆上

步氣朔　步卦候　步日躔　步晷漏

昔者聖人因天道以授人時釐百工以熙庶政步推之法其來尚矣自漢太初迄于前宋治歷者奚啻七十餘家大槩或百年或數十年率一易焉蓋日月五星盈縮進退與夫天運至不齊也人方製器以求之以俾其齊積寡至多不能無爽故兩金有天下百餘年歷惟一易天會五年司天楊級始造大明歷十五年春正月朔始頒行之其法以三億八千三百七十六萬八千六百五十七爲歷元五千二百三十爲日法然其所本不能詳究或曰因宋紀元歷而增損之也正隆戊寅三月辛酉朔司天言日當食而不食大定癸巳五月壬辰朔日食甲午十一月甲申朔日食加時皆先天丁酉九月丁酉朔食乃後天由是占候漸差乃命司天監趙知微重修大明歷十一年歷成時翰林應奉耶律履亦造乙未歷二十一年十一月望太陰虧食遂命尚書省委禮部員外郎任忠傑與司天歷官驗所食時刻分秒比校知微履及見行歷之親踈以知微歷爲親遂用之明昌初司

天又改進親歷禮部郎中張行簡言請俟他日月食覆校無差然後用之事遂寢是以終金之世惟用知微歷我朝初亦用之後始改授時歷焉今其書存乎太史采而錄之以爲歷志

步氣朔第一

演紀上元甲子距今大定庚子八千八百六十三萬九千六百五十六年

日法五千二百三十分

歲實一百九十一萬二百二十四分

通餘二萬七千四百二十四分

朔實一十五萬四千四百四十五分

通閏五萬六千八百八十四分

歲策三百六十五日餘一千二百七十四分

朔策二十九日餘二千七百七十五分

氣策一十五日餘一千一百四十二分六十秒

望策一十四日餘四千　二分四十五秒

象策七日餘二千　二分二十二秒半

没限四千　八十七分三十秒

朔虛分二千四百五十五分

旬周三十一萬三千八百分

紀法六十

秒母九十

求天正冬至

置上元甲子以來積年歲實乘之爲通積分滿旬周去之不盡以日法約之爲日不盈爲餘命甲子算外卽所求天正冬至日大小餘

求次氣

置天正冬至太小餘以氣策累加之秒盈秒母從分分滿日法從日卽得次氣日及餘秒

求天正經朔

以朔實去通積分不盡爲閏餘以減通積爲朔積分滿旬周去之不盡如日法而一爲日不盈爲餘卽所求天正經朔大小餘也

求弦望及次朔

置天正經朔大小餘以象策累加之卽各得弦望及次朔經日及餘秒也

求没日

置有没之恒氣小餘如没限已上爲有没之氣以秒母乘之內其秒用減四十七萬七千五百五十六餘滿六千八百五十六而一所得併恒氣大餘命爲没日

求滅日

置有滅之朔小餘（經朔小餘不滿朔虛分者）六因之如四百九十一而一所得併經朔大餘命爲滅日

步卦候第二

候策五　餘三百八十　秒八十

卦策六　餘四百五十七　秒六

貞策三　餘二百二十八　秒四十八

秒母九十

辰法二千六百一十五

半辰法一千三百七半

刻法三百一十三　秒八十

辰刻八　一百四分　秒六十

半辰刻四　五十二分　秒三十

秒母一百

求七十二候

置中氣大小餘命之爲初候以候策累加之卽次候及末候也

求六十四卦

置中氣大小餘命之爲公卦以卦策累加之得辟卦又加之得侯內卦以貞策加之得節氣之初爲侯外卦又以貞策加之得大夫卦又以卦策加之爲卿卦

求土王用事

以貞策減四季中氣大小餘卽土王用事日也

求發斂

置小餘以六因之如辰法而一爲辰如不盡以刻法除之爲刻命子正算外卽得加時所在辰刻及分（如加半辰法卽命子刻初）

二十四氣卦候

恒氣（月中節　四正卦）	初候	次候	末候	始卦	中卦	終卦
冬至（十一月中　坎初六）	蚯蚓結	麋角解	水泉動	公中孚	辟復	侯屯內
小寒（十二月節　坎九二）	鴈北鄉	鵲始巢	野雞始雊	侯屯外	大夫謙	卿睽
大寒（十二月中　坎六三）	雞始乳	鷙鳥厲疾	水澤腹堅	公升	辟臨	侯小過內
立春（正月節　坎六四）	東風解凍	蟄蟲始振	魚上冰	侯小過外	大夫蒙	卿益
雨水（正月中　坎九五）	獺祭魚	鴻鴈來	草木萌動	公漸	辟泰	侯需內
驚蟄（二月節　坎上六）	桃始華	倉庚鳴	鷹化爲鳩	侯需外	大夫隨	卿晉
春分（二月中　震初九）	玄鳥至	雷乃發聲	始電	公解	辟大壯	侯豫內
清明（三月節　震六二）	桐始華	田鼠化爲鴽	虹始見	侯豫外	大夫訟	卿蠱
穀雨（三月中　震六三）	萍始生	鳴鳩拂其羽	戴勝降于桑	公革	辟夬	侯旅內
立夏（四月節　震九四）	螻蟈鳴	蚯蚓出	王瓜生	侯旅外	大夫師	卿比
小滿（四月中　震六五）	苦菜秀	靡草死	麥秋至	公小畜	辟乾	侯大有內
芒種（五月節　震上六）	螳螂生	鵙始鳴	反舌無聲	侯大有外	大夫家人	卿井
夏至（五月中　離初九）	鹿角解	蜩始鳴	半夏生	公咸	辟姤	侯鼎內
小暑（六月節　離六二）	溫風至	蟋蟀居壁	鷹乃學習	侯鼎外	大夫豐	卿渙
大暑（六月中　離九三）	腐草爲螢	土潤溽暑	大雨時行	公履	辟遯	侯恒內
立秋（七月節　離九四）	涼風至	白露降	寒蟬鳴	侯恒外	大夫節	卿同人
處暑（七月中　離六五）	鷹乃祭鳥	天地始肅	禾乃登	公損	辟否	侯巽內
白露（八月節　離上九）	鴻鴈來	玄鳥歸	群鳥養羞	侯巽外	大夫萃	卿大畜
秋分（八月中　兌初九）	雷乃收聲	蟄蟲坏戶	水始涸	公賁	辟觀	侯歸妹內
寒露（九月節　兌九二）	鴻鴈來賓	雀入大水化爲蛤	菊有黃華	侯歸妹外	大夫無妄	卿明夷
霜降（九月中　兌六三）	豺乃祭獸	草木黃落	蟄蟲咸俯	公困	辟剝	侯艮內
立冬（十月節　兌九四）	水始冰	地始凍	野雞入水化爲蜃	侯艮外	大夫既濟	卿噬嗑
小雪（十月中　兌九五）	虹藏不見	天氣上升地氣下降	閉塞而成冬	公大過	辟坤	侯未濟內
大雪（十一月節　兌上六）	鶡鳥不鳴	虎始交	荔挺出	侯未濟外	大夫蹇	卿頤

步日躔第三

周天分一百九十一萬二百九十三分五百三十秒

歲差六十九　五百三十秒秒母一萬

周天度三百六十五度二十五分六十八秒

象限九十一　三十分九秒

〇二十四氣日積度及盈縮

恒氣	日積度（分　秒）	損益率	初末率	日差	盈縮積
冬至	空	益七千五十九	[illegible]	四　九十一　七十九	盈空
小寒	一十五　九十二　四十三	益五千九百二十	[illegible]	五　一十八　九十九	盈七千五十九
大寒	三十一　七十三　四十八	益四千七百一十八	[illegible]	五　四十六　一十九	盈一萬二千九百七十九
立春	四十七　四十一　五十一	益三千四百五十三	[illegible]	五　七十二　九十六	盈一萬七千六百九十七
雨水	六十二　九十八　八十九	益二千一百二十六	[illegible]	五　九十八　八十七	盈二萬一千一百五十
驚蟄	七十八　四十一　空	益七百三十九	[illegible]	五　九十八　八十七	盈二萬三千二百七十六
春分	九十三　七十一　二十四	損七百三十九	[illegible]	五　九十八　八十七	盈二萬四千一十五
清明	一百八　八十五　六十九	損二千一百二十六	[illegible]	五　七十二　九十六	盈二萬三千二百七十六
穀雨	一百二十三　八十六　二十八	損三千四百五十三	[illegible]	五　四十六　一十九	盈二萬一千一百五十
立夏	一百三十八　七十三　六十	損四千七百一十八	[illegible]	五　一十八　九十九	盈一萬七千六百九十七
小滿	一百五十三　四十八　二十七	損五千九百二十	[illegible]	四　九十一　七十九	盈一萬二千九百七十九
芒種	一百六十八　一十　九十二	損七千五十九	[illegible]	四　九十一　七十九	盈七千五十九
夏至	一百八十二　六十二　一十八	益七千五十九	[illegible]	四　九十一　七十九	縮空
小暑	一百九十七　一十三　四十三	益五千九百二十	[illegible]	五　一十八　九十九	縮七千五十九
大暑	二百一十一　七十八　八	益四千七百一十八	[illegible]	五　四十六　一十九	縮一萬二千九百七十九
立秋	二百二十六　五十　七十六	益三千四百五十三	[illegible]	五　七十二　九十六	縮一萬七千六百九十七
處暑	二百四十一　三十八　七	益二千一百二十六	[illegible]	五　九十八　八十七	縮二萬一千一百五十
白露	二百五十六　三十八　六十六	益七百三十九	[illegible]	五　九十八　八十七	縮二萬三千二百七十六
秋分	二百七十一　五十三　一十一	損七百三十九	[illegible]	五　九十八　八十七	縮二萬四千一十五
寒露	二百八十六　六十一　三十五	損二千一百二十六	[illegible]	五　七十二　九十六	縮二萬三千二百七十六
霜降	三百一　二十五　四十六	損三千四百五十三	[illegible]	五　四十六　一十九	縮二萬一千一百五十
立冬	三百一十七　八十一　八十四	損四千七百一十八	[illegible]	五　一十八　九十九	縮一萬七千六百九十七
小雪	三百三十三　五十　八十七	損五千九百二十	[illegible]	四　九十一　七十九	縮一萬二千九百七十九
大雪	三百四十九　三十一　九十二	損七千五十九	[illegible]	四　九十一　七十九	縮七千五十九

二十四氣中積及朓朒

恒氣	中積（經分　約分）	損益率	初末率	日差	朓朒積
冬至	空	益二百七十六	[illegible]	一十九空	朒空
小寒	一十五 [illegible]	益二百三十二	[illegible]	二十二十九	朒二百七十六
大寒	三十 [illegible]	益一百八十五	[illegible]	二十二五十九	朒五百八
立春	四十五 [illegible]	益一百三十五	[illegible]	二十三四十五	朒六百九十三
雨水	六十 [illegible]	益八十三	[illegible]	二十三三十二	朒八百二十八
驚蟄	七十六 [illegible]	益二十九	[illegible]	二十三三十二	朒九百一十一
春分	九十一 [illegible]	損二十九	[illegible]	二十三三十二	朒九百四十
清明	一百六 [illegible]	損八十三	[illegible]	二十三四十五	朒九百一十一
穀雨	一百二十一 [illegible]	損一百三十五	[illegible]	二十二五十九	朒八百二十八
立夏	一百三十六 [illegible]	損一百八十五	[illegible]	二十二十九	朒六百九十三
小滿	一百五十二 [illegible]	損二百三十二	[illegible]	一十九空	朒五百八
芒種	一百六十七 [illegible]	損二百七十六	[illegible]	一十九空	朒二百七十六
夏至	一百八十二 [illegible]	益二百七十六	[illegible]	一十九空	朓空
小暑	一百九十七 [illegible]	益二百三十二	[illegible]	二十二十九	朓二百七十六
大暑	二百一十二 [illegible]	益一百八十五	[illegible]	二十二五十九	朓五百八
立秋	二百二十八 [illegible]	益一百三十五	[illegible]	二十三四十五	朓六百九十三
處暑	二百四十三 [illegible]	益八十三	[illegible]	二十三三十二	朓八百二十八
白露	二百五十八 [illegible]	益二十九	[illegible]	二十三三十二	朓九百一十一
秋分	二百七十三 [illegible]	損二十九	[illegible]	二十三三十二	朓九百四十
寒露	二百八十八 [illegible]	損八十三	[illegible]	二十三四十五	朓九百一十一
霜降	三百四 [illegible]	損一百三十五	[illegible]	二十二五十九	朓八百二十八
立冬	三百一十九 [illegible]	損一百八十五	[illegible]	二十二十九	朓六百九十三
小雪	三百三十四 [illegible]	損二百三十二	[illegible]	一十九空	朓五百八
大雪	三百四十九 [illegible]	損二百七十六	[illegible]	一十九空	朓二百七十六

求每日盈縮朓朒

各置其氣損益率（求盈縮用盈縮之損益，求朓朒用朓朒之損益）六因如象限而一爲氣中率與後氣中率相減爲合差半合差加減其氣中率爲初末汎率（至後加，分後減）又置合差六因如象限而一爲日差半之加減初末汎率爲初末定率（至後減初加末，分後加初減末）以日差累加減其氣初末定率爲每日損益分（至後減，分後加）各以每日損益分加減氣下盈縮朓朒爲每日盈縮朓朒（二分前一氣無後率相減爲合差者皆用前氣合差）

求經朔弦望入氣

置天正餘以日法除爲日不滿爲餘如氣巳下以減氣

策爲入大雪氣策已上去之餘亦減氣策爲入小雪氣卽得天正經朔入氣日及餘也以象策累加之滿氣策去之卽得弦望入次氣日及餘因加後朔入氣日及餘也

求每日損益盈縮脁朒

以日差益加減損加減其氣初損益率爲每日損益率馴積損益其氣盈縮脁朒積爲每日盈縮朒積

求經朔弦望入氣脁朒定數

各以所入恒氣小餘以乘其日損益率乘如日法而以所得損益其下脁朒積爲定數

赤道宿度

斗二十五度　牛七度少　女十一度少　虛九度少秒六十八
危十五度半　室十七度　壁八度太
右北方七宿九十四度　秒六十八
奎十六度半　婁十二度　胃十五度　昴十一度少
畢十七度少　觜半度　參十度半
右西方七宿八十三度
井三十二度少　鬼二度半　柳十三度太　星六度太
張十七度少　翼十八度太　軫十七度
右南方七宿一百九度少
角十二度　亢九度少　氐十六度　房五度太
心六度少　尾十九度少　箕十度半
右東方七宿七十九度

求冬至赤道日度

置通積分以周天分去之餘日法而一爲度不滿退除爲分秒以百爲母命起赤道虛宿七度外去之至不滿宿卽所求年天正冬至加日躔赤道宿度及秒

求春分夏至秋分赤道日度

置天正冬至加時赤道日度累加象限滿赤道宿次去之卽各得春分夏至秋分時日在宿及分秒

求四正赤道宿積度

置四正赤道宿全度以四正赤道日度及分減之餘爲距後度以赤道宿度累加之各得四正後赤道宿積度及分

求赤道宿積度入初末限

視四正後赤道宿積度及分在四十五度六十五分秒五十四半已下爲入初限已上者用減象限餘爲入末限

求二十八宿黃道度

以四正後赤道宿入初末限度及分減一百一度餘以初末限度及分乘之進位滿百爲分分滿百爲度至後以減分後以加赤道宿積度爲其宿黃道積度以前宿黃道積度減之爲其宿黃道度及其四正之宿先加象限然後前宿減之分其分就近約爲太半少

黃道宿度

斗二十三度　牛七度　女十一度　虛九度少　秒六十八
危十六度　室十八度少　壁九度半
右北方七宿九十四度　六十八秒
奎二十七度太　婁十二度太　胃十五度半　昴十一度
畢十六度半　觜半度　參九度太
右西方七宿八十二度太二百七十七十五六八
井三十度半　鬼二十度半　柳十三度少　星六度太
張十七度太　翼二十度　軫十八度半
右南方七宿一百九度少二百八十七
角十二度太　亢九度太　氐十六度少　房五度太　心六度
尾十八度少　箕九度半
右東方七宿七十八度少三百六十五二十五六十八

前黃道宿度依今歷歲差所在算定如上考往古下驗將來當據歲差每移一度依然推變當時宿度然可步躔知其所在

求天正冬至加時黃道日度

以冬至加時赤道日度及分秒減一百一度餘以冬至赤道日度及分秒乘之進位滿百爲分分滿百爲度度命黃赤道差用減冬至加時赤道日度及分秒卽所求年天正冬至加時黃道日度及分秒

求二十四氣加時黃道日度

置所求年冬至日躔黃赤道差以次年黃赤道差減之餘以所求氣數乘之二十四而一所得以加其氣中積及約分　又以其氣初日盈縮數盈加縮減之用加冬至加時黃道日度依宿次去之卽各得其氣加時黃道日躔宿度及分秒如其年冬至加時赤道宿度空分秒在歲差已下者卽加前宿全度然求黃赤道差餘以術算

求二十四氣每日晨前夜半黃道日度

副置其氣小餘以其氣初日損益率乘之盈縮之損益萬約之爲分應益者盈加縮減應損者盈減縮加其副日法除之爲度不滿退除爲分秒以減其氣加時黃道日度卽各得其氣初日晨前夜半黃道日度每日加一度以百約每日損益率盈縮之損益應益者盈加縮減應損者盈減縮加爲每日晨前夜半黃道日度及分秒

求每日午中黃道日度

置一萬分以所入氣日盈縮損益率應益者盈加縮減應損者盈減縮加皆加減損益率餘半之滿百爲分不滿爲秒以加其日晨前夜半黃道日度卽其日午中日躔黃道宿度及分秒

求每日午中黃道積度

以二至加時黃道日度距至所求日午中黃道日度爲入二至後黃道積度分秒

求每日午中黃道入初末限

視二至後黃道積度在四十三度一十二分秒八十七已下爲初限已上用減象限餘爲入末限其積度滿象限去之爲二分後黃道積度在四十八度一十八分秒二十二已下爲初限已上用減象限餘爲入末限

求每日午中赤道日度

以所求日午中黃道積度入至後初限分後末限度及分秒進三位加二十萬二千五十少開平方除之所得減去四百四十九半餘在初限者直以二至赤道日度加而命之在末限者以減象限餘以二分赤道日度加而命之卽每日午中赤道日度以所求日午中黃道積度入至後末限分後初限度及分秒進三位用減三十萬三千五十少開平方除之所得以減五百五十半其在初限者以所減之餘直以二分赤道日度加而命之在末限者以減象限餘以二至赤道日度加而命之卽每日午中赤道日度

太陽黃道十二次入宮宿度

雨水　危十三度三十九分五十九秒外入衛分陬訾之次辰在亥
春分　奎二度三十五分八十五秒外入魯分降婁之次辰在戌
穀雨　胃四度二十四分三十三秒外入趙分大梁之次辰在酉
小滿　畢七度九十六分六秒外入晉分實沈之次辰在申
夏至　井九度四十七分一十秒外入秦分鶉首之次辰在未
大暑　柳四度九十五分二十六秒外入周分鶉火之次辰在午
處暑　張十五度五十六分三十五秒外入楚分鶉尾之次辰在巳
秋分　軫十度四十四分五秒外入鄭分壽星之次辰在辰
霜降　氐一度七十七分七十七秒外入宋分大火之次辰在卯
小雪　尾三度九十七分九十二秒外入燕分析木之次辰在寅
冬至　斗四度三十六分六十二秒外入吳越分星紀之次辰在丑
大寒　女二度九十一分九十一秒外入齊分玄枵之次辰在子

求入宮時刻

各置入宮宿度及分秒以其日晨前夜半日度減之相近一度之間者求之餘以日法乘其分其秒從於下亦通乘之爲實以其日太陽行分爲法實如法而一所得依發斂加時求之卽得其日太陽入宮時刻及分秒

步晷漏第四

中限一百八十二日六十二分一十八秒
冬至初限夏至末限六十二日二十分
夏至初限冬至末限一百二十日四十二分
冬至地中晷影常數一丈二尺八寸三分
夏至地中晷影常數一尺五寸六分
周法一千四百二十八
內外法一萬八百九十六
半法二千六百一十五
日法四分之三三千九百二十一半
日法四分之一一千三百七半
昏明分一百三十分七十五秒
昏明刻二刻一百五十六分九十秒
刻法三百一十三分八十秒
秒母一百

求午中入氣中積

置所求日大餘及半法以所入之氣大小餘減之爲其日午中入氣以加其氣中積爲其日午中中積小餘以日法除爲約分

求二至後午中入初末限

置午中中積及分如中限已下爲冬至後已上去中限爲夏至後其二至後如在初限已下爲初限已上覆減中限餘其入末限也

求午中晷影定數

視冬至後初限夏至後末限百通日內分自相乘副置之以一千四百五十除之所得加五萬三百八十折半限分併之除其副爲分分滿十爲寸寸滿十爲尺用減冬至地中晷影常數爲所求晷影定數視夏至後初限冬至後末限百通日內分自相乘爲上位下置入限分以二百五十乘百約之加一十九萬八千七十五爲法夏至前後半限已上者減去半限列於上位下位置半限各百通日內分先相減後相乘以七千七百除之所得以加其法反除上位爲分分滿十爲寸寸滿十爲尺用加夏至地中晷影常數爲所求晷影定數

求四方所在晷影

各於其處測冬夏二至晷影乃相減之餘爲其處二至晷差亦以地中二至晷數相減爲地中二至晷差其所求日在冬至後初限夏至後末限者如在半限已下倍之半限已上覆減半限餘亦倍之併入限日三因折半以日爲分十爲寸以減地中二至晷差爲法置地中冬

至晷影常數以所求日地中晷影定數減之餘以其處二至晷差乘之爲實實如法而一所得以減其處冬至晷數卽得其處其日晷影定數所求日在夏至後初限冬至後末限者如在半限已下倍之半限以上覆減半限餘亦倍之倂入限日三因四除以日爲分十爲寸以加地中二至晷差爲法置所求日地中晷影定數以地中夏至晷影常數減之餘以其處二至晷差乘之爲實實如法而一所得以加其處夏至晷數卽得其處其日晷影定數

二十四氣陟降及日出分

恒氣	增損差	加減差	陟降率	初末率	日出分
冬至	增 初六十六 末七十九六	減十	陟一十 四十	初空五五十 末三十六四	一千五百六十七 五十二
小寒	增 初六十九 末五十九	減十	陟二十八 七十三	初一 三十六 末二十七三十六	一千五百五十七 五十三
大寒	增 初六十三 末五十三	減十	陟四十三 五十六	初二一四十三 末二十五一十八	一千五百二十八 七十六
立春	增 初五十八 末六十八	減十	陟五十五 十九	初三二十九 末三九十二四十二	一千四百八十五 五十三
雨水	增 初八十三 末五十二	減十	陟六十三 九十	初三九十五五十 末四三二九八十	一千四百三十 四十
驚蟄	增 初四十八 末三十八	減十	陟六十九 一十八	初四四十四 末四六十七十六	一千三百六十六 六十四
春分	損 初二十六 末二十四	加八	陟六十四 六十九	初四 三十七 末四十一六十八	一千二百九十六 六十九
清明	損 初二十五 末五十四	加八	陟五十九 九	初四八五十 末三六十六十五	一千二百三十二 五十五
穀雨	損 初十五 末六十九	加八	陟五十 八十四	初三六十一 末三三六十二	一千一百七十三 二十八
立夏	損 初四八十 末五八十四	加八	陟三十九 八十六	初二九十八五十 末二二十四二	一千一百二十二 三十四
小滿	損 初五九十六 末七一	加八	陟二十八 六	初二 二十六 末一 二十五	一千八十二 四十八
芒種	損 初七十六 末八十三	加八	陟九 三十五	初一 一十五 末空七十六	一千五十六 四十二
夏至	增 初八十七 末七十三	減八	陟九 三十五	初空四五十 末三十四四十	一千四十七 七
小暑	增 初七十 末六十六	減八	降二十八 六	初一 二十三 末二十六五十三	一千五十六 四十二
大暑	增 初六十六 末四十六	減八	降三十九 八十六	初二二十七十 末二九十九二十二	一千八十二 四十八
立秋	增 初四八十 末三十六	減八	降五十 八十四	初三 三 末三六十九十二	一千一百二十二 三十四
處暑	增 初三十六十 末五十六	減八	降五十九 九	初三六十五五十 末四八六十二	一千一百七十三 二十八
白露	增 初四十 末三十六	減八	降六十四 六十九	初四一十五十 末四三十六八十	一千二百三十二 二十三
秋分	損 初一六十 末二十六十	加十	降六十九 一十八	初四六十八 末四四十四九十	一千二百九十六 十六
寒露	損 初六十七 末二十六十七	加十	降六十三 九十	初四四十二 末三九十六十三	一千三百六十六 二十四
霜降	損 初二九十八 末五十八	加十	降五十五 一十九	初三九十四 末三二十九六十八	一千四百三十 四
立冬	損 初五十三 末六十七	加十	降四十三 五十六	初三二十七 末二四十三四十二	一千四百八十五 二十三
小雪	損 初六十六 末七十九六	加十	降二十八 七十三	初二三十九五十 末三三十七二十六	一千五百二十八 七十九
大雪	損 初八二 末九十三	加十	降一十 四十	初三十八五十 末空七一十二	一千五百五十七 五十二

二分前後陟降率

春分前三日太陽入赤道內秋分後三日太陽出赤道外故其陟降與他日不倫今各別立數而用之

驚蟄十二日陟四六十七此爲末率於驚蟄末其減差亦止於此十三日陟四四十一十四日陟四三十六十五日陟一秋分初日降四三十八一日降四三十九二日降四五十七三日降四六十八此爲初率如用之其加差亦始於此

求每日日出入晨昏半晝分

各以陟降初率陟減降加其氣初日日出分爲一日下日出分以增損差仍加減加減差增損陟降率馴積而加減之卽爲每日日出分覆減日法餘爲日入分以出分減日入分而半之爲半晝分以昏明分減日出分爲晨分加日入分爲昏分

求日出入辰刻

置日出入分以六因之滿辰法而一爲辰數不盡刻法除之爲刻數不滿爲分命子正算外卽得所求

求晝夜刻

置日出分十二乘之刻法而一爲刻不滿爲分卽爲夜刻覆減百刻餘爲晝刻

求更點率

置晨分四因退位爲更率二因更率退位爲點率

求更點所在辰刻

置更點率以所求更點數因之又六因內加昏明分滿辰法而一爲辰數不盡滿刻法除之爲刻數不滿爲分命其辰刻算外卽得所求

求四方所在漏刻

各於所在下水漏以定其處冬至或夏至夜刻乃與五十刻相減餘爲至差刻置所求日黃道去赤道內外度及分以至差刻乘之進一位加二百三十九而一爲刻不盡以刻法乘之退除爲分內減外加五十刻卽所求日夜刻以減百刻餘爲晝刻其日出入辰刻及更點差率算等並依術求之

求黃道內外度

置日出分如日法四分之一已上去之餘爲外分如出分四分之一已下覆減之餘爲內分置內外分千乘之如內外法而一爲度不滿退除爲分卽爲黃道去赤道內外度內減外加象限卽得黃道去極度

求距中度及更差度

置半法以晨分減之餘爲距中分百乘之如周法而一爲距中度用減一百八十三度一十二分八十四秒餘四因退位爲每更差度

求昏明五更中星

置距中度以其日午中赤道日度加而命之卽昏中星所格宿次因爲初更中星以更差度累加之命赤道宿次去之卽得逐更及門中

金史卷二十一考證

歷志上得辟卦又加之得候內卦○臣召南按十二月辟卦說本孟氏舊本辟作壁非也後文列圖冬至復大寒臨雨水泰春分大壯穀雨夬小滿乾夏至姤大暑遯處暑否秋分觀霜降剝小雪坤卽辟卦也

小寒野雞始雊○臣召南按此及立冬之野雞入水化爲蜃並不言雉豈亦有所諱而云然乎

爲每日盈縮朒積○朒字上應有朓字

胃十五度半○南本無半字

覆減之餘爲內分○舊本訛作爲內外今從南本改正

卽得逐更及門中○臣召南按文義當作卽得逐更及明中星此文明字訛門字而中字下又脫星字遂不可解

金史卷二十二

元中書右丞相總裁脫脫等修

志第三

歷下　步月離　步交會　步五星　渾象

步月離第五

轉中分一十四萬四千一百一十秒六千六十六

○轉終日二十七日餘二千九百秒六千六十六

○轉中日一十三日餘四千六十五秒三千三十三○朔差日一餘五千一百四秒三千九百三十四○象策七日餘二千一分二十二秒半○秒母一萬○上弦九十一度三十一分四十二秒○望一百八十二度六十二分八十四秒○下弦二百七十三度九十四分二十六秒○月平行度十三度三十六分八十七秒半○分秒母一百○七日初數四千六百四十八末數五百八十二○十四日初數四千六十五末數一千一百六十五○二十一日初數三千四百八十三末數一千七百四十七○二十八日初數二千九百一末數二千三百二十九

求經朔弦望入轉

置天正朔積分以轉終分及秒去之不盡以日法而一爲日不滿爲餘秒卽天正十一月經朔入轉日及餘秒以象策累加之去命如前卽得弦望經日加時入轉日及餘秒徑求次朔入轉以朔差加之

轉定分及積度朓朒率

日	轉定分	積度	遲疾度	損益率	朓朒積
一日	一千四百六十八	初度	疾初	益五百一十二	朓初
二日	一千四百五十七	十四度六十八	疾一度三十一	益四百六十九	朓五百一十三
三日	一千四百四十二	二十九度二十五	疾二度五十一	益四百一十一	朓九百八十二
四日	一千四百二十二	四十三度六十七	疾三度五十六	益三百二十二	朓一千三百九十三
五日	一千三百九十九	五十七度八十九	疾四度四十一	益二百四十三	朓一千七百一十五
六日	一千三百七十三	七十一度八十八	疾五度三	益一百四十一	朓一千九百五十八
七日	一千三百四十七	八十五度六十一	疾五度三十九	初益四十三 末損四	朓二千一百九
八日	一千三百二十一	九十九度八	疾五度十九	損六十三	朓二千一百四十八
九日	一千二百九十五	一百一十二度二十九	疾五度三十二	損一百六十四	朓二千八十五
十日	一千二百七十一	一百二十五度二十四	疾四度九十二	損二百五十八	朓一千九百二十一
十一日	一千二百四十七	一百三十七度九十五	疾四度二十五	損三百五十	朓一千六百六十三
十二日	一千二百二十八	一百五十度四十二	疾三度二十五	損四百二十七	朓一千三百一十三
十三日	一千二百一十四	一百六十二度七十	疾二度二十六	損四百八十二	朓八百八十六
十四日	一千二百四	一百七十四度八十四	疾一度三	初損四百三 末益一百七	朓四百三
十五日	一千二百八	一百八十六度八十八	遲空三十	益五百五	朒百一十七
十六日	一千二百一十九	一百九十八度九十六	遲一度五十九	益四百六十一	朒六百二十二
十七日	一千二百三十六	二百一十一度十五	遲二度八十七	益三百九十五	朒一千八十四
十八日	一千二百五十八	二百二十三度五十一	遲三度七十八	益三百九	朒一千四百七十九
十九日	一千二百八十一	二百三十六度九	遲四度五十七	益二百一十九	朒一千七百八十八
二十日	一千三百七	二百四十八度九十	遲五度一十三	益一百一十七	朒二千七
二十一日	一千三百三十三	二百六十一度九十七	遲五度四十二	初益一十七 末損一十一	朒二千一百二十四
二十二日	一千三百五十九	二百七十五度三十	遲五度四十六	損八十六	朒二千一百三十
二十三日	一千三百八十四	二百八十八度十九	遲五度二十五	損二百八十四	朒二千五十四
二十四日	一千四百八	三百二度三	遲四度七十八	損二百七十八	朒一千八百七十
二十五日	一千四百三十一	三百一十六度十	遲四度七	損三百六十八	朒一千五百九十二
二十六日	一千四百四十九	三百三十度三十二	遲三度十二	損四百二十八	朒一千二百二十四
二十七日	一千四百六十二	三百四十四度八十一	遲二度一	損四百九十三	朒七百九十六
二十八日	一千四百七十二	三百五十九度二十四	遲空七十七	損二百九十二	朒二百九十三

求朔弦望入轉朓朒定數

置入轉小餘以其日算外損益率乘之如日法而一所得以損益朓朒積爲定數其四七日下餘如初數已下初率乘之初數而一以損益朓朒積爲定數如初數已上初數減之餘乘末率末數而一用減初率餘加朓朒爲定數其十四日下餘如初數已上者初數減之餘乘末率末數而一便爲朓朒定數

求朔望定日

置經朔弦望小餘朓減朒加入氣入轉朓朒定數滿與不足進退大餘命甲子算外各得定朔弦望日辰及餘定朔前干名與後干名同者其月大不同者其月小月內無中氣者爲閏視定朔小餘秋分後在日法四分之三已上者進一日春分後定朔日出分與春分日出分相減之餘三約之用減四分之三定朔小餘及此數已上者亦進一日或有交虧初在日入前者不進之定弦望小餘在日出分已下者退一日望或有交虧初在日出前者小餘雖在日出後亦退之如十七日望者又視定朔小餘在四分之三已下之數春分後用減定之數與定望小餘在日出分已上之數相較之朔少望多者望不退而朔猶進之望少朔多者朔不進而望猶退之日月之行有盈有縮遲疾加減之數或有四大三小若隨常理當察其時早晚隨所近而進退之使不過三大二小

求定朔弦望中積

置定朔弦望大小餘與經朔弦望大小餘相減之餘以加減經朔弦望入氣日經朔弦望少卽加之多卽減之卽爲定朔弦望入氣以加其氣中積卽爲定朔弦望中積其餘以日法退除爲分秒

求定朔弦望加時日度

置定朔弦望約餘以所入氣日損益率乘盈縮損益萬約之以損益其下盈縮積乃盈加縮減定朔弦望中積又以冬至加時日躔黃道宿度依宿次去之卽得定朔弦望加時日所在度及分秒又置定朔弦望約餘副置之以乘其日盈縮之損益率萬約之應益者盈加縮減應損者盈減縮加其副滿百爲分分滿百爲度以加其日夜半日度命之各得其日加時日躔黃道宿次若先於歷法定每日夜半日度卽爲秒也

求定朔弦望加時月度

凡合朔加時日月同度其定朔加時黃道日度卽爲定朔加時黃道月度弦望各以弦望度加定弦望加時黃道日度依宿次去之卽得定朔弦望加時黃道月度及分秒

求夜半午中入轉

置經朔入轉以經朔小餘減之爲經朔夜半入轉又經朔小餘與半法相減之餘以加減經朔加時入轉經朔少如半法加之多如半法減之爲經朔午中入轉若定朔大餘有進退者亦加減轉入否則因經爲定每日累加一日滿終日及餘秒去命如前各得每日夜半午中入轉求夜半因定朔夜半入轉累加之求午中因定朔午中入轉累加之求加時入轉者如求加時入氣術

求加時及夜半月度

置其日入轉算外轉定分以定朔弦望小餘乘之如日法而一爲加時轉分分滿百爲度減定朔弦望加時月度爲夜半月度以所得轉定分累加之卽得每日夜半月度或朔至弦望或至後朔皆可累加之然近則差少遠則差多至所求前後夜半相距月度爲行度計其相距入轉積度與行度相減餘以相距日數除爲日差行度多以日差加每日轉定分行度少以日差減每日轉定分然後用之可中或欲速求用此數徵究其故宜用後術

求晨昏月度

置其日晨分乘其日算外轉定分日法而一爲晨轉分用減轉定分餘爲昏轉分又以朔弦望定小餘乘轉定分日法而一爲加時分以減晨昏轉分爲前不足覆減之爲後乃前加後減加時月度卽晨昏月所在宿度及分秒

求朔弦望晨昏定程

各以其朔昏定月減上弦昏定月餘爲朔後昏定程以上弦昏定月減望昏定月餘爲上弦後昏定程以望晨定月減下弦晨定月餘爲望後晨定程以下弦晨定月減後朔晨定月餘爲下弦後晨定程

求每日轉定度

累計每程相距日下轉積度與晨昏定程相減餘以相距日數除之爲日差定程多加之定程少減之以加減每日轉定分爲轉定度因朔弦望晨昏月每日累加之滿宿次去之爲每日晨昏月度及分秒凡注歷朔日以後注昏月望後一日注晨月古歷有九道月度其數雖繁亦難削去具其術如後

求平交日辰

置交終日及餘秒其以月經朔加時入交汎日及餘秒減之爲平交入其月經朔加時後日算及餘秒以加其月經朔大小餘其大餘命甲子算外卽平交日辰及餘秒求次交者以交終日及餘秒加之大餘滿紀法去之命如前卽次平交日辰及餘秒

求平交入轉朓朒定數

置平交小餘加其日夜半入轉餘以乘其日損益率日法而一所得以損益其下朓朒積爲定數

求正交日辰

置平交小餘以平交入轉朓朒定數朓減朒加之滿與不足進退日辰卽正交日辰及餘秒與定朔日辰相距卽所在月日

求經朔加時中積

各以其月經朔加時入氣日及餘加其氣中積及餘其日命爲度其餘以日法退除爲分秒卽其經朔加時中積度分秒

求正交加時黃道月度

置平交入經朔加時後日算及餘秒以日法通日內餘進二位如三萬九千一百二十一分爲度不滿退除爲分秒以加其月經朔加時中積然以冬至加時黃道日度加而命之卽得其月正交加時月離黃道宿度及分秒如求次交者以受終度及秒加而命之卽得所求

求黃道宿積度

置正交時黃道宿全度以正交加時月離黃道宿度及分秒減之餘爲距後度及分秒以黃道宿度累加之卽各得正交後黃道宿積度及分秒

求黃道宿積度入初末限

置黃道宿積度及分秒滿交象度及分秒去之如在半交象已下爲初限已上者以減交象度及分秒餘爲入末限入交積度交象度並在交會術中

求月行九道宿度

凡月行所交冬入陰歷夏入陽歷月行青道冬至夏至後青道半交在春分之宿當黃道東立夏後青道半交在立春之宿當黃道東南至所衝之宿亦如之冬入陽歷夏入陰歷月行白道冬至夏至後白道半交在秋分之宿當黃道西立冬立夏後白道半交在立秋之宿當黃道西北至所衝之宿亦如之春入陽歷秋入陰歷月行朱道春分秋分後朱道半交在夏至之宿當黃道南立春立秋後朱道半交在立夏之宿當黃道西南至所衝之宿亦如之春入陰歷秋入陽歷月行黑道春分秋分後黑道半交在冬至之宿當黃道北立春立秋後黑道半交在立冬之宿當黃道東北至所衝之宿亦如之四序離爲八節至陰陽之所交皆與黃道相會故月行有九道各以所入初末限度及分秒減一百一度餘以所入初末限度及分乘之半而退位爲分分滿百爲度命爲月道與黃道汎差凡日以赤道內爲陰外爲陽月以黃道內爲陰外爲陽故月行正交入夏至後宿度內爲同名入冬至後宿度內爲異名其在同名者置月行與黃道汎差九因八約之爲定差半交後正交前以差減正交後半交前以差加此加減出入六度正如黃赤道相交同名之差若較之漸異則隨交所在遷變不同也仍以正交度距秋分度數乘定差如象限而一所得爲月道與赤道定差前加者爲減減者爲加其在異名者置月行與黃道汎差七因八約爲定差半交後正交前以差減正交後半交前以差加此加減出入六度異如黃道赤道相交異名之差較之漸同則隨交所在遷變不常仍以正交度距春分度數乘定差如象限而一所得爲月行與赤道定差前加者爲減減者爲加各加減黃道宿積度爲九道宿積度以前宿九道積度減之爲其宿九道度及分其分就近約太半少論春夏秋冬以四時所在宿度爲正

求正交加時月離九道宿度

以正交加時黃道日度及分減一百一度餘以正交度及分乘之半而退位爲分分滿百爲度命爲月道與黃道汎差其在同名者置月行與黃道汎差九因八約之爲定差以加仍以正交度距秋分度數乘定差如象限而一所得爲月道與赤道定差以減其在異名者置月行與黃道汎差七因八約之爲定差以減仍以正交度距春分度數乘定差如象限而一所得爲月道與赤道定差以加置正交加時黃道月度及分以二差加減之卽爲正交加時月離九道宿度及分

求定朔弦望加時月所在度

置定朔加時日躔黃道宿次凡合朔加時月行潛在日下與太陽同度是爲加時月離宿次各以弦望度及分秒加其所當弦望加時月躔黃道宿度滿宿次去之命如前各得定朔弦望加時月所在黃道宿度及分秒

求定朔弦望加時九道月度

各以定朔弦望加時月離黃道宿度及分秒如前宿正交後黃道積度爲定朔弦望加時正交後黃道積度如前求九道積度以前宿九道積度減之餘爲定朔弦望加時九道月離宿度及分秒其合朔加時若非正交則日在黃道月在九道所入宿度雖多少不同考其兩極若應繩準故云月行潛在日下與太陽同度卽爲加時九道月度其求晨昏夜半月度並依前術

步交會第六

交中分一十四萬二千三百一十九秒九千三百六十八〇交終日二十七日餘一千一百九分秒九千三百六十八〇交中日十三餘三千一百六十九秒九千六百八十四〇交朔日二餘一千六百六十五秒六百三十二〇交望日十四餘四千二秒五千〇秒母一萬〇交終二百六十三度七千九分三十六秒〇交中一百八十一度八十九分六十八秒〇交象九十度九十四分八十四秒〇半交象四十五度四十七分四十二秒〇日蝕既前限二千四百定法二百四十八〇日蝕既後限三千一百定法三百二十〇月蝕限五千一百〇月蝕既一千七百定法三百四十〇分秒母一百

求朔望入交

置天正朔積分以交終分去之不盡如日法而一爲日不滿爲餘卽天正十一月經朔加時入交汎日及餘秒交朔加之得次朔交望加之得次望再加交望亦得次朔各爲朔望入交汎日及餘秒

求定朔每日夜半入交

各置入交汎日及餘秒減去經朔望小餘即爲定朔望夜半入交汎日及餘秒若定朔望有進退者亦進退交日否則因經爲定大月加二日小月加一日餘皆加四千一百二十秒六百三十二即次朔夜半入交累加一日滿交終日及餘秒去之即每日夜半入交汎日及餘秒

求交朔望加時入交

置經朔望加時入交汎日及餘秒以入氣入轉朓朒定數朓減朒加之即定朔望加時入交汎日及餘秒

求定朔望加時入交積度及陰陽歷

置定朔望加時入交汎日以日法通之內餘進二位如三萬九千一百二十一而一爲度不滿退除爲分秒即定朔望加時月行入交積度以定朔望加時入轉遲疾度遲減疾加之即月行入交定積度如交中度已下入陽歷積度已上去之餘爲入陰歷積度（每日夜準此求）

求月去黃道度

視月入陰陽歷積度及分如交象已下爲少象已上覆減交中餘爲老象置所入老少象度於上列交象度於下相減相乘倍而退位爲分滿百爲度用減所入老少象度及分餘又與交中度相減相乘八因之以百一十除爲分分滿百爲度即得月去黃道度

求朔望加時入交常日及定日

置朔望入交汎日以入氣朓朒定數朓減朒加之爲入交常日

又置入轉朓朒定數進一位一百二十七而一所得朓減朒加之常日爲入交日及餘秒

求入交陰陽歷交前後分

視入交定日如交中已下爲陽歷已上去之爲陰歷如一日上下（以日法通日爲分）爲交後分十三日上下覆減交中爲交前分

求日月蝕甚定餘

置朔望入氣入轉朓朒定數同名相從異名相消以一千三百三十七乘之定朔望加時入轉算外轉定分除之所得以朓減朒加經朔望小餘爲汎餘

日蝕視汎餘如半法已下爲中前分半法已上去半法爲中後分置中前後分與半法相減相乘倍之萬約爲分曰時差中前以時差減汎餘爲定餘覆減半法餘爲午前分中後以時差加汎餘爲定餘減去半法爲午後分

月食視汎餘在日入後夜半前者如日法四分之三已下減去半法爲酉前分四分之三已上覆減日法餘爲酉後分又視汎餘在夜半後日出前者如日法四分之一已下爲卯前分四分之一已上覆減半法餘爲卯後分其卯酉前後分自相乘四因退位萬約爲分以加汎餘爲定餘各置定餘以發斂加時法求之即得日月所蝕之辰刻

求日月食甚日行積度

置定朔望食甚大小餘與經朔望大小餘相減之餘以加減經朔入氣日小餘（經朔望日少加多減）即爲食甚入氣以加其氣中積爲食甚中積又置食甚入氣小餘以所入氣日積益率（盈縮之損益之）乘之日法而一以損益其日盈縮積盈加縮減食甚中積即爲食甚日行積度及分

求氣差

置日食甚日行積度及分滿中限去之餘在象限已下爲初限已上覆減中限爲末限皆自相乘進二位如四百七十八而一所得用減一千七百四十四餘爲氣差恒數以午前後分乘之半晝分除之所得以減恒數爲定數（不及減覆減之爲定數應加者減之減者加之）春分後陽歷減陰歷加秋分後陽歷加陰歷減（春分前秋分後各二日二千一百分爲定氣於此加減之）

求刻差

置日食甚日行積度及分滿中限去之餘與中限相減相乘進二位如四百七十八而一所得爲刻差恒數以午前後分乘之日法四分之一除之所得爲定數（若在恒數已上者倍恒數以所得之數減之爲定數依其加減）冬至後午前陽加陰減午後陽減陰加夏至後午前陽減陰加午後陽加陰減

求日食去交前後定分

氣刻二差定數同名相從異名相消爲食差依其加減去交前後分爲去交前後定分視其前後定分如在陽歷即不食如在陰歷即有食之如交前陰歷不及減反減之（反減食差）爲交後陽歷交後陰歷不及減反減之爲交前陽歷即不食亦入交前陽歷不及減反減之爲交後陰歷交後陽歷不及減反減之爲交前陽歷即日有食之

求日食分

視去交前後定分如二千四百已下爲既前分以二百四十八除爲大分二千四百已上覆減五千五百（不足減者不食）爲既後分以三百二十除爲大分不盡退除爲秒即得日食之分秒

求月食分

視去交前後分（不用氣刻差者）一千七百已下者食既已上覆減五千一百（不足減者不食）餘以三百四十除爲大分不盡退除爲秒即爲月食之分秒也去交分在既限已下覆減既限亦以三百四十除爲既內之大分

求日食定用分

置日食之大分與三十分相減相乘又以二千四百五十乘之如定朔入轉算外定分而一所得爲定用分減定餘爲初虧加定餘爲復圓分各以發斂加時法求之即得日食三限辰刻

求月食定用分

置月食之大分與三十五分相減相乘又以二千一百乘之如定朔入轉算外轉定分而一所得爲定用分加減定餘爲初虧復圓分各如發斂加時法求之即得月食三限辰刻

月食既者以既內大分與十五相減相乘又以四千二百乘之如定朔入轉算外轉定分而一所得爲既內分用減定用分爲既外分置月食定餘減定用分爲初虧因加既外分爲食既又加既內分爲食甚（即定餘分也）再加既內分爲生光復加既外分爲復圓各以發斂加時法求之即得月食五限辰刻

求月食入更點

置食甚所入日晨分倍之五約爲更法又五約更法爲點乃置月食初末諸分昏分已上減昏分晨分已下加晨分如不滿更法爲初更不滿點法爲一點依法以次求之即各得更點之數

求日月食所起

食在既前初起西南甚於正南復於東南食在既後初起西北甚於正北復於東北其食八分已上皆起正西復於正東（此據正午地而論之）

求月食所起

月在陽歷初起東北甚於正北復於西北月在陰歷初起東南甚於正南復於西南其食八分已上皆起正東復於正西（此亦據午地而論之）

求日月出入帶食所見分數

各以食甚小餘與日出入分相減餘爲帶食差以乘所食之分滿定用分西一（月食既者以既內分減帶食差餘乘所食分加既外分而一不反減者爲帶食既出入）以減所食分即日月出入帶食所見之分（其食甚在晝晨爲漸進昏爲已退食甚在夜晨爲已退昏爲漸進）

求日月食甚宿次

置日月食甚日行積度（望即更加半周天）以天正冬至加時黃道日度加而命之依黃道宿次去之即各得日月食甚宿度及分

步五星第七

木星周率二百八萬六千一百四十二五十四秒〇歷率二千二百六十五萬五百七〇歷度法六萬二千一十四〇周日三百九十八日八十八分〇歷度三百六十五度二十四分八十二秒〇歷中一百八十二度六十二分四十一秒〇歷策一十五度二十一分八十七秒〇伏見一十三度

段目	段日	平度	限度	初行率
合伏	十六日八十六分	三度八十六	二度九十三	二十三
晨順疾	二十八日	六度二十一	四度六十四	二十二
晨次疾	二十八日	五度五十一	四度一十九	二十一
晨順遲	二十八日	四度三十一	三度二十八	一十八
晨末遲	二十八日	一度九十一	一度四十三	一十二
晨留	二十四日			
晨退	四十六日五十八	四度八十八一十八	空三十二八十二	
夕退	四十六日五十八	四度八十八一十八	空三十二八十二	一十八
夕留	二十四日			
夕末遲	二十八日	一度九十一	一度	四十五
夕順遲	二十八日	四度三十一	三度二十八	一十二
夕次疾	二十八日	五度五十一	四度一十九	一十八
夕順疾	二十八日	六度二十一	四度六十四	二十一
夕伏	十六日八十六	三度八十六	二度九十三	二十二

策數	損益率	盈積度	損益率	縮積度
一	益一百五十九	初	益一百五十九	初
二	益一百四十二	一度五十九	益一百四十二	一度五十九
三	益一百二十	三度一	益一百二十	三度一
四	益九十三	四度二十一	益九十三	四度二十一
五	益六十一	五度一十四	益六十一	五度一十四
六	益二十四	五度七十五	益二十四	五度七十五
七	損二十四	五度九十九	損二十四	五度九十九
八	損六十一	五度七十五	損六十一	五度七十五
九	損九十三	五度一十四	損九十三	五度一十四
十	損一百二十	四度二十一	損一百二十	四度二十一
十一	損一百四十二	三度一	損一百四十二	三度一
十二	損一百五十九	一度五十九	損一百五十九	一度五十九

火星周率四百七萬九千四十一秒九十七〇歷率三百五十九萬二千七百五十八秒三十二〇歷度法九十八百三十六半〇周日七百七十九日九十三分一十六秒〇歷度三百六十五度二十四

分七十六秒○歷中一百八十二度六十二分三十八秒○歷策一十五度二十一分八十六秒○

伏見一十九度

段目	段日	平度	限度	初行率
合伏	六十七日	四十八度	四十五度四十八	七十二
晨順疾	六十三日	四十四度六十	四十二度二十六	七十一
晨次疾	五十八日	四十度九	三十七度九十九	七十
晨中疾	五十二日	三十四度六	三十二度三十三	六十八
晨末疾	四十五日	二十六度三十三	二十四度九十九	六十三
晨順遲	三十七日	一十六度六十八	一十五度八十	五十四
晨末遲	二十八日	五度七十五	五度四十五	三十七
晨留	一十一日			
晨退	二十八日九十六五十八	八度一十五六十	五度五四十	
夕退	二十八日九十六五十八	八度一十五六十	三度	四十一
夕留	一十一日			
夕末遲	二十八日	五度七十五	五度四十五	
夕順遲	三十七日	一十六度六十八	一十五度八十	三十七
夕末疾	四十五日	二十六度三十三	二十四度九十九	五十四
夕中疾	五十二日	三十四度六	三十二度三十三	六十三
夕次疾	五十八日	四十度九	三十七度九十九	六十八
夕順疾	六十三日	四十四度六十	四十二度二十六	七十
夕伏	六十七日	四十八度	四十五度四十八	七十一

策數	損益率	盈積度	損益率	縮積度
一	益一千一百六十	初	益四百五十八	初
二	益八百	一十一度六十	益四百五十三	四度五十八
三	益四百六十四	一十九度六十	益四百三十三	九度一十一
四	益一百五十二	二十四度二十四	益三百九十六	一十三度四十四
五	損五十七	二十五度七十六	益三百四十一	一十七度四十
六	損一百七十二	二十五度一十九	益二百六十六	二十度八十一
七	損二百六十六	二十三度四十七	益一百七十二	二十三度四十七
八	損三百四十一	二十度八十一	益五十七	二十五度一十九
九	損三百九十六	一十七度四十	損一百五十二	二十五度七十六
十	損四百三十三	一十三度四十四	損四百六十四	二十四度二十四
十一	損四百五十三	九度一十一	損八百	一十九度六十
十二	損四百五十八	四度五十八	損一千一百六十	一十一度六十

土星周率一百九十七萬七千四百一十二秒四十六○歷率五千六百二十一萬二千二百二十九○歷度法一十五萬三千九百二十八○周日三百七十八日九分三秒○歷度三百六十五度二十五分六十六秒○歷中一百八十二度六十二分八十三秒○歷策一十五度二十一分九十秒○

伏見一十七度

段目	段日	平度	限度	初行率
合伏	十九日四十八	二度四十八	一度五十六	一十三
晨順疾	二十七日五十	三度二十三	二度二	一十二
晨次疾	二十七日五十	二度六十四	一度六十五	一十一
晨遲	二十七日五十	一度四十八	空度九十一	八
晨留	三十六日			
晨退	五十一日六五十半	三度三十九六十八半	空度三十八三十三半	
夕退	五十一日六五十半	三度三十九六十八半	空度三十八三十三半	九
夕留	三十六日			
夕遲	二十七日五十	一度四十八	空度九十一	
夕次疾	二十七日五十	二度六十四	一度六十五	八
夕順疾	二十七日五十	三度二十三	二度二	一十一
夕伏	一十九日四十八	二度四十八	一度五十六	一十二

策數	損益率	盈積度	損益率	縮積度
一	益二百一十三	初	益一百六十三	初
二	益一百九十七	二度一十三	益一百四十九	一度六十三
三	益一百六十八	四度一十	益一百二十八	三度一十二
四	益一百二十八	五度七十八	益一百	四度四十
五	益八十一	七度六	益六十五	五度四十
六	益三十三	七度八十七	益二十三	六度五
七	損三十三	八度二十	損二十三	六度二十八
八	損八十一	七度八十七	損六十五	六度五
九	損一百二十八	七度六	損一百	五度四十
十	損一百六十八	五度七十八	損一百二十八	四度四十
十一	損一百九十七	四度一十	損一百四十九	三度一十二
十二	損二百一十三	二度一十三	損一百六十三	一度六十三

金星周率三百五萬三千八百四秒二十三○歷率一百九十一萬二百四十一秒一十一○歷度法五千二百三十○周日五百八十三日九十分一十四秒○合日二百九十一日九十五分七秒○歷度三百六十五度二十四分六十八秒○歷中一百八十二度六十二分三十四秒○歷策一十五度二十一分八十六秒○伏見一十度半

段目	段日	平度	限度	初行率
合伏	三十九日二十五	四十九度七十五	四十七度七十六	一百二十七
夕順疾	四十七日七十五	六十度一十五五十	五十七度七十六	一百二十六
夕次疾	四十七日七十五	五十九度三十九	五十七度一	一百二十五
夕中疾	四十七日七十五	五十七度空	五十四度七十三	一百二十三
夕末疾	三十九日二十五	四十二度二十九	四十度六十	一百一十五
夕順遲	二十九日二十五	二十四度七十三	二十三度七十三	一百
夕末遲	一十八日二十五	六度九十三五十	六度六十六	六十九
夕留	七日			
夕退	九日七十七	三度七十九九十三	一度六十九七	
夕退伏	六日	四度五十	二度二	六十八
合退伏	六日	四度五十	二度二	八十二
晨退	九日七十七	三度七十九九十三	一度六十九七	六十八
晨留	七日			
晨末遲	一十八日二十五	六度九十三五十	六度六十六	
晨順遲	二十九日二十五	二十四度七十三	二十三度七十三	六十九
晨末疾	三十九日二十五	四十二度二十九	四十度六十	一百
晨中疾	四十七日七十五	五十七度空	五十四度七十三	一百一十五
晨次疾	四十七日七十五	五十九度三十九	五十七度一	一百二十三
晨順疾	四十七日七十五	六十度一十五五十	五十七度七十六	一百二十五
晨伏	三十九日二十五	四十九度七十五	四十七度七十六	一百二十六

策數	損益率	盈積度	損益率	縮積度
一	益五十二	初	益五十二	初
二	益四十八	空度五十二	益四十八	空度五十二
三	益四十一半	一度空	益四十一半	一度空
四	益三十二半	一度四十一半	益三十二半	一度四十一半
五	益二十一	一度七十四	益二十一	一度七十四
六	益七	一度九十五	益七	一度九十五
七	損七	二度二	損七	二度二
八	損二十一	一度九十五	損二十一	一度九十五
九	損三十二半	一度七十四	損三十二半	一度七十四
十	損四十一半	一度四十一半	損四十一半	一度四十一半
十一	損四十八	一度空	損四十八	一度空
十二	損五十二	空度五十二	損五十二	空度五十二

水星周率六十萬六千三十一秒八十四○歷率一百九十一萬二百四十二秒三十五○歷度法五千二百三十○周日一百一十五日八十七分六十秒○合日五十七日九十三分八十秒○歷度三百六十五度二十四分七十一秒○歷中一百八十二度六十二分三十五秒半○歷策一十五度二十一分八十六秒○晨伏夕見一十四度○夕伏晨見一十九度

段目	段日	平度	限度	初行率
合伏	一十五日	二十九度	二十四度二十六	二百五
夕順疾	一十五日	二十三度七十五	一十九度九十五	一百八十一
夕順遲	一十五日	一十三度二十五	一十一度一十三	一百三十五
夕留	二日			
夕退伏	一十日九十三八十	八度六二十	二度四十九八十	
合退伏	一十日九十三八十	八度六二十	二度四十九八十	一百
晨留	二日			
晨順遲	一十五日	一十三度二十五	一十一度一十三	
晨順疾	一十五日	二十三度七十五	一十九度九十五	一百三十五
晨伏	一十五日	二十九度	二十四度二十六	一百八十一

策數	損益率	盈積度	損益率	縮積度
一	益五十七	初	益五十七	初
二	益五十三	空度五十七	益五十三	空度五十七
三	益四十五	一度一十	益四十五	一度一十
四	益三十五	一度五十五	益三十五	一度五十五
五	益二十二	一度九十	益二十二	一度九十
六	益八	二度一十二	益八	二度一十二
七	損八	二度二十	損八	二度二十
八	損二十二	二度一十二	損二十二	二度一十二
九	損三十五	一度九十	損三十五	一度九十
十	損四十五	一度五十五	損四十五	一度五十五
十一	損五十三	一度一十	損五十三	一度一十
十二	損五十七	空度五十七	損五十七	空度五十七

求五星天正冬至後平合及諸段中積中星

置通積分各以其星周率去之不盡爲前合分覆減周率餘爲後合分如日法而一不滿退除爲分秒即其星天正冬至後平合中積中星命爲日曰中積命爲度曰中星以段日累加中積即爲諸段中積以平度累加中積經退減之即爲諸段中星

求五星平合及諸段入歷

置前通積分各加其星後合分以歷率去之不盡各以其星歷度法除爲度不滿退爲分秒即爲其星平合入歷度及分秒以諸段限度累加之即得諸段入歷

求五星平合及諸段盈縮差

各置其星其段入歷度及分秒如在歷中已下爲在盈已上減去歷中餘爲在縮以其星歷策除之爲策數不盡爲入策度及分命策數算外以其策數下損益率乘之如歷策而一爲分以損益其下盈縮積度即爲其星其段盈縮定差

求五星平合及諸段定積

各置其星其段中積以其盈縮定差盈加縮減之即其段定積日及分以加天正冬至大餘及約分滿紀法六

十去之不盡卽爲定日及加時分秒不滿命甲子算外卽得日辰

求五星及諸段所在日月

各置其段定積日及分以加天正閏日及分滿朔策及約分除之爲月數不盡爲入月已來日數及分其月數命天正十一月算外卽得其段入月經朔日數及分以日辰相距爲所在定朔月日

求五星平合及諸段加時定星

各置中星以盈縮定差盈加縮減之（金星倍之水星三因之然可加減）卽爲五星諸段定星以加天正冬至加時黃道日度依宿命之卽其星其段加時所在宿度及分秒

求五星諸段初日晨前夜半定星

各以其段初行率乘其段定積日下加時分百約之乃順減退加其日加時定星卽爲其段初日晨前夜半定星所在宿度

求諸段日率度率

各以其段日辰距後段日辰爲日率以其段夜半宿次與後段夜半宿次相減餘爲度率

求諸段平行分

各置其段度率及分秒以其段日率除之卽其段平行度及分秒

求諸段總差日差

以本段前後平行分相減餘爲其段汎差（假令求木星次疾汎差乃以順疾順遲平行分相減餘爲次疾汎差他皆倣此）倍而退位爲增減差加減其段平行分爲初末日行分（前多後少者加爲初減爲末前少後多者減爲初加爲末）倍增減差爲總差以日率減一除之爲日差

求前後伏遲退段增減差

前伏者置後段初日行分加其日差之半爲末日行分後伏者置前段末日行分加其日差之半爲初日行分以減伏段平行分餘爲增減差前遲者置前段末日行分倍其日差減之爲初日行分後遲者置後段初日行分倍其日差減之爲末日行分以遲段平行分減之餘爲增減差（前後近留之遲段）木火土三星退行者六因平行分退一位爲增減差金星前後伏退三因平行分半而退位爲增減差前退者置後段初日行分以其日差減之爲末日行分後退者置前段末日行分以其日差減之爲初日行分以本段平行分減餘爲增減之差水星半平行分爲增減差皆以增減差加減平行分爲初末日行分（前多後少加初減末前少後多減初加末）又倍增減差爲總差以日率減一除之爲日差

求每日晨前夜半星行宿次

各置其段初日行分以日差累損益之（後少則損之後多則益之）爲每日行度及分秒乃順加退減之滿宿次去之卽得每日晨前夜半星行宿次（視前段末日後段初日行分相較之數不過一二日差爲妙或多日差數倍或顛倒不倫當類會前後增減之差稍損益之使其有倫然後用之或前後平行俱多俱少則平注之或總差之秒不盈一分亦平注之若有不倫而平注之得倫者亦平注之）

求五星平合及見伏入氣

置定積以氣策及約分除之爲氣數不滿爲入氣日及分秒命天正冬至算外卽所求平合及伏見入氣日及分秒

求五星平合及見伏行差

各以其段初日星行分與其太陽行分相減餘爲行差若金在退行水在退合者相併爲行差如水星夕伏晨見者直以太陽行分爲行差

求五星定合見伏汎積

木火土三星各以平合晨疾夕伏定積便爲定合定見定伏汎積金水二星置其段盈縮差（水星倍之）各以行差除之爲日不滿退除爲分秒若在平合夕見晨伏者盈減縮加如在退合夕伏晨見者盈加縮減皆以加減定積爲定合定見定伏汎積

求五星定合定積定星

木火土三星各以平合行差除其日太陽盈縮差爲距合差日以太陽盈縮差減之爲距合差度日在盈歷以差日差度減之在縮加之加減其星定合汎積爲定合定積定星金水二星定合退合各以平合退合以差除其日太陽盈縮差爲距合差日順加退減太陽盈縮差爲距合差度順在盈歷以差日差度加之在縮減之退在盈歷以差日減之差度加之在縮以差日加之差度減之皆以加減其星定合及再定合汎積爲定合再定合定積定星以冬至太餘及約分加定積滿紀法去命卽得定合日辰以冬至加時黃道日度加定星滿宿次去之卽得定合所在宿次（其順退所在盈縮太陽盈縮也）

求木火土三星定見伏定積日

各置其星定見伏汎積晨加夕減象限日及分秒（半中限與象限）如中限已下自相乘已上覆減歲周日及分秒餘亦自相乘滿七千五而一所得以其星伏見度乘之十五除之爲差其差如其段行差而一爲日不滿退除爲分秒見加伏減汎積加命如前卽得日辰也

求金水二星定見伏定日積

各以伏見日行差除其日太陽盈縮差爲日若晨伏夕見日在盈歷加之在縮減之如夕伏晨見日在盈歷減之在縮加之加減其星汎積爲常積視常積如中限已下爲冬至後已上去之餘爲夏至後其二至後如象限已下自相乘已上覆減中限亦自相乘各如法而一爲分（冬至後晨夏至後夕以一十八爲法冬至後夕夏至後晨以七十五爲法）以伏見度乘之十五除之爲差滿行差而一爲日不滿退除爲分秒加減常積爲定積（冬至後晨見夕伏加之夕見晨伏減之夏至後晨見夕伏減之夕見晨伏加之也）加命如前卽得定見伏日辰其水星夕疾在大暑氣初日至立冬氣九日三十五分已下者不見晨留在大寒氣初日至立夏氣九日三十五分已下者春不晨見秋不夕見者亦舊有之矣

渾象

古之言天者有三家一曰蓋天二曰宣夜三曰渾天漢靈帝時蔡邕於朔方上書言宣夜之學絕無師法周髀術數具存考驗天狀多所違失惟渾天爲近最得其情近世太史候臺銅儀是也立八尺體圓而具天地之形以正黃道赤道之表裏以行日月之度數步五緯之遲速察氣候之推遷精微深玅百代所不可廢者也然傳歷久遠製造者衆測候占察互有得失張衡之制謂之靈憲史失其傳魏晉以來官有其器而無本書故前志亦闕吳中常侍王蕃云渾天儀者羲和之舊器謂之璣衡積代相傳沿革不一宋太平興國中蜀人張思訓首刱其式造之禁中踰年而成詔置文明殿東鼓樓下題曰太平渾儀自思訓死璣衡斷壞無復知其法制者景德中歷官韓顯符依倣劉曜時孔挺晁崇之法失之簡略景祐中冬官正舒易簡乃用唐梁令瓚僧一行之法頗爲詳備亦失之於密而難爲用元祐時尚書右丞蘇頌與昭文館校理沈括奉勑詳定渾儀法要遂奏舉吏部勾當官韓公廉通九章勾股法常以推考天度與張衡王蕃僧一行梁令瓚張思訓法式大綱可以尋究若據算術考案象器亦能成就請置局差官製造詔如所言奏鄭州原武主簿王沇之太史局官周日嚴于太古張仲宣同行監造制度既成詔置之集英殿總謂之渾天儀公廉將造儀時先撰九章勾股驗測渾天書一卷貯之禁中今失其傳故世無知者舊制渾儀規天矩地機隱於內上布經躔次具日月五星行度以察其寒暑進退如張衡渾天開元水運銅渾儀者是也久而不合乖於施用公廉之制則爲輪三重一曰六合儀縱置地渾中卽天經環也與地渾相結其體不動二曰三辰儀置六合儀內三曰四游儀置三辰儀內植四龍柱於地渾之下又置鼇雲於六合儀下四龍柱下設十字水趺鑿溝道通水以平高下別設天常單環於六合儀內又設黃道赤道二單環皆置三辰儀內東西相交隨天運轉以驗列舍之行又爲四象環附三辰儀相結於天運環黃赤道兩交爲置距二縱置於四游儀內北屬六合儀地渾之上以正北極出地之度南屬六合儀地渾之下以正南極入地之度此渾儀之大形也直距內夾置望筒於一筒之半設關軸附直距上使運轉低昂筒常指日日體常在筒竅中天西行一周日東移一度仍以窺測四方星度皆斟酌李淳風孔挺韓顯符舒易簡之制也三辰儀上設天運環以水運之水運之法始於漢張衡成於唐梁令瓚及僧一行復於太平興國中張思訓公廉今又變正其制設天運環下以天柱關軸之類上動渾儀此新制也舊制渾象張衡所謂置密室中者推步七曜之運以度歷象昏明之候校二十四氣考晝夜刻漏無出於渾象隋志稱梁秘府中有宋元嘉中所造者以木爲之其圓如丸徧體布二十八宿三家星色黃赤道天河等別爲橫規繞於外上下半之以象地也開元中詔僧一行與梁令瓚更造銅渾象爲圓天之象上具列宿周天度數注水激輪令其自轉一日一夜天轉一周又別置日月五星循繞絡在天外令得運行每天西轉一匝日正東行一度月行一十三度有奇凡二十九轉而日月會三百六十五轉而日行一匝仍置木櫃以爲地平令象半在地上半在地下又立二木偶人於地平之前置鍾鼓使木人自然撞擊以報辰刻命之曰水運渾天俯視圖既成命置之武成殿宋太史局舊無渾象太平興國中張思訓準開元之法而上以蓋爲紫宮旁爲周天度而東西轉之出新意也公廉乃增損隋志制之上列二十八宿周天度數及紫微垣中外官星以俯窺七政之運轉納於六合儀天經地渾之內同以木櫃載之其中貫以樞軸南北出渾象外南長北短地渾在木櫃面橫置之以象地天經與地渾相結縱置之半在地上半隱地下以象天其樞軸北貫天經上杠中末與杠平出櫃外三十五度稍弱以象北極出地南亦貫天經出下杠外入櫃內三十五度少弱以象南極入地就赤道爲牙距四百七十八牙以銜天輪隨機輪地轂正東西運轉昏明中星既應其度分至節氣亦驗應而不差王蕃云渾象之法地當在天內其勢不便故反觀其形地爲外郭於已解者無異詭狀殊體而合于

理可謂奇巧者也今地渾亦在渾象外蓋出于王蕃制
也其下則思訓舊制有樞輪關軸激水運動以直神搖
鈴扣鍾擊鼓置時刻十二神司辰像於輪上時初正至
則執牌循環而出報隨刻數以定晝夜長短至冬水凝
運轉遲澁則以水銀代之今公廉所製共置一臺臺中
有二隔渾儀置其上渾象置其中激水運轉樞機輪軸
隱于下內設晝夜時刻機輪五重第一重曰天輪以撥
渾象赤道牙距第二重曰撥牙輪上安牙距隨天柱中
輪轉動以運上下四輪第三重曰時刻鍾鼓輪上安時
初時正百刻撥牙以扣鍾擊鼓搖鈴第四重曰日時初
正司辰輪上安時初十二司辰時正十二司辰第五重
曰報刻司辰輪上安百刻司辰已上五輪並貫於一軸
上以天束束之下以鐵杵臼承之前以木閣五層蔽之
稍增異其舊制矣五輪之北又側設樞輪其輪以七十
二輻爲三十六洪束以三輞夾持受水三十六壺轂中
橫貫鐵樞軸一南北出軸爲地轂運撥地輪天柱中輪
動機輪動渾象上動渾天儀又樞輪左設天池平水壺
平水壺受天池水注入受水壺以激樞輪受水壺落入
退水壺由壺下北竅引水入昇水下壺以昇水下輪運
水入昇水上壺上壺內昇水上輪及河車同轉上下輪
運水入天河天河復流入天池每一晝一夜周而復始
此公廉所製渾儀渾象二器而通三用總而名之曰渾
天儀金既取汴皆輦致于燕天輪赤道牙距撥輪懸象
鍾鼓司辰刻報天池水壺等器久皆棄毀惟銅渾儀置
之太史局候臺但自汴至燕相去一千餘里地勢高下
不同望筒中取極星稍差移下四度纔得窺之明昌六
年秋八月風雨大作雷電震擊龍起渾儀鼇雲水趺下
臺忽中裂而摧渾儀仆落臺下旋命有司營葺之復置
臺上貞祐南渡以渾儀鎔鑄成物不忍毀折若全體以
運則艱於輦載遂委而去興定中司天臺官以臺中不
置渾儀及測候人數不足言之於朝宜鑄儀象多補生
員庶得盡占考之實宣宗召禮部尚書楊雲翼問之雲
翼對曰國家自來銅禁甚嚴雖罄公私所有恐不能給
今調度方殷財用不足實未可行他日上又言之於是
止添測候之人數員鑄儀之議遂寢初張行簡爲禮部
尚書提點司天監時嘗製蓮花星丸二漏以進章宗命
置蓮花漏于禁中星丸漏遇車駕巡幸則用之貞祐南
渡二漏皆遷于汴汴亡廢毁無所稽其製矣

金史卷二十二考證

歷志下滿定用分西一○西字係而字之訛
火星晨退二十八日云云○臣召南按晨退與夕退之
度分應是相合不能頓差也此二行必有訛字
合差日順加退減○順字下監本衍一在字今刪
太陽盈縮差爲距合差度順在盈歷以差日差度加之
在縮減之○監本脫順在二字今從下文退在盈歷
句增又後文旁注云其顯退所在盈縮太陽盈縮也
顯字係順字之訛
景德中歷官韓顯符依倣劉曜時孔挺晁崇之法○臣
召南按宋史志沈括議曰劉曜時南陽孔定製銅儀
太史令晁崇斛蘭皆嘗爲鐵儀其制與定法大同則
此文孔挺挺字誤也又沈括言至道中初鑄渾天儀
於承天監多因斛蘭晁崇之法皇祐中改鑄於天文
院始用令瓚一行之論此文作景德中初鑄景祐中
改造亦異本文
水運之法始於漢張衡○漢舊本訛韓

金史卷二十三

元中書右丞相總裁脫脫等修

志第四

五行

五行之精氣在天爲五緯在地爲五材在人爲五常及
五事五緯志諸天文歷代皆然其形質在地性情在人
休咎各以其類爲感應於兩間者歷代又有五行志焉
兩漢以來儒者若夏侯勝之徒專以洪範五行爲學作
史者多采其說凡言某徵之休咎則以某事之得失繫
之而配之以五行謂其盡然其弊不免於傅會謂其不
然肅時雨若蒙恒風若之類箕子蓋嘗言之金世未能
一天下天文災祥猶有星埜之說五行休咎見於國內
者不得他諉乃彚其史氏所書仍前史法作五行志至
於五常五事之感應則不必泥漢儒爲例云

初金之興平定諸部屢有禎異故世祖每與敵戰嘗以
夢寐卜其勝負烏春兵至蘇速海甸世祖曰予夙昔有
異夢不可親戰若左軍有力戰者當克既而與肅宗等
擊之敵大敗太祖之生也常有五色雲氣若二千斛囷
稟之狀屢見東方遼司天孔致和曰其下當生異人建
非常之事天以象告非人力所能爲也溫都部跋忒畔
穆宗遣太祖討之入辭奏曰昨日見赤祥往必克遂與
跋忒戰殺之穆宗攻阿疎日辰已間忽暴雨昏曀雷電
環阿疎所居是夕有巨火聲如雷墜阿疎城中遂攻下
之太祖嘗往寧江夢斡帶之禾場焚頃刻而盡覺而太
戚卽馳還斡帶已寢疾翌日不起斡帶伐高麗太祖臥
而得夢亟起曰今日捷音必至乃爲具於毬場以待有
二鸒渡水而至獲之太祖曰此休徵也言未既捷書至
衆大異之他日軍寧江駐高阜撒改仰見太祖體如喬
松所乘馬如岡阜之大太祖亦視撒改人馬異常撒改
因白所見太祖喜曰此吉兆也卽舉酒酹之曰異日成
功當識此地師次唐括帶斡甲之地諸軍介而立有光
起於人足及戈矛上明日至札只水光復如初

收國元年上在寧江州有光正圓自空而墜八月己卯
黃龍見空中丁未上候遼軍還至熟結濼有光復見於
矛端天輔六年三月師攻西京有火如斗墜其城中是
月城降而復叛四月辛卯取之

太宗天會二年曷懶移鹿古水霖雨害稼且爲蝗所食
秋泰州潦害稼　三年七月錦州野蠶成繭九月廣寧
府進嘉禾　四年十月中京進嘉禾　六年冬移懶路
饑　九年七月丙申上御西樓聽政聞咸州所貢白鵲
音忽異常上起視之見東樓外光明中有像巍然高五
丈許下有紅雲承之若世所謂佛者乃拏跽修虔久之
而沒　十年冬移懶曷懶等路饑

熙宗天會十三年五月甘露降於盧州熊岳縣　十五
年七月辛巳有司進四足雀丙戌夜京師地震

天眷元年夏有龍見於熙州野水凡三日初於水面見
一蒼龍良久而沒次日見金龍一爪承一嬰兒兒爲龍
所戲略無懼色三日如故又見一人乘白馬紅袍玉帶
如少年宦狀馬前有六蟾蜍凡三時乃沒郡人競往觀
之七月丁酉按出滸河溢壞民廬舍　三年十二月丁
丑地震

皇統元年秋蝗十一月己酉稽古殿火　二年二月熙
河路饑三月辛丑大雪秋燕西東二京河東河北山東
汴平州大熟　三年陝西旱五月丁巳京兆府貢瑞麥
七月丙寅太原進獬豸及瑞麥　四年正月乙丑陝西
進嘉禾十有二莖一本七穎十月甲辰地震　五年閏
月戊寅大名府進牛生麟壬辰懷州進嘉禾　七年十
一月完顏秉德進三角牛　九年四月壬申夜大風雨
雷電震寢殿鴟尾壞有火入帝寢燒帷幔上懼徙別殿
丁丑有龍鬬于利州榆林河上大風壞民居官舍十六
七木瓦人畜皆飄揚十餘里死傷者數百同知州事石
抹里壓死

海陵天德二年十二月野人採石炭獲異香

貞元二年五月癸丑南京大內災　三年十二月己丑
雨木氷

正隆二年六月壬辰蝗飛入京師秋中都山東河東蝗
四年十一月庚寅霜附木　五年二月辛未河東陝
西地震鎭戎德順等軍大風壞廬舍民多壓死海陵問
司天馬貴中等曰何爲地震貴中等曰伏陽逼陰所致
又問震而大風何也對曰土失其性則地以震風爲號
令人君嚴急則有烈風及物之災　六年六月壬戌大
風壞承天門鴟尾是歲世宗居貞懿皇后憂在遼陽一
日方寢有紅光照其室及黃龍見於室上又夜有大星
流入其邸八月復有雲氣自西來黃龍見其中人皆見
之是時臨潢府閭空中有車馬聲仰視見風雲杳靄神
鬼兵甲蔽天自北而南仍有語促行者未幾海陵下詔
南征

世宗大定二年閏二月辛卯神龍殿十六位焚延及太
和厚德殿　三年二月丙申中都以南八路蝗　四年
三月庚子夜京師地震七月辛丑大風雷雨拔木臨潢
府境禾黍稽生嵐州進白兎二八月禾與進嘉禾異畝
同穎中都南八路蝗飛入京畿十一月辛丑尚書省火
是歲有年　五年六月戊子河南府進芝草十三本得
於芝田石上薦之太廟六月甲辰大安殿楹產芝其色
如玉丙午京師地震有聲自西北來殷殷如雷地生白
毛七月戊申又震十一月癸酉大霧晝晦　七年九月
庚辰地震　八年五月甲子北望淀大風雨雹廣十里
長六十里六月河決李固渡水入曹州　十年正月鄜
州進芝草　十一年六月戊申西南路招討司慈里海
水之地雨雹三十餘里小者如雞卵其一最大廣三尺
長丈餘四五日始消　十二年三月庚寅雨土四月旱
十三年正月尚書省奏宛平張孝善有子曰合得大
定十二年三月旦以疾死至暮復活云是本良鄉人王
建子喜兒而喜兒前三年已死建驗以家事能具道之
此蓋假屍還魂擬付王建爲子上曰若是則姦倖小人
競生詐僞瀆亂人倫止付孝善八月丁丑策試進士於
憫忠寺夜半忽聞音樂聲起東塔上西達於宮考官完
顏蒲捏李晏等以爲文運始開得賢之兆　十四年八
月丁巳朔次乣里舌日午白龍見于御帳之東小港中
既而乘雷雲而上尾猶曳地良久北去　十六年三月

戊申雨豆於臨潢之境其形上銳而赤食之味頗苦五月戊申南京宮殿火是歲中都河北山東陝西河東遼東等十路旱蝗　十七年七月大雨滹沱盧溝水溢河決白溝　二十年四月己亥大寧宮門火五月丙寅京師地震生黑白毛七月旱秋河決衞州　二十二年五月慶都蝗蝝生散漫十餘里一夕大風蝗皆不見　二十三年正月辛巳廣樂園燈山焚延及熙春殿三月乙酉氛埃雨土四月庚子亦如之五月丁亥雨雹地生白毛　二十四年正月辛卯朔徐州進芝十有八莖眞定進嘉禾二本異畝同穎　二十六年正月庚辰河南府進芝三本秋河決壞衞州城　二十七年四月辛丑京師地徵震

章宗大定二十九年五月丁未地生白毛六月曹州河溢十二月密州進白鵲白雉各一河間府進嘉禾是冬無雪明昌元年正月懷州河間等處進芝草嘉禾二月地生白毛六月庚子都水進異卵夏旱七月淫雨傷稼

　二年五月桓撫等州旱秋山東河北旱饑　三年秋綏德虸蚄蟲生旱　四年三月御史中丞董師中奏迺者太白晝見京師地震北方有赤氣遲明始散天之示象與有以警悟聖主也上問所言天象何從得之師中曰前監察御史陳元升得之於一司天長行上曰司天臺官不奏固有罪其以語人尤非朕欲令自今司天有事而不奏者長行得言之何如師中曰善五月霖雨命有司祈晴六月河決衞州魏清滄皆被害是歲河北山東南京陝西諸路大稔邢洺深冀及河北西路十六謀克之地野蠶成繭十一月壬午木冰　五年七月丙戌天壽節先陰雨連日至是開霽有龍曳尾於殿前雲間是月河決陽武故堤灌封丘而東　六年二月丁丑京師地震大雨雹晝晦大風震應天門右鴟尾壞　六年八月大雨雷電有龍起於渾儀鼇趺臺忽中裂而摧儀仆於臺下

承安元年五月自正月不雨至是月雨六月平晉縣民利通家蠶自成綿段長七尺一寸五分闊四尺九寸　二年自正月至四月不雨六月丙午雨雹　四年三月戊午雨雹五月旱　五年五月庚辰地震十月庚子天久陰是日雲色黃而風霾癸卯晨陰霜附木至日入亦如之　泰和二年八月丙申磁州武安縣鼓山石聖臺有大鳥十集於臺上其羽五色爛然文多赤黃赭冠鷄項尾闊而修狀若鯉魚尾而長高可逾人九子差小侍傍亦高四五尺禽鳥萬數形色各異或飛或蹲或步或立皆成行列首皆正向如朝拱然初自東南來勢如連雲聲如殷雷林木震動牧者驚惶卽驅牛擊物以驚之殊不爲動俄有大鳥如鵰鶚者怒來搏擊之民益恐奔告縣官皆以爲鳳凰也命工圖上之留二日西北去按視其處糞迹數頃其色各異遺禽數千累日不能去所食皆巨鯉大者丈餘魚骨蔽地章宗以其事告宗廟詔中外　三年四月旱十月己亥大風　四年正月壬申陰霧木冰三月丁卯大風毀宣揚門鴟尾四月旱壬戌萬寧宮端門災十一月丁卯陰木冰凡三日　五年夏旱　八年四月甲午雨雹河南路蝗六月戊子飛蝗入京畿八月乙酉有虎至陽春門外駕出射獲之時又有童謠云易水流汴水流百年易過又休休兩家都好住前後總成留至貞祐中舉國遷汴

衞紹王大安元年徐沛界黃河清五百餘里幾二年以其事詔中外臨洮人楊珪上書曰河性本濁而今反清是水失其性也正猶天動地靜使當動者靜當靜者動則如之何其爲災異明矣且傳曰黃河清聖人生假使聖人生恐不在今日又曰黃河清諸侯爲天子正當戒懼以銷災變而復誇示四方臣所未喻宰相以爲妖言議誅之慮絕言路卽詔大興府鎖還本管十一月丙申平陽地震有聲自西北來戊戌夜又震自此時復震動浮山縣尤劇城解民居圮者十七八死者凡二三千人

　二年二月乙酉地大震有聲殷殷然六月七月至九月晦其震不一十一月京師民周修武宅前渠內火出高二尺焚其板橋又旬日大悲閣幡竿下石隙中火出高二三尺人近之卽滅凡十餘日自是都城連夜燔爇二三十處是歲四月山東河北大旱至六月雨復不止民間斗米至千餘錢　三年二月乙亥夜大風從西北來發屋折木吹清夷門關折二月戊午大悲閣災延燒萬餘家火五日不絕山東河北河東諸路大旱是歲有男子郝贊詣省言上卽位之後天變屢見火焚萬家風折門關非小異也宜退位讓有德有司問爾狂疾乎贊大言曰我不狂疾但爲社稷計宰相皆非其言每日省前大呼凡半月上怒誅之隱處崇慶元年七月辛未未時有風從東來吹帛一段高數十丈宛轉如龍墜於拱辰門內是歲河東陝西山東南京諸路旱　二年二月放進士榜有狂僧公言殺天子求之不知所在是歲河東陝西大旱京兆斗米至八千錢

至寧元年宣宗彰德故園竹開白花如鷺鷥藤紫雲覆城上數日俄而入繼大統七月以河東陝西諸路旱遣工部尚書高朶剌祈雨于嶽瀆至是雨足時斗米有至錢萬二千者八月癸巳衞紹王遇弑是日海水不潮寶坻鹽司懼其虧課致禱無應九月丙午宣宗卽位乃潮初衞王卽位改元大安四年改曰崇慶既而又改曰至寧有人謂曰三元大崇至矣俄而有胡沙虎之變

宣宗貞祐元年八月戊子夜將曙大霧蒼黑跬步無所見至辰巳間始散十二月乙卯雨木冰時衞州有童謠曰團圝冬劈半年寒食節沒人煙明年正月元兵破衞遂丘墟矣　二年六月潮白河溢漂古北口鐵裹關門至老王谷庚申南京寶鎭閣災壬戌上次宜村有黃龍見於西北冬黃河自陝州界至衞州八柳樹清十餘日鐵鱗皆見十二月己酉雨木冰　三年二月戊午大風隆德殿鴟尾壞三月戊辰大風霾四月自去冬不雨至於是月五月河南大蝗六月京城中夜妄相驚逐狼月餘方息十月丙申昏西北有霧氣如積土至二更乃散

　四年正月己未旦黑霧四塞巳時乃散是春河朔人相食五月河南陝西大蝗鳳翔扶風岐山郿縣蝗蟲傷麥七月旱癸丑飛蝗過京師

興定元年三月宮中有蝗四月單州雹傷稼陳州商水縣進瑞麥一莖四穗開封府進瑞麥一莖三穗二莖四穗五月乙丑河南大風吹府門署以去延州原武縣雹傷稼七月癸卯大社壇產嘉禾一莖十五穗秋霖雨十月邠州進白兔丹州進嘉禾異畝同穎　二年四月河南諸郡蝗五月秦陝狼害人六月旱是歲京師屢火遣禮部尚書楊雲翼禜之　三年春吏部火四月癸未陝右黑風晝起有聲如雷頃之地大震平凉鎭戎德順尤甚廬舍傾壓死者以萬計雜畜倍之夏旱十二月壬申雨木冰　四年正月戊辰二更天鳴有聲壬子晝晦有頃大雷風雨四月丁丑大風吹河南府署飛百餘步戶案門鑰開文牘飄散不知所在六月旱七月河南大水唐鄧尤甚十二月癸酉火是歲華州渭南縣民裴德寧家伐樹破其中有赤色太字表裏脗合有司言與唐大歷中成都瑞木有文天下太平者其事頗同蓋太平之兆也乞付史館　五年三月以久旱詔中外仍命有司祈禱十一月壬寅京師相國寺火十二月丁丑霜附木先是有童謠云青山轉轉山青耽誤盡少年人蓋言是時人皆爲兵轉鬬山谷戰伐不休當至老也

元光元年四月京畿旱十月上獵近郊獲白兔羣臣以爲瑞明日御便殿置鈴於項將縱之兔驚躍不已忽斃几上　二年正月辛酉日午有鶴千餘翔于殿庭移刻乃去七月乙卯丹鳳門壞壓死者數人十一月開封有虎害人是時屢有妖怪二年之中白日虎入鄭門吏部及宮中有狐狼鬼夜啼于華路烏鵲夜驚飛鳴蔽天十二月宣宗崩

哀宗正大元年正月戊午上初視朝尊太后爲仁聖宮皇太后太元妃爲慈聖宮皇太后是日大風飄端門瓦昏霾不見日黃氣塞天仁聖又夢乞丐萬數踵其後心惡之占者曰后爲天下母百姓貧窶將誰訴焉遂勑京城設粥與冰藥以應之人以爲壬辰癸巳之兆又有人衣麻衣望承天門大笑者三大哭者三有司拘而問之其人曰我笑者笑許大天下將相無人後哭者哀祖宗國家破蕩至此也有司以爲妖言處之重典上曰近詔草澤之士並許直言雖涉譏訕亦不治罪况此人言亦有理止不應笑哭闕下耳乃杖之　二年正月甲申有黃黑之祲四月旱京畿大雨雹　三年春大寒三月乙丑有火自吏部中出大如斛流行展轉人皆驚避踰時而滅四月旱蝗六月京東雨雹蝗死　四年六月丙辰地震八月癸亥大風吹左掖門鴟尾墜丹鳳門扉壞是日風霜損禾皆盡　五年春大寒二月雷而雪木之華者皆敗四月鄭州大雨雹桑柘皆枯京畿旱八月御座上聞若有言者曰不放捨則何索之不見　七年十二月新衞州北三里許有影在沙上如舊衞州城狀寺塔宛然數日乃滅

天興元年正月丁酉大雪二月癸丑又雪戊午又雪是時鈞州陽邑盧氏兵皆大敗五月大寒如冬七月庚辰兵刃有火閏八月己未有箭射入宮中九月辛丑夜大雷工部尚書蒲乃速震死　二年六月上遷蔡自發歸德連日暴雨平地水數尺軍士漂沒及蔡始晴復大旱數月識者以爲不祥初南京未破一二年間市中有一僧不知所從來持一布囊貯棗日散與市人無窮所在兒童百十從之又有一人拾街中破瓦復以石擊碎之人皆以爲狂不曉其理後乃知之其意蓋欲使人早散國家將瓦解矣

金史卷二十三考證

五行志邢洺深冀及河北西路○臣召南按洛字當作洺地與邢冀相連非河南洛陽也洺洛字形相似而誤耳

有龍起於渾儀鼇趺○趺音扶舊本訛跌

金史卷二十四

元　中書右丞相總裁脫脫等修

志第五

地理上（上京路　咸平路　東京路　北京路　西京路　中都路）

金之壤地封疆東極吉里迭兀的改諸野人之境北自蒲與路之北三千餘里火魯火疃謀克地爲邊右旋入泰州婆盧火所浚界壕而西經臨潢金山跨慶桓撫昌淨州之北出天山外包東勝接西夏逾黃河復西歷葭州及米脂寨出臨洮府會州積石之外與生羌地相錯復自積石諸山之南左折而東逾洮州越鹽川堡循渭至大散關北並山入京兆絡商州南以唐鄧西南皆四十里取淮之中流爲界而與宋爲表裏襲遼制建五京置十四總管府是爲十九路其間散府九節鎮三十六防禦郡二十二刺史郡七十三軍十有六縣六百三十二後復盡升軍爲州或升城堡寨鎮爲縣是以金之京府州凡百七十九縣加於舊五十一城寨堡關百二十二鎮四百八十八雖貞祐興定危亡之所廢置既歸大元或有因之者故凡可考必盡著之其所不載則闕之

上京路卽海古之地金之舊土也國言金曰按出虎以按出虎水源於此故名金源建國之號蓋取諸此國初稱爲內地天眷元年號上京海陵貞祐二年遷都于燕削上京之號止稱會寧府稱爲國中者以違制論大定十三年七月復爲上京其山有長白青嶺馬紀嶺完都魯水有按出虎水混同江來流河宋瓦江鴨子河府一領節鎮四防禦一縣六鎮一舊有會平州天會二年築契丹之周特城也後廢（其宮室有乾元殿天會三年建天眷元年更名皇極殿慶元宮天會十三年建殿曰辰居門曰景暉天眷元年安太祖以下御容爲原廟朝殿天眷元年建殿曰敷德門曰延光寢殿曰宵衣書殿曰稽古又有明德宮明德殿熙宗嘗享太宗御容於此太后所居也涼殿皇統二年構門曰延福樓曰五雲殿曰重明東廡南殿曰東華次曰廣仁西廡南殿曰西清次曰明義重明後東殿曰龍壽西殿曰奎文時令殿及其門曰奉元有泰和殿有武德殿有薰風殿其行宮有天開殿爻剌春水之地也有混同江行宮太廟社稷皇統三年建正隆二年毀原廟天眷元年以春亭名天元殿安太祖太宗徽宗及諸后御容春亭者太祖所嘗御之所也天眷二年作原廟皇統七年改原廟乾文殿曰世德正隆二年毀大定五年復建太祖廟興聖宮德宗所居也天德元年名之興德宮後更名永祚宮睿宗所居也光興宮世宗所居也正隆二年命吏部郎中蕭彥良盡毀宮殿宗廟諸大族邸第及儲慶寺夷其址耕墾之大定二十一年復修宮殿建城隍廟二十三年以甓束其城有皇武殿擊毬校射之所也有雲錦亭有臨漪亭爲籠鷹之所在按出虎水側）

會寧府下初爲會寧州太宗以建都升爲府天眷元年置上京留守司以留守帶本府尹兼本路兵馬都總管後置上京曷懶等路提刑司戶三萬一千二百七十（舊歲貢秦王魚大定十二年罷之又貢豬二萬二十五年罷之東至胡里改六百三十里西至肇州五百五十里北至蒲與路七百里東南至恤品路一千六百里至曷懶路一千八百里）縣三會寧（倚與府同時置有長白山青嶺馬紀嶺勃野淀綠野淀有按出虎河又書作阿木許有混同江來流河有得勝陀國言忽土皚葛蠻太祖誓師之地也）曲江（初名鎮東大定七年置十三年更今名）宜春（大定七年置有鴨子河）

肇州下防禦使舊出河店也天會八年以太祖兵勝遼肇基王績於此遂建爲州天眷元年十月置防禦使隸會寧府海陵時嘗爲濟州支郡承安三年復以爲太祖神武隆興之地陞爲節鎮軍名武興五年置漕運司以提舉兼州事後廢軍貞祐二年復陞爲武興軍節鎮置招討司以使兼州事戶五千三百七十五縣一始興（倚與州同時置有鴨子河黑龍江）

隆州下利涉軍節度使古扶餘之地遼太祖時有黃龍見遂名黃龍府天眷三年改爲濟州以太祖來攻城時大軍徑涉不假舟楫之祥也置利涉軍天德二年置上京路都轉運司四年改爲濟州路轉運司大定二十九年嫌與山東路濟州同更今名貞祐初陞爲隆安府戶一萬一百八十縣一利涉（倚與州同時置有混同江淶流河）鎮一（有混同館）

信州下彰信軍刺史本渤海懷遠軍遼開泰七年建取諸路漢民置戶七千三百五十九縣一武昌（本渤海懷福縣地）鎮一（八千戶）

蒲與路國初置萬戶海陵例罷萬戶乃改置節度使承安三年設節度副使（南至上京六百七十里東南至胡里改一千四百里北至北邊界火魯火疃謀克三千里）

合懶路置總管府貞元元年改總管爲尹仍兼本路兵馬都總管承安三年設兵馬副總管（舊貢海葱大定二十七年罷之有移鹿古水西北至上京一千八百里東南至高麗界五百里）

恤品路節度使遼時爲率賓府置刺史本率賓故地太宗天會二年以耶懶路都孛堇所居地瘠遂遷于此以海陵例罷萬戶置節度使因名速頻路節度使世宗大定十一年以耶懶速頻相去千里既居速頻然不可忘本遂命名親管猛安曰押懶猛安承安三年設節度副使（西北至上京一千五百七十里東北至胡里改一千一百里西南至合懶一千二百北至邊界斡可阿憐千戶二千里耶懶又書作押懶）

曷蘇館路置節度使天會七年徙治寧州嘗置都統司明昌四年廢（有化成關國言曰曷撒罕關）

胡里改路國初置萬戶海陵例罷萬戶乃改置節度使承安三年設節度副使（西至上京六百三十里北至邊界合里賓忒千戶一千五百里）

烏古迪烈統軍司後升爲招討司與蒲與路近

咸平路府一領刺郡一縣十

咸平府下總管府安東軍節度使本高麗銅山縣地遼爲咸州國初爲咸州路置都統司天德二年八月陞爲咸平府後爲總管府置遼東路轉運司東京咸平路提刑司戶五萬六千四百四縣八平郭（倚舊名咸平大定七年更）銅山（遼同州鎮安軍本漢襄平縣遼太祖時以東平寨置因名東平軍曰鎮東章宗大定二十九年以與東平重故更南有柴河北有清河西有遼河）新興（遼銀州富國軍本渤海富州熙宗皇統三年廢州更名來屬有范河北有柴河西有遼河）慶雲（遼祺州祐聖軍本以所俘檀州密雲民建州密雲後更名有遼河）清安（遼肅州信陵軍熙宗皇統三年降爲縣）榮安（東有遼河）歸仁（遼舊隸通州安遠軍本渤海強師縣遼更名金因之北有細河）玉山（章宗承安三年以馬速集平郭林河之間相去六百餘里之地置貞祐二年四月陞爲節鎮軍曰鎮安）

韓州下刺史遼置東平軍本渤海鄚頡府戶一萬五千四百一十二（舊有營）縣二臨津（倚未詳何年置）柳河（本渤海粵喜縣地遼以河爲名有拘柳河）

東京路府一領節鎮一刺郡四縣十七鎮五（皇統四年二月立東京新宮寢殿曰保寧宴殿曰嘉惠前後正門曰天華曰乾貞七月建宗廟有孝寧宮七年建御容殿）

遼陽府中東京留守司本渤海遼陽故城遼完葺之郡名東平天顯三年陞爲南京府曰遼陽十三年更爲東京太宗天會十年改南京路平州軍帥司爲東南路都統司之時嘗治於此以鎮高麗後置兵馬都部署司天德二年改爲本路都總管府後更置留守司（產白兎師姑布鼠毫白鼠皮人參白附子）戶四萬六百四縣四鎮一遼陽（倚東梁河國名兀魯忽必剌俗名太子河）鶴野鎮一（長宜曷蘇館在其地）宜豐（遼舊衍州安廣軍皇統三年廢爲縣有東梁河）石城（興定三年九月以縣之鑿寺爲嚴州名其倚郭縣曰東安置行省）

澄州南海軍刺史下本遼海軍天德三年改州名戶一萬一千九百三十五縣二鎮一臨溟鎮一（新昌）析木（遼同州廣利軍附郭析木縣也皇統三年廢州來屬有沙河）

瀋州昭德軍刺史中本遼定理府地遼太宗時置軍曰興遼後爲昭德軍置節度明昌四年改爲刺史與通貴德澄三州皆隸東京戶三萬六千八百九十二縣五樂郊（遼太祖俘三河之民建三河縣於此後改今名有渾河）章義（遼舊廣州皇統三年降爲縣來屬有遼河東梁河遼河大口）遼濱（遼舊遼州東平軍遼太宗改爲始平軍皇統三年廢爲縣有遼河）邑樓（遼舊興州興中軍常安縣遼舊置定理府刺史於此本邑樓故地大定二十九年章宗更名有范河清河國名叩畏必剌）雙城（遼雙州保安軍也皇統三年降爲縣章宗時廢）

貴德州刺史下遼貴德州寧遠軍國初廢軍降爲刺郡戶二萬八百九十六縣二貴德（倚有范河）奉集（遼集州懷遠軍奉集縣本渤海舊縣有渾河）

蓋州奉國軍節度使下本高麗蓋葛牟城遼辰州明昌四年罷曷蘇館建辰州遼海軍節度使六年以與陳同音更取蓋葛牟爲名戶一萬八千四百五十六縣四鎮二湯池（遼鐵州建武軍湯池縣）鎮一（神鄉）建安（遼縣）鎮一（大寧）秀巖（本大寧鎮明昌四年陞泰和四年廢爲鎮貞祐四年復陞置）熊岳（遼盧州玄德軍熊岳縣遼屬南女直湯河司）

復州下刺史遼懷遠軍節度明昌四年降爲刺史（舊貢鹿筋大定八年罷之）戶一萬三千九百五十縣二鎮一永康（倚舊名永寧大定七年更）化成（遼蘇州安復軍本高麗地興宗置皇統三年降爲縣來屬貞祐四年五月陞爲金州興定二年陞爲防禦）鎮一（歸勝）

來遠州下舊來遠城本遼熟女直地大定二十二年升爲軍後爲州

婆速府路國初置統軍司天德二年置總管府貞元元年與曷懶路總管並爲尹兼本路兵馬都總管（此路皆猛安戶）

北京路府四領節鎮七刺郡三縣四十二鎮七寨一堡五十六

大定府中北京留守司遼中京統和二十五年建爲中京國初因稱之海陵貞元元年更爲北京置留守司都轉運司警巡院（產麗鼠螺盃茱萸梳秕香蘇酥乳餅五味子）戶六萬四千四十七縣十一鎮二大定（倚遼縣舊名有土河七金山陰涼河）鎮一（恩化）長興（有塗河）富庶（有沁河）鎮一（文安）松山（遼松山州勝安軍松山縣開泰中置舊置刺史太祖天輔七年置觀察使皇統三年廢州來屬承安三年隸高州泰和四年復有陰涼河落馬河）神山（遼澤州神山縣遼太祖俘蔚州之民置章宗承安二年嘗置惠州陞孩兒館爲灤陽縣以隸之泰和四年罷州及灤陽縣）惠和（皇統三年以遼惠州惠和縣置）金源（唐青山縣遼開泰二年置以地有金甸爲名有駱駝山）和衆（遼榆州和衆縣皇統三年罷州來屬）武平（遼築城杏堝初名新州統和間更爲武安州皇統三年降爲武安縣來屬大定七年更名承安三年隸高州泰和四年復來屬）靜封（承安二年以胡設務置隸全州三年隸高州泰和四年來屬）三韓（遼代高麗遷馬韓辰韓弁韓三國民爲縣置高州太祖天輔七年以高州置節度使皇統三年廢爲縣承安三年復陞爲高州置刺史爲全州支郡分武平松山靜封三縣隸焉泰和四年廢有落馬河塗河）

利州下刺史遼統和十六年置戶二萬一千二百九十六縣二鎮一寨一阜俗（遼統和四年置金因之）龍山（遼故潭州廣潤軍縣故名熙宗皇統三年廢州來屬有榆河）寨一（蘭州）鎮一（漆河）

義州下崇義軍節度使遼宜州天德三年更州名戶三萬二百三十三縣三鎮一弘政（有淩河）開義（遼海北州廣化軍縣故名熙宗皇統三年廢州來屬）鎮一（饒慶）同昌（遼成州興府軍縣故名國初隸川州大定六年罷川州隸懿州承安二年復隸川州泰和四年來屬）

錦州下臨海軍節度使舊隸興中府後來屬戶三萬九千一百二十三縣三永樂（本慕容皝之西樂縣地）安昌神水（遼開泰二年置皇統三年廢爲鎮大定二十九年復升爲縣有土河）

瑞州下歸德軍節度使本來州天德三年更爲宗州

泰和六年以避睿宗諱謂本唐瑞州地故更今名戶一萬九千九百五十三縣三鎮一瑞安舊名來賓唐來遠縣也明昌六年更爲宗安泰和六年復更今名海陽遼潤州海陽軍故縣皇統三年廢州來屬鎮一遷民海濱本慕容皝集寧縣地遼隰州海平軍故縣皇統三年廢州來屬

廣寧府散下鎮寧軍節度使本遼顯州奉先軍漢望平縣地天輔七年升爲府因軍名置節度天會八年改軍名鎮寧天德二年隸咸平後廢軍隸東京泰和元年七月來屬戶四萬三千一百六十一縣三舊有奉玄縣天會八年改爲鍾秀縣鎮六寨四鎮二歡城遼西廣寧舊名山東縣大定二十九年更名有遼世宗顯陵鎮寨二閭城兒窩望平大定二十九年升梁漁務置鎮一有梁漁務山西店閭陽遼乾州廣德軍以奉乾陵故名奉陵縣天會八年廢州更名來屬有凌河有遼景宗乾陵鎮一閭陽衞家寨二大斧山北川

懿州下寧昌軍節度使遼嘗更軍名慶懿又爲廣順復更今名金因之先隸咸平府泰和末來屬戶四萬二千三百五十一縣二大定六年罷川州以宜民同昌二縣來屬承安二年復以二縣隸川州泰和四年罷川州以宜民隸興中同昌隸義州順安靈山本渤海靈峰縣地

興中府散下本唐營州城遼太祖遷漢民以實之曰霸州彰武軍重熙十一年升爲府更今名金因之戶四萬九百二十七縣四鎮三興中本唐柳城地南有凌河鎮一黔城永德遼安德州化平軍安德縣世宗大定七年更今名北有凌河鎮一皁安興城遼嚴州保肅軍縣故名皇統三年廢州隸錦州有桃花島宜民遼川州長寧軍會同中嘗名白川州天德五年去白字國初因之與同昌縣皆隸焉大定六年降爲宜民縣隸懿州承安二年復置川州改徽川寨爲徽川縣爲懿州支郡泰和四年罷州及徽川縣來屬鎮一咸康遼縣也國初廢爲鎮

建州下保靜軍刺史遼初名軍曰武寧後更金因之戶一萬一千四百三十九縣一永霸本唐昌黎縣地

全州下盤安軍節度使承安二年置改胡設務爲靖封縣黑河鋪爲盧川縣撥北京三韓縣烈虎等五猛安以隸焉貞祐二年四月嘗僑置于薊州戶九千三百一十九縣一安豐承安元年十月改豐州鋪爲安豐縣隸臨潢府三年置全州盤安軍節度使治有黃河黑河

臨潢府下總管府地名西樓遼爲上京國初因稱之天眷元年改爲北京天德二年改北京爲臨潢府路以北京路都轉運司爲臨潢府路轉運司天德三年罷貞元元年以大定府爲北京後但置北京臨潢路提刑司大定後罷路併入大定府路貞祐二年四月嘗僑置于平州有天平山好水川行宮地也大定二十五年命名有撒里乃地熙宗皇統九年嘗避暑于此有陷泉國言曰落孛魯有合裊追古思阿不漠合沙地戶六萬七千九百七縣五堡三十七大定間二十四後增臨潢倚有金粟河長泰有立列只山其北千餘里有龍駒河國言曰暍必剌有撒里葛覩地盧川承安二年以黑河鋪升隸全州後復來屬有潢河寧塞泰和元年五月置有滑河長寧遼永州永昌軍縣故名太祖天輔七年嘗置節度使皇統三年廢州來屬

慶州下玄寧軍刺史境內有祖州天會八年改爲奉州皇統三年廢境內有遼懷州遼太祖陵在焉舊置奉陵軍天會八年更爲奉德軍皇統三年廢遼太宗穆宗懷陵北山有遼聖宗興宗道宗慶陵城中有遼行宮比他州爲富庶遼時刺此郡者非耶律蕭氏不與遼國寶貨多聚藏于此北至界二十里南至盧川二百二十西至桓州九百東至臨潢一百六十戶二千七縣一舊有孝安縣天會八年改爲慶民縣皇統三年廢朔平有榷場務

興州寧朔軍節度使本遼北安州興化軍興化縣承安五年陞爲興州置節度軍名寧朔改利民寨爲利民縣撥梅堅河徒門必罕寧江速馬剌三猛安隸焉貞祐二年四月僑置于密雲縣戶一萬五千九百七十縣二又有利民縣承安五年以利民寨升泰和四年廢興化倚遼舊縣皇統三年降興化軍置隸大定府承安五年建興州於縣爲倚郭舊有白檀鎮宜興本興化縣白檀鎮泰和三年陞爲縣來屬

泰州昌德軍節度使遼時本契丹二十部族牧地海陵正隆間置德昌軍隸上京大定二十五年罷之承安二年復置于長春縣以舊泰州爲金安縣隸焉北至邊四百里南至懿州八百里東至肇州三百五十里戶三千五百四縣一舊有金安縣承安三年置尋廢堡十九長春遼長春州韶陽軍天德二年降爲縣隸肇州承安三年來屬有撻魯古河鴨子河有別里不泉

邊堡大定二十一年三月世宗以東北路招討司十九堡在泰州之境及臨潢路舊設二十四堡障參差不齊遣大理司直蒲察張家奴等往視其處置於是東北自達里帶石堡子至鶴五河地分臨潢路自鶴五河堡子至撒里乃皆取直列置堡戍評事移剌敏言東北及臨潢所置土堠樵絶當令所徙之民姑逐水草以居分遣丁壯營畢開壕塹以備邊上令無水草地官爲建屋及臨潢路諸堡皆以放良人戍守省議臨潢路二十四堡堡置戶二十共爲七百二十若營建畢官給一歲之食上以年饑權寢姑令開壕爲備四月遣吏部郎中奚胡失海經畫壕塹旋爲沙雪堙塞不足爲禦乃言可築二百五十堡堡日用工三百計一月可畢糧亦足備可爲邊防久計泰州九堡臨潢五堡之地斥鹵官可爲屋外自撒里乃以西十九堡舊戍軍舍少可令大鹽濼官木三萬餘與直東堡近嶺求木每家官爲構室一椽以處之

西京路府二領節鎮七刺郡八縣四十鎮九大定五年建宮室名其殿曰保安其門南曰奉天東曰宣仁西曰阜成天會三年建太祖原廟

大同府中西京留守司晉雲州大同軍節度遼重熙十三年升爲西京府名大同金因之皇統元年以燕京路隸尚書省西京及山後諸部族隸元帥府舊置兵馬都部署司天德二年改置本路都總管府後更置留守司置轉運司及中都西京路提刑司貢鷹鶻瑪瑙數珠產白鶻安息香松明松脂黃連百藥煎芥子煎鹽撈鹽石綠綠礬鐵甘草枸杞碾玉砂地蕈戶九萬八千四百四十四縣七鎮三大同倚遼析雲中置金因之有牛皮關武周山方山奚望山盛樂城御河鬬鷄臺平城外郭鹽場如渾水桑乾河紇真山有遼帝后像在華嚴寺鎮一奉義雲中晉舊縣名宣寧遼德州昭聖軍宣德縣大定八年更名有官山彌陀山石綠山產碾玉砂鎮一窟龍城懷安晉故縣名天城遼析雲中置白登本名長清大定七年更有白登臺採掠山懷仁遼析雲中置貞祐二年五月升爲雲州有黃花嶺錦屏山清涼山金龍山早起城日中城鎮一安七隍

豐州下天德軍節度使遼嘗更軍名應天尋復金因之皇統九年升爲天德總管府置西北路招討司以天德尹兼領之大定元年降爲天德軍節度使兼豐州管內觀察使以元管部族直撒軍馬公事並隸西南路招討司產不灰木地蕈戶二萬二千六百八十三縣一鎮一富民晉舊名有振黑山神山鎮一武

弘州下刺史遼名軍曰博寧本襄陰村統和中建國初置保寧軍後廢軍產瑪瑙戶二萬二千二縣二鎮二襄陰倚本名永寧大定七年改順聖本安塞軍故地遼應曆中置金因之鎮二陽門貞祐二年七月陞爲縣大羅

淨州下刺史大定十八年以天山縣升爲豐州支郡刺史兼權機察北至界八十里戶五千九百三十八縣一天山舊爲榷場大定十八年置爲倚郭

桓州下威遠軍節度使兵隸西北路招討司明昌七年改置刺史北至舊界一里半戶五百七十八縣一曷里滸東川更名金蓮川世宗曰蓮者連也取其金枝玉葉相連之義景明宮避暑宮也在京陘有殿揚武殿皆大定二十年命名有查沙有白濼國言曰勺赤勒清塞倚明昌四年以罷錄事司置

撫州下鎮寧軍節度使遼秦國大長公主建爲州章宗明昌三年復置刺史爲桓州支郡治柔遠明昌四年置司候司承安二年陞爲節鎮軍名鎮寧撥西北路招討司所管梅堅必剌王敦必剌拿憐朮花速宋葛斜忒渾四猛安以隸之戶一萬一千三百八十縣四有旺國崖大定八年五月更名靜寧山有麻達葛山大定二十九年更名胡土白山有水井柔遠倚大定十年置于燕子城隸宣德州明昌三年來屬有燕子城國言曰吉甫魯灣苑比羊城國言曰火唵榷場查剌嶺汙山大漁濼行宮有樞光殿有雙山七里河石井蝦嘆山昂吉濼又名鴛鴦濼得勝口舊名北望淀大定二十年更集寧明昌三年以春市場置北至界二百七十里豐利明昌四年以泥濼置有鹽泊威寧承安二年以撫州新城鎮置

德興府晉新州遼奉聖州武定軍節度國初因之大安元年陞爲府名德興戶八萬八百六十八縣六有漫天嶺泰和二年更名拂雲平惡崖更名壘翠巖鎮一德興倚舊名永興縣大安元年更名有涿鹿定方水鎮有雞鳴山嬀川遼可汗州清平軍本晉嬀州會同元年遼太祖嘗名可汗州縣舊曰懷戎更名懷來明昌六年更今名西北有合河亀頭館石橋明昌四年建縉山遼儒州縉陽軍縣故名皇統元年廢州來屬崇慶元年陞爲鎮州鎮一永安望雲本雲川地遼帝嘗居號曰御莊後更爲縣今因之礬山晉故縣國初隸弘州明昌三年來屬龍門晉縣國初隸弘州後來屬明昌三年割隸宣德州有慶寧宮行宮也泰和五年以提舉兼龍門令

昌州天輔七年降爲建昌縣隸桓州明昌七年以狗濼復置隸撫州後來屬戶一千二百四十一縣一寶山有狗濼國言曰押恩尼要其北五百餘里有日月山大定二十年更曰抹白山國言涅里塞一山

宣德州下刺史遼改晉武州爲歸化州雄武軍大定七年更爲宣化州八年復更爲宣德戶三萬二千一百四十七縣二宣德舊文德縣大定二十九年更名宣平承安二年以大新鎮置以北邊用兵嘗駐此地

朔州中順義軍節度使貞祐三年七月嘗割朔州廣武縣隸代州產鐵荊三稜枸杞戶四萬四千八百九十縣二鄯陽晉故縣有桑乾河太和嶺天池鴈門關霸德山馬邑晉故縣貞祐二年五月陞爲固州有洪濤山灅水又曰桑乾河

武州邊下刺史大定前仍置宣威軍戶一萬三千八百五十一縣一寧遠晉故縣有黃河

應州下彰國軍節度使戶三萬二千九百七十七縣三金城晉故縣有黃瓜堆復宿山桑乾河渾河寧川水黃花城山陰本名河陰大定七年以與鄭州屬縣同故更焉貞祐二年五月陞爲忠州有黃花嶺桑乾河渾源晉縣貞祐三年五月陞爲渾源州產鹽

蔚州下忠順軍節度使遼嘗更爲武安軍尋復貢地蕈戶五萬六千六百七十四縣五靈仙北有桑乾河代王城廣靈亦作廣陵遼統和三年析靈仙置薄家村靈丘晉縣貞祐二年四月陞爲成州四年割爲代州支郡定安晉縣有桑乾河貞祐二年四月陞爲定安州飛狐晉縣

雲內州下開遠軍節度使天會七年徙奚第一第三部來戍產青鎌戶二萬四千八百六十八縣二鎮一柔服夾山在城北六十里鎮一寧仁舊縣也大定後廢爲鎮雲川本曷董館後陞爲裕民縣皇統元年復廢爲曷董館大定二十九年復陞更爲今名

寧邊州下刺史國初置鎮西軍貞祐三年隸嵐州四年二月陞爲防禦戶六千七十二縣一寧邊正隆三年置

東勝州下邊刺史國初置武興軍有古東勝城戶三
千五百三十一 縣一 鎮一 東勝 鎮一寧化
部族節度使
烏昆神魯部族節度使軍兵事屬西北路招討司
明昌三年罷節度使以招討司兼領
烏古里部族節度使
石壘部族節度使
助魯部族節度使
孛特本部族節度使
計魯部族節度使
唐古部族承安三年改為部羅火扎石合節度使
迪烈又作迭剌女古部族承安三年改為土魯渾扎石
合節度使
詳穩九處
咩乣詳穩貞祐四年六月改為葛也阿鄰猛安
木典乣詳穩貞祐四年改為抗葛阿鄰謀克
骨典乣詳穩貞祐四年改為撒合輦必剌謀克
唐古乣詳穩
耶剌都乣詳穩
移典乣詳穩
蘇木典乣詳穩近北京
胡都乣詳穩
霞馬乣詳穩
羣牧十二處
斡獨椀羣牧大定四年改為斡覩只羣牧
蒲速斡羣牧本斡覩只地大定七年分置
耶魯椀羣牧
訛里都羣牧
乣斡羣牧
歐里本羣牧
烏展羣牧
特滿羣牧
駝駝都羣牧
訛魯都羣牧
忒恩羣牧承安四年創置
蒲鮮羣牧承安四年創置
中都路遼會同元年為南京開泰元年號燕京海陵貞
元元年定都以燕乃列國之名不當為京師號遂改為
中都府一領節鎮三刺郡九縣四十九鎮七天德三年始圖上燕
城宮室制度三月命張浩等增廣燕城城門十三東曰施仁曰宣曜曰陽春南曰景風曰豐宜曰端禮西曰麗

澤曰顯華曰彰義北曰會城曰通玄曰崇智曰光泰浩等取眞定府潭園材木營建宮室及涼位十六 應天
門十一楹左右有樓門內有左右翔龍門及日華月華門前殿曰大安殿左右掖門內殿東廊曰敷德門大安殿
之東北為東宮正北列三門中曰粹英為壽康宮母后所居也西曰會通門門北曰承明門又北曰昭慶門東
曰集禧門尚書省在其外其東西門左右嘉會門也門有二樓大安殿後門之後也其北曰宣明門則常朝後
殿門也北曰仁政門傍為朵殿朵殿上為兩高樓曰東西上閤門內有仁政殿常朝之所也 宮城之前廊東
西各二百餘間分為三節節為一門將至宮城東西轉各有廊百許間馳道兩傍植柳廊脊覆碧瓦宮闕殿門
則純用碧瓦應天門舊名通天門大定五年更七年改福壽殿曰壽安宮明昌五年復以隆慶宮為東宮慈訓
殿為承華殿承華殿者為皇子所居之東宮也泰和殿泰和二年更名慶寧殿又有崇慶殿 魚藻池瑤池殿
位貞元元年建有神龍殿又有觀會亭又有安仁殿隆德殿臨芳殿皇統元年有元和殿 有常武殿有廣武
殿為擊毬習射之所京城北離宮有大寧宮大定十九年建後更為壽寧又更為壽安明昌二年更為萬寧
宮瓊林苑有橫翠殿寧德宮西園有瑤光臺又有瓊花島又有瑤光樓皇統元年有宣和門正隆二年有宣華
門又有撒合門
大興府上晉幽州遼會同元年陞為南京府曰幽都
仍號盧龍軍開泰元年更為永安析津府天會七年
析河北為東西路時屬河北東路貞元元年更今名
戶二十二萬五千五百九十二大定四年十月命都門外夾道重行植柳
各百里產金銀銅鐵藥產滑石半夏蒼朮代赭石白龍骨薄荷五味子白牽牛 縣十 鎮一
大興倚遼名析津貞元二年更今名有建春宮 鎮一廣陽 宛平倚本晉幽都縣遼開
泰二年有玉泉山行宮 安次晉舊名 漷陰遼太平中以漷陰村置 永清晉舊名
寶坻本新倉鎮大定十二年置以香河縣近民附之承安三年陞置盈州為大興府支郡以香河武
清隸焉尋廢州 香河遼以武清縣之孫村置 昌平有居庸關名查剌合攀 武清晉縣
良鄉有料石岡閻溝
通州下刺史天德三年陞潞縣置以三河隸焉興定
二年五月陞為防禦戶三萬五千九十九 縣二
潞晉縣名有潞水 三河晉縣名
薊州中刺史遼置上武軍戶六萬九千一十五產栗縣
五舊又有永濟縣大定二十七年以永濟務置未詳何年廢又有黎谿縣廢置皆未詳 鎮二
漁陽倚 遵化遼景州清安軍 鎮一石門 豐潤泰和間置 玉田有行宮偏林大
定二十年改為御林 鎮一韓城 平峪大定二十七年以漁陽縣大王鎮陞
易州下刺史遼置高陽軍戶四萬一千五百七十七
縣二 易有易水 淶水有淶水
涿州中刺史遼為永泰軍貢羅戶一十一萬四千九百
一十二 縣五 鎮一 范陽倚晉縣有湖梁河有劉李河 鎮一
攻滿 固安晉縣 新城 定興大定六年以范陽縣黃村置割淶水易縣近民賜之有巨
馬河 奉先大定二十九年置萬寧縣以奉山陵明昌二年更今名有房山龍泉河盤寧宮
順州下刺史遼置歸化軍戶三萬三千四百三十三
縣一 溫陽舊名懷柔明昌六年更有螺山渝水兕兒山 密雲遼檀州武威軍
古北口國言曰留斡嶺
平州中興平軍節度使遼為遼興軍天輔七年以燕
西地與宋遂以平州為南京以錢帛司為三司天會

四年復為平州嘗置軍帥司天會十年徙軍帥司治
遼陽府後置轉運司貞元元年以轉運司併隸中都
路貞祐二年四月置東面經略司八月罷貢櫻桃戶四
萬一千七百四十八 縣五 鎮一 盧龍倚 撫寧
本新安鎮大定二十九年置 海山本漢海陽故城遼以所俘望都縣民置故名望都大定七年更
名 遷安本漢令支縣故城遼以所俘安喜縣民置因名安喜大定七年更今名 鎮一建昌
昌黎遼營州鄰海軍以所俘定州民置廣寧縣皇統二年降州來屬大定二十九年以與廣寧府重
故更今名
灤州中刺史本黃落故城遼為永安軍天輔七年因
置節度使戶六萬九千八百六 縣四松亭關國名斜烈只 鎮
二 義豐倚 石城有長春行宮長春淀舊名大定淀大定二十年更名 鎮一榛子
馬城 樂亭 鎮一新橋
雄州中天會七年置永定軍節度使賜名易陽郡隸
河北東路貞元二年來屬戶二萬四百一十一 縣
三 歸信倚有易水巨馬河 容城泰和八年割隸安州貞祐三年隸安肅州有南易水
大泥淀渾泥村 保定宋保定軍後廢為縣
霸州下刺史遼益津郡隸河北東路貞元二年來屬
戶四萬一千二百七十六 縣四 益津倚大定二十九年潮
置倚郭 文安 大城 信安國初因宋為信安軍大定七年降為信安縣隸霸州
元光元年四月陞為鎮安府所以重高陽公張甫也
保州中順天軍節度使宋舊軍事天會七年置順天
軍節度使隸河北東路貞祐二年來屬海陵賜名清
苑郡戶九萬三千二十一 縣二 清苑倚宋名保塞大定十
六年更有抱陽山沉水饋軍河 滿城大定二十八年以清苑縣塔院村置
安州下刺史宋順安軍治高陽天會七年陞為安州
隸河北東路後置高陽軍大定二十八年徙治葛城
因陞葛城為縣作倚郭泰和四年改混泥城為渥城
縣來屬八年移州治於渥城以葛城為屬縣戶三萬
五百三十二 縣三 渥城倚泰和四年置 葛城大定二十八年置
高陽泰和八年正月改隸莫州四月復有徐河百濟河
遂州下刺史宋廣信軍天會七年改為遂州隸河北
東路貞元二年來屬號龍山郡泰和四年廢為遂城
縣隸保州貞祐二年復置州戶一萬一千一百七十
四 縣一 遂城倚有光春宮行宮有遂城山易水漕水鮑河
安肅州下刺史宋安肅軍天會七年陞為徐州軍如
舊隸河北東路貞元二年來屬天德三年改為安肅
州軍名徐郡軍大定後降為刺郡廢軍戶一萬二千
九百八十 縣一 安肅按金初州郡志無霸保安遂安肅六州皆隸廣寧府
太宗紀載天會七年分河北為東西路則隸河北東路豈以平州為南京之後以六州隸廣寧也不然則
郡志誤

金史卷二十五
元中書右丞相總裁脫脫等修
志第六
地理中南京路 河北東路 河北西路 山東東路 山東西路
南京路國初曰汴京貞元元年更號南京府三領節鎮
三防禦八刺史郡八縣一百八鎮九十八都城門十四曰開陽曰宣
仁曰安利曰平化曰通遠曰宜照曰利川曰崇德曰迎秋曰廣澤曰順義曰迎朔曰順常曰廣智宮城門南外
門曰南薰南薰北新城門曰豐宜橋曰龍津橋北門曰丹鳳其門三丹鳳北曰舟橋橋少北曰文武樓遵御路
而北橫街也東曰太廟西曰郊社正北曰承天門其門五雙闕前引東曰登聞檢院西曰登聞鼓院檢院東曰
左掖門門南曰待漏院鼓院西曰右掖門門南曰都堂直承天門北曰大慶門門東曰日精門又東曰左昇平
門大慶門西曰月華門又西曰右昇平門正殿曰大慶殿前有龍墀南又有丹墀東廡曰嘉福樓西廡曰嘉瑞
樓大慶後曰德儀殿殿東曰左昇龍門西曰右昇龍門正門曰隆德內有隆德殿有蕭牆有丹墀隆德殿左曰
東上閤門右曰西上閤門皆南向鼓樓在東鐘樓在西隆德之次曰仁安門仁安殿東則內侍局又東曰近侍
局又東則嚴祇門宮中則稱曰撒合門少南曰東樓則授除樓也西曰西樓仁安之次曰純和殿正寢也純和
西曰雪香亭亭北則后妃位也有樓樓西曰瓊香亭亭西曰涼位有樓樓北少西曰玉清殿純和之次曰福寧
殿殿後曰苑門內曰仁智殿有二太湖石左曰敷錫神運萬歲峰右曰玉京獨秀太平巖殿曰山莊其西南曰
翠微閣苑門東曰儀詔院院北曰翠峰峰之洞曰大滌湧翠東連長生殿又東曰湧金殿又東曰蓬萊殿長生
西曰浮玉殿又西曰瀛洲殿長生殿南曰閱武殿又南曰內藏庫嚴祇門東曰尚食局又東曰宣徽院院北曰
御藥院又北右藏庫東則左藏庫宣徽院東曰點檢司司北曰秘書監又北曰學士院又北曰諫院又北曰武
器署點檢司南曰儀鸞局又南曰尚輦局宣徽院南曰拱衛司又南曰尚衣局其南為繁禧門又南曰安泰門
門與左昇龍門相直東壽聖宮兩宮太后位也本明俊殿試進士之所宮北曰徽音院又北曰燕壽殿殿垣後
少西曰振肅衞司東曰中衞尉司儀鸞局東曰小東華門更漏在焉中衞尉司東曰祇肅門少東南曰將軍司
徽音壽聖東曰太后苑苑殿曰慶春與燕壽殿並小東華與正東華門對東華門內正北尚廄局其西北曰臨
武殿左掖門北尚食局南曰宮苑司其西北尚醞局湯藥局侍儀司少西曰符寶局器物局又西則撒合門也
嘉瑞樓西曰三廟正殿曰德昌東曰文昭西曰光興德昌後宣宗廟也宮西門曰西華與東華相直北門曰安
貞
開封府上留守司留守帶本府尹兼本路兵馬都總
管天德二年罷行臺尚書省置轉運司提刑司天德
二年置統軍司有藥市四榷場產密蠟香茶心紅朱紅地龍黃柏 天德四年
戶二十三萬五千八百九十泰和末戶百七十四萬
六千二百一十 縣十五 鎮十五 開封東附郭有古通
津臨蔡關汴河 鎮一延嘉 祥符西附郭有岳臺浚水沙臺祟臺夷門山蔡河金水河廣濟河來
泉河 鎮三陳橋八角郭橋 陽武有沙池黑陽山黃河汴河白溝河 通許宋名咸平大定
二十九年以與咸平府重更有牛首城婁亭 泰康有魯溝蔡河渦河 鎮一崔橋 中牟
有汴河鄭河中牟臺 鎮四圃田陽武萬勝白沙鎮 杞宋雍丘縣杞國也正隆後更今名 鎮
一圉城 鄢陵有洧水潩水太丘城 鎮一馬欄橋 尉氏有惠民河長明溝 鎮二
朱家曲宋樓 扶溝有郝耶山洧水白亭 鎮二建雄義店舊有赤倉頭 陳留有皇栢山
堌丘汴河 延津貞元三年七月升為延州有土山黃河 洧川貞祐二年置惠民倉興定二年
四月以尉氏縣之宋樓鎮陞 長垣 封丘
睢州下刺史宋拱州保慶軍國初猶稱拱州天德三

年更戶四萬六千三百六十　縣三　鎮一　襄邑 古襄牛地有汴河睢水渙水承匡城 鎮一 重華 考城 宋隸南京正隆前隸曹州後來屬葵丘有黃河黃陂岡元光二年改爲通安堡 柘城 古株林首土地在焉有渙水泡水沮水

歸德府散中宣武軍故宋州宋南京應天府河南郡歸德軍國初置宣武軍戶七萬六千三百八十九　縣六　鎮四　睢陽 宋名宋城承安五年更名有鷹鷺池汴水睢水渙水 鎮一 葛驛 寧陵 大定二十二年徙於汴河堤南古城有汴水睢水渙水 下邑 有汴水黃水 鎮一 會亭 虞城 有孟諸藪 穀熟 有汴水穀水 鎮二 營城洛陽又有舊高辛鎮 楚丘 國初隸曹州海陵後來屬興定元年以限河不便改隸單州有景山京岡

單州中刺史宋碭郡貞祐四年二月陞爲防禦興定五年二月置招撫司以安集河北遺黎戶六萬五千五百四十五　縣四　單父 有棲霞山泡溝 成武 有堂溝 魚臺 有泗水涓溝五丈溝 碭山 興定元年以限河不便改隸歸德府有芒碭山古汴渠午溝

壽州下刺史宋隸壽春府貞元元年來屬泰和六年六月升爲防禦戶八千六百七十七　縣二　鎮一　下蔡 有硤石山潁水淮水 蒙城 宋隸亳州國初來屬有猥山渦水 鎮一 蒙館

陝州下防禦宋陝郡保平軍節度皇統二年降爲防禦貞祐二年七月陞爲節鎮戶四萬一千一十　縣四　鎮七　陝 倚有甘山峴頭山三崤山底柱山莫河橐水 鎮一 石壕 靈寶 有夸父山黃河稠桑澤古函谷 鎮二 乾壕關東 湖城 有荊山鑄鼎原鳳林泉鼎湖 鎮二 三門集津 閿鄉 太華山黃河玉澗水潼關大谷關 鎮二 張店故鎮舊又有曹張鎮恐誤

鄧州武勝軍節度使宋南陽郡嘗置榷場戶二萬四千九百八十九　縣三　鎮六　穰城 倚有五壟山覆釜山湍水朝水 鎮四 順陽新野穰東板橋 南陽 有豫山百重山豐山梅溪水白水清冷水 鎮一 張村 內鄉 有高前山熊耳山黃水菊水淅水富水 鎮一 峽口

唐州中刺史宋淮安郡嘗置榷場戶一萬一千三十一　縣四　鎮四　泌陽 倚有泌水醴水 鎮一 明陽 比陽 有大明湖中陽山比水 鎮一 羊冊 湖陽 貞祐元年廢 鎮一 羅集 桐柏 大定十年始置正官興定五年六月廢有桐柏山淮水桐河 鎮一 許封大定二十八年命規措界壕於唐鄧間

裕州本方城縣泰和八年正月陞置以方城縣爲倚郭割汝州葉縣許州舞陽隸焉戶八千三百　縣三　鎮四　方城 倚有方山城衡山堵水 鎮一 平臺 葉 本隸汝州泰和八年來屬有方城山石塘河澧水 鎮一 臨墳 舞陽 本隸許州泰和八年來屬有伏牛山馬鞍山舞水汝水溱水溼水 鎮二 吳城北舞

河南府散中宋西京河南府雒陽郡初置德昌軍興定元年八月陞爲中京府曰金昌戶五萬五千六百三十五　縣九 正隆郡志有壽安縣紀錄皆無 鎮四　洛陽 倚有北邙山正隆六年更名太平山稱舊名者以違制論有伊洛瀍澗金水銅駝街金粟山金谷 鎮一 龍門 澠池 有天壇山廣陽山黃河澠河 登封 有太室山箕山陽城山少室山宣宗置御寨其上舊有潁陽鎮後廢 孟津 貞祐三年七月升爲洵州十二月復爲縣 鎮一 長泉舊有河清鎮後廢 芝田 宋名永安貞元元年更有轘轅山青龍山 新安 有闕門山長石山金水穀水陂水 偃師 有北邙山緱氏山石山景山黃河洛水 鎮一 緱氏 宜陽 有錦屏山鹿蹄山慈鵲山女几山洛水昌水少水 鞏 有侯山九黃河洛水 鎮一 洛口

嵩州中刺史舊名順州天德三年更戶二萬六千六百四十九　縣四　鎮四　伊陽 宋隸河南府有二塗山陸渾山鼓鐘山伊水清陽水 鎮一 鳴皐舊有伊陽鎮後廢 永寧 宋隸河南府正隆六年以前寄治於府後即鎮爲縣有三涂山熊耳山嶕嶢山天柱山黃河杜陽水 鎮一 府店 福昌 宋隸河南府有女几山金門山 鎮二 韓城三鄉 長水 宋隸河南府有檀山松陽山洛水松陽水

汝州上刺史宋臨汝郡陸海軍節度國初爲刺郡貞祐三年八月升爲防禦戶三萬五千二百五十四　縣四　鎮二　梁 有霍陽山崆峒山紫邏山汝水廣潤河正隆六年敕環汝州百五十里內州縣商賈赴溫湯置市 郟城 宋隸許州有汝水扈澗河 鎮一 黃道 魯山 有堯山湛水鴉河 寶豐 有麥城龍城 鎮一 汝南

許州下昌武軍節度使宋潁昌府許昌郡忠武軍戶四萬五千五百八十七　縣五　鎮七　長社 倚有潩水潁水 鎮二 許由椹澗 郾城 有長沙河五溝水 鎮二 駝口新寨 長葛 有小陘洧水 臨潁 鎮二 合流繁城 襄城 本隸汝州泰和七年來屬 鎮一 潁橋

鈞州中刺史舊陽翟縣僞齊升爲潁順軍大定二十二年升爲州仍名潁順二十四年更今名戶一萬八千五百一十　縣二　鎮一　陽翟 倚有具茨山三封山荊山潁水 新鄭 宋隸鄭州有溱洧潩三水 鎮一 郭店

亳州上防禦使宋譙郡集慶軍隸揚州貞祐三年升爲節鎮軍名集慶戶六萬五百三十五　縣六　鎮五 舊有福寧馬頭二鎮 譙 倚有渦水泡水 鎮一 雙溝 鹿邑 有濁水明水 鎮一 鄲城 衛眞 有渦水沙水 鎮一 谷陽 城父 有渦水沒水 酇 有睢水汴河白龍潭 鎮一 酇陽 永城 興定五年十二月升爲永州以下邑碭山酇縣隸焉有芒山汴河 鎮一 保安

陳州下防禦使宋淮寧府淮陽郡鎮安軍戶二萬六千一百四十五　縣五　鎮二　宛丘 有蔡河潁水淯水 項城 有潁水百尺堰 南頓 鎮一 殄寇 商水 本溵水宋避宣祖諱改有商水潁水 西華 有宜陽山蔡河潁水 鎮一 長平

蔡州中防禦使宋汝南郡淮康軍泰和八年升爲節度軍曰鎮南嘗置榷場戶三萬六千九十三　縣六　鎮二　汝陽 有溱水濆水 鎮一 保城 遂平 有吳房山吳城山龍泉水瀙水 上蔡 西平 有九頭山溵水都艾陂 確山 有確山沒水溱水 鎮一 毛宗 平輿

息州本新息縣泰和八年陞爲息州以新息爲倚郭割眞陽褒信新蔡隸焉爲蔡州支郡戶九千六百八十五　縣四　鎮一　新息 倚 鎮一 王務 眞陽 本隸蔡州泰和八年來屬有淮水汝水石塘陂 褒信 本隸蔡州泰和八年來屬有汝水葛陂 新蔡 本隸蔡州泰和八年來屬有汝水

鄭州中防禦宋滎陽郡奉寧軍節度戶四萬五千六百五十七　縣七　鎮三　管城 倚貞祐四年更名故市有圃田澤 滎陽 有鴻溝京索二水 密 有大隗山溱水洧水 鎮二 大隗鎮水 河陰 原武 鎮一 陳橋 汜水 有虎牢關 滎澤 有廣武山舊有賈谷許橋二鎮在鄭境

潁州下防禦宋順昌府汝陰郡嘗置榷場正隆四年罷榷場戶一萬六千七百一十四　縣四　鎮十一 舊有萬善鎮後廢 汝陰 倚有潁水淮水泥水汝水 潁上 元光二年十一月改隸壽州潁水淮水 鎮十 永寧潁口王家市樂頭永清椒陂正陽江陂界溝斤溝 泰和 有潁水 沈丘 有武丘 鎮一 永安

宿州中防禦宋符離郡保靜軍節度隸揚州國初隸山東西路大定六年來屬貞祐三年陞爲節鎮軍曰保靜戶五萬五千五十八　縣四　鎮八　符離 舊有荊山鎮 倚有諸陽山汴河睢水陴湖 鎮三 曲溝符離黃團 臨渙 有嵇山汴河肥水 鎮三 柳子鄲澤桐墟 靈壁 宋元祐元年置 鎮一 西固 蘄 有渙水蘄水 鎮一 靜安

泗州中防禦使宋臨淮郡正隆四年正月罷鳳翔府唐鄧潁蔡鞏洮等州幷膠西縣諸榷場但置榷場於泗州先隸山東西路大定六年來屬戶八千九十二　縣四　鎮六　淮平 舊盱眙縣明昌六年以宋爲盱眙軍故更 虹 有朱山汴河淮水廣濟渠 鎮二 千仙通海 臨淮 鎮四 安河吳城青陽翟家灣 睢寧 興定二年四月以宿遷縣之古城置又有淮濱興定二年四月以桃園置元光二年四月廢

邊戍

皇統元年十月都元帥宗弼與宋約以淮水中流爲界西自鄧州南四十里西南四十里爲界泰和八年設沿淮巡檢使及朐山縣完瀆村剏立巡路置巡檢

河北東路天會七年析河北爲東西路各置本路兵馬都總管府一節鎮二防禦一刺郡五縣三十鎮三十八

河間府中總管府瀛海軍宋河間郡瀛海軍天會七年置總管府正隆間升爲次府置瀛州瀛海軍節度使兼總管置轉運司後復置總管府河北東西大名等路提刑司 產無縫綿滄鹽藺席馬藺花香附子鍛蟹乾魚 戶三萬一千六百九十一　縣二　鎮三　河間 倚有滹沱河君子館 鎮三 策城永寧北林 肅寧

蠡州下刺史宋永寧軍國初因之天會七年陞爲寧州博野郡軍天德三年更爲蠡州戶二萬九千七百九十七　縣一　鎮一　博野 倚有沙河唐河 鎮一 新橋

莫州下刺史宋文安郡軍防禦治任丘貞祐二年五月降爲鄚亭縣戶二萬二千九百三十三　縣一　鎮一　任丘　鎮一 長豐

獻州下刺史本樂壽縣天會七年升爲壽州天德三年更今名戶五萬六百三十二　縣二　鎮十　樂壽 倚有徒駭河滹漢獻王陵 交河 大定七年以石家圈置 鎮十 景城南大樹劉解槐家祭軍貫河北望夾灘策河沙渦

冀州上宋信都郡天會七年仍舊置安武軍節度戶三千六百七十　縣五　鎮六　信都 倚有胡盧河降水 鎮一 來遠後廢 南宮 有降水枯瀆 鎮三 唐陽後增寧化七公二鎮 衡水 有長盧河降水 武邑 有漳河長盧河 鎮一 觀津後廢 棗強 鎮一 廣川後廢

深州上刺史宋饒陽郡防禦國初爲刺郡戶五萬六千三百四十　縣五　鎮一　靜安 倚有衡漳水大陸澤 鎮一 下博 束鹿 有衡漳滹沱河 武強 置河倉有衡漳水武強泉 饒陽 有滹沱河 安平 有沙水滹沱河

清州中宋乾寧郡軍國初因置軍天會七年以守邊置防禦戶四萬七千八百七十五　縣三　鎮一　會川 本名乾寧貞元元年更名置河倉 鎮一 范橋 興濟 本隸滄州大定六年來屬 靖海 明昌四年以清州窩子口置

滄州上橫海軍節度宋景城郡貞元二年來屬戶一十萬四千七百七十四　縣五　鎮十一　清池 置河倉有浮陽水徒駭河 鎮五 長蘆新饒安舊饒安乾符郭疃舊有郭橋後廢 無棣 有老烏山高津河 鎮一 分水 鹽山 有鹽山浮水 鎮四 海豐海潤後增利豐擴頭二鎮 南皮 置河倉有大小台山永濟河潔河 鎮一 馬明 樂陵 有高津河篤馬河鈎盤河舊有會寧河永利東中三鎮後廢

景州上刺史宋永靜軍同下州治東光國初陞爲景州貞元二年來屬大安間更爲觀州避章廟諱也戶六萬五千八百二十八　縣六　鎮四　東光 倚置河倉有永濟渠漳河 鎮一 建橋 阜城 有衡水漳水河劉豫祖塋在縣南十二里 將陵 置河倉有永濟渠漳河 吳橋 有永濟渠 蓚 宋隸冀州有漳河蓚市 寧津 鎮三 保安西廣平會津

河北西路天會七年析爲西路府三節鎮二防禦二刺郡五縣六十一鎮三十三

眞定府上總管府成德軍宋常山郡鎮州成德軍節度正隆間依舊次府置本路兵馬都總管府轉運司 產蘿器銅鐵有丹粉湯烏梨藥則有茴香零陵香御米穀天南星皂角木瓜芎井泉石 戶一十三萬七千一百三十七　縣九　鎮三　眞定 倚有茂山滋水滹沱水 藁城 有滋水滹沱水 平山 欒城 有派水洨水 獲鹿 興定三年三月升爲鎮寧州權河北西路以經略使武仙駐焉有華山滹沱水 行唐 有玉女山常山 鎮二 嘉祐北鎮舊有行臺新年二鎮後廢 阜平 明昌四年以北鎮置 靈壽 鎮一 慈谷 元氏 有封龍山槐河

威州下刺史天會七年以井陘縣升置陘山郡軍後爲刺史戶八千三百一十　縣一　井陘

沃州上刺史宋徽宗升爲慶源府趙郡慶源軍治平

棣天會七年改爲趙州天德三年更爲沃州蓋取水沃火之義軍曰趙郡軍後廢軍戶三萬八千一百八十五　縣七　鎮一　平棘 倚有洨水槐水 臨城 有敦輿山彭山泜水 高邑 有贊皇山濟水 贊皇　寧晉 有洨水寖水 鎮一 奉城 柏鄉　隆平

邢州上安國軍節度宋信德府鉅鹿郡安國軍節度天會七年降爲邢州仍置安國軍節度 產玄精石 戶八萬二百九十二　縣八　鎮四　邢臺 有石門山百巖山蓼水渦水 唐山 有堯山泜水 內丘 有干言山內丘山泜水渚水 平鄉　鎮一 道武 任 有澿水任水 鎮一 新店 沙河 有湯水渦水 鎮一 綦村 南和 有任水泜水 鉅鹿 有大陸澤漳河落漠水 鎮一 團城

洺州上防禦廣平郡治永年天會七年以守邊置防禦使戶七萬三千七十　縣九　鎮四　永年 有輪漢山洺水漳水 鎮一 西臨洺 廣平 本鷄澤縣大定七年更 宗城　新安　成安　肥鄉　鎮一 新安 雞澤 有洺水漳水沙河 曲周　鎮二 平恩白家 灘 洺水

彰德府散下宋相州鄴郡彰德軍節度治安陽天會七年仍置彰德軍節度明昌三年陞爲府以軍爲名戶七萬七千二百七十六　縣五　鎮五　安陽 倚有韓陵山龍山洹水防水 鎮三 天祐永和豐樂 林慮 舊林慮鎮貞祐三年十月升爲林州置元帥府興定三年九月升爲節鎮以安陽縣水治村爲輔巖縣隸焉隆慮山洹山漳水 湯陰 有牟山羑水蕩水通清美里 鎮一 鶴壁 臨漳 東山漳水 鎮一 鄴鎮 輔巖 本水治村興定三年置

磁州中刺史宋滏陽郡國初置滏陽郡軍戶六萬三千四百一十七　縣三　鎮八　滏陽 有滏山磁山漳水滏水 鎮四 臺城觀城昭德後廢二祖增臨水鎮 武安 有錫山武安山 鎮一 固鎮 邯鄲 有邯山靈山漳水牛首山 鎮三 大趙北陽邑城士民須知惟有邯山鎮

中山府宋府天會七年降爲定州博陵郡定武軍節度使後復爲府戶八萬三千四百九十　縣七　鎮二　安喜 倚有滱水盧奴水長星川 新樂 有派水木刀溝 無極 有滱河 永平 貞祐二年四月升爲完州 慶都 有堯山都山唐水 曲陽 劇有常山曲防水 鎮一 龍泉 唐 有孤山唐山滱水 鎮一 軍城

祁州中刺史宋蒲陰郡國初置蒲陰郡軍戶二萬三千三百八十二　縣三　蒲陰　鼓城　深澤

濬州中防禦宋太邳郡通利軍又改平川軍天會七年以邊境置防禦使皇統八年嫌與宗雋音同更爲通州天德三年復戶二萬九千三百一十九　縣二　鎮二　黎陽 有大伾山枉人山 衛 有蘇門山鹿臺丘酒池枋頭城 鎮二 衛橋淇門

衛州下河平軍節度宋汲郡天會七年因宋置防禦使明昌三年升爲河平軍節度治汲縣以滑州爲支郡大定二十六年八月以避河患徙於共城二十八年復舊治貞祐二年七月城宜村三年五月徙治于宜村新城以胙城爲倚郭正大八年以石甃其城戶九萬一百一十二　縣五　鎮二　汲 有蒼山黃河 新鄉　蘇門 本共城大定二十九年改爲河平避顯宗諱也明昌三年改爲今名貞祐三年九月升爲輝州興定四年置山陽縣隸焉有白鹿山天門山淇山百門波 鎮一 早生 獲嘉　鎮一 大寧 胙城 本隸南京海陵時割隸滑州泰和七年復隸南京八年以限河來屬貞祐五年五月爲衛州倚郭增置主簿興定四年以修武縣重泉村置縣來隸

滑州下刺史宋靈河郡武成軍本南京屬郡大定六年割隸大名府戶二萬二千五百七十　縣二　鎮二　白馬　鎮二 衛南武城 內黃 本隸大名府大定六年來屬

山東東路爲京東東路治益都府二節鎮二防禦二刺郡七縣五十三鎮八十三

益都府上總管府鎮海軍國初仍舊置軍置南青州節度使後陞爲總管府置轉運司大定八年置山東東西路統軍司 產石器玉石沙魚皮天南星半夏澤瀉紫草 戶一十一萬八千七百一十八　縣七　鎮七　益都　臨朐 有朐山几山洱水般水 穆陵 貞祐四年四月升臨朐之穆陵置 壽光 有甘水澠水 鎮一 廣陵有鹽場 博興 有濟水時水 鎮二 博昌淳化 臨淄 有南郊山斗山天齊淵康浪水 樂安　鎮四 新鎮高家港清河王家

濰州中刺史戶三萬九百八十九　縣三　鎮一　北海 倚有浮煙山溉源山溉水汶水 鎮一 固底 昌邑 有霍侯山濰水 昌樂 有方山粱角山丹水朐水

濱州中刺史宋軍事戶一十一萬八千五百八十九　縣四　鎮十　渤海 有黃河 鎮五 豐國寧海濱海蒲臺安平 利津 明昌三年十二月以永和鎮升置 蒲臺　鎮二 安定合波 霑化 本名招安明昌六年更 鎮三 永豐永阜永利

沂州上防禦宋瑯邪郡戶二萬四千三十五　縣二　鎮三　臨沂 倚 鎮三 長任向城利城 費

密州宋爲密州高密郡安化軍節度戶一萬一千八十二　縣四　鎮七　諸城 有瑯邪山濰水劇水盧水 鎮三 普慶信陽草橋 安丘 有安丘山汶水浯水 鎮一 李文 高密 有礪阜山密水膠水 膠西　鎮三 張倉梁鄉陳村

海州中刺史戶三萬六百九十一　縣五　鎮四　朐山　贛榆 本懷仁大定七年更 鎮二 荻水臨洪 東海　漣水 本漣水軍皇統二年降爲縣來屬 鎮二 太平金城

莒州中刺史本城陽軍大定二十二年升爲城陽州二十四年更今名戶四萬五千二百四十　縣三　鎮二　莒　日照　鎮一 濤洛 沂水　鎮一 沂安舊有扶淇洛鎮二鎮後廢

棣州上防禦宋安樂郡戶八萬二千三百三　縣三　鎮九　厭次　鎮五 清河歸化達多永利脂角 陽信 有黃河鉤盤河 鎮二 欽風西界 商河 有黃河馬頰河商河 鎮二 歸仁官口

濟南府散上宋齊州濟南郡初置興德軍節度使後置尹置山東東西路提刑司戶三十萬八千四百六十九　縣七　鎮二十九　歷城　鎮六 盤水中宮老僧口上洛口王舍人店遙牆 臨邑　鎮三 新鎮安舊新市 齊河　鎮三 晏城劉宏新孫耿 章丘 有長白山東陵山百脈水楊緒水 鎮四 普濟延安臨濟明水 禹城 有黃河濟河洪河漯水 鎮三 新安仁水寨寨濟寨 長清 有劇笄山隔馬山黃河清水 鎮六 赤莊莒鎮李家莊歸德豐濟陰河 濟陽　鎮四 回河曲提舊孫耿仁豐

淄州中刺史宋淄川郡軍戶一十二萬八千六百二十二　縣四　鎮六　淄川 倚有鬻山夾谷山商山淄水 鎮三 金嶺張店顏神店 長山 有長白山栗水 鄒平 有系河濟河 鎮三 淄鄉介東孫家嶺舊有娃店鎮後廢 高苑 有濟河

萊州上定海軍節度宋東萊郡戶八萬六千六百七十五　縣五　鎮一　掖 倚有三山夜居山掖水 萊陽 有高麗山七子山 鎮一 衛村舊有海倉西由移風三鎮 即墨 有牢不其天室等山沽水曲裏鹽場 膠水　招遠

登州中刺史宋東牟郡戶五萬五千九百一十三　縣四　鎮二　蓬萊 有巨鹽場 福山　鎮一 孫川 黃 有萊山蹲狗山 鎮一 馬亭 棲霞

寧海州上刺史本寧海軍大定二十二年升爲州戶六萬一千九百三十三　縣二　鎮二　牟平 有東牟山之罘山清陽水 鎮一 湯泉 文登 有文登山成山昌陽山 鎮一 溫水

山東西路府一領節鎮二防禦二刺郡五縣二十七鎮四十八

東平府上天平軍節度宋東平郡舊鄆州後以府尹兼總管置轉運司 產天麻全蝎阿膠薄荷防風絲綿綾錦絹 戶一十一萬八千四十六　縣六　鎮十九　須城 有梁山濟水清河 東阿 有吾山穀城山黃河阿井 鎮五 景德木仁關山銅城陽劉 陽穀 有黃河碻磝津 鎮二 樂安定水 汶上 本中都貞元元年更爲汶陽泰和八年更今名有汶水大野陂 鎮一 柴城 壽張 大定七年河水壞城遷竹口鎮十九年復舊治 鎮一 竹口 平陰 有鬱葱山鵲夷山 鎮十 但歡安寧郷鸞固留滑口廣里石橫澄空傅家岸

濟州中刺史宋濟陽郡舊治鉅野天德二年徙治任城縣分鉅野之民隸嘉祥鄆城金鄉三縣戶四萬四百八十四　縣四　鎮二　任城 倚有城山泗水新河 鎮一 魯橋 金鄉 有桓濟 鎮一 昌邑 嘉祥 舊有合來山口二鎮後廢 鄆城 大定六年五月徙治盤溝村以避河決有馬頰河濮水

徐州下武寧軍節度使宋彭城郡貞祐三年九月改隸河南路戶四萬四千六百八十九　縣三　鎮五　彭城 倚有九里山泗水獲水沛澤 藉土 鎮三 呂梁利國下唐又有厭堌鎮元光二年陞爲永固縣 蕭 有綏輿山丁公山古汴渠 鎮二 白土安民舊有晉城雙溝二鎮 豐 有泡水大澤

邳州中刺史宋淮陽軍貞祐三年九月改隸河南路戶二萬七千二百三十二　縣三　下邳 有嶧陽山磐石山艾水沂水泗水沭水睢水 蘭陵 本承縣明昌六年更名貞祐四年三月徙治上妻村 宿遷 元光二年四月廢有泗水汜水

滕州上刺史本宋滕陽軍大定二十二年升爲滕陽州二十四年更今名貞祐三年九月爲兗州支郡戶四萬九千九　縣三　鎮一　滕 舊名滕陽大定二十四年更有挑山抱犢山漷水 沛 有微山泗水泡水漷水 鎮一 陶陽 鄒 宋隸泰寧軍有嶧山鳧山泗水漷水

博州上防禦宋博平郡戶八萬八千四十六　縣五　鎮十一　聊城 倚有茌山黃河金沙水 鎮二 王館武水 堂邑　鎮二 回河侯固 博平 有漯河 鎮一 博平 茌平　鎮二 廣平興利 高唐 有黃河鳴犢溝 鎮四 固河齊城靈城夾灘

兗州中泰定軍節度使宋襲慶府魯郡舊名泰寧軍大定十九年更戶五萬九十九　縣四　嵫陽 本瑕丘 曲阜 宋名仙源有防山曲阜山泗水沂水 泗水 有陪尾山尼丘山泗水洙水 寧陽 舊名龔縣大定二十九年以避顯宗諱改

泰安州上刺史本泰安軍大定二十二年升戶三萬一千四百三十五　縣三　鎮一　奉符 倚有泰山社首山龜山徂徠山亭亭山有汶水梁水 鎮二 太平靜封 萊蕪 有萬然山安期山嬴汶水牟汶水 新泰

德州上防禦宋平原郡軍戶一萬五千五十三　縣三　鎮七　安德 有隔津河 鎮四 磁博懷化盤河德安 平原 有金河 鎮一 水務 德平　鎮二 懷仁孔家鎮

曹州中刺史宋興仁府濟陰郡彰信軍本隸南京泰和八年來屬大定八年城爲河所沒遷州治于古乘氏縣戶一萬三千六百七十七　縣三　鎮一　濟陰 倚有曹南山定濮陶左山祝丘荷水汎水饕城鄗城 鎮一 濮水 定陶 本宋廣濟軍熙寧間廢爲定陶縣城中有梁王臺有髣山陶狐山 東明 初隸南京後避河患徙河北冤句故地後以故縣爲蘭陽儀封有舊東明城

元 中書右丞相總裁脫脫等修

志第七

地理下 大名府路 河東北路 河東南路 京兆府路 鳳翔路 鄜延路 慶原路 臨洮路

大名府路宋北京魏郡府一領刺郡三縣二十鎮二十二貞祐二年十月置行尚書省

大名府上天雄軍舊爲散府先置統軍司天德二年罷以其所轄民戶分隸旁近總管府正隆二年陞爲總管府附近十二猛安皆隸焉兼漕河事產縐縠絹梨肉櫻桃煎木耳硝戶三十萬八千五百一十一縣十鎮十三舊有柳林侯固二鎮元城有御河屯氏河鎮二安定安賢大名倚鎮一魏縣冠氏有弇山水沙河鎮四普通清水博寧桑橋南樂鎮一南樂館陶有漕運御河鎮一館陶夏津有屯氏河潤溝河鎮一孫生朝城鎮一韓張清平有新渠金堤鎮一清平莘鎮一馬橋

恩州中刺史宋清河郡軍事治清河今治歷亭戶九萬九千一百一十九縣四鎮六歷亭倚有永濟渠置河倉鎮四漳南新安樂舊安樂王杲武城有永濟渠沙河鎮一武城清河有永濟渠漳渠臨清有河倉鎮一書仁

濮州下刺史宋濮陽郡戶五萬二千九百四十八縣二鎮三鄄城倚有堯丘陶丘金堤鎮二臨濮雷澤皆舊縣貞元二年爲鎮范鎮一安定

開州中刺史宋開德府澶淵郡鎮寧軍節度降爲澶州皇統四年復更今名戶三萬三千八百三十六縣四鎮一濮陽倚有衛陽山鮒鰅山黃河洪河瓠子口清豐有廣陽山黃河觀城有泉源河鎮一武鄉長垣本隸南京泰和八年以限河不便來屬

河東北路宋河東路天會六年析河爲南北路各置兵馬都總管府一領節鎮三刺郡九縣三十九鎮四十堡十寨八

太原府上武勇軍宋太原郡河東軍節度國初依舊爲次府復名并州太原郡河東軍總管府置轉運司有造墨場煉銀洞瑪瑙石藥產松脂白膠香五靈脂大黃白石玉石戶一十六萬五千八百六十二縣十一鎮八陽曲倚有罕山蒙山汾水鎮五陽曲百井赤塘關天門關陵井驛太谷有太谷山蔣水平晉貞祐四年七月廢興定元年復置有龍山晉水鎮二晉寧晉祠清源有清源水汾水徐溝本清源縣之徐溝鎮大定二十九年升榆次有麓臺山塗水祁有幘山太谷水鎮一團柏文水有隱泉山汾水文水交城有少陽山狐突山汾水盂興定中升爲州隸絳州元帥府節制置刺史壽復有白馬山原仇山滹沱水壽陽興定二年九月嘗割隸平定州有方山洞過水

晉州興定四年正月以壽陽縣西張寨置

忻州下刺史舊定襄郡軍戶三萬二千三百四十一縣二鎮四秀容有程侯山雲母山忻水滹沱水鎮四忻口雲內徙合石嶺定襄

平定州中刺史本宋平定軍大定二年升爲州興定二年爲防禦十一月復降爲刺郡戶一萬八千二百九十六縣二鎮三平定倚有浮山浮灤水鎮二承天東百井樂平興定四年正月升爲皋州有樂平山清漳水鎮一淨陽

汾州上宋西河郡軍事天會六年置汾陽軍節度使後又置河東南北路提刑司戶八萬七千二百二十七縣五鎮二西河有謁泉山比干山文水汾水鎮一郭柵孝義有勝水介休有介山汾水鎮一洪山平遙有鹿臺山汾水靈石貞祐三年割隸霍州四年五月復來屬有靜巖山汾水

石州上舊昌化軍刺史興定五年復隸晉陽從郭文振之請也戶三萬六千五百二十八縣六鎮四離石倚有胡公山離石水鎮一石窩方山貞祐四年徙治于積翠山有方山赤洪水孟門舊名定胡明昌六年更宋隸晉寧軍有黃河寧鄉木鎮二吳保天澤溫泉貞祐四年五月改隸汾州有遠望山溫泉臨泉宋隸晉寧軍有黃河臨泉水鎮一克明寧鄉舊名平夷明昌六年更

葭州下刺史本晉寧軍貞元元年隸汾州大定二十二年升爲晉寧州二十四年更今名在黃河西興定二年五月以河東殘破改隸延安府戶八千八百六十四寨八堡九神泉寨禾作堡烏龍寨康定堡寧河寨寧河堡太和寨神木寨通津堡彌川寨葭川堡強川堡濟川堡通秦寨通秦堡晉安堡吳堡寨已上皆在黃河西臨西夏界

代州中宋鴈門郡防禦天會六年置震武軍節度使貞祐二年四月僑置西面經略司八月罷戶五萬七千六百九十縣五鎮十三鴈門倚有夏屋山鴈門山滹沱水鎮三鴈門西陘胡谷崞有崞山石鼓山滹沱河沙河鎮一樓板五臺貞祐四年三月升爲臺州有五臺山慮虒水鎮二興善石觜廣武貞祐三年七月來屬繁畤貞祐三年九月升爲堅州鎮七茹越大石義興麻谷瓶形梅迴寶興

隩州下本宋舊火山軍大定二十二年升爲火山州後更今名興定二年九月改隸嵐州四年以殘破徙治于黃河灘許父寨戶七千五百九十二縣一鎮一河曲貞元元年置有火山黃河鎮一鄉鎮

寧化州下刺史本寧化軍大定二十二年陞爲州戶六千一百縣一鎮一寧化鎮一窟谷

嵐州下宋舊樓煩郡軍事天會六年置鎮西節度使戶一萬七千五百五十七縣三鎮四宜芳鎮一飛鳶合河鎮三合河津乳浪鹽院渡樓煩

岢嵐州下刺史本宋岢嵐軍大定二十二年爲州貞祐三年九月升爲防禦四年正月升爲節鎮五月復爲防禦戶五千八百五十一縣一堡一嵐谷有嵐谷山雪山岢嵐山堡一寒光

保德州下刺史本宋保德軍大定二十二年升爲州元光元年六月升爲防禦戶三千一百九十一縣一保德大定十一年置有大堡津汝谷津

管州下刺史本宋憲州靜樂郡天德三年更興定三年升爲防禦戶五千八百八十一縣一靜樂

河東南路府二節鎮三防禦一刺郡六縣六十九鎮三十關六

平陽府上宋平陽郡建雄軍節度本晉州初爲次府置建雄軍節度使天會六年升總管府置轉運司興定二年十二月以殘破降爲散府有書籍產解鹽州綠卷子布龍門椒紫團參甘草蒼朮戶一十三萬六千九百三十六縣十鎮一臨汾天會六年定臨汾爲次赤畿置丞簿尉各一有姑射山平水壺口山汾水襄陵倚有浮山汾水橫水鎮一故關洪洞有霍水汾水趙城有姑射山汾水霍水霍邑貞祐三年七月升爲霍州以趙城汾西靈石隸焉興定元年七月升爲節鎮軍曰鎮定有霍山汾水汾西有汾西山汾水岳陽有烏嶺山通軍水浮山舊名神山大定七年更爲浮山興定四年更名曰忠孝和川冀氏

隰州上刺史宋大寧郡團練舊大寧郡軍刺史天會六年改爲南隰州以與北京隰州重也天德三年去南字戶二萬五千四百四十五縣六關四隰州倚有石馬山石樓山仵城興定五年正月陞以隰川之午城鎮置蒲興定五年正月升爲蒲州以大寧隸焉有孤石山橫木嶺大寧有孔山黃河白斤水關一馬門關永和有樓山橫河山芝水關一永和關石樓有石樓山黃河龍泉關二永寧上平關

吉州下宋置團練舊名慈州天德三年改爲耿州置文成郡軍明昌元年更名吉戶一萬三千三百二十四縣二吉鄉有壺口山孟門山黃河蒲水鄉寧

河中府散上宋河東郡舊置護國軍節度使天會六年降爲蒲州置防禦使天德元年升爲河中府仍舊護國軍節度使大定五年置陝西元帥府戶十萬六千五百三十九縣七鎮四河東倚有中條山五老山黃河媯水涑水鎮二永樂合河榮河貞祐三年升爲榮州以河津萬泉隸焉有黃河汾水睢丘鎮一北郎虞鄉有雷首山中條山壇道山萬泉鎮一胡壁臨晉有三疑山黃河河津猗氏有涑水

絳州上宋置絳郡防禦天會六年置絳陽軍節度使興定二年十二月升爲晉安府總管河東南路兵馬三年三月置河東南路轉運司戶一十三萬一千五百一十縣八鎮五關一正平倚有定境山汾水澮水鼓水鎮一澤掌曲沃有絳山絳水澮水鎮二柴村九王稷山有稷山汾水翼城興定四年七月升爲翼州以垣曲絳縣隸焉元光二年升爲節鎮軍曰翼安有澮高山清野山烏嶺山太平有汾水垣曲有王屋山清廉山黃河清水鎮一皐落關一行臺絳有太陰山教山絳水鎮一繪交平水興定四年七月徙置汾河之西從平陽公胡天作之請也

解州上刺史宋慶成軍防禦國初置解梁郡軍後廢爲刺郡貞祐三年復升爲節鎮軍名寶昌興定四年徙治平陸縣戶七萬一千二百三十二縣六鎮四解倚有壇道山鹽池平陸有吳山黃河鎮一張店芮城宋隸陝州有中條山黃河龍泉夏有巫咸山中條山涑水鎮一曹張安邑有中條山鹽池涑水聞喜有九龍山湯山涑水鎮二東鎮劉莊

澤州上刺史宋高平郡天會六年以與北京澤州同加南字天德三年復去南字貞祐四年隸潞州昭義軍後又改隸孟州元光二年升爲節鎮軍曰忠昌戶五萬九千四百一十六縣六鎮二晉城倚有太行山丹水白水天井關鎮二周村巴公舊又置星軺鎮端氏有石門山巨峻山陵川有太行山九仙山陽城元光二年十一月升爲勣州有王屋山濩澤高平有頭顱山米山丹水沁水有鹿臺山沁水馬邑山

潞州上宋隆德府上黨郡昭德軍節度使天會六年節度使兼潞南遼沁觀察處置使戶七萬九千二百三十二縣八鎮四上黨倚鎮一八義壺關有抱犢山紫團山赤壤山屯留有盤秀山絳水鎮一寺底長子有羊頭山發鳩山堯水鎮一橫水潞城有三垂山伏牛山潞水漳水襄垣有鹿臺山涅水漳水鎮一虒亭黎城有白巖山故壺關口涉貞祐三年七月升爲崇州以黎城縣隸焉四年八月以殘破復爲縣興定五年九月復升爲州有崇山涉水

遼州中刺史宋本樂平郡天會六年以與東京遼州同加南字天德三年復去南字戶一萬五千八百五十縣四鎮一關一遼山倚有箕山青谷水鎮一平城舊縣也貞元間廢爲鎮屬遼山縣及廢芹泉鎮關一黃榆社有武鄉水石勒溫麻池和順有九原山儀城舊爲平城縣貞元二年廢入遼山爲鎮貞祐四年復升爲縣更今名

沁州中銅鞮山郡宋威勝軍天會六年升爲州元光二年升爲節鎮軍曰義勝戶一萬八千五十九縣四鎮一銅鞮倚有銅鞮山石梯山洹水交水武鄉有胡甲山武鄉水鎮一南關沁源元光二年十一月升爲穀州有霍山沁水綿上有羊頭山沁水

懷州上宋河內郡防禦天會六年以與臨潢府懷州同加南字仍舊置沁南軍節度使天德三年去南字皇統三年閏四月置黃沁河堤都大管勾司大定五年置行元帥府興定五年置招撫司戶八萬六千七百五十六縣四鎮六河內倚有太行陘太行山黃河沁水淇水鎮四武德柏鄉萬善清化修武有濁鹿城鎮一承恩山陽興定四年以修武縣重泉村爲山陽縣隸輝州武陟有太行山天門山黃河沁水鎮一宋郭

孟州上宋濟源郡節度天會六年降河陽府爲孟州

置防禦守盟津宣宗朝置經略司戶四萬一千六百四十九　縣四　鎮二　河陽(倚有嶺山黃河湛水同水)鎮二(穀羅沇河)　王屋(有王屋山天壇山析城山黃河)　濟源(有太行山孔山濟水溴水沁水)　溫(有黃河漳水)

京兆府路宋爲永興軍路皇統二年省併陝西六路爲四曰京兆曰慶原曰熙秦曰鄜延府一領節鎮一防禦一刺郡四縣三十六鎮三十七

京兆府上宋京兆郡永興軍節度使皇統二年置總管府天德二年置陝西路統軍司陝西東路轉運司(產白芷麻黃白蒺藜茴香細辛)戶九萬八千一百七十七　縣十二　鎮十(舊有中橋臨涇二鎮後廢)　長安(倚有終南山龍首山澧水渭水鎬水)鎮一(子午)　咸寧(倚本萬年後更名泰和四年廢尋復)鎮二(鳴犢乾祐)　興平(有渭水醴泉)　涇陽　臨潼(有驪山渭戲)鎮一(零口)　藍田(有藍田山蕢山灞水)　雲陽鎮一(孟店)　高陵(有涇渭白渠)鎮二(毗沙渭城)　終南(宋清平軍)鎮一(甘河)　櫟陽(有渭水沮河清泉陂)鎮一(粟邑)　鄠(有終南山牛首渼陂渭水)鎮一(秦渡)　咸陽

商州下刺史宋上洛郡軍事貞祐四年升爲防禦尋隸陝州興定二年正月復來屬元光二年五月改隸河南路戶三千九百九十九　縣二　鎮二(舊又有西市黃川青雲三鎮後廢)　上洛(有楚山熊耳山丹水嶢關)鎮二(商洛灃陽皆舊爲縣貞元二年廢爲鎮)　洛南(有冢嶺山洛水)

虢州下刺史宋虢郡軍事貞祐二年割爲陝州支郡以備潼關戶一萬二十二　縣三　鎮五　虢略(有鹿豬山黃河燭水)鎮三(靖遠王城朱陽)　盧氏(有朱陽山熊耳山洛水鄩水)鎮二(社管欒川)　(舊爲縣海陵貞元二年廢爲鎮)朱陽(海陵時審廢後復置有地肺山)

乾州中刺史宋嘗改爲醴州天德三年復戶二萬六千八百五十六　縣四　鎮三　奉天(有梁山莫谷水甘谷水)鎮一(薛祿)　醴泉(有九嵕山涇水)鎮一(甘北)　武亭(本武功大定二十九年以犯顯宗諱更有敦物山武功山渭水)鎮一(長寧)　好畤(有梁山武亭河)

同州中宋馮翊郡定國軍節度治馮翊後改安國軍節度使(舊貢圜筯藺耳羊大定十一年罷之)戶三萬五千五百六十一　縣六　鎮九　馮翊(倚有洛水渭水)鎮二(沙苑并藍)　朝邑(有黃河渭水)鎮四(朝邑新市延祥灣谷)　白水(有五龍山洛水白水)　郃陽(有非山瀵水黃河)鎮一(夏陽)　澄城(有梁水洛水)　韓城(貞祐三年升爲楨州以郃陽縣隸焉)鎮二(寺前員輔)

耀州上刺史宋華原郡感德軍節度皇統二年降爲軍事後爲刺史州戶五萬二百一十一　縣四　鎮二　華原(有土門山漆水沮水)　同官(有白馬山同官川)鎮一(黃堡)　美原(有頻陽山)　三原(有堯門山中白渠)鎮一(龍橋)

華州中宋華陰郡鎮潼軍節度治鄭國初因之後置節度使皇統二年降爲防禦使貞祐三年八月升爲節鎮軍曰金安以商州爲支郡戶五萬三千八百縣五　鎮六　鄭(倚有少華山聖山渭水符禺水)鎮一(赤水)　華陰(有太華山松果山黃河渭水潼關)鎮二(關西敷水)　下邽(有渭水太白渠)鎮二(素化新市)　蒲城(有金粟山洛水)鎮一(荆姚)　渭南(有靈臺山渭水)

鳳翔路宋秦鳳路治秦州府二防禦二刺郡二縣三十三城一堡四寨十六鎮十六

鳳翔府中宋扶風郡鳳翔軍節度皇統二年升爲府軍名天興大定十九年更軍名爲鳳翔大定二十七年升總管府(產芎藭獨活燈草無心草升麻秦艽骨碎補羌活)戶六萬二千三百二　縣九　鎮四　鳳翔(倚有杜陽山吳岳雍水舊名天興縣大定十九年更)　寶雞(有陳倉山渭水汧水大散關)鎮一(武城)　虢(有楚山渭水)鎮一(陽平)　郿(有太白山渭水)　盩厔(南至駱馬道二十里貞祐四年升爲恒州以郿縣隸焉有終南山渭水浴谷)　扶風(國初作扶興有渭水漳山)鎮一(岐陽)　岐山(有岐山終南山渭水姜水汧水)鎮一(馬蹟)　普潤(有杜水漆水岐山)　麟遊(有五將山黝土山)

德順州上刺史宋德順軍國初隸熙秦路皇統二年升爲州大定二十七年來屬貞祐四年四月升爲防禦十月升爲節鎮軍曰隴安戶三萬五千四百四十九　縣六　寨四　堡一(舊有上接鎮通安寨王家城牧龍城同家堡後廢)　隴平(倚)　水洛(本中安堡城)堡一(中安)　威戎(本威戎堡城)　隆德(本隆德寨)　通邊(本通邊寨)寨三(靜邊舊爲縣得勝寧安)　治平(本治平寨)寨一(懷遠)

平涼府散中宋渭州隴西郡平涼軍節度舊爲軍後置陝西西路轉運司陝西東西路提刑司大定二十六年來屬戶三萬一千三十三　縣五　鎮五　寨一　平涼(倚有羊頭山馬屯山)　潘原(有鳥鼠山桐城山)　崇信(有關川水)鎮一(西赤城)　華亭(有小隴山)　化平(本名安化大定七年更)鎮四(安化安國白巖河耀武)寨一(瓦亭)

鎮戎州下刺史本鎮戎軍大定二十二年爲州二十七年來屬戶一萬四百四十七　縣二　堡三　寨八　東山(本東山寨)　三川(本三川寨)堡三(彭陽乾興開遠)寨八(天聖飛泉熙寧靈平通峽盪羌九羊張義)

秦州下宋天水郡雄武軍節度後置秦鳳路國初置節度皇統二年置防禦使隸熙秦路大定二十七年來屬元光二年四月升爲節鎮軍曰鎮遠後罷貞祐三年復置戶四萬四百四十八　縣八　城一　寨三　鎮二(舊有甘谷城甘泉城結藏城定西寨西顧堡後廢)　成紀(倚有龍馬泉)　治坊　甘谷　清水(宋舊縣有中隴山嶓冢山渭水)　雞川　隴城(有大隴山瓦亭山)寨一(隴城)　西寧(貞祐四年十月升爲西寧州以甘谷雞川治平三縣隸焉)　秦安城一(伏羌)寨二(三陽務引)鎮二(靜戎床穰)

隴州下宋汧陽郡防禦海陵時隸熙秦路大定二十七年來屬戶一萬六千四百四十二　縣三　鎮五　汧陽(倚有汧水隃麋澤)鎮二(安化新興)　汧源(有吳嶽山白環水)鎮三(吳山定戎隴西)　隴安(泰和八年以隴安寨升有秦嶺山渭水)

鄜延路府一領節鎮一刺郡四縣十六鎮五城二堡四寨十八關二

延安府下宋延安郡彰武軍節度使皇統二年置彰武軍總管府戶八萬八千九百九十四　縣七　鎮一　寨五　堡二　膚施(倚有五龍山伏龍山洛水清水濯巾水)鎮一(樂盤)　延川(有濯巾河黃河延水)寨一(永平)　延長(有獨戰山濯巾水)　臨真(有庫利山)　甘泉(有洛水)　敷政(有三撥山洛水)　門山(有重覆山黃河渭牙川水)堡二(安定置第六正將安塞)寨四(萬安興定二年廢德安置第五副將招安永平有丹陽驛)

丹州中刺史宋咸寧軍事國初因之戶一萬三千七十八　縣一　鎮一　關一　宜川(有雲巖山孟門山黃河庫利山)鎮一(雲巖)關一(烏仁)

保安州下刺史宋保安軍大定二十二年升爲州戶七千三百四十　縣一　寨三　鎮二　堡一　城一　保安(大定十一年以保安軍置)寨三(德靖順寧平戎)鎮二(靜邊永和)堡一(園林)城一(金湯)

綏德州下刺史唐綏州宋綏德軍大定二十二年升爲州戶一萬二千七百二十　縣一　寨十　城一　堡一　關一　清澗(本宋清澗城大定二十二年升)寨十(暖泉義合清邊臨夏白草米脂置第二將懷寧鎮邊綏平克戎置第四將)城一(嗣武)堡一(開光)關一(永寧)

鄜州下宋洛交郡康定軍節度國初因之置保大軍節度使戶六萬二千九百三十一　縣四　鎮一　洛交(倚有疏屬山洛水華池水)鎮一(三水)　直羅(有木盤山羅川水)　鄜城(有楊班湫)　洛川(有洛川水圖水)

坊州中刺史宋中部郡軍事戶二萬七千四百四十六　縣二　鎮一　中部(有沮河橋山石堂山洛水蒲谷水)　宜君(有沮水)鎮一(王華)

天會五年元帥府宗翰宗望奉詔伐宋若克宋則割地以賜夏及宋既克乃分割楚夏疆封自麟府路洛陽溝距黃河西岸西歷暖泉堡鄜延路米脂谷至累勝寨環慶路威延寨踰九星原至委布谷口涇原路威川寨略古蕭關至北谷口秦鳳路通懷堡至古會州自此距黃河依見流分熙河路盡西邊以限楚夏之封或指定地名有懸邈者相地勢從便分畫

慶原路舊作陝西西路府一領節鎮二刺郡三縣十九鎮二十三城二堡四寨十六邊將營八

慶陽府中宋安化郡慶陽軍節度本慶州軍事國初改安國軍後置定安軍節度使兼總管皇統二年置總管府戶四萬六千一百七十一　縣三　城二　堡一　寨二　鎮七　安化(倚有馬嶺山延慶水)　彭原(有彭池原[illegible]川)鎮二(董志赤城)　合水(有子午山)鎮五(金櫃懷安華樂五交景山)城二(白豹大順)寨三(安疆華池柔遠)堡一(荔原)

環州上刺史宋軍事國初因之大定間升爲刺郡戶九千五百四　縣一　堡三　寨六　鎮三　通遠(倚有鹹河馬嶺坂苔子平推場)堡三(木瓜歸德興平舊有惠丁射香流井三堡後廢)寨六(定邊平遠永和鄉浜德烏倫安邊)鎮三(合道馬嶺木波)

寧州中刺史宋彭原郡興寧軍節度國初因之皇統二年降爲軍仍加西字天德二年去西字爲刺郡戶三萬四千七百五十七　縣四　鎮五　安定(本名定安大定七年更倚有洛水九陵水)鎮一(交城)　定平鎮二(棗社大昌)　真寧(有[illegible]山羅[illegible]要關山河)　襄樂(有延川水)

邠州中宋新平郡靖難軍節度使國初因之戶四萬七千二百九十一　縣五　鎮三　寨一　新平(倚有涇水潘水)　淳化(有仲上水車箱坂)　宜祿(有涇水泬水)鎮一(亭口)　永壽(宋隸醴州有高泉山)鎮一(永壽舊有邵寨鎮後割隸涇州)寨一(常寧)　三水(有石門山涇水羅川水)鎮一(清泉)

原州上刺史宋平涼軍事大定二十七年爲涇州支郡後復軍事戶一萬七千八百　縣二　鎮三　寨五　臨涇(倚有陽晉水朝那水)　彭陽(有大胡河蒲川河)鎮三(蕭鎮柳泉新城)寨五(綏寧平安清安開邊西壕)

涇州中彰化軍節度使本治涇州元光二年徙治長武戶二萬六千二百九十　縣四　寨一　鎮二　涇川(本保定縣大定七年更)寨一(官地)　長武　良原　靈臺　鎮二(百里邵寨)

邊將

第二將營在荔原堡西白豹城南七十五里戶三千七百一十六　次西第四將營戶一千二百三十二　次西第三將營戶二千一百五　次西第八將營戶一千二百二十二　次西第七將營戶八百五十　次西第九將營戶七百二十七　次西第六將營戶九百八十九　次西第五將營戶三百六十四

皇統六年以德威城西安州定邊軍等沿邊地賜夏國從所請也正隆元年命與夏國邊界對立烽候以防侵軼

臨洮路皇統二年改熙州爲臨洮府置熙秦路總管府大定二十七年更今名府一領節鎮一防禦一刺郡四縣一十五鎮六城七堡十二寨九關二

臨洮府中宋舊熙州臨洮郡鎮洮軍節度後更為德順軍皇統二年置總管府(產甘草庵蕳子大黃)戶一萬九千七百二十一 縣三 鎮一 城一 堡四 狄道(有白石山洮水浩亹河) 鎮一(慶平) 城一(景骨) 當川 堡一(通谷) 康樂 堡三(渭源臨洮南川臨宋界)

積石州下刺史本宋積石軍溪哥城大定二十二年為州戶五千一百八十五 縣一 城三 堡三 懷羌(西至生羌界八十里) 城三(循化西至生羌界一百里通臨河夏界來羌臨夏邊) 大堡三(通津臨灘來同)

洮州下宋嘗置團練刺史舊軍事臨宋界至西生羌界八十里戶一萬一千三百三十七 堡二(通祐臨宋界無民戶置軍守鐵城臨宋界無民戶置軍守)

蘭州上刺史宋金城郡軍事戶一萬一千三百六十 縣三 鎮三 城二 堡三 關一 定遠(兼第十將去質孤堡一十五里) 龕谷(宋舊寨) 阿干(宋舊寨) 城二(寧遠安羌) 堡三(東關質孤臨夏邊兼第八將西關臨黃河夏邊) 鎮三(原川猪嘴納米) 關一(京玉)

鞏州下節度宋通遠軍皇統二年升軍事為通遠軍節度使戶三萬六千三百一 縣五 寨四 鎮一 隴西(宋舊縣) 通渭 定西(貞祐四年六月升為州以通西安西隸焉) 鎮一 鹽川(舊有赤嘴鎮後廢) 通西 安西 寨四(熟羊臨宋界來遠去宋界二十五里舊為鎮永寧去宋界三十里南川舊有平西寧遠二寨及南三分堡)

會州上刺史宋前舊名汝遮戶八千九百一十八 縣一(舊有會川城) 寨二 關一 保川 寨二(平安通安) 關一(會安舊作會寧)

河州下防禦宋安鄉郡軍事至都四千七百一十里皇統二年升軍事為防禦貞祐四年十月升為節鎮軍曰平西戶一萬四千九百四十二 縣三 城一 寨三 鎮一 枹罕(國初廢貞元二年復置) 寧河 城一(安鄉關) 寨三(南川通會關定羌城) 鎮一(積慶)

金史卷二十七

元 中書右丞相總裁脫脫等修

志第八

河渠(黃河 漕渠 盧溝河 滹沱河 漳河)

黃河金始克宋兩河悉畀劉豫豫亾河遂盡入金境數十年間或決或塞遷徙無定金人設官置屬以主其事沿河上下凡二十五埽六在河南十九在河北埽設散巡河官一員雄武滎澤原武陽武延津五埽則兼汴河事設黃汴都巡河官一員於河陰以莅之懷州孟津孟州及城北之四埽則兼沁水事設黃沁都巡河官一員於懷州以臨之崇福上下衛南淇上四埽屬衛南都巡河官則居新鄉武城白馬書城教城四埽屬濬滑都巡河官則處教城曹甸都巡河官則總東明西佳孟華凌城四埽曹濟都巡河官則司定陶濟北寒山金山四埽者也故都巡河官凡六員後又特設崇福上下埽都巡河官兼石橋使凡巡河官皆從都水監廉舉總統埽兵萬二千人歲用薪百一十一萬三千餘束草百八十三萬七百餘束椿杙之木不與此備河之恒制也大定八年六月河決李固渡水潰曹州城分流于單州之境九年正月朝廷遣都水監梁肅往視之河南統軍使宗室宗敘言大河所以決溢者以河道積淤不能受水故也今曹單雖被其患而兩州本以水利為生所害農田無幾今欲河復故道不惟大費工役又卒難成功縱能塞之他日霖潦亦將潰決則山東河患又非曹單比也又沿河數州之地驟興大役人心動搖恐宋人乘間構為邊患而肅亦言新河水六分舊河水四分今若塞新河則二水復合為一如遇漲溢南決則害於南京北決則山東河北皆被其害不若李固南築隄以防決溢為便尚書省以聞上從之三月拜宗敘為參知政事上諭之曰卿昨為河南統軍時嘗言黃河隄埽利害甚合朕意朕每念百姓凡有差調吏互為姦若不早計而迫期徵斂則民增十倍之費然其所徵之物或委積經年至腐朽不可復用使吾民數十萬之財皆為棄物此害非細卿既參朝政凡類此者皆當革其弊擇所利而行之十一年河決王村南京孟衛州界多被其害十二年正月尚書省奏檢視官言水東南行其勢甚大可自河陰廣武山循河而東至原武陽武東明等縣孟衛等州增築隄岸日役夫萬一千期以六十日畢詔遣太府少監張九思同知南京留守事紇石烈邈(小字阿補孫)監護工作十三年三月以尚書省請修孟津滎澤崇福埽堤以備水患上乃命雄武以下八埽並以類從事十七年秋七月大雨河決白溝十二月尚書省奏修築河隄日役夫一萬一千五百以六十日畢工詔以十八年二月一日發六百里內軍夫并取職官人力之半餘聽發民夫以尚書工部郎中張大節同知南京留守事高蘇董役先是祥符縣陳橋鎮之東至陳留潘崗黃河堤道四十餘里以縣官攝其事南京有司言乞專設埽官十九年九月乃設京埽巡河官一員二十年河決衛州及延津京東埽瀰漫至于歸德府檢視官南京副留守石抹輝者言河水因今秋霖潦暴張遂失故道勢益南行宰臣以聞乃自衛州埽下接歸德府南北兩岸增築堤以捍湍怒計工一百七十九萬六千餘日役夫二萬四千餘期以七十日畢工遂于歸德府剏設巡河官一員埽兵二百人且詔頻役夫之地與免今年稅賦二十一年十月以河移故道命築堤以備二十六年八月河決衛州堤壞其城上命戶部侍郎王寂都水少監王汝嘉馳傳措畫備禦而寂視被災之民不為拯救乃專集眾以網魚取官物為事民甚怨嫉上聞而惡之既而河勢泛濫及大名上於是遣戶部尚書劉瑋往行戶部事從宜規畫黜寂為蔡州防禦使冬十月上謂宰臣曰朕聞亾宋河防一步置一人可添設河防軍數他日又曰比聞河水泛溢民罹其害者貲產皆空今復遣官於被災路分推排河耶右丞張汝霖曰今推排者皆非被災之處上曰雖然必其鄰道也既鄰水而居豈無驚擾遷避者乎計其貲產豈有餘哉尚何推排為十一月又謂宰臣曰河未決衛州時嘗有言者既決之後有司何故不令朕知命詢其故二十七年春正月尚書省言鄭州河陰縣聖后廟前代河水為患屢禱有應嘗加封號廟額今因禱祈河遂安流乞加褒贈上從其請特加號曰昭應順濟聖后廟曰靈德善利之廟二月以衛州新鄉縣令張虡丞唐括唐古出主簿溫敦偎喝以河水入城閉塞救護有功皆遷賞有差御史臺言自來沿河京府州縣官坐視管內河防缺壞特不介意若令沿河京府州縣長貳官皆於名銜管勾河防事如任內規措有方能禦大患或守護不謹以致疎虞臨時聞奏以議賞罰上從之仍命每歲將泛之時令工部官一員沿河檢視於是以南京府及所屬延津封丘祥符開封陳留胙城杞縣長垣歸德府及所屬宋城寧陵虞城河南府及孟津河中府及河東懷州河內武陟同州朝邑衛州汲新鄉獲嘉徐州彭城蕭豐孟州河陽溫鄭州河陰滎澤原武汜水濬州衛陝西閿鄉湖城靈寶曹州濟陰滑州白馬睢州襄邑滕州沛單州單父解州平陸開州濮陽濟州嘉祥金鄉鄆城四府十六州之長貳皆提舉河防事四十四縣之令佐皆管勾河防事初衛州為河水所壞乃命增築蘇門遷其州治至二十八年水息居民稍還皆不樂遷於是遣大理少卿康元弼按視之元弼還奏舊州民復業者甚眾且南使驛道館舍所在向以不為水備以故被害若但修其堤之薄缺者可以無虞比之遷治所省數倍不若從其民情修治舊城為便乃不遷州仍勑自今河防官司怠慢失備者皆重抵以罪二十九年五月河溢于曹州小堤之北六月上諭旨有司曰比聞五月二十八日河溢而所報文字如此稽滯水事最急功不可緩稍緩時頃則難固護矣十二月工部言營築河堤用工六百八萬餘就用埽兵軍夫外有四百三十餘萬工當用民夫遂詔命去役所五百里州府差顧於不差夫之地均徵顧錢驗物力科之每工錢百五十文外日支官錢五十文米升半仍命彰化軍節度使內族裔都水少監大齡壽提控五百人往來彈壓先是河南路提刑司言沿河居民多困乏逃移蓋以河防差役煩重故也竊惟禦水患者不過堤埽若土功從實計料薪蒿椿杙以時徵斂亦復何難今春築堤都水監初料取土甚近及其興工乃遠數倍人夫懼不及程貴價買土一隊之間多至千貫又許州初科薪蒿十八萬餘束既而又配四萬四千是皆常歲必用之物農隙均科則易輸納自今堤埽興工乞令本監以實計度量一歲所用物料驗數折稅或令和買於冬月分為三限輸納為便詔尚書省詳議以聞明昌元年春正月尚書省奏臣等以為自今凡興工役先量負土遠近增築高卑定功立限榜諭使人先知無令增加力役并河防所用物色委都水監每歲於八月以前先拘籍舊貯物外實闕之數及次年春工多寡移報轉運司計置於冬三月分限輸納如水勢不常夏秋暴漲危急則用相隣埽分防備之物不足則復於所近州縣和買然復慮人戶道途泥淖艱于運納止依稅內科折他物更為增價當官支付違者並論如律仍令所屬提刑司正官一員馳驛監視究如此則役作有程而河不失備制可之四年十一月尚書省奏河平軍節度使王汝嘉等言大河南岸舊有分流河口如可疏導足泄其勢及長堤以北恐亦有可以歸納排瀹之處乞委官視之濟北埽以北宜創起月堤臣等以為宜從所言其本監官皆以諳練河防故注以是職當使從汝嘉等同往相視庶免異議如大河南北必不能開挑歸納其月堤宜依所料興修上從之十二月勑都水監官提控修築黃河堤及令大名府差正千戶一員部甲軍二百人彈壓勾當五年春正月尚書省奏都水監丞田櫟同本監官講議黃河利害嘗以狀上言前代每遇古堤南決多經南北清河分流南清河北下有枯河數道河水流其中者長至七八分北清河乃濟水故道可容三二分而已今河水趨北齧長堤而流者十餘處而堤外率多積水恐難依元料增修長堤與創築月堤也可於北岸墻村決河入梁山濼故道依舊作南

北兩清河分流然北清河舊堤歲久不完當立年限增築大堤而梁山故道多有屯田軍戶亦宜遷徙今擬先於南岸王村宜村兩處決堤導水使長堤可以固護姑宜仍舊如不能疏導即依上開決分爲四道竢見水勢隨宜料理尚書省以櫟等所言與明昌二年劉瑋等所案視利害不同及令陳言人馮德輿與櫟面對亦有不合者送工部議復言若遷於墻村疏決緣瀕北清河州縣二十餘處兩岸連亘千有餘里其隄防素不修備恐所屯軍戶亦卒難徙今歲先於南岸延津縣堤決堤洩水其北岸長堤自白馬以下定陶以上並宜加功築護庶可以過將來之患若定陶以東三埽棄堤則不必修止決舊壓河口引導積水東南行流堤北張彪白塔兩河間礙水軍戶可使遷徙及梁山濼故道分屯者亦當預爲安置宰臣奏曰若遽從櫟等所擬恐既更張利害非細比名河平軍節度使王汝嘉同計議先差幹濟官兩員行戶工部事覆視之同則就令計實用工物量州縣遠近以調丁夫其督趣春工官即充今歲守漲及與本監官同議經久之利詔以知大名府事內族裔尚書戶部郎中李敬義充行戶工部事以參知政事胥持國都提控又奏差德州防禦使李獻可尚書戶部郎中焦旭於山東當水所經州縣築護城堤及北清河兩岸舊有堤處別率丁夫修築亦就令講究河防之計他日上以宋閣士良所述黃河利害一帙付參知政事馬琪曰此書所言亦有可用者令以賜卿二月上諭平章政事守貞曰王汝嘉田櫟專管河防此國家之重事也朕比問其曾於南岸行視否乃稱未也又問水決能行南岸乎又云不可知且水趨北久矣自去歲便當經畫今不稱職如是耶可諭旨令往盡心固護無致失備及講究所以經久之計稍涉違慢當併治罪三月行省并行戶工部及都水監官各言河防利害事都水監元擬於南岸王村宜村兩處開導河勢緣北來水勢去宜村堤稍緩唯王村岸向上數里臥捲可以開決作一河且無所犯之城市村落又擬於北岸墻村疏決依舊分作兩清河入梁山故道北清河兩岸素有小堤不完復當築大堤尚書省謂以黃河之水勢若於墻村決注則山東州縣膏腴之地及諸鹽場必被淪溺設使修築壞堤而又吞納不盡功役至重虛困山東之民非徒無益而又害之也況長堤已加固護復於南岸疏決水勢已寢決河入梁山濼之議水所經城邑已勸率作護城堤矣先所修清河舊堤宜遣罷之監丞田櫟言定陶以東三埽棄堤不當修止言決舊壓河口以導漸水入堤北張彪白塔兩河之間凡當水衝屯田戶須令遷徙臣等所見止當堤前作木岸以備之其間居人未當遷徙至夏秋水勢之溢權令避之水落則當各復業此亦戶工部之所言也上曰地之相去如此其遠彼中利害安得悉知惟委行省盡心措畫可也四月以田櫟言河防事上諭旨參知政事持國曰此事不惟責卿要卿等同心規畫不勞朕心爾如櫟所言築堤用二十萬工歲役五十日五年可畢此役之大古所未有況其成否未可知就使可成恐難行也遷徙軍戶四千則不爲難然其水跱決尚不知所歸儻有潰走若何枝梧如今南岸兩處疏決使其水趨南或可分殺其勢然水之形勢朕不親見難爲條畫雖卿亦然丞相左丞皆不熟此可集百官詳議以行百官咸謂櫟所言棄長堤無起新堤放河入梁山故道使南北兩清河分流爲省費息民長久之計臣等以爲黃河水勢非常變易無定非人力可以斟酌可以指使也況梁山濼淤塡已高而北清河窄狹不能吞伏兼所經州縣農民廬井非一使大河北入清河山東必被其害櫟又言乞許都水監符下州府運司專其用度委其任責一切同於軍期仍委執政提控緣今監官已經添設又於外監署司多以沿河州府長官兼領之及令佐管勾河防其或怠慢已有同軍期斷罪的決之法凡櫟所言無可用遂寢其議八月以河決陽武故堤灌封丘而東尚書省奏都水監行部官有失固護詔命同知都轉運使高旭武衛軍副都指揮使女奚列奕小字韓家奴同往規措尚書省奏都水監官前來有犯已經戒諭使之常切固護今王汝嘉等殊不加意既見水勢趨南不預經畫承留守司累報輒爲遷延以至害民即是故違制旨私罪當的決詔汝嘉等各削官兩階杖七十罷職上謂宰臣曰李愈論河決事謂宜遣大臣往以慰人心其言良是嚮慮河北決措畫堤防猶嘗置行省況今方橫潰爲害而止差小官恐失衆望自國家觀之雖山東之地重於河南然民皆赤子何彼此之間乃命參知政事馬琪往仍許便宜從事上曰李愈不得爲無罪雖都水監官非提刑司統攝若與留守司以便宜率民固護或申聞省部亦何不可使朕聞之徒能張皇水勢而無經畫及其已決乃與王汝嘉一往視之而還亦未嘗有所施行問王村河口開導之月則對以四月終其實六月也月日尚不知提刑司官當如是乎尋命戶部員外郎何格賑濟被浸之民時行省參知政事胥持國馬琪言已至光祿村周視堤口以其河水浸漫堤岸陷潰至十餘里外乃能取土而堤面窄狹僅可數步人力不可施雖窮力可以暫成終當復毀而中道淤澱地有高低流不得泄且水退新灘亦難開鑿其孟華等四埽與孟陽堤道沿汴河東岸但可施功者即悉力修護將於農隙興役及凍畢工則京城不至爲害參知政事馬琪言都水外監員數冗多每事相倚或復邀公議論紛紜不一隳廢官事擬罷都水監掾設勾當官二員又自昔選用都散巡河官止由監官辟舉皆諸司人或有老疾避倉庫之繁行賄請託以致多不稱職擬升都巡河作從七品於應入縣令廉舉人內選注外散巡河依舊亦於諸司及丞簿廉舉人內選注並取年六十以下有精力能幹者到任一年委提刑司體察若不稱職即日罷之如守禦有方致河水安流任滿從本監及提刑司保申量與升除凡河橋司使副亦擬同此選注繼而胥持國亦以爲言乃從其請閏十月平章政事守貞曰馬琪措畫河防事未見功役之數加之積歲興功民力將困今持國復病請別遣有材幹者往議之上曰堤防救護若能成功則財力固不敢惜第恐財殫力屈成而復毀如重困何宰臣對曰如盡力固護縱爲害亦輕若恬然不顧則爲害滋甚上曰無乃因是致盜賊乎守貞曰宋以河決興役亦嘗致盜賊然多生於凶歉今時平歲豐少有差役未必至此且河防之役理所當然今之當役者猶爲可耳至於科徵薪芻不問有無督輸迫切則破產業以易之恐民益困爾上曰役夫須近地差取若遠調之民益艱苦但使津濟可也然當俟馬琪至而後議之庚辰琪自行省還入見言孟陽河堤及汴堤已塡築補修水不能犯汴城自今河勢趨北來歲春首擬於中道疏決以解南北兩岸之危凡計工八百七十餘萬可於正月終興工臣乞前期再往河上監視上以所言付尚書省而治檢覆河堤并守漲官等罪有差他日尚書省奏事上語及河防事馬琪奏言臣非敢不盡心然恐智力有所不及若別差官相度儻有奇畫亦未可知如適與臣策同方來興功亦庶幾稍寬朝廷憂顧上然之命翰林待制奧屯忠孝權尚書戶部侍郎太府少監溫昉權尚書工部侍郎行戶工部事修治河防且諭之曰汝二人皆朕所素識以故委任冀副朕意如有錯失亦不汝容承安元年七月勑自今沿河傍側州府縣官雖部除者皆勿令員闕泰和二年九月勑御史臺官河防利害初不與卿等事然臺官無所不問應體究者亦體究之五年二月以崔守眞言黃河危急芻藁物料雖云折稅每年不下五六次或名爲和買而未嘗還其直勑委右三部司正郭澥御史中丞孟鑄講究以聞澥等言大名府鄭州等處自承安二年以來所科芻藁未給價者計錢二十一萬九千餘貫遂命以各處見錢差能幹官同各州縣淸强官一一酬之續令按察司體究宣宗貞祐三年壬申上遣參知政事侯摯祭河神於宜村三年四月單州刺史顏盞天澤言守禦之道當決大河使北流德博觀滄之境今其故堤宛然猶在工役不勞水就下必無漂沒之患而難者若不以犯滄鹽場損國利爲說必以浸沒河北良田爲解臣嘗聞河側故老言水勢散漫則淺不可以馬涉深不可以舟濟此守禦之大計于常利孰大焉若失此計則河南一路兵食不足而河北山東之民皆瓦解矣詔命議之四年三月延州刺史溫撒可喜言近世河離故道自衛東南而流由徐邳入海以此河南之地爲狹臣竊見新鄉縣西河水可決使東北其南有舊隄水不能溢行五十餘里與清河合則由濬州大名觀州淸州柳口入海此河之故道也皆有舊隄補其缺罅足矣如此則山東大名等路皆在河南而河北諸郡亦得其半退足以爲禦備之計進足以壯恢復之基又言南岸居民既已籍其河夫修築河堰營作戍屋又使轉輸芻糧賦役繁殷倍於他所夏秋租稅猶所未論乞減其稍緩者以寬民力事下尚書省宰臣謂河流東南舊矣一旦決之恐故道不容衍溢而出分爲數河不復可收水分則淺狹易渡天寒輒凍禦備愈難此甚不可詔但令量宜減南岸郡縣居民之賦役五年夏四月勑樞密院沿河要害之地可壘石岸仍置撒星樁陷馬壍以備敵

漕渠金都於燕東去潞水五十里故爲牐以節高良河白蓮潭諸水以通山東河北之粟凡諸路瀕河之城則置倉以貯傍郡之稅若恩州之臨淸歷亭景州之將陵東光淸州之興濟會川獻州及深州之武强是六州諸縣皆置倉之地也其通漕之水舊黃河行滑州大名恩州景州滄州會川之境漳水東北爲御河則通蘇門獲嘉新鄉衛州濬州黎陽衛縣彰德磁州洺州之餽衛水則經深州會于滹沱以來獻州淸州之餉皆合于信安海壖泝流而至通州由通州入牐十餘日而後至于京師其他若霸州之巨馬河雄州之沙河山東之北淸河皆其灌輸之路也然自通州而上地峻而水不留其勢

易淺舟膠不行故常從事陸輓人頗艱之世宗之世言者請開盧溝金口以通漕運役衆數年竟無成功事見漕渠其後亦以牐河或通或塞而但以車輓矣其制春運以冰消行暑雨畢秋運以八月行冰凝畢其綱將發也乃合衆以所載之粟苴而封之先以付所卸之地視與所封樣同則受凡綱船以前期三日修治日裝一綱裝畢以三日啓行計道里分泝流沿流爲限至所受之倉以三日卸又三日給收付凡輓漕脚直水運鹽每石百里四十八文米五十文一分二釐七毫粟四十文一分三毫錢則每貫一文七分二釐八毫陸運傭直米每石百里百一十二文一分五毫粟五十七文六分八釐四毫錢每貫三文九釐六毫餘物每百斤行百里平路則春冬百三十一文五分夏秋百五十七文八分山路則春冬百四十九文夏秋二百一文凡使司院務納課傭直春冬九十文三分夏秋百一十四文諸民戶射賃官船漕運者其脚直以十分爲率初年尅二分二年尅一分八釐三年尅一分七釐四年尅一分五釐五年以上尅一分初世宗大定四年八月以山東大熟詔移其粟以實京師十月上出近郊見運河湮塞召問其故主者云戶部不爲經畫所致上召戶部侍郎曹望之責曰有河不加濬使百姓陸運勞甚罪在汝等朕不欲即加罪宜悉力使漕渠通也五年正月尚書省奏可調夫數萬上曰方春不可勞民令官籍監戶東宮親王人從及五百里內軍夫濬治二十一年以八月京城儲積不廣詔沿河恩獻等六州粟百萬餘石運至通州輦入京師明昌三年四月尚書省奏遼東北京路米粟素饒宜航海以達山東昨以按視東京近海之地自大務清口并咸平銅善館皆可置倉貯粟以通漕運若山東河北荒歉即可運以相濟制可承安五年邊河倉州縣可令折納菽二十萬石漕以入京驗品級養馬於俸內帶支仍漕麥十萬石各支本色乃命都水監丞田櫟相視運糧河道泰和元年尚書省以景州漕運司所管六河倉歲稅不下六萬餘石其科州縣近者不下二百里官吏取賄延阻人不勝苦雖近官監之亦然遂命監察御史一員往來糾察之五年上至霸州以故漕河淺澁勑尚書省發山東河北河東中都北京軍夫六千改鑿之犯屯田戶地者官對給之民田則多酬其價六年尚書省以凡漕河所經之地州縣官以爲無與於己多致淺滯使綱戶以盤淺剝載爲名姦弊百出於是遂定制凡漕河所經之地州府官銜內皆帶提控漕河事縣官則帶管勾漕河事俾催檢綱運營護堤岸爲府三大興大名彰德州十二恩景滄清獻深衛濬滑磁洺通縣三十三大名元城館陶夏津武城歷亭臨清吳橋將陵東光南皮清池靖海興濟會川交河樂壽武強安陽湯陰臨漳成安滏陽內黃黎陽衛蘇門獲嘉新鄉汲潞武清香河漷陰十二月通濟河剏設巡河官一員與天津河同爲一司通管漕河牐岸上名天津河巡河官隸都水監八年六月通州刺史張行信言船自通州入牐凡十餘日方至京師而官支五日轉脚之費遂增給之貞祐三年既遷于汴以陳潁二州瀕水欲借民船以漕不便遂依觀州漕運司設提舉官募船戶而籍之命戶部勾當官往來巡督四年從右丞侯摯言開沁水以便餽運上又念京師轉輸之勞命出尚廐牛及官車以助其力興定四年十月諭皇太子曰中京運糧護送官當擇其人萬有一失樞密官亦有罪矣其船當用毛花輦所造兩首尾者仍張幟如渡軍之狀勿令敵知爲糧也陝西行省把胡魯言陝西歲運糧以助關東民力浸困若以舟自渭入河順流而下可以紓民力遂命嚴其偵候如有警則皆維於南岸時朝廷以邳徐宿泗軍儲京東縣輓運者歲十餘萬石民甚苦之元光元年遂於歸德府置通濟倉設都監一員以受東郡之粟定國節度使李復亨言河南駐蹕兵不可闕糧不厭多比年少有匱乏即仰給陝西陝西地腴歲豐十萬石之助不難但以軍運之費先去其半民何以堪宜造大船二十由大慶關度入河東抵湖城往還不過數日篙工不過百人使舟皆容三百五十斛則是百人以數日運七千斛矣自夏抵秋可漕三千餘萬斛且無稽滯之患上從之時又於靈璧縣潼郡鎮設倉都監及監支納以方開長直溝將由萬安湖舟運入汴至泗以貯粟也

盧溝河大定十年議決盧溝以通京師漕運上忻然曰如此則諸路之物可徑達京師利孰大焉命計之當役千里內民夫上命免被災之地以百官從人助役已而勑宰臣曰山東歲饑工役興則妨農作能無怨乎開河本欲利民而反取怨不可其姑罷之十一年十二月省臣奏復開之自金口疏導至京城北入壕而東至通州之北入潞水計工可八十日十二年三月上令人覆按還奏止可五十日上召宰臣責曰所餘三十日徒妨農費工卿等何爲慮不及此及渠成以地勢高峻水性渾濁峻則奔流漩洄齧岸善崩濁則泥淖淤塞積滓成淺不能勝舟其後上謂宰臣曰分盧溝爲漕渠竟未見功若果能行南路諸貨皆至京師而價賤矣平章政事駙馬元忠曰請求識河道者按視其地竟不能行而罷二十五年五月盧溝決於上陽村先是決顯通寨詔發中都三百里內民夫塞之至是復決朝廷恐枉費工物遂令且勿治二十七年三月宰臣以孟家山金口牐下視都城高一百四十餘尺止以射糧軍守之恐不足恃儻遇暴漲人或爲姦其害非細若固塞之則所灌稻田俱爲陸地種植禾麥亦非曠土不然則更立重牐仍於岸上置埽官廨署及埽兵之室庶幾可以無虞也上是其言遣使塞之夏四月丙子詔封盧溝水神爲安平侯二十八年五月詔盧溝河使旅往來之津要令建石橋未行而世宗崩章宗大定二十九年六月復以涉者病河流湍急詔命造舟既而更命建石橋明昌三年三月成勑命名曰廣利有司謂車駕之所經行使客商旅之要路請官建東西廊令人居之上曰何必然民間自應爲爾左丞守貞言但恐爲豪右所占況罔利之人多止東岸若官築則東西兩岸俱稱亦便於觀望也遂從之六月盧溝隄決詔速遏塞之無令泛溢爲害右拾遺路鐸上疏言當從水勢分流以行不必補修玄同口以下丁村以上舊堤上命宰臣議之遂命工部尚書胥持國及路鐸同檢視其隄道

滹沱河大定八年六月滹沱犯真定命發河北西路及河間太原冀州民夫二萬八千繕完其隄岸十年二月滹沱河剏設巡河官二員十七年滹沱決白馬崗有司以聞詔遣使固塞發真定五百里內民夫以十八年二月一日興役命同知真定尹鶻沙虎同知河北西路轉運使徐偉監護

漳河大定二十年春正月詔有司修護漳河牐所須工物一切並從官給毋令擾民明昌六年六月漳河及盧溝河隄決詔命速塞之四年春正月癸未有司言修漳河隄埽計三十八萬餘工詔依盧溝河例招被水闕食人充夫官支錢米不足則調礙水人戶依上支給

金史卷二十八

元中書右丞相總裁脫脫等修

志第九

禮一 郊

金人之入汴也時宋承平日久典章禮樂粲然備具金人既悉收其圖籍載其車輅法物儀仗而北時方事軍旅未遑講也既而即會寧建宗社庶事草創皇統間熙宗巡幸析津始乘金輅導儀衛陳鼓吹其觀聽赫然一新而宗社朝會之禮亦次第舉行矣繼以海陵狠顧志欲併吞江南乃命官修汴故宮繕宗廟社稷悉載宋故禮器以還外而黷武內而縱欲其猷既失奚敢議禮樂哉世宗既興復收嚮所遷宋故禮器以旋廼命官參校唐宋故典沿革開詳定所以議禮設詳校所以審樂統以宰相通學術者於一事之宜適一物之節文既上聞而始彙次至明昌初書成凡四百餘卷名曰金纂修雜錄凡事物名數支分派引珠貫棊布井然有序炳然如丹又圖吉凶二儀鹵簿十三節以備大葬小鹵簿九節以備郊廟而命尚書左右司春官兵曹太常寺各掌一本其意至深遠也是時寓內阜安民物小康而維持幾百年者實此乎基嗚呼禮之爲國也信矣夫而況關雎麟趾之化其流風遺思被於後世者爲何如也宣宗南播疆宇日蹙旭日方升而爝火之燃蔡流弗東而餘燼滅矣圖籍散逸既莫可尋而其宰相韓企先等之所論列禮官張瑋與其子行簡所私著自公紀亦亾其傳故書之存僅集禮若干卷其藏史館者又殘缺弗完姑掇其郊社宗廟諸神祀朝覲會同等儀而爲書若夫凶禮則略焉蓋自熙宗海陵衛紹王之繼弒雖曰鹵簿十三節以備大葬其行乎否耶蓋莫得而考也故宣孝之喪禮雖存亦不復紀噫告朔餼羊雖孔子所不去而史之缺文則亦愼之作禮志

南北郊金之郊祀本於其俗有拜天之禮其後太宗即位乃告祀天地蓋設位而祭也天德以後始有南北郊之制大定明昌其禮寖備南郊壇在豐宜門外當闕之巳地圓壇三成成十二陛各按辰位壝墻三匝四面各三門齋宮東北廚庫在南壇壝皆以赤土圬之北郊方丘在通玄門外當闕之亥地方壇三成成爲子午卯酉四正陛方壝三周四面亦三門朝日壇曰大明在施仁門外之東南當闕之卯地門壝之制皆同方丘夕月壇曰夜明在彰義門外之西北當闕酉地掘地汙之爲壇其中常以冬至日合祀昊天上帝皇地祇於圜丘夏至

日祭皇地祇於方丘春分朝日於東郊秋分夕月於西郊大定十一年始郊命宰臣議配饗之禮左丞石琚奏曰按禮記萬物本乎天人本乎祖此所以祖配上帝也蓋配之者侑神作主也自外至者無主不止故推祖考配天尊之也兩漢魏晉以來皆配以一祖至唐高宗始以高祖太宗崇配垂拱初又加以高祖遂有三祖同配之禮至宋亦嘗以三帝配後禮院上議以爲對越天地神無二主由是止以太祖配臣謂冬至親郊宜從古禮上曰唐宋以私親不合古不足爲法今止當以太祖配又謂宰臣曰本國拜天之禮甚重今汝等言依古制築壇亦宜我國家絀遼宋主據天下之正郊祀之禮豈可不行乃以八月詔曰國莫大于祀祀莫大于天振古所行舊章咸在仰惟太祖之基命詔我本朝之燕謀奄有萬邦于今五紀因時制作雖增飾于國容推本奉承猶未遑于郊見況天休滋至而年穀屢豐敢不敷繹曠文明昭大報取陽升之至日將親饗于圜壇嘉與臣工共圖熙事以今年十一月十七日有事于南郊咨爾有司各揚乃職相予肆祀罔或不欽乃於前一日遍見祖宗告以郊祀之事其日備法駕鹵簿躬詣郊壇行禮　儀注齋戒用唐制大祀散齋四日致齋三日中祀散齋二日致齋一日天子親祀皆前期七日攝太尉誓亞終獻官親王陪祀皇族於宮省皇族十五以上官雖不至七品者亦助祭受誓又誓百官於尚書省攝太尉南向司徒北向監察御史在西監禮博士居東皆相向太常卿在司徒後重行北向司天監光祿丞太廟令丞大樂令丞太官令丞良醞令廩犧令郊社丞司尊太祝奉禮郎協律郎諸執事官皆重行西上北向禮直官以誓文授攝太尉乃誓曰維某年歲次某甲某月某日某甲皇帝有事於南郊各揚其職其或不恭國有常刑禮直官贊曰七品以下官皆退餘皆再拜退誓於宮省之儀皆同於是皇帝散齋于別殿前致齋一日尚舍設御坐於大安殿當中南向設東西房於御坐之側設御幄於室內施簾於楹下享前三日陳設小次享前一日設拜褥及皇帝版位皇帝飲福位及黃道褥自玉輅下至升輿所及致齋之日通事舍人引文武五品以上官陪位如式諸侍衛之官各服其器服並結珮俱詣閤奉迎上丑二刻侍中板奏外辦皇帝服衮冕結珮乘輿出警蹕侍衛如常儀皇帝即御坐東向坐通事舍人承傳殿上下俱拜訖西面贊各祗候一刻頃侍中跪奏臣某言請降就齋俛伏興還侍位皇帝降座入室羣官皆退諸執事官皆宿於正寢治事如故不弔喪問疾不判署刑殺文字不決罰罪人不與穢惡事致齋日惟祀事則行餘悉禁已齋而闕者通攝行事　陳設前祀五日儀鸞尚舍陳設齋宮有司設扈從侍衛次於宮東西又設陪祀親王次宮東稍南西向北上宗室子孫位於其後又設司徒亞終獻行事執事官次於壇南外壝門之西東向北上重行異位又設天名房在壇南外壝門之東西向大禮使次於其後皆西向又設席大屋於壇外西北駐車輅以備風雪祀前三日尚舍設大次於東壝外門內道北南向又設小次於壇下卯陛之北南向有司設饌幔於東壝中門之北南向設兵衛各服其器服守衛壝門每門二人郊社令帥其屬埽除壇之上下及壝之內外乃爲燎位在南中壝東門之東壇之巳位又爲瘞坎在中壝內戌位祀前二日大樂令帥其屬設登歌之樂於壇上稍南北向玉磬在午陛之西金鐘在午陛之東柷一在鐘前稍北敔一在磬前稍北東西相向歌工之次餘工各立於縣後琴瑟在前匏竹在後於壇下第一等上皆重行異位北向又設宮縣樂南壝外門之外八佾二舞表於樂前又設采茨樂於應天門前祀前一日奉禮郎升設皇帝版位於壇上辰巳之間北向又設皇帝飲福位於其左稍却北向又帥禮直官設亞終獻位於卯陛之東北西向北上司徒位於卯陛之東道南西向禮部尚書太常卿光祿卿禮部侍郎位各次之太常丞光祿丞又次之又設大禮使位於小次之左少却西向又設分獻官司天監讀冊中書侍郎位於中壝門道北西向郊社令廩犧令太官令良醞令位於其後又設郊社丞大祝奉禮郎以下諸執事官於其後皆西向重行異位又設從祀文武羣官一品至五品位於中壝門內道南西向皆重行立又設助奠祝史齋郎位於東壝門外道北西向又設陪祀皇族於道南西向六品至九品從祀羣官又於其南皆西向重行異位各依其品又設監察御史二員一員在午陛之西南一員在子陛之西北皆東向又設監禮博士二員一員在午陛之東南一員在子陛之東北皆西向又設大樂令位於樂簴之間稍東西向協律郎位於樂簴之西東向又設奉禮郎於壇南稍東西向贊者次之司尊位於酌尊所俱北向又設牲牓於外壝東門之外西向饌牓於其北稍西南向牲牓之東牲位太史太祝各位於牲後俱西向又設禮部尚書太常卿光祿卿位於牲牓南稍北西向太常丞光祿丞太官令位於其後監祭御史監禮博士於禮部尚書位之西稍却北向廩犧令位在牲位西南北向又陳禮饌於饌牓之前案上未後三刻陳饌之時又設禮部尚書太常卿光祿卿位於案前稍東北上西向太常丞光祿丞大官令位於其後西向又設監祭御史監禮博士位於案前稍西北上東向又設興寶嘉瑞位於宮縣西北太府少監位於寶後諸州歲貢位於宮縣東北戶部郎中位於其後天子八寶位於宮縣西南符寶郎八員各於寶後伐國毀寶位於宮縣東南少府少監位於其後又設大樂令位於宮縣之北稍東協律郎二在大樂令南東西相向司天監未後二刻同郊社令升設昊天上帝皇地祇神座於壇上北方南向地祇位在東稍却席皆以藁秸太祖配位座於東方西向席以蒲越五方帝日月神州地祇天皇大帝北極神座於壇上第一等席皆藁秸內官五十四座五神五官嶽鎭海瀆二十九座於壇第二等中官一百五十有八座崑崙山林川澤二十一座於壇上第三等外官一百六座丘陵墳衍原隰三十座於內壝之內衆星三百六十座在內壝之外席皆以莞神座版各設於座首又設禮神玉俟告潔畢權徹去壇上及第一等神位祀日前五刻重設奉禮郎同司尊及執事者設天地配位各左十有一籩右十有一豆俱爲三行登三在籩豆間簠一簋一於登前簠在左簋在右各於神座前藉以席又設天地位太尊各二著尊二犧尊二山罍二壇上東南隅配位著尊二犧尊二象尊二在天地位酒尊之東俱北向西上皆有坫加勺羃爲酌尊所又天地位象尊各二壺尊各二山罍各四在壇下午陛之南北向西上配位壺尊二山罍四在酉陛之北東向北上皆有坫設而不酌亦左以明水右以玄酒又設五方帝日月神州地祇天皇大帝北極第一等皆左八籩右八豆登在籩豆間簠一簋一在登前爵坫一在神座前第一等內官五十四座五神五官嶽鎭海瀆二十九座每座籩二豆二簠一簋一俎一爵坫一第三等中官一百五十八座崑崙山林川澤二十一座及內壝內外官一百六十座丘陵墳衍原隰三十座內壝外衆星三百六十座每位籩二豆二簠一簋一俎一爵一又設第一等每位太尊二著尊二皆有坫加勺第二等每陛山尊二第三等每位犧尊二內壝內外每辰槩尊二皆加勺自第二等已下皆用匏爵先洗拭訖置於尊所其尊所皆在神位之左凡祭器皆藉以席籩豆各加巾蓋又設天地及配位籩一豆一簠一簋一俎四及毛血豆各一并第一等神位每位俎二在饌幔內又設皇帝洗位於卯陛下道北南向盥洗在東爵洗在西匜在東巾在西篚南肆實玉爵坫又設亞終獻洗位在小次之東南向盥洗在東爵洗在西加勺篚在西南肆加巾又設第一等分獻官盥洗爵洗位及第二等分獻官盥洗位各於其辰陛道之左罍在洗左篚在洗右俱內向執罍篚者位於其後太府監少府監祀前一日未後二刻帥其屬升壇陳玉幣昊天上帝以蒼璧蒼幣皇地祇以黃琮黃幣配位以蒼幣黃帝以黃琮青帝以青珪赤帝以赤璋大明以青珪璧白帝以白琥黑帝以玄璜北極以青珪璧天皇大帝以玄珪璧神州地祇以玄色兩珪有邸皆置於匣五帝之幣各從其方色凡幣皆陳於篚設訖俟告潔訖權徹去祀日重設祀日丑前五刻禮部設祝冊神座之右皆藉以案太常卿明燈燎戶部郎中設諸州歲貢於宮縣東北金爲前列玉帛次之餘爲從列皆藉以席立於歲貢之後北向太府監少府監設興寶嘉瑞於宮縣西北上瑞居前中下次之皆藉以席立於寶後北向少府少監設伐國毀寶於宮縣東南皆藉以席立於寶後北向符寶郎設八寶於宮縣西南各分立於寶南皆北向司天監太府監少府監郊社令奉禮郎升設昊天上帝皇地祇配位及壇上第一等神座又設玉幣各於其位太祝取瘞玉加於幣以禮神之玉各置於神座前乃退光祿卿帥其屬入實祭器昊天上帝皇地祇配位每位籩三行以右爲上形鹽在前魚鱐糗餌次之第二行榛實在前乾桃乾橑乾棗次之第三行乾蔆在前乾芡乾栗鹿脯次之豆三行以左爲上芹菹在前筍菹葵菹次之第二行韮菹在前菁菹魚醢兎醢次之第三行豚胉在前醓醢酏食鹿臡次之簠黍簋稷登皆大羹第一等壇上一十位每位皆實籩三行以右爲上形鹽在前魚鱐次之第二行乾橑在前桃棗次之第三行乾芡在前榛實鹿脯次之豆三行以左爲上芹菹在前筍菹次之第二行菁菹在前薤菹魚醢次之第三行豚胉在前醓醢次之鹿臡次之簠黍簋稷登大羹第二第三等每位籩二鹿脯乾棗豆二鹿臡菁菹俎羊一段內壝內內壝外每位籩鹿脯豆鹿臡俎羊一段良醞令帥其屬入實尊罍昊天上帝皇地祇大尊爲上實以汎齊著尊次之實以醴齊犧尊次之實以盎齊象尊次之實以醍齊壺尊次之實以沈齊山罍爲下實以三酒配位著尊爲上實以汎齊犧尊次之實以醴齊象尊次之實以盎齊壺尊次之實以醍齊山尊爲下實以三酒第一等每位大尊實以汎齊

著尊實以醴齊第二等山尊實以醍齊第三等及內壝內蜃尊實以汎齊內壝外及衆星槩尊實以三酒　省牲器祀前一日午後八刻去壇二百步禁止行人未後二刻郊社令丞帥其屬掃除壇之上下司尊彝禮郎帥執事者以祭器入設於位司天監設神位太府監少府監陳玉幣於篚未後三刻禮直官引廩犧令與諸太祝祝史以牲就位又禮直官贊者分引禮部尚書太常卿光祿卿禮部侍郎太常丞監祭御史監禮博士廩犧令太官令太官丞詣內壝東門外省牲位立定乃引禮部尚書侍郎太常丞及監祭御史監禮博士升自卯階視滌濯執事者皆舉冪告潔俱畢降復位禮直官稍前曰告潔畢請省牲禮部尚書侍郎及太常卿丞稍前省牲訖退復位次引光祿卿丞巡牲一匝光祿卿退光祿丞西向折身曰備訖乃復位次引廩犧令巡牲一匝西向躬身曰充又引諸祝史巡牲一匝首一員西向躬身曰腯畢俱復位禮直官稍前曰請省饌乃引禮部尚書以下各就位立定省饌訖禮直官引禮部尚書侍郎太常卿丞各還齋所餘官廩犧令與諸太祝祝史以次牽牲詣厨授太官令丞次引光祿卿丞監祭監禮詣厨省鼎鑊視滌濯畢乃還齋所晡後一刻太官令帥宰人以鸞刀割牲祝史各取毛血實以豆置於饌幔遂烹牲祝史乃取瘞血貯於盤　奠玉幣祀日丑前五刻亞終獻司徒以下應行事陪從羣官各服其服就次司天監復設壇上及第一等神位太府監少府監陳玉幣太常卿郊社令丞明燭燎光祿卿丞實籩豆簠簋尊罍俟監祭監禮案視訖徹去巾蓋大樂令帥工人布於宮縣之內文舞八佾立於縣前表後武舞八佾各爲四佾立於宮縣左右引舞執纛等在前又引登歌樂工由卯陛而升各就其位歌擊彈者坐吹者立奉禮郎贊者先入就位餘禮直官贊者分引分獻官監祭御史監禮博士諸執事及太祝祝史齋郎助奠執尊罍篚冪等官入自中壝東門當壇南重行西上北向立定奉禮郎贊拜分獻官以下皆再拜訖奉禮贊曰各就位贊者禮直官分引監祭御史監禮博士按視壇之上下糾察不如儀者退復位禮直官引司徒入就位西向立禮直官引博士博士引亞獻自東壝偏門入就位西向立又禮直官引終獻次於其位祀日未明一刻通事舍人引侍中詣齋殿跪奏請中嚴俛伏興又少頃乃跪奏外辦俟尚輦進輿乃跪奏稱具官臣某請皇帝降座升輿皇帝至大次乃跪奏稱具官臣某請皇帝降輿皇帝入次即位於大次外質明詣次前跪奏請中嚴少頃又奏外辦訖太常卿乃當次前跪稱具官臣某請皇帝行事俛伏興凡跪奏准此皇帝出次乃前導至中壝門殿中監進大圭太常卿奏請執大圭入自正門皇帝入小次位西向立太常卿乃與博士分左右立定乃奏有司謹具請行事降神六成樂止太常卿別一員乃升烟瘞血訖乃奏拜拜訖侍中升壇請詣盥洗位至位奏請搢大圭盥手訖奏請帨手皇帝帨手訖奏請執大圭乃引至壇上殿中監進鎮圭乃奏請搢大圭執鎮圭皇帝執鎮圭詣昊天上帝神座前奏請跪奠鎮圭皇帝奠訖執大圭俛伏興侍中進玉幣乃奏請搢大圭跪奠玉幣訖乃奏請執大圭俛伏興少退又奏請再拜詣皇地祇及配位奠鎮圭玉幣並如上儀配位唯奏請奠鎮圭及幣奠玉幣畢皇帝還版位乃奏請還小次釋大圭皇帝入小次乃立於小次之南稍東以俟皇帝將奠配位之幣也贊者分引第一等分獻官詣盥洗位搢笏盥手帨手執笏各由其陛升唯不由午陛詣神前搢笏跪太祝以玉幣授之奠訖俛伏興再拜訖各由本陛降復位初分獻將降也禮直官引諸祝史齋郎應助奠者再拜祝史各奉毛血之豆入各由其陛升諸太祝迎取於壇上奠訖退立於尊所　進熟奠玉幣訖降還小次有司先陳牛鼎三羊鼎三豕鼎三魚鼎三各在鑊右太官令丞帥進饌者詣厨以七升牛羊豕魚自鑊各實於鼎牛羊豕皆肩臂臑肫胳正脊各一長脅二短脅二代脅一凡十一體牛豕皆三十斤羊十五斤魚十五頭一十五斤實訖羃之祝史二人以扃對舉一鼎牛鼎在前羊豕次之魚又次之有司執七以從各陳於每位饌幔位從祀壇上第一等五方帝大明夜明天皇大帝神州地祇北極皆羊豕之體並同光祿卿帥祝史齋郎太官令丞各以七升牛羊豕魚於俎肩臂臑在上端肫胳在下端脊脅在中魚即橫置頭在尊位設去鼎羃光祿卿丞同太官令丞實籩豆簠簋籩實以粉餈豆實以糝食簠實稻簋實粱俟皇帝還小次樂止禮直官引司徒出詣饌幔所與薦籩豆簠簋俎齋郎各奉天地配位之饌司徒帥太官令以序入內壝正門樂作至壇下俟祝史進徹毛血豆降自卯陛以次出訖司徒與薦籩豆簠簋俎齋郎奉昊天上帝皇地祇之饌升自午陛太官令丞與薦籩豆簠簋俎齋郎奉配位及第一等神位之饌升自卯陛各位太祝迎於壇陛之道間於昊天上帝位司徒搢笏北向跪奉粉餈籩在糗餌之前糝食豆在醓醢之前簠左簋右皆在登前牛俎在豆前羊豕魚俎次之以右爲上司徒俛伏興奉饌者奉訖皆出笏就位一拜司徒次詣皇地祇奉奠並如上儀配位亦同司徒及奉天地配位饌者以次降太官令帥奉第一等神位之饌各於其位並如前儀俱畢樂止司徒太官令以下皆就位訖侍中升自卯陛立於昊天上帝酌尊所以俟太常卿乃當次前俛伏跪奏請皇帝詣盥洗位俛伏興皇帝出次殿中監進大圭乃奏請執大圭至盥洗位奏請搢大圭盥手皇帝盥手訖奏請帨手皇帝帨手訖奏請執大圭乃詣爵洗位至位奏請搢大圭受爵又奏請洗爵皇帝洗爵訖奏請拭爵皇帝拭爵訖奏請執大圭以爵授奉爵官皇帝詣昊天上帝酌尊所執爵良醞令舉冪侍中跪酌太尊之汎齊酌訖皇帝以爵授侍中皇帝乃詣昊天上帝神座前侍中進爵乃奏請搢大圭跪執爵三祭酒訖奏請奠爵奠爵訖奏請執大圭俛伏興又奏請少退立俟中書侍郎讀冊文訖乃奏請再拜詣皇地祇位及配位並如上儀獻畢皇帝還版位乃奏請還小次釋大圭皇帝入小次太常卿立於小次東南禮直官引博士博士引亞獻詣盥洗位搢笏盥手帨手訖詣爵洗位搢笏洗爵拭爵訖以爵授執事者執笏升自卯陛詣昊天上帝酌尊所西向立執事者以爵授之乃搢笏執爵執尊者舉冪良醞令跪酌著尊之醴齊酌訖復以爵授執事者執笏詣昊天上帝神座前初亞獻至盥洗位文舞退武舞進樂作亞獻詣昊天上帝神座前搢笏跪執事者以爵授之乃執爵三祭酒奠爵執笏俛伏興少退再拜次詣皇地祇及配位並如上儀獻畢降復位禮直官引博士博士引終獻詣盥洗位盥手洗爵升壇奠獻並如上儀初終獻將升壇禮直官分引第一等分獻官詣盥洗位搢笏盥手帨手執笏各由其陛唯不由午陛詣諸神位酌尊所執事者以爵授之乃酌汎齊訖以爵授執事者共詣神座前搢笏跪執事者以爵授之乃執爵三祭酒奠爵執笏俛伏興少退再拜訖各引還本位初第一等分獻官將升贊引引第二等第三等內壝內外衆星位分獻各詣盥洗位搢笏盥手帨手酌酒奠拜並同上儀祝史齋郎以次助奠訖各還本位諸太祝各進徹籩豆各一少移故處樂作卒徹樂止初終獻禮畢降復位太常卿乃當次前俛伏跪奏請皇帝詣飲福位皇帝出次殿中監進大圭乃奏請執爵三祭酒又奏請啐酒皇帝啐酒訖以爵授侍中乃奏請受胙侍中再以爵酒進乃奏請受爵飲福皇帝飲福訖奏請執大圭俛伏興又奏請再拜訖乃導還版位西向立俟送神樂止乃奏請詣望燎位至位南向立俟火半柴乃跪奏具官臣某言禮畢皇帝還大次出中壝門外奏請釋大圭皇帝入大次初終獻禮畢司徒侍中太祝各升自卯陛太祝持胙俎進減天地配位前胙肉加於俎皆取前脚第二節又以黍稷飯共置一籩奉詣司徒侍中後北向立俟皇帝至飲福位太常卿奏請皇帝搢大圭啐酒訖司徒乃進胙俎皇帝受胙訖奉禮郎贊曰賜胙贊者唱曰再拜在位者皆再拜送神樂一成止皇帝旣入大次更通天冠絳紗袍升輿至齋宮乘金輅通事舍人引門下侍郎當輅前跪奏稱具官臣某請車駕進發至侍臣上馬所乃跪奏具官臣某請車駕少駐敕侍臣上馬侍中稱制可乃退傳制稱侍臣上馬侍臣上馬畢乃跪奏稱具官臣某請敕車右升千牛將軍升訖跪奏稱具官臣某請車駕進發車駕動前中後三部鼓吹凡十二隊齊作應行禮陪從祀官先詣應天門奉迎再拜大樂令先詣應天門外准備奏樂如儀訖擇日稱賀

承安元年將郊禮官言禮神之玉當用眞玉燔玉當用次玉昔大定十一年天地之玉皆以次玉代之臣等疑其未盡禮貴有恒不能繼者不敢以獻若燔眞玉常祀用之恐有時或闕反失禮制若從近代之典及本朝儀禮眞玉禮神次玉燔瘞於禮爲當近代郊自第二等升天皇大帝北極於第一等前八位舊各有禮玉燔玉而此二位尚無之按周禮典瑞云以圭璧祀日月星辰近代禮九宮貴神大火星位猶用周禮之說其天皇大帝北極二位固宜用禮神之玉及燔玉也上命俱用眞玉省臣又奏前時郊天地配位各用一犢五方帝日月神州天皇大帝北極十位皆大祀亦當用犢當時止以羊代第二等以下從祀神位則分封羊豕以獻竊意天地之祀籩豆尚多者以備陰陽之物鼎俎尚少者以人之烹薦無可以稱其德則貴質而已故天地日月星辰之位皆用一俎前時第一等神位偏用二俎似爲不倫今第一等神位亦當各用犢一餘位以羊豕分獻及朝享太廟則用犢十二上從之

金史卷二十九

元 中書右丞相總裁脫脫等修

志第十

禮二 方丘儀 朝日夕月 高禖

方丘儀齋戒祭前三日質明有司設三獻以下行事官位於尚書省初獻南面監祭御史位於西東向監禮博士位於東西向俱北上司徒亞終獻位於南北向次光祿卿太常卿次第一等分獻官司天監次第二等分獻官光祿丞郊社令大樂令良醞令廩犧令司尊彝次內壝內外分獻官太祝官奉禮郎協律郎諸執事官就位立定次禮直官引初獻就位初獻讀誓曰今年五月幾日夏至祭皇地祇於方丘所有攝官各揚其職其或不敬國有常刑讀畢禮直官贊七品以下官先退餘官對拜訖退散齋二日宿於正寢治事如故齋禁並如郊祀守壝門兵衞與大樂工人俱清齋一宿行禮官前期習儀於祠所　陳設祭前三日所司設三獻官以下行事執事官次於外壝東門之外道南北向西上隨地之宜又設饌幕於內壝東門之外道北南向祭前二日所司設兵衞各服其服守衞壝門每門二人大樂令帥其屬設登歌之樂於壇上如郊祀郊社令帥其屬掃除壇之上下爲瘞坎在內壝外之壬地祭前一日司天監郊社令各服其服帥其屬升設皇地祇神座於壇上北方南向席以槀秸又設配位神座於東方西向席以蒲越又設神州地祇神座於壇之第一等東南方席以槀秸又設五神五官嶽鎮海瀆二十九座於第四等階之間各依方位又設崑崙山林川澤二十一座於內壝之內又設丘陵墳衍原隰三十座於內壝外席皆以莞又設神位版各於座首子陛之西水神玄冥北嶽北鎮北海北瀆於壇之第二等北山北林北川北澤於內壝內北丘北陵北墳北衍北原北隰於內壝外皆各爲一列以東爲上卯陛之北木神勾芒東嶽長白山東鎮東海東瀆於壇之第二等東山東林東川東澤於內壝內東丘東陵東墳東衍東原東隰於內壝外皆各爲一列以南爲上午陛之東神州地祇於壇之第一等火神祝融南嶽南鎮南海南瀆於壇之第二等南山南林南川南澤於內壝內南丘南陵南墳南衍南原南隰於內壝外皆各爲一列以西爲上午陛之西土神后土中嶽中鎮於壇之第二等中山中林中川中澤於內壝內中丘中陵中墳中衍中原中隰於內壝外皆各爲一列以南爲上西陛之南金神蓐收西嶽西鎮西海西瀆於壇之第二等崑崙西山西林西川西澤於內壝內西丘西陵西墳西衍西原西隰於內壝外皆各爲一列以北爲上其皇地祇及配位神州地祇之座并禮神之玉設訖俟告潔畢權徹祭日早重設其第二等以下神座設定不收奉禮郎禮直官又設三獻官位於卯陛之東稍北西向司徒位於卯陛之東道南西向太常卿光祿卿次之第一等分獻官司天監位於其東光祿丞郊社令太官令廩犧令位又在其東每等異位重行俱西向北上又設太祝奉禮郎及諸執事位於內壝東門外道南每等異位重行俱西向北上設監祭御史位二一於壇下午陛之西南一於子陛之西北俱東向設監禮博士位二一於壇下午陛之東南一於子陛之東北俱西向奉禮郎位於壇之東南西向協律郎位於樂虡西北東向大樂令位於樂虡之間西向司尊彝位於酌尊所俱北向設望瘞位坎之南北向又設牲牓位於內壝東門之外西向太祝祝史各位於牲後俱西向設省饌位於牲西太常卿光祿卿太官令位於牲北南向西上監祭監禮位在太常卿之西稍却西上廩犧令位於牲西南北向又陳禮饌於內壝東門之外道北南向設省饌位於禮饌之南太常卿光祿卿太官令位在東西向監祭監禮位在西東向俱北上設祝版於神位之右司尊及奉禮郎帥其屬設玉幣篚於酌尊所次及籩豆之位正配位各左有十一籩右有十一豆俱爲三行登三在籩豆間鉶三在登前簠一簋一各在鉶前又設尊罍之位皇地祇太尊二著尊二犧尊二山罍二在壇上東南隅配位著尊二犧尊二象尊二山罍二在正位酒尊之東俱北向西上皆有坫加勺冪爲酌尊所又設皇地祇位象尊二壺尊二山罍四在壇下午陛之西配位犧尊二壺尊二山罍四在酉陛之北東向北上皆有坫加冪設而不酌神州地祇位左八籩右八豆登一在籩豆間簠一簋一在登前爵坫一在神座前又設第二等諸神位每位籩二豆二簠一簋一俎一爵坫一內壝之內外諸神每位籩一豆一簠一簋一俎一爵坫一陳列皆與上同又設神州地祇太尊二著尊二皆有坫第二等諸神每方山尊二內壝內每方蜃尊二內壝外每方概尊二皆加勺冪又設正配位籩一豆一簠一簋一俎三及毛血豆一并神州地祇位俎一各於饌幕內又設二洗於壇下卯陛之東北向盥洗在東爵洗在西並有罍加勺篚在洗西南肆實以巾爵洗之篚實以匏爵加坫又設第一分獻官盥洗爵洗位第二等以下分獻官盥洗位各於其方道之左罍在洗左篚在洗右俱內向執罍篚者各於其後祭日丑前五刻司天監郊社令帥其屬升設皇地祇及配位神座於壇上設神州地祇座於第一等又設玉幣皇地祇玉以黃琮神州地祇玉以兩圭有邸皆置於匣正配位幣並以黃色神州地祇幣以玄色五神五官嶽鎮海瀆之幣各從其方色皆陳於篚太祝取瘞玉加於幣以禮神之玉各置於神座前光祿卿帥其屬入實正配位籩豆籩三行以右爲上豆三行以左爲上其實並如郊祀登實以大羹鉶實以和羹又設從祭第一等神州地祇之饌籩三行以右爲上豆三行以左爲上其實並如郊祀登實以大羹簠實以稷簋實以黍第二等每位左二籩栗在前鹿脯次之右二豆菁菹在前鹿臡次之簠實以稷簋實以黍俎一羊一豕內壝內外每位左籩一鹿脯右豆一鹿臡簠稷簋黍俎以羊良醞令帥其屬入實酒尊皇地祇太尊爲上實以汎齊著尊次之實以醴齊犧尊次之實以盎齊象尊次之實以醍齊壺尊次之實以沉齊山罍爲下實以三酒配位著尊爲上實以汎齊犧尊次之實以醴齊象尊次之實以盎齊壺尊次之實以醍齊山罍爲下實以三酒皆左實明水右實玄酒皆尚醞代次實從祭第一等神州地祇酒尊太尊爲上實以汎齊著尊次之實以醴齊第二等山尊實以醍齊內壝內蜃尊實以汎齊內壝外概尊實以三酒以上尊皆左以明水右以玄酒皆尚醞代之太常卿設燭於神座前　省牲器祭前一日午後八刻去壇二百步禁止行者未後二刻郊社令帥其屬掃除壇之上下司尊與奉禮郎帥執事者以祭器入設於位郊社令陳玉幣於篚未後三刻廩犧令與諸太祝祝史以牲就省位禮直官贊者分引太常卿光祿卿丞監禮祭太官令等詣內壝東門外省牲位其視滌濯告潔省牲饌並同郊祀俱畢廩犧令諸太祝祝史以次牽牲詣廚授太官令次引光祿卿以下詣廚省鼎鑊視滌溉乃還齋所晡後一刻太官令帥宰人以鸞刀割牲祝史各取毛血實以豆置於饌幔遂烹牲又祝史取瘞血貯於盤　奠玉幣祭日丑前五刻獻官以下行事官各服其服有司設神位版陳玉幣實籩豆簠簋尊罍俟監祭監禮按視壇之上下乃徹去蓋冪大樂令帥工人及奉禮郎贊者先入禮直官贊者分引分獻官以下監祭監禮諸太祝祝史齋郎與執事者入自南壝東門當壇南重行北向西上立定奉禮郎贊拜獻官以下皆再拜訖以次分引各就壇陛上下位次引監祭監禮按視壇之上下訖退復位禮直官分引三獻官以下行事官俱入就位行禮官皆自南壝東門入禮直官進立初獻之左白曰有司謹具請行事退復位協律郎高舉笏執麾者舉麾俛伏興工鼓柷樂作坤寧之曲八成偃麾戛敔樂止俟太常卿瘞血訖奉禮郎贊拜在位者皆再拜又贊諸執事者各就位禮直官引諸執事各就其位俟太祝跪取玉幣於篚立於尊所諸位太祝亦各取玉幣立於尊所禮直官引初獻詣盥洗位樂作肅寧之曲至位北向立樂止搢笏盥手帨手執笏詣壇樂作肅寧之曲凡初獻升降皆作肅寧之曲升自卯階至壇樂止詣皇地祇神座前北向立樂作靜寧之曲搢笏跪太祝加玉於幣西向跪以授初獻初獻受玉幣奠訖執笏俛伏興再拜訖樂止次詣配位神座前東向立樂作億寧之曲奠幣如上儀樂止降自卯陛樂作復位樂止初獻將奠配位之幣贊者引第一等分獻官詣盥洗位搢笏盥手帨手執笏由卯陛詣神州地祇神座前搢笏跪太祝以玉幣授分獻官分獻官受玉幣奠訖執笏俛伏興再拜訖退初第一分獻官將升贊者引第二分獻官詣盥洗位盥手帨手執笏各由其陛升唯不由午陛詣於首位神座奠幣如上儀餘以次祝史齋郎助奠訖各引還位初獻奠幣將畢祝史奉毛血豆各由午陛升諸太祝迎於壇上進奠於正配位神座前太祝與祝史俱退立於尊所　進熟初獻既升奠玉幣有司先陳牛鼎二羊鼎二豕鼎二於神廚各在鑊右太官帥進饌者詣廚以七升牛羊豕自鑊實於各鼎牛羊豕各肩臂臑肫胳正脊一橫脊一長脅一短脅一代脅一背二骨一並冪之祝史以扃各對舉鼎有司執七以從陳於饌幔內從祀之俎實以羊更陳於饌幔內光祿卿實以籩豆簠簋籩實以粉餈豆實以糝食簠實以稷簋實以黍實訖去鼎之扃冪七加於鼎太官令以七升牛羊豕載於俎肩臂臑在上端肫胳在下端脊脅在中俟初獻還位樂止禮直官引司徒出詣饌所同薦籩豆簠簋俎齋郎各奉皇地祇配位之饌升自卯陛諸太祝各迎於壇上司徒詣皇地祇神座前搢笏奉籩豆簠簋次奉俎北向跪奠訖執笏俛伏興設籩於糗餌之前豆於醓醢之前簠簋在登前俎在籩前次於卯陛奉配位之饌東向跪奠於神座前並如上儀各降自卯陛還位太官令又同齋郎奉神州地祇之饌升自卯陛太祝迎於壇陛之道間奠於神座前左籩前訖樂止太官令進饌者降自卯陛還位禮直官引初獻官詣盥洗位樂作至位樂止北向立搢笏盥手帨手執笏詣

爵洗位至位北向立搢笏洗爵拭爵以授執事者執笏詣壇樂作升自卯陛至壇上樂止詣皇地祇酌尊所西向立執事者以爵授初獻初獻搢笏執爵司尊舉冪良醞令跪酌太尊之汎齊酌訖初獻以爵授執事者執笏詣皇地祇神座前北向立搢笏跪執事者以爵授初獻初獻執爵三祭酒於茅苴奠爵（三獻奠爵皆執事者受以興）執笏俛伏興少退跪樂止舉祝官跪對舉祝版讀祝太祝東向跪讀祝訖俛伏興舉祝奠版於案再拜興次詣配位酌尊所執事者以爵授初獻搢笏執爵司尊舉冪良醞令跪酌著尊之汎齊樂作太簇宮保寧之曲初獻以爵授執事者執笏詣配位神座前東向立搢笏跪執事者以爵授初獻初獻執爵三奠酒於茅苴奠爵執笏俛伏興少退跪樂止讀祝祝訖樂作就拜興拜興降自卯陛讀祝舉祝俱從樂作復位樂止次引亞獻詣盥洗位北向立搢笏盥手帨手執笏詣爵洗位北向立搢笏洗爵拭爵授執事者執笏升自卯陛詣皇地祇酌尊所西向立執事者以爵授亞獻亞獻搢笏執爵司尊舉冪良醞令酌著尊之醴齊酌訖以爵授執事者執笏詣皇地祇神座前北向立搢笏跪執事以爵授亞獻亞獻執爵三祭酒於茅苴奠爵執笏俛伏興少退再拜次詣配位酌獻如上儀唯酌犧尊爲異樂止降復位次引終獻詣盥洗位盥手帨手洗爵拭爵以爵授執事者升壇正位酌犧尊之盎齊配位酌象尊之醴齊奠獻並如亞獻之儀禮畢降復位初終獻將升贊者引第一等分獻官詣盥洗位搢笏盥手帨手洗爵拭爵以爵授執事者執笏詣神州地祇酌尊所搢笏執事者以爵授獻官獻官執爵執事者酌太尊之汎齊酌訖以爵授執事者進詣神座前搢笏跪執事者以爵授獻官獻官執爵三祭酒於茅苴奠爵俛伏興少退跪再拜訖還位初第一等分獻官將升贊者分引第二等分獻官詣盥洗位搢笏盥手帨手執笏詣酌尊所執事以爵授分獻官分獻酌以授執事者進詣首位神座前奠獻並如上儀祝史齋郎以次助奠訖各引還位諸獻俱畢諸太祝進徹籩豆籩豆各一少移故處樂作豐寧之曲卒徹樂止奉禮官贊曰賜胙衆官再拜樂作一成止初送神樂止引初獻官詣望瘞位樂作太簇宮肅寧之曲至位南向立樂止初在位官將拜諸太祝祝史各奉篚進詣神座前玉幣從祭神州地祇以下並以俎載牲體并取黍稷飯爵酒各由其陛降壇北詣瘞坎實於坎中又以從祭之位禮幣皆從瘞禮直官曰可瘞東西六行寘土半坎禮直官贊禮畢引初獻出禮官贊者各引祭官及監祭監禮太祝以下俱復壇南北向立定奉禮郎贊曰再拜監祭以下皆再拜訖奉禮以下及工人以次出光祿卿以胙奉進監祭監禮展視其祝版燔於齋坊

朝日夕月儀齋戒陳設省牲器奠玉幣進熟其節並如大祀之儀朝日玉用青璧夕月用白璧幣皆如玉之色牲各用羊一豕一有司攝三獻司徒行事其親行朝日金初用本國禮天會四年正月始朝日于乾元殿而後受賀天眷二年定朔望朝日儀皇帝服靴袍百官常服有司設爐案御褥位于所御殿前陛上設百官褥位于殿門外皆向日宣徽使奏導皇帝至位南向再拜上香又再拜各門皆相應贊殿門外臣僚陪拜如常儀大定二年以無典故罷十五年言事者謂今正旦并萬春節宜令有司定拜日之禮有司援據漢唐春分朝日升煙奠玉如圜丘之儀又按唐開元禮南向設大明神位天子北向皆無南向拜日之制今已奉敕以月朔拜日宜遵古制殿前東向拜詔姑從南向其日先引臣僚於殿門外立陪位立殿前班露臺左右皇帝於露臺香案拜如上儀十八年上拜日於仁政殿始行東向之禮皇帝出殿東向設位宣徽贊拜皇帝再拜上香訖又再拜臣僚並陪拜依班次起居如常儀

高禖明昌六年章宗未有子尚書省臣奏行高禖之祀乃築壇于景風門外東南端當闕之卯辰地與圜丘東西相望壇如北郊之制歲以春分日祀青帝伏羲氏女媧氏凡三位壇上南向西上姜嫄簡狄位於壇之第二層東向北上前一日未三刻布神位省牲器陳御弓矢弓韣於上下神位之右其齋戒奠玉幣進熟皆如大祀儀青帝幣玉皆用青餘皆無玉每位牲用羊一豕一有司攝三獻司徒行事禮畢進胙倍於他祀之肉進胙官佩弓矢弓韣以進上命后妃嬪御皆執弓矢東向而射廼命以次飲福享胙

金史卷三十

元中書右丞相總裁脫脫等修

志第十一

禮三（宗廟 禘祫 朝享 時享儀）

金初無宗廟天輔七年八月太祖葬上京宮室之西南建寧神殿于陵上以時薦享自是諸京皆立廟惟在京師者則曰太廟天會六年以宋二帝見太祖廟者是也或因遼之故廟安置御容亦謂之廟天眷三年熙宗幸燕及受尊號皆親享恭謝是也皇統三年初立太廟八年太廟成則上京之廟也貞元初海陵遷燕乃增廣舊廟奉遷祖宗神主于新都三年十一月丁卯奉安于太廟正隆中營建南京宮室復立宗廟南渡因之其廟制史不載傳志雜記或可槩見今附之汴京之廟在宮南馳道之東殿規一屋四間限其北爲神室其前爲通廊東西二十六楹爲間二十有五每間爲一室廟端各虛一間爲夾室中二十三間爲十一室從西三間爲一室爲始祖廟祔德帝安帝獻祖昭祖景祖祧主五餘皆兩間爲一室（或曰惟第二第三室兩間餘止一間爲一室總十有七間）世祖室祔肅宗穆宗室祔康宗餘皆無祔每室門一牖一門在左牖在右皆南向石室之龕於各室之西壁東向其世祖之龕六南向者五東向者一其二其三俱二龕餘皆一室一龕總十八龕祭日出主於北牖下南向禘祫則並出主始祖東向羣主依昭穆南北相向東西序列室戶外之通廊殿階二級列陛三前井亭二外作重垣四繚南東西皆有門內垣之隅有樓南門五闔餘皆三中垣之外東北冊寶殿也太常官一人季視其封緘謂之點寶內垣之南曰大次東南爲神庖廟門翼兩廡各二十有五楹爲齋郎執事之次西南垣外則廟署也神門列戟各二十有四植以木錡戟下以板爲掌形畫二青龍下垂五色帶長五尺享前一日則縣戟上祭畢藏之　室次

大定十二年議建閔宗別廟禮官援晉惠懷唐中宗後唐莊宗升祔故事若依此典武靈皇帝無嗣亦合升祔然中宗之祔始則爲虛室終則增至九室惠懷之祔乃遷豫章潁川二廟莊宗之祔乃祧懿祖一室今太廟之制除祧廟外爲七世十一室如當升祔武靈即須別祧一廟荀子曰有天下者事七世若旁容兄弟上毀祖考則天子有不得事七世者矣伏覩宗廟世次自睿宗上至始祖凡七世別無可祧之廟晉史云廟以容主爲限無拘常數東晉與唐皆用此制遂增至十一室康帝承統以兄弟爲一室故不遷遠廟而祔成帝唐以敬文武三宗同爲一代於太廟東間增置兩室定爲九代十一室今太廟已滿此數如用不拘常數之說增至十二室可也然廟制已定復議增展其事甚重又與睿宗皇帝祏室昭穆亦恐更改春秋之義不以親親害尊尊漢志云父子不並坐而孫可從王父若武靈升祔太廟增作十二室依春秋尊尊之典武靈當在十一室禘祫合食依孫從王父之典當在太宗之下而居昭位又當稱宗然前升祔睿宗已在第十一室累遇祫享睿宗在穆位與太宗昭位相對若更改祏室及昭穆序非有司所敢輕議宜取聖裁十九年四月禘祔閔宗遂增展太廟爲十二室二十九年世宗將祔廟有司言太廟十二室自始祖至熙宗雖係八世然世宗與熙宗爲兄弟不相爲後用晉成帝故事止係七世若特升世宗顯宗即係九世於是五月遂祧獻祖昭祖升祔世宗明德皇后顯宗于廟貞祐二年宣宗南遷廟社諸祀並委中都自抹撚盡忠棄城南奔時謁之禮盡廢四年禮官言廟社國之大事今主上駐蹕陪京列聖神主已遷于此宜重修太廟社稷以奉歲時之祭按中都廟制自始祖至章宗凡十二室而今廟室止十一若增建恐難卒成況時方多故禮宜從變今擬權祔肅宗主世祖室始祖以下諸神主于隨室奉安主用栗依唐制皇統九年所定也祏室旁及上下皆石門東向以木爲闔髹以朱室中有褥奠主訖帝主居左覆以黃羅帕后主居右覆以紅羅帕

黼扆以紙木爲筐兩足如立屏狀覆以紅羅三幅繡金斧五十四裏以紅絹覆於屏上其半無文者垂於其後置北牖下南向前設几筵以坐神主　五席各長五尺五寸濶二尺五寸莞筵粉純以藺爲席緣以紅羅以白繡蕙文及雲氣之狀復以紅絹裏之每位二繅席畫純以五色絨織青蒲爲之緣以紅羅畫藻文及雲氣狀亦以紅絹裏之每位二在莞上次席黻純以輕錡爲之亦曰桃枝席緣以紅綃繡黻色斧裏以紅絹每位二在繅席上虎席二大者長同惟濶增一尺以虎皮爲褥有緼以紅羅繡金色斧緣之又有小虎皮褥制同三席時暄則用桃枝次席時寒則去桃枝加虎皮褥夏秋享則用桃枝次席二冬則去桃枝加小虎皮褥於繅席上臘冬則又添大虎皮褥二於繅上遷小虎皮褥二在大褥之上　曲几三足直几二足各長尺五寸以丹漆之帝主前設曲几后設直几

禘祫大定十一年尚書省奏禘祫之儀曰禮緯三年一祫五年一禘唐開元中太常議禘祫之禮皆爲殷祭祫

爲合食祖廟禘謂禘序尊卑申先君逮下之慈成羣嗣奉親之孝自異常享有時行之祭不欲數數則黷不欲疎疎則怠是以王者法諸天道以制祀典烝嘗象時禘祫象閏五歲再閏天道大成宗廟法之再爲殷祭自周以後並用此禮自大定九年已行祫禮若議禘祭當於祫後十八月孟夏行禮詔以三年冬祫五年夏禘爲常禮又言海陵時每歲止以二月十月遣使兩享三年祫享按唐禮四時各以孟月享于太廟季冬又臘享歲凡五享若依海陵時歲止兩享非天子之禮宜從典禮歲五享從之享日並出神主前廊序列昭穆應圖功臣配享廟廷各配所事之廟以位次爲序以太子爲亞獻親王爲終獻或並用親王或以太尉爲亞獻光祿卿爲終獻其月則停時享儀闕

朝享儀大定十一年十一月郊祀前一日朝享太廟齋戒如親郊享前三日太廟令帥其屬掃除廟之內外黜檢司於廟之前約度設兵衛旗幟尚舍於南神門之西設饌幔十一南向以西爲上殿中監帥尚舍陳設大次殿又設小次於阼階下稍南西向又設皇帝拜褥位殿上版位稍西又設黃道褥於廟門之內外自玉輅至升輦之所又自大次至東神門又設七祀位一於殿下橫街之北西街之西東向配享功臣位於殿下道東橫街之南西向北上前二日大樂令設宮縣之樂於庭中四方各設編鐘三編磬三東方編鐘起北編磬間之東向西方編磬起北編鐘間之西向南方編磬起西編鐘間之北方編鐘起西編磬間之俱北向設特磬大鐘鎛鐘共十二於編縣之內各依神位樹路鼓路鼗於北縣之內道之左右晉鼓一在其後稍南植建鼓鞞鼓應鼓於四隅建鼓在中鞞鼓在左應鼓在右置柷敔於縣內柷一在道東敔一在道西立舞表於酇綴之間設登歌之樂於殿上前楹間金鐘一在東玉磬一在西俱北向柷一在金鐘北稍西敔一在玉磬北稍東搏拊二一在柷北一在敔北東西相向琴瑟在前其匏竹者立於階間重行北向諸工人各位於縣後前一日太廟令開室奉禮郎帥其屬設神位於每室內北牖下各設黼扆一莞席一繅席二次席二紫綾厚褥一紫綾蒙褥一曲几一直几一又設皇帝版位於殿東間門內西向又設飲福位於東序西向又設亞終獻位於殿下橫街之北稍東西向助祭親王宗室使相位在亞終獻之後助祭宗室位在橫街之南西向奉瓚官奉瓚盤官進爵酒官奉爵官等又在其南奉匜槃巾篚官位於其後七祀獻官位在奉爵官之南助奠讀祝奉罍洗爵洗等官位於其後司尊彝官位在七祀獻官之南亞終獻司罍洗爵洗奉爵酒官等又在其南並西向北上大禮使位於西階之西稍南與亞終獻相對太尉司徒助祭宰相位在大禮使之南侍中執政官又在其南禮部尚書太常卿太僕卿光祿卿功臣獻官在西舉冊光祿丞太常博士又在其西功臣助奠罍洗爵洗等官位於功臣獻官之後又設監祭御史位二於西階下俱東向北上奉禮郎太廟令太官令太祝宮闈令祝史位於亞獻終獻奉爵酒官之南薦籩豆簠簋官薦俎齋郎又在太祝奉禮郎之南太廟丞太官丞各位於令後協律郎位二一於殿上前楹間一於宮縣之西北俱東向大樂令於登歌樂縣之北大司樂於宮縣之北艮醞令於酌尊所俱北向又設助祭文武羣官位於橫街之南東向北上又設光祿卿陳牲位於東神門外橫街之東西向以南爲上設廩犧令位於牲西南北向諸太祝位於牲東各當牲後祝史各陪其後俱西向設禮部尚書省牲位於牲前稍北又設御史位於禮部尚書之西俱南向禮部帥其屬設祝冊案於室戶外之右司尊彝帥其屬設尊彝之位於室戶之左每位斝彝一黃彝一犧尊二象尊二著尊二山罍二各加勺冪坫爲酌尊又設瓚槃爵坫於篚置于始祖尊彝所又設壺尊二太尊二山罍四各有坫冪在殿下階間北向西上設而不酌七祀功臣每位設壺尊二於座之左皆加冪坫於內酌尊加勺皆藉以席奉禮郎設祭器每位四簋在前四簠次之次以六甒次以六鉶籩豆爲後左十有二籩右十有二豆皆濯而陳之藉以席籩豆加以巾蓋於內籩一豆一簠一簋一并俎四設於每室饌幔內又設御洗二於東階之東又設亞終獻罍洗於東橫街下東南北向罍在洗東篚在洗西南肆實以巾又設亞終獻爵洗於罍洗之西罍在洗東篚在洗西南肆實以巾爵并坫執巾罍巾篚各位於其後享日丑前五刻太常卿帥執事者設燭於神位前及戶外光祿卿帥其屬入實籩豆籩之實魚鱐糗餌粉餈乾棗形鹽鹿脯榛實乾橑桃菱芡栗以序爲次豆之實芹菹筍菹葵菹菁菹韭菹酏食魚醢兔醢豚拍鹿臡醓醢糝食以序爲次又鉶實以羹加芼滑登實以大羹簠實以稻粱簋實以黍稷粱在稻前稷在黍前艮醞令入實尊彝斝彝黃彝實以鬱鬯犧尊象尊著尊實以玄酒外皆實以酒用香藥酒各加坫勺冪殿下之尊罍壺尊太尊山罍內除山罍上尊實以玄酒外皆實以酒加冪坫太廟令帥其屬設七祀功臣席褥於其次每位各設莞席一碧綃褥一又各設版位於其座前又籩豆簠簋各二俎一每位次各設壺尊二於神座之右北向玄酒在西艮醞令以法酒實尊如常加勺冪置爵於尊下加坫光祿卿實饌左二籩栗在前鹿脯次之右二豆菁菹在前鹿臡次之俎實以羊熟簠簋實以黍稷太廟令又設七祀燎柴及開瘞坎於西神門外之北太府監陳異寶嘉瑞伐國之寶戶部陳諸州歲貢金爲前列玉帛次之餘爲後皆於宮縣之北東西相向各藉以席凡祀神之物當時所無者則以時物代之　省牲器前一日未後廟所禁行人司尊彝奉禮郎及執事者升自西階以俟少頃諸太祝與廩犧令以牲就位禮直官贊者引禮部尚書光祿卿丞詣省牲位立定禮直官引禮部尚書贊引者引御史入就西階升遍視滌濯訖執事者皆舉冪曰潔俱降就省牲位禮直官稍前曰告潔畢請省牲次引禮部尚書侍郎稍前省牲訖退復位次引光祿卿丞出班巡牲一匝光祿丞西向曰充曰備廩犧令帥諸太祝巡牲一匝西向躬身曰腯禮直官稍前曰省牲畢請就省饌位引禮部尚書以下各就位立定御史省饌具畢禮直官贊省饌訖俱還齋所光祿卿丞及太祝廩犧令以次牽牲詣廚授太官令禮直官引禮部尚書詣廚省鼎鑊視濯溉訖還齋所晡後一刻太官令帥宰人執鸞刀割牲祝史各取毛血每座共實一豆遂烹牲祝史洗肝於鬱鬯又取肝膋每座共實一豆俱還饌所　鑾駕出宮前一日有司設大駕鹵簿於應天門外尚輦進玉輅於應天門內南向其日質明侍臣直衞及導駕官於致齋殿前左右分班立俟通事舍人引侍中俛伏跪奏請中嚴皇帝服通天冠絳紗袍少頃侍中奏外辦皇帝出齋室卽御座羣官起居訖尚輦進輿侍中奏請皇帝升輿皇帝乘輿侍衞警蹕如常儀太僕卿先詣玉輅所攝衣而升正立執轡導駕官前導皇帝至應天門內玉輅所侍中進當輿前奏請皇帝降輿升輅皇帝升輅太僕卿立授綏導駕官分左右步導以裏爲上門下侍郎進當輅前奏請車駕進發奏訖俛伏興退復位侍衞儀物止於應天門內車駕動稱警蹕至應天門門下侍郎奏請車駕少駐勑侍臣上馬侍中奉旨退稱曰制可門下侍郎退傳制稱侍臣上馬贊者承傳勑侍臣上馬導駕官分左右前導門下侍郎奏請車駕進發車駕動稱警蹕不鳴鼓吹將至太廟禮直官贊者各引享官通事舍人分引從享羣官宗室子孫於廟門外立班奉迎駕至廟門迴輅南向侍中於輅前奏稱侍中臣某言請皇帝降輅步入廟門皇帝降輅導駕官前導皇帝步入廟門稍東侍中奏請皇帝升輿尚輦奉輿侍衞如常儀皇帝乘輿至大次侍中奏請皇帝降輿入就大次皇帝入就次簾降繖扇侍衞如常儀太常卿太常博士各分立於大次左右導駕官詣廟庭班位立俟　晨祼享日丑前五刻諸享官及助祭官各服其服太廟令艮醞令帥其屬入實尊罍光祿卿大官令進饌者實籩豆簠簋並徹去蓋冪奉禮郎贊者先入就位贊者引御史太廟令太祝宮闈令祝史與執事官等各自東偏門入就位未明二刻禮直官引太常寺官屬并太祝宮闈令升殿開始祖祏室太祝宮闈令捧出帝后神主設於座以次逐室神主各設於內黼扆前置定贊者引御史太廟令宮闈令太祝祝史與太常官屬於當階間重行北向立奉禮郎於殿上贊奉神主訖奉禮曰再拜贊者承傳御史以下皆再拜訖各就位大樂令帥工人二舞入就位禮直官贊者各引享官通事舍人分引助祭文武羣官宗室入就位符寶郎奉寶陳於宮縣之北皇帝入大次少頃侍中奏請中嚴皇帝服袞冕侍中奏外辦太常卿俛伏跪奏稱太常卿臣某言請皇帝行事俛伏興簾捲皇帝出次太常卿太常博士前導繖扇侍衞如常儀大禮使後從至東神門外殿中監跪進鎭圭太常卿奏請執圭皇帝執鎭圭繖扇仗衞停於門外近侍者從入協律郎跪伏舉麾興工鼓柷宮縣昌寧之樂作至阼階下偃麾戛敔樂止升自阼階登歌樂作左右侍從量人數升至版位西向立樂止前導官分左右侍立太常卿前奏請再拜皇帝再拜奉禮曰衆官再拜贊者承傳凡在位者皆再拜奉禮又贊諸執事者各就位禮直官贊者分引執事者各就殿上下之位太常卿奏請皇帝詣罍洗位登歌樂作至阼階樂止降自阼階宮縣樂作至洗位樂止內侍跪取匜興沃水又內侍跪取盤興承水太常卿奏請搢鎭圭皇帝搢鎭圭盥手訖內侍跪取巾於篚興以進帨手訖奉瓚盤官以瓚跪進皇帝受瓚內侍奉匜沃水又內侍跪奉槃承水洗瓚訖內侍跪奉巾以進皇帝拭瓚訖內侍奠槃匜又奠巾於篚奉瓚槃官以槃受瓚太常卿奏請執鎭圭前導皇帝升殿宮縣樂作至阼階下樂止皇帝升自阼階登歌樂作太常卿前導詣始祖位酌尊所樂止奉瓚槃官以瓚涖鬯執尊者舉冪侍中跪酌鬱鬯訖太常卿前導入詣始祖室神位前北向立太常卿奏請搢鎭圭跪奉瓚槃官西向跪以瓚授奉瓚

官奉瓚西向以瓚跪進太常卿奏請執瓚以鬯祼地皇帝執瓚以鬯祼地訖以瓚授奉瓚槃官太常卿奏請執鎮圭俛伏興前導出戶外太常卿奏請再拜皇帝再拜太常卿前導詣次位並如上儀祼畢太常卿奏請還版位登歌樂作至版位西向立樂止太常卿奏請還小次前導皇帝行登歌樂作降自阼階登歌樂止宮縣樂作將至小次太常卿奏請釋鎮圭殿中監跪受鎮圭皇帝入小次簾降樂止少頃宮縣奏來寧之曲以黃鍾爲宮大呂爲角太簇爲徵應鍾爲羽作仁豐道洽之舞九成止黃鍾三奏大呂太簇應鍾各再奏送神通用來寧之曲初晨祼將畢祝史各奉毛血及肝膋之豆先於南神門外齋郎奉爐炭蕭蒿黍稷各立於肝膋之後皇帝既晨祼畢至樂作六成皆入自正門升自太階諸太祝於階上各迎毛血肝膋進奠於神座前祝史立於尊所齋郎奉爐置於室戶外之左其蕭蒿黍稷各置於爐炭下齋郎降自西階諸太祝各取肝燔於爐還尊所　進熟皇帝升祼太官令帥進饌者奉陳於南神門外諸饌幔內以西爲上禮直官引司徒出詣饌所與薦俎齋郎奉俎幷薦籩豆簠簋官奉籩豆簠簋禮直官太官令引以序入自正門宮縣豐寧之樂作徹豆通用至太階樂止祝史俱進徹毛血之豆降自西階以出饌升諸太祝迎於階上各設於神位前先薦牛次薦羊次薦豕及魚禮直官引司徒以下降自西階復位諸太祝各取蕭蒿黍稷擩於脂燎於爐炭訖還尊所贊者引舉冊官升自西階詣始祖位之右進取祝冊置於版位之西置訖於祝冊案近南立太常卿跪奏請詣罍洗位簾捲出次宮縣樂作殿中監跪進鎮圭太常卿奏請執鎮圭前導詣罍洗位樂止盥手洗爵並如晨祼之儀盥洗訖太常卿奏請執鎮圭前導升殿宮縣樂作至阼階下樂止升自阼階登歌樂作太常卿前導詣始祖位尊彝所登歌樂作至尊彝所登歌樂止宮縣奏大元之樂文舞進奉爵官以爵涖尊執尊者舉冪侍中跪酌犧尊之泛齊訖太常卿前導入詣始祖室神位前北向立太常卿奏請搢鎮圭跪奉爵官以爵授進爵酒官進爵酒官西向以爵跪進太常卿奏請執爵三祭酒三祭酒於茅苴訖以爵授進爵酒官進爵酒官以爵授奉爵官太常卿奏請執鎮圭興前導出戶外太常卿奏請少立樂止舉冊官進舉祝冊中書侍郎搢笏跪讀祝畢祝官舉冊奠訖先詣次位太常卿奏請再拜再拜訖太常卿前導詣次位行禮並如上儀酌獻畢太常卿前導還版位登歌樂作至位西向立定樂止太常卿奏請還小次登歌樂作降自阼階登歌樂止宮縣樂作將至小次太常卿奏請釋鎮圭殿中監跪受鎮圭入小次簾降樂止文舞退武舞進宮縣奏肅寧之樂作功成治定之舞舞者立定樂止　皇帝酌獻訖將詣小次禮直官引博士博士引亞獻詣盥洗位北向立搢圭盥手帨手執圭詣爵洗位北向立搢圭洗爵拭爵以授執事者執圭升自西階詣始祖位尊彝所西向立宮縣樂作執事者以爵授亞獻亞獻搢圭執爵執尊者舉冪太官令酌象尊之醴齊訖詣始祖神位前搢圭跪執事者以爵授亞獻亞獻執爵祭酒三祭酒於茅苴奠爵執圭俛伏興少退再拜訖博士前導亞獻詣次位行禮並如上儀禮畢樂止終獻除本服執笏外餘如亞獻之儀七祀功臣獻官行禮畢太常卿跪奏詣飲福位簾捲出次宮縣樂作殿中監跪進鎮圭太常卿奏請皇帝執鎮圭前導至阼階下樂止升自阼階登歌樂作將至飲福位樂止初皇帝既獻訖太祝分神位前三牲肉各取前脚第二骨加於俎又以籩取黍稷飰共置一籩又酌上尊福酒合置一尊又禮直官引司徒升自西階東行立於阼階上前楹間北向皇帝既至飲福位西向立登歌福寧之樂作太祝酌福酒於爵以奉侍中侍中受爵捧以立太常卿奏請皇帝再拜訖奏請搢圭跪侍中以爵北向跪以進太常卿奏請執爵三祭酒於沙池又奏請啐酒皇帝啐酒訖以爵授侍中太常卿奏請受胙太祝以黍稷飰籩授司徒司徒跪奉進皇帝受以授左右太祝又以胙肉俎跪授司徒司徒受俎訖跪進皇帝受以授左右禮直官引司徒退立侍中再以爵酒跪進太常卿奏請皇帝受爵飲福飲福訖侍中受虛爵以興以授太祝太常卿奏請執圭俛伏興又奏請皇帝再拜再拜訖樂止太常卿前導皇帝還版位登歌樂作俟至位樂止太祝各進徹籩豆登歌豐寧之樂作卒徹樂止奉禮曰賜胙行事助祭官再拜贊者承傳在位官皆再拜宮縣來寧之樂作一成止太常卿奏禮畢前導降自阼階登歌樂止宮縣樂作出門宮縣樂止繖扇仗衛如常儀太常卿奏請釋鎮圭殿中監跪受鎮圭皇帝還大次通事舍人禮直官贊者各引享官宗室子孫及從享羣官以次出及引導駕官東神門外大次前祗候前導如常儀贊者引御史已下俱復執事位立定奉禮曰再拜皆再拜贊者引工人舞人以次出大禮使帥諸禮官太廟令太祝宮闈令升納神主如常儀禮畢禮直官引大禮使已下降自西階至橫街再拜而退其祝冊藏於櫃七祀功臣分奠如祫享之儀

時享有司行事前期太常寺舉申禮部關學士院司天臺擇日以其日報太常寺前七日受誓戒於尚書省其日質明禮直官設位版於都堂之下依已定誓戒圖禮直官引三獻官并應行事執事官等各就位立定贊揖在位官皆對揖訖禮直官以誓文奉初獻官初獻官搢笏讀誓文某月某日孟春薦享太廟各揚其職不恭其事國有常刑讀訖執笏七品以下官先退餘官對拜訖乃退散齋四日治事如故宿於正寢唯不弔喪問疾作樂判署刑殺文字決罰罪人及預穢惡致齋三日於本司唯享事得行其餘悉禁一日於享所已齋而闕者通攝行事前三日兵部量設兵衛列於廟之四門前一日禁斷行人儀鸞司設饌幔十一所於南神門外西南向又設七祀司命戶二位於橫街之北道西東向又設羣官齋宿次於廟門之東西舍前二日大樂局設登歌之樂於殿上太廟令帥其屬掃除廟殿門之內外於室內鋪設神位於北牖下當戶南向設几於筵上又設三獻官拜褥位二一在室內一在室外學士院定撰祝文訖計會通進司請御署降付禮部置於祝案祠祭局濯溉祭器與尊彝訖鋪設如儀內太尊二山罍二在室犧尊五象尊五鷄彝一鳥彝一在室戶外之左爐炭稍前著尊二犧尊二在殿上象尊二壺尊六在下俱北向西上加冪皆設而不酌并設獻官罍洗位禮部設祝案於室戶外之右禮直官設位版并省牲位如式前一日諸太祝與廩犧令以牲就東神門外司尊彝與禮直官及執事皆入升自西階以俟禮直官引太常卿贊者引御史自西階升遍視滌濯執尊者舉冪告潔訖引降就省牲位廩犧令少前曰請省牲退復位太常卿省牲廩犧令及太祝巡牲告備皆如郊社儀既畢太祝與廩犧令以次牽牲詣廚授太官令贊者引光祿卿詣廚請省鼎鑊申視滌溉贊者引御史詣廚省饌具訖與太常卿等各還齋所太官令帥宰人以鸞刀割牲祝史各取毛血每室共實一豆又取肝膋共實一豆置饌所遂烹牲光祿卿帥其屬入實祭器良醞令入實尊彝享日質明百官各服其品服禮直官贊者先引御史博士太廟令太官令諸太祝祝史司尊彝與執罍篚官等入自南門當階間北面西上立定奉禮曰再拜贊者承傳皆再拜訖贊者引太祝與宮闈令升自西階詣始祖室開祏室太祝捧出帝主宮闈令捧出后主置於座帝主在西后主在東贊者引太祝與宮闈令降自西階俱復位奉禮曰再拜贊者承傳在位官皆再拜訖俱各就執事位大樂令帥工人入禮直官贊者分引三獻官與百官俱自南東偏門入至廟庭橫街上三獻官當中北向西上應行事執事官并百官依品重行立奉禮曰拜贊者承傳應北向在位官皆再拜其先拜者不拜拜訖贊者引三獻官詣廟殿東階下西向立其餘行事執事官與百官俱各就位訖禮直官詣初獻官前稱請行事協律郎跪俛伏興樂作禮直官引初獻詣盥洗位北向立定樂止搢笏盥手帨手執笏詣爵洗位北向立搢笏洗瓚拭瓚以瓚授執事者執笏升殿樂作至始祖室尊彝所西向立樂止執事者以瓚奉初獻官獻官搢笏執瓚執尊者舉冪太官令酌鬱鬯訖初獻以瓚授執事者執笏詣始祖室神位前樂作北向立搢笏跪執事者以瓚授初獻官初獻官執瓚以鬯祼地訖以瓚授執事者執笏俛伏興出戶外北向再拜訖樂止每室行禮並如上儀禮直官引初獻降復位初獻將升祼祝史各奉毛血肝膋豆及齋郎奉爐炭蕭蒿黍稷篚各於饌幔內以俟初獻晨祼訖以次入自正門升自太階諸太祝皆迎毛血肝膋豆於階上俱入奠於神座前齋郎所奉爐炭蕭蒿篚皆置於室戶外之左與祝史俱降自西階以出諸太祝取肝膋洗於鬱鬯燔於爐炭訖還尊所享日有司設羊鼎十一豕鼎十一於神廚各在鑊右初獻既升祼光祿卿帥齋郎詣廚以七升羊於鑊實于一鼎肩臂臑肫胳正脊一橫脊一長脅一短脅一代脅一皆二骨以並次升豕及羊實于一鼎每室羊豕各一鼎皆設扃冪齋郎對舉入鑊放饌幔前齋郎抽扃委于鼎右除冪光祿卿帥太官令以七升羊載于一俎肩臂臑在上端肫胳在下端脊脅在中次升豕及羊各載于一俎每室羊豕各一俎齋郎即以扃舉鼎先退置于神廚訖復還饌幔所禮直官引司徒出詣饌幔前立以俟光祿卿帥其屬實籩以粉餈實豆以糝食實簠以粱實簋以稷俟初獻祼畢復位祝史俱進徹毛血之豆降自西階以出禮直官引司徒帥薦籩豆簠簋官奉俎齋郎各奉籩豆簠簋羊豕俎每室以序而進立於南神門之外以俟羊俎在前豕俎次之籩豆簠簋又次之入自正門樂作升自太階諸太祝迎引於階上各設於神位前訖禮直官引司徒以下降自西階樂作復位樂止諸太祝各取蕭蒿黍稷擩於脂燔於爐炭還尊所禮直官引初獻詣罍洗位樂作至位北向立樂止搢笏盥手帨手執笏詣爵洗位北向立搢笏洗爵拭爵以爵授執事者執笏升殿樂作詣始祖室酌尊所西向立樂止執事

者以爵授初獻初獻搢笏執爵執事者舉冪太官令酌犧尊之泛齊訖次詣第二室酌尊所如上儀詣始祖神位前樂作北向立搢笏跪執事者以爵授初獻初獻執爵三祭酒於茅苴奠爵執笏俛伏興出室戶外北向立樂止贊者引太祝詣室戶外東向搢笏跪讀祝祝文讀訖執笏興次詣第二室次詣每室行禮並如上儀初獻降階樂作復位樂止禮直官次引亞獻詣盥洗位北向立搢笏盥手帨手執笏詣爵洗位北向立搢笏洗爵拭爵以授執事官執笏升殿詣始祖酌尊所西向立執事者以爵授亞獻亞獻搢笏執爵執尊者舉冪太官令酌象尊之醴齊訖次詣第二室酌尊所如上儀詣始祖神位前樂作北向立搢笏跪執事者以爵授亞獻亞獻執爵三祭酒于茅苴奠爵執笏俛伏興出戶外北向再拜訖樂止次詣每室行禮並如上儀降階樂作復位樂止禮直官次引終獻詣盥洗及升殿行禮並如亞獻之儀降復位次引太祝徹籩豆少移故處樂作卒徹樂止俱復位禮直官曰賜胙贊者承傳曰賜胙再拜在位者皆再拜禮直官引太祝宮闈令奉神主太祝搢笏納帝主於匱奉入祏室執笏退復位次引宮闈令納后主於匱奉入祏室並如上儀退復位禮直官贊者引行事執事官各就位奉禮曰再拜贊者承傳應在位官皆再拜禮直官贊者引百官次出大樂令帥工人次出太官令帥其屬徹禮饌次引監祭御史詣殿監視卒徹訖還齋所太廟令闔戶以降太常藏祝版於櫃光祿以胙奉進監祭御史就位展視光祿卿望闕再拜乃退其七祀夏竈中霤秋門厲冬行鋪設祭器入實酒饌俟終獻將升獻獻官行禮并讀祝文并每歲四孟月臘五享並如上儀

金史卷三十一

元中書右丞相總裁脫脫等修

志第十二

禮志四

奏告儀　皇帝恭謝儀　皇后恭謝儀　皇太子恭謝儀　薦新　功臣配享　寶玉　雜儀

奏告儀皇帝即位加元服受尊號納后冊命巡狩征伐封祀請謚營修廟寢凡國有大事皆告或一室或遍告及原廟並一獻禮用祝幣皇統以後凡皇帝受尊號冊皇后太子禘祫升祔奉安奉遷等事皆告郊祀則告配帝之室大定十四年三月十七日詔更御名命左丞相良弼告天地平章守道告太廟左丞石琚告昭德皇后廟禮部尚書張景仁告社稷及遣官祭告五嶽前期二日太廟令掃除廟內外設告官以下次所前一日行事官赴祀所清齋告日前三刻禮直官引太廟令帥其屬入殿開室戶掃除鋪筵設几於北墉下如時享儀禮直官帥祀祭官陳幣篚於室戶之左陳祝版於室戶之右案上及設香案祭器皆藉以篚每位各左一籩實以鹿脯右一豆實以鹿臡犧尊一置於坫加勺冪在殿上室戶之左北向實以酒每位一瓶設燭於神位前又設盥爵洗位橫街之南稍東設告官褥位於殿下東階之南西向餘官在其後稍南又設望燎位於西神門外之北告日未明禮直官引太廟令太祝宮闈令入當階間北面西上立定奉禮贊再拜訖升自西階太祝宮闈令各入室出神主設於座如常儀次引告官入就位禮直官稍前贊有司謹具請行事又贊再拜在位者拜訖禮直官引告官就盥洗位盥手訖詣神位前搢笏跪三上香執事者以幣授奉禮郎西向授告官告官受幣奠訖執笏俛伏興退就戶外位再拜詣次位行禮如上儀訖降復位少頃引告官再詣爵洗位讀祝舉祝官後從至位北向立搢笏洗拭爵訖授執事者執笏升詣酒尊所西向立執爵執尊者舉冪酌酒告官以授執事者詣神位前北向搢笏跪執爵三祭酒執笏俛伏興退就戶外位北向立俟讀祝文訖再拜詣次位行禮如上儀訖與讀祝官皆復位禮直官贊曰再拜在位者皆再拜次引告官以下詣望燎位執事者取幣帛祝版置於燎禮直官曰可燎半柴禮直官贊禮畢告官以下退署令闔廟門瘞祝於坎貞元四年正月上尊號前三日遣使奏告天地於常武殿拜天臺設褥位昊天上帝居中皇地祇居西少却行一獻禮大定七年正月十一日上尊號前三日命皇子判大興尹許王告天地判宗正英王文告太廟於自來拜天處設昊天上帝位當中南向皇地祇位次西少却並用坐褥位牌及香酒脯臡等祝版三學士院撰告祝文書寫訖進請御署訖以付禮部移文宣徽院并差控鶴官用案舁覆以黃羅帕隨所差告官詣祀所前一日告官等就局所致齋一日告日質明宣徽院太常寺鋪設供具如儀閤門舍人一員太常博士一員引告官各服其服以次就位禮直官舍人稍前贊有司謹具請行事贊者曰拜在位者皆再拜禮直官先引執事官各就位舍人博士次引告官詣盥洗爵洗位北向立搢笏盥手帨手洗爵拭爵執笏詣酒尊所搢笏執爵司尊者舉冪酌酒告官以爵授奉爵酒官執笏詣昊天上帝皇地祇神位前再拜每位三上香跪奠酒訖以爵授奉爵官執笏俛伏興舉祝官跪舉讀訖俛伏興告官再拜告畢引告官以下降復位再拜訖詣望燎位燔祝版再拜半燎告官已下皆退

皇帝恭謝儀大定七年正月世宗受尊號禮畢恭謝前三日太廟令帥其屬灑掃廟庭之內外及陳設尚舍於廟南門之西設饌幔一十一室殿中監帥尚舍視大次殿又設皇帝版位於始祖神位前北向又設飲福位於版位西南少却又設隨室奠拜褥位於神座前大樂令設登歌於殿上宮縣於殿下又設皇太子位於阼階東南又設親王位於其南稍東宗室王使相位於其後又設太尉司徒以下行事官位於殿西階之西東向每等異位又設文武羣官位於橫階之南東西向又設御洗位於阼階之東又設太尉洗位於西階下橫階之南又設齋郎位於東班羣官之後又設盥洗等官并奉禮贊者大司樂協律郎大樂令等位各如祫享之儀又設尊彝祭器等於殿之上下如時享之儀前一日禮官御史帥其屬省牲視濯溉如常儀其日質明禮官御史帥太廟官太祝官宮闈令出神主如時享儀有司列黃麾仗二千人於應天門外尚輦進金輅於應天門內午後三刻宣徽院奏請皇帝赴齋宿殿文武羣官並齋宿於所司次日質明俟諸衞各勒所部屯門列仗導駕官分左右侍立於殿階下並朝服通事舍人引侍中詣齋殿俛伏跪稱臣某言請中嚴俛伏興凡侍中奏請准此皇帝服通天冠絳紗袍少頃侍中奏外辦皇帝出齋殿御座羣官起居訖侍中奏請升輦皇帝升輦以出侍衞警蹕如常儀導駕官前導至應天門侍中奏請降輦升輅皇帝升輅門下侍郎俛伏跪奏請車駕進發俛伏興凡門下侍郎奏請准此車駕動警蹕如常儀至應天門外門下侍郎奏請車駕少駐敕侍臣上馬侍中前承旨退稱曰制可門下侍郎退傳制稱侍臣上馬通事舍人承傳敕侍臣上馬導駕官分左右前導門下侍郎奏請車駕進發車駕動稱警蹕不鳴鼓吹典贊儀引皇太子常服乘馬至廟中幕次更服遠遊冠朱明衣執圭通事舍人文武羣官並朝服於廟門外班迎車駕至廟門侍中於輅前奏請降輅導駕官步入廟門稍東侍中奏請升輦皇帝升輦繖扇侍衞如常儀至大次侍中奏請降輦入就大次皇帝入大次通事舍人分引文武羣官由南神東西偏門入廟庭東西相向立禮直官引太尉以下行事官詣橫街北向再拜訖禮直官引太尉詣盥洗位搢笏盥手帨手執笏詣爵洗位北向立搢笏洗瓚拭瓚以瓚授執事者執笏由西階升殿詣始祖尊彝所西向立執事者以瓚奉太尉太尉搢笏執瓚酌鬯詣神位前以鬯祼地訖以虛瓚授執事者執笏俛伏興出戶外北向再拜訖次詣隨室並如上儀禮畢降自西階復位禮直官引司徒出詣饌所引薦俎齋郎奉俎并薦籩豆簠簋官奉籩豆簠簋及太官令以序入自正門宮縣樂作至太階樂止諸太祝迎於階上各設於神座前先薦牛次薦羊次薦豕訖禮直官引司徒已下降階復位典贊儀引皇太子通事舍人引親王由南神東偏門入詣褥位禮直官引中書侍郎舉冊官等升自西階詣始祖室前東西立通事舍人引侍中詣大次前奏請中嚴皇帝服袞冕少頃侍中奏外辦侍中詣廟庭本位立皇帝將出大次禮儀使與太常卿贊導凡禮儀使與太常卿贊導並博士前引俛伏跪稱臣某贊導皇帝行禮俛伏興前導至東神門撤繖扇近侍者從入殿中監跪進鎮圭禮儀使奏請執圭皇帝執圭宮縣樂作奏請詣罍洗位至位樂止內侍跪取匜興沃水又內侍跪取槃承水時寒預備溫水禮儀使奏請搢鎮圭皇帝搢鎮圭盥手內侍跪取巾於篚興進皇帝洗手訖奉爵官以爵跪進皇帝受爵內侍捧匜沃水又內侍跪捧槃承水皇帝洗爵訖內侍跪奉巾以進皇帝拭爵訖內侍奠槃匜又奠巾於篚奉爵官受爵禮儀使奏請執鎮圭前導皇帝升殿左右侍從量人數升宮縣樂作皇帝至阼階下樂止皇帝升自阼階登歌樂作禮儀使前導皇帝至版位樂止奏請再拜奉禮郎贊皇太子已下在位羣官皆再拜贊者承傳皆再拜禮儀使前導皇帝詣始祖尊彝所樂作至尊所樂止奉爵官以爵涖尊執尊者舉冪侍中跪酌犧尊之汎齊訖禮儀使導皇帝至版位再拜訖禮儀使奏請詣始祖神位前褥位登歌樂作禮儀使奏請搢圭跪奉爵官以爵授奉爵酒官以進禮儀使奏請執爵皇帝執爵三奠酒訖以虛爵授奉爵酒官禮儀使奏請執圭俛伏興樂止奏爵酒官以爵授奉爵官禮儀使奏請詣隨室並如上儀禮直官先引司徒升自西階立於飲福位之側酌獻將畢奉胙酌福酒太祝從司徒立於其側酌獻畢侍中亦立於其側禮儀使奏請皇帝詣版位北向立登歌樂作至位樂止中書侍郎跪讀冊訖舉冊官奠訖禮儀使奏請皇帝再拜拜訖禮儀使奏請詣飲福位登歌樂作至位太祝酌福酒於爵時寒預備溫酒以

奉侍中侍中受爵奉以立禮儀使奏請搢圭跪侍中以爵北向跪以進禮儀使奏請執爵三祭酒禮儀使奏請飲福飲福訖以虛爵授侍中禮儀使奏請受胙司徒跪以黍稷飯籩進皇帝受以授左右司徒又跪以胙肉進皇帝受以授左右禮儀使請執圭興再拜訖樂止禮儀使前導皇帝還版位登歌樂作至位樂止太祝各進徹籩豆登歌樂作卒徹樂止奉禮曰賜胙贊皇太子已下在位官皆再拜贊者承傳皆再拜宮縣作一成止禮儀使奏請皇帝再拜奉禮郎贊皇太子已下在位官皆再拜拜訖禮儀使奏禮畢前導皇帝降阼階登歌樂作至階下樂止宮縣作前導皇帝出東神門樂止繖扇侍衛如常儀禮儀使奏請釋圭殿中監跪受鎮圭至大次轉仗衛於還途如來儀禮官御史帥其屬納神主藏冊如儀少頃通事舍人引侍中奏請中嚴皇帝服通天冠絳紗袍少頃侍中奏外辦俟尚輦進輦侍中奏請降座升輦皇帝升輦繖扇侍衛如常儀至南神門稍東侍中奏請降輦步出廟門皇帝步出廟門至輅侍中奏請升輅皇帝升輅門下侍郎奏請車駕少駐勑侍臣上馬侍臣前承旨退稱曰制可門下侍郎退傳制稱侍臣上馬通事舍人承傳勑侍臣上馬車駕還內鼓吹振作至應天門外百官班迎起居宮縣奏采茨之曲入應天門內侍中奏請降輅乘輦皇帝降輅乘輦以入繖扇侍衛警蹕如常儀皇帝入宮至致齋殿侍中奏解嚴通事舍人承旨勑羣臣各還次將士各還本所

皇后恭謝儀皇后既受冊前一日齋戒於別殿內命婦應從入廟者俱齋戒一日其日未明二刻有司陳設儀仗於后車之左右以次排列外命婦先自太廟後門入內命婦妃嬪已下俱詣殿庭起居訖宣徽使版奏中嚴少頃又奏外辦首飾褘衣御肩輿取便路至車所內侍奏請降輿升車既升車奏請進發車出元德東偏門內命婦妃嬪已下自殿門外上車由左掖門出從至太廟門外儀仗止於門外回車南向內侍奏請降車升輿后降車升輿就東神門外幄次下簾內命婦妃嬪已下降車入就陪列位內侍引外命婦詣幄次前起居訖並赴殿庭陪列位少頃宣徽使詣幄次贊行朝謁之禮簾卷宣徽使前導詣殿庭階下西向褥位立宣徽使贊再拜內外命婦皆再拜宣徽使前導升東階詣始祖皇帝神位香案前褥位宣徽使奏請三上香又奏再拜拜訖宣徽使前導次詣獻祖已下十室並如上儀宣徽使奏禮畢導歸幄次宣徽使奏請解嚴內外命婦還幕次少頃轉仗還內如來儀外命婦退內侍奏請御輿出至車所奏請升車既升車奏請進發內命婦上車至元德東偏門內侍奏請降車升輿后御輿取便路還內內命婦從入冊禮畢百官上表稱賀并以牋賀中宮

皇太子恭謝儀其日質明東宮應從官各服朝服所司陳鹵簿金輅於左掖門外皇太子服遠游冠朱明衣升輿以出至金輅所降輿升輅左庶子已下夾侍三師三少乘馬導從餘官亦皆乘馬以從東行由太廟西階轉至廟不鳴鐃吹至廟西偏門外降輅步進由東偏門入幄次改服袞冕出次執圭自南神東偏門入宮官弁太常寺官皆從皇太子入詣殿庭東階之東西向立典儀贊再拜訖升自西階詣始祖神位前北向再拜訖以次詣逐室行禮並如上儀訖降自西階復西向位俟典儀稱禮畢出東神北偏門謁別廟如上儀訖歸幄次改服遠游冠朱明衣出次步至廟門外升輅過廟門鳴鐃而行至左掖門外降輅升輿以入將士各還本所後一日於東宮受羣官賀如元正受賀之儀

薦新天德二年命有司議薦新禮依典禮合用時物令太常卿行禮正月鮪明昌間用牛魚無則鯉代二月鴈三月韭以卵以葑四月薦冰五月筍蒲羞以含桃六月彘肉小麥仁七月嘗雛鷄以黍羞以瓜八月羞以芡以菱以栗九月嘗粟與稷羞以棗以梨十月嘗麻與稻羞以兔十一月羞以鴈十二月羞以魚從之大定三年有司言每歲太廟五享若復薦新似涉繁數擬遇時享之月以所薦物附於籩豆薦之以合古者祭不欲數之義制可牛魚狀似鮪鮪之類也

功臣配享明昌五年閏十月丙寅以儀同三司代國公歡都銀青光祿大夫冶訶特進劾者開府儀同三司盆納儀同三司拔達配享世祖廟庭天德二年二月太廟祫享有司擬上配享功臣詔以撒改辭不失斜也杲斡魯阿思魁忠東向配太祖位以粘哥宗翰斡里不宗望闍母婁室銀朮可西向配太祖位大定三年十月祫享又以斜也斡魯撒改習失阿思魁配享太祖宗望闍母宗翰婁室銀朮哥配享太宗其後次序屢有更易八年上命圖畫功臣於太祖廟有司第祖宗佐命之臣勳績之大小官資之崇卑以次上聞乃定左廡開府金源郡王撒改皇伯太師右副元帥宋王宗望開府金源郡王斡魯皇伯太師梁王宗弼開府金源郡王婁室皇叔祖元帥左都監魯王闍母開府隋國公阿离合懣儀同三司兗國公劉彥宗右丞相齊國簡懿公韓企先特進宗人辭不失右廡太師秦王宗翰皇叔祖遼王杲開府金源郡王習失開府金源郡王完顏希尹太傅楚王宗雄開府前燕京留守金源郡王完顏銀朮哥開府金源郡王完顏忠金源郡王完顏撒离喝特進宗人斡魯古右丞相金源郡王紇石烈志寧十六年左廡遷梁王宗弼於斡魯上十八年黜辭不失而次蒲家奴於阿离合懣下二十二年增皇伯太師遼王斜也撤改宗幹宗翰宗望其下以次列至明昌四年次序始定東廊皇叔祖遼智烈王斜也杲皇伯太師遼忠烈王宗幹斡魯皇伯太師右副元帥宋桓肅王訛魯補宗望開府儀同三司金源郡毅武王習失開府儀同三司金源郡貞憲王完顏谷神希尹太傅楚威敏王謀良虎宗雄開府儀同三司燕京留守金源郡襄武王完顏銀朮可開府儀同三司金源郡明毅王完顏忠阿思魁金源郡莊襄王杲撒离喝特進宗人斡里古莊翼特進完顏辭不失威敏太師尚書令淄忠烈王徒單克寧太師尚書令南陽郡文康王張浩西廊開府儀同三司金源郡忠毅王撒改太師秦桓忠王粘罕宗翰皇伯太師梁忠烈王斡出宗弼開府儀同三司金源郡剛烈王斡魯開府儀同三司金源郡莊義王完顏婁室皇叔祖元帥左都監魯莊明王闍母開府儀同三司隋國剛憲公阿离合懣開府儀同三司豫國襄毅公蒲家奴昱開府儀同三司兗國英敏公劉彥宗右丞相齊國簡懿公韓企先太保尚書令廣平郡襄簡王李石開府儀同三司右丞相金源郡武定王紇石烈志寧開府儀同三司左丞相沂國公僕散忠義儀同三司左丞相崇國公紇石烈良弼右丞相莘國公石琚右丞相申國公唐括安禮開府儀同三司平章政事徒單合喜參知政事宗敘每一朝爲一列著爲令

寶玉凡天子大祀則陳八寶及勝國寶於庭所以示守也金克遼宋所得寶玉及本朝所製今并載焉獲於遼者玉寶四金寶二玉寶通天萬歲之璽一受天明命惟德乃昌之寶一皆方二寸嗣聖寶一御封不辨印文寶一金寶御前之寶一書詔之寶一二寶金初用之獲於宋者玉寶十五金寶七印一金塗銀寶五玉寶受命寶一咸陽所得三寸六分文曰受命于天既壽永昌相傳爲秦璽白玉蓋螭紐傳國寶一螭紐二玉並碧色鎮國寶一文曰承天休延萬億永無極又受命寶一文曰受命于天既壽永昌天子之寶一天子信寶一天子行寶一皇帝之寶一皇帝信寶一皇帝行寶一皇帝恭膺天命之寶二皆四寸八分螭紐御書之寶二一龍紐一螭紐宣和御筆之寶一螭紐金寶并印天下同文之寶一龍紐御前之寶二御書之寶一宣和殿寶一皇后之寶一皇太子寶一龜紐皇太子妃印一龜紐金塗銀寶皇帝欽崇國祀之寶一天下合同之寶一御前之寶一御前錫賜之寶一書詔之寶一外有宋內府圖書印三十八內府圖書之印一御書三御筆一御畫一御書玉寶一天子萬年一天子萬壽一寵龍上珍一河洛元瑞二雲漢之章一奎璧之文一華國之瑞一大觀中秘一大觀寶篆一政和一宣和三宣和御覽一宣和中秘一宣和殿制一宣和大寶一宣和書寶二宣和畫寶一常樂未央一古文二封四共三十五面並玉封字一御畫一二面並馬瑙政和御筆一係木晶玄圭一白玉圭一十九　本朝所製國初就用遼寶皇統五年始鑄金御前之寶一書詔之寶一大定十八年得美玉詔作大金受命萬世之寶其制徑四寸八分厚寸四分盤龍紐高厚各四寸六分二十三年又鑄宣命之寶其徑四寸二厘厚一寸四分紐高一寸九分字深二分勑有司議所當用奏今所收八寶及皇統五年造御前之寶賜宋國書及常例奏日則用之書詔之寶賜高麗夏國詔并頒詔則用之大定十八年造大金受命萬世之寶奉勑再議今所鑄金寶宜以進呈爲始一品及王公妃用玉寶二品以下用金宣命之寶又有禮信之寶用銅歲賜三國禮物緘封用之明昌間更以銀又有太皇太后皇太后皇后皇太妃寶又有皇太子及守國寶皆用金大定二十四年皇太子寶金鑄龜紐有司定其文曰監國上命以守易監比親王印廣長各加一分

雜儀大定三年八月有司議祫享犧牲品物按唐開元禮宋開寶禮每室犢一羊一猪一五禮新儀每室復加魚十有五尾天德貞元例與唐宋同有司行事則不用太牢七祀功臣羊各二酒共二百一十瓶正隆減定通用犢一兩室共用羊一豕一酒百瓶此於禮有闕今七祀功臣牲酒請依天德制宗廟每室則用宋制加魚然每室一犢後恐大豐世宗乃命每祭共用一犢羊豕如舊又以九月五日祫享當用鹿肉五十斤獐肉三十五斤兔十四頭爲臡醢以貞元正隆時方禁獵皆以羊代此禮殊爲未備詔從古制十年正月詔宰臣曰古禮殺牛以祭後世有更者否其檢討典故以聞有司謂自周以來下逮唐宋祫享無不用牛者唐開元禮時享每室各用太牢一至天寶六年始減牛數太廟每享用一犢宋政和五禮新儀時享太廟親祀用牛有司行事則不用宋開寶二年詔昊天上帝皇地祇用犢餘大祀皆以羊豕代之合二羊五豕足代一犢今三年一祫乃爲親祀其禮至重每室一犢恐難省減遂命時享與祭社稷

如舊若親祠宗廟則共用一犢有司行事則不用十二年十月祫享以攝官行事詔共用三犢二十二年十月詔祫禘共用三犢有司行事則以鹿代昭德皇后廟大定十九年禘祭不用犢

大定二十九年章宗卽位禮官言自大定二十七年十月祫享至今年正月世宗升遐故四月不行禘禮按公羊傳閔公二年吉禘于莊公言吉者未可以吉謂未三年也注謂禘祫從先君數朝聘從今君數三年喪畢遇禘則禘遇祫則祫故事宜於辛亥歲爲大祥三月禫祭踰月則吉則四月一日爲初吉適當孟夏禘祭之時可爲親祠詔從之及期以孝懿皇后崩而止五月禮官言世宗升祔已三年尚未合食於祖宗若來冬遂行祫禮伏爲皇帝見居心喪喪中之吉春秋譏其速恐冬祫未可行然周禮王有哀慘則春官攝事竊以世宗及孝懿皇后升祔以來未曾躬謁豈可令有司先攝事哉況前代令攝事者止施于常祀令乞依故事三年喪畢祫則祫禘則禘於明昌四年四月一日釋心喪行禘禮上從之明昌三年十二月尚書省奏明年親禘室當用犢一欽懷皇后祔于明德之廟按大定三年祫享明德皇后室未嘗用犢勅欽懷皇后亦用之上因問拜數右丞瑋具對上曰世宗聖壽高故殺其數亦不立於位今當從禮而已大定六年定晨祼行禮自大次至版位先見神之禮兩拜再至版位又兩拜祼鬯畢還版位再兩拜還小次酌獻時盥洗位盥訖至版位先兩拜酌獻畢還版位再兩拜止將始祖祝冊於版位西南安置讀冊訖又再拜還小次又至飲福位先兩拜飲畢兩拜凡十六拜貞祐二年命參知政事李革爲修太廟使七月吉日親行祔享有司以故事用皇帝時享儀初至版位兩拜晨祼及酌獻則每位三拜飲福五拜總七十九拜今升祔則徧及祧廟五室則爲一百九拜也明昌間嘗減每位酌獻奠爵後一拜則爲九十二拜而已然大定六年世宗嘗令禮官通減爲十六拜文皇帝當散齋四日于別殿致齋三日于大慶殿今國事方殷宜權散齋二日致齋一日上曰拜數從大定例餘准奏禮部尚書張行簡言近奉詔從世宗十六拜之禮臣與太常參定儀注竊有疑焉謹按唐宋親祠典禮皆有通拜及隨位拜禮世宗大定二年親行奉安之禮亦通七拜每室各五拜合七十二拜逮六年禘始勅有司減爲十六拜仍存七十二拜之儀其意亦可見矣蓋初年享禮以備故後從權更定通拜今陛下初廟見奉安而遽從此制是於隨室神位並無拜禮此臣之所疑一也大定間十有二室姑從十六拜猶可今十有七室而拜數反不及之此臣之所疑二也況六年所定儀注惟於皇帝版位前讀始祖一室祝冊夫祭有祝辭本告神明今諸祝冊各書帝后尊謚及高曾祖考世次不一皇帝所自稱亦自不同而乃止讀一冊餘皆虛設恐於禮未安此臣之所疑三也先王之禮順時施宜不可多寡惟稱而已今近年禮官酌古今別定四十四拜之禮初見神二拜晨祼通四拜隨室酌獻讀祝畢兩拜飲福四拜似爲得中上從之乃定祔享如時享十二室之儀又以祧廟五主始祖室不能容止於室戶外東西一列以西爲上神主謁者以升祔前三日廟內敎造以享日丑前題寫畢以次奉陞十月己未親王百官自明俊殿奉迎祖宗神主于太廟幄次辛酉行禮用四十四拜之儀無宮縣樂犧牲從儉十七室用犢三羊豕九而已以皇太子爲亞獻濮王守純爲終獻皇帝權服靴袍行禮日服袞冕皇太子以下公服無鹵簿儀仗禮畢乘馬還宮

金史卷三十一　考證

禮志四遼忠烈王宗幹幹魯○臣浩按續文獻通考幹魯作幹本

幹里古莊翼○臣浩按續文獻通考作莊翼幹里古

金史卷三十二

元　中　書　右　丞　相　總　裁　脫　脫　等　修

志第十三

禮志五 上尊謚

天會三年六月諳班勃極烈杲等表請追冊先大聖皇帝十二月二十五日奉玉冊玉寶恭上尊謚曰大聖武元皇帝廟號太祖天會十三年三月七日遣攝太尉皇叔祖大司空昱奉玉冊玉寶上尊謚曰文烈皇帝廟號太宗九月追謚皇考曰景宣皇帝廟號徽宗十四年八月庚戌文武百僚太師宗磐等上議曰國家肇造區夏四征弗庭太祖武元皇帝受命撥亂光啓大業太宗文烈皇帝繼志卒伐奮張皇威原其積德累功所由來者遠矣且禮多爲貴固前籍之美談德厚流光實本朝之先務伏惟皇九代祖廓君人之量挺御世之姿虞舜生馮遷於負夏太王避狄邑此岐山聖妣來歸天原肇發皇八代祖皇七代祖承家襲慶裕後垂芳不求赫赫之名終大振振之族皇六代祖徙居得吉播種是勤去暴露獲棟宇之安釋負載輿車輿之利皇五代祖孛堇雄姿邁世美略濟時成百里日辟之功戎車旣飾著五教在寬之訓人紀肇修皇高祖太師質自天成德爲民望兼精騎射往無不摧始置官師歸者益衆皇曾祖太師威靈震遠機警絕人雅善運籌未嘗矜甲臨敵愈奮應變若神皇曾叔祖太師機獨運心公無私物四方聳動諸部歸懷德威兩隆風俗大定皇伯祖太師友于盡愛國爾惟忠謀必罔愆舉無不濟累代祖妣婦道警戒王業艱難俱殫內助之勞蹇著始基之漸是宜采羣臣之僉議酌故事以遵行款帝于郊稱天以誄謹按謚法布義行剛曰景主義行德曰元保民耆艾曰明溫柔聖善曰懿請上皇九代祖尊謚曰景元皇帝廟號始祖妣曰明懿皇后中和純備曰德道德純一曰思請上皇八代祖尊謚曰德皇帝妣曰思皇后好和不爭曰安好廉自克曰節請上皇七代祖尊謚曰安皇帝妣曰節皇后安民治古曰定明德有勞曰昭尊賢讓善曰恭柔德好衆曰靖請上皇六代祖尊謚曰定昭皇帝廟號獻祖妣曰恭靖皇后愛民立政曰成辟土有德曰襄強毅執正曰威慈仁和民曰順請上皇五代祖孛堇尊謚曰成襄皇帝廟號昭祖妣曰威順皇后愛民好與曰惠辟土兼國曰桓明德有勞曰昭執心決斷曰肅請上皇高祖太師尊謚曰惠桓皇帝廟號景祖妣曰昭肅皇后大而化之曰聖剛德克就曰肅思慮深遠曰翼一德不懈曰簡請上皇曾祖太師尊謚曰聖肅皇帝廟號世祖妣曰翼簡皇后申情見貌曰穆博聞多能曰憲柔德好衆曰靜聖善周聞曰宣請上皇曾叔祖太師尊謚曰穆憲皇帝廟號肅宗妣曰靜宣皇后慈愛忘勞曰孝執事有制曰平淸白守節曰貞愛民好與曰惠請上皇曾叔祖太師尊謚曰孝平皇帝廟號穆宗妣曰貞惠皇后愛民長悌曰恭一德不懈曰簡夙夜共事曰敬小心畏忌曰僖請上皇伯祖太師尊謚曰恭簡皇帝廟號康宗妣曰敬僖皇后仍請以始祖景元皇帝景祖惠桓皇帝世祖聖肅皇帝太祖武元皇帝太宗文烈皇帝爲一永永不祧之廟須廟室告成涓日備物奉上寶冊藏于天府施之罔極丙辰奉上九代祖妣尊謚廟號是日百僚上表稱賀皇統五年增上太祖尊謚禮官議自古辨祀以南北郊太社太稷太廟爲序若太廟神主造畢卽合題尊謚擇日奉安恐在郊社之前於禮未倫候築郊兆畢擇日奏告昊天上帝皇地祇次奉安社稷神主及奏告其次恭造太廟神主題號奉安入室以此爲序元奉勅旨候到上京行禮不見元奏目內有無指定候修建太廟奉安神主以後行禮或只於慶元宮奉上謚號若候奉安太廟神主禮畢方奉上謚號冊寶卽百官竝合法服兼於皇帝所御殿合立黃麾仗及殿中省細仗太廟殿前亦合立黃麾仗其冊寶在路亦合量設儀仗若太廟未奉安只於慶元宮上冊寶卽行事及立班官竝用常服及依例量用大小旗甲騎門仗官供奉官引從冊寶綵服若奉安後發冊卽御服通天冠絳紗袍若只就慶元宮卽幞頭紅袍并慶元宮上冊寶卽將來題太廟本室神主便可用新謚若於太廟先奉安神主卽先題舊謚及至就本室上冊寶又須改題新謚有兩節不同五月九日擬奏告於太廟上冊寶竊慮法物樂舞難辦只於慶元宮上冊寶從之十月三日奉上尊冊寶儀前期有司供張辰居殿神御床案少府監鈎盾署設燎薪于殿庭西南掘坎於其側儀鸞司設小次於辰居殿下東廂又設冊寶幄殿于景輝門外東仗舍殿前司宣徽院量差甲騎大小旗鼓門仗官香輿自製造冊寶所迎奉冊寶奉安于幄殿行事官製造官皆騎馬引從門下中書侍郎在前侍中中書令在後大禮使又在其後舉捧奉冊寶官製造官分左右夾侍以北爲上皆給人從錦帽衫帶是日未明翰林使大官令丞鋪設香案酒果供具牲體膳羞於神御前儀鸞司設皇帝拜褥四一在阼階上面西一在香案南面北一在殿上東欄子內西面一在燎薪之東面西設黃道自小次至阼階褥位質明有司備常行儀仗駕頭扇筤常朝官常服騎馬執鞭前導以北爲上造冊寶官排辦管勾官常服於慶元宮門外立班迎駕再拜皇帝自宮中服靴袍御馬至景暉門外下馬步入小次少頃御史臺催班大禮使行事官自幄殿奉冊寶入正門置于辰居殿西階下大禮使歸押班位閤門使奏班齊太常卿奏請皇帝行奉上冊寶之禮宣徽使太常卿分引前導皇帝由黃道升阼階上面西褥位立贊請再拜閤門使臚傳在位官皆再拜乃引皇帝由殿上正門入殿於香案前褥位再拜上香又再拜退稍東

於欄子內面西褥位立定儀鸞司徹香案前拜褥設冊寶褥位於香案南舉冊舁冊官取冊匣子床對捧由西階升中書侍郎分左右前導奉冊中書令讀冊中書令竝後從候於褥位置定奉冊中書令於褥位南再拜退就殿階上西南柱外面東立讀冊官中書令稍前再拜舁冊官取匣蓋下寘於西階下冊床舉冊官對舉冊讀冊官中書令一拜起跪搢笏讀冊文曰孝孫嗣皇帝臣某謹拜手稽首奉玉冊玉寶恭上尊謚曰應乾興運昭德定功睿神莊孝仁明大聖武元皇帝讀冊畢就拜興又再拜退立于奉冊中書令之次奉冊官進與中書侍郎率舉冊舁冊官奉冊匣由西階下引從如上儀復置于冊床置定舉寶官以寶盝進至侍中讀畢由西階下復置于床皆如冊匣之儀有司徹冊寶褥位復設香案南拜褥宣徽使太常卿導皇帝進就褥位再拜上香奠酒樂作三酹酒樂止太祝讀祝文訖皇帝再拜復歸阼階褥位立定大禮使升殿於香案南宣徽使處授福酒臺盞行至皇帝阼階褥位前宣徽使贊皇帝再拜飲福閤門臚傳賜胙再拜應在位官皆再拜大禮使跪以酒盞進授皇帝樂作飲訖又再拜大禮使受酒盞復以授宣徽使訖由西階下歸押班位太祝奉祝版翰林使酌酒太官令丞量取牲羞自西階下置于燎薪之上文武班皆回班向燎所立禮官贊請皇帝就望燎位宣徽使取酒盞臺于翰林使以進授皇帝皇帝酹酒於燎薪之上執事者舉燎半燎瘞于坎宣徽使贊皇帝再拜閤門唱百官皆再拜太常卿宣徽使前導皇帝歸小次卽御座簾降太常卿俛伏興跪奏太常卿臣某言禮畢百官皆卷班西出大禮使以下奉冊寶床納于慶元宮收掌去處皇帝進膳于別殿侍食官取旨有司轉仗由來路皇帝便服還內教坊作樂前導次日大禮使率百官稱賀是歲閏十一月增上祖宗尊謚始祖景元皇帝曰懿憲景元皇帝德皇帝曰淵穆玄德皇帝安皇帝曰和靖慶安皇帝獻祖定昭皇帝曰純烈定昭皇帝昭祖成襄皇帝曰武惠成襄皇帝景祖惠桓皇帝曰英烈惠桓皇帝世祖聖肅皇帝曰神武聖肅皇帝肅宗穆憲皇帝曰明睿穆憲皇帝穆宗孝平皇帝曰章順孝平皇帝康宗恭簡皇帝曰獻敏恭簡皇帝太宗文烈皇帝曰體元應運世德昭功哲惠仁聖文烈皇帝徽宗景宣皇帝曰允恭克讓孝德玄功佑聖景宣皇帝已上廟號如故十二月一日奏告如儀大定三年增上睿宗尊謚先是元年十一月十六日追冊皇考曰簡肅皇帝廟號睿宗皇妣蒲察氏欽慈皇后皇妣李氏貞懿皇后二年八月一日有司奏祖宗謚號或十六字或十四字或十二字卽今睿宗皇帝更合增上尊謚於升祔前奉冊寶制可十七日左平章元宜等奏請增上尊謚曰睿宗立德顯仁啓聖廣運文武簡肅皇帝有司奏睿宗皇帝未經升祔合無於衍慶宮聖武殿設神御床案奉旨崇聖閣借設正位又奏皇帝親授冊寶太尉行事制可九月二十二日奏告太廟二十八日大安殿置大樂閱習前一日自衍慶宮奉迎冊寶於大安殿安置授冊日未明三刻有司各勒所部整肅儀衛羣臣集于殿門行事官各法服陪位官公服皇帝自宮中常服乘輿侍衛如儀赴大安殿後更衣幄次御史臺催班通事舍人引太尉及羣臣就位侍中跪奏中嚴少頃又跪奏外辦皇帝服通天冠絳紗袍出太常卿跪奏稱太常卿臣某言請皇帝行奉上冊寶之禮奏訖俛伏興宣徽使分左右前導皇帝步詣冊寶幄次將至幄次登歌樂作至幄次前北向宣徽使贊拜皇帝再拜典儀贊在位官再拜拜訖奏請皇帝搢圭三上香訖執圭奏請皇帝再拜典儀贊在位官再拜訖各分班東西序立奏請皇帝詣稍東褥位樂止中書令中書侍郎奉引冊侍中門下侍郎奉引寶行登歌樂作宣徽使贊導皇帝隨冊寶降自西階登歌樂止宮縣樂作至大安殿下當中褥位中書令侍中奉冊寶於皇帝褥位之西樂止宣徽使奏請皇帝再拜典儀贊在位官皆再拜拜訖中書令搢笏奉冊匣宮縣樂作至皇帝褥位前俛伏跪奉置訖執笏俛伏興退稍西立東向太常博士引太尉至褥位北向立宣徽使奏皇帝搢圭跪捧冊授太尉搢笏跪受訖執笏少東立宣徽使奏請執圭俛伏興揖冊官捧冊匣中書侍郎奉冊匣置於冊床樂止侍中搢笏奉寶盝宮縣樂作至皇帝褥位前俛伏跪奉置訖執笏俛伏興退稍西立東向太常博士引太尉至褥位北向立宣徽使奏皇帝搢圭跪捧寶盝授太尉太尉搢笏跪受訖執笏少東立宣徽使奏請執圭俛伏興揖寶官捧寶盝門下侍郎奉置於寶床樂止宣徽使奏皇帝再拜典儀贊在位官再拜皇帝南向立宮縣樂作太常博士引太尉奉冊寶出主節者持節前導冊床在前寶床次之樂止中書門下侍郎各導於冊寶之前太尉居其後至大安門外太尉以次跪奉冊寶於玉輅中中書侍郎於輅旁夾侍所司迎衛如式太尉奉冊寶訖步出通天門外革車用本品鹵簿導從如儀鼓吹不振作俟冊寶出大安門太常卿跪奏稱太常卿臣某言禮畢奏訖俛伏興前導皇帝升自東階登歌樂作還大安殿後幄次樂止侍中跪奏解嚴乘輿還內侍衛如來儀十月一日攝太尉特進平章政事兼太子太師完國公臣定顏宗憲率百官赴衍慶宮行禮前一日設冊寶幄次於聖武殿門外西向其日質明太常寺官率所屬於聖武殿設神御床案宣徽院排備茶酒菓時饌茶食香花等竝如太祖皇帝忌辰供備之數大樂署設登歌之樂於殿上前楹間稍南北向迎衛冊寶至衍慶宮門外中書門下侍郎各奉冊寶降幣各置於床太尉至門外降車中書令以下導從赴聖武殿門外幄次奉安如式其儀仗兵士竝退次引文武百官各服其服以次就位大樂令率工人就位禮直官亦先就位應執事者竝先入殿庭北向立禮直官贊再拜訖升殿次引太尉就東階下褥位西向立禮直官贊拜在位官俱再拜禮直官曰有司謹具請行事禮直官贊拜在位官俱再拜訖引太尉詣罍洗盥手升殿詣神座前搢笏跪三上香樂作奠茶奠酒訖執笏俛伏興樂止太尉再拜訖還位少立次引太尉出率中書門下侍郎等奉冊寶床入自殿門中書令侍中等竝導從登歌樂作冊寶床至殿庭列於西階之下承以席褥樂止太尉以下各就西北褥位立定禮直官贊拜在位官俱再拜訖太尉率中書令侍郎奉冊匣升殿登歌樂作至殿上冊匣置於食案之前仍設褥位樂止次引太尉詣神位前俛伏跪稱攝太尉臣某言謹上加尊謚冊寶奏訖俛伏興稍西立次引中書令立於冊匣南舉冊官舉冊中書令俛伏跪讀冊訖俛伏興中書令奉冊匣降自西階置于床登歌樂作置訖樂止次引侍中門下侍郎奉寶盝升殿樂作置于食案之前仍設褥位樂止舉寶官舉寶盝侍中俛伏跪讀寶訖俛伏興侍中奉寶盝降自西階置于床登歌樂作置訖樂止太尉詣殿門外褥位再拜訖太尉而下俱降階以次就位禮直官贊拜在位官皆再拜訖以次出寺官署官率拱衛直揖冊寶床置于冊寶殿各退次日百官稱賀如常儀

大定十九年奉上孝成皇帝謚號元年十一月十六日詔曰前君乃太祖之長孫受太宗之遺命嗣膺神器十有五年垂拱仰成委任勳戚廢齊國以省徭賦柔宋人而息兵戈世格泰和俗躋仁壽混車書於南北一尉候於東西晚罹淫刑幾於恣意寃施弟后戮及良工虐不及民事猶可諫過之至此古或有焉右丞相岐國王亮不務弼諧反行篡弒妄加黜廢抑損徽稱遠近傷嗟神人憤怒天方悔禍朕乃繼興受天下之樂推居域中之有大將撥亂而反正務在革非期事亡以如存聿思盡禮宜上謚號曰閔宗武靈皇帝十八年有司言本朝祖宗尊謚或十八字或十四字或十二字或四字今擬增上閔宗尊謚曰弘基纘武莊靖孝成皇帝仍加謚悼皇后曰悼平皇后又言大定三年追尊睿宗皇帝禮儀大安殿前立黃麾仗一千人應天門外行仗二千人皇帝服通天冠絳紗袍隨冊寶降自西階搢圭跪捧冊寶授太尉今擬大安殿行禮及依唐周典故降階捧冊寶授太尉所有冠冕儀仗擬依已行禮例上命儀仗人數約量減之餘略同前儀明年四月十日奉上冊寶升祔太廟二十六年勑再議閔宗廟號禮官擬上襄威敬定桓烈熙七字奉旨用熙字乃以明年四月一日遣官奏告太廟及閔宗本室易新廟號

大定二十九年四月乙丑謚大行皇帝曰光天興運文德武功聖明仁孝皇帝廟號世宗五月丙午以祔廟禮成大赦

大定二十九年五月甲午上皇考尊謚曰體道弘仁英文睿德光孝皇帝廟號顯宗

大安元年二月丁卯謚大行皇帝曰憲天光運仁文義武神聖英孝皇帝廟號章宗

正大元年正月戊戌謚大行皇帝曰繼天興統述道勤仁英武聖孝皇帝廟號宣宗

金史卷三十三

元中書右丞相總裁脫脫等修

志第十四

禮六 原廟 朝謁儀 朝拜儀 別廟

太宗天會二年立大聖皇帝廟于西京熙宗天眷二年九月又以上京慶元宮爲太祖皇帝原廟皇統七年有司奏慶元宮門舊曰景暉殿曰辰居似非廟中之名今宜改殿名曰世德是歲東京御容殿成世宗大定二年十二月詔以會寧府國家興王之地宜就慶元宮址建正殿九間仍其舊號以時薦享海陵天德四年有司言

燕京與建太廟復立原廟三代以前無原廟制至漢惠帝始置廟於長安渭北薦以時果其後又置於豐沛不問享薦之禮今兩都告享宜止於燕京所建原廟行事於是名其宮曰衍慶殿曰聖武門曰崇聖

大定二年以睿宗御容奉遷衍慶宮五年會寧府太祖廟成有司言宜以御容安置先是衍慶宮藏太祖御容十有二法服一立容一戎衣一佩弓矢一坐容二巾服一舊在會寧府安置半身容二春衣容一巾而衣紅者二舊在中都御容殿安置今皆在此詔以便服容一遣官奉安擇日啓行前一日夙興告廟用酒饌差奏告官一員以所差使充進請御署祝版其日質明有司設龍車於衍慶宮門外少西東向宰執率百官公服詣本宮殿下班立再拜班首升殿跪上香奠酒教坊樂作少退再拜班首降堦復位陪位官皆再拜奉送使副率太祝捧御容匣出宰執以下分左右前導出衍慶宮門外俟御容匣升車百官上馬後從旗幟甲馬錦衣人等分左右導香輿扇等前行至都門郊外俟御容車少駐導從官下馬車前立班再拜奉送使副側侍不拜班首詣香輿跪上香俛伏興還班再拜辭訖退使副遂行每程到館或廨舍內安駐其道路儀衛紅羅傘一龍車一其制以青布爲亭子狀安車上駕以牛又用駞五旗鼓共五十擡香輿一十人導從六十人執扇八人兵士百人護衞二十人以宗室猛安謀克子孫充所過州縣官屬公服出郭香果奉迎再拜班首上香奠酒又再拜送至郊外再拜乃退至會寧府官屬備香輿奉迎如上儀乘馬從至廟門外下馬分左右導引使副率太祝四員捧御容入廟於中門外東壁幄次內奉置定再拜訖退擇日奉安至日質明差去官與本府官及建廟官等並公服詣幄次前排立先再拜跪上香樂作奠酒訖又再拜太祝捧御容衆官前導引至殿下排立御容升殿奉安訖再拜班首升殿跪上香讀祝奠酒樂作少退再拜訖班首降堦復位 闕

於殿上又設親王宰執以下百官拜位於殿庭又設盥洗位於東階下執罍篚者位于其後又於神位前各設北向拜褥位并各設香案香爐匙合香酒花果器皿物等依前來例又於聖武殿上設香案爐匙合香等又於殿下各設腰輿一舁士一十六人傘子各二人執扇各十二人導從弩手各三十人前一日清齋親王於本府百官於其第行禮官執事人等習儀就祠所清齋其日質明禮官率太廟署官等詣崇聖閣奉世祖御容每匣用內侍二人太祝一員禮官署官前導置於聖武殿神座禮直官引親王宰執百官公服於殿庭班立七品以下班于殿門之外贊者曰拜在位官皆再拜禮直官引班首詣罍洗盥手訖升殿詣神座前跪上香訖少退再拜禮直官引班首降殿復位贊者曰拜在位官皆再拜訖禮官導世祖御容升腰輿儀衛依次序導從至廣德殿百官從後至庭下班位立禮官率太廟署官就腰輿內捧御容於殿上正面奉安訖百官於階下六品以下官於殿門外立班贊者曰再拜在位官皆再拜禮直官引班首詣盥洗盥手訖升殿執事官等從升詣御容前跪上香奠酒教坊樂作少退再拜訖樂止禮直官引班首降殿復位贊者曰拜在位官皆再拜訖禮官率太廟署官詣崇聖閣太祝內侍捧太宗御容禮官導太宗御容於聖武殿行禮畢以次奉安於丕承殿行禮並如上儀次睿宗御容奉安於天慶殿禮亦如之俟奉安禮畢百官退二十一年閏三月奉旨昭祖景祖奉安燕昌閣上肅宗穆宗康宗奉安閣下明肅皇帝奉安崇聖閣下每位設黃羅幕一黃羅明金柱衣二紫羅地褥一龍牀一踏床二衣全前期奏告四月一日奉安五日親祀是年五月遷聖安寺睿宗皇帝御容于衍慶宮皇太子親王宰執奉迎安置

朝謁儀大定十六年四月十九日奉安世祖御容行朝謁之禮皇帝前一日齋於內殿皇太子齋於本宮親王齋於本府百官齋於其第太廟令率其屬於衍慶宮內外掃除設親王百官拜位於殿庭又設皇太子拜褥於親王百官位前宣徽院率其屬於聖武門外之東設西向御幄靈星門東設皇太子幄次其日有司列仗衞于應天門俟奉安御容訖有司於殿上并神御前設北向拜褥位安置香爐香案并香酒器物等皇太子比至車駕進發已前公服乘馬本官屬導從至衍慶宮門西下馬步入幄次親王百官於衍慶宮門外西向立班俟車駕將至典贊儀引皇太子出幄次於親王百官班前奉迎導駕官五品六品七品職官內差四十員於應天門外道南立班以俟皇帝服靴袍乘輦從官繖扇侍衞如常儀敕旨用大安輦儀仗一千人出應天門閤門通喝導駕官再拜訖閤門傳敕導駕官上馬分左右前導至廟門外西偏下馬車駕至衍慶宮門外稍西降輦左右宣徽使前導皇帝步入御幄簾降閤門先引親王宰執四品已上執事官由東西偏門入至殿庭分東西班相向立典贊儀引皇太子入立於褥位之西東向進香進酒等執事官並升階於殿上分東西向以次立宣徽使跪奏請皇帝行朝謁之禮簾捲皇帝出幄宣徽使前導至殿上褥位北向立典贊儀引皇太子就褥位閤門引親王宰執四品已上職事官回班並北向立令中間歇空不礙奏樂五品以下聖武門外八品以下宮門外陪拜二宣徽使奏請皇帝再拜教坊樂作皇太子已下羣官皆再拜請皇帝請神御前褥位北向立又請皇帝再拜皇太子已下羣官皆再拜請皇帝跪三上香三奠酒俛伏興又請皇帝再拜皇太子已下羣官皆再拜訖皇帝復位又請皇帝再拜皇太子已下羣官皆再拜宣徽使奏禮畢已上擬八拜宣徽院奏過依舊例十二拜典贊儀引皇太子復立於褥位之西東向閤門引親王宰執以下羣官東西相向立先引五品已下官出宣徽使前導皇帝還御幄簾降典贊儀引皇太子閤門分引殿庭百官以次出宣徽使跪奏請皇帝還宮簾捲步出廟門外升輦還宮如來儀十九年舉安禮同

朝拜儀初太祖忌辰皇帝至褥位立再拜稍東西向詣香案前又再拜上香訖復位又再拜進食奠茶辭神皆再拜而退二十一年五月十二日睿宗忌辰有司更定儀禮前一日宣徽院設御幄于天興殿門外稍西至日質明皇太子親王百官具公服于衍慶宮門外立班奉迎皇帝乘馬至衍慶宮門外下馬二宣徽使前導步入宮門稍東皇帝乘輦繖扇侍衞如常儀至天興殿門外稍西皇帝降輦入幄次簾降典贊儀引皇太子閤門引親王宰執四品以上官由偏門入至於殿庭左右分班立定二宣徽使導皇帝由天興門正門入自東階升殿詣褥位立定皇太子已下官合班五品以下班于殿門外宣徽使奏請皇帝先再拜請詣侍神位立俟有司置香案酒卓訖請詣褥位又再拜三上香奠酒復位再拜已上皇太子以下皆陪拜再奏請詣稍東侍神位立典贊儀引皇太子升殿赴褥位先兩拜奠酒再兩拜降復褥位次閤門引終獻官趙王上殿行禮宣徽使奏請皇帝詣褥位再兩拜皇太子以下官皆再拜禮畢百官依前分班立皇帝出殿門外入幄次簾降更衣引皇太子以下官出宮門外立班皇帝乘輦至宮門稍東降輦步出宮門外上馬還宮導從侍衞如來儀皇太子以下官俟車駕行然後退大定五年奉旨太祖忌辰衍慶宮薦享止用素食諸京凡御容所在皆同又朔望皆行朝拜禮六年有司奏太祖皇帝忌辰車駕親奠百官陪拜今車駕巡幸合以宰臣爲班首率百官詣衍慶宮行禮從之十六年奉旨世祖太宗忌辰一體奉奠十八年八月太祖忌辰世祖太宗同在一處致祭有司言歷代無一聖忌辰列聖預祭之典擬議間勑遣太子一位行禮并就祭功臣二十六年以內外祖廟不同定擬太廟每歲五享山陵朔望忌辰及節辰祭奠並依前代典故外衍慶宮自來車駕行幸遇祖宗忌辰百官行禮并諸京祖廟節辰忌辰朔望拜奠雖無典故參酌恐合依舊以盡崇奉之意從之

別廟大定二年有司擬奏閔宗無嗣合別立廟有司以時祭享不稱宗以武靈爲廟號又奏唐立別廟不必專在太廟垣內今武靈皇帝既不稱宗又不與祫享其廟擬於太廟東墉外隙地建立從之十四年廟成以武靈後謚孝成又謂之孝成廟十五年三月戊申奏安武靈皇帝及悼皇后前期一日奏告太廟十一室及昭德皇后廟餘如昭德過廟之儀四月十七日夏享太廟同時行禮命判宗正英王爽攝太尉充初獻官兵部尚書讓攝司徒差大理卿天錫攝太常卿充亞獻大興少尹高居中攝光祿卿充終獻自是歲常五享十七年十月祫享太廟檢討唐禮孝敬皇帝廟時享用廟舞宮縣登歌讓皇帝廟至禘祫月一祭只用登歌其禮制損益不同今武靈皇帝廟庭與太廟地步不同難以容設宮縣樂舞并樂器亦是闕少看詳恐合依唐讓皇帝祫享典故樂用登歌所有牲牢樽俎同太廟一室行禮及契勘得自來祫享遇親祠每室一犢攝官行禮共用三犢今添武靈皇帝別廟行禮合無依已奏定共用三犢或增添牛數奏奉勑旨太廟別廟共用三犢武靈皇帝廟樂用登歌差官奏告並准奏大定十九年四月升祔太廟其舊廟遂毀　昭德皇后廟大定二年有司援唐典昭德皇后合立別廟擬於太廟內垣東北起建從之三年十月七日太廟祫享升祔睿宗皇帝并昭德皇后神主同時製造題寫奉詣殿庭謁畢祔於祖姑欽仁皇后之左享祀畢奉主還本廟十二月二十一日臘享禮官言唐

禮別廟薦享皆准太廟一室之儀伏恐今廟享畢已過質明請別差官攝祭制可後以殿制小又於太廟之東別建一位十二年八月廟成正殿三間東西各空半間以兩間爲室從西一間西壁上安置祏室廟置一便門與太廟相通仍以舊殿爲册寶殿祏室奏毀十三年六月二十一日奏告太廟祭告別廟二十三日奉安用前祫享過廟儀有司言當用鹵簿以廟相去不遠參酌擬用清道二人次團扇二人次職掌二人次衙官二十六人爲十三重供奉官充次腰輿輿士一十六人傘子二人次團扇十四爲七重方扇四次排列職掌六人燭籠十對輦官竝錦襖盤裹仍令皇太子率百官行禮前一日行事執事官就祠所淸齋一宿仍習儀執事者眡醴饌太廟令率其屬掃除廟之內外禮直官設皇太子西向位執事官位皇太子後近南西向各依品從立監察殿西階下東向立及親王百官位於廟庭北向西上又設祝案於神位之右設尊彝之位於左各加勺冪坫又設祭器皆籍以席左一籩實以鹿脯右一豆實以鹿臡又設盥洗爵洗位于橫街之南稍東罍在洗東加勺篚在洗西南肆實以巾執罍篚者位于其後太廟令又設神位於室內北牖下當戶南向設直几一黼扆一莞席一繅席一次席二紫綾厚褥一紫綾蒙褥一幷幄帳等諸物竝如舊廟之儀又設望燎位于西神門外之北設燎柴于位之北預掘瘞坎于燎所所司陳儀衛於舊廟門之外奉安日未明二刻所司進方扇燭籠於舊廟殿門外設腰輿一繖一於殿階之下南向質明皇太子公服乘馬本宮官屬導從至廟門外下馬步入廟門至幕次引親王百官常服由廟門入於殿庭北向西上重行立定次引皇太子於百官前絕席位立贊者曰再拜皆再拜宮闈令升殿捧昭德皇后神主置于座贊者曰再拜皆再拜次引內常侍北向俛伏跪奏請昭德皇后神主奉安于新廟降殿升輿奏訖俛伏興捧几內侍先捧几匱跪置於輿又宮闈令接神主內侍前引跪置于輿上几後覆以紅羅帕內常侍以下分左右前引皇太子步自舊廟先從行親王次之百官分左右後從儀衛導從至別廟殿下北向內常侍於腰輿前俛伏興跪奏請降輿升殿內侍捧几匱前宮闈令捧接神主升殿置於座禮直官引皇太子以下親王百官入殿庭北向西上重行立皇太子在絕席立禮直官贊曰再拜皆再拜又贊曰行事官各就位禮直官引皇太子西向位立定禮直官少前贊曰有司謹具請行事卽引皇太子就盥洗位北向搢笏盥手帨手執笏詣爵洗位北向立搢笏洗爵拭爵以授執事者執笏升詣酒尊所西向立執事者以爵授皇太子搢笏執爵執事者舉冪酌酒皇太子以爵授執事者詣神位前北向搢笏跪執事者以爵授皇太子執爵三祭酒反爵于坫執笏俛伏興少立次引太祝舉祝官詣讀祝位東北向舉祝官跪舉祝版太祝跪讀祝訖置祝于案俛伏興舉祝官皆却立北向贊者曰再拜皇太子就兩拜降階復位舉祝讀祝官後從復本位禮直官曰再拜在位者皆再拜宮闈令納神主於室贊者曰再拜皆再拜禮畢退署令闔廟門瘞祝于坎儀物各還所司十一年郊祀前一日朝享與太廟同日用登歌樂行三獻禮有司攝事二十六年勑別建昭德皇后影廟于太廟內有司言宜建殿三間南面一屋三門垣周以甓外垣置靈星門一神廚及西房各三間然禮無廟中別建影廟之例今皇后廟西有隙地廣三十四步袤五十四步可以興建制可仍於正南別創正門門以坤儀爲名仍留舊有便門遇禘祫祔享由之每歲五享并影廟行禮於正南門出入又於廟外起齋廊房二十三間　宣孝太子廟大定二十五年七月有司奏依唐典故太子置廟設官屬奉祀擬於法物庫東建殿三間南垣及外垣皆一屋三門東西垣各一屋一門門設九戟齋房神廚度地之宜又奉旨太子廟既安神主宜別建影殿有司定擬制度於見建廟稍西中間限以磚墉內建影殿三間南面一屋三門垣周以甓無闕角及東西門外垣正南建三門一左右翼廊二十間神廚齋室各二屋三間是歲十月廟成十一日奉安神主十四日奉遷畫像神主用栗依唐制諸侯用一尺刻謚于背省部遣官於本廟西南隅面北設幄次監視製造於行禮前一日製造訖其日晚奉神主官奉承以箱覆以帕捧詣題神主幄中次日丑前五刻題神主官與典儀并禮官詣幄次前題神主官詣罍洗位盥手帨手訖奉神主官先以香湯奉沐拭以羅巾題神主官就褥位題謚號於背云宣孝太子神主墨書用光漆模訖授奉神主官承以箱覆以梅紅羅帕藉以素羅帕詣座置於匱乃下簾帷侍衛如式俟典儀俛伏跪請備腰輿傘扇詣神位導引侍衛皆減昭德廟儀祭儀有司言當隨祖廟四時祭享初獻於皇孫皇族亞獻於皇族或五品以下差樂用登歌今量減用二十五人其接神用無射宮升降徹豆則歌夾鍾牲羊豕各一籩豆各八簠簋各二登鉶各一其餘祭食亦量減之二十六年十一月一日奏神主廟牲牢樂縣官給影廟皇孫奉祀

金史卷三十三考證

禮志六閔宗無嗣○臣浩按閔宗卽熙宗大定二十七年上熙宗廟號未上熙宗之前俱稱閔宗或稱武靈又謚孝成謂之孝成廟

金史卷三十四

元中書右丞相總裁脫脫等修

志第十五

禮七 社稷 嶽鎮海瀆 風雨雷師

貞元元年閏十二月有司奏建社稷壇于上京大定七年七月又奏建壇于中都社爲制其外四周爲垣南向開一神門門三間內又四周爲垣東西南北各開一神門門三間各列二十四戟四隅連飾罘罳無屋於中稍南爲壇位令三方廣濶一級四陛以五色土各飾其方中央覆以黃土其廣五丈高五尺其主用白石下廣二尺剡其上形如鐘埋其半壇南栽栗以表之近西爲稷壇如社壇之制而無石主四壝門各五間兩塾三門門列十二戟壝有角樓樓之面皆隨方色飾之饌幔四楹在北壝門西北向神廚在西壝門外南向廨在南圍墻內東西向有望祭堂三楹在其北雨則於是望拜堂之南北各爲屋二楹三獻及司徒致齋幕次也堂下南北相向有齋舍二十楹外門止一間不施鴟尾祭用春秋二仲月上戊日樂用登歌遣官行事太尉一司徒一巳上奏差亞獻太常卿一終獻光祿卿一省差太常卿一光祿卿一郊社令一學士院官一請御署祝版太樂令一太官令三監祭御史二太常博士二廩犧令一奉禮郎一協律郎二司尊罍二奉爵酒官一太祝七祝史四盥洗官二爵洗官二執巾篚官四齋郎四十八贊者一禮直官十巳上部差守衛十二人各衣其方色其服官給舉瘞四衣皁軍人內差其衣自備前三日質明行事官受誓戒於尚書省御史臺太常寺引衆官就位禮直官贊揖對揖訖太尉誓曰某月某日上戊祭于太社各揚爾職不恭其事國有常刑讀訖對拜訖退凡與祭官散齋二日致齋一日已齋而闕者通攝行事仍習禮於社宮諸衛令率其屬各以其方器服守衛社宮門太樂工人俱淸齋一宿前三日陳設局設祭官公卿以下次於齋房之內及設饌幔四於社宮西神門之外門南西向前二日郊社令率其屬掃除壇之上下太樂令設樂於壇上郊社令爲瘞坎二於壬地方深取足容物南出陛又設望瘞位於坎之北南向前一日奉禮郎帥禮直官設祭官公卿以下褥位於西神門之內道南執事官於道北每等異位俱重行東向南上設御史位二於壇下一在太社東北西向一在太稷西北東向博士各在其北設奉禮郎位於稷壇上西北贊者一在北東向設協律郎位二於壇上東北隅俱西向設太樂令位於兩壇之間南向設獻官褥位於逐壇二神座前設省牲位於西神門外設牲榜於當門黝牲二居前又黝牲二少退二牲皆用黝北上設廩犧令位於牲東北南向設諸太祝位於牲西各當牲後祝史陪其後俱東向設太常卿省牲位於前近南北向又設御史位於太常卿之東北向太常卿帥其屬設酒罇之位太罇二著罇二犧罇二山罍二在壇上北隅南向象罇二壺罇二山罍二在壇下北陛之西南向后土氏象罇二著罇二山罍二在太社酒罇之西俱東南上設太稷后稷酒罇於壇之上下如太社后土之儀設洗位二於社壇西北南向罍在洗東篚在洗西北肆司罇罍篚冪者各位於其後設玉帛之篚於壇上罇坫之所設四座各籩十豆十簠二簋二鉶三槃一俎三坫四內籩一豆一簠一簋一俎三各設於饌幔內光祿卿率其屬入實籩之實魚鱐乾棗形鹽鹿脯榛實乾橑桃菱芡栗以序爲次豆之實芹菹筍菹葵菹菁菹韭菹魚醢兔醢豚拍鹿臡醓醢以序爲次鉶實以羹加芼滑簠實以稻粱簋實以黍稷粱在稻前稷在黍前太官令入實罇罍以酒各一罇實以玄酒祭日未明五刻郊社令升設太社太稷神座各於壇上近南北向設后土氏神座於太社神座之左后稷氏神座於太稷神座之左俱東向席皆以莞加裀褥如幣之色神位版各於座首前一日諸衛之屬禁斷行人郊社令與其屬以罇坫罍洗篚冪入設於位司罇罍奉禮郎及執事者升自太社壇西陛以俟其省牲器視滌溉竝如郊廟儀祭日未明十刻太官令率宰人以鸞刀割牲祝史以豆取毛血各置於饌所以盤取血置神座前遂烹牲未明三刻諸祭官各服其服郊社令太官令入實玉幣罇罍太官令帥進饌者實諸籩豆簠簋未明一刻奉禮郎贊者先入就位禮直官引光祿卿御史博士諸太祝祝史司罇罍篚冪者入自西門當太社壇北重行南向

東上立定奉禮曰再拜贊者承傳御史以下皆再拜訖司罇彝篚冪者皆就位奉盤血祝史與太祝由西陛升壇各於罇所立祝史以俟瘞血太祝以次取玉幣大樂令帥工人入禮直官各引祭官入就位立定奉禮曰衆官再拜贊者曰在位者皆再拜其先拜者不拜禮直官進太尉之左曰有司謹具請行事退復位禮直官引光祿卿就瘞血所又引祝史奉盤血降自西陛至瘞位光祿卿瘞血訖復位祝史以盤還饌幔以俟奉毛血豆奉禮曰衆官再拜在位者皆再拜諸太祝取玉幣於篚各立於尊所禮直官引太尉詣盥洗位協律郎跪俛伏舉麾樂作太簇宮正寧之曲後盥洗同至洗位南向立樂止搢笏盥手帨手訖詣太社壇樂作應鍾宮嘉寧之曲後升壇同升自北陛樂止南向立太祝以玉帛西向授太尉太尉受玉帛禮神之玉奠於神前瘞玉加於幣配位不用玉玉用兩圭有邸盛以匣瘞玉以玉石爲之帛用黑繒長一丈八尺樂作太簇宮嘉寧之曲太稷同禮直官引太尉進南向跪奠於太社座前俛伏興引太尉少退詣禱位南向再拜太祝以幣授太尉太尉受幣西向跪奠於后土神座前俛伏興禮直官引太尉少退西向再拜訖樂止禮直官引太尉降自北陛詣太稷壇盥洗升奠玉幣如太社后土之儀祝史奉毛血入各由其陛升毛血豆係別置一豆諸太祝迎取於壇上俱進奠於神座前祝史退立於罇所太尉既升奠玉幣太官令出帥進饌者奉饌陳於西門外禮直官引司徒出詣饌所司徒奉太社之俎諸太祝既奠毛血禮直官太官令引太社太稷之饌入自正門配座之饌入自左闥饌初入門樂作太簇宮正寧之曲饌至陛樂止祝史俱進徹毛血豆降自西陛以出太社太稷之饌升自北陛配座之饌升自西陛諸太祝迎引於壇上各於神座前設訖禮直官引司徒以下降自西陛樂作復位樂止諸太祝還罇所禮直官引太尉詣罍洗位樂作至位樂止盥手洗爵訖禮直官引太尉詣太社壇升自北陛樂作至太社酒罇所樂止執罇者舉冪執事者以爵授太尉執爵太官令酌酒訖樂作太簇宮阜寧之曲太稷同太尉以爵授執事者禮直官引太尉詣太社神座前執事者以爵授太尉南向跪奠爵訖以爵授執事者俛伏興太尉少退樂止讀祝官與捧祝官進於神座前右西向跪讀祝讀訖讀祝官就一拜各還罇所太尉拜訖詣配位酒罇所執事者舉冪執事者以爵授太尉太尉執爵太官令酌酒訖樂作太簇宮昭寧之曲太尉以爵授執事者禮直官引太尉進后土神座前執事者以爵授太尉西向跪奠爵訖以爵授執事者俛伏興太尉少退樂止讀祝如上儀太尉再拜訖禮直官引太尉降自北陛樂作至罍洗位樂止盥手洗爵訖禮直官引太尉詣太稷壇升自北陛竝如太社后土之儀樂曲同訖禮直官引太尉還本位亞終獻盥洗升獻竝如太尉之儀禮直官引終獻降復位樂止太祝各進徹豆樂作應鍾宮娛寧之曲還罇所樂止徹者籩豆各一少移於故處奉禮曰賜胙贊者曰衆官再拜在位者皆再拜禮直官進太尉之右請就望瘞位御史博士從南向立於衆官將拜之前太祝執篚進於神座前取玉幣齋郎以俎載牲體稷黍飯爵酒體謂牲之左髀各由其陛降壇以玉幣饌物置於坎訖奉禮曰可瘞坎東西各二人置土半坎訖禮直官進太尉之左曰禮畢遂引太尉出祭官以下以次出禮直官引御史博士以下俱復執事位立定奉禮曰再拜御史以下皆再拜訖出工人以次出祝版燔於齋坊光祿卿以胙奉進御史就位展視光祿卿望闕再拜乃退其州郡祭享一遵唐宋舊儀

風雨雷師明昌五年禮官言國之大事莫重於祭王者奉神靈祈福祐皆爲民也我國家自祖廟禘祫五享外惟社稷嶽鎮海瀆定爲常祀而天地日月風雨雷師其禮尚闕宜詔有司講定儀注以聞尚書省奏天地日月或親祀或令有司攝事若風雨雷師乃中祀合令有司攝之且又州縣之所通祀者也合先舉行制可乃爲壇於景豐門外東南闕之巽地歲以立春後丑日以祀風師牲幣進熟如中祀儀又爲壇於端禮門外西南闕之坤地以立夏後申日以祀雨師其儀如中祀羊豕各一是日祭雷師於位下禮同小祀一獻羊一無豕其祝稱天子謹遣臣某云

嶽鎮海瀆大定四年禮官言嶽鎮海瀆當以五郊迎氣日祭之詔依典禮以四立土王日就本廟致祭其在他界者遥祀立春祭東嶽於泰安州東鎮于益都府東海于萊州東瀆大淮于唐州立夏望祭南嶽衡山南鎮會稽山于河南府南海南瀆大江于萊州季夏土王日祭中嶽于河南府中鎮霍山于平陽府立秋祭西嶽華山于華州西鎮吳山于隴州望祭西海西瀆于河中府立冬祭北嶽恒山于定州北鎮醫巫閭山于廣寧府望祭北海北瀆大濟于孟州其封爵竝仍唐宋之舊明昌間從沂山道士楊道全請封沂山爲東安王吳山爲成德王霍山爲應靈王會稽山爲永興王醫巫閭山爲廣寧王淮爲長源王江爲會源王河爲顯聖靈源王濟爲清源王每歲遣使奉御署祝版奩薌乘驛詣所在率郡邑長貳官行事禮用三獻讀祝官一捧祝官二盥洗官二爵洗官二奉爵官一司尊彝一禮直官四以州府司吏充前三日應行事執事官散齋二日治事如故宿於正寢如常儀前二日有司設行事執事官次於廟門外掌廟者掃除廟之內外前一日有司牽牲詣祠所享官以下常服閱饌物視牲充腯享日丑前五刻執事者設祝版於神位之右置於坫及以血豆設於饌所次設祭器皆藉以席掌饌者實之左十籩爲三行以右爲上實以乾䕩乾棗形鹽魚鱐鹿脯榛實乾桃菱芡栗右十豆爲三行以左爲上實以芹菹筍菹韭菹葵菹菁菹魚醢兔醢豚拍鹿臡醓醢左簠二實以粱稻右簋二實以稷黍俎二實以牲體次設犧罇二象罇二在堂上東南隅北向西上犧罇在前實以法酒犧罇初獻官酌象罇亞終獻酌又設太罇一山罇一在神位前設而不酌有司設燭於神位前洗二在東堦之下直東霤北向罍在洗東加勺篚在洗西南肆實以巾執罍篚者位於其後又設揖位於廟門外初獻在西東向亞終及祝在東南向北上開瘞坎於廟內廷之壬地享日丑前五刻執事官各就次掌饌者帥其屬實饌具畢凡祭官各服其服與執事官行止皆贊者引點視陳設訖退就次引初獻以下詣廟南門外揖位立定贊禮者贊揖次引祝升堂就位立次引初獻詣盥洗位北向立搢笏盥手帨手執笏詣爵洗位北向立搢笏洗爵以爵授執事者執笏升堂詣酌罇所西向立執事者以爵授初獻初獻搢笏執爵執罇者舉冪執事者酌酒初獻以爵授執事者執笏詣神位前北向立搢笏跪執事者以爵授初獻初獻執爵三祭酒奠爵訖執笏俛伏興少立次引祝詣神位前東向立搢笏跪讀祝訖執笏興退復位初獻再拜贊禮者引初獻復位次引亞獻酌獻竝如初獻之儀次引終獻竝如亞獻之儀贊者引初獻官詣神位前北向立執事者以爵酌清酒進初獻之右初獻跪祭酒啐酒奠爵執事者以俎進減神座前胙肉前脚第二節共置一俎上以授初獻初獻以授執事者初獻取爵遂飲卒爵執事者進受爵復於坫初獻興再拜贊者引初獻復位贊者曰已飲福受胙者不拜亞獻官以下皆再拜拜訖次引初獻已下就望瘞位以饌物置於坎東西廂各二人贊者曰可瘞置土半坎又曰禮畢遂引初獻官已下出祝與執罇罍篚冪者俱復位立定贊者曰再拜再拜拜訖遂出祝版燔於齋所

金史卷三十五

元中書右丞相總裁脫脫等修

志第十六

禮八 宣聖廟 武成王廟 諸前代帝王 諸神雜祠 祈禜 拜天 本國拜儀

宣聖廟皇統元年二月戊午熙宗詣文宣王廟奠祭北面再拜顧儒臣曰爲善不可不勉孔子雖無位以其道可尊使萬世高仰如此大定十四年國子監言歲春秋仲月上丁日釋奠於文宣王用本監官房錢六十貫止造茶食等物以大小楪排設用留守司樂以樂工爲禮生率倉塲等官陪位於古禮未合也伏覩國家承平日久典章文物當粲然備具以光萬世況京師爲首善之地四方之所觀仰據釋奠器物行禮次序合行下詳定兼兗國公親承聖教者也鄒國公功扶聖教者也當於宣聖像左右列之今孟子以燕服在後堂宣聖像側還虛一位禮宜遷孟子像於宣聖右與顏子相對改塑冠冕粧飾法服一遵舊制禮官參酌唐開元禮定擬釋奠儀數文宣王兗國公鄒國公每位籩豆各十犧尊一象尊一簠簋各二俎二祝版各一皆設案七十二賢二十一先儒每位各籩一豆一爵一兩廡各設象尊二總用籩豆各二百二十三簠簋各六俎六犧罇三象罇七爵九十四其尊皆有坫罍二洗二篚勺各二冪六正位并從祀藉罇罍俎豆席約用三十幅罇席用葦俎豆席用莞牲用羊豕各三酒二十瓶禮行三獻以祭酒司業博士充分獻官二讀祝官一太官令一捧祝官二罍洗官一爵洗官一巾篚官二禮直官十一學生以儒服陪位樂用登歌太樂令一員本署官克樂工三十九人迎神三奏姑洗宮來寧之曲辭曰上都隆化廟堂作新神之來格威儀具陳穆穆凝旒巍然聖眞斯文伊始羣方所視初獻盥洗姑洗宮靜寧之曲辭曰偉矣素王風猷至

粹垂二千年斯文不墜涓辰維良爰修祀事沃盥于庭嚴禋禮備升階南呂宮肅寧之曲辭曰巍乎聖師道全德隆修明五常垂敎無窮增崇儒宮遹追遺風嚴祀申虔登降有容奠幣姑洗宮和寧之曲辭曰天生聖人賢於堯舜仰之彌高磨而不磷新廟告成宮墻數仞遣使陳祠斯文復振降階姑洗宮安寧之曲辭曰稟靈尼丘垂芳闕里生民以來孰如夫子新祠歸然四方所視酌獻告成祇循典禮兗國公酌獻姑洗宮輯寧之曲辭曰聖師之門顏惟居上其殆庶幾是宜配饗桓圭衮衣有嚴儀象載之神祠增光吾黨鄒國公酌獻姑洗宮泰寧之曲辭曰有周之衰王綱既墜是生眞儒宏才命世言而爲經醇乎仁義力扶聖功同垂萬祀亞終獻姑洗宮咸寧之曲辭曰於昭聖能與天立極有承其流皇仁帝德豈伊立言訓經王國煥我文明典祀千億送神姑洗宮來寧之曲辭曰吉蠲爲饎孔惠孔時正辭嘉言神之格思是饗是宜神保聿歸惟時肇祀太平極致承安二年春丁章宗親祀以親王攝亞終獻皇族陪祀文武羣臣助奠上親爲贊文舊封公者升爲國公侯者爲國侯郕國以下皆封侯宣宗遷汴建廟會朝門內歲祀如儀宣聖顏孟各羊一豕一餘同小祀共用羊八無豕其諸州釋奠竝遵唐儀

武成王廟泰和六年詔建昭烈武成王廟于闕庭之右麗澤門內其制一遵唐舊禮三獻官以四品官已下儀同中祀用二月上戊七年完顏匡等言我朝創業功臣禮宜配祀於是以秦王宗翰同子房配武成王而降管仲以下又躋楚王宗雄宗望宗弼等侍武成王坐韓信而下降立於廡又黜王猛慕容恪等二十餘人而增金臣遼王賽也等其祭武成王宗翰子房各羊一豕一餘共用羊八無豕宣宗遷汴於會朝門內闕庭之右營廟如制春秋上戊之祭仍舊

諸前代帝王三年一祭於仲春之月祭伏犧於陳州神農於亳州軒轅於坊州少昊於兗州顓頊於開州高辛於歸德府唐堯於平陽府虞舜夏禹成湯於河中府周文王武王於京兆府泰和三年尚書省奏太常寺言開元禮祭帝嚳堯舜禹湯文武漢祖祝版請御署開寶禮犧軒顓頊帝嚳陶唐女媧成湯文武請御署自漢高祖以下二十七帝不署平章政事鎰左丞匡太常博士溫迪罕天興言方嶽之神各有所主有國所賴請御署固宜至於前古帝王寥落杳茫列于中祀亦已厚矣不須御署參知政事卽康及鎰以爲三皇五帝禹湯文武皆垂世立敎之君唐宋致祭皆御署而今降祝版不署恐於禮未盡不若止從外路祭社稷及釋奠文宣王例不降祝版而令學士院定撰祝文頒各處爲常制勅命依期降祝版而不請署

長白山大定十二年有司言長白山在興王之地禮合尊崇議封爵建廟宇十二月禮部太常學士院奏奉勅旨封興國靈應王卽其山北地建廟宇十五年三月奏定封冊儀物冠九旒服九章玉圭玉冊函香幣冊祝遣使副各一員詣會寧府行禮官散齋二日致齋一日所司於廟中陳設如儀廟門外設玉冊袞冕幄次牙杖旗鼓從物等視一品儀禮用三獻祭如嶽鎭其冊文云皇帝若曰自兩儀剖判山嶽神秀各鍾于其分野國將興者天實作之對越神休必以祀事故肇基王迹有若岐陽望秩山川於稽虞典厥惟長白載我金德仰止其高實惟我舊邦之鎭混同流光源所從出秩秩幽幽有相之道列聖蕃衍熾昌迄于太祖神武徵應無敵于天下爰作神主肆予沖人紹休聖緒四海之內名山大川靡不咸秩矧王業所因瞻彼旱麓可儉其禮服章爵號非位於公侯之上不足以稱焉今遣某官某持節備物冊命茲山之神爲興國靈應王仍勅有司歲時奉祀於戲廟食之享亘萬億年維金之禎與山無極豈不偉歟自是每歲降香命有司春秋二仲擇日致祭明昌四年十月備袞冕玉冊儀物上御大安殿用黃麾立仗八百人行仗五百人復冊爲開天弘聖帝　大房山大定二十一年勅封山陵地大房山神爲保陵公冕八旒服七章圭冊香幣使副持節行禮竝如冊長白山之儀其冊文云皇帝若曰古之建邦設都必有名山大川以爲形勝我國既定鼎於燕西顧郊圻巍然大房秀拔混厚雲雨之所出萬民之所瞻祖宗陵寢於是焉依仰惟嶽鎭古有秩序皆載祀典矧茲大房禮可闕歟其爵號服章俾列于侯伯之上庶足以稱今遣某官某備物冊命神爲保陵公申勅有司歲時奉祀其封域之內禁無得樵採弋獵著爲令是後遣使山陵行禮畢山陵官以一獻禮致奠　混同江大定二十五年有司言昔太祖征遼策馬徑渡江神助順靈應昭著宜修祠宇加賜封爵迺封神爲興國應聖公致祭如長白山儀冊禮如保陵公故事其冊文云昔我太祖武元皇帝受天明命掃遼季荒茀成師以出至于大江浩浩洪流不舟而濟雖穆滿渡江而黿梁光武濟河而水氷自今觀之無足言矣執徐之歲四月孟夏朕時邁舊邦臨江永歎仰藝祖之開基佳江神之効靈至止上都議所以尊崇之典蓋古者五嶽視三公四瀆視諸侯至有唐以來遂享帝王之尊稱非直後世彌文而崇德報功理亦有當然者矧茲江源出於長白經營帝鄉實相興運非錫以上公之號則無以昭荅神休今遣某官某持節備物冊命神爲興國應聖公申命有司歲時奉祀於戲嚴廟貌正封爵禮亦至矣惟神其衍靈長之德用輔我國家彌億年神亦享廟食於無窮豈不休哉　嘉蔭侯大定二十五年勅封上京護國林神爲護國嘉蔭侯冕七旒服五章圭同信圭遣使詣廟以三獻禮祭告其祝文曰蔚彼長林實壯天邑廣袤百里惟神主之廟貌有嚴侯封是享歆時謁潔相厥滋榮是後遇月七日上京幕官一員行香著爲令　瀘溝河神大定十九年有司言瀘溝河水勢泛決囓民田乞官爲封冊神號禮官以祀典所不載難之已而特封安平侯建廟二十七年奉旨每歲委本縣長官春秋致祭如令　昭應順濟聖后大定十七年都水監言陽武上埽黃河神聖后廟宜依唐仲春祭五龍祠故事二十七年春正月尚書省言鄭州河陰縣聖后廟前代河水爲患屢禱有應嘗加封號廟額今因禱祈河遂安流乞加褒贈上從其請特加號曰昭應順濟聖后廟曰靈德善利之廟每歲委本縣長官春秋致祭如令

鎭安公舊名旺國崖太祖伐遼嘗駐蹕於此大定八年五月更名靜寧山後建廟明昌六年八月以冕服玉冊冊山神爲鎭安公冊文曰皇帝若曰古之名山咸在祀典軒皇之世神靈所奉者七千虞氏之時望秩每及於五載蓋惟有益于國是以必報其功逮乎後王申以嶽冊至于嶽鎭之外亦或封爵之加故太白有神應之稱而終南有廣惠之號禮由義起事與時偕載籍所傳于今猶監朕修和有夏咸秩無文眷茲靜寧秀峙朔野絪縕布氣幽贊乎坤元導風出雲協符乎乾造一方之表萬物所瞻南直都畿北維障徼連延廣厚寶藏攸興盤固高明離宮斯奠昔有遼嘗恃以富國迄大定更爲之錫名洪惟世宗功昭列聖亦越顯考德利生民爰卽歲時駕言臨幸兵革不試遠人輯寧雨暘常調品彙蕃廡此上帝無疆之貺亦英靈有相之符比卽輿情載修故事顧先皇帝駐蹕之地揖累世承平之風逖續遺休式甄神祐肆象德以昇號仍班台而闡儀宇像一新采章具舉今遣使某副某持節備物冊命神爲鎭安公仍勅歲時奉祀於戲容典焜燿精明感通惟永億年翊我昌運神其受職豈不偉歟　瑞聖公卽麻達葛山也章宗生於此世宗愛此山勢衍氣清故命章宗名之後更名胡土白山建廟明昌四年八月以冕服玉冊封山神爲瑞聖公建廟命撫州有司春秋二仲擇日致祭爲常其冊文曰皇帝若曰國家之興命歷攸屬天地元化惟時合符山川百神無不受職粹精蘊瑞明聖繼生著不遷於殊禎啓昌期於幽贊良對信猶之典咸修望秩之文嘉乃名山奠茲勝地下綿乾分上直樞輝盤析木之津達中原之氣廓除氛祲函毓泰和仰惟光烈昭垂嶽音如在卽高明而清暑克靜壽以安仁周廬安寧厚澤浹洽朕祇循祖武順講時巡感美號以與懷佩聖謨而介福言念誕彌之初度抑由翊衛之効靈然猶祀秩無章神居不屋非所以盡報功崇德之義副追始樂原之心爰飾名稱載新祠宇勒忱辭於貞琰涓良日於元龜彰服采以辨威潔庭縣而致祭闡揚茂實敷繹多儀今遣使某副某持節備物冊命神爲瑞聖公仍勅有司歲時奉祀於戲尚其聰明歆此誠意孚休惟永亦莫不寧

貞獻郡王廟明昌五年正月陳言者謂葉魯谷神二賢創置女直文字乞各封贈名爵建立祠廟令女直漢人諸生隨拜孔子之後拜之有司謂葉魯難以致祭若金源郡貞獻王谷神則既已配享太廟矣亦難特立廟也有旨令再議之禮官言前代無創製文字入孔子廟故事如於廟後或左右置祠令諸儒就拜亦無害也尚書省謂若如此恐不副國家厚功臣之意遂詔令依蒼頡立廟于盩厔例官爲立廟于上京納里渾莊委本路官一員與本千戶春秋致祭所用諸物從宜給之

祈禜大定四年五月不雨命禮部尚書王競祈雨北嶽以定州長貳官克亞終獻又卜日於都門北郊望祀嶽鎭海瀆有司行事禮用酒脯醢後七日不雨祈太社太稷又七日祈宗廟不雨仍從嶽鎭海瀆如初祈其設神座實樽罍如常儀其樽罍用瓢齊擇甘瓠去抵以爲樽祝版惟五岳宗廟社稷御署餘則否後十日不雨乃徙市禁屠殺斷繖扇造土龍以祈雨足則報祀送龍水中十七年夏六月京畿久雨遵祈雨儀命諸寺觀啓道場祈禱

拜天金因遼舊俗以重五中元重九日行拜天之禮重五於鞠場中元於內殿重九於都城外其制刳木爲盤如舟狀赤爲質畫雲鶴文爲架高五六尺置盤其上薦食物其中聚宗族拜之若至尊則於常武殿築臺爲拜天所重五日質明陳設畢百官班俟於毬場樂亭南皇帝靴袍乘輦宣徽使前導自毬場南門入至拜天臺降

輦至禰位皇太子以下百官皆詣禰位宣徽贊拜皇帝再拜上香又再拜排食拋盞畢又再拜飲福酒跪飲畢又再拜百官陪拜引皇太子以下先出皆如前導引皇帝回輦至幄次更衣行射柳擊毬之戲亦遼俗也金因尙之凡重五日拜天禮畢插柳毬場爲兩行當射者以尊卑序各以帕識其枝去地約數寸削其皮而白之先以一人馳馬前導後馳馬以無羽橫鏃箭射之旣斷柳又以手接而馳去者爲上斷而不能接去者次之或斷其青處及中而不能斷與不能中者爲負每射必伐鼓以助其氣已而擊毬各乘所常習馬持鞠杖杖長數尺其端如偃月分其衆爲兩隊共爭擊一毬先於毬場南立雙桓置板下開一孔爲門而加網爲囊能奪得鞠擊入網囊者爲勝或曰兩端對立二門互相排擊各以出門爲勝毬狀小如拳以輕韌木枵其中而朱之皆所以習蹻捷也旣畢賜宴歲以爲常

本國拜儀金之拜制先袖手微俯身稍復却跪左膝左右搖肘若舞蹈狀凡跪搖袖下拂膝上則至左右肩者凡四如此者四跪復以手按右膝單跪左膝而成禮國言搖手而拜謂之撒速承安五年五月上諭旨有司曰女直漢人拜數可以相從者酌中議之禮官奏曰周官九拜一曰稽首拜中至重臣拜君之禮也乞自今凡公服則用漢拜若便服則各用本俗之拜主事陳松曰本朝拜禮其來久矣乃便服之拜也可令公服則朝拜便服則從本朝拜平章政事張萬公謂拜禮各便所習不須改也司空完顏襄曰今諸人祗髮皆從本朝之制宜從本朝拜禮松言是也上乃命公裳則朝拜諸色人便服則皆用本朝拜

金史卷三十六

元中書右丞相總裁脫脫等修

志第十七

禮九 國初即位儀 受尊號儀 上壽儀 朝參常朝儀 肆赦儀 臣下拜詔儀

國初即位儀收國元年春正月壬申朔諸路官民耆老畢會議創新儀奉上即皇帝位阿離合懣宗翰乃陳耕具九祀以闢土養民之意復以良馬九隊隊九疋別爲色幷介冑弓矢矛劍奉上國號大金建元收國天會元年九月六日皇弟諳班孛極烈即皇帝位已未告祀天地丙寅大赦改元

受尊號儀皇統元年正月二日太師宗幹率百僚上表請上皇帝尊號凡三請詔允七日遣上京留守奭告天地社稷析津尹宗強告太廟十日帝服袞冕御元和殿宗幹率百僚恭奉冊禮冊文云云臣等謹奉玉冊玉寶上尊號曰崇天體道欽明文武聖德皇帝是日皇帝改服通天冠宴二品以上官及高麗夏國使十二日恭謝祖廟還御宣和門大赦改元大定七年恭上皇帝尊號前三日遣使奏告天地宗廟社稷前二日諸司停奏刑罰文字百官習儀於大安殿庭兵部帥其屬設黃麾仗於大安殿門之內外宣徽院帥儀鸞司於前一日設受冊寶壇於大安殿中間又設御榻於壇上又設冊寶幄次於大安殿門外及設皇太子幕次於殿東廊又設羣官次于大安門外大樂令與協律郎前一日設宮縣于殿庭又設登歌樂架于殿上立舞表于殿下符寶郎其日俟文武羣官入奉八寶置于御座左右候上冊寶訖復昇寶還所司其日質明奉冊太尉奉寶司徒讀冊中書令讀寶侍中以次應行事官並集於尚書省俟冊寶輿乘馬奉迎冊寶至應天門下馬由正門步導入至大安殿門外置冊寶於幄次舁冊寶床弩手人等分立於左右文武羣官並朝服入次攝太常卿與大樂令帥工人入就位協律郎各就舉麾位舁冊寶案官由西偏門先入置案於殿東西間禰位置訖各退于西階冊寶位後捧冊官捧寶官舁冊匣官舁寶盝官由西偏門先入至殿西階下冊寶禰位之西東向立俟閤門報通事舍人引攝侍中版奏中嚴訖典儀贊者各就位閤門官引文武百僚分左右入於殿階下磚道之東西相向立符寶郎奉八寶由西偏門分入升置殿上東西間相向訖分左右立於寶後通事舍人引攝侍中版奏外辦扇合服袞冕以出曲直甲蓋侍衛警蹕如常儀殿上鳴鞭訖殿下亦鳴鞭初索扇協律郎跪俛伏興舉麾工鼓柷奏乾寧之曲出自東房即座儀使副添香爐煙升扇開簾捲協律郎偃麾戛敔樂止太常博士通事舍人自冊寶幄次分引冊太常卿前導吏部侍郎押冊而行奉冊太尉讀冊中書令舉冊官於冊後以次從之次太常博士通事舍人二員分引寶禮部侍郎押寶而行奉寶司徒讀寶侍中舉寶官於寶後以次從之由正門入宮縣奏歸美揚功之曲太常卿於冊床前導至第一墀香案南稍賓冊禰位上少置太常卿與舉冊寶官退於冊寶稍西東向立應博士舍人立於其後舁冊寶床弩手繖子官等又於其後皆東向太尉司徒中書令侍中皆於冊後面北以次立吏部侍郎禮部侍郎次立於其後立定樂止閤門舍人分引東西兩班羣官合班轉北向立中間少留班路俟立定太常博士通事舍人四員分引太尉司徒中書令侍中吏部禮部侍郎以次各復本班訖博士舍人退以俟初引時樂奏歸美揚功之曲至位立定樂止典儀曰拜贊者承傳太尉以下應在位官皆舞蹈五拜班首出班起居訖又贊再拜如朝會常儀太常博士通事舍人四員再引太尉司徒中書令侍中吏禮部侍郎復進至冊寶所稍南立定舁冊寶床弩手繖子官並進前舉冊寶床與太常博士通事舍人二員分引冊太常卿前導吏部侍郎押冊而行奉冊太尉讀冊中書令舉冊官於冊後以次從之冊初行樂奏肅寧之曲次通事舍人太常博士又二員分引寶禮部侍郎押寶而行奉寶司徒讀寶侍中舉寶官於寶後以次從之詣西階下至冊寶禰位少置冊北寶南樂止舁冊寶床弩手繖子官等退於後稍西東向立捧冊官與舁冊官並進前取冊匣升太常博士通事舍人分引冊太常卿側身導冊先升奉冊太尉讀冊中書令舉冊官捧冊官於冊後以次從升冊初行樂奏肅寧之曲進至殿上博士舍人分左右於前楹立以俟讀冊中書令於欄子外前楹稍西立以俟舉冊官捧冊官立於其後奉冊太尉從升至禰位搢笏少前跪置訖執笏俛伏興樂止退於前楹稍西立以俟太常博士立於後太常卿少退東向立舁冊官立於其後皆東向捧冊官先入舉冊官次入讀冊中書令又次入捧冊官四員皆搢笏雙跪捧舉冊官二員亦搢笏兩邊單跪對舉中書令執笏進跪稱中書令臣某讀冊讀訖俛伏興中書令俟冊與先退通事舍人引降自東階復本班訖太常卿降復寶床前舁冊官並進與捧冊官等取冊匣與置於殿東間禰位案上西向捧舉冊官等降自東階還本班舁冊官亦退太常博士引奉冊太尉降自西階東向立以俟次捧寶官與舁寶官俟讀冊中書令讀訖出並進前取寶盝升太常博士通事舍人分引寶太常卿側身導寶先升奉寶司徒讀寶侍中舉寶官捧寶官於寶後以次從升寶初行樂奏肅寧之曲進至殿上博士舍人俱退不升並於前楹稍西立俟讀寶侍中於欄子外前楹閒稍西立以俟舉寶官捧寶官立於其後奉寶司徒從升至禰位搢笏少前跪置訖執笏俛伏興樂止司徒退於前楹西立以俟太常卿少退東向立舁寶官立於其後皆東向捧寶官先入舉寶官次入讀寶侍中又次入捧寶官四員皆搢笏雙跪捧舉寶官二員亦搢笏兩邊單跪對舉侍中執笏進跪稱侍中臣某讀寶讀訖俛伏興侍中俟寶與先退通事舍人引降自西階復本班訖舁寶官進前與捧寶舉寶官等取寶盝與置於殿之西間禰位案上東向捧寶舉寶官等與太常卿俱降自西階及吏部侍郎皆復本班舁寶官亦退太常博士引奉寶司徒次奉冊太尉東向立定博士舍人贊引太尉司徒進詣第一墀香案南禰位立定博士舍人稍退典儀曰拜贊者承傳在位官皆再拜訖博士舍人二員引太尉詣東階升宮縣奏純誠孚上之曲至階止閤門使二員引太尉進至前立定樂止閤門使搢贊太尉拜跪賀殿下閤門搢百僚躬身太尉稱文武百僚具官臣等言致賀詞云云俛伏興退至階上博士舍人分引太尉降至東階初降宮縣作肅寧之曲復香案南禰位立定樂止博士舍人少退典儀曰拜贊者承傳太尉司徒及在位羣官俱再拜舞蹈三稱萬歲又再拜訖通事舍人引攝侍中升自東階前楹間躬承旨退臨階西向稱有制典儀曰拜贊者承傳太尉司徒及在位羣官俱再拜躬身宣詞云云宣訖通事舍人引侍中還位典儀曰拜贊者承傳階上下應在位羣官俱再拜舞蹈三稱萬歲又再拜訖博士舍人分引太尉司徒就百僚位初引宮縣作肅寧之曲至位立定樂止閤門舍人分引應北面位羣官各分班東西相向立定通事舍人引攝侍中并自東階當前楹間跪奏禮畢俛伏興引降還位扇合簾降協律郎俛伏興舉麾工鼓柷奏乾寧之曲降座入自東房還後閤進膳侍衛警蹕如儀扇開樂止捧冊官帥舁冊床人捧寶官帥舁寶床人皆升殿取匣盝蓋訖置於床前引進司官前導通事舍人贊引詣東上閤門上進通事舍人分引文武百僚等以次出歸幕次賜食以俟上壽上冊寶禮畢有司供辦御床及與宴羣官位並如曲宴儀攝太常卿與大樂令帥工人入幷協律郎各就舉麾位俟舍人報通事舍人引三師以下文武百僚親王宗室等分左右入至殿階下稍南東西相向立通事舍人先引攝侍中版奏中嚴少頃又奏外辦扇合鳴鞭協律郎跪俛伏興工鼓柷宮縣奏乾寧之曲服通天冠絳紗袍即座簾捲內侍贊扇開殿上下鳴鞭戛敔樂止儀使副等添香爐煙升重行立定中間少留班路通事舍人引攝侍中詣東階升至殿上少立閤門舍人引禮部尚書出班前北向俛伏跪奏稱禮部尚書臣某言請允羣臣上壽俛伏興躬

身通事舍人引攝侍中少退舍人贊禮部尚書再拜訖贊祗候復本班內侍局進御床入次長醞令於殿下橫階南酹酒訖典儀曰拜贊者承傳在位官皆再拜隨拜三稱萬歲訖平立太常博士通事舍人分引攝上公由東階升初升宮縣奏肅寧之曲殿上舍人少退二閤使揖上公進至進酒褥位樂止宣徽使以爵授上公上公搢笏受爵詣欄前跪進受爵訖上公執盤授宣徽使訖二閤使揖上公入欄子內贊拜跪殿下閤門揖百僚皆躬身通事舍人揖攝侍中進詣前楹間躬承旨退臨階西向稱有制典儀曰拜贊者承傳上公及在位羣官皆再拜隨拜三稱萬歲訖躬身宣曰得公等壽酒與公等內外同慶閤門舍人贊宣諭訖上公與百僚皆舞蹈五拜訖閤門舍人引百僚分班東西序北向立博士舍人再引上公自東階升宮縣奏肅寧之曲至進酒褥位樂止上公搢笏宣徽使授上公盤上公詣欄子內褥位跪舉酒宮縣奏景命萬年之曲飲訖樂止上公進受虛爵訖復褥位以爵授宣徽使訖二閤使揖上公退內侍局舁御床出博士舍人並進前分引降自東階宮縣作肅寧之曲閤門舍人分引東西兩班隨上公俱復北向位立定樂止典儀曰拜贊者承傳在位官皆再拜三稱萬歲訖平立殿上通事舍人揖攝侍中進詣前楹間躬承旨退臨階西向閤門官先揖百僚躬身侍中稱有旨典儀曰拜贊者承傳在位官皆再拜訖躬身宣曰延王公等升殿典儀曰拜贊者承傳在位官皆再拜訖搢笏舞蹈又再拜訖太常博士通事舍人引王公以下合赴宴羣官分左右升殿不與宴羣官分左右捲班出宮縣奏肅寧之曲百僚至殿上坐後立樂止內侍局進御床入依尋常宴會再進第一爵酒登歌奏聖德昭明之曲飲訖樂止執事者行羣官酒宮縣作肅寧之曲文舞入鷁行一周樂止尚食局進食執事者設羣官食宮縣奏保大定功之舞三成止出又進第二爵酒登歌奏天贊堯齡之曲飲訖樂止執事者行羣官酒宮縣作肅寧之曲武舞入鷁行一周樂止尚食局進食執事者設羣官食宮縣奏萬國來同之舞三成止出又進第三爵酒登歌奏慶雲之曲飲訖樂止執事者行羣官酒宮縣作肅寧之曲鷁行一周樂止尚食局進食執事者設羣官食宮縣奏肅寧之曲食畢樂止閤門官分揖侍宴羣官起立於席後通事舍人引攝侍中詣欄前俛伏興跪奏侍中臣某言禮畢俛伏興閤門舍人分引羣官俱降東西階內侍局舁御床出宮縣作肅寧之曲至北向位立定樂止典儀曰拜贊者承傳在位官皆再拜訖搢笏舞蹈又再拜訖再分班東西序立扇合簾降殿上下鳴鞭協律郎俛伏跪舉麾興工鼓柷奏乾寧之曲降座入自東房還後閤侍衛如來儀內侍贊扇開戛敔樂止通事舍人引攝侍中版奏解嚴所司承旨放仗在位羣官皆再拜以次出

元日聖誕上壽儀皇帝陞御座鳴鞭報時畢殿前班小起居各復侍立位舍人引皇太子并臣僚使客合班入至丹墀舞蹈五拜平立閤使奏諸道表自皇太子以下皆再拜引皇太子升殿褥位搢笏捧盞盤進酒皇帝受置於案皇太子退復褥位轉盤與執事者出笏二閤使齊揖入欄子內拜跪致詞云元正啓祚品物咸新恭惟皇帝陛下與天同休若聖節則云萬春令節謹上壽巵伏願皇帝陛下萬歲萬歲萬萬歲祝畢拜興復褥位同殿下羣僚皆再拜宣徽使稱有制在位皆再拜宣荅曰履新上壽與卿等內外同慶聖節則曰得卿壽酒與卿等內外同慶詞畢舞蹈五拜齊立皇太子搢笏執盤臣僚分班教坊奏樂皇帝舉酒殿上下侍立臣僚皆再拜皇太子受虛盞退立褥位轉盤與執事者出笏左下殿樂止合班在位臣僚皆再拜分引與宴官上殿次引宋國人從至丹墀再拜不出班奏聖躬萬福再拜喝有敕賜酒食有再拜各祗候平立引左廊立次引高麗夏人從如上儀畢分引左右廊立御果床入進酒皇帝飲則坐宴侍立臣皆再拜進酒官接盞還位坐宴官再拜復坐行酒傳宣立飲訖再拜坐次從人再拜坐三盞致語揖臣使并從人立誦口號畢坐宴侍立官皆再拜坐次從人再拜坐食入七盞曲將終揖從人立再拜畢引出聞曲時揖臣使起再拜下殿果床出至丹墀合班謝宴舞蹈五拜各祗候分引出　大定六年正月上御大安殿受皇太子以下百官及外國使賀賜宴文武五品以上侍坐者有定員爲常制十七年詔以皇族袒免以上親雖無官爵封邑若與宴當有班次禮官言按唐典皇家周親視二品大功親小功尊屬視四品小功親緦麻尊屬視五品緦麻袒免以上視六品上合以此制爲班次

朝參常朝儀天眷二年五月詳定常朝及朔望儀准前代制以朔日六日十一日十五日二十一日二十六日爲六參日後又定制以朔望日爲朝參餘日爲常朝凡朔望朝參日百官卯時至幕次皇帝辰刻視朝供御弩手傘子直於殿門外分兩面排立司辰入殿報時畢皇帝御殿坐鳴鞭閤門報班齊執擎儀物內侍分降殿階兩傍面南立宿衛官自都點檢至左右親衛祗應官自宣徽閤門祗候先兩拜班首少離位奏聖躬萬福兩拜弩手傘子先於殿門外東西向排立俟奏聖躬萬福時即就位北面山呼聲喏起居畢即相向對立擎御傘直立左班內侍上都點檢以次陞殿副點檢在少南東西相向立左右衛在殿下東西相向立閤門乃引親王班贊班首名以下再拜訖班首少離位奏聖躬萬福歸位再拜畢先退次引文武百僚班首以下應合朝參官并府運六品以上官皆左入至丹墀之東西向鞠躬畢閤門通唱復引至丹墀閤門贊班首名以下起居舞蹈五拜又再拜畢領省宰執陞殿奏事殿中侍御史對立於左右衛將軍之北少前脩起居東西對立於殿欄子內副階下餘退右出初帝就坐置寶匣於殿階上東南角後定制師傳起居畢御案始東入置定捧案內侍東西分下侍殿隅直日主寶捧寶當殿叩欄奏封全符寶郎及當監印郎中各一員監當手分令史用印訖主寶吏封授主寶俟奏事畢進封訖內侍徹案若常朝則親王班退引七品以上職事官分左右班入丹墀再拜班首稍前起居畢復位再拜宰執升殿餘官分班退　大定二年五月命臺臣定朝參禮五品以上官職趨朝朝服入局治事則展皂自來朝參除殿前班外若遇朔望自七品以上職事官皆赴其餘朝日五品以上職事官得赴六品以下止於本司局治事如左右司員外郎侍御史記注院等官職雖不係五品亦赴朝參若拜詔則但有職事并七品以上散官皆赴朝參吏員令譯史通事檢法各於本局待官員朝退赴局簽押文字不得於宮內署押七品以下流外職遇朝日亦不合入宮如左右司都事有須合取奏事乃聽入宮七品以上職事官如遇使客朝辭見日依朔望日皆赴若元日聖節拜詔車駕出獵送迎詣祖廟燒飯但有職事并七品以上散官皆赴凡親王宗室已命官者年十六以上皆隨班赴起居大定五年右諫議大夫移剌子敬言猛安謀克不得與州鎮官隨班入見非軍民一體之意上是其言責宣徽院令隨班入見凡班首遇朝參有故不赴以次押班凡五品以上及侍御史尚書諸司郎中太常丞翰林修撰起居注殿中侍御史補闕拾遺赴召或假一月以上若除官出使之類皆通班入見辭謝除官於殿門外見謝班皆舞蹈七拜辭班四拜門見謝辭並再拜

肆赦儀大定七年正月十一日上尊冊禮畢十四日應天門須赦十一年制同前期宣徽院使率其屬陳設應天門之內外設御座于應天門上又更御衣御幄於大安殿門外稍東南向閤門使設捧制書箱案於御座之左少府監設雞竿於樓下之左竿上置大盤盤中置金鷄鷄口啣絳幡幡上金書大赦天下四字卷而啣之盤四面近邊安四大鐵鐶盤底四面近邊懸四大朱索以備四伎人攀緣又設捧制書木鶴仙人一以紅繩貫之引以轆轤置於御前欄子上又設捧鶴畫臺於樓下王中臺以弩手四人對舉大樂署設宮縣於樓下又設鼓一於宮縣之左稍北東向兵部立黃麾仗於門外刑部御史臺大興府以囚徒集於左仗外御史臺閤門司設文武百官位於樓下東西相向又設典儀位於門下稍東西向宣徽院設承受制書案於畫臺之前又設皇太子侍立褥位於門下稍東南向又設皇太子致賀褥位於百官班前又設協律郎位於樓上前楹稍東西向尚書省委所司設制書位於百官班之北稍東西向司天臺鷄唱生於東闕樓之上尚衣局備皇帝常服如常日視朝之服尚輦設輦於更衣御幄之前躬謝禮畢皇帝乘金輅入應天門至幄次前侍中俛伏跪奏請降輅入幄俛伏興皇帝降輅入幄簾降少頃侍中奏中嚴又少頃俟典贊儀引皇太子就門下侍立位通事舍人引羣官就門下分班相向立侍中奏外辦皇帝服常朝服尚輦進輦侍中奏請升輦繖扇侍衛如常儀由左翔龍門踏道升應天門至御座東侍中奏請降輦升座宮縣樂作所司索扇兩五十扇合皇帝臨軒即御座樓下鳴鞭簾捲扇開執繖者張於軒前以障日樂止東上閤門使捧制書置於箱閤門舍人二員從以俟引繩降木鶴仙人通事舍人引文武羣官合班北向立宮縣樂作凡分班合班則樂作立定即止典儀曰再拜在位官皆再拜訖分班相向立侍中詣御座前承旨退稍前南向宣曰奉勅樹金鷄通事舍人於門下稍前東向宣曰奉勅樹金鷄退復位金鷄初立大樂署擊鼓樹訖鼓止竿木伎人四人緣繩爭上竿取鷄所啣絳幡展示訖三呼萬歲通事舍人引文武羣官合班北向立樓上乘鶴仙人捧制書循繩而下至畫臺閤使奉承置於案閤門舍人四員舉案又二員對捧制書閤使引至班前西向稱有制典儀曰拜在位官皆再拜訖以制書授尚書省長官稍前搢笏跪受訖以付右司官右司官搢笏跪受訖長官出笏俛伏興退復位右司官捧制書詣宣制位都事對捧右司官宣讀至咸赦除之所司帥獄吏引罪人詣班

南北向躬稱脫枷訖三呼萬歲以罪人過右司官宣制訖西向以制書授刑部官跪受訖以制書加於笏上退以付其屬歸本班典儀曰拜在位官皆再拜舞蹈又再拜典贊儀引皇太子至班前褥位立定典儀曰拜皇太子以下羣官皆再拜典儀引皇太子稍前俛伏跪致詞俛伏興典儀曰再拜皇太子以下羣官皆再拜搢笏舞蹈又再拜侍中於御座前承旨退臨軒宣曰有制典儀曰再拜皇太子以下羣官皆再拜侍中宣答宣訖歸侍位典儀曰再拜皇太子以下羣官皆再拜搢笏舞蹈又再拜訖典贊儀引皇太子至門下褥位通事舍人引羣官分班相向立侍中詣御座前俛伏跪奏禮畢俛伏興退復位所司索扇宮縣樂作扇合簾降皇帝降座樂止樓下鳴鞭皇帝乘輦還內徹扇侍衞如常儀侍中奏解嚴通事舍人承勑羣臣各還次將士各還本所

臣下拜赦詔儀宣赦日於應天門外設香案及設香輿於案前又於東側設卓子自皇太子宰臣以下序班定閤門官於箱內捧赦書出門置於案閤門官案東立南向稱有勑贊皇太子宰臣百僚再拜皇太子少前上香訖復位皆再拜閤門官取赦書授尚書省都事都事跪受及尚書省令史二人齊捧同升於卓子讀在位官皆跪聽讀訖赦書置於案都事復位皇太子宰臣百僚以下再拜搢笏舞蹈執笏俛伏興再拜拱衞直以下三稱萬歲訖退其降諸書禮亦准此惟不稱萬歲其外郡向書省差官送赦書到京府節鎮先遣人報長官即率僚屬吏從備旗幟音樂綵輿香輿詣五里外迎見送赦書官即於道側下馬所差官亦下馬取赦書置綵輿中長官詣香輿前上香訖所差官上馬在香輿後長官以下皆上馬後從鳴鉦鼓作樂導至公廳從正門入所差官下馬執事者先設案并望闕褥位於庭中香輿置於案之前又設所差官褥位在案之側又設卓子於案之東南所差官取赦書置於案綵輿退所差官稱有勑長官以下皆再拜長官少前上香訖退復位又再拜所差官取赦書授都目都目跪受及孔目官二員三人齊捧赦書同高几上宣讀在位官皆跪聽讀訖都目等復位長官以下再拜舞蹈俛伏興再拜公吏以下三稱萬歲禮畢明日長官率僚屬音樂送至郭外

金史卷三十七

元　中書右丞相總裁脫脫等修

志第十八

禮十

冊皇后儀　冊皇太后儀　冊皇太子儀　皇太子正旦生日受賀儀　皇太子與百官相見儀

冊皇后儀天德二年十月九日冊妃徒單氏爲皇后前一日儀鸞司設座勤政殿南向設羣臣次於朝堂大樂令展宮縣於殿庭設協律郎舉麾位於樂縣西北東向閤門設百官班位於庭並如常朝之儀又設典儀位於班位之東北贊者二人在南少却俱西向設冊使副位於殿門外之東又設冊使副受命位於百官班前又設冊寶幄次二於殿後東廂俱南向其日諸衞勒所部略列黃麾細仗於庭符寶郎奉八寶置於左右吏部侍郎奉冊禮部侍郎奉寶匣皆置於床訖出就門外班大樂令協律郎樂工典儀贊者各入就位羣官等依時刻集朝堂俱就次各服朝服侍中約刻板奏請中嚴通事舍人引羣官入就庭東西相向立以北爲上又引冊使副立於東偏門西向門下侍郎引主節奉節立於殿下東廊橫街北中書令中書侍郎帥舉捧冊官奉冊床立於節南侍中門下侍郎帥舉捧寶官奉寶床立於冊床之南俱西面侍中版奏外辦殿上索扇協律郎舉麾宮縣作皇帝服通天冠絳紗袍出自東房曲直華蓋警蹕侍衞如常儀即座南向坐簾捲樂止通事舍人引冊使副入宮縣作使副就受命位侍中中書令門下侍郎中書侍郎舉捧官依舊西面立羣臣合班橫行北面如常朝之儀立定典儀曰再拜贊者承傳班首以下羣官在位者皆再拜班首問起居又再拜閤門官引攝侍中出班承制降詣使副東北西向稱有制使副稍前鞠躬再拜攝侍中宣制曰命公等持節授后冊寶宣制訖又俱再拜侍中還班門下侍郎引主節詣冊使所主節以節授門下侍郎門下侍郎執節西向授太尉太尉受付主節主節立於使副之左右門下侍郎退還班位中書侍郎引冊床門下侍郎引寶床立於冊使東北西向以次授與太尉太尉皆捧受冊床置於北寶床置於南侍中中書令禮儀使舉捧冊寶官及舁床者退於東西塼道之左右相向立門下侍郎中書侍郎退還班位典儀曰再拜贊者承傳羣官在位者皆再拜訖分班東西相向立捧舉舁冊寶床者進冊床先行讀冊官次之寶床次行讀寶官次之舉舁官各分左右通事舍人引冊使隨之以行持節者前導太尉初行宮縣樂作出殿門樂止攝侍中出班升殿奏侍中臣言禮畢殿上索扇簾降宮縣作降座入自東房樂止通事舍人引羣官在位者以次出俟太尉司徒復命禮畢還內先是有司預設太尉司徒本品革車鹵簿於門外至殿門左右排列俟使副出鼓吹振作禮儀使舉捧官執節者并擡舁人以冊寶少駐於泰和門太尉司徒及讀冊寶官暫歸幕次內侍閤門引入泰和殿俟至殿下位鼓吹止有司預供張泰和殿設皇后座於扆前殿上垂簾又設東西房於座之左右稍北又設受冊位於殿庭西階之南東向又設內命婦次於殿之左右太樂令設宮縣於庭協律郎設舉麾位於殿上又設冊寶次於門外又設行事官次於門左右又設外命婦次於門之內其日諸衞於殿門外略設黃麾細仗有司設二步障於殿之西階簾前設扇左右各十紅繖一在西階欄子外又設舉冊寶案位於使副之前北向又設宣徽使位於北廂南向司贊設內外命婦以下陪列位於殿庭磚道之左右每等重行異位北向內命婦在後又設司贊位於東階東南贊者二人在南少退俱西向質明執事官太樂令等各就位皇后常服乘龍飾肩輿至泰和殿後閤近仗導衞如常儀宣徽使奏中嚴冊使副入門宮縣作俟冊使庭中立樂止冊在北寶在南使副立於床後禮儀使帥持節者立於前舉捧冊寶官立於冊寶床左右讀冊寶官各立於其後宣徽使奏外辦內侍閤門官引后出後閤宮縣作簾捲皇后降自西階左右步障繖扇從至階下望勤政殿御閤所在立樂止冊使進立於右宣曰有制閤門使內侍贊再拜冊使宣曰制遣太尉臣某司徒臣某恭授后冊寶閤門使內侍贊再拜冊使少退中書令侍中及舉捧官率擡舁人奉冊寶以次進於前宮縣作冊寶床自東階升並置於殿之前楹間冊床在北寶床在南中留讀冊寶官立位並去帕及蓋擡舁人執之退立於西朶殿舉擡官分左右相向立讀冊寶官各立於床之東西向立既定樂止閤門使內侍贊再拜捧謝表官以表授左立內侍內侍以授后受訖以付右立內侍內侍持表立於右閤門使贊再拜訖冊使退宮縣作持表內侍以表付閤門官隨冊使行冊使副至門鼓吹振作如來儀入西偏門鼓吹止冊使副至御閤所在俛伏跪奏太尉臣某司徒臣某奉制授冊寶禮畢俛伏興退持表閤門官進表近侍接入進讀訖退初冊使退及門樂止閤門內侍引后自西階升殿宮縣作繖扇止於簾外退於左右朶殿前步障止於階下卷之后於座前南向立樂止中書令詣冊床南立北向稱中書令臣某謹讀冊讀畢降自東階立於欄外第一墀上西向次侍中詣寶床南立北向揖稱侍中臣某讀寶讀畢降階立於中書令之北西向內侍閤門引升座宮縣作坐定樂止舉捧官以次招擡舁人持帕蓋覆匣床奉置殿之左右冊床在東寶床在西置訖舉捧官以次降階立於中書令侍中之後立定合班北向閤門贊再拜拜訖降東階退出殿門其擡舁人置冊寶床於東西訖各由朶殿下階於侍中等班後直出殿門以俟復入擡舁入宮受冊表謝訖內侍跪奏禮畢閤門引內外命婦陪列者以次進就北向位班首初行宮縣作至位樂止閤門曰再拜命婦皆再拜閤門引班首自西階升樂作至階樂止進當座前北向躬致稱賀訖降自西階樂作至位樂止閤門曰再拜舍人承傳命婦等皆再拜閤門使前承令降自西階詣命婦前西北東向稱有教旨命婦等皆拜閤門使宣曰祇奉聖恩授以冊寶榮幸之至兢厲增深所賀知舍人曰再拜命婦皆再拜訖內侍引內命婦還宮班首初行樂作出門樂止內侍引外命婦出次宣徽使奏稱禮畢降座宮縣作入東房樂止歸閤宮縣作至閤樂止更常服內侍承敎旨宣外命婦入會並如常儀會畢閤門引外命婦降階橫班北向舍人曰再拜訖以次出還宮如來儀中書門下侍郎復以引進司帥擡舁人進冊寶入內付與都點檢司退別日會羣官會妃主宗室等賜酒設食簪花教坊作樂如內宴之儀十一日朝永壽永寧兩宮皇后既受冊越二日內侍設座於所御殿南向其日夙興宣徽使版奏中嚴質明諸侍衞宮人俱詣寢殿奉迎宣徽使版奏外辦后首飾褘衣御車內侍前導降自西階以出侍衞如常儀至太后之裏門外降車障扇侍衞如常儀入立於西廂東向將至宣徽使版奏請中嚴既降車宣徽使版奏外辦太后常服宣徽使引升座南向宣徽使引后進升自西階北面再拜進跪致謝詞存撫賜酒食並如家人之儀禮畢宣徽使贊再拜訖宣徽使引降自西階以出出門宣徽使奏禮畢降座入宮

奉冊皇太后儀天德二年正月詔有司擇日奉冊唐殷國妃岐國太妃仍別建宮名合行典禮禮官檢詳條具以聞其日質明有司各具繖扇侍衞如儀及兵部約量差軍兵并文武百官詣兩宮迎請引導皇太后入內並赴受冊殿入御幄侍衞如式次奉冊太尉等俱以冊置於案奉寶司徒等俱以寶置於案皆盛以匣覆以帕詣別殿門外幄次教坊提點率教坊入侍衞官各就列皇

帝常服乘輿至別殿後幄次通事舍人引宣徽使版奏中嚴復位少頃又奏外辦幄簾捲教坊樂作扇合兩宮皇太后出自後幄並即御座南向扇開樂止（分左右少退）通事舍人引文武百僚班左入依品重行西向立定通事舍人喝起居班依常朝例起居七拜訖引文武百僚班分東西相向立通事舍人太常博士贊引太常卿前導押冊官押冊而行奉冊太尉讀冊中書令舉冊官等以次從之次押寶官押寶而行奉寶司徒讀寶侍中舉寶官等以次從之俱自正門入教坊樂作至殿庭西階下少東北向於褥位少置樂止冊北寶南通事舍人太常博士贊引太常卿前導押冊官押冊升樂作奉冊太尉等從之進至兩宮太后座前褥位樂止（兩宮冊寶齊上齊讀）舉冊官次侍奉冊太尉各搢笏北向跪俛伏興退立讀冊中書令俱進向冊前跪奏稱攝中書令具官臣某謹讀冊舉冊官單跪舉中書令各搢笏讀訖執笏俛伏興搢笏捧冊興於位東迴冊函北向並進跪置於御座前褥位中書令舉冊官俱降還位奉冊太尉並降階東向以俟押寶官押寶升樂作奉寶司徒等從之進至兩宮皇太后座前褥位樂止舉寶官次侍奉寶司徒各搢笏北向跪俛伏興退立讀寶侍中俱進當寶前跪奏稱攝侍中具官臣某謹讀寶舉寶官單跪對侍中各搢笏讀訖執笏俛伏興搢笏捧寶興於位東迴寶西北向並進跪置於御座前褥位冊之南通事舍人太常博士贊引太尉司徒以次應行事官俱降自西階復本班序立宣徽使一員詣皇帝御幄前俛伏跪奏臣某謹請皇帝詣兩宮皇太后前行稱賀之禮俛伏興贊引皇帝再拜又奏請北向跪皇帝賀曰嗣皇帝臣某言（云云）俛伏興又再拜訖又奏請皇帝少立內侍承旨退西向稱兩宮太后旨（云云）皇帝再拜宣徽使前引皇帝歸幄常服乘輿還內侍衛如來儀應階下文武百僚重行立定通事舍人喝拜在位皆再拜通事舍人引太師詣西階升俛伏跪奏稱文武百僚具官臣某等稽首言皇太后殿下顯對冊儀永安帝養仰祈福壽與天同休俛伏興降自西階復位立定通事舍人贊在位官皆再拜舞蹈三稱萬歲又再拜宣徽使升自東階取旨退臨階西向稱兩宮皇太后旨通事舍人贊在位官皆再拜畢宣曰公等忠敬盡心推崇協力膺茲令典感愧良深宣訖還位通事舍人贊謝宣諭拜在位官皆再拜舞蹈三稱萬歲又再拜通事舍人分引應北向官各分班東西立宣徽使升自東階奏稱具官臣等言禮畢降還位扇合皇太后並輿教坊樂作降座還殿後幄次扇開樂止通事舍人引宣徽使奏解嚴中書侍郎等各帥捧冊床官升殿跪捧冊並置於床次門下侍郎等各帥捧寶床官升殿跪捧寶並置於床訖通事舍人引詣東上閤門投進所司文武百僚以次出皇太后常服乘輿各還本宮引導如來儀文武百僚詣東上閤門拜表賀皇帝退禮畢各赴本宮受內外命婦稱賀所司預於殿內設皇太后御座司賓引內外命婦於殿庭北向依序立尚儀奏請皇太后常服即座司贊曰再拜命婦皆再拜司賓引班首詣西階升跪賀稱妾某氏等言伏惟皇太后殿下天資聖善昭受鴻名凡在照臨不勝欣抃興降階復位司贊曰再拜內外命婦皆再拜尚宮承旨降自西階於命婦之北東向立司贊曰再拜在位者皆再拜尚宮乃宣荅曰膺茲典禮感愧良深司贊曰再拜在位者皆再拜退赴別殿賀皇帝亦如賀皇太后之儀惟不致詞不宣荅

冊皇太子儀大定八年正月冊皇太子禮官擬奏皇太子乘輿至翔龍門東宮官導從不乘馬冊皇太子前三日遣使同日奏告天地宗廟冊前一日宣徽院帥鸞儀司設御座於大安殿當中南向設皇太子次於門外之東西向又設文武百僚應行事官東宮官等次於門外之東西廊又設冊寶幄次於殿後東廂俱南向又設受冊位於殿庭橫階之南工部官與監造冊寶官公服自製造所導引冊寶床由宣華門入約宣徽院同進呈畢赴幄次安置大樂令帥其屬展樂縣於庭其日兵部帥其屬設黃麾仗於大安殿門之內外其日質明文武百僚應行事官並朝服入次東宮官各朝服自東宮乘馬導從至左翔龍門外下馬各就次通事舍人分引百官入立班東西相向次引侍中中書令門下侍郎中書侍郎及捧舁冊寶官詣殿後幄次前立少頃奉冊寶出幄次由大安殿東降至庭中褥位權置訖奉引冊寶官立於其後皇太子服遠遊冠朱明衣出次執圭三師三少已下導從立於門外侍中奏中嚴符寶郎奉八寶由東西偏門分入升置御座之左右侍中奏外辦內侍承旨索扇扇合皇帝服通天冠絳紗袍以出曲直華蓋侍衛如常儀鳴鞭宮縣樂作皇帝出自東序即御座爐煙升扇開簾捲樂止典贊儀引皇太子入門宮縣樂作至位樂止師少已下從入立於皇太子位東南西向典儀贊皇太子再拜搢圭舞蹈又再拜奏聖躬萬福又再拜引近東西向立師少以下并奉引冊寶官等各赴百官東班樂作至位樂止通事舍人引百官俱橫班北向典儀贊拜在位官皆再拜搢笏舞蹈又再拜起居又再拜畢百官各還東西班師少以下并行事官各還立位典贊儀引皇太子復受冊位樂作至位樂止侍中承旨稱有制皇太子以下應在位官皆再拜躬身侍中宣制曰冊某王為皇太子又再拜通事舍人太常博士引中書令詣讀冊位中書侍郎引冊匣置於前捧冊官西向跪捧皇太子跪讀畢俛伏興皇太子再拜中書令詣捧冊位奉冊授皇太子搢圭跪受冊以授右庶子右庶子跪受皇太子俛伏興右庶子以冊與置於床中書令以下退復本班次通事舍人太常博士引侍中詣奉寶位門下侍郎引寶盝立於其右侍中奉寶授皇太子搢圭跪受以授左庶子左庶子跪受皇太子俛伏興左庶子以寶興置於床侍中以下退復本班典儀贊再拜畢引皇太子退初行樂作左右庶子帥其屬舁冊寶床臣以出出門樂止侍中奏禮畢內侍承旨索扇扇合簾降鳴鞭樂作皇帝降座入自西序還後閤侍衛如來儀扇開樂止侍中奏解嚴所司承旨放仗衛以次出皇太子入次改服公服還東宮導從如來儀冊後二日兵部設黃麾仗於仁政殿門之內外陳設並如大安殿之儀百官服朝服皇太子公服至次改服遠遊冠朱明衣通事舍人引百官入至階下立班東西相向典儀引皇太子執圭出次立於門外侍中奏中嚴少頃又奏外辦皇帝出自東序即座簾捲通事舍人引百官俱橫班北向典儀贊拜在位官皆再拜搢笏舞蹈又再拜起居又再拜訖分班皇太子捧表入至拜表位立俟閤門使將至單跪捧表閤門使接表皇太子俛伏興典儀贊再拜搢圭舞蹈又再拜俟讀表畢侍中承旨退稱有制典儀贊再拜興躬身侍中宣訖典儀贊再拜搢圭舞蹈又再拜引皇太子退侍中奏禮畢扇合鳴鞭入西序還後閤侍衛如來儀侍中奏解嚴放仗百官以次出後二日百官奉表稱賀如常儀

正旦生日皇太子受賀儀大定二年世宗命有司議親王百官及妃主命婦見皇太子禮有司按唐宋舊儀擬親王宗室賀皇太子依冊畢受賀禮然唐禮元正復有降階見伯叔答羣官再拜之文又無妃主命婦見太子之禮稽古令文應致恭之官相見或貴賤殊隔或長幼親戚任從私禮自今若在東宮候皇太子便服則當從私禮接見若三師以下遇皇太子誕日在御前則候皇太子先進酒畢百官望皇太子再拜班首跪進酒又再拜若賜酒即當殿跪飲畢又再拜以為定制命班行之十二月晦皇太子奏狀曰按禮文親王并一品宗室皆北面拜伏臣但答揖而已雖曰尊宗子而在長幼惇敘之間誠所未安當時遽蒙頒降未獲謙讓明日元正有司將舉此禮伏望聖慈許臣答拜庶敦親親友愛之義上從其請命尚書省頒下所司若皇太子生日則公服左上露臺欄子外先再拜二閤使齊揖入欄子內拜跪祝畢就拜興復位再拜又再拜棲臺進酒退跪候飲畢接盞復位轉臺與執事者再拜宣徽使以酒進皇帝親賜酒接盞稍退跪飲畢宣徽使接盞復位再拜復揖入欄子內跪搢笏受賜物畢出笏興復位再拜退更衣入殿稍東西向立皇妃等進勸生日酒皇太子跪皇妃等亦跪飲畢各再拜羣官致賀則其日質明皆公服集於門外少詹事奏請內嚴又奏外備典儀引升座文武宮臣入就庭下重行北向立典儀曰再拜在位官皆再拜班首稍前跪奏元正首祚生日則云慶誕令辰伏惟皇太子殿下福壽千秋賀畢復位典儀曰再拜宮臣皆再拜坐受分東西序立次引東宮三師於殿上三少於殿柱外北向東上立皇太子詣南向褥位典儀曰再拜師少皆再拜班首同前稱賀復位執事者酌酒一卮班首奏進樂作飲訖樂止回勸師少畢各復位典儀贊師少再拜皇太子答拜師少出皇太子就坐次引親王入欄子內一品宗室於欄子外餘宗室序班庭下拜致賀進酒如上儀皇太子答拜畢就坐復引隨朝三師三公宰執於殿上三品以上職事官於露階上四品以下於庭下北向每等重行以東為上立皇太子詣褥位典儀曰再拜上下皆再拜畢班首少前致賀復位執事者酌酒一卮班首奉進樂作飲畢樂止如有進獻如常儀回勸三師三公餘殿上羣官則令執事者以盤行酒飲畢典儀曰再拜上下皆再拜乃答拜引羣官以次出少詹事跪奏禮畢自是歲賀為定制

皇太子與百官相見儀三師三公欄子內北向躬揖班首稍前問候皇太子離位稍前正南立答揖宰執及一品職事官扣欄子北向躬揖答揖如前二品職事官欄子外向南躬揖皇太子起揖三品職事官露階稍南躬揖皇太子坐揖四品以下職事官庭下躬揖跪問候皇太子坐受太子太師太傅太保與隨朝三師同東宮三少與隨朝二品同詹事以下並在庭下面北每品重行以東為上再拜稍前問候又再拜皇太子坐受大定二年所定也七年定制皇太子赴朝許與親王宰執相見餘官宗室並迴避後亦許與樞密使副御史大夫判宗

正東宮三師相見九年定制凡皇太子出於都門三里外設褥位三公宰執以下公服重行立皇太子便服三公宰執以下鞠躬班首致辭云青宮萬福再拜皇太子答拜退迎送皆同

金史卷三十八

元中書右丞相總裁脫脫等修

志第十九

禮十一 外國使入見儀 曲宴儀 朝辭儀 新定夏使儀

外國使入見儀皇帝即御座鳴鞭報時畢殿前班小起居畢至侍立位引臣僚左右入丹墀小起居引宰執上殿其餘臣僚分班出閤門使奏使者入見膀子先引宋使副出笏捧書左入至丹墀北向立閤使左下接書捧書者單跪授書拜起立閤使左上露階右入欄內奏封全轉讀畢引使副左上露階齊揖入欄內揖使副鞠躬使少前拜跪附奏畢拜起復位立待宣問宋皇帝時並鞠躬受勑旨再揖鞠躬使少前拜跪奏畢起復位齊退却引使副左下至丹墀北嚮立禮物右入左出畫揖使副傍折通班再引至丹墀舞蹈五拜不出班奏聖躬萬福再拜揖使副鞠躬使出班謝面天顏復位舞蹈五拜再揖使副鞠躬使出班謝遠差接伴兼賜湯藥諸物等復位舞蹈五拜各祗候引右出賜衣次引宋人從入通名已下再拜不出班又再拜各祗候亦引右出次引高麗使左入至丹墀北嚮略立引使左上露階立定揖橫使鞠躬正使少前拜跪附奏畢拜起復位立閤使宣問高麗王時並鞠躬受勑旨畢再揖橫使鞠躬正使少前拜跪奏畢拜起復位齊退却引左下至丹墀面殿立定禮物右入左出畫揖使傍折通班畢引至丹墀通一十七拜各祗候平立引左階立次引夏使見如上儀引右階立次再引宋使副左入至丹墀謝恩舞蹈五拜各祗候平立次引高麗夏使並至丹墀三使並鞠躬有勑賜酒食舞蹈五拜各祗候引右出次引宰執下殿禮畢

曲宴儀皇帝即御座鳴鞭報時畢殿前班小起居到侍立位引臣僚並使客左入傍折通班至丹墀舞蹈五拜不出班奏聖躬萬福又再拜出班謝宴舞蹈五拜各上殿祗候分引預宴官上殿其餘臣僚右出次引宋使從人入至丹墀再拜不出班奏聖躬萬福又再拜有勑賜酒食又再拜引左廊立次引高麗夏從人入分引左右廊立果床入進酒皇帝舉酒時上下侍立官並再拜接盞畢候進酒官到位當坐者再拜坐即行臣使酒傳宣立飲畢再拜坐次從人再拜坐至四盞餠茶入致語聞鼓笛時揖臣使并人從立口號絕坐宴并侍立官並再拜坐次從人再拜坐食入五盞歇宴教坊謝恩畢揖臣使起果床出皇帝起入閤臣使下殿歸幕次賜花人從隨出戴花畢先引人從入左右廊立次引臣使入左右上殿位立皇帝出閤坐果床入坐立並再拜坐次從人再拜坐九盞將曲終揖從人至位再拜引出閤曲時揖臣使起再拜下殿果床出至丹墀謝宴舞蹈五拜分引出

朝辭儀皇帝即御座鳴鞭報時畢殿前班小起居至侍立位引臣僚合班入至丹墀小起居引宰執上殿其餘臣僚分班出閤使奏辭榜子先引夏使左入傍折通班畢至丹墀再拜不出班奏聖躬萬福又再拜揖使副鞠躬使出班戀闕致詞復位又再拜唱各好去引右出次引高麗使如上儀亦引右出次引宋使副左入傍折通班畢至丹墀依上通六拜各祗候平立閤使賜衣馬鞠躬閤勑再拜賜衣馬畢平身搢笏單跪受別錄物過盡出笏拜起謝恩舞蹈五拜有勑賜酒食舞蹈五拜引使副左上露階齊揖入欄內揖鞠躬大使少前拜跪受書起復位揖使副齊鞠躬受傳達畢齊退引左下至丹墀鞠躬喝各好去引右出次引宰執下殿禮畢熙宗時夏使入見改爲大起居定制以宋使列於三品班高麗夏列於五品班皇統二年六月定臣使辭見臣僚服色拜數止從常朝起居三國使班品如舊侯殿前班及臣僚小起居引宰執升殿餘臣分班畢乃令行人見及朝辭之禮凡入見則宋使先禮畢夏使入禮畢而高麗使入其朝辭則夏使先禮畢而高麗使入禮畢而宋使入夏高麗朝辭之賜則遣使就賜於會同館惟宋使之賜則庭授舊高麗使至闕皆有私進禮大定五年上以宋夏使皆無此禮而小國獨有之不可遂命罷之六年詔外國使初見朝辭則於左掖門出入朝賀賜宴則由應天門東偏門出入大定二十九年三月章宗以在諒闇免宋使朝辭太常寺言若不面授書及傳達語言恐後別有違失遂令宋使先辭靈幄然後詣仁政殿朝辭授書時右丞相襄言伏見熙宗聖誕七月七日以景宗忌辰避之更爲翌日復用正月十七日受外國賀今聖誕節若依期令外方人使過界恐爲雨潦所滯設能到闕或值陰雨亦難行禮乞以正月十一日或三月十五日爲聖節定宋人過界之期平章政事張汝霖參知政事劉瑋等言帝王當示信以雨潦路阻輒改之或恐失信且宋帝生日亦五月也是時都在會寧上國遣使賜生日萬里渡越江河尚不避霖潦如期而至今久與宋好不可以小阻示以不實彼若過界多作程頓亦不至留滯縱使雨水愆期而入見猶勝更用他日也御史大夫唐括貢中丞李宴刑部尚書兼右諫議大夫完顏居貞等亦皆言不可上初從之既而竟用襄儀令有司移報使明知聖誕之實特改其日以示優待行人之意承安三年正月上諭旨有司曰比聞宋國花宴殿上不設餚饌至其歇時乃備於廊下令花宴上賜食甚爲拘束若依彼例可乎且向者人使見辭殿上亦嘗有酒禮今已移在館宴矣有司奏曰曲宴之禮舊矣彼方酒一行食一上必相須成禮而國朝之例酒既罷而食始進至於花宴日宋使至客省幕次有酒禮而我使至其幕則有食而無酒各因其舊不必相同古者宴禮設食以示慈惠今遽更之恐遠人有疑失朝廷寵待臣子之意乃命止如舊正大元年十月夏國遣使修好二年九月夏國和議定以兄事金各用本國年號定擬使者見辭儀注云蓋夏人自天會議和臣屬於金八十餘年無兵革事及貞祐之初小有侵掠以至搆難十年兩國俱敝至是始以兄弟之國成和十月遣禮部尚書奧敦良弼大理卿裴滿欽甫侍御史烏古孫弘毅爲報成使三年十月夏人告哀遣中大夫完顏履信爲弔祭使夏人以兵事方殷各停使聘四年遣王立之來聘未復命而夏亡

新定夏使儀注夏國使副及參議各一謂之使都管三上節中節各五下節二十四謂之三節人從報至行省差接伴使與書表人迓於境入界則先具驛程腰宿之次始至京兆行省翌日賜宴至河南行省亦然謂之來宴將至京遣內侍一人以油絹複韜三銀盒貯湯藥二十六品逆於近境尉氏縣賜之至恩華館舊名燕賓館承安三年更名更衣由宜照門入預差館伴使副使二員書表四人牽攏官三十人以俟來使三節人從至會同館謂之聚廳先以館伴使名銜付之而使者亦以其銜呈然後使副都管上中節人從以次見館伴使接伴使初相見之儀亦然次以館伴所書表見又使館伴所牽攏官與下節人互相參見畢乃請館伴接伴人使副各公服齊出幕次對行上廳欄子外館伴在北對立先接伴揖次來使副與館伴互展狀揖各傳示再揖各就位請收笏坐先湯次酒三盞置果殽茶罷執笏近前齊起欄子外館伴在南對立先館伴揖次展接伴辭狀相別揖各傳示再揖通揖分位是日皇帝遣使撫問天使至館轉銜如館伴初見之儀館伴與天使來使副各公服齊行至位對立請來使副升拜褥望闕立次請天使升拜褥稍前立來使副鞠躬天使言有勑乃再拜鞠躬天使口宣辭畢復位來使再拜舞蹈三拜復位立來使與天使各展狀相見揖次館伴揖來使令人傳示請館伴天使與來使對行上廳各赴椅子立通揖請收笏坐湯酒殽茶並如前畢執笏近前齊請起至拜褥依前對立請來使副升褥位進表謝撫問再拜副使平立使跪奉表天使近前搢笏受之出笏復位來使就拜退復對立來使令人傳示館伴依例書送天使土物畢展天使辭狀相別揖次館伴揖各請分位是後每旦暮傳示并牽攏官聲喏如儀到館之明日遣使賜酒果天使初至轉銜後望拜傳宣皆如撫問之儀使副單跪以酒果過其側拜舞蹈如儀上廳湯酒茶畢詣拜褥位跪進謝賜酒果表贈天使土物皆如撫問使禮押酒果軍亦有土物之贈乃命閤門副使至館習儀初轉銜前後皆如館伴相見之儀湯茶罷館伴閤副傳示使副來日入見例當習儀來使副回傳示習儀畢第二盞後當面勸習儀承受人酒一盞先揖飲酒再拜退三盞果茶罷執笏近前齊起欄子外南爲上對立以來日入見故但揖而不展辭狀分位乃以入見膀子付閤門持去以付禮進司來使副以書送土物於引進使及交進物軍員人等閤門副及習儀承受人各贈土物第三日入見其日質明都管三節人從皆褁帶館伴與來使副各公服齊請赴馬臺館伴牽攏官喝排馬來使牽攏官喝牽馬各上馬張蓋都管馬上奉書在使前至中門外以外爲上對立先來使牽攏官兩聲喏次館伴牽攏官亦然齊揖各傳示再揖請行至左掖門外五百步館伴與使副乃左右易位而行揖畢去門百步去傘下馬出笏對行凡後入稱賀曲宴皆同是儀來使人從持物者不得入門牽攏官權收之客省令二人傳示館伴與來使各令人回傳示至客省幕前館伴所書表在上立齊揖乃入幕先館伴所書表傳示次來使書表傳示依前欄子外立先揖當面勸酒一盞再揖退引館伴來使入客省幕內爲上對立揖畢請分位立先館伴揖次展客省起居狀揖各傳示再揖通

揖請赴位立再揖請收笏坐先湯次酒三盞各有果殽第二盞酒畢客省乃傳示來使請都管上中節勸酒回傳示畢引都管上中節於幕次前堦下排立先揖飲酒再揖引退第三盞酒畢茶罷執笏近前齊起幕次前立通揖畢各歸本幕次俟殿上小起居畢宰執升殿餘臣分班退閤使奏來使見牓子乃先請館伴入班俟閤門招引乃請客省與來使副對立於幕前外爲上使者奉書揖畢對行至三門外與引揖閤副揖使奉書副出笏後隨左上露臺殿簷柱外奉書單跪舊儀於丹墀內奉書閤使接書使副就拜立閤使右入欄子內奏封全轉讀畢故事皆不讀引使副入殿欄子內揖使副鞠躬再拜引少前跪奏弟大夏皇帝致問兄大金皇帝聖躬萬福再拜與復位皇帝乃宣問夏皇帝使副鞠躬受旨畢引使少前跪奏弟大夏皇帝聖躬萬福拜復位立齊退左下階至丹墀北向立以禮物右入左出盡揖使副傍折通班再引至丹墀舞蹈五拜不出班代奏聖躬萬福畢再拜引使副前雙跪皇帝遣入勞問復位謝恩舞蹈五拜再揖使副出班謝面天顏復位舞蹈五拜再揖閤副鞠躬引使出班謝遠差接伴兼賜湯藥諸物復位舞蹈五拜喝各祗候引右出至三門階下與閤副揖別與客省同行至幕次前對揖各歸幕次引都管上中節左入丹墀立下節於門外階下立齊鞠躬通名先再拜不出班奏聖躬萬福再拜下節鞠躬聲喏初一拜呼萬歲次一拜呼萬歲臨起呼萬萬歲喝各祗候平立引右出乃賜使者衣拜舞皆如賜酒果之儀畢使者與天使對立次請都管三節人從望闕立天使稍前立都管人從鞠躬天使傳敕拜謝如使儀就拜畢謝恩再拜下節鞠躬聲喏如入見儀乃再引入賜以酒食閤門招客省皆如入見儀至丹墀謝賜衣物再拜舞蹈三拜鞠躬贊有敕賜酒食舞蹈五拜喝各祗候引右出如前儀歸幕乃請出館伴與使副幕前對立揖各傳示再揖請行至元下馬所復左右易位而行揖畢各收笏上馬至館又左右易位入門內爲上對立先來使牽攏官次館伴牽攏官各聲喏再拜揖畢請分位乃以押伴使賜宴於管押伴至館轉名銜回畢與館伴來使公服齊詣褥位對立押伴稍前立先請押伴館伴上褥位望闕拜謝坐再拜舞蹈三拜起先請押伴上副階上立乃引使副上褥位望闕亦謝坐儀同上乃與館伴對行上廳押伴在副階上與使副展叅狀來使副先令人報上閤押伴回傳示再揖請押伴先入於卓前椅位立館伴與使副對揖各就位立通揖請端笏坐湯入乃於拜席上排立都管人從湯盞出揖起押伴等離位立都管人從鞠躬拜下節人聲喏如入見儀呼萬歲畢喝押伴及使副皆就坐引三都管上中節分左右上廳南入北爲上下節在西廊下立候押伴等初盞畢樂聲盡坐至三盞下食畢四盞下酒畢押伴傳示來使面勸都管上中節酒一盞來使答上聞以都管上中節於副階下排立先揖飲傳台旨勸再揖退至五盞下酒畢茶入都管人從於拜席上排立待茶罷揖押伴等起離位立都管人從鞠躬喝謝恩拜下節聲喏如上儀就位立請押伴等齊下廳赴拜褥對立先請使副就褥位謝恩再拜舞蹈三拜復位乃請押伴館伴就褥位謝如上儀復位第四日命押宴官賜宴官就館宴先賜宴天使轉銜如前儀各公服請館伴天使與來使就褥位對立先請使副就褥位望闕立次請賜宴天使就褥位稍前使副鞠躬天使傳宣使副拜謝皆如前儀使副與天使互展狀起居揖次館伴揖使副令人傳示館伴依例請賜宴天使茶酒館伴暫歸幕來使副與天使主賓對行上廳於西間內各詣椅位揖收笏坐先湯次酒三盞果殽茶罷執笏近前請起賜宴天使暗退請押宴使至褥位立次請館伴齊就褥位望闕再拜平身搢笏鞠躬三舞蹈跪左膝三叩頭出笏就拜興再拜復位對立請押宴上廳次請來使副詣褥位謝坐再拜舞蹈三拜請分階升廳欄子外內爲上對立先館伴揖次互展押宴起居狀相見揖各傳示再揖通揖請就位詣椅位立通揖請端笏坐以御宴不敢用踏床湯入都管三節人從於拜席上排立湯盞出押宴離位立揖都管人從鞠躬下節人從聲喏呼萬歲如入見儀喝各就坐請押宴等坐引都管上中節分左右上廳北入南爲上立下節於西廊下南入北爲上立候押宴等初盞畢樂聲盡坐至五盞後食六盞七盞雜劇八盞下酒畢押宴傳示使副依例請都管上中節當面勸酒使者答上聞復引都管上中節於欄子外階下排立先揖飲酒再揖退至九盞下酒畢教坊退乃請賜宴天使於幕次前候茶入乃於拜席排立都管三節人從茶盞出揖起押宴官等離位立揖都管人從鞠躬喝謝恩拜下節聲喏呼萬歲如入見儀齊鞠躬喝各祗候請押宴等官齊出分階下廳與天使對行至拜褥前立請使副就位望闕謝恩再拜舞蹈三拜畢依位立請押宴館伴齊詣褥位謝恩來使乃進謝御宴表先再拜平身立使跪奉表天使近前搢笏受表出笏復位使就拜退復位立使副上聞依例書送天使土物領畢天使卽以物報之然後展天使辭狀再揖次館伴揖通揖請分位是日來使於宴下監酒等官及教坊人等皆有所贈第五日稱賀比至客省幕次對立皆如入見儀至收笏坐先湯次酒三盞畢客省傳示來使辭曰請都管上中節當面勸酒回傳示畢引都管上中節於幕次前階下排立先揖飲酒再揖引退至三盞酒畢茶罷出笏近前齊請出幕次前外爲上對立通揖分位各歸幕次候閤門招引時請客省與使副幕次前外爲上對立揖對行至門外階下與引揖閤副揖引使副左入與臣僚合班至丹墀北嚮立定同臣僚先再拜平身搢笏鞠躬三舞蹈跪左膝三叩頭出笏就拜興再拜平立俟進酒致辭畢再拜宣徽使稱有制又再拜宣答畢先再拜舞蹈平立分班俟皇帝舉酒時再拜合班又再拜上殿夏使副在御座右第二行北端立次引都管上中節左入至丹墀立下節門外階下排立齊鞠躬通名畢先再拜鞠躬不出班奏聖躬萬福喝拜又再拜下節聲喏呼萬歲如前儀喝各祗候畢平立再鞠躬喝賜酒食聲喏再拜呼萬歲如前儀引左廊立待床入進酒皇帝飲酒時上下侍立皆再拜俟進酒官至位合坐官再拜皆坐卽行臣使酒普傳宣立飲再拜復坐次人從鞠躬聲喏再拜呼萬歲之儀如前皆坐至第三盞傳宣立飲畢再拜復坐次人從如前畢坐俟致語聞鼓笛時揖臣使皆立俟口號絕臣使再拜坐次人從如前儀復坐次至五盞將曲終人從立再如前儀畢先引出臣使起再拜退至丹墀合班謝宴再拜舞蹈三拜喝各祗候引出至三門階下與閤門副使相揖別與客省同行至幕次前對立先揖各傳示再揖請分位就幕次少頃請館伴與使副出幕次外爲上對立先揖各傳示再揖引行至元下馬處請左右易位對立揖收笏上馬至館聲喏相揖分位與初入見還禮同第六日賜分食幷賜酒果禮天使至館與第二日賜酒果禮同是日支押分食酒果軍士物幷在館隨局分官員承應人例物凡裏外門將軍監厨直長館都監監酒食官承應班祗候衆厨子館子巡護軍館伴所牽攏官皆溥及之第七日曲宴禮如前儀第八日奉辭之儀至小起居畢閤使先奏來使辭牓子引使者左入傍折通班至丹墀再拜不出班奏聖躬萬福又再拜揖副鞠躬使出班戀闕致詞復位再拜喝各好去引右出次引宰執下殿禮畢第九日聚廳送至恩華館更衣而行凡使將至界報至則差接伴使至則差館伴使去則差送伴使皆有副皆差書表以從凡行省來宴回宴之押宴官皆從行省定差就借以文武高爵長官之職以爲轉銜之光來回之賜宴天使皆以閤門祗候往詔書口宣皆稟命於都省以翰林院定撰焉夏使至或許貿易於市二日使至所差者館伴使副各一監察奉職省令史各一書表四總領提控官酒食官監厨稱肉官各一牽攏官三十尚食局直長知書都管接手湯藥直長長行各一厨子五奉飲直長一長行二奉珍二儀鸞直長一長行十把內外門官二館外巡防軍三十把館甲軍六十二雜役軍六十過位不通漢語軍十凡雜役皆衣皂過食司吏八十街市厨子四十方脈雜科醫各一醫獸一鞍馬二十四疋後止備八疋押馬官一員又差說儀承受禮直官一員凡在館鋪陳繖絡器皿什物戶部差官與東上直閤同點檢所經橋道皆先期命工部修治之凡賜衣使副各三對人從衣各二對使副幣帛百四十段舊又賜貂裘二無則使者代以銀三錠副代以帛六十疋後削之惟生饌則代以綾羅三十九疋帛六十二疋布四疋金帶三金鍍銀束帶三金塗銀鬧裝鞍轡三金塗銀渾裹書匣間金塗銀裝釘黑油詔匣及包書詔匣複各一朝辭賜人從銀二百三十五兩絹二百三十五疋賜宋高麗使之物其數則無所考

金史卷三十九

元中書右丞相總裁脫脫等修

志第二十

樂上 雅樂 散樂 鼓吹樂 本朝樂曲 郊祀樂歌

傳曰王者功成作樂治定制禮豈二帝三王之彌文哉蓋有天下者將一軌度正民俗合人神和上下舍禮樂何以焉金初得宋始有金石之樂然而未盡其美也及乎大定明昌之際日修月葺粲然大備其隸太常者卽郊廟祀享大宴大朝會宮縣二舞是也隸教坊者則有鐃歌鼓吹天子行幸鹵簿導引之樂也有散樂有渤海

樂有本國舊音世宗嘗寫其意度爲雅曲史錄其一其俚者弗載云

雅樂凡大祀中祀天子受冊寶御樓肆赦受外國使賀則用之初太宗取汴得宋之儀章鐘磬樂簴挈之以歸皇統元年熙宗加尊號始就用宋樂有司以鐘磬刻晟字者犯太宗諱皆以黃紙封之大定十四年太常始議歷代之樂各自爲名今郊廟社稷所用宋樂器犯廟諱宜皆刮去更爲製名於是命禮部學士院太常寺撰名乃取大樂與天地同和之義名之曰大和文武二舞皇統年間定文舞曰仁豐道洽之舞武舞曰功成治定之舞貞元儀又改文舞曰保大定功之舞武舞曰萬國來同之舞大定十一年又有四海會同之舞於是一代之制始備明昌五年詔用唐宋故事置所講議禮樂有司謂雅樂自周漢以來止存大法魏晉而後更造律度訖無定論至後周保定中得古玉斗於地中以造尺律其後牛弘以爲不可止用蘇綽鐵尺至隋亦用之唐興因隋樂不改及黃巢之亂樂縣散失太常博士殷盈孫以周法鑄鎛鐘編鐘處士蕭承訓等校石磬合而奏之至周顯德以黍定律議者謂比唐樂高五律宋初亦用王朴所制樂時和峴以周顯德律音近哀思乃依西京銅望臬石尺重造十二管取聲下王朴一律景祐初李照取黍累尺成律以其聲猶高更用太府布帛尺遂下太常樂三律皇祐中阮逸胡瑗改造上下一律或謂其聲弇鬱不和依舊用王朴樂元豐間楊傑參用李照鐘磬加四清聲下王朴樂二律以爲新樂元祐間范鎭又造新律下李照樂一律而未用至崇寧間魏漢津以范鎭知舊樂之高無法以下之乃以時君指節爲尺其所造鐘磬卽今所用樂是也然以王朴所制聲高屢命改作李照以太府尺制律人習舊聽疑於太重其後范鎭等論樂復用李照所用太府尺卽周隋所用鐵尺牛弘等以爲近古合宜者也今取見有樂以唐初開元錢校其分寸亦同則漢律所用指尺殆與周隋唐所用之尺同矣漢津用李照范鎭之說而恥同之故用時君指節爲尺使衆人不敢輕議其尺雖爲詭說其制乃與古同而清濁高下皆適中非出於法數之外私意妄爲者也蓋今之鐘磬雖崇寧之所製亦周隋唐之樂也閱今所用樂律聲調和平無太高太下之失可以久用唯辰鐘辰磬自昔數缺宜補鑄辰鐘十五辰磬二十一通舊各爲二十四簴上曰嘗觀宋人論樂以爲律主於人聲不當泥於其器要之在聲和而已於是命禮部符下南京取宋舊工更鑄辰鐘十有二又以舊鐘姑洗夷則皆高五律無射高二律別鑄以補之乃協又琢辰磬各十有二以其半少劣擇其諧者而用之初正隆間海陵營太廟于汴貞祐南遷宣宗修之以祔諸帝神主其地故宋景靈宮之趾也掘其下得編鐘十三編磬八皆刻大晟字時朝廷多故禮器散亡竟亦不能備也大定十一年太常議按唐會要舊制南北郊宮縣用二十架周漢魏晉宋齊六朝及唐開元宋開寶禮其數皆同宋會要用三十六架五禮新儀用四十八架其數多似乎太侈今擬太常因革禮天子宮縣之樂三十六簴宗廟與殿庭同郊丘則二十簴宜用宮縣二十架登歌編鐘編磬各一簴又按周禮太司樂凡樂圜鐘爲宮黃鐘爲角太簇爲徵姑洗爲羽靁鼓靁鼗孤竹之管雲和之琴瑟雲門之舞冬至日至地上之圜丘奏之若樂六變則天神皆降可得而禮矣六變謂六成也唐宋因之蓋圜鐘夾鐘也用爲宮者以上應房心有天帝明堂之象也宮聲三奏角徵羽各一奏合陽之奇數欲神聽之也凡樂起於陽至少陰而止圜鐘自卯至申其數有六故六變而樂止則天神皆降可得而禮也樂曲之名唐以和宋以安本朝定樂曲以寧爲名今止有太廟祫享樂曲而郊祀樂曲未備皇統九年拜天用乾寧之曲今圜丘降神固可就用今太廟祫享皇帝升降行止奏昌寧之曲迎俎奏豐寧之曲酌獻舞出入奏肅寧之曲飲福奏福寧之曲宋開寶禮亦可就用餘有郊祀曲名皇帝入中壝奠玉幣迎俎酌獻舞出入樂曲宜皆以寧字製名遂命學士院撰焉皇帝入中壝奏昌寧之曲降神送神奏乾寧之曲昊天上帝奏洪寧之曲皇地祇奏坤寧之曲配位奏永寧之曲飲福奏福寧之曲升降望燎出入大小次並與入中壝同餘載儀注及樂章又命太常議文武二舞所當先後太常議按唐宋郊廟之禮並先文後武本朝自行禘祫之禮亦然惟唐韋萬石建議謂先儒相傳以揖讓得天下則先奏文以征伐得天下則先奏武當時雖從尋復改之其以開元禮先文後武爲定方丘如圜丘之儀社稷則用登歌

宗廟皇帝入門宮縣以無射宮升殿登歌以夾鐘皆奏昌寧之曲迎神送神奏來寧之曲九成天德二年晨祼畢還小次方奏迎神曲大定十一年朝享奏依開元開寶禮至版位卽奏黃鐘宮三大呂角二太簇徵二應鐘羽二曲詞皆同進俎奏豐寧之曲酌獻宮縣奏無射大元之曲諸室之曲德帝曰大熙安帝曰大安獻帝曰大昭昭祖曰大成景祖曰大昌世祖曰大武肅宗曰大明穆宗曰大章康宗曰大康太祖曰大定太宗曰大惠熙宗曰大同睿宗曰大和昭德皇后廟曰儀坤世宗曰大鈞顯宗曰大寧章宗曰大隆宣宗曰大慶皇帝還版位及亞終獻皆奏無射宮肅寧之曲飲福登歌奏夾鐘宮福寧之曲徹豆奏豐寧之曲皆用無射宮大定十二年制祫禘時享有司攝事初獻盥洗奏無射宮肅寧之曲升階登歌奏夾鐘宮嘉寧之曲餘並與親享同其別廟聖德皇后宣孝太子所用並載儀注樂章舊制太廟皇考廟樂工各三十九人大定二十九年升祔顯宗有司以爲宋之太廟別廟堂上樂各四十八人今之樂工少十八人擬令皇考廟舊樂工皆充兩廟堂上樂以應前代九十六人之數尚書省議古樂工無定數遂奏太廟別廟通以百人爲定明昌六年𠜂設宮縣樂工一百五十六人承安三年勅祭廟用教坊奏古樂非禮也其自今名百姓材美者給以食直教閱以待用泰和元年命宮縣樂工月給錢粟二貫石遇正樂工闕驗色收補四年尚書省奏宮縣樂工總用二百五十六人而舊所設止百人時或用之卽以貼部教坊閱習自明昌間以渤海教坊兼習而又創設九十二人且宮縣之樂須行大禮乃始用之若其數復闕但前期遣漢人教坊及大興府樂人習之亦可備用遂詔罷創設者宣宗南遷祔諸帝主於汴京太廟禮官言祔享禮畢車駕還宮至承天門外百官奉迎宮縣奏采茨以樂簴未備遂止用教坊樂哀宗遷蔡天興二年七月丁巳太祖太宗及后妃御容至自汴京奉安於乾元寺左宣徽使温敦七十五奏當用樂上曰樂須太常奈何七十五曰市有優樂可假用之權左右司員外郎王鶚奏曰世俗之樂豈可施于帝王之前遂止

樂舞名數太廟登歌鐘一簴磬一簴歌工四籥二塤二篪二笛二巢笙二和笙二簫二七星匏一九曜匏一閏餘匏一搏拊二柷一敔一麾一一弦琴三弦琴五弦琴七弦琴九弦琴各二瑟四別廟登歌並同親祠則用金鐘玉磬攝祭則用編鐘編磬宮縣樂三十六簴編鐘十二簴編磬十二簴大鐘鎛鐘特磬各四簴建鼓應鼓鞞鼓各四路鼓二路鼗二晉鼓一巢笙竽笙各十簫十籥十篪十笛十塤八一絃琴三三絃五絃七絃九絃琴各六瑟十二柷一敔一麾一文舞所執籥翟各六十四武舞所執朱干玉戚各六十四引舞所執旌二纛二牙杖二單鼗二單鐸二雙鐸二金鐃二金錞二金鉦二相鼓二雅鼓二有司攝祭宮縣二十簴編鐘四編磬四辰鐘十二建鼓四路鼓四路鼗二晉鼓一巢笙竽笙簫塤篪笛各八一絃琴三三絃五絃七絃九絃琴各六瑟八柷敔各一麾一登歌及二舞引舞所執與親祠同

皇帝受冊寶前期大樂令與協律郎設樂縣於殿廷又設舉麾位二一於殿西階一於樂縣西北又設登歌樂架於殿上至日侍中奏外辦宮縣樂作皇帝乃出卽坐樂止奉寶入門樂作置褥位上樂止初引時宮縣樂作至位立定樂止寶初行樂作至御前置訖樂止皇帝受寶訖樂作侍中奏稱賀樂止皇太后升殿登歌樂作復位樂止侍中奏禮畢宮縣樂作皇帝還幕次樂止

御樓宣赦前期大樂署設宮縣於樓下又設鼓一於宮縣之左至日金鷄初立大樂署擊鼓立訖鼓止侍中奏外辦大樂令撞黃鐘之鐘右五鐘皆應昌寧之樂作皇帝乃出宣讀訖百官舞蹈禮畢大樂令撞蕤賓之鐘左五鐘皆應昌寧之樂作皇帝降座樂止凡皇帝出入升降及分班合班皆樂作坐立定乃止其冊命中宮皇太子太孫受外國使賀宴外國使皆用宮縣

散樂元日聖誕稱賀曲宴外國使則教坊奏之其樂器名曲不傳皇統二年宰臣奏自古並無伶人赴朝叅之例所有教坊人員只宜聽候宣喚不合同百寮赴起居從之章宗明昌二年十一月甲寅禁伶人不得以歷代帝王爲戲及稱萬歲者以不應爲事重法科泰和初有司又奏太常工人數少卽以渤海漢人教坊及大興府樂人兼習以備用

鼓吹樂馬上樂也天子鼓吹橫吹各有前後部部又各分二節金初用遼故物其後雜用宋儀海陵還燕及大定十一年鹵簿皆分鼓吹爲四節其他行幸惟用兩部而已

前部第一

鼓吹令二人

棡鼓十二　金鉦十二

大鼓百二十　長鳴百二十

鐃鼓一十二　歌二十四

拱辰管二十四　簫二十四

笳二十四　大橫吹一百二十

前部第二

節鼓二　笛二十四

簫二十四　篳篥二十四

笳二十四　桃皮篳篥二十四

掆鼓十二　金鉦十二
小鼓百二十　中鳴百二十
羽葆鼓十二　歌二十四
拱辰管二十四　簫二十四
後部第一
鼓吹丞二人
掆鼓三　金鉦三
羽葆鼓十二　歌二十四
拱辰管二十四　簫二十四
笳二十四　節鼓二
鐃鼓十二　歌十六
簫二十四　笳二十四
小橫吹百二十
後部第二
笛二十四　簫二十四
篳篥二十四　笳二十四
桃皮篳篥二十四
本朝樂曲
世宗大定九年十一月庚申皇太子生日上宴于東宮
命奏新聲謂大臣曰朕製此曲名君臣樂今天下無事
與卿等共之不亦樂乎辭律不傳十三年四月乙亥上
御睿思殿命歌者歌女直詞顧謂皇太子曰朕思先朝
所行之事未嘗暫忘故時聽此詞亦欲令汝輩知女直
醇質之風至於文字語言或不通曉是忘本也二十五
年四月幸上京宴宗室於皇武殿飲酒樂上諭之曰今
日甚欲成醉此樂不易得也昔漢高祖過故鄉與父老
歡飲擊筑而歌令諸兒和之彼起布衣尚且如是況我
祖宗世有此土今天下一統朕巡幸至此何不樂飲于
時宗室婦女起舞進酒畢羣臣故老起舞上曰吾來故
鄉數月矣今迴期已近未嘗有一人歌本曲者汝曹來
前吾爲汝歌乃命宗室子敘坐殿下者皆上殿面聽上
歌曲道祖宗創業艱難及所以繼述之意上既自歌至
慨想祖宗音容如覩之語悲感不復能成聲歌畢泣下
數行右丞相元忠暨羣臣宗戚捧觴上壽皆稱萬歲於
是諸老人更歌本曲如私家相會暢然歡洽上復續調
歌曲留坐一更極歡而罷其辭曰
猗歟我祖聖矣武元誕膺明命功光于天拯溺救焚
深根固帶克開我後傳福萬世無何海陵淫昏多罪
反易天道荼毒海內自昔肇基至于繼體積累之業
淪胥且墜望戴所歸不謀同意宗廟至重人心難拒
勉副樂推肆予嗣緒二十四年兢業萬幾億兆庶姓
懷保安綏國家閒暇廓然無事乃眷上都興帝之第
屬茲來游惻然予思風物減耗殆非昔時于鄉于里
皆非初始雖非初始朕自樂此雖非昔時朕無異視
瞻戀慨想祖宗舊宇屬屬音容宛然如睹童嬉孺慕
歷歷其處壯歲經行恍然如故舊年從游依俙如昨
歡誠契濶旦暮之若于嗟濶別兮云胡不樂
郊祀樂歌
皇帝入中壝宮縣黃鐘宮昌寧之曲凡步武同
袞服穆穆臨于中壝瞻言圜壇皇皇后帝禋祀肇稱
馨香維德爰暨百神於昭受職
降神宮縣乾寧之曲仁豐道治之舞圜鐘爲宮黃鐘爲
角太簇爲徵姑洗爲羽圜鐘三奏黃鐘太簇姑洗皆一
奏詞並同
我金之興皇天錫美惟神之休爰茲郊見有玉其禮
有牲其薦將受厥明來寧來燕
皇帝盥洗宮縣黃鐘宮昌寧之曲
因天事天惇宗將禮爰飭攸司奉時罍洗挹彼注茲
迺升壇陛先事而虔神勞豈弟
皇帝升壇登歌太呂宮昌寧之曲
相在國南崇崇其趾烝哉皇王維時涖止至誠通神
克禋克祀於萬斯年昊天其子
昊天上帝奠玉幣登歌太呂宮洪寧之曲
穆穆君王有嚴有翼珮環鏘然圜壇是陟嘉德升聞
馨非黍稷高明降監百神受職
皇地祇神寧之曲
肅敬明祇躬行奠贄其贄維何黃琮制幣從祀羣靈
咸秩厥位維皇能饗允集熙事
配位太祖皇帝永寧之曲
肇舉明禋皇天后土皇祖武元爰作神主功昭耆定
歌以大呂綏我思成有秩斯祜
司徒迎俎宮縣黃鐘宮豐寧之曲
穆穆皇皇天子躬祀羣臣相之罔不敬止俎豆畢陳
物其嘉矣馨香始升明神燕喜
昊天上帝酌獻登歌太呂宮嘉寧之曲
郊禋展敬昭事上靈太尊在席有配斯馨酌言獻之
靈其醉止福祿來宜以答明祀
皇地祇泰寧之曲
袞服穆穆臨被泰折於昭神宮理幣瘞血爰稱匏爵
斟言薦潔方輿常安扶我帝業
配位太祖皇帝燕寧之曲
烝哉高后肇迪丕基功與天合配天以推薦時清旨
孔肅其儀來寧來燕福祿綏之
文舞退武舞進宮縣黃鍾宮咸寧之曲
奉祀郊丘雲門變舞進秉朱干停揮翟羽於昭睿文
復肖聖武無疆維烈天子受祜
亞終獻宮縣黃鍾宮咸寧之曲功成治定之舞
掃地南郊天神以娭於皇君在克禋克祀交於神明
玄酒陶器誠心靖純非貴食味
皇帝飲福登歌大呂宮福寧之曲
所以承天無過乎質天其祐之惟精惟一泰尊爰挹
馨香薦德惠我無疆子孫千億
徹豆登歌大呂宮豐寧之曲
大禮爰陳爲豆孔碩肅肅其容於顯百辟皇靈降監
馨聞在德明禋斯成孚休罔極
送神宮縣圜鐘宮乾寧之曲
赫赫上帝臨監禋祀居然來歆昭答祖配圜壇四成
神安其位升歌贊送天人悅喜
方丘樂歌
迎神鎮寧之曲林鐘宮再奏太簇角再奏姑洗徵再奏
南呂羽再奏詞同
至哉坤儀萬彙資生稱物平施流謙變盈禮修泰折
祭極精誠皇皇靈睠永奠寰瀛
初獻盥洗太簇宮肅寧之曲
禮有五經無先祭禮卽時伸虔惟時盥洗品物吉蠲
威儀濟濟錫之純嘏來歆愷悌
初獻升壇應鐘宮肅寧之曲
無疆之德至哉坤元沉潛剛克資生實蕃方丘之儀
惟敬無文神其來思時歆薦般
初獻奠玉幣太簇宮億寧之曲
禮行方澤文物備舉惟皇地祇昭假來下奠瘞玉帛
純誠內著神保是享陟降斯祜
司徒捧俎太簇宮豐寧之曲
四階秩儀壇於方澤昭事皇祇卽陰以墠潔肆於祊
孔嘉且碩神其福之如幾如式
正位酌獻太簇宮溥寧之曲
蕩蕩坤德物無不載柔順利貞含洪光大籩豆旣陳
金石斯在四海永寧福祿攸介
配位酌獻配太宗也太簇宮保寧之曲詞闕
亞終獻升壇太簇宮咸寧之曲
卓彼嘉壇奠玉方澤百辟祗肅八音純繹祀事孔明
柔祇咸格
徹豆應鐘宮豐寧之曲
修理方丘吉蠲是宜籩豆靜嘉登於有司芬芬馨香
來享來儀郊儀將終聲歌徹之
送神林鐘宮鎮寧之曲
因地方丘濟濟多儀樂成八變靈祇格思薦餘徹豆
神貺昭垂億萬斯年永祐丕基
詣望燎位太簇宮肅寧之曲詞同升壇

金史卷四十

元中書右丞相總裁脫脫等修

志第二十一

樂下 宗廟樂歌　殿庭樂歌　鼓吹導引曲　采茨曲

禘祫親饗皇帝入門宮縣無射宮昌寧之曲出入步武同
惟時升平禮儀肇興鳴鑾至止穆穆造庭百辟卿士
恪謹迎承恭隸祖考神宇攸寧
皇帝升殿登歌夾鐘宮昌寧之曲升階及將還板位皆同登歌
笙鏞旣陳罍樽在戶升降有容惟規惟矩恭敬明神
上儀交舉永言保之承天之祐
皇帝盥洗宮縣無射宮昌寧之曲
惟水之功潔淨精微洗爵奠斝于德有輝皇皇穆穆
宗廟之威宜其感格福祉交歸
皇帝降階宮縣無射宮昌寧之曲
於皇神宮象天清明有來肅肅相維公卿禮儀卒度
君子攸寧孔時孔惠綏我思成
迎神宮縣來寧之曲黃鐘宮三奏大呂角二奏太簇徵
二奏應鐘羽二奏詞同
八音克諧百禮具舉明德維清至誠永慕神之格思
雲軿風馭來止來臨千祀燕處
司徒引俎宮縣無射宮豐寧之曲
維牲維犧齊明致祠我將我享吉蠲奉之博碩肥腯
神嗜爲宜千秋歆此永綏黔黎
始祖酌獻宮縣無射宮大元之曲
惟酒旣清惟殽旣馨苾芬孝祀在廟之庭羞於皇祖
來燕來寧象功昭德先祖是聽
德皇帝大熙之曲
萬方欣戴鴻業創基瑤源垂裕綿瓞重熙式崇毖祀
爰考成規籩豆有楚益臻皇儀
安皇帝大安之曲

爰圖造邦載德其昌皇儀允穆誕集嘉祥明誠昭格

積厚流光祇嚴淸廟鐘石瑱瑱

獻祖大昭之典

惟聖興邦經始之初鳩民化俗還定攸居迪德純儉

志規遠圖時哉顯祀精誠有孚

昭祖大成之典

天啓璿源貽慶定基率義爲勇施德爲威耀武拓境

功烈巍巍永昌皇祚均福黔黎

景祖大昌之曲

丕顯鴻烈基緒隆昌聖期誕集邦宇斯張尊嚴廟祏

昭格休祥煌煌縟典億載彌光

世祖大武之曲

桓桓伐功天監其明惟威震疊惟德綏寧神策無遺

鴻圖以興曾孫孝祀通昭厥成

肅宗大明之曲

於皇神人武烈文謨左右世祖懷柔掃除威震遐邇

化漸蟲魚垂光緜永成帝之孚

穆宗大章之曲

烝哉文祖欽聖弘淵慈愛忠信典策昭然歆此明祀

繁祉緜緜時純熙矣流慶萬年

康宗大康之曲

惟明惟聽曄曄神功儀刑世業昭格上穹持盈孝孫

薦芳斯豐錫我祉福皇化益隆

太祖大定之曲

功超殷周德配唐虞天人協應平統寰區開祥垂裕

肇基永圖明明天子敬承典謨

太宗大惠之曲

巍巍德鴻無爲端扆祚承神功究馴俗嬺淸宮緝熙

孝思時祀欽奠著誠犧樽嘉旨

熙宗大同之曲

昭顯令德神基丕承對越在天享用躋升於穆淸廟

來燕來寧神其醉止惟欽克誠

睿宗大和之曲

皇祖開基周武殷湯猗歟聖考嗣德彌光啓祐洪緒

長發其祥嚴恭廟享萬世烝嘗

世宗大鈞之曲

神之來思甫登于堂祼圭有瓚秬鬯芬芳巍巍先功

啓祐無疆萬年肆祀孝心不忘

顯宗大寧之曲

於皇神宮有嚴惟淸吉蠲孝祀惟神之寧對越在天

綏我思誠敎祐億年邦家之慶

章宗大隆之曲

兩紀踐祚萬方寧康文經天地武服遐荒禮備制定

德隆業昌居歆典祀億載無疆

宣宗大慶之曲

猗歟聖皇三代之英功光先后德被羣生牲粢惟馨

鼓鐘其鏗神兮來思歆于克誠

文舞退武舞進宮縣無射宮肅寧之曲

明明先聖神武維揚開基垂統萬世無疆干戚象功

威儀有光神保是饗昭哉降康

亞終獻無射宮肅寧之曲

涓辰之休昭祀惟恭威儀陟降惟禮是從籩豆靜嘉

於論鼓鐘惟皇受祉監斯德容

皇帝飲福登歌夾鐘宮福寧之曲

犧牲充潔粢盛馨香來格來享精神用彰歆此純禧

簡簡穰穰文明天子萬壽無疆

徹豆登歌夾鐘宮豐寧之曲

孝祀肅雝明德以薦樂奏九成禮終三獻百辟卿士

進徹以時小大稽首神保聿歸

送神宮縣黃鐘宮來寧之曲

潔茲牛羊淸茲酒醴三獻攸終神旣燕喜神之去兮

載錫繁祉萬壽無疆永保禋祀

郊祀前朝享太廟樂歌

皇帝入門宮縣無射宮昌寧之曲

郊將升禋廟當告虔錫鑾戾止孝寔奉先祀事斯畢

有序無愆祗見祖考神意懽然

皇帝升殿登歌夾鐘宮昌寧之曲

皇皇天子升自阼階奠見祖禰肅然有懷百禮已洽

八音克諧旣昌且寧萬福咨來

迎神宮縣來寧之曲黃鐘三奏大呂角二奏太簇徵二

奏應鐘羽二奏詞同

以寶應天報本反始潔粢豐盛禮先肆祀風馬雲車

神之弔矣來止來宜而燕翼子

皇帝盥洗宮縣無射宮昌寧之曲

有水于罍有巾于篚帨手拭爵圭袞有煒玄酒大羹

德馨維菲萬年昌寧皇皇負扆

皇帝升階宮縣無射宮昌寧之曲降階同

巍巍京師有嚴神宮聖主戾止多士雲從來享來獻

肅肅其容將昭大報庸示推崇

司徒捧俎宮縣無射宮豐寧之曲

陳其犧牲惟純與精苾芬孝思於昭克誠不疾瘯蠡

或剝或烹洋洋在上以交神明

始祖酌獻宮縣大元之曲

猗歟初基兆我王迹其命維新貽謀丕赫緜緜瓜瓞

國步日闢堂構之成焜煌今昔

獻祖大昭之曲

以聖繼興成王之孚民從其化咸奠攸居淸廟觀德

猗歟備歟金石備樂以奉神娛

昭祖大成之曲

東夷不庭皇祖震怒神武創平貽厥聖緒猶室有基

垣墉乃樹億萬斯年天保孔固

景祖大昌之曲

於皇藝祖其智如神修法施令百度惟新疆宇日廣

海隅咸賓功高德厚耀耀震震

世祖大武之曲

於皇先王昭假于天長駕遠馭麾斥無前王業猶生

孫謀有傳圓壇展禮敢先告虔

肅宗大明之曲

猗歟前人簡惠昭融相我世祖成茲伐功敷佑來葉

帝圖其隆將修熙事先歆神宮

穆宗大章之曲

仁慈忠信惟祖之休功光岐下迹掩商丘言瞻淸廟

懷想前修神其來格歆茲庶羞

康宗大康之曲

猗歟前王惠我無疆儀刑典法日靖四方永言孝思

於乎不忘昭告大祀祗率舊章

太祖大定之曲

天生聰明俾乂蒸人惟此二國爲我毆民撻彼威武

萬邦咸賓明昭大報推而配神

太宗大惠之曲

維淸緝熙於昭明德我其收之駿奔萬國南郊肇修

大典增飾淸廟吉蠲純禧申錫

睿宗大和之曲

維時祖功肇開神基昭哉聖考其德增輝上動天監

明命攸歸謀貽翼子無疆之辭

文舞退武舞進宮縣肅寧之曲

先皇開基比迹殷湯功加天下武德彌光容舞象成

干戈戚揚於昭報本懷哉不忘

亞終獻宮縣肅寧之曲

於皇宗祊朝獻維時芬芬酒醴棣棣威儀誠則有餘

神之格思神孫千億神其相之

皇帝飲福登歌夾鐘福寧之曲

皇皇穆穆丕承丕基躬親于禋載肅載祗對越在天

神歆其誠于以飲酒如川之增

徹豆登歌夾鐘宮豐寧之曲

物維其時旣豐且旨苾苾德馨或將或肆神之居歆

洽于百禮於萬斯年穰穰介祉

送神宮縣黃鐘宮來寧之曲

濟濟多儀皇皇雅奏獻終反爵薦餘徹豆神監昭回

有秩斯祐無疆之福申錫厥後

昭德皇后別廟郊祀前薦享登歌樂曲

初獻盥洗夷則宮肅寧之曲

神無常享時歆精誠惟誠惟潔感通神明先事盥滌

注茲淸泠巾篚旣奠尊彝薦馨

初獻升降殿仲呂宮嘉之曲

有來肅肅登降以敬粲粲袨服鏘鏘佩聲金石節奏

旣協且平其儀不忒乃終有慶

司徒奉俎夷則宮豐寧之曲

馨我黍稷潔我牲牷降升有節薦是吉蠲工祝致告

威儀肅然神之弔矣元吉其旋

酌獻奏夷則宮儀坤之曲

俔天之妹坤德利貞圜丘有事先薦以誠我酒旣旨

我殽旣盈神其居饗福祿來成

徹豆奏仲呂宮豐寧之曲

明昭祀事舊典無違樂旣云闋神其聿歸禮之克成

神保斯饗於萬斯年迓續丕貺

祫禘有司攝事

初獻盥洗宮縣無射宮肅寧之曲

祀事之大齊栗爲先絜精以獻沃盥于前旣灌以升

乃薦豆籩神其感格歆于吉蠲

升自西階登歌奏夾鐘宮嘉寧之曲餘並同親祀

國有太宮合食以禮躋階肅肅降陛濟濟鏘然純音

節乃容止神之格思永綏福履

時享攝事登歌樂章

初獻盥洗無射宮肅寧之曲

酌彼行潦維挹其淸潔齊以祀祀事昭明顯允辟公

沃盥乃升神之至止歆于克誠

初獻升殿夾鐘宮嘉寧之曲餘同親祀惟不用宮縣

濟濟在庭祗薦有序雍容令儀旋規折矩爰俎于基

鳴佩接武敬恭神明來寧來處

昭德皇后時享登歌樂章
初獻盥洗無射宮肅寧之曲
時祀有章禮備樂舉爰潔其盥亦豐其俎俯仰升降
中規中矩神其來格百福是與
初獻升殿夾鍾宮嘉寧之曲（三獻及司徒降同）
假哉神宮神宮有恤惟時吉蠲登升翼翼歌鐘鏘煌
笙磬翕繹於昭肅恭靈鑒來格
司徒奉俎無射宮豐寧之曲
宮庭枚枚鐘磬喤喤既儀圭鬯既奠膋薌齊莊奉饋
籩豆大房靈之右饗流慶無疆
酌獻無射宮儀坤之曲
於皇坤德作合乾儀塗山懿範京室芳徽容聲如在
典祀惟時神其克享薦祉來宜
亞終獻無射宮儀坤之曲
嘉羞實俎高張在庭申獻合禮（終獻改申爲三）坤德儀刑神
其是聽用鬯清明清明既鬯來享來寧
徹豆夾鐘宮豐寧之曲
禮成於終神心䄄䄄膋蕭發馨樂闋獻已徒馭孔多
靈輿載轙青玄悠悠歸且億矣
宣孝太子別廟登歌樂章
初獻升殿夾鐘宮承安之曲
有腯斯牲有馨斯齊美哉洋洋升降以禮禮容既莊
樂亦諧止神之格思式歆明祀
酌獻無射宮和寧之曲
於惟光靈孝德昭宣高麗有奕來寧來燕於薦惟祫
既時既蠲從我烈祖載享億年
亞終獻和寧之曲
金石和奏豆籩惟豐祠宮奉事齊敬精衷笙吟伊浦
鶴駐緱峯是保是饗靈德無窮
徹豆夾鐘宮和安之曲
寢成奕奕今茲其時明稱肆祀將禮之儀侯安以懌
羞嘉且時樂闋獻已神其饗思
大定三年十月追上睿宗冊寶應鐘宮顯寧之曲
天開休運積仁而昌命茲昭考敢忘顯揚上儀肇舉
涓日之良來格來享惠我無疆
大定十九年升祔熙宗冊寶樂曲
恢大帝業枚寧多方懿德茂烈金書發揚肇舉上儀
涓擇吉日鴻名赫赫與天無極
上冊寶宮縣靜寧之曲
日卜其吉承祀孔肅廣號追崇孝心克篤於乎悠哉
來思睟穆寶冊既承委於宗祝
皇帝降殿宮縣鴻寧之曲
繼世隆昌臨朝靜默追謚鴻名發輝睿德玉質金章
煌煌簡冊涓辰展儀永傳無極
殿庭樂歌
大定七年正月上冊寶皇帝將升御座宮縣樂太簇宮
泰寧之曲（降座同）
德隆帝位承天而輿侯邦來庭民居安寧歸美以報
傳之無極鴻名徽稱壽時萬億
冊寶入門奏天保報上之曲
四方既平功歸聖明定功巍巍丕享鴻名股肱良哉
揄揚元首儲精優游南山等壽
奉冊寶官將復班位奏歸美揚功之曲
聖德高明萬邦咸休緇銖唐虞糠粃商周維時羣臣
對敭稽首天子明明令問不朽
冊寶初行奏和寧之曲（冊寶將升殿皇太子自侍立位至降階曲並同）
四方攸同昭哉成功時和年豐諸福來崇英聲昭騰
和氣充塞於乎皇王維壽時億
皇太子升殿賀奏同心戴聖之曲
穆清皇風遐方來同於昭于天物和歲豐丕受鴻名
對揚偉績純釐穰穰敷錫罔極
上壽皇帝將升御座宮縣和寧之曲（同前）
舉酒萬壽無疆之曲
四海太平吾皇之功羣臣對揚誕受鴻名霞觴瓊腴
君王樂豈皇天垂休萬壽無極
皇太子升階降階及與宮官升殿並奏和寧之曲（同前）
進第一爵登歌奏王道明昌之曲
對天鴻休于以鋪張巍巍煌煌超冠百王皇圖皇綱
時維明昌祉福無疆于民敷揚
行羣官酒宮縣和寧之曲文武入設羣官食奏功成治
定之舞三成止
聖德高明如天強明多方治平功大有成流于聲音
形于蹈舞須觴羣臣以昭禮遇
進第二爵登歌奏天子萬年之曲
惟明后馭寰瀛躋升平飛英聲功三皇德五帝游巖
廊億萬歲
行羣官酒宮縣和寧之曲武舞入設羣官食奏四海會
同之舞三成止
地平天成時和歲豐迓衡弗迷率惟枚功受天之祜
四方來荷於萬斯年不遐有佐
進第三爵登歌嘉禾之曲
景命赫斯歸吾皇仁風洋洋被遠荒琛贄旅庭趨明
光氣和薰蒸爲嘉祥殊本合穗眞異常庾如坻京歲
且穰猗歟鴻休超前王播爲聲詩傳無疆（行羣官酒設羣官食羣官降階宮縣並奏和寧之曲皇帝將降御座奏泰寧之曲並用大簇宮）
大定十一年十一月行冊禮皇帝升御座宮縣泰寧之
曲
皇皇穆穆袞服玉趾如日之升如山仰止九賓在列
媚茲天子願言無疆介以繁祉
冊寶入門奏天保報上之曲
穆穆元聖天廸予保相維臣工以奏丕號揚于路朝
玉牒神寶於萬斯年吾君壽考
奉冊寶官將復班位奏歸美揚功之曲
玉冊玉寶尊聖天子丕揚鴻名昭受帝祉罔休對天
其隆孰比臣下同心翼戴歸美
皇太子升殿賀奏同心戴聖之曲
大矣我后徽冊膺受歡趨彤庭拜手稽首休明御辰
無疆萬壽靈旣沓來天地長久
舉酒奏萬壽無疆之曲
聖德懋昭民歸天祐煌煌金書典冊光受備樂在庭
八音諧奏羣公奉觴天子萬壽
進第一爵登歌王道昌明之曲
明明我皇道光化溥百度惟新禮修樂舉藻飾太平
爛然可觀超躋三王暉映千古
設羣官食奏和寧之曲功成治定之舞
穆穆我君威折羣醜輝光日新仁洽九有容典威蕤
超前絕後端拱深嚴寶冊膺受
第二爵登歌奏天子萬年之曲
典禮修惟明后揚鴻名燦瓊玖羅華紳爲萬壽歌南
山堅且久
行羣官酒奏和寧之曲四海會同之舞
道隆政平天關有德萬國和寧來王來極昭受鴻名
俯徇列辟錫飲行觴歡心各得
第三爵登歌奏嘉禾之曲
象瑞畢至昭升平爰生嘉禾迺合穗膴膴大田無南
東稼茂如雲成豐歲既刈既穫百室盈擊壤歌沸野
老聲陶唐之民茲其比帝力何有若自遂
大定十八年十二月上受命寶皇帝將升御座宮縣奏
泰寧之曲並大呂宮
上帝有赫懷此明德畀之神寶膺鎮萬國臨軒是膺
登降維則羣臣拜首年卜萬億
寶入門奏天保報上之曲
受命大寶昭荅眷祐珍符明貺人爲天授文物具舉
韶濩迭奏羣臣上之天子萬壽
羣臣合班奏歸美揚功之曲
德冒生民明元后端冕臨軒神寶是受羣工來賀
咸拜稽首無疆無期享祚長久
皇太子升殿并自侍立位降階宮縣稱觴介壽之曲
上儀昭舉膺時瑞玉羣辟在列蹌蹌肅肅袞衣桓圭
歸美稽首升降惟時天子萬壽
舉酒登歌奏萬壽無疆之曲
上帝眷命純休茲至誕膺洪寶光臨大器稱觴對揚
嵩嶽萬歲其寧惟永無疆卜世
天德二年十月冊立中宮皇帝將升御座宮縣奏乾寧
之曲（降座同）
人道大倫王道所基明聖稽古陰教欲施臨軒發冊
備舉彝儀麟趾關雎宜播聲詩
冊寶入門奏昌寧之曲（出門同）
羽衞充庭淑旂徽章禮儀具舉涓辰以良相我內訓
來儀椒房億萬斯年邦家之光
將受冊寶以冊寶入門宮縣奏肅寧之曲（命婦升降同）
塗山與夏關雎美周坤儀之尊母臨九州瑤冊褘衣
光配凝旒地久天長福祿是遒
后出閤奏順寧之曲（升降座同）
天立厥配任姒比隆母儀四海化行六宮日月並明
乾坤合德於萬斯年作儷宸極
受冊奏坤寧之曲
風化之始由于壼闈禮文斯備爰正坤儀維廣以慈
儷聖同德則百斯男垂統無極
天德四年二月冊皇太子皇帝將升御座宮縣奏乾寧
之曲皆用夾鐘宮
大君有爲先圖本固涓辰之吉禮成儲副文物備陳
聲樂皆具人心載寧克昌福祚
冊使入門昌寧之曲
在天成象煥乎前星惟聖時憲典禮以行一人有慶
萬邦以貞社稷之福寖昌寖明
皇太子入門奏元寧之曲（出門同）
皇矣上帝純佐明聖篤生元良日躋德性冊命主器
萬邦以正龍樓問寢億年之慶
大定八年正月冊皇太子皇帝將升御座宮縣洪寧之

曲（並用太簇宮）

會朝清明臨軒備禮天威皇皇臣工濟濟於昭元良膺茲典冊對揚閒休卜年萬億

皇太子入門奏肅寧之曲

光昭前星惟天垂象稽古而行主器以長曲禮告成通遐屬望國本既隆繁釐永享

羣臣合班奏嘉寧之曲

於皇臨軒禮崇上嗣維眷之祺儀方正位言觀其儀翔翔濟濟美歸吾君太平萬歲

皇太子復受冊位奏和寧之曲

祖功艱難經營締構基牢根深枝繁葉茂於昭貽謀駢休集祐元良斯貞吾皇萬壽

大定二十七年三月冊皇太孫皇帝將升御座宮縣泰寧之曲（並姑洗宮）

上天叢休申錫祚胤孫謀有貽臨軒禮正煌煌上儀欣欣衆聽隆我邦本無疆惟慶

皇太孫入門奏慶寧之曲（出門同）

寶源流光流光惟遠孫謀有貽慶序昭衍於樂衆望於皇備典動容周旋承茲嘉美

羣臣合班奏順寧之曲

冕旒當宁徽章備舉綵仗充庭金石列簴濟濟多士翼翼就序海潤山暉傾聽樂府

皇太孫復受冊位奏保寧之曲

禮之攸關丕建世嫡衆論協從天心不易名崇震宮辭著瑞冊社稷宗廟無疆夷懌

鼓吹導引曲

天眷三年九月駕幸燕京導引曲（無射宮）

五年一狩仙仗到人間問稼穡艱難蒼生洗眼秋光裏今日見天顏金戈玉斧臨香火馳道六龍閑歌謠到處皆相似天子壽南山

天德二年三月祫享迴鑾導引曲

禮成廟享御衞拱飛龍諸道起祥風太平天子多受福孝德與天通鳳簫龍管韶音奏聲在五雲中粲然文物昭治世萬億祺無窮

貞元元年三月駕幸中都導引曲（並姑洗宮）

鑾輿順動嘉氣滿神京輦路宿塵清鈞陳萬旅隨天仗縹緲轉霓旌都人望幸傾堯日鼇抃溢歡聲臨觀八極辰居正寰宇慶昇平

采茨曲

新都春色滿華蓋定全燕時運千齡協星辰五緯連六龍承曉日丹鳳倚中天王氣盤山海皇居億萬年

貞元三年十一月祫享迴鑾采茨曲（並用）

慶成迴大駕仙仗紫雲深龍袞輝千騎嵩呼聞八音太平輿縟禮萬國得歡心孝格迎遐福穰穰永降臨

正隆六年六月駕幸南京導引曲（並林鍾宮）

神宮壯麗宮殿壓蓬萊向曉九門開聖明天子初巡幸遙駕六龍來五雲影裏排仙仗清蹕絕纖埃都人齊唱昇平曲更進萬年盃

采茨曲

雙闕層雲表澄景開清曉六龍天上來馳道平如掃虞巡五載合夏諺一遊同都人欣豫意寫入頌聲中

大定三年十月祫享迴鑾采茨導引曲（皆應鍾宮自後親祀二曲並用）

大宮崇烈考大禮慶初成綵仗迴雲步天階嚴蹕聲舜宮合至孝周頌詠維清介福應穰簡歡交萬國情

導引曲

禮行清廟華黍薦年豐聖孝與天通六龍迴馭千官衞玉振珮環風黃麾金輅嚴天仗霏霧鬱葱葱工歌迭奏升平曲福祿自來崇

大定二十七年三月皇太孫受冊謝廟

導引曲

璿源濬發衍慶自靈長聖運日隆昌震關顯冊遵彝典基緒與重光揀時廟見嚴昭報禮樂粲成章精誠潛格神明助福祿永無疆

金史卷四十一

元　中　書　右　丞　相　總　裁　脫　脫　等　修

志第二十二

儀衞上（常朝儀衞　內外立仗　常行儀衞　行仗法駕　黃麾仗）

金制天子之儀衞一曰立仗二曰行仗其衞士曰護衞曰親軍曰弩手曰控鶴曰傘子曰長行立仗則有殿庭內仗殿庭外仗凡大禮大朝會則用之其朔望常朝弩手百人分立兩階而已行仗則有法駕大駕黃麾仗凡行幸及郊廟祀享則用之其非大禮遠出則有常行儀衞宮中導從焉大抵模倣宋制錯綜增損而用之其宿衞則見兵志云

初國制凡朔望常朝日殿下列衞士簾下置甲兵正隆元年海陵去甲兵惟存錦衣弩手百人分立兩階其儀都副點檢公服偏帶（常朝則展紫）左右衞將軍宿直將軍展紫金束帶各執玉水晶及金飾骨朵左右親衞盤裹紫襖塗金束帶骨朵佩兵械供御弩手傘子百人並金花交腳幞頭塗金銅鈒襯花束帶骨朵左右班執儀物內侍二十人展紫塗金束帶朝衆日弩手傘子直於殿門外分兩面排立司辰報時畢皇帝御殿坐鳴鞭閤門報班齊執擎儀物內侍分降殿階南向立點檢司起居弩手傘子於殿門外北面山呼聲喏訖卽於殿門外東西相向排立都點檢以次三員升殿都點檢在東近南左副又少南右副在西東向對立左右衞將軍在殿下東西對立省臣隨班起居畢左右司侍郎從宰執奏事殿中侍御史隨班起居畢東西對立於左右衞將軍之北少前修起居注分殿陛東西對立於殿欄外副階下以俟奏事畢皇帝還閤侍衞者乃退

凡遇大禮大朝會則有內外立仗熙宗皇統元年正月上冊寶立仗一千一百八十人自是以後至海陵時俱用三千人世宗大定七年上冊寶頗損其數且以天德貞元不設車輅遂并去之是後或減至二千或一千或八百或六百人天德二年海陵立后發冊勤政殿設黃麾細仗用前六部攝官七十一擎執六百七十八人受冊泰和殿用後六部攝官三十六擎執三百二十二人大定八年正月冊皇太子於大安殿用黃麾半仗二千二百六十五人奉表于仁政殿用黃麾細仗一千四百二人二十七年冊皇太孫亦如之

大定八年黃麾半仗攝官一百七十五人擎執二千八十一人編排職掌九人　殿庭內仗（以中心東西相向一重并面北旗幟爲中道）左行自北西向排列黃麾幡一首執者三人碧襴官一大雉扇二碧襴官一中雉扇六碧襴官一小雉扇六碧襴官一朱團扇六碧襴官一睥睨四碧襴官一紅大傘一碧襴官一紫方傘二碧襴官一華蓋一右行東向列者並同　面北第一行牙門旗八共二十四人分左右留中道第二行監門校尉十二分左右第三行長壽幢一押旗大將軍一居中次東五方龍旗十五次西五方鳳旗十五第四行自內而東青龍旗五紅龍旗二十自內而西青龍旗五紅龍旗二十第五行同上叉君王萬歲旗一五人居中日旗一五人在左月旗一五人在右第六行自內而東天下太平旗芭紋旗日月合璧旗芭紋旗青龍旗赤龍旗河瀆旗江瀆旗各一旗五人排仗通直官一排仗大將一未午巳辰卯寅旗各一青天王旗白天王旗各一自內而西祥雲旗五星連珠旗祥雲旗黃龍旗白龍旗黑龍旗淮瀆旗濟瀆旗各一旗五人通直官一大將一申酉戌亥子丑旗各一緋天王旗皂天王旗各一第七行自內而東孔雀旗一五人蒼烏旗兕旗犛牛旗驢騾旗赤熊旗白狼旗金鸚鵡旗馴犀旗角端旗鵕鸃旗騶牙旗野馬旗瑞麥旗甘露旗各一旗五人自內而西者同　外仗（在門外）左邊西向自北排列第一部第一行侍御史大將軍折衝都尉各一主帥三第二行絳引幡五首十五人龍頭竿四弓矢五揭鼓二龍頭竿四儀鍠斧五龍頭竿四朱刀盾五龍頭竿四絳刀盾五龍頭竿四小戟五第三行與第一行同第四行與第二行同第二部第三部第四部第五部以次而南各爲前後四行其名數與第一部同惟無絳引幡右五部東向排列色數皆同左第五行從北每大旗一均用小紅龍旗二間之角宿旗一三人均用二亢宿旗一三人均用二氐宿旗一三人均用二房宿旗一三人均用二心宿旗一三人均用二尾宿旗一三人均用二箕宿旗一三人均用二斗宿旗一三人均用二牛宿旗一三人均用二女宿旗一三人龍旗并黃排欄旗各一虛宿旗一三人紅黃排欄旗二危宿旗一三人紅紫排欄旗二室宿旗一三人黃紫排欄旗二壁宿旗一三人紅黃排欄旗二重輪旗一三人紅紫排欄旗二左攝提旗一三人黃紫排欄旗二青龍旗一三人紅黃排欄旗二木星旗一三人紅紫排欄旗二火星旗一三人黃紫排欄旗二土星旗一三人紅黃排欄旗二金星旗一三人紅紫排欄旗二水星旗一三人吏兵并紫排欄旗各一北岳旗一三人吏兵并龍君旗各一東岳旗一三人龍君并黃熊旗各一中岳旗一三人黃熊并赤豹旗各一西岳旗一三人赤豹并力士旗各一南岳旗一三人力士并虎君旗各一朱雀旗一三人虎君并天馬旗各一右第五行從北奎旗一三人婁旗一三人胃旗一三人昴旗一三人畢旗一三人觜旗一三人參旗一三人井旗一三人鬼旗一三人皆均用二旗如前柳宿旗一三人紅龍并黃排欄旗各一星宿旗一三人紅黃排欄旗二張宿旗一三人紅紫排欄旗二翼宿旗一三人紫黃排欄旗二軫宿旗一三人紅黃排欄旗二重輪旗一三人紅紫排欄旗二右攝提旗一三人紫黃排欄旗二白虎旗一三人紅黃排欄旗二東方神旗一三人紅紫

排襴旗二南方神旗一三人黃紫排襴旗二中央神旗一三人紅龍排襴旗二西方神旗一三人紅紫排襴旗二北方神旗一三人力士并紫排襴旗各一風伯旗一三人力士并虎君旗各一雨師旗一三人虎君并黃熊旗二雷公旗一三人黃熊并赤豹旗二電母旗一三人赤豹并吏兵旗二北斗旗一三人吏兵并龍君旗二玄武旗一三人龍君并天馬旗二三人執一旗者重立二人各執小旗者亦重立　殿門外仗亦從北留中道飛麟旗駃騠旗鸞旗麟旗馴象旗各二共十人從中分列爲第一重鵾鷄旗貔旗玉馬旗三角獸旗黃鹿旗各二共十人次外分別爲第二重其次第一部都尉三員第二部至第五部俱二員爲第三重又其次五部各刀盾二十爲第四重又其次五部各弓矢二十爲第五重左右同

黃麾細仗攝官八十八人擎執一千三百五人編排職掌九人　內仗中道左一行自北西向排列黃麾幡一首執者三人大雉扇六中雉扇六小雉扇六朱團扇六睥睨四紅大傘一紫方傘二華蓋一凡傘扇之上皆有碧襴官一右行東向排次同　面北第一行長壽幢一居中牙門旗八共二十四人分左右第二行君王萬歲旗五人居中日旗五人監門校尉五人在左月旗五人監門校尉五人在右第三行五方龍旗十五在左五方鳳旗十五在右第四行紅龍旗三十四第五行紅龍旗三十四皆分左右第六行自內而東太平芑紋合璧芑紋赤龍青龍旗各一旗五人通直一人大將一人未午巳辰卯寅旗各一青天王旗白天王旗各一自內而西祥雲連珠祥雲黃龍白龍黑龍旗各一旗五人通直一人大將一人申酉戌亥子丑旗各一緋天王旗皂天王旗各一第七行自內而東河瀆江瀆兕赤熊馴犀角端鵕鸃綱子旗各一旗五人自內而西淮瀆濟瀆兕赤熊馴犀角端鵕鸃綱子旗各一旗五人　外仗左邊西向自北排列第一行五部侍御史大將軍折衝都尉各一主帥各二第二行第一部絳引幡五首十五人龍頭竿四弓矢五揭鼓二儀鍠斧五龍頭竿四弓矢五朱刀盾五綠刀盾五龍頭竿四儀鍠斧五朱刀盾五綠刀盾五龍頭竿四小戟五龍頭竿四小戟五第二部至五部無絳引幡餘色並同以次相接而南右五部東向亦如之左第三行從北角亢氐房心尾箕斗牛女虛危室壁旗各一旗三人次重輪左攝提青龍旗各一木火土金水星旗各一北東中南西岳旗各一旗三人次紫排襴四黃排襴四紅排襴四吏兵旗二天馬旗一右第三行從北奎婁胃昴畢觜參井鬼柳星張翼軫旗各一旗三人次重輪右攝提白虎旗各一東南中西北方神旗各一風伯雨師雷公電母北斗旗各一旗三人次紫排襴四黃排襴四紅排襴四吏兵旗二天馬旗一

行仗天子非祀享巡幸遠出則用常行儀衛弩手二百人軍使五人控鶴二百人首領四人俱服紅地藏根牡丹錦襖金鳳花交脚幞頭塗金銀束帶控鶴或皂帽碧襖各執金鍍銀蒜瓣骨朵長行四百人拳脚幞頭紅錦四䙆襖塗金束帶二人紫衫前導無執物餘執列系骨朵七十八瓜八十八鐙三十四在控鶴前金吾仗八十金花大劒六十俱垂紅絨結子儀鍠斧五十八在控鶴後其常朝御殿郊廟臨幸凡步輦出入則有近侍導從執金鍍銀骨朵者二人左右扇十人拂子四人香盒二人香毬二人節二人幢二人盂一人唾壺一人淨巾一人斷鑼一人水罐一人交椅一人斧一人皇帝出閤則分立閤門之外導引至殿皇帝升座則降階以俟入閤然後放仗

天眷三年熙宗幸燕始備法駕凡用士卒萬四千五十六人攝官在外海陵遷都于燕用黃麾仗萬三百四十八人天德二年祀廟用黃麾四千人世宗卽位凡行幸祀享並用三千人間亦不滿其數大定十一年前祀南郊朝享太廟及至郊壇用大駕七千人此其大較也

天眷法駕人數攝官六百九十九人將軍大將軍四十三人折衝果毅一百二十六人校尉五十六人郎將三十四人帥兵官二百四十六人統軍六人都頭六人千牛一人旅師二人部轄指揮使二人押纛二人押衙四人四色官四人押旗二人引駕官四人進馬四人押仗通直二人押仗大將二人碧襴一十六人長史二人鼓吹令二人鼓吹丞二人典事五人太史令一人太史正一人司丞一人府牧一人刻漏生四人縣令一人御史大夫一人僚佐一十人進輅職掌二人夾輅將軍二人陪輅將軍二人教馬官二人四省局官八人導駕官四十八人抱駕頭官一人執扇筤一人尚輦奉御二人殿中少監二人供奉職官二人令史四人書令史四人押仗二人殿中侍御史二十四人諸班直隊二千九百四十五人釣容直三百六人(人員六長行三百)執旗一百三十六人引駕六十二人(人員二長行六十)駕頭天武官一十二人執從物茶酒班一十一人御龍直仗劒六人天武把行門八人殿前班擊鞭一十人御龍直四十人(人員二長行三十八)骨朵直一百三十四人部押二人殿前班行門三十五人捧日馬隊七百人奉宸步隊七百人天武骨朵大劒三百一十人(人員一十長行三百)東第四班三十一人(人員一長行三十)扇筤天武二十人捧日隊從領人員一十七人簇輦茶酒班三十一人(人員一長行三十)釣容直三十一人(人員一長行三十)招箭班三十三人(人員三長行三十)天武約攔三百一十人(人員一十長行三百)車輅下駕士六百三十八人玉輅下一百四十人(控踏路馬四駕士一百二十八挾輅八)金輅下六十四人(控馬踏路四駕士六十)象輅下駕士四十人革輅木輅耕根車駕士同上革車二共五十人指南記里車各三十人輅車鸞旗皮軒車各十八人黃鉞豹尾車各十五人屬車八共八十人　輦輿下六百八十五人小輿一長行二十四人逍遙一共三十五人(什將節級九長行二十六)平輦下四十二人(什將節級九人員七長行二十六)腰輿共一十九人(人員一什將虞候二長行一十六)大輦下三百七十一人(掌輦人員四什將十二長行三百五十五分五番)芳亭輦一長行六十人御馬三十二共百三十四人(控馬天武官六十四挾馬騎御馬直長行六十四人押馬六人騎御馬直人員三天武節級三人)象二十三人　擎執人士共八千七百七十一人　鼓吹樂二千九百九十四人馬六千七十八匹

天德五年海陵遷都于燕用黃麾仗一萬八百二十三人(攝官在內)騎三千九百六十九分八節

第一節中道象二十二人(節級二人銅鑼七寶瑜石銀鈎各一鐵鈎二小旗十五並服花脚幞頭青錦絡縫緋袨彩金鍍銀雙鹿束帶)第一引七十二人清道一(武弁緋雲鶴袍袴革帶執黑漆杖)幰弩一(赤平巾幘緋辟邪彩革帶赤袴)誕馬二控四人(赤平巾幘緋繡寶相花彩銀革帶纓轡京犀二副)軺車一赤馬二駕士十八人(武弁緋繡雉大袖彩白袴馬纓轡京犀銅面包尾)縣令一員(朝服坐軺車)僚佐四員(並朝服)控馬八人(錦帽絡縫紫彩大颯銀帶)紫方傘一(黃抹額寶相花彩銀帶大口袴)朱團扇一曲蓋一(緋抹額寶相花彩革帶袴)青衣二(青平巾青彩袴革帶執青竹杖)車輻棒二(赤平巾緋白澤彩革帶赤袴)告止幡二執者六人(緋抹額寶相花彩革帶袴)傳敎幡一信幡一各三人(並黃抹額寶相花彩革帶大口袴)小戟十六(服同上)第二引二百六十四人清道二幰弩一誕馬四控八人(服並如前)掆鼓一金鉦一(平巾幘緋鸞彩抹帶袴錦螣蛇)大鼓六(黃雷花彩袴抹額抹帶)節一幢一麾一夾矟二角四儀刀十(並平巾幘緋繡寶相花彩銀革帶大口袴)革車一赤馬四駕士二十五人(武弁緋矛大袖勒帛馬飾如前)府牧一員(朝服坐車)僚佐四員控馬八人(服並如前)鐃鼓一簫二笳二筩一篳篥一(並平巾幘緋寶相花彩銀褐抹帶)大橫吹一(緋芭紋袍袴抹額抹帶)青衣四車輻棒四紫方傘一朱團扇四曲蓋一告止幡二六人傳敎幡二六人信幡二六人小戟四十(服並如前)刀盾三十六(銀褐抹額寶花彩銀革帶袴)弓矢二十六(錦帽青寶相花彩銀革帶袴)矟三十六(錦帽紫寶相花袍革帶袴)朱雀旗隊三十四人折衝都尉三人(平巾幘紫辟邪彩革帶大口袴錦螣蛇橫刀弓矢)爆矟二(平巾幘緋繡寶相花彩革帶袴)朱雀旗一五人(緋抹額寶花彩革帶大口袴橫刀引夾人加弓矢)弩六弓矢六矟十二(並平巾緋寶相花彩橫刀革帶袴)龍旗隊七十一人大將軍一人(朝服)引旗四人(黃抹額寶花彩革帶大口袴)旗十二風伯旗一雨師旗一雷公旗一電母旗一北斗旗一五星旗五左右攝提旗二執夾共六十人(皆五色寶相花彩抹額革帶袴橫刀引夾人加引矢後凡執旗者並同)副竿二(錦帽黃寶花彩革帶袴)護旗四人(加黃抹額弓矢)大僕三車八十一人指南車駕士三十人(武弁緋繡孔雀大袖銀褐帶袴)記里鼓車駕士三十人(緋矛大袖)鸞旗車駕士十八人(瑞鷹大袖)駕車赤馬十二執黑杖者三人　牙門旗隊二十八人(分左右)白澤旗二執夾各五人(絨貝冠人馬甲錦臂韝橫刀引夾加弓矢)金吾牙門旗第一門牙門旗四執夾十二人(青寶相花抹額彩革帶大口袴橫刀引夾人加弓矢)監門校尉六人(長脚幞頭緋抹額獅子袍褶銀帶橫刀弓矢烏皮靴　從隊同)前部馬隊第一隊七十人折衝果毅都尉二人(錦帽緋辟邪袍袴革帶橫刀弓矢)角宿亢宿斗宿牛宿旗四旗各五人(並五色寶相花彩抹額革帶橫刀引夾加弓矢)弩六弓矢十四(並錦帽青寶相花彩革帶袴)矟二十八(緋色彩餘同上)第二隊七十人折衝果毅都尉二人(白澤彩)氐宿女宿房宿虛宿旗四旗五人弩六弓矢十四矟二十八(服執如前)第三隊七十人折衝果毅都尉二人心宿危宿尾宿室宿旗四旗五人弩六弓矢十四矟二十八(服執如前)

第二節金吾引駕騎二十人折衝都尉二人(平巾幘緋辟邪彩革帶袴橫刀弓矢)弩六弓矢六矟六(並平巾幘緋寶相花袍褶革帶袴)前部鼓吹五百四十七人鼓吹令二人(長脚幞頭綠公服角帶絲鞵烏皮靴)府史四人(長脚幞頭綠寬彩角帶黃絹牛臂烏靴)部轄指揮使一人(平巾幘紫寶相花彩革帶錦螣蛇)主帥四十八人(分五項平巾幘緋鸞彩革帶袴執儀刀)掆鼓金鉦各十二(平巾幘緋鸞彩銀褐抹帶錦螣蛇)大鼓長鳴各百二十(黃雷花彩抹額抹帶)鐃鼓十二(緋芭紋彩抹額抹帶)歌二十四拱辰管二十四簫二十四笳二十四(服如鉦鼓無螣蛇)大橫吹百二十(服如鐃鼓)馬部第四隊六十人(分左右)折衝都尉二人(緋麟彩)箕宿壁宿旗各一旗五人弩六弓矢十四矟二十八(服執並如前隊)第五隊六十人折衝都尉二人奎宿井宿旗各一旗五人弩六弓矢十四矟二十八(服執並如前隊)第六隊六十人折衝都尉二人(緋瑞鷹袍)婁宿鬼宿旗各一旗五人弩六弓矢十四矟二十八(服執並如前隊)第七隊六十人折衝都尉二人胃宿柳宿旗各一旗五人弩六弓矢十四矟二十八(服執並如前隊)第八隊六十人折衝都尉二人昴宿星宿旗各一旗五人弩六弓矢十四矟二十八(服執並如前隊)第九隊六十人折衝都尉二人(赤豹袍)畢宿張宿旗各一旗五人弩六弓矢十四矟二十八(服執同前)第十隊七十人折衝都尉二人(瑞馬袍)觜宿

翼宿參宿軫宿旗各一旗五人弩六弓矢十四矟二十八服執如前步甲隊第一第二兩隊百一十人領軍衛將軍二人平巾幘紫白澤袍袴帶錦鷹蛇橫刀弓矢㩠矟四平巾幘緋寶相花袍大口袴折衝都尉四人服如將軍鶡鷄旗二貔旗二旗各五人朱牟甲弓矢四十朱牟甲刀盾四十兜牟甲身披膊錦臂鞲行縢鞋韈勒甲革帶

第三節中道前部鼓吹第二五百二十三人侍御在外節鼓二笛二十四簫二十四篳篥二十四笳二十四桃皮篳篥二十四黑平巾幘緋對鸞彩銀褐勒帛大口袴主帥二十六人分四頭革帶執儀刀服如上無勒帛㧏鼓金鉦各十二黑平巾幘緋繡對鸞彩銀褐勒帛大口袴錦臂鞲騰蛇小鼓百二十中鳴百二十黃雷花袍袴抹額抹帶羽葆鼓十二青苣紋袍抹額抹帶歌二十四拱辰管二十四簫二十四笳二十四服如前色侍御史二員朝服黃麾幡一三人武弁緋寶相花彩銀褐勒帛大口袴執者馬稱者步步甲第三隊五十二人折衝果毅都尉二人紫瑞馬袍玉馬旗二旗五人青牟甲弓矢四十服執並同前隊第四隊五十二人折衝果毅都尉二人瑞鷹袍三角獸旗二旗五人青牟甲刀盾四十第五隊五十二人折衝果毅都尉二人白澤袍黃鹿旗二旗五人黑牟甲弓矢四十第六隊五十二人折衝果毅都尉二人服同飛麟旗二旗五人黑牟甲刀盾四十第七隊五十二人折衝果毅都尉二人赤豹袍駃騠旗二旗五人銀褐牟甲弓矢四十第八隊五十二人折衝都尉二人服同鸞旗二旗五人銀褐牟甲刀盾四十第九隊五十二人折衝果毅都尉二人瑞鷹袍麟旗二旗五人黃牟甲弓矢四十第十隊五十二人馴象旗二旗五人黃牟甲刀盾四十服執如前金吾牙門旗第二門牙門旗四執夾十二人監門校尉六人服執同第一門左右屯衛將軍二人平巾幘紫繡飛麟袍大口袴錦鷹蛇革帶橫刀弓矢絳引幡二十執者六十人武弁緋繡寶相花彩銀褐勒帛大口袴共八十人

第四節中道六軍儀仗二百五十二人統軍六人花腳幞頭紫繡抹額孔雀袍革帶橫刀鞸器仗珂馬都頭六人長腳幞頭紫寶相花大袖革帶橫刀神武軍旗二羽林軍旗二龍武軍旗二旗各五人執人錦帽引夾人金帽排攔旗四十八吏兵旗四力士旗四赤豹旗四黃熊旗四龍君旗四虎君旗四掩尾天馬旗六旗一人錦帽五色寶相花彩革帶錦臂鞲白簳槍九十交腳幞頭五色寶相花彩抹額革帶汗袴柯舒二十四鐙杖十八並貼金帽五色寶相花彩革帶引駕龍墀隊六十五人排仗通直二人排仗大將二人並長腳幞頭紫公服紅鞓帶絲鞭烏皮靴天王旗四十二辰旗各一旗一人並錦帽五色寶相花彩革帶臂鞲天下太平旗一五方龍旗五旗五人執人錦帽引夾人貼金帽服並如上橫刀引君王萬歲旗一日月旗各一旗五人執人錦帽引夾人貼金帽服執矢已見前例御馬六十六人馬十六匹匹四人控馬三十二人貼金幞紫寶相花彩革帶夾馬三十二人錦帽執黑杖皁帽青錦襖塗金銅束帶廣武節級一人服同御馬管押騎御馬直人員一人皁帽紅錦襖塗金銅束帶中道隊三十二人大將軍一人朝服絳幘日月合璧旗一苣紋旗二五星連珠旗一祥雲旗二旗各五人服執見前例長壽幢一平巾幘緋寶相花彩革帶大口袴金吾細仗一百人青龍旗一白虎旗一五嶽神旗五五方神旗五旗各四人並四色寶相花彩青黃銀褐皁抹額帶橫刀引夾如前押旗二人長腳幞頭紫公服紅鞓角帶烏皮靴五方龍旗各三五方鳳旗各三旗一人並五色彩抹額革帶橫刀四瀆旗四旗五人並皁寶相花彩抹額革帶橫刀引夾如前黃麾前第一部二百七十二人殿中侍御史二人朝服左右屯衛大將軍二人折衝都尉二人平巾幘紫飛麟袍革帶大口袴錦騰蛇橫刀弓矢主帥二十人平巾幘緋寶相花彩革帶袴儀刀龍頭竿一百揭鼓六儀鍠斧二十小戟二十弓矢四十朱滕絡刀盾二十矟二十綠滕絡刀盾二十並青寶相花彩抹額抹帶行縢鞋韈第二部二百七十二人殿中侍御史二人左右領軍衛大將軍二人折衝都尉二人紫繡白澤袍主帥二十人龍頭竿一百揭鼓六儀鍠斧二十小戟二十弓矢四十朱滕絡刀盾二十矟二十綠滕絡刀盾二十服並緋第三部二百七十二人殿中侍御史二人左右屯衛大將軍二人折衝都尉二人紫繡鷹袍主帥二十人龍頭竿一百揭鼓六儀鍠斧二十小戟二十弓矢四十朱滕絡刀盾二十矟二十綠滕絡刀盾二十服並黃餘同上部

第五節中道八寶三百人轝士九十六人平巾幘緋寶相花彩大口袴塗金銀束帶燭籠三十二大珮銀腰帶服同轝士行馬十六燭籠服同碧襴官十六人引腳幞頭碧襴彩金銅束帶烏皮鞾後四人執長刀符寶郎八人長腳幞頭緋公服角帶槐簡步導援寶三十二人人員二人武弁紫寶相花彩革帶執黑漆杖長行三十人緋寶相花彩執黑漆杖香案八轝士三十二人服同燭籠行馬案後金吾仗六方傘二大雉扇四服並同碧襴官金吾仗十二人四色官四人長腳幞頭綠公服大口袴金銅腰帶前二人執槐簡後二人執金銅儀刀押仗二人長腳幞頭紫公服紅鞓帶烏皮鞾金甲二人披膊兜牟錦臂鞲勒甲絛進馬四人平巾幘紫犀牛袍革帶袴刀弓矢金吾引駕四十九人千牛將軍一人千牛十人郎將二人並緋繡抹額紫犀牛襦革帶大口袴橫刀弓矢珂馬將軍平巾幘無抹額千牛郎將花腳幞頭餘同長史二人長腳幞頭綠公服金銅腰帶鞾袴烏皮鞾引駕官四人長腳幞頭紫公服紅鞓帶烏皮鞾中雉扇十二大傘二小雉扇四華蓋二香蹬一座八人火燎一二人武弁緋寶相花革帶大口袴腰輿人員什將三人皁帽紅錦襖塗金銀束帶人員執杖長行十六人帬腳幞頭紅錦四䙆襖塗金銀腰帶排列官二人長腳幞頭紫公服紅鞓帶烏皮鞾小輿二十四人白成銀束帶服同長行人道遙輦人員什將共十六人皁帽塗金銀束帶紅錦袴綠鸞人員執黑漆杖方長行二十六人紅地白錦鸞襖金銀帶冠同平輦人員什將十六人皁帽紅錦襖塗金銀帶輿輦共一百三人諸班開道旗隊一百七十七人開道旗一鐵甲兜牟紅背子緋馬甲皁纛旗十二旗一人黑漆鐵笠皮人馬甲皁引駕六十二人皁帽紅錦團襖紅背子鐵人馬甲箭兵械骨朶輔龍直一百二人皁帽紅背子鐵人馬甲骨朶黃麾前第四部二百七十二人殿中侍御史二人左右武衛大將軍二人折衝都尉二人主帥二十人龍頭竿一百揭鼓六儀鍠斧二十小戟二十弓矢四十朱滕絡刀盾二十矟二十綠滕絡刀盾二十黃寶相花彩餘並如前第一部第五部二百七十二人除左右驍衛大將軍與都尉服赤豹袍龍竿以下服銀褐花彩餘名色並如前第二部第六部二百七十二人除將軍都尉服瑞馬袍龍竿以下服皁花彩餘名色並如前第三部

第六節中道門旗隊一百二十三人騎執門旗四十五方色龍旗十步執紅龍門旗六十麾旗一簇輦紅龍旗八日月旗二麟旗一鳳旗一旗皆一人並鐵甲兜牟紅錦襖紅背子馬執者帷紅背子執門旗仍帶劍步金輅皇太后乘之公主侍坐故在玉輅之前駕士九十四人赤平巾幘緋繡對鳳大袖緋抹額赤袴鞋韈擊鞭內侍十人皁帽紅錦襖塗金銀束帶駕頭下御床也抱駕頭內侍一人長腳幞頭紫羅公服塗金銀束帶控馬二人錦帽錦襖彩銀大珮腰帶廣武官十二人錦帽白成銀束帶襖茶酒班執從物十一人水罐二香毬二唾盂一厮羅一手巾一御椅三人踏床一皁帽碧錦團襖紅背子塗金銀束帶錦共百三十人拱聖直人員二人長行三十八人真珠頭巾紅錦四䙆襖塗金銀束帶導駕官四十二人朝服從人八十四錦帽紫絡縫寬彩大珮銀腰帶仗劍六人皁帽紅錦團襖紅背子鐵甲弓矢器械廣武把行門八人殿班把行門三十五人服並如仗劍玉輅帝后同乘太子陪坐駕士百二十八人服如金輅惟用青色千牛將軍一人具裝執長刀於輅右左右點檢二人金披甲夾輅大將軍二人陪輅將軍二人並朝服進輅職掌二人長腳幞頭紫寬彩塗金銀腰帶教馬官二人長腳幞頭緋抹額紫寶相花彩塗金銀腰帶部押二人皁袍鐵甲紅錦襖執骨朶挾輅八人控踏路馬四人馬二匹銅面包尾京釃人服如駕士共一百五十三人龍翔馬隊二十隊六百二十人分左右每隊人員三人皁帽鐵甲紅錦襖紅背子弓矢劍骨朶甲馬殿侍二十八人鐵甲紅錦背子弓矢器械甲馬東第五班金槍六隊每隊旗三人鎗二十五人內二十人佩弓矢共一百六十八人並裹鐵兜牟金鎗銀鎗六隊每隊旗三人鎗二十五人內二十人佩弓矢共一百六十八人並裹鐵笠銀鎗東第四班二隊每隊旗三人弩二十五人共五十六人鐵笠兜牟神勇步隊七百人分左右作四重每重人員十皁帽紅錦團襖弓矢器械骨朶長行六百六十八人並鐵兜牟甲內拱聖骨朶直一百六十四人拱聖槍直一百六十四人內執子旗者二人餘執槍拱聖弓箭直一百六十六人弓矢器械執骨朶拱聖弩直一百六十六人執弩廣武骨朶大劍三百一十人指揮使五人紅錦襖紅背子都頭五人紅錦襖紅背子予弁皁帽塗金腰帶骨朶長行三百人內一百人四金鵰錦帽紫孔雀寬襖白成銀束帶骨朶二百人全鍍銀花朱紅笠緋對鳳寬襖銀帶執銀花大劍導駕官四十二員從者八十四人服已見前青龍白虎隊五十二人果毅都尉二人青龍旗一白虎旗一旗五人弩六人弓矢十四矟二十服已見前

第七節中道駕后輔龍直等二十一人柏板一篳篥十五笛十四人員一人長行三十八人樂器自備並皁帽紅錦襖塗金束帶並馬人員執骨朶扇筤二十五人執筤官一人控馬二人服並如前例紅龍扇二長腳幞頭紫公服塗金銀束帶廣武二十八人錦帽繡䄂襖白成銀束帶紫對鳳十頭緋對鳳十七寶輦轝士四十二人什將人員十六人皁帽紅錦團襖長行二十六人盤裹幞頭紅錦四䙆襖塗金束帶持級隊五十人旅帥二人服同都尉前例重輪旗二旗五人紅羅大傘二大雉扇八小雉扇八紅羅繡華蓋一武弁緋寶相花彩革帶袴錦騰蛇朱團扇八黃寶相花彩真武幢一皁寶相花彩畢罕八緋寶相花大袖麾一幢一崇寶相花彩銀褐抹帶後部鼓吹三百三十七人鼓吹丞二人典士四人部轄指揮使一人主帥十八人金鉦㧏鼓各三羽葆鼓十二歌二十四拱辰管二十四簫二十四笳二十四節鼓二鐃鼓十二歌十六簫二十四笳二十四小橫吹一百二十青苣紋袍抹額抹帶餘並與前同金吾牙門第三門牙門旗四旗三人監門校尉六人服執同第一門黃麾後第一部二百七十二人第二部二百七十二人第三部二百七十二人殿中侍御衛大將軍折衝都尉龍頭竿以下名色並如前三部

第八節中道後部鼓吹第二百二十八人笛二十四簫二十四篳篥二十四笳二十四桃皮篳篥二十四服並如前屬車八牛二十四駕士八十人武弁緋繡雲鶴大袖銀褐大口袴黃鉞車赤馬二駕士十五人武弁緋對鵰大袖銀褐抹帶大口袴豹尾車赤馬二駕士十五人武弁緋立豹大袖銀褐抹帶大口袴玄武隊六十一人金吾折衝都尉一人平巾幘紫辟邪袍革帶袴騰蛇橫刀弓矢㩠矟二平巾幘緋寶相花彩革帶仙童旗一玄武旗一騰蛇旗一神龜旗一旗五人服執如前例矟十九弓矢十五弩四平巾幘緋寶相花彩革帶袴黃麾後第四部二百七十二人第五部二百七十二人第六部二百七十二人攝官名數服色並如前第四第五第六部絳引幡二十執者六十人並武弁緋繡寶相花彩銀褐抹帶大口袴諸從駕官並於仗後陪從朝服不足者公服凡應乘馬者並同宋制

金史卷四十二

元　中　書　右　丞　相　總　裁　脫　脫　等　修

志第二十三

儀衛下　大駕鹵簿　皇太子鹵簿　諸妃嬪導從　皇太后皇后鹵簿　親王儀從　百官儀從

大駕鹵簿世宗大定三年祫享用黃麾仗三千人分四節　第一節無縣令府牧卽用黃麾前三部次前部鼓吹次金吾牙門旗次駕頭次引駕龍墀隊次天王十二辰等旗　第二節黃麾第四第五部次君王萬歲日月旗次御馬內增控馬司圍挾馬司圍各一十六人次日月合璧五星連珠等旗次八寶內增執黑杖傳喝一十八人在香案前次七寶輦　第三節黃麾後第一第二部次玉輅次梼栳隊次導駕門仗官　第四節黃麾後第三第四第五部次金輅次牙門旗次後部鼓吹大定六年九月西京還都用黃麾仗二千五百四十二人攝官在內騎七百六十二匹分四節　第一節攝官五十四人執擎三百二人樂工一百七十人　第二節攝官三十二人執擎三百七十六人　第三節仗內攝官四十四人導駕官四十二人門仗官一百人玉輅青馬八駕士一百四十人護駕梼栳隊五百人執擎二百四十二人　第四節攝官五十人金輅赤馬八駕士九十四人控鶴二十二人樂工八十四人執擎二百九十八人是歲上還自西京有司備儀仗皇太子乘金輅上疑其非禮以問禮官無能知者上怒皆責降之明年將册皇太子宰臣奏當備儀仗告廟上曰前朕受尊號謁謝但令朕用宋眞宗故事朝服乘馬於禮甚輕今皇太子乃用備禮何耶丞相良弼謝上徐曰此文臣因循不加意爾先是將有事於南郊朝享太廟右丞石琚奏其禮上曰前朝漢人祭天惟務整肅儀仗此自奉耳非敬天也朕謂祭天在誠不在儀仗之盛也其減半用之於是遂增損黃麾仗爲大駕鹵簿凡用七千人攝官在內分八節　第一節第一引七十人縣令第二引二百六十四人府牧第三引二百二十九人御史大夫名色與府牧同頗損其數而增行止旗二　第二節金吾皁纛旗一十二人朱雀隊三十四人指南記里鼓車皆五十二人鸞旗車一十八人前部鼓吹一百二十九人清游隊七十二人內白澤旗二旗五人緋具裝冠緋皮甲勒皮錦臂鞲橫刀引夾加弓矢緋皮馬甲包尾全折衝都尉二人黑平巾幘紫繡辟邪袍革帶銀褐大口袴錦騰蛇橫刀弓矢弩六弓矢二十四矟三十並錦帽青繡寶相花衫革帶銀褐大口袴佽飛隊四十八人內果毅都尉二人黑平巾幘紫繡飛麟袍革帶銀褐大口袴錦騰蛇佩橫刀弓矢虞候佽飛三十人鐵甲兜牟橫刀弓矢黑馬甲全鐵甲佽飛一十六人服執如上前部馬隊第一隊六十四人第二第三隊皆六十八人第四第五隊皆五十八人殳叉仗五十四人內帥兵官二人黑平巾幘緋寶相花衫革帶銀褐大口袴執儀刀殳二十六叉二十六五色寶相花衫抹額抹帶行縢鞋韈行止旗一緋繡寶相花衫抹額銀褐抹帶大口袴　第三節前部鼓吹第二三百六十九人前步甲隊第一至第五隊皆四十二人衙門旗二十人黃麾前第一部一百五十人第二部一百二十人殳叉仗五十八人行止旗一　第四節黃麾幡三人六軍儀仗二百二十六人御馬三十三人黃麾前第三至第五部皆一百二十人青龍白虎隊五十二人殳叉仗五十六人行止旗一　第五節八寶二百三十二人平頭輦三十人七寶輦四十二人班劍儀刀隊二百人內將軍二人折衝都尉二人平巾幘緋辟邪袍革帶銀褐大口袴錦騰蛇執儀刀班劍儀刀各九十八並平巾幘緋繡寶相花衫革帶銀褐大口袴錦騰蛇執儀刀驍衛翊衛隊六十人內供奉郎將二員黑平巾幘緋繡瑞馬袍革帶銀褐大口袴執儀刀鳳旗二旗五人服執如前弩弓矢矟皆一十六服如班劍儀刀夾轂隊第一隊九十二人內折衝都尉二人平巾幘緋繡飛麟袍革帶銀褐大口袴執儀刀寶符旗二旗五人朱鍪甲刀盾八十朱甲錦臂鞲行縢鞋韈第二隊八十二人內果毅都尉二人白澤袍飛黃旗二旗五人銀褐鍪甲刀盾七十第三隊八十二人內果毅都尉二人赤豹袍吉利旗二旗五人皁鍪甲刀盾七十殳叉仗五十六人行止旗一　第六節馬步門旗隊一百人駕頭一十五人廣武官荼酒班執從物者二十三人御龍直四十人紅錦團襖鍍金束帶內人員二人皁帽眞珠頭巾玉輅一百五十一人梼栳隊五百人內金槍隊一百二十六人分左右人員十八人並鐵甲皁帽紅錦背子執小旗馬甲紅錦包尾長行一百八人鐵甲兜牟紅錦背子錦臂鞲甲馬紅錦包尾執金鎗銀槍隊一百二十六人人員十八人並服如上執銀鎗弓箭直步隊一百二十四人人員四鐵甲皁帽紅錦團花戰袍弓矢執銀骨朶馬甲全長行一百二十人鐵笠紅錦團花戰袍鐵甲弓矢骨朶直步隊一百二十四人人員四長行一百二十人服甲同上無弓矢金吾牙門旗二十人黃麾後第一部一百五十人第二部一百二十人殳叉五十二人行止旗一　第七節扇筤二十五人金輅九十四人大安輦一百八十一人內尚輦奉御二人殿中少監二人奉職官二人並公服令史四人書令史四人七人烏介幘緋四褛素衫銀褐抹帶大口袴皁靴一人長腳幞頭紫羅公服角帶皁靴掌輦四人武弁黃繡寶相花衫銀褐抹帶大口袴人員十二皁帽紅錦團襖銅束帶內指揮使一人執銀骨朶舁士一百五十一人服同掌輦御馬三十三人持鈒隊三十九人後部鼓吹一百六十人黃麾後第三至第五部皆一百二十人後步甲隊第一至第二隊皆四十二人殳叉仗五十六人行止旗一　第八節後部鼓吹第二一百四十人象輅革車木輅皆五十人進賢車二十六人豹尾車一十八人屬車八十人玄武隊六十一人後步甲隊第三至第五隊皆四十二人金吾牙門旗二十人後部馬隊第一隊七十六人第二隊六十四人第三隊六十八人殳叉仗六十八人行止旗一後分行旗止旗爲二以上名數與黃麾同者不重述

章宗明昌五年六月尚書省奏大定六年世宗自西京還都採宋省方還京之儀用黃麾仗二千人及金玉輅梼栳隊甲騎五百人導駕官四十二員自後遂不復用今車駕幸景明宮還都之日宜依用之制可承安元年省臣奏南郊大禮大駕鹵簿當用人二萬一千二百一十八馬八千一百九十八世宗親行郊祀仗用七千人今擬大定制外量添甲卒三百梼栳隊執撾人二百四十八通七千五百四十八人仍分八節從之泰和六年上欲親行祫享命有司計其役費尚書省奏當用仗三千五百人錢一萬餘貫馬八百六十五匹舊例馬皆借取於民親軍班祗皆自備從事今軍旅方興官馬以備緩急不可借用民亦不可重擾宜令有司攝事上詔再議之八年四月禘于太廟依元年例用黃麾仗三千人屯門仗五百人

皇太后皇后鹵簿用唐宋制共二千八百四十人清游隊三十人清游旗一執一人引二人夾二人並平巾幘緋裲襠大口袴錦騰蛇佩弓矢橫刀執矟騎次金吾衛折衝都尉一人平巾幘紫裲襠大口袴錦騰蛇弓矢橫刀折衝領四十騎橫刀二十人執矟四人弩十六人並平巾幘緋衫大口袴橫刀弓矢次虞候佽飛二十八人並平巾幘緋裲襠大口袴弓矢橫刀騎夾道分左右均布至黃麾仗次內僕令一人丞一人分左右各書令史二人服依本品次並平巾幘緋衫大口袴騎從黃麾一執一人夾二人武弁朱衣革帶正道騎次左右廂黃麾仗廂各三行行百人從內第一行短戟五色氅執者並黃地白花綦襖帽行縢鞋韈次外第二行戈五色氅執人並赤地黃花綦襖帽行縢鞋韈次外第三行儀鍠五色幡並青地赤花綦襖帽行縢鞋韈次左右領軍衛左右威衛左右武衛左右驍衛左右衛等衛各三行行二十人分前後衛各主帥六人並平巾幘唯左右領軍衛各三人並緋裲襠大口袴領軍衛前後獅子文袍帽餘衛豹文袍帽各執鍮石裝長刀騎分前後每衛各果毅都尉一人檢校被繡袍以上各一名步從左右領軍衛有絳引幡引前掩後各三執者六人並平巾幘緋衫大口袴次內謁者監四人給事二人內常侍二人內侍少監二人並騎分左右以上各有內給使一人步從次內給使百二十人皆宮人並平巾幘緋衫大口袴分左右在車後次偏扇團扇方扇各二十四分左右以宮人執之皆服間綵大袖裙襦綵衣革帶履次香蹬一執擎內給使四人平巾幘緋裲襠大口袴次重翟車馬四駕士二十四人平巾幘青衫大口袴鞋韈次行障二坐障二分左右夾車宮人執之服同執扇次內寺伯二人領寺人六分左右平巾幘緋裲襠大口袴執御刀並騎夾重翟車次腰輿一舉士八人團雉扇二夾輿次大傘四次大雉扇八分左右橫行爲二重次錦華蓋二單行正道次小雉扇朱團扇各十二並橫行分左右次錦曲蓋二十四二重橫行爲次錦六柱八扇分左右自腰輿以下並內給使執之服同前次宮人車次絳麾二分左右執各一人武弁朱衣革帶鞋韈次後黃麾一執一人夾一人並騎武弁朱衣革帶正道次供奉宮人在黃麾後次厭翟車馬四駕士二十四人次翟車安車皆四馬駕士各二十四人次四望車金根車皆駕牛三駕士各十二人服同前次左右相牙門各二每門執二人夾四人並赤綦襖黃袍帽第一門在前黃麾前第二門在後黃麾後次左右領軍衛每廂各一百五十人執殳並赤地黃花綦襖帽行縢鞋韈前與黃麾仗齊後盡鹵簿廂各主帥四人檢校平巾幘緋衫大口袴被黃袍帽執鍮石長刀騎其服豹文者二在內服獅文者二一引前一護後次左右領軍衛折衝都尉各一人檢校殳仗以上各一人騎從次後殳仗內正道置牙門一每門監門校尉二人皆平巾幘緋裲襠大口袴執銀裝長刀騎每廂各巡檢校尉一人往來檢校服同前前後部鼓吹金鉦㧌鼓大鼓長鳴中鳴鐃吹羽葆鼓吹橫吹節鼓御馬並減大駕之半是歲重翟等六車改用圓方輅輦及行障坐障錦六柱宮人等車其制度人數並見輿服志天德二年海陵立后皇后乘龍飾肩輿有司設二步障於殿之西階設扇左右各十繖一此蓋殿庭導引之儀也又設皇太后導從六十人傘子不在數內並服簇四盤鵰團花紅錦襖金花幞頭塗金銀束帶永壽永寧宮導駕各三十人傘子各二人此亦常行之儀也

皇太子鹵簿受册寶謁廟凡大禮大朝會則用之有司奏當用唐宋儀禮詔止用千人中道清游隊二十四人折衝都尉一人白澤旗一五人弩四弓六矟八並騎清道直盪隊一十八人折衝都尉二人矟四弓矢十二並騎誕馬四八人正直旗隊三十三人果毅都尉一人重輪旗一騶牙旗二野馬旗一騶象旗二旗各五人並騎細引隊一十四人果毅都尉二人弓矢六矟六矟與弓矢相間並騎前部鼓吹九十八人並騎府史二人金鉦㧌鼓各二大鼓十二長鳴八鐃鼓二簫六笳六帥兵官二節鼓二小鼓十二中鳴八桃皮篳篥四歌四拱辰管六篳篥六大橫吹十二羽葆鼓二帥兵官二繖扇八梅紅傘二大雉扇四中雉扇二小輿一十八人導引官一十二人中允二人諭德二人庶子二人詹事二人太師一人太傅一人太保

一人少師一人在金輅後竝騎親勳翊衞國子隊七十四人郎將二人儀刀七十二竝騎金輅七十人三衞隊一十八人儀刀執駁角隊六十二人郎將一人祥雲旗一五人弩三弓矢七稍十五竝騎又郎將一人祥雲旗一五人弩三弓矢七稍十五竝騎朱團扇一十六人司禦率府校尉四人騎朱團扇三紫曲蓋三大角一十八後部鼓吹五十四人竝騎管轄指揮一人金鉦搁鼓各一鐃鼓二簫六歌六篳篥六節鼓一主帥二人笛六笳四拱辰管六小橫吹十主帥二人後拒隊四十六人果毅都尉一人騎三角獸旗一五人弩四弓矢十六稍二十外仗左行二百四人牙門十六人竝騎牙門旗一三人監門校尉三人郎將一人班劒九前第一隊二十七人司禦率府一人果毅都尉一人折衝都尉一人主帥一人竝騎絳引幡三首九人麟頭竿二儀鍠斧二弓矢二麟頭竿二儀鍠斧二朱刀盾二小戟二第二第三第四第五隊各一十四人與第一部麟頭竿已下同後第一隊四十七人牙門旗一三人監門校尉三人果毅都尉一人主帥一人絳引幡三九人鶡鷄旗一五人稍四弩三稍四弓矢三朱刀盾二小戟二竝騎後第二隊二十九人果毅都尉一人綱子旗一五人稍五弩三稍五弓矢三稍三弓矢四竝騎後第三隊二十九人果毅都尉一人黃鹿旗一五人稍五弩三稍五弓矢三稍三弓矢四竝騎右行二百四人排列同　太子常行儀衞導從六十二人傘子二人庭服梅紅繡羅雙盤鳳襖金花幞頭塗金銀束帶凡從盤鏇鑼唾盂水罐等事竝用銀金飾傘用梅紅羅坐麒麟金浮圖椅用金鍍銀圈雙戲麒麟椅背紅絨縧結殿庭與宴敵用繡羅間金盤鳳卓衣則用繡羅獨角間金盤獸東宮視事朱髹飾椅塗金銀獸銜紅絨縧結明金團花椅背案衣則用素羅色皆梅紅裳帕踏脚同

親王傔從引接十人皁衫盤裹束帶乘馬捧攏官五十人首領紫羅襖素幞頭執銀裹牙杖傘子紫羅團荅繡芙蓉襖間金花交脚幞頭餘人紫羅四袴繡芙蓉襖兩邊黃絹義襴竝用金鍍銀束帶幞頭同邀喝四人傘用青表紫裏金鍍銀浮圖椅用銀裹圈背水罐鏇鑼唾盂竝用銀郡王捧攏官三十人未出宮者二十人國公捧攏官二十人未出宮者十四人郡王引接六人國公四人未出宮者各減半人從儀物竝依一品職事官制諸妃嬪導從四十人幞頭繡盤蕉紫衫塗金束帶妃用偏扇方扇團扇各十六諸嬪各十四皆宮人執服雲脚紗帽紫四袴衫束帶緣韡大傘各一傘子二人執用本服錦襖幞帶大長公主導從一十二人皇妹皇女一十人竝服紫羅繡胸背葵花夾襖盤裹幞頭大佩銀腰帶牙杖各二其諸宗室女各以親疎差降之傘制皇太子三位妃皆青羅表紫裏金浮圖親王公主王妃金鍍銀浮圖郡主縣主夫人銀浮圖皆青表紫裏諸臣下母妻各從其夫子勳封品級用傘

百官儀從正一品三師三公尚書令朱衣直省各十人三公稱直府　捧攏官各六十人竝服紫衫帽銀偏帶內執藤棒三對骨朶三對牙杖三對簇馬六人傘子二人交椅水罐鏇鑼盂子唾盌等事以次執之服皁衫帽塗金銅束帶後凡執色人竝同邀喝四人傘用青羅紫裏銀浮圖從一品尚書左右丞相平章政事都元帥樞密使直省同樞密稱直院以班祗人充捧攏官五十人邀喝四人判太宗正引接十人捧攏官四十人大興尹面前兩對餘竝同以上交椅竝用銀裹圈背紫絲條結　正二品東宮三師左右副元帥尚書左右丞直省八人捧攏官四十人邀喝二人傘用朱浮圖從二品參知政事樞密副使御史大夫直省同御史臺稱通引以儀使班祗人充捧攏官三十六人邀喝數同　正三品東宮三少元帥左右監軍殿前都點檢六部尚書諸京留守宣徽勸農使翰林學士承旨等官凡同品者各引接六人捧攏官二十人以上交椅竝用直背銀間粧青絲條結諸京都轉運使招討使諸路提刑使諸府尹兼本路兵馬都總管及留守捧攏官五十人外任統軍使都運招討使副使諸府尹兼總管捧攏官四十五人公使七十人從三品元帥左右都監勸農副使殿前副都點檢及御史中丞等官凡同品者各引接六人捧攏官一十八人內中丞引從則給緋衫外任運使節度使捧攏官四十人諸節鎮諸部族節度同公使上鎮七十人中鎮六十五人下鎮六十人以上外任官人從服色除諸招討總管部族節度郡牧使自來無射糧軍人力者竝仍舊外留守統軍總管都運招討府尹轉運節度使人力亦仍舊其數雖多俱不得過四十人竝服紫衫銀帶銀裹圈背交椅銀水罐鏇鑼盂盌牙杖內銀裹骨朶大劒各兩對及邀喝唯運使無骨朶大劒　正四品左右諫議大夫國子祭酒六部侍郎等官凡同品者各引接八人本破十二人外任留守同統軍都監提刑副使各捧攏官三十人從四品殿前左右衞將軍諸猛安千戶親王府尉諸京同知轉運等官凡同品者各引接四人本破十二人外任捧攏官三十五人公使上防禦六十人中防禦五十五人下防禦五十人　正五品尚書左右司郎中翰林待制太常少卿等官凡同品者各本破八人外任捧攏官三十人公使上州五十人中州四十五人下州四十人凡防禦刺史知軍并京府統軍司節鎮佐貳官人從竝服紫衫角束帶直背銀交椅鏇鑼盂子唾盌牙杖傘用青表碧裏青浮圖防禦刺史知軍仍用銀裹骨朶大劒一對邀喝唯隨路副統軍則不邀喝從五品六部郎中侍御史大理少府等官凡同品者本破七人侍御引從則給緋衫外任本破十人以上職事官竝許張蓋　正六品尚書左右司員外等官凡同品者本破六人外任本破九人從六品尚書六部員外等官凡同品者本破五人外任本破九人　正七品殿中侍御史等官凡同品者本破四人外任本破七人縣令公使十人都軍公使六人從七品應奉翰林文字等官凡同品者本破四人外任本破六人縣令公使十人　正八品大理評事等官凡同品者本破二人外任本破六人從八品太常太祝等官凡同品者本破二人外任本破五人　正九品御藥都監等官凡同品者本破一人外任本破三人從九品隨殿位承應同監等官凡同品者本破一人外任本破一人　尚書省樞密院令譯史通事六部御史臺及統軍司通事誥院令史國史院書寫等職各設本破一人以上職官人力從物不得僭越其外任官人從服執以本處公用或贓罰錢置

凡內外官自親王以下傔從各有名數差等而朱衣直省不與其賤者一曰引接亦曰引從內官從四品以上設之二曰捧攏官內外正五品以上設之三曰本破內外正四品以下設之四曰公使外官正三品以下設之五曰從已人力外官正三品京都留守大興府尹以下等官設之本破如捧攏之職公使從公家之事從已執私家之役者也五等皆以射糧軍充其軍非驗物力以事攻討特招募民年十七以上三十以下魁偉壯健者收刺以資糧給之故曰射糧其首領則有將節承局什將等名而皆統於隨路都兵馬總管府焉金之所以禮臣下足任使者其亦先代之遺法歟　外任官從已人力諸京留守大興府尹五十人統軍都轉運招討按察使諸路兵馬都總管四十五人轉運節度使四十人提控諸羣牧防禦使三十五人外任親王傅同知留守副統軍按察副使諸州刺史知軍事三十人同知都轉運使事副招討副留守同知府尹兼總管提舉漕運司諸五品鹽使二十五人都轉運副使按察司簽事少尹副總管同知轉運節度使事二十人京都兵馬都指揮使一十八人轉運節度副使十七人兵馬都鈐轄十五人親王府尉諸京留守總判官同知防禦使事十三人警巡使兵馬副都指揮同提舉漕運司正六品鹽副使從六品酒麴鹽稅使同知州軍事一十人統軍都轉運司京府總管散府等判官京推官九人親王府司馬招討判官赤劇縣令提舉上京皇城兵馬鈐轄正七品酒麴鹽稅副使都轉運判官府推官節度觀察判官八人京縣次劇縣令都巡檢使正將府軍都指揮使七人司屬令親王府文字招討司勘事官諸縣令警巡副使知城堡寨鎮從七品鹽判同提舉上京皇城節鎮軍都指揮使都巡河同七品酒使防禦判官六人市令錄事赤劇縣丞副都巡檢使副將都巡檢州軍判官五人統軍司知事親王府記室參軍同屬丞正八品酒使副京縣次劇縣丞諸司使四人大興府招討按察司知事京府運司節鎮司獄管勾河橋關度譏察官從八品鹽判官漕運司勾當官警巡判官諸縣丞市丞司候主簿錄事司判官縣尉副都巡檢諸巡檢巡河官正九品酒使諸司副使三人鹽場管勾防刺以下司獄部隊將同管勾河橋副譏察司候判官教授統軍按察司知法軍轄諸司都監節鎮以上知法二人鹽場同管勾防刺以下知法諸司同監統軍按察司書史統軍司譯書通事一人　婆速公使從已人力於附近東京澄州招募漢人百姓投充謂非猛安謀克所管者合懶恤品胡里改蒲與路竝於各管猛安謀克所管上中戶內輪差驅丁依射糧軍例支給錢糧官員若猛安謀克應差本管戶民充人力者竝上中戶輪當　諸內外官有兼職各應得人從者從多給餘各驗品類差　諸親王引接引從在都兵馬司差公王隨朝者從守部本破內差外路者并所在州府就差　諸王府引從相府捧攏官引接周年替代自餘十月滿代竝以射糧軍充　諸隨朝六品以下職官并諸局承應者願令從已輪庸者聽仍具姓名申部本處官司周年內不得占使　諸職官之任以理去官者接送人力於從已人內給半取接者皆於所在官司出給印券差取送還者須到本所給券發還如無驗者權閣支請候會問別無逃亡將帶然後放支　諸致仕官職俱至三品者從已人力於願往處給半不得輸庸身故應送還者又減半給之若年未六十而致仕及罷去者則不給

金史卷四十三

元　中書右丞相總裁脫脫等修

志第二十四

輿服上 天子車輅 皇太子車制 皇后妃嬪車輦 王公以下車制及鞍勒飾

古者車輿之制各有名物表識以祀以封以田以戎所以別上下明等威也歷代相承互有損益或因時創始或襲舊致文奇巧日滋浮靡益蕩加以後世便習騎乘車用蓋寡惟於郊廟祀享法駕導引爲一代令儀而不敢廢也其於先王經世立法之意寥乎闊哉金初得遼之儀物既而克宋於是乎有車輅之制熙宗幸燕始用法駕迨至世宗制作乃定班班乎古矣考禮文證國史以見一代之制度云

大定十一年將有事於南郊命太常寺檢宋南郊禮鹵簿當用玉輅金輅象輅革輅木輅耕根車明遠車指南車記里鼓車崇德車皮軒車進賢車黃鉞車白鷺車鸞旗車豹尾車輅車羊車各一革車五屬車十二除見有車輅外闕象木革輅耕根明遠皮軒進賢白鷺羊車大輦各一革車三屬車四按五禮新儀王輅以青金輅以緋象輅以銀褐革輅以黃木輅以皂蓋其物有合隨輅之色者有當用別色者如玉輅用青絲繡雲龍絡帶青羅繡寶相花帶青畫輪轅青氂牛尾此隨輅之色者也若象木革輅則當用緋用銀褐用黃及皂若至尊乘御步武所及非若餘物但爲美觀其踏牀倚背踏道之褥皆用紅錦座褥及行馬褥透壁幞簾三用銀褐黃青羅錦三色又大輦宋陶穀創意爲之至祥符中以其太重減七百餘斤可見當時亦無定制各以意從長斟酌造之其制金玉輅闕可見者象輅革輅木輅耕根皮軒進賢明遠白鷺羊車革車大輦凡十有一象輅黃質金塗銅裝以象飾諸末輪衣以銀褐建大赤餘同玉輅　革輅黃質輓之以革金塗銅裝輪衣以黃建大白餘同玉輅　木輅黑質漆之輪衣以皂建大麾餘同玉輅　耕根車青質蓋三重制如玉輅而無玉飾　皮軒車赤質上有漆柱貫五輪相重畫虎紋一轅　進賢車赤質如革車緋輪衣絡帶門簾竝鳳上設朱漆牀香案紫綾衣一轅　明遠車制如屋鋭頂重簷勾欄頂上有金四角垂鐸上層四面垂簾下層周以花板三轅　白鷺車赤質周施花板上有漆柱柱杪刻爲鷺鷥銜鵝毛筩紅綾帶柱貫五輪相重輪衣皂頂緋裙緋絡帶竝繡飛鷺一轅　羊車赤質兩壁油畫龜紋金鳳翅幰衣結帶竝繡瑞羊二轅　大輦赤質正方油畫金塗銀葉龍鳳裝其上四面施行龍雲朶火珠方鑑銀絲囊網珠翠結雲龍鈿窠霞子四角龍頭銜香囊頂輪施耀葉中有銀蓮花坐龍紅綾裏碧牙壓帖內設圓鑑香囊銀輪勾欄臺坐紫絲條網軨中施黃褥上置御座曲几香鑪錦結綬几衣輪衣絡帶竝緋繡雲龍寶相花金綫壓長竿四飾以金塗銀龍頭畫梯托叉行馬　七寶輦制如大輦飾以玉裙網七寶滴子用眞珠宋欽宗爲上皇製海陵自汴取而用之

皇后之車六一曰重翟車青質金飾金塗銅鈒花葉段裝釘耀葉二十四明金立鳳一紫羅銷金生色寶相帷一青羅青油幰衣各一朱絲絡網紫羅明金生色雲龍絡帶各二兩廂明金五彩間裝翟羽二金塗鍮石長轅鳳頭三橫轅立鸞八香鑪香寶子一副宜男錦帶結朱紅漆杌子踏床各一扶板扶魚一副紅羅明金衣褥紅羅襯褥一青羅行道褥四青羅明金生色雲鳳夾幔一紅羅明金緣紅竹簾二金塗銅葉斷行馬二朱紅漆金塗銀葉裝釘胡梯一青羅胡梯褥儀褥二踏道褥十青絹裹大麻索二油蒙帕一二曰厭翟車赤質倒仙錦帷一紫羅紫油幰衣各一朱絲絡網宜男錦絡帶各二餘同重翟惟行道夾幔褥儀褥羅及褁索等用紅三曰翟車黃質金飾鍮石葉段裝釘宜男錦帷黃羅油幰衣鍮石長轅鳳頭三而無橫轅立鸞餘同厭翟而羅色用黃四曰安車赤質倒仙錦帷紫油幰衣朱絲絡網天下樂錦絡帶鍮石長轅鳳頭三無橫轅立鸞及香鑪香寶子餘同翟車而色皆用紅五曰四望車朱質宜男錦帷青油幰衣轅端螭頭二餘竝同安車六曰金根車朱質紫羅紫油幰衣朱絲倒仙錦絡帶各二踏床褥用紅綾衣褥儀褥踏道褥竝用綾餘竝同安車造六車成後復改造圓輅重簷方輅五華亭頭平頭六等之制又增製九龍車一高二丈廣一丈一尺長二丈六尺五鳳車四各高一丈八尺長廣如之圓輅車一方輅車一重簷車一各高一丈七尺長一丈八尺廣八尺皆駕馬四駕士各五十人竝平巾幘生色青緋黃三色寶相花衫銀褐抹帶大口褲平頭輦一五華輦一亭頭輦一各高一丈九尺廣丈五寸長三丈舁士各九十六人作兩番代竝生色緋寶相花衫餘如前製管押人員三十五人長脚幞頭紫羅窄衫金銅帶束駕馬繁纓涼屜鈴拂包尾皆從車色金銅面插翟尾朱㲃朱總龍車合用紅羅傘一傘子二人用本服錦帽幞帶又檢定扇障等制偏扇如仙人羽扇行障六扇各長八尺高六尺用紅羅表朱裏畫雲鳳龍首竿銜鞶結每障用宮人四坐障二扇各長七尺高五尺畫雲鳳紅羅表朱裏餘同行障錦六柱八扇各闊二尺高三尺冒以錦內給使八人執宮人車制如屬車駕士八人平巾幘緋衫大口褲鞋韈供奉宮人三十八人雲脚紗帽紫衫束帶絲靴明昌元年三月定妃嬪車輦同鍍金鳳頭黃結御妻世婦用間金鳳頭梅紅結子

皇太子車制大定六年十二月奏皇太子金輅典故制度及上用金輅儀式奉勑詳定輈旗旒首及應用龍者更以麟爲飾省去鄣塵等物上用金輅名件色數依上公以九爲節減四分之一上用輅軾前有金龍改爲伏鹿軾上坐龍改爲鳳旂十二旒減爲九駕赤騮六減爲四及簾褥用黃羅處改用梅紅餘竝具體成造其制赤質金飾諸末重較箱畫虡文鳥獸黃屋軾作赤伏鹿龍輈金鳳一軾前設障塵朱蓋黃裏輪畫朱牙左建九旒右載闟戟旂首銜金龍頭結綬及鈴綏八鸞在衡二鈴在軾駕赤騮四金鍐方釳插翟尾鏤錫鞶纓九就皇帝輅自頂至地高一丈七尺今裲四分之一爲一丈三尺二寸修廣之裲亦如之

王公以下車制一品轅用銀螭頭涼棚杆子月板竝許以銀裝飾三品以上螭頭不得施銀涼棚杆子月板亦聽用銀爲飾五品以上轅獅頭六品以上轅雲頭庶人坐車平頭止用一色黑油

親王鞍塗金銀裹仍鈒以開花障泥用紫羅飾以錦襜以塗金銀裝束用絲結皇家小功以上太皇太后皇太后大功以上皇后期親以上并一品官及官職俱至三品以上者障泥許用金花若經賜或御毬場內不在禁限舊制親王宰執任外者與大興尹皆服小帽束帶銀鞍絲鞭大定中世宗以京尹亦外官三品而與親王無別遂命不得御銀鞍絲鞭惟同外三品例幞頭帶展皂視事

承安二年制護衞銅裝鞍韂不得借人庶人馬鞍許用黑漆以骨角鐵爲飾不得用玉較具及金銀犀象飾鞍韂

輿服中 天子袞冕 視朝之服 皇后冠服 皇太子冠服 宗室外戚及一品命婦服用 臣下朝服 祭服 公服

昔者聖人制爲玄黃黼黻之服以象天地之德以章貴賤之儀夏商損益至周大備不可以有加矣自秦滅棄禮法先王之制靡敝不存漢初猶服袀玄以從大祀歷代雖漸復古終亦不純而已金制皇帝服通天絳紗袞冕偪舄卽前代之遺制也其臣有貂蟬法服卽所謂朝服者章宗時禮官請参酌漢唐更製祭服青衣朱裳去貂蟬竪筆以別於朝服惟公朝則又有紫緋綠三等之服與夫窄紫服展皂等事悉著于篇云

天眷三年有司以車駕將幸燕京合用通天冠絳紗袍據見闕名件依式成造禮服袍裳方心曲領中單蔽膝革帶大帶玉具劍綬佩舄韈乘輿服大綬六采黑黃赤白縹綠小綬三色同大綬間施三玉環大綬五百首小綬半之白玉雙佩革帶玉鈎䚢

冕制天板長一尺六寸廣八寸前高八寸五分後高九寸五分身圍一尺八寸三分并納言竝用青羅爲表紅羅爲裹週迴用金稜天板下有四柱四面珍珠網結子花素墜子前後珠旒共二十四旒各長一尺二寸青碧線織造天河帶一長一丈二尺闊二寸兩頭各有眞珠金碧旒三節玉滴子節花紅線組帶二上有眞珠金翠旒玉滴子節花下有金鐸子二枚紅線款幔帶一黈纊二眞珠垂繫上用金萼子二簪窠款幔組帶鈿窠各二內組帶鈿窠四竝玉鏤塵碾造玉簪一頂方二寸導長一尺二寸簪項刻鏤塵雲龍

袞用青羅夾製五綵間金繪畫正面日一月一昇龍四山十二上下襟華蟲火各六對虎蜼各六對背面星一昇龍四山十二華蟲火各十二對虎蜼各六對中單一白羅單製羅領褾襈裳一帶褾襈紅羅八幅夾製繡藻三十一粉十六米十六黼三十二黻三十二蔽膝一帶褾襈竝紅羅夾製繡昇龍二綬一幅大綬以赤黃黑白綠褾六綵織紅羅托裹小綬三色同大綬銷金黃羅綬頭上間施三玉環皆刻雲龍大綬五百首小綬半之緋白大帶一銷金黃羅帶頭鈿窠二十四紅羅勒帛一青羅抹帶一玉佩二白玉上中下璜各一半月各二皆刻雲龍玉滴子各二皆以眞珠穿製金篦鉤獸面水葉環釘涼帶一紅羅裹鏤金上有玉鵝七鋌尾束各一金攀龍口以玳瑁板襯釘脚舄重底紅羅面白綾托裹如意頭銷金黃羅緣口玉鼻仁飾以珠韈用緋羅加綿凡大祭祀加尊號受冊寶則服袞冕行幸齋戒出宮或御正殿則通天冠絳紗袍

鎭圭大圭皇統九年十月二十四日禮部下太常書鎭圭式樣大禮使據三禮圖以進用之大定十一年太常寺按禮大圭長三尺抒上終葵首天子服之自西魏隋唐以來大圭長以尺壹寸與鎭圭同蓋鎭圭以鎭天下四鎭山爲飾今其圭已依古制惟無大圭今御府有故

宋白玉圭圓無上鋼及終葵首自西魏以來所制玉笏皆長尺有二寸方而不折雖非先王之法蓋後世玉難得隨宜故也擬合以御府所藏行禮就用

視朝之服初太宗卽位始服赭黃自後視百官朝御袍帶章宗卽位以世宗之喪有司請御純吉不從乃服淡黃袍烏犀帶常朝則服小帽紅襴偏帶或束帶

皇后冠服花珠冠用盛子一青羅表青絹襯金紅羅托裏用九龍四鳳前面大龍銜穗毬一朶前後有花珠各十有二及鸂鶒孔雀雲鶴王母隊仙人浮動插瓣等後有納言上有金蟬鑻金兩博鬢以上竝用鋪翠滴粉縷金裝珍珠結製下有金圈口上用七寶鈿窠後有金鈿窠二穿紅羅鋪金款幔帶一

褘衣深青羅織成翬翟之形素質十二等領褾襈竝紅羅織成雲龍中單以素青紗製領織成黼形十二褾袖襈織成雲龍竝織紅穀造裳八副深青羅織成翟文六等褾襈織成紅羅雲龍明金帶腰蔽膝深青羅織成翟文三等領緣緅色羅織成雲龍明金帶大綬一長五尺闊一尺黃赤白黑縹綠六彩織成小綬三色同大綬間七寶鈿窠施二玉環上碾雲龍撚金線織成大小綬頭紅羅花襯大帶青羅朱裏紕其外上以朱錦下以綠錦紐約用青組撚金線織成帶頭玉佩二朶每朶上中下璜各一半月墜子各二竝玉碾縷金打鈒獸面篦鉤佩子各一水葉子眞珠穿綴青衣革帶用縷金青羅裝造上用金打鈒水地龍鵝眼鉈尾龍口攀束子共八事以玳瑁襯金釘脚抹帶二紅羅青羅各一竝明金造各長一丈五寸舄以青羅製白綾裏如意頭明金黃羅準上用玉鼻仁眞珠裝綴繫帶襪青羅表裏綴繫帶

犀冠減撥花樣縷金裝造上有玉簪一下有玳瑁盤一

皇太子冠服冕用白珠九旒紅絲組爲纓青纊充耳犀簪導袞青衣朱裳五章在衣山龍華蟲火宗彝四章在裳藻粉米黼黻白紗中單青褾襈裾玉帶塗金銀鉤艓蔽膝隨裳色爲火山二章瑜玉雙佩四采織成大綬間施玉環三白襪朱舄舄加金塗銀釦謁廟則服之

遠遊冠十八梁金塗銀花飾博山附蟬紅絲組爲纓犀簪導朱明服紅裳白紗中單方心曲領絳紗蔽膝白襪黑舄餘同袞冕冊寶則服之

桓圭長九寸廣三寸厚半寸用白玉若屋之桓楹爲二稜太子入朝起居及與宴則朝服紫袍玉帶雙魚袋其視事及見師少賓客則服小帽皂衫玉束帶

宗室及外戚并一品命婦衣服聽用明金期親雖別籍女子出嫁竝同又五品以上官母妻許披霞帔唯首飾霞帔領袖腰帶許用明金龘金間金之類其衣服止用明銀象金及金條壓繡正班局分承應帶官人雖未出職係班其祖母及母妻子孫之婦同籍兄弟之妻及在室女孫姊妹竝同又禁私家用純黃帳幕陳設若曾經宣賜鸞輿服御日月雲肩龍文黃服五箇鞘眼之鞍皆須更改

臣下朝服凡導駕及行大禮文武百官皆服之正一品貂蟬籠巾七梁額花冠貂鼠立筆銀立筆犀簪導佩劍緋羅大袖緋羅裙緋羅蔽膝各一緋白羅大帶天下樂暈錦玉環綬一白羅方心曲領白紗中單銀褐勒帛各一玉珠佩二金塗銀革帶烏皮履白綾韈正二品七梁冠銀立筆犀簪導不佩劍緋羅大袖雜花暈錦玉環綬餘竝同正四品五梁冠銀立筆犀簪白獅錦銀環綬珠佩銀革帶御史中丞則獬豸冠青荷蓮綬餘竝同正五品四梁冠簇四金鵰錦銅環綬銀珠佩餘竝同正六品至七品三梁冠黃獅錦銅環綬珠佩銅束帶餘竝同大定二十二年祫享攝官導駕二品冠七梁三品四品冠六梁服有金花五品冠五梁六品冠四梁七品冠三梁監察御史獬豸冠青綬八品九品冠二梁餘製竝同三品舊無

祭服皇統七年太常寺言太廟成後奉安神主祫享行禮凡行事執事助祭陪位官准古典當服袞冕九章畫降龍隨品各有等差通典云虞夏殷竝十二章日月星辰山龍華蟲作繪於衣宗彝藻火粉米黼黻絺繡於裳周升三辰於旂登龍於山登火於宗彝作九章之服山龍華蟲火宗彝繪於衣藻粉米黼黻繡於裳公之服自袞冕而下如王之服侯伯之服自鷩冕而下如公之服又後魏帝服袞冕與祭者皆朝服又開元禮一品服九章又五禮新儀正一品服九旒冕犀簪青衣畫降龍今汴京舊禮直官言自宣和二年已後一品祭服七旒冕大袖無龍唐雖服九章服當時司禮少常伯孫茂道言諸臣之章雖殊然飾龍名袞尊卑相亂請三公服鷩冕八章爲宜臣等竊謂歷代衣服之制不同若從後魏則止服朝服或用宋服則爲七章若遵唐九章則有飾龍名袞尊卑相亂之議尚書省乃奏用後魏故事止用燕京大冊禮時所服朝服以祭大定三年八月詔遵皇統制攝官則朝服散官則公服以皇太子爲亞獻服袞冕十四年用唐制若祭遇雨雪則服常服謂今之公服也泰和元年八月禮官言祭服所以接神朝服所以事君雖歷代損益不同然未嘗不有分別是以袞冕十二旒玄衣纁裳備十二章天子之祭服也通天冠絳紗袍紅羅裳天子之視朝服也臣下之服則用青衣朱裳以祭朱衣朱裳以朝國朝惟天子備袞冕通天冠二等之服今羣臣但有朝服而祭服尚闕每有祀事但以朝服從事實於典禮未當請依漢唐故事祭服冕旒畫章然君冕服雖章數各殊而俱飾龍名袞而唐孫茂道已有尊卑相亂之論然三公法服有龍恐涉於僭國初禮官亦嘗駮議乞參酌古今改置祭服其冠則如朝冠而但去其貂蟬豎筆其服用青衣朱裳白襪朱履非攝事者則用朝服庶幾少有差別上曰朝祭之服固宜分也

公服大定官制文資五品以上官服紫三師三公親王宰相一品官服大獨科花羅徑不過五寸執政官服小獨科花羅徑不過三寸二品三品散搭花羅謂無枝葉者徑不過寸半四品五品服小雜花羅謂花頭碎小者徑不過一寸六品七品服緋芝蔴羅八品九品服綠無紋羅應武官皆服紫凡散官職事皆從一高上得兼下下不得僭上窄紫亦同服色各依官制品格其諸局分承應人竝服無紋素羅十五年制曰袍不加襴非古也遂命文資官公服皆加襴帶制皇太子玉帶佩玉雙魚袋親王玉帶佩玉魚一品玉帶佩金魚二品笏頭毬文金帶佩金魚三品四品荔枝或御仙花金帶竝佩金魚五品服紫者紅鞓烏犀帶佩金魚服緋者紅鞓烏犀帶佩銀魚服綠者竝皂鞓烏犀帶武官一品二品佩帶同三品四品金帶五品六品七品紅鞓烏犀帶皆不佩魚八品以下竝皂鞓烏犀帶司天太醫內侍教坊服皆同文武官惟不佩魚應殿庭承應五品以下官非入內不許金帶又展紫入殿庭者竝許服紅鞓不佩魚又二品以上官許兼服通犀帶三品官若治事及見賓客許兼服花犀帶大定二年制百官趨朝赴省竝須畟帶五品以上官趨朝則朝服赴省則展皂雨雪沾衣則從便凡朝參主寶主符展紫御仙花或太平花金束帶近侍給使供御筆硯直長符寶吏紫襖子塗金束帶輪直則近侍給使竝常服則展紫閤門六尚遇朝參侍立則服本品服若宮中當直則服窄紫金帶學士院官修起居注補闕拾遺秘書丞秘書郎朝參侍立則服本品服色帶當直則窄紫金帶東宮左右衛率僕正副僕正典儀贊儀內直郎丞當直亦許服之太子太師出入宮中則展紫至東宮則展皂三少則展紫

君子之服以稱德也故德之備者其文備古者王公及士庶人莫不各有一定之制而不敢相逾者蓋風俗之奢儉法令之齊一必於是而觀焉詩曰彼都人士狐裘黃黃其容不改出言有章其三章曰彼都人士充耳琇實彼君子女謂之尹吉此言都邑之盛人物之懿也明昌間章宗謂宰臣曰今風俗侈靡莫若律以制度使貴賤有等其令禮部具典故以聞他日又謂參知政事張萬公曰山東風俗如何萬公對以奢左丞守貞因言衣服之制上曰如卿所言正恐失人心耳守貞曰止是商賈有不悅者萬公曰乞寬與之期三年之內當如制矣於是上以禮部所擬太繁以尚書省所擬而行之嗟乎人君以風俗爲言其亦知所務矣

金人之常服四帶巾盤領衣烏皮靴其束帶曰吐鶻巾之制以皂羅若紗爲之上結方頂折垂于後頂之下際兩角各綴方羅徑二寸許方羅之下各附帶長六七寸當橫額之上或爲一縮襞積貴顯者於方頂循十字縫飾以珠其中必貫以大者謂之頂珠帶旁各絡珠結綬長半帶垂之海陵賜大興國者是也其衣色多白三品以皂窄袖盤領縫腋下爲襞積而不缺袴其胷臆肩袖或飾以金繡其從春水之服則多鶻捕鵝雜花卉之飾其從秋山之服則以熊鹿山林爲文其長中骭取便於騎也吐鶻玉爲上金次之犀象骨角又次之銙周鞓小者間置於前大者施於後左右有雙鉈尾納方束中其刻琢多如春水秋山之飾左佩牌右佩刀刀貴鑌柄尚鷄舌木黃黑相半有黑雙距者爲上或三事五事寶飾以醬瓣樺鍘口飾以鮫或屑金鍮和漆塗鮫隙而礲平之醬瓣樺者謂樺皮班文色殷紫如醬中豆瓣也產其國故尚之初女直人不得改爲漢姓及學南人裝束違者杖八十編爲永制婦人服襜裙多以黑紫上編繡全枝花周身六襞積上衣謂之團衫用黑紫或皂及紺直領左衽掖縫兩傍復爲雙襞積前拂地後曳地尺餘帶色用紅黃前雙垂至下齊年老者以皂紗籠髻如巾狀散綴玉鈿於上謂之玉逍遙此皆遼服也金亦襲之許嫁之女則服綽子製如婦人服以紅或銀褐明金爲之對襟彩領前齊拂地後曳五寸餘

明昌六年制文武官六貫石以上承應人并及廕者許用牙領紫圓板皂條羅帶皂靴上得兼下係籍儒生止服白衫領緊背帶竝以紫圓條羅帶乾皂靴餘人用純紫領不得用緣雜色圓板條羅帶不得用紫靴用黃及黑油皂蠟等婦人各從便泰和四年以親王品官既分

領緣而復有皂靴之禁似涉太煩遂聽親王用銀褐領紫緣品官皆紫領白緣餘從明昌制

青袋之制大定十六年世宗以吏員與士民之服無別潛入民間受賕鬻獄有司不能檢察遂定懸書袋之制省樞密院令譯史用紫紵絲爲之臺六部宗正統軍司檢察司以黑斜皮爲之寺監隨朝諸局并州縣竝黃皮爲之各長七寸闊二寸厚半寸竝於束帶上懸帶公退則懸於便服違者所司糾之

大定十三年太常寺擬士人及僧尼道女冠有師號并良閒官八品以上許服花紗綾羅絲紬在官承應有出身人帶八品以下官未帶官亦同許服花紗綾羅紵絲絲紬家屬同婦人許用珠爲首飾其都孔目與八品間官同京府州縣司吏皆與庶人同庶人止許服絁紬絹布毛褐花紗無紋素羅絲綿其頭巾繫腰領帕許用芝蔴羅條用絨織成者不得以金玉犀象諸寶瑪瑙玻璃之類爲器皿及裝飾刀把鞘并銀裝釘牀榻之類婦人首飾不許用珠翠鈿子等物翠毛除許裝飾花環冠子餘外竝禁兵卒許服無紋壓羅絁紬絹布毛褐奴婢止許服絁紬絹布毛褐倡優遇迎接公筵承應許暫服繪畫之服其私服與庶人同

金史卷四十四

元中書右丞相總裁脫脫等修

志第二十五

兵（兵制　禁軍之制　養兵之法）

金興用兵如神戰勝攻取無敵當世曾未十年遂定大業原其成功之速俗本鷙勁人多沉雄兄弟子姪才皆良將部落保伍技皆銳兵加之地狹產薄無事苦耕可給衣食有事苦戰可致俘獲勞其筋骨以能寒暑徵發調遣事同一家是故將勇而志一兵精而力齊一旦奮起變弱爲彊以寡制衆用是道也及其得志中國自顧其宗族國人尚少乃割土地崇位號以假漢人使爲之効力而守之猛安謀克雜厠漢地聽與契丹漢人昏因以相固結迨夫國勢寖盛則歸土地削位號罷遼東渤海漢人之襲猛安謀克者漸以兵柄歸其內族然樞府簽軍募軍兼采漢制伐宋之役參用漢軍及諸部族而統以國人非不知制勝長策在於以志一之將用力齊之兵也第以土宇旣廣豈得盡任其所親哉馴致極盛乃自患其宗族國人之多積其猜疑卒自戕賊遂致強本刊落醇風鍥薄將帥攜離兵士驕惰迨其亡也忠孝等軍搆難于內糺軍雜人召禍於外向之所謂志一而力齊者不見可恃之勢焉豈非自壞其家法而致是歟抑是道也可用於新造之邦不可以保長久之天下歟金以兵得國奉詔作金史故於金之兵志考其興亡得失之跡特著於斯兵制馬政養兵等法載諸舊史者臚列于篇

金之初年諸部之民無它徭役壯者皆兵平居則聽以佃漁射獵習爲勞事有警則下令部內及遣使詣諸孛堇徵兵凡步騎之仗糗皆取備焉其部長曰孛堇行兵則稱曰猛安謀克從其多寡以爲號猛安者千夫長也謀克者百夫長也謀克之副曰蒲里衍士卒之副從曰阿里喜部卒之數初無定制至太祖卽位之二年既以二千五百破耶律謝十始命以三百戶爲謀克謀克十爲猛安繼而諸部來降率用猛安謀克之名以授其首領而部伍其人出河之戰兵始滿萬而遼莫敵矣及來流鴨水鐵驪鱉古之民皆附東京旣平山西繼定內收遼漢之降卒外籍部族之健士嘗用遼人訛里野以北部百三十戶爲一謀克漢人王六兒以諸州漢人六十五戶爲一謀克王伯龍及高從祐等竝領所部爲一猛安至天會二年平州旣平宗望恐風俗揉雜民情弗便乃罷是制諸部降人但置長吏以下從漢官之號五年伐宋之役調燕山雲中中京上京東京遼東平州遼西長春八路民兵隸諸萬戶其間萬戶亦有專統漢軍者熙宗皇統五年又罷遼東漢人渤海猛安謀克承襲之制浸移兵柄於其國人乃分猛安謀克爲上中下三等宗室爲上餘次之至海陵庶人天德二年省併中京東京臨潢咸平泰州等路節鎮及猛安謀克削上中下之名但稱爲諸猛安謀克循舊制間年一徵發以補老疾死亡之數貞元遷都遂徙上京路太祖遼王宗幹秦王宗翰之猛安併爲合扎猛安及右諫議烏里補猛安太師勗宗正宗敬之族處之中都幹論和尚胡剌三國公太保昂詹事烏里野輔國勃魯骨定遠許烈故杲國公勃迭八猛安處之山東阿魯之族處之北京按達族屬處之河間二年命兵部尚書蕭仲恭等與舊軍皆分隸諸總管府節度使授田牛使之耕食以蕃衛京國六年南伐立三道都統制府及左右領軍大都督將三十二軍以神策神威神捷神銳神毅神翼神勇神果神略神鋒武勝武定武威武安武捷武平武成武毅武銳武揚武翼武震威定威信威勝威捷威烈威毅威震威略威果威勇爲名軍置都總管副總管及巡察使副各一員而沿邊契丹恐妻孥被鄰寇鈔掠不可盡行遂皆背叛而大名繼授甲之士還迎立世宗于東京及大定之初窩斡旣平乃散契丹隸諸猛安謀克至三年詔河北山東等路所簽軍有父兄俱亡充甲軍子弟又爲阿里喜恐其家更無丁男有誤農種與免一丁以驅丁充阿里喜無驅丁者於本猛安謀克內驗富强有驅丁者簽充十二年徙東北等戍邊漢軍於內地十五年十月遣吏部郎中蒲察兀虎等十八分行天下再定猛安謀克戶每謀克戶不過三百七謀克至十謀克置一猛安十七年又以西南西北招討司契丹餘黨心素狠戾復恐生事它時或有邊隙不爲我用令遷之於烏古里石壘部及上京之地上謂宰臣曰北邊番戍之人歲冒寒暑往來千里甚爲勞苦縱有一二馬牛一往則無還理且奪其農時不得耕種故嘗命卿等議以何術得罷其役使安于田里不知卿議何如也左丞相良弼對曰北邊之地不堪耕種不能長戍故須番戍耳上曰朕一日萬幾安能徧及卿等旣爲宰相以此急務反以爲末事竟無一言甚勞朕慮往者參政宗敘屢爲朕言若以貧戶永屯邊境使之耕種官給糧廩則貧者得濟富戶免於更代之勞使之得勤農務若宗敘者可謂盡心爲國矣朕嘗思之宜以兩路招討司及烏古里石壘部族臨潢府泰州等路分定保戍具數以聞朕親覽焉十八年命部族糺分番守邊二十年以祖宗平定天下以來所建立猛安謀克因循旣久其間有戶口繁簡地里遠近不同又自正隆之後所授無度及大定間亦有功多未酬者遂更定以詔天下復命新授者竝令就封其謀克人內有六品以下職及諸局承應人皆爲遷之三從以上族人願從行者猛安不得過十戶謀克不得過六戶詔戍邊軍士年五十五以上許以其子及同居弟姪承替以奴代者罪之二十一年三月詔遣大興尹完顏迪古速遷河北東路兩猛安上曰朕始令移此欲令與女直戶相錯安置久則自相姻親不生異意此長久之利也今者移馬河猛安相錯以居甚符朕意而遙落河猛安不如此可再遣兵部尚書張那也按視其地以雜居之二十二年以山東屯田戶鄰之於邊鄙命聚之一處俾協力蠶種右丞相烏古論元忠曰彼方之人以所得之地爲家雖兄弟不同處故貧者衆參政粘割斡特剌曰舊時兄弟雖析猶相聚種今則不然宜令約束之又以猛安謀克舊籍不明遇簽軍與諸差役及賑濟增減不以實命括其口以實籍之二十三年遣刑部尚書移剌慥還山東東路八謀克處之河間其棄地以山東東路弍黑河猛安下蕪合謀克移里閔斡魯渾猛安下翕浦謀克付母溫山謀克九村人戶徙於劉僧安和二謀克之舊地其未徙者之地皆薄惡且鄰寇遣使詢願徙者相可居之地圖以進上嘗以速頻胡里改人驍勇可用海陵嘗欲徙之而未能二十四年以上京率胡剌溫之地廣而腴遂遣刑部尚書烏里也出府庫錢以濟行資牛畜遷速頻一猛安胡里改二猛安二十四謀克以實之蓋欲上京兵多它日可爲緩急之備也當是時多易置河北山東所屯之舊括民地而爲之業戶頒牛而使之耕畜甲兵而爲之備乃大重其權授諸王以猛安之號或新置者特賜之名制其奢靡禁其飲酒習其騎射儲其糧糗其備至嚴也是時宗室戶百七十猛安二百二謀克千八百七十八戶六十一萬五千六百二十四東北路部族糺軍曰迭剌部（承安三年改爲土魯渾尼石合節度使）曰唐古部（承安三年間改爲部魯火扎石合節度使）二部五糺戶五千五百八十五其它若助魯部族烏魯古部族石壘部族萌骨部族計魯部族孛特本部族數皆稱是西北西南二路之糺軍十曰蘇謨典糺曰耶剌都糺曰骨典糺唐古糺霞馬糺木典糺萌骨糺咩糺胡都糺凡九其諸路曰曷懶曰蒲與曰婆速曰恤頻曰胡里改曰移懶移懶後廢皆在上京之鄙或置總管府或置節度使至章宗明昌間欲國人兼知文武令猛安謀克舉進士試以策論及射以定其科甲高下承安四年上謂宰臣曰人有以八陣圖來上者其圖果何如朕嘗覩宋白所集武經具載攻守之法亦多難行右丞相清臣曰兵書一定之法難以應變本朝行兵惟用正奇二軍臨敵制變以正爲奇以奇爲正故無往不克上曰自古用兵亦不出奇正二法耳且學古兵法如學奕棋未能自得於心欲用舊陣勢以接敵疎矣敵所應與舊勢異則必不可支然武經所述雖難遵行然知之猶愈不知泰和間又制武舉其制具在選舉志所謂渤海軍則渤海八猛安之兵也所謂奚軍者奚人遙輦昭古牙九猛安之兵也奚軍初徙于山西後分遷河東其漢軍中都永固軍大定所置者也所謂鎭防軍則諸軍中取以更代戍邊者也在西北邊則有分番屯戍軍及永屯軍驅軍之別驅軍則國初所免遼人之奴婢使屯守于泰州者也邊鋪軍則河南陝西居守邊界者河東三虞候順德軍及章宗所置諸路効節軍（京府節鎭設二十人防刺設十人）掌同弓手者也諸路所募射糧軍五年一籍三十以下十七以上强壯者皆刺其（缺）所以兼充雜役者也京師防城軍世宗大定十七年三月改

爲武衛軍則掌京師巡捕者也其曰牢城軍則嘗爲盜竊者以充防築之役曰士兵則以司警捕之事凡漢軍有事則簽取於民事已則或亦放免初天會間郭藥師降有曰長勝軍者皆遼水側人也以鄉土歸金皆愁怨思歸宗望及令罷還正隆間又嘗罷諸路漢軍而所存者猶有威勇威烈威捷順德及韓常之軍之號凡邊境置兵之州三十八鳳翔延安鄜犖熙泗潁蔡隴秦河海壽唐商洮蘭會積石鎭戎保安綏德保德環葭隩寧邊東勝淨慶來遠桓昌曷懶婆速蒲與恤品胡里改置於要州者十一南京東京益都京兆太原臨洮臨潢豐泰撫蓋及宣宗南遷亂軍潰去兵勢益弱遂盡擁猛安戶之老稚渡河僑置諸總管府以統之器械既缺糧糒不給彼民膏血而不足乃行括糧之法一人從征舉家待哺又謂無以堅戰士之心乃令其家盡入京師不數年至無以爲食乃聽其出而國亦屈矣然初南渡時盡以河朔戰兵三十萬分隸河南行樞密及帥府往往藏匿強壯驅羸弱使戰不能取勝後乃至以二十五人爲謀克四謀克爲猛安每謀克除旗鼓司火頭五人任戰者止十八人不足成隊伍但務存其名而已故混源劉祁謂金之兵制最弊每有征伐及邊釁輒下令簽軍使遠近騷動民家丁男若皆強壯或盡取無遺號泣動乎鄰里嗟怨盈於道路驅此使戰欲其勝敵難矣初貞祐時下令簽軍會一時任子爲監當者春赴吏部選宰執命取爲監軍官皆憤惱哀號交愬臺省至衡宰相鹵簿以告丞相僕散七斤大怒遽左右取弓矢射去已而上知其不可用命免之元光末備潼關黃河又簽軍諸使者歷縣邑自見居官外無文武小大職事官皆充軍至許州前侍御史劉元規年幾六十亦選爲千戶至陳州以鄰父從益以前監察御史亦爲千戶餘不可悉紀既立部伍必以軍律相臨物議紛然後亦罷之哀宗正大二年議選諸路精兵直隸密院先設總領六員分路揀閱因相合併每總領司率數萬人軍勢既張乃易總領之名爲都尉班在隨朝四品之列曰建威曰虎威曰破虜振威鷹揚虎賁振武折衝盪寇殄寇必以先嘗秉帥權者居是職雖帥府行院亦不敢以貴重臨之天興初元有十五都尉先六人陞授在京建威奧屯斡里卜許州折衝夾谷澤本姓奧陳州振武溫撒辛本姓李蔡州盪寇蒲察打吉卜中裕安平完顏斜烈嵩汝振武唐括韓僧續封金昌府虎威紇石烈乞兒宣權歸德果毅完顏豬兒南京殄寇完顏阿排宣權潼關都尉三虎賁完顏陳兒鷹揚內族大妻室全節復取河朔諸路歸正人不問鞍馬有無譯語能否悉送密院增月給三倍它軍授以官馬得千餘人歲時犒燕名曰忠孝軍以石抹燕山奴蒲察定住統之加以正大已後諸路所虜臨陣所獲皆放歸鄉土同忠孝軍給其犒賞使河朔俘係知之故此軍迄于天興至七千千戶以上將帥尚不預焉又以歸正人過多乃係於忠孝籍中別爲一軍減忠孝所給之半不能射者令閱習一再月然後試補忠孝軍是所謂合里合軍也又以親衛馬軍舊時所選未精必加閱試直取武藝如忠孝軍者得五千人餘罷歸爲步軍凡進征忠孝居前馬軍次之自正大改立馬軍隊伍鞍勒兵甲一切更新將相舊人自謂國家全盛之際馬數則有之至於軍士精銳器仗堅整較之今日有不侔者中興之期爲有望矣一日布列曹門內教場忠孝軍七千馬軍五千京師所屯建威都尉軍萬人內族九住所統親衛軍三千及阿排所統四千皆哀宗控制樞密院時所選教場地約三十頃尚不能容餘都尉十三四軍猶不在是數此外招集義軍名曰忠義要皆燕趙亡命雖獲近用終不可制異時擅殺北使唐慶以速金亡者卽此曹也

禁軍之制本於合扎謀克合扎者言親軍也以近親所領故以名焉貞元遷都更以太祖遼王宗幹秦王宗翰軍爲合扎猛安謂之侍衛親軍故立侍衛親軍司以統之舊常選諸軍之材武者爲護駕軍海陵又名上京龍翔軍爲神勇軍正隆二年將南伐乃罷歸使就僉調後於侍衛親軍四猛安舊止曰太祖遼王秦王猛安凡三今曰四猛安未詳豈太祖兩猛安耶內選三十以下千六百人騎兵曰龍翔步兵曰虎步以備宿衛五年罷親軍司以所掌付大興府置左右驍騎所謂從駕軍也置都副指揮使隸點檢司步軍都副指揮使隸宣徽院大定初親軍置四千人二十二年省爲三千五百上京亦設守衛軍是年尚書省奏上京既設皇城提舉官亦當設軍守衛上曰可設四百五十馬一百二十分三番更代異時朕至上京卽作兩番巡警限以半年交替人日給錢五十米一升半馬給芻粟猛安謀克官可差年四十上下者軍士竝取三十以上者充章宗承安四年增爲五千又增至六千又有威捷軍承安增簽弩手千人凡選弩手之制先以營造尺度杖其長六尺立之謂之等杖取身與杖等能踏弩至三石鋪弦解索登踏闊習射六箭皆上垛內二箭中貼者又選親軍取身長五尺五寸善騎射者猛安謀克以名上兵部移點檢司宣徽院試補之又設護衛二百人近侍之執兵仗者也取五品至七品官子孫及宗室幷親軍諸局分承應人身長五尺六寸者選試補之又設控鶴二百人皆以備出入者也大將府治之稱號收國元年十二月始置咸州軍帥司以經畧遼地討高永昌置南路都統司且以討張覺天輔五年襲遼主始有內外諸軍都統之名時以奚未平又置奚路都統司後改爲六部路都統司以遙輦九營爲九猛安隸焉與上京及泰州凡六處置每司統五六萬人又以渤海軍爲八猛安凡猛安之上置軍帥軍帥之上置萬戶萬戶之上置都統然時亦稱軍帥爲猛安而猛安則稱親管猛安者燕山既下循遼制立樞密院于廣寧府以總漢軍太宗天會元年以襲遼主所立西南都統府爲西南西北兩路都統府三年以伐宋更爲元帥府置元帥及左右副及左右監軍左右都監金制都元帥必以諳班孛極烈爲之恒居守而不出六年詔還二帥以鎭方面諸路各設兵馬都總管府州鎭置節度使沿邊州則置防禦使凡州府所募射糧軍牢城軍每五百人爲一指揮使司設使分爲四都都設左右什將及承局押官其軍數若有餘或不足則與近者合置不可合者以三百人或二百人亦設指揮使若百人則止設軍使百人以上立爲都不及百人止設什將及承局管押官各一員十年改南京路都統司爲東南路都統司治東京以鎭高麗後又置統軍司于大名府及海陵天德二年八月改諸京兵馬都部署司爲本路都總管府九月罷大名統軍司而置統軍司于山西河南陝西三路以元帥府都監監軍爲使分統天下之兵又改烏古迪烈路統軍司爲招討司以婆速路統軍司爲總管府三年以元帥府爲樞密院罷萬戶之官詔曰太祖開剏因時制宜材堪統衆授之萬戶其次千戶及謀克當時官賞未定城郭未下設此職許以世襲乃權宜之制非經久之利今子孫相繼專擅威權其戶不下數萬與留守總管無異而世權過之可罷是官若舊無千戶之職者續思增置國初時賜以國姓若爲子孫者皆令復舊正隆末復陞陝西統軍司爲都統府大定五年復罷府降爲統軍司尋又設兩招討司與前凡三以鎭邊陲東北路者初置烏古迪烈部後置于泰州泰和間以去邊尙三百里宗浩乃命分司于金山西北路者置於應州西南路者置於桓州以重臣知兵者爲使列城堡濠墻戍守爲永制樞密院每行兵則更爲元帥府罷則復爲院宣宗貞祐三年徵代州戍兵五千從胥鼎言留代以屏平陽興定二年選募河南陝西弩手軍二千人爲一軍賜號威勇及南遷河北封九公因其兵假以便宜從事沿河諸城置行樞密院元帥府大者有便宜之號小者有從宜之名元光間時招義軍以三十人爲謀克五謀克爲一千戶四千戶爲一萬戶四萬戶爲一副統兩副統爲一都統此復國初之名也然又外設一總領提控故時皆稱元帥爲總領云金初因遼諸抹而置羣牧抹之爲言無蚊蚋美水草之地也天德間置迪河斡朵斡里保保亦作本蒲速斡燕恩兀者五羣牧所皆仍遼舊名各設官以治之又於諸色人內選家富丁多及品官家子猛安謀克蒲輦軍與司吏家餘丁及奴使之司牧謂之羣子分牧馬駝牛羊爲之立蕃息衰耗之刑賞後稍增其數爲九契丹之亂遂亡其五四所之所存者馬千餘牛二百八十餘羊八百六十駝九十而已世宗置所七曰特滿忒滿在撫州斡覩只蒲速椀蒲速椀本斡覩只之地大定七年分其地置之承安三年改爲板底因烏魯古甌里本承安三年改爲烏鮮烏魯古烏魯古者言滋息也合魯椀耶盧椀在武平縣臨潢泰州之境大定二十年三月更定羣牧官詳穩脫朵知把羣牧人滋息損耗賞罰格二十一年勅諸所馬三歲者付女直人牧之牛或以借民耕或又令民畜羊或以賑貧戶時遣使閱實其數缺則杖其官而令牧人償之匿其實者監察舉覺之二十八年蕃息之久馬至四十七萬牛十三萬羊八十七萬駝四千明昌五年散騍馬令中都西京河北東西路驗民物力分畜之又令宅路民養馬者死則於前四路所養者給換若欲用則悉以送官此金之馬政也然每有大役必括於民及取羣官之餘騎以供戰士焉宣宗興定元年定民間收潰軍亡馬之法及以馬送官酬直之格上等馬一匹銀五十兩中下遞減十兩不願酬直者上等二匹補一官雜班任使中等三匹下等四匹如之令下十日陳首限外匿及殺並絞又遣官括市民馬立賞格以示勸五百匹以上鈔千貫千匹以上一官二千匹以上兩官

養兵之法熙宗天眷三年正月詔歲給遼東戍卒細絹有差正隆四年命河南陝西統軍司并虞候司順德軍官兵竝增廩給六年將南征以絹萬疋于京城易衣襖穿膝一萬以給軍世宗大定三年南征軍士每歲可支一千萬貫官府止有二百萬貫外可取於官民戶此軍須錢之所由起也時言事者以山東河南陝西等路循宋齊舊例州縣司吏弓手於民間驗物力均敷顧錢名曰免役請以是錢贍軍至是省具數以聞詔罷弓手錢

其司吏錢仍舊四年六月奏元帥府乞降軍須錢上曰帥府支費無度例皆科取於民甚非朕意仰會計軍須支用不盡之數及諸路轉運司見在如實缺用則別具以聞十年四月命德順州建營屋以處屯軍十七年七月歲以羊皮三萬賜西北路戍兵承安三年以軍須所費甚大乞驗天下物力均徵擬依黃河夫錢例徵軍須錢驗各路新籍物力每貫徵錢四貫西京北京遼東路每貫徵錢二貫臨潢全州則免徵周年三限送納恐期遠遂定制作半年三限輸納凡河南陝西山東放老千戶謀克蒲輦正軍阿里喜等給賞之例舊軍千戶十年以上賞銀五十兩絹三十疋不及十年比附十年以上謀克支謀克十年以上銀四十兩絹二十五疋不及十年銀三十兩絹二十疋蒲輦十年以上銀三十兩絹二十疋不及十年銀二十兩絹一十五疋馬步正軍阿里喜等勾當不拘年分放老正軍銀一十五兩絹一十疋阿里喜旗鼓吹笛本司火頭人等同銀八兩絹五疋三虞候千戶十年以上銀四十兩絹二十五疋不及十年銀三十兩絹二十疋謀克二十年以上銀五十兩絹三十疋十年以上銀三十兩絹二十疋不及十年銀一十兩絹一十五疋蒲輦十年以上銀二十兩絹一十五疋不及十年銀一十五兩絹一十疋正軍阿里喜勾當不拘年分放老正軍銀一十兩絹七疋阿里喜旗鼓吹笛本司火頭人等同銀五兩絹四疋北邊萬戶千戶謀克等歷過軍功及年老放罷給賞之例（遷官同從吏部格）正千戶管押萬戶勾當過一十五年遷兩官與從五品不及一十五年年老放罷遷一官與正六品若十年以下遷一官賞銀絹六十兩疋正謀克管押萬戶勾當一十五年遷兩官與正六品不及一十五年年老放罷遷一官與正七品若十年以下遷一官賞銀絹五十兩疋正千戶管押千戶勾當過二十年遷一官與正六品不及二十年年老放罷遷一官與正七品若十年以下遷一官賞銀絹四十兩疋正謀克管押千戶以下依河南陝西體例凡鎮防軍每年試射射若有出衆上等賞銀四兩特異衆者賞十兩銀馬盂簽充武衛軍挈家赴京者人日給六口糧馬四匹芻藁諸招軍月給例物邊鋪軍錢五十貫絹十疋軍匠上中等錢五十貫絹五疋下等錢四十貫絹四疋黃河埽兵錢三十貫絹五疋射糧軍及溝渠等處埽兵水手錢二十貫絹二疋土兵錢十貫絹一疋凡射糧軍指揮使及黃沁埽兵指揮使錢粟七貫石絹六疋軍使錢粟六貫石絹同上什將錢二貫粟三石春衣錢五貫秋衣錢十貫承局押官錢一貫五百文粟二石春衣錢五貫秋衣錢七貫牢城并上兵錢八百文粟二石春衣錢四貫秋衣錢六貫邊鋪軍請給與射糧軍同河南陝西山東路統軍司鎮防甲軍馬軍猛安錢八貫米五石二斗絹八疋六馬芻粟謀克錢六貫米二石八斗絹六疋五馬芻粟蒲輦錢四貫米石七斗絹五疋四馬芻粟正軍錢二貫米石五斗絹四疋綿十五兩兩馬芻粟阿里喜錢一貫五百文米七斗絹三疋綿十兩步軍猛安馬二匹謀克馬一匹芻粟每馬給芻一束粟五升歲仲春野有青草馬可牧養則止惟每猛安當差馬七十二匹四時皆給又定制河南山東河東歲給五月陝西六月鎮防軍補買馬錢河南路正軍五百文阿里喜隨色人三百文陝西山東路正軍三百文阿里喜隨色人二百文諸屯田被差及緣邊駐扎捉殺軍猛安月給錢六貫米一石八斗五馬芻粟謀克錢四貫米一石二斗三馬芻粟蒲輦錢二貫米六斗二馬芻粟正軍錢一貫五百文米四斗一馬芻粟阿里喜隨色人錢一貫米四斗一馬芻粟德順軍指揮使錢六貫米二石八斗絹六疋三馬芻粟軍使什將錢四貫米一石七斗絹五疋給兩馬料長行錢二貫米一石五斗絹四疋綿十五兩給一馬料奚軍謀克錢一貫五百文米一石五斗紬絹春秋各一疋給三馬料蒲輦錢一貫米二石七斗紬絹同上給二馬料長行錢一貫米一石八斗紬絹同上飼一馬北邊臨潢等處永屯駐軍千戶錢八貫米五石二斗絹八疋飼馬六匹步軍飼兩馬地五頃謀克錢六貫米二石八斗絹六疋飼五馬地四頃蒲輦錢四貫米一石七斗絹五疋飼四馬地三頃正軍錢二貫米一石四斗五升絹四疋飼兩馬綿十五兩地二頃阿里喜錢一貫五百文米七斗絹三疋綿十兩地一頃旗鼓司人與阿里喜同交替軍錢二貫米四斗阿里喜錢一貫五百文米四斗上番漢軍千戶月給錢三貫糧四石絹八疋飼四馬謀克錢二貫五百文糧一石絹六疋飼二馬正軍錢二貫米九斗五升絹四疋上京路永屯駐軍所除授千戶月給錢粟十五貫石絹十疋綿二十兩飼三馬謀克錢六貫米二石八斗絹六疋飼二馬正軍月支錢二貫五百文米一石二斗絹四疋綿十五兩飼一馬阿里喜隨色人錢二貫米一石二斗絹四疋綿十五兩諸北邊永駐軍月給補買馬錢四百文隨色人三百文貞祐三年軍前委差及掌軍官規圖糧料冒占職役皆無實員又見職及遙授者已有俸給又與無職事者同支券糧故時議欲省員減所給之數俟征行則全給之及興定二年彰化軍節度使張行信言一軍充役舉家廩給蓋欲感悅士心使爲國盡力耳至於無軍之家復無丁男而其妻女猶受給何謂耶五年京南行三司官石抹斡魯言京南東西三路見屯軍戶老幼四十萬口歲費糧百四十餘萬石皆坐食民租甚非善計語在田制諸屯田軍人如差防送日給錢一百五十文看管孝寧宮人月各給米五斗柴一車春秋衣麤布一疋秋絹二疋綿一十五兩諸黃院子年滿者以元請錢糧三分內給一貫石養老

金史卷四十五

元　中　書　右　丞　相　總　裁　脫　脫　等　修

志第二十六

刑

昔者先王因人之知畏而作刑因人之知恥而作法畏也恥也五性之良知七情之大閑也是故刑以治已然法以禁未然畏以處小人恥以遇君子君子知恥小人知畏天下平矣是故先王養其威而用之畏可以教愛慎其法而行之恥可以立廉愛以興仁廉以興義仁義與刑法不幾於措乎金初法制簡易無輕重貴賤之別刑贖並行此可施諸新國非經世久遠之規也天會以來漸從吏議皇統頒制兼用古律厥後正隆又有續降制書大定有權宜條理有重修制條明昌之世律義勑條並修品式寖備既而泰和律義成書宜無遺憾然國脉紆蹙風俗醇醨世道升降君子觀一代之刑法每有以先知焉金法以杖折徒累及二百州縣立威甚者置刃於杖虐於肉刑季年君臣好用筐篋故習由是以深文傅致爲能吏以慘酷辦事爲長才百司姦贓眞犯此可決也而微過亦然風紀之臣失糾皆決考滿校其受決多寡以爲殿最原其立法初意欲以同疏戚一小大使之咸就繩約於律令之中莫不齊手並足以聽公上之所爲蓋秦人强主威之意也是以待宗室少恩待大夫士少禮終金之代忍恥以就功名雖一時名士有所不免至於避辱遠引罕聞其人殊不知君子無恥而犯義則小人無畏而犯刑矣是故論者於教愛立廉之道往往致太息之意焉雖然世宗臨御法司奏讞或去律援經或揆義制法近古人君聽斷言幾於道鮮有及之者章宗宣宗嘗親民事當宁裁決寬猛出入雖時或過中迹其矜恕之多猶有祖風焉簡牘所存可爲龜鑑者本紀刑志詳畧互見云

金國舊俗輕罪笞以柳葼殺人及盜劫者擊其腦殺之没其家貲以十之四入官其六賞主併以家人爲奴婢其親屬欲以馬牛雜物贖者從之或重罪亦聽自贖然恐無辨於齊民則劓刵以爲別其獄則掘地深廣數丈爲之太宗雖承太祖無變舊風之訓亦稍用遼宋法天會七年詔凡竊盜但得物徒三年十貫以上徒五年刺字充下軍三十貫以上徒終身仍以贓滿盡命刺字於面五十貫以上死徵償如舊制熙宗天眷元年十月禁親王以下佩刀入宮衛禁之法實自此始三年復取河南地乃詔其民約所用刑法皆從律文罷獄卒酷毒刑具以從寬恕至皇統間詔諸臣以本朝舊制兼採隋唐之制參遼宋之法類以成書名曰皇統制頒行中外時制杖罪至百則臀背分決及海陵庶人以脊近心腹遂禁之雖主決奴婢亦論以違制又多變易舊制至正隆間者爲續降制書與皇統制並行焉然二君任情用法自有異於是者矣及世宗卽位以正隆之亂盜賊公行兵甲未息一時制旨多從時宜遂集爲軍前權宜條理大定四年尚書省奏大興民男子李十婦人楊仙哥並以亂言當斬上曰愚民不識典法有司亦未嘗丁寧誥戒豈可遽加極刑以減死論五年命有司復加刪定條理與前制書兼用七年左藏庫夜有盜殺都監郭良臣盜金珠求盜不得命點檢司治之執其可疑者八人鞫之掠三人死五人誣伏上疑之命同知大興府事移刺道雜治既而親軍百夫長阿思鉢鬻金於市事覺伏誅上聞之曰箠楚之下何求不得奈何鞫獄者不以情求之乎賜死者錢人二百貫不死者五十貫於是禁護衛百夫長五十夫長非直日不得帶刀入宮是歲斷死囚二十人八年制品官犯賭博法贓不滿五十貫者其法杖聽贖再犯者杖之且曰杖者所以罰小人也既爲職官當先廉恥既無廉恥故以小人之罰罰之九年因御史臺奏獄事上曰近聞法官或各執所見或觀望宰執之意自今制無正條者皆以律文爲準復命杖至百者臀背分受如舊法已而上謂宰臣曰朕念罪人杖不分受恐至深重乃令復舊今聞民間有不欲者其令罷之十年尚書省奏河中府張錦自言復父讐法當死上曰彼復父讐又自言之烈士也以減死論十一年詔諭有司曰應司獄廨舍須近獄安置囚禁之事常親提控其獄卒必選年深而信實者輪直十二年尚書省言内丘令蒲察臺補自科部内錢立德政碑復有其餘錢二百餘貫罪當除名今遇赦當叙仍免徵贓上以貪僞勿敘

且曰乞取之贓若以赦原孑者何辜自今可竝追還其主惟應入官者免徵尚書省奏盜有發塚者上曰功臣墳墓亦有破發者蓋無告捕之賞故人無所畏自今告得實者量與給賞故咸平尹石抹阿没剌以贓死於獄上謂其不尸諸市已爲厚幸貧窮而爲盜賊蓋不得已三品職官以贓至死愚亦甚矣其諸子可皆除名先是詔自今除名人子孫有在仕者竝取奏裁十三年詔立春後立秋前及大祭祀月朔望上下弦二十四氣雨未晴夜未明休假幷禁屠宰日皆不聽決死刑惟强盜則不待秋後十五年詔有司曰朕惟人命至重而在制竊盜贓至五十貫者處死自今可令至八十貫者處死十七年陳言者乞設提刑司以糾諸路刑獄之失尚書省議以謂久恐滋弊上乃命距京師數千里外懷冤上訴者集其事以待選官就問時濟南尹梁肅言犯徒者當免杖朝廷以爲今法已輕於古恐滋姦惡不從嘗詔宰臣朝廷每歲再遣審錄官本以爲民伸冤滯也而所遣多不盡心但文具而已審錄之官非止理問重刑凡訴訟案牘皆當閱實是非囚徒不應囚繫則當釋放官吏之罪即以狀聞失糾察者嚴加懲斷不以贖論又以監察御史體察東北路官吏輒受訟牒爲不稱職笞之五十又謂宰臣曰比聞大理寺斷獄雖無疑者亦經旬月何耶參知政事移剌道對曰在法決死囚不過七日徒刑五日杖罪三日上曰法有程限而輒違之弛慢也罷朝御批送尚書省曰凡法寺斷重輕罪各有期限法官但犯皆的決豈敢有違但以卿等所見不一至於再三批送其議定奏者書奏牘亦不下旬日以致事多滯留自今當勿復爾又曰故廣寧尹高禎爲政尚猛雖小過有杖而殺之者即罪至於死而情或可恕猶當念之況其小過者乎人之性命安可輕哉上以正隆續降制書多任己意傷於苛察而與皇統之制竝用是非淆亂莫知適從姦吏因得上下其手遂置局命大理卿移剌慥總中外明法者共校正乃以皇統正隆之制及大定軍前權宜條理後續行條理倫其輕重刪繁正失制有闕者以律文足之制律俱闕及疑而不能決者則取旨畫定軍前權行條理內有可以常行者亦爲定法餘未應者亦別爲一部存之參以近所定徒杖減半之法凡校定千一百九十條分爲十二卷以大定重修制條爲名詔頒行焉二十年上見有蹂踐禾稼者謂宰相曰今後有踐民田者杖六十盜人穀者杖八十竝償其直二十一年尚書省奏鞏州民馬俊妻安姐與管卓姦俊以斧擊殺之罪當死上曰可減死一等以戒敗風俗者二十二年上謂宰臣曰凡尚書省送大理寺文字一斷便可聞奏如烏古論公說事近取覩之初送法寺如法裁斷再送司直披詳又送闔寺參詳反覆三次妄生情見不得結絕朕以國政不宜滯留昨雖炙艾六百炷未嘗一日不坐朝欲使卿等知勤政也自今可止一次送寺闔寺披詳苟有情見即具以聞毋使滯留也二十三年尚書省奏益都民范德年七十六爲劉祐毆殺祐法當死以祐父母年俱七十餘家無侍丁上請上曰范德與祐父母年相若自當如父母相待至毆殺之難議末減其論如法尚書省奏招討司官及禿里乞取本部財物制上曰遠人止可矜恤若進貢不闕更以兵邀之强取財物與盜何異且或因而生事何可不懲又曰朕所行制條皆臣下所奏行者天下事多人力有限豈能一一盡之必因一事奏聞方知有所窒礙隨即更定今有聖旨條理復有制條是使姦吏得以輕重也大興府民趙無事帶酒亂言父千捕告法當死上曰爲父不恤其子而告捕之其正如此人所甚難可特減死一等武器署丞奕直長骨赧坐受草畔卒財奕杖八十骨赧笞二百監察御史梁襄等坐失糾察罰俸一月上曰監察人君之耳目事由朕發何以監察爲上以法寺斷獄以漢字譯女直字會法又復各出情見妄生穿鑿徒致稽緩遂詔罷情見二十五年二月上以婦人在囚輸作不便而杖不分決與殺無異遂命免死輸作者決杖二百而免輸作以臀背分決時后族有犯罪者尚書省引八議奏上曰法者公天下持平之器若親者犯而從減是使之恃此而横恣也昔漢文誅薄昭有足取者前二十年時后族濟州節度使烏林達鈔兀嘗犯大辟朕未嘗宥今乃宥之是開後世輕重出入之門也宰臣曰古所以議親尊天子別庶人也上曰外家自異於宗室漢外戚權太重至移國祚朕所以不令諸王公主有權也夫有功於國議勳可也至若議賢既曰賢矣肯犯法乎脫或緣坐則固當減請也二十六年遂奏定太子妃大功以上親及與皇家無服者及賢而犯私罪者皆不入議上謂宰臣曰法有倫而不倫者其改定之監察御史陶鈞以攜妓遊北苑歌飲池島閒道近殿廷提控官石玠聞而發之鈞令其友閻恕屬玠得緩既而事覺法司奏當徒二年半詔以鈞耳目之官攜妓入禁苑無上下之分杖六十玠恕皆坐之二十八年上以制條拘於舊律間有難解之詞命刪修明白使人皆曉之舊禁民不得收制書恐滋告訐之弊章宗大定二十九年言事者乞許民藏之平章張汝霖曰昔子產鑄刑書叔向譏之者蓋不欲預使民測其輕重也今著不刊之典使民曉然知之猶江河之易避而難犯足以輔治不禁爲便以衆議多不欲詔姑令仍舊禁之明昌元年上問宰臣曰今何不專用律文平章政事張汝霖曰前代律與令各有分其有犯令以律決之今國家制律混淆固當分也遂置詳定所命審定律令承安二年制軍前受財法一貫以下徒二年以上徒三年十貫處死符寶典書北京奴盜符寶局金牌伏誅仍除屬籍按虎阿虎帶失覺察各杖七十泰和二年御史臺奏監察御史史肅言大定條理自二十年十一月四日以前奴娶良人女爲妻者竝準已娶爲定若夫亡拘放從其主離夫摘賣者令本主收贖依舊與夫同聚放良從良者即聽贖換如未贖換間與夫所生男女竝聽爲良而泰和新格復以夫亡服除準良人例離夫摘賣及放夫爲良者竝聽爲良若未出離再配與奴或雜姦所生男女竝許爲良如此不同皆編格官妄爲增減以致隨處訴訟紛擾是涉違枉勑付所司正之初詔凡條格入制文內者分爲別卷復詔制與律文輕重不同及律所無者各校定以聞如禁屠宰之類當著于令也愼之勿忽律令一定不可更矣三年七月右司郎中孫鐸先以詳定所校名例篇進既而諸篇皆成復命中都路轉運使王寂大理卿董師中等重校之四年七月上以諸路枷杖多不如法平章政事守貞曰枷杖尺寸有制提刑兩月一巡察必不敢違法也五年正月復令鈞校制律即付詳定所時詳定官言若依重修制文爲式則條目增減罪名輕重當異於律既定復與舊同則使人惑而易爲姦矣臣等謂用今制條參酌時宜準律文修定歷採前代刑書宜於今者以補遺闕取刑統疏文以釋之著爲常法名曰明昌律義別編榷貨邊部權宜等事集爲勑條宰臣謂先所定令文尚有未完俟皆通定然後頒行若律科舉人則止習舊律遂以知大興府事尼厖古鑑御史中丞董師中翰林待制奧屯忠孝小字牙哥提點司天臺張嗣翰林修撰完顏撒剌刑部員外郎李庭義大理丞麻安止爲校定官大理卿閻公貞戶部侍郎李敬義工部郎中賈鉉爲覆定官重修新律焉時奏獄而法官有獨出情見者上曰或言法官不當出情見故論者紛紛不已朕謂情見非出於法外但折衷以從法爾平章守貞曰是制自大定二十三年罷之然律有起請諸條是古亦許情見矣上曰科條有限而人情無窮情見亦豈可無也明昌五年尚書省奏在制名例內徒年之律無決杖之文便不用杖緣先謂流刑非今所宜且代流役四年以上俱決杖而徒三年以下難復不用婦人比之男子雖差輕亦當例減遂以徒二年以下者杖六十二年以上杖七十婦人犯者竝決五十著于勑條承安三年勑尚書省自今特旨事如律令程式者始可送部其餘剏行之事但召部官赴省議之四年四月尚書省請再覆定令文上因勑宰臣曰凡事理明白者轉奏可也文牘多者恐難徧覽其三推情疑以聞五月上以法不適平常行杖樣多不能用遂定分寸鑄銅爲杖式頒之天下且曰若以笞杖太輕恐情理有難恕者訊杖可再議之五年五月刑部員外郎馬復言外官尚苛刻者不遵銅杖式輒用大杖多致人死詔令按察司糾劾黜之先嘗令諸死囚及除名罪所委官相去二百里外并犯徒以下逮及二十人以上者竝令其官就讞之刑部員外郎完顏綱言自是制行如上京最近之地往還不下三二千里如北京留守司亦動經數月愈致稽留未便詔復從舊令委官追取鞫之十二月翰林修撰楊庭秀言州縣官往往以權勢自居喜怒自任聽訟之際鮮克加審但使譯人往來傳詞罪之輕重成於其口貨賂公行冤者至有三二十年不能正者上遂命定立條約違者按察司糾之且謂宰臣曰長貳官委幕職及司吏推問獄囚命中御史臺聞奏之制當復舉行也又命編前後條制書之于冊以備將來考驗泰和元年正月尚書省奏以見行銅杖式輕細姦宄不畏遂命右司量所犯用大杖且禁不得過五分十二月所修律成凡十有二篇一曰名例二曰衞禁三曰職制四曰戶婚五曰廐庫六曰擅興七曰賊盜八曰鬬訟九曰詐僞十曰雜律十一曰捕亡十二曰斷獄實唐律也但加贖銅皆倍之增徒至四年五年爲七削不宜於時者四十七條增時用之制百四十九條因而略有所損益者二百八十有二條餘百二十六條皆從其舊又加以分其一爲二分其一爲四者六條凡五百六十三條爲三十卷附注以明其事疏義以釋其疑名曰泰和律義自官品令職員令之下曰祠令四十八條戶令六十八條學令十一條選舉令八十三條封爵令九條封贈令十條宮衞令十條軍防令二十五條儀制令二十三條衣服令十條公式令五十八條祿令十七條倉庫令七條廐牧令十二條田令十七條賦役令二十三條關市令十三條捕亡令二十條賞令二十五條

醫疾令五條假寧令十四條獄官令百有六條雜令四十九條釋道令十條營繕令十三條河防令十一條服制令十一條附以年月之制曰律令二十卷又定制敕九十五條榷貨八十五條蕃部三十九條曰新定敕條三卷六部格式三十卷司空襄以進詔以明年五月頒行之貞祐三年上謂宰臣自今監察官犯罪其事關軍國利害者並笞決之貞祐四年詔凡監察失糾劾者從本法論外使入國私通本國事情宿衛近侍官承應人出入親王公主宰執家災傷乏食有司檢覈不實致傷人命轉運軍儲而有私載考試舉人而防閑不嚴其罰並決在京犯至兩次者臺官減監察一等治罪論贖餘止坐專差任滿日議定若任內曾以漏察被決依格雖爲稱職止從平常平常者從降罰興定元年八月上謂宰臣曰律有八議今言者或謂應議之人卽當減等何如宰臣對曰凡議者先條所坐及應議之狀以請必議定然後奏裁也上然之曰若不論輕重而輒減之則貴戚皆將恃此以虐民民何以堪

金史卷四十六

元　中　書　右　丞　相　總　裁　脫　脫　等　修

志第二十七

食貨一 戶口 通檢推排

國之有食貨猶人之有飲食也人非飲食不生國非食貨不立然燧人庖犧能爲飲食之道以教人而不能使人無飲食之疾三王能爲食貨之政以遺後世而不能使後世無食貨之弊唯善養生者如不欲食啖而飲食自不關焉故能適飢飽之宜可以疾少而長壽善裕國者初不事貨殖而食貨自不乏焉故能制豐約之節可以弊少而長治金於食貨其立法也周其取民也審太祖肇造減遼租稅規模遠矣熙宗海陵之世風氣日開兼務遠略君臣講求財用之制切切然以是爲先務雖以世宗之賢儲積之志曷嘗一日而忘之章宗彌文蝟興邊費亦廣食貨之議不容不急宣宗南遷國土日蹙汙池數罟往往而然攷其立國以來所謂食貨之法犖犖大者曰租稅銅錢交鈔三者而已三者之法數變而數窮官田曰租私田曰稅租稅之外算其田園屋舍車馬牛羊樹藝之數及其藏鏹多寡徵錢曰物力物力之徵上自公卿大夫下逮民庶無苟免者近臣出使外國歸必增物力錢以其受饋遺也猛安謀克戶又有所謂牛頭稅者宰臣有納此稅庭陛間諮及其增減則州縣徵求於小民蓋可知矣故物力之外又有鋪馬軍須輸庸司吏河夫桑皮故紙等錢名目瑣細不可殫述其爲戶有數等有課役戶不課役戶本戶雜戶正戶監戶官戶奴婢戶二稅戶有司始以三年一籍後變爲通檢又爲推排凡戶隸州縣者與隸猛安謀克其輸納高下又各不同法之初行唯恐不密言事者謂其厲民卽命罷之罷之未久會計者告用乏又卽舉行其罷也志以便民而民未見德其行也志以足用而用不加饒一時君臣節用之言不絕告誡嘗自計其國用數亦浩瀚若足支歷年者郡縣稍遇歲祲又遽不足竟莫詰其故焉至於銅錢交鈔之弊蓋有甚者初用遼宋舊錢雖劉豫所鑄豫廢亦兼用之正隆而降始議鼓鑄民間禁銅甚至銅不給用漸興窯冶凡產銅地脈遣吏境內訪察無遺且及外界而民用銅器不可闕者皆造於官而鬻之旣而官不勝煩民不勝病乃聽民冶銅造器而官爲立價以售此銅法之變也若錢法之變則鼓鑄未廣斂散無方已見壅滯初恐官庫多積錢不及民立法廣布繼恐民多匿錢乃設存留之限開告訐之路犯者繩以重罰卒莫能禁州縣錢艱民間自鑄私錢苦惡特甚乃以官錢五百易其一千其策愈下及改鑄大錢所準加重百計流通卒莫獲效濟以鐵錢鐵不可用權以交鈔錢重鈔輕相去懸絕物價騰踊鈔至不行權以銀貨銀弊又滋捄亦無策遂罷銅錢專用交鈔銀貨然而二者之弊乃甚於錢在官利於用大鈔而大鈔出多民益見輕在私利於得小鈔而小鈔入多國亦無補於是禁官不得用大鈔已而恐民用銀而不用鈔則又責民以鈔納官以示必用先造二十貫至百貫例後造二百貫至千貫例先後輕重不倫民益眩惑及不得已則限以年數限以地方公私受納限以分數由是民疑日深其間易交鈔爲寶券寶券未久更作通寶準銀并用通寶未久復作寶泉寶泉未久織綾印鈔名曰珍貨珍貨未久復作寶會迄無定制而金祚訖矣歷觀自古財聚民散以至亡國若鹿臺鉅橋之類不足論也其國亡財匱比比有之而國用之屈未有若金季之甚者金之爲政常有鄙民之志而不能已苛征之令徒有聚斂之名而不能致富國之實及其亡也括粟闌糴一切掊克之政靡不爲之加賦數倍豫借數年或欲得鈔則豫賣下年差科高琪爲相議至榷油進納濫官輒售空名宣敕或欲與以五品正班僧道入粟始自度牒終至德號綱副威儀寺觀主席亦量其貲而鬻之甚而丁憂鬻以求仕監戶鬻以從良進士出身鬻至及第又甚而叛臣劇盜之效順無金帛以備賞激動以王爵固結其心重爵不蔵則以國姓賜之名實混淆倫法斁壞皆不暇顧國欲不亂其可得乎迨夫宋絕歲幣而不許和貪其淮南之蓄謀以力取至使樞府武騎盡於南伐訖可時全之出初志得糧後乃尺寸無補三軍償亡我師壓境兵財俱困無以禦之故志金之食貨者不能不爲之掩卷而興慨也傳曰作法於涼其弊猶貪作法於貪弊將若何金起東海其俗純實可與返古初入中夏兵威所加民多流亡土多曠閒遺黎惴惴何求不獲使於斯時縱不能復井地溝洫之制若用唐之永業口分以制民產倣其租庸調之法以足國計何至百年之內所爲經畫紛紛然與其國相終始耶其弊在於急一時之利踵久壞之法及其中葉鄙遼儉朴襲宋繁縟之文懲宋寬柔加遼操切之政是棄二國之所長而併用其所短也繁縟勝必至於傷財操切勝必至於害民訖金之世國用易匱民心易離豈不由是歟作法不愼厥初變法以捄其弊秪益甚焉耳其他鹽筴酒麴常平和糴茶稅征商榷場等法大槩多宋舊人之所建明息耗無定變易靡恒覩錢鈔何異田制水利區田之目或驟行隨輟或屢試無效或熟議未行咸著于篇以備一代之制云

戶口金制男女二歲以下爲黃十五以下爲小十六爲中十七爲丁六十爲老無夫爲寡妻妾諸篤廢疾不爲丁戶主推其長充內有物力者爲課役戶無者爲不課役戶令民以五家爲保泰和六年上以舊定保伍法有司滅裂不行其令結保有匿姦細盜賊者連坐宰臣謂舊以五家爲保恐人易爲計構而難覺察遂令從唐制五家爲鄰五鄰爲保以相檢察京府州縣郭下則置坊正村社則隨戶衆寡爲鄉置里正以按比戶口催督賦役勸課農桑村社三百戶以上則設主首四人二百以上三人五十戶以上二人以下一人以佐里正禁察非違置壯丁以佐主首巡警盜賊猛安謀克部村寨五十戶以上設寨使一人掌同主首寺觀則設綱首凡坊正里正以其戶十分內取三分富民均出顧錢募強幹有抵保者充人不得過百貫役不得過一年大定二十九年章宗嘗欲罷坊里正復以主首遠入城應代妨農不便乃以有物力謹愿者二年一更代凡戶口計帳三年一籍自正月初州縣以里正主首猛安謀克則以寨使詣編戶家責手實具男女老幼年與姓名生者增之死者除之正月二十日以實數報縣二月二十日申州以十月內達上司無遠近皆以四月二十日到部呈省

凡漢人渤海人不得充猛安謀克戶猛安謀克之奴婢免爲良者止隸本部爲正戶凡沒入官良人隸宮籍監爲監戶沒入官奴婢隸太府監爲官戶當收國二年時法制未定兵革未息貧民多依權右爲苟安多隱蔽爲奴婢者太祖下詔曰比以歲凶民飢多附豪族因陷爲奴隸及有犯法徵償莫辦折身爲奴或私約立限以人對贖過期則以爲奴者並聽以兩人贖一爲良元約以一人贖者從便天輔五年以境土旣拓而舊部多瘠鹵將移其民于泰州乃遣皇弟昱及族子宗雄按視其地昱等苴其土以進言可種植遂摘諸猛安謀克中民戶萬餘使宗人婆盧火統之屯種於泰州婆盧火舊居阿注滸水又作按出虎至是遷焉其居寧江州者遣拾得查端阿里徒歡奚撻罕等四謀克挈家屬耕具徙于泰州仍賜婆盧火耕牛五十天輔六年旣定山西諸州以上京爲內地則移其民實之又命耶律佛頂以兵護送諸降人于渾河路以皇弟昂監之命從便以居七年以山西諸部族近西北二邊且遼主未獲恐陰相結誘復命皇弟昂與孛堇稍喝等以兵四千護送處之嶺東惟西京民安堵如故且命昂鎭守上京路旣而上聞昂已過上京而降人復苦其侵擾多叛亡者遂命孛堇出里底往戒諭之比至而諸部已叛去又以猛安詳穩留住所領歸附之民還東京命有司常撫慰且貸一歲之糧其親屬被虜者皆令聚居及七年取燕京路二月盡徙六州氏族富強工技之民於內地太宗天會元年以舊徙潤隰等四州之民於瀋州之境以新遷之戶艱苦不能自存詔曰比聞民乏食至鬻子者聽以丁力等者贖之又詔孛堇阿實賚曰先皇帝以同姓之人昔有自鬻及典質其身者命官爲贖今聞尚有未復者其悉閱贖之又命以官粟贖上京路新遷寧江州戶口貧而賣身者六百餘人二年民有自鬻爲奴者詔以丁力等者易之三年禁內外宮及宗室毋得私役百姓權勢家不得買貧民爲奴其脅買者一人償十五人詐買者一人償二人罪皆杖百七年詔兵興以來良人被略爲驅者聽其父母妻子贖之熙宗皇統四年詔陝西蒲解汝蔡等州歲饑百姓流落典顧爲驅者官以絹贖爲良丁男三疋婦人幼小二疋世宗大定二年詔免二稅戶爲民初遼人佞佛尤甚多以良民賜諸寺分其稅一半輸官一半輸寺故謂之二稅戶遼亡僧多匿其實抑爲賤有援左

證以告者有司各執以聞上素知其事故特免之十七年五月省奏咸平府路一千六百餘戶自陳皆長白山星顯禪春河女直人遼時簽爲獵戶移居於此號移典部遂附契丹籍本朝義兵之興首詣軍降仍居本部今乞釐正詔從之二十年以上京路女直人戶規避物力自賣其奴婢致耕田者少遂以貧乏詔定制禁之又謂宰臣曰猛安謀克人戶兄弟親屬若各隨所分土與漢人錯居每四五十戶結爲保聚農作時令相助濟此亦勸相之道也二十一年六月從銀山側民於臨潢又命避役之戶舉家逃於他所者元貫及所寓司縣官同罪爲定制二十三年定制女直奴婢如有得力本主許令婚娉者須取問房親及村老給據方許娉於良人是年七月奏猛安謀克戶口墾地牛具之數猛安二百二謀克千八百七十八戶六十一萬五千六百二十四口六百一十五萬八千六百三十六內正口四百八十一萬二千六百六十九奴婢口一百三十四萬五千九百六十七墾田一百六十九萬三百八十頃有奇牛具二十八萬四千七百七十一在都宗室將軍司戶一百七十口二萬八千七百九十內正口九百八十二奴婢口二萬七千八百八墾田三千六百八十三頃七十五畝牛具三百四迭剌唐古二部五乣戶五千五百八十五口十二萬七千五百四十四內正口十萬九千四百六十三奴婢口一萬八千八十一墾田萬六千二十四頃一十七畝牛具五千六十六二十五年命宰臣禁有祿人一子及農民避課役爲僧道者大定初天下戶纔三百餘萬至二十七年天下戶六百七十八萬九千四百四十九口四千四百七十萬五千八十六章宗大定二十九年十一月上封事者言乞放二稅戶爲良省臣欲取公牒可憑者爲准參知政事移剌履謂憑驗眞僞難明凡契丹奴婢今後所生者悉爲良見有者則不得典賣如此則三十年後奴皆爲良而民且不病焉上以履言未當令再議省奏謂不拘括則訟終不絕遂遣大興府治中烏古孫仲和侍御史范楫分括北路及中都路二稅戶凡無憑驗其主自言之者及因通檢而知之者其稅半輸官半輸主而有憑驗者悉放爲良明昌元年正月上封事者言自古以農桑爲本今商賈之外又有佛老與他游食浮費百倍農歲不登流殍相望此末作傷農者多故也上乃下令禁自披剃爲僧道者是歲奏天下戶六百九十三萬九千口四千五百四十四萬七千九百而粟止五千二百二十六萬一千餘石除官兵二年之費餘驗口計之口月食五斗可爲四十四日之食上曰蓄積不多是力農者少故也其集百官議所以使民務本廣儲之道以聞六月奏北京等路所免二稅戶凡一千七百餘戶萬三千九百餘口此後爲良爲驅皆從已斷爲定明昌六年二月上謂宰臣曰凡言女直進士不須稱女直字卿等誤作迴避女直契丹語非也今如分別戶民則女直言本戶漢戶及契丹餘謂之雜戶明昌六年十二月奏天下女直契丹漢戶七百二十二萬三千四百口四千八百四十九萬四百物力錢二百六十萬四千七百四十二貫泰和七年六月勑中物力戶有役則多逃避有司令以次戶代之事畢則復業以致大損不逃之戶令省臣詳議宰臣奏舊制太輕遂命課役全戶逃者徒二年賞告者錢五萬先逃者以百日內自首免罪如實銷乏者內從御史臺外從按察司體究免之十二月奏天下戶七百六十八萬四千四百三十八口四千五百八十一萬六千七十九戶增於大定二十七年一百六十二萬三千七百一十五口增八百八十一萬二千六十五此金版籍之極盛也及衛紹王之時軍旅不息宣宗立而南遷死徙之餘所在爲虛矣戶口日耗軍費日急賦斂繁重皆仰給於河南民不堪命率棄廬田相繼亡去乃屢降詔招復業者免其歲之租然以國用乏竭逃者之租皆令居者代出以故多不敢還興定元年十二月宣宗欲懸賞募人捕亡已而復慮騷動遂命依已降詔書已免債逋更招一月違而不來者然後捕獲治罪而以所遺地賜人四年省臣奏河南以歲饑而賦役不息所亡戶令有司招之至明年三月不復業者論如律時河壖爲疆烽鞞屢警故集慶軍節度使溫迪罕達言亳州戶舊六萬自南遷以來不勝調發相繼逃去所存者曾無十一碭山下邑野無居民矣

通檢推排通檢卽周禮大司徒三年一大比各登其鄉之衆寡六畜車輦辨物行徵之制也金自國初占籍之後至大定四年承正隆師旅之餘民之貧富變更賦役不均世宗下詔曰粵自國初有司常行大比于今四十年矣正隆時兵役竝興調發無度富者今貧不能自存版籍所無者今爲富室而猶幸免是用遣信臣泰寧軍節度使張弘信等十三人分路通檢天下物力而差定之以革前弊俾元元無不均之歎以稱朕意凡規措條理命尚書省畫一以行又命凡監戶事產除官所撥賜之外餘凡置到百姓有稅田宅皆在通檢之數時諸使往往以苛酷多得物力爲功弘信檢山東州縣尤爲酷暴棣州防禦使完顏永元面責之曰朝廷以正隆後差調不均故命使者均之今乃殘暴妄加民產業數倍一有來申訴者則血肉淋離甚者卽殞杖下此何理也弘信不能對故惟棣州稍平五年有司奏諸路通檢不均詔再以戶口多寡富貴輕重適中定之既而又定通檢地土等第稅法十五年九月上以天下物力自通檢以來十餘年貧富變易賦調輕重不均遣濟南尹梁肅等二十六人分路推排二十年四月上謂宰臣曰猛安謀克戶富貧差發不均皆自謀克內科之暗者惟胥吏之言是從輕重不一自窩斡叛後貧富反復今當籍其夾戶推其家貲儻有軍役庶可均出詔集百官議右丞相克寧平章政事安禮樞密副使宗尹言女直人除猛安謀克僕從差使餘無差役今不推奴婢孳畜地土數目止驗產業科差爲便左丞相守道等言止驗財產多寡分爲四等置籍以科差庶得均也左丞通右丞道都點檢襄言括其奴婢之數則貧富自見緩急有事科差與一例科差者不同請俟農隙拘括地土牛具之數各以所見上聞上曰一謀克戶之貧富謀克豈不知一猛安所領八謀克一例科差設如一謀克內有奴婢二三百口者有奴婢一二人者科差與同豈得平均正隆興兵時朕之奴婢萬數孳畜數千而不差一人一馬豈可謂平朕於庶事未嘗專行與卿謀之往年散置契丹戶安禮極言恐擾動朕決行之果得安業安禮雖盡忠未審長策其從左丞通等所見拘括推排之十二月上謂宰臣曰猛安謀克多新强舊弱差役不均其令推排當自中都路始至二十二年八月始詔令集耆老推貧富驗土地牛具奴婢之數分爲上中下三等以同知大興府事完顏烏里也先推中都路續遣戶部主事按帶等十四人與外官同分路推排九月詔毋令富者匿隱畜產貧戶或有不敢養馬者昔海陵時拘括馬畜絕無等級富者倖免貧者盡拘入官大爲不均今竝覈實貧富造籍有急卽按籍取之庶幾無不均之弊張汝弼梁肅奏天下民戶通檢既定設有產物移易自應隨業輸納至於浮財須有增耗貧者自貧富者自富似不必屢推排也上曰宰執家多有新富者故皆不願也肅對曰如臣者能推排中都物力臣以嘗爲南使先自添物力錢至六十餘貫視其他奉使無如臣多者但小民無知法出姦生數動搖則易駭如唐宋及遼時或三二十年不測通比則有之頻歲推排似爲難爾二十六年復以李晏等分路推排二十七年奏晏等所定物力之數上曰朕以元推天下物力錢三百五萬餘貫除三百貫外令減五萬餘貫今減不及數復續收二萬餘貫卽是實二萬貫爾而曰續收何也對曰此謂舊脫漏而今首出者及民地舊無力耕種而今耕種者也上曰通檢舊數止於視其營運息耗與房地多寡而加減之彼人賣地此人買之皆舊數也至如營運此强則彼弱强者增之弱者減之而已且物力之數蓋是定差役之法其大數不在多寡也朕恐實有營運富家所當出者應分與貧者爾章宗大定二十九年六月命爲國信使之副者免增物力又命農民如有積粟毋充物力錢慳之郡所納錢貨則許折粟帛九月以曹州河溢遣馬百祿等推排遭墊溺州縣之貧乏者明昌元年四月刑部郎中路伯達等言民地已納稅又通定物力比之浮財所出差役是爲重併也遂詳酌民地定物力減十之二尚書戶部言中都等路被水詔委官推排比舊減錢五十六百餘貫明昌三年八月勑尚書省百姓當豐稔之時不務積貯一遇凶儉輒有阻飢何法可使民重穀而多積也宰臣對曰二十九年已詔農民能積粟免充物力明昌初命民之物力與地土通推者亦減十分之二此固其術也承安元年尚書省奏是年九月當推排以有故不克詔以冬已深比事畢恐妨農作乃權止之二年冬十月勑令議通檢宰臣奏曰大定二十七年通檢後距今已十年舊戶貧弱者衆儻遲更定恐致流亡遂定制已典賣物業止隨物推收析戶異居者許令別籍戶絕及困弱者減免新强者詳審增之止當從實不必數足元數邊城被寇之地皆不必推排於是令吏部尚書賈執剛吏部侍郎高汝礪先推排在都兩警巡院示爲諸路法每路差官一員命提刑司官一員副之三年九月奏十三路籍定推排物力錢二百五十八萬六千七百二貫四百九十文舊額三百二萬二千七百十八貫九百二十二文以貧乏除免六十三萬八千一百一十一貫除上京北京西京路無新强增者餘路計收二十萬二千九十五貫泰和二年閏十二月上以推排時既問人戶浮財物力而又勘當比次期迫事繁難得其實勑尚書省定人戶物力隨時推收法令自今典賣事產者隨業推收別置標簿臨時止拘浮財物力以增減之泰和四年十二月上以職官仕於遠方其家物力有應除而不除者遂定典賣實業逐時推收若無浮財營運應除免者令本家陳告集坊村人戶推唱驗實免之造籍後如無人告一月內以本官文牒推唱定標附于籍五年以西京北京邊地常罹兵荒遣使推排之舊大定二十六年所定三十五萬三千餘貫遂減爲二十八萬七千餘貫五

年六月簽南京按察司事李革言近制令人戶推收物力置簿標題至通推時止增新强銷舊弱庶得其實今有司奉行滅裂恐臨時冗併卒難詳審可定期限立罪以督之遂令自今年十一月一日令人戶告詰推收標附至次年二月一日畢違期不言者坐罪且令諸處稅務具稅訖房地每半月具數申報所屬違者坐以怠慢輕事之罪仍勑物力既隨業通推時止令定浮財八年九月以吏部尚書賈守謙知濟南府事蒲察張家奴莒州刺史完顏百嘉南京路轉運使宋元吉等十三員分路同本路按察司官一員推排諸路上召至香閣親諭之曰朕選卿等隨路推排除推收外其新强消乏戶雖集衆推唱然消乏者勿銷不盡如一戶物力元三百貫今蠲免二百五十貫猶有未當者新强勿添盡量存其力如一戶可添三百貫而止添二百貫之類卿等各宜盡心一推之後十年利害所關苟不副所任罪當不輕也

金史卷四十七

元　中書右丞相總裁脫脫等修

志第二十八

食貨二　田制　租賦　牛具稅

田制量田以營造尺五尺為步闊一步長二百四十步為畝百畝為頃民田業各從其便賣質於人無禁但令隨地輸租而已凡桑棗民戶以多植為勤少者必植其地十之三猛安謀克戶少者必課種其地十之一除枯補新使之不闕凡官地猛安謀克及貧民請射者寬鄉一丁百畝狹鄉十畝中男半之請射荒地者以最下第五等減半定租八年始徵之作己業者以第七等減半為稅七年始徵之自首冒比鄰地者輸官租三分之二佃黃河退灘者次年納租太宗天會九年五月始分遣諸路勸農之使者熙宗天眷十四年罷來流混同間護邏地以予民耕牧海陵正隆元年二月遣刑部尚書紇石烈婁室等十一人分行大興府山東眞定府拘括係官或荒閑牧地及官民占射逃絕戶地戍兵占佃宮籍監外路官本業外增置土田及大興府平州路僧尼道士女冠等地蓋以授所遷之猛安謀克戶且令民請射而官得其租也世宗大定五年十二月上以京畿兩猛安民戶不自耕墾及伐桑棗為薪鬻之命大興少尹完顏讓巡察十年四月禁侵耕圍場地十一年謂侍臣曰往歲清暑山西傍路皆禾稼殆無牧地嘗下令使民五里外乃得耕墾今聞其民以此去之他所甚可矜憫其令依舊耕種毋致失業凡害民之事患在不知知之朕必不為自今事有類此卿等即告無隱十三年勑有司每歲遣官勸猛安謀克農事恐有煩擾自今止令各管職官勸督弛慢者舉劾以聞十七年六月邢州男子趙迪簡言隨路不附籍官田及河灘地皆為豪强所占而貧民土瘠稅重乞遣官拘籍冒佃者定立租課復量減人戶稅數庶得輕重均平詔付有司將行而止復以近都猛安謀克所給官地率皆薄瘠豪民租佃官田歲久往往冒為己業令拘籍之又謂省臣曰官地非民誰種然女直人戶自鄉土三四千里移來盡得薄地若不拘刷良田給之久必貧乏其遣官察之又謂參知政事張汝弼曰先嘗遣問女直土地皆云良田及朕出獵因問之則謂自起移至此不能種蒔斫蘆為席或斬芻以自給卿等其議之省臣奏官地所以人多蔽匿盜耕者由其罪輕故也乃更條約立限令人自陳過限則人能告者有賞遣同知中都路轉運使張九思往拘籍之十九年二月上如春水見民桑多為牧畜嚙毀詔親王公主及勢要家牧畜有犯民桑者許所屬縣官立加懲斷十二月謂宰臣曰亡遼時所撥地與本朝元帥府已曾拘籍矣民或指射為無主地租佃及新開荒為己業者可以拘括其間播種歲久若遽奪之恐民失業因詔括地官張九思戒之復謂宰臣曰朕聞括地事所行極不當如皇后莊太子務之類止以名稱便為官地百姓所執憑驗一切不問其相鄰冒占官地復有幸免者能使軍戶稍給民不失業乃朕之心也二十年四月以行幸道隘扈從人不便詔戶部沿路頓捨側近官地勿租與民耕種又詔故太保阿里先於山東路撥地百四十頃大定初又於中都路賜田百頃命拘山東之地入官五月諭有司曰白石門至野狐嶺其間淀濼多為民耕植者而官民雜畜往來無牧放之所可差官括元荒地及冒佃之數二十一年正月上謂宰臣曰山東大名等路猛安謀克戶之民往往驕縱不親稼穡不令家人農作盡令漢人佃蒔取租而已富家盡服紈綺酒食遊宴貧者爭慕效之欲望家給人足難矣近已禁賣奴婢約其吉凶之禮更當委官閱實戶數計口授地必令自耕力不贍者方許佃於人仍禁其農時飲酒又曰奚人六猛安已徙居咸平臨潢泰州其地肥沃且精勤農務各安其居女直人徙居奚地者菽粟得收穫否左丞守道對曰聞皆自耕歲用亦足上曰彼地肥美異於他處惟附都民以水害稼者賑之三月陳言者言豪强之家多占奪田者上曰前參政納合椿年占地八百頃又聞山西田亦多為權要所占有一家一口至三十頃者以致小民無田可耕徙居陰山之惡地何以自存其令占官地十頃以上者皆括籍入官將均賜貧民省臣又奏椿年猛安三合故太師耨盌溫敦思忠孫長壽等親屬計七十餘家所占地三千餘頃上曰至秋除牛頭地外仍各給十頃餘皆拘入官山後招討司所括者亦當同此也又謂宰臣曰山東路所括民田已分給女直屯田人戶復有籍官閑地依元數還民仍免租稅六月上謂省臣曰近者大興府平灤薊通順等州經水災之地免今年租稅不罹水災者姑停夏稅俟稔歲徵之時中都大水而濱棣等州及山後大熟命修治懷來以南道路以來糴者又命都城減價以糶又曰近遣使閱視秋稼聞猛安謀克人惟酒是務往往以田租人而預借三二年租課者或種而不耘聽其荒蕪者自今皆令閱實各戶人力可耨幾頃畝必使自耕耘之其力果不及者方許租賃如惰農飲酒勸農謀克及本管猛安謀克并都管各以等第科罪收穫數多者則亦以等第遷賞七月上謂宰臣曰前徙宗室戶於河間撥地處之而不迴納舊地豈有兩地皆占之理自今當以一處賜之山東刷民田已分給女直屯田戶復有餘地當以還民而免是歲之租八月尚書省奏山東所刷地數上謂梁肅曰朕嘗以此問卿卿不以言此雖稱民地然皆無明據括為官地有何不可又曰黃河已移故道梁山濼水退地甚廣已嘗遣使安置屯田民昔嘗恣意種之今官已籍其地而民懼徵其租逃者甚衆若徵其租而以冒佃不即出首罪論之固宜然若遽取之恐致失所可免其徵赦其罪別以官地給之御史臺奏大名濟州因刷梁山濼官地或有以民地被刷者上復召宰臣曰雖曾經通檢納稅而無明驗者復當刷問有公據者雖付本人仍須體問十月復與張仲愈論冒占田事二十二年以附都猛安戶不自種悉租與民有一家百口壠無一苗者上曰勸農官何勸諭為也其令治罪宰臣奏曰不自種而輒與人者合科違例上曰太重愚民安知遂從大興少尹王脩所奏以不種者杖六十謀克四十受租百姓無罪又命招復梁山濼流民官給以田時人戶有執契據指墳壠為驗者亦拘在官先委恩州刺史奚晦招之復遣安肅州刺史張國基驗實給之如已撥係猛安則償以官田上曰工部尚書張九思執强不通向遣刷官田凡犯秦漢以來名稱如長城燕子城之類者皆以為官田此田百姓為己業不知幾百年矣所見如此何不通之甚也八月以趙王永中等四王府冒占官田罪其各府長史府掾及安次新城宛平昌平永清懷柔六縣官皆罰贖有差九月遣刑部尚書移剌慥于山東路猛安內摘八謀克民徙于河北東路酬斡青狗兒兩猛安舊居之地無牛者官給之河間宗室未徙者令盡徙于平州無力者官津發之土薄者易以良田先嘗令俟豐年則括籍官地至是歲省臣復以為奏上曰本為新徙四猛安貧窮須刷官田與之若張仲愈等所擬條約太刻但以民初無得地之由自撫定後未嘗輸稅妄通為己業者刷之如此恐民苦之可為酬直且先令猛安謀克人戶隨宜分處計其丁壯牛具合得土田實數給之不足則以前所刷地二萬餘頃補之復不足則續當議時有落兀者與婆薩等爭懿州地六萬頃以皆無據驗遂沒入官二十七年隨處官豪之家多請占官地轉與它人種佃規取課利命有司拘刷見數以與貧難無地者每丁授五十畝庶不致失所餘佃不盡者方許豪家驗丁租佃章宗大定二十九年五月擬再立限令貧民請佃官地緣今已過期計已數足其占而有餘者若容告訐恐滋姦弊況續告漏通地勑旨已革今限外告者宜却之止付元佃兼平陽一路地狹人稠官地當盡數拘籍驗丁以給貧民上曰限外指告多佃官地者却之當矣如無主不願承佃方許諸人告請其平陽路宜計丁限田如一家三丁己業止三十畝則更許存所佃官地一頃二十畝餘者拘籍給付貧民可也七月諭旨尚書省曰唐鄧潁蔡宿泗等處水陸膏腴之地若驗等級量立歲租寬其徵納之限募民佃之公私有益今河南沿邊地多為豪民冒占若民或流移至彼就募令耕不惟貧民有贍亦增美官租其給丁壯者田及耕具而免其租稅八月尚書省奏河東地狹稍凶荒則流亡相繼竊謂河南地廣人稀若令招集他路流民量給閑田則河東飢民減少河南且無曠地矣上從所請九月戊寅又奏在制諸人請佃官閑地者免五年租課今乞免八年則或多墾並從之十一月尚書省奏民驗丁佃河南荒閑官地者如願作官地則免稅八年願為己業則免稅三年並不許貿易典賣若豪强及公吏輩有冒佃者限兩月陳

首免罪而全給之其稅則視其鄰地定之以三分爲率減一分限外許諸人告詣給之制可明昌元年二月諭旨有司曰瀕水民地已種蒔而爲水浸者可令以所近官田對給三月勑當軍人所授田止令自種力不足者方許人承佃亦止隨地所產納租其自欲折錢輸納者從民所欲不願承佃者毋强六月尚書省奏近制以猛安謀克戶不務栽植桑果已令每十畝須栽一畝今乞再下各路提刑及所屬州縣勸諭民戶如有不栽及栽之不及十之三者並以事怠慢輕重罪科之詔可八月勑隨處係官閑地百姓已請佃者仍舊未佃者以付屯田猛安謀克三年六月尚書省奏南京陝西路提刑司言舊牧馬地久不分撥以致軍民起訟比差官往各路定之凡民戶有憑驗已業及宅井墳園已改正給付而其中復有官地者亦驗數對易之矣兩路牧地南京路六萬三千五百二十餘頃陝西路三萬五千六百八十餘頃五年諭旨尚書省遼東等路女直漢兒百姓可竝令量力爲蠶桑二月陳言人乞以長吏勸農立殿最遂定制能勸農田者每年謀克賞銀絹一兩疋猛安倍之縣官於本等陞五人三年不怠者猛安謀克遷一官縣官陞一等田荒及十之一者笞三十分數加至徒一年三年皆荒者猛安謀克追一官縣官以陞等法降之爲永格六年二月詔罷括陝西之地又陝西提刑司言本路戶民安水磨油栿所占步數在私地有稅官田則有租若更輸水利錢銀是重併也乞除之省臣奏水利錢銀以輔本路之用未可除也宜視實占地數除稅租命他路視此爲法承安二年遣戶部郎中上官瑜往西京并沿邊勸舉軍民耕種又差戶部郎中李敬義往臨潢等路規畫農事舊令軍人所授之地不得租賃與人違者苗付地主泰和四年九月定制所撥地止十里內自種之數每丁四十畝續進丁同此餘者許令便宜租賃及兩和分種違者錢業還主上聞六路括地時其間屯田軍戶多冒名增口以請官地及包取民田而民有空輸稅賦虛抱物力者應詔陳言人多論之五年二月尚書省奏若復遣官分往追照案憑訟言紛紛何時已乎遂令虛抱稅石已輸送入官者命於稅內每歲續䫏之泰和七年募民種佃清河等處地以其租分爲諸春水處餌鵝鴨之食八年八月戶部尚書高汝礪言舊制人戶請佃荒地者以各路最下第五等減半定租仍免八年輸納若作己業竝依第七等稅錢減半亦免三年輸納自首冒佃比隣田定租三分納二其請佃黃河退灘地者次年納租向者小民不爲久計比至納租之時多巧避匿或復告退蓋由元限太遠請佃之初無人保識故爾今請佃者可免三年作已業者免一年自首冒佃并請退灘地竝令當年輸租以隣首保識爲長制宣宗貞祐三年七月以既徙河北軍戶於河南議所以處之者宰臣曰當指官田及牧地分界之已爲民佃者則俟秋穫後仍日給米一升折以分鈔太常丞石抹世勣曰荒田牧地耕闢費力奪民素墾則民失所况軍戶率無牛宜令軍戶分人歸守本業至春復還爲固守計上卒從宰臣議將括之侍御史劉元規上書曰伏見朝廷有括地之議聞者無不駭愕向者河北山東已爲此舉民之塋墓井竈悉爲軍有怨嗟爭訟至今未絕若復行之則將大失衆心荒田不可耕徒有得地之名而無享利之實縱得熟土不能親耕而復令民佃之所得無幾而使紛紛交病哉上大悟罷之八月先以括地事未有定論北方侵及河南由是盡起諸路軍戶南來共圖保守而不能知所以得軍糧之術衆議謂可分遣官聚耆老問之其將益賦或與軍田二者孰便參政汝礪言河南官民地相半又多全佃官地之家一旦奪之何以自活小民易動難安一時避賦遂有捨田之言及與人能勿悔乎悔則忿心生矣如山東撥地時腴地盡入富家瘠者乃付貧戶無益於軍而民有損惟當倍益官租以給軍食復以係官荒田牧地量數與之令其自耕則民不失業官不厲民矣從之三年十月高汝礪言河北軍戶徙居河南者幾萬口人日給粟一升歲費三百六十萬石半以給直猶支三百萬河南租地計二十四萬頃歲租纔一百五十六萬乞於經費之外倍徵以給之遂命右司諫馮開等五人分詣郡就授以荒官田及牧地可耕者人三十畝十一月又議以括荒田及牧馬地給軍命尚書右丞高汝礪總之汝礪還奏今頃畝之數較之舊籍甚少復瘠惡不可耕均以可耕者與人無幾又僻遠之處必徙居以就之彼皆不能自耕必以與人又當取租於數百里之外况今農田且不能盡闢豈有餘力以耕叢薄交固草根糾結之荒地哉軍不可仰此得食也審矣今詢諸軍戶皆曰得半糧猶足自養得田不能耕復罷其廩將何所賴臣知初籍地之時未嘗按閱其實所以不如其數不得其處也若復考計州縣必各妄承風旨追呼究詰以應命不足其數則妄指民田以充之則所在騷然矣今民之賦役三倍平時飛輓轉輸日不暇給而復爲此舉何以堪之且軍戶暫遷行有還期何爲以此病民哉病民而軍獲利猶不可爲况無所利乎惟陛下加察遂詔罷給田但半給糧半給實直焉四年復遣官括河南牧馬地既籍其數上命省院議所以給軍者宰臣曰今軍戶當給糧者四十四萬八千餘口計當口占六畝有奇繼來者不與焉但相去數百里者豈能以六畝之故而遠來哉兼月支口糧不可遽罷臣等竊謂軍戶願佃者即當計口給之其餘僻遠不願者宜准近制係官荒地許軍民耕闢例令軍民得占蒔之院官曰牧馬地少且久荒難耕軍戶復乏農器然不給之則彼自支糧外更無從得食非蓄銳待敵之計給之則亦未能遽減其糧若得遲以歲月俟頗成倫次漸可以省官廩耳今奪於有力者即以授其無力者恐無以耕乞令司縣官勸率民戶借牛破荒至來春然後給之司縣官能率民戶以助耕而無騷動者量加官賞庶幾有所激勸宰臣復曰若如所言則司縣官貪慕官賞必將抑配以至擾民令民家之牛量地而畜之况比年以來農功甫畢則併力轉輸猶恐不及豈有暇耕宅人之田也惟如臣等前奏爲便詔再議之乃擬民有能開牧馬地及官荒地作熟田者以半給之爲永業半給軍戶奏可四年省奏自古用兵且耕且戰是以兵食交足今諸帥分兵不啻百萬一充軍伍咸仰於官至於婦子居家安坐待哺蓋不知屯田爲經久之計也願下明詔令諸帥府各以其軍耕耨亦以逸待勞之策也詔從之興定三年正月尚書右丞領三司事侯摯言按河南軍民田總一百九十七萬頃有奇見耕種者九十六萬餘頃上田可收一石二斗中田一石下田八斗十一取之歲得九百六十萬石自可優給歲支且使貧富均大小各得其所臣在東平嘗試行二三年民不疲而軍用足詔有司議行之四年十月移剌不言軍戶自徙於河南數歲尚未給田兼以移徙不常莫得安居故貧者甚衆請括諸屯處官田人給三十畝仍不移屯它所如此則軍戶可以得所官糧可以漸省宰臣奏前此亦有言授地者樞密院以謂俟事幾而行之今河南罹水災流亡者衆所種麥不及五萬頃殆減往年太半歲所入殆不能足若撥授之爲永業俟有獲即罷其家糧亦省費之一端也上從之又河南水災逋戶太半田野荒蕪恐賦入少而國用乏遂命唐鄧裕蔡息壽潁亳及歸德府被水田已燥者布種未滲者種稻復業之戶免本租及一切差發能代耕者如之有司擅科者以違制論闕牛及食者率富者就貸五年正月京南行三司石抹斡魯言京南東西三路屯軍老幼四十萬口歲費糧百四十餘萬石皆坐食民租甚非善計宜括逋戶舊耕田南京一路舊墾田三十九萬八千五百餘頃內官田民耕者九萬九千頃有奇今饑民流離者太半東西南路計亦如之朝廷雖招使復業民恐既復之後生計未定而賦斂隨之往往匿而不出若分給軍戶人三十畝使之自耕或召人佃種可數歲之後畜積漸饒官糧可罷令省臣議之吏不能行

租賦金制官地輸租私田輸稅租之制不傳大率分田之等爲九而差次之夏稅畝取三合秋稅畝取五升又納秸一束束十有五斤夏稅六月止八月秋稅十月止十二月爲初中末三限州三百里外紓其期一月屯田戶佃官地者有司移猛安謀克督之泰和五年章宗諭宰臣曰十月民穫未畢遽令納稅可乎改秋稅限十一月爲初中都西京北京上京遼東臨潢陝西地寒稼穡遲熟夏稅限以七月爲初凡輸送粟麥三百里外石減五升以上每三百里遞減五升粟折秸百稱者百里內減三稱二百里減五稱不及三百里減八稱三百里及輸本色稾草各減十稱計民田園邸舍車乘牧畜種植之資藏鏹之數徵錢有差謂之物力錢遇差科必按版籍先及富者勢均則以丁多寡定甲乙有橫科則視物力循大至小均科其或不可分摘者率以次戶濟之凡民之物力所居之宅不預猛安謀克戶監戶官戶所居外自置民田宅則預其數墓田學田租稅物力皆免民愬水旱應免者河南山東河東大名京兆鳳翔彰德部內支郡夏田四月秋田七月餘路夏以五月秋以八月水田則通以八月爲限遇閏月則展期半月限外愬者不理非時之災則無限損十之八者全免七分免所損之數六分則全徵桑被災不能蠶則免絲綿絹稅諸路雨雪及禾稼收穫之數月以捷步申戶部凡敘使品官之家竝免雜役驗物力所當輸者止出雇錢進納補官未至廕子孫及凡有出身者（謂司吏譯人等）出職帶官敘當身者雜班敘使五品以下及正品承應已帶散官未出職者子孫與其同居兄弟下逮終場舉人係籍學生醫學生皆免一身之役三代同居已旌門則免差發三年後免雜役太宗天會元年勑有司輕徭賦勸稼穡十年以遼人士庶之族賦役等差不一詔有司命悉均之熙宗天眷五年十二月詔免民戶殘欠租稅皇統三年蠲民稅之未足者世宗大定二年五月謂宰臣曰凡有徭役均科强戶不得抑配貧民有言以用度不足奏預借河

北東西路中都租稅上以國用雖乏民力尤難遂不允三年以歲歉詔免二年租稅又詔曰朕比以元帥府從宜行事今聞河南陝西山東北京以東及北邊州郡調發甚多而省部又與他州一例征取賦役是重擾也可憑元帥府已取者例蠲除之五年命有司凡罹蝗旱水溢之地蠲其賦稅六年以河北山東水免其租八年十月彰德軍節度使高昌福上書言稅租甚重上諭翰林學士張景仁曰今租稅法比近代甚輕而以爲重何也景仁曰今之稅斂殊輕非稅斂則國用何從而出二年二月尚書省奏天下倉廩貯粟二千七十九萬餘石上曰朕聞國無九年之蓄則國非其國朕是以括天下之田以均其賦歲取九百萬石自經費七百萬石外二百萬石又爲水旱之所蠲免及賑貸之用餘纔百萬石而已朕廣蓄積備饑饉也小民以爲稅重小臣沽民譽亦多議之蓋不慮國家緩急之備也十二年正月以水旱免中都西京南京河北河東山東陝西去年租稅十三年謂宰臣曰民間科差計所免已過半矣慮小民不能詳知吏緣爲姦仍舊徵取其令所在揭牓諭之十月敕州縣官不盡力催督稅租以致逋懸者可止其俸使之徵足然後給之十六年正月詔免去年被水旱路分租稅十七年上問宰臣曰遼東賦稅舊六萬餘石通檢後幾二十萬六萬時何以仰給二十萬後所積幾何戶部契勘謂先以官吏數少故能給今官吏兵卒及孤老數多以此費大上曰當察其實毋令妄費也十七年三月詔免河北山東陝西河東西京遼東等十路去年被旱蝗租稅十八年正月免中都河北河東山東河南陝西等路前年被災租稅十九年秋中都西京河北山東河東陝西以水旱傷民田十三萬七千七百餘頃詔蠲其租二十年三月以中都西京河北山東河東陝西路前歲被災詔免其租稅以戶部尚書曹望之之言詔減鄜延及河東南路稅五十二萬餘石增河北西路稅八萬八千石又詔諸稅粟非關邊要之地者除當儲數外聽民從便折納二十一年九月以中都水災免租前時近官路百姓以牛夫充遞運者復於它處未嘗就役之家徵錢償之二十三年宗州民王仲規告乞徵還所役牛夫錢省臣以奏上曰此既就役復徵錢於彼前雖如此行之復恐所給錢未必能到本戶是兩不便也不若止許所役免租稅及鋪馬錢爲便其預計實數以聞若和雇價直亦須裁定也有司止其數歲約給六萬四千餘貫計折粟八萬六千餘石上復命自今役牛夫之家以去道三十里內居者充役二十六年軍民地罹水旱之災者二十一萬頃免稅凡四十九萬餘石二十七年六月免中都河北等路嘗被河決水災軍民租稅十一月詔河水泛溢農田被災者與免差稅一年懷衞孟鄭四州塞河勞役并免今年差稅章宗大定二十九年赦民租十之一河東南北路則量減之尚書省奏兩路田多峻阪磽瘠者往往再歲一易若不以地等級蠲除則有不均遂敕以赦書特免一分外中田復減一分下田減二分舊制夏秋稅納麥粟草三色以各處所須之物不一戶部復令以諸所用物折納上封事者言其不可戶部謂如此則諸路所須之物要當和市轉擾民矣遂命太府監應折納之物爲祗承宮禁者治黃河薪芻增直二錢折納如黃河岸所用木石固非土產乃令所屬計置而罷它應折納者四月上封事者乞薄民之租稅恐廩粟積久腐敗省臣奏曰臣等議大定十八年戶部尚書曹望之奏河東及鄜延兩路稅頗重遂減五十二萬餘石去年赦十之一而河東瘠地又減之今以歲入度支所餘無幾萬一有水旱之災既蠲免其所入復出粟以賑之非有備不可若復欲減將何以待之如慮腐敗令諸路以時曝晾毋令致壞違者問如律制可十一月尚書省奏河南荒閑官地許人計丁請佃願仍爲官者免租八年願爲己業者免稅三年詔從之明昌二年二月敕自今民有訴水旱災傷者卽委官按視其實申所屬州府移報提刑司同所屬檢畢始令翻耕三年六月有司言河州災傷闕食之民猶有未輸租者詔蠲之九月以山東河北三路被災其權閣之租及借貸之粟令俟歲豐日續徵上如秋山免圍場經過人戶今歲夏秋租稅之半四年冬十月上行幸諭旨尚書省曰海壖石城等縣地瘠民困所種惟黍稗而已及賦於官必以易粟輸之或令止課所產或依河東路減稅至還京當定議以聞五年敕免河決被菑之民秋租泰和四年四月以久旱下詔責躬免所旱州縣今年夏稅九月陳言者謂河間滄州逃戶物力錢至數千貫而其差發有司止取辦於見戶民不能堪矣詔令按察司除地土物力命隨其業而權止其浮財物力五年正月詔有司自泰和三年嘗所行幸至三次者被科之民特免半年租稅八年五月以宋謀和詔天下免河南山東陝西六路今年夏稅河東河北大名等五路半之八月詔諸路農民請佃荒田者與免租賦三年作己業者一年自首冒佃及請佃黃河退灘地者不在免例宣宗貞祐三年十月御史田迥秀言方今軍國所需一切責之河南有司不惜民力徵調太急促其期限痛其棰楚民既罄其所有而不足遂使奔走傍求於它境力竭財殫相踵散亡禁之不能止也乞自今凡科徵必先期告之不急者皆罷庶民力寬而逋者可復詔行之十二月詔免逃戶租稅四年三月免陝西逃戶租五月山東行省僕散安貞言泗州被災道殣相望所食者草根木皮而已而邳州戍兵數萬急徵重役悉出三縣官吏酷暴擅括宿藏以應一切之命民皆逋竄又別遣進納閑官以相迫督皆怙勢營私實到官者纔十之一而徒使國家有厚斂之名乞命信臣革此弊以安百姓詔從之興定元年二月免中京嵩汝等逋租十六萬石四年御史中丞完顏伯嘉奏亳州大水計當免租三十萬石而三司官不以實報止免十萬而已詔命治三司官虛妄之罪七月以河南大水下詔免租勸種且命參知政事李復亨爲宣慰使中丞完顏伯嘉副之十月以久雨令寬民輸稅之限十一月上曰聞百姓多逃而逋賦皆抑配見戶人何以堪軍儲既足宜悉除免今又添軍須錢太多亡者詎肯復業乎遂命行部官閱實免之已代納者給以恩例或除它役仍減桑皮故紙錢四之一三年令逃戶復業者但輸本租餘苦役一切皆免能代耕者免如復戶有司失信擅科者以違制論四年十二月鎮南軍節度使溫迪罕思敬上書言今民輸稅其法大抵有三上戶輸遠倉中戶次之下戶最近然近者不下百里遠者數百里道路之費倍于所輸而雨雪有稽違之責遇賊有死傷之患不若止輸本郡令有司檢算倉之所積稱屯兵之數使就食之若有不足則增斂于民民計所斂不及道里之費將忻然從之矣五年十月上諭宰臣曰比欲民多種麥故令所在官貸易麥種今聞實不貸與而虛立案簿反收其數以補不足之租其遣使究治元光元年上聞向者有司以徵稅租之急民不待熟而刈之以應限今麥將熟矣其諭州縣有犯者以慢軍儲治罪九月權立職官有田不納租罪京南司農卿李蹊言按齊民要術麥晚種則粒小而不實故必八月種之今南路當輸秋稅百四十餘萬石草四百五十餘萬束皆以八月爲終限若輸遠倉及泥淖往返不下二十日使民不暇趨時是妨來歲之食也乞寬徵斂之限使先盡力於二麥朝廷不從元光二年宰臣奏去歲正月京師見糧纔六十餘萬石今三倍矣計國用頗足而民間租稅徵之不絕恐貧民無所輸而逋亡也遂以中旨遍諭止之

牛頭稅卽牛具稅猛安謀克部女直戶所輸之稅也其制每耒牛三頭爲一具限民口二十五受田四頃四畝有奇歲輸粟大約不過一石官民占田無過四十具天會三年太宗以歲稔官無儲積無以備饑饉詔令一耒賦粟一石每謀克別爲一廩貯之四年詔內地諸路每牛一具賦粟五斗爲定制世宗大定元年詔諸猛安不經遷移者徵牛具稅粟就命謀克監其倉虧損則坐之十二年尚書省奏唐古部民舊同猛安謀克定稅其後改同州縣履畝立稅頗以爲重遂命從舊制二十年定功授世襲謀克許以親族從行當給以地者除牛九具以下全給十具以上四十具以下者則於官豪之家量撥地六具與之二十一年世宗謂宰臣曰前時一歲所收可支三年比聞今歲山西豐稔所獲可支三年此間地一歲所穫不能支半歲而又牛頭稅粟每牛一頭止令各輸三斗又多逋懸此皆遞互隱匿所致當令盡實輸之二十三年有司奏其事世宗謂左丞完顏襄曰卿家舊止七具今定爲四十具朕始令卿等議此而卿皆不欲蓋各顧其私爾是後限民口二十五筭牛一具七月尚書省復奏其事上慮版籍歲久貧富不同猛安謀克又皆年少不練時事一旦軍興按籍徵之必有不均之患乃令驗實推排閱其戶口畜產之數其以上京二十二路來上八月尚書省奏推排定猛安謀克戶口田畝牛具之數猛安二百二謀克千八百七十八戶六十一萬五千六百二十四口六百一十五萬八千六百三十六內正口四百八十一萬二千六百六十九奴婢口一百三十四萬五千九百六十七田一百六十九萬三百八十頃有奇牛具三十八萬四千七百七十一在都宗室將軍司戶一百七十口二萬八千七百九十內正口九百八十二奴婢口二萬七千八百八田三千六百八十三頃七十五畝有奇牛具三百四迭剌唐古二部五糺戶五千五百八十五口一十三萬七千五百四十四內正口十一萬九千四百六十三奴婢口一萬八千八十一田四萬六千二十四頃一十七畝牛具五千六十六後二十六年尚書省奏併徵牛頭稅粟上曰積壓五年一旦併徵民何以堪其令民隨年輸納被災者蠲之貸者俟豐年徵還

金史卷四十八

元中書右丞相總裁脫脫等修

志第二十九

食貨三 錢幣

錢幣金初用遼宋舊錢天會末雖劉豫阜昌元寶阜昌重寶亦用之海陵庶人貞元二年遷都之後戶部尚書蔡松年復鈔引法遂製交鈔與錢並用正隆二年歷四十餘歲始議鼓鑄冬十月初禁銅越外界懸罪賞格括民間銅鍮器陝西南京者輸京兆他路悉輸中都三年二月中都置錢監二東曰寶源西曰寶豐京兆置監一曰利用三監鑄錢文曰正隆通寶輕重如宋小平錢而肉好字文峻整過之與舊錢通用世宗大定元年用吏部尚書張中彥言命陝西路參用宋舊鐵錢四年浸不行詔陝西行戶部并兩路通檢官詳究其事皆言民間用錢名與鐵錢兼用其實不爲準數公私不便遂罷之八年民有犯銅禁者上曰銷錢作銅舊有禁令然民間猶有鑄鏡者非銷錢而何遂併禁之十年上諭戶部臣曰官錢積而不散則民間錢重貿易必艱宜令市金銀及諸物其諸路酤榷之貨亦令以物平折輸之十月上責戶部官曰先以官錢率多恐民間不得流通令諸處貿易金銀絲帛以圖流轉今知乃有以抑配反害百姓者前許院務得折納輕賫之物以便民是皆朕思而後行者也此尚出朕安用若爲又隨處時有賑濟往往近地無糧取於它處往返既遠人愈難之何爲不隨處起倉年豐則多糴以備賑贍設有緩急亦豈不易辦乎而徒使錢充府庫將安用之天下之大朕豈能一一徧知凡此數事汝等何爲而使至此且戶部與它部不同當從宜爲計若但務因循以守其職則戶部官誰不能爲十一年二月禁私鑄銅鏡舊有銅器悉送官給其直之半惟神佛像鍾磬鈸鈷腰束帶魚袋之屬則存之十二年正月以銅少命尚書省遣使諸路規措銅貨能指坑冶得實者賞上與宰臣議鼓鑄之術宰臣曰有言所在有金銀坑冶皆可採以鑄錢臣竊謂工費過於所得數倍恐不可行上曰金銀山澤之利當以與民惟錢不當私鑄今國家財用豐盈若流布四方與在官何異所費雖多俱在民間而新錢日增爾其遣能吏經營之左丞石琚進曰臣聞天子之富藏在天下錢貨如泉正欲流通上復問琚曰古亦有民自鑄錢者乎琚對曰民若自鑄則小人圖利錢益薄惡此古所以禁也十三年命非屯兵之州府以錢市易金帛運致京師使錢幣流通以濟民用十五年十一月上謂宰臣曰或言鑄錢無益所得不償所費朕謂不然天下一家何公私之間公家之費私家得之但新幣日增公私俱便也十六年三月遣使分路訪察銅鑛苗脈十八年代州立監鑄錢命震武軍節度使李天吉知保德軍事高季孫往監之而所鑄斑駁黑澁不可用詔削天吉季孫等官兩階解職仍杖季孫八十更命工部郎中張大節吏部員外郎麻珪監鑄其錢文曰大定通寶字文肉好又勝正隆之制世傳其錢料微用銀云十九年始鑄至萬六千餘貫二十年詔先以五千進呈而後命與舊錢並用初新錢之未行也以宋大觀錢作當五用之二月上聞上京修內所市民物不即與直又用短錢責宰臣曰如此小事朕豈能悉知卿等何爲不察也時民間以八十爲陌謂之短錢官用足陌謂之長錢大名男子斡魯補者上言謂官司所用錢皆當以八十爲陌遂爲定制二十年十一月名代州監曰阜通設監一員正五品以州節度兼領副監一員正六品以州同知兼領丞一員正七品以觀察判官兼領設勾當官二員從八品給銀牌命副監及丞更馳驛經理二十二年十月以參知政事粘割斡特剌提控代州阜通監二十三年上以阜通監鼓鑄歲久而錢不加多蓋以代州長貳廳幕兼領而奪於州務不得專意綜理故也遂設副監監丞爲正員而以節度領監事二十六年上曰中外皆言錢難朕嘗計之京師積錢五百萬貫亦不爲多外路雖有終亦無用諸路官錢非屯兵處可盡運至京師太尉丞相克寧曰民間錢固已艱得若盡歸京師民益艱得矣不若起其半至都餘半變折輕齎則中外皆便十一月上諭宰臣曰國家銅禁久矣尚聞民私造腰帶及鏡託爲舊物公然市之宜加禁約二十七年二月曲陽縣鑄錢別爲一監以利通爲名設副監監丞給驛更出經營銅事二十八年上謂宰臣曰今者外路見錢其數甚多聞有六千餘萬貫皆在僻處積貯既不流散公私無益與無等爾今中都歲費三百萬貫支用不繼若致之京師不過少有輓運之費縱所費多亦惟散在民爾章宗大定二十九年十二月爲門五臺民劉完等訴自立監鑄錢以來有銅鑛之地雖曰官運其顧直不足則令民共償乞與本州司縣均爲差配遂命甄官署丞丁用楫往審其利病還言所運銅鑛民以物力科差濟之非所願也其顧直既低又有刻剝之弊而相視苗脈工匠妄指人之垣屋及寺觀謂當開採因以取賄又隨冶夫匠日辦冶銅四兩多不及數復銷銅器及舊錢送官以足之今阜通利用兩監歲鑄錢十四萬餘貫而歲所費乃至八十餘萬貫病民而多費未見其利便也宰臣以聞遂罷代州曲陽二監初貞元間既行鈔引法遂設印造鈔引庫及交鈔庫皆設使副判各一員都監二員而交鈔庫副則專主書押搭印合同之事印一貫二貫三貫五貫十貫五等謂之大鈔一百二百三百五百七百五等謂之小鈔與錢並行以七年爲限納舊易新猶循宋張詠四川交子之法而紓其期爾蓋亦以銅少權制之法也時有欲罷之者至是二監既罷有司言交鈔舊同見錢商旅利於致遠往往以錢買鈔蓋公私俱便之事豈可罷去止因有釐革年限不能無疑乞削七年釐革之法令民得常用若歲久字文磨滅許於所在官庫納舊換新或聽便支錢遂罷七年釐革之限交鈔字昏方換法自此始而收斂無術出多入少民寖輕之厥後其法屢更而不能革弊亦始於此焉交鈔之制外爲闌作花紋其上衡書貫例左曰某字料右曰某字號料號外篆書曰僞造交鈔者斬告捕者賞錢三百貫料號衡闌下曰中都交鈔庫准尚書戶部符承都堂劄付戶部覆點勘令史姓名押字又曰聖旨印造逐路交鈔於某處庫納錢換鈔更許於某處庫納鈔換錢官私同見錢流轉其鈔不限年月行用如字文故暗鈔紙擦磨許於所屬庫司納舊換新若到庫支錢或倒換新鈔每貫剋工墨錢若干文庫掐攢司庫副副使使各押字年月日印造鈔引庫子庫司副使各押字上至尚書戶部官亦押字其搭印支錢處合同餘用印依常例初大定間定制民間應許存留銅鍮器物若申賣入官每斤給錢二百文其棄藏應禁器物首納者每斤給錢百文非器物銅貨一百五十文不及斤者計給之在都官局及外路造賣銅器價令運司佐貳檢校鏡每斤三百十四文鍍金御仙花腰帶十七貫六百七十一文五子荔支腰帶十七貫九百七十一文撻鈒羅文束帶八貫五百六十文魚袋二貫三百九文鈸鈷鏡磬每斤一貫九百二文鈴杵坐銅者二貫七百六十九文鍮石者三貫六百四十六文明昌二年十月勑減賣鏡價防私鑄銷錢也舊嘗以夫匠逾天山北界外採銅明昌三年監察御史李炳言頃聞有司奏在官銅數可支十年若復每歲令夫匠過界遠採不惟多費復恐或生邊釁若支用將盡之日止可於界內採煉上是其言遂不許出界五月勑尚書省曰民間流轉交鈔當限其數毋令多於見錢也四年上諭宰臣曰隨處有無用官物可爲計置如鐵錢之類是也或有言鐵錢有破損當令所司以銅錢償之者參知政事胥持國不可上曰令償之尚壞不償將盡壞矣若果無用曷別爲計持國曰如江南用銅錢江北淮南用鐵錢蓋以隔閡銅錢不令過界爾如陝西市易亦有用銀布薑麻若舊有鐵錢宜姑收貯以備緩急遂令有司籍鐵錢及諸無用之數貯於庫八月提刑司言所降陝西交鈔多於見錢使民艱於流轉宰臣以聞遂令本路榷稅及諸名色錢折交鈔官兵俸許錢絹銀鈔各半之若錢銀數少即全給交鈔五年三月宰臣奏民間錢所以艱得以官豪家多積故也在唐元和間嘗限富家錢過五千者死王公重貶沒入以五之一賞告者上令參酌定制令官民之家以品從物力限見錢多不過三萬貫猛安謀克則以牛具爲差不得過萬貫凡有所餘盡令易諸物收貯之有能告數外留錢者奴婢免爲良傭者出離以十之一爲賞餘皆沒入又諭旨有司凡使高麗還者所得銅器令盡買之承安二年十月宰臣奏舊立交鈔法凡以舊易新者每貫取工墨錢十五文至大定二十三年不拘貫例每張收八文既無益於官亦妨鈔法宜從舊制便若以鈔買鹽引每貫權作一貫五十文庶得多售上曰工墨錢貫可令收十二文買鹽引者每貫可權作一貫一百文時交鈔所出數多民間成貫例者艱於流轉詔以西北二京遼東路從宜給小鈔且許於官庫換錢與它路通行十一月尚書省議謂時所給官兵俸及邊戍軍須皆以銀鈔相兼舊例銀每鋌五十兩其直百貫民間或有截鑿之者其價亦隨低昂遂改鑄銀名承安寶貨一兩至十兩分五等每兩折錢二貫公私同見錢用仍定銷鑄及接受稽留罪賞格承安三年正月省奏隨處榷場若許見錢越境雖非銷毀即與銷毀無異遂立制以錢與外方人使及與交易者徒五年三斤以上死駔儈同罪捕告人之賞官先爲代給錢五百貫其逮及與接引館伴先排通引書表等以次坐罪仍令均償時交鈔稍滯命西京北京臨潢遼東等路一貫以上俱用銀鈔寶貨不許用錢一貫以下聽民便時既行限錢法人多不遵上曰已定條約不爲不重其令御史臺及提刑司察之九月以民間鈔滯盡以一貫以下交鈔易錢用之遂復減元限之數更定官民存留錢法三分爲率親王公主品官許留一分餘皆半之其贏餘之數期五十日內盡易諸物違者以違制論以錢賞告者於兩行部各置回易務以綿絹物段易銀鈔亦許本務納銀鈔赴

榷場出鹽引納鈔於山東河北河東等路從便易錢各降補官及德號空勑三百度牒一千從兩行部指定處限四月進納補換又更造一百例小鈔並許官庫易錢一貫二貫例竝支小鈔三貫例則支銀一兩小鈔一貫若五貫十貫例則四分支小鈔六分支銀欲得寶貨者聽有阻滯及輒減價者罪之四年三月又以銀鈔阻滯乃榷止山東諸路以銀鈔與綿絹鹽引從便易錢之制令院務諸科名錢除京師河南陝西銀鈔從便餘路並許收銀鈔各半仍於鈔四分之一許納其本路隨路所收交鈔除本路者不復支發餘通行者並循環用之權貨所鬻鹽引收納寶貨與鈔相半銀每兩止折鈔兩貫省許人依舊詣庫納鈔隨路漕河所收除額外羨餘者亦如之所支官錢亦以銀鈔相兼銀已零截者令交鈔庫不復支若寶貨數少可浸增鑄銀鈔既通則物價自平雖有禁法亦安所施遂除阻滯銀鈔罪制四年以戶部言命在都官錢榷貨務鹽引並聽收寶貨附近鹽司貼錢數亦許帶納民間寶貨有所歸自然通行不至銷毀先是設四庫印小鈔以代鈔本令人便賫小鈔赴庫換錢即與支見錢無異今更不須印造俟其換盡可罷四庫但以大鈔驗錢數支易見錢時私鑄承安寶貨者多雜以銅錫寖不能行京師閉肆五年十二月宰臣奏比以軍儲調發支出交鈔數多遂鑄寶貨與錢兼用以代鈔本蓋權時之制非經久之法遂罷承安寶貨泰和元年六月通州刺史盧構言民間鈔固已流行獨銀價未平官之所定每鋌以十萬爲準而市肆纔直八萬蓋出多入少故也若令諸稅以錢銀鈔三分均納庶革其弊下省議宰臣謂軍興以來全賴交鈔佐用以出多遂滯頃令院務收鈔七分亦漸流通若與銀均納則彼增此減理必偏勝至礙鈔法必欲銀價之平宜令諸名若鋪馬軍須等錢許納銀半無者聽便先是嘗行三合同交鈔至泰和二年止行於民間而官不收斂朝廷慮其病民遂令諸稅各帶納一分雖止係本路者亦許不限路分通納戶部見徵累年鋪馬錢亦聽收其半閏十二月上以交鈔事召戶部尚書孫鐸侍郎張復亨議於內殿復亨以三合同鈔可行鐸請廢不用既而復亨言竟詘自是而後國虛民貧經用不足專以交鈔愚百姓而法又不常世宗之業衰焉以至泰和三年其弊彌甚乃謂宰臣曰大定間錢至足今民間錢少而又不在官何耶其集問百官必有能知之者四年七月罷限錢法從戶部尚書上官瑜所請也四年欲增鑄錢命百官議所以足銅之術中丞孟鑄謂銷錢作銅及盜用出境者不止宜罪其官及鄰太府監梁瑭等言鑄錢甚費率費十錢可得一錢識者謂費雖多猶增一錢也乞採銅拘器以鑄宰臣謂鼓鑄未可速行其銅冶聽民煎煉官爲買之凡寺觀不及十人不許畜法器民間鍮銅器期以兩月送官給價匿者以私法坐限外人告者以知而不糾坐其官寺觀許童行告者賞俟銅多別具以聞八月定從便易錢法聽人輸納於京師而於山東河北大名河東等路依數支取後鑄大錢一直十篆文曰泰和重寶與鈔參行五年上欲罷交鈔工墨錢復以印時常費遂命貫止收六文六年四月陝西交鈔不行以見錢十萬貫爲鈔本與鈔相易復以小鈔十萬貫相參用之六年十一月復許諸路各行小鈔中都路則於中都及保州南京路則於南京歸德河南府山東東路則於益都濟南府山東西路則於東平大名府河北東路則於河間府冀州河北西路則於真定彰德府河東南路則於平陽河東北路則於太原汾州遼東則於上京咸平西京則於西京撫州北京則於臨潢府官庫易錢令戶部印小鈔五等附各路同見錢用七年正月勑在官毋得支出大鈔在民者令赴庫以多寡制數易小鈔及見錢院務商稅及諸名錢三分須納大鈔一分惟遼東從便時民以貨幣屢變往往怨嗟聚語於市上知之諭旨於御史臺曰自今都市敢有相聚論鈔法難行者許人捕告賞錢三百貫五月以戶部尚書高汝礪議立鈔法條約添印大小鈔以鈔庫至急切增副使一員汝礪又與中都路轉運使孫鐸言錢幣上命中丞孟鑄禮部侍郎喬宇國子司業劉昂等十人議月餘不決七月上召議于泰和殿且諭汝礪曰今後毋謂鈔多不加重而輒易之重之加於錢可也明日勑民間之交易典質一貫以上竝用交鈔毋得用錢須立契者三分之一用諸物六盤山西遼河東以五分之一用鈔東鄙屯田戶以六分之一用鈔不須立契者惟遼東錢鈔從便犯者徒二年告者賞有差監臨犯者杖且解職縣官能奉行流通者升除否者降罰集衆沮法者以違制論工墨錢每張止收二錢商旅賫見錢不得過十貫所司籍辨鈔人以防僞冒品官及民家存留見錢比舊減其數若舊有見錢多者許送官易鈔十貫以上不得出京又定制按察司以鈔法流通爲稱職而河北按察使斜不出巡按所給券應得鈔一貫以難支用命取見錢御史以沮壞鈔法劾之上曰斜察之官乃先壞法情不可恕杖之七十削官一階解職戶部尚書高汝礪言鈔法務在必行府州縣鎭宜各籍辨鈔人給以條印聽與人辨驗隨貫量給二錢貫例雖多六錢即止每朝官出使則令體究通滯以聞民間舊有朱會子亦令同見錢用十貫以上不許持行榷鹽許用銀絹餘市易及俸竝用交鈔其奇數以小鈔足之應支銀絹而不足者亦以鈔給之上遣近侍諭旨尚書省今旣以按察司鈔法通快爲稱職否則爲不稱職仍於州府司縣官給由內明書所犯之數但犯鈔法者雖監察御史舉其能幹亦不准用十月楊序言交鈔料號不明年月故暗雖令赴庫易新然外路無設定庫司欲易無所遠者直須赴都上以問汝礪對曰隨處州府庫內各有辨鈔庫子鈔雖弊不僞亦可收納去都遠之城邑旣有設置合同換錢客旅經之皆可相易更慮無合同之地難以易者令官庫凡納昏鈔者受而不支於鈔背印記官吏姓名積半歲赴都易新鈔如此則昏鈔有所歸而無滯矣十一月上諭戶部官曰今鈔法雖行卿等亦宜審察少有壅滯即當以聞勿謂已行而憚改汝礪對曰今諸處置庫多在公廨內小民出入頗難雖有商賈易之然患鈔本不豐比者河北西路轉運司言一富民首其當存留錢外見錢十四萬貫它路脫或有如此者臣等謂宜令州縣委官及庫典於市肆要處置庫支換以出首之鈔爲鈔本十萬戶以上州府給三萬貫以次爲差易錢者人不得過二貫以所得工墨錢充庫典食直仍令州府佐貳及轉運司官一員提控上是之遂命移庫於市肆之會令民以鈔易錢是月勑捕獲僞造交鈔者皆以交鈔爲賞時復議更鈔法上從高汝礪言命在官大鈔更不許出聽民以五貫十貫例者赴庫易小鈔欲得錢者五貫內與一緡十貫內與兩緡惟遼東從便河南陝西山東及它行鈔諸路院務諸稅及諸科名錢竝以三分爲率一分納十貫例者二分五貫例者餘竝收見錢八年正月以京師鈔滯定所司賞罰格時新制按察司及州縣官例以鈔通滯爲陞降遂命監察御史賞罰同外道按察司大興府警巡院官同外路州縣官是月收毀大鈔行小鈔八月從遼東察司楊雲翼言以咸平東京兩路商旅所集遂從都南例一貫以上皆用交鈔不得用錢十月孫鐸又言民間鈔多正宜收歛院務稅諸名錢可盡收鈔秋夏稅納本色外亦令收鈔不拘貫例農民知之則漸重鈔可以流通比來州縣抑配市肆買鈔徒增騷擾可罷諸處創設鈔局止令赴省庫換易今小鈔名限路分亦甚未便可令通用上命亟行之十二月宰臣奏舊制內外官兵俸皆給鈔其必用錢以足數者可以十分爲率軍兵給三分官員承應人給二分多不過十貫凡前所收大鈔俟至通行當復計造其終須當精緻以圖經久民間舊鈔故暗者乞許於所在庫易新若官吏勢要之家有賤買交鈔而於院務換錢與販者以違制論復遣官分路巡察其限錢過數雖許奴婢以告乃有所屬默令其主藏匿不以實首者可令按察司察之若舊限已滿當更展五十日許再令變易鈔引諸物是制既行之後章宗尋崩衞紹王繼立大安二年潰河之役至以八十四車爲軍賞兵衄國殘不遑救弊交鈔之輕幾於不能市易矣至宣宗貞祐二年二月思有以重之乃更作二十貫至百貫例交鈔又造二百貫至千貫例者然自泰和以來凡更交鈔初雖重不數年則輕而不行至是則愈更而愈滯矣南遷之後國蹙民困軍旅不息供億無度輕又甚焉三年四月河東宣撫使胥鼎上言曰今之物重其弊在於鈔窒有出而無入也雖院務稅增收數倍而所納皆十貫例大鈔此何益哉今十貫例者民間甚多以無所歸故市易多用見錢而鈔每貫僅直一錢曾不及工墨之費臣愚謂宜權禁見錢且令計司以軍須爲名量民力徵斂則泉貨流通而物價平矣自是錢貨不用富家內困藏鏹之限外弊交鈔屢變皆至窘敗謂之坐化商人往往舟運貿易于江淮錢多入于宋矣宋人以爲喜而金人不禁也議者惜其既不能重無用之楮而又棄自古流行之寶焉五月權西安軍節度使烏林達與言關陝軍多供億不足所仰交鈔則取於京師徒成煩費乞降板就造便又言懷州舊鑄錢鉅萬今既無用願貫爲甲以給戰士時有司輕罪議罰率以錢贖而當罪不平遂命贖銅計贓皆以銀價爲準六月勑議交鈔利便七月改交鈔名爲貞祐寶券仍立沮阻罪九月御史臺言自多故以來全藉交鈔以助軍需然所入不及所出則其價浸減卒無法以禁此必然之理也近用貞祐寶券以革其弊又慮既多而民輕與舊鈔無異也乃令民間市易悉從時估嚴立罪賞期於必行遂使商旅不行四方之物不敢入夫京師百萬之衆日費不貲物價寧不日貴耶且時估月再定之而民間價旦暮不一今有司強之而市肆盡閉復議搜括隱匿必令如估驚之則京師之物指日盡而百姓重困矣臣等謂惟官和買計贓之類可用時估餘宜從便制可十二月上聞近京郡縣多糴於京師穀價翔踊令尚書省集戶部講議所

開封府轉運司議所以制之者戶部及講議所言以五斗出城者可闕糴其半轉運司謂宜悉禁其出上從開封府議謂寶券初行時民甚重之但以河北陝西諸路所支既多人遂輕之商賈爭收入京以市金銀銀價昻穀亦隨之若令寶券路各殊制則不可復入河南則河南金銀賤而穀自輕若直閉京城粟不出則外亦自守不復入京穀當益貴宜諭郡縣小民毋妄增價官爲定制務從其便四年正月監察御史田迥秀言國家調度皆資寶券行才數月又復壅滯非約束不嚴奉行不謹也夫錢幣欲流通必輕重相權散斂有術而後可今之患在出太多入太少爾若隨時裁損所支而增其所收庶乎或可也因條五事一曰省冗官吏二曰損酒使司三曰節兵俸四曰罷寄治官五曰酒稅及納粟補官皆當用寶券詔酒稅從大定之舊餘皆不從尋又更定捕獲僞造寶券官賞三月翰林侍講學士趙秉文言比者寶券滯塞蓋朝廷將議更張而已妄傳不用因之抑遏漸至廢絕此乃權歸小民也自遷汴以來廢回易務臣愚謂當復置令職官通市道者掌之給銀鈔粟麥縑帛之類權其低昻而出納之仍自選良監當官營爲之若半年無過及券法流通則聽所指任便差遣詔議行之四月河東行省胥鼎言交鈔貴乎流通今諸路所造不充所出不以術收之不無缺誤宜量民力徵斂以裨軍用河中宣撫司亦以寶券多出民不之貴乞驗民貧富徵之雖爲陝西若一體徵收則彼中所有日湊于河東與不斂何異又河北寶券以不許行于河南由是愈滯宰臣謂昨以河北寶券商旅齎販纔踵南渡遂致物價翔踴乃權宜限以路分今鼎既以本路用度繁殷欲徵軍須錢宜從所請若陝西可徵與否詔令行省議定而後行五月上以河北州府官錢散失多在民間命尚書省經畫之八月平章高琪奏軍興以來用度不貲惟賴寶券然所入不敷所出是以浸輕今千錢之券僅直數錢隨造隨盡工物日增不有以救之弊將滋甚宜更造新券與舊券權爲子母而兼行之庶工物俱省而用不乏濮王守純以下皆憚改奏曰自古軍旅之費皆取於民向朝廷以小鈔殊輕權更寶券而復禁用錢小民淺慮謂楮幣易壞不若錢可久於是得錢則珍藏而券則亟用之惟恐破裂而至於廢也今朝廷知支而不知收所以錢日貴而券日輕然則券之輕非民輕之國家致之然也不若量其所支復斂于民出入循環則彼知爲必用之物而知愛重矣今徒患輕而卽欲更造不惟信令不行且恐新券之輕復同舊券也既而隴州防禦使完顏寓及陝西行省令史惠吉繼言券法之弊寓請姑罷印造以見在者流通之若滯塞則驗丁口之多寡物力之高下而徵之吉言券者所以救弊一時非可流通與見錢比必欲通之不過多斂少支爾然斂多則傷民支少則用不足二者皆不可爲今日計莫若更造以貞祐通寶爲名自百至三千等之爲十聽各路轉運司印造仍不得過五千貫與舊券參用庶乎可也詔集百官議戶部侍郎奧屯阿虎禮部侍郎楊雲翼郎中蘭芝刑部侍郎馮鶚皆主更造戶部侍郎高夔員外郎張師魯兵部侍郎徒單歐里白皆請徵斂惟戶部尚書蕭貢謂止當如舊而工部尚書李元輔謂二者可竝行太子少保張行信亦言不宜更造但嚴立不行之罪足矣侍御史趙伯成曰更造之法陰奪民利其弊甚於徵徵之爲法特徵於農民則不可若徵於市肆商賈之家是亦敦本抑末之一端刑部主事王壽寧曰不然今之重錢輕券者皆農爾其欲必先於民而後可轉運使王擴曰凡論事當究其本今歲支軍士家口糧四萬餘石如使斯人地着少寬民力然後徵之與行之不難權貨司楊貞亦欲節無名之費罷閑冗之官或有請鑄大錢以當百別造小鈔以省費或謂縣官當擇人者獨吏部尚書溫迪罕思敬上書言國家立法莫不備具但有司不克奉之而已誠使臣得便宜從事凡外路四品以下官皆許杖決三品以上奏聞仍付監察二人馳驛往來法不必變民不必徵一號令之可使上下無不奉法如其不然請就重刑上以示宰臣曰彼自許如此試委之可乎宰臣未有以處而監察御史陳規完顏素蘭交諍以爲事有難行聖哲猶病之思敬何爲者徒害人爾上以衆議紛紛月餘不決厭之乃詔如舊紓其徵斂之期焉未幾竟用惠吉言造貞祐通寶興定元年二月始詔行之凡一貫當千貫增重僞造沮阻罪及捕獲之賞五月以鈔法屢變隨出而隨壞製紙之桑皮故紙皆取于民至是又甚艱得遂令計價但徵寶券通寶名曰桑皮故紙錢謂可以免民輸輓之勞而省工物之費也高汝礪言河南調發繁重所徵租稅三倍於舊僅可供億如此其重也而今年五月省部以歲收通寶不充所用乃於民間斂桑皮故紙鈔七千萬貫以補之又太甚矣而近又以通寶稍滯又增兩倍河南人戶農居三之二今年租稅徵尚未足而復令出此民若不糶當納之租則賣所食之粟舍此將何得焉今所急而難得者芻糧也出於民而有限可緩而易爲者交鈔也出於國而可變以國家之所自行者而强求之民將若之何向者大鈔滯則更爲小鈔小鈔弊則改爲寶券寶券不行則易爲通寶變制在我尚何煩民哉民旣悉力以奉軍而不足又計口計稅計物計生殖之業而加徵若是其剝彼不能給則有亡而已矣民逃田穢兵食不給是軍儲鈔法兩廢矣臣非於鈔法不加意非故與省部相違也但以鈔滯物貴之害輕民去軍飢之害重爾時不能用三年十月省臣奏向以物重錢輕犯贓者計錢論罪則太重於是以銀爲則每兩爲錢二貫有犯通寶之贓者直以通寶論如因軍興調發受通寶及三十貫者已得死刑準以金銀價纔爲錢四百有奇則當杖輕重之間懸絕如此遂命准犯時銀價論罪三月參知政事李復亨言近制犯通寶之贓者竝以物價折銀定罪每兩爲錢二貫而法當贖銅者止納通寶見錢亦乞令依上輸銀旣足以懲惡又有補於官詔省臣議遂命犯公錯過悞者止徵通寶見錢贓污故犯者輸銀四年十二月鎭南軍節度使溫迪罕思敬上書言錢之爲泉也貴流通而不可塞積於官而不散則病民散於民而不斂則闕用必多寡輕重與物相權而後可大定之世民間錢多而鈔少故貴而易行軍興以來在官殊少民亦無幾軍旅調度悉仰于鈔日之所出動以萬計至於塡委市肆能無輕乎不若弛限錢之禁許民自採銅鑄錢而官製模範薄惡不如法者令民不得用則錢必日多鈔可少出少出則貴而易行矣今日出益衆民日益輕有司欲重之而不得其法至乃計官吏之俸驗百姓之物力以斂之而卒不能增重曾不知錢少之弊也臣謂宜令民鑄錢而當斂鈔者亦聽輸銀民因以銀鑄錢爲數等文曰興定元寶定直以備軍賞亦救弊之一法也朝廷不從五年閏十二月宰臣奏向者寶券旣弊乃造貞祐通寶以救之迄今五年其弊又復如寶券之末初通寶四貫爲銀一兩今八百餘貫矣宜復更造興定寶泉子母相權與通寶兼行每貫當通寶四百貫以二貫爲銀一兩隨處置庫許人以通寶易之縣官能使民流通者進官一階陞職一等其或姑息以致壅滯則亦追降的決爲差州府官以所屬司縣定罪賞命監察御史及諸路行部官察之定撓法失糾舉法失舉則御史降決行部官降罰集衆妄議難行者徒二年告捕者賞錢三百貫元光元年二月始詔行之二年五月更造每貫當通寶五十又以綾印製元光珍貨同銀鈔及餘鈔行之行之未久銀價日貴寶泉日賤民但以銀論價至元光二年寶泉幾於不用乃定法銀一兩不得過寶泉三百貫凡物可直銀三兩以下者不許用銀以上者三分爲率一分用銀二分用寶泉及珍貨重寶京師及州郡置平準務以寶泉銀相易其私易及違法而能告者罪賞有差是令旣下市肆晝閉商旅不行朝廷患之乃除市易用銀及銀寶泉私相易之法然上有限用之名而下無從令之實有司雖知莫能制矣義宗正大間民間但以銀市易天興二年十月印天興寶會于蔡州自一錢至四錢四等同見銀流轉不數月國亡

金史卷四十九

元　中書右丞相總裁脫脫等修

志第三十

食貨四　鹽　酒　醋　茶　諸征商　金銀稅

鹽金制榷貨之目有十曰酒麴茶醋香礬丹錫鐵而鹽爲稱首貞元初蔡松年爲戶部尚書始復鈔引法設官置庫以造鈔引鈔合鹽司簿之符引會司縣批繳之數七年一釐革之初遼金故地濱海多產鹽上京東北二路食肇州鹽速頻路食海鹽臨潢之北有大鹽濼烏古里石壘部有鹽池皆足以食境內之民嘗征其稅及得中土鹽場倍之故設官立法加詳焉然而增減不一廢置無恒亦隨時捄弊而已益都濱州舊置兩鹽司大定十三年四月併爲山東鹽司二十一年滄州及山東各務增羨冒禁鬻鹽朝論慮其久或隳法遂併爲海豐鹽使司十一月又併遼東等路諸鹽場爲兩鹽司大定二十五年更狗濼爲西京鹽司是後惟置山東滄寶坻莒解北京西京七鹽司山東滄寶坻斤三百爲袋袋二十有五爲大套鈔引公據三者俱備然後聽鬻小套袋十或五或一每套鈔一引如袋之數寶坻零鹽較其斤數或六之三或六之一又爲小鈔引給之以便其鬻解鹽斤二百有五十爲一席席五爲套鈔引則與陝西轉運司同鬻其輸粟於陝西軍營者許以公牒易鈔引西京等場鹽以石計大套之石五小套之石三北京大套之石四小套之石一遼東大套之石十皆套一鈔石一引零鹽積十石亦一鈔而十引其行鹽之界各視其地宜山東滄州之場九行山東河北大名河南南京歸德諸府路及許亳陳蔡潁宿泗曹睢鈞單壽諸州莒之場十二濤洛場行莒州臨洪場行贛榆縣獨木場行海州司候司朐山東海縣板浦場行漣水沭陽縣信陽場行密州之五場又與大鹽場通行沂邳徐宿泗滕六州西由

場行萊州錄事司及招遠縣衡村場行卽墨萊陽縣之二場鈔引及半袋小鈔引聽本州縣齎之寧海州五場皆鬻零鹽不用引目黃縣場行黃縣巨風場行登州司候司蓬萊縣福山場行福山縣是三場又通行旁縣棲霞寧海州場行司候司牟平縣文登場行文登縣寶坻鹽行中都路平州副使於馬城縣置局貯錢解鹽行河東南北路陝西東及南京河南府陝鄭唐鄧嵩汝諸州西京遼東鹽各行其地北京宗錦之末鹽行本路及臨潢府肇州泰州之境與接壤者亦預焉世宗大定三年二月定軍私煮鹽及盜官鹽之法命猛安謀克巡捕三年十一月詔以銀牌給益都濱滄鹽使司十一年正月用西京鹽判宋俁言更定狗濼鹽場作六品使司以俁爲使順聖縣令白仲通爲副以是歲入錢爲定額四月以烏古里石壘民饑罷其鹽池稅十二年十月詔西北路招討司猛安所轄貧及富人奴婢皆給食鹽宰臣言去鹽濼遠者所得不償道里之費遂命計口給直富家奴婢二十口止十三年二月併榷永鹽爲寶坻使司罷平濼鹽錢滄州舊廢海阜鹽場三月州人李格請復置詔遣使相視有司謂是場興則損滄鹽之課且食鹽戶仍舊而鹽貨歲增必徒多積而不能售遂寢其議三月大鹽濼設鹽稅官復免烏古里石壘部鹽池之稅二十一年八月參知政事梁肅言寶坻及傍縣多闕食可減鹽價增粟價而以粟易鹽上命宰臣議皆謂鹽非多食之物若減價易粟恐久而不售以至虧課今歲糧以七十餘萬石至通州比又以恩獻等六州粟百餘萬石繼至足以賑之不煩易也遂罷十二月罷平州椿配鹽課二十三年七月博興縣民李孜收日炙鹽大理寺具私鹽及刮鹹土二法以上宰臣謂非私鹽可比張仲愈獨曰私鹽罪重而犯者猶衆不可縱也上曰刮鹻非煎何以同私仲愈曰如此則渤海之人恣刮鹻而食將侵官課矣力言不已上乃以孜同刮鹻科罪後犯則同私鹽法論十一月張邦基言寶坻鹽課若每石收正課百五十斤慮有風乾折耗遂令石加耗鹽二十二斤半仍先一歲貸支償直以優竈戶二十四年七月上在上京謂丞相烏古論元忠等曰會寧尹蒲察通言其地猛安謀克戶甚艱舊速頻以東食海鹽蒲與胡里改等路食肇州鹽初定額萬貫今增至二萬七千若罷鹽引添竈戶庶可易得元忠對曰已嘗遣使咸平府以東規畫矣上曰不須待此宜亟爲之通又言可罷上京酒務聽民自造以輸稅上曰先濼州諸地亦嘗令民煮鹽後以不便罷之今豈可令民自沽耶二十五年十月上還自上京謂宰臣曰朕聞遼東凡人家食鹽但無引目者卽以私治罪夫細民徐買食之何由有引目可止令散辦或詢諸民從其所欲因爲之罷北京遼東鹽使司二十八年尚書省論鹽事上曰鹽使司雖辦官課然素擾民鹽官每出巡而巡捕人往往私懷官鹽所至求賄及酒食稍不如意則以所懷誣以爲私鹽鹽司苟圖美增雖知其誣亦必加刑宜令別設巡捕官勿與鹽司關涉庶革其弊五月剏巡捕使山東滄寶坻各二員解西京各一員山東則置於濰州招遠縣滄置於深州及寧津縣寶坻置於易州及永濟縣解置於澄城縣西京置於兜荅館秩從六品直隸省部各給銀牌取鹽使司弓手充巡捕人且禁不得於人家搜索若食鹽一斗以下不得究治惟盜販私煮則捕之在三百里內者屬轉運司外者卽隨路府提點所治罪盜課鹽者亦如之章宗大定二十九年十月上朝隆慶宮諭有司曰比因獵知百姓多有鹽禁獲罪者民何以堪朕欲令依平濼太原均辦例令民自煎其令百官議之十二月戶部尚書鄧儼等謂若令民計口定課民既輸乾辦錢又必別市而食是重費民財而徒增煎販者之利也且今之鹽價蓋昔日錢幣易得之時所定今日與向不同況太平日久戶口蕃息食鹽歲課宜有美增而反無之何哉緣官估高貧民利私鹽之賤致虧官課爾近已減寶坻山東滄鹽價斤爲三十八文乞更減去八文歲不過減一百二十餘萬貫官價既賤所售必多自有美餘亦不全失所減之數況今府庫金銀約折錢萬萬貫有奇設使鹽課不足亦足補百有餘年之經用若量入爲出必無不足之患乞令平濼乾辦鹽課亦宜減價各路巡鹽弓手不得自專巡捕庶革誣罔之弊禮部尚書李晏等曰所謂乾辦者既非美名又非良法必欲杜絕私煮盜販之弊莫若每斤減爲二十五文使公私價同則私將自已又巡鹽兵吏往往挾私鹽以誣人可令與所屬司縣期會方許巡捕違者按察司罪之刑部尚書郭邦傑等則謂平濼瀕海及太原鹵地可依舊乾辦餘同儼議御史中丞移剌仲方則謂私煎盜販之徒皆知禁而犯之者也可選能吏充巡捕使而不得入人家搜索同知大興府事王翛請每斤減爲二十文罷巡鹽官左諫議大夫徒單鎰則以乾辦爲便宰臣奏以每斤官本十文若減作二十五文似爲得中巡鹽弓手可減三分之一鹽官出巡須約所屬同往不同獲者不坐可自來歲五月一日行之上遂命寶坻山東滄鹽每斤減爲三十文已發鈔引未支者准新價足之餘從所請十二月遂罷西京解鹽巡捕使時既詔罷乾辦鹽錢十二月以大理司直移剌九勝奴廣寧推官宋扆議北京遼東鹽司利病遂復置北京遼東鹽使司北京路歲以十萬餘貫爲額遼東路以十三萬爲額罷西京及解州巡捕使明昌元年七月上封事者言河東北路乾辦鹽錢歲十萬貫太重以故民多逃徙乞緩其徵督上命俟農隙遣使察之十二月定禁司縣擅科鹽制二年五月省臣以山東鹽課不足蓋由鹽司官出巡不敢擅捕必約所屬同往人不畏故也遂詔自今如有盜販者聽鹽司官輒捕民私煮及藏匿則約所屬搜索巡尉弓兵非與鹽司相約則不得擅入人家三年六月孫卽康等同鹽司官議軍民犯私鹽三百里內者鹽司按罪遠者付提點所皆徵捕獲之賞於販造者猛安謀克部人煎販及盜者所管官論贖三犯杖之能捕獲則免罪又濱州渤海縣永和鎭去州遠恐藏盜及私鹽可改爲永豐鎭與曹子山村各剏設巡檢山東寶坻滄鹽司判官乞陞爲從七品用進士上命猛安謀克杖者再議餘皆從之尚書省奏山東濱益九場之鹽行於山東等六路濤洛等五場止行於沂邳徐宿滕泗六州各有定課方之九場大課不同若令與九場通比增虧其五場官恃彼大課恐不用力轉生姦弊遂定令五場自爲通比舊法與鹽司使副通比故至是始改焉五年正月八小場鹽官左華等以課不能及額繳進告勑遂遣使按視十三場再定除濤洛等五場係設管勾可卽日恢辦乃以華所告八場從大定二十六年制自見管課依新例永相比磨戶部郎中李敬義等言八小場今新定課有減其半者如使俱從新課而舊課已辦入官恐所減錢多因而作弊而所收錢數不復盡實附歷納官遂從明昌元年所定酒稅院務制令卽日收辦十一月以舊制猛安謀克犯私鹽酒麴者轉運司按罪遂更定軍民犯私鹽者皆令屬鹽司私酒麴則屬轉運司三百里外者則付提點所若逮問犯人而所屬恡不遣者徙二年十一月尚書省議山東滄州舊法每一斤錢四十一文寶坻每一斤四十三文自大定二十九年赦恩并特旨減爲三十文計減百八十五萬四千餘貫後以國用不充遂奏定每一斤復加三文爲三十三文至承安三年十二月尚書省奏鹽利至大今天下戶口蕃息食者倍於前軍儲支引者不甚多況日用不可闕之物豈以價之低昂而有多寡也若不隨時取利恐徒失之遂復定山東寶坻滄州三鹽司價每一斤加爲四十二文解州舊法每席五貫文增爲六貫四百文遼東北京舊法每石九百文增爲一貫五百文西京煎鹽舊石二貫文增爲二貫八百文撈鹽舊一貫五百文增爲二貫文既增其價復加其所鬻之數七鹽司舊課歲入六百二十二萬六千六百三十六貫五百六十六文至是增爲一千七十七萬四千五百一十二貫一百三十七文二分山東舊課歲入二百五十四萬七千三百三十六貫增爲四百三十三萬四千一百八十四貫四百文滄州舊課歲入百五十三萬一千二百貫增爲二百七十六萬六千六百三十六貫寶坻舊入八十八萬七千五百五十八貫六百文增爲一百三十四萬八千八百三十九貫解州舊入八十一萬四千六百五十七貫五百文增爲一百三十二萬一千五百二十貫二百五十六文遼東舊入十三萬一千五百七十二貫八百七十文增爲三十七萬六千九百七十貫二百五十六文北京舊入二十一萬三千八百九十二貫五百文增爲三十四萬六千一百五十一貫六百一十七文二分西京舊入十萬四百一十九貫六百九十六文增爲二十八萬二千六十四貫六百八文四月宰臣奏在法猛安謀克有告私鹽而不捕者杖之其部人有犯而失察者以數多寡論罪今乃有身犯之者與犯私酒麴殺牛者皆世襲權貴之家不可不禁遂定制徒年杖數不以贖論不及徒者杖五十八月命山東寶坻滄州三鹽司每春秋遣使督按察司及州縣巡察私鹽泰和元年九月省臣以滄濱兩司鹽袋歲買席百二十萬皆取於民淸州北靖海縣新置滄鹽場本故獵地沮洳多蘆宜弛其禁令民時採而織之十一月陝西路轉運使高汝礪言舊制捕告私鹽酒麴者計斤給賞錢皆徵于犯人然監官獲之則充正課巡捕官則不賞巡捕軍則減常人之半免役弓手又半之是罪同而賞異也乞以司縣巡捕官不賞之數及巡捕弓手所減者皆徵以入官則罪賞均矣詔從之三年二月以解鹽司使治本州以副治安邑十一月定進士授鹽使司官以榜次及入仕先後擬注四年六月以七鹽使司課額七年一定爲制每斤增爲四十四文時桓州刺史張煒乞以鹽易米詔省臣議之六月詔以山東滄州鹽司自增新課之後所虧歲積蓋官既不爲經畫而管勾監同與合干人互爲姦弊以致然也卽選才幹者代兩司使副以進士及部令史譯人書史譯史律科經童諸局分出身之廉愼者爲管勾

而罷其舊官。十月，西北路有犯花鹹禁者，欲同鹽禁罪，宰臣謂若比私鹽則有不同，詔定制收鹻者杖八十，十斤加一等，罪止徒一年，賞同私礬例。五年六月，以山東、滄州兩鹽司侵課，遣戶部員外郎石鉉按視之，還言令兩司分辦爲便。詔以周昂分河北東西路、大名府、恩州、南京、睢陳蔡許潁州隸滄鹽司，以山東東西路、開濮州、歸德府、曹單亳壽泗州隸山東鹽司，各計口承課。十月，簽河北東西大名路按察司事張德輝言：「海壖人易得私鹽，故犯法者衆，可量戶口均配之。」尚書省命山東按察司議其利便，言：「萊密等州比年不登，計口賣鹽，所斂雖微，人以爲重，恐致流亡。且私煮者皆無籍之人，豈以配賣而不爲哉？」遂定制，命與滄鹽司皆馳驛巡察境內。六年二月，右丞相內族宗浩、參知政事賈鉉言：「國家經費惟賴鹽課，今山東虧五十餘萬貫，蓋以私煮盜販者成黨，鹽司既不能捕，統軍司、按察司亦不爲禁。若止論販私鹽者之數罰俸降職，彼將抑而不申，愈難制矣。宜立制，以各官在職時所增虧之實，令鹽司以達省部，以爲陞降。」遂詔諸統軍、招討司，京府州軍官，所部有犯者，兩次則奪半月俸，一歲五次則奏裁，巡捕官但犯則的決，令按察司御史察之。四月，從涿州刺史夾谷蒲乃言，以萊州民所納鹽錢聽輸絲綿銀鈔。七年九月，定西北京、遼東鹽使判官及諸場管勾增虧升降格，凡文資官、吏員、諸局署承應人應驗資歷注者，增不及分者陞本等首，一分減一資，二分減兩資遷一官，四分減兩資遷兩官，虧則視此爲降。如任迴驗官注擬者，增不及分陞本等首，一分減一資，二分減一資遷一階，四分減兩資遷兩階，虧者亦視此爲降。十二月，尚書省以盧附翼所言，遂定制，竈戶盜賣課鹽法，若應納鹽課外有餘，則盡以申官，若留者減盜一等，若刮鹻土煎食之，採黃穗草燒灰淋鹵，及以酵粥爲酒者，杖八十。八年七月，宋克俊言：「鹽管勾自改注進士諸科人，而監官有失超陞縣令之階，以故怠而虧課，乞依舊爲便。」有司以泰和四年改注時選當時到部人截替，遂擬以秋季到部人注代。八年七月，詔沿淮諸榷場，聽官民以鹽市易。宣宗貞祐二年十月，戶部言陽武、延津、原武、滎澤、河陰諸縣饒鹻鹵，民私煎不能禁，遂詔置場，設判官、管勾各一員，隸戶部。既而御史臺奏諸縣皆爲有力者奪之，而商販不行，遂勑御史分行申明禁約。三年十二月，河東南路權宣撫副使烏古論慶壽言：「絳、解民多業販鹽，由大陽關以易陝、虢之粟，及還渡河，而官邀糴其八，其旅費之外所存幾何？而河南行部復自運以易粟于陝，以盡奪民利。比歲河東旱蝗，加以邀糴，物價踊貴，人民流亡，誠可憫也。乞罷邀糴以紓其患。」四年七月，慶壽又言：「河中乏糧，既不能濟，而又邀糴以奪之。夫鹽乃官物，有司陸運至河，復以舟達京兆、鳳翔，以與商人貿易，艱得而甚勞。而陝西行部每石復邀糴二斗，是官物而自糴也。夫轉鹽易物，本濟河中，而陝西復强取之，非奪而何？乞彼此壹聽民便，則公私皆濟。」上從之。興定二年六月，以延安行六部員外郎盧進建言，綏德之嗣武城、義合、克戎寨近河地多產鹽，請設鹽場管勾一員，歲獲十三萬餘斤，可輸錢二萬貫以佐軍。三年，詔用其言，設官鬻鹽給邊用。四年，李復亨言，以河中西岸解鹽舊所易粟麥萬七千石充關東之用。尋命解鹽不得通陝西，以北方有警，河禁方急也。元光二年，內族訛可言民運解鹽有助軍食，詔修石墻以固之。

酒。金榷酤因遼、宋舊制，天會三年始命榷官以周歲爲滿。世宗大定三年，詔宗室私釀者，從轉運司鞫治。三年，省奏中都酒戶多逃，以故課額愈虧。上曰：「此官不嚴禁私釀所致也。」命設軍百人，隸兵馬司，同酒使副合千人巡察，雖權要家亦許搜索，奴婢犯禁，杖其主百，且令大興少尹招復酒戶。八年，更定酒使司課及五萬貫以上，鹽場不及五萬貫者，依舊例通注文武官，餘並右職有才能累差不虧者爲之。九年，大興縣官以廣陽鎭務虧課而懼奪其俸，乃以酒散部民，使輸其稅。大理寺以財非入已，請以贖論。上曰：「雖非私贓，而貧民亦被其害，若止從贖，何以懲後？」特命解職。二十六年，省奏鹽鐵酒麴自定課後增各有差。上曰：「朕頃在上京，酒味不嘉。朕欲如中都麴院取課，庶使民得美酒。朕日膳亦減省，嘗有一公主至，而無餘膳可與。朕欲日用五十羊何難哉，慮費用皆出於民，不忍爲也。監臨官惟知利己，不知利何從來。若恢辦增羨者酬遷，虧者懲殿，仍更定併增併虧之課，無失元額。如橫班祗虧者與餘差一例降罰，庶有激勸。且如功酬合辦二萬貫，而止得萬七八千，難迭兩酬者，必止納萬貫而輒以餘錢入已，今後可令見差使內不迭酬餘錢，與後差使內所增錢通算爲酬，庶錢可入官。及監官食直若不先與，何以責廉。今後及格限而至者，卽用此法。」又奏罷杓欄人。二十七年，議以天下院務依中都例，改收麴課，而聽民酤。戶部遣官詢問遼東來遠軍、南京路新息、虞城、西京路西京酒使司、白登縣、迭剌部族、天城縣七處，除稅課外，願自承課賣酒。上曰：「自昔監官多私官錢，若令百姓承辦，庶革此弊，其試行之。」明昌元年正月，更定新課，令卽日收辦。中都麴使司大定間歲獲銀三十六萬一千五百貫，承安元年歲獲四十萬五千一百三十三貫。西京酒使司大定間歲獲錢五萬三千四百六十七貫五百八十八文，承安元年歲獲錢十萬七千八百九十三貫。七月，定中都麴使司以大定二十一年至明昌六年爲界，通比均取一年之數爲額。五年四月，省奏：「舊隨處酒稅務所設杓欄人，以射糧軍歷過隨朝差役者充。大定二十六年罷去。其隨朝應役軍人各給添支錢粟酬其勞，今擬將元收杓欄錢以代添支，令各院務驗所收之數，百分中取三，隨課代輸，更不入比，歲約得錢三十餘萬，以佐國用。」泰和四年九月，省奏在都麴使司自定課以來，八年併增，宜依舊法，以八年通該課程，均其一年之數，仍取新增諸物一分稅錢併入，通爲課額，以後之課每五年一定其制。又令隨處酒務元額上，通取三分作糟酵錢。六年，制院務賣酒數各有差，若數外賣及將帶過數者罪之。宣宗貞祐三年十二月，御史田迥秀言：「大定中，酒稅歲及十萬貫者始設使司，其後二萬貫亦設，今河南使司亦五十餘員，虛費月廩，宜依大定之制。」元光元年，復設麴使司。

醋稅。自大定初，以國用不足，設官榷之，以助經用。之二十三年，以府庫充牣，遂罷之。章宗明昌五年，以有司所入不充所出，言事者請榷醋息，遂令設官榷之，其課額俟當差官定之後。罷。承安三年三月，省臣以國用浩大，遂復榷之。五百貫以上設都監，千貫以上設同監一員。

茶。自宋人歲供之外，皆貿易於宋界之榷場。世宗大定十六年，以多私販，乃更定香茶罪賞格。章宗承安三年八月，以爲費國用而資敵，遂命設官製之。以尚書省令史承德郎劉成往河南視官造者，以不親嘗其味，但採民言謂爲溫桑，實非茶也，還卽白上。上以爲不幹，杖七十，罷之。四年三月，於淄、密、寧海、蔡州各置一坊，造新茶，依南方例每斤爲袋，直六百文。以商旅卒未販運，命山東、河北四路轉運司以各路戶口均其袋數，付各司縣鬻之。買引者，納錢及折物，各從其便。五月，以山東人戶造賣私茶，侵侔榷貨，遂定比煎私礬例，罪徒二年。泰和四年，上謂宰臣曰：「朕嘗新茶，味雖不嘉，亦豈不可食也。比令近侍察之，乃知山東、河北四路悉椿配於人，旣曰强民，宜抵以罪。此舉未知運司與縣官孰爲之，所屬按察司亦當坐罪也。其閱實以聞。自今其令每袋價減三百文，至來年四月不售，雖腐敗無傷也。」五年春，罷造茶之坊。三月，上諭省臣曰：「今雖不造茶，其勿伐其樹，其地則恣民耕樵。」六年，河南茶樹槁者，命補植之。十一月，尚書省奏：「茶，飲食之餘，非必用之物。比歲上下競啜，農民尤甚，市井茶肆相屬。商旅多以絲絹易茶，歲費不下百萬，是以有用之物而易無用之物也。若不禁，恐耗財彌甚。」遂命七品以上官，其家方許食茶，仍不得賣及饋獻。不應留者，以斤兩立罪賞。七年，更定食茶制。八年七月，言事者以茶乃宋土草芽，而易中國絲綿錦絹有益之物，不可也。國家之鹽貨出於鹵水，歲取不竭，可令易茶。省臣以爲所易不廣，遂奏令兼以雜物博易。宣宗元光二年三月，省臣以國蹙財竭，奏曰：「金幣錢穀，世不可一日闕者也。茶本出於宋地，非飲食之急，而自昔商賈以金帛易之，是徒耗也。泰和間，嘗禁止之，後以宋人求和，乃罷。兵興以來，復舉行之，然犯者不少衰，而邊民又窺利，越境私易，恐因泄軍情，或盜賊入境。今河南、陝西凡五十餘郡，郡日食茶率二十袋，袋直銀二兩，是一歲之中妄費民銀三十餘萬也。奈何以吾有用之貨而資敵乎？」乃制親王、公主及見任五品以上官，素蓄者存之，禁不得賣、饋，餘人並禁之。犯者徒五年，告者賞寶泉一萬貫。

諸征商。海陵貞元元年五月，以都城隙地賜隨朝大小職官及護駕軍，七月，各徵錢有差。大定二年，制院務創虧及功酬格。八月，罷諸路關稅，止令譏察。三年，尚書省奏山東西路轉運司言坊場河渡多逋欠，詔如監臨制，以年歲遠近爲差蠲減。又以尚書工部令史劉行義言，定城郭出賃房稅之制。五年以前，此河濼罷設官，復召民射買，兩界之後，仍舊設官。二十年正月，定商稅法，金銀百分取一，諸物百分取三。章宗大定二十九年，戶部言：「天下河泊已許與民同利，其七處設官可罷之，委所屬禁豪强毋得擅其利。」明昌元年正月，勅尚書省定院務課商稅額，諸路使司院務千六百一十六處，比舊減九十四萬一千餘貫，遂罷坊場，免賃房稅。十月，尚書省奏：「今天下使司院務既減課額，而監官增虧既有陞遷追殿之制，宜罷提點所給賞罰俸之制，但委提刑司察提點官侵犯場務者，則論如制。」詔從之。二年，詔減南京出賃官房及地基錢。三年，諭提刑司禁勢力家不得固山澤之利。又司竹監歲採八破竹五十萬竿，春秋兩次輸都水監備河防，餘邊刀笋皮等賣錢三千貫，葦錢二千貫爲額。明昌五年，陳言者乞復舊置坊場，上不許，惟許增置院務詔尚書省參酌定制遂擬遼東北京依舊許人分辦中都等十一路差官按視量添設院務于二十三處自今歲九月一日立界制可大定間中都稅使司歲獲十六萬四千四百四十餘貫承安元年歲獲二十一萬四千五百七十九貫泰和六年五月制院務課虧令運司差官監榷

金銀之稅大定三年制金銀坑冶許民開採二十分取一爲稅泰和四年言事者以金銀百分中取一諸物取三今物價視舊爲高除金銀則額所不能盡該自餘金銀可竝添一分詔從之七年三月戶部尚書高汝礪言舊制小商貿易諸物收錢四分而金銀乃重細之物多出富有之家復止三分是爲不倫亦乞一例收之省臣議以爲如此恐多匿隱遂止從舊

金史卷五十

元中書右丞相總裁脫脫等修

志第三十一

食貨五 榷場 和糴 常平倉 水田 區田 入粟鬻度牒

榷場與敵國互市之所也皆設場官嚴厲禁廣屋宇以通二國之貨歲之所獲亦大有助於經用焉熙宗皇統二年五月許宋人之請遂各置於兩界九月命壽州鄧州鳳翔府等處皆置海陵正隆四年正月罷鳳翔府唐鄧潁蔡鞏洮等州并膠西縣所置者而專置于泗州尋伐宋亦罷之五年八月命榷場起赴南京國初於西北招討司之燕子城北羊城之間嘗置之以易北方牧畜世宗大定三年市馬於夏國之榷場四年以尚書省奏復置泗壽蔡唐鄧潁密鳳翔秦鞏洮諸場七年禁秦州場不得賣米麪及羊豕之腊并可作軍器之物入外界十七年二月上謂宰臣曰宋人喜生事背盟或與大石交通恐枉害生靈不可不備其陝西沿邊榷場可止留一處餘悉罷之令所司嚴察姦細前此以防姦細罷西界蘭州保安綏德二榷場二十一年正月夏國王李仁孝上表乞復置以保安蘭州無所產而且稅少惟於綏德爲要地可復設互市命省臣議之宰臣以陝西隣西夏邊民私越境盜竊緣有榷場故姦人得往來擬東勝可依舊設陝西者竝罷之上曰東勝與陝西道路隔絕貿易不通其令環州置一場尋於綏德州復置一場十二月禁壽州榷場受分例分例者商人贄見場官之錢幣也章宗明昌二年七月尚書省以泗州榷場自前關防不嚴遂奏定從大定五年制官爲增修舍屋倍設闌禁委場官及提控所拘榷以提刑司舉察惟東勝靜慶州來遠軍者仍舊餘皆修完之泗州場大定間歲獲五萬三千四百六十七貫承安元年增爲十萬七千八百九十三貫六百五十三文所須雜物泗州場歲供進新茶千胯荔支五百斤圓眼五百斤金橘六千斤橄欖五百斤芭蕉乾三百箇蘇木千斤溫柑七千箇橘子八千箇沙糖三百斤生薑六百斤梔子九十稱犀象丹砂之類不與焉宋亦歲得課四萬三千貫秦州西子城場大定間歲三萬三千六百五十六貫承安元年歲獲十二萬二千九十九貫承安二年復置於保安蘭州三年九月行樞密院奏斜出等告開榷場擬於轄里尼要安置許自今年十二月貿易尋定制隨路榷場若以見錢入外界與外人交易者徒五年三斤以上死宋界諸場以伐宋皆罷泰和八年八月以與宋和宋人請如舊置之遂復置於唐鄧壽泗息州及秦鳳之地宣宗貞祐元年秦州榷場爲宋人所焚二年陝西安撫副使烏古論兖州復開設之歲所獲以十數萬計三年七月議欲聽榷場互市用銀而計數稅之上曰如此是公使銀入外界也平章盡忠權參知政事德升曰賞賜之用莫如銀絹而府庫不足以給之互市雖有禁而私易者自如若稅之則斂不及民而用可足平章高琪曰小人敢犯法不行爾況許之乎今軍未息而產銀之地皆在外界不禁則公私指日罄矣上曰當熟計之興定元年集賢諮議官呂鑑言嘗監息州榷場每場獲布數千匹銀數百兩兵興之後皆失之金銀之稅世宗大定五年聽人射買寶山縣銀冶九年御史臺奏河南府以和買金銀抑配百姓且下其直上曰初朕欲泉貨流通故令行豈可反害民乎遂罷之十二年詔金銀坑冶恣民採毋收稅二十七年尚書省奏聽民於農隙採銀承納官課明昌二年天下見在金千二百餘鋌銀五十五萬二千餘鋌三年以提刑司言封諸處銀冶禁民採煉五年以御史臺奏請令民採煉隨處金銀銅冶上命尚書省議之宰臣議謂國家承平日久戶口增息雖嘗禁之而貧人苟求生計聚衆私煉上有禁之之名而無杜絕之實故官無利而民多犯法如令民射買則貧民壯者爲夫匠老稚供雜役各得均齊而射買之家亦有餘利如此則可以久行比之官役顧工糜費百端者有間矣遂定制有冶之地委謀克縣令籍數召募射買禁權要官吏弓兵里胥皆不得與如舊場之例令州府長官一員提控提刑司訪察而禁治之上曰此終非長策參知政事胥持國曰今姑聽如此後有利然後設官可也譬之酒酤蓋先爲坊場而後官榷也上亦以爲然遂從之壇山西銀山之銀窟凡百一十有三

和糴熙宗皇統二年十月燕西東京河東河北山東汴京等路秋熟命有司增價和糴世宗大定二年以正隆之後倉廩久匱遣太子少師完顏守道等山東東西路收糴軍糧除戶口歲食外盡令納官給其直三年謂宰臣曰國家經費甚大向令山東和糴止得四十五萬餘石未足爲備自古有水旱所以無患者由蓄積多也山東軍屯處須急爲二年之儲若遇水旱則用賑濟自餘宿兵之郡亦須糴以足之京師之用甚大所須之儲其敕戶部宜急爲計五年責宰臣曰朕謂積貯爲國本當修倉廩以廣和糴今聞外路官文具而已卿等不留心甚不稱委任之意六年八月敕有司秋成之後可於諸路廣糴以備水旱九年正月諭宰臣曰朕觀宋人虛誕恐不能久遵誓約其令將臣謹飭邊備以戒不虞去歲河南豐宜令所在廣糴以實倉廩詔州縣和糴毋得抑配百姓十二年十二月詔在都和糴以實倉廩且使錢幣通流又詔凡秋熟之郡廣糴以備水旱十六年五月諭左丞相紇石烈良弼曰西邊自來不備儲蓄其令所在和糴以備緩急十七年春尚書省奏先奉詔賑濟東京等路飢民三路粟數不能給上曰朕嘗諭卿等豐年廣糴以備凶歉卿等皆言天下倉廩盈溢今欲賑濟乃云不給自古帝王皆以蓄積爲國長計朕之積粟豈欲獨用即今不給可於隣道取之自今多備當以爲常四月尚書省奏東京三路十二猛安尤闕食者已賑之矣尚有未賑者詔遣官詣復州曷蘇館路檢視富家蓄積有餘增直以糴令近地居民就往受糧十八年四月命泰州所管諸猛安西北路招討司所管奚猛安咸平府慶雲縣霧鬆河等處遇豐年多和糴章宗明昌四年七月諭旨戶部官聞通州米粟甚賤若以平價官糴之何如於是有司奏中都路去歲不熟今其價稍減者以商旅運販繼至故也若即差官爭糴切恐市價騰踊貧民愈病請俟秋收日依常平倉條理收糴詔從之明昌五年五月上曰聞米價騰踊今官運至者有餘可減直以糴之其明告民不須貴價私糴也六年七月勑宰臣曰詔制內饑饉之地令減價糴之而貧民無錢者何以得食其議賑濟省臣以爲闕食州縣一年則當賑貸二年然後賑濟如其民實無恒產者雖應賑貸亦請賑濟上遂命間隔饑荒之地可以辦錢收糴者減價糴之貧乏無依者賑濟宣宗貞祐三年十月命高汝礪糴於河南諸郡令民輸輓入京復命在京諸倉糴民輸之餘粟侍御史黃搢奴申言汝礪所糴足給歲支民既於租賦之外轉輓而來亦已勞矣止將其餘以爲歸資而又強取之可乎且糴此有日矣而止得三百餘石此何濟也詔罷之十二月附近郡縣多糴於京師穀價騰踊遂禁其出境四年河北行省侯摯言河北人相食觀滄等州斗米銀十餘兩伏見沿河諸津許販粟北渡然每石官糴其八商人無利誰肯爲之且河朔之民皆陛下赤子既罹兵革又坐視其死臣恐弄兵之徒得以籍口而起也願止其糴縱民輸販爲便詔從之又制凡軍民客旅粟不於官糴處糴而私販渡河者杖百沿河軍及譏察權豪家犯者徒年杖數竝的決從重以物沒官上以河北州府錢多其散失民間頗廣命尚書省措畫之省臣奏已命山東河北榷酤及濱滄鹽司以分數帶納矣今河北艱食販粟北渡者衆宜權立法以遏糴之擬於諸渡口南岸選通練財貨官先以金銀絲絹等博易商販之糧轉之北岸以迴易糴本兼收見錢不惟杜姦弊亦使錢入京師從之又上封事者言比年以來屢艱食雖由調度征歛之繁亦兼并之家有以奪之也收則乘賤多糴困急則以貸人私立券質名爲無利而實數倍饑民惟恐不得莫敢較者故場功甫畢官租未了而囷已空矣此富者益富而貧者益貧者也國朝立法舉財物者月利不過三分積久至倍則止今或不期月而息三倍願明勑有司舉行舊法豐熟之日增價和糴則在公有益而私無損矣詔宰臣行之是年權河東南路宣撫副使烏古論慶壽言邀糴事見鹽志下興定元年上頗聞百姓以和糴太重棄業者多命宰臣加意焉八月以戶部郎中楊貞權陝西行六部尚書收給潼陝軍馬之用奏糴販糧濟河者之半以寬民從之六月立和糴賞格

常平倉世宗大定十四年嘗定制詔中外行之其法尋廢章宗明昌元年八月御史請復設勑省臣詳議以聞省臣言大定舊制豐年則增市價十之二以糴儉歲則減市價十之一以出平歲則已夫所以豐則增價以收

者恐物賤傷農儉則減價以出者恐物貴傷民增之損之以平粟價故謂常平非謂使天下之民專仰給於此也今天下生齒至衆如欲計口使餘一年之儲則不惟數多難辦又慮出不以時而致腐敗也況復有司抑配之弊殊非經久之計如計諸郡縣驗戶口例以月支三斗爲率每口但儲三月已及千萬數亦足以平物價救荒凶矣若令諸處自官兵三年食外可充三月之食者免糴其不及者俟豐年糴之庶可久行也然立法之始貴在必行其令提刑司各路計司兼領之郡縣吏沮格者糾能推行者加擢用若中都路年穀不熟之所則依常平法減其價三之一以糶詔從之三年八月勑常平倉豐糴儉糶有司奉行勤惰褒罰之制其徧諭諸路其奉行滅裂者提刑司糾察以聞又謂宰臣曰隨處常平倉往往有名無實況遠縣人戶豈肯跋涉直就州府糴糶可各縣置倉命州府縣官兼提控管勾遂定制縣距州六十里內就州倉六十里外則特置舊擬備戶口三月之糧恐數多致損改令戶二萬以上備三萬石一萬以上備二萬石一萬以下五千以上備萬五千石五千戶以下備五千石河南陝西屯軍貯糧之縣不在是數州縣有倉仍舊否則剏置郡縣吏受代所糴粟無壞一月內交割給由如無同管勾亦准上交割違限委州府并提刑司差官催督監交本處歲豐而收糴不及一分者本等內降提刑司體察直申尚書省至日斟酌黜陟九月勑置常平倉之地令州府官提舉之縣官兼董其事以所糴多寡約量升降爲永制又諭尚書省曰上京路諸縣未有常平倉如亦可置定其當備粟數以聞四年十月尚書省奏今上京蒲與速頻曷懶胡里改等路猛安謀克民戶計一十七萬六千有餘每歲收稅粟二十萬五千餘石所支者六萬六千餘石總其見數二百四十七萬六千餘石臣等以爲此地收多支少遇災足以賑濟似不必置遂止五年九月尚書省奏明昌三年始設常平倉定其永制天下常平倉總五百一十九處見積粟三千七百八十六萬三千餘石可備官兵五年之食米八百一十餘萬石可備四年之用而見在錢總三千三百四十三萬貫有奇僅支二年以上見錢既少且比年稍豐而米價猶貴若復預糴恐價騰踊於民未便遂詔權罷中外常平倉和糴俟官錢羨餘日舉行

水田明昌五年閏十月言事者謂郡縣有河者可開渠引以溉田詔下州郡既而八路提刑司雖有河者皆言不可溉惟中都路言安肅定興二縣可引河溉田四十餘畝詔命行之六年十月定制縣官任內有能興水利田及百頃以上者陞本等首注除謀克所管屯田能剏增三十頃以上賞銀絹二十兩疋其租稅止從陸田承安二年勑放白蓮潭東閘水與百姓溉田三年又命勿毀高梁河閘從民灌溉泰和八年七月詔諸路按察司規畫水田部官謂水田之利甚大沿河通作渠如平陽掘井種田俱可灌溉比年邳沂近河布種豆麥無水則鑿井灌之計六百餘頃比之陸田所收數倍以此較之它境無不可行者遂令轉運司因出計點就令審察若諸路按察司因勸農可按問開河或掘井如何爲便規畫具申以俟興作貞祐四年八月言事者程淵言碭山諸縣陂湖水至則畦爲稻田水退種麥所收倍於陸地宜募人佃之官取三之一歲可得十萬石詔從之興定五年五月南陽令李國瑞創開水田四百餘頃詔陞職二等仍錄其最狀徧諭諸道十一月議與水田省奏漢召信臣於南陽灌溉三萬頃魏賈逵堰汝水爲新陂通運二百餘里人謂之賈侯渠鄧艾修淮陽百尺二渠通淮潁大治諸陂於潁之南穿渠三百餘里溉田二萬頃今河南郡縣多古所開水田之地收穫多於陸地數倍勑令分治戶部按行州郡有可開者誘民赴功其租止依陸田不復添徵仍以官賞激之陝西除三白渠設官外亦宜視例施行元光元年正月遣戶部郎中楊大有等詣京東西南三路開水田

區田之法見嵇康養生論自是歷代未有天下通用如趙過一畝三甽之法者章宗明昌三年三月宰執嘗論其法於上前上曰卿等所言甚嘉但恐農民不達此法如其可行當遍諭之四年夏四月上與宰執復言其法久之參知政事胥持國曰今日方之大定間戶口既多費用亦厚若區種之法行良多利益上曰此法自古有之若其可行則何爲不行也持國曰所以不行者蓋民未見其利今已令試種於城南之地乃委官往監督之若使民見收成之利當不率而自效矣參知政事夾谷衡以爲若有其利古已行矣且用功多而所種少復恐廢壠畝之田功也上曰姑試行之六月上問參知政事胥持國曰區種事如何對曰六七月之交方可見矣又問河東及代州田種今歲佳否曰比常年頗登是日命近侍二人馳驛巡視京畿禾稼五年正月勑諭農民使區種先是陳言人武陟高翌上區種法且請驗人丁地土多少定數令種上令尚書省議既定遂勑令農田百畝以上如瀕河易得水之地須區種三十餘畝多種者聽無水之地則從民便仍委各千戶謀克縣官依法勸率承安元年四月初行區種法男年十五以上六十以下有土田者丁種一畝丁多者五畝止二年二月九路提刑馬百祿奏聖訓農民有地一頃者區種一畝五畝即止臣以爲地肥瘠不同乞不限畝數制可泰和四年九月尚書省奏近奉旨講議區田臣等謂此法本欲利民或以天旱乃始用之倉卒施功未必有益也且五方地肥瘠不同使皆可以區種農民見有利自當勉以效之不然督責雖嚴亦徒勞耳勑遂令所在長官及按察司隨宜勸諭亦竟不能行

入粟鬻度牒熙宗皇統三年三月陝西旱饑詔許富民入粟補官世宗大定元年以兵興歲歉下令聽民進納補官又募能濟饑民者視其人數爲補官格五年上謂宰臣曰頃以邊事未定財用闕乏自東南兩京外命民進納補官及賣僧道尼女冠度牒紫褐衣師號寺觀名額今邊鄙已寧其悉罷之慶壽寺天長觀歲給度牒每道折錢二十萬以賜之明昌二年勑山東河北闕食之地納粟補官有差承安二年賣度牒師號寺觀額復令人入粟補官三年西京饑詔賣度牒以濟之宣宗貞祐二年從知大興府事胥鼎所請定權宜鬻恩例格進官升職丁憂人許應舉求仕監戶從良之類入粟草各有數三年制無問官民有能勸率諸人納物入官者米百五十石遷官一階正班任使七百石兩階除諸司千石三階除丞簿過此數則請於朝廷議賞推司縣官有能勸二千石遷一階三千石兩階以濟軍儲又定制司縣官能勸率進糧至五千石以上者減一資考萬石以上遷一官減二等考二萬石以上遷一官陞一等皆注見闕四年河東行省胥鼎言河東兵多民少倉空歲饑竊見潞州元帥府雖設鬻爵恩例然條目至少未盡勸率之術今擬凡補買正班依格止廕一名若願輸許增廕一名僧道已具師號者許補買本司官職官願納粟或不願給俸及劵糧者宜量數遷加三舉終場人年五十以上四舉年四十五以上並許入粟該恩大小官及承應人令譯史吏員雖未係班亦許進納遷官其有品官應注諸司者聽獻物借注丞簿丞簿注縣令差使免一差掌軍官能自備芻糧者依職官例遷官如舊四年耀州僧廣惠言軍儲不足凡京府節鎮以上僧道官乞令納粟百石防刺郡副綱威儀等七十石者乃充三十月滿替諸監寺十石周年一代願復買者聽詔從之興定元年潞州行元帥府事粘割貞言近承奏格凡去歲覃恩之官以品從差等聽其入粟委帥府書空名宣勑授之則人無陳訴之勞而官有儲蓄矣比年屢降覃恩凡羈縻軍職者多未暇授若止許遷新覃則將隔越矣乞令計前後所該輸粟積遷詔從之

金史卷五十一

元中書右丞相總裁脫脫等修

志第三十二

選舉一 進士諸科　律科　經童科　制舉　武舉　試學士院官　司天醫學試科

自三代鄉舉里選之法廢秦漢以來各因一代之宜以盡一時之才苟足於用即已故法度之不一其來遠矣在漢之世雖有賢良方正諸科以取士而推擇爲吏由是以致公卿公卿子弟入備宿衛因被寵遇以位通顯魏晉而下互有因革至於唐宋進士盛焉當時士君子之進不由是塗則自以爲歉此由時君之好尚故人心之趨向然也遼起唐季頗用唐進士法取人然仕於其國者攷其致身之所自進士纔十之二三耳金承遼後凡事欲軼遼世故進士科目兼採唐宋之法而增損之其及第出身視前代特重而法亦密焉若夫以策論進士取其國人而用女直文字以爲程文斯蓋就其所長以收其用又欲行其國字使人通習而不廢耳終金之代科目得人爲盛諸宮護衛及省臺部譯史令史通事仕進皆列於正班斯則唐宋以來之所無者豈非因時制宜而以漢法爲依據者乎金治純駁議者於是每有別焉宣宗南渡吏習日盛苛刻成風殆亦多故之秋急於事功不免爾歟自時厥後仕進之岐既廣僥倖之俗益熾軍伍勞效雜置令錄門廕右職迭居朝著科舉取士亦復氾濫而金治衰矣原其立經陳紀之初所爲升轉之格考察之方井井然有條而不紊百有餘年才具不乏豈非其效乎奉詔作金史志其選舉因得而詳論之司天太醫內侍等法歷代所有附著于斯鬻爵進納金季之弊莫甚焉蓋由財用之不足而然也特載食貨志

金設科皆因遼宋制有詞賦經義策試律科經童之制海陵天德三年罷策試科世宗大定十一年剏設女直

進士科初但試策後增試論所謂策論進士也明昌初又設制舉宏詞科以待非常之士故金取士之目有七焉其試詞賦經義策論中選者謂之進士律科經義中選者曰舉人凡養士之地曰國子監始置于天德三年後定制詞賦經義生百人小學生百人以宗室及外戚皇后大功以上親諸功臣及三品以上官兄弟子孫年十五以上者入學不及十五者入小學大定六年始置太學初養士百六十人後定五品以上官兄弟子孫百五十人曾得府薦及終場人二百五十人凡四百人府學亦大定十六年置凡十七處共千人初以嘗與廷試及宗室皇家袒免以上親幷得解舉人爲之後增州學遂加以五品以上官曾任隨朝六品官之兄弟子孫餘官之兄弟子孫經府薦者同境內舉人試補三之一闕里廟宅子孫年十三以上不限數經府薦及終場免試者不得過二十人凡試補學生太學則禮部主之州府則以提舉學校學官主之曾得府薦及終場舉人皆免試凡經易則用王弼韓康伯註書用孔安國註詩用毛萇註鄭玄箋春秋左氏傳用杜預註禮記用孔穎達疏周禮用鄭玄註賈公彥疏論語用何晏集註邢昺疏孟子用趙岐註孫奭疏孝經用唐玄宗註史記用裴駰註前漢書用顏師古註後漢書用李賢註三國志用裴松之註及唐太宗晉書沈約宋書蕭子顯齊書姚思廉梁書陳書魏收後魏書李百藥北齊書令狐德棻周書魏徵隋書新舊唐書新舊五代史老子用唐玄宗註疏荀子用楊倞註揚子用李軌宋咸柳宗元吳秘註皆自國子監印之授諸學校凡學生會課三日作策論一道又三日作賦及詩各一篇三月一私試以季月初先試賦間一日試策論中選者以上五名申部遇旬休節辰皆有假病則給假省親遠行則給程犯學規者罰不率教者黜遭喪百日後求入學者不得與釋奠禮凡國子學生三年不能充貢欲就諸局承應者學官試能粗通大小各一經者聽章宗大定二十九年上封事者乞興學校推行三舍法及鄉以八行貢春官以設制舉宏詞事下尚書省集百官議戶部尚書鄧儼等謂三舍之法起於宋熙寧間王安石罷詩賦專尚經術太學生初補外舍無定員由外陞內舍限二百人由內陞上舍限百人各治一經每月考試或特免解或保舉補官其法雖行而多席勢力尚趨走之弊故蘇軾有三舍既興貨賂公行之語是以元祐間罷之後雖復而宣和三年竟廢臣等謂立法貴乎可久彼三舍之法委之學官選試啓僥倖之門不可爲法唐文皇養士至八千人亡宋兩學五千人今策論詞賦經義三科取士而太學所養止百六十人外京府或至十人天下今及千人今若每州設學專除教授月加考試每舉所取數多者賞其學官月試定爲三等籍之一歲中頻在上等者優復之不率教行惡者黜之庶幾得人之道也又成周鄉舉里選法卒不可復設科取士各隨其時八行者乃亡宋取周禮之六行孝友睦婣任恤加之中和爲八也凡人之行莫大於孝廉今已有舉孝廉之法及民有才能德行者令縣官薦之今制犯十惡姦盜者不得應試亦六德六行之遺意也夫制舉宏詞蓋天子待非常之士若設此科不限進士并選人試之中選擢之臺閣則人自勉矣上從其議遂計州府戶口增養士之數於大定舊制京府十七處千人之外置節鎭防禦刺史州學六十處增養千人各設教授一員選五舉終場或進士年五十以上者爲之府學二十有四學生九百五人大興開封平陽眞定東平府各六十人太原益都府各五十人大定河間濟南大名京兆府各四十人遼陽彰德府各三十人河中慶陽臨洮河南府各二十五人鳳翔平涼延安咸平廣寧興中府各二十人節鎭學三十九共六百一十五人絳定衞懷滄州各三十人萊密潞汾冀邢兗州各二十五人代同邠州各二十人奉聖州十五人餘二十三節鎭皆十人防禦州學二十一共二百三十五人博德洺棣亳各十五人餘十六州各十人凡千八百人女直學自大定四年以女直大小字譯尚書頒行之後擇猛安謀克內良家子弟爲學生諸路至三千人九年取其尤俊秀者百人至京師以編修官溫迪罕締達教之十三年以策詩取士始設女直國子學諸路設女直府學以新進士爲教授國子學策論生百人小學生百人府州學二十二中都上京胡里改恤頻合懶蒲與婆速咸平泰州臨潢北京冀州開州豐州西京東京蓋州隆州東平益都河南陝西置之凡取國子學生府學生之制皆與詞賦經義生同又定制每謀克取二人若宗室每二十戶內無願學者則取有物力家子弟年十三以上二十以下者充凡會課三日作策論一道季月私試如漢生制大定二十九年勅凡京府鎭州諸學各以女直漢人進士長貳官提控其事具入官銜河南陝西女直學承安二年罷之餘如舊凡諸進士舉人由鄉至府由府至省及殿廷凡四試皆中選則官之至廷試五被黜則賜之第謂之恩例又有特命及第者謂之特恩恩例者但考文之高下爲第而不復黜落凡詞賦進士試賦詩策論各一道經義進士試所治一經義論策各一道其設也始於太宗天會元年十一月時以急欲得漢士以撫輯新附初無定數亦無定期故二年二月八月凡再行焉五年以河北河東初降職員多闕以遼宋之制不同詔南北各因其素所習之業取士號爲南北選熙宗天眷元年五月詔南北選各以經義詞賦兩科取士海陵庶人天德二年始增殿試之制而更定試期三年併南北選爲一罷經義策試兩科專以詞賦取士貞元元年定貢舉程試條理格法正隆元年命以五經三史正文內出題始定爲三年一闢大定四年勅宰臣進士文優則取勿限人數十八年謂宰臣文士有偶中魁選不問操履而輒授翰苑之職如趙承元朕聞其無士行果敗露自今榜首先訪察其鄉行可取則授以應奉否則從常調十九年謂宰臣曰自來御試賦題皆士人嘗擬作者前朕自選一題出人所不料故中選者多名士而庸才不及焉是知題難則名儒亦擅場題易則庸流易僥倖也平章政事唐括安禮奏曰臣前日言士人不以策論爲意者正爲此爾宜各場通考選文理俱優者上曰并答時務策觀其議論材自可見卿等其議之二十年謂宰臣曰朕嘗論進士不當限數則對以所取之外無合格文故中選者少豈非題難致然耶若果多合格而有司妄黜之甚非理也又曰古者鄉舉有行者授以官今其考滿察鄉曲實行出倫者擢之又曰舊不選策今兼選矣然自今府會兩試不須試策已中策後則試以制策試學士院官二十二年謂宰臣曰漢進士魁例授應奉若行不副名不習制誥之文者卽與外除二十三年謂宰臣曰漢進士皇統間人材殆不復見今應奉以授狀元蓋循資爾制誥文字各以職事鋪敘皆有定式故易至撰赦詔則鮮有能者參知政事粘哥斡特剌對曰舊人已登第尚爲學不輟今人一及第輒廢而不學故爾上於聽政之隙召參知政事張汝霖翰林直學士李晏讀新進士所對策至縣令闕員取之何道上曰朕夙夜思此未知所出晏對曰臣竊念久矣國朝設科始分南北兩選北選詞賦進士擢第一百五十人經義五十人南選百五十人計三百五十人嗣場北選詞賦進士七十人經義三十人南選百五十人計二百五十人以入仕者多故員不闕其後南北通選止設詞賦科不過取六七十人以入仕者少故縣令員闕也上曰自今文理可採者取之毋限以數二十八年復經義科章宗明昌元年正月言事者謂舉人四試而鄉試似爲虛設固當罷去其府會試乞十人取一人可以羣經出題而註示本傳上是其言詔免鄉試府試以五人取一人仍令有司議外路添考試院及羣經出題之制有司言會試所取之數舊止五百人比以世宗勅中格者取乞依此制行之府試舊六處中有地遠者命特添三處上京咸平府路則試於遼陽河東南北路則試於平陽山東東路則試於益都以六經十七史孝經論語孟子及荀楊老子內出題皆命於題下註其本傳又諭有司曰舉人程文所用故事恐考試官或遽不能憶誤失人材可自注出處注字之誤不在塗注乙之數明昌二年勅官或職至五品者直赴御試平章政事守貞言國家官人之路惟女直漢人進士得人居多諸司局承應舊無出身自大定後始敘使至今鮮有可用者近來放進士第數稍多此舉更宜增取若會試止以五百人爲限則廷試雖欲多取不可得也上乃詔有司會試毋限人數文合格則取六年言事者謂學者率恃有司全注本傳以示之故不勉讀書乞減子史注本傳之制又經義中選之文多膚淺乞擇學官及本科人充試官省臣謂若不與本傳恐碩學者有偶忘之失可令但知題意而已遂命擇前經義進士爲衆所推者才識優長者爲學官遇差考試官之際則驗所治經參用詞賦進士題注本傳不得過五十字經義進士御試第二場試論日添試策一道承安四年上諭宰臣曰一場放二狀元非是後場廷試令詞賦經義通試時務策止選一狀元餘雖有明經法律等科止同諸科而已至宋王安石爲相作新經始以經義取人且詞賦經義人素所習之本業策論則兼習者也今捨本取兼習恐不副陛下公選之意遂定御試同日各試本業詞賦依舊公立甲次第一名爲狀元經義魁次之恩例與詞賦第二人同餘分爲兩甲中下人竝在詞賦之下五年詔考試詞賦官各作程文一道示爲舉人之式試後赴省藏之時宰臣奏自大定二十五年以前詞賦進士不過五百人二十八年以不限人數取至五百八十六人先承聖訓合格則取故承安二年取九百二十五人兼今有四舉終場恩例若會試取人數過多則涉泛濫遂定策論詞賦經義人數雖多不過六百人少則聽其闕時太常丞郭人傑轉對言詞賦舉人不得作別名兼試經義及入學生精加試選無至濫補上勅宰臣曰近已奏定後場詞賦經義同日試之若府會試更不令兼試恐試經義者少是虛設此科也別名之弊則當禁之補試入學生員已有舊條恐行之滅裂爾宜嚴防閑張行簡轉對言擬作程文本欲爲考試之式今會試考試官御試讀卷官皆居顯職擢第後離筆硯久不復常

習今臨試擬作之文稍有不工徒起謗議詔罷之泰和元年平章政事徒單鎰病時文之弊言諸生不窮經史唯事末學以致志行浮薄可令進士試策日自時務策外更以疑難經旨相參爲問使發聖賢之微旨古今之事變詔爲永制先嘗勅樂人不得舉進士而奴免爲良者則許之尚書省奏舊稱工樂謂配隸之色及倡優之家今少府監工匠太常大樂署樂工皆民也而不得與試前代令諸選人身及祖父曾經免爲良者雖在官不得居清貫及臨民今反許試誠玷清論詔遂定制放良人不得應諸科舉其子孫則許之上又謂德行才能非進士科所能盡可通行保舉之制省臣奏在周禮大司徒以鄉三物教萬民而賓興之所謂萬民農工商賈皆是也前代立賢無方如販築之士鼓刀之叟垂光簡策者不可勝舉今草澤隱逸才行兼備者令謀克及司縣舉按察司具聞以旌用之既有已降令文矣上命復宣旨以申之宣宗貞祐二年御史臺言明年省試以中都遼東西北京等路道阻宜於中都南京兩處試之三年諭宰臣曰國初設科素號嚴密今聞會試至於雜坐諠譁何以防弊命治考官及監察罪興定二年御史中丞把胡魯言國家數路收人惟進士之選最爲崇重不求備數惟務得賢今場會試策論進士不及二人取一人詞賦經義二人取一前雖有聖訓當依大定之制中選卽收無問多寡然大定間赴試者或至三千取不過五百泰和中策論進士三人取一詞賦經義四人取一向者貞祐初詔免府試赴會試者幾九千人而取八百有奇則是十之一而已時已有依大定之制亦何嘗二人取一哉今考官泛濫如此非所以爲求賢也宜於會試之前奏請所取之數使恩出于上可也詔集文資官議卒從泰和之例又謂宰臣曰從來廷試進士日晡後卽遣出宮恐文思遲者不得盡其才令待至暮時特賜經義進士王彪等十三人及第上覽其程文愛其辭藻咨歎久之因怪學者益少謂監試官左丞高汝礪曰養士學糧歲稍豐熟卽以本色給之不然此科且廢矣五年省試經義進士考官於常格外多取十餘人上命以特恩賜第又命河北舉人今府試中選而爲兵所阻者免後舉府試

策論進士選女直人之科也始大定四年世宗命頒行女直大小字所譯經書每謀克選二人習之尋欲興女直字學校猛安謀克內多擇良家子爲生諸路至三千人九年選異等者得百人薦於京師廩給之命溫迪罕締達教以古書作詩策後復試得徒單鎰以下三十餘人十一年始議行策選之制至十三年始定每場策一道以五百字以上成免鄉試府試止赴會試御試且詔京師設女直國子學諸路設女直府學擬以新進士充教授以教士民子弟之願學者俟行之久學者衆則同漢進士三年一試之制乃就憫忠寺試徒單鎰等其策曰賢生於世世資於賢世未嘗不生賢賢未嘗不輔世蓋世非無賢惟用與否若伊尹之佐成湯傅說之輔高宗呂望之遇文王皆起耕築漁釣之間而其功業卓然後世不能企及者蓋殷周之君能用其人盡其才也本朝以神武定天下聖上以文德綏海內文武竝用言小善而必從事小便而不棄蓋取人之道盡矣而尚憂賢能遺於草澤者今欲盡得天下之賢而用之又俾賢者各盡其能以何道而臻此乎憫忠寺舊有雙塔進士入院之夜半聞東塔上有聲如音樂西入宮考試官侍御史完顏蒲涅等曰文路始開而有此得賢之祥也中選者得徒單鎰以下二十七人十六年命皇家兩從以上親及宰相子直赴御試皇家袒免以上親及執政官之子直赴會試至二十年以徒單鎰等教授中外其學大振遂定制今後以策詩試三場策用女直大字詩用小字程試之期皆依漢進士例省臣奏漢人進士來年三月二十日鄉試八月二十日府試次年正月二十日會試三月十二日御試勅以來年八月二十五日於中都上京咸平東平府等路四處府試餘從前例上曰契丹文字年遠觀其所撰詩義理深微當時何不立契丹進士科舉今雖立女直字科慮女直字創製日近義理未如漢字深奧恐爲後人議論丞相守道曰漢文字恐初亦未必能如此由歷代聖賢漸加修舉也聖主天姿明哲令譯經教天下行之久亦可同漢人文章矣上曰其同漢人進士例譯作程文俾漢官覽之二十二年三月策試女直進士至四月癸丑上謂宰臣曰女直進士試已久矣何尚未考定叅知政事斡特剌對曰以其譯付看故也上命速之二十三年上曰女直進士設科未久若令積習精通則能否自見矣二十八年諭宰臣曰女直進士惟試以策行之既久人能預備今若試以經義可乎宰臣對曰五經中書易春秋已譯之矣俟譯詩禮畢試之可也上曰大經義理深奧不加歲月不能貫通今宜於經內姑試以論題後當徐試經義也章宗大定二十九年詔許諸人試策論進士舉七月省奏如詩策論俱作一日程試恐力有不逮詩策作一日論作一日以詩策合格爲中選而以論定其名次上曰論乃新添至第三舉時當通定去留明昌元年猛安謀克願試進士者擬依餘人例不可令直赴御試上曰是止許女直進士毋令試漢進士也又定制餘官第五品散階令直赴會試官職俱至五品令直赴御試承安二年勅策論進士限丁習學遂定制內外官員諸局分承應人武衛軍若猛安謀克女直及諸色人戶止一丁者不許應試兩丁者許一人四丁二人六丁以上止許三人三次終場不在驗丁之限三年定制女直人以年四十五以下試進士舉於府試十日前委佐貳官善射者試射其制以六十步立垛去射者十五步對立兩竿相去二十步去地二丈以繩橫約之弓不限强弱不計中否以張弓巧便發箭迅正者爲熟閑射十箭中兩箭出繩下至垛者爲中選餘路委提刑司在都委監察體究如當赴會試御試者大興府佐貳官試驗三舉終場者免之四年禮部尚書賈鉉言策論進士程試弓箭其兩舉終場及年十六以下未成丁者若以弓箭退落有失賢路乞於及第後試之中者别加任使或升遷否者降之省臣謂舊制三舉終場試試今兩舉亦免之未可若以未成丁免試必有妄匿年者如果幼使徐習未晚也至於及第後試驗升降則已有定格矣詔從舊制在泰和格復有以時務策參以故事及疑難經旨爲問之制宣宗南遷興定元年制中都西京等路策論進士及武舉人權於南京東平婆速上京四處府試五年上賜進士斡勒業德等二十八人及第上覽程文恠其數少以問宰臣對曰大定制隨處設學諸謀克貢三人或二人爲生員贍以錢米至泰和中人例授地六十畝所給旣優故學者多今京師雖存府學而月給通寶五十貫而已若於諸路總管府及有軍戶處置學養之庶可加益京師府學已設六十人乞更增四十人中京亳州京兆府竝置學官於總府以謀克內不隸軍籍者爲學生人畀地四十畝漢學生在京者亦乞同此餘州府仍舊制上從之

凡會試之數大定二十五年詞賦進士不得過五百人二十八年以不限人數遂至五百八十六人章宗令合格則取故承安二年至九百二十五人時以復加四舉終場者數太濫遂命取不得過六百人泰和二年上命定會試諸科取人之數司空襄言試詞賦經義者多可五取一策論絕少可四取一恩榜本以優老於場屋者四舉受恩則太優限以年則礙興材可五舉則受恩乎章徒單鎰等言大定二十五年至明昌初率三四人取一平章張汝霖亦言五人取一府試百人中纔得五耳遂定制策論三人取一詞賦經義五人取一五舉終場年四十五以上四舉終場年五十以上者受恩

凡考試官大定間府試六處各差詞賦試官三員策論試官二員明昌初增爲九處路各差九員大興府則十一員承安四年又增太原爲十處有司請省之遂定策論進士女直經童千人以上差四員五百人以上三員不及五百二員各以職官高者一人爲考試官餘爲同考試官詞賦進士與律科舉人共及三千以上五員二千四員不及二千三員經義進士及經童舉人千人四員五百以上三員百人以上二員不及百人以詞賦考官兼之後又定制策論試官上京咸平東平各三員北京西京益都各二員律科監試官一員試律官二員隸詞賦試院經童試官一員隸經義考試院與會試同其彌封抍謄錄官撿搜懷挾官自餘修治試院監押門官竝如會試之制大定二十年上以往歲多以遠地官考試不便遂命差近者

凡會試知貢舉官同知貢舉官詞賦則舊十員承安五年爲七員經義則六員承安五年省爲四員詮讀官二員泰和三年上以彌封官漏語於舉人勅自今女直司則用右選漢人封漢人司則以女直司封宣宗貞祐三年以會試題已曾出而有犯格中選者復以考官多取所親上怒其不公命究治之

凡御試讀卷官策論詞賦進士各七員經義五員餘職事各官二員制舉宏詞共三員泰和七年禮部尚書張行簡言舊例讀卷官不避親至有親人或有不敢定其去留或力加營護而爲同列所疑若讀卷官不用與進士有親者則讀卷之際得平心商確上遂命臨期多擬其有親者汰之

凡府試策論進士大定二十年定以中京上京咸平東平四處至明昌元年添北京西京益都爲七處兼試女直經童凡上京合懶速頻胡里改蒲與東北招討司等路者則赴會寧府試咸平隆州婆速東京蓋州懿州者則赴咸平府試中都河北東西路者則赴大興府試西京并西南西北二招討司者則赴大同府試北京臨潢宗州興州全州者則赴大定府試山東西大名南京者則赴東平府試山東東路則試於益都凡詞賦經義進士及律科經童府試之處大定間大興大定大同開封東平京兆凡六處明昌初增遼陽平陽益都爲九處承安四年復增太原爲十中都河北則試於大興府上京

東京咸平府等路則試於遼陽府餘各試於其境

凡鄉試之期以三月二十日府試之期若策論進士則以八月二十日試策間三日試詩詞賦進士則以二十五日試賦及詩又間三日試策論經義進士又間詞賦後三日試經義又三日試策次律科次經童每場皆間三日試之會試則策論進士以正月二十日試策皆以次間三日同前御試則以三月二十日策論進士試策二十三日試詩論二十五日詞賦進士試賦詩論而經義進士亦以是日試經義二十七日乃試策論若試日遇雨雪則候晴日御試唱名後試策則稟奏宏詞則作二日程試舊制試女直進士在再試漢進士後大定二十九年以復設經義科更定是制

凡監檢之制大興府則差武衛軍餘府則於附近猛安內差摘平陽府則差順德軍凡府會試每四舉人則差一人復以官一人彈壓御試策進士則差弩手及隨局承應人漢進士則差親軍人各一名皆用不識字者以護衛十人親軍百人長五十人長各一人巡護泰和元年省臣奏搜檢之際雖當嚴切然至於解髮袒衣索及耳鼻則過甚矣豈待士之禮哉故大定二十九年已嘗依前故事使就沐浴官置衣爲之更之既可防濫且不虧禮上從其說命行之

恩例明昌元年定制省元直就御試不中者許綴榜末解元但免府試四舉終場依五舉恩例所試文卷惟犯御名廟諱不成文理者則黜之餘並以文之優劣爲次仍一日試三題其五舉者止試賦詩女直進士亦同此例承安五年勑進士四舉該恩詞賦經義當以各科爲場數不得通數又恩榜人應授官者監試官於試時具數以奏特恩者授之泰和三年以經義會元與策論詞賦進士不同若御試被黜則附榜末爲太優若同恩例又與四舉者不同遂定制依會經府試解元免府試之例會試下第再舉直赴御試

律科進士又稱爲諸科其法以律令內出題府試十五題每五人取一人大定二十二年定制會試每場十五題三場共通三十六條以上文理優擬斷當用字切者爲中選臨時約取之初無定數其制始見於海陵庶人正隆元年至章宗大定二十九年有司言律科止知讀律不知教化之源可使通治論語孟子以涵養其氣度遂令自今舉後復於論語孟子內試小義一道府會試別作一日引試命經義試官出題與本科通考定之

經童之制凡士庶子年十三以下能誦二大經三小經又誦論語諸子及五千字以上府試十五題通十三以上會試每場十五題三場共通四十一以上爲中選所貴在幼而誦多者若年同則以誦大經多者爲最初天會八年時太宗以東平童子劉天驥七歲能誦詩書易禮春秋左氏傳及論語孟子上命敎養之然未有選舉之制也熙宗即位之二年詔闕貢舉始備其列取至百二十二人天德間廢之章宗大定二十九年上謂宰臣曰經童豈遂無人其議復置明昌元年益都府申童子劉住兒年十一歲能詩賦誦大小六經所書行草頗有法孝行夙上成乞依宋童子李淑賜出身且加以恩詔召至內殿試鳳凰來儀賦魚在藻詩又令賦旱詩上嘉之賜本科出身給錢粟官舍令肄業太學明昌三年平章政事完顏守貞言經童之科非古也自唐諸道表薦或取五人至十人近代宋仁宗以爲無補罷之本朝皇統間取及五十人因以爲常天德時復廢聖主復置取以百數恐人積多不勝銓擬乞諭旨約省取之上曰若所誦皆及格何如守貞曰視最幼而誦不訛者精選之則人數亦不至多也復問叅知政事胥持國對曰所誦通否易見豈容有濫上曰限以三十或四十人若百人皆通亦可復取其精者持國曰是科蓋資敎之術耳夫幼習其文長玩其義使之莅政人材出爲如中選者加之修習進士舉業則所記皆得爲用臣謂可勿令遽登仕途必習舉業而後官使之可也若能擢進士第自同進士任用如中府薦或會試視其次數優其等級幾舉不得薦者從本出身似可以激勸而得人矣詔議行之

制舉有賢良方正能直言極諫博學宏材達於從政等科試無常期上意欲行即告天下聽內外文武六品以下職官無公私過者從內外五品以上官薦於所屬詔試之若草澤士德行爲鄉里所服者則從府州薦之凡試則先投所業策論三十道於學士院視其詞理優者委官以羣經子史內出題一日試論三道如可則庭試策一道不拘常務取其無不通貫者優等遷擢之宏詞科試詔誥章表露布檄書則皆用四六誡諭頌箴銘序記則或依古今體或參用四六於每舉賜第後進士及在官六品以下無公私罪者在外官薦之令試策官出題就考通試四題分二等遷擢之二科皆章宗明昌元年所剏者也

武舉嘗設於皇統時其制則見於泰和式有上中下三等能挽一石力弓以重七錢竹箭百五十步立貼十箭內府試欲中一箭省試中二箭程試中三箭又遠射二百二十步彔三箭內一箭至者又百五十步內每五十步設高五寸長八寸卧鹿二能以七斗弓二大鑿頭鐵箭馳射府試則許射四反省試三反程試二反皆能中二箭者又百五十步內每三十步左右錯置高三尺木偶人戴五寸方板者四以槍馳刺府試則許馳三反省試二反程試三反左右各刺落一板者又依蔭例問律一條又問孫吳書十條能說五者爲上等凡程試若一有不中者皆黜之若射貼弓八斗遠射二百一十步射鹿弓六斗孫吳書十條通四爲中等射貼弓七斗遠射二百五步射鹿弓五斗孫吳書十條通三爲下等解律刺板皆欲同前凡不知書者雖上等爲中中則爲下凡試中中下願再試者聽舊制就試上等不中不許再試中下等泰和元年定制不分舊等但從所願試中則以三等爲次二年省奏武舉程式當與進士同時今年八月府試欲隨路設考試所臨期差官恐以剏立未見應試人數遂權令各處就考之宣宗貞祐三年同進士例賜勑命章服時以隨處武舉入試者自非見居職任及已用於軍前者令郡縣盡遣詣京師别爲一軍以備緩急其被薦而未授官者亦量材任之元光二年東京總帥紇石烈牙吾塔言武舉入仕皆授巡尉軍轄此曹雖善騎射不歷行陣不知軍旅一旦臨敵恐致敗事乞盡括付軍前爲長校俟有功則升之宰臣奏國家設此科與進士等而欲盡寘軍中非奬進人材之道遂籍丁憂待闕去職者付之

試學士院官大定二十八年勑設科取士爲學士院官禮部下太常按唐典初入學士院例先試今若於進士巳仕者以隨朝六品外路五品職事官薦試制詔誥等文字三道取文理優者充應奉由是翰苑之選爲精明昌五年以學士院撰文字人少命尚書省訪有文采者勾取權試之

凡司天臺學生女直二十六人漢人五十人聽官民家年十五以上三十以下試補又三年一次選草澤人試補其試之制以宣明曆試推步及婚書地理新書試合婚安葬并易筮法六壬課三命五星之術凡醫學十科大興府學生三十人餘京府二十人散府節鎭十六人防禦州十人每月試疑難以所對優劣加懲勸三年一次試諸太醫雖不係學生亦聽試補

金史卷五十二

元　中書右丞相總裁脫脫等修

志第三十三

選舉二 文武選

金制文武選皆吏部統之自從九品至從七品職事官部擬正七品以上呈省以聽制授凡進士則授文散官謂之文資官自餘皆武散官謂之右職又謂之右選文資則進士爲優右職則軍功爲優皆循資有陞降定式而不可越凡銓注必取求仕官解由撮所陳行績資歷之要爲銓頭以定其能否其有犯公私罪贓污者謂之犯選格則雖遇恩而不得與舊制犯追一官以至追四官皆解任周年而復仕之承安二年定制每追一官則殿一年凡罷職會赦當叙者及降殿當除者皆具罪以聞而後仕之凡增課陞至六品者任回復降既廉陞而再任覆察不同者任回亦降自進士舉人勞效應襲恩例之外入仕之途尚多而所定之時不一若牌印護衛令史之出職則皇統時所定者也檢法知法國史院書寫則海陵庶人所置者也若宗室將軍宮中諸局承應人宰相書表太子護衛妃護衛王府祗候郎君內侍及宰相之子并譯史通事省祗候郎君親軍驍騎諸格則定於世宗之時及章宗所置之太常檢討內侍寄祿官皆仕進之門戶也凡官資以三十月爲考職事官每任以三十月爲滿羣牧使及管課官以三周歲爲滿防禦使以四十月三品以上官則以五十月轉遷則以六十月爲滿司天太醫內侍官皆至四品止凡外任循資官謂之常調選爲朝官謂之隨朝隨朝則每考陞職事一等若以廉察而陞者爲廉陞授東北沿邊州郡而陞者爲邊陞凡院務監當差使則皆同從九品凡品官任都事典事主事知事及尚書省令史覆實架閣司管勾直省直院局長副檢法知法院務監當差使及諸令史譯史掌書書史書吏譯書譯人通事并諸局分承應有出身者皆爲流外職凡此之屬或以尚書省差遣或自本司判補其出職或正班雜班則莫不有當歷之名職既仕則必循陞降之定式雖或前後畧有損益之殊而定制則莫能渝焉

凡門廕之制天眷中一品至八品皆不限所廕之人貞元二年定廕敘法一品至七品皆限以數而削八品用廕之制世宗大定四年五月詔皇家袒免以上親就廕者依格引試中選者勿令當儤使五年十月制亡宋官當廕子孫者並同亡遼官用廕又曰敎坊出身人若任

流內職者與文武同用廕自餘有勤勞者賞賜而已昔正隆時常使教坊輩典城牧民朕甚不取又更定冒廕及取廕官罪賞格七年五月命司天臺官四品以上官改授文武資者竝聽如太醫例廕其制凡正班廕亦正班雜班廕雜班明昌元年以上封事者乞六品官添廕吏部言天眷中八品用廕不限所廕之人貞元中七品用廕方限以數當是時文始於將仕武始於進義以上至七品儒林忠顯各七階許廕一名至六品承直昭信計九階許廕二人自大定十四年文武官從下各增二階其七品視舊爲九階亦廕一名至五品凡十七階方廕二人其五品至三品竝無間越唯六品不用廕乞依舊格五品以上增廕一名六品廕子孫弟兄二人七品仍舊爲格時又以舊格雖有已子許廕兄弟姪蓋所以崇孝悌也而新格禁之遂聽讓廕舊制司天太醫內侍長行雖至四品如非特恩換授文武官資者不許用廕以本人見充承應難使係班故也泰和二年定制以年老六十以上退與患疾及身故者雖至止官擬令係班除存習本業者聽廕一名止一子者則不須習即廕凡諸色出身文武官一品廕子孫至曾孫及弟兄姪孫六人因門廕則五人二品則子孫至曾孫及弟兄姪五人因門廕則四人三品子孫兄弟姪四人因門廕則三人四品五品三人因門廕則二人六品二人七品子孫兄弟一人因門廕則六品七品子孫兄弟一人舊格門廕惟七品一人餘皆加一人明昌格自五品而上皆增一人凡進納官舊格正班三品廕四人雜班三人正班武畧子孫兄弟一人雜班明威一人懷遠以上二人鎮國以上三人司天太醫遷至四品詔換文武官者廕一人

凡進士所歷之階及所循注之職貞元元年制南選初除軍判丞簿從八品次除防判錄事正八品三除下令從七品北選初軍判簿尉二下令三中令四上令已後竝上令通注節察四中令推官節察判正七品五六皆上令從六品判推官正隆元年格上甲者初上簿軍判丞簿尉中甲者初中簿軍判丞簿下甲者初下簿軍判丞簿尉第二任皆中簿軍判丞簿尉三四五六七任皆縣令回呈省大定二年詔文資官不得除縣尉八年格歷五任令即呈省十三年制第一任權注下令舊制狀元授承德郎以十四年官制文武官皆從下添兩重命狀元更授承務郎次舊授儒林郎更爲承事郎第二甲以下舊授從仕郎更爲將仕郎十五年勅狀元除應奉兩考依例授六品十八年勅狀元行不顧名者與外除十九年命本貫察其行止美惡二十一年復命第三任注縣令二十二年勅進士受章服後再試時務策一道所謂策試者也內才識可取者籍其名歷任後察其政若言行相副則升擢任使是年九月復詔令後及第人策試中者初任即陞之二十三年格進士上甲初錄事防判二下令三中令中甲初中簿二上簿三下令下甲初下簿二中簿三下令試中策者上甲初錄事防判二中令三上令中甲初上簿二下令三中令下甲初中簿二錄事防判三中令又詔今後狀元授應奉一年後所撰文字無過人者與外除二十六年格以相次合爲令者減一資歷二十六年格三降兩降免一降文資右職外官減最後上令一任通五任回呈省遂定格上甲初錄事防判二中令三四五上令中甲初中簿二下令三中令四五上令策試進士初錄事防判二三四五上令其次初上簿二中令三四五上令又次初中簿二下令三中令四五上令下甲初下簿二下令三中令四五上令二十七年制進士階至中大夫呈省明昌二年罷勘會狀元行止之制七年格縣令守闕各依舊格注授泰和諸格進士及第合授資任須歷遍乃呈省雖未盡歷官已至中大夫亦呈省又諸詞賦經義進士及第後策中試選合授資任歷遍呈省仍每任升本等首銓選貞祐三年狀元授奉直大夫上甲儒林郎中甲以下授徵事郎

經義進士皇統八年就燕京擬注六年與詞賦第一人皆擬縣令第二人當除察判以無闕遂擬軍判第二第三甲隨各人住貫擬爲軍判丞簿舊制五經及第未及十年與關內差使已十年者與關外差使四十年除下令正隆三年不授差使至三十年則除縣令大定二十八年始復設是科每舉專主一經

女直進士大定十三年皆除教授二十二年上甲第二第三人初除上簿中甲則除中簿下甲則除下簿大定二十五年上甲首遷四重餘各遷兩重第二第三甲授隨路教授三十月爲一任第二任注九品第三第四任注錄事軍防判第五任下令尋復令第四任注縣令二十六年減一資歷注縣令二十八年添試論後皆依漢人格

宏詞上等遷兩官次等遷一官臨時取旨授之恩榜章宗大定二十九年勅令後凡五次御簾進士可一試而不黜落止以文之高下定其次謂之恩榜女直人遷將仕漢人登仕初任教授三十月任滿依本格從九品注授明昌元年勅四舉終場亦同五舉恩例直赴御試明昌五年勅神童三次終場同進士恩榜遷轉兩次終場全免差使第六任與縣令依本格遷官如一次終場初入仕則一除一差其餘并依本門戶仍使應二舉然後入仕每舉放四十人人恩例補廕同進士者謂大禮補致仕遺表陣亡等恩澤補承襲錄用并與國王并宗室女爲婚者正隆二年格初下簿二中簿三上簿四下令五中令六七上令回呈省

凡特賜同進士者謂進粟出使回歿于王事之類皆同雜班補廕亦以雜班正隆元年格初授下簿二中簿三縣丞四軍判五六防判七八下令九中令十上令尋復更初注下等軍判丞簿尉次注中等軍判丞簿尉第三注上等軍判丞簿尉四下令五中令六上令

律科經童正隆元年格初授將仕郎皆任司候十年以上竝一除一差十年外則初任主簿第二任司候第三主簿四主簿五警判六市丞七諸縣丞八次赤丞九赤縣丞十下縣令十一中縣令五任上縣令呈省三年制律科及第及七年者與關內差使七年外者與關外差諸經及第人未十年者關內差已十年關外差律科四十年除下令經童及第人視餘人復展十年然後理算月日大定十四年以從下新增官階遂定制律科及第者授將仕佐郎十六年特旨以四十年除下令太遠其以三十二年不犯贓罪者授下令十七年勅諸科人仕至下令者免差二十年省擬無贓罪及廉察無惡者減作二十九年注下令經童亦同此二十六年省擬以相次當爲縣令者減一資歷選注勅命諸科人累任之餘月日至四十二月准一除一差又勅舊格六任縣令呈省遂減爲五任二十八年減赤縣丞一任明昌五年制仕二十六年之上者如該廉升則注縣令六年減諸縣丞赤縣丞兩任後更格十年內擬注差使十年外一除一差若歷八任或任至三十二年注下令則免差須遍歷而後呈省所歷之制初二下簿三四中簿五六七上簿犯選格者又歷上簿兩任第九則注下令十中令十一十二上令

凡武舉泰和三年格上甲第一名遷忠勇校尉第二第三名遷忠翊校尉中等遷修武校尉收充親軍不拘有無廕視舊格減一百月出職下等遷敦武校尉亦收充親軍減五十月出職承安元年格第一名所歷之職初都巡副將二下令三中令四五上令第二第三名初巡尉部將二上簿三下令四中令五六上令餘人初副巡軍轄二中簿三下令四中令五六上令

凡軍功有六一曰川野見陣最出當先殺退敵軍二曰攻打抗拒州縣山寨奪得敵樓三曰爭取船橋越險先登四曰遠探捕得喉舌五曰險難之間遠處報事情成功六曰謀事得濟越衆立功皇統八年格凡帶官一命昭信校尉正七品以上者初除主簿及諸司副使正九品一主簿及諸司使正八品三下令從七品四中令正七品五上令或通注鎮軍都指揮使正七品及正將其官不至昭信及無官者自初至三任通注丞簿四下令五中令六上令及知城寨從七品章宗二十九年遷至鎮國者取旨升除後吏格之所定女直人昭信校尉以上者初下簿二下令三中令四五上令女直一命遷至昭信校尉餘人至昭信已上者初下簿二中簿三下令四中令五六上令凡至宣武將軍以上者初下令二中令三四上令

凡勞效謂年老千戶謀克也大定五年制河南陝西統軍司千戶四十年以上擬從七品三十年千戶四十年以上之謀克從八品二十年以上千戶三十年以上謀克從九品二十年以上謀克與正班與差使十年以上賞銀絹皆以所歷千戶謀克蒲輦月日通算二十年制以先曾充軍管押千戶謀克蒲輦二十年以上六十五歲放罷者視其強健者與差除令係班不則量加遷賞後更定吏格若一命遷宣武將軍以上當授從七品職事者初下令二中令三四上令官不至宣武初授八品者授錄事二赤劇丞三下令四中令五六上令初授九品官者初下簿二中簿三上簿四下令五中令六七上令大定九年格三虞候順德軍千戶四十年以上者與從八品三十年千戶四十年以上謀克從九品二十年以上千戶三十年以上謀克與正班以下賞銀絹大定十四年定隨路軍官出職以新制從下刱添兩重舊遷忠武校尉者今遷忠勇校尉中都永固軍指揮使及隨路埽兵指揮使出職舊遷敦武校尉者今遷進義校尉武衞軍大定十七年定制其猛安曰都將謀克曰中尉蒲輦曰隊正都將三十月遷一官至昭信注九品職事以隊正陞中尉中尉陞都將

省令史選取之門有四曰文資曰女直進士曰右職曰宰執子其出仕之制各異文資者舊惟聽左司官舉用不分而多僥倖遂奏定制自天眷二年及第榜次姓名從上次第勾年至五十已上官資自承直郎從六品至奉德大夫從五品無公私過者一闕勾二人試驗可則收補若皆可即籍名令還職待補官至承直郎以上一考者

除正七品以上從六品以下職事兩考者除從六品以上從五品已下奉直大夫（從六品）以上一考者除從六品已上從五品以下兩考者除從五品以上正五品以下節運同正隆元年罷是制止於密院臺及六部吏人令史內選充大定元年世宗以胥吏既貪墨委之外路幹事又不知大體徙多擾動至二年罷吏人而復皇統選進士之制承直郞以上者一考正七品除軍判節察判軍判同知兩考者從六品除京運判總府判防禦同知奉直大夫已上一考者從六品除同前兩考從五品除節運副京總管府留守司判官七年以散階官至五品亦勾充不願者聽十一年以進士官至承直者衆遂不論官資但以榜次勾補二十七年以外多闕官論者以爲資考所拘難以升進乃命不論官資凡一考者與六品次任降除正七品第三任與六品第四任升爲從五品兩考者與從五品次任降除六品第三四任皆與從五品五任升正五品承安二年以習學知除刑房知案及兵興時邊關令史三十月除隨朝闕泰和八年以習學知除十五月以上選充正知除一考後理算資考大安三年以從榜次則各人所歷月日不齊遂以吏部等差其所歷歲月多寡爲次收補知除考滿則授隨朝職貞祐五年進士未歷任者亦得充補一考者除上縣令再任上縣令升正七品如已歷一任丞簿者舊制除六品乃更爲正七品一任回降從七品再任正七品升六品如歷兩任丞簿者一考舊除六品乃更爲正七品一任回免降復免正七一任卽升六品曾歷令一任者依舊格六品再任降除七品還升從五品興定二年勅初任未滿及未歷任者考滿升二等爲從七品初任未滿者兩任未歷任者四任回升正七品兩任正七皆免回降凡不依榜次勾取者同隨朝升除俟榜次所及日聽再就補興定五年定進士令史與右職令史同格考滿未應得從七者與正七品回降從七一任所勾諸府令史不及三考出職者除從七品回降除八品若一任應得從七品者除六品回降正七品若一任應得正七品者免降

女直進士令史二十七年格一考注正七品兩考注正六品二十八年勅樞密院等處轉省者竝用進士明昌元年勅至三考者與漢人兩考者同除明昌三年罷契丹令史其闕內增女直令史五人五年以與進士令史辛苦既同資考難異遂定與漢進士一考與從六品兩考與從五品宰執子弟省令史大定十二年制凡承廕者呈省引見除特恩任用外竝內奉班收仍於國史院署編寫太常署檢討秘書監置校勘尚書省准備差使每三十月遷一重百五十月出職如承應一考以上許試補省令譯史則以百二十月出職其已歷月日皆不紐折如係終場舉人卽聽尚書省試補十七年定制以三品職事官之子試補樞密院令史遂命吏部定制宰執之子并在省宗室郞君如願就試令譯史每年一就試令譯史考試院試補外緦麻袒免宗室郞君密院收補大定二十八年制以宗室第二從親并宰相之子出職與六品外宗室第三從親并執政之子出職與正七品其出職皆以百五十月若見已轉省之餘人則至兩考止與正七品二十九年四從親亦許試補

金史卷五十三

元 中 書 右 丞 相 總 裁 脫 脫 等 修

志第三十四

選舉三 右職吏員雜選

右職省令史譯史皇統八年格初考遷一重女直人依本法外諸人越進義每三十月各遷兩重百二十月出職除正六品以下正七品以上職官正隆二年更爲五十月遷一重初考女直人遷敦武校尉餘人遷保義校尉百五十月出職係正班與從七品若自樞密院臺六部轉省者以前已成考月數通算出職大定二年復以三十月遷一官亦以百二十月出職與正從七品院臺六部及它府司轉省而不及考者以三月折兩月一考與從七兩考正七品三考與六品三年定格及七十五月出職者初上令二中令三下令四五錄事六下令七中令八上令百五十月出職者初剌同運判推官等二三中令四上令回呈省大定二十七年制一考及不成考者除從七品須歷縣令三任第五任則升正七品兩考以上除正七品再任降除縣令三四皆與正七品第五任則升六品三考以上者除六品再任降正七品三任四任與六品第五任則升從五品

省女直譯史大定二十八年制以見任從七從八人內勾六十歲以上者相視用之明昌三年取見役契丹譯史內女直契丹字熟閑者無則以前省契丹譯史出職官及國史院女直書寫見任七品八品九品官充

省通事大定二十年格三十月遷一重百二十月出職一考兩考與八品三考者從七品餘與部令譯史一體

免差御史臺令史譯史皇統八年遷考之制百二十月出職正隆二年格百五十月出職皆九品係正班大定二年百二十月出職皆以三十月遷一官其出職一考兩考皆與九品三考與八品明昌三年截罷見役吏人用三品職事官子弟試中者及終場舉人本臺試補者若不足於密院六部見役品官及契丹品官子孫兄弟選充承安三年勅凡補一人必詢於衆雖爲公選亦恐久漸生弊況又在書史之上不試而卽用本臺出身門戶似涉太優遂令除本臺班內祗令譯史名闕外於試中樞密院令譯史人內以名次取用不足卽於隨部班祗令譯史上名轉充若須用終場舉人之闕則令三次終場舉人每科舉後與它試書史人同程試驗榜次用之女直十三人內班內祗六人終場舉人七人漢人十五人內班內祗七人終場舉人八人譯史四人內班內祗二人終場舉人二人

樞密院令史譯史令史正隆二年制遷考與省同出職除係正班正從八品大定二十一年定元帥府令譯史三十月遷一官百二十月出職一考兩考與八品除授三考與從七品十四年遂命內祗并三品職事官承廕人與四品五品班祗及吏員人通試中選者用之十六年定一考兩考者初錄事軍判防判再除上簿三中簿四同初五六下令七八中令九十上令（二十六年兩考者免下令一任）三考以上初上令二中令三下令四錄事軍防判（二十六年免此除）五下令（二十六年亦免此除）六七中令八上令十七年制試補緦麻袒免以上宗室郞君又定制三品職事子弟設四人吏員二人睦親府宗正府統軍司令譯史遷考出職與臺部同部令史譯史皇統八年格初考三十月遷一重女直人依本格餘人越進義第二第三考各遷一重第四考竝遷兩重百二十月出職八品已下正隆二年遷考與省右職令史同出職九品大定二十一年宗正府六部臺統軍司令史番部譯史元帥府通事皆三十月遷一重百二十月出職係班一考兩考與九品三考已上與八品除授十四年以三品至七品官承廕子孫一混試充尋以爲不倫命以四品五品子孫及吏員試中者依舊例補六品以下不與十五年命免差使十六年格一考兩考者初除上簿再除中簿三下簿四上簿五錄事軍防判六七下令八九中令十上令三考以上者初除錄事軍防判再除上簿三中簿四如初五下令（後免此除）六七下令八中令九上令

按察司書吏以終場舉人內選補遷加出職同臺部

凡內外諸吏員之制自正隆二年定知事孔目出身俸給凡都目皆自朝差海陵初除尚書省樞密院御史臺吏員外皆爲雜班乃召諸吏員於昌明殿諭之曰爾等勿以班次稍降爲歉果有人才當不次擢用也又定少府監吏員以內省司舊吏員及外路試中司吏補大定二年戶部郞中曹望之言隨處胥吏猥多乞減其半詔胥吏仍舊但禁用貼書又命縣吏闕則令推舉行止修舉爲鄉里所重者充三年以外路司吏久不升轉往往交通豪右爲姦命與孔目官每三十月則一轉移於它處七年勅隨朝司屬吏員通事譯史勾當過雜班月日如到部者竝不理算又詔吏人但犯贓罪罷者雖遇赦而無特旨不許復敘又命京府州縣及轉運司胥吏之數視其戶口與課之多寡增減之十二年上謂宰臣曰外路司吏止論名次上下恐未得人若其下有廉慎勢閑吏事委所屬保舉試不中程式者付隨朝近下局分承應以待再試彼既知不得免試必當盡心以求進也章宗大定二十九年上封事者言諸州府吏人不宜試補隨朝吏員乞以五品以上子孫試補蓋職官之後清勤者多故爲可任也尚書省謂吏人試補之法行之已久若止收承廕人復恐不閑案牘或致敗事舊格惟許五品職官子孫投試令省部試者尚少以所定格法未寬故也遂定制散官五品而任七品散官未至五品而職事五品其兄弟子孫已承廕者竝許投試而六部命史內吏人試補者仍舊泰和四年簽河東按察司事張行信言自罷移轉法後吏勢浸重恣爲豪奪民不敢言令又無朝差都目止令上名吏人兼管經歷六案文字與同類分受賄賂吏目通歷三十年始得出職常在本處侵漁不便遂定制依舊三十月移轉年滿出職以杜把握州府之弊八年以僉東京按察司事楊雲翼言書史皆不用本路人以別路書吏許特薦申部者類試取中選者補用凡右職官天德制忠武以下與差使昭信以上兩除一差大定十二年勅鎭國以上卽與省除十三年制明威注下令宣威注中令廣威注上令信武權注下令宣武顯武免差權注丞簿又制宣武顯武功酬

與上簿無虧與中簿二十六年制遷至宣武顯武始令出職又以舊制通歷五任令呈省詔減爲四任明昌一年以諸司除授守闕近三十月於選調窒礙令後依舊兩除一差候員闕相副則復舊制泰和元年以縣令見闕近者十四月遠者至十六月蓋以見格官至明威者竝注縣令或犯選并虧永人若帶明威人亦注是無別也遂令曾虧永及犯選格女直人展至廣威漢人至宣武方注縣令又以守闕簿丞近者十九月遠者二十一月依見格官至宣武顯武信武者合注丞簿遂命但曾虧永直至明威方注丞簿又吏格凡請右職正雜班謂無資歷者內祗同班皆驗官資注授帶忠武以下者與監當差使昭信以上擬諸司除授仍兩除一差宣武以上與中簿若功酬人與上簿明威注下令宣威注中令廣威注上令通歷縣令四任如帶定遠已歷縣令三任者皆呈省若但曾虧永及犯選格諸曾犯公罪追官私罪解任及犯贓賄訪不好併體察不堪臨民者謂之犯選格女直人遷至武義漢人諸色人武畧竝注諸司除授皆兩除一差若至明威方注丞簿女直人遷至廣威漢人諸色人遷至宣威者皆兩任下令一任中令回呈省貞祐三年制遷至宣武者皆與諸司除授亦兩除一差凡不犯選格者若懷遠方注丞簿至安遠則注下令上令各一任呈省四年復以官至懷遠注下令定遠注中令安遠注上令四任呈省檢法知法正隆二年嘗定六部所用人數及差取格法初考兩考皆除司候三考者除上簿五年定制十年內者初考除下簿兩考除中簿三考除警判十年外者初考除第二任司候兩考除上簿三考則除市丞大定二年制曾三考者不拘十年內外皆與八品錄事市令擬當合得本門戶除授舊授勑付大定三年始命給勑以律科人爲之七年定制驗榜次勾取如勾省令史之制二十六年命三考除錄事以後則兩除一差

女直知法檢法大定三年格以臺部統軍司出職令譯史曾任縣佐市令差使人內奏差考滿比元出身陞一等依隨路知事例給勑以三十月爲任明昌五年以省統軍司令譯史書史內擬年五十以下無過犯愼行止試一月以能者充再勒留者陞一等一考者初上令二三中令四下令兩考陞二等呈省

太常寺檢討二人正隆二年五十月遷一重女直遷敦武餘人進義百五十月出職係雜班大定二年制以三十月遷一重百二十月出職係正班九品

省祗候即若大定三年制以祖免以上親願承應已試合格而無闕收補者及一品官子已引見止在班祗候三十月循遷初任與正從七品次任呈省內祗在班初次任注正從八品三四注從七品而後呈省班祗在班初九品三四從八品四五從七品而後呈省已上三等竝以六十月爲滿各遷一重八年定制先役六十月以試驗其才不能幹者進一官黜之才幹者再理六十月每三十月遷加百二十月爲滿須用識女直字者十六年定制以制文試之能解說得制意者爲中選十八年制一品官子初都軍二錄事軍防判三都軍四下令五六上令回呈省內祗初錄事軍防判二上簿三同初四錄事五都軍六下令七中令八上令回呈省班祗初上簿二中簿三同初四錄事軍防判五錄事六都軍七下令八中令九上令回呈省

國史院書寫正隆元年定制女直書寫試以契丹字書譯成女直字限三百字以上契丹書寫以熟於契丹大小字以漢字書史譯成契丹字三百字以上詩一首或五言七言四韻以契丹字出題漢人則試論一道遷考出職同太常檢討

宗室將軍六十月爲任初刺同二都軍三刺同四從六副將軍以七品出職人充明昌元年以九十月爲滿中都上京初從七二錄事軍防判三入本門戶餘路初錄事軍防判二上簿三入本門戶承安二年改司屬令作隨朝

內侍御直內直六十四人正隆二年格長行人五十月遷一重女直人遷敦武餘人遷進義無出身大定二年格同上大定六年更定收補內侍格能誦一大經及論語孟子內能誦一書并善書札者月給俸八貫石稍識字能書者七貫石不識字六貫石泰和二年以叅用外官失防微之道乃搠寄祿官名以專任之既足以酬其勞而無侵官之弊

凡宮中諸局分大定元年世宗謂諸局分承應人班敘俸給涉于太濫正隆時乃無出身涉于太刻又其官品不以勞逸爲制遂命更定之大定六年諭有司曰宮中諸局分承應人有年滿數差使者往往苦於稽留而卒不得其差者復多不解文字而不幹故公私不便令後願出局者聽願留者各增其秩依舊承應其十人長雖老願留者亦增秩作長行承應餘依例放還七年詔宰臣曰女直人自來諸局分不經收充祗候可自今除太醫司天內侍外餘局分竝令收充勾當

護衛正隆二年格每三十月遷一重初考女直遷敦武餘遷保義百五十月出職與從五品以下從六品以上除大定二年格更爲初遷忠勇百二十月出職大定十四年官制從下添兩重遂命女直初遷修武餘人敦武十八年制初除五品者次降除六品第三復除從五品初任六品者不降第四任始授從五品再勒留者各遷一官明昌元年資格初任不算資歷不勒留者初從六品二三皆同上第四任陞從五勒留者初從五二三同上第四正五品再勒留者初正五品二同上三少尹四刺史明昌四年降作六品七品除貞祐制一考八品兩考除縣令三考正七品四考六品五年定一考者注上令兩考者一任正七品回降從七兩任正七回陞六品三考者正七一任回再任正七陞六品四考者三任六品陞從五品

符寶郎十二人正隆二年格皆同護衛出職與從七品除授大定二年格竝同護衛十四年初收餘人遷進義二十一年英俊者與六品除常人止與七品除

奉御十六人以內驕馬充舊名入寢殿小底大定十二年更令名正隆二年格同符寶郎大定二年出職從七品

奉職三十人舊名不入寢殿小底又名外帳小底大定十二年更今名正隆二年格女直遷敦武餘人歷進義無出身大定二年格出職正班九品大定十四年定新官制從下添兩重女直初考進義餘人進義副尉十七年格有廕者初中簿二下簿無廕者注縣尉已後則依格明昌元年格有廕者每勒留一考則減一資二年以八品出職六年定格初錄事軍防判正從八品丞二上簿三中簿四正從八品若不犯選格者則免此除五下令六七中令八上令勒留一考者陞下令四五中令六上令回呈省勒留兩考者陞上令二中令三四上令回呈省凡奉御奉職之出職大定十二年增爲百五十月二十九年復舊承安四年復增

東宮護衛正隆二年出職正班從八品大定二年正從七品初收女直遷敦武餘人保義

閤門祗候正隆二年格女直初遷敦武餘人保義出職正班從八品大定二年格出職從七品八年定格初都軍二錄事三軍防判四都軍五下令六中令七上令已帶明威者即與下令二錄事軍防判三都軍四下令五中令六上令泰和四年格初都軍二錄事軍防判三下令四中令五上令

筆硯承奉舊名筆硯令史大定三年更爲筆硯供奉後以避睿宗諱復更今名正隆二年女直人遷敦武餘歷進義無出身大定二年格初考女直遷敦武餘保義出職正班從七品吏格初都軍二三下令四五中令六上令

妃護衛正隆二年格與奉職同大定二年出職與八品

符寶典書四人舊名牌印令史以皇家袒免以上親有服外戚功臣子孫爲之正隆二年格出職九品大定二十八年出職八品二上簿回驗官資注授

尚衣承奉天德二年格以班內祗人選充大定三年女直人遷敦武餘人遷進義出職九品

知把書畫十人正隆二年格與奉職同大定二年出職九品十四年格同奉職二十一年定格有廕者初中簿二軍器庫副後依本門戶差注無廕者與差使凡已上諸局分承應人正隆二年格有出身者皆以五十月爲一考五考出職無出身者五十月止遷一官大定二年三年格皆三十月爲考遷一重四考出職十二年復加爲五考大定二十九年又爲四考承安四年復爲五考自大定十二年凡增考者惟護衛則否隨局內藏四庫本把二十八人正隆二年格同奉職大定二年格十八長每三十月遷一重四考出職九品長行每五十月遷一重初考女直敦武餘人進義轉十人長者其後依親軍例轉五十人長者以三十月遷加雖未至十人長而遷加至敦武者依本門戶出職十二年加爲五考二十一年格與知把書畫同二十八年以合數監同人內從下選差明昌元年如八貫石本把闕六貫石局內選六年半於隨局承應人內選

左右藏庫本把八人格同內藏大定二十九年設三十月遷一重百二十月出職

儀鸞局本把大定二十七年三人明昌元年設十五人格比內藏本把

尚食局本把四人大定二十八年設格同儀鸞

尚輦局本把六人二十八年設格同儀鸞

典客署書表十八人大定十二年以班內祗并終場舉人愼行止者試三國奉使接送禮儀并往復書表格同國史院書寫十四年以女直人識漢字班內祗一同試補大定二十四年終場舉人出職八品注上簿次下簿三任依本門戶明昌五年復許終場舉人材質端偉言語辯捷者與內班祗同試與正九除

捧案八人大定十九年以已承三品官廕人命宣徽院揀試儀觀修整者格同尚衣承奉二十一年格同知把

書畫擎執傔使大定四年以內職及承奉班內選明昌六年以皇家袒免以上親不足則於外戚并三品已上散官五品以上職事官應廕子孫弟兄姪以宣徽院選有德而美形貌者

奉輦舊名攢輦兒大定二十九年更名格同擎執

妃奉事舊名不入寢殿小底大定十一年又名妃奉職大定十八年更今名格同知把書畫

東宮妃護衛十人大定十三年格同親王府祗候郎君二十八年有廕人與副巡檢譏察無廕人與司軍軍轄等除

東宮入殿小底三十月遷一重初考女直人遷敦武餘人遷保義吏格有廕無廕其出職初八品二上簿三中簿四八品五下令六中令八上令回呈省

東宮筆硯五十月遷一重百五十月出職正班九品無廕人差使有廕人二十一年格與二十一年知把書畫格同

正班局分　尚藥　果子本把　奉膳　奉飲　司裀　儀鸞　武庫本把　掌器　掌輦　習騎　羣子都管　生料庫本把大定二十一年格有廕人知把書畫格同章宗大定二十九年諸局分長行並歷三百月十人長九十月出職

雜班局分　鷹坊子　尚食局廚子　果子廚子　食庫車本把　儀鸞典幄　武庫槍纂　司獸　錢帛庫官　旗鼓笛角唱曲子人　弩手　傘子貞元元年制弩手傘子尚廐局小底尚食局廚子並授府州作院都監大定二十九年長行三百月十人長九十月出職弩手傘子四百月出職其他局分若秘書監楷書及琴碁書阮象說話待詔尚廐局醫獸驅馬牛羊羣子駱人皆無出身

侍衛親軍長行初收遷一重女直敦武餘人進義每五十月遷一重以大轉五十人長者則每三十月遷一重如五十人長內遷至武義者以五十人長本門戶出職五十人長每三十月遷一重六十月出職係正班與九品除授有廕者八品除授如轉百人長者則三十月遷一重六十月出職係正班八品有廕者七品大定六年百戶任滿有廕者注七品都軍正將無廕及五十戶有廕者注八品刺郡都巡檢副將五十戶無廕者及長行有廕者注縣尉無廕注散巡檢十六年有廕百戶初中令二都軍正將三四錄事五下令六中令七上令回呈省無廕者初都軍正將二錄事三四副將巡檢五都軍正將六下令七中令八上令回呈省此言識字者也不識字者初止縣尉大主簿二十一年有廕者初中簿二縣尉無廕者初縣尉二散巡檢已後依本門戶識字不識字並用差注二十九年定女直二百五十月出職餘三百月出職吏格先察可親民及不可者驗其資歷若已任回帶明威懷遠者驗資擬注

拱衛直正隆名龍翔軍無出身大定二年改龍翔軍爲拱衛司定格軍使什將長行每五十月遷一重女直人敦武餘人進義遷至指揮使則三十月出職遷一重係正班與諸司都監雖未至指揮使遷至武義出職係雜班與差使

司天長行正隆二年定五十月遷一重女直敦武餘人進義無出身

太醫格同貞元元年嘗罷去六十餘人正隆二年格五十月遷一重女直人敦武餘人進義無出身

敎坊正隆間有典城牧民者大定間罷遂定格同上

金史卷五十四

元　中　書　右　丞　相　總　裁　脫　脫　等　修

志第三十五

選舉四　部選　省選　廉察　薦舉　功酬虧永

凡吏部選授之制自太宗天會十二年始法古立官至天眷元年頒新官制及天德四年始以河南北選人並赴中京吏部各置局銓注又命吏部尚書蕭頤定河南北官通注格以諸司橫班大解并大將軍合注差人依年例一就銓注餘求仕人分四季擬授遂爲定制貞元二年命擬注時依舊令求仕官明數謂面授也不許就本鄉若衰病年老者毋授繁劇處世宗大定元年勅從八品以下除授不須奏聞又制求仕官毋入權門違者追一官降除有所餽獻而受之者奏之二年詔隨季選人如無過或有功酬者依格銓注有廉能及汚濫者約量升降呈省七年命有司自今每季求仕人到部令本部體問政跡出衆者及贓汚者申省核實以聞約量升擢懲斷年老者勿授縣令又謂宰臣曰隨朝官能否大率可知若外路轉運司幕官以至縣令但驗資考其中縱有忠勤廉潔者無路而進是此人終身不敢望三品矣豈進賢退不肖之路哉自今通三考視其能否以定升降爲格又曰今用人之法甚弊其有不求聞達者入仕雖久不離小官至三四十年不離七品者而新進者結朝貴致顯達此豈示激勸之道卿等當審於用人以革此弊時青州防禦使常德輝上言吏部格法止敘年勞是以雖有才能拘於法而不得升以致人才多滯下位又刺史縣令親民之職多不得人乞加體察然後公行廉問庶使有懼心且令酒稅使尚選能者況承流宣化之官可不擇乎自今宜以能吏當任酒使者授親民之職從之十年上謂宰臣曰守令以下小官能否不能徧知比聞百姓或請留者類皆不聽凡小官得民悅上官多惡之能承事上官者必不得民悅自今民願留者許直赴部告呈省遣使覆實其績果善可超升之如丞簿升縣令之類以示激勸二十六年以闕官勅見行格法合降資歷內三降兩降各免一降一降者勿降省令譯史合得縣令資歷內免錄事及下縣令各一任密院令史三考以下者全前免之臺部宗正府統軍司令譯史合歷縣令任數免下令一任外路右職文資諸科合歷縣令亦免一任當過檢法知法三考得錄事者已後兩除一差明昌三年上曰舊制每季到部求仕人識字者試以書判不識字者問以疑難二事體察言行相副者其令自今隨季部人並令依條試驗宰執奏曰既體察知與所舉相同又試中書判若不量與升除無以示勸遂定制若隨朝及外路六品以上官則隨長任用外路正七品官擬升六品縣令一等除授任滿合降者免降從七品以下於各等資歷內減兩任擬注以後體察相同即依已升任使若體察不同者本等注授若見任縣令升中上令者并掌錢穀及丁憂去者候解由到部諸局分人亦候將來出職日準上擬注猛安謀克擬依前提刑司保舉到升任例施行時嘗令隨門戶減一資歷明昌七年勅復令如舊泰和元年上以縣令見守闕近者十四月遠者十六月又以縣令丞簿員闕不相副勅省臣右選官見格散官至明威者注縣令宣武者注丞簿雖曾犯選格及虧永者亦注是無別也遂定制曾犯選格及虧永者廣威注令明威注丞簿衛紹王大安元年以縣令闕少令初入上中下令者與其守闕可令再注丞簿一任候員闕相副則當復舊宣宗貞祐二年以播越流離官職多闕權命河朔諸道宣撫司得擬七品以下尋以所注吏部不知季放之闕多至重複乃奏罷之時李英言兵興以來百務煩冗政在用人舊雖有四善十七最之法而拔擢蔑聞幾爲徒設大定間以監察御史及審錄官分詣諸路考覈以擬號爲得人可依已試之効庶幾使人自勵詔從之三年戶部郎中奧屯阿虎言諸色遷官並與女直一體而有司不奉安生分別以至上下相疑詔以違制禁之初宣宗之南遷也詔吏部以秋冬於南京春夏於中都置選而赴調者憚於北行率皆南來遂併於南京設之三年命汰不勝官者令五品以上官公舉令季赴部人內先擇材幹者量緩急易之興定元年詔有司議減冗員又詔自今吏部每季銓選差女直漢人監察各一員監視又盡罷前犯罪降除截罷及承應未滿解去而復爲隨處官司委使者又定制權依劇縣例俱作正七品令隨朝七品外路六品以上職事官舉正七品以下職事官年未六十無公私罪堪任使者歲一人仍令兼領樞密院彈壓之職以鎮軍人凡上司不得差占及凌辱決罰到任半年委巡按官體訪具申籍記又半年覆察考滿日分等升用如六事備爲上等升職一等四事爲中等減二資歷其次下等減一資歷不稱者截罷

凡省選之制自熙宗皇統八年以上京僻遠始命詣燕京擬注歲以爲常貞元遷都始罷是制其常調制正七品兩任陞六品六品三任陞從五品從五品兩任陞正五品正五品三任陞刺史凡內外官皆以三十月爲考隨朝官以三十月爲任陞職一等自非制授尚書選在外官命左司移文勾取承安三年始命置簿勾取大定十五年制凡二品官及宰執樞密使不理任每及三十月則書于貼黃不及則附于闕滿簿內外三品官以五十月爲任泰和三年制凡文資右職官應遷三品職事者五品以上歷五十月六品以下及門廕雜流職事至四品以上而散官應至三品者皆歷六十月方許告遷七年自按察使副依舊三十月理考外內外四品以四十月理考通八十月遷三品泰和八年詔以門廕官職事至四品者甚少自今至刺史而散官應至三品者即許告遷三品此省選資考之制也世宗大定元年上謂宰臣曰朕昔歷外任不能悉知人之優劣每除一官必以不稱職爲憂夫薦賢乃相職卿等其各盡乃心勿貽笑天下又曰凡擬注之際當爲官擇人勿徒任親舊庶無曠官矣又曰守令之職當擇材能比聞近邊殘破多用年老及罪降者是益害邊民也若資歷高者不當任邊遠可取以下之才能者升授回不復降庶可以完復邊陲也邊陞之制蓋始于此三年詔監當官遷散官至三品尚任縣令者與省除四年勅隨朝六品以繁劇局

分官有闕者省不得擬注令具闕及人以聞六年制官至三品除朝廷約量勞績歲月特恩遷官七年制內外三品官遇擬注其歷過成考以上月日不曾遷加或經革撥可於除目內備書以聞又勑外路四品以上職事官并五品合陞除官皆具闕及人以聞六品以下官命尚書省擬定而復奏上又謂宰臣曰擬注外官往往未當州縣之官良則政舉否則政隳卿宜辨論人材優劣參用則遞相勉勵庶幾成治矣又曰從來頓舍人例爲節副令宣徽院同簽銀术可以特收頓舍然後授以滄州同知此亦何功但其人有足任使故授以同簽也且如自護衞符寶頓舍考滿者與六品五品之職而與元苦辛特收頓舍者例除則是不倫也十年謂宰臣曰凡在官者若不爲隨朝職任便不能離常調若以卿等所知任使恐有滯如驗入仕名項或廉等第用之亦可若不稱職即與外除十一年上謂宰臣曰隨朝官多自計所歷一考謂當得某職兩考又當得某職故但務因循而已及被差遣又多稽違近除大理司直李寶爲警巡使而奏謝言臣內歷兩考意謂合得五品而除六品也朕以此人幹事嘗除監察御史及爲大理司直未嘗言情見一事由是除長官欲視其爲政故授是職自今外路與內除者察其爲政公勤則升用若但務苟簡者不必待任滿即當依本等出之不明賞罰何以示勸勉也十二年上謂宰臣曰朕嘗取尚書省百官行止觀之應任刺史知軍者甚少近獨深州同知辭不習爲可故用之即令居五品者皆再任當例降之人故不可也護衞中有考滿者若令出職慮其年幼不閑政事兼宿衞中如今日人材亦難得也若勒留承應累其資考令至正五品可乎皆曰善十六年勑宰臣選調擬注之際須引外路求仕人引至尚書省堂量材受職二十一年謂宰臣曰海陵時與人本官太濫今復太監令散官小者奏之二十四年以舊資考太滯命各減一任臨時量人材辛苦資歷年甲以次奏稟章宗大定二十九年定制自正七品而上皆以兩任而後陞明昌四年以前制有職官已帶三品者不許告遷有司因之不舉以致無由遷敘上慮其滯遂定制已帶三品散官實歷五十月從有司照勘格前進官一階格後爲始再算五年命宰臣擬注之際召赴選人與之語以觀其人六年命隨朝五品之要職及外路三品官皆具人闕進呈以聽制授七年勑隨朝除授必欲至三十月如有急闕則具闕及人奏稟尋復令不須待考滿後當通算其所歷而已承安四年勑宰臣曰凡除授恐未盡當令無門下省雖有給事中而無封駁司若設之使於擬奏未受時詳審得當然後授之可也乃立審官院凡所送令詳審者以五日內奏或申省承安五年以六品從五品闕少勑命歷三任正七品而從陞六品泰和元年諭旨宰臣曰凡遇急闕與其用資歷未及之人何如止起復丁憂舊人也命內外官通算合得升等而少十五月者依舊在職補足而後升除或有餘月日以後積算遇闕而無相應人則以資歷近者奏稟二年命少五月以下者本任補六月至十四月者本任或別除補之是制既行之後至六年以一例遞升復恐太濫命量材續稟衞紹王大安元年定文資本職出身內有至一品職事官應遷一品散官者實歷五十月方許告遷二品三品職事官應告本品循遷者亦歷五十月不得過本品外四品以下職事官如遷三品者亦歷五十月止許告遷三品一資六品以下職事官歷六十月告遷帶至三品更不許告犯選格者皆不許如已至三品以上職事者六十月亦聽凡遷三品官資及致任并橫遷三品者則具行止以聞四品則六十月告遷雜班則否宣宗興定元年徒單頑僧言兵興以來恩命數出以勞進階者比年尤多賤職下僚散官或至極品名器之輕莫此爲甚自今非親王子及職一品餘人雖散官至一品乞皆不許封公若已封者雖不追奪其儀衞亦當降從二品之制從之凡選監察御史尚書省具才能者疏名進呈以聽制授任滿御史臺奏其能否仍視其所察公事具書於解由以送尚書省如所察事皆無謬戾爲稱職則有陞擢庸常者臨期取旨不稱者降除任未滿者不許改除大定二十七年前嘗令六十以上者爲之後臺官以年老者多廢事爲言乃勑尚書省於六品七品內取六十以下廉幹者備選二十九年令臺官得自辟舉明昌三年復命尚書省擬注每一闕則具三人或五人之名取旨授之承安三年勑監察給由必經部而後呈省泰和四年制以給由具所察事之大小多寡定其優劣八年定制事有失糾察者以怠慢治罪貞祐二年定制以所察大事至五小事至十爲稱職數不及且無切務者爲庸常數內有二事不實者爲不稱職四年命臺官辟舉以名申省定其可否

廉察之制始見於海陵時故正隆二年六月有廉能官復與差除之令大定三年命廉到廉能官第一等進官一階陞一等其次約量注授汚濫官第一等殿三年降二等次二年又次一年皆降一等詔廉問猛安謀克廉能者第一等遷兩官其次遷一官汚濫者第一等決杖百罷去擇其兄弟代之第二等杖八十第三等杖七十皆令復職蒲輦決則罷去永不補差八年省臣奏御史中丞移剌道所廉之官上曰職官多貪汚以致罪廢其餘亦有因循以苟歲月者今所察能實可甄奬若即與升除恐無以慰民愛留之意且可遷加俟秩滿日升除十年正月上謂宰臣曰今天下州縣之職多闕員朕欲不限資歷用人何以徧知其能擬欲遣使廉問又慮擾民而未得其眞若令行辟舉之法復恐久則生弊不若選人暗察明廉如其相同然後陞黜之何如宰臣曰當如聖訓十一年奏所廉善惡官上曰罪重者遣官就治所犯細微者蓋不能禁制妻孥耳其誡勵而釋之凡廉能官四品以下委官覆實同則升擢三品以上以聞朕自處之時陳言者有云每三年委宰執一員廉問者上以大臣出則郡縣動搖誰復敢行事者令默察明問之制蓋得其中矣又謂宰臣曰朕以欲遍知天下官吏善惡故每使採訪其被升黜者多矣宜知勸也若常設訪察恐任非其人以之生弊是以姑罷之皆曰是官不設何以知官吏之善惡也左丞相良弼曰自今臣等盡心親察之上曰宜加詳勿使名實淆混十一年以同知山陽軍山和尚等清强上曰此輩暗察明訪皆著政聲夫賞罰必信則善者勸惡者懼此道久行庶可得人也其第其政績旌賞之三月詔贓官既已被廉若仍舊在職必復害民其遣驛使遍詣諸道即日罷之大定二十八年制以閤門祗候筆硯承奉奉職妃護衞東宮入殿小底宗室郎君王州郎君省郎君始以選試才能用之不須體察內藏本把不入殿小底與入殿小底及知把書畫則亦不體察三年以所廉察則有清廉之聲而政績則平常者勑命不降注以石仲淵等四人雖清廉爲百姓所喜而復有行事邀順人情之語則與公正廉能人不同勑命降注凡治績平常者奪元舉官俸一月明昌四年上曰凡被舉者或先察者不同其後爲人再舉而察者同或先察者同而後察者不同當何以處之其議可久通行無窒之術以聞省臣奏曰保舉與體察不一者可除不相攝提刑司境內職事再令體察如果同則依格用不同則還本資歷時有議凡當舉人之官歲限以數減資注受者是日省臣併奏以謂如此恐滋久長求請僥倖之弊遂擬被舉官如體察相同隨常陞用不如所舉者元舉官約量降除如自囑求舉或因勢要及爲人請囑而舉之者各追一官受賄者以枉法論體察官亦同此歲舉不限數不舉不坐罪但不如所舉則有降罰如此則必不敢濫舉而實材可得上曰是可止作條理施行一二年當别思其法承安四年以按察司不兼採訪遂罷平倒别路除授之制泰和元年定制自第一等闕外第二等闕滿合注縣令者升上令少一任與中令少二任與下令少三任以上者與錄事軍防判仍減一資注令少五任以上者注丞簿第三等任滿合注縣令者升中令少一任與下令少二任以上者與錄事防判亦減一資注令少四任以上者並注丞簿已入縣令者秩滿日與上令仍依各等資考內通減兩任呈省已任六品七品者減一資注授經保充縣令明問相同依資考不待滿升除見隨朝者考滿升注既升除後將來覆察公正廉能者不降宣宗南遷嘗以御史巡察興定元年以縣官或非材監察御史一過不能備知遂令每歲兩遣監察御史巡察仍别選官巡訪以行黜陟之政哀宗正大元年設司農司自卿而下迭出巡察吏治臧否以陞黜之

舉薦大定二年詔隨朝六品外路五品以上官各舉廉能官一員三年定制若察得所舉相同者即議旌除若聲跡穢濫所舉官約量降罰九年上曰朕思得忠廉之臣與之共治故嘗命五品以上各舉所知于今數年矣以天下之大豈無其人由在上者知而不舉也參知政事魏子平奏曰可令當舉官者每任須舉一人視其當否以爲旌賞上曰一任舉一人則人材或難恐涉於濫又少有所犯則罪舉者故人益畏而不敢舉宋國被舉之官有犯罪者所舉官雖宰執亦不免降黜若有能名則被遷賞且人情始慕進故多廉慎既得任用或失所守宰執自掌黜陟之權豈可因所舉而置罪耶左丞相紇石烈良弼曰已申前令命舉之矣十年上曰舉人之法若定三品官當舉幾人是使小官皆諂媚於上也惟任滿詢察前政則得人矣十一年上謂宰臣曰昨觀貼黃五品以上官多闕而難於得人凡三品以上朕則自知五品以下不能盡識卿等曾無一言見舉者國家之務朕豈能獨盡哉蓋嘗思之欲盡久安之計與百姓之利而無良輔佐雖有所行皆尋常事耳十九年時朝廷既取民所譽望之官而升遷之後上以隨路之民赴都舉請者往往無廉能之實多爲所使而來沽名者不須舉行章宗大定二十九年上以選舉十事命奉御合魯諭尚書省定擬其一曰舊格進士軍功最高尚且初除

丞簿第五任縣令升正七品兩任正七品升六品三任六品升從五品兩任從五升正五品正五三任而後升刺史計四十餘年始得至刺史也其他資格出職者可知矣拘於資格之滯至於如此其令提刑司採訪可用之才減資考而用之庶使可用者不至衰老省臣遂擬凡三任升者減爲兩任於此資歷內遇各品闕多則於第二任未滿人內選人材苦辛可以超用者及外路提刑司所採訪者升擢之其二曰舊格隨朝苦辛驗資考陞除者任滿回日而復降之如正七滿回降除從七品從五品回降爲六品之類今若其人果才能可爲免降尚書吏部遂擬今隨朝考滿遷除外路五品以下職事幷應驗考次職滿有才能者以本官任滿已前十五月以上二十月以內察訪保結呈省其三曰隨路提刑所訪廉能之官就令定其堪任職事從宜遷注其四曰從來宰相不得與求仕官相見如此何由知天下人材優劣其許相見以訪才能尚書刑部謂在制求仕官不得於私第謁見達官違者追一官降等奏除若有求請餽遺則以奏聞仍委御史糾察上遂命削此制其五曰舊時臣下雖知親友有可用者皆欲遠嫌而不引薦古者舉賢不避親讎如祁奚舉讎仁傑舉子崔祐甫除吏八百皆親故也其令五品以上官各舉所知幾人違者加以蔽賢之罪吏部議內外五品以上職事官每歲保廉能官一人外路五品隨朝六品願舉者聽若不如所舉者各約量降罰今擬賢而不舉者亦當約量降罰其六曰前代官到任之後即舉可自代者其令自今五品以上官舉自代以備交承吏部按唐會要建中元年赦文文武常參官外節度觀察防禦軍使刺史赤令畿令幷七品以上淸官大理司直評事受命之三日於四方館上表讓一人以自代外官則馳驛奏聞表付中書門下每官闕即以所舉多者量授今擬內外官五品以上到任須舉所知才行官一員以自代太傅丞相平章謂自古人材難得若令舉以自代恐濫而不得實材叅政謂自代非謂即令代其人也止類姓名取所舉多者約量授之爾此蓋舜官相讓周官推賢之遺意上以叅政所言與吏部同從之其七曰隨朝外路長官一任之內足知僚屬之能否每任可令舉幾人吏部擬令內外五品以上職事官長於僚屬內須舉才能官一人數外舉者聽其八曰人材隨色有之監臨諸物料及草澤隱逸之士不無人材宜薦舉用之吏部擬監臨諸物料內以外路五品隨朝六品以上舉廉能者直言所長移文轉申省差官察訪得實隨材任使草澤隱逸當遍下司縣以提刑司察訪呈省隨色人材令內外五品以上職官薦之其九曰親軍出職內有尤長武藝勇敢過人者其令內外官舉提刑司察如資考高者可叅注沿邊刺史同知縣令吏部擬若依本格資歷恐妨才能若舉察得實者依本格減一資歷擬注尚書省擬依旨升品擬注其十曰內外官所薦人材即依所舉試之委提刑司採訪虛實若果能稱職再加遷擢如或碌碌即送常調古者進賢受上賞進不肖有罰其立定賞罰條格庶使人不敢狥私也省臣議隨款各欲舉人則一人內所舉不下五七人自古知人爲難人材亦自難得限數多則猥避賞罰務苟簡不副聖主求賢之意擬以前項各款隨色能舉一人即克歲舉之數如此則不濫而實材得矣每歲貢人數尚書省覆察相同則置簿籍之如有闕則當隨材奏擬明昌元年勑齊民之中有德行才能者司縣舉之特賜同四舉五舉人下明昌元年制如所舉碌碌無過人跡者元舉官依例治罪宣宗興定元年令隨朝七品外路六品以上職事官舉正七品以下職事官年未六十不犯贓堪任使者一人三年定辟舉縣令制稱職則元舉官減一資歷中平約量陞除不稱罰俸一月犯免官免所居官及官當私罪解任杖罪贓汚者約量降除汚贓至徒以上及除名者一任不理資考三品以上舉縣令稱職者約量升除不稱奪俸一月若被舉者犯免官等罪奪俸兩月贓汚至徒以上及除名者奪俸三月獄成而會赦原者亦原之五年制辟舉縣令考平者元舉者不得復舉他人舉之者聽又舊制保舉縣令秩滿之後以六事論升降三事以下減一資歷四事減兩資歷六事皆備則升職一等既而御史張升卿言進士中下甲及第人及監官至明威當入縣丞主簿而三事以下減一資歷注下令四事減注中令皆七品也若復入八品矣輕重相戾宜更定之遂定制自令四事以下如前條六事完者進士中下甲及第監官當入縣丞主簿人減三資歷注上令餘出身者亦同此任二十月以上雖未秩滿若以理去官六事之跡已經覆察論升如秩滿例五年以舉官或私其親或狥於請求或謬於鑒裁而妄舉數歲之間以濫去者九十餘人乃罷辟舉縣令之制至哀宗正大元年乃立法命監察御史司農司官先訪察隨朝七品外路六品以上官淸愼明潔可爲舉主者然後移文使舉所知仍以六事課殿最而升黜舉主故舉主旣爲之盡心而被舉者亦爲之盡力是時雖迫危亡而縣令號爲得人由作法有足取云

功酬虧永之制凡諸提點院務官三十月遷一官周歲爲滿止取無虧月日用之大定四年定制一任內虧一分以上降五人二分以上降十人三分以上降十五人若有增美則依此陞遷其陞降不盡之數於後任充折二十一年以舊制監當官並責決而不顧廉恥之人以謂已決即得赴調不以刑罰爲畏擬自今若虧永及一酬以上依格追官殿一年外虧永不及酬者亦殿一年章宗大定二十九年罷年遷之法更定制比永課增及一酬遷一官兩酬遷兩官如虧課則削亦如之各兩官止又罷使司小都監與使副一體論增虧者及罷餘前陞降不盡之數後任充折之制泰和元年制犯選及虧永者右職漢人至宣武將軍從五品女直至廣威將軍正五品方注縣令又吏格曾犯選及虧永者女直至武義從六漢人及諸色人至武畧從六皆注諸司亦兩除一差至明威方注丞簿貞祐三年制曾虧永犯選者遷至宣武注諸司至懷遠從四下方注丞簿至安遠從四上注下令正大元年制曾犯選曾虧永者至廣威與諸司兩除一差至安遠注丞簿三任其至鎭國從三品下方注下令羣牧官三周歲爲滿所牧之畜以十爲率驝增二頭馬增二疋牛亦如之羊增四口而大馬百死十五疋者及能徵前官所虧三分爲率能盡徵及徵二分半以上爲上等陞一品級驝增一馬牛增二羊增三大馬百死二十五徵前官所虧二分以上爲中等約量升除驝不增馬牛增一羊增二大馬百死三十徵虧一分以上爲下等依本等除餘畜皆依元數而大馬百死四十徵虧不及一分者降一等此明昌四年制也五年制馬牛羊虧元數十之一驝馬百死四十徵虧不及一分者降一等決四十若驝馬牛羊虧元數一分馬百死四十徵虧不得者杖八十降同前

金史卷五十五

元中書右丞相總裁脫脫等修

志第三十六

百官一

金自景祖始建官屬統諸部以專征伐嶷然自爲一國其官長皆稱曰勃極烈故太祖以都勃極烈嗣位太宗以諳版勃極烈居守諳版尊大之稱也其次曰國論忽魯勃極烈國論言貴忽魯猶總帥也又有國論勃極烈或左右置所謂國相也其次諸勃極烈之上則有國論乙室忽魯移賚阿買阿舍吳迭之號以爲陞拜宗室功臣之序焉其部長曰孛堇統數部者曰忽魯凡此至熙宗定官制皆廢其後惟鎭撫邊民之官曰禿里烏魯國之下有掃穩脫朵詳穩之下有麽忽習尼昆此則具於官制而不廢皆踵遼官名也漢官之制自平州人不樂爲猛安謀克之官始置長吏以下天輔七年以左企弓行樞密院于廣寧尚踵遼南院之舊天會四年建尚書省遂有三省之制至熙宗頒新官制及換官格除拜內外官始定勳封食邑入銜而後其制定然大率皆循遼宋之舊海陵庶人正隆元年罷中書門下省止置尚書省自省而下官司之別曰院曰臺曰府曰司曰寺曰監曰局曰署曰所各統其屬以修其職職有定位員有常數紀綱明庶務舉是以終金之世守而不敢變焉大定二十八年在仕官一萬九千七百員四季赴選者千餘歲數監差者三千明昌四年奏周歲官死及事故者六百七十新入仕者五百一十見在官萬一千四百九十九內女直四千七百五員漢人六千七百九十四員至泰和七年在仕官四萬七千餘四季部擬授者千七百監官到部者九千二百九十餘則三倍世宗之時矣若宣宗之招賢所經略司義宗之益政院雖危亡之政亦必列于其次以著一時之事云

三師太師太傅太保各一員皆正一品師範一人儀刑四海

三公太尉司徒司空各一員皆正一品論道經邦燮理陰陽

尚書省尚書令一員正一品總領紀綱儀刑端揆左丞相右丞相各一員從一品平章政事二員從一品爲宰相掌丞天子平章萬機左丞右丞各一員正二品參知政事二員從二品爲執政官爲宰相之貳佐治省事左司郎中一員正五品國初置左右司侍郎天眷三年始更今名舊凡覲執政官覲執奏自天德二年詔以付左右司官爲定制員外郎一員正六品掌本司奏事總察吏戶禮三部受事付事兼帶修起居注官迴避其間記述之事每月朔朝則先集是月秩滿者爲簿名曰闕本及行止簿貼黃簿幷官制同進呈御覽畢則受而藏之每有除拜凡尚書省所不敢擬注者則一闕具二三人以聽制授焉都事二員正七品貞元二年左右司官宮中出身幷進士令史三色人內通選三年以監察御史相應人取大稟奏不復擬注掌本司受事付事檢勾稽失省署文牘兼知省內宿直檢校架閣等事右司郎中

一員正五品員外郎一員正六品掌本司奏事總察兵刑工三部受事付事兼帶修注官迴避其間記述之事都事二員正七品

尚書省祗候郎君管勾官從七品掌祗候郎君謹其出入及差遣之事（承安二年以前走馬郎君擬注泰和令以左右女直都事兼正大間收用親從人）

架閣庫（大定二十一年六月設仍以都事提控之）管勾（舊二員正大省一員）正八品同管勾（舊二員正大省一員）從八品總掌察左右司大程官追付文牘幷提控小都監給受紙筆餘管勾同（女直省令史三十五人左二十人右十五人大定二十四年爲三十人進士十人宰執子宗室子十人密院臺部統軍司令史十八人漢令史三十五人左二十一人右十四人省譯史十四人左右各七人女直譯史同通事八人左右各四人高麗夏國回紇譯史四人左右各二人諸部通事六人曳刺二十人走馬郎君五十人）

提點歲賜所左右司郎中員外郎兼之掌提點歲賜出入錢幣之事

堂食公使酒庫使一員從八品掌受給歲賜錢總領庫事副一員正九品掌貳使事

直省局局長從八品掌都堂之禮及官員叅謝之儀副局長正九品掌貳局長

管勾尚書省樂工從九品

行臺之制熙宗天會十五年罷劉豫置行臺尚書省于汴天眷元年以河南地與宋遂改燕京樞密爲行臺尚書省天眷三年復移置於汴京皇統二年定行臺官品皆下中臺一等

六部國初與左右司通署天眷三年始分治

吏部尚書一員正三品侍郎一員正四品郎中二員從五品（天德二年增作四員後省）員外郎從六品（天德二年增作四員後省）掌文武選授勳封考課出給制誥之政以才行勞效比仕者之賢否以行止文冊貼黃簿制各闕之機要正七品以上以名上省聽制授從七品以下每至季月則循資格而擬注自八品以上則奏以下則否侍郎以下皆爲尚書之貳郎中掌文武選流外遷用官吏差使行止名簿封爵制誥一員掌勳級酬賞承襲用廕循遷致仕考課議謚之事員外郎分判曹務及叅議事所掌與郎中同文官九品階凡四十有二從一品上曰開府儀同三司中曰儀同三司中次曰特進下曰崇進正二品上曰金紫光祿大夫下曰銀青榮祿大夫從二品上曰光祿大夫下曰榮祿大夫正三品上曰資德大夫中曰資政大夫下曰資善大夫從三品上曰正奉大夫中曰通奉大夫下曰中奉大夫正四品上曰正議大夫中曰通議大夫下曰嘉議大夫從四品上曰大中大夫中曰中大夫下曰少中大夫正五品上曰中議大夫中曰中憲大夫下曰中順大夫從五品上曰朝請大夫中曰朝散大夫下曰朝列大夫（舊曰奉德大夫天德二年更）正六品上曰奉政大夫下曰奉議大夫從六品上曰奉直大夫下曰奉訓大夫正七品上曰承德郎下曰承直郎從七品上曰承務郎下曰儒林郎正八品上曰文林郎下曰承事郎從八品上曰徵事郎下曰從仕郎正九品上曰登仕郎下曰將仕郎從九品上曰登仕佐郎下曰將仕佐郎（此二階大定十四年創增）武散官凡仕至從二品以上至從一品者皆用文資自正三品以下階與文資同正三品上曰龍虎衞上將軍中曰金吾衞上將軍下曰驃騎衞上將軍從三品上曰奉國上將軍中曰輔國上將軍下曰鎮國上將軍正四品上曰昭武大將軍中曰昭毅大將軍下曰昭勇大將軍從四品上曰安遠大將軍中曰定遠大將軍下曰懷遠大將軍正五品上曰廣威將軍中曰宣威將軍下曰明威將軍從五品上曰信武將軍中曰顯武將軍下曰宣武將軍正六品上曰武節將軍下曰武德將軍從六品上曰武義將軍下曰武略將軍正七品上曰承信校尉下曰昭信校尉從七品上曰忠武校尉下曰忠顯校尉正八品上曰忠勇校尉下曰忠翊校尉從八品上曰修武校尉下曰敦武校尉正九品上曰保義校尉下曰進義校尉從九品上曰保義副尉下曰進義副尉（此二階大定十四年創增）封爵正從一品曰郡王曰國公正從二品曰郡公正從三品曰郡侯正從四品曰郡伯（舊曰縣伯承安二年更）正五品曰縣子從五品曰縣男凡勳級正二品曰上柱國從二品曰柱國正三品曰上護軍從三品曰護軍正四品曰上輕車都尉從四品曰輕車都尉正五品曰上騎都尉從五品曰騎都尉正六品曰驍騎尉從六品曰飛騎尉正七品曰雲騎尉從七品曰武騎尉凡食邑封王者萬戶實封一千戶郡王五千戶實封五百戶國公三千戶實封三百戶郡公二千戶實封二百戶郡侯一千戶實封一百戶郡伯七百戶縣子五百戶縣男三百戶皆無實封自天眷定制凡食邑同散官入銜司天翰林官舊制自從七品而下止五階至天眷定制司天自從四品而下立爲十五階從四品上曰欽象大夫中曰正儀大夫下曰欽授大夫正五品上曰靈憲大夫中曰明時大夫下曰頒朔大夫從五品上曰雲紀大夫中曰協紀大夫下曰保章大夫正六品上曰紀和大夫下曰司玄大夫從六品上曰探賾郎下曰授時郎正七品上曰究微郎下曰靈臺郎從七品上曰明緯郎下曰候儀郎正八品上曰推策郎下曰司正郎從八品上曰校景郎下曰平秩郎正九品上曰正紀郎下曰挈壺郎從九品上曰司歷郎下曰司辰郎太醫官舊自從六品而下止七階天眷制自從四品而下立爲十五階從四品上曰保宜大夫中曰保康大夫下曰保平大夫正五品上曰保頤大夫中曰保安大夫下曰保和大夫從五品上曰保善大夫中曰保嘉大夫下曰保順大夫正六品上曰保合大夫下曰保冲大夫從六品上曰保愈郎下曰保全郎正七品上曰成正郎下曰成安郎從七品上曰成順郎下曰成和郎正八品上曰成愈郎下曰成全郎從八品上曰醫全郎下曰醫正郎正九品上曰醫效郎下曰醫候郎從九品上曰醫痊郎下曰醫愈郎內侍天德創制自從四品以下十五階從四品上曰中散大夫中曰中尹大夫下曰中侍大夫正五品上曰中列大夫中曰中御大夫下曰中儀大夫從五品上曰中常大夫中曰中益大夫下曰中衞大夫正六品上曰中良大夫（天德作中亮）下曰中涓大夫從六品上曰通禁郎下曰通侍郎正七品上曰通掖郎下曰通御郎從七品上曰禁直郎下曰侍直郎正八品上曰掖直郎下曰內直郎從八品上曰司贊郎下曰司謁郎正九品上曰司閽郎下曰司僕郎從九品上曰司奉郎下曰司引郎教坊舊用武散官大定二十九年以爲不稱乃創定二十五階明昌三年自從四品以下更立爲十五階從四品上曰雲部大夫中曰仙部大夫下曰成部大夫正五品上曰章德大夫中曰長寧大夫下曰德和大夫從五品上曰景雲大夫中曰雲和大夫下曰協律大夫正六品上曰慶喜大夫下曰嘉成大夫從六品上曰肅和郎下曰純和郎正七品上曰紓和郎下曰調音郎從七品上曰比音郎下曰司樂郎正八品上曰典樂郎下曰協樂郎從八品上曰掌樂郎下曰和樂郎正九品上曰司音郎下曰司律郎從九品上曰和聲郎下曰和節郎凡內外官之政績所歷之資考更代之期去就之故秩滿皆備陳於解由吏部據以定能否又撮解由之要於銓擬時讀之謂之銓頭又會歷任銓頭而書于行止簿行止簿者以姓爲類而書各人平日所歷之資考功過者也又爲簿列百司官名有所更代則以小黃綾書更代之期及所以去就之故而制其銓擬之要領焉凡縣令則省除部除者通書而各疏之泰和四年定考課法准唐令作四善十七最之制四善之一曰德義有聞二曰清慎明著三曰公平可稱四曰勤恪匪懈十七最之一曰禮樂興行肅清所部爲政教之最二曰賦役均平田野加闢爲牧民之最三曰決斷不滯與奪當理爲判事之最四曰鈐束吏卒姦盜不滋爲嚴明之最五曰案簿分明評擬均當爲檢校之最以上皆謂縣令丞簿警巡使副錄事司候判官也六曰詳斷合宜咨執當理爲幕職之最七曰盜賊消弭使人安靜爲巡捕之最八曰明於出納物無損失爲倉庫之最九曰訓導有方生徒充業爲學官之最十曰檢察有方行旅無滯爲關津之最十一曰隄防堅固備禦無虞爲河防之最十二曰出納明敏數無濫失爲監督之最十三曰謹察禁囚輕重無怨爲獄官之最十四曰物價得實姦濫不行爲市司之最謂市令也十五曰戎器完肅扞守有方爲邊防之最謂正副部隊將鎮防官也十六曰議獄得情處斷公平爲法官之最十七曰差役均平盜賊止息爲軍職之最謂都軍軍轄也凡縣令以下三最以上有四善或三善者爲上陞一等三最以上有二善者爲中減兩資歷三最以上有一善爲下減一資歷節度判官防禦判官軍判以下一最而有四善或三善爲上減一資歷一最而有二善爲中陞爲榜首一最而有一善爲下陞本等首又以明昌四年所定軍民俱稱爲廉能者是爲廉能官之制叅于其間而定其甄擢焉宣宗興定元年行辟舉縣令法以六事考之一曰田野闢二曰戶口增三曰賦役平四曰盜賊息五曰軍民和六曰詞訟簡六事俱備爲上等升職一等兼四事者爲中等減二資歷其次爲下等減一資歷否則爲不稱截罷而降之平常者依本格凡封王大國號二十曰恒（舊爲遼明昌二年以漢遼唐宋梁秦殷楚之類皆昔有天下者之號不宜封臣下遂皆改之）邵（舊爲梁）汴（舊爲宋）鎬（舊爲秦）幷（舊爲漢）益（舊爲漢）彭（舊爲齊）趙越譙（舊爲殷）郢（舊爲楚）魯冀豫絳（舊爲唐）兗鄆（舊爲吳）夔（舊爲蜀）宛（舊爲陳）曹次國三十曰涇（舊爲隋）鄭衞韓潞豳瀋岐代澤徐滕薛紀昇（舊爲原）邢翼豐畢鄧鄆霍蔡瀛（按金格舊當在此）沂荆榮英壽溫小國三十濮遂（舊曰濟）道定景（後改爲鄰）申崇宿昔莒鄣郜舒淄郕萊（舊爲宗以避諱改）郞郯杞向管（舊曰鄉興定元年改）密胙任載鞏蔣（士民須知云舊爲葛）蕭莘芮封王之郡號十金源廣平平原南陽常山太原平陽東

平安定延安封公主之縣號三十樂安淸平蓬萊榮安棲霞壽光靈仙壽陽鍾秀惠和永寧慶雲靜樂福山隆平德平文安福昌順安樂壽靜安靈壽大寧聞喜秀容宜芳眞寧嘉祥金鄉華原凡白號之姓完顏溫迪罕夾谷陁滿僕散朮虎移剌荅斡勒斡準把阿不罕卓魯回特黑罕會蘭沈谷塞蒲里吾古孫石敦卓陀阿厮準匹獨思潘朮古諳石剌石古若綴罕光吉剌皆封金源郡裴滿徒單溫敦兀林荅阿典紇石烈納闌孛朮魯阿勒根納合石盞蒲鮮古里甲阿迭聶摸欒抹撚納坦兀撒惹阿鮮把古溫古孫蔣盌撒合烈吾塞和速嘉能偃阿里班兀里坦聶散蒲速烈皆封廣平郡吾古論兀顏女奚烈獨吉黃摑顏盞蒲古里必蘭斡雷獨鼎尼罷窩窩亦作古拓特盍散撒荅牙阿速撒剗準土谷納謀魯業速布安煦烈愛申拿可貴益昆溫撒梭罕霍域皆封隴西郡黑號之姓唐括舊書作同古蒲察朮甲蒙古蒲速粘割奧屯斜卯準葛諳蠻獨虎朮魯磨輦益輦帖暖蘇孛輦皆封彭城郡親王母妻封一字王者舊封王妃爲正從一品次室封王夫人承安二年勅王妃止封王夫人次室封孺人郡王母妻封郡王夫人國公母妻封國公夫人郡公母妻封郡公夫人郡侯母妻封郡君承安二年更爲郡侯夫人四品文散少中大夫武散懷遠大將軍以上母妻封縣君承安二年爲郡君五品文散朝列大夫武散宣武將軍以上母妻封鄉君承安二年爲縣君皇統五年以古官曰牧曰長各有總名今庶官不分類爲名於文移不便遂定京府尹牧留守知州縣令詳穩群牧爲長官同知簽院副使少尹通判丞曰佐貳官判官推官掌書記主簿縣尉爲幕職官兵馬司及它司軍者曰軍職官警巡市令錄事司候諸參軍知律勘事勘判爲釐務官應管倉庫院務者曰監當官監當官出大定制知事孔目以下行文書者爲吏凡除拜尚書令左右丞相以下品不同者則帶守字左右丞則帶行守字凡臺官御史部官京尹少尹守令丞簿尉錄事諸卿少至協律評事諫官國子監學官諸監丞郎符寶郎東宮詹事率府僕正副令丞王府官散官高於職事者帶行字職事高於散官一品者帶守字二品者帶試字品同者皆否猛安謀克翰林待制修撰判推勘事官都事典事知事內承奉押班通事舍人通進編修勾當頓舍部役廟官受給管勾巡河官直省直院長副諸檢法知法司正教授司獄司候東宮諭德贊善掌寶典儀以下王府文學記事參軍並帶充字樞密宣徽勸農諸軍都指揮統軍轉運使招討提刑節度羣牧防禦客省引進四方館閤門太醫教坊鷹坊警巡巡檢諸司局倉庫務使副皆帶充字及知某事凡帶知判簽書字者則不帶行守試字已上所帶字品同者則否自三師三公平章政事元帥以下至監軍東宮三師三少點檢至振肅承旨學士王傅副統招討及前所不載者皆不帶行守試知充字主事四員從七品掌知管差除校勘行止分掌封勳資考之事推選事則通署及掌受事付事檢勾稽失省署文牘兼知本部宿直檢校架閣餘部主事自受事付事以下所掌並同此皇統四年六部主事始用漢士人大定三年用進士非特旨不得擬吏人如宰執保奏人材不入常例承安五年增女直主事一員令史六十九人內女直二十九人譯史五人通事二人與令史同泰和八年令史增十人架閣庫大定二十一年六月設仍以主事提控之管勾正八品掌吏兵兩部架閣兼檢校吏部行止以識女直契丹漢字人充如無擬識女直漢字人充同管勾一員官誥院提舉二員掌署院事以吏部郎中翰林修撰各一人充

戶部尚書一員正三品侍郎二員正四品泰和八年減一員承安二年復增郎中二員從五品天德二年置五員泰和省作二員又作四員貞祐四年置八員五年作六員員外郎三員從六品郎中而下皆以一員掌戶籍物力婚姻繼嗣田宅財業鹽鐵酒麴香茶礬錫丹粉坑冶榷場市易等事一員掌度支國用俸祿恩賜錢帛寶貨貢賦租稅府庫倉廩積貯權衡度量法式給授職田拘收官物并照磨計帳等事泰和令作二員後增一員貞祐四年作六員又作八員五年作四員主事五員從七品女直司二員通掌戶度金倉等事漢人司三員同員外郎分掌曹事泰和八年減一員貞祐四年作八員五年作六員兼提控編附條格管勾架閣等事令史七十二人內女直十七人譯史五人通事二人泰和八年增八人架閣庫管勾一員正八品掌戶禮兩部架閣大安三年以主事各兼之同管勾從八品檢法從八品勾當官五員各八品貞元二年設幹辦官十員從七品三年罷四員尋罷之四年更設爲勾當官專提控支納管勾勘覆經歷交鈔及香茶鹽引照磨文帳等事承安二年作四員貞祐四年作十五員五年作十員興定元年五員二年復作十員

禮部尚書一員正三品侍郎一員正四品郎中一員從五品員外郎一員從六品掌凡禮樂祭祀燕享學校貢舉儀式制度符印表疏圖書冊命祥瑞天文漏刻國忌廟諱醫卜釋道四方使客諸國進貢犒勞張設之事凡試僧尼道女冠三年一次限度八十人差京府幕職或節鎭防禦佐貳官二員僧官二人道官一人司吏一名從人各一人廚子二人把門官一名雜役三人僧童能讀法華心地觀金光明報恩華嚴等經共五部計八袠華嚴經分爲四袠每帙取二卷卷舉四題讀百字爲限尼童試經半部與僧童同道士女冠童行念道德救苦玉京山消災靈寶度人等經皆以誦成句依音釋爲通中選者試官給據以名報有司凡僧尼官見管人及八十道士女冠及三十人者放度一名死者令監壇以度牒申部毀之主事二員從七品令使十五人內女直五人譯史二人通事一人左三部檢法司正二員正八品掌披詳法狀興定二年右部額外設檢知法及掌法四年罷檢法二十二員從八品掌檢斷各司取法文字右三部檢法職事同元受剳付大定三年命給勑

兵部尚書一員正三品侍郎一員正四品郎中一員從五品員外郎二員從六品掌兵籍軍器城隍鎭戍廐牧鋪驛車輅儀仗郡邑圖志險阻障塞遠方歸化之事凡給馬者從一品以上從八人馬十疋食錢三貫十四文從二品以上從五人馬七疋食錢二貫九十八文從三品以上從三人馬五疋錢一貫五百十一文從五品以上從二人馬四疋錢九百六十八文從七品以上從一人馬三疋錢六百十七文從九品以上從一人馬二疋錢四百六十四文無從人減七十八文御前差無官者視從五品省差若有官者入支錢四百五十一文有從人加六十八文走馬人支錢百五十七文教書日行五百里此天興近鑑所載之制也泰和六年置遞鋪其制該軍馬路十里一鋪鋪設四人內鋪頭一人鋪兵三人以所轄軍射糧軍內差充腰鈴日行三百里凡元帥府六部文移以勑遞省遞牌子入鋪轉送主事二員從七品貞祐五年以承發司管勾兼漢人主事令史二十七人內女直十二人譯史二人通事二人

刑部尚書一員正三品侍郎一員正四品郎中一員從五品員外郎二員從六品一員掌律令格式審定刑名關津譏察赦詔勘鞫追徵給沒等事一員掌監戶官戶配隸訴良賤城門啓閉官吏改正功賞捕亡等事主事二員從七品令史五十一人內女直二十二人譯史五人通事二人架閣庫管勾一員正八品掌刑工兩部架閣大安二年以主事各兼同管勾一員從八品

工部尚書一員正三品侍郎一員正四品郎中一員從五品掌修造營建法式諸作工匠屯田山林川澤之禁江河隄岸道路橋梁之事員外郎一員從六品貞祐五年兼覆實司官天德三年增二員主事二員從七品令史十八人內女直四人譯史二人通事一人覆實司管勾一員從七品隸戶工部掌覆實營造材物工匠價直等事太安元年隸三司工部罷同管勾貞祐五年併罷之以工部主事兼興定四年復設從省擬不令戶工部舉右三部檢法司正二員正八品檢法從八品二十二員

都元帥府掌征討之事兵罷則省天會二年伐宋始置泰和八年復改爲樞密院都元帥一員從一品左副元帥一員正二品右副元帥一員正二品元帥左監軍一員正三品元帥右監軍一員正三品左都監一員從三品右都監一員從三品經歷一員都事一員知事一員見興定三年正七品檢法一員從八品元帥府女直令史十二人承安二年十六人漢人令史六人譯史三人女直譯史一人承安二年二人通事女直三人後作六人承安二年復作三人漢人二人正隆六年海陵南伐立三道都統制府及左右領軍大都督將三十二總管有神策神威神捷神銳神毅神翼神勇神果神略神鋒武勝武定武威武安武捷武平武成武毅武銳武揚武翼武震威定威信威勝威捷威烈威毅威震威略威果威勇之號泰和六年伐宋權設平南撫軍上將軍正三品至殄寇果毅都尉從六品凡九階曰平南撫軍上將軍平南寇軍大將軍平南龍驤將軍平南虎威將軍平南盪江將軍殄寇中郎將殄寇郎將殄寇折衝都尉殄寇果毅都尉軍還罷置令譯史八十人正三十三人餘四十七人從本府選擢元光間招義軍置總領使從五品副使從六品訓練官從八品正大二年更總領名都尉秩爲四品四年又陞爲從三品有建威折衝振武盪寇果毅殄寇虎賁鷹揚破虜之名

樞密院天輔七年始置于廣寧府天會三年下燕山初以左企弓爲使後以劉彥宗初猶如遼南院之制後則否泰和六年嘗改爲元帥府樞密使一員從一品掌凡武備機密之事樞密副使一員從二品泰和四年置二人後不爲例簽書樞密院事一員正三品同簽樞密院事一員正四品大定十七年增一員尋罷明昌初復增一員尋又省三年九月復增一員經歷一員從五品興定三年置都事一員正七品掌受事付事檢勾稽失省署文牘兼知宿直之事架閣庫管勾一員正八品知法二員從八品掌檢斷各司取法之事餘檢法同樞密院令史女直十二人漢人六人三品官子弟四人吏員轉補二人譯史三人通事三人回紇譯史一人曳剌十五人

大宗正府泰和六年避睿宗諱改爲大睦親府判大宗正事一員從一品以皇族中屬親者充掌敦睦糾率宗屬欽奉王命泰和六年改爲大睦親事同判大宗正事一員從二品泰和六年改爲同判大睦親事同簽大宗正事一員正三品宗室充大定元年置泰和六年改同簽大睦親事大宗正丞二員從四品一員於宗室中選能幹者充一員不限親疎分司上京長貳兼管治臨潢以東六司屬泰和六年改爲大睦親丞知事一員從七品檢法從八品諸宗室將軍正七品上京東溫忒二處皆有之世宗時始命遷官其戶凡百二十明昌二年更名曰司屬設令丞承安二年以令同隨朝司令正七品丞正八品中都上京扎里瓜合右西南梅堅寨蒲與臨潢泰州金山等處置屬大宗正府

御史臺登聞檢院隸焉見士民須知總格泰和令皆不載御史大夫從二品舊止三品大定十二年陞掌糾察朝儀彈劾官邪勘鞫官府

公事凡內外刑獄所屬理斷不當有陳訴者付臺治之御史中丞從三品貳大夫侍御史二員從五品以上官品皆大定十二年遞陞掌奏事判臺事治書侍御史二員從六品掌同侍御史殿中侍御史二員正七品每遇朝對立於龍墀之下專劾朝者儀矩凡百僚假告事具奏目進呈監察御史十二員正七品掌糾察內外非違刷磨諸司察帳并監祭禮及出使之事參注諸色人大定二年八員承安四年十員承安五年兩司各添十二員典事二員從七品架閣庫管勾一員從八品檢法四員從八品獄丞一員從九品御史臺令史女直十三人內班內祗六人終場舉人七人漢人十五人內班內祗七人終場舉人八人譯史三人內班內祗二人終場舉人一人通事三人

宣撫司泰和六年置陝西路宣撫使節制陝西右監軍右都監兵馬公事八年改陝西宣撫司爲安撫司山東東西大名河北東西河東南北遼東陝西咸平隆安上京肇州北京凡十處置司使從一品副使正三品

勸農使司泰和八年罷貞祐間復置興定六年罷勸農司改立司農司使一員正三品副使一員正五品掌勸課天下力田之事

司農司興定六年置兼採訪公事大司農一員正二品卿三員正四品少卿三員正五品知事二員正七品興定六年陝西并河南三路置行司農司設官五員正大元年歸德許州河南陝西各置作三員卿一員正四品少卿一員正五品丞一員正六品卿以下迭出巡案察官吏臧否而陞黜之使節所過姦吏屏息十年之間民政修舉實賴其力

三司泰和八年省戶部官員置三司謂兼勸農鹽鐵度支戶部三科也貞祐罷之使一員從二品副使一員正三品簽三司事一員正四品同簽三司事一員正五品掌勸農鹽鐵度支判官三員從六品本參幹官大安元年更參議規措審計官三員正七品掌同參幹官知事二員從七品以識女直漢字人充勾當官二員正八品大安元年置三員照磨吏員七人管勾架閣庫一員正八品三司令史五十八人內女直十八人漢人四十人大安元年增八人譯史二人大定元年增一人通事二人知法三員從八品女直知法一員大安元年增二員

國史院先嘗以諫官兼其職明昌元年詔諫官不得兼恐於其奏章私溢己美故也監修國史掌監修國史事修國史掌修國史判院事同修國史二員女直人漢人各一員承安四年更擬女直一員罷契丹同修國史編修官正八品女直漢人各四員明昌二年罷契丹編修三員添女直一員大定十八年用書寫出職人檢閱官從九品書寫女直漢人各五人修遼史刊修官一員編修官三員

翰林學士院天德二年命翰林學士院自侍讀學士至應奉文字通設漢人十員女直契丹各七員翰林學士承旨正三品掌制撰詞命凡應奉文字銜內帶知制誥直學士以上同貞祐三年陞從二品翰林學士正三品翰林侍讀學士從三品翰林侍講學士從三品翰林直學士從四品不限員翰林待制正五品不限員分掌詞命文字分判院事銜內帶知制誥翰林修撰從六品不限員掌與待制同應奉翰林文字從七品

審官院承安四年設大安二年罷之若注擬失當上令御史臺官論列知院一員從三品掌奏駁除授失當事隨朝六品外路五品以上官除授並送本院審之補闕拾遺監察雖七品亦送本院或御批亦送稟准部除不送同知審官院事一員從四品掌書四人女直漢人各二人以御史臺終場舉人擇充

太常寺皇統三年正月始置卿一員從三品少卿一員正五品丞一員正六品掌禮樂郊廟社稷祠祀之事博士二員正七品掌檢討典禮檢閱官一員從九品掌同博士泰和元年置四年罷檢討二員從九品明昌元年置以品官子孫及終場舉人同國史院漢人書寫例試補太祝從八品掌奉祀神主奉禮郎從八品掌設版位執儀行事協律郎從八品掌以麾節樂調和律呂監視音調太廟署皇統八年太廟成設署置令丞仍兼提舉慶元明德永祚三宮令一員從六品掌太廟行慶坤寧宮殿神御諸物及提控諸門關鍵掃除守衞兼廩犧令事丞一員從七品兼廩犧署丞直長明昌三年罷廩犧署令丞以太廟令丞兼掌薦犧牲及養飼等事

郊社署承安三年設祝史齋郎百六十人作班祗備使周年一替大安元年奏兼武成王廟署令一員從六品丞一員從七品掌社稷祠祀祈禱并聽舍祭器等物直長明昌三年廢

武成王廟署大安元年置令從六品丞從七品掌春秋祀享以郊社令丞兼

諸陵署大安四年同隨朝提點山陵正五品涿州刺史兼令從六品丞一員從七品掌守山陵直長正八品

園陵署令宛平縣丞兼貞祐二年以園陵遷大興縣境遂以大興縣令丞兼

大樂署兼鼓吹署樂工百人令一員從六品丞從七品掌調和律呂教習音聲并施用之法樂工部籍直長一員正八品大樂正從九品掌祠祀及行禮陳設樂縣大樂副正從九品

右屬太常寺

金史卷五十六

元　中書右丞相總裁脫脫等修

志第三十七

百官二

殿前都點檢司　宣徽院　祕書監　國子監　太府監　少府監　軍器監　都水監　諫院　大理寺　弘文院　登聞鼓院　登聞檢院　記注院　集賢院　益政院　武衞軍都指揮使司　衞尉司　戶禮兵刑工部所轄諸司　三路檢察及外路倉庫牧圉等職

殿前都點檢司天眷元年置掌親軍總領左右衞將軍符寶郎宿直將軍左右振肅宮籍監近侍等諸局署鷹坊頓舍官隸焉殿前都點檢正三品兼侍衞將軍都指揮使掌行從宿衞關防門禁督攝隊仗總判司事殿前左副都點檢從三品兼侍衞將軍副都指揮使殿前右副都點檢從三品兼侍衞將軍副都指揮使掌宮掖及行從殿前都點檢判官從六品大定十二年設知事一員從七品

殿前左衞將軍殿前右衞將軍殿前左衞副將軍殿前右衞副將軍掌宮禁及行從宿衞警嚴仍總領護衞右衞同此

符寶郎四員掌御寶及金銀等牌舊名牌印祗候大定二年改爲符寶祗候收牌印令史爲符寶典書四人

左右宿直將軍從五品掌總領親軍凡宮城諸門衞禁并行從宿衞之事八員大定二十九年作十員復作十一員

左右振肅正七品掌妃嬪出入總領護衞導從本妃嬪護衞之長大定二年改今名

宮籍監提點正五品監從五品副監從六品丞從七品掌內外監戶及地土錢帛小大差發直長二員正八品掌同丞

近侍局提點正五品泰和八年擬設使從五品副使從六品掌侍從承勅令轉進奏帖直長正八品大定十八年增二員奉御十六人舊名入寢殿小底奉職三十人舊名不入寢殿小底又名外帳小底皆大定十二年更

器物局提點正五品使從五品副使從六品掌進御器械鞍韉諸物直長正八品都監正九品明昌三年省罷同監從九品泰和四年設

尚廐局提點正五品使從五品副使從六品掌御馬調習牧養以奉其事大定二十九年添副使一員管小馬羣直長一員司馬牛羣掌廐都轄正九品不限員副轄從九品不限員數資考

尚輦局使從五品副使從六品掌承奉輿輦等事直長正八品不限資考大定十九年除年六十以下人充典輿都轄從九品不限資考收支都監正九品大定二十年設掌給受之事同監泰和四年設大安二年省本把四人

鷹坊提點正五品使從五品副使從六品掌調養鷹鶻海東青之類直長正八品不限員管勾從九品不限員數資考

武庫署令從六品掌收貯諸路常課甲仗以曉軍器女直人充丞從七品直長二員正八品大定二年省一員

武器署提點從五品令從六品丞從七品掌祭祀朝會巡幸及公卿婚葬鹵簿儀仗旗鼓笛角之事直長正八品武二員頓舍官二員泰和令總格作四員正八品直長見士民須知泰和令無

右屬殿前都點檢司

宣徽院左宣徽使正三品右宣徽使正三品同知宣徽院事正四品同簽宣徽院事正五品宣徽判官從六品掌朝會燕享凡殿庭禮儀及監知御膳所隸弩手傘子二百三十九人控鶴二百人

拱衞直使司威捷軍隸焉舊名龍翔軍正隆二年更爲神衞軍大定二年更名爲拱衞司都指揮使從四品舊曰使副都指揮使從五品舊曰副使掌總統本直謹嚴儀衞大定五年詔以使爲都指揮使副使爲副都指揮使什將長行威捷軍承安二年簽弩手千人泰和四年以之備邊事鈐轄正六品都轄從九品不奏

客省使正五品副使從六品掌接伴人使見辭之事

引進使正五品副使從六品掌進外方人使貢獻禮物事

閤門明昌五年閤門官以次排轉除授東上閤門使二員正五品明昌六年省一員作從五品西同副使二員正六品明昌六年省一員西同簽事一員從六品掌簽判閤門事西同明昌六年以減副使置西上閤門使二員正五品副使二員正六品簽事一員從六品掌贊導殿庭禮儀西閤門餘副賦同閤門祗候二十五人正大閒三十二人閤門通事舍人二員從七品掌通班贊唱承奏勞問之事承奉班都知正七品掌總率本班承奉之事舊置判官後罷內承奉班押班正七品掌總率本班承奉之事御院通進四員從七品掌諸進獻禮物及薦享編次位序

尚衣局提點正五品使從五品副使從六品掌御用衣服冠帶等事都監正九品舊設後罷直長正八品同監從九品

儀鸞局泰和四年或以少府監官兼或兼少府監官提點正五品使從五品副使從六品掌殿庭鋪設帳幕香燭等事直長四

員正八品（泰和令三員）收支都監正九品二員一員掌給受鋪陳諸物一員掌萬寧宮收支庫（大定十年置明昌二年增一員）同監二員從九品（司吏二人如內藏庫知書例）

尚食局（元光二年參用近侍奉御奉職）提點正五品使從五品副使從六品掌總知御膳進食先嘗兼管從官食直長一員正八品（不限資考）都監三員正九品（不限資考）生料庫都監同監各一員掌給受生料物色收支庫都監同監各一員掌給受金銀裹諸色器皿（以外路差除人內選充）

尚藥局提點正五品使從五品（出職官內選除）副使從六品掌進湯藥茶果直長正八品都監正九品果子都監同監各一員掌給受進御果子（本局本把四人）

太醫院提點正五品使從五品副使從六品判官從八品掌諸醫藥總判院事管勾從九品隨科至十人設一員以術精者充如不至十人併至十人置（不限資考）正奉上太醫（一百二十月升除）副奉上太醫（不算月日）長行太醫（不算月日）十科額五十人

御藥院提點從五品直長正八品掌進御湯藥（明昌五年設以親信內侍人充）都監正九品（不限員泰和令四員）同監從九品（不常除泰和令無）

教坊提點正五品使從五品副使從六品判官從八品掌殿庭音樂總判院事諳音郎從九品（不限資考員數）

內藏庫（大定二年分為四庫）使從五品副使從六品掌內府珍寶財物率隨庫都監等供奉其事直長一員（承安三年增）頭面庫都監正九品同監從九品（本把十八人大定二年定出身依不入殿小底例）段匹庫都監正九品同監從九品（本把十二人）金銀庫都監正九品（本把八人）雜物庫都監正九品同監從九品（本把八人每庫知書各二人）

宮闈局（舊名宮闈司大定二年改為局舊設令丞改為使副）提點正五品使從五品副使從六品掌宮中閤門之禁率隨位都監同監及內直各給其事直長正八品內直一百七十人（後作百七十九人）

內侍局令二員從八品（興定五年陞作從六品）丞二員從九品（興定五年陞從七品）掌正位閤門之禁率殿位都監同監及御直各給其事局長二員從九品興定五年陞正八品（御直內直共六十四人明昌元年分宮闈局正位內直置初隸宮闈局）

東門都監同監諸隨殿位承應都監同監掌各位承應及門禁管鑰

昭明殿都監同監（大定二十九年設各一員）承徽殿都監同監（麗妃位）隆徽殿都監同監（本隆和殿係皇后位）鸞翔殿都監同監　崇儀殿都監同監　迎暉殿都監同監（七妃充容）（泰和三年罷）蘂珠殿都監同監　瑞寧殿都監同監　回春殿都監同監　芸香殿都監同監　瑞像殿都監同監（係佛殿以上殿字下無位字）凝福（改部景）溫芳二位都監同監　瑤華柔則二位都監同監（以上無殿字及承應字）嘉福等殿位都監同監（四位）廣仁殿都監同監　睿思殿都監同監（以上有承應字）滋福殿都監同監（本以隆慶改無位字）長慶院杏正殿都監同監　通英殿都監同監　長慶院都監同監　仙部院都監同監　貞和門都監同監（應係錢帛經此門出入明昌四年添一員）右昇平門都監同監　長樂門都監同監　瓊林苑都監同監（各二員）廣樂園都監同監　順儀位提控都監同監（舊寶林位）瑞華門（俗名金骨朵門）都監一員同監三員　太師位提控都監同監　寶昌門都監同監　會昌門都監同監　東京孝寧宮都監同監　崇妃位提控（世宗夫人與陵）惠妃位提控都監同監（裕陵）溫妃位提控都監同監（裕陵二位明昌四年添）報德寺提控都監同監（世宗御容先泰門街）報恩寺提控都監同監（世宗御容清夷門街明昌三年設三）孝嚴寺都監同監（在南京安宜宗御容改興國威寺正大元年設三以下皆在南京）寧福殿都監同監三　純和殿都監同監三　仁安殿都監同監三　貞妃位都監同監三　麗妃位都監同監　宣儀位都監同監　莊獻妃位都監同監　三廟都監同監（貞祐二年設）西華門都監同監　京後園都監同監

內侍寄祿官（泰和二年設初隸宮闈局等直隸宣徽院）所以陞用內侍局御直內直有年勞者

中常侍（正五品）給事中（從五品）內殿通直（正六品先名內殿給使）黃門郎（從六品）內謁者（正七品）內侍殿頭（從七品）內使高品（正八品不限員）內侍高班（從八品）

典衛司（大定二十九年世宗才人寶林位各設泰和五年閏八月以崇妃襲典定元年復設世宗妃才人寶林位各設防衛軍導從人）令正七品丞從七品直長（須見士民知）

孝靖宮（章宗五妃位大安元年以有監同無總領者故設）令從八品丞正九品　端妃位同監（真妃徒單氏）慧妃位同監（麗妃徒單氏）貞妃位同監（柔妃唐括氏）靚儀位同監（昭儀夾谷氏）才媛位同監（修儀吾古論氏）

懿安家（貞祐三年為莊獻太子設）令從八品丞正九品

宮苑司令從六品丞從七品掌宮庭修飾洒掃啓閉門戶鋪設氈席之事直長正八品一員（泰和令一員）都監同監二員（泰和元年設泰和四年罷同監）

尚醖署令從六品丞從七品掌進御酒醴直長正八品二員

典客署令從六品丞從七品直長後罷（書表十八人）

侍儀司（舊名掌儀局大定元年改為侍儀局五年陞局為司）令從六品（舊曰局使）（掌侍奉朝儀率捧案擎執奉輦各給其事）直長正七品（舊設局副品從七）

右屬宣徽院

祕書監著作局筆硯局書畫局司天臺隸焉監一員從三品少監一員正五品丞一員正六品祕書郎二員正七品（泰和元年定為二員）通掌經籍圖書校書郎一員從七品（承安五年二員泰和五年以翰林院官兼大安二年省一員）專掌校勘在監文籍

著作局著作郎一員從六品著作佐郎一員正七品掌修日歷（皇統六年著作局設著作郎佐郎各二員編修日歷以學士院兼領之）

筆硯局直長二員正八品掌御用筆墨硯等事泰和七年以女直應奉兼（舊名筆硯令史大定三年改為筆硯供奉以避諱改為承奉）

書畫局直長一員正八品掌御用書畫紙札都監正九品二員或一員

司天臺提點正五品監從五品掌天文歷數風雲氣色密以奏聞少監從六品判官從八品教授舊設二員正大初省一員（係籍學生七十六人漢人五十人女直二十六人試補長行）司天管勾從九品（不限資考員數隨科十人設一員以藝業尤精者充）長行人五十八人（未授職事者試補管勾）天文科女直漢人各六人算歷科八人三式科四人測驗科八人漏刻科二十五人（銅儀法物舊在法物庫貞元二年始付本臺）

右屬祕書監

國子監國子學太學隸焉祭酒正四品司業正五品掌學校丞二員從六品明昌二年增一員兼提控女直學

國子學博士二員正七品分掌教授生員考藝業（太學同明昌二年添女直一員泰和四年減大安二年並罷）助教二員正八品（女直漢人各一）教授四員正八品分掌教誨諸生（明昌二年小學各添二員）（承安五年一員不除）國子校勘從八品掌校勘文字國子書寫官從八品掌書寫實錄

太學博士四員正七品（大安二年減二員）助教四員正八品（明昌二年不除一員大安二年減一員）

右屬國子監

太府監左右藏支應所太倉酒坊典給署市買司隸焉監正四品少監從五品丞二員從六品掌出納邦國財用錢穀之事

左藏庫使從六品副使從七品（興定三年增一員）掌金銀珠玉寶貨錢幣（本把四人）右藏庫使從六品副使從七品（興定三年添一員）掌錦帛絲綿毛褐諸道常課諸色雜物（本把四人）

支應所（又作支承所）都監二員正九品掌宮中出入御前支賜金銀幣帛（大安三年省）

太倉使從六品掌九穀廩藏出納之事（預除人）副使從七品

酒坊（都除）使從八品副使正九品掌醞造御酒及支用諸色酒醴

典給署本鈎盾署明昌三年更令從六品舊曰鈎盾使丞從七品舊曰鈎盾副使掌宮中所用薪炭氷燭并管官戶直長一員正八品

市買司天德二年更為市買局使從八品副使正九品掌收買宮中所用果實生料諸物

右屬太府監

少府監尚方織染文思裁造文繡等署隸焉（泰和四年選能幹官兼儀鸞局近上官）監正四品少監從五品丞二員從六品（大定十一年省二十一年復置）掌邦國百工營造之事

尚方署令從六品丞從七品掌造金銀器物亭帳車輿牀榻簾席鞍轡傘扇及裝釘之事（大定二十年令不專除人令人兼）直長正八品

圖畫署（明昌七年省入祗應司）令從六品丞從七品掌圖畫鏤金匠直長正八品（明昌三年罷）

裁造署令從六品丞從七品掌造龍鳳車具亭帳鋪陳諸物宮中隨位牀榻屏風簾額絛結等及陵廟諸物并省臺部內所用物（泰和令有畫繪之事）直長從八品（明昌三年省裁造匠六人針工婦人三十七人）

文繡署令從六品丞從七品掌繡造御用并妃嬪等服飾及燭籠照道花卉（貞祐二年止設官一員）直長正八品（繡工一人都繡頭一人副繡頭四人女四百九十六人內上等七十人次等凡四百二十六人）

織染署令從六品丞從七品直長正八品掌織紝色染諸供御及宮中錦綺幣帛紗縠

文思署（明昌七年省入祗應司）令從六品丞從七品掌造內外局分印合傘浮圖金銀等尚輦儀鸞局車具亭帳之物并三國生日等禮物織染文繡兩署金線直長正八品（明昌三年省去）

右屬少府監

軍器監承安二年設泰和四年罷復并甲坊利器兩署為軍器署置令丞直長隸兵部至寧元年復為軍器監軍器庫利器署隸焉（舊轄甲坊利器兩署）監從五品少監從六品丞從七品掌修治邦國戎器之事直長正八品（泰和令無總格有）

軍器庫至寧元年隸大興府貞祐三年來屬使正八品副使正九品（省擬不奏）掌收支河南一路并在京所造

常課橫添和買軍器大定五年設
甲坊署泰和四年廢舊置令丞直長
利器署本都作院興定二年更今名同隨朝來屬令
從六品丞從七品掌修弓弩刀槊之屬直長正八品
右屬軍器監
都水監街道司隸焉分治監專規措黃沁河衛州置司
監正四品掌川澤津梁舟楫河渠之事興定五年兼
管勾沿河漕運事作從五品少監正六品以下皆同
兼漕事少監從五品明昌二年增一員衛州分治丞二員正七品
內一員外監分治貞元元年置掾正八品掌與丞同
外監分治大定二十七年添一員明昌三年併罷之六年復置二員勾當官四員
准備分治監差委明昌五年以罷掾設二員興定五年設四員
街道司管勾正九品掌洒掃街道修治溝渠舊南京街道司
隸都水外監貞元二年罷歸京城所
都巡河官從七品掌巡視河道修完堤堰栽植榆柳
凡河防之事分治監巡河官同此其盧溝崇福上下
埽都巡河兼石橋使通濟河節巡官兼建春官地分
河道諸都巡河官掌提控諸埽巡河官明昌五年設以合得縣令
人年六十者選充大定二年設滹沲河巡河官二員散巡河官於諸局及丞簿廉舉人并見勾
當人六十以下者充
黃汴都巡河官下六處河陰雄武滎澤原武陽武延
津各設散巡河官一員
黃沁都巡河官下四處懷州孟津孟州城北各設黃
沁散巡河官各一員
衛南都巡河官下四處新鄉崇福上崇福下衛南淇
上散巡河官各一員
滑濬都巡河官下四處武城白馬書城教城散巡河
官各一員
曹甸都巡河官下四處東明西佳孟華陵城散巡河
官各一員
曹濟都巡河官下四處定陶濟北寒山金山散巡河
官各一員凡二十五埽埽兵萬二千人
諸埽物料場官掌受給本場物料分治監物料場官
同此惟崇福上下埽物料場官與當界官通管收支
南京延津渡河橋官兼譏察事管勾一員同管勾一
員掌橋船渡口譏察濟渡給受本橋諸物等事內譏
察事隸留守司餘浮橋官同此
右屬都水監皇統三年四月懷州置黃沁河
堤大管勾司未詳何年罷正大二年外監東
置歸德西置于河陰

諫院左諫議大夫右諫議大夫皆正四品左司諫右司
諫皆從四品左補闕右補闕正七品左拾遺右拾遺
正七品
大理寺天德二年置自少卿至評事漢人通設六員女
直契丹各四員卿正四品少卿從五品正正六品丞
從六品掌審斷天下奏案詳讞疑獄司直四員正七
品掌參議疑獄披詳法狀舊有契丹司直一員明昌二年罷評事三
員正八品掌同司直明昌二年省契丹評事二員大安二年省漢人一員知法
十一員從八品女直司五員漢人司六員掌檢斷刑名事明法二
員從八品興定二年置同流外四年罷之
弘文院知院從五品同知弘文院事從六品校理正八
品掌校譯經史
登聞鼓院知登聞鼓院從五品同知登聞鼓院事正六
品掌奏進告御史臺登聞檢院理斷不當事承安二
年以諫官兼知法二員從八品女直漢人各一員
登聞檢院知登聞檢院從五品同知登聞檢院正六品
掌奏御進告尚書省御史臺理斷不當事知法從八
品女直漢人各一員
記注院修起居注掌記言動明昌元年詔毋令諫官兼
或以左衛將軍兼貞祐三年以左右司首領官兼
爲定制
集賢院貞祐五年設知集賢院從四品正大元年授馬璘額外兼吏部
郎中同知集賢院從五品司議官正八品不限員諮議官
正九品不限員
益政院正大三年置於內庭以學問該博議論宏遠者
數人兼之日以二人上直備顧問講尚書通鑑貞觀
政要名則經筵實內相也末帝出遂罷
武衛軍都指揮使司隸尚書兵部都指揮使從三品大定二十九年
以武衛軍六十人兵馬一員副都二員其職低故設使品正四承安三年陞副都指揮使
二員從四品副都一員從四品初正五品承安三年陞判官一
員承安三年設掌防衛都城警捕盜賊
鈐轄司鈐轄十員正六品初設二員都鈐轄四員從七品
興定三年權設巡把南宅都將二十員從九品大定十六年立名掌管轄
軍人防衛警捕之事承安元年設萬人內軍八千九百四十九人忠衛二百人除正四
百人
右屬武衛軍都指揮使司
衛尉司大安元年擬隆慶宮人數定之中衛尉從三品掌總中宮事務
副尉從四品左常侍從五品掌周護導從儀仗之事
右常侍從五品常侍官護衛三十人同東宮奉引八十
人同控鶴傘子四人同控鶴執旗二人同儀鸞

給事局使正七品副使正八品內謁者兼司寶二員
從六品充內直奉閤一十人同東宮殿小底入閤直二十人同宮
閤局內直
掖庭局令正九品內直充掌皇后宮事務丞從九品內直
充宮令宮苑司儀鸞局兼食官尚食局兼飲官尚醞署兼醫官尚藥局太醫院
兼主藏內藏典給署兼主廩太倉兼
右屬衛尉司
榷貨務在京諸榷係中運司見錢皆榷於本務收使從六品副使從七品掌
發賣給隨路香茶鹽鈔引
交鈔庫使舊正八品後陞從七品貞祐復掌諸路交鈔及檢勘錢鈔換
易收支之事副使從八品掌書押印合同判官正九
品貞祐二年作從九品都監二員見泰和令
印造鈔引庫大安二年兼抄紙坊使從八品副正九品判正九品
掌監視印造勘覆諸路交鈔鹽引兼提控抄造鈔引
紙承安四年罷四小庫併罷庫判四員至寧元年設二員貞祐二年作從九品
抄紙坊大安二年以印造鈔引庫兼貞祐二年復置仍設小都監二員使從八品貞祐二年
同隨朝副使正九品判從九品
交鈔庫物料場至寧元年置場官舊正八品後作正九品掌收支交鈔
物料隨處交鈔庫鈔紙坊使從八品貞祐二年設於上京西京北京
東平大名益都咸平真定河間平陽太原京兆平涼廣寧等府瑞蔚平清通順薊等州貞祐三年罷之
平準務元光二年五月設十月罷使從六品副使從七品勾當官六
員
右自榷貨務以下皆屬尚書戶部
惠民司令從六品掌修合發賣湯藥舊設丞一員大定三年有司言惠
民歲入息錢不償官吏俸上日設此本欲濟民官非人怠於監視藥物財費何足計哉可減員而已直
長正八品都監正九品
右屬尚書禮部
四方館使正五品副使從六品掌提控諸路驛舍驛馬
并陳設器皿等事
法物庫元兼管大樂貞元二年改付太常寺使從六品副使從七品掌鹵
簿儀仗車輅法服等事直長正八品泰和三年省
承發司管勾從七品同管勾從八品掌受發省部及外
路文字
右屬尚書兵部
萬寧宮提舉司舊大寧宮更名壽安宮又更今名提舉從六品同提舉
從七品掌守護宮城殿位本把五人
慶寧宮提舉司提舉正七品兼龍門縣令同提舉正八
品兼儀鸞監
右屬尚書刑部
修內司大定七年設使從五品副使從六品掌宮中營造事

兵匠一千六十五人兵夫二十人仍令少府監長官提控直長二員正八品部役
官四員正八品掌監督工役受給官二員正八品掌
支納諸物
都城所提舉從六品同提舉從七品掌修完廟社及城
隍門鑰百司公廨係官舍屋并栽植樹木工役等事
左右廂官各二員正八品掌監督工役受給官二員
正八品掌支納諸物及埏埴等事
祗應司提點從五品令從六品丞從七品掌給宮中諸
色工作直長正八品收支庫都監同監泰和元年置
甄官署令從六品丞從七品直長正八品掌劚石及埏
埴之事
上林署提點從五品泰和八年拊大安二年省令從六
品掌諸苑園池沼種植花木果蔬及承奉行幸舟船
事丞從七品大定七年增一員分司南京以勾判兼之大安三年復省一員直長二
員正八品
花木局都監同監舊設接手官四人泰和元年罷復
以諸司人內置都監同監二員貞祐三年罷都同監
以同樂園管勾兼熙春園都監同監三員泰和四年置貞祐三
年省
同樂園管勾二員每年額辦課程隸南運司宣宗南
遷罷課改爲隨朝職正八品
右皆屬尚書工部
京東西南三路檢察司興定四年置使從六品副使正七品
掌檢察支散軍糧驗軍戶實給均軍戶差役勸農種
毋犯私殺馬牛私鹽酒麴
南京豐衍東西庫隸運司貞祐二年同隨朝使正八品副使從八品
判二員正九品監支納各一員正八品
提舉南京榷貨司貞祐四年置提舉從五品同提舉從六品
勾當官三員正九品
提舉倉場司貞祐五年置先吏部辟舉後省擬使從五品副使從六品
掌出納公平及毋致虧敗監支納官八品十六員以年
六十以下廉幹人充女直漢人各一廣盈倉豐盈倉永豐倉儲倉富國倉廣衍倉三登倉常盈倉西一場
西二場西三場東一場東二場南一場北一場北二場通濟倉與在京倉置監支納使副各一員豐
備倉豐贍倉廣濟倉通關倉興定五年併置通關倉監支納一員兼樞密院彈壓陳州倉四員洧川
倉二員
八作左右院設官同上掌收軍須軍器

金史卷五十七

元中書右丞相總裁脫脫等修

志第三十八

百官三　內命婦　宮人女職　東宮官屬　親王府屬　太后兩宮官屬　大興府　諸京留守司　諸京城宮苑提舉等職　按察司　諸路總管府　諸府　諸節鎮防禦刺史縣鎮等職　諸轉運泉穀等職　諸府鎮兵馬等職　諸猛安部族及羣牧等職

內命婦品元妃貴妃淑妃德妃賢妃正一品昭儀昭容昭媛修儀修容修媛充儀充容充媛曰九嬪正二品婕妤正三品美人正四品才人正五品各九員曰二十七世婦寶林正六品御女正七品采女正八品各二十七員曰八十一御妻按金格貞祐後之制貴妃下有眞妃淑妃下有麗妃柔妃而無德妃賢妃九嬪曰婕妤下有麗人才人爲正三品順儀淑華淑儀爲正四品尚宮夫人尚宮左夫人尚宮右夫人宮正夫人寶華夫人尚儀夫人尚服夫人尚寢夫人欽聖夫人資明夫人爲正五品尚儀御侍尚服御侍尚寢御侍尚正御侍寶符宸侍奉恩令人奉光令人奉徽令人奉美令人爲正六品司正御侍寶符御侍司儀御侍司符御侍司寢御侍司飾御侍司設御侍司衣御侍司膳御侍司藥御侍仙韶使光訓良侍明訓良侍遵訓良侍從訓良侍爲正七品典儀御侍典膳御侍典寢御侍典飾御侍典設御侍典衣御侍典藥御侍仙韶副使承和良侍承惠良侍承宜良侍爲正八品掌儀御侍掌服御侍掌寢御侍掌飾御侍掌設御侍掌衣御侍掌膳御侍掌藥御侍仙韶掌音祗肅良侍祗敬良侍祗愿良侍爲正九品

宮人女官職員品秩皆同唐制尚宮二人掌導引皇后管司記司言司簿司闈仍總知五尚須物出納等事司記二人典記二人掌記二人掌在內諸文書出入目錄爲記審訖付行監印等事女史六人掌執文簿司言二人典言二人掌言二人女史四人掌宣傳啓奏之事司簿二人典簿二人掌簿二人女史六人掌宮人名簿廩賜之事司闈六人典闈六人掌闈六人女史四人掌宮闈管鑰之事尚儀二人掌禮儀起居管司籍司樂司賓司贊事司籍二人典籍二人掌籍二人女史十人掌經籍教學紙筆几案之事司樂四人典樂四人掌樂四人女史二人掌音樂之事司賓二人典賓二人掌賓二人女史二人掌賓客參見朝會引導之事司贊二人典贊二人掌贊二人女史二人彤史二人掌禮儀班序設板贊拜之事尚服二人掌司寶司衣司飾司仗之事司寶二人典寶二人掌寶二人女史四人掌珍寶符契圖籍之事司衣二人典衣二人掌衣二人女史四人掌御衣服首飾之事司飾二人典飾二人掌飾二人女史二人掌膏沐巾櫛服玩之事司仗二人典仗二人掌仗二人女史二人掌仗衛兵器之事尚食二人掌知御膳進食先嘗司膳司醞司藥司饎事司膳四人典膳四人掌膳四人女史四人掌膳羞器皿司醞二人典醞二人掌醞二人女史二人掌酒醴司藥二人典藥二人掌藥二人女史二人掌醫藥司饎二人典饎二人掌饎二人女史二人掌宮人食并柴炭之事尚寢二人管司設司輿司苑司燈事司設二人典設二人掌設二人女史二人掌帷帳牀褥枕席灑掃鋪設司輿二人典輿二人掌輿二人女史二人掌輿繖扇羽儀司苑二人典苑二人掌苑二人女史二人掌苑囿種植蔬果司燈二人典燈二人掌燈二人女史二人掌燈油火燭尚功二人掌女功管司製司珍司綵司計司製二人典製二人掌製二人女史二人掌裁縫衣服纂組之事司珍二人典珍二人掌珍二人女史二人掌金珠玉寶財貨之事司綵二人典綵二人掌綵二人女史二人掌錦文緋綵絲帛之事司計二人典計二人掌計二人女史二人掌支度衣服飲食柴炭雜物之事宮正二人掌總知宮內格式糾正推罰之事司正二人同掌典正二人糾察違失女史四人

皇后位下女職依隆慶宮所設人數大定元年定　司閨一員八品掌宮內諸事并給散宮人俸給食料秉儀一員八品丞儀一員九品掌左右給事宣傳啓奏經籍紙筆之事直閤一員司陳一員九品掌帳幕牀褥輿繖灑掃鋪陳薪炭燈燭之事秉衣一員奉衣一員九品掌首飾衣服器玩諸寶財貨裁製縑綵之事掌饌一員八品奉饌一員九品掌飲食湯藥酒醴蔬果之事

東宮官宮師府太子太師太子太傅太子太保正二品太子少師太子少傅太子少保正三品掌保護東宮導以德義海陵天德四年始定制宮師府三師三少詹事院詹事三寺十率府皆隸焉左右諭德爲東宮僚屬

詹事院太子詹事從三品少詹事從四品掌總統東宮內外庶務左右衞率府從五品掌周衞導從儀仗左右監門正六品掌門衞禁鑰僕正正六品副僕正七品僕丞正九品掌車馬廐牧弓箭鞍轡器物等事掌寶二人從六品掌奉寶謹其出入典儀從六品贊儀從七品司贊禮儀侍正正七品侍丞正八品掌冠帶衣服左右給使之事典食令正八品丞正九品承奉膳羞侍藥正八品奉藥正九品承奉醫藥掌飲令正八品丞正九品承奉賜茶及酒果之事家令正八品家丞正九品掌營繕裁植鋪設及燈燭之事司經正八品副正九品掌經史圖籍筆硯等事司藏從八品副從九品掌庫藏財貨出入之事司倉從八品副從九品掌倉廩出納薪炭等事中侍局都監正九品同監從九品掌東閤內之禁令省察宮人廩賜給納諸物轄侍人等左諭德右諭德正五品左贊善右贊善正六品掌贊諭道德侍從文章內直郎正七品

右屬宮師府

親王府屬官傅正四品掌師範輔導參議可否若親王在外亦兼本京節鎮同知府尉從四品本府長史從五品明昌三年改掌警嚴侍從兼總統本府之事司馬從六品同檢校門禁總統府事文學二人從七品掌贊導禮義資廣學問記室參軍正八品掌表牋書啓之事大定七年八月始置二十年不專除令文學兼之

諸駙馬都尉正四品

提舉衞紹王家屬提舉從六品同提舉從七品舊爲東海郡侯邑令丞

提舉鎬厲王家屬提舉同提舉以上二宅天興元年始聽自便

提控鞏國公家屬提控同提控

太后兩宮官屬正大元年置衞尉從三品副衞尉從四品左典禁右典禁從五品奉令正七品奉丞正八品太僕正六品副僕正七品門衞二員正六品典寶二員正六品謁者二員從六品閤正從七品閤丞從八品食官令正八品食官丞正九品宮令正八品宮丞正九品醫令正八品醫丞正九品飲官令正八品飲官丞正九品主藏正八品副主藏主廩從八品副主廩正九品

大興府尹一員正三品掌宣風導俗肅清所部總判府事餘府尹同兼領本路兵馬都總管府事車駕巡幸則置留守同知少尹判官惟留判不別置以總判兼之同知一員從四品掌通判府事餘府同知同此少尹一員正五品掌同同知總管判官一員從五品掌紀綱總府衆務分判兵案之事府判一員從五品掌諮議參佐糾正非違紀綱衆務分判吏部工案事推官二員從六品掌同府判分判戶刑案事內戶推掌通檢推排簿籍舊一員大定五年增一員知事正八品掌付事勾稽省置文牘總錄諸案之事都孔目官女直司一員漢人司一員職同知事掌監印監受案牘餘都孔目官同此不常置省則吏目攝六案司吏七十五人內女直十五人漢人六十人司吏分掌六案各置孔目官一員掌呈覆糾正本案文書餘分前後行其他處應設十人以下六人以上者置孔目官三人及置提點所處仍舊女直司吏若十二人以上分設六案不及者設三案五人以下設一案通掌六案事以上名充孔目官　知法三員從八品女直一員漢人二員掌律令格式審斷刑名抄事一人掌抄事目寫法狀以前後行吏人選公使百人　女直教授一員東京北京上京河東東西路山東東西路大名咸平臨潢陝西統軍司西南招討司西北路招討司婆速路曷懶路速頻蒲與胡里改隆州泰州蓋州並同此皆置醫院醫正一人醫工八人

諸京留守司留守一員正三品帶本府尹兼本路兵馬都總管同知留守事一員正四品帶同知本府尹兼本路兵馬都總管副留守一員從四品帶本府少尹兼本路兵馬副都總管留守判官一員從五品都總管判官一員從五品掌紀綱總府衆務分判兵案之事推官一員從六品掌同府判分判刑案之事上京兼管林木事司獄一員正八品司吏女直司吏上京二十八人北京十三人東京十八人南京西京各五人漢人司吏三十萬戶以上六十八人二十五萬戶五十五人十萬戶以上四十人七萬戶以上三十五人五萬戶以上三十人三萬戶以上二十四人不及萬戶十八人譯人上京北京各三人東京西京南京各二人通事二人　知法女直漢人各一員南京漢人二員抄事一人掌抄錄事目書寫法狀公事百人

京城門收支器物使貞祐元年置每城一面設一員五年南京隨門添設舊有小都監後省正八品十四員戶部辟舉　開陽門　宣仁門　安利門　平化門　通遠門　宜照門　利川門　崇德門　迎秋門　廣澤門　順義門　迎朔門　順常門　廣智門已上各門副尉兼職貞祐五年制乃罷小都監　十四門尉從七品副尉正九品

上京提舉皇城司提舉一員從六品同提舉一員從七品司吏一人

南京提舉京城所提舉一員正七品同提舉一員從七品掌本京城壁及繕修等事不常置上京同此管勾一員正八品掌佐繕治受給官一員掌收支之事壕寨官一員掌監督修造

皇城使一員正八品副使一員正九品掌宮闕繕修之事不常置

管勾北太一宮同樂園二員正八品掌守宮園繕修之事

慶元宮小都監三員掌鋪陳祭器諸物餘宮同

花園小都監二員

東京宮苑使一員西京北京同

東京西京御容殿閣門各二員掌享祀禮數鋪陳祭器

東京萬寧宮小都監一員

按察司本提刑司承安三年以上京東京等提刑司併爲一提刑使兼宣撫使勸農採訪事爲官稱副使判官以兼宣撫副使判官爲名復改宣撫爲安撫各設安撫判官一員提刑一員通四員安撫司掌鎮撫人民譏察邊防軍旅審錄重刑事安撫判官則銜內不帶勸農採訪事令專管千戶謀克安撫使副內差一員於咸平一員於上京分司承安四年罷咸平分司使在上京副在東京各設簽事一員承安四年改按察司貞祐三年罷止委監察採訪使一員正三品掌審察刑獄照刷案牘糾察濫官汙吏豪猾之人私鹽酒麴並應禁之事兼勸農桑與副使簽事更出巡案副使正四品兼勸農事簽按察司事正五品承安四年設判官二員從六品大定二十九年設明昌元年以陝西地闊添一員知事正八品承安三年上京者兼經歷安撫司使泰和八年十一月省議以轉運司權輕州縣不畏不能規措錢穀遂詔中都都轉運依舊專管錢穀事自餘諸路按察使並兼轉運使副使兼同知簽按察並兼轉運副添按察判官一員爲從六品中都西京路按察司官止兼西京路轉運司事遼東路惟上京按察安撫使及簽事依舊署本司事遼東轉運使兼按察副使同知轉運使兼簽按察司事轉運副使兼按察判官添知事一員知法二員從八品書史四人書吏十人抄事一人公使四十人右中都西京並依此置陝西上京兩路設簽按察司事二員上京簽安撫司事上京東京等路按察司幷安撫司使正三品鎮撫人民譏察邊防軍旅之事仍專管猛安謀克敎習武藝及令本土純愿風俗不致改易副使二員正四品簽安撫司事正五品簽按察司事正五品知事兼安撫司事正八品知法四員從八品書史四人上京東京書吏十八人女直十二人漢人六人中都西京女直五人漢人五人北京臨潢女直三人漢人五人南京女直二人漢人七人山東女直三人漢人七人大名女直三人漢人六人抄事一人公使十人右按察使於上京副使於東京各路設簽事一員分司勾當惟安撫司不帶勸農字內知事於上京自餘並於兩處分減存設

諸總管府謂府尹兼領者都總管一員正三品掌統諸城隍兵馬甲仗總判府事同知都總管一員從四品掌通判府事惟婆速路同知都總管兼來遠軍事兵馬副都總管一員正五品所掌與同知同總管判官一員從六品掌紀綱總府衆務分判兵案之事府判一員從六品掌紀綱衆務分判戶禮案仍掌通檢推排簿籍推官一員正七品掌同府判分判工刑案事知法一員司吏女直山東西路十五人大名十四人山東東路咸平府臨潢府各十二人曷懶路河北西路各十人婆速路十一人河北東路八人河東南北路京兆慶陽臨洮鳳翔延安各四人漢人戶十八萬以上四十二人十五萬以上四十人十三萬以上三十八人十萬以上三十五人七萬以上三十二人五萬以上二十八人三萬以上二十二人不及三萬戶二十人婆速路曷懶路各二人譯人咸平三人河北東西山東東西曷懶大名臨潢各二人餘各一人通事婆速曷懶路高麗通事一人臨潢北部通事一人部落通事一人小部落通事二人慶陽府通事一人抄事一人公使八十人臨潢別置移剌十三人凡諸府置員並同惟曷懶路無府事

諸府謂非兼總管府事者尹一員正三品同知一員正四品少尹一員正五品府判一員從六品掌紀綱衆務分判吏戶禮案事專掌通檢推排簿籍推官一員正七品掌同府判兵刑工案事府教授一員知法一員司吏女直皆三人漢人若管十六萬戶四十人十四萬以上三十八人十二萬以上三十五人十萬以上三十二人七萬以上三十人五萬以上二十五人三萬戶以上二十人不及三萬戶十七人譯人一人通事一人抄事一人公使七十人

諸節鎮節度使一員從三品掌鎮撫諸軍防刺總判本鎮兵馬之事兼本州管內觀察使事其觀察使所掌並同府尹兼軍州事管內觀察使同知節度使一員正五品通判節度使事兼州事者仍帶同知管內觀察使副使一員從五品節度判官一員正七品掌紀綱節鎮衆務僉判兵馬之事兼制兵刑工案事觀察判官一員正七品掌紀綱觀察衆務僉判吏戶禮案事通檢推排簿籍知法一員州教授一員司獄一員正八品司吏女直隆州十四人蓋州十二人泰州十一人速頻胡里改各十人蒲與八平宗懿定行萊密滄冀邢同雄保兗邠涇朔奉聖豐雲內許徐鄧鞏麟全肇各三人餘各二人漢人依府尹數例譯人一人通事二人抄事一人公使人上鎮七十中六十五下六十人惟蒲與胡里改速頻各二十人曷速館路蒲與路胡里改路速頻路四節鎮省觀察判官而無州事

諸防禦州防禦使一員從四品掌防捍不虞禦制盜賊餘同府尹同知防禦使事一員正六品掌通判防禦使事判官一員正八品掌簽判州事專掌通檢推排簿籍知法從九品州教授一員司軍從九品軍轄兼巡捕使從九品司吏女直一人漢人管戶五萬以上二十人以率而減譯人一人通事一人抄事一人公使上州六十人中五十五人下五十人

諸刺史州刺史一員正五品掌同府尹兼治州事同知一員正七品通判州事判官一員從八品簽判州事專掌通檢推排簿籍司軍從九品知法一員軍轄兼巡捕使從九品司吏女直韓慶信灤薊通登復淄貴德涿利建州來遠軍各三人餘各二人抄事一人公使上州五十中四十五下四十惟來遠軍同下州省同知凡諸州以上知印並於孔目官內輪差運司押司官並同無孔目官以上各司吏充司縣同此

諸京警巡院使一員正六品掌平理獄訟警察別部總判院事副一員從七品掌警巡之事判官二員正九品掌檢稽失簽判院事司吏女直中都各三人上東西三京各二人餘各一人漢人中都十五人南京九人西京八人東京六人北京五人上京四人惟東西北上京無副使

諸府節鎮錄事司錄事一員正八品判官一員正九品掌同警巡使司吏戶萬以上設六人以下爲率減之凡府鎮二千戶以上則依此置以下則止設錄事一員不及百戶者並省

諸防刺州司候司司候一員正九品司判一員從九品司吏公使七人然亦驗戶口置

赤縣謂大興宛平縣令一員從六品掌養百姓按察所部宣導風化勸課農桑平理獄訟捕除盜賊禁止游惰兼管常平倉及通檢推排簿籍總判縣事丞一員正八品掌貳縣事主簿一員正九品掌同縣丞尉四員正八品專巡捕盜賊餘縣置四尉者同此司吏十八人內一名取識女直漢字者充公使十人

次赤縣又曰劇縣令一員正七品丞一員正九品主簿一員正九品尉一員正九品

諸縣令一員從七品丞一員正九品主簿一員正九品尉一員正九品凡縣二萬五千戶以上爲次赤爲劇二萬以上爲次劇在諸京倚郭者曰京縣自京縣而下以萬戶以上爲上三千戶以上爲中不滿三千爲下中縣而下置丞以主簿與尉通領巡捕事下縣則不置尉以主簿兼之中縣司吏八人下縣司吏六人公使皆十人

諸知鎮　知城　知堡　知寨　皆從七品其設公使皆與縣同惟驗戶口置司吏

諸司獄司獄一員正九品提控獄囚司吏一人公使二人典獄二人防守獄四門禁啓閉之事獄子防守罪囚者

市令司唯中都置令一員正八品南遷以左右警使兼丞一員正九品掌平物價察度量權衡之違式百貨之估直司吏四人公使八人

軍器庫使一員正八品副使一員從九品掌甲冑兵仗司吏二人庫子掌出納之數看守巡護中都南京依此置西京省副使北京惟副使仍兼八作使隨府節鎮設使副若軍器兼作院軍資兼軍器庫及防刺郡則置都監一員以軍資監兼者如舊

作院使一員副使一員掌監造軍器兼管徒囚判院事都監一員掌收支之事牢長監管囚徒及差設牢子中都南京依此置仍加都字南京省都監一員東京西京置使或副一員上京並省隨府節鎮作院使副並以軍器使副兼之其或置一員或以軍資庫兼之若元設甲院都監處並刺州專設使副者並仍舊

都轉運司使正三品掌稅賦錢穀倉庫出納權衡度量之制同知從四品副使正五品都勾判官從六品紀綱衆務分判勾案惟南京勾判兼上林署丞戶籍判官二員從六品舊止一員承安四年增置一員不許別差專管拘收徵剋等事支度判官二員從六品掌勾判分判支度案事鹽鐵判官一員從六品都孔目官二員勾稽文牘知法二員從八品都勾案戶籍案鹽鐵案支度案開拆案司吏女直八人漢人九十人抄事一人譯史三人通事一人押遞五十人監運諸物公使八十人惟中都路置都轉運司餘置轉運司省戶度判官各一員南京西北京遼東山東西路河北東路則置女直知法漢人知法各一員山東東南路北路河北西路陝西東西路則置漢知法一員餘官皆同中都置女直司吏遼東路十人西京北京山東西路各五人餘路皆四人譯史遼東路三人餘各二人通事各一人漢人司吏課額一百八十萬貫以上者五十人百五十萬貫以上四十五人百二十萬貫以上四十人九十萬貫以上三十五人六十萬貫以上三十人三十萬貫以上二十五人不及三十萬貫二十人公使八人各七十人押遞南京山東西路河東南路河北西路各五十人西京河東北路河北東路各四十人餘路各三十人

山東鹽使司與寶坻滄解遼東西京北京凡七司使一員正五品他司皆同副使二員正六品它司皆一員判官三員正七品泰和作四員寶坻解州設二員餘司皆一員掌幹鹽利以佐國用管勾二十二員正九品寶坻解西京則設六員北京遼東滄州則設四員同管勾都同監皆省掌分管諸場發買收納恢辦之事同管勾五員都監八員監同各七員知法一員司吏二十二人女直三人漢人十九人譯人一人抄事公使四十人它司皆同

中都都麴使司酒使司院務　秘醋使司　榷場兼酒使司附使從六品副使正七品掌監知人戶醞造麴蘗辦課以佐國用餘酒使監醞辦課同此都監二員正八品掌簽署文簿檢視醞造司吏四人公使十八人凡京都及眞定皆爲都麴酒使司設官吏同此他處置酒使司課及十萬貫以上者設使副小都監各一員五萬貫以上者設使副各一員已上皆設司吏三人三萬貫以上者設使及都監各一員司吏二人不及二萬貫者爲院務設都監同監各一員不及千貫之院務止設都監一員其他稅醋使司及榷場與酒稅相兼者視課多寡設官吏皆用此諸酒稅使三萬貫以上者正八品諸酒榷場使從七品五萬貫以上副使正八品

提舉南京路榷貨事從六品

中都都商稅務司使一員正八品副使一員正九品正大元年陞爲從七品掌從實辦課以佐國用都監一員從九品掌簽署文簿巡察匿稅司吏四人公使十人餘置官吏同酒使司

中都廣備庫使一員從七品副使一員從八品判官一員正九品掌疋帛顏色油漆諸物出納之事攢典四人庫子十四人內十二人收支二人應辦掌拼數出納看守巡護之事與庫官通管

永豐庫鍍鐵院都監隸焉使一員從七品副使一員從八品判官一員正九品掌泉貨金銀珠玉出納之事攢典三人庫子十八人收支二人應辦凡歲收二十五萬貫者置庫子十人不及二萬貫者置二八

鍍鐵院都監二員管勾生熟鐵釘線攢典一人京府鎮通州並依此置判官都監皆省或兼軍器並作院或設使若副一員防刺郡設都監一員乃兼軍器庫

南京交鈔庫使一員正八品副使一員正九品掌出入

錢鈔兌便之事攢典二人攢寫計帳類會合同庫子八人掌受納錢數辨驗交鈔毀舊主簿曆

中都流泉務大定十三年上謂宰臣曰聞民間質典利息重者至五七分或以利爲本小民苦之若官爲設庫務十中取一爲息以助官吏廩給之費似可便民卿等其議以聞有司奏於中都南京東平眞定等處并置質典庫以流泉爲名各設使副一員凡典質物使副親評價直許典七分月利一分不及一月者以日計之經二周年外又逾月不贖即聽下架出賣出帖子時寫質物人姓名物之名色金銀等第分兩及所典年月日錢貫下架年月之類若亡失者收贖日勒合干人驗元典官本并合該利息陪償入官外更勒庫子驗典物日上等時估償之物雖故舊依新價償仍委運司佐貳幕官識漢字者一員提控若有違犯則究治每月具數申報上司大定二十八年十月京府節度州添設流泉務凡二十八所明昌元年皆罷之二年在都依舊存設使一員正八品副使一員正九品掌解典諸物流通泉貨勾當官一員攢典二人

中都店宅務管勾四員正九品各以二員分左右廂掌官房地基徵收官錢檢料修造摧毀房舍攢典左右廂各五人掌徵收及檢料修造房屋之事庫子左右廂各三人催錢人左右廂各十五人又別設左廂平樂樓花園子一名右廂館子四人南京店宅務同

中都左右廂別貯院使一員從八品副使一員正九品判官從九品拘收退朴等物及出給之事攢典庫子同前

中都木場使一員從八品副使一員判官一員皆正九品掌拘收材木諸物及出給之事司吏一人庫子四人花料一人木匠一人

中都買物司使一員從八品副使一員正九品掌收買官中所用諸物都監四員從九品掌支應等事司吏二人

京兆府司竹監管勾一員從七品掌蒔養竹園採斫之事司吏一人監兵百人給蒔養採斫之役

諸綾錦院置於眞定平陽太原河間懷州使一員正八品副使一員正九品掌織造常課疋段之事

規措京兆府耀州三白渠公事規措官正七品掌灌漑民田點檢渠堰官一員掌點檢啓閉涇陽等縣渠堰司吏三人

漕運司提舉一員正五品景州刺史兼領掌河倉漕運之事同提舉一員正六品勾當官從八品掌催督起運綱船司吏六人分掌課使起運兩科各設孔目官前後行各一人係使料掌吏戶禮案起運科掌兵刑工案公使八十一人押綱官七十六人景州依此置鎣州以提舉兼本州同知同提舉兼州判

諸倉使正八品副使正九品掌倉廩畜積受納租稅支給祿廩之事攢典掌收支文曆行署案牘歲收一萬石以上設二人倉子掌斛斗盤量出納看守之事

草場使副使掌儲積受給之事攢典二人場子掌積垛出納看守巡護之事歲數五萬以上設四人中都南京歸德河南京兆鳳翔依此置西京省副使餘京節鎮科設使副一員防刺仍舊置都監一員

南京諸倉監支納官草場監支納官正八品

南京提控規運柴炭使從五品副使正六品

京西規運柴炭場使從八品副使正九品

諸總管府節鎮兵馬司都指揮使一員正五品巡捕盜賊提控禁夜糾察諸博徒屠宰牛馬總判司事副都指揮使二員正六品貳使職通判司事分管內外巡捕盜賊軍典十二人掌本庫各籍差遣文簿行署文書巡捕等事餘軍典同此司吏一人譯人一人公使十八人指揮使一員從六品鈐轄四都之兵以屬都指揮使專署本指揮使事軍使一員正七品指揮之職左右什將各一人共管一都軍典二人營典一人左右承局各一人左右押官各一人以上軍員每百人爲一指揮使各一員分四都每都設左右什將承局押官各一若人數不及附近相合者並依上置如無可相合者三百人以上爲一指揮二百人以上置指揮使一百人止設軍使仍每百人以上立爲一都不及百人設什將承局押官各一其指揮下軍使什將下軍典營典各同此置惟北京西京止設使副各一員

諸府鎮都軍司都指揮使一員正七品節鎮軍都指揮使則從七品掌軍率差役巡捕盜賊總判軍事仍與錄事同管城隍軍典二人公使六人凡諸府及節鎮並依此置

諸防刺州軍轄一員掌同都軍兼巡捕仍與司候同管城壁軍典二人

諸府州兵馬鈐轄一員從六品掌巡捕盜賊若有盜則總押隨處巡尉併力擒捕司吏二人京兆咸平濟南鳳翔萊密懿肇州並依此置惟京兆咸平府置兵馬都鈐轄餘並省

諸巡檢中都東北都巡檢使一員正七品通州置司分管大興漷陰昌平通順薊盈州界盜賊事司吏一人掌行署文書馬軍十五人於武衛馬軍內選少壯熟閑弓馬人充

西南都巡檢一員正七品良鄉縣置司分管良鄉宛平安次永清縣并涿易州界盜賊事

諸州都巡檢使各一員正七品副都巡檢使各一員正八品司吏各一人右宿泗唐鄧蔡亳陳潁壽華河隴秦等州并西北路依此置餘不加使字

散巡檢正九品內泗州以管勾排岸兼之皆設副巡檢一員爲之佐右地險要處置司唐鄧宿泗潁壽蔡等州及緣邊二十五處置大定二十二年廣寧府大斧山置巡檢司明昌五年七月升蔡州劉輝材置巡檢

潼關關使兼譏察官正七品掌關禁譏察姦僞及管鑰啓閉副譏察正九品掌任使之事司吏二人女直漢人各一居庸關紫荆關通會關會安關及他關皆設使從七品

大慶關管勾河橋官兼譏察事一員正八品掌解繫浮橋濟渡舟楫巡視河道修完埽岸兼率埽兵四時功役栽植榆柳預備物料譏察姦僞等事同管勾一員司吏二人女直漢人各一人九鼎大陽津渡惟置譏察官一員

孟津渡譏察一員正八品掌譏察姦僞副譏察一員正九品司吏二人

提舉譏察使正五品副使從五品陝西一員河南二員南遷置譏察使從七品副使正八品南遷後陝西置於秦州河南置於唐鄧息壽泗五州

提舉秦藍兩關提舉從五品同提舉正六品南遷後置

提舉三門集津南北岸正六品南遷後置

泝淮譏察使從五品

管勾泗州兼排岸巡檢正九品

諸邊將正將一員正七品掌提控部保將輪番巡守邊境副將一員正八品部將一員正九品輪番巡守邊境隊將正九品鄜延九將慶陽十將臨洮十四將鳳翔十六將河東三將並依此置

統軍司河南山東陝西益都使一員正三品督領軍馬鎮攝封陲分營衛視察姦副統軍一員正四品判官一員從五品紀綱庶務簽判司事大定九年置知事一員從七品知法二員從八品女直漢人各一書史十三人女直八人漢人五人掌行署文牘上名監印守當官四人譯書四人通事一人抄事一人公使五十人河南依此置山東不設判官知法以益都府知法兼之

招討司三處置西北路西南路東北路使一員正三品副招討使二員從四品招懷降附征討攜離判官一員從六品紀綱職務簽判司事勘事官一員從七品知事一員正八品知法二員從八品女直漢人各一司吏十九人譯人三人通事六人內諸部三人河西一人移剌三十人以上各充都管抄事一人公使五十人西北路增勘事官一員東北路不置漢人知法

諸猛安謀克隸爲猛安從四品掌修理軍務訓練武藝勸課農桑餘同防禦司吏四人譯一人撻馬差役人數並同舊例諸謀克從五品掌撫輯軍戶訓練武藝惟不管常平倉餘同縣令女直司吏一人譯人一人撻馬

諸部族節度使節度使一員從三品統制各部鎮撫諸軍餘同州節度副使一員從五品判官一員知法一員司吏四人女直漢人各半通事一人譯人一人撻馬右部羅大部族土魯渾部族並依此置

諸乣詳穩一員從五品掌守戍邊堡餘同謀克皇統八年六月設本班左右詳穩定爲從五品麼忽一員從八品掌貳詳穩司吏三人習尼昆掌本乣差役等事撻馬隨從也咩乣唐古乣移剌乣木典乣骨典乣失魯乣並依此置惟失魯乣添設譯人一名土民須知某年有慈謨典乣胡都乣霞馬乣無失魯乣移典乣

諸移里菫司移里菫一員從八品分掌部族村寨事司吏女直一人漢人一人習尼昆掌本紀差役等事撻馬右土魯渾部族南北移里菫司依此置部羅大部族左右移里菫司置女直司吏一人

諸禿里禿里一員從七品掌部落詞訟察違背等事女直司吏一人通事一人

諸羣牧所又國言謂烏魯古提控諸烏魯古一員正四品明昌四年置是年以安遠大將軍尚廐局使石抹貞兼慶州刺史爲之設女直司吏三人譯人一人通事一人使一員從四品國言作烏魯古使副使一員從六品掌檢校羣牧畜養蕃息之事判官一員正八品掌簽判本所事知法一員從八品女直司吏四人譯人一人撻馬十六人使八人副五人判三人又設埽穩脫朶分掌諸畜所謂牛馬羣子也惟板底因烏解忒恩蒲鮮羣牧依此置

金史卷五十八

元中書右丞相總裁脫脫等修

志第三十九

百官四　符印　鐵券　官誥　百官俸給

符制初穆宗之前諸部長各刻信牌交互馳驛訊事擾人太祖獻議自非穆宗之命擅製牌號者寘重法自是號令始一收國二年九月始製金牌後又有銀牌木牌之制蓋金牌以授萬戶銀牌以授猛安木牌則謀克蒲輦所佩者也故國初與空名宣頭付軍帥以爲功賞遞牌即國初之信牌也至皇統五年三月復更造金銀牌其制皆不傳大定二十九年製綠油紅字者尚書省文字省遞用之朱漆金字者勑遞用之並左右司掌之有合遞文字則牌送各部付馬鋪轉遞日行二百五十里如臺部別奉聖旨文字亦給如上制虎符之制承安元年製以禮官言漢與郡國守相爲銅虎符唐以銅魚符起軍旅易守長等用之至是斟酌漢唐典故其符用虎並五左一右左者留御前以侍臣親密者掌之其右符隨路統軍司招討司長官主之闕則次官主之若發兵三百人以上及徵兵召易本司長貳官從尚書省奏請左第一符近侍局以囊封付主奏者尚書備錄聖旨與

符以函同封用尚書省印記之皆專使帶牌馳送至彼主符者視其封以右符勘合然後奉行若一有參差者不敢承用主者復用囊封貯左符上用職印具發兵狀與符以本司印封卽日還付使者送尚書省以進乃更其封以付內掌之人若復有事左符以次出周而復始仍各置曆注付受日月若盜賊急速不容先陳者雖三百人以上其掌兵官司亦許給付隨卽言上詔卽施行之貞祐三年更定樞密院用鹿符宣撫司用魚符統軍司用虎符若發銀牌若省付部及點檢司者左右司用匣封印驗封交受若發於他處並封題押以匣貯之

印制太子之寶大定二十二年世宗幸上京鑄守國之寶以授皇太子二十八年世宗不豫以皇太孫攝政鑄攝政之寶貞祐二年十二月以皇太子守緒控制樞密院部以金鑄撫軍之寶如世宗時制於啓稟之際用之百官之印天會六年始詔給諸司其前所帶印記無問有無新給悉上送官敢匿者國有常憲至正隆元年以內外官印新舊名及階品大小不一有用遼宋舊印及契丹字者遂定制命禮部更鑄焉三師三公親王尚書令並金印方二寸重八十兩駝紐一字王印方一寸七分半金鍍銀重四十兩鍍金二字諸郡王印方一寸六分半金鍍銀重三十五兩鍍金三字國公無印一品印方一寸六分半金鍍銀重三十五兩鍍金三字二品印方一寸六分金鍍銅重二十六兩東宮三師宰執與郡王同三品印方一寸五分半銅重二十四兩四品印方一寸五分銅重二十兩五品印方一寸四分銅重二十兩六品印一寸三分銅重十六兩七品印一寸二分銅重十六兩八品印一寸一分半銅重十四兩九品印一寸一分銅重十四兩凡朱記方一寸銅重十四兩天德二年行尚書省以其印小遂命擬尚書省印小一等改鑄大定二十四年二月鑄行尚書省御史臺幷左右三部印以從幸上京泰和元年八月安國軍節度使高有鄰言本州所掌印三曰安國軍節度使之印曰邢州觀察使印吏戶禮案用之曰邢州之印兵刑工案用之以名實不正乞改鑄宰臣奏謂節度使專行之事自當用節度使印觀察使亦如之其六曹提點所軍兵民訟則當用本州印著爲定制上從之泰和八年閏四月勅殿前都點檢司係總管府例鑄印以金木水火土五字爲號如本司差人則給之

鐵券以鐵爲之狀如卷瓦刻字畫欄以金填之外以御寶爲合半留內府以賞殊功也

官誥親王紅遍地雲氣翔鸞錦褾金鸞五色羅十五幅寶裝犀軸一品紅遍地雲鶴錦褾金雲鶴五色羅十四幅犀軸二品三品紅遍地龜蓮錦褾素五色綾十二幅玳瑁軸四品五品紅遍地水藻戲鱗錦褾大白綾十幅銀裹間鍍軸元牙軸承安四年改之大定二年復改爲金纏角軸六品七品紅遍地草錦褾小白綾八幅角軸大安加銀縷公主王妃與親王同郡主縣主夫人紅遍地瑞蓮鸂鶒錦褾金蓮鸂鶒五色羅十五幅郡王夫人國夫人紅遍地芙蓉花錦褾金花五色綾十二幅玳瑁軸縣君孺人鄉君紅遍地雜花錦褾素五色小綾十幅銀裹間鍍軸軸之制如徑二寸餘大錢貫樞之兩端復以犀象爲鈿以轄之可圓轉如輪金誥一品紅羅畫雲氣盤龍錦褾金龍五色羅十七幅寶裝玉軸二品翔鳳褾金鳳羅十六幅犀軸三品四品盤鳳褾金鳳羅十五幅五品翔鸞錦褾金鸞羅十四幅以上幅皆用五色羅軸皆用犀六品御仙花錦褾金花五色綾十二幅七品八品九品太平花錦褾金花五色小綾十幅軸皆用玳瑁凡褾皆紅幅皆五色夫人以上制授餘勅授皆給本色錦囊

百官俸給正一品三師錢粟三百貫石麴米麥各五十稱石春衣羅五十匹秋衣綾五十匹春秋絹各二百匹綿千兩三公錢粟二百五十貫石麴米麥各四十稱石春衣羅四十匹秋衣綾四十匹春秋絹各一百五十匹綿七百兩親王尚書令錢粟二百二十貫石麴米麥各三十五稱石春衣羅三十五匹秋衣綾三十五匹春秋絹各一百二十匹綿六百兩皇統二年定制皇兄弟及子封一字王者爲親王給二品俸餘宗室封一字王者以三品俸給之天德二年以三師宰臣以下有以一官而兼數職者及有親王食其祿而復領他事者前此並給以俸今宜從一高其兼職之俸並不重給至大定二十六年詔有一官而兼數職其兼職得罪亦不能免而無廩給可乎遂以職務煩簡定爲分數給兼職之俸從一品左右丞相都元帥樞密使郡王開府儀同錢粟二百貫石麴米麥各三十稱石春秋衣羅綾各三十匹絹各一百匹綿五百兩平章政事錢粟一百九十貫石麴米麥各二十八稱石春羅秋綾各二十五匹絹各九十五匹綿四百五十兩大宗正錢粟一百八十貫石麴米麥各二十五稱石羅綾同上絹各九十匹綿四百兩正二品東宮三師副元帥左右丞錢粟一百五十貫石麴米麥各二十二稱石春羅秋綾各二十二匹絹各八十匹綿三百五十兩從二品錢粟一百四十貫石麴米麥各二十稱石春羅秋綾各二十匹絹各七十五匹綿三百兩同判大宗正錢粟一百二十貫石麴米麥各十八稱石春羅秋綾各十八匹絹各七十匹綿二百五十兩正三品錢粟七十貫石麴米麥各十六稱石春羅秋綾各十二匹絹各五十五匹綿二百兩外官錢粟一百貫石麴米麥各十五稱石絹各四十匹綿三百兩公田三十頃統軍使招討使副使錢粟八十貫石麴米麥十三稱石絹各三十五匹綿百六十兩公田二十五頃都運府尹錢粟七十貫石麴米麥十二稱石絹各三十匹綿百四十兩天德二年省奏職官公田歲入有數前此百姓各隨公宇就輸而吏或貪昌多取以傷民宜送之官倉均定其數與月俸隨給從三品錢粟六十貫石麴米麥各十四稱石春秋衣羅綾各十匹絹各五十匹綿百八十兩外官錢粟六十貫石麴米麥各十稱石絹各二十五匹綿一百二十兩公田二十一頃皇統元年二月詔諸官職俱至三品而致仕者祿俸傔人各給其半正四品錢粟四十五貫石麴米麥各十二稱石春秋衣羅綾各八匹絹各四十匹綿一百五十兩外官錢粟四十五貫石副統軍錢粟五十貫石絹各二十二匹綿八十兩職田十七頃餘同下麴米麥各八稱石絹各二十匹綿七十兩公田十五頃許帶酒三十瓶鹽三石從四品錢粟四十貫石麴米麥各十稱石春秋羅綾各六匹絹各三十匹綿一百三十兩外官錢粟四十貫石麴米麥各七稱石絹各十八匹綿六十兩公田四十四頃猛安錢粟四十八貫石餘皆無烏魯古使同無職田大定二十年詔猛安謀克俸給令運司折支銀絹省臣議若估粟折支各路運司儲積多寡不均宜令依舊支請牛頭稅粟如遇凶年盡貸與民其俸則於錢多路府支放錢少則支銀絹亦未晚也從之正五品錢粟三十五貫石麴米麥各八稱石春秋衣羅綾各五匹絹各二十五匹綿一百兩外官刺史知軍鹽使錢粟三十五貫石麴米麥各六稱石絹各十七匹綿五十五兩公田十三頃餘官錢粟三十貫石麴米麥同上絹各十六匹綿五十兩職田十頃從五品錢粟三十貫石麴米麥六稱石春秋羅綾各五匹絹各二十匹綿八十兩外官錢粟二十五貫石麴米麥各四稱石絹各十匹綿四十兩公田七頃謀克錢粟二十貫石餘皆無喬家部族都鈐轄無職田正六品錢粟二十五貫石麥五石絹各十七匹綿七十兩外官與從六品皆錢粟二十貫石麴米麥三稱石絹各八匹綿三十兩公田六頃從六品錢粟二十二貫石麥五石春秋絹各十五匹綿六十兩烏魯古副使同無職田正七品錢粟二十二貫石麥四石衣絹各一十二匹綿五十五兩外官諸同知州軍都轉運判諸府推官諸節度判諸觀察判諸京縣令諸劇縣令提舉南京京城規措渠河官諸都巡檢諸酒麴鹽稅副諸正將錢粟一十八貫石麴米麥各二稱石春秋衣絹各七匹綿二十五兩諸司屬令諸府軍都指揮同上無職田潼關使錢粟一十八貫石麴米麥各一稱石衣絹各六匹綿三十兩無職田從七品錢粟一十七貫石麥四石衣絹各一十匹綿五十兩外統軍司知事錢粟一十七貫石麥四石衣絹各一十匹綿五十兩諸鎮軍都指揮使錢粟一十八貫石麴米麥各二稱石衣絹各七匹綿二十五兩諸招討司勘事官諸縣令諸警巡副京兆府竹監管勾五品鹽使司判諸部禿里同提舉上京皇城司同提舉南京城所黃河都巡河官諸河稅榷場使錢粟一十七貫石麴米麥各二稱石衣絹各七匹綿二十五兩職田五頃會安關使諸知鎮城堡寨錢粟一十五貫石麴米麥各一稱石衣絹各六匹綿二十兩職田四頃正八品朝官錢粟一十五貫石麥三石衣絹各八匹綿四十五兩外官市令諸錄事諸防禦判赤縣令諸劇縣令崇福埽都巡河官諸酒稅使醋使榷場副諸都巡檢錢粟一十五貫石麴米麥各一稱石衣絹各六匹綿二十兩職田四頃烏魯古判官俸同上無職田按察司知事大興府知事招討司知事諸副都巡檢使錢粟一十三貫石麴米麥各一稱石衣絹各六匹綿二十兩職田二頃諸司屬丞俸同上無職田諸節鎮以上司獄諸副將錢粟一十三貫石衣絹各三匹綿一十兩職田二頃南京京城所管勾京府諸司使管勾河橋諸關渡譏察官同樂園管勾南京皇城使通州倉使錢粟一十二貫石衣絹各三匹綿一十兩節鎮諸司使中運司柴炭場使錢粟一十貫石衣絹各二匹綿八兩從八品朝官錢粟一十三貫石麥三石衣絹各七匹綿四十兩外官南京交鈔庫使諸統軍按察司知法錢粟一十三貫石麥三石衣絹各七匹綿四十兩諸州軍判官諸京縣丞諸次劇縣丞諸三品鹽司判官漕運司管勾永豐廣備庫副使左右別貯院木場使錢粟一十三貫石麴米麥各一稱石衣絹各六匹綿二十兩職田三頃諸麼忽諸移里堇錢粟一十三貫石麥二石衣絹各五匹綿一十五兩職田三頃正九品朝官錢粟一十二貫石麥二石衣絹各六匹綿三十五兩外官南京交鈔庫副錢粟一十二貫石麥二石衣絹六匹綿三十五兩諸警巡判官錢粟一十三貫石麴米麥各一稱石衣絹六匹綿一十兩職田三頃諸縣丞諸酒稅副使錢粟一十二貫石麥一

石五斗衣絹各五匹綿一十七兩職田三項市丞諸司候諸主簿諸錄判諸縣尉散巡河官黃河埽物料場官錢粟一十二貫石麥一石衣絹各三匹綿一十兩職田二項管勾泗州排岸兼巡檢副都巡檢諸巡檢俸例同上並無麥及職田諸鹽場管勾左右別貯院木場副承豐庫備庫判錢粟一十二貫石衣絹各三匹綿一十兩職田二項諸都將隊將錢粟一十二貫石麥一石衣絹各三匹綿一十兩職田二項店宅務管勾錢粟一十二貫石綿絹同上京府諸司副南京皇城副通州倉副同管勾河橋諸副譏察錢粟一十一貫石衣絹各二匹綿八兩諸州軍司獄錢粟一十一貫石衣絹各二匹綿八兩職田二項節鎮諸司副中運司柴炭場副錢粟一十貫石衣絹各三匹綿八兩從九品朝官錢粟一十貫石麥二石衣絹各五匹綿三十兩外官諸教授錢粟一十二貫石麥一石衣絹各三匹綿一十兩職田三項三品以上官司知法錢粟一十貫石麥一石衣絹各三匹綿一十兩司候判官錢粟一十貫石衣絹各二匹綿八兩職田二項諸防次軍轄俸同上無職田諸榷場同管勾左右別貯院木場判錢粟一十貫石衣絹各三匹綿六兩諸京作院都監通州倉判五品以上官司知法錢粟九貫石衣絹各二匹綿六兩諸府作院都監諸埽物料場都監錢粟八貫石衣絹各一匹綿六兩諸節鎮作院都監諸司都監錢粟八貫石衣絹各二匹諸司同監錢粟七貫石絹同上陝西東德州世襲蕃巡檢分例月支錢粟一十貫石衣絹各二匹綿一十兩陝西西京原州世襲蕃巡檢月支錢二貫三百九十文米四石五斗絹三匹河東北路葭州等處世襲蕃巡檢月支錢粟一十貫石絹二匹綿一十兩

宮闈歲給太后太妃宮每歲各給錢二千萬綵二百段絹千匹綿五千兩諸妃歲給錢千萬綵百段絹三百匹綿三千兩嬪以下錢五百萬綵五十段絹二百匹綿二千兩貞元元年妃嬪婕妤美人及供膳女侍并仙韶長春院供應人等歲給錢帛各有差

凡內職貞祐之制正一品歲錢八千貫幣百段絹五百匹綿五千兩正二品歲錢六千貫幣八十段絹三百匹綿四千兩正三品歲錢五千貫幣六十段絹二百匹綿三千兩正四品歲錢四千貫幣四十段絹百五十匹綿二千兩正五品尚宮夫人歲錢二千貫幣二十段絹百匹綿千兩尚宮左右夫人至宮正夫人錢千五百貫幣十九段絹九十匹綿九百兩寶華夫人以下至資明夫人錢千貫幣十八段絹八十匹綿八百兩有大小夫人大小承御大小近侍俸各異正六品尚儀御侍以下錢五百貫幣十六段絹五十匹綿二百兩正七品司正御侍以下錢四百貫幣十四段絹十四匹綿百五十兩正八品典儀御侍以下錢三百貫幣十二段絹三十匹綿百兩正九品掌儀御侍以下錢二百五十貫幣十段絹二十六匹綿百兩

百司承應俸給省令史譯史錢粟一十貫石絹四匹綿四十兩省通事樞密令史譯史錢粟十二貫石絹三匹綿三十兩樞密通事六部御史臺令譯史錢粟一十貫石衣絹三匹綿三十兩六部等通事誥院令史國史院書寫隨府書表親王府祇候郎君典客署引接書表錢粟八貫石絹二匹綿二十兩走馬郎君一品子孫十貫石內祗八貫石班祗七貫石並絹二匹綿二十兩護衛長支正六品俸長行從六品俸符寶郎奉御東宮護衛長錢粟十七貫石絹八匹綿四十兩東宮護衛長行十五貫石絹四匹綿四十兩筆硯承奉閤門祗候侍衛親軍百戶十二貫石絹四匹絹三十兩妃護衛奉職符寶典書東宮入殿小底十貫石絹二匹綿三十兩勒留則添二貫石尚衣奉御捧案擎執奉輦知把書畫隨庫本把左右藏庫本把儀鸞局本把尚輦局本把妃奉事八貫石絹三匹綿三十兩侍衛親軍五十戶九貫石絹三匹綿三十兩未係班絹三匹綿二十兩長行七貫石絹二匹綿二十兩弩傘什將八貫石傘子五貫石太醫長行八貫石正奉上太醫十貫石副奉上同隨位承應都監未及十五歲者六貫石從八品七貫石從七品八貫石從六品九貫石從五品十貫石從四品十二貫石止掌文書者添支三貫石牌子頭等添支二貫石司天四科人九品六貫石八品七貫石六品九貫石五品十貫石四品十二貫石止教授管勾十貫石學生錢三貫米五斗典客書表八貫石絹二匹綿二十兩東宮筆硯六貫石尚廄獸醫秘書監指書六貫石秘書琴棊等待詔七貫石馳馬牛羊郡子撟酪人皆三貫石諸使司都監食直二十萬貫以上六十貫十萬貫巳上五十貫五萬貫巳上四十貫三萬貫巳上三十貫二萬貫巳上二十五貫諸院務監官食直五千貫巳上監官二十貫同監十五貫二千貫巳上監官千五貫同監十貫一千貫巳上監官十五貫一千貫巳下監官十貫

舊制凡監臨使司院務之商稅增者有賞虧者剋俸大定九年上以吏非祿無以養廉於是止增虧分數爲殿最乃罷剋俸給賞之制而監官酬賞仍舊二十年詔十萬貫以上鹽酒等使若虧額五厘剋俸一分奏隨處提點院務官賞格其省除以上提點官并運司親管院務若能增者十分爲率以六分入官二分與提點所官二分與監官充賞若虧亦依此例剋俸若能足數則全給大定二十二年定每月先支其半外如不虧則全支虧一分則剋其一分補足貼支隨路使司院務并坊場例多虧課上曰若其實可減處約量裁減亦公私兩便也二十三年以省除提控官與運司置司處虧課一分剋俸一分其罰涉重亦命先給月俸之半餘半驗所虧分數剋罰補公田則不在剋限二十六年四月奏定院務監官虧永陪償格

諸京府運司提刑司節鎮防刺等漢人女直契丹司吏譯史通事孔目官八貫押司官七貫前後行六貫諸防刺巳上女直契丹司吏譯史通事不問千里內外錢七貫公田三項諸鹽使司都目十四貫司吏六貫諸巡院司縣司獄等司吏有譯史通事者同錢五貫凡諸吏人月支大紙五十張小紙五百張筆二管墨二錠

諸職官上任不過初二日罷任過初五日者給當月俸或受差及因公幹未能之官者計程外聽給到任祿若文牒未至前官在任及後官巳到前官差出其祿兩支職田皆給後官凡職田畝取粟三斗草一稱倉場隨月俸支俸麴則隨直折價諸親王授任者祿從多職田從職朝官兼外者同六十以上及未六十而病致仕者給其祿半承應及軍功初出職未歷致仕雖未六十者亦給半祿內外吏員及諸局分承應人病告至百日則停給除程給假者俸祿職田皆以半給衣絹則全給皇家袒免以上親戶別給夫亡妻亦同若同居兄弟收充猛安謀克及歷任承應人者不在給限大功以上錢粟一十三貫石春秋衣絹各四匹小功粟一十貫石春秋衣絹各三匹緦麻袒免錢粟八貫石春秋衣絹二匹

諸馳驛及長行馬職官日給謂奉宣省院臺部委差或許差者下文置所等官同一品三貫文二品二貫文三品一貫五百文四品一貫二百文五品一貫文六品八百文七品六百文八品九品四百文有職事官日給外路官往回口券依上款給一品二貫五百文二品一貫六百文三品一貫二百文四品一貫文五品九百文六品七百文七品六百文八品九品四百文無職事官並驗前職日給無前職者以應仕及待闕職事給之四品一貫三百文五品一貫二百文六品九百文七品七百文八品九品五百文隨朝吏員宣差及省部差委官踏逐者引者亦同及統軍司按察司書吏譯人本局差委及隨逐者日給錢各一百五十文燕賜各部官僚以下日給米糧分例無草地處內親王給馬二十五疋草料親王米一石宰執七㪷王府三㪷府尉二㪷員外郎司馬各一㪷六升監察御史尚書省都事大理司直六部主事各八升檢知法七升省令譯史六升院臺令譯史省通事各五升院臺通事六部令譯史通事省祗候郎君使庫都監各四升誥院令史樞密院移剌各三升王府直府王府及省知印直省御史臺通引王府教讀王傅府尉等下司吏外路通事省醫工調角匠招討司移剌各二升寫誥諸祗候人本破人同大程官院子酒匠柴火各一升萬戶一㪷六升猛安八升謀克四升備輦二升正軍阿里喜旗鼓吹笛司吏各一升諸外方進貢及回賜并入使長行馬每疋日給草一稱粟一斗宮中東宮同承應人因公差出皆驗見請錢粟貫石口給食料若係本職者住程不在給限其常破馬草料局分如被差長行馬公幹本支草料即聽驗日剋除若特奉宣差勾當者依本格十八貫石以上九百文十七貫石八百六十文十五貫石以上五百四十文七貫石以上四百六十文六貫石四百二十文五貫石三百八十文四貫石三百三十文三貫石二百八十文二貫石二百三十文

諸試護衛親軍聽自起發日爲始計程至都比至試補其間各日給口券若揀退還家者亦驗回程給之未起閑住口數不在支限其正收之後再揀退者亦給人三口米糧錢一百文馬二疋草料諸簽軍赴鎮防處及班祗充押遞橫差別路勾當千里以上者沿路各日給米一升馬一疋草料無馬有驗者各支依本格車駕巡幸顧工馬夫三百文步夫二百三十文團鵝夫隨程幹辦人各二百文傳遞果子夫一百五十文車駕巡幸若於私家內安置行宮者約量給賜段匹太廟神廚祠祭度勾當人少府監隨色工匠部役官受給官司吏錢粟二貫石春秋衣絹各一匹諸局作匠人請俸綉女都管錢粟五貫石都繡頭錢粟四貫石副繡頭三貫五百石中等細繡人三貫石次等細繡人二貫五百石習學本把正辦人錢支次等之半描繡五人錢粟三貫石司吏二人三貫石修內司作頭五貫石工匠四貫石春秋衣絹各二匹軍夫除錢糧外日支錢五十米一升半百姓夫每日支錢一百米一升半國子監雕字匠人作頭六貫石副作頭四貫石春秋衣絹各二匹長行三貫石射糧軍匠錢粟三貫石春秋衣絹各二匹習學給半初習學匠錢六百米六斗春秋

絹各一匹布各一匹民匠日支錢一百八十文諸隨朝五品以下職事官身故因公差出及以癃去任未給解由者身故同驗品從去鄉地里支給津遣錢並受職事給之下條承應人准此若外路官員在任依理身故者皆依上官品地里減半給之若係五百里內不在給限五百里外五品一百貫六品七品八十貫八品九品六十貫一千里外五品一百二十貫六品七品一百貫八品九品八十貫二千里外五品一百七十貫六品七品一百五十貫八品九品一百貫三千里外五品二百五十貫六品七品二百貫八品九品一百五十貫諸隨朝承應人身故應給津遣錢者護衛東宮護衛同奉御符寶都省樞密院御史臺令譯史同九品官通事宗正府六部令譯史統司書吏譯書按察司書吏同書表吏員譯人統軍司通事守親軍減九品官五分之二通事隨朝書表吏員譯人當官按察司書吏譯人分治都水監典吏同及諸局分承應人武衛軍同減五分之三天壽節設施老疾貧民錢數在都七百貫宮籍監給諸京二十五貫此以下並係省錢給諸府二十貫文諸節鎮一十五貫文諸防刺州軍一十貫文諸外縣五貫文城寨係保鎮同諸孤老幼疾人各月給米二㪷錢五百文春秋衣絹各一疋五歲以下三分給二身死者給錢一貫埋殯諸因災傷或遭賊驚劫饑荒去處良民典顧冒賣爲驅遇恩官贖爲良分例若元係官錢給男子一十五貫文婦人同年幼各減半六歲以下即聽出離不在贖換之限諸士庶陳言利害若有可採行之便於官民者依驗等第給賞上等銀絹三十兩匹中等二十兩匹下等一十兩匹其陳數事止從一支若用大事應補官者從吏部格

宣宗貞祐元年十二月以糧儲不足詔隨朝官承應人俸計口給之餘依市直折之諭旨省臣曰聞親軍俸粟每石以麥六斗折之所省能幾而失衆心今給本色二年八月始給京府州縣及轉運司吏人月俸有差舊制惟吏案孔目官有俸餘止給食錢故更定焉三年詔損宮中諸位歲給有差監察御史田迥秀言國家調度行纔數月已後停滯所患在支太多收太少若隨時裁損所支而增其收庶可久也因條五事一曰朝官及令譯史諸司吏員諸局承應人太冗濫宜省併之隨處屯軍皆設寄治官徒費俸給不若令有司兼總之且沿河亭障各駐鄉兵彼皆白徒皆不可用不若以此軍代之以省其出四月以調度不及罷隨朝六品以下官及承應人從已人力輸傭錢減修內司所後軍夫之半經兵處州府司吏減半司縣三分減一其餘除開封府南京轉運司外例減三分之一有祿官吏而不出境者並罷給券出境者給其半興定二年正月詔陝州等處司縣官徵稅不足聞其俸給何以養廉自今不復聞俸彰化軍節度使張行信遂宣之使其視五品而上各有定數後竟停罷令軍官以上奉待使者有所饋獻至六品以下亦不免如例而莫能辦則斂所部以與之至有獲罪者保舉縣尹特增其俸然法行至今而闕以西尚有未到任者豈所舉少而不數耶宜廣選舉以補其闕且丞簿亦親民者也而獨不增安能禁其侵牟哉

金史卷五十九

元　中　書　右　丞　相　總　裁　脫　脫　等　修

表第一

宗室表

古者太史掌叙邦國之世次辨其姓氏别其昭穆尚矣金人初起完顏十二部其後皆以部爲氏史臣記錄有稱宗室者有稱完顏者稱完顏者亦有二焉有同姓完顏蓋疎族若石土門迪古乃是也有異姓完顏蓋部人若歡都是也大定以前稱宗室明昌以後避睿宗諱稱內族其實一而已書名不書氏其制如此宣宗詔宗室皆稱完顏不復識别焉大定泰和之間袒免以上親皆有屬籍以叙授官大功以上薨卒輟朝親親之道行焉貞祐以後譜牒散失大槩僅存不可殫悉今掇其可次第者著于篇其上無所係下無所承者不能盡錄也

幹魯			匡 本名撒速八世孫太師尚書令	
右始祖子與德帝凡二人				
輩魯		胡率	劾者 特進	
右德帝子與安帝凡三人				
信德				
謝庫德		拔達 儀同三司		
謝夷保	盆納 開府儀同三司			
謝里忽				
右安帝子與獻祖凡五人婆盧火稱安帝五代孫不稱誰子不可以世置之卷末				
朴都				
阿保寒				
敵酷				
敵古迺				
撒里輦				
撒葛周				
右獻祖子與昭祖凡七人				
烏骨出	辭不失 阿買勃極烈		宗亨 寧州刺史	
			宗賢 尚書左丞相	
跋黑	斜斡	昂 本名奔睹太保兼都元帥	崇浩 右丞相兼都元帥	
跋里黑				
斡里安				
胡失答				
右昭祖子與景祖凡六人什古稱昭祖曾孫崇成稱昭祖玄孫不稱誰子不可以世置之卷末				
劾者 韓國公	撒改 國論忽魯勃極烈金源郡王	宗翰 本名粘沒喝太保領三省事晉國王		秉德 左丞相
				斜哥
		扎保迪 特進		
		宗憲 尚書右丞相		
	斡魯 西南路都統金源郡王	撒八 銀青光祿大夫	賽 闕	
劾孫 沂國公	昱 本名蒲家奴大司空			阿魯
劾眞保 代國公				
麻頗 虞國公	謾都本 金紫光祿大夫			
	謾睹			
	賽也	宗尹 平章政事		
		宗寧 平章政事	亶 韓州刺史	
阿离合懣	晏 本名斡論太尉左丞相	恧里乃		
		宗道 河南路統軍使		
謾都訶 阿捨勃極烈鄭國公	謀里也 工部尚書			
右景祖子與世祖肅宗穆宗凡九人冶訶魯補稱係出景祖不稱誰子不可以世置之卷末				
斡帶 魏王				
杲 本名斜也諳班勃極烈遼王	宗義 本名孛吉平章政事			
	蒲馬 龍虎衛上將軍			
	孛論出 龍虎衛上將軍			
	阿魯 龍虎衛上將軍			
	偎喝 龍虎衛上將軍			
	阿虎里 猛安			
斡賽 鄭王	宗永 震武軍節度使			
斡者 魯王	神土懣 驃騎上將軍	璋 本名胡麻愈御史大夫		
烏故乃 漢王				
闍母 魯王	宗叙 參知政事			

查剌 沂王				
昂 本名烏特平章政事鄆王	鄭家 益都尹	承暉 右丞相		
	鶻壽 耶魯瓦羣牧使			
右世祖子與康宗太祖太宗凡十一人				
耨酷欸 溫國公				
蒲魯虎 崇國公				
右肅宗子二人				
昻 本名烏也太師領三省事	宗秀 刑部尚書			
撻懶 左副元帥				
蒲察 齊國公				
蒲里迭 崇國公				
撒柷 銀青光祿大夫				
右穆宗子五人胡八魯稱穆宗孫不稱諱子不可				
以世置之卷末				
謀良虎	余里也		蒲帶 上京路提刑使	
	蒲魯虎 襲猛安	桓端 金紫光祿大夫	梟頻	
	按荅海 太子太保金源郡王			
	燕京			
	阿鄰 兵部尚書			
同刮茁 昭武大將軍				
限可 龍虎衛上將軍				

右康宗子三人史載常春胡里剌胡剌鶻魯茶扎				
怕八訛出皆稱謀良虎孫不稱諱子不可以世				
宗幹 太師領三省事遼王	充 左丞相代王	檀奴 歸德軍節度使		
		永元 本名元奴		
		耶補 同知濟南尹		
		阿里白 輔國上將軍		
	兗 太尉領三省事	阿合 同知定武軍節度使		
	襄 輔國上將軍	和尚 應國公		
	袞 西京留守			
宗望 本名斡里不左副元帥宋王	齊	畝住 襲猛安		
	京 西京留守			
	文 大名尹荊王			
宗弼 本名兀朮太師領三省事梁王	亨 廣寧尹韓王			
	羊蹄			
烏烈 豐王				
宗傑 趙王	亶 會寧牧鄧王	阿懶		
		撻懶		
宗雋 右丞相陳王				
訛魯 瀋王				
訛魯朶 豳王				
宗強 衛王	爽 本名阿鄰太子太傅榮王			

	可喜 兵部尚書			
	阿瑣 濟南尹			
宗敏 左丞相曹王	褒 舒國公			
	阿里罕 密國公			
習泥烈 杞王				
寧吉 息王				
燕孫 莒王				
斡忽 鄆王				
右太祖子與景宣睿宗凡十六人遼王宗幹子與				
海陵五人				
宗磐 太師領三省事宋王				
宗固 左丞相豳王				
宗雅 代王				
阿魯補 虞王				
斛沙虎 滕王				
宗懿 薛王				
宗本 左丞相陳王	阿里虎			
鶻懶 翼王				
宗美 豐王				
神土門 鄆王				
斛孛束 霍王				

斡烈 蔡王				
宗哲 畢王				
宗順 徐王				
右太宗子十四人史載北京留守卞平陽尹稟皆				
太宗孫不稱諱子不可以世				
元 本名常勝胙王				
查剌 安武軍節度使				
右景宣子與熙宗凡三人				
濟安 皇太子				
道濟 魏王				
右熙宗子二人				
光英 皇太子				
元壽 崇王				
矧思阿不 宿王				
廣陽 滕王				
右海陵子四人				
吾里補 齊王				
右睿宗子與世宗凡二人				
永中 鎬王	瑜 石古乃			
	璋 神土門			
	玘 阿思懣			
	瑑 阿里合			
孰輦 趙王				

世一	世二	世三	世四	世五
斜魯 越王				
永功 越王	璐 福孫奉國上將軍			
	璹 壽孫密國公			
	琳 粘沒曷			
永成 豫王	瑋 仁壽			
	瑭 仁安			
永升 夔王	璡 歡睹			
永蹈 鄭王	按春			
	阿辛			
永德 曹王	琰 斡論			
右世宗子與顯宗衛紹王凡十八人				
琮 承慶 鄆王				
瓌 歡睹 淳王				
瓚 阿鄰 霍王				
琦 吾里補 瀛王				
玠 謀良虎 溫王				
右顯宗子與章宗宣宗凡七人				
洪裕 絳王				
洪靖 阿虎懶 荊王				
洪熙 訛魯不 榮王				
洪衍 撒改 英王				
洪輝 訛論 壽王				
忒鄰 葛王				
右章宗子凡六人				
從恪 皇太子				
琚 猛安				
瑄 按出				
璪 按辰				
右衛紹王子史稱六子可以名見者四人				
守忠 皇太子謚莊獻	鏗 皇太孫謚沖懷			
玄齡				
守純 荊王	訛可 曹王			
	孛德 鞏王			
右宣宗子與末帝凡四人他書載守純子三人可以名見者二人				
阿古迺 始祖兄	不知世次 撻不也 遼太尉		胡十門 曷蘇館上將軍	鉤室
	不知世次 合住 遼領辰復二州		蒲速越 遼中正節度使	
			余里也 曹州防禦使	
			布輝 順天軍節度使	
保活里 始祖弟	四世孫滓不乃	石土門 金源郡王	習失 特進	
			思敬 平章政事	
		阿斯懣		
		迪古乃 同中書門下平章事		
婆盧火 安帝五代孫泰州都統	婆速	吾扎忽		
朝特孛山 婆盧火族兄弟	杲 本名撒离喝行臺尚書左丞相	宗安 御史大夫		
什古 昭祖曾孫東京留守	阿魯帶 參知政事	襄 尚書左丞相		
崇成 昭祖玄孫武衛軍都指揮使				
冶訶 係出景祖銀青光祿大夫	阿魯補 元帥右將軍			
	骨赧 天德軍節度使	喜哥		
	訛古乃 西南路招討使			
	撒荅	蒲查 西南路招討使		
阿魯補 係出景祖行臺左丞相	烏帶 尚書左丞相			
	方 簽書樞密院事			
胡八魯 穆宗孫寧州刺史	齊 利涉軍節度使			
拔离速 宗室子元帥左監軍				
	銀术可 拔离速子同中書門下平章事	穀英 平章政事		
	麻吉 銀术可弟銀青光祿大夫	沃側 西北路招討使		
宗賢 本名阿魯太祖從姪婆速路兵馬都總管				
右諸宗室可譜者凡十一族雖稱係出某帝而不能世次不譜於各帝之下所以慎也				

金史卷六十

元中書右丞相總裁脫脫等修

表第二

交聘表上

天下之勢曷有常哉金人日尋干戈撫制諸部保其疆圉以求逞志於遼也豈一日哉及太祖再乘勝已即帝位遼乃招之使降是猶龍蒸虎變欲誰何而止之厥後使者八九往反終不能定約束何者取天下者不狗小節成算既定矣終不爲卑辭厚禮而輟攻遼人過計宋人亦過計海上之書曰克遼之後五代時陷入契丹漢地願畀下邑此何計之過也血刃相向百戰而得之卑辭厚幣以求之難得而易與人豈人之情哉宋之失計有三撤三關故塞不能固燕山塞汴京城下之盟竭公私之帑以約質立粱楚而不力戰而江左稱臣金人豈愛宋人而爲和哉策既失矣名既屈矣假使高宗立歸德不得河北可保河南山東不然亦不失爲晉元帝其孰能亡之金不能奄有四海而宋人以尊稱與之是誰强之耶金人出于高麗始通好爲敵國後稱臣夏國始稱臣末年爲兄弟於其國自爲帝宋於金初或以臣禮稱表終以姪禮往復稱書故識其通好與間有兵爭之歲其盛衰大指可觀也已使者或書本階或用借授兩國各因舊史不必强同云

	宋	夏	高麗
始通好			穆宗時高麗醫者自完顏部歸謂高麗人曰女直居黑水部族日强兵益精悍年穀屢稔高麗王聞之乃遣使來通好
太祖收國元年			
二年			正月高麗遣使來賀捷且請保州太祖曰爾自取之 高麗遣蒲馬請保州詔諭高麗

年	宋	夏	高麗
			日保州近爾邊境聽爾自取
天輔元年	十二月宋遣登州防禦使馬政來聘請石晉時陷入契丹漢地		
二年	正月遣散覩報聘于宋所請之地與宋夾攻得者有之本朝自取不在分割之議		十二月遣孛堇术蕫以勝遼報諭高麗仍賜馬一疋
三年	六月宋遣馬政及其子宏來聘		
四年	二月宋復遣趙良嗣以書來議燕京西京之地		詔使習顯以獲遼國州郡諭高麗高麗使謂習顯曰此與先父國王之書習顯就館卽依舊禮接見而以表來賀并貢方物
五年			
六年		六月夏遣李良輔率兵三萬救遼斡魯婁室敗之于野谷	
七年	正月宋復遣趙良嗣來議燕京西京地答書如初約合攻隨得者有之今自我得理應有報趙良嗣言奉命若得燕京卽納銀絹二十萬匹綾二萬匹以代燕地之租稅二月宋復遣趙良嗣來定議加歲幣代燕地租稅并議畫疆遣使置榷場復請西京等事癸卯遣孛堇銀术可鐸剌報聘于宋許以武應朔蔚奉聖歸化儒嬀等州其於西北一帶接連山川及州縣不在許與之限戊申詔平州與宋使一同分割所與燕京六州之地三月宋使盧益趙良嗣馬宏以誓書來四月復誓書于宋五月甲寅南京留守張覺以南京叛入于宋		
太宗天會元年	十一月割武朔二州與宋是月庚子宗望敗張覺于南京城東覺夜遁奔于宋十二月遣孛堇李靖告哀于宋	宗望至陰山以便宜與夏國議和許以割地	十二月高隨斜野奉使高麗至境上接待之禮不遜隨等不敢往太宗曰高麗世臣於遼當以事遼之禮事我而我國有新喪遼主未獲勿遽强之命隨等還
二年	四月宋始遣太常少卿連南夫等來弔以高术僕古等充遺留國信使高興輔劉興嗣充告卽位國信使如宋八月以孛堇烏瓜乃李用弓爲賀宋生日使十月戊午宋使賀天清節十二月孛堇高居慶大理卿丘忠爲賀宋正旦使	正月夏人奉誓表請以事遼之禮稱藩三月夏使把里公亮等來上誓表閏三月遣王阿海楊天吉賜誓詔于夏十月夏使謝賜誓詔戊午夏使賀天清節	
三年	正月癸酉朔宋使賀正旦辛丑宋龍圖閣直學士許亢宗等賀卽位六月遣李用和等以滅遼告慶于宋七月以耶律固等爲報謝宋國使十月壬子宋使賀天清節是月詔諸將伐宋十二月宋給事中李鄴等奉金百鋌請復修好是月甲辰宗望敗宋兵于白河遂取燕山州縣	正月癸酉朔夏使賀正旦乙未夏使奉表致奠于和陵十月壬子夏使賀天清節	
四年	正月己巳宗望諸軍渡河使吳孝民入汴問宋取首謀平山者癸酉諸軍圍汴甲戌宋知樞密院事李梲等奉書謝罪且請修好丙子宗望許宋修好約質割三鎭地增歲幣載書稱伯姪戊寅宋以康王構少宰張邦昌爲質辛巳宋使沈晦等賫所上誓書三鎭地圖至軍中癸卯諸軍解圍二月丁酉朔夜宋姚平仲以兵四十萬襲宗望軍己亥復進兵圍汴辛丑宋遣資政殿學士宇文虛中以書來辯姚平仲兵非出宋主意改肅王樞爲質遣康王構歸壬子宗望渡河以滑州濬州與宋七月戊子宋以蠟書陰構右都監耶律余睹蕭仲恭獻其書	正月丁卯朔夏使賀正旦十月丁未夏使賀天清節	六月高麗使奉表稱藩優詔答之仍以保州地賜七月遣高伯淑烏至忠使高麗十月丁未高麗賀天清節十一月遣高隨等爲賜高麗生日使

年	宋	夏	高麗
	八月諸軍復伐宋元帥府遣楊天吉王汭以書責宋 十一月丙戌宗望軍至汴閏月壬辰朔宗望敗宋兵于汴城下癸巳宗翰至汴辛酉宋帝詣宗翰宗望軍舍青城十二月癸亥以表降是日歸于汴城		
五年	正月庚子宋帝復至青城 二月丁卯宋上皇至青城是月降宋二帝爲庶人 四月執宋二帝以歸 五月庚寅朔宋康王構即位于歸德 十二月丙寅宗輔伐宋	正月辛卯朔夏使賀正旦 十月辛未夏使賀天清節	正月辛卯朔高麗使賀正旦 八月以耶律居謹張淮爲宣慶高麗使 十月辛未高麗使賀天清節
六年	正月宋康王奔揚州 七月乙巳宋康王貶號稱臣遣使奉表 十月宗翰宗輔會軍于濮	正月丙戌朔夏使賀正旦 十月丙寅夏使賀天清節	正月丙戌朔高麗使賀正旦 十月丙寅高麗使賀天清節
七年	十月丁酉宋壽春安撫使馬世元以城降 十一月壬戌宗弼渡江 丁卯宋知江寧府陳邦光以城降 十二月丁亥宗弼克杭州阿里蒲盧渾追宋康王于明州宋康王入于海	正月庚寅朔夏使賀正旦 十月庚寅夏使賀天清節	正月庚寅朔高麗使賀正旦 十月庚寅高麗使賀天清節
八年		正月甲辰朔夏使賀正旦 十月甲申夏使賀天清節	正月甲辰朔高麗使賀正旦 十月甲申高麗使賀天清節
九年		正月己亥朔夏使賀正旦 十月戊寅夏使賀天清節	正月己亥朔高麗使賀正旦 二月乙亥高麗使上表乞免索保州亡入邊戶事 十月戊寅高麗使賀天清節
十年		正月癸巳朔夏使賀正旦 十月壬寅夏使賀天清節	正月癸巳朔高麗使賀正旦 十月壬寅高麗使賀天清節
十一年		正月丁巳朔夏使賀正旦 十月丙申夏使賀天清節	正月丁巳朔高麗使賀正旦 十月丙申高麗使賀天清節
十二年		正月辛亥朔夏使賀正旦 十月庚寅夏使賀天清節	正月辛亥朔高麗使賀正旦 十月庚寅高麗使賀天清節
熙宗天會十三年		正月遣使如夏報哀	正月遣使如高麗報哀 三月己卯高麗使祭奠弔慰 四月戊午高麗使賀登寶位
十四年		正月己巳朔夏使賀正旦 乙酉夏使賀萬壽節	正月己巳朔高麗使賀正旦 乙酉高麗使賀萬壽節 十月甲寅以乾文閣待制吳激爲賜高麗生日使
十五年		正月癸亥朔夏使賀正旦 己卯夏使賀萬壽節	正月癸亥朔高麗使賀正旦 己卯高麗使賀萬壽節
天眷元年	八月以河南地賜宋右司侍郎張通古等詔諭江南	正月戊子朔夏使賀正旦 甲辰夏使賀萬壽節	正月戊子朔高麗使賀正旦 甲辰高麗使賀萬壽節 十二月甲戌高麗使入貢
二年	四月己卯宋遣端明殿大學士韓肖胄等奉表謝賜河南地 九月壬寅宋端明殿學士王倫保信軍節度使藍公佐奉表乞歸父喪	正月壬午朔夏使賀正旦 戊戌夏使賀萬壽節 十月癸酉夏國王李乾順薨子仁孝嗣位遣使來告喪	正月壬午朔高麗使賀正旦 戊戌高麗使賀萬壽節
三年	四月癸亥宋禮部尚書莫將等來迎護梓宮 五月己卯詔復取河南陝西 十二月乙亥復伐宋淮南	正月丁丑朔夏使賀正旦 癸巳夏使賀萬壽節 九月夏使謝賻贈復謝封冊	正月丁丑朔高麗使賀正旦 癸巳高麗使賀萬壽節
皇統元年	二月宗弼克廬州 九月宗弼渡淮宋乞罷兵宗弼以便宜與宋畫淮爲界	正月辛丑朔夏使賀正旦 壬寅夏使請上尊號 丁巳夏使賀萬壽節	正月辛丑朔高麗使賀正旦 壬寅高麗使請上尊號 丁巳高麗使賀萬壽節 十一月己酉高麗使賀尊號
二年	二月辛卯宋端明殿學士何鑄容州觀察使曹勛來進誓表 三月丙辰遣光祿大夫左宣徽使劉筈冊宋康王爲宋帝以故天水郡王等三喪及宋帝母韋氏歸于宋 五月乙卯遣使賜宋誓詔 八月丁卯詔遣宋使朱弁張邵洪皓等歸	正月乙未朔夏使賀正旦 辛亥夏使賀萬壽節	正月乙未朔高麗使賀正旦 乙巳詔加高麗國王王楷開府儀同三司上柱國 辛亥高麗使賀萬壽節 十二月乙丑高麗使謝賜封冊

年	宋	夏	高麗
	十二月庚午宋使上表謝歸三喪及母韋氏		
三年	正月己丑朔宋使賀正旦乙巳宋使賀萬壽節	正月己丑朔夏使賀正旦乙巳夏使賀萬壽節	正月己丑朔高麗使賀正旦乙巳高麗使賀萬壽節
四年	正月癸卯朔宋使賀正旦己巳宋使賀萬壽節	正月癸卯朔夏使賀正旦己巳夏使賀萬壽節	正月癸卯朔高麗使賀正旦己巳高麗使賀萬壽節
五年	正月丁未朔宋使賀正旦癸亥宋使賀萬壽節	正月丁未朔夏使賀正旦癸亥夏使賀萬壽節四月庚辰以右衛將軍撒海兵部郎中耶律嗣爲橫賜夏國使	正月丁未朔高麗使賀正旦癸亥高麗使賀萬壽節
六年	正月辛未朔宋使賀正旦丁亥宋使賀萬壽節	正月辛未朔夏使賀正旦丁亥夏使賀萬壽節	正月辛未朔高麗使賀正旦丁亥高麗使賀萬壽節五月壬申高麗國王王楷薨子晛嗣位遣使來報喪六月乙丑遣使祭弔高麗
七年	正月乙丑朔宋使賀正旦辛巳宋使賀萬壽節	正月乙丑朔夏使賀正旦辛巳夏使賀萬壽節	正月乙丑朔高麗使賀正旦辛巳高麗使賀萬壽節二月戊寅高麗使來謝弔祭
八年	正月庚申朔宋使賀正旦丙子宋使賀萬壽節	正月庚申朔夏使賀正旦丙子夏使賀萬壽節	正月庚申朔高麗使賀正旦丙子高麗使賀萬壽節六月高麗使謝賜封冊
九年	正月甲申朔宋使賀正旦庚子宋使賀萬壽節	正月甲申朔夏使賀正旦庚子夏使賀萬壽節	正月甲申朔高麗使賀正旦庚子高麗使賀萬壽節
海陵天德元年	十二月宋賀正旦使至廣寧遣人諭以廢立之事於中路遣還	十二月夏賀正旦使至廣寧遣人諭以廢立之事於中路遣還	十二月高麗賀正旦使至廣寧遣人諭以廢立之事於中路遣還
二年	正月辛巳以名諱告諭宋是月遣侍衛親軍步軍都指揮使完顏思恭翰林直學士翟永固爲報諭宋國使二月甲子以兵部尚書完顏元宜修起居注高懷貞爲賀宋生日使三月丙戌宋參知政事余唐弼保信軍節度使鄭藻賀即位余唐弼等回以天水郡王玉帶歸于宋王	正月辛巳以名諱告諭夏再遣使報諭夏七月戊戌夏御史中丞雜辣公濟中書舍人李崇德賀登寶位再遣開封尹蘇執義祕書監王畢賀受尊號	正月辛巳以名諱告諭高麗再遣使報諭高麗三月丙戌高麗遣知樞密院事文公裕殿中監朴純沖賀登寶位
三年	正月癸酉朔宋使賀正旦三月庚寅以翰林學士中奉大夫劉長言少府監耶律五哥爲賀宋生日使六月宋使奉表祈請山林地不許十月以右副點檢不朮魯阿海翰林侍講學士蕭永祺爲賀宋正旦使	正月癸酉朔夏使賀正旦九月夏主遣使上表請不去尊號以經武將軍修起居注蕭彭哥爲夏生日使	正月癸酉朔高麗使賀正旦九月以東京路兵馬都總管判官蕭子敏爲高麗生日使
四年	正月丁酉朔宋使賀正旦壬子宋使賀生辰三月刑部尚書田秀穎東上閤門使大烒爲賀宋生日使十月甲申以太子詹事張用直左司郎中溫都斡帶爲賀宋正旦使十二月辛未以張用直卒改遣南京路都轉運使左瀛爲賀宋正旦使	正月丁酉朔夏使賀正旦壬子夏使賀生辰九月吏部郎中蕭中立爲夏生日使	正月丁酉朔高麗使賀正旦壬子高麗使賀生辰九月都水使者完顏麻潑爲高麗生日使
貞元元年	正月辛卯以皇弟兗薨不視朝命有司受宋貢獻四月以右宣徽使紇石烈撒合輦廣威將軍兵部郎中蕭簡爲賀宋生日使十一月以戶部尚書蔡松年右司郎中斐室爲賀宋正旦使	正月辛卯以皇弟兗薨不視朝命有司受夏貢獻九月丁亥朔以翰林待制諜里虎爲夏生日使	正月辛卯以皇弟兗薨不視朝命有司受高麗貢獻九月以吏部郎中宊合山充高麗生日使
二年	正月甲寅朔以疾不視朝宋使就館燕己巳宋使賀生辰四月辛卯工部尚書耶律安禮吏部侍郎許霖爲賀宋生日使十月以刑部侍郎白彥恭爲賀宋正旦使十二月丁未宋使貢方物	正月甲寅朔以疾不視朝賜夏使就館燕己巳夏使賀生辰三月戊辰夏使王公佐賀遷都九月辛亥朔夏使謝恩且請市儒釋書十二月丁未夏使貢方物	正月甲寅朔以疾不視朝賜高麗使就館燕己巳高麗使賀生辰六月己亥高麗使謝橫賜十一月戊辰高麗使謝賜生日十二月丁未高麗使貢方物
三年	正月己酉朔宋使賀正旦甲子宋使賀生辰三月庚午以左司郎中李通同知南京路都轉	正月己酉朔夏使賀正旦甲子夏使賀生辰五月癸亥夏使謝恩	正月己酉朔高麗使賀正旦甲子高麗使賀生辰

年	宋	夏	高麗
	運司事耶律隆爲賀宋生日使十月己亥翰林學士承旨耶律歸一爲賀宋正旦使		
正隆元年	正月癸卯朔宋使賀正旦戊午宋使賀生辰二月庚申以左宣徽使敬嗣暉大理卿蕭中立爲賀宋生日使十一月己巳朔以右司郎中梁銶左將軍耶律湛爲賀宋正旦使	正月癸卯朔夏使賀正旦戊午夏使賀生辰	正月癸卯朔高麗使賀正旦戊午高麗使賀生辰
二年	正月戊辰朔宋使賀正旦癸未宋使賀生辰六月以禮部尚書耶律守素刑部侍郎許竑爲賀宋生日使十一月侍衞親軍馬步軍副都指揮使高助不古戶部侍郎阿勒根窊產爲賀宋正旦使	正月戊辰朔夏使賀正旦癸未夏使賀生辰四月宿直將軍溫敦斡喝爲橫賜夏國使九月乙丑以宿直將軍僕散烏里黑爲夏生日使	正月戊辰朔高麗使賀正旦癸未高麗使賀生辰三月丙寅朔高麗使賀受尊號四月以僉書宣徽院事張喆爲橫賜高麗使
三年	正月壬戌朔宋使孫道夫賀正旦丁丑宋使賀生辰三月辛巳以兵部尚書蕭恭太府監魏子平爲賀宋生日使十一月辛酉以工部尚書蘇保衡吏部侍郎阿典和實懣爲賀宋正旦使	正月壬戌朔夏使賀正旦丙寅夏奏告使還命左宣徽使敬嗣暉諭之云丁丑夏使賀生辰九月庚午以宿直將軍阿魯保爲夏生日使	正月壬戌朔高麗使賀正旦丁丑高麗使賀生辰九月丁丑以教坊提點高存福爲高麗生日使
四年	正月丙辰朔宋使賀正旦辛未宋使賀生辰四月遣資德大夫秘書監王可道朝散大夫左司郎中王蔚爲賀宋生日使十月壬辰宋使上表謝賜戒諭十一月甲辰以翰林侍講學士施宜生宿州防禦使耶律闢里剌爲賀宋正旦使十二月乙卯宋使來告其母韋氏哀乙丑以左副點檢大懷忠大興少尹𡑃盤溫都謙爲宋弔祭使	正月丙辰朔夏使賀正旦辛未夏使賀生辰三月丙辰朔遣兵部尚書蕭恭經畫夏國邊界九月昭毅大將軍宿直將軍加古撻懶爲夏生日使	正月丙辰朔高麗使賀正旦辛未高麗使賀生辰九月遣宣武將軍翰林待制完顏達紀爲高麗生日使
五年	正月庚辰朔宋使賀正旦乙未宋使賀生辰二月壬子宋參知政事賀允中等爲韋后遺獻使四月宋使葉義問等來謝弔祭十一月以濟南尹僕散烏者翰林直學士韓汝嘉爲賀宋正旦使	正月庚辰夏使賀正旦乙未夏使賀生辰	正月庚辰朔高麗使賀正旦乙未高麗使賀生辰
六年	正月甲戌朔宋使賀正旦己丑宋使賀生辰四月以僉書樞密院事高景山爲賀宋生日使九月以三十二總管兵伐宋甲午發南京十月丁未渡淮癸亥次和州宋人陷德順州十一月上駐軍江北遣武平總管阿鄰先渡至南岸失利上進兵揚州甲午會師瓜洲渡乙未遇弒	正月甲戌朔夏使賀正旦己丑夏使賀生辰	正月甲戌朔高麗使賀正旦己丑高麗使賀生辰八月遣太常博士張崇爲高麗生日使

金史卷六十一

元中書右丞相總裁脫脫等修

表第三

交聘表中

年	宋	夏	高麗
世宗大定元年	十一月宋人破陝州十二月元帥左監軍高忠建德昌軍節度使張景仁以罷兵歸正隆所侵地報諭宋國		十一月壬午尚書右司員外郎完顏兀古出報諭高麗
二年	三月徒單合喜敗宋吳璘于德順州六月宋翰林學士洪邁鎮東軍節度使張掄賀上書詞不依舊式詔諭洪邁使歸諭宋主七月丁酉復取原州丙午宋主內禪九月大敗吳璘于德順州宗尹復取汝州十月己丑詔左副元帥紇石烈志寧伐宋十一月癸巳朔右丞相僕散忠義節制伐宋諸軍志寧移書張浚使依皇統舊式通好浚復書曰謹遣使者至	四月夏左金吾衛上將軍梁元輔翰林學士焦景顏押進樞密副都承旨任純忠賀登寶位再遣武功大夫賀義忠宣德郎高慎言賀萬春節八月癸酉夏左金吾衛上將軍蘇執禮匭柙使王琪押進御史中丞趙良賀尊號九月庚子以尚書左司員外郎完顏正臣爲夏生日使十二月辛未以夏乞兵復宋侵地遣尚書吏部	十二月高麗衛尉少卿丁應起賀正旦

年	宋	夏	高麗
	陛下議之	郎中完顏達吉體究陝西利害夏武功大夫芭里昌祖宣德郎楊彥敬等賀正旦	
三年	五月宋人破宿州是月志寧復取宿州宋洪遵與志寧書約爲叔姪國志寧渡淮取盱眙濠廬和滁等州宋使胡昉以湯思退與忠義書稱姪國不肯加世字忠義執胡昉詔釋之	三月壬辰朔夏武功大夫訛留元智宣德郎程公濟賀萬春節五月以宿直將軍阿勒根和衍爲橫賜夏國使七月甲寅詔市馬於夏國九月癸巳以宿直將軍僕散習尼爲夏生日使十月己巳夏遣金吾衞上將軍蘇執禮匭匣使李子美謝橫賜	二月庚寅高麗守司空金永胥尚書禮部侍郎金淳夫進奉使禮賓少卿許勢修賀登寶位祕書少監金居實謝宣諭三月壬辰朔高麗衞尉少卿李公老賀萬春節四月己卯以引進使韓綱爲橫賜高麗使十月丙寅以許王府長史移剌大佛留爲高麗生日使十二月乙酉高麗使殿中少監金存夫謝橫賜
四年	十一月徒單克寧敗宋兵于十八里口克楚州宋周葵王之望與忠義書約世爲姪國書仍書名再拜不稱大字幷以宋書副本來上和議始定	正月丁亥朔夏遣武功大夫嵬咩執信宣德郎李師白賀正旦三月丙戌朔夏武功大夫紐卧文忠宣德郎陳師古賀萬春節九月以宿直將軍宗室烏里雅爲夏生日使十二月夏奏告使殿前太尉梁惟忠翰林學士樞密都承旨焦景顏上章奏告乞免徵索正隆末年所虜人口	正月丁亥朔高麗禮賓少卿高處約賀正旦三月丙戌朔高麗遣祕書少監崔孝溫進奉使朝散大夫衞尉少卿鄭孝侔賀萬春節九月以太子詹事烏古論三合爲高麗生日使十二月高麗禮賓少卿金莊謝賜生日
五年	正月癸亥宋通問使禮部尚書魏祀崇信軍承宣使康湑奉國書及誓書入見二月以殿前左副都點檢完顏仲太子詹事楊伯雄報問宋國三月庚戌宋禮部尚書洪适崇信軍承宣使龍大淵賀萬春節八月宋吏部尚書李若川寧國軍承宣使曾覿等賀尊號九月以吏部尚書高衎移剌道爲宋生日使十一月以殿前右副都點檢烏古論粘沒曷尚書禮部侍郎劉仲淵爲賀宋正旦使	正月辛亥朔夏武功大夫訛羅世宣德郎高嶽賀正旦三月庚戌夏使賀萬春節九月以宿直將軍朮虎蒲查爲夏生日使	正月辛亥朔高麗衞尉少卿高珍縉賀正旦三月庚戌高麗殿中少監陳力升進奉使祕書少監元顒冲賀萬春節十月以大宗正丞璋爲高麗生日使十二月高麗遣吏部尚書李知深中書舍人尹敦信賀尊號衞尉少卿王輔謝賜生日
	正月丙午朔宋戶部尚書文滋福州觀察使王抃賀正旦三月甲辰朔宋吏部尚書王曮利州觀察使魏仲昌賀萬春節九月以戶部尚書魏子平殿前左衞將軍夾谷查剌爲賀宋生日使十一月以殿前右副都點檢駙馬都尉烏古論元忠少府監張仲愈爲賀宋正旦使	正月丙午朔夏武功大夫高遵義宣德郎安世等賀正旦三月甲辰朔夏武功大夫曹公達宣德郎孟伯達押進知中興府趙衍賀萬春節戊申夏御史中丞李克勤翰林學士焦景顏奏告乞免索正隆末年所虜人口許之四月戊戌以宿直將軍斜卯搵剌爲橫賜使九月辛亥以翰林待制移剌熙載爲夏生日使十二月戊戌夏御史中丞賀義忠翰林學士楊彥敬謝橫賜	正月丙午朔高麗太府少卿李世儀賀正旦三月甲辰朔高麗國子司業趙仁貴進奉使祕書少監李復基等賀萬春節四月戊戌以尚書右司郎中移剌道爲橫賜高麗使十月己卯以尚書兵部侍郎移剌按荅爲高麗生日使十二月戊戌高麗禮賓少卿崔椿謝賜生日衞尉少卿金資用謝橫賜
七年	正月庚子朔宋試工部尚書薛良朋昭慶軍承宣使張說賀正旦三月己亥朔宋翰林學士梁克家安慶軍承宣使趙應熊等賀萬春節九月以勸農使蒲察莎魯窩東上閤門使梁彬爲賀宋生日使	正月庚子朔夏武功大夫劉志眞宣德郎李師白等賀正旦三月己亥朔夏武功大夫任得仁宣德郎李澄等賀萬春節九月乙亥以宿直將軍唐括鶻魯爲夏生日使十二月壬戌夏遣殿前太尉芭里昌祖樞密都承旨趙衍奏告以其臣任得敬有疾乞遣良醫診治詔賜之醫	正月庚子朔高麗司宰少卿潘咸有賀正旦三月己亥朔高麗尚書戶部侍郎柳德容賀萬春節十二月壬戌高麗禮賓少卿崔儇謝賜生日
八年	正月甲子朔宋試戶部尚書唐瑑保寧軍承宣使宋鈞賀正旦三月癸亥朔試工部尚書王淪賀萬春節九月以右宣徽使移剌神獨斡太府監高彥佐爲賀宋生日使十一月以同僉大宗正事宗室闢合土尚書右司郎中李昌圖爲賀宋正旦使	正月甲子朔夏武功大夫利守信宣德郎李穆賀正旦三月癸亥朔夏武功大夫咩布師道宣德郎嚴立本等賀萬春節四月戊午夏遣任德聰謝恩使詔却其禮物九月丁卯以引進使高希甫爲夏生日使	正月甲子朔高麗司宰少卿金起賀正旦三月癸亥朔高麗尚書戶部侍郎金光利進奉使朝散大夫祕書少監趙湜賀萬春節十月乙未以翰林待制兼同修國史宗室靖爲高麗生日使
九年	正月戊午朔宋試工部尚書鄭聞明州觀察使董誠等賀正旦三月丁巳朔宋翰林學士胡元質保康軍承宣使宋直溫等賀萬春節九月以刑部尚書高德基爲賀宋生日使	正月戊午朔夏武功大夫莊浪義顯宣德郎劉裕等賀正旦三月丁巳朔夏武功大夫渾進忠宣德郎王德昌等賀萬春節五月丙辰以宿直將軍完顏賽	正月戊午朔高麗司宰少卿陳玄光禮賓少卿徐諴等賀正旦三月丁巳朔高麗祕書少監金利誠賀萬春節朝散大夫衞尉少卿崔偁爲進奉使五月以符寶郎徒單懷貞爲橫

	十一月以京兆尹宗室毅尚書左司郎中牛德昌爲賀宋正旦使	也爲橫賜夏國使　九月以宿直將軍僕散忠爲夏生日使	賜高麗使　九月丙辰以提點司天臺馬貴中爲高麗生日使　十二月戊戌高麗邊報稱王晛誕得繼孫欲遣使奏告庚戌高麗太府少卿裴衍謝賜生日司宰少卿李世美謝橫賜
十年	正月壬子朔宋試吏部尚書汪大猷寧國軍承宣使曾覿賀正旦　三月壬子朔宋試工部尚書司馬伋泉州觀察使馬定遠等賀萬春節　閏五月丁酉尚書省奏宋祈請使赴闕日期詔以九月十一日朝見　九月以僉書樞密院事移剌子敬宮籍監張僅言爲賀宋生日使　丙戌宋祈請使資政殿大學士范成大崇信軍節度使康僭至求免起立接受國書詔不許	正月壬子朔夏武功大夫劉志直宣德郎韓德容等賀正旦　三月壬子朔夏武功大夫張兼善宣德郎李師白等賀萬春節　丁丑詔以夏奏告使於閏五月十六就行在　閏五月乙未夏權臣任得敬中分其國脅其主李仁孝遣左樞密使浪訛進忠參知政事楊彥敬押進翰林學士焦景顏等上表爲得敬求封詔不許遣使詳問　七月庚子宋人	正月壬子朔高麗禮賓少卿陳升賀正旦　三月壬子朔高麗衛尉少卿崔佻進奉使尚書禮部侍郎崔光涉等賀萬春節　十月己酉以大宗正丞宗室弘爲高麗生日使　十一月己卯高麗翼陽公晧廢晛自立不肯接受賜王晛生日使王晧稱兄晛讓國求封冊詔遣使詳問
	十一月以太子詹事蒲察速越同知宣徽院事韓綱爲賀宋正旦使	以蠅丸書遣任得敬夏執其人并書以來　庚寅以尚書戶部郎中夾古阿里補爲夏生日使　十一月癸巳夏以誅任得敬遣其殿前太尉芭里昌祖樞密直學士高岳等上表陳謝	
十一年	正月丙子朔宋試工部尚書呂正己利州觀察使辛堅之賀正旦　三月乙亥宋翰林學士趙雄泉州觀察使趙伯驌等賀萬春節　八月以尚書刑部侍郎駙馬都尉烏林荅天錫御史中丞李文尉爲賀宋生日使　十一月以西南路招討使宗室崇寧戶部侍郎程輝爲賀宋正旦使	正月丙子朔夏遣武功大夫煞執直宣德郎馬子才賀正旦　三月乙亥夏使賀萬春節　丁卯以近侍局使劉珫爲夏生日使	正月壬辰高麗王晧報稱前王久病昏耗不治以母弟晧權攝國事　四月丁卯權軍國事王晧上表并以兄晛表求封　五月以尚書吏部侍郎宗室靖爲宣問高麗王晛使靖至高麗晧稱晛避位出居他所病加無損不能就位拜命往復險遠非使者所宜往乃以王晛表附奏其表大槩與前表同　丁卯權高麗國事王晧告奏使尚書禮部侍郎
			張明翼以王晧表求封
十二年	正月庚子朔宋試工部尚書莫濛利州觀察使孫顯祖賀正旦　三月己巳朔宋龍圖閣學士翟紱宜州觀察使祖士粲等賀萬春節　四月宋試吏部尚書姚憲安德軍承宣使曾覿賀加上尊號　九月以殿前右副都點檢夾谷清臣尚書左司郎中張汝弼爲賀宋生日使　十一月以戶部尚書曹望之尚書右司郎中紇石烈哲爲賀宋正旦使	正月庚午朔武功大夫嵬恧執忠宣德郎劉昭等賀正旦　三月己巳朔夏武功大夫党得敬宣德郎田公懿賀萬春節　殿前馬步軍太尉訛羅紹甫樞密直學士呂子溫押進匭匣使芭里直信等賀加上尊號　四月癸亥以宿直將軍唐括阿忽里爲橫賜夏國使　九月辛巳以殿前右衛將軍粘割斡特剌爲夏生日使　十二月癸亥夏殿前太尉周榮忠樞密直學士嚴立本等謝橫賜	正月庚午朔高麗使賀正旦　三月己巳朔權高麗國王晧遣尚書戶部侍郎金黃裕等賀萬春節　衛尉少卿蔡祥正賀加上尊號　丁丑宿直將軍烏古論思列尚書右司員外郎張亨爲封冊王晧使　四月丁卯高麗戶部尚書李著國子祭酒崔誧賀尊號　十月高麗檢校太尉金于番大府少卿金瑄謝封冊
十三年	正月乙丑朔宋試吏部尚書馮樽泉州觀察使龍雲等賀正旦	正月乙丑朔夏武功大夫卧落紹昌宣德郎張	正月乙丑朔高麗國王王晧遣司宰少卿史正儒賀正旦
	三月癸巳朔宋試禮部尚書韓元吉利州觀察使鄭興裔等賀萬春節　八月以殿前左副都點檢兼侍衛將軍副都指揮使宗室襄國子司業兼尚書戶部郎中張汝霖爲賀宋生日使　十一月以大興尹璋客省使兼東上閤門使高翊爲賀宋正旦使	希道等賀正旦　三月癸巳朔夏武功大夫芭里安仁宣德郎焦蹈等賀萬春節　九月乙未以宿直將軍宗室崇肅爲夏生日使	三月癸巳朔高麗太府少卿李應求賀萬春節　十一月甲午以引進使大洞爲高麗生日使
十四年	正月己丑朔宋翰林學士留正利州觀察使張嶷等賀正旦　癸巳宋使朝辭尚書省奏宋來書語涉平易遣人就館諭宋使大興尹璋至宋人就館奪其國書璋乃赴其宴受其私物璋坐除名　二月以刑部尚書梁肅趙王府長史蒲察訛里剌爲詳問宋國使　三月戊子朔宋遣戶部尚書韓彥直保信軍承	正月己丑朔夏武功大夫煞進德宣德郎李師旦賀正旦　三月戊子朔夏武功大夫芭里安仁宣德郎焦蹈等賀萬春節　九月乙未宿直將軍宗室崇肅爲夏生日使	正月己丑朔高麗遣尚書吏部侍郎崔均等賀正旦　丙戌高麗遣尚書刑部侍郎車仁揆進奉　三月戊子朔高麗尚書戶部侍郎金鍊光等賀萬春節　乙亥以勸農副使完顏蒲涅爲橫賜高麗使　十一月戊申以儀鸞局使曹士元爲高麗生日使

	宣使劉炎等賀萬春節梁肅等至宋宋主接書如舊儀五月梁肅等還宋主以謝書附奏九月以兵部尚書完顏讓祕書少監賈少沖爲賀宋生日使己酉宋試工部尚書張子顏明州觀察使劉崈爲報聘使仍求免起立接書詔不許十一月以御史中丞劉仲誨殿前左衛將軍兼修起居注紇石烈奧也等爲賀宋正旦使		
十五年	正月宋試戶部尚書蔡洸江州觀察使趙益等賀正旦九月以歸德尹完顏王祥客省使兼東上閤門使盧璣爲賀宋生日使十一月以右宣徽使宗室璹拱衛直都指揮使高邏國爲賀宋正旦使	正月夏武功大夫李嗣卿宣德郎白慶嗣等賀正旦九月己未以符寶郎斜也和尚爲夏生日使十二月丙午夏遣中興尹訛羅紹甫翰林學士王師信等謝橫賜	七月丙申曷懶路奏得高麗邊報以其西京留守趙位寵作亂欲遣告奏而義州路梗不通欲由定州入曷懶路詔許之九月高麗西京留守趙位寵遣徐彥等進表欲以慈悲嶺以西鴨淥江以東內附詔不許辛酉高麗國王王晧以平趙位寵之亂遣祕書少監朴紹奉表告奏十一月戊辰以宿直將軍阿典蒲魯虎爲高麗生日使十二月丙午高麗遣朝散大夫禮賓少卿趙永仁謝賜生日
十六年	正月戊申朔宋試戶部尚書謝廓然泉州觀察使黃夷行等賀正旦三月丙午朔宋試工部尚書張宗元利州觀察使謝純孝等賀萬春節壬子宋翰林學士知制誥朝散大夫湯邦彥昭信軍承宣使陳雷等奉書申請丙辰宋申請使朝辭上以書答之九月以殿前都點檢蒲察通尚書左司郎中張亨爲賀宋生日使十一月以同知宣徽院事劉琉近侍局使烏林答愿爲賀宋正旦使	正月戊申朔夏武功大夫嵬宰師憲宣德郎宋弘等賀正旦三月丙午朔夏武功大夫骨勤文昌宣德郎王禹珪賀萬春節九月癸酉以宿直將軍完顏覿古速爲夏生日使	正月戊申朔高麗尚書吏部侍郎李章賀正旦三月丙午朔高麗遣尚書戶部侍郎蔡順禧賀萬春節十一月以尚書兵部郎中移剌子元爲高麗生日使十二月庚子高麗遣禮賓少卿王珪謝賜生日戶部尚書吳光陟尚書工部侍郎尹崇誨等以不許趙位寵內附陳謝
十七年	正月壬寅朔宋遣試吏部尚書閻蒼舒江州觀察使李可久等來賀正旦三月辛丑朔宋遣試戶部尚書張子正明州觀察使趙士葆等賀萬春節九月以殿前右副都點檢完顏習尼烈提點太醫院兼儀鸞使曹士元爲賀宋生日使十一月以延安尹完顏蒲剌覩左諫議大夫兼翰林直學士鄭子聃爲賀宋正旦使	正月壬寅朔夏武功大夫訛喙德昌宣德郎楊彥和等賀正旦三月辛丑朔夏武功大夫芭里慶祖宣德郎梁宇等賀萬春節九月丁酉朔以尚書兵部郎中石抹忽土爲夏生日使十月夏國獻百頭帳詔不受十一月仁孝再以表上曰若不包納則下國深誠無所展効詔許與正旦使同來十二月甲午夏遣東經略使蘇執禮橫進	正月壬寅朔高麗尚書戶部侍郎吳淑夫賀正旦二月己亥高麗遣朝散大夫尚書戶部侍郎丁守弼進奉三月辛丑朔高麗遣尚書工部侍郎崔光遠賀萬春節四月戊子以滕王府長史徒單烏者爲橫賜高麗使十二月戊辰以宿直將軍僕散懷忠爲高麗生日使甲午遣禮賓少卿崔美謝橫賜
十八年	正月丙申朔宋翰林學士錢良臣嚴州觀察使延璽等賀正旦三月乙未朔宋遣試禮部尚書趙思宜州觀察使鄭槐等賀萬春節九月以大理卿張九思殿前左衛將軍宗室崇肅爲賀宋生日使十一月以靜難軍節度使烏延查剌太府監王汝楫爲賀宋正旦使	正月丙申朔夏武功大夫恧恧存忠宣德郎武用和等賀正旦三月乙未朔夏武功大夫嵬名仁顯宣德郎趙崇道等賀萬春節四月己丑以太子左贊善兼翰林修撰阿不罕德甫爲橫賜夏國使九月辛未以侍御史完顏蒲魯虎爲夏生日使十二月戊午夏遣殿前太尉訛元智翰林學士劉昭謝橫賜	正月丙申朔高麗尚書戶部侍郎孫應時賀正旦二月癸巳高麗遣吏部侍郎崔孝求進奉三月乙未朔高麗尚書刑部侍郎李仁成等賀萬春節十一月丙戌以東上閤門使左光慶爲賜高麗生日使十二月戊午高麗禮賓少卿奇世謝賜生日
十九年	正月庚申朔宋遣戶部侍郎宇文价江州觀察使趙雱等賀正旦三月己未朔宋龍圖閣學士錢沖之潭州觀察使劉杏等賀萬春節九月以左宣徽使蒲察鼎壽尚書刑部郎中高德裕爲賀宋生日使十一月以御史中丞移剌慥東上閤門使左光慶爲賀宋正旦使	正月庚申朔夏武功大夫張兼善宣德郎張希聖等賀正旦三月己未朔夏遣武功大夫來子敬宣德郎梁介等賀萬春節九月戊午以太子左衛率府裴滿胡剌爲夏生日使	正月庚申朔高麗刑部侍郎金節賀正旦二月丁巳高麗尚書吏部侍郎柳得仁進奉三月己未朔高麗尚書戶部侍郎盧卓儒賀萬春節十一月戊辰以西上閤門使盧拱爲賜高麗生日使十二月壬子高麗遣朝散大夫禮賓少卿柳得義謝賜生日
二十年	正月庚申朔宋試禮部尚書陳峴宜州觀察使孔異賀正旦三月癸丑朔宋	正月庚申朔夏武功大夫安德信宣德郎吳日休賀正旦	正月庚申朔高麗尚書戶部侍郎尹東輔賀正旦二月辛亥高麗

年	宋	夏	高麗
	試工部尚書傅淇娄州觀察使王公弼等賀萬春節九月以太府監李份尚書左司郎中完顏烏里也爲賀宋生日使十一月以眞定尹駙馬都尉徒單守素左諫議大夫楊仁爲賀宋正旦使	三月癸丑朔夏武功大夫罔進忠宣德郎王禹玉賀萬春節九月壬戌少府監宗室賽補爲夏生日使十二月癸卯詔有司夏使入界如遇當月小盡限二十五日至都二十七朝見丙午夏遣奏告使御史中丞罔永德樞密直學士劉昭等入見	尚書吏部侍郎金鉉公進奉三月癸丑朔高麗尚書戶部侍郎孫碩賀萬春節四月己亥以西上閤門使郭喜國爲橫賜高麗使十一月乙亥以太常卿任倜爲高麗生日使十二月丙午高麗禮賓少卿沈晉升謝生日禮賓少卿王度等謝橫賜
二十一年	正月戊申朔宋龍圖閣學士葉宏福州觀察使張詔賀正旦三月丁未朔宋試戶部尚書蓋經閬州觀察使裴良能等賀萬春節八月以殿前右副點檢宗室胡什賚尚書左司郎中鄧儼爲賀宋生日使	正月戊申朔夏遣武功大夫謀寧好德宣德郎郝處俊賀正旦三月丁未朔夏武功大夫蘇志純宣德郎康忠義等賀萬春節四月戊辰以滕王府長史把德固爲橫賜夏國使八月乙丑以尚書吏部郎中奚胡失海爲夏生日使	正月戊申朔高麗尚書禮部侍郎賀正旦二月甲辰高麗尚書吏部侍郎李德基進奉三月丁未朔高麗尚書戶部侍郎申寶至賀萬春節
二十二年	三月辛未朔宋使賀萬春節九月以殿前左衛將軍宗室禪赤翰林直學士呂忠翰爲賀宋生日使十一月以昭毅大將軍吏部尚書李术魯罕中大夫都水監宋中爲賀宋正旦使	三月辛未朔夏使賀萬春節九月乙酉以尚輦局使僕散烏速罕爲夏生日使	三月辛未朔高麗使賀萬春節十一月甲申以宿直將軍僕散忠佐爲高麗生日使
二十三年	正月丁卯朔宋試吏部尚書王藺明州觀察使劉弢賀正旦三月丙寅朔宋試工部尚書賈選武奉軍承宣使鄭興裔等賀萬春節九月以同簽大宗正事宗室方同知宣徽院事劉瑋爲賀宋生日使十一月以西京留守宗室婆盧火尚食局使李憲爲賀宋正旦使	正月丁卯朔夏武功大夫劉進忠宣德郎李國安等賀正旦三月丙寅朔夏武功大夫吳德昌宣德郎劉思忠等賀萬春節九月己巳以宿直將軍完顏斜里虎爲夏生日使	正月丁卯朔高麗尚書禮部侍郎崔永濡賀正旦二月甲子高麗戶部侍郎文章煒進奉三月丙寅朔高麗戶部侍郎盧孝敦賀萬春節四月癸丑以大理正紇石烈速列速爲橫賜高麗使十二月丁亥高麗使崔孝著朝辭以詔答王皓是歲皓母任氏薨
二十四年	正月辛卯朔宋顯謨閣學士余端禮宜州觀察使王德顯等賀正旦三月庚寅朔宋試吏部尚書陳居仁隨州觀察使賀錫來賀萬春節八月以太府監張大節尚書左司郎中完顏婆盧火爲賀宋生日使十一月甲午詔上京地遠天寒行人跋涉艱苦來歲宋國正旦生日並不須遣使	正月辛卯朔夏武功大夫劉執中宣德郎李昌輔賀正旦二月甲戌以器物局使宗室畫爲橫賜夏國使三月庚寅朔夏武功大夫晁直信宣德郎王庭彥等賀萬春節五月丙申尚書省奏夏國王以車駕幸上京願遣使入賀上曰往復萬里暑雨泥濘不須遣使令諭止之八月癸亥以侍御史遙里特末哥爲夏生日使十月丙辰朔詔上京地遠天寒行人跋涉艱苦來歲賀正旦生日謝橫賜使權止一年	二月甲戌高麗王王皓以母憂未卒哭請免今年萬春節及進貢詔以王皓未經起復不當陳賀其進貢方物宜令隨明年賀正旦使同來丙戌以高麗王皓母喪遣東上閤門使完顏進兒翰林修撰郝俁爲勅祭使西上閤門使大仲尹爲慰問使虞王府長史永明爲起復使十月丙辰朔詔上京地遠天寒行人跋涉艱苦來歲高麗賀正旦生辰進奉使權止一年其謝勅祭慰問起復三番人使令以後隨朝賀人使同來
二十五年	十一月以臨潢尹僕散守中御史中丞馬惠迪爲賀宋正旦使十二月宋遣試禮部尚書王信明州觀察使吳瓌賀萬春節	十一月丙申夏國以車駕還京賀尊安使御史大夫李崇懿中興尹米崇吉押進匭匣使李嗣卿等朝見	十一月壬寅以尚書禮部員外郎移剌履爲高麗生日使十二月戊寅高麗戶部尚書梁翼京府少監卿崔素謝勅祭司宰少卿康勇儒謝慰問禮賓少卿崔仁謝起復
二十六年	正月庚辰朔宋使賀正旦三月己卯朔宋試戶部尚書章森容州觀察使吳曦等賀萬春節八月以益都尹崇浩左諫議大夫黃久約爲賀宋生日使十一月以刑部尚書移剌子元尚書左司郎中馬琪爲賀宋正旦使	正月庚辰朔夏武功大夫麻骨進德宣德郎劉光國等賀正旦三月己卯朔夏武功大夫麻骨德懋宣德郎王慶崇等賀萬春節八月己丑以宿直將軍李達可爲夏生日使	正月庚辰朔尚書工部侍郎崔仁請賀正旦以宣孝太子未大燒飯詔權停三日曲宴禮三國人使各賜在館宴二月丁丑高麗戶部侍郎門義赫進奉三月己卯朔高麗禮部侍郎柳公權賀萬春節四月壬戌以客省使李磐爲橫賜高麗使十二月庚子高麗禮部侍郎任濡謝橫賜禮賓少卿盧元謝生日
二十七年	正月癸卯朔宋遣試刑部尚書李巘漳州觀察使趙多才賀正旦三月癸卯朔宋遣試兵部尚書張淑春鄂州觀察使謝卓然等賀萬春節九月以河中尹田彥皐近侍局使宗室鶻殺虎爲賀宋生日使十月乙亥宋前主殂十一月以殿前左副都點檢崇安翰林侍講學士兼御史中丞李宴爲賀宋正	正月癸卯朔夏武功大夫嵬德昭宣德郎索遵德賀正旦三月癸卯朔夏武功大夫遇忠輔宣德郎呂昌齡等賀萬春節九月己酉以武器署令斜卯阿土爲夏生日使十二月夏殿前太尉訛羅紹先樞密直學士嚴立本謝橫賜	正月癸卯朔高麗司宰少卿崔匡輔賀正旦二月辛丑高麗禮賓少卿車若松進奉三月癸卯朔高麗戶部侍郎李公鈞賀萬春節十二月庚午以翰林待制趙可爲高麗生日使甲午高麗禮賓少卿崔存謝賜生日

年	宋	夏	高麗
	旦使 十二月壬午宋敷文閣學士韋璞鄂州觀察使特立來告哀		
二十八年	正月丁酉朔宋試工部尚書萬鍾宜州觀察使趙不違賀正旦 是月以左宣徽使駙馬都尉蒲察克忠戶部尚書劉瑋爲宋弔祭使 二月宋試戶部尚書顏師魯福州觀察使高震來進其前王遺留禮物 三月丁酉朔宋試戶部尚書胡晉臣鄂州觀察使鄭康孫賀萬春節 五月甲辰宋試禮部尚書京鏜容州觀察使劉端仁來報謝 九月丙申以武安軍節度使王克溫近侍局使鶻殺虎爲賀宋生日使 十一月以河中尹田彥皐吏部侍郎移剌仲方爲賀宋正旦使	正月丁酉朔夏武功大夫麻奴紹文宣德郎安惟敬賀正旦 三月丁酉朔夏武功大夫渾進忠宣德郎鄧昌祖等來賀萬春節 九月甲午朔以鷹坊使崇夔爲夏國生日使	正月丁酉朔高麗司宰少卿崔迪元賀正旦 二月乙未高麗禮賓少卿吉仁進奉 三月丁酉朔高麗戶部侍郎李禧賀萬春節 十二月丙寅以大理正移剌彥拱爲高麗生日使 庚寅高麗戶部侍郎周匡美謝賜生日
二十九年	正月壬辰朔宋顯謨閣學士鄭僑廣州觀察使張時修等賀正旦 上大漸宋正旦使遣還 甲辰遣大理卿王元德等報哀于宋 二月宋主內禪子惇嗣立 四月辛未宋葛延瑞趙不懮來弔祭 五月壬寅宋遣羅點譙熙載來報嗣位 戊午遣東北路招討使溫迪罕速可等使宋賀即位 閏月庚辰宋遣沈揆韓侂胄來賀登位 六月乙卯勅有司移報宋天壽節 七月辛巳遣刑部尚書完顏守貞等爲賀宋生辰使 八月丙辰宋遣禮部尚書謝深甫觀察使趙昂賀天壽節 十一月辛酉遣右宣徽使裴滿餘慶等爲賀宋正旦使	正月壬辰朔夏武功大夫紐尚德昌宣德郎宇得賢賀正旦 上大漸夏使遣還 三月夏殿前太尉李元貞翰林學士餘良來陳慰 四月進奉使御史中丞鄭顯忠樞密直學士李國安入奠 五月夏知興中府事酒令思敬秘書少監梁介賀登位 知中興府事田周臣押進使 八月丙辰夏嵬名彥劉文慶賀天壽節	正月壬辰朔高麗禮賓少卿李尚儒賀正旦 上大漸高麗使遣還 六月乙卯高麗檢校尚書右僕射戶部尚書李英搢檢校工部尚書戶部侍郎黃清來奏會葬并祭奠 七月辛未高麗檢校太尉鄭存實殿中監任沖來賀登位 八月高麗遣戶部尚書崔膺庸賀天壽節 十二月高麗禮部侍郎閔湜謝生日 戶部侍郎孫衍謝橫賜

金史卷六十二

元中書右丞相總裁脫脫等修

表第四

交聘表下

年	宋	夏	高麗
章宗明昌元年	正月丙辰朔宋試戶部尚書郭德麟宜州觀察使蔡錫賀正旦 七月己巳遣禮部尚書王翛等爲賀宋生辰使 八月己酉宋顯謨閣學士丘崈福州觀察使蔡必勝賀天壽節 十一月乙卯遣簽書樞密院事把德固等爲賀宋正旦使	正月丙辰朔夏武節大夫唐彥超宣德郎楊彥直賀正旦 八月己酉夏武節大夫拽稅守節宣德郎張仲文賀天壽節 知中興府罔進忠謝橫賜	八月己酉高麗戶部侍郎陳克修及進奉使戶部鄭世髦賀天壽節 十二月丁未高麗戶部侍郎盧湜謝生日
二年	正月庚戌朔宋試吏部尚書蘇山潭州觀察使劉詢賀正旦 丙寅遣左副都點檢完顏匡等使宋告哀 三月丁丑宋遣試禮部尚書宋之端嚴州觀察使宋嗣祖爲皇太后弔祭使太常少卿王叔簡讀祭文 七月己巳遣同簽大睦親府事完顏充等爲賀宋生辰使 八月乙巳宋試戶部尚書趙彥婺州觀察使田皐賀天壽節 十一月丁巳遣幽王傅完顏宗璧等爲賀宋正旦使	正月庚戌朔夏武節大夫王全忠宣德郎張思義賀正旦 許使貿易三日 三月丁巳夏左金吾衛正將軍李元膺御史中丞高俊英爲陳慰使 丁卯夏進奉使知中興府李嗣卿樞密直學士永昌奉奠皇太后 八月丁丑朔夏武節大夫孰嵬英宣德郎焦元昌賀天壽節	正月庚戌朔高麗禮賓少卿鄭克溫賀正旦 三月乙亥高麗檢尚書右僕射工部尚書韓正修吏部侍郎崔敦禮奉慰檢校尚書文得品禮部侍郎李世長祭奠 八月乙巳高麗戶部侍郎柳光壽來賀天壽節 戶部侍郎宋弘迪進奉 十二月癸卯高麗戶部侍郎李至純謝賜生日
三年	正月乙巳朔宋煥章閣學士黃申明州觀察使張宗益賀正旦 七月辛卯遣殿前都點檢僕散端等爲賀宋生辰使 八月宋工部尚書錢之望廣州觀察使楊大節賀天壽節 十一月戊寅遣左副都點檢溫敦忠等爲賀宋正旦使	正月乙巳朔夏武節大夫趙好宣德郎史從禮賀正旦 八月丁卯夏武節大夫罔敦信宣德郎韓伯容賀天壽節	正月乙巳朔高麗禮賓少卿洪孝忠賀正旦 八月辛丑朔高麗衛尉少卿朴初賀天壽節 秘書少監師威謝橫賜 禮賓少卿石城柱進奉 十二月丁卯高麗遣戶部侍郎丁光叙謝賜生日
四年	正月己巳朔宋顯謨閣學士鄭汝諧均州觀察使譙令雍賀正旦 七月己丑遣御史中丞董師中等爲賀宋生辰使 八月辛酉宋吏部尚書許及之明州觀察使蔣介賀天壽節 十一月庚寅遣	正月己巳朔夏武節大夫吳哆遂良宣德郎高崇德賀正旦 八月辛酉夏武節大夫麗靜師德宣德郎張崇師賀天壽節 御史中丞酒令思聰謝橫賜 九月仁孝薨子純佑立	正月己巳朔高麗司宰少卿楊淑節賀正旦 八月辛酉高麗禮賓少卿蘇良美賀天壽節 吏部侍郎門侯軾進奉 十二月庚申高麗戶部侍郎陳光卿等謝賜生日

年	宋	夏	高麗
	翰林直學士完顏匡更名弼爲賀宋正旦使	十一月壬申夏御史大夫李元吉翰林學士李國安來訃告 十二月甲午朔夏殿前太尉咩銘友直副使樞密直學士李昌輔奉遺進禮物	
五年	正月癸卯朔宋翰林學士倪思知閤門使王知新賀正旦 六月戊戌宋前主眘殂 七月甲子宋主禪位于子擴 八月乙卯宋試工部尚書梁總明州觀察使戴勳賀天壽節 九月壬申宋顯謨閣學士薛叔似廣州觀察使謝淵來告哀 戊寅以知大興府事尼厖古鑑爲宋弔祭使 十月庚寅宋戶部尚書林湜泉州觀察使游恭獻遺留物 閏十月戊午朔宋翰林學士鄭湜廣州觀察使范仲任報即位 甲戌以河東南北路提刑使王	正月癸亥朔夏武節大夫惡恧世忠宣德郎劉思問等賀正旦 辛巳命中憲大夫國子祭酒劉璣尚書右司郎中烏古論慶裔等充夏國王李純佑封冊起復使 四月壬寅夏御史中丞浪訛文廣副使樞密直學士劉俊才押進知中興府野遇克忠來報謝 八月乙卯夏武節大夫野遇思文宣德郎張公輔賀天壽節	正月癸亥朔高麗衛尉少卿李居正賀正旦 八月己丑朔高麗禮賓少卿權信賀天壽節太府少監柳澤進奉 十二月丁巳朔高麗戶部侍郎劉邦氐謝賜生日
	啓廣威將軍殿前副都點檢石抹仲溫爲賀宋即位國信使 十一月庚子以廣威將軍右宣徽使移剌敏山東東路轉運使高世忠爲賀宋正旦使		
六年	正月丁亥朔宋試禮部尚書曾三復賀正旦 二月癸未宋煥章閣學士林季友明州觀察使郭正己報謝 八月辛未遣吏部尚書吳鼎樞等爲賀宋生辰使 己卯宋試吏部尚書汪義端福州觀察使韓侂胄賀天壽節 十一月丙申遣刑部尚書紇石烈貞等爲賀宋正旦使	正月丁亥朔夏武節大夫王彥才宣德郎高大節賀正旦 三月丙申夏御史大夫李彥崇知中興府事郝庭俊謝賜生日 八月己卯夏武節大夫宋克忠宣德郎吳子正賀天壽節	正月丁亥朔高麗戶部侍郎白存儒賀正旦 八月己卯高麗禮部侍郎徐諧賀天壽節衛尉少卿周元迪謝橫賜 十二月丁丑高麗尚書戶部侍郎孫弘謝賜生日
承安元年	正月辛巳朔宋遣翰林學士黃艾均州觀察使柳正一賀正旦 八月甲戌宋試工部尚書吳宗旦湖州觀察使張卓賀天壽節 九月癸未遣吏	正月辛巳朔夏武節大夫員元亨宣德郎元叔等賀正旦	正月辛巳朔高麗禮賓少卿宋軆賀正旦 八月甲戌高麗尚書禮部侍郎
	部尚書張嗣等爲賀宋生辰使 十一月甲午遣陝西路統軍使完顏崇道等爲賀宋正旦使	八月甲戌夏武節大夫同崇義宣德郎呂昌邦賀天壽節	趙冲賀天壽節太府監卿劉應舉進奉 十二月丙午朔高麗戶部侍郎金光當謝賜生日
二年	正月乙亥朔宋煥章閣學士張貴謨嚴州觀察使郭倪賀正旦 辛丑宋試禮部尚書趙介利州觀察使朱竈年以母喪告哀 八月戊戌宋試工部尚書衛涇泉州觀察使陳奕賀天壽節 九月丁未遣知歸德府事完顏愈等爲賀宋生辰使	正月乙亥朔夏武節大夫嵬名世安宣德郎李師廣賀正旦 八月戊戌夏武節大夫囉哆守忠宣德郎王彥國賀天壽節 知中興府事李德冲樞密直學士劉思問等奏告權場 十二月丁酉夏殿前太尉李嗣卿知中興府事高德崇謝復權場	正月乙亥朔高麗禮賓少卿牙應卿賀正旦 八月戊戌高麗禮部侍郎趙謙賀天壽節戶部侍郎梁元進奉
三年	正月己亥朔宋煥章閣學士曾炎鄂州觀察使鄭挺賀正旦 乙丑宋試禮部尚書趙介利州觀察使朱竈年以宋祖母喪告哀 八月癸未宋試刑部尚書湯碩	正月乙亥朔夏武功大夫隗敏修宣德郎鍾伯達賀正旦 八月甲午夏武節大夫折哆俊乂宣德郎羅世昌賀天壽節	三月丙寅王晧以國讓其弟晫禮賓少卿趙通來奏告求封冊晫遣使宣問 是歲晧薨晫嗣立遣禮賓少卿白汝舟來奏告
	福州觀察使李汝翼等報謝 九月丙申宋顯謨閣學士王休利州觀察使李安禮賀天壽節 遣中都路都轉運使孫鐸等爲賀宋生辰使 十一月丁未遣太常卿楊庭筠等爲賀宋正旦使		
四年	正月癸巳朔宋工部尚書馬覺廣州觀察使鄭蓋賀正旦 八月己丑宋試工部尚書李大性泉州觀察使金湯楫賀天壽節 九月己未遣知東平府事僕散琦等爲賀宋生辰使 十一月甲寅遣知濟南府事范楫等爲賀宋正旦使	正月癸巳朔夏武節大夫李慶源宣德郎鄧昌祖賀正旦 八月己丑夏武節大夫紐尚德昌宣德郎李公達賀天壽節 殿前太尉迺令思聰樞密直學士楊德先謝橫賜	正月丁酉高麗告哀 三月遣使冊高麗王王晫 八月己酉高麗王晫遣工部侍郎劉元順賀天壽節戶部侍郎鄭邦輔進奉 十二月乙酉高麗知樞密院金陟侯太府卿王儀謝封冊
五年	正月戊子朔宋煥章閣學士朱致知福州觀察使李師摯賀正旦 八月壬子宋戶部尚書趙善義鄂州觀察使厲	正月戊子夏武節大夫連都敦信宣德郎丁師周賀正旦附奏爲母疾求醫詔遣太醫時德元王利貞往診治	正月戊子朔高麗禮賓少卿白元軾來賀正旦 八月壬子高麗戶部侍郎池資深賀天壽節戶部侍郎申周錫等進奉

	仲祥賀天壽節 是月宋前主惇殂 十月庚子宋試刑部尚書吳玕利州觀察使林可大來告母喪 十一月己巳宋煥章閣學士李寅仲福州觀察使張巨顯來告前主喪 乙卯遣工部尚書烏古論誼爲宋弔祭使 辛未遣殿前右副點檢紇石烈忠定等爲賀宋正旦使 十二月癸未遣河南路統軍使完顏充等爲宋弔祭使	仍似御劑藥賜焉 八月壬子夏武節大夫連都敦信宣德郎丁師周賀天壽節南院宣徽使劉忠亮知中興府高永昌來謝恩	
泰和元年	正月壬子朔宋寶謨閣學士林桷利州觀察使王康成賀正旦 壬戌宋試工部尚書丁常任嚴州觀察使郭倓進遺留物 三月乙亥宋試刑部尚書虞儔泉州觀察使張仲舒等來報謝 八月丙申宋試戶部尚書俞烈福州觀察使李言等報謝	正月壬子朔夏武節大夫臥德忠宣德郎劉筠國賀正旦 三月乙丑夏左金吾衛上將軍野遇思文知中興府田文徽等來謝恩 八月戊寅朔夏武節大夫柔思義宣德郎焦思元等賀天壽節	正月壬子朔高麗禮賓少卿李惟卿賀正旦 八月高麗戶部侍郎鄭公順賀天壽節禮賓少卿趙淑進奉衛尉卿秦彥臣謝賜生日 十二月乙巳高麗禮賓少卿崔南敷進奉
	丙申宋遣試吏部尚書陳宗召廣州觀察使竇夔賀天壽節 九月戊申遣右宣徽使徒單懷忠等爲賀宋生日使 十一月庚申遣殿前右衛將軍紇石烈七斤等爲賀宋正旦使		
二年	正月丁未朔宋煥章閣學士李景和福州觀察使陳有功賀正旦 八月庚子宋試工部尚書趙不艱鄂州觀察使黃卓然賀天壽節 丙辰以完顏瓌張行簡爲賀宋生日使 十二月癸酉遣武安軍節度使公弼等爲賀宋正旦使	正月丁未朔夏武節大夫白克忠宣德郎蘇寅孫賀正旦 八月庚子夏武節大夫天籍辣忠毅宣德郎王安道賀天壽節殿前太尉李建德知中興府事楊紹直等謝橫賜	正月丁未朔高麗司宰少卿門孝軾賀正旦 八月庚子高麗戶部侍郎史洪祐賀天壽節禮部少卿韓氏謝賜生日 閏十二月己巳高麗禮賓少卿宋弘烈進奉
三年	正月辛未朔宋試吏部尚書曾館利州觀察使王處久賀正旦 甲子宋試禮部尚書劉甲泉州觀察使郭倬賀天壽節 九月壬申遣刑部尚書承暉等爲賀宋生辰使	正月辛未朔夏武節大夫崔元佐宣德郎劉彥輔賀正旦 八月甲子夏武節大夫党德元宣德郎高大亨賀天壽節	正月辛未朔高麗戶部侍郎郭公儀賀天壽節禮賓少卿師公直謝賜生日 十二月癸亥高麗禮賓少卿林德元進奉 是歲王晫薨子韺嗣位
	十一月辛未遣簽樞密院事獨吉思忠等爲賀宋正旦使		
四年	正月乙丑朔宋試吏部尚書張孝曾容州觀察使林伯成賀正旦 丁丑張孝曾廻至慶都縣卒賻贈絹布各二百二十疋差防禦使女奚烈元充勑祭使管伴使張雲護送以還 八月癸丑宋試禮部尚書張嗣古廣州觀察使陳煥賀天壽節 乙卯遣知眞定府事完顏昌等爲賀宋生辰使 十一月丁卯遣殿前右副都點檢烏林答毅等爲賀宋正旦使 癸未寶雞郿縣諸社屢被宋抄掠	正月乙丑朔夏武節大夫梅訛宇文宣德郎韓師正賀正旦 八月己丑夏武節大夫李德廣宣德郎韓承慶賀天壽節	正月乙丑朔高麗司宰少卿李延壽賀正旦 三月庚寅禮部侍郎王永齡來告哀 八月乙丑高麗國王韺遣戶部侍郎曹光壽賀天壽節戶部侍郎李儆謝賜生日 十二月丁巳高麗禮賓少卿姜植材進奉司宰少卿車富民謝橫賜戶部尚書金慶夫禮部侍郎崔克遇謝勑祭衛尉少卿門存謝慰問禮賓少卿黃孝卿謝起復
五年	正月己未朔宋試吏部尚書鄧友龍利州觀察使皇甫斌賀正旦 庚申宋兵入遂平縣縱掠出獄囚火官舍害令	正月己未朔夏武功大夫遇惟德宣德郎高大倫賀正旦 閏八月辛巳夏武節大夫趙公良宣德郎米元	正月己未朔高麗司宰少卿林仁碩賀正旦 閏八月辛巳高麗司宰少卿崔義賀天壽節 十一月辛巳高麗衛尉卿吳應
	尉而去 二月己酉宋兵掠泌陽剽巡檢家貲害其家人 三月戊午朔宋兵焚平氏鎮掠民財 四月命樞密院移文宋人依誓約撤新兵毋縱入境 庚午宋兵掠缺州白亭巡檢家貲持其印去 辛巳宋兵犯鞏州來遠鎮 丁亥唐州獲宋諜言韓侂胄屯兵鄂州將謀北侵 五月甲子平章政事僕散揆宣撫河南籍諸道兵備宋宣撫司移文宋三省樞密問用兵之故宋以鐫諭邊臣爲辭乃罷宣撫司僕散揆還京師 甲申宋楚州安撫使戚拱遣其將高顯以兵五百人破漣水縣 閏八月辛巳宋試吏部尚書李璧廣州觀察使林仲虎賀天壽節 九月甲申遣河	懿賀天壽節殿前大尉酒來思聰知中興府通判劉俊德來謝橫賜	天進奉

年	宋	夏	高麗
	南路統軍使紇石烈子仁等爲賀宋生辰使十一月乙酉宋兵入內鄉已丑遣太常卿趙之傑等爲賀宋正旦使十二月宋吳曦擁衆與元欲窺關隴皇甫斌擾淮北		
六年	正月癸未朔宋試刑部尚書陳景俊知閤門事吳琯賀正旦四月丙寅詔平章政事僕散揆行省于汴督諸道兵伐宋十月庚戌僕散揆出潁壽十一月丁亥克安豐軍壬辰次廬江宋主密諭丘崈使歸罪韓侂胄將乞盟崈既送韓元靚歸遣忠訓郎林拱持書求和於僕散揆癸卯丘崈復遣武翼郎宋顯等以書幣乞和於揆十二月癸丑宋吳曦納款于都大提舉完顏綱賜詔褒諭宋簽書樞密院事丘崈復遣陳璧奉書詣揆乞和揆以其辭尚倨不見乙丑僕散揆班師封吳曦爲蜀國王吳曦遣郭澄任辛奉表及蜀地圖志吳氏譜牒來上	正月癸未朔夏武節大夫紕尚德宣德郎鄭勍賀正旦乙丑夏李安全廢其主純佑自立令純佑母羅氏爲表遣御史大夫罔佐執中等來奏求封冊六月戊戌詔宣問羅氏所以廢立之故安全復以羅氏表來辛丑以朝議大夫尚書左司郎中溫迪罕思敬朝請大夫太常少卿黃震爲夏國王李安全封冊使十二月乙丑夏御史大夫謀寧光祖翰林學士張公甫謝封冊押進使知中興府梁德樞等入見	正月癸未朔高麗禮賓少卿崔甫淳賀正旦八月丙子高麗遣衛尉少卿李迪儒賀天壽節衛尉卿金升謝賜生日禮賓卿李份謝起復知樞密事韓奇太府卿李承白等來謝封冊十二月乙亥高麗衛尉少卿慶裕升進奉
七年	正月庚寅僕散揆還至下蔡有病丙申以左丞相崇浩代揆行省于汴二月宋安丙殺吳曦宋方信孺詣行省以書乞和五月丙申宋張巖復遣方信孺詣都元帥府請增歲幣九月崇浩薨以平章政事完顏匡行省于汴十一月丙子宋韓侂胄遣王柟以書詣元帥府壬辰宋錢象祖李璧移書行省議和	正月丁丑朔夏武節大夫隈敏修宣德郎鄧昌福賀正旦八月甲辰朔夏武節大夫囉哆思忠宣德郎安禮賀天壽節	正月丁丑朔高麗戶部侍郎師應瞻賀正旦四月壬子以昭勇大將軍官籍副監楊序爲橫賜高麗使八月壬申高麗遣衛尉少卿徐珖賀天壽節衛尉少卿金義元謝賜生日十二月壬寅朔高麗遣戶部侍郎鄭光習進奉
八年	二月乙巳宋錢象祖復遣王柟以書上行省乙未宋函韓侂胄蘇師旦首贖淮南故地元帥府露布以聞宋請改叔姪爲伯姪增歲幣至三十萬六月癸酉宋試禮部尚書許奕福州觀察使吳衡奉誓書通謝七月戊申答宋誓書以左副點檢完顏侃爲宋論成使己酉宋戶部尚書鄒應龍泉州觀察使李謙賀天壽節八月己丑遣戶部尚書高汝礪等爲賀宋生辰使	正月辛未朔夏武節大夫渾光中宣德郎梁德懿賀正旦三月甲申夏樞密使李元吉觀文殿大學士羅世昌等奏告五月辛亥夏殿前太尉習勒遵義樞密都承旨蘇寅孫謝賜生日十月己酉夏武節大夫李世昌宣德郎米元傑賀天壽節御史大夫權鼎雄樞密直學士李文政謝橫賜參知政事浪訛德光光祿大夫田文徽等來奏告	正月辛未朔高麗戶部侍郎林桂材賀正旦二月乙酉高麗禮部侍郎林永祖賀天壽節禮賓卿池利中謝賜生日
衛紹王大安元年	八月宋使賀萬秋節		五月高麗來賀即位
二年	八月宋使賀萬秋節		
三年	正月乙酉朔宋使賀正旦	正月乙酉朔夏使賀正旦	正月乙酉朔高麗使賀正旦
崇慶元年	正月宋使賀正旦	正月夏使賀正旦三月遣使冊李遵頊爲夏國王十二月夏國王李遵頊謝封冊	
至寧元年			
宣宗貞祐元年	閏九月辛未奉國上將軍武衛軍都指揮使烏林答與尚書戶部侍郎高霖爲報諭宋使十一月宋賀正旦使入境有期以大兵在近姑停之令有司移報	十二月癸亥夏人陷涇州節度使夾谷守中死之	
二年	正月丁丑宋刑部尚書眞德秀等賀即位駐境上以中都被圍諭罷之	十一月乙卯蘭州譯人程陳僧叛入于夏自是連歲與夏交兵矣	
三年	正月辛酉朔宋顯謨閣學士聶子述廣州觀察使周師銳賀正旦三月壬申宋寶謨閣學士丁焴和州觀察使侯忠信賀長春節是月丙子宋使朝辭因言宋主請減歲幣如大定例上以本自稱賀不宜別有所請諭遣之		

年	宋	夏	高麗
	九月己巳以左諫議大夫把胡魯尚書工部侍郎徒單歐里白爲賀宋生日使十一月庚辰以拱衛直都指揮使蒲察五斤尚書禮部侍郎楊雲翼爲賀宋正旦使		
四年	正月己卯朔宋試工部尚書施累廣州觀察使陳萬春賀正旦三月甲子宋遣華文閣學士留筠宜州觀察使右武衛上將軍師亮賀長春節九月乙未以榮祿大夫中衛尉完顏奴婢太子少詹事納坦謀嘉爲賀宋生日使十一月甲辰以尚書工部侍郎內族和尚尚書右司郎中僕散毅夫爲賀宋正旦使		
興定元年	正月己卯朔宋煥章閣學士陳伯震福州觀察使霍義賀正旦三月己丑宋試工部尚書錢撫潭州觀察使馮柄賀長春節四月丁未朔以宋歲幣不至命烏古論慶壽經略南邊		
二年	十二月甲寅朝議乘勝與宋議和以開封治中呂子羽南京路轉運副使馮璧爲詳問宋國使行至淮中流宋人拒止之自此和好遂絕		癸丑以詔付行省必蘭出諭高麗貸糧開市二事遣典客署書表劉丙從行
三年			正月戊辰朔遼東行省報高麗有奉表朝貢之意詔行省受其表章以聞朝貢之禮俟他日徐議
四年			
五年			
元光元年			
二年			
哀宗正大元年	二月以邊帥意遣忠孝軍三百送省令史李唐英往滁州通好宋人宴犒旬日以奏稟爲辭和事竟不成六月遣樞密判官移剌蒲阿以文榜遍諭宋界軍民更不南伐自是宋人亦歛兵	十一月夏遣使議和	
二年		九月夏國和議定夏稱弟各用本國年號遣光祿大夫吏部尚書李仲諤南院宣徽使羅世昌中書省左司郎李紹膺來聘十月遣聶天驥張天綱使夏講和事十二月夏使朝辭國書報聘稱兄大金皇帝致書於弟大夏皇帝闕下遣禮部尚書奧敦良弼大理卿裴滿欽甫侍御史烏古孫弘毅充報成使	
三年		正月丁巳朔夏遣精鼎匭匣使武紹德副儀增御史中丞咩元禮賀正旦十月夏使報哀十一月甲戌遣人使夏賀正旦丙子夏以兵事方應來報各停使是月遣中奉大夫完顏履信昭毅大將軍太府監徒單居正爲弔祭夏國使	
四年		夏遣精方匭匣使王立之來未復命國亡	
五年			
六年			
七年	揚州制置趙善湘遣黃譔詣京東帥府約和朝廷以寧陵令王渥往議凡再往約竟不成		
天興元年			
二年	八月己卯假蔡州都軍致仕內族阿虎帶同簽大睦親府事如宋借糧宋人不許		
三年	正月己酉國亡		

金史卷六十三

元中書右丞相總裁脫脫等修

列傳第一

后妃上

始祖明懿皇后　德帝思皇后
安帝節皇后　獻祖恭靖皇后
昭祖威順皇后　景祖昭肅皇后
世祖簡翼皇后　肅宗靖宣皇后
穆宗貞惠皇后　康宗敬僖皇后
太祖聖穆皇后　太祖光懿皇后
太祖欽憲皇后　太祖宣獻皇后
太祖崇妃蕭氏　太宗欽仁皇后
熙宗悼平皇后　海陵嫡母徒單氏
海陵母大氏　后徒單氏 諸嬖附

古者天子娶后三國來媵皆有娣姪凡十二女諸侯一娶九女所以正嫡妾廣繼嗣息妬忌防淫慝塞禍亂也后亡則媵爲繼室各以其敘無三媵則娣姪繼室亦各以其敘繼室者治其內政不敢正其位號禮廟無兩祔不並尊也魯成風始兩祔宋國三媵齊管氏三歸春秋皆譏之周禮內宰其屬則內小臣閽人寺人次之九嬪世婦女御女祝女史典婦功典絲典枲內司服又次之昏義稱后立六宮三夫人九嬪二十七世婦八十一御妻不與春秋周禮合後世因仍其說後宮遂至數千金代后不娶庶族甥舅之家有周姬齊姜之義國初諸妃皆無位號熙宗始有貴妃賢妃德妃之號海陵淫嬖後宮寖多元妃姝妃惠妃貴妃賢妃宸妃麗妃淑妃德妃昭妃溫妃柔妃凡十二位大定後宮簡少明昌以後大備內宮制度諸妃視正一品比三夫人昭儀昭容昭媛修儀修容修媛充儀充容充媛視正二品比九嬪婕妤九人視正三品美人九人視正四品才人九人視正五品比二十七世婦寶林二十七人視正六品御女二十七人視正七品采女二十七人視正八品比八十一御妻又有尚宮尚儀尚服尚食尚寢尚功皆內官也太祖嫡后聖穆生景宣光懿生宗幹有定策功欽憲有保佑之功故自熙宗時聖穆光懿欽憲皆祔宣獻生睿宗大定祔焉故太祖廟祔四后睿世顯宣皆祔兩后惟太宗景宣熙宗章宗室祔一后貞懿光獻昭聖雖庶姓皆以子貴宣宗冊溫敦氏乃賜姓變古甚矣故自初起至于國亡列其世次著其族里可考鑒焉其無與於世道者置不錄

始祖明懿皇后完顏部人年六十餘嫁始祖天會十五年追諡

德帝思皇后不知何部人天會十五年追諡

安帝節皇后不知何部人天會十五年追諡

獻祖恭靖皇后不知何部人天會十五年追諡

昭祖威順皇后徒單氏諱烏古論都葛活剌渾水敵魯鄉徒單部人其父拔炭都魯海后性剛毅人莫敢以爲室獻祖將爲昭祖娶婦曰此子勇斷異常柔弱之女不可以爲配乃爲昭祖娶焉天會十五年追諡

景祖昭肅皇后唐括氏帥水隈鴉村唐括部人諱多保眞父石批德撒骨只巫者也后有識度在父母家好待賓客父母出則多置酒饌享鄰里迨于行旅景祖飲食過人時人名之活羅解在景祖紀昭祖曰儉嗇之女客惜酒食不可以配烏古迺聞后性度如是乃娶焉遼使同幹來伐五國蒲聶部景祖使后與劾孫爲質於拔乙門而與同幹襲取之遼主以景祖爲節度使后雖喜賓客而自不飲酒景祖與客飲后專聽之翌日枚數其人所爲無一不中其槩有醉而喧呶者輒自歌以釋其忿爭軍中有被笞罰者每以酒食慰諭之景祖行部輒與偕行政事獄訟皆與決焉景祖沒後世祖兄弟凡用兵皆禀於后而後行勝負皆有懲勸農月親課耕耘刈穫遠則乘馬近則策杖勤於事者勉之晏出蚤休者訓勵之后往邑屯村世祖肅宗皆從會桓赧散達偕來是時已有隙被酒語相侵不能平遂舉刃相向后起兩執其手謂桓赧散達曰汝等皆吾夫時舊人柰何一旦遽忘吾夫之恩與小兒子輩忿爭乎因自作歌桓赧散達怒乃解其後桓赧兄弟起兵來攻當是時肅宗先已再失利矣世祖已退烏春兵與桓赧戰于北隘甸部人失束寬逃歸袒甲而至告后曰軍敗矣后方憂懣會康宗來報捷后乃喜既而桓赧散達皆降后不妬忌閫略女工能輯睦宗族當時以爲有丈夫之度云天會十五年追諡

世祖簡翼皇后拏懶氏大安元年癸酉歲卒天會十五年追諡

肅宗靖宣皇后蒲察氏太祖將舉兵入告于后后曰汝邦家之長見可則行吾老矣無貽我憂汝亦必不至是太祖奉觴爲壽卽奉后出門酹酒禱天后命太祖正坐號令諸將自是太祖每出師還輒率諸將上謁獻所俘獲天會十五年追諡

穆宗貞惠皇后烏古論氏天會十五年追諡

康宗敬僖皇后唐括氏天會十五年追諡

太祖聖穆皇后唐括氏天會十三年追諡仍贈后父留速太尉榮國公祖迭胡本司徒英國公曾祖劾迺司空溫國公

太祖光懿皇后裴滿氏天會十三年追諡

太祖欽憲皇后紇石烈氏天會十三年尊爲太皇太后宮號慶元十四年正月己巳朔熙宗朝于慶元宮然後御乾元殿受羣臣賀是月丁丑崩于慶元宮二月癸卯祔葬睿陵

太祖宣獻皇后僕散氏睿宗母也天會十三年追冊曰德妃大定元年追諡

太祖崇妃蕭氏熙宗時封貴妃天德二年正月封元妃是月尊封太妃海陵母大氏事蕭氏甚謹海陵篡立尊大氏爲皇太后居永寧宮每有宴集太妃坐上坐大氏執婦禮海陵積不能平及殺宗義等誣太妃以隱惡殺之并殺所生子任王隈喝大定十九年詔改葬大宗正丞宗安監護葬事遣使致祭上欲復太妃舊號下禮官議前代稱太妃者皆以子貴古者入稱后繫夫在朝稱太繫子與今蕭妃事不同恐不得稱太止當追封妃號詔從之乃封崇妃云

太宗欽仁皇后唐括氏熙宗卽位與太祖欽憲皇后俱尊爲太皇太后號明德宮贈后父阿魯束太尉宋國公祖實匹司徒英國公曾祖阿魯瑣司空溫國公十四年正月己巳朔上朝兩宮太后然後御乾元殿受賀自後歲以爲常皇統元年上自燕京還京師朝謁于明德宮明年上如天開殿皇子生使使馳報太后太后至天開殿上與皇后親迎之二年崩于明德宮諡曰欽仁皇后祔葬恭陵

熙宗悼平皇后裴滿氏熙宗卽位封貴妃天眷元年立爲皇后父忽達拜太尉贈曾祖鶻沙司空祖斜也司徒皇統元年熙宗受尊號冊爲慈明恭孝順德皇后二年太子濟安生是歲熙宗年二十四喜甚乃肆赦告天地宗廟彌月冊爲皇太子未一歲薨熙宗在位宗翰宗幹宗弼相繼秉政帝臨朝端默雖初年國家多事而廟算制勝齊國就廢宋人請臣吏清政簡百姓樂業宗弼既沒舊臣亦多物故后干預政事無所忌憚朝官往往因之以取宰相濟安薨後數年繼嗣不立后頗掣制熙宗熙宗內不能平因無聊縱酒酗怒手刃殺人左丞相亮生日上遣太興國以司馬光畫像玉吐鶻廐馬賜之后亦附賜生日禮物熙宗聞之怒遂杖興國而奪回所賜海陵本懷覬覦因之疑畏愈甚蕭牆之變從此萌矣近侍高壽星隨例遷屯燕南入訴於后后激怒熙宗殺左司郎中三合杖平章政事秉德而壽星竟得不遷秉德唐括辯之姦謀起焉海陵乘之以成逆亂之計久之熙宗積怒遂殺后而納胙王常勝妃撒卯入宮繼之又殺德妃烏古論氏妃夾谷氏張氏裴滿氏明日熙宗遇弒海陵已弒熙宗欲收人心以后死無罪降熙宗爲東昏王追諡后爲悼皇后封后父忽達爲王大定間復熙宗帝號加諡后爲悼平皇后祔葬思陵

海陵嫡母徒單氏宗幹之正室也徒單無子次室李氏生長子鄭王充次室大氏生三子長卽海陵庶人也徒單氏賢遇下有恩意大氏事之甚謹相得歡甚徒單雖養充爲己子充與海陵俱爲熙宗宰相充嗜酒徒單常責怒之尤愛海陵海陵自以其母大氏與徒單嫡妾之分心常不安及弒熙宗徒單與太祖妃蕭氏聞之相顧愕然曰帝雖失道人臣豈可至此徒單入宮見海陵不賀海陵銜之天德二年正月徒單與大氏俱尊爲皇太后徒單居東宮號永壽宮大氏居西宮號永寧宮天德二年太后父蒲帶與大氏父俱贈太尉封王徒單太后生日酒酣大氏起爲壽徒單方與坐客語大氏跽者久之海陵怒而出明日召諸公主宗婦與太后語者皆杖之大氏以爲不可海陵曰今日之事豈能尚如前日邪自是嫌隙愈深天德四年海陵遷中都獨留徒單於上京徒單常憂懼每中使至必易衣以俟命大氏在中都常思念徒單太后謂海陵曰永壽宮待吾母子甚厚愼毋相忘也十二月十四日徒單氏生日海陵使祕書監納合椿年往上京爲太后上壽貞元元年大氏病篤恨不得一見臨終謂海陵曰汝以我之故不令永壽宮偕來中都我死必迎致之事永壽宮當如事我三年右丞相僕散師恭大宗正丞胡拔魯往上京奉遷山陵海陵因命永壽宮太后與俱來繼使平章政事蕭玉迎祭祖宗梓宮於廣寧海陵謂玉曰醫巫閭山多佳致祭奠禮畢可奏太后於山水佳處遊覽及至沙流河海陵迎謁梓宮遂謁見太后海陵命左右約杖二束自隨跪於太后前謝罪曰亮不孝久闕溫凊願太后痛笞之不然且不安太后親扶起之叱約杖者使去太后曰今庶民有克家子立百金之產尚且愛之不忍笞我有子如此寧忍笞乎十月太后至中都海陵帥百官郊迎入居壽康宮是日海陵及後宮宰臣以下奉觴上壽極歡而罷海陵侍太后于宮中外極恭順太后坐起自扶掖之常

從輿輦徒行太后所御物或自執之見者以爲至孝太后亦以爲誠然及謀伐宋太后諫止之海陵心中益不悅每謁太后還必忿怒人不知其所以及至汴京太后居寧德宮太后使侍婢高福娘問海陵起居海陵幸之因使伺太后動靜凡太后動止事無大小福娘夫特末哥教福娘增飾其言以告海陵及樞密使僕散師恭征契丹撒八辭謁太后太后與師恭語久之大槩言國家世居上京既徙中都又自中都至汴今又興兵涉江淮伐宋疲弊中國我嘗諫止之不見聽契丹事復如此柰何福娘以告海陵海陵意謂太后以充爲子充四子皆成立恐師恭將兵在外太后或有異圖乃召點檢大懷忠翰林待制斡論尚衣局使虎特末武庫直長習失使殺太后于寧德宮命護衛高福辭勒蒲速斡以兵士四十人從且戒之曰汝等見太后但言有詔令太后跪受即擊殺之勿令艱苦太后同乳妹安特多口必妄言當令速死及指名太后左右數人皆令殺之太后方樗蒲大懷忠等至令太后跪受詔太后愕然方下跪虎特末從後擊之仆而復起者再高福等縊殺之年五十三幷殺安特及郡君白散阿魯瓦叉察乳母南撒侍女阿斯斡里保寧德宮護衛溫迪罕查剌直長王家奴撒八小底忽沙等海陵命焚太后于宮中棄其骨於水井殺充之子檀奴阿里白元奴耶補兒逃匿歸于世宗自軍中召師恭還殺之及殺阿斯子孫撒八二子忽沙二子封高福娘爲鄖國夫人以特末哥爲澤州刺史海陵許福娘征南回以爲妃賜銀二千兩勑戒特末哥無酣酒毆福娘毆福娘必殺汝大定間謚徒單氏曰哀皇后自澤州械特末哥福娘至中都誅之其後貶海陵爲庶人宗幹去帝號復封遼王徒單氏降封遼王妃云

海陵母大氏天德二年正月與徒單氏俱尊爲皇太后大氏居永寧宮曾祖暨嗣贈司空祖臣寶贈司徒父昊天贈太尉國公兄興國奴贈開府儀同三司衛國公十一月昊天進封爲王三年正月十六日海陵生日宴宗室百官於武德殿大氏懽甚飲盡醉明日海陵使中使奏曰太后春秋高常日飲酒不過數杯昨見飲酒沉醉兒爲天子固可樂若聖體不和則子心不安其樂安在至樂在心不在酒也及還中都永壽宮獨留上京大氏常以爲言貞元元年四月大氏有疾詔以錢十萬貫求方藥及病篤遺言海陵當善事永壽宮戊寅崩詔尚書省應隨朝官至五月一日方治事中都自四月十九日爲始禁樂一月外路自詔書到日後官司三日不治事禁樂一月聲鐘七晝夜貞元三年大祥海陵率後宮奠哭于葭宮海陵將還山陵于大房山故大氏猶在葭宮也九月太祖太宗德宗梓宮至中都尊謚曰慈憲皇后海陵親行冊禮與德宗合葬于大房山升祔太廟大定七年降封海陵太妃削去皇后謚號及宗幹降帝號封遼王詔以徒單氏爲妃而大氏與順妃李氏寧妃蕭氏文妃徒單氏並追降爲遼王夫人

廢帝海陵后徒單氏太師斜也之女初爲岐國妃天德二年封爲惠妃九月立爲皇后三年十一月二十一日后生日百僚稱賀於武德殿久之海陵後宮寖多后寵頗衰希得進見沈璋妻張氏嘗爲光英保母耶律徹在北京與海陵游從海陵使璋妻及徹妻侯氏入宮侍后徹本名神涅負官錢二千六百餘萬海陵皆免之正隆六年海陵幸南京六月癸亥左丞相張浩率百官迎謁海陵備法駕乘玉輅與后及太子光英共載而入海陵伐宋后與光英居守海陵遇害阤滿訛里也殺光英于汴后至中都居于海陵母大氏故宮頃之世宗憐其無依詔歸父母家于上京歲賜錢二千貫奴婢皆給官廪大定十年卒

海陵爲人善飾詐初爲宰相妾媵不過三數人及踐大位逞欲無厭後宮諸妃十二位又有昭儀至充媛九位婕妤美人才人三位殿直最下其他不可舉數初即位封岐國妃徒單氏爲惠妃後爲皇后第二娘子大氏封貴妃第三娘子蕭氏封昭容耶律氏封脩容其後貴妃大氏進封惠妃貞元元年進封姝妃正隆二年進封元妃昭容蕭氏天德二年特封淑妃貞元二年進封宸妃修容耶律氏天德四年進昭媛貞元元年進昭儀三年進封麗妃即位之初後宮止此三人尊卑之敘等威之辨若有可觀者及其侈心既萌淫肆蠱惑不可復振矣

昭妃阿里虎姓蒲察氏駙馬都尉沒里野女初嫁宗盤子阿虎迭阿虎迭誅再嫁宗室南家南家死是時南家父突葛速爲元帥都監在南京海陵亦從梁王宗弼在南京欲取阿里虎突葛速不從遂止及簒位方三日詔遣阿里虎歸父母家閱兩月以婚禮納之數月特封賢妃再封昭妃阿里虎嗜酒海陵責讓之不聽由是寵衰昭妃初嫁阿虎迭生女重節海陵與重節亂阿里虎怒重節批其頰頗有詆訾之言海陵聞之愈不悅阿里虎以衣服遺前夫之子海陵將殺之徒單后率諸妃嬪求哀乃得免凡諸妃位皆以侍女服男子衣冠號假廝兒有勝哥者阿里虎與之同臥起如夫婦廚婢三娘以告海陵海陵不以爲過惟戒阿里虎勿笞箠三娘阿里虎榜殺之海陵聞昭妃閤有死者意度是三娘曰若果爾吾必殺阿里虎問之果然是月光英生月海陵私忌不行戮阿里虎聞海陵將殺之也即不食日焚香禱祝冀脫死逾月阿里虎已委頓不知所爲海陵使人縊殺之併殺侍婢擊三娘者

貴妃定哥姓唐括氏有容色崇義節度使烏帶之妻海陵舊嘗有私侍婢貴哥與知之烏帶在鎭每遇元會生辰使家奴葛魯葛溫詣闕上壽定哥亦使貴哥候問海陵及兩宮太后起居海陵因貴哥傳語定哥曰自古天子亦有兩后者能殺汝夫以從我乎貴哥歸具以海陵言告定哥定哥曰少時醜惡事已可恥今兒女已成立豈可爲此海陵聞之使謂定哥汝不忍殺汝夫我將族滅汝家定哥大恐乃以子烏答補爲辭曰彼常侍其父不得便海陵即召烏答補爲符寶祗候定哥曰事不可止矣因烏帶醉酒令葛溫葛魯縊殺烏帶天德四年七月也海陵聞烏帶死詐爲哀傷已葬烏帶即納定哥宮中爲娘子貞元元年封爲貴妃大愛幸許以爲后每同輦遊瑤池諸妃步從之海陵嬖寵愈多定哥希得見一日獨居樓上海陵與他妃同輦從樓下過定哥望見號呼求去詛罵海陵海陵陽爲不聞而去定哥自其夫時與家奴閻乞兒通嘗以衣服遺乞兒及爲貴妃乞兒以妃家舊人給事本位定哥既怨海陵疎己欲復與乞兒通有比丘尼三人出入宮中定哥使比丘尼向乞兒索所遺衣服以調之乞兒識其意笑曰妃今日富貴忘我耶定哥欲以計納乞兒宮中恐閽者索之乃令侍兒以大篋盛褻衣其中遣人載之入宮閽者索之見篋中皆褻衣固已悔懼定哥使人詰責閽者曰我天子妃親體之衣爾故敢觀何也我且奏之閽者惶恐曰死罪請後不敢定哥乃使人以篋盛乞兒載入宮中閽者果不敢復索乞兒入宮十餘日使衣婦人衣雜諸宮婢抵暮遣出貴哥以告海陵定哥縊死乞兒及比丘尼三人皆伏誅封貴哥莘國夫人初海陵既使定哥殺其夫烏帶使小底藥師奴傳旨定哥告以納之之意藥師奴知定哥與閻乞兒有姦定哥以奴婢十八口賂藥師奴使無言與乞兒私事定哥敗杖藥師奴百五十先是藥師奴嘗盜玉帶當死海陵釋其罪逐去及還中都復召爲小底及藥師奴既以匿定哥姦事被杖後與祕書監文俱與靈壽縣主有姦文杖二百除名藥師奴當斬海陵欲杖之謂近臣曰藥師奴於朕有功再杖之即死矣丞相李睹等執奏藥師奴於法不可恕遂伏誅海陵以葛溫葛魯爲護衛葛溫累官常安縣令葛魯累官襄城縣令大定初皆除名

麗妃石哥者定哥之妹祕書監文之妻也海陵私之欲納宮中乃使文庶母按都瓜主文家海陵謂按都瓜曰必出而婦不然我將別有所行按都瓜以語文文難之按都瓜曰上謂別有所行是欲殺汝也豈以一妻殺其身乎文不得已與石哥相持慟哭而訣是時海陵還都至中京遣石哥至中都俱納之海陵召文至便殿使石哥褻談戲文以爲笑定哥死遣石哥出宮不數日復召入封爲修容貞元三年進昭儀正隆元年進封柔妃二年進麗妃

柔妃彌勒姓耶律氏天德二年使禮部侍郎蕭拱取之于汴過燕京拱父仲恭爲燕京留守見彌勒身形非若處女者歎曰上必以疑殺拱矣及入宮果非處女明日遣出宮海陵心疑蕭拱竟致之死彌勒出宮數月復召入封爲充媛封其母張氏莘國夫人伯母蘭陵郡君蕭氏爲鞏國夫人蕭拱妻擇特懶彌勒女兄也海陵既奪文妻石哥却以擇特懶妻文既而詭以彌勒之召召擇特懶入宮亂之其後彌勒進封柔妃云

昭妃阿懶海陵叔曹國王宗敏妻也海陵殺宗敏而納阿懶宮中貞元元年封爲昭妃大臣奏宗敏屬近尊行不可乃令出宮修儀高氏秉德弟乣里妻也海陵殺諸宗室釋其婦女宗本子莎魯刺妻宗固子胡里剌妻胡失來妻及乣里妻皆欲納之宮中諷宰相奏請行之使徒單貞諷蕭裕曰朕嗣續未廣此黨人婦女有朕中外親納之宮中何如裕曰近殺宗室中外異議紛紜柰何復爲此邪海陵曰吾固知裕不肯從乃使貞自以已意諷裕必欲裕等請其事貞謂裕曰上意已有所屬公固止之將成疾矣裕曰必不肯已唯上擇焉貞曰必欲公等白之裕不得已乃具奏遂納之未幾封高氏爲修儀加其父高耶魯瓦輔國上將軍母完顏氏封密國夫人高氏以家事訴於海陵海陵自熙宗時見悼后干政心惡之故自即位不使母后得預政事於是遣高氏還父母家詔尚書省凡后妃有請于宰相者收其使以聞

昭媛察八姓耶律氏嘗許嫁奚人蕭堂古帶海陵納之封爲昭媛堂古帶爲護衛察八使侍女習撚以軟金鵪鶉袋數枚遺之事覺是時堂古帶謁告在河間驛召問之堂古帶以實對海陵釋其罪海陵登寶昌門樓以察八徇諸后妃手刃擊之墮門下死幷誅侍女習撚

壽寧縣主什古宋王宗望女也靜樂縣主蒲剌及習撚梁王宗弼女也師姑兒宗雋女也皆從姊妹混同郡君莎里古眞及其妹餘都太傅宗本女也再從姊妹郕國夫人重節宗盤女孫再從兄之女及母大氏表兄張定安妻柰剌忽麗妃妹蒲魯胡只皆有夫唯什古喪夫海陵無所忌恥使高師姑內哥阿古等傳達言語皆與之私凡妃主宗婦嘗私之者皆分屬諸妃出入位下柰剌忽出入元妃位蒲魯胡只出入麗妃位莎里古眞餘都出入貴妃位什古重節出入昭妃位蒲剌師姑兒出入淑妃位海陵使內哥召什古先於暖位小殿置琴阮其中然後召之什古已色衰常譏其衰老以爲笑唯習撚莎里古眞最寵恃勢笞決其夫海陵使習撚夫稍喝押護衛直宿莎里古眞夫撒速近侍局直宿謂撒速曰爾妻年少遇爾直宿不可令宿於家常令宿於妃位每召入必親伺候廊下立久則坐於高師姑膝上高師姑曰天子何勞苦如此海陵曰我固以天子爲易得耳此等期會難得乃可貴也每於臥內徧設地衣倮逐以爲戲莎里古眞在外爲淫泆海陵聞之大怒謂莎里古眞曰爾愛貴官有貴如天子者乎爾愛人才有才兼文武似我者乎爾愛娛樂有豐富偉岸過於我者乎怒甚氣咽不能言少頃乃撫慰之曰無謂我聞知便爾慚恧遇燕會當行立自如無爲衆所測度也恐致非笑後亦屢召入焉餘都牌印松古剌妻也海陵嘗曰餘都貌雖不揚而肌膚潔白可愛蒲剌進封壽康公主什古進封昭寧公主莎里古眞進封壽陽縣主重節進封蓬萊縣主重節即昭妃蒲察氏所生蒲察怒重節與海陵淫批其頰海陵怒蒲察氏終殺之者也

凡宮人在外有夫者皆分番出入海陵欲率意幸之盡遣其夫往上京婦人皆不聽出外常令教坊番直禁中每幸婦人必使奏樂撤其幃帳或使人說淫穢語於其前嘗幸室女不得遂使元妃以手左右之或妃嬪列坐輒率意淫亂使共觀或令人效其形狀以爲笑凡坐中有嬪御海陵必自擲一物於地使近侍環視之他視者殺誡宮中給使男子於妃嬪位舉首者刓其目出入不得獨行便旋須四人偕往所司執刀監護不由路者斬之日入後下階砌行者死告者賞錢二百萬男女倉猝誤相觸先聲言者賞三品官後言者死齊言者皆釋之女使闢懶有夫在外海陵封以縣君欲幸之惡其有娠飲以麝香水躬自揉拉其腹欲墮其胎闢懶乞哀欲全性命苟得乳免當不舉海陵不顧竟墮其胎蒲察阿虎迭女乂察海陵姊慶宜公主所生嫁秉德之弟特里秉德誅當連坐太后使梧桐請于海陵由是得免海陵白太后欲納乂察太后曰是兒始生先帝親抱至吾家養之至于成人帝雖舅猶父也不可其後嫁宗室安達海之子乙剌補海陵數使人諷乙剌補出之因而納之乂察與完顏守誠有姦守誠本名遏里來事覺海陵殺守誠太后爲乂察求哀乃釋之乂察家奴告乂察語涉不道海陵自臨問責乂察曰汝以守誠死詈我邪遂殺之同判大宗正阿虎里妻蒲速碗元妃之妹因入見元妃海陵逼淫之蒲速碗自是不復入宮世宗爲濟南尹海陵召夫人烏林答氏夫人謂世宗曰我不行上必殺王我當自勉不以相累也夫人行至良鄉自殺是以世宗在位二十九年不復立后焉

金史卷六十四

元　中　書　右　丞　相　總　裁　脫　脫　等　修

列傳第二

后妃下

睿宗欽慈皇后　睿宗貞懿皇后
世宗昭德皇后　世宗元妃張氏
世宗元妃李氏　顯宗孝懿皇后
顯宗昭聖皇后　章宗欽懷皇后
章宗元妃李氏　衞紹王后徒單氏
宣宗皇后王氏　宣宗明惠皇后
哀宗徒單皇后

睿宗欽慈皇后蒲察氏睿宗元配后之母太祖之妹也睿宗爲左副元帥天會十三年薨追封潞王后封潞王妃皇統六年進號冀國王妃天德間進國號正隆例親王止封一字王睿宗封許王后封許王妃世宗即位睿宗升祔追謚欽慈皇后贈后曾祖賽補司空韓國公祖蒲剌司徒鄭國公父按補太尉曹國公大定二年祔葬景陵世宗嘗曰今之女直不比前輩雖親戚世敘亦不能知其詳太后之母太祖之妹人亦不能知也謂宗敘曰亦是卿父譚王之妹知之乎宗敘曰臣不能知也土曰父之妹且不知其如疎遠何十九年后族人勸農使莎魯窩請致仕宰相以莎魯窩未嘗歷外請除一外官以均勞佚上曰莎魯窩不閑政事不可使治民雖太后戚屬富貴之可也不聽

貞懿皇后李氏世宗母遼陽人父雛訛只仕遼官至桂州觀察使天輔間選東京士族女子有姿德者赴上京后入睿宗邸七年世宗生天會十三年睿宗薨世宗時年十三后教之有義方嘗密謂所親曰吾兒有奇相貴不可言居上京內治謹嚴臧獲皆守規矩衣服飲食器皿無不精潔敦睦親族周給貧乏宗室中甚敬之后性明敏剛正有決容貌端整言不妄發舊俗婦女寡居宗族接續之后乃祝髮爲比丘尼號通慧圓明大師賜紫衣歸遼陽營建清安禪寺別爲尼院居之貞元三年世宗爲東京留守正隆六年五月后卒世宗哀毀過禮以喪去官未幾起復爲留守是歲十月后弟李石定策世宗即位于東京尊謚爲貞懿皇后其寢園曰孝寧宮大定二年改葬睿宗於景陵初后自建浮圖于遼陽是爲垂慶寺臨終謂世宗曰鄉土之念人情所同吾已用浮屠法置塔于此不必合葬也我死毋忘此言世宗深念遺命乃即東京清安寺建神御殿詔有司增大舊塔起奉慈殿於塔前勅禮部尚書王兢爲塔銘以敘其意贈后曾祖參君司空潞國公祖波司徒衞國公父雛訛只太尉隋國公四年封后妹爲邢國夫人賜銀千兩錦綺二十端絹五百匹九年神御殿名曰報德殿詔翰林學士張景仁作清安寺碑其文不稱旨詔左丞石琚共修之十三年東京垂慶寺起神御殿寺地褊狹詔買傍近民地優與其直不願鬻者以官地易之二十四年世宗至東京幸清安垂慶寺

世宗昭德皇后烏林荅氏其先居海羅伊河世爲烏林荅部長率部族來歸居上京與本朝爲婚姻家曾祖勝管康宗時累使高麗父石土黑騎射絕倫從太祖伐遼領行軍猛安雖在行伍間不嗜殺人以功授世襲謀克爲東京留守后聰敏孝慈容儀整肅在父母家宗族皆敬重之既歸世宗事舅姑孝謹治家有敘甚得婦道睿宗伐宋得白玉帶蓋帝王之服御也睿宗没後世宗寶畜之后謂世宗曰此非王邸所宜有也當獻之天子世宗以爲然獻之熙宗於是悼后大喜熙宗晚年頗酒酗獨於世宗無間然海陵篡立深忌宗室烏帶譖秉德以爲意在葛王秉德誅死后勸世宗多獻珍異以說其心如故遼骨睹犀佩刀吐鶻良玉茶器之類皆奇寶也海陵以世宗恭順畏己由是忌刻之心頗解后不妬忌爲世宗擇後房廣繼嗣雖顯宗生後而此心不移后嘗有疾世宗爲視醫藥數日不離去后曰大王視妾過厚其知者以爲視疾不知者必有專妬之嫌又曰婦道以正家爲大第恐德薄無補內治安能効嬪妾所爲惟欲已厚也世宗在濟南海陵召后來中都后念若身死濟南海陵必殺世宗惟奉詔去濟南而死世宗可以免謂世宗曰我當自勉不可累大王也召王府臣僕張謹言諭之曰汝王之腹心人也爲我禱諸東嶽我不負王使皇天后土明鑒我心召家人謂之曰我自初年爲婦以至今日未嘗見王有違道之事今宗室往往被疑者皆奴僕不良傲恨其主以誣陷之耳汝等皆先國王時舊人當念舊恩無或妄圖也違此言者我死後於冥中觀汝所爲衆皆泣下后既離濟南從行者知后必不肯見海陵將自爲之所防護甚謹行至良鄉去中都七十里從行者防之稍緩后得間即自殺海陵猶疑世宗教之使然世宗自濟南改西京留守過良鄉使魯國公主葬后于宛平縣土魯原大定二年追冊爲昭德皇后立別廟贈三代曾祖勝管司空徐國公曾祖母完顏氏徐國夫人祖術思黑司徒代國公祖母完顏氏代國夫人父石土黑太尉瀋國公母完顏氏瀋國夫人勑有司改葬命皇太子致奠以后兄暉子天錫爲太尉石土黑後授世襲猛安上謂天錫曰朕四五歲時與皇后定婚乃祖太尉置朕于膝上曰吾壻七人此壻最幼後來必大吾門今卜葬有期疇昔之言驗矣六年利涉軍節度副使烏林荅鈔兀捕逃軍受贓當死有司奏鈔兀后大功親當議詔論如法八年七月章宗生世宗喜甚謂顯宗曰得社稷冢嗣朕樂何極此皇后貽爾以陰德也十年十月將改葬太尉石土黑有司奏禮儀援唐葬太尉李良器司徒馬燧故事百官便服送至都門外五里上曰前改葬太后父母未嘗用此故事但以本朝禮改葬之惟親戚皆送詔皇太子臨奠十一年皇太子生日世宗宴於東宮酒酣命豫國公主起舞上流涕曰此女之母皇后婦道至矣朕所以不立中宮者念皇后之德今無其比故也十二年四月立皇后別廟于太廟東北隅是歲五月車駕幸土魯原致奠十九年改卜于大房山十一月甲寅皇后梓宮至近郊百官奉迎乙卯車駕如楊村致祭丙辰上登車送哭之慟戊午奉安于磐寧宮庚申葬于坤厚陵諸妃祔焉二十九年祔葬興陵章宗時有司奏太祖謚有昭德字改謚明德皇后

元妃張氏，父玄徵，母高氏，與世宗母貞懿皇后葭莩親世宗納爲次室生趙王永中而張氏卒大定二年追封宸妃是歲十月追進惠妃十九年追進元妃大定二十五年皇太子薨永中於諸子最長而世宗與徒單克寧議立章宗爲太孫世宗嘗曰克寧與永中有親而建議立太孫眞社稷臣也尚書左丞汝弼者玄徵子永中母舅汝弼妻高陀斡屢以邪言怵永中畫元妃像朝夕事之覬望徼福及挾左道明昌二年高陀斡誅死事連汝弼及永中汝弼以死後事覺得不追削官爵而章宗心疑永中累年不釋諫官賈守謙路鐸上疏欲寬解上意章宗愈不悅平章政事完顏守貞持其事不肯決章宗怒守貞罷知濟南府諸諫官皆斥外賜永中死金代外戚之禍惟張氏云

元妃李氏南陽郡王李石女生鄭王允蹈衞紹王允濟潞王允德豫王允成母昭儀梁氏早卒上命允成爲妃養子大定元年封賢妃二年進封貴妃七年進封元妃世宗即位感念昭德皇后不復立后嘗曰朕所以不復立后者今後宮無皇后之賢故也元妃下皇后一等在諸妃上石有定策功世宗厚賞而深制之寵以尚書令之位而責成左右丞相以下妃雖貴不得預政宮壼無事大定二十一年二月上如春水次長春宮戊子妃以疾薨詔允成允蹈允濟允德皆服哀絰居喪己丑皇太子及扈從臣僚奉慰于芳明殿辛卯留守官平章政事唐括安禮曹王允功等上表奉慰御史中丞張九思提控殯事少府監左光慶大興少尹王脩典領鹵簿儀仗宮籍監別治殯所還殯京師乙未入自崇智門百官郊迎親戚迎奠道路殯于興德宮西位別室庚子上至京師幸興德宮致奠比葬三致奠焉詔平章政事烏古論元忠監護葬事癸未啓菆上輟朝皇太子親王宗戚百官送葬甲申葬於海王莊丙戌上如海王莊燒飯二十八年九月與賢妃石抹氏德妃徒單氏柔妃大氏俱陪葬于坤厚陵衞紹王即位追謚光獻皇后贈妃弟獻可特進貞祐三年九月削皇后號

顯宗孝懿皇后徒單氏其先忒里闢剌人也曾祖抄從太祖取遼有功命以所部爲猛安世襲之祖婆盧火以戰功多累官開府儀同三司贈司徒齊國公父貞尚遼王宗幹女梁國公主加駙馬都尉贈太師廣平郡王后以皇統七年生於遼陽母夢神人授以寶珠光燄滿室既寤而生紅光燭于庭后性莊重寡言父母嘗令總家事細大畢辦諸男不及也世宗初即位貞爲御史大夫自南京馳見世宗喜謂之曰卿雖廢主腹心臣然未嘗助彼爲虐況卿家法可尚其以卿女爲朕子妃及顯宗爲皇太子大定四年九月備禮親迎於貞第世宗臨宴盡歡而罷是年十一月顯宗生辰初封爲皇太子妃八年七月上遣宣徽使移剌神獨斡以名馬寶刀御膳賜太子及妃仍諭之曰妃今臨蓐願平安得雄有慶之後宜以此刀寘左右既而皇孫生是爲章宗時上幸金蓮川次冰井翌日上臨幸撫視宴甚歡又賜御服佩刀等物謂顯宗曰祖宗積慶且皇后陰德至厚而有今日社稷之洪福也又謂李石紇石烈志寧曰朕諸子雖多皇后止有太子一人而已今幸得嫡孫觀其骨相不凡又生麻達葛山山勢衍氣清朕甚嘉之因以山名爲章宗小字后素謙謹每畏其家世崇寵見父母流涕而言曰高明之家古人所忌願善自保持其後家果以海陵事敗蓋其遠慮如此世宗嘗謂諸王妃公主曰皇太子妃容止合度服飾得中爾等當法效之章宗即位尊爲皇太后更所居仁壽宮名曰隆慶宮詔有司歲奉金千兩銀五千兩重幣五百端絹二千疋綿二萬兩布五百疋錢五萬貫他所應用內庫奉之毋拘其數上月或五朝六朝而后愈加敬儉見諸大長公主禮如平時教睦九族恩紀皆洽尤惡聞人過諛佞之言無所得入恕以容物未嘗見喜慍然御下公平雖至親無所徇嘗誡諸姪曰皇帝以我故乃推恩外家當盡忠圖報勿謂小善爲無益而弗爲小惡爲無傷而弗去毋藉吾之貴輒肆非違以干國家常憲一日妹井國夫人嫂涇國夫人等侍側因諭之曰爾家累素重且非豐厚宜節約財用勿以吾爲可恃吾受天下之養豈有所私積哉況財用者天下之財用也吾終不能多取以富爾之私室家人有以玉盃進者卻之且曰貴異物而賤財用非我所欲也況我之賜予有度今爾以此爲獻何以自給徒費汝財我實無用後勿復爾明昌元年禮官議以五月奉上冊寶后弗許上屢爲之請后曰今世宗服未終遽衣錦繡佩珠玉於禮何安當俟服闋行之上諭有司曰太后執意甚堅其待來年明昌二年正月崩於隆慶宮年四十五謚曰孝懿祔葬裕陵后好詩書尤喜老莊學純淡清懿造次必於禮逮嬪御以和平其有生子而母亡者視之如己所生慈訓無間上時問安見事有未當者必加之嚴誡云

昭聖皇后劉氏遼陽人天眷二年九月己亥夜后家若見有黃衣女子入其母室中者俄頃后生性聰慧凡字過目不忘初讀孝經旬日終卷最喜佛經世宗爲東京留守因擊毬見而奇之使見貞懿皇后于府中進退閑雅無忩遽之色大定元年選入東宮時年二十三三年三月十三日宣宗生是日大雨震電后驚悸得疾尋卒承安五年贈裕陵昭華宣宗即位追尊爲皇太后升祔顯宗廟追謚昭聖皇后

章宗欽懷皇后蒲察氏上京路曷速河人也曾祖太神國初有功累階光祿大夫贈司空應國公祖阿胡迭官至特進贈司徒譙國公父鼎壽尚熙宗鄭國公主授駙馬都尉中都路昏得渾山猛安曷速木單世襲謀克累官至金吾衞上將軍贈太尉越國公后之始生有紅光被體移時不退就養於姨冀國公主既長孝謹如事所生大定二十三年章宗爲金源郡王行納采禮世宗遣近侍局使徒單懷忠就賜金百兩銀千兩廐馬六匹重綵三十端拜命閭慶雲見于日側觀者異之是年十一月備禮親迎詔親王宰執三品已上官及命婦會禮封金源郡王夫人後進封妃崩后性淑明風儀粹穆知讀書爲文帝即位遂加追冊仍詔告中外奉安神主于坤寧宮歲時致祭大安初祔葬于道陵

元妃李氏師兒其家有罪沒入宮籍監父湘母王盼兒皆微賤大定末以監戶女子入宮是時宮教張建教宮中師兒與諸宮女皆從之學故事宮教以青紗隔障蔽內外宮教居障外諸宮女居障內不得面見有不識字及問義皆自障內映紗指字請問宮教自障外口說教之諸女子中惟師兒易爲領解建不知其誰但識其音聲清亮章宗嘗問建宮教中女子誰可教者建對曰就中聲音清亮者最可教章宗以建言求得之宦者梁道譽師兒才美勸章宗納之章宗好文辭妃性慧黠能作字知文義尤善伺候顏色迎合旨意遂大愛幸明昌四年封爲昭容明年進封淑妃父湘追贈金紫光祿大夫上柱國隴西郡公祖父曾祖父皆追贈兄喜兒舊嘗爲盜與弟鐵哥皆擢顯近勢傾朝廷風采動四方射利競進之徒爭趨走其門南京李炳中山李著與通譜系超取顯美胥持國附依以致宰相怙財固位上下紛然知其姦蠹不敢擊之雖擊之莫能去也紇石烈執中貪愎不法章宗知其跋扈而屢斥屢起終亂天下自欽懷皇后沒世中宮虛位久章宗意屬李氏而國朝故事皆徒單唐括蒲察拏懶僕散紇石烈烏林荅烏古論諸部部長之家世爲姻婚娶后尚主而李氏微甚至是章宗果欲立之大臣固執不從臺諫以爲言帝不得已進封爲元妃而勢位熏赫與皇后侔矣一日章宗宴宮中優人瑇瑁頭者戲于前或問上國有何符瑞優曰汝不聞鳳皇見乎其人曰知之而未聞其詳優曰其飛有四所應亦異若嚮上飛則風雨順時嚮下飛則五穀豐登嚮外飛則四國來朝嚮裏飛則加官進祿上笑而罷欽懷后及妃姬嘗有子或二三歲或數月輒夭承安五年帝以繼嗣未立禱祀太廟山陵少府監張汝猷因轉對奏皇嗣未立乞聖主親行祀事之後遣近臣詣諸岳觀廟祈禱詔司空襄往亳州禱太清宮既而止之遣刑部員外郎完顏匡往焉泰和二年八月丁酉元妃生皇子忒鄰羣臣上表稱賀宴五品以上于神龍殿六品以下宴于東廡下詔平章政事徒單鎰報謝太廟右丞完顏匡報謝山陵使使亳州報謝太清宮既彌月詔賜名封爲葛王葛王世宗初封大定後不以封臣下由是三等國號無葛尚書省奏請於瀛王下附葛國號上從之十二月癸酉忒鄰生滿三月勑放僧道度牒三千道設醮于玄眞觀爲忒鄰祈福丁丑御慶和殿浴皇子詔百官用元旦禮儀進酒稱賀五品以上進禮物生凡二歲而薨兄喜兒累官宣徽使安國軍節度使弟鐵哥累官近侍局使少府監至大定八年承御賈氏及范氏皆有娠未及乳月章宗已得嗽疾頗困是時衞王永濟自武定軍來朝章宗於父兄中最愛衞王欲使繼體立之語在衞紹王紀衞王朝辭是日章宗力疾與之擊毬謂衞王曰叔王不欲作主人遽欲去邪元妃在傍謂帝曰此非輕言者十一月乙卯章宗大漸衞王未發元妃與黃門李新喜議立衞王使內侍潘守恒召之守恒頗知書識大體謂元妃曰此大事當與大臣議廼使守恒召平章政事完顏匡匡顯宗侍讀最爲舊臣有征伐功故獨召之匡至遂與定策立衞王丙辰章宗崩遺詔皇叔衞王即皇帝位詔曰朕之內人見有娠者兩位如其中有男當立爲儲貳如皆是男子擇可立者立之衞紹王即位大安元年二月詔曰章宗皇帝以天下重器畀于眇躬遺旨謂掖庭內人有娠者兩位如得男則立爲儲貳申諭多方皎如天日朕雖凉菲實受付託思克副於遺意每曲爲之盡心擇靜舍以俾居遺懿親而守視欽懷皇后母鄭國公主及乳母蕭國夫人晝夜不離昨聞有爽於安養已用軫憂而弗寧爰命大臣專爲調護今者平章政事僕散端左丞孫即康奏言承御賈氏當以十一月免乳今則已出三月來事未可度知范氏產期合在正月而太醫副使儀師顏言自年前十一月診得范氏胎氣

有損調治迄今脈息雖和胎形已失及范氏自願於神御前削髮爲尼重念先皇帝重屬大事豈期閩此深用怛然今范氏既已有損而賈氏猶或可冀告於先帝願降靈禧默賜保全早生聖嗣尚恐衆庶未究端由要不匿於播敷使咸明於吾意四月詔曰近者有訴元妃李氏潛計負恩自泰和七年正月章宗暫嘗違豫李氏與新喜竊議爲儲嗣未立欲令宮人詐作有身計取他兒詐充皇嗣遂於年前閏月十日因賈承御病嘔吐腹中若有積塊李氏與其母王盼兒及李新喜謀令賈氏詐稱有身俟將臨月於李家取兒以入月日不偶則規別取以爲皇嗣章宗崩謀不及行當先帝彌留之際命平章政事完顏匡都提點中外事務明有勑旨我有兩宮人有娠更令召平章左右竝聞斯語李氏并新喜乃敢不依勑旨欲喚喜兒鐵哥事既不克竊呼提點近侍局烏古論慶壽與計因品藻諸王議復不定知近侍局副使徒單張僧遣人召平章已到宣華門外始發勘同平章入內一遵遺旨以定大事方先帝疾危數召李氏李氏不到及索衣服李氏承召亦不卽來猶與其母私議先皇平昔或有幸御李氏嫉妬令女巫李定奴作紙木人鴛鴦符以事魘魅致絕聖嗣所爲不軌莫可殫陳事旣發露遣大臣按問俱已款服命宰臣往審亦如之有司議法當極刑以其久侍先帝欲免其死王公百僚執奏堅確命賜李氏自盡王盼兒李新喜各正典刑李氏兄安國軍節度使喜兒弟少府監鐵哥如律仍追除復係監籍於遠地安置諸連坐竝依律令施行承御賈氏亦賜自盡葢章宗崩三日而稱范氏胎氣有損章宗疾彌留亦無完顏匡都提點中外事務勑旨或謂完顏匡欲事定策功構致如此自後天下不復稱元妃但呼曰李師兒及胡沙虎弒衞王立宣宗請貶降衞王爲東海郡侯其詔曰大安之初頒諭天下謂李氏與其母王盼兒及李新喜同謀令賈氏虛稱有身各正罪法朕惟章宗皇帝聖德聰明豈容有此欺紿近因集議武衞軍副使兼提點近侍局完顏達霍王傳大政德皆言賈氏事內有冤此時達職在近侍政德護賈氏所以知之朕親臨問左證其事曖昧據當時被罪貶責者可俱令放免還家由是李氏家族皆得還

衞紹王后徒單氏大安元年立爲皇后至寧元年胡沙虎亂與衞王俱遷于衞邸帝遇弒宣宗卽位衞王降爲東海郡侯徒單氏削皇后號貞祐二年還都汴詔凡衞紹王及鄆厲王家人皆徙鄭州仍禁錮不得出入男女不得婚嫁者十九年天興元年詔釋禁錮是時河南已不能守子孫不知所終

宣宗皇后王氏中都人明惠皇后妹也其父微時嘗夢二玉梳化爲月已而生二后及沒有芝生于柩初宣宗封翼王章宗詔諸王求民家子以廣繼嗣是時后與麗氏偕入王邸及見后姊有姿色又納之貞祐元年九月封后爲元妃姊爲淑妃麗氏爲眞妃淑妃生哀宗眞妃生守純后無子養哀宗爲已子貞祐二年七月賜姓溫敦氏立爲皇后追封后曾祖得壽司空冀國公曾祖母劉氏冀國夫人祖璞司徒益國公祖母楊氏益國夫人父彥昌太尉汴國公母馬氏汴國夫人三年莊獻太子薨哀宗爲皇太子宣宗崩哀宗卽位正大元年尊后爲皇太后號其宮曰仁聖進封后父曰南陽郡王或曰宣宗爲諸王時莊獻太子母爲正妃及卽位尊爲皇后貞祐元年九月詔曰元妃某氏久奉侍於潛藩已賜封於國號可立爲皇后其名氏葢不可考也或又曰自王氏姊妹入宮而后寵衰尋爲尼王氏遂立爲后皆后姊明惠之謀也初王氏姊妹受封之日大風昏霾黃氣充塞天地已而后夢丐者數萬踵其後心甚惡之占者曰后者天下之母也百姓貧窶將誰訴焉后遂勑有司京城設粥與冰藥及壬辰癸巳歲河南饑饉大元兵圍汴加以大疫汴城之民死者百餘萬后皆目覩焉哀宗釋服將禘饗太廟先期有司奏冕服成上請仁聖慈聖兩宮太后御內殿因試衣之以見兩宮大悅上更便服奉觴爲兩宮壽仁聖太后諭上曰祖宗初取天下甚不易何時使四方承平百姓安樂天子服此法服於中都祖廟行禘饗乎上曰阿婆有此意臣亦何嘗忘慈聖太后亦曰恒有此心則見此當有期矣遂酌酒爲上壽歡然而罷天興元年冬哀宗遷歸德二年正月遣近侍徒單四喜朮甲荅失不奉迎兩宮后御仁安殿出鋌金及七寶金洗分賜從行忠孝軍是夜兩宮及柔妃裴滿氏等乘馬出宮行至陳留城左右火起疑有兵不敢進后亟命還宮明日入京慰四喜家少頃輦迎入宮方謀再行京城破后及諸妃嬪北遷不知所終惟寶符李氏從至宣德州居摩訶院李氏自入院止寢佛殿中作爲幡旆會當同后妃北行將發佛像前自縊死且自書門紙曰寶符御侍此處身故

宣宗明惠皇后王皇后之姊也生哀宗宣宗卽位封爲淑妃及妹立爲后進封元妃哀宗卽位詔尊爲皇太后號其宮曰慈聖后性端嚴頗達古今哀宗已立爲皇太子有過尚切責之及卽位始免榎楚一日宮中就食尚器有玉盤楪三一奉太后二奉帝及宮中荊王母眞妃麗氏以瑪瑙器進食后見之怒召主者責曰誰令汝妄生分別荊王母豈卑我兒婦邪非欽食綱故已令有司杖殺汝矣是後宮中奉眞妃有加或告荊王謀不軌者下獄議已決帝言于后后曰汝止一兄柰何以讒言欲害之章宗殺伯與叔享年不永皇嗣又絕何爲欲效之邪趣赦出使來見我移時不至吾不見汝矣帝起后立待王至涕泣慰撫之哀宗甚寵一宮人欲立爲后后惡其微賤固命出之上不得已命放之出宮語使者曰爾出東華門不計何人首遇者卽賜之於是遇一販繒者遂賜爲妻點檢撒合輦教上騎鞠后傳旨戒之云汝爲人臣當輔主以正顧乃教之戲邪再有聞必大杖汝矣比年小捷國勢頗振文士有奏賦頌以聖德中興爲言者后聞不悅曰帝年少氣銳無懼心則驕怠生今幸一勝何等中興而若輩諂之如是正大八年九月丙申后崩遺命園陵制度務從儉約十二月已未葬汴城迎朔門外五里莊獻太子墓之西諡明惠皇后

哀宗皇后徒單氏宣宗及后有疾后嘗封膺以進宣宗聞而嘉之興定四年后父鎭南軍節度使頑僧有罪宜宗以后純孝因曲赦之聽其致仕正大元年詔立爲皇后哀宗遷歸德遣后弟四喜等詣汴奉迎夜至陳留不敢進復歸于汴未幾城破北遷不知所終

贊曰周禮九嬪掌婦學之法婦德婦言婦容婦功班昭氏論之曰婦德不必才明絕異也婦言不必便口利辭也婦容不必顏色美麗也婦功不必功巧過人也淸閑貞靜守節整齊行已有恥動靜有法是謂婦德擇辭而說不道惡語時然後言不厭於人是謂婦言盥浣塵穢服飾鮮潔沐浴以時身不垢辱是謂婦容專心紡績不好戲笑潔齊酒食以奉賓客是謂婦功後世婦學不脩麗色以相高巧言以相傾衒能以市恩逢迎以固寵是故悼平褻頓皇統以隕其身海陵蠱惑羣變幾亡其國道陵李氏擅寵蠹政卒僨其宗嗚呼可不戒哉

金史卷六十五

元中書右丞相總裁脫脫等修

列傳第三

始祖以下諸子

斡魯　輩魯

謝庫德孫拔達　謝夷保子盆納

謝里忽　烏古出

跋黑　崇成本名僕灰

劾孫子蒲家奴　麻頗子謾都本

謾都訶　斡帶

斡賽子宗永　斡者孫璋

昂本名吾都補子鄭家

始祖明懿皇后生德帝烏魯季曰斡魯女曰注思版皆福壽之語也以六十後生子異之故皆以嘉名名之焉

德帝思皇后生安帝季曰輩魯輩魯與獻祖俱徙海姑水置屋宇焉輩魯之孫胡率胡率之子劾者與景祖長子韓國公劾者同名韓國公前死所謂肅宗納劾者之妻加古氏者是也穆宗四年伐阿跋阿跋走遼遼使使來止伐阿跋軍穆宗陽受遼帝約束先歸國留劾者守阿跋城凡三年卒攻破之天會十五年贈特進

安帝節皇后生獻祖次曰信德次曰謝庫德次曰謝夷保次曰謝里忽

謝庫德之孫拔達謝夷保之子盆納皆佐世祖有功盆納勇毅善射當時有與同名者嘗有貳志目之曰惡盆納天會十五年拔達贈儀同三司盆納贈開府儀同三司在世祖時欽都冶訶及劾者拔達盆納五人者不離左右親若手足元勳之最著者也明昌五年皆配饗世祖廟廷准德束里保者皆加古部人申乃因醜阿皆馳滿部人富者粘沒罕完顏部人阿庫德白達皆雅達瀾水完顏部勃堇此七人者當携離之際能一心竭力輔戴者也達紀胡蘇皆朮甲部勃堇勝昆主保皆朮虎部人阿庫德溫迪痕部人此五人者又其次者也世祖初年跋黑爲變烏春盛强使人召阿庫德白達阿庫德曰吾不知其他死生與太師共之太師謂世祖也白達大喜曰我心正如此耳烏春兵來堅壁自守勿與戰可也達紀胡蘇居琵里郭水烏春兵出其間不爲變終拒而不從勝昆居胡不干村其兄滓不乃勃堇烏春止其家而以兵圍勝昆烏春解去世祖殺滓不乃勝昆請無孥戮世祖從之世祖破桓赧散達主保死焉天會十五年准德申乃因阿庫德白達皆贈金紫光祿大夫束里保

颶阿富者粘没罕達紀胡蘇勝昆主保温迪痕阿庫德皆贈銀青光祿大夫皆天會十五年追贈又有朝諭加古部勝昆勃堇蟬春水烏延部富者郭被畏烏春彊請世祖出兵其間以爲重也世祖使斜列羅盤將別軍過之郭被教斜列取先在烏春軍中二十二人烏春覺之殺二人得二十人郭被又以土人益斜列軍穆宗他日嘉此功不能忘以斜列之女守寧妻郭被子胡里罕焉婆多吐水裴滿部斡不勃堇附於世祖桓赧焚之斡不卒世祖厚撫其家因併錄之以見立國之艱難云

謝里忽者昭祖將定法制諸父國人不悅已執昭祖將殺之謝里忽亟往彎弓注矢射於衆中衆乃散去昭祖得免國俗有被殺者必使巫覡以詛祝殺之者迺繫刃于杖端與衆至其家歌而詛之曰取爾一角指天一角指地之牛無名之馬向之則華面背之則白尾橫視之則有左右翼者其聲哀切悽婉若蒿里之音既而以刃畫地劫取畜產財物而還其家一經詛祝家道輒敗及來流水烏薩扎部殺完顏部人昭祖往烏薩扎部以國俗治之大有所獲頒之於諸父昆弟而不及謝里忽謝里忽曰前日兇汝於死者吾之力往治烏薩扎部者吾之謀也分不及我何邪昭祖於是早起自齋間金刻鞢往餽之時謝里忽猶未起擁寢衣而問曰爾爲誰昭祖曰石魯先擇此實而後頒及他人敢私布之謝里忽既揚言初不自安至是乃大喜刻鞢者腰佩也

獻祖恭靖皇后生昭祖次曰朴都次曰阿保寒次曰敵酷次曰敵古迺次曰撒里輦次曰撒葛周

昭祖威順皇后生景祖次曰烏古出次室達胡末烏薩扎部人生跋黑僕里黑斡里安次室高麗人生胡失答

烏古出初昭祖久無子有巫者能道神語甚驗乃往禱焉巫良久曰男子之魂至矣此子厚有福德子孫昌盛可拜而受之若生則名之曰烏古迺是爲景祖又良久曰女子之魂至矣可名曰五鵶忍又良久曰女子之兆復見可名曰斡都拔又久之復曰男子之兆復見然性不馴良長則殘忍無親親之恩必行非義不可受也昭祖方念後嗣未立乃曰雖不良亦願受之巫者曰當名之曰烏古出既而生二男二女其次第先後皆如巫者之言遂以巫所命名名之景祖初立烏古出酗酒屢悖威順皇后曰巫言驗矣悖亂之人終不可留遂與景祖謀而殺之部人怒曰此子性如此在國俗當主父母之業柰何殺之欲殺景祖后乃匿景祖出謂衆曰爲子而悖其母率是而行將焉用之吾割愛而殺之烏古迺不知也汝輩寧殺我乎衆乃罷去烏古出之子習不失自有傳

跋黑及同母弟二人自幼時每爭攘飲食昭祖見而惡之曰吾娶此妾而生子如此後必爲子孫之患世祖初立跋黑果有異志誘桓赧散達烏春窩謀罕離間部屬使貳於世祖世祖患之乃加意事之使爲勃堇而不令典兵跋黑既陰與桓赧烏春謀計國人皆知之而童謠有欲生則附於跋黑欲死則附於刻里鉢頗剌淑之語世祖亦以策探得兄弟部人向背烏春桓赧相次以兵來攻世祖外禦強兵而內畏跋黑之變將行鬪跋黑食於其愛妾之父家肉張咽而死且喜且悲乃迎尸而哭之

崇成本名僕灰泰州司屬司人昭祖玄孫也大定十八年收充奉職改東宮入殿小底轉護衛二十五年章宗爲原王充本府祗候郎君明年上爲皇太孫復爲護衛上卽位授河間府判官以憂去職起復爲宿直將軍累遷武衛軍都指揮使泰和三年卒賻贈有加崇成謹飭有守宿衛二十餘年未嘗有過故久侍密近云

景祖昭肅皇后生韓國公劾者次世祖次沂國公劾孫次肅宗次穆宗次室注思灰契丹人生代國公劾眞保次室温迪痕氏名敵本生虞國公麻頗隋國公阿离合懣鄭國公謾都訶劾者阿离合懣別有傳

劾孫天會十四年大封宗室劾孫追封王爵正隆例降封鄭國公子蒲家奴又名昱嘗從太祖伐留可塢塔太祖使蒲家奴招詐都詐都卽降康宗八年係遼籍女直紇石烈部阿里保太彎阻兵招納亡命邊民多亡歸之蒲家奴以偏師夜行晝止抵石勒水襲擊破之盡俘其孥而還邊氓自此無復亡者後與宗雄視泰州地土太祖因徙萬家屯田于其地天輔五年蒲家奴爲吳勃極烈遂爲都統使襲遼帝而以雨潦不果行既而忽魯勃極烈杲都統內外諸軍以取中京蒲家奴等皆爲之副遼帝西走都統杲使蒲家奴以兵一千助撻懶擊遼都統馬哥與撻懶不相及蒲家奴與賽里斜野降其西北居延之衆而降民稍復逃散毗室部亦叛遂率兵襲之至鐵呂川遇敵八千遂力戰兵敗察剌以兵來會追及敵兵于黃水獲畜產甚衆是役也輿燉按打海破十一創竟敗敵兵而還軍于旺國崖西賽里亦以兵會太祖自草濼追遼帝蒲家奴宗望爲前鋒戒之曰彼若深溝高壘未可與戰卽偵伺巡邏勿令遁去以俟大軍若其無備便可擊也上次胡离畛川吳十馬和尚至小魚濼夜潛入遼主營執新羅奴以還遂知遼帝所在蒲家奴等晝夜兼行追及于石輦鐸我兵四千至者才千人遼兵圍之余睹指遼帝麾蓋騎兵馳之遼帝遯去兵遂潰所殺甚衆宗翰爲西北西南兩路都統蒲家奴斡魯爲之副烏虎部叛蒲家奴討平之天會間爲司空封王天眷二年宗磐等誅辭及蒲家奴詔奪司空是年薨天德初配享太祖廟廷正隆二年例封豫國公

麻頗天會十五年封王正隆例封虞國公長子謾都本孝友恭謹多謀而善戰年十五隸軍中從攻窩盧歡及係遼女直胡失答等爲變謾都本自爲質遂從胡失答歸中途以計殺守者而還攻寧江州取黃龍府破高永昌取春泰州皆有功多受賞賚遂爲謀克討嶺東未服州郡過土河東山敗賊三千人奚契丹寇土河西與猛安蒙葛麻吉擊之謾都本對敵之中摧鋒力戰破其衆九萬人奚衆萬餘保阿隣甸復擊敗之降其旁近居人復以五百騎破遼兵一千生擒其將以歸與闍母攻興中府中流矢卒年三十七天眷中贈金紫光祿大夫諡英毅

謾都訶屢從征伐天會二年爲阿捨勃極烈參議國政明年薨天會十五年大封宗室追封王正隆例封鄭國公明昌五年諡定濟

蠻覩襲父麻頗猛安麻覩卒子掃合襲掃合卒子撒合輦襲撒合輦卒子惟鎔襲惟鎔本名没烈字子鑄駢胥多力喜周給人至寧初守楊文闘有功兼都統護漕運貞祐二年佩金牌護親軍家屬遷汴遂授同知祁州軍州事充提控貞祐三年破紅襖賊於大洙堌惟鎔入自北門諸軍繼進生獲劉二祖功最遷泰安軍節度副使改遂王府尉都水少監東平府治中坐誤以刃傷同知府事紇石烈牙吾塔當削降殿年仍從軍自效討花帽賊于曹濟間行省蒙古綱奏其功復前職遷邳州經畧使卒子從傑襲猛安累功遙授鎮南軍節度副使

世祖翼簡皇后生康宗次太祖次魏王斡帶次太宗次遼王斜也次室徒單氏生衛王斡賽次魯王斡者次室僕散氏生漢王烏故乃次室朮虎氏生魯王闍母次室朮虎氏生沂王查剌次室烏古論氏生鄆王昂

斡帶年二十餘撒改伐留可斡帶與習不失阿里合懣等俱爲禪將諸將議攻取斡帶主攻城便太祖將至軍斡帶迎之謂太祖曰留可城且下勿或他議太祖從之至軍中衆議乃決斡帶急起治攻具其夜進兵攻城遲明破之及二涅囊虎路二蠢出路寇盜斡帶盡平之康宗二年甲申蘇濱水諸部不聽命康宗使斡帶等往治其事行次活羅海川撒阿村召諸部諸部皆至惟含國部斡豁勃堇不至斡准部狄庫德勃堇職德部厮故速勃堇亦皆遯去遇塢塔於馬紀嶺塢塔遂執二人以降於是使斡帶將兵伐斡豁募軍于蘇濱水斡豁完聚固守攻而拔之進師北琴海闢登路攻拔泓忒城取畔者以歸太祖於母弟中最愛斡帶斡帶歸自泓忒城太祖以事如寧江州欲與斡帶偕行斡帶曰兵役久勞未及息也遂不果行太祖還晝寢于來流水傍夢斡帶之場圃火禾盡焚不可撲滅覺而深念之以爲憂是時斡帶已寢疾太祖至聞之過家門不下馬徑至斡帶所問疾未幾薨年三十四太祖每哭之慟謂人曰子強與之偕行未必死也斡帶剛毅果斷服用整肅臨戰決策有世祖風世祖之世軍旅之事多專任之太祖平遼歎曰恨斡帶之不及見也天會十五年追封儀同三司魏王諡曰定肅

斡賽穆宗初斡准部族相鈔畧遣納根涅孛堇以其兵往治納根涅擅募蘇濱水人爲兵不聽輒攻畧之其人來告穆宗使斡賽及冶訶往問狀納根涅雖伏而不肯償所取因遯去冶訶等皆不欲追斡賽督軍而進至把忽嶺西毛密水及之大破其衆納根涅死焉斡賽撫定蘇濱水民部執納根涅之母及其妻子而歸穆宗曰斡賽年尚幼已能集事可嘉也康宗二年甲申斡帶治蘇濱水諸部斡賽斡魯佐之定諸部而還久之高麗役行人阿聒勝昆而築九城於曷懶甸斡賽將內外兵劾古活你茁蒲察狄古迺佐之高麗兵數萬來拒斡賽分兵爲十隊更出迭入遂大破之斡賽母和你隈疾篤召還以斡魯代之未幾斡賽復至軍再破高麗軍進圍其城七月高麗請和盡歸前後亡命及所侵故地退九城之戍遂與之和皇統五年追封衛國王

宗永本名挑撻斡賽子長身美髯忠確勇毅天眷初以宗室子預誅宗磐擢寧遠大將軍皇統初克牌印祗候五年出爲趙州刺史秩滿再任轉興平軍節度使改大名尹貞元三年復爲興平軍節度使歷昭德軍臨洮鳳翔尹大定二年入爲工部尚書與蘇保衡完顏余里也遷加伐宋士官賞宗永性滯不習事凡與土賊戰者一槩加之世宗久乃知之謂宰相曰若一槩追還必生怨望若因循不問則爵賞濫矣其與土賊戰者有能以寡敵衆一人敵三十人以上者依已遷爲定改同簽大宗正事震武軍節度使卒

斡者天會十五年大封宗室追封魯王正隆例改封公子神土懣驃騎衛上將軍子璋本名胡麻愈多勇畧通女直契丹漢字年十八左副元帥撒离喝引在麾下以事如京師見梁王宗弼與語宗弼悅之皇統六年父神土懣卒宗弼奏璋可襲謀克詔從之天德三年充牌印祗候以罪免奪其謀克寓居中都海陵伐宋左衛將軍蒲察沙离只同知中都留守佩金牌掌留府事世宗即位于遼陽璋勸沙离只歸世宗沙离只不從璋與守城軍官烏林荅石家奴烏林荅愿徒單三勝蒲察蒲查等以兵晨入留守府遂殺沙离只及判官漫撚撒离喝推宗强子阿瑣爲留守璋行同知留守事遣石家奴佩沙离只金牌與愿蒲查中都轉運使左淵子貽慶大興少尹李天吉子磐奉表如東京賀即位世宗嘉之以愿蒲查爲武義將軍充護衛貽慶賜及第授從仕郎磐充閤門祗候就以璋爲同知中都事璋以殺沙离只自攝同知留守世宗因而授之心常不自安遂與兵部尚書可喜謀因世宗謁山陵作亂大定二年上謁山陵璋等九人會于可喜家說萬戶高松不從璋知事不成乃與可喜共執斡論諳有司陳上誅可喜李惟忠等以璋爲彰化軍節度使宋將吳璘出散關據寶雞以西詔璋赴元帥都監徒單合喜軍前任使於是宋入據原州寧州刺史顏盞門都以兵四千攻之不克宋將姚良輔以兵十萬至原州權副統完顏習尼列以千騎援門都兵而姚良輔兵多諸將皆不敢與戰及璋至軍會平涼涇州潘原長武等戍兵合二萬人璋使押軍猛安石抹許里阿補以兵二千軍於城北習尼列以兵三千軍於城西北十里麥子原皆據高阜爲陣璋以本部兵陣於城西姚良輔出自北嶺先遣萬人攻許里阿補自以軍九萬陣麥子原下捍以劒盾行馬外列騎士步卒居其中敢死士鏁足行馬間持大刀爲拒分爲八陣而別以騎二千襲璋軍璋方出迎戰習尼列來報曰宋之重兵皆在麥子原矣璋遣萬戶特里失烏也以押軍猛安奚慶喜照撒兵二千援許里阿補遣撒屋出崔尹以兵二千益習尼列許里阿補與宋人接戰良人敗之宋兵在麥子原者最堅習尼列與移剌補與屯撒屋出崔尹僕根撒屈出以兵五千沿壕爲伏餘兵皆捨馬步戰擊其前行騎士走之於是行馬以前衝以長槍行馬以後射以勁弓良輔兵稍挫習尼列乘勝麾兵撒其行馬破其七陣良輔復整兵出習尼列少却而璋已破城下宋兵與習尼列會使僕根以伏兵擊良輔習尼列亦整兵與戰奪擊之大破良輔軍斬首萬餘級墜壕死者不可勝數鎖足行馬者盡殪之獲甲矢萬餘器仗稱是良輔亦中兩創脫去遂圖原州穴其西城城圮宋人宵遁璋等入原州宋戍軍在寶雞以西聞之皆自散關遁去京兆尹烏延蒲离黑寧州刺史赤盞胡速魯改已去德順州宋吳璘復據之都監合喜以璋權都統與習尼列將兵二萬救德順璋率騎兵前行與璘騎兵二萬戰于張義堡遂沙山下敗之追北四十餘里璘軍遇隘不得前斬首數十級璋至德順璘據城北險要爲營璋亦築營與璘相望可三里許兩軍遇於城東凡五接戰璘軍敗走璋追至城下璘軍已據城北岡阜與其城上兵相應以弩夾射璋軍璋軍佯却城中出兵來追璋反旆與戰大敗之合喜遣統軍都監泥河以兵七千來會與璘軍復戰敗之璘遣兵據東山堡欲樹柵璋與習尼列泥河議曰敵若據東山堡此城亦不可拔宜急擊之於是璋先據要地習尼列以兵逼東山堡璘兵恃濠相拒短兵接璘兵退走習尼列追擊之璘城北營兵可六千人登北岡來戰璋之漢軍少却傷者二百人璘遂焚璋軍攻城具璋率移剌補猛安兵踰北岡擊走之璘軍隔小塹射璋軍移剌補少却習尼列望見北原火發乃止攻東山堡亟與將士來赴引善射者先登率劉安漢軍三百人擊敗之璘軍皆走險璘以軍三萬據險作三陣皆環以劒盾行馬璋遣萬戶石抹迭勒由別路自後擊之特里失烏也移剌補以二千人當其前以强弓射之璘兵大敗墮溝壑者甚衆璋軍度澗追之斬數千級而還璘軍雖敗猶恃其衆都監合喜使武威軍副總管兵古查剌來問策諸將皆曰吳璘恃險不善野戰我退軍平涼彼必棄險就平地然後可圖也璋曰不然彼恃其衆非特恃險也昔人有言寧棄千軍不棄寸地故退兵不如濟師我退軍平涼彼軍深入吾地固壘以拒我則如之何查剌還報合喜於是親率四萬人赴之吳璘詰旦乘陰霧晦冥分兵四道來襲戰于城東離而復合者數四漢軍千戶李展率麾下兵先登奮擊之璘軍陣動璋乘勝蹂擊璘軍復敗追至北岡璘走險璋急擊之殺畧殆盡璘分半軍守泰州合喜駐軍水洛城東自六盤山至石山頭分兵守之斷其餉道璘乃引歸宋經畧使荊皋以步騎三萬自德順西去璋以兵八千習尼列以兵五千追擊之習尼列兵乃出其前還自赤觜遇其前鋒敗之于高赤崖下復與其中軍戰自日昃至暮乃罷荊皋乘夜來襲營爲退軍八十里明日習尼列追之璋兵至上八節宋兵據險爲陣璋捨馬步戰地險不得接相拒至曙宋兵遁璋乘之追至甘谷城習尼列兵亦至宋兵宵遁璋遂班師習尼列追至伏羌城不及而還上使御史中丞達吉覘諸軍功狀達吉舊與璋有隙故損其功詔璋將士賞比諸軍半之璋兼陝西路都統進官一階及元帥府上功璋居多詔達吉削官兩階杖八十解職上復賞璋及將士如諸軍以璋爲西北路招討使召爲元帥左都監兼安武軍節度使賜以弓矢衣帶佩刀改益都尹左都監如故宋人棄海州遁去焚官民廬舍且盡璋至海州得所棄糧三萬六千餘石安集其人復其屯戍五年宋人約和罷三路都統復置陝西路統軍司璋爲統軍使上曰監軍合喜年老故授卿此職邊境無事且召卿矣以本官兼京兆尹召爲御史大夫璋奏竊觀文武百官有相爲朋黨者今在臺自臣外無女直人乞不限資考量材奏擬上曰朋黨爲誰即糾治之朕選女直人未得其人豈以資考爲限論其人材而已頃之璋奏曰太祖武元皇帝受天明命太宗皇帝奄定宋土自古帝王之興必稱受命當製大金受命之寶以明示萬世上曰卿言正合朕意乃遣使夏國市玉十八年受命寶成奏告天地宗廟社稷上御正殿改大興尹爲賀宋正旦使十三年璋受命使宋既行上遣人馳諭璋曰宋人若不遵舊禮愼勿付書如不令卿等入見即持書歸若迫而取之亦勿赴宴其回書及禮物一切勿受璋至臨安宋人請以太子接書不從宋人就館迫取書璋與之且赴宴多受禮物有司以聞上怒欲寘之極刑左丞相良弼奏曰璋爲將大破宋軍宋人讐之久矣將因此陷之死地未可知也今若殺璋或者墮其計中耳上以爲然乃杖璋百五十除名副使客省使高翊杖百没入其所受禮物後歲餘上念璋有征伐功起爲景州刺史遷武定軍節度使授山東西路蒲底山拏兀魯河謀克改臨洮尹十九年卒

鄆王昂本名吾都補世祖最幼子也常從太祖征伐天輔六年昂與稍喝以兵四千監護都部降人處之嶺東就以兵守臨潢府昂不能撫御降人苦之多叛亡者上聞之使出里底戒諭昂已過上京諸部皆叛去惟章愍宮小室韋二部達內地詔諳班勃極烈吳乞買曰比遣昂徙諸部多致怨叛稍喝駐兵不與討襲致使降人復歸遼主違命失衆當寘重法若有所疑則禁錮之俟師還定議是時太宗居守辭不失副之辭不失勸太宗因國慶可薄其罰於是杖昂七十拘之泰州而殺稍喝天會六年權元帥左都監十五年爲西京留守天眷三年爲平章政事皇統元年封漆水郡王二年制詔昂署銜帶皇叔祖字封鄆王是歲薨子鄭家鶴壽鶴壽累官耶魯瓦羣牧使死于契丹撒八之難語在忠義傳

鄭家皇統初以宗室子授定遠大將軍除磁州刺史天德間爲右諫議大夫累遷會寧尹安化軍節度使改益都尹海陵伐宋爲浙東道副統制與工部尚書蘇保衡以舟師自海道趨臨安至松林島阻風泊島間詰旦舟人望見敵舟請爲備鄭家問去此幾何舟人曰以水路測之且三百里風迅行即至矣鄭家不曉海路舟楫不之信有頃敵果至見我軍無備即以火砲擲之鄭家顧見左右舟中皆火發度不得脫赴水死時年四十一

金史卷六十五考證

鄭家傳○鄭家宋史作完顏鄭家奴

松林島○宋元通鑑作陳家島

金史卷六十六

元中書右丞相總裁脫脫等修

列傳第四

始祖以下諸子

勗本名烏野子宗秀　隈可　宗室胡十門
合住子布輝　摑保　衷本名醜漢
齊本名掃合　朮魯　胡石改　宗賢本名阿魯
撻懶　卞本名吾母　膏本名阿里剌
奕本名三寶　阿喜

勗字勉道本名烏野穆宗第五子好學問國人呼爲秀才年十六從太祖攻寧江州從宗望襲遼主于石輦鐸太宗嗣位自軍中召還與謀政事宗翰宗望定汴州受宋帝降太宗使勗就軍中往勞之宗翰等問其所欲曰惟好書耳載數車而還女直初無文字及破遼獲契丹漢人始通契丹漢字於是諸子皆學之宗雄能以兩月盡通契丹大小字而完顏希尹乃依倣契丹字製女直字女直既未有文字亦未嘗有記錄故祖宗事皆不載宗翰好訪問女直老人多得祖宗遺事太宗初即位復進士舉而韓昉輩皆在朝廷文學之士稍拔擢用之天會六年詔書求訪祖宗遺事以備國史命勗與耶律迪

越掌之昻等採摭遺言舊事自始祖以下十帝綜爲三卷凡部族旣曰某部復曰某水之某又曰某鄉某村以別識之凡與契丹往來及征伐諸部其間詐謀詭計一無所隱事有詳有畧咸得其實自太祖與高麗議和凡女直人高麗者皆索之至十餘年索之不已昻上書諫曰臣聞德莫大於樂天仁莫先於惠下所索戶口皆前世姦宄叛亡烏蠢詭謨罕阿海阿合束之緒裔先世綏懷四境尚未賓服自先君與高麗通問我將大因謂本自同出稍稍款附高麗旣不聽許遂生邊釁因致交兵久方連和蓋三十年當時壯者今皆物故子孫安於土俗婚姻膠固徵索不已彼固不敢稽留骨肉乖離誠非衆願人情怨甚可憫者而必欲求爲已有特彼我之蔽非一視同仁之大也國家民物繁夥幅員萬里不知得此果何益耶今索之不還我以强兵勁卒取之無難然兵凶器戰危事不得已而後用高麗稱藩職貢不闕國且臣屬民亦非外聖人行義不責小過理之所在不俟終日臣愚以爲宜施惠下之仁弘樂天之德聽免徵索則彼不謂己有如自我得之矣從之十五年爲尚書左丞加鎮東軍節度使同中書門下平章事頃平宗盤之難賜與甚多加儀同三司以皇叔祖字冠其銜昻皆力辭不受皇統元年撰定熙宗尊號册文上召昻飲於便殿以玉帶賜之所撰祖宗實錄成凡三卷進入上焚香立受之賞賚有差制詔左丞昻平章政事奕職俸外別給二品親王俸傔舊制皇兄弟皇子爲親王給二品俸宗室封一字王者給三品俸昻等別給親王俸皆異數也宴羣臣于五雲樓昻進酒稱謝帝起立宰臣進曰至尊爲臣下屢起於禮未安上曰朕屈己待臣下亦何害是日上及羣臣盡歡俄同監修國史進拜平章政事光懿皇后忌辰熙宗將出獵昻諫而止熙宗獵于海島三日之間親射五虎獲之昻獻東狩射虎賦上悅賜以佩刀玉帶良馬能以契丹字爲詩文凡游宴有可言者輒作詩以見意時上日與近臣酣飲或繼以夜莫能諫之昻上疏諫乃爲止酒進拜左丞相兼侍中監修如故八年奏上太祖實錄二十卷賜黃金八十兩銀百兩重綵五十端絹百疋通犀玉鈎帶各一出領行臺尚書省事召拜太保領三省領行臺如故封魯國王昻剛正寡言海陵方用事朝臣多附之者一日大臣會議海陵後至昻面責之曰吾年五十餘猶不敢後爾少年强健乃敢如此海陵跪謝九年進拜太師進封漢國王海陵篡立加恩大臣以收人望封秦漢國王領三省監修如故及宗本無罪誅昻髭鬢頓白因上表請老海陵不許賜以玉帶優詔諭之有大事令宰臣就第商議入朝不拜昻遂稱疾篤不言表請愈切海陵不憚從之以本官致仕進封周宋國王正隆元年與宗室俱遷中都二年例降封金源郡王薨年五十九撰定女直郡望姓氏譜及他文甚衆大定二十年詔曰太師昻諫表詩文甚有典則朕自卽位所未嘗見其諫表可入實錄其射虎賦詩文等篇什可鏤板行之子宗秀

宗秀字實甫本名廝里忽涉獵經史通契丹大小字善騎射與平宗磐宗雋之亂授定遠大將軍以宗磐世襲猛安授之宗弼復取河南宗秀與海陵俱赴軍前任使宋將岳飛軍于亳宿之間宗秀率步騎三千扼其衝要遂與諸軍迎擊敗之師還爲太原尹改婆速路統軍使不受高麗遣使以土產獻却之入爲刑部尚書改御史中丞授翰林學士天德初轉承旨封宿國公賜玉帶歷平陽尹昭義軍節度使封廣平郡王正隆二年卒官年四十二是歲例降二品以上封爵改贈金紫光祿大夫

康宗敬僖皇后生楚王謀良虎次室溫都氏生昭武大將軍同刮茁次室僕散氏坐事早死生龍虎衞上將軍隈可隈可亦作隈喝美鬚髯勇健有材畧從太祖伐遼取江寧州戰出河店天眷二年授驃騎上將軍除迭魯苾撒糺詳穩遷忠順軍節度使興平軍節度使天德二年入爲大宗正丞四年出爲昭德軍節度使以兄謀良虎子奐端合扎謀克餘戶授隈喝上京路扎里爪猛安所屬世襲謀克改德昌軍節度使封廣平郡王正隆二年例奪王爵改遏速館節度使再改忠順軍節度使大定元年封宗國公爲勸農使卒官年六十五

始祖兄弟三人保活里之後爲神土懣迪古乃別有傳

胡十門者曷蘇館人也父撻不野事遼爲太尉胡十門善漢語通契丹大小字勇而善戰高永昌據東京招曷蘇館人衆畏高永昌兵彊且欲歸之胡十門不肯從召其族人謀曰吾遠祖兄弟三人同出高麗今大聖皇帝之祖入女直吾祖留高麗自高麗歸于遼吾與皇帝皆三祖之後皇帝受命卽大位遼之敗亡有徵吾豈能爲永昌之臣哉始祖兄阿古迺留高麗中胡十門自言如此蓋自謂阿古迺之後云於是率其族屬部衆詣撒改烏蠢降營于駞回山之下永昌攻之胡十門力戰不能敵奔于撒改及攻開州胡十門以糧餉給軍後攻保州遼將以舟師遯胡十門邀擊敗之降其士卒賞賜甚厚以爲曷蘇館七部勃堇給銀牌一木牌三天輔二年卒贈監門衞上將軍再贈驃騎衞上將軍子鉤空嘗從攻顯州領四謀克軍破魚梁務功最以其父所管十部爲曷蘇館都勃堇有合住者亦稱始祖兄苗裔但不知與胡十門相去幾從耳

合住曷速館茲里海水人也仕遼領辰復二州漢人渤海子蒲速越襲父職再遷靜江中正軍節度使佩金牌爲曷速館女直部長子余里也與胡十門同時歸朝屢以糧餉助伐高永昌及高麗新羅後從宗望伐宋以功遷眞定府路安撫使兼曹州防禦使佩金牌授茲里海水世襲猛安長子布輝識女直契丹漢字善騎射年十八宗弼選爲扎也從阿里蒲盧渾追宋康王于明州睿宗聞其才召置麾下從經畧山東河北陝西襲其父猛安授昭勇大將軍海陵伐宋以本猛安兵從半道與南征萬戶完顏福壽等俱亡歸謁世宗于遼陽世宗卽位除同知曷蘇館節度使事刑部侍郎斜哥爲都統布輝副之坐擅署置自吏私用官中財物削兩階解職未浹旬世宗獻享山陵兵部尚書可喜昭毅大將軍斡論中都同知完顏璋等謀反欲因上謁山陵舉事斡論與布輝親舊與之謀議事具可喜傳既知事不可成乃與可喜璋執斡論等上變可喜不肯以始謀盡首遂并誅之而賞布輝璋除布輝濬州防禦使累遷順天軍節度使致仕卒年六十七

昭祖族人𢲸保者從昭祖耀武于青嶺白山還至姑里甸昭祖得疾寢于村舍洞無門扉乃以車輪當門爲蔽𢲸保臥輪下爲扞禦已而賊至刃交於輪輻間𢲸保洞腹見膏恐昭祖知之乃然薪取膏以爲灸問之以闕五字知之遂中夜啟行

衷本名醜漢中都司屬司人世祖曾孫祖霸台布里封鄆王父悟烈官至特進大定中收充閤門祗候授代州宣鈗軍都指揮使歲旱州委禱雨于五臺靈潭步致其水雨隨下人爲刻石紀之四遷引進使兼典客署令改尚輦局使扈從北幸賜廐馬二以旌其勤壽爲夏國王李仁孝封册使歷寧海蓋州刺史入爲大睦親府丞除順義軍節度使陛辭賜金幣特寵異之移鎮鎮西泰和六年致仕卒衷孝悌貞謹深悉本朝婚禮皇族婚嫁每令衷相之治復有能稱其在寧海蓋州平賦役無擾民立石頌遺愛大安初追贈輔國上將軍

胥本名掃合穆宗曾孫父胡八曾寧州刺史大定中以族收充司屬司將軍授同知復州軍州事累遷刑部員外郎上諭曰本朝以來未嘗有內族爲六部郎官者以卿歷職廉能故授之先是復州合廝罕關地方七百餘里因圍獵禁民樵捕齊言其地肥衍令賦民開種則公私有益上然之爲弛禁卽牧民以居田收甚利因名其地曰合廝罕猛安章宗立改戶部員外郎出爲磁州刺史治以寬簡未嘗留獄屬邑武安有道士祝觀字不謹吏民爲請鄰郡王師者代主之道士忿奪其利告王私置禁銅器法當徒縣令惡其爲人反坐之具獄上齊審其誣又以王有德不忍坐之問同寮無以對齊曰道士同請卽同居也當准首俱釋其罪其寬明大體皆此類也磁名郡刺史皆朝廷遴選郡人以前政有聲如劉嶽柔程輝高德裕皆不及也河北提刑司以治狀聞明昌三年始議置諸王傅頗難其選乃以齊傅充王王將至任郡猛安迎接齊峻却之王怪問故曰三國藩輔猛安皆總戎職於王何利焉却之以遠嫌也王悅服王府家奴爲不法輒發還本猛安終更無敢犯者明年授山東東西路副統軍兼同知益都府事有惠愛郡人爲之立碑轉彰化軍節度使六年移利涉軍召見勞慰有加詔留守上京承安二年致仕卒齊明法識治體所至有聲內族中與丞相承暉並稱云

术魯宗室子從鄭王斡賽敗高麗于曷懶取亞魯城克寧江州收黃龍府出河店之役達魯古城之役護步答岡之役皆力戰有功東京降爲本路招安副使敗遼兵破同刮營蘇州漢民叛走术魯追復之以功爲謀克天輔四年卒年四十一皇統中贈鎮國上將軍

胡石改宗室子也從太祖攻寧江敗遼兵于達魯古城破遼主親兵皆有功遼軍來援濟州胡石改與其兄實古乃以兵迎擊敗之還攻濟州中流矢戰益力克其城軍中稱其勇從攻春泰州降之并降境內諸部族其不降者皆攻拔之遼主西走胡石改追至中京獲其宮人輜重凡八百兩有思泥古者復以本部叛去胡石改以兵五百追及之獲其親屬部人以還德州復叛胡石改以兵五千克其城從婁室擊敗敵兵二萬於歸化之南井降歸化從取居庸關井燕之屬縣及其山谷諸屯移失部旣降復叛去胡石改引兵追及戰敗之俘獲甚衆澤州諸部有逃者皆追復之又敗叛人於臨潢誅其酋領而安撫其人民天眷二年遷永定軍節度使改武定軍徙汴京留守天德三年授世襲猛安卒年六十八

宗賢本名阿魯太祖伐遼從攻寧江州臨潢府太宗監國選侍左右甚見親信臨潢復叛從宗望復取之爲內庫都提點再遷歸德軍節度使政寬簡境內大治秩滿

士民數百千人相率詣朝廷請留及改武定軍百姓扶老携幼送數十里悲號而去改永定軍秉德廉訪官吏士民持盆水與鏡前拜言曰使君廉明清直類此民實賴之秉德曰吾問郡僚廉能如一汝等以為如何衆對日公勤清儉皆法則於使君耳因謂宗賢曰人謂君善治當在甲乙果然賢使君也用是超遷兩階天德初授世襲謀克驛召之雄州父老相率張青繩懸明鏡於公署老幼塡門三日乃得去封定國公再除忠順軍節度使賜以玉帶捕盜司執數人至府宗賢問曰罪狀明白否對曰獄具矣宗賢閱其案謂僚佐曰吾察此輩必冤不數日賊果得人服其明改曷懶路兵馬都總管歷廣寧尹封廣平郡王改崇義軍節度使兼領北京宗室事正隆例奪王爵加金紫光祿大夫改臨海軍大定初遣使召之宗賢率諸宗室見於遼陽除同簽大宗正事封景國公致仕起為婆速路兵馬都總管復致仕卒

特進撻懶宗室子年十六事太祖未嘗去左右出河店之役太祖欲親戰撻懶控其馬而止之曰主君何為輕敵臣請效力即挺槍前手殺七人已而槍折騎士曳而下者九人太祖壯之曰誠得此輩數十雖萬衆不能當也及戰于達魯古城遼兵一千陣于營外太祖遣撻懶往擊之撻懶衝出敵陣大敗其衆攻臨潢府春泰州中西二京皆有功天輔六年授謀克天會四年從伐宋屢以功受賞明年再舉至汴宗望聞宋人會諸路援兵于睢陽遣撻懶與阿里刮將兵二千往拒之敗其前鋒軍三萬于杞縣又破三寨擒宋京東路都總管胡直孺南路都統制隋師元及其三將幷直孺二子遂取拱州降寧陵復破二萬于睢陽進取亳州聞宋兵十萬且至會宗望益兵四千合擊大敗之其卒二千陣而立馳之不動即麾軍去馬擊之盡殪擒其將石瑱而還帥府嘉其功賞賚優渥睿宗駐兵熙州分遣諸將畧地撻懶以軍五百入六盤山十六寨降其官八十餘民戶四千獲馬二千匹皇統中累加銀青光祿大夫天德初加特進授世襲猛安卒年六十五海陵遷諸陵于大房山以撻懶嘗給事太祖命作石像置睿陵前

卞本名吾母上京司屬司人大定二年收充護衛積勞授彰化軍節度副使入為都水監丞累遷中都西京路提刑使徙知歸德府河平軍節度使王汝嘉奏卞前在都水監導河有勞除北京留守未幾改知大興府事時有言尚書左丞夾谷衡在軍不法詔刑部問狀事下大興府卞輒令追攝上以為失體杖四十久之乞致仕不許拜御史大夫先是左司諫赤盞高門上言御史大夫久闕憲紀不振宜選剛正疾惡之人肅清庶務上由是用卞前時孫鐸賈鉉俱為尚書鉉拜叅知政事而鐸再任對賀客誦唐張在詩有欝欝意卞劾奏之鐸坐降黜既而復申前請遂以金吾衛上將軍致仕薨

膏本名阿里剌隸上京司屬司大定十年以皇家近親收充東宮護衛轉十人長授御院通進從世宗幸上京會皇太子守國薨世宗以膏親密可委特命與滕王府長史臺馳驛往護喪時章宗為金源郡王亦留中都且命膏等保護諭之曰郡王遭此家難哀哭當以禮節之飲食尤宜謹視世宗還都遷符寶郎除吏部郎中章宗即位坐與御史大夫唐括貢為壽犯夜禁奪官一階罷明昌元年起為同知棣州防禦使事上書歷詆宰執帝以小臣敢譏訕宰輔杖八十削一官罷之發還本猛安明年降授同知宣德州事召授武衛軍副都指揮使四遷知大興府事轉左右宣徽使承安二年拜尚書右丞出為泰定軍節度使移知濟南府卒

奕本名三寶隸梅堅塞吾司屬司大定七年以近親充東宮護衛十人長轉為尚廐局使章宗即位遷左衛副將軍累遷右副都點檢兼提點尚廐局使諭旨曰汝非有過人才第以久次遷授當謹乃職勿復有非違事使朕聞之未幾坐廐馬瘦决三十承安二年改左司都點檢兼職如舊俄授同簽大睦親府事卒奕為人貪鄙數以贓敗帝愛其能治圍場故進而委信之

阿喜宗室子好學問襲父北京路筈栢山猛安聽訟明決人信而愛之察廉能除彰國軍節度副使改上京留守判官提刑司奏彰國軍治狀遷同知速頻路節度事改歸德軍歷海邳二州刺史皆兼總押軍馬宋統領劉文謙以兵犯宿遷阿喜迎擊破之復破戚春夏興國舟兵萬餘人斬夏興國于陣遷鎮國上將軍再賜銀幣為元帥左監軍紇石烈執中前鋒渡淮破寶應天長二縣師還遷同知歸德府事改泗州防禦使丁母憂起復大安二年改華州防禦使遷鎮南軍節度使貞祐二年改知大名府充馬軍都提控歷橫海安化軍節度使充宣差山東路左翼都提控尋知濟南府事徙沁南軍節度使還河南統軍使兼昌武軍節度使卒

贊曰金諸宗室自始祖至康宗凡八世獻祖徙居海姑水納葛里村再徙安出虎水世祖稱海姑兄弟蓋指其所居也完顏十二部皆以部為氏宣宗詔宗室皆書姓氏然亦有部人以部為氏非宗室同姓者遂不可辨矣

金史卷六十七

元　中書右丞相總裁脫脫等修

列傳第五

石顯　桓赧 弟散達

烏春 溫敦蒲剌附　臘醅 弟麻產

鈍恩　留可

阿疎　奚王回离保

石顯孩懶水烏林荅部人昭祖以條教約束諸部石顯陸梁不可制及昭祖沒于逼剌紀村部人以柩歸至孩懶水石顯與完顏部窩忽窩出邀於路攻而奪之柩揚言曰汝輩以石魯為能而推尊之吾今得之矣昭祖之徒告于蒲馬大彎與馬紀嶺劾保村完顏部蒙葛巴土等募軍追及之與戰復得柩衆推景祖為諸部長白山耶悔統門耶懶土骨論五國皆從服及遼使曷魯林牙來索逋人石顯皆拒阻不聽命景祖攻之不能克景祖自度不可以力取遂以詭計取之乃以石顯阻絕海東路請於遼遼帝使人讓之曰汝何敢阻絕鷹路審無他意遣其酋長來石顯使其長子婆諸刊入朝曰不敢違大國之命遼人厚賜遣還謂婆諸刊曰汝父信無他宜身自入朝石顯信之明年入見於春蒐婆諸刊從遼主謂石顯曰罪惟在汝不在汝子乃命婆諸刊還而流石顯於邊地蓋景祖以計除石顯而欲撫有其子與部人也婆諸刊蓄怨未發會活剌渾水紇石烈部臘醅麻產起兵婆諸刊往從之及敗於暮稜水麻產先遁去婆諸刊與臘醅就擒及其黨與皆獻之遼主久之世祖復使人言曰婆諸刊不還則其部人自知罪重因此恐懼不肯歸服遼主以為然遂遣婆諸刊及前後所獻罪人皆還之

桓赧散達兄弟者國相雅達之子也居完顏部邑屯村雅達稱國相不知其所從來景祖嘗以幣與馬求國相於雅達雅達許之景祖得之以命肅宗其後撒改亦居是官焉桓赧兄弟嘗事景祖世祖初季父跋黑有異志陰誘桓赧欲與為亂昭肅皇后往邑屯村世祖肅宗皆從行遇桓赧散達各被酒言語紛爭遂相毆擊舉刃相向昭肅皇后親解之乃止自是謀益甚是時烏春窩謀罕亦與跋黑相結詭以烏不屯賣甲為兵端世祖不得已而與之和間數年烏春以其衆涉活論來流二水世祖親往拒之桓赧散達遂起兵肅宗以偏師拒桓赧散達世祖畏其合勢也戒之曰可和則和否則戰至斡魯紺出水既陣成列肅宗使盆德勃堇議和桓赧亦恃烏春之在北也無和意盆德報肅宗曰敵欲戰或曰戰地迫近村墟雖勝不能盡敵宜退軍誘之寬地肅宗惑之乃令軍少却未能成列桓赧散達乘之肅宗敗焉桓赧乘勝大肆鈔略是役也烏春以久雨不能前乃罷兵世祖聞肅宗敗乃自將經舍很貼割兩水取桓赧散達之家桓赧散達不知也世祖焚其所居殺畧百許人而還未至軍肅宗之軍又敗世祖至責讓肅宗失利之狀使歡都冶訶以本部七謀克助之復遣人議和桓赧散達欲得盈歌之大赤馬辭不失之紫騮馬世祖不許遂與不术魯部卜灰蒲察部撒骨出及混同江左右匹古敦水北諸部兵皆會厚集為陣鳴鼓作氣馳甥桓赧恃其衆有必勝之心下令曰今天門開矣悉以爾車自隨凡烏古迺夫婦寶貨財產恣爾取之有不從者俘略之而去於是波多吐水裴滿部斡不勃堇附於世祖桓赧等縱火焚之斡不死世祖厚撫其家既定桓赧以舊地還之桓赧軍復來蒲察部沙袛勃堇胡補荅勃堇使阿喜間道來告且問曰寇將至吾屬何以待之世祖復命曰事至此不及謀矣以衆從之自救可也惟以旗幟自別耳每有兵至則輒遣阿喜穿林潛來令與畢察往還大道即故潛往來林中路也桓赧至北隘甸世祖將出兵聞跋黑食于驍滿村死矣乃沿安术虎水行且欲并取海故术烈速勃堇之衆而後戰覘者來報曰敵至矣世祖戒辭不失整軍速進使待於脫豁改原當是時桓赧兵衆世祖兵少衆寡不敵比世祖至軍士氣衂甚世祖心知之而不敢言但令解甲少憩以水洗面飲麨水頃之士氣稍蘇息是時肅宗求救於遼不在軍中將戰世祖屏人獨與穆宗私語兵敗則就與肅宗乞師以報讐仍令穆宗勿預戰事介馬以觀勝負先圖去就乃袒袖韔弓服矢以緼袍下幅護前後心三揚旗三撾鼓棄旗提劍身為軍鋒盡銳搏戰桓赧步軍以干盾進世祖之衆以長槍擊之步軍大敗辭不失從後奮擊之桓赧之騎兵亦敗世祖乘勝逐北破多退水水為之赤世祖止軍勿追盡獲所棄車甲馬牛軍實以戰勝告于天地頒所獲於將士各以功為差未幾桓赧散達俱以其屬來降卜灰猶保撒阿辣村招之不出撒骨出據阿魯紺出村世祖遣人與之議和撒骨出謾言為戲荅之曰我本欲和壯士巴的懣不肯和泣而謂我曰若果與和則美衣肥羊不可復得是以不敢從命遂縱兵俘略隣近村墅有人從道傍射之中口死卜灰之屬曰石魯石魯之母嫁于驍滿部達魯罕勃堇而為之妾達魯罕與族兄

弟抹腮引勃堇俱事世祖世祖欲間石魯於卜灰謂達魯罕曰汝之事我不如抹腮引之堅固也蓋謂石魯母子一彼焉一此焉以此撼石魯石魯聞之遂殺卜灰而降石魯通於卜灰之妾常懼得罪及聞世祖言或之使告于達魯罕曰將殺卜灰而來汝待我于江伺卜灰睡熟刺刃於胸而殺之追者急臼日露鼻匿水中逮夜至江方游以濟達魯罕使人待之乃得免久之醉酒而與達魯罕很爭達魯罕殺之

烏春阿跋斯水溫都部人以鍛鐵爲業因歲歉策杖負檐與其族屬來歸景祖與之處以本業自給旣而知其果敢善斷命爲本部長仍遣族人盆德送歸舊部盆德烏春之甥也世祖初嗣節度使叔父跋黑陰懷覬覦間誘桓赧散達兄弟及烏春窩謀罕等烏春以跋黑居肘腋爲變信之由是頗貳於世祖而虐用其部人部人訴於世祖世祖使人讓之曰吾父信任汝以汝爲部長今人告汝有實狀殺無罪人聽訟不平自今不得復爾爲也烏春曰吾與汝父等輩舊人汝爲長能幾日于汝何事世祖內畏跋黑恐羣朋爲變故曲意懷撫而欲以婚姻結其歡心使與約婚烏春不欲笑曰狗彘之子同處豈能生育胡里改與女直豈可爲親也烏春欲發兵而世祖待之如初無以爲端加古部烏不屯亦鐵工也以被甲九千來售烏春聞之使人來讓曰甲吾甲也來流水以南匹古敦水以北皆吾土也何故輒取吾甲其亟以歸我世祖曰彼以甲來市吾與直而售之烏春曰汝不肯與我甲而爲和解則使汝叔之子斜葛及厮勒來斜葛蓋跋黑之子也世祖度其意非眞肯議和者將以有爲也不欲遣衆固請曰不遣則必用兵不得已遣之謂厮勒曰斜葛無害彼且執汝矣半途辭疾勿往旣行厮勒曰我疾作將止不往斜葛曰吾亦不能獨往矣同行者强之使行旣見烏春烏春與斜葛厚爲禮而果執厮勒曰得甲則生否則殺汝世祖與其甲厮勒乃得歸烏春自此益無所憚後數年烏春舉兵來戰道斜寸嶺涉活論來流水舍於术虎部阿里矮村滓布乃勃堇家是時十月中大雨累晝夜不止冰澌覆地烏春不能進乃引去於是桓赧散達亦舉兵世祖自拒烏春而使肅宗拒桓赧已而烏春遇雨歸叔父跋黑亦死故世祖得併力於桓赧散達一戰而遂敗之斡勒部人盃乃舊事景祖至是亦有他志徙于南畢懇忒村遂以縱火誣歡都欲因此除去之語在歡都傳中世祖獲盃乃釋其罪盃乃終不自安徙居吐窟村與烏春窩謀罕結約烏春舉兵度嶺世祖駐軍屋闢村以待之進至蘇素海甸兩皆陣將戰世祖不親戰命肅宗以左軍戰斜列辭不失助之徵異夢也肅宗束縕縱火大風從後起火熾烈時八月野草尚青火盡燎烟焰漲天烏春軍在下風肅宗自上風擊之烏春大敗復獲盃乃獻於遼而城蘇素海甸以據之紇石烈臘醅麻產與世祖戰於野鵲水世祖中四創軍敗臘醅使舊賊禿罕等過青嶺見烏春路請部與之交結臘醅麻產求助於烏春烏春以姑里甸兵百十七人助之世祖擒臘醅獻于遼主并言烏春助兵之狀仍以不修鷹道罪之遼主使人至烏春問狀烏春懼乃爲謾言以告曰未嘗與臘醅爲助也德鄰石之北姑里甸之民所管不及此臘醅旣敗世祖盡得烏春姑里甸助兵一百十七人而使其卒長斡善斡脫往招其衆繼遣斜鉢勃堇撫定之斜鉢不能訓齊其人蒲察部故石跋石等誘三百餘人入城盡陷之世祖治鷹道還斜列來告世祖使歡都爲都統破烏春窩謀罕於斜堆故石跋石皆就擒世祖自將過烏紀嶺至窩謀海村胡論加古部勝昆勃堇居烏延部富者郭被請分一軍由所部伐烏春蓋以所部與烏春近欲以自蔽故也乃使斜列羅盤以支軍道其所居世祖自將大軍與歡都合至阿不塞水嶺東諸部皆會石土門亦以所部兵來是時烏春前死窩謀罕聞知世祖來伐訴於遼人乞與和解使者已至其家世祖軍至窩謀罕請緩師盡以前所納亾人歸之世祖使烏林荅故德黑勃堇往受所遣亾者窩謀罕以三百騎乘懈來攻世祖敗之遼使惡其無信不復爲主和乃進軍圍之太祖衣短甲行圍號令諸軍窩謀罕使太峪潛出城攻之太峪馳馬援槍將及太祖活臘胡擊斷其槍太祖乃得免斜列至斜村水用郭被計取先在烏春軍者二十二人烏春軍覺之殺二人餘二十人皆得之益以土軍來助窩謀罕自知不敵乃遁去遂克其城盡以資產分賚軍中以功爲次諸部皆安輯焉穆宗常嘉郭被功後以斜列之女守寧妻其子胡里罕烏春之後爲溫敦氏裔孫曰蒲剌

溫敦蒲剌始居長白山阿不辛河徙隆州移里閔河蒲剌初從希尹征伐攝猛安謀克事遇賊突出力擊敗之手殺二十餘人用是擢修武校尉天德初充護衛遷宿直將軍與衆護衛射遠皆莫能及海陵以玉鞍銜賞之往曷懶路選可充護衛者使還稱旨遷耶盧椀羣牧使改遼州刺史正隆伐宋召爲武翼軍副都總管將兵二千至汝州南遇宋兵二萬餘邀擊敗之手殺將士十餘人是時嵩汝兩州百姓多逃去蒲剌招集使之復其業改莫州刺史徵爲太子左衞率府率再遷隴州防禦使歷鎭西胡里改顯德軍節度使致仕卒

臘醅麻產兄弟者活剌渾水訶鄰鄉紇石烈部人兄弟七人素有名聲人推服之及烏春窩謀罕等爲難故臘醅兄弟乘此際結陶溫水之民浸不可制其同里中有避之者徙於苾罕村野居女直中臘醅怒將攻之乃約烏古論部騷臘勃堇富者撻懶胡什滿勃堇海羅勃堇斡苗火勃堇海羅斡苗火間使人告野居女直野居女直有備臘醅等敗歸臘醅乃由南路復襲野居女直勝之俘略甚衆海羅斡苗火胡十滿畏臘醅求援于世祖斜列以輕兵邀擊臘醅等于屯睦吐村敗之盡得所俘臘醅麻產驅掠來流水牧馬世祖至混同江與穆宗分軍世祖自婼骨魯津倍道兼行馬多乏皆留之路傍從少歡都鏖戰出入數四馬中創死者十數世祖突陣力戰中四創不能軍穆宗自庵吐渾津度江遇敵于蒲蘆買水敵問爲誰應之曰歡都問者射穆宗矢著于弓箙是歲臘醅麻產使其徒舊賊禿罕及驍朶剝取戶魯不濼牧馬四百及富者粘罕之馬合七百餘匹過青嶺東與烏春窩謀罕交結世祖自將伐之臘醅等僞降還軍臘醅復求助於烏春窩謀罕窩謀罕以姑里甸兵百有十七人助之臘醅據暮稜水保固險阻石顯子婆諸刊亦往從之世祖率兵圍之克其軍麻產遁去遂擒臘醅及婆諸刊皆獻之遼盡獲其兵使其卒長斡善斡脫招撫其衆使斜鉢撫定之復使阿离合懣察暮稜水人情并募兵與斜鉢合語在烏春傳世祖旣沒肅宗襲節度使麻產據直屋鎧水繕完營堡招納亡命杜絕往來者恃陶溫水民爲之助招之不聽使康宗伐之是歲白山混同江大溢水與岸齊康宗自阿鄰岡乘舟至於帥水舍舟沿帥水而進使太祖從東路取麻產家屬盡獲之康宗圍麻產急太祖來會軍於是麻產先亡在外其人乘夜突圍遁去太祖曰麻產之家蕩盡矣走將安歸追之麻產不知太祖急求已也與三騎來伺軍其一人墜馬下太祖識之問狀其人曰我隨麻產來伺軍彼走者二人麻產在焉麻產與其人分道走太祖命劾魯古追東走者而自追西走者至直屋鎧水失麻產不見急追之得遺甲於路迹而往前至大澤濘淖麻產棄馬入萑葦太祖亦棄馬追及之與之挑戰烏古論壯士活臘胡乘馬來問曰此何人也太祖初不識麻產佯應曰麻產也活臘胡曰今亦追及此人邪遂下馬援槍進戰麻產連射活臘胡活臘胡中二矢不能戰有頃軍至圍之歡都射中麻產首遂擒之無有識之者活臘胡乃前扶其首而視之見其齒豁曰眞麻產也麻產張目曰公等事定矣遂殺之太祖獻馘於遼

鈍恩阿里民忒石水紇石烈部人祖曰劾魯石父納根涅世爲其部勃堇斡准部人冶剌勃堇海葛安勃堇暴其族人斡達罕勃堇及諸弟屋里黑屋徒門抄畧其家及抄畧阿活里勃堇家侵及納根涅所部穆宗使納根涅以本部兵往治冶剌等行至蘇濱水颿募人爲兵主者拒之輒抄畧其人遂攻烏古論部敵庫德入米里迷石罕城及斡賽冶訶來問狀止蘇濱水西納木汗村納根涅止蘇濱水東屋邁村納根涅雖款伏而不肯徵償時甲戌歲十月也明年八月納根涅遯去斡賽追而殺之執其母及其妻子以歸而使鈍恩復其所

留可統門渾蠢水合流之地烏古論部人忽沙渾勃堇之子詐都渾蠢水安春之忽沙渾之子也間誘奧純塢塔兩部之民作亂敵庫德鈍恩皆叛而與留可詐都合兩黨揚言曰徒單部之黨十四部爲一烏古論部之黨十四部爲一蒲察部之黨七部爲一凡三十五部完顏部十二而已以三十五部戰十二部三人戰一人也勝之必矣世祖降附諸部亦皆有離心當是時惟烏延部斜勒勃堇及統門水溫迪痕部阿里保勃堇撒葛周勃堇等皆使人來告難斜勒達紀保之子也先使其兄保骨臘來旣而以其甲來歸阿里保等曰吾等必不從亂但乞兵爲援耳穆宗使撒改伐留可使謾都訶伐敵庫德旣而太祖以七十甲詣撒改軍中道以四十甲與謾都訶石土門之軍與謾都訶會于米里迷石罕城下而鈍恩將援留可聞謾都訶之兵寡以爲無備而未知石土門之來會也欲先攻謾都訶謾都訶石土門迎擊大破鈍恩米里迷石罕城遂降獲鈍恩敵庫德皆釋弗誅太祖至撒改軍明日遂攻破留可城城中渠帥皆誅之取其孥累貲產而還塢塔城亦撤守備而降留可先在遼塢塔已脫身在外由是皆未獲詐都亦詣蒲家奴降太祖釋之於是諸部皆安業如故久之留可塢塔皆來降

阿踈星顯水紇石烈部人父阿海勃堇事景祖世祖世祖破烏春還阿海率官屬士民迎謁于雙宜大濼獻黃金五斗世祖喻之曰烏春本微賤吾父撫育之使爲部長而忘大恩乃結怨於我遂成大亂自取滅亡吾與汝

等三十部之人自今可以保安休息吾大數亦將終我死汝等當念我竭力以輔我子弟若亂心一生則滅亡如烏春矣阿海與衆跪而泣曰太師若有不諱衆人賴誰以生勿為此言未幾世祖沒阿海亦死阿疎繼之阿疎自其父時常以事來昭肅皇后甚憐愛之每至必留月餘乃遣歸阿疎既為勃堇嘗與徒單部詐都勃堇爭長肅宗治之乃長阿疎穆宗嗣節度聞阿疎有異志乃召阿疎賜以鞍馬深加撫諭陰察其意趣阿疎歸謀益甚乃斥其事復召之阿疎不來遂與同部毛睹祿勃堇等起兵穆宗自馬紀嶺出兵攻之撒改自胡論嶺往略定潺春星顯兩路攻下鈍恩城穆宗畧阿茶檜水益募軍至阿疎城是日辰巳間忽暴雨晦暝雷電下阿疎所居既又有大光聲如雷墜阿疎城中識者以謂破亡之徵阿疎聞穆宗來與其弟狄故保往訴於遼遼人來止勿攻穆宗不得已留劾者勃堇守阿疎城而歸金初亦有兩劾者其一撒改父贈韓國公其一守阿疎城者後贈特進云劾者以兵守阿疎城者二年矣阿疎在遼不敢歸毛睹祿乃降遼使復為阿疎來穆宗聞之使烏林荅石魯濟師且戒劾者令易衣服旗幟與阿疎城中同色使遼使不可辨遼使至乃使蒲察部胡魯勃堇邀遜勃堇與俱至劾者軍而軍中已易衣服旗幟與阿疎城中如一遼使果不能辨劾者詭曰吾等自相攻于汝何事誰識汝之太師乃刺殺胡魯邀遜所乘馬遼使驚怖走去遂破其城狄故保先歸殺之阿疎聞穆宗以計却遼使破其城殺狄故保復訴於遼遼使奚節度使乙烈來問狀且使備償阿疎穆宗復使主隈禿荅水人偽阻絕鷹路者而使鱉故德部節度使言於遼平鷹路非己不可遼人不察也信之穆宗畋於土溫水謂遼人曰吾平鷹路也遼人以為功使使來賞之穆宗盡以其物與主隈禿荅之人而不復備償阿疎遼人亦不復問阿疎在遼無所歸後二年使其徒達紀至生女直界上曷懶甸人畏穆宗執而送之阿疎遂終于遼及太祖伐遼底遼之績告于天地而以阿疎亡命遼人不與為言凡與遼往復書命必及之天輔六年闍母婁室畧定天德雲內寧邊東勝等州獲阿疎軍士問之曰爾為誰曰我破遼鬼也

贊曰金之興也有自來矣世祖擒臘醅婆諸刊既獻之遼以為功則又曰若不遣還其部人疑懼且為亂階遼人不察盡以前後所獻罪人歸之景祖止曷魯林牙止同幹穆宗止遼使阿疎城始終以鷹路誤之而遼人不悟景宗有黃馬服乘如意景祖沒遼貴人爭欲得之世祖弗與曰難未息也馬不可以與人遂割其兩耳謂之禿耳馬遼貴人乃弗取其削平諸部則借遼以為已重既獻而求之則市以為已重戰陣一良馬終弗與遼人而遼人終不悟豈與亡有數蓋天奪其魄歟

奚與契丹俱起在元魏時號庫莫奚歷宇文周隋唐皆號兵強其後契丹破走奚奚西保冷國其留者臣服于契丹號東西奚厥後遼太祖稱帝諸部皆內屬矣鐵勒者古部族之號奚有其地號稱鐵勒州又書作鐵驪州奚有五世族世與遼人為昏因附姓述律氏中事具遼史今不載奚有十三部二十八落一百一帳三百六十二族甲午歲太祖破耶律謝十諸將連戰皆捷奚鐵驪王回离保以所部降未幾遁歸于遼及遼主使使請和太祖曰歸我叛人阿疎降人回离保迪里等餘事徐議之久之遼主至鴛鴦濼都統杲襲之亡走天德回离保與遼大臣立秦晉國王耶律捏里于燕京捏里死蕭妃權國事太祖入居庸關蕭妃自古北口出奔回离保至盧龍嶺遂留不行會諸奚吏民于越里部僭稱帝改元天復改置官屬籍渤海奚漢丁壯為軍太祖詔回离保曰聞汝脅誘吏民僭竊位號遼主越在草莽大福不再汝之先世臣服于遼今來臣屬與昔何異汝與余睹有隙故難其來余睹設有睚眦朕豈從之儻能速降盡釋汝罪仍俾主六部族總山前奚衆還其官屬財產若尚執迷遣兵致討必不汝赦回离保不聽天輔七年五月回离保南寇燕地敗於景薊間其衆奔潰耶律奧古哲及甥乂斤家奴白底哥等殺之其妻阿古闍之自到而死先是速古部人據劾山奚路都統撻懶招之不服往討之鐵泥部衆扼險拒戰殺之殆盡至是速古啜里鐵泥三部所據十三巖皆討平之達魯古部節度使乙列已降復叛奚馬和尚討達魯古并五院司等諸部諸部皆降遂執乙列杖之一百其父及其家人先被獲者皆還之初太祖破遼兵于達魯古城九百奚營來降至是回离保死奚人以次附屬亦各置猛安謀克領之

贊曰庫莫奚契丹起於漢末盛於隋唐之間俱彊為隣國合并為君臣歷八百餘年相為終始矣有五大定間類族著姓有遙里氏伯德氏奧里氏梅知氏擶氏

金史卷六十八

元 中書右丞相總裁脫脫等修

列傳第六

歡都 子謀演 冶訶

阿魯補 骨赧

訛古乃 蒲查

歡都完顏部人祖石魯與昭祖同時同部同名交相得誓曰生則同川居死則同谷葬土人呼昭祖為勇石魯呼石魯為賢石魯初烏扎蘆部有美女名罷敵悔青嶺東混同江蜀東水人掠而去生二女長曰達回幼曰滓賽昭祖與石魯謀取之遂偕至嶺右炷火於箭端而射蜀東水人怪之皆走險阻久之無所復見却還所居昭祖及石魯以衆至攻取其貲產虜二女子以歸昭祖納其一賢石魯納其一皆以為妾是時諸部不肯用條教昭祖耀武于青嶺白山入于蘇濱耶懶之地賢石魯佐之也其後別去至景祖時石魯之子劾孫舉部來歸居於安出虎水源胡凱山南胡凱山者所謂和陵之地是也歡都劾孫子世祖初襲節度使而跋黑以屬尊蓄異謀不可制諸部不肯受約束相繼為變歡都入與謀議出臨戰陣未嘗去左右石幹勒部人盃乃自景祖時與其兄弟俱居安出虎水之北及烏春作難盃乃將與烏春合間誘斡魯紺出水居人與之相結欲先除去歡都會其家被火陰約隷人不歌束詭稱放火為歡都胡土二人使注都來謂世祖曰不歌束來告曰前日之火歡都等縱之若不棄舊好其執縱火之人以來世祖疑之石盧斡勒勃堇曰盃乃兄弟也豈以一二人之故而與兄弟搆怨乎彼自取之又將尤誰不如與之便歡都被甲執戟而起曰彼為亂之人也若取太師兄弟則亦與之乎今取我輩我輩決不可往若必用戰當盡力致死穆宗曰壯哉歡都以我所見正如此耳贈歡都以馬曰戰則乘此衆皆稱善世祖乃往見盃乃鬲鱉刺水而與之言曰不歌束既告縱火由歡都等譔當如約當先遣不歌束來不歌束至世祖於馬前殺之使盃乃見之既而聞之放火者盃乃家人阿出胡山也盃乃欲開此釁故以誣歡都云臘醅麻產與世祖遇于野鵲水日已曛惟從五六十騎歡都入敵陣鏖擊之左右出入者數四世祖中創乃止烏春窩謀罕據活刺渾水世祖既許之降遂還軍於是驟臘勃堇富者撻懶覩勝負不助軍而騷臘撻懶先曾與臘醅麻產合世祖欲因軍還而遂誅之馳馬前進撻懶者貞惠皇后之弟也歡都下馬執轡而諫曰獨不念愛弟蒲陽溫與弟婦乎世祖感其言遂止蒲陽溫者漢語云幼弟也世祖母弟中穆宗最少故云然穆宗德歡都言後以撻懶女曷羅哂妻其子谷神太祖追麻產歡都射中其首遂獲之遼人命穆宗太祖辭不失歡都俱為詳穩斡善斡脫以姑里甸兵來歸使斜鉢勃堇撫定之蒲察部故石拔石等誘其衆入城陷三百餘人歡都為都統往治斜鉢失軍之狀盡解斜鉢所將軍大破烏春窩謀罕於斜堆擒故石拔石初耶悔水納喝部撒八之弟曰阿注阿與人爭部族官不得直來歸穆宗阿注阿之甥曰三濱曰撒達辭不失破烏春窩謀罕城獲三濱撒達并獲其母以為次室撫其二子撒達告阿注阿必為變不信而殺之撒達臨刑歎曰後必知之至是阿注阿果為變因穆宗晨出獵斜率七八人操兵入宅奪據寢門刧貞惠皇后及家人等歡都入見阿注阿曰汝輩所謀之事奈何闔門眷屬豈足刧質徒使之驚恐耳汝固識我盍以我為質也再三言之阿注阿從之貞惠皇后乃得解而質歡都而撒改辭不失使人告急於獵所穆宗亦心動罷獵中途逢告者日午至阿注阿謂穆宗曰可使係案女直知名官僚相結送我兄弟親屬由咸州路入遼國庫金廐馬與我勿借歡都亦當送我至遼境然後還而要穆宗盟穆宗皆從之遂執歡都及阿魯太彎阿魯不太彎等七人以衣裾相結與阿注阿俱行至遼境乃釋歡都歡都至濟州實黃龍府使人馳驛要遮阿注阿黨屬惟縱其親人使去遂殺三濱并其母具報於遼乞還阿注阿遼人流之曷董城其後阿注阿懷思鄉土亡歸附于係案女直因亂其官僚之室捕之不伏乃見殺穆宗襲位之初諸父之子習烈斜鉢及諸兄有異言曰君相之位皆渠輩為之柰何歡都曰汝輩若紛爭則吾必不默默但已衆聞之遂帖然自是不復有異言者歡都事四君出入四十年征伐之際遇敵則先戰廣廷大議多用其謀世祖嘗曰吾有歡都則何事不成肅宗時委任冠於近僚穆宗嗣位凡圖遼事皆專委之康宗以為父叔舊人尤加敬禮多所補益康宗十一年癸巳二月得疾避疾於米里每水薨年六十三喪歸康宗親迓於路送至其家親視葬事天會十五年追贈儀同三司代國公明昌五年贈開府儀同三司謚曰忠敏子谷神謀演谷神別有傳謀演當阿注阿之難從歡都代為質後與宗峻俱侍太祖宗峻坐謀演上上怒命坐其下勃堇老勃論拔合汝轄拔速三人爭千戶上曰汝輩能如歡都父子有勞於國者乎乃

命謀演爲千戶三人者皆隸焉其眷顧如此天輔五年十二月卒天會十五年贈太子少傅

冶訶系出景祖居神隱水完顏部爲其部勃堇與同部人把里勃堇斡泯水蒲察部胡都化勃堇厮都勃堇泰神忒保水完顏部安團勃堇統八門水溫迪痕部活里蓋勃堇俱來歸金之爲國自此益大肅宗拒桓赧已再失利世祖命歡都冶訶以本部謀克之兵助之冶訶與歡都常在世祖左右居則與謀議出則並行陣未嘗不在其間天會十五年贈銀青光祿大夫明昌五年贈特進謚忠濟與代國公歡都特進劾者開府儀同三司盆納儀同三司拔達俱配享世祖廟廷冶訶子阿魯補骨赧訛古乃散荅散荅子蒲查

阿魯補冶訶之子爲人魁偉多智略勇於戰未冠從軍下咸州東京遼人來取海州從勃堇麻吉往援道遇重敵力戰斬首千級從斡魯古攻豪懿州以十餘騎破敵七百進襲遼主阿魯補徇北地招降管帳二十四民戶數千時已下西京闍母攻應州未下退營於州北十餘里夜遣阿魯補率兵四百伺敵城中果出兵三千來襲阿魯補道與之遇斬首百餘獲馬六十後遼兵三萬出馬邑之境以千兵擊之斬其將於陣天會初宋王宗望討張覺於平州聞應州有兵萬餘來援遣阿魯補與阿里帶迎擊之斬馘數千而還復從其兄虞劃率兵三千攻乾州虞劃道病卒代領其衆至乾州降其軍及營帳三十獲印四十與僕虺攻下義州宗望伐宋與郭藥師戰于白河宗望命阿魯補以二謀克先登奮戰賞賚特異至汴破淮南援兵斬其二將大軍退次孟陽姚平仲夜以重兵來襲阿魯補適當其中力戰敗之旣還聞大名開德合兵十餘萬來爭河至河上知去敵尚遠乃以輕兵夜發詰旦至衛縣遇敵斬首數千級餘皆潰去師次邢州滹沱橋已焚阿魯補先以偏師營於水上比軍至而橋成宗望嘉其功出眞定庫物賞之爲長勝軍千戶及再伐宋從宗望破敵於井陘遂下欒城師自大名濟河阿魯補屯於洛州之境時康王留相州大名府以兵來攻我營阿魯補乘夜以騎二百潛出其後反擊敗之居數日敵復來蘇統制以兵二萬先至阿魯補乘其未集以三百騎出戰大敗其衆生擒蘇統制殺之大軍旣克汴京攻洛州敗大名救兵遂下洛州從撻懶攻恩州還洛人復叛阿魯補先至城下城中出兵來戰敗之執其守佐遂與蒲魯懽取信德軍梁王宗弼取開德阿魯補以步兵五千赴之大名境內多盜命阿魯補留屯其地賊犯莘縣聞阿魯補至卽潰去追襲一晝夜至館陶及之皆俘以歸從宗弼襲康王旣渡淮阿魯補以兵四千留和州總督江淮間戍將以討未附郡縣遂攻下太平州隳其城廬州叛以偏師討之敗其騎六千擒三校明日復破敵二萬於愼縣斬首五百張永合步騎數萬來戰阿魯補兵止二千敵圍之阿魯補潰圍力戰竟敗之追殺四十里獲馬三百而還再攻廬州與迪古不敗敵萬衆於柘皐至廬州騎兵五百出戰敗之斬其二校師還宗弼趨陝西道聞大名復叛遣阿魯補經略之獨與譯者至城下招之大名果降翌日下令民間兵器悉上送官於是吏民按堵如故爲大名開德路都統齊國建阿魯補屯兵於汴城外天會十五年詔廢齊國已執劉麟阿魯補先入汴京備變明年除歸德尹割河南地與宋入爲燕京內省使宗弼復河南阿魯補先濟河撫定諸郡再爲歸德尹河南路都統宋兵來取河南地宗弼召阿魯補與許州韓常潁州大㚖陳州赤盞暉皆會於汴阿魯補以敵在近獨不赴而宋將岳飛劉光世等果乘間襲取許潁陳三州旁郡皆響應其兵犯歸德者阿魯補連擊敗之復取亳宿等州河南平阿魯補功最皇統五年爲行臺參知政事授世襲猛安兼合扎謀克改元帥右監軍婆速路統軍歸德軍節度使累階儀同三司其在汴時嘗取官舍材木構私第於恩州至是事覺法當議勳議親海陵嘗在軍中惡阿魯補詔曰若論勳勞更有過於此者況官至一品足以酬之國家立法貴賤一也豈以親貴而有異也遂論死年五十五阿魯補以將家子從征伐屢立功歷官有惠愛得民心及死人皆惜之大定三年贈儀同三司詔以其子爲右衛將軍襲猛安及親管謀克賜銀五百兩重綵二十端絹三百匹

骨赧冶訶子善騎射有才幹從討桓赧散達烏春窩謀罕留可之叛皆有功從太祖伐遼骨赧從軍戰寧江州出河店破遼主親軍皆以力戰受賞襲其父謀克領秦王宗翰千戶攻下中西兩京宗翰伐宋圍太原未下宗翰還西京骨赧以右翼軍佐銀术可守太原是時汾州團柏榆次嵐憲潞皆有兵來援骨赧凡四戰皆破之大軍圍汴骨赧引萬戶軍屢敗其援兵憲潞等州復叛骨赧引兵復取之并收撫保德火山而還後領軍鎭夏邊在職十二年天會八年授世襲猛安天眷初爲天德軍節度使致仕累遷開府儀同三司卒年八十五子喜哥襲猛安加宣武將軍

訛古乃冶訶子委質魁偉年十四隸秦王宗翰軍中常領兵行前爲偵候及大軍襲遼主訛古乃以甲騎六十追遼招討徒山獲之又以七騎追獲遼公主牙不里以獻有軍來爲遼援方臨陣中有躍馬而出者軍帥謂之曰爾能爲我取此乎訛古乃曰諾果生擒而還問其名曰同瓜蓋北部中之勇者也訛古乃善馳驛日能千里及伐宋屢遣將命以行天會八年從秦王在燕聞余睹反於西北秦王令訛古乃馳驛以往訛古乃黎明走天德及至日未曛也皇統元年以功授寧遠大將軍豪刺唐古部節度使五年授千戶六年遷西北路招討使九年再遷天德尹西南路招討使天德二年召見四年遷臨洮尹加金紫光祿大夫卒官年五十三

蒲查自上京梅堅河徙屯天德初爲元帥府扎也使於四方稱職按事能得其實領猛安皇統間除同知開遠軍節度使斥候嚴整邊境無事正隆初爲中都路兵馬判官是時京畿多盜蒲查捕得大盜四十餘人百姓稍安改安化軍節度副使大定二年領行軍萬戶充邳州刺史知軍事領本州萬戶管所屯九猛安軍昌武軍節度使山東副都統撒改南征元帥府以蒲查行副統事入爲太子少詹事再遷開遠軍節度使襲伯父骨赧猛安歷婆速路兵馬都總管西北路招討使卒蒲查性廉潔忠直臨事能斷凡被任使無不稱云

贊曰賢石魯與昭祖爲友歡都事景祖世祖爲之臣蓋金自景祖始大諸部君臣之分始定故傳異姓之臣以歡都爲首冶訶雖宗室與歡都同功故列敘焉

金史卷六十九

元　中書右丞相總裁脫脫等修

列傳第七

太祖諸子

宗雋本名訛魯觀　宗傑本名沒里野

宗強本名阿魯　爽本名阿鄰

可喜　阿瑣

宗敏本名阿魯補　元本名常勝

太祖聖穆皇后生景宣帝豐王烏烈趙王宗傑光懿皇后生遼王宗幹欽憲皇后生宋王宗望陳王宗雋瀋王訛魯宣獻皇后生睿宗豳王訛魯朶元妃烏古論氏生梁王宗弼衞王宗強蜀王宗敏崇妃蕭氏生紀王習泥烈息王寧吉莒王燕孫娘子獨奴可生鄴王斡忽宗幹宗望宗弼自有傳

宗雋本名訛魯觀天會十四年爲東京留守天眷元年入朝與左副元帥撻懶建議以河南陝西地與宋俄爲尚書左丞相加開府儀同三司兼侍中封陳王二年拜太傅領三省事進封兗國王旣而以謀反誅

宗傑本名沒里野天會五年薨天會十三年謚孝悼天眷元年追封越王以其長子奭爲會寧牧封鄧王後爲上京留守再改燕京西京皇統三年薨子阿楞撻楞海陵爲相將謀弒立構而殺之海陵篡立并殺宗傑妻大定間贈宗傑太師進封趙王

宗強本名阿魯天眷元年封紀王三年代宗固爲燕京留守封衞王太師皇統二年十月薨輟朝七日喪至上京上親臨哭之慟仍親視喪事子阿鄰可喜阿瑣

爽本名阿鄰天德三年授世襲猛安正隆二年除橫海軍節度使改安武軍留守師奉朝請海陵將伐宋嚴酒禁爽坐與其弟阿瑣及從父兄亨徒單貞會飲被杖下遷歸化州刺史奪猛安未幾復除安武軍節度使海陵渡淮分遣使者翦滅宗室爽憂懼不知所出會世宗卽位東京宗室璋推爽弟阿瑣行中都留守遣人報爽爽棄妻子來奔與弟忻州刺史可喜俱至中都東迎車駕至梁魚務入見世宗大悅卽除殿前馬步軍都指揮使封溫王改秘書監母憂尋起復遷太子太保進封壽王頃之世宗第五女蜀國公主下嫁唐括鼎賜宴神龍殿謂爽曰朕與卿兄弟在正隆時朝夕常懼不保豈意今日賴爾兄弟之福可以享安樂矣爽泣下頓首謝未幾判大宗正事太子太保如故爽有疾詔除其子符寶祗候思列爲忠順軍節度副使爽入謝上曰朕以卿疾使卿子遷官冀卿因喜而愈也思列年少未閑政事卿訓以義方使有善可稱別加陞擢爽疾少間將從上如涼陘賜錢千萬進封英王轉太子太傅復世襲猛安進封榮王改太子太師顯宗長女鄴國公主下嫁烏古論誼賜宴慶和殿爽坐西向迎夕照面發赤似醉上問曰卿醉邪對曰未也臣面迎日色非酒紅也上悅顧羣臣曰此弟出言未嘗不實自小如此因謂顯宗兄弟曰汝等可以爲法以爽貧用有闕特賜錢一萬貫二十三年爽疾久不愈勑有司曰榮王告滿百日當給以王俸旣薨上悼痛輟朝遣官致祭賻銀千兩重綵四十端絹四百

匹陪葬山陵親王百官送葬他日謂大臣曰榮王之葬朕以不果親送爲恨其見友愛如此

可喜以宗室子累官唐括部族節度使降忻州刺史海陵遣使殺之可喜聞世宗卽位卽棄州來歸與其兄歸化州刺史阿鄰會于中都是時弟阿瑣權中都留守事可喜謂阿鄰曰阿瑣愚戇恐不能撫治欲少留以助之阿鄰乃行可喜留中都聞世宗發東京乃迎見于麻吉補除兵部尚書佩金牌將兵往東京行至中都聞南京已定遂止可喜材武過人很戾好亂自以太祖孫頗有異志世宗初至中都倥偬多事扈從諸軍未暇行賞或有怨言昭武大將軍斡論正隆末被詔佩金牌取河南兵四百人監完顏彀英軍于歸化次彰德會獨吉和尚持大定赦文至和尚使人招之斡論不聽率兵來迎和尚亦以所將蒲輦兵列陣待之斡論兵皆不肯戰遂請降和尚邀之入相州收其甲兵置酒相勞斡論托腹疾不肯飲至夜已張燈時時出門與其心腹密謀欲就執和尚稍具弓矢和尚覺之佯爲不知使其從者迫而伺之斡論不得發上至中都近郊斡論上謁上亦撫慰之斡論自慊初無降志及河南統軍司令史斡里朶爲人狡險表圖事斡論取兵于河南統軍使阤滿訛里也斡里朶與俱來俱不自安同知延安尹李惟忠與熙宗殺逆構殺韓王亨世宗疎斥之同知中都留守璋初自領其職因而授之完顏布輝爲副統以罪解職居京師於是可喜斡論李惟忠斡里朶璋布輝謀欲因扈從軍士怨望作亂斡論曰押軍猛安沃窟剌必不違我惟忠曰惟忠嘗爲神翼軍總管有兩銀牌尚在可以矯發內藏賞士萬戶高松與我舊必見聽衆曰若得此軍舉事無難矣斡論往約沃窟剌沃窟剌從之惟忠往說高松高松不聽語在松傳大定二年正月甲戌上謁山陵可喜中道稱疾而歸乙亥夜召斡論惟忠斡里朶璋布輝會其家沃窟剌以兵赴之璋曰今不得高松軍事不可成矣可喜璋布輝乃擒斡論惟忠斡里朶沃窟剌詣有司自首旣下詔獄可喜不肯自言其始謀及與斡論面質然後款伏上念兄弟少太祖孫惟數人在惻然傷之詔罪止可喜一身其兄弟子孫皆不緣坐遂誅斡論惟忠斡里朶沃窟剌等其沃窟剌下謀克士卒皆釋之除璋彰化軍節度使布輝濬州防禦使辛巳詔天下是日賜扈從萬戶銀百兩猛安五十兩謀克絹十匹甲士絹五匹錢六貫阿里喜以下賜各有差

阿瑣宗强之幼子也長身多力天德二年以宗室子授奉國上將軍累加金吾衞上將軍居於中都海陵伐宋以左衞將軍蒲察沙离只同知中都留守事佩金牌守管籥世宗卽位東京阿瑣與璋率守城軍官烏林荅石家奴等入留守府殺沙离只府判抹撚撒离喝衆以阿瑣行留守事璋自署同知留守事卽遣謀克石家奴烏林荅愿蒲察蒲查大興少尹李天吉子磐等奉表東京大定二年授橫海軍節度使賜以名鷹詔曰卿方年少宜自戒愼留心政事改武定軍以母憂去官起復興平軍節度使賜以襲衣廐馬遷廣寧尹坐贓一萬四千餘貫詔杖八十削兩階解職入見于常武殿上曰朕謂汝有才力使之臨民今汝在法當死朕以親親之故曲爲全貸當思自今戒懼勿復使惡聲達於朕聽改平涼濟南尹卒官年三十七上命有司致祭賻銀千兩重綵四十端絹四百匹

宗敏本名阿魯補天眷元年封邢王皇統三年爲東京留守拜左副元帥兼會寧牧進拜都元帥兼判大宗正事再進太保領三省事兼左副元帥領行臺尚書省事封曹國王海陵謀弑立畏宗敏屬尊且材勇欲構誣以除之時熙宗屢殺大臣宗敏憂之謂海陵曰主上喜殘殺而國家事重柰何宗敏言時適左右無人海陵將以此爲指斥構害之自念無證不可發乃止及弑熙宗使葛王召宗敏葛王者世宗初封也宗敏聞海陵召疑懼不敢往葛王曰叔父今不卽往至明日如何與之相見宗敏入宮海陵欲殺之尚猶豫以問左右烏帶曰彼太祖子也不殺之衆人必有異議不如除之乃使僕散忽土殺之忽土刃擊宗敏宗敏左右走避膚髮血肉狼藉遍地葛王見殺宗敏問於衆曰國王何罪而死烏帶曰天許大事尚已行之此蟣蝨爾何足道者天德三年海陵追封宗敏爲太師進封爵妃蒲察氏進國號封子撒合輦舒國公賜名褒進封王阿里罕封密國公正隆六年契丹撒八反海陵遣使殺諸宗室阿里罕遂見殺大定間詔復官爵

胙王元景宣皇帝宗峻子也本名常勝爲北京留守弟査剌爲安武軍節度使皇統七年四月戊午左副點檢蒲察阿虎特子尚主進禮物賜宴便殿熙宗被酒酌酒賜元元不能飲上怒仗劍逼之元逃去命左丞宗憲召元宗憲與元俱去上益怒是時戶部尚書宗禮在側使之跪手殺之海陵與唐括辯謀廢立海陵曰若舉大事誰當立者海陵意謂已乃太祖長房之孫當立而辯與秉德初意不在海陵常勝乃熙宗之弟辯苦曰無胙王常勝乎海陵復問其次辯曰鄧王子阿楞海陵曰阿楞屬疎由是海陵謂胙有人望不除之將不得立故心忌常勝并阿楞是時阿楞方爲奉國上將軍河南軍士孫進自稱皇弟按察大王熙宗疑皇弟二字或在常勝也使特思鞫之無狀特思乃嘗疑海陵與唐括辯時時竊議告之悼后者海陵知熙宗有疑常勝心因此可以除之謂熙宗曰孫進反有端不稱他人乃稱皇帝大王陛下弟止有常勝查剌特思鞫不以實故出之矣熙宗以爲然使唐括辯蕭肄按問特思特思自誣服故出常勝罪於是乃殺常勝及其弟查剌并殺特思海陵乘此并擠阿楞殺之阿楞弟撻楞熙宗本無意殺之海陵曰其兄旣已伏誅其弟安得獨存又殺之熙宗以海陵爲忠愈益任之而不知其詐也海陵篡立追封常勝查剌阿楞官爵親臨葬所致祭大定十三年六月丁巳世宗召皇太子諸王侍食于淸輝殿曰或稱海陵多能何也海陵譎詐雕肝殺人空虛天下三分之二太祖諸孫中惟胙王元天性賢者也元子育本名合住大定二十七年自南京副留守遷大宗正丞兼勸農副使上問宰臣曰合住爲人如何平章政事襄參政宗浩對曰爲人淸廉幹治上曰乃父亦然又曰蒲陽溫胙王元外若愚訥臨事明敏過人朕於兄弟間於元尤欽密

贊曰太祖躬擐甲冑以定國家舉無遺策而諸子勇略材識足以遂父之志傳及太宗而諸孫享其成矣

金史卷七十

元　中書右丞相總裁脫脫等修

列傳第八

撒改　宗憲本名阿懶

習不失　宗亨本名撻不也

宗賢本名賽里　石土門

忠本名迪古乃　思敬本名撒改

撒改者景祖孫韓國公劾者之長子世祖之兄子也劾者於次最長景祖方計定諸部愛世祖膽勇材畧及諸子長國俗當異宮居而命劾者與世祖同邸劾者專治家務世祖主外事世祖襲節度使越劾孫而傳肅宗穆宗皆景祖志也穆宗初襲位念劾者長兄不得立遂命撒改爲國相穆宗履藉父兄趾業鋤除彊梗不服已者使撒改取馬紀嶺道攻阿踈穆宗自將期阿踈城下會軍撒改行次阿不塞水烏延部斜勒勃堇來謁謂撒改曰聞國相將與太師會軍阿踈城下此爲深入必取之策宜先撫定潺蠢星顯之路落其黨附奪其民人然後合軍未晚也撒改從之攻鈍恩城請濟師穆宗與之撒改遂攻下鈍恩城而與穆宗來會阿踈城下鈍恩在南阿踈在北穆宗初遣撒改分道卽會攻阿踈聞其用斜勒計先取鈍恩城與初議不合頗不然之及遼使來止勿攻阿踈然後深以先取鈍恩城爲功也及以國相都統討留可詐都塢塔等軍而阿踈亡入于遼終不敢歸留可詐都塢塔鈍恩皆降康宗沒太祖稱都勃極烈與撒改分治諸部匹脫水以北太祖統之來流水人民撒改統之明年甲午嗣節度命方至遼主荒于遊畋政事怠廢太祖知遼可伐遂起兵九月與遼人戰于界上獲謝十太祖使告克于撒改賜以所獲謝十乘馬撒改及將士皆驩呼曰義兵始至遼界一戰而勝滅遼必自此始矣遣子宗翰及完顏希尹來賀捷因勸進太祖未之從也十月師克寧江州破遼師千萬于鴨子河師還十二月太宗及撒改辭不失率諸將復勸進收國元年正月朔太祖卽位撒改行國相如故伐遼之計決於迪古廼贊成大計實自撒改啟之撒改自以宗室近屬且長房繼肅宗爲國相旣貴且重故身任大計贊成如此諸人莫之或先也太祖卽位後羣臣奏事撒改等前跪上起泣止之曰今日成功皆諸君協輔之力吾雖處大位未易改舊俗也撒改等感激再拜謝凡臣下宴集太祖嘗赴之主人拜上亦荅拜天輔後始正君臣之禮焉七月太宗爲諳班勃極烈撒改國論勃極烈辭不失阿買勃極烈杲國論昃勃極烈勃極烈女直之尊官也太祖自正位號凡半歲未聞有封拜太宗介弟優禮絕等杲母弟之最幼者撒改辭不失以宗室同封拜九月加國論胡魯勃極烈天輔五年薨太祖往弔乘白馬剺額哭之慟及葬復親臨之賵以所御馬撒改爲人敦厚多智長于用人家居純儉好稼穡自始爲國相能馴服諸部訟獄得其情當時有言不見國相事何從決及舉兵伐遼撒改每以宗臣爲內外倚重不以戰多爲其功也天會十五年追封燕國王正隆降封陳國公大定三年改贈金源郡王配饗太祖廟廷諡忠毅十五年詔圖像于

衍慶宫子宗翰宗憲宗翰别有傳

宗憲本名阿懶頒行女直字書年十六選入學太宗幸學宗憲與諸生俱謁宗憲進止恂雅太宗召至前令誦所習語音清亮善應對侍臣奏曰此左副元帥宗翰弟也上嗟賞久之兼通契丹漢字未冠從宗翰伐宋汴京破衆人爭趨府庫取財物宗憲獨載圖書以歸朝廷議制度禮樂往往因仍遼舊宗憲曰方今奄有遼宋當遠引前古因時制宜成一代之法何乃近取遼人制度哉希尹曰而意甚與我合由是器重之撻懶宗雋唱議以齊地與宋宗憲廷爭折之當時不用其言其後宗弼復取河南陝西地如宗憲策以捕宗磐宗雋功授昭武大將軍修國史累官尚書左丞熙宗從容謂之曰嚮以河南陝西地與宋人卿以爲不當與今復取之是猶用卿言也卿識慮深遠自今以往其盡言無隱宗憲拜謝遂攝門下侍郎初熙宗以疑似殺左丞相希尹久之察其無罪深閔惜之謂宗憲曰希尹有大功于國無罪而死朕將錄用其孫如之何宗憲對曰陛下深念希尹錄用其孫幸甚若不先明死者無罪生者何由得仕上曰卿言是也卽日復希尹官爵用其孫守道爲應奉翰林文字皇統五年將肆赦議覃恩止及女直人宗憲奏曰莫非王臣慶幸豈可有間耶遂改其文使均被焉轉行臺平章政事天德初爲中京留守武安軍節度使封河內郡王改太原尹進封鉅鹿郡王正隆例奪王爵再遷震武武定軍節度使世宗卽位遣使召之詔曰叔若能來宜速至此若爲紇石烈志寧白彥敬所遏亦不煩叔憂宗憲聞世宗卽位先已棄官來歸與使者遇於中都遂見上于小遼口除中都留守卽遣赴任詔與元帥完顔穀英同議軍事明年改西京留守八月改南京僕散忠義自行臺朝京師宗憲攝行臺尚書省事召爲太子太師上謂宗憲曰卿年老舊人更事多矣皇太子年尚少謹訓導之俄拜平章政事太子太師如故詔以太祖實錄賜宗憲及平章政事完顔元宜左丞紇石烈良弼判秘書監溫王爽各一本移刺高山奴前爲寧州刺史以貪汚免世宗以功臣子孫宗族中無顯仕者以爲秘書少監是時母喪未除有司奏其事宗憲曰高山奴傲狠貪墨不可致之左右世宗曰朕以其父祖有功爾既爲人如此豈可玷職位哉追還制命因顧右丞蘇保衡參政石琚曰此朕之過舉不可不改卿等當盡心以輔朕也有司言諸路猛安謀克怙其世襲多擾民請同流官以三十月爲考詔下尚書省議宗憲乃上議曰昔太祖皇帝撫定天下誓封功臣襲猛安謀克今若改爲遷調非太祖約臣謂凡猛安謀克當明核善惡進賢退不肖有不職者其弟姪中更擇賢者代之上從其議進拜右丞相大定六年薨年五十九上輟朝悼惜者久之命百官致奠賻銀一千五百兩重綵五十端絹五百匹

習不失本作辭不失後定爲習不失昭祖之孫烏骨出之次子也初昭祖久無繼嗣與昭順皇后徒單氏禱於巫而生景祖及烏骨出烏骨出長而酗酒屢悖其母昭祖没徒單氏與景祖謀而殺之部人怒欲害景祖徒單氏自以爲事而景祖乃得免習不失健捷能左右射世祖襲節度肅宗與拒桓赧散達戰於斡魯紺出水已再失利世祖至軍吏士無人色世祖使習不失先陣於脫豁改原而身出搏戰敗其步軍習不失自陣後奮擊之敗其騎軍所乘馬中九矢不能馳遂步趨而出方戰其外兄烏葛名善射居敵騎中將射習不失熟視識之呼曰此小兒是汝一人之事乎何爲摧鋒居前如此以弓矟繫馬首而去是役也習不失之功居多桓赧散達既敗習不失馬棄陣中者亦自歸世祖嘗疑朮甲孛里篤或與烏春等爲變遣習不失單騎往觀孛里篤與忽魯置酒樓上以飲之習不失聞其私語呢呢若將執己者一躍下樓傍出藩籬之外棄馬而歸其勇趫如此盃乃約烏春舉兵世祖至蘇素海春與烏春遇肅宗前戰斜列習不失佐之束縕縱火煙焰蔽天大敗烏春執盃乃以歸太祖獲麻產獻馘于遼人賞功穆宗太祖歡都習不失皆爲詳穩焉後與阿里合懣斡帶俱佐撒改攻留可城下之太祖伐遼使領兵千人夾侍左右出河店之役惟習不失之策與太祖合卒破十萬之師挫其軍鋒遂與太宗撒改等勸進收國元年七月與太宗撒改杲俱爲勃極烈習不失爲阿買勃極烈云天輔七年太宗與習不失居守鄆王昂違紀律失衆法當死於是遼人以燕京降宋人約歲幣三月世宗生習不失謂太宗曰兄弟骨肉以恩掩義寧屈法以全之今國家迭有大慶可減昂以無死若主上有責言以我爲說太宗然之遂杖昂以聞太祖每伐遼輒命習不失與太宗居守雖無方面功而倚任與撒改比侔矣是歲七月薨會太祖班師道病太宗奉迎謁見恐太祖感動而病轉甚不敢以薨告太祖輒問曰阿買勃極烈安在太宗紿對曰今卽至矣正隆二年贈開府儀同三司追封曹國公大定三年進封金源郡王配饗太祖廟廷謚曰忠毅子鶻沙虎國初有功天會中爲眞定留守子撻不也

宗亨本名撻不也性忠謹天輔初以宗室子充護衛擒宗磐宗雋有功加忠勇校尉遷昭信校尉尚廐局直長三年陞本局副使丁父憂特宗正官屬例以材選宗亨在選中遂起復爲淑溫特宗室將軍改會寧府少尹歷登州刺史改獻州刺史澤州定爲特滿羣牧使同知北京路轉運使改澤州定國軍節度使海陵庶人南伐以本職領武陽軍都總管過淮世宗卽位以手詔班賜宗亨宗亨得詔卽入朝大定二年授右宣徽使未幾爲西北路兵馬都統以討契丹賊右副元帥僕散忠義與窩斡遇于花道宗亨與左翼萬戶蒲察世傑等以七謀克軍與之戰失利及窩斡敗其黨括里札八率衆南奔宗亨追及之札八詐稱降宗亨信之札八詭曰括里走願往邀宗亨不聽乃大縱軍士取賊所棄囊橐人畜多自有之括里札八亡入于宋坐是降爲寧州刺史

宗賢本名賽里習不失之孫也從都統杲取中原襲遼帝于鴛鴦濼宗翰使撻懶襲耶律馬哥都統使蒲家奴及賽里等以兵助之蒲家奴使賽里斜野裴蒲胡撻達魯古厮列耶律吳十等各率兵分行招諭獲遼留守迪越家人輜重并降羣牧官木盧瓦得馬甚多使逐水草牧之賽里等趨業迭遂以偏師深入敵邀擊之撒合戰没蒲家奴至旺國崖西賽里兵會之累官至左副點檢天眷二年方捕宗雋賽里坐會飲其家奪官爵未幾復官皇統四年授世襲謀克轉都點檢封幽國公拜平章政事進拜右丞相兼中書令進拜太保左丞相監修國史罷爲左副元帥無何復爲太保左丞相左副元帥如故進太師領三省事兼都元帥監修國史出爲南京留守領行臺尚書省事復爲左副元帥兼西京留守再爲太保領三省事復爲左丞相兼都元帥賽里自護衛未十年位兼將相常感激思自効以報朝廷雖於悼后爲母黨后專政大臣或因之以取進用賽里未嘗附之皇太子濟安薨魏王道濟死熙宗未有嗣子賽里勸熙宗選後宮以廣繼嗣不少顧忌於后后以此怨之與海陵同在相位未嘗少肯假借海陵雖尊而心憚賽里外以屬尊加禮敬而內常忌之海陵知悼后怨賽里因與后共力排出之賽里亦不以是少變胙王常勝死熙宗納其妻宫中頃之殺悼后及妃數人將以常勝妻爲后未果也及海陵弒熙宗詭以熙宗將議立后召諸王大臣賽里聞召以爲信然將入宮謂人曰上必欲立常勝妻爲后我當力爭之及被執猶以爲熙宗將立常勝妻而先殺之也曰誰能爲我言者我死固不足惜獨念主上左右無助爾遂遇害

石土門漢字一作神徒門耶懶路完顔部人世爲其部長父直离海始祖弟保活里四世孫雖同宗屬不相通問久矣景祖時直离海使部人邈孫來請復通宗系景祖留邈孫歲餘厚其餼廩飲食善遇之及還以幣帛數篚爲贈結其厚意久之耶懶歲饑景祖與之馬牛爲助糴費使世祖往致之會世祖有疾石土門日夕不離左右世祖疾愈辭歸與握手爲别約它日無相忘石土門體貌魁偉勇敢善戰質直孝友彊記辯捷臨事果斷世祖襲位交好益深鄰部不悅遂合兵攻之石土門使弟阿斯懣率二百人南下拒敵敵兵千人已出其東據高泉石土門將五千人迎擊之敵將幹里本者勇士也出挑戰石土門射中其馬幹里本反射射中石土門腹石土門拔箭戰愈力阿斯懣與勇士七人步戰殺幹里本諸部兵遂敗石土門因招諭諸部使附於世祖世祖嘉之後伐烏春窩謀罕及鈍恩狄庫德等皆以所部從戰有功弟阿斯懣尋卒及終喪大會其族太祖率官屬往焉就以伐遼之議訪之方會祭有飛鳥自東而西太祖射之矢貫左翼而墜石土門持至上前稱慶曰烏鳶人所甚惡今射獲之此吉兆也卽以金版獻之後以本部兵從擊高麗及伐遼功尤多王師攻下西京賜以金牌其子蟬蠢從行上語之曰吾妃之妹白散者在遼俟其獲當以爲汝婦竟如其言上之西征諸將皆從石土門乃率善射者三百人來衛京師時太宗居守喜其至親出迎勞繼聞黃龍府叛與睿宗討平之睿宗賜以奴婢五百人師還賞賚良渥至是卒年六十一正隆二年封金源郡王子習失思敬

完顔忠本名迪古乃字阿思魁石土門之弟太祖器重之將舉兵伐遼而未決也欲與迪古乃計事於是宗翰宗幹完顔希尹皆從居數日少間太祖與迪古乃馮肩而語曰我此來豈徒然也有謀於汝汝爲我決之遼名爲大國其實空虛主驕而士怯戰陣無勇可取也吾欲舉兵仗義而西君以爲如何迪古乃曰以王公英武士衆樂爲用遼帝荒于畋獵政令無常易與也太祖然之明年太祖伐遼使婆盧火來徵兵迪古乃以兵會師收國元年十二月上禦遼主兵次叉剌迪古乃與銀朮哥守達魯古路二年與斡魯蒲察會斡魯古討高永昌破其兵東京降遂與斡魯古等禦耶律捏里敗之于蒺藜山拔顯州乾惠等州降天輔二年與婁室俱入見上曰遼主近在中京而敢輒來各枝之三十太祖駐軍草濼

迪古乃取奉聖州，破其兵五千于雞鳴山，奉聖州降。太祖入燕京，迪古乃出德勝口，以代石土門爲耶懶路都勃堇。二年，以耶懶地薄斥鹵，遷其部於蘇濱水，仍以术實勒之田益之。熙宗即位，加太子太師。十四年，加保大軍節度使、同中書門下平章事。薨。天德二年，迪古乃配饗太祖廟廷。大定二年，追封金源郡王。

習失康宗時高麗築九城于曷懶甸習室從斡賽軍太祖攻寧江州習室摧鋒力戰授猛安後從斜也克中京襲遼主于鴛鴦濼畧定山敗夏將李良輔兵與婁室俱獲遼帝于余睹谷宗翰伐宋與銀术可圍守太原明年攻襄垣下潞城降西京至汴元帥府以懷孟北阻太行南瀕河控制險要使習室統十二猛安軍鎮撫之於是殄平寇盜招集流亡四境以安天會四年薨熙宗時贈特進大定間諡威敏世宗思太祖太宗創業艱難求當時羣臣勳業最著者圖像于衍慶宮遼王斜也金源郡王撒改遼王宗幹秦王宗翰宋王宗望梁王宗弼金源郡王習不失金源郡王斡魯金源郡王希尹金源郡王婁室楚王宗雄魯王闍母金源郡王銀术可隋國公阿离合懣金源郡王完顏忠豫國公蒲家奴金源郡王撒离喝兗國公劉彥宗特進斡魯古齊國公韓企先并習室凡二十一人初海陵罷諸路萬戶置蘇濱路節度使世宗時近臣奏請改蘇濱爲耶懶節度使不忘舊功上曰蘇濱耶懶二水相距千里節度使治蘇濱不必改石土門親管猛安子孫襲封者可改爲耶懶猛安以示不忘其初

思敬本名撒改押懶河人金源郡王神土懣之子辭不失弟也初名思恭避顯宗諱改焉體貌雄偉美鬚髯純直有材幹年十一從其父謁見太祖太祖在納鄰淀方獵因詔從獵射黃羊獲之太祖賜以從馬宗翰自太原伐宋從其兄習室攻太原宗翰取河南思敬從完顏活女涉渡河下洛陽圖汴皆有功師還隸遼王宗幹麾下太宗幸東京溫湯思敬權護衛押衞卒百人從行領謀克從征术虎麟有功遂充護衞天眷二年以捕宗磐宗雋功遷顯武將軍熙宗捕魚混同江網索絕曹國王宗敏乘醉鞭馬入江手引繫網大繩沉於水中熙宗呼左右救之倉卒莫有應者思敬躍入水引宗敏出熙宗稱歎賞賚甚厚擢右衛將軍襲押懶路萬戶授世襲謀克七年召見賜以襲衣廐馬錢萬貫及歸復遣使賜弓劍是年入爲工部尚書改殿前都點檢無何爲吏部尚書天德初爲報諭宋國使宋人以舊例請觀錢塘江潮思敬不觀曰我國東有巨海而江水有大於錢塘者竟不往使還拜尚書右丞罷爲眞定尹用廉封河內郡王徙封鉅鹿丁母憂起復本官改益都尹正隆二年例奪王爵改慶陽尹大定二年授西南路招討使封濟國公兼天德軍節度使俄爲北路都統佩金牌及銀牌二西北路招討使唐括孛古底副之將本路兵二千會孛古底視地形衝要或于狗濼屯駐伺契丹賊出沒之地置守禦遠斥候賊至則戰不以晝夜爲限詔孛古底曰爾兵少思敬未至不得先戰僕散忠義敗窩斡於陷泉詔思敬選新馬三千備追襲窩斡入于奚中思敬爲元帥右都監以舊領軍入奚地張哥宅會大軍討之敗僞節度特末也獲二百餘人賊降將稍合住與其黨神獨斡執窩斡并其母徐輦妻子弟姪家屬及金銀牌印詣思敬降思敬獻俘于京師賜金百兩銀千兩重綵四十端玉帶廐馬名鷹拜右副元帥經畧南邊駐山東罷爲西京留守復拜右副元帥仍經畧山東初猛安謀克屯田山東各隨所受地主散處州縣世宗不欲猛安謀克與民戶雜處欲使相聚居之遣戶部郎中完顏讓往元帥府議之思敬與山東路總管徒單克寧議曰大軍方進伐宋宜以家屬權寓州縣量留軍衆以爲備禦俟邊事寧息猛安謀克各使聚居則軍民俱便還奏上從之其後遂以猛安謀克自爲保聚其田土與民田犬牙相入者互易之三年四月召還京師以爲北京留守賜金鞍勒馬七年召爲平章政事先是省併猛安謀克及海陵時無功授猛克者皆罷之失職者甚衆思敬請量才用之上從其請思敬前爲眞定尹其子取部民女爲妾至是其兄乞離異其妾畏思敬在相位不敢去詔還其家九年拜樞密使上疏論五事其一女直人可依漢人以文理選試其二契丹人可分隸女直猛安其三鹽濼官可罷去其四與猛安同勾當副千戶官亦可罷其五親王府官屬以文資官擬注教以女直語言文字上皆從之其後女直人試進士夾谷衡尼厖古鑑徒單鎰完顏匡輩皆由此致宰相實思敬啟之也久之上謂思敬曰朕欲修熙宗實錄卿嘗爲侍從必能記其事跡對曰熙宗時內外皆得人風雨時年穀豐盜賊息百姓安此其大概也何必餘事上大悅世宗喜立事故其微諫如此大定十三年薨上輟朝親臨喪哭之慟曰舊臣也賻贈加厚葬禮悉從官給孫吾侃术特大定二十四年除明威將軍授速濱路寶鄰山猛安

贊曰劾者讓國世祖以開帝業撒改治國家定社稷尊立太祖深謀遠畧爲一代宗臣賢矣哉習不失蓋前人之愆著勳五世易曰有子考無咎其此之謂乎始祖與季弟異部而處子孫俱爲強宗而取遼之策卒定于迪古乃豈天道陰有以相之邪

金史卷七十一

元中書右丞相總裁脫脫等修

列傳第九

斡魯　斡魯古勃堇　婆盧火

吾扎忽　闍母　宗叙本名德壽

斡魯韓國公劾者第二子康宗初蘇濱水含國部斡豁勃堇及斡準職德二部有異志斡帶治之斡賽斡魯爲之佐遂伐斡豁拔其城以歸高麗築九城於曷懶甸斡賽母疾病斡魯代將其兵者數月斡魯亦對築九城與高麗抗出則戰入則守斡賽用之卒城高麗收國二年四月詔斡魯統諸軍與闍母蒲察迪古乃合咸州路都統斡魯古等伐高永昌詔曰永昌誘脅戍卒竊據一方直投其隙而取之爾此非有遠大計其亡可立而待也東京渤海人德我舊矣易爲招懷如其不從即議進討無事多殺高永昌渤海人在遼爲裨將以兵三千屯東京八甑口永昌見遼政日敗太祖起兵遼人不能支遂覬覦非常是時東京漢人與渤海人有怨而多殺渤海人永昌乃誘諸渤海并其戍卒入據東京旬月之間遠近響應有兵八千人遂僭稱帝改元隆基遼人討之久不能克永昌使撻不野杓合以幣求救於太祖且曰願併力以取遼太祖使胡沙補往諭之曰同力取遼固可東京近地汝輒據之以僭大號可乎若能歸欵當處以王爵仍遣係遼籍女直胡突古來高永昌使撻不野與胡沙補胡突古偕來而永昌表辭不遜且請還所俘渤海人太祖留胡突古不遣遣大藥師奴與撻不野往招諭之斡魯方趨東京遼兵六萬來攻照散城阿徒罕勃堇烏論石準與戰於益褪之地大破之五月斡魯與遼軍遇於瀋州敗之進攻瀋州取之永昌聞取瀋州大懼使家奴鐸剌以金印一銀牌五十來願去名號稱藩斡魯使胡沙補撒八往報之會渤海高禎降言永昌非眞降者特以緩師爾斡魯進兵永昌遂殺胡沙補等率衆來拒遇于沃里活水我軍既濟永昌之軍不戰而却逐北至東京城下明日永昌盡率其衆來戰復大敗之遂以五千騎奔長松島初太祖下寧江州獲東京渤海人皆釋之往往中道亡去諸將請殺之太祖曰既已克敵下城何爲多殺昔先太師嘗破敵獲百餘人釋之皆亡去既而往往招其部人來降今此輩亡後日當有勠用者至是東京人恩勝奴仙哥等執永昌妻子以城降即寧江州所釋東京渤海人也先太師蓋謂世祖云未幾撻不野執永昌及鐸剌以獻皆殺之於是遼之南路係籍女直及東京州縣盡降以斡魯爲南路都統迭勃極烈留烏蠢知東京事詔除遼法省賦稅置猛安謀克一如本朝之制九月斡魯上謁于婆魯買水上慰勞之辛亥幸斡魯第張宴官屬皆預賜賚有差蜀偎水部實里古達殺酬斡僕忽得斡魯分胡剌古烏蠢之兵討之酬斡宗室子魁偉善戰年十五隸軍中多見任用以兵五百敗室韋獲其民衆及招降蜀偎水部以功爲謀克僕忽得初事撒改從討蕭海里降蜀偎水部領行軍千戶從破黃龍府戰達魯古城皆有功其破寧江州渤海乙塞補叛去僕忽得追復之至是與酬斡同被害斡魯至石里罕河實里古達遁去追及于合撻剌山誅其首惡四人撫定餘衆詔曰汝討平叛亂不勞師衆朕甚嘉之酬斡等死於國事間其尸棄于河俟氷釋必求以葬其民可三百戶爲一謀克以衆所推服者領之仍以其子弟等爲質斡魯乃還天眷中酬斡贈奉國上將軍僕忽得贈昭義大將軍斡魯從都統襲遼主遼主西走西京已降復叛敵據城西浮圖下射攻城者斡魯與鶻巴魯攻浮圖奪之復以精鋭乘浮圖下射城中遂破西京夏國王使李仁輔將兵三萬來救遼次于天德之境婁室與斡魯合軍擊敗之追至野谷殺數千人夏人渡澗水水暴至漂溺者不可勝計遼主在陰山青塚之間斡魯爲西南路都統往襲之使勃剌淑撒曷懣以兵二百襲遼權六院司喝离質於白水濼獲之遼主留輜重於青塚領兵一萬往應州遣照里背荅各率兵邀之宗望奄至遼主營盡俘其妻子宗族得其傳國璽斡魯使使奏捷曰賴陛下威靈屢敗敵兵遼主無歸勢必來降已嚴戒鄰境毋納宋人合儲軍糧令銀术可往代州受之詔徧諭有功將士俟朕至彼當次第推賞遼主戚屬勿去其輿帳善撫存之遼主伶俜去國懷悲負恥恐隕其命孽雖自作而嘗居大位深所不忍如招之肯來以其宗

族付之已遣楊璞徵糧於宋銀朮可不須往矣遼趙王習泥烈及諸官吏竝釋其罪且撫慰之太祖還京師宗翰爲西北西南兩路都統斡魯及蒲家奴副之宗翰朝京師詔以夏人言宋侵略新割地以便宜決之斡魯奏曰夏人不盡歸戶口資幣又以宋人侵賜地求援兵宋之邊臣將取所賜夏人疆土蓋有異圖詔曰夏人屢求援兵者或不欲歸我戶口沮吾追襲遼主事也宋人敢言自取疆土于夏誠有異圖宜謹守備盡索在夏戶口通問兩國事審處之斡魯復請弗割山西與宋則遼主不能與宋郭藥師交通復詔曰宗翰請毋與宋山西地卿復及此疆埸之事當愼毋忽及宗翰等伐宋斡魯行西南西北兩路都統事天會五年薨皇統五年追封鄭國王天德二年配享太祖廟庭子撒八銀青光祿大夫子賽里

斡魯古勃堇宗室子也太祖伐遼使斡魯古阿魯撫諭斡忽忽賽兩路係遼女直與遼節度使撻不也戰敗之斬撻不也酷輦嶺阿魯臺罕等十四大彎皆降斡忽忽賽兩路亦降與遼都統實婁戰于咸州西敗之斬實婁于陣與婁室克咸州咆滿忽吐以所部降于斡魯古鄰部戶七千亦來歸遂與遼將喝補戰破其軍數萬人太祖嘉之以爲咸州軍帥斡魯伐高永昌于東京斡魯古以咸州軍佐之遼秦晉國王耶律捏里來伐迪古乃婁室婆盧火等將二萬衆合斡魯古咸州兵往擊之胡突古嘗叛入于遼居于東京南永昌據東京太祖索之以歸斡魯古伐永昌以便宜署胡突古爲千戶散都魯訛魯補皆無功亦以便宜除官及以便宜解權謀克斜拔魯黃哥達及保等職皆非其罪太祖聞之盡復斜拔魯等謀克胡突古等皆罷去太祖聞斡魯古軍中往往闕馬而官馬多匿於私家遂檢括之耶律捏里佛頂遺斡魯古書請和斡魯古以捏里書并所答書來上且請曰復有書問宜如何報之詔曰若彼再來請和汝當以阿疎等叛亡索而不獲至於交兵我行人賽剌亦不遣還若歸賽剌及送阿疎等則和好之議方敢奏聞仍恐議和非實無失備禦耶律捏里軍蒺藜山斡魯古以兵一萬戍東京太祖使迪古乃婁室復以兵一萬益之詔曰遼主失道肆命徂征惟爾將士當體朕意拒命者討之服者撫安之毋貪俘掠毋肆殺戮所賜捏里詔書可傳致也詔捏里曰汝等誠欲請和當廢黜昏主擇立賢者副朕弔伐之意然後可議和約不然當盡并爾國其審圖之捏里復書斡魯古云降去人痕孛見還則當送阿疎等上曰痕孛等乃交兵之後來降阿疎則平日以罪亡去其事特異復詔捏里令此月十三日送阿疎至顯州各遣重臣議疆埸事斡魯古等攻顯州知東京事完顏斡論以兵來會即以兵三千先渡遼水得降戶千餘遂薄顯州郭藥師乘夜來襲斡論擊走之斡魯古等遂與捏里等戰于蒺藜山大敗遼兵追北至阿里眞陂獲佛頂家屬遂圍顯州攻其城西南軍士神篤踰城先入燒其佛寺煙焰撲人守陴者不能立諸軍乘之遂拔顯州於是乾懿豪徽成川惠等州皆降乾州後爲閭陽縣遼諸陵多在此禁無所犯徙成川州人于同銀二州居之捏里再以書來請和斡魯古承前詔以阿疎爲言答之駐軍顯州以聽命賜斡魯古等馬十匹詔曰汝等力摧大敵攻下諸城朕甚嘉之遼主未獲人心易搖不可恃戰勝而失備禦遼雙州節度使張崇降斡魯古以便宜命復其職仍令世襲斡魯古久在咸州多立功亦多自恣劾里保雙古等告斡魯古不法事遼帝在中京可追襲而不追襲咸州糧草豐足而奏數不以實攻顯州獲生口財畜多自取捏里孛剌束等亦告孛革曹葛麻吉窩論赤閏阿剌本乙剌等多取生口財畜遂以闍哥代爲咸州路都統闍哥亦宗室子也旣代斡魯古治咸州初迪古乃婁室奏攻顯州新降附之民可遷其富者于咸州路其貧者徙內地於是詔使闍哥擇其才可幹事者授之謀克其豪右誠心歸附者擬爲猛安錄其姓名以聞饑貧之民官賑給之而使闍母爲其副統云入之遼通祺雙遼四州之民八百餘家詣咸州都統降上曰遼人賦歛無度民不堪命相率求生不可使失望分置諸部擇善地以處之太祖召斡魯古自問之斡魯古引伏闍哥鞫窩論等詔降斡魯古爲謀克而禁錮窩論等天輔六年討賊于牛心山道病卒天眷中贈特進天德二年配享太祖廟庭大定十五年謚莊翼

婆盧火安帝五代孫太祖伐遼使婆盧火徵迪古乃兵失期杖之後與渾黜以四千人往助婁室銀朮哥攻黃龍府辭勒罕轍孛得兄弟直攧里部人嘗寇耶懶路穆宗遣婆盧火討之至阿里門河辭勒罕僞降遂略馬畜三百而去復元勒部掠二十五寨太祖復使婆盧火討之婆盧火渡蘇衮河招降旁近諸部因籍丁壯爲軍至特滕吳水轍孛得僞降復叛去執而殺之婆盧火至特鄰城圖之辭勒罕遁去婆盧火破其城執其妻子辭勒罕遂降曰我之馬牛財貨盡矣何以爲生婆盧火與之馬十匹直攧里部產良馬太祖使紇石烈阿習罕掌其畜牧婆盧火及子婆速俱爲謀克天輔五年摘取諸路猛安中萬餘家屯田于泰州婆盧火爲都統賜耕牛五十婆盧火舊居按出虎水自是徙居泰州而遣拾得查端阿里徒歡奚撻罕等俱徙焉唯族子撒剌喝嘗爲世祖養子獨得不徙太祖取燕京婆盧火爲右翼兵出居庸關大敗遼兵遂取居庸蕭妃遯去都監高六等來送欵乞降習古乃追蕭妃至古北口蕭妃已過三日不及而還上令婆盧火胡實賚率輕騎追之蕭妃已遠去獲其從官統軍察剌宣徽査剌并其家族及銀牌二印十有一及迭剌叛婆盧火石古乃討平之其羣官率衆降者就使領其所部太宗以空名宣頭及銀牌給之同時有婆盧火者婁室平陝西婆盧火繩果監戰後爲平陽尹西南路招討使終於慶陽尹泰州婆盧火守邊屢有功太宗賜衣一襲并賜其子剖叔八年以甲胄賜所部諸謀克天會十二年加同中書門下平章事天眷元年駐烏骨迪烈地薨贈開府儀同三司謚剛毅子剖叔襲猛安天眷二年爲泰州副都統子斡帶廣威將軍婆速官特進子吾札忽

吾札忽善騎射年二十以本班祗候郎君都管從征伐有功授脩武校尉皇統二年權領泰州軍平陝西至涇州大破宋兵於馬西鎭超遷寧遠大將軍襲猛安復以本部軍從宗弼權都統正隆末從海陵伐宋契丹反與德昌軍節度使移室懣同討契丹許以便宜從事大定初除咸平尹駐軍泰州俄改臨潢尹攝元帥左都監與廣寧尹僕散渾坦俱從元帥右都監神土懣解臨潢之圍契丹引衆東行吾札忽追及于窊歷山押軍猛安契丹忽剌叔以所部助敵攻官軍失利泰州節度使烏里雅來救未至臨潢與敵遇烏里雅敗僅以數騎脫歸敵攻泰州其勢大振城中震駭將士不敢出戰敵四面登城押軍猛安烏古孫阿里補率軍士數人持鐶刀循城應敵力戰斫刈甚衆敵乃退泰州得完吾札忽遁使謀克蒲盧渾徙百姓旁邑及險阨之地以俟大軍明年聚甲士萬三千於濟州會元帥謀衍敗窩斡於長濼戰霿淞河戰陷泉皆有功改胡里改節度使卒吾札忽性聰敏有才智善用軍常出敵之不意故能以寡敵衆而所往無不克號爲鶻軍云

闍母世祖第十一子太祖異母弟也高永昌據東京斡魯征伐之闍母等爲之佐已克瀋州城中出奔者闍母邀擊殆盡與永昌隔沃里活水衆遇淖不敢進闍母以所部先濟諸軍畢濟軍東京城下城中人出城來戰闍母破之于首山殲其衆獲馬五百匹及斡魯古以罪去咸州闍母代之於是闍母爲咸州路副統遼議和久不成太祖進兵詔咸州路都統司令斜葛留兵一千鎭守闍母以餘兵會于渾河太祖攻上京實臨潢府諭之不下遼人恃儲蓄自固上親臨陣闍母以衆先登克其外城留守撻不野率衆出降都統杲兵至中京闍母自城西沿土河以進城中兵尚餘三千皆不能守遂克之宗翰等攻西京闍母婁室等於城東爲木洞以捍蔽矢石於北隅以芻茭塞其隍城中出兵萬餘將燒之溫迪罕蒲匣率衆力戰執旗者被創蒲匣自執旗奮擊却之又爲四輪革車高出於堞闍母與麾下乘車先登諸車繼之遂克西京與遼步騎五千戰于朔州之境斬首三百級復敗遼騎三百于河陰遼兵五千屯于馬邑縣南復擊破之驟其營壘盡得其車馬器械遼兵三萬列營于西京之西闍母以三千擊之闍母使士卒皆去馬陣於溝塹之間曰以一擊十不致之死地不可使戰也謂衆曰若不勝敵不可以求生於是人皆殊死戰遼兵遂敗追至其營而止明日復敗其兵七百餘人興中府宜州復叛闍母討之并下詔招諭詔闍母曰遼之土地皆爲我有彼雖復叛終皆吾民可縱其耕稼毋得侵掠勃堇蒙刮斜鉢吾撻等獲契丹九斤興中平闍母爲南路都統討回离保詔曰回离保以烏合之衆保據險阻其勢必將自斃若彼不出掠毋庸攻討耶律奧古哲等殺回离保于景薊之間其衆遂潰張覺據平州叛入于宋闍母自錦州往討之覺將以兵脅遷來潤隰四州之民闍母至潤州擊走張覺軍逐北至榆關遣俘持書招之復敗覺兵於營州東北欲乘勝進取南京時方暑雨退屯海壖逐水草休息使僕虺蒙刮兩猛安屯潤州制未降州縣不得與覺交通九月闍母破覺將王孝古於新安敗覺軍於樓峯口復與覺戰於兔耳山闍母大敗太宗使宗望問闍母敗軍之狀宗望遂以闍母軍討覺及宗望破張覺太宗乃赦闍母召宗望赴闕闍母連破僞都統張敦固遂克南京執敦固殺之上遣使迎勞之詔曰聞下南京撫定兵民甚善諸軍之賞卿差等以給之又詔曰南京疆埸如舊屯兵以鎭之命有司運米五萬石于廣寧給南京潤州戍卒遂下宜州拔叉牙山殺其節度使韓慶民得糧五千石詔以南路歲饑許田獵其後宋童貫郭藥師治兵闍母輒因降人知之即具奏語在宋事中而宗翰宗望皆請伐宋於是闍母副宗望伐宋宗望以闍母屬尊先皇帝任使有功請以爲都統以監

戰事於是闍母爲都統掃喝副之敗郭藥師兵于白河遂降燕山以先鋒渡河圍汴宋人請盟將士分屯于安肅雄霸廣信之境宗望還山西闍母與劉彥宗留燕京節制諸軍八月復伐宋大軍克汴州諸軍屯于城上城中諸軍潰而西出者十三萬人闍母撻懶分擊大敗之師還闍母爲元帥左都監攻河間下之大破敵兵萬餘於莫州宗輔爲右副元帥徇地淄青闍母與宗弼分兵破山谷諸屯宋李成兵圍淄州烏林荅泰欲破之闍母克濰州迪古補朮烈速連破趙子昉等兵至于河上烏林荅泰欲破敵于靈城鎮及議伐康王闍母欲先定河北然後進討太宗乃酌取羣議之中使婁室取陝西宗翰宗輔南伐天會六年薨年四十熙宗時追封吳國王天德二年配享太祖廟庭正隆改封譚王大定二年徙封魯王諡莊襄子宗叙

宗叙本名德壽闍母第四子也奇偉有大志喜談兵天德二年充護衛授武義將軍明年授世襲謀克擢御院通進遷翰林待制兼脩起居注轉國子司業兼左補闕正隆初轉符寶郎在宮職凡五年皆帶劍押領宿衛遷大宗正丞以母憂去官以本官起復未幾遷侍衛親軍馬軍都指揮使改左驍騎都指揮使明年海陵幸南京宗叙至汴契丹撒八反宗叙爲咸平尹兼本路兵馬都總管以甲仗四千付之許以便宜宗叙出松亭關取牛遼于廣寧聞世宗即位將歸之廣寧尹按荅海弟燕京勸宗叙乃還與中白彥敬紇石烈志寧使宗叙奉表降宗叙見世宗於梁魚務授寧昌軍節度使明年二月契丹攻寧昌宗叙止有女直渤海騎兵三十漢兵百二十人自將擊之遇賊千餘騎漢兵皆散走宗叙與女直渤海三十騎盡銳力戰身被二創所乘馬中箭而仆遂爲所執居百餘日會賊中有臨潢民移剌阿塔等盜馬授之得脫歸宗叙陷賊久盡得其虛實見元帥完顏謀衍平章政事完顏元宜謂之曰賊衆烏合無紀律破之易爾於是帥府欲授軍職宗叙見謀衍貪鹵掠失事幾欲歸白上不肯受職曰我有機密須面奏是夕乃遁去至廣寧矯取驛馬馳至京師而帥府先事以聞上遣中使詰之曰汝爲節度不度衆寡戰敗被獲幸得脫歸乃拒帥府命輒自乘傳赴都朕姑置汝罪可速還軍併力破賊宗叙附奏曰臣非辭難者事須面奏不得不來遂召入乃條奏賊中虛實及諸軍進退不合事機狀詔大臣議皆以其言爲然是時已詔僕散忠義代謀衍爲元帥進討於是拜宗叙爲兵部尚書以本職領左翼都統率宗寧烏延查剌烏林荅剌撒兵各千人號三萬佐忠義軍至花道遇賊與戰右翼都統宗亨先敗走忠義亦引却宗叙勒本部邀擊之麾帳下士三百捨馬步戰賊不得逞大軍整列復至合勢擊之賊遂敗去而元帥右監軍紇石烈志寧率軍至追及窩斡於陷泉大破之復與志寧及徒單克寧追至七渡河復大敗之元帥忠義遂留宗叙自從賊平入爲右宣徽使宋兵據海州將謀深入詔以宗叙爲元帥右監軍往禦之宗叙駐山東分兵據守要害敵不得西尋奉詔與左副元帥紇石烈志寧參議軍事四年宗叙入朝奏曰暑月在近頓兵邊陲飛輓頗艱乞俟秋涼進發上從其請及還軍授以成算賜襲衣弓矢九月渡淮宗叙出唐鄧北至襄陽屢戰皆捷明年宋人請和軍還除河南路統軍使河決李固渡分流曹單之間詔遣都水監梁肅覛河決宗叙言河道塡淤不受水故有決溢之患今欲河復故道卒難成功幸而可塞它日不免決溢山東非曹單比也沿河數州驟興大役人心動搖恐宋人乘間扇誘構爲邊患梁肅亦請聽兩河分流以殺水勢遂止不塞十年召至京師拜參知政事上曰卿奏黃河利害甚合朕意朕念百姓差調官吏爲姦率斂星火所費倍蓰委積經年腐朽不可復用若此等類百孔千瘡百姓何以堪之卿參朝政擇利而行以副朕心及與上論南邊事宗叙曰南人遣諜來多得我事情我遣諜人多不得其實蓋彼以厚賞故也上曰彼以厚利資諜人徒費其財何能爲也十一年奉詔巡邊六月至軍中將戰有疾詔以右丞相紇石烈志寧代宗叙還七月病甚遺表朝政得失及邊防利害力疾使其子上之薨年四十六上見其遺表傷悼不已輟朝遣宣徽使敬嗣暉致祭賻銀千兩綵四十端絹四百匹上謂宰臣曰宗叙勤勞國家他人不能及也初宗叙嘗請募貧民戍邊屯田給以廩粟旣貧者無艱食之患而富家免更代之勞得專農業上善其言而未行也十七年上謂宰臣曰戍邊之卒歲冒寒暑往來番休以馬牛往戍往往皆死且奪其農時敗其生業朕甚閔之朕欲使百姓安于田里而邊圉彊固卿等何術可以致此左丞相良弼曰邊地不堪耕種不能久戍所以番代耳上曰卿等以此急務爲末事耶往歲參政宗叙嘗爲朕言此事若宗叙可謂盡心於國者矣今以兩路招討司烏古里石壘部族臨潢泰州等路分置堡戍詳定以聞朕將親覽上追念宗叙聞其子孫家用不給詔賜錢三千貫明昌五年配享世宗廟廷

金史卷七十二

元　中書右丞相總裁脫脫等修

列傳第十

婁室　活女　謀衍
仲本名石古乃　海里　銀朮可
毅英本名撻懶　麻吉子沃側　拔里速
習古迺

婁室字斡里衍完顏部人年二十一代父白荅爲七水諸部長太祖克寧江州使婁室招諭係遼籍女直遂降移懶益海路太彎照撒等敗遼兵于婆剌趕山復敗遼兵擒兩將軍旣而益改捺末懶兩路皆降進兵咸州克之諸部相繼來降獲遼北女直係籍之戶遼都統耶律訛里朶以二十餘萬衆來戍邊太祖趨達魯古城次寧江州西召婁室婁室見上于軍中上見婁室馬多疲乏以三百給之使隸左翼宗翰軍與銀朮可縱兵衝其中堅凡九陷陣皆力戰而出復與銀朮可戍邊及九百奚營等部來降則與銀朮可攻黃龍府上使完顏渾黜婆盧火石古乃以兵四千助之敗遼兵萬餘于白馬濼宗雄等下金山縣使婁室分兵二千招沿山逃散之人耶律捏里軍蒺藜山斡魯古婁室等破之遂取顯州太祖取黃龍府婁室請曰黃龍一都會且僻遠苟有變則鄰郡相扇而起請以所部屯守太祖然之仍合諸路謀克命婁室爲萬戶守黃龍府進都統從杲取中京與希尹等襲走迪六和尚雅里斯等敗奚王霞末降奚部西節度訛里剌遼主自鴛鴦濼西走婁室等追至白水濼獲其內庫寶物婁室遂與闍母攻破西京復與闍母至天德雲內寧邊東勝其官吏皆降獲阿疎夏人救遼兵次天德婁室使突撚補攧以騎二百爲候兵夏人敗之幾盡阿土罕復以二百騎往遇伏兵獨阿土罕脫歸時久雨諸將欲且休息婁室曰彼再破吾騎兵我若不復往彼將以我怯卽來攻我矣乃選千騎與習失拔离速往斡魯壯其言從之婁室遲明出陵野嶺留拔离速以兵二百據險守之獲生口問之其帥李良輔也將至野登高望之夏人恃衆而不整方濟水爲陣乃使人報斡魯婁室分軍爲二迭出迭入進退轉戰三十里過宜水斡魯軍亦至合擊敗之遼都統大石犯奉聖州壁龍門東二十五里婁室照里馬和尚等以兵取之生獲大石其衆遂降遼闢里剌守奉聖州棄城遁去後與宗望追遼帝婁室蒲察以二十騎候敵敗其軍三千人于三山有千人將趨奉聖州蒲察復敗之擒其主帥而還夏人屯兵於可敦館宗翰遣婁室戍朔州築城於霸德山西南二十里遂破朔州西山兵二萬擒其帥趙公直其後復襲遼帝于余都谷獲之賜鐵劵惟死罪乃笞之餘罪不問銀朮可圍太原宋統制劉臻救太原率衆十萬出壽陽婁室擊破之繼敗宋兵數千於榆次宋張灝軍出汾州拔离速擊走之灝復營文水婁室與突葛速拔离速與戰灝大敗宗翰定太原婁室取汾石二州及其屬縣溫泉方山離石蒲察降壽陽取平定軍及樂平復招降遼州及榆社遼山和順諸縣宗翰趨汴州使婁室等自平陽道先趨河南曰若至澤州與賽里婆盧火習失遇當與俱進習失之前軍三謀合敗宋兵三千于襄垣遇伏兵二千又敗之撒剌荅破天井關復破步兵於孔子廟南遂降河陽婁室軍至旣渡河遂薄西京城中兵來拒戰習失逆擊敗之西京降婁室取偃師永安軍鞏縣降撒剌荅敗宋兵於汜水於是滎陽滎澤鄭州中牟相次皆降宗翰已與宗望會軍于汴使婁室率師趨陝津攻河東郡縣之未下者阿离土罕敗敵于河上撒按敗敵于陝城下鶻沙虎降虢州守陴卒三百人遂克陝府習古迺桑袞破陝之散卒于平陸西北活女別破敵於平陸婁室破蒲解之軍二萬盡覆之安邑解州皆降遂克河中府降絳慈隰石等州宗翰往洛陽使婁室取陝西敗宋將范致虛軍下同華二州克京兆府獲宋制置使傅亮遂克鳳翔阿鄰等破宋大兵於河中斡魯破宋劉光烈軍於馮翊訛特剌桑袞敗敵於渭水遂取下邽宗翰會宗輔伐康王命婁室蒲察專事陝西以婆盧火繩果監戰繩果等遇敵於蒲城及同州皆破之婁室蒲察克丹州破臨眞進克延安府遂降綏德軍及靜邊懷遠等城寨十六復破青澗城宋安撫使折可求以麟府豐三州及堡寨九降于婁室晉寧所部九寨皆降而晉寧軍久不下婁室欲去之賽里不可曰此與夏鄰且生他變城中無井日取河水以爲飲乃決渠于東泄其水城中遂困李位石乙啓郭門降諸將率兵入城守將徐徽言據子城戰三日衆潰徽言出奔獲之使之拜不聽臨之以兵不爲動縶之軍中使先降者論之使降徽言大罵與統制孫昻皆不屈乃并殺之遂降定安堡渭平寨及鄜坊二州於是婁室婆盧火守延安折可求屯綏德蒲察還守蒲州延安鄜坊州皆殘破人民存者無幾婁室置官府輯安之別將斡論降建昌軍京兆府叛婁室復討平之遂與阿盧補謀里也至三原訛哥金阿骨欲擊淳化兵敗之婁室攻乾州已築甬道列礮具而州

降遂進兵克邠州軍于京兆陝西城邑已降定者輒復叛於是睿宗以右副元帥總陝西征伐時婁室已有疾睿宗與張浚戰于富平宗弼左翼軍已却婁室以右翼力戰軍勢復振張浚軍遂敗睿宗曰力疾鏖戰以徇王事遂破巨敵雖古名將何以加也以所用犀玉金銀器及甲冑并馬七匹與之天會八年薨十三年贈泰寧軍節度使兼侍中加太子太師皇統元年贈開府儀同三司追封莘王以正隆例改贈金源郡王配享太宗廟庭謚莊義子活女謀衍石古乃

活女年十七從攻寧江州力戰創甚扶出陣間太祖憑高望見問之知是婁室子親撫慰賜藥歎曰此兒他日必爲名將其攻濟州敗敵八千與敵遇于信州稜刺本陷于陣活女力戰出之敵遂北敗耶律佛頂等兵于藩州及宗翰以兵襲奚王霞末活女以兵三百敗敵二千從攻乙室部敗之破其二營迭刺部族叛率二謀克突入大破之活女常從婁室圍太原宋將种師中以兵十萬來援活女擊敗之大軍至河無船不得渡婁室遣活女循水上下活女率軍三百自孟津而下度其可渡遂引軍以濟大軍於是皆繼之宋將郭京出兵數萬趨婁室營活女從旁奮擊敵亂遂破之師還破敵於平陸渡得其船以濟又以兵破敵於張店原時屯留太平翼城皆有重敵並破之又分兵取陝西蒲州降留活女鎮之攻鳳翔活女先登睿宗定陝西活女爲都統進攻涇州敗其兵王開山以兵拒歸路邀戰再擊再敗之遂降京兆鳳翔諸縣婁室薨襲合扎猛安代爲黃龍府路萬戶天眷三年爲元帥右都監遷左監軍元帥府罷改安化軍節度使歷京兆尹封廣平郡王以正隆例改封代國公進封隋國公謚貞濟卒年六十一

謀衍勇力過人善用長矛突戰天眷間充牌印祗候授顯武將軍擢符寶郎皇統四年其兄活女襲濟州路萬戶以親管奥吉猛安讓謀衍朝廷從之權濟州路萬戶八年爲元帥右都監天德三年爲順天軍節度使歷河間臨潢尹數月改婆速路兵馬都總管撒八反謀衍往討之是時世宗爲東京留守自將討括里還遇謀衍于常安縣盡以甲士付之世宗還東京完顏福壽高忠建率所部南征軍亡歸東京謀衍亦率其衆來附卽以臣禮上謁遂殺高存福李彥隆等謀衍福壽忠建及諸將吏民勸進世宗卽位拜右副元帥都統白彥敬副統紇石烈志寧在北京拒不受命謀衍伐之遇其衆于建州之境皆不肯戰彥敬志寧遂降二年正月謀衍率諸軍討窩斡會兵於濟州合甲士萬三千人過泰州至术虎崖乃捨輜重持數日糧輕騎追之是時窩斡新敗于泰州將走濟州謀衍兵至長濼南獲其諜者知敵將由別路邀糧運遂分軍往迎之敵吏糺者來降謀衍用其計因夜亟往邀敵輜重忽大風不能燧火路暗莫相辨比曉纔行三十餘里將至敵營將士少憩謀衍率善射者數十騎往覘之而都統志寧克寧等已敗敵衆二萬餘於長濼追殺甚衆敵遂西遁志寧軍先追及於霿𩃬河急擊敗之而謀衍貪鹵掠不復追以故敵得縱去遂涉懿州界陷靈山同昌惠和等縣窺取北京西攻三韓縣惟克寧軍追躡謀衍託馬弱引還懿州上聞之下詔切責謀衍以僕散忠義爲右副元帥代之紇石烈志寧爲右監軍代完顏福壽而謀衍子斜哥暴橫軍中詔勒歸本貫謀衍至京師以爲同判大宗正事世宗責之曰朕以汝爲將汝不追賊當正汝罪以汝父婁室有大功特免汝死汝雖非宗室而授此職汝其勉之未幾速頻路軍士术里古告斜哥寄書與謀衍謀反有司并上其書世宗察其誣詔鞫告者术里古款伏遂誅之召謀衍謂之曰人有告卿子爲反謀者朕知卿必不爲此今告者果自服罪宜悉此意初窩斡方熾上使溫迪罕阿魯帶守古北口及窩斡敗于陷泉入于奚中率諸奚攻古北口阿魯帶因其妻生日輒離軍六十里賊衆聞之來襲殺傷士卒甚衆阿魯帶坐除名詔謀衍蒲察烏里雅蒲察通以兵三千會舊屯兵擊之擒賊黨猛安合住未幾窩斡平乃還七年出爲北京留守上御便殿賜食及御服衣帶佩刀謂之曰以卿故老欲以均勞逸故授此職卿其勉之改東京留守封榮國公大定十一年薨年六十四謀衍性忠厚善擊毬射獵時論以爲雖智略不及其父而勇敢肖之云

仲本名石古乃體貌魁偉通女直契丹漢字其兄斡魯爲統軍愛仲才欲使通吏事每視事常在左右遇事輒問之應對如響斡魯嘆曰此子必爲令器皇統初充護衞授世襲謀克天德元年攝其兄活女濟州萬戶部內稱治除濱州刺史以母憂去官起復知積石軍事轉同知河南尹正隆六年伐宋爲神勇軍副都總管與大軍北還除同知大興尹將兵二千益遵化屯軍備契丹還西南路招討使兼天德軍節度使政尚忠信決獄公平藩部不敢寇邊召爲左副都點檢宿衞嚴謹每事有規矩後來者守其法莫能易也世宗常謂侍臣曰石古乃入直朕寢益安五年宋人請和爲姪國不稱臣仲爲報問使仲請與宋主相見禮儀世宗曰宋主親起立接書則授之乃至宋一一如禮正隆用兵宋人執商州刺史完顏守能以歸至是仲取守能與俱還上嘉之轉都點檢兼侍衞親軍都指揮使遷河南路統軍使上曰卿在禁近小心畏愼河南控制江淮爲國重地卿益勉之賜廐馬金帶玉吐鶻復有罪解職久之起爲西北路招討使改北京留守卒

海里婁室族子體貌豐偉善用矟婁室爲黃龍府萬戶海里從徙於軌吉訛母從婁室追及遼主於朔州阿敦山遼主從數十騎逸去婁室遣海里及术得往見遼主諭之使降遼主巳窮蹙待於阿敦山之東婁室因獲之賞海里金五十兩銀五百兩幣帛二百匹綿三百兩睿宗經略陝西海里戰却吳玠軍於涇邠之南尋遷脩棧道宋人恐棧道成以兵來拒破其兵賞銀百五十兩奴婢十人天眷元年擢宿直將軍與定宗磐宗雋之亂再遷廣威將軍除都水使者改西北路招討都監歷復州灤州刺史耶盧椀羣牧使迭刺部族節度使同知大興尹兼中都路兵馬都總管改武寧軍節度使廣寧尹卒年六十二

銀术可宗室子太祖嗣位使蒲家奴如遼取阿疎事久不決乃使習古迺銀术可繼往當是時遼主荒于政上下解體銀术可等還具以遼政事人情告太祖且言遼國之狀太祖決意伐遼蓋自銀术可等發之太祖與耶律訛里朵戰于達魯古城遼兵二十餘萬銀术可婁室率衆衝其中堅凡九陷陣輒戰而出大敗遼軍銀术可爲謀克遂與婁室戍邊復與婁室渾黜婆盧火石古乃等攻黃龍府敗遼兵萬餘于白馬濼太祖拒遼兵銀术可守達魯古城收國二年分鴨撻阿懶所遷謀克二千戶以銀术可爲謀克屯寧江州遼大冊使習泥烈遣回約以七月半至而盡九月習泥烈未來上使諸軍過江屯駐遼曳刺麻荅十三人兵士八人縱火於渾河以絕芻牧銀术可獲之乃知遼邊吏乙薛使之太祖命釋之從都統杲克中京銀术可與習古迺蒲察胡巴魯率兵三千擊奚王霞末于京西七十里霞末棄兵遯遼主西奔天德銀术可以兵絕其後遼主遂見獲從宗翰伐宋圍太原宗翰進兵至澤州及宗翰還西京太原未下皆命銀术可留兵圍之招討都監馬五破宋兵於文水節度使耿守忠等敗宋黃迪兵於西都谷所殺不可勝計宋樊夔施詵高豐等軍來救太原分據近部銀术可與習失孟魯完速大破之索里乙室破宋兵於太谷宋兵據太谷祁縣阿鶻懶拔离速復取之种師中出井陘據榆次救太原銀术可使斡論擊之破其軍活女斬師中於殺熊嶺進攻宋制置使姚古軍于隆川谷大敗之撒里土敗宋軍於回馬卩郭企忠殲宋軍於五臺及宗翰定太原與宗望會兵于汴銀术可等攻汴城克之師還銀术可降岢嵐寧化等軍攻嵐州拔之招降火山軍與希尹同賜鐵券宗翰趨洛陽賽里取汝州銀术可取鄧州殺其將李操等薩謀魯入襄陽拔离速入均州馬五取房州擒轉運使劉吉鄧州通判王彬拔离速破唐蔡陳三州克潁昌府沙古質別克舊潁昌宗翰會伐康王銀术可守太原天會十年爲燕京留守天會十三年致仕加保大軍節度使同中書門下平章事遷中書令封蜀王天眷三年薨年六十八以正隆例贈金源郡王配饗太宗廟庭大定十五年謚武襄改配享太祖廟庭子彀英

彀英本名撻懶幼警敏有志膽初丱角太祖見而奇之年十六父銀术可授以甲使從伐遼常爲先鋒授世襲謀克宗翰自太原還西京銀术可圍守之彀英在行間屢有功宋兵數萬救太原至南關銀术可與弟拔离速完顏婁室等擊之當隘巷間一卒揮刀向拔离速彀英以刀斷其腕一卒復從旁以槍刺之彀英斷其槍追殺之拔太原下河東諸州攻汴京皆有功與都統馬五徇地漢上至上蔡以先鋒破孔家軍睿宗攻開州彀英先登流矢中其口睿宗親視之創未愈強起之攻大名府第功宗弼第一彀英次之攻東平彀英居最拔离速襲宋康王于揚州彀英爲先鋒拔离速追宋孟后於江南彀英前行趨潭州宋大兵在常武彀英以選兵薄其城敗千餘人明日城中出兵來戰彀英以五百騎敗之獲馬二百匹遂攻常武拔离速以諸軍爲大陣居其後彀英以五百騎爲小陣當前行卽麾兵馳宋軍宋軍亂遂大敗之拔离速觀其周旋嘆賞之其後河東郡縣多叛彀英以先鋒攻絳州克之復攻沁州飛砲擊其右脅舁歸營中諸軍攻沁州三日不能下別將骨赧强起彀英指麾士卒遂克之攝河東路都統從左監軍移刺余睹招西北諸部彀英將騎三千五百平其九部獲生口三千馬牛羊十五萬以先鋒破宋吳山軍再戰再勝遂勦宋兵于隘死者不可勝計宋兵遁去宗弼再取和尚原彀英以本部破宋五萬人遂奪新叉口宗弼留兵守之是夜大雪道路皆冰和尚原宋兵勢重不可徑取宗弼用彀英策入自傍近高山叢薄翳薈間出其不意遂取

和尚原穀英請速入大散關自以本部爲殿以備伏兵宗弼至仙人關穀英先攻之宗弼止之穀英不止宗弼以刀背擊其兜鍪使之退穀英曰敵氣已沮不乘此而取之後必悔之已而果然宗弼嘆曰既往不咎乃班師穀英殿且戰且却遂達秦中齊國初廢元帥右監軍撒离喝馳驛撫治諸郡至同州故齊觀察使李世輔出迎陽墜馬稱折臂舁歸撒离喝入城世輔詐使通判獻甲以壯士十人被甲上廳事世輔自壁後突出執撒离喝穀英方索馬于外變起倉卒不得入城門已閉皆有兵衛至東門合荅雅領騎三十餘與穀英遇遂斬門者出而世輔擁衆自西門出穀英與合荅雅襲之一進一退以綴世輔使不得速世輔慮救兵至乃要撒离喝與之盟勿使追之留撒离喝於道側穀英識其聲與騎而歸除安遠大將軍攝太原尹四境咸治兼攝河東南北兩路兵馬都總管朝廷以河南陜西與宋已而復取之師至耀州宋人每旦出城張旗閱隊抵暮而還道隘騎不得逞穀英請兵五百薄暮先使五十人趨山巔令之曰旦日視敵出舉幟指其所向乃以餘兵伏山谷間明日城中人出閱如前山巔旗舉伏兵發宋兵爭馳入城穀英麾軍登城拔宋幟立金軍旗幟宋軍後者望見之不敢入遂降城中人亦降宋吳玠擁重兵據涇州涇原以西多應之元帥撒离喝欲退守京兆俟河南河東軍穀英曰我退守吳玠必取鳳翔京兆同華據潼關吾屬無類矣撒离喝曰計將安出穀英曰事危矣不如速戰我軍陣涇之南原宋兵必自西原來穀英與斜補出各以選騎五百摧其兩翼元帥當其中擊之可以得志監軍拔离速曰二子當其左右拔离速願當其中元帥據岡阜多張旗幟爲疑兵可以得志撒离喝從之吳玠兵果自西原來穀英斜補出擊其左右自旦至午吳玠左右軍少退拔离速當其前衝擊之遂敗玠軍僵尸枕藉大澗皆滿自此蜀人喪氣不敢復出關陜遂定歷行臺吏部工部侍郎從宗弼巡邊遷刑部尚書轉元帥左都監天德二年遷右監軍元帥府罷改山西路統軍使領西北西南兩路招討兵馬坐無功降臨海軍節度使歷平陽太原尹正隆末爲中都留守兼西北面都統討契丹撒八駐軍歸化州世宗即位於遼陽使穀英姪阿魯瓦持詔往歸化命穀英爲左副元帥就遣使召陜西統軍徒單合喜宣大定改元詔赦于西南西北招討司河東河北山東諸路州鎮調猛安軍屯京畿阿魯瓦見穀英穀英猶豫未決士卒皆欲歸世宗穀英不得已乃受詔以元帥令下諸路亟泥馬槽二萬具諸路聞之以爲大軍且至然後遣人宣赦所至皆聽命大定元年十一月穀英以軍至中都同知留守璋請至府議事穀英疑璋有謀乃陽許諾排節仗若將往者遂率騎從出施仁門駐兵通州見世宗于三河詔穀英以便宜規措河南陜西山東邊事二年正月至南京遂復汝潁嵩等州縣授世襲猛安入拜平章政事罷爲東京留守未行改濟南尹初穀英宿將恃功在南京頗瀆貨不恤軍民詔使問以邊事穀英不荅謂詔使曰爾解何事待我到闕奏陳及召入竟無一語及邊事者在相位多自專已所欲輒自奏行之除留守輒忿忿不接賓客雖近臣往亦不見上怒遂改濟南上數之曰朕念卿父有大功于國卿舊將亦有功故改授此職卿宜知之若復不悛非但不保官爵身亦不能保也穀英頓首謝久之改平陽尹致仕起爲西京留守以母憂去官尋以本官起復俄復爲東京歷上京詔曰上京王業所起風俗日趨詭薄宗室聚居號爲難治卿元老大臣衆所聽服當正風俗檢制宗室持以大體十五年致仕久之史臣上太宗睿宗實錄上曰當時舊人親見者惟穀英在詔脩撰溫迪罕締達往北京就其家問之多更定焉十九年薨年七十四最前後以功被賞者十有一金爲兩二百五十銀爲兩六千五百絹爲疋八百綿爲兩二千馬三百十有四牛羊六千五百奴婢百三十人

麻吉銀术可之母弟也年十五隸軍中從破高麗兵下寧江州平係遼女直克黃龍府皆身先力戰以功爲謀克繼領猛安破奚兵千餘自斡魯古攻下咸信瀋州及東京諸城麻吉皆有功都統杲取中京與稍合胡拾荅別降楚里迪部屯兵高州以兵援蒙刮孛堇大破敵兵復敗恩州兵五萬人討平遼人聚中京山谷者降三千餘人戰于高州境上伏矢射之中目遂卒麻吉大小三十餘戰所至皆捷皇統中贈銀青光祿大夫謚毅敏子沃側

沃側年十七隸軍中從拔离速擊遼將馬五敗之麻吉死領其職宗望伐宋至河上宋兵屯于河外以二舟來伺我師乃遣沃側率勇士數輩以一舟往迎之盡俘以還襲康王於江淮間沃側皆與焉師還駐東平及廢齊屯兵河北招降旁近諸營多獲畜產兵仗軍帥嘉之賞以甲馬從攻陜西爲右翼都統攻城破敵皆與有功師還正授謀克遷華州防禦使屬關中歲饑盜賊充斥沃側募兵討平之部以無事郡人列狀丐留不報未幾除迪列部族節度使改迭剌部用廉入爲都水使者秩滿同知燕京留守事爲西北路招討使撒八秩滿已數月冒其俸祿不即解去沃側發其事撒八反沃側遇害

拔离速銀术可弟天輔六年宗翰在北安州將會斜也于奚王嶺遼兵奄至古北口使婁盧火渾黜各領兵二百擊之渾黜請濟師宗翰欲自往希尹婁室曰此易與耳請以千人爲公破之渾黜以騎士三十人前行至右北口遇其遊兵逐入山谷遼人以步騎萬餘迫戰亡騎五人渾黜退據關口希尹婁室至拔离速詭謀罕胡實海推鋒奮擊大破之斬馘甚衆盡獲甲冑輜重希尹與撒里古獨裴滿突撚敗其伏兵殺十餘人獲馬百餘匹婁室拒夏人出陵野嶺留拔离速以兵二百據險守之銀术可圍太原近縣先已降宋軍來救太原者復據太谷祁縣拔离速阿鶻懶復取之宋姚古軍隆州谷拔离速敗之張灝兵出汾州又擊走之天會四年克太原拔离速爲管勾太原府路兵馬事復與婁室敗宋兵于文水遂從宗翰圍汴與銀术可略地襄鄧入均州還攻唐蔡陳三州皆破之克潁昌府遂與泰欲馬五襲宋康王于揚州康王渡江入于建康天會十五年還元帥左都監宗弼再定河南撒离喝經略陜西至涇州拔离速大破宋軍于渭州渭州德順軍皆降陜西平遷元帥左監軍加金吾衛上將軍卒謚敏定

習古迺亦書作實古迺嘗與銀术可俱往遼國取阿疎還言遼人可取之狀太祖始決意伐遼矣婆盧火取居庸關蕭妃自古北口出奔太祖使習古迺追之不及後爲臨潢府軍帥討平迭刺其羣官率衆降者請使就領諸部太宗賜以空名宣頭及銀牌使以便宜授之獲遼許王莎邏駙馬都尉蕭乙辛遼梁王在紇里水雅里自立不知果在何處至是始知之於是從遼降人於泰州時暑未可徙習古迺請姑處之嶺西及習古迺築新城於契丹周特城詔置會平州烏虎里部人迪烈劃沙率部族降朝廷以撻僕野爲本部節度使烏虎爲都監習古迺封還撻僕野等宣誥以便宜加撻僕野散官塡空名告身授之及錄上降附有勞故官八百九十三人朝廷從之於是迪烈加防禦使爲本部節度使劃沙加諸司使爲節度副使知迪烈底部事撻离荅加左金吾衛上將軍節度副使知宍糾部事阿臬加觀察使爲本部節度其餘遷授有差以隴葛城之地分賜烏虎里迪烈底二部及契丹人其未墾者聽任力占射久之領咸州烟火事天輔六年完顏愼思所部及其餘未置猛安謀克戶口命習古迺通閱具籍以上天會十年改南京路軍帥司爲東南路都統司習古迺爲都統移治東京鎮高麗

贊曰金啓疆土斡魯斡魯古方面功最先著婆盧火婁室最先封泰州之邊圉黃龍之衝要寄亦重矣若闍母之勤勞南路婁室之經營陜西銀术可之圍守太原勞亦至矣斡魯古之不治闍母之敗譴罰之亟諸將僭焉夫能以弱小終制彊大其效驗與銀术可習古迺覘人之國而知其可伐古語云國有八觀善矣夫

金史卷七十二考證

婁室傳〇婁室宋史作婁宿

金史卷七十三

元中書右丞相總裁脫脫等修

列傳第十一

阿离合懣　晏本名斡論　宗尹本名阿里罕

宗寧本名阿土古　宗道本名八十　宗雄本名謀良虎

阿鄰　按荅海　希尹本名谷神

守貞本名左靨　守能本名胡剌

阿离合懣景祖第八子也健捷善戰年十八臘醅麻產起兵據暮棱水烏春窩謀罕以姑里甸兵助之世祖擒臘醅暮棱水人尚反側不自安使阿离合懣往撫察之與斜鉢合兵攻窩謀罕烏春已死窩謀罕棄城遁去後從撒改討平留可阿离合懣功居多太祖擒蕭海里使阿离合懣獻馘于遼太祖謀伐遼阿离合懣贊成之及舉兵阿离合懣在行間屢戰有功及太宗等勸進太祖未之許也阿离合懣昱宗翰等曰今大功已集若不以時建號無以繫天下心太祖曰吾將思之收國元年太祖即位阿离合懣與宗翰以耕具九爲獻祝曰使陛下毋忘稼穡之艱難太祖敬而受之頃之爲國論乙室勃極烈爲人聰敏辨給凡一聞見終身不忘始未有文字祖宗族屬時事並能默記與斜葛同脩本朝譜牒見

人舊未嘗識聞其父祖名卽能道其部族世次所出或積年舊事偶因他及之人或遺忘輒一一辨析言之有質疑者皆釋其意義世祖嘗稱其强記人不可及也天輔三年寢疾宗翰日往問之盡得祖宗舊俗法度疾病上幸其家問疾問以國家事對曰馬者甲兵之用今四方未平而國俗多以良馬殉葬可禁止之乃獻平生所乘戰馬及以馬獻太宗使其子蒲里迭代爲奏奏有謨語卽哂之宗翰從傍爲改定進奏訖薨年四十九上聞阿离合懣臨薨有奏事曰臨終不亂念及國家事眞賢臣也哭之慟及葬上親臨熙宗時追封隋國王天德中改贈開府儀同三司隋國公大定間配饗太祖廟廷謚曰剛憲子賽也幹論賽也子宗尹

晏本名斡論景祖之孫阿离合懣次子也明敏多謀略通契丹字天會初烏底改叛太宗幸北京以晏有籌策召問稱旨乃命督扈從諸軍往討之至混同江諭將士曰今叛衆依山谷地勢險阻林木深密吾騎卒不得成列未可以歲月破也乃具舟楫艤江令諸軍據高山連木爲柵多張旗幟示以持久計聲言俟大軍畢集而發乃潛以舟師浮江而下直擣其營遂大破之據險之衆不戰而潰月餘一境皆定師還授左監門衛上將軍爲廣寧尹入爲吏禮兩部尚書皇統元年爲北京留守改咸平尹徙東京天德初封葛王入拜同判大宗正事進封宋王授世襲猛安海陵遷都晏留守上京授金牌一銀牌二累封豫王許王又改越王貞元初進封齊時近郊禁圍獵特畀晏三百人從獵在上京凡五年正隆二年例削王爵改西京留守未幾爲臨潢尹遂致仕還居會寧海陵南伐世宗爲東京留守將士皆自淮南來歸晏之子惡里乃亦自軍前率衆來歸世宗白彥敬等在北京聞惡里乃等逃還使會寧同知高國勝拘晏家族上旣卽位遣使召晏旣又遣晏兄子鶻魯補馳驛促之晏遂率宗室數人入見卽拜左丞相封廣平郡王宴勞彌日未幾兼都元帥大定二年正月上如山陵禮畢上將獵有司已夙備晏諫曰邊事未寧畋游非所宜也上嘉納之因謂晏等曰古者帝王虛心受諫朕常慕之卿等盡言毋隱進拜太尉復致仕還鄉里是歲薨詔有司致祭賻贈銀幣甚厚

宗尹本名阿里罕以宗室子充護衛改牌印祗候授世襲謀克爲右衛將軍歷順天歸德彰化唐古部族橫海軍節度使正隆南伐領神略軍都總管先鋒渡淮取揚州及瓜州渡大定二年改河南路副都統駐軍諸州之境是時宋陷汝州殺刺史烏古孫麻潑及漢軍二千人宗尹遣萬戶孛朮魯定方完顏阿喝懶夾谷清臣烏古論三合渠雛訛只將騎四千往攻之遂復取汝州除大名尹副統如故頃之爲河南路統軍使遷元帥左都監除南京留守上曰卿年少壯而心力多滯前任點檢京尹勤力不怠而處事迷錯勉脩職業以副朕意賜通犀帶廐馬八年置山東路統軍司宗尹爲使遷樞密副使錄其父功授世襲蒲與路屯河猛安并親管謀克除太子太保樞密副使如故上問宰臣曰宗尹雖才無大過人者而性行淳厚且國之舊臣昔爲達官卿等尚未信也朕欲以爲平章政事何如宰執皆曰宗尹爲相甚協衆望卽日拜平章政事封代國公兼太子太傅是時民間苦錢幣不通上問宗尹對曰錢者有限之物積於上者滯於下所以不通海陵軍興爲一切之賦有菜園房稅養馬錢大定初軍事未息調度不繼故因仍不改今天下無事府庫充積悉宜罷去上曰卿留意百姓朕復何慮太尉守道老矣捨卿而誰於是養馬等錢始罷他日上謂宰臣曰宗尹治家嚴密他人不及也顧謂宗尹曰政事亦當如此矣有頃北方歲饑軍食不足廷議輸粟賑濟或謂此雖不登而舊積有餘秋成在近不必更勞輸輓宗尹曰國家平時積粟本以備凶歲也必待秋成則饑憊者衆矣人有損瘠其如防戍何上從之宗尹乞令子銀朮可襲其猛安會太尉守道亦乞令其子神果奴襲其謀克凡承襲人不識女直字者勒令習學世宗曰此二子吾識其一習漢字未習女直字自今女直契丹漢字曾學其一者卽許承襲遂著于令宗尹有疾不能赴朝上問宰臣曰宗尹何爲不入朝太尉守道以疾對上曰丞相志寧嘗言若詔遣征伐所不敢辭宰相之職實不敢當宗尹亦豈此意邪二十四年世宗將幸上京上曰臨潢烏古里石壘歲皆不登朕欲自南道往三月過東京謁太后陵寢五月可達上京春月鳥獸孶孕東作方興不必蒐田講事卿等以爲何如宗尹曰南道歲熟芻粟賤宜如聖旨遂由南道往焉世宗至上京聞同簽大宗正事宗寧不能撫治上京宗室宗室子往往不事生業上謂宗尹曰汝察其事宜懲戒之宗尹奏曰隨仕之子父沒不還本土以此多好游蕩上命召還宴宗室于皇武殿擊毬爲樂上曰賞賜宗室亦是小惠又不可一槩還官欲令諸局分收補其間人材孰可者宗尹對曰奉國幹準之子按出虎豫國公昱之曾孫阿魯可任使上曰度可任何職更訪其餘以聞詔以按出虎阿魯爲奉御二十七年乞致仕世宗曰此老不事事從其請可也宰臣奏曰舊臣宜在左右上曰宰相總天下事非養老之地若不堪其職朕亦有愧焉如賢者在朝利及百姓四方瞻仰朕亦與其光美宰臣無以對宗尹入謝上曰卿久任外官不聞有過矣但恨用卿稍晚今精力似衰省事至煩若勉留卿則四方以朕爲私卿亦不自安也頃之上問宗尹子汝父致仕將居何所其子曰聚屬旣多不能復在京師上遣使問宗尹曰朕欲留卿時相從游卿子之言如此今定如何宗尹曰臣豈不欲在此但餘閑之年猶在輦下恐聖主心困耳旣衰老臣不忍擯棄時時得瞻望天顏臣豈敢他往鄉里故老無存者雖到彼尚將與誰游乎於是賜甲第一區凡宴集畋獵皆從焉二十八年薨

宗寧本名阿土古系出景祖太尉阿离合懣之孫性勤厚有大志起家爲海陵征南都統戰瓜洲渡功最歷祁州刺史大定二年爲會寧府路押軍萬戶擢歸德軍節度使時方旱蝗宗寧督民捕之得死蝗一斗給粟一斗數日捕絕移鎭寧昌軍改知臨潢府事移天德軍世宗嘗謂宰臣曰宗寧志慮雖淺然所至人皆愛之卽命爲行軍右翼都統爲賀宋正旦使累遷兵部尚書授隆州路和團猛安烈里沒世襲謀克出知大名府事徙鎭利涉軍俄同簽大睦親府事宗寧多病世宗欲以涼地處之俾知咸平詔以其子符寶郎回爲韓州刺史以便養無幾入授同判大睦親府事拜平章政事明昌二年薨宗寧居家約儉如寒素臨事明敏其鎭臨潢鄰國有警宗寧聞知乏糧卽出倉粟令以牛易之敵知得粟卽遁去邊人以窩斡亂後苦無牛宗寧復令民入粟易牛旣而民得牛而倉粟倍於舊其經畫如此

宗道本名八十上京司屬司人系出景祖太尉訛論之少子也通周易孟子善騎射大定五年充閤門祇候累除近侍局使右丞相烏古論元忠左將軍僕散揆等嘗燕集有所竊議宗道卽密以聞世宗嘉之授右衛將軍出爲西南路副招討章宗卽位改同知平陽府事陝西路副統軍左宣徽使移刺仲方舉以自代除西北路招討使故事諸部貢馬八百餘疋宗道辭不受諸部悅服邊鄙順治提刑司察廉召爲殿前右副都點檢尋除陝西路統軍使以鎭靜得軍民心特遷三階兼知京兆府事時夏旱俾長安令取太白湫水步迎於遠郊及城而雨是歲大稔人以爲精意所感刊石紀之承安二年爲賀宋正旦使尋授河南路統軍使泗州民張偉獲宋人王萬言彼界事情宗道疑其寃乃廉問得實萬楚州賈人偉負萬貨五千餘貫三年不償萬理索爲偉所誣乃坐偉而歸萬時人服其明後乞致仕朝廷知非本心改知河中府有惠政民立像於曆觀以時祭之移知臨洮以病解泰和四年卒贈龍虎衞上將軍

宗雄本名謀良虎康宗長子其始生也世祖見而異之曰此兒風骨非常他日必爲國器因解佩刀使常置其側曰俟其成人則使佩之九歲能射逸兔年十一射中奔鹿世祖坐之膝上曰兒幼已然異日出倫輩矣以銀酒器賜之旣長風表奇偉善談辯多智略孝敬謙謹人愛敬之康宗沒遼使阿息保來乘馬至靈帷階下擇取賵贈之馬太祖怒欲殺阿息保宗雄諫太祖乃止太祖將舉兵宗雄曰遼主驕侈又不知兵可取也不能擒一蕭海里而我兵擒之太祖善其言攻寧江州渤海兵銳甚宗雄以所部敗渤海兵以功授世襲千戶謀克太祖敗遼兵于出河店宗雄摧鋒力戰功多達魯古城之役宗雄將右軍身先士卒戰遼兵當右軍者已却上命宗雄助左軍擊遼兵宗雄繞遼兵後擊之遼兵遂大潰乘勝逐北日已暮圍之黎明遼兵突圍出追殺至乙呂白石而還上撫其背曰朕有此子何事不濟以御服賜之及遼帝以七十萬衆至駝門諸將皆曰遼軍勢甚盛不宜速戰宗雄曰不然遼兵雖衆而皆庸將士卒惴惴不足畏也戰則破之掌握間耳上曰善追及遼帝于護步荅岡宗雄率衆直前短兵接宗雄令前行持挺擊遼兵馬首後行者射之大敗遼兵上嘉宗雄功執其手勞之以御介胄及御戰馬寶貨奴婢賜之斜也攻春州宗雄與宗幹妻室取金山縣行近白鷹林獲候者七人縱其一人使歸縣人聞大軍至迺潰遂下金山縣與斜也俱取泰州太祖自將取臨潢府遣宗雄先啓行遇遼兵五千宗雄與戰大軍亦至大破之及留守撻不野降上以其女與宗雄賞其啓行破遼援兵之功也旣而與蒲家奴按視泰州地土宗雄包其土來奏曰其土如此可種植也上從之由是徙萬餘家屯田泰州以宗雄等言其地可種藝也西京旣降復叛時糧餉垂盡議欲罷攻宗雄曰西京都會也若委而去之則降者離心遼之餘黨與夏人得以窺伺矣乃立重賞以激士心旣而夜中有火大如斗墜于城中宗雄曰此城破之象也及克西京賜宗雄黃金百兩衣十襲及奴婢等與宗翰等擊耿守忠兵七千于西京之東四十里大破之迎謁太祖于鴛鴦濼從至歸化州疾篤宗幹問所欲言宗雄曰國家大

業旣成主上壽考萬年肅清四方死且無恨天輔六年薨年四十太祖來問疾不及見哭之慟謂羣臣曰此子謀略過人臨陣勇決少見其比賻贈加等詔合扎千戶駙馬石家奴護喪歸葬於歸化州仍於死所建佛寺宗雄好學嗜書嘗從上獵誤中流矢而神色不變恐上知之而罪及射者旣拔去其矢託疾歸家臥兩月因學契丹大小字盡通之凡金國初建立法定制皆與宗幹建白行焉及與遼議和書詔契丹漢字宗雄與宗翰希尹主其事而材武蹻捷挽强射遠幾二百步嘗走馬射三麞已中其二復彎弓馬蹶躍而下控弦如故遂彀滿步射獲之宗雄方逐兔撻懶亦從後射之已發矢撻懶大呼曰矢及矣宗雄反顧以手接其矢就射兔中之其輕健如此天眷中追封太師齊國公天德二年加秦漢國王正隆二年改太傅金源郡王大定二年追封楚王謚威敏配享太祖廟廷十五年詔圖像于衍慶宮子蒲魯虎按荅海阿鄰孫常春胡里刺胡刺鶻魯茶札怕入訛出初宗幹納宗雄妻海陵銜之及篡位使宿直將軍晁霞牌印闍山往河間囚宗雄妻於府署明日與其子婦及常春兄弟茶札之子七人皆殺而焚之棄其骨於濠水大定十七年詔有司收葬初蒲魯虎襲猛安蒲魯虎卒贈金紫光祿大夫子桓端襲之官至金吾衞上將軍桓端卒子梟頻朮襲而死章宗命宗雄孫蒲帶襲之蒲帶大定末累官同簽大睦親府事章宗卽位初置九路提刑司蒲帶爲北京臨潢提刑使詔曰朕初卽位憂勞萬民每念刑獄未平農桑未勉吏或不循法度以隳吾治朝廷遣使廉問事難周悉惟提刑勸農采訪之官自古有之今分九路專設是職爾其盡心往懋乃事自熙宗時遣使廉問吏治得失世宗卽位凡數歲輒一遣黜陟之故大定之間郡縣吏皆奉法百姓滋殖號爲小康或謂廉問使者頗以愛憎立殿最以問宰相宰相曰臣等復爲陛下察之是以世宗嘗欲立提刑司而未果章宗追述先朝遂於卽位之初行之及九路提刑使朝辭于慶和殿上曰建立官制當寬猛得中凡軍民事相涉者均平決遣鈐束家人部曲勿使沮擾郡縣事今以司獄隸提刑司惟冀獄犴無寃耳旣退復遣近臣諭之曰卿等皆妙簡才良付以專責盡心舉職別有旌賞否則有罰明年蒲帶乃襲猛安云

阿鄰頴悟辯敏通女直契丹大小字及漢字幼時嘗入宮熙宗見而奇之曰是兒他日必能宣力國家年十八授定遠大將軍爲順天軍節度使天德二年用廉遷益都尹兼山東東路兵馬都總管歷泰寧定海鎭西安國等軍節度海陵南伐以爲神勇武平等軍都總管由壽州道渡淮與勸農使移剌元宜合兵三萬爲先鋒是歲十月至廬州與宋將王權軍十餘萬戰于柘皐鎭渭子橋敗之至和州南復與王權軍八萬餘會戰又敗之追殺至江上斬首數千級上卽位于遼陽海陵死大軍北還將渡淮而舟楫甚少軍士爭舟不得亟渡阿鄰得生口知可涉處識以柳枝命本部涉濟旣至北岸而諸軍之爭渡者果爲宋人邀擊之及入見上聞阿鄰淮上戰功又以全軍還遷兵部尚書監督經畫征高斡諸軍糧餉授以金牌一銀牌四高斡敗還至懿州以疾卒喪至京師上命致祭于永安寺百官赴弔賻銀五百兩重綵三十端絹百匹

按荅海又名阿魯綰宗雄次子也性端重不輕發有父之風年十五太祖賜以一品傘二十餘御毬場分朋擊毬連勝三籌宗工舊老咸異之進呈所勝禮物按荅海爲班首太宗喜曰今日之勝此孫之力也賞之獨厚天眷二年襲父猛安除大宗正丞以猛安讓兄子喚端加武定軍節度使奉朝請改侍衞親軍都指揮使封金源郡王進封譚王遷同判大宗正事別授世襲猛安海陵將遷中都按荅海諫曰棄祖宗興王之地而他徙非義也海陵不悅留之上京久之進封鄆王改封魏王除濟南尹按荅海不堪卑濕多在病告海陵聞之改西京留守正隆例奪王爵改廣寧尹世宗卽位于東京赦令至廣寧弟燕京勸按荅海拒弗受按荅海受之會海陵遣使至城下按荅海登城告使者曰此府迫近遼陽勢不能抗聊且從命非得已也燕京亦登譙樓與使者語指斥不遜及諸郡皆詣東京按荅海兄弟亦上謁有司議旣拜赦令復有異言持兩端請併誅之上曰正隆剪刈宗室朕不可效尤按荅海爲弟所惑耳於是釋按荅海乃誅燕京不數日復判大宗正事再遷太子太保封蘭陵郡王改勸農使海陵時自上京徙河間土瘠詔按荅海一族二十五家從便遷居近地乃徙平州詔給平州官田三百頃屋三百間宗州官田一百頃進金源郡王致仕大定八年召見上曰宗室耆老如卿者能幾人邪賜錢萬貫甲第一區留京師使預巡幸毬獵宴會十四年薨年六十七臨終戒諸子曰汝輩勿以生富貴中而爲暴戾宜自謙退海陵以猜忌剪滅宗室我以純謹得免死耳汝輩惟日爲善勿墜吾家

完顏希尹本名谷神歡都之子也自太祖舉兵常在行陣或從太祖或從撒改或與諸將征伐比有功金人初無文字國勢日強與鄰國交好迺用契丹字太祖命希尹撰本國字備制度希尹乃依倣漢人楷字因契丹字制度合本國語製女直字天輔三年八月字書成太祖大悅命頒行之賜希尹馬一匹衣一襲其後熙宗亦製女直字與希尹所製字俱行用希尹所撰謂之女直大字熙宗所撰謂之小字遼人迪六和尚雅里斯棄中京走希尹與迪古乃婁室余睹襲之迪六等聞希尹兵復走遂降其旁近人民而還奚人落虎來降希尹使落虎招其父西節度使訛里刺訛里刺以本部降宗翰駐軍北安使希尹經略近地獲遼護衞耶律習泥烈知遼主獵于鴛鴦濼宗翰遂請進兵宗翰將會都統杲于奚王嶺遼兵屯古北口使婆盧火將兵二百擊之渾黜亦將二百人爲後援渾黜聞遼兵衆請益兵宗翰欲親往希尹婁室曰此小寇請以千兵爲公破之渾黜至古北口遇遼遊兵逐之入谷中遼步騎萬餘迫戰死者數人渾黜據關口希尹等至大破遼兵斬馘甚衆盡獲甲冑輜重復敗其伏兵殺千餘人獲馬百餘匹遂與宗翰至奚王嶺期會於羊城濼宗翰襲遼帝于五院司希尹爲前驅所將纔八騎與遼主戰一日三敗之明日希尹得降人廝哲言遼主在漠委輜重將奔西京幾及遼主于白水濼南遼主以輕騎遁去盡獲其內庫寶物遂至西京西京降使蒲察守之希尹至乙室部不及遼主而還及宗翰入朝希尹權西南西北兩路都統是時夏人已受盟遼主已獲耶律大石自立而夏國與婁室書責諸帥棄盟軍入其境多掠取者希尹上其書且奏曰聞夏使人約大石取山西諸郡以臣觀之夏盟不可信也上曰夏事酌宜行之軍入其境不知信與否也大石合謀不可不察其嚴備之及大舉伐宋希尹爲元帥右監軍再伐宋執二主以歸師還賜希尹鐵券除常赦不原之罪餘釋不問宗翰伐康王希尹追之于揚州康王遂去後與宗翰俱朝京師請立熙宗爲儲嗣太宗遂以熙宗爲諳班勃極烈熙宗卽位希尹爲尚書左丞相兼侍中加開府儀同三司希尹爲相有大政皆身先執咎天眷元年乞致仕不許罷爲興中尹二年復爲左丞相兼侍中俄封陳王與宗幹共誅宗磐宗雋三年賜希尹詔曰師臣密奏姦狀已萌心在無君言宣不道逮燕居而竊議謂神器以何歸稔於聽聞遂致章敗遂賜死并殺右丞蕭慶并希尹子同脩國史把荅符寶郎漫帶是時熙宗未有皇子故嫉希尹者以此言譖之皇統三年上知希尹實無他心而死非其罪贈希尹儀同三司邢國公改葬之蕭慶銀青光祿大夫天德三年追封豫王正隆二年例降金源郡王大定十五年謚貞憲孫守道守貞守能守道自有傳

守貞本名左靨貞元二年襲祖谷神謀克大定改元收充符寶祗候授通進除彰德軍節度副使遷北京留守移上京坐安置契丹戶民部內娶妻杖一百除名二十五年起爲西京警巡使世宗愛其剛直授中都左警巡使遷大興府治中進同知改同知西京留守事御史臺奏守貞治有善狀世宗因謂侍臣曰守貞勳臣子又有材能全勝其兄守道它日可用也章宗卽位召爲刑部尚書兼右諫議大夫守貞與脩起居注張暐奏言唐中書門下入閤諫官隨之欲其預聞政事有所開說又起居郎起居舍人每皇帝視朝左右對立有命則臨階俯聽退而書之以爲起居注緣侍從官每遇視朝正合侍立自來左司上殿諫官脩起居注不避或侍從官除授及議便遣始令避之比來一例令臣等迴避及香閤奏陳言文字亦不令臣等侍立則凡有聖訓及所議政事臣等無緣得知何所記錄何所開說似非本設官之義若漏泄政事自有不密罪上從之尋爲賀宋生日使還拜參知政事時上新卽政頗銳意於治嘗問漢宣帝綜核名實之道其施行之實果如何守貞誦樞機周密品式詳備以對上曰行之果何始守貞曰在陛下厲精無倦耳久之進尚書左丞授上京世襲謀克明昌三年夏旱天子下詔罪己守貞惶恐表乞解職詔曰天嗇時雨荐歲爲災所以警懼不逮方與二三輔弼圖回遺闕宜思有以助朕脩政上荅天戒消沴召和以康百姓卿達機務朕所親倚而引咎求去其如思助何守貞懇辭乃出知東平府事命參知政事夾谷衡諭之曰卿勳臣之裔早登膴仕才用聲績朕所素知故嗣位之初擢任政府于今數載毗贊實多旣久任繁劇宜均適逸安翊內外之職亦當更治今特授卿是命東平素號雄藩兼比年饑歉正賴經畫卿其爲朕往綏撫之仍賜金幣廐馬以寵其行它日上問宰臣守貞治東平如何對曰亦不勞力上曰以彼之才治一路誠有餘矣右丞劉瑋曰方今人材無出守貞者淹留于外誠可惜也上默然尋改西京留守監察御史蒲刺都劾奏守貞前宴賜北部有取受事不報右拾遺路鐸上章辯之四年召拜平章政事封蕭國公上御後閤召守貞曰朕以卿乃太師所舉故特加委用然比者行事多太過門下人少愼擇復與

丞相不協以是令卿補外載念我昭祖太祖開創以來乃祖佐命積有勲勞茲故召用卿其勉盡乃心與丞相議事宜相和諧率循舊章無輕改革因賜玉帶併以蒲刺都所彈事與之曰朕度卿必不爾故以示卿舊制監察御史凡八員漢人四員皆進士而女直四員則文資右職叅注守貞曰監察乃清要之職流品自異俱宜一體純用進士一日奏事次上問司吏移轉事守貞曰今吏權重而積弊深移轉爲便上嘗歎文士卒無如党懷英者守貞奏進士中若趙渢王庭筠甚有時譽上曰出倫者難得爾守貞曰間世之才自古所難然國家培養久則人材將自出矣守貞因言國家選舉之法惟女直漢人進士得人居多此舉更宜增取其諸司局承應人舊無出身大定後才許敘使經童之科古不常設唐以諸道表薦或取五人至十人近代以爲無補罷之本朝皇統間取及五十人因爲常選天德間尋以停罷陛下即位復立是科朝廷寬大放及百數誠恐積久不勝銓擬宜稍裁減以清流品又言節用省費之道竝嘉納焉先是鄭王允蹈等伏誅上以其家產均給諸王戸部郎中李敬義言恐因之生事上又以董壽爲宮籍監都管勾竝下尚書省議守貞奏陛下欲以允蹈等家產分賜懿親恩命已出恐不可改今已滅諸王弓矢府尉司其出入臣以爲賜之無害如董壽罪人也特恩釋之已爲幸矣不宜更加爵賞上是守貞所言自明昌初北邊屢有警或請出兵擊之上曰今方南議塞河而復用兵於北可乎守貞曰彼屢突軼吾圉今一懲之後當不復來明年可以見矣上因論守禦之法守貞曰惟有皇統以前故事捨此無法爾守貞讀書通法律明習國朝故事時金有國七十年禮樂刑政因遼宋舊制雜亂無貫章宗即位乃更定脩正爲一代法其儀式條約多守貞裁訂故明昌之治號稱清明又喜推轂善類接援後進朝廷正人多出入門下先是上以疑忌誅鄭王允蹈後張汝弼妻高陀斡獄起意又若在鎬王允中時右諫議大夫賈守謙上疏陳時事思有以寬解上意右拾遺路鐸繼之言尤切直帝不悅守貞持其事獄久不決帝疑有黨乃出守貞知濟南府事仍命即辭前舉守貞者董師中路鐸等皆補外上語宰臣曰守貞固有才力至其讀書方之眞儒則未也然太邀權譽以彼之才而能平心守正朝廷豈可少離今茲令出蓋思之熟矣俄以在政府日嘗與近侍竊語宮掖事而妄稱奏下上命有司鞫問守貞款伏奪官一階解職遣中使持詔責諭之曰挾姦罔上古人常刑結援養交臣之大戒孰謂予相乃蹈厥辜爾本出勲門寖登膴仕朕初嗣位亟欲用卿未閱歲時升爲宰輔每期納誨共致太平蓋求所長不考其素拔擢不爲不峻任用不爲不專曾報効之弗思輒私權之自樹交通近侍密問起居窺測上心預圖趨向緜患失之心重故欺君之罪彰指所無之事而妄以肆誣實未始有言而謂之嘗諫義豈知於歸美意專在於要君其飾詐之若然豈爲臣之當耳復觀彈奏益見私情求親識之援而列布宮中縱罪廢之餘而出入門下而又凡有官使斂爲已恩謂皆涉於回邪不宜任之中外質之清議固所不容揆之乃心烏得無愧姑從輕典庸示薄懲仍以守貞不公事宣諭百官於尚書省承安元年降授河中防禦使五年改部羅火扎石合節度使過闕上賜手詔責諭之令赴職久之遷知都府事時南鄙用兵上以山東重地須大臣安撫乃移知濟南府卒上聞而悼之勅有司致祭賻贈禮物依故平章政事蒲察通例謚曰肅守貞剛直明亮凡朝廷論議及上有所問皆傳經以對上嘗與泛論人材守貞乃迹其心術行事臧否無少隱故爲胥持國輩所忌竟以直罷後趙秉文由外官入翰林遽上書言願陛下進君子退小人上問君子小人謂誰秉文對君子故相完顏守貞小人今參知政事胥持國其爲天下推重如此

守能本名胡刺累官商州刺史正隆末宋人陷商州守能被執大定五年宋人請和誓書曰俘虜之人盡數發還完顏仲爲報問國信使求守能及新息縣令完顏按辰於宋遂與俱歸守能等至京師入見詔給舊官之俸大定十九年爲西北路招討使是時詔從窩斡餘黨于臨潢泰州押刺民列嘗從窩斡其弟閭敵也當從僞稱身亡以馬賂守能固匿不遣及受賕補賽也番部通事事覺是時烏古里石壘部族節度副使奚沙阿補杖殺無罪鎮邊猛安尚書省俱奏其事上曰守能由刺史超擢至此敢恣貪墨向者招討司官多進良馬橐駝鷹鶻等物蓋假此以率斂爾自今竝罷之因責其兄守道曰守能自刺史躐遷招討外官之尊無以踰此前招討哲典以貪墨伏誅守能豈不知乃敢如此其意安在爾之親弟何不先訓戒之也上謂宰臣曰監察專任糾彈宗州節度使阿思懣初之官途中侵擾百姓到官舉動皆違法度完顏守能爲招討使貪冒狠藉凡達官貴人皆未嘗舉劾斡睹只羣牧副使僕散那也取部人毬杖兩枝即便彈奏自今監察御史職事脩舉然後遷除不舉職者大則降罰小則決責仍不得去職尚書省奏守能兩贓俱不至五十貫抵罪奚沙阿補解見居官并解世襲謀克上曰此舊制之誤居官犯除名者與世襲併罷之非犯除名者勿罷遂著于令特詔守能杖二百除名

贊曰阿离合懣之善頌宗雄之强識希尹之敏學益之以征伐之功豈不偉哉

金史卷七十三考證

完顏希尹傳○松漠紀聞悟室者女眞人或云悟室名希尹

金史卷七十四

元中書右丞相總裁脫脫等修

列傳第十二

宗翰 本名粘罕　子斜哥

宗望 本名斡离不　子齊　京　文

宗翰本名粘沒喝漢語訛爲粘罕國相撒改之長子也年十七軍中服其勇及議伐遼宗翰與太祖意合太祖敗遼師于境上獲耶律謝十撒改使宗翰及完顏希尹來賀捷即稱帝爲賀及太宗以下宗室羣臣皆勸進太祖猶謙讓宗翰與阿离合懣蒲家奴等進曰若不以時建號無以繫天下心太祖意乃決遼都統耶律訛里朶以二十餘萬戍邊太祖逆擊之宗翰爲右軍大敗遼人于達魯古城天輔五年四月宗翰奏曰遼主失德中外離心我朝興師大業既定而根本弗除後必爲患今乘其釁可襲取之天時人事不可失也太祖然之即命諸路戒備軍事五月戊戌射柳宴羣臣上顧謂宗翰曰今議西征汝前後計議多合朕意宗室中雖有長於汝者若謀元帥無以易汝汝當治兵以俟師期上親酌酒飲之且命之解御衣以衣之羣臣言時方暑月乃止無何爲移賚勃極烈副蒲家奴西襲遼帝不果行十一月宗翰復請曰諸軍久駐人思自奮馬亦壯健宜乘此時進取中京羣臣言時方寒太祖不聽竟用宗翰策於是忽魯勃極烈杲都統內外諸軍蒲家奴宗翰魯宗幹宗磐副之宗峻領合札猛安皆受金牌余睹爲鄉導取中京實北京既克中京宗翰率偏師趨北安州與婁室徒單綽里合兵大敗奚王霞末北安遂降宗翰駐軍北安遣希尹經畧近地獲遼護衛耶律習泥烈廼知遼主獵于鴛鴦濼殺其子晉王敖魯斡衆益離心西北西南兩路兵馬皆羸弱不可用宗翰使耨盌溫都移刺保報都統杲曰遼主窮迫於山西猶事畋獵不恤危亡自殺其子臣民失望攻取之策幸速見諭若有異議此當以偏師討之杲使奔睹與移剌保同來報曰頃奉詔旨不令便趨山西當審詳徐議當時宗翰使人報杲即整衆俟兵期及奔睹至知杲無意進取宗翰恐待杲約或失機會即決策進兵使移剌保復往報都統曰初受命雖未令便取山西亦許便宜從事遼人可取其勢已見一失機會後難圖矣今已進兵當與大軍會于何地幸以見報宗幹勸杲當如宗翰策杲意乃決約以奚王嶺會議宗翰至奚王嶺與都統杲會杲軍出青嶺宗翰軍出瓢嶺期于羊城濼會軍宗翰以精兵六千襲遼主闇遼主自五院司來拒戰宗翰倍道兼行一宿而至遼主遯去乃使希尹等追之西京復叛耿守忠以兵五千來救至城東四十里蒲察烏烈谷赧先擊之斬首千餘宗翰宗雄宗幹宗峻繼至宗翰率麾下自其中衝擊之使餘兵去馬從旁射之守忠敗走其衆殲焉宗翰弟扎保迪沒于陣天眷中贈扎保迪特進云宗翰已撫定西路州縣部族謁上于行在所遂從上取燕京燕京平賜宗翰希尹撻懶耶律余睹金器有差太祖既以燕京與宋人還軍次鴛鴦濼不豫將歸京師以宗翰爲都統昃勃極烈昱迭勃極烈斡魯副之駐軍雲中太宗即位詔宗翰曰寄爾以方面當遷官資者以便宜除授因以空名宣頭百道給之宋人來請割諸城宗翰報以武朔二州宗翰請曰宋人不歸我叛亡阻絕燕山往來道路後必敗盟請勿割山西郡縣太宗曰先皇帝嘗許之矣當與之諸將獲耶律馬哥宗翰歸之京師詔以馬七百匹給宗翰軍以田種千石米七千石賑新附之民詔曰新附之民比及農時度地以居之宗翰請分宗望撻懶石古乃精兵討諸部詔曰宗望軍不可分別以精銳五千給之宗翰朝太祖陵入見上奏曰先皇帝時山西南京諸部漢官軍帥皆得承制除授今南京皆循舊制惟山西優以朝命詔曰一用先皇帝燕京所降詔勅從事卿等度其勤力而遷授之宗翰復奏曰先皇帝征遼之初圖宋協力夾攻故許以燕地宋人既盟之後請加幣以求山西諸鎮先皇帝辭其加幣盟書曰無容匿逋逃誘擾邊民今宋數路招納叛亡厚以恩賞累疏叛人姓名索之童貫嘗期以日月約以誓書一無所致盟未期年今已如此萬世守約其可望乎且西鄙未寧割付山西諸郡則諸軍失屯據之所將有經畧或難持久請姑置勿割上悉如所請上以宗翰破遼經畧夏國奉表稱藩深嘉其功以馬十匹使宗翰自擇二匹餘賜羣帥及斡魯奏宋

不遺歲幣戶口事且將渝盟不可不備太宗命宗翰取諸路戶籍按籍索之而闍母再奏宋敗盟有狀宗翰宗望俱請伐宋於是詔班勃極烈杲領都元帥居京師宗翰爲左副元帥自太原路伐宋宗翰發自河陰遂降朔州克代州圍太原府宋河東陝西軍四萬救太原敗于汾河之北殺萬餘人宗望自河北趨汴久不聞問遂留銀术可等圍太原宗翰率師而南降定諸縣及威勝軍下隆德府實潞州軍至澤州宋使至軍中始知割三鎭講和事路允迪以宋割太原詔書來太原人不受詔宗翰取文水及盂縣復留銀术可圍太原宗翰乃還山西宋少帝誘蕭仲恭貽書余睹以興復遼社稷以動之蕭仲恭獻其書詔復伐宋八月宗翰發自西京九月丙寅宗翰克太原執宋經畧使張孝純等鶻沙虎取平遙降靈石介休孝義諸縣十一月甲子宗翰自太原趨汴降威勝軍克隆德府遂取澤州撒剌荅等先已破天井關進逼河陽破宋兵萬人降其城宗翰攻懷州克之丁亥渡河閏月宗翰至汴與宗望會兵宋約畫河爲界復請修好不克和丙辰銀术可等克汴州辛酉宋少帝詣軍前舍靑城十二月癸亥少帝奉表降詔元帥府曰將帥士卒立功者第其功之高下遷賞之其殞身行陣沒於王事者厚䘏其家賜贈官爵務從優厚使勗就軍中勞賜宗翰宗望使皆執其手以勞之四月以宋二王及其宗族四百七十餘人及珪璋寶印兗冕車輅祭器大樂靈臺圖書與大軍北還七月賜宗翰鐵券除反逆外餘皆不問賜與甚厚宗翰奏河北河東府鎭州縣請擇前資官良能者任之以安新民上遣耶律暉等從宗翰行詔黃龍府路南路東京路於所部各選如耶律暉者遣之宗翰遂趨洛陽宋董植以兵至鄭州鄭州人復叛宗翰使諸將擊董植軍復取鄭州遂遷洛陽襄陽潁昌汝鄭均房唐鄧陳蔡之民於河北而遣婁室平陝西州郡是時河東寇盜尚多宗翰乃分留將士夾河屯守而還師山西昏德公致書請立趙氏奉職脩貢民心必喜萬世利也宗翰受其書而不荅康王遣王師正奉表密以書招誘契丹漢人獲其書奏之太宗下詔伐康王河北諸將欲罷陝西兵併力南伐河東諸將不可曰陝西與西夏爲鄰事重體大兵不可罷宗翰曰初與夏約夾攻宋人而夏人弗應而耶律大石在西北交通西夏吾舍陝西而會師河北彼必謂我有急難河北不足慮宜先事陝西畧定五路既弱西夏然後取宋宗翰蓋有意于夏人也議久不決奏請于上上曰康王構當窮其所往而追之俟平宋當立藩輔如張邦昌者陝右之地亦未可置而不取於是婁室蒲察帥師綳果婆盧火監戰平陝西銀术可守太原耶律余睹留西京宗翰會東軍于黎陽津遂會睿宗于濮進兵至東平宋知府權邦彥棄家宵遁降其城駐軍東平東南五十里復取徐州先是宋人運江淮金幣皆在徐州官庫盡得之分給諸軍襲慶府來降宋知濟南府劉豫以城降于撻懶乃遣拔离速烏林荅泰欲馬五襲康王于揚州未至百五十里馬五以五百騎先馳至揚州城下康王聞兵來已於前一夕渡江矣於是康王以書請存趙氏社稷先是康王嘗致書元帥府稱大宋皇帝構致書大金元帥帳前至是乃貶去大號自稱宋康王趙構謹致書元帥閤下其四月七日兩書皆然元帥府荅其書招之使降於是撻懶宗弼拔离速馬五等分道南伐宗弼之軍渡江取建康入于杭州康王入海阿里蒲盧渾等自明州行海三百里追之弗及宗弼乃還其後宗翰欲用徐文策伐江南睿宗宗弼議不合乃止語在劉豫傳歸德叛都統大乣里平之初太宗以斜也爲諳班勃極烈天會八年斜也薨久虛此位而熙宗宗峻子太祖嫡孫宗幹等不以言太宗而太宗亦無立熙宗意宗翰朝京師謂宗幹曰儲嗣虛位頗久合剌先帝嫡孫當立不早定之恐授非其人宗翰日夜未嘗忘此遂與宗幹希尹定議入言於太宗請之再三太宗以宗翰等皆大臣義不可奪乃從之遂立熙宗爲諳班勃極烈於是宗翰爲國論右勃極烈兼都元帥熙宗卽位拜太保尚書令領三省事封晉國王乞致仕詔不許天會十四年薨年五十八追封周宋國王正隆二年例封金源郡王大定閒改贈秦王謚桓忠配享太祖廟廷孫秉德斜哥秉德別有傳

斜哥累官同知曷蘇館節度使事大定初除刑部侍郎充都統與副統完顏布輝自東京先赴中都輒署置官吏私用官中財物世宗至中都事覺斜哥當死布輝當除名詔寬減斜哥除名布輝削兩階解職二年起爲大宗正丞除邢州刺史坐贓枉法當死詔杖一百五十除名遣左衛將軍夾谷查剌諭斜哥曰卿何面目至鄉中與宗族相見今徙鄜州以家人自隨俟汝身死聽家人從便久之起同知興中尹遷唐括部族節度使歷開遠順義軍斜哥前在雲內受贓御史臺劾奏上謂宰臣曰斜哥今三犯矣蓋其資質鄙惡如此令強幹吏鞫之獄成法當死上曰斜哥祖父秦王宗翰有大功特免死杖一百五十除名久之復起爲勸農副使

贊曰宗翰內能謀國外能謀敵決策制勝有古名將之風臨廣既捷諸將皆有怠忽之心而請伐不已越千里以襲遼王諸將皆有畏顧之心而請期不已觀其欲罷江淮專事陝服當時無有能識其意者甫釋干戈斂衽歸朝以定熙宗之位精誠之發孰可掩哉

宗望本名斡魯補又作斡离不太祖第二子也每從太祖征伐常在左右都統杲已克中都宗翰在北安州蒐遼護衛習泥烈知遼主在鴛鴦濼宗翰請襲之杲出靑嶺遼兵三百餘掠降人家貲宗望曰若生致此輩可審得遼主所在虛實遂與宗弼率百騎進騎多罷乏獨與馬和尚逐越盧孛古野里斯等留一騎趨後軍卽馳擊敗之生擒五人因審遼主尚在鴛鴦濼未去無疑也於是進兵宗翰倍道兼行追遼主于五院司不及婁室等追之至白水濼遼主走陰山遼秦晉國王捏里自立于燕京新降州部人心不固杲使宗望請太祖臨軍宗望至京師百官入賀上曰宗望與十餘騎經涉兵寇數千里可嘉也上宴羣臣歡甚宗望奏曰今雲中新定諸路遼兵尚數萬遼主尚在陰山天德之間而捏里自立于燕京新降之民其心未固是以諸將望陛下幸軍中也上曰懸軍遠伐授以成筭豈能盡合機事朕以六月朔啓行既次大濼西南杲使希尹奏請徙西南招討司諸部于內地上顧謂羣臣曰徙諸部人當出何路宗望對曰中京殘敝芻糧不給由上京爲宜然新降之人遽爾騷動未降者必皆疑懼勞師害人所失多矣上京謂臨潢府也上迺下其議命軍帥度宜行之上聞遼主在大魚濼自將精兵萬人襲之蒲家奴宗望率兵四千爲前鋒晝夜兼行馬多乏追及遼主于石輦驛軍士至者才千人遼軍餘二萬五千方治營壘蒲家奴與諸將議余睹曰我軍未集人馬疲劇未可戰宗望曰今追及遼主而不亟戰日入而遁則無及遂戰短兵接遼兵圍之數重士皆殊死戰遼主謂宗望兵少必敗遂與嬪御皆自高阜下平地觀戰余睹示諸將曰此遼主麾蓋也若萃而薄之可以得志騎兵馳赴之遼主望見大驚卽遁去遼兵遂潰宗望等還上曰遼主去不遠亟追之宗望以騎兵千餘追之蒲家奴爲後繼太祖已定燕京斡魯爲都統宗望副之襲遼主于陰山靑塚之閒宗望婁室銀术可以三千軍分路襲之將至靑塚遇泥濘衆不能進宗望與當海四騎以繩繫遼都統林牙大石使爲鄉導直至遼主營時遼主往應州其嬪御諸女見敵兵奄至驚駭欲奔命騎下執之有頃後軍至遼太叔胡盧瓦妃國王捏里次妃遼漢夫人并其子秦王許王女骨欲餘里衍斡里衍大奧野次奧野趙王妃斡里衍招討迪六詳穩六斤節度使孛迭赤狗兒皆降得車萬餘乘惟寧王雅里及其長女乘軍亂亡去婁室銀术可獲其左右輿帳進至掃里門爲書以招遼主遼主自金城來知其族屬皆見俘率兵五千餘決戰宗望以千兵擊敗之遼主相去百步遁去獲其子趙王習泥烈及傳國璽追二十餘里盡得其從馬而照里特末胡巴魯背荅別獲牧馬萬四千匹車八千乘及獻傳國璽于行在太祖曰此羣臣之功也遂寘璽于懷中東面恭謝天地乃大錄諸帥功加賞焉遼主乃使謀盧瓦持兔紐金印請降宗望受之視其文乃元帥燕國王之印也宗望復以書招之諭以石晉北遷事遂使使諭夏國示以和好所以沮疑其救遼之心也宗望趣天德遼耶律愼思降及候人吳十回皆言夏國迎護遼主渡大河矣宗望乃傳檄夏國曰果欲附我當如前諭執送遼主若猶疑貳恐有後悔及遼秦王等以俘見太祖太祖嘉宗望功以遼蜀國公主餘里衍賜之闍母與張覺戰大敗於兔耳山上使宗望問狀就以闍母軍討張覺降瀕海郡縣遂與覺戰于南京城東覺敗宵遁奔宋語在覺傳城中人執覺父及其二子來獻宗望殺之使以詔書宣諭城中張敦固等出降使使與敦固俱入城收兵仗城中人殺使者立敦固爲都統劫府庫括居民乘城拒守太宗賞破張覺功及有功將士各有差初張覺奔宋入于燕京宗望責宋人納叛人且徵軍糧久不聞問宗望欲移書督之請空名宣頭千道增信牌安撫新降之民詔以新附長吏職員仍舊已命諸路轉輸軍糧勿督於宋給銀牌十空名宣頭五十道及遷潤來隰四州人徙于瀋州者俟畢農各復其業乃詔咸州輸粟宗望軍張敦固以兵八千分四隊出戰大敗宗望再三開諭敦固等曰屢嘗拒戰不敢遽降宗望許其望闕遙拜敦固乃開其一門宗望使闍母奏其事乃下詔赦南京官民大小罪皆釋之官職如舊別勅有司輕徭賦勸稼穡疆場之事一決於宗望又曰議索張覺及逋亡戶口於宋聞比歲不登若如舊徵斂恐民匱乏度其糧數賦之射糧軍願爲民者使復田里小大之事關白軍帥無得專達朝廷詔宗望曰選勳賢及有民望者爲南京留守及諸闕員仍具姓名官階以聞是時遷潤來隰四州之民保山砦者甚衆宗望乞選良吏招撫上從之上召宗望赴闕而闍母克南京兵執僞都統張敦固殺之南京平赴京師於是宗翰請

無割山西地與宋幹魯亦言之闍母論奏宋渝盟有驗不可不備及宗望還軍上曰徵歲幣於宋以銀二十萬兩絹三十萬匹分賜爾軍及六部東京諸軍宗望至軍宋兵三千自海道來破九寨殺馬城縣戍將節度使度盧斡取其銀牌兵仗及馬而去宗望索戶口宋人弗遣且聞童貫郭藥師治軍燕山宗望奏請伐宋曰苟不先之恐爲後患宗翰亦以爲言故伐宋之策宗望實啓之宗望爲南京路都統闍母副之自燕山路伐宋宗望奏曰闍母於臣爲叔父請以闍母爲都統臣監戰事上從之以宗望監闍母劉彥宗兩軍戰事宗望至三河破郭藥師兵四萬五千于白河蒲莧敗宋兵三千于古北口郭藥師降遂取燕山府盡收其軍實馬萬匹甲胄五萬兵七萬州縣悉平宋中山戍將王彥劉璧率兵二千來降蒲察繩果以三百騎遇中山三萬人於阨隘之地力戰死之朮烈速活里改軍繼至殺二萬餘人宗望破宋眞定兵五千人遂克信德府次邯鄲宋李鄴請修舊好宗望留軍中不遣自郭藥師降益知宋之虛實宗望請以爲燕京留守及董才降益知宋之地里宗望請任以軍事太宗俱賜姓完顏氏皆給以金牌四年正月己巳諸軍渡河取滑州使吳孝民入汴以詔書問納平州張覺事令執送童貫譚稹詹度以黃河爲界納質奉貢癸酉諸軍圍汴宋少帝請爲伯姪國効質納地增歲幣請和遂割太原中山河間三鎮書用伯姪禮以康王構太宰張邦昌爲質沈晦以誓書三鎮地圖至軍中歲幣割地一依定約語在宋事中二月丁酉朔與宋平退軍孟陽是夜姚平仲兵四十萬來襲候騎覺之分遣諸將迎擊大破平仲軍復進攻汴城問舉兵之狀少帝大恐使宇文虛中來辨曰初不知其事且將加罪其人宗望輟弗攻改肅王樞爲質康王構遣歸師還河北兩鎮不下遂分兵討之宗望罷常勝軍給還燕人田業命將士分屯安肅雄霸廣信之境宗望還山西未幾爲右副元帥有功將士遷賞有差頃之宋少帝以書誘余睹蕭仲恭獻其書詔復伐宋八月宗望會諸將發自保州耶律鐸破敵兵三萬于雄州殺萬餘人那野敗宋軍七千於中山高六董才破宋兵三千於廣信宋种師閔軍四萬人駐井陘宗望大破之遂取天威軍東還遂克眞定殺知府李邈得戶三萬降五縣遂自眞定趨汴十一月戊辰宗望至河上降魏縣諸軍渡河留諸將分出大名之境降臨河縣至大名縣德清軍開德府皆克之阿里刮以騎兵三千先趨汴破宋軍六千于路取胙城抵汴城下獲宋兵千人擒數將宗望至汴分遣諸將過宋援兵奔時那野賽剌臺實連破宋援兵閏月壬辰朔宋兵一萬出自汴城來戰宗望選勁勇五千使當海忽魯雛鶻失擊敗之癸巳宗翰自太原會軍于汴丙辰克汴州辛酉宋少帝詣軍前十二月癸亥宋帝奉表降上使勗就軍中勞賜宗翰宗望使皆執其手以勞之四月以宋二主及其宗族四百七十餘人及圭璋寶印袞冕車輅祭器大樂靈臺圖書與大軍北還宗望乃分諸將鎮守河北董才降廣信軍及旁近縣鎮宗望乃西上涼陘詔宗望曰自河之北今既分畫重念其民見城邑有被殘者遂阻命堅守其申論招輯安全之儻堅執不移自當致討若諸軍敢利於俘掠輒肆毀蕩者當底於罰是月宗望薨天會十三年封魏王皇統三年進許國王又徙封晉國王天德二年贈太師加遼燕國王配享太宗廟廷正隆二年例降封大定三年改封宋王謚桓肅子齊京文初遼帝之奔陰山也遼節度使和尚與林牙馬哥男愼思俱被擒都統杲使阿鄰護送得里底和尚雅里斯等入京師得里底道亡太祖誅阿鄰和尚弟道溫爲興中尹太祖使謾都本以兵千人與和尚往招之和尚欲亡去不克至興中城下以矢繫書射城中教道溫毋降事泄謾都本責之曰汝何反覆如此對曰以忠報國何反覆之有雖死不恨乃殺之既而宗望軍遇遼都統孛迭等道溫在其中相與隔水而語宗望承制招之孛迭唯諾無降意宗望謂道溫曰汝兄和尚因戰而獲未嘗加罪後以叛誅能無痛悼道溫曰吾兄辱於見獲榮於死國宗望顧馬和尚曰能爲我取此乎對曰能遂以所部渡水擊敗其衆直趨道溫射中其臂獲而殺之

齊本名受速長身美髯天眷三年以宗室子授鎭國上將軍皇統元年遷光祿大夫正隆六年遷銀青榮祿大夫大定初遷特進加安武軍節度使留京師奉朝請齊以近屬上所寵遇而性庸滯無材能大定三年罷節度官給隨朝三品俸累官特進卒弟京弟文皆以謀反誅世宗盡以其家財產與齊之子皦住詔齊妻曰汝等皆當緣坐有至大辟及流竄者朕念宋王故置而不問且以其家產賜汝子宜悉朕意十五年上召英王爽謂曰卿於諸公主女子中爲皦住擇婚其禮幣命有司給之俄襲叔父京山東西路徒母堅猛安

京本名忽魯以宗室子累遷特進天德二年除翰林學士承旨兼修國史加開府儀同三司遷工部尚書改禮部兵部判大宗正事封曹王除河間尹正隆二年例封潞國公北京留守以喪去官起復益都尹六年坐違制立春日與徒單貞飲酒降灤州刺史未幾改絳陽軍節度使海陵遣護衞忽魯往絳州殺之京由間道走入汾州境得免世宗即位來見于桃花塢復判大宗正事封壽王二年正月戊辰朔日食伐鼓用幣上不視朝減膳徹樂詔京代拜行禮世宗懲創海陵疎忌宗室加禮京兄弟情若同生謂京等曰朕每見天象變異輒思政事之闕寤寐自責不遑凡事必審思而後行猶懼獨見未能盡善每令羣臣集議庶幾無過舉也是時伐宋未罷兵用度不足百官未給全俸京家人數百口財用少上聞之賜金一百五十兩重綵百端絹五百匹改西京留守賜佩刀廐馬京到西京京妻嘗召日者孫邦榮推京祿命邦榮言留守官至太師爵封王京問此上更無否邦榮曰止於此京曰若止於此所官何爲邦榮察其意乃詐爲圖讖作詩中有鶻魯爲之語以獻於京曰後誠如此乎遂受其詩再使卜之邦榮稱所得卦有獨權之兆京復使邦榮推世宗當生年月家人孫小哥妄作謠言誑惑京如邦榮指京信之京妻公壽具知其事大定五年三月孫邦榮上變詔刑部侍郎高德基戶部員外郎完顏兀古出往鞫之京等皆款伏獄成還奏上曰海陵無道使光英在朕亦保全之況京等哉於是京夫婦特免死杖一百除名嵐州樓煩縣安置以奴婢百戶自隨官給上田遣兀古出劉珫宣諭京詔曰朕與汝皆太祖之孫海陵失道翦滅宗支朕念兄弟無幾於汝尤爲親愛汝亦自知之何爲而懷此心朕念骨肉不忍盡法汝若尚不思過朕雖不加誅天地豈能容汝也十年四月詔于樓煩縣爲京作第一區月給節度廩俸十二年兄德州防禦使文謀反上問皇太子趙王允中及宰臣曰京謀不軌朕特免死今復當緣坐如何宰臣或言京圖逆今不除之恐爲後患上曰天下大器歸於有德海陵失道朕乃得之但務修德餘何足慮太子曰誠如聖訓乃遣使宣諭京詔曰卿兄文舊封國公不任職事朕進封王爵委以大藩頃在大名以贓得罪止削左遷不知恩幸乃蓄怨心謀不軌罪及兄弟朕念宋王皆免緣坐文之家產應沒入者盡與卿兄子皦住卿宜悉此意二十年十一月上問宰臣曰京之罪始於其妻妾卜休咎太祖諸孫存者無幾朕欲召置左右不使任職但廩給之卿等以爲何如皆曰置之近密臣等以爲非宜上曰朕若修德何必猜懷疑忌久之上復欲召京宰臣曰京不赦之罪也赦之以爲至幸矣豈可復上黙良久乃止

文本名胡剌皇統間授世襲謀克加奉國上將軍居中京海陵篡立賜錢二萬貫是時左淵爲中京轉運使市中有穢術敲仙者文與淵皆與之游海陵還中京文召敲仙詰問窮竟本末既而殺之于市責讓文淵貞元元年除秘書坐與靈壽縣主阿里虎有姦杖二百除名俄復爲秘書監封王正隆例封鄖國公以喪去官起復翰林學士承旨同判大宗正事昌武軍節度使大定初改武定軍留京師奉朝請三年賜上常御條服佩刀而遣之謂文曰朕無兄弟見卿往外郡惻然傷懷卿頗自放宜加檢束除廣寧尹召爲判大宗正事封英王是時弟京得罪上謂文曰朕待京不薄乃包藏禍心圖不軌不忍刑及骨肉遂從輕典卿亦驕縱無度宋王有社稷功武靈封太祖諸孫爲王卿獨不封朕即位封卿兄弟爲王自今懲咎悔過赤心事朕無患不知也除眞定尹賜以衣帶改大名尹徙封荆王文到大名多取猛安謀克良馬或以駑馬易之買民物與價不盡其直尋常占役弓手四十餘人詭納稅草十六萬束公用闕取民錢一萬九千餘貫坐是奪爵降德州防禦使僚佐皆坐不矯正解職監察御史董師中按文事失糾察己除尚書省都事降沁南軍節度副使詔曰自今長官不法僚佐不矯正又不言上並嚴行懲斷文既失職居常怏怏日與家奴石抹合住忽里者爲怨言合住揣知其意因言南京路猛安阿古合住謀克頗里銀朮可與大王厚善果欲舉大事彼皆願從文信其言乃召日者康洪占休咎密以謀告洪洪言來歲甚吉文厚謝洪使家僮剛哥等往南京以書幣遺阿古等剛哥問合住何以知阿古等必從合住曰阿古等與大王善以此意其必從耳剛哥到南京見阿古等不言其本來之事及還紿文曰阿古從大王矣文乃造兵仗使家奴斡敵畫陣圖家奴重喜詣河北東路上變府遣總管判官孛特馳往德州捕文孛特至德州日巳晚會文出獵召防禦判官酬越謀就獵所執之酬越言文兵衛甚衆且暮夜明日文生日可就會上執之孛特乃止是夜文知本府使至意其事覺乃與合住忽里者等俱亡去河間府使奏文事詔遣右司郎中紇石烈哲典翰林修撰阿不罕訛里也往德州鞫問上聞文亡命謂宰臣曰海陵翦滅宗室殆盡朕念太祖孫存者無幾人曲爲寬假而文曾不知幸尚懷異圖何狂悖如此上恐文久不獲詿誤者多督所在捕之詔募獲文者遷官五階賜錢三千貫文以大定十二

年九月事覺亡命凡四月至十二月被獲伏誅康洪論死餘皆坐如律詔釋其妻朮實懶孛特酬越不卽捕致文亡去孛特杖二百除名酬越杖一百削兩階詔曰德州防禦使文北京曹貴鄜州李方皆因術士妄談祿命陷于大戮凡術士多務苟得肆爲異說自今宗室宗女有屬籍者及官職三品者除占問嫁娶修造葬事不得推筭相命違者徒二年重者從重上以文家財產賜其故兄特進齊之子斂住并以西京留守京沒入家產賜之

贊曰宗望啓行平州戰勝白河席卷而南風行電舉兵無留難再閱月而汴京圍矣所謂敵不能與校者耶既取信德留兵守之以爲後距此豈輕者耶管子曰徑於絕地攻於恃固獨出獨入而莫之能止其宗望之謂乎

金史卷七十四考證

宗翰傳乞致仕詔不許○臣人龍按續資治通鑑節補

金太宗召粘沒喝爲相蕭盧虎欲挫之因其所善高慶裔以贓敗下獄粘沒喝乞免官爲庶人以贖其罪金主不許粘沒喝恚悶絕食縱飲而卒

金史卷七十五

元中書右丞相總裁脫脫等修

列傳第十三

盧彦倫 子璣 孫亨嗣　毛子廉

李三錫　孔敬宗

李師夔　沈璋

左企弓　虞仲文 曹勇義 康公弼 附

左泌 弟淵 姪光慶

盧彦倫臨潢人遼天慶初蕭貞一留守上京置爲吏以材幹稱是時臨潢之境多盜而城中兵無統屬者府以彦倫爲材薦之於朝卽授殿直勾當兵馬公事遼兵敗於出河店還至臨潢散居民家令給養之而軍士縱恣侵擾無所不至百姓殊厭苦之留守耶律赤狗兒不能禁戢乃召軍民諭之曰契丹漢人久爲一家今邊方有警國用不足致使兵士久溷父老閒有侵擾亦當相容衆皆無敢言者彦倫獨曰兵興以來民間財力困竭今復使之養士以國家多故義固不敢辭而此輩敢爲强暴人不能堪且番漢之民皆赤子也奪此與彼謂何初取臨潢軍中有辛訛特刺者舊爲臨潢驛吏與彦倫善使往招諭彦倫殺之遂授彦倫團練使勾當留守司公事天輔四年彦倫從留守撻不野出降授夏州觀察使權發遣上京留守事師還撻不野以城叛彦倫乃率所部逐撻不野盡殺城中契丹遣使來報未幾遼將耶律馬哥以兵取臨潢彦倫拒守者七月會援兵至敵解圍去因赴闕天會二年知新城事城邑初建彦倫爲經畫民居公宇皆有法改靜江軍節度留後知咸州煙火事未幾遷靜江軍節度使天眷初行少府監兼都水使者充提點京城大內所改利涉軍節度使未閱月還復爲提點大內所彦倫性機巧能迎合悼后意由是頗見寵用歲餘遷侍衞親軍馬步軍都指揮使爲宋國歲元使改禮部尚書加特進封鄅國公天德二年出爲大名尹明年詔彦倫營造燕京宮室以疾卒年六十九子璣

璣字正甫以蔭補閤門祗候累遷客省使兼東上閤門使改提點太醫教坊司天充大定十五年宋主生日副使遷同知宣徽院事丁母憂起復太府監改開遠軍節度使入爲右宣徽使章宗卽位轉左宣徽使致仕明昌四年起復左宣徽使改定武軍節度使復爲左宣徽使是時璣年已七十詔許朝㕘得坐於廊下復致仕泰和初詔璣天壽節預宴二年元妃李氏生皇子滿三月章宗以璣老而康强命以所策杖爲洗兒禮物章宗幸玉泉山詔璣與致仕宰相俱會食許策杖給扶從預天壽節上命璣與大臣擊毬戲璣獲勝焉從上秋山賜名馬上曰酬卿博直其眷遇如此泰和六年卒年八十子亨嗣

亨嗣字繼祖以廕補閤門祗候內供奉調同監平涼府酤務改同監天山鹽場丁母憂服闋監萊州酒課累調監豐州任丘汲縣東平酒務課最遷白登縣令明昌四年行六部差規措軍前糧料入爲典給直長改西京戶籍判官歷宮西京中都太倉使中都戶籍判官尚醞署丞丁父憂大安初復爲典給署丞兼太子家令崇慶元年遷同知順天軍節度使事是時兵興徵調煩急亨嗣以辦最遷定遠大將軍入爲戶部員外郎貞祐二年遷莒州刺史三年山東宣撫司討楊安兒亨嗣行六部兵罷還州興定二年卒年六十一亨嗣與弟亨益盡友愛之道亨嗣初以祖廕得官大定十六年父璣爲同知宣徽院事當廕子亨嗣以讓弟亨益亨益早卒子兟兟幼稚亨嗣盡以舊業田宅奴畜財物與之

毛子廉本名八十臨潢長泰人材勇善射遼季羣盜起募勇士子廉應募遼主召見賜甲仗率百人會所在官兵捕盜以功授東頭供奉官賜良馬天輔四年遣謀克辛斡特刺移刺窟斜招諭臨潢子廉率戶二千六百來歸令就領其衆佩銀牌招未降軍民盧彦倫怒子廉先降殺子廉妻及二子使騎兵二千伺取子廉子廉與窟斜經險阻中騎兵圍之兩騎突出直犯子廉子廉引弓斃其一人其一人挺槍幾中子廉腋子廉避其槍與搏戰生擒之乃彦倫健將孫延壽也餘衆潰去天會三年除上京副留守久之兼鹽鐵事天眷中除燕京麴院都監遼王宗幹問宰相曰子廉有功何爲下遷宰相以例對宗幹曰盧彦倫何不除此職子廉之功十倍彦倫在臨潢十餘年吏民畏愛如一日誰能及此是時盧彦倫已以少府監除節度使故宗幹引以爲比除寧昌軍節度使海陵弑熙宗子廉聞之歎曰曾不念國王定策之功耶乃致仕大定二年卒

李三錫字懷邦錦州安昌人以貲得官遼季盜攻錦州州人推三錫主兵事設機應變城賴以完錄功授左承制遼主走天德劉彦宗辟三錫將兵保白雲山金兵次萊州三錫以其衆降攝臨海軍節度副使㕘預元帥府軍事改知嚴州宗望伐宋三錫領行軍猛安敗郭藥師軍於白河進官汝州防禦使再克汴京三錫從闍母護宋二主北歸復知嚴州改歸德軍節度副使詔廢齊國擇吏三十人與俱行三錫在選中還爲慶州刺史三遷武勝軍節度使察廉第一遷三階改安國軍節度使除河北西路轉運使致仕三錫政事强明所至稱治世宗舊聞其名大定初起爲北京路都轉運使制下而三錫已卒

孔敬宗字仲先其先東垣人石晉末徙遼陽遼季敬宗爲寧昌劉宏幕官斡魯古兵至境上敬宗勸劉宏迎降遂以敬宗爲鄉導拔顯州以功補順安令天輔二年詔敬宗與劉宏率懿州民徙內地授世襲猛安知安州事將兵千人從宗望伐宋汴京平宗望命敬宗守汴嘗自汴馳驛至河北還至河上會日暮無舟敬宗策馬亂流遂達南岸遷靜江軍節度使歷石辰信磁四州刺史階光祿大夫海陵問張浩曰卿識孔敬宗否何階高職下也浩對曰國初敬宗勸劉宏以懿州効順其後從軍積勞有司不知故一槩常調耳明日除寧昌軍節度使徙歸德軍致仕大定二年卒

李師夔字賢佐奉聖州永興人少倜儻有大志以廕入仕爲本州麴監天輔六年太祖襲遼主于鴛鴦濼郡守委城遁去衆無所屬相與叩門請師夔主郡事師夔許之乃搜卒治兵迪古乃兵至奉聖州師夔與其故人沈璋密謀出降曰一城之命懸於此舉璋曰君言是矣如軍民不從奈何師夔卽率親信十數輩詰旦出城見余睹與之約曰今已服從願無以兵入城及俘掠境內余睹許諾詔以師夔領節度以璋佐之賜師夔駿馬二俾招未附者許以便宜從事明年加左監門衞大將軍劇賊張勝以萬人逼城師夔度衆寡不敵乃僞與之和日致饋給勝信之師夔乘其不備使人刺勝殺之以其首徇曰汝輩皆良民脅從至此今元惡已誅可棄兵歸復其所賊衆大驚皆散去別賊焦望天尹智穆率兵數千來寇師夔以兵臨之設伏歸路使人反間之智穆果疑望天先引去智穆勢孤亦還遇伏而敗遂執斬之是役賊衆不敢入境以勞遷靜江軍節度留後累遷武平軍節度使改東京路轉運使徙陝西東路轉運使致仕封任國公卒年八十五

沈璋字之達奉聖州永興人也學進士業迪古乃軍至上谷璋與李師夔謀開門迎降明日擇可爲守者衆皆推璋璋固稱李師夔於是授師夔武定軍節度使以璋副之授太常少卿遷鴻臚卿丁母憂起復山西路都轉運副使加衞尉卿從伐宋汴京平衆爭趨貨貨璋獨無所取惟載書數千卷而還太行賊陷潞州殺其守姚璠官軍討平之命璋權知州事璋至招復逋逃賑養困餓收其橫屍葬之未幾民頗安輯初賊黨據城潞之軍卒當緣坐者七百人帥府牒璋盡誅之璋不從帥府聞之大怒召璋呵責且欲殺璋左右震恐璋顏色不動從容對曰招亡撫存璋之職也此輩初無叛心蓋爲賊所脅有不得已者故招之復來今欲殺之是殺降也苟利於衆璋死何憾少頃怒解因召潞軍曰吾始命戮汝今汝使君活爾矣皆感泣而去朝廷聞而嘉之拜左諫議大夫知潞州事百姓爲之立祠移知忻州改同知太原尹加尚書禮部侍郎時介休人張覺聚黨亡命山谷鈔掠邑縣招之不肯降曰前嘗有降者皆殺之今以好言誘我是欲殺我耳獨得侍郎沈公一言我乃無疑於是命璋往招之覺卽日降轉尚書吏部侍郎西京副留守同知平陽尹遷利涉軍節度使爲東京路都轉運使改鎭西軍節度使天德元年以病致仕卒年六十子宜中天德三年賜楊建中牓及第

贊曰危難之際兩軍方爭專城之將國家之輕重繫焉李師夔非有君命爲衆所推又能全活其人猶有說也盧彦倫之降雖云城潰初志不確何尤乎毛子廉至如子廉不仕海陵沈璋以片言降張覺一善足稱何可掩

也

左企弓字君財八世祖皓後唐棣州刺史以行軍司馬戍燕遼取燕使守薊因家焉企弓讀書通左氏春秋中進士再遷萊州觀察判官蕭英弼賊昭懷太子窮治黨與多連引企弓辨析其冤免者甚衆自御史知雜事出爲中京副留守按刑遼陽有獄本輕而入之重者已奏待報企弓釋之以聞累遷知三司使事天慶末拜廣陵軍節度使同中書門下平章事知樞密院事金兵已拔上京北樞密院恐忤旨不以時奏遼故事軍政皆關決北樞密院然後奏御企弓以聞遼主曰兵事無乃非卿職邪對曰國勢如此豈敢循例爲自容計因陳守備之策拜中書侍郎平章事監修國史時遼主聞金已克中京將西幸以避之企弓諫不聽遼主自鴛鴦濼亡保陰山秦晉國王耶律捏里自立于燕廢遼主爲湘陰王改元德興企弓守司徒封燕國公虞仲文參知政事領西京留守同中書門下平章事內外諸軍都統曹勇義中書侍郎平章事樞密使燕國公康公弼參知政事簽樞密院事賜號忠烈翊聖功臣德妃攝政企弓加侍中宋兵襲燕奄至城中已而敗走或疑有內應者欲根株之企弓爭之乃止太祖至居庸關蕭妃自古北口遯去都監高六等送款于太祖太祖徑至城下高六等開門待之太祖入城受降企弓等猶不知太祖駐蹕燕京城南企弓等奉表降太祖俾復舊職皆受金牌企弓守太傅中書令仲文樞密使侍中泰國公勇義以舊官守司空公弼同中書門下平章事樞密副使權知院事簽中書省封陳國公遼致仕宰相張琳進上降表詔曰燕京應琳田宅財物並給還之琳年高不能入見止令其子弟來太祖既定燕從初約以與宋人企弓獻詩畧曰君王莫聽捐燕議一寸山河一寸金太祖不聽是時置樞密院于廣寧府企弓等將赴廣寧張覺在平州有異志太祖欲以兵送之企弓等辭兵曰如此是促之亂也及過平州舍于栗林下張覺使人殺之企弓年七十三謚恭烈天會七年贈守太師遣使致奠正隆二年改贈特進濟國公

虞仲文字質夫武州寧遠人也七歲知作詩十歲能屬文日記千言刻苦學問第進士累仕州縣以廉能稱舉賢良方正對策優等擢起居郎史館修撰三遷至太常少卿宰相有左降仲文獨出餞之或指以爲黨仲文乃求養親久之召復前職宰相薦文行第一權知制誥除中書舍人討平白霫拜樞密直學士權翰林學士爲翰林侍講學士年五十五卒謚文正天會七年贈兼中書令正隆二年改贈特進濮國公

曹勇義廣寧人第進士除長春令樞府辟令史上書陳時政累擢館閣遷樞密副都承旨權燕京三司使加給事中召爲樞密副使加太子少保與大公鼎虞仲文龔誼友善與虞仲文同在樞密羣小擠之復出爲三司使加宣政殿大學士卒謚文莊天會七年贈守太保正隆二年改贈特進定國公

康公弼字伯迪其先應州人曾祖胥遼保寧間以戰功授晉劵家于燕之宛平公弼好學年二十三中進士除著作郎武州軍事判官辟樞府令史求外補出爲寧遠令縣中隕霜殺禾稼漕司督賦急繫之獄公弼上書朝廷乃釋之因免縣中租賦縣人爲立生祠監平州錢帛庫調役糧于川州大盜侯槩陷川州使護送公弼出境曰良吏也權乾州節度使卒謚忠肅天會七年贈侍中正隆二年改贈特進道國公

企弓子泌瀛淵泌字長源企弓長子也仕遼官至棣州刺史太祖平燕泌從企弓歸朝既而東遷至平州企弓爲張覺所害泌復還燕是時以燕與宋宣撫司遣至汴泌以平州仇人在是乃間道奔還朝廷嘉之擢西上閤門使從宋王宗望南伐破真定有功知祁州歷刺澤隰等州貞元初爲濬州防禦使遷陝西路轉運使封戴國公泌性夷澹好讀莊老年六十一即請致仕親友或以爲早泌嘆曰予年三十秉旄鉞侵尋仕路又三十年名遂身退可矣時人高之卒年七十四

淵累官燕京副留守中京路都轉運使歷河北東路中都路都轉運使淵貪鄙三任漕事務以錢穀自營在中都凡八年不求遷與李通許霖交關賄賂詭納漕司諸物規取財利世宗即位淵使其子貽慶詣東京上表特賜貽慶任忠傑牓第三甲進士授從仕郎貽慶還中都世宗詔淵曰凡殿位張設悉依舊毋增益不得役使一夫以擾百姓謹宮禁出入而已大定二年改沁南軍節度使世宗素知其爲人戒之曰卿宰相子練習朝政前爲漕司貪甚鄙之毋或刻削百姓若復敢爾勿思再用淵到懷州未幾坐前爲中都轉運嘗盜用官材木除名子光慶

光慶字君錫幼穎悟沉厚少言淵嘗謂所親曰世吾家者此子也以廕補閤門祗候遷西上閤門副使丁父憂起復東上閤門副使再轉西上東上閤門使兼太廟署令光慶好古讀書識大義喜爲詩善篆隸尤工大字世宗行郊禮受尊號及受命寶皆光慶篆凡宮廟牓署經光慶書者人稱其有法典領原廟坤厚陵壽安宮工役不爲苛峻使勞逸相均身兼數職勤慎周密未嘗自伐世宗獨察之初御史大夫璋請製大金受命寶有司以秦璽文進上命以大金受命萬世之寶爲文徑四寸八分厚一寸四分蟠龍紐高厚各四寸六分有半禮部尚書張景仁少府監張僅言典領工事詔光慶篆之遷同知宣徽院事改少府監丁母憂起復右宣徽使世宗幸上京光慶往上京治儀仗制度時人以爲得宜二十五年卒年五十一上遣使致祭賻銀三百兩重綵十端絹百疋平時喜爲善言著善藥號善善道人曉信浮屠法自作真贊語皆任達云

贊曰左企弓虞仲文曹勇義康公弼四子者皆有才識之士其事遼主數有論建及其受爵僭位委質二君隕身逆黨三者胥失之哀哉

金史卷七十六

元 中 書 右 丞 相 總 裁 脫 脫 等 修

列傳第十四

太宗諸子

宗磐本名蒲盧虎　宗固本名胡魯
宗本本名阿魯蒲玉附　宗義本名孛吉
杲本名斜也
宗幹本名幹本　充本名神土懣子檀奴等
永元本名元奴　兖本名梧桐
褒本名永慶　袞本名蒲甲

太宗子十四人蒲盧虎胡魯斛魯補阿魯帶阿魯補斛沙虎阿鄰阿魯鶻懶胡里甲神土門斛孛束斡烈鶻沙

宗磐本名蒲魯虎天輔五年都統杲取中京宗磐與斡魯宗翰宗幹魯爲之副天會十年爲國論忽魯勃極烈熙宗即位爲尚書令封宋國王未幾拜太師與宗幹宗翰並領三省事熙宗優禮宗室宗翰沒後宗磐日益跋扈嘗與宗幹爭論於上前即上表求退烏野奏曰陛下富於春秋而大臣不協恐非國家之福熙宗因爲兩解宗磐愈驕恣其後於熙宗前持刀向宗幹都點檢蕭仲恭呵止之既而左副元帥撻懶東京留守宗雋入朝宗磐陰相黨與而宗雋闕爲太保右丞相兼中書令是歲薨海陵在熙宗時見太宗諸子勢彊而宗磐尤跋扈與鶻懶相繼皆以逆誅心忌之熙宗厚於宗室禮遇不衰海陵嘗與秉德唐括辯私議主上不宜寵遇太宗諸子太甚及篡立謁奠太廟韓王亨素號材武使攝右將軍密諭之曰爾勿以此職爲輕朕疑太宗諸子太彊得卿衛左右可無慮耳遂與秘書監蕭裕謀去宗本兄弟太宗子孫於是焉盡語在宗本傳中

宗本本名阿魯皇統九年爲右丞相兼中書令進太保領三省事海陵篡立進太傅領三省事初宗幹謀誅宗磐故海陵心忌太宗諸子熙宗時海陵私議宗本等勢彊主上不宜優寵太甚及篡立猜忌益深遂與祕書監蕭裕謀殺太宗諸子誣以秉德出領行臺與宗本別因會飲約內外相應使尚書省令史蕭玉告宗本親謂玉言以汝於我故舊必無他意可布腹心事領省臨行言彼在外諭說軍民無以外患爲慮若太傅爲內應何事不成又云長子鎖里虎當大貴因是不令見主上宗本又言左丞相於我及我妃處稱主上近日見之輒不喜故心常恐懼若太傅一日得大位此心方安唐括辯謂宗本言內侍張彥善相相太傅有天子分宗本答曰宗本有兄東京留守在宗本何能爲是時宗美言太傅正是太宗主家子祗太傅便合爲北京留守卞臨行與宗本言事不可遲宗本與玉言大計只於日近圍場內予決宗本因以馬一匹袍一領與玉充表識物玉恐圍場日近身縻於外不能親奏遂以告祕書監蕭裕裕具以聞蕭玉出入宗本家親信如家人海陵既與蕭裕謀殺宗本秉德詔天下恐天下以宗本秉德輩皆懿親大臣本無反狀裕搆成其事而蕭玉與宗本厚人所共知使

玉上變庶可示信於是使人召宗本等擊鞠海陵先登樓命左衞將軍徒單特思及蕭裕妹壻近侍局副使耶律闢离剌小底密伺宗本及判大宗正事宗美至卽殺之宗美本名胡里甲臨死神色不變宗本已死蕭裕使人召蕭玉是日玉送客出城醉酒露髮披衣以車載至裕弟點檢蕭祚家逮日暮玉酒醒見軍士圍守之意爲人所累得罪故至此以頭觸屋壁號咷曰臣未嘗犯罪老母年七十願哀憐之裕附耳告之曰主上以宗本諸人不可留已誅之矣欲加以反罪令汝主告其事今書汝告款已具上卽問汝汝但言宗本輩反如狀勿復異詞恐禍及汝家也裕乃以巾服與玉引見海陵海陵問玉玉言宗本反具如裕所教海陵遣使殺東京留守宗懿北京留守卞及遷益都尹畢王宗哲平陽尹禀左宣徽使京等家屬分置別所止聽各以奴婢五人自隨既而使人要之於路并其子男無少長皆殺之而中京留守宗雅喜事佛世稱善大王海陵知其無能將存之以奉太宗後召至闕不數日竟殺之太宗子孫死者七十餘人太宗後遂絕卞本名可喜禀本名胡离改京宗固子本名胡石賚蕭玉旣如蕭裕教對海陵海陵遂以宗本秉德等罪詔天下以玉上變實之海陵使太府監完顏馮六籍宗本諸家戒之曰珠玉金帛入於官什器吾將分賜諸臣馮六以此不復拘籍什器往往爲人持去馮六家童亦取其檀木屏風少監劉景前爲監丞時太府監失火按牘盡焚毀數月方取諸司簿帳補之監吏坐是稽緩當得罪景爲吏倒署年月太倉都監焦子忠與景有舊坐逋負久不得調景爲盡力出之久之馮六與景就宮中相忿爭馮六言景倒署年月及出焦子忠事御史劾奏景景黨誘馮六家奴發盜屏事馮六自陳於尚書省海陵使御史大夫趙資福大理少卿許竑雜治資福等奏馮六非自盜又嘗自首海陵素惡馮六與宗室游從謂宰臣曰馮六嘗用所盜物其自首不及此法盜宮中物者死諸物已籍入官與宮中物何異謂馮六曰太府掌宮中財賄汝當防制姦欺而自用盜物於是馮六棄市資福竑坐鞫獄不盡決杖有差景亦伏受焦子忠賂金海陵曰受金事無左驗景倒署年月以免吏罪是不可恕遂殺之大定二年追封宗固魯王宗雅曹王宗順隋王宗懿鄭王宗美衞王宗哲韓王宗本潞王神土門豳王斛孛束濬王斡烈鄆王胡里改胡什賚可喜並贈金吾衞上將軍惟宗磐阿魯補斛沙虎鶻懶四人不復加封

蕭玉奚人既從蕭裕誣宗本罪海陵喜甚自尚書省令史爲禮部尚書加特進賜錢二千萬馬五百匹牛五百頭羊千口數月爲參知政事丁母憂以參政起復俄授猛安子尚公主海陵謂玉曰朕始得天下常患太宗諸子方强賴社稷之靈卿發其姦朕無以報此功使朕女爲卿男婦代朕事卿也賜第一區分宗本家貲賜之頃之代張浩爲尚書右丞拜平章政事進拜右丞相封陳國公文思署令閻拱與太子詹事張安妻坐姦事獄具不應訊而訊之海陵怒玉與左丞蔡松年右丞耶律安禮御史中丞馬諷决杖有差玉等入謝罪海陵曰爲人臣以己意愛憎妄作威福使人畏之如唐魏徵狄仁傑姚崇宋璟豈肯立威使人畏哉楊國忠之徒乃立威使人畏耳顧謂左司郎中吾帶右司郎中梁球曰往者德宗爲相蕭斛律爲左司郎中趙德恭爲右司郎中除吏議法多用己意汝等能不以己意愛憎爲予奪輕重不亦善乎朕信任汝等有過則决責之亦非得已古者大臣有罪貶謫數千里外往來疲於奔走有死道路者朕則不然有過則杖之已杖則任之如初如有不可恕或處之死亦未可知汝等自勉正隆三年拜司徒判大宗正事五年玉以司徒兼御史大夫使參知政事李通諭旨曰判宗正之職固重御史大夫尤難其人朕將行幸南京官吏多不法受賕卿宜專糾劾細務非所責也御史大夫與宰執不相遠朕至南京徐當思之繼以司徒判大興尹玉固辭司徒海陵曰朕將南巡京師地重非大臣不能鎭撫留卿居守無爲多讓海陵至南京以玉爲尚書左丞相進封吳國公海陵將伐宋因賜羣臣宴顧謂玉曰卿嘗讀書否對曰亦嘗觀之中宴海陵起卽召玉至內閤因以漢書一冊示玉既而擲之曰此非所問也朕欲與卿議事朕今欲伐江南卿以爲如何玉對曰不可海陵曰朕視宋國猶掌握間耳何爲不可玉曰天以長江限南北舟楫非我所長符堅百萬伐晉不能以一騎渡以是知其不可海陵怒叱之使出及張浩因周福兒附奏海陵杖張浩并杖玉因謂羣臣曰浩大臣不面奏因人達語輕易如此玉以符堅比朕朕欲斷其舌釘而磔之以玉有功隱忍至今大臣決責痛及爾體如在朕躬有不能已者汝等悉之及海陵自將發南京玉與張浩留治省事世宗卽位降奉國上將軍放歸田里奪所賜家產久之起爲孟州防禦使世宗戒之曰昔海陵欲殺太宗子孫借汝爲證遂被進用朕思海陵肆虐先殺宗本諸人然後用汝質成其事豈得專罪汝等今復用汝當思改過若謂嘗居要地以今日爲不足必罰無赦轉定海軍節度使改太原尹與少尹烏古論掃喝互訟不公事各削一官解職尋卒子德用大定二十四年尚書省奏玉子德用當升除上曰海陵假口于玉以快其毒玉子豈可升除邪

贊曰宗磐嘗從斜也取中京不可謂無勞伐者世祿鮮禮自古有之在國家善爲保全之道耳熙宗殺宗磐而存恤其母后雖云矯情猶畏物論海陵造謀殺宗本兄弟不遺餘力太宗舉宋而有中原金百世不遷之廟也再傳而無噍類於是太祖之美意無復幾微存者春秋之世宋公舍與夷而立其弟禍延數世害及五國誠足爲後世監乎

杲本名斜也世祖第五子太祖母弟收國元年太宗爲諳班勃極烈杲爲吳勃極烈天輔元年杲以兵一萬攻泰州下金山縣女固脾室四部及渤海人皆來降遂克泰州城中積粟轉致烏林野賑先降諸部因徙之內地天輔五年爲忽魯勃極烈都統內外諸軍取中京實北京也蒲家奴宗翰宗幹宗磐副之宗峻領合扎猛安皆受金牌耶律余睹爲鄕導詔曰遼政不綱人神共棄今欲中外一統故命汝率大軍以行討伐爾其愼重兵事擇用善謀賞罰必行糧餉必繼勿擾降服勿縱俘掠見可而進無淹師期事有從權毋須奏禀復詔曰若克中京所得禮樂圖書文籍並先次津發赴闕當是時遼人守中京者聞知師期焚芻糧欲徙居民遯去奚王霞末則欲視我兵少則迎戰若不敵則退保山西杲知遼人無鬭志乃委輜重以輕兵擊之六年正月克高恩回紇三城進至中京遼兵皆不戰而潰遂克中京獲馬一千二百牛五百駝一百七十羊四萬七千車三百五十兩乃分兵屯守要害之地駐兵中京使使奏捷獻俘詔曰汝等提兵于外克副所任攻下城邑撫安人民朕甚嘉之分遣將士招降山前諸部計已撫定山後若未可往卽營田牧俟秋大舉更當熟議見可則行如欲益兵具數來上無恃一戰之勝輒自弛慢善撫存降附宣諭將士使知朕意完顏歡都游兵出中京南遇騎兵三十餘紿曰乞明旦來降於此杲信之使溫迪痕阿里出納合鈍恩蒲察婆羅偎諸甲拔剔隣往迎之奚王霞末兵圍阿里出等遂據坂去馬皆殊死戰敗霞末兵追殺至暮而還是役納合鈍恩功爲多宗翰降北安州希尹獲遼護衞習泥烈言遼主在鴛鴦濼畋獵可襲取之宗翰移書于杲請進兵使者再往曰一失機會事難圖矣杲意尚未決宗幹勸杲當從宗翰策杲乃約宗翰會奚王嶺既會始定議杲出青嶺宗翰出瓢嶺期羊城濼會軍時遼主在草濼使宗翰與宗幹率精兵六千襲之遼主西走其都統馬哥趨擣里撻宗翰遣撻懶以兵一千往擊之撻懶請益兵于都統杲而獲遼樞密使得里底父子西京已降復叛杲使招之不從遂攻之留守蕭察剌踰城降四月復取西京杲率大軍趨白水濼分遣諸將招撫未降州郡及諸部族於是遼秦晉國王耶律捏里自立于燕京山西諸城雖降而人心未固杲遣宗望奏事仍請上臨軍耶律坦招西南招討司及所屬諸部西至夏境皆降耶律佛頂亦降于坦金肅西平二郡漢軍四千叛去坦與阿沙兀野撻不野簡料新降丁壯迨夜襲之詰旦戰于河上大敗其衆皆委仗就擒耶律捏里移書于杲請和杲復書責以不先禀命上國輒稱大號若能自歸當以燕京留守處之捏里復以書來其略曰昨卽位時在兩國絕聘交兵之際奚王與文武百官同心推戴何暇請命今諸軍已集儻欲加兵未能束手待斃也昔我先世未嘗殘害大金人民寵以位號日益强大今忘此施欲絕我宗祀於義何如也儻蒙惠顧則感戴恩德何有窮已杲復書曰閤下向爲元帥總統諸軍任非不重竟無尺寸之功欲據一城以抗國兵不亦難乎所任用者前既不能死國今誰肯爲閤下用者而云主辱臣死欲恃此以成功計亦踈矣幕府奉詔歸者官之逆者討之若執迷不從期于殄滅而後已捏里乃遣使請于太祖賜捏里詔曰汝遼之近屬位居將相不能與國存亡乃竊據孤城僭稱大號若不降附將有後悔六月上發京師詔都統曰汝等欲朕親征已於今月朔旦啓行遼主今定何在何計可以取之其具以聞杲使馬和尚奉迎太祖于撻魯河斡魯婁室敗夏將李良輔使使完顏希尹等奏捷且請徙西南招討司諸部于內地希尹等見上于大濼西南上嘉賞之上至鴛鴦濼杲上謁上追遼主至回离畛川南伐燕京次奉聖州詔曰自今諸訴訟書付都統杲決遣若有大疑卽令聞奏太祖定燕京還次鴛鴦濼以宗翰爲都統杲從上還京師太宗卽位杲爲諳班勃極烈與宗幹俱治國政天會三年伐宋杲領都元帥居京師宗翰宗望分道進兵四年再伐宋獲宋二主以歸天會八年薨皇統三年追封遼越國王天德二年配享太祖廟庭正隆例封遼王大定十五年謚曰智烈子孛吉

宗義本名孛吉斜也之第九子天德間爲平章政事海

陵已殺太宗子孫，尤忌斜也諸子盛强，欲盡除宗室勳舊大臣。是時左副元帥撒离喝在汴京，與撻不野有隙。撻不野女爲海陵妃，海陵陰使撻不野圖撒离喝。於是都元帥府令史遙設迎合風指，詐爲撒离喝與其子宗安家書，宗安誤遺宮外，遙設因拾得之，以上變。其書契丹小字，其封題已開，其中白紙一幅，有白字隱約，狀若經水浸致字畫可讀者，上有撒离喝手署及某王印，書辭云：「阿渾汝安樂否，早晚到闕下。前者走馬來時，曾議論我教汝阿渾、平章、謀里野阿渾等處覷事勢，再通往來，緩急圖謀，知汝已嘗備細言之。謀里野阿渾所言嚮是，只殺撻不野，則南路無憂慮矣。」詳略互見撒离喝傳中。女眞謂子阿渾，前阿渾謂撒离喝子，其子宗安；後阿渾平章指宗義，宗義本宗室子，猶有舊稱。以是殺宗義、謀里野，并殺宗安及太祖妃蕭氏、任王隈喝及魏王斡帶孫活里甲。遙設詐書無活里甲，海陵見其坦率善脩飾，惡之。大臣以無罪爲請，海陵曰：「第殺之，無復言也。」殺斜也子孫百餘人，謀里野子孫二十餘人。謀里野，景祖孫謾都訶次子。斜也有幼子阿虎里，其妻撻不野女，海陵妃大氏女兄。將殺阿虎里，使者不忍見其面，以衾覆而縊之，當其頤，久不死，及去被再縊之。海陵遣使赦其死，遂得免。後封爲王，授世襲千戶。大定初，追復宗義官爵，贈特進，弟蒲馬、孛論出、阿魯、隈喝並贈龍虎衞上將軍。

宗幹本名斡本，太祖庶長子。太祖伐遼，遼人來禦，遇于境上，使宗幹率衆先往塡塹，士卒畢渡。渤海軍馳突而前，左翼七謀克少却，遂犯中軍，杲輒出戰。太祖曰：「遇大敵不可易也。」使宗幹止杲。宗幹馳出杲前，控止導騎，晳垤之馬，杲乃還。達魯古城之戰，宗幹以中軍爲疑兵。太祖旣攻下黃龍府，卽欲取春州。遼主聞黃龍不守，大懼，卽自將，籍宗戚豪右少年與四方勇士及能言兵者皆隸軍中。宗幹勸太祖毋攻春州，休息士卒，太祖以爲然，遂班師。宗幹得降人言春、泰州無守備，可取，於是斜也取春、泰州，宗雄、宗幹等下金山縣，宗雄卽以兵三千屬宗幹，招集未降諸部。宗幹擇士人之材幹者以詔書諭之，於是女固、脾室四部及渤海人皆降。太祖克臨潢府，至沃黑河，宗幹諫曰：「地遠時暑，士罷馬乏，若深入敵境，糧餉不繼，恐有後艱。」上從之，遂班師。從都統杲取中京。宗翰自北安州移書于杲，是時希尹獲遼人，知遼主在鴛鴦濼，可襲取之，杲不能決。宗翰使再至，宗幹謂杲曰：「移賚勃極烈灼見事機，再使來請，彼必不輕舉。且彼已發兵，不可中止，請從其策。」再三言之，杲乃報宗翰，會奚王嶺。當時無宗幹，杲終無進兵意。旣會軍于羊城濼，杲使宗幹與宗翰以精兵六千襲遼，至五院司，遼主已遯去。與遼將耿守忠戰于西京城東四十里，守忠敗走。太宗卽位，宗幹爲國論勃極烈，與斜也同輔政。天會三年，獲遼主于應州西余睹谷。始議禮制度，正官名，定服色，興庠序，設選舉，治歷明時，皆自宗幹啓之。四年，官制行，詔中外。十年，熙宗爲諳班勃極烈，宗幹爲國論左勃極烈。熙宗卽位，拜太傅，與宗翰等並領三省事。天眷二年，進太師，封梁宋國王，入朝不拜，策杖上殿，仍以杖賜之。宗幹有足疾，詔設坐奏事。無何，監修國史。皇統元年，賜宗幹輦輿上殿，制詔不名。上幸燕京，宗幹從，有疾，上親臨問。自燕京還，至野狐嶺，宗幹疾亟，不行，上親臨問，語及軍國事，上悲泣不已。明日，上及后同往視，后親與宗幹饋食，至暮而還，因赦罪囚，與宗幹禳疾。居數日，薨。上哭之慟，輟朝七日，大臣死輟朝自宗幹始。上致祭，是日庚戌，太史奏戌亥不宜哭，上不聽，曰：「朕幼沖時，太師有保傅之力，安得不哭。」哭之慟。上生日不舉樂。上還上京，幸其第視殯事。及喪至上京，上臨哭之，及葬，臨視之。海陵篡立，追謚憲古弘道文昭武烈章孝睿明皇帝，廟號德宗，以故第爲興聖宮。大定二年，除去廟號，改謚明肅皇帝。及海陵廢爲庶人，二十二年，皇太子允恭奏略曰：「追惟熙宗世嫡統緒，海陵無道，弑帝自立，崇正昭穆，削其煬王，俾齒庶人之列，瘞之閑曠，不封不樹，旣已申大義而明至公矣。海陵追崇其親，逆配於廟，今海陵旣廢爲庶人，而明肅猶竊帝尊之名，列廟祧之數。海陵大逆，正名定罪，明肅亦當緣坐。是時明肅已殂，不與於亂，臣以謂當削去明肅帝號，止從舊爵，或從太祖諸王有功例加以官封，明詔中外，俾知大義。」書奏，世宗嘉納，下尚書省議。於是追削明肅帝號，封爲皇伯太師遼王，謚忠烈，妻子諸孫皆從降。明昌四年，配享太祖廟庭。子充、亮、兗、襄、衮，亮是爲海陵庶人。

充本名神土懣，母李氏，徒單氏以爲己子。熙宗初，加光祿大夫。天眷間，爲汴京留守。皇統間，封淄國公，爲吏部尚書，進封代王，遷同判大宗正事。九年，拜右丞相。是歲，薨，追封鄭王。大定二十二年，追降儀同三司、左丞相。子檀奴、元奴、耶補兒、阿里白。

檀奴爲歸德軍節度使。阿里白定遠大將軍，和魯忽土猛安忽隣河謀克。海陵弒徒單氏，以充嘗爲徒單養子，因并殺檀奴及阿里白。元奴、耶補兒逃歸于世宗。檀奴贈榮祿大夫，阿里白輔國上將軍，詔有司改葬。世宗時，元奴爲宗正丞，耶補兒爲鎭國上將軍，後爲同知濟南尹事。

永元字惇禮，本名元奴，幼聰敏，日誦千言。皇統元年，試宗室子作詩，永元中格。善左氏春秋，通其大義。天德初，授百女山世襲謀克。海陵伐宋，已渡淮，軍士多亡歸，而契丹叛，由是疑宗室益甚，已殺永元弟檀奴、阿里白，永元與弟耶補兒逃匿得免。世宗卽位于遼陽，與耶補兒俱來歸，上慰勞甚厚，授宗正丞，改符寶郎，爲灤州刺史，授世襲猛安，乞以謀克與耶補兒，詔許之。轉棣州防禦使。泰寧軍節度使張弘信通檢山東，專以多得民間物力爲功，督責苛急。永元面責弘信曰：「朝廷以差調不均，立通檢法，今使者所至以殘酷妄加農民田產，箠擊百姓，有至死者。市肆賈販貿易有贏虧，田園屋宇利入有多寡，故官子孫閉門自守，使與商賈同處上役，豈立法本意哉。」弘信無以對，於是棣州賦稅得以實自占。遷震武軍節度使。大定六年，丁母憂，起復崇義軍節度使，徙順義軍。朔州西境多盜，而猾吏大姓蠹獄訟，督亂賦役，永元剔其宿姦，百姓安之。坐賣馬與驛人取贏利，及濬州防禦使斡論坐縱孳畜踐民田，俱解職。頃之，永元起爲保大軍節度使，歷昭義、絳陽、震武軍，遷濟南尹、北京副留守。寧國家婢醜底與咸平人化胡有姦，醜底於主印處給取印，署空紙與化胡，遂寫作永元、寧國生日時辰，詛告永元、寧國謀逆。詔有司鞫問，乃醜底意望爲良，使化胡爲之。上曰：「化胡與醜底有姦，造作惡言，誣害宗室。」化胡斬，醜底處死。改興中尹，爲彰德軍節度使。卒官，年五十一。喪過中都，遣使致祭，賻銀三百兩、綵十端、絹百疋。永元歷典大藩，多知民間利害，所至稱治，棣、順義政迹尤著，其民並爲立祠。

兗本名梧桐。皇統七年，爲左副點檢，轉都點檢。九年，爲會寧牧，改左宣徽使。海陵篡立，兗使宋還，拜司徒兼都元帥，領三省事，進拜太尉。及殺太祖妃蕭氏，盡以其財產賜兗。罷都元帥府，立樞密院，兗爲樞密使、太尉，領三省事如故。天德四年十二月晦，薨。明日，貞元元年元旦，海陵爲兗輟朝，不受賀，宋、夏、高麗、回鶻賀正旦使命，有司受其貢獻。又進兗王爵。大定二十二年，追降特進。兗妻烏延氏，正隆六年坐與奴爲姦，海陵殺之。其弟南京兵馬副都指揮使習泥烈私于族弟屋謀魯之妻，屋謀魯之奴謀欲執習泥烈，習泥烈乃殺其奴，海陵聞之，遂殺習泥烈。兗子阿合，大定中爲符寶祗候，俄遷同知定武軍節度使。上曰：「汝歲秩未滿，朕念乃祖乃父，爲汝遷官。勿爲不善，當盡心學之。」

襃本名永慶，海陵母弟，爲輔國上將軍，卒。天德二年，追封衞王，再贈司徒。大定二十二年，追降銀青光祿大夫。子和尚，封應國公，賜名樂善。左宣徽使許霖之子知彰與和尚鬭爭，其母妃命家奴捽入淩辱之，使人曳霖至第毆詈之。明日，霖訴于朝，詔大興尹蕭玉、左丞良弼、權御史大夫張忠輔、左司員外郎王全雜治，妃杖一百，殺其家奴爲首者，餘決杖有差。霖嘗跪于妃前，失大臣體，及所訴有妄，笞二十。大定間，家奴小僧月一妄言和尚熟寢之次有異徵，襃妃、僧酷以爲信然，召日者李端卜之，端云當爲天子，司天張友直亦云當大貴。家奴李添壽上變，僧酷、和尚下吏驗問，有狀，皆伏誅。上曰：「朕嘗痛海陵翦滅宗族，今和尚所爲如此，欲貸其罪，則妖妄誤惑愚民者便以爲眞，不可不滅。朕於此子蓋不得已也。」傷悶者久之。

衮本名蒲甲，亦作蒲家，桀驁強悍，海陵不喜其爲人。初爲輔國上將軍。天德初，加特進，封王，爲吏部尚書，判大宗正事。坐語禁中起居狀，兵部侍郎蕭恭首問護衞張九，具言之。海陵親問恭，奪官解職。張九對不以實，特處死。衮與翰林學士承旨宗秀、護衞麻吉、小底王之章皆決杖有差。海陵自是愈忌之。未幾，授猛安，及遷中都，道中以蒲家爲西京留守。西京兵馬完顏謨盧玍與蒲家有舊，同在西京，遂相往來，蒲家嘗以玉帶遺之，蒲家稱謨盧玍驍勇不減尉遲敬德。編修官圓福奴之妻與蒲家奴戚，圓福奴嘗戒蒲家曰：「大王名太彰著，宜少謙晦。」蒲家心知海陵忌之，嘗召日者問休咎。家奴喝里知海陵疑蒲家，乃上變，告之言與謨盧玍等謀反，嘗召日者問天命。御史大夫高楨、刑部侍郎耶律愼須呂就西京鞫之，無狀。海陵怒，使使者往械蒲家等至中都，不復究問，斬之于市，謨盧玍、圓福奴并日者皆凌遲處死。

贊曰：金議禮制度，班爵祿，正刑法，治歷明時，行天子之事，成一代之典，杲、宗幹經始之功多矣。杲子宗義爲海陵所殺，宗幹之後又不幸而有海陵，故其子孫之昌熾旣鮮，而亦不免於僇辱焉。秦漢而下，宗臣世家與國匹休者何其少歟，君子於此可以觀世變矣。

金史卷七十七

元中書右丞相總裁脫脫等修

列傳第十五

宗弼本名兀朮　亨本名孛迭

張邦昌　劉豫

撻懶

宗弼本名斡啜又作兀朮亦作斡出或作晃斡出太祖第四子也希尹獲遼護衛習泥烈問知遼帝獵鴛鴦濼都統杲出青嶺宗望宗弼率百騎與馬和尚逐越盧孛古野里斯等馳擊敗之宗弼矢盡遂奪遼兵士槍獨殺八人生獲五人遂審得遼主在鴛鴦濼畋獵尚未去可襲取者及宗望伐宋宗弼從軍取湯陰縣降其卒三千人至御河宋人已焚橋不得渡合魯索以七十騎涉之殺宋焚橋軍五百人宗望遣吳孝民先入汴諭宋人宗弼以三千騎薄汴城宋上皇出奔選百騎追之弗及獲馬三千而還宗望薨宗輔爲右副元帥徇地淄青宗弼敗宋鄭宗孟數萬衆遂克青州復破賊將趙成于臨朐大破黃瓊軍遂取臨朐宗輔軍還遇敵三萬衆于河上宗弼擊敗之殺萬餘人詔伐宋康王宗輔發河北宗弼攻開德府糧乏轉攻濮州前鋒烏林荅泰欲破王善二十萬衆遂克濮州降旁近五縣攻開德府宗弼以其軍先登奮擊破之攻大名府宗弼軍復先登破其城河北平宋主自揚州奔于江南宗弼等分道伐之進兵歸德城中有自西門北門出者當海復敗之乃絕隍築道列礮隍上將攻之城中人懼遂降先遣阿里蒲盧渾至壽春宗弼軍繼之宋安撫使馬世元率官屬出降進降廬州再降巢縣王善軍當海等破酈瓊萬餘衆于和州遂自和州渡江將至江寧西二十里宋杜充率步騎六萬來拒戰鶻盧補當海迪虎大臯合擊破之宋陳邦光以江寧府降留長安奴斡里也守江寧使阿魯補斡里也別將兵徇地下太平州濠州及句容溧陽等縣泝江而西屢敗張永等兵杜充遂降宗弼自江寧取廣德軍路追襲宋主于越州至湖州取之先使阿里蒲盧渾趨杭州具舟于錢塘江宗弼至杭州官守巨室皆逃去遂攻杭州取之宋主聞杭州不守遂自越奔明州宗弼留杭州使阿里蒲盧渾以精兵四千襲之訛魯補木列速降越州大臯破宋周汪軍阿里蒲魯渾破宋兵三千遂渡曹娥江去明州二十五里大破宋兵追至其城下城中出兵戰失利宋主走入于海宗弼中分麾下兵會攻明州克之阿里蒲盧渾泛海至昌國縣執宋明州守趙伯諤伯諤言宋主奔溫州將自溫州趨福州矣遂行海追三百餘里不及阿里蒲盧渾乃還宗弼軍自杭州遂取秀州赤盞暉敗宋軍于平江遂取平江阿里率兵先趨鎮江宋韓世忠以舟師扼江口宗弼舟小契丹漢軍沒者二百餘人遂自鎮江泝流西上世忠襲之奪世忠大舟十艘於是宗弼循南岸世忠循北岸且戰且行世忠艨艟大艦數倍宗弼軍出宗弼軍前後數里擊柝之聲自夜達旦世忠以輕舟來挑戰一日數接將至黃天蕩宗弼乃因老鸛河故道開三十里通秦淮一日一夜而成宗弼乃得至江寧撻懶使移剌古自天長趨江寧援宗弼烏林荅泰欲亦以兵來會連敗宋兵宗弼發江寧將渡江而北宗弼軍渡自東移剌古渡自西與世忠戰于江渡世忠分舟師絕江流上下將左右掩擊之世忠舟皆張五緉宗弼選善射者乘輕舟以火箭射世忠舟上五緉五緉著火箭皆自焚煙焰滿江世忠不能軍追北七十里舟軍殲焉世忠僅能自免宗弼渡江北還遂從宗輔定陝西與張浚戰于富平宗弼陷重圍中韓常流矢中目怒拔去其矢血淋漓以土塞創躍馬奮呼搏戰遂解圍與宗弼俱出既敗張浚軍于富平遂與阿盧補招降熙河涇原兩路及攻吳玠于和尚原抵險不可進乃退軍伏兵起且戰且走行三十里將至平地宋軍陣于山口宗弼大敗將士多戰沒明年復攻和尚原克之天會十五年爲右副元帥封瀋王天眷元年撻懶宗磐執議以河南之地割賜宋詔遣張通古等奉使江南明年宋主遣端明殿學士韓肖胄奉表謝遣王倫等乞歸父喪及母韋氏兄弟宗弼自軍中入朝進拜都元帥宗弼察撻懶與宋人交通賂遺遂以河南陝西與宋奏請誅撻懶復舊疆是時宗磐已誅撻懶在行臺復與鶻懶謀反會置行臺於燕京詔宗弼爲太子領行臺尚書省都元帥如故往燕京誅撻懶撻懶自燕京南走將亡入于宋追至祁州殺之詔諸州郡軍旅之事決于帥府民訟錢穀行臺尚書省治之宗弼兼總其事遂議南伐太師宗幹以下皆曰構蒙再造之恩不思報德妄自鴟張祈求無厭今若不取後恐難圖上曰彼將謂我不能奄有河南之地且都元帥久在方面深究利害宜即舉兵誅之遂命元帥府復河南疆土詔中外宗弼由黎陽趨汴右監軍撒离喝出河中趨陝西宋岳飛韓世忠分據河南州郡要害復出兵涉河東駐嵐石保德之境以相牽制宗弼遣孔彥舟下汴鄭兩州王伯龍取陳州李成取洛陽自率衆取亳州及順昌府嵩汝等州相次皆下時暑宗弼還軍于汴岳飛等軍皆退去河南平時天眷三年也上使使勞問宗弼以下將士凡有功軍士三千並加忠承校尉攻嵐石保德皆克之宗弼入朝是時上幸燕京宗弼見於行在所居再旬宗弼還軍上起立酌酒飲之賜以甲冑弓矢及馬二匹宗弼已啓行四日召還至日希尹誅遞五日宗弼還軍進伐淮南克廬州上幸燕京宗弼朝燕京乞取江南上從之制詔都元帥宗弼北還軍與宰相同入奏事俄爲尚書左丞相兼侍中太保都元帥領行臺如故詔以燕京路隸尚書省西京及山後諸部族隸元帥府乃還軍遂伐江南既渡淮以書責讓宋人宋人荅書乞加寬宥宗弼令宋主遣信臣來稟議宋主乞先歛兵許敝邑拜表闕下宗弼以便宜約以畫淮水爲界上遣護衛將軍撒改往軍下勞之三年二月宗弼朝京師兼監修國史宋主遣端明殿學士何鑄等進誓表其表曰臣構言今來畫疆合以淮水中流爲界西有唐鄧州割屬上國自鄧州西四十里并南四十里爲界屬鄧州其四十里外並西南盡屬光化軍爲敝邑沿邊州城既蒙恩造許備藩方世世子孫謹守臣節每年皇帝生辰并正旦遣使稱賀不絕歲貢銀絹二十五萬兩匹自壬戌年爲首每春季差人般送至泗州交納有渝此盟明神是殛墜命亡氏踣其國家臣今既進誓表伏望上國蚤降誓詔庶使敝邑永有憑焉宗弼進拜太傅遣左宣徽使劉筈使宋以袞冕圭寶珮璲玉冊冊康王爲宋帝其冊文曰皇帝若曰咨爾宋康王趙構不弔天降喪于爾邦亟瀆齊盟自貽顛覆俾爾越在江表用勤我師旅蓋十有八年于茲朕用震悼斯民其何罪今天其悔過誕誘爾衷封奏狎至願身列于藩輔今遣光祿大夫左宣徽使劉筈等持節冊命爾爲帝國號宋世服臣職永爲屏翰嗚呼欽哉其恭聽朕命仍詔天下賜宗弼人口牛馬各千駝百羊萬仍每歲宋國進貢內給銀絹二千兩匹宗弼表乞致仕不許優詔荅之賜以金券皇統三年爲太師領三省事都元帥領行臺尚書省事如故皇統八年薨大定十五年謚忠烈十八年配享太宗廟庭子孛迭

亨本名孛迭熙宗時封芮王爲猛安加銀青光祿大夫天德初加特進海陵忌太宗諸子將謁太廟以亨爲右衛將軍語在太宗諸王傳海陵賜亨弓亨性直材勇絕人喜自負辭曰所賜弓弱不可用海陵遂忌之出爲眞定尹謂亨曰太宗諸子方強多在河朔山東眞定據其衝要如其有變欲倚卿爲重耳其實忌亨也歷中京東京留守家奴梁遵告亨與衞士符公弼謀反考驗無狀遵坐誅海陵益疑之改廣寧尹再任李老僧使伺察亨動靜且令搆其罪狀亨初除廣寧諸公主宗婦往賀其母徒單氏太祖長女兀魯曰孛迭雖稍下遷勿以爲嫌國家視京府一也況孛迭年富何患不貴顯乎是時兀魯與徒單斜也爲室斜也妾忽撻得幸於徒單后忽撻譖后告兀魯語涉怨望且指斥又言孛迭當大貴海陵使蕭裕鞫之左驗皆不敢言遂殺兀魯而杖斜也免其官以兀魯怨望斜也不先奏聞故也乃封忽撻爲莘國夫人久之亨家奴六斤與黥給使總諸奴老僧謂六斤曰爾渤海大族不幸坐累爲奴寧不念爲良乎六斤識其意六斤嘗與亨侍妾私通亨知之怒曰必殺此奴六斤聞之懼密與老僧謀告亨謀逆亨有良馬將因海陵生辰進之以謂生辰進馬者衆不能以良馬自異欲他日入見進之六斤言亨笑海陵不識馬不足進亨之奴有自京師來者具言徒單阿里出虎誅死亨曰彼有貸死誓券安得誅之奴曰必欲殺之誓券安足用哉亨曰然則將及我矣六斤即以爲怨望遂誣亨欲因間刺海陵老僧即捕繫亨以聞工部尚書耶律安禮大理正忒里等鞫之亨言嘗論鐵券事實無反心而六斤亦自引伏與妾私通亨嘗言欲殺之狀安禮等還奏海陵怒復遣與老僧同鞫之與其家奴並加搒掠皆不伏老僧夜至亨囚所使人蹴其陰間殺之亨比至死不勝楚痛聲達於外海陵聞亨死佯爲泣下遣人諭其母曰爾子所犯法當考掠不意飲水致死亨擊鞠爲天下第一常獨當數人馬無良惡皆如意馬方馳輒投杖馬前側身附地取杖而去每畋獵持鐵連鎚擊狐兎一日與海陵同行道中遇羣豕亨曰吾能以鎚殺之即奮鎚遙擊中其腹穿入之終以勇力見忌焉正隆六年海陵遣使殺諸宗室於是殺亨妃徒單氏次妃大氏及子羊蹄等三人大定初追復亨官爵封韓王十七年詔有司改葬亨及妻子

贊曰宗弼蹙宋主于海島卒定畫淮之約熙宗舉河南陝西以與宋人矯而正之者宗弼也宗翰死宗磐宗雋撻懶湛溺富貴人人有自爲之心宗幹獨立不能如之何時無宗弼金之國勢亦曰殆哉世宗嘗有言曰宗翰之後惟宗弼一人非虛言也

張邦昌宋史有傳天會五年宗望軍圍汴宋少帝請割三鎮地及輸歲幣納質修好於是邦昌爲宋太宰與肅王樞俱爲質以來而少帝以書誘耶律余睹宗翰宗望

復伐宋執二帝以歸劉彥宗乞復立趙氏太宗不許宋吏部尚書王時雍等請邦昌治國事天會五年三月立邦昌爲大楚皇帝初少帝以康王構與邦昌爲質既而肅王樞易之康王乃歸及宗望再舉兵少帝復使康王奉玉冊玉寶衮冕增上太宗尊號請和康王至磁州而宗望已自魏縣渡河圍汴矣及二帝出汴州發大軍北來而邦昌至汴康王入于歸德邦昌勸進于歸德康王已卽位罪以隱事殺之邦昌死太宗聞之大怒詔元帥府伐宋宋主走揚州事具宗翰等傳其後太宗復立劉豫繼邦昌號大齊

劉豫字彥游景州阜城人宋宣和末仕爲河北西路提刑徙浙西抵儀眞喪妻翟氏繼值父憂康王至揚州樞密使張慤薦知濟南府是時山東盜賊滿野豫欲得江南一郡宰相不與忿忿而去撻懶攻濟南有關勝者濟南驍將也屢出城拒戰豫遂殺關勝出降遂爲京東東西淮南安撫使知東平府兼諸路馬步軍都總管節制河外諸軍以豫子麟知濟南府撻懶屯兵衝要以鎭撫之初康王旣殺張邦昌自歸德奔揚州詔左右副元帥合兵討之詔曰俟宋平當援立藩輔以鎭南服如張邦昌者及宋主自明州入海亡去宗弼北還乃議更立其人衆議折可求劉豫皆可立而豫亦有心撻懶爲豫求封太宗用封張邦昌故事以九月朔旦授策受策之後以藩王禮見使者臣宗翰臣宗輔議既策爲藩輔稱臣奉表朝廷報諭詔命避正位與使人抗禮餘禮竝從帝者詔曰今立豫爲子皇帝既爲鄰國之君又爲大朝之子其見大朝使介惟使者始見躬問起居與面辭有奏則立其餘竝行皇帝禮天會八年九月戊申備禮冊命立豫爲大齊皇帝都大名仍號北京置丞相以下官赦境內復自大名還居東平以東平爲東京汴州爲汴京降宋南京爲歸德府降淮寧永昌順昌興仁府俱爲州張孝純等爲宰相弟益爲北京留守母翟氏爲皇太后妾錢氏爲皇后錢氏宣和內人也以辛亥年爲阜昌元年以其子麟爲尚書左丞相諸路兵馬大總管宋人畏之待以敵國禮國書稱大齊皇帝豫宰相張孝純鄭億年李鄴家人皆在宋宋人加意撫之阜昌二年豫還都于汴睿宗定陝西太宗以其地賜豫從張邦昌所受封畧故也元帥府使蕭慶如汴與豫議以伐宋事豫報曰宋主軍帥韓世忠屯潤州劉光世屯江寧今舉大兵欲往采石渡江而劉光世拒守江寧若出宿州抵揚州則世忠必聚海船截瓜洲渡若輕兵直趨采石彼未有備我必徑渡江矣光世海船亦在潤州韓世忠必先取之二將由此必不和以此逼宋主其可以也未幾宋主閤門宣贊舍人徐文將大小船六十隻軍兵七百餘人來奔至密州界中率將佐至汴豫與元帥府書曰徐文一行久在海中盡知江南利害文言宋主在杭州其候潮門外錢塘江內有船二百隻宋主初走入海時於此上船過錢塘江別有河入越州向明州定海口遙遷前去昌國縣其縣在海中宋人聚船積糧之處今大軍可先往昌國縣攻取船糧還趨明州城下奪取宋主御船直抵錢塘江口今自密州上船如風勢順可五日夜到昌國縣或風勢稍慢十日或半月可至初宗弼自江南北還宗翰將入朝再議以伐宋事宗翰堅執以爲可伐宗弼曰江南卑濕今士馬困憊糧儲未豐足恐無成功宗翰曰都監務偸安爾及豫以書報而睿宗亦不肯用豫策使撻懶帥師至瓜洲而還天會十四年制詔齊國與本朝軍民相訴關涉文移署年止用天會十五年詔廢齊國降封豫爲蜀王豫稱大號凡八年於是置行臺尚書省於汴除去豫弊政人情大悅以故齊宰相張孝純權行臺左丞相遂遷豫家屬於臨潢府皇統元年賜豫錢一萬貫田五十頃牛五十頭三年進封曹王皇統三年薨子麟麟字元瑞豫之子也宋宣和間父蔭補將仕郎累加承務郎天會七年豫以濟南降麟因從軍討水賊王江破降之豫節制東平以麟知濟南府事齊國建以濟南爲興平軍麟爲節度使開府儀同三司梁國公充諸路兵馬大總管判濟南府事明年爲齊尚書左丞相明年從豫遷汴罷判濟南依前開府置參謀豫請立麟爲太子朝廷不許曰若與我伐宋有功則立之於是麟連歲帥兵南伐皆無功而還及朝廷議廢齊報以南伐之期俾豫先遣兵駐淮上撻懶以軍廢豫止刁馬河麟從數百騎出迎撻懶諭麟止從騎南岸獨召麟渡河因執麟豫廢麟遷臨潢頃之授北京路都轉運使歷中京燕京路都轉運使參知政事尚書左丞復爲興平軍節度使上京路轉運使開府儀同三司封韓國公薨年六十四正隆間降二品以上官封改贈特進息國公

昌本名撻懶穆宗子宗翰襲遼主于鴛鴦濼遼都統馬哥奔擣里撻懶收其羣牧宗翰使撻懶追擊之不及獲遼樞密使得里底及其子磨哥那野以還太祖自將襲遼主于大魚濼留輜重于草濼使撻懶牙卯守之奚路兵官渾黜不能安輯其衆遂以撻懶爲奚六路軍帥鎭之習古迺婁盧火護送常勝軍及燕京豪族工匠自松亭關入內地上戒之曰若遇險阨則分兵以往習古迺婁盧火迺合於撻懶久之討劾山速古部奚人奚人據險戰殺且盡速古啜里鐵尼十三巖皆平之詔曰朕以奚路險阻經畧爲難命汝往任其事而克副所託良用嘉歎今回离保部族來附餘衆奔潰無能爲已比命習古迺婁盧火護送降人若遇險阻卽分兵以行餘衆悉與汝合降詔二十招諭未降汝當審度其事從宜處之其後撫定奚部及分南路邊界表請設官鎭守上曰依東京渤海列置千戶謀克遼外戚遙輦昭古牙部族在建州斜野襲走之獲其妻孥及官豪之族撻懶復擊之擒其隊將曷魯燥白撒葛殺之降民戶千餘進降金源縣詔增賜銀牌十又降遙輦二部再破興中兵降建州官屬得山砦二十村堡五百八十阿忽復敗昭古牙降其官民尤多昭古牙勢蹙亦降興中建州皆平詔第將士功賞撫安新民撻懶請以遙輦九營爲九猛安上以奪鄰有功使領四猛安昭古牙仍爲親管猛安五猛安之都帥命撻懶擇人授之撻懶與劉彥宗舉蕭公翊爲興中尹都府各以契丹漢官攝治上皆從之及宗翰宗望伐宋撻懶爲六部路都統宗望已受宋盟軍還撻懶乃歸中京八月復伐宋閏月宗翰宗望軍皆至汴州撻懶阿里刮破宋兵二萬於杞覆其三營獲京東路都總管胡直孺及其二子與南路都統制隨師元及其三將遂克拱州降寧陵破睢陽下亳州宋兵來復睢陽又擊走之擒其將石瑱宋二帝已降大軍北還撻懶爲元帥左監軍徇地山東取密州迪虎取單州撻懶取鉅鹿阿里括取宗城迪古不取清平臨清蒙刮取趙州阿里刮徇下濬滑恩及高唐分遣諸將撫磁信德皆降之劉豫以濟南府降詔以豫爲安撫使治東平撻懶以左監軍鎭撫之大事專決焉後爲右副元帥天會十五年爲左副元帥封魯國王初宋人既誅張邦昌太宗詔諸將復求如邦昌者立之或舉折可求撻懶力舉劉豫豫立爲帝號大齊豫爲帝數年無尺寸功遂降豫爲蜀王撻懶與右副元帥宗弼俱在河南宋使王倫求河南陝西地于撻懶明年撻懶朝京師倡議以廢齊舊地與宋熙宗命羣臣議會東京留守宗雋來朝與撻懶合力宗幹等爭之不能得宗雋曰我以地與宋宋必德我宗憲折之曰我俘宋人父兄怨非一日若復資以土地是助讎也何德之有勿與便撻懶弟勗亦以爲不可既退撻懶責勗曰他人尚有從我者汝乃異議乎勗曰苟利國家豈敢私邪是時太宗長子宗磐爲宰相位在宗幹上撻懶宗雋附之竟執議以河南陝西地與宋張通古爲詔諭江南使久之宗磐跋扈尤甚宗雋亦爲丞相撻懶持兵柄謀反有狀宗磐宗雋皆伏誅詔以撻懶屬尊有大功因釋不問出爲行臺尚書左丞相手詔慰遣撻懶至燕京愈驕肆不法復與翼王鶻懶謀反而朝議漸知其初與宋交通而倡議割河南陝西之地宗弼請復取河南陝西會有上變告撻懶者熙宗乃下詔誅之撻懶自燕京南走追而殺之于祁州并殺翼王及宗人活离胡土撻懶二子斡帶烏達補而赦其黨與宗弼爲都元帥再定河南陝西伐宋渡淮宋康王乞和遂稱臣畫淮爲界乃罷兵

贊曰君臣之位如冠屨安分不可頃刻易也五季亂極綱常斁壞遼之太宗慢褻神器倒置冠屨援立石晉以臣易君宇宙以來之一大變也金人效尤而張邦昌劉豫之事出焉邦昌雖非本心以死辭之孰曰不可豫乘時徼利金人欲倚以爲功豈有是理哉撻懶初薦劉豫後以陝西河南歸宋覬覦儻來初無固志以處此也積其輕躁終陷逆圖事敗南奔適足以實通宋之事爾哀哉

金史卷七十七考證

宗弼傳宋主自揚州奔於江南宗弼等分道伐之○宋通鑑兀朮分兵南寇一自滁和入江東一自蘄黃入江西

金史卷七十八

元中書右丞相總裁脫脫等修

列傳第十六

劉彥宗　劉蕚　劉筈　劉仲誨

劉頍　時立愛　韓企先子鐸

劉彥宗字魯開大興宛平人遠祖怦唐盧龍節度使石晉以幽薊入遼劉氏六世仕遼相繼爲宰相父霄至中京留守彥宗擢進士乙科天祚走天德秦晉國王耶律雅里自立于燕擢彥宗留守判官蕭妃攝政遷簽書樞密院事太祖至居庸關蕭妃自古北口遁去都監高六

送款于太祖太祖奄至駐蹕城南彥宗與左企弓等奉表降太祖一見器遇之俾復舊遷左僕射佩金牌張覺爲南京留守太祖聞覺有異志使彥宗斜鉢宣慰之太祖至鴛鴦濼不豫還上京留宗翰都統軍事留彥宗佐之及張覺敗奔于宋衆推張敦固爲都統殺使者乘城拒守攻之不肯下彥宗同中書門下平章事知樞密院事加侍中佐宗望軍宗望奏方圖攻取凡州縣之事委彥宗裁決之天會二年詔彥宗曰中京等兩路先多拒命故遣使撫諭貰其官民之罪所犯在降附前者勿論卿等選官與使者往諭之使勸于稼穡未幾大舉伐宋彥宗畫十策詔彥宗兼領漢軍都統蔡靖以燕山降詔彥宗凡燕京一品以下官皆承制注授遂進兵伐宋至汴宋少帝割地納質師還宗望分將士屯安肅雄霸廣信之境留闍母彥宗于燕京節制諸軍明年再伐宋已圍汴京彥宗謂宗翰宗望曰蕭何入關秋豪無犯惟收圖籍遼太宗入汴載路車法服石經以歸皆令則也二帥嘉納之執二帝以歸天會六年薨年五十三追封鄆王正隆二年例降封開府儀同三司大定十五年追封兗國公諡英敏子蕚筈

蕚彥宗季子也遼末以蔭補閤門祗候天輔七年授禮賓使累官德州防禦使天德初稍加擢用歷左右宣徽使拜參知政事進尚書左丞爲沁南軍節度使歷臨洮太原尹正隆南伐爲漢南道行營兵馬都統制大定初除興中尹封任國公歷順天定武軍節度使濟南尹蕚淫縱無行所至貪墨狠籍廉使劾之詔遣大理少卿張九思就濟南鞫問既就逮不測所以引刃自殺不死詔削官一階罷歸田里卒子仲詢天德三年賜王彥潛榜及第

筈彥宗次子幼時以廕隸閤門不就去從學遼末調兵而筈在選中遼兵敗左右多散亡乃選筈爲扈從授左承制遼主西奔蕭妃攝政賜筈進士第授尚書左司員外郎寄班閤門天輔七年太祖取燕筈從其父兄出降遷尚書左司郎中八年授殿中少監太祖崩宋夏遣使弔慰凡館見禮儀皆筈詳定遷衞尉少卿授西上閤門使仍從事元帥府元帥府以便宜從事凡約束廢置及四方號令多從筈之畫焉天會二年遷太常少卿東上閤門使從宗翰伐宋圍太原遷衞尉卿權簽宣徽院事四年授左諫議大夫秋復南征權中書省樞密院事丁父憂明年起復直樞密院事加給事中七年爲禮部侍郎十年改彰信軍節度使權簽中書省樞密院事天眷二年改左宣徽使熙宗幸燕法駕儀仗筈討論者爲多皇統元年充江南封冊使假中書侍郎既至臨安而宋人牓其居曰行宮筈曰未受命而名行宮非也請去牓而後行禮宋人驚服其有識欲厚賂說之奉金珠三十餘萬而筈不之顧皆歎曰大國有人焉五年爲行臺尚書右丞相兼判左宣徽使事留京師或請釐革河南官吏之濫雜者筈曰廢齊用兵江表求一切近効其所用人不必皆以章程故有不由科目而爲大吏不試弓馬而握兵柄者今撫定未久姑收人心奈何爲是紛更也遂仍其舊七年帥府議於鮐陶築三城以爲有警即令北軍入居之筈曰今天下一家孰爲南北設或有變軍人入城獨能安耶當嚴武備以察姦無示彼此之間也其後竟從筈議初以河外三州賜夏人或言秦之在夏者數千人皆願來歸諸將請約之筈曰三小州不足爲輕重恐失朝廷大信且秦人之在蜀者倍多於此何獨捨彼而取此乎遂從筈議陝西邊帥請完沿邊城郭以備南寇筈曰我利車騎而不利城守今城之則勞民而結怨況盟已定豈可妄動遂罷之九年八月拜司空九月拜平章政事封吳國公行臺右丞相如故天德元年封滕王二年拜尚書右丞相兼中書令進封鄭王未幾以疾求解政務授燕京留守進封曹王居數月乞致仕筈自爲宣徽使以能得悼后意致位宰相海陵即位意頗鄙之及筈求致仕詔畧曰不爲墻於臨事不爲諂於事君未許告歸姑從解職筈因慚懼而死年五十八子仲誨

仲誨字子忠皇統初以宰相子授忠勇校尉九年賜進士第除應奉翰林文字海陵嚴暴臣下應對多失次嘗以時政訪問在朝官仲誨從容敷奏無懼色海陵稱賞之貞元初丁父憂起復翰林修撰大定二年遷待制尋兼修起居注左補闕三年詔仲誨與左司員外郎蒲察蒲速越廉問所過州縣仲誨等還奏狀詔玉田縣令李方進一階順州知法權密雲縣事王宗永攝密雲縣尉順州司候張璘密雲縣尉石抹烏者皆免去丁母憂起復太子右諭德遷翰林直學士改棣州防禦使猒次縣捕得強盜數十人詣州欲以全獲希賞仲誨疑其有冤緩其獄同僚曰縣境多盜請寘之法以懲其餘仲誨乃擇老稚者先釋之未幾乃獲眞盜入爲禮部侍郎兼左諭德遷太子詹事兼左諫議大夫上曰東宮官屬尤當選用正人如行檢不修及不稱位者具以名聞又曰東宮講書或論議間當以孝儉德行正身之事告之頃之東宮請增收人及張設什用上謂仲誨曰太子生於富貴每教之恭儉朕服御未嘗妄有增益卿以此意諭之改御史中丞十四年爲宋國歲元使宋主欲變親起接書之儀遣館伴王抃來議曲辨強說欲要以必從仲誨曰使臣奉命遠來修好固欲成禮而信約所載非使臣輒敢變更公等宋國腹心毋僥倖一時失大國歡往復再三竟用舊儀親起接書成禮而還復爲太子詹事遷吏部尚書轉太子少師兼御史中丞坐失糾舉大長公主事與侍御史李瑜各削一階仲誨前後爲東宮官且十五年多進規戒顯宗特加禮敬大定十九年卒仲誨立朝峻整容色莊重世宗嘗曰朕見劉仲誨嘗若將切諫者其以剛嚴見知如此

頍字元矩以大臣子孫充閤門祗候調莘縣令召爲承奉班都知遷西上閤門副使兼宮苑令累遷西上東上閤門使泰和二年宋盱眙軍報明年賀正旦使魯誼楊明輝及過界副使乃王處久入見魯誼殿上不雙跪詔頍就閤詰問先報名銜楊明輝不復報改王處久之故及不雙跪者魯誼對拜時竝雙跪有足疾似單跪者初南苑有唐舊碑書貞元十年御史大夫劉怦葬上見之曰苑中不宜有墓頍家本怦後詔賜頍錢三百貫改葬之三遷右宣徽使貞祐二年轉左宣徽使明年致仕遷一官上曰卿舊人也今朝廷多故豈宜去位朕自東宮薨後思慮不周俟稍寧息即以上郡處卿頃之起爲知開封府四年正月元日攝左宣徽使再請老未半歲復起爲御史中丞詔安撫河南路捕盜賊坐與保靜軍節度使會飲解職起爲太子詹事遷太子少師詹事院欲闢廣東宮周墻頍請於皇太子曰師旅饑饉之際何爲興此役遂止尋卒

時立愛字昌壽涿州新城人父承謙以財雄鄉里歲饑發倉廩賑貧乏假貸者與之折券遼太康九年中進士第調泰州幕官丁父憂服除調同知春州事未逾年遷雲內縣令再除文德令樞密院選爲吏房副都承旨轉都承旨累遷御史中丞剛正敢言忤權貴除燕京副留守丁母憂起復舊職遷遼興軍節度使兼漢軍都統太祖已定燕京訪求得平州人韓詢持詔招諭平州是時奚王回離保在盧龍嶺立愛未敢即朝見先使人來送款曰民情愚執不即順從願降寬恩以慰反側詔曰朕親巡西土底定全燕號令所加城邑皆下爰嘉忠款特示優恩應在彼大小官員可皆充舊職諸囚禁配隸竝從釋免於是遼帝尚在天德平州雖降民心未固奚王回离保軍所在保聚薊州已降復叛民間流言謂金人所下城邑始則存撫後則俘掠時立愛雖開諭而不肯信乃上表乞下明詔遣官分行郡邑宣諭德義他日兵臨于宋順則撫之逆則討之兵不勞而天下定矣上覽表嘉之詔荅曰卿始率吏民歸附復條利害悉合朕意嘉歎不忘山西部族緣遼主未獲恐陰相連結故遷處于嶺東西京人民既無異望皆按堵如故或有將卒貪悍冒犯紀律輒掠降人者已諭諸部及軍帥約束兵士秋豪有犯必刑無赦今遣斡魯阿里等爲卿副貳以撫斯民其告諭所部使知朕意其後以平州爲南京用張覺爲留守時立愛遂去平州而張覺遂因燕京人東徙其衆怨望覺遂叛入于宋立愛既去平州歸鄉里太祖以燕薊與宋新城入于宋宋累詔立愛立愛見宋政日壞不肯起戒其宗族不得求仕及宗望再取燕山立愛詣幕府上謁拜同中書門下平章事任其子姪數人立愛從宗望軍數年謀畫居多封陳國公表求解機務不從九年爲侍中知樞密院事久之加中書令天會十五年致仕加開府儀同三司鄭國公薨于家年八十二賻贈錢布繒帛有差詔同簽書燕京樞密院事趙慶襲護喪事葬用皆官給之

韓企先燕京人九世祖知古仕遼爲中書令徙居柳城世貴顯乾統間企先中進士第回翔不振都統杲定中京擢樞密副都承旨稍遷轉運使宗翰爲都統經畧山西表署西京留守天會六年劉彥宗薨企先代之同中書門下平章事知樞密院事七年遷尚書左僕射兼侍中封楚國公初太祖定燕京始用漢官宰相賞左企弓等置中書省樞密院于廣寧府而朝廷宰相自用女直官號太宗初年無所更改及張敦固伏誅移置中書樞密于平州蔡靖以燕山降移置燕京凡漢地選授調發租稅皆承制行之故自時立愛劉彥宗及企先輩官爲宰相其職大抵如此斜也宗幹當國勸太宗改女直舊制用漢官制度天會四年始定官制立尚書省以下諸司府寺十二年以企先爲尚書右丞相召至上京入見太宗甚驚異曰朕疇昔嘗夢此人今果見之於是方議禮制度損益舊章企先博通經史知前代故事或因或革咸取折衷企先爲相每欲爲官擇人專以培植獎勵後進爲己責任推轂士類甄別人物一時臺省多君子彌縫闕漏密謨顯諫必咨於王宗翰宗幹雅敬重之世稱賢相焉皇統元年封濮王六年薨年六十五正隆二年例降封齊國公大定八年配享太宗廟庭十年司空

李德固孫引慶求襲其祖猛安世宗曰德固無功其猛安且闍之漢人宰相惟韓企先最賢他不及也十一年將圖功臣像于衍慶宮上曰丞相企先本朝典章制度多出斯人之手至於關決大政與大臣謀議不使外人知之由是無人能知其功前後漢人宰相無能及者置功臣畫像中亦足以示勸後人十五年謚簡懿

韓鐸字振安企先次子也皇統末以大臣子授武義將軍熙宗聞其有儒學賜進士第除宣徽判官再遷刑部員外郎海陵遣中使諭之曰郎官高選也汝勳賢之子行已涖官能世其家故以命汝苟能夙夜在公當不次擢用雖公相可到鐸感奮獄或有疑據經議讞海陵伐宋改兵部員外郎大定初遷本部郎中累官河州防禦使求養親解去召爲左諫議大夫遷中都路都轉運使頃之上謂宰臣曰韓鐸年高不任繁劇且其母老矣可與之便郡於是改順天軍節度使卒

贊曰太祖入燕始用遼南北面官僚制度是故劉彥宗時立愛規爲施設不見于朝廷之上軍旅之暇治官政庀民事務農積穀內供京師外給轉餉此其功也韓企先入相兩朝幾二十年成功著業世宗稱其賢焉

金史卷七十九

元　中　書　右　丞　相　總　裁　脫　脫　等　修

列傳第十七

鄺瓊　李成　孔彥舟　徐文
施宜生　張中孚　張中彥　宇文虛中
王倫

鄺瓊字國寶相州臨漳人補州學生宋宣和間盜賊起瓊乃更學擊刺挽强試弓馬隸宗澤軍駐于磁州未幾告歸括集義軍七百人復從澤澤署瓊爲七百人長澤死調戍滑州時宗望伐宋將渡河戍軍亂殺其統制趙世彥而推瓊爲主瓊因誘衆號爲勤王行且收兵比渡淮有衆萬餘康王以爲楚州安撫使淮南東路兵馬鈐轄累遷武泰軍承宣使未幾率所領步騎十餘萬附于齊授靜難軍節度使知拱州齊國廢以爲博州防禦使用廉遷驃騎上將軍宗弼復河南以瓊爲山東路弩手千戶知亳州事丁母憂去官宗弼再伐江南以瓊素知南方山川險易召至軍與計事從容語同列曰瓊嘗從大軍南伐每見元帥國王親臨陣督戰矢石交集而王免冑指麾三軍意氣自若用兵制勝皆與孫吳合可謂命世雄材矣至於親冒鋒鏑進不避難將士視之孰敢愛死乎宜其所向無前日闢國千里也江南諸帥才能不及中人每當出兵必身居數百里外謂之持重或督召軍旅易置將校僅以一介之士持虛文諭之謂之調發制敵決勝委之偏裨是以智者解體愚者喪師幸一小捷則露布飛馳增加俘級以爲己功斂怨將士縱或親臨亦必先遁而又國政不綱纔有微功已加厚賞或有大罪乃置而不誅不卽覆亡已爲天幸何能振起耶衆以爲確論元帥謂宗弼也及宗弼問瓊以江南成敗誰敢相拒者瓊曰江南軍勢怯弱皆敗亡之餘又無良帥何以禦我頗聞秦檜當國用事檜老儒所謂亡國之大夫兢兢自守惟頗覆是懼吾以大軍臨之彼之君臣方且心破膽裂將哀鳴不暇蓋傷弓之鳥可以虛弦下也既而江南果稱臣宗弼喜瓊爲知言初瓊去亳未幾宋兵陷之而不守復棄去乃以州人宋超守之及大軍至超復以州事委其鈐轄衞經而遁去帥府使人招經經不下及城潰百姓惶懼待命瓊請於元帥曰城所不下者凶豎劫之也民何罪願慰安之元帥以瓊先嘗守亳因止戮經而釋其州人復命瓊守亳凡六年亳人德之遷武寧軍節度使八年爲泰寧軍節度使九年還歸德尹貞元元年加金紫光祿大夫卒于官年五十

李成字伯友雄州歸信人勇力絕倫能挽弓三百斤宋宣和初試弓手挽强異等累官淮南招捉使成乃聚衆爲盜鈔掠江南宋遣兵破之成遂歸齊累除知開德府從大軍伐宋齊廢再除安武軍節度使成在降附諸將中最勇鷙號令甚嚴衆莫敢犯臨陣身先諸將士卒未食不先食有病者親視之不持雨具雖沾濕自如也有告成反者宗弼察其誣使成自治成杖而釋之其不校如此以此士樂爲用所至克捷宗弼再取河南宋李興據河南府成引軍入孟津興率衆薄城鼓譟請戰成不應日下昃興士卒倦且飢成開門急擊大破之興走漢南成遂取洛陽嵩汝等河南平宗弼奏成爲河南尹都管押本路兵馬嘗取官美粟充公費坐奪兩官解職正隆間起爲眞定尹封郡王例封濟國公卒年六十九

孔彥舟字巨濟相州林慮人亡賴不事生產避罪之汴占籍軍中坐事繫獄說守者解其縛乘夜踰城遯去已而殺人亡命爲盜宋靖康初應募累官京東西路兵馬鈐轄聞大軍將至山東遂率所部劫殺居民燒廬舍掠財物渡河南去宋人復招之以爲沿江招捉使彥舟暴橫不奉約束宋人將以兵執之彥舟走之齊從劉麟伐宋爲行軍都統改行營左總管齊國廢累知淄州從宗弼取河南克鄭州擒其守劉政破孟邦傑於登封授鄭州防禦使討平太行車轅嶺賊從征江南渡淮破孫暉兵萬餘人下安豐霍丘及攻濠州以彥舟爲先鋒順流薄城擒其水軍統制邵青遂克濠州師還累官工兵部尚書河南尹封廣平郡王正隆例降金紫光祿大夫改南京留守彥舟荒于色有禽獸行妾生女姿麗彥舟苦虐其母使自陳非己女遂納爲妾其官屬負官錢私其妻與折券惟破濠州時諸軍凡係獲皆殺之彥舟號令毋輒殺免者數千人人頗以此稱之然自幼至老常在行伍習兵事知利鈍海陵欲以爲征南將佐正隆五年除南京留守彥舟有疾朝臣有傳彥舟死者而彥舟尚無恙海陵盡杖妄傳彥舟死者以激勵之無何竟死於汴年五十五遺表言伐宋當先取淮南云

徐文字彥武萊州掖縣人徙膠水少時販鹽爲業往來瀕海數州剛勇尚氣儕輩皆憚之宋季盜起募戰士爲密州板橋左十將勇力過人揮巨刀重五十斤所向無前人呼爲徐大刀後隸王龍圖麾下與夏人戰生擒一將補進武校尉東還破羣賊楊進等轉承信郎宋康王渡江召文爲樞密院准備將擒苗傅及韓世績以功遷淮東浙西沿海水軍都統制諸將忌其材勇是時李成孔彥舟皆歸齊宋人亦疑文有北歸志大將閻臯與文有隙因而譖之宋使統制朱師敏來襲文文乃率戰艦數十艘泛海歸于齊齊以文爲海密二州滄海都招捉使兼水軍統制遷海道副都統兼海道總管賜金帶文以策干劉豫欲自海道襲臨安豫不能用齊國廢元帥府承制以文爲南京步軍都虞候權馬步軍都指揮使天眷元年破太行賊梁小哥以本職兼水軍統制朝廷以河南與宋除文山東路兵馬鈐轄宗弼復取河南文破宋將李寶於濮陽孟邦傑於登封宋蔣知軍據河陽文遲明至其城下使別將攻城東北自將精銳潛師襲南門城中悉衆救東北文乃自南門斬關入城宋軍潰去追擊敗之破郭清郭遠於汝州鄭州叛復取之擊走宋將成方河南既平宗弼勞賞將士賞文銀幣鞍馬充行軍萬戶從宗弼取廬濠等州超換武義將軍知濟州在職七年移知泰安軍海陵卽位錄舊功累遷中都兵馬都指揮使賜金帶改滄州防禦使未幾海陵謀伐宋改行都水監監造戰船於通州東海縣人徐元張旺作亂縣人房眞等三人走海州及走總管府上變州府皆遣使劾隨眞等詣東海觀賊形勢皆爲賊所害州府合兵攻之累月不下海陵且欲伐宋惡聞其事詔文與步軍指揮使張弘信同知大興尹李惟忠宿直將軍蕭阿窊率舟師九百浮海討之謂文等曰朕意不在一邑將以試舟師耳文等至東海與賊戰敗之斬首五千餘級獲徐元張旺餘衆請降是役也張弘信行至萊州稱疾留止日與妓樂飲酒海陵聞之師還杖弘信二百文遷定海軍節度使房眞三人官賞有差死賊者皆贈官三級以銀百兩絹百匹賜其家大定二年詣闕自陳年老目昏懇求致仕許之以覃恩遷龍虎衞上將軍卒于家

施宜生字明望邵武人也博聞强記未冠由鄉貢入太學宋政和四年擢上舍第試學官授潁州教授及王師入汴宜生走江南復以罪北走齊上書陳取宋之策齊以爲大總管府議事官失意於劉麟左遷彰信軍節度判官齊國廢擢爲太常博士遷殿中侍御史轉尚書吏部員外郎爲本部郎中尋改禮部出爲隰州刺史天德二年用參知政事張浩薦宜生可備顧問海陵召爲翰林直學士撰太師梁王宗弼墓銘進官兩階正隆元年出知深州召爲尚書禮部侍郎遷翰林侍講學士四年冬爲宋國正旦使宜生自以得罪北走恥見宋人力辭不許宋命張燾館之都亭因間以首丘風之宜生顧其介不在傍爲廋語曰今日北風甚勁又取几間筆扣之曰筆來筆來於是宋始警其副使耶律闢離剌使還以聞坐是烹死初宜生困於場屋遇僧善風鑒謂之曰子面有權骨可公可卿而視子身之毛皆逆上且覆腕必有以合乎此而後可貴也宜生聞其言大喜竟從范汝爲於建劍已而汝爲敗變服爲傭秦之吳翁家三年翁異之一日屛人詰其姓名宜生曰我服傭事惟謹主人乃亦寘疑邪翁固詰之則請其故翁曰日者燕客執事咸餕而汝獨孫諸儕且撤器有歎聲是以識汝非眞傭也宜生遂告之故翁匿之金夜濟淮以歸試一日獲熊三十六賦擢第一其後竟如僧言

張中孚字信甫其先自安定徙居張義堡父達仕宋至太師封慶國公中孚以父任補承節郎宗翰圍太原其父戰歿中孚泣涕請迹父屍乃獨率步曲十餘人入大軍中竟得其屍以還累官知鎭戎軍兼安撫使屢從吳玠張浚以兵拒大軍浚走巴蜀中孚權帥事天會九年睿宗以左副元帥次涇州中孚率其將吏來降睿宗以爲鎭洮軍節度使知渭州兼涇原路經略安撫使齊國建以什一法括民田籍丁壯爲鄉軍中孚以爲涇原地瘠無良田且保甲之法行之已習今遽紛更人必逃徙秪見其害未見其利也竟執不行時齊政甚急莫敢違

人爲中孚懼而中孚不之顧未幾齊國廢一路獨免掊克之患天眷初爲陝西諸路節制使知京兆府朝廷賜地江南中孚遂入宋宗弼再定河南陝西移文宋人使歸中孚至汴就除行臺兵部尚書遷除參知行臺尚書省事明年拜參知政事貞元元年遷尚書左丞封南陽郡王三年以疾告老乃爲濟南尹加開府儀同三司封宿王移南京留守又進封崇王卒年五十九加贈鄧王中孚天性孝友剛毅與弟中彥居未嘗有間言喜讀書頗能書御其士卒嚴而有恩西人尤畏愛之葬之日老稚扶柩流涕蓋數萬人至爲罷市其得西人之望如此正隆例封崇進原國公

張中彥字才甫中孚弟少以父任仕宋爲涇原副將知德順軍事睿宗經略陝西中彥降除招撫使從下熙河階成州授彰武軍承宣使爲本路兵馬鈐轄遷都總管宋將關師古圍鞏州與秦鳳李彥琦會兵攻之王師下僥風關得金洋諸州以中彥領興元尹撫輯新附師還代彥琦爲秦鳳經略使秦州當要衝而城不可守中彥徙治北山因險爲壘今秦州是也築臘家諸城以扼蜀道帥秦凡十年改涇原路經略使知平涼府朝廷以河南陝西賜宋中孚以官守隨例當留關中熙河經略使慕洧謀入夏將闚關陝中彥與環慶趙彬會兩路兵討之洧敗入于夏中彥與兄中孚俱至臨安被留以爲龍神衛四廂都指揮使清遠軍承宣使提舉佑神觀靖海軍節度使皇統初恢復河南詔徵中彥兄弟北歸爲靜難軍節度使歷彰化軍鳳翔尹改尹慶陽兼慶原路兵馬都總管寧州刺史宗室宗渦毆死僚佐梁郁郁遠人家貧無能赴告者中彥力爲正其罪竟寘于法改彰德軍節度使均賦調法姦豪無所藏匿人服其明正隆營汴京新宮中彥採運關中材木青峰山巨木最多而高深阻絕唐宋以來不能致中彥使構崖駕壑起長橋十數里以車運木若行平地開六盤山水洛之路遂通汴梁明年作河上浮梁復領其役舟之始製匠者未得其法中彥手製小舟纔數寸許不假膠漆而首尾自相鉤帶謂之鼓子卯諸匠無不駭服其智巧如此浮梁巨艦畢功將發旁郡民曳之就水中彥召役夫數十人治地勢順下傾瀉于河取新秫稭密布於地復以大木限其旁凌晨督衆乘霜滑曳之殊不勞力而致諸水俄遷平陽海陵將伐宋驛召赴闕授西蜀道行營副都統制賜細鎧使先取散關俟後命世宗卽位赦書至鳳翔諸將惶惑不能決去就中彥曉譬之諸將感悟受詔上召中彥入朝以軍付統軍合喜及見上賜以所御通犀帶封宗國公尋爲吏部尚書上疏曰古者關市譏而不征今使掌關市者征而不譏苛留行旅至披剔囊笥甚於剽掠有傷國體乞禁止從之踰年除南京留守時淮楚用兵士民與戍兵雜居訟牒紛緒所司皆依違不決中彥得戍兵爲盜者悉論如法帥府怒其專決劾奏之朝廷置而不問秩滿轉眞定尹兼河北西路兵馬都總管未幾致仕西歸京兆明年起爲臨洮尹兼熙秦路兵馬都總管華州劉海構亂旣敗籍民之從亂者數千人中彥惟論爲首者戮之西羌吹折密臧隴逋龐拜四族恃險不服使侍御史沙醇之就中彥論方畧中彥曰此羌服叛不常若非中彥自行勢必不可卽至積石達南寺酋長四人來與之約降事遂定賞而遣之還奏上大悅遣張汝王馳驛勞之賜以毬文金帶用郊恩加儀同三司以疾卒官年七十五百姓哀號輟市立像祀之

贊曰自古健將武夫其不才者遭世變遷賣降恐後此其常態君子之所不責也酈瓊徐文是已施宜生反覆壬人李成盜賊之靡孔彥舟漁色親出自絕人類又何責也張中孚中彥雖有小惠足稱然以宋大臣之子父戰沒於金若金若齊義皆不共戴天之讎金以地與齊則甘心臣齊以地歸宋則忍恥臣宋金取其地則又比肩臣金若遂市然惟利所在於斯時也豈復知所謂綱常也哉吁

宇文虛中字叔通蜀人初仕宋累官資政殿大學士天會四年宋少帝已結盟宗望班師至孟陽宋姚平仲乘夜來襲明日復進兵圍汴少帝使虛中詣宗望軍告以襲兵皆將帥自爲之復請和議如初且視康王安否頃之臺諫以和議歸罪虛中罷爲青州復下遷祠職建炎元年貶韶州二年康王求可爲奉使者虛中自貶中應詔復資政殿大學士爲祈請使是時興兵伐宋已留王倫朱弁不遣虛中亦被留實天會六年也朝廷方議禮制度頗愛虛中有才藝加以官爵虛中卽受之與韓昉輩俱掌詞命明年洪皓至上京見虛中甚鄙之天會十三年熙宗卽位宗翰爲太保領三省事封晉國王乞致仕批荅不允其詞虛中作也天眷間累官翰林學士知制誥兼太常卿封河內郡開國公書太祖睿德神功碑進階金紫光祿大夫皇統二年宋人請和其誓表曰自來流移在南之人經官陳說願自歸者更不禁止上國之於敝邑亦乞並用此約於是詔尚書省移文宋國理索張中孚張中彥鄭億年杜充張孝純宇文虛中王進家屬發遣李正民畢良史還宋惟孟庾去留聽其所欲時虛中子師瑗仕宋至轉運判官攜家北來四年轉承旨加特進遷禮部尚書承旨如故虛中恃才輕肆好譏訕凡見女直人輒以獷鹵目之貴人達官往往積不能平虛中嘗撰宮殿牓署本皆嘉美之名惡虛中者擿其字以爲謗訕朝廷由是媒孽以成其罪矣六年二月唐括酬斡家奴杜天佛留告虛中謀反詔有司鞫治無狀乃羅織虛中家圖書爲反具虛中曰死自吾分至於圖籍南來士大夫家家有之高士談圖書尤多於我家豈亦反耶有司承順風旨并殺士談至今冤之士談字季默高瓊之後宣和末爲忻州戶曹參軍入朝官至翰林直學士虛中士談俱有文集行于世

王倫字正道故宋宰相王旦弟王勉玄孫俠邪無賴年四十餘尚與市井惡少羣遊汴中天會五年宋人以倫爲假刑部侍郎與閤門舍人朱弁充通問使是時方議伐宋凡宋使者如倫及宇文虛中魏行可顧縱張邵等皆留之不遣居數年倫久困乃唱爲和議求歸元帥府使人謂之曰此非江南情實特汝自爲此言耳倫曰使事有指不然何爲來哉惟元帥察之天會十年劉豫連歲出師皆無功撻懶爲元帥左監軍經畧南邊密主和議乃遣倫歸先此宋已遣使乞和朝廷未之許也倫見康王言和議事康王大喜遷倫官并官其子弟宋方與齊用兵未可和天會十五年康王聞天水郡王已薨以倫假直學士來請其喪使倫請撻懶曰河南之地上國旣不自有與其封劉豫曷若歸之趙氏是歲劉豫受封已八年不能自立其國尚勤屯戍朝廷厭其無能爲也乃廢劉豫撻懶以左副元帥守汴京於是倫適至撻懶太祖從父兄弟於熙宗爲祖行太宗長子宗磐以太師領三省事位在宗幹上宗翰薨已久宗幹不能與宗磐獨抗明年天眷元年撻懶與東京留守宗雋俱入朝熙宗以宗雋爲左丞相宗雋太祖子也撻懶宗磐宗雋三人皆跋扈嗜利陰有異圖遂合議以齊地與宋自宗幹以下爭之不能得以侍郎張通古爲詔諭江南使遣倫先歸明年宋以倫爲端明殿學士簽書樞密院事進金器千兩銀器萬兩復來請天水郡王喪柩及請母韋氏兄弟宗族等保信軍節度使藍公佐副之是歲宗磐宗雋撻懶皆以謀反屬吏熙宗誅宗磐宗雋以撻懶屬尊赦其死以爲行臺尚書省事左丞相奪其兵權右副元帥宗弼奏曰撻懶宗磐陰與宋人交通遂以河南陝西地與宋人會撻懶復謀反捕而殺之於祁州倫至上京有司詳讀康王表文不書年閏進奉狀稱禮物不言職貢上使宰相責問倫曰汝但知有元帥豈知有上國耶遂留不遣遣其副藍公佐歸三年五月宗弼復取河南陝西地遂伐江南已渡淮皇統元年宋人請和三年二月宋端明殿學士何鑄容州觀察使曹勛進誓表三月遣左副點檢賽里山東西路都轉運使劉祹送天水郡王喪柩及宋帝母韋氏還江南五月李正民畢良史南歸七月朱弁張邵洪皓南歸四年以倫爲平州路轉運使倫已受命復辭遜上曰此反覆之人也遂殺之於上京年六十一

贊云孔子曰行己有恥使於四方不辱君命可謂士矣宇文虛中朝至上京夕受官爵王倫紈袴之子市井爲徒此豈行己有恥之士可以專使者耶二子之死難冤其自取亦多矣

金史卷八十

元中書右丞相總裁脫脫等修

列傳第十八

熙宗二子

濟安　道濟

斜卯阿里　突合速　烏延蒲盧渾　赤盞暉

大㚖 本名搭不也　磐 本名蒲速越　阿里補 子方

熙宗諸子悼平皇后生太子濟安賢妃生魏王道濟

濟安皇統二年二月戊子生於天開殿上年二十四始有皇子喜甚遣使馳報明德宮太皇太后五日命名大赦天下三月甲寅告天地宗廟丁巳翦髩奏告天地宗廟戊午冊爲皇太子封皇后父太尉胡塔爲王賜人口馬牛五百駞五十羊五千隨朝職官並遷一資皆有賜己未詔天下十二月濟安病劇上與皇后幸佛寺焚香流涕哀禱曲赦五百里內罪囚是夜薨諡英悼太子葬興陵之側上送至烏只黑水而還命工塑其像于儲慶寺上與皇后幸寺安置之海陵毀上京宮室寺亦隨毀

道濟皇統三年命爲中京留守以直學士阿懶爲都提點張玄素爲同提點左右輔導之俄封魏王封其母爲賢妃初居外至是養之宮中未幾熙宗怒殺之

贊曰國初制度未立太宗熙宗皆自諳班勃極烈即帝位諳班勃極烈者漢語云最尊官也熙宗立濟安爲皇太子始正名位定制度焉

斜卯阿里父渾坦穆宗時內附數有戰功阿里年十七從其伯父胡麻谷討詐都獲其弟沙里只高麗築九城於曷懶甸渾坦攻之遇敵於木里門甸力戰久之阿里挺搶馳刺其將於陣中敵遂潰渾坦與石適歡合兵於徒門水阿里首敗敵兵取其二城高麗入寇以我兵屯守要害不得進乃還阿里追及于曷懶水高麗人爭走木上阿里乘之殺畧幾盡遂合兵于石適歡道遇敵兵五萬擊走之又與石適歡遇敵七萬阿里先登奮擊大敗之石適歡曰汝一日之間三破重敵功豈可忘乃厚賜之幹塞烏睹本攻駝吉城阿里鑿墉爲門日已暮不可入以兵守之旦日遂取其城烏睹本以被甲并乘馬賜之從攻下寧江州授猛安又從攻信州賓州皆克之遼人來攻孛堇忽沙里城阿里率百餘騎救之遼兵數萬阿里兵少乃令軍士裂衣多爲旗幟出山谷間遼兵望見遯去蘇復州叛衆至十萬旁近女直皆保於太尉胡沙家築壘爲固敵圍之數重守者權芻俱盡牛馬相食其騌尾人易子而食夜縋二人出告急於阿里阿里赴之內外合擊之破其衆於闢离密罕水上勦殺幾盡水爲之不流蒲离古胡什吉水馬韓島凡十餘戰破數十萬衆契丹奚人聚舟千艘將入于海阿里以二十七舟邀之中流矢臥舟中中夜始蘇敵船已入王家島即夜取海路追及之敵走險以拒阿里以騎兵邀擊再中流矢力戰不退竟破之盡獲其舟於是蘇復州婆速路皆平攻顯州下靈山縣取梁魚務敗余睹兵功皆最後與散睹魯屯高州契丹昭古牙九斤合興中兵數萬攻胡里特寨阿里以八謀克兵救之胡里特先往敗於城下阿里指陣前緋衣者二十餘人曰此必賊酋也麾兵奮擊皆殺之餘衆大潰來州隰州兵圍胡里特城聞阿里來救即解圍去闍母討張覺有兵出樓峯口山谷間阿里散篤魯忽盧補三猛安擊敗之宗望代闍母討張覺阿里再敗平州兵及伐宋阿里別擊宋兵敗之孟陽之役阿里扼橋渡力戰明年再伐宋至保州中山累破之進圍眞定阿里與婁室豁魯乘風縱火焚其樓櫓諸軍畢登克其城師至河上粘割胡撒擊走宋人扼河津兵數千遂渡河諸將分出大名境阿里破敵四百盡殪遂圍汴汴中夜出兵來焚攻具阿里與謀克常孫陽阿禦之其衆大潰還攻趙州降之六年伐宋主取陽穀莘縣敗海州兵八萬人海州降破賊船萬餘於梁山泊招降滕陽東平泰山羣盜攻范縣擊走之獲船七百艘宗弼攻下睢陽與烏延蒲盧渾先以二千人往招壽春具舟淮水上時康民聚賈船四百與壽春相近术列速以騎四百破康民斬馘數千與當海大臭破賊十萬於淮南比至江連破宋兵獲舟二百艘宗弼至江寧阿里蒲盧渾別降廣德軍先趣杭州去杭十餘里遇宋伏兵二千取我前驅甲士三十八人阿里使諸軍去馬搏戰伏兵敗皆逼死於水宗弼至餘杭而宋主走明州阿里與蒲盧渾以精騎四千襲之破東關兵濟曹娥江敗宋兵於高橋鎮至明州顧失利宋主已入于海乃退軍餘姚宗弼使當海濟師遂下明州執宋守臣趙伯諤進至昌國縣宋主自昌國走溫州由海路追三百餘里弗及遂還明州與宗弼俱北歸睿宗經畧陝西駐涇州阿里先取渭州睿宗趨熙河阿里斜喝韓常三猛安爲前軍十二年與高彪監護水運宋以舟師阻亳州河路擊敗之追殺六十餘里獲其將蕭通破漣水水寨賊盡得其大船遂取漣水軍招徠安輯之天眷間盜據石州阿里討之粘割胡撒與所部先登遂克其城石州平宗弼再伐宋阿里已老督造戰船宋稱臣詔賜阿里錢千萬自結髮從軍大小數十戰尤習舟楫江淮用兵無役不從時人以水星目之爲迭里部節度使歷順義泰寧軍歸德濟南尹天德初致仕加特進封王正隆例封韓國公召赴闕命造戰船以疾薨年七十八謚智敏阿里性忠直多智畧兄弟相友愛家故饒財以己猛安及財物盡與弟愛拔里愛拔里不肯受逃避歲餘阿里終與之

突合速宗室子拏罕塞人初隸萬戶石家奴麾下嘗領偏師破雲中諸山寇盜宗望攻平州遣突合速討應州賊平之撫安其民而還及伐宋在宗翰軍以八謀克破石嶺關屯兵數萬殺戮幾盡師至太原祁縣降而復叛突合速攻下之進取文水縣後從諸師列屯汾州之境宋河東軍帥郝仲連張思正陝西軍帥張關索及其統制馬忠合兵數萬來援皆敗之宗翰南伐至潞還太原猶未下即留完顏銀术可總督諸軍經畧其地於是宋援兵大至突合速從馬五沃魯破宋兵四千于文水聞宋將黃迪等以兵三十萬欄于縣之西山復與耿守忠合兵九千擊之殺八萬餘人獲馬及資糧甚衆宋制置使姚古率兵至隆州谷突合速與拔离速以步騎萬餘禦之种師中兵十萬據榆次銀术可乃召突合速使中分其兵而還與活女等合兵八千擊敗之斬師中于殺熊嶺宋將張灝以兵十萬營于文水近郊復與拔离速擊破之潞州復叛宋兵號十七萬骨赦突合速拔离速皆被圍突合速麾軍士下馬力戰遂潰圍而出及再舉伐宋宗翰命婁室率軍先趨汴婁室至澤州突合速沃魯以五百騎爲前驅往招河陽先據黃河津宋兵萬餘背水陣進擊敗之皆擠于水遂降河陽汴京平諸將西趣陝津畧定河東郡縣突合速取憲州遇其援軍擊敗之生擒其將孛堇濃瑰术魯等攻保德未下突合速進兵助擊梯衝竝進遂克其城孛堇烏谷攻石州屢敗亡其三將軍士歿者數百人突合速謂烏谷曰敵皆步兵吾不可以騎戰烏谷曰鬭賊挾妖術畫馬以繫其足疾甚奔馬步戰豈可及之突合速笑曰豈有是耶乃令諸軍去馬戰盡殪之六年宗輔駐師鄧州突合速馬五拔离速西取均房遂下其城攻唐蔡陳州及潁昌府皆克之天眷初除彰德軍節度使三年爲元帥左監軍皇統八年改濟南尹天德間封定國公授世襲千戶卒年七十二正隆二年贈應國公初突合速以次室受封次室子因得襲其猛安及分財異居次室子取奴婢千二百口正室子得八百口久之正室子爭襲連年不決家貲費且盡正室子奴婢存者二百口次室子奴婢存者纔五六十口世宗聞突合速諸子貧窘以問近臣具以爭襲之故爲對世宗曰次室子豈當受封邪遂以嫡妻長子襲

烏延蒲盧渾曷懶路烏古敵昏山人父孛古剌龍虎衛上將軍蒲盧渾膂力絶人能挽強射二百七十步與兄鶻沙虎俱以勇健隸闍母軍居帳下攻黃龍府力戰有功闍母敗于兎耳山張覺復整兵來諸將皆不敢戰蒲盧渾登山望之乃紿諸將曰敵軍少急擊可破也若入城不可復制遂合戰破之郭藥師蔡靖以燕京降蒲盧渾率九十騎先伺察城中居民去就遂將漢兵千隸完顏蒙适攻眞定進攻贊皇取之獲人畜甲仗萬餘汴城破日已暮宋人猶力戰槍刺中蒲盧渾手戰益力遂敗宋軍賜金五十兩睿宗爲右輔元帥已定關陝議取劒外諸州遂拔和尚原元帥府承制以蒲盧渾爲河北西路兵馬都總管及宋主在揚州蒲盧渾與蒙适將萬騎襲之宋主已渡江破其餘兵後與斜卯阿里俱從宗弼自淮西渡江取江寧宗弼入杭州宋主走明州再走溫州由海道追三百餘里隳明州而歸語在阿里傳天眷二年授鎮國上將軍除安國軍以疾去官皇統六年授世襲謀克起爲延安尹賜尚衣一襲尋致仕海陵遷中都起爲歸德尹就其家授之賜銀牌襲衣玉吐鶻驄驛之官蒲盧渾留數十日已違程復聽致仕召赴京師至薊州見海陵于獵所明日從獵獲一狐海陵曰卿年老尚能馳逐擊獸健捷如此賜以御服封幽國公除太子少師進太子太保改眞定尹入判太宗正事頃之伐宋以本官行右領軍副都督事師次西采石海陵欲渡江蒲盧渾曰宋軍船高大我船庳小恐不可遽渡海陵怒曰汝昔從梁王追趙構於海島皆大舟耶今乃沮吾兵事設不能遽渡江不過有少損耳爾年已七十縱自愛豈有不死理耶明日當與奔睹先濟既而復止之乃遣別將先渡江舟小不可戰遂失利兩猛安及兵士二百餘人皆陷沒海陵遇害軍還大定二年至中都上謁除東京留守世宗召問年幾何對曰臣今年七十三矣上曰卿宿將久練兵事年雖老精神不衰因命到官每旬月一視事賜衣一襲進階開府儀同三司仍封幽國公是歲卒十八年孫扎虎遷廣威將軍襲烏古敵昏山世襲猛安并親管謀克

赤盞暉字仲明其先附於遼居張皇堡故嘗以張爲氏後家萊州暉體貌雄偉慷慨有志畧少遊鄉校遼季以破賊功授禮賓副使領萊隰遷潤四州屯兵天輔六年降仍命領其衆從闍母定興中府義錦等州及破張覺皆與有功以粟萬五千石助軍授洺州刺史宗望初伐宋孟陽之戰敵之中軍徑薄宗望營暉與諸將擊敗之追殺至城下訖師還數立戰功明年再舉伐宋攻下保州眞定暉皆與焉進圍汴宋人夜出兵二萬焚我攻具暉以二謀克兵擊走之凡城中出兵拒戰暉之所當無不勝捷既克宋還從攻河間敵將李成以雄莫之兵來援暉與所部迎擊馬傷而墜暉飄奮起步鬭竟敗成兵是日凡七戰皆勝敵人多逼死濠隍間暉兩臂亦數中流矢賊將劉先生以兵二萬夜襲營暉力戰達旦賊始敗走皆溺死于水暉復傳城力戰如是連月諸軍四面合攻遂克之加桂州管內觀察使因留撫河間時居民皆爲軍士所掠老幼存者亡幾暉下令軍中聽贖還之未幾皆按堵如故從睿宗經畧山東既攻下青州復從闍母攻濰州暉督其裨校先登而城中積芻茭乘風縱火發機石暉率將士衝冒而下力戰敗之軍還復以三十騎破敵于范橋帥府承制加靜江軍節度使進攻城中砲出幾中暉拂其甲裳裂之暉益奮攻卒破其城又從攻泗州克之還屯汝陽破賊衆于梁山濼獲舟千餘移軍攻濟州既敗敵兵因傳城諭以禍福乃舉城降暉

約束軍士無秋豪犯自是曹單等州皆聞風而下從攻壽春歸德及渡淮爲先鋒遇重敵于秀州蘇州皆擊敗之遂至餘杭通糧餉治橋道暉之力爲多乃還蔵資治通鑑版以歸大軍過江寧徙其官民北渡時暑多疾疫老弱轉死道路其知府陳邦光者訴于宗弼怒將殺之暉曰此義士也力營救之竟得免富平之戰暉左右翼遇濘而敗睿宗念其前功杖而釋之師至熙河暉別降諸寨將鈐轄及吐蕃酋長等并民戶萬五千餘蘭州叛與訛魯補等攻下之獲河州安撫使白常熙河路副都總管劉維輔以獻還攻慶陽兩敗重敵殺其將戴巢師還遷歸德軍節度使宋州舊無學暉爲營建學舍勸督生徒肄業者復其身人勸趨之屬縣民家奴王蕘者嘗業進士暉以錢五十萬贖之使卒其業蕘後至顯官密州吏龎乙卒於官其孤貧不克葬暉爲營治葬事且賚給其家十三年復從大軍渡淮還鎮丁母憂尋以舊職起復既廢齊爲安化軍節度使天眷二年復河南宋人乘間陷海州帥府以登萊沂密四州委暉經畫敵無敢窺其境者爲定海軍節度使尋改濟南尹累遷光祿大夫俄以罪罷久之起爲昌武軍節度使天德二年遷南京留守尋改河南路統軍使授世襲猛安拜尚書右丞封河內郡王歲餘拜平章政事封戴王正隆初出爲興平軍節度使正隆降王爵爲樞密副使封景國公未幾復爲左丞封濟國公尋除大興尹封榮國公薨年六十五大定間謚曰武康子師直登進士第

大㚖本名撻不野其先遼陽人世仕遼有顯者太祖伐遼遼人徵兵遼陽時㚖年二十餘在選中遼兵敗㚖脫身走寧江寧江破㚖越城而逃爲軍士所獲太祖問其家世因收養之收國二年爲東京奚民謀克是時初破高永昌東京旁郡邑未盡服屬使㚖伺察反側有間必達太祖以爲忠實授猛安兼同知東京留守事取中西兩京隸闍母軍遼軍二十萬來戰吳王使㚖以本部守營㚖堅請出戰不許或謂㚖曰戰危事獨苦請何也㚖曰丈夫不得一決勝負尚何爲苟臨戰不捷雖死猶生也吳王聞而壯之乃遣出城既合戰闍母軍少郤遼兵後躡之㚖麾本部兵橫擊殺數百人由是顯名軍中天會三年宗望伐宋信德府居燕汴之中可駐軍以濟緩急欲遂攻之恐不能亟下議未決㚖獨率本部兵選善射者射其城樓別以輕銳潛升於樓角之間遂克其城軍至濬州宋人已燒河橋宗望下令軍中有能先濟者功爲上㚖捕得十餘舟使勇悍者徑渡擊其守者而奪其戍橋由是大軍俱濟明年再伐宋授萬戶賜金牌既破汴京㚖爲河間路都統已克河間闍母怒其不早降因縱軍大掠㚖諫止之已掠者官爲贖還除河間尹從攻襲慶府先一日㚖命軍士預備畚鍤及薪旣傅城諸將方經營攻具未鳴鼓㚖軍有素備遂先登軍帥以㚖未鳴鼓輒戰不如軍令請罪㚖朝廷釋弗問仍倒賞之宗弼伐江南濟淮宋將時康民率兵十七萬來拒㚖率本部從擊敗之復以騎二千與當海擊敗淮南賊十萬殺萬餘人王善來降將渡江㚖軍先渡舟行去岸尚遠宋列兵江口㚖視其水可涉則麾兵捨舟趨岸疾擊之宋兵走大軍相繼而濟俄遇杜充兵六萬於江寧之西㚖與鶻盧補擊走之師還㚖留爲揚州都統經畧淮海高郵之間再爲河間尹兼總河北東路兵馬十一年入見太宗賜坐慰勞甚久特遷太子太保賜衣一襲馬二匹及鞍韂鎧甲改元帥右都監齊國廢㚖守汴京熙宗念㚖久勞降御書寵異之天眷三年罷漢渤海千戶謀克以㚖舊臣獨命依舊世襲千戶是歲拜元帥右監軍宗弼再伐宋宋人稱臣乞和遂班師㚖獨留汴行元帥府事皇統三年加開府儀同三司八年進左監軍天德二年改右副元帥兼行臺右丞遷平章行臺省事進行臺右丞相右副元帥如故海陵疑左副元帥撒離喝以爲行臺左丞相使㚖伺察之詔軍事不令撒離喝與聞撒離喝不知海陵意旨每與㚖爭軍事不能得遂與㚖有隙海陵竟殺撒離喝召㚖入朝拜尚書右丞相封神麓郡王四年請老爲東京留守貞元三年拜太傅領三省事累封漢國王十二月有疾海陵幸其第問之是歲薨年六十八海陵親臨哭之詔有司廢務三日禁樂三日其三日當賜三國使館燕以不賜教坊樂命左宣徽使敬嗣暉宣諭之贈太師晉國王謚傑忠遣使護喪歸葬正隆奪王爵贈太傅梁國公子磐

磐本名蒲速越以大臣子累官登州刺史襲猛安大定三年除嵩州刺史從僕散忠義伐宋有功五年召爲符寶郎遷拱衛直都指揮使初磐以伐宋功進官一階磐心少之頗形于言上聞之下吏按問杖一百五十改左衛將軍詔求良弓磐多自取及護衛入直者輒以己意更代護衛妻室告其事詔點檢司詰問磐有妹在宮中爲寶林磐屬內侍僧兒員思忠使言于寶林曰我無罪問事者迫我使自誣服寶林訴于上上怒杖僧兒一百磐責隴州防禦使上戒之曰汝在近密執迷自用朕以卿父之功不忍廢棄姑令補外其思勉之改亳州防禦使遷武寧軍節度使坐事除名起爲韓州刺史改祁州刺史復坐事削四官解職久之尚書省奏大磐以年當叙上曰剛暴之人屢冒刑章不可復用太傅大㚖別無嫡嗣其世襲猛安謀克不可易也

阿离補宗室子系出景祖屢從征伐滅遼舉宋皆有功天會九年睿宗經畧陝西阿离補爲左翼都統與右翼都統宗弼撫定鞏洮河西寧蘭廓等州軍來賓定遠和政甘峪寧洮安隴等城寨及鎮堡蕃漢營部四十餘處漢官軍民蕃部酋長甚衆於是涇原熙河兩路皆平詔以兄猛安沙离質親管謀克之餘戶以阿离補爲世襲謀克天會十二年爲元帥右都監十五年遷左監軍天眷三年從宗弼復河南遷左副元帥皇統三年封譚國公六年爲行臺左丞相元帥如故是歲薨大定間大襃功臣圖像衍慶宮歡都死康宗時不及與馳騖遼宋之郊然而異姓之臣莫先焉故定衍慶亞次功臣代國公歡都金源郡王石土門徐國公渾黜鄭國公謾都訶濮國公石古乃濟國公蒲查韓國公斜卯阿里元帥左監軍拔离速魯國公蒲察石家奴銀青光祿大夫掌适隨國公活女特進突合速齊國公婆盧火開府儀同三司烏延蒲盧渾儀同三司阿魯補鎮國上將軍烏林荅泰欲太師領三省事勗太傅大㚖大興尹赤盞暉金吾衛上將軍耶律馬五驃騎衛上將軍韓常弁阿离補咸著勳焉子言方言別有傳

方以宗室子累官京兆少尹遷陝西路統軍都監方事事財賄不恤軍旅詔戒之曰卿宗室舊人乃縱肆敗法惟利是營朕甚惡之自今至於後日萬一爲之必罰無赦大定三年遷元帥右都監轉元帥左監軍改順天軍節度使上曰卿本無功歷顯仕不能接僚友往往交惡在京兆貪鄙彰聞至無謂也朕念卿已過中年必能悛改慎勿復爾除西南路招討使朝廷以兵部郎中高通爲招討都監以佐之諭通曰卿到天德毋以其官長曲從之也簡閱沿邊士卒毋用孱弱之人毋以僕隸代役女直舊風凡酒食會聚以騎射爲樂今則奕碁雙陸宜悉禁止令習騎射從其居處之便亦不可召集擾之久之方坐强買部人馬二匹削一階解職降耀州刺史通亦坐贓除名方後遷橫海軍節度使入爲同簽大宗正事簽書樞密院事初阿魯當授謀克未封而薨烏帶受之烏帶死兀荅補襲之兀荅補死烏也阿補當襲是時已降海陵爲庶人世宗以烏帶在熙宗逆黨中其子孫不合受封停封者久之而阿离補功亦不可廢絕特詔方襲之云

贊曰斜卯阿里突合速烏延蒲盧渾赤盞暉大㚖阿离補等六人皆收國以來所謂熊羆之士不二心之臣也其功有可錄者焉

金史卷八十一

元　中　書　右　丞　相　總　裁　脫　脫　等　修

列傳第十九

鶻謀琶　迪姑迭
阿徒罕　夾谷謝奴
阿勒根沒都魯　黃摑敵古本
蒲察胡盞　夾谷吾里補
王伯龍　高彪
溫迪罕蒲里特　伯德特里補
耶律懷義　蕭王家奴
田顥　趙隇

鶻謀琶术吉水斜卯部人也性忠直寬厚重節義勇於戰父阿鶻土贈金吾衛上將軍穆宗時鶻謀琶內附先遣子寧吉從間道送款遂使活里疃與鶻謀琶合軍攻降諸部因領其衆與弟胡麻谷渾坦姪阿里等攻下諸城從撒改破塢塔城穆宗屢賞之破高麗戍兵與石適歡討平諸部蒲察部雅里孛堇與其兄弟胡八雙括等欲叛歸遼鶻謀琶執之送于康宗賜賚甚厚破高麗曷懶甸及下陁魯城有功天輔六年卒年七十二天眷中贈銀青光祿大夫

迪姑迭溫迪罕部人祖扎古迺父阿胡迭世爲胡論水部長迪姑迭年二十餘代領父謀克攻寧江州敗遼援兵獲甲馬財物攻破奚營回至韓州遇敵二千人擊走之斡魯古與遼人戰於咸州兵已却迪姑迭以本部兵力戰諸軍復振遂大破之護步荅岡之役乙里補孛堇陷敵中迪姑迭援出之攻黃龍府身被數創授猛安天輔七年從上至山西病卒年四十七天眷中贈光祿大夫

阿徒罕溫迪罕部人年十七從撒改斡帶等討平諸部皆身先力戰高麗築九城于曷懶甸斡塞禦之阿徒罕

爲前鋒高麗有屯于海島者阿徒罕率衆三十人夜渡焚其營柵戰艦大破之遂下驄吉城既而八城皆下功最遼兵自寧江州東門出阿徒罕逆擊盡殪之以功授謀克從攻黃龍府力戰身被數十創竟登其城後與烏論石準援照散城阿徒罕請乘不備急擊之遂夜過盆褪水詰朝大敗之斡魯上其功賜幣與馬天輔四年五月疾病賜良馬一匹詔曰汝安則乘之年六十五卒上悼惜之遣使弔祭以馬爲贈阿徒罕爲人孝悌好施惠健捷善弋獵至角觝擊鞠咸精其能

夾谷謝奴隆州納魯悔河人也國初祖阿海率所部來歸獻器用甲仗父不剌速襲本部勃堇從太祖伐遼授世襲猛安親管謀克爲曷懶路都統謝奴其長子也長身多髯善騎射通女直契丹大小字及漢字既冠隨其父見太祖命佩金牌總領左翼護衛西京未下謝奴獲城中生口乃知城中潛遣人求救於外都統府得爲之備却其救兵西京乃下自燕京還過判泥恩納阿遇敵於隘謝奴身先士卒射殺敵中先鋒二人敵潰走總管蒲魯虎以甲及馬賵之後領其父猛安從攻和尚原出仙人關宋兵據險猛安雛訛只突戰不克謝奴選麾下五十人戰克之與吳玠相拒烏里雅行陣不整吳玠乘之謝奴領兵逆戰遂大破敵計前後功襲其父猛安謀克宗弼復取河南陝西宋人欲潛兵襲取石門諸營謝奴自渭南大禹鎮掩其伏兵射中其軍帥宋兵敗走多獲旗幟兵仗帥府厚賞之除華州防禦使入爲工部侍郎遷本部尚書改平凉尹昭義軍節度使大定初卒

阿勒根沒都魯上京納鄰河人也後徙咸平路梅黑河雄偉美鬚髯勇毅善射國初伐遼沒都魯在軍中領謀克猛安每遇敵往來馳突人莫敢當故所戰皆克皇統元年計功擢宣威將軍明年授同知通遠軍節度使改移剌都乣詳穩授世襲本路寧打渾河謀克爲滑州刺史改肇州防禦使蒲與路節度使遷驃騎上將軍是歲以年老致仕卒累官金吾衞上將軍年七十三

黃摑敵古本世居星顯水從破寧江取咸州平東京路及諸山寨柵皆有功從麻吉破遼將和尚節使兵七千於上京復破那野軍二萬再從麻吉遇敵於阿鄰甸麻吉被創不能戰敵古本率兵擊敗之勦殺殆盡從攻回鶻城破其兵九萬敗木匠直撒兵於山後俘獲甚衆敗昭古牙之兵三千獲其家屬而還攻平州張覺吾春被圍於西山敵古本引兵救之解其圍幷獲糧五千斛招降戶口甚衆從平興中撫安其民入天會間大軍伐宋敵古本從取滄開德大名及取濟南高唐棣密等州皇統間以功襲謀克移屯於壽光縣界爲千戶六年授世襲千戶棣州防禦使卒

蒲察胡盞案出滸水人年十八從軍其父特厮死襲爲謀克天輔間夏以兵三萬出天德路胡盞從婁室迎戰以兵三百敗敵二千天會三年大軍攻太原城中出兵萬餘來戰胡盞以所領千戶軍擊之復敗敵兵三萬餘於榆次境六年從婁室攻京兆以所部兵屢與宋人接戰皆先登有功七年取邠州遇宋人二十餘萬我軍右翼少却時胡盞爲左翼千戶摧鋒陷陣敵遂敗去敗張浚富平復有功十三年擊關師古於臨洮衆三萬餘從攻涇州從破德順秦鞏臨洮河蘭等州破吳璘兵胡盞皆有力焉授德順州刺史改隴州防禦使鳳翔尹卒年五十五

夾谷吾里補瞎土渾河人從天德父兀屯討烏春窩謀罕有功吾里補隸婁室帳下攻係遼女直招降太彎照三等從婁室救斡魯古于咸州敗遼兵于押魯虎城遼軍營遼水吾里補五謀克軍乘夜擊之遼軍驚潰殺獲幾盡斡魯伐高永昌吾里補以數騎奮擊於遼水之上復以四十騎伏于津要遇其候騎擊之獲生口因盡知永昌虛實太祖嘉之賞奴婢八人永昌駐軍於兔兒堝先據津要軍不得渡吾里補與撒八射殺其先鋒二人永昌衆稍却大軍遂渡遼水及攻廣寧軍帥選勇士先登吾里補與赤盞忽沒渾各領所部突入其陣大軍繼之遂拔廣寧太祖攻臨潢吾里補面被重創奮擊自若賞以遼宮女二人遼王杲已取中京吾里補以四十騎覘敵獲遼喉舌人因知遼主所在後從都統斡魯定雲中從宗翰屯應州遼軍在近境吾里補以所部擊敗之宗望伐宋宋安撫使蔡靖詣吾里補降婁室攻陝西諸郡往往復叛吾里補攻敗之敗張浚軍于富平吾里補先登睿宗賞以金器名馬遂以先鋒攻蘭州下其城加昭武大將軍授世襲猛安累官孛特本部族節度使以老致仕封芮國公吾里補多智畧膂力過人雖甚老勇徤不少衰大定初劇賊嘯聚出特鄰關吾里補率鄉里年少逆擊之賊黨遂潰事聞賞賚甚厚大定二十六年卒一百有五歲

王伯龍瀋州雙城人也遼末聚黨爲盜天輔二年率衆二萬及其輜重來降授世襲猛安知銀州兼知雙州三年太祖攻臨潢伯龍與韓慶和以兵護糧餉輓夫千五百人皆授甲慶和已將兵行前伯龍從糧居後遇遼兵五千餘邀於路伯龍率輓夫擊敗之獲馬五十四年從攻下中京幷克境內諸山寨爲靜江軍節度留後五年眞授節度使從宗望討張覺於平州伯龍先登馳擊手殺數十百人遷右金吾衞將軍白河之戰伯龍當其左軍麾兵疾馳蹂之宋軍亂我師乘勝奮擊敗之宗望伐宋伯龍爲先鋒次保州遇敵五萬破之招降新樂軍民十餘萬大軍圍汴宋太尉何㮚以軍數萬出酸棗門伯龍以本部邀擊多所斬獲及破汴伯龍以治攻具有功進破孔彥舟酈瓊衆三萬於洺州是年同知保州兵馬安撫司事將兵數千攻北平拔之復取保州河間睿宗經畧山東伯龍從攻青州未下城中夜出兵襲伯龍營伯龍不及甲獨被衣挺刃拒營門敵不得入因奮擊殺數十人已而軍士皆甲出殺傷宋兵不可勝計幷獲其一將斬之及下青州第功伯龍第一六年還攻莫州降之加太子少保莫州安撫使破李固寨衆十餘萬於濮州濮城守城中鎔鐵揮我軍攻之不能剋伯龍被重甲首冠大釜挺搶先登殺守陴者二十餘人大軍相繼而上遂剋之進攻徐州伯龍復先登充徐宿邳三路軍馬都統敗高托山之衆十五餘萬於淸河進擊韓世忠於邳州走之與大軍會於宿遷追世忠至揚州還攻泗州泗州守將以城降屯軍崦陽破陳宏賊衆四十餘萬破黃戩於單州進攻歸德軍帥遣伯龍立攻具伯龍從二十餘騎行視地形城中忽出兵千餘欲生得伯龍伯龍縱騎馳之敵兵亂墮隍而死者幾二百人破王善之衆於巢縣取廬州和州伯龍之功多軍渡采石擊敗岳飛劉立路尚等兵獲芻糧數百萬計還過眞揚道遇酈瓊韓世忠軍復戰敗之復爲莫州安撫改知澤州太行羣賊往往嘯聚伯龍皆平之天眷元年爲燕京馬軍都指揮使從元帥府復收河南權武定軍節度使兼本路都統宋兵據許州伯龍擊走之招復其人民是年秋泰安卒徒張貴驅脅良民據險作亂伯龍討平之皇統元年以本部從宗弼南伐攻破濠州而還三年爲武定軍節度使改延安尹寧昌軍節度使天德三年改河中尹從益都尹封廣平郡王卒年六十五正隆間例贈特進定國公

高彪本名召和失辰州渤海人祖安國遼興辰開三鎮節度使父六哥左承制官至刺史彪始生其父用術者言爲其時日不利於己欲不舉其母爲營護居數歲竟逐之彪匿於外家遼人調兵東京時六哥已老當從軍悵然謂所親曰吾兒若在可勝兵矣所親具以實告因代其父行戰於出河店遼兵敗走彪獨力戰軍帥見之曰此勇士也令生致之斡魯攻東京六哥率其鄉人迎降以爲榆河州千戶久之告老彪代領其衆都統杲攻中京彪領謀克從斡魯破遼將合魯燥及韓慶民於高惠之境已而駐軍武安合魯燥以勁兵二萬來襲從斡魯出戰與所部皆去馬先登奮擊敗之奚人負險拒命所在屯結彪屢戰有功宗望攻平州彪徇地西北道破敵招降石家山寨再從宗望伐宋爲猛安師次眞定彪率兵士七十人臨城築甬道城中夜出兵焚攻具彪擊走之大軍圍汴以五十騎屯於東南水門宋人再以重兵出戰彪皆敗之師還屯鎭河朔復破敵於霸州擒其裨將祇昂河間夜出兵二萬襲我營壘彪率三謀克兵擊敗之天會五年授靜江軍節度使壽州刺史明年伐宋從帥府徇地山東攻城克敵數被重賞七年師至睢彪以所部招誘京西人民次柘縣其官吏出降彪獨與五十餘騎入城繼而城中三千餘人復叛彪率其衆力戰敗之撫安其民而還從梁王宗弼襲康王至杭州師還宋將韓世忠以戰艦數百扼於江北宗弼引而西將至黃天蕩敵舟三十餘來逼南岸其一先至者載兵士二百餘彪度垂及以鈎拽之率勇士數十躍入敵舟所殺甚衆餘皆逼死於水中明年從攻陝西師至寧州彪與宗人昂率兵三千取鄜州始至有來降者言城東北隅守兵將謀爲內應彪即夜從家奴二人以登左右守者覺之彪與從者皆殊死戰諸軍繼進遂克其城從攻和尚原及仙人關與阿里監護漕糧幷戰艦至亳州宋人以舟五十艘阻河路擊敗之擒其將蕭通擊漣水賊木寨進取漣水軍其官民已遁去悉招降之彪勇健絕人能日行三百里身被重鎧歷險如飛及臨敵身先士卒未嘗反顧大小數十戰率以少擊衆無不勝捷齊國既廢攝滕陽軍以東諸路兵馬都統撫諭徐宿曹單滕陽及其屬邑皆按堵如故爲武寧軍節度使頗黷貨嘗坐贓海陵以其勳舊杖而釋之改忻州防禦使歷安化安國武勝軍節度使遷行臺兵部尚書改京兆尹封鄁國公以憂去官起復爲武定軍節度使歸德尹正隆例授金紫光祿大夫久之致仕復起爲樞密副使舒國公賜名彪卒年六十七謚桓壯彪性機巧通音律人無貴賤皆溫顏接之

溫迪罕蒲里特隆州移离閔阿胡勒出寨人也魁梧美髯有謀畧以智勇聞都統杲取中京蒲里特權猛安領軍五千遇契丹賊萬餘與戰敗之出衮古里道敗敵八

千餘至膕門華道復以伏兵敗敵萬人太祖定燕自儒州至居庸關執其喉舌人有項賊三千餘人復寇膕門華道蒲里特整隊先登賊識其旗幟望風而遁遂奮擊之親執賊帥皇統元年從梁王宗弼伐宋留軍唐州敵衆奄至蒲里特擊之大名軍萬四千號二十萬蒲里特率親管猛安身先士卒衝擊敵少却乃張左右翼併擊之敵衆散走而別遇兵二萬來援復以兵三千擊走之時邳州土賊嘯聚幾二十萬蒲里特軍三千分爲數隊急攻之賊潰去南京路遇敵軍二萬蒲里特以軍三千擊敗之是日有兵自城中出者復擊敗之皇統二年遷定遠大將軍同知鳳翔尹六年改京兆尹轉寧州刺史改西北路招討都監遷永定軍節度使海陵南征改武衛軍都總管大定三年授開遠軍節度使改泰寧軍卒十九年以功授其子兀帶武功將軍本猛安奚出痕世襲謀克

伯德特离補奚五王族人也遼御院通進天會初與父撻不也歸朝授世襲謀克後以京兆尹致仕特离補招降松山等州未附軍民及招降平州蘇州境內督之耕作宗望伐宋特离補爲軍馬猛安與諸將留規取保遂安三州攻安肅軍河間雄保等兵十餘萬來救特离補率所部先戰大軍繼之大破其兵遂拔安肅特离補攝通判事降將胡愈陰結衆謀亂特离補勒兵擒愈及其衆五十餘人安肅軍改爲州就除同知州事改磁州捕獲太行羣盜元帥府以磁相二州屯兵屬之擒王會孫小十苗清等羣盜遂平遷濱州刺史廉入優等以母憂去官起復本州改涿州刺史入爲工部郎中從張浩營繕東京宮室及田穀黨事起朝省爲之一空特离補攝行六部事遷大理卿出爲同知東京留守天德三年復爲大理卿同知南京留守丁父憂起復洺州防禦使正隆盜起州縣無兵不能禦洺舊有河附于城下特离補乃引水注濠中以爲固盜弗能近州賴以安遷崇義軍節度使未幾告老歸田里卒特离補爲人孝謹爲政簡靜不積財常曰俸祿已足養廉衣食之外何用蓄積凡調官行李止車一乘婢僕數人而已

耶律懷義本名孛迭遼宗室子年二十四以戰功累遷同知點檢司事宗翰已取西京遼主謀奔于夏懷義諫止之不見聽乃竊取遼主廐馬來降太祖自燕還師留宗翰斡魯經畧西方懷義領謀克從軍天會初帥府以新降諸部大小遠近不一令懷義易置之承制以爲西南路招討使乃擇諸部衝要之地建城市通商賈諸部兵革之餘人多匱乏自是衣食歲滋畜牧蕃息矣從宗翰伐宋降馬邑破鴈門屯兵進攻太原以所部別降清源縣徐溝鎮遂與諸將別屯汾州之境時河東陝西路兵來救太原劉光世折可求柵于文水西山懷義捕得生口盡知宋兵屯守要害乃分兵襲敗之明年再伐宋從婁室取汾州及其屬邑遂過平陽出澤潞以趨河陽所至皆降及大軍圍汴懷義屯京西汴城旣下宋兵之出奔者邀擊盡之從攻鄭鄧州及討平鄭州叛者攻下濮州及雷澤縣從破大名東平府徐兗等州皆有功七年還鎮十年加尚書左僕射改西北路招討使懷義在西陲幾十年撫御有恩及去老幼遮道攀戀數日不得發天眷初爲太原尹治有能聲改中京留守從宗弼過烏納水還中京以老乞致仕不許改大名尹命不赴治所止以俸傔給之每歲春水扈從餘聽自便明年再請老得謝給俸傔之半海陵卽位封漆水郡王進封莘王久之進封蕭王正隆例封景國公其子神都斡爲西北路招討都監迎侍之官神都斡從海陵南征懷義卒于雲中年八十二

蕭王家奴奚人也居庫党河爲人魁偉多力未冠仕遼爲太子率府率天輔七年都統杲定奚地王家奴率其鄉人來降命爲千戶領之奚王回离保旣死其親黨金臣阿古者猶保撒葛山王家奴與突撚往討之生擒金臣阿古者降其餘衆時平灤多盜王家奴以所部屢破賊兵斬馘執俘數被賞賚宗望伐宋敗郭藥師於白河亦與有功至河上宋兵拒津要與諸將擊敗之進圍汴破其東門兵明年再伐宋宗望軍至中山諸門分兵出戰焚我攻具祁州河間各以兵來援皆敗之師還屯鎮河朔濱州賊葛進聚衆數萬臨淄李董照里以騎兵二千討之王家奴領謀克先登力戰大破其衆明年攻滄州宋兵拒戰復從照里擊走之宋將徐文以舟百艘泊海島卽以商船十八進襲斬首七百級獲舟二十天會八年除靜江軍節度使授世襲千戶從梁王宗弼征伐爲萬戶還爲五院部節度使天德二年改烏古迪烈招討都監卒

田灝字默之興中人遼天慶八年進士歷官金部員外郎權歸德節度使太祖定燕灝舉四州版圖歸朝加都官郎中權節度使事四遷知眞定府事招降齊博游貴等賊衆五千餘人已而貴復叛去灝遣齊博僞叛從貴因令伺間殺之降其衆賊壘悉平三遷行臺左丞彰德軍節度使是時新定力役灝錮籍之半而上之故相之録賦比他州獨輕徙同知河北東路都總管改同簽燕京留守司事民遮留不得出易服夜去改河東南路轉運使尋改絳陽軍節度使居二年以疾請謝事徑解印歸數奏不允移鎮振武軍入爲刑部尚書居三月請老卒于家

趙隇字德固遼陽人其婦翁以優伶得幸於遼主隇補閤門祗候累遷太子左衛率後居灤州宗望討張覺隇踰城出降授洛苑副使爲灤州千戶遷洛苑使檢校工部尚書從伐宋至汴遷棣州刺史侍衛步軍都虞候及再伐宋攻眞定與有功改商州刺史檢校尚書右僕射五年同知信德府路統押軍兵兼沿邊安撫司事明年權知濟州事八年從定河南授隴州團練使十年改知石州隇久在兵間不善治民坐謗議謫監平州甜水鹽齊國廢河南皆以宿將守之授隇宿州防禦使統本路軍兵隇重義接儒士嘗以事至汴有故人子負官錢百萬隇以橐金賸之其子悉爲私費復代輸之頃之有訟徐帥不法者朝廷使隇鞫治隇委曲營護坐是廢罷寓居於燕海陵出領行臺省至燕隇往見之因訴其事及海陵卽位起爲保大軍節度使貞元初改內省使未幾爲中都路都轉運使明年再徙順義與平入爲太子詹事鎮泌南以疾卒年六十六後十餘年隇子孫司徒張通古子孫皆不肖淫蕩破貲產賣田宅世宗聞之詔曰自今官民祖先亡沒子孫不得分割居第止以嫡幼主之毋致鬻賣仍著于令

金史卷八十二

元 中書右丞相總裁脫脫等修

列傳第二十

郭藥師 子安國　耶律塗山
烏延胡里改　烏延吾里補
蕭恭　完顏習不主
紇石烈胡刺　耶律恕
郭企忠　烏孫訛論
顏盞門都　僕散渾坦
鄭建充　烏古論合三
移剌溫　蕭仲恭 子拱
蕭仲宣　高松
海陵諸子
光英　元壽
矧思阿補　廣陽

郭藥師渤海鐵州人也遼國募遼東人爲兵使報怨于女直號曰怨軍藥師爲其渠帥斡魯古攻顯州敗藥師于城下遼帝亡保天德耶律捏里自立改怨軍爲常勝軍擢藥師諸衛上將軍捏里死其妻蕭妃稱制藥師以涿易二州歸于宋藥師以宋兵六千人奄至燕京甄五臣以五千人奪迎春門皆入城蕭妃令閉城門與宋兵巷戰藥師大敗失馬步走踰城以免宋人猶厚賞之太祖割燕山六州與宋人宋使藥師副王安中守燕山及安中不能庇張覺而殺之函其首以與宗望藥師深尤宋人而無自固之志矣宗望軍至三河藥師等拒戰于白河兵敗藥師乃降宗望遂取燕山太宗以藥師爲燕京留守給以金牌賜姓完顏氏從宗望伐宋凡宋事虛實藥師盡知之宗望能以懸軍深入駐兵汴城下約質納幣割地全勝以歸者藥師能測宋人之情中其肯綮故也及兩鎮不受約束命諸將討之藥師破順安軍營殺三千餘人海陵卽位詔賜諸姓者皆復本姓故藥師子安國仍姓郭氏

郭安國藥師子也累遷奉國上將軍南京副留守貞元三年南京大內火海陵使右司郎中梁銶同知安武軍節度使王全按問失火狀留守馮長寧都轉運使左瀛各杖一百除名安國及留守判官大良順各杖八十削三官火起處勾當官南京兵馬都指揮使吳濬杖一百五十除名失火位押宿兵吏十三人並斬諭之曰朕非以宮闕壯麗也自卽位以來欲巡省河南汝等不知防愼致外方姦細燒延殆盡本欲處爾等死罪特以舊人寬貸之押宿人兵法當處死疑此輩容隱姦細故皆斬也安國性輕躁本無方畧海陵將伐宋以安國將家子擢拜兵部尚書改刑部尚書軍興領武捷軍都總管與武勝武平軍爲前鋒海陵授諸將方畧安國前奏曰趙構聞王師至其勢必逃竄臣等不以遠近追之獲而後已但置之何地海陵大喜曰卿言是也得構卽置之寺觀嚴兵守之及聞世宗卽位海陵謀北還更置浙西道兵馬都統制府以完顏元宜爲都統安國副之及海陵遇弒衆惡安國所爲與李通輩皆殺之

贊曰郭藥師者遼之餘孽宋之厲階金之功臣也以一

臣之身而爲三國之禍福如是其不侔也魏公叔座勸其君殺衛鞅豈無所見歟

耶律塗山系出遙輦氏在遼世爲顯族塗山仕至金吾衛大將軍遙里相温遼帝奔天德塗山以所部降宗翰承制授尚書爲西北路招討使宗翰伐宋塗山率本部爲先鋒至汾州遇宋將折家軍請濟師併力破之從攻太原隆德府從入汴克洛陽及從婁室平陝右天會七年授太子少保十年遷尚書左僕射致仕卒年九十一正隆例贈特進鄧國公

烏延胡里改曷懶路星顯水人也後授愛也窟謀克因家焉從闍母圖平州有功及伐宋圍汴五謀克與宋兵萬人遇于城南胡里改先馳擊敗之元帥府遂賞良馬一匹五年攻宗城縣敵棄城走恩州胡里改追殺千餘人獲車四百輛帥府賞牛三十頭馬一匹七年討泰山羣盜平之毀其營柵兗州羣寇三千餘保據山險胡里改復破之賞牛二十二頭馬四匹八年攻盧州至柘皐鎮胡里改領甲士三十爲前鋒執宋所遣持書與劉四廂錡者七人復以先鋒軍攻和州比至含山縣五里獲甲士二人乃知宋三將將兵且至胡里改伏其軍遂獲姚觀察帥府賞馬二匹九年定陝右胡里改以所部遇敵千人敗之生擒甲士一人盡得敵之虛實又從蒲察渾狗地熙秦敗敵兵二千於秦州賞馬一匹宋人屯襄陽府監軍拔補遣胡里改領四猛安往攻之宋兵三千已渡江方營壁壘乘其未就突戰破之梁王宗弼復河南將攻陳州遣胡里改以甲士三十捕偵候人至蔡州西遇兵八十餘戰敗之獲南頓縣令及攻陳州夜將四更忽聞敵開門潰走胡里改亟領二謀克軍追及之而猛安突葛速亦領軍繼至大敗之皇統二年遷定遠大將軍八年授臨洮少尹兼熙秦路兵馬副都總管九年改同知京兆尹兼本路兵馬都總管天德改同知平陽尹兼河東南路兵馬都總管貞元三年改同知曷懶路總管大定四年授胡里改節度使七年改歸順軍節度使十年移鎮顯德卒官年六十九十九年詔授其子五十六武功將軍世襲本路婆朶火河謀克

烏延吾里補曷懶路禪嶺人也徙大名路天會中從其父達吉補隸元帥右監軍麾下撻懶以事赴闕以達吉補自隨吾里補領其父謀克從大軍攻滄州方夷濠隍城中兵來拒吾里補以本部擊却之王師下青州力戰有功獲馬百匹以獻降獲賊黨甚衆青州戍將覩吉補以萊州兵衆請濟於帥府吾里補將十二謀克兵往救之遂降其四營拔其一營得戶四千又敗賊兵五萬于恩州攻破其營降戶五萬獲牛畜萬餘將至臨清縣遇敵兵三千又敗之俘獲甚衆生擒賊首以獻帥府嘉其功以奴婢百牛三十賞之時覩吉補敗于恩州之境吾里補復以兵四千往救之破敵萬餘宋兵十萬在單父間總管宗室移剌屋選步卒一萬騎兵四千往討之吾里補領其親管謀克以從遇敵先登力戰有功大軍經略密州吾里補將兵二千爲前鋒遇敵萬人于高密遂敗其衆追至城下殺戮殆盡獲馬牛三千餘吾里補與孛太欲敗賊王義軍十餘萬于州南是夜賊兵數千來襲營吾里補以兵橫擊走之後從大軍攻楚揚通泰等州天眷二年襲其父世襲猛安授寧遠大將軍皇統七年益以親管謀克天德三年除同知歸德尹正隆初爲唐古部族節度使大定二年爲保大軍節度使是歲改鎮通遠是時宋軍十萬餘人阿隴據險要攻郡邑元帥左都監合喜奏益兵詔益兵七千遣吾里補與彰化軍節度使宗室璋等七人偕往以備任使進階龍虎衛上將軍卒于軍中

蕭恭字敬之乃烈奚王之後也父翊天輔間歸朝從攻興中遂以爲興中尹師還以恭爲質子宗望伐宋翊當領建興成川懿五州兵爲萬戶軍帥以恭材勇使代其父行時年二十三至中山宋兵出戰恭先以所部擊敗之經山東及渡淮襲康王皆在軍中師還帥府承制授德州防禦使奚人之屯濱棣間者皆隸焉改棣州防禦使皇統間改同知橫海軍節度使丁父憂起復爲太原少尹用廉遷同知中京留守事累遷兵部侍郎授世襲謀克坐問禁中起居狀決杖奪一官貞元二年爲同知大興尹歲餘遷兵部尚書爲宋國生日使以母憂去官起復爲侍衛親軍馬步軍都指揮使四年遷光祿大夫復爲兵部尚書是歲經畫夏國邊界還過臨潼失所佩金牌至太原憂恚成疾時已具其事驛聞於朝海陵復命給之仍遣諭恭曰汝失信牌亦猶不謹朕方倚汝欲有委使乃稱疾耶必以去日身佩信牌歸則無以爲辭欲朕先知耳使至恭已疾篤瘖瘂受命俄頃而卒海陵方遣使與其子護衞九哥馳視乃戒府官使善護之至保州已聞訃矣海陵深悼惜之命九哥護喪以還所過州府設奠喪至都命百官致祭親臨奠賻贈甚厚幷賜廐馬一謂九哥曰爾父銜命卒於道途甚可悼惜朕乘此馬十年今賜汝父可常控至柩前既葬汝則乘之

完顏習不主年十六從伐宋攻下懷仁縣功居最從睿宗經畧陝西以兵七百人入丹州諸山遇盜三千擊敗之又破賊四千生擒其將帥出隴州以兵四百敗敵數千宋兵七千來取鞏州復擊走之又以五千兵敗吳玠之衆三萬白塔口遇敵五千復敗之别降定遠等寨皇統二年授同知臨洮尹以憂去官未期以舊職起復改孟州防禦使遷臨洮尹復以罪罷正隆三年起爲京兆尹改河南尹卒年五十八

紇石烈胡剌晦發川唵敦河人徙西北路識契丹字爲帥府小吏梁王宗弼復陝西久不通問睿宗在燕京遣胡剌往候之是時宗弼自鳳翔攻和尚原使胡剌覘彼中地形修道築城十二年往濱州密訪南邊事體及覲劉豫治齊狀盡得其虛實睿宗甚嘉之皇統初從宗弼渡淮及下廬和二州大破張浚韓世忠等軍遣胡剌馳奏賞以金盂重彩五端絹五匹七年授同知景州軍州事以廉加忠武校尉天德初以監察御史分司行臺歷同知濟州防禦使事入爲監察御史秩滿再任大定二年遷刑部員外郎與御史大夫白彥敬往西北部族市馬累轉泗州防禦使三遷蒲與路節度使移寧昌軍卒

耶律恕字忠厚本名耨里遼橫帳秦王之族也爲人謹愿有志喜讀書通契丹大小字與耶律高八來歸婁室問高八曰與爾同來者誰可任用治軍旅事高八對曰耨里可婁室與宗翰伐宋恕隸前鋒取和尚原攻仙人關特爲睿宗所知再除太原眞定少尹撒离喝辟署陝西叅謀委以軍務遷行臺兵部侍郎再遷尚書左司郎中海陵爲平章政事謂恕曰君亦有黨乎恕正色曰窮則獨善其身達則兼善天下不以其道得之非恕之志也何朋黨之有海陵徐曰前言戲之耳久之爲沁南軍節度使遷行臺工部尚書行臺罷改安國軍節度使爲叅知政事以疾求解爲興中尹入爲太子少保正隆元年致仕封廣平郡王薨年六十九二年例贈銀青光祿大夫

郭企忠字元弼唐汾陽王子儀之後郭氏自子儀至承勳皆節鎮北方唐季承勳入于遼子孫繼爲天德軍節度使至昌金降爲副使企忠幼孤事母孝謹年十三居母喪哀毀如成人服除襲父官加左散騎常侍天輔中大軍至雲中遣耶律坦招撫諸部企中來降軍帥命同勾當天德軍節度使事徙所部居于韓州及見太祖問知其家世禮遇優厚以白鷹賜之天會三年伐宋領西南諸部番漢軍兵爲猛安從破鴈門屯兵加桂州管內觀察留後鎮代州明年賊楊麻胡等聚衆數千于五臺企忠與同知州事迪里討平之遷知汾州事是時汾州初下居民多爲軍士掠去城邑蕭然企忠詣帥府力請願聽其親舊贖還帥府從之未幾完實如故石州賊閻先生衆數萬至城下僚屬慮有內變請爲備企忠曰吾於汾人有德保無他乃率吏民城守會援至合擊破之六年改靜江軍節度留後遷天德軍節度使汴京步軍都指揮使累遷金吾衞上將軍秩滿權沁州刺史到官歲餘卒年六十八

烏孫訛論善騎射襲父撒改謀克從蒙刮攻東京及廣寧擊北京山賊皆有功蕭霸哲來攻恩州訛論以六十騎偵之逮夜遇敵數百騎掩擊之生獲三人知霸哲衆九萬且至故蒙刮得以爲備遂破霸哲宗望伐宋已至汴訛論破尉氏中牟援兵取其城久之以兵百五十人破敵一千於滄州西明年再伐宋蒙刮戍開州訛論以騎四百守河復敗千餘人斬首七百餘宗弼渡淮阿里先具舟于江上聞王善兵扼其前宗弼使訛論濟師敗王善于和州北李成以兵七萬據烏江訛論帥二千人直前敗之宗弼遂渡江至江寧十五年沂州寶防禦叛訛論敗之獲寶防禦錄前後功授猛安加昭武大將軍宗弼再取河南訛論以五十騎敗楊家賊五百於徐州東以功受賞不可勝計天德二年除唐州刺史移淄州遷石壘部族節度使行至北京病卒

顏盞門都隆州帕里千山人也身長美鬚髯天會間從其兄羊艾在軍中方取汴京其兄戰殁遂擢甲代其兄充軍睿宗定陝右以門都爲蒲輦隸監軍杲親管萬戶攻饒風關至坊州杲欲與總管蒲魯虎會於鳳翔遣門都領六十騎先往期會及還備得地形險阨賞銀五十兩其後梁王宗弼駐軍山東遣人詣陝西特召門都至令齋廢齊及安撫百姓詔書往諭監軍宗室杲門都既還宗弼賞以良馬銀絹事畢復遣從杲天眷初叛將定國軍節度使李世輔僞邀杲至私署以獻甲爲名遂以兵劫執而去門都突出以告押軍猛安完顏撻懶同率兵追及首出與戰杲由此得脫以功遷明威將軍復從杲招復陝西進至鳳翔齊國初廢諸路多反覆不一杲授門都牌劄令往撫定門都所至多張甲兵從者安之違者討之帖然無復叛者杲甚嘉之皇統初遷廣威將軍四年授同知通遠軍節度使事改知保安軍事天德三年爲丹州刺史兼知軍事正隆初爲寧州刺史大定初宋將吳璘等以軍數十萬人據秦隴元帥府承制以門都爲勇烈軍都總官領軍討之宋人保據德順都監

合喜遣武威軍副都總管夾谷查剌會宗室璋議征討之策璋與門都曰須都監親至敵必退矣合喜領軍四萬來赴遂復德順州明年秦隴平以功遷金吾衞上將軍授通遠軍節度使五年改慶陽尹兼本路兵馬都總管卒于官十九年錄功以子六哥世襲本路曷懶兀主猛安敵骨論窟申謀克授武功將軍門都性忠厚謹愨安置營壁尤能愼密有敵忽來雖矢石至前泰然自若通號令士卒如平時由是人益安附而功易成焉

僕散渾坦蒲與路挾懣人也身長七尺勇健有力善騎射年十六從其父胡沒速征伐初授脩武校尉爲宗弼扎也天眷二年與宋岳飛相拒渾坦領六十騎深入覘伺至鄅陵敗宋護糧餉軍七百餘人多所俘獲皇統九年除慈州刺史再遷利涉軍節度使授世襲濟州和术海鸞猛安涉里斡設謀克貞元初以憂去官起復舊職歷泰寧永定軍改咸平尹海陵殺渾坦弟樞密使忽土召渾坦至南京既見沉思久之謂之曰汝有功舊不因忽土得官以此致罪甚可憐憫遂釋之改興平軍節度使世宗卽位以爲廣寧尹窩斡反爲行軍都統與曷懶路總管徒單克寧俱在左翼敗窩斡於長濼改臨潢尹賊平賜金帛改曷懶路兵馬都總管徙顯德軍慶陽尹致仕大定十二年上思舊功起爲利涉軍節度使復以金紫光祿大夫致仕卒年七十二渾坦歷一十七官未嘗爲佐貳性沉厚有識雖未嘗學問明於聽斷所至有治聲云

鄭建充字仲實其先京兆人占籍鄜州仕宋累官知延安府事天會七年來降仍知延安府屯兵三千宋劉光烈兵八萬來攻建充相距四十餘日攻益急建充遣人會斜喝軍夾擊破之俘其裨將賀貴還節制司統制軍馬改京兆府路兵馬都監敗宋曲端於彭原高昌宗據延安爲宋守建充擊之盡復城邑復知延安軍府事齊國建累遷博州團練使知寧州齊國廢朝廷以地賜宋爲宋環慶路經畧安撫副使仍知寧州天眷復取陝西仍以爲經畧安撫使知慶州從破甘谷城改平涼尹是時營建南京宮室大發河東陝西材木浮河而下經砥柱之險筏工多沉溺有司不敢以聞乃誣以逃亡錮其家建充白其事請至砥柱解筏順流散下令善游者下流接出之而錮者得釋正隆軍興括筋角造軍器百姓往往椎牛取之或生拔取其角牛有泣下者建充白其事於朝建充性剛暴常畜猘犬十數奴僕有罪既笞已復嗾犬嚙之骨肉都盡雖謙遜下士於敵已上一無所屈省部文移有不應法度輒置之坐下或卽毀裂由是在位者銜之軍胥李換竊用公帑自度不得免乃誣建充藏甲欲反吏再鞫皆無狀方奏上攝事者素與建充有隙恐其得釋使吏持文書紿建充曰朝省有命奈何建充曰惟汝所爲是夜死於獄中長子愬亦死焉

烏古論三合曷懶路愛也窟河人後徙眞定睿宗爲右副元帥聞三合勇畧選充扎也從宗弼征伐補麵院都監未幾從伐宋與宋兵遇於潁州三合先登破之皇統元年領漢軍千戶帥府再以軍四千隸焉除同知鄭州防禦使事再遷太子少詹事大定六年改洺州防禦使上曰卿昔事睿宗積勞苦逮事朕輔佐太子宣力多矣今典名郡所以勞卿也遷永定軍節度使歷臨潢鳳翔尹陝西路統軍使東平尹節制州郡躬行儉約政先寬簡邊庭久寧人民獲安召爲簽書樞密院事卒十八年世宗追錄三合舊勞授其子大興河北西路愛也窟河世襲猛安阿里門河謀克階武功將軍

移剌溫本名阿撒遼橫帳人工契丹小字睿宗爲左副元帥伐宋溫從大臭渡江辟江寧府都巡檢江寧太平初下宋遣諜人扇構百姓應者數萬人溫擒其諜者遂不敢竊發宗弼嘉之賜銀千兩重綵百端絹二百匹宗弼每出征伐未嘗不在行間除同知河北西路轉運使事會宗弼巡邊溫從軍不之官宗弼入朝熙宗宴羣臣宗弼欲有奏請已被酒失次溫掖而出宮明日熙宗謂宗弼曰阿撒事叔甚謹不可去左右由是宗弼益親信之嘗謂女壻紇石烈志寧曰汝可效阿撒之爲人也可以幾古人矣未幾除同知中京路都轉運使事累遷左諫議大夫兼脩起居注正隆伐宋以本官爲濟州路行軍萬戶從至揚州軍還除同知宣徽院事世宗御饌不適口召溫嘗之奏曰味非不美也蓋南北邊事未息聖慮有所在耳上意遂釋歷永定震武崇義節度使移臨海軍州治近水秋雨水潦暴至城下城頗決百姓惶駭不知所爲溫躬督役夫繕完之雖臨不測無所避僚屬或止溫溫曰爲政疵癘水泛溢爲災守臣之罪當以此身爲百姓謝雖死不恨移鎭武定歲旱且蝗溫割指以血瀝酒中禱而酹之既而雨霑足有羣鴉啄蝗且盡由是歲熟人以爲至誠之感云以老致仕卒

贊曰軍旅之事鋒鏑在前不計其死耳屬金鼓目屬旌旗心屬號令此行列之任也自收國用兵至於大定和宋以前用命之士雖細必錄所以明功也

蕭仲恭本名术里者祖撻不也仕遼爲樞密使守司徒封蘭陵郡王父特末爲中書令守司空尚主仲恭性恭謹動有禮節能被甲超橐駝遼故事宗戚子弟別爲一班號孩兒班仲恭嘗爲班使歷宮使本班詳穩遼帝西奔天德仲恭爲護衞太保兼領軍事至霍里底泊大軍奄至倉卒走仲恭母馬乏不能進謂仲恭兄弟曰汝等盡節國家無以我爲也仲恭母遼道宗季女也遼王傷之命弟仲宣留侍其母仲恭從而亞時大雪寒甚遼主乏食仲恭進衣幷進乾糒遼主困仲恭伏冰雪中遼主藉之以憩凡六日乃至天德始得食後與遼主俱獲太宗以仲恭忠於其主特加禮待天會四年仲恭使宋且還宋人意仲恭耶律余睹皆有亡國之感而余睹爲監軍有兵權可誘而用之乃以蠟丸書令仲恭致之余睹使爲內應仲恭素忠信無反覆志但恐宋人留不遣遂陽許還見宗望卽以蠟丸書獻之宗望察仲恭無他薄罰之於是再舉伐宋執二帝以歸累遷右宣徽使改都點檢宗磐與宗幹爭辯於熙宗前宗磐拔刀向宗幹仲恭呵之乃止既而宗磐以反罪誅仲恭衞禁有備以功加銀青光祿大夫遷尚書右丞皇統初封蘭陵郡王授世襲猛安進拜平章政事同監修國史封濟王詔葬遼豫王於廣寧仲恭請往會葬熙宗義而許之改行臺左丞相居無何入爲尚書右丞相拜太傅領三省事封曹王天德二年封越國王除燕京留守海陵親爲書以玉山子賜之是歲薨年六十一諡貞簡正隆例降王爵改儀同三司鄭國公子拱

拱本名迪輦阿不初爲蘭子山猛安海陵爲宰相徵取人譽薦大臣子以爲達官遂以拱爲禮部侍郎耶律彌勒拱妻女弟也海陵將納爲妃使拱自汴取之還過燕是時仲恭爲燕京留守見彌勒身形不類處子竊憂之曰上多猜嫌拱其及禍矣拱去不數日仲恭卒拱至上京聞訃以本官起復佩信牌往燕京治葬事未行彌勒入宮果如仲恭所相度卽遣出宮夜半召拱至禁中詰問無狀海陵終疑之乃罷拱禮部侍郎奪其信牌拱待命踰年不報歸蘭子山治猛安事是時蕭恭張九坐語禁中事得罪拱至蘭子山與客會語及之有阿納與拱有隙乃誣拱言張九無罪被誅語涉怨謗海陵遣使鞫之戒傳者曰此子狂妄宜有此語不然彼中安得知此事使者不復問拱但榜掠其左驗使如告語證之拱遂見殺

仲宣本名野里補仲恭母弟聰敏好學沉厚少言五歲遙授郡刺史累加太子少師爲本班詳穩從天祚西爲護衞太保左右班詳穩至石輦鐸遼主留仲宣侍母遂與其母皆見獲太宗嘉之且謂仲宣能知遼國故事命權宣徽使從睿宗伐康王師還家居者久之皇統二年特授鎭國上將軍歷順義永定昭義武寧四鎭節度使爲政平易小吏不敢爲姦賄賂禁絕奴婢入郡人莫識其面朔潞百姓皆爲立祠刻石頌之正隆二年卒年六十四

高松本名檀朶澄州析木人年十九從軍爲蒲輦有力善戰宗弼聞其名召置左右從破汴京及和尚原累官咸平總管府判官世宗卽位充管押東京路渤海萬戶兵部尚書可喜謀反前同知延安尹李老僧曰我與萬戶高松謀之必從我矣衆曰若得此軍舉事易矣老僧往見松說松曰君有功舊人至今不得大官何也松曰我一縣令也每念聖恩累世不能報尚敢有望乎老僧遂不敢言可喜布輝阿瑣知事不可成遂上變共捕斡論赴有司松從征窩斡以功遷咸平少尹四遷崇義軍節度使卒年七十四

贊曰忠信行己豈不大哉蕭仲恭盡心故主而富貴福澤衍之與宗室舊臣等矣仲恭廷叱宗磐而朝廷尊高松誼過李老僧而社稷安皆有古烈丈夫之風焉

海陵后徒單氏生太子光英元妃大氏生崇王元壽柔妃唐括氏生宿王矧思阿補才人南氏生滕王廣陽

光英本名阿魯補徒單后所生是時燕京轉運使趙襲慶多男故又名曰趙六養于同判大宗正方之家故崇德大夫沈璋妻張氏嘗爲光英保母於是贈璋銀青光祿大夫賜宗正方錢千萬天德四年二月立光英爲皇太子是月安置太祖畫像于武德殿盡召國初嘗從太祖破寧江州有功者得百七十六人並加宣武將軍賜酒帛其中有忽里罕者解其衣進光英曰臣今年百歲矣有子十人願太子壽考多男子與小臣等海陵使光英受其衣海陵卽以所服幷佩刀賜忽里罕答其厚意後以英字與鷹隼字聲相近改鷹坊爲馴鷙坊國號有英國又有應國遂改英國爲壽國應國爲杞國宋亦改光州爲蔣州光山縣爲期思縣光化軍爲通化軍云太醫院保全郎李中保和大夫薛遵義俱以醫藥侍光英李中超換宣武將軍太子左衞副率薛遵義丁憂起復宣武將軍太子右衞副率光英襁褓時養于宗正方家其後養于永寧宮及徒單斜也家貞元元年詔朝官京官五品以下奉引自通天門入居于東宮正隆元年三月二十七日光英生日宴百官于神龍殿賜京師大酺

一日四年八月光英射鴉獲之海陵大喜命薦原廟賜光英馬一匹黃金三斤班賜從者有差正隆六年海陵行幸南京光英安肅州光英獲二兎遣使薦于山陵居數日復獲麞兎從官皆稱賀賜光英名馬弓矢復遣使薦于山陵六月海陵至南京羣臣迎謁海陵與徒單后光英共載而入海陵嘗言俟太子年十八以天下付之朕當日遊宴於宮掖苑囿中以自娛樂光英頗警悟海陵謂侍臣曰上智不學而能中性未有不由學而成者太子宜擇碩德宿學之士使輔導之庶知古今防過失詩文小技何必作耶至於騎射之事亦不可不習恐其懦柔也及將親征后與光英挽衣號慟海陵亦泣下曰吾行歸矣後誦孝經一日忽謂人曰經言三千之罪莫大於不孝何爲不孝對者曰今民家子博奕飲酒不養父母皆不孝也光英默然良久曰此豈足爲不孝耶蓋指言海陵弑母事及代宋光英居守以陁滿訛里也爲太子少師兼河南路統軍使以衞護之完顏元宜軍變海陵遇害都督府移文訛里也殺光英于汴京死時年十二後與海陵俱葬于大房山諸王墓次訛里也咸平路窟吐忽河人襲其父忽土猛安除邳州刺史三遷昌武軍節度使歸德尹南京留守河南路統軍使太子少師大定二年遷元帥右都監宋人陷陳蔡訛里也師久無功已而兵敗于宋解職俄起爲京兆尹世宗謂之曰卿爲河南統軍門多私謁百姓惡之其後經畧陳蔡不惟無功且復致敗以汝舊勞故復用汝京兆地近南邊宜善理之大定二年卒

元壽天德元年封崇王三年薨

矧思阿補正隆元年四月生小底東勝家保養之賜東勝錢千萬仍爲起第五月己酉彌月封其母唐括氏爲柔妃賜京師貧者五千人錢人錢二百二年矧思阿補生日海陵與永壽太后及皇后太子光英幸東勝家三年正月五日矧思阿補薨海陵殺太醫副使謝友正醫者安宗義及其乳母杖東勝一百除名明日追封矧思阿補爲宿王葬大房山諫議大夫楊伯雄入直禁中因與同直者相語伯雄曰宿王之死蓋養于宮外供護雖謹不若父母膝下豈國家風俗素尚如此或以此言告海陵海陵大怒謂伯雄曰爾臣子也君父所爲豈得言風俗宮禁中事豈爾當言朕或體中不佳間不視朝祇是少得人幾拜耳而庶事皆奏決便殿縱有死刑不卽論決蓋使四者得緩其死至於除授宣勅雖復稽緩有何利害朕每當閒暇頗閱教坊聲樂聊以自娛書云內作色荒外作禽荒酣酒嗜音峻宇雕墻有一於此未或不亡此戒人君不恤國事溺於此者耳如我雖使聲樂喧動天地宰相敢有濫與人官而吏敢有受賕者乎外間敢有竊議者乎爾諫官也有可言之事當公言之言而不從朕之非也而乃私議可乎伯雄對曰陛下至德明聖固無竊議者愚臣失言罪當萬死惟陛下哀憐海陵曰本欲殺汝今秖杖汝二百旣決杖至四十使近臣傳詔諭伯雄曰以爾藩邸有舊今特釋之

滕王廣陽母南氏本大臭家婢隨元妃大氏入宮海陵幸之及有娠卽命爲殿直正隆二年九月二十六日生廣陽十月滿月海陵分施在京貧民凡用錢千貫三年二月封南氏爲才人七月封廣陽爲滕王九月薨

贊曰海陵伐宋光英居守使陁滿訛里也以宮師兼統軍之任計至悉也豈料死其手乎荀首有言不以人子吾子其可得耶海陵覡人之子不翅魚肉而獨已子之謀安不可得矣

金史卷八十三

元　中　書　右　丞　相　總　裁　脫　脫　等　修

列傳第二十一

張通古　張浩
張汝霖　張玄素
張汝弼　耶律安禮
納合椿年　祁宰

張通古字樂之易州易縣人讀書過目不忘該綜經史善屬文遼天慶二年進士第補樞密院令史丁父憂起復懇辭不獲因遁去屏居興平太祖定燕京割以與宋宋人欲收人望召通古通古辭謝隱居易州太寧山下宗望復燕京侍中劉彥宗與通古素善知其才召爲樞密院主奏改兵刑房承旨天會四年初建尚書省除工部侍郎兼六部事高慶裔設磨勘法仕宦者多奪官通古亦免去遼王宗幹素知通古名惜其才遣人諭之使自理通古不肯曰多士皆去而已何心獨求用哉宗幹爲論理之除中京副留守爲詔諭江南使宋主欲南面使通古北向通古曰大國之卿當小國之君天子以何南陝西賜之宋宋約奉表稱臣使者不可以北面若欲貶損使者使者不敢傳詔遂索馬欲北歸宋主遽命設東西位使者東面宋主西面受詔拜起皆如儀使還聞宋已置戍河南謂送伴韓肖胄曰天子裂壤地益南國南國當思圖報大恩今輒置守戍自取嫌疑若興師問罪將何以爲辭江左且不可保況齊乎肖胄惶恐曰敬聞命矣卽馳白宋主宋主遽命罷戍通古至上京具以白宗幹且曰及其部置未定當議收復宗幹喜曰是吾志也卽除參知行臺尚書省事未幾詔宗弼復取河南通古請先行至汴諭之比至汴宋人已去矣或謂通古曰宋人先退詐也今聞將自許宿來襲我通古曰南人宣言來者正所以走耳迺使人覘之宋人果潰去宗弼撫髀笑曰誰謂書生不能曉兵事哉河南卒孫進詐稱皇弟按察大王謀作亂是時海陵爲相內懷覬覦欲先除熙宗弟胙王常勝因孫進稱皇弟大王遂指名爲胙王以誣搆之熙宗自太子濟安薨後繼嗣未定深以爲念裴滿后多專制不得肆意後宮頗鬱鬱因縱酒往往迷惑妄怒手刃殺人及海陵中傷胙王熙宗以爲信然不疑遣護衞特思鞫治行臺知熙宗意在胙王導引孫進連屬之通古執其咎極力辯止及孫進引服蓋假託名稱將以惑衆規取財物耳實無其人也特思奏狀海陵譖之曰特思且將徼福於胙王熙宗益以海陵爲信遂殺胙王并特思殺之行臺諸人乃責通古曰爲君所誤今坐死矣通古曰以正獲罪死賢於生海陵旣殺胙王不復緣害他人由是坐止特思行臺不坐天德初遷行臺左丞進拜平章政事封譚王改封鄆王以柄親王大臣未嘗少假以顏色惟見通古必以禮貌會疾求解機務不許拜司徒封瀋王海陵御下嚴厲收威磁州僧法寶欲去張浩張暉欲留之不可得朝官又有欲留之者海陵聞其事詔三品以上官上殿責之曰聞卿等每到寺僧法寶正坐卿等皆坐其側朕甚不取佛者本一小國王子能輕舍富貴自苦修行由是成佛今人崇敬以希福利皆妄也況僧者往往不第秀才市井游食生計不足乃去爲僧較其貴賤未可與簿尉抗禮閭閻老婦迫於死期多歸信之卿等位爲宰輔乃復效此失大臣體張司徒老成舊人三教該通足爲儀表何不師之召法寶謂之曰汝旣爲僧去住在己何乃使人知之法寶戰懼不知所爲海陵曰汝爲長老當有定力今乃畏死耶遂於朝堂杖之二百張浩張暉杖二十正隆元年以司徒致仕進封曹王是年薨年六十九通古天資樂易不爲表襮雖居宰相自奉如寒素焉子沉天德三年賜楊建中牓及第

張浩字浩然遼陽渤海人本姓高東明王之後曾祖霸仕遼而爲張氏天輔中遼東平浩以策干太祖太祖以浩爲承應御前文字天會八年賜進士及第授秘書郎太宗將幸東京浩提點繕修大內超遷衞尉卿權簽宣徽院事管勾御前文字初定朝儀求養親去職起爲趙州刺史官制行以中大夫爲大理卿天眷二年詳定內外儀式歷戶工禮三部侍郎遷禮部尚書田瑴黨事起臺省一空以浩行六部事簿書叢委決遣無留人服其才以疾求外補除彰德軍節度使遷燕京路都轉運使俄改平陽尹平陽多盜臨汾男子夜掠人婦浩捕得榜殺之盜遂衰息近郊有淫祠郡人頗事之廟祝田主爭香火之利累年不決浩撤其祠屋投其像水中强宗黠吏屏迹莫敢犯者郡中大治乃繕葺堯帝祠作擊壤遺風亭海陵召爲戶部尚書拜參知政事天德二年丁母憂起復參知政事進拜尚書右丞天德三年廣燕京城營建宮室浩與燕京留守劉筈大名尹盧彥倫監護工作命浩就擬差除旣而暑月工役多疾疫詔發燕京五百里內醫者使治療官給藥物全活多者與官其次給賞下者轉運司舉察以聞貞元元年海陵定都燕京改燕京爲中都改析津府爲大興府浩進拜平章政事賜金帶玉帶各一賜宴于魚藻池浩請凡四方之民欲居中都者給復十年以實京城從之拜尚書右丞相兼侍中封潞王賜其子汝霖進士及第未幾改封蜀王進拜左丞相正隆二年改封魯國公表乞致仕海陵曰人君不明諫不行言不聽則宰相求去宰相老病不能任事則求去卿於二者何居浩對曰臣羸病不堪任事宰相非養病之地也是以求去不許海陵欲伐宋將幸汴而汴京大內失火於是使浩與敬嗣暉營建南京宮室浩從容奏曰往歲營治中都天下樂然趨之今民力未復而重勞之恐不似前時之易成也不聽浩朝辭海陵問用兵利害浩不敢正諫乃婉詞以對欲以微止海陵用兵奏曰臣觀天意欲絕趙氏久矣海陵愕然曰何以知之對曰趙構無子樹立疏屬其勢必生變可不煩用兵而服之海陵雖喜其言而不能從也浩至汴海陵時時使宦者梁珫來視工役凡一殿之成費累鉅萬珫指曰某處不如法式輒撤之浩不能抗而與之均禮汴宮成海陵自燕來遷居之浩拜太傅尚書令進封秦國公海陵至汴累月不視朝日治兵南伐部署諸將浩欲奏事不得見會海陵遣周福兒至浩家浩附奏曰諸將皆新進少年恐誤國事宜求舊人練習兵者以爲千戶謀克

而海陵部署已定惡聞其言乃杖之海陵自將發汴京皇后太子居守浩留治尚書省事世宗即位于遼陽揚州軍變海陵遇害都督府使使殺太子光英于南京浩遣戶部員外郎完顏謀衍上賀表明年二月浩朝京師入見世宗謂曰朕思天位惟艱夙夜惕懼不遑寧處卿國之元老當戮力贊治宜令後世稱揚德政毋失委任之意也俄拜太師尚書令封南陽郡王世宗曰卿在正隆時爲首相不能匡救惡得無罪營建兩宮殫竭民力汝亦嘗諫故天下不以咎汝惟怨正隆而卿在省十餘年練達政務故復用卿爲相當自勉毋負朕意浩頓首謝居數日世宗謂浩曰卿爲尚書令凡人材有可用者當舉用之浩舉紇石烈志寧等其後皆爲名臣浩有疾在告者久之遣左司郎中高衎及浩姪汝弼宣諭浩力疾入對即詔入朝毋拜許設座殿陛之東若有咨謀然後進對或體中不佳不必日至省中大政可就第裁決浩雖受詔然每以退爲請三年夏復申前請乃除判東京留守疾不能赴任因請致仕初近侍有欲罷科舉者上曰吾見太師議之浩入見上曰自古帝王有不用文學者乎浩對曰有曰誰歟浩曰秦始皇上顧左右曰豈可使我爲始皇乎事遂寢是歲薨上輟朝一日詔左宣徽使趙興祥率百官致奠賻銀千兩重綵五十端絹五百匹謚曰文康明昌五年配享世宗廟庭泰和元年圖像衍慶宮子汝爲汝霖汝能汝方汝猷

汝霖字仲澤少聰慧好學浩嘗稱之曰吾家千里駒也貞元二年賜呂忠翰榜下進士第特授左補闕擢大興縣令再遷禮部員外郎翰林待制大定八年除刑部郎中召見於香閣諭之曰卿以待制除郎中勿以爲降朕以刑部闕漢官故以授卿且卿入仕未久姑試其能耳如職事修舉當有陞擢爾父太師以戶部尚書升諸相位由崇德大夫纔遷金紫卿所目見也當旣厥心無忝乃父明年授太子左諭德兼禮部郎中先是知登聞檢院王震改禮部郎中世宗諭宰臣曰此除未允人望禮官當選有學術士如張汝霖者可也於是命汝霖兼之而除震別職擢刑部侍郎以憂解起復爲太子詹事遷太子少師兼御史中丞世宗召謂曰卿嘗言監察御史所察州縣官多因沽買以得名舉良吏奉法不爲表襮必無所稱朕意亦然卿今爲臺官可革其弊尋改中都路都轉運使太子少師兼禮部尚書俄轉吏部爲御史大夫時將陵主簿高德溫大收稅戶米逮御史獄汝霖具二法上世宗責之曰朕以卿爲公正故登用之德溫有人在宮掖故朕頗詳其事朕肯以宮掖之私撓法耶不謂卿等顧狥如是汝霖跪謝久之上顧左諫議大夫楊伯仁曰臺官不正如此伯仁奏曰罪疑惟輕故具二法上請在陛下裁斷耳且人材難得與其材智而邪不若用愚而正者上作色曰卿輩皆愚而不正者也未幾復坐失出大興推官高公美罪謫授棣州防禦使頃之復爲太子少師兼禮部尚書拜參知政事太子少師如故是日汝霖兄汝弼亦進拜尚書左丞時人榮之後因朝奏日論事上前世宗謂曰朕觀唐史見太宗行事初甚厲精晚年與羣臣議多飾辭朕不如是也又曰唐太宗明天子也晚年亦有過舉朕雖不能比迹聖帝明王然常思始終如一今雖年高敬慎之心無時或怠汝霖對曰古人有言靡不有初鮮克有終有始有卒者其惟聖人乎魏徵所言守成難者正謂此也上以爲然二十五年章宗以原王判大興府事上命汝霖但涓視事日且加輔導尋坐擅支東宮諸皇孫食料奪官一階久之遷尚書右丞是時世宗在位久熟悉天下事思得賢材與圖致治而大臣皆依違苟且無所薦達一日世宗召宰臣謂曰卿等職居輔相曾無薦舉何也且卿等老矣殊無可以自代者乎惟朕嘗言某人可用然後從而言之卿等既無所言必待朕知而後進用將復有幾因顧汝霖曰若治丞者亦因右丞相言而知也汝霖對曰臣等苟有所知豈敢不薦但無人耳上曰春秋諸國分裂土地褊小皆稱有賢今天下之大豈無人才但卿等不舉而已今朕自勉庶幾致治他日子孫誰與共治乎汝霖等皆有懃色二十八年進拜平章政事兼修國史封芮國公世宗不豫與太尉徒單克寧右丞相襄同受顧命章宗即位加銀青榮祿大夫進封莘先是右丞相襄言熙宗聖節蓋七月七日爲係景祖忌辰更用五月受外國賀今天壽節在七月雨水淫暴外方人使赴闕有礙行李乞移他月爲便汝霖言帝王之道當示信於天下昔宋主構生日亦係五月是時都在會寧上國遣使賜禮不聞有霖潦礙阻之説今與宋構好日久遽以暑雨爲辭示以不實萬一雨水踰常愆期到闕猶愈更用別日參知政事劉瑋御史大夫唐括貢中丞李晏刑部尚書兼右諫議大夫完顏守道修起居注完顏烏者同知登聞檢院事孫鐸亦皆言其不可帝初從之旣而竟用襄議時帝在諒陰初出獵諫院聯章言心喪中未宜其後冬獵汝霖諫之詔荅曰卿能每事如此朕復何憂然時異事殊難同古昔如能斟酌得中斯爲當矣一日帝謂宰臣曰今之用人太拘資歷如此何能得人汝霖奏曰不拘資格所以待非常之材帝曰崔祐甫爲相未踰年薦八百人豈皆非常材耶時有司言民間收藏制文恐因而滋訟乞禁之汝霖謂王者之法譬猶江河欲使易避而難犯本朝法制坦然明白今已著爲不刊之典天下之人無不聞誦若令私家收之則人皆曉然不敢爲非亦助治之一端也不禁爲便詔從之明昌元年三月表乞致仕不許十二月卒時帝獵饒陽訃聞勑百官送葬賻禮加厚謚曰文襄汝霖通敏習事凡進言必揣上微意及朋附多人爲説故言不忤而似忠也初章宗新即位有司言改造殿庭諸陳設物日用繡工一千二百人二年畢事帝以多費意輟造汝霖曰此非上服用未爲過侈將來外國朝會殿宇壯觀亦國體也其後奢用浸廣蓋汝霖有以導之云

張玄素字子貞與浩同曾祖祖祐父匡仕遼至節度使玄素初以廕得官高永昌據遼陽玄素在其中斡魯軍至乃開門出降特授世襲銅州猛安天會間歷西上閤門使客省使東宮計司天眷元年以靜江軍節度使知涿州察廉最進官一階皇子魏王道濟遙領中京以玄素爲魏王府同提點尋改鎮西軍節度使遷東京路都轉運使改興平軍節度使正隆末年天下盜起玄素發民夫增築城郭同僚諫止之不聽未幾寇掠鄰郡皆無備而興平獨安世宗即位玄素來見于東京玄素在東京希海陵旨言世宗嘗取在官黃糧及擅其數事至是來見世宗一切不問玄素與李石力言宜早幸燕京上深然之遷戶部尚書出鎮定武遂致仕年八十四卒玄素厚而剛毅人畏憚之往往以片紙署字其上治瘧疾輒愈人皆異之

汝弼字仲佐父玄徵彰信軍節度使玄素之兄也汝弼初以父蔭補軍正隆二年中進士第調灤州欒郊縣主簿玄徵妻高氏與世宗母貞懿皇后有屬世宗納玄徵女爲次室是爲元妃張氏生趙王允中世宗即位于遼陽汝弼與叔玄素俱往歸之擢應奉翰林文字世宗御翠微閣召左司郎中高衎及汝弼問曰近日除授外議何如宜以實奏毋少隱也有不可用者當改之衎汝弼皆無以對自皇統以來內藏諸物費用無度吏貪緣爲姦多亡失汝弼與宮籍直長高公穆入殿小底王添兒閱實之以類爲籍作四庫以貯之於是內藏庫使王可道等皆杖一百汝弼等各進階頃之兼修起居注轉右司員外郎毋憂去官起復吏部郎中累遷吏部尚書拜參知政事詔徙女直猛安謀克于中都給以近郊官地皆塉薄其腴田皆豪民久佃遂專爲已有上出獵猛安謀克人前訴所給地不可種藝詔拘官田在民久佃者與之因命汝弼議其事請條約立限令百姓自陳過限許人首告實者與賞上可其奏乃遣同知中都轉運使張九思拘籍之上問高麗夏皆稱臣使者至高麗與王抗禮夏王立受使者拜何也左丞襄對曰故遼與夏爲甥舅夏王以公主故受使者拜本朝與夏約和用遼故禮所以然耳汝弼曰誓書稱一遵遼國舊儀今行之已四十年不可改也上曰卿等言是也上聞尚書省除授小官多不稱職召汝弼至香閣謂之曰他宰相年老卿等宜盡心汝弼對曰材薄不足以副聖意耳進拜尚書右丞於是戶部糴官倉粟汝弼請使煖湯院得糴之上讓曰汝欲積陰德邪何區區如此左丞相徒單克寧得解政務爲樞密使是日汝弼亦懷表乞致仕上使人止之曰卿年未老未可退也進左丞與族弟參知政事汝霖同日拜族里以爲榮有年未六十而乞致仕者上不許汝弼曰聖旨嘗許六十致仕上責之曰朕嘗許至六十者致仕不許未六十者且朕言六十致仕是則可行否則當言卿等不言皆此類也久之坐擅增諸皇孫食料與丞相守道右丞粘割斡特剌參政張汝霖各削官一階上曰准法當解職但示薄責耳汝弼在病告上謂宰相曰汝弼久居執政練習制度頗能斟酌人材而用心不正乃罷爲廣寧尹賜通犀帶汝弼爲相不能正諫上所欲爲則順而導之所不欲爲則微言以觀其意上責之則婉辭以引過終不忤之也而上亦知之且黷貨以計取諸家名園甲第珍玩奇好士論薄之二十七年薨汝弼旣與永中甥舅陰相爲黨章宗即位汝弼妻高氏每以邪言怵永中覬非望畫永中母像侍奉祈祝使術者推算永中有司鞫治高氏伏誅事連汝弼上以事覺在汝弼死後得免削奪

耶律安禮本名納合系出遙輦氏幼孤事母以孝聞遼季間關避難未嘗一日怠溫凊入朝當路者重其行義使主帥府文字授左班殿直天眷初從元帥於山西母喪不克歸葬主帥憐之賻禮甚厚安禮冒大暑挽柩行千餘里哀毀骨立行路嗟歎服除由行臺吏禮部主事累遷工部侍郎改左司郎中天德間罷行臺尚書省入爲工部侍郎累遷本部尚書明年冬爲宋國歲元使被詔治鞫韓王亨獄于廣寧亨無反狀安禮還奏海陵怒疑安禮梁王宗弼故吏乃責安禮曰亨迭有三罪其論

阿里出虎有誓券不當死既引伏其謂不足進馬及密遣刺客二者安得無之汝等來奏欲測我喜怒以爲輕重耳乃遣安禮再往與李老僧同鞫之老僧由是殺亨于獄海陵猶謂安禮輒殺亨以絕滅事迹親戚得以不坐安禮之不附上刻下乃如此改吏部尚書護大房山諸陵工作拜樞密副使封譚國公遷尚書右丞進封鄗國公轉左丞議降累朝功臣封爵密諫伐江南忤海陵意罷爲南京留守封溫國公安禮長於吏事廉謹自將從帥府再伐宋寶貨人口一無所取貴爲執政奴婢止數人皆有契券時議賢之薨年五十六

納合椿年本名烏野初置女直字立學官於西京椿年與諸部兒童俱入學最號警悟久之選諸學生送京師俾上京教授耶魯教之椿年在選中補尚書省令史累官殿中侍御史改監察御史海陵爲相薦爲右司員外郎編定新制海陵篡立以爲諫議大夫椿年有酒失海陵使之戒酒遂終身不復飲改秘書監修起居注授世襲猛安爲翰林學士兼御史中丞正隆初起上京諸猛安於中都山東等路安置以勞賜玉帶閑廐馬奉遷山陵還爲都點檢賜今名拜參知政事海陵謂椿年曰如卿吏材甚難得復有如卿者乎椿年薦大理丞紇石烈婁室海陵以婁室爲右司員外郎未旬日海陵謂椿年曰吾試用婁室果如卿言惟賢知賢信矣婁室後賜名良弼有宰相才世宗時至左丞相號賢相焉正隆二年椿年薨海陵親臨哭之追封特進譚國公謚忠辯賻銀二千兩綵百端絹千匹錢千萬以長子參謀合爲定遠大將軍襲猛安次子合荅爲忠武校尉及歸葬再賜錢百萬仍給道路費椿年有宰相才好推轂士類然頗營產業爲子孫慮冒占西南路官田八百餘頃大定中括檢田土百姓陳言官豪占據官地貧民不得耕種溫都思忠子長壽椿年子猛安參謀合等三十餘家凡冒占三千餘頃詔諸家除牛頭稅地各再給十頃其餘盡賦貧民種佃世頗以此議椿年云

祁宰字彥輔江淮人宋季以醫術補官王師破汴得之後隸太醫累遷中奉大夫太醫使數被賞賚常感激欲自效海陵將伐宋宰欲諫不得見會元妃有疾召宰診視既入見即上疏諫其畧言國朝之初祖宗以有道伐無道曾不十年蕩遼戡宋當此之時上有武元文烈英武之君下有宗翰宗雄謀勇之臣然猶不能混一區宇舉江淮巴蜀之地以遺宋人況今謀臣猛將異於曩時且宋人無罪師出無名加以大起徭役營中都建南京繕治甲兵調發軍旅賦役煩重民人怨嗟此人事之不修也間者晝星見於牛斗熒惑伏於翼軫已歲自刑害氣在揚州太白未出進兵者敗此天時不順也舟師水涸舳艫不繼而江湖島渚之間騎士馳射不可驅逐此地利不便也言甚激切海陵怒命戮於市籍其家產天下哀之茲戢宰肾也海陵疑奏疏戢爲之辭曰實不知也海陵猶杖戢召禁中諸司局官至咸德門諭以殺宰事明年世宗即位於遼東四年詔贈資政大夫復其田宅章宗即位詔訪其子忠勇校尉平定州酒監公史擢尚藥局都監泰和初詔定功臣謚尚書省掾李秉鈞上言事有宜緩而急若輕而重者名教是也伏見故贈資政大夫祁宰以忠言被誅慕義之士盡傷厥心世宗即位贈之以官陛下錄用其子甚大惠也雖武王封比干之墓孔子譽夷齊之仁何以異此而有司拘文以職非三品不在議謚之例臣竊疑之若職至三品方得請謚當時居高官食厚祿者不爲無人皆畏罪淟涊曾不敢申一喙畫一策以爲社稷計卒使立名死節之士顧出於醫卜之流亦可以少愧矣臣以謂非常之人當以非常之禮待之乞詔有司特賜謚以旌其忠斯亦助名教之一端也制曰可下太常謚曰忠毅

贊曰异哉海陵之爲君也舞智御下而不卹爲君子仕於朝動必以禮然後免於恥張通古耶律安禮位不及張浩進退始終其賢遠矣浩無事不爲無役不從爲相最久用之厚遇之薄豈亦自取之邪海陵伐宋浩安禮位皆大臣一以婉辭一以密諫賢於不諫而已祁宰一醫流獨能極諫其後皆如所言海陵戕之足以成其百世之名耳納合椿年援引善類有君子風其死適在宋兵未舉之前然觀其好營產殖亦未必忘身狥國之士也祁宰卓乎不可及也夫

金史卷八十四

元 中書右丞相總裁脫脫等修

列傳第二十二

杲本名撒离喝　耨盌溫敦思忠子乙迭
溫敦兀帶　奔睹
高楨　白彥敬
張景仁

杲本名撒离喝安帝六代孫泰州婆盧火之族胡魯補山之子雄偉有才畧太祖愛之常在軍中及婆盧火爲泰州都統宗族皆隨遷泰州撒离喝嘗爲世祖養子獨得不遷仍居安出虎水宗翰宗望凡再克汴執宋二主北還宗望分遣諸將定河北左都監闍母攻下河間雄州李成棄城走撒离喝邀擊大破之雄州遂降睿宗經畧山東留撒离喝于河上而眞定境內有賊衆自稱元帥秦王撒离喝擊破其衆執而戮之從平陝西撒离喝狥地自渭以西降德順軍又降涇原路鎭戎軍進平熙河降甘泉等二堡遂取保川城明年同奔睹討平河外隆寧洮安隴二寨并降下河及樂州至西寧盡降其都護官屬於是木波族長等皆迎降攻慶陽敗其拒者遂降其城慕洧以環州來降得城寨十三步騎一萬於是宗弼軍敗于和尚原上表美撒离喝而戒厲宗弼睿宗已定陝西留兵屯衛要使撒离喝總之居無何請收劒外十三州與宋王彥之軍七千人遇于沙會濼敗之遂克金州連破吳玠諸軍于饒風關遂取眞符縣取洋州入興元府敗吳玠兵于固鎭擒其兩將撒葛柷等破宋兵盡下諸砦及仙人關天會十四年爲元帥右監軍天眷二年宗弼復取河南撒离喝自河中出陝西既至鳳翔擊走宋軍是時宋軍在京兆西者甚衆諸將以暑雨欲駐軍且聞宋兵九萬會于涇州都元帥遣河南步卒來會軍撒离喝留諸將屯環慶獨以輕騎取涇州六月敗宋兵于涇州宋兵走渭州拔离速追擊大敗之未幾爲右副元帥皇統三年封應國公賜賚甚厚熙宗出獵賜具裝馬二命射于圍中加開府儀同三司將還軍命宰臣餞之海陵升蒲州爲河中府撒离喝爲河中尹左副元帥如故自陝西入朝因從容言曰唐建成不道太宗以義除之即位之後力行善政後世稱賢陛下以前主失德大義廢絕力行善政則如唐太宗矣海陵聞其言色變撒离喝亦悔其言既而進封國王從行官吏皆官賞之海陵念撒离喝久握兵在外頗得士心忌之以爲行臺左丞相兼左副元帥又恐不奉命陽尊以殊禮使係屬籍以玉帶璽書賜之撒离喝至汴詔諭行臺右丞相右副元帥撻不野無使撒离喝預軍事撒离喝不知每事輒爭之撻不野詭曰太師梁王以陝西事屬公以河南事屬撻不野今未嘗別奉詔命陝西之事撻不野固不敢干涉撻不野久在河南將帥畏而附之撒离喝始至勢孤爭之不得白於朝大臣知上旨報曰如梁王教及詔使至汴諭旨於撻不野使還撻不野獨有附奏撒离喝不得與聞人皆知海陵使撻不野圖之矣會海陵欲除遼王斜也子孫及平章政事宗義等元帥府令史遙設希海陵旨誣撒离喝父子謀反并平章宗義尚書謀里野等遙設學撒离喝手署及印文詐爲契丹小字家書與其子宗安從左都監奔覩上變封題作巳經開拆者書紙隱約有白字作曾經水浸致字畫分明者稱御史大夫宗安於宮門外遺下此書遙設拾得之其書畧曰撻不野自來於我不好凡事常有隄防應是知得上意移刺補丞相於我不好若遲緩分毫猜疑必落他手也又曰阿渾每見此書約定月日教掃胡令史却寫白字書來有司鞫問宗安不服曰使眞有此書我剖肌肉藏之猶恐漏泄安得於朝門下遺之有司掠笞楚毒宗安神色不變乃眞掃胡爐炭上掃胡不能堪自誣服宗安謂掃胡曰爾苦矣宗義被掠笞不能當亦自誣服曰我輩知不免矣不早決徒自苦宗安曰今雖無以自明九泉之下當有究對吾終不能引屈竟不服而死使厮魯渾殺撒离喝于汴族其家而無寫書及傳書者主名有折哥者能契丹小字舊嘗從撒离喝特末者撒离喝親屬坐是死者二十餘人潞王斡者孫耶魯倈撒离喝于汴厮魯渾執之耶魯曰願付有司若法當同坐雖死不恨厮魯渾亦殺之其家訟于朝海陵不問但賜錢二百萬奔覩還元帥左監軍加開府儀同三司遙設爲同知博州事賜錢三百萬謂之曰爾無自比老人老人親告朕爾以告有司設有撒离喝黨人在其間敗吾事矣老人指蕭玉也蕭玉名老人故云然遙設在博州數歲後與蕭裕謀反伏誅大定初詔復撒离喝官爵三年追封金源郡王謚莊襄以郡王品秩官爲營葬十七年配享太宗廟庭

耨盌溫敦思忠本名乙剌補阿補斯水人太祖伐遼是時未有文字凡軍事當中覆而應密者諸將皆口授思忠思忠面奏受詔還軍傳致詔辭雖往復數千言無少誤及遼人議和思忠與烏林答贊謀往來專對其間號閘刺閘刺者漢語云行人也自收國元年正月遼人遣僧家奴來使者三往反議不決使者賽刺至遼遼人殺之遼主自將至駞門大敗歸復遣使議和太祖使胡突衮往書曰若不從此胡突衮但使人送至界上或如賽刺殺之惟所欲者天輔三年六月遼大冊使太傅習泥烈以冊璽至上京一舍先取冊文副錄閱視文不稱兄不稱大金稱東懷國太祖不受使宗翰宗雄宗幹希尹商定冊文義指楊朴潤色胡十答阿撒高慶裔譯契丹字使贊謀與習泥烈偕行贊謀至遼見遼人再撰冊文復不盡如本國旨意欲見遼王自陳闍者止之贊謀不

顧直入闕者相與搏擬折其信牌遼人懼遽遣贊謀歸太祖再遣贊謀如遼遼人前後十三遣使和議終不可成太祖自將遂克臨潢其後伐宋思忠從宗翰軍封劉豫爲齊帝思忠爲傳宣使俄授謀克從宗弼克和尚原還爲同知西京留守事天眷初改蒲州防禦使元帥府在陝西有其官屬往往豪壓貧民爲奴起遣工匠千人東來至河上思忠留止其人以聞詔皆還之爲行臺尚書左丞是時贊謨爲行臺參知政事思忠黷貨無厭贊謨鄙之兩人由是交惡海陵殺左丞相秉德于行臺贊謨妻秉德乳母也思忠因構謨殺之是歲思忠入爲尚書右丞俄進平章政事封部國公進拜左丞相兼侍中封沂國公天德三年致仕貞元二年十月海陵率三品以上官幸思忠第使以家禮見謂思忠曰卿神氣康實習先朝舊事舍卿無能知者當爲朕起共治國政對曰君之命臣敢不敬從但恨老病疎謬無以塞責耳遂命思忠乘馬從入宮拜太傅領三省事封齊國王尋拜太師兼勸農使已而罷中書門下省不置領三省事置尚書令位丞相上思忠爲尚書令特置散從八人聽隨至宮省奏賜坐海陵欲定封爵制度風思忠建白之封王者皆降封異姓或封公或一品二品階惟封思忠廣平郡王賜以玉帶思忠言百官不當封妻海陵從之惟封思忠次室爲郡夫人而思忠亦自謂太祖舊臣頗自任雖海陵遂非拒諫而思忠盡言無所避海陵將伐宋問諸大臣皆不敢對思忠曰不可海陵不悅謂思忠曰汝勿論可否但云何時克之思忠曰以十年爲期海陵曰何久也朞月耳思忠曰太祖伐遼猶且數年今百姓愁怨師出無名江淮間暑熱湫濕不堪久居未能以歲月期也海陵怒顧視左右若欲取兵刃者思忠無所畏恐復曰老臣歷事四朝位至公相苟有補於國家死亦何憾有頃海陵曰自古帝王混一天下然後可爲正統爾耄夫固不知此汝子乙迭讀書可往問之思忠曰臣昔見太祖取天下此時豈有文字耶臣年垂七十更事多矣彼乳臭子安足問哉海陵既不用思忠言遷四方甲仗于中都思忠曰州郡無兵何以備盜賊海陵盡籍丁壯爲兵思忠曰山後契丹諸部恐未可盡起皆不聽其後州郡盜起守令不能制契丹撒八斡窩果反期年乃克之當是時海陵伐宋祁宰諫而死張浩進言被杖思忠見疎孔彥舟畫策先取兩淮他無及者正隆六年思忠薨年七十三海陵深悼惜之親臨奠賻贈加等賜金蝎頭里使者監護給道路費大定十二年詔復烏林答贊謨官爵賻特進上謂宰臣曰贊謨忠實剛毅雖古人無以過與思忠有隙遂勸海陵殺之今思忠子孫皆不肖亦陰報也初思忠已構殺贊謨遂納其妻曹氏盡取其家財產章宗即位贊謨女五十九乞改葬詔賜葬地于懷州并以思忠元取家貲付之

謙本名乙迭累官御史中丞世宗謂之曰省部官受請託有以室家傳達者官刑不肅士風頽敝如此其糾正之初世宗至中都多放宮人還家有稱心等數人在放遣之例所司失於檢照不得出宮心常怏怏大定二年閏二月癸巳夜遂於十六位放火延燒太和神龍殿上命近臣迹火之所發十六位宮人袁六娘等六人告實稱心等爲之稱心等伏誅賞賜袁六娘六人放出宮爲良謙意宮殿被火將復興工役勞民傷財乃上表乞權紓修建上使張汝弼詔謙曰朕思正隆比年徭役百姓瘡痍未復邊事未息豈遽有營繕也卿可悉之久之襲父思忠濟州猛安利涉軍節度副使烏林答鈔兀追捕逃軍至猛安中謙畏其擾乃醵民財買銀賂鈔兀事覺鈔兀抵罪謙坐奪猛安遇赦求叙上曰乙迭無自與贓使復其所

耨盌溫敦兀帶太師思忠姪也天會間充女直字學生學問通達觀書史工爲詩選爲尚書省令史除右司都事轉行臺右司郎中入爲左司員外郎累官同知大興尹京師盜賊止息事無留滯再遷刑部尚書改定海軍節度使除兵部尚書改吏部正隆伐宋爲武定軍都總管世宗即位遣使召之授咸平尹爲北邊行軍都統改會寧尹都統如故是時初定窩斡人心未安兀帶爲治寬簡多備禦謹斥候邊郡以寧改北京留守以廉察舉兀帶所在有能名無私過由是入拜參知政事世宗論之曰凡在卿上者行事或不當理咨稟不從卿以所見奏聞下位有可用之才當推薦之久之屬疾上命左宣徽使敬嗣暉往視遣醫治療薨年四十七上聞悼惜之賻銀千兩重綵四十端絹四百匹敕有司致祭久之上謂侍臣曰故參知政事兀帶刑部尚書彥忠滄州節度使兀不喝侍郎敵輦郎中骨赧皆爲人忠直後進中少有能及之者朕樂得忠直之人有如兀帶輩者乎卿等爲朕舉之其見思如此

昂本名奔睹景祖弟孛黑之孫斜斡之子幼時侍太祖太祖令數人兩兩角力時昂年十五太祖顧曰汝能此乎對曰有命敢不勉遂連仆六人太祖喜曰汝吾宗弟也自今勿遠左右居數日賜金牌令佩以侍年十七太祖伐遼謂之曰汝可擐甲從軍矣昂遂佩所賜金牌從軍太祖平燕策功賜甲第一區天輔六年宗翰駐北安州聞遼主延禧在鴛鴦濼遣耨盌溫敦思忠請於國論勃極烈杲願以所部軍追之杲不能決乃遣昂與思忠詣宗翰議其事遂定天會二年南京叛軍帥闍母遣昂劉彥宗分兵討之宗望伐宋承制以爲河南諸路兵馬都統稱金牌郎君及攻汴州宗弼與昂以兵三千爲前鋒比暮昂先以兵千人馳至其北門時軍中遣使入城宋人不納昂諭之以事遂得入宗望至汴令闍母撻懶等屯于城之東北隅慮宋主遁去遣昂等率輕騎環城巡邏昂所領止八謀克遇敵萬人與戰敗之其步軍溺死於汴者過半七年大軍渡江敗宋兵於江上帥府遣昂等以兵追宋主宋主入會稽若爲堅守計有兵數千列陣於郭東竹葦間諸將欲擊之昂曰此詐也不若急攻城不然將由他門逸去諸將猶豫未決而宋主果於他門以單舟入海不獲而還宗輔定陝西宗弼經略熙秦遣昂與撒离喝領兵八千攻取河西郡縣昂等遂取寧洮安隴二寨進至河州其通判率士民迎降攻樂州其都護及河州安撫使郭寧偕降復進取三寨至西寧州都護許居簡以城降吐蕃酋長之孫趙鈐轄率其所部木波首領五人來降昂別領軍四千往積石軍降其軍及所部五寨官吏追吐蕃鈐轄等十二人至廓州招之不下攻取之天眷元年授鎮國上將軍除東平尹明年夏宋將岳飛以兵十萬號稱百萬來攻東平東平有軍五千倉卒出禦之時桑柘方茂昂使多張旗幟於林間以爲疑兵自以精兵陳于前飛不敢動相持數日而退昂勒兵襲之至清口飛衆泛舟逆水而去時霖雨晝夜不止昂乃附水屯營夜將半忽促衆北行諸將諫曰軍士遠涉泥淖饑憊未食恐難遽行昂怒不應鳴鼓督之下令曰鼓聲絕而敢後者斬遂棄營去幾二十里而止是夜宋人來劫營無所得而去諸將入賀且問其故昂曰沿流而下者走也泝流而上者誘我必追也今大雨泥淖彼舟行安我陸行勞士卒飢乏弓矢敗弱我軍居其下流勢不便利其襲我必矣衆皆稱善岳飛以兵十萬圍邳州甚急城中兵纔千餘守將懼遣人求救昂曰爲我語守將我嘗至下邳城中西南隅有塹深丈餘可速實之守將如其教塡之岳飛果自此穴地以入知有備遂止昂舉兵以爲聲援飛乃退在東平七年改益都尹遷東北路招討使改崇義軍節度使遷會寧牧天德初改安武軍節度使遷元帥右都監轉左監軍授上京路移里閔斡魯渾河世襲猛安海陵曰汝有大功一猛安不足酬也益以四謀克昂受親管謀克餘三謀克讓其族兄弟拜樞密副使轉太子少保進樞密使尚書左丞相昂怒族弟妻去衣杖其脊海陵聞之杖昂五十久之拜太尉封瀋國公進太保判大宗正事封楚國公累進封莒衞齊兼樞密使太保如故海陵南伐分諸路軍爲三十二總管分隸左右領軍大都督府遂以昂爲左領軍大都督海陵築臺于江上召昂及右領軍副大都督蒲盧渾謂之曰舟楫已具可以濟矣蒲盧渾曰舟小不可濟海陵怒詔昂與蒲盧渾明日先濟昂懼欲亡去抵暮海陵遣人止之曰前言一時之怒耳既而至揚州軍變海陵死世宗即位遼陽昂使人殺皇太子光英于南京遣其子寢殿小底宗浩與其壻牌印祗候回海等奉表賀登寶位大軍北還昂恐宋人躡其後即以罷兵移書于宋二年入見世宗深慰勞之進封漢國公拜都元帥太保如故置元帥府於山東經略邊事未幾奉遷睿宗皇帝梓宮於山陵以昂爲勑葬使事畢還山東三年召至京師以疾薨年六十四上爲輟朝親臨奠賻銀千兩重綵五十端絹五百匹昂在海陵時縱飲沉酣輒數日不醒海陵聞之常面戒不令飲得間輒飲如故大定初還自揚州妻子爲置酒私第未數行輒臥不飲其妻大氏海陵庶人從母姊也怪而問之昂曰吾本非嗜酒者但向時不以酒自晦則汝弟殺我久矣今遇遭明時正當自愛是以不飲聞者稱之睦於兄弟尤善施予其親族有貧困者必厚給之至於茵帳衣衾器皿僕馬之屬常預設於家即命駕相就爲具歡樂終日盡以遺之即日使富足人或以子孫計爲言答曰人各有命但使其能自立爾何至爲子孫奴耶君子以爲達

贊曰撒离喝溫敦思忠奔睹皆有功舊臣當天會皇統之際戰勝攻取可謂壯哉及海陵之世崎嶇嫌忌撒离喝既自以言致疑猶與大臭辨爭軍事何見幾之不早也烏林答贊謨廉直自奮思忠擠之於死自謂固結海陵堅若金石豈意執議不合而遽棄耶始之不以道未有能終者也且思忠之最可罪者構害贊謨又納其室而斂其貲此何異於殺越人于貨者乎陰報不在其身在其子孫亦已晚矣正隆之末奔睹位三公居上將內不肯與謀外不肯與戰逼側趑趄苟免自全大臣之道固若是乎

高楨遼陽渤海人五世祖牟翰仕遼官至太師楨少好學嘗業進士斡魯討高永昌已下瀋州永昌懼僞送款

以綏師是時楨母在瀋州遂來降告以永昌降欵非誠斡魯乃進攻旣破永昌遂以楨同知東京留守事授猛安天會六年遷尙書左僕射判廣寧尹加太子太傅在鎮八年政令淸肅吏畏而人安之十五年加太子太師提點河北西路錢帛事天眷初同簽會寧牧及熙宗幸燕兼同知留守封戴國公改同知燕京留守魏王道濟出守中京以楨爲同判俄改行臺平章政事爲西京留守封任國公是時奚霫軍民皆南徙謀克別木者因之嘯聚爲盜海陵患之卽以楨爲中京留守命乘驛之官責以平賊之期賊平封河內郡王海陵至中京楨警夜嚴肅有近侍馮僧家奴李街喜等皆得幸海陵嘗夜飲于禁楨杖之瀕死由是權貴皆震慴遷太子太保行御史大夫封莒王策拜司空進封代王太子太保行御史大夫如故楨久在臺彈劾無所避每進對必以區別流品進善退惡爲言當路者忌之薦張忠輔馬諷爲中丞二人皆險詖深刻欲令以事中楨正隆例封冀國公楨因固辭曰臣爲衆小所嫉恐不能免尙可受封爵耶海陵知其忠直慰而遣之及疾革書空獨語曰某事未決某事未奏死有餘恨薨年六十九海陵悼惜之遣使致奠賻贈加等楨性方嚴家居無聲伎之奉雖甚暑未嘗解衣緩帶對妻孥危坐終日不一談笑其簡黙如此

白彥敬本名遙設部羅火部族人初名彥恭避睿宗諱改焉祖屋僕根父阿斯仕遼爲率府率彥敬善騎射起家爲吏補元帥府令史伐宋爲錢帛司都管勾立三省選爲尙書省令史除都元帥府知事招諭諸部授以金牌行數千里有功超遷兵部郎中熙宗罷統軍司改招討司遣彥敬分僚屬收牌印諭諸部隸招討司還爲本部侍郎遷大理卿出爲通州防禦使改刑部侍郎怨家告誣開府愼思與西北路部族謀叛彥敬鞫得其實海陵嘉之遷簽書樞密院事以便宜措置邊防正隆六年調諸路兵伐宋及調民馬使彥敬主會寧蒲與胡里改三路事改吏部尙書充南征萬戶遷樞密副使契丹撒八反樞密使僕散忽土等以無功坐誅以彥敬爲北面行營都統與副統紇石烈志寧以便宜往賜御服皮襖行至北京聞南征諸軍逃歸者皆奔東京欲推戴世宗彥敬與志寧謀陰結會寧尹完顏蒲速賚利涉軍節度使獨吉義以圖之世宗已卽位使石抹移迭移刺曷補等九人招彥敬志寧彥敬拒之使移迭跪移迭不屈皆殺之及完顏謀衍將兵攻北京彥敬使偏將率兵拒於建州之境而獨吉義先歸世宗蒲速賚稱疾不至世宗審遣人乘夜揭榜於北京市肆以官賞彥敬志寧恐爲人圖己遂降以爲曷速館節度使不數月召爲御史大夫窩斡僭帝號諸軍馬瘦弱遣彥敬往西北路招討司市馬得六千餘匹窩斡敗西走山後完顏思敬以新馬三千備追襲彥敬屯于夏國兩界間窩斡平召還爲兵部尙書出爲鳳翔尹改太原尹兼河北東路兵馬總管尋改河中尹大定九年卒于官

張景仁字壽甫遼西人累官翰林待制貞元二年與翟永固俱試禮部進士以尊祖配天爲賦題忤海陵旨語在永固傳大定二年僕散忠義伐宋景仁掌其文辭宋人議和朝廷已改奉表爲國書稱臣爲姪但不肯世稱姪國往復凡七書然後定其書皆景仁爲之世宗稱其能嘗曰今之文章如張景仁與宋人往復書指事達意辨而義眞能文之士也五年罷兵入爲翰林直學士七年遷侍講八年爲詳讀官宋國書中有寶鄰字景仁奏鄰字太涉平易上問累年國書有鄰字否命一一校勘六年書中亦有之上責問六年詳讀官劉仲淵右丞石琚亦請罪曰臣嘗預六年詳讀上曰此有司之過安得一一責宰臣邪詔有司就諭宋臣王淪使歸告其主後日國書不得復爾仲淵時爲禮部侍郎降石州刺史景仁遷翰林學士兼同修國史久之上召景仁讀陳言文字上問事欵幾何景仁率易少周密對曰二十餘事復曰其中如某事某事十事可行餘皆無謂也明日上召景仁責之曰卿昨言可行者朕觀之中復有不可行者卿謂無謂者中亦有可行者朕未嘗使卿分別可否卿輒專可否何也自今戒之十年兼太常卿學士同修國史如故轉承旨兼修國史改河南尹二十一年召爲御史大夫仍兼承旨修國史世宗謂景仁曰卿博學老儒求如古之御史大夫然後行之斯爲稱矣不能如古之人衆人不獨誚卿亦謂朕不能知人卿醉中頗輕脫失言當以酒爲戒初朝臣言景仁有文藝而頗率易不可任臺察景仁被詔就臺中治監察罪輒以便服視決罰上聞之責景仁曰朕初用卿爲大夫或言卿不可居此官今果不用故事率易如此卿自愼不然黜罰及矣景仁頓首謝未幾詔葬元妃李氏于海王莊平章政事烏古論元忠提控葬事都水監丞高杲壽治道路不如式元忠不奏決之四十景仁劾奏元忠輒斷六品官無人臣禮上曰卿劾奏甚當使左宣徽使蒲察鼎壽傳詔戒勅元忠曰監丞六品有罪聞奏今乃一切趨辦擅決六品官法當如是耶御史在尊朝廷汝當自咎勿復再元忠倚豫國公主怙寵自任倨慢朝士景仁劾之朝廷肅然是歲薨

贊曰高楨以舊勞爲御史大夫剛明自任繩治無所避幾不免於怨憎之荼毒直己而行自古難之白彥敬不受大定之詔而世宗賢之嚮使久在此位其深謀讜論必有竦動人者張景仁儒者之勇廷論元忠正矣

金史卷八十五

元　中書右丞相總裁脫脫等修

列傳第二十三

世宗諸子

永中　永蹈　永功子璹　永德

永成　永升

世宗昭德皇后生顯宗趙王孰輦越王斜魯元妃張氏生鄗王允中越王允功元妃李氏生鄭王允蹈衛紹王允濟潞王允德昭儀梁氏生豫王允成才人石抹氏生夔王允升孰輦斜魯皆早卒

鎬王永中本名實魯剌又名萬僧大定元年封許王五年判大興尹七年進封越王十一年進封趙王十三年拜樞密使十九年子石古乃加光祿大夫是歲改葬明德皇后于坤厚陵永中母元妃張氏陪葬十一月庚申自磐寧宮發引永中以元妃柩先發使執黃繖者前導俄頃皇后柩出磐寧宮顯宗徒跣少府監張僅言呼執黃繖者不應旣葬僅言欲奏其事顯宗解之曰是何足校哉或繖人誤耳僅言乃止二十一年改判大宗正事永中不悅顯宗勸之曰宗正之職自親及疎自近及遠此親賢之任也且皇子之貴豈以官職閑劇爲計邪永中乃喜二十四年世宗幸上京顯宗居守并留永中顯宗先遣章宗宣宗奉表問起居于上京旣而遣永中子光祿大夫石古乃奉表世宗喜謂豫國公主曰皇太子孝德天成先遣二子繼遣此子兄弟之際相友愛如此也二十五年六月世宗在天平山好水川淸暑顯宗薨于中都詔曹王永功視章宗召永中赴行在是歲與章宗及永功等並加開府儀同三司二十六年復爲樞密使是歲世宗賜諸孫名石古乃曰瑜神土門曰璋阿思懣曰玘阿离合懣曰琭二十七年玘年十五以上加奉國上將軍章宗卽位起復判西京留守進封漢王與諸弟各賜金五百兩銀五千兩錢二千貫重幣三百端絹二千匹再賜永中修公廨錢三百萬特加石古乃銀青榮祿大夫阿离合懣奉國上將軍明昌二年正月辛酉孝懿皇后崩判眞定府事吳王永成判定武軍節度使隋王永升奔喪後期各罰俸一月杖其長史五十永中適有寒疾不能至上怒頗意諸王有輕慢心遣使責永中曰已近公除亦不須來二月丙戌禫祭永中始至入臨辛卯始克行燒飯禮壬辰永中及諸王朝辭賜遺留物禮遇雖在而嫌忌自此始矣四月進封并王三年判平陽府事進封鎬王初置王傅府尉官名爲官屬實檢制之也府尉希望風旨過爲苛細永中自以世宗長子且老矣動有掣制情思不堪殊鬱鬱乃表乞閑居詔不許四年鄭王永蹈以謀逆誅增置諸王司馬一員檢察門戶出入毬獵游宴皆有制限家人出入皆有禁防河東提刑判官把里海坐私謁永中杖一百解職前近侍局副使裴滿可孫嘗受永中請託爲石古乃求除官可孫已改同知西京留守猶坐免故尙書右丞張汝弼永中母舅也汝弼妻高陀斡自大定間畫永中母像奉之甚謹挾左道爲永中求福希覬非望明昌五年高陀斡坐詛祝誅上疑事在永中未有以發也會鎬王傅尉奏永中第四子阿离合懣因防禁嚴密語涉不道詔同簽大睦親府事㝵御史中丞孫卽康鞫問并求得第二子神徒門所撰詞曲有不遜語家奴德哥首永中嘗與侍妾瑞雪言我得天下子爲大王以爾爲妃詔遣官覆按狀同再遣禮部尙書張暐兵部侍郎烏古論慶裔覆之上謂宰臣曰鎬王祇以語言得罪與永蹈罪異參知政事馬琪曰永中與永蹈罪狀雖異人臣無將則一也上曰大王何故輒出此言左丞相淸臣曰素有妄想之心也詔以永中罪狀宣示百官雜議五品以下附奏四品以上入對便殿皆曰請論如律惟宮籍監丞盧利用乞貸其死詔賜永中死神徒門阿离合懣等皆棄市勅有司用國公禮收葬永中平陽府監護官給葬具妻子威州安置泰和七年詔復永中王爵賜諡曰厲勅石古乃於威州擇地以禮改葬歲時祭奠貞祐二年詔徙永中妻子石古乃等鄭州安置貞祐三年太康縣人劉全嘗爲盜亡入衞眞界詭稱愛王所謂愛王指石古乃石古乃實未嘗有王封小人妄以此目之劉全欲爲亂因假託以惑衆誘王氏女爲妻且言其子方聚兵河北東平人李寧居嵩山有妖術全同縣人時温稱寧可論大事乃使范元書僞號召之寧至推爲國師議僭立事覺全

温寧皆伏誅貞祐四年潼關破徙永中子孫于南京興定二年亳州譙縣人孫學究私造妖言云愛王終當奮發今匿跡民間自號劉二衞眞百姓王深等皆信以爲誠然有劉二者出而當之遣歐榮董結構逆黨市兵仗大署旌旗謀僭立事覺誅死者五十二人緣坐者六十餘人永中子孫禁錮自明昌至于正大末幾四十年天興初詔弛禁錮未幾南京亦不守云

鄭王永蹈本名銀朮可初名石狗兒大定十一年封滕王未期月進封徐王二十五年加開府儀同三司二十六年爲大興尹章宗卽位判彰德軍節度使進封衞王明昌二年徙封鄭王三年改判定武軍初崔溫郭諫馬太初與永蹈家奴畢慶壽私說讖記災祥畢慶壽以告永蹈郭諫頗能相人永蹈乃名郭諫相已及妻子諫說永蹈曰大王相貌非常王妃及二子皆大貴又曰大王元妃長子不與諸王比也永蹈召崔溫馬太初論讖記天象崔溫曰丑年有兵災屬兎命者來年春當收兵得位郭諫曰昨見赤氣犯紫微白虹貫月皆主丑後寅前兵戈僭亂事永蹈深信其說乃陰結內侍鄭雨兒伺上起居以崔溫爲謀主郭諫馬太初往來游說河南統軍使僕散揆尚永蹈妹韓國公主永蹈謀取河南軍以爲助與妹澤國公主長樂謀使駙馬都尉蒲剌覩致書于揆且先請婚以觀其意揆拒不許結婚使者不敢復言不執事永蹈家奴董壽諫永蹈不聽董壽以語同輩奴千家奴上變是時永蹈在京師詔平章政事完顏守貞參知政事胥持國戶部尚書楊伯通知大興府事尼厖古鑑鞫問連引甚衆久不能決上怒召守貞等問狀右丞相夾谷清臣奏曰事貴速絕以安人心於是賜永蹈及妃卞玉二子按春阿辛公主長樂自盡蒲剌覩崔溫郭諫馬太初等皆伏誅僕散揆雖不聞問猶坐除名董壽免死隸監籍千家奴賞錢二千貫特遷五官雜班敍使自是諸王制限防禁密矣泰和七年詔復王封備禮改葬賜謚曰剌以衞王永濟子按辰爲永蹈後奉其祭祀

越王永功本名宋葛又名廣孫貞元二年生沉默寡言笑勇健絕人涉書史好法書名畫大定四年封鄭王七年進封隋王十一年進封曹王十五年除刑部尚書上曰侍郎張汝霖汝外舅行也可學爲政十七年授活活土世襲猛安十八年改大興尹世宗幸金蓮川始出中都親軍二蒼頭縱馬食民田詔永功蒼頭各杖一百彈壓百戶二人失覺察勒停上次望京淀永功奏曰親軍人止一蒼頭兩彈壓服勤爲日久矣臣昧死違詔量決蒼頭使彈壓待罪可使償其田直惟陛下憐察上皆從之老嫗與男婦憩道傍婦與所私相從亡去或告嫗曰向見年少婦人自水邊小徑去矣嫗告伍長蹤跡之有男子私殺牛手持血刃望見伍長意其捕已卽走避之嫗與伍長疑是殺其婦也捕送縣不勝楚毒遂誣服問尸安在謊曰棄之水中矣求之中水果獲一尸已半腐縣吏以爲是男子眞殺若婦矣卽具獄上永功疑之曰婦死幾何日而尸遽半腐哉頃之嫗得其婦於所私者永功曰是男子偶以殺人就獄其栲掠足以稱殺牛之科矣遂釋之而去武清黃氏望雲王氏豪猾不逞永功發其罪畿內肅然二十三年判東京留守是月改河間尹閱月改北京留守居無何上謂宰臣曰朕聞永功到北京爲政無良雖朕子萬一敗露法可廢乎朕已戒勑永功卿等可諭其長史俾匡正之到北京凡七月改東京留守世宗幸上京過東京永功從明年上還至天平山好水川皇太子薨詔永功護喪事尋拜御史大夫章宗封原王加開府儀同三司趙王永中及永功兄弟皆加開府儀同三司明年判大宗正事應州僧與永功有舊將訴事于彰國軍節度使移剌胡剌求永功手書與胡剌爲地胡剌得書奏之上謂宰臣曰永功以書囑事胡剌此雖細微不可不懲也凡人小過不治遂至大咎有犯必懲庶幾能改是亦敎也皆曰陛下用法無私臣下敢不敬畏於是永功解職未幾復判大宗正事章宗卽位除判平陽府事進封冀王永功之官隨引醫人沈思存過制限當解職上曰朕知此事當痛斷監奴及治府掾長史管轄府事者罪仍著于令家奴王唐犯罪至徒永功曲庇之平陽治中高德裔失覺察笞四十於是永功改判濟南府詔永功曰所坐雖細事法令不得不如此今已釋矣後毋復然濟南先帝舊治風土甚好可悉此意也改授山東西路把魯古世襲猛安二年判廣寧府事進封魯王明年判彰德府事承安元年進封鄆王明年判太原府事泰和七年改西京留守八年復判平陽府事大安元年進封譙王判中山府事明年進封越王宣宗卽位免常參明年從遷汴京久之詔永功每月朔一朝興定四年詔永功無朝五年有疾賜御藥疾革賜尚醫診視一日五遣使候問是歲薨上哭之慟謚曰忠簡子福孫壽孫粘沒曷大定二十六年詔賜福孫名璐壽孫名璹粘沒曷名琳是年璐加奉國上將軍章宗卽位加銀青榮祿大夫封蕭國公初爲興陵崇妃養子常居京師奉朝請泰和五年卒章宗輟朝百官進名奉慰

璹本名壽孫世宗賜名字仲實一字子瑜資質簡重博學有俊才喜爲詩工眞草書大定二十七年加奉國上將軍明昌初加銀青榮祿大夫衞紹王時加開府儀同三司貞祐中封胙國公正大初進封密國公璹奉朝請四十年日以講誦吟詠爲事時時潛與士大夫唱酬然不敢明白往來永功薨後稍得出游與文士趙秉文楊雲翼雷淵元好問李汾王飛伯輩交善初宣宗南遷諸王宗室顚沛奔走璹乃盡載其家法書名畫一帙不遺居汴中家人口多俸入少客至貧不能具酒肴蔬飯共食焚香煮茗盡出藏書談大定明昌以來故事終日不聽客去樂而不厭也天興初璹已臥疾論及時事歎曰兵勢如此不能支止可以降全完顏氏一族歸吾國中使女直不滅則善矣餘何復望是時曹王出質璹見哀宗於隆德殿上問叔父欲何言璹奏曰訛可欲出議和訛可年幼不若諳練恐不能辦大事臣請副之或代其行上慰之曰南渡後國家比承平時有何奉養然叔父亦未嘗沾溉無事則置之冷地無所顧藉緩急則置于不測叔父盡忠固可天下其謂朕何叔父休矣於是君臣相顧泣下未幾以疾薨年六十一平生詩文甚多自刪其詩存三百首樂府一百首號如菴小藁第五子守禧字慶之風神秀徹璹特鍾愛嘗曰平日所蓄書畫將以付斯子及汴城降守禧病卒年未三十

潞王永德本名訛出大定二十五年與章宗及諸兄俱加開府儀同三司二十七年封薛王明年除秘書監二十九年進判秘書監進封瀋王明昌元年授山東東路把魯古必剌猛安三年進封豳王五年遷勸農使承安二年進封潞王承安三年再任勸農使泰和元年有司劾永德元日進酒後期有詔勿問衞紹王時累遷太子太師宣宗卽位改同判大睦親府事興定五年遷判大睦親府事子幹論賜名琰

豫王永成本名鶻野又曰婁室母昭儀梁氏永成風姿奇偉博學善屬文世宗尤愛重之大定七年始封瀋王以太學博士王彥潛爲府文學永成師事之十一年進封豳十五年就外第十六年判秘書監明年授世襲山東東路把魯古猛安判大睦親府事既而改中都路胡土靄哥蠻猛安二十年改授翰林學士承旨二十三年判定武軍節度使事尋改判廣寧府二十五年世宗幸上京命留守中都判吏部尚書進開府儀同三司爲御史大夫章宗卽位起復進封吳判眞定府事明昌元年改山東西路盆買必剌猛安明年進封兗坐率軍民圍獵解職奉表謝罪上賜手詔曰卿親實肺腑風著忠純侍顯考於春宮曲盡友于之愛泊冲人之繼統愈明忠赤之心艱難之中多所裨益朕心簡在毫楮莫窮用是起之苫塊之中授以維城之任自典藩服歲月荐更蕞爾趙邦知驥足之難展眇哉鎭府固牛刀之莫施方思驛召以赴朝何意違權於國憲偶因時獵頗擾部民法所不寬憲臺聞上朕尙含容累月未忍卽行雖欲遂於私恩竟莫違於公議解卿前職卽乃世封噫祖宗立法非一人之敢私骨肉至親豈千里而能間以此退閑之小誡欲成終始之鴻恩經云在上不驕高而不危是以知節愼者修身之本驕矜者敗德之源朕每自勵今以戒卿昔東平樂善能成不朽之名梁孝奢淫卒致憂疑之悔前人所行可爲龜鑑卿兼資文武多藝多才履道而行何施不可如能德業日新無慮牽復之晩朕素不工詞翰臨文草草直寫所懷冀不以辭害意也未幾授沁南軍節度使三年改判咸平府事未赴移判太原府事上以永成誕日親爲詩以賜有美譽自應輝玉牒忠誠不待啓金縢之語當世榮之七年改判平陽府事承安改元以覃恩進封豫明年冬進馬八十匹以資守禦之備上賜詔獎諭曰卿夙有雋望時惟茂親通達古今砥礪忠義方分憂於外服來輸駿於上閑欲助邊防以增武備惟盡心於體國乃因物以見誠載念懇勤良深嘉獎五年再任俄召還以疾不能入見上親幸其第臨視泰和四年薨訃聞上爲之震悼賻贈甚厚謚曰忠獻永成自幼喜讀書晩年所學益醇每暇日引文士相與切磋接之以禮未嘗見驕色自號曰樂善居士有文集行于世云

夔王允升改名永升本名斜不出一名鶴壽大定十一年封徐王進封虞王二十六年加開府儀同三司明年判吏部尚書授山東西路按必出虎必剌猛安章宗卽位加恩宗室徙封隋王除定武軍節度使明昌二年改封曹王久之改封宛王衞紹王卽位徙今封貞祐元年九月宣宗以允升年高素羸疾詔宮中聽扶杖尋薨旣殯燒飯上親臨奠

贊曰世宗保全宗室無所不至雖矯海陵之失亦由天資仁厚而然也其子永中永蹈皆死章宗之手其理蓋有不可詰者章宗無後則厥報不爽矣

金史卷八十六

元　中書右丞相總裁脫脫等修

列傳第二十四

李石子獻可　完顏福壽　獨吉義
烏延蒲离黑　烏延蒲轄奴　烏延查剌
李師雄　尼厖古鈔兀　孛朮魯定方
夾谷胡剌　蒲察斡論　夾谷查剌

李石字子堅遼陽人貞懿皇后弟也先世仕遼爲宰相
高祖仙壽嘗脫遼主之舅於難遼帝賜仙壽遼陽及湯
池地千頃他物稱是常以李舅目之父雛訛只桂州觀
察使高永昌據東京率衆攻之不勝而死石敦厚寡言
而器識過人天會二年授世襲謀克爲行軍猛安睿宗
爲右副元帥引置軍中屬之宗弼八年除禮賓副使轉
洛苑副使天眷元年置行臺省於汴石爲汴京都巡檢
使歷大名少尹汴京馬軍副都指揮使累官景州刺史
海陵營建燕京宮室石護役皇城端門海陵遷都燕京
石隨例入見海陵指石曰此非葛王之舅乎葛王謂世
宗也未幾除興中少尹石知海陵忌宗室頗歉前日之
言秩滿託疾還鄉里世宗留守東京禦契丹括里石留
東京巡察城中海陵使副留守高存福伺察世宗動靜
知軍李蒲速越知存福謀以告世宗石因勸世宗先除
存福然後舉事世宗從之大定元年以定策功爲戶部
尙書無何拜參知政事阿瑣殺同知中都留守蒲察沙
离只遣使奉表東京而羣臣多勸世宗幸上京者石奏
曰正隆遠在江淮寇盜蠭起萬姓引領東向宜因此時
直起中都據腹心以號令天下萬世之業也惟陛下無
牽於衆惑上意遂決卽日啓行世宗納石女後宮生鄭
王永蹈衛紹王永濟是爲元妃李氏三年戶部尙書梁
銶上言大定以前官吏士卒俸粟支帖眞僞相雜請一
切停罷石買革去舊帖下倉支粟倉司不敢違以新粟
與之上聞其事以問梁球梁球對不以實上命尙書左
丞翟永固鞫之梁球削官四階降知火山軍石罷爲御
史大夫久之封道國公六年上幸西京石與少詹事烏
古論三合守衛中都宮闕詔曰京師巡禦不可不嚴近
都猛安內選士二千人巡警仍給口券芻粟謂宰臣曰
府軍錢幣非徒聚貨也若軍士貧弱百姓困乏所費雖
多豈可已哉故事凡行幸留守中都官每十日表問起
居上以使傳頻煩命二十日一進表七年拜司徒兼太
子太師御史大夫如故賜第一區安化軍節度使徒單
子溫平章政事合喜之姪也贓濫不法石卽劾奏之方
石奏事宰相下殿立俟良久旣退宰相或問石奏事何
久石正色曰正爲天下姦汙未盡誅耳聞者悚然一日
上謂石曰御史分別庶官邪正卿等惟劾有罪而未嘗
舉善也宜令監察分路刺舉善惡以聞石司憲旣久年
寖高御史臺奏事有在制前斷定乞依新條改斷者上
曰若在制前行者豈可改也上御香閤召中丞移剌道
謂之曰李石耄矣汝等宜盡心向所奏事甚不當豈涉
於私乎他日又謂石曰卿近累奏皆常事臣下善惡邪
正無語及之卿年老矣不能久居此若能舉一二善士
亦不負此職也九年進拜太尉尙書令詔曰太后兄弟
惟卿一人故命領尙書事軍國大事涉於利害議其可
否細事不煩卿也進封平原郡王平章政事完顏守道
奏事石神色不懌世宗察之謂石曰守道所奏旣非私
事卿當共議可否在上位者所見有不可順而從之在
下位者所見雖當則遽不從乎豈可以與已相違而蓄
怒哉如此則下位者誰敢復言石對曰不敢上曰朕欲
於京府節鎭運司長佐三員內任文臣一員尙未得人
石奏曰資考未至不敢擬上曰近觀節度轉運副使中
才能者有之海陵時省令史不用進士故少尹節度轉
運副使中乏人大定以來用進士亦頗有人矣節度轉
運副使中有廉能者具以名聞朕將用之朝官不歷外
任無以見其才外官不歷隨朝無以進其才中外更試
庶可得人他日上復問曰外任五品職事多闕何也石
對曰資考少有及者上曰苟有賢能當不次用之對不
稱旨上表乞骸骨以太保致仕進封廣平郡王十六年
薨上輟朝臨弔哭之慟賻錢萬貫官給葬事少府監張
僅言監護親王宰相以下郊送謚襄簡石以勳戚久處
腹心之寄內廷獻替外罕得聞觀其劾奏徒單子溫退
答宰臣之問氣岸宜有不能堪者時論得失半之亦豈
以是耶舊史載其少貧貞懿后周之不受曰國家方急
用人正宜自勉何患乎貧后感泣曰汝苟能此吾復何
憂及中年以冒粟見斥衆議貪鄙如出二人史又稱其
未貴人有慢之者及爲相其人以事見石惶恐石曰吾
豈念舊惡者待之彌厚能爲長者言如是又與他日氣
岸迥殊山東河南軍民交惡爭田不絕有司謂兵爲國
根本姑宜假借石持不可曰兵民一也孰輕孰重國家
所恃以立者紀綱耳紀綱不明故下敢輕冒惟當明其
疆理示以法禁使之無爭是爲長久之術趣有司拯問
自是軍民之爭遂息北京民曹貴謀反大理議廷中謂
貴等陰謀久不能發在法詞理不能動衆威力不足率
人罪止論斬石是之又議從坐久不能決石曰罪疑惟
輕入詳奏其狀上從之緣坐皆免死北鄙歲警朝廷欲
發民穿深塹以禦之石與丞相紇石烈良弼皆曰不可
古築長城備北徒耗民力無益於事北俗無定居出沒
不常惟當以德柔之若徒深塹必當置戍而塞北多風
沙曾未期年塹已平矣不可疲中國有用之力爲此無
益議遂寢是皆足稱云世宗在位幾三十年尙書令凡
四人張浩以舊官完顏守道以功徒單克寧以顧命石
以定策他無及者明昌五年配享世宗廟廷子獻可達
可

獻可字仲和大定十年中進士第世宗喜曰太后家有
子孫舉進士甚盛事也累官戶部員外郎坐事降淸水
令名爲大興少尹遷戶部侍郎累遷山東提刑使卒衛
紹王卽位以元舅贈特進追封道國公子道安擢符寶
郎

完顏福壽曷速館人也父合住國初來歸授猛安天眷
二年福壽襲父合住職授定遠大將軍累加金吾衛上
將軍海陵省併猛安謀克遂停封正隆末海陵伐宋福
壽領婁室臺答藹二猛安由山東道進至泰安旣受甲
福壽乃誘將校北還而高忠建盧萬家奴等亦各率衆
萬餘俱歸東京欲共立世宗至遼口世宗遣徒單思忠
府吏張謀魯瓦等來迎察其去就思忠等以數騎馳入
軍中見福壽等問曰將軍何爲至此福壽等向南指海
陵而言曰此人失道不能保天下國公乃太祖皇帝親
孫我輩欲推戴爲主以此來耳諸軍皆東向拜呼萬歲
爲書以授思忠於是督諸軍渡遼水徑至東京城下卽
諭軍士擐甲入衛宮城殺高存福等明日與諸將及東
京吏民從婆速路兵馬都總管完顏謀衍勸進世宗卽
位以福壽爲元帥右監軍賜以銀幣御馬初謀衍之至
也大會諸軍以福壽之軍居左高忠建軍居右忠建曰
何以我軍爲右軍謀衍曰樹置在我爾曷敢言福壽曰
始建大事左右軍高下何足爭也遂讓忠建爲左軍世
宗聞而賢之未幾從完顏謀衍討白彥敬紇石烈志寧
于北京是冬上聞臨潢尹兼元帥左都監吾扎忽等與
窩斡戰不利命福壽將兵進討已敗賊俘獲生口萬計
世宗以紇石烈志寧代之召還授興平軍節度使復其
世襲猛安尋領濟州路諸軍事大定三年卒

獨吉義本名鶻魯補曷速館人也徙居遼陽之阿米吉
山祖回海父秘剌收國二年曷速館來附秘剌領戶三
百遂爲謀克秘剌長子照屋次子忽史與義同母秘剌
死忽史欲承謀克義曰長兄雖異母不可奪也忽史乃
以謀克歸照屋人咸義之義以質子至上京善女直契
丹字爲管勾御前文字天會十五年擢右監門衛大將
軍除寧化州刺史察廉遷迭剌部族節度使復州防禦
使改卓魯部族節度使河南路統軍都監爲武勝軍節
度使邊郡妄稱寇至統軍司徙居民於汴義獨不聽日
與官屬擊毬游宴統軍司使人責之義曰太師梁王南
伐淮南死者未葬亡者未復彼豈敢先發此城中有榷
場若自動彼將謂我無人旣而果無事統軍謝之請以
沿邊唐州等處諸軍猛安皆隸于義貞元元年改唐古
部族節度使爲彰化軍改利涉軍節度使是時海陵伐
宋諸軍往往逃歸而世宗在東京得衆心都統白彥敬
自北京使人陰結義欲與共圖世宗頃之世宗卽位義
卽日來歸具陳所以與彥敬密謀者世宗嘉其不欺以
爲參知政事上謂義曰正隆率諸道兵伐宋若反旆北
指則計將安出義曰正隆多行無道殺其嫡母阻兵虐
衆必將自斃陛下太祖之孫卽位此其時也上曰卿何
以知之義曰陛下此舉若太早則正隆未渡淮太遲則
窩斡必太熾今正隆已渡淮窩斡未至太盛將士在南
家屬皆在此惟早幸中都爲便上納之次榛子嶺世宗
聞海陵死于軍中謂義曰信如卿所料大定二年罷爲
益都尹兼本路兵馬都總管賜金五十兩銀五百兩三
年以疾致仕四年薨于家年七十一子和尚大定初除
應奉翰林文字佩金牌陀滿訛里也子撒曷輦克護衛
司史王得兒加保義校尉皆佩銀牌持詔書宣諭中都
以南州郡及往南京諭太傅張浩中道聞海陵遇害南
京及都督府皆奉表賀乃止和尚爲奉使擅廢置州縣
官輒行殺戮詔尙書省鞫治之十九年詔以義孫引壽
爲斜魯答阿世襲謀克義性辯給善談論服玩不尙奢
侈食不兼味云

贊曰章宗嘗問羣臣世宗初起東京大臣爲誰完顏守
貞對曰止有李石一人章宗歎曰苟如此信有天命也
完顏謀衍部署諸軍高忠建爭長完顏福壽讓忠建而
已下之其功多矣當是時獨吉義最先至諸將尙未肯
附由是言之果天也非人力也

烏延蒲离黑速頻路哲特猛安人改屬合懶路祖思列
預平烏春窩謀罕之亂及伐遼宋皆有功追授猛安贈
銀青光祿大夫父國也襲猛安蒲离黑從太祖伐遼勇
聞軍中天眷三年襲猛安授寧遠大將軍累官武寧軍
節度使遷京兆尹海陵伐宋行武威軍都總管軍還爲

順義軍節度使徒單合喜定秦隴蒲察黑統完顏習尼列顏盞門都兵救德順州改延安平凉尹致仕封任國公大定十九年卒

烏延蒲轄奴速頻路星顯河人也後收隸曷懶路父忽撒渾天輔初追授猛安親管謀克蒲轄奴身長有力多智畧襲其父猛安謀克階寧遠大將軍天德二年授陳州防禦使貞元元年改昌武軍節度使以善綏撫再任海陵南征改歸德尹爲神策軍都總管屯濟州比至山東盜已據其城蒲轄奴領十餘騎往覘之忽爲其衆所圍乃與軍士皆下馬立而射之殺百餘人賊衆敗走遂邀襲之至暮而還明日攻破其城號令士卒毋害居民郡中獲安民感其惠爲立祠以祭大定二年爲慶陽尹元帥左都監徒單合喜奏宋軍十萬餘據險阻剽掠都邑請益師詔益兵七千與舊兵合爲二萬遣蒲轄奴與延安尹高景山等分領其軍以往卒于軍年六十一子査剌

烏延査剌銀青光祿大夫蒲轄奴子也力兼數人勇果無敵正隆六年伐宋諸猛安謀克兵皆行州縣無備契丹括里陷韓州圍信州遠近震駭査剌道出咸平遂率本部亟還信州與戰敗之已而賊復整兵環攻且登其城査剌下巨木壓之殺賊甚衆括里乃解去査剌左右手持兩大鐵簡簡重數十斤人號爲鐵簡萬戶追及括里于韓州東八里許賊方就平野爲陣査剌身率銳士以鐵簡左右揮擊之無不僵仆賊不能成列乃易馬督軍復擊之賊衆大敗遂走東京咸平隆州民復帖然世宗卽位査剌謁見充護衛爲驍騎副都指揮使領萬戶擊窩斡戰于花道大軍未集査剌在左翼領六百騎與賊戰殺賊三千餘人宗亨蒲察世傑七謀克戰不利世傑走査剌軍賊合圍攻之査剌圍拒而戰宗亨軍來援賊乃引去西過裊嶺追及於陷泉賊先犯右翼査剌迎擊之賊退走窩斡募人刺之僞護衛阿不沙身長有力奮大刀自後斫査剌査剌回顧以簡背擊阿不沙折其右臂與紇石烈志寧軍合擊賊遂大敗窩斡平以爲宿直將軍賜銀三百兩重綵二十端丁父憂以本官起復襲其父猛安除蔡州防禦使改宿州遷昌武軍節度使從鎭邠州爲賀宋歲元使射淮上柳樹矢入其樹飲羽宋人素聞其名甚異之改鳳翔尹入爲右副點檢出爲興中尹改婆速路總管高麗憚其威名凡以事至婆速路者望見而跪之二十五年爲興平軍節度使卒官査剌貞慤寡言平居極和易及臨戰奮勇見者無不辟易雖重圍萬衆出入若無人之境云

李師雄字伯威鴈門人也有材力喜談兵慕古之英雄故名師雄宋宣和中以騎射登科累官大名清平尉王師至大名師雄與府僚出降攝本路兵馬都監齊國建以爲大總管府先鋒都統制知淄州齊廢爲汴京馬軍都虞候歷知寧海軍曹州刺史皇統二年爲武勝軍節度使正隆末爲河州防禦使宋將吳璘軍攻秦隴會師雄以事就逮臨洮宋兵至城下州人乘城拒守謀欲出降師雄止之宋將權儀鞭馬方上浮橋師雄射之墜于橋下遂擒權儀宋師退後從元帥左監軍徒單合喜以兵攻河州有功未幾以疾歸汴卒

尼厖古鈔兀曷速館人初爲大臭扎也補元帥府通事宋將韓世忠率軍數萬圍邳州鈔兀將輕騎數百與偵人數輩間道往救之敗敵兵六千翌日宋兵復圍下邳鈔兀復敗之宋人攻濟州奪戰艦畧盡是時鈔兀往宿州分蒲魯虎軍還至大河與敵遇力戰敗之盡復戰艦王師復河南宋別將田胡陵夜襲孛堇布輝營士卒盡没鈔兀從東平總管併力戰却之元帥府賞以銀幣鈔兀勇敢善伺敵虛實以此屢捷帥府承制加忠顯校尉爲蕃部禿里賜錢萬貫幣帛三百匹衣一襲馬二匹將之官河間尹大臭白于元帥請留鈔兀以給邊事許之復賜錢萬貫銀二百五十兩重綵三百端馬三匹錄功授慶陽少尹海陵將伐宋而契丹反召入諭之曰汝久在邊陲屢立戰功昨遣樞密使僕散忽土留守石抹懷忠等討契丹師久無功已寘諸法今命汝與都統白彥敬副統紇石烈志寧進討因賜具裝廐馬四匹鈔兀與彥敬等至北京未能進會世宗卽位遼陽鈔兀迎謁遷輔國上將軍與都統吾札忽副統渾討窩斡鈔兀行至窊歷與窩斡遇左軍小却鈔兀挺槍馳入其陣手殺二十餘人賊乃退元帥僕散忠義自花道追之鈔兀以前鋒追及于陷泉遂大敗之事平遷西北路招討使改東北路鈔兀與完顏思敬有隙思敬爲東京留守奉詔至招討司鈔兀不出餞世宗聞之遣使切責之曰卿本大臭扎也起身細微受國厚恩累歷重任乃以私憾不餞詔使當內省自訟後勿復爾朕不能再三曲恕汝也旣而思敬爲平章政事北路招討使鈔兀以私取諸部進馬事覺被逮將走京師鈔兀爲人尚氣次海濱縣慨然曰吾豈能爲思敬辱哉遂縊而死十九年詔以鈔兀舊功授其子和尚世襲布輝猛安徒胡眼謀克

孛术魯定方本名阿海內吉河人也材勇絕倫海陵素聞其名天德初召授武義將軍充護衛數月轉十人長遷宿直將軍賜予甚厚尋爲殿前右衛將軍又三月擢殿前右副點檢世襲猛安改左副點檢出爲河南尹改彰德軍節度使海陵南伐定方爲神勇軍都總管大定二年宋人陷汝州河南統軍使宗尹遣定方將兵四千往取之汝州東南及北面皆山林險阻不可以騎軍戰是時宋兵由鵶路出沒定方至襄城得敵虛實遂牒諭汝州屬縣曰我率許州戍兵十二萬徑取汝州爾等可備糧草二十萬使人揚言欲據要路絕宋兵往來旣而定方引兵趨鵶路宋人聞之果棄城遁去定方至魯山境知宋兵已去遂遣輕騎二百追至布袴乂擊敗之遂復汝州授鳳翔尹宋人阻邊以本職行河南道軍馬副統率步騎六萬將由壽州進軍次亳州宋李世輔陷宿州定方從左副元帥志寧戰於城下時天大暑定方督戰馳突敵陣中出入數四渴甚因出陣下馬取水爲人所害年四十四上聞而閔之詔有司致祭賻銀五百兩重綵二十端贈金紫光祿大夫

夾古胡刺上京宋葛屯猛安人初在左副元帥撻懶帳下有戰功授武德將軍襲其父謀克正隆末山東盜起胡刺爲行軍猛安討賊遇賊千五百人於徐州南敗之山東路統軍司選諸軍八百人作十謀克胡刺將之與驍騎軍皆隸點檢司行至淮南海陵遣以騎兵三百二十往揚州敗宋兵千五百人於宣化鎭僕散忠義伐宋胡刺領萬戶由泗州進戰遇敵於宿州歿于陣贈鎭國上將軍

蒲察斡論上京益速河人徙臨潢祖忽土華父馬孫俱贈金紫光祿大夫斡論剛毅有技能天輔初以功臣子充護衛遷左衛將軍定武軍節度使召爲右副都點檢天德初授世襲臨潢府路曷呂斜魯猛安改東平尹賜錢千萬累除河南尹海陵伐宋以本官爲右領軍都監大定二年仍爲河南尹兼河南路都統軍使宋以萬人據壽安縣嵩州刺史石抹突刺押軍萬戶徒單賽補以騎兵三百巡邏遇于縣東請師於斡論斡論使猛安完顏鶻沙虎率七百人助之宋兵多突刺使士卒下馬跪而射之宋兵不能當走入縣城突刺進逼之宋人棄城去追及于鐵索卩復大敗之遂復壽安改北京留守大定尹卒官

夾古查剌隆州失撒古河人也祖不刺速國初授世襲曷懶兀主猛安曷懶路總管父謝奴官至工部尚書查剌狀貌魁偉善女直契丹書天德初以功臣子充護衛二年授武義將軍未幾擢符寶郎凡再考出爲灤州刺史改知平定軍事海陵南征爲武威軍副都總管軍還大定二年授景州刺史遷同知京兆尹時彰化軍節度使宗室璋等與宋將吳璘相拒於德順州元帥左都監徒單合喜遣查刺與諸將議破敵策璋等議曰我兵雖屢勝而敵兵不退者知我軍少故也須都監親至方可破敵於是合喜領兵四萬至遂下德順州入爲殿前右衛將軍襲父猛安改左衛將軍遷右副點檢有疾丞相良弼視之謂所親曰此人國器也他人有疾吾未嘗往焉九年出爲東北路招討使兼德昌軍節度使仍賜金帶到官治有勤績邊境以安其斷獄公平道不拾遺遷臨潢尹兼本路兵馬都總管蕃部畏服改西北路招討使上遣使宣諭曰今諸部初附命汝撫綏當使治聲達於朕聽大定十二年卒查刺性忠實內明敏每論大事超越倫輩太師勗嘗曰查刺不學而知方之古人如此才鮮矣

贊曰陷泉之捷震電熚熚符離之克我勢攸赫隴坻獏捲淮濄鈎鉅成矣故列敘諸將之功焉

金史卷八十七

金史卷八十八

元　中書右丞相總裁脫脫等修

列傳第二十五

紇石烈志寧　僕散忠義　徒單合喜

紇石烈志寧本名撒曷輦上京胡塔安人自五代祖太尉韓赤以來與國家世爲甥舅父撒八海陵時賜名懷忠爲泰州路顏河世襲謀克轉猛安嘗爲東平尹開遠軍節度使志寧沉毅有大略娶梁王宗弼女永安縣主宗弼於諸壻中最愛之皇統間爲護衛海陵以爲右宣徽使出爲汾陽軍節度使入爲兵部尚書改左宣徽使都點檢遷樞密副使開封尹契丹撒八反樞密使僕散忽土北京留守蕭賾西京留守蕭懷忠皆以征討無功坐誅於是志寧爲西北面副統與都統白彥敬以北京臨潢泰州三路軍討之志寧至北京而海陵伐宋已渡淮彥敬志寧聞世宗有異志乃陰結會寧尹完顏蒲速賚利涉軍節度使獨吉義將攻之而世宗已卽位使石抹移迭移剌曷補來招彥敬志寧殺其使者九人世宗使完顏謀衍來伐衆不肯戰乃與彥敬俱降世宗問曰正隆暴虐人望旣絕朕以太祖之孫卽大位汝殺我使者又不能爲正隆死節恐爲人所圖然後來降朕今殺

汝等將何辭彥敬未有以對志寧前奏曰臣等受正隆厚恩所以不降罪當萬死上曰汝輩初心亦可謂忠於所事自今事朕宜勉忠節世宗使扎八招窩斡扎八乃勸之遂稱帝世宗使右副元帥完顏謀衍征之志寧以臨海節度使都統右翼軍窩斡敗于長濼西走志寧追及于霿㶊河賊已先渡依岸爲陣毀橋岸以爲阻志寧與賊夾河爲疑兵與萬戶夾谷清臣徒單海羅於下流涉渡已渡前有支港岸斗絕其中泥濘乃束柳塡藉士卒畢濟行數里得平地將士方食賊奄至賊據南岡三馳下志寧陣陣堅力戰流矢中左臂戰自若賊據上風縱火乘煙勢馳擊志寧步軍繼至轉戰十餘合火益熾風煙突人不可當會雨作風煙乃熄遂奮擊大破之於是元帥謀衍右監軍福壽不急擊賊久無功右丞僕散忠義請自討賊而志寧擊賊有功上以忠義代謀衍志寧代福壽封定國公使蒲察通至軍中宣諭之賊畧懿州界陷靈山同昌慶和三縣睥睨北京會土河水漲賊不得渡乃西趨三韓縣志寧方追躡之元帥忠義與賊遇于花道軍頗失利賊見志寧踵其後不敢乘勝遂西走是時大軍馬瘦弱不堪追襲諸將欲止軍勿追志寧獲賊候人知賊自選精銳與老小輜重分道期山後會集可擊其輜重忠義以爲然遂過移馬嶺進及裊嶺西陷泉賊見左翼據南岡爲陣不敢犯右翼萬戶烏延查剌擊賊少却志寧與夾谷清臣等擊之賊衆大敗涉水走窩斡母徐輦舉營由落括岡西去志寧追及之盡獲其輜重俘五萬餘人雜畜不可勝計僞節度使六及其部族皆降窩斡走奚中至七渡河志寧復敗之賊過渾嶺入于奚中志寧獲賊將稍合住釋弗殺許以官賞縱之歸約以捕窩斡自効稍合住既去見窩斡秘不言見獲事乃反間奚人于窩斡曰陷泉失利奚人有貳志不可不察當是時窩斡屢敗其下亦各有心稍合住乃與賊帥神獨斡執窩斡詣右都監完顏思敬降志寧與萬戶清臣宗寧速哥等追捕餘黨至燕子城盡得所畜善馬因至抹拔里達之地悉獲之逆黨既平入朝爲左副元帥賜以玉帶經略宋事駐軍睢陽都元帥忠義居南京節制諸軍宋將黃觀察據蔡州楊思據潁昌志寧使完顏王祥復取蔡州黃觀察遁去完顏襄攻潁州拔之獲楊思乃移牒宋樞密使張浚使依皇統以來舊式浚復書曰謹遣使者至麾下議之是時宋得窩斡黨人括里扎八用其謀攻靈壁虹縣都統奚撻不也叛入于宋遂陷宿州括里等謀曰北人恃騎射戰勝攻取今夏月久雨膠解弓不可用故李世輔與之來攻宿州歸德尹术甲撒速宿州防禦使烏林荅剌撒萬戶溫迪罕速可裴滿婁室不守約束不肯堅壁俟大軍輒出與戰由是軍敗城陷剌撒嘗遣人入宋界貿易交通李世輔受其賂遺久之事覺伏誅謀克賽一坐故知不舉除名撻不也母斡里懶緣上當死上曰撻不也背國棄母殺之何益朕閔其老遂原其死詔撒速剌撒速可婁室各杖有差撒速剌撒仍解職世輔自以爲得志日與括里扎八置酒高會志寧以精兵萬人發自睢陽趨宿州中使來督軍志寧附奏曰此役不須聖慮臣但恐世輔遁去耳世輔聞志寧軍止萬人甚易之曰當令十人執一人也括里等問候人所見上將旗幟知是志寧謂世輔曰此撒合輦監軍也軍至萬人愼毋輕之五月二十日志寧將至宿州仍令從軍盡執旗幟駐州西爲疑兵三猛安兵駐州南志寧自以大軍駐州東南阨其歸路世輔望見州西兵旌旗蔽野果謂大軍在州西而謂東南兵少不足慮先擊之以步騎數萬皆執盾背城爲陣外以行馬捍之使別將將兵三千出自東門欲自陣後攻志寧軍萬戶蒲查擊敗之右翼萬戶夾谷清臣爲前行撤毀行馬短兵接戰世輔軍亂諸將乘之追殺至城下是夕世輔盡按敗將將斬之其統制常吉懼而來奔盡得城中虛實明日世輔悉兵出戰騎兵居前志寧使夾谷清臣當之世輔別將以五六千騎爲一隊與清臣遇清臣踵擊之宋將不能反旆志寧麾諸軍力戰世輔復大敗走者自相蹈藉僵尸相枕爭城門而入門塡塞人人自阻遂緣城而上我軍自濠外射之往往墮死於隍間殺騎士萬五千步卒三萬餘人世輔乘夜脫走明日夾谷清臣張師忠追及世輔斬首四千餘赴水死者不可勝計獲甲三萬他兵仗甚衆上以御服金線袍玉吐鶻賓鐵佩刀使移剌道就軍中賜之凡有功將士猛安謀克並如陜西遷賞蒲輦進官三階重綵三端絹六匹旗鼓笛手吏人各賜錢十貫詔志寧曰卿雖年少前征契丹戰功居最今復破大敵朕甚嘉之宋人議和不能決都元帥僕散忠義移軍泰和志寧移軍臨㴩遂渡淮徒單克寧取盱眙濠盧和滁等州宋人懼乃決意請和使者六七往反議遂定宋世爲姪國約歲幣二十萬兩匹魏杞奉誓書入見復通好志寧還軍睢陽上以御服玉佩刀通犀御帶賜之詔曰靈壁虹縣宿州兵士死者朕寔閔焉宜歸葬鄉里官爲齋送人賻錢三十貫鳳翔尹孛术魯定方以下猛安謀克官爲致祭定方賻銀五百兩重綵二十端猛安三百貫謀克二百貫蒲里衍一百貫權猛安二百貫權謀克一百五十貫權蒲里衍七十貫五年三月忠義朝京師志寧駐軍南京五月志寧召至京師拜平章政事左副元帥如故志寧復還軍賜玉束帶上曰卿壯年能立功如此朕甚嘉之南服雖定日月尚淺須卿一往規畫六年二月志寧還京師拜樞密使七年十一月八日皇太子生日宴羣臣於東宮志寧奉觴上壽上悅顧謂太子曰天下無事吾父子今日相樂皆此人力也使太子取御前玉大杓酌酒上手飮志寧卽以玉杓及黃金五百兩賜之以第十四女下嫁志寧子諸神奴八年十月進幣宴百官于慶和殿皇女以婦禮謁見志寧夫婦坐而受之歡飲終日夜久乃罷九年拜右丞相十一年代宗敘北征既還遣使者迎勞賜以弓矢玉吐鶻入見上慰勞良久是日封廣平郡王復遣使就第慰勞之皇太子生日宴羣臣於東宮以玉帶賜志寧上曰此梁王宗弼所服者故以賜卿郊祀覃恩從征護衛皆有賜進封金源郡王十二年志寧有疾中使看問日三四輩疾亟賜金丹三十粒詔曰此丹未嘗以賜人也使者至志寧已不能言但稽首而已是歲薨上輟朝臨其喪行哭而入哀動左右將葬上致祭見陳甲柩前復慟哭之賻銀千五百兩重綵五十端絹五百匹葬事祠堂皆從官給諡武定十五年圖像衍慶宮志寧妻永安縣主妬甚嘗殺孕妾及志寧薨後諸神奴兄弟皆病亡世宗甚惜之遣使諭永安縣主曰丞相有大功三先朝舊臣惟秦宋二王功大餘不及也今養其孽子當如親子視之二十二年上問宰臣僕散忠義紇石烈志寧孰愈尚書左丞襄奏曰忠義兵權精緻此其所長也上曰不然志寧臨敵身先士卒勇敢之氣自太師梁王未有如此人者也明昌五年配享世宗廟廷

僕散忠義本名烏者上京拔盧古河人宣獻皇后姪元妃之兄也高祖斡魯補曾祖班覩祖胡闌父背魯國初世襲謀克婆速路統軍使致仕忠義魁偉長髯喜談兵有大略年十六領本謀克兵從宗輔定陝西行間射中宋大將宋兵遂潰由是知名帥府錄其功承制署爲謀克宗弼再取河南表薦忠義爲猛安攻冀州先登攻大名府以本部兵力戰破其軍十餘萬賞以奴婢馬牛金銀重綵從宗弼渡淮攻壽廬等州宗弼稱之曰此子勇略過人將帥之器也賞馬五匹牛一百五十頭羊五百口領親軍萬戶超寧遠大將軍承其父世襲謀克皇統四年除博州防禦使公餘學女直字及古算法閱月盡能通之在郡不事田獵燕游以職業爲務郡中翕然稱治忽一夕陰晦囚徒謀爲反獄倉猝間將校皆惶駭失措忠義從容但使守吏撾鼓鳴角囚徒以爲天且曉不敢出自就桎梏及考郡民詣闕願留詔從之八年改同知眞定尹兼河北西路兵馬都總管遷西北路招討使入爲兵部尚書僕散忽土嘗與海陵篡立恃勢陵傲同列忠義因會飲衆辱之海陵不悅出爲震武軍節度使火山賊李鐵槍乘暑來攻忠義單衣從一騎迎擊之射殺數人賊乃退改臨洮尹兼熙秦路兵馬都總管海陵召至京師謂之曰洮河地接吐蕃木波異時剽害良民州縣不能制汝宿將故以命汝賜絛服玉具佩刀閱再考徙平陽尹再徙濟南尹以本官爲漢南路行營副統制伐宋克通化軍世宗立海陵死揚州罷兵入朝京師拜尚書右丞移剌窩斡僭號兵久不決右副元帥完顏謀衍既敗之于霿㶊河乃擁衆貪鹵掠不追討而縱其子斜哥暴橫軍中士卒不用命賊得水草善地官軍躡其遺餘水草乏馬益弱賊軼出山西久無功忠義請曰契丹小寇不時殄滅致煩聖慮臣聞主憂臣辱欲願効死力除之世宗大悅卽召還謀衍勒歸斜哥本貫拜忠義平章政事兼右副元帥封榮國公賜以御府貂裘賓鐵吐鶻弓矢大刀具裝對馬及安山鐵甲金牌詔曰軍中將士有犯連職之外並以軍法從事有功者依格遷賞詔諸將士曰兵久駐邊匱費財用百姓不得休息今以右丞忠義爲平章政事右副元帥宜同心戮力無或弛慢忠義至軍賊陷靈山同昌惠和等縣陣而西行忠義追之及于花道宗亨爲左翼宗敍爲右翼與賊夾河而陣賊渡河先攻左翼偏敗右翼救之賊引去窩斡乃以精銳自隨以羸兵護其母妻輜重由別道西走期於山後會集追復及于裊嶺西陷泉與賊遇時昏霧四塞跬步莫覩物色忠義禱曰狂寇肆暴殺戮無辜天不助惡當爲開霽奠已昏霧廓然及戰忠義左據南岡爲偃月陣右迤而北大敗之獲其弟裊俘生口三十萬獲雜畜十餘萬車帳金珍以鉅萬計悉分諸軍賊走趨奚地遣將追躡至七渡河又敗之旣踰渾嶺復進軍襲之望風奔潰遁入奚中降者相屬於路詔忠義曰卿材能素著果能大破賊衆朕甚嘉之今遣勞卿如朕親往賜卿御衣及骨睹犀具佩刀通犀帶等就以俘獲均散軍士窩斡既敗遂入于奚中高忠建敗奚于栲栳山移剌道取抹白諸奚之家抹白奚乃降窩斡勢益弱紇石烈志寧獲賊將稍合住縱之使歸約以捕窩斡自贖仍

許以官賞稍合住與其黨執窩斡詣完顏思敬降契丹平忠義朝京師拜尚書右丞相改封沂國公以玉帶賜之自海陵遇弒大軍北還而窩斡鴟張命將徂征及窩斡敗其黨括里扎八奔入于宋宋人用其謀侵掠邊鄙攻取泗壽唐海州於是宋主傳位于宗室子眘是爲宋孝宗雖嘗遣使來而欲用敵國禮世宗以紇石烈志寧經略宋事制詔忠義以丞相總戎事居南京節制諸將時大定二年也忠義將行陛辭上諭之曰彼若歸侵疆貢禮如故則可罷兵既至南京簡閱士卒分屯要害戒諸將嚴守備使左副元帥志寧移牒宋樞密使張浚其略曰可還所侵本朝內地各守自來畫定疆界凡事一依皇統以來舊約帥府亦當解嚴如必欲抗衡請會兵相見宋宣撫使張浚復書志寧曰疆場之一彼一此兵家之或勝或負何常之有當置勿道謹遣官寮敬造麾下議之是時已復泗壽鄧州請隳其城遷其民于宿亳蔡州上曰三州本吾土也得之則已忠義使將士擇善水草休息且牧馬俟來歲取淮南初世宗詔諸將由泗壽唐鄧三道進發宋人聞之即自方城葉縣以東田野皆燒夷之使無所芻牧忠義命唐鄧道軍芻牧許汝間三年忠義入奏事遂以丞相兼都元帥無何還軍中忠義與宋相持日久慮夏久雨弓力易減宋或乘時見攻豫選勁弓萬張於別庫及自汴赴闕議事次濬州宋將李世輔果掩取靈壁虹縣遂陷宿州忠義使人還汴發所貯勁弓給志寧軍與宋人戰遂大捷竟復宿州忠義還以書責宋宋同知樞密院事洪遵計議官盧仲賢遣使二輩持與志寧書及手狀歸海泗唐鄧州所侵地約爲叔侄國報書期十一月使入境宋又使人來言禮物未備請俟十二月行成忠義以其事馳奏請定書式且言宋書如式則許其入界如其不然勢須遣還本國復稟其主若是往復動經七八十日恐誤軍馬進取世宗以詔諭之曰若宋人歸疆歲幣如昔可免奉表稱臣許世爲侄國忠義乃貽書宋人前後凡七宋人他託未從忠義移大軍壓淮境遣志寧率偏師渡淮取盱眙濠廬和滁等州宋人懼而世宗意天下厭苦兵革思與百姓休息詔忠義度宜以行四年正月忠義使右監軍宗敘入奏將近暑月乞俟秋涼進發詔從之宋使胡昉以右僕射湯思退書來宋稱侄國不肯加世字忠義執昉留軍中咨其書使使以聞詔曰行人何罪遣胡昉還國邊事從宜措畫八月詔忠義曰前請俟秋涼進發今已八月復俟何時先是忠義乞增金銀牌上曰太師梁王兼數職未嘗增也至是增都元帥金牌一銀牌二十左右副元帥金牌各一銀牌各十左右監軍金牌各一銀牌各六左右都監金牌各一銀牌各四三路都統府銀牌各二乃定南界官員百姓歸附遷賞格元帥府獲宋諜人符忠忠前嘗至中都大興府官詰問忠執文據及與泗州防禦判官張德亨知識由是獲免厚謝德亨德亨受之忠具欵服乃奏其事于朝於是大興少尹王全解職德亨除名和議始于張浚中更洪遵湯思退及徒單克寧敗宋魏勝于十八里莊取楚州世宗下詔進師於是宋知樞密院周葵同知樞密院事王之望書一一如約和議始定宋遣試禮部尚書魏杞崇信軍承宣使康湑充通問國信使取到宋主國書式并國書副本宋世爲侄國約歲幣爲二十萬兩匹國書仍書名再拜不稱大字大定五年正月魏杞康湑入見其書曰侄宋皇帝眘謹再拜致書于叔大金聖明仁孝皇帝闕下魏杞還復書叔大金皇帝不名不書謹再拜但曰致書于侄宋皇帝不用尊號不稱闕下和好已定罷兵詔天下以左副都點檢完顏仲爲報問國信使太子詹事楊伯雄副之忠義奏官軍一十七萬三千三百餘人留馬步軍一十一萬六千二百屯戍上曰今已許宋講好而屯戍尚多可除舊軍外選馬一萬二千阿里喜稱是步軍虞候司軍共選一萬五千及簽軍一萬與舊軍通留六萬富强丁多者摘留貧難者阿里喜官給富者就用其奴其存留馬步軍於河北東西大名府速頻胡里改會寧咸平府濟州東京曷速館等路軍內約量揀取其西南西北招討司臨潢府泰州北京婆速曷懶山東東西路並行放還詔近侍局使裴滿子寧佩金牌護衛醜底符寶祗候驪滿回海佩銀牌諭諸路將帥以宋國進到歲幣銀絹二十萬兩匹盡數給與見存留及放散軍充賞曾過界者人給絹二匹銀二兩不曾過界者銀二兩絹一匹阿里喜絹一匹謀克倍軍人猛安倍謀克押軍猛安謀克年老有勞績者量與除授又詔曰其令一路全罷者先發遣之賜忠義玉束帶三月詔曰如大軍已放還丞相忠義宜先還左副元帥志寧右監軍宗敘留駐南京餘官非急用者並勒還任忠義朝京師上勞之曰宋國請和偃兵息民皆卿力也拜左丞相兼都元帥大定初事多權制詔有司刪定上謂宰臣曰凡已奏之事朕嘗再閱卿等毋懷懼朕於大臣豈有不相信者但軍國事不敢輕易恐或有誤也忠義對曰臣等豈敢竊意陛下但智力不及耳陛下留神萬幾天下之福也大定六年正月忠義有疾上遣太醫診視賜以御用藥物中使撫問相繼於道是月薨上親臨哭之慟輟朝奠祭賻銀千五百兩重綵五十端絹五百匹世宗將幸西京復臨奠焉命參知政事唐括安禮護喪事凡葬祭從優厚官爲給之大宗正丞竟充勅祭使中都轉運副使王震充勅葬使百官送葬具一品儀物建大將旗鼓送至墳域謚武莊忠義勳由禮義謙以接下敬儒士與人極和易侃侃如也善御將士能得其死力及爲宰輔知無不言自漢唐以來外家多緣恩戚以致富貴又多不克其終未有兼任將相功名始終如忠義者十一年詔曰故左丞相忠義族人及昭德皇后親族人材可用者左副點檢烏古論元忠體察以聞二十一年上思忠義功勒銘墓碑泰和元年圖像衍慶宮配享世宗廟廷子揆別有傳

徒單合喜上京速蘇海水人也父蒲涅世襲猛安合喜魁偉膂力過人一經聞見終身不忘天輔間從金源郡王婁室爲扎也甚愛之天會六年以功爲謀克尋領婁室親管猛安元帥府聞其才命權左翼軍事皇統二年爲隴州防禦使以兵十五人敗宋兵二百於高陵以兵五百人敗宋兵二千於秦州以兵八百人敗宋兵三千五百於鳳翔以二謀克拒饒風關宋兵二千來奪其關卩奮擊敗之諸軍乃得過險還平涼尹再從臨洮延安尹是時關陝以西初去兵革百姓多失業合喜守之以靜民多還歸者天德二年爲元帥左都監陝西統軍使貞元二年以本官兼河中尹正隆六年爲西蜀道兵馬都統世宗即位以手詔賜合喜曰岐國失道殺其母后橫虐兄弟流毒兆庶朕惟太祖創業之艱難勉膺大位卿之子弟皆自軍中來歸卿國家舊臣豈不知天道人事卿軍不多未宜深入當須軍屯境上陝右重地非卿無能措畫者俟兵革既定即當召卿宜自勉之大定二年復爲陝西路統軍使未幾改元帥右都監表陳伐宋方略詔許以便宜從事轉左都監破宋兵于華州是時宋吳璘侵古鎮分據散關和尚原神叉口玉女潭大蟲嶺石壁寨寶鷄縣兵十餘萬陷河州鎮戎軍合喜乞濟師詔以河南兵萬人益之合喜遣丹州刺史赤盞胡速魯改以兵四千守德順吳璘以二十萬人圍之統軍都監石抹迭勒將兵萬人破宋兵于河州還過德順駐兵平涼求益兵于合喜以解德順之圍合喜遣萬戶完顏習尼列大艮順寧州刺史顏盞門都各將本部兵合二萬人以順義軍節度使烏延蒲离黑統押之與迭勒會與璘闘之使偏將將兵五千人來迎前鋒特里失烏也奚王和尚擊敗之追至德順城南小溪邊璘自將大軍蔽岡阜而出烏也等馳擊之迭勒蒲离黑繼至併力戰日已暮兩軍不相辨乃解已而璘報云宋主遣使至兩國講和請各罷兵璘遂遁去蒲离黑亦引軍還自宋兵圍城至是凡四十餘日乃解初德順在圍中押軍猛安溫敦蒲里海身先士卒力戰未嘗少挫及救兵至圍解蒲里海之功爲多頃之吳璘復來犯陝西州郡兵十餘萬詔以兵七千益合喜兵號二萬人慶陽尹烏延蒲轄奴延安尹高景山分領之彰化軍節度使璋通遠軍節度使烏延吾里補寧州刺史移剌高山奴京兆少尹宗室泥河恩州刺史完顏謀良虎皆備軍前任使宋人驅率商虢及華山南山之民五萬人來圍華州押軍萬戶裴滿援剌欲堅壁守之猛安移剌沙里剌曰宋兵雖多半是居民不習戰不如擊之於是援剌以騎兵千人敗宋前鋒追至其大軍亦敗斬首五十餘級已而璋敗宋姚良輔軍于原州宋戍軍自寶鷄以西至于大蟲嶺者自散關遁去頃之吳璘聞赤盞速魯改烏延蒲里黑軍已去德順率兵號二十萬復據德順陷鞏州臨洮府臨洮少尹紇石烈騷洽死之詔贈官一階賜錢五百貫合喜以璋權都統習尼列權副統將兵二萬攻之連戰宋兵雖敗璘恃其衆不肯去分其兵之半守秦州合喜乃自行駐水洛城東自六盤山西抵石山頭分兵守之當德順秦州之兩間斷其餉道璘乃引去都統璋副統習尼列邀擊宋經略使荊皋自上入節至甘谷城殺數千人習尼列擒宋將朱永以下將校十二人宋張安撫守德順亦棄城遁速魯改邀擊之所殺過半擒將校十餘人遂復德順州宋之守秦州者亦自退高景山定商虢宗室泥河取環州於是臨洮鞏秦河隴蘭會原洮積石鎮戎德順商虢環華等州府一十六盡復之陝西平詔書獎諭賜以玉帶詔陝西將士猛安階昭毅以下遷兩資昭武以上遷一資謀克階六品以下遷兩資五品以上遷一資押軍猛安階昭武以上者遷一資昭毅以下武義以上遷兩資昭信以下女直人遷宣武餘人遷奉信無官者女直人授敦信餘人授忠武押軍謀克武功以下忠顯以上遷兩資忠勇以下女直人遷昭信餘人遷忠顯無官者女直人授忠顯餘人授忠翊正軍有官者遷一資無官者授兩資猛安賞銀五十兩重綵五端絹十匹權正同之正軍人給錢三十貫阿里喜十貫戰没軍官軍士長行贈官賜錢有差五年置陝西路統軍

使兼京兆尹元帥府移治河中府統軍使璋朝辭上曰合喜年老以陝西軍事委卿凡鎮防利害可訪問合喜也七年入爲樞密副使改東京留守賜以衣帶佩刀詔日卿年老以此職優佚宜勉之九年入爲平章政事奏睿宗收復陝西功數事上嘉納之藏之秘府封定國公十年薨上方擊毬聞訃遂罷有司致祭備禮以葬賻銀一千二百五十兩及重綵幣帛二十一年上念其功遷其孫三合武功將軍授世襲本猛安昜懶若窟申謀克泰和元年配享世宗廟廷

贊曰大定之初兵連於江淮難作於契丹謀衍挾功爲幹橫噬有弗戢之畏焉世宗獨斷召還謀衍僕散忠義受任責成矣故曰兵主於將將賢則士勇其此之謂邪紇石烈志寧有言受詔征伐則不敢辭爲宰相則誠不能如知爲相之難固所謂賢也秦隴之兵殆哉岌岌乎徒單合喜料敵應變若此之審亦難矣哉

金史卷八十七考證

紇石烈志寧傳李世輔○臣宗楷按宋史世輔李顯忠之舊名

金史卷八十八

元中書右丞相總裁脫脫等修

列傳第二十六

紇石烈良弼　完顏守道本名習尼列

石琚　唐括安禮

移剌道本名趙三　子光祖

紇石烈良弼本名婁室回怕川人也曾祖忽懶祖忒不魯父太宇世襲蒲輦從宣寧天會中選諸路女直字學生送京師良弼與納合椿年皆童丱俱在選中是時希尹爲丞相以事如外郡良弼遇之途中望見之嘆曰吾輩學丞相文字千里來京師固當一見乃入傳舍求見拜於堂下希尹問曰此何兒也良弼自贊曰有司所薦學丞相文字者也希尹大喜問所學良弼應對無懼色希尹曰此子他日必爲國之令器留之數日年十四爲北京教授學徒常二百人時人爲之語曰前有谷神後有婁室其從學者後皆成名年十七補尚書省令史簿書過目輒得其隱奥雖大文牒口占立成詞理皆到時學希尹之業者稱爲第一除吏部主事天德初累官吏部郎中改右司郎中借秘書少監爲宋主歲元使是時納合椿年爲參知政事薦良弼才出己右用是爲刑部尚書賜今名丁父憂以本官起復海陵嘗曰左丞相張浩練達事務而頗不實刑部尚書婁室言行端正無所阿諂因謂椿年曰卿可謂舉能矣常人多嫉勝已者卿舉勝於已者賢於人遠矣改侍衛親軍馬步軍都指揮使良弼音吐清亮海陵詔諭臣下必令良弼傳旨聞者莫不聳動以故常被召問不踰年拜參知政事進尚書右丞賜佩刀入宮轉左丞海陵伐宋良弼諫不聽以爲右領軍大都督海陵在淮南詔良弼與監軍徒單貞撫定上京遼右既而諸軍往往道亡北歸而世宗即位于遼陽良弼乃還汴京海陵死世宗就以良弼爲南京留守兼開封尹再兼河南都統召拜尚書右丞世宗謂良弼曰卿嘗諫正隆伐宋不用卿言以至廢殞當時懷祿偷安之人朕皆黜之矣今復用卿凡於國家之事當盡言無復顧忌也良弼頓首謝窩斡敗于陷泉入奚中詔良弼佩金牌及銀牌四往北京招撫奚契丹還拜尚書左丞上言祖宗以來未錄功賞者臣考按得凡三十二人宜差第封賞詔曰已有五品已上官者聞奏六品以下及無官者尚書省約量遷除自是功勞畢賞矣進拜平章政事封宗國公初山東兩路猛安謀克與百姓雜居詔良弼度宜易置使與百姓異聚與民田互相犬牙者皆以官田對易之自是無復爭訴六年十一月皇太子生日上置酒于東宮良弼志寧同賜酒上曰邊境無事中外晏然將相之力也良弼奏曰臣等不才備位宰相敢不竭犬馬之力上悅進拜右丞相監修國史世宗謂良弼曰海陵時記注皆不完人君善惡爲萬世勸戒記注遺逸後世何觀其令史官旁求書之又曰五從以上宗室在省祗候者才有可用具名聞奏其猥冗不足蒞官者亦聞奏罷去左丞完顏守道奏近都兩猛安父子兄弟往往析居其所得之地不能贍日益困乏上以問宰臣良弼對曰必欲父兄聚居宜以所分之地與土民相換易雖暫擾然經久甚便右丞石琚曰百姓各安其業不若依舊便上竟從良弼議太宗實錄成賜良弼金帶重綵二十端同修國史張景仁曹望之劉仲淵以下賜有差世宗與侍臣論古今爲臣孰賢不肖因謂宰相曰皇統正隆多殺臣僚往往死非其罪朕委卿等以大政毋違道以自陷毋曲從以誤朕惟忠惟孝匡救輔益期致太平良弼對曰臣等過蒙嘉惠雖謭薄敢不盡心聖諭諄諄臣等不勝萬幸良弼請於榷場市馬毋拘牝牡今官馬甚少一旦邊境有警乃調於民不亦晚乎上從之八年選侍衛親軍世宗聞其中多不能弓矢詔使習射項之問良弼及平章政事思敬曰女直人習射尚未行耶良弼對曰已行之矣同知清州防禦事常德輝上書言吏部格法止敘年勞雖有材能拘滯下位刺史縣令多不得人乞審加訪察然後廉問今酒稅使尚選能吏縣令可不擇人才乞以能吏當任酒稅使者任親民之職上是其言謂宰相曰朕思庶職多不得人中夜而寤或達旦不能寐卿等注意選擇朕亦審加體察良弼對曰女直契丹人須是曾習漢人文字然後可方今大率多爲黨與或稱譽於此或見毀於彼所以難也上曰朕所以審令體察也上謂良弼曰猛安謀克牛頭稅粟本以備凶年凡水旱乏糧處就賑給之進拜左丞相監修國史如故良弼爲相既久練達朝政上所詢訪盡誠開奏垂紳正笏不動聲氣議政多稱上意以母憂去起復舊職是時夏國王李仁孝乞分國之半以封其臣任得敬上以問群臣群臣多言此外國事從之可也上曰此非是仁孝本心不可從良弼議與上意合既而夏國果誅任得敬上表來謝參知政事宗敘請置沿邊濠塹良弼曰敵國果來伐此豈可禦哉上曰卿言是也高麗國王王晛表讓國於其弟晧上疑之以問宰相良弼良弼策以爲讓國非王晛本心其後趙位寵求以四十州來附其表果言王晧弒其兄晛如良弼策語在高麗傳中世宗罷採訪官謂宰臣曰官吏之善惡何由知之良弼對曰臣等當爲陛下訪察之以進睿宗實錄賜通犀帶重綵二十端是年有事南郊良弼爲大禮使自收國以來未嘗講行是禮歷代典故又多不同良弼討論損益各合其宜人服其能上與良弼守道論猛安謀克官多年幼不習教訓無長幼之禮曩時鄉里老者輒教導之今鄉里中耆老有能教導者或謂事不在已而不問或非其職而人不從可依漢制置鄉老選廉潔正直可爲師範者使教導之良弼奏曰聖慮及此億兆之福也他日上問曰朕觀前史有在下位而存心國家直言爲民者今無其人何也良弼曰今豈無其人哉蓋以直道而行反被謗毀禍及其身是以不爲也大定十四年歲在甲午大興尹璋爲賀宋正旦使宋人就館奪其國書詔梁肅詳問衆議紛紛謂凡午年必用兵上以問良弼對曰太祖皇帝以甲午年伐遼太宗皇帝以丙午年克宋今茲宋人奪我國書而適在午年故有此語未必然也既而梁肅至宋宋主起立授受國書如舊儀梁肅既還宋主遣工部尚書張子顏知閤門事劉崈來祈請其書曰言念眇躬夙承大統荷上國照臨之惠尋盟遂閡於十年修兩朝聘問之勤繼好靡忘于一日惟是函書之受當新賓接之儀嘗空臆以屢陳飭行人而再請仰祈睿顧俯賜矜從上與大臣議良弼奏曰宋國免稱臣爲姪免奉表爲書恩賜亦已多矣今又乞免親接國書是無厭也必不可從平章政事完顏守道參知政事移剌道與良弼議合左丞石琚右丞唐括安禮以爲不從所請必至于用兵上謂琚等曰卿等所言非也所請有大於此者更欲從之乎遂從良弼議荅其書略曰弗循定分之常復有授書之請謂承大統愈見自尊奈何以若所爲尚求其欲矧曰已行之禮靡得而更其授受禮儀終不復改上問宰臣嘗求內外官舉賢能未聞有舉者何也參政魏子平請當舉者每任須舉一人視其當不以爲賞罰上曰宋制薦舉其人犯私罪者舉主雖至宰執亦坐降罰人心有恒者鮮財利怵于前或喪其所守宰臣任大責重豈坐是以爲升黜邪良弼曰前詔朝官六品以上外官五品以上各舉所知盍申明前詔從之上曰朕欲周知官吏善惡若尋常遣官采訪恐用非其人然則官吏善惡何以知之良弼曰臣等當爲陛下訪察上曰然但勿使名實混淆耳上欲從窩斡逆黨分散置之遼東良弼奏此輩已經赦宥從之生怨望上曰此目前利害朕爲子孫後世慮耳良弼曰非臣等所及也於是以嘗預亂者徙居烏古里石壘部上問宰臣曰堯有九年之水湯有七年之旱而民不病飢今一二歲不登而人民乏食何也良弼對曰古者地廣人淳崇尚節儉而又惟農是務故蓄積多而無饑饉之患也今地狹民衆又多棄本逐末耕之者少食之者衆故一遇凶歲而民已病矣上深然之於是命有司懲戒荒縱不務生業者十七年以疾辭相位不許告滿百日詔賜告遣太醫診視屢使中使問疾良弼在告既久省多滯事上以問宰相參政張汝弼對曰無之上曰豈曰無之自今疑事久不能決者當具以聞十八年表乞致仕歸田里上遣使慰諭之曰卿比以疾在告朕甚憂之今聞卿將往西京養疾彼中風土非老疾所宜京師中倦於人事若就近都佳郡居處待疾少間遠令朕知之良弼奏曰臣遭遇聖明濫膺大任夙夜憂懼以至成疾比蒙聖恩數遣使存問賜以醫藥臣之苟活至今皆陛下之賜也臣豈敢望到鄉里便可愈疾臣去鄉歲久親識多已亡歿惟老臣獨在鄉土之戀誠不能忘臣竊惟自來人臣受知人主無逾臣者臣雖粉骨碎身無以圖報若使一還鄉社得見親舊則死無恨矣上問宰相曰丞相

良弼必欲歸鄉里朕以世襲猛安封其子符寶郎吞俾之侍行何如右丞相完顏守道曰不若以猛安授良弼使其子攝事上從之於是授胡論宋葛猛安給丞相俸傔良弼乃致仕歸上謂宰相曰卿等非不盡心但才力不及良弼所以惜其去也其後尚書省奏差除上曰丞相良弼擬注差除未嘗苟與不當得者而薦舉往往得人粘割斡特剌移剌慥裴滿餘慶皆其所舉至于私門請託絶然無之嘗問良弼每旦暮日色皆赤何也良弼曰旦而色赤應在東高麗當之暮而色赤應在西夏國當之願陛下修德以應天則災變自弭矣旣而夏國有任德敬之亂高麗有趙位寵之難其言皆驗云是歲薨年六十上悼惜之遣太府監移剌慥同知西京留守王佐爲勅葬祭奠使賻白金綵幣加等喪葬皆從官給追封金源郡王命翰林侍制移剌履勒銘墓碑謚誠敏良弼性聰敏忠正善斷決言論器識出人意表雖起寒素致位宰相朝夕惕惕盡心於國謀慮深遠薦舉人材常若不及居家淸儉親舊貧乏者周給之與人交久而愈敬居位幾二十年以成太平之功號賢相焉大定十五年圖像衍慶宮謚武定明昌五年配饗世宗廟廷

守道本名習尼列以祖谷神功擢應奉翰林文字皇統九年同知盧龍軍節度使事歷獻祁濱薊四州刺史世宗幸中都過薊父老遮道請留再任平章政事移剌元宜衆以自代於是遷昭毅大將軍授左諫議大夫內族晏以恩舊拜左丞相守道諫曰陛下初卽位天下略定邊警未息方大有爲之時恐晏非其材必欲親愛莫若厚與之祿俾勿事事乃授以太尉致仕世宗錄扈從將士之勞欲行賞賚而帑藏空竭議貸民財以與之守道曰人罹虐政方喜更生今仁恩未及而微斂遽出如羣望何寧出宮中所有無取於民遂從其言契丹叛遼東猛安謀克在其境者或附從之朝議欲從之內地守道極陳其不可右副元帥謀衍將兵討賊不卽擊守道力言於朝詔遣僕散忠義紇石烈志寧往代之東方以平大定二年宮中十六位火方事完葺時已入夏頗妨民力守道諫而罷未幾改太子詹事兼右諫議大夫馳驛規畫山東兩路軍糧及賑民饑守道籍大姓戶口限以歲儲使盡輸其贏入官復給其直以是軍民皆足拜參知政事兼太子少保守道懇辭世宗諭之曰乃祖勳在王室朕亦悉卿忠謹以是擢用無爲多讓時契丹餘黨未附者尚衆北京臨潢泰州民不安詔守道佩金符往安撫之給羣牧馬千疋以備軍用守道招致契丹骨迭聶合等內附民以寧息遷進尚書左丞兼太子少師嘗從獵近郊有虎傷獵夫帝欲親射之守道叩馬極諫而止俄拜平章政事十四年宋人遣使因陳請手接書事左丞石琚等議從其請帝意未決守道等以爲不可許帝卒從之詳在紇石烈良弼傳中旣而遷右丞相監修國史復遷左丞相授世襲謀克二十年修熙宗實錄成帝因謂曰卿祖谷神行事有未當者尚不爲隱見卿直筆也尋請避賢路帝不許進拜太尉尚書令改授尚書左丞相諭之曰丞相之位不可虛曠須用老成人故復以卿處之卿宜悉此未幾復乞致仕帝曰以卿先朝勳臣之後特委以三公重任自秉政以來效竭忠勤朕甚嘉之今引年求退甚得宰相體然未得代卿者以是難從汝勉之哉二十五年坐擅支東宮諸皇孫食粟奪官一階尋改兼太子太師特錄其子珪襲謀克充符寶祗候章宗爲原王詔習騎鞠守道諫曰哀制中未可帝曰此習武備耳自爲之則不可從朕之命庸何傷乎然亦不可數也二十六年懇求致仕優詔許之特賜宴於慶春殿帝手飲以卮酒錫與甚厚以其子珪侍行又賜次子璋進士第明昌四年卒年七十四上聞之震悼遣其弟點檢司判官蒲帶致祭賻銀千兩重綵五十端絹五百疋太常議謚曰簡憲上改曰簡靖蓋重其能全終始云

石琚字子美定州人沉厚好學父皁補郡吏廉潔自持稱爲長者從魯王闍母攻青州州人堅守不降闍母怒之及城破命皁計州民人數將使諸軍分掠有之皁緩其事闍母讓之皁曰大王將爲朝廷撫定郡縣當使百姓安堵無或侵苦之若取城邑而殘其民則未下者必死守以拒我皁之稽緩安敢逃罪闍母感悟乃下令曰敢有犯州人者以軍法論指其坐謂皁曰汝之子孫必有居此坐者皁隨守定州唐縣人王八謀爲亂書其縣人姓名于籍無慮數千人其黨持其籍詣州發之皁主鞫治是時冬月皁抱籍上廳事佯爲頓仆覆其籍爐火中盡焚之不可復得其姓名止坐爲首者餘皆得釋琚生七歲讀書過目卽成誦旣長博通經史工詞章天眷二年中進士第一再調弘政邢臺縣令邢守貪暴屬縣掊取民財以奉所欲琚獨一物無所與旣而守以贓敗他令佐皆坐累琚以廉辦改秀容令復擢行臺禮部主事召爲左司都事累遷吏部郎中貞元三年以父喪去官尋起復爲本部侍郎世宗舊聞其名大定二年擢爲諫議大夫侍郎如故奉命詳定制度琚上疏六事大槩言正紀綱明賞罰近忠直遠邪佞省不急之務罷無名之役上嘉納之遷吏部尚書琚自員外郎至尚書未嘗去吏部且十年典選久凡宋齊換授官格南北通注銓法能縷指而次第之當時號爲詳明頃之拜參知政事琚辭讓再三上曰卿之材望無不可者何以辭爲右丞蘇保衡監護十六位工役詔共典其事給銀牌二十四許從宜規畫上謂琚曰此役不欲煩民丁匠皆給雇直毋使貪吏夤緣爲姦利以興民怨卿等勉力稱朕意焉徒單合喜定陝西琚請曲赦秦隴以安百姓上從之丁母憂尋起復進拜尚書右丞天長觀災詔有司營繕有司闕民居以廣大之費錢三十萬貫蔚州采地蕈役數百千人琚奏之上曰自今凡稱御前者皆稟奏琚與孟浩對曰聖訓及此百姓之福也是時議禁網捕狐兎等野物累計其獲或至徒罪琚奏曰捕禽獸而罪至徒恐非陛下意杖而釋之可也上曰然久之進拜左丞兼太子少師上問宰相古有居下位能憂國爲民直言無忌者今何以無之琚對曰是豈無之但未得上達耳上曰宜盡心采擢之世宗將行郊祀議配享琚曰配者侑神作主也自外至者無主不止故推祖考以配天同尊之也孝經曰郊祀后稷以配天漢魏晉皆以一帝配之唐高宗始以高祖太宗同配垂拱初以高祖太宗高宗並配玄宗開元十一年罷同配之禮以高祖配宋太宗時以宣祖太祖配眞宗時以太祖太宗配仁宗時有司請以三帝並侑遂以太祖太宗眞宗並配其後禮院議對越天地神無二主當以太祖配此唐宋變古以三帝配天終竟依古以一祖配也將來親郊合依古禮以一祖配之上曰唐宋不足爲法止當奉太祖皇帝配之琚嘗請命太子習政事或譖之曰琚希恩東宮世宗察其無他以此言告之琚對曰臣本孤生蒙陛下拔擢備位執政兼師保之任臣愚以爲太子天下之本當使知民事遂言及之因乞解少師十年二月祭社有司奏請御署祝版上問琚曰當署乎琚曰故事有之上曰祭祀典禮卿等愼之無使後世譏誚熙宗尊謚太祖宇文虛中定禮儀以常朝服行事當時朕雖童稚猶覺其非琚曰祭祀大事也非故事不敢行上謂琚曰女直人往往徑居要達不知閭閻疾苦卿嘗爲丞簿民間何事不知凡利害極陳之上與宰臣議鑄錢或以鑄錢工費數倍欲采金銀坑冶上曰山澤之利可以與民惟錢幣不當私鑄若財貨流布四方與在官何異琚進曰臣聞天子之富藏於天下正如泉源欲其流通耳上問琚曰古亦有百姓鑄錢者乎對曰使百姓自鑄則小人圖厚利錢愈薄惡古所以禁也時民間往往造作妖言相爲黨與謀不軌事覺伏誅上問宰臣曰南方尚多反側何也琚對曰南方無賴之徒假託釋道以妖幻惑人愚民無知遂至犯法上曰如僧智究是也此輩不足卹但軍士討捕利取民財害及良民不若杜之以漸也智究大名府僧同寺僧苑智義與智究言蓮華經中載五濁惡世佛出魏地心經有夢想究竟涅槃之語汝法名智究正應經文先師藏瓶和尚知汝有是福分亦作頌子付汝智究信其言遂謀作亂歷大名東平州郡假託抄化誘惑愚民潛結姦黨議以十一年十二月十七日先取兗州會徒嶧山以應天時三字爲號分取東平諸州府及期嚮夜使逆黨胡智愛等劫旁近軍寨掠取甲仗軍士擊敗之會傅戩劉宣亦於陽穀東平上變皆伏誅連坐者四百五十餘人宗室子或不勝任官事世宗欲授散官量與廩祿以贍足之以問宰臣曰於前代何如琚對曰堯親九族周家內睦九族皆帝王盛事也琚之將順多此類十三年上表乞致仕十六年再表乞致仕再不許參知政事唐括安禮忤上意出爲橫海軍節度使數年不復召琚對便殿從容進曰唐括安禮忠直久在外官世宗深然之遂自南京留守召爲尚書右丞琚嘗舉室紹先以爲右司員外郎紹先中風暴卒上甚惜之謂琚曰卿之所舉也感歎者再三十七年拜平章政事封莘國公明年拜右丞相修起居注移剌傑上書言朝奏屛人議事史官亦不與聞無由紀錄上以問宰相琚與右丞唐括安禮對曰古者史官天子言動必書以儆戒人君庶幾有畏也周成王翦桐葉爲圭戲封叔虞史佚曰天子不可戲言言則史書之以此知人君言動史官皆得記錄不可避也上曰朕觀貞觀政要唐太宗與臣下議論始議如何後竟如何此政史官在側記而書之耳若恐漏泄幾事則擇愼密者任之朝奏屛人議事記注官不避自此始以年老衰病固辭上曰朕知卿年老勉爲朕留候一二年朕將思之上謂宰臣曰朕爲天子未嘗敢專行獨斷每事徧問卿等可行則行之不可則止也琚與平章政事唐括安禮奏曰好問則裕自用則小陛下行之天下幸甚居一年復表致仕乃許詔以一孫爲閤門祗候卽命駕歸鄉里久之世宗謂宰臣知人最爲難事近來左選多不得人惟石琚爲相時往往舉能其官左丞移剌道參政粘割斡特剌舉右選頗得之朕常以不能偏議人材爲不足此宰相事也左右近侍雖常有

言朕未敢輕信又曰近日刺史縣令多闕員當擇幹濟者除之資級不到庸何傷又曰惟石琚最爲知人唐括鼎爲定武軍節度使上謂鼎曰久不見石琚精力比舊何如汝到官往觀之顯宗亦思之因琚生日寄詩以見意二十二年以疾薨于家年七十二謚文憲泰和元年圖像衍慶宮配享世宗廟庭

唐括安禮本名斡魯古字子敬好學通經史工詞章知爲政大體貞元中累官臨海軍節度使入爲翰林侍讀學士改濬州防禦使彰化軍節度使大定初遷益都尹召爲大興尹上曰京師好訛言府中姦吏爲民患卿雖年少有治才去其宿弊毋爲因仍察廉入第一等進階榮祿大夫七年五月大興府獄空詔錫宴勞之凡州郡有獄空者皆賜錢爲錫宴費大興府錫宴錢三百貫其餘有差久之拜參知政事罷爲橫海軍節度使歷河間尹南京留守以喪去官起復尚書右丞詔曰南路女直戶頗有貧者漢戶租佃田土所得無幾費用不給不習騎射不任軍旅凡成丁者簽入軍籍月給錢米山東路沿邊安置其議以聞浹旬上問曰宰臣議山東猛安貧戶如之何奏曰未也乃問安禮曰於卿意如何對曰猛安人與漢戶今皆一家彼耕此種皆是國人卽日簽軍恐妨農作上責安禮曰朕謂卿有知識每事專傚漢人若無事之際可務農作度宋人之意且起爭端國家有事農作奚暇卿習漢字讀詩書姑置此以講本朝之法前日宰臣皆女直拜卿獨漢人拜是邪非邪所謂一家者皆一類也女直漢人其實則二朕卽位東京契丹漢人皆不往惟女直人偕來此可謂一類乎又曰朕夙夜思念使太祖皇帝功業不墜傳及萬世女直人物力不因卿等悉之因以有益貧窮猛安人數事詔左司郎中粘割斡特剌使書之百官集議于尚書省十七年詔遣監察御史完顏覿古速行邊從行契丹押剌四人援剌招得雅魯斡列阿自邊亡歸大石上聞之詔曰大石在夏國西北昔窩斡爲亂契丹等嚮應朕釋其罪俾復舊業遣使安輯之反側之心猶未已若大石使人間誘必生邊患遣使徙之俾與女直人雜居男婚女聘漸化成俗長久之策也於是遣同簽樞密院事紇石烈奧也吏部郎中張滿餘慶翰林修撰移剌傑徙西北路契丹人嘗預窩斡亂者上京濟利等路安置以兵部郎中移剌子元爲西北路招討都監詔子元曰卿可省諭徙上京濟州契丹人彼地土肥饒可以生殖與女直人相爲婚姻亦汝等久安之計也卿與奧也同催發徙之仍遣猛安一員以兵護送而東所經道路勿令與羣牧相近朕或有變卽便討滅俟其過嶺卿卽還鎭上已遣奧也子元等謂宰臣曰海陵時契丹人尤被信任終爲叛亂羣牧使鶴壽駙馬都尉賽一昭武大將軍朮魯古金吾衞上將軍蒲都皆被害賽一等皆功臣之後在官時未嘗與契丹有怨彼之野心亦足見也安禮對曰聖主溥愛天下子育萬國不宜有分別上曰朕非有分別但善善惡惡所以爲治異時或有邊釁契丹豈肯與我一心也哉他日上又曰薦舉大臣之職外官五品猶得舉人宰相無所舉何也安禮對曰孔子稱才難賢人君子世不多有陛下必欲得人當廣取士之路區別器使之斯得人矣上曰除授格法不倫奉職皆閥閱子孫朕所知識有資考出身月日親軍不以門第收補無廕者不至武義不得出職但以女直人有超遷官資故出職反在奉職上天下一家獨女直有超遷格何也安禮對曰祖宗以來立此格恐難輒改轉左丞與右丞蒲察通同日拜上謂之曰朕今年五十有五若過六十必倦於政事宜及朕之康強凡女直猛安謀克當修舉政事改定法令宗族中鮮有及朕之壽者朕頗習女直舊風子孫豈能知之況政事乎卿等宜悉此意上又曰大理寺事多留滯宰執不督責之何也安禮對曰案牘疑難者舊例給限上曰舊例是邪非邪今不究其事輒給以限邪參政移剌道曰臣在大理時未嘗有滯事上曰卿在大理無滯事爲宰執而不能檢治何也道無以對而退上問宰臣曰御史臺官亦與親知往來否皆曰往來殊少上曰臺官當盡絕人事諫官記注官與聞議論亦不可與人游從安禮對曰親知之間恐不可盡絕也上曰職任如是何恤人之言進拜平章政事封芮國公授世襲謀克上諭安禮前代史書詳備今祖宗實錄太簡略對曰前代史皆成書有帝紀列傳他日修史時亦有帝紀列傳其詳自見于列傳也安禮嘗議科目言于上曰臣觀近日士人不以策論爲意今若詩賦策論各場考試文理俱優者爲中選以時務策觀其器識庶得人也上曰卿等議之上謂宰臣曰賞有功不可緩緩賞無以勸善安禮對曰古所謂賞不踰時者正謂此也二十一年拜右丞相進封申國公固辭曰臣備位宰相無補於國家夙夜憂懼惟恐得罪上負陛下下負百姓臣實不敢受丞相位惟陛下擢賢於臣者用之上曰朕知卿正直與左丞相習顯無異且練習政事無出卿之右者其毋多讓安禮頓首謝是歲薨泰和元年配享世宗廟廷

移剌道本名趙三其先乙室部人也初徙咸平爲人寬厚有大志以篤孝著名通女直契丹漢字皇統初補刑部令史轉尚書省令史再遷大理司直丁母憂起復遷戶部員外郎正隆三年從臨潢咸平路畢沙河等三猛安屯戍斡盧速還奏海陵謂侍臣曰道骨相異常他日必登公輔明年還本部郎中海陵伐宋爲都督府長史海陵死師還無復紀律士卒掠淮南百姓苦之有男女二百餘人自願與道爲奴道受之至淮俟諸軍畢濟乃悉遣還大定二年復爲戶部郎中與梁銶安撫山東招諭盜賊民或避盜避役者並令歸業不問罪名輕重皆原之軍人不得並緣虜掠僕散忠義討窩斡道參謀幕府事賊平元帥府以俘獲生口分給官僚道悉縱遣之還京師入見旣退世宗目送之曰此人有幹才可大用也遷翰林直學士兼修起居注頃之世宗曰道清廉有幹局翰林文雅之職不足以盡其才中都轉運繁劇乃改同知中都路都轉運事詔道送河北山東等路廉察善惡升降官員制敕上曰卿從討契丹不貪俘獲其志可嘉故命卿爲使卿其勉之是歲以廉升者磁州刺史完顏蒲速列爲北京副留守濰州刺史蒲察蒲查爲博州防禦使威州刺史完顏兀荅補爲磁州刺史治狀不善下遷者登州刺史大磐爲嵩州刺史同知南京留守高德基爲同知北京轉運使衞州防禦使完顏阿鄰爲陳州防禦使眞定尹徒單拔改爲興平軍節度使安國軍節度使唐括重國爲彰化軍節度使仍具功過善惡宣諭毋受饋獻遷大理卿五年宋人請和罷兵道往山東閱實軍器振贍戍兵妻子再除同知大興尹親軍百人長完顏阿思鉢非禁直日帶刀入宮其夜入左藏庫殺都監郭良臣盜取金珠點檢司執其疑似者八人掠笞三人死五人者自誣其贓不可得上疑之命道參問道持久其獄旣而阿思鉢鬻金事覺伏誅上曰箠楚之下何求不得奈何點檢司不以情求之乎賜掠死者錢人二百貫周其家不死者人五十貫詔自今護衞親軍百人長五十人長非直日不得帶刀入宮遷戶部尚書上曰朕初卽位卿爲戶部員外郎聞卿孳孳爲善進卿郎中果有可稱及貳京尹亦能善治戶部經治國用卿其勉之道頓首謝改西北路招討使賜金帶故事招討使到官諸部皆獻駞馬多至數百道皆卻之數月皆復貢職父喪去官起復參知政事初諸部有獄訟招討司例遣胥吏按問往往爲姦利道請專設一官上嘉納之招討司設勘事官自此始上謂宰臣曰比聞大理寺斷獄輒經旬月何邪道奏曰在法決死囚不過七日徒刑五日杖刑三日上曰法有程限而輒違之此官吏之責也嚴戒約以去其弊進尚書右丞乞致仕上曰卿孝於家忠於朕通習法令政事雖踰六十心力未衰未可退也乃除南京留守賜通犀帶上曰河南統軍烏古論思列爲人少戇凡邊事須與卿共議卿以朕意諭思列也入拜平章政事道弟臨潢令幼阿補犯罪至死道待罪于家皇太子生日宴于慶和殿上問道何故不在參知政事粘割斡特剌奏曰其弟犯死刑據制不合入內上曰此何傷也卽詔道起視事是時縣令多闕上以問宰相道奏曰散官宣武以上借除以充之上曰廉察入品以下已去官者錄事丞簿有清幹之譽者縣尉入優等者皆與縣令散官至五品無貪汙曠職之名者亦可與之俟縣令不闕卽如舊制二十三年罷爲咸平尹封莘國公上曰卿數年前嘗乞致仕朕不許卿卿今老矣咸平卿故鄉地涼事少老者所宜賜通犀帶明日復遣近侍曹淵諭旨曰咸平自窩斡亂後民業尚未獲舊朕聽卿歸鄉里所以安輯一境也二十四年薨上聞之悼惜良久是歲幸上京道過咸平遣使致祭賻贈有加詔圖像藏秘省擢其子八狗爲閤門祗候

光祖字仲禮幼名八狗以廕補閤門祗候調平晉令衞州都巡河內承奉押班累轉東上閤門使兼典客署令大安中改少府少監丁母憂起復儀鸞局使同知宣徽院使事秘書監右宣徽使興定二年十一月詔集百官議所以爲長久之利者光祖等三人議曰募土人假以方面權任俾人自勸各保一方由是公府封建之論興焉語在九公傳三年轉左宣徽使五年卒

贊曰良弼守道琚安禮道皆無聞正隆時及其遭治朝佐明主諫行言聽膏澤下於民豈非遇其時邪官序無闕上下相安君享其名臣終其祿可謂盛哉海陵能知移剌道有公輔之器而不能用故其治績亦待大定而後著焉人才之顯晦有係於世道之汚隆也尚矣金世內燕惟親王公主駙馬得與世宗一日特召琚入諸王以下竊語心蓋易之世宗覺之卽語之曰使我父子家人輩得安然無事而有今日之樂者此人力也乃歷舉近事數十顯著爲時所知者以曉之皆俛伏請罪君臣相知如此有不竭忠者乎大定末世宗將立元妃爲后以問琚琚屏左右曰元妃之立本無異辭如東宮何世宗愕然曰何謂也琚曰元妃自有子元妃立東宮搖矣世宗悟而止且人主家事人臣之所難言者許敬宗以

一言幾亡唐祚琚之對其爲金謀者至矣

金史卷八十八考證

紇石烈良弼傳納合椿年爲參知政事薦良弼才出己右用是爲刑部尚書賜今名○臣浩按納合椿年傳椿年薦大理丞紇石烈婁室海陵以婁室爲右司員外郎婁室後賜名良弼兩傳互異

金史卷八十九

元中書右丞相總裁脫脫等修

列傳第二十七

蘇保衡　翟永固　魏子平

孟浩 田瑴附　梁肅　移剌慥

移剌子敬

蘇保衡字宗尹雲中天成人父京遼進士爲西京留守宗翰兵至西京京出降久之京病篤以保衡屬宗翰京死宗翰薦之於朝賜進士出身補太子洗馬調解州軍事判官左監軍撒离喝駐軍陝西辟幕府參議軍事累官同知興中尹天德間繕治中都張浩舉保衡分督工役改大興少尹督諸陵工役再遷工部尚書海陵治兵伐宋與徐文等造舟於通州海陵徼近郊因至通州視工作兵興保衡爲浙東道水軍都統制率舟師泛海徑趨臨安宋兵來襲敗于海中副統制鄭家死之大定二年召赴中都是時山東盜賊嘯聚契丹攻掠臨潢等州郡百姓困弊詔保衡安撫山東前太子少保高思廉安撫臨潢發倉粟以賑之無衣者賜以幣帛或官粟有闕則收糴以給之無妻室者具姓名以聞還除刑部尚書與工部尚書宗永兵部侍郎完顏余里也往河南山東陝西宣問屯田軍人有曾破大敵及攻城野戰立功者具姓名以聞或以寡敵衆或與敵相當能先登敗敵者正軍及撮甲阿里喜補官一階猛安謀克以功狀上尚書省會隨海陵軍至淮上破敵者亦准上遷賞僕散忠義伐宋保衡行戶部於關中兼糾察許以便宜黜守令不法者十餘人邠守傅慎微忤用事者被譴構下獄且死保衡力救之得免入爲太常卿遷禮部尚書拜參知政事三年宋人請和詔保衡往南京與僕散忠義斟酌事宜行之入奏進右丞四年宋人請和師還保衡朝京師初宮女稱心縱火十六位延燒諸殿上以方用兵國用不足不復營繕及宋和詔保衡監護役事遣少府監張仲愈取南京宮殿圖本上聞之謂保衡曰追仲愈還民間將謂朕效正隆華侈也六年冬有疾求致仕不許遣敬嗣暉傳詔曰卿以忠直擢居執政齒髮未衰遽以小疾求退善加攝養以俟疾間視事未幾薨年五十五世宗將放鷹近郊聞之乃還爲輟朝賻贈命有司致祭

翟永固字仲堅中都良鄉人太祖與宋約攻遼事成以燕歸宋宋人以經義兼策取士永固中第一授開德府儀曹叅軍金破宋永固北歸中天會六年詞賦科授懷安丞遷望雲令補樞密院令史辟左副元帥宗翰府掾永固家貧求外補宗翰愛其能不許以錢三千貫周之薦於朝擢左司郎中除定武軍節度副使歷同知淸州防禦使入爲工部員外郎以母憂去官起復禮部郎中遷翰林直學士海陵簒立宋國賀正旦使至廣寧海陵使使以廢立事諭宋使遣還之以侍衛親軍都指揮使完顏思恭爲報諭宋使永固爲副且令永固伺察宋人動靜使還改禮部侍郎久之分護燕京宮室役事永固請寫無逸圖於殿壁不納俄遷太常卿考試貞元元年進士出尊祖配天賦題海陵以爲猜度已意召永固問曰賦題不稱朕意我祖在位時祭天拜乎對曰拜海陵曰豈有生則致拜死而同體配食者乎對曰古有之載在典禮海陵曰若桀紂曾行亦欲我行之乎於是永固張景仁皆杖二十而進士張汝霖賦第入韻有曰方今將行郊祀海陵詰之曰汝安知我郊祀乎亦杖之三十頃之永固遷禮部尚書賜笏頭毬文金帶改永定軍節度使正隆二年例降二品以上官爵永固階光祿大夫不降以寵異之遷翰林學士承旨與直學士韓汝嘉俱召至內殿問以將親伐宋事永固對曰宋人事本朝無釁隙伐之無名縱使可伐亦無煩親征遣將帥可也由是大忤海陵意永固卽請致仕正隆四年正月丁巳海陵朝永壽宮四品以上官賜宴永固至殿門外海陵卽以致仕宣命授之永固歸臥于家大定二年起拜尚書左丞請依舊制廉察官吏革正隆守令之汙從之明年表乞致仕詔不許罷爲眞定尹賜通犀帶尚書省奏永固自執政爲眞定尹其繖蓋當用何制度上曰用執政制度遂著爲令五年懇乞致仕許之六年薨

魏子平字仲均弘州人登進士第調五臺主簿累除爲尚書省令史除大理丞歷左司都事同知中都轉運使事太府監正隆三年爲賀宋主生日副使是時海陵謀伐宋子平使還入見海陵問江左事且曰蘇州與大名孰優子平對曰江湖地卑濕夏服蕉葛猶不堪暑安得與大名比也海陵不悅世宗卽位除戶部侍郎大定二年丞相僕散忠義伐宋置元帥府於南京子平掌餽運給金牌一銀牌六糧道給辦進戶部尚書六年復爲賀宋主生日使上曰使宋無再往者卿昔年供河南軍儲有勞用此優卿耳久之拜參知政事上問子平曰古者稅什一而民足今百一而民不足何也子平對曰什一取其公田之入今無公田而稅其私田爲法不同古有一易再易之田中田一年荒而不種下田二年荒而不種今乃一切與上田均稅之此民所以困也上又問曰戍卒逋亡物故今按物力高者補之可乎對曰富家子弟騃懦不可用守戍歲時求索無厭家產隨壞若按物力多寡賦之募材勇騎射之士不足則調兵家子弟補之庶幾官收實用人無失職之患上從之海州捕賊八十餘人賊首海州人其兄今爲宋之軍官上聞之謂宰相曰宋之和好恐不能久其宿泗間漢軍以女直軍代之子平曰誓書稱沿邊州城除自來合設置射糧軍數并巡尉外更不得屯軍守戍上曰此更代之非增戍也上曰前日令內任官六品以上外任五品以上並舉所知未聞有舉之者豈無其才蓋知而不舉也子平曰請令當舉之官每任須舉一人澤州刺史劉德裕祈州刺史斜哥滄州同知訛里也易州同知訛里剌楚丘縣令劉春哥以贓汙抵罪上欲詔示中外丞相守道以爲不可上以問子平曰卿意何如子平曰臣聞懲一戒百陛下固宜行之上曰然遂降詔焉宋人於襄陽漢江上造舟爲浮梁三南京統軍司聞而奏之上問宰臣曰卿等度之以爲何如子平曰臣聞襄陽薪芻皆於江北取之殆爲此也上曰朕與卿等治天下當治其未然及其有事然後治之則亦晚矣河南統軍使宗敘求入見奏邊事上使修起居注粘割斡特剌就問狀宗敘言得邊報及宋來歸者言宋國調兵募民運糧餉完城郭造戰船浮橋兵馬移屯江北自和議後卽罷制置司今復置矣商虢海州皆有姦人出沒此不可不備嘗報樞密院彼視以爲文移故欲入見言之斡特剌召凡言邊事者詰問皆無實狀行至境上問至襄陽浮橋乃樵采之路如子平策還奏詔凡妄說邊關兵事者徒二年告人得實賞錢五百貫上問宰臣曰祭宗廟用牛牛盡力稼穡有功於人殺之何如子平對曰惟天地宗廟用之所以異大祀之禮也十一年罷爲南京留守未幾致仕十五年起爲平陽尹復致仕二十六年薨于家

孟浩字浩然灤州人遼末年登進士第天會三年爲樞密院令史除平州觀察判官天眷初選入元帥府備任使承制除歸德少尹充行臺吏禮部郎中入爲戶部員外郎郎中韓企先爲相拔擢一時賢能皆置機要浩與田瑴皆在尚書省瑴爲吏部侍郎浩爲左司員外郎旣典選善銓量人物分別賢否所引用皆君子而蔡松年曹望之許霖皆小人求與瑴相結瑴薄其爲人拒之松年蔡靖子靖將兵不能守燕山終敗宋國瑴頗以此譏斥松年松年初事宗弼於行臺省以微巧得宗弼意宗弼當國引爲刑部員外郎望之爲尚書省都事霖爲省令史皆怨瑴等時時毀短之於宗弼凡與瑴善者皆指以爲朋黨韓企先疾病宗弼往問之是日瑴在企先所聞宗弼至知其惡已乃自屛以避宗弼曰丞相年老且疾病誰可繼丞相者企先舉瑴而宗弼先入松年譖言謂企先曰此輩可誅瑴聞流汗浹背企先薨瑴出爲橫海軍節度使選人龔夷鑒除名値赦赴吏部銓得預覃恩瑴已除橫海部吏以夷鑒白瑴瑴乃倒用月日署之許霖在省典覃恩行臺省工部員外郎張子周素與瑴有怨以事至京師微知夷鑒覃恩事嗾許霖發之誣以專擅朝政詔獄鞫之擬瑴與奚毅邢具贍王植高鳳庭王勱趙益興龔夷鑒死其妻子及所往來孟浩等三十四人皆徙海上仍不以赦原天下寃之世宗在熙宗時知田瑴黨事皆松年等構成之而浩等三十二人遇天德赦令還鄉里多物故惟浩與瑴兄瑴王補馮煦王中安在大定二年召見復官爵浩爲侍御史瑴爲大理丞補爲工部員外郎煦爲兵部主事中安知火山軍事而浩尋復爲右司員外郎浩篤實遇事輒言無所隱上嘉其忠每對大臣稱之有疾求外補除祁州刺史致仕歸七年起爲御史中丞而浩已年老世宗以不次用之再閱月拜參知政事故事無自中丞拜執政者浩辭曰不次之恩非臣所敢當上曰卿自刺史致仕除中丞國家用人豈拘階次卿公正忠勤雖年高猶可宣力數年朕思之久矣浩頓首謝世宗勑有司東宮涼樓增建殿位浩諫曰皇太子義兼臣子若所居與至尊宮室相侔恐制度未宜固宜示以儉德上曰善遂罷其役因謂太子曰朕思漢文純儉心常慕之汝亦可以爲則也未幾皇太子生日上宴羣臣于東宮以大玉杓黃金五百兩賜丞相志寧顧謂羣臣曰卿等能立功朕亦褒賞如此又曰叅政孟浩公正敢言自中丞爲執政卿等能如是朕亦不次用之世宗嘗曰女直本尚純朴今之風俗日薄

一日朕甚憫焉浩對曰臣四十年前在會寧當時風俗與今日不同誠如聖訓上曰卿舊人固知之上謂宰臣曰宋前廢帝呼其叔湘東王爲豬王食之以牢納之泥中以爲戲笑書于史策所以勸善而懲惡也海陵以近習掌記注記注不明當時行事實錄不載衆人共知之者求訪書之浩對曰良史直筆君舉必書帝王不自觀史記注之臣乃得盡其直筆浩復奏曰歷古以來不明賞罰而能治者未之聞也國家賞善罰惡蓋亦多矣而天下莫能知乞自今凡賞功罰罪皆具事狀頒告之使君子知勸以遷善小人知懼以自警從之進尚書右丞兼太子少傅罷爲眞定尹上曰卿年雖老精神不衰善治軍民毋遽言退以通犀帶賜之十三年薨田瑴自大理丞累官同知中京留守終于利涉軍節度使二十九年章宗詔尚書省曰故吏部侍郎田瑴等皆中正之士小人以朋黨陷之由是得罪世宗用孟浩爲右丞當時在者俱已用之亡者未加追復其議以聞張汝霖奏曰瑴專權樹黨先朝已正罪名莫不稱當今追贈官爵恐無懲勸汝霖先朝大臣嘗與顧命上初卽位不肯輒逆其意謂之曰卿旣以爲不可姑置之蓋張浩與蔡松年友善故汝霖循擠之也汝霖死後章宗復詔尚書省曰蓋自田瑴黨事之後有官者以爲戒惟務苟且習以成風先帝知瑴等無罪錄用生存之人有擢至宰執者其次有爲節度防禦刺史者其死者猶未追復子孫猶在編戶朕甚憫焉惟旌賢顯善無間存沒宜推先帝所以褒錄忠直之意並加恩卹以勵風俗據田瑴一起人除已敍用外但未經任用身死並與復舊官爵其子孫當時已有官職以父祖坐黨因而削除者亦與追復應合追復爵位人等子孫不及廕敍者亦皆量與恩例

梁肅字孟容奉聖州人自幼勤學夜讀書往往達旦母葛氏常滅燭止之天眷二年擢進士第調平遙縣主簿遷望都絳縣令以廉入爲尚書省令史除定海軍節度副使改中都警巡使遷山東西路轉運副使營治汴宮肅分護役事攝大名少尹正隆末境內盜起驅百姓平人陷賊中不能自辨者數千人皆繫大名獄肅到官考驗得其情讞出者十八九大定二年宛平趙植上書曰頃者正隆任用閹寺少府少監兼上林署令胡守忠因緣巧倖規取民利前薊州刺史完顏守道前中都警巡使梁肅勤恪清廉願加進擢於是守忠落少監守道自濱州刺史召爲諫議大夫肅中都轉運副使改大興少尹肅上疏言方今用度不足非但邊兵耗費而已吏部以常調除漕司僚佐皆年老貧高者爲之類不稱職臣謂凡軍功進士諸科門廕人知錢穀利害能使國用饒足而不傷民者許上書自言就擇其可用授以職事每五年委吏部通校有無水旱屯兵視其增耗而黜陟之自漢武帝用桑弘羊始立榷酤法民間粟麥歲爲酒所耗者十常二三宜禁天下酒麴自京師及州郡官務仍舊不得酤販出城其縣鎭鄉村權行停止不報三年坐捕蝗不如期貶川州刺史削官一階解職上御便殿召左諫議大夫奚顴翰林待制劉仲誨秘書少監移剌子敬訪問古今事少間顴從容請曰梁肅材可惜解職大重上曰卿言是也乃除河北東路轉運副使是時窩斡亂後兵食不足詔肅措置沿邊兵食移牒肇州北京廣寧鹽場許民以米易鹽兵民皆得其利四年通檢東平大名兩路戶籍物力稱其平允他使者所至皆以苛刻增益爲功百姓訴苦之朝廷勅諸路以東平大名通檢爲準於是始定七年父憂去官起復都水監河決李固詔肅視之還奏決河水六分舊河水四分今障塞決河復故道爲一再決而南則南京憂再決而北則山東河北皆可憂不若止於李固南築隄使兩河分流以殺水勢便上從之改大理卿尚輦局本把石抹阿里哥與釘校匠陳外兒共盜宮中造車銀釘葉肅以阿里哥監臨當首坐他寺官以陳外兒爲首抵死上曰罪疑惟輕各免死徒五年除名於時東京久不治上自擇肅爲同知東京留守事遷中都都轉運使轉吏部尚書上疏論臺諫其大旨謂臺官自大夫至監察諫官自大夫至拾遺陛下宜親擇不可委之宰相恐樹私恩塞言路也上嘉納之復請奴婢不得服羅上曰近已禁奴婢服明金矣可漸行之肅舉同安主簿高旭除平陽酒使肅奏曰明君用人必器使之旭儒士優於治民若使坐列肆榷酒酤非所能也臣愚以爲諸道鹽鐵使依舊文武參注其酒稅使副以右選三差俱最者爲之上曰善改刑部尚書宋主屢請免立受國書之儀世宗不從及大興尹璋爲十四年正旦使宋主使人就館奪其書而重賂之璋還杖一百五十除名以肅爲宋國詳問使其書略曰盟書所載止於帝加皇字免奉表稱臣稱名再拜量減歲幣便用舊儀親接國書茲禮一定於今十年今知歲元國信使到彼不依禮例引見輒令迫取於館姪國禮體當如是耶往問其詳宜以誠報肅至宋宋主一一如約立接國書肅還附書謝其略曰姪宋皇帝謹再拜致書于叔大金應天興祚欽文廣武仁德聖孝皇帝闕下惟十載遵盟之久無一毫成約之違獨顧禮文宜存折衷矧辱函封之貺尚循躬受之儀旣俯迫于輿情嘗屢伸于誠請因歲元之來使遂商榷以從權敢勞將命之還先布鄙悰之懇自餘專使肅控請祈肅還至泗州先遣都管趙王府長史驍滿蒲馬入奏世宗大喜欲以肅爲執政左丞相良弼曰梁肅可相但使宋還卽爲之宋人自此輕我矣上乃止久之爲濟南尹上疏曰刑罰世輕世重自漢文除肉刑罪至徒者帶鐐居役歲滿釋之家無兼丁者加杖准徒今取遼季之法徒一年者杖一百是一罪二刑也刑罰之重於斯爲甚今太平日久當用中典有司猶用重法臣實痛之自今徒罪之人止居作更不決杖不報未幾致仕起復彰德軍節度使召拜參知政事上謂侍臣曰梁肅以治入異等遂至大任廉吏亦可以勸矣肅奏漢之羽林皆通孝經今之親軍卽漢之羽林也臣乞每百戶賜孝經一部使之敎讀庶知臣子之道其出職也可知政事上曰善人之行莫大於孝亦由敎而後能詔與護衞俱賜焉復上奏曰方今斗米三百人已困餓以錢難得故也計天下歲入二千萬貫以上一歲之用餘千萬院務坊場及百姓合納錢者通減數百萬院務坊場可折納穀帛折支官兵俸給使錢布散民間稍稍易得上曰縣欠院務許折納可也肅上疏論生財舒用八事一曰罷隨司通事二曰罷酒稅司杓攔人三曰天水郡王本族已無在者其餘皆遠族可罷養濟四曰裁減隨司契丹吏員五曰罷榷醋以利與民六曰量減鹽價使私鹽不行民不犯法七曰隨路酒稅許折納諸物八曰今歲大稔乞廣糴粟麥使錢貨流出上曰趙氏養濟一事乃國家美政不可罷其七事宰相詳議以聞上又曰朕在位二十餘年鑒海陵之失屢有改作亦不免有繆戾者卿等悉心奏之肅論正員官被差權攝官有公罪及正員還任皆准去官勿論往往其人苟且不事其事乞于縣令中留十人備差無差正員官上曰自今權攝有公罪正員雖還而本職未替者勿以去官論之肅曰誠如聖旨肅與宰相奏事旣罷肅跪而言曰四時畋獵雖古禮聖人亦以爲戒陛下春秋高屬時嚴寒馳騁於山林之間法宮燕處亦足怡神願爲宗社自重天下之福也上曰朕諸子方壯使之習武故時一往爾同知震武軍節度使鄧秉鈞陳言四事其一言外多闕官及循資擬注不得人上以問宰相張汝弼曰循資格行已久仍舊便肅曰不然如亡遼固不足道其用人之法有仕及四十年無敗事卽與節度使豈必循資哉上曰仕四十年已衰老察其政蹟善者升之後政再察之善又升之如此可以得人亦無曠事肅曰誠如聖訓肅論盜賊不息請無禁兵器上曰所在有兵器其利害如何肅曰他路則已中都一路上農夫聽置之似乎無害上曰朕將思之凡使宋者宋人致禮物大使金二百兩銀二千兩副使半之幣帛雜物稱是及推排物力肅自以身爲執政昔嘗使宋所得禮物多當爲庶民率先乃自增物力六十餘貫論者多之二十三年肅請老上謂宰臣曰梁肅知無不言正人也卿等知而不言朕實鄙之雖然肅老矣宜從其請遂再致仕詔以其子汝翼爲閤門祗候二十八年薨謚正憲

移剌慥本名移敵列契丹虞呂部人通契丹漢字尚書省辟契丹令史攝知除擢右司都事正隆南伐兼領契丹漢字兩司都事大定二年除眞定少尹入爲侍御史母憂去官起復右司員外郎累官陳州防禦使左丞相紇石烈良弼致仕上問誰可代卿者對曰陳州防禦使移剌慥清幹忠正臣不及也遂召爲太府監改刑部侍郎十九年以按出虎等八猛安自河南徙置大名東平之境還爲大理卿被詔典領更定制條初皇統間參酌隋唐遼宋律令以爲皇統制條海陵虐法率意更改或同罪異罰或輕重不倫或共條重出或虛文贅意吏不知適從夤緣舞法慥取皇統舊制及海陵續降通類校定通其窒礙略其繁碎有例該而條不載者用例補之特闕者用律增之凡制律不該及疑不能參決者取旨畫定凡特旨處分及權宜條例內有可常行者收爲永格其餘未可削去者別爲一部大凡一千一百九十餘爲十二卷書奏詔頒行之賜銀幣有差頃之擬從山東猛安八謀克于河北東路置之酬斡青狗兒兩猛安舊居之地詔無牛耕者買牛給之攝御史大夫數月改御史中丞兼同修國史遷刑部尚書改吏部尚書尋改大興尹駕幸上京顯宗守國使人諭之曰自大駕東巡京尹所治甚善我將有春水之行當益勤乃事還以所獲鵝鴨賜之有疾在告遣官醫診視復爲刑部尚書上還自上京以爲西京留守改臨洮尹卒

移剌子敬字同文本名屋骨朶魯遼五院人曾祖霸哥同平章事父拔魯准備任使官都統杲克中京遼主西走留拔魯督輜重已而輜重被掠拔魯乃自髡逃于山林子敬讀書好學皇統間特進移剌因修遼史辟爲掾屬遼史成除同知遼州事舊本廳自有占地歲入數百貫州官歲取其課地主以爲例未嘗請輯子敬曰已有

公田何爲更取民田竟不取秩滿郡人請留于行臺省不許天德三年入爲翰林修撰遷禮部郎中正隆元年諸將巡邊詔子敬監戰軍師以戰獲分將士亦以遺子敬子敬不受及還入見海陵謂之曰汝家貧而不苟得不受俘獲朕甚嘉之凡同行官僚所取者皆沒入于官其後詔子敬宴賜諸部諭之曰凡受進例遣宰臣以汝前能稱職故特命汝使還遷翰林待制大定二年以待制同修國史是時窩斡餘黨散居諸猛安謀克中詔子敬往撫之仍宣諭猛安謀克及州縣漢人無以前時用兵相殺傷挾怨輒害契丹人使還改秘書少監兼修起居注修史如故詔曰以汝博通古今故以命汝常召入講論古今及時政利害或至夜半子敬有良馬平章政事完顏元宜索之子敬以元宜爲相也不與至是元宜乞致仕罷爲東京子敬乃以此馬贐行議者譏之是時僕散忠義伐宋宋請和而書式疆界未定子敬與秘書少監石抹頤修起居注張汝弼侍便殿上曰宋主求成反覆無信喜爲夸大子敬對曰宋人自來浮辭相欺來書言海陵敗于采石大軍北歸按兵不襲俾全師而還海陵未嘗敗于采石其譎詐多此類也同書宜言往者大軍若令渡江宋國境土必爲我有上曰彼以詭詐我以誠實但當以理折之遷右諫議大夫起居注如故上幸西京州縣官入見猛安謀克不得隨班子敬奏軍民一體合令猛安謀克隨入見上嘉納之於是責讓宣徽院及端午朝會詔依子敬奏行之子敬言山後禁獵地太廣有妨百姓耕墾上用其言遂以四外獵地與民遷秘書監諫議起居如故子敬舉同知宣徽院事移剌神獨斡兵部侍郎移剌按荅太子少詹事烏古論三合自代上不許子敬與同簽宣徽院事移剌神獨斡侍上曰亡遼不忘舊俗朕以爲是海陵習學漢人風俗是忘本也若依國家舊風四境可以無虞此長久之計也世宗將如涼陘子敬與右補闕粘割斡特剌左拾遺楊伯仁奏曰車駕至曷里滸西北招討司囿於行宮之內地矣乞遷之於界上以屏蔽環衞上曰善詔尚書省曰招討斜里虎可徙界上治蕃部事都監撒八仍於燕子城治猛安謀克事上與侍臣論古之人君賢否子敬奏曰陛下凡與宰相謀議不可不令史官知之上曰卿言是也轉簽書樞密院事同修國史出爲河中尹請老河中地熱上恐子敬不耐暑改與中尹子敬女自懿州來與中省謁遇盜途中剽掠其行李且盡既而還之謝曰我輩初不知爲府尹家也尹有德于民尚忍侵犯邪從咸平廣寧尹二十一年致仕卒于家年七十一子敬嘗使宋及受諸部進貢所受禮物皆散之親舊及卒家無餘財其子質宅以營葬事

贊曰金制尚書令左右丞相平章政事是謂宰相左右丞參知政事是謂執政大抵因唐官而稍異焉因革不同無足疑者書曰元首明哉股肱良哉庶事康哉又曰元首叢脞哉股肱惰哉萬事墮哉宰相執政豈異道邪蘇保衡翟永固魏子平孟浩梁肅皆當時之賢執政也移剌慥子敬有其才適其時而位不及者亦命也夫

金史卷九十

元中書右丞相總裁脫脫等修

列傳第二十八

趙元　移剌道本名按　高德基

馬諷　完顏兀不喝　劉徽柔

賈少冲子益　移剌斡里朵　阿勒根彥忠

張九思　高衎　楊邦基

丁暐仁

趙元字善長涿州范陽人遼天慶八年登進士第仕至尚書金部員外郎遼亡郭藥師爲宋守燕以元掌機宜文字王師取燕藥師降樞密使劉彥宗辟元爲本院令史天會間同知薊州事有賊殺人橫道官吏圖視莫知所爲路人耕夫聚觀甚衆元指田中釋耒而來者曰此賊也叱左右縛之遂伏僚吏問其故元曰偶得於眉睫間耳其後朝廷立磨勘格凡嘗仕宣和者皆除名籍元在磨勘中齊國廢置行臺省于汴選名士十餘人備官屬元在選中授行兵部郎中行臺徙大名再徙祁州及宗弼再取河南元皆攝戶部事賦調兵食取辦天眷三年爲行臺右司員外郎有殺人當死者行臺欲宥之元不從反覆數四勢不可奪乃仰天嘆曰如殺人者可宥死者復何辜何欲徼己福而亂天下法乎行臺竟不能奪改左司員外郎攝吏部事在行臺凡十年吏事明敏宗弼深知之行臺或有事上相府宗弼必問曾經趙元未也其見重如此爲同簽汴京留守事改同知大名尹用廉遷河北西路轉運使歷彰德武勝等軍節度使以老致仕卒于家

移剌道本名按宗室移剌古爲山東東路兵馬都總管辟掌軍府簿書往來元帥府計議邊事右副元帥宗弼愛其才召爲元帥府令史補尚書省令史特除監察御史再遷大理丞兼工部員外郎海陵南伐使督運芻糧所在盜起道路梗澁間關僅至淮南上謁承問具言四方盜賊狀海陵惡聞其言杖之七十使督戰艦渡江會海陵死軍還大定二年除工部郎中奉詔招撫諸奚是時抹白猛安下謀克徐列等皆欲降制於猛安合住不敢卽降道發兵掩襲合住子婦孫男女甥及謀克留住及蒲輦白撒妻孥是日適窩斡遣白撒發抹白猛安軍白撒聞其家人被獲遂來降改禮部郎中從討窩斡佩金牌與應奉翰林文字訛里也招降叛奚奉使河南勸課農桑密訪吏治得失累遷御史中丞同修國史廉問職官殿最還奏上曰職官貪汙罪廢其餘因循以苟歲月令廉能卽與升除無以慰百姓愛留之意可就遷秩秩滿升除於是廉能官景州刺史耶律補進一階單州刺史石抹靳家奴泰寧軍節度副使尹昇卿寧陵縣令監邦彥濬州司候張匡福各進兩階貪汙官同知濬州防禦使事蒲速越真定縣令特謀葛並免死杖一百五十除名同知雄州事烏古孫阿里補杖一百削四階非奉旨不得錄用於是道改同知大興尹事詔曰京師士民輻輳犯法者衆罪狀自實毋爲文所持斷之以公可也朕嘗諭執政矣必不以小苛譴卿勉副朕意遷刑部尚書尚廐局使宗夔副使石抹青狗私用官芻事覺尚廐局隸點檢司刑部當自問點檢烏林荅天錫屬刑部使輕其罪刑部以付大興府鞫治於是道及天錫郎中丁暐仁皆坐解職尋起爲大理卿兼簽書樞密院事再遷西京留守卒

高德基字元履遼陽渤海人皇統二年登進士第六年爲尚書省令史海陵爲相專恣自用人莫敢拂其意德基毋與之詳辨及篡位命左司郎中賈昌祚諭旨曰卿公直果敢今委卿南京行省勾當未行會海陵欲都燕京命德基攝燕京行臺省都事改攝右司員外郎除戶部員外郎改中都路都轉運副使遷戶部郎中正隆三年詔左丞相張浩參知政事敬嗣暉營建南京宮室明年德基與御史中丞李籌刑部侍郎蕭中一俱爲營造提點海陵使中使謂德基等曰汝等欲乘傳往邪欲乘已馬往邪銀牌可於南京尚書省取之籌乞先降銀牌復遣中使謂籌曰牌之與否當出朕意爾敢輒言豈以三人中官獨高邪遂杖之二十遣乘已馬往德基中一乘傳往轉同知開封尹大定三年以察廉治狀不善下遷同知北京路都轉運使事是年秋土河泛濫水入京城德基違命開長樂門疏分使入御溝以殺其勢水不能爲害遷刑部侍郎七年改中都路都轉運使九年轉刑部尚書有犯罪當死者宰相欲從末減德基曰法無二門失出猶失入也不從及奏上曰刑部議是也因召諸尚書諭之曰自朕卽位以來以政事與宰相爭是非者德基一人而已自今部上省三議不合卽具以聞爲宋主生日使及還宋人禮物外附進臘茶三千胯不覲封署德基曰姪獻叔而不署是無名之物也却之十一年改戶部尚書德基上疏乞免軍須房稅等錢減農稅及鹽酒等課未報隨朝官俸粟折錢增高市價與之多出官錢幾四十萬貫上使人諭之曰卿爲尚書取悅宰執近臣濫出官錢卿之官爵一出於朕奈何如此於是決杖八十戶部郎中王佐員外郎盧彥沖同知中都轉運使劉玳副使石抹長壽支度判官韓鎮左警巡使李克勤右警巡使李實判官强鋭昌姚宗奭尼龐古達吉不皆決杖有差詔自大定十一年八月郊祀赦後尚書省御史臺戶部轉運司警巡院多支俸粟折錢皆追還之德基降蘭州刺史王佐降大興府推官盧彥沖河北西路戶籍判官劉玳東京警巡使石抹長壽東京留守推官韓鎮河東南路戶籍判官李克勤通遠縣令李實濟水縣令强鋭昌姚宗奭尼龐古達吉不皆除司候大定十二年德基卒年五十四子錫

馬諷字良弼大興漷陰人國初以燕與宋諷游學汴梁登宣和六年進士第宗翰克汴京諷歸朝復登進士第調蔚州廣靈丞遷雄州歸信令境有河曰八尺口每秋潦漲溢害民田諷視地高下疏決之其患遂息召爲尚書省令史除獻州刺史天德初改寧州民有告謀不軌者株連數十百人諷察其無狀乃究問告者告者具伏其誣衆懽呼感泣再遷南京副留守入爲大理少卿是時高禎爲御史大夫素貴重繩治無所避權貴憚其威嚴乃以諷及張忠輔爲中丞欲有以中傷之者諷忠輔皆文吏巧法不能與禎絲髮相假借禎畏其害已因訴于海陵海陵以禎太祖舊臣每慰安之諷改大理卿歲餘出爲順天軍節度使大定二年復爲大理卿遷刑部尚書改忠順軍節度使致仕卒

完顏兀不喝會寧府海姑寨人年十三選充女直字學生補上京女吏再習小字兼通契丹文字充尚書省令史天德初除吏部主事鞫問押懶路詐襲謀克事人稱其能擢右拾遺海陵謂之曰吾始聞汝名試以吏部主事今計其實優於所聞遠矣累遷右司郎中從海陵伐宋至淮南聞世宗卽位于遼陽兀不喝入白其事海陵沉思良久曰卿等始聞之邪我已知之遣人往矣此

大事勿泄于外大定二年秋滿當代世宗喜其善數奏特詔再任謂宰臣曰兀不喝爲人公忠後來有如斯人者卿等宜薦舉之其見知如此窩斡已平詔罷契丹猛安謀克其元管戶口及從窩斡作亂來降者皆隸女直猛安謀克遣兀不喝於猛安謀克人戶少處分置未經罷去猛安謀克合承襲者仍許承襲賑贍其貧乏者仍括買契丹馬匹官員年老之馬不在括限頃之世宗以諸契丹未嘗爲亂者與來降者一槩隸女直猛安中非是未嘗從亂可且仍舊平章政事完顏元宜奏已遷契丹所棄地可遷女直人與不從亂契丹雜處上以問右丞蘇保衡參政石琚皆不能對上責之曰卿等每事先熟議然後奏有問卽對豈容不知此保衡琚頓首謝上曰分隸契丹以本猛安租稅給贍之所棄地與附近女直人及餘戶願居者聽其猛安謀克官選契丹官員不預亂者充之改同知大興尹遷橫海軍節度使初到官讞囚能得其情人以爲不冤五年卒官

劉徽柔字君美大興安次人天眷三年擢進士第初爲真定槀城主簿轉開遠軍節度掌書記遷洪洞令徽柔明敏善聽斷縣人楊遠者投牒于縣以爲夜雨屋壞壓其姪死號訴哀切徽柔熟視而笑曰汝利姪財而殺之乃誣雨耶叱付獄其人立伏曰公神明也不敢延死遂寘于法秩滿縣人遮戀不得去者彌日爲立生祠刻石頌德正隆二年入爲大理評事遷司直大定二年同知河東南路轉運使事以廉第一改知平定軍入爲大理少卿七年知磁州改同知南京留守事十月遷中都路轉運使卒官

賈少沖字若虛通州人勤學日誦數百千言家貧甚嘗道中獲遺金訪其主歸之天會中再伐宋調及民兵少沖甫冠代其叔行雖行伍間未嘗釋卷中天眷二年進士劉筈欲以妹妻之少沖辭不就曰富貴當自致之調營州軍事判官遷定安令蔚州刺史恃貴不法屬吏畏之每事輒曲從其意少沖守正不阿用廉進官一階再遷吏部主事定武軍節度副使河中府判官海陵寖以失道少沖謂所親曰天下且亂不可仕也秩滿乃不求仕大定二年調御史臺典事累遷刑部郎中往北京決獄奏誅首惡誤牽連其中者皆釋不問全活凡千人以本職攝右司員外郎嘗執奏刑名甚堅旣退上謂侍臣曰少沖居下位有守如此除同知河間尹數月入爲秘書少監兼起居注左補闕少沖外柔內剛每從容進諫世宗稱美之十四年爲宋主生日副使宋國方有祈請上以意諭少沖少沖對曰臣有死無辱宋人別致珍異少沖笑謂其人曰行人受賜自有常數寧敢以賂辱君命乎遂不受使還世宗嘉之遷右諫議大夫祕書起居注如故十七年請老除衞州防禦使遷河東南路轉運使召爲太常卿兼祕書少監復請致仕不許改順天軍節度使卒少沖性夷簡不喜言利嘗敎諸子曰蔭所以庇身筦庫不可爲也聞者尚之子益

益字損之少穎悟如成人大定十四年父少沖爲祕書少監充宋主生日副使益侍行是時宋人常爭起立接受國書之禮少沖問益曰卽宋人欲變禮持議不決奈何益曰守死無辱可謂使矣少沖大奇之中大定十九年進士調河津主簿丁父憂去官察廉起復卷山令補尚書省令史丁母憂服闋除定海軍節度副使監察御史治書侍御史轉侍御史知登聞鼓院兼少府少監未幾改禮部郎中兼知登聞鼓院看讀陳言文字遷左司郎中改吏部侍郎兼蔡王傅以病免除鄭州防禦使陝西東路轉運使順天軍節度使大安初召爲吏部尚書有疾改安國軍節度使益調民夫修完城郭爲戰守備按察司止之不聽曰治城守臣事也按察何預旣而兵至以有備解去改橫海定國軍節度使道阻不赴宣宗初爲吏部尚書益爲侍郎相得歡甚貞祐二年至汴京訪益所在召爲太常卿上防秋十三事與戶部尚書李革論遷河北軍民不便不報貞祐三年致仕元光九年卒

移剌斡里朶一名八斤系出遼五院司通契丹字天會三年伐宋隸軍中遇戰輒先登屢獲偵人有司上其功補尚書省令史十五年籍發諸部兵於山後將與右丞蕭慶會時官軍寡而南者凡數千斡里朶以兵邀擊之盡獲其輜重財物悉送有司而去一毫弗取以勞遷修武校尉宗弼復河南斡里朶督諸路帥臣進討事定以勞遷宣武將軍時六部未分乃以爲兵刑二部主事未幾遷右司都事皇統二年授大理正歷同知昭德軍節度使事以廉陞孟州防禦使正隆間轉同知北京留守事會遼古河闘子山等猛安契丹謀亂時方發兵討之別遣斡里朶押軍南下至松山縣爲賊黨江哥所執且欲推爲主盟要以契約斡里朶怒曰我受國厚恩豈能從汝反耶寧殺我契約不可得也賊知不可屈乃困辱之使布衣草屨逐馬而行且欲害之斡里朶說其監奴因得脫還六年九月改北京路轉運使大定初爲博州防禦使再遷利涉軍節度使先是有農民避賊入保郡城以錢三十千寄之鄰家賊平索之鄰人諱不與訴于縣縣官以無契驗却之乃訴于州斡里朶陽怒械繫之捕其鄰人鬬以三木詰之曰汝鄰乙坐刼殺人指汝同盜鄰人大懼始自陳有欺錢之隙乃責歸所隱錢而釋之郡人駭服改通遠軍節度使卒

阿勒根彥忠本名窊合山曷速館人也好學通吏事天會十四年選充尚書兵部孔目官陞尚書省令史除右司都事七年改大理丞爲會寧少尹進同知會寧府事入爲尚書吏禮部郎中貞元二年進本部侍郎海陵庶人凡有所疑常使彥忠裁決彥忠據法以對間有不合則召讓之彥忠執奏如前終無阿屈同列咸爲懼彥忠固執不變海陵壯之明年除御史中丞歷尚書戶部侍郎侍衞親軍副都指揮使海陵南伐除南京路都轉運使大定二年改大名尹兼本路兵馬都總管四年入爲刑部尚書詔規措北邊糴食戶口及泰州臨潢接境度宜安置堡戍七駐兵萬三千芻糧之用就經畫之還朝未及入對以疾卒年五十三彥忠性孝友嘗使宋所得金帛盡分兄弟親友贈榮祿大夫命有司致祭并以銀絹賜其家

張九思字全行錦州人皇統初補行臺省女直譯史除同知易州事三遷亳州防禦使歸德尹劉仲延受宋國歲貢於泗州九思副之往歲受歲貢者每以幣物不精責宋使者宋使者私饋銀幣各直數百千以爲常九思獨不肯受仲延從之自是私饋遂絕自大理評事再遷大理少卿清池令雙申自陳父虔天眷初知永安軍遇叛寇孟邦傑執而脅之不從遂被害乞正班用廕大理寺議虔子止合雜班敘九思曰虔奮不顧身守節以死其子正班用廕以勸忠孝世宗從九思議改工部郎中大興少尹同知中都都轉運使事轉刑部侍郎改工部九思所守清約然急於進取一切以功利爲務率意任情不恤百姓詔檢括官田凡地名疑似者如皇后店太子莊燕樂城之類不問民田契驗一切籍之復有鄰接官地冒占幸免者世宗聞其如是召還戒之曰如遼時支撥地土及國初元帥府拘刷民間指射租田近歲冒爲己業此類當拘籍之其餘民田一旦奪之則百姓失業朕意豈如此也轉御史中丞九思言屯田猛安人爲盜徵償家貧輒賣所種屯地凡家貧不能徵償者止令事主以其地招佃收其租入估賈與徵償相當卽以其地還之臨洮尹完顏讓亦論屯田貧人徵償賣田乞用九思議詔從之遷工部尚書年高愈自用上謂左丞張汝弼曰九思耄矣頗執强自用欲令外補何如於是九思男若拙爲尚書省令史冒塡詔勅事覺亡命汝弼因奏其事上曰九思豈不知若拙處邪可免其官捕若拙獲日授職九思聞命惶懼因感疾卒

高衎字穆仲遼陽渤海人斂而好學自少有能賦聲同舍生欲試其才使一日賦十題戲之衎執筆怡然未暮十賦皆就彬彬然有可觀年二十六登進士第乞歸養逾二年方調滁陰丞召爲尚書省令史除右司都事母喪去官起復吏部員外郎攝左司員外郎王彥潛常大榮李慶之皆在吏部選中吏部擬彥潛大榮皆進士第一衎當在慶之上彥潛洛州防禦判官大榮臨海軍節度判官慶之灤州觀察判官左司郎中賈昌祚挾私欲與慶之洛州詭曰洛雖佳郡防禦幕官在節鎭下乃改擬彥潛臨海軍大榮灤州慶之洛州慶之初赴選昌祚以慶之爲會試詮讀官而慶之弟慶雲爲尚書省令史多與權貴游海陵心惡之嘗謂左右司昌祚必與慶之善闕大奉國臣者遼陽人永寧太后族人先爲東京警巡院使以贓免去欲因太后求見海陵不許衎與奉國臣有鄉里舊擬爲貴德縣令海陵大怒於是昌祚衎吏部侍郎馮仲等各杖之有差慶雲決杖一百五十罷去未幾仲昌祚慶雲皆死衎降爲清水縣主簿兵部員外郎攝吏部主事楊邦基降宜春縣主簿吏部主事宋仝降滁陰縣主簿尚書省知除楊伯傑降闘陽縣主簿居二年爲大理司直遷戶部員外郎同知中都都轉運使太常少卿吏部郎中大定初轉左司郎中世宗孜孜求諫羣臣承順旨意無所匡正上曰朕初卽位庶政多未諳悉實賴將相大臣同心輔佐百姓且上書言事或有所補夫聽斷獄訟簿書期會何人不能如唐虞之聖猶曰稽于衆舍己從人正隆專任獨見不謀臣下以取敗亂卿等其體朕意使衎傳詔臺省百司曰凡上書言事或爲有司沮過許進表以聞遷吏部尚書每季選人至吏部託以檢閱舊籍謂之檢卷有滯留至後季猶不得去者衎三爲吏部知其弊歲餘銓事修理選人便之五年爲賀宋國生日使中道得疾去職大定七年卒

楊邦基字德懋華陰人父絢宋末爲易州州佐宗望伐宋蔡靖以燕山降易州卽日來附絢被殺邦基年十餘歲匿僧舍中得免旣長好學天眷二年登進士第調灤州軍事判官遷太原交城令太原尹徒單恭貪汙不法託名鑄金佛命屬縣輸金邦基獨不與徒單恭怒召至府將以手持鐵拄杖撞邦基面邦基不動乘德廉察官

吏尹與九縣令皆免去邦基以廉爲河東第一召爲禮部主事以兵部員外郎攝吏部差除坐銓注李曼之大興國奴與高衎等皆貶官邦基降坊州宜春簿轉高密令大定初尚書省擬邦基刑部郎中世宗曰縣官即除郎中如何太師張浩對曰邦基前爲兵部員外郎矣且其人材可用上許之改太府少監知登聞檢院爲祕書少監遷翰林直學士再遷祕書監兼左諫議大夫修起居注中都警巡使張子衍與邦基姻家子衍道中遇皇太子衛仗立馬市門不去檄衞士訶之子衍以鞭鞭衞士訶已者御史臺劾奏子衍邦基見臺官爲子衍求解及入見顯宗求脫子衍罪詔削子衍官兩階邦基坐削官一階出爲同知西京留守事徙山東東路轉運使永定軍節度使致仕大定二十一年卒邦基能屬文善畫山水人物尤以畫名當世云

丁暐仁字藏用大興府宛平人曾祖奭祖惟壽父玙以吏補州縣所至有治聲其後致仕杜門不出鄉里有鬬訟者不之官而就玙質焉暐仁沖澹寡欲讀書之外無他好遼季避難雖間關道塗未嘗釋卷皇統二年登進士第調武清縣丞縣經兵革後無學校暐仁召邑中俊秀子弟教之學百姓欣然從之調磁州軍事判官是時詔使廉察官吏暐仁以廉攝守事遷和川令前令龐奭不事事羣小越法干禁無所憚暐仁申明法禁皆屏息或走入他縣以避之有董祐者最強悍畏服暐仁以刀斷指誓終身不復犯法凡租賦與百姓前爲期率比他邑先辦歷北京推官再遷大理司直以憂去官尋起復大定三年除定武軍節度副使而節度使同知皆闕暐仁爲政無留訟改大理丞吏部員外郎轉戶部郎中於是賈少沖爲刑部郎中上謂左丞相紇石烈良弼曰少沖爲人柔緩不稱刑部之職其議易之乃以暐仁爲刑部郎中坐尚廄局官私用官芻違格付大興府鞫問解職改祈州刺史祈州爲定武支郡士民聞暐仁之官相率歡迎界上相屬不絕改同知西京留守事首興學校以明養士之法陝西西路轉運使大定二十一年卒官

贊曰吏之興其秦之季邪吏有選試其遼金之際邪其文從一從史守法不貳之謂邪守法不貳斯眞吏矣巧者舞文以亂法窒者執一而弗通此皆吏道之自失者也高衎高德基張九思之徒皆詭法以自失者矣

金史卷九十一

元中書右丞相總裁脫脫等修

列傳第二十九

完顏撒改　龐迪　溫迪罕移室懣　神土懣
移剌成　石抹卞　楊仲武　蒲察世傑本名阿撒
蕭懷忠　移剌按荅　孛朮魯阿魯罕　趙興祥
石抹榮　敬嗣暉

完顏撒改上京納魯渾河人也其先居於兀冷窟河身長多力善用槍王師南征睿宗爲右副元帥置之麾下佩以金牌使督軍事天德元年授本班祗候郎君詳穩其後從軍秦州路軍帥以撒改爲萬戶領銀朮可等猛安戍北邊數有戰功二年正月海陵庶人遣使夏國諭以即位事因令伺彼之意既還稱旨爲尚書兵部郎中改同知會寧尹遷迭剌部族節度使改歐里本羣牧使爲曷懶路都總管海陵伐宋授衞州防禦使爲武震軍都總管世宗即位遣使召撒改既至除昌武軍節度使已而爲山東路元帥副都統改安化軍節度使兼副都統如故四年徙鎭安武仍兼副統領山東大名東平三路軍八萬餘渡淮會大軍伐宋進至楚州宋遣使奉歲幣還邳州卒

龐迪字仲由延安人少倜儻喜讀兵書習騎射學推步孤虛之術無所効用應募隸涇原路第三副將破賊有功授保義郎嘗從百餘騎經行山谷遇夏人數千衆皆駭懼請避迪遂躍馬犯陣敵皆披靡身被重創神色自若完軍以還自是知名擢爲正將權發遣涇原路兵馬都監齊國建涇原路經略使張中孚辟迪權知懷德軍兼沿邊安撫使夏人合軍五萬薄懷德城迪開門待之夏人不敢入因以數千騎分門突出遂破之斬首五百級獲軍資羊馬甚衆復破關師古兵擢知涇州未到官改知鎭戎軍沿邊安撫使已而權淮南東路馬步軍副總管總制沂密淮陽兼權知沂州丁父憂去官尋起復爲環慶路兵馬都鈐轄權知邠州齊國廢改華州防禦使頃之軍變被執入山已而賊衆悔曰公爲政素善豈宜劫辱遂縱之還復領州事天眷元年除永興軍路兵馬都總管兼知京兆府徙臨洮尹兼熙秦路兵馬都總管陝右大饑流亡四集迪開渠溉田流民利其食居民藉其力各得其所郡人立碑紀其政績官制行吏部以武功大夫博州團練使特授定遠大將軍七年除慶陽尹歷三考不易以治最聞詔書褒美西人榮之正隆元年遷鳳翔尹屢上章求退不許海陵南伐徵斂煩急官吏因緣爲姦富者用賄以免貧者破產益困迪悉召民使共議增減不加威督而役力均人情大悅五年徙汾陽軍節度使大定初復爲臨洮尹遷南京路都轉運使以省事惜費安靜爲政河南稱之徙絳陽軍節度使卒官年七十迪性純孝父疾醫藥弗効迪仰天泣禱刲股作羹由是獲安昆弟析家財迪盡以與之一無所取官爵之廕率先諸姪疾革沐浴朝服而逝

溫迪罕移室懣速頻屯懣歡春人徙上京忽論失懶兄朮輦國初有功授世襲謀克移室懣性忠正強毅善騎射膂力過人皇統初襲其兄謀克積戰功爲洮州刺史謂人曰謀克兄職也兄子斡魯古今已長矣遂以謀克讓還兄子宗弼聞而嘉之曰能讓世襲可謂難矣除貴德州刺史改移典乣詳穩遷烏古里部族節度使改德昌軍正隆四年大徵兵南伐泰州猛安定遠阿補以所部叛還移室懣以七謀克執定遠阿補勒其衆付大軍契丹反敗會寧六猛安於緒毋嶺屯於信韓二州之境移室懣率數千人殺賊萬餘于伊改河以功遷臨潢尹世宗即位賜手詔曰南征諸路將士及卿子姪安遠斡魯古斜普兄弟具甲仗悉來推戴朕即大位卿累世有功耆舊之臣緣邊事未寧臨潢劇任姑仍舊職聞樞密副使白彥敬南京留守紇石烈志寧來討契丹今已遣人往招之其家皆在南京恐或遯去兼起異謀若至則已若不至卿當以計執而獻之兩次遣人招誘招討都監老和尚去人不知彼之所在久而不還兼老和尚不知朕已即位卿可使人諭以朕意如來降悉令復舊邊關之事可設耳目是時窩斡已反領兵數萬來攻臨潢諸路軍未至窩斡勢益大移室懣領城中軍士六百人邀擊窩斡凡數接戰剿殺甚衆所乘馬中流矢而仆爲賊所執賊使移室懣招城中人曰爾生死在頃刻能使城中出降官爵如故不然殺汝矣移室懣怒罵賊曰我受國家爵祿肯從汝叛賊乎賊執之至城下迫脅之使招城中其妻子官屬將士皆登城臨望移室懣厲聲曰我恨軍少不能滅賊人生會有一死耳汝輩愼勿降賊一旦開門納賊城中百姓皆被殺掠毋以我故敗國家事賊無能爲也賊怒殺之城中人皆爲之感激推官麻珪益繕完城郭右監軍神土懣輔國上將軍阿思懣乘城固守賊不克攻遂引衆東行

神土懣本諸宗室贈銀青光祿大夫胡速魯改子也年十五事太宗爲左奉宸皇統二年充護衞除武器署丞累官肇州防禦使大定初除元帥右都監與咸平尹吾扎忽率秦州兵及曷懶路兵千五百人會臨潢尹移室懣討契丹契丹犯臨潢移室懣死之不能克遁引衆東行神土懣表乞濟師十二月甲辰世宗次海濱縣得奏上曰神土懣吾扎忽軍不少可以從長攻襲矣會右副元帥謀衍以大軍至神土懣改曷速館節度使隸右翼與紇石烈志寧敗賊於長濼戰霿凇河皆有功改婆速路兵馬都總管卒

移剌成本名落兀其先遼橫帳人也沉勇有謀通契丹漢字天會間隸撻懶下爲行軍猛安與宋人戰於楚泗之間成以所部先登大破宋軍功最諸將劉麟約會天長軍議進止成與夾古查合你俱爲撻懶前鋒得宋生口爲鄉導遂達天長睿宗嘉之後從宗弼將兵廢齊國及再伐宋攻濠州每戰輒先登多所摧破宗弼再取河南成及蕭懷忠等八猛安先渡河南平第功授宣武將軍除威州刺史用廉擢同知延安尹再遷昭義軍節度使正隆南伐爲武毅軍都總管撒八反海陵以事誅契丹名將成以本軍守磁即遣妻子還汴海陵用是不疑時人高其有識改神武軍都總管與孛朮魯定方爲淛東道先鋒使由淮陰進兵以所部護糧赴揚州敵兵乘夜來攻成整兵奮擊斬刈甚衆會海陵庶人死軍還復鎭昭義大定二年以廉在優等改河中尹再除臨洮尹招降喬家等族首領結什角遷南京留守召拜樞密副使封任國公改北京留守卒訃聞上悼惜之授其子順思阿不武功將軍世襲咸平路鈔赤鄰猛安下查不魯謀克結什角者西蕃既衰其苗裔曰董氈其子曰巴氈角始附宋賜姓趙改名順忠順忠子永吉永吉子世昌皆受宋官爲左武大夫遙領萊州防禦使襲把羊族長朝廷定陝西世昌換忠翊校尉既而鬼蘆族長京臧殺世昌朝廷遣兵執京臧斬之臨洮市以世昌子鐵哥爲把羊族都管大定四年宋人破洮州鐵哥弟結什角與其母走入喬家族避之喬家族首領播逋與鄰族朮波隴逋龐拜丙離四族耆老大僧等立結什角爲朮波四族長號曰王子其地北接洮州積石軍其南隴逋族南限大山八百餘里不通人行東南與疊州羌接其西丙離族西與盧甘羌接其北龐拜族與西夏容魯族接地高寒無絲枲五穀惟產青稞與野菜合酥酪食之其疆境共八千里合四萬餘戶其居隨水草畜牧遷徙不常結什角念朝廷爲其父報讎欲棄四族歸朝四族不許成至臨洮使人招結什角乃率四族來附進馬百匹仍請每年貢馬詔曰遠人慕義朕甚嘉之其遺能吏往撫

其衆厚其賞賜初天會中詔以舊積石地與夏人夏人謂之祈安城有莊浪四族一曰吹折門二曰密臧門三曰隴逋門四曰龐拜門雖屬夏國叛服不常大定六年夏人破滅吹折密臧二門其隴逋龐拜二門與喬家族相鄰遂歸結什角夏國遣使來告莊浪族違命作亂欲興兵剪除朝廷不知隴逋龐拜二門舊屬夏國報以將檢會其地舊所隸屬毋擅出兵結什角之母居于莊浪族中大定九年結什角往省其母夏人伺知之遂出兵圍結什角招之使降結什角不從率所部力戰潰圍出夏人斫斷其臂虜其母去部兵亦多亡者結什角尋亦死遺言請命朝廷復立喬家族首領陝西奏聞知夏國王李仁孝與其臣任得敬中分其國發兵四萬役夫三萬築祈安城殺喬家等族首領結什角屢獲宋諜人言宋欲結夏國謀犯邊境詔遣大理卿李昌圖左司員外郎粘割斡特剌往按之且止夏人毋築祈安城及處置喬家等族別立首領夏國報云祈安本積石舊城久廢邊臣請設戍兵鎭撫莊浪族所以備盜非有他也結什角以兵入境以是殺之不知爲喬家族首領也李昌國等按視殺結什角之地本在夏境築祈安城已畢工皆罷歸不得宋夏交通之狀乃於熙秦迫近宋夏衝要量添戍兵及問喬家等族民戶願以結什角姪趙師古爲首領於是詔以趙師古爲木波喬家丙離隴逋龐拜四族都鈐轄加宣武將軍

石抹卞本名阿魯古列五代祖王五遼駙馬都尉父五斤爲羣牧使從睿宗秋山卞年十三已能射連獲二鹿睿宗奇之賜以良馬及金吐鶻天會末宗弼爲右監軍召卞隸帳下丁父憂是時宗磐爲太師撻懶爲左副元帥人爭附之使人召卞卞不往宗磐撻懶皆以罪誅人多其有識宗弼復取河南與宋人戰於潁州漢軍少却卞身被七創率勇士十餘騎奮擊敗之及宋稱臣宗弼選嘗有勞者與俱入朝授卞忠勇校尉遷宣武將軍除河間少尹察廉升遂州刺史改壽州再改唐州丁母憂去官起復唐州刺史海陵伐宋卞爲武毅軍都督總管由別道進兵遇宋伏兵數百人以三百騎擊敗之遂下信陽軍及羅山縣至樊州宋守將棄城遁因取其城頃之軍士皆欲逃歸闍子山猛安結漢軍三猛安謀克劫卞還舍於樊水之曲卞乃陰約漢軍將吏乘夜掩殺闍子山猛安復將其軍大定二年除鄭州防禦使以本官領行軍萬戶伐宋遷武勝軍節度使宋人請和明年有水牛數百頭自淮南走入州境僚佐欲收之充官用卞不聽復驅過淮還之遷河南尹轉西南路招討使改大名尹大名多盜而城郭不完卞請修大名城奏可城完葺盜賊不得發徙臨洮尹卒官年六十三

楊仲武字德威保安人父過以勇聞關西爲宥州團練使宋末仲武調經畧使王庶求自効遂用爲先鋒婁室入關仲武與鄜延路兵馬都監鄭建充俱降爲安塞堡環慶路兵馬都監皇統初復陝西將兵戍鳳翔屢却宋軍除知寧州關中薦饑境內盜賊縱橫仲武悉平之改坊州刺史復知寧州遷同知臨洮尹改同知河中府海陵營繕南京典浮橋工役臨洮地接西羌與木波雜居邊將貪暴木波苦之遂相率爲寇掠仲武前治臨洮乃從數騎入其營諭之曰此皆將校侵漁汝等以至此爾今懲治此輩不復擾害汝也并以禍福曉之羌人喜悅寇掠遂息至是木波復掠熙河熙河主帥使人諭之不肯去曰楊總管來我乃解去熙河具奏詔復遣仲武當是時木波謂仲武不能復來及仲武至與其酋帥相見責以負約對曰邊將苦我今之來求訴於上官耳今幸見公願終身不復犯塞乃舉酒酹天折箭爲誓仲武因以巵酒飲之曰當更爲汝請若復背約必用兵矣羌人羅拜而去及伐宋以仲武爲威定軍都總管駐兵歸德大定三年除武勝軍節度使改陝西西路轉運使卒

蒲察世傑本名阿撒曷速館斡篤河人徙遼陽初在梁王宗弼軍中爲人多力毎與武士角力賭羊輒勝之能以拳擊四歲牛折脅死之有糧車陷淖中七牛挽不能出世傑手挽出之宗敏爲東京留守召置左右海陵篡位即立以爲護衞海陵謂世傑曰汝勇力絕倫令伐兄弟有異志者期以十日除之則有非常之賞仍盡以各人家產賜汝世傑受詔而不肯爲已過十日海陵怒面責之世傑曰臣自誓不以非道害物雖死不敢奉詔海陵愛其勇不之罪也正隆四年調諸路兵伐宋年二十以上五十以下皆籍之他使者唯恐不如詔書得數多世傑往曷懶路得數少海陵怫問之對曰曷懶地接高麗今若多籍其丁即有緩急何以爲備海陵喜曰他人用心不能及也除同知安國軍節度使事賜銀二百五十兩絹綵六百疋馬二匹是時徵發不已民不堪命犯法者衆郡久無長吏獄囚積四百餘人世傑到官月餘決遣畧盡入爲宿直將軍以事往胡里改路還奏契丹部族大抵皆叛百姓驚擾不安今舉國南伐賊若乘虛入據東土根本之地雖得江淮無益也宜先討平契丹南伐未晚海陵不悅曰詔令已出矣今以三萬兵選將屯中都以北足以鎭壓世傑又曰若東土大族附於賊恐三萬衆未易當也海陵不聽及發汴京授鄭州防禦使領武捷軍副總管大軍渡淮世傑以軍三千護糧餉東下敗宋兵數千人奪其戰船甚衆至和州境擊宋兵五萬人走之明日使其子兀迭領二百八十騎爲應兵自領八百騎前戰連射六十餘人皆應弦而斃宋兵遂奔潰海陵欲觀水戰使世傑領水軍百人試之宋人舟大而多世傑舟小乃急進至中流取勝而還大定初世傑復取陝州敗宋兵石壕鎭復敗宋援兵三千人遂圍陝州宋兵二千自潼關來世傑以兵二百四十迎擊之射殺十餘人宋兵敗走復敗之於土壕山生擒一將復以兵三百至斗門城遇宋兵萬餘宋將三人挺槍來刺世傑世傑以刀斷其槍宋兵乃退復以四謀克軍敗宋兵於土華復圍陝州世傑嘗擐甲佩刀腰箭百隻持槍躍馬往來軍中敵人見而異之曰眞神將也親率選卒二百餘人穴地以入城遂拔再破宋軍三萬人復虢州未幾爲衞州防禦使改河南路統軍都監召赴闕上慰勞良久除西北路副統賜廐馬弓矢佩刀從僕散忠義討契丹賊平改華州防禦使與徒單合喜經畧隴右合喜復德順至東山堡宋兵捍絕樵路世傑擊走之追至城下城中出兵約二萬餘敗之殺傷甚衆宋經畧使荆皐棄德順走世傑與左都監璋追破其軍改亳州防禦使四遷通遠軍節度使宋人輒入鞏州境糴米麥有司執之世傑署案作歸附人縱遣之譯吏蔡松壽誣府主謀叛坐斬十八年起爲弘州刺史母憂去職累遷亳州防禦使卒世傑少貧然疎財尚氣毎臨陣敵衆既敗必戒士卒毋縱殺掠平居非忠孝不言親賢樂善甚獲當世之譽云

蕭懷忠本名好胡奚人也爲西北路招討使蕭裕等謀立遼後使蕭招折往西北路結懷忠并結節度使耶律朗爲助懷忠與朗有隙遂執招折并執朗遣使上變裕等既誅懷忠爲樞密副使賜今名復爲西北路招討使西京留守封王改南京留守契丹撒八反復以懷忠爲西京留守西南面兵馬都統與樞密使僕散思恭北京留守蕭賾右衞將軍蕭禿剌護衞十人長斡魯保往討之蕭禿剌戰無功大軍追撒八不及而海陵意謂懷忠與蕭裕皆契丹人本同謀逾年乃執招折上變而撒八亦契丹部族恐其合以師恭與太后密語而禿剌無功懷忠賾師恭逸賊既殺師恭族滅其家使使即軍中殺賾懷忠皆族之斡魯保禿剌初爲罪首但誅之而已大定三年追復賾懷忠禿剌斡魯保官爵賾弟安州刺史頤求襲賾之謀克上不許謀克而以賾家產付之

移剌按荅遼橫帳人也父留斡與耶律余睹俱來降西京下復叛留斡遇害按荅以死事之子授左奉宸熙宗初充護衞除安州刺史累官東京副留守參知政事完顏守道經畧北方攝咸平路屯軍都統入爲兵部侍郎徙西北西南兩路舊設堡戍迫近內城者于極邊安置仍與泰州臨潢邊堡相接除武定軍節度使以招徠邊部功遷東北路招討使改臨潢尹卒按荅騎射絕倫善相馬嘗論及善射者世宗曰能如卿乎閱馬于市見良馬雖羸瘦輒與善價取之他日果良馬也

孛朮魯阿魯罕隆州琶离葛山人年八歲選習契丹字再選習女直字既壯爲黃龍府路萬戶令史貞元二年試外路胥吏三百人補隨朝阿魯罕在第一補宗正府令史累擢尚書省令史僕散忠義討窩斡辟置幕府掌邊關文字甚見信任窩斡既平阿魯罕招集散亡復業者數萬人復從忠義伐宋屢入奏事論列可否上謂宰相曰阿魯罕所言可行者即行之宋人請和忠義使阿魯罕往和議定阿魯罕入奏賜銀百兩重綵十端忠義薦阿魯罕有才幹可任尚書省都事詔以爲大理司直未幾受尚書省都事除同知順天軍節度事紇石烈志寧北巡阿魯罕攝左右司郎中還朝除刑部員外郎再遷侍御史上問紇石烈良弼曰阿魯罕何如人也對曰有幹材持心忠正出言不阿順數日遷勸農副使兼同修國史侍御史如故改右司郎中奏請徙河南戍軍屯營城中者於十里外從之遷吏部侍郎除山東統軍都監徙置河南八猛安遷武勝節度使入爲吏部尚書改西南路招討使有司督本路猛安人戶所貸官粟阿魯罕乞俟豐年從之軍人有以甲葉貿易諸物天德榷場及界外歲采銅礦或因私挾兵鐵與之市易皆一切禁絕之上畨軍不許用親戚奴婢及傭雇者營塹損圮以時葺治不與所部猛安謀克會宴故兵民皆畏愛之上謂太尉守道曰阿魯罕及上京留守完顏烏里也皆起身胥吏阿魯罕爲人沉厚其賢過之改陝西路統軍使兼京兆尹陝西軍籍有闕舊例用子弟補充而材多不堪用阿魯罕於阿里喜旗鼓手內選補軍人以春牧馬經夏不收飼瘠弱多死阿魯罕命以時收秣之故死損者少仍春秋督閱軍士騎射以嚴武備終南采漆者節其期限檢其出入以防姦細上謂宰相曰阿魯罕所至稱治陝西政績尤著用之雖遲亦可得數年力也召爲

參知政事命條上天德陝西行事上稱善以疾乞致仕除北京留守卒

贊曰記曰君子聽磬聲則思死封疆之臣傳曰疆埸之事慎守其一而備其不虞故守戍邊圉之臣不可以不論焉

趙興祥平州盧龍人六世祖思温遼燕京留守封天水郡王父瑾遼靜江軍節度使興祥以父任閤門祗候謁告省親于白霫會遼季土賊據羣作亂興祥携母及弟妹奔燕京不能進乃自柳城涉砂磧夜視星斗而行僅達遼軍而不知遼主所向遂還柳城及婁室獲遼主興祥乃歸國從宗望伐宋爲六宅使天眷初累官同知宣徽院事毋憂去官熙宗素聞興祥孝行及英悼太子受冊以本官起復護視太子轉右宣徽使天德初改左宣徽使海陵嘗問興祥欲使子弟爲官當自言興祥辭謝海陵善之賜以玉帶詔曰汝官雖未至一品可佩此侍立爲濟南尹賜車馬金幣金銀器皿改絳陽軍節度使召爲太子少保封廣平郡王改封鉅鹿正隆初例奪王爵遷太子少傅封申國公起爲定武軍節度使海陵伐宋興祥二子從軍世宗卽位海陵尚在淮南二子未得還興祥來見於平州世宗嘉其誠款以爲祕書監復爲左宣徽使上曰尚食庖人猥多徒費廩祿朕在藩邸時家務皆委執事者自卽位以來事皆留心俸祿出於百姓不可妄費庖人可約量損減近臣獻琵琶世宗却之謂興祥曰朕憂勞天下未嘗以聲技爲心自今勿復有獻宜悉諭朕意有司奏南北邊事未息恐財用未給乞罷修神龍殿涼位工役上卽日使興祥傳詔罷之久之以其孫珣爲閤門祗候十五年上幸安州春水召興祥赴萬春節上謁于艮鄕賜銀五百兩感風眩賜醫藥未幾卒官

石抹榮字昌祖七世祖仕遼封順國王遼主奔天德榮父暘益挺身赴之是時榮方六歲母忽工特滿携之流離道路宗室神谷得之納爲次室榮就養於神谷家暘益旣見遼王委以軍事軍敗被執將殺之金源郡主銀术可白彼忠於所事殺之何以勸後遂釋之後從伐宋卒於軍中榮年長事秦王宗翰居幕府天眷二年充護衞熙宗宴飲命胙王元與榮角力榮勝之連仆力士六七人熙宗親飲之酒賜以金幣遷宿直將軍天德初除開遠軍節度使入謝不覺泣下海陵問其故對曰老母在神谷家違去膝下是以感泣乃詔其母與之俱行仍賜錢萬貫改天德尹徙泰寧軍再除延安東平尹海陵南征爲神果軍都總管留駐泗州以過通卒大定初還鎭東平與戶部尚書梁銶按治山東盜賊二年以本官充山東東西大名等路都統有疾改太原尹徙益都尹丁母憂起復召爲簽書樞密院事北京東京留守陝西路統軍使南京西京留守榮與河南尹婁室陝州防禦使石抹靳家奴皆坐高買賣私物抑賈買民物得罪靳家奴前爲單州刺史廉察官行郡乃刼制民使作虛譽用是得遷同知太原尹復多取民利及爲陝州尚書省奏其事法當解職削階上以靳家奴鼓虛聲以誑朝廷不可恕特詔除名榮與婁室削兩階解職久之榮除臨潢尹改臨洮尹卒年六十三

敬嗣暉字唐臣易州人登天眷二年進士第調懷安丞遷弘政令補尚書省令史有才辯海陵爲宰相愛之及篡立擢起居注歷諫議大夫吏部侍郎左宣徽使貞元三年八月尚食烹飪失宜庖官各杖二百嗣暉與同知宣徽院事烏居仁各杖有差久之拜參知政事正隆六年伐宋留張浩及嗣暉于南京治尚書省事世宗卽位惡嗣暉巧佞御史大夫完顏元宜劾奏蕭玉嗣暉許霖等六人不可用嗣暉降通議大夫放歸田里嗣暉練習朝儀進止應對閑雅由是起爲丹州刺史戒諭之曰卿爲正隆執政阿順取容朕甚鄙之今當竭力奉職以洗前日之咎苟或不悛必罰無赦未幾丁母憂起復爲左宣徽使世宗頗好道術謂嗣暉曰尚食官毋於禁中殺羊豕朔望上七日有司毋奏刑名七年蒲察通除肇州防禦使上責其飾詐因顧嗣暉曰如卿不可謂無才但純實不足耳久之有牓匿名書于通衢者稱海陵舊臣不得用者有怨望心將圖不軌上曰豈有是哉謂嗣暉曰正隆時卿爲執政今指卿以爲怨望朕極知其不然卿性明達能辨但頗自衒釣衆人之譽所以致此媒孽後當改之大定十年將有事南郊廷議嗣暉在海陵時凡宗廟禘祫輒行太常事復拜參知政事詔以執政冠服攝太常禮成薨

贊曰趙興祥石抹榮自拔流離艱阨中而克有所樹立固其識之過人亦其所遭際致然也迹世宗之却聲技減庖人仁愛若是而其下孰不與起哉

金史卷九十二

元中書右丞相總裁脫脫等修

列傳第三十

毛碩 李上達 曹望之 大懷貞 盧孝儉

盧庸 李偲 徒單克寧本名習顯

毛碩字仲權甘陵人宋末試弓馬子弟碩中選調高陽關路安撫司准備差使尋辟河間尉再辟兵馬都監宗望軍至碩以本部迎降齊國建由淮東路第一副將擢知滑州劉麟伐宋充行營中軍統制軍馬天眷間歷汴京路山東西路兵馬都監皇統元年權知拱州宋將張俊擄亳州而柘城酒監房人傑叛以應俊碩發兵討之至柘城躬扣城門呼耆老以諭意縣人縛人傑以降碩徑入縣署召百姓慰安之衆皆感悅刻石紀其事四年眞授拱州刺史元帥梁王宗弼承制超武義將軍改知曹州有書生投書於碩辭涉謗訕僚屬皆不能堪碩延之上座謝曰使碩常聞斯言庶乎寡過士論以故嘉之遷鄭州防禦使尋改通州天德二年充陝西路轉運使碩以陝右邊荒種藝不過麻粟蕎麥賦入甚薄市井交易惟川絹乾薑商賈不通酒稅之人耗減請視汴京燕京例給交鈔通行而鞏會德順道路多險鹽引斤數太重請一引分作三四以從輕便朝廷皆從之秦州倉粟陳積而百姓有支移者止就本州折納其直公私便之改河東南路轉運使上言頃者定立商酒課不量土產厚薄戶口多寡及今昔物價之增耗一槩理責之故監官被繫失身破家折傭逃竄或爲姦吏盜有實錢而以賒券輸官故河東有積負至四百餘萬貫公私苦之請自今禁約酒官不得折准賒貸惟許收用實錢則官民俱便至今行之秩滿除南京路都轉運使大定六年致仕卒于家碩文雅好事性謹飭每見古人行事有益於時者常書置座右以爲莅官之戒云

李上達字達道曹州濟陰人在宋時以蔭補官累東平府司戶參軍撻懶取東平上達給軍須號辦治齊國建爲吏部員外郎攝戶部事劉豫行什一之法樂歲輸多歉歲寡取之蓋古人助法也收斂之時蓄積蓋藏民或不以實輸官官亦不肯盡信於是告訐起而獄訟繁公私苦之上達論其弊豫改定爲五等之制齊國廢以河南與宋人上達隨地入宋宗弼復取河南上達爲同知大名尹按察陝西河南是時關陝蒲解汝蔡民飢上達輒以便宜發倉粟賑百姓累遷知山東西路轉運使上達到官再期比舊增三十餘萬貫戶部以其法頒之鄰路上達長於吏事能治繁劇猾不能欺所至稱之卒官年六十一

曹望之字景蕭其先臨潢人遼季移家宣德天會間以秀民子選充女直字學生年十四業成除西京教授爲元帥府書令史補正令史轉行臺省令史錄教授資補修武校尉除右司都事吏部侍郎田瑴素薄望之望之願交不肯納遂與蔡松年許霖構致黨獄改行臺吏部員外郎海陵爲相嘗以書致其私望之不從天德元年調同知石州軍州事坐事免丁母憂久之除絳陽軍節度副使入爲戶部員外郎詔買牛萬頭給按出虎八猛安徙居南京者望之主給之撒八反轉致甲仗八萬自洛州輸燕子城運米八十萬斛由蔡水入淮饋伐宋諸軍期以一日望之如期集事進本部郎中特賜進士及第大定初討窩斡望之主軍食給與有節凡省糧三十萬石省芻草五十萬石帥府以捷入告議者欲遂罷轉輸望之以爲元惡未誅不可弛備旣而大軍追討累賴以濟以勞進一階兼同修國史請於大鹽濼設官榷鹽聽民以米貿易民成聚落可以固邊圉其利無窮從之其後凡貯米二十餘萬石及東北路歲饑賴以濟者不可勝數三年上曰自正隆兵興農桑失業猛安謀克屯田多不如法詔遣戶部侍郎魏子平大興少尹同知中都轉運事李滌禮部侍郎李愿工部郎中移剌道戶部員外郎完顏兀古出監察御史夾谷阿里補及望之分道勸農廉問職官臧否望之還言乞汰諸路胥吏可減其半詔胥吏如故於是始禁用貼書云遷本部侍郎領覆實繕修大內財用費用大省復以勞進階上召見諭勉之望之家奴袁一言涉妖妄大興府鞫治望之恐使戶部令史劉公輔問其事于大興少尹王全全具其事語公輔公輔以語望之御史臺劾奏劉公輔言泄獄情上曰妖妄之言交相傳說何也於是望之決杖一百王全杖八十劉公輔杖一百五十除名頃之運河堙塞世宗出郊見之問其故主者奏曰戶部不肯經畫歲久以致如此上責望之曰有水運不濬治乃用陸運煩費民力罪在汝等其往治之尙書省奏當用夫役數萬人上曰方春耕作不可勞民以宮籍監戶及摘東宮諸王人從充役若不足卽以五百里內軍夫補之太宗實錄成監修國史紇石烈良弼賜金帶一重綵二十端同修國史張景仁劉仲淵望之皆賜銀幣有差望之嘆賞薄謂人曰栽花接木乃加爵命勤勞者不遷官無何張景仁遷翰林學士望之又曰止與他人便遣獨不及我哉世

宗閔之出望之德州防禦使謂之曰汝爲人能幹而心不忠實朕前往安州春水人言汝無事君之義朕敎臣下有過卽當諫爭汝但面從退則謗議此不忠不孝也汝自五品起遷四品太宗皇帝實錄成優賜銀幣不思盡心竭力惟官賞是覬今出汝於外宜改心滌慮不然則身亦莫保望之到德州有惠政百姓爲立生祠改同知西京留守事上書論便宜事其一論山東河北猛安謀克與百姓雜處民多失業陳蔡汝潁之間土廣人稀宜徙百姓以實其處復數年之賦以安輯之百姓亡命及避役軍中者閱實其人使還本貫或編近縣以爲客戶或留爲佃戶者亦籍其姓名州縣與猛安事干涉者無相黨匿庶幾軍民協和盜賊弭息其二論薦舉之法虛文無實宰相拔擢及其所識不及其所不識內外官所舉亦輒不用或指以爲朋黨遂不敢復舉宜令宰執歲舉三品二人御史大夫以下內外官終秩舉二人自此以下以品殺爲差等終秩不舉者遇轉官勒不遷三品者創後任俸三月其舉者已改除吏部以類品第季而上之三品闕則於類第四品中補授四品五品以下視此爲差其待以不次者宰執具才行功實以聞舉當否罪當如律廉介之士老於令幕無舉主者七考無贓私罪者准朝官三考勞敘吏部每季圖上外路職官姓名路爲一圖大書贓汙者於其名下使知畏愼外任五品以上官改除令代之者具功過以聞年六十以上者終更赴調有司察其視聽精力老疾不堪釐務給以半祿罷遣其三論守邊將帥及沿邊州縣官漁剥軍民多興力役宜歲遣監察御史周行察之邊部有訟招討司無得輒遣白身人徵斷宜於省部有出身女直契丹人及縣令丞簿中擇廉能者因其風俗畧定科條務爲簡易徵斷羊馬入官籍數如邊部遇饑饉卽以此賑給之招討及都監視事宜限邊部饋送騘馬招討司女直人戶或擷野菜以濟艱食而軍中舊籍馬死則一村均錢補買往往鬻妻子賣耕牛以備之臣恐數年之後邊防困弊臨時賑濟費財十倍而無益早爲之所則財用省而邊備實矣官給軍箭用盡則市以補之皆朽鈍不堪用可每歲給官箭一分以補其闕邊民闕食給米地遠負重往往就倉賤賣而去可計口支錢則公私兩便陝西正副宜如猛安謀克用工人一員隊將亦宜參用土人久居其任增弓箭田復其賦役以廉吏爲提舉舉察總管府以下官農隙校閱以嚴武備則太平之時有經畧之制矣又論六鹽場用人宜令戶部公議辟舉論漕運先計河倉見在幾何通州容受幾何京師歲費幾何令近河州縣歲稅或六七萬石小民有入資之費富室收轉輸之利宜計實數以科稅入論民間私錢苦惡宜以官錢五百易私錢千期以一月易之過期以銷錢法坐之論州府力役錢物戶部須印署白簿使盡書之以俟審閱有畏避不書者坐之論工部營造調發妨民生業諸路射糧軍約量人數習武藝期以三年成以息調民書奏多見采納以本官行六部事於北邊召拜戶部尚書上數之曰汝前爲侍郎以不忠外補頗能練習錢穀故任以尚書之重宜改前非以圖新効也是時戶部尚書高德基坐高估俸粟責降世宗念望之吝出納或懲德基也旣出使人論之曰勿以高德基下粟直要在平估而已十五年新宮成世宗幸新宮勑望之曰新宮中所須毋取于民間也有貝民夫婦質身於東京留守完顏穀英家期終而不遣尚書省下東京鞫治望之言穀英爲留守其同官必且阿狥不肯窮竟當移他州望之久習事有治錢穀名性剛愎頗沾沾自露希覬執政而刑部尚書梁肅自詳問宋國使還世宗嘗欲以爲執政久而未用亦頗衒耀求進世宗謂左丞相紇石烈良弼曰曹望之梁肅急於見知涉於躁進遂出梁肅爲濟南尹數年乃召拜參知政事而望之終於戶部尚書年五十六世宗惜其未及用賜錢三千貫勑使致祭賻銀五百兩重綵二十端絹二百匹以其子淵爲奉御擇爲筆硯承奉其後尚輦局舉出身人年六十餘可以臨事世宗曰豈爲此輩惜官邪但此輩專以盜取官錢爲謀生計不可用也由是欲更改監臨格式以問戶部尚書劉瑋瑋恐監官謗已不肯實對世宗因思望之嘆曰不如望之之敢行也望之初不學及貴稍知讀書遂刻苦自致有詩集三十卷

大懷貞字子正遼陽人皇統五年除閤門祗候三遷東上閤門使丁母憂起復符寶郎累官右宣徽使正隆伐宋爲武勝軍都總管大定二年除洛州防禦使兼押軍萬戶改沂州再遷彰國安武軍節度使縣尉獲盜得一旗上圖亢宿詰之有謀叛狀株連幾萬人懷貞當以亂民之刑請誅其首亂者十八人餘皆釋之嘗以私忌飯僧數人就中一僧異常懷貞問曰汝何許人也對曰山西人復問曾爲盜殺人否對曰無之後三日詰盜果引此僧皆服其明察改興中尹錦州富民蕭鶴壽塗中殺人匿府少尹家有司捕不得懷貞以計取之寘於法改彰德軍節度使卒

盧孝儉宣德州人登天眷二年第調憲州軍事判官補尚書省令史累官太原少尹大定二年陝西用兵尚書省發本路稅粟赴平涼充軍實期甚嚴迫孝儉輒易以金帛馳至平涼用省而不失期并人稱之用廉進官二階遷同知廣寧尹廣寧大饑民多流亡失業乃借僧粟留其一歲之用使平其價市與貧民旣以救民僧亦獲利累遷山東東路轉運使孝儉素褊躁與同僚王公謹失歡其子嘗私用官帑孝儉不知也旣而改河北西路轉運使公謹乃發其事孝儉聞被逮莫測所以行至章丘自縊死

盧庸字子憲薊州豐潤人大定二十八年進士調唐州軍事判官再調定平縣令庸治舊堰引涇水溉田民賴其利補尚書省令史除南京轉運副使改中都戶籍判官察廉遷禮部主事累官鳳翔治中大安三年徵陝西屯田軍衞中都以庸簽三司事主兵食至潞州放還屯田軍庸改乾州刺史入爲吏部郎中至寧元年改陝西按察副使夏人犯邊庸繕治平涼城池積芻粟團結土兵爲備十一月夏人掠鎭戎陷涇邠遂圍平涼庸矢盡募人取夏兵射城上箭以濟急用出府庫賞有功者人樂爲死平涼賴以完貞祐二年庸移書陝西行省僕散端大槩謂慶陽平涼德順陝西重地長安以西邠爲阸塞當重兵屯守詔賞平涼功庸進官四階遷按察轉運使三年詔諸道按察司講究防秋庸陳便宜曰自鄜延至積石雖多溝坂無長河大山爲之屏蔽恃弓箭手以禦侮其人皆剛猛善鬭熟于地利夏人畏之向者徙屯他所夏人卽時犯邊此近年深患也人情樂土且耕且戰緩急將自奮又曰防秋之際宜先淸野又曰掌軍之官不宜臨時易代兵家所忌將非其人屢代何益無何有言庸老不勝任者卽罷之未幾改定海軍節度使山東亂不能赴按察司劾之當奪兩官審理官直之庸以病請求醫藥致仕興定三年卒

李偲字子友定州安喜人中天眷二年進士調遼山簿累官戶部主事丁母憂起復舊職除同知河東南路轉運使事大定初改同知中都路都轉運使事僕散忠義行省事於汴京奏偲幕府世宗曰李偲方治京畿漕事行省可他選也三年權知登聞檢院再遷戶部侍郎上曰戶部財用出入朕難其人卿非舊勞資敘尚淺勿以秩滿例升三品因循歲月若不自勉必不汝貸偲每朝會與高德基屏人私語上聞而惟之問右丞石琚曰李偲果何如人琚曰亦幹事吏耳改同知北京留守沂州防禦使沂南邊郡戶部符借民閑田種禾取藁秸備營急用度偲曰如此則農民失業具奏止之轉運司牒郡輸粟朐山調急夫數萬人是時久雨泥濘輓運不能前進偲遣吏往朐山刺取其官廩見儲糧數可支半歲卽具其事牒運司請緩期毋自困百姓先是郡縣街陌間聽民作屋舍取其僦直至是罷收僦直屋舍一切撤毀他郡奉承號令督百姓必盡撤去使街陌繩齊矢棘如初時然後止偲獨教民撤治前却不齊一者三五所使巷道端正卽已民便之改陝西西路轉運使卒

贊曰毛碩李上達曹望之李偲之流皆金之能吏也望之悻悻然以求大用君子無取焉

徒單克寧本名習顯其先金源縣人徙居北古土之地後徙置猛安于山東遂占籍萊州父況者官至汾陽軍節度使克寧資質渾厚寡言笑善騎射有勇畧通女直契丹字左丞相希尹克寧母舅熙宗問希尹表戚中誰可侍衞者希尹奏曰習顯可用以爲符寶祗候是時悼后干政后弟裴滿忽土侮克寧克寧毆之明日忽土以告悼后后曰習顯剛直必汝之過也已而克護衞轉符寶郎遷侍衞親軍馬步軍都指揮使改忠順軍節度使克寧娶宗幹女嘉祥縣主同母兄蒲甲判大宗正事海陵心忌之出爲西京留守構致其罪誅之因降克寧知滕陽軍歷宿州防禦使胡里改路節度使曷懶路兵馬都總管大定初詔克寧以本路兵會東京還左翼都統詔與廣寧尹僕散渾坦同知廣寧尹完顏巖雅肇州防禦使唐括烏也從右副元帥完顏謀衍討契丹窩斡趨濟州謀衍用契丹降吏乣者計策襲賊輜重克寧與紇石烈志寧爲殿與賊遇于長濼謀衍使伏兵于左翼之側賊二萬餘躡吾後又以騎四百餘突出左翼伏兵之間欲繞出陣後攻我克寧與善射二十餘人拒之衆曰賊衆我寡不若與伏兵合擊或與大軍相依可以萬全克寧曰不可若賊出陣後則前後夾擊我敗矣大軍不可倂也於是奮擊賊乃却左翼萬戶襄與大軍合擊之賊遂敗追奔十餘里二年四月一日也越九日復追及賊于霿𩅰河左翼軍先與賊戰克寧以騎三千追掩十五里賊迫澗不得亟渡殺傷甚衆賊收軍返旆大軍尚未至克寧令軍士下馬射賊賊遂引而南是時窩斡已再北元帥謀衍利虜掠駐師白濼世宗詶其持久遣問之謀衍曰賊騎壯我騎弱此少駐所以完養馬力也不然非益萬騎不可勝克寧奮然而言曰吾馬固不少但帥不得人耳其意常利虜掠賊至則引避賊去則緩隨

之故賊常得善牧而我常拾其蹂踐之餘此吾馬所以弱也今誠能更置良帥雖不益兵可以有功不然騎雖十倍未見其利也朝廷知其議召還謀衍以平章政事僕散忠義兼都元帥師將發賊聲言乞降克寧曰賊初困蹙且無降意所以揚言者是欲緩吾師期也不若攻其未備賊若挫衄則其降必速如其不降乘其怠而急擊之可一戰而定也忠義以爲然乃與克寧出中路遂敗賊兵于羅不魯之地賊奔七渡河負險爲柵克寧覘知賊柵之背其勢可上乃潛師夜登俯射之大軍自下攻賊潰皆遁去契丹平克寧除太原尹未閱月宋吳璘侵陝右元帥左都監徒單合喜乞益兵遣克寧佩金牌駐軍平涼詔合喜曰朕遣克寧參議軍事此其智勇足敵萬人不必益軍也克寧至下令安輯未幾民皆完聚治兵伐宋右丞相僕散忠義駐南京節制諸軍左副元帥紇石烈志寧經畧邊事克寧改益都尹兼山東路兵馬都總管行軍都統四年元帥府欲遣左都監璋以兵四千由水路進詔曰可付都統徒單習顯仍益兵二千擇良將副之璋可經畧山東於是克寧出軍楚泗之間與宋將魏勝相拒于楚州之十八里口魏勝取弊舟鑿其底貫以大木列植水中別以船載巨石貫以鐵鎍沉之木底以塞十八里口及淮渡舟路以步兵四萬人屯於淮渡南岸運河之間克寧使斜卯和尚選善游者没水繫大繩植木上數百人於岸上引繩曳一植木皆拔出之徹去沉船進至淮口宋兵來拒隔水矢石俱發斜卯和尚以竹編籬捍矢石復拔去植木沉船師遂入淮與宋兵奪渡口合戰數四猛安長壽先行薄岸水淺先率勁卒數人涉水登岸敗其津口兵五百人餘衆皆濟宋兵四百餘自淸河口來鎮國上將軍蒲察阿里合遬以步兵百人禦之克寧自與扎也銀术可五騎先行六七里與戰銀术可先登奮擊敗之宋大兵整陣來拒克寧麾兵前戰自旦至午宋兵敗蹂運河爲陣餘衆數千皆走入營中克寧使以火箭射其營舍盡焚蹂河撤橋與其大軍相會隔水射之宋兵不能爲陣猛安鈔兀以六十騎擊宋騎兵千餘不利少却克寧以猛安賽剌九十騎橫擊之宋兵大敗追至楚州射殺魏勝遂取楚州及淮陰縣是役也賽剌功居多是時宋屢遣使請和僕散忠義紇石烈志寧約以世爲叔姪國割還海泗唐鄧四州宋人倘遷延有請及克寧取楚州宋人乃大懼一一如約兵罷改大名尹歷河間東平尹召爲都點檢十一年從丞相志寧北伐還師十一月皇太子生日世宗置酒東宮賜克寧金帶明年遷樞密副使兼知大興府事改太子太保樞密副使如故拜平章政事封密國公克寧女嫁爲潞王永成妃得罪克寧不悅求致仕不許罷爲東京留守明年上將復相克寧改南京留守兼河南統軍使遣使者諭之曰統軍使未嘗以留守兼之此朕意也可過京師入見克寧至京師復拜平章政事授世襲不扎土河猛安兼親管謀克世宗欲以制書親授克寧王者不知上意及克寧已受制上謂克寧曰此制朕欲親授與卿誤授之於外也又曰朕欲盡徙卿宗族在山東者居之近地卿族多官田少無以盡給之乃選其最親者徙之十九年拜右丞相徒封譚國公克寧辭曰臣無功不明國家大事更內外重任當自愧乞歸田里以盡餘年上曰朕念衆人之功無出卿右者卿愼重得大臣體毋復多讓克寧出朝上使徒單懷忠諭之曰凡人醉時醒時處事不同卿今日親賓慶會可一飲過今日可勿飲也克寧頓首謝曰陛下念臣及此臣之福也克寧爲相持正守大體至於簿書期會不屑屑然也世宗嘗曰習顯在樞密未嘗有過舉謂克寧曰宰相之職進賢爲上克寧謝曰臣愚幸得備位宰輔但不能明於知人以此爲恨耳二十一年左丞相守道爲尚書令克寧於左丞相徒封定國公懇求致仕上曰汝立功立事適登相位朝廷是賴年雖及未可去也後三日與守道奏事俱跪而請曰臣等齒髮皆衰幸陛下賜以餘年上曰上相坐而論道不惟其官惟其人豈可屢改易之邪頃之克寧改樞密使而難其代復以守道爲左丞相虛尚書令位者數年其重如此未幾以司徒兼樞密使二十二年詔賜今名二十三年克寧復以年老爲請上曰卿昔在政府勤勞夙夜除卿樞密使亦可以優逸矣朕念舊臣無幾人萬一邊隅有警選將帥授方畧山川險要兵道軍謀舍卿誰可與共者勉爲朕留克寧乃不敢復言二十四年世宗幸上京皇太子守國詔左丞相守道與克寧俱留中都輔太子上謂克寧曰朕巡省之後萬一有事卿必躬親之毋忽細微圖難於其易可也二十五年左丞相守道賜宴北部詔克寧行左丞相事是時世宗自上京還次天平山淸暑皇太子薨於京師諸王妃主入宮弔哭奴婢從入者多頗喧雜不嚴克寧遣出之身護宮門嚴飭殿廷宮門禁衞如法然後聽宗室外戚入臨從者有數謂東宮官屬曰主上巡幸未還宮闕太子不幸至于大故汝等此時能以死報國乎吾亦不敢愛吾生也辭色俱厲聞者肅然敬憚章宗時爲金源郡王哀毀過甚克寧諫曰哭泣常禮也郡王身居冢嗣豈以常禮而忘宗社之重乎召太子侍讀完顏匡曰爾侍太子日久親臣也郡王哀毀過甚爾當固諫謹視郡王勿去左右世宗在天平山皇太子訃至哀慟者屢矣聞克寧嚴飭宮衞謹護皇孫嘉其忠誠而愈重之九月世宗還京師十一月克寧表請立金源郡王爲皇太孫以係天下之望其畧曰今宣孝皇太子陵寢已畢東宮虛位此社稷安危之事陛下明聖超越前古寧不察此事貴果斷不可緩也緩之則起覬覦之心來讒佞之言讒佞之言起雖欲無疑得乎茲事深可畏大可愼而不畏不愼豈惟儲位久虛而骨肉之禍自此始矣臣愚不避危身之罪伏願亟立嫡孫金源郡王爲皇太孫以釋天下之惑塞覬覦之端絶搆禍之萌則宗廟獲安臣民蒙福臣備位宰相不敢不盡言惟陛下裁察踰月有詔起復皇孫金源郡王判大興尹封原王世宗諸子中趙王永中最長其母張玄徽女玄徽子汝弼爲尚書左丞二十六年世宗出汝弼爲廣平尹於是左丞相守道致仕遂以克寧爲太尉兼左丞相原王爲右丞相因使克寧輔導之原王爲丞相方四日世宗問之曰汝治事幾日矣對曰四日京尹與省事同乎對曰不同上笑曰京尹浩穰尚書省總大體所以不同也數日復謂原王曰宮中有四方地圖汝可觀之知遠近阨塞也世宗與宰相論錢幣上曰中外皆患錢少今京師積錢止五百萬貫除屯兵路分其他郡縣錢可運至京師克寧曰郡縣錢盡入京師民間錢益少矣若起運其半其半變折輕齎庶幾錢貨流布也上嘉納之章宗雖封原王爲丞相克寧猶以未正太孫之位屢請於世宗世宗嘆曰克寧社稷之臣也十一月戊午宰相入見于香閣既退原王已出克寧率宰臣屏左右奏立太孫世宗許之庚申詔立原王右丞相爲皇太孫明日徒單公弼尚息國公主納幣賜六品以上宴于慶和殿上謂諸王大臣曰太尉忠實明達漢之周勃也稱嘆再三克寧進酒上舉觴爲之釂有詔給太尉假三日明年正月復求解機務上曰卿遽求去邪豈朕用卿有未盡乎或因喜怒用刑賞乎其他宰相未有能如卿者宜勉留以輔朕卿若思念鄉土可以一往不必謝政事三月一日朕之生辰卿不必到從容至暑月還京師相見四月克寧還朝入見上上問曰卿往鄉中百姓皆安業否克寧曰生業頗安然初起移至彼未能滋殖耳未幾以丞相監修國史上問史事奏曰臣聞古者人君不觀史願陛下勿觀上曰朕豈欲觀此深知史事不詳故問之耳初瀘溝河決久不能塞加封安平侯久之水復故道上曰鬼神雖不可窺測即獲感應如此克寧奏曰神之所佑者正也人事乖則弗享矣報應之來皆由人事上曰卿言是也世宗頗信神仙浮圖之事故克寧及之宋前主殂宋主遣使進遺留物上恠其禮物薄克寧曰此非常貢責之近於好利上曰卿言是也乃以其玉器五事玻瓈器大小二十事及茶器刀劍等還之二十八年十一月癸丑上幸克寧第初上欲以甲第賜克寧克寧固辭乃賜錢因其舊居宏大之畢工上臨幸賜金器錦繡重綵克寧亦有獻上歡權甚解御衣以衣之詔畫克寧像藏內府十二月乙亥世宗不豫甲申克寧率宰執入問起居上曰朕疾殆矣謂克寧曰皇太孫年雖弱冠生而明達卿等竭力輔之又曰尚書省政務權聽於皇太孫克寧奏曰陛下幸上京時宣孝太子守國許除六品以下官今可權行也上曰五品以下亦何不可乙酉詔皇太孫攝行政事注授五品以下官詔太孫與諸王大臣俱宿禁中克寧奏曰皇太孫與諸王宜別嫌疑正名分宿止同處禮有未安詔太孫居慶和殿東廡丙戌詔克寧以太尉兼尚書令封延安郡王平章政事襄爲右丞相右丞張汝霖爲平章政事戊子詔克寧襄汝霖宿於內殿二十九年正月癸巳世宗崩于福安殿是日克寧等宣遺詔立皇太孫爲皇帝是爲章宗徙封爲東平郡王詔克寧朝朔望朝日設坐殿上克寧固辭詔近臣勉諭克寧涕泣謝曰憐憫老臣幸免常朝豈敢當坐禮其後每朝必爲克寧設坐克寧侍立益敬即位詔文凡除名開落官吏並量材錄用張汝霖奏其盜枉法不可恕克寧曰陛下初即位行非常之典贓吏誤沾恩宥其害小國之大信不可失也章宗深然之無何進拜太傅兼尚書令賜尙衣玉帶乞致仕不許詔譯諸葛孔明傳賜之詔尚書省曰太傅年高旬休外四日一居休大事錄之細事不須親也賜金五百兩銀五千兩錢千萬重綵二百端絹二千匹尚書省奏猛安謀克願試進士者聽之上曰其應襲猛安謀克者學於太學可乎克寧曰承平日久今之猛安謀克其材武已不及前輩萬一有警使誰禦之習辭藝忘武備於國弗便上曰太傅言是也章宗初即位頗好辭章而疆場方有事故克寧言及之明昌二年克寧屬疾章宗往視之克寧頓首謝曰臣無似嘗蒙先帝任使陛下即位屬以上相今臣老病將先犬馬塡溝壑無以輔明主綏四方陛下念臣駑怯親枉車駕臨幸死

有餘罪矣是日即榻前拜太師封淄王加賜甚厚是歲二月薨遺表其大槩言人君往往重君子而反疎之輕小人而終昵之願陛下慎終如始安不忘危而言不及私詔有司護喪事歸葬于萊州謚曰忠烈明昌五年配享世宗廟廷圖像衍慶宮大安元年改配享章宗廟廷

贊曰徒單克寧可謂大臣矣功高而身愈下位盛而心愈勞經曰在上不驕高而不危制節謹度滿而不溢所以長守富貴故曰忠信匪懈不施其功履盛滿而不忘德之上也孜孜勉勉恪守職業不居不可成不事不可行人主知之次也諫期必行言期必聽爲其事必有其功者又其次也

金史卷九十三

元　中　書　右　丞　相　總　裁　脫　脫　等　修

列傳第三十一

顯宗諸子
琮　瓌　從彝
從憲　玠
章宗諸子
洪裕　洪靖　洪熙
洪衍　洪輝　忒鄰
衛紹王子
從恪
宣宗諸子
莊獻太子　玄齡　守純
獨吉思忠　承裕
僕散揆　抹撚史扢搭　宗浩

顯宗孝懿皇后生章宗昭聖皇后生宣宗諸姬田氏生鄆王琮瀛王瓌霍王從彝劉氏生瀛王從憲王氏生温王玠

鄆王琮本名承慶母田氏其後封裕陵克華琮儀觀豐偉機警清辨性寬厚好學世宗選進士之有名行者納坦謀嘉教之女直小字及漢字皆通習及長輕財好施無愠色善唫咏不喜聞人過至于騎射繪塑之藝皆造精妙大定十八年封道國公二十六年加崇進章宗即位遷開府儀同三司封鄆王明昌元年授婆速路萬火羅合打世襲猛安留京師五年薨上輟朝親臨奠于殯所謚曰莊靖改莊惠

瀛王瓌本名桓篤鄆王琮之同母弟也重厚寡言內行修飭工詩精于騎射書藝女直大小字大定二十二年封崇國公二十六年加崇進章宗即位遷開府儀同三司封瀛王明昌三年薨勅葬事所須皆從官給命工部侍郎胥持國等典喪事比葬帝三臨奠哭之慟謚曰文敬其後帝謂輔臣曰王性忠孝兄弟中最爲善人故朕嘗令在左右温王雖幼亦佳不二旬俱逝良可哀悼

霍王從彝本名阿憐母田氏早卒温妃石抹氏養爲己子大定二十五年封宿國公加崇進二十六年賜名瓚章宗即位封沂王明昌元年諭旨有司曰豐鄆瀛沂四王府各賜奴婢七百人四年詔追封故魯王永功爲趙王以從彝爲趙王後承安元年爲兵部尚書改封蔡四年除祕書監泰和五年賜今名八年封霍貞祐二年薨

瀛王從憲本名吾里不母劉氏後封裕陵茂儀大定二十六年賜名琦章宗即位加開府儀同三司封壽王承安元年以郊祀恩進封英四年改封瀛泰和五年更賜今名六年授祕書監八年薨從憲風儀秀峙性寬厚善騎射待府僚以禮秩滿去者皆有贐帝尤愛重初以病聞即臨問之賜錢五百萬還宮詔府僚上其疾增損狀仍勅門司夜一鼓即奏比五更重言之及薨上哭之慟爲輟朝臨奠者再諭旨判大睦親府事宛王永升曰瀛王家事叔宜規畫聞其二姬方孕若生子即以付之以右宣徽使移剌都護其喪葬歛以內庫之服其餘所須亦從官給謚曰敦懿

温王玠本名謀良虎母王氏後封裕陵婉儀玠幼穎秀性温厚好學大定二十九年章宗即位加開府儀同三司封温王明昌三年薨年十一訃聞上爲輟朝親臨奠哭之謚曰悼敏

章宗欽懷皇后生絳王洪裕資明夫人林氏生荆王洪靖諸姬生榮王洪熙英王洪衍壽王洪輝元妃李氏生葛王忒隣

洪裕大定二十六年生是時顯宗薨逾年世宗深感及聞皇曾孫生喜甚滿三月宴于慶和殿賜曾孫金鼎金香合重綵二十端骨覩犀吐鶻玉山子兎兒垂頭一副名馬二匹章宗進玉雙驄鎮紙玉琵琶撥玉鳳鈎骨覩犀具佩刀衣服一襲世宗御酒歌歡乙夜方罷二十八年十月丙寅薨明昌三年追封絳王賜名

洪靖本名阿虎懶明昌三年王生而警秀上所鍾愛四年薨承安四年追封荆王賜名加開府儀同三司

洪熙本名訛魯不明昌三年生未彌月薨承安四年追封榮王賜名開府儀同三司

洪衍本名撒改明昌四年生未幾薨承安四年追封英王賜名加開府儀同三司

洪輝本名訛論承安二年五月生彌月封壽王閏六月壬午病急風募能醫者加宣武將軍賜錢五百萬甲申疾愈印無量壽經一萬卷報謝衍慶宮作普天大醮七日無奏刑名仍禁屠宰十月丁亥薨備禮葬

忒隣泰和二年八月生上久無皇嗣祈禱于郊廟衍慶宮亳州太清宮至是喜甚彌月將加封三等國號無愜上意者念世宗在位最久年最高初封葛王遂封爲葛王十二月癸酉生滿百日放僧道度牒三千道設醮玄真觀宴于慶和殿百官用天壽節禮儀進酒稱賀三品以上進禮物泰和三年薨

衛紹王六子大定二十六年賜名猛安曰琚按出曰瑄按辰曰璪泰和七年詔按辰出繼鄭王永蹈後詔曰朕追惟鄭邸誤蹈非彝藁窆原野多歷歲年怛然軫懷有不能已乃詔追復王爵備禮改葬今稽式古典命汝爲鄭王後守其祭祀大安元年封子六人爲王從恪胙王有任王輩王餘弗傳是歲從恪爲左丞相二年八月立從恪爲皇太子至寧末胡沙虎殺衛王從恪兄弟皆廢居中都貞祐二年徙鄭州四年徙居南京天興元年崔立以從恪爲梁王汴京破死焉

贊曰章宗晚年繼嗣不立遂屬意衛紹王衛紹歷年不永諸子凡禁錮二十餘年鎬厲王諸子禁錮四十餘年長女鰥男皆不得婚嫁天興初方弛其禁金亡祚後可知矣

莊獻太子名守忠宣宗長子也其母未詳說在王后傳胡沙虎既廢衛王時上未至即迎守忠入居東宮貞祐元年閏九月甲申立爲皇太子詔曰朕以眇躬嗣服景命念祖宗之遺統方夙夜以靡遑將上以承九廟之靈而下以係多方之望皇太子守忠性秉温良地居長嫡以次第言之則宜升儲嗣以典禮質之則足愜羣情其立爲皇太子十月己未以鎮國上將軍太子少保阿魯罕爲太子少師庚申上遣諭曰朕宫中每事裁減汝亦宜知時難斟酌撙節也又謂曰時方多艱每事當從貶損吾已放宮人百餘矣東宮無用者亦宜出之汝讀書人必能知此也二年四月宣宗遷汴留守中京七月召至汴三年正月薨上臨奠殯所凡四次四月葬迎朔門外五里謚莊獻五月立其子鏗爲皇太孫始二歲十二月薨四年正月賜謚沖懷太孫

玄齡或曰莊獻太子母弟早卒未封爵或曰麗妃史氏所生

荆王守純本名盤都宣宗第二子也母曰眞妃龐氏貞祐元年封濮王二年爲殿前都點檢兼侍衛親軍都指揮使權都元帥上諭帥府曰濮王年幼公事殊未諳卿等毋以朕子故不相規戒凡見將校令謙和接遇可也三年爲樞密使四年拜平章政事興定元年授世襲東平府路三屯猛安三年以知管差除令史梁瓛誤書轉運副使張正倫宣命奏乞治罪上曰令史有犯宰臣自當治之何必關朕耶是年三月進封英王時監察御史程震言其不法宣宗切責杖司馬及大奴尤不法者數人四年九月守純欲發丞相高琪罪密召知案蒲鮮石魯刺令史蒲察胡魯員外郎王阿里謀之且屬令勿泄而石魯刺胡魯輒以告都事僕散奴失不奴失不白高琪及高琪伏誅守純劾三人者泄密事奴失不處死除名石魯刺胡魯各杖七十勒停元光二年三月壬子上戒諭守純曰始吾以汝爲相者庶幾相輔不至爲人譏病耳汝乃惟飲酒耽樂公事漫不加省何耶吾常聞人言已過雖自省無之亦未敢容易去懷也又曰吾所以責汝者但以崇飲不事事之故汝勿過慮遂至奪權今諸相皆老臣每事與之商略使無貽物議足矣是年十二月庚寅宣宗病喉痺危篤將夕守純趣入侍哀宗後至東華門已閉閤守純在宮分遣樞密院官及東宮親衛軍總領移剌蒲阿集軍三萬餘屯東華門外部署定扣門求見都點檢駙馬都尉徒單合住奏中宮得旨領符鑰開門哀宗入宰相把胡魯已遣人止丞相高汝礪不聽入宮以護衛四人監守純於近侍局是夕宣宗崩明日哀宗即位正大元年正月進封荆王罷平章政事判睦親府封眞妃龐氏爲荆國太妃三月或告守純謀不軌下獄推問慈聖宮皇太后有言於帝由是獲免語在皇后傳守純三子長曰訛可封肅國公天興元年二月進封曹王出質於軍前次曰某封戴王次曰孛德封輩王天興初守純府第產肉芝一株高五寸許色紅鮮可愛既而枝葉津流濡地成血臭不可聞剷去復生者

再夜則房榻間羣狐號鳴秉燭逐捕則失所在未幾訛可出質哀宗遷歸德明年正月崔立亂四月癸巳守純及宗室皆死青城

贊曰詩云天難忱斯不易維王天位殷適使不挾四方信哉守忠立爲太子未幾而薨其子鏗立又薨哀宗復乏嗣豈非天乎正大間國勢日蹙本支殆盡哀宗尚且疎忌骨肉非明惠之賢荆王幾不能免豈宗子惟城之道哉

獨吉思忠本名千家奴明昌六年爲行省都事累遷同簽樞密院事承安三年除興平軍節度使改西北路招討使初大定間修築西北屯戍西自坦舌東至胡烈么幾六百里中間堡障工役促迫雖有墻隍無女墻副堤思忠增繕用工七十五萬止用屯戍軍卒役不及民上嘉其勞賜詔獎諭曰直乾之維搤邊之要正資守備以靖翰藩垣壘弗完營屯未固卿督兹事役唯用戍兵民不知勞時非淹久已臻休畢仍底工堅賴爾忠勤辦兹心畫有嘉乃力式副予懷賜銀五百兩重幣十端入爲簽樞密院事轉吏部尚書拜參知政事泰和五年宋渝盟有端平章政事僕散揆宣撫河南揆奏宋人懦弱韓侂胄用事請遣使詰問上召大臣議左丞相崇浩曰宋久敗之國必不敢動思忠曰宋雖羈栖江表未嘗一日忘中國但力不足耳其後果如思忠策六年四月上召大臣議伐宋事大臣猶言無足慮者或曰鼠竊狗盜非用兵也思忠執前議曰不早爲之所彼將誤也上深然之七年正月元帥左監軍紇石烈執中圍楚州久不能下宰臣奏請命大臣節制其軍及益兵攻之思忠請行上曰以執政將兵攻一小州克之亦不武乃用唐宰相宣慰諸軍故事以思忠充淮南宣慰使持空名宣勅賞立功者詔大臣宿于祕書監各具奏帖以聞明日詔百官集議于廣仁殿問對者久之既而宋人來請和議遂寢頃之進拜尚書右丞大安初拜平章政事三年與參知政事承裕將兵屯邊方繕完烏沙堡思忠等不設備大元前兵奄至取烏月營思忠不能守乃退兵思忠坐解職衞紹王命參知政事承裕行省既而敗績于會河堡云

承裕本名胡沙頗讀孫吳書以宗室子充符寶祗候除中都左警巡副使通括戶籍百姓稱其平遷殿中侍御史改右警巡使彰德軍節度副使刑部員外郎轉本部郎中歷會州惠州刺史遷同知臨潢府事改東北路招討副使以病免起爲西南招討副使泰和六年伐宋遷陝西路統軍副使俄改通遠軍節度使陝西兵馬都統副使與秦州防禦使完顏璘屯成紀界宋吳曦兵五萬由保岔姑蘇等谷襲秦州承裕璘以騎兵千餘人擊走之追奔四十里凡六戰宋兵大敗斬首四千餘級詔承裕曰昔乃祖乃父戮力戎旅汝年尚少善於其職故命汝與完顏璘同行出界昔汝自言得兵三萬足以辦事今以石抹仲温术虎高琪及青宜可與汝軍相合計可六萬斯亦足以辦矣仲温高琪兵道險阻汝兵道甚易也自秦州至仙人關纔四百里耳從長計畫以副朕意詔完顏璘曰汝向在北邊以幹勇見稱頃以過失逮問有司近知與宋人奮戰故特赦免仍充副統如能佐承裕立功業朕於官賞豈復吝惜聞汝臨事頗黠若復自速罪且不赦汝矣宋吳曦使其將馮興楊雄李珪以步騎八千入赤谷承裕璘及河州防禦使蒲察秉鉉逆擊破之宋步兵保西山騎兵走赤谷承裕遣部將唐括按荅海率騎二百馳擊宋步兵甲士蒙括挺身先入乘之宋步兵大潰追奔至皁郊城斬二千餘級猛安把添奴追宋騎兵殺千餘人斬楊雄李珪于陣馮興僅以身免承裕進兵克成州八年罷兵遷河南東路統軍使兼知歸德府事俄改知臨潢府事賜金帶重幣十端銀百五十兩大安初召爲御史中丞三年拜參知政事與平章政事獨吉思忠行省戍邊烏沙堡之役不爲備失利朝廷獨坐思忠詔承裕主兵事八月大元大兵至野狐嶺承裕喪氣不敢拒戰退至宣平縣中土豪請以土兵爲前鋒以行省兵爲聲援承裕畏怯不敢用但問此去宣德間道而已土豪唾之曰溪澗曲折我輩諳知之行省不知用地利力戰但謀走耳今敗矣其夜承裕率兵南行大元兵踵擊之明日至會河川承裕兵大潰承裕僅脫身走入宣德大元游兵入居庸關中都戒嚴識者謂金之亡決於是役衞紹王猶薄其罪除名而已崇慶元年起爲陝西安撫使至寧元年遷元帥右監軍兼咸平府路兵馬都總管與契丹留可戰敗績改同判大睦親府事遼東宣撫使貞祐初改臨海軍節度使卒

贊曰曹劌有言一鼓作氣再而衰三而竭夫兵以氣爲主會河堡之役獨吉思忠承裕沮喪不可復振金之亡國兆於此焉

僕散揆本名臨喜其先上京人左丞相兼都元帥沂國武莊公忠義之子也少以世冑選爲近侍奉御大定十五年尚韓國大長公主擢器物局副使特授臨潢府路赫沙阿世襲猛安歷近侍局副使尚衣局使拱衞直副都指揮使爲殿前左衞將軍罷職世宗諭之曰以汝宣獻皇后之親故令尚主置之宿衞謂當以忠孝自勵日者乃與外人竊議汝腹中事朕不能測其罷歸田里尋起爲灤州刺史改蠡州入爲兵部侍郎大理卿刑部尚書章宗卽位出爲泰定軍節度使改知臨洮府事以政蹟聞升河南路統軍使陝西提刑司舉揆剛直明斷獄無寃滯禁戢家人百姓莫識其面積石洮二州舊寇皆遁商旅得通於是進官一階仍詔褒諭明昌四年鄭王永蹈謀逆事覺揆坐嘗私品藻諸王獨稱永蹈性善靜好事乃免死除名未幾復五品階起爲同知崇義軍節度使事以戰功遷西北路副招討進官七階賜金馬盂一銀二百兩重綵一十端復以戰功升西南路招討使兼天德軍節度使賜金五十兩重綵一十端復出禦邊嘗轉戰出塞七百里至赤胡覩地而還優詔褒諭遷一官仍許其子安貞尚邢國長公主且許揆入謝禮成歸鎭會韓國大長公主薨揆來赴上諭之曰北邊之事非卿不能辦乃賜戰馬二卽日遣還揆沿徼築壘穿塹連亘九百里營柵相望烽候相應人得恣田牧北邊遂寧復以手詔褒諭且欲大用以知興中府事紇石烈子仁代之勅畫以方畧授子仁旣入拜參知政事改授中都路胡土愛割蠻世襲猛安進拜尚書右丞尋出經畧邊事還拜平章政事封濟國公泰和五年宋人渝盟以揆爲宣撫河南軍民使上諭之曰朕卽位以來任宰相未有如卿之久者若非君臣道合一體同心何以及此先丞相亦嘗總師南邊勠力先朝今復委卿諒無過舉朕非好大喜功務要寧靜內外宋人屈服無復可議若恬不改可整兵渡淮掃蕩江左以繼爾先公之功卽以尚廐名馬玉束帶內府重綵及御藥賜之揆至汴蒐鍊將士軍聲大振會天壽節特遣其子安貞賜宴且命持白玉杯以飲揆及上秋獵所親獲鹿尾舌爲賜宋人服罪卽罷宣撫使召揆還六年春宋人復數路來侵取泗州取靈璧圍壽春命揆爲右副元帥以討之揆至軍前集諸將校告以朝廷弔代之意分遣將士禦敵復取臨淮蘄縣而符離壽春之圍亦解去敵屢敗衄悉遁出境上卽遣提點近侍局烏古論慶壽持手詔勞問征討事宜仍賜玉具劒一玉荷蓮盞一金器一百兩重綵一十端尋復以詔褒諭賜玉鞍勒馬二及玉具佩刀內府重綵御藥以旌其功宋人旣敗退上欲進討乃召揆赴闕戒以師期宴于慶和殿親諭之曰朕以趙擴背盟侵我疆埸命卿措畫曾未期月諸處累報大捷振我國威挫彼賊鋒皆卿之力朕不能忘是日寵錫甚厚特收其次子寧壽爲奉御乃密授以成算俾還軍十一月揆總大軍南伐分兵爲九路進揆以行省兵三萬出潁壽至淮宋人旅拒于水南揆密遣人測淮水惟八疊灘可涉卽遣奧屯驤揚兵下蔡聲言欲渡宋帥何汝礪姚公佐悉銳師屯花靨以備揆乃遣右翼都統完顏賽不先鋒都統納蘭邦烈潛渡八疊駐南岸揆麾大軍直壓其陣敵不虞我卒至皆潰走自相蹂踐死于水者不可勝計進奪潁口下安豐軍遂攻合肥取滁州盡獲其軍實上遣使諭之曰前得卿奏先鋒已奪潁口偏師又下安豐斬馘之數各以萬計近又西帥奏捷棗陽光化旣爲我有樊城鄧城亦自潰散又聞隨州圍城歸順山東之衆久圍楚州隴右之師剋期出界卿提大兵攻合肥趙擴聞之料已破膽失其神守度彼之計乞和爲上昔嘗畫三事付卿以今事勢計之徑渡長江亦其時矣淮南旣爲我有際江爲界理所宜然如使趙擴奉表稱臣歲增貢幣縛送賊魁還所俘掠一如所論亦可罷兵卿宜廣爲渡江之勢使彼有必死之憂從其所請而縱之僅得餘息偷生豈敢復萌他慮卿於此時經營江北勞倈安集除其虐政橫賦以良吏撫字疲民以精兵分守要害雖未係趙擴之頸而朕前所畫三事上功已成矣前入見時已嘗議定今復諄諄者欲決卿成功爾機會難遇卿其勉之旣而宋帥丘崈果奏書乞和揆以前五事諭而遣之復進軍圍和州敵以騎萬五千駐六合揆偵知之卽以右翼掩擊斬首八千級進屯于瓦梁河以控眞揚諸路之衝乃整列軍騎畢張旗幟沿江上下皆金兵焉於是江表震恐宋眞州兵數萬保河橋復遣統軍紇石烈子仁往攻之分軍涉淺潛出敵後敵見之大驚不戰而潰斬首二萬餘級生擒其帥劉侹常思敬蕭從德莫子容皆宋驍將也遂下眞州宋復遣陳璧來告和揆以乞辭未誠徒欲緩師卻之宋人旣喪敗不獲請成乃決巨勝成公雷塘瀦積水以爲阻盡焚其廬舍儲積過江遁去揆以方春地濕不可久留且欲休養士馬遂振旅而還次下蔡遇疾詔遣宣徽使李仁惠及其子寧壽引太醫診視仍遣中使撫問泰和七年二月薨訃聞上哀悼之輟朝遣使迎喪殯于都城之北百官會弔車駕臨奠哭之賻銀一千五百兩重幣五十端絹五百疋其葬祭物皆從官給謚曰武肅揆體剛內和與物無忤臨民有惠政其爲將也軍門鎭靜賞罰必行初渡淮卽命徹去浮梁所至皆因糧于敵無餽運之勞未嘗輕用士卒而

輿之同甘苦人亦樂爲之用故南征北伐爲一代名將云

抹撚史扢搭臨潢路人也其先以功授世襲謀克史扢搭幼襲爵守邊有勞泰和六年南鄙用兵授同知蔡州防禦使事五月宋將李爽圍壽州田俊邁陷蘄縣平章政事僕散揆謂諸將曰符離彭城齊魯之蔽符離不守是無彭城彭城陷則齊魯危矣乃遣安國軍節度副使納蘭邦烈與史扢搭以精騎三千戍宿州俊邁果率步騎二萬來襲邦烈史扢搭逆擊大破之邦烈中流矢郭倬李汝翼以衆五萬繼至遂圍城攻之甚力城中叢射敵不能逼會淫雨潦溢敵露處勞倦邦烈遣騎二百潛出敵後突擊之敵亂史扢搭率騎蹂之殺傷數千人敵復聞援軍將至遂夜遁邦烈史扢搭躡其後黎明合擊大破之獲田俊邁十月揆以行省兵三萬出潁壽史扢搭爲驍騎將中軍副統克安豐軍羲霍丘花靨功居多十二月從攻和州中流矢卒史扢搭形不過中人而拳勇善鬭所用槍長二丈軍中號爲長槍副統又工用手箭箭長不盈握每用百數散置鎧中遇敵抽箭以鞭揮之或以指鉗取飛擲數矢齊發無不中敵以爲神其箭皆以智創雖子弟亦不能傳其法在北部守厥山營敵尤畏之不敢近及死將士皆惋惜之

內族宗浩字師孟本名老昭祖四世孫太保兼都元帥漢國公昂之子也貞元中爲海陵庶人入殿小底世宗即位遼陽昂遣宗浩馳賀世宗見之喜命充符寶祗候大定二年冬昂以都元帥置幕山東宗浩領萬戶從行仍授山東東路兵馬都總管判官丁父憂起復承襲因閔斡魯渾猛安授河南府判官以母喪解服闋授同知陝州防禦使事察廉能第一等進官一階陞同知彰化軍節度使事累遷同簽樞密院事改曷蘇館節度使世宗謂宰臣曰宗浩有才幹可及者無幾二十三年徵爲大理卿踰年授山東路統軍使兼知益都府事陛辭世宗論之曰卿年尚少以卿近屬有治迹故以此授卿宜體朕意因賜金帶遣之二十六年爲賜宋主趙昚生日使還授刑部尚書俄拜參知政事章宗即位出爲北京留守三轉同判大睦親府事北方有警命宗浩佩金虎符駐泰州便宜從事朝廷發上京等路軍萬人以戍宗浩以糧儲未備且度敵未敢動遂分其軍就食隆肇間是冬果無警北部廣吉剌者尤桀驁屢脅諸部入塞宗浩請乘其春暮馬弱擊之時阻𨏅亦叛內族襄行省事于北京詔議其事襄以謂若攻破廣吉剌則阻𨏅無東顧憂不若留之以牽其勢宗浩奏國家以堂堂之勢不能掃滅小部顧欲藉彼爲捍乎臣請先破廣吉剌然後提兵北滅阻𨏅章再上從之詔諭宗浩曰將征北部固卿之誠更宜加意毋致後悔宗浩覘知合底忻與婆速火等相結廣吉剌之勢必分彼既畏我見討而復掣肘仇敵則理必求降可呼致也因遣主簿撒領軍二百爲先鋒戒之曰若廣吉剌降可就徵其兵以圖合底忻仍偵餘部所在速使來報大軍當進與汝擊破之必矣合底忻者與山只昆皆北方別部恃強中立無所羈屬往來阻𨏅廣吉剌間連歲擾邊皆二部爲之也撒入敵境廣吉剌果降遂徵其兵萬四千騎馳報以待宗浩北進命人齎三十日糧報撒會于移米河共擊敵而所遣人誤入婆速火部由是東軍失期宗浩前軍至忒里葛山遇山只昆所統石魯渾灕兩部擊走之斬首千二百級俘生口車畜甚衆進至呼歇水敵勢大蹙於是合底忻部長白古帶山只昆部長胡必剌及婆速火所遣和火者皆乞降宗浩承詔諭而釋之胡必剌因言所部必列土近在移米河不肯偕降乞討之乃移軍趨移米與迪列土遇擊之斬首三百級赴水死者十四五獲牛羊萬二千車帳稱是合底忻等恐大軍至西渡移米棄輜重遁去撒與廣吉利部長忒里虎追躡及之於窊里不水縱擊大破之婆速火九部斬首溺水死者四千五百餘人獲馳馬牛羊不可勝計軍還婆速火乞內屬并請置吏上優詔褒諭遷光祿大夫以所獲馬六千置牧以處之明年宴賜東北部尋拜樞密使封榮國公初朝廷置東北路招討司泰州去境三百里每敵入比出兵追襲敵已遁去至是宗浩奏徙之金山以據要害設副招討二員分置左右由是敵不敢犯會中都山東河北屯駐軍人地土不贍官田多爲民所冒占命宗浩行省事詣諸道括籍凡得地三十餘萬頃還坐以倡女自隨爲憲司所糾出知眞定府事徙西京留守復爲樞密使進拜尚書右丞相超授崇進時懲北邊不寧議築壕壘以備守戍廷臣多異同平章政事張萬公力言其不可宗浩獨謂便乃命宗浩行省事以督其役功畢上賜詔褒賚甚厚撒里部長陁括里八寨宗浩以兵追躡與僕散揆軍合擊之殺獲甚衆敵遁去詔徵還入見優詔獎諭璽遷儀同三司賜玉束帶一金器百兩重幣二十端進拜左丞相宋人畔盟王師南伐會平章政事揆病乃命宗浩兼都元帥往督進討宗浩馳至汴大張兵勢親赴襄陽巡師而還宋人大懼乃命知樞密院事張巖以書乞和宗浩以辭旨未順却之仍論以稱臣割地縛送元謀姦臣等事巖復遣方信孺齎其主趙擴誓藁來且言擴併發三使將賀天壽節及通謝仍報其祖母謝氏殂致書于都元帥宗浩曰方信孺還遠貽報翰及所承鈞旨仰見以生靈休息爲重曲示包容矜軫之意聞命踊躍私竊自喜即具奏聞備述大金皇帝天覆地載之仁與都元帥海涵春育之德旋奉上旨亟遣信使通謝宸庭仍先令信孺再詣行省以請定議區區之愚實恃高明必蒙洞照重布本末幸垂聽焉兵端之開雖本朝失於輕信然痛罪姦臣之蔽欺亦不爲不早自去歲五月編竄鄧友龍六月又誅蘇師旦等是時大國尚未嘗一出兵也本朝即捐已得之泗州諸軍屯于境外者盡令徹戍而南悔艾之誠于茲可見惟是名分之論今昔事殊本朝皇帝本無佳兵之意況關繫至重又豈臣子之所敢言江外之地恃爲屏蔽儻如來諭何以爲國大朝所當念察至于首事人鄧友龍等誤國之罪固無所逃若使執縛以送是本朝不得自致其罰于臣下所有歲幣前書已增大定所減之數此在上國初何足以爲重輕特欲藉手以見謝過之實儻上國諒此至情物之多寡必不深計矧惟兵興以來連歲創殘賦入屢蠲若又重取于民是基元元無窮之困竊計大朝亦必有所不忍也於通謝禮幣之外別致微誠庶幾以此易彼其歸投之人皆雀鼠偷生一時竄匿往往不知存亡本朝既無所用豈以去來爲意當隆興時固有大朝名族貴將南來者洎和議之定亦嘗約各不取索況茲瑣瑣誠何足云儻大朝必欲追求尚容拘刷至如泗州等處驅掠人悉當護送歸業夫締新好者不念舊惡成大功者不較小利欲望力賜開陳捐棄前過闊略他事玉帛交馳歡好如初海內寧謐長無軍兵之事功烈昭宣德澤洋溢鼎彝所紀方冊所載垂之萬世豈有既乎重惟大金皇帝誕節將臨禮當修賀兼之本國多故又言合遣人使接續津發已具公移企望取接伏冀鑒其至再至三有加無已之誠亟踐請盟之諾即底于成威戴恩德永永無極誓書副本慮往復遷延就以錄呈初信孺之來自以和議遂成輙自稱通謝使所參議官大定中宋人乞和以王抃爲通問使所參議官信孺援以爲例宗浩怒其輕妄因之以聞朝廷亦以其爲行人而不能孚兩國之情將留之遣使問宗浩曰今信孺事既未集自知還必得罪拘之適使他日有以藉口不若數其恍易而釋遣之使歸自窮無辭以白其國人則擴侂冑必擇謹厚者來矣於是遣之而復張巖書曰方信孺重以書來詳味其辭於請和之意雖若婉遜而所畫之事猶未悉從惟言當還泗州等驅掠而已至於責貢幣則欲以舊數爲增追叛亡則欲以橫恩爲例而稱臣割地縛送姦臣三事則並飾虛說弗肯如約豈以爲朝廷過求有不可從將度德量力足以背城借一與我軍角一日勝負者哉既不能强又不能弱不深思熟慮以計將來之利害徒以不情之語形于尺牘而勤郵傳何也兵者凶器佳之不祥然聖人不得已而用之故三皇五帝所不能免夫豈不以生靈爲念蓋犯順負義有不可恕者乃者彼國犯盟侵我疆埸帥府奉命征討雖未及出師姑以逐處戍兵隨宜捍禦所向摧破莫之敢當執俘折馘不可勝計餘衆震懾靡然奔潰是以所侵疆土旋即底平爰及泗州亦不勞而復今乃自謂捐其已得斂軍徹戍以爲悔過之効是豈誠實之言據陝西宣撫司申報今夏宋人犯邊者十餘次並爲我軍擊退梟斬捕獲蓋以億計夫以悔艾罪咎移書往來丐和之間乃暗遣賊徒突我守圉冀乘其不虞以徼倖毫末然則所爲來請和者理安在哉其言名分之論今昔事殊者蓋與大定之事固殊矣本朝之於宋國恩深德厚莫可殫述皇統謝章可槩見也至於世宗皇帝俯就和好三十年間恩澤之渥夫豈可忘江表舊臣于我大定之初以失在正隆致南服不定故特施大惠易爲姪國以鎭撫之今以小犯大曲在於彼既以絶大定之好則復舊稱臣於理爲宜若爲非臣子所敢言在皇統時何故敢言而今獨不敢是又誠然乎哉又謂江外之地將爲屏蔽割之則無以爲國夫藩籬之固當守信義如不務此雖長江之險亦不可恃區區兩淮之地何足屏蔽而爲國哉昔江左六朝之時淮南屢嘗屬中國矣至後周顯德間南唐李景獻廬舒蘄黃畫江爲界是亦皆能爲國既有如此故實則割地之事亦奚不可自我師出疆所下州軍縣鎭已爲我有未下者即當割而獻之今方信孺齎到誓書乃云疆界並依大國皇統彼之隆興年已畫爲定若是則既不言割彼之地又翻欲得我之已有者豈理也哉又來書云通謝禮幣之外別備錢一百萬貫折金銀各三萬兩專以塞再增幣之責又云歲幣添五萬兩疋其言無可準況和議未定輙前具載約擬爲誓書又直報通謝等三番人使其自專如是豈協禮體此方信孺以求成自任臆度上國謂如此徑往則事必可集輕瀆誑紿理不可容尋具奏聞欽奉聖訓昔宣靖之際棄信

背盟我師問罪嘗割三鎮以乞和今旣無故與兵蔑棄信誓雖盡獻江淮之地猶不足以自贖況彼國嘗自言叔父姪子與君臣父子略不相遠如能依舊稱臣卽許以江淮之間取中爲界如欲世爲子國卽當盡割淮南亘以大江爲界陝西邊面並以大軍已占爲定據元謀姦臣必使縛送緣彼懇欲自致其罰可令函首以獻外歲幣雖添三萬兩疋止是復皇統舊額而已安得爲增可令更添五萬兩疋以表悔謝之實向汴陽乞和時嘗進賞軍之物金五百萬兩銀五千萬表段裏絹各一百萬牛馬騾各一萬駝一千書五監今卽江表一隅之地與昔不同特加矜憫止令量輸銀一千萬兩以充犒軍之用方信孺言語反覆不足取信如李大性朱致和李壁吳琯輩似乎忠實可遣詣軍前稟議擴方信孺詭詐之罪過於胡昉然自古兵交使人容在其間姑放令回報伏遇主上聖德寬裕光大天覆地容包荒宥罪其可不欽承以仰副仁恩之厚儻猶有所稽違則和好之事勿復冀也夫宋國之安危存亡將繫于此更期審慮無貽後悔泰和七年九月薨于汴其後宋人竟請以叔爲伯增歲幣備犒軍銀函姦臣韓侂胄蘇師旦首以獻而乞盟焉訃聞上震悼輟朝命其子宿直將軍天下奴奔赴喪所仍命葬畢持繪像至都將親臨奠以南京副留守張巖叟爲勅祭兼發引使莒州刺史女奚烈孛葛速爲勅葬使仍摘軍前武士及旗鼓笛角各五十人外隨行親屬官員親軍送至葬所賻贈甚厚謚曰通敏

贊曰金自宗弼渡江而還旣而畫淮爲界厥後海陵㴖衆舉兵國用虛耗上下離心內難先作故世宗之初章宗之末有事于南皆非得已而詳問之使每先發爲侂胄狂謀誤國動非其時取敗宜也揆宗浩雖師出輒捷而行成之使不拒其來儀幣書辭抑揚增損之際有可稽卩卽許其平矣函首之事宋人亦欲因是以自除其禍耳雖然揆宗浩常勝之家史圪搭驍勇之將三人相繼而死和議亦成天意蓋已休息南北之人歟

金史卷九十四

元中書右丞相總裁脫脫等修

列傳第三十二

夾谷清臣　內族襄　夾谷衡　完顏安國
瑤里孛迭

夾谷清臣本名阿不沙胡里改路桓篤人也姿狀雄偉善騎射皇統八年襲祖駮達猛安大定元年聞世宗卽位率本部軍六千赴中都會之以功遷昭武大將軍從右副元帥紇石烈志寧爲管押萬戶接應左都監完顏思敬逐窩斡餘黨敗之柔遠至抹拔里達悉獲之賊平遷鎭國上將軍知潁順軍事會宋兵二萬襲陷汝州殺刺史烏古孫麻發及漢軍二千河南統軍宗正遣萬戶孛术魯定方與清臣等領騎兵四千往擊之宋人棄城遁遂復汝州三年五月從志寧復取宿州宋將李世輔大敗遁去志寧復遣清臣等以兵追襲又敗之捷聞授宿州防禦使移博州改西北路招討都監遷烏古十壘部族節度使十二年授右副都點檢遷左副都點檢出爲陝西路統軍使兼知京兆府事朝辭賜以金帶廄馬仍諭之曰卿典禁兵日侍左右勤勞久矣故以是授卿宜益思勉二十六年改西京留守閱三歲遷樞密副使明昌元年初議出師以本職充東北路兵馬都統制使旣而詔止之俄以其女爲昭儀眷倚益重二年拜尚書左丞頃之進平章政事封芮國公賜同本朝人四年遷右丞相監修國史時議簽軍戍邊上問漢人與夏人孰勇清臣曰漢人勇上曰昔元昊擾邊宋終不能制何也清臣曰宋馭軍法不可得知今西南路人殊勝彼也未幾遷崇進改封戴一日上謂宰臣曰人有以八陣圖來上者其圖果何如朕嘗觀宋白所集武經然其載攻守之法亦多難行清臣曰兵書皆定法難以應變本朝行兵之術惟用正奇二軍臨敵制變以正爲奇以奇爲正故無往不克上曰自古用兵亦不出奇正二法耳且學古兵法如學奕碁未能自得於心而欲用舊陣勢以接敵亦已疎矣尋上表丐閒不許固請乃賜告省覲諭之曰聞卿母老欲令歸省故特給假五十日馳驛以往至彼可爲一月留也五年二月上御凝和殿清臣省覲還謁上上問卿母健否其壽幾何相別幾年矣清臣對曰臣母年八十三矣別十年幸頗強健上曰何不來此曰急於家務故不欲離耳上曰老人多如是所謂血氣旣衰戒之在得也復謂清臣胡里改路風俗何如對曰視舊則稍知禮貌而勇勁不及矣因言西南西北等路軍人其閑習弓矢亦非復曩時六年遷儀同三司進拜左丞相改封密受命出師行尚書省事於臨潢府清臣遣人偵知虛實以輕騎八千令宣徽使移刺敏爲都統左衛將軍充招討使完顏安國爲左右翼分領前隊自選精兵一萬以當後隊進至合勒河前隊敏等於栲栳濼攻營十四下之回迎大軍屬部斜出掩其所獲羊馬貲物以歸清臣遣人責其貺罰北阻轐由此叛去大侵掠上遣責清臣命右丞相襄代之承安五年降授橫海軍節度使兼滄州管內觀察使初上諭宰臣曰清臣舊有勞效罪狀未甚明若降授應須告致仕耳初擬知廣寧府上曰姑與滄州旣而又曰與則與之第恐有人言也尋復致仕泰和二年薨年七十子么查剌襲猛安初議征討清臣主其事旣而領軍出征雖屢獲捷而貪小利遂致北邊不寧者數歲天下尤之

丞相襄本名唵昭祖五世孫也祖什古迺從太祖平遼以功授上京世襲猛安歷東京留守父阿魯帶皇統初北伐有功拜參知政事襄幼有志節善騎射多勇略年十八襲世爵大定初契丹叛從左副元帥謀衍以本部兵討賊戰于肇州之長濼襄先登鏖擊足中流矢裹創以戰氣愈厲七戰皆勝謀衍握其手曰今日之捷皆公力也賊走渡霧鬆河追及之所駐地多草賊乘風縱火襄亦縱火立空地以峻戰十餘合賊益困襄謂謀衍曰今不乘此平殄後將有悔謀衍然之襄率衆搏戰大敗之俘獲萬計會朝廷遣平章政事僕散忠義代謀衍將襄復從忠義追賊至裊嶺西之陷泉及之率右翼身先奮擊賊大潰人馬相蹂而死陷泉幾平賊酋窩斡僅與數十騎遁去卒就擒論功爲第一有司擬淄州刺史詔特授亳州防禦使時年二十三宋人犯南鄙襄爲潁壽都統率甲士二千人渡潁水敗敵兵五千復潁州生擒宋帥楊思犬濠州宋將郭太尉退保橫澗山襄攻之伏弩射中其膝督攻愈急拔之獲郭太尉旣而趨滁州襄爲先鋒將至清流關得宋偵者知敵欲三道夜出掩我不備左副元帥紇石烈志寧問計襄曰今兵少地險儻不得關敵至我無所據必先取之曰我與若孰往襄曰元帥國家大臣詎宜輕動襄當爲公往取志寧韙之襄率騎二千分二道一由衡路自以千兵間道濳登旣近敵始覺襄攻克之據其關志寧履行戰地顧謂曰克敵於不可勝之地眞天下英傑也及宋乞盟班師召爲拱衛直都指揮使改殿前右衛將軍轉左衛出爲東北路招討都監遷速頻路節度使移曷懶路兵馬都總管左丞相志寧疾甚世宗臨問之志寧薦襄智勇兼濟有經世才他人莫及異時任用殆勝于臣卽召授殿前左副都點檢爲宋生日使宋方祈免親接國書襄至宋人屢來議皆折之迄成禮而還授陝西路統軍使賜之尚服廐馬鞍勒佩刀改河南統軍使入爲吏部尚書轉都點檢賜錢千萬世宗謂宰執曰襄爲人甚蘊藉非直日亦入宮規畫諸事有所付乃退其公勤如此若襄之才豈多得哉擢御史大夫踰月拜尚書右丞諭之曰卿在河南經制邊事甚有統紀及在吏部至爲點檢尤奉公守法朕甚嘉之近長憲臺亦以剛直聞是用委以政機其益勉之未幾進拜左丞襄在外任治有異效至是朝廷以襄賞廉吏詔天下列其名以示獎勵二十三年進拜平章政事封蕭國公世宗以金源郡王世嫡皇孫將加王爵詔擇國號襄曰爲天下大計必先正其本原者本也請封原從之故事諸部族節度使及其僚屬多用糺人而頗有私縱不法者議改用諸色人襄曰北邊雖無事恒須經略之若杜此門其後有勞績何以處之請如舊他日議及古有監軍之事襄曰漢唐初無監軍將得專任故戰必勝攻必克及叔世始以內臣監其軍動爲所制故多敗而少功若將得其人監軍誠不必置並嘉納之詔受北部進貢使還世宗問邊事具圖以進因上羈縻屬部鎭服大石之策詔悉行之進拜右丞相從封戴世宗不豫與太尉徒單克寧平章政事張汝霖宿內殿同受顧命章宗初卽政議罷僧道奴婢太尉克寧奏曰此蓋成俗日久若遽更之於人情不安陛下如惡其數多宜嚴立格法以防濫度則自少矣襄曰出家之人安用僕隸乞不問從初如何所得悉放爲良若寺觀物力元係奴婢之數推定者並合除免詔從襄言由是二稅戶多爲良者明昌元年同知棣州防禦使謈上封事歷詆宰執太傅克寧奏謈所言襄預知之於是詔謈還本猛安而襄出知平陽府事移知鳳翔歷西京留守召授同判大睦親府事進樞密使復拜右丞相改封任將左丞相夾谷清臣北禦邊措畫乖方屬邊事急命襄代將其衆佩金牌便宜從事臨宴慰遣賜以貂裘安山細鎧及戰馬二將胡疋乣亦叛嘯聚北京臨潢之間襄至遣人招之卽降遂屯臨潢頃之出師大鹽濼復遣右衛將軍完顏充進軍斡魯速城欲屯守俟隙進兵繪圖以聞議者異同卽召面諭厚賜遣還未幾遣西北路招討使完顏安國等趨多泉子密詔進討乃命支軍出東道襄由西道而東軍至龍駒河爲阻轐所圍三日不得

出求援甚急或請俟諸軍集乃發襄曰我軍被圍數日馳救之猶恐不及豈可後時即鳴鼓夜發或請先遣人報圍中使知援至襄曰所遣者儻爲敵得使知我兵寡而糧在後則吾事敗矣乃益疾馳遲明距敵近衆請少憩襄曰吾所以乘夜疾進者欲掩其不備爾緩則不及詰旦壓敵突擊之圍中將士亦鼓譟出大戰獲輿帳牛羊衆皆奔斡里札河遣安國追躡之衆散走會大雨凍死者十八九降其部長遂勒勳九峰石壁捷聞上遣使厚賜以勞之別詔許便宜賞賚士卒九月赴闕拜左丞相監修國史封常山郡王宴慶和殿上親舉酒飲解所服玉具佩刀以賜俾即服之十月阻轐復叛襄出屯北京會羣牧契丹德壽陁鎖等據信州叛僞建元曰身聖衆號數十萬遠近震駭襄閑暇如平日人心乃安初襄之出鎮也至石門鎮密謂僚屬曰北部犯塞奚足慮第恐姦人乘隙而動北京近地軍少當預爲之備即遣官發上京等軍六千至是果得其用臨潢總管烏古論道遠咸平總管蒲察守純分道進討擒德壽等送京師契丹之亂廷臣議罷郊祀又欲改用正月上辛上遣使問之對曰郊爲重禮且先期詔天下又藩國已報表賀今若中罷何以副四方傾望之意若改用正月上辛乃祈穀之禮非郊見上帝之本意也大禮不可輕廢請決行之臣乞於祀前滅賊既而賊破果如所料郊禮成進封南陽郡王始討契丹自龍虎衛上將軍節度使以下許承制授之襄以爲賞罰之柄非人臣所預不敢奉詔賊平請委近臣諭旨將士使知上恩乃遣李仁惠持宣三十勅百五十視功給之方德壽之叛諸乣亦剽略爲民患襄慮其與之合乃移諸乣居之近京地撫慰之或曰乣人與北俗無異今置內地或生變奈何襄笑曰乣雖雜類亦我之邊民若撫以恩焉能無感我在此必不敢動後果無患尋詔參知政事裔代領其軍入見賜錢五千萬明年以內艱免翌日起復視事時議以契丹戶之驅奴尚衆乞盡鬻以散其黨襄以爲非便奏請量存口數餘悉官贖爲良上納之北部復叛裔戰失律復命襄爲左副元帥莅師尋拜樞密使兼平章政事屯北京民方艱食乃減價出糴倉粟以濟之或以兵食方闕爲言襄曰烏有民足而兵不足者卒行之民皆悅服時議北討襄奏遣同判大睦親府事宗浩出軍泰州又請左丞衡於撫州行樞密院出軍西北路以邀阻轐而自帥兵出臨潢上從其策賜內庫物即軍中用之其後斜出部族詣撫州降上專使問襄襄以爲受之便賜寶劒詔度宜窮討乃令士自賫糧以省輓運進屯於汚移剌烈烏滿掃等山以逼之因請就用步卒穿壕築障起臨潢左界北京路以爲阻塞言者多異同詔問方略襄曰今茲之費雖百萬貫然功一成則邊防固而戍兵可減半歲省三百萬貫且寬民轉輸之力實爲永利詔可襄親督視之軍民並役又募饑民以傭即事五旬而畢於是西北西南路亦治塞如所請無何泰州軍與敵接戰宗浩督其後殺獲過于諸部相率送欵襄納之自是北陲遂定襄還臨潢減屯兵四萬馬二萬匹上以信符召還遣近臣迎勞于途既至復撫問于第入獻邊機十事皆爲施行仍厚賜之復拜左丞相初襄至自軍上諭宰臣曰樞密使襄築立邊堡完固古來立一城一邑尚有賞賚即欲拜三公三公非賞功官如左丞相亦非賞功者雖然可特授之遣左司郎中阿勒根阿海降詔褒諭四年正月進拜司空領左丞相如故襄重厚寡言務以鎮靜守法每掾有所稟必問曰諸相云何掾對某相如是某相如是襄曰從某議其事無有異者識者謂襄誠得相體時上頗更定制度初置提刑司又議設清閑職位如宋朝宮觀使以待年高致仕之官襄言年老致仕朝廷養以俸廪恩禮至渥老不爲退復有省會之法所以抑貪冒長廉節若擬別設恐涉于濫又言省事不如省官今提刑官吏多無益於治徒亂有司事議者以謂斯乃外臺不宜罷臣恐混淆之辭徒煩聖聽且憲臺所掌者察官吏非違正下民冤枉亦無提點刑獄舉薦之權若已設難以遽更其採訪廉能不宜隸本司宜令監察御史歲終體究仍不時選官廉訪上皆聽納俄乞致仕不許時方旱命有司祈雨襄及平章政事張萬公參政僕散揆等上表待罪上召翰林學士党懷英草罪己詔仍慰諭襄等視事泰和元年春承命馳禱于亳州太清宮及后土方嶽以其世封遠特改授河間府路算术海猛安明年皇子生襄復自請報謝既祀嵩嶽還次芝田之府唐遂以疾薨年六十三訃聞輟朝遣使祭于路葬禮依太師淄王克寧謚曰武昭命張行簡銘其碑襄明敏才武過人上親待之厚故所至有功其駐軍臨潢也有以僞書遺西京留守徒單鎰欲構以罪書聞上以書還畀襄其明信如此既而果獲爲僞書者在政府二十年明練故事簡重能斷器局尤寬大待掾吏盡禮用人各得所長爲當世名將相大安間配享章宗廟庭

夾谷衡本名阿里不山東西路三土猛安益打把謀克人也大定十三年刱設女直進士舉衡中第四人補東平府教授調范陽簿選充國史院編修官改應奉翰林文字世宗嘗謂宰臣曰女直進士中才傑之士蓋亦難得如徒單鎰夾谷衡尼厖古鑑皆有用材也遷修起居注章宗立爲侍御史轉右司員外郎敷奏稱旨升左司郎中明昌二年擢御史中丞未幾拜參知政事三年八月以病表乞致仕詔撫慰不許衡久在告承詔始出上見其羸瘠復賜告一月四年詔賜今名諭之曰朕選大臣俾參機務必資謀畫協贊治平其或得失晦而未形利害膠而未決正須識見純直方能去取合公比來議事之臣鮮有一定之論蓋以內無所守故臨事而惑致有中失朕將何賴卿忠實公方審其是則執而不回見其非則去而能果度其事勢有若權衡汝之所長衡實似之可賜名衡古者命名將以責實汝先有實可謂稱名行之克終乃副朕意參知政事胥持國言區種法衡曰若苟有利古已行之且用功多而所種少復恐荒廢土田徒勞民無益也進尚書右丞舊制久歷隨朝職任者得奉使江表衡未使而拜執政特賜錢六千貫六年遷尚書左丞尋出行省于撫州洎還入朝聞父憂去上亟召回起復本職承安二年出爲上京留守尋改樞密副使行院規畫邊事三年以修完封界賜詔褒諭四年正月就拜平章政事封英國公薨年五十一上聞之惻然爲輟朝命官致祭賻贈有加遣使勅葬謚曰貞獻

完顏安國字正臣本名閩母其先占籍上京世有戰功祖斜婆授西南路世襲合札謀克安國沉雅有謀畫尤善騎射正隆元年從軍爲謀克常以少擊衆大定中爲常山簿轉虹縣令會王府新建選充虞王府掾再遷儀鸞局副使明昌元年改本局使會大石部長有乞修歲貢者朝廷許其請詔安國往使之至則率衆遠迓至帳望闕羅拜執禮無惰容時北阻轐迫近塞垣隣部欲立功以誇雄上國議邀安國俱行討之安國以未奉詔爲辭强之不可或以危言怵之安國曰大丈夫豈以生死易節暴骨邊庭不猶愈於病死牖下衆壯其言餽贐如禮既還以奉使稱旨升武衛軍都指揮使出爲東北路副招討未赴改西北路副招討六年左丞相夾谷清臣出兵以安國爲先鋒都統適臨潢泰州屬部叛安國先討定之以功遷本路招討使兼威遠軍節度使承安元年大鹽濼之戰殺獲甚衆詔賜金幣既而右丞相襄總大軍進安國爲兩路都統大捷於多泉子襄遣安國追敵僉言糧道不繼不可行也安國曰人得一羊可食十餘日不如驅羊以襲之便遂從其計安國統所部萬人疾驅以薄之降其部長捷聞進官四級遷左翼都統承安二年以營邊堡功召簽樞密院事賜虎符還邊得以便宜從事時並塞諸部降諭使輸貢如初進拜樞密副使泰和元年特授世襲西南路延晏河猛安兼合札謀克帝幸慶寧宮命安國嚴飭邊備奏西南路邊戍私竄者乞招誘以安人心上是其言三年以疾致仕封道國公四年起復前職卒上聞之輟朝勅有司葬以執政禮贈特進安國在軍旅幾十五年號令嚴明指麾卒伍如左右手又善伺知敵人虛實及山川險易戰必身先士卒故所向輒克諸部入貢安國能一一呼其祖先弟姪名字以戒諭之諸部皆震慄甚爲隣國所畏服

瑤里孛迭北京路窟白猛安陀羅山謀克人也以軍功歷海濱令遷徐王府掾以稱職再任御史臺察廉升同知震武軍節度使事明昌初爲唐州刺史尋授西北路招討副使未幾改東北路六年正月北邊有警聚兵圍慶州急孛迭率本路軍往救敵解去州竟無患承安元年丞相襄北伐孛迭爲先鋒副統進軍至龍駒河受圍會襄引大軍至得解後授鎮寧軍節度使以六羣牧人叛改寧昌軍孛迭爲都統領步騎萬次懿州敵數萬來逆戰兵勢甚張孛迭親陷陣奮力鏖擊却之身中二創捷聞遷一官承安二年乣軍千餘出沒剽掠錦懿間孛迭追敗之復獲所掠悉還本戶三年從同判大睦親府事宗浩爲左翼都統戰移密河勝戰骨堡子西殺獲甚衆五年授知廣寧府事俄改東北路招討使以捍邊有功賜詔褒諭三遷爲崇義軍節度使泰和六年卒訃聞遣官致祭賜銀五百兩贈金紫光祿大夫孛迭勇決善戰自幼以軍功顯任兵鎮十餘年所向克捷凡再遷官賜金幣甚爲上倚注云

贊曰易師之初六師出以律否臧凶蓋初爲師之始出師之道當慎其始清臣首議出師遽以貪小利敗襄雖賢竭力而後勝其任衡安國孛迭之功又亞於襄者也然而兵連禍結以終金世故兵無常勝制勝在勢勢制兵者强兵制勢者亡迹襄之開築壕塹以自固其猶元魏北齊之長城歟金之勢可知矣勢屈而兵勝亡國之道也金以兵始亦以兵終嗚呼用兵之始可不愼歟可不愼歟

金史卷九十五

元中書右丞相總裁脫脫等修

列傳第三十三

移剌履　張萬公　蒲察通　粘割斡特剌
程輝　劉瑋　董師中　王蔚
馬惠迪　馬琪　楊伯通　尼龐古鑑

移剌履字履道遼東丹王突欲七世孫也父聿魯早亡聿魯之族兄興平軍節度使德元無子以履爲後方五歲晚臥廡下見微雲往來天際忽謂乳母曰此所謂臥看青天行白雲者耶德元聞之驚曰是子當以文學名世及長博學多藝善屬文初舉進士惡搜檢煩瑣去之應補爲承奉班祗候國史院書寫世宗方興儒術詔譯經史擢經史院編修官兼筆硯直長一日世宗召問曰朕比讀貞觀政要見魏徵嘉謀忠節良可稱歎近世何故無如徵者履曰忠嘉之士何代無之但上之人用與不用耳世宗曰卿不見劉仲晦張汝霖耶朕超用二人者以嘗居諫職屢有忠言故也安得謂之不用第人材難得耳履曰臣未聞其諫也且海陵杜塞言路天下緘口習以成風願陛下懲艾前事開諫諍之門天下幸甚初議以時務策設女直進士科禮部以所學不同未可槩稱進士詔履定其事乃上議曰進士之科起于隋大業中始試以策唐初因之高宗時雜以箴銘賦詩至文宗始專用賦且進士之初本專試策今女直諸生以試策稱進士又何疑焉世宗大悅事遂施行十五年授應奉翰林文字兼前職俄遷修撰二十年詔提控衍慶宮畫功臣像過期降應奉踰年復爲修撰轉尚書禮部員外郎章宗爲金源郡王喜讀春秋左氏傳聞履博洽召質所疑履曰左氏多權詐駁而不純尚書孟子皆聖賢純全之道願留意焉王嘉納之二十六年進本部郎中兼同修國史翰林修撰表進宋司馬光古文孝經指解曰臣竊觀近世皆以兵刑財賦爲急而光獨以此進其君有天下者取其辭施諸宇內則元元受賜俄以疾乞補外世宗曰履多病可與便州遂授薊州刺史無幾召爲翰林待制同修國史明年擢尚書禮部侍郎兼翰林直學士世宗崩遺詔移梓宮壽安宮章宗詔百官議皆謂當如遺詔履獨曰非禮也天子七月而葬同軌畢至其可使萬國之臣朝大行於離宮乎上曰朕日夜思之捨正殿而奠於別宮情有所不忍且於禮未安遂殯於大安殿二十九年三月進禮部尚書兼翰林直學士賜大定三年孟宗獻榜下進士及第七月拜參知政事提控刊修遼史明昌元年進尚書右丞初河溢曹州帝問曰春秋二百四十二年不言河決何也履曰春秋止是魯史所以鮮及他國事二年六月薨年六十一是日履所生也謚曰文獻履秀峙通悟精歷算書繪事先是舊大明歷舛誤履上乙未歷以金受命于乙未也世服其善初德元未有子以履爲後既而生子震德元歿盡推家貲與之其自禮部兼直學士爲執政乃舉前代光院故事以錢五十萬送學士院學者榮之

張萬公字良輔東平東阿人也幼聰悟喜讀書父彌學夢至一室牓曰張萬相公讀書堂已而萬公生因以名焉登正隆二年進士第調新鄭簿以憂去服闋除費縣簿大定四年爲東京辰瀋鹽副使課增遷長山令時土寇未平一旦至城下者幾萬人萬公登陴諭以鄉里親舊意衆感悟相率而去邑人賴之爲立生祠久之補尚書省令史擢河北西路轉運司都勾判官改大理評事就陞司直四遷侍御史尚書右司員外郎丞相徒單克寧嘗謂曰後代我者必汝也俄授郎中敷奏明敏世宗嘉之謂侍臣曰張萬公純直人也尋遷刑部侍郎章宗卽位初置九路提刑司選爲南京路提刑使以治最遷御史中丞會北邊屢有警上命樞密使夾谷清臣發兵擊之萬公言勞民非便詔百官議於尚書省遂罷兵尋爲彰國軍節度使明昌二年知大興府事拜參知政事踰年以母老乞就養詔不許賜告省親還上問山東河北粟貴賤今春苗稼萬公具以實對上謂宰臣曰隨處雖得雨尚未霑足奈何萬公進曰自陛下卽位以來興利除害凡益國便民之事聖心孜孜無不舉行至於旱灾皆由臣等若依漢典故皆當免官上曰卿等何罪殆朕所行有不逮者對曰天道雖遠實與人事相通唯聖人言行可以動天地昔成湯引六事自責周宣遇灾而懼側身修行莫不修飾人事方今宜崇節儉不急之務無名之費可俱罷去上曰灾異不可專言天道蓋必先盡人事耳故孟子謂王無罪歲左丞完顏守貞曰陛下引咎自責社稷之福也上由是以萬公所言下詔罪已進士李邦乂者上封事因論世俗侈靡譏涉先朝有司議言者罪上謂宰臣曰昔唐張玄素以桀紂比文皇今若方我爲桀紂亦不之罪至於世宗功德豈容譏毀顧問萬公曰卿謂何如萬公曰譏斥先朝固當治罪然舊無此法今宜定立使人知之乃命免邦乂罪惟殿三舉其奏對詳敏多類此四年復申前請授知東平府事諭之曰卿在政府非不稱職以卿母老乞侍養特畀鄉郡以遂孝養朕心所屬不汝忘也萬公謝且捧書言曰臣狂妄有一言欲今日以聞會受除未及耳夫內外之職憂責如一畎畝之臣猶不忘君芻蕘之言明主所擇伏望聖聰省察上嘉納之六年改知河中府時軍興調發叢劇悉爲寬假使民力易辦人爲繪像於薰風樓又建去思堂移鎭濟南以母憂去職卒哭詔起復拜平章政事躐遷資善大夫封壽國公時李淑妃有寵用事帝意惑之欲立爲后大臣多不可御史姬端修上書論之帝怒御史大夫張暐削一官侍御史路鐸削兩官端修杖七十以贖論淑妃竟進封元妃又大兵雖罷而邊事方殷連歲旱暵灾異數見又多變更制度民以爲弗便而又改之紛紛無定萬公素沉厚深謹務安靜少事以爲治與同列議多不合然頗嫌畏不敢犯顏强諫須帝有問然後審畫利害而質言之帝雖從而弗行也萬公於是兩上表以衰病匄閒詔諭曰近卿言數事朕未嘗行乃朕之過卿年未老而遽告病今特賜告兩月復起視事初明昌間有司建議自西南西北路沿臨潢達泰州開築壕塹以備大兵役者三萬人連年未就御史臺言所開旋爲風沙所平無益於禦侮而徒勞民上因旱災問萬公所由致萬公對以勞民之久恐傷和氣宜從御史臺所言罷之爲便後丞相襄師還卒爲開築民甚苦之主兵者又言比歲征伐軍多敗衄蓋屯田地寡無以養贍至有不免饑寒者故無鬬志願括民田之冒稅者分給之則戰士氣自倍矣朝臣議已定萬公獨上書言其不可者五大略以爲軍旅之後瘡痍未復百姓拊摩之不暇何可重擾一也通檢未久田有定籍括之必不能盡適足以增猾吏之敝長告訐之風二也浮費侈用不可勝計推之以養軍可歛不及民而無待於奪民之田三也兵士失於選擇强弱不別而使同田共食振厲者無以盡其力疲劣者得以容其姦四也奪民而與軍得軍心而失天下心其禍有不可勝言者五也必不得已乞以冒地之已括者召民蒔之以所入贍軍則軍有坐獲之利而民無被奪之怨矣皆不報一日奏事上謂萬公曰卿昨言天久陰晦亦由人君用人邪正不分君子當在內小人當在外甚有理也然孰謂小人萬公奏張煒田櫟張嘉貞等雖有才幹無德可稱上卽命三人補外泰和元年連章請老不許遷榮祿大夫賜其子進士及第明年章再上有旨得非卿有所言朕有不從者乎或同列情見不一而多違卿意邪不然何求去如是之數也萬公謝無他第以病言三年正月章再上不允加銀青光祿大夫三月歷舉朝臣有名者以自代求去甚力上知其不能留諭曰朕初卽位擢卿執政繼遷相位以卿先朝舊人練習典故朕甚重之且年雖高而精力未衰故以機務相勞爲卿屢求退去故勉從之甚非朕意也加金紫光祿大夫致仕六年南鄙用兵上以山東重地須大臣鎭撫之先任完顏守貞卒於是特起萬公知濟南府山東路安撫使山東連歲旱蝗沂密萊莒濰五州尤甚萬公慮民饑盜起當預備賑濟時兵興國用不給萬公乃上言乞將僧道度牒師德號觀院名額并鹽引付山東行部於五州給賣納粟易換又言督責有司禁戢盜賊之方上皆從之宋人請和復乞致仕許之加崇進仍給平章政事俸之半泰和七年薨命依宰臣故事燒飯賻葬儀同三司謚曰文貞萬公淳厚剛正門無雜賓典章文物多所裁正上嘗與司空襄言秋山之樂意將有事於春蒐也顧視萬公萬公曰動何如靜上改容而止輔政八年其所薦引多廉讓之士爲大安元年配享章宗廟庭

蒲察通本名蒲魯渾中都路胡土愛割蠻猛安人也熙宗遷護衛見通名以筆識之通以父老懇乞就養衆訝之日得充侍衛終身榮貴今乃辭過人遠矣朝廷義而從之後因會葬宋王宗望於房山以門閥加昭信校尉授頓舍改御院通進海陵伐宋隆州諸軍尤精銳付通總之兵壓淮令通率騎二百先濟覘敵及弁中敵兵躍出通按兵直前傍有舞槊來刺者回身射之應弦而斃諸軍併擊敗之海陵召見喜形於色曰兵事定汝勿憂爵賞至揚州通營別屯是夜海陵遇弑有來告者通欲執而殺之續聞其實哀悶仆地衆掖而起徑入營門哭之軍還入見世宗顧謂近臣曰朕素知是人幼嘗從游性溫厚有識慮又精騎射授尚廐局副使又諭近臣曰常令見朕欲問以事而考其言朕將用之窩斡反命通佩金符詣軍前督戰賊破以功授世襲謀克奚人亂承詔繼往涖軍還本局使以母喪免起爲殿前右衛將軍兼領閑廐尋命其子蒲速烈尚衛國公主出爲肇州防禦使賜以金仍諭以補外之意因戒敕之語在世宗紀中尋擢蒲與路節度使移鎭歸德軍遷西南路招討入知大興府事除殿前都點檢初大理卿闕世宗欲令通爲之問宰臣對曰通點檢器也上曰點檢繁冗無由顯其能通明敏才幹正掌法之官又曰通之機識崇尹不及也大定十七年拜尚書右丞轉左丞詔議推排猛安謀克事大臣皆以爲止驗見在產業定貧富依舊科差

爲便通言必須通括各謀克人戶物力多寡則貧富自分貧富分則版籍定如有緩急驗籍科差富者不得隱貧者不重困與一例科差者大不侔矣上是通言謂宰臣曰議事當如通之盡心也閲三歲進平章政事封任國公世宗將幸上京以通朝廷舊人命爲上京留守先往鎮撫之二十五年除知眞定府事世宗曰朕復欲相卿惜卿老矣故以此授卿仍賜錢千貫未幾改知平陽府事移鳳翔致仕明昌四年上諭宰臣曰通先朝重臣年雖高而未衰因命知廣寧府事累表請老復以開府儀同三司致仕承安三年薨諭旨於其弟曰舊制致仕宰相無祭葬禮通舊臣懿戚故特命勅祭及葬初通在政府舉太子率府完顔守貞監察御史裔俱可大用其後皆爲名臣世多其知人云

粘割斡特剌蓋州別里賣猛安奚屈謀克人也貞元初以習女直字試補戶部令史轉尚書省令史大定七年選授吏部主事歷右補闕修起居注九年河南路統軍使宗敍以宋人欲啟兵釁上言求入見世宗遣斡特剌就問之仍究其實至汴問宗敍及召凡嘗言邊事者詰之皆無狀還報世宗喜曰朕固知妄也授左司員外郎十年以夏國發兵築祁安城及襲殺喬家族首領結什角又諜者言夏與宋人通謀犯邊詔大理卿李昌圖與斡特剌往按其事夏人報言結什角以兵犯夏境故殺之祁安城本上國所賜舊積石地發兵修築以備他盜耳又察知宋夏無交通狀及喬家族民戶願令結什角姪趙師古爲首領具以聞世宗甚悅轉右將軍賜衣馬車牛弓矢鎧仗十二年爲夏國生日使還授右司郎中遷右副都點檢久之出爲河南路統軍都監賜金帶及具裝馬十七年授昌武軍節度使兼領前職明年入爲刑部尚書拜參知政事世宗嘗論平章政事唐括安禮曰朕思爲治之道考擇人材最爲難事其餘常務各有程式非此比也如斡特剌所舉者頗稱朕意時右三部檢法蒙括蠻都告斡特剌與招討哲典朋黨乞付刑部詰問世宗曰若哲典免死則可謂朋黨今已伏誅乃誣謗耳又謂宰臣曰朕素知此人極有識慮貌雖柔而心甚剛直所行不率易也二十二年委提控代州阜通監召見諭之曰朕自任卿以來悉卿材幹故擢爲執政卿亦體朕待遇之意能勉盡所職凡謀議奏對多副朕心莫倚上有宰相而自嫌外蓋舊人年老新人未若經練是以委責於卿但有所見悉心以言勿持嫌以爲不知也二十三年進尚書右丞兼樞密副使表乞解一職詔許解樞密世宗以猛安謀克地留土田責宰臣曰此事皆卿輩所當陳舉乃俟朕言而後行蓋卿輩以爲細務非天子所親朕嘗思之獄訟簿書有斡特剌在餘事卿輩略不介意朕亦安能置而不問邪俄坐事削一階令視事如故二十六年轉尚書左丞世宗謂曰朕昨與宰臣議可授執政者卿不在焉今阿魯罕年老斡魯也多病吾欲用宗浩何如斡特剌奏曰彼二人者恐不得力獨宗浩幹能可任遂用宗浩又謂曰朕於天下事無不用心一如草創時斡特剌曰自古人君始勤終怠者多矣有始有終惟聖人能之上曰唐太宗至明之主也然魏徵諫以十事謂其不能有終是則有終始者實爲難矣二十八年爲上京留守賜通犀帶及射往馬一明昌二年致仕承安初有事北方朝廷欲得舊臣任之乃起爲東京留守遣監察御史完顔綱諭旨曰知汝精神尚健故復用也明年改上京留守又諭之曰上京祖先基業之地卿馳驛之任到彼便宜行事邊事稍息即召卿還二年九月還朝拜平章政事封芮國公在位數月薨年六十九訃聞上傷悼久之遣官致祭賻贈銀千二百五十兩重幣四十五端絹四百五十疋錢二千貫謚曰成肅斡特剌性溫厚醞藉嘗爲丞相紇石烈良弼所薦後世宗謂宰臣曰良弼善知人如斡特剌輩其才眞可用也在相位十餘年甚見寵遇唯奏定五品官子與外路司吏同試部令史及令隨朝吏員得試國史院書寫世宗以爲非云

程輝字日新蔚州靈仙人也皇統二年擢進士第由尚書省令史升左司都事久之爲南京路轉運使以宮殿火降授磁州刺史有吳僧者殺州人張善友而取其妻輝督捕之命張母以長錐刺僧與其妻無完膚以死改陝西東路轉運使再遷戶部尚書大定二十三年拜參知政事世宗論之曰卿年雖老猶可宣力事有當言毋或隱默卿其勉之一日輝侍朝世宗曰人嘗謂卿言語荒唐今遇事輒言過於王蔚顧謂宰臣曰卿等以爲何如皆曰輝議政可否略無隱情輝對曰臣年老耳聵第患聽聞不審或失奏對苟有所聞敢不盡心舊廟祭用牛世宗晩年欲以他牲易之輝奏曰凡祭用牛者以牲之最重故號太牢語曰犂牛之子騂且角雖欲勿用山川其舍諸古禮不可廢也二十四年世宗幸上京尚書省奏來歲正旦外國朝賀事世宗曰上京地遠天寒朕甚憫人使勞苦欲即南京受宋書何如輝對曰外國使來必面見天子今半途受書異時宋人託事效之何以辭爲世宗曰朕以誠實彼若相詐朕自有處置耳輝以爲不可於是議權免一年會有司市麪不時酬直世宗怒監察不舉劾杖責之以問輝輝對曰監察君之耳目所犯罪輕不贖而杖亦一時之怒也世宗曰職事不舉是故犯也杖之何不可輝對曰往者不可諫來者猶可追二十六年以老致仕六年復起知河南府事輝辭以衰老不任召入香閣諭之曰卿年老而精力尚彊雖久歷外未嘗得嘉郡河南地勝事簡故以處卿卿可優游頤養輝曰臣猶老馬也芻豆待養豈可責以筋力向者南京宮殿火非聖恩寬貸臣死久矣今河之徑河南境上下千餘里河防之責視彼尤重此臣所以憂不任也於是特詔不預河事章宗立時輝年七十六復乞致仕詔許之仍給參知政事半俸承安元年卒謚曰忠簡輝性倜儻敢言喜雜學尤好論醫從河間劉守眞說率用涼藥神童嘗添壽者方數歲輝召之因書醫非細事四字添壽塗細字改書作相輝頗慙人亦以此爲中其病云

劉瑋字德玉咸平人也唐盧龍節度使仁敬之裔祖弘遼季鎭懿州王師至弘以州降太祖俾知咸州後以同平章政事致仕父君詔同知宣徽院事瑋幼警悟業進士舉熙宗錄其舊特賜及第調安次丞由遵化縣令補尚書省令史歷戶部主事監察御史累轉尚書省都事宰臣奏擬瑋經畫軍民田土世宗見其名曰劉瑋尚淹此乎遷戶部員外郎時將東巡命瑋同工部郎中宋中往營行宮就陞郎中改同知宣徽院事爲使宋國信副使瑋父兄皆以是官使江左當時榮之還授戶部侍郎初世宗器瑋材幹以爲無施不可及將幸上京以行在所須皆隸太府欲瑋領其事嫌其稍下故移戶部侍郎張大節於工部而以戶部授瑋上還謂宰臣曰劉瑋極有心力臨事閑暇第用心不正耳若心正當其人才不可得也明年擢戶部尚書時河決于衞自衞抵清滄皆被其害詔兼工部尚書往塞之或以謂天災流行非人力所能禦惟當徙民以避其衝瑋曰不然天生五材遞相休王今河決者土不勝水也俟秋冬之交水勢稍殺以漸興築庶幾可塞明年春瑋齋戒禱于河功役齊舉河乃復故召還增秩以爲宋弔祭副使世宗不豫拜參知政事仍領戶部既而爲山陵使尋上表請外出知濟南府事移鎭河中明昌二年徙知大明府仍領河防事三年入拜尚書右丞上嘗問考課法今可行否右丞相夾谷淸臣曰行之亦可但格法繁則有司難於承用耳瑋曰考課之法本於總核名實今提刑司體察廉能贓濫以行賞罰亦其意也若別議設法恐涉太繁上問唐代何如瑋對以四善二十七最明年六月卒是日上將擊毬於臨武殿聞瑋卒而止謚曰安敏後上謂宰臣曰人爲小官或稱才幹及其大用則不然如劉瑋固甚幹然自世宗朝逮輔朕於事多有知而不言者若實愚人則不足論知及之而不肯盡心可乎平章政事完顔守貞曰春秋之法責備賢者上曰夫爲宰相而欲收恩避怨使人人皆稱已是賢者固若是乎

董師中字紹祖洺州人也少敏贍好學强記擢皇統九年進士第調澤州軍事判官改平遙丞縣有劇賊王一素凶悍不可制師中捕得杖殺之一境遂安時大軍後野多枯胔縣有遺櫬寓于驛舍者悉爲葬之遷絳上令補尚書省令史右相唐括訛魯古尤器重之撫其座曰子議論英發襟度開朗他日必居此座再考擢監察御史遷尚書省都事初師中爲監察時漏察大名總管忽剌不公事及忽剌以罪誅世宗怒曰監察出使郡縣職在彈糾忽剌親貴尤當用意乃徇不以聞削官一階降授沁南軍節度副使累遷坊州刺史明昌元年初置九路提刑司師中選爲陝西路副使坐修公廨濫支官錢罪以贖論及御史臺言其寬和有體召爲大理卿御史中丞吳鼎樞舉以自代尚書省亦奏其才行遂擢中丞時西北路招討使宗肅以平章夾谷淸臣薦知大興府事師中上言宗肅近以贓罪鞫于有司獄未竟不宜改除上納其言曰朕知之矣有功不賞有罪不罰雖唐虞不能化天下命復送有司四年上將幸景明宮師中及侍御史賈鉉治書侍御史粘割遵古諫以謂勞人費財蓋其小者變生不虞所繫非輕聖人法天地以順動故萬舉萬全今邊鄙不馴反側無定必里哥孛瓦貪暴强悍深可爲慮陛下若問諸左右必有容悅而言者謂堂堂大國何彼之恤夫蠭蠆有毒患起所忽今都邑壯麗內外苑囿足以優佚皇情近畿山川飛走充牣足以閱習武事何必千車萬騎草居露宿逼介邊陲遠煩偵候以冒不測之悔哉上不納師中等又上疏曰近年水旱爲沴明詔罪己求言罷不急之役省無名之費天下欣幸今方春東作而亟遣有司修建行宮揆之於事似爲不急况西北二京臨潢諸路比歲不登加以民有養馬簽軍挑壕之役財力大困流移未復米價甚貴若扈從至彼又必增價日糴升合者口以萬數舊籍北京等路商販給之倘以物貴或不時至則饑餓之徒將復有如

曩歲殺太尉馬毀太府瓜果出忿怨言起而爲亂者矣書曰民情大可見小人難保況南北兩屬部數十年捍邊者今爲必里哥孛瓦誘脅傾族隨去邊境蕩搖如此可虞若忽之而往豈聖人萬舉萬全之道哉適者太白晝見京師地震又北方有赤氣遲明始散天之示象冀有以警悟聖意修德銷變矧夫逸遊古人所戒遠自周秦近逮隋唐與遼皆以是生釁可不愼哉可不畏哉左補闕許安仁右拾遺路鐸亦皆上書論諫是日上御後閤召師中等賜對卽從其奏仍遣諭輔臣曰朕欲巡幸山後無他不禁暑熱故也今臺諫官咸言民間缺食處甚多朕初不盡知既已知之暑雖可畏其忍私奉而重民之困哉遣罷北幸尋爲宋生日國信使還以所得金帛分遺親舊五年上復如景明宮師中及臺諫官各上疏極諫上怒遣近侍局直長李仁愿詣尚書省召師中等諭之曰卿等所言非無可取然亦有失君臣之體者今命平章諭旨其往聽焉戶部尚書馬琪表舉自代擢吏部尚書初完顏守貞改爲西京留守朝京師上欲復用監察御史蒲剌都等糾彈數事師中辨其誣而舉守貞正人可用守貞由是復拜平章政事及守貞以罪斥上曰向薦守貞者應降黜如董師中言臺省無此人不治路鐸李敬義亦嘗推舉可左遷於外然三人者後俱可用今姑出之以正失舉罪除陝西西路轉運使歲餘徵爲御史大夫命與禮部尚書張暐看讀陳言文字踰三月拜參知政事進尚書左丞他日奏事上語輔臣曰御史姬端修言小人在側果誰歟師中曰應謂李喜兒輩上默然師中通古今善敷奏練達典憲處事精敏嘗言曰宰相不當事細務要在知人才振綱紀但一心正兩目明足矣承安四年表乞致仕詔賜宅一區留居京師以寒食乞還家上冢許之且命賦寒食還家上冢詩每節辰朝會召入侍宴其眷禮如此泰和二年薨年七十四上聞之甚悼惜顧謂大臣曰凡正人多執方而不通獨師中正而通詔依見任宰執例葬祭仍賻贈之謚曰文定師中工文性通達疏財尚義平居則樂易眞率其臨事則剛決挺然不可奪弟師儉初業進士欲籍其資廕師中保任之密令人代給堂帖使之肄業師儉感其義方力學後遂登第方在政府近侍傳詔將錄用其子師中奏曰臣有侄孤幼若蒙恩錄勝于臣子上義之以其姪爲筆硯承奉與胥持國同輔政頗相親附世以此少之

王蔚字叔文香河人也登皇統二年進士第調良鄉丞治績優等補尚書省令史知管差除蔚性通敏曉析吏事尋授都事以喪去起復行左司員外郎遷郎中大定二年超授河東北路轉運使諭旨曰汝在海陵時行事多不法然朕素知爾才幹欲授以內除而憲臺有言以是補外如能澡心易行必當升擢否則勿望再用既而廉察爲第一授中都路都轉運使改吏部尚書以斷護衛出職事不當奪官一階頃之出知河中府事遷南京留守十五年拜參知政事蔚懇辭不任負荷勅諭之曰卿但履正奉公無或阿順何以辭爲十六年出知眞定府事累轉知河中府明昌元年召拜尚書右丞致仕卒

馬惠迪字吉甫漷陰人也擢天德三年進士第再調昌邑令察廉第一補尚書省令史大定中出爲西京留守判官以治最擢同知崇義軍節度事累遷左司郎中先是鄧儼居是職世宗愛其明敏惠迪一日奏事退上謂宰臣曰人之聰明多失於浮衒若惠迪聰明而朴實甚可喜也朕嘗與論事五品以下朝官少有如者未幾超授御史中丞拜參知政事時烏底改叛亡世宗已遣人討之又欲益以甲士毀其船楫惠迪奏曰得其人不可用有其地不可居恐不足勞聖慮上曰朕固知之所以毀其船楫正欲不使再窺邊境耳尋以憂去起爲昭義軍節度使明昌元年爲南京留守致仕卒

馬琪字德王大興寶坻人正隆五年擢進士第調清源主簿三遷永清令永清畿縣號難治前令要介有能聲琪繼以治聞補尚書省令史以永清治最授同知定武軍節度使事興中府治中召爲戶部員外郎改侍御史世宗謂宰臣曰比者馬琪主奏高德溫獄其於富戶寄錢事皆略不奏朕以琪明法律而正直所爲乃爾稱職之才何其難也古人雖云罪疑惟輕非爲全尚寬縱也尋轉左司員外郎扈從東巡還右司郎中移左司時擇使宋國者世宗欲命琪宰臣言其資淺詔特遣之還授吏部侍郎改戶部章宗卽位除中都路都轉運使時戶部闕官上命宰臣選可任者或舉同知大興府事烏古孫仲和上曰仲和雖有智力恐不能主錢穀理財安得如劉晏者官用足而民不困唐以來一人而已或舉琪上然之曰琪不肯欺官亦不肯害民是可用也遂擢爲戶部尚書久之削官一階初琪病告近侍傳旨不具服曳履而出有司議當徒二年減外猶追官解任大理少卿閻公貞以爲琪本荒遽失措與非病告有違不同宜減徒二年三等論之上從公貞議任職如故明昌四年拜參知政事詔諭之曰戶部遽難得人顧無以代卿者故用卿晚耳一日上謂琪曰卿在省久矣比來事少於往時何也琪曰昔宰職多有異同今情見不同者甚少上曰往多情見爲是耶今無者爲是耶琪曰事狀明者不假情見便用情見亦要歸之是而已五年河決陽武灌封丘而東琪行尚書省事往治之訖役而還遷中大夫承安元年北邊用兵而連歲旱暵表乞致仕不許明年出鎭安武軍致仕卒子師周閤門祗候當給假以聞上悼之以不奏聞責論有司後二品官卒皆具以聞自琪始琪性明敏習吏事其治錢穀尤長然性吝好利頗爲上所少云

楊伯通字吉甫弘州人擢大定三年進士第由尚書省令史爲吏部主事順義軍節度副使以憂去吏部侍郎馬琪表薦伯通廉幹尚書省覆察如所舉召爲尚書省都事授同知定武軍節度使事明昌元年擢左司員外郎轉郎中累遷吏部尚書尋移戶部承安二年拜參知政事監察御史路鐸劾奏伯通引用鄉人李浩以公器結私恩左司郎中賈益承望風旨不復檢詳言之臺端欲加糾劾大夫張暐輒尼不行上命同知大興府事賈鉉詰之伯通居家待罪鉉奏暐言彈絀大臣須有實跡所劾不當徒壞臺綱益言除授皆宰執公議不言伯通私枉詔責鐸言事輕率而慰諭伯通治事伯通再上表辭不許四年進尚書左丞致仕卒

尼厖古鑑本名外留隆州人也識女直小字及漢字登大定十三年進士第調隆安教授卽墨主簿召授國子助教擢近侍局直長世宗器其材謂宰臣曰新進士中如徒單鎰夾谷衡尼厖古鑑皆可用也改太子侍丞踰年遷應奉翰林文字兼右三部司正世宗復謂宰臣曰鑑嘗近侍朕知其正直幹治及爲東宮侍丞保護太孫禮節言動猶有國俗純厚舊風朕甚嘉之章宗立累遷尚書戶部侍郎兼翰林直學士俄轉同知大興府用大臣薦改知大興府事明昌五年拜參知政事薨謚曰文肅

贊曰移剌履從容進說信乎於君至論經純傳駮以孝行爲治本其得古人遺學歟昔臧孫達忠諫於魯君子知其有後信矣張萬公引正守已質言無華開壕括地之議明灼利害如指諸掌閡於羣說而不試致仕而歸理勢然也蒲察通之哭海陵君臣大義死生一之其志烈矣程輝幹特剌之鯁直劉瑋董師中之通敏才皆足以發聞然師中有附胥之譏劉瑋見避事之責其視前人多有愧矣王蔚馬惠迪之徒何足算也

金史卷九十五考證

董師中傳上語輔臣曰御史姬端修言小人在側果誰歟師中曰應謂李喜兒輩上默然○臣人龍按中州集傳泰和初元妃李氏方寵幸兄喜兒有楊國忠之權德州教授田庭芳上書言事云大臣持祿近臣怙寵道陵顧謂紹祖曰近臣怙寵者爲誰時喜兒侍立殿上紹祖倒笏指之曰莫非謂李喜兒之屬否上頷之乃本傳則書姬端修而不及田庭芳錄之以備參考

金史卷九十六

元中書右丞相總裁脫脫等修

列傳第三十四

黃久約　李晏　李仲略　李愈

王賁　許安仁　梁襄　路伯達

黃久約字彌大東平須城人也曾祖孝綽有隱德號潛山先生父勝通判濟州母劉氏尚書右丞長言之妹一夕夢鼠啣明珠寤而久約生歲實在子也擢進士第調鄆城主簿三遷曹州軍事判官有盜竊民財訴者以爲強郡守欲傳以重辟久約閱實四得免死累擢禮部員外郎兼翰林修撰升待制授磁州刺史磁並山素多盜既獲而獄伏者審錄官或不時至繫者多以杖殺或死獄中久約惻然曰民雖爲盜而不死于法可乎乃盡請讞之而後行久之復入翰林爲直學士尋授左諫議大夫兼禮部侍郎爲賀宋生日副使至臨安適館伴使病宋人議欲以副使代行使事久約曰設副使亦病又將使都轄掌儀輩行禮乎竟令國信使獨前行副使與館伴副使聯騎如故乃終禮而還道經宿泗見貢新枇杷子者州縣調民夫遞進還奏罷之時以貧富不均或欲令富民分貸貧者下有司議久約曰物之不齊物之情也貧富不均亦理之常若從或者言適足以斂怨非損有餘補不足之道章宗時傾右丞相襄其議尋上章請老詔諭之曰卿忠直敢言匡益甚多未可使去左右遷太常卿仍兼諫職時郡縣多闕官久約言世豈乏材闕於資格故也明詔每責大臣以守格法而滯人材乞斷自宸衷而力行之世宗曰此事宰相不屬意而使諫臣言之歟卽日授刺史者數人久約又言宜令親王以下職官遞相推舉世宗曰薦舉人材惟宰相當爲耳他官品雖高豈能皆有知人之哲方今縣令最闕宜令刺史以上舉可爲縣令者朕將察其實能而用之又謂久約

曰近日察舉姦官皆是諸科監臨全無進士何也豈薦舉之法已有姦弊不可久行乎久約曰諸科中豈無廉能人不因察舉有終身不至縣令者此法未可廢也上曰爾輩孫必福是乎久約曰臣頃任磁州時必福爲武安丞臣見其廉潔向公無所顧避所以保舉不謂必福旣任警巡使處決疑滯上曰必福非獨遲緩亦全不解事所以罪不及保官者幸其無贓汙耳久約無以對必福五經出身蓋諸科人故上問及之翌日侍朝故事宰相奏事則近臣退避久約欲趨出世宗止之自是諫臣不避以爲常章宗卽位久約以國富民貧本輕末重任人太雜吏權太重官鹽價高坊場害民與夫選左右擇守令八事爲獻皆嘉納之再乞致仕不許授橫海軍節度使以優佚之明昌二年致仕卒久約雋朗敢言性友弟爲文典贍有外祖之風云

李晏字致美澤州高平人性警敏倜儻尚氣皇統六年登經義進士第調岳陽丞再轉遼陽府推官歷中牟令會海陵方營汴京運木於河晏領之晏以經三門之險前後失敗者衆乃馳白行臺以其木散投之水使工取於下流人皆便之丁內艱服除召補尚書省令史辭去爲衛州防禦判官世宗素識其才名尋召爲應奉翰林文字特令詣閤謝上顧謂左右曰李晏精神如舊慰勞甚悉時方議郊禮命攝太常博士俄而眞授爲高麗讀冊官五遷祕書少監兼尚書禮部郎中除西京副留守世宗謂侍臣曰翰林舊人少新進士類不學至於詔赦冊命之文鮮有能者可選外任有文章士爲之左右舉晏上曰李晏朕所自識於是召爲翰林直學士兼太常少卿以母老乞歸養授鄭州防禦使未赴母卒起復爲翰林直學士世宗御後閣召晏讀新進士所對策至縣令闕員取之何道上曰朕夙夜思此未知所出晏對曰臣伏念久矣但無路不敢言今幸侍罪侍從得承大問願竭所知上曰然則何如對曰國朝設科取士始分南北兩選北選百人南選百五十人合二百五十人詞賦經義入仕之人旣多所以縣令未嘗闕員其後南北通選止設詞賦一科每舉限取六七十人入仕之人旣少縣令闕員蓋由此也上以爲然詔後取人毋限以數尋擢吏部侍郎兼前職諭之曰卿性果敢有激揚之意故以授卿宜加審愼毋涉荒唐俄爲中都路推排使遷翰林侍講學士兼御史中丞會朝士以病謁告世宗意其詐謂晏曰卿素剛正今某詐病以宰相親故畏而不糾歟晏跪對曰臣雖老平生所恃者誠與直爾百官病告監察當視臣爲中丞官吏姦私則當言之病而在告此小事臣容有不知其畏宰相何圖焉旣出世宗目送之曰晏年老氣猶未衰一日御史臺奏請增監察員上曰採察內外官吏固係監察然爾等有所聞知亦當彈劾況糾正非違臺官職也苟不能正其身如正人何顧謂晏曰幽王年少未練朕以臺事委卿當一一用意初錦州龍宮寺遼主撥賜戶民俾輸稅于寺歲久皆以爲奴有欲訴者害之島中晏乃具奏在律僧不殺生況人命乎遼以良民爲二稅戶此不道之甚也今幸遇聖朝乞盡釋爲良世宗納其言於是獲免者六百餘人故同判大睦親府事謀衍家有民質券積其息不能償因没爲奴屢訴有司不能直至是投匭自言事下御史臺晏檢擿案狀得其情遂奏免之尋爲賀宋正旦國信副使及世宗不豫命宿禁中一時詔冊皆晏爲之章宗立晏畫十事以上一曰風俗奢僭宜定制度二曰禁游手三曰宜停鑄錢四曰免上戶管庫五曰太平宜興禮樂六曰量輕租稅七曰減鹽價八曰免監官陪納虧欠九曰有司尚苟且乞申明經久遠圖十曰禁網差密宜尚寬大又奏乞委待制党懷英修撰張行簡更直進讀陳言文字以廣視聽皆採納之以年老乞致仕改禮部尚書兼翰林學士承旨越二年復申前請授沁南軍節度使久之致仕上念其先朝舊人復起爲昭義軍節度使明昌六年歸老得疾詔除其子左司員外郎仲略爲澤州刺史以便侍養承安二年卒年七十五謚曰文簡

仲略字簡之聰敏力學登大定十九年詞賦進士第調代州五臺主簿以母憂去服闋轉韓州軍事判官遷澤州晉城令補尚書省令史除翰林修撰兼太常博士改授左司都事爲立夏國王讀冊官還權領左司一日奏事退上顧謂侍臣曰仲略精神明健如俊鶻脫帽又曰李仲略健吏也未幾轉員外郎以親病求侍特授澤州刺史以便祿養先是晏領沁南軍節度使澤於懷爲支郡父子相繼鄉人榮之以父喪免起爲戶部郎中時上命六品以上官十日以次轉對乃進言曰凡救其末不若正其本所謂本者厚風俗去冗食養財用而已厚風俗在乎立制度禁奢僭去冗食在乎寵力農抑游惰養財用在乎廣儲蓄時斂散商賈不通難得之貨工匠不作無用之器則下知重本下知重本則末息矣又條陳制度之宜上嘉納之俄授翰林直學士兼前職因命充經義讀卷官上問曰有司以謂經義不若詞賦罷之何如仲略奏曰經乃聖人之書明經所以適用非詞賦比乞自今以經義進士爲考試官庶得碩學之士上可其奏改吏部郎中遷侍郎兼翼王傅俄兼宛王傅時知大興府事紇石烈執中坐贓上命仲略鞫之罪當削解權要競言太重上頗然之仲略奏曰教化之行自近者始京師四方之則也郡縣守令無慮數百此而不懲何以勵後況執中兇殘狠愎慢上虐下豈可宥之上曰卿言是也未幾授山東東西路按察使尋以病訪醫京師泰和五年卒上聞之歎曰此人於國家宜力多矣何遽止是耶贈朝列大夫謚曰襄獻仲略性豪邁有父風剛介特立不阿權貴臨事明敏無留滯故所任以幹濟稱云

李愈字景韓絳之正平人業儒術中正隆五年詞賦進士第調河南澠池主簿察廉優等爲平陽酒副使遷冀氏令累遷解州刺史章宗卽位召授同知中都路都轉運使事改同知濟南府明昌二年授曹王傅兼同知定武軍節度使事王奉命宴賜北部愈從行還過京師表言諸部所貢之馬止可委招討司受於界上量給迴賜務省費以廣邊儲擬自臨潢至西夏沿邊創設重鎭十數仍選猛安謀克勳臣子孫有材力者使居其職田給於軍者許募漢人佃種不必遠輓牛頭粟而兵自富强矣上覽其奏謂宰臣曰愈一書生耳其用心之忠如是以表下尚書省議會愈遷同知西京留守過闕復上言以爲前表儻可採乞斷自宸衷上納用焉自是命五年一宴賜人以爲便改棣州防禦使未幾授大興府治中上諭之曰卿資歷應得三品以是員方闕而卿能幹故用之當知朕意北京提刑副使范楫知歸德府事鄧儼各舉愈以自代由是擢河南路提刑使上言隨路提刑司乞留官一員餘分部巡按又言本司見置許州乞移治南京爲便並從之憲臺廉察九路提刑司以愈爲最五年入見尚書省以聞上問宰執有何議論平章政事守貞曰李愈言河決事上曰愈嚮陳備禦北邊策言甚荒唐守貞曰愈於見職甚幹上曰蓋以其敢爲耳又曰李愈論河決事謂宜遣大臣視護以慰人心其言良是明年改河平軍節度使承安二年徙順義軍奏陳屯田利害上遣使宣諭仍降金牌俾領其事四年召爲刑部尚書先是刑部尚書闕上以愈爲可用令議之或言愈病上曰愈比陳言有退地千里而爭言其功之語卿等定惡此人多言耶特召用之舊制陳言者漏所言事於人並行科罪仍給告人賞愈言此蓋所以防閑小人也比年以來詔求直言及命朝臣轉對又許外路官言事此皆聖言樂聞忠讜之意請除去舊條以廣言路上嘉納焉尋爲賀宋正旦副使泰和二年春上將幸長樂川愈切諫曰方今戍卒貧弱百姓騷然三叉尤近北陲恒防外患兼聞泰和宮在兩山間地形狹隘雨潦湍集固不若北宮池臺之勝優游閑適也上不從夏四月愈復諫曰北部侵我舊疆千有餘里不謀雪恥復欲北幸一旦不警臣恐丞相襄樞密副使闍母等不足恃也況皇嗣未立羣心無定豈可遠事逸游哉上異其言未幾授河平軍節度使改知河中府事致仕泰和六年卒年七十二謚曰清獻自著狂愚集二十卷

王賁字文孺其先自臨潢移貫宛平曾祖士方正直敢言遼道宗信樞密使耶律乙辛之讒殺其太子世無敢白其冤者士方擊義鍾以訴遼主感悟卒誅乙辛厚賞士方授承奉官父中安擢進士第坐田瑴黨事廢世宗卽位黨禁解終沂州防禦使賁性孝友勤敏好學第進士由復州軍事判官補尚書省令史擢右三部檢法司正侍御史賈鉉舉賁安靜有守不尚奔競政府亦言其廉素善論議擢河北東西大名府路提刑判官選授尚書省都事以喪去用薦者多起復刑部員外郎侍御史累遷南京路按察使卒賁敦厚尚義篤於親朋不營產業比歿家甚窶上聞憫惜之贈朝列大夫仍厚卹其家

弟質字敬叔登大定二十五年進士第累官吏部主事以才幹舉遷昭義軍節度副使章宗問質臨事若何張萬公對曰勝其兄賁章宗曰及其兄亦可矣後以禮部尚書致仕終

許安仁字子靜獻州交河人幼孤能自刻苦讀書善屬文登大定七年進士第調河間縣主簿累遷太常博士兼國史院編修官章宗爲皇太孫安仁以講學被選東宮轉左補闕應奉翰林文字上卽位改國子監丞兼補闕從翰林修撰同知制誥兼職如故侍御史賈鉉以安仁守道端慤薦于朝同知濟南府事路伯達繼上章稱其立己純正宜加顯任超授禮部郎中兼左補闕適朝議以流人實邊安仁言昔漢有募民實邊之議蓋度地營邑制爲田宅使至者有所居作者有所用於是輕去故鄉而易於遷徙如使被刑之徒寒餓困苦無聊之心靡所顧藉與古之募民實塞不同非所宜行上然之明昌四年春上將幸景明宮安仁與同列諫曰昔漢唐雖有甘泉九成避暑之行然皆去京師不遠非如金蓮千里之外鄣沙漠隔關嶺萬一有警何以應變此不可不慮也疏奏遂罷幸出爲澤州刺史作無隱論上之凡十篇曰本朝曰情欲曰養心曰田獵曰公道曰養源曰冗

官曰育材曰限田曰理財在郡二年徙同知河南府事升汾陽軍節度使致仕泰和五年卒年七十七謚曰文簡安仁質實無華澹然有古君子風故爲時人所稱云

梁襄字公贊絳州人少孤養於叔父寧性穎悟日記千餘言登大定三年進士第調耀州同官主簿三遷邠州淳化令有善政察廉升慶陽府推官召爲薛王府掾世宗將幸金蓮川有司具辦襄上疏極諫曰金蓮川在重山之北地積陰冷五穀不殖郡縣難建蓋自古極邊荒棄之壤也氣候殊異中夏降霜一日之間寒暑交至特與上京中都不同尤非聖躬將攝之所凡奉養之具無不遠勞飛輓越山踰嶮其費數倍至於頓舍之處軍騎闌塞主客不分馬牛風逸以難收臧獲逋逃而莫得奪攘蹂躪未易禁止公卿百官衛士富者車帳僅容貧者穴居露處輿臺皂隸不免困踣飢不得食寒不得衣一夫致疾染及衆人夭傷無辜何異刃殺此特細故耳更有大於此者臣聞高城峻池深居邃禁帝王之藩籬也壯士健馬堅甲利兵帝王之爪牙也今行宮之所非有高殿廣宇城池之固是廢其藩籬也擐甲常坐之馬日暴雨蝕臣知其必羸瘠矣禦侮待用之軍穴居野處冷啖寒眠臣知其必疲瘵矣衛宮周廬才容數人一旦霖潦積旬衣甲弓刀霑濕柔脆豈堪爲用是失其爪牙也秋杪將歸人已疲矣馬已弱矣裹糧已空褚衣已敝猶且遠幸松林以從畋獵行於不測之地往來之間動踰旬月轉輸移徙之勞更倍於前矣以陛下神武善騎射舉世莫及若夫銜橛之變猛摯之虞姑置勿論設於行獵之際烈風暴至塵埃漲天宿霧四塞跬步不辨以致翠華有崤陵之避襄城之迷百官狼狽於道途衛士參錯於隊伍當此宸衷寧無戒悔夫神龍不可以失所人主不可以輕行良謂此也所次之宮草略尤甚殿宇周垣唯用氊布押宿之官上番之士終日驅馳加之飢渴已不勝倦更使徹曙巡警露坐不眠精神有限何以克堪雖陛下悅以使人勞而不怨豈若不勞之爲愈也故君人者不可恃人無異謀要在處已於無憂患之域也燕都地處雄要北倚山嶮南壓區夏若坐堂隍俯視庭宇本地所生人馬勇勁亡遼雖小止以得燕故能控制南北坐致宋幣燕蓋京都之選首也况今又有宮闕井邑之繁麗倉府武庫之充實百官家屬皆處其內非同曩日之陪京也居庸古北松亭榆林等關東西千里山峻相連近在都畿易於據守皇天本以限中外開大金萬世之基而設也奈何無事之日越居草萊輕不貲之聖躬愛沙磧之微涼忽祖宗之大業此臣所惜也又行幸所過山徑阻修林谷晻藹上有懸崖下多深壑垂堂之戒不可不思臣聞漢唐離宮去長安纔百許里然武帝幸甘泉遂中江充之姦太宗居九成幾致結社之變太康畋於洛汭后羿拒河而失邦魏帝拜陵近郊司馬懿竊權而篡國隋煬海陵雖惡德貫盈人誰敢議止以離棄宮闕遠事巡征其禍遂速皆可爲殷鑒也臣嘗論之安民濟衆唐虞猶難之而今日之民賴陛下之英武無兵革之憂賴陛下之聖明無官吏之虐賴陛下之寬仁無刑罰之枉賴陛下之節儉無賦斂之繁可謂能安濟矣而遊畋納涼之樂出於富貴之餘靜而思動非如衣食切身有不可去者罷之至易耳唐太宗將行關南畏魏徵而停漢文帝欲馳霸陵袁盎諫而遽止是陛下能行唐虞之難行而未能罷中主之易罷臣所未喻也且燕京之涼非濟南之比陛下牧濟南日每遇炎蒸不離府署今九重之內臺榭高明宴安穆清何暑得到議者謂陛下北幸久矣每歲隨駕大小前歌後舞而歸今茲再出寧有遽不可乎臣愚以爲患生於不戒者多矣西漢崇用外戚而有王莽之禍梁武好納叛降而有侯景之變今者果歲北幸狃於無虞往而不止臣甚懼焉夫事知其不可猶冒爲之則有後難必矣議者又謂往年遼國之君春水秋山冬夏捺鉢舊人猶喜談之以爲真得快樂之趣陛下效之耳臣愚以謂三代之政今有不可行者况遼之過舉哉且本朝與遼室異遼之基業根本在山北之臨潢臣知其所遊不過臨潢之旁亦無重山之隔冬猶處於燕京契丹之人以逐水草牧畜爲業穹廬爲居遷徙無常又壤地褊小儀物殊簡輜重不多然隔三五歲方能一行非歲歲皆如此也我本朝皇業根本在山南之燕豈可捨燕而之山北乎上京之人棟宇是居不便遷徙方今幅員萬里惟奉一君承平日久制度殊異文物增廣輜重浩穰隨駕生聚殆逾於百萬如何歲歲而行以一身之樂歲使百萬之人困於役傷於財不得其所陛下其忍之歟臣又聞陛下於合圍之際麋鹿充牣圍中大而壯者纔取數十以奉宗廟餘皆縱之不欲多殺是陛下恩及於禽獸而未及於隨駕衆多之臣庶也議者謂前世守文之主生長深宮畏見風日彎弧上馬皆所不能志氣銷懦筋力拘柔臨難戰懼束手就亡陛下監其如此不憚勤身遠幸金蓮至於松漠名爲坐夏打圍實欲服勞講武臣愚以爲戰不可忘畋獵不可廢宴安鴆毒亦不可懷然事貴適中不可過當今過防驕惰之患先蹈萬有一危之途何異無病而服藥也况欲習武不必度關涿易雄保順薊之境地廣又平且在邦域之中獵田以時誰曰不可伏乞陛下發如綸之旨回北轅之車塞雞鳴之路安處中都不復北幸則宗社無疆之休天下莫大之願也方今海內安治朝廷尊嚴聖人作事固臣下將順之時而臣以螻蟻之命進危切之言仰犯雷霆之威陷於吏議小則名位削除大則身首分磔其爲身計豈不愚謬惟陛下深思博慮不以人廢言以宗廟天下爲心俯垂聽納則小臣素願遂獲雖死猶生他非所覬望也世宗納之遂爲罷行仍論輔臣曰梁襄諫朕毋幸金蓮川朕以其言可取故罷其行然襄至謂隋煬帝以巡遊敗國不亦過乎如煬帝者蓋由失道虐民自取滅亡民心既叛雖不巡幸國將安保爲人上者但能盡君道則雖時或巡幸庸何傷乎治亂無常顧所行何如耳豈必深處九重便謂無虞巡游以時即兆禍亂者哉襄由是以直聲聞擢禮部主事太子司經選爲監察御史坐失察宗室奕事罰俸一月世宗責之曰監察人君耳目風聲彈事可也至朕親發其事何以監察爲轉中都路都轉運戶籍判官未幾遷通遠軍節度副使以喪去服闋授安國軍節度副使同知定武軍節度事避父諱改震武軍太常卿張暐曹州刺史段鐸薦襄學問該博練習典故可任禮官轉同知順義軍節度使事東勝州刺史坐箠掠俸粟責倉典使償爲按察司所劾以贖論歷陝州刺史累遷保大軍節度使卒襄長于春秋左氏傳至于地理氏族無不該貫自蚤達至顯貴膳服常淡薄然議者譏其太儉云

贊曰金起東海始立國即設科取士蓋亦知有文治也漸摩培養至大定間人材輩出文義蔚然加以世宗之聽納人各盡其所能論議書疏有可傳者惜史無全文僅存梁襄諫北幸一書辭雖過繁而意亦切至故備載之以見當時君明臣直不以言爲忌金之致治於斯爲盛嗚呼休哉

路伯達字仲顯冀州人也性沉厚有遠識博學能詩登正隆五年進士第調諸城主簿由泗州榷場使補尚書省掾除興平軍節度副使入爲大理司直大定二十四年世宗將幸上京伯達上書諫曰人君以四海爲家豈獨舊邦是思空京師而事遠巡非重慎之道也書奏不報閱歲改祕書郎兼太子司經時章宗初嚮學伯達以文行知名選爲侍讀居無何以憂去會安軍節度使王克溫舉伯達行義起爲同知西京路轉運使事召爲尚書禮部員外郎兼翰林修撰勅與張行簡進讀陳言文字先是右丞相襄奏移賀天壽節於九月一日伯達論列以其非時平章政事張汝霖右丞劉暐及臺諫亦皆言其不可下尚書省議伯達曰上始即政當行正信之道今易生辰非正以紿四方非信且賀非其時是輕禮重物也因陳正名從諫之道升尚書刑部郎中上問羣臣曰方今何道使民務本業廣儲蓄伯達對曰布德流化必自近始請罷畿內採獵之禁廣農郊以示敦本輕幣重穀去奢長儉遵月令開籍田以率先天下如是而農不勸粟不廣者未之有也是時採捕禁嚴自京畿至真定滄冀北及飛狐數百里內皆爲禁地民有盜殺狐兔者有罪故伯達及之累遷刑部侍郎太常卿拜安國軍節度使未幾改鎮安武嘗使宋回獻所得金二百五十兩銀一千兩以助邊表乞致仕未及上而卒其妻傅氏言之上嘉其誠贈太中大夫仍以金銀還之傅泣請弗許傅以伯達嘗修冀州學乃市信都棗強田以贍學有司具以聞上賢之賜號成德夫人子鐸鈞字叔和登大定二十五年進士第終萊州觀察判官鐸最知名別有傳

贊曰金詘宋稱臣稱姪受其歲幣禮也使聘於其國燕享禮也納其重賂其可乎哉時人貪利忘禮習以爲常莫有知其爲非者故去則云酬勞効還則云增物力上下交征惟利是事此何誼耶伯達獨能明其非禮回獻所饋齎志未畢傅氏又能成之及歸所獻竟以買田贍學婦人秉心之烈制事之宜乃能如是士大夫溺於世俗之見者寧不愧哉賜號成德不亦宜乎

金史卷九十七

元中書右丞相總裁脫脫等修

列傳第三十五

裴滿亨字仲通本名河西臨潢府人其先世居遼海祖諱虎山者天輔間移屯東受降城以禦夏人後徙居臨

滿亨性敦敏習儒大定間收充奉職世宗謂曰闕爾業進士舉其勿忘爲學也二十八年擢第世宗嘉之升爲奉御一日問以上古爲治之道亨奏陛下欲興唐虞之治要在進賢退不肖信賞罰薄徵斂而已章宗卽位諭之曰朕左右侍臣多以門第顯惟爾繇科甲進且先朝信臣國家利害爲朕盡言俄擢監察御史内侍梁道兒恃恩驕横朝士側目亨劾奏其姦遷鎬王府尉出爲定國軍節度副使三遷同知大名府事先是豪猾從衡前政莫制亨下車宣明約束闔境帖然承安四年改河南路按察副使就遷本路副統軍中都西京等路按察使時世襲家豪奪民田亨檢其實悉還正之泰和五年改安武軍節度使歲大雪民多凍殍亨輸已俸爲之賙贍及勸率僚屬大姓同出物以濟轉河東南北路按察使卒於官上聞而惜之贈嘉議大夫賻物甚厚亨性尤謹密出入宮禁數年讜議忠言多所裨益有藁則焚之雖家人輩莫知也所歷州郡皆有政績可紀云

斡勒忠本名宋浦蓋州人也習女直契丹字歷兵部樞密院尚書省令史再轉大理寺知法遷右三部司正練達邊事嘗奉命使北歸致馬四千餘匹詔褒諭之大定二十六年爲監察御史轉尚書省都事章宗立遷尚書兵部員外郎出爲滄州刺史河東路提刑副使徙單移剌古舉以自代改滕州刺史嘗調發黃河船數以稽期聽贖授北京副留守入爲同簽樞密院事兼沂王傅承安二年拜武寧軍節度使致仕泰和三年卒年七十一忠性敦慤通法律以直自守不交權貴故時譽歸之

張大節字信之代州五臺人擢天德三年進士第調崞縣丞改東京市令世宗判留務甚愛重之海陵修汴京以大節領其役世宗改元於遼東或勸赴之富貴可一朝遂大節曰自有定分何遽爾隨例補尚書省令史擢祕書郎大理司直會左警巡使闕世宗謂宰臣曰朕得其人矣遂授大節俄以杖殺豪民爲有司所劾削一階解職未幾授同知洺州防禦使事入爲太府丞工部員外郎盧溝水嚙安次永詔護視堤城擢修内司使推排東京路戶籍人服其平進工部郎中時阜通監鑄錢法獘與吏部員外郎麻珪涖其事積銅皆窳惡或欲徵民先所給直大節曰此有司受納之過民何與焉以其事聞卒得免徵就改戶部郎中定襄退吏誣縣民匿銅者十八村大節廉得其實抵吏罪民斲石頌之召授工部侍郎改戶部世宗東巡從太府監論之曰侍郎與太府監品同以從行支應藉卿辦耳尋爲宋生日使還授横海軍節度使過闕謁謝東宮顯宗撫慰良久曰萬事惟中可也因牓其公堂曰惟中郡境有巨盜久不獲大節以方略擒之後河決於衛横流而東滄境有九河故道大節卽相宜繕堤水不爲害章宗卽位擢中都路都轉運使因言河東賦重宜減議者或不同大節以他路田賦質之遂命減焉乞致仕不許徙知太原府以并代鄉郡故優寵之近郭有男子被殺者聞其妻哭聲不哀召而審之果爲姦夫所殺人以爲神西山有晉叔虞祠舊以施錢輸公使庫大節還其廟以給營繕遷授河東路提刑使未赴留知大興府事治有能名閱歲移知廣寧府復請老授震武軍節度使部有銀冶有司以爲爭盜由此生付河東西京提刑司與州同議皆以官權爲便大節曰山澤之利當與民共且貧而無業者雖嚴刑能禁其竊取乎宜明諭民授地輸課則其游手者有所資於官亦便上從其議復乞致仕許之仍擢其子尚書刑部員外郎巖叟爲忻州刺史以便祿養承安五年卒年八十大節素廉勤好學能勵勉後進自以得學于任倜待倜子如親而加厚又善奕碁當世推爲第一嘗被召與禮部尚書張景仁奕世宗嘗謂宰臣曰人多稱王翛能官以朕觀之凡事不肯盡心一老姦耳張大節賦性剛直果於從政遠在王翛之上惜乎用之太晚又屢語近臣曰某某非不幹然不及張大節忠實也其見知如此

巖叟字孟弼大節子也大定十九年進士調葭州司候判官再除雄州觀察判官補尚書省令史除大理評事再遷監察御史同知河東北路轉運使事中都路都轉運副使刑部員外郎忻州刺史以父憂去官起復大理少卿河北東西大名等路按察轉運副使累遷刑部侍郎兼夔王傅太常卿兼國子祭酒大安三年朝廷欲塞諸城門以爲兵備集三品官議於尚書省巖叟曰塞門所以受兵是任城而不任人莫若遣兵擇將背城疾戰時議多之除鎭西軍節度使移定國軍貞祐二年改昭義復移沁南逾年按察司言其年老不任邊要乃致仕退寓洛陽卒

張亨字彥通大興漷陰人登皇統六年進士第調樊山丞以廉幹聞授弘州軍事判官歷鉅鹿宜川令大定二年補尚書省令史除大理司直累遷尚書左司郎中授戶部侍郎移吏部擢中都路都轉運使坐草場使鄧汝霖盜草失舉劾解職削一官起授戶部尚書世宗謂宰臣曰御史中丞馬惠迪與張亨人才孰優平章政事張汝霖曰惠迪爲人雖正於事不敏亨吏才極高上曰如汝父浩於事明敏少有及者但臨事多徇若無此過則誠難得之賢相也時車駕東巡費用百出自遼以東皋貨甚少計司患其不給欲輦運以支調度亨謂上京距都四千里若輓錢而行是率三而致一也不獨枉費國用無乃重勞民力乎不若行會便法使行旅便於囊橐國家無轉輸之勞而用自足矣出爲絳陽軍節度使已而復謂宰臣曰漢人三品以上官常少得人如張亨近令補外頗爲衆議所歸以朕觀之無甚過人小官中豈無才能之士第未知耳又曰亨嘗爲左司奏事多有脫略是亦謬庸人也章宗卽位初置九路提刑司時方重其選上以亨爲河東南北路提刑使兼勸農採訪事訪其利病條爲十三事以聞上嘉納之亨在職每事存大體略苛細御史以寬緩不事事劾之降授蔡州防禦使明年遷南京路轉運使轉知歸德府事致仕泰和二年卒年七十八亨才識强敏明達吏事終始有可稱云

韓錫字難老其先自析津徙薊之漁陽祖貽愿遼宣徽北院使父秉休歸朝領忠正軍節度使錫以廕補閤門祗候天會中南伐錫從軍掌禮儀俄以母老迺就監差久之授神銳軍都指揮使入爲宮苑使天德元年擢尚書工部員外郎領燕都營繕特賜胡礪榜進士及第四遷尚書戶部侍郎以母喪解旋起復舊職付金牌一銀牌十籍水手於山東時蘇保衡爲水軍都統制趨杭州俾錫部船三百會廣陵適保衡敗還喪船過半令錫補足之時水淺船不得進海陵遣使急責之衆稍亡錫召諸豪諭之曰今連保法嚴逃將安往縱一身偶脫其如妻子何衆悟亡者稍止大定改元於遼東錫奔赴行在詔復前職明年授同知河間府事引見於香閣誡之曰聞皇族居彼者縱甚卿當以法繩之錫下車宣布詔言後無有撓政害民者遷孟州防禦使累拜絳陽軍節度使改知濟南府事告老許之明昌五年卒年八十三

鄧儼字子威懿州宜民人也天德三年擢進士第大定中爲左司員外郎右司郎中尋轉左司掌機務者數年有司奏使宋者世宗命選漢官一人叅知政事梁肅以戶部侍郎王翛工部侍郎張大節左司郎中鄧儼對世宗曰王翛張大節苦無貪歷與左右司官辛苦不同其命儼往嘗謂宰臣曰人言鄧儼用心不正朕視儼奏事其心識甚明在太府監心亦向公宰臣因奏儼明事機有心力於是擢戶部侍郎翌日復謂宰臣曰吏部掌銓選當得通練人可寘儼於吏部因改命焉累遷中都路都轉運使明昌初爲戶部尚書上命尚書省集百官議如何使民棄末務本以廣儲蓄儼言今之風俗競爲侈靡莫若定立制度使貴賤上下衣冠車馬室宇器用各有等差裁抑婚姻喪葬過度之禮罷去鄉社追逐無名之費用度有節則蓄積日廣矣尋知歸德府事致仕卒初儼致仕復夤緣求進上問左右鄧儼可復用乎平章政事完顏守貞曰儼有才力第以謀身爲心上曰朕亦知之然儼可以誰比守貞曰臨事則不後於人但多務自便耳儼前乞致仕陛下以其頗黠故許之甚合衆議今使復列于朝恐風化從此壞矣上然之遂不復用云

巨構字子成薊州平谷人幼篤學年二十登進士第由信都丞察廉爲石城令補尚書省令史授振武軍節度副使改同提舉解鹽司事以課增入爲少府監丞再遷知登聞檢院兼都水少監時右司郎中段珪卒世宗曰是人甚明正可用如巨構每事但委順而已二十五年除南京副留守上謂宰臣曰巨構外淳質而内明悟第乏剛鯁耳佐貳之任貴能與長官辨正恐此人不能爾若任以長官必有可稱章宗卽位擢横海軍節度使承安五年致仕卒構性寬厚寡言所治以鎭靜稱性尤恬退故人旣貴不復往來先遺以書則裁荅寒溫而已大定中詔與近臣同經營香山行宮及佛舍其近臣私謂構曰公今之德人我欲舉奏公行將大任矣構辭之以廉愼守法在考功籍始終無過云

賀揚庭字公叟曹州濟陰人也登天德三年經義進士第調范縣主簿兼尉籍有治聲大定十二年由安肅令補尚書省令史授沁南軍節度副使入爲監察御史歷右司都事戶部員外郎侍御史右司員外郎世宗喜其剛果謂揚庭曰南人礦直敢爲漢人性姦臨事多避難異時南人不習詞賦故中第者少近年河南山東人中第者多殆勝漢人爲官俄以廉能遷戶部郎中進官二階頃之授左司郎中改刑部侍郎山東東路轉運使章宗卽位初置九路提刑司驛召赴闕授山東東西路提刑使揚庭性疾惡纖介不少容明昌改元詔諸路提刑使入見親問所察事條至揚庭則斥之曰爾何治之煩也明年夏除洺州防禦使時歲歉民飢揚庭諭蓄積之家令出所餘以糶之飢者獲濟洺人爲之立石頌德改陝西西路轉運使表乞致仕上曰揚庭能幹者也當何如右丞劉瑋言其疾遂許之卒年六十七

贊曰裴滿亨以進士選奉御能陳唐虞致治之道於宮庭燕私之地又能斥中貴梁道兒之姦斡勒忠以吏道

致身始終不交權貴世宗自立於遼東歸者如市張大節獨守正不赴韓錫出守河間面諭皇族之居彼者恣雖不道俾繩以法佞者必希旨以市權錫下車宣佈告戒而已是皆有識之士不爲富貴所移者也巨構旣敗賀揚庭骨鯁大定於二人而屢評南北士習之優劣亶其然乎張亨始以繆庸見薄曉以論列稱賞亦砥礪之功歟鄧儼專務謀身上下稱黠致仕又求進用弗可攺也夫

閻公貞字正之大興宛平人大定七年擢進士第調朝邑主簿由普潤令補尚書省令史察廉升同知亳州防禦事改中都左警巡使以政績聞遷同知武定軍節度使明昌初召爲大理正累進大理卿承安元年遷翰林侍讀學士仍兼前職命與登聞檢院賈益同看讀陳言文字公貞居法寺幾十年詳愼周密未嘗有過舉被命校定律令多所是正金人以爲法家之祖云

焦旭字明鋭沃州栢鄉人第進士調安喜主簿再轉大興令攝左警巡事以杖親軍百人長有司議其罪當杖決世宗曰旭親民吏也若因杖有官人復行杖之何以行事其令收贖改良鄉令世宗幸春水見石城玉田令皆年老不治謂宰臣曰縣令最親民當得賢才畿甸尚如此天下可知矣平章政事石琚薦旭幹能可甄用上然之召爲右警巡使旭爲人剛果自任不避權勢初旭部民訴良旭以無文據付本主道逢監察御史訴其事語涉訛亂卽收付旭旭釋之不問爲御史所劾削官兩階杖百八十出爲大名府推官尋授右三部檢法司正代韓天和爲監察御史時御史臺言監察糾彈之司天和諸科出身難居是職上命別舉中丞李晏薦旭剛正可任遂授之而改天和獲鹿令章宗初卽位太傅克寧右丞相襄請上出獵旭劾奏其非上慰諭之爲罷獵明昌元年登聞鼓院初設官宰執奏司諫郭安民補闕許安仁及旭皆堪擢用改侍御史四遷都水監以治河防勞進官一階授西京路轉運使卒旭性警敏練達時政與王翛劉仲洙輩世稱能吏云

劉仲洙字師魯大興宛平人大定三年登進士第歷龍門主簿香河酒稅使再調深澤令縣近滹沱河時秋成水忽暴溢仲洙極力護塞竟無害有盜夜發居民震驚仲洙率縣卒生執其一餘衆遂潰旦日掩捕皆獲尋以廉能進官一階陞河北西路轉運司支度判官入爲刑部主事六遷右司員外郎俄轉吏部世宗謂宰臣曰人有言語敏辯而庸常不正者有語言拙訥而才智通達存心向正者如劉仲洙頗以才行見稱然而口語甚訥也右丞張汝霖曰人之若是者多矣顧陛下深察之二十九年出爲祁州刺史以六善爲教民化之章宗卽位除中都西京等路提刑副使先是田瑴等以黨罪廢錮者三十餘家仲洙知其冤上書力辯帝從之適復瑴官爵而黨禁遂解明昌二年授并王傅兼同知大同府事尋改平陽移德州防禦使轉運郭邦傑節度李晏皆舉仲洙以自代陞爲定海軍節度使歲饑仲洙表請開倉未報先爲賑貸有司劾之罪以贖論時仲洙兄仲淵以罪責石州仲洙上書請以萊易石朝廷義而不許久之以年老乞致仕累表方聽泰和八年卒年七十五仲洙性剛直果於從政尤長於治民所在皆有功迹蓋一時之能吏云

李完字全道朔州馬邑人經童出身復登詞賦進士第調澄城主簿有遺愛民爲立祠用廉遷定襄令召補尚書省令史時以縣令闕人廉問世宗選能吏八人按行天下完其一也明昌初年爲監察御史故事臺令史以六部令史久者補吏同類皆莫肯舉劾完言尚書省令史正隆閒用雜流大定初以太師張浩奏請始純取進士天下以爲當今乞以三品官子孫及終場舉人委臺官辟用上納其言擢尚書省都事出爲同知橫海軍節度使事河間府治中提刑司言完習法律有治劇材軍民無閒語陞沁州刺史仍以璽書褒諭遷同知廣寧府初遼濱民崔元入城飲不歸求得尸於水中有司執同飲者訊之皆誣服提刑司疑其冤以獄畀完完廉得其賊乃舟師也遂免同飲人改北京臨潢路提刑副使承安二年遷陝西西路轉運使尋授南京路按察使卒完長於吏治所至姦惡屏迹民皆便之

馬百祿字天錫通州三河人父柔德天會初第進士累遷翰林修撰坐田瑴黨免官迨世宗朝解黨禁復召用焉百祿幼志學事繼母以孝聞登大定三年詞賦進士第調武清主簿由龍山令召補尚書省令史不就改推貨副使平陽府判官入爲國子博士朝廷以宰縣日清白有治迹特遷官一階升同知北京路轉運事委錄南北路刑獄所至無冤召爲尚書戶部員外郎與同知河北東路轉運事季京爲中都等路推排使明昌初遷耀州刺史吏民畏愛提刑司以狀聞授韓王傅同知安武軍節度事俄改兼同知興平軍以提刑司復舉廉升孟州防禦使再遷南京路提刑使御史臺以剛直能幹聞轉知河中府承安四年致仕卒謚曰貞忠

楊伯元字長卿開封尉氏人登大定三年進士第調鄜城主簿升榆次令召爲大理評事累除定海軍節度副使用廉超授同知河東北路轉運事入爲尚書刑部員外郎以憂免起爲遼州刺史明昌元年移涿州久之擢工部侍郎四遷安武軍節度使泰和三年致仕卒伯元以才幹多被委任凡兩爲推排定課使累爲審錄官人稱其平每有疑獄必專遣決明辯多中理賜謚曰達

劉璣字仲璋益都人也登天德三年進士第大定初爲太常博士改左拾遺兼許王府文學璣奏王府事世宗責之曰汝職掌教道何預奏事因命近侍諭旨永中曰卿有長史而令文學奏事何也後勿復爾累除同知漕運司事嘗奏言漕戶顧直太高虛費官物宜約量裁損若減三之一歲可省官錢一十五萬餘貫世宗是其言授戶部員外郎條上便宜數事世宗謂宰臣曰璣言河堤種柳可省每歲隄防之費及言官錢利害甚可取前後戶部官往往偷延歲月如璣者不可多得卿等議其可者行之璣向言漕運省費事盡心公家不厚賞無以勸來者乃賜錢三千貫擢濰州刺史徙知濟州未幾遷同知北京留守事坐曲法放免奴婢訴良者左降管州刺史世宗謂宰臣曰璣爲人何如參知政事程輝曰璣執強跋扈嘗追濟南府官錢以至委曲生意而害及平民上曰朕聞璣在北京凡奴隸訴良不問契劵眞僞輒放爲良意欲徼福於冥冥則在己之奴何爲不放又曰璣放朕之家奴意欲以此邀福存心若是不宜再用明昌二年入爲國子司業乞致仕不許轉國子祭酒尋擢太常卿以昏耄不任職爲御史臺所糾罷承安二年卒年八十二兄玧

玧字伯玉幼名太平以功臣子補閤門祗候遭父喪求終制會海陵簒立不許改充護衞海陵忌宗室玧坐與往來斥居鄉里世宗卽位玧晝夜兼馳上謁世宗大悅以爲護衞十人長往招宗敍白彥敬紇石烈志寧皆相繼來附還報上喜其有功呼其小字而謂之曰太平所至庶幾能贊朕至太平矣改御院通進與烏居仁等往南京發遣六宮百司玧建議留尚書右丞紇石烈良弼經略淮右餘皆北來詔從之丁母憂起復三遷武庫署令車駕幸西京留玧爲中都總管判官再轉近侍局使遷太子少詹事兼引進使賜襲衣未幾爲陝西統軍都監賜廐馬金帶皇太子以馬輿幣爲贐召爲同知宣徽院事遷太子詹事右宣徽使與張僅言典領昭德皇后園陵襄事太子贈以廐馬轉左宣徽使以疾求補外除定海軍節度使以其弟太府監瑋爲同知宣徽院事玧朝辭上曰卿舊臣今補外寧不惻然東萊瀕海風物亦佳卿到必得調養朕用卿弟在近密知見卿也仍賜廐馬金帶綵十端絹百匹卒官年五十七玧柩過京畿敕有司致祭賻銀三百兩重綵三十端

康元弼字輔之大同雲中人幼敏學善屬文登正隆二年進士第調汝陽簿改崇義軍節度判官由垣曲縣令補尚書省令史累遷同知河北西路轉運使事召爲大理丞大定二十七年河決曹濮間瀕水者多墊溺朝廷遣元弼往視相其地如盆而城在盆中水易爲害請命於朝以徙之卒改築於北原曹人賴焉出爲弘州刺史閱歲授大理少卿先是衞城爲河所壞增築蘇門以寓州治水既退民不樂遷欲復歸衞於是遣元弼按視還言治故城便遂復其舊轉祕書少監兼著作郎改通州刺史兼領漕事章宗立尊孝懿皇后爲皇太后以元弼舊臣詔充副衞尉再轉大理卿以喪去起復爲尚書刑部侍郎兼鄆王傅遷南京路轉運使承安三年致仕卒

移剌益字子遷本名特末阿不中都路胡魯土猛安人也以廕補國史院書寫積勞調徐州錄事召爲樞密院知法三遷翰林修撰時北邊有警詔百官集尚書省議之太尉克寧銳意用兵益言天時未利宜俟後圖御史臺舉益剛正可任遂兼監察御史未幾改戶部員外郎旣入謝詔諭之曰親民之職惟在守令比歲民饑故遣卿等往撫育之其資序有過者有弗及者朕不計此但以材選爾其知之旣至首出俸粟以食飢者于是倅以下及郡人遞出粟以佐之且命屬縣視以爲法多所全活郡東南有堤久頹圮水屢爲害益增修之民以爲便爲益立祠升遼東路提刑副使五年宋主新立詔以泗州當使客所經守臣宜擇人宰臣進擬數人皆不合上意上曰特末阿不安在此人可也卽授防禦使召爲尚書戶部侍郎尋轉兵部屬羣牧人叛命益同殿前都點檢兗往招降之承安二年邊鄙弗寧上御便殿召朝官四品以上入議益謂守爲便天子之兵當取萬全若王師輕出少有不利非惟損大國之威恐啟敵人侵玩之心出爲山東西路轉運使有勑使按鷹于山東益奏乞止令調於近甸何必驚遠方耳目書聞上命有司治使者罪遷河東南北路按察使舊制在位官有不任職委所屬上司體訪州府長貳幕職許互相舉申益上言以爲傷禮讓之風亦恐同官因之不睦別生姦弊乞止令

按察司糾劾似爲得體又言隨路點軍官與富人飲會公通獻遺宜依准監臨官於所部內犯罪究治上皆納焉泰和二年卒于官

贊曰閻公貞定金律令楊伯元定金推排人皆以平稱之難矣焦旭譏內小官聽斷不受御史風指遂罹深憲大臣請人主遊獵劾奏其非爲之罷獵誠有古人之風焉李完康元弼無他足稱完論臺令史一事元弼論曹衛兩城各當其可馬百祿初坐黨廢晚著治跡劉璣初以理財得幸晚以曲法得罪人有前後遭遇不同而百祿求福不回非璣所及也劉瑀以大定之立馳赴行在雖終身榮寵蓋一趨時之士耳劉仲洙剛而訥於言移剌益剛而敢言益以克寧北伐爲不可仲洙釋田毅黨禍三十家語曰剛毅木訥近仁豈不信哉

金史卷九十八

元中書右丞相總裁脫脫等修

列傳第三十六

完顏匡　完顏綱　完顏定奴

完顏匡本名撒速始祖九世孫事豳王允成爲其府教讀大定十九年章宗年十餘歲顯宗命詹事烏林荅愿擇德行淳謹才學該通者使教章宗兄弟閱月愿啓顯宗曰豳王府教讀完顏撒速徐王府教讀僕散訛可二人可使教皇孫兄弟顯宗曰典教幼子須用淳謹者已而召見于承華殿西便殿顯宗問其年對曰臣生之歲海陵自上京遷中都歲在壬申顯宗曰二十八歲爾詹事乃云三十歲何也匡曰臣年止如此詹事謂臣出入宮禁故增其歲言之耳顯宗顧謂近臣曰篤實人也命擇日使皇孫行師弟子禮七月丁亥宣宗章宗皆就學顯宗曰每日先教漢字至申時漢字課畢教女直小字習國朝語因賜酒及綵幣頃之世宗詔匡訛可俱充太子侍讀寢殿小底駝滿九住問匡曰伯夷叔齊何如人匡曰孔子稱夷齊求仁得仁九住曰汝輩學古惟前言是信夷齊輕去其親不食周粟餓死首陽山仁者固如是乎匡曰不然古之賢者行其義也行其道也伯夷思成其父之志以去其國叔齊不苟從父之志亦去其國武王伐紂夷齊叩馬而諫紂死殷爲周夷齊不食周粟遂餓而死正君臣之分爲天下後世慮至遠也非仁人而能若是乎是時世宗如春水顯宗從二人者馬上相語遂後顯宗遲九住至問曰何以後也九住以對顯宗嘆曰不以女直文字譯經史何以知此主上立女直科舉教以經史乃能得其淵奧如此哉稱善者良久謂九住曰論語知之爲知之不知爲不知是知也汝不知不達務辯口以難人由是觀之人之學不學豈不相遠哉顯宗嘗謂中侍局都監蒲察查剌曰入殿小底完顏訛出侍讀完顏撒速與我同族汝知之乎對曰不知也顯宗曰撒速始祖九世孫訛出保活里之世也始祖兄弟皆非常人汝何由知此顯宗命匡作睿宗功德歌教章宗歌之其詞曰我祖睿宗厚有陰德國祚有傳儲嗣當立滿朝疑懼獨先啓策徂征三秦震驚來附富平百萬望風奔仆靈恩光被時雨春暘神化周浹春生冬藏蓋取宗翰與睿宗定策立熙宗及平陝西大破張浚于富平也二十三年三月萬春節顯宗命章宗歌此詞侑觴世宗愕然曰汝輩何因知此顯宗奏曰臣伏讀睿宗皇帝實錄欲使兒子知創業之艱難命侍讀撒速作歌教之世宗大喜顧謂諸王侍臣曰朕念睿宗皇帝功德恐子孫無由知皇太子能追念作歌以教其子嘉哉盛事朕之樂豈有量哉卿等亦當誦習以不忘祖宗之功命章宗歌數四酒行極歡乙夜乃罷二十五年匡中禮部策論進士是歲世宗在上京顯宗監國二月甲辰御試前一日癸卯讀卷官吏部侍郎李晏棣州防禦使把內剌國史院編修官夾古衡國子助教尼龐古鑑進稾策題問契敷五教皐陶明五刑是以刑措不用比屋可封今欲興教化措刑罰振紀綱施之萬世何術可致匡已試明日入見顯宗問對策云何匡曰臣熟觀策問敷教措刑兩事不詳振紀綱一句柢作兩事對策必不能中顯宗命匡誦所對策終篇曰是亦當中匡曰編修衡助教鑑長於選校必不能中已而匡果下第顯宗惜之謂侍臣曰我只欲問教化刑罰兩事乃添振紀綱一句命刪去李晏固執不可今果誤人矣謂侍正石敦寺家奴唐括曷荅曰侍讀二十一年府試不中我本不欲侍讀再試恐傷其志今乃下第使人意不樂是歲初取止四十五人顯宗命添五十人僕散訛可中在四十五人後除書畫直長匡與訛可俱爲侍讀匡被眷遇特異顯宗謂匡曰汝無以訛可登第快快但善教金源郡王何官不可至哉是歲顯宗薨章宗判大興尹封原王拜右丞相立爲皇太孫匡仍爲太孫侍讀二十八年匡試詩賦漏寫詩題下注字不取特賜及第除中都路教授侍讀如故章宗即位除近侍局直長歷本局副使局使提點太醫院遷翰林直學士使宋上令權更名弼以避宋祖諱事載本紀遷秘書監仍兼太醫院近侍局事再兼大理少卿遷簽書樞密院事兼職如故承安元年行院于撫州河北西路轉運使溫昉行六部事主軍中餽餉屈意事匡以馬幣爲獻及私以官錢佐匡宴會費監察御史姬端修劾之上方委匡以邊事遂寢其奏三年入奏邊事居五日還軍尋入守尚書左丞兼修國史進世宗實錄章宗立提刑司專糾察黜陟當時號爲外臺匡與司空襄參政揆奏息民不如省官聖朝舊無提刑司皇統大定間每數歲一遣使廉察郡縣稱治自立此官冀達下情今乃是非混淆徒煩聖聽自古無提點刑獄專薦舉之權者若陛下不欲遽更不宜使兼採訪廉能之任歲遣監察體察仍不時選使廉訪上從其議於是監察體訪之使出矣初匡行院于撫州障葛將攻邊境會西南路通事黃摑按出使烏都椀部知其謀奔告行院爲之備迎擊障葛敗其兵按出與八品職遷四官匡遷三官匡奏乞以所遷三官讓其兄奉御賽一上嘉其義許之改樞密副使授世襲謀克宋主相韓侂胄侂胄嘗再爲國使窺知朝廷虛實及爲相與蘇師旦倡議復讎身執其咎繕器械增屯戍初未敢公言征伐乃使邊將小小寇鈔以嘗試朝廷泰和五年正月入確山界奪民馬三月焚平氏鎮剽民財物掠鄧州白亭巡檢家貲持其印去遂平縣獲宋人王俊唐州獲宋諜者李忭俊襄陽軍卒忭建康人俊言宋人於江州鄂岳屯大兵貯甲仗修戰艦期以五月入寇忭言侂胄謂大國西北用兵連年公私困竭可以得志命修建康宮勸宋主都建康節制諸道河南統軍司奏請益兵爲之備詔平章政事僕散揆爲河南宣撫使籍諸道兵括戰馬臨洮德順秦鞏各置弓手四千人詔揆遺書宋人曰奈何與兵宋人辭曰盜賊也邊臣不謹今黜之矣宋人將啓邊釁太常卿趙之傑知大興府承暉中丞孟鑄皆曰江南敗衄之餘自救不暇恐不敢敗盟匡曰彼置忠義保捷軍取先世開寶天禧紀元豈忘中國者哉大理卿畏也曰宋兵攻圍城邑動輒數千不得爲小寇上問參政思忠思忠極言宋人敗盟有狀與匡畏也合上以爲然及河南統軍使紇石烈子仁使宋還奏宋主修敬有加無他志上問匡曰於卿何如匡曰子仁言是上愕然曰卿前議云何今乃中變邪匡徐對曰子仁守疆圉不妄生事職也書曰有備無患在陛下宸斷耳於是罷河南宣撫司僕散揆還朝六年二月宋人陷散關取泗州虹縣靈璧四月復詔僕散揆行省事于汴制諸軍頃之以匡爲右副元帥揆請匡先取光州還軍懸瓠與大軍合勢南下匡奏僕散揆大軍渡淮宋人聚兵襄沔以窺唐鄧汴京留兵頗少有掣肘之患請出唐鄧從之遣前鋒都統烏古論慶壽以騎八千攻棗陽遣左翼提控完顏江山以騎五千取光化右翼都統烏古孫乃屯取神馬坡皆克之匡軍次白虎粒都統完顏按帶取隨州烏古論慶壽拒赤岸斷襄漢路宋隨州將雷太尉遁去遂克隨州於是宋鄧城樊城戍兵皆潰賜詔獎諭戒諸軍毋虜掠焚壞城邑匡進兵圍德安分遣諸將狥下安陸應城雲夢漢川荊山等縣副統蒲察攻宜城縣取之十二月敗宋兵二萬人于信陽之東詔曰卿總師出疆屢捷殄寇撫降日闢土宇彼恃漢江以爲險阻箠馬而渡如涉坦途荊楚削平不爲難事雖天佑順亦卿籌畫之効也益宏遠圖以副朕意匡進所獲女口百人詔匡權尚書右丞行省事右副元帥如故吳曦以蜀漢內附詔匡先取襄陽以屏蔽蜀漢完顏福海破宋援襄陽兵於白石峪遂取穀城縣僕散揆得疾遂班師至蔡疾革詔右丞相宗浩代之七年二月揆薨匡久圍襄陽士卒疾疫會宗浩至汴匡乃放軍朝京師轉左副元帥賜宴于天香殿還軍許州九月宗浩薨匡爲平章政事兼左副元帥封定國公代宗浩總諸軍行省于汴京初僕散揆初至汴既定河南諸盜乃購得韓侂胄族人元靚使行間於宋元靚渡淮宋督視江淮兵馬事丘崈奏之宋主是時宋主侂胄見兵屢敗以爲憂欲乞盟無以爲請得崈奏即命遣人護元靚北歸因請議和崈使其屬劉祐送元靚申和議于揆揆曰稱臣割地獻首禍之臣然後可宋主因密諭丘崈使歸罪邊將以請焉及宗浩代揆方信孺至宗浩以方信孺輕佻不可信移書宋人果欲請和當遣朱致和吳琯李大性李璧來侂胄得報大喜過望乃召張巖于建康罷爲福建觀察使歸罪蘇師旦貶之嶺南是時李璧已爲參政不可遣朱致和吳琯已死李大性知福州道遠不能遽至乃遣左司郎中王柟來至濠州匡使人責以稱臣等數事柟以宋主侂胄情實爲請依靖康二年正月請和故事世爲伯姪國增歲幣爲三十萬兩匹犒軍錢三百萬貫蘇師旦等俟和議定當函首以獻

柟至汴以侂胄書上元帥府匡復詰之柟懇請曰此事實出朝旨非行人所專匡察其不妄乃具奏章宗詔匡移書宋人當函侂胄首贖淮南地改犒軍錢爲銀三百萬兩於是宋吏部侍郞史彌遠定計殺韓侂胄彌遠知國政和好自此成矣於是廷議諸軍已取關隘不可與王柟以宋叅政錢象祖書來略曰竊惟昔者修好之初蒙大金先皇帝許以畫淮爲界今大國遵先皇帝聖意自盱眙至唐鄧畫界仍舊是先皇帝惠之於始今皇帝全之于後也然東南立國吳蜀相依今川陝關隘大國若有之則是撤蜀之門戶不能保蜀何以固吳已增歲幣至三十萬通謝爲三百萬貫以連歲師旅之餘重以喪禍豈易辦集但邊隙既開和議區區悔艾之實不得不亟勉遵承又蒙聖畫改輸銀三百萬兩在本朝宜不敢固違然傾國貲財竭民膏血恐非大金皇帝棄過圖新兼愛南北之意也主上仁慈寬厚謹守信誓豈有意於用兵止緣侂胄啓釁生事迷國罔上以至於斯是以奮發英斷大正國典朋附之輩誅斥靡貸今大國欲使斬送侂胄是未知其已死也侂胄實本庸愚怙權輕信有誤國事而致侂胄誤國者蘇師旦也師旦既貶侂胄尚力庇之囑方信孺妄言已死近推究其事師旦已行斬首儻大國終惠川陝關隘所畫銀兩悉力祗備師旦首函亦當傳送以謝大國本朝與大國通好以來譬如一家叔姪本自協和不幸奴婢交鬬其間遂成嫌間一旦猶子翻然改悟斥逐奴隸引咎謝過則前日之嫌便可銷釋奚必較錙銖毫末反傷骨肉之恩乎惟吳蜀相爲首尾關隘繫蜀安危望敢備奏始終主盟使南北遂息肩之期四方無兵革之患不勝通國至願是時陝西宣撫司請增新得關隘戍兵萬人王柟狀稟如蒙歸川陝關隘韓侂胄首必當函送遵上國之命匡奏曰關隘之事臣初亦惑之今當增戍萬人壁壘之役餽餫之勞費用必廣祖宗所以不取者以關隘僅能自保耳非有益於戰也設能入寇縱之平地以鐵騎蹂之無一得脫彼哀祈不已者以前日負固尚且摧覆今遂失之是無一日之安也必謂兵力得之不可還賜則漢上諸郡皆膏腴耕桑之地襄陽光化歸順之民數萬戶較之陝右輕重可知獨在陛下決之耳詔報曰侂胄渠魁旣請函首宋之悔服可謂誠矣匡乃遣王柟還復書曰宋國負渝盟之罪自陳悔艾主上德度如天不忍終絕優示訓諭許以更成所以覆護鎭撫之恩至深至厚昨奉聖訓如能斬送韓侂胄徐議還淮南地來書言韓侂胄已死將以蘇師旦首易之飾辭相紿如此至于犒軍銀兩欲俟歸關隘然後祗備是皆有咈聖訓及王柟狀稟如蒙歸還川陝關隘其韓侂胄首必當函送聖訓令斬送侂胄首者本欲易南地陝西關隘不預焉王柟所陳亦非元畫事理不敢專決具奏奉旨朕以生靈爲念已貫宋罪關隘區區豈足深較旣能函送韓侂胄首陝西關隘可以還賜今聖訓如此其體大國寬仁矜恤曲從之意追修誓書齎遣通謝人使赴闕王柟之歸也匡要以先送叛亡驅掠然後割賜淮南川陝及彼誓書草本有犯廟諱字及文義有不如體製者諭令改之宋人以叛亡驅掠散在州縣一旦拘刷未易聚集今已四月農事已晚邊民連歲流離失所扶攜道路卽望復業過此農時遂失一歲之望歲幣犒軍物多非旬月可辦錢象祖復以書來略曰竊見大金皇帝前日聖旨如能斬送韓侂胄首沿淮之地並依皇統大定已畫爲定又睹今來聖旨旣能送侂胄首陝西關隘可併還賜以此仰見聖慈寬大初無必待發遣驅掠官兵然後退兵交界之語誓書草本添改處先次錄本齎呈并將侂胄首函送及管押納合道僧李全家口一併發還欲望上體大金皇帝畫定聖旨先賜行下沿邊及陝西所屬候侂胄首到界上卽便抽回軍馬歸還淮南及川陝關隘地界所有驅掠官兵留之何益見已從實刷勘發還其使人禮物歲幣等已起發至眞揚間伺候嘉報進邐前去界首以俟取接匡得錢象祖書卽具奏詔報曰朕以生靈之故已從請稱臣割地尚且濶略區區小節何足深較其侂胄師旦首函及諸叛亡至濠州卽聽通謝人使入界軍馬卽當徹還川陝關隘俟歲幣犒軍銀兩至下蔡畫日割賜匡得詔書卽以諭宋人使如詔書從事泰和八年四月乙未宋獻韓侂胄蘇師旦首函至元帥府匡遣平南撫軍上將軍紇石烈貞以侂胄師旦首函露布以聞五月丁未遣戶部尚書高汝礪禮部尚書張行簡奏告天地武衞軍都指揮使徒單鏞奏告太廟御史中丞孟鑄告社稷是日上御應天門立黃麾仗受宋馘尚書省奏露布親王百官起居上表稱賀獻馘廟社以露布頒中外竿侂胄師旦首并二人畫像于通衢百姓縱觀然後漆其首藏之軍器庫丙辰匡朝京師進官兩階賜玉帶金一百兩銀一千五百兩重幣三十端罷元帥府仍爲樞密院六月癸酉宋通謝使許奕吳衡等入見癸未以宋人請和詔天下十一月丙辰章宗崩匡受遺詔立衞紹王其遺詔略曰皇叔衞王承世宗之遺體鍾厚慶於元妃人望所歸歷數斯在今朕上體太祖皇帝傳授至公之意付畀寶祚卽皇帝位於柩前載惟禮經有嫡立嫡無嫡立庶今朕之內人見有娠者兩位已詔皇帝如其中有男當立爲儲貳如皆是男子擇可立者立之丁巳衞紹王卽位戊午章宗內人范氏胎氣有損大安元年四月平章政事僕散端左丞孫卽康奏承御賈氏產期已出三月有人告元妃李氏令賈氏詐稱有身詔元妃李氏承御賈氏皆賜死初章宗大漸匡與元妃俱受遺詔立衞王匡欲專定策功遂構殺李氏數日匡拜尚書令封申王大安元年十二月薨匡事顯宗深被恩遇自章宗幼年侍講讀最親幸致位將相怙寵自用官以賄成承安中撥賜家口地土匡乃自占濟南眞定代州上腴田百姓舊業輒奪之及限外自取上品其事不以爲罪惟用安州邊吳泊舊放圍場地奉聖州在官閑田易之以向自占者悉還百姓宣宗嘗謂侍臣曰撒速往年嘗受人玉吐鶻然後與之官此豈宰相所爲哉

完顏綱本名元奴字正甫明昌中爲奉御畀官左拾遺詔三叉口置捺鉢綱上疏諫疏中有云賊出沒其間詔尚書省詰問所言不實章宗以綱諫官不之罪遷刑部員外郞綱言諸犯死罪除名移推相去二百里并犯徒罪連逮二十人以上者並令就問會經所屬按察司審讞者移推別路官亦依上就問凡告移推之人皆已經本路按察審訖卽當移推別路按察司部分廣闊如上京路移推臨潢路最近亦往復二三千里北京留守司移推西北路招討司最近亦須數月乞依舊制令移推官司追取其人歸問從之故事使夏國者夏人饋贈禮物視書幾道以爲多寡泰和元年綱爲賜夏主生日使章宗命齎三詔左司員外郞孫椿年詔奏爲一道尋自陳首上責宰臣曰椿年忽略卿等奈何不奏也轉工部郞中上言太府監官兼尚食局官乞於少府監依此例注能幹官一員兼儀鸞局官儀鸞局官一員兼少府監官相須檢治從之四年詔綱與喬宇宋元吉編類陳言文字綱等奏凡關涉宮庭及大臣者摘進其餘以省臺六部各爲一類凡二十卷遷同簽宣徽院事六年與宋連兵陝西諸將頗相異同以綱爲蜀漢路安撫使都大提舉兵馬事與元帥府叅決西事調羌兵之未附者於是知鳳翔府事完顏昱同知平京府事蒲察秉鉉分駐鳳翔諸監通遠軍節度使承裕秦州防禦使完顏璘屯成紀界知臨洮府事石抹仲溫駐臨洮同知臨洮府事朮虎高祺彰化軍節度副使把回海備鞏州諸鎭乾州刺史完顏思忠扼六盤陝西路都統副使斡勒牙剌京兆府推官蒲察秉彝戍虢華扼潼關蒲津陝西都統完顏忠本名鼻懶同知京兆府事烏古論兗州守京兆要害以鳳翔臨洮路蕃漢弓箭手及緋翮翅軍散據邊陲緋翮翅軍名也元帥右監軍充右都監蒲察貞分總其事宋吳曦以兵六千攻鹽州鞏州戍將完顏王善隊校僕散六斤猛安龍延常擊走之斬首二百級七月吳曦兵五萬由保坌姑蘇等路寇秦州承裕璘以騎千餘擊之曦兵大敗追奔四十里曦別兵萬人入來遠鎭朮虎高琪破之青宜可者吐蕃之種也宋取河湟夏取河西四郡部落散處西鄙其酋黎族帥曰冷京據古疊州有四十三族十四城三十餘萬戶東鄰宕昌北接臨洮積石南行十日至筝竹大山蓋蠻境也西行四十日至河外俗不論道里而以日計之云冷京卒子耳骨延嗣宋不能制縻以官爵傳六世至青宜可尤勁勇得衆以宋政令不常有改事中國之意曹佛留爲洮州刺史佛留材武有智策能結諸羌青宜可畏慕佛留以父呼之請舉國內附朝廷以宋有盟不許厚賜金帛以撫之明昌間屬羌已彪殺郡佐反是時綱爲奉御奉詔與曹佛留計事因召青宜可會兵擊破已彪曹佛留遷同知臨洮尹兼洮州刺史子普賢爲洮州管內巡檢使綱屢以事至洮佛留每謂綱言青宜可願內屬出其至情綱輒奏之上終不納及綱部署陝西上密勑綱略西事於是曹佛留已死普賢爲懷羌巡檢使綱至洮馳召普賢攝同知洮州事普賢傳箭入羌中青宜可大喜率諸部長籍其境土人民詣綱請內屬綱奏其事上以青宜可爲疊州副都總管加廣威將軍詔青宜可曰卿統有部人世爲雄長嚮風慕義背僞歸朝願効純誠恒輸忠力緬懷嘉賜式厚褒旌覽卿進上所受僞牌朝廷之馭諸蕃固無此例欲使卿有以鎭撫部族增重觀望是以特加改命賜金牌一銀牌二到可祗承服我新恩永爲藩衞曹普賢異授同知洮州事綱遷拱衞直都指揮使遷三階安撫都大提舉如故以商州刺史烏古論兗州領曹普賢押領青宜可勾當詔曰完顏綱初行時汝未知朝廷有青宜可之事獨言可以招撫必獲其用旣而果來效順今汝勿以青宜可兵勢重大卑屈失體亦勿以蕃部而藐視之九月詔安慰陝西略曰京兆鳳翔臨洮三路應被宋兵逼脅背國從僞或沒落外境若能自歸者官吏依舊勾當百姓各令復業元拋地土依數給付及受宋人旗牓結構等或値驚擾因而避役逃亡未發覺者

許令所在官司陳首竝行釋免更不追究軍前可用之人隨宜任使限外不首復罪如初宋程松遣别將曲昌世襲方山原自率兵數萬分道襲和尚原西山寨龍門等關是日大霧四塞既又暴雨和尚原西山寨龍門關戍兵不知宋兵來松遂據之蒲察貞遣行軍副統裴滿阿里同知隴州事完顏李論以兵千人伏方山原下萬戶奧屯撒合門美原縣令术虎合沓别將壯士五百取間道潛登出宋兵上自高而下宋兵大駭伏兵合擊遂破之貞乃分遣术虎合沓部將完顏出軍奴率兵千人出黃兒谷取和尚原同知會州事女奚列南家押軍猛安粘割撒改率兵千人出大寧谷取西山寨貞自以兵七百由中路取龍門等關程松已焚閣道貞且修道且進兵至小關松將楊廷據險注射貞不得前令行軍副統裴滿阿里爲疑兵潛遣猛安胡信率甲士五十人繞出其後反擊之宋兵大亂遂斬廷于陣宋兵走二里關復敗宋將彭統領宋兵走龍門追擊大破之合沓乘夜潛登和尚原絕頂宋人驚以爲神皆散走破其衆二千生獲數十人南家斬木開道以登西山再與宋兵遇皆敗之遂盡復故地宋吳曦將馮興楊雄李珪以步騎八千人入赤谷將寇秦州承裕完顏璘河州防禦使蒲察秉鉉逆擊破之宋步兵趨西山騎兵走赤谷承裕分兵躡宋步兵宋步兵據山搏戰部將唐括按荅海率二百騎馳擊之甲士蒙葛挺身先入其陣衆乘之宋步兵大潰殺數百人追者至皂郊城斬首二千級猛安把添奴追宋騎兵殺千餘人馮興僅以身免楊雄李珪皆爲金軍所殺十月綱以蕃漢步騎一萬出臨潭充以關中兵一萬出陳倉蒲察貞以岐隴兵一萬出成紀石抹仲溫以隴右步騎五千出鹽川完顏璘以本部兵五千出來遠初吳玠吳璘俱爲宋大將兄弟父子相繼守西土得梁益間士衆心璘孫曦太尉昭武軍節度使成都潼川府夔利等州路宣撫副使泰和六年出兵興元有窺關隴之志誘募邊民爲盜遣諜以利餌鳳翔卒溫昌結三虞候軍爲內應昌詣府上變曦遣諸將出秦隴間與綱等諸軍相拒上聞韓侂胄忌曦威名可以間誘致之梁益居宋上游可以得志于宋封曦蜀國王鑄印賜詔詔綱經略之其賜曦詔曰宋自佶桓失守構竄江表僭稱位號偷生吳會時則乃祖武安公玠捍禦兩川洎武順王璘嗣有大勳固宜世胙大帥遂荒西土長爲藩輔誓以河山後裔縱有欒黶之汰猶當十世宥之然威略震主者身危功蓋天下者不賞自古如此非止于今卿家專制蜀漢積有歲年猜嫌既萌進退維谷代之而不受召之而不赴君臣之義已同路人譬之破桐之葉不可以復合騎虎之勢不可以中下矣此事流傳稔於朕聽每一思之未嘗不當饋歎息而卿猶偃然自安且卿自視翼贊之功孰與岳飛飛之威名戰功暴于南北一旦見忌遂被參夷之誅可不畏哉故智者順時而動明者因機而發與其負高世之勳見疑于人惴惴然常懼不得保其首領曷若順時因機轉禍爲福建萬世不朽之業哉今趙擴昏孱受制强臣比年以來頓違誓約增屯軍馬招納叛亡朕以生靈之故未欲遽行討伐姑遣有司移文復因來使宜諭而乃不顧道理愈肆憑陵虔劉我邊陲攻剽我城邑是以忠臣扼腕義士痛心家與爲讎人百其勇失道至此雖欲不亡得乎朕已分命虎臣臨江問罪長驅竝騖飛渡有期此正豪傑分功之秋也卿以英偉之姿處危疑之地必能深識天命洞見事機若按兵閉境不爲異同使我師併力巢穴而無西顧之虞則全蜀之地卿所素有當加封冊一依皇統冊構故事更能順流東下助爲犄角則旌麾所指盡以相付天日在上朕不食言今送金寶一鈕至可領也綱次臨江被詔進至水洛訪得曦族人端署爲水洛城巡檢使遣持詔間行諭曦曦得詔意動程松尚在興元未敢發詐稱杖殺端以蔽匿其事松兵既敗曦乃遣掌管機宜文字姚圓與端奉表送款綱遣前京兆府錄事張會吳曦于興州之置口曦言歸心朝廷無他張仔請以告身爲報曦盡出以付之仍獻階州朝廷以曦初附恃中國爲援欲先取襄陽以爲蜀漢屏蔽乃詔右副元帥匡先攻襄陽詔略曰陝西一面雖下四州吳曦之降朕所經略自大軍出境惟卿所部力戰爲多方之前人無所愧謝今南伐之事責成卿等區區俘獲不足羡慕果能爲國建功豈止一身榮寵後世子孫亦保富貴匡得詔乃移兵趨襄陽十二月曦遣果州團練使郭澄仙人關使任辛奉表及蜀地圖志吳氏譜牒來上七年正月召綱赴京師以爲陝西宣撫副使進三階還軍吳曦遣郭澄進謝恩表誓表賀全蜀歸附三表親王百官稱賀朝廷以詔荅之并賜誓詔郭澄朝辭諭澄曰汝主效順以全蜀歸附朕甚嘉之然立國日淺恐宋兵侵軼人心不安凡有當行事務已委宣撫完顏綱移文計議或有緊急即差人就去講究大定間汝主嘗以事入覲今亦多歲朕嘉汝主之義懷想不忘欲得其繪像如見其面今已遣使封冊俟回日附進可以此意歸諭汝主詔以同知臨洮府事术虎高琪爲封冊使翰林直學士喬宇副之詔高琪曰卿以邊面宣力加之讀書蜀人識卿威名勿以財賄動心失大國體檢制隨去奉職勿有違枉生事頃之宋安丙殺吳曦上聞曦死遣使責綱詔曰曦之降自當進據仙人關以制蜀命且爲曦重既不據關復撤兵使丙無所憚是宜有今日也於是詔贈曦太師命德順州刺史完顏思忠招魂葬于水洛縣以曦族兄端之子爲曦後詔諭陝西軍士略曰汝等爰自去冬出疆用命擐披甲冑冒涉艱險直取山外數州比之他軍實有勤効界外屯駐日久負勞苦恩賞未行有司申奏不明以致如此朕已令增給賞物以酬爾勞惟是餘賊未殄猶須經略眷我師徒久役未解深懷憫念寤寐弗忘汝等益思體國之忠奮敵愾之勇協心畢力建立功勳高爵厚祿朕所不吝宋人復陷階州西和州綱至鳳翔詔撤五州之兵退保要害五州之民願徙內地者厚撫集之以近侍局直長爲四川安慰使蒲察貞撤黃牛戍宋安丙乘之遣兵來襲遂陷散關鞏州鈐轄完顏阿失死之詔奪綱官一階降兵部侍郎權宣撫副使遣戶部侍郎尼厖古懷忠按治綱以下將吏懷忠未至陝西綱貞遣兵潛自昆谷西山養馬澗入四面攻之復取散關斬宋將張統領于團練綱遣使奏捷詔書獎諭貞等釋不問八年宋獻韓侂胄蘇師旦首詔以陝西關隘還之宋罷兵綱還京師是歲章宗崩衛紹王即位除陝西路按察使累官尚書左丞至寧元年綱行省事于縉山徒單鎰使人謂綱曰高琪駐兵縉山甚得人心士皆思奮與其行省親往不若益兵爲便綱不聽徒單鎰復使人止之曰高琪措畫已定彼之功即行省之功綱不從綱至縉山遂大敗胡沙虎斬關入中都遷衛紹王于衛邸命綱子安和作家書使親信人召綱綱至囚之憫忠寺明日押至市口使張霖卿數以失四川敗縉山之事殺之貞祐四年綱子權復州刺史安和上書訟父冤略曰先臣綱在章宗時招懷西羌青宜可等十八部族取宋五州吳曦以全蜀歸朝胡沙虎無故見殺奪其官爵詔下尚書省議謹按元年詔書云胡沙虎屢害良將正謂綱輩也乃追復尚書左丞弟定奴

定奴與兄綱俱知名充護衛除平京府判官累官同知眞定府從平章政事僕散揆伐宋加平南虎威將軍兵罷遷河南東路副統軍三遷武勝軍節度使入爲右副點檢大安二年遷元帥右都監救西京改震武軍節度使元帥奧屯襄敗績定奴坐失期及不以軍敗實奏降河州防禦使還鎮西軍節度使河東北路按察轉運使宣宗即位改知歸德府貞祐二年改知河南府兼河南副統軍尋遷河南統軍使兼昌武軍節度使請內外五品以上舉能幹之士充河北州縣官改簽樞密院事殿前都點檢兼侍衛親軍都指揮使復爲簽樞密院事行院事兼知歸德府事改兼武寧軍節度使行院于徐州召爲刑部尚書參知政事興定三年薨

贊曰章宗伐宋之役三易主帥兵家所忌也宋不知乘此以爲功猶曰有人焉韓侂胄心彊智疎蘇師旦謀淺任大函首燕薊南北皆曰賊臣何哉完顏匡完顏綱皆泰和終功之臣然匡隳志于大安綱罹難于至寧富貴之惑人乃如此邪

金史卷九十九

元中書右丞相總裁脫脫等修

列傳第三十七

徒單鎰　賈鉉　孫鐸

孫即康　李革

徒單鎰本名按出上京路速速保子猛安人父烏輦北京副留守鎰穎悟絕倫甫七歲習女直字大定四年詔以女直字譯書籍五年翰林侍講學士徒單子溫進所譯貞觀政要白氏策林等書六年復進史記西漢書詔頒行之選諸路學生三十餘人令編修官溫迪罕締達敎以古書習作詩策鎰在選中最精詣遂通契丹大小字及漢字該習經史久之樞密使完顏思敬請敎女直人舉進士下尚書省議奏曰初立女直進士科且免鄉府兩試其禮部試廷試止對策一道限字五百以上成在都設國子學諸路設府學竝以新進士充敎授士民子弟願學者聽歲久學者當自衆即同漢人進士三年一試從之九年八月詔策女直進士問以求賢爲治之道侍御史完顏蒲涅太常博士李晏應奉翰林文字阿不罕德甫移剌傑中都路都轉運副使奚蹭考試鎰等二十七人及第鎰授兩官餘授一官上三人爲中都路

教授四名以下除各路教授十五年詔譯諸經著作佐郎溫迪罕締達編修官宗璧尚書省譯史阿魯吏部令史楊克忠譯解翰林修撰移剌傑應奉翰林文字移剌履講究其義鎰自中都路教授選爲國子助教左丞相紇石烈良弼嘗到學中與鎰談論深加禮敬丁母憂起復國史院編修官世宗嘗問太尉完顏守道曰徒單鎰何如人也守道對曰有材力可任政事上曰然當以劇任處之又曰鎰容止溫雅其心平易久之兼修起居注累遷翰林待制兼右司員外郎獻漢光武中興賦世宗大悅曰不設此科安得此人章宗即位遷左諫議大夫兼吏部侍郎明昌元年爲御史中丞無何拜參知政事兼修國史鎰言人生有欲不限以制則侈心無極今承平日久當慎行此道以爲經久之治章宗銳意于治平鎰上書其略曰臣竊觀唐虞之書其臣之進言於君曰戒哉懋哉曰吁曰都既陳其戒復導其美君之爲治也必曰稽于衆舍己從人既能聽之又能行之又從而興起之君臣上下之間相與如此陛下繼興隆之運撫太平之基誠宜稽古崇德留意於此無因物以好惡喜怒無以好惡喜怒輕忽小善不卹人言夫上下之情有通塞天地之運有否泰唐陸贄嘗陳隔塞之九弊上有其六下有其三陛下能慎其六爲臣子者敢不慎其三哉上下之情既通則大綱舉而羣目張矣進尚書右丞修史如故三年罷爲橫海軍節度使改定武軍節度使知平陽府事先是鄭王永蹈判定武軍鎬王永中判平陽府相繼得罪連引者衆上疑其有黨或命節度定武繼又知平陽焉改西京留守承安三年改上京留守五年上問宰臣徒單鎰與崇浩孰優平章政事張萬公對曰皆才能之士鎰似優者鎰有執守崇浩多數耳上曰何謂多數萬公曰崇浩微似趨合上曰卿言是也頃之鎰拜平章政事封濟國公淑妃李氏擅寵兄弟恣橫朝臣往往出入其門是時烈風昏曀連日詔問變異之由鎰上疏略曰仁義禮智信謂之五常父義母慈兄友弟敬子孝謂之五德今五常不立五德不興縉紳學古之士棄禮義忘廉恥細民違道畔義迷不知返背毀天常骨肉相殘動傷和氣此非一朝一夕之故也今宜正薄俗順人心父父子子夫夫婦婦各得其道然後和氣普洽福祿荐臻矣因論爲政之術其急有二一曰正臣下之心竊見羣下不明禮義趨利者衆何以責小民之從化哉其用人也德器爲上才美爲下兼之者待以不次才下行美者次之雖有才能行義無取者抑而下之則臣下之趨向正矣其二曰導學者之志教化之行興于學校今學者失其本眞經史雅奥委而不習藻飾虛詞釣取祿利乞令取士兼問經史故實使學者皆守經學不惑於近習之靡則善矣又曰凡天下之事叢來者非一端形似者非一體法制不能盡隱於近似乃生異論孔子曰義者天下之斷也記曰義爲斷之節伏望陛下臨制萬機事有異議少凝聖慮尋繹其端則裁斷有定而疑可辨矣鎰言皆切時弊上雖納其說而不能行上問漢高帝光武優劣平章政事張萬公對曰高祖優甚鎰曰光武再造漢業在位三十年無沉湎冒色之事高祖惑戚姬卒至于亂由是言之光武優上默然鎰蓋以元妃李氏隆寵過盛故微諫云泰和四年罷知咸平府五年改南京留守六年徙知河中府兼陝西安撫使僕散揆行省河南陝西元帥府雖受揆節制實顓方面上思用謀臣制之由是升宣撫使一品鎰改知京兆府事充宣撫使陝西元帥府並受節制詔曰將帥雖武得久歷行陣而宋人狡獪亦資算勝卿之智略朕所深悉且朕肱舊臣故有此寄宜以長策御敵勵兵撫民稱朕意焉鎰言初置急遞鋪本爲轉送文牒今一切乘驛非便上深然之始置提控急遞鋪官自中都至眞定平陽置者達于京兆京兆至鳳翔置者達于臨洮自眞定至彰德置者達于南京自南京分至歸德置者達于泗州壽州分至許州置者達于鄧州自中都至滄州置者達于益都府自此郵達無復滯焉七年吳曦死宋安丙分兵出秦隴間十月詔鎰出兵金房以分掣宋人梁益漢沔兵勢鎰遣行軍都統斡勒葉祿瓦副統把回海完顏掴剌以步騎五千出商州十一月葉祿瓦拔鶻嶺關掴剌別將攻破燕子關新道口回海取小湖關敖倉至營口鎮破宋兵千餘人追至上津縣斬首八百餘級遂取上津縣葉祿瓦破宋兵二千于平溪將趨金州宋王柟以書乞和詔鎰召葉祿瓦軍退守鶻嶺關八年正月宋安丙遣景統領由梅子溪新道口朱砂谷襲鶻嶺關回海掴剌擊走之斬景統領于陣是歲罷兵鎰還特進賜賚有差改知眞定府事大安初加儀同三司封濮國公改東京留守過闕入見衞紹王謂鎰曰卿兩朝舊德欲用卿爲相太尉匡卿之門人朕不可屈卿下之遷開府儀同三司佩金符充遼東安撫副使三年改上京留守平章政事獨吉思忠敗績于會河堡中都戒嚴鎰曰事急矣乃選兵二萬遣同知烏古孫兀屯將之入衞中都朝廷嘉之徵拜尚書右丞相監修國史鎰言自用兵以來彼聚而行我散而守以聚攻散其敗必然不若入保大城併力備禦昌桓撫三州素號富貴人皆勇健可以內徙益我兵勢人畜貨財不至亡失平章政事移剌參知政事梁瑭曰如此是自蹙境土也衞紹王以責鎰鎰復奏曰遼東國家根本距中都數千里萬一受兵州府顧望必須報可誤事多矣可遣大臣行省以鎮之衞紹王不悅曰無故置行省徒搖人心耳其後失昌桓撫三州衞紹王乃大悔曰從丞相之言當不至此頃之東京不守衞紹王自訟曰我見丞相恥哉朮虎高琪駐兵縉山甚得人心士樂爲用至寧元年尚書左丞完顏綱將行省于縉山鎰謂綱曰行省不必自往不若益兵爲便綱不聽且行鎰遣人止之曰高琪之功卽行省之功也亦不聽綱至縉山遂敗績焉頃之鎰墜馬傷足在告聞胡沙虎難作命駕將入省或告之曰省府相幕皆以軍士守之不可入矣少頃兵士索人于閭巷鎰乃還第胡沙虎意不可測方猶豫不能自定乃詣鎰問疾從人望也鎰從容謂之曰翼王章宗之兄顯宗長子衆望所屬元帥決策立之萬世之功也胡沙虎默然而去乃迎宣宗于彰德胡沙虎既殺徒單南平欲執其弟知眞定府事銘鎰說之曰車駕道出眞定鎬王家在威州河北人心易搖徒單銘有變朝廷危矣不如與之金牌奉迎車駕銘必感元帥之恩胡沙虎從之至寧貞祐之際轉敗爲功惟鎰是賴焉宣宗卽位進拜左丞相封廣平郡王授中都路迭魯都世襲猛安蒲魯吉必剌謀克鎰尚有足疾詔侍朝無拜明年鎰建議和親言事者請罷按察司鎰曰今郡縣多殘毀正須按察司撫集不可罷遂止宣宗將幸南京鎰曰鑾輅一動北路皆不守矣今已講和聚兵積粟固守京師策之上也南京四面受兵遼東根本之地依山負海其險足恃備禦一面以爲後圖策之次也不從是歲薨詔賻贈從優厚鎰明敏方正學問該貫一時名士皆出其門多至卿相嘗歎文士委頓雖巧拙不同要以仁義道德爲本乃著學之急道之要二篇太學諸生刻之于石有弘道集六卷

賈鉉字鼎臣博州博平人性純厚好學問中大定十三年進士調滕州軍事判官單州司候補尚書省令史章宗爲右丞相深器重之除陝西東路轉運副使入爲刑部主事遷監察御史遷侍御史改右司諫上疏論邊戍利害上嘉納之遷左諫議大夫兼工部侍郎與党懷英同刊修遼史鉉上書曰親民之官任情立威所用決杖分徑長短不如法式甚者以鐵刃置於杖端因而致死間者陰陽愆戾和氣不通未必不由此也願下州郡申明舊章檢量封記按察官其檢察不如法者具以名聞內庭勑斷亦依已定程式制可復上書論山東採茶事其大槩以爲茶樹隨山皆有一切護邏已奪民利因而以揀茶樹執詿小民嚇取貨賂宜嚴禁止仍令按察司約束上從之承安四年遷禮部尚書諫議如故是時有詔凡奉勑商量照勘公事皆期日聞奏鉉言若如此恐官吏迫於限期姑務苟簡反害事體況簿書自有常程御史臺治其稽緩如事有應密三月未絕者令具次第以聞下尚書省議如省部可卽定奪者須三月擬奏如取會案牘卒難補勘者先具次第奏知更限一月結絕違者准稽緩制書罪之上議置相欲用鉉宰臣薦孫卽康張萬公曰卽康及第在鉉前上曰用相安問榜次朕意以爲賈鉉才可用也然竟用卽康焉泰和二年興陵崇妃薨上欲成服苑中行登門送喪之禮以問鉉鉉對曰故宋嘗行此禮古無是也遂已改刑部尚書泰和三年拜參知政事亳州醫者孫士明輒用黃紙大書勑賜神針先生等十二字及於紙尾年月間摹作寶樣朱篆靑龍二字以誑惑市人有司捕治款伏值赦大理寺議宜准僞造御寶雖遇赦不應原已奏可矣鉉奏天子有八寶其文各異若僞造不限用泥及黃蠟今用筆描成靑龍二字既非八寶文論以僞造御寶非本法意上悟遂以赦原明日上謂大臣曰已行之事賈鉉猶執奏甚可嘉也羣臣亦當如此矣泰和六年御試鉉爲監試官上曰丞相崇浩嘗言試題頗易由是進士例不讀書朕令以日合天統爲賦題鉉曰題則佳矣恐非所以牢籠天下士也上曰帝王以難題窘舉人固不可欲使自今積致學業而已遂用之久之鉉與審官院掌書大中漏言除授事上謂鉉曰卿罪自知之矣然卿久參機務補益弘多不深罪也乃出爲安武軍節度使改知濟南府致仕貞祐元年薨

孫鐸字振之其先滕州人徙恩州歷亭縣鐸性敏好學遼陽王遵古一見器之期以公輔登大定十三年進士第調海州軍事判官衞縣丞補尚書省令史章宗爲右丞相語人曰治官事如孫鐸必無錯失初卽位問鐸安在有司奏爲右都管使宋及還除同知登聞檢院事鐸言凡上訴者皆因尚書省斷不得直若上訴者復送省則必不行矣乞自宸衷斷之上以爲然詔登聞檢院凡上訴者每朝日奏十事詔刊定舊律鐸先奏名例一篇承安元年遷左諫議大夫改河東南路轉運使召爲中

都路都轉運使初置講議錢穀官十人鐸爲選首承安四年遷戶部尚書鐸因轉對奏曰比年號令或已行而中輟或既改而復行更張太煩百姓不信乞自今凡將下令再三講究如有益于治則必行無恤小民之言國子司業紇石烈善才亦言頒行法令絲綸既出尤當固守上然之泰和二年十二月上召鐸戶部侍郎張復亨議交鈔復亨曰三合同鈔可行鐸請廢不用詰難久之復亨議詘上顧謂侍臣曰孫鐸剛正人也雖古魏徵何加焉三年御史中丞孫卽康刑部尚書賈鉉皆除參知政事鐸再任戶部尚書鐸心少之對賀客誦古人詩曰唯有庭前老柏樹春風來似不曾來御史大夫卞劾鐸怨望降同知河南府事改彰化軍節度使復爲中都轉運使泰和七年拜參知政事蒲陰縣令大中與左司郎中劉昂通州刺史史肅前監察御史王宇吏部主事曹元戶部員外郎李著監察御史劉國樞尚書省都事曹溫雄州都軍馬師周吏部員外郎徒單永康太倉使馬良顯順州刺史唐括直思白坐私議朝政下獄尚書省奏其罪鐸進曰昂等非敢議朝政但如鄉人游鄉校耳上悟乃薄其罪鐸上言民間鈔多宜收歛院務課程及諸窠名錢須要全收交鈔秋夏稅本色外盡令折鈔不拘貫例農民知之迺漸重鈔比來州縣抑配行市買鈔無益徒擾之耳乞罷諸處鈔局惟省庫仍舊小鈔無限路分可令通行上覽奏卽詔有司曰可速行之大安初議誅黃門李新喜鐸曰此先朝用之太過耳衞紹王不察卽曰卿今日始言之何耶既而復曰後當盡言勿以此介意頃之遷尚書左丞兼修國史議鈔法忤旨猶以論李新喜降滄州防禦使改安國軍節度使徙絳陽軍宣宗卽位召赴闕以兵道阻宣宗遷汴鐸上謁于宜村除太子太師有疾累遣使候問貞祐三年致仕是歲薨

孫卽康字安伯其先滄州人石晉之末遼徙河北實燕薊八代祖延應在徙中占籍析津實大興仕至涿州刺史延應玄孫克構遼檢校太傅啓聖軍節度使卽康克構曾孫中大定十年進士第章宗爲右丞相是時卽康爲尚書省令史出是識其人章宗卽位累遷戶部員外郎講究鹽法利害語在食貨志除耀州刺史入爲吏部左司郎中上謂宰臣曰孫卽康向爲省掾言語拙訥今才力大進非向時比也宰臣因曰卽康年已高幸及早用之上問年幾何矣對曰五十六歲上復問其才何如張萬公平章政事守貞對曰卽康才過之上曰視萬公爲通耳由是遷御史中丞初張汝弼妻高陀斡不道伏誅汝弼鎬王永中舅也上由是頗疑永中永中府傳尉奏永中第四子阿離合懣語涉不軌詔同簽大睦親府事章與卽康鞫之第二子神土門嘗撰詞曲頗輕肆遂以語涉不遜就逮家奴德哥首永中嘗與侍妾瑞雲言我得天下以爾爲妃子爲大王章卽康還奏詔禮部尚書張暐覆訊永中父子皆死時論寃之頃之遷泰寧軍節度使改知延安府事承安五年上問宰相今漢官誰可用者司空襄舉卽康上曰不輕薄否襄曰可再用爲中丞觀之上乃復召卽康爲御史中丞泰和三年除參知政事明年進尚書右丞六年宋渝盟有端大臣猶以爲小盜竊發不足恤卽康與左丞僕散端參政獨吉思忠以爲必當用兵上以爲然上問卽康參知政事賈鉉曰太宗廟諱同音字有讀作成字者既非同音便不當缺點畫睿宗廟諱改作崇字其下却有本字全體若將示字依蘭亭帖寫作未字克字合缺點畫如統傍之克似不合缺卽康奏曰唐太宗諱世民偏傍犯如葉字作葉字泯字作汦字乃擬熙宗廟諱從面從且睿宗廟諱上字從未下字從世世宗廟諱從系顯宗廟諱如正犯字形止書斜畫沇字鋭字各從卩兌悅之類各從本傳從之自此不勝曲避矣進左丞宋人請和進官一階舊制尚書省令史考滿優調次任回降崔建昌己優調與平軍節度副使未回降卽除大理司直詔知除郭邦傑李蹊杖七十勒停左司員外郎高庭玉決四十解職卽康待罪有詔勿問章宗崩衞紹王卽位卽康進拜平章政事封崇國公大安三年致仕是歲薨遣使致祭

李革字君美河津人父餘慶三至廷試不遂因棄去革穎悟讀書一再誦輒記不忘大定二十五年進士調眞定主簿察廉遷韓城令同知州事納富商賂以歲課軍須配屬縣革獨不聽提刑司以爲能遷河北東路轉運都勾判官太原推官丁母憂起復遷大興縣令中都左警巡使南京提刑判官監察御史同知昭義軍節度事丁父憂起復簽南京按察事泰和六年伐宋尚書省奏軍興隨路官差占者別注闕者選補老不任職者替罷及司縣各存留强幹正官一員革與簽陝西高霖簽山東孟子元俱被詔體訪三路官員能否籍存留正官行省行部元帥府差占員數及事故闕員老不任職赴闕奏事改刑部員外郎調觀州刺史兼提舉漕運陝西西路按察副使大興府治中知府徒單南平貴倖用事勢傾中外遣所親以進取誘革革拒之貞祐三年遷戶部侍郎宣宗遷汴行河北西路六部事遷知開封府事河南勸農使戶部吏部尚書陝西行省參議官四年拜參知政事革奏有司各以情見引用斷例牽合附會實啓倖門乞凡斷例勑條特旨奏斷不爲永格者不許引用皆以律爲正詔從之是歲大元兵破潼關革自以執政失備禦之策上表請罪不許罷爲絳陽軍節度使興定元年胥鼎自平陽移鎭陝西革以知平陽府事權參知政事代鼎爲河東行省是時興兵伐宋革上書曰今之計當休兵息民養銳待敵宋雖造釁止可自備若不忍小忿以勤遠略恐或乘之不能支也不納太原兵後闕食革移粟七萬石以濟之二年宣差粘割梭失至河東於是晚禾未熟牒行省耕毁淸野革奏今歲雨澤及時秋成可待如令耕毁民將不堪詔從革奏十月平陽被圍城中軍不滿六千屢出戰旬日間傷者過半徵兵吉隰霍三州不時至裨將李懷德縋城出降兵自城東南入左右請革上馬突圍出革歎曰吾不能保此城何面目見天子汝輩可去矣乃自殺贈尚書右丞

贊曰傳曰君子之言其利博哉徒單鎰拱把一語而宣宗立厥功懋矣賈鉉孫鐸皆舊臣鉉久致仕鐸忤旨衞王皆不復見用徒單鎰亦外官惟孫卽康詭隨乃驟至宰相古所謂斗筲之人卽康之謂矣鐸論李新喜其言似漢耿育有旨哉貞祐執政李革可謂君子其進退之際有古人爲相之風焉

金史卷一百

元中書右丞相總裁脫脫等修

列傳第三十八

孟鑄　宗端修　完顏閭山
路鐸　完顏伯嘉　术虎筠壽
張煒　高竑　李復亨

孟鑄大定末補尚書省令史明昌元年御史臺奏薦戶部員外郎李獻可完顏撝合太府丞徒單繹宮籍監丞張庸右警巡使袞禮部主事蒲察振壽戶部主事郭蜺應奉翰林文字移剌益中都鹽鐵判官趙暠尚書省令史劉昂及鑄十一人皆剛正可用詔除獻可右司諫撝合磁州刺史繹祕書丞庸中都右警巡使袞彰國軍節度副使振壽治書侍御史蜺同知定武軍節度使事益翰林修撰暠都水丞昂戶部主事鑄刑部主事累遷中都路按察副使南京副留守河平軍節度使泰和四年入爲御史中丞召見於香閤上謂鑄曰朕自知卿非因人薦舉也御史責任甚重往者臺官乃推求細故彈劾小官至於巨室重事則畏徇不言其勤乃職無廢朕命是歲自春至夏諸郡少雨鑄奏今歲愆陽已近五月比至得雨恐失播種之期可依種麻菜法擇地形稍下處撥畦種穀穿土作井隨宜灌溉上從其言區種法自此始無何奏彈知大興府事紇石烈執中過惡其文略曰京師百郡之首四方取則知府執中貪殘專恣不奉法令自奉聖州罪解以後怙罪不悛蒙朝廷恩貸轉生跋扈雄州詐奪人馬平州冒支己俸無故破魏廷碩家發其冢墓拜表以調鷹不赴祈雨聚妓戲嬉毆詈同僚擅令仕職失師帥之體乞行黜退以厭人望上以執中東宮舊人頗右之謂鑄曰執中麤人似有跋扈者鑄曰明天子在上豈容有跋扈之臣上悟詔尚書省問之泰和五年唐鄧河南屢有警議者謂宋且敗盟六年正月宋賀正旦使陳克俊等朝辭上使鑄就館諭克俊以國家涵容之意果不詳此旨恐兵未可息也使以上言達宋主章宗本無意用兵故再三諭之鑄論提刑司改按察司差官覆察權削望輕下尚書省議參知政事賈鉉奏乞差監察時卽別遣官偕往更不覆察諸疑獄竝令按察司從正與決庶幾可慰人望從之永豐庫官不守宿因而被盜上召登聞鼓院官欲有所問皆不在上諭鑄曰此輩慢法如此御史臺所職何事也復諭御史大夫宗肅及鑄曰朕聞唐宰相宿省中卿等所知也臺官六部官其餘司局亦嘗宿直令尚書省左右司官宿直餘亦當准此八年除絳陽軍節度使至寧元年復爲御史中丞紇石烈執中作亂召鑄及右諫議大夫張行信俱至大興府問曰汝輩向來彈我者耶鑄等各以正言答之執中乃遣還家曰且須後命既而執中死鑄亦尋卒

宗端脩字平叔汝州人章宗避睿宗諱上一字凡太祖諸子皆加山爲崇改宗氏爲姬氏端脩好學喜名節中大定二十二年進士第明昌間補尚書省令史承安元年監察御史孫椿年武簡職事不脩舉詔以端脩及范鐸代之是時元妃李氏兄弟干預朝政端脩上書乞遠小人上遣李喜兒傳詔問端脩小人爲誰其以姓名對

端偁對曰小人者李仁惠兄弟仁惠喜兒賜名也喜兒不敢隱具奏之上雖責喜兒兄弟而不能去也四年復上書言事宰相惡之坐以不經臺官直進奏帖准上書不以實削一官朞年後敍章宗知端偁不爲衆所容釋之改大理司直泰和四年遷大理丞召見於香閣上謂端偁曰汝前爲御史以幹能見用汝言多細碎不究其實嘗令問汝亦不汝罪及爲大理司直乃能稱職用是擢汝爲丞盡乃心力惟法是守勿問上位宰執所見何如汝其志之知大興府紇石烈執中陳言下大理寺議端偁謂執中言事涉私治罪詔以端偁別出情見不當與司直溫敦按帶各削一官解職久之爲節度副使卒官端偁終以直道不振於時自守愈篤妻死不復更娶獨居二十年士論高之汝州司候游彥哲將之官問爲政端偁曰爲政不難治氣養心而已彥哲不達端偁曰心正則不私氣平則不暴爲政之術盡於此矣

完顏閭山蓋州猛安人明昌二年進士累調觀察判官補尚書省令史知管差除授都轉運都勾判官改河東南路轉運都勾判官南京警巡使丁母憂起復南京按察判官累遷沁南軍節度使入爲工部尚書貞祐三年知京兆府事充行省參議官四年知鳳翔府事興定元年冬詔陝西行省伐宋閭山權元帥右都監參議諸軍事宋兵千餘人伏吳寨谷間山率騎兵掩擊敗之追襲十五里殺三百餘獲牛羊以千計改知平涼府敗宋人于步落堝遷官一階三年召爲吏部尚書廷議選戶部官往往舉聚斂苛刻以應詔閭山曰民勞至矣復用此輩將何以堪議者稱之三年朝廷以晉安行元帥府陀滿胡土門暴刻以閭山代之是歲十月卒

路鐸字宣叔伯達子也明昌三年爲左三部司正上書言事召見便殿遷右拾遺明年盧溝河決鐸請自玄同口以下丁村以上無修舊堤縱使分流以殺水勢詔工部尚書胥持國與鐸同檢視章宗將幸景明宮是歲民饑不可行御史中丞董師中上書諫鐸與左補闕許安仁繼之賜對御閣詔尚書省曰朕不禁暑熱欲往山後今臺諫言民間多闕食朕初不盡知旣已知之其忍自奉以重困民哉乃罷行尚書左丞完顏守貞每論政事守正不移與同列不合罷知東平府事臺諫因而擠之鐸上書論守貞賢可復用其言大切召對于崇政殿既而章宗以鐸書語大臣於是尚書右丞烏林荅愿參知政事夾谷衡胥持國奏路鐸以梁冀比右丞相所言狂妄不稱諫職右丞相夾谷清臣也上曰周昌以桀紂比漢高祖高祖不以爲忤路鐸以梁冀比丞相耳頃之守貞入爲平章政事五年復與禮部尚書張暐御史中丞董師中右諫議大夫賈守謙翰林修撰完顏撒剌諫幸景明宮語多激切章宗不能堪遣近侍局直長李仁愿召凡諫北幸者詣尚書省詔曰卿等諫北幸甚善但其間頗失君臣之體耳是歲郝忠愈獄起事密諫官不能察其詳議者頗謂事涉鎬王永中思有以寬解上意右諫議大夫賈守謙上封事鐸繼之尤切直上優容之謂鐸曰汝言諸王皆有覬心游其門者不無橫議是何言也但朕不罪諫官耳頃之尚書省奏擬鐸同知河北西路轉運使事詔再任右拾遺謂宰相曰鐸敢言但識短耳朕嘗詰責而氣不沮鐸因召對論宰相權太重上曰凡事由朕宰相安得權重既而復奏曰乞陛下勿泄此言泄則臣虀粉矣上曰宰相安能虀粉人至是章宗竝以此言告宰相雖留再任宰相愈銜之改右補闕自完顏守貞再入相以政事爲己任胥持國方幸尤忌守貞并忌鐸輩鐸輩雖嘗爲守貞論辨而不相附鐸論邊防守貞以爲援拾唐人餘論皆不行及守貞持鎬王永中事久不決鐸等亦上言切諫竝指以爲黨上乃出守貞知濟南府凡曾薦守貞者皆黜降謂宰臣曰董師中謂臺省無守貞不可治路鐸李敬義皆稱舉之者然三人者後俱可用今姑出之上復曰路鐸敢言甚有時名一旦外補人將謂朕不能容直臣可選敢言及才識處鐸右者參知政事馬琪奏曰鐸雖知無不言然亦多不當理上曰諫官非但取敢言亦須聞有出朕意表者乃有裨益耳於是吏部尚書董師中出爲陝西西路轉運使鐸爲南京留守判官戶部郎中李敬義方使高麗還卽出爲安化軍節度副使詔曰卿等昨來交薦守貞公正可用今坐所舉失實耳承安二年召爲翰林修撰同看讀陳言文字上召禮部尚書張暐大理卿麻安上及鐸問趙晏所言十事因問董師中張萬公優劣鐸奏師中附胥持國以進趙樞張復亨張嘉貞皆出持國門下嘉貞復趨走襄之門持國不可復用若再相必亂綱紀上曰朕豈復相此人但還官二階使致仕何爲不可持國黨聞之怒愈甚改監察御史參知政事楊伯通引用鄉人李浩鐸劾奏伯通以公器結私恩左司郎中賈益知除武郁承望風旨不詳檢起復條例涉妄冒大夫張暐抑之不行上命同知大興府事賈鉉詰問張暐伯通待罪于家賈鉉奏近詔書詰問御史大夫張暐暐言路鐸嘗稟會楊伯通私用鄉人李浩暐以爲彈糾大臣須有阿曲實迹恐所劾不當臺綱愈壞令再體察賈益言除授皆宰執公議奏稟不見伯通私任形迹於是詔責鐸言事輕率慰諭伯通治事如故頃之遷侍御史主奏事監察御史姬端偁以言事下吏使御史臺令史郭公仲達意于大夫張暐及鐸暐與鐸奏事殿上上問姬端偁彈事嘗申臺官否對曰嘗來面議端偁款伏乃云祗曾與侍御私議大夫不知也既而端偁杖七十收贖公仲杖七十替罷暐鐸坐奏事不實暐追一官鐸兩官皆解職頃之起爲泰定軍節度副使上謂宰臣曰凡言事者議及朕躬亦無妨語涉宰相間有憎嫌何以得進詔左司計鐸資考至正五品卽除東平府治中未幾景州闕刺史尚書省已奏郭岐爲之詔特改鐸爲景州刺史仍勿送審官院鐸述十二訓以敎民詔曰路鐸十二訓皆勸人爲善遍諭州郡使知之遷陝西路按察副使坐以糾彈之官與京兆府治中蒲察張鐵總管判官辛孝儉推官愛剌宴飮奪一官解職泰和六年召爲翰林侍制兼知登聞鼓院累除孟州防禦使貞祐初城破投沁水死鐸剛正歷官臺諫有直臣之風爲文尚奇詩篇溫潤精緻號虛舟居士集云

完顏伯嘉字輔之北京路訛魯古必剌猛安人明昌二年進士調中都左警巡判官孝懿皇后妹晉國夫人家奴買漆不酬直伯嘉鈎致晉國用事奴數人繫獄晉國白章宗章宗曰姨酬其價則奴釋矣由是豪右屏迹改寶坻丞補尚書省令史除太學助教監察御史劾奏平章政事僕散揆或曰與宰相有隙奈何伯嘉曰職分如此遷平涼治中累官莒州刺史讞屬縣盜伯嘉曰飢寒爲盜得錢二千經月不使一錢云何此必官兵捕他盜不獲誣以準罪耳詰之果然詔與按察官俱推排物力召見于香閣大安中三遷同知西京留守權本路安撫使貞祐初遷順義軍節度使居父母喪卒哭起復震武軍節度使兼宣撫副使提控太和嶺諸隘副統李鵬飛誣殺彰國軍節度使牙改詔伯嘉治之貞祐四年三月伯嘉奏西京副統程琢智勇過人持心忠孝以私財募集壯士二萬復取渾源白登有恢復山西之志已命駐于弘州矣近者靖大中完顏毛吉打以三千人歸國各遷節度副使今山西已不守琢收合餘衆盡忠於國百戰不挫臣恐失機會輒擬琢昭勇大將軍同知西京留守事兼領一路義軍給以空名勅二十道許擇有謀略者充州縣制可仍賜琢姓夾谷氏琢請曰前代皆賜國姓不繫他族如蒙更賜榮莫大焉詔更賜完顏氏是月伯嘉遷元帥左監軍知太原府事河東北路宣撫使以同知太原府斡勒合打爲彰國軍節度使宣撫副使六月斡勒合打奏同知西京留守完顏琢侍與宣撫使伯嘉雅善徙居代州肆爲侵掠遙授太原治中權堅州刺史完顏斜烈私離邊面臣白伯嘉伯嘉不悅遣臣護送糧運于代州臣請益兵乃以羸卒數百見付半無鎧仗臣復爲言伯嘉怒臣橫掠幾死臣立功累年頗有寸效伯嘉挾私陵轢無復宣撫同僚之禮臣欲不言恐他日反爲所誣無以自明上問宰臣奏曰太原重鎭防秋在邇請勅諭和解詔曰太原兵衞若以私忿廢國事國家何賴焉卿等同心戮力以分北顧之憂無執前非誤大計也七月伯嘉改知歸德府事合打改武寧軍節度使御史臺奏宣撫副使合打訴元帥伯嘉以私忿加箠楚令本臺廉問旣得其事遂不復窮治若合打奏實伯嘉安得無罪伯嘉無罪合打坐欺罔乞審正是非明示黜陟宣宗曰今正防秋且已初河東行省胥鼎奏完顏伯嘉屢言同知西京留守兼臺州刺史完顏琢可倚之以復山西朝廷遷官賜姓令屯代北扼太和嶺令聞諸隘悉無琢兵蓋琢挈太原之衆保五臺剽掠耳如尚以伯嘉之言爲可信乞遣琢出太原或徙之內地分處其衆以備不測之變宰臣奏已遣官體究琢軍且令太原元帥府烏古論德升召琢使之矣當以此意報鼎無何德升奏琢兵數萬分屯代州諸險拒戰甚力其衆烏合非琢不可制胥鼎復奏宣差提控古里甲石倫言琢方招降人謀復山西盤桓于忻代定襄間恣爲侵擾無復行意發掘民粟戕殺無辜雖曰不煩官廩博易爲名實則攘劫欺國害民無如琢者石倫之言如此臣已令帥府禁止之矣宰臣奏所遣官自忻代來云不見劫掠之迹惟如德升言便從之伯嘉至歸德上言乞雜犯死罪以下納粟贖免宰臣奏伯嘉前在代州嘗行之蓋一時之權不可爲常法遂寢俄改簽樞密院事未閱月改知河南府事是時甫經兵後乏兵食伯嘉令輸棗栗菜根足之皆以爲便興定元年知河中府充宣差都提控未幾召爲吏部尚書二年改御史中丞初貞祐四年十月詔以兵部尚書簽樞密院事蒲察阿里不孫爲右副元帥備禦潼關陝州次澠池土濠村兵不戰而潰阿里不孫逸去亡所佩虎符變易姓名匿柘城縣與其妻妹前韓州刺史合喜男婦紇石烈氏及僕婢三人僦民舍居止合喜母徒單氏聞之捕執紇石烈斷其髮拘之佛寺中阿里不孫復亡去監察御史完顏藥師劾奏乞就詰

紇石烈及僕婢當得所在其妻子見在京師亦無容不知請窮治有司方繫其家人特命釋之詔曰阿里不孫若能自出當免極罪阿里不孫乃使其子上書請圖後効尚書省奏阿里不孫幸特赦死當詣闕自陳乃令其子上書猶懷顧望伯嘉劾之曰古之爲將者受命之日忘其家臨陣之日忘其身服喪衣鑿凶門而出以示必死進不求名退不避罪惟民是保阿里不孫膺國重寄握兵數萬未陣而潰委棄虎符旣不得援枹鼓以死敵又不能負斧鑕而請罪逃命竄伏猥居里巷挾匿婦人爲此醜行聖恩寬大曲赦其死自當奔走闕庭皇恐待命安坐要君略無忌憚迹其情罪實不容誅此而不懲朝綱廢矣乞尸諸市以戒爲臣之不忠者宣宗曰中丞言是業已赦之矣阿里不孫乃除名五月充宣差河南提控捕蝗許決四品以下宣宗憂旱伯嘉奏曰日者君之象陽之精旱熯乃人君自用亢極之象宰執以爲寃獄所致夫變和陰陽宰相之職而猥歸咎於有司高琪武弁出身固不足論汝礪輩不知所職其罪大矣漢制災異策免三公顧歸之有司邪臣謂今日之旱聖主自用宰相諂諛百司失職實此之由高琪汝礪深怨之禮部郎中抹撚胡魯剌以言事忤旨集五品以上官顯責之明日伯嘉諫曰自古帝王莫不欲法堯舜而恥爲桀紂蓋堯舜納諫桀紂拒諫也故曰納諫者昌拒諫者亡胡魯剌所言是無益於身所言不是無損於國陛下廷辱如此獨不欲爲堯舜乎近日言事者語涉謗訕有司當以重典陛下釋之與其釋之以爲恩曷若置之而不問宰相請脩山寨以避兵伯嘉諫曰建議者必曰據險可以安君父獨不見陳後主之入井乎假令入山寨可以得生能復爲國乎人臣有忠國者有媚君者忠國者或拂君意媚君者不爲國謀臣竊論之有國可以有君有君未必有國也高琪汝礪聞之怒愈甚十二月以御史中丞權參知政事元帥左監軍行尚書省元帥府于河中控制河東南北路便宜從事興定三年伯嘉至河中奏曰本路衝要不可闕官凡召辟者每以艱險爲辭乞凡檄召無故不至者宜令降罰悉心幹當者視所歷升遷詔召不至者決杖一百餘如所請廷議欲棄河東徙其民以實陝西伯嘉上書諫曰中原之有河東如人之有肩背古人云不得河東不雄萬一失之恐未易取也大忤宰執意頃之召還罷爲中丞伯嘉入見奏曰如臣駑鈍固宜召還更須速遣大臣鎭撫宣宗深然之伯嘉上疏曰國家兵不强力不足以有爲財不富賞不足以周衆獨恃官爵以激勸人心近日以功遷官赴都求調者有司往往駮之冒濫者固十之三旣與而復奪之非所以勸功也乞應軍功遷官宣勑無僞者卽準用之又曰自兵興以來河北桀黠往往聚衆自保未有定屬乞賜招撫署以職名無爲他人所主又曰河東河北有能招集餘民完守城寨者乞無問其門地皆超踰等級授以本處見任之職又曰河中晉安被山帶河保障關陝此必爭之地今雖殘破形勢猶存若使他人據之因鹽池之饒聚兵積糧則河津以南太行以西皆不足恃矣四年秋河南大水充宣慰副使按行京東奏曰亳州災最甚合免三十餘萬石三司止奏除十萬石民將重困惟陛下憐之詔治三司奏災不以實罪伯嘉行至蘄縣聞前有紅襖賊不敢至泗州監察御史烏古孫奴申劾伯嘉違詔不遍按視又曰伯嘉知永城縣主簿蒙古訛里剌不法沈丘令夾谷陶也受賕匿而不發前轂城縣令獨吉鼎术可嘗受業伯嘉伯嘉諷御史辟之詔有司鞫問會赦免五年起爲彰化軍節度使改翰林侍講學士伯嘉純直不能與時低昂嘗曰生爲男子當益國澤民其他不可學也高汝礪方希寵固位伯嘉論事輒與之忤由是毀之者衆元光元年坐言事過切降遙授同知歸德府事二年三月遙授集慶軍節度使權參知政事行尚書省于河中率陝西精銳與平陽公史詠共復河東頃之伯嘉有疾六月薨伯嘉去太原後完顏琢寓軍平定石仁寨權平定州刺史范鐸以閻德用充本州提控德用桀驁蓄姦謀鐸不能制委曲容庇之興定二年德用率所部掩襲殺琢及官屬程珪等百餘人遂據石仁寨鐸懼挈家奔太原德用遂據平定州十月詔誅范鐸

术虎筠壽貞祐間爲器物局直長遷副使貞祐三年七月工部下開封市白牯取皮治御用鞠仗筠壽以其家所有鞠仗以進因奏曰中都食盡遠棄廟社陛下當坐薪懸膽之日奈何以毬鞠細物動搖民間使屠宰耕牛以供不急之用非所以示百姓也宣宗不懌擲仗籠中明日出筠壽爲橋西提控

贊曰孟鑄宗端脩路鐸盡言於章宗皆擯斥不遂鑄劾胡沙虎可謂先知雖行其言弗究厥罰厥後胡沙虎逆謀胥持國終至于誤國而不悟也宣宗時完顏素蘭許古皆敢言者亦挫于高琪汝礪之手簣土不能塞河決有以也夫完顏伯嘉以著功參大政亦不能一朝而安言之難也如是哉术虎筠壽所謂執藝事以諫者邪

張煒字子明洛州永年人本名㬈避章宗嫌名改焉大定二十五年進士調葭州軍事判官再遷中都左警巡使煒喜言功利寡廉節交通部民閻元肇縉紳薄之累官戶部員外郎承安五年天色久陰晦平章政事張萬公奏此由君子小人邪正不分所致君子宜在內小人宜在外章宗問孰爲小人萬公對曰戶部員外郎張煒文繡署丞田櫟都水監丞張嘉貞雖有幹才無德而稱好奔走以取勢利大抵論人當先德後才詔三人皆與外除煒出爲同知鎭西軍節度使事轉同知西京轉運使事是時大築界牆被行戶工部牒主役事丁母憂起復桓州刺史奏請以鹽易米事且所言利害甚多恐涉細碎不敢盡上詔尚書省曰張煒通曉人也朕不敢縷詰卿等詳問之毋爲虛文充宣差西北路軍儲自言歛不及民可以足用大抵募商賈縱其販易不問所從來姦人往往投牒妄指產業疏鄰保姓名煒信之多與之錢已而亡去卽逮繫鄰保使之代償一路爲之疲敝以故舊擅芻絮皮革折給軍士皆棄於道而去歲餘改戶部郎中遷翰林直學士俱兼規措職事左丞相崇浩奏張煒長於恢辦比戶部給錢三十萬已增息十四萬矣請給錢通百萬令從長恢辦乞不隸省部委臣專一提控有應奏者許煒專達歲差幹事官計本息具奏上從其請泰和八年伐宋煒進銀五千兩詔曰汝幹集資儲固其職也毋令軍士有議國家人之短汝朕皆知之惟能興利斯惟汝功自西北路召還勾計諸道倉庫除簽三司事上問誰可代卿規措者煒舉中都轉運戶籍判官王謙謙至西北路盡發煒前後散失錢物以鉅萬計對獄者積年大安三年起爲同簽三司事會河東兵敗軍士猶云張宣差刻我欲倒戈殺之累遷戶部侍郎貞祐初遷河北西路按察轉運使貞祐二年春中都乏糧詔同知都轉運使事邊源以兵萬人護送通州積粟軍敗死焉平章政事高琪舉煒代源行六部事以勞進官一階改河北東路轉運使宣宗遷汴佐尚書右丞胥鼎前路排頓及脩南京宮闕無何坐事降孟州防禦使三年遷安國軍節度使致仕宣宗初以煒有才旣察其無實遂不復用貞祐四年卒

高竑渤海人以廕補官累調貴德縣尉提刑司舉任繁劇遷奉聖州錄事察廉遷內黃令累官左藏庫副使元妃李氏以皁幣易紅幣竑獨拒不肯易元妃奏之章宗大喜遣人諭之曰所執甚善今姑與之後不得爲例轉儀鸞局少府少監改戶部員外郎安州刺史大安中越王永功判中山竑以王傅同知府事改同知河南府充安撫使從同知大名府設本路安撫使貞祐二年遷河北西路按察轉運使錄大名功遷三官致仕興定四年卒

李復亨字仲脩榮州河津人年十八登進士第復中書判優等調臨晉主簿護送官馬入府宿逆旅有盜殺馬復亨曰不利而殺之必有仇者盡索逆旅商人過客同邑人橐中盛佩刀謂之曰刀蟣馬血火煨之則刃青其人款伏果有仇以提刑薦遷南和令盜割民家牛耳復亨盡召里中人至使牛家牽牛遍過之至一人前牛忽驚躍詰之乃引伏察廉遷臨洮府判官改陝西東路戶籍判官轉河東北度支判官泰和中伐宋充宣撫司經歷官遷解鹽副使歷保大震武同知節度事丁母憂起復同知震武節度加遙授忻州刺史貞祐間歷左司員外郎郎中遷翰林直學士行三司事興定三年上言近日興師伐宋恐宋人乘虛掩襲南鄙故籍邊郡民爲軍今大軍已還乞罷遣歸本業從之復亨舉陳留縣令桂震等二十九人農桑有效徵科均一朝廷皆遷擢之是歲七月置京東京西京南三路行三司掌勸農催租軍須科差及鹽鐵酒榷等事戶部侍郎張師魯攝東路治歸德戶部侍郎完顏麻斤出攝南路治許州復亨攝西路治中京實河南府三司使侯摯總之復亨奏民間銷毀農具以供軍器臣竊以爲未便汝州魯山寶豐鄧州南皆產鐵募工置冶可以獲利且不厲民又奏陽武設賣鹽官以佐軍用乞禁止滄濱鹽勿令過河河南食陽武解鹽河北食滄濱鹽南北俱濟詔尚書省行之九月以勸農有勞遷兵部尚書再閱月轉吏部尚書權參知政事四年三月眞拜參知政事兼修國史七月河南雨水害稼復亨爲宣慰使御史中丞完顏伯嘉副之循行郡縣凡官吏貪汙不治者得廢罷推治復亨奏乞禁宣慰司官吏不得與州府司縣行總管府及管軍官會飲又奏曰詔書令臣民間差發可免者免之民養驛馬此役最甚使者求索百端皆出養馬之家人多逃竄職此之由可依舊設回馬官使者食料皆官給之歲終會計均賦於民又奏河南閑田多可招河東河北移民耕種被災及沿邊郡縣租稅全免內地半之以救塗炭之民資蓄積之用詔有司議行焉還奏南陽禾麥雖傷土性宜稻今因久雨乃更滋茂田凡五百餘頃畝可收五石都得二十五萬餘石可增直糴稻給唐鄧軍食緣詔書不急科役卽令免罷臣不敢輒行如以臣言爲然乞付

有司計之制可無何破詔提控軍輿糧草復亨奏河渡不通陝西鹽價踊貴乞以粟互易足兵食詔戶部從長規措復亨有會計才號能吏當時推服故驟至通顯旣執政頗矜持以私自營譽望頓減五年三月廷試進士夜亨監試進士盧元謬誤濫放及第讀卷官禮部尚書趙秉文翰林侍制崔禧歸德治中時戩應奉翰林文字程嘉善當奪三官降職復亨當奪兩官趙秉文嘗請致仕宣宗憐其老降兩階以禮部尚書致仕復亨罷爲安國軍節度使元光元年十一月城破自殺年四十六贈資德大夫知河中府事

贊曰大凡兵興則財用不足是故張煒李復亨乘時射利聚歛爲功大安軍士欲倒戈殺煒復亨宣慰南陽還奏稻熟可糴所謂聚歛之臣者二子之謂矣高竑之守藏君子頗有取焉

金史卷一百考證

孟鑄傳奏彈知大興府事至尚書省問之○臣人龍按遺山集虎賊尹大興固寵負恃恐爲不法張公著與諸御史發其奸章十餘上章宗言胡沙虎定何罪但跋扈耳卿等不相容如此耶公著同中丞孟鑄言聖明之朝豈容有跋扈將軍乎上爲之動容乃鑄傳並未言及公著卽胡沙虎傳亦然遺山固非虛談修史者偶遺之耳

宗端修傳章宗避睿宗諱上一字改宗氏爲姬氏○臣浩按中州集傳衞紹王避世宗父諱改宗爲姬與金史謂是章宗不同

金史卷一百一

元中書右丞相總裁脫脫等修

列傳第三十九

承暉本名福興 抹撚盡忠 僕散端本名七斤
耿端義 李英 孛术魯德裕
烏古論慶壽

承暉字維明本名福興好學淹貫經史襲父益都尹鄭家塔割剌訛没謀克大定十五年選充符寶祗候遷筆硯直長轉近侍局直長調中都右警巡使章宗爲皇太孫選充侍正章宗卽位遷近侍局使孝懿皇后妹夫吾也藍世宗時以罪斥去乙夜詔開宮城門召之承暉不奉詔明日奏曰吾也藍得罪先帝不可召章宗曰善未幾遷兵部侍郞兼右補闕初置九路提刑司承暉東京咸平等路提刑副使改同知上京留守事御史臺奏承暉前爲提刑豪猾屏息遷臨海軍節度使歷利涉遼海軍遷北京路提刑使歷知咸平臨潢府爲北京留守副留守李東陽素貴承暉自非公事不與交一言改知大名府召爲刑部尚書兼知審官院惠民司都監余里痕都遷織染署直長承暉駮奏曰痕都以廕得官別無才能前爲大陽渡譏察纔八月擢惠民司都監已爲太優依格兩除之後當再入監差今乃超授隨朝八品職任況痕都乃平章鎰之甥不能不涉物議上從承暉議召徒單鎰深責之改知大興府事宦者李新喜有寵用事借大興府妓樂承暉拒不與新喜愬章宗聞而嘉之豪民與人爭種稻水利不直厚賂元妃兄左宣徽使李仁惠仁惠使人屬承暉右之承暉卽杖豪民而遣之謂其人曰可以此報宣徽也復改知大名府事雨潦害稼承暉決引潦水納之濠隍及伐宋遷山東路統軍使山東盜賊起承暉言捕盜不卽獲比奏報或遷官去官請權行的決尚書省議猛安依舊收贖謀克奏報其餘鈐轄都軍巡尉先決奏聞俟事定復舊從之及罷兵盜賊渠魁稍就招降猶往往潛匿泰山巖穴間按察司請發數萬人刋除林木則盜賊無所隱矣承暉奏曰泰山五岳之宗故曰岱宗王者受命封禪告代國家雖不行此事而山亦不可赭也齊人易動驅之入山必有凍餓失所之患此誨盜非止盜也天下之山亦多矣豈可盡赭哉議遂寢是時行限錢法承暉上疏略曰貨聚於上怨結於下不報改知興中府事衞紹王卽位召爲御史大夫拜參知政事駙馬都尉徒單沒烈與其父南平干政事大爲姦利承暉面質其非進拜尚書左丞行省于宣德參知政事承裕敗績于會河堡承暉亦坐除名至寧元年起爲橫海軍節度使貞祐初召拜尚書右丞承暉卽日入朝妻子留滄州滄州破妻子皆死紇石烈執中伏誅進拜平章政事兼都元帥封鄒國公中都被圍承暉出議和事宣宗遷汴進拜右丞相兼都元帥徙封定國公與皇太子留守中都承暉以尚書左丞抹撚盡忠久在軍旅知兵事遂以赤心委盡忠悉以兵事付之已乃總持大綱期於保完都城頃之莊獻太子去之右副元帥蒲察七斤以其軍出降中都危急詔以抹撚盡忠爲平章政事兼左副元帥三年二月詔元帥左監軍永錫將中山眞定兵元帥左都監烏古論慶壽將大名軍萬八千人西南路步騎萬一千河北兵一萬御史中丞李英運糧參知政事大名行省孛术魯德裕調遣繼發救中都承暉間遣人以礬寫奏曰七斤旣降城中無有固志臣雖以死守之豈能持久伏念一失中都遼東河朔皆非我有諸軍倍道來援猶冀有濟詔曰中都重地廟社在焉朕豈一日忘也已趣諸路兵與糧俱往卿會知之及詔中都官吏軍民曰朕欲紓民力遂幸陪都天未悔禍時尚多虞道路久梗音問難通汝等朝暮矢石暴露風霜思惟報國靡有貳心俟兵事之稍息當不衍於庭賞今已會合諸路兵馬救援故茲獎諭想宜知悉永錫慶壽等軍至霸州北三月乙亥李英被酒軍無紀律大元兵攻之英軍大敗是時高琪居中用事忌承暉成功諸將皆顧望旣而以刑部侍郞阿典宋阿爲左監軍行元帥府于淸州同知眞定府事女奚烈胡論出爲右都監行元帥府于保州戶部侍郞侯摯行尚書六部往來應給終無一兵至中都者慶壽軍聞之亦潰承暉與抹撚盡忠會議于尚書省承暉約盡忠同死社稷盡忠謀南奔承暉怒卽起還第亦無如盡忠何召盡忠腹心元帥府經歷官完顏師姑至謂曰始我謂平章知兵故推心以權畀平章嘗許與我俱死今忽異議行期且在何日汝必知之師姑曰今日向暮且行曰汝行李辦未曰辦矣承暉變色曰社稷若何師姑不能對叱下斬之承暉起辭謁家廟召左右司郞中趙思文與之飲酒謂之曰事勢至此惟有一死以報國家作遺表付尚書省令史師安石其表皆論國家大計辨君子小人治亂之本歷指當時邪正者數人曰平章政事高琪賦性陰險報復私憾竊弄威柄包藏禍心終害國家因引咎以不能終保都城爲謝復謂妻子死于滄州爲書以從兄子永懷爲後從容若平日盡出財物召家人隨年勞多寡而分之皆與從良書畢家號泣承暉神色泰然方與安石舉白引滿謂之曰承暉於五經皆經師授謹守而力行之不爲虛文旣被酒取筆與安石訣最後倒寫二字投筆歎曰遽爾謬誤得非神志亂邪謂安石曰子行矣安石出門聞哭聲復還問之則已仰藥薨矣家人匆匆瘞庭中是日暮盡忠出奔中都不守貞祐三年五月二日也師安石奉遺表奔赴行在奏之宣宗設奠於相國寺哭之盡哀贈開府儀同三司太尉尚書令廣平郡王謚忠肅詔以永懷爲器物局直長永懷子撒速爲奉御承暉生而貴富居家類寒素常置司馬光蘇軾像於書室曰吾師司馬而友蘇公平章政事完顏守貞素敬之與爲忘年交

抹撚盡忠本名彖多上京路猛安人中大定二十八年進士第調高陽朝城主簿北京臨潢提刑司知事御史臺舉廉能遷順義軍節度副使以憂去官起復翰林修撰同知德昌軍節度事簽北京按察司滑州刺史改恩州上言凡買賣軍器乞令告給憑驗以防盜賊私市尙書省議止聽係籍人匠貨賣有知情售不應存留者同私造法從之遷山東按察副使坐虛奏田稼豐收請糴常平粟詐稱宣差和糴降虢州刺史改乾州泰和六年伐宋爲元帥左監軍完顏充經歷官坐奏報稽滯杖五十八年入爲吏部郞中累遷中都西京按察使是時紇石烈執中爲西京留守與盡忠爭私意不協盡忠陰伺執中過失申奏執中雖跋扈善撫御其部曲密於居庸北口置腹心刺取按察司文字及執中自紫荊關走還中都詔盡忠爲左副元帥兼缺留守以保全西京功進官三階賜金百兩銀千兩重綵段絹二百疋未幾拜尚書右丞行省西京貞祐初進拜左丞詔曰卿總領行省鎭撫陪京守禦有功人民攸賴朕新嗣祚念爾重臣益勉乃力以副朕懷二年五月自西京入朝加崇進封中國公賜玉帶金鼎重幣二年進拜都元帥左丞如故宣宗遷汴與右丞相承暉守中都承暉爲都元帥盡忠復爲左都元帥十月進拜平章政事監修國史左副元帥如故宣宗詔盡忠善撫乣軍盡忠不察殺乣軍數人已而中都受圍承暉以盡忠久在軍旅付以兵事嘗約同死社稷及烏古論慶壽等兵潰外援不至中都危急密與腹心元帥府經歷官完顏師姑謀棄中都南奔已戒行李期以五月二日向暮出城是日承暉盡忠會議于尚書省承暉無奈盡忠何徑歸家召師姑問之知將以其夜出奔乃先殺師姑然後仰藥而死是日凡在中都妃嬪聞盡忠出奔皆束裝至通玄門盡忠謂之曰我當先出與諸妃啓途諸妃以爲信然盡忠乃與愛妾及所親者先出城不復顧矣中都遂不守盡忠行至中山謂所親曰若與諸妃偕來我輩豈能至此盡忠至南京宣宗釋不問棄中都事仍以爲平章政事盡忠言記注之官奏事不當回避可令左右司官兼之宣宗以爲然盡忠奏應奉翰林文字完顏素蘭可爲近侍局宣宗曰近侍局例注本局人及宮中出身雜以他流恐或不和盡忠曰若給使左右可止注本局人旣令預政固宜愼選宣宗曰何謂預政盡忠曰中外之事得議論訪察卽

爲預政矣宣宗曰自世宗章宗朝許察外事非自朕始也如請謁營私擬除不當臺諫不職非近侍體察何由知之盡忠乃謝罪參政德升繼之曰固當慎選其人宣宗曰朕於庶官曷嘗不慎有外似可用而實無才力者視之若忠孝而包藏悖逆者蒲察七斤以刺史立功驟升顯貴輒懷異志蒲鮮萬奴委以遼東乃復肆亂知人之難如此朕敢輕乎衆以蒲察五斤爲公幹乃除副使衆以紇烈爲淳直乃用爲提點若烏古論石虎乃汝等共舉之朕豈不盡心哉德升曰比來訪察開決河隄水損田禾等覆之皆不實上曰朕自今不敢問若輩外間事皆不知朕幹何事但終日默坐聽汝等所爲矣方朕有過汝等不諫今乃面訐此豈爲臣之義哉德升亦謝罪紇石烈執中之誅近侍局嘗先事啓之遂以爲功陰秉朝政高琪託此輩以自固及盡忠德升面責愈無所忌未幾德升罷相盡忠下獄自是以後中外蔽隔以至于亡盡忠與高琪素不相能疑宣宗頗疎己高琪間之其兄吾里也爲許州監酒秩滿求調南京盡忠與吾里也語及中都事曰遷來上頗疎我此高琪所爲也若再主兵必不置此胡沙虎之子孰爲爲之吾里也曰然九月尚書省奏遙授武寧軍節度副使徒單吾典告盡忠謀逆上憮然曰朕何負家多彼棄中都凡祖宗御容及道陵諸妃皆不顧獨與其妾偕來此固有罪乃命有司鞫治問得與兄吾里也相語事遂并吾也誅之

僕散端本名七斤中都路火魯虎必刺猛安人事親孝選充護衛除太子僕正滕王府長史宿直將軍邳州刺史尚廐局副使右衛將軍章宗即位轉左衛章宗朝隆慶宮護衛花狗邀駕陳言端叔父胡覩預弒海陵端不宜在侍衛詔杖花狗六十代撰章奏人杖五十丁憂起復東北路招討副使改左副點檢轉都點檢歷河南陝西統軍使復召爲都點檢承安四年上如薊州秋山獵端射鹿誤入圍杖之解職泰和三年起爲御史大夫明年拜尚書左丞泰和六年詔大臣議伐宋皆曰無足慮者左丞相崇浩參知政事賈鉉亦曰狗盜鼠竊非舉兵也端曰小寇當晝伏夜出豈敢白日列陳犯靈壁入渦口攻壽春邪此宋人欲多方誤我不早爲之所一旦大舉入寇將墮其計中上深然之未幾丁母憂起復尚書左丞平章政事僕散揆伐宋發兵南京詔端行省主留務僕散揆已渡淮次廬州宋使皇甫拱奉書乞和端奏其書辭議諸道兵既進疑宋以計緩師詔端遣拱還宋七年僕散揆以暑雨班師端還朝初婦人阿魯不嫁爲武衛軍士妻生二女而寡常託夢中言以惑衆頗有驗或以爲神乃自言夢中屢見白頭老父指其二女曰皆有福人也若侍掖庭必得皇嗣是時章宗在位久皇子未立端請納之章宗從之既而京師久不雨阿魯不復言夢見白頭老父使己祈雨三日必大澍足過三日雨不降章宗疑其誕妄下有司鞫問阿魯不引伏詔讓端曰昔者所奏今其若何後人謂朕信其妖妄實由卿啓其端倪鬱于予懷念之難置其循省于往咨思善補于將來恪整乃心式副朕意端上表待罪詔釋不問頃之進拜平章政事封申國公八年宋人請盟端遷一官章宗遺詔內人有娠者兩位生子立爲儲嗣衛紹王即位命端與尚書左丞孫即康護視章宗內人有娠者泰和八年十一月二十日章宗崩二十二日大醫副使儀師顏狀診得范氏胎氣有損明年四月有人告元妃李氏教承御賈氏詐稱有身元妃承御皆誅死端進拜右丞相授世襲謀克貞祐二年五月判南京留守與河南統軍使長壽按察轉運使王質表請南遷凡三奏宣宗意乃決百官士庶皆言其不可太學生趙昉等四百人上書極論利害宣宗慰遣之乃下詔遷都明年中都失守宣宗至南京以端知開封府事頃之爲御史大夫無何拜尚書左丞相三年兼樞密副使未幾進兼樞密使數月以左丞相兼都元帥行省陝西給親軍三十人騎兵三百爲衛次子宿直將軍納丹出侍行賜契紙勘同曰緩急有事以此召卿端招遙領通安軍節度使完顏狗兒即日來歸奏遷知平涼府事諸將聞之莫不感激遣納蘭伴僧招諭臨洮芨黎五族都管青覺兒積石州章羅謁蘭冬及鐸精族都管阿令結蘭州葩俄族都管汪三郎等皆相繼內附汪三郎賜姓完顏後爲西方名將四年以疾請致仕不許遣近侍與太醫診視端雖癃老凡朝廷使至必遠迓宴勞不懈故讒構不果行宣宗聞之許自今專使酒三行別于儀門他事經過者一見而止初同華舊屯陝西軍及河南步騎九千餘人皆隸陝州宣撫副使永錫端奏潼關之西皆陝西地請此軍隸行省緩急可使朝廷從之及大元兵入潼關永錫坐誅而罪不及端興定四年朝廷以知臨洮府事承裔爲元帥左都監行元帥府於鳳翔端奏隴外十州介宋夏之間與諸番雜處先於鞏州置元帥府以鎮之今承裔以隴外萬兵移居鳳翔臣恐一旦有警援應不及乞令承裔行元帥府於鞏州若以鳳翔密邇宋界則本路屯兵已多但令總管攝行帥事與京兆鞏相爲首尾足以備緩急矣從之是歲薨訃聞宣宗震悼輟朝贈延安郡王謚忠正正大三年配享宣宗廟庭子納坦出爲定國軍節度使天興元年十一月納坦出之子忙押門與兄石里門及護衛顏盞宗阿同飲忙押門詐以事出投北兵省以刑部郎中趙楠推其家屬及同飲人時上下迎合必欲以知情處之至於忙押門妻皆被訊掠其母完顏氏曰忙押門通其父妾父殺此妾忙押門不自安遂叛求脫命而已委曲推問無知情之狀省中微聞之召小吏郭從革喻以風旨從革言之楠方食擲七筯於案大言曰寧使趙楠除名亦不能屈斷無辜人遂以不知情奏且以妾事上聞上曰丞相功臣納坦出父子俱受國恩吾已保其不知情也立命救出之楠字才美進士高平人

耿端義字忠嗣博州博平人大定二十八年進士調滑州軍事判官歷上洛縣令安化順義軍節度判官補尚書省令史除汾陽軍節度副使改都轉運司戶籍判官轉太常博士遷太常丞兼秘書郎再除左司員外郎歷太常少卿兼吏部員外郎同修國史戶部郎中河北東路按察副使同知東平府事充山東安撫使宣宗判汾陽軍是時端義爲副使宣宗即位召見訪問時事遷翰林侍講學士兼戶部侍郎未幾拜參知政事貞祐二年中都被圍將帥皆不肯戰端義奏曰今日之患衛王啓之士卒縱不可使城中軍官自都統至謀克不啻萬餘遣此輩一出或可以得志議竟不行中都解圍端義請遷南京既而僕散端二表皆言遷都事宣宗意遂決是歲薨宣宗輟朝賻贈甚厚遣使祭葬

李英字子賢其先遼陽人徙益都中明昌五年進士第調淳化主簿登州軍事判官封丘令丁父憂服除調通遠令蕃部取民物不與直攝之不時至即掩捕之論如法補尚書省令史大安三年集三品以上官議兵事英上疏曰軍旅必練習者术虎高琪烏古孫兀屯納蘭佩頭抹然盡忠先朝嘗任使可與商略餘者紛紛恐誤大計又曰比來增築城郭修完樓櫓事勢可知山東河北不大其聲援則京師爲孤城矣不報除吏部主事貞祐初攝左司都事遷監察御史右副元帥术虎高琪辟爲經歷官乃上書高琪曰中都之有居庸猶秦之崤函蜀之劍門也邇者撤居庸兵我勢遂去今土豪守之朝廷當遣官節制失此不圖忠義之士將轉爲他矣又曰可鎮撫宣德德興餘民使之從戎所在自有宿藏足以取給是國家不費斗糧尺帛坐收所失之關隘也居庸咫尺都之北門而不能衛護英實恥之高琪奏其書即除尚書工部員外郎充宣差都提控居庸等關隘悉隸焉二年正月乘夜與壯士李雄郭仲元郭興祖等四百九十人出城緣西山進至佛巖寺令李雄等下山招募軍民旬日得萬餘人擇衆所推服者領之詭稱土豪時時出戰被創召還遷翰林侍制因獻十策其大槩謂居中土以鎮四方委親賢以收中都立藩屏以固關隘集人力以防不虞養馬力以助軍威愛禾稼以結民心明賞罰以勸百官選守令以復郡縣并州縣以省民力頗施行之宣宗南遷與左諫議大夫把胡魯俱爲御前經歷官詔曰扈從軍馬朕自總之事有利害可因近侍局以聞宣宗次眞定以英爲國子祭酒充宣差提控隴右邊事無何召爲御史中丞英言兵興以來百務皆弛其要在于激濁揚清獎進人材耳近年改定四善二十七最之法徒爲虛文大定間數遣使者分道考察廉能當時號爲得人願改前日徒設之文遵大定已試之効庶幾人人自勵爲國家用矣宣宗嘉納之自兵興以來亟用官爵爲賞程陳僧敗官軍于龕谷遣僞統制董九招西關堡都統王狗兒狗兒立殺之詔除通遠軍節度使加榮祿大夫賜姓完顏氏英言名器不可以假人上恩以難得爲貴比來醲於用賞賞駭聞聽帑藏不足惟恃爵命今又輕之何以使人伏見蘭州西關堡守將王狗兒向以微勞旣蒙甄錄頃者堅守關城誘殺賊使論其忠節誠有可嘉若官之五品命以一州亦無負矣急於勸獎遂擢節鉞加階二品賜以國姓若取蘭州又將何以待之陝西名將項背相望曹記僧包長壽東永昌徒單醜兒郭祿大皆其著者狗兒藐然賤卒一朝處衆人之右爲統領之官恐衆望不厭難得其死力宣宗以英奏示宰臣宰臣奏狗兒奮發如此賞以異恩殆不爲過上然其言中都久圍丞相承暉遣人以礬寫奏告急詔元帥右監軍永錫左都監烏古論慶壽將兵英收河間清滄義軍自清州督糧運救中都英至大名得兵數萬馭衆素無紀律貞祐三年三月十六日英被酒與大元兵遇于霸州北大敗盡失所運糧英死士卒殲焉慶壽永錫軍聞之皆潰歸五月中都不守宣宗猶加恩贈通奉大夫謚剛貞官護葬事錄用其子云

孛术魯德裕本名蒲剌都隆安路猛安人補樞密院尚書省令史右三部檢法監察御史遷少府監丞明昌末修北邊濠塹立堡寨以勞進官三階授大理正丁母憂起復廣寧治中歷順州濱州刺史坐前在順州市物虧

直遇赦改刺濬州累官北京路按察使太子詹事元帥左都監遷左監軍兼臨潢府路兵馬都總管坐士馬物故多及都統按帶私率官兵救護宋爲德裕蔽之御史劾奏逮獄遇赦謫寧海州刺史稍遷泗州防禦使武勝軍節度使貞祐二年改知臨洮府事兼陝西路副統軍召爲御史中丞拜參知政事兼簽樞密院事行省大名詔發河北兵救中都凡眞定中山保涿等兵元帥左監軍永錫將之大名河間清滄觀霸河南等兵德裕將之并護清滄糧運德裕不時發及李英至霸州兵敗糧盡亡失坐弛慢兵期責授沂州防禦使尋知益都府事興定元年二月卒

烏古論慶壽河北西路猛安人由知把書畫充奉御除近侍局直長再轉本局使禦邊有勞進一階賜金帶泰和四年遷本局提點是時議開通州漕河詔慶壽按視漕河成賜銀一百五十兩重幣十端泰和六年伐宋從右副元帥完顏匡出唐鄧爲先鋒都統賜御弓二以騎兵八千攻下棗陽頃之完顏匡軍次白虎粒遣都統完顏按帶取隨州遣慶壽以兵五千扼赤岸斷襄漢路行與宋兵遇斬首五百級宋隨州將雷太尉遁去遂克隨州於是宋鄧城樊城戍兵皆潰遂與大軍渡漢江圍襄陽元帥匡表薦慶壽謀略出衆上嘉之進一官遷拱衛直都指揮使提點如故初慶壽上書言汝州襄城縣去汝州遠於許州兩舍請割隸許州使尚書省議汝州南有鵶路舊屯四千其三千在襄城今割襄隸許州道里近便仍食用解鹽其屯軍三千依舊汝州總押從之八年罷兵遷兩階賜銀二百五十兩重幣十端有疾賜御藥衞紹王即位改左副點檢近侍局如故未幾坐與黃門李新喜題品諸王免死除名久之起爲保安州刺史歷同知延安府西北西南招討副使棣州防禦使興平軍節度使貞祐二年遷元帥右都監以保全平州功進官五階賜金吐鶻重幣十端頃之宣宗遷汴改右副點檢兼侍衛親軍副都指揮使閱月知大興府事未行改左副點檢兼親軍副都指揮數月知彰德府事一年中都危急改元帥左都監將大名兵萬八千西南路步騎萬一千河北兵一萬救中都次霸州北兵潰頃之中都不守改大名府權宣撫使未幾知河中府權河東南路宣撫副使四年遷元帥右監軍兼陝西統軍使駐兵延安敗夏人于安塞堡戰于鄜州之倉曲谷有功興定元年與簽樞密院事完顏賽不經略伐宋敗宋兵于泥河灣石濠村斬首二千級獲馬四百匹牛二百頭器械稱是復破宋兵七千於樊城縣既而以軍士多被傷奏不以實詔有司鞫問已而釋之歷鎭南集慶軍節度使卒

贊曰承暉守中都朞年相爲存亡臨終就義古人所難也大抵宣宗旣遷汴中都必不能守中都不守則土崩之勢決矣僕散端耿端義似忠而實愚抹撚盡忠委中都庸何議焉高琪忌承暉成功孛术魯德裕緩師期姦人之黨於是何誅李英被酒敗軍雖死不能贖也烏古論慶壽無罰貞祐之刑政從可知矣

金史卷一百二

元中書右丞相總裁脫脫等修

列傳第四十

僕散安貞　田琢　完顏弼

蒙古綱　必蘭阿魯帶

僕散安貞本名阿海以大臣子充奉御父揆尚韓國公主鄭王永蹈同母妹也永蹈誅安貞罷歸召爲符寶祗候復爲奉御尚邢國長公主加駙馬都尉襲胡土愛割蠻猛安歷尚衣直長御院通進尚藥副使丁母憂起復轉符寶郎除同知定海軍節度使事歷邳淄涿州刺史拱衛直都指揮使貞祐初改右副點檢兼侍衛親軍副都指揮使遷元帥左都監二年中都解嚴河北州郡未破者惟眞定大名東平清沃徐邳海州而已朝廷遣安貞與兵部尚書裴滿子仁刑部尚書武都分道宣撫於是除安貞山東路統軍安撫等使初益都縣人楊安國自少無賴以鬻鞍材爲業市人呼爲楊鞍兒遂自名楊安兒泰和伐宋山東無賴往往相聚剽掠詔州郡招捕之安兒降隸諸軍累官刺史防禦使大安三年招鐵瓦敢戰軍得千餘人以唐括合打爲都統安兒爲副統戍邊至雞鳴山不進衞紹王驛召問狀安兒乃曰平章參政軍數十萬在前無可慮者屯駐雞鳴山所以備間道透漏者耳朝廷信其言安兒乃亡歸山東與張汝楫聚黨攻劫州縣殺略官吏山東大擾安貞至益都敗安兒于城東安兒奔萊陽萊州徐汝賢以城降安兒賊勢復振登州刺史耿格開門納僞鄒都統以州印付之郊迎安兒發帑藏以勞賊安兒遂僭號置官屬改元天順凡符印詔表儀式皆格草定遂陷寧海攻濰州僞元帥郭方三據密州略沂海李全略臨朐扼穆陵關欲取益都安貞以沂州防禦使僕散留家爲左翼安化軍節度使完顏訛論爲右翼七月庚辰安貞軍昌邑東徐汝賢等以三州之衆十萬來拒戰自午抵暮轉戰三十里殺賊數萬獲器械不可勝計壬午賊棘七率衆四萬陣于辛河安貞令留家由上流膠西濟繼以大兵殺獲甚衆甲申安貞軍至萊州僞寧海州刺史史潑立以二十萬陣于城東留家先以輕兵薄賊諸將繼之賊大敗殺獲且半以重賞招之不應安貞遣萊州黥卒曹全張德田貴宋福詐降于徐汝賢以爲內應全與賊西南隅戍卒姚雲相結約納官軍丁亥夜全縋城出潛告留家留家募勇敢士三十人從全入城姚雲納之大軍畢登遂復萊州斬徐汝賢及諸賊將以徇安兒脫身走訛論以兵追之耿格史潑立皆降留家略定膠西諸縣宣差伯德玩襲殺郭方三復密州餘賊在諸州者皆潰去安兒嘗遣梁居實黃縣甘泉鎭監酒石抹充浮海赴遼東構留哥已具舟皆捕斬之十一月戊辰曲赦山東除楊安兒耿格及諸故官家作過驅奴不赦外劉二祖張汝楫李思溫及應脅誘從賊并在本路自爲寇盜罪無輕重竝與赦免獲楊安兒者官職俱授三品賞錢十萬貫十二月辛亥耿格伏誅妻子皆遠徙諸軍方攻大沫堌赦至宣撫副使知東平府事烏林答與即引軍還賊衆乘之復出爲患詔以陝西統軍使完顏弼知東平府事權宣撫副使其後楊安兒與汲政等乘舟入海欲走岠嵎山舟人曲成等擊之墜水死三年二月安貞遣提控紇石烈牙吾塔破巨蒙等四堌及破馬耳山殺劉二祖賊四千餘人降餘黨八千擒僞宣差程寬招軍大使程福招降脅從百姓三萬餘人安貞遣兵會宿州提控夾谷石里哥同攻大沫堌賊千餘逆戰石里哥以騎兵擊之盡殪提控沒烈奪其北門以入別軍取賊水寨諸軍繼進殺賊五千餘人劉二祖被創獲之及僞參謀官崔天祐楊安兒僞太師李思溫餘衆保大小峻角子山前後追擊殺獲以萬計斬劉二祖詔遷賞沒烈等有差詔尚書省曰山東東西路賊黨猶嘯聚作過者詔書到日竝與免罪各令復業在處官司盡心招撫優加存卹無令失所十月安貞遷樞密副使行院于徐州四年二月楊安兒餘黨復擾山東詔安貞與蒙古綱完顏弼以近詔招之五月安貞遣兵討郝定連戰皆克殺九萬人降者三萬餘郝定僅以身免獲僞金銀牌器械甚衆來歸且萬人皆安慰復業自楊安兒劉二祖敗後河北殘破干戈相尋其黨往往復相團結所在寇掠皆衣紅衲襖以相識別號紅襖賊官軍雖討之不能除也大槩皆李全國用安時青之徒焉興定元年十月詔安貞曰防河卒多老劣疲軟不勝執役之人其令速易之二年十月開封治中呂子羽等以國書議和于宋宋人不受以安貞爲左副元帥權參知政事行尚書省元帥府及唐息壽泗行元帥府分道各將兵三萬安貞總之畫定期日下詔伐宋安貞至安豐宋兵七千拒戰權都事完顏胡魯刺衝擊敗之追至淝水死者二千餘人安貞至大江乃班師三年閏月安貞至自軍中入見于仁安殿胡魯刺進一階久之安貞燕見奏曰淝水之捷胡魯刺功第一臣之兵事皆咨此人功厚賞薄乞加賞以勸來者尚書省奏凡行省行院帥府參議左右司經歷官都事以下皆遷一官所以絕求請之路塞姦倖之門也安貞之請不可從遂止五年復伐宋二月安貞出息州軍于七里鎭宋兵據淨居山遣兵擊敗之宋兵保山寺縱火焚寺乘勝追至洪門山宋兵方浚濠立柵安貞軍亟戰奪其柵宋黃統制團兵五千保黃土關關絕險素有備堅壁不出安貞遣輕兵分爲左右軍潛登別以兵三千直逼關門翼日左右軍會于山巔俯瞰關內宋人守關者望之駭愕不能立中軍急攻宋兵潰遂奪黃土關遂入梅林關拔麻城縣抵大江至黃州克之進克蘄州前後殺略不可勝計獲宋宗室男女七十餘口獻之師還安貞每獲宋壯士輒釋不殺無慮數萬因用其策輒有功宣宗謂宰臣曰阿海將略固善矣此輩得無思歸乎南京密邇宋境此輩既不可盡殺安所置之朕欲驅之境上遣之歸如何宰臣不對六月甲寅劾尚書省奏安貞謀叛宣宗謂平章政事英王守純曰朕觀此奏皆飾詞不實其令覆案之戊寅并其二子殺之以祖忠義父揆有大功免兄弟緣坐詔曰銀青榮祿大夫左副元帥兼樞密副使駙馬都尉僕散阿海早籍世姻寖馳仕軌屬當軍旅之事益厚朝廷之恩爰自帥藩擢居樞府頃者南伐時乃奏言是俾行鱗介之誅而盡露梟獍之狀二城雖得多罪稔彰念勝負之靡常肯刑章之輕用始自畫因糧之計乃更嚴橫斂之期督促計司彫敝民力信其私意或失防秋顧利害之實深尚優容而弗問頃因近侍悉露姦謀蓋慮前後罪之上聞遽以金玉帶而夜獻審事情之詭秘命信臣而鞫推造致欵詞乃詳實狀自以積愆之著必非公憲所容欲結近臣之歡心俾伺內庭之指意如釁端之少露得先事而易圖因其方握兵權得以謀危廟祏事或不濟計即外奔前日之俘隨時誅戮獨於宋族曲活全門示其悖德于敵讎豫冀全身而納用初安貞破蘄州獲宋宗室不殺而獻之遂以爲罪安

貞愛譏以賄近侍局乃以贊成其誣安貞與兵征伐嘗曰三世爲將道家所忌自忠義揆至安貞凡三世大將焉初安貞破蘄州所得金帛分給將士南京都轉運使行六部事李特立金安軍節度副使紇石烈蒲剌都大名路總管叛官銀术可因而欺隱事覺特立當死蒲剌都銀术可當杖一百除名詔薄其罪特立奪三官降三等蒲剌都銀术可奪兩官降二等云

田琢字器之蔚州定安人中明昌五年進士調寧邊茌平主簿潞州觀察判官中都商稅副使丁父憂起復懷安令補尚書省令史貞祐二年中都被圍琢請由間道往山西招集義勇以爲宣差兵馬提控同知忠順軍節度使事經畧山西琢與弘州刺史魏用有隙琢自飛狐還蔚州用伏甲於路將邀而殺之琢知其謀自別道入定安用入蔚州殺觀察判官李宜錄事判官馬士成丞與縣令張福劫府庫倉廩以兵攻琢於定安琢與戰敗之用脫身走易州刺史蒲察縛送中都元帥府殺之是時勸農副使侯摯提控紫荆等關隘朝廷聞蔚州亂欲以摯就代琢守蔚州令軍中推可爲管押者卽以魏用金牌佩之以安其衆丞相承暉奏田琢實得軍民心諳練山西利害魏用將士本無勞効以用弄兵死遽爾任用恐開倖門詔從之琢至蔚州誅與用同惡數人募兵旬日得二萬人十月琢兵敗僅以身免招集散亡得三萬餘人中山界屯駐而遣沈思忠招集西京蕩析百姓得萬餘人皆願從河南琢上書此輩與河南鎭防往往鄉舊若令南渡擇壯健爲兵自然和協且可以招集其餘也從之加沈思忠同知深州軍州事琢復遣沈思忠宮楫招弘州蔚州百姓得五萬餘人可充軍者萬五千人分屯蔚州諸隘皆願得沈思忠爲將詔加思忠順天軍節度副使提控弘蔚州軍馬宮楫副之頃之西山諸隘皆不能守琢移軍沃州沃州刺史完顏僧家奴奏田琢軍二千五百人官廩不足發民窖粟猶不能贍其中多女直人均爲一軍不可復有厚薄可令於衛輝大名就食制可加琢河北西路宣撫副使遙授濬州防禦使屯濬州琢欲被西山諸水以衛濬州貞祐三年十一月河北行省侯摯入見奏河北兵食少請令琢汰遣老弱就食歸德琢奏此輩嶺外失業父子兄弟合爲一軍若離而分之定生他變乞以全軍南渡或徙衛州防河詔盡徙屯陝琢復奏臣幸徙安地然濬乃河北要郡今見糧可支數月乞俟來春乃行數日琢復奏濬不可守惟當遷之宰臣劾琢前後奏陳不一請逮鞫問宣宗不許琢至陝上書曰河北失業之民僑居河南陝西蓋不可以數計百司用度三軍調發一人耕之百人食之其能贍乎春種不廣收成失望軍民俱困實繫安危臣聞古之名將雖在征行必須屯田趙充國諸葛亮是也古之良吏必課農桑以足民黃霸虞詡是也方今曠土多浮民衆乞明勅有司無蹈虛文嚴升降之法選能吏勸課公私皆得耕墾富者備牛出種貧者傭力服勤若又不足則教之區種期于盡闢而後已官司圉牧勢家兼幷亦籍其數而授之農民寬其負算省其徭役使盡力南畝則蓄積歲增家給人足富國强兵之道也宣宗深然之陝西元帥府請益兵詔以琢衆與之興定元年朝廷易置諸將遷山東西路轉運使二年改山東東路轉運使權知益都府事行六部尚書宣差便宜招撫使李旺據膠西琢遣益都治中張林討之生擒李旺八月萊州經畧使朮虎山壽襲破李旺黨僞鄒元帥于小堌獲其前鋒于水等三十人追擊僞陳萬戶斬首八百級明日復破之于朱寒寨膠西高密官軍亦屢破之于諸村及海島間是月棣州裨將張聚殺防禦使斜卯重興遂據棣州襲濱州其衆數千人琢遣提控紇石烈醜漢會兵討之聚棄濱專保棣州諸軍趨棣聚出戰敗之斬首百級生擒僞都統王仙等十三人餘衆奔潰追及于別寨攻拔之聚僅以身免遂復二州李全據安丘琢遣總領提控王政王庭玉討之宣差提控太府少監伯德玩率政兵攻安丘敗爲提控王顯死之琢奏伯德玩本相視山東山堌水寨未嘗偏行獨留密州輒爲此舉乞治其罪詔遣官鞫玩會赦而止旣而昌樂縣令朮虎桓都臨朐縣令兀顏吾丁福山縣令烏林荅石家奴壽光縣巡檢紇石烈醜漢破李全于日照縣琢承制各遷官一階進職一等詔許之三年沂州法子堌王公喜構宋兵據沂州防禦使徒單福定徒跣脫走百姓潰散琢奏去歲願王二嘗據沂州邳州總領提控納合六哥前爲同知沂州防禦事招集餘衆攻取之百姓歸心可用六哥取沂州今方在行省侯摯麾下乞發還取便道進討制可旣而莒州提控燕寧復沂州王公喜復保法子堌琢奏沂州須知兵者守之徒單福定已衰老納合六哥善治兵識沂形勢詔福定專治州事以六哥爲沂州總領琢奏濰州刺史致仕獨吉世顯能招集猛安餘衆及義軍卻李全保濰州六哥破灰山堌沂境以安守兗州觀察判官梁昱嘗攝淄州刺史率軍民力田徵科有度饋餉不乏保全淄州土賊不敢發前猗氏主簿張亞夫嘗權行部官主餉密州委曲購得糧二萬斛兵儲乃足行至高密徵他州兵拒李全詔世顯升職從四品遙授同知海州事六哥遷一官升一等克沂州宣差都提控梁昱遷一官同知淄州事張亞夫遷兩官密州觀察判官初張林本益都府卒有復立府事之功遂爲治中而兇險不逞恥出琢下琢在山東徵求過當頗失衆心林欲因衆以去琢未有間也會于海牟佐據萊州琢遣林分兵討之林旣得兵伺琢出卽率衆譟入府中琢倉猝入營領兵與林戰不勝欲就外縣兵且戰且行至章丘兵變求救於鄰道不時至東平行省蒙古綱以狀聞宣宗度不能制林而欲覊致之乃遣人召琢還行至壽張疽發背卒

完顏弼本名達吉不蓋州猛安人充護衛轉十人長從丞相襄戍邊功最除同知德州防禦使事武衛軍鈐轄轉宿直將軍深州刺史泰和六年從左副元帥完顏匡攻襄陽破雷太尉兵積功加平南盪江將軍丁母憂起復八年除南京副留守壽州防禦使大安二年入爲武衛軍副都指揮使三年以本官領兵駐宣德會河之敗弼被創馬中流矢押軍千戶夾谷王家奴以馬授弼遂得免遷右副都點檢至寧元年東京不守弼爲元帥左監軍扞禦遼東請自募二萬人爲一軍萬一京師有急亦可以回戈自救今驅市人以應大敵往則敗矣衛紹王怒曰我以東北路爲憂卿言京師有急何邪就如卿言我自有策以卿皇后連姻故相委寄乃不體朕意耶弼曰陛下勿謂皇后親姻俱可恃也時提點近侍局駙馬都尉徒單没烈侍側弼意譏之衛紹王怒甚顧謂没烈曰何不叱去没烈乃引起付有司論以奏對無人臣禮詔免死杖一百謫爲雲內州防禦使貞祐初宣宗驛召弼赴中都是時雲內已受兵弼善馬矟與數騎突出由太原出澤潞將從淸滄赴闕會有詔除定武軍節度使尋爲元帥左都監駐眞定弼奏賞罰所以勸善懲惡有功必賞有罪必罰而後人可使兵可強今外兵日增軍無鬭志亦有逃歸而以戰潰自陳者有司從而存恤之見聞習熟相傚成風又曰村寨城邑兵退之後有心力勇敢可使者乞招用之又曰河朔郡縣皆以拘文不相應救由此殘破乞勅州府凡有告急徵兵卽須赴救違者坐之又曰河北軍器乞權宜弛禁仍令團結堡寨以備外兵又曰今雖議和萬一輕騎復來則吾民重困矣願速講防禦之策及勸遷都南京阻長淮拒大河扼潼關以自固宣宗將遷汴弼兼河北西路兵馬都總管宣宗次眞定弼言皇太子不可留中都蓋軍少則難守軍多則難養又奏將帥以閫外爲威今生殺之權皆從中覆又奏瑞州軍頗狡左丞盡忠多疑乞付他將宣宗頗采用其言大名軍變殺蒲察阿里詔弼鎭撫之未幾改陝西路統軍使京兆兵馬都總管宣撫副使烏古論兗州置秦州榷場弼以擅置移文問之兗州曰近日入見許山外從宜行事秦州自宋兵焚蕩榷場幾一年矣今旣安帖復宜開設彼此獲利歲收以十萬計對境天水軍移文來請如疾報可實慮後時弼奏其事宰臣以兗州雖擅舉而無違失苟利於民專之亦可宣宗曰朕固嘗許其從宜也三年改知東平府事山東西路宣撫副使是時劉二祖餘黨孫邦佐張汝楫保濟南勤子堌弼遣人招之得邦佐書云我輩自軍興屢立戰功主將見忌陰圖陷害竄伏山林以至今日實畏死耳如蒙湔洗便當釋險面縛餘賊未降者保盡招之弼奏方今多故此賊果定亦一事畢也乞明以官賞示之詔曰孫邦佐果受招各遷五官職於是邦佐汝楫皆降邦佐遙授濰州刺史汝楫遙授淄州刺史皆加明威將軍頃之弼薦邦佐汝楫改過用命招降甚衆稍收其兵仗放歸田里詔邦佐遙授同知益都府事汝楫遙授同知東平府事皆加懷遠大將軍梁聚寬遙授泰定軍節度副使加宣武將軍四年弼遷宣撫使已而汝楫復謀作亂邦佐密告弼弼饗汝楫伏甲廡下酒數行鐘鳴伏發殺汝楫并其黨與手詔褒諭封密國公其後邦佐屢立功元光末累官知東平府事山東西路兵馬都總管充宣差招撫使弼上書曰山東河北河東數鎭僅能自守恐長河之險有不足恃者河南嘗招戰士率皆游惰市人不閑訓練若選簽驅丁監戶數千別爲一軍立功者全戶爲良必將爭先効命以取勝矣武衛軍家屬嘗苦于兵人人懷憤若擇驍悍千餘加以爵賞亦可得其死力又曰老病之官例許致仕居河北者嫌于避難居河南者苟于尸祿職事曠廢乞徧諭褒賞其精力可用者仍舊年高昏瞶不事事者罷之又曰賦役頻煩河南百姓新强舊乏諸路豪民行販市易侵土人之利未有定籍一無庸調乞權宜均定如知而輒避事過復來者許諸人捕告以軍興法治之詔下尚書省議惟老病官從所言餘皆不允大元兵圍東平弼百計應戰久之乃解圍去宣宗賜詔獎諭將士賞賚有差是歲五月疽發于腦詔太醫診視賜御藥俄卒弼平生無所好惟善讀書閑暇延引儒士歌詠投壺以爲常所辟如承裔陀滿胡土門

紇石烈牙吾塔告立方面功治東平愛民省費井邑之間軍民無相訟有古良將之風焉

蒙古綱本名胡里綱咸平府猛安人承安五年進士累調補尚書省令史除國子助教貞祐初自請招集西山兵民進官一階賜錢二百萬遷都水監丞尋加遙授永定軍節度副使招捕有功遷太子左諭德除順州刺史遷同知大興府事三年知河間府事權河北東路宣撫使屯冀州軍食不足徙濟南綱欲徙河南行至徐州未渡河尚書省奏東平宣撫使完顏弼行事多不盡乃以綱權山東宣撫副使改山東路統軍使兼知益都府事權元帥右都監宣撫如故四年十月行元帥府事綱奏山東兵後楊安兒黨內有故淄王習顯故留守朮羅等家奴不在赦原據險作亂至今未息民多歸之乞曾賜恩宥宣宗即命赦之仍贖爲良興定元年徙知東平府事遷元帥右監軍久之拜右副元帥權參知政事行尚書省先是東平治中没烈坐事削降殿年詔仍從軍有功復用綱遣没烈討花帽賊于曹濟間捷報乃没烈復前職興定二年詔曰卿以忠貞爲國捍難保完城邑朕甚嘉之可進官二階賜金帶一重幣十端興定三年奏曰濟南介山東兩路之間最爲衝要被兵日久雖與東平隣接不相統屬緩急不相應乞權隸本路且差近於益都詔從之綱奏恩州武城縣艾家凹水濼淸河縣濁口河濼其深一丈廣數十里險固可恃因其地形少加浚治足以保禦請遷州民其中多募義軍以實之綱以山東侍東平爲重鎭兵卒少守城且不足況欲分部出戰是安坐以待困也乃上奏曰伏見貞祐三年古里甲石倫招義軍設置長校各立等差都統授正七品職副統正八品萬戶正九品千戶正班任使謀克雜班仍三十人爲一謀克五謀克爲一千戶四千戶爲一萬戶四萬戶爲一副統兩副統爲一都統設一總領提控今乞依此格募選以益兵威制可是歲益都桃林寨總領張林號張大刀據險爲亂自稱安化軍節度使綱奏林勢甚張乞遣河南馬軍千人單州經略司以衆接應左司郎中李蹊請令綱約燕寧同力殄滅單州經略使完顏仲元分兵三千人同往宰相以糧運不給益都以東嘯聚不止一張林宜令綱設備禦俟來春議之四年張林侵掠東平綱遣元帥右監軍行樞密院事王庭玉討之至舊縣遇張林衆萬餘人據嶺爲陣庭玉督兵踰嶺搏戰林衆少却且欲東走庭玉踵擊大破之殺數千人生擒張林獲雜畜兵仗萬計招降虎窟諸寨悉令歸業詔賜空名宣勑聽綱第功遷賞遣樞密院令史劉顒涖殺張林于東平張林乞貰死自効請曰臣兄演在宋爲統制有衆三千駐即墨萊陽之境請以書招之使轉致諸賊之欸密者相爲表裏然後以檄招益都張林不從則合擊之山東不足平也所謂益都張林即據府事逐田琢者也事見琢傳綱以林策請于朝樞密院請羈縻使之制可以爲萊州兵馬鈐轄久之山東不能守林乃降于宋云初東平提控鄭倜生擒宋將李資綱奏賞倜宰臣謂李資自稱宋將無所憑據請詳究其實綱奏臣自按問俱獲宋將統制十餘人皆以資爲將無異辭此輩力屈就擒豈肯虛稱爲將以重獲者之功今多故之際賞功後時將士且解體凡行賞必求形迹過爲逗遛甚未可也詔即賞之綱奏遼東渡海必由恩博二州之間乞置經略司鎭撫從之興定五年二月東平解圍宣宗曲赦境內凡東平府試諸科中選人嘗被任使已遍省試期日特免省試惟經童律科即爲及第仍涉太優別日試之皆從綱所請也詔以綱王庭玉東莒公燕寧保全東平各遷一階是歲燕寧戰死綱奏寧所居天勝寨乃益都險要之地寧嘗招降羣盜胡七胡八用爲牙校委以腹心羣盜皆有歸志及寧死復懷顧望胡七胡八亦反側不安臣以提控孫邦佐世居泰安衆心所屬遂署招撫使以提控黃摑兀也充總領副之此當先奏可顧事勢危迫故輒授之燕寧死而綱勢孤矣綱奏請移軍於河南詔百官議御史大夫紇石烈胡失門以下皆曰金城湯池非粟不守東平孤城四無應援萬一失之則官吏兵民俱盡宜徙之河南以助防秋翰林待制抹撚阿虎德奏曰車駕南遷恃大河以爲險大河以東平爲藩籬今乃棄之則大河不足恃矣兵以將爲主將以心爲主蒙古綱既欲棄之決不可使之守矣宜就選將士之願守者擢用之別遣官爲行省付以兵馬鎧仗從宜規畫軍食樞密院請用胡失門議焚其樓櫓廨舍而徙之宣宗曰此事朕不能決擇衆議可者行之樞密院頗采阿虎德議許綱內徙率所部女直契丹漢軍五千人行省邳州元帥左監軍王庭玉將餘軍屯黃陵岡行元帥府事於是綱改兼靜難軍節度使行省邳州自此山東事勢去矣是歲六月以歸德邳宿徐泗乏軍食詔綱率所部就食睢州綱奏宿州連年饑饉加之重斂百姓離散鎭防軍遽徵逋課窘迫陵辱有甚于官衆不勝其酷皆懷報復之心近日高羊哥等苦其佃戶佃戶憤怒執羊哥等投之井中武夫不識緩急乃至于此乞一切所負並令停止俟夏秋收成徵還軍人量增廩給可也詔議行之元光二年三月以邳州經略司隸綱令募勇敢收復山東初碭山首領數人以滅罷懷忿怨誘脅餘衆作亂引水環城以自固構浮橋於河上結紅襖賊爲援同簽樞密院事徒單牙剌哥會諸道兵討之綱云碭山北近大河南近汴堤東西三百里大河分派其間乾灘泥淖步騎俱不可行惟宜輕舟往來可選銳卒數千與水軍埽兵以舟二百艘由便道斷浮梁絕紅襖之援募膽勇有口辨者持牒密諭之以離間其黨與臣已遣三人入賊中復分兵屯要害別以三百人巡邏乞賜空名告身從便遷賞樞密院奏已委監軍王庭玉駐歸德寧陵備之矣仍令牙剌哥水陸並進先行招誘不從乃合擊之其空名告身宜從所請以責成功無何碭山賊夜襲永城縣行軍副總領高琬萬戶麻吉擊走之殺傷及溺死者甚衆奪其所俘掠而還詔綱併力討之綱遣降人陳松持牒招李全全縛松將斬之已而但黥其面遣還綱奏全有歸國意嚴實張林亦可招之此謂益都張林也詔擬實一品官職封國公仍世襲全階正三品職正二品林山東西路宣撫使兼知益都府事與全皆賜田百頃受命往招者先授正七品官職賜銀二十五兩事成遷五品會綱遇害而止綱御下嚴信賞必罰邳州軍不樂屬綱八月辛未朔邳州從宜經略使納合六哥都俊金山顏俊率沂州軍士百餘人晨入行省殺綱及僚屬于省署遂據州反樞密院奏請出空名宣勑設重賞招誘丞相高汝礪曰懸重賞募死士必有能取之者宣宗不得已下詔罪綱以撫諭六哥六哥遣人送綱尸及虎符牌印終不肯出乃陞經略司爲元帥府加六哥泗州防禦使權元帥左監軍副使烏古論老漢加邳州刺史權右監軍頃之邳州卒逃歸詣總帥牙吾塔言六哥已結李全爲助遣總領孛朮魯留住等毀其橋梁攻破承安青陽寨留兵戍守六哥惶懼乃言待李全兵入邳州誘而殺之以圖報効宣宗曰李全豈無心者六哥能誘而殺之殆詐耳十月壬辰牙吾塔圍邳州急攻之紅襖賊高顯等殺六哥函首以獻詔加顯三品官職授世襲謀克侯進四品陳榮邢進邊全魏興孫仲皆五品賞銀有差

必蘭阿魯帶貞祐初累官寧化州刺史二年同知眞定府事權河北大名宣撫副使三年保全贊皇加遙授安武軍節度使改昭義軍節度使充宣撫副使閱月權元帥左都監行元帥府事節度宣撫如故遣都統奥屯喜哥復取威州及獲鹿縣既而招擇義軍爲三等阿魯帶奏自去歲初置帥府已按閱本軍去其冗食部分既定上下既親故能所向成功此皆血戰屢試而可者父子兄弟自相救援各顧其家心一力齊勢不可離今必析之將互易其處不相諳委矣國家糧儲常患不繼豈容僥冒其間但本府之兵不至是耳事勢方殷分別如此彼居中下將氣挫心懈而不可用且義軍率皆農民已散歸田畝趨時力作徵集旬日農事廢而歲計失矣乞本府所定無輕變易詔許之阿魯帶繕完州縣之可守者其不可守者遷徙其民依險爲柵以備緩急澤州舊隸昭義軍近年改隸孟州阿魯帶奏澤州城郭堅完器械具備若屯兵數千臣能保守之今聞議遷于青蓮寺山寨距州既遠地形狹隘所容無幾一旦有急所保者少所遺者多徒棄名城以失太行之險則沁南昭義不通問矣詔澤州復隸昭義軍是歲潼關失守阿魯帶趨備藍田商州乃陳河北利害曰今忻代撤戍太原帥府衆幾數千平陽行省兵亦不多河東河北之勢全恃潞州潞州兵强則國家基本漸可復立臣已將兵離境乞復置潞州帥府阿魯帶行次沔池右副元帥蒲察阿里不孫敗績逃匿不知所在阿魯帶亦被創收集潰卒臥沔池詔還潞州興定元年改簽樞密院事數月以元帥左監軍兼山東路統軍使知益都府事未幾權參知政事行尚書省于益都阿魯帶復立潞州最有功識遠州刺史郭文振擧以爲將既而去潞州張開代領其衆與郭文振不相得文振漸不能守矣

贊曰貞祐之時僕散安貞定山東僕散端鎭陝西胥鼎控制河東侯摯經營趙魏其措注施設有可觀者故田琢撫青齊完顏弼保東平必蘭阿魯帶守上黨皆嘗用有功焉高琪忌功汝礪固位西敗夏盟南挑宋兵宣宗道謀是用煦煦以爲慈嗷嗷以爲明孑孑以爲强既而潼關破毀崤澠喪敗汴州城門不啟連月高琪方且增陴浚隍爲自守計繕御寨以祈逃死然後田琢走益都而青齊裂蒙古綱去東平而兗魯蹙僕散安貞死而南伐無功雖曰天道亦由人事自是以往無足言者矣

金史卷一百三

元　中　書　右　丞　相　總　裁　脫　脫　等　修

列傳第四十一

完顏仲元　完顏阿鄰　完顏霆
烏古論長壽　完顏佐　石抹仲溫
烏古論禮　蒲察阿里　奧屯襄
完顏蒲剌都　夾谷石里哥　术甲臣嘉
紇石烈桓端　完顏阿里不孫　完顏鐵哥
納蘭胡魯剌

完顏仲元本姓郭氏中都人大安中李雄募兵仲元與完顏阿鄰俱應募數有功貞祐二年與阿鄰俱累功至節度仲元爲永定軍節度使賜姓完顏氏仲元在當時兵最强號花帽軍人呼爲郭大相公以與阿鄰相別頃之兼本路宣撫使八月遥授知河間府事數月改知濟南府事權山東東路宣撫副使貞祐四年山東乏糧仲元軍三萬欲於黃河之側或陝石分屯上書乞補京官且言恢復河朔之策當詣闕面陳詔曰卿兄弟鳩集義旅所在立功忠義之誠皎然可見朕以參政侯摯與卿素厚命於彼中行省應悉朕心卿求入見其意固嘉東平方危正賴卿等相爲聲援俟兵勢稍緩即徙軍附河屯駐此時卿來蓋未晚也尚思戮力朕不汝忘未幾改河北宣撫副使仲元部將李霆等積功至刺史提控仲元奏賜金牌霆等皆爲名將功名與仲元相埒仲元屢有功以本職爲從宜招撫使計約從坦等軍圖恢復詔以仲元軍猥多差爲三等上等備征伐中下給戍守儒弱者皆罷去紅襖賊千餘人據漣水縣仲元遣提控婁室率兵擊破之斬首數百敗祝春擒郭偉餘衆奔潰遂復漣水縣仲元兼單州經略使婁室遷兩階陞職一等未幾仲元遥授知歸德府事是歲十月從軍盧氏改商州經略使權元帥右都監詔曰商虢潼關實相連屬卿思爲萬全之計未幾潼關失守仲元軍趨商虢復至嵩汝皆弗及仲元上書曰去年六月臣嘗請於朝廷乞選名將督諸軍臣得摧鋒身先士卒糧儲不繼竟不果行今將坐甲待敵則師老財殫日就困敝其大槩欲伐西夏以張兵勢又曰陝西一路最爲重地潼關禁坑及商州諸隘俱當預備向者中都居庸最爲要害乃由小嶺紫荆遶出我軍腹背受兵卒不能守近日由禁坑出遂失潼關可選精兵分地戍之其後乃置秦藍守禦及用兵西夏矣興定元年復爲單州經略使敗宋人二千于龜山復敗步騎千餘于盱眙敗紅襖于白里港獲老幼萬餘人皆縱遣之宋人圍海州仲元軍高橋令提控完顏阿鄰領騎遶出其後夾擊之宋兵解去賜金帶優詔獎諭紅襖賊陷曹馬城剽掠徐單之間提控高琬等分兵擊之俘生口二千三年仲元奏州城既固積糧二十萬石集鄉義軍萬餘人並閑訓練足以守禦乞以所部渡河詔屯宿州與右都監紇石烈德同行帥府事仲元有足疾滿百日詔曰卿處置機務撫存將士出兵使李辛可也四年兼保靜軍節度使尋爲勸農使五年爲鎭南節度使元光元年知鳳翔府事鳳翔被圍左監軍石盞合喜來濟軍仲元讓合喜總兵事合喜曰公素得衆心不必以官位見讓仲元請身先士卒諭諸將士曰凡有奇功者即承制超擢及危急乃輒注四品以下顏盞蝦蟆力戰功最輒授通遠軍節度使圍解奏請擅除拜之罪宣宗嘉其功皆許之遷元帥右監軍授河北東路洮委必剌猛安賜金五十兩重幣十五端通犀帶優詔襃諭正大間爲兵部尚書皇太后衞尉卒仲元爲將沉毅有謀南渡後最稱名將云

完顏阿鄰本姓郭氏以功勞賜姓完顏大安中李雄募兵阿鄰與完顏仲元等俱應募數有功宣宗即位遷通州防禦使宣宗遷汴阿鄰改同知河間府事兼清州防禦使將所部兵駐清滄控扼山東遷橫海軍節度使賜以國姓阿鄰與山東路宣撫副使顏盞天澤不相能詔阿鄰當與天澤共濟國事無執偏見妄分彼此尋改泰定軍節度使山東西路宣撫使是時仲元亦積功勞知濟南府賜姓完顏與阿鄰俱加從宜招撫使詔書獎諭且令計約涿州刺史從坦等軍恢復中都於是仲元阿鄰部兵猥多詔以三等差第之上等備征伐中下戍守儒弱者罷去量給地以贍其家阿鄰所部黃鶴袖軍駐魚臺者桀驁不法掠平民劫商旅道路不通有司乞徙于滕州詔阿鄰就處置之頃之破紅襖賊郝定于泗水縣柘溝村生擒郝定送京師斬之近制賜本朝姓者凡以千人敗敵三千者賜及緦麻以上敗二千人以上者賜及大功以上敗千人以上者賜止其家阿鄰既賜姓以兄守楫及從父兄弟爲請宰臣奏阿鄰功止賜一家宣宗特詔許之至是仲元上奏曰臣頃在軍旅纔立微功遽蒙天恩賜之國姓非臣殺身所能仰報族兄徐州機密副使僧喜前汾州酒同監三喜前解州鹽管勾添章守興平縣監酒添福猶姓郭氏念臣與僧喜等昔同一家今爲兩族完顏阿鄰與臣同功皇恩所加併及本族僧喜等四人乞依此例不許改輝州經略使阿鄰有衆萬五千詔分五千隸東平行省其衆泣訴云我曹以國家多難奮義相從捐田宅離親戚轉戰至此誓同立功偕還鄉里今將分配他軍心實艱苦乞以全軍分駐懷衞輝州之間捍蔽大河惟受阿鄰節制阿鄰亦不欲分之因以爲請宰臣奏若遂聽之非唯東平失備他將傚効皆不可使矣宣宗以爲然加遥授知河南府事應援陝西阿鄰將兵八千西赴至潼關聞京兆已被圍遊騎至華州陝西行院欲令阿鄰駐軍商虢拒東向之路阿鄰上奏臣本援陝西遇難而止豈人臣之節夫自古用兵步騎相參乃可以得志今乃各有所屬臨難不救互相彼此今臣所統皆步卒願賜馬軍千人則京兆之圍不足解矣宣宗謂皇太子曰阿鄰赴難不回固善矣而軍勢單弱且駐內地以觀事變併以虢州兵五千付之使乘隙而進卿以此意諭之也興定元年遷元帥右都監出泰州伐宋宋統制吳笴守阜角（角又作郊）堡城三重據山之鎭阿鄰分兵絶其汲路克其外城再克其次城宋兵縱火而出阿鄰以騎兵邀之遣步卒襲其後宋兵敗生獲吳笴及將校二百人馬數百匹糧萬石及兵甲衣襖復敗宋兵于裴家莊六谷中斬五百級墜澗死者甚衆又敗之于寒山嶺龍門關大石渡得粟二千餘石復敗之于稍子嶺斬首二千餘級生擒百人是時三月宿麥方滋阿鄰留兵守之已而宋兵大至金兵敗阿鄰戰沒贈金紫光祿大夫西京留守

完顏霆本姓李氏中都寶坻人粗知書善騎射輕財好施得鄉曲之譽貞祐初縣人共推霆爲四鄉部頭霆招集離散糾合義兵衆賴以安招撫司奏其事遷兩官霆與弟雲率衆數千巡邏固安永清間遥授寶坻縣丞克義軍都統劉璋說霆使出降霆縛送經略司遷三階攝寶坻令陞都提控遥授同知通州軍州事中都食盡霆遣軍分護清滄河路召募賈船通餉道遥授同知清州防禦事從河北路宣撫使完顏仲元保清滄遥授通州刺史河北東路行軍提控佩金牌舊制宣撫副使乃佩金牌仲元奏臣軍三萬管軍官三人皆至五品乞各賜金牌廷議霆輩忠勇絶人遂與之改大名路提控復取玉田三河香河三縣徙屯濱棣淄留副將孫江守滄州江以滄州降于王檝而江將兵圍觀州霆乃詐作書與孫江約同取滄州者王檝得其書果疑孫江與霆有謀召江還殺之霆乃定觀州而還進官三階充濱棣行軍都提控未幾遥授同知益都府事知宣差都提控遷棣州防禦使賜姓完顏氏屯海州俄權單州經略司事充宣差總領都提控興定元年泰安滕兗土寇蠭起東平行省侯摯遣霆率兵討之降石花五夏全餘黨二萬人老幼五萬口充權海州經略副使紅襖賊于忙兒寇海州霆擊走之二年宋高太尉兵二萬駐朐山霆軍乏糧采野菜麥苗雜食之宋兵柵朐山下隔湖港霆作港中暗橋遣萬戶胡仲珪副統劉贇率死士由暗橋登山霆率兵四千人趨山下約以昏時舉火爲期上下夾擊宋兵大敗墜澗溺水死者不可勝計斬高太尉彭元帥于陣餘衆潰去遷安化軍節度使經略副使如故以其子爲符寶典書逾月宋兵復至霆逆戰駐兵城外夜半宋人乘虛踰城而入經略使阿不罕奴失剌率兵捉戰都統溫迪罕五兒副統蒲察永成蒲察只魯身先士卒殺二百餘人城賴以完詔五兒等各遷兩階四年改集慶軍節度使兼同知歸德府事五年改定國軍節度使兼同知京兆府事擢其子爲護衞元光元年陝西行省白撒奏京兆南山密邇宋境官民遷避其間者無慮百萬人可遣官鎭撫庶幾不生他變宣宗以爲然十月霆以本官爲安撫使守同知歸德府惟宏大司農丞郭皓爲副使分護百姓之遷南山者元光二年卒

烏古論長壽臨洮府第立將突門族人也本姓包氏襲父永本族都管泰和伐宋充緋翮翅軍千戶取床川寨及祐州宕昌辛城子以功進官二階貞祐初夏人攻會州統軍使署征行萬戶陞副統與夏人戰於窄土峽先登陷陣賞銀五十兩戰東關堡以功署都統兼充安定定西保川西寧軍馬都彈壓詔錄前後功遥授同知隴州防禦事世襲本族都巡檢二年賜今姓攻蘭州程陳僧爲先鋒都統夏人圍臨洮扼渭堡內外不通統軍司募人偵候臨洮消息長壽應募藏二人擒一人問得臨洮及夏兵事勢以勞遷宣武將軍遥授通遠軍節度副使招降諸蕃族及熟羊寨秦州捕亡者復遷懷遠大將軍陞提控興定元年夏人大入隴西長壽拒戰遷平涼府治中兼節度副使充宣差鞏州規措官頃之遥授同知鳳翔府事兼同知通遠軍節度事提控如故興定二年遷同知臨洮府事與提控洮州刺史納蘭記僧分兵伐宋長壽由鹽川鎭進兵宋人守戍者走保馬頭山合諸部族兵來拒長壽擊敗之復破其援兵四千於荔川寨郎邈宕昌縣破宋兵二千于八斜谷拔宕昌縣進攻西和洲先敗其州兵明日木波兵三千與宋兵合依川爲陣長壽奮擊宋兵入保城堅壁不復出長壽乃還凡斬馘八千獲馬二百餘牛羊三萬器械軍實甚多納蘭

記僧出洮州鐵城堡，履敗宋人，完軍而還，詔賞鳳翔秦鞏伐宋將士，長壽遙授隴安軍節度使，同知通遠軍提控如故。頃之，長壽陞總領都提控，改通遠軍節度使。夏人攻定西，是時弟世顯已降夏人，夏人執世顯至定西城下，謂長壽曰：「若不速降，即殺汝弟。」長壽不顧，奮戰，夏兵退。加榮祿大夫，賜金二十五兩、重幣三端。世顯既降，二子公政、重壽當緣坐，宣宗嘉長壽守定西功，釋公政兄弟，有司廩給之。詔長壽曰：「汝久在戎行，盡忠國事，世顯之降，必不得已，汝永念國恩，益思自効。」未幾，夏人復攻會州，行元帥府事石盞合喜發兵救，未至，夏人移兵臨洮。長壽伏精兵五千于定西險要間，敗夏兵三萬騎，殺千餘人，獲馬數百。夏人已破西寧，乃犯定西，長壽擊却之，斬首二百級。既而三萬騎復至，攻城甚急，長壽乘城拒戰，矢石如雨，夏兵死者數千，被創者衆，乃解去。是歲卒。

完顏佐本姓梁氏，初爲武清縣巡檢。完顏畯住本姓李氏，爲柳口鎮巡檢。久之，以佐爲都統，畯住副之，戍直沽寨。貞祐二年，亂軍遣張暉等三人來招佐，佐執之。翌日，劉永昌率衆二十人持文書來，署其年曰天賜，佐擲之，麾衆執永昌及暉等併斬之。宣宗嘉其功，遷佐奉國上將軍，遙授德州防禦使，畯住鎮國上將軍，遙授同知河間府事，皆賜姓完顏氏。詔曰：「自今有忠義如是者，竝一體遷授。」

贊曰：古者天子胙土命氏，漢以來乃有賜姓。宣宗假以賞一時之功，郭仲元、郭阿隣以功皆賜國姓，女奚烈資祿、烏古論長壽皆封疆之臣，而賜以他姓。貞祐以後，賜姓有格。夫以名使人，用之貴則貴，用之賤則賤，使人計功而得國姓，則以其貴者反賤矣。完顏霆、完顏佐皆賜國姓者，併附于此。

石抹仲溫本名老斡，懿州胡土虎猛安人。充護衛十人長、太子僕正，除同知武寧軍節度使事、宿直將軍、器物局使。坐前在武寧造馬鞍鶻直，章宗原之，改左衛將軍，遷左副點檢。坐征契丹逗遛，降蔡州防禦使。復召爲左副點檢，遷知臨洮府事。泰和伐宋，青宜可內附，進爵二級，賜銀二百五十兩、重幣十端。詔曰：「青宜可之來，乃汝管內，與有勞焉。比與青宜可相合，其間諸事量宜而行。」頃之，諸道進兵，仲溫以隴右步騎五千出鹽川。八年，罷兵，改知河中府。崇慶初，遷陝西統軍使。貞祐二年，宋人攻秦州，仲溫率兵敗之，尋充本路安撫使，改鎮南軍節度使，致仕。興定三年卒。

烏古論禮本名六斤，益都猛安人。充習騎，累擢近侍局直長，轉本局副使、左衛副將軍。坐受沁南軍節度使兗王永成名馬玉帶，杖一百，削官解職。起爲蒲速碗羣牧副使，改武庫署令、宿直將軍，復爲左衛副將軍、順州刺史，累遷武寧軍節度。泰和伐宋，爲山東路兵馬都統副使，兼副統軍、安化軍節度。八年，宋人請盟，罷兵馬都統官，仍以節度兼副統軍。大安三年，改知歸德府，兼河南副統軍，歷知河南府。至寧初，改知太原府事。貞祐二年，兼河東北路安撫使。三年，充本路宣撫使，頃之，兼左副元帥。四年，太原被圍，未幾圍解，進官二階。興定三年卒。

蒲察阿里，興州路人。以廕補官，充護衛十人長、武器署令，轉宿直將軍，遷右衛副將軍。宋兵犯分道鋪，馳驛赴邊，伺其入，以伏兵掩之。改提點器物局。泰和伐宋，從右副元帥匡爲副統，攻宜城縣，取之。八年，以功遷武衛軍副都指揮使。大安元年，同知南京留守事，徙壽州防禦使，遷興平軍節度使。崇慶初，遷元帥右都監，明年，轉左都監。時都城被圍，道路梗塞，阿里由太原至眞定，率師赴援，抵中山，不克進。貞祐二年，移駐大名，徵河南鎭防軍圖再舉，衆既憚于行，而阿里遇之有厚薄，軍變，遇害。衆因逃散，宣宗詔元帥左都監完顏弼安集其軍，赦首惡以下，河南統軍司更加撫諭。

奧屯襄本名添壽，上京路人。大定十年，襲猛安。丞相襄舉通練邊事，授崇義軍節度副使，改烏古里乣詳穩，召爲都水少監、石州刺史。未幾，爲平南盪江將軍，以功陞壽州防禦使，遷河南路副統軍，兼同知歸德府事，昌武軍節度使，仍兼副統軍。崇慶改元，爲元帥左都監，救西京，至墨谷口，一軍盡殪，襄僅以身免，坐是除名。明年，授上京兵馬使。宣宗卽位，擢遼東路宣撫副使，未幾，改速頻路節度使，兼同知上京留守事。二年二月，爲元帥右都監，行元帥府事于北京。五月，改留守，兼前職，俄遷宣撫使，兼留守。十一月，詔諭襄及遼東路宣撫使蒲鮮萬奴、宣差蒲察五斤曰：「上京、遼東，國家重地，以卿等累效忠勤，故委腹心，意其協力盡公，以徇國家之急。及詳來奏，乃大不然，朕將何賴。自今每事同心併力，備禦機會，一失悔之何及。且師克在和，善鈞從衆，尙懲前過，以圖後功。」三年正月，襄爲北京宣差提控完顏習烈所害，未幾，習烈復爲其下所殺，詔曲赦北京。

完顏蒲剌都，西南路按出灰必剌罕猛安人。充護衛，除秦定軍節度副使，以憂去官，起復唐古部族節度副使，徙安國軍移乣詳穩，累官原州刺史。坐買部內馬虧直，奪官一階，降北京兵馬都指揮使、寧遠軍刺史，歷同知臨洮府、西京留守事。崇慶元年，遷鎭武軍節度，備禦有功，遷一官。初置東西面經略司，就充西面經略使。上言：「管內太和嶺諸隘屯兵控制邊要，行元帥府輒分臣兵萬二千戍眞定，餘衆不足守禦，近日復簡精銳二千七百人以往，今見兵不滿萬，老羸者十七八。臣死固不足惜，顧國家之事不可不慮。新設經略，移文西京、太原、河東取軍馬大數，竝稱非臣所統。」詔眞定元帥府還其精銳二千七百人。西京、太原、嵐州有警急，約爲應援，州郡皆不欲屬經略司，遂罷經略官，入爲簽樞密院事，改左副點檢。四年，遷兵部尙書。興定元年，致仕。四年卒。

夾谷石里哥，上京路猛安人。明昌五年進士，泰州防禦判官，補尙書省令史，歷臨潢、婆速路都總管判官，累除刑部主事，改薊州副提控，駐軍大名。俄遷翰林待制，爲宿州提控，與山東宣撫完顏弼攻大沬堌，賊衆千餘逆戰，石里哥以騎兵擊之，盡殪。提控沒烈入自北門，遂擒劉二祖。以功遷武衛軍副都指揮使。坐前在宿州掠良人爲生口，當死，特詔決杖八十，徙洺州防禦使、山東路副統軍。坐不時進兵，往宿遷取妻子，解職。起爲東平行軍提控。興定元年，破宋兵于宿州，以功遙授安化軍節度使，移定海軍，卒。

术甲臣嘉，北京路猛安人。襲父謀克。泰和伐宋，隸陝西完顏綱麾下，歷通州、海州同知軍州事。貞祐二年，除武器署丞，教集寧有功，遷河南統軍判官、拱衛直副都指揮使、河南治中，遙領綏州刺史，兼延安治中，就遷同知府事，改同知河間府事。興定元年，行樞密院于壽州，由壽泗渡淮伐宋。二月，破宋兵三千於澌湖灘，斬三百級。有詔蹂踐宋境上，毋深入。臣嘉駐霍丘檜岡村，縱輕騎鈔掠，焚毀積聚，獲宋諜者張聰，知宋兵二千屯高柳橋，老幼甚衆，其寨兩城環之以水。臣嘉遣張聰持牒招之，不從，先令水軍徑渡攻之，軍士牛青操戈刺門卒，皆披靡散去，遂登陴，大軍繼之，夷其寨而還。遇宋兵數千於梅景村，臣嘉伏兵林間，以步卒誘致之，伏發，宋兵潰，追奔十餘里，生擒其將阮世安等五人，獲器仗甚衆。二年，賞征南功，陞職一等，遷元帥右都監，充陝西行省參議官。四年，兼金安軍節度使。五年，改知延安府事，轉左都監，駐兵京兆。元光元年卒。

紇石烈桓端，西南路忽論宋割猛安人。襲兄銀术可謀克。泰和伐宋，充行軍萬戶，破宋兵二千於蔡州，加宣武將軍。自壽州渡淮，敗宋步騎一萬五千于鵶子嶺，遂克安豐軍。軍還，除同知懷遠軍節度事、權木典乣詳穩。大安三年，西京行省選充合扎萬戶，遙授同知淸州防禦事，改興平軍節度副使，遙授顯德軍節度副使，徙東路宣撫使都統。敗移剌留哥萬五千衆于御河寨，奪車數千兩，降萬餘人，加驃騎衛上將軍，遙授同知順天軍節度事。貞祐二年，爲宣差副提控、同知婆速路兵馬都總管行府事。貞祐三年，蒲鮮萬奴取咸平、東京、瀋、澄諸州，及猛安謀克人亦多從之者。三月，萬奴步騎九千侵婆速近境，桓端遣都統溫迪罕怕哥輦擊却之。四月，復掠上古城，遣都統兀顏鉢轄拒戰。萬奴別遣五千人攻望雲驛，都統奧屯馬和尙擊之。都統夾谷合打破其衆數千于三叉里。五月，都統溫迪罕福壽攻萬奴之衆于大寧鎭，拔其壘，其衆殲焉。九月，萬奴衆九千人出宜風及易池，桓端率兵與戰，其衆潰去。因招喻吉斡都麻渾賓哥、出臺荅愛、顏哥不灰、活拙按出、孛德烈隣十一猛安復來附，擇其丁男補軍，攻城邑之未下者。貞祐四年，桓端遣王汝弼由海道奏事，宣宗嘉其功，桓端遷遼海軍節度使，同知行府事、宣差提控如故。婆速路溫甲海世襲猛安、權同知府事溫迪罕哥不靄遷顯德軍節度使，兼婆速府治中、權判官、前脩起居注裴滿按帶遷兩階陞二等，王汝弼遷四階陞四等，餘將士有功者詔遼東宣撫承制遷賞。是歲，改邳州刺史，充徐州界都提控。紅襖賊數萬攻邳州，桓端破之于黃山，賊復來，桓端薄其衆，走保比山，追擊敗之，溺沂水死者甚衆。賊政萬圍沂州，同知防禦事僕散撒合突圍出求救，桓端率兵赴之，撒合還入沂州，與桓端內外夾擊之，殺萬餘人，賊乃去。樞密副使僕散安貞上其功，因奏曰：「桓端天資忠實，深有計畫，曉習軍事，撒合勇而有謀，皆得軍民心，乞加擢用。」桓端進金紫光祿大夫，兼同知武寧軍節度事，提控如故。召爲勸農副使，充都提控，屯陳州。興定元年，自新息渡淮伐宋，破沙度店，至定城，以少擊衆，戰不留行。未幾，充宣差參議官，復渡淮，連破宋兵，獲其將沈俊，遷武衛軍副都指揮使。宋人城守不出，分兵破其山寨水堡，殺獲甚衆。興定二年，遷鎭南軍節度使，權元帥右都監。數月，改武衛軍都指揮使，仍權右都監，行元帥府于息州。徐州行樞密院石盞女魯歡剛愎自用，詔桓端以本官權簽樞密院事，往代之。四年冬，上言：「竊聞宋人與李全將併力來攻，當預爲之防。」樞密院奏可，召桓端與朝臣面議。尋有疾，賜太醫御藥。五年正月，召至京師，疾病不能入見，力疾草奏，大略以南北皆用兵，當豫防其患

及防河數策無何卒年四十五勅有司給喪事
完顏阿里不孫字彥成曷懶路泰申必剌猛安人明昌五年進士調易州忻州軍事判官安豐縣令補尚書省令史除興平軍節度副使應奉翰林文字轉修撰充元帥左監軍紇石烈執中經歷官執中圍楚州縱兵大掠坐不諫正決杖五十大安初改戶部員外郎鈞州刺史執中行樞密院於西京復以爲經歷官改威州刺史貞祐初累遷國子祭酒歷越王濮王傅改同知平陽府事兼本路宣撫副使召爲兵部侍郎遷翰林侍講學士改陝西路宣撫副使遷元帥左都監改河平軍節度使河北西路宣撫副使改御史中丞遼東宣撫副使再閱月權右副元帥參知政事遼東路行尚書省事賜御衣廐馬安山甲上京行省蒲察五斤奏其功賜金百兩絹百匹興定元年眞拜參知政事權右副元帥行尚書省元帥府于婆速路承制除拜刺史以下不協是時蒲鮮萬奴據遼東侵掠婆速之境高麗畏其強助糧八萬石上京行省蒲察五斤入朝遼東兵勢愈弱五斤留江山守肇州江山亦頗懷去就及上京宣撫使蒲察移剌都改陝西行省參議官而伯德胡土遂有異志宣撫使海奴不迎制使坐而受詔阿里不孫械繫之頃之阿里不孫輒矯制大赦諸道衆乃稍安而請罪于朝初留哥據廣寧知廣寧府事溫迪罕青狗居蓋州妻子留廣寧與伯德胡土約爲兄弟青狗兵隸阿里不孫內猜忌不協蒲察移剌都嘗奏青狗無隸阿里不孫宣宗乃召青狗青狗不受詔阿里不孫殺之胡土乃怨阿里不孫旣而胡土率衆伐高麗乃以兵戕殺阿里不孫權左都監納坦裕與監軍溫迪罕哥不靄遙授東平判官參議軍事郭澍謀誅胡土未敢發會上京留守蒲察五斤遣副留守夾谷愛荅左右司員外郎抹撚獨魯詣裕計事裕以謀告二人二人許諾遂召胡土至帳中殺之阿里不孫已死朝廷始得矯赦奏疏詔有司獎諭未幾聞阿里不孫死于亂詔贈平章政事芮國公納合裕貞授左都監哥不靄進一階愛荅獨魯郭澍遷官陞職有差阿里不孫寬厚愛人敏於吏事能治劇要識者以爲用之未盡云
完顏鐵哥性淳直體貌雄偉粗通書年二十四襲父速頻路曷懶合打猛安授廣威將軍御下惠愛察廉除臨海軍節度副使改底剌乣詳穩丞相襄行省于北京鐵哥爲先鋒萬戶有功丁母憂服除遷同知武勝軍節度使事充右副元帥完顏匡副統號平南盪江將軍攻光化軍王統制以步騎出東門逆戰鐵哥擊却之拔鹿角奪門以入遂克之進攻襄陽爲前驅獲生口知江渡可涉處陰植標以識之大軍至鐵哥導之濟屢戰皆捷以勞進官兩階匡圍德安鐵哥總領攻城築壘于德安南鳳凰臺竝城作甬道立鵝車對樓攻之擊走張統制兵時暑還屯鄧州兵罷進官兩階遷同知臨潢府事改西南路副招討宿州防禦使貞祐二年樞密使徒單度移刺以鐵哥充都統入衞中都遷東北路招討使兼德昌軍節度使蒲鮮萬奴在咸平忌鐵哥兵強牒取所部騎兵二千又召泰州軍三千及戶口遷咸平鐵哥察其有異志不遣宣撫使承充召鐵哥赴上京命伐蒲與路旣還適萬奴代承充爲宣撫使撫前不發軍罪下獄被害謚勇毅
納蘭胡魯剌大名路怕魯歡猛安人性淳直寡言笑好讀書博通今古承安二年進士第一除應奉翰林文字被詔括牛于臨潢上京等路丞相襄有田在肇州家奴匿牛不以實聞即械繫正其罪而盡括之於是豪民皆讋無敢匿者使還襄稱能居父喪盡禮御史舉其淸節服除轉修撰平章政事僕散端舉廉能有文采遷同知順天軍節度使事從伐宋以勞加朝請大夫改禮部員外郎曹州刺史豪民僕散掃合立私渡於定陶間逃兵盜劫皆藉爲囊橐累政莫敢問胡魯剌捕治之窮竟其黨闔郡肅然改沃州改南京路按察副使貞祐二年改泗州防禦使召爲吏部侍郎遷絳陽軍節度使權河東南路宣撫副使是時兵興胡魯剌完城郭繕器械料才壯爲鄉兵延問耆老招致儒士咨以備禦之策鹽米儲偫勸富民出粟郡賴以完賜詔褒諭加資善大夫官其次子吾申改權經略使被召以疾不能行卒于絳州
贊曰泰和貞祐其間相去五年耳故將遺老往往在焉高琪得君宿將皆斥外矣高汝礪任職舊臣皆守藩矣假以重任其實疎之故石抹仲溫以下以見當時之將校焉

金史卷一百三考證
石抹仲溫傳○臣浩按元史石抹在遼爲述律氏號稱后族遼亡遂訛述律爲石抹氏

金史卷一百四

元中書右丞相總裁脫脫等修

列傳第四十二

納坦謀嘉　鄒谷　高霖
孟奎　烏合荅與　郭俁
溫迪罕達　王擴　移剌福僧
奧屯忠孝　蒲察思忠　紇石烈胡失門
完顏寓　斡勒合打　蒲察移剌都

納坦謀嘉上京路牙塔懶猛安人初習策論進士大定二十六年選入東宮教鄆王琮瀛王瓌讀書以終場舉人試補上京提刑司書史以廉能著稱承安元年契丹陀鎖寇掠韓州信州提刑司問諸書史誰入奏者皆難之謀嘉請行五年特賜同進士出身調東京教授湯池主簿太學助教丁母憂服闋累除翰林修撰兼修起居注監察御史貞祐初遷吏部員外郎翰林待制侍御史完顏寓舉謀嘉才行志在匡國可預軍政充元帥府經歷官中都被圍食且盡胥鼎奏京師官民能贍足貧民者計所贍遷官皆先給據謀嘉不受據而去中都危急謀嘉曰帥臣統數萬衆不能出城一戰何如自縛請降邪宣宗議遷都謀嘉曰不可河南地狹土薄他日宋夏交侵河北非我有矣當選諸王分鎮遼東河南中都不可去也不聽頃之除唐州刺史入爲太常少卿兼左拾遺遷鄭州防禦使改左諭德轉少詹事攝御史中丞未幾攝太子詹事興定元年潼關失守遷河南統軍使兼昌武軍節度使攝簽樞密院事行院許州汰去冗食軍士二千餘人上書諫伐宋不聽三年降潁州防禦使有告宋人將襲潁州者已而宋兵果至謀嘉有備乃引去有司上功不及告者謀嘉請而賞之四年召爲翰林侍講學士兼兵部侍郎同修國史五年卒
鄒谷字應仲密州諸城人中大定十三年進士第累官濬王府文學尚書省奏擬大理司直上曰司直爭論情法折正疑難谷非所長也宰臣曰谷有吏才陝西河南訪察及定課皆稱職上以谷爲同知曹州軍州事召爲刑部主事轉北京臨潢提刑判官入爲大理寺丞尚書省點差接送伴宋國使官令史周昂具數員呈請左司都事李炳乘醉見之怒曰吾口舉兩人卽是安用許爲命左右攬昂衣欲杖之會左司官召昂去乃已詈諸令史爲奴畜明日語權令史李秉鈞曰吾豈惟箠罵汝進退去留亦皆在我羣吏將陳訴會官劾奏事下大理寺議差接送伴官事當奏聞炳謂口舉兩人當科違制谷日口舉兩人一時之言當杖贖攬昂衣欲加杖當決三十上曰李炳讀書人何乃至是宰臣對曰李炳疾惡衆人不能容耳上曰炳誠過矣告者未必是也乃從谷議歷濟南彰德府治中吏部郎中河東按察副使沂州防禦使歷定海泰寧軍節度使泰和六年致仕貞祐初卒
高霖字子約東平人大定二十五年進士調符離主簿察廉遷泗水令再調安國軍節度判官以父憂還鄉里教授生徒恒數百人服除爲絳陽軍節度判官用薦舉召爲國史院編修官建言黃河所以爲民害者皆以河流有曲折遏逢隘狹故致湍決按水經當疏其淤塞行所無事今若開雞爪河以殺其勢可免數埽之勞凡捲埽工物皆取於民大爲時病乞竝河隄廣樹榆柳數年之後隄岸旣固埽材亦便民力漸省朝廷從之遷應奉翰林文字兼前職改監察御史丁母憂起復太常博士改都水監丞簽陝西路按察司事體訪官員能否仍赴闕待對時南征調發繁急民稍稽滯有司皆坐失誤軍期罪霖言其枉悉出之授都水少監大安初爲耀州刺史三年遷河北東路按察副使改韓王傅兼翰林直學士崇慶初改工部侍郎兼直學士至寧元年八月霖奉儲御迎宣宗至新城勅霖南迎諸妃既至賜錢千貫遷官三階二年除河平軍節度使兼都水監霖請城宜村爲衞州以護北門上從之入爲兵部尚書知大興府事俄權參知政事與右丞相承暉行省于中都尋改中都留守兼本路兵馬都總管平章政事抹撚盡忠棄中都南奔霖與子義傑率其徒夜出不能進謂義傑曰汝可求生吾死於此矣霖死義傑伏羣屍中以免贈翰林學士承旨令立碑鄉里歲時致祭訪其子孫錄用謚文簡
孟奎字元秀遼陽人也大定二十一年進士調黎陽主簿丁母憂服闋調淄州軍事判官遷汲縣令察廉改定興令補尚書省令史從參知政事馬琪塞澶淵決河改中都左警巡使平章政事完顏守貞禮接士大夫在其門者號冷巖十俊奎其一也改都轉運司度支判官上京等路提刑判官初遼東契丹判余里也嘗殺驛使大理司直有契丹人同名者有司輒繫之獄奎按囚速頻路讞而出之既而果獲其殺司直者遷同知西京路轉運使事置行樞密院于鎭寧充宜差規措所官給軍用改簽河東南北路按察司事武州刺史上言三事其一曰親民之寄令吏部之選頗輕使武夫計資而得權歸胥吏每縣宜參用士人使紀綱其事未幾改曹州刺史再調同知中都路都轉運使事旱詔審錄中都路冤獄

多平反。大安初，除博州防禦使，凡屬縣事應赴州者不得泊於逆旅，以防吏姦，人便之。改山東東西路安撫副使，遷北京臨潢等路按察轉運使，以本官爲行六部侍郎。劾奏監軍完顏訛出虛造功狀，訛出坐免官，詔以奎爲宣差都提控。貞祐初，以疾卒，謚莊肅。

烏林荅與，本名合住，大名路納鄰必剌猛安人。充奉職、奉御、尚食局直長兼頓舍，除監察御史，累官武勝軍節度使、北京按察轉運使、太子詹事、武衞軍都指揮使。貞祐二年，知東平府事，權宣撫副使，改西安軍節度使，入爲兵部尚書。上言：「按察轉運司拘榷錢穀，糾彈非違，此平時之治法。今四方兵動，民心未定，軍士動見刻削，乞權罷按察及勸農使。」又曰：「東平屯兵萬餘，可運濱鹽易糧芻給之。」又曰：「潼關及黃河津要將校，皆出卒伍，類庸懦不可用，乞選材武者代之。」又曰：「兗、曹、濮、滕諸郡皆可屯重兵，勅州縣官勸民力穡，至於防秋，則淸野保城。」下尚書省，竟不施行。新制，科買軍器材物稽緩者竝的決，與奏：「有司必督責趣辦，民將不堪，可量罰月俸。」從之。坐前在陝州市物虧直，降鄭州防禦使，尋召爲拱衞直都指揮使，復爲兵部尚書。興定三年卒。

郭俁字伯有，潭州人。大定二十二年進士，調長子主簿、萊州觀察判官、萊陽縣令，補尚書省令史，知管差除，除大理司直，丁母憂，起復太常博士、左司都事。御史臺舉俁及前應奉翰林文字張檝、吏部主事王質、刑部主事抹撚居中、通事舍人完顏合住、弘文校理把掃合、吏部架閣管勾烏古論和尚、尚書省令史溫迪罕思敬皆才幹可用，詔各陞一等遷除。俁平陽府治中，張檝國子博士，王質昭義軍節度副使，抹撚居中大理司直，完顏合住侍儀司令，把掃合同知弘文院事，烏古論和尚利涉軍節度副使，溫迪罕思敬同知定武軍節度事。久之，俁召爲同知登聞鼓院，兼秘書丞，遷禮部郎中、滕州刺史、同知眞定府事。上言：「每季合注巡尉官，吏、刑兩部斟酌盜賊多寡處選注。」詔議行之。改中都西京按察副使，遷國子祭酒。泰和六年伐宋，充宣差山東安撫副使。七年，遷山東宣撫副使。大安元年，遷遼東按察轉運使，改中都路都轉運使、泰定軍節度使、陝西東路按察轉運使。貞祐二年，罷按察使，仍充本路轉運使，行六部尚書，改河北西路轉運使，致仕。元光二年卒。

溫迪罕達字子達，本名謀古魯，蓋州按春猛安人。性敦厚寡言笑。初舉進士，廷試，搜閱官易達貌小，謂之曰：「汝欲求作官邪？」達曰：「取人以才學，不以年貌。」衆咸異之。明昌五年中第，調固安主簿，以憂去官。服除，調信州判官。丞相襄辟行省幕府，改順州刺史，補尚書省令史，除南京警巡使。居父喪，是時伐宋兵興，起復給事行尚書省。大安初，遷德興府判官，再遷監察御史。宣宗遷汴，以本職護送衞士妻子，復被詔運大名粟由御河抵通州，事集，遷一官，轉戶部員外郎、左司郎中。遇繼母憂，起復太常少卿，充陝西元帥府經歷官。興定元年，召還，攝侍御史。上疏論伐宋，略曰：「天時向暑，士馬不利，宜俟秋涼，無不可者。」又曰：「遼東興王之地，移剌都不能守，走還南京。度今之勢，可令濮王守純行省蓋州，駐兵合思罕，以繫一方之心。昔祖宗封建諸王，錯峙相維，以定大業，今乃委諸疎外，非計也。」宣宗曰：「一子非所愛，但幼不更事，詎能辦此。」逾月，復上言：「天下輕重係于宰相，邇來每令權攝，甚無謂也。今之將帥，謀者不能戰，戰者不能謀，今豈無其人，但用之未盡耳。」宣宗曰：「人才難知，故先試其稱否，卿何患焉。所謂用之未盡者爲誰？」對曰：「陝西統軍使把胡魯忠直幹略，知延安府古里甲石倫深沉有謀，能得士心，雖有微過，不足以累大。」宰相高琪、高汝礪惡其言，俄充陝州行樞密院參議官。二年，召爲戶部侍郎，改刑部，兼左司諫，同知集賢院，改大理卿，兼越王傅，尋遷河南統軍使、昌武軍節度使，行六部，攝同簽樞密院，行院許州。改集慶軍節度使。是時東方荐饑，達上疏曰：「亳州戶舊六萬，今存者無十一，何以爲州。且今調發數倍于舊，乞量爲減免。」是歲大水，碭山下邑野無居民，轉運司方憂兵食，達謂聞二縣無主稻田且萬頃，收可數萬斛，即具奏。朝廷大駭，詔戶部尚書高夔佩虎符專治其事，所獲無幾，夔坐累抵罪。達自念失奏，因感愧發病，尋卒。

王擴字充之，中山永平人。明昌五年進士，調鄧州錄事，潤色律令文字，遷懷安令。猾吏張執中誣敗二令，擴到官，執中挈家避去。改徐州觀察判官，補尚書省令史，除同知德州防禦使事。被詔賑貸山東西路饑民，棣州尤甚，擴輒限數外給之。泰和伐宋，山東盜賊起，被安撫使張萬公牒提控督捕。擴行章丘道中，遇一男子舉止不常，捕訊，果歷城大盜也，衆以爲有神。再遷監察御史，被詔詳讞冤獄。是時凡鬭殺奏決者，章宗輒減死，由是中外斷獄皆以出罪爲賢。擴謂同輩曰：「生者既讞，地下之冤云何？」是時置三司治財，擴上書曰：「大定間曹望之爲戶部，財用殷阜，亦存乎人而已。今三司職掌皆戶部舊式，其官乃戶部之舊官，其吏亦戶部之舊吏，何愚於戶部而智於三司乎？」既而三司亦竟罷。張煒職辦西北路糧草者數年，失亡多，尚書省奏擴考按，會煒亦舉王謙自代，王謙發其姦藏，擴按之無所假借。煒舊與擴厚，使人誘擴曰：「君不念同舍邪？」擴曰：「旣奉詔，安得顧故人哉。」大安中，同知橫海軍節度事，簽河東北路按察事。貞祐二年，上書陳河東守禦策，大槩謂：「分軍守隘，兵散而不成軍，聚之隘內，軍合則勢重，饋餉一塗，以逸待勞，以主待客，此上策也。」又曰：「軍校猥衆，分例過優，萬戶一員，其費可給兵士三十人。本路三從宜，萬戶二百餘員，十羊九牧，類例可知。乞以千人爲一軍，擇望重者一人萬戶，兩猛安、四謀克，足以教閱約束矣，豈不簡易而省費哉。」又曰：「按察兼轉運，本欲假糾劾之權以檢括錢穀，邇來軍興，糧道軍府得而制之。今太原、代、嵐三軍皆其州府長官，如令通掌貧儲，則弊立革，按察之職舉矣。」又曰：「數免租稅，科糴益繁，民不爲恩，徒增虛給，敎練無法，軍不足用。」書奏，不見省。遷汴後，召爲戶部侍郎，遷南京路轉運使。太府監奏羊瘦不可供御，宣宗召擴詰問，擴奏曰：「官無羊，皆取於民。今民心未安，宜崇節儉，廷議肥瘠，紛紛非所以示聖德也。」宣宗首肯之。平章政事高琪聞尚食物，謂擴曰：「聖主焦勞萬機，頼膳羞以安養，臣子宜盡心。」擴曰：「此自食監事，何勞宰相。」高琪默然，銜之。有司奪市人衣以給往戍潼關軍士，京師大擾，擴白宰相請三日造之，高琪怒不從。潼關已破，大元兵至近郊，遣擴行六部事，規辦潼關芻糧。戶部員外郎張好禮往商、虢，過中牟不可進。高琪奏擴畏避，下吏論死，宣宗薄其責，削兩階，杖七十，張好禮削三階，杖六十，降爲遙授隴州防禦使，行六部侍郎，規辦秦、鞏軍食。逾月，權陝西東路轉運使，行六部尚書，致仕。興定三年卒，謚剛毅。擴博學多才，梗直不容物，以是不振於時云。

移剌福僧，東北路烏連苦河猛安人。以廕補吏部令史，轉樞密院，調滕州軍事判官，歷甄官署直長、幽王府司馬、順義軍節度副使。部內世襲猛安木吞掠民婦女，藏之窟室，人頗聞之，無敢發其罪者。福僧請于節度使，願自劾，旣跡得其所在，率衆人索之，得婦女四十三人，木吞抵罪。徙橫海軍，轉同知開遠軍節度事，簽北京臨潢按察事，興中治中，莫州刺史。上言：「沿邊軍官私役軍人，邊防不治，及擾動等事，按察司專一體究，各路宜差提控嚴勒禁治。」詔尚書省行之。大安初，改沃州，同知興中府事。福僧督民繕治城郭，浚濠爲禦守備，百姓頗怨。頃之，兵果至，攻其北城，福僧戰其北，使備其西，薄暮果攻其西，以有備乃解去。尋改廣寧。崇慶元年秋，福僧被檄如鄰郡，大兵薄城，其子銅和尚率家奴拒戰，廣寧賴之以完。福僧還，悉放奴爲良，終不言子之功，識者多之。未幾，充遼東宣撫副使。歲大饑，福僧出沿海倉粟先賑其民而後奏之，優詔獎諭。至寧元年，除鞏王傅兼吏部郎中。胡沙虎作難，福僧稱疾不出。宣宗封胡沙虎澤王，百官皆賀，福僧不往，胡沙虎欲摭而罪之，詔除福僧壽州防禦使。貞祐二年，遷山東西路按察轉運使。是歲按察司罷，仍充轉運使，久之致仕。興定二年十一月庚辰，宣宗御登賢門，召致仕官兵部尚書完顏蒲剌都、戶部尚書蕭貢、刑部尚書僕散偉、工部尚書奧屯扎里、吉翰林學士完顏孛迭、轉運使福僧、河東北路轉運使趙重福、沁南軍節度使猪膂、鎭南軍節度使石抹仲溫、泰定軍節度使李元輔、中衞尉完顏奴婢、原州刺史紇石烈孛吉，賜食，訪問時政得失。福僧乃上書曰：「爲今之計，惟先招徠乣人，選擇乣人舊有宿望雄辨者，諭以恩信，彼若內附，然後中都可復，遼東可通。今西北多虞，而南鄙不敢撤戍，芻糧調度仰給河南，賦役頻繁，民力疲弊，宜開宋人講和之端，撫定河朔，養兵蓄銳，策之上也。」又曰：「山東殘破，羣盜滿野，官兵旣少，且無騎兵，若宋人資以糧餉，假以官爵，爲患愈大。當選才幹官充宣差招捕，以恩賞諭使復業，募其壯悍爲兵，亦致勝之一也。」又曰：「自承安用兵，軍中設監戰官，論議之間，動相矛盾，不懲其失，反以爲法。若輩平居皆選材勇自衞，一旦有急，驅疲懦出戰，寧不敗事，罷之爲便。」書奏，朝廷略施用焉。元光元年卒。

贊曰：宣宗急於求賢，而使小人間之；悅於直言，而使邪說亂之。貞祐、興定之間，豈無其人哉？是故直言蔽於所惑，羣才詘於見忌耳。自納坦謀嘉以下，可攷見焉。

奧屯忠孝字全道，本名牙哥，懿州胡土虎猛安人。幼孤，事母孝。中大定二十二年進士科，調蒲州司候，察廉，遷一官，除校書郎，兼太子司經。三遷禮部員外郎，遷翰林待制，權戶部侍郎。佐參知政事胥持國治決河，以勞進一階，除河平軍節度使，兼都水監。遂疏七祖、佛河及王村、周平、道口、雞爪、孫家港，復開東明、南陽岡、馬蹄、孫村諸河。忠孝常曰：「河之爲患，不免勞民。」復壘石爲岸十餘里，民不勝其病矣。改沁南軍，坐前在衞州勾集妨農，罷。借民錢不令償，由是貧富不相假貸，軍民不相安。降寧海州刺史，改滑州，歷同知南京留守，遷定國軍節度使，復爲沁南軍，入爲太子少保，兼禮部尚書。貞祐初，議遷衛紹王忠孝與蒲察思忠附胡沙虎議語在思忠傳頃之拜參知政事中都闕急糧運道絕詔忠孝搜括民間積粟存兩月食用悉令輸官酬以銀鈔或僧道戒牒是時知大興府事胥鼎計畫軍食奏許人納粟買官鼎已籍者忠孝再括之令百姓兩輸欲爲己功左諫議大夫張行信上疏論之曰民食止存兩月而又奪之使當絕食不得歸咎有司而亦怨朝廷之不察也宣宗善行信言命近臣與忠孝同審處焉謂忠孝曰國家本欲得糧今既得矣姑從民便可也頃之行信復奏曰參政奧屯忠孝平生矯僞不近人情急於功名詭異要譽慘刻害物恐而不恤勾當河防河朔居民不勝其病軍負民錢抑不令償東海欲用胡沙虎舉朝皆曰不可忠孝獨力薦及胡沙虎作難忠孝自謂有功詔議東海爵號忠孝請籍沒其子孫及論特末也則云不當籍沒其偏黨不公如此無事之時猶不容一相非才況今多故乃使此人與政如社稷何宣宗曰朕初即位當以禮進退大臣卿語其親知諷之求去可也行信以語右司郎中把胡魯把胡魯以宣宗意白忠孝忠孝覥然不聽頃之罷爲太子太保出知濟南府事改知中山府尋薨年七十謚惠敏

蒲察思忠本名畏也隆安路合懶合兀主猛安人大定二十五年進士調文德潞陰主簿國子助教應奉翰林文字太學博士累遷涿州刺史吏部郎中還潞王傳被詔與翰林侍讀學士張行簡討論武成王廟配等列思忠奏曰伏見武成王廟配享諸將不以世代爲先後按唐祀典李靖李勣居吳起樂毅上聖朝太祖以二千之衆破百萬之師太宗克宋成此帝業秦王宗翰宋王宗望婁室谷神與前代之將各以功德閒列可也思忠論多矯飾不盡錄錄其頗有理者云遷大理卿兼左司諫同修國史泰和六年平章政事僕散揆宣撫河南詔以備禦攻守之法集百官議于尚書省廷臣尙多異議思忠曰宋人攻圍城邑動至數千不得爲小寇但當選擇賢將宜攻宜守臨時制變無不可者上以爲然頃之遷翰林侍講學士兼左諫議大夫大理卿同修國史如故再閱月兼知審官院正職外兼四職自思忠始宋人請和賜銀五十兩重綵十端丁母憂起復侍講學士兼諫議修史知審官院轉侍讀兼兵部侍郎貞祐初胡沙虎請廢衛紹王爲庶人思忠與奧屯忠孝阿附胡沙虎曰竊人之財猶謂之盜況偷大位以私己乎宣宗不從頃之遷太子太保兼侍讀修國史二年春享于太廟思忠攝太尉醉毆禮直官御史臺劾奏降秘書監兼同修國史頃之遷翰林學士同修國史卒

紇石烈胡失門上京路猛安人明昌五年進士累官補尚書省令史除中都路度支判官調河北東路都勾判官累官翰林直學士大理卿右諫議大夫興定二年伐宋充元帥左都監紇石烈牙吾塔參議官牙吾塔至楚州不待行省僕散安貞節制輒進兵宋人堅壁不出野無所掠軍士疲乏餓死相望直前至江而復安貞劾奏之牙吾塔坐不奉詔約胡失門不矯正特詔原之改同知彰德府事五遷吏部尚書五年拜御史大夫元光元年兼大司農二年薨宣宗輟朝百官致奠

完顏寓本名訛出西南路猛安人大定二十八年進士累調河東北路提刑司知事改同知遼州軍州事召爲國史院編修官遷應奉翰林文字南京路轉運副使丁父憂起復太府監丞改吏部員外郎大安初除知登聞檢院累遷右司郎中翰林待制兼侍御史貞祐初議衛紹王事語在衛紹王紀中都圍急詔於東華門置招賢所內外士庶皆得言事或不次除官由是閭閻細民往往衒鬻求售王守信者本一村夫敢爲大言以諸葛亮爲不知兵寓薦于朝詔署行軍都統募市井無賴爲兵敎閱進退跳擲大槩似童戲其陣法大書古今相對四字於旗上作黃布袍緇巾鐵牌各三十六事牛頭轡環六十四枚欲以怖敵而走之大率皆誕妄因與其衆出城殺百姓之樵採者以爲功賈耐兒者本岐路小說人俚語詼嘲以取衣食製運糧車千兩是時材木甚艱所費浩大觀者皆竊笑之草澤李棟在衛紹王時嘗事司天監李天惠依附天文假託占卜趨走貴臣俱爲司天官棟嘗密奏白氣貫紫微主京師兵亂幸不貫徹得不成禍既而高琪殺胡沙虎宣宗愈益信之左諫議大夫張行信奏曰狂子庸流猥蒙拔擢參預機務甚無謂也司天之官占見天象據經陳奏使人主飭己修政轉禍爲福如有天象乞令諸監官公同陳奏所見或異則各以狀聞不宜偏聽也上召行信與寓面訂守信事復與近侍就決于高琪高琪言守信不可用上乃以行信之言爲然頃之寓遷禮部侍郎改東京副留守隴州防禦使遷安化軍節度使兼山東路統軍副使興定元年四月詔寓以本官權元帥左都監行元帥府事和輯苗道潤移剌鐵哥軍事語在道潤傳十二月密州破寓爲亂軍所殺

斡勒合打蓋州本得山猛安人以蔭補官充親軍調陰山尉縣當兵衛合打率土豪官兵身先行陣貞祐初以功遷本縣令縣陞爲忠州合打充刺史州被兵久耕桑俱廢詔徙其民于太和嶺南合打遙授同知太原府事仍領其衆俄以本官遙授彰德軍節度使權河東北路宣撫副使督糧餉往代州合打不欲行因與宣撫使完顏伯嘉爭辨合打恐伯嘉奏聞乃先奏伯嘉辱己御史臺廉得其事未及奏伯嘉合打皆改遷合打改武寧軍節度使數月召爲勸農使久之爲金安軍節度使興定元年復爲勸農使歷知河間府權元帥右都監行元帥府事駐兵蔡息問權同簽樞密院事守河清改知歸德府事合打屢守邊要無他將略雖未嘗敗北亦無大功元光元年卒

蒲察移剌都東京猛安人父吾迭太子太傅致仕移剌都勇健多力充護衛十人長調同知泰州防禦使事武衛軍鈐轄以憂去官起復武器署令從軍兵潰被執貞祐二年與降兵萬餘人俱脫歸還隆安府治中賜銀百兩重幣六端遙授信州刺史有功遷蒲與路節度使兼同知上京留守事進三階改知隆安府事逾年充遼東上京等路宣撫使兼左副元帥再閱月就拜尚書右丞移剌都與上京行省蒲察五斤爭權及賣隆安戰馬擅造銀牌睚眦殺人已而矯稱宣召棄隆安赴南京宣宗皆釋不問除知河南府事俄改元帥左監軍權左副元帥充陝西行省參議官無何兼陝西路統軍使興定二年四月改簽樞密院事權右副元帥行樞密院於鄜州御史臺奏移剌都在軍中買沙覆道盜用官銀鑄制收禁書指斥鑾輿使親軍守門護衛押宿擬前後衛仗婢妾効內人粧飾等數事詔吏部尚書阿不罕斜不失鞠之坐是誅

贊曰讀金史至張行信論奧屯忠孝事曰嗟乎宣宗之不足與有爲也如此夫進退宰執豈無其道也哉語其親知諷之求去豈禮邪是故奧屯忠孝蒲察思忠之黨比紇石烈胡失門之疲臬完顏寓之輕信誤國斡勒合打之詆訟上官於是曾不之罪失政刑矣豈小懲大誡之道哉

金史卷一百五

元　中書右丞相總裁脫脫等修

列傳第四十三

程寀　任熊祥　孔璠子拯
范拱　張用直　劉樞
王翛　楊伯雄兄伯淵　蕭貢
溫迪罕締達　張翰　任天寵

程寀字公弼燕之析津人祖冀仕遼廣德軍節度使冀凡六男父子皆擢科第士族號其家爲程一舉冀次子四穆遼崇義軍節度使寀四穆之季子也自幼如成人及冠篤學中進士甲科累遷殿中丞天輔七年太祖入燕授尚書都官員外郎錦州安昌令累加起居郎爲史館修撰以從軍有勞加少府少監熙宗時歷翰林待制兼右諫議大夫寀上疏言事其略曰殿前點檢司古殿巖環衛之任所以肅禁籞尊天子備不虞也臣幸得近清光從天子觀時畋之禮比見陛下校獵凡羽衛從臣無貴賤皆得執弓矢馳逐而聖駕崎嶇沙礫之地加之林木叢欝易以迷失是日自卯及申百官始出沙漠獨不知車駕何在瞻望久之始有騎來報皇帝從數騎已至行在竊惟古天子出入警蹕清道而行至於楚畋雲夢漢獵長楊皆大陳兵衛以備非常陛下膺祖宗付託之重柰何獨與數騎出入林麓沙漠之中前無斥候後無羽衛甚非肅禁籞之意也臣願陛下熟計之後若復獵當預戒有司圖上獵地具其可否然後下令清道而行擇衛要稍平之地爲駐蹕之所簡忠義爪牙之士統以親信腹心之臣警衛左右俟其麋鹿既來然後馳射仍先遣搜閱林藪明立幖幟爲出入之馳道不然後恐貽宗廟社稷之憂又曰臣伏讀唐史追尊高祖以下謚號或加至十八字前宋大中祥符間亦加至十六字亡遼因之近陛下亦受崇天體道欽明文武聖德十字臣竊謂人臣以歸美報上爲忠天子以追崇祖考爲孝太祖武元皇帝受命開基八年之間奄有天下功德茂盛振古無前止謚武元二字理或未安何以示將來臣願詔有司定議謚號庶幾上慰祖宗在天之靈使耿光不烈傳于無窮又曰古者天子皆有巡狩無非事者或省察風俗或審理冤獄或問民疾苦以布宣德澤皆巡狩之名也國家肇興誠恐郡國新民逐末棄本習舊染之汙奢侈詐偽或有不明之獄僭濫之刑或力役無時四民失業今鑾輅省方將憲古行事臣願天心洞照委之長貳釐正風俗或置匭匣以申冤枉或遣使郡國問民

無告皆古巡狩之事昔漢昭帝問疾苦光武求民瘼如此則和氣通天下丕平可坐而待也又曰臣聞善醫者不視他人之肥瘠察其脉之病否而已善計天下者不視天下之安危察其紀綱理否而已天下者人也安危者肥瘠也紀綱者脉也脉不病雖瘠不害脉病而肥者危矣是故四肢雖無故不足恃也脉而已矣天下雖無事不足矜也綱紀而已矣尚書省天子喉舌之官綱紀在焉臣願詔尚書省戒勵百官各揚其職以立綱紀如吏部天官以進賢退不肖爲任誠使升黜有科任得其人則綱紀理而民受其賜前代興替未始不由此者虞舜不告而娶二妃帝嚳娶四妃法天之四星周文王一后三夫人嬪御有數選求淑媛以充後宮帝王之制也然女無美惡入宮見妬陛下欲廣嗣續不可不知而告戒之又曰臣伏見本朝富有四海禮樂制度莫不一新宮禁之制尚未嚴密胥吏健卒之輩皆得出入莫有呵止至清混而無別雖有闌入之法久尚未行甚非嚴禁衞明法令之意陛下不可不知而必行疏奏上嘉納之於是始命有司議贈上太祖尊謚皇統八年十二月由翰林侍講學士爲橫海軍節度使移彰德軍節度使卒官年六十二寀剛直耿介不諂奉權貴以希苟進有古君子之風云

任熊祥字子仁八代祖圜爲後唐宰相圜孫睿隨石晉北遷遂爲燕人熊祥登遼天慶八年進士第爲樞密院令史太祖平燕以其地畀宋熊祥至汴授武當丞宋法新附官不釐務熊祥言於郡守楊晳曰旣不與事請止給半俸以養親晳雖不許而喜其廉金人取均房州熊祥歸朝復爲樞密院令史時西京留守高慶裔攝院事無敢忤其意者熊祥未嘗阿意事之其後杜充劉筈同知燕京行省法制未一日有異論熊祥爲折衷之歷深磁州刺史開府少尹行臺工部郎中同知汴京留守事天德初爲山東東路轉運使改鎭西軍節度使是時詔徐文張弘信討東海縣弘信逗遛稱疾不進決杖二百熊祥被詔爲會試主文以事不避難臣之職爲賦題及御題熊祥復以賞罰之令信如四時爲賦題海陵大喜以爲翰林侍讀學士大定初起爲太子少師時契丹賊窩斡竊號北鄙用兵未息上以爲憂詔公卿百官議所以招代之宜衆皆異議熊祥徐進曰陛下以勞民爲憂用兵爲重莫若以恩信招懷之上問孰可使者對曰臣雖老憑國威靈尚堪一行上曰卿老矣無煩爲此七年復致仕熊祥事母以孝聞母沒時熊祥年已七十不食三日人皆稱之卒于家

孔璠字文老至聖文宣王四十九代孫故宋朝奉郎襲封端友弟端操之子齊阜昌三年補迪功郎襲封衍聖公主管祀事天會十五年齊國廢熙宗卽位興制度禮樂立孔子廟於上京天眷三年詔求孔子後加璠承奉郎襲封衍聖公奉祀事是時熙宗頗讀論語尚書春秋左氏傳及諸史通歷唐律乙夜乃罷皇統元年二月戊午上謁奠孔子廟北面再拜顧謂侍臣曰朕幼年游佚不知志學歲月逾邁深以爲悔大凡爲善不可不勉孔子雖無位其道可尊萬世高仰如此皇統三年璠卒子拯襲封加文林郎

拯字元濟天德二年定襲封衍聖公俸格有加于常品是歲立國子監久之加拯承直郎大定元年卒弟總襲封加文林郎總字元會大定二十年召總至京師欲與之官尚書省奏總主先聖祀事若加任使守奉有闕上曰然乃授曲阜縣令明昌元年卒子元措襲封加文林郎元措字夢得三年四月詔曰衍聖公視四品階止八品不稱可超遷中議大夫永著于令四年八月丁未章宗行釋奠禮北面再拜親王百官六學生員陪位承安二年正月詔元措兼曲阜縣令仍世襲元措歷事宣宗哀宗後歸大元終爲四十八代端甫者明昌初學士党懷英薦其年德俱高讀書樂道該通古學召至京師特賜王澤榜及第除將仕郎小學教授以主簿奉祀致仕

范拱字清叔濟南人九歲能屬文深於易學宋末登進士第調廣濟軍曹權邦彥辟爲書記攝學事劉豫鎭東拱撰謁廟文豫奇之深加賞識拱獻六箴齊國建累擢中書舍人上初政錄十五篇一曰得民二曰命將三曰簡禮四曰納諫五曰遠圖六曰治亂七曰舉賢八曰守令九曰延問十曰畏愼十一曰節祥瑞十二曰戒雷同十三曰用人十四曰御將十五曰御軍豫納其說而不能盡用也久之權尚書右丞進左丞兼門下侍郎豫以什一稅民名爲古法其實裒斂而刑法嚴急吏貪緣爲暴民久罹兵革益窮困陷罪者衆境內苦之右丞相張孝純及拱兄侍郎巽極言其弊請仍因履畝之法豫不從巽坐貶官自是無復敢言者拱曰吾言之則爲黨兄不言則百姓困弊吾執政也寧爲百姓言之乃上疏其大略以爲國家懲亡宋重斂弊什一稅民本務優恤官吏奉行太急驅民犯禁非長久計也豫雖未卽從而亦不加譴拱令刑部條上諸路以稅抵罪者凡千餘人豫見其多乃更爲五等稅法民猶以爲重也齊廢梁王宗弼領行臺省事拱爲官屬宗弼訪求百姓利病拱以減稅爲請宗弼從之減舊三分之一民始蘇息拱愼許可而推轂士李南張輔劉長言皆拱薦也長言自汝州郟城酒監擢省郎人不知其所以進拱亦不自言也以久病乞近郡除淄州刺史皇統四年以疾求退以通議大夫致仕齋居讀書罕對妻子世宗在濟南聞其名大定初拱上封事七年召赴闕除太常卿議郊祀或有言前代都長安及汴洛以太華等山列爲五岳今旣都燕當別議五岳名寺僚取嵩高疏周都鄷鎬以吳嶽爲西岳拱以爲非是議略曰軒轅居上谷在恒山之西舜居蒲坂在華山之北以此言之未嘗據所都而改岳祀也後遂不改拱嘗言禮官當守禮法官當守法若漢張釋之可謂能守法矣故其議論確然不可移奪九年復致仕卒于家年七十四

張用直臨潢人少以學行稱遼王宗幹聞之延置門下海陵與其兄充皆從之學天眷二年以教宗子賜進士及第除禮部郎中皇統四年爲宣徽判官歷橫海軍節度副使改寧州刺史海陵卽位召爲簽書徽政院事太常卿太子詹事海陵嘗謂用直曰朕雖不能博通經史亦粗有所聞皆卿平昔輔導之力太子方就學宜善道之朕父子並受卿學亦儒者之榮也爲賀宋國正旦使卒于汴海陵深悼惜之遣使迎護其喪官給道途費喪至親臨奠賜錢千萬其養子始七歲特受武義將軍

劉樞字居中通州三河人少以良家子從軍屯河間同輩皆騎射獨樞刻意經史登天眷二年進士調唐山主簿改飛狐令蔚州刺史恃功貪汙無所顧忌屬邑皆厭苦之樞一無所應乃摭以他事繫獄將致之死郡人有憐樞者道樞脫走訴於朝會廉察使至守倅而下皆抵罪廢獨樞治狀入優等躐遷奉直大夫張浩營建燕京宮室選樞分治工役遷尚書刑部員外郎鞫治太原尹徒單阿里虎出反狀旬日獄具轉工部郎中進本部侍郎正隆末從軍還自江上大定初與左司郎中王蔚右司員外郎王全俱出補外樞爲南京路轉運使事初世宗欲復用樞等御史臺奏樞等在正隆時皆以巧進敗法蠹政人多怨嫉之上以樞等頗幹濟猶用之戒之曰能悛心改過必加升擢不然則斥汝等矣是時阿勒根彥忠爲南京都轉運使不閑吏事故用樞以佐之遷山東路轉運使改中都路轉運使大定四年卒于官

王翛字翛然涿州人也登皇統二年進士第由尚書省令史除同知霸州事累遷刑部員外郎坐請囑故人姦罪杖四十降授泰定軍節度副使四遷大興府治中授戶部侍郎世宗謂宰臣曰王翛前爲外官聞有剛直名今聞專務出罪爲陰德事多非理從輕又巧倖偷安若果剛直則當忘身以爲國履正以無偏何必賣法以徼福耶尋命賑濟密雲等三十六縣猛安人戶冒請粟三萬餘石爲尚書省奏奪官一階出爲同知北京留守事上曰人多言王翛能官以朕觀之凡事不肯盡力直一老姦耳二十四年遷遼東路轉運使歲餘改顯德軍節度使以前任轉運使挾辱倉使王祺致死追兩官解職勑杖七十降授鄭州防禦使章宗卽位擢同知大興府事審錄官奏翛前任顯德潔廉剛直軍吏斂迹無訟獄還禮部尚書兼大理卿使宋還會改葬太師廣平郡王徒單貞貞章宗母孝懿皇后父也帝欲用前代故事班劒鼓吹羽葆等儀衞宰臣以貞與弒熙宗誅死意難之於是詔下禮官議翛言晉葬丞相王導給前後羽葆鼓吹武賁班劒百人唐以來大駕鹵簿有班劒其王公以下鹵簿並無班劒兼羽葆非臣下所宜用國朝葬大臣亦無之上先知唐葬大臣李靖等皆用班劒羽葆怒曰典故所無固可從然用之亦不過禮一日詔翛及諫議大夫兼禮部侍郎張暐詣殿門諭之曰朝廷之事汝諫官禮官卽當辯析且小民言可採朕尚從之況卿等乎自今議事毋但附合尚書省明昌二年改知大興府事時僧徒多游貴戚門翛惡之乃禁僧午後不得出寺嘗一僧犯禁皇姑大長公主爲請翛曰奉上命卽令出之立召僧杖一百死京師肅然後坐故出人罪復削官解職明年特授定海軍節度使諭旨曰卿賦性太剛率意行事乃自陷於刑若殿年降敘念卿入仕久頗有執持故特起於罪謫之中授以見職且彼歲歉民飢盜賊多須用舊人鎭撫庶得安治勉盡乃心以圖後效未幾表乞致仕上曰翛能幹者得力爲多不許復申請從之泰和七年卒年七十五翛性剛嚴臨事果決吏民憚其威雖豪右不敢犯承安間知大興府事闕詔諭宰臣曰可選極有風力如王翛輩者用之其爲上所知如此

楊伯雄字希雲眞定藁城人八世祖彥稠後唐清泰中爲定州兵馬使後隨晉主北遷遂居臨潢父丘行太子左衞率府率伯雄登皇統二年進士海陵留守中京丘行在幕府伯雄來省視海陵見之深加器重久之調韓州軍事判官有二盜詐稱買販逆旅主人見欺至州署陳訴實欲劫取伯雄伯雄心覺其詐執而詰之并獲其黨十餘人一郡駭服還應奉翰林文字是時海陵執政

自以舊知伯雄屬之使時時至其第伯雄諾之而不往他日海陵怪問之對曰君子受知於人當以禮進附麗奔走非素志也由是愈厚待之海陵簒立數月遷右補闕改修起居注海陵銳於求治講論每至夜分嘗問曰人君治天下其道何貴對曰貴靜海陵默然明日復謂曰我遷諸部猛安分屯邊戍前夕之對豈指是爲非靜邪對曰徙兵分屯使南北相維長策也所謂靜者乃不擾之耳乙夜復問鬼神事伯雄進曰漢文帝召見賈生夜半前席不問百姓而問鬼神後世頗譏之陛下不以臣愚陋幸及天下大計鬼神之事未之學也海陵曰但言之以釋永夜倦思伯雄不得已乃曰臣家有一卷書記人死復生或問冥官何以免罪答曰汝置一歷白日所爲暮夜書之不可書者是不可爲也海陵爲之改容夏日海陵登瑞雲樓納涼命伯雄賦詩其卒章云六月不知蒸欝到清涼會與萬方同海陵忻然以示左右曰伯雄出語不忘規戒爲人臣當如是矣再遷兵部員外郎丁父憂起復翰林待制兼修起居注遷直學士再遷右諫議大夫兼著作郎修起居注如故皇子愼思阿不薨伯雄坐與同直者竊議被責語在海陵諸子傳海陵議征江南伯雄奏晉武平吳皆命將帥何勞親總戎律不聽乃落起居注不復召見大定初除大興少尹丁母憂顯宗爲皇太子選東宮官屬張浩薦伯雄起復少詹事兄子蟠爲左贊善言聽諫從時論榮之集古太子賢不肖爲書號瑤山往鑒進之及進羽獵保成等箴皆見嘉納復爲左諫議大夫翰林直學士會太子詹事闕宰相復舉伯雄上曰伯雄不可去朕左右而東宮亦須輔導遂以太子詹事兼諫議六年上幸西京欲因往涼陘避暑伯雄率衆諫官入諫上曰朕徐思之伯雄言之不已同列皆引退久之乃起是年至涼陘徼巡果有疎虞上思伯雄之言及還遷禮部尚書謂近臣曰羣臣有幹局者衆矣如伯雄忠實皆莫及也上謂伯雄曰龍逢比干皆以忠諫而死使遇明君豈有是哉伯雄對曰魏徵願爲良臣正謂遇明君耳因顧謂宰臣曰書曰汝無面從退有後言朕與卿等共治天下有事可否卽當面陳卿等致位卿相正行道揚名之時偷安自便徼倖一時如後世何羣臣皆稱萬歲十二年改沁南軍節度使召爲翰林學士承旨丞相石琚致仕上問誰可代卿者琚對曰伯雄可時論以琚舉得其人復權詹事伯雄知無不言匡救弘多後宮僚有詭隨者人必稱揚詹事以愧之除定武軍節度使改平陽尹先是張浩治平陽有惠政及伯雄爲尹百姓稱之曰前有張後有楊徙河中尹卒年六十五謚莊獻弟伯傑伯仁族兄伯淵

伯淵字宗之父丘文遼中書舍人伯淵早孤事母以孝聞疎財好施喜收古書天會初以名家子補尚書省令史十四年賜進士第歷吏禮二部主事御前承應文字秩滿除同知永定軍節度使事召爲司計郎中知平定軍用廉遷平州路轉運使知泰安軍有惠政百姓刻石紀其事四遷山東東路轉運使正隆末羣盜蠭起州郡往往羅害獨濟南賴伯淵保全大定三年致仕卒于家

蕭貢字眞卿京兆咸陽人大定二十二年進士調鎭戎州判官涇陽令涇州觀察判官補尚書省令史舊例試補兩月乃補用貢至數日執政以爲能卽用之擢監察御史提刑司奏涇州有美政遷北京轉運副使親老歸養左丞董師中右丞楊伯通薦其文學除翰林修撰上書論比年之弊人才不以器識操履巧于按牘不涉吏議者爲工用人不務因才授官惟泥資敘名器不務愼與人多僥倖守令不務才實民罹其害伏望擢眞才以振澆俗核功能以理職業愼名器以抑僥倖重守令以厚邦本然後政化可行百事可舉矣詔詞臣作唐用董重質誅郭誼得失論貢爲第一賜重幣四端貢論時政五弊言路四難詞意切至改治書侍御史丁父憂起復改右司員外郎尋轉郎中遷國子祭酒兼太常少卿與陳大任刊修遼史改刑部侍郎歷同知大興府事德州防禦使三遷河東北路按察轉運使大安末改彰德軍節度使坐兵興不能守城亡失百姓降同知通遠軍節度事未幾改靜難軍節度使歷河東北路南京路轉運使御史中丞戶部尚書南京戒嚴坐乏軍儲詔釋不問興定元年致仕元光二年卒謚文簡貢好學讀書至老不倦有注史記一百卷

溫迪罕締達該習經史以女直字出身累官國史院編修官初丞相希尹制女直字設學校使訛离剌等教之其後學者漸盛轉習經史故納合椿年紇石烈良弼皆由此致位宰相締達最號精深大定十二年詔締達所教生員習作詩策若有文采量才任使其自願從學者聽十三年設女直進士科是歲徒單鎰等二十七人登第十五年締達遷著作佐郎與編修官宗璧尚書省譯史阿魯吏部令史張克忠譯解經書累遷祕書丞十九年改左贊善以母老求養顯宗使內直丞六斤謂締達曰贊善初未除此官天子謂孤曰朕得一出倫之才學問該貫當令輔汝德義旣數日贊善除此官自謂親炙德義不勝其喜未可去也勿離于懷久之轉翰林待制卒明昌五年贈翰林學士承旨謚文成子二十章宗卽位以爲符寶典書累官左諫議大夫貞祐四年上疏畧曰今邊備未徹征調不休州縣長吏不知愛養其民督責徵科鞭笞逼迫急於星火文移重複不勝其弊宜敕有司務從簡易兵興以來忠臣烈士孝子順孫義夫節婦湮沒無聞者甚衆乞遣史官一員廣爲采訪以義褒嘉興定元年遷武勝州節度使改吏部尚書知開封府坐縱軍人家屬出城當杖詔解職四年復知開封府復坐以事囑警巡使完顏金僧奴降爲鄭州防禦使未幾復爲知開封府事

張翰字林卿忻州秀容人大定二十八年進士調隰州軍事判官有誣昆弟三人爲劫者翰微行廉得其狀白于州釋之歷東勝義豐會川令補尚書省令史除戶部主事遷監察御史丁母憂服闋調山東路鹽使丁父憂起復尚書省都事戶部員外郎大安間平章政事獨吉思忠參知政事承裕行省翰充左右司郎中論議不相叶處置乖方翰屢爭之不見省承裕就逮衞紹王知翰嘗有言召見撫慰之改知登聞鼓院兼前職遷侍御史貞祐初爲翰林直學士充元帥府經歷官中都戒嚴調度方殷改戶部侍郎宣宗遷汴翰規措扈從糧草至眞定上書言五事一曰强本謂當裒兵徒徙豪民以實南京二曰足用謂當按蔡汴舊渠以通漕運三曰防亂謂當就集義軍假之官印使相統攝以安反側四曰省事謂縣邑不能自立者宜稍併之卽以省官且易於備盜五曰推恩謂當推恩以示天子所在稱幸之意上略施行之翰雅有治劇才所至輒辦遷河平軍節度使都水監提控軍馬使俄改戶部尚書是時初至南京庶事草略翰經度區處皆有條理是歲卒謚達義

任天寵字清叔曹州定陶人也明昌二年進士調考城主簿再遷威戎縣令縣故堡寨無文廟學舍天寵以廢署建有兄弟訟田者天寵諭以理義委曲周至皆感泣而去調泰定軍節度判官丁父憂服闋調崇義軍節度判官補尚書省令史右三部檢法司正遷監察御史改右司都事遷員外郎改左司諫轉左司郎中遷國子祭酒貞祐初轉祕書監兼吏部侍郎改中都路都轉運使時京師戒嚴糧運艱阻天寵悉力營辦曲盡勞瘁出家貲以濟飢者全活甚衆監察御史高夔劉元規舉天寵二十八人公勤明敏有材幹可安集百姓遷戶部尚書三年中都不守天寵繼走南京中道遇兵死之謚純肅

贊曰程寀任熊祥遼之進士孔璠范拱事宋事齊太祖皆見禮遇而金之文治日以盛矣張用直父子並列舊學劉樞之練達王翛之彊敏於事楊伯雄之善諷諫工辭藻蕭貢溫迪罕締達之文藝適時之數人者迭用於正隆大定明昌之間張翰任天寵之經理調度宣宗南遷猶賴其用焉金源氏百餘年所以培植人才而獲其效者於斯可槩見矣

金史卷一百六

元中書右丞相總裁脫脫等修

列傳第四十四

張暐　張行簡　賈益謙　劉炳

术虎高琪　塔不也

張暐字明仲莒州日照縣人博學該通登正隆五年進士調陳留主簿淄州酒稅副使課增美遷昌樂令改永清令補尚書省令史除太常博士兼國子助教丁父憂服除調山東東路轉運副使入爲太常丞兼左贊善大夫章宗封原王兼原王府文學章宗冊爲皇太孫復爲左贊善轉左諭德兼太常丞充宋國報諭使至盱眙宋人請赴宴暐曰大行在殯未可及受賜不舞蹈宋人服其知禮使還遷太常少卿兼修起居注改禮部郎中修起居注如故遷右諫議大夫兼禮部侍郎明昌元年太傅徒單克寧薨章宗欲親爲燒飯是時孝懿皇后梓宮在殯暐奏仰惟聖慈追念勳臣恩禮隆厚孰不感勸太祖時享尚且權停若爲大臣燒飯禮有未安今已降恩旨聖意至厚人皆知之乞俯從典禮則兩全矣章宗從之上封事者言提刑司可罷暐上疏曰陛下卽位因民所利更法立制無慮數十百條提刑之設政之大者若爲浮議所搖則內外無所取信唐開元中或請選擇守令停採訪使姚崇奏十道採訪猶未盡得人天下三百餘州縣多數倍安得守令皆稱其職然則提刑之任誠不可罷擇其人而用之生民之大利國家之長策也因舉漢刺史六條以奏上曰卿言與朕意合禮部尚書孫卽康鞫治鎬王永中事還奏有詔復訊羣臣舉暐及兵部侍郎烏古論慶壽上使參知政事馬琪諭暐曰百官舉閱實鎬王事要勿屈抑其人亦不可虧損國法上因謂宰臣曰鎬王視永蹈爲輕馬琪曰人臣無將由是永中之獄決矣霍王從彝母早死溫妃石抹氏養之明昌

六年溫妃薨上問從葬喪服暐奏慈母服齊衰三年桐杖布冠禮也從葬近親至尊壓降與臣下不同乞於未葬以前服白布衣絹巾既葬止用素服終制朝會從吉上從其奏承安元年八月壬子上召暐至內殿問曰南郊大祀今用度不給俟他年可乎暐曰陛下卽位于今八年大禮未舉宜亟行之上曰北方未寧致齋之際有不測奏報何如對曰豈可逆度而妨大禮今河平歲豐正其時也上復問曰僧道三年一試八十而取一不亦少乎對曰此輩浮食無益有損不宜滋益也上曰周武帝唐武宗後周世宗皆賢君其壽不永雖曰偶然似亦有因也對曰三君矯枉太過今不毀除不崇奉是爲得中矣是歲郊見上帝爲頭之翰林修撰路鐸論胥持國不可再用因及董師中趨走持國及丞相襄之門上曰張暐父子必不如是也三年爲御史大夫懇辭不許明年坐奏事不實奪一官解職起爲安武軍節度使致仕例給半俸久之暐不復請遂止暐自妻卒後不復娶亦無姬侍齋居與子行簡講論古今諸孫課誦其側至夜分乃罷以爲常歷太常禮部二十餘年最明古今禮學家法爲士族儀表子行簡行信行信自有傳

行簡字敬甫穎悟力學淹貫經史大定十九年進士第一除應奉翰林文字丁母憂歸葬益都杜門讀書人莫見其面服除復任章宗卽位轉修撰進讀陳言文字攝太常博士夏國遣使陳慰欲致祭大行靈殿行簡曰彼陳慰非專祭不可廷議遣使橫賜高麗比遣使報哀彼以細故邀阻且出嫚言俟移問還報橫賜未晚徒單克寧韙其言深器重之轉翰林修撰與路伯達俱進讀陳言文字累遷禮部郎中司天臺劉道用改進新歷詔學士院更定歷名行簡奏乞覆校測驗俟將來月食無差然後賜名詔翰林侍講學士党懷英等覆校懷英等校定道用新歷明昌三年不置閏卽以閏月爲三月二年十二月十四日金木星俱在危十三度道用歷在十三日差一日三年四月十六日夜月食時刻不同道用不會考驗古今所記比證事迹輒以上進不可用道用當徒一年收贖長行彭徽等四人各杖八十罷去羣臣屢請上尊號章宗不從將下詔以示四方行簡奏曰往年饑民棄子或匄以與人其後詔書官爲收贖或其父母衣食稍充卽識認官亦斷與之自此以後饑歲流離道路人不肯收養肆爲捐瘠餓死溝中伏見近代禦災詔書皆曰以後不得復取今乞依此施行上是其言詔中書行之久之兼同修國史改禮部侍郎提點司天臺直學士同修史如故行簡言唐制僕射宰相生日百官通班致賀降階荅拜國朝皇太子元正生日三師三公宰執以下須羣官同班拜賀皇太子立受不荅拜今尚書省宰執生日分六品以下別爲一班揖賀宰執坐荅揖左右司郎中五品官廷揖亦坐荅之臣謂身坐舉手荅揖近於坐受也宰執受賀其禮乃重於皇太子恐於義未安別嫌明微禮之大節伏請宰執生日令三品以下官同班賀宰執起立依見三品官儀式通荅揖上曰此事何不早辯正之如都省擅行卿論之是矣行簡對曰禮部蓋嘗參酌古今典禮擬定儀式省廷不從輒改以奏下尚書省議遂用之宰執生日三品以下羣官通班賀起立荅之自此始行簡轉對因論典故之學乞於太常博士之下置檢閱官二員通禮學資淺者使爲之積資乃遷博士又曰今雖有國朝集禮至於食貨官職兵刑沿革未有成書乞定會要以示無窮承安五年遷侍講學士同修史提點司天如故泰和二年爲宋主生日副使上召生日使完顏瑭戒之曰卿過界勿飲酒每事聽於行簡謂行簡曰宋人行禮好事末節苟有非是皆須正之舊例所有不可不至上復曰頗聞前奉使者過淮每至中流卽以分界爭渡船此殊非禮卿自戒舟人且語宋使曰兩國和好久矣不宜爭細故傷大體丁寧諭之使悉此意也四年詔曰每奏事之際須令張行簡常在左右五年羣臣復請上尊號上不許詔行簡作批答因問行簡宋范祖禹作唐鑑論尊號事行簡對曰司馬光亦嘗諫尊號事不若祖禹之詞深至以謂臣子生謚君父頗似僭切上曰卿用祖禹意荅之仍曰太祖雖有尊號太宗未嘗受也行簡乞不拘對偶引祖禹以微見其意從之其文深雅甚得代言之體改順天軍節度使上謂行簡曰卿未更治民今至保州民之情僞卒難臆度如何治之則可對曰臣奉行法令不敢違失獄訟之事以情察之鈐制公吏禁抑豪猾以鎮靜爲務庶幾萬分之一上曰在任半歲或一年所得利害上之行簡到保州上書曰比者括官田給軍既一定矣有告欲別給者輒從其告至今未已名曰官田實取之民以與之奪彼與此徒啓爭端臣所管已撥深澤縣地三百餘頃復告水占沙鹹者三之一若悉從之何時可定臣謂當限以月日不許再告爲便下尚書省議奏請如實有水占河塌不可耕種本路及運司佐官按視尚書省下按察司覆同然後改撥若沙鹹瘠薄當準已撥爲定制曰可六年召爲禮部尚書兼侍講同修國史祕書監進太一新歷詔行簡校之七年上遣中使馮賢童以實封御扎賜行簡曰朕念鎬鄭二王誤干天常自貽伊戚槀葬郊野多歷年所朕甚悼焉欲追復前爵備禮改葬卿可詳閱唐貞觀追贈隱巢幷前代故事密封以聞又曰欲使石古乃於威州擇地營葬歲時祭奠兼命衞王諸子中立一人爲鄭王後謹其祭祀此事既行理須降詔卿草詔文大意一就封進行簡乃具漢淮南厲王長楚王英唐隱太子建成巢剌王元吉譙王重福故事爲奏幷進詔草遂施行焉累遷太子太保翰林學士承旨尚書修史如故貞祐初轉太子太傅上書論議和事其略曰東海郡侯嘗遣約和較計細故遷延不決今都城危急豈可拒絕臣願更留聖慮包荒含垢以救生靈或如遼宋相爲敵國歲奉幣帛或二三年以繼選忠實辨捷之人往與議之庶幾有成可以紓患是時百官議者雖有異同大槩以和親爲主焉莊獻太子葬後不置宮師官升承旨爲二品以寵行簡兼職如故三年七月朝廷備防秋兵械令內外職官不以丁憂致仕皆納弓箭行簡上書曰弓箭非通有之物其清貧之家及中下監當丁憂致仕安有所謂如法軍器今繩以軍期補弊修壞以求應命而已與倉猝製造何以異哉若於隨州郡及猛安謀克人戶拘括擇其佳者買之不足則令職輸所買之價庶不擾而事可辦左丞相僕散端平章政事高琪盡忠右丞賈益謙皆曰丁憂致仕者可以免此權參政烏古論德升曰職官久享爵祿軍興以來曾無寸補況事已行而復改天下何所取信是議也丁憂致仕官竟得免是歲卒贈銀青榮祿大夫謚文正行簡端愨愼密爲人主所知自初入翰林至太常禮部典貢舉終身縉紳以爲榮與弟行信同居數十年人無間言所著文章十五卷禮例纂一百二十卷會同朝獻禘祫喪葬皆有記錄及清臺皇華戒嚴爲善自公等記藏于家

贊曰張暐行簡世爲禮官世習禮學其爲禮也行於家庭講於朝廷施用於鄰國無不中度古者官有世掌學有專門金諸儒臣惟張氏父子庶幾無愧於古乎

賈益謙字彥亨沃州人也本名守謙避哀宗諱改焉大定十年詞賦進士歷仕州郡以能稱明昌間入爲尚書省令史累遷左司郎中章宗諭之曰汝自知除至居是職左司事不爲不練凡百官行止資歷固宜照勘勿使差繆若武庫署直長移剌郝自平定州軍事判官召爲典輿副轄在職才五月降授門山縣簿尉朕比閱貼黃行止乃俱書作一十三月行止尚如此失實其如選法何蓋是汝不用心致然爾今姑杖知除掾汝勿復犯之五年爲右諫議大夫上言提刑司官不須遣監察體訪宜擬其任內行事考其能否而升黜之上曰卿之言其有所見乎守謙對曰提刑官若不稱職衆所共知且其職與監察等臣是故言之上嘉納焉是年夏上將幸景明宮清暑守謙連上疏極諫之上御後閣召守謙入對稱旨進兼尚書吏部侍郎時鎬王以疑忌下獄上怒甚朝臣無敢言者守謙上章論其不可言極懇切上諭之曰汝言諸王皆有覬心而游其門者不無橫議此何等語固當罪汝以汝前言事亦有當處故免旣而以議衞王事有違上意解職削官二階承安元年七月降爲寧化州刺史五年八月改爲山東路按察使轉河北西路轉運使泰和三年四月召爲御史中丞四年三月出爲武定軍節度使八年六月復爲御史中丞八月改吏部尚書九月詔守謙等一十三員分詣諸路與本路按察司官一員同推排民戶物力上召見於香閣諭之曰朕選卿等隨路推排除推收外其新强銷乏戶雖集衆推唱然銷乏者勿銷不盡如一戶元物力三百貫今獨減二百五十貫猶有不能當新强者勿添盡量存氣力如一戶添三百貫而止添二百貫之類卿等宜各用心百姓應當賦役十年之間利害非細苟不稱所委治罪當不輕也尋出知濟南府移鎭河中大安末拜參知政事貞祐二年二月改河東南路安撫使俄知彰德府三年召爲尚書省右丞會宣宗始遷汴梁益謙乃建言汴之形勢惟恃大河今河朔受兵羣盜幷起宜嚴河禁以備不虞凡自北來而無公憑者勿聽渡是時河北民遷避河南者甚衆侍御史劉元規上言僑戶宜與土民均應差役上留中而自以其意問宰臣丞相端平章盡忠以爲便益謙曰僑戶應役甚非計也蓋河北人戶本避兵而來兵稍息卽歸矣今旅寓倉皇之際無以爲生若又與地著者並應供億必騷動不能安居矣豈主上矜恤流亡之意乎上甚嘉賞曰此非朕意也因出元規章示之三年八月進拜尚書左丞四年正月致仕居鄭州興定五年正月尚書省奏章宗實錄已進呈衞王事迹亦宜依海陵庶人實錄纂集成書以示後世制可初胡沙虎弑衞王立宣宗一時朝臣皆謂衞王失道天命絶之虎實無罪且有推戴之功獨張行信抗章言之不報畢朝遂以爲諱及是史官謂益謙嘗事衞王宜知其事乃遺編修一人就鄭訪之益謙知其旨謂之曰知衞王莫如我然我聞海陵被弑而世宗立大定三十餘年禁近

能棊海陵殺惡者輒得美仕故當時史官修實錄多所附會衛王爲人勤儉愼惜名器較其行事中材不及者多矣吾知此而已設欲飾吾言以實其罪吾亦何惜餘年朝議偉之正大三年年八十薨三子賢卿頤卿翔卿皆以門資入仕

贊曰賈益謙於衛紹王可謂盡事君之義矣海陵之事君子不無憾焉夫正隆之爲惡暴其大者斯亦足矣中冓之醜史不絕書誠如益謙所言則史亦可爲取富貴之道乎噫其甚矣傳曰不有廢者其何以興

劉炳葛城人每讀書見前古忠臣烈士爲國家畫策慮萬世安輒歎息景慕貞祐三年中進士第即日上書條便宜十事其一曰任諸王以鎮社稷臣觀往歲王師屢戰屢衄卒皆自敗承平日久人不知兵將帥非才既無靖難之謀又無効死之節外託持重之名而內爲自安之計擇驍果以自隨委疲懦以臨陣陣勢稍動望塵先奔士卒從而大潰朝廷不加詰問輒爲益兵是以法度日紊倉吏日虛閭井日凋土地日蹙自大駕南巡遠近相望益無固志吏任河北者以爲不幸逡巡退避莫之敢前昔唐天寶之末洛陽潼關相次失守皇輿夜出向非太子迴趨靈武率先諸將則西行之士當終老於劍南矣臣願陛下擇諸王之英明者總監天下之兵北駐重鎮移檄遠近形以軍政則四方聞風者皆將自奮前死不避折衝厭難無大於此夫人情可以氣激不可以力使一卒先登則萬夫齊奮此古人所以先身教而後威令也二曰結人心以固基本天子惠人不在施予在于除其同患因所利而利之今艱危之後易於爲惠因其欲安而慰撫之則忠誠親上之心當益加於前日臣願寬其賦役信其號令凡事不便者一切停罷時遣重臣按行郡縣延見耆老問其疾苦選廉正黜貪殘拯貧窮卹孤獨勞來還定則効忠狥義無有二志矣故曰安民可與行義危民易與爲亂惟陛下留神三曰廣收人材以備國用備歲寒者必求貂狐適長塗者必畜騏驥河南陝西車駕臨幸當有以大慰士民之心其有操行爲民望者稍擢用之平居可以勵風俗緩急可以備驅策昭示新恩易民觀聽陰係天下之心也四曰選守令以安百姓郡守縣令天子所恃以爲治百姓所依以爲命者也今衆庶已敝官吏庸暗無安利之才貪暴昏亂與姦爲市公有斗粟之賦私有萬錢之求遠近囂囂無所控告自今非才器過人政迹卓異者不可使在此職親勲故舊雖望隆資高不可使爲長吏則賢者喜於殊用益盡其能不肖者愧慕而思自勵矣五曰褒忠義以勵臣節忠義之士奮身効命力盡城破而不少屈事定之後有司略不加省棄職者顧以恩貸死事者反不見錄天下何所慕憚而不爲自安之計邪使爲臣者皆知殺身之無益臨難可以苟免甚非國家之利也六曰務農力本以廣蓄積此最彊兵富民之要術當今之急務也七曰崇節儉以省財用今海內虛耗田疇荒蕪廢奢從儉以紓生民之急無先於此者八曰去冗食以助軍費兵革之後人物凋喪者十四五郡縣官吏署置如故甚非審權救弊之道九曰修軍政以習守戰自古名將料敵制勝訓練士卒故可使赴湯蹈火百戰不殆孔子曰以不教民戰是謂棄之兵法曰器械不利以其卒與敵也卒不服習以其將與敵也將不知兵以其主與敵也主不擇將以其國與敵也可不愼哉十曰修城池以備守禦保障國家惟都城與附近數郡耳此地不守是無河朔矣黃河豈足恃哉書奏宣宗異焉復試之曰河北城邑何術可保兵民雜居何道可和鈔法如何而通物價如何而平炳對大略以審擇守將則城邑固兵不侵民則兵民和斂散相權則鈔法通勸農薄賦則物價平宣宗雖異其言而不能用但補御史臺令史而已

論曰劉炳可謂能言之士矣宣宗召試既不失對而以一臺令史賞之足以倡士氣乎

术虎高琪或作高乞西北路猛安人大定二十七年充護衛轉十人長出職河間都總管判官召爲武衛軍鈐轄遷宿直將軍除建州刺史改同知臨洮府事泰和六年伐宋與彰化軍節度副使把回海備鞏州諸鎮宋兵萬餘自鞏州轆轤嶺入高琪奮擊破之賜銀百兩重綵十端青宜可內附詔知府事石抹仲溫與高琪俱出界與青宜可合兵進取詔高琪曰汝年尚少近聞與宋人力戰奮勇朕甚嘉之今與仲溫同行出界如其成功高爵厚祿朕不吝也詔封吳曦爲蜀國王高琪爲封冊使詔戒諭曰卿讀書解事蜀人亦識威名勿以財賄動心失大國體如或隨去奉職有違禮生事卿與喬宇體察以聞使還加都統號平南虎威將軍宋安丙遣李孝義率步騎三萬攻秦州先以萬人圍皂角堡高琪赴之宋兵列陣山谷以武車爲左右翼伏弩其下來逆戰既合宋兵陽却高琪軍見宋兵伏不得前退整陣宋兵復來凡五戰宋兵益堅不可以得志高琪分騎爲二出者戰則止者俟止者出則戰者還還者復出以更久之遣蒲察桃思剌潛兵上山自山馳下合擊大破宋兵斬首四千級生擒數百人李孝義乃解圍去宋兵三千攻馬連寨以窺湫池遣夾谷福壽擊走之斬七百餘級大安三年累官泰州刺史以乣軍三千屯通玄門外未幾升縉山縣爲鎮州以高琪爲防禦使權元帥右都監所部乣軍賞賚有差至寧元年八月尚書左丞完顏綱將兵十萬行省於縉山敗績貞祐初遷元帥右監軍閏月詔高琪曰聞軍事皆中覆得無失機會乎自今當即行之朕但責成功耳是月被詔自鎮州移軍守禦中都迤南次良鄉不得前乃還中都每出戰輒敗紇石烈執中戒之曰汝連敗矣若再不勝當以軍法從事及出果敗高琪懼誅十月辛亥高琪自軍中入遂以兵圍執中第殺執中持其首詣闕待罪宣宗赦之以爲左副元帥一行將士遷賞有差丙寅詔曰胡沙虎畜無君之心形迹露見不可盡言武衛副使提點近侍局慶山奴近侍局使斜烈直長撒合輦累曾陳奏方愼圖之斜烈漏此意於按察判官胡魯胡魯以告翰林待制訛出訛出達於高琪今月十五日將胡沙虎戮訖惟茲臣庶將恐有疑肆降札書不匿厥旨論者謂高琪專殺故降此詔頃之拜平章政事宣宗論馬政顧高琪曰往歲市馬西夏今肯市否對曰木波畜馬甚多市之可得括緣邊部落馬亦不少矣宣宗曰盡括邊馬緩急如之何間三日復奏曰河南鎮防二十餘軍計可得精騎二萬緩急亦足用宣宗曰馬雖多養之有法習之有時詳諭所司令加意也貞祐二年十一月宣宗問高琪曰所造軍器往往不可用此誰之罪也對曰軍器美惡在兵部材物則戶部工匠則工部宣宗曰治之且將敗事宣宗問楊安兒事高琪對曰賊方據險臣令主將以石墻圍之勢不得出擒在旦夕矣宣宗曰可以急攻或力戰突圍我師必有傷者應奉翰林文字完顏素蘭自中都議軍事還上書求見乞屏左右故事有奏密事輒屏左右先是太府監丞游茂以高琪威權太重中外畏之常以爲憂因入見屏人密奏請裁抑之宣宗曰既委任之權安得不重茂退不自安復欲結高琪詣其第上書曰宰相自有體豈可以此生人主之疑招天下之議恐高琪不相信復曰茂嘗間見主上實惡相公權重相公若能用茂當使上不疑而下無所議高琪聞茂嘗請間屏人奏事疑之乃具以聞游茂論死詔免死杖一百除名自是凡屏人奏事必令近臣一人侍立及素蘭請密召至近侍局給筆札使書所欲言少頃宣宗御便殿見之惟留近侍局直長趙和和侍立素蘭奏曰日者元帥府議削伯德文哥兵權朝廷乃詔領義軍改除之命拒而不受元帥府方欲討捕朝廷復赦之且不令隸元帥府不知誰爲陛下畫此計者臣自外風聞皆出平章高琪宣宗曰汝何以知此事出於高琪素蘭曰臣見文哥與永清副提控劉溫牒云差人張希韓至自南京道副樞平章處分已奉令文哥隸大名行省毋遵中都帥府約束溫即具言於帥府然則文哥與高琪計結明矣上頷之素蘭復奏曰高琪本無勳望嚮以畏死擅殺胡沙虎計出於無聊耳妬賢能樹黨與竊弄威權自作威福去歲都下書生樊知一詣高琪言乣軍不可信恐生亂高琪以刀杖決殺之自是無復敢言軍國利害者使其黨移剌塔不也爲武寧軍節度使招乣軍已而無功復以爲武衛軍使以臣觀之此賊滅亂紀綱戕害忠良實有不欲國家平治之意惟陛下斷然行之社稷之福也宣宗曰朕徐思之素蘭出復戒曰愼無泄也四年十月大元大兵取潼關次嵩汝間待闕臺院令史高嶷上書曰向者河朔敗績朝廷不時出應此失機會一也及深入吾境都城精兵無慮數十萬若効命一戰必無今日之憂此失機會二也既退之後不議追襲此失機會三也今已度關不亟進禦患益深矣乞命平章政事高琪爲帥以厭衆心不報御史臺言兵踰潼關崤澠深入重地近抵西郊彼知京師屯宿重兵不復叩城索戰但以遊騎遮絕道路而別兵攻擊州縣是亦困京師之漸也若專以城守爲事中都之危又將見於今日況公私蓄積視中都百不及一此臣等所爲寒心也不攻京城而縱其別攻州縣是猶火在腹心撥置于手足之上均一身也願陛下察之請以陝西兵扼拒潼關與右副元帥蒲察阿里不孫爲掎角之勢選在京勇敢之將十數人各付精兵數千隨宜伺察且戰且守復諭河北亦以此待之詔付尚書省高琪奏曰臺官素不習兵備禦方略非所知也遂寢高琪止欲以重兵屯駐南京以自固州郡殘破不復恤也宣宗惑之計行言聽終以自斃未幾進拜尚書右丞相奏曰凡監察有失糾彈者從本法若人使入國私通言語說知本國事情宿衛近侍官承應人出入親王公主宰執之家災傷闕食體究不實致傷人命轉運軍儲而有私載及考試舉人關防不嚴者並的杖在京犯至兩次者臺官減監察一等論贖餘止坐專差者任滿日議定升降若任內有漏察之事應的決者依格雖爲稱職止從平常平常者從降罰制可高琪請修南京裏城宣宗曰此役一興民滋病矣城雖完固能獨安乎初陳言人王

世安獻攻取盱眙楚州策樞密院奏乞以世安爲招撫使選謀勇二三人同往淮南招紅襖賊及淮南宋官宣宗可其奏詔泗州元帥府遣人同往興定元年正月癸未宋賀正旦使朝辭宣宗曰聞息州透漏宋人此乃彼界饑民沿淮爲亂宋人何敢犯我高琪請伐之以廣疆土上曰朕但能守祖宗所付足矣安事外討高琪謝曰今雨雪應期皆聖德所致而能包容小國天下幸甚臣言過矣四月遣元帥左都監烏古論慶壽簽樞密院事完顏賽不經略南邊尋復下詔罷兵然自是與宋絕矣興定元年十月右司諫許古勸宣宗與宋議和宣宗命古草牒以示宰臣高琪曰辭有哀祈之意自示微弱不足取遂寢集賢院諮議官呂鑑言南邊屯兵數十萬自唐鄧至壽泗沿邊居民逃亡殆盡兵士亦多亡者亦以人煙絕少故也臣昔比監息州榷場每場所獲布帛數千疋銀數百兩大計布帛數萬疋銀數千兩兵興以來俱失之矣夫軍民有逃亡之病而國家失日獲之利非計也今隆冬沍寒吾騎得騁當重兵屯境上馳書諭之誠爲大便若俟春和則利在於彼難與議矣昔燕人獲趙王趙遣辯士說之不許一牧豎請行趙王乃還孔子失馬馭卒得之人無貴賤苟中事機皆可以成功臣雖不肖願效牧豎馭卒之智伏望宸斷詔問尚書省高琪曰鑑狂妄無稽但其氣岸可尚宜付陝西行省備任使制可十二月胥鼎諫伐宋語在鼎傳高琪曰大軍已進無復可議遂寢二年胥鼎上書諫曰錢穀之冗非九重所能兼天子總大綱責成功而已高琪曰陛下法上天行健之義憂勤庶務夙夜不遑乃太平之階也鼎言非是宣宗以南北用兵深以爲憂右司諫呂造上章乞詔內外百官各上封事直言無諱或時召見親爲訪問陛下博採兼聽以盡羣下之情天下甚幸宣宗嘉納詔集百官議河北陝西守禦之策高琪心忌之不用一言是時築汴京城裏城宣宗問高琪曰人言此役恐不能就如何高琪曰終當告成但其濠未及浚耳宣宗曰無濠可乎高琪曰苟防城有法正使兵來臣等愈得效力宣宗曰與其臨城曷若不令至此爲善高琪無以對高琪自爲宰相專固權寵擅作威福與高汝礪相唱和高琪主機務高汝礪掌利權附己者用不附己者斥凡言事忤意及負材力或與己頡頏者對宣宗陽稱其才使幹當於河北陰置之死地自不兼樞密元帥之後常欲得兵權遂力勸宣宗伐宋置河北不復爲意凡精兵皆置河南苟且歲月不肯輒出一卒以應方面之急平章政事英王守純欲發其罪密召右司員外郎王阿里知案蒲鮮石魯剌令史蒲察胡魯謀之石魯剌胡魯以告尚書省都事僕散奴失不僕散奴失不以告高琪英王懼高琪黨與遂不敢發頃之高琪使奴賽不殺其妻乃歸罪於賽不送開封府殺之以滅口開封府畏高琪不敢發其實賽不論死事覺宣宗久聞高琪姦惡遂因此事誅之時興定三年十二月也尚書省都事僕散奴失不以英王謀告高琪論死蒲鮮石魯剌蒲察胡魯各杖七十勒停初宣宗將遷南欲置乣軍于平州高琪難之及遷汴戒象多厚撫此軍象多輒殺乣軍數人以至于敗宣宗末年嘗曰壞天下者高琪象多也終身以爲恨云

移剌塔不也東北路猛安人明昌元年累官西上閤門使二年襲父謀克泰和伐宋有功遷授同知慶州事權迪列乣詳穩丁父憂起復西北路招討判官改尚輦局使曹王傅貞祐二年遷武寧軍節度使招徠中都乣軍無功平章高琪芘之召爲武衞軍都指揮使應奉翰林文字完顏素蘭嘗面奏高琪黨比語在高琪傳尋知河南府事兼副統軍從彰化軍節度使上言盡籍山東河間大名猛安人爲兵老弱城守壯者捍禦又言河東地險人勇步兵爲天下冠可盡調以戍諸隘從之自是河東郡縣屯兵少不可守矣改知臨洮府事兼陝西副統軍貞祐三年十一月破夏兵于熟羊寨平章高琪率宰臣入賀曰塔不也以少敗衆蓋陛下威德所致宣宗曰自古興國皆賴忠賢今茲立功皆將率諸賢之力也乃以塔不也爲勸農使兼知平涼府事進階銀青榮祿大夫四年伐西夏攻威靈安會等州興定元年知慶陽府事三年遷元帥左都監卒

論曰高琪擅殺執中宣宗不能正其罪又曲爲之說以詔臣下就其事論之人君欲誅大臣而與近侍密謀于宮中已非其道謀之不密又爲外臣所知以告敗軍之將因殺之以爲說此可欺後世邪金至南渡譬之尪羸病人元氣無幾琪喜吏而惡儒好兵而厭靜沮遷乣之議破和宋之謀正猶繆醫投以烏喙附子祇速其亡耳使宣宗於擅殺之日卽能伸大義而誅之何至誤國如是邪

金史卷一百七

元中書右丞相總裁脫脫等修

列傳第四十五

高汝礪　張行信

高汝礪字巖夫應州金城人登大定十九年進士第蒞官有能聲明昌五年九月章宗詔宰執舉奏中外可爲刺史者上親閱闕點注蓋取兩員同舉者升用之於是汝礪自同知絳陽軍節度事起爲石州刺史承安元年七月入爲左司郎中一日奏事紫宸殿時侍臣皆迴避上所御涼扇忽墮案下汝礪以非職不敢取以進奏事畢上謂宰臣曰高汝礪不進扇可謂知體矣未幾擢爲左諫議大夫以賦調軍須郡縣有司或不得人造胥走卒利其事急規取貨賂深爲民害建言自今若因兵調發有犯者乞權依推排受財法治之庶使小人有所畏懼二年六月定制因軍前差發受財者一貫以下徒二年以上徒三年十貫處死從汝礪之言也時遇奏事臺臣亦令迴避汝礪乃上言國家置諫臣以備侍從蓋欲周知時政以參得失非徒使排行就列而已故唐制凡中書門下及三品以上入閤必遣諫官隨之俾預聞政事冀其有所開說今省臺以下遇朝奏事則一切迴避與諸侍衞之臣旅進旅退殿廷論事初莫得聞及其已行又不詳其始末遂事而諫斯亦難矣顧諫職爲何如哉若曰非材擇人可也豈可置之言責而疏遠若此乞自今以往有司奏事諫官得以預聞庶望少補且修注之職掌記言動俱當一體上從之又言年前十月嘗舉行推排之法尋以踰時而止誠知聖上愛民之深也切聞周制以歲時定民之衆寡辨物之多少入其數于小司徒以施政教以行徵令三年則天下大比按爲定法伏自大定四年通檢前後迄今三十餘年其間雖兩經推排其浮財物力惟憑一時小民之語以爲增減有司惟務速定不復推究其實由是豪強有力者符同而幸免貧弱寡援者抑屈而無訴況近年以來邊方屢有調發貧戶益多如止循例推排緣去歲條理已行人所通知恐新強之家預爲請囑狡猾之人冀望至時同辭推唱或虛作貧乏故以產業低價質典及將財物徙置他所權止營運如此姦弊百端欲望物力均一難矣欲革斯弊莫若據實通檢預令有司照勘大定四年條理嚴立罪賞截日立限關防禁約其間有可以輕重者斟酌行之去煩碎而就簡易戒擾攘而事鎭靜使富者不得以苟避困者有望於少息則賦稅易辦人免不均之患矣詔尚書省俟邊事息行之是歲十月上諭尚書省遣官詣各路通檢民力命戶部尚書賈執剛與汝礪先推排在都兩警巡院令諸路所差官覩以爲法焉尋爲同知大興府事四年十二月爲陝西東路轉運使泰和元年七月改西京路轉運使二年正月爲北京臨潢府路按察使四年二月遷河北西路轉運使十一月進中都路都轉運使六年六月拜戶部尚書時鈔法不能流轉汝礪隨事上言多所更定民甚便之語在食貨志上嘉其議勑尚書省曰內外百官所司不同比應詔言事者不啻千數俱不達各司利害汗漫陳說莫能詳盡近惟戶部尚書高汝礪論本部數事並切事情皆已行之其論內外百司各究利害舉明若可舉而不卽申聞以致上司舉行者量制其罰貞祐二年六月宣宗南遷次邯鄲拜汝礪爲參知政事次湯陰上聞汴京穀價騰踴慮扈從人至則愈貴問宰臣何以處之皆請命留守司約束汝礪獨曰物價低昂朝夕或異然糴多糶少則貴蓋諸路之人輻湊河南糴者既多安得不貴若禁止之有物之家皆將閉而不出商旅轉販亦不復入城則糴者益急而貴益甚矣事有難易不可不知今少而難得者穀也多而易致者鈔也自當先其所難後其所易多方開誘務使出粟更鈔則穀價自平矣上從之三年五月朝廷議從河北軍戶家屬於河南留其軍守衞郡縣汝礪言此事果行但便於豪強家耳貧戶豈能徙且安土重遷人之情也今使盡赴河南彼一旦去其田園扶攜老幼驅馳道路流離失所豈不可憐且所過百姓見軍戶盡遷必將驚疑謂國家分別彼此其心安得不搖況軍人已去其家而令護衞他人以情度之其不肯盡心必矣民至愚而神者也雖告以衞護之意亦將不信徒令交亂俱不得安此其利害所繫至重乞先令諸道元帥府宣撫司總管府熟論可否如無可疑然後施行不報軍戶既遷將括地分授之未有定論上勑尚書省曰北兵將及河南由是盡起諸路軍戶共圖保守今既至矣糧食所當必與然未有以處之可分遣官聚耆老問之其將益賦或與之田二者孰便又以諭汝礪既而所遣官言農民並稱比年以來租賦已重若更益之力實不足不敢復佃官田願以給軍於是汝礪奏遷徙軍戶一時之事也民佃官田久遠之計也河南民地官田計數相半又多全佃官田之家墳塋莊井俱在其中率皆貧民一旦奪之何以自活夫小民易動難安一時避賦遂有此言及其與人卽前日之主今還爲客能勿悔乎

悔則忿心生矣如山東撥地時腴田沃壤盡入勢家瘠惡者乃付貧戶無益於軍而民則有損至於互相憎疾今猶未已前事不遠足爲明戒惟當倍益官租以給軍糧之半復以係官荒田牧馬草地量數付之令其自耕則百姓免失業之艱而官司不必爲厲民之事矣且河南之田最宜麥今雨澤霑足正播種之時誠恐民疑以誤歲計宜早決之上從其請尋遷尚書右丞時上以軍戶地當撥付使得及時耕墾而汝礪復上奏曰在官荒田及牧馬地民多私耕者今正藝麥之時彼知將以與人必皆棄去軍戶雖得亦已逾時徒成曠廢若候畢功而後撥量收所得以補軍儲則公私俱便乞盡九月然後遣官十月汝礪言今河北軍戶徙河南者幾百萬口人日給米一升歲率三百六十萬石半給其直猶支粟三百萬石河南租地計二十四萬頃歲徵粟纔一百五十六萬有奇更乞於經費之外倍徵以給仍以係官閑田及牧馬地可耕者畀之奏可乃遣右司諫馮開等分詣諸郡就給之人三十畝以汝礪總之既而括地官還皆曰頃畝之數甚少且瘠惡不可耕計其可耕者均以與之人得無幾又僻遠處不免徙就之軍人皆以爲不便汝礪遂言於上詔有司罷之但給軍糧之半而半折以實直焉四年正月拜尚書左丞連上表乞致仕皆優詔不許會朝廷議發兵河北護民芟麥而民間流言謂官將盡取之上聞以問宰職曰爲之奈何高琪等奏若令樞密院遣兵居其衝要鎮遏土寇仍許收逃戶之田則軍民兩便或有警急軍士亦必盡心汝礪曰甚非計也蓋河朔之民所恃以食者惟此麥耳今已有流言而復以兵往是益使之疑懼也不若聽其自便令宣撫司禁戢無賴不致侵擾足矣逃戶田令有司收之以充軍儲可也乃詔遣戶部員外郎裴滿蒲剌都閱視田數及訪民願發兵與否還奏臣西由懷孟東抵曹單麥苗苦亦無多訊諸農民往往自爲義軍臣卽宣布朝廷欲發兵之意皆感戴而不願也於是罷之汝礪以數乞致仕不從乃上言曰立非常之功必待非常之人今大兵旣退正完葺關隘簡練兵士之時須得通敏經綸之才預爲籌畫俾濟中興伏見尚書左丞兼行樞密副使胥鼎才擅衆長身兼數器乞召還朝省不從時高琪欲從言事者歲閱民田徵租朝廷將從之汝礪言臣聞治大國者若烹小鮮最爲政之善喻也國朝自大定通檢後十年一推物力惟其貴簡靜而重勞民耳今言者請如河北歲括實種之田計數徵斂卽是常時通檢無乃駭人視聽使之不安乎且河南河北事體不同河北累經劫掠戶口亡匿田疇荒廢差調難依元額故爲此權宜之法蓋軍儲不加多且地少而易見也河南自車駕巡幸以來百姓湊集凡有閑田及逃戶所棄耕墾殆徧各承元戶輸租其所徵斂皆準通推之額雖軍馬益多未嘗闕誤詎宜一槩動擾若恐豪右蔽匿而遁征賦則有司檢括亦豈盡實但嚴立賞罰許其自首及聽人告捕犯者以盜軍儲坐之地付告者自足使人知懼而賦悉入官何必爲是紛紛也抑又有大不可者三如每歲檢括則夏田春量秋田夏量中間雜種亦且隨時量之一歲中略無休息民將厭避耕種失時或止耕膏腴而棄其餘則所收仍舊而所輸益少一不可也檢括之時縣官不能家至戶到里胥得以暗通貨賂上下其手虛爲文具轉失其眞二不可也民田與軍田犬牙相錯彼或陰結軍人以相冒亂而朝廷止憑有司之籍儻使臨時少於元額則資儲闕誤必矣三不可也夫朝廷舉事務在必行旣行而復中止爲是豈善計哉議遂寢興定元年十月上疏曰言者請姑與宋人議和以息邊民切以爲非計宋人多詐無實雖與文移往來而邊備未敢遽撤備旣不撤則議和與否蓋無以異或復蔓以浮辭禮例之外別有求索言涉不遜將若之何或曰大定間亦嘗先遣使今何不可切謂時殊事異難以例言昔海陵師出無名曲在於我是以世宗卽位首遣高忠建等報諭宋主罷淮甸所侵以修舊好彼隨遣使來書辭慢易不復奉表稱臣願還故疆爲兄弟國雖其樞密院與我帥府時通書問而侵軼未嘗已也旣而征西元帥合喜敗宋將吳璘姚良輔於德順原州右丞相僕散忠義右副元帥紇石烈志寧敗李世輔于宿州斬首五萬兵威大振世宗謂宰臣曰昔宋人言遣使請和乘吾無備遂攻宿州今爲我軍大敗殺戮過當故不敢復通問朕哀南北生靈久困于兵本欲息民何較細故其令帥府移書宋人以議和好宋果遣使告和以當時堂堂之勢又無邊患竟免其奉表稱臣之禮今宋棄信背盟侵我邊鄙是曲在彼也彼若請和於理爲順豈當先發此議而自示弱耶恐非徒無益反招謗侮而已十一月汝礪言臣聞國以民爲基民以財爲本是以王者必先愛養基本國家調發河南爲重所徵稅租率常三倍于舊今省部計歲收通寶不敷所支乃于民間科歛桑皮故紙錢七千萬貫以補之近以通寶稍滯又加兩倍河南人戶農民居三之二今稅租猶多未足而此令復出彼不糶所當輸租則必減其食以應之夫事有難易勢有緩急今急用而難得者芻糧也出於民力其來有限可緩圖而易爲者鈔法也行于國家其變無窮向者大鈔滯更爲小鈔小鈔弊改爲寶券寶券不行易爲通寶從權制變皆由于上尚何以煩民爲哉彼悉力以奉軍儲已患不足而又添徵通寶苟不能給則有逃亡民逃亡則農事廢兵食何自而得有司不究遠圖而貪近效不固本原而較末節誠恐軍儲鈔法兩有所妨臣非於鈔法不爲意也非與省部故相違也但以鈔法稍滯物價稍增之害輕民生不安軍儲不給之害重耳惟陛下外度事勢俯察臣言特命有司減免則羣心和悅而未足之租有所望矣時朝廷以賈仝苗道潤等相攻不和將分畀州縣別署名號以處之汝礪上書曰甚非計也蓋河北諸帥多本土義軍一時權爲隊長亦有先嘗叛亡者非若素官於朝知禮義識名分之人也貪暴不法蓋無足怪朝廷以時方多故姑牢籠用之庶使遺民少得安息彼互相攻劫則勢寖弱勢力旣弱則朝廷易制今若分地而與之州縣官吏得輒署置民戶稅賦得擅徵收則地廣者日益強狹者日益弱久之弱者皆併於強強者之地不可復奪是朝廷愈難制也昔唐分河朔地授諸叛將史臣謂其護養孽萌以成其禍此可爲今日大戒也不若姑令行省羈縻和輯多方牽制使之不得逞異時邊事稍息氣力漸完若輩又何足患哉議遂寢上嘗謂汝礪曰朕每見卿侍朝恐不任其勞許坐殿下而卿終不從何哉夫君臣相遇貴在誠實小謹區區朕固不較也汝礪以君臣之分甚嚴不敢奉命三年河南頗豐稔民間多積粟汝礪乃奏曰國家之務莫重於食今所在屯兵益衆而修築新城其費亦廣若不及此豐年多方營辦防秋之際或乏軍興乞於河南州府驗其物價低昂權宜立式凡內外四品以下雜正班散官及承廕人免當儤使監官功酬或僧道官師德號度牒寺觀院額等並聽買之司縣官有能勸誘輸粟至三千石者將來注授陞本牓首五千石以上遷官一階萬石以上陞職一等並注見闕庶幾人知勸慕多所收獲上從之同提舉榷貨司王三錫建議榷油高琪以用度方急勸上行之汝礪上言曰古無榷法自漢以來始置鹽鐵酒榷均輸官以佐經費末流至有算舟車稅間架其征利之術固已盡矣然亦未聞榷油也蓋油者世所共用利歸於公則害及於民故古今皆置不論亦厭苛細而重煩擾也國家自軍興河南一路歲入稅租不啻加倍又有額徵諸錢橫泛雜役無非出於民者而更議榷油歲收銀數十萬兩夫國以民爲本當此之際民可以重困乎若從三錫議是以舉世通行之貨爲榷貨私家常用之物爲禁物自古不行之法爲良法切爲聖朝不取也若果行之其害有五臣請言之河南州縣當立務九百餘所設官千八百餘員而胥隸工作之徒不與焉費旣不貲而又創搆屋宇奪買作具公私俱擾殆不勝言至於提點官司有陞降決罰之法其課一虧必生抑配之弊小民受病益不能堪其害一也夫油之貴賤所在不齊惟其商旅轉販有無相易所以其價常平人易得之今旣設官各有分地輒相侵犯者有罪是使貴處常貴而賤處常賤其害二也民家日用不能躬自沽之而轉鬻者增取利息則價不得不貴而用不得不難其害三也鹽鐵酒醋公私所造不同易於分別惟油不然莫可辯記今私造者有刑捕告者有賞則無賴輩因之得以誣搆良民枉陷於罪其害四也油戶所置屋宇作具用錢已多有司按業推定物力以給差賦今奪其具廢其業而差賦如前何以自活其害五也惟罷之便上是之然重違高琪意乃詔集百官議于尚書省戶部尚書高夔工部侍郎粘割荊山知開封府事溫迪罕二十等二十六人議同高琪禮部尚書楊雲翼翰林侍讀學士趙秉文南京路轉運使趙瑄吏部侍郎趙伯成刑部郎中姬世英右司諫郭著提舉倉場使時戩皆以爲不可上曰古所不行者而今行之是又生一事也其罷之十月賜金鼎一重幣三四年三月拜平章政事俄而進拜尚書右丞相監修國史封壽國公五年二月上表乞致政不許九月上諭汝礪曰昨日視朝至午方罷卿老矣不任久立奏事畢用寶之際可先退坐恐以勞致疾反妨議政也是月復乞致仕上諭之曰丞相之禮盡矣然今廷臣誰如丞相者而必欲求去乎姑留輔朕可也十月躐遷榮祿大夫仍諭曰丞相數求去朕以社稷事重故堅留之丞相老矣而官猶未至二品故特陞兩階十二月上復諭曰向朕以卿年老視朝之日侍立爲勞令用寶時退坐廊下而卿違之復侍立終朝豈有司不爲設榻耶卿其勉從朕意元光元年四月汝礪跪奏事上命起曰卿大臣也所言皆社稷計朕之責卿惟在盡誠何事小謹自今勿復爾也七月上謂宰臣曰昔有言世宗太儉者或曰不爾則安得廣畜積章宗時用度甚多而得不闕乏者蓋先朝有以遺之也汝礪因進言曰儉乃帝王大德陛下言及此天下福也九月上又謂宰臣曰有功

者雖有微過亦當貸之無功者豈可貸耶然有功者人喜誇議凡有以功過言於朕者朕必深求其實雖近侍爲言不敢輕信亦未嘗徇一己之愛憎也汝礪因對曰公生明偏生暗凡人多徇愛憎不合公議陛下聖明故能如是耳二年正月復乞致政上面諭曰今若從卿始終之道俱盡於卿甚安在朕亦爲美事但時方多故而朕復不德止賴舊人輔佐故未能遂卿高志耳汝礪因辭竟不許因謂曰朕每聞人有所毀譽必求其實汝礪對曰昔齊威王封卽墨大夫烹阿大夫及左右之嘗毀譽者由是羣臣恐懼莫敢飾非齊國大治陛下言及此治安可期也二月上以汝礪年高免朝拜侍立久則憩于殿下仍勑有司設榻焉三月又乞致仕復優詔不許迺謂羣臣曰人有才堪任事而處心不正者終不足貴汝礪對曰其心不正而濟之以才所謂虎而翼者也雖古聖人亦未易知上以爲然他日復謂宰臣曰凡人處心善良而行事忠實斯爲難得若言巧心僞亦復何用然善良者人又多目爲平常汝礪對曰人材少全亦隨其所長取之耳上然之五月上問宰執以修完京城樓櫓事汝礪奏所用皆大木頗今難得方令計置上曰朕宮中別殿有可用者卽用之汝礪對以不宜毀上曰所居之外毀亦何害不愈於勞民遠致乎哀宗初卽位諫官言汝礪欺君固位天下所共嫉宜黜之以厲百官哀宗曰昔惠帝言我不如高帝當守先帝法耳汝礪乃先帝立以爲相者又可黜歟又有投匿名書云高某不退當殺之汝礪因是告老優詔不許正大元年三月薨年七十一配享宣宗廟爲人愼密廉潔能結人主知然規守格法循嘿避事故爲相十餘年未嘗有譴訶貪戀不去當時士論頗以爲譏云

張行信字信甫先名行忠避莊獻太子諱改爲行簡弟也登大定二十八年進士第累官銅山令明昌元年以廉擢授監察御史泰和三年同知山東西路轉運使俄僉河東路按察司事四年四月召見于泰和殿行信因言二事一依舊移轉吏目以除民害一徐邳地下宜麥稅粟許納麥以便民上是其言令尚書省議行之崇慶二年爲左諫議大夫時胡沙虎已除名爲民賂遺權貴將復進用舉朝無敢言者行信乃上章曰胡沙虎殘忍凶悖跋扈强梁媚結近習以圖稱譽自其廢黜士庶莫不忻悅今若復用惟恐爲害更甚前日況利害之機更有大於此者書再上不報及胡沙虎弑逆人甚危之行信坦然不顧也是歲九月宣宗卽位改元貞祐行信以

皇嗣未立無以係天下之望上疏曰自古人君卽位必立太子以爲儲副必下詔以告中外竊見皇長子每遇趨朝用東宮儀衞及至丹墀還列諸王班況已除侍臣而今未定其禮可謂名不正言不順矣昔漢文帝元年首立子啓爲太子者所以尊祖廟重社稷也願與大臣詳議酌前代故事蚤下明詔以定其位愼選宮僚輔成德器則天下幸甚上嘉納之胡沙虎誅上封事言正刑賞辭載胡沙虎傳又言自兵興以來將帥甚難其人願陛下令重臣各舉所知才果可用卽賜召見褒顯獎諭令其自效必有奮命報國者昔李牧爲趙將軍功爵賞皆得自專出攻入守不從中覆遂能北破大敵西抑强秦今命將若不以文法拘繩中旨牽制委任責成使得盡其智能則克復之功可望矣上善其言時方擢任王守信賈耐兒者爲將皆鄙俗不材不曉兵律行信懼其誤國上疏曰易稱開國承家小人勿用聖人所以垂戒後世者其嚴如此今大兵縱橫人情恟懼應敵興理非賢智莫能狂子庸流猥蒙拔擢參預機務甚無謂也於是上皆罷之權元帥右都監內族訛可率兵五千護糧通州遇兵輒潰行信上章曰御兵之道無過賞罰使其臨敵有所慕而樂於進有所畏而不敢退然後將士用命而功可成若訛可敗衄宜明正其罪朝廷寬容一切不問臣恐御兵之道未盡也詔報曰卿意具悉訛可等已下獄矣時中都受兵方遣使請和握兵者畏縮不敢戰曰恐壞和事行信上言和與戰二事本不相干奉使者自專議和將兵者惟當主戰豈得以和事爲辭自崇慶來皆以和誤若我軍時有肯進戰稍挫其鋒則和事成也久矣頃北使旣來然猶破東京略河東今我使方行將帥輒按兵不動於和議卒無益也事勢益急芻糧益艱和之成否蓋未可知豈當閉門坐守以待斃哉宜及士馬尚壯擇猛將銳兵防衞轉輸往來拒戰使之少沮則附近蓄積皆可入京師和議亦不日可成矣上心知其善而不能行二年三月以朝廷括糧恐失民心上書言近日朝廷令知大興府胥鼎便宜計畫軍食鼎因奏許人納粟買官旣又遣參知政事奧屯忠孝括官民糧戶存兩月餘悉令輸官酬以爵級銀鈔時有粟者或先具數于鼎未及入官忠孝復欲多得以明己功凡鼎所籍者不除其數民甚苦之今米價踴貴無所從糴民糧止兩月又奪之將不獨歸咎有司亦怨朝廷不察也大兵在邇人方危懼若復無聊或生他變則所得不償所損矣上深善其言卽命與近臣往審處焉乃論忠孝

曰極知卿盡心于公然國家本欲得糧今旣得矣姑從人便可也四月遷山東東路按察使兼轉運使仍權本路宣撫副使將行求入見上御便殿見之奏曰臣伏見奧屯忠孝飾詐不忠臨事慘刻與胡沙虎爲黨歷數其罪且曰無事時猶不容一相非才況今多故可使斯人與政乎願卽罷之上曰朕始卽位進退大臣自當以禮卿語其親知諷令求去可也行信以告右司郎中把胡魯白忠孝忠孝不恤也三年二月改安武軍節度使兼冀州管內觀察使始至卽上書言四事其一曰楊安兒賊黨旦暮成擒蓋不足慮今日之急惟在收人心而已向者官軍討賊不分善惡一槩誅夷劫其資產掠其婦女重使居民疑畏逃聚山林今宜明勑有司嚴爲約束毋令劫掠平民如此則百姓無不安之心姦人誑脅之計不行其勢漸消矣其二曰自兵亂之後郡縣官豪多能糾集義徒摧擊土寇朝廷雖授以本處職任未幾遣人代之矣舊者人所素服新者未必皆才緩急之間啓釁敗事自今郡縣闕員乞令尚書省選人擬注其舊官民便安者宜就加任使如資級未及令攝其職待有功則正授庶幾人盡其才事易以立其三曰掌軍官敢進戰者十無一二其或有之卽當責以立功不宜更授他職其四曰山東軍儲皆鬻爵所獲及或持勑牒求仕選曹以等級有不當鬻者往往駁退夫鬻所不當有司罪也彼何責焉況海岱重地羣寇未平田野無所收倉廩無所積一旦軍餉不給復欲鬻爵其誰信之朝廷多用其議八月召爲吏部尚書九月改戶部尚書十二月轉禮部尚書兼同修國史四年二月爲太子少保兼前職時尚書省奏遼東宣撫副使完顏海奴言參議官王澮嘗言本朝紹高辛黃帝之後也昔漢祖陶唐唐祖老子皆爲立廟我朝迄今百年不爲黃帝立廟無乃愧於漢唐乎又云本朝初興旗幟尚赤其爲火德明矣五德之祀闕而不講亦非禮經重祭祀之意臣聞於澮者如此乞朝廷議其事詔問有司行信奏曰按始祖實錄止稱自高麗而來未聞出於高辛今所據欲立黃帝廟黃帝高辛之祖借曰紹之當爲木德今乃言火德亦何謂也況國初太祖有訓因完顏部多尚白又取金之不變乃以大金爲國號未嘗議及德運近章宗朝始集百僚議之而以繼亡宋火行之絕定爲土德以告宗廟而詔天下焉顧澮所言特狂妄者耳上是之八月上將祔享太廟詔依世宗十六拜之禮行信與禮官參定儀注上言宜從四十四拜之禮上嘉納焉語在禮志祭畢賜行信

寶券二萬貫重幣十端諭之曰太廟拜禮朕初欲依世宗所行卿進奏章備述隨室讀祝殊爲中理向非卿言朕幾失之故特以是旌賞自今每事更宜盡心是年十二月行信以父暐卒去官興定元年三月起復舊職權參知政事六月眞拜參知政事時高琪爲相專權用事惡不附己者衣冠之士動遭窘辱惟行信屢引舊制力詆其非會宋兵侵境朝廷議遣使詳問高琪等以爲失體行信獨上疏曰今以遣使爲不當臣切惑之議者不過曰遣使則爲先示弱其或不報報而不遜則愈失國體臣獨以爲不然彼幸吾釁隙數肆侵掠邊臣以兵却之復來我大國不責以辭而敵以兵茲非示弱乎至於問而不報報而不遜曲自在彼何損於我昔大定之初彼嘗犯順世宗雖遣丞相烏者行省于汴實令元帥撒合輦先爲辭詰之彼遂伏罪其後宋主奪取國書朝廷復欲加兵丞相婁室獨以爲不可及刑部尚書粱肅銜命以往尋亦屈焉在章宗時猖狂最甚猶先理問而後用兵然則遣使詳問正國家故事何失體之有且國步多艱戍兵滋久不思所以休息之如民力何臣書生無甚高論然事當機會不敢不罄其愚惟陛下察之上復令尚書省議高琪等奏行信所言固遵舊制然今日之事與昔不同詔姑待之已而高汝礪亦上言先遣使不便議遂寢語在汝礪傳時監察御史多被的決行信乃上言曰大定間監察坐罪大抵收贖或至奪俸重則外降而已間有的決者皆有爲而然當時執政程輝已嘗面論其非是又有勑旨監察職主彈劾而或看循者非謂凡失察皆然也近日無問事之大小情之輕重一槩的決以爲大定故實先朝明訓過矣於是詔尚書省更定監察罪名制史館修章宗實錄尚書省奏舊制凡修史宰相執政皆預焉然女直漢人各一員崇慶中旣以參知政事梁璫兼之復命翰林承旨張行簡同事蓋行簡家學相傳多所考據今修章宗實錄左丞汝礪已充兼修宜令參知政事行信同修如行簡例制可二年二月出爲彰化軍節度使兼涇州管內觀察使諭之曰初朕以朝臣多稱卿才乃令參決機務而廷議之際每不據正妄爲異同甚非爲相之道復聞邇來殊不以幹當爲意豈欲求散地故耶今授此職卿宜悉之初內族合周避敵不擊且詭言密奉朝旨下獄當誅諸皇族多抗表乞從末減高琪以爲自古犯法無告免者行信獨曰事無古今但合周平昔忠孝或可以免又以行信族弟行貞居山東受紅襖賊僞命樞密院得宋人書有干涉

行信事故出之其子莒時爲尚書省令史亦命別加注
授爲初行信言今法職官論罪多從的決伏見大定間
世宗勑旨職官犯故違聖旨徒年杖數並的決然其後
三十餘年有同論罪未嘗引用蓋非經久爲例之事也
乞詳定之行信既出上以其章付尚書省至是宰臣奏
自今違奏條之所指揮及諸條格當坐違制旨者其徒
年杖數論贖可也特奉詔旨違者依大定例制可行信
去未久上嘗論宰臣曰自張行信降黜卿等遂緘默此
殊非是行信事卿等具知豈以言之故耶自今宜各盡
言毋復畏忌行信始至涇即上書曰馬者甲兵之本方
軍旅未息馬政不可緩也臣自到涇聞陝右豪民多市
於河州轉入內地利蓋百倍及見省差買馬官平凉府
判官烏古論桓端市于洮州以銀百鋌幾得馬千疋云
生羌木波諸部蕃族人戶畜牧甚廣蓋前所遣官或抑
其直或以勢陵奪遂失其和且常患銀少所以不能多
得也又聞蕃地今秋薄收鬻馬得銀輒以易粟冬春之
交必艱食馬價甚低乞令所司輦銀粟于洮河等州選
委知蕃情達時變如桓端者貿易之若捐銀萬兩可得
良馬千疋此會不可失惟朝廷亟圖之又曰比者沿邊
戰士有功朝廷遣使宣諭賜以官賞莫不感戴聖恩願
出死力此誠得激勸之方也然賵遺使者或馬或金習
以爲常臣所未論也大定間嘗立送宣禮自五品以上
各有定數後竟停罷況今時務與昔不同而六品以下
及止遷散官者亦不免饋獻或莫能辦則斂所部以應
之至有因而獲罪者彼軍士効死立功僅蒙恩賞而反
以饋獻爲苦是豈朝廷之意哉乞令有司依大定例參
以時務明立等夷使取予有限無傷大體則上下兩得
矣又曰近聞保舉縣令特增其俸此朝廷爲民之善意
也然自關以西尚未有到任者遠方之民不能無望豈
舉者猶寡而有所不敷耶乞詔內外職事官益廣選舉
以補其闕使天下均受其賜且丞簿尉亦皆親民而獨
不增俸彼既不足以自給安能禁其侵牟乎或謂國用
方闕不宜虛費是大不然夫重吏祿者固使之不擾民
也民安則國定豈爲虛費誠能裁減冗食不養無用之
人亦何患乎不足今一軍充役舉家廩給軍既物故給
其子弟感悅士心爲國盡力耳至於無男丁而其妻女
猶給之此何謂耶自大駕南巡存贍者已數年張頤待
哺以困農民國家糧儲常患不及顧乃久養此老幼數
千萬口冗食虛費正在是耳如即罷之恐其失所宜限
以歲月使自爲計至期而罷復將何辭上多採納焉元
光元年正月遷保大軍節度使兼鄜州管內觀察使二
月改靜難軍節度使兼邠州管內觀察使未幾致仕哀
宗即位徵用舊人起爲尚書左丞言事稍不及前人望
頗減尋復致仕家居惟以抄書敎子孫爲事葺園池汴
城東築亭號靜隱時時與侯摯輩游詠其間正大八年
二月乙丑薨于嵩山崇福宮年六十有九初遊嵩山嘗
曰吾意欲主此山果終于此爲人純正眞率不事修飾
雖兩登相位殆若無官然遇事輒發無所畏避每奏事
上前旁人爲動色行信處之坦如也及薨之日雖平昔
甚媢忌者亦曰正人亡矣初至汴父暐以御史大夫致
仕猶康健兄行簡爲翰林學士承旨行信爲禮部尚書
諸子姪多中第居官當世未之有也

贊曰高汝礪褆身清慎練達事宜久居相位雖爲大夫
士所鄙而人主寵遇不衰張行信礪志謇諤言無避忌
然一遷政塗便多坎壈及其再用論事稍不及前豈以
汝礪爲眞可法耶宣宗伐宋本非萬全之策行信諫汝
礪不諫又沮和議胡沙虎之惡未著行信兩疏擊之汝
礪與高琪共事人疑其黨附優劣可槩見於斯矣

金史卷一百七考證

張行信傳〇臣浩按中州集傳行信作行中

金史卷一百八

元中書右丞相總裁脫脫等修

列傳第四十六

胥鼎　侯摯　把胡魯　師安石

胥鼎字和之尚書右丞持國之子也大定二十八年擢
進士第入官以能稱累遷大理丞承安二年持國卒去
官四年尚書省起復爲著作郎上曰鼎故家子其才如
何宰臣奏曰爲人甚幹濟上曰著作職閑緣今無他闕
姑授之未幾遷右司郎中轉工部侍郎泰和六年鼎言
急遞鋪轉送文檄之制上從之時以爲便至寧初中都
受兵由戶部尚書拜參知政事貞祐元年十一月出爲
泰定軍節度使兼兗州管內觀察使未赴改知大興府
事兼中都路兵馬都總管二年正月鼎以在京貧民闕
食者衆宜立法振救乃奏曰京師官民有能贍給貧人
者宜計所贍遷官陞職以勸獎之遂定權宜鬻恩例格
如進官陞職丁憂人許應舉求仕官監戶從良之類入
粟草各有數全活甚衆四月拜尚書右丞仍兼知府事
五月宣宗將南渡留爲汾陽軍節度使兼汾州管內觀
察使十一月改知平陽府事兼河東南路兵馬都總管
權宣撫使三年四月建言利害十三事若積軍儲備黃
河選官讞獄簡將練卒鈔法版籍之類上頗採用焉又
言平陽歲再被兵人戶散亡樓櫓修繕未完衣甲器械
極少庾廩無兩月食夏田已爲兵蹂復不雨秋種未下
雖有復業殘民皆老幼莫能耕種豈足徵求比聞北方
劉伯林聚兵野狐嶺將深入平陽絳解河中遂抵河南
戰禦有期儲積未備不速錯置實關社稷生靈大計乞
降空名宣勑一千紫衣師德號度牒三千以補軍儲上
曰鼎言是也有司其如數亟給之七月就拜本路宣撫
使兼前職朝廷欲起代州戍兵五千鼎上言嶺外軍已
皆南徙代爲邊要正宜益兵保守今更損其力一朝兵
至何以待之平陽以代爲藩籬豈可撤去尚書省奏宜
如所請詔從之又言近聞朝廷令臣淸野切謂臣所部
乃河東南路太原則北路也大兵若來必始於北故淸
野當先北而後南況北路禾稼早熟其野既淸兵無所
掠則勢當自止不然南路雖淸而穀草委積於北是資
兵而召之南也臣已移文北路宣撫司矣乞更詔諭之
既而大兵果出境賜詔獎諭曰卿以文武之才膺兵民
之寄往鎮方面式固邊防坐釋朕憂孰如卿力益懋忠
勤之節以收綏靜之功仰副予心嗣有後寵尋以能設
方畧退兵進官一階十月鼎上言臣所將義軍皆從來
背本趨末勇猛剽悍盜竊亡命之徒苟無訓練統攝官
以制之則朋聚黨植無所不至乞許臣便宜置總領義
軍使副及彈壓仍每五千人設訓練一員不惟預爲防
閑使有畏忌且令武藝精熟人各爲用上從之四年正
月大兵畧霍吉隰三州已而步騎六萬圍平陽急攻者
十餘日鼎遣兵屢却之且上言臣以便宜立官賞預張
文牓招還脅從人七千有奇續至者又六千餘俱令復
業竊謂凡被俘未歸者更宜多方招誘已歸者所居從
便優加存恤無致失所制可二月拜樞密副使權尚書
左丞行省于平陽時鼎方抗表求退上不許因進拜焉
且遣近侍諭曰卿父子皆朕所知向卿執政時因有人
言遂以河東事相委果能勉力以保無虞方國家多難
非卿孰可倚者卿退易耳能勿慮社稷之計乎今特授
卿是任咫尺防秋更宜悉意時河南粟麥不令興販渡
河鼎上言曰河東多山險平時地利不遺夏秋荐熟猶
常藉陝西河南通販物料況今累值兵戎農民浸少且
無雨雪闕食爲甚又解州屯兵數多糧儲僅及一月伏
見陝州大陽渡河中大慶渡皆邀阻粟麥不令過河臣
恐軍民不安或生內患伏望朝廷聽其輸販以紓解州
之急從之又言河東兵革之餘疲民稍復然丁牛既少
莫能耕稼重以亢旱蝗螟而餽餉所須徵科頗急貧無
依者俱已乏食富戶宿藏亦爲盜發蓋絕無而僅有焉
其憔悴亦已甚矣有司宜奉朝廷德意以謀安集而潞
州帥府遣官於遼沁諸郡搜括餘粟懸重賞誘人告訐
州縣憚帥府鞭箠械繫所在騷然甚可憐憫今大兵既
去惟宜汰冗兵省浮費招集流亡勸督農事彼不是務
而使瘡痍之民重罹茲苦是兵未來而先自敝也願朝
廷亟止之如經費果闕以恩例勸民入粟不猶愈於強
括乎又言霍州回牛鳳棲嶺諸阸戍卒幾四千今兵既
去而農事方興臣乞量留偵候餘悉遣歸有警復徵既
休民力且省縣官萬一兵來亦足禦遏舉一事而獲二
利臣敢以爲請詔趣行之又言河東兩路農民浸少而
兵戍益多是以每歲糧儲常苦不繼臣切見潞州元帥
府雖設鬻爵恩例然條目至少未盡勸誘之術故進獻
者無幾宜增益其條如中都時仍許各路宣撫司俱得
發賣庶幾多獲貯儲以濟不給於是尚書省更定制奏
行焉又言交鈔貴於通流今諸路所造不敷所出苟不
以術收之不無闕誤宜從行省行部量民力徵斂以裨
軍用河中宣撫司亦以寶券所支已多民不貴乞驗民
貧富徵之雖然陝西若一體徵收則彼中所有日湊于
河東其與不歛何異又河北寶券以不許行于河南由
是愈滯將誤軍儲而啓釁端時以河北寶券商旅齎販
南渡致物價翔貴權限路分行用因鼎有言罷之又言
比者朝廷命擇義軍爲三等臣即檄所司而潞帥必蘭
阿魯帶言自去歲初置帥府時已按閱本軍去其冗者
部分既定上下既親故能所向成功此皆血戰之餘屢
試可者且又父子兄弟自相赴援各顧其家心一而力
齊勢不可離今必析之將互易而不相諳矣國家糧儲
常恐不繼豈容僥冒但本府兵不至是耳況潞州北即
爲異境日常備戰事務方殷而分別如此彼居中下者

皆將氣挫心懈而不可用慮恐因得測吾虛實且義軍率皆農民已各散歸田畝趨時力作若徵集之動經旬日農事廢而歲計失矣乞從本府所定無輕變易臣切是其言時阿魯帶奏亦至詔遂許之又言近偵知北兵駐同耀竊慮使吾東西往來之路遂委河中經略使陀滿胡土門領軍赴援今兵勢將叩關矣前此臣嘗奏聞北兵非止欲攻河東陝西必將進取河南雖已移文陝州行院及陝西鄰境俱令設備恐未卽遵行乞詔河南行院統軍司議所以禦備之策上以示尚書省宰臣奏兵已踰關惟宜嚴責所遣帥臣邀迎擊之及命鼎益兵渡河以掣其肘制可既而鼎聞大兵已越關乃急上章曰臣叨蒙國恩擢列樞府凡有戎事皆當任之今入河南將及畿甸豈可安據一方坐視朝廷之急而不思自奮以少寬陛下之憂乎去歲頒降聖訓以向者都城被圍四方無援爲恨明敕將帥若京師有警卽各提兵奔赴其或不至自有常刑臣已奉詔先遣潞州元帥左監軍必蘭阿魯帶領軍一萬孟州經畧使徒單百家領兵五千由便道濟河以趨關陝臣將親率平陽精兵直抵京師與王師相合又奏曰京師去平陽千五百餘里儻俟朝廷之命方圖入援須三旬而後能至得無失其機耶臣以身先士卒倍道兼行矣上嘉其意詔樞府督軍應之初鼎以將率兵赴援京師奏乞委知平陽府事王質權元帥左監軍同知府事完顏僧家奴權右監軍以鎮守河東從之至是鼎拜尚書左丞兼樞密副使是時大兵已過陝州自關以西皆列營柵連亘數十里鼎慮近薄京畿遂以河東南路懷孟諸兵合萬五千由河中入援又遣遥授河中府判官僕散掃吾出領軍趨陝西併力禦之且慮北兵扼河移檄絳解吉隰孟州經畧司相與會兵以爲夾攻之勢已而北兵果由三門集津北渡而去鼎復上言自兵興以來河北潰散軍兵流亡人戶及山西河東老幼俱徙河南在處僑居各無本業易至動搖竊慮有司妄分彼此或加迫遣以致不安今兵日益盛將及畿甸儻復誘此失職之衆使爲鄉導或驅之攻城豈不益資其力乞朝廷遣官撫慰及令所司嚴爲防閑庶幾不至生釁上從其計遣監察御史陳規等充安撫捕盜官巡行郡邑大兵還至平陽鼎遣兵拒戰不利乃去興定元年正月上命鼎選兵三萬五千付陀滿胡土門統之西征至是鼎馳奏以爲非便畧曰自北兵經過之後民食不給兵力未完若又出師非獨饋運爲勞而民將流亡愈至失所或宋人乘隙而動復何以制之此繫國家社稷大計方今事勢止當禦備南邊西征未可議也遂止是月進拜平章政事封莘國公又上奏曰臣近遣太原汾嵐官軍以備西征而太原路元帥左監軍烏古論德升以狀白臣甚言其失計臣愚以爲德升所言可取敢具以聞詔付尚書省議之語在德升傳三月鼎以祖父名章乞避職詔不從朝廷詔鼎舉兵代宋且令勿復有言以沮成算鼎已分兵由秦鞏鳳翔三路並進乃上書曰竊懷愚悃不敢自默謹條利害以聞昔泰和間蓋嘗南伐時太平日久百姓富庶馬蕃軍銳所謂萬全之舉也然猶亟和以偃兵爲務大安之後北兵大舉天下騷然者累年然軍馬氣勢視舊纔十一耳至于器械之屬亦多損弊民間差役重繁寖以疲乏而日勤師旅遠近動搖是未獲一敵而自害者衆其不可一也今歲西北二兵無入境之報此非有所憚而不敢也意者以去年北還姑自息養不然則别部相攻未暇及我如聞王師南征乘隙併至雖有潼關大河之險殆不足恃則三面受敵者首尾莫救得無貽後悔乎其不可二也凡兵雄于天下者必其士馬精强器械犀利且出其不備而後能取勝也宋自泰和再修舊好練兵峙糧繕修營壘十年于兹矣又車駕至汴益近宋境彼必朝夕憂懼委曲爲防況聞王師已出唐鄧必徙民渡江所在清野止留空城使我軍無所得徒自勞費果何益哉其不可三也宋我世讎比年非無恢復舊疆洗雪前恥之志特畏吾威力不能窺其虛實故未敢輕舉今我軍皆山西河北無依之人或招還逃軍脅從歸國大抵烏合之衆素非練習而遽使從戎豈能保其決勝哉雖得其城內無儲蓄亦何以守以不練烏合之軍深入敵境進不得食退無所掠將復逋逃嘯聚爲腹心患其不可四也發兵進討欲因敵糧此事不可必者隨軍轉輸則又非民力所及沿邊人戶雖有恒產而賦役繁重不勝困憊又凡失業寓河南者類皆衣食不給貧窮之迫盜所由生如宋人陰爲招募誘以厚利使爲鄉導伺我不虞突而入寇則內有叛民外有勍敵未易圖之其不可五也今春事將興若進兵不還必違農時以誤防秋之用此社稷大計豈特疆埸利害而已哉其不可六也臣愚以爲止當遴選材武將士分布近邊州郡敵至則追擊去則力田以廣儲蓄至于士氣益强民心益固國用豐饒自可恢廓先業成中興之功一區區之宋何足平乎詔付尚書省宰臣以爲諸軍既進無復可議遂寖既而元帥承裔等取宋大散關上諭鼎曰所得大散關可保則保不可則焚毀而還於是鼎奏臣近遣官問諸帥臣皆曰散關至驀關諸隘其地遠甚中間堡壘相望如欲分屯非萬人不可而又有恒州虢縣所直數關宋兵皆固守如舊緩急有事當復分散關之兵餘衆數少必不能支而鳳翔恒隴亦無應援恐兩失之且比年以來民力困於調度今方春農事已急恐妨耕墾不若焚毀此關但屯邊隘以張其勢彼或來侵互相應援易爲力也制可二年四月鼎乞致仕上遣近侍諭曰卿年既耄朕非不知然天下事方有次第卿舊人也姑宜勉力以終之鼎以宣宗多親細務非帝王體乃上奏曰天下之大萬機之衆錢穀之冗非九重所能兼則必付之有司天子操大綱責成功而已況今多故豈可躬親細務哉惟陛下委任大臣坐收成算則恢復之期不遠矣上覽其奏不悅謂宰臣曰朕惟恐有怠而鼎言如此何耶高琪奏曰聖主以宗廟社稷爲心法上天行健之義憂勤庶政夙夜不遑乃太平之階也鼎言非是上喜之三年正月上言沿邊州府官既有減定資歷月日之格至于掌兵及守禦邊隘者征行暴露備歷艱險宜一體減免以示激勸從之二月上言近制軍前立功犯罪之人行省行院帥府不得輒行誅賞夫賞由中出則恩有所歸茲固至當至于部分犯罪主將不得施行則下無所畏而令莫得行矣宰臣難之上以問樞密院官對加鼎言乃下詔自今四品以下皆得裁決時元帥內族承裔移剌蒲阿伐宋所下城邑多所焚掠於是鼎上言承裔等奉詔宣揚國威所謂弔民伐罪者也今大軍已克武休將至興元興元乃漢中西蜀喉襟之地乞諭帥臣所得城邑姑無焚掠務慰撫之誠使一郡帖然秋毫不犯則其餘三十軍將不攻自下矣若拒王師乃宜有戮上甚是其言遂詔諭之胥鼎以年老屢上表求致仕上謂宰臣曰胥鼎以老求退朕觀其精力未衰已遣人往慰諭之鼎嘗薦把胡魯以爲過己遠甚欲以自代胡魯固佳至于駕馭人材處決機務不及鼎多矣俄以伐宋有功遷官一階八月上言臣奉詔兼節制河東近晉安帥府令百里之內止留桑棗果木餘皆伐之方今秋收乃爲此舉以奪其事既不能禦敵而又害民非計也且一朝警急其所伐木豈能盡去使不資敵乎他木雖伐桑棗舍屋獨非木乎此殆徒勞臣已下帥府止之而左都監完顏閭山乃言嘗奉旨清野臣愚不知其可詔從鼎便宜規畫是時大元兵大舉入陝西鼎多料敵之策朝臣或中沮之上諭樞密院官曰胥鼎規畫必無謬誤自今卿等不須指授也尋又遣諭曰卿專制方面凡事得以從宜規畫又何必一一中覆徒爲逗遛也四年進封溫國公致仕詔諭曰卿屢求退朕初不許者俟其安好復爲朕用爾今從卿請仍可來居京師或有大事得就諮決也五年三月上遣近侍諭鼎及左丞賈益謙曰自去冬至今雨雪殊少民心不安軍用或闕爲害甚重卿等皆名臣故老今當何以處之欲召赴尚書省會議恐與時相不合難於面折故令就第延問其悉意以陳毋有所隱元光元年五月上敕宰相曰前平章胥鼎左丞賈益謙工部尚書札里吉翰林學士孛迭皆致政老臣經練國事嘗邀赴省與議利害仍遣侍官分詣四人者諭意焉六月晉陽公郭文振奏河朔受兵有年矣向皆秋來春去今已盛暑不迴且不嗜牧役恣民耕稼此殆不可測也樞府每檄臣會合府兵進戰蓋公府雖號分封力實單弱且不相統攝方自保不暇朝廷不卽遣兵爲援臣恐人心以謂舉棄河北甚非計也伏見前平章政事胥鼎才兼將相威望甚隆向行省河東人樂爲用今雖致政精力未衰乞付重兵使總制公府同力戰禦庶幾人皆響應易爲恢復惟陛下圖之明年宣宗崩哀宗卽位正大二年起復拜平章政事進封英國公行尚書省于衛州鼎以衰病辭上諭曰卿向在河東朝廷倚重今河朔州郡多歸附須卿圖畫卿先朝大臣必濟吾事大河以北卿皆節制鼎乃力疾赴鎮來歸者益衆鼎病不能自持復申前請優詔不許三年復上章請老且舉朝賢練軍政者自代詔答曰卿往在河東殘破孤危殆不易保卿一至而定迄卿移鎮敵不復侵何乃過爲嫌避且君臣均爲一體朕待下亦豈自殊自外之語殆爲過計況餘人才力孰可副卿者卿年高久勞於外朕豈不知但國家百年積累之基河朔億萬生靈之命卿當勉出壯圖同濟大事鼎奉詔惶懼不敢退是年七月薨鼎通達吏事有度量爲政鎮靜所在無賢不肖皆得其懽心南渡以來書生鎮方面者惟鼎一人而已

侯摯初名師尹避諱改今名字莘卿東阿人明昌二年進士入官慷慨有爲承安間積遷山東路鹽使司判官泰和元年以課增四分特命遷官二階八年七月追官一階降授長武縣令初摯爲戶部主事與王說規措西北路軍儲以代張煒摯上章論本路財用不實至是降除爲貞祐初大兵圍燕都時摯爲中都麴使請出募軍已而嬰城有功擢爲右補闕二年正月詔摯與少府監丞李廸秀分詣西山招撫宣宗南渡轉勸農副使提控

紫荆等關俄遷行六部侍郎三年四月同僉樞密院阿勒根訛論等以謂今車駕駐南京河南兵不可易動且兵不在多以將爲本侯摯有過人之才儻假以便宜之權使募兵轉糧事無不克可陞爲尚書以總制永錫慶壽兩軍於是以摯爲太常卿行尚書六部事往來應給之摯遂上章言九事其一曰省部所以總天下之紀綱今隨路宣差便宜從宜往往不遵條格輒劄付六部及三品以下官其於紀綱豈不紊亂宜革其弊其二曰近置四帥府所統兵校不爲不衆然而弗克取勝者蓋一處受敵餘徒傍觀未嘗發一卒以爲援稍見小却則棄戈遁去此師老將怯故也將將之道惟陛下察之其三曰率兵禦寇督民運糧各有所職本不可以兼行而帥府每令雜進累遇寇至軍未戰而丁夫已遁行伍錯亂敗之由也夫前陣雖勝而後必更者恐爲敵所料耳況不勝哉用兵尚變本無定形今乃因循不改覆轍臣雖素不知兵妄謂率由此失其四曰維保安肅諸郡據白溝易水西山之固今多闕員又所任者皆柔懦不武宜亟選勇猛才幹者分典之其五曰漳水自衛至海宜沿流設備以固山東使力穡之民安服田畝其六曰近都州縣官吏往往逋逃蓋以往來敵中失身者多兼轉輸頻併民力困敝應給不前復遭責罰秩滿乃與他處一體計資考實負其人乞詔有司優定等級以別異之其七曰兵威不振罪在將帥輕敵妄舉如近日李英爲帥臨陣之際酒猶未醒是以取敗臣謂英既無功其濫注官爵並宜削奪其八曰大河之北民失稼穡官無俸給上下不安皆欲逃竄加以潰散軍卒還相剽掠以致平民愈不聊生宜優加矜恤亟招撫之其九曰從來掌兵者多用世襲之官此屬自幼驕惰不任勞苦且心膽懦怯何足倚辦宜選驍勇過人衆所推服者不考其素用之上察施行焉時元帥蒲察七斤以通州叛累遣諜者間摯摯恐爲所陷上章自辯詔諭之曰卿朕素知豈容間耶其一意於職無以猜嫌自沮也八月權參知政事俄拜參知政事行尚書省于河北先是摯言河北東西兩路最爲要地而貞定守帥胡論出輒棄城南奔州縣危懼今防秋在邇甚爲可憂臣願募兵與舊部西山忠義軍往安撫之制可故有是命十一月入見壬申遣祭河神于宜村十二月復行省于河北四年正月進拜尚書右丞嘗上言宜開沁水以便饋運至是詔有司開之是時河北大饑摯上言曰今河朔饑甚人至相食觀滄等州斗米銀十餘兩殍殣相屬伏見沿河上下許販粟北渡然每石官糴其八彼商人非有濟物之心也所以涉河往來者特利其厚息而已利既無有誰復爲之是雖有濟物之名而實無所渡之物其與不渡何異昔春秋列國各列疆界然晉饑則秦輸之粟及秦饑晉閉之糴千古譏之況今天下一家河朔之民皆陛下赤子而遭罹兵革尤爲可哀其忍坐視其死而不救歟人心惟危臣恐弄兵之徒得以藉口而起也願止其糴縱民輸販爲便詔尚書省行之時紅襖賊數萬人入臨沂費縣之境官軍敗之生擒僞宣徽使李壽甫訊之則云其衆皆楊安兒劉二祖散亡之餘今復聚及六萬賊首郝定者兗州泗水人署置百官僭稱大漢皇帝已攻泰安滕兗單諸州及萊蕪新泰等十餘縣又破邳州硤子堌得船數百艘近遣人北構南連皆成約行將跨河爲亂摯以其言聞于上且曰今邳滕之路不通恐實有此謀遂詔摯行省事于東平權本路兵馬都總管以招誘之若不從即率兵捕討興定元年四月濟南泰安滕兗等州土賊並起肆行剽掠摯遣提控遙授棣州防禦使完顏霆率兵討之前後斬首千餘招降僞元帥石花五夏全餘黨壯士二萬人老幼五萬口是年冬陞資德大夫兼三司使二年二月摯上言山東河北數罹兵亂遺民嗷嗷實可哀卹近朝廷遣官分往撫輯其惠大矣然臣忝預執政敢請繼行以宣布國家德信使疲瘵者得以少蘇是亦圖報之一也宰臣難之無何詔遣置行省于河北兼行三司安撫事既行又上言曰臣近歷黃陵崗南岸多有貧乏老幼自陳本河北農民因敵驚擾故南遷以避今欲復歸本土及春耕種而河禁邀阻臣謂河禁本以防閑自北來者耳此乃由南而往安所容姦乞令有司驗實放渡詔付尚書省宰臣奏宜令樞府講究上曰民飢且死而尚爲次第何耶其令速放之四月招撫副使黃摑阿魯答破李全於密州初賊首李全據密州及膠西高密諸縣摯督兵討之會高密賊陳全等四人默白招撫副使黃摑阿魯答願爲內應阿魯答乃遣提控朱琛率兵五百赴之時李全暨其黨于忙兒者皆在城中聞官軍且西來全潛遁去忙兒不知所爲阿魯答馳抵城下諭謀遁之賊守陴者八百人皆下乞降餘賊四千出走進軍邀擊之斬首千級俘百餘人所獲軍實甚衆遂復其城是夜琛又用陳全計拔高密爲六月上遣諭摯曰卿勤勞王家不避患難身居相職而往來山堌木寨之間保庇農民收穫二麥忠恪之意朕所具知雖然大臣也防秋之際亦須擇安地而處不可墮其計中摯對曰臣蒙大恩死莫能報然承聖訓敢不奉行擬駐兵于長清縣之靈巖寺有屋三百餘間且連接泰安之天勝寨介於東平益都之間萬一兵來足相應援上恐分其兵糧乃詔權移邳州行省九月摯上言東平以東累經殘毀至于邳海尤甚海之民戶曾不滿百而屯軍五千邳戶僅及八百軍以萬計夫古之取兵以八家爲率一家充軍七家給之猶有傷生廢業疲於道路之難今兵多而民不足使蕭何劉晏復生亦無所施其術況於臣者何能爲哉伏見邳海之間貧民失業者甚衆日食野菜無所依倚恐因而嘯聚以益敵摯乞募選爲兵自十月給糧使充戍役至二月罷之人授地三十畝貸之種粒而驗所收穫量數取之逮秋復隸兵伍且戰且耕公私俱利亦望被俘之民易于招集也詔施行之是時樞密院以海州軍食不足艱于轉輸奏乞遷于內地詔問摯摯奏曰海州連山阻海與沂莒邳密皆邊隅衝要之地比年以來爲賊淵藪者宋人資給之故若棄而他徙則直抵東平無非敵境地大氣增後難圖矣臣未見其可且朝廷所以欲遷者止慮糧儲不給耳臣請盡力規畫勸喻農民趨時耕種且令兗鹽易糧或置場宿遷以通商旅可不勞民力而辦仍擇沭陽之地可以爲營屯者分兵護邏雖不遷無患也上是其言乃止十月先是邳州副提控王汝霖以州庫將乏扇其軍爲山東東路轉運副使兼同知沂州防禦使程戩懼禍及已遂與同謀因結宋兵以爲外應摯聞即遣兵捕之訊竟具伏汝霖及戩并其黨彈壓崔榮副統韓松萬戶戚誼等皆就誅至是以聞三年七月設汴京東西南三路行三司詔摯居中總其事爲十月以襄城畢工遷官一階四年七月遷榮祿大夫致仕天興元年正月起復爲大司農四月歸大司農印復致仕八月復起爲平章政事封蕭國公行京東路尚書省事以軍三千護送就舟張家渡行至封丘敵兵覺不能進諸將卒謀倒戈南奔留數騎衛摯摯知其謀遂下馬坐語諸將曰敵兵環視進退在我汝曹不思持重吾寧死於汝曹之手不忍爲亂兵所蹂以辱君父之命諸將諾而止得全師以還聞者壯之十一月復致仕居汴中有園亭蔡水濱日與耆舊讌飲及崔立以汴城降爲大兵所殺摯爲人威嚴御兵人莫敢犯在朝遇事敢言又喜薦士如張文舉雷淵麻九疇輩皆由摯進用南渡後宰執中人望最重

把胡魯不詳其初起貞祐二年五月宣宗南遷由左諫議大夫擢爲御前經歷官上面諭之曰此行軍馬朕自總之事有利害可因近侍局以聞二年十一月出爲彰化軍節度使兼涇州管內觀察使四年五月改知京兆府事兼本路兵馬都總管充行省參議官興定元年三月授陝西路統軍使兼前職二年正月召爲御史中丞三月上言國家取人惟進士之選爲重不求備數務在得賢竊見今場會試考官取人泛濫非求賢之道也宜革其弊依大定舊制詔付尚書省集文資官雜議卒依泰和例行之是月拜參知政事六月詔權左副元帥與平章胥鼎同事防秋三年六月平涼等處地震胡魯因上言皇天不言以象告人災害之生必有其故乞明諭有司敬畏天戒上嘉納之遣右司諫郭著往閱其迹撫諭軍民焉四年四月權尚書右丞左副元帥行尚書省元帥府于京兆時陝西歲運糧以助關東民力寠困胡魯上言若以舟楫自渭入河順流而下庶可少紓民力從之時以爲便五年正月朝議欲復取會州胡魯上言臣竊計之月當費米三萬石草九萬稱轉運丁夫不下十餘萬人使此城一月可拔其費已如此況未必耶臨洮路新遭劫掠瘡痍未復所須芻糧決不可辦雖復取之慶陽平涼鳳翔及邠涇寧原恒隴等州亦恐未能無闕今農事將興沿邊常費已不暇給豈可更調十餘萬人以餉此軍果欲行之則數郡春種盡廢矣政使此城必得不免留兵戍守是飛輓之役無時而已也止宜令承裔軍于定西鞏州之地護民耕稼俟敵意怠然後取之詔付省院曰其言甚當從之可也三月上言禦敵在乎強兵強兵在乎足食此當今急務也竊見自陝以西州郡置帥府者九其部衆率不過三四千而長校猥多虛糜廩給甚無謂也臣謂延安鳳翔鞏州邊隅重地固當仍舊德順平涼等處宜皆罷去河南行院帥府存沿邊並河者餘亦宜罷之制可是年十月西北兵三萬攻延安胡魯遣元帥完顏合達元帥納合買住禦之遂保延安先是胡魯以西北兵勢甚大屢請兵於朝上由是惡之元光元年正月遂罷參知政事以河中府事權安撫使於是陝西西路轉運使夾谷德新上言曰臣伏見知河中府把胡魯廉直忠孝公家之利知無不爲寔朝廷之良臣也去歲兵入延安胡魯遣將調兵城賴以完不爲無功今合達買住各授世封而胡魯改知河中府切謂方今用人之時使謀略之臣不獲展力緩急或失事機誠宜復行省之任使與承裔共守京兆令合達買住捍禦延安以藩衛河南則內外安矣不報六月召爲大司農既至汴遂上言曰邇來羣盜擾攘侵及內地陳

頗去京不及四百里民居稀闊農事半廢蔡息之間十去八九甫經大赦賊起益多動計數百驟牛焚舍恣行剽剝田穀雖熟莫敢穫者所在屯兵率無騎士比報至而賊已遁藪薄深惡復難追襲則徒形跡而已今向秋成奈何不爲處置也八月復拜參知政事上謂之曰卿項爲大司農巡行郡縣盜賊如何可息對曰盜賊之多以賦役多也賦役省則盜賊息上曰朕固省之矣胡魯曰如行院帥府擾之何上曰司農官既兼採訪自今其令禁止之初胡魯拜命日邀護衛紹王宅都將把九斤來賀御史粘割阿里言九斤不當遊執政門胡魯亦不當受其賀請併案之於是詔諭曰卿昔行省陝西擅出繫囚此自人主當行非臣下可專人苟有言其罪豈特除名朕爲卿地因而肆赦以弭衆口卿知之乎今九斤有職守且握兵柄而縱至門下法當責降朕重卿素有直氣故復曲留公家事但當履正而行要取人情何必爾也卿其戒之是年十二月進拜尚書右丞元光二年正月上諭宰臣曰陝右之兵將退當審後圖不然今秋又至矣右丞胡魯深悉彼中利害其與共議之尋遣胡魯往陝西與行省賽不合達從宜規畫爲哀宗即位以有開立功進拜平章政事正大元年四月薨詔加贈右丞相東平郡王胡魯爲人忠實憂國奉公及亡朝廷公宰下迨吏民皆嗟惜之

師安石字子安清州人本姓尹氏避國諱更焉承安五年詞賦進士爲人輕財尚義初補尚書省令史適宣宗南遷留平章完顏承暉守燕都承暉將就死以遺衆託安石使赴行在安石間道走汴以聞上嘉之擢爲樞密院經歷官時哀宗在春宮領密院事遂見知遇元光二年累遷御史中丞其七月上章言備禦二事其一曰自古所以安國家息禍亂不過戰守避和四者而已爲今之計守和爲上所謂守者必求智謀之士使內足以得戍卒之心外足以挫敵人之銳不惟彼不能攻又可以伺其隙而取之其所謂和則漢唐之君固嘗用此策矣豈獨今日不可用乎乞令有司詳議而行其二曰今敵中來歸者頗多宜豐其糧餉厚其接遇度彼果肯爲我用則擇有心力者數十人潛往以誘致其餘來者既衆彼必轉相猜貳然後徐起而圖之則中興之功不遠矣上嘉納之九月坐劾英王守純附奏不實決杖追官及哀宗即位正大元年擢爲同簽樞密院事二年復御史中丞三年工部尚書權左參政四年進尚書右丞五年臺諫劾近侍張文壽張仁壽李麟之安石亦論列三人不已上怒甚有旨謂安石曰汝便承取賢相朕爲昏主止矣如是數百言安石驟蒙任用遽遭摧折疽發腦而死上甚悼惜之

贊曰宣宗南遷天命去矣當是時雖有忠良之佐謀勇之將亦難爲也然而汝礪行信拯救于內胥鼎侯摯守禦于外訖使宣宗得免亡國而哀宗復有十年之久人才有益于人國也若是哉胡魯養兵惜穀之論善矣安石不負承暉之託遂見知遇以論列近侍觸怒而死悲夫

金史卷一百九

元　中書右丞相總裁脫脫等修

列傳第四十七

完顏素蘭　陳規　許古

完顏素蘭一名翼字伯揚至寧元年策論進士也貞祐初累遷應奉翰林文字權監察御史二年宣宗遷汴留皇太子於燕都既而召之素蘭以爲不可平章高琪曰主上居此太子宜從且汝能保都城必完否素蘭曰完固不敢必但太子在彼則聲勢俱重邊隘有守則都城可無虞昔唐明皇幸蜀太子實在靈武蓋將以繫天下之心也不從竟召太子從七月車駕至汴素蘭上書言事略曰昔東海在位信用讒諂踈斥忠直以致小人日進君子日退紀綱紊亂法度益隳風折城門之關火焚市里之舍蓋上天垂象以儆懼之也言者勸其親君子遠小人恐懼修省以答天變東海不從遂至亡滅夫善救亂者必迹其亂之所由生善革弊者必究其弊之所自起誠能大明黜陟以革東海之政則治安之効可指日而待也陛下龍興不思出此輒議南遷詔下之日士民相率上章請留啓行之日風雨不時橋梁數壞人心天意亦可見矣此事既往豈容復追但自今尤宜戒慎覆車之轍不可引轅而復蹈也又曰國家不可一日無兵兵不可一日無食陛下爲社稷之計宮中用度皆從貶損而有司復多置軍官不恤妄費甚無謂也或謂軍官之衆所以張大威聲臣竊以爲不然不加精選而徒務其多緩急臨敵其可用乎且中都惟其糧乏故使車駕至此稍獲安地遂忘其危而不之備萬一再如前日未知有司復請陛下何之也三年正月素蘭自中都計議軍事迴上書求見乞屏左右上遣人諭之曰屏人奏事朕固常爾近以游茂因緣生疑間之語故凡有所引見必令一近臣立侍汝有封章亦無患不密也尋召至近侍局給紙劄令書所欲言書未及半上出御便殿見之悉去左右惟近侍局直長趙和和在焉素蘭奏曰臣聞興衰治亂有國之常在所用之人如何耳用得其人雖衰亂尚可扶持一或非才則治安亦亂矣向者糺軍之變中都帥府自足勦滅朝廷乃令移剌塔不也等招誘之使帥府不敢盡其力既不能招愈不可制矣至於伯德文哥之叛帥府方議削其權而朝廷傳旨俾領義軍文哥由是益肆改除之令輒拒不受不臣之狀亦顯矣帥府方且收捕而朝廷復赦之且不令隸帥府國家付方面於重臣乃不信任顧養叛賊之姦不知誰爲陛下畫此計者臣自外風聞皆平章高琪之意惟陛下裁察上曰汝言皆是文哥之事朕所未悉誠如所言朕肯赦之乎且汝何以知此事出於高琪素蘭曰臣見文哥牒永清副提控劉溫云所差人張希韓至自南京道副樞平章處分已奏令文哥隸大名行省勿復遵中都帥府約束溫即具言於帥府然則罪人與高琪計結明矣上領之素蘭續奏曰高琪本無勳勞亦無公望向以畏死故擅誅胡沙虎蓋出無聊耳一旦得志妬賢能樹姦黨竊弄國權自作威福去歲都下書生樊知一者詣高琪言糺軍不可信恐終作亂遂以刀杖決殺之自是無復敢言軍國利害者宸聰之不通下情之不達皆此人罪也及糺軍爲變以黨人塔不也爲武寧軍節度使往招之已而無成則復以爲武衛軍使塔不也何人且有何功而重用如此以臣觀之此賊變亂紀綱戕害忠良實有不欲國家平治之意昔東海時胡沙虎跋扈無上天下知之而不敢言獨臺臣烏古論德升張行信彈劾其惡東海不察卒被其禍今高琪之姦過於胡沙虎遠矣臺諫職當言責迫於兇威噤不敢忤然內外臣庶見其恣橫莫不扼腕切齒欲一剸刃陛下何惜而不去之耶臣非不知言出而患至顧臣父子迭仕聖朝久食厚祿不敢偷安惟陛下斷然行之社稷之福也上曰此乃大事汝敢及之甚善素蘭復奏丞相福興國之勳舊乞召還京以鎮雅俗付左丞彖多以留司事足矣上曰如卿所言二人得無相惡耶素蘭曰福興彖多同心同德無不協者上曰都下事殷恐丞相不可輟素蘭曰臣聞朝廷正則天下正不若令福興還以正根本上曰朕徐思之素蘭出上復戒曰今日與朕對者止汝二人愼無泄也厥後上以素蘭屢進直言命再任監察御史四年三月言臣近被命體問外路官廉幹者擬不差遣若懦弱不公者罷之具申朝廷別議擬注臣伏念彼懦弱不公之人雖令罷去不過止以待闕者代之其能否又未可知或反不及前官蓋徒有選人之虛名而無得人之實跡古語曰縣令非其人百姓受其殃今若後官更劣則爲患滋甚豈朝廷恤民之意哉夫守令治之本也乞令隨朝七品外路六品以上官各舉堪充司縣長官者仍明著舉官姓名他日察其能否同定賞罰庶幾其可議者或以闕選法絫資品爲言是不知方今之事與平昔不同豈可拘一定之法坐視斯民之病而不權宜更定乎詔有司議行之時哀宗爲皇太子春宮新設師保贊諭之官多非其人於是素蘭上章言臣聞太子者天下之本也欲治天下先正其本正本之要無他在選人輔翼之耳夫生于齊者能齊言而不能楚語未習之故也人之性亦在夫習之而已昔成王在襁褓中即命周召以爲師保戒其逸豫之心告以持守之道終之功光文武垂休無窮欽惟陛下順天人之心預建春宮皇太子仁孝聰明出于天資總制樞務固已綽然有餘儻更選賢如周召之儔者使之夾輔則成周之治不足侔矣上稱善未幾擢爲內侍局直長尋遷諫議大夫進侍御史興定二年四月以蒲鮮萬奴叛遣素蘭與近侍局副使內族訛可同赴遼東詔諭之曰萬奴事竟不知果何如卿等到彼當得其詳然宜止居鐵山若復遠去則朕難得其耗也又曰朕以訛可性頗率易故特命卿偕行每事當詳議之素蘭將行上言曰臣近請宣諭高麗復開互市事聞以詔書付行省必蘭出若令行省就遣諭之不過鄰境領受恐中間有所不通使聖恩不達於高麗高麗亦無由知朝廷本意也況彼世爲藩輔未嘗闕臣子禮如遣信使明持恩詔諭之貸糧開市二者必有一濟苟俱不從則其曲在彼然後別議圖之可也上是其言於是遣典客署書表劉丙從行及還授翰林待制正大元年正月詔集羣臣議修復河中府素蘭與陳規等奏其未可語在規傳是月轉刑部郎中時南陽人布陳謀叛坐繫者數百人司直白華言於素蘭曰此獄詿誤者多新天子方務寬大他日必再詔推問比得昭雪死於榜笞之下者多矣素蘭命華及檢法邊澤分別當死當免者素蘭以聞止坐首惡及擬僞將相者數人餘悉釋之八月權戶部侍郎二年三月授京西司農卿俄改司農大卿轉御史中丞七年七月權元帥右都監參知政事行省於京兆未幾遷金安軍節度使兼同華安撫使既而召還朝行至陝被圍久之亡奔行在道中遇害素蘭莅官以修謹得名然苛細不能任大事較之輩

流頗可稱自擢爲近侍局直長每進言多有補益其居父喪不飲酒廬墓三年時論以爲難

陳規字正叔絳州稷山人明昌五年詞賦進士南渡爲監察御史貞祐三年十一月上章言參政侯摯初以都西立功獲不次之用遂自請鎭撫河北陛下遽授以執政蓋欲責其報効也旣而盤桓西山不能進退及召還闕自當辭避乃恬然安居至於按閱倉庫規畫榷酤豈大臣所宜親方今疆土日蹙將帥乏人士不選練冗食猥多守令貪殘百姓流亡盜賊滋起災變不息則當日夜講求其故啓告陛下者也而摯未嘗及之伏願陛下特賜省察量其才分別加任使無令負天下之謗不報又言警巡使馮祥進由刀筆無他才能第以慘刻督責爲事由是升職恐長殘虐之風乞黜退以勵餘者詔卽罷祥職且諭規曰卿知臣子之分敢言如此朕甚嘉之四年正月上言伏見沿河悉禁物斛北渡遂使河北艱食人心不安昔秦晉爲讎一遇年饑則互輸之粟今聖主在上一視同仁豈可以一家之民自限南北坐視困餧而不救哉況軍民効死禦敵使復乏食生亦何聊人心一搖爲害不細臣謂宜於太陽孟津等渡委官閱視過河之物每石官收不過其半則富有之家利其厚息輻湊而往庶幾公私俱足宰執以河南軍儲爲重詔兩渡委官取其八二以與民至春澤足大兵北還乃依規請制可三月上言臣因巡按至徐州去歲河北紅襖盜起州遣節度副使紇石烈鶴壽將兵討之而乃大掠良民家屬爲驅甚不可也乞明勅有司凡鶴壽所虜俱放免之餘路軍人有掠本國人爲驅者亦乞一體施行庶幾河朔有所係望上恩無有極已事下尚書省命徐州歸德行院拘括放之有隱匿者坐掠人爲奴婢法仍許諸人告捕依令給賞被虜人自訴者亦賞之四月上言河北瀕河州縣率距一舍爲一寨籍居民爲兵數寨置總領官一人並以宣差從宜爲名其人大抵皆閑官義軍之長偏裨之屬尤多無賴輩徼逐宴飲取給于下日以爲常及敵至則伏匿不出敵去騷擾如初此輩小人假以重柄朝廷號令威權無乃太輕乎臣謂宜皆罷之第委宣撫司從宜措畫足矣制可七月上章言陛下以上聖寬仁之姿當天地否極之運廣開言路以求至論雖狂妄失實者亦不坐罪臣忝耳目之官居可言之地苟爲緘默何以仰酬洪造謹條陳八事願不以人微而廢之卽無可採乞放歸山林以懲尸祿之罪一曰責大臣以身任安危今北兵起自邊陲深入吾境大小之戰無不勝捷以致神都覆没翠華南狩中原之民肝腦塗地大河以北莽爲盜區臣每念及此驚怛不已況宰相大臣皆社稷生靈所繫以安危者豈得不爲陛下憂慮哉每朝奏議不過目前數條特以碎末互生異同俱非救時之急者況近詔軍旅之務專委樞府尚書省坐視利害泛然不問以爲責不在已其於避嫌周身之計則得矣社稷生靈將何所賴古語云疑則勿任任則勿疑又曰謀之欲衆斷之欲獨陛下旣以宰相任之豈可使親其細而不圖其大者乎伏願特出睿斷若軍伍器械常程文牘卽聽樞府事行至于戰守大計征討密謀皆須省院同議可否則爲大臣者知有所責而天下可爲矣二曰任臺諫以廣耳目人主有政事之臣有議論之臣政事之臣者宰相執政和陰陽遂萬物鎭撫四夷親附百姓與天子經綸於廟堂之上者也議論之臣者諫官御史與天子辨曲直正是非者也二者豈可偏廢哉昔唐明皇制中書門下入閤議事皆令諫官隨之有失輒諫國朝雖設諫官徒備員耳每遇奏事皆令迴避或兼他職或爲省部所差有終任不覿天顏不出一言而去者雖有御史不過責以糾察官吏照刷案牘巡視倉庫而已其事關利害或政令更革則皆以爲機密而不聞萬一政事之臣專任胷臆威福自出或掌兵者以私見敗事機陛下安得而知之伏願遴選學術該博通曉世務骨鯁敢言者以爲臺諫凡事關利害皆令預議其或不當悉聽論列不許兼職及充省部委差苟畏徇不言則從而黜之三曰崇節儉以答天意昔衞文公乘狄人滅國之餘徙居楚丘纔革車三十兩乃躬行儉約冠大帛之冠衣大布之衣季年致騋牝三千遂爲富庶漢文帝承秦項戰爭之後四海困窮天子不能具鈞駟乃示以敦朴身衣弋綈足履革舄未幾天下富安四夷咸服國家自兵興以來州縣殘毁存者復爲土寇所擾獨河南稍安然大駕所在其費不貲舉天下所奉責之一路顧不難哉賴陛下慈仁上天眷佑蝗災之餘而去歲秋禾今年夏麥稍得支持夫應天者要在以實行儉者天必降福切見宮中及東宮奉養與平時無異隨朝官吏諸局承應人亦未嘗有所裁省至於貴臣豪族掌兵官莫不以奢侈相尚服食車馬惟事紛華今京師鬻明金衣服及珠玉犀象者日增於舊俱非克己消厄之道願陛下以衞文公漢文帝爲法凡所奉之物痛自撙節罷冗員減浮費戒豪侈禁戢明金服飾庶皇天悔禍太平可致四曰選守令以結民心方今舉天下官吏軍兵之費轉輸營造之勞皆仰給河南陝西加之連年蝗旱百姓薦饑行賑濟則倉廩懸乏免征調則用度不足欲其實惠及民惟得賢守令而已當賦役繁殷期會促迫之際若措畫有方則百姓力省而易辦一或乖謬有不勝其害者況縣令之弊無甚于今由軍衞監當進納勞効而得者十居八九其桀黠者乘時貪縱庸懦者權歸猾吏近雖遣官廉察治其姦濫易其疲軟然代者亦非選擇所謂除狼得虎也伏乞明勅尚書省公選廉潔無私才堪牧民者以補州府官仍清縣令之選及責隨朝七品外任六品以上官各保堪任縣令者一員如他日犯贓並從坐其資歷已係正七品及見任縣令者皆聽寄理俟秩滿升遷復令監察以時巡按有不法及不任職者究治之則實惠及民而民心固矣五曰博謀羣臣以定大計比者徙河北軍戶百萬餘口于河南雖革去冗濫而所存猶四十二萬有奇歲支粟三百八十餘萬斛致竭一路終歲之斂不能贍此不耕不戰之人雖無邊事亦將坐困況兵事方興未見息期耶近欲分布沿河使自種殖然游惰之人不知耕稼羣飲賭博習以成風是徒煩有司徵索課租而已舉數百萬衆坐糜廩給緩之則用闕急之則民疲朝廷惟此一事已不知所處又何以待敵哉是蓋不審於初不計其後致此誤也使初遷時去留從其所願則欲來者是足以自贍之家何假官廩其留者必有避難之所不必强遣當不至今日措畫之難古昔人君將舉大事則謀及乃心謀及卿士庶人卜筮乞自今凡有大事必令省院臺諫及隨朝五品以上官同議爲便六曰重官賞以勸有功陛下卽位以來屢沛覃恩以均大慶不吝官爵以激人心至有未滿一任而併進十級承應未出職而已帶驃騎榮祿者冗濫之極至于如此復開鬻爵進獻之門然則被堅執銳効死行陣者何所勸哉官本虛名特出於人主之口而天下之人極意邀慕者以朝廷愛重耳若不計勳勞朝授一官暮陞一職人亦將輕之而不慕矣已然之事旣不可咎伏願陛下重惜將來無使公器爲尋常之具功賞爲僥倖所乘又今之散官動至三品有司艱於遷授宜於減罷八資內量增階數易以美名庶幾歷官者不至于太驟而國家恩權不失之太輕矣七曰選將帥以明軍法夫將者國之司命天下所賴以安危者也舉萬衆之命付之一人呼吸之間以決生死其任顧不重歟自北兵入境野戰則全軍俱殁城守則闔郡被屠豈皆士卒單弱守備不嚴哉特以庸將不知用兵之道而已古語云三辰不軌取士爲相四夷交侵拔卒爲將今之將帥大抵先論出身官品或門閥膏粱之子或親故假託之流平居則意氣自高遇敵則首尾退縮將帥旣自畏怯士卒夫誰肯前又居常裒刻納其饋獻士卒因之以擾良民而莫可制及率之應敵在途則前後亂行頃次則排門擇屋恐逼小民恣其求索以此責其畏法死事豈不難哉況今軍官數多自千戶而上有萬戶有副統有都統有副提控十羊九牧號令不一動相牽制切聞國初取天下元帥而下惟有萬戶所統軍士不下數萬人專制一路豈在多哉多則易擇少則易精今之軍法每二十五人爲一謀克四謀克爲一千戶謀克之下有蒲輦一人旗鼓司火頭五人其任戰者纔十有八人而已又爲頭目選其壯健以給使令則是一千戶所統不及百人不足成其隊伍矣古之良將常與士卒同甘苦今軍官旣有俸廩又有券糧一日之給兼數十人之用將帥則豐飽有餘士卒則飢寒不足曷若裁省冗食而加之軍士哉伏乞明勅大臣精選通曉軍政者分詣諸路編列隊伍要必十五人爲一謀克四謀克爲一千戶五千戶爲一萬戶謂之散將萬人設一都統謂之大將總之帥府數不足者皆併之其副統副提控及無軍虛設都統萬戶者悉罷省仍勅省院大臣及內外五品以上各舉方畧優長武勇出衆材堪將帥者一二人不限官品以充萬戶以上都統元帥之職千戶以下選軍中有謀略武藝爲衆所服者充申明軍法居常敎閱必使將帥明於奇正虛實之數士卒熟于坐作進退之節至于弓矢鎧仗須令自負習於勞苦若有所犯必刑無赦則將帥得人士氣日振可以待敵矣八曰練士卒以振兵威昔周世宗常曰兵貴精而不貴多百農夫不能養一士卒奈何朘民脂膏養此無用之卒苟健懦不分衆何以勸因大蒐軍卒遂下淮南取三關兵不血刃選練之力也唐魏徵曰兵在以道御之而已御壯健足以無敵于天下何取細弱以增虛數比者凡戰多敗非由兵少正以其多而不分健懦故爲敵所乘懦者先奔健者不能獨戰而遂潰此所以取敗也今莫若選差習兵公正之官將已籍軍人隨其所長而類試之其武藝出衆者別作一軍量增口糧時加訓練視等第而賞之如此則人人激厲爭効所長而衰懦者亦有可用之漸矣昔唐文皇出征常分其軍爲上中下凡臨敵則觀其强弱使下當其上而上當其中中當其下敵乘下軍不過奔逐數步而上軍中軍已勝其二軍用是常勝蓋古

之將帥亦有以懦兵委敵者，要在預爲分別，不使混淆耳。上覽書不悅，詔付尚書省詰之。宰執惡其紛更諸事，謂所言多不當，於是規惶懼待罪。詔諭曰：「朕始以規有放歸山林之語，故令詰之，乃辭以不識忌諱，意謂朕惡其言而怒也。朕初無意加罪，其令御史臺諭之。」尋出爲徐州帥府經歷官。正大元年，召爲右司諫，數上章言事。尋權吏部郎中。時詔羣臣議修復河中府，規與楊雲翼等言：「河中今爲無人之境，陝西民力疲乏，修之亦不能守，不若以見屯軍士量力補治，待其可守即修之未晚也。」從之。未幾，坐事解職。初，吏部尚書趙伯成坐銓選吏員出身王京與進士王著塡開封警巡判官見闕，爲京所訟免官，規亦坐之。是年十一月，改充補闕。十二月，言將相非材，且薦數人可用者。二年正月，規及臺諫同奏五事：一乞尚書省提控樞密院，如大定、明昌故事；二簡留親衛軍；三沙汰冗軍，減行樞密院帥府；四選大臣爲宣撫使，招集流亡以實邊防；五選官置所，議一切省減。略施行之。四月，以大旱詔規審理寃滯，臨發上奏：「今河南一路便宜、行院、帥府、從宜凡二十處，陝西行尚書省二、帥府五，皆得以便宜殺人，寃獄在此不在州縣。」又曰：「雨水不時則責審理，然則職燮理者當何如？」上善其言而不能有爲也。十一月，上召完顏素蘭及規入見，面諭曰：「宋人輕犯邊界，我以輕騎襲之，冀其懲創告和，以息吾民。且宋果行成，尚欲用兵乎？卿等當識此意。」規進曰：「帝王之兵貴於萬全，昔光武中興，所征必克，猶言每一出兵，頭須爲白。兵不妄動如此。」上善之。四年三月，上召羣臣喻以陝西事，曰：「方春北方馬漸羸瘠，秋高大勢併來，何以支持？朕已喻合達盡力決一戰矣，卿等以爲如何？」又言和事無益，撒合輦力破和議。賽不言：「今已遣和使，可中輟乎？」餘皆無言。規獨進曰：「兵難遙度，百聞不如一見。臣嘗任陝西官，近年又屢到陝西，兵將冗懦，恐不可用，未如聖料。」言未終，烏古論四和曰：「陳規之言非是，臣近至陝西，軍士勇銳，皆思一戰。」監察御史完顏習顯從而和之。上首肯，又泛言和事。規對曰：「和事固非上策，又不可必成，然方今事勢不得不然，使彼難從，猶可以激厲將士，以待其變。」上不以爲然。明日，又令集議省中，欲罷和事，羣臣皆以和爲便，乃詔行省斟酌發遣，而事竟不行。十月，規與右拾遺李大節上章，劾同判大睦親事撒合輦諂佞招權、納賄及不公事，由是撒合輦竟出爲中京留守，朝廷快之。五年二月，又與大節言三事：一，將帥出兵每爲近臣牽制，不得專輒；二，近侍送宣傳旨公受賂遺，失朝廷體，可一切禁絕；三，罪同罰異，何以使人。上嘉納焉。初，宣宗嘗召文繡署令王壽孫作大紅半身繡衣，且戒以勿令陳規知。及成進，召壽孫問曰：「曾令陳規輩知否？」壽孫頓首言：「臣侍禁庭，凡宮中大小事不敢爲外人言，況親被聖訓乎。」上因歎曰：「陳規若知，必以華飾諫我，我實畏其言。」蓋規言事不假借，朝望甚重，凡宮中舉事，上必曰「恐陳規有言」。一時近臣切議，惟畏陳正叔耳。挺然一時直士也。後出爲中京副留守，未赴，卒，士論惜之。規博學能文，詩亦有律度，爲人剛毅質實，有古人風，篤於學問，至老不廢。渾源劉從益見其所上八事，歎曰：「宰相材也。」每與人論及時事，輒憤惋盡傷其言之不行也。南渡後，諫官稱許古、陳規，而規不以許直自名，尤見重云。死之日，家無一金，知友爲葬之。子良臣。

許古字道眞，汾陽軍節度使致仕安仁子也。登明昌五年詞賦進士第。貞祐初，自左拾遺拜監察御史。時宣宗遷汴，信任丞相高琪，無恢復之謀，古上章曰：「自中都失守，廟社陵寢、宮室府庫，至于圖籍重器，百年積累，一朝棄之，惟聖主痛悼之心至爲深切，夙夜思懼所以建中興之功者，未嘗少置也。爲臣子者食祿受責，其能無愧乎。且閭閻細民猶顒望朝廷整訓師徒，爲恢復計，而今纔聞拒河自保，又盡徙諸路軍戶河南，彼旣棄其恒產，無以自生，土居之民復被其擾，臣不知誰爲此謀者。然業已如是，但當議所以處之，使軍無妄費，民不至困窮，則善矣。臣聞安危所繫在於一相，孔子稱『危而不持，顚而不扶，則將焉用』。事勢至此，不知執政者每對天顏，何以仰荅淸問也。今之所急，莫若得人。如前御史大夫裴滿德仁、工部尚書孫德淵，忠諒明敏，可以大用，近皆許告老，願復起而任之，必能有所建立，以利國家。太子太師致仕孫鐸雖頗衰疾，如有大議，猶可賜召或就問之。人才自古所難，凡知治體者皆當重惜，況此耆舊，豈宜輕棄哉。若乃臨事不盡其心，雖盡心而不明於理，得無益，失無損者，縱其尚壯，亦安所用。方時多難，固不容祿祿之徒備員尸素，以塞賢路也。惟陛下宸衷剛斷，黜陟一新，以幸天下。臣前爲拾遺時，已嘗備論擇相之道，乞取臣前奏并今所言，加審思焉。臣又聞將者民之司命，國家安危所繫，故古之人君必重其選，爲將者亦必以天下爲已任。夫將者貴謀而賤戰，必也賞罰使人信之而不疑，權謀使人由之而不知，三軍奔走號令以取勝，然後中心誠服而樂爲之用。邇來城守不堅，臨戰輒北，皆以將之不才故也。私於所暱，賞罰不公，至於衆怨而懼其生變，則撫摩慰藉，一切爲姑息之事，由是兵輕其將，將畏其兵，尚能使之出死力以禦敵乎？願令腹心之臣及閑於兵事者各舉所知，果得眞才，優加寵任，則戰功可期矣。如河東宣撫使胥鼎、山東宣撫使完顏弼、涿州刺史內族從坦、昭義節度使必蘭阿魯帶，或忠勤勇幹，或重厚有謀，皆可任之以扞方面。」又曰：「河北諸路以都城旣失，軍戶盡遷，將謂國家舉而棄之，州縣官往往逃奔河南。乞令所在根括，立期遣還，違者勿復錄用。未嘗離任者議加恩賚。如願自効河北者亦聽陳請，仍先賞之，減其日月。州縣長貳官並令兼領軍職，許擇軍中有才略膽勇者爲頭目，或加爵命以收其心。能取一府者即授爲府長官，州縣亦如之，使人懷復土之心。別遣忠實幹濟者以文檄官賞招諸脅從人，彼旣苦於敵役，來者必多，敵勢當自削。有司不知出此，而但爲清野計，事無緩急，惟期速辦，今晚禾十損七八，遠近危懼，所謀可謂大戾矣。」又曰：「京師諸夏根本，況今常宿重兵，緩急征討必由於此，平時尚宜優於外路，使百姓有所蓄積，雖在私室，猶公家也。今有司搜括餘糧，致轉販者無復敢入，宜即止之。臣頃看讀陳言，見其盡心竭誠以吐正論者，率皆草澤疏賤之人，況在百僚，豈無爲國深憂進章疏者乎？誠宜明勑中外，使得盡言不諱，則太平之長策出矣。」詔付尚書省略施行焉。尋遷尚書左司員外郎，兼起居注。無何，轉右司諫。時丞相高琪立法，職官有犯皆的決。古及左司諫抹撚胡魯剌上言曰：「禮義廉恥以治君子，刑罰威獄以治小人，此萬世不易論也。近者朝廷急於求治，有司奏請從權立法，職官有犯應贖者亦多的決。夫爵祿所以馭貴也，貴不免辱，則卑賤者又何加焉。車駕所駐，非同征行，而凡科徵小過皆以軍期罪之，不已甚乎。陛下仁恕，決非本心，殆有司不思寬靜可以措安，而專事督責故耳。且百官皆朝廷遴選，多由文行武功閥閱而進，乃與凡庶等，則享爵祿者亦不足爲榮矣。抑又有大可慮者，爲上者將曰『官猶不免，民復何辭』，則苛暴之政日行；爲下者將曰『彼旣亦然，吾復何恥』，則陵犯之心益肆，其弊豈勝言哉。伏願依元年赦恩刑不上大夫之文，削此一切之法，幸甚。」上初欲行之，而高琪固執以爲不可，遂寢。四年，以右司諫兼侍御史。時大兵越潼關而東，詔尚書省集百官議，古上言曰：「兵踰關而朝廷甫知，此蓋諸將欺蔽罪也。雖然，大兵駐閿鄉境數日不動，意者恐吾河南之軍逆諸前，陝西之衆議其後，或欲先令覘者伺趨向之便，或以深入人境非其地利而自危，所以覲望未遽進也。此時正宜選募銳卒併力擊之，且開其歸路，彼旣疑惑，遇敵必走，我衆從而襲之，其破必矣。」上以示尚書省，高琪沮其議，遂不行。是月，始置招賢所，令古等領其事。興定元年七月，上聞宋兵連陷贛榆、漣水諸縣，且獲僞檄，辭多詆斥，因諭宰臣曰：「宋人構禍久矣，朕姑含容者，衆慮開兵端以勞吾民耳。今數見侵，將何以處？卿等其與百官議。」於是集衆議于都堂。古曰：「宋人孱弱，畏我素深，且知北兵方强，將恃我爲屛蔽，雖時跳梁，計必不敢深入，其侮慢之語特市井屠沽兒所爲，烏足較之。止當命有司移文，諭以本朝累有大造，及聖主兼愛生靈意，彼若有知，復尋舊好，則又何求。其或怙惡不悛，舉衆討之，顧亦未晚也。」時預議者十餘人，雖或小異，而大略則一。旣而丞相高琪等奏：「百官之議，咸請嚴兵設備以逸待勞，此上策也。」上善之。時朝廷以諸路把軍官時有不和，不聽更相訴訟，古上言曰：「臣以爲善者有勸，惡者有懲，國之大法也。苟善惡不聞，則上下相蒙，懲勸無所施矣。」上嘉納之。古以朝廷欲舉兵伐宋，上疏諫曰：「昔大定初，宋人犯宿州，已而屢敗，世宗料其不敢遽乞和，乃勑元帥府遣人議之，自是太平幾三十年。泰和中，韓侂冑妄開邊釁，章宗遣駙馬僕散揆討之，揆慮兵興費重，不能久支，陰遣侂冑族人賫乃祖琦畫像及家牒，僞爲歸附以見丘崈，因之繼好振旅而還。夫以世宗、章宗之隆，府庫充實，天下富庶，猶先俯屈以卬成功，告之祖廟，書之史冊，爲萬世美談，今其可不務乎。今大兵少息，若復南邊無事，則太平不遠矣。或爲專用威武可使宋人屈服，此殆虛言，不究實用。借令時獲小捷，亦不足多賀，彼見吾勢大，必堅守不出，我軍倉猝無得，須還以就糧，彼復乘而襲之，使我欲戰不得，欲退不能，則休兵之期迺未見也。況彼有江南蓄積之餘，我止河南一路征斂之弊，可爲寒心。願陛下隱忍包容，速行此策，果通和，則大兵聞之亦將斂跡，以吾無掣肘故也。河南旣得息肩，然後經略朔方，則陛下享中興之福，天下賴涵養之慶矣。惟陛下略近功，慮後患，不勝幸甚。」上是其言，即命古草議和牒文。旣成，以示宰臣，宰臣言其有哀祈之意，自示微弱，遂不用。監察御史粘割梭失劾榷貨司同提舉毛端卿貪汚不法，古以詞理繁雜，輒爲刪定，頗有脫漏，梭失以聞，削官一階，解職，特免殿。三年正月，尚書省奏諫官闕員，因以古爲請，上曰：「朕昨暮方思古，而卿等及之，正合朕意。」其趣召之，復拜左補闕。八月，削官四階，解職。初，朝廷遣近侍局直長溫敦百家奴暨刑部侍郎奥屯胡撒合徙吉州之民於丹以避兵鋒州民重遷遮道控訴百家奴諭以天子恐傷百姓之意且令召晉安兵將護老幼以行衆意兵至則必見强也迺譔入州署索百家奴殺之胡撒合畏禍矯狥衆情與之會飲歌樂盡日衆肩舁導擁讙呼拜謝而去旣還詔古與監察御史紇石烈鐵論鞫之諭旨曰百家奴之死皆胡撒合所賣也其閱實以聞奥屯胡撒合旣下獄上怒甚亟欲得其情以正典刑而古等頗寬縱之胡撒合自縊死有司以故出論罪遂有是罰哀宗初卽位召爲補闕俄遷左司諫言事稍不及昔時未幾致仕居伊陽郡守爲起伊川亭古性嗜酒老而未衰每乘舟出村落間留飲或十數日不歸及泝流而上老稚爭爲挽舟數十里不絕其爲時人愛慕如此正大七年卒年七十四古平生好爲詩及書然不爲士大夫所重時論但稱其直云天興間有右司諫陳岢者遇事輒言無少隱上嘗面獎及汴京被兵屢上封事言得失請戰一書尤爲剴切其略云今日之事皆出陛下不斷將相怯懦若因循不決一旦無如之何恐君臣相對涕泣而已可謂切中時病而時相赤盞合喜等沮之策爲不行識者惜焉岢字和之滄州人大安元年進士

贊曰宣宗卽位孜孜焉以繼述世宗爲志而其所爲一切反之大定講和南北稱治貞祐用兵生民塗炭石琚爲相君臣之間務行寬厚高琪秉政惡儒喜吏上下苛察完顏素蘭首攻琪惡謂琪必亂紀綱陳規力言刀筆吏殘虐恐壞風俗許古請與宋和辭極忠愛三人所言皆切中時病有古諍臣之風焉宣宗知其爲直而不用其言如是而欲比隆世宗難矣

金史卷一百十

元中書右丞相總裁脫脫等修

列傳第四十八

楊雲翼　趙秉文

韓玉　馮璧　李獻甫　雷淵　程震

楊雲翼字之美其先贊皇檀山人六代祖忠客平定之樂平縣遂家焉曾祖青祖郁考桓皆贈官于朝雲翼天資穎悟初學語輒畫地作字日誦數千言登明昌五年進士第一詞賦亦中乙科特授承務郎應奉翰林文字承安四年出爲陝西東路兵馬都總管判官泰和元年召爲太學博士遷太常寺丞兼翰林修撰七年簽上京東京等路按察司事因召見章宗咨以當世之務稱旨大安元年翰林承旨張行簡薦其材且精術數召授提點司天臺兼翰林修撰俄兼禮部郎中崇慶元年以病歸貞祐二年有司上官簿宣宗閱之記其姓名起授前職兼吏部郎中三年轉禮部侍郎兼提點司天臺四年大元及西夏兵入鄜延潼關失守朝議以兵部尚書蒲察阿里不孫爲副元帥以禦之雲翼言其人言浮於實必誤大事不聽後果敗興定元年六月遷翰林侍講學士兼修國史知集賢院事兼前職詔曰官制入三品者例外除以卿遇事敢言議論忠讜故特留之時右丞相高琪當國人有請榷油者高琪主之甚力詔集百官議戶部尚書高夔等二十六人同聲曰可雲翼獨與趙秉文時戬等數人以爲不可議遂格高琪後以事譴之雲翼不卹也二年拜禮部尚書兼職如故三年築京師子城役兵民數萬夏秋之交病者相籍雲翼提舉醫藥躬自調護多所全濟四年改吏部尚書凡軍興以來入粟補官及以戰功遷授者事定之後有司苛爲程式或小有不合輒罷去雲翼奏曰賞罰國之大信此輩宜從寬錄以勸將來是年九月上召雲翼及戶部尚書夔翰林學士秉文於內殿皆賜坐問以講和之策或以力戰爲言上俯首不樂雲翼徐以孟子事大事小之事解之且曰今日奚計哉使生靈息肩則社稷之福也上色乃和十一月改御史中丞宗室承立權參知政事行尚書省事於京兆大臣言其不法詔雲翼就鞫之獄成廷奏曰承立所坐皆細事不足問向大兵掠平涼以西數州皆破承立坐擁彊兵瞻望不進鄜延帥臣完顏合達以孤城當兵衝屢立戰績其功如此而承立之罪如彼願陛下明其功罪以誅賞之則天下知所勸懲矣自餘小失何足追咎承立由是免官合達遂掌機務哀宗卽位首命雲翼攝太常卿尋拜翰林學士正大三年二月復爲禮部尚書兼侍讀詔集百官議省費雲翼曰省費事小戶部司農足以辦之樞密專制軍政茂視尚書尚書出政之地政無大小皆當總領今軍旅大事社稷繫焉宰相乃不得預聞欲使利病兩不相蔽得乎上嘉納之明年設益政院雲翼爲選首每召見賜坐而不名時講尚書雲翼爲言帝王之學不必如經生分章析句但知爲國大綱足矣因舉任賢去邪與治同道與亂同事有言逆於汝心有言遜於汝志等數條一皆本於正心誠意敷繹詳明上聽忘倦尋進龜鑑萬年錄聖學聖孝之類凡二十篇當時朝士廷議之際多不盡言顧望依違寖以成俗一日經筵畢因言人臣有事君之禮有事君之義禮不敢齒君之路馬蹴其芻者有罰入君門則趨見君之几杖則起君命召不俟駕而行受命不宿於家是皆事君之禮人臣所當盡者也然國家之利害生民之休戚一一陳之則向所謂禮者特虛器耳君曰可而有否者獻其否君曰否而有可者獻其可言有不從雖引裾折檻斷鞅軔輪有不恤焉者當是時也姑徇事君之虛禮而不知事君之大義國家何賴焉上變色曰非卿朕不聞此言雲翼嘗患風痺至是稍愈上親問愈之之方對曰但治心耳心和則邪氣不干治國亦然人君先正其心則朝廷百官莫不一於正矣上矍然知其爲醫諫也夏人旣通好遣其徽猷閣學士李弁來議互市往返不能決朝廷以雲翼往議乃定五年卒年五十有九謚文獻雲翼天性雅重自律甚嚴其待人則寬與人交分一定死生禍福不少變其於國家之事知無不言貞祐中主兵者不能外禦而欲取償於宋故頻歲南伐有言之者不謂之與宋爲地則疑與之有謀至於宰執他事無不言者獨南伐則一語不敢及雲翼乃建言曰國家之慮不在於未得淮南之前而在於旣得淮南之後蓋淮南平則江之北盡爲戰地進而爭利於舟楫之間恐勁弓良馬有不得騁者矣彼若扼江爲屯潛師於淮以斷餉道或決水以瀦淮南之地則我軍何以善其後乎及時全倡議南伐宣宗以問朝臣雲翼曰朝臣率皆謏辭天下有治有亂國勢有弱有彊今但言治而不言亂言彊而不言弱言勝而不言負此議論所以偏也臣請兩言之夫將有事於宋者非貪其土地也第恐西北有警而南又綴之則我三面受敵矣故欲我師乘勢先動以阻其進借使宋人失淮且不敢來此戰勝之利也就如所料其利猶未可必然彼江之南其地尚廣雖無淮南豈不能集數萬之衆伺我有警而出師耶戰而勝且如此如不勝害將若何且我以騎當彼之步理宜萬全臣猶恐其有不敢恃者蓋今之事勢與泰和不同泰和以冬征今我以夏往此天時之不同也冬則水涸而陸多夏則水潦而塗淖此地利之不同也泰和舉天下全力驅乣軍以爲前鋒今能之乎此人事之不同也議者徒見泰和之易而不知今日之難請以夏人觀之向日弓箭之手在西邊者一遇敵則搏而戰袒而射彼己奔北之不暇今乃陷吾城而虜守臣敗吾軍而擒主將曩則畏我如彼今則侮我如此夫以夏人旣非前日奈何以宋人獨如前日哉願陛下思其勝之之利又思敗之之害無貽後悔章奏不報時全果大敗於淮上一軍全沒宣宗責諸將曰當使我何面目見楊雲翼耶河朔民十有一人爲游騎所迫泅河而南有司論罪當死雲翼曰法所重私渡者防姦僞也今平民爲兵所迫奔入於河爲逭死之計耳今使不死於敵而死於法後惟從敵而已宣宗悟盡釋之哀宗以河南旱詔遣官理冤獄而不及陝西雲翼言天地人通爲一體今人一支受病則四體爲之不寧豈可專治受病之處而置其餘哉朝廷是之司天有以太乙新歷上進者尚書省檄雲翼參訂摘其不合者二十餘條歷家稱焉所著文集若干卷校大金禮儀若干卷續通鑑若干卷周禮辨一篇左氏莊列賦各一篇五星聚井各一篇縣象賦一篇勾股機要象數雜說等著藏于家

趙秉文字周臣磁州滏陽人也幼穎悟讀書若夙習登大定二十五年進士第調安塞簿以課最遷邯鄲令再遷唐山丁父憂用薦者起復南京路轉運司都勾判官明昌六年入爲應奉翰林文字同知制誥上書論宰相胥持國當罷宗室守貞可大用章宗召問言頗差異於是命知大興府事內族膏等鞫之秉文初不肯言詰其僚歷數交游者秉文乃曰初欲上言嘗與修撰王庭筠御史周昂省令史潘豹鄭贊道高坦等私議庭筠等皆下獄決罰有差有司論秉文上書狂妄法當追解上不欲以言罪人遂特免焉當時爲之語曰古有朱雲今有秉文朱雲攀檻秉文攀人士大夫莫不恥之坐是久廢後起爲同知岢嵐軍州事轉北京路轉運司度支判官承安五年冬十月陰晦連日宰相張萬公入對上顧謂萬公曰卿言天日晦冥亦猶人君用人邪正不分極有理若趙秉文曩以言事降授聞其人有才藻工書翰又且敢言朕非棄不用以北邊軍事方興姑試之耳泰和二年召爲戶部主事遷翰林修撰十月出爲寧邊州刺史三年改平定州前政苛於用刑每聞赦將至先掊賊死乃拜赦而盜愈繁秉文爲政一從寬簡旬月盜悉屏跡歲饑出祿粟倡豪民以賑全活者甚衆大安初北兵南嚮召秉文與待制趙資道論備邊策秉文言今我軍聚於宣德城小列營其外涉暑雨器械弛敗人且病俟秋敵至將不利矣可遣臨潢一軍擣其虛則山西之圍可解兵法所謂出其不意攻其必救者也衞王不能用其秋宣德果以敗聞尋爲兵部郎中兼翰林修撰俄轉翰林直學士貞祐初建言時事可行者三一遷都二導

河三封建朝廷略施行之明年上書願爲國家守殘破一州以宣布朝廷恤民之意且曰陛下勿謂書生不知兵顏眞卿張巡許遠輩以身許國亦書生也又曰使臣死而有益於國猶勝坐糜廩祿爲無用之人上曰秉文志固可尚然方今翰苑尤難其人卿宿儒當在左右不許四年拜翰林侍講學士言寶券滯塞蓋朝廷初議更張市肆已妄傳其不用因之抑遏漸至廢絶臣愚以爲宜立回易務令近上職官通市道者掌之給以銀鈔粟麥縑帛之類權其低昂而出納詔有司議行之興定元年轉侍讀學士拜禮部尚書兼侍讀學士同修國史知集賢院事又明年知貢舉坐取進士盧亞重用韻削兩階因請致仕金自泰和大安以來科舉之文其弊益甚蓋有司惟守格法所取之文卑陋陳腐苟合程度而已稍涉奇峭卽遭絀落於是文風大衰貞祐初秉文爲省試得李獻能賦雖格律稍疎而詞藻頗麗擢爲第一舉人遂大喧譟愬於臺省以爲趙公大壞文格且作詩謗之久之方息俄而獻能復中宏詞入翰林而秉文竟以是得罪五年復爲禮部尚書入謝上曰卿春秋高以文章故須復用卿秉文以身受厚恩無以自效願開忠言廣聖慮每進見從容爲上言人主當儉勤愼兵刑所以祈天永命者上嘉納焉哀宗卽位再乞致仕不許改翰林學士同修國史兼益政院說書官以上嗣德在初當日親經史以自裨益進無逸直解貞觀政要申鑒各一通正大九年正月汴京戒嚴上命秉文爲赦文以布宣悔悟哀痛之意秉文指事陳義辭情俱盡及兵退大臣欲稱賀且命爲表秉文曰春秋新宮火三日哭今園陵如此酌之以禮當慰不當賀遂已時年已老日以時事爲憂雖食息頓不能忘每聞一事可便民一士可擢用大則拜章小則爲當路者言殷勤鄭重不能自已三月草開興改元詔閭巷間皆能傳誦洛陽人拜詔畢舉城痛哭其感人如此是年五月壬辰卒年七十四積官至資善大夫上護軍天水郡侯正大間同楊雲翼作龜鑑萬年錄上之又因進講與雲翼共集自古治術號君臣政要爲一編以進焉秉文自幼至老未嘗一日廢書著易叢說十卷中庸說一卷楊子發微一卷太玄箋贊六卷文中子類說一卷南華略釋一卷列子補注一卷删集論語孟子解各一十卷資暇錄一十五卷所著文章號滏水集者三十卷秉文之文長於辨析極所欲言而止不以繩墨自拘七言長詩筆勢縱放不拘一律律詩壯麗小詩精絶多以近體爲之至五言古詩則沉鬱頓挫字畫則草書尤遒勁朝使至自河湟者多言夏人問秉文及王庭筠起居狀其爲四方所重如此爲人至誠樂易與人交不立崖岸未嘗以大名自居仕五朝官六卿自奉養如寒士楊雲翼嘗與秉文代掌文柄時人號楊趙然晚年頗以禪語自污人亦以爲秉文之恨云

贊曰楊雲翼趙秉文金士巨擘其文墨論議以及政事皆有足傳雲翼諫伐宋一疏宣宗雖不見聽此心何愧景略庭筠之累秉文所爲茲事大愧高允

韓玉字溫甫其先相人曾祖錫仕金以濟南尹致仕玉明昌五年經義辭賦兩科進士入翰林爲應奉應制一日百篇文不加點又作元勳傳稱旨章宗歎曰勳臣何幸得此家作傳耶泰和中建言開通州潞水漕渠船運至都陞兩階授同知陝西東路轉運使事大安三年都城受圍夏人連陷邠涇陝西安撫司檄玉以鳳翔總管判官爲都統府募軍旬日得萬人與夏人戰敗之獲牛馬千餘時夏兵五萬方圍平涼又戰于北原夏人疑大軍至是夜解去當路者忌其功驛奏玉與夏寇有謀朝廷疑之使使者授玉河平軍節度副使且覘其軍先是華州李公直以都城隔絶謀舉兵入援而玉恃其軍爲可用亦欲爲勤王之舉乃傳檄州郡云事推其本禍有所基始自賊臣貪容姦賂繼緣二帥貪固威權又云裹糧坐費盡膏血於生民棄甲復來竭資儲於國計要權力而望形勢連歲月而守妻孥又云人誰無死有臣子之當然事至于今忍君親之弗顧勿謂百年身後虛名一聽史臣只如今日目前何顏以居人世公直一軍行有日矣將有違約國朝人有不從者輒以軍法從事京兆統軍便謂公直據華州反遣都統楊珪襲取之遂寘極刑公直曾爲書約玉玉不預知其書乃爲安撫所得及使者覘玉軍且疑預公直之謀卽實其罪玉道出華州被囚死於郡學臨終書二詩壁間士論冤之子不疑字居之以父死非罪誓不祿仕藏其父臨終時手書云此去冥路吾心皓然剛直之氣必不下沉兒可無慮世亂時艱努力自護幽明雖異寧不見爾讀者惻然

馮璧字叔獻眞定縣人幼穎悟不凡弱冠補太學生承安二年經義進士制策復優等調莒州軍事判官宰相奏留校祕書未幾調遼濱主簿縣有和糴粟未給價者餘十萬斛散貯民居以富人掌之有腐敗則責償於民民殊苦之璧白漕司卽日罷之民大悅四年調鄜州錄事明年伐蜀行部檄充軍前檢察帥府以書檄委之章宗欲招降吳曦詔先以文告曉之然後用兵蜀人守散關不下金兵殺獲甚衆璧言彼軍拒守而幷竊其民無乃與詔旨戾乎主帥憾之以璧招兩當潰卒璧卽日率鳳州已降官屬淡剛李果偕行道逢軍士所得子女金帛牛馬皆奪付剛使歸其家軍士則以違制決遣之比到兩當軍民三萬餘衆鼓舞迎勞璧以朝旨慰遣之及還主帥嘉其能奏遷一官五年自東阿丞召補尚書省令史用宗室承暉薦授應奉翰林文字兼韓王府記室參軍俄轉太學博士至寧初忽沙虎弑逆遂去官宣宗南遷璧時避兵東方由單父渡河詣汴梁時相奏復前職貞祐三年還翰林修撰時山東河朔軍六十餘萬口仰給縣官率不逞輩竄名其間詔璧攝監察御史汰逐之總領撒合問昌券四百餘口劾案以聞詔杖殺之故所至爭自首減幾及於半復進一官初監察御史本溫被命汰宗室後坦軍於孟州軍士欲謀變本溫懼不知所爲尋有旨北軍沈思忠以下四將屯衞州餘衆果叛入太行於是密院奏以璧代本溫竟其事璧馳至衞召四將喻以上意思忠等挾叛者請還奏之璧責以大義將士慚服不日就汰者三千人六月改大理丞與臺官行關中劾奏姦贓之尤者商州防禦使宗室重福等十數人自是權貴側目四年以宋人拒使者於淮上遣兵南伐詔東京總帥紇石烈牙吾塔攻盱眙牙吾塔不從命乃率精騎由滁州略宣化縱兵大掠故兵所至原野蕭條絶無所資宋人堅壁不戰乃無功而歸行省奏牙吾塔故違節制詔璧佩金符鞫之璧馳入牙吾塔軍奪其金符易以他帥攝牙吾塔入獄兵士譁譟以吾帥無罪爲言璧怒責牙吾塔曰元帥欲以兵抗制使耶待罪之禮恐不如此使者還奏獄能竟乎牙吾塔伏地請死璧曰兵法進退自專有失機會以致覆敗者斬卽擬以聞時議壯之十月改禮部員外郎權右司諫治書侍御史詔問時務所當先者璧上六事大略言減冗食備選鋒緩疑似以愼刑擇公廉以檢吏屯戍革朘削之弊權貴嚴請託之科又條自治之策四謂別賢佞信賞罰聽覽以通下情貶損以謹天戒詔以東方饑饉盜賊並起以御史中丞完顏伯嘉爲宣慰使監察御史道遠從行道遠發永城令簿姦贓伯嘉與令有違付令有司釋簿不問燕語之際又許參佐克忠等臺職璧皆劾之伯嘉竟得罪去初諜者告歸德行樞密院言河朔叛軍有竊謀南渡者行院事胡土門都水監使毛花輦易其人不爲備一日紅衲數百聯筏南渡殘下邑而去命璧鞫之璧以二將託疾營私聞寇弛備且來不戰去不追在法皆當斬或以爲言二將皆寵臣而都水者貴累巨萬若求援禁近必從輕典君徒結怨權貴果何益耶璧歎曰睢陽行闕東藩重兵所宿門廷之寇且不能禦有大於此者復何望乎卽具所擬聞四年遷刑部郎中關中旱詔璧與吏部侍郎畏忻審理冤獄時河中帥阿虎帶及僚屬十數人皆以棄城罪當死繫同州獄待報同州官僚承望風旨問璧何以處之璧曰河中今日重地朝議擬爲駐蹕之所若失此則河南陝西有脣亡之憂以彼宗室勳貴故使鎭之平居無事竭民膏血爲浚築計一旦有警乃遽焚蕩而去此而不誅三尺法無用矣竟以無冤上之冬十月出爲歸德治中未幾改同知保靜軍節度使又改同知集慶軍節度使到官卽上章乞骸骨進一官致仕正大九年河南破北歸又數年卒年七十有九

李獻甫字欽用獻能從弟也博通書傳尤精左氏及地理學爲人有幹局心所到則絶人遠甚故時人稱其精神滿腹興定五年登進士第歷咸陽簿辟行臺令史正大初夏使來請和朝廷以翰林待制馮延登往議時獻甫爲書表官從行夏使有口辯延登不能折往復數日不定至以歲幣爲言獻甫不能平從旁進曰夏國與我和好百年今雖易君臣之名爲兄弟之國使兄輸幣寧有據耶使者曰兄弟且不論宋歲輸吾國幣二十五萬疋典故具在君獨不知耶金朝必欲修舊好非此例不可獻甫作色曰使者尚忍言耶宋以歲幣餌君家而賜之姓岸然以君父自居夏國君臣無一悟者誠謂使者當以爲諱乃今公言之使者果能主此議以從賜姓之例幣邑雖歲捐五十萬獻甫請以身任之夏使語塞和議乃定後朝廷錄其功授慶陽總帥府經歷官尋辟長安令京兆行臺所在供億甚繁獻甫處之常若有餘縣民賴之以安入爲尚書省令史天興元年充行六部員外郎守備之策時相倚任之以功遷鎭南軍節度副使兼右警巡使死於蔡州之難年四十所著文章號天倪集留汴京獻甫死其家亦破同年華陰王元禮購得之傳于世

雷淵字希顏一字季默應州渾源人父思名進士仕至同知北京轉運使註易行于世淵庶出年最幼諸兄不齒父歿不能安於家乃發憤入太學衣弊履穿坐榻無席自以跣露恒兀坐讀書不迎送賓客人皆以爲倨其友商衡每爲辯之且矚郎焉後從李之純游遂知名登至寧元年詞賦進士甲科調涇州錄事坐高庭玉獄幾

死後改東平河朔重兵所在驕將悍卒倚外敵爲重自行臺以下皆摩撫之淵出入軍中偃然不爲屈不數月閭巷間多畫淵像雖大將不敢以新進書生遇之壽還東阿令轉徐州觀察判官興定末召爲英王府文學兼記室參軍轉應奉翰林文字拜監察御史言五事稱旨又彈劾不避權貴出巡郡邑所至有威譽姦豪不法者立箠殺之至蔡州杖殺五百人時號曰雷半千坐此爲人所訟罷去久之用宰相侯摯薦起爲太學博士南京轉運司戶籍判官遷翰林修撰一夕暴卒年四十八正大庚寅倒迴谷之役淵嘗上書破朝臣孤注之論引援深切灼然易見主兵者沮之策竟不行爲人軀幹雄偉髯張口哆顏渥丹眼如望洋遇不平則疾惡之氣見於顏間或嚼齒大罵不休雖痛自懲創餘亦不能變也爲文章詩喜新奇善結交凡當塗貴要與布衣名士無不往來居京師賓客踵門未嘗去舍家無餘貲及待賓客甚豐腆莅官喜立名初登第攝遂平縣事年少氣銳擊豪右發姦伏一邑大震稱爲神明嘗擅笞州魁吏州檄召之不應罷去後凡居一職輒震耀亦坐此不達

程震字威卿東勝人與其兄鼎俱擢第震入仕有能聲興定初召百官舉縣令震得陳留治爲河南第一召拜監察御史彈劾無所撓時皇子荊王爲宰相家僮輩席勢侵民震以法劾之奏曰荊王以陛下之子任天下之重不能上贊君父同濟艱難顧乃專恃權勢蔑棄典禮開納貨賂進退官吏縱令奴隸侵漁細民名爲和市其實脅取諸所不法不可枚舉陛下不能正家而欲正天下難矣於是上責荊王出內府銀以償物直杖大奴尤不法者數人未幾坐爲故吏所訟罷官歲餘幅血卒震爲人剛直有材幹忘身徇國不少私與及爲御史臺綱大振以故小人側目者衆不能久留於朝士論惜之

贊曰韓玉馮璧李獻甫雷淵皆金季豪傑之士也邠涇之變玉募兵旬日而得萬人牙吾塔之凶暴璧以王度繩之卒不敢動夏人援宋倒以邀歲幣獻甫以宋賜夏姓一事折之夏使語塞而和議定淵爲御史權貴斂避古之國士何加焉玉以疑見冤璧淵疾惡太甚議者以酷議之瑕豈可以掩瑜哉程震劾荊抵罪比縱馮雷然亦以羣小齟齬而死直士之不容於世也久矣吁

金史卷一百十一

元　中書右丞相總裁脫脫等修

列傳第四十九

古里甲石倫　內族訛可

撒合輦　強伸　烏林荅胡土

內族思烈　紇石烈牙吾塔

古里甲石倫隆安人以武舉登第爲人剛悍頗自用所在與人不合宣宗以其勇善戰每任用之貞祐二年累遷副提控太原府判官與從宜都提控振武軍節度使完顏蒲剌都議拒守不合措置乖方敵因大入幾不可禦既乃交章論列以自辨其無罪上惡其不和詔分統其兵未幾遷同知太原府事奏請招集義軍設置長校各立等差都統授正七品職副統正八品萬戶正九品千戶正班任使謀克雜班仍三十人爲一謀克五謀克爲一千戶四千戶爲一萬戶四萬戶爲一副統兩副統爲一都統外設一總領提控制可四年遷河東宣撫副使上章言宣撫使烏古論禮不肯分兵禦敵且所行多不法詔禮罷職石倫遷絳陽軍節度使權經畧使尋知延安府事兼鄜延路兵馬都總管大元兵圍忻州石倫率兵往援以兵護其民入太原所保軍民甚衆興定元年七月改河平軍節度兼衞州管內觀察使詔諭曰朕初謂汝勇果爲國盡力故倚以濟事尋聞汝嗜酒不法而太原知府烏古論德升亦屢嘗爲朕言之然皆瑣屑乃若不救汾州豈細事哉有司議罪如此汝其悉之益當戮力以掩前過是年十一月遷鎮西軍節度使兼嵐州管內觀察使行元帥府事二年四月石倫言去歲北兵破太原游兵時入嵐州境而官民將士悉力扞禦卒能保守無虞向者河東內郡皆駐以精甲實以資儲視邊城尤爲完富然兵一至相繼淪沒嵐兵寡而食不足惟其上下協同表裏相應遂獲安帖當大軍初入郡縣倉皇非此帥府控制則輿管保德岢嵐寧化皆不可知矣今防秋不遠乞朝廷量加旌賞務令益盡心力易以鎮守詔有功者各遷官一級仍給降空名宣勑令樞密院遣授之三年二月石倫奏向者并汾既破兵入內地臣謂必攻平陽平陽不守將及潞州其還當由龍州谷以入太原故臣嘗請兵欲扼其歸路朝廷不以爲然既而皆如臣所料始敵入河東時郡縣民皆攜老幼徙居山險後雖太原失守而衆卒不從其意謂敵不久留且望官軍復至也今敵居半歲遣步騎擾諸保聚而官軍竟無至者民其能久抗乎夫太原河東之要郡平陽陝西河南之藩籬也若敵兵久不去居民盡從屯兵積糧以固基本而復擾吾郡縣未殘者則邊城指日皆下矣北路不守則南路爲邊去陝西河南益近臣竊憂之故復請兵以圖戰守而樞府檄臣并將權太原治中郭遹祖義軍李天祿等萬餘人就其糧五千石會汾州權元帥右都監抹撚胡剌復太原臣召遹祖欲就令其衆遹祖不從尋得胡剌報曰嘗問軍數於遹祖但稱天祿等言之未嘗親閱問糧則曰散在數處蓋其情本欲覘朝廷以已有兵糧冀或見用以取重職不可指爲實用也雖然臣已遣提控石盞吾里忻等領軍以往矣但敵勢頗重而往者皆新集白徒絕無精銳恐不能勝乞於河南陝西量分精兵以增臣力仍令陝西州郡近河東者給之資糧更令南路諸軍綴敵之南以分其勢如此庶幾太原可復也詔陝西河東行省分糧與之請兵之事以方伐宋不從三月石倫復上言曰頃者大兵破太原招民耕稼爲久駐之基臣以太原要鎮所當必爭遣提控石盞吾里忻引官兵義兵共圖收復又以軍士有功者宜速賞之故擬令吾里忻得注授九品之職以是請于朝而執政以爲賞功罰罪皆須中覆夫河東去京師甚遠移報往返不暇數十日官軍皆敗亡之餘鋒銳踣盡而義兵亦不習行陣無異烏合以重賞誘之猶恐不爲用兄有功而久不見報乎夫衆不可用則不能退敵敵不退則太原不可復太原不可復則平陽之勢日危而境土日蹙矣今朝廷抑而不許不過慮其濫賞耳借使有濫賞之弊其與失太原之害孰重於是詔從其請聽石倫遷調焉是月石倫復言曰者遣軍清壽敵壘欲分石州兵五百權屯方山勦殺土寇且備嵐州而同知蒲察桓端拒而不發又召同知寧邊軍節度使姚里鴉鶻與之議兵竟不聽命近領兵將取太原委石州刺史納合萬家權行六部而辭以他故幾誤軍糧約武州刺史郭憲率所領併進憲亦不至臣位當方面之任而所統官屬並不稟從乞朝廷嚴爲懲誡庶人知職分易以責辦宰臣惡之乃奏曰桓端鴉鶻已經奏改無復可議石倫身兼行部不自規畫而使萬家往來應給石州無人恐亦有失武州邊郡正當兵衝使憲率軍離城敵或乘之孰與守禦萬家等不從未爲過也上以爲然因遣諭石倫曰卿嘗行院于歸德衞州防備之事非不素知乃屢以步騎爲請何耶比授卿三品且數免罪譴卿當自誓以死報國今所爲如此豈報國之道哉意謂河南之衆必不可分但圖他日得以藉口耳卿果赤心爲國盡力經畫亦足自効萬家等若必懲戒彼中誰復可使者姑爲容忍可也閏三月石倫駐兵太原之西侯諸道兵至進戰聞脅從人頗有革心上言于朝乞降空名宣勑金銀符許便宜遷注以招誘之上從其請並給付之仍聽注五品以下官職六月保德州振威軍萬戶王章弩軍萬戶齊鎮殺其刺史孛术魯銀术哥仍滅其家脅官吏軍民同狀白嵐州帥府言銀术哥專恣慘酷私造甲杖將謀不軌石倫密令同知州事把蒲剌都圖之蒲剌都乃與兵吏置酒召章等飲擒而族誅之至是朝廷命行省胥鼎量宜遷賞仍令蒲剌都攝州事撫安其衆焉六月遷金安軍節度使行帥府事於葭州時鄜州元帥內族承立慮夏人入寇遣納合買住以兵駐葭州石倫輒分留買住兵千八百人令以餘兵屯綏德而後奏之有司論罪當絞既而遇赦乃止除名元光元年起爲鄭州同知防禦使與防禦使裴滿羊哥部內酤酒不償直皆除名三月上諭元帥監軍內族訛可曰石倫今以罪廢欲再起之恐生物議汝軍前得無用之乎此人頗善戰果可用便當遣去古亦有白衣領職者渠雖除名何害也十月大元兵圍青龍堡詔以石倫權左都監將兵會上黨公晉陽公往援之兵次彈平寨東三十里敵兵梗道不得進會青龍堡破召還既而復以罪免正大八年大兵入河南州郡無不下者朝議以權昌武軍節度使粘葛仝周不知兵事起石倫代之石倫初赴昌武詔諭曰卿先朝宿將甚有威望故起拜是職元帥蘇椿武監軍皆驍兵今在昌武宜與同議勿復不睦失計也時北兵已至許石倫赴鎮幾爲游騎所獲數日知兩省軍敗潰軍踵來有忠孝軍完顏副統入城兩手皆折血汚滿身州人憂怖不知所出石倫遣歸順軍提控嵐州人高珪往斥候珪因持在州軍馬糧草數目奔大元軍仍告以城池深淺俄大兵至城下以鳳翔府韓壽孫持檄招降言三峰敗狀石倫蘇椿不詰問即斬之市中既而武監軍偏裨何魏輩開東門內族按春開南門夾谷太守開西門大元軍入城擒蘇椿問以大名南奔之事椿曰我本金朝人無力故降我歸國得爲大官何謂反耶大將怒其不屈即殺之石倫投廨後井中仝周自縊州廨武監軍者初不預開門之謀何魏輩欲保全之故言於大將曰監軍令我輩獻門然亦怒其不迎軍而降亦殺之仝周名聃字子陽策論進士興定間爲徐州行樞密院參議官上章言惟名與器不可假人自古帝

王蹕不爲重今之金銀牌卽古符節也其上有太祖御畫往年得佩者甚難兵興以來授予頗濫市井道路黄白相望恐非所以示信於下也乞寶惜之有所甄別上以語宰臣而丞相高琪等奏時方多難急於用人駕馭之方此其一也如故爲便蘇椿大名人初守大名歸順于大元正大二年九月自大名奔汴詔置許州至是見殺

完顏訛可內族也時有兩訛可皆護衛出身一曰草火訛可每得賊好以草火燎之一曰板子訛可嘗訛以官中牙牌報班齊者爲板子故時人各以是目之正大八年九月大兵攻河中初宣宗議遷都朝臣謂可遷河中河中背負關陝五路士馬全盛南阻大河可建行臺以爲右翼前有絳陽平陽太原三大鎭敵兵不敢輕入應三鎭郡縣之民皆聚之山寨敵至則爲晝攻夜刼之計屯重軍中條則行在有萬全之固矣主議者以河中在河朔又無宮室不及汴梁議遂寢宣宗既遷河南三二年之後詔元帥都監內族阿祿帶行帥府事阿祿帶恇怯不能軍竭民膏血爲浚築之計未幾絳州破阿祿帶益懼馳奏河中孤城不可守有旨親視果不可守則棄之無至資敵阿祿帶遂棄河中燒民戶官府一二日而盡尋有言河中重鎭國家基本所在棄之爲失策設爲敵人所據則大河之險我不得專恃矣宣宗悔悟繫阿魯帶同州獄累命完復之隨守隨破至是以內族兩訛可將兵三萬守之大兵謀取宋武休關未幾鳳翔破睿宗分騎兵三萬入散關攻破鳳州徑過華陽屠洋州攻武休關開生山截焦崖出武休東南遂圍興元興元軍民散走死於沙窩者數十萬分軍而西西軍由剝路入沔州取大安軍路開魚鼈山撤屋爲筏渡嘉陵江入關堡竝江趨葭萌略地至西水縣而還東軍止屯興元洋州之間遂趨饒峯宋人棄關不守大兵乃得入初大兵期以明年正月合南北軍攻汴梁故自將攻河中河中告急合打蒲阿遣王敢率步兵一萬救之十二月河中破初河中主將知大兵將至懼軍力不足截故城之半守之及被攻行帳命築松樓高二百尺下瞰城中土山地穴百道竝進至十一月攻愈急自王敢救軍至軍士殊死鬭日夜不休西北樓櫓俱盡白戰又半月力盡乃陷草訛可戰數十合始被擒尋殺之板訛可提敗卒三千奪船走北兵追及鼓譟北岸上矢石如雨數里之外有戰船橫截之敗軍不得過船中有賁火砲名震天雷者連發之砲火明見北船軍無幾人力斫橫船開得至潼關遂入閿鄉尋有赦詔將佐以下責訛可以不能死車載入陝州決杖二百議者以爲河中城守不下德順力竭而陷非戰之罪故訛可之死人有冤之者初訛可以元帥右監軍邠涇總帥權參知政事奉旨於邠涇鳳翔往來防秋奉御六兒監戰於訛可爲孫行而訛可動爲所制意頗不平漸生猜隙七年九月召赴京師改河中總帥受京兆節制此時六兒同赴召謂訛可奉旨往來防秋而乃畏怯避遠正與朝旨相違上意頗罪訛可及河中陷苦戰力盡而北兵百倍臨之人謂雖至不守猶可以自贖竟杖而死蓋六兒先入之言主之也劉祁曰金人南渡之後近侍之權尤重蓋宣宗喜用其人以爲耳目伺察百官故奉御輩採訪民間號行路御史或得一二事卽入奏之上因所責臺官漏泄皆抵罪又方面之柄雖委將帥又差一奉御在軍中號曰監戰每臨機制變多爲所牽制遇敵輒先奔故師多喪敗哀宗因之不改終至亡國

論曰古里甲石倫善戰而好犯法故見廢者屢矣起爲將卒死於難金運將終又用數奇之李廣其亡絕不亦宜乎草訛可力戰而死板訛可亦力戰不死於陣而死於刑論者以爲有近侍先入之言夫以褻御治軍旣掣之肘又信其讒以殺人金失政刑矣唐之亡坐以近侍監軍金蹈其轍哀哉

撒合輦字安之內族也宣宗朝累遷同簽樞密院事元光二年十二月庚寅夜宣宗病篤英王盤都先入侍哀宗後至東華門已閉聞英王在宮遣樞密院官及東宮親衞軍總領移剌蒲阿勒兵東華門都點檢駙馬都尉徒單合住奏中宮得旨領符鑰啓門合住見上上命撒合輦解合住刀佩之哀宗遂入明日卽位由是見親信正大元年正月庚申以輦同判大睦親府事兼前職刑部完顏素蘭言把胡魯策功第一非超拜右丞相無以酬之然同功數人亦有不次之望故胡魯之命中輟輦獨升二品云四年大元旣滅西夏進軍陝西四月丙申召尚書溫迪罕壽孫中丞烏古孫卜吉祭酒裴滿阿忽帶直學士蒲察世達右司諫陳規監察烏古論四和完顏習顯同判睦親府事撒合輦同議西事上曰已諭合達盡力决一戰矣羣臣多主和事獨輦力破和議語在陳規傳八月朝廷得淸水之報令有司罷防城及修城丁壯凡軍需租調不急者權停初聞大兵自鳳翔入京兆關中大震以中丞卜吉祭酒阿忽帶兼司農卿簽民兵督秋稅令民入保爲避遷計當時議者以謂大兵未至而河南先亂且日御史監察城洛陽治書供帳北使中丞下兼司農簽軍督稅臺政可知矣至是上謂撒合輦曰諺云水深見長人朝臣或欲我一戰汝獨言當靜以待之與朕意合今日有太平之望皆汝謀也先帝嘗言汝可用可謂知人矣未幾右拾遺李大節右司諫陳規言撒合輦諂佞納賄及不公事奏帖留中不報明惠皇后嘗傳旨戒曰汝諂事上上之騎鞠皆汝所教尉忻亦極言之上頗悟出爲中京留守兼行樞密院事初宣宗改河南府爲金昌府號中京又擬少室山頂爲御營命移剌粘合築之至是撒合輦爲留守九年正月北兵從河清徑渡分兵至洛出沒四十餘日二月乙亥立砲攻城洛中初無軍得三峯潰卒三四千人與忠孝軍百餘守禦時輦疽發于背不能軍同知溫迪罕斡朶羅主軍務有大事則就輦稟之三月甲申忠孝軍百餘騎入使宅强擁輦出奔輦不得已從之并以官屬及其子自隨才出南裏城門城上軍覺閉之壍城中矢石亂下人馬多死傷輦知不能出仰呼求救軍士知出奔非輦意以繩引而上送入其宅不敢出鎭撫官縛出奔之黨欲殺之已斬三人輦親爲乞命得免乙酉斡朶羅賫金帛出北門如前日巡城犒軍之狀旣出卽沿城而西直出外壕城上人呼曰同知講和去矣軍士及將領隨而去者三四百人少之輦傳令云同知叛降有再下城者斬凡斬三四人乃定丙戌夜城東北角破輦奪南門出不得投壕水死已而大兵退强伸復立帥府

强伸本河中射糧軍子弟貌極寢陋而膂力過人興定初從華州副都統安寧復潼關以勞任使嘗監郃陽酤後客洛下選充官軍戍陝鐵嶺軍潰被虜從都尉兀林答胡土竄歸中京時中京已破留守兼行樞密院使內族撒合輦死之元帥任守眞復立府事以便宜署伸警巡使後守眞率部曲軍從行省思烈入援鄭州之敗守眞死天興元年八月中京人推伸爲府簽事領所有軍二千五百人傷殘老幼半之甫三日北兵圍之東西北三面多樹大砲伸括衣帛爲幟立之城上率士卒赤身而戰以壯士五千人往來救應大呼以憨子軍爲號其聲勢與萬衆無異兵器已盡以錢爲鏃得大兵一箭截而爲四以筒鞭發之又創遏砲用不過數人能發大石於百步外所擊無不中伸奔走四應所至必捷得二驢及所乘馬皆殺之以犒軍士人不過一啗而得者如百金之賜九月大兵退百里外閏月復攻兵數倍於前又一月不能拔事聞哀宗降詔褒諭以伸爲中京留守元帥左都監世襲謀克行元帥府事十月參知政事內族思烈自南山領軍民十餘萬入洛行省事二年二月伸建一堂於洛川驛之東名曰報恩刻詔文於石願以死自効三月中使至以伸便宜從事是月大兵自汴驅思烈之子於東門下誘思烈降思烈卽命左右射之旣而知崔立之變病不能語而死總帥忽林答胡土代行省事伸行總帥府事月餘糧盡軍民稍稍散去五月大兵復來陣於洛南伸陣水北有韓帥者匹馬立水濱招伸降伸謂帥曰君獨非我家臣子耶一日勤王猶遺令名于世君旣不能乃欲誘我降耶我本一軍卒今貴爲留守誓以死報國耳遂躍而射之帥奔陣率步卒數百奪橋伸軍一旗手獨出拒之殺數人伸乃手解都統銀符與之佩士卒氣復振初築戰壘於城外四隅至五門內外皆有屛謂之迷魂牆大兵以五百騎迫之伸率卒二百鼓譟而出大兵退六月行省胡土率衆走南山鷹揚都尉獻西門以降伸知城不能守率死士數十人突東門出轉戰至偃師力盡就執載以一馬擁迫而行伸宛轉不肯進强掖之將見大帥塔察及中京七里河伸語不遜兵卒相謂曰此人乖角如此若見大帥其能降乎不若殺之因好語誘之曰汝能北面一屈膝吾貸汝命伸不從左右力持使北面伸拗頸南向遂殺之

烏林答胡土正大九年正月戊子北兵以河中一軍由洛陽東四十里白坡渡河白坡故河清縣河有石底歲旱水不能尋丈國初以三千騎由此路趨汴是後縣廢爲鎭宣宗南遷河防上下千里常以此路爲憂每冬日命洛陽一軍戍之河中破有言此路可徒涉者已而果然北兵旣渡奪河陰官舟以濟諸軍時胡土爲破虜都尉戍潼關以去冬十二月被旨入援至偃師聞白坡徑渡之耗直趨少室夜至少林寺時登封縣官民已遷太平頂御寨明日胡土使人給縣官云吾軍中家屬輜重欲留此山卽率兵赴汴京因攝縣官下山使之前導一軍隨之而上山旣險固糧亦充足遂有久住之意尋縱軍下山刼掠居民甚於盜賊旁近一二百里無不被害胡土畏變知而不禁又所刼牛畜糧糗亦分有之七月恒山公武仙參政思烈兩行省軍屯登封城南大林下遣人約之入京胡土百計不肯下不得已乃分其軍四千與思烈俱東八月三日兩行省軍潰於中牟胡土狼狽上山殘卒三二十人外偏裨無一人至者十二月思烈自留山行省於中京徵兵同保洛陽又遷延不行思烈以檄來言若依前逗遛自有典憲吾不汝容矣胡土

懼乃挈妻子及軍往中京留其半山上以爲巢穴天興二年三月思烈病卒留語胡土代行省事六月敵勢益重强伸方盡力戰禦而胡土卽領輕騎挈妻子棄城南奔遂失中京初胡土在太平頂既顧望不進又懼人議已乃出榜募人爲救駕軍云一旅之衆可以興復國家諸人有能奮發許國捐軀者豈不濟大事乎於是不逞之徒隨募而出得澤人緝麻背武錄事等二十餘人促令赴京行及盧店卽行劫械至杖之二百人無不竊笑既而走蔡州上召見慰問而心薄之會宋人攻唐州元帥烏古論黑漢屢遣人告急卽命胡土領忠孝軍百人就徵西山招撫烏古論換住黃八兒等軍赴之胡土率兵至唐宋人斂避縱其半入城夾擊之胡土大敗僅存三十騎以還換住死焉既而以胡土爲殿前都點檢罷權參政大兵圍蔡分軍防守胡土守西面十一月胡土之奴竊其金牌夜縋城降朝士喧播謂胡土縱之往將有異志胡土聞之內不自安乞解軍職上慰之曰卿父子昆弟皆爲帥臣受恩不爲不厚顧肯降耶且卿向在洛陽不卽降而千里遠來降於蔡豈人情也哉聞卿遇奴太察且其衣食不常給之此蓋往求溫飽耳卿何慊焉因賜饌以安其心初胡土罷機政頗有怨言左右勸上誅之上不聽及令守西城尤怏怏不樂至是始感恩無他慮矣尋以總帥孛术魯婁室與胡土皆權參政婁室與右丞仲德同事胡土防守如故復以都尉承麟爲東面元帥權總帥先是攻東城婁室隨機備禦二日移攻南城烏古論鎬易之砲擊城樓幾仆右丞仲德率軍救援乃罷攻俄而四面受敵仲德艱於獨援遂薦承麟代婁室東面而乞與婁室同救應初胡土失外城頗慚恨聲言力小不能令衆仲德亦薦之故有是命蔡城破投汝水死

贊曰撒合輦本以佞進烏林答胡土戰陣不武付以孤城望其捍禦大難豈得爲知人乎强伸一射糧卒耳及授以兵乃能應變制勝遠過二人力盡乃斃猶有烈丈夫之風焉古人有言四郊多壘拔士爲將使金運未去伸足以建功名矣夫

內族思烈南陽郡王襄之子也資性詳雅頗知書史自五六歲入宮充奉御甚見寵幸世號曰自在奉御當宣宗入承大統胡沙虎跋扈思烈尚在髫齔嘗涕泣跪抱帝膝致說曰願早誅權臣以靖王室帝急顧左右掩其口自是帝甚器重之後由提點近侍局遷都點檢天興元年汴京被圍哀宗以思烈權參知政事行省事于鄧州會武仙引兵入援於是思烈率諸軍發自汝州過密縣遇大元兵不用武仙阻澗之策遂敗績于京水語在武仙傳中京留守元帥左監軍任守眞死之上聞罷思烈行省之職以守中京無何大兵圍中京未能下崔立遣人監思烈子於中京城下招之使降思烈不顧令軍士射之既而知崔立已以汴京歸順病數日而死初思烈會武仙等軍入援卽與仙論議不同仙以思烈方得君每假借之思烈謂仙本無入援意特以朝廷遣一參政召兵迫於不得已乃行耳然仙知兵頗以持重爲事勸思烈曰武仙大小數百戰經涉不爲不多兵事當共議思烈疑其與仙有謀幾斬之渥自以無愧於內不懼也已而思烈果敗渥歿於陣渥字仲澤後名仲澤太原人性明俊不覊博學善談論工尺牘字畫清美有晉人風少游太學長於詞賦登興定二年進士第爲時帥輿屯邦獻完顏斜烈所知故多在兵間後辟寧陵令有治蹟入爲尚書省令史因使宋至揚州應對敏給宋人重之及還爲太學助教轉樞密院經歷官俄遷右司都事稍見信用及思烈往鄧州以渥爲左右司員外郎從行

贊曰思烈夙慧請誅權奸以立主威有甘羅辟疆之風所謂茂良不必父祖者也中京之圍崔立脅其子使招之降不顧而趣射之何愧乎橋玄至如不從武仙之言以至於敗此蓋時人因惜王仲澤之死而有是言仙無入援之意則非誣也

紇石烈牙吾塔一名志本出親軍性剛悍喜戰貞祐間僕散安貞爲山東路宣撫使以牙吾塔爲軍中提控是時山東羣盜蜂起安貞遣牙吾塔破巨蒙等四堌又破馬耳山砦殺劉二祖賊黨四千餘人降賊八千虜其僞宣差程寬招軍大使程福又降脅從民三萬餘人貞祐四年六月積功累遷攝通渡經略使十月爲元帥左都監十二月行山東西路兵馬都總管府事兼武寧軍節度使徐州管內觀察使興定二年正月宋兵萬餘攻泗州牙吾塔赴援至臨淮遇宋人三百掩殺殆盡及泗州宋兵八千圍甚急督衆進戰大破之溺水死者甚衆獲馬三百餘匹俘五十餘人又圍盱眙宋人閉門堅守不敢出以騎兵分掠境內而時遣羸卒薄城誘之宋人出騎數百來拒牙吾塔麾兵佯北發兵擊之斬首二百宋人復出步騎八千來援合擊敗之殺一太尉斬首三百尋獲覘者稱青平宋兵甚衆將救盱眙牙吾塔移兵赴之宋兵步騎七千人突出兵少却旋以輕騎掎其後初逗遛不與戰縱之走東南薄諸河斬首千餘溺死者無算獲馬牛數百甲仗以千計師還遇宋兵二千於連塘村斬首千餘級俘五十人獲馬三十五疋宣宗以其有功賜金帶一三年正月敗宋人於濠州之香山村二月又敗於滁州斬首千級拔小江寨殺統制正大蓬等斬三萬俘萬餘人又拔輔嘉平山寨斬首數千俘五百餘人獲馬牛數百糧萬斛三月提控奧敦吾里不大敗宋人于上津縣兵還至濠州宋人以拒八千拒戰牙吾塔迎擊敗之獲馬百餘匹五年正月上以紅襖賊助宋爲害邊兵久勞苦詔牙吾塔遺宋人書求戰略曰宋與我國通好百年於此頃歲以來納我叛亡絕我貢幣又遣紅襖賊乘間竊出跳梁邊疆使吾民不得休息彼國若以此曹爲足恃請悉衆而來一决勝負果能當我之鋒沿邊城邑當以相奉度不能卽宜安分保境何必狐號鼠竊乘陰伺夜以爲此態耶且彼之將帥亦是受鉞總戎而臨敵則望風遠遁被攻則閉壘深藏逮吾兵還然後現形耀影以示武夫小民尚氣女子有志者猶不爾也切爲彼國羞之先是宋將時青襲破泗州西城二月牙吾塔將兵取之宋兵拒守甚力乃募死士以梯衝竝進大敗宋兵時青乘城指麾射中其目遂拔衆南奔乃陳兵橫絕走路擊之宋兵大潰遂復泗州西城三月復出兵宋境以報其役破團山賈家等諸寨進逼濠州牙吾塔慮州人出拒躬率勁兵逆之遇邏騎二百于城東擊殺過半會偵者言前路芻糧甚艱乃西掠定遠由渦口而還九月又率兵渡淮大破宋兵於團山詔遷官升職有差元光元年五月以京東便宜總帥兼行戶工部事上因謂宰臣曰牙吾塔性剛人皆畏之委之行部無不辦者至於御下亦頗有術提控有胡論出者渠厚待之常同器而食其人感奮遂以戰死英王守純曰凡爲將帥駕馭人材皆當如此上曰然未幾宋人三千潛渡淮至聊林盡伐隄柳塞汴水以斷吾糧道牙吾塔遣精甲千餘破之獲其舟及渡者七百人汴流由是復通三年四月上言賞罰國之大信帝王所以勸善而懲惡其令一出不可中變向中軍戰歿者皆廩給其家恩至厚也臣近抵宿州乃知例以楮幣折支往往不給至于失所此殆有司出給之吝不能奉行朝廷德意之過也自今願支本色令得贍濟以種儲方艱詔有司給其半紅襖賊寇壽穎剽掠數日而去牙吾塔聞之率兵渡淮偵知朱村孝義村有賊各數百分兵攻之連破兩柵及焚其村塢數十還遇宋兵數百陣淮南岸擊殺其半尋有兵千餘自東南來追復大敗之先是納合六哥殺元帥蒙古綱據邳州以叛十月牙吾塔圍之焚其樓櫓斬首百餘於是宋鈐轄高顯統制侯進正將陳榮等知不能守共誅六哥持其首縋城降六哥既誅衆猶拒守方督兵進攻宋總領劉斌提控黃溫等縛首亂顏俊威詣完顏乞哥及裊提控金山八打首遣其校馬俊吳珪來獻既而紅襖監軍徐福統制王喜等亦遣其總領孫成總押徐琦納款劉斌等遂率軍民出降牙吾塔入城撫慰其衆各使安集又招獲紅襖統制十有五人將官訓練百三十有九人十一月遣人來報仍函六哥首以獻宣宗大喜進牙吾塔官一階賜金三百兩內府重幣十端將士遷賞有差正大三年十一月北兵猝入西夏攻中興府甚急召陝西行省及陝州靈寶二總帥訛可牙吾塔議兵又詔諭兩省曰儻邊方有警內地可憂若不早圖恐成噬臍旦夕事勢不同隨機應變若逐旋申奏恐失事機竝從行省從宜規畫四年牙吾塔復取平陽獲馬三千是歲大兵既滅夏國進攻陝西德順秦州清水等城遂自鳳翔入京兆關中大震五年圍慶陽六年十月上命陝省以羊酒及幣赴慶陽犒北帥爲緩師計北中亦遣唐慶等往來議和尋遣斡骨欒爲小使徑來行省十二月詔以牙吾塔與副樞蒲阿權簽樞密院事內族訛可將兵救慶陽七年正月戰于大昌原慶陽圍解詔以牙吾塔爲左副元帥屯京兆初斡骨欒來行省恐泄事機因留之蒲阿等既解慶陽之圍志氣驕滿乃遣還謂使者曰我已準備軍馬可戰鬭來語甚不遜斡骨欒以此言上聞太宗皇帝大怒至應州以九日拜天卽親統大兵入陝西八年遷居民於河南棄京兆東還五月至閿鄉得寒疾汗不出死塔亦作太亦曰牙忽帶蓋女直語無正字也是歲九月國信使內族垂慶自北使還始知牙吾塔不遜激怒之語且言慶等在旁心魄震蕩殆不忍聞當時以帥臣不知書誤國乃耳塔爲人鷙很狼戾好結小人不聽朝廷節制嘗入朝詣省堂詆毀宰執宰執亦不敢言而上倚其鎭東方亦優容之尤不喜文士僚屬有長裾者輒以刀截去又喜凌侮使者凡朝廷遣使來必以酒食困之或辭以不飲因併食不給使餓而去司農少卿張用章以行戶部過宿塔飲以酒張辭以寒疾塔笑曰此易治耳趣左右持艾來卧張於床灸之數十又以銀符佩妓屢往州郡取賕州將之妻皆遠迎迓號省差行首厚賄之御史康錫上章劾之且曰朝廷容之適所以害之欲保全其人宜加裁制朝廷

竟不治其罪以屢敗宋兵威震淮泗好用鼓椎擊人世呼曰盧彭椎其名可以怖兒啼大槩如呼麻胡云有子名阿里合世目曰小鼓椎嘗爲元帥從哀宗至歸德與蒲察官奴作亂伏誅康錫字伯禄趙州人至寧元年進士正大初由省掾拜御史劾侯摯師安石非相材近侍局宗室撒合輦聲勢熏灼請托公行不可使在禁近時論韙之轉右司都事京南路司農丞爲河中路治中河中破從時帥率兵南奔濟河船敗死爲人氣質重厚公家之事知無不爲與雷淵冀禹錫齊名

贊曰金自胡沙虎高琪用事風俗一變朝廷矯寛厚之政好爲苛察然爲之不果反成姑息將帥鄙儒雅之風好爲粗豪然用非其宜終至跋扈牙吾塔戰勝攻取威行江淮而矜暴不法肆侮王人此豈可制者乎棄陝而歸死於道途殆其幸歟其子效尤竟陷大僇君子乃知康錫之言不爲過也

金史卷一百十二

元中書右丞相總裁脱脱等修

列傳第五十

完顏合達　移剌蒲阿

完顏合達名瞻字景山少長兵間習弓馬能得人死力貞祐初以親衛軍送岐國公主充護衛三年授臨潢府推官權元帥右監軍時臨潢避遷與全慶兩州之民共壁平州合達隸其經略使烏林荅乞住乞住以便宜授軍中都統累遷提控佩金符未幾會燕南諸帥將兵復中都城行至平州遷安縣臨潢全慶兩軍變殺乞住擁合達還平州推爲帥統乞住軍合達以計誅首亂者數人其年六月北兵大將喊得不遺監戰提軍至平州城下以州人黃裳入城招降父老不從合達引兵逆戰知事勢不敵以本軍降於陣監戰以合達北上留半歲令還守平州已而謀自拔歸乃遣奉先縣令紇石烈布里哥北京教授蒲察胡里安右三部撿法蒲察蒲女涉海來報四年十一月合達果率所部及州民竝海西南歸國詔進官三階升鎮南軍節度使駐益都與元帥蒙古綱相應接充宣差都提控十二月大元兵徇地博興樂安壽光東涉濰州之境蒙古綱遣合達率兵屢戰於壽光臨淄興定元年正月轉通遠軍節度使兼鞏州管內觀察使七月改平西軍節度使兼河州管內觀察使二年正月知延安府事兼鄜延路兵馬都總管三年正月詔伐宋以合達爲元帥右都監三月破宋兵於梅林關擒統領張時又敗宋兵於馬嶺堡獲馬百匹又拔麻城縣獲其令張偶幹辦官郭守紀四月夏人犯通秦合達出兵安塞堡抵隆州夏人自城中出步騎二千逆戰進兵擊之斬首數十級俘十人遂攻隆州陷其西北隅會日暮乃還六月行元帥府事於唐鄧上遣諭曰以卿才幹故委卿無使敵人侵軼第固吾圉可也四年正月復爲元帥右都監屯延安十月夏人攻綏德州駐兵于拄天山合達將兵擊之別遣先鋒提控樊澤等各率所部分三道以進畢會于山顛見夏人數萬餘傳山而陣卽縱兵分擊澤先登摧其左軍諸將繼攻其右敗之五年五月知延安府事兼前職上言諸軍官以屢徙故往往不知所居地形迂直險易緩急之際恐至敗事自今乞勿徙又言河南陝西鎮防軍皆分屯諸路在營惟老稚而已乞選老成人爲各路統軍以鎮撫之且督其子弟習騎射將來可用皆從之十一月夏人攻安塞堡其軍先至合達與征行元帥納合買住禦之合達策之曰此北方兵至先破夏人則後易爲力於是潛軍裹糧倍道兼進夜襲其營夏人果大潰追殺四十里墜崖谷死者不可勝計上聞之賜金各五十兩重幣十端且詔諭曰卿等克成大功朕聞之良喜經畫如此彼當知畏朞之數年卿等可以休息矣仍詔以合達之功徧諭河南帥臣是月與元帥買住又襲延安皆被重創十二月以保延安功賜金帶一玉吐鶻一重幣十端元光元年正月遷元帥左監軍授山東西路吾改必剌世襲謀克權參知政事行省事於京兆未幾眞拜是年五月上言頃河中安撫司報北將按察兒率兵入隰吉翼州寖及榮解之境今時已暑猶無回意蓋將蹂吾禾麥儻如此則河東之土非吾有也又河南陝西調度仰給解鹽今正漉鹽之時而敵擾之將失其利乞速濟師臣已擬分兵二萬與平陽上黨晉陽三公府兵同力禦之竊見河中榮解司縣官與軍民多不相諳守禦之間或失事機乞從舊法凡司縣官使兼軍民庶幾上下相得易以集事又言鹽利今方敵兵迫境不厚以分人孰肯冒險而取之若自輸運者十與其八則人爭赴以濟國用從之葭州提控王公佐言於合達曰去歲十月北兵既破葭州構浮梁河上公佐寓治州北石山子招集餘衆得二千餘人欲復州城以士卒皆自北逃歸者且無鎧仗故嘗請兵於帥府將焚其浮橋以取葭州帥府不聽又請兵援護老幼稍徙內地而帥府亦不應今葭州之民迫於敵境皆有動搖之心若是秋敵騎復來則公佐力屈死於敵手而遺民亦俱屠矣合達乃上言臣願馳至延安與元帥買住議以兵護公佐軍民來屯吳堡伺隙而動詔省院議之於是命合達率兵取葭州行至鄜州千戶張子政等殺萬戶陳紋將掠城中合達已勒兵爲備子政等乃出城走合達追及之衆復來歸斬首惡數十人軍乃定六月合達上言屢獲諜者皆云北方已約夏人將由河中葭州以入陝西防秋在近宜預爲計今陝西重兵兩行省分制之然京兆抵平凉六百餘里萬一敵梗其間使不得通是自孤也宜合平凉行省內族白撒領軍東下與臣協力禦敵以屛潼陝敵退復議分司爲便詔許之二年二月以保鳳翔之功進官賜金幣及通犀帶一是時河中已破合達提兵復取之正大二年七月陝西旱甚合達齋戒請雨雨澍是歲大稔民立石頌德延安既殘毀合達令於西路買牛付主者招集散亡助其耕墾自是延安之民稍復耕稼之利八月鞏州田瑞反合達討之諸軍進攻合達移文諭之曰罪止田瑞一身餘無所問不數日瑞弟濟殺瑞以降合達如約無定一州民賴以寧三年詔遷平凉行省四年二月徵還拜平章政事芮國公七年七月庚寅朔以平章政事妨職樞密副使初蒲阿面奏合達在軍中久今日多事之際乃在於省用違其長臣等欲與樞密協力軍務擢之相位似亦未晚故有此授十月己未朔詔合達及樞密副使蒲阿救衛州初朝廷以恒山公仙屯衛州公府節制不一欲合而一之至是河朔諸軍圍衛內外不通已連月但見塔上時舉火而已合達等旣至先以親衛兵三千嘗之北兵小退翼日圍解上登承天門犒軍皆授世襲謀克賜良馬玉帶全給月俸本色蓋異恩也未幾以蒲阿權參知政事同合達行省事於閿鄉以備潼關先是陝省言備禦策朝官集議上策親征中策幸陝下策棄秦保潼關議者謂止可助陝西軍以決一戰使陝西不守河南亦不可保至是自陝以西亦不守矣八年正月北帥速不䚟攻破小關殘盧氏朱陽散漫百餘里間潼關總帥納合買住率夾谷移迪烈都尉高英拒之求救於二省省以陳和尚忠孝軍一千都尉夾谷渾軍一萬往應北軍退追至谷口而還兩省輒稱大捷以聞既而北軍攻鳳翔二省提兵出關二十里與渭北軍交至晚復收兵入關鳳翔遂破二省遂棄京兆與牙古塔起遷居民於河南留慶山奴守之九月北兵入河中時二相防秋還陝量以軍馬出冷水谷以爲聲援十一月鄧州報北兵道饒峯關由金州而東於是兩省軍入鄧遣提控劉天山以劄付下襄陽制置司約同禦北兵且索軍食兩省以前月癸卯行留楊沃衍軍守閿鄉沃衍尋被旨取洛南路入商州屯豐陽州備上津與恒山公仙相掎角合達復留禦侮中郎將完顏陳和尚於閿鄉南十五里乃行陳和尚亦隨而往沃衍軍八千及商州之木瓜平一日夜馳三百里入桃花堡知北兵由豐陽而東亦東還會大軍於鎮平恒山公仙萬人元駐胡陵關至是亦由荆子口順陽來會十二月朔俱至鄧下屯順陽乃遣天山入宋初宋人於國朝君之伯之叔之納歲幣將百年南渡以後宋以我爲不足慮絕不往來故宣宗南伐士馬折耗十不一存雖攻陷淮上數州徒使驕將悍卒恣其殺虜飽其私欲而已又宣徽使奧敦阿虎使北方北中大臣有以輿地圖指示之曰商州到此中軍馬幾何又指興元云我不從商州則取興元路入汝界矣阿虎還奏宣宗甚憂之哀宗卽位羣臣建言可因國喪遣使報哀副以遺留物因與之講解盡撤邊備共守武休之險遂下省院議之而當國者有仰而不能俯之疾皆以朝廷先遣人則於國體有虧爲辭元年上諭南鄙諸帥遣人往滁州與宋通好宋人每以奏稟爲辭和事遂不講然十年之間朝廷屢勅邊將不妄侵掠彼我稍得休息宋人始信之遂有繼好之意及天山以劄付至宋劄付者指揮之別名宋制使陳該怒辱天山且以惡語復之報至識者皆爲竊嘆戊辰北兵渡漢江而北諸將以爲可乘其半渡擊之蒲阿不從丙子兵畢渡戰於禹山之前北兵小却營於三十里之外二相以大捷驛報百官表賀諸相置酒省中左丞李蹊且喜且泣曰非今日之捷生靈之禍可勝言哉蓋以爲實然也先是河南聞北兵出饒峯百姓往往入城壁保險固及聞敵已退至有晏然不動者不二三日游騎至人無所逃悉爲捷書所誤九年正月丁酉兩省軍潰於陽翟之三峯山初禹山之戰兩軍相拒北軍散漫而北金軍懼其乘虛襲京城乃謀入援時北兵遣三千騎趨河上已二十餘日泌陽南陽方城襄陝至京諸縣皆破所有積聚焚燬無餘金軍由鄧而東無所仰給乃竝山入陽翟既行北兵卽襲之且行且戰北兵傷折亦多恒山一軍爲突騎三千所衝軍殊死鬭北騎退走追奔之際忽大

霧四塞兩省命收軍少之霧散乃前前一大澗長闊數里非此霧則北兵人馬滿中矣明日至三峯山遂潰事載蒲阿傳合達知大事已去欲下馬戰而蒲阿已失所在合達以數百騎走鈞州北兵塹其城外攻之走門不得出匿窟室中城破北兵發而殺之時朝廷不知其死或云已走京兆賜以手詔募人訪之及攻汴乃揚言曰汝家所恃惟黃河與合達耳今合達爲我殺黃河爲我有不降何待合達熟知敵情習於行陣且重義輕財與下同甘苦有俘獲即分給遇敵則身先之而不避衆亦樂爲之用其爲人亦可知矣左丞張行信嘗薦之曰完顏合達今之良將也

移剌蒲阿本契丹人少從軍以勞自千戶遷都統初哀宗爲皇太子控制樞密院選充親衞軍總領佩金符元光二年冬十二月庚寅宣宗疾大漸皇太子異母兄英王守純先入侍疾太子自東宮扣門求見令蒲阿衷甲聚兵屯於艮嶽以備非常哀宗即位嘗謂近臣言向非蒲阿何至於此遂自遙授同知睢州軍州事權樞密院判官自是軍國大計多從決之正大四年十二月河朔軍突入商州殘朱陽盧氏蒲阿逆戰至靈寶東遇游騎十餘獲一人餘即退蒲阿輒以捷聞賞世襲謀克仍厚賜之人共知其罔上而無敢言吏部郎中楊居仁以微言取怒六年二月丙辰以蒲阿權樞密副使自去年夏北軍之在陝西者駸駸至涇州且阻慶陽糧道蒲阿奏陝西設兩行省本以藩衞河南今北軍之來三年於茲行省統軍馬二三十萬未嘗對壘亦未嘗得一折箭何用行省院官亦俱奏將來須用密院軍馬勾當上不語者久之是後以丞相賽不行尚書省事於關中召平章政事合達還朝白撒亦召至闕蒲阿率完顏陳和尚忠孝軍一千駐邠州且令觀北勢八月丙申蒲阿再復潞州十月乙未朔蒲阿東還十二月乙未詔蒲阿與總帥牙吾塔權簽樞密院事訛可救慶陽七年正月戰北兵於太昌原北軍還慶陽圍解詔以訛可屯邠州蒲阿牙吾塔還京兆未幾以權參知政事與合達行省于閿鄉八年正月北軍入陝西鳳翔破兩行省棄京兆而東至洛陽驛被召議河中事語在白華傳十二月北兵濟自漢江兩省軍入鄧州議敵所從出謂由光化截江戰爲便放之渡而戰爲便張惠以截江爲便縱之渡我腹空虛能不爲所潰乎蒲阿麾之曰汝但知南事於北事何知我向於裕州得制旨云使彼在沙磧且當往求之況今自來汝等更勿似太昌原舊衞州扇車回縱出之定住高樊皆謂蒲阿此言爲然合達乃問按得木木以爲不然軍中以木北人知其軍情此言爲有理然不能奪蒲阿之議順陽留二十日光化探騎至云千騎已北渡兩省是夜進軍比曉至禹山探者續云北騎已盡濟癸酉北軍將近兩省立軍高山各分據地勢步迎於山前騎屯於山後甲戌日未出北兵至大帥以兩小旗前導來觀觀竟不前散如鴈翅轉山麓出騎兵之後分三隊而進輜重外餘二萬人合達令諸軍觀今日事勢不當戰且待之俄而北騎突前金兵不得不戰至以短兵相接戰三交北騎少退北兵之在西者望蒲阿親繞甲騎後而突之至於三爲蒲察定住力拒而退大帥以旗聚諸將議良久合達知北兵意向時高英軍方北顧而北兵出其背擁之英軍動合達幾斬英英復督軍力戰北兵稍卻觀變英軍定復擁樊澤軍合達斬一千夫長軍殊死鬭乃卻之北兵回陣南向來路兩省復議彼雖號二萬而輜重三之一焉又相持二三日不得食乘其卻退當擁之張惠主此議蒲阿言江路已絕黃河不冰彼入重地將安歸乎何以速爲不從乙亥北兵忽不知所在營火寂無一耗兩省及諸將議四日不見軍又不見營鄧州津送及路人不絕而亦無見者豈南渡而歸乎己卯邏騎乃知北軍在光化對岸棗林中晝作食夜不下馬望林中往來不五六十步而不聞音響其有謀可知矣初禹山戰罷有二騎迷入營問之知北兵凡七頭項大將統之復有詐降者十人敝衣羸馬泣訴艱苦兩省信之易以肥馬飲之酒及煖衣食而置之陣後十人者皆鞭馬而去始悟其爲覘騎也庚辰兩省議入鄧就糧辰巳間到林後北兵忽來突兩省軍迎擊交綏之際北兵以百騎邀輜重而去金兵幾不成列逮夜乃入城懼軍士迷路鳴鐘招之樊澤屯城西高英屯城東九年正月壬午朔耀兵於鄧城下北兵不與戰大將使來索酒兩省與之二十瓶癸未大軍發鄧州趨京師騎二萬步十三萬騎帥蒲察定住蒲察荅吉卜郎將按忒木忠孝軍總領夾谷愛荅內族達魯歡總領夾谷移特剌提控步軍臨淄郡王張惠殄寇都尉完顏阿排高英樊澤中軍陳和尚與恒山公武仙楊沃衍軍合是日次五朶山下取鴉路北兵以三千騎尾之遂駐營待楊武楊武至知申裕兩州已降七日至夜議北騎明日當復襲我彼止騎三千而我示以弱將爲所輕當與之戰乃伏騎五十於鄧州道明日軍行北騎襲之如故金以萬人擁之而東伏發北兵南避是日雨宿竹林中庚寅頓安阜辛卯宿鴉路魯山河西軍已獻申裕擁老幼牛羊取鴉路金軍適值之奪其牛羊餉軍癸巳望鈞州至沙河北騎五千待於河北金軍奪橋以過北軍即西首斂避金軍縱擊北軍不戰復南渡沙河金軍欲盤營北軍復渡河來襲金軍不能得食又不得休息合昏雨作明旦變雪北兵增及萬人且行且戰至黃榆店望鈞州二十五里雨雪不能進盤營三日丙申一近侍入軍中傳旨集諸帥聽處分制旨云兩省軍悉赴京師我御門犒軍換易御馬然後出戰未曉復有密旨云近知張家灣透漏二三百騎已遷衞孟兩州兩省當常切防備領旨訖蒲阿拂袖而起合達欲再議蒲阿言止此而已復何所議蓋已奪魄矣軍即行北軍自北渡者畢集前後以大樹塞其軍路沃衍軍奪路得之合達又議陳和尚先擁山上大勢比再整頓金軍已接竹林去鈞州止十餘里矣金軍遂進北軍果卻三峯之東北西南武高前鋒擁其西南楊樊擁其東北北兵俱卻止有三峰之東張惠按得木立山上望北兵二三十萬約厚二十里按得木與張惠謀曰此地不戰欲何爲耶乃率騎兵萬餘乘上而下擁之北兵卻須臾雪大作白霧蔽空人不相覩時雪已三日戰地多麻田往往耕四五過人馬所踐泥淖沒脛軍士被甲胄僵立雪中槍槊結東如椽軍士有不食至三日者北兵與河北軍合四外圍之熾薪燔牛羊肉更遞休息乘金困憊乃開鈞州路縱之走而以生軍夾擊之金軍遂潰聲如崩山忽天氣開霽日光皎然金軍無一人得逃者武仙率三十騎入竹林中楊樊張三軍爭路北兵圍之數重及高英殘兵共戰於柿林村南沃衍澤英皆死惟張惠步持大槍奮戰而歿蒲阿走京師未至追及擒之七月械至官山召問降否往復數百言但曰我金國大臣惟當金國境內死耳遂見殺

贊曰金自南渡用兵克捷之功史不絕書然而地不加闢殺傷相當君子疑之異時伐宋唐州之役喪師七百主將訛論匿之而以捷聞御史納蘭糾之宣宗獎御史而不罪訛論是君臣相率而爲虛聲也禹山之捷兩省爲欺遂致誤國豈非宣宗前事有以啓之耶至於三峰山之敗不可收拾上下睠眙而金事已去十九天朝取道襄漢懸軍深入機權若神又獲天助用能犯兵家之所忌以建萬世之雋功合達雖良將何足以當之蒲阿無謀獨以一死無媿猶足取焉爾

金史卷一百十三

元　中書右丞相總裁脫脫等修

列傳第五十一

完顏賽不　白撒一名承裔　赤盞合喜

完顏賽不始祖弟保活里之後也狀貌魁偉沉厚有大畧初補親衞軍章宗時選充護衞明昌元年八月由宿直將軍爲寧化州刺史未幾遷武衞軍副都指揮使泰和二年轉胡里改路節度使四年升武衞軍都指揮使尋爲殿前左副都點檢及平章僕散揆伐宋爲右翼都統六年六月宋將皇甫斌遣率步騎數萬由確山褒信分路侵蔡閭郭倬李爽之敗阻溱水不敢進於是揆遣賽不及副統尚廄局使蒲鮮萬奴深州刺使完顏達吉不等以騎七千往擊之會溱水漲宋兵扼橋以拒賽不等謀潛師夜出達吉不以騎涉水出其右萬奴等出其左賽不度其軍畢渡乃率副統阿魯帶以精兵直趨橋宋兵不能遏比明大潰萬奴以兵斷眞陽路諸軍追擊至陳澤斬首二萬級獲戰馬雜畜千餘兵還進爵一級賜金幣甚厚貞祐初拜同簽樞密院事三年遷知臨洮府事兼陝西路副統軍上召見諭曰卿向在西京盡心爲國及治華州亦嘗宣力今始及三品特升授汝此職者以陝西安撫副使烏古論兗州不奪安撫使達吉不節制多致敗事今已責罰兗州命卿副之宜益務盡心其或不然復當別議行之八月知鳳翔府事兼本路兵馬都總管俄爲元帥右都總四年四月調兵拔宋木陡關五月夏人於來羌城界河修折橋以兵守護賽不遣兵焚之八月夏人寇結耶觜川遣兵擊走之尋又破其衆于車兒堡興定元年二月轉簽樞密院事時上以宋歲幣不至且復侵盜詔賽不討之四月與宋人戰於信陽斬首八千生擒統制周光獲馬數千牛羊五百又遇宋人於隴山七里山等處前後六戰斬獲甚衆尋遣兵渡淮界中渡店拔光山羅山定城等縣破光州兩關斬首萬餘獲馬牛及布分給將士詔賜玉兎鶻一內府重幣十端七月上章言京都天下之根本其城池宜極高深今外城雖堅然周六十餘里倉猝有警難於拒守竊見城中有子城故基宜於農隙築而新之爲國家久長之利及凡河南陝西州府皆乞量修從之二年正月破宋人於鐵山及上石店唐縣四月進兼西南等路招討使西安軍節度使陝州管內觀察使奉詔攻棗陽宋出兵三萬拒戰稍誘擊之宋兵敗走城薄諸濠殺及溺死者三千餘人遂進兵圍之宋騎兵千步卒萬來援逆戰

復大敗之七月還行山東西路兵馬都總管兼武寧軍節度使三年二月奪宋白石關殺其守者千餘人獲鎧仗千計三月破宋兵於七口倉又奪宋小鵠倉獲糧九千石兵仗三十餘萬是月復敗宋兵三千于石鵠崖四年三月奉詔出兵河北招降晉安權府事皇甫珪正平縣令席永堅率五千餘人來歸得糧萬石時河北所在義軍官民堅守堡寨力戰破敵者衆賽不上章言此類忠赤可嘉若不旌酬無以激人心乞朝廷量加官賞萬一敵兵復來將爭先効用矣上覽奏召樞密官曰朕與卿等亦嘗有此議以不見彼中事勢故一聽帥臣規畫今觀此奏甚稱朕意其令有司遷賞之是年四月遷樞密副使五年五月奉詔引兵救河東戰屢捷復晉安平陽二城監察御史言其不能檢束士衆縱之虜掠請正其罪上以有功詔勿問元光二年五月復河中六月詔論宰臣曰樞密副使賽不本皇族先世偶然脫遺朕重其舊人且久勞王家已命睦親府附于屬籍矣卿等宜知之正大元年五月拜平章政事未幾轉尚書右丞相雅與參知政事李蹊相得及蹊以公罪出尹京洛賽不數薦蹊比唐魏徵以故蹊得復相三年宣宗廟成將禘祭議配享功臣論者紛紜賽不爲大禮使因言丞相福興死王事七斤謹守河南以迎大駕功宜配享議遂定四年吏部郎中楊居仁上封事言宰相宜擇人上語大臣曰相府非其人御史諫官當言彼吏曹何與于此尚書左丞顏盞世魯素嫉居仁亦以爲僭賽不徐進曰天下有道庶人猶得獻言況在郎官陛下有寬弘之德故不應言者猶言使其言可用則行之不可用不必示臣下也上是之居仁字行之大興人泰和二年進士天興末時北渡舉家投黃河死五年行尚書省于京兆謂都事商衡曰古來宰相必用文人以其知爲相之道賽不何所知使居此位吾恐他日史官書之某時以某爲相而國乃亡卽促衡草表乞致仕平章政事侯摯朴直無蘊藉朝廷鄙之天興九年兵事急自致仕起爲大司農未幾復致仕徐州行尚書省無敢行者復拜摯平章政事都堂會議摯以國勢不支因論數事曰只是更無擘劃白撒怒曰平章出此言國家何望耶意在置之不測賽不顧謂白撒曰侯相言甚當白撒遂含憤而罷時大元兵薄汴白撒策後日講和或出質必首相當行力請賽不領省事拜爲左丞相尋復致仕是年冬哀宗遷歸德起復爲右丞相樞密使兼左副元帥封壽國公扈從以行河北兵潰從至歸德又請致仕二年七月復詔行尚書省事於徐州既至以州乏糧遣郎中王萬慶會徐宿靈璧兵取源州令元帥郭恩統之九月恩至源州城下敗績而還再命卓翼攻豐縣破之初郭恩以敗爲恥託疾不行乃密與河北諸叛將郭野驢輩謀歸國用安執元帥商瑀父子元帥左都監紇石烈善住併殺之又逐都尉斡轉留奴泥厖古桓端蒲察世謀元帥右都監李居仁員外郎常忠自是防城與守門者皆河北義軍出入自恣賽不先病疽久不視事重爲賊黨所制束手聽命而已初源徐交攻郭野驢者每辭疾不行賽不遂授野驢徐州節度副使兼防城都總領實羈之也野驢既見徐州空虛乃約源州叛將麻琮內外相應十月甲申詰旦襲破徐州時蔡已被圍徐州將士以朝命阻絕且逼大兵議出降賽不弗從恐被執至是投河求死流三十餘步不沒軍士援出之又五日自縊于州第麻琮乃遣人以州降大元子按春正大中充護衛坐與宗室女姦杖一百收係居許州大兵至許按春開南門以降從攻京師曹王出質朝臣及近衛有從出者按春極口大罵以至指斥是冬復自北中逃迴詔令押入省問事情按春隨近侍登階作揮涕之狀詔問丞相云按春自北中來丞相好與問彼中息耗賽不附奏曰老臣不幸生此賊事至今日恨不手刃之恐與對面語乎十二月車駕東狩留後二相下開封擒捕斬之獄中

贊曰賽不臨陣對壘既有將畧洎秉鈞衡觀其救解楊居仁侯摯等言殊有相度按春之事尤有古人之風焉晚以老病受制叛臣致修匹夫匹婦之節此猶大厦將傾非一木之所能支也悲夫

內族白撒名承裔末帝承麟之兄也系出世祖諸孫自幼爲奉御貞祐間累官知臨洮府事兼本路兵馬都總管興定元年爲元帥左都監行帥府事於鳳翔是年詔陝西行省伐宋白撒出鞏州鹽井遇宋兵于皂郊堡敗之又遇宋兵于天水軍掩擊宋兵大潰二年四月復敗宋兵至雞公山遂拔西和州毀其諸隘營屯遣合扎都統完顏習涅阿不率軍趨成州宋帥羅紒政統制李大亨焚廬舍棄城遁留千餘人城守督兵赴之遂克焉獲糧七萬斛錢數千萬河池縣守將楊九鼎亦焚縣舍走保淸野原統制高千據黑谷關甚固遣兵襲之千遁去獲糧二萬斛器械稱是因夷其險而還三年破虎頭關敗宋兵于七盤子雞冠關褒城縣官民自焚城宇遁因取其城興元府提刑兼知府事趙希昔聞兵將至率官民遁於是白撒遂取興元以駐兵焉命提控張秀華馳覩洋州官民亦遁又取其城尋聞漢江之南三十里宋兵二千據山而陣遣提控唐括移失不擊走之行省以捷聞宣宗大悅進白撒官一階時朝議以蘭州當西夏之衝久爲敵據將遣白撒復之白撒奏曰臣近入宋境畧河池下鳳州破興元抵洋州而還經涉險阻數千里士馬疲弊未得少休而欲重爲是舉甚非計也不若息兵養士以備從之未幾權參知政事行省事于平凉四年上言宋境山州宕昌東上接一帶蕃族昔嘗歸附分處德順鎮戎之間其後有司不能存撫相繼亡去近聞復有歸心然不招之亦無由自至誠得其衆可以助兵寧謐一方臣以同知通遠軍節度使事烏古論長壽及通遠軍節度副使温敦永昌皆本蕃屬且久鎮邊鄙深得彼心已命遣人招之其所遣及諸來歸者皆當甄奬請預定賞格以待之上是其言是年夏兵三萬由高峯嶺入寇定西州環城爲柵白撒遣刺史愛申阿失刺與行軍提控烏古論長壽温敦永昌出戰大敗之斬首千餘獲馬仗甚衆五年五月白撒言近詔臣遣官諭諸蕃族以討西夏臣即令臨洮路總管女奚烈古里間計約喬家丙令族首領以諭餘族又別遣權左右司都事趙梅委差官遙授合河縣尉劉貞同往撫諭未幾梅貞報溪哥城等處諸族與先降族共願助兵七萬八千餘人本國蕃族願助兵九千若更以官軍繼爲聲援勝夏必矣臣已令古里間將鞏州兵三萬宜更擇勇畧之臣副之梅貞等旣悉事勢當假以軍前之職蕃僧納林心波亦招誘有功乞遷官授職以奬勵之上皆從其請元光元年二月行省上言近與延安元帥完顏合達納合買住議河北郡縣俱已殘毀陝西河南亦經抄掠比者西北二敵併攻鄜延城邑隳陷惟延安孤墉僅得保全若今秋復至必長驅而深入雖京兆鳳翔慶陽平凉已各益軍而率皆步卒且相去闊遠卒難應援儻關中諸鎮不支則河南亦不安矣今二敵遠去西北少休宜乘此隙徑取蜀漢實國家基業萬全之計詔樞密議之先是夏兵數十萬分寇龕谷鄜延大通諸城上召白撒等授以方畧命發兵襲其浮橋遂趨西凉別遣將取大通城出溪哥路畧夏地白撒徐出鎮戎合達出環州以報二道之役白撒馳至臨洮遣總管女奚烈古里間積石州刺史徒單牙武各攝帥職率兵西入遇夏兵千餘於踏南寺擊走之夏人據大通城因圍之分兵奪其橋與守兵七千人戰大敗之幾殺其半入河死者不可計餘兵焚其橋西遁乃還軍攻大通克之斬首三千因招來諸寺族被脅僧俗人皆按堵如故以河梁既焚塞外地寒少草師遂還十二月行省言近有人自北來者稱國王木華里悉兵沿渭而西謀攻鳳翔鳳翔既下乃圖京兆京兆卒不可得留兵守之至春蹂踐二麥以困我未幾大兵果圍鳳翔帥府遣人告急臣以爲二鎮脣齒也鳳翔蹉跌則京兆必危而陝右大震矣然平川廣野寔騎兵馳騁之地未可與之爭鋒已遣提控羅桓將兵二千循南山而進伺隙攻其柵壘以紓城圍更乞發河南步騎以備潼關詔付尚書省樞密院議之二年冬哀宗即位邊事益急正大五年八月召白撒還朝拜尚書右丞未幾拜平章政事白撒居西垂幾十年當宋夏之交雖頗立微效皆出諸將之力然本恇怯無能徒以儀體爲事性愎貪鄙及入爲相專愎尤甚嘗惡堂食不適口每以家膳自隨國家顛覆初不恤也九年正月諸軍敗績於三峯山大兵與白坡兵合長驅趨汴令史楊居仁請乘其遠至擊之白撒不從且陰怒之遂遣完顏麻斤出邵公茂等部民萬人開短堤決河水以固京城功未畢而騎兵奄至麻斤等皆被害丁壯無二三百人得反者壬辰棄衞州運守具入京初大兵破衞州宣宗南遷移州治於宜村渡築新城於河北岸去河不數步惟北面受敵而以石包之歲屯重兵於此大兵屢至不能近至是棄之隨爲大兵所據甲午修京城樓櫓初宣宗以京城闊遠難守詔高琪築裏城公私力盡僅乃得成至是議所守朝臣有言裏城決不可守外城決不可棄大兵先得外城糧盡救絕走一人不出裏城或不測可用於是決計守外城時在城諸軍不滿四萬京城周百二十里人守一乳口尚不能徧故議避遷之民充軍又召在京軍官於上清宮平日防城得功者如內族按出虎大和兒劉伯綱等皆隨召而出截長補短假借而用得百餘人又集京東西沿河舊屯兩都尉及衞州已起義軍通建威得四萬人益以丁壯六萬分置四城每面別選一千名飛虎軍以專救應然亦不能軍矣三月京城被攻大臣分守四面白撒主西南受攻最急樓櫓垂就輒摧傳令取竹爲護簾所司馳入城大索竟無所得白撒怒欲斬之員外郎張衮附所司耳語曰金多則濟矣胡不卽平章府求之所司懷金三百兩徑往賂其家僮果得之已而兵退朝廷議罷白撒白撒不自安乃謂令史元好問曰我妨賢路久矣得退是幸爲我撰乞致仕表頃之上已遣使持詔至其第令致仕既廢軍士恨其不戰誤國揚言欲殺之白撒懼一夕數遷上以親軍二百

陰爲之衛軍士無以泄其憤遂相率毀其别墅而去其黨元帥完顏斜捻阿不領本部軍戍汴聞之徑詣其所斬經其垣下者一人以鎮之是時速不䚟等兵散屯河南汴城糧且盡累召援兵復無至者冬十月乃復起白撒爲平章政事權樞密使兼右副元帥於是群臣爲上畫出京計以賽不爲右丞相樞密使兼左副元帥內族訛出右副元帥兼樞密副使權參知政事李蹊兵部尚書權尚書左丞徒單百家元帥左監軍行總帥府事東面元帥高顯副以果毅都尉粘合咬住兵五千南面元帥完顏猪兒副以建威都尉完顏斡論出兵五千西面元帥劉益上黨公張開副以安平都尉紇綱軍五千北面元帥內族婁室副以振威都尉張闓軍五千中翼都尉賀都喜軍四千隸總帥百家都尉內族久住副都尉王簡總領王福胥神臂軍三千五百左翼元帥內族小婁室親衛軍一千右翼元帥完顏按出虎親衛軍一千總領完顏長樂副帥溫敦昌孫馬軍三百郡王王義深馬軍一百五十郡王范成進總領蘇元孫圭軍三千隸總帥百家飛騎都尉兼合剌合總領术虎只魯歡總領夾谷得伯紇軍田衆家奴等百人及諸臣下發京師十二月甲辰車駕至黃陵岡白撒先降大兵兩寨得河朔降將上赦之授以印及金虎符群臣議以河朔諸將前導鼓行入開州取大名東平豪傑當有響應者破竹之勢成矣温敦昌孫曰太后中宮皆在南京北行萬一不如意聖主孤身欲何所爲若往歸德更五六月不能還京不如先取衛州還京爲便白撒奏曰聖體不便鞍馬且不可令大兵知上所在今可駐歸德臣等率降將往東平俟諸軍到可一鼓而下因而經畧河朔且空河南之軍上以爲然時上已遣官奴將三百騎探滬麻岡未還上將御船賜白撒劒得便宜從事決東平之策官奴遂奏衛州有糧可取上召白撒問之白撒曰京師且不能守就得衛州欲何爲耶以臣觀之東平之策爲便上主官奴之議明年正月朔次黃陵岡是日歸德守臣以糧糗三百餘船來餉遂就其舟以濟南岸未濟者萬人大元將回古乃率四千騎追擊之賀都喜揮一黃旗督戰身中十六七箭軍殊死鬭得卒十餘人大兵少却上遣送酒百壺勞之須臾北風大作舟皆吹著南岸諸兵復擊之溺死者近千人元帥猪兒都尉紇石烈訛論等死之建威都尉完顏訛論出降於大元上於北岸望之震懼率從官爲猪兒等設祭哭之皆贈官錄用其子姪斬訛論出二弟以徇遂命白撒攻衛州上駐兵河上留親衛軍三千護從都尉高顯步軍一萬元帥官奴忠孝軍一千郡王范成進王義深上黨公張開元帥劉益等軍總帥百家總之各齎十日糧聽承裔節制發自蒲城上時已遣賽不將馬軍北向矣白撒以三十騎追及謂賽不曰有旨令我將馬軍賽不謂上曰北行議已決不可中變上曰丞相當與平章和同完顏仲德持御馬銜苦諫曰存亡在此一舉衛州決不可攻上麾之曰參政不知白撒遂攻衛州兵至城下御旗黃繖招之不下其夜北騎三千奄至官奴和速嘉兀地不按出虎與之戰北兵却六十里然自發蒲城遷延八日始至衛而猝無攻具縛槍爲雲梯州人知不能攻守益嚴凡攻三日不克及聞河南大兵濟自張家渡至衛西南遂班師大兵踵其後戰於白公廟敗績白撒等棄軍遁劉益張開皆爲民家所殺車駕還次蒲城東二十里白撒使人密奏劉益一軍叛去點檢朮撚兀典總領溫敦昌孫時侍行帳中請上登舟上曰正當決戰何遽退乎少頃白撒至倉皇言於上曰今軍已潰大兵近在堤外請聖主幸歸德上遂登舟侍衛皆不知巡警如故時夜已四更矣遂狼狽入歸德白撒收潰兵大橋得二萬餘人懼不敢入上聞遣近侍局提點移剌粘古紇石烈阿里合護衛二人以舟往迎之既至不聽入見并其子下獄諸都尉司軍以白撒不戰而退發憤出怨言上乃暴其罪曰惟汝將士明聽朕言我初提大軍次黃陵岡得捷白撒即奏宜渡河取衛州可得糧十萬石乘勝恢復河北我從其計令率諸軍攻衛去蒲城二百餘里白撒遷延八日方至又不預備攻具以致敗衂白撒棄軍竄還蒲城便言諸軍已潰北兵勢大不可當信從登舟幾死于水若當時知諸軍未嘗潰只河北戰死亦可垂名於後今白撒已下獄不復錄用籍其家產以賜汝衆其盡力國家無效此人四日白撒七日而餓死發其弟承麟子狗兒徐州安置當時議者衛州之舉本自官奴歸之白撒則亦過矣初瀕河居民聞官軍北渡築垣塞戶潛伏洞穴及見官奴一軍號令明肅撫勞周悉所過無絲髮之犯老幼婦子坦然相視無復畏避俄白撒輩縱軍四出剽掠俘虜挑掘焚炙靡所不至哭聲相接屍骸盈野都尉高祿謙苗用秀輩仍掠人食之而白撒誅斬在口所過官吏殘虐不勝一飯之費有數十金不能給者公私皇皇日皆徯大兵至矣白撒目不知書姦黠有餘簿書政事聞之即解善談議多知接人則喣喣然好貨殖能押闔中人主心遂浸潰以取將相既富貴起第於汴之西城規模擬宮掖婢妾百數皆衣金縷奴隸月廪與列將等猶以爲未足也上嘗遣中使責之曰卿汲汲於此將無北歸意耶白撒終不悛以及於禍

贊曰白撒本非將才恇怯誤國徒能阿合以取富貴性愎貪鄙當此危亡方謀封殖以自逸此猶大厦將焚而燕雀不悟者歟

赤盞合喜性剛愎好自用朝廷以其有才幹任之宣宗時累遷蘭州刺史提控軍馬貞祐四年十一月夏人四萬餘騎圍定西犂致攻具將取其城合喜及楊斡烈等率兵鏖戰走之斬首二千級俘數十人獲馬八百餘匹器械稱是餘悉遁去興定元年正月以屢敗夏人遙授同知臨洮府事兼前職是冬陝西行省奉詔伐宋合喜權行元帥府駐來遠寨以張聲勢既而獲捷二年四月宋兵數千侵臨洮合喜擊走之斬獲甚衆三年四月遷元帥左都監行元帥府事于鞏州四年四月夏人犯邊合喜討之師次鹿兒原遇夏兵千人遣提控烏古論世鮮率偏師敗之都統王定亦破其衆一千五百于新泉城九月夏人攻鞏州合喜遣兵擊之一日十餘戰夏人退據南岡遣精兵三萬傅城又擊走之生擒夏將劉打甲王等訊知夏大將你思丁兀名二人謀以爲鞏帥府所在鞏既下則臨洮積石河洮諸城不攻自破故先及鞏且構宋統制程信等將兵四萬來攻合喜聞之飭兵嚴備俄而兵果至合喜督兵搏戰却之殺數千人攻益急將士殊死戰殺傷者以萬計夏人焚其攻具拔柵而去合喜已先伏甲要地邀之復率衆躡其後斬首甚衆十月以功遙授平西軍節度使元光元年大將萌古不花攻鳳翔朝廷以主將完顏仲元孤軍不足守禦命合喜將兵援之二年二月木華黎國王斜里吉不花等及夏人步騎數十萬圍鳳翔東自扶風岐山西連汧隴數百里間皆其營柵攻城甚急合喜盡力僅能禦之於是合喜以同知臨洮府事顏盞蝦蟆戰尤力遂以便宜升爲通遠軍節度使上嘉其功許之是歲升簽樞密院事哀宗即位拜參知政事權樞密副使正大八年十一月鄧州馳報大元兵破嶢峯關由金州東下報至時日已暮省院官入奏上曰事至於此柰何上即位至是八年從在東宮日立十三都尉每尉不下萬人皆壯趫捷極爲精練步卒負擔器甲糧糗重至六七斗一日夜行二百里忠孝軍萬八千人皆回紇河西及中州人被掠而逃歸者人有從馬以騎射選之乃得補親衛騎兵武衛護衛選外諸軍又二十餘萬故頻年有大昌原倒回谷之捷士氣既振遂有一戰之資至是院官同奏北軍自萬里之險歷二年之久方入武休其勞苦已極爲吾計者以兵屯睢鄭昌武歸德及京畿諸縣以大將守洛陽潼關懷孟等處嚴兵備之京師積糧數百萬斛令河南州郡堅壁清野百姓不能入城者聚保山砦彼深入之師欲攻不能欲戰不得師老食盡不擊自歸矣上太息曰南渡二十年所在之民破田宅鬻妻子以養軍士且諸軍無慮二十餘萬今敵至不能迎戰徒以自保京城雖存何以爲國天下其謂我何又曰存亡有天命惟不負民可也乃詔合達蒲阿等屯軍襄鄧九年正月兩省軍潰于三峯山北兵進薄京師三月庚子議曹王出質大兵北行留速不䚟攻城攻具已辦既有納質之請即又云我受命攻城但曹王出則退不然不罷也壬辰曹王入辭宴於宮中癸卯北兵立攻具沿壕列木柵以薪草填壕頃刻平十餘步主兵者以議和之故不敢與戰但於城上坐視而已城中喧鬨上聞之從六七騎出端門至舟橋時新雨淖車駕忽出人驚愕失措但跪於道傍亦有望而拜者上自麾之曰勿拜恐泥汚汝衣倉皇中市肆米豆狼藉於地上勅衛士令各歸其家老幼遮擁至有誤觸御衣者少頃宰相從官皆至進笠不受曰軍士暴露我何用此爲所過慰勞軍士皆踴躍稱萬歲臣等戰死無所恨至有感泣者西南軍士五六十輩聚而若有言者上就問之跪曰大兵斸土填壕功已過半平章傳令勿放一鏃恐壞和事想豈有計耶上顧謂其中長者云朕爲生靈稱臣進奉無不從順止有一子養來成長今往作質子矣汝等畧忍待曹王出大兵不退汝等死戰未晚復有拜泣者曰事急矣聖主毋望和事乃傳旨城上放箭西水門千戶劉壽控御馬仰視曰聖主無信賊臣賊臣盡大兵退矣衛士欲擊之上止之曰醉矣勿問是日曹王出詣軍前大兵併力進攻甲辰上復出撫東門將士太學生楊奐等前白事上問何所欲言曰臣等皆太學生令執砲夫之役恐非國家百年以來待士之意勅記姓名即免其役過南薰門值被創者親傳以藥手酌卮酒以賜且出內府金帛以待有功者是日大兵驅漢俘及婦女老幼負薪草填壕塹城上箭鏃四下如雨頃刻壕爲之平龍德宮造砲石取宋太湖靈壁假山爲之小大各有斤重其圓如燈毬之狀有不如度者杖其工人大兵用砲則不然破大磑或碌碡爲二三皆用之攢竹砲有至十三稍者餘砲稱是每城一角置砲百餘枝更遞下上晝夜不息不數日石幾與裏

城平而城上樓櫓皆故宮及芳華玉谿所拆大木爲之合抱之木隨擊而碎以馬糞麥秸布其上網索旃褥固護之其懸風板之外皆以牛皮爲障遂謂不可近大兵以火砲擊之隨卽延爇不可撲救父老所傳周世宗築京城取虎牢土爲之堅密如鐵受砲所擊唯凹而已大兵壕外築城圍百五十里城有乳口樓櫓壕深丈許闊亦如之約三四十步置一鋪鋪置百許人守之初白撒命築門外短牆委曲狹隘容二三人得過以防大兵奪門及被攻諸將請乘夜斫營軍乃不能猝出比出已爲北兵所覺後又夜募死士千人穴城由壕徑渡燒其砲坐城上懸紅紙燈爲應約燈起渡壕又爲圍者所覺又放紙鳶置文書其上至北營則斷之以誘被俘者識者謂前日紙燈今日紙鳶宰相以此退敵難矣右丞世忽命作江水曲使城上之人靜夜唱之蓋河朔先有此曲以寄謳吟之思其謬計如此合喜先以守鳳翔自誇及令守西北隅其地受攻最急而合喜當之語言失措面無人色軍士特以車駕數出慰勞人自激昂爭爲效命耳其攻城之具有火砲名震天雷者鐵罐盛藥以火點之砲起火發其聲如雷聞百里外所爇圍半畝之上火點著甲鐵皆透大兵又爲牛皮洞直至城下掘城爲龕間可容人則城上不可奈何矣人有獻策者以鐵繩懸震天雷者順城而下至掘處火發人與牛皮皆碎迸無迹又飛火槍注藥以火發之輒前燒十餘步人亦不敢近大兵惟畏此二物云四月罷攻至是十六晝夜矣內外死者以百萬計大兵知不可下乃謾爲好語云兩國已講和更相攻耶朝廷亦就應之明日遣戶部侍郎楊居仁出宜秋門以酒炙犒師於是營幕稍稍外遷遂退兵壬午合喜以大兵退議入賀諸相皆不欲獨合喜以守城爲己功持論甚力呼令史元好問曰罷攻已三日而不入賀何也趣召翰林官作表好問以白諸相權參政內族思烈曰城下之盟諸侯以爲恥況以罷攻爲可賀歟合喜怒曰社稷不亡帝后免難汝等不以爲喜耶明日近侍局直長張天任至省好問私以賀議告之天任曰人不知恥乃若是耶因謂諸相曰京城受兵上深以爲辱聞百官欲入賀誠有此否會學士趙秉文不肯撰表議遂寢是月以尚書省兼樞密院事合喜罷樞密合喜既失兵柄意殊不樂欲銷院印諸相謂院事仍在印有用時不宜毀合喜怒欲笞其掾有投匿名書於御路云副樞合喜總帥撒合參政訛出皆國賊朝廷不殺衆軍亦須殺之爲國除害衞士以聞撒合飲藥死訛出稱疾不出惟合喜坦然若無事者上亦無所問由是軍國之事盡決于合喜矣初大兵圍汴司諫陳岢屢上封事言得失切中時病合喜大怒召入省呼其名責之曰子爲陳山可耶果如子言能退大敵我當世世與若爲奴聞者無不竊笑蓋不識岢字至分爲兩耳天興元年七月權參知政事思烈恒山公武仙合軍自汝州入援詔以合喜爲樞密使統京城軍萬五千應之丑命賽不爲之助八月己酉朔駐於近郊候益兵乃進屯中牟古城凡三日聞思烈軍潰卽夜棄輜重馳還黎明至鄭門聚軍乃入言者謂合喜始則抗命不出中則逗遛不進終則棄軍先遁委棄軍資不可勝計不斬之無以謝天下上貸其死免爲庶人既而籍其家以賜軍士既廢居汴中常鞅鞅不樂會大將速不䚟遣人招之合喜既治裝欲行崔立遂至省酌酒餞送且以白金二百兩爲贐明日復詣省別立方對語適一人自歸德持文書至發視之乃行省傳哀宗語以諭合喜者其言曰卿朕老臣中間雖廢出未嘗忘卿今崔立已變卿處舊人尚多若能反正與卿世襲公相立怒叱左右繫之獄是日斬之

論曰合喜初年用兵西夏屢著勞效要亦諸將石盞蝦蟆等功也既當大任遂自矜伐汴城之役舉措煩擾賢出兵退卽圖稱賀此豈有體國之誠心者乎中牟之潰衆怒所歸幸逭一死猶懷異圖卒殞猜疑天蓋假手於崔立也

金史卷一百十三考證

赤盞合喜傳我受命攻城但曹王出則退不然不罷也

○臣人龍按續綱目云金主遣曹王訛可爲質請和速不台聞之曰我受攻城不知其他乃列柵填壕攻益急與金史語各異

金史卷一百十四

元　中書右丞相總裁脫脫等修

列傳第五十二

白華　斜卯愛實合周附　石抹世勣

白華

白華字文舉澳州人貞祐三年進士初爲應奉翰林文字正大元年累遷爲樞密院經歷官二年九月武仙以眞定來歸朝廷方經理河北宋將彭義斌乘之遂由山東取邢洺磁等州華上奏曰北兵有事河西故我得少寬今彭義斌招降河朔郡縣駸駸及於眞定宜及此大舉以除後患時院官不欲行卽遣華相視彰德實擠之也事竟不行三年五月宋人掠壽州永州桃園軍失利死者四百餘人時夏全自楚州來奔十月庚申集百官議和宋上問全所以來華奏全初在盱眙從宋帥劉卓往楚州州人訛言劉大帥來欲屠城中北人耳衆軍怒殺卓以城來歸全終不自安跳走盱眙盱眙不納城下索妻孥又不從計無所出乃狼狽而北止求自免無他慮也華因是爲上所知全至後盱眙楚州王義深張惠范成進相繼以城降詔改楚州爲平淮府以全爲金源郡王平淮府都總管張惠臨淄郡王義深東平郡王成進膠西郡王和宋議寢四年李全據楚州衆皆謂盱眙不可守上不從乃以淮南王招全全曰王義深范成進皆我部曲而受王封何以處我竟不至是歲慶山奴敗績于龜山五年秋增築歸德城擬工數百萬宰相奏遣華往相役華見行院溫撒辛語以民勞朝廷愛養之意減工三之一溫撒李辛賜姓也六年以華權樞密院判官上召忠孝軍總領蒲察定住經歷王仲澤戶部郎中刁壁及華諭之曰李全據有楚州睥睨山東久必爲患今北事稍緩合乘此隙令定住權監軍率所統軍一千別遣都尉司步軍萬人以璧仲澤爲參謀同往沂海界招之不從則以軍馬從事卿等以爲何如華對曰臣以爲李全借大兵之勢要宋人供給餽餉特一猾寇耳老狐穴塚待夜而出何足介懷我所慮者北方之強耳今北方有事未暇南圖一旦事定必來攻矣與我爭天下者此也全何預焉若北方事定全將聽命不暇設不自量更有非望天下之人寧不知逆順其肯去順而從逆乎爲今計者姑養士馬以備北方使全果有不軌之謀亦當發於北朝息兵之日當此則我易與矣上沉思良久曰卿等且退容我更思明日遣定住還屯尉氏時陝西兵大勢已去留脫或欒駐慶陽以擾河朔且有攻河中之耗而衞州帥府與恒山公府竝立慮一旦有警節制不一欲合二府爲一又恐其不和命華往經畫之初華在院屢承面諭云汝爲院官不以軍馬責汝汝辭辯特以合喜蒲阿皆武夫一語不相入便爲齟齬害事非細今以汝調停之或有乖忤罪及汝矣院中事當一一奏我汝之職也今衞州之委亦前日調停之意國制凡樞密院上下所倚任者名奏事官其目有三一曰承受聖旨二曰奏事三曰省院議事皆以一人主之承受聖旨者凡院官奏事或上處分獨召奏事官付之多至一二百言或直傳上旨辭多者卽與近侍局官批寫奏事者謂事有區處當取奏裁者殿奏其奏每嫌辭費必欲言簡而意明退而奉行卽立文字謂之檢目省院官殿上議事則默記之議定歸院亦立檢目呈覆有疑則復禀無則付掾史施行其赴省議者議既定留奏事官與省左右司官同立奏草圓覆諸相無異同則右司奏上此三者之外又有難者曰備顧問如軍馬糧草器械軍帥部曲名數與夫屯駐地里阨塞遠近之類凡省院一切事務顧問之際一不能應輒以不用心被譴其職爲甚難故以華處之五月以丞相賽不行尚書省事於關中蒲阿率完顏陳和尚忠孝軍一千駐邠州且令審觀北勢如是兩月上謂白華曰汝往邠州六日可往復否華自量日可馳三百應之曰可上令密諭蒲阿總帥春首當事慶陽華如期而還上一日顧謂華言我見汝從來凡語及征進必有難色今此一舉特銳於平時何也華曰向日用兵以南征及討李全之事梗之不能專意北方故以北向爲難今日異於平時況事至於此不得不一舉大軍入界已三百餘里若縱之令下秦川則何以救終當一戰摧之與其戰於近裏之平川不若戰於近邊之險隘上亦以爲然七年正月慶陽圍解大軍還白華上奏凡今之計兵食爲急除密院已定忠孝軍及馬軍都尉司步軍足爲一戰之資此外應河南府州亦須簽揀防城軍秋聚春放依古務農講武之義各令防本州府城以今見在九十七萬無致他日爲資敵之用五月華眞授樞密判官上遣近侍局副使七斤傳旨云朕用汝爲院官非責汝將兵對壘第欲汝立軍中綱紀發遣文移和睦將帥究察非違至於軍伍之閱習器仗之修整皆汝所職其悉力國家以稱朕意八年大軍自去歲入陝西翱翔京兆同華之間破南山砦柵六十餘所已而攻鳳翔金軍自閿鄉屯至澠池兩行省晏然不動宰相臺諫皆以樞院瞻望逗遛爲言京兆士庶橫議蜂起以至諸相力奏上前上曰合達蒲阿必相度機會可進而進耳若督之使戰終出勉強恐無益而反害也因遣白華與右司郎中夾谷八里門道宰相百官所言并問以目今二月過半有怠歸之形諸軍何故不動且詔華等往復六日華等既到同論兩行省以上意合達言不見機會見則動耳蒲阿曰彼軍絕無糧餉使欲戰不得欲留不能將自斃矣合達對蒲阿及諸帥則言不可動見士大夫則言可動人謂合達近嘗得罪又謂蒲阿方得君不敢與抗而亦言不可動華等覦二相見北兵勢大皆有懼心遂私問樊澤定住陳和尚以爲何如三人者皆曰他人言北兵疲困故可攻此言非也大兵

所在豈可輕料是眞不敢動華等還以二相及諸將意奏之上曰我故知其怯不敢動矣卽復遣華傳旨諭二相云鳳翔圍久恐守者力不能支行省當領軍出關宿華陰界次日及華陰次日及華州畧與渭北軍交手計大兵聞之必當奔赴且以少紓鳳翔之急我亦得爲掣肘計耳二相迴奏領旨華東還及中牟已有兩行省納奏人追及華取報密院副本讀之言領旨提軍出關二十里至華陰界與渭北軍交是晚收軍入關華爲之仰天浩歎曰事至於此無如之何矣華至京奏章已達知所奏爲徒然不二三日鳳翔陷兩行省遂棄京兆與牙古塔起遷居民於河南留慶山奴守之夏五月楊妙眞以夫李全死於宋構浮橋於楚州之北就北帥梭魯胡吐乞師復讐朝廷覘知之以謂北軍果能渡淮淮與河南跬步間耳遣合達蒲阿駐軍桃源界滶河口備之兩行省乃約宋帥趙范趙葵爲夾攻之計二趙亦遣人報聘俱以議和爲名以張聲勢二相屢以軍少爲言而省院難之因上奏云向來附關屯駐半年適還舊屯喘不及息又欲以暑月東行實無可圖之事徒自疲而已況兼桃源靑口蚊虻湫濕之地不便牧養且今非征進時月決不敢妄動且我之所慮特楚州浮梁耳姑以計圖之已遣提控王鋭往覘可否奏上上遣白華以此傳諭二相兼領王鋭行二相不悅蒲阿遣水軍虹縣所屯王提控者以小船二十四隻令華順河而下必到八里莊城門爲期且曰此中望八里莊如在雲間天上省院端坐徒事口吻今樞判親來可以相視可否歸而奏之華力辭不獲遂登舟及淮與河合流處幾及八里莊城門相直城守者以白鷂大船五十泝流而上占其上流以截華歸路華幾不得還昏黑得徑先歸乃悟兩省怒朝省不益軍謂皆華輩主之故擠之險地耳是夜二更後八里莊次將遣人送款云早者主將出城開船截大金歸路某等商議主將還卽閉門不納渠已奔去楚州乞發軍馬接應二相卽發兵騎開船赴約明旦入城安慰又知楚州大軍已還河朔宋將燒浮橋二相附華納奏上大喜初合達謀取宋淮陰五月渡淮淮陰主者胡路鈐往楚州計事於楊妙眞北還提正官郭恩送款于金胡還不納慟哭而去合達遂入淮陰詔改歸州以行省烏古論葉里哥守之郭恩爲元帥右都監旣而宋人以銀絹五萬兩匹來贖盱眙龜山宋使留館中郭恩謀劫而取之或報之于盱眙帥府卽以軍至恩不果發明日宋將劉虎湯孝信以船三十艘燒浮梁因遣其將夏友諒來攻盱眙未下泗州總領完顏矢哥利館中銀絹遂反防禦使徒單塔剌聞變扼咒山亭甬路好謂之曰容我拜辭朝廷然後死遂取朝服望闕拜慟良久投亭下水死矢哥遂以州歸楊妙眞總帥納合買住亦以盱眙降宋九月陝西行省防秋時大兵在河中睿宗已領兵入界慶山奴報糧盡將棄京兆而東一日白華奏偵候得睿宗所領軍馬四萬行營軍一萬布置如此爲今計者與其就漢禦之諸軍比到可行半月不若經往河中目今沿河屯守一日可渡如此中得利襄漢軍馬必當遲疑不進在北爲投機在南爲掣肘臣以爲如此便上曰此策汝畫之爲得之他人華曰臣愚見如此上平日鋭於武事聞華言若欣快者然竟不行未幾合達自陝州進奏帖亦爲此事上得奏甚喜蒲阿時在洛陽驛召之蓋有意於此矣蒲阿至奏對之間不及此止言大兵前鋒忒木觧統之將出冷水谷口且當先禦此軍上曰朕不問此只欲問河中可擣否蒲阿不獲已始言睿宗所領兵騎雖多計皆冗雜大兵軍少而精無非選鋒金軍北渡大兵必遣輜重屯於平陽之北匿其選鋒百里之外放我師渡然後斷我歸路與我決戰恐不得利上曰朕料汝如此果然更不須再論且還陝州蒲阿曰合達樞密使所言此間一面革撥恐亦未盡乞召至同議可否上曰見得合達亦止此而已往復遲滯轉致悞事華奏合達必見機會召至同議爲便副樞赤盞合喜亦奏蒲阿白華之言爲是上乃從之召合達至上令先與密院議定然後入見旣議華執合達奏帖舉似再三竟無一先發言者移時蒲阿言且勾當冷水谷一軍何如合達曰是矣遂入見上問卿等所議若何合達數奏其言甚多大槩言河中之事與前日上奏時勢不同所奏亦不敢自主議遂寢二相還陝量以軍馬出冷水谷奉行故事而已十二月河中府破九年京城被攻四月兵退改元天興是月十六日併樞密院歸尚書省以宰相兼院官左右司首領官兼經歷官惟平章白撒副樞合喜院判白華權院判完顏忽魯剌退罷忽魯有口辯上愛幸之朝議罪忽魯剌而書生輩妬華得君先嘗以語撼之用是而罷金制樞密院雖主兵而節制在尚書省兵興以來兹制漸改凡在軍事省官不得預院官獨任專見往往敗事言者多以爲將相權不當分至是始併之十二月朔上遣近侍局提點曳剌粘古卽白華所居問事勢至於此計將安出華附奏人耕稼已廢糧斛將盡四外援兵皆不可指擬車駕當出就外兵可留皇兄荆王使之監國任其裁處聖主旣出遣使告語北朝我出非他處收整軍馬止以軍卒擅誅唐慶和議從此斷絕京師今付之荆王乞我一二州以老耳如此則太后皇族可存正如春秋紀季入齊爲附庸之事聖主亦得少寬矣於是起華爲右司郎中初親巡之計決諸將皆預其議將退首領官張衮聶天驥奏尚有舊人諳練軍務者乃置而不用今所用者皆不見軍中事體此爲未盡上問未用者何人皆曰院判白華上頷之故有是命明日召華諭之曰親巡之計已決但所往羣議未定有言歸德四面背水可以自保者或言可沿西山入鄧或言設欲入鄧大將速不觧今在汝州不如取陳蔡路轉往鄧下卿以爲如何華曰歸德城雖堅久而食盡坐以待斃決不可往欲往鄧下旣汝州有速不觧斷不能往以今日事勢博徒所謂孤注者也孤注云者止有背城之戰爲今之計當直赴汝州與之一決有楚則無漢有漢則無楚汝州戰不如半塗戰半塗戰又不如出城戰所以然者何我軍食力猶在馬則豆力猶在若出京益遠軍食日減馬食野草事益難矣若我軍便得戰存亡決此一舉外則可以激三軍之氣內則可以慰都人之心或止爲避遷之計人心顧戀家業未必毅然從行可詳審之遂召諸相及首領官同議禾速嘉兀地不元帥猪兒高顯王義深俱主歸德之議丞相賽不主鄧議竟不能決明日制旨京城食盡今擬親出聚集軍士於大慶殿諭以此意諭訖諸帥將佐合辭奏曰聖主不可親出止可命將三軍欣然願爲國家効死上猶豫欲以官奴爲馬軍帥高顯爲步軍帥劉益副之蓋採輿議也而三人者亦欲奉命權參政內族訛出大罵云汝輩把鋤不知高下國家大事敢易承邪衆默然惟官奴曰若將相可了何至使我輩事亦中止明日民間閧傳車駕欲奉皇太后及妃后往歸德軍士家屬留後目今食盡坐視城中俱餓死矣縱能至歸德軍馬所費支吾復得幾許日上聞之召賽不合周訛出烏古孫卜吉完顏正大議餘人不預移時方出見首領官丞相言前日巡守之議已定止爲一白華都改却今往汝州就軍馬索戰去矣遂擇日祭太廟誓師擬以二十五日啓行是月晦車駕至黃陵岡復有北幸之議語在白撒傳大興二年正月朔上次黃陵岡就歸德餫船北渡諸相共奏京師及河南諸州聞上幸河北恐生他變可下詔安撫之是時所在父老僧道獻食及牛酒犒軍者相屬上親爲拊慰人人爲之感泣乃赦河朔招集兵糧赦文條畫十餘款分道傳送二日或有云昨所發河南詔書儻落大軍中奈泄事機何上怒委近侍局官傳旨謂首領官張衮白華內族訛可當發詔時不爲後慮皆量決之是時衛州軍兩日至蒲城而大軍徐躡其後十五日宰相諸帥共議上前郎中完顏胡魯剌秉筆書某軍前鋒某軍殿後餘事皆有條畫書畢惟不言所往華私問胡魯剌託以不知是晩平章及諸帥還蒲城軍中夜半訛可衮就華帳中呼華云上已登舟君不知之耶華遂問其由訛可云我昨日已知上欲與李左丞完顏郎中先下歸德令諸軍並北岸行至鳳池渡河今夜平章及禾速嘉元帥官奴等來言大軍在蒲城曾與金軍接戰勢莫能支遂擁主上登舟軍資一切委棄止令忠孝軍上船馬悉留營中計舟已行數里矣華又問公何不從往云昨日擬定首領官上令胡魯剌登舟餘悉隨軍用是不敢是夜總帥百家領諸軍舟往鳳池大軍覺之兵途潰上在歸德三月崔立以汴京降右宣徽提點近侍局移剌粘古謀之鄧上不聽時粘古之兄瑗爲鄧州節度使兼行樞密院事其子與粘古之子並從駕爲衛士適朝廷將召鄧兵入援粘古因與華謀同之鄧且拉其二子以往上覺之獨命華行而粘古改之徐州華旣至鄧以事久不濟淹留于館遂若無意於世者會瑗以鄧入宋華亦從至襄陽宋署爲制幹又改均州提督後范用吉殺均之長吏送款于北朝遂因而北歸士大夫以華夙儒貴顯國危不能以義自處爲貶云用吉者本姓孛术魯名久住初歸入宋謁制置趙范將以計動其心故更姓名范用吉趙怒其觸諱斥之用吉猶應對如故趙良久方悟且利其事與己符遂擢置左右凡所言動畧不加疑遂易其姓曰花使爲太尉改鎭均州未幾納款于北後以家人誣以欲叛爲同列所害

贊曰白華以儒者習吏事以經生知兵其所論建屢中事機然三軍敗衄之餘士氣不作其言果可行乎從瑗歸宋聲名掃地而猶得列於金臣之傳者援蜀譙周等例云

斜卯愛實字正之策論進士也正大間累官翰林直學士兼左司郎中天興元年正月聞大兵將至以點檢夾谷撒合爲總帥率步騎三萬巡河渡命宿直將軍內族長樂權近侍局使監其軍行至封丘而還入自梁門樞密副使合喜遇之笑語撒合曰吾言信矣當爲我作主人蓋世俗酬謝之意也明日金兵遂合朝廷置而不問於是愛實上言曰撒合統兵三萬本欲乘大兵遠至喘

息未定而擊之出京纔數十里不逢一人騎已畏縮不敢進設遇大兵其肯用命乎乞斬二人以肅軍政不報蓋合喜輩以京師倚此一軍爲命初不敢俾之出戰特以外議閧然故暫出以應之云衞紹鎬厲二王家屬皆以兵防護且設官提控巡警之嚴過於獄犴至是衞紹宅四十年鎬厲宅二十年正大間朝臣屢有言及者不報愛實乃上言曰二族衰微無異匹庶假欲爲不善孰與同惡男女婚嫁人之大欲豈有幽囚終世永無伉儷之望在他人尚且不忍況骨肉乎哀宗感其言始聽自便未幾有青城之難愛實憤時相非其人嘗歷數曰平章白撒固權市恩擊丸外百無一能丞相賽不菽麥不分更謂乏材亦不至此人爲相參政兼樞密副使赤盞合喜蠢暴一馬軍之材止矣乃令兼將相之權右丞顏盞世魯居相位已七八年碌碌無補備員而已患難之際倚注此類欲冀中興難矣於是世魯罷相賽不乞致仕而白撒合喜不恤也是年四月京城罷攻大兵退既而以害唐慶事和議遂絕於是再簽民兵爲守禦備八月括京城粟以轉運使完顏珠顆張俊民曳剌克忠等置局以推舉爲名珠顆論民曰汝等當從實推唱果如一旦糧盡令汝妻子作軍食復能吝否既而罷括粟令復以進獻取之前御史大夫內族合周復冀進用建言京城括粟可得百餘萬石朝廷信之命權參知政事與左丞李蹊總其事先令各家自實壯者存石有三斗幼者半之仍書其數門首敢有匿者以升斗論罪京城三十六坊各選深刻者主之內族完顏久住尤酷暴有寡婦二口實豆六斗內有蓬子約三升久住笑曰吾得之矣執而以令于衆婦泣訴曰妾夫死於兵姑老不能爲養故雜蓬粃以自食耳非敢以爲軍儲也且三斗六升之餘不從竟死杖下京師聞之股栗盡投其餘于糞溷中或白於李蹊蹊蹙頞曰白之參政其人即白合周周曰人云花又不損蜜又得成予謂花不損何由成蜜且京師危急今欲存社稷耶存百姓耶當時皆莫敢言愛實遂上奏大槩言罷括粟則改虐政爲仁政散怨氣爲和氣不報時所括不能三萬斛而京城益蕭然矣自是之後死者相枕貧富束手待斃而已上聞之命出太倉米作粥以食餓者愛實聞之歎曰與其食之寧如勿奪爲奉御把奴所告又近侍干預朝政愛實上章諫曰今近侍權太重將相大臣不敢與之相抗自古僕御之臣不過供給指使而已雖名僕臣亦必選擇正人今不論賢否惟以世冑或吏員爲之夫給使令之材使預社稷大計此輩果何所知乎章既上近侍數人泣訴上前曰愛實以臣等爲奴隸置至尊何地耶上益怒送有司近侍局副使李大節從容開釋乃赦之出爲中京留守後不知所終合周者一名永錫貞祐中爲元帥左監軍失援中都宣宗削除官爵杖之八十已而復用四年以御史大夫權尚書右丞總兵陝西合周留河池數日進及京兆而大兵已至合周竟不出兵遂失潼關有司以敵至不出兵當斬諸皇族百餘人上章救之上曰向合周救中都未至而軍潰使宗廟山陵失守罪當誅朕特寬貸以全其命尋復重職今鎮陝西所犯乃爾國家大法豈敢私耶遂再奪爵免死除名至是爲參知政事性好作詩詞語鄙俚人采其語以爲戲笑因自草括粟榜文有雀無翅兒不飛蛇無頭兒不行等語以而作兒掾吏知之不敢易也京城目之曰雀兒參政哀宗用而不悟竟致敗事

石抹世勣字景略幼勤學爲文有體裁承安二年以父元毅死王事收充擎執五年登詞賦經義兩科進士第貞祐三年累官爲太常丞預講議所事時朝廷徙河北軍戶河南宰職議給以田世勣上言曰荒閑之田及牧馬地其始耕墾費力當倍一歲斷不能熟若奪民素蒔者與之則民將失所且啓不和之端況軍戶率無耕牛雖或有之而廩給未敢遽減彼既南來所捐田宅爲人所有一旦北歸能無爭奪切謂宜令軍戶分人歸守本業收其晚禾至春復還爲固守計會侍御史劉元規亦言給田不便上大悟乃罷之未幾遷同知金安軍節度使興定二年選爲華州元帥府參議官初右都監完顏合達行帥府于禎州嘗以前同知平涼府事卓魯回蒲乃速爲參議及移駐華州陝西行省請復用蒲乃速令世勣副之上曰蒲乃速但能承奉人耳餘無所長非如世勣可任以事華爲要鎭而輕用其人或致敗事遂獨用世勣焉尋入爲尚書省左司郎中元光元年奪一官解職初世勣任華州有薦其深通錢穀者覆察不如所舉未籍行止中從主者舉覺平章英王以世勣避都司之繁私屬治籍吏冀改他職奏下有司故有是責久之起爲禮部侍郎轉司農改太常卿正大中爲禮部尚書兼翰林侍講學士天興元年冬哀宗將北渡世勣率朝官劉肅田芝等二十人求見仁安殿上問卿等欲何言世勣曰臣等聞陛下欲親出切謂此行不便上曰我不出軍分爲二一軍守一軍出戰我出則軍合爲一世勣曰陛下出則軍分爲三一守一戰一中軍護從不若不出爲愈也上曰卿等不知我若得完顏仲德恒山公武仙付之兵事何勞我出我豈不知今日將兵者官奴統馬兵三百止矣劉益將步兵五千止矣欲不自將得乎上又指御榻曰我此行豈復有還期但恨我無罪亡國耳我未嘗奢侈未嘗信任小人世勣應聲曰陛下用小人則亦有之上曰小人謂誰世勣歷數曰移剌粘古溫敦昌孫兀撒惹完顏長樂皆小人也陛下不知爲小人所以用之肅與世勣復多有言良久君臣涕泣而別初肅等求見本欲數此四人至是世勣獨言之於是哀宗以世勣從行自蒲城至歸德明年六月走蔡州次新蔡縣之姜寨世勣子嵩時爲縣令拜上於馬前兵亂後父子始相見上嘉之授嵩應奉翰林文字以便養親蔡城破父子俱死嵩字企隆興定二年經義進士

贊曰愛實言衞鎬家屬禁錮之虐京城括粟之暴近侍干政之橫世勣言河北軍戶給田之不便親出渡河之非計皆藥石之言也然金至斯時病在膏肓間矣倉扁何施焉其爲忠讜則不可廢也

金史卷一百十五

元中書右丞相總裁脫脫等修

列傳第五十三

完顏奴申　崔立　聶天驥　赤盞尉忻

完顏奴申字正甫素蘭之弟也登策論進士第仕歷清要正大三年八月由翰林直學士充益政院說書官五年轉吏部侍郎監察御史烏古論石魯剌劾近侍張文壽仁壽李麟之受敵帥饋遺詔奴申鞫問得其姦狀上曲赦其罪皆斥去朝論快之九月改侍講學士以御史大夫奉使大元至龍駒河朝見太宗皇帝十二月還明年六月還吏部尚書復往八年春還朝廷以勞拜參知政事天興元年春大兵駐鄭州海灘寺遣使招哀宗降復以奴申往乞和不許攻汴益急汴受圍數月倉庫匱乏召武仙等入援不至哀宗懼以曹王訛可出質請罷攻冬十月哀宗議親出捍禦以奴申參知政事兼樞密副使完顏習捏阿不樞密副使兼知開封府權參知政事總諸軍留守京師又以翰林學士承旨烏古孫卜吉提控諸王府同判大睦親府事兼都點檢內族合周管宮掖事左副點檢完顏阿撒右副點檢溫敦阿里副之戶部尚書完顏珠顆兼裏城四面都總領御史大夫裴滿阿虎帶兼鎭撫軍民都彈壓諫議大夫近侍行省左右司郎中烏古孫奴申兼知宮省事又以把撒合爲外城東面元帥木甲咬住南面元帥崔立西面元帥孛朮魯買奴北面元帥乙酉除拜定以京城付之又以戶部侍郎刁璧爲安撫副使總招撫司規運京外糧斛設講議所受陳言文字以大理卿納合德輝戶部尚書仲平中京副留守愛實等總其事十二月辛丑上出京服絳紗袍乘馬導從如常儀留守官及京城父老從至城外奉辭有詔撫諭仍以鞭揖之速不䚟聞上已出復會兵圍汴初上以東面元帥李辛跋扈出怨言罷爲兵部侍郎將出密諭奴申等羈縶之上既行奴申等召辛辛懼謀欲出降棄馬踰城而走奴申等遣人追及之斬於省門汴民以上親出師日聽捷報且以二相持重幸以無事俄聞軍敗衞州蒼黃走歸德民大恐以爲不救時汴京內外不通米升銀二兩百姓糧盡殍者相望縉紳士女多行乞於是至有自食其妻子者至於諸皮器物皆煮食之貴家第宅市樓肆館皆撤以爨及歸德遣使迎兩宮人情益不安於是民間有立荊王監國以城歸順之議而二相皆不知也天興二年正月戊辰省令史許安國詣講議所言古者有大疑謀及卿士謀及庶人今事勢如此可集百官及僧道士庶問保社稷活生靈之計左司都事元好問以安國之言白奴申奴申曰此論甚佳可與副樞議之副樞亦以安國之言爲然好問曰自車駕出京今二十日許又遣使迎兩宮民間洶洶皆謂國家欲棄京城相公何以處之阿不曰吾二人惟有一死耳好問曰死不難誠能安社稷救生靈死而可也如其不然徒欲一身飽五十紅衲軍亦謂之死耶阿不款語曰今日惟吾二人何言不可好問乃曰聞中外人言欲立二王監國以全兩宮與皇族耳阿不曰我知之矣我知之矣郎命召京城官民明日皆聚省中論以事勢危急當如之何有父老七人陳詞云云二相命好問受其詞白之奴申顧曰亦爲此事也且問副樞此事謀議今幾日矣阿不屈指曰七日矣奴申曰歸德使未去愼勿泄或曰是時外圍不解如在陷穽議者欲推立荊王以城出降是亦春秋紀季入齊之義況北兵中已有曹王也衆憒二人無策但曰死守而已忽聞召京城士庶計事奴申拱立無語獨阿不反覆申論國家至此無可柰何凡有可行當共議之且繼以涕泣明日戊辰西率甲卒二百橫刀入省中拔劍指二相曰京城危困已

極二公坐視百姓餓死恬不爲慮何也二相大駭曰汝輩有事當好議之何遽如是立麾其黨先殺阿不次殺奴申及左司郎中納合德暉等餘見崔立傳劉祁曰金自南渡之後爲宰執者往往無恢復之謀臨事相習低言緩語互相推讓以爲養相體每有四方災異民間疾苦將奏必相謂曰恐聖主心困事至危處輒罷散曰俟再議已而復然或有言當改革者輒以生事抑之故所用必擇愞熟無鋒鋩易制者用之每北兵壓境則君臣相對泣下或殿上發長吁而已兵退則大張具會飲黃閣中矣因循苟且竟至亡國又多取渾厚少文者置之台鼎宣宗嘗責丞相僕散七斤近來朝廷紀綱安在七斤不能對退謂郎官曰上問紀綱安在汝等自來何嘗使紀綱見我故正人君子多不見用雖用亦未久而遽退也祁字京叔渾源人

贊曰劉京叔歸潛志與元裕之壬辰雜編二書雖微有異同而金末喪亂之事猶有足徵者焉哀宗北禦以孤城弱卒託之奴申阿不二人可謂難矣雖然卽墨有安平君玉璧有韋孝寬必有以處此

崔立將陵人少貧無行嘗爲寺僧負鈸鼓乘兵亂從上黨公開爲都統提控積階遙領太原知府正大初求入仕爲選曹所駁每以不至三品爲恨圍城中授安平都尉天興元年冬十二月上親出師授西面元帥性淫姣常思亂以快其欲藥安國者管州人年二十餘有勇力嘗爲嵐州招撫使以罪繫開封獄既出貧無以爲食立將爲變潛結納之安國健啖日飽之以魚遂與之謀先以家置西城上事不勝則挈以逃日與都尉楊善入省中候動靜布置已定召善以早食殺之二年正月遂帥甲卒二百撞省門而入二相聞變趨出立拔劒曰京城危困二公欲如何處之二相曰事當好議之立不顧麾其黨張信之孛术魯長哥出省二相遂遇害馳往東華門道遇點檢溫屯阿里見其衷甲殺之卽諭百姓曰吾爲二相閉門無謀令殺之爲汝一城生靈請命衆皆稱快是日御史大夫裴滿阿忽帶諫議大夫左右司郎中烏古孫奴申左副點檢完顏阿散奉御忙哥講議蒲察琦戶部尚書完顏珠顆皆死立還省中集百官議所立立曰衞紹王太子承恪其妹公主在北兵中可立之乃遣其黨韓鐸以太后命往召承恪須臾入以太后誥命梁王監國百官拜舞山呼承恪受之遂遣送二相所佩虎符詣速不䚟納款凡除拜皆以監國爲辭立自稱太師軍馬都元帥尚書令鄭王出入御乘輿稱其妻爲王妃弟倚爲平章政事侃爲殿前都點檢其黨孛术魯長哥御史中丞韓鐸都元帥兼知開封府事折希顏藥安國張軍奴並元帥師肅左右司郎中賈良兵部郎中兼右司都事內府之事皆主之初立假安國之勇以濟事至是復忌之聞安國納一都尉夫人數其違約斬之壬申速不䚟至青城立服御衣儀衞往見之大帥喜飲之酒立以父事之既還悉燒京城樓櫓火起大帥大喜始信其實降也立託以軍前索隨駕官吏家屬聚之省中人自閱之日亂數人猶若不足又禁城中嫁娶有以一女之故殺數人者未幾遷梁王及宗室近族皆置宮中以腹心守之限其出入以荊王府爲私第取內府珍玩實之二月乙酉以天子袞冕后服上進又括在城金銀搜索薰灌訊掠慘酷百苦備至鄖國夫人及內侍高祐京民李民望之屬皆死杖下溫屯衞尉親屬八人不任楚毒皆自盡白撒夫人右丞李蹊妻子皆被掠死同惡相濟覷人如讐期於必報而後已人人竊相謂曰攻城之後七八日之中諸門出葬者開封府計之凡百餘萬人恨不早預其數而值此不幸也立時與其妻入宮兩宮賜之不可勝計立因諷太后作書陳天時人事遣皇乳母招歸德當時昌進之徒爭援劉齊故事以冀非分者比肩接武三月壬辰立以兩宮梁王荊王及諸宗室皆赴青城甲午北行立妻王氏備仗衞送兩宮至開陽門是日宮車三十七兩太后先中宮次之妃嬪又次之宗族男女凡五百餘口次取三教醫流工匠繡女皆赴北四月北兵入城立時在城外兵先入其家取其妻妾寶玉以出立歸大慟無如之何李琦者山西人爲都尉在陳州與粘哥奴申同行省事陳州變入京附崔立妹壻折希顏娶夾谷元之妻妻年二十餘有姿色立初拘隨駕官之家屬妻輿病而往得免琦娶之後有言其美者立欲強之琦每見立欲奪人妻必差其夫遠出一日差琦出京琦以妻自隨如是者再三立遂欲殺琦琦又數爲折希顏所折辱乃首建殺立之謀李伯淵者寶坻人本安平都尉司千戶美姿容深沉有謀每憤立不道欲仗義殺之李賤奴者燕人嘗以軍功遙領京兆府判壬辰冬車駕東狩以都尉權東面元帥立初反以賤奴舊與敵體頗貌敬之數月之後勢已固遂覷賤奴如部曲然賤奴積不能平數出怨言至是與琦等合三年六月甲午傳近境有宋軍伯淵等陽與立謀備禦之策翌日晚伯淵等燒外封丘門以警動立是夜立殊不安一夕百臥起比明伯淵等身來約立覷火立從苑秀折希顏數騎往諭京城民十五以上七十以下男子皆詣太廟街點集既還行及梳行街伯淵欲送立還二王府立辭數四伯淵必欲親送立不疑倉卒中就馬上抱立立顧曰汝欲殺我耶伯淵曰殺汝何傷卽出匕首橫刺之洞而中其手之抱立處再刺之立墜馬死伏兵起元帥黃摑三合殺苑秀折希顏後至不知見立墜馬謂與人鬬欲前解之隨爲軍士所斫被創走梁門外追斬之伯淵繫立屍馬尾至內前號于衆曰立殺害劫奪烝淫暴虐大逆不道古今無有當殺之不萬口齊應曰寸斬之未稱也乃梟立首望承天門祭哀宗伯淵以下軍民皆慟或剖其心生噉之以三尸挂闕前槐樹上樹忽拔人謂樹有靈亦厭其爲所汙已而有告立匿宮中珍玩遂籍其家以其妻王花兒賜丞相鎭海帳下士初立之變也前護衞蒲鮮石魯負祖宗御容五走蔡前御史中丞蒲察世達西面元帥把撒合挈其家亦自拔歸蔡七月己巳以世達爲尚書吏部侍郎權行六部尚書世達嘗爲左司郎中同簽樞密院事充益政院官皆稱上意及上幸歸德遣世達督陳櫂運陳變世達亦與脅從尋間道之汴至是徙往行在上念其舊錄用之左右司官因奏把撒合石魯亦宜任用上曰世達曲從非出得已然朕猶少降資級以示薄罰彼撒合掌軍一面石魯宿衞九重崔立之變曾不聞發一矢束手於人今雖來歸待以不死足以示恩又安得與世達等撒合老矣量用其子可也石魯但當酧其負御容之勞未幾以撒合爲北門都尉其子爲本軍都統石魯復充護衞世達字正夫泰和三年進士

論曰崔立納款使其封府庫籍人民以俟大朝之命可也乘時僭竊大肆淫虐徵索暴橫輒以供備大軍爲辭逞欲由己斂怨歸國其爲罪不容誅矣而其志方且要求劉豫之事我大朝豈肯效尤金人者乎金俘人之主帝人之臣百年之後適啓崔立之狂謀以成青城之烈禍曾子曰戒之戒之出乎爾者反乎爾者也豈不信哉

聶天驥字元吉五臺人至寧元年進士調汝陰簿歷睢州司候封丘令興定初辟爲尚書省令史時胥吏擅威士人往往附之獨天驥不少假借彼亦不能害也尋授吏部主事權監察御史夏使賀正旦互市於會同館外戚有身貿易於其間者天驥上章曰大官近利失朝廷體且取輕外方遂忤太后旨出爲同知汝州防禦使事未赴陝西行尚書省驛召特旨遙領金安軍節度副使兼行尚書省都事未幾入爲右司員外郎轉京兆治中尋爲衞州行尚書六部事慶陽圍急朝廷遣宿州衞總帥牙古塔救之以天驥充經歷官圍解從別帥守邠帥欲棄州而東天驥力勸止之不從帥坐是被繫逮天驥降京兆治中尋有訟其寃者卽召爲開封簽事旬月復右司員外郎丁母憂未卒哭奪哀復職哀宗遷歸德天驥留汴中崔立變天驥被創甚臥一十餘日其女舜英謁醫救療天驥歎曰吾幸得死兒女曹乃爲謁醫尚欲我活耶竟鬱鬱以死舜英葬其父明日亦自縊有傳天驥沉靜寡言不妄交起於田畝能以雅道自將踐歷臺省若素宦然諸人多自以爲不及也

赤盞尉忻字大用上京人當襲其父謀克不願就中明昌五年策論進士第後選爲尚書省令史吏部主事監察御史言諸王駙馬至京師和買諸物失朝廷體有詔禁止遷鎭南軍節度副使息州刺史耕鞠場種禾兩禾合穗進於朝特詔褒諭改丹州遷鄭州防禦使權許州統軍使丞相高汝礪嘗薦其才可任宰相元光二年正月召爲戶部侍郎未幾權參知政事二月爲戶部尚書權職如故三月拜參知政事兼修國史詔諭近臣曰尉忻資稟純質事可倚任且其性孝朕今相之國家必有望汝輩當效之也正大元年五月拜尚書右丞哀宗欲修宮室尉忻極諫至以臥薪嘗膽爲言上悚然從之同判睦親府內族撒合輦交結中外久在禁近哀宗爲太子有定策功由是頗惑其言復倚信日深臺諫每以爲言太后嘗戒敕曰上之騎鞠舉樂皆汝教之再犯必杖汝哀宗終不能去尉忻諫曰撒合輦姦諛之最日在天子左右非社稷福上悔悟出爲中京留守朝論快之五年致仕居汴中崔立之變明日召家人付以後事望睢陽慟哭以弓弦自縊而死時年六十三一子名董七沒於兵間弟秉甫字正之

贊曰聶天驥素履淸愼赤盞尉忻天資忠諒在治世皆足爲良臣不幸仕亂離之朝以得死爲願欲哀哉

金史卷一百十六

元中書右丞相總裁脫脫等修

列傳第五十四

徒單兀典　石盞女魯歡　蒲察官奴

内族承立名慶山奴

徒單兀典不知其所始累官爲武勝軍節度使駐鄧州尋遷中京留守知金昌府事駐洛陽鄧及洛陽兀典皆城之且招亡命千人號燕虎軍以剽掠南鄙爲事宋人亦時時報復邊民爲之擾動兀典貪性深刻而以大自居好設耳目凡諸將官屬下及民家細事令親聽日報之務爲不可欺正大間以兵部尚書權參知政事行省事於徐州自恃得君論議之際不少假貸同列皆畏之天興元年正月朝廷聞大兵入饒風移兀典行省閿鄉以備潼關徒單百家爲關陝總帥便宜行事百家馳入陝榜州民云淮南透漏軍馬慮其道由潼關勢不能守縣鎮遷入大城糧斛輜重聚之陝州近山者入山寨避兵會阿里合傳旨召兀典入援兀典遂與潼關總帥納合合閏秦藍總帥都點檢完顏重喜高平都尉苗秀蕩寇都尉朮甲某振武都尉張翼及虎威鷹揚葭州劉趙二帥軍十有一萬騎五千盡撤秦藍諸隘之備從虢入陝同華閿鄉一帶軍糧數十萬斛備關船二百餘艘皆順流東下俄聞大兵近糧皆不及載船悉空下復盡起州民運靈寶硤石倉粟游騎至殺掠不勝計又遣陝州觀察副使兼規措轉運副使抹撚速也以船八十往運潼關閿鄉糧行及靈寶北河夾灘義軍張信侯三集壯士三百餘保老幼立木柵北將忽魯罕只乘淺攻之不能克遇速也船至即降大兵得此船遂破侯張殺戮殆盡是時陝州同知内族探春願從行省征進兀典授以帥職聽招在城民充軍探春厚擬官賞數日無一人乃以兀典命招之得壯士八百宣差趙三三名偉亦依探春招募偉入所知識不二日得軍八百餘號破敵軍兀典忌偉得衆欲挾詐坑之完顏素蘭時爲同華安撫使力諫乃止尋以偉權與寶軍節度使兼行元帥府事領軍三百屯金鷄堡大兵既知潼關焚棄長驅至陝賀都喜不待命出城迎戰馬蹶幾爲所獲兀典易以一馬遂下令不復令一人出大兵亦去自此潼關諸渡船筏俱盡偉亦無船可渡矣初兀典發閿鄉拜天賞軍人白金三兩將校有差州之庫藏軍資器械爲之一空期日進發已而不行日造鎧器及兵幕牌印陝州及鹽司牌亦奪取之又欲劫州民財物以資軍素蘭諫之而止二月戊午乃行有李先生者諫曰方今大兵俱在河南河北空虛相公可先取衞州出其不意彼知我軍在北必分兵北渡京師即得少寬相公入援亦易爲矣兀典大怒以爲泄軍機斬之於市遂行軍士各以老幼自隨州中亦有關中河中遷避商賈老幼亦倚兵力從行婦女皆嫁士卒軍中亦有强娶奪者是日軍出兩東門及南門不遵洛陽路乃由州西南徑入大山冰雪中葭州劉趙兩帥即日叛去大兵以數百騎邀躡其後明日張翼軍叛往朱陽入盧氏大兵追及降之山路積雪晝日凍釋泥淖及脛隨軍婦女棄擲幼稚哀號盈路軍至鐵嶺大兵潛召洛陽大軍從西三縣過盧氏所至燒官民廬舍積聚慮爲金軍所據又反守鐵嶺以斷歸路金兵知必死皆有鬬志然已數日不食行二百里許困憊不支顛亦散走於是完顏重喜先降大軍斬於馬前鄭偶劫苗英降英不從殺之攜其首以降於是士卒大潰兀典合閏提數十騎走山間追騎擒得皆殺之先是兀典嘗爲鄧州節度使世襲謀克黃摑三合時爲宣差都總領與兀典親厚故決計入鄧是役也安平盪寇鷹揚振威諸都尉及西安金鷄等軍脫走者百才一二二月素蘭窠歸有報徒單百家言行省至百家欲出迎父老遮馬前哀訴云行省復來吾州碎矣願無出迎百家曉之曰前日兀典欲劫此州爲素蘭力勸而止此行省非兀典乃素蘭也父老乃聽百家出城陝州自軍出日有逃還者百家皆撫納之所得及萬人百家又募收所棄甲仗若獲二副即以一與之其一官出直買之由是軍稍振五月總帥副點檢顏盞領軍復立商州總帥華州人王某立虢州權刺史七月制旨召百家入援以權西安軍節度使行元帥府事阿不罕奴十剌爲金安軍節度使關陝總帥九月鞏昌知府元帥完顏忽斜虎入陝州詔拜參知政事行尚書省事以河中總帥府經歷李獻能充左右司員外郎獻能字欽叔貞祐三年進士復立山寨安撫軍民十月朔制旨召忽斜虎赴南陽留山寺以阿不罕奴十剌權參知政事行省時趙偉爲河解元帥屯金鷄堡軍務隸陝省行省月給糧以贍其軍明年五月麥熟省劄令偉計置兵食權罷月給十月偉軍食又盡屢白陝省云無糧可給偉私謂其軍言我與李員外郎有隙坐視我軍飢餓不爲存恤於是自往永寧勸諭偉頗爲小民所信往往獻糧或導其發藏南縣把隘軍提控以偉橫恣言於行省行省遣趙提控者權元帥守永寧元村寨偉還金鷄十一月冬至大兵已攻破元村寨偉攻解州不能下於是密遣總領王茂軍士三十八入陝州匿萊園中凡三四日乘夜王茂殺北城邏卒舉號召偉軍八百渡河入城劫殺阿不罕奴十剌李獻能提控蒲鮮某總領來道安因誣奏奴十剌等欲反臣誅之矣朝廷知其冤而莫敢詰就授偉元帥左監軍兼西安軍節度使行總帥府事食盡括粟粟又盡以明年三月降大兵或謂偉軍餉不繼以劫掠自資一日詣李獻能獻能靳之曰從宜破敵不易由是憾之乃乘奴十剌宴飲不設備選死士二十八人夜由後河灘踰城而上取餅爐碎石擲屋瓦門扇爲箭鏃聲州人疑叛軍多不敢動遂開門納軍殺行省以下官屬二十一人獻能最爲所恨故被害尤酷偉之變絳州錄事張升字進之大同人戶工部令史出身曾爲漁陽簿遷絳州錄事謂知識者曰我本小人受國家官祿今日國家遭不幸我不能從反賊言訖赴水死岸上數百人皆嗟惜之及徒單百家鄭西之敗單騎間道數百里入京爲上言兀典等鐵嶺敗狀於是籍重喜合閏兀典家貲暴兀典爲罪首榜通衢云

石盞女魯歡本名十六興定三年以河南路統軍使爲元帥右都監行平凉元帥府事先是陝西行省胥鼎言平凉控制西垂實爲要地都監女奚烈古里間材識凡庸不閑軍務且以入粟補官遂得升用擢重兵當方面豈能服衆防秋在邇宜選才謀有宿望善將兵者代之故以命女魯歡十一月女魯歡上言鎮戎赤溝川東西四十里地無險阻當夏人往來之衝比屢侵突金兵常不得利明年春當城鎮戎彼必出兵來撓乞於二三月間徵傍郡兵聲言防護且令鄜鞏各屯兵境上示進伐之勢以掣其肘臣領平凉之衆由鎮戎而入攻其心腹彼自救之不暇安能及我如此則鎮戎可城而彼亦不敢來犯又所在官軍多河北山西失業之人其家屬仰給縣官每患不足鎮戎土壤肥沃又且平衍臣裨將所統幾八千人每以遷徙不常爲病若授以荒田使耕且戰則可以禦備一方縣官省費而食亦足矣其餘邊郡亦宜一體措置上嘉納爲遷昌武軍節度使元光二年九月又言商洛重地西控秦陝東接河南軍務繁密宜選才幹之士爲防禦使攝帥職以鎮之又舊來諸隘守禦之官並從帥府辟置其所辟者多其親暱殖產營私專事漁獵及當代去又復保留此最害之甚者宜令樞府選舉以革其弊又州之戍兵艱於餽運亦合依上屯田以免轉輸之費又言每年防秋諸隘守者不過數十人餘衆盡屯保安石門大荆洛南以爲應援中間相距遠至百里倉猝豈能徵集宜近隘築營徙見兵居之以待緩急又南邊所設巡檢十員兵卒千人此乃平時以詰姦細者已有大軍宜悉罷去朝廷略施行之正大九年二月以行樞密院事守歸德乙丑大元將忒木䚟率眞定信安大名東平益都諸軍來攻是日無雲而雷有以神武秘略占之者曰其城無害人心稍安適慶山奴潰軍亦至城中得之頗有鬬志己巳提控張定夜出斫營發數砲而還定平日好談兵女魯歡令自募一軍使爲提控小試而勝上下遂恃以爲可用初患砲少欲以泥或塼爲之議者恐爲敵所輕不復用父老有言北門之西一菜園中時得古砲云是唐張巡所埋掘之得五千有奇上有刻字或大吉字者大兵晝夜攻城駐營于南城外其地勢稍高相傳是安祿山將尹子奇於此攻巡遠得睢陽時經歷冀禹錫及官屬王璧李琦傳瑜極力守禦城得不拔方大兵圍城議決鳳池大橋水以護城都水官言去歲河決敖游堌時曾以水平量之其地與城中龍興塔平果決此口則無城矣及大兵至不得已遣招撫陳貴往決之纔出門爲游騎所鈔無一返者三月壬午朔攻城不能下大軍中有獻決河之策者主將從之河既決水從西北而下至城西南入故濉水道城反以水爲固求獻策者欲殺之而不知所在四月以女魯歡爲總帥佩金虎符罷司農司以其官蒲察世達爲集慶軍節度使行六部侍郎溫特罕道僧歸德府同知李無黨府判五月圍城稍緩頗遷民出城就食十二月哀宗次黄陵岡遣奉職木甲搭失不奉職權奉御粘合斜烈來歸德徵糧女魯歡遣侍郎世達治中王元慶權郎中儀封從宜完顏胡土權元帥護送載糧千五百石是月晦二更發船二年正月達蒲城東二十里六軍濟及上來歸德隨駕軍往往出城就糧時城中止有馬用一軍近七百人用山西人與李辛同鄉里嘗爲辛軍彈壓在歸德權果毅都尉車駕至授以帥職此軍外復有官奴忠孝軍四百五十人河北潰軍至者皆縱遣之故城中惟此兩軍上時召用計事而不及官奴故官奴有異心朝廷知兩人不協恐生變二月戊辰朔制旨令宰相錫宴省中和解之是夜用撤備官奴以兵乘之爲亂明日攻用軍用敗走被殺衆下城投水奪船而去者斯須而盡官奴在雙門驅知府女魯歡至言汝自車駕到府上供不給好醬亦不與汝罪何辭遂以一馬載之

令軍士擁至其家檢其家雜犢凡二十甕且出所有金具然後殺之卽提兵入見言石盞女魯歡等反臣殺之矣上不得已就赦其罪且暴女魯歡之惡徙其姪大安入蔡上言求湔雪上復其官語在烏古論鎬傳不速嘉兀底代女魯歡爲總帥軍變官奴無意害兀底使二卒召之道官奴有善意兀底喜各以金十星與之同見官奴二卒復恐受金事泄亦殺之初河北潰軍至歸德糧餉不給朝廷命李术魯阿海行總帥府事以親軍武衞皆隸之往宿州就食軍士有不願者誶語道中朝廷聞之使問其故或言願入京或陳州阿海請從其願以券給之軍心稍定既而令求誶語者阿海得四人斬之國子監前由是諸軍洶洶二月庚子夜劫府民武邪傑及蒲察鼓住等凡九家一軍遂散數日遂有官奴之變

蒲察官奴少嘗爲北兵所虜往來河朔後以姦事繫燕城獄劫走夏津殺回紇使者得鞍馬資貨卽自拔歸朝廷以其種人特恩收充忠孝軍萬戶此軍月給甚優官奴日與羣不逞博爲有司所劾事聞以其親自河朔來未知法禁詔勿問移剌蒲阿攻平陽官奴請行論功第一遷本軍提控佩金符三峰山之敗走襄陽說宋制使以取鄧州自効制使信之至與同燕飲已而知汴城罷攻復謀北歸遣移剌留哥入鄧說鄧帥粘合稱欲劫南軍爲北歸計留哥以情告粘合官奴繼以騎卒十餘入城議事粘合欲就變城中擒之官奴知事泄卽馳還見制使得騎兵五百掠鄧之邊面小城獲牛羊數百宋人不疑官奴掩宋軍得馬三百至鄧州城下移書粘合辨理屈直留馬於鄧而去乃縛忠孝軍提控姬旺詐爲唐州太守械送北行隨營帳取供給因得入汴有言其出入南北軍行數千里而不慴其智略有可取者宰相以爲然乃使權副都尉未幾提軍數百馳入北軍獵騎中生挾一回紇而還遂巡黃陵八谷等處劫牛羊糧資甚衆尋轉正都尉又以軍至黃陵幾獲鎭州大將於是中外皆以爲可用遂拜爲元帥統馬軍天興元年十二月從哀宗北渡上次黃陵岡平章白撒率諸將戰官奴之功居多及渡河朔惟官奴一軍號令明肅秋毫無犯明年正月上至歸德知府石盞女魯歡以軍衆食寡懼不能給請於上令河北潰軍至者就糧於徐宿陳三州親衞軍亦遣出城就食上不得已從之乃召論官奴曰女魯歡盡散衞兵卿當小心是時惟官奴忠孝軍四百五十人馬用軍七百人留府中用本果毅都尉上至歸德始升爲元帥又嘗召之謀事而不及官奴故官奴始有圖用之志是時大元將忒木解守歸德官奴既總兵柄私與國用安謀欲邀上幸海州及近侍局直長阿勒根兀惹使用安過附奏帖謂海州可就山東豪傑以圖恢復且已具舟楫可通遼東上覽奏不從又嘗請上北渡再圖恢復女魯歡沮之自是有異心矣且一軍倚外兵肆爲剽掠官奴不之禁於是左丞李蹊左右司郎中張天綱近侍局副使李大節俱爲上言官奴有反狀上竊憂之以馬軍總領紇石烈阿里合內族習顯陰察其動靜與朝臣言及則曰我從官奴微賤中起爲大帥何負而反耶卿等勿過慮阿里合習顯知官奴漸不能制反泄上意上亦懼官奴馬用相圖因以爲亂命宰執置酒和解之用撤備俄官奴乘隙率其軍攻用用軍敗走官奴亂殺軍民以卒五十人守行宮劫朝官皆聚於都水毛花輦宅以兵監馬驅參知政事石盞女魯歡至其家悉出所有金貝然後殺之乃遣都尉馬實被甲持刃劫直長把奴申於上前上初握劒見實擲劒於地曰爲我言於元帥我左右止有此人且留侍我實不敢迫逡巡而退凡殺朝官左丞李蹊已下三百餘人軍將禁衞民庶死者三千郎中完顏胡魯剌都事冀禹錫赴水死禹錫字京用龍山人至寧元年進士仕歷州郡有能聲歸德受兵禹錫爲行院都事經畫守禦一府倚重閒變或勸以微服免不從見害是日薄暮官奴提兵入見言赤盞女魯歡等反臣殺之矣上不得已赦其罪以爲樞密副使權參知政事初官奴之母自河北軍潰北兵得之至是上乃命官奴因其母以計請和故官奴密與忒木解議和事令阿里合往言欲劫上以降忒木解信之還其母因定和計官奴乃日往來講議或乘舟中流會飲其遣來使者二十餘輩皆女直契丹人上密令官奴以金銀牌與之勿令還營因知王家寺大將所在故官奴畫斫營之策先是忠孝軍都統張姓者謂官奴決欲劫上北降遂率本軍百五十人圍官奴之第數之曰汝欲獻主上我輩皆大朝不赦者使安歸乎官奴懼乃以其母出質云汝等若以吾母自北中來疑我與北有謀卽殺之我不恨張意稍解卽以好語與之約曰果如參政所言今後勿復言講和北使至卽當殺之官奴曰殺亦可不殺亦可奏而殺之亦可張乃退官奴卽聚軍北草場自言無反情今勿復相疑也遂畫斫營之策五月五日祭天軍中陰備火槍戰具率忠孝軍四百五十人自南門登舟由東而北夜殺外堤邏卒遂至王家寺上御北門繫舟待之慮不勝則入徐州而遁四更接戰忠孝初小却再進官奴以小船分軍伍七十出柵外腹背攻之持火槍突入北軍不能支卽大潰溺水死者凡三千五百餘人盡焚其柵而還遂眞拜官奴參知政事兼左副元帥仍以御馬賜之槍制以勅黃紙十六重爲筒長二尺許實以柳炭鐵滓磁末硫黃砒霜之屬以繩繫槍端軍士各懸小鐵罐藏火臨陣燒之焰出槍前丈餘藥盡而筒不損蓋汴京被攻已嘗得用今復用之兵既退官奴入亳州留習顯總其軍上御照碧堂無一人敢奏對者日悲泣云自古無不亡之國不死之君但恨我不知用人故爲此奴所囚耳於是內局令宋乞奴與奉御吾古孫愛實納蘭忔荅女奚烈完出密謀誅官奴或言官奴密令兀惹計構國用安脅上傳位恢復山東事不成則獻上於宋自贖反復之罪官奴以己未往亳州辛酉召之還不至再召乃以六月己卯還上諭以幸蔡事官奴憤憤而出至於扼腕頓足意趣叵測上決意欲誅之遂與內侍宋乞奴處置令裴滿抄合召宰相議事完出伏照碧堂門閒官奴進見上呼參政官奴卽應完出從後刺其肋上亦拔劒斫之官奴中創投城下以走完出吃忔荅愛實追殺之忠孝軍聞難皆擐甲完出請上親撫慰之名呼李泰和授以虎符使往勞軍因召范陳僧王山兒白進阿里合進先至殺之堂下阿里合中路覺其事悔發之晚爲亂箭所射而死乞奴愛實忔荅皆授節度使世襲千戶完出兼殿前右衞將軍范陳僧王山兒忠孝軍元帥於是上御雙門赦忠孝軍以安反側除崔立不赦外其餘常所不原者咸赦之初官奴解睢陽之圍侍從官屬久苦飢窘聞蔡州城池堅固兵衆糧廣咸勸上南幸惟官奴以嘗從點檢內族斜烈過蔡知其備禦不及睢陽力爭以爲不可故號於衆曰敢言南遷者斬衆以官奴爲無君譖上早爲計會其變遂以計誅之後遣烏古論蒲鮮如蔡還言其城池兵糧果不足恃上已在道無可柰何及蔡受兵始悔不用官奴之言特詔尚書省月給其母妻糧俾無失所習顯旣黨官奴一日率忠孝軍劫官庫金四千兩上命歸德治中溫特罕道僧帥府經歷把奴申鞫問顯伏罪下獄官奴變顯脫走殺總領完顏長樂於宮門殺道僧奴申於其家遂奔亳及官奴伏誅詔點檢阿勒根阿失荅卽亳州斬顯及忠孝軍首領數人兀惹使用安未還伺於中路數其罪殺之

內族慶山奴名承立字獻甫統軍使拐山之子平章白撒之從弟也爲人儀觀甚偉而內恇怯無所有至寧初宣宗自彰德赴闕慶山奴迎見于臺城宣宗喜遣先還中都覲變宣宗既卽位以承立爲西京副留守權近侍局直長進官五階賜錢五千貫且詔曰汝雖授此職姑留侍朕遇闕赴之仍給汝副留守祿此朕特恩宜知悉也貞祐初遷武衞軍副都指揮使兼提點近侍局胡沙虎專權僭竊嘗爲宣宗言之後胡沙虎伏誅慶山奴愈見寵幸以爲殿前右副都點檢三年大元兵圍中都詔以慶山奴爲宣差便宜都提控率所募兵往援俄爲元帥右都監行帥府事兼前職四年知慶陽府事兼慶原路兵馬都總管以所獲馬驄進詔諭曰此皆軍士所得卽以與之可也朕安用哉後勿復進因令徧諭諸道帥府焉興定元年正月大元兵及夏人迴經寧州慶山奴以兵邀擊敗之以功進元帥左都監兼保大軍節度使行帥府事於鄜州二年五月夏人率步騎三千由葭州入寇慶山奴以兵逆之戰于馬吉峰殺百餘人斬酋首二級生擒數十人獲馬三十餘疋三年四月夏人據通秦寨慶山奴遣提控納合買住討之夏人以步騎二萬逆戰買住擊敗之夏人由葭蘆川遁去凡斬首八百級俄而復攻寨據之慶山奴率兵與戰斬首五千級復其寨詔賜慶山奴金帶一將士賞賚有差四年四月破夏兵于宥州斬首千餘級遂圍神堆府慶山奴四面攻之士卒方登陴援兵大至復擊走之正大四年李全據楚州詔以慶山奴爲元帥同總帥完顏訛可將兵守盱眙且令城守勿出戰已而全軍盱眙界二帥迎敵大敗死者萬餘人委棄資仗甚衆時軍無見糧轉輸不繼民疲奔命愁歎盈路諸相不肯正言樞密判官白華拜章乞斬之以謝天下不報降爲定國軍節度使又以受賂奪一官八年正月鳳翔破兩行省徙京兆居民於河南令慶山奴以行省守之時京兆行省止有病卒八百瘦馬二百承立懼不能守屢上奏請還每奏一帖附其兄白撒一書令爲地朝廷不許十月慶山奴棄京兆還朝留同知乾州軍州事保義軍提控苟琪守之慶山奴行至閿鄉哀宗遣近侍裴滿七斤授以黃陵岡從宜不聽入見未幾代徒單兀典行省事於徐州九年正月自徐引兵入援選精銳一萬五千與徐帥完顏兀論統之將趨歸德義勝軍總領侯進杜政張興等率所部三千人降大兵慶山奴留睢州三日不敢進聞大兵且至懼此州不可守退保歸德二月行次楊驛店遇小乃解軍遂潰兀論戰死慶山奴馬蹶被擒惟元帥郭恩都尉烏林荅阿督率三百餘人走歸德大兵以一馬載慶山奴擁迫

而行道中見眞定史帥承立問曰君爲誰史帥言我眞定五路史萬戶也承立曰是天澤乎曰然曰吾國已殘破公其以生靈爲念及見大帥忒木䚢誘之使招京城不從又假蹇不屈左右以刀斫其足折亦不降即殺之議者以承立累敗不能解其軍職死有餘責而能以死報國亦足稱云初睢州刺史張文壽聞大兵將至遷旁縣居民入城大聚芻粟然無固守意日夜謀走以自便既而聞承立入援即以州事付其僚佐託以應援徐兵夜啓關挈家走歸德慶山奴以爲行部郎中死楊驛餓大兵圍睢州以無主將故殘破之甚也兀論丞相賽不之姪元光間例以諸帥爲總領兀論以丞相故獨不罷金朝防近族而用疎屬故白撒承立兀論輩皆腹心倚之

贊曰官奴素行反側倏南倏北若虁斷然哀宗一旦倚爲腹心終爲所制照碧之處何異幽囚其事與梁武侯景大同而小異徒單兀典慶山奴爲將皆貪宜數取敗女魯歡無大失行而死於官奴哀宗猶暴其罪寃哉

金史卷一百十七

元中書右丞相總裁脫脫等修

列傳第五十五

徒單益都　粘哥荊山附劉均　王賓附王進等

國用安　時青

徒單益都不詳其履歷嘗累官爲延安總管正大九年正月行省事於徐州時慶山奴撤東方之備入援未至睢州徐邳義勝軍總領侯進杜政張興率本軍降大兵於永州辛丑大兵守徐張盆渡益都到官才三日懼兵少不能守即令移剌長壽率甲士千人迎大兵長壽軍無紀律大兵掩之一軍皆覆徐危甚益都藉州人及運糧埽兵得萬人乙巳大兵傳城燒南關而去侯進既降北即以爲京東行省進遂請千人來襲二月庚申未明大兵坎南城而上守者皆散走城中大呼曰大兵入南門矣益都聞之不及甲率州署夜直兵三百由黃樓而南力戰禦敵亂定遷賞有差由是軍勢稍振復奪張盆渡敗蕭縣破白塔戰於土山救被俘老幼五千還徐既而侯進亡命駐靈壁杜政張興亦慮爲北所害窮窘自歸益都撫而納之與留徐杜政還邳州益都資稟仁厚持大體二子兩姪爲軍將頗侵漁軍民青州人王祐爲埽兵總領將兵千七百人益都常倚之雖有過亦不責以故祐亦橫恣與河間張祚下邑令李閏義勝都統封仙遙援永州刺史成進忠輩乘軍政廢弛城中空虛以六月丁巳夜燒草場作亂時張興臥病祐恐事不成起興與同行益都疑左右皆叛挈妻子縋城而出就從宜衆僧奴及東面總領劉安國軍張興推祐爲都元帥復懼祐圖已遂誅祐并張祚殺之因大掠城中壬戌國用安以行山東路尚書省事率兵至徐張興率甲士迎之用安輕騎而入執興與其黨十餘人斬之于市遂以封仙爲元帥兼節度使主徐州益都窘無所歸乃奔宿州節度使紇石烈阿虎以益都爲人所逐不納乃與諸將駐于城南時宿之鎭防軍有逃還者阿虎以爲叛歸亦不納城中鎭防千戶高臘哥結小吏郭仲安謀就徐州將士內外相應以取宿因歸楊妙眞甲戌夜半開門納徐州總領王德全及妻弟高元哥軍劉安國尋亦入城縛阿虎父子殺之州中請益都主帥府事益都不從曰吾國家舊人爲將帥亦久以貪性疎迂不能周防遂失重鎭今大事已去方逃罪不暇豈有改易髻髮奪人城池以降外方乎即日率官吏而行至穀熟東遇大兵不屈而死徐州既歸海州邳帥兀林荅某亦讓印於杜政遂送款於用安已而宿州王德全劉安國亦送款海州惟益都不改髻髮以至於死云

粘哥荊山不知其所始正大中累官亳州節度使九年正月己丑游騎自鄧至亳鈔鹿邑營於衞眞西北五十里鹿邑令高昂霄知太康已降即夜趨亳道出衞眞呼縣令楚珩約同行珩知勢不支即明諭縣人以避遷之意遂同走亳丁未二邑皆降是日軍至亳州城下州止有單州兵四百人號鎭安軍提控楊春邢某都統戴興屯已六年荊山悉籍城中丁壯爲軍修守具而大兵亦不暇攻四月擁降民而北城門閉不之知也五月縱遷民收麥老幼得出丁壯悉留之民往往不肯留而遁數日城爲之空荊山遣將領各詣所屬招之并將領亦不返鎭安者皆紅襖餘黨力盡來歸變詐反覆朝廷終以盜賊待之荊山以遷民爲軍蓋防之也及召外兵不至乃請於歸德得甲騎百餘兩總領統之既至鎭安疑其謀已乃乘將士新到不設備至夜掩殺殆盡荊山出走衞眞楚珩與之馬而去州中豪貴悉被剽略劉堅者初爲大兵守城父亳州復擒之囚之於獄楊春謀欲北降乃出之使爲宣差乙巳大兵石總管入州改州爲順天府春爲總管戴興爲同知劉順治中留黨項軍千人戍之屬縣皆下惟城父令李用宜不降其妻子在亳春以爲質竟不屈而死春既據州與劉堅坐樓上召副提控邢某邢剛直循理將士嚴憚之時臥病聞春亂流涕不自禁春遣人舁致之邢指春大罵春慚恧無言春欲殺荊山家邢力勸止之且令給道路費遣之出城邢尋病卒二年夏四月北省忒木䚢攻歸德春以戴興提精卒以往獨與疲弱者守城州人王賓遂反正春渡河北遁既而崔七斤爲亂殺王賓朝廷不得已以七斤爲節度使就其兵仗入蔡八月劉順攻亳州破之七斤爲城父令所殺未幾單州軍以州人殺其家屬召大兵來攻不能拔殺屬縣民而去既渡河知亳人不疑復來攻州竟爲春所破是年六月宋人來攻春出降劉堅北走劉均者林慮人時爲亳州觀察判官春既逐荊山納款大兵脅均同降均佯應之歸其家取朝服服之顧謂妻子曰我起身刀筆仰荷上知始列朝著又佐大藩死亦足矣今頭顱已如此假使有十年壽何以見先帝於地下乎即仰藥而死

王賓字德卿亳州人貞祐二年進士外若曠達而深有謀畫初調蘭陵主簿辟虹縣令尋入爲尚書省令史坐事罷歸鄉里大興元年正月亳州軍變節度使粘哥荊山出走楊春以州出降既而自以羸兵守之賓與前譙縣尉王進魏節亨呂鈞約城中軍民復其州楊春遂遁遣節亨詣歸德以聞哀宗嘉之授進節度使賓同知節度使節亨節度副使鈞觀察判官楊春復以兵來攻月餘不能拔節渡河而北六月哀宗遷蔡賓奉迎於州北之高安上與語大悅恨用之晚擢爲行部尚書世襲謀克上初至亳賓等適徵民丁負鐵甲入蔡及會計忠孝軍家屬口糧故留參知政事張天綱董之就遷有功將士時亳之糧儲不廣賓等常吝惜軍士以此歸怨及運甲之役復不欲行會天綱與賓等於一樓上銓次立功等第鎭防軍崔復哥王六十之徒擐甲譟登樓天綱問曰即欲見殺容我望闕拜辭賊曰無預相公即拽賓及呂鈞往市中鈞且行且跪涕淚俱下賓岸然不懼大叫曰不過殺我但殺但殺乃並害之節度副使魏節亨節度判官孫良觀察副使孫九住皆被害又數日殺節度使王進進嘗應荊山之募由間道入汴京納奏賞以物不受又散家所有濟貧民以死自勵至汴以勞遷本州節度判官賜以白金亦不受一時甚稱之有李喜住者本宿州衆僧奴下宣差天興二年四月進糧入歸德將還聞亳州王進反正制旨以喜住爲振武都尉將兵三千應援是時大兵圍亳步騎十萬喜住以衆寡不敵獨與三人間道入城王進方議遷左軍林喜住不可進即以兵付喜住大兵攻八日不能下五月壬子兵退已未官奴與阿里合提忠孝軍百人至亳與諸將議遷可否以爲不可當留輜重於蔡選軍扈從入聖衆就武仙軍遂入關中關中地利可恃又有郭蝦蟆等軍在西可恃五月甲子召官奴還歸德不赴再召留其軍半於亳乃赴六月壬辰車駕舟行至亳王進奏臣本軍伍不知治體如李喜住扈從入蔡則亳不守矣乞留治此州詔以喜住爲集慶軍節度使便宜從事進領帥職七月進死喜住先往城父督糧餉聞亂遂不敢入亳後投宋

論曰金季之亂軍士欲代其偏裨偏裨欲代其主將即羣起而僨之無復忌憚益都荊山皆忠亮之士賓進才略尤足取焉而並不免於難惜哉

國用安先名安用本名咬兒淄州人紅襖賊楊安兒李全餘黨也嘗歸順大元爲都元帥行山東路尚書省事天興元年六月徐州埽兵總領王祐義勝軍都統封仙總領張興等夜燒草場作亂逐元帥徒單益都安用率兵入徐執張興與其黨十餘人斬之以封仙爲元帥兼節度使主徐州宿州鎭防軍千戶高臘哥與東面總帥劉安國搆徐州總帥王德全殺宿帥紇石烈阿虎以其州歸海州邳州從宜兀林荅某亦讓州於杜政送款海州既而皆歸安用北大將阿术魯聞安用據徐宿邳大怒曰此三州我當攻取安用何人輒受降遣信安張進等率兵入徐欲圖安用奪其軍安用懼謀於德全劫殺張進及海州元帥田福等數百人與楊妙眞絕乃還邳州會山東諸將及徐宿邳主帥刑馬結盟誓歸金朝既盟諸將皆散去安用無所歸遂同德全安國託從宜衆僧奴自通於朝廷衆僧奴遣人上奏安用以數州反正功甚大且其兵力強盛材略可稱國家果欲倚用非極品重權不足以堅其許國之心未報安用率兵萬人攻海州未至衆稍散去安國因勸安用當赤心歸國安用亦自知反復失計事已無可柰何於是復金朝衣冠妙眞念其叛已又懼爲所圖悉屠安用家走益都安用遂還兵分將期必得妙眞自此淮海之上無寧歲矣未幾朝廷遣近侍局直長因世英都事高天祐持手詔至邳以安用爲開府儀同三司平章政事兼都元帥京東山東等路行尚書省事特封兗王賜號英烈戡難保節忠臣錫姓完顏附屬籍改名用安賜金鍍銀印驄紐金印金虎符世襲千戶宣命勅樣牌樣御畫體宣空頭河朔

山東赦文便宜從事且以彭王妃誥委用安招妙眞用安始聞使者至猶豫未決以總領楊懋迎使者入監于州廨問所以來世英對以封建事意頗順諸帥王杜輩皆不欲宜言欲殺使者明日用安乃出見使者跪揖如等夷坐定語世英曰予向隨大兵攻汴嘗於開陽門下與侯摯議內外夾擊此時大兵病死者衆十七頭項皆在京城若從吾計出軍中興久矣朝廷乃無一人敢決者今日悔將何及言竟而起旣而選人取朝廷賜物遍觀之喜見顏色復與使者私議欲不以朝禮受之世英等不可卽設宴拜授如儀以主事常謹等隨使者奉表入謝上復遣世英天祐賜以鐵券一虎符六龍文衣一玉魚帶一弓矢二封贈其父母妻誥命及郡王宣世襲宣大信牌玉兎鶻帶各十匙同盟可賜者賜之使者至邳用安迎受如禮始有入援意及聞上將遷蔡州乃遣人以蠟書言遷蔡有六不可大率以謂歸德環城皆水卒難攻擊蔡無此險一也歸德雖乏糧儲而魚芡可以取足蔡若受圍廩食有限二也大兵所以去歸德者非畏我也縱之出而躡其後舍其難而就其易者攻焉三也蔡去宋境不百里萬一資敵兵糧禍不可解四也歸德不保水道東行猶可以去蔡若不守去將安之五也時方暑雨千里泥淖聖體豊澤不便鞍馬倉卒遇敵非臣子所敢言六也雖然陛下必欲去歸德莫如權幸山東山東富庶甲天下臣略有其地東連沂海西接徐邳南扼盱楚北控淄齊若鑾輿少停臣仰賴威靈河朔之地可傳檄而定惟陛下審察上以其言示宰臣宰臣奏用安反復本無匡輔志此必參議張介等議之業已遷蔡議遂寢初世英等過徐王德全劉安國說之曰朝廷恩命豈宜出自用安郡王宣吾二人最當得者乞就留之世英乃留郡王宣世襲宣玉帶各二由是與用安有隙又懼爲所圖皆不聽其節制十郡王者李明德封仙張瑀張友卓翼康琮杜政吳歪頭王德全劉安國也用安必欲取山東累徵徐宿兵止以勤王爲辭二帥不應用安怒令杜政等率兵三千以取糧爲名襲徐宿旣入城德全覺之就留杜政封仙不遣用安愈怒謂德全安國必有謀乃執桃園帥吳某等八九人下獄鞫問二帥遣溫特罕張哥以杜政封仙欲襲取徐州白用安不聽驅吳帥張哥輩九人倂斬之張哥將死大呼曰國咬兒汝無尺寸功受國家大封爵何負於汝而從杜政等變亂又殺無罪之人今雖死當與汝辨於地下矣會上遣藏國昌以密詔徵兵東方故用安假朝命聲言入援檄劉安國爲前鋒親率兵三千駐徐州城下招德全德全終疑見圖不出繫封仙於獄殺之遣杜政出城安國旣至宿州用安復召安國還安國不從獨與衆僧奴赴援行及臨渙龍山寺用安使人劫殺之遂攻徐州踰三月不能下退歸漣水於是因世英以用安終不赴援乃還朝至宿州西遇大兵不屈而死事聞贈汝州防禦使旣而用安軍食不給乞糧於宋宋賜許之卽改從宋衣而私與朝使相親尋益乏食軍民多亡去乃命蕭均以嚴刑禁亡者血流滿道大元東平萬戶查刺將兵至漣水遂降焉查刺旣渡河趨蔡州用安以詭計還漣水復叛歸於宋受浙東總管忠州團練使隸淮閫甲午正月聞大兵圍沛用安往救之敗走徐州會移兵攻徐用安投水死求得其尸劓面繫馬尾爲怨家田福一軍臠食而盡用安形狀短小無須喜與輕薄子游日擊鞠衢市間頗聆自矜無將帥大體介字介甫平州人正大元年經義進士第一時爲用安參議初天祐等出汴微服間行經北軍營幕至通許崔橋始有義軍招撫司官府去京師二百里矣至陳州防禦使粘葛奴申始立州事留二日至項城縣令朱珍立縣事有士卒千二百人至泰和縣縣令王義立縣已五月矣八月至宿州衆僧奴得報且知朝廷授以權宿州節度使兼元帥左都監之命具彩輿儀衞出城五里奉迎時東方不知朝廷音問已八月矣官民見使者至且拜且哭有張顯者任俠尚氣知義理卽謂天祐曰東方不知朝廷音問已數月今見使者百姓皆感動若不以聖旨撫慰之恐失東民之心我欲矯稱制旨宣諭如何天祐書生守規矩不敢從但以宰相旨集州民慰撫之州民復大哭明日往徐州

時青滕陽人初與叔父全俱爲紅襖賊及楊安兒劉二祖敗承赦來降隸軍中興定初青爲濟州義軍萬戶是時叔父全爲行樞密院經歷官興定二年冬全馳驛過東平青來見因告全將叛入宋全秘之項之青率其衆入于宋宋人置之淮南屯龜山有衆數萬興定四年泗州行元帥府紇石烈牙吾塔遣人招之青以書來書曰青本滕陽良民遭時亂離扶老攜幼避地草莽官吏不明此心目以叛逆無所逃死竄匿淮海離親舊去鄕邑豈人情之所樂哉僕雖偷生寄食他國首丘之念未嘗一日忘之如朝廷赦青之罪乞假邳州以屯老幼當襲取盱眙盡定淮南以贖往昔之過牙吾塔復書曰公等初亦無罪誠能爲國建功全軍來歸卽吾人也邳州吾城以吾人居之亦何不可易曰君子見幾而作不俟終日公其亟圖之生還父母之邦富貴終身傳芳後世與其羈縻異域目以兵虜孰愈哉牙吾塔奏其事十月詔加青銀青榮祿大夫封滕陽公仍爲本處兵馬總領元帥兼宣撫使青潛表陳謝復以邳州爲請樞密院奏恐青意止欲得邳州可諭牙吾塔若青誠實來歸卽當授之如審其詐可使人入宋境宣布往來之言及所授官爵亦行間之術也青旣不得邳州復爲宋守興定五年正月二十五日夜青襲破泗州西城提控王祿遇害是時時全爲同簽樞密院事朝廷不知青襲破西城止稱宋人而已詔全往督泗州兵取西城全至泗州獲紅襖賊一人詰問之乃知青爲宋京東鈐轄襲破西城全頗喜乃殺其人以滅口牙吾塔晝夜力戰募死士以梯衝逼城青縋兵出拒不得前牙吾塔遣提控王應孫穴城東北隅青夜出兵來襲擊卻之越二日復出又卻之攻城益急青以舟兵二千合城中兵來犯牙吾塔營提控斡魯朶先知設伏掩擊青兵大敗溺淮水死者千人自是不復出矣王應孫穴城將及城中青隧地然薪逼出之青乘城指麾流矢中其目餘衆往往被創樓堞相繼摧壞城中恟懼遂無固志二月二十六日夜青拔衆走遂復西城元光元年二月全與元帥左監軍訛可節制三路軍馬伐宋詔曰卿等重任毋致不和以貽喪敗其資糧可取規取失宜不能得之罪在訛可旣已得之不能運致以爲我用罪在全全與訛可由穎壽進渡淮敗宋人于高塘市攻固始縣破宋廬州將焦思忠兵無何獲生口言時青受宋詔與全兵相拒全匿其事五月兵還距淮二十里諸軍將渡全矯稱密詔諸軍且留收淮南麥遂下令人穫麥三石以給軍衆或之訛可及諸將佐勸之不聽軍留三日訛可謂全曰今淮水淺狹可以速濟時方暑雨若値暴漲宋乘其後將不得完歸矣全力拒之從宜達阿移失不斜烈李辛稍稍不平全怒曰訛可一帥耳汝曹黨之汝曹致身至此皆吾之力吾院官也於汝無不可者衆乃不敢言是夜大雨明日淮水暴漲乃爲橋渡軍宋兵襲之軍遂敗績橋壞全以輕舟先濟士卒皆覆沒宣宗乃下詔誅之遣官招集潰軍詔曰大軍渡淮每立功効諸將謬誤部曲散亡流離憂苦朕甚閔焉各歸舊營勉圖自効又詔曰陣亡把軍品官子孫十五以上者依品官子孫例隨局承應十五以下十歲以上者依品從隨局給俸至成人本局差使無子孫官依例給俸應贈官賻錢軍人家口當養贍者並如舊制

贊曰金自章宗季年宋韓侂胄搆難招誘鄰境亡命以撓中原事竟無成而青徐淮海之郊民心一搖歲遇饑饉盜賊蠭起相爲長雄又自屠滅害及無辜十餘年糜沸未息宣宗不思靖難復爲伐宋之舉迄金之亡其禍尤甚簡書所載國用安時青等遺事至今仁人君子讀之猶蹙頞終日當時烝黎如魚在釜其何以自存乎兵凶器也金以兵得國亦以兵失國可不愼哉可不愼哉

金史卷一百十八

元中書右丞相總裁脫脫等修

列傳第五十六

苗道潤　王福　移剌衆家奴
武仙　張甫　靖安民
郭文振　胡天作　張開
燕寧

苗道潤貞祐初爲河北義軍隊長宣宗遷汴河北土人往往團結爲兵或爲羣盜道潤有勇略敢戰鬬能得衆心比戰有功略定城邑遣人詣南京求官封宰相難其事宣宗召河南轉運使王擴問曰卿有智慮爲朕決道潤事今卽以其衆使爲將肯終爲我盡力乎擴對曰兼制天下者以天下爲度道潤得衆有功因而封之使自爲守羈縻使之策之上也今不許彼負其衆何所不可爲宣宗顧謂宰執曰王擴之言實契朕心於是除道潤宣武將軍同知順天軍節度使事貞祐四年復以功遷懷遠大將軍同知中山府事再閱月復戰有功遷驃騎上將軍中都路經略使兼知中山府事頃之加中都留守兼經略使道潤前後撫定五十餘城興定元年詔道潤恢復中都以山東兵益之道潤奏去年十一月臣遣總領張子明招降蠡州獨吉七斤近日河北東路兵馬都總管移剌鐵哥移軍蠡州襲破子明軍殺數百人子明亦被創臣將提兵問罪重以鐵哥自拔來歸但備之而已今欲復取都城乞無罪鐵哥直令受臣節制庶可集事宣宗以問宰相奏曰道潤鐵哥不協不可相統屬詔以完顏寓行元帥府事督道潤復中都和輯鐵哥軍初道潤與順天軍節度使李琛不相能兩軍士兵因之相攻琛遣兵攻滿城完州道潤軍拒戰殺琛兄榮及弟明等琛奏潞州提控烏林答吾典承道潤風指日謀侵害山東行省數諭道潤與臣通和竟不見從且殺臣兄

榮弟明等恣横如此將爲後患又奏乞令河北州府官不相統攝並聽帥府節制仍遣官增減諸路兵力使權均勢敵無相併吞則百姓安農畝矣道潤奏李琛以衆叛陷滿城攻完州琛亦奏道潤叛廷議以爲兩人失和故至于此令山東行省樞密院諭琛行省在彼自當俱聽節制何待帥府土兵本以義團結且耕且戰今乃聚之城寨遂相併吞百姓不安皆由官長無所忌憚使之然也嚴爲約束依時樹藝無致生事有詔道潤與移刺鐵哥合兵撫定河北令諸道兵互相應援既而道潤與賈仝賈瑀互相攻擊詔道潤賈仝王福武仙賈瑀分畫各路元帥府控制之彰德衛輝招撫司隸樞密院賈瑀既與道潤相攻已而詐爲約和道潤信之遂伏兵刺殺道潤朝廷不能問一軍彷徨無所依提控靖安民乞權隸潞州行元帥府聽其節制時興定二年也右丞侯摯乞以保蠡完三州隸眞定而蠡州舊受移次衆家奴節制一旦改隸眞定恐因而交爭靖安民等願隸潞州乃令河北行省審處之經略副使張柔奏賈瑀攻易州寨殺刺史馬信及其裨校奪所佩金符而去頃之張柔攻賈瑀殺之道潤既死靖安民代領其衆是後乃封建矣初貞祐四年右司諫术甲直敦乞封建河朔詔尚書省議事寢不行興定三年太原不守河北州縣不能自立詔百官議所以爲長久之利者翰林學士承旨徒單鎬等十有六人以謂制兵有三一曰戰二曰和三曰守今欲戰則兵力不足欲和則彼不肯從唯有守耳河朔州郡既殘毁不可一槩守之宜取願就遷徙者屯于河南陝西其不願者許自推其長保聚險阻刑部侍郞奧屯胡撒合三人曰河北於河南有輔車之勢蒲解於陝西有襟喉之要盡徙其民是撤其藩籬也宜令諸郡選才幹衆所推服能糾衆遷徙者領之河南或者安河中及諸險隘量給之食授以曠土盡力耕稼置僑治之官以撫循之擇其壯者教之戰陣勅晉安河中守臣徵石嵐汾霍之兵以謀恢復莫大之便兵部尚書烏林荅與等二十一人曰河朔諸州親民掌兵之職擇士人嘗居官有材略者授之急則走險無事則耕種宣徽使移刺光祖等三人曰度太原之勢雖暫失之頃亦可復當募土人威望服衆者假以方面重權能克復一道卽以本道總管授之能捍州郡卽以長佐授之必能各保一方使百姓復業提點尚食局石抹穆請以高爵募民大槩同光祖議宰臣欲置公府宣宗意未決御史中丞完顏伯嘉曰宋人以虛名致李全遂有山東實地苟能統衆守土雖三公亦何惜焉宣宗曰他日事定公府無乃多乎伯嘉曰若事定以三公就節鎭何不可者宣宗意乃決四年二月封滄州經略使王福爲滄海公河間路招撫使移刺衆家奴爲河間公眞定經略使武仙爲恒山公中都東路經略使張甫爲高陽公中都西路經略使靖安民爲易水公遼州從宜郭文振爲晉陽公平陽招撫使胡天作爲平陽公昭義軍節度使完顏開爲上黨公山東安撫副使燕寧爲東莒公九公皆兼宣撫使階銀青榮祿大夫賜號宣力忠臣總帥本路兵馬署置官吏徵斂賦稅賞罰號令得以便宜行之仍賜詔曰乃者邊防不守河朔失寧卿等自總戎昭備殫忠力若能自効朕復何憂宜膺茅土之封復賜忠臣之號除已畫定所管州縣外如能收復鄰近州縣者亦聽管屬

王福本河北義軍積戰功累遷同知橫海軍節度使事滄州經略副使興定元年福遣提控張聚王進復濱棣二州以聚攝棣州防禦使進攝濱州刺史久之福與聚有隙聚以棣州附於益都張林興定三年九月福上言滄州東濱滄海西連眞定北備大兵可謂要地乞選重臣爲經略使得便宜從事以鎭撫軍民朝廷以福初率義兵復滄州招集殘民今有衆萬餘器甲完具自雄一方與益都張林棣州張聚皆爲鄰境今利津已不守遼東道路艱阻且其意本欲自爲使但託詞耳因而授之使招集濱棣之人通遼東音問令若不許宋人或以大軍迫脅或以官爵招之將貽後悔宣宗以爲然乃以福爲本州經略使仍令自擇副使會福有戰功遷遙授同知東平府事權元帥右都監經略節度如故興定四年封爲滄海公以淸滄觀州鹽山無棣樂陵東光寧津吳橋將陵阜城蓨縣隸焉四月紅襖賊李二太尉寇樂陵棣州張聚來攻福皆擊却之李二復寇鹽山經略副使張文與戰李二大敗擒其統制二人斬首二千級獲馬三十匹七月宋人與紅襖賊入河北福嬰城固守益都張林棣州張聚日來攻掠滄州危蹙福將南奔爲衆所止遂納欵於張林東平元帥府請討福乞益河南步卒七千騎兵五百滑濬衞州資助芻糧先定賞格以待有功朝廷以防秋在近河南兵不可往東平兵少不能獨成功待至來年春使東平帥府與高陽公併力討之乃止

移刺衆家奴積戰功累官河間路招撫使遙授開州刺史權元帥右都監賜姓完顏氏興定四年與張甫俱封衆家奴封河間公以獻蠡安深州河間肅寧安平武強饒陽六家莊鄚山寨隸焉興定末所部州縣皆不可守元光元年移屯信安本張甫境內張甫因奏信安本臣北境地當衝要乞權改爲府以重之詔改信安爲鎭安府是歲與甫合兵復取河間府及安蠡獻三州與張甫皆遷金紫光祿大夫二年衆家奴及張甫同保鎭安各當一面別遣總領提領孫汝楫楊壽提控袁德李成分保外垣遂全鎭安未幾衆家奴奏鎭安距迎樂堌海口二百餘里實遼東往來之衝高陽公甫有海船在鎭安西北可募人直抵遼東以通中外之意若賞不重不足以使人令擬應募者特遷忠顯校尉授八品職仍賞寳泉五千貫如官職已至忠顯八品以上者遷兩官升職一等回日再遷兩官升職二等詔從之

武仙威州人或曰嘗爲道士時人以此呼之貞祐二年仙率鄉兵保威州西山附者日衆詔仙權威州刺史興定元年破石海于眞定宣差招撫使惟宏請加官賞眞授威州刺史兼眞定府治中權知眞定府事遷洺州防禦使兼同知眞定府事遙授河平軍節度使興定四年遷知眞定府事兼經略使遙領中京留守權元帥右都監無何封恒山公以中山眞定府沃冀威鎭寧平定州抱犢寨欒城南宮縣隸焉同時九府財富兵強恒山最盛是歲歸順于大元副史天倪治眞定仙兄貴爲安國軍節度使史天祥擊之貴亦歸順于大元仙與史天倪俱治眞定且六年積不相能懼天倪圖已嘗欲南走宣宗聞之詔樞密院牒招之仙得牒大喜正大二年仙賊殺史天倪復以眞定來降大元大將笑乃斛討仙仙走閱月乘夜復入眞定笑乃斛復擊之仙乃奔汴京五年召見哀宗使樞密判官白華導其禮儀復封爲恒山公置府衞州七年仙圍上黨已而大兵至仙遁歸未幾衞州被圍內外不通詔平章政事合達樞密副使蒲阿救之從仙兵屯胡嶺關扼金州路八年十一月大元兵涉襄漢合達蒲阿駐鄧州仙由荊子口會鄧州軍天興元年正月丁酉合達蒲阿敗績於三峰山仙從四十餘騎走密縣趨御寨都尉烏林荅胡土不納幾爲追騎所得乃舍騎步登嵩山絶頂清涼寺謂登封蘭若寨招撫使霍琢僧秀曰我豈敢入汴京一旦有急縛我獻大國矣遂走南陽留山收潰軍得十萬人屯留山及威遠寨立官府聚糧食修器仗兵勢稍振三月汴京被圍哀宗以仙爲參知政事樞密副使河南行省詔與鄧州行省思烈合兵入救八月至密縣東遇大元大將速不斛兵過之仙卽按軍眉山店報思烈曰阻澗結營待仙至俱進不然敗矣思烈急欲至汴不聽行至京水大兵乘之不戰而潰仙亦令其軍散走期會留山仙至留山潰軍至者益衆哀宗罷思烈爲中京留守詔仙曰思烈不卽兵向使從卿阻澗之策豈有敗哉軍務一以付卿日夕以待戮力一心以圖後舉十一月遣刑部主事烏古論忽魯召仙仙不欲行乃上疏陳利害請緩三月生死入援初思烈至鄧州承制授宣差總領黃摑三合五朶山一帶行元帥府事兼行六部尚書及仙還留山惡三合權盛改爲征行元帥屯比陽三合怨仙奪其權乃歸順于大元大將速不斛署三合守裕州三合乃詐以書約仙取裕州可以得志仙信之三合乃報大元大將遣兵夾擊敗仙于柳河仙跳走聖朶寨初沈丘尉曹政承制召兵西山裕州防禦使李天祥不用命政斬之以徇仙至聖朶謂政曰何故擅誅吾將政曰天祥違詔逗遛不行政用便宜斬之仙怒曰今日宣差來起軍明日宣差來起軍因此軍卒戰亡殆盡矣自今選甚人來亦不聽且教兒郞輩山中休息又曰天祥果有罪待我來處置汝何人輒敢殺之政曰參政柳河失利不知存亡天祥逗詔何爲不殺仙大怒叱左右奪政所佩銀牌令總領楊全械繫之會赦猶囚之及仙敗始得釋與楊全俱降宋是時哀宗走歸德遣翰林修撰魏璠間道召仙行至裕州會仙敗于柳河璠矯詔招集潰軍以待仙仙疑璠圖已二年正月仙閱兵選鋒尚十萬璠曰主上旦夕西首望公公不宜久留於此仙怒幾殺璠璠及忽魯刺還歸德仙乃奏請誅璠哀宗不聽以璠爲歸德元帥府經歷官璠字邦彥渾源人貞祐二年進士云仙部將董祐有戰功詔賜虎符仙畏其偪已久不與佩祐憾之乃結宮奴欲殺仙猶豫未敢發近侍局使完顏四和有謀敢斷嘗徵兵鄧州禦牧使移刺呆合有異志四和以計誅之祐使謂四和曰仙終不肯入援祐等位卑力不能誅惟君爲國家圖之四和曰已殺呆合復殺武仙他日使者來人誰肯信不從仙知祐嘗有此謀使祐使河北其後竟殺之三月仙以聖朶軍食不足徙軍鄧州仰給于鄧州總帥移刺瑗鄧州倉廩亦乏乃分軍新野順陽淅川就食民家遣講議官朱榮劉琢往襄陽借糧于宋制置使史嵩之琢槩持兩端畏留遁以情告史嵩之曰仙兵勢不復振矣且曰名爲借糧實欲納欵待將軍一諾耳嵩之以爲實然遣田俊持書報仙四月仙遣大理少卿張伯直取糧于襄陽屯軍小江口以待之嵩之聞張伯直至大喜謂仙送欵矣發書乃謝狀也大怒留伯直不

遣仙自順陽入鄧州移剌瑗畏逼以女女仙仙不疑納之乃還順陽鄧州糧盡瑗終疑仙五月瑗率城降宋嵩之益知仙軍虛實使孟珙率兵五千襲仙軍于順陽是時仙令士卒刈麥供軍未至二里許始覺仙率帳下百餘人迎擊之孟珙不敢前俄頃軍士稍集有五六百人大敗珙兵珙與數百人脫走生擒其統制統領數十人獲馬千餘至是與瑗妄說將納款于嵩之之語泄矣仙皆誅之移剌瑗本名粘合字廷玉世襲契丹猛安累功鄧州便宜總帥既至襄陽使更姓名稱歸正人劉介具將校禮謁制置使瑗大悔恨明年　月疽發背死孟珙雖敗而去仙懼宋兵復來七月徙淅川之石穴是時哀宗在蔡州遣近侍兀顏責仙赴難詔曰朕平日未嘗負卿國家危難至此忍擁兵自恃坐待滅亡邪將士聞之相視哽咽皆願赴難與國同生死仙懼衆心有變乃殺馬牛與將士三千人歃血盟誓不負國家衆乃大喜無何仙復謂衆曰蔡州道梗吾兵食少恐不能到且蔡不可堅守縱到亦無益近遣人覘視宋金州百姓據山爲柵極險固廣袤百里積糧約三百萬石今與汝曹共圖之可不勞而下留老弱守此寨以爲根本然後選勁勇趨蔡迎上西幸未晚也衆未及應卽令戒行李取淅川泝流而上山路險阻霖雨旬日水湍悍老幼溺死者不可勝數糧食絕軍士亡者八九仙計無所出八月乃由荆子口東還自內鄉將入聖朶寨至峽石左右八壘秋林閭總領楊全已降宋留秋林十日乃遷大和九月至黑谷泊進退失據遂謀北走行部尚書盧芝侍郎石玠不從芝字廷瑞河東人任子補官以西安軍節度使行尚書玠字子堅河中人崇慶二年進士以汝州防禦使行侍郎二人相與謀曰吾等知仙不卹國家久矣諫之不從去之未可事至今日正欠蔡州一死耳假若不得到蔡州死於道中猶勝死於仙也旣去仙始覺追玠殺之芝走至南陽爲土賊所害甲午蔡州破壘凡盡將士大怨皆散去仙無所歸乃從十八人北渡河又亡五人五月趨澤州爲澤之戍兵所殺

張甫賜姓完顏氏初歸順大元涿州刺史李瘸驢招之興定元年正月甫與張進俱來降東平行省蒙古綱承制除甫中都路經略使進經略副使二年苗道潤死河北行省侯摯承制以李瘸驢權道潤中都經略使甫與張柔爲副頃之苗道潤之衆請以靖安民代道潤是時張柔安民實分掌道潤部衆朝廷乃以瘸驢爲中都東路經略使自雄霸以東皆隸之甫進與永定軍節度使賈仝不協以兵相攻奪據仝地取仝馬以遺經略使李瘸驢瘸驢受之朝廷怪瘸驢不能和輯州府乃有向背召瘸驢別與官職詔東平蒙古綱講睦甫與賈仝綱遣同知安武軍王郁博野令高常往平之輒留瘸驢不遣因奏曰張甫本受瘸驢招降情意厚善今遣郁先與瘸驢議所以平之者然後可況甫等不識禮義之人瘸驢就徵則皆自疑恐生他變故不避專擅之罪詔從綱奏未幾賈仝復以兵捕甫部民殺甫參議官邢畢甫率兵攻之賈仝敗走遂自縊死甫請符印以安輯部衆詔與之無何李瘸驢歸順大元甫爲中都東路經略使遙授同知彰德府事權元帥右都監三年張進爲中都南路經略使甫奏眞定兵衞乞遣重臣與恒山公武仙併力守之不報及眞定不守甫復奏權元帥右都監柴茂保冀州水寨孤立無援若不益兵非臣之所知也四年甫封高陽公以雄莫霸州高陽信安文安大成保定靜海寶坻武淸安次縣隸焉元光元年移剌衆家奴不能守河間甫居之信安是歲以功進金紫光祿大夫始賜姓完顏二年二月張進亦遷元帥左監軍賜姓完顏

靖安民德興府永興縣人貞祐初充義軍歷謀克千戶總領萬戶都統皆隸苗道潤麾下以功遙授定安縣令遷涿州刺史遙授順天軍節度使充提控興定元年遙授安武軍節度使興定二年遷知德興府事中都路總領招撫使是歲苗道潤死安民代領其衆行省承制以涿州刺史李瘸驢權中都路經略使三年詔瘸驢自雄霸以東爲中都東路經略使自易州以西安民爲中都西路經略使西山義軍屯壘諸招撫皆隸爲四年遙授知德興府事權元帥左監軍行中都西路元帥府事三月安民上書曰苗道潤撫定州縣五十餘城其功甚大西京路經略使劉鐸嫉其功反間賈瑀李琛與道潤不協轉相攻伐竟以陰謀殺道潤鐸令所部劉智元等掠鎭撫孫資孫招撫楊德勝家人二十餘口錮之山寨若鐸常居此恐致敗事劉鐸亦遣副使劉璋詣南京自訴且言安民使入飛狐之境冒濫封拜誘惑人心強抑總領馬通等輸銀粟索飛狐總領王彥暉彈壓劉智元杜貴欲充偏裨彥暉等拒之輒殺貴而杖智元竟驅彥暉而去又言經略職卑以致從宜李栢山等日謀見害乞許罷去廷議劉鐸本行招誘逋亡今乃與安民互相論列以起爭端苗道潤死安民實代領其衆彥暉等軍本隸道潤當聽安民節制乃召鐸還頃之封易水公以涿易安肅保州君氏川季鹿三保河北江磐山寨靑白口朝天寨水谷權谷東安寨隸焉十月安民出兵至磐山復取檐車寨大元兵圍安民所居山寨守寨提控馬豹等以安民妻子及老弱出降安民軍中聞之駭亂衆議欲降以保妻子安民及經歷官郝端不肯從遂遇害詔贈金紫光祿大夫

郭文振字拯之太原人承安二年進士累官遼州刺史貞祐四年昭義節度使必蘭阿魯帶請升遼州爲節鎭廷議遼州城郭人戶不稱節鎭而文振有功當遷乃以本官充宣差從宜都提控興定元年詔文振接應苗道潤恢復中都會道潤與賈仝相攻而止文振治遼州深得衆心興定三年遷遙授中都副留守權元帥左都監行河東北路元帥府事刺史從宜如故文振招降太原東山二百餘村遷老幼于山寨得壯士七千分駐營柵防護秋穫文振奏若秋高無兵直取太原河東可復優詔許之十月權元帥右都監行元帥府事與張開合堅臺州兵復取太原四年詔升樂平縣爲皋州壽陽縣西張寨爲晉州從文振之請也文振上疏曰楊子雲有言御得其道則天下狙詐咸作使御失其道則天下狙詐咸作敵有天下者審所御而已河朔自用兵之後郡邑蕭然並無官長武夫悍卒因緣而起以爲得志僭越名位瓜分角競以相侵攘雖有內除之官亦不得領其職所爲不法可勝言哉乞行帥府擅請便宜妄自誇張以尊大其權包藏之心蓋可知也朝廷因而撫之假權傳授至與各路帥府力侔勢均不相統屬陝西行省總爲節制相去遼遠道路梗塞卒難聞知故飛揚跋扈無所畏憚鄰道相望莫敢誰何自平陽城破以來河北不置行省朝廷信臣不復往來布揚聲教但令曳剌行報而已所司勞以酒食悅以貨財借其聲譽共欺朝廷姦倖旣行遂至驕恣變故之生何所不有此臣所以夙夜痛心而爲之憂懼也乞分遣公廉之官徧詣訪察庶知所在利害之實狀見澤潞等處芻糧猶廣人民猶衆地多險阻乞選重臣復置行省皆聽節制上下相維可臂指使之則國勢日重姦惡不萌矣是時澤潞已詔張開規畫不能盡用文振之言但令南京兵馬使术甲賽也行帥府於懷孟而已是歲封晉陽公河東北路皆隸焉文振奏孟州每以豪猾不逞之人攝行州事朝廷重於更代就令主之去年伯德和攝刺史提控伯德安殺之奪其職河東行省以陳景璠代安安內不能平因誣告景璠死罪朝廷未及按問安輒逐之恥受臣節制宣言于衆待道路稍通當隸恒山公節制今眞定已不守安猶向慕不已臣徵兵諸郡安輒詭辭不遣臣若興師是自生一敵非國家之便也聞安有女臣輒違律令爲姪孫逑娶之安遂見許臣非願與安爲姻爲公家計屑就之耳自結親以來安頗循率以從王事法不當娶而輒娶之敢以此罪爲請宣宗嘉其意遣近臣慰諭之文振復奏武仙所統境土甚大雖與林州元帥府共招撫之乞更選本土州縣官重其職任同與安集可使還定宣宗用其策五年文振奏臣所統嵐管隩石寧化保德諸州境土闊遠不能周知利害恐誤軍國大計伏見葭州刺史古里甲蒲察智勇過人深悉河東事勢乞令行元帥府事或爲本路兵馬都總管與臣分治詔文振就擇可者處之便地仍受文振節制上黨公張開以厚賞誘文振將士頗有亡歸者詔分遼路粟賑太原饑民張開不與文振奏其事詔遣使慰諭之文振復申前請以葭州刺史古里甲蒲察分治嵐管以西諸州制可仍令防秋後再度其宜文振請分上黨粟以贍太原詔文振與張開計度頃之詔以石州隸晉陽公府元光元年林州行元帥府惟良得罪召還文振奏近聞惟良召還臣竊以爲不可惟良在林州五歲政尚寬厚大得民心今茲被召軍民遮路泣留其去未幾義尖之衆作亂逐招撫使康瑭乞遣惟良還林州爲便不許文振上書乞遣前平章政事胥鼎行省河北諸公府帥府並聽節制詔諭百姓使知不忘遺黎之意然後以河南陝西精銳併力恢復不報文振復奏河朔百姓引領南望臣再四請於樞府但以會合府兵爲言公府雖號分封力實單弱且不相統攝所在被兵朝廷不卽遣兵復河北人心將以爲棄河朔而棄之甚非計也文振大抵欲起胥鼎爲行省定河北朝廷不能用二年詔文振應援史詠復河東是歲遼州不能守徙其軍于孟州以部將郝安等爲文振副護沁山諸寨文振辭公府詔不許頃之文振部將汾州招撫使王遇與孟州防禦使納蘭謀古魯不相能復徙衞州然亦不可以爲軍迄正大間寓于衞而已

胡天作字景山管州人初以鄉兵守禦本州累功少中大夫管州刺史興定二年遙授同知太原府事刺史如故是歲平陽失守攺同知平陽府事三年復取平陽天作言汾潞皆置帥府平陽大鎭今稍完復所管州縣不下十萬戶復業者相繼不絕其過汾潞遠甚宜一體置之是時晉安嵐州皆有帥府乃以天作充便宜招撫使權元帥左都監四年封平陽公以平陽晉安府隰吉州隸焉天作請以晉安府之翼城縣爲翼州以垣曲絳縣

隸焉置平水縣于汾河之西朝廷皆從之初軒成本隸程琢麾下琢死成率衆保隰州以爲同知隰州軍州事兼提控軍馬成增繕器甲招納亡命頗有他志是時隰州方用兵未可制天作請增置要害州縣以分其勢隰州之境蒲縣最居其衝可改爲州隰州之仵城鎮可改爲縣選官守備詔升蒲縣爲蒲州以大寧縣隸之仵城鎮爲仵城縣天作守平陽凡四年屢有功詔錄其子定哥爲奉職元光元年十月青龍堡危急詔遣古里甲石倫會張開郭文振兵救之次彈平寨東三十里不得進知府事术虎忽失來總領提控王和各以兵歸順臨城索其妻子兵民皆潰執天作出天作已歸順詔誅忽失來子之南京者命天作子定哥承應如故天作已受大元官爵佩虎符招撫懷孟之民定哥聞之乃自經死贈信武將軍同知睢州軍州事詔張開郭文振招天作天作至濟源欲脫走先遣人奏表南京大元大將惡其反覆遂誅之天作死後宣宗以同知平陽府事史詠權行平陽公府事後封平陽公平陽初破詠父祚母蕭氏藏於窟室索出之使祚招詠祚乃自縊死蕭氏逃歸詠妻梗氏亦自死宣宗贈祚榮祿大夫京兆郡公謚成忠蕭氏封京兆郡太夫人賜號歸義梗氏封京兆郡夫人謚義烈未幾詠乞內徙從其軍于解州河中府

張開賜姓完顏氏景州人至寧末河北兵起開團結鄉兵爲同守累功遙授同知青州防禦事兼同知觀州事貞祐四年開率所部復取河間府及滄獻二州十有三縣開有宣撫司留付空名宣敕二百道奏乞從權署置就任所復州縣舊官闕者補之詔遷同知觀州軍州事開復青州乞輸鹽易糧詔與之糧遷觀州刺史權本州經略使至是始賜姓完顏氏開奏乞許便宜及論淇門安陽黎陽皆作堰塞水河運不通乞開發水道不報觀州榻盡是歲秋徙軍輝州乞麥種三千石驢贏三百或寶券二百貫戶部不與御史臺奏開自觀州轉戰來此久著勞績欲令其軍耕種以自給有司計小費拒不與乞斷自宸衷與之麥種若無牛可與給以寶券制可是歲潼關不守被召入衞南京興定元年遙授澤州刺史二年遙授同知彰德府兼總領提控三年充潞州招撫使林州元帥府徙潞人實林州既復遣還開乞隸晉安元帥府或與林州並置元帥府各自爲治十月開以權昭義軍節度使遙授孟州防禦使權元帥左都監行元帥府事與郭文振共復太原四年封上黨公以澤潞沁州隸焉五年詔復以涉縣爲崇州從開請也元光元年復取高平縣及澤州二年大戰壺關有功既而潞州危急開奏封建公府以固屏翰今胡天作出平陽郭文振南徙河東公府獨臣與史詠而已乞升澤沁二州爲節鎮以重守禦詔以澤爲忠昌軍沁爲義勝軍林州義尖寨衆亂逐招撫使康瑭推杜仙爲招撫使開請以盧芝瑞爲副代領其衆又奏比聞郭文振就食懷孟史詠徙解州高倫遷葛伯寨各自保守民安所仰哉臣領孤軍內無儲符外無應援臣不敢避失守之罪恐益重朝廷之憂正大間潞州不守開居南京部曲離散名爲舊公與匹夫無異天興初起復與劉益爲西面元帥領安平都尉紀綱軍五千攻衞州敗績于白公廟是時哀宗走歸德開與劉益謀收潰兵從衞不果遂與承裔西走皆爲民家所殺初置公府開與恆山公武仙最強後駐兵馬武山遣人間道請糧二萬石用事者難之止給二千石公府將佐得報皆不敢白開置酒召諸將曰朝廷待某特厚今日與諸君一醉請將問故曰頃以糧竭爲請祈二萬而得二千是吾君相不以武仙輩待我也是時郭文振處開西北當兵之衝民貧地瘠開又不奉命以糧賑文振軍文振窮竄開勢愈孤以至於敗

燕寧初爲莒州提控守天勝寨與益都田琢東平蒙古綱相依爲輔車之勢山東雖殘破猶倚三人爲重紅襖賊五公喜據注子堌率衆襲據沂州寧擊走之遂復沂州語在田琢傳寧既屢破紅襖賊招降胡七胡八引爲腹心賊中聞之多有欲降者累官遙授同知安化軍節度使事山東安撫副使興定四年封東莒公益都府路皆隸焉五年與蒙古綱王庭玉保全東平以功遷金紫光祿大夫還天勝戰死蒙古綱奏寧克盡忠孝雖位居上公祖考未有封爵身沒之後老稚無所衣食乞降異恩以勵節義之士詔贈故祖皇銀青榮祿大夫祖母張氏范陽郡夫人父希還金紫光祿大夫母彭氏繼母許氏妻霍氏皆爲范陽郡夫人族屬五十二人皆廩給之自益都張林逐田琢繼而寧死蒙古綱勢孤徙軍邳州山東不復能守矣

贊曰苗道潤死中分其地靖安民有其西之半中分以東者其後張甫有之然無北境矣大凡九公封建宣宗實錄所載如此他書載滄海公張進河間公移剌中哥易水公張進晉陽公郭棟此必正大間繼封如史詠繼胡天作者然不可攷矣

金史卷一百十九

元　中書右丞相總裁脫脫等修

列傳第五十七

粘葛奴申 附劉天起　完顏婁室　烏古論鎬

張天綱　完顏仲德

粘葛奴申由任子入官或曰策論進士天興初倅開封府以嚴幹稱其年五月擢爲陳州防禦使時兵戈搶攘道路不通奴申受命毅然策孤騎由間道以往陳自兵興軍民皆避遷他郡奴申爲之擇官吏明號令完城郭立廬舍實倉廩備器械未幾聚流亡數十萬口米一斛直白金四兩市肆喧閧如汴之闤闠京城危困之民望而歸者不絕遂指以爲東南生路明年哀宗走歸德改陳州爲金興軍馳使褒諭以奴申爲節度使俄拜參知政事行尚書省于陳於是奴申立五都尉以將其兵建威來豬糞虎威蒲察合達振武李順兒振威王義果毅完顏某凡招撫司至者皆使隸都尉司是時交戰無虛日州所屯軍十萬有餘奴申與官屬謀曰大兵日至而吾州糧有盡柰何乃減軍所給月一斛五斗者作一斛又作八斗又作六斗將領則不給人心稍怨故李順兒崔都尉因而有異志劉提控及完顏不如哥提控者預焉奴申知其謀常以兵自防及聞大元兵往朱仙鎮市易奴申遣五都尉軍各二百人以李順兒副都尉崔某將之襲項城寨令孫鎭撫者召順兒議兵事孫至其家順兒已擐甲孫欲觀其刀順兒拔示之孫色動卽出門奔去順兒追殺之乃上馬引兵二百人入省說軍士曰行省剋減軍糧汝輩欲飽食則從我不欲則從行省於是省中軍士皆坐不起奴申聞變走後堂追殺之提控劉某知害解其虎符以與順兒并殺其子姪婿及鄉人王都尉順兒令五都尉軍皆甲守街曲自稱行省署元帥都尉以劉提控語不順斬之坐中明日遂遣紇石烈正之送款于汴崔立乃遣其弟倚就加順兒淮陽軍節度使行省如故未幾虎威都尉蒲察合達與高元帥者盡殺順兒之徒舉城走蔡州大兵覺追及孫家林老幼數十萬少有脫者初奴申聞崔立之變遣人探其事情而順兒崔都尉亦密令人結構崔立適與奴申所遣者同往同還順兒懼其謀泄故發之益速奴申亦知其謀故遣襲項城欲因其行襲殺之然已爲所先劉天起者起於匹夫初甚庸鄙汴京戒嚴嘗上書以干君相願暫假一職以自効每言戰國兵法平章白撒等信之令景德寺監造革車三千兩天興元年授都招撫使佩金符召見乞往陳州運糧上從之一時皆竊笑其僥倖及至陳行軍殊有方略每出戰數有功陳人甚倚重之順兒之變天起偃蹇不從爲所殺同時一唐括招撫者亦不屈而死

完顏婁室三人皆內族也時以其名同故各以長幼別之正大八年慶山奴棄京兆適鳳翔都尉大婁室運軍器至白鹿原遇大兵與戰兵刃旣盡以絛繫掉金牌力戰而死九年正月大兵至襄城元帥中婁室小婁室以馬軍三千遇之於汝墳時大兵以三四十騎入襄城驅驛馬而出又入東營殺一千夫長金人始覺之兩婁室以正旦飲將校皆醉不能軍遂敗退走許州會中使召入京師天興二年正月河朔軍潰哀宗走歸德中婁室爲北面總帥小婁室左翼元帥收潰卒及將軍夾谷九十奔蔡州蔡帥烏古論栲栳知其跋扈不納遂走息州息帥石抹九住納之時白華以上命送虎符於九住爲息州行帥府事九住出近侍好自標致騶從盈路三人者妬之各以招集勤王軍士爲名得五六百人入州以甲仗給之久之漸生猜貳九住亦招負販牙儈數百人爲虎子軍夜則擐甲爲備一日九住使一萬戶巡城三帥執而驅之使大呼云勿學我欲開西門反卽斬之乃召九住九住欲不往懼州人及禍乃從三百卒以往三帥令甲士守街曲九住從者過處處執之九住獨入三帥問汝何爲欲反九住曰我何緣反三帥怒欲殺者久之小婁室意稍解頗爲救護得不殺使人鎖之以夾谷九十爲帥兼權息州蔡帥栲栳聞九住爲三帥所誣上奏辨之三帥亦掊摭九住之過上聞朝廷主栲栳之辨且不直三帥六月赦至蔡栲栳懼九住爲三帥所誅遣二卒馳送詔書於息乃得免及上將幸蔡密召中婁室引兵來迓婁室遲疑久之乃率所招卒奉迎七月上遣近侍局使入息州括馬卽召九住九住至與中婁室辨於上前時中婁室已授同簽樞密院事上不欲使之終訟乃罷九住帥職授戶部郎中以烏古論忽魯爲息州刺史時有土豪劉禿兒馬安撫者自蔡朝還以軍儲不給叛入宋州之北關爲所焚毀是時城中軍無幾日有叛去者且覘知宋人有窺息之意息帥懼上奏請益兵爲備朝廷以參知政事抹撚兀典行省事于息州中婁室以同簽樞密院事爲總帥小婁室以副點檢爲元帥王進爲彈壓帥夾谷九十爲都尉以忠孝馬軍二百步軍五百屬之行省院於息將行上諭之曰北兵所以常取金勝者恃北方之馬力就中國之技巧耳我實難與之

敵至於宋人何足道哉朕得甲士三千縱横江淮間有餘力矣卿等勉之八月壬辰行省遣人奏中渡店之捷初兀典等赴息既至之夜潛遣忠孝軍百餘騎襲宋營於中渡我軍皆北語又散漫似之宋人望之駭愕奔潰斬獲甚衆復奏元帥張閭不遵約束失亡軍士乞正典刑婁室表閭無罪上遣人赦之比至已死獄中蓋閭爲婁室腹心九住之獄皆閭發之兀典廉得其事因其失律而誅之也九月以忽僭退縮不能撫御民多叛去奪其職以夾谷九十權息州事十一月宋人以軍二萬來攻城中食盡乃和糴既而括之每石止留一斗并括金帛衣物城中皆無聊矣前兩月蔡州以軍護老幼萬口來就食北兵覺之追及於二十里之外至息者才十餘人至是蔡問不通行省及諸帥日以歌酒爲事聲樂不絕下及軍士強娶寡婦幼女絕滅人理無所不至三年甲午正月蔡凶問至諸帥殺之以滅口然民間亦頗有知者初諸帥欲北降而遞相猜忌無敢先發者數日蔡信聞然諸帥屏人聚議皆言送款南中爲便時李裕爲睦親府同僉桓端國信使下經歷官乃使送款于宋遂發喪設祭諡哀宗曰昭宗州民奉行省爲領省丞相總帥左平章皆娶婦十三日舉城南還宋人焚州樓櫓州人老幼渡淮南行入羅山委曲之信陽北兵見火起追及之無有免者且誅索行省已下官屬于朱宋人令官屬入城託以犒賞從萬戶以上六七百人皆殺之軍中亦有奪命死敵者宋人諭諸軍行省已下有罪已處置汝等就迷魂寨安屯遂以軍防之既而與北軍接南軍斂避一軍悉爲所殺

烏古論鎬本名栲栳東北路招討司人由護衛起身累官慶陽總管天興初遷蔡息陳潁等州便宜總帥二年哀宗在歸德蒲察官奴國用安欲上幸海州未決會鎬餫米四百餘斛至歸德且請幸蔡上意遂決先遣直學士烏古論蒲鮮如蔡告蔡人以臨幸之意六月徵蔡息軍馬來迓以蔡重鎭且應有不測詔鎬勿遠迎辛卯車駕發歸德時久雨朝士扈從者徒行泥水中掇青棗爲糧數日足胝盡腫參政天綱亦然壬辰至亳上黃衣皂笠金兔鶻帶以青黃旗二導前黃繖擁後從者二三百人馬五十餘匹而已行次城中僧道父老拜伏道左上遣近侍諭以國家涵養汝輩百有餘年今朕無德令爾塗炭朕亦無足言者汝輩無忘祖宗之德可也皆呼萬歲泣下留一日進亳之南六十里避雨雙溝寺中蒿艾滿目無一人迹上太息曰生靈盡矣爲之一慟是日小婁室自息來迓得馬二百已亥入蔡蔡之父老千人羅拜於道見上儀衛蕭條莫不感泣上亦歔欷者久之七月以鎬爲御史大夫總帥如故初鎬守蔡門禁甚嚴男女樵采必以墨識其面人有以錢出者十取一分有半以贍軍上至蔡或言其非便卽弛其禁時大兵去遠商販頗集小民鼓舞以爲復見太平公私宿釀一日俱盡鄎城土豪盧進殺其長吏自稱招撫使以前關陝帥府經歷范天保爲副至是天保來見進麥三百石及獐鹿脯茶蜜等物遂賜進金牌加天保官自是進物者踵至既而遣內侍殿頭宋珪與鎬妻選室女備後宮已得數人右丞忽斜虎諫曰小民無知將謂陛下駐蹕以來不聞恢復遠略而先求處女以示久居民愚而神不可不畏上曰朕以六宮失散左右無人故令揀擇今承規誨敢不敬從止留解文義者一人餘皆放遣是時從官近侍率皆窮乏悉取給於鎬鎬亦不能人滿其欲日夕交譖於上甚以尚食闕供爲言上怒雖擢拜大夫而召見特疏小婁室之在息州也與石抹九住有隙怨鎬爲九住辨曲直及上幸蔡婁室見於雙溝因厚誣鎬罪上頗信之鎬自知被讒憂憤鬱抑常稱疾在告會前參知政事石盞女魯懽姪大安來以女魯懽無反狀爲官奴所殺白尚書省求改正尚書省以聞上曰朕嘗謂女魯懽反邪而無迹可尋謂不反邪朕方暴露遣人徵援兵彼留精鋭自防發其羸弱者以來既到睢陽彼厚自奉養使朕醯醬有闕朕爲人君不當語此細事但四海郡縣孰非國家所有坐保一城臣子之分彼乃自負而有驕君上之心非反而何然朕方駕馭人材以濟艱難錄功忘過此其時也其釐正之羣臣知上意之在鎬也數爲右丞仲德言之仲德每見上必稱鎬功業宜令預參機務又薦以自代上怒少解及參政抹撚兀典行省息州鎬遂以御史大夫權參知政事九月大兵圍蔡鎬守南面忠孝軍元帥蔡八兒副之未幾城破被執以招息州不下殺之烏古論先生者本貴人家奴爲全眞師佯爲狂態祼顚露足綴麻爲衣人亦謂之麻帔先生宣宗嘗召入宮問以秘術因出入長大主家殊有穢迹上徵聞之勑有司掩捕已逃去正大末從鎬來官汝南人皆知與其妻通而鎬不知生不自安求出鎬爲營道宇親率僧道送使居之車駕將至蔡生欲遁無所往因自言能使軍士服氣不費糧右丞仲德知其妄乃奏欲如田單假神師退敵之意授一眞人之號旋出奇計北兵信巫必駭異之或可以有成功參政天綱以爲不可遂止復求入見言有詭計可以退敵及見長揖不拜且多大言欲出說大帥噴蓋爲脫身計時郞中移剌克忠員外郞王鶚具以向者麻帔爲言上怒殺之

贊曰晉劉越石長於撫納短於駕馭以故取敗粘葛奴中陳州之事殆類之矣三婁室皆金內族唯大婁室死得其所其兩婁室讒賊人也襄城事急醉不能軍乃道一死金失政刑一至於是烏古論鎬幸蔡之請雖非至謀區區効忠以讒見忌哀宗之明蓋可知矣

張天綱字正卿霸州益津人也至寧元年詞賦進士性寬厚端直論議醇正造次不少變累官咸寧臨潼令入補尚書省令史拜監察御史以鯁直聞陞戶部郞中權左右司員外郞哀宗東幸遷左右司郞中扈從至歸德改吏部侍郞知元帥官奴有反狀屢爲上言之上不從官奴果變遂擢天綱權參知政事及從上遷蔡留亳州適軍變天綱以便宜授作亂者官州賴之以安及蔡轉御史中丞仍權參政扶溝縣招撫司知事劉昌祖上封事請大舉伐宋其略云官軍在前饑民在後南踐江淮西入巴蜀頗合上意上命天綱面詰其蘊藉召與語無可取者然重違上命且恐閉塞言路奏以爲尚書省委差官護衛女奚烈完出近侍局直長粘合斜烈奉御陳謙權近侍局直長內族泰和四人以食不給出怨言乞往陳州就食天綱奏令監之出門任所往才出及汝南岸遇北兵皆見殺時人快之妖人烏古論先生者自言能使軍士服氣可不費糧右丞仲德援田單故事欲假其術以駭敵語在烏古論傳上頗然之天綱力辨以爲不可遂止且曰向非張天綱幾爲此賊所誑軍吏石抹虎兒者求見仲德自謂有奇計退敵出馬面具如獅子狀而惡別制青麻布爲足尾因言北兵所恃者馬而已欲制其人先制其馬如我軍進戰壽少却彼必來追我以馴騎百餘皆此狀仍繫大鈴于頸壯士乘之以突彼騎騎必驚逸我軍鼓譟繼其後此田單所以破燕也天綱曰不可彼衆我寡此不足恃縱使驚去安保其不復來乎恐徒費工物祇取敵人笑耳乃罷之蔡城破爲宋將孟珙得之檻車械至臨安備禮告廟既而命臨安知府薛瓊問曰有何面目到此天綱對曰國之興亡何代無之我金之亡比汝二帝何如瓊大叱曰曳去明日遂奏其語宋主召問曰天綱眞不畏死耶對曰大丈夫患死之不中節爾何畏之有因祈死不已宋主不聽初有司令供狀必欲書虜主天綱曰殺卽殺焉用狀爲有司不能屈聽其所供天綱但書故主而已聞者憐之後不知所終

完顏仲德本名忽斜虎合懶路人少穎悟不羣讀書習策論有文武才初試補親衛軍雖備宿衛而學業不輟中泰和三年進士第歷仕州縣貞祐用兵辟充軍職嘗爲大元兵所俘不踰年盡解其語尋率諸降人萬餘來歸宣宗召見奇之授邳州刺史兼從宜增築城壁匯水環之州由是可守哀宗卽位遂授同知歸德府事同簽樞密院事行院於徐州徐州城東西北三面皆黃河而南獨平陸仲德疊石爲基增城之半復浚隍引水爲固民賴以安正大五年詔關陝以南行元帥府事以備小關及扇車回時北兵叩關仲德適與前帥奧屯阿里不酌酒更代而兵猝至遂驅而東阿里不素無守禦之策爲有司所劾罪當死仲德上書引咎以謂北兵越關之際符印已交安得歸罪前帥臣請受戮上義之止杖阿里不而貰其死六年移知鞏昌府兼行總帥府事時陝西諸郡已殘仲德招集散亡得軍數萬依山爲柵屯田積穀人多歸焉一方獨得小康號令明肅至路不拾遺八年四月詔授仲德鞏昌行省及虎符銀印天興元年九月拜工部尚書參知政事行尚書省事於陝州時兀典新敗陝州殘破仲德復立山寨安撫軍民會上以蠟丸書徵諸道兵入援行省院帥府往往觀望不進或中道遇兵而潰惟仲德提孤軍千人歷秦藍商鄧擷果菜爲食間關百死至汴至之日適上東遷妻子在京師五年矣仲德不入其家趨見上於宋門問東幸之意知欲北渡力諫云北兵在河南而上遠狥河北萬一無功得完歸乎國之存亡在此一舉願加審察臣嘗屢遣人奏秦鞏之間山巖深固糧餉豐贍不若西幸依險固以居命帥臣分道出戰然後進取興元經略巴蜀此萬全策也上已與白撒議定不從然素重仲德且嘉其赴難進拜尚書省右丞兼樞密副使軍次黃陵二年正月車駕至歸德以仲德行尚書省于徐州既至遣人與國用安通問沛縣卓翼孫璧冲者初投用安用安封翼爲東平郡王璧冲博平公升沛縣爲源州已而翼璧冲來歸仲德畀之舊職令統河北諸砦行源州帥府事用安累檄王德全入援不赴仲德至徐德全大恐求赴歸德仲德留之遣人納奏帖云徐州重地德全不宜離鎭仲德慮州廨不居亦無兵衛自防日以觀書爲事而德全自疑益甚二月魚山總領張瓛作亂殺元帥完顏胡土降北仲德累議討之德全不從卽領麾下十許人親勸民兵得三百人徑往魚山而從宜嚴祿已誅瓛反王仲德撫

慰軍民而還有曹總領者盜御馬東行制旨諭行省討之仲德旣殺賊德全欲功出己殺曹黨四十八人三月阿朮魯攻蕭縣游騎至徐德全馬悉爲所邀仲德時往宿州德全以失馬故始議救蕭縣遣張元哥苗秀昌率騎八百以往未及交戰元哥退走北兵掩之皆爲所擒殺之蕭縣遂破四月仲德陽以闕糧往邳州州官出迎就執德全幷其子殺之餘黨之外一無所問闔郡稱快初完顏胡土以遙授徐州節度往帥嚴祿軍於永州北保安鎭時祿已爲從宜在碭山數年又得士心忽土到軍士不悅二月辛卯夜遂爲總領張獻崔振所害吏部郎中張敏修忽土下經歷官乃以軍變脅嚴祿降北祿佯應之陰召永州守陳立副招撫郭昇會諸義軍赴保安鎭誅作亂者軍夜至祿遣敏修召獻振計事二人不疑介冑而至及其黨與皆爲祿所殺徐州去保安百里行省聞之來討會祿已反正乃以便宜授祿行元帥左都監就佩忽土虎符朝廷復授祿遂領歸德知府兼行帥府事未幾大元將阿朮魯兵至保安祿夜遁後祿鬬官奴變一軍頓徐宿間幾一月遂投漣水敏修入徐五月詔仲德赴行在時官奴已變官屬懼爲所紿勸勿往仲德曰君父之命豈辨眞僞耶死亦當行尋使者至果官奴之詐六月官奴誅詔仲德議遷蔡仲德雅欲奉上西幸因贊成之及蔡領省院事無鉅細率親爲之選士括馬繕治甲兵未嘗一日無西志近侍左右久困睢陽幸即汝陽之安皆娶妻營業不願遷徙日夕爲上言西行不便未幾大兵梗路竟不果行仲德每深居燕坐瞑目太息以不得西遷爲恨是月上至蔡命有司修見山亭及同知衙爲遊息之所仲德諫曰自古人君遭難播越于外必痛自刻苦貶損然後可以克復舊物況今諸郡殘破保完者獨一蔡耳蔡之公廨固不及宮闕萬一方之野處露宿則有加矣且上初行幸已嘗勞民葺治今又興土木之役以求安逸恐人心解弛不足以濟大事上遽命止之八月定進馬遷賞格每甲馬一匹或二匹以上遷賞有差自是西山帥臣范眞姬汝作等各以馬進凡得千餘匹以抹撚阿典領之又遣使分詣諸道徵兵赴蔡得精銳萬人又以器甲不完命工部侍郎朮甲咬住監督修繕不踰月告成軍威稍振扈從諸人苟一時之安遂以蔡爲可守矣魯山元帥元志領軍千餘來援時諸帥往往擁兵自固志獨冒險數百里且戰且行比至蔡幾喪其半上表異之賜以大信牌升爲總帥息州忠孝軍帥蔡八兒王山兒亦來援壬午忠孝軍提控李德率十餘人乘馬入省大呼以月糧不優幾於罵詈郎中移剌克忠白之仲德仲德大怒縛德堂下杖之六十上諭仲德曰此軍得力方欲倚用卿何不容忍責罰乃爾仲德曰時方多故錄功隱過自陛下之德至于將帥之職則不然小犯則決大犯則誅強兵悍卒不可使一日不在紀律蓋小人之情縱則驕驕則難制睢陽之禍豈獨官奴之罪亦有司縱之太過耳今欲更易前轍不宜愛克厥威賞必由中罰則臣任其責軍士聞之至于國亡不敢有犯九月蔡城戒嚴行六部尚書蒲察世達以大兵將至請諭民併收晩田不及者蹊毀之毋資敵制可丙辰詔裁冗員汰冗軍及定官吏軍兵月俸自宰執以下至于皁隸人月支六斗初有司定減糧人頗怨望上聞之欲分軍爲三上軍月給八斗中七斗下六斗人復怨不均乃立射格而上中軍輒多受賞連中者或面賜酒人益爲勸且陰有所增而人不知仲德之謀也甲子分軍防守四面十月壬申朔大兵壕壘成耀兵城下旗幟蔽天城中駭懼及暮焚四關夷其墻而退十一月辛丑大兵以攻具傳城有司盡藉民丁防守不足則括婦女壯健者假男子衣冠使運木石蔡旣受圍仲德營畫禦備未嘗一至其家拊存軍士無不得其懽心將校有戰亡者親爲賻祭哭之盡哀己丑西城破城中前期築柵浚濠爲備雖克之不能入也但於城上立柵南北相去百餘步而已仲德摘三面精銳日夕戰禦終不能拔三年正月庚子朔大兵以正旦會飲鼓吹相接城中飢窘愁嘆而已圍城以來戰歿者四帥三都尉其餘總帥以下不可勝紀至是盡出禁近至於舍人牌印省部掾屬亦皆供役戊申大兵鑿西城爲五門整軍以入督軍鏖戰及暮乃退聲言來日復集己酉大兵果復來仲德率精兵一千巷戰自卯及巳俄見子城火起聞上自縊謂將士曰吾君已崩吾何以戰爲吾不能死於亂兵之手吾赴汝水從吾君矣諸君其善爲計言訖赴水死將士皆曰相公能死吾輩獨不能耶於是參政孛朮魯婁室兀林荅胡土總帥元志元帥王八兒紇石烈栢壽烏古論桓端及軍士五百餘人皆從死焉仲德狀貌不踰常人平生喜怒未嘗妄發聞人過常護諱之雖在軍旅手不釋卷門生故吏每以名分教之家貧敝衣糲食終其身晏如也雅好賓客及薦舉人材人有寸長極口稱道其掌軍務賞罰明信號令嚴整故所至軍民爲用至危急死生之際無一士有異志者南渡以後將相文武忠亮始終無瑕仲德一人而已

贊曰金之亡不可謂無人才也若完顏仲德張天綱豈非將相之器乎昔者智伯死又無後其臣豫讓不忘國士之報君子謂其無所爲而爲之眞義士也金亡矣仲德天綱諸臣不變所守豈愧古義士哉

金史卷一百十九考證

烏古論鎬傳城破被執以招息州不下殺之○臣浩按宋史孟珙傳珙降其丞相烏古論栲栳夫執與降不同而栲栳官御史大夫非丞相也宋史與此異

大帥嘖盞○臣人龍按宋史孟珙傳元將那顏倴盞元史塔察兒傳金主遷蔡州塔察兒與宋將孟珙合師圍蔡金亡留鎭中州又本末紀要塔察兒問金主所在知自經乃與孟珙分金主骨及寶玉法物則是嘖盞倴盞塔察兒同是一人宋金元之稱各異也

金史卷一百二十

元中書右丞相總裁脫脫等修

列傳第五十八

世戚

石家奴　裴滿達　忽覩
徒單恭　烏古論蒲魯虎　唐括德溫
烏古論粘沒合　蒲察阿虎迭　烏林荅暉
蒲察鼎壽　徒單思忠　徒單繹
烏林荅復　烏古論元忠子誼　唐括貢
烏林荅琳　徒單公弼　徒單銘
徒單四喜

金昭祖娶徒單氏后妃之族自此始見世祖時烏春爲難世祖欲求昏以結其驩心烏春曰女直與胡里改豈可爲昏世宗時賜夾谷清臣族同國人清臣胡里改人也然則四十七部之中亦有不通昏因者矣其故則莫能詰也有國家者昏因有恒族能使風氣淳固親義不渝而貴賤等威有別焉蓋良法也歟作世戚傳

石家奴蒲察部人世居案出虎水祖斛魯短世祖外孫桓赧散荅之亂昭肅皇后父母兄弟皆在敵境斛魯短以計迎還之石家奴自幼時撫養于太祖家及長太祖以女妻之年十五從攻寧江州敗遼主親軍攻臨潢府皆有功襲謀克其後自山西護齊國王謀良虎之喪歸上京道由興中是時方攻興中未下石家奴置柩于驛率其所領猛安兵助王師遂破其城從宗望討張覺再從宗翰伐宋宗翰聞宗望軍已圍汴遣石家奴計事抵平定軍遇敵兵數萬敗之遂見宗望已還報宗翰聞其平定之戰甚嘉之明年復伐宋石家奴隸婁室軍婁室討陝西未下石家奴領所部兵援之旣而以本部屯戍西京會契丹大石出奔以余睹爲元帥石家奴爲副襲諸部族以還未幾有疾退居鄉里天眷間授侍中駙馬都尉再以都統定邊部熙宗賜御書嘉獎之封蘭陵郡王除東京留守以病致仕卒年六十三加贈鄭王正隆例奪王爵封晉國公

裴滿達本名忽撻婆盧木部人爲人淳直孝友天輔六年從蒲家奴追叛寇於鐵呂川力戰有功熙宗娶忽撻女是爲悼平皇后天眷元年授世襲猛安明年以皇后父拜太尉封徐國公皇統元年除會寧牧居數歲以太尉奉朝請九年悼后死無何海陵弑熙宗欲邀衆譽揚熙宗過惡以悼后死非罪於是封忽撻爲王天德三年薨子忽都爲燕京留守以罪免居中都海陵命馳驛赴之及葬使秘書監納合椿年致祭賻銀五百兩

忽覩天眷三年權猛安皇統元年爲行軍猛安歷橫海崇義軍節度使以后戚怙勢贓汙不法其在橫海拜富人爲父及死爲之行服而分其貲在崇義諷寺僧設齋受其施及留守中京益驕恣苟可以得財無不爲者選諸猛安富人子弟爲扎野規取財物時號閑郎君朝廷以忽覩與徒單恭等汙濫至甚命秉德黜陟天下官吏忽覩以贓罷海陵以忽覩所至縱家奴擾民乃定禁外官任所閑雜人條約天德三年復起爲鄭州防禦使改安國軍節度使卒年三十九

徒單恭本名斜也天眷二年爲奉國上將軍以告吳十反事超授龍虎衛上將軍爲戶部侍郎出爲濟南尹遷會寧牧封譚國公復出爲太原尹斜也貪鄙使工繪一佛像自稱當見佛其像如此當以金鑄之遂賦屬縣金而未嘗鑄佛盡入其家百姓號爲金總管秉德廉訪官吏斜也以贓免海陵簒立海陵后徒單氏斜也女由是復用爲會寧牧封王未幾拜平章政事海陵獵於胡剌渾水斜也編立圍場凡平日不相能者輒杖之海陵謂宰相曰斜也爲相朕非私之今聞軍國大事凡斜也所言卿等一無取豈千慮無一得乎他宰相無以對溫都

思忠屢數事對曰某事本當如此斜也輒以爲如彼皆妄生異議不達事宜臣逮事康宗累朝宰相未嘗有如斜也專恣者海陵默然斜也於都堂脊杖令史馮仲尹御史臺劾之海陵杖之二十斜也猛安部人撒合出者言斜也强率取部人財物海陵命侍御史保魯鞫之保魯鞫不以實海陵杖保魯而以撒合出爲符寶祗候改隸合扎猛安斜也兄定哥尚太祖長女兀魯定哥死無子以季弟之子査剌爲後斜也謀取其兄家財强納兀魯爲室而不相能兀魯嘗怨詈斜也斜也妾忽撻與兀魯不叶乃譖兀魯於海陵后徒單氏曰兀魯怨上殺其兄宗敏有怨望語會韓王亨改廣寧尹諸公主宗婦往賀其母兀魯以言慰亨母忽撻亦以怨望指斥誣兀魯海陵使蕭裕鞫之忽撻得幸于徒單后左驗皆不敢言遂殺兀魯斜也因而盡奪査剌家財大定間皆追正之海陵以兀魯有怨望語斜也不奏遂杖斜也免所居官俄復爲司徒進拜太保領三省事兼勸農使再進太師封梁晉國王貞元二年九月斜也從海陵獵于順州方獵聞斜也薨卽日罷獵臨其喪親爲擇葬地遣使營治及葬賜輼輬車上及后率百官祭之賜謚曰忠正隆間改封趙國公再進齊國公其妻先斜也卒海陵嘗至其葬所致祭起復其子率府率吾里補爲諫議大夫大定間海陵降爲庶人徒單氏爲庶人妻斜也降特進鞏國公

烏古論蒲魯虎父當海國初有功蒲魯虎通契丹大小字娶宋王宗望女昭寧公主什古熙宗初爲護衛改牌印常侍左右轉通進襲父謀克再遷臨海軍節度使改衞州防禦使海陵賜食内殿謂之曰衞州風土甚佳勿以防禦爲降也對曰頗聞衞州官署不利守者卽日改汾陽軍節度使賜衣服佩玉帶劒入爲太子詹事卒年四十一海陵親臨哭之后妃皆弔祭賻贈甚厚有司給喪事贈特進駙馬都尉正隆例贈光祿大夫

唐括德温本名阿里上京率河人也曾祖石古從太祖平臘醅麻產領謀克祖脫孛魯領其父謀克從太祖伐遼攻寧江泰州戰有功父撻懶尚康宗女從宋王宗望以軍二萬收平州至城東十里許遇敵兵甚衆戰敗之太祖賞賚甚厚授行軍猛安皇統初遷龍虎衞上將軍歷典平臨海等軍節度使德温善射尚睿宗皇帝女楚國長公主天眷三年授宣武將軍皇統元年從都元帥宗弼南征以善突戰遷廣威將軍六年遷定遠大將軍七年授殿前右副都點檢天德初改殿前左副都點檢遷兵部尚書出爲大名尹兼本路兵馬都總管改橫海軍節度使延安尹兼鄜延路兵馬都總管世宗卽位封道國公爲殿前都點檢駙馬都尉大定二年以父祖功授按出虎猛安所管世襲謀克三年九月九日世宗以故事出獵謂德温曰扈從軍士二千飲食芻秣能無擾百姓乎嚴爲約束仍以錢一萬貫分給之四年爲勸農使出爲西京留守賜犀弓玉帶召入爲皇太子太傅卒上輟朝親臨喪奠祭賻贈甚厚十八年追錄其父撻懶幷德温前後功授其長子駙馬都尉鼎世襲西北路沒里山猛安從隸泰州

烏古論粘没曷上京胡剌温屯人也移屯河間祖喚端太祖伐遼常侍左右追遼主延禧却夏人援兵皆有功授世襲謀克父歡覩官至廣威將軍粘没曷尚睿宗女冀國長公主初爲護衞天德二年襲謀克海陵伐宋爲押軍猛安世宗卽位軍還授侍衞親軍步軍都指揮使加駙馬都尉歷左副點檢禁直被酒不親視扃鑰杖四十遷右宣徽使勸農使出爲興平軍節度使改廣寧尹賜錢三千貫粘没曷至廣寧嗜酒不視事上以兵部員外郎宗安爲少尹詔宗安戒諭之上謂宗安曰汝能繼修前政朕不忘汝勉之大定中粘没曷卒上聞之遣其子駙馬都尉公說馳驛奔喪賜錢三千貫公路祭物並從官給

蒲察阿虎迭初授信武將軍尚海陵姊遼國長公主迪鉢爲駙馬都尉遼國薨繼尚鄧國長公主崔哥皇統三年爲右副點檢五年使宋爲賀正旦使改左副點檢禮部工部尚書廣寧咸平臨潢尹武定軍節度使封葛王薨年二十八海陵親臨葬贈譚王正隆例贈特進楚國公

烏林荅暉本名謀良虎明德皇后兄也天眷初充護衞以捕宗磐宗雋功授忠勇校尉遷明威將軍從宗弼北征遷廣威將軍賞以金幣尚廄擊毬馬久之除殿中侍御史再除蒲速碗群牧使謹畜牧不事遊宴孳產蕃息進秩改特滿群牧使世宗卽位召見行在除中都兵馬都指揮使世宗至中都將遣使於宋以暉爲使世宗曰暉嘗私用官錢五百貫遍數其罪而罷之遣高忠建往因謂宰臣曰朕於賞罰毫髮無所假借果公廉辦治雖素所不喜必加升擢若抵冒公法雖至親不少恕遷都點檢兼侍衞親軍副都指揮使卒遣官致祭皇太子諸王百官會喪賻銀千兩重綵四十端絹四十匹詔以暉第三子天錫世襲納鄰河猛安親管謀克

蒲察鼎壽本名和尚上京曷速河人欽懷皇后父也賦性沉厚有明鑒通契丹漢字長於吏事尚熙宗女鄭國公主貞元三年以海陵女弟慶宜公主子加定遠大將軍爲尚衣局使累官器物局使大定二年加駙馬都尉職如故歷符寶郎蠡州刺史濬州防禦使有惠政兩州百姓刻石紀之遷泰寧軍節度使歷東平府橫海軍入爲右宣徽使改左宣徽授中都路昏得渾山猛安曷速木單世襲謀克改河間尹號令必行豪右屏跡有宗室居河間侵削居民鼎壽奏徙其族于平州郡內大治卒官上聞之深加悼惜喪至香山皇太子往奠百官致祭賻銀綵絹明昌三年以皇后父贈太尉越國公鼎壽旣世連姻戚女爲皇后長子辭不失凡三尚定國景國道國公主其寵遇如此未嘗以富貴驕人當時以爲外戚之冠云

徒單思忠字良弼本名寧慶曾祖賽補尚景祖女從太祖伐遼戰歿于臨潢之渾河父賽一尚熙宗妹正隆末爲乣椀群牧使契丹賊窩斡擾北邊賽一與戰死之大定初贈金吾衞上將軍思忠通敏有才頗通經史世宗在潛邸撫養之賦性寬厚十有二歲從上在濟南一日與姻戚公子出遊近郊有醉人屢弓矢策馬突過諸公子怒欲鞭之思忠曰醉人昏昧又何足責遂釋之其人行數十步忽執弓矢思忠恐欲傷人速馳至其傍奪其弓弛而還之上聞之嘉有識量由是常使侍側尚皇弟二女唐國公主大定初世宗使思忠迎南征萬戶高忠建完顏福壽于遼口察其去就思忠知其誠意乃與俱至東京世宗卽位如中都思忠從行軍國庶事補益弘多大定元年十月拜殿前左衞將軍二年加駙馬都尉卒上爲輟朝卽喪所臨奠命有司備禮葬之營費從官給十九年上追念思忠輔立功贈驃騎衞上將軍仍授其子鐸武功將軍世襲中都路烏獨渾謀克

徒單繹本名术輦其先上京按出虎逵阿人祖撒合懣國初有功授隆安府路合扎謀克奪古阿鄰猛安繹美姿儀通諸國語尚熙宗第七女濬國公主充符寶祗候遷御院通進授符寶郎歷宣德泰安淄州刺史有廉名改同知廣寧府事以母鄧國公主憂不赴世宗特許以憂制中襲父封服闋授同知濟南府事二十六年遷棣州防禦使以政迹聞升臨海軍節度使卒繹家世貴寵自曾祖照至繹尚公主者凡四世云

烏林荅復本名阿里剌東平人也奉御出身大定七年尚世宗第七女宛國公主授駙馬都尉改引進使兼符寶郎出爲蠡州刺史三遷歸德軍節度使明昌三年轉知興中府事久之爲曷懶路兵馬都總管承安四年拜絳陽軍節度使卒

烏古論元忠本名訛里也其先上京獨拔古人父訛論尚太祖女畢國公主元忠幼秀異世宗在潛邸以長女妻之後封魯國大長公主正隆末從海陵南伐世宗卽位遼陽時太保昂爲海陵左領軍大都督遣元忠朝于行在遂授定遠大將軍擢符寶郎諭之曰朕初卽位親密無如汝者侍從宿衞宜戒不虞大定二年加駙馬都尉除近侍局使遷殿前左衞將軍從世宗獵上欲射虎元忠諫止之進殿前右副都點檢爲賀宋正旦使還轉左副都點檢坐家奴結攬民稅免官十一年復舊職明年升都點檢十五年北邊進獻命元忠往受之及還詔諭曰朕每遇卿直宿其寢必安今夏幸景明宮卿去久朕甚思之會大興府守臣闕遂以元忠知府事有僧犯法吏捕得寘獄皇姑梁國大長公主屬使釋之元忠不聽主奏其事世宗召謂曰卿不徇情甚可嘉也治京如此朕復何憂秩滿授吏部尚書以其子誼尚顯宗長女薛國公主十八年擢御史大夫授撒巴山世襲謀克世宗問左丞相紇石烈良弼孰可相者良弼以元忠對乃拜平章政事封任國公進尚書右丞相策論進士之科設元忠贊成之世宗將幸會寧元忠進諫不聽出知眞定府尋復詔爲右丞相世宗欲甓上京城元忠曰此邪遵正隆軍興百姓凋弊陛下休養二十餘年尚未完復況土性疏惡甓之恐難經久風雨摧壞歲歲繕完民將益困矣駕東幸久之未還元忠奏曰鑾輿駐此已閱歲倉儲日少市買漸貴禁衞暨諸局署多逃者有司捕寘諸法恐傷陛下仁愛世宗嘉納之尋出爲北京留守責諭之曰汝强悍自用覬權而結近密汝心叵測其速之官後左丞張汝弼奏事世宗惡其阿順謂左右曰卿等每事依違苟避不肯盡言高爵厚祿何以勝任如烏古論元忠爲相剛直敢言義不顧身誠可尚也於是改知眞定府事移知河間明昌二年知廣寧府以河間修築毬場擾民會赦下除順義軍節度使乞致仕不許特加開府儀同三司北京留守徙知濟南府過闕令預晏班平章政事之上承安二年移守南京尋改知彰德府卒訃聞上遣宣徽使白琬燒飯賻物甚厚元忠素貴性麤豪而內深忌世宗嘗責之又所至不能戢奴僕世以此爲訾云子誼

誼本名雉名大定八年尚海陵女宴宗室及六品以上

官命婦預焉上曰此女亦太祖之曾孫猶朕之女乃父廢亡非其女之罪也海陵女卒大定二十一年尚顯宗女廣平郡主誼歷仕宮衞爲人蠢豪類其父二十六年上謂原王曰元忠勿望其可復相也雄名又不及乃父朕嘗宥待殊不知恩汝宜知其爲人謂平章政事襄曰雄名可令補外自今宮掖官已有旨補外者比及廷授即毋令入宮於是誼除同知澄州軍州事章宗即位廣平郡主進封鄆國長公主誼改順天軍節度副使加駙馬都尉承安元年累遷秘書監兼吏部侍郎改刑部遷工部尚書泰和元年遇父元忠憂二年以本官起復三年知東平府事改知眞定府事六年伐宋遷元帥左都監十年轉左監軍八年拜御史大夫大安中知大名府至寧初以謀逆伏誅

唐括貢本名達哥太傅阿里之子也尚世宗第四女吳國公主授駙馬都尉充奉御特授拱衞直副都指揮使五遷刑部侍郎坐擅離職削官一階出爲德州防禦使升順天軍節度使移鎭橫海召爲左宣徽使遷兵部尚書改吏部轉禮部尚書兼大理卿先是大理卿闕世宗命宰臣選可授者左丞張汝弼舉西京副留守楊子益法律詳明上曰子益雖明法而用心不正豈可任之以分別天下是非也大理須用公正人右丞粘割斡特剌舉貢可任以閑簡部分而兼領是職遂以貢爲之二十八年拜樞密副使章宗立爲御史大夫會貢生日右丞相襄參知政事劉瑋吏部郎中青中都兵馬都指揮使和喜爲貢壽遂犯夜禁和喜遣軍人送襄至第監察御史徒單德勝劾其事下刑部逮膂等問狀上以襄境大臣釋之而貢等各解職尋知大興府事復爲樞密副使乞致仕不許進樞密使封莘國公改封蕭復上表乞退上曰向已嘗告續知意欲外除今之告將復若何遂優詔許之尋起知眞定府事泰和二年薨

烏林荅琳本名留住尚鄧國公主加駙馬都尉貞祐元年爲靜難軍節度使夏人犯邠州琳降會延安府遣通事張福孫至夏國夏人使福孫見琳時已中風公主令人以狀付福孫屬以懇禱朝廷冀早太平得還鄉之意福孫具以聞詔賜以藥物

徒單公弼本名習烈河北東路算主海猛安人父府君奴尚熙宗女加駙馬都尉終武定軍節度使公弼初充奉御大定二十七年尚世宗女息國公主加定遠大將軍駙馬都尉改器物局直長轉副使兼近侍局直長丁父憂起復本局副使章宗秋山射中虎虎怒突而前侍衞皆避去公弼不動虎亦隨斃詔責侍衞而慰諭公弼除濱州刺史再遷兵部侍郎累除知大名府事是時伐宋軍興有司督逋租及牛頭稅甚急公弼奏軍士從戎民亦疲弊可緩徵以紓民朝廷從之大安初知大興府事讞武清盜疑其有冤已而果獲眞盜歲餘拜參知政事進右丞轉左丞至寧初拜平章政事封定國公貞祐初進拜右丞相罷知中山府事是時中都圍急不可行圖解宣宗曰中山新被兵不如河中善乃改知河中府歷定國軍節度使事太孫太師同判大睦親府事興定五年薨宣宗輟朝賻贈謹恪愿

徒單銘字國本顯宗賜名重泰祖貞別有傳父特進溼國公性重默寡言粗通經史事母盡孝大定末充奉御章宗即位特勅襲中都路渾特山猛安明昌五年授尚醞署直長累遷侍儀司令宿直將軍尚衣局使兵部郎中與大理評事孫人鑑爲採訪使覆按提刑司事改右衞將軍轉左衞出爲永定軍節度使移河東北路按察使轉運使大安三年改知大名府就陞河北東西大名路安撫使大名荐饑重困銘乞大出交鈔以賑之崇慶初移知眞定府復充河北東西大名路宣撫使至寧元年九月奉迎宣宗于彰德府俄拜尚書右丞出爲北京留守以路阻不能赴貞祐二年卒

贊曰天子娶后王姬下嫁豈不重哉秦漢以來無世世甥舅之家關雎之道缺外戚驕盈何彼襛矣不作王姬肅雝之義幾希矣蓋古者異姓世爵公侯與天子爲昏因他姓不得參焉女爲王后已尚王姬而自貴其貴富厚不加焉寵榮不與焉使漢唐行此道則無呂氏王氏武氏之難公主下嫁各安其分各得其所矣金之徒單拏懶唐括蒲察裴滿紇石烈僕散皆貴族也天子娶后必于是公主下嫁必于是與周之齊紀無異此昏禮之最得宜者盛於漢唐矣

徒單四喜哀宗皇后之弟也正大九年正月丁酉夜四喜內侍馬福惠至自歸德時河朔已失利京城猶未知二人被旨迎兩宮遂託以報捷執小黃旗以入至則奏兩宮以奉迎之意是日召二相入議二相及烏古孫奴申諫不可行四喜作色曰我奉制旨迎兩宮有敢言不行者當以別勅從事矣二相不復敢言行議遂決制旨所取兩宮柔妃裴滿氏及令人張秀蘂都轄承御湯藥皇乳母鞏國夫人等十餘人外皆放遣之又取宮中寶物馬蹄金四百枚大珠如粟黃者七千枚生金山一龍腦板二及信瑞御璽仍許賜忠孝軍以兩宮隨行物之半壬寅太后御仁安殿出鋌金及七寶金洗分賜忠孝軍是夜兩宮騎而出至陳留見城外二三處火起疑有兵遲回問奴中初不欲行即承太后旨馳還癸卯入京頓四喜家少頃還宮復議以是夜再往太后憊於鞍馬不能動遂止明日崔立變四喜术甲塔失不及塔失不之父咬住四喜妻完顏氏以忠孝卒九十七騎奪曹門而出將往歸德不得出轉陳州門亦爲門卒所止門帥裕州防禦使阿不罕斜合已遁去經歷官完顏合住權帥職麾門卒放塔失不等去且曰罪在我非汝等之過明日立以數十騎召合住合住自分必死易衣冠而往立左右扼腕欲加刃立遙見問汝是放忠孝軍出門者耶合住曰然天子使命某實放之罪在某立忽若有所省顧群卒言此官人我識之前築裏城時與我同事我所部十餘卒盜官木罪當死此官人不之問但笞數十而已此家能殺人能救人因好謂合住曰業已放出吾不汝罪也四喜等至歸德上驚問兩宮何如二人奏京城軍變不及入宮上曰汝父汝妻獨得出耶下之獄皆斬於市

贊曰四喜奉迎兩宮而值崔立之變智者居此與兩宮周旋兵間以俟事變之定而徐圖之萬一不然以一死徇之耳他無策也四喜奉其私親以歸而望人主貸其死豈非愚乎

金史卷一百二十一

元中書右丞相總裁脫脫等修

列傳第五十九

忠義一

胡沙補 撒八附　特虎雅　僕忽得 酬斡附
粘割韓奴　曹珪　溫迪罕蒲覩 鶻壽附
訛里也　納蘭綽赤　魏全
鄯陽 石古乃附　夾谷守中　石抹元毅
伯德梅和尚　烏古孫兀屯　高守約
和速嘉安禮　王維翰　移剌古與涅
宋扆　烏古論榮祖　烏古論仲溫
九住 李古速附　李演　劉德基
王毅　王晦 牛斗附　齊鷹揚 楊敍中張乞驢附
术甲法心 咬查剌丸含十方奴附　高錫

欒共子曰民生於三事之如一唯其所在則致死焉公卿大夫居其位食其祿國家有難在朝者死其官守郡邑者死城郭治軍旅者死行陣市井草野之臣發憤而死皆其所也故死得其所則所欲有甚於生者焉金代褒死節之臣既贈官爵仍錄用其子孫貞祐以來其禮有加立祠樹碑歲時致祭可謂至矣聖元詔修遼金宋史史臣議凡例凡前代之忠於所事者請書之無諱朝廷從之嗚虖仁哉聖元之爲政也司馬遷記豫讓對趙襄子之言曰人主不掩人之美而忠臣有成名之義至哉斯言聖元之爲政足爲萬世訓矣作忠義傳

胡沙補完顏部人年三十五從軍頗見任用太祖使僕刮剌往遼國請阿疎實觀其形勢僕刮剌還言遼兵不知其數太祖疑之使胡沙補往還報曰遼方調兵尚未大集及見統軍使其孫被甲立於傍統軍曰人謂汝輩且反故爲備耳及行道中遇渤海軍渤海軍向胡沙補且笑且言曰聞女直欲爲亂汝輩是邪具以告太祖又曰今舉大事不可後時若俟河凍則遼兵盛集來攻矣乘其未集而亟伐之可以得志太祖深然之及破寧江州戰于達魯古城皆有功賜以旗鼓并御器械高永昌請和胡沙補往招之取胡突古以歸高永昌詐降于斡魯斡魯使胡沙補撒八往報會高禎降言永昌非眞降者斡魯乃進兵永昌怒遂殺胡沙補撒八皆支解之胡沙補就執神色自若罵永昌曰汝叛君逆天今日殺我明日及汝矣罵不絕口至死年五十九天會中與撒八俱贈遙鎭節度使

特虎雅撻懶水人軀幹雄偉敢戰鬭達魯古城之役活女陷敵特虎救出之攻照散城遼兵三千來拒特虎先登敗之攻盧葛營麻吉墮馬特虎獨殺遼兵數輩拔而出之賞賚逾渥自臨潢班師至遼河余睹來襲婁室已引去特虎獨殿馬憊乃步鬭婁室與數騎來救特虎止之曰我以一死捍敵公勿來俱斃無益遂沒于陣皇統間贈明威將軍

僕忽得宗室子初事國相撒改伐蕭海里有功與酬斡俱招降燭偎水部族酬斡爲謀克僕忽得領行軍千戶從破黃龍府戰于達魯古城皆有功寧江州渤海乙塞補叛僕忽得追復之天輔五年九月酬斡僕忽得往鼈

古河籍軍馬𡰅偎水部實里古達等七人殺酬斡僕忽得投其尸水中俱年四十三太祖悼惜遣使弔賻加等六年正月斡魯伐實里古達于石里罕河追及於合撻剌山殺四人撫定餘衆詔斡魯求酬斡僕忽得尸以葬天眷中贈酬斡奉國上將軍僕忽得昭義大將軍酬斡亦宗室子也年十五隸軍從太祖代遼率濤溫路兵招撫三坦石里很跋苦三水鼈古城邑皆降之畋室韋五百于阿𡰅葛城獲其民衆至是死焉

粘割韓奴以護衛從宗弼征伐賜鎧甲弓矢戰馬初太祖入居庸關遼林牙耶律大石自古北口亡去以其衆來襲奉聖州壁于龍門東二十五里婁室往取之獲大石并降其衆宗望襲遼主輜重于青塚以大石爲鄉導詔曰遼趙王習泥烈林牙大石北王喝里質節度使訛里剌孛堇赤狗兒招討迪六詳穩六斤同知海里及諸官民並釋其罪復詔斡魯曰林牙大石雖非降附其爲鄉導有勞可明諭之時天輔六年也既而亡去不知所往天會二年遼詳穩撻不野來降言大石稱王於北方署置南北面官僚有戰馬萬匹畜產甚衆詔曰追襲遼主必酌事宜而行攻討大石須俟報下三年都統完顏希尹言聞夏人與耶律大石約曰大金既獲遼主諸軍皆將歸矣宜合兵以取山西諸部詔答曰夏人或與大石合謀爲釁不可不察其嚴備之七年泰州路都統婆盧火奏大石已得北部二營恐後難制且近群牧宜列屯戍詔答曰以二營之故發兵諸部必擾當謹斥候而已八年遣耶律余睹石家奴拔离速追討大石徵兵諸部諸部不從石家奴至兀納水而還余睹報元帥府曰聞耶律大石在和州之域恐與夏人合當遣使索之夏國報曰小國與和州壤地不相接且不知大石所往也皇統四年回紇遣使入貢言大石與其國相鄰大石已死詔遣韓奴與其使俱往因觀其國風俗加武義將軍奉使大石韓奴去後不復聞問大定中回紇移習覽三人至西南招討司貿易自言本國回紇鄒括番部所居城名骨斯訛魯朶俗無兵器以田爲業所獲十分之一輸官耆老相傳先時契丹至不能拒因臣之契丹所居屯營乘馬行自旦至日中始周匝近歲契丹使其女壻阿本斯領兵五萬北攻葉不輦等部族不克而還至今相攻未已詔曰此人非隸朝廷番部不須發遣可於咸平府舊有回紇人中安置毋令失所是歲粘拔恩君長撒里雅寅特斯率康里部長孛古及戶三萬餘求內附乞納前大石所降牌印受朝廷牌印詔西南招討司遣人慰問且觀其意秃里余睹遣事阿魯帶至其國見撒里雅具言願歸朝廷乞降牌印無他意也因曰往年大國嘗遣粘割韓奴自和州往使大石既入其境大石方適野與韓奴相遇問韓奴何人敢不下馬韓奴曰我上國使也奉天子之命來招汝降汝當下馬聽詔大石曰汝單使來欲事口舌邪使人捽下使韓奴跪韓奴罵曰反賊天子不忍於爾加兵遣招汝爾縱不能面縛請罪闕下亦當盡敬天子之使乃敢反加辱乎大石怒乃殺之此時大石林牙已死子孫相繼西方諸部仍以大石呼之余睹阿魯帶還奏并奏韓奴事世宗嘉韓奴忠節贈昭毅大將軍召其子永和縣商酒都監詳古汝州巡檢婁室諭之曰汝父奉使萬里不辱君命能盡死節朕甚閔之以詳古爲尚輦局直長遷武義將軍婁室爲武器署直長

曹珪徐州人大定四年州人江志作亂珪子弼在賊黨中珪謀誅志并弼殺之尚書省議當補二官雜班敘詔曰珪赤心爲國大義滅親自古罕聞也法雖如是然未足以當其功更進一官正班用之

溫迪罕蒲睹爲乣者群牧使西北路契丹撒八等反諸群牧皆應之蒲睹聞亂作遣家奴材勇者數十人給以兵仗陰爲之備賊不得發乃給諸奴曰官閱兵器願借兵仗以應閱諸奴以爲實然遂借與之明旦賊至蒲睹無以禦之賊執蒲睹而問之曰今欲反未蒲睹曰吾家世受國厚恩子姪皆仕宦不能從汝反而累吾族也賊怒臠而殺之子與孫皆與害是時迪斡群牧使徒單賽里副使赤盞胡失荅耶魯瓦群牧使鶴壽歐里不群牧完顏术里骨副使完顏辭不失卜迪不部副使赤盞胡失賴速木典乣詳穩加古買住胡睹乣詳穩完顏速没葛轄木乣詳穩高彭祖等皆遇害鶴壽鄆王昂子本名吾都不五院部人老和尚率衆來招鶴壽與俱反鶴壽曰吾宗室子受國厚恩寧殺我不能與賊俱反遂與二子皆被殺

訛里也契丹人爲尚廐局直長大定初招諭契丹窩斡叱令訛里也跪見訛里也不從謂曰我朝廷使也豈可屈節於汝汝等早降可全性命若大軍至汝輩悔將何及窩斡怒曰汝本契丹人而不我從敢出是言遂害之從行驍騎軍士闍孫史大習馬小底頗荅皆被害三年贈訛里也宣武將軍錄其子阿不沙爲外帳小底闍孫史大皆贈修武校尉頗荅贈忠翊校尉

納蘭綽赤咸平路伊改河猛安人契丹括里使人招之綽赤不從括里兵且至綽赤遂團結旁近村寨爲兵出家馬百餘匹給之教以戰陣擊刺之法相與拒括里于改渡口由是賊衆月餘不得進既而括里兵四萬人大至綽赤拒戰賊兵十倍遂見執攢而殺之詔贈官兩階二子皆得用廕

魏全壽州人泰和六年宋李爽圍壽州刺史徒單義盡籍城中兵民及部曲厮役得三千餘人隨機拒守堅甚義善撫御得衆情雖婦人皆樂爲用同知蒲烈古中流矢卒義益勵不衰募人往斫爽營全在選中爲爽兵所執爽謂全曰若爲我罵金主免若死全至城下反罵宋主爽乃殺之至死罵不絕口僕散揆遣河南統軍判官乞住及買哥等以騎二十人救壽州去壽州十餘里與爽兵遇乞住分兩翼夾擊爽兵大破之斬首萬餘級追奔至城下拔其三柵焚其浮梁義出兵應之爽兵大潰赴淮死者甚衆爽與其副田林僅脫身去餘兵脫者十之四詔遷義防禦使乞住同知昌武軍節度使事買哥河南路統軍判官贈蒲烈古昭勇大將軍官其子圖剌贈全宣武將軍蒙城縣令封其妻爲鄉君賜在州官舍三間錢百萬俟其子年至十五歲收充八貫石正班局分承應用所贈官廕仍以全死節送史館鏤板頒諭天下

鄯陽宗室子爲符寶祗候完顏石古乃爲護衛十人長至寧元年八月紇石烈執中作亂入自通玄門是日變起倉猝中外不知所爲鄯陽石古乃往天王寺召大漢軍五百人赴難與執中戰於東華門外執中揚言曰大漢軍反矣殺一人者賞銀一定執中兵衆大漢軍少二人不勝而死須臾執中兵殺五百人殆盡執中死詔削官爵詔曰宣武將軍護衛十人長完顏石古乃修武校尉符寶祗候鄯陽忠孝勇果没于王事石古乃贈鎮國上將軍順州刺史鄯陽贈宣武將軍順天軍節度副使審從拒戰猛安賞錢五百貫謀克三百貫蒲輦散軍二百貫各遷兩階戰没者贈賞付其家石古乃子尚幼以八貫石俸給之俟年十五以聞

夾谷守中咸平人本名阿土古大定二十二年進士歷清池聞喜主簿補尚書省令史除刑部主事監察御史修起居注轉禮部員外郎大名治中歷嵩涿北京臨洮路按察副使以憂去官起復同知曷懶路兵馬都總管府事坐事謫韓州刺史尋復同知平涼府事大安二年爲秦州防禦使遷通遠軍節度使至寧末移彰德軍未行夏兵數萬入鞏州守中乘城備守兵少不能支城陷官吏盡降守中獨不屈夏人壯之且誘且脅守中益堅遂載而西至平涼要以招降府人守中佯許至城下即大呼曰外兵矢盡且遁矣愼勿降夏人交刃殺之興定元年監察御史郭著按行秦中得其事以聞詔贈資善大夫東京留守仍收其子兀毋爲筆硯承奉

石抹元毅本名神思咸平府路酌赤烈猛安莎果歌仙謀克人也以廕補吏部令史再調景州寧津令有劇盜白晝恣刼爲民害元毅以術防捍賊散去入爲大理知法除同知亳州防禦使事使省檢錄陝右五路刑獄無冤人復委受宋歲幣故事有私遺物元毅一無所受明昌初驛召爲大名等路提刑判官以最遷汾陽軍節度副使時石嵐間賊黨嘯聚肆行剽掠朝廷命元毅捕之賊畏而遁元毅追襲盡殪之二境以安遷同知武勝軍節度使事別郡有殺人者屢鞫不伏元毅訊不數語即具服河東北路田多山坂磽瘠大比時定爲上賦民力久困朝廷命相地更賦元毅以三壤法平之民賴其利改彰德府治中尋以邊警授撫州刺史會邊將失守詔糧馬牛焚剽殆盡元毅率吏卒三十餘人出州經畫軍餉卒與敵遇州倅暨從吏堅請還元毅曰我輩責任邊守遇敵而奔其如百姓何縱得自安復何面目朝廷乎遂執弓矢令衆衆感其忠爭爲效死元毅力戰射無不中敵去而復合元毅氣愈厲鏖戰久之衆寡不敵遂遇害時年四十七事聞上深驚悼贈信武將軍召用其子世勣侍儀司承應世勣後登進士第奏名之日上謂宰臣曰此神思子邪歎賞者久之元毅性沉厚武勇過人每讀書見古人忠義事未嘗不嗟歎賞慕喜動顏色故臨難能死所事云

伯德梅和尚泰州人也性鯁直尚氣節正隆五年收充護衛授曷魯椀群牧副使未幾復召爲護衛十人長改尚廐局副使轉本局使轉右衛將軍拱衛使典尚廐者十餘年積勞特遷官二階除復州刺史明昌初爲西北路副招討改秦州防禦使升武勝軍節度使六年移鎮崇義軍時有事北邊左丞相夾谷清臣行省于臨潢撒爲副統會敵入臨潢梅和尚暨護衛闘合土等領軍逆擊之敵積陣以待梅和尚直擣其陣殺傷甚衆敵知孤軍無繼聚兵圍之度不能免乃下馬相背射復殺百餘人矢盡猶以弓提擊爲流矢所中死闘合土等皆没上聞之震悼詔贈龍虎衛上將軍躐遷十階特賜錢二十萬命以禮葬之物皆官給以其子都奴爲軍前猛安中奴護喪就差權同知臨潢府事李達可爲勅祭使同知

德昌軍節度使事石抹和尚爲勅葬使承安五年上諭尚書省曰梅和尚死王事其子都奴從軍久有功其議所以酬之乃命爲典署丞

烏古孫兀屯上京路人大定末襲猛安明昌七年以本兵充萬戶備邊有功除歸德軍節度副使改盤安軍察廉遷同知速頻路節度使事以憂去官起復歸德府治中遷唐州刺史泰和六年四月宋皇甫斌步騎萬人侵唐州兀屯兵甚少遣泌陽尉白撒不巡檢蒲閑各以五十人乘城拒守兀屯見宋兵在城東北者可破令軍事判官散虎帶以精兵百人自西門出繞出東北宋兵營後掩擊之殺數千百人宋兵大亂迨夜乃遁去五月皇甫斌復以兵數萬來攻行省遣泌陽副巡檢納合軍勝救唐州兀屯出兵與軍勝合兵城東北設伏兵以待之乃分騎兵爲三一出一入以致宋兵宋兵陷于淖伏兵發中衛宋兵爲二遂大潰追奔至湖陽斬首萬餘級獲馬三百匹宋別將以兵三千來襲遇之竹林寺殪之納合軍勝手殺宋將取其金帶印章以獻詔遷兀屯同知河南府事軍勝遷梁縣令各進兩階兀屯賞銀三百五十兩重綵十端爲右副元帥完顏匡右翼都統匡取棗陽遣兀屯襲神馬坡宋兵五萬人夾水陣以強弩拒岸兀屯分兵奪其三橋自辰至午連拔十三柵遂取神馬坡從攻襄至漢江兀屯亂流徑度復進一階號平南虎威將軍宋人請和還河南副統軍大安初遷昌武軍節度使副統軍如故遷西南路招討使兀屯御下嚴酷軍士多亡杖六十除同知上京留守事大安三年將兵二萬入衛中都遷元帥右都監轉左都監兼北京留守有功賜金吐鶻重綵十端遷元帥左監軍留守如故貞祐元年閏月以兵入衛中都詔以兵萬六千人守定興軍敗兀屯戰沒

高守約字從簡遼陽人大定二十八年進士累官觀州刺史大元兵徇地河朔郭邦獻已歸順從至城下呼守約曰從簡當計全家室守約弗顧至再三守約厲聲曰吾不汝識也城破彼執使之跪守約不屈遂死詔贈崇義軍節度使謚忠敬

和速嘉安禮字子敬本名酌大名路人穎悟博學淹貫經史大定二十八年進士至寧末爲泰安州刺史貞祐初山東被兵郡縣望風而遁或勸安禮去之安禮曰我去城誰與守且避難負國家之恩乎乃團練繕完爲禦守計已而大元兵至戰旬日不能下謂之曰此孤城耳內無糧儲外無兵援不降無遺類矣安禮不聽城破被執初不識其爲誰或妄以酒監對安禮曰我刺史也何以諱爲使之跪安禮不屈遂以戈撞其胷而殺之詔贈泰定軍節度使謚堅貞

王維翰字之翰利州龍山人父庭遼季率縣人保縣東山後以衆降維翰好學不倦中大定二十八年進士調貴德州軍事判官察廉遷永霸令縣豪欲嘗試維翰設事陳訴維翰窮竟之遂伏其詐杖殺之健訟衰息歷弘政獲嘉令佐胥持國治河決有勞遷一階改北京轉運戶籍判官補尚書省令史除同知保靜軍節度使事檢括戶籍一郡稱平屬縣有奴殺其主人者誣主人弟殺之刑部疑之維翰審讞乃微行物色之得其狀奴遂引服改中都轉運副使攝侍御史奏事殿中章宗曰佳御史就除侍御史改左司員外郎轉右司郎中僕散揆伐宋維翰行省左右司郎中泰和七年河南旱蝗詔維翰體究田禾分數以聞七月雨復詔維翰曰雨雖霑足秋種過時使多種蔬菜猶愈於荒萊也蝗蝻遺子如何可絕舊有蝗處來歲宜菽麥諭百姓使知之八年宋人受盟還爲右司郎中進官一階上問宋人請和復能背盟否維翰對曰宋主怠于政事南兵佻弱兩淮兵後千里蕭條其臣懲韓侂胄蘇師旦無復敢執其咎者不足憂也唯北方當勞聖慮耳久之遷大理卿兼潞王傅同知審官院事新格敍坊樂工階至四品換文武正資服金紫維翰奏伶優賤工衣綃紳之服非所以尊朝廷也從之大安初權右諫議大夫三司欲稅間架維翰諫不聽轉御史中丞無何遷工部尚書兼大理卿改刑部尚書拜參知政事貞祐初罷爲定海軍節度使是時道路不通維翰舟行遇盜呼謂之曰爾輩本良民因亂至此財物不惜勿恐吾家盜感其言而去至鎮無兵備鄰郡皆望風奔潰維翰謂吏民曰孤城不可守此州阻山浮海當有生地無俱爲魚肉也乃縱百姓避難維翰率吏民願從者奔東北山結營堡自守力窮被執不肯降妻姚氏亦不肯屈與維翰俱死詔贈中奉大夫姚氏芮國夫人謚貞潔

移剌古與涅安化軍節度使貞祐初大元兵取密州古與涅率兵力戰流矢連中其頸既拔去復中其頰死焉貞祐三年詔贈安遠大將軍知益都府事

宋扆中都宛平人也正隆五年進士歷辰州寧化州軍事判官曹王府記室參軍陝西西路轉運都勾判官補尚書省令史除武定軍節度副使中都右警巡使時固安縣丞劉昭與部民裴原爭買鄰田扆用昭屬抑原使毋爭御史臺劾奏奪一官解職降廣寧府推官改遼東路鹽使丁父憂起復吏部員外郎歷蘊曹景州刺史同知中都路轉運使事遷北京臨潢等路按察使改安國軍節度使河東南路轉運使御史劾其前任按察侵民舍不稱職降沂州防禦使移濬州遷山東西路轉運使改定海軍節度使貞祐二年改沁南軍正月大元兵至懷州城破死焉扆天資刻酷所至不容物以是蹭蹬於世云

烏古論榮祖本名福興河間人明昌二年進士歷官補尚書省令史除都轉運司都勾判官轉弘文校理升中都總管府判官察廉除震武軍節度副使彰德府司馬累遷戶部員外郎寧海州刺史貞祐二年城破榮祖猶力戰死之贈安武軍節度使賜謚毅勇

烏古論仲溫本名胡剌蓋州按春猛安人大定二十五年進士累官太學助教應奉翰林文字河東路提刑判官改河北東路轉運副使御史薦前任提刑稱職遷同知順天軍節度使事簽上京東京等路按察司事改提舉肇州漕運兼同知武興軍節度使事東勝州刺史坐前在上京不稱職降鎮寧軍節度副使改滑州刺史河東南路按察副使壽州防禦使貞祐初遷鎮西軍節度使是時中都被圍遂至太原移書安撫使賈益謙約以鄉兵救中都因馳驛如平陽將與益謙會于絳不能進抵平陽而還仲溫嘗治平陽吏民爭留之仲溫曰平陽巨鎮易爲守禦於私計得矣如嵐州何遂還鎮已而大元兵大至城破不屈而死贈資德大夫婆速路兵馬都總管謚忠毅歲時致祭

九住宗室子爲武州刺史唐括孛果速爲軍事判官貞祐二年十一月大元兵取九住子姪抵城下謂之曰山東河北今皆降我汝之家屬我亦得已苟不速降且殺之也九住曰當以死報國遑恤家爲無何城破力戰而死孛果速亦不屈死焉詔贈九住臨海軍節度使加驃騎衛上將軍孛果速建州刺史加鎮國上將軍仍令樹碑歲時致祭

李演字巨川任城人泰和六年進士第一除應奉翰林文字再丁父母憂居鄉里貞祐初任城被兵演墨衰爲濟州刺史畫守禦策召集州人爲兵搏戰三日衆皆市人不能戰逃散演被執大將見其冠服非常且知其名問之曰汝非李應奉乎演荅曰我是也使之跪不肯以好語撫之亦不聽許之官祿演曰我書生也本朝何負於我而利人之官祿哉大將怒擊折其脛遂曳出殺之時年三十餘贈濟州刺史詔有司爲立碑云

劉德基大興人貞祐元年特賜同進士出身守官邊邑夏兵攻城德基坐廳事積薪其傍謂家人曰城破即焚我及城破其家人不忍縱火遂被執脅使跪降德基不屈同僚故人紿夏人曰此人素病狂故敢如此德基曰爲臣子當如此爾吾豈狂邪夏人壯其義乃繫諸獄冀其改圖已而召問德基大罵終不能從曰吾豈苟生者哉遂害之贈朝列大夫同知通遠軍節度使事

王毅大興人經義進士累官東明令貞祐二年東明圍急毅率民兵願戰者數百人拒守城破毅猶率衆抗戰力窮被執與縣人王八等四人同驅之郭外先殺二人王八即前跪將降毅以足蹋之厲聲曰忠臣不佐二主汝乃降乎驅毅者以刃斫其脛毅不屈而死贈曹州刺史

王晦字子明澤州高平人少負氣自憙常慕張詠之爲人友妻與人有私晦手刃殺之中明昌二年進士調長葛主簿有能聲察廉除遼東路轉運司都勾判官提刑司舉其能轉北京轉運戶籍判官遷安陽令累除簽陝西西路按察司事改平凉治中召爲少府少監遷戶部郎中貞祐初中都戒嚴或舉晦有將帥才俾募人自將得死士萬餘統之率所統衛送通州粟入中都有功遷霍王傅以部兵守順州通州圍急晦攻牛欄山以解通州之圍賜賚優渥遷翰林侍讀學士加勸農使九月順州受兵晦有別部在滄景遣人突圍召之衆皆踊躍思奮而主者不肯發王臻晦之故部曲也免胄出見且拜曰事急矣自若何爲苟能相從可不失富貴晦曰朝廷何負汝邪臻曰臻雖負國不忍負公因泣下晦叱曰吾年六十致位三品死則吾分詎從汝邪將射之臻掩泣而去無何將士縋城出降晦被執不肯降遂就死初晦就執謂其愛將牛斗曰若能死乎曰斗蒙公見知安忍獨生併見殺詔贈榮祿大夫樞密副使仍命有司立碑歲時致祭錄其子汝霖爲筆硯承奉

齊鷹揚淄州軍事判官楊敏中屯留縣尉致仕張乞驢淄州民貞祐初大元兵取淄州鷹揚等募兵備禦城破率衆巷戰鷹揚等三人創甚被執欲降之鷹揚伺守者稍怠即起奪槊殺數人敏中乞驢皆不屈以死詔贈鷹揚嘉議大夫淄州刺史仍立廟于州以時致祭敏中贈昭勇大將軍同知橫海軍節度使事乞驢特贈宣武將軍同知淄州軍州事

术甲法心薊州猛安人官至北京副留守貞祐二年爲

提控與同知順州軍州事溫迪罕咬查剌俱守密雲縣法心家屬在薊州大元兵得之以示法心曰若速降當以付汝否則殺之法心曰吾事本朝受厚恩戰則速戰終不能降也豈以家人死生爲計邪城破死于陣咬查剌被執亦不屈而死盤安軍節度判官蒲察乣舍與雜澤縣令溫迪罕十方奴同守薊州衆潰而出乣舍十方奴死之詔贈法心開府儀同三司樞密副使封宿國公咬查剌鎮國上將軍順州刺史乣舍金紫光祿大夫薊州刺史十方奴鎮國上將軍薊州刺史仍命樹碑以時致祭

高錫字永之德基子以廕補官積勞調淄州酒使課最遷萍鄉令察廉遷遼東路轉運度支判官太倉使法物庫使兼尚林署直長提舉都城所歷北京遼東轉運副使同知南京路轉運使事貞祐初累遷河北東路按察轉運使城破遂自投城下而死

金史卷一百二十二

元中書右丞相總裁脫脫等修

列傳第六十

忠義二

吳僧哥西南路唐古乙剌乣上沙鶻部落人拳勇善騎射大安間選籍山西人爲兵僧哥充馬軍千戶有功貞祐初遷萬戶權順義軍節度使朔州失守僧哥復取之眞授同知節度使事弟權同知節度使事迪剌眞授節度副使權節度副使燕曹兒眞授節度判官提控馬壽兒以下遷授有差衆苦乏食僧哥乞賜糧十五萬斛朝廷以爲應州已破朔爲孤城其勢不可守乃遷朔之軍民九萬餘口分屯於嵐石隰吉絳解之間未行大元兵至朔州戰七晝夜有功加遙授同知太原府事兼同知節度使事迪剌石州刺史曹兒同知岢嵐州防禦使事四年始遷其民南行且戰且行者數十里僧哥力憊馬躓死焉時年三十詔贈鎮國上將軍順義軍節度使

烏古論德升本名六斤益都路猛安人明昌二年進士累官補尚書省令史知管差除除吏部主事絳陽軍節度副使丁父憂起復太常博士東平治中大安初知弘文院改侍御史論西京留守紇石烈執中姦惡亂紀王不聽遷肇州防禦使宣宗遷汴召赴闕上言泰州殘破東北路招討司猛安謀克人皆寓于肇州凡徵調往復甚難乞升肇州爲節度使以招討使兼之置招討副使二員分治泰州及宜春詔從之進翰林侍讀學士兼戶部侍郎俄以翰林侍讀權參知政事與平章政事抹撚盡忠論近侍局預政宣宗怒語在盡忠傳無何出爲集慶軍節度使改汾陽軍節度使河東北路宣撫副使復改知太原府事權元帥左監軍興定元年大元兵急攻太原糧道絕德升屢出兵戰糧道復通詔遷官一階德升上言皇太子聰明仁孝保訓之官已備更宜選德望素著之士朝夕左右之日聞正言見正行此社稷之洪休生民之大慶也宣宗嘉納之二年眞授左監軍行元帥府事大元兵復圍太原環之數匝已破濠垣德升植柵爲拒出其家銀幣及馬賞戰士比軍壞城西北隅以入德升聯車塞之三却三登矢石如雨守陴者不能立城破德升至府署謂其姑及其妻曰吾守此數年不幸力窮乃自縊而死其姑及其妻皆自殺詔贈翰林學士承旨子兀里偉尚幼詔以奉御俸養之

張順淄州士伍淄州被圍行省侯摯遣總領提控王庭玉將兵救之庭玉募順等三十人往覘兵勢且欲令城中知援兵之至乘夜潛至城下順爲所得執之使宣言行省軍敗績庭玉亦死宜速降順陽許諾既乃呼謂城中曰外兵無多王節度軍且至堅守毋降兵刃交下順曰得爲忠孝鬼足矣遂死淄人知救兵至以死守城賴以完後贈宣武將軍同知棣州防禦使事詔有司給養其親且訪其子孫優加任用

馬驤禹城人也登進士歷官有聲貞祐三年爲曹州濟陰令四月大元克曹州驤被執軍卒搒掠求金驤曰吾書生何從得是又使跪驤曰吾膝不能屈欲殺卽殺得死爲大金鬼足矣遂死贈朝列大夫泰定軍節度副使仍樹碑于州時致祭貞祐四年七月詔以其男惟賢子八貫石局分收補

伯德窊哥西南路咩乣奚人壯健沉勇大元兵克西南路鄰郡皆降窊哥獨不屈貞祐五年東勝州已破窊哥與姚里鴉胡姚里鴉兒招集義軍披荆棘復立州事河東北路行元帥府承制除窊哥武義將軍寧遠軍節度副使姚里鴉胡武義將軍節度判官姚里鴉兒武義將軍觀察判官窊哥等以恩不出朝廷頗懷觖望縱兵剽掠興定元年詔窊哥遙授武州刺史權節度使姚里鴉胡權同知節度使事姚里鴉兒權節度副使各遷官兩階興定三年窊哥特遷三官遙授同知晉安府事尋眞授東勝軍節度使東勝被圍城中糧盡援兵絕窊哥率衆潰圍走保長寧塞詔各進一官戰沒者贈三官九月復被圍窊哥死之

奧敦醜和尚爲代州經畧使貞祐四年八月大元兵攻代州和尚禦戰敗績身被數創被執欲降之不屈遂死

從坦宗室子大安中充尚書省祗候郎君貞祐二年自募義兵數千充宣差都提控詔從提舉奉先范陽三都統兵除同知涿州事遷刺史佩金牌經畧海州頃之充宣差都提控安撫山西軍民應援中都上書曰絳解二州僅能城守而村落之民皆嘗被兵重以連歲不登人多艱食皆恃鹽布易米今大陽等渡乃不許粟麥過河願罷其禁官稅十三則公私皆濟矣又曰絳解河中必爭之地惟令寶昌軍節度使從宜規畫鹽地之利以實二州則民受其利兵可以强矣又曰中條之南垣曲平陸芮城虞鄉河東之形勢陝洛之襟喉也可分陝州步騎萬二千人爲一提控四都統分戍四縣此萬全之策也又曰平陸產銀鐵若以鹽易米募工鍊冶可以廣財用備戎器小民傭力爲食可以息盜又曰河北貧民渡河逐食已而復還濟其饑者艱苦殊甚苛暴之吏抑止誅求弊莫大焉又曰河南陝西調度未急擇騎軍牝馬羣牧不二三年可增數萬騎軍勢自振矣又曰諸路印造寶券久而益多必將積滯止於南京印造給降庶可久行又曰河北職任雖除授不次而人皆不願者蓋以物價十倍河南祿廩不給飢寒且至若實給俸粟之半少足養廉則可責其効力又曰河北之官朝廷減資遷秩躐等以答其勞聞河南官吏以貶逐目之彼若以爲信然誰不解體書奏下尚書省議惟許放大陽等渡宣撫司量民力給河北官俸目河北爲貶所者有禁而已四年行樞密院于河南府上書曰用兵累年出輒無功者兵不素勵也士庶且充行伍況於皇族與國同休戚哉皆當從軍親冒矢石爲士卒先少寬聖主之憂族人道哥實同此心願隸臣麾下宣宗嘉其忠許之興定元年改輝州刺史權河平軍節度使孟州經畧使初御史大夫權尚書右丞永錫被詔經畧陝西宣宗曰敵兵强則謹守潼關毋使得東永錫旣行留沔池數日至京兆駐兵不動頃之潼關破大元兵次近郊由是永錫下獄久不決從坦乃上疏救之畧曰竊聞周祚八月漢享國四百餘載皆以封建親戚犬牙相制故也孤秦曹魏亡國不永晉八王相魚肉猶歷過秦魏自古同姓之親未有不與國存亡者本朝胡沙虎之難百僚將士無敢誰何鄯陽石古乃奮身拒戰盡節而死御史大夫永錫才不勝任而必用之是朝廷之過也國之枝葉已無幾矣伏惟陛下審圖之於是宗室四百餘人上書論永錫皆不報久之永錫杖一百除名當是時諸路兵皆入城自守百姓耕稼失所從坦上書曰養兵所以衛民方今河朔惟眞定河間之衆可留扞城其餘府州皆當散屯于外以爲民防俟稼穡畢功然後移于屯守之地是爲長策從之加遙授同知東平府事權元帥左監軍行元帥府事與參知政事李革俱守平陽興定二年十月從坦上奏太原已破行及平陽河東郡縣皆不守大抵屯兵少援兵不至故耳行省兵不滿六千平陽河東之根本河南之藩籬也乞併懷孟衞州之兵以實潞州調澤州沁水端氏高平諸兵並山爲營爲平陽聲援惟祈聖斷以救倒懸之急是月壬子大元兵至平陽提控郭用戰于城北濠垣被執不屈而死癸丑城破從坦自殺贈昌武軍節度使

李术魯福壽爲唐邑主簿大元兵攻唐邑福壽與戰死之贈官三階賻錢五百貫

吳邦傑登州軍事判官邦傑寓居日照之村墅爲大元兵所得驅令攻城邦傑曰吾荷吾國恩詎忍攻吾君之城與之酒食不顧乃殺之詔贈朝列大夫定海軍節度副使

納合蒲剌都大名路猛安人承安二年進士調大名教授累除比陽令補尚書省令史除彰德軍節度副使以憂去官貞祐二年調同知西安軍節度使事歷同知臨洮平涼府事河州防禦使三年夏人圍定羌蒲剌都擊走之以功加遙授彰化軍節度使四年升河州爲平西軍就以蒲剌都爲節度使上言古者一人從軍七家奉之興十萬之師不得操事者七十萬家今籍諸道民爲

兵者十之七八奉之者纔一二民安得不困夫兵貴精不在衆寡擇勇敢謀畧者爲兵脆懦之徒使歸農畝是亦紓民之一端也又請補官贖罪以足用及請許人射佃陝西荒田開採礦冶不報改知平涼府事入爲戶部尚書是時伐宋大捷蒲剌都奏宋人屢敗其氣必沮可乘此遣人諭說以尋舊盟若宋人不從然後伐之疾雖怒頑易以成功朝廷不能用蒲剌都又言諸軍當汰去老弱妙選精銳庶可取勝陝西弓箭手不習騎射可選善騎者代之延安屯兵甚衆分從萬人駐平涼關中元帥猥多除京兆重鎭其餘皆可罷鞏縣以北黃河南岸及金鉤弔橋虎牢關虢州嶢嶺凡斜徑僻路俱當置兵防守詔下尚書省樞密院議竟不施行未幾改元帥右監軍兼昭義軍節度使行元帥府事興定二年潞州破力戰而死贈御史大夫

女奚烈斡出仕至楨州刺史被行省牒從州人于金勝堡已而大兵至斡出拒戰中流矢病創臥花帽軍張提控言兵勢不可當宜速降斡出曰吾曹坐食官祿可忘國家恩乎汝不聞趙坊州乎以金帛子女與敵人終亦不免我輩但當力戰而死耳至夜張提控引數人持兵杖以入脅斡出使出降斡出曰聽汝所爲吾終不屈也遂殺之執其妻子出降初楨州人遷金勝堡多不能至軍事判官王謹收遺散之衆別屯周安堡周安堡不繕完樓堞置戰守之具兵至謹拒戰十餘日內潰被執不屈而死詔斡出謹各贈官六階升職三等

時茂先日照縣沙溝酒監寓居諸城紅襖賊方郭三據密州過其村村民相率迎之賊以元帥自稱茂先怒謂衆曰此賊首耳何元帥之有方郭三聞而執之斷其腕茂先大罵賊不勝忿復剔其目亂刃剉之至死罵不絕詔贈武節將軍同知沂州防禦使事

溫迪罕老兒爲同知上京留守事蒲鮮萬奴攻上京其子鐵哥生獲老兒脅之使招餘人不從鐵哥怒亂斫而死贈龍虎衞上將軍婆速兵馬都總管以其姪墨廝爲後特授四官

梁持勝字經甫本名詢誼避宣宗嫌名改焉保大軍節度使襄之子多力善射泰和六年進士復中宏詞累官太常博士遷咸平路宣撫司經歷官興定初宣撫使蒲鮮萬奴有異志欲棄咸平徙曷懶路持勝力止之萬奴怒杖之八十持勝走上京告行省太平是時太平已與萬奴通謀口稱持勝忠而心實不然署持勝左右司員外郎既而太平受萬奴命焚毀上京宗廟執元帥承充奪其軍持勝與提控咸平治中裴滿賽不萬戶韓公恕約殺太平復推承充行省事共伐萬奴事泄俱被害詔贈持勝中順大夫韓州刺史賽不鎭國上將軍顯德軍節度使公恕明威將軍信州刺史

賈邦憲霍州霍邑縣陳村人也舉進士第質直有勇畧大元攻河東邦憲集居民爲守禦計既而兵大至居民悉降邦憲棄其家獨與子懿保於松平寨是時權知州事劉珍在寨與之共守竟能成功珍每欲辟之邦憲輒以衰老爲辭興定四年十月兵復大至病不能避與懿俱被執欲以爲鎭西元帥且持刃脅之邦憲不屈密遣懿歸松平遂自剄贈奉直大夫本縣令

移剌阿里合遼人興定間累遷霍州刺史興定四年正月移霍州治好義堡大元兵至阿里合力戰不能敵兵敗被執誘使降阿里合曰吾有死無貳叱使跪但向闕而立於是叢矢射殺之寶昌軍節度副使孔祖湯同時被獲既又令祖湯跪祖湯不從亦死詔贈阿里合龍虎衞上將軍恭定軍節度使祖湯資善大夫同知平陽府事祖湯泰和三年進士

完顏六斤中都路胡土愛割蠻猛安人大安中以蔭補官選充親軍調阜平尉遷方城令改通州軍事判官以功遷本州刺史頃之元帥右都監蒲察七斤執之以去未幾挈家脫歸除同知臨洮府事從慶陽還保大軍節度使興定五年鄜州破六斤自投崖下死焉贈特進知延安府事詔陝西行省訪其子孫以聞

紇石烈鶴壽河北西路山春猛安人性淳質軀幹雄偉初充親軍中泰和三年武舉調褒信縣副巡檢六年宋人圍蔡州鶴壽請于防禦使與勇士五十人夜斫宋營使諸軍譟于城上斬三百餘級宋兵自相蹂踐死者十餘人遲明宋人解圍去鶴壽追之使殿曳柴宋人顧塵起以爲大兵且至遂奔追至陳寨而還已而宋兵復據新蔡新息褒信三縣鶴壽皆復取之得馬三百匹充行軍萬戶從大軍出壽春敗宋人于渦口奪馬千餘匹攻下眞滁二州及盱眙軍軍還進九官遷同知息州軍州事改萬寧宮同提舉大安三年充西南路馬軍萬戶夏人五萬圍東勝鶴壽救之突圍入城夏兵解去遷兩階賜銀百兩重綵十端遷尚方署令充行軍副統升充行省左翼都統轉武衞軍都統充馬軍副提控轉鈐轄充都城東面宣差副提控貞祐二年丁父憂起復武寧軍節度副使破紅襖賊于蘭陵石城堌一切掠良人爲生口監察御史陳規奏乞勑有司凡鶴壽所獲俱從放免詔徐州歸德行院拘括放之尋遙授同知武寧軍節度使事兼節度副使坐出獄縱火延燒官草杖一百改同知河平軍節度使事興定元年充馬軍都提控入宋襄陽界遙授同知武勝軍節度使事改遙授睢州刺史二年攻棗陽三敗宋兵改遙授同知歸德府事三年奪宋石渠寨決去棗陽濠水加宣差鄧州路軍馬從宜遙授汝州防禦使四年宋扈太尉步騎十萬圍鄧州鶴壽分兵拒守出府庫金帛賞士許以遷官加爵自將餘衆日出搏戰宋兵焚營去鶴壽被創不能騎馬遣招撫副使术虎移剌荅追及之殺數十人奪其俘而還詔所散金帛勿問將士優遷官爵鶴壽遷金紫光祿大夫遙授武勝軍節度使俄丁母憂以本官起復權元帥左都監行元帥府于鄜州興定五年十月鄜州破鶴壽與數騎突出城追及之鶴壽據土山力戰而死謚果勇

蒲察婁室東北路按出虎割里罕猛安人泰和三年進士調慶都令平主簿以廉能遷中都右警巡副使補尚書省令史知管差除貞祐初除吏部主事監察御史丁母憂服闋充行省經歷官改京兆治中遙授定西州刺史充元帥參議官興定二年與元帥承裔攻下西和州白撒由秦州進兵抵棧道宋人悉銳來拒婁室乘高立幟策馬旋走揚塵爲疑兵別遣精騎掩出其後宋兵大潰乘勝遂拔與元進一階除丹州刺史再遷同知河中府事權元帥右都監河東路安撫使復取平陽晉安優詔褒寵進一階賜銀二百兩重幣二十端遙授孟州防禦使權都監如故將兵救鄜州轉戰而至城破死之贈資德大夫定國軍節度使謚襄勇勑行省求其尸以葬

女奚烈資祿本姓張氏咸平府人泰和伐宋從軍有功調易縣尉遷潞縣主簿貞祐初遙授同知德州防禦事改泰州三年遙授同知通遠軍節度事興定元年改西寧州刺史賜今姓久之遙授同知臨洮府事兼定西州刺史從元帥右都監完顏阿鄰破宋兵于梢子嶺三年攻破武林關資祿功最詔比將士遷五官職二等外資祿更加官職一等遙授通遠軍節度使刺史如故五年遙授隴安軍節度使俄改金安軍詔曰陝西行省奏軍官闕員卿久在行陣御下有法舊隸士卒多在京兆今正防秋關河要衝悉心備禦將兵救鄜州閏十二月鄜州破被執不肯降遂死贈銀青榮祿大夫中京留守元光元年言事者謂資祿褒贈尚薄詔錄其二子烈山林泉升職一等陝西行省軍中用之

趙益太原人讀書肄業大元兵入境益鳩合土豪保聚山陝屢戰有功晉陽公郭文振署爲壽陽令駐兵榆次重原寨遂率衆收復太原夜登其城斬馘甚衆所獲馬仗不可計護老幼二萬餘口以出升太原治中復擢同知府事兼招撫使元光元年八月大元兵大至攻城益急知不可支迺自焚其府庫殺妻子沉其符印于井遂自殺宣宗聞之嘉歎贈銀青榮祿大夫河東北路宣撫使仍諭有司求其子孫錄用

侯小叔河東縣人爲河津水手貞祐初籍充鎭威軍以勞補官元光元年遷河中府判官權河東南路安撫副使小叔盡護農民入城以家財賞戰士河中圍解遷治中安撫如故樞密院奏小叔才能可用權位輕不足以威衆乞假符節十二月詔權元帥左都監便宜從事提控吳德說小叔出降叱出斬之表兄張先從容言大兵勢重可出降以保妻子小叔怒謂先曰我舟人子致身至此何謂出降縛先於柱而殺之飯僧祭葬以盡戚黨之禮頃之樞密院遣都監訛論與小叔議兵事小叔出城與訛論會石天應乘之取河中府作浮橋通陝西小叔駐樂李山寨衆兵畢會夜半坎城以登焚樓櫓火照城中天應大驚不知所爲盡棄輜重牌印馬牛雜畜死于雙市門小叔燒絕浮橋撫定其衆遷昭毅大將軍遙授孟州防禦使同知府事監軍安撫如故二年正月大元軍騎十萬圍河中總帥訛可遣提控孫昌率兵五千樞密副使完顏賽不遣李仁智率兵三千俱救河中小叔期以夜中鳴鉦內外相應及期小叔出兵戰昌仁智不敢動小叔斂衆入城圍益急衆議出保山寨小叔曰去何之密遣經歷官張思祖潰圍出奔告于汴京明日城破小叔死不得其尸總帥訛可以河中府推官籍阿外代小叔權右都監樞密院奏小叔功卓異或疑尙在遂令阿外代之絕歸向之路至是小叔已亡四十餘日中條諸寨無所統領乃詔阿外權領宣宗思小叔功下詔褒贈切責訛可不救河中之罪

王佐字輔之霍州農家子豁畧不事產業輕財好施善騎射興定中聚兵數千人權領霍州事平陽胡天作承制加忠勇校尉趙城丞遷霍邑令同知蒲州軍事權招撫副使蒲州經畧使詔遷宣武將軍遙授寶昌軍節度副使大元兵取青龍堡佐被獲署霍州守將隸元帥崔環質其妻子招撫使成天祐與環有隙佐與天祐謀殺環天祐曰君妻子爲質柰何佐曰佐豈顧家者邪元光二年七月因環出獵殺之率軍民數萬請命加龍虎衞上將軍元帥右監軍兼知平陽府事佐與平陽公史詠

素不協請徙沁州王女奚詔從之仍令聽上黨公完顏開節制是歲七月救襄垣中流矢卒贈金吾衞上將軍以其子爲符寶典書

黄摑九住臨潢人大定間以廕補部令史轉樞密院令史調安肅州軍事判官明昌四年爲大理執法同知薊州軍事再遷潞王府司馬累官河東北路按察使轉運使改知彰德府事戰歿贈榮祿大夫南京留守仍錄用其子孫

烏林荅乞住大名路猛安人大定二十八年進士累官補尚書省令史除山東提刑判官英王府司馬御史臺舉前在山東稱職改太原府治中簽陝西按察司事歷汝州沁州刺史北京臨潢按察副使遷蒲與路節度使未幾以罪奪三官解職降德昌軍節度副使崇慶初戍邊有功遷一官賞銀百兩重幣十端轉利州刺史貞祐初改同知咸平府事遷歸德軍節度使改興平軍就充東面經畧使尋罷經畧司改元帥右都監赴援中都戰歿贈榮祿大夫參知政事以參政半俸給其家

陀滿斜烈咸平路猛安人襲父猛安明昌中以所部兵充押軍萬戶戍邊承安中討契丹有功除陳州防禦使遷知平涼府事改保大軍節度使徙知彰德府事貞祐四年大元兵復取彰德斜烈死焉

尼龐古蒲魯虎中都路猛安人明昌五年進士累官補尚書省令史從平章政事僕散揆伐宋兵罷除同知崇義軍節度使事察廉改東平府治中歷環州裕州刺史翰林待制開封府治中大理卿尋權知河南府事兼河南路副統軍貞祐四年急備京西爲陝州宣撫副使兼西安軍節度使是歲大元兵取潼關戍卒皆潰蒲魯虎禦戰兵敗死焉

兀顏畏可隆安路猛安人補親軍充護衞除益都總管府判官中都兵馬副都指揮使累官會州刺史貞祐初爲左衞將軍拱衞直都指揮使山東副統軍安化軍節度使土賊據九仙山爲巢穴畏可擁衆不擊賊愈熾東平行省蒙古綱劾奏畏可不任將帥朝廷不問改鎭西軍權經畧副使歷全安武勝軍興定四年改泰定軍是歲五月兗州破死焉

兀顏訛出虎隆安府猛安人大定二十八年進士累官補尚書省令史除順天軍節度副使召爲治書侍御史刑部員外郎單州刺史戶部郎中河東北路按察副使同知大興府事秦州防禦使丁母憂起復泗州防禦使遷武寧軍節度使徙河平軍兼都水監坐前在武寧奏軍功不實降沂州防禦使遷汾陽軍節度使兼經畧使興定二年九月城破死焉

粘割貞本名抄合西南路招討司人大定二十八年進士歷教授主簿用薦舉除河北大名提刑知事察廉遷都轉運戶籍判官累官泰定軍節度副使丁父憂服闋除德興治中宣德州刺史貞祐元年十二月貞以禮部郎中攝國子祭酒與恩州刺史攝武衞軍副都指揮使粘割合達河間府判官攝同知順天軍節度使事梅只乞奴保州錄事攝永定節度副使伯德張奴出議和事二年和議成賞銀二百兩重幣十端玉吐鶻改戶部侍郎歷沁南河平鎭南集慶汾陽軍節度使貞祐四年改昭義軍充潞州經畧使興定二年入爲工部尚書由壽州伐宋攻正陽有功權元帥左都監守晉安府興定三年十一月城破貞與府官十餘人皆死之

金史卷一百二十三

元　中　書　右　丞　相　總　裁　脫　脫　等　修

列傳第六十一

忠義三

徒單航　完顏陳和尚　楊沃衍（劉興哥附）

烏古論黑漢　陀滿胡土門　姬汝作

愛申（馬肩龍附）　禹顯（張邦憲 劉全附）

徒單航一名張僧駙馬樞密使某之子也父號九駙馬衞王有事北邊改授都元帥仍權平章殊不允人望張僧時爲吏部侍郎力勸其父請辭帥職遂拜平章至寧元年胡沙虎弑逆降航爲安州刺史會北兵大至城下聲言都城已失守汝可速降航謂其民曰城守雖嚴萬一攻破汝輩無子遺矣我家兩世駙馬受國厚恩決不可降汝輩計將安出其民曰太守不屈我輩亦何忍降願以死守航乃盡出家財以犒軍民軍民皆盡力備禦又五日城危航度不可支謂其妻孥曰今事急矣惟有死爾乃先縊其妻孥謂其家人曰我死卽撤屋焚之遂自縊死城破人猶力戰曰太守既死我輩不可獨降死者甚衆

完顏陳和尚名彝字良佐世以小字行豐州人系出蕭王諸孫父乞哥泰和南征以功授同知階州軍事及宋復階州乞哥戰歿於嘉陵江貞祐中陳和尚年二十餘爲北兵所掠大帥甚愛之置帳下時陳和尚母留豐州從兄安平都尉斜烈事之甚謹陳和尚在北歲餘託以省母乞還大帥以卒監之至豐乃與斜烈劫殺監卒奪馬奉其母南奔大兵覺合騎追之由他路得免既而失馬母老不能行載以鹿角車兄弟共輓南渡河宣宗奇之斜烈以世官授都統陳和尚試補護衞未幾轉奉御及斜烈行壽泗元帥府事奏陳和尚自隨詔以充宣差提控佩金符斜烈辟太原王渥爲經歷渥字仲澤文章論議與雷淵李獻能相上下故得師友之陳和尚天資高明雅好文史自居禁衞日人以秀才目之至是渥授以孝經小學論語春秋左氏傳畧通其義軍中無事則窓下作牛毛細字如寒苦之士其視世味漠然正大二年斜烈落帥職例爲總領屯方城陳和尚隨以往凡兄軍中事皆預知之斜烈時在病軍中李太和者與方城鎭防軍葛宜翁相毆訴於陳和尚宜翁事不直卽量笞之宜翁素凶悍恥以理屈受杖竟鬱鬱以死留語其妻必報陳和尚妻訟陳和尚以私忿侵官故殺其夫訴於臺省於近侍積薪龍津橋南約不得報則自焚以謝其夫以故陳和尚繫獄議者疑陳和尚出於禁近倚兵閫之重必橫恣違法當以大辟奏上久不能決陳和尚聚書獄中讀之凡十有八月明年斜烈病愈詔提兵而西入朝哀宗怪其瘦甚問卿寧以方城獄未決故耶卿但行吾今赦之矣以臺諫復有言不敢赦未幾斜烈卒上聞始馳赦陳和尚曰有司奏汝以私忿殺人汝兄死失吾一名將今以汝兄故曲法赦汝天下必有議我者他日汝奮發立功名國家得汝力始以我爲不妄赦矣陳和尚且泣且拜悲動左右不能出一言爲謝乃以白衣領紫微軍都統踰年轉忠孝軍提控五年北兵入大昌原平章合達問誰可爲前鋒者陳和尚出應命先已沐浴易衣若將就木擐甲上馬不反顧是日以四百騎破八千衆三軍之士踴躍思戰蓋自軍興二十年始有此捷奏功第一手詔褒諭授定遠大將軍平涼府判官世襲謀克一日名動天下忠孝一軍皆回紇乃滿羌渾及中原被俘避罪來歸者鷙很凌突號難制陳和尚御之有方坐作進退皆中程式所過州邑常料所給外秋毫無犯街曲間不復喧雜每戰則先登陷陣疾若風雨諸軍倚以爲重六年有衞州之勝八年有倒回谷之勝自刑徒不四五遷爲禦侮中郎將副樞移剌蒲阿無持重之畧嘗一日夜馳二百里趨小利軍中莫敢諫止陳和尚私謂同列曰副樞以大將軍爲剽掠之事今日得生口三百明日得牛羊一二千士卒喘死者則不復計國家數年所積一旦必爲是人破除盡矣或以告蒲阿一日置酒會諸將飲酒行至陳和尚蒲阿曰汝曾短長我又謂國家兵力當由我盡壞誠有否陳和尚飲畢徐曰有蒲阿見其無懼容漫爲好語云有過當面論無後言也九年正月三峯山之敗走鈞州城破大兵入卽縱軍巷戰陳和尚趨避隱處殺掠稍定乃出自言曰我金國大將欲見白事兵士以數騎夾之詣行帳前問其姓名曰我忠孝軍總領陳和尚也大昌原之勝者我也衞州之勝亦我也倒回谷之勝亦我也我死亂軍中人將謂我負國家今日明白死天下必有知我者時欲其降斫足脛折不爲屈割口吻至耳噀血而呼至死不絕大將義之酹以馬湩祝曰好男子他日再生當令我得之時年四十一是年六月詔贈鎭南軍節度使塑像褒忠廟勒石紀其忠烈

斜烈名鼎字國器畢哩海世襲猛安年二十以善戰知名自壽泗元帥轉安平都尉鎭商州威望甚重敬賢下士有古賢將之風初至商州一日搜伏於大竹林中得歐陽脩子孫問而知之併其族屬鄉里三千餘人皆縱遣之

楊沃衍一名斡烈賜姓兀林荅朔州靜邊官莊人本屬唐括迪剌部族少嘗爲北邊屯田小吏會大元兵入境朝命徙唐括族內地沃衍留不徙率本部族願從者入保朔州南山茶杞溝有衆數千推沃衍爲招撫使號其溝曰府故殘破鎭縣徒黨日集官軍不能制又與大兵戰連獲小捷及乏食遂行剽劫官軍捕之拒戰不下轉走寧陝武朔寧邊諸州民以爲病朝廷遣人招之沃衍卽以衆來歸時宣宗適南遷次淇門聞之甚喜遂以爲武州刺史武州屢經殘毀沃衍入州未幾而大兵來攻死戰二十七晝夜不能拔乃退時貞祐二年二月也既而朝廷以武州終不可守令沃衍遷其軍民駐岢嵐州以武州功擢爲本州防禦使俄升岢嵐州爲節鎭以沃衍爲節度使仍詔諭曰卿於國盡忠累有勞績今特升三品恩亦厚矣其益勵忠勤與宣撫司輯睦以安軍民沃衍自奉詔卽以身許國曰爲人不死王事而死於家非大丈夫也三年奉旨屯巡邠隴三州沃衍分其軍九千人爲十翼五都統親統者十之四是冬西夏四萬餘騎圍定西州元帥右都監完顏賽不以沃衍提控軍事率

兵與夏人戰斬首幾二千生擒數十人獲馬八百餘匹器械稱是餘悉遁去詔陝西行省視功官賞之興定元年春上以沃衍累有戰功賜今姓未幾遥授通遠軍節度使兼鞏州管內觀察使是冬詔陝西行省伐宋沃衍與元帥左都監內族白撒通遠軍節度使溫迪罕婁室同知通遠軍節度使事烏古論長壽平西軍節度副使和速嘉兀迪將兵五千出鞏州鹽井至故城遂夏兵三百擊走之又入西和州至岐山堡遇兵六千凡三隊遣軍分擊逐北三十餘里斬首四百級生獲十人馬二百疋甲仗不勝計尋復得散關二年正月捷報至上大喜詔遷沃衍官一階遥授知臨洮府事三年武休關之捷沃衍功居多詔特遷一官元光元年正月遥授中京留守六月進拜元帥右監軍仍世襲納古胡里愛必剌謀克二年春北兵游騎數百掠延安而南沃衍率兵追之戰于野豬嶺獲四人而還俄而兵大至駐德安寨復擊走之未幾大兵攻鳳翔還道出保安沃衍遣提控完顏查剌破于石僂臺前後獲馬二百符印數十詔有司論賞初聞野豬嶺有兵沃衍約陀滿胡土門以步軍會戰胡土門宿將常輕沃衍至是失期沃衍戰還會諸將欲斬胡土門諸將哀請乃釋之時大兵發勢益振陝西行省檄沃衍淸野不從曰我若淸野明年民何所得食遂隔大澗持勢使民畢麥事正大二年進拜元帥左監軍遂領中京留守八年冬平章合達參政蒲阿由鄧州而西沃衍自豐陽川遇於五朶山下問禹山之戰如何合達曰我軍雖勝而大兵已散漫趨京師矣沃衍憤云平章參政蒙國厚恩握兵柄失事機不能戰禦乃縱兵深入尚何言耶三峯山之敗沃衍走鈞州其部曲白留奴呆劉勝既降請于大帥願入鈞招沃衍大帥質留奴令勝入鈞見沃衍道大帥意降則當授大官沃衍善言慰撫之使前拔劍斫之曰我起身細微蒙國大恩汝欲以此汚我耶遂遺語部曲後事望汴京拜且哭曰無面目見朝廷惟有一死耳卽自縊部曲舉火并所寓屋焚之從死者十餘人沃衍死時年五十二初大兵破西夏長驅而至關輔十里皆洶洶不安雖智者亦無如之何沃衍與其部將劉興哥者率兵往來邪龍間屢戰屢勝故大軍猝不能東下興哥鳳翔虢縣人起於羣盜人呼曰熟劉後於淸化戰死大兵至酹酒以弔西州耆老語之至爲泣下

烏古論黑漢初以親軍入仕嘗爲唐鄧元帥府把軍官天興二年唐州刺史內族斜魯病卒鄧州總帥府以蒲察都尉權唐州事宋軍兩來圍唐唐之糧多爲鄧州所取以故乏食六月遣萬戶夾谷定住入歸德奏請軍糧不報七月鎭防軍馮總領甄改住爲變殺蒲察都尉時朝廷道梗帥府承制以黑漢權刺史行帥府事既而鎭防軍有歸宋之謀時裕州大成山聶都統一軍五百人在州獨不欲歸宋與鎭防軍爲敵鎭防不能勝棄老幼奔棗陽宋人以故知唐之虛實會鄧帥移剌瑗以城叛歸于宋遺書招黑漢黑漢殺其使者不報宋王安撫率兵攻唐鄂司王太尉繼至攻益急黑漢聞哀宗遷蔡遣人求救上命權參政兀林荅胡土將兵以往宋人設伏縱其半入城邀擊之胡土大敗僅存三十騎以還城中糧盡人相食黑漢殺其愛妾啖士士爭殺其妻子官屬聚議欲降黑漢與聶都統執議益堅馮總領乃私出城與王安撫會飲約明日宋軍入城馮歸宋軍不得入聶都統請馮議事卽坐中斬之及其黨皆死總領趙醜兒首初與馮同謀內不自安開西門納宋軍黑漢率大成山軍巷戰自辰至午宋軍大敗而出殺傷無數宋人城下大呼趙醜兒約併力殺大成山軍大成軍敗宋人獲黑漢脅使降黑漢不屈爲所殺其得脫走者十餘人總領移剌望軍女奚烈軍醜定走蔡州皆得遷賞後俱死於甲午之難

陀滿胡土門字子秀策論進士也累官翰林待制貞祐二年遷知中山府三年改知臨洮府兼本路兵馬都總管叛賊蘭州極陳僧等誘夏人入寇圍臨洮凡半月城中兵數千而粟且不支衆皆危之胡土門日爲開諭逆順禍福皆自奮因捕其黨欲爲內應者二十人斬之擲首城外賊四面來攻乃夜出襲賊壘夏兵大亂金軍乘之遂大捷夏人遁去四年知河中府事權河東南路宣撫副使十月進元帥右監軍兼前職興定二年爲絳陽軍節度使兼絳州管內觀察使十月遷元帥左監軍行元帥府事兼知晉安府河東南路兵馬都總管於是修城池繕甲兵積芻糧以備戰守民不悅行省胥鼎聞之遺以書曰元帥始鎭河中惠愛在民移旆晉安遠近忻仰去歲兵入平陽不守河東保完者惟絳而已蓋公坐籌制勝威德素著故不動聲氣以至無虞也邇來傳聞治政太剛科徵太重鼎切憂之古人有言御下不寬則人多懼禍用人有疑則士不盡心況大兵在邇鄰境已虛小人易動誠不可不慮也願公以謙虛待下忠孝結人明賞罰平賦稅上以分聖主宵旰之憂下以爲河東長城之託胡土門得書懼民不從且或生變乃上言臣本瑣材猥膺重寄方將治隍陴積芻糧爲捍禦之計而小民難與慮始以臣政令頗急皆有怨言遂貽行省之憂自聞訓諭措身無所內自悛悔外加寬撫庶幾少慰衆心而近以朝命分軍過河則又譁言帥臣不益兵保守而反助河南將棄我也人心如此恐一旦遂生他變向者李革在平陽人不安之而革隱忍不言以至于敗臣實拙謬無以服人敢以鼎書上聞惟朝廷圖之朝廷以鼎言遣吏部尚書完顏閭山代之或曰胡土門欲以計去晉安乃大興役恣爲殺戮務失民心故鼎言及之未幾晉安失守死者幾百萬人遂失河東三年八月改太常卿權簽樞密院事知歸德府事元光二年二月坐上書不實削一官正大三年七月復爲臨洮府總管四年五月城破被執誘之降不應使之跪不從以刀亂斫其膝脛終不能屈遂殺之五年詔贈中京留守立像褒忠廟錄用其子孫其妻烏古論氏亦死節有傳

姬汝作字欽之汝陽人全州節度副使端脩之姪孫也父懋以蔭試部掾轉尚書省令史汝作讀書知義理性豪宕不拘細行平日以才量稱正大末避兵崧山保鄉鄰數百家衆以長事之後徙居交牙山砦會近侍局使烏古論四和撫諭西山以便宜授汝作北山招撫使佩銀符遂遷入汝州初汝州殘破之後天興元年正月同知宣徽院事張楷授防禦使自汴率襄郟縣土兵百餘人入靑陽垛時呼延實者領靑陽砦事實趙城人本楊沃衍部曲以戰功至寶昌軍節度使開居汝之西山楷自揣不能服衆乃以州事託實尋往鄧州從恒山公武仙後大元兵至城破殺數千人乃許降以張宣差者管州事三月鈞州潰軍柳千戶者入州張逃去柳遂據之未幾城復破及汝作至北兵雖去但空城爾汝作招集散亡復立市井北兵屢招之不從數戰互有勝負已而北兵復來攻汝作親督士卒以死拒之兵退間道納奏哀宗宣諭此州無險固可恃汝乃能爲國用命今授以同知汝州防禦使便宜從事是時此州南通鄧州西接洛陽東則汴京使傳所出供億三面傳通音耗然呼延實在靑陽爲總帥忌汝作城守之功不能相下州事動爲所制實欲遷州入山謂他日必爲大兵所破汝作以爲倉中糧尚多四面潰軍日至此輩經百死激之皆可用朝廷倚我守此州總帥乃欲棄之何心哉讒間既行有相圖之隙詳議官楊鵬釋之曰外難未解而顧私忿語甚諄切實乃還山鵬因勸汝作納奏乞死守此州以堅軍民之心其冬戰于襄郟得馬百餘士氣頗振遂以汝作爲總帥不復與實相關矣天興二年六月哀宗在蔡州遣使徵兵入援州人爲邏騎所擾農事盡廢城中糧亦垂盡是月中京破部曲私議有脣亡之懼謀以城降懼汝作不敢言乃以遷州入山白之汝作怒曰吾家父祖食祿百年今朝廷又以州事帥職委我吾生爲金民死爲金鬼汝輩欲避於山非欲降乎有再言遷者吾必斬之八月塔察將大兵攻蔡經汝州州人梁皐作亂與故吏溫澤王和七八人徑入州廨汝作不爲備遂爲所殺時宣使石珪體究洛陽所以破及强伸死節事以路阻留汝州驛梁皐既殺汝作走告珪曰汝作私積糧斛不恤軍民衆怒殺之矣皐不圖汝作官職惟宣使裁之珪懼乃以皐權汝州防禦使行帥府事脫走入蔡以皐殺汝作事聞哀宗甚嗟惜之遣近侍張天錫贈汝作昌武軍節度使子孫世襲謀克仍詔峴山帥呼延實登封帥范眞併力討皐天錫避峴山遠先約范眞眞以麾下李某者往以撫諭軍民爲名皐率軍士迎於東門知朝廷圖已陰爲之備李猶豫不敢發皐館天錫于望崧樓隱毒於食天錫遂中毒而死皐後爲大元兵所殺

楊鵬字飛卿能詩

愛申逸其族與名或曰一名忙哥本虢縣鎭防軍累功遷軍中總領李文秀據秦州宣宗詔鳳翔軍討之軍圍秦州城時愛申在軍中有罪當死宣宗問之樞帥有知其名者奏此人將帥材忠實可倚宣宗命馳赦之以爲德順節度使行元帥府事正大四年春大兵西來擬以德順爲坐夏之所德順無軍人甚危之愛申識鳳翔馬肩龍舜卿者可與謀事乃遺書招之肩龍得書欲行鳳翔總管禾速嘉國鑑以大兵方進吾城可恃德順決不可守勸勿往肩龍曰愛申平生未嘗識我一見許爲知己我知德順不可守往則必死然以知己故不得不爲之死耳乃舉行橐付族父明爲死別冒險而去既至不數日受圍城中惟有義兵鄉軍八九千人大兵舉天下之勢攻之愛申假舜卿鳳翔總管府判官守禦一與共之凡攻守二十晝夜力盡乃死肩龍以劍自剄時年五十三軍中募生致肩龍而不知其終臺諫有言當贈德順死事者官以勵中外詔各贈官配食褒忠廟肩龍字舜卿宛平人先世遼大族有知興中府者時人號興中馬氏祖大中金初登科節度全錦兩州父成誼明昌五年登科仕爲京兆府路統軍司判官肩龍在太學有賦聲宣宗初有誣宗室從坦殺人將置之死人不敢言其寃肩龍上書大畧謂從坦有將帥材少出其右者臣一

介書生無用於世願代從坦死留爲天子將兵書奏初問汝與從坦交分厚歟肩龍對曰臣知有從坦從坦未嘗識臣從坦寃人不敢言臣以死保之宣宗感悟赦從坦授肩龍東平錄事委行省試驗宰相侯摯與語不契留數日罷歸將渡河與排岸官紛競搜篋中得馬軍糧料名數及利害數事疑其爲姦人偵何者繫歸德獄根勘適從坦至立救出之正大三年客鳳翔元帥愛申深器重之至是同死於難

禹顯鴈門人貞祐初隸上黨公張開累有戰功授義勝軍節度使兼沁州招撫副使元光二年四月大帥達兒解按察兒攻河東張開遣顯扼龍豬谷夾攻敗之擒元帥韓光國獲輜重甲仗甚衆追至祁縣而還所歷州縣悉復之顯將軍二百人守襄垣八年不還大帥嘗集河朔步騎數千攻之至於數四不能拔既而戰於王女寨大獲聞於朝權元帥府都監正大六年冬十一月軍內變城破被擒帥義之不欲加害初以鐵繩鈴之既而密與舊部曲二十八人遁去聞上黨公軍復振將往從之大兵四向來追顯適與眞金一兵相失匿飯山寺中僧走報爲被執不屈死時年四十一 秦州人張邦憲字正叔登正大中進士第爲永固令天興二年避兵徐州卓翼率兵至城邦憲被執將驅之北邦憲罵曰我進士也誤蒙朝廷用爲邑長可從汝曹反耶遂遇害劉全者彭城民也率鄉鄰數百避兵沫溝推爲砦主北兵至徐盡俘其老幼全父亦在其中北兵質之以招全全縛其八送徐州因竊其父以歸徐帥益都嘉其忠承制以爲昭信校尉遂領彭城縣尉後遇國用安以其不附已見殺

金史卷一百二十四

元　中　書　右　丞　相　總　裁　脫　脫　等　修

列傳第六十二

忠義四

馬慶祥 習謙等附　商衡　术甲脫魯灰

楊達夫　馮延登　烏古孫仲端

烏古孫奴申 裴滿阿虎帶等附　蒲察琦

蔡八兒 毛佺等附　溫敦昌孫 納坦胡失打附

完顏絳山 斜烈等附　畢資倫　郭蝦蟆

馬慶祥字瑞寧本名習禮吉思先世自西域入居臨洮狄道以馬爲氏後徙家淨州天山泰和中試補尚書省譯史大安初衛王始通問大元選使副上曰習禮吉思智辯通六國語往必無辱也使還授開封府判官內城之役充應辦使不擾而事集未幾大元兵出陝右朝廷命完顏仲元爲鳳翔元帥舉慶祥爲副上曰此朕志也且築城有勞即拜鳳翔府路兵馬都總管判官元光元年冬十一月聞大將萌古不花將攻鳳翔行省檄慶祥與治中胥謙分道清野將行命畫工肖其貌付其家人或曰君方壯何乃爲此不祥慶祥曰非汝所知也明日遂行遇先鋒于澮水戰不利且行且戰將及城會大兵邀其歸路度不能脫令其騎曰吾屬荷國厚恩竭力効死乃其職也諸騎皆曰諾人殊死戰良久矢盡大兵圍數匝欲降之軍擁以行語言往復竟不屈而死年四十有六元帥郭仲元輿其尸以歸葬鳳翔普門寺之東事聞詔贈輔國上將軍恒州刺史謚忠愍胥謙及其子嗣亨亦不屈死謙贈輔國上將軍彰化軍節度使嗣亨贈威遠將軍鳳翔府判官楨州金勝堡提控僕散胡沙亦死贈銀青榮祿大夫正大二年哀宗詔褒死節士若馬習禮吉思王清田榮李貴王斌馮萬奴張德威高行中程濟姬玘張山等十有三人爲立褒忠廟仍錄其孤二人者逸其名餘無所考

商衡字平叔曹州人至寧元年特恩第一人授鄜州洛郊主簿以廉能換鄜縣尋辟威戎令興定三年歲饑民無所於糴衡白行省得開倉賑貸全活者甚衆後因地震城圮夏人乘釁入侵衡率蕃部土豪守禦應敵保以無虞秩滿縣人爲立生祠再辟原武令未幾入爲尚書省令史轉戶部主事兩月拜監察御史哀宗姨郕國夫人不時出入宮闈干預政事聲跡甚惡衡上章極言自是郕國被召乃敢進見內族慶山奴將兵守盱眙與李全戰敗朝廷置而不問衡上言自古敗軍之將必正典刑不爾則無以謝天下詔降慶山奴爲定國軍節度使戶部侍郎權尚書曹溫之女在掖庭親舊干預權利其家人塡委諸司貪墨彰露臺臣無敢言者衡歷數其罪詔罷溫戶部改太后府衛尉再上章言溫果可罪當貶逐無罪則臣爲妄言豈有是非不別而兩可之理哀宗爲之動容乃出溫爲汝州防禦使未幾爲右司都事改同知河平軍節度使未赴改樞密院經歷官遙領昌武軍同知節度使事丞相完顏賽不領陝西行省奏衡爲左右司員外郎密院表留有旨行省地重急於得人可從丞相奏明年召還行省再奏留之正大八年以母喪還京師十月起復爲秦藍總帥府經歷官天興元年二月關陝行省徒單兀典等敗於鐵嶺衡未知諸帥存殁招集潰軍以須其至遂爲兵士所得欲降之不爲屈監至長水縣東岳祠前誘之使招洛陽衡曰我洛陽識何人爲汝招之耶兵知不可誘欲捽其巾衡瞋目大呼曰汝欲脅從我耶終不肯降望闕瞻拜曰主將無狀亡兵失利臣之罪責亦無所逃但以一死報國耳遂引佩刀自剄年四十有六正大初河間許古詣闕拜章言八座率非其材省寺小臣有可任宰相者不大升黜之則無以致中興章奏詔古赴都堂問孰爲可相者古以衡對則衡之材可知矣

术甲脫魯灰上京人世爲北京路部長其先有開國功授北京路宋阿答阿猛安脫魯灰自幼襲爵貞祐二年宣宗遷汴率本部兵赴中都扈從上喜特授御前馬步軍都總領宋人畧南鄙命同簽樞密院事時全將大軍南伐脫魯灰率本部屢摧宋兵破城寨以功遷授武昌軍節度使元帥右都監行蔡息等路元帥府事既而宋人有因畜牧越境者邏卒擒之法當械送朝廷脫魯灰曰國家自遷都以來境土日蹙民力彫耗幸邊無事人稍得息若戮此曹則邊釁復生兵連禍結矣不如釋之以絕兵端哀宗卽位授鎭南軍節度使蔡州管內觀察使行戶工部尚書時大元兵入陝西乃上章曰宋人與我爲讎敵頃以力屈自保非其本心今陝西破兵河南出師轉戰連年不絕兵死于陣民疲于役國力竭矣壽泗一帶南接盱楚紅襖賊李全巢穴也萬一宋人諜知與全乘虛而入腹背受敵非計之得者也臣已令所部沿邊警斥以備非常宜勑壽泗帥臣謹斥候嚴烽燧常若敵至此兵法所謂無恃其不來恃吾有以待之之道也上是而行之二年秋傳言宋人將入侵農司令民先期刈禾脫魯灰曰夫民所恃以仰事俯育及供億國家者秋成而已今使秋無所獲國何以仰民何以給遂遣軍巡邏聽民待熟而刈宋人卒不入寇諜者又報光州汪太尉將以八月發兵來取眞陽議者請籍丁男以備脫魯灰曰汪太尉恇怯人耳寧敢爲此必姦人聲言來寇欲使吾民廢務也不可信已而果然叛人焦風子者沿河南北屢爲反覆朝廷授以提控之職令將三千人戍遂平四年春風子謀率其衆入宋脫魯灰策之以兵數千伏鄎陽道賊果夜出此途伏發殪之七年大元兵攻藍關至八渡倉退舉朝皆賀以爲無事脫魯灰獨言曰潼關險隘兵精足用然商洛以南瀕於宋境大山重複宋人不知守國家亦不能逾宋境屯戍大兵若由散關入興元下金房繞出襄漢北入鄧鄙則大事去矣宜與宋人釋怨諭以輔車之勢唇亡齒寒彼必見從據其險要以備不然必敗是秋改授小關子元帥屯商州大吉口九年春從行省參政徒單吾典將潼關兵入援至商山遇雪大兵邀擊之士卒飢凍不能戰而潰脫魯灰被執不屈拔佩刀自殺

楊達夫字晉卿耀州三原人泰和三年進士有才幹所至可紀召補省掾草奏章坐字誤降平涼府判官嘗主鄠縣簿事一從簡吏民樂之達夫亦愛其山水之勝因家焉日以詩酒自娛了無宦情會有詔徙民東入關達夫與衆行及詔避兵于州北之橫嶺爲游騎所執將褫衣害之達夫挺然直立馬首畧無所懼稍侵辱之即大言曰我金國臣子旣爲汝所執不過一死忍裸袒以黷天日耶遂見殺兩山潛伏之民竊觀之者皆相告曰若此好官異日祠之當作我橫嶺之神

馮延登字子俊吉州吉鄉人世業醫延登幼穎悟旣長事舉業承安二年登詞賦進士第調臨眞簿德順州軍事判官泰和元年轉寧邊令大安元年秋七月雹害稼民艱于食延登發粟賑貸全活甚衆貞祐二年補尚書省令史尋授河中府判官兼行尚書省左右司員外郎興定五年入爲國史院編修官改太常博士元光二年知登聞鼓院兼翰林修撰奉使夏國就充接送伴使正大七年十二月遷國子祭酒假翰林學士承旨充國信使以八年春奉國書朝見於虢縣御營有旨問汝識鳳翔帥否對曰識之又曰何如人曰敏於事者也又問汝也明日復問汝曾思之不對如前問至再三詞義不回又明日乃喻旨云汝罪應死但古無殺使者理汝愛汝須髯猶汝命也叱左右以刀截去之延登岸然不動乃監之豐州二年後放還哀宗撫慰久之復以爲祭酒歷禮吏二部侍郎權刑部尚書明年大元兵圍汴京倉猝逃難爲騎兵所得欲擁而北行延登辭情慷慨義不受辱遂躍城旁井中年五十八

烏古孫仲端本名卜吉字子正承安二年策論進士宣宗時累官禮部侍郎與翰林待制安延珍奉使乞和于大元謁見太師國王木華黎於是安延珍留止仲端獨往並大夏涉流沙踰葱嶺至西域進見太祖皇帝致其使事乃還自興定四年七月啓行明年十二月還至朝

延嘉其有奉使勞進官兩階延珍進一階歷裕州刺史
正大元年召爲御史中丞奉詔安撫陝西及歸權參知
政事正大五年十二月知開封府事完顏麻斤出吏部
郎中楊居仁以奉使不職尚書省具獄有旨釋之備再
使仲端言曰麻斤出等辱君命失臣節大不敬宜償禮
幣誅之奏上麻斤出等免死除名會議降大軍事及評
太后奉佛涉亡家敗國之語上怒貶同州節度使哀宗
將遷歸德召爲翰林學士承旨兼同簽大睦親府事留
守汴京及大元兵圍汴日久食盡諸將不相統一仲端
自度汴中事變不測一日與同年汝州防禦裴滿思忠
小飲談太學同舍事以爲笑樂因數言人死亦易事耳
思忠曰吾兄何故頻出此語仲端因寫一詩示之其詩
大槩謂人生大似巢燕或在華屋杏梁或在村居茅茨
及秋社甫臨皆當逝去人生雖有富貴貧賤不同要之
終有一死耳書畢連飲數杯送思忠出門曰此別終天
矣思忠去仲端卽自縊其妻亦從死明日崔立變仲端
爲人樂易寬厚知大體奉公好善獨得士譽一子名愛
實嘗爲護衛奉御以誅官奴功授節度世襲千戶思忠
名正之本名蒲剌篤亦承安二年進士
烏古孫奴申字道遠由譯史入官性伉特敢爲有直氣
嘗爲監察御史時中丞完顏百家以酷烈聞奴申以事
糾罷朝士偉然後爲左司郎中近侍局使皆有名哀宗
東遷爲諫議大夫近侍局使行省左右司郎中兼知宮
省事留汴京居守崔立變之明日同御史大夫裴滿阿
虎帶自縊死於臺中是日戶部尚書完顏珠顆亦自縊
阿虎帶字仲寧珠顆字仲平皆女直進士時不辱而死
者奉御完顏忙哥大睦親府事吾古孫端大理裴滿德
輝右副點檢完顏阿撒參政完顏奴申之子麻因可知
者數人餘各有傳
蒲察琦本名阿憐字仁卿棣州陽信人試補刑部掾兄
世襲謀克兄死琦承襲正大六年秦藍總帥府辟琦爲
安平都尉粘葛合典下都統兼知事其冬小關破事勢
已迫琦常在合典左右合典令避矢石琦不去曰業已
從公死生當共之尚安所避耶哀宗遷歸德汴京立講
議所受陳言文字其官則御史大夫納合寧以下十七
人皆朝臣之選而琦以有論議預焉時左司都事元好
問領講議兼看讀陳言文字與琦甚相得崔立變後令
改易巾髻琦謂好問曰今日易巾髻在京人皆可獨琦
不可琦一刑部譯史襲先兄世爵安忍作此今以一死
付公然死則卽死付公一言亦剩矣因泣涕而別琦既
至其家母氏方晝寢驚而寤琦問阿母何爲母曰適夢
三人潛伏梁間故驚寤仁卿覽曰梁上人鬼也兒意在
懸梁阿母夢先見耳家人輩泣勸曰君不念老母歟母
止之曰勿勸兒所處是矣卽自縊時年四十餘琦性沉
靜好讀書知古今事其母完顏氏以孝謹稱
蔡八兒不知其所始趫捷有勇性純質可任時爲忠孝
軍元帥天興二年自息州入援會大將奔盞遣數百騎
駐城東令人大呼曰城中速降當免殺戮不然無噍類
矣於是上登城遣八兒率挽強兵百餘潛出暗門渡汝
水左右交射之自是兵不復薄城築長壘爲久困計上
令分軍防守西城以殿前都點檢兀林荅胡土守西面
八兒副之已而哀宗度蔡城不守傳位承麟羣臣入賀
班定八兒不拜謂所親曰事至於此有死而已安能更
事一君乎遂戰死
毛佺者恩州人貞祐中爲盜宣宗南渡率衆歸國署爲
義軍招撫哀宗遷蔡以佺爲都尉圍城之戰佺力居多
城破自縊其子先佺戰歿時死事者則有閻忠郝乙王
阿驢樊喬爲忠滑州人衞王時開州刺史賽哥叛忠單
騎入城縛賽哥以出由是漸被擢用乙磁州人同日戰
死哀宗贈官阿驢樊喬皆河中人初爲砲軍萬戶鳳翔
破北降從軍攻汴司砲如故卽紿主者曰砲利於短不
利於長信之使截其木數尺纔十餘握由是機雖起伏
所擊無力卽日二人皆捐家走城是時女直人無死事
者長公主言於哀宗曰近來立功效命多諸色人無事
時則自家人爭強有事則他人盡力焉得不怨上默然
餘各有傳
温敦昌孫皇太后之姪衞尉七十五之子爲人短小精
悍性復豈弟累遷諸局分官上幸蔡授殿前左副點檢
圍城中數引軍潛出巡邏時尚食須魚汝河魚甚美上
以水多浮尸惡之城西有積水曰練江魚大且多往捕
必軍衞乃可昌孫常自領兵以往所得動千餘斤分賜
將士後知其出左右設伏伺而邀之力戰而死蔡城破
前御史監察納坦胡失打聞之慟哭投水而死
完顏絳山哀宗之奉御也系出始祖天興二年十月蔡
城破圍城中飢民萬餘訴於有司求出有司難之民大
呼於道上聞之遣近侍官分監四門門日出千人必老
稚羸疾者聽其出絳山時在北門憫人之飢出過其數
命杖之四十然出者多泄城中虛實尋止之三年正月
己酉蔡城破哀宗傳位承麟卽自縊于幽蘭軒權點檢
內族斜烈矯制召承御石盞氏近侍局大使焦春和內
侍局殿頭宋珪赴土前曉以名分大義反侍從官巴良
弼阿勒根文卿皆從死斜烈將死遺言絳山使焚幽蘭
軒火方熾子城破大兵突入近侍左右皆走避獨絳山
留不去爲兵所執問曰汝爲誰絳山曰吾奉御絳山也
兵曰衆皆散走而獨後何也曰吾君終於是吾候火滅
灰寒收瘞其骨耳兵笑曰若狂者耶汝命且不能保能
瘞而君耶絳山曰人各事其君吾君有天下十餘年功
業弗終身死社稷忍使暴露遺骸與士卒等耶吾逆知
君輩必不遺吾吾是以留果瘞吾君之後雖寸斬吾不
恨矣兵以告其帥奔盞曰此奇男子也許之絳山乃掇
其餘燼裹以敝衾瘞于汝水之旁再拜號哭將赴汝水
死軍士救之得免後不知所終
畢資倫縉山人也泰和南征以傭雇從軍軍還例受進
義副尉崇慶元年改縉山爲鎮州朮虎高琪爲防禦使
行元帥府事于是州選資倫爲防城軍千戶至寧元年
秋大元兵至鎮州高琪棄城遁資倫行及昌平收避遷
民兵轉戰有功擢授都統軍軍數千與軍中將領沈思
忠賽子都輩同隸一府屯鄭州及衞州時號沈畢軍積
功至都總領思忠爲副都尉僕散阿海南征軍次梅林
關不得過阿海問諸將誰能取此關者資倫首出應命
問須軍士幾何曰止用資倫所統足矣不煩餘軍明日
遲明出宋軍不意引兵薄之萬衆崩遂取梅林關阿海
軍得南行留提控王祿軍萬人守關不數日宋兵奪關
守之阿海以梅林歸遂爲敵據計無所出復問誰能取
梅林者以帥職賞之資倫復出應命以本軍再奪梅林
阿海破蘄黃按軍而還論功資倫第一授遙領同知昌
武軍節度使宣差總領都提控旣而樞密院以資倫思
忠不相能恐敗事以資倫統本軍屯泗州興定五年正
月戊戌提控王祿湯餅會軍中宴飲宋龜山統制時青
乘隙襲破泗州西城資倫知失計墮南城求死爲宋軍
所執以見時青說之曰畢宣差我知爾好男子亦宜
相時達變金國勢已衰弱爾肯降我宋亦不負爾若不
從見劉大帥卽死矣資倫極口罵曰時青逆賊聽我言
我出身至貧賤結柳器爲生自征南始得一官今職居
三品不幸失國家城池甘分一死尚不能報肯從汝反
賊求生耶青知無降意下盱眙獄時臨淮令李某者亦
被執後得歸爲泗州從宜移剌羊哥言其事羊哥以資
倫惡語罵時青必被殺卽以死不屈節聞于朝時資倫
子牛兒年十三居宿州收充皇后位奉閤舍人宋人亦
賞資倫忠憤不撓欲全活之鈐以鐵繩囚于鎮江府土
獄畧給衣食使不至寒餓脅誘百方時一引出問云汝
降否資倫或罵或不語如是十四年及盱眙將士降宋
宋使總帥納合買住已下北望哭拜謂之辭故主驅資
倫在旁觀之資倫見買住罵曰納合買住國家未嘗負
汝何所求死不可乃作如此豬鼻耶買住俯首不敢仰
視及蔡州破哀宗自縊宋人以告資倫資倫歎曰吾無
所望矣容我一祭吾君乃降耳宋人信之爲屠牛羊設
祭鎮江南岸資倫祭畢伏地大哭乘其不防投江水而
死宋人義之宣示四方仍議爲立祠鎮江之四有方士
者親嘗見之以告元好問及言泗州城陷資倫被執事
且曰資倫長身而赤色顴頰微高髯疏而黃資禀質直
重然諾故其堅忍守節卓卓如此宣宗實錄載資倫爲
亂兵所殺當時傳聞不得其實云
郭蝦蟆會州人世爲保甲射生手與兄祿大俱以善射
應募興定初祿大以功遷遙授同知平凉府事兼會州
刺史進官一階賜姓顏盞夏人攻會州祿大遙見其主
兵者人馬皆衣金出入陣中約二百餘步一發中其吭
殪之又射一人矢貫兩手於樹敵大駭城破祿大蝦蟆
俱被禽夏人憐其技囚之兄弟皆誓死不屈朝廷聞之
議加優獎而未知存沒乃特遷祿大子伴牛官一階授
巡尉職以旌其忠其後兄弟謀奔會自拔其騎事覺祿
大竟爲所殺蝦蟆獨拔歸上思祿大之忠命復遷伴牛
官一階遙授會州軍事判官蝦蟆遙授鞏州鈐轄會言
者乞獎用祿大弟遂遷蝦蟆官兩階授同知蘭州軍州
事興定五年冬夏人萬餘侵定西蝦蟆敗之斬首七百
獲馬五十匹以功遷同知臨洮府事元光二年夏人步
騎數十萬攻鳳翔甚急元帥赤盞合喜以蝦蟆總領軍
事從巡城濠外一人坐胡床以箭力不及氣貌若蔑視
城守者合喜指似蝦蟆云汝能射此人否蝦蟆測量遠
近曰可蝦蟆平時發矢伺腋下甲不掩處射之無不中
卽持弓矢伺坐者舉肘一發而斃兵退升遙授靜難軍
節度使尋改通遠軍節度使授山東西路斡可必剌謀
克仍遣使賞賚偏諭諸郡焉是年冬蝦蟆與鞏州元帥
田瑞攻取會州蝦蟆率騎兵五百皆被赭衲蔽州之南
山而下夏人猝望之以爲神城上有舉手於懸風版者
蝦蟆射之手與版俱貫凡射死數百人夏人震恐乃出
降蓋會州爲夏人所據近十年至是復焉正大初田瑞
據鞏州叛詔陝西兩行省併力擊之蝦蟆率衆先登瑞
開門突出爲其弟濟所殺斬首五千餘級以功遷遙授
知鳳翔府事本路兵馬都總管元帥左都監兼行蘭會

洮河元帥府事。六年九月蝦蟆進西馬二匹詔曰卿武藝超絕此馬可充戰用朕乘此豈能盡其力既入進卽尚廄物也就以賜卿仍賜金鼎一玉兎鶻一幷所遺郭倫哥等物有差天興二年哀宗遷蔡州慮孤城不能保擬遷鞏昌以粘葛完展爲鞏昌行省三年春正月完展聞蔡已破欲安衆心城守以待嗣立者乃遣人稱使者至自蔡有旨宣諭綏德州帥汪世顯者亦知蔡凶問且嫉完展制己欲發矯詔事因以兵圖之然懼蝦蟆威望乃遣使約蝦蟆併力破鞏昌使者至蝦蟆謂之曰粘葛公奉詔爲行省號令孰敢不從今主上受圍於蔡擬遷鞏昌國家危急之際我輩既不能致死赴援又不能叶衆奉迎乃欲攻粘葛公先廢遷幸之地上至何所歸乎汝帥若欲背國家任自爲之何及於我世顯卽攻鞏昌破之刼殺完展送款於大元復遣使者二十餘輩諭蝦蟆以禍福不從甲午春金國已亡西州無不歸順者獨蝦蟆堅守孤城丙申歲冬十月大兵併力攻之蝦蟆度不能支集州中所有金銀銅鐵雜鑄爲砲以擊攻者殺牛馬以食戰士又自焚廬舍積聚曰無至資兵日與血戰而大兵亦不能卒拔及軍士死傷者衆乃命積薪於州廨呼集家人及城中將校妻女閉諸一室將自焚之蝦蟆之妾欲有所訴立斬以徇火既熾率將士於火前持滿以待城破兵塡委以入壘戰既久士卒有弓盡矢絕者挺身入火中蝦蟆獨上大草積以門扉自蔽發二三百矢無不中者矢盡投弓劒于火自焚城中無一人肯降者蝦蟆死時年四十五土人爲立祠完展字世昌泰和三年策論進士初爲行省以蠟丸爲詔期以天興二年九月集大軍與上會於饒峯關出宋不意取與元旣而不果云

金史卷一百二十五

元 中書右丞相總裁脫脫等修

列傳第六十三

文藝上

韓昉 蔡松年子珪 吳激
馬定國 任詢 趙可
郭長倩 蕭永祺 胡礪
王競 楊伯仁 鄭子聃
党懷英

金初未有文字世祖以來漸立條教太祖既興得遼舊人用之使介往復其言已文太宗繼統乃行選舉之法及伐宋取汴經籍圖書宋士多歸之熙宗欵謁先聖北面如弟子禮世宗章宗之世儒風丕變庠序日盛士繇科第位至宰輔者接踵當時儒者雖無專門名家之學然而朝廷典策鄰國書命粲然有可觀者矣金用武得國無以異於遼而一代制作能自樹立唐宋之間有非遼世所及以文而不以武也傳曰言之不文行之不遠文治有補於人之家國豈一日之效哉作文藝傳

韓昉字公美燕京人仕遼累世通顯昉五歲喪父哭泣能盡哀天慶二年中進士第一補右拾遺轉史館修撰累遷少府少監乾文閣待制加衞尉卿知制誥充高麗國信使高麗雖舊通好天會四年奉表稱藩而不肯進誓表累使要約皆不得要領而昉復至高麗移督再三高麗徵國中讀書知古今者商摧辭旨使酬答專對凡涉旬乃始置對謂昉曰小國事遼宋二百年無誓表未嘗失藩臣禮今事上國當與事遼宋同禮而屢盟長亂聖人所不與必不敢用誓表昉曰貴國必欲用古禮舜五載一巡狩羣后四朝周六年五服一朝又六年王乃時巡諸侯各朝于方岳今天子方事西狩則貴國當從朝會矣高麗人無以對乃曰徐議之昉曰誓表朝會一言決耳於是高麗乃進誓表如約昉乃還宗幹大說曰非卿誰能辦此因謂執事者曰自今出疆之使皆宜擇人明年加昭文館直學士兼堂後官再加諫議大夫遷翰林侍講學士改禮部尚書遷翰林學士兼太常卿修國史尚書如故昉自天會十二年入禮部在職凡七年當是時朝廷方議禮制度或因或革故昉在禮部兼太常甚久云除濟南尹拜參知政事皇統四年表乞致仕不許六年再表乞致仕乃除汴京留守封鄆國公復請如初以儀同三司致仕天德初加開府儀同三司薨年六十八昉性仁厚待物甚寬有家奴誣告昉以馬賚送叛人出境考之無狀有司以奴還昉昉待之如初曰奴誣主人以罪求爲良耳何足怪哉人稱其長者昉雖貴讀書未嘗去手善屬文最長於詔冊作太祖睿德神功碑當世稱之自使高麗歸後高麗使者至必問昉安否云

蔡松年字伯堅父靖宋宣和末守燕山松年從父來管勾機宜文字宗望軍至白河郭藥師敗靖以燕山府降元帥府辟松年爲令史天會中遼宋舊有官者皆換授松年爲太子中允除眞定府判官自此爲眞定人嘗從元帥府與齊俱伐宋是時初平鎭定西山羣盜山中居民爲賊汙者千餘家松年力爲辨論竟得不坐齊國廢置行臺尚書省於汴松年爲行臺刑部郎中都元帥宗弼領行臺事伐宋松年兼總軍中六部事宋稱臣師還宗弼入爲左丞相薦松年爲刑部員外郎皇統七年尚書省令史許霖告田瑴黨事松年素與瑴不相能是時宗弼當國瑴性剛正好評論人物其黨皆君子韓企先爲相愛重之而松年許霖曹望之欲與瑴相結瑴拒之由是構怨故松年許霖構成瑴等罪狀勸宗弼誅之君子之黨熄焉是歲松年遷左司員外郎松年前在宗弼府而海陵以宗室子在宗弼軍中任使用是相厚善天德初擢吏部侍郎俄遷戶部尚書海陵遷中都徙榷貨務以實都城復鈔引法皆自松年啓之海陵謀伐宋以松年家世仕宋故亟擢顯位以聳南人觀聽遂以（缺四字）

正旦使使還改吏部尚書尋拜參知政事是年自崇德大夫進銀靑光祿大夫遷尚書右丞未幾爲左丞封郜國公初海陵愛宋使人山呼聲使神衞軍習之及孫道夫賀正隆三年正旦入見山呼聲不類往年來者道夫退海陵謂宰臣曰宋人知我使神衞軍習其聲此必蔡松年胡礪泄之松年惶恐對曰臣若懷此心便當族滅久之進拜右丞相加儀同三司封衞國公正隆四年薨年五十三海陵悼惜之奠于其第命作祭文以見意加封吳國公諡文簡起復其子三河主簿珪爲翰林修撰璋賜進士第遣翰林待制蕭籲護送其喪歸葬眞定四品以下官離都城十里送之道路之費皆從官給松年事繼母以孝聞喜周恤親黨性復豪侈不計家之有無文詞淸麗尤工樂府與吳激齊名時號吳蔡體有集行于世子珪

珪字正甫中進士第不求調久乃除澄州軍事判官遷三河主簿丁父憂起復翰林修撰同知制誥在職八年改戶部員外郎兼太常丞珪號爲辨博凡朝廷制度損益珪爲編類詳定檢討刪定官初兩燕王墓舊在中都東城外海陵廣京城圍墓在東城內前嘗有盜發其墓大定九年詔改葬於城外俗傳六國時燕王及太子丹之葬及啓壙其東墓之柩題其端曰燕靈王舊舊古柩字通用乃西漢高祖子劉建葬也其西墓蓋燕康王劉嘉之葬也珪作兩燕王墓辯據葬制名物款刻甚詳安國軍節度判官高元鼎坐監臨姦事求援於太常博士田居實大理司直吳長行吏部主事高震亨大理評事王元忠震亨以屬鞫問官御史臺典事李仲柔仲柔發之珪與刑部員外郎王脩宛平主簿任詢前衞州防禦判官閻恕承事郎高復亨文林郎翟詢敦武校尉王景晞進義校尉任師望坐與居實等轉相傳教或令元鼎逃避居實長行震亨元忠各杖八十修珪詢恕復亨翟詢各笞四十景晞師望各徒二年官贖外並的決久之除河東北路轉運副使復入爲脩撰遷禮部郎中封眞定縣男珪已得風疾失音不能言乃除濰州刺史同輩巳奏謝珪獨不能入見世宗以襄右丞唐括安禮參政王蔚曰卿等閱書史亦有不能言之人可以從政者乎又謂中丞劉仲誨曰蔡珪風疾不能奏謝卿等何不糾之人言卿等相爲黨蔽今果然邪珪乃致仕尋卒珪之文有補正水經五篇合沈約蕭子顯魏收宋齊北魏志作南北史志三十卷續金石遺文跋尾十卷晉陽志十二卷文集五十五卷補正水經晉陽志文集今存餘皆亡

吳激字彥高建州人父拭宋進士官終朝奉郎知蘇州激米芾之壻也工詩能文字畫俊逸得芾筆意尤精樂府造語淸婉哀而不傷將宋命至金以知名留不遣命爲翰林待制皇統二年出知深州到官三日卒詔賜其子錢百萬粟三百斛田三頃以周其家有東山集十卷行于世東山其自號也

馬定國字子卿茌平人自少志趣不羣宣政末題詩酒家壁坐譏訕得罪亦因以知名阜昌初遊歷下以詩撼齊王豫豫大悅授監察御史仕至翰林學士石鼓自唐以來無定論定國以字畫考之云是宇文周時所造作辯萬餘言出入傳記引據甚明學者以比蔡正甫燕王墓辯初學詩未有入處夢其父與方寸白筆從是文章大進有集傳于世

任詢字君謨易州軍市人父貴有才幹善畫喜談兵宜政間游江浙詢生於虔州爲人慷慨多大節書爲當時第一畫亦入妙品評者謂畫高於書書高於詩詩高於文然王庭筠獨以其才具許之登正隆二年進士第歷益都都勾判官北京鹽使年六十四致仕優游鄉里家藏法書名畫數百軸年七十卒

趙可字獻之高平人貞元二年進士仕至翰林直學士博學高才卓犖不羈天德貞元間有聲場屋後入翰林一時詔誥多出其手流輩服其典雅其歌詩樂府尤工號玉峯散人集

郭長倩字曼卿文登人登皇統丙寅經義乙科仕至秘書少監兼禮部郎中修起居注與施朋望王無競劉昂老劉無黨相友善所撰石決明傳爲時輩所稱有崑崙

集行于世。

蕭永祺字景純，本名蒲烈，少好學，通契丹大小字。廣寧尹耶律固奉詔譯書，辟置門下，因盡傳其業。固卒，永祺率門弟子服齊衰喪。固作遼史未成，永祺繼之，作紀三十卷、志五卷、傳四十卷，上之。加宣武將軍，除太常丞。海陵為中京留守，永祺特見親禮。天德初，擢左諫議大夫，遷翰林侍講學士，同修國史，再遷翰林學士。明年，遷承旨。尚書左丞耶律安禮出守南京，海陵欲以永祺代之，名見于內閣，諭以旨意，永祺辭曰：「臣材識甲下，不足以辱執政。」海陵曰：「今天下無事，朕方以文治，卿為是優矣。」永祺固辭。既出，或問曰：「公遇知人主，進取爵位，以道佐時，何多讓也？」永祺曰：「執政繫天下休戚，縱欲貪冒榮寵，如蒼生何？」海陵嘗選廷臣十人備諮訪，獨永祺議論寬厚，時稱長者。卒，年五十七。

胡礪字元化，磁州武安人。少嗜學。天會間，大軍下河北，礪為軍士所掠，行至燕，亡匿香山寺，與傭保雜處。韓昉見而異之，使賦詩以見志。礪操筆立成，思致清婉，昉喜甚，因館置門下，使與其子處，同教育之，自是學業日進。昉嘗謂人曰：「胡生才器，一日千里，他日必將名世。」十年，舉進士第一，授右拾遺，權翰林修撰。久之，改定州觀察判官。定之學校為河朔冠，士子聚居者常以百數，礪督教不倦，經指授者悉為場屋上游，稱其程文為元化格。皇統初，為河北西路轉運都勾判官。礪性剛直無所屈。行臺平章政事高楨之汴，道真定，燕于漕司，礪欲就坐，楨責之。礪曰：「公在政府則禮絕百僚，今日之會自有賓主禮。」楨曰：「汝他日為省吏，當何如？」礪曰：「當官而行，亦何所避。」楨壯其言，改謝之。改同知深州軍州事，加朝奉大夫。郡守暴戾，蔑視僚屬，礪常以禮折之，守愧服，郡事一委于礪。州管五縣，例置弓手百餘，少者猶六七十人，歲民錢五千餘萬為顧直，其人皆市井無賴，以迹盜為名，所至擾民。礪知其弊，悉罷去，繼而有飛語曰某日賊發，將殺通守，或請為備，礪曰：「盜所利者財耳，吾貧如此，何備為？」是夕令公署撤關，竟亦無事。再補翰林修撰，遷禮部郎中，一時典禮多所裁定。海陵拜平章政事，百官賀於廟堂，礪獨不跪。海陵問其故，礪以令對，且曰：「朝服而跪，見君父禮也。」海陵深器重之。天德初，再遷侍講學士，同修國史，以母憂去官。起復為宋國歲元副使。刑部侍郎白彥恭為使，海陵謂礪曰：「彥恭官在卿下，以其舊勞，故使卿副之。」遷翰林學士，改刑部尚書，扈從至汴，得疾，海陵數遣使臨問。卒，深悼惜之，年五十五。

王競字無競，彰德人。警敏好學。年十七，以廕補官。宋宣和中，太學兩試合格，調屯留主簿。入國朝，除大寧令，歷寶勝鹽官，轉河內令。時歲饑，盜起，競設方略以購賊，不數月盡得之。夏秋之交，沁水泛溢，歲發民築隄，豪民猾吏因緣為姦，競覈實之，減費幾半，縣民為之謠曰：「西山至河岸，縣官兩人半。」蓋以前政韓希甫與競相繼治縣，皆有幹能，絳州正平令張元亦有治績而差不及，故云然。天眷元年，轉固安令。皇統初，參政韓昉薦之，名權應奉翰林文字，兼太常博士。詔作金源郡王完顏婁室墓碑，競以行狀盡其實，乃請國史刊正之，時人以為法。二年，試館閣，競文居最，遂為真，遷尚書禮部員外郎。時海陵當國，政由己出，欲令百官避堂諱，競言人臣無公諱，遂止。蕭仲恭以太傅領三省事，封王，欲援遼故事，親王用紫羅傘，事下禮部，競與郎中翟永固明言其非是，事竟不行，海陵由是重之。天德初，轉翰林待制，遷翰林直學士，改禮部侍郎，遷翰林侍講學士，改太常卿，同修國史，擢禮部尚書，同修國史如故。大定二年春，從太傅張浩朝京師，詔復為禮部尚書。是歲，奉遷睿宗山陵，儀注不應典禮，競削官兩階，詔改創五龍車，兼翰林學士承旨，修國史。四年，卒官。競博學而能文，善草隸書，工大字，兩都宮殿牓題皆競所書，士林推為第一云。

楊伯仁字安道，伯雄之弟也。天性孝友，讀書一過成誦。登皇統九年進士第，事親不求調。天德二年，除應奉翰林文字。初名伯英，避太子光英諱，改今名。海陵嘗夜召賦詩，傳趣甚亟，未二鼓，奏十詠，海陵喜，解衣賜之。海陵射烏，伯仁獻獲烏詩以諷。丁父憂，起復，賜金帶、襲衣，及賜白金以奉母。改左拾遺。進士呂忠翰廷試已在第一，未唱名，海陵以忠翰程文示伯仁，問其優劣，伯仁對曰：「當在優等。」海陵曰：「此令試狀元也。」伯仁自以知忠翰姓名在第一，遂宿諫省，俟唱名乃出。海陵嘉其慎密，轉翰林修撰。孟宗獻發解第一，伯仁讀其程文，稱之：「此人當成大名。」是歲，宗獻府試、省試、廷試皆第一，號孟四元，時論以為知文。故事，狀元官從七品，承務郎，世宗以宗獻獨異等，與從六品階，授奉直大夫，改著作郎。居母喪，服除，調鎮西節度副使，入為起居注，兼左拾遺，上書論時務六事。改大名少尹。郡中豪民橫恣甚，莫可制，民受其害，伯仁窮竟渠黨，四境帖然。讞館陶大辟，得其冤狀，館陶人為立祠。府尹荊王文坐贓削封，降德州防禦使，同知裴滿子寧及伯仁判官謝奴皆以不能匡正解職。伯仁降南京留守判官，改同知安化軍節度使，到官三日，名為太子右諭德，兼侍御史，改翰林待制，復兼右諭德。除濱州刺史。郡俗有遺奴出亡，捕之以規賞者，伯仁至，責其主而杖殺其奴，如是者數輩，其弊遂止。入為左諫議大夫，兼禮部侍郎、翰林直學士。故事，諫官詞臣入直禁中，上閔其勞，特免入直。改吏部侍郎，直學士如故。鄭子聃卒，宰相舉伯仁代之，乃遷侍講，兼禮部侍郎。伯仁久在翰林，文詞典麗，上曰：「自韓昉、張鈞後，則有翟永固，近日則張景仁、鄭子聃，今則伯仁而已，其次未見能文者。呂忠翰草降海陵庶人詔，點竄再四，終不能盡朕意。狀元雖以詞賦甲天下，至於辭命未必皆能。凡進士可令補外，考其能文者，名用之。」不數月，兼左諫議大夫，俄兼太常卿。大臣舉可修起居注者數人，上以伯仁領之。從幸上京，伯仁多病，至臨潢池寒，因感疾，還中都。明年，上還幸中都，遣使勞問，賜以丹劑。是歲卒。

鄭子聃字景純，大定府人。父宏，遼金源令。二子：子京、子聃。楊丘行嘗謂人曰：「金源二子鳳毛也，小者尤特達，後必名世。」子聃及冠，有能賦聲。天德二年，丘行為太子左衛率府率。廷試明日，海陵以子聃程文示丘行，對曰：「可入甲乙。」及拆卷，果中第一甲第三人，調翼城丞，遷贊皇令，名為書畫直長。子聃頗以才望自負，常慊不得為第一甲第一人。正隆二年，會試畢，海陵以第一人程文問子聃，子聃少之。海陵問：「作賦何如？」對曰：「甚易。」因自矜，且謂他人莫己若也。海陵不悅，乃使子聃與翰林修撰綦戩、楊伯仁，宣徽判官張汝霖，應奉翰林文字李希顏同進士雜試。七月癸未，海陵御寶昌門臨軒觀試，以不貴異物民乃足為賦題，忠臣猶孝子為詩題，憂國如飢渴為論題。上謂讀卷官翟永固曰：「朕出賦題，能言之或能行之，未可知也。詩論題庶戒臣下。」丁亥，御便殿親覽試卷。中第者七十三人，子聃果第一，海陵奇之，有頃，進官三階，除翰林修撰，改侍御史。京畿旱，詔子聃決囚，遂澍雨，人以比顏真卿。遷待制，兼吏部郎中，改秘書少監，遷翰林直學士，兼太子左諭德。顯宗深器重之，以疾求補外，遂為沂州防禦使，皇太子幣贐甚厚，命以安輿之官。召還，為左諫議大夫，兼直學士，改吏部侍郎，同修國史，直學士如故。上曰：「修海陵實錄，知其詳無如子聃者。」蓋以史事專責之也。二十年，卒，年五十。子聃英俊有直氣，其為文亦然，平生所著詩文二千餘篇。

党懷英字世傑，故宋太尉進十一代孫，馮翊人。父純睦，泰安軍錄事參軍，卒官，妻子不能歸，因家焉。應舉不得意，遂脫略世務，放浪山水間，簞瓢屢空，晏如也。大定十年，中進士第，調莒州軍事判官，累除汝陰縣尹、國史院編修官、應奉翰林文字、翰林待制，兼同修國史。懷英能屬文，工篆籀，當時稱為第一，學者宗之。大定二十九年，與鳳翔府治中郝俁充遼史刊修官，應奉翰林文字移剌益、趙渢等七人為編修官。凡民間遼時碑銘墓誌及諸家文集，或記憶遼舊事，悉上送官。是時，章宗初即位，好尚文辭，旁求文學之士以備侍從，謂宰臣曰：「翰林闕人如之何？」張汝霖奏曰：「郝俁能屬文，宦業亦佳。」上曰：「近日制詔惟党懷英最善。」移剌履進曰：「進士擢第後止習吏事，更不復讀書，近日始知為學矣。」上曰：「今時進士甚滅裂，唐書中事亦多不知，朕殊不喜。」上謂宰臣曰：「郝俁賦詩頗佳，舊時劉迎能之，李晏不及也。」明昌元年，懷英再遷國子祭酒。二年，遷侍講學士。明年，議開邊防濠塹，懷英等十六人請罷其役，詔從之。遷翰林學士。六年，有事于南郊，攝中書侍郎讀祝冊，上曰：「讀冊至朕名，聲微下，雖曰尊君，然在郊廟禮非所宜，當平讀之。」承安二年，乞致仕，改泰寧軍節度使。明年，召為翰林學士承旨。泰和元年，增修遼史編修官三員，詔分紀、志、列傳刊修官，有改除者以書自隨。久之，致仕。大安三年卒，年七十八，謚文獻。懷英致仕後，章宗詔直學士陳大任繼成遼史云。

金史卷一百二十六

元中書右丞相總裁脫脫等修

列傳第六十四

文藝下

趙渢　周昂　王庭筠

劉昂　李經　劉從益

呂中孚（張建附）　李純甫　王鬱

宋九嘉　龐鑄　李獻能

王若虛　王元節　麻九疇

李汾　元德明（子好問）

趙渢字文孺，東平人。大定二十二年進士，仕至禮部郎中。性冲澹，學道有所得，尤工書，自號黃山。趙秉文云渢之正書體兼顏蘇，行草備諸家體，其超放又似楊凝式，當處蘇黃伯仲間。党懷英小篆，李陽冰以來鮮有及者，時人以渢配之，號曰党趙。有黃山集行於世。

周昂字德卿，眞定人。父伯祿字天錫，大定進士，仕至同知沁南軍節度使。昂年二十四擢第，調南和簿，有異政。遷良鄉令，入拜監察御史。路鐸以言事被斥，昂送以詩，語涉謗訕，坐停銓。久之，起爲龍州都軍，以邊功復名。爲三司官。大安兵興，權行六部員外郎。其甥王若虛嘗學於昂，昂教之曰：「文章工於外而拙於內者，可以驚四筵而不可以適獨坐，可以取口稱而不可以得首肯。」又云：「文章以意爲主，以言語爲役，主强而役弱則無令不從。今人往往驕其所役，至跋扈難制，甚者反役其主，雖極辭語之工，而豈文之正哉。」昂孝友，喜名節，學術醇正，文筆高雅，諸儒皆師尊之。旣歷臺省，爲人所擠，竟坐詩得罪，謫東海上十數年。始入翰林，言事愈切，出佐三司，非所好。從宗室承裕軍，承裕失利，跳走上谷，衆欲徑歸，昂獨不從，城陷，與其從子嗣明同死於難。嗣明字晦之。

王庭筠字子端，河東人。生未期，視書識十七字。七歲學詩，十一歲賦全題。稍長，涿郡王翛一見期以國士。登大定十六年進士第，調恩州軍事判官，臨政即有聲。郡民鄒四者謀爲不軌，事覺，逮捕千餘人，而鄒四竄匿不能得。朝廷遣大理司直王仲軻治其獄，庭筠以計獲鄒四，分別詿誤，坐預謀者十二人而已。再調館陶主簿。明昌元年三月，章宗諭旨學士院曰：「王庭筠所試文句太長，朕不喜此，亦恐四方傚之。」又謂平章張汝霖曰：「王庭筠文藝頗佳，然語句不健，其人才高，亦不難改也。」四月，召庭筠試館職，中選，御史臺言庭筠在館陶嘗犯贓罪，不當以館閣處之，遂罷。乃卜居彰德，買田隆慮，讀書黃華山寺，因以自號。是年十二月，上因語及學士，歎其乏材，參政守貞曰：「王庭筠其人也。」三年，名爲應奉翰林文字，命與秘書郎張汝方品第法書名畫，遂分入品者爲五百五十卷。五年八月，上顧謂宰執曰：「應奉王庭筠，朕欲以詔誥委之，其人才亦豈易得。近党懷英作長白山冊文殊不工。聞文士多妬庭筠者，不論其文，顧以行止爲訾。大抵讀書人多口頰，或相黨。昔東漢之士與宦官分朋，固無足惟，如唐牛僧孺、李德裕，宋司馬光、王安石，均爲儒者，而互相排毀，何耶。」遂遷庭筠爲翰林修撰。承安元年正月，坐趙秉文上書事，削一官，杖六十，解職，語在秉文傳。二年，降授鄭州防禦判官。四年，起爲應奉翰林文字。泰和元年，復爲翰林修撰，扈從秋山，應制賦詩三十餘首，上甚嘉之。明年卒，年四十有七。上素知其貧，詔有司賻錢八十萬以給喪事，求生平詩文藏之秘閣。又以御製詩賜其家，其引云：「王遵古，朕之故人也，乃子庭筠又以才選直禁林者首尾十年，今茲云亡，玉堂東觀無復斯人矣。」庭筠儀觀秀偉，善談笑，外若簡貴，人初不敢與接，旣見，和氣溢於顏間，殷勤慰藉如恐不及。少有可取，極口稱道，他日雖百負不恨也。從游者如韓溫甫、路元亨、張進卿、李公度，其薦引者如趙秉文、馮璧、李純甫，皆一時名士，世以知人許之。爲文能道所欲言，暮年詩律深嚴，七言長篇尤工險韻。有藂辨十卷、文集四十卷。書法學米元章，與趙渢、趙秉文俱以名家，庭筠尤善山水墨竹云。子曼慶，亦能詩并書，仕至行省右司郎中，自號澹游云。

劉昂字之昂，興州人。大定十九年進士。曾高而下七世登科。昂天資警悟，律賦自成一家，作詩得晚唐體，尤工絕句。李純甫故人外傳云，昂早得仕，年三十三爲尚書省掾，調平涼路轉運副使。時術士有言昂官止五品，昂不信。俄以母憂去職，連蹇十年，卜居洛陽，有終焉之志。有薦其才於章宗者，泰和初，自國子司業擢爲左司郎中。會掌書大中與賈鉉漏言除授事，爲言者所劾，獄辭連昂，章宗震怒，一時聞人如史肅、李著、王宇、宗室從郁皆譴逐之。鉉尋亦罷政，昂降上京留守判官，道卒，竟如術者之言。

李經字天英，錦州人。作詩極刻苦，喜出奇語，不蹈襲前人。李純甫見其詩曰：「眞今世太白也。」由是名大震。再舉不第，拂衣去。南渡後，其鄉帥有表至朝廷，士大夫議之曰：「此天英筆也。」朝議以武功就命倅其州，後不知所終。

劉從益字雲卿，渾源人。其高祖撝，天會元年詞賦進士，子孫多由科第入仕。從益登大安元年進士第，累官監察御史，坐與當路辨曲直，得罪去。久之，起爲葉縣令，修學勵俗，有古良吏風。葉自兵興，戶減三之一，田不毛者萬七千畝有奇，其歲入七萬石如故，從益請於大司農，爲減一萬，民甚賴之，流亡歸者四千餘家。未幾，被召，百姓詣尚書省乞留，不聽。入授應奉翰林文字，踰月以疾卒，年四十四。葉人聞之，以端午罷酒，爲位而哭，且立石頌德以致哀思。從益博學强記，精於經學，爲文章長於詩，五言尤工，有蓬門集。子祁字京叔，爲太學生，甚有文名，值金末喪亂，作歸潛志以紀金事，修金史多採用焉。

呂中孚字信臣，冀州南宮人。張建字吉甫，蒲城人。皆有詩名。中孚有清漳集。建明昌初授絳州教官，召爲官教，應奉翰林文字，以老請致仕，章宗愛其純素，不欲令去，授同知華州防禦使，仍賜詩以寵之。自號蘭泉，有集行于世。

李純甫字之純，弘州襄陰人。祖安上，嘗魁西京進士。父采，卒於益都府治中。純甫幼穎悟異常，初業詞賦，及讀左氏春秋，大愛之，遂更爲經義學。擢承安二年經義進士。爲文法莊周、列禦寇、左氏、戰國策，後進多宗之。又喜談兵，慨然有經世心。章宗南征，兩上疏策其勝負，上奇之，給送軍中，後多如所料。宰執愛其文，薦入翰林。及大元兵起，又上疏論時事，不報。宣宗遷汴，再入翰林。時丞相高琪擅威福柄，擢爲左司都事，純甫審其必敗，以母老辭去。旣而高琪誅，復入翰林，連知貢舉。正大末，坐取人踰新格，出倅坊州，未赴，改京兆府判官，卒於汴，年四十七。純甫爲人聰敏，少自負其材，謂功名可俯拾，作矮柏賦，以諸葛孔明、王景略自期。由小官上萬言書，援宋爲證，甚切，當路者以迂闊見抑。中年，度其道不行，益縱酒自放，無仕進意，得官未成考，旋即歸隱。日與禪僧士子游，以文酒爲事，嘯歌袒裼出禮法外，或飲數月不醒。人有酒見招，不擇貴賤必往，往輒醉，雖沉醉亦未嘗廢著書。然晚年喜佛，力探其奧義。自類其文，凡論性理及關佛老二家者號內藁，其餘應物文字爲外藁。又解楞嚴、金剛經、老子、莊子、中庸集解、鳴道集解，號中國心學西方父教，數十萬言，以故爲名教所貶云。

王鬱字飛伯，大興人。儀狀魁奇，目光如鶻。少居鈞臺，閉門讀書，不接人事。久之，爲文法柳宗元，閎肆奇古，動輒數千言，歌詩俊逸效李白。嘗作王子小傳以自敘。天興初元，汴京被圍，上書言事，不報。四月，圍稍解，挺身突出，爲兵士所得，其將遇之甚厚。鬱徑行無機防，爲其下所忌，見殺。臨終，懷中出書曰：「是吾平生著術，可傳付中州士大夫，曰王鬱死矣。」年三十餘。同時以詩鳴者雷琯、侯冊、王元粹云。

宋九嘉字飛卿，夏津人。爲人剛直豪邁，少遊太學，有能賦聲。長從李純甫讀書，爲文有奇氣，與雷淵、李經相伯仲。中至寧元年進士第，歷藍田、高陵、扶風、三水四縣令，咸以能稱。入爲翰林應奉，正大中以疾去，沒于癸巳之難。

龐鑄字才卿，遼東人。少擢第，仕有聲。南渡後，爲翰林待制，遷戶部侍郎，坐游貴戚家，出倅東平，改京兆路轉運使，卒。博學能文，工詩，造語奇健不凡，世多傳之。

李獻能字欽叔，河中人。先世有爲金吾衛上將軍者，時號李金吾家。迨獻能昆弟皆以文學名，從兄獻卿、獻誠，從弟獻甫相繼擢第，故李氏有四桂堂。獻能苦學博覽，於文尤長於四六。貞祐三年，特賜詞賦進士，廷試第一人，宏詞優等，授應奉翰林文字。在翰苑凡十年，出爲鄜州觀察判官，用薦者復爲應奉，俄遷修撰。正大末，以鎭南軍節度副使充河中帥府經歷官。大元兵破河中，奔陝州行省，以權左右司郎中值趙三三軍變，遇害，年四十三。獻能爲人恥小而墨色，頗有髯，善談論，每敷說今古，聲鏗亮可聽。作詩有志於風雅，文刻意樂章。在翰院應機敏捷，號得體。趙秉文、李純甫嘗曰：「李獻能天生今世翰苑材。」故每薦之，不令出館。家故饒財，盡於貞祐之亂。在京師無以自資，其母素豪奢，厚於自奉，小不如意則必訶譴，人視之殆不堪憂，獻能處之自若也，時人以純孝稱之。嘗謂人云：「吾幼夢官至五品，壽不至五十。」後竟如其言。

王若虛字從之，藁城人也。幼穎悟，若夙昔在文字間者。擢承安二年經義進士。調鄜州錄事，歷管城、門山二縣令，皆有惠政，秩滿，老幼攀送，數日乃得行。用薦入爲國史院編修官，遷應奉翰林文字。奉使夏國，還授同知泗州軍州事，留爲著作佐郎。正大初，章宗、宣宗實錄成，遷平涼府判官。未幾，召爲左司諫，後轉延州刺史，入爲直學士。天興元年，哀宗走歸德。明年春，崔立變，羣小附和，請爲立建功德碑，翟奕以尚書省命召若虛爲文。時奕輩恃勢作威，人或少忤則讒搆立見屠滅。若虛自分必死，私謂左右司員外郎元好問曰：「今召我作碑，不從則死，作之則名節掃地，不若死之爲愈。雖然，我姑以理諭之。」乃謂奕輩曰：「丞相功德碑當指何事爲言？」奕輩怒曰：「丞相以京城降，活生靈百萬，非功德乎？」曰：「學士代王言，功德碑謂之代王言可乎？且丞相旣以城降，則朝官皆出其門，自古豈有門下人爲主帥誦功德而可信乎後世哉？」奕輩不能奪。乃召太學生劉祁、麻革輩赴省，好問、張信之喻以立碑事曰：「衆議屬二君，且已白鄭王矣，二君其無讓。」祁等固辭而別。數日，促迫不已，祁即爲草定，以付好問。好問意未愜，乃自爲之，旣成，以示若虛，乃共刪定數字，然止直敘其事而已。後兵入城，不果立也。金亡，微服北歸鎭陽，與渾源劉郁東游泰山，至黃峴峰，憩萃美亭，顧謂同游曰：「汨沒塵土中一生，不意晚年乃造仙府，誠得終老此山，志願畢矣。」乃令子忠先歸，遣子恕

同行覘夷險因垂足坐大石上良久瞑目而逝年七十所著文章號儲夫集凡若干卷滹南遺老若干卷傳於世

王元節字子元弘州人也祖山甫遼戶部侍郎父詡海陵朝左司員外郎元節幼穎悟雖家世貴顯而從學甚謹渾源劉撝愛其才俊以女妻之遂傳其賦學登天德三年詞賦進士第雅尚氣節不能隨時俯仰故仕不顯及還密州觀察判官旣罷卽逍遙鄉里以詩酒自娛號曰遯齋年五十餘卒有詩集行於世弟元德亦第進士有能名於時終南京路提刑使孫國綱字正之業儒術尤長吏事爲人端重樂易或有忤者略不與校亦未嘗形于怒色大定三年試補尚書吏部掾未幾轉御史臺令史宣宗聞其材幹興定三年特名爲近侍奉職承應甚見寵遇勅留凡三考出爲同知中州事無何名爲筆硯直長擢監察御史秩滿勅留再仕蓋知其材器故也開興元年關陝完顏總帥屯河中府與大元軍戰敗績哀宗遣國綱乘上廐馬徑詣河中問敗軍之由還至中途値大兵見殺時年四十四

麻九疇字知幾易州人三歲識字七歲能草書作大字有及數尺者一時目爲神童章宗名見問汝入宮殿中亦懼怯否對曰君臣父子也子寧懼父耶上大奇之弱冠入太學有文名南渡後寓居郾蔡間入遂平西山始以古學自力博通五經於易春秋爲尤長興定末試開封府詞賦第二經義第一再試南省復然聲譽大振雖婦人小兒皆知其名及廷試以誤出士論惜之已而隱居不爲科舉計正大初門人王說王采苓俱中第上以其年幼怪而問之及知嘗師九疇平章政事侯摯翰林學士趙秉文連章薦之特賜盧亞牓進士第以病未拜官告歸再授太常寺太祝權博士俄遷應奉翰林文字九疇性資野逸高蹇自便與人交一語不相入則逕去不返顧自度終不能與世合頃之復謝病去居郾城天興元年大元兵入河南挈家走確山爲兵士所得驅至廣平病死年五十九九疇初因經義學易後喜邵堯夫皇極書因學算數又喜卜筮射覆之術晚更喜醫與名醫張子和游盡傳其學且爲潤色其所著書爲文精密奇健詩尤工緻後以避謗忌持戒不作明昌以來稱神童者五人太原常添壽四歲能作詩劉滋劉微張漢臣後皆無稱獨知幾能自樹立耆舊如趙秉文以徵君目之而不名

李汾字長源太原平晉人爲人尚氣跌宕不羈性褊躁觸之輒怒以是多爲人所惡喜讀史工詩雄健有法避亂入關京兆尹子容愛其材招致門下留二年去之涇州謁左丞張行信一見卽以上客禮之元光間游大梁舉進士不中用薦爲史館書寫書寫特抄書小史耳凡編修官得日錄纂述旣定以藁授書寫書寫錄潔本呈翰長汾旣爲之殊不自聊時趙秉文爲學士雷淵李獻能皆在院刊修之際汾在旁正襟危坐讀太史公左丘明一篇或數百言音吐洪暢旁若無人旣畢顧四坐漫爲一語云看秉筆諸人積不平而雷李尤切齒乃以嫚罵官長訟于有司然時論亦有不直雷李者尋罷入關明年來京師上書言時事不合去客唐鄧間恒山公武仙署行尚書省講議官旣而仙與參知政事完顏思烈相異同頗謀自安懼汾言論欲除之汾覺遁泌陽仙令總帥王德追獲之鎖養馬平絕食而死年未四十汾平生詩甚多不自收集世所傳者十二三而已

元德明系出拓拔魏太原秀容人自幼嗜讀書口不言世俗鄙事樂易無畦畛布衣蔬食處之自若家人不敢以生理累之累舉不第放浪山水間飲酒賦詩以自適年四十八卒有東嵒集三卷子好問最知名好問字裕之七歲能詩年十有四從陵川郝晉卿學不事舉業淹貫經傳百家六年而業成下太行渡大河爲箕山琴臺等詩禮部趙秉文見之以爲近代無此作也於是名震京師中興定五年第歷內鄉令正大中爲南陽令天興初擢尚書省掾頃之除左司都事轉行尚書省左司員外郎金亡不仕爲文有繩尺備衆體其詩奇崛而絕雕劌巧縟而謝綺麗五言高古沉鬱七言樂府不用古題特出新意歌謠慷慨挾幽幷之氣其長短句揄揚新聲以寫恩怨者又數百篇兵後故老皆盡好問蔚爲一代宗工四方碑板銘志盡趨其門其所著文章詩若干卷杜詩學一卷東坡詩雅三卷錦機一卷詩文自警十卷晚年尤以著作自任以金源氏有天下典章法度幾及漢唐國亡史作已所當任時金國實錄在順天張萬戶家乃言於張願爲撰述旣而爲樂夔所沮而止好問曰不可令一代之跡泯而不傳乃構亭於家著述其上因名曰野史凡金源君臣遺言往行采摭所聞有所得輒以寸紙細字爲記錄至百餘萬言今所傳者有中州集及壬辰雜編若干卷年六十八卒纂修金史多本其所著云

贊曰韓昉吳激楚材而晉用之亦足爲一代之文矣蔡珪馬定國之該博胡礪楊伯仁之敏贍鄭子聃麻九疇之英偉王若虛宋九嘉之邁往三李卓犖純甫知道汾任氣獻能尤以純孝見稱王庭筠党懷英元好問自足知名異代王競劉從益王若虛之吏治文不掩其所長蔡松年在文藝中爵位之最重者道金人言利與黨獄殺田瑴文不能掩其所短者歟事繼母有至行其死家無餘貲有足取云

金史卷一百二十七

元 中書右丞相總裁脫脫等修

列傳第六十五

孝友

溫迪罕幹魯補　陳顏　劉瑜

孟興　王震　劉政

孝友者人之至行也而恒性存焉有子者欲其孝有弟者欲其友豈非人之恒情乎爲子而孝爲弟而友又豈非人之恒性乎以人之恒情責人之恒性而不副所欲者恒有焉有竭力於是豈非難乎天生五穀以養人五穀之有恒性也服田力穡以望有秋農夫之有恒情也五穀熟人民育豈異事乎然以唐虞之世黎民阻飢不免以命稷百姓不親五品不遜不免以命契以是知順成之不可必猶孝友之不易得也是故有年大有年以異書於聖人之經孝友以至行傳於歷代之史勸農興孝之敎不廢於歷代之政孝弟力田自漢以來有其科章宗嘗言孝義之人素行已備雖有希覬猶不失爲行善庶幾帝王之善訓矣夫金世孝友見於旌表載於史冊者僅六人焉作孝友傳

溫迪罕幹魯補西北路宋葛斜斯渾猛安人年十五居父喪不飲酒食肉廬于墓側母疾刲股肉療之疾愈詔以爲護衛

陳顏衛州汲縣人世業農父光宋季擢武舉第調壽陽尉未赴値金兵取汴光病圍城中顏間關渡河往省其父因扶疾北歸光家奴謀良不可誣告光與賊殺人光繫獄榜掠不勝因自誣服顏詣郡請代父死太守徐某哀之不敢決適帥臣至郡以其狀白帥曰此眞孝子也遂併釋之天會七年詔旌表其門閭

劉瑜棣州人家貧甚母喪不能具葬乃質其子以給喪事明昌三年詔賜粟帛復其終身

孟興丞喪父事母孝謹母沒喪葬盡禮事兄如事其父明昌三年詔賜帛十四粟二十石

王震寧海州文登縣人爲進士學母患風疾刲股肉雜飲食中疾遂愈母沒哀泣過禮目生翳服除目不療而愈皆以爲孝感所致特賜同進士出身詔尚書省擬注職任

劉政洺州人性篤孝母老喪明政每以舌舐母目逾旬母能視物母疾晝夜侍側衣不解帶刲股肉啖之者再三母死負土起墳鄉鄰欲佐其勞政謝之葬之日飛烏哀鳴翔集丘木間廬於墓側者三年防禦使以聞除太子掌飲丞

隱逸

褚承亮　王去非　趙質

杜時昇　郝天挺　薛繼先

高仲振　張潛　王汝梅

宋可　辛愿　王予可

孔子稱逸民伯夷叔齊夷逸朱張柳下惠少連其立心造行之異固各有所稱謂而柳下惠則又嘗仕於當世者也長沮桀溺之徒則無所取焉後世凡隱遯之士其名皆列於史傳何歟蓋古之仕者其志將以行道其爲貧而仕下列者猶必先事而後食焉後世干祿者多其先人尚人之志與歎老嗟卑之心能去是者鮮矣故君子於士之遠引高蹈者特稱述之庶聞其風猶足以立懦廉頑也作隱逸傳

褚承亮字茂先眞定人宋蘇軾自定武謫官過眞定承亮以文謁之大爲稱賞宣和五年秋應鄉試同試者八百人承亮爲第一明年登第調易州戶曹未赴會金兵南下天會六年幹離不旣破眞定拘籍境內進士試安國寺承亮名亦在籍中匿而不出軍中知其才嚴令押赴與諸生對策策問上皇無道少帝失信舉人承風旨極口詆毀承亮詣主文劉侍中曰君父之罪豈臣子所得言耶長揖而出劉爲之動容餘悉放第凡七十二人遂號七十二賢榜狀元許必仕爲郎官一日出左掖門墮馬首中闑石死餘皆無顯者劉多承亮之誼薦之稾城縣漫應之卽棄去年七十終門人私諡曰玄貞先生子席珍正隆二年進士官州縣有聲

王去非字廣道平陰人嘗就舉不得意卽屏去督妻孥耕織以給伏臘家居教授束脩有餘輒分惠人弟子班忱貧不能朝夕一女及笄去非爲辦資裝嫁之北鄰有喪忌東出西與北皆人居南則去非家去非壞藩室使

喪南出遂得葬焉大定二十四年卒年八十四

趙質字景道遼相思溫之裔大定末舉進士不第隱居燕城南教授爲業明昌間章宗遊春水過焉聞絃誦聲幸其齋舍見壁間所題詩諷詠久之賞其志趣不凡召至行殿命之官固辭曰臣僻性野逸志在長林豐草金鑣玉絡非所願也況聖明在上可不容巢由爲外臣乎上益奇之賜田畝千復之終身泰和二年卒年八十五

杜時昇字進之霸州信安人博學知天文不肯仕進承安泰和間宰相數薦時昇可大用時昇謂所親曰吾觀正北赤氣如血東西亘天天下當大亂亂而南北當合爲一消息盈虛循環無端察往考來孰能違之是時風俗侈靡紀綱大壞世宗之業遂衰時昇乃南渡河隱居嵩洛山中從學者甚衆大抵以伊洛之學教人自時昇始正大間大元兵攻潼關拒守甚堅衆皆相賀時昇曰大兵皆在秦鞏間若假道於宋出襄漢入宛葉鐵騎長驅勢如風雨無高山大川爲之阻土崩之勢也頃之大元兵果自饒峯關涉襄陽出南陽金人敗績于三峯山汴京不守皆如時昇所料云正大末卒

郝天挺字晉卿澤州陵川人早衰多疾厭於科舉遂不復充賦太原元好問嘗從學進士業天挺曰今人賦學以速售爲功六經百家分磔緝綴或篇章句讀不之知幸而得之不免爲庸人又曰讀書不爲藝文選官不爲利養唯通人能之又曰今之仕多以貪敗皆苦饑寒不能自持耳丈夫不耐饑寒一事不可爲子以吾言求之科舉在其中矣或曰以此學進士無乃戾乎天挺曰正欲渠不爲舉子爾貞祐中居河南往來淇衛間爲人有崖岸耿耿自信寧落魄困窮終不一至豪富之門年五十終于舞陽

薛繼先字曼卿南渡後隱居洛西山中課童子讀書事母孝與人交謙遜和雅所居化之子純孝字方叔有父風有詐爲曼卿書就方叔取物者曼卿年已老狀貌如少者客不知其爲曼卿而以爲方叔也而與之書曼卿如所取付之監察御史石玠行部過曼卿曼卿不之見或言君何無鄉曲情曼卿曰君未之思耳凡今時政未必皆善御史一有所劾將謂自我發之同惡相庇他日并鄰里必有受禍者其畏愼皆此類壬辰之亂病没宜陽

高仲振字正之遼東人其兄領開封鎮兵仲振依之以居既而以家業付其兄挈妻子入嵩山博極羣書尤深易皇極經世學安貧自樂不入城市山野小人亦知敬之嘗與其弟子張潛王汝梅行山谷間人望之翩然如仙或曰仲振嘗遇異人教以養生術嘗終日燕坐骨節戛戛有聲所談皆世外事有扣之者輒不復語云

張潛字仲升武清人幼有志節慕荆軻聶政爲人年三十始折節讀書時人高其行誼目曰張古人後客崧山從仲振受易年五十始娶魯山孫氏亦有賢行夫婦相敬如賓負薪拾穗行歌自得不知其貧也鄰里有爲潛種瓜者及熟讓潛潛弗許竟分而食之嘗行道中拾一斧夫婦計度移時乃持歸訪其主還之里有兄弟分財者其弟曰我家如此獨不畏張先生知耶遂如初天興間潛挈家避兵少室乃不食七日死孫氏亦投絕澗死焉

王汝梅字大用大名人始由律學爲伊陽簿秩滿遂隱居不仕性嗜書動有禮法生徒以法經就學者兼授以經學諸生服其教無敢爲非義者同業嘗憫其貧時周之皆謝不受後不知所終

宋可字予之武陟人其姑適大族槀氏貞祐之兵夫及子皆死於難姑以白金五十笏遺可可受不辭其後姑得槀氏疎族立爲後挈之省外家可乃置酒會鄉鄰謂姑曰姑往時遺可以金可以槀氏無子故受之今有子矣此金槀氏物非姑物也可何名取之因呼妻子舁金歸之鄉里用是重之未幾北兵駐山陽軍中有聞可名者訪知所在質其子使人招之曰從我者禍福共之不然汝子死矣親舊競勸之往可皆謝不從曰吾有子無子與吾兒死生皆有命焉豈以一子故併平生所守者亡之竟以無子

辛愿字敬之福昌人年二十五始知讀書取白氏諷諫集自試一日便能背誦乃聚書環堵中讀之至書伊訓詩河廣頗若有所省欲罷不能因更致力焉由是博極書史作文有繩尺詩律精嚴有自得之趣性野逸不修威儀貴人延客麻衣草屨足脛赤露坦然於其間劇談豪飲傍若無人嘗謂王鬱曰王侯將相世所共嗜者聖人有以得之亦不避得之不以道與夫居之不能行已之志是欲澡其身而伏於廁也是雖與他人道子宜保之其志趣如此後爲河南府治中高廷玉客廷玉爲府尹溫迪罕福興所誣愿亦被訊掠幾不得免自是生事益狼狽愿雅負高氣不能從俗俯仰迫以饑凍流離往往見之于詩有詩數千首常貯竹橐中正大末歿洛下其詩有云黃綺暫來爲漢友巢由終不是唐臣眞處士語也

王予可字南雲河東吉州人父本軍校予可亦嘗隸籍年三十許大病後忽發狂久之能把筆作詩文及說世外恍惚事南渡後居上蔡遂平郾城之間遇文士則稱大成將軍於佛前則稱諦靡龍什於道則稱驂天玄俊於貴游則稱威錦堂主人爲人軀幹雄偉貌奇古戴青葛巾項後垂雙帶若牛耳一金鍰環在頂額之間兩頰以青湼之爲翠靨衣常不能掩脛落魄嗜酒每入城市人爭以酒食遺之夜宿土室中夏月或尸穢在傍蛆蟲狼籍不恤也人與之紙落筆數百言或詩或文散漫碎雜無句讀無首尾多六經中語及韻學家古文奇字字畫峭勁遇宋諱亦時避之或問以故事其應如響諸所引書皆世所未見談說之際稍若有條貫則又以誕幻語亂之麻九疇張瑴與之游最狎言其詩以百分爲率可曉者才二三耳壬辰兵亂爲順天將領所得知其名竊議欲挈之北歸館於州之瑞雲觀予可明日見將領自言曰我不能住君家瑞雲觀也不數日卒後復有見於淮上者

贊曰金世隱逸不多見今於簡冊所有得十有二人焉其卓爾不羣者三人褚承亮宋人勒試進士主司發策問宋徽欽之罪承亮長揖而去之方金人重舉業杜時昇居山中首以伊洛之學敎後進宋可不願仕人執其子爲質寧棄而不就遂以無子雖制行過中豈不賢於殺妻以求大將者乎大夫士見善明用心剛故能爲人所難爲者如此

金史卷一百二十八

元中書右丞相總裁脫脫等修

列傳第六十六

循吏

金自穆宗號令諸部不得稱都孛菫於是諸部始列於統屬太祖命三百戶爲謀克十謀克爲猛安一如郡縣置吏之法太宗既有中原申畫封疆分建守令熙宗遣廉察之使循行四方世宗承海陵彫弊之餘休養生息迄于明昌承安之間民物滋殖循吏迭出焉泰和用兵郡縣多故吏治衰矣宣宗尚刀筆之習嚴考核之法能吏不乏而豈弟之政罕見稱述焉金百餘年吏治始終可攷於是作循吏傳

盧克忠貴德州人高永昌據遼陽克忠走詣金源郡王斡魯營降遂以撒屋出爲鄉導斡魯克東京永昌走長松島克忠與渤海人撻不也追獲之收國二年授世襲謀克其後定燕伐宋皆與有功除登州刺史改刺澶州天德間同知保大軍節度使綏德州軍卒數人道過鄜城求宿民家是夜有賊剽主人財而去有司執假宿之卒繫獄榜掠誣服克忠察其冤獨不肯署未幾果得賊假宿之卒遂釋大定二年除北京副留守會民艱食克忠下令凡民有蓄積者計留一歲悉平其價糴之由是無捐瘠之患轉陳州防禦使後以靖難軍節度使致仕卒

牛德昌字彥欽蔚州定安人父鐸遼將作大監德昌少孤其母教之學有勸以就蔭者其母曰大監遺命不使作承奉也中皇統二年進士第調磐山簿遷萬泉令屬蒲陝薦饑羣盜充斥州縣城門晝閉德昌到官即日開城門縱百姓出入牓曰民苦饑寒剽掠鄉聚以偷旦夕之命甚可憐也能自新者一不問賊皆感激解散縣境以安府尹王伯龍嘉之禮待甚厚累官刑部吏部侍郎中都路都轉運使廣寧太原尹卒贈中奉大夫

范承吉字寵之好問學屬遼季盜賊起雖避地未嘗廢書天慶八年中進士丙科授秘書省校書郎至大定府金源令歸朝爲御前承應文字天眷初遷殿中少監四年從攻太原還少府監五年宗翰克宋所得金珠承吉司其出入無毫髮欺及還績車載書史而已尋遷昭文館直學士知絳州先是軍與民有爲將士所掠而逃歸者承吉使吏遍諭俾其自實凡數千具白元帥府許自贖爲良或貧無貲者以公廚代輸六年改河東北路轉運使時承宋季之弊民賦繁重失當承吉乃爲經畫立法簡便所入增十數萬斛官既足而民有餘歷同知平陽尹西京副留守遷河東南路轉運使改同簽燕京留守事順天軍節度使屬地震壞民廬舍有欲爭先營葺

者工匠過取其直承吉命官屬董其役先後以次不問貧富民賴以省費歷鎮西軍節度使行臺禮部尚書泰寧軍節度使復鎮順天奚卒散居境內率數千人爲盜承吉繩以法不少貸懼而不敢犯貞元二年以光祿大夫致仕卒年六十六

王政辰州熊岳人也其先仕渤海及遼皆有顯者政當遼季亂浮沉州里高永昌據遼東知政材略欲用之政度其無成辭謝不就永昌敗渤海人爭縛永昌以爲功政獨逡巡引退吳王闍母聞而異之言於太祖授盧州渤海軍謀克從破白霫下燕雲及金兵伐宋滑州降留政爲安撫使前此數州既降復殺守將反爲宋守及是人以爲政憂政曰苟利國家雖死何避宋王宗望壯之曰身沒王事利及子孫汝言是也政從數騎入州是時民多以饑爲盜坐繫政皆釋之發倉廩以賑貧乏於是州民皆悅不復叛傍郡聞之亦多降者宋王召政至轅門撫其背曰吾以汝爲死矣乃復成功耶慰諭者久之天會四年爲燕京都麴院同監未幾除同知金勝軍節度使事改權侍衞親軍都指揮使兼掌軍資是時軍旅始定筦庫紀綱未立掌吏皆因緣爲姦政獨明會計嚴扃鐍金帛山積而出納無錙銖之失吳王闍母戲之曰汝爲官久矣而貧不加富何也對曰政以楊震四知自守安得不貧吳王笑曰前言戲之耳以黃金百兩銀五百兩及所乘馬遺之六年授左監門將軍歷安州刺史檀州軍州事戶吏房主事天眷元年遷保靜軍節度使致仕卒年六十六政本名南撒里嘗使高麗因改名政子遵仁遵義遵古遵古有傳

張奕字彥微其先澤州高平人以廕補官仕齊爲歸德府通判齊國廢齊兵之在郡者二萬人謀爲亂約夜半舉燎相應奕知之選市人丁壯授以兵結陣扼其要巷開小南門以示生路亂不得作比明亡匿略盡擒其首惡誅之後五日都統完顏魯補以軍至歸德欲根株餘黨奕以闔門保郡人無他遂止行臺承制除同知歸德尹天眷元年以河南與宋改同知沂州防禦使事三年宗弼復取河南徵奕赴行省既定汴京授汴京副留守歷陳秦州防禦使同知太原尹晉寧軍報夏人侵界詔奕往征之奕至境上按籍各歸所侵土還奏曰折氏世守麟府以抗夏人本朝有其地遂以與夏夏人夷折氏墳壠而戮其屍折氏怨入骨髓而不得報也今復使守晉寧故激怒夏人使爲鼠竊而條上其罪苟欲開邊釁以雪私讎耳獨可徙折氏他郡則夏人自安朝廷從之遂移折氏守青州正隆間同知西京留守事遷河東北路轉運使大定二年徵爲戶部尚書甫視事得疾卒

李瞻薊州玉田人遼天慶二年進士爲平州望雲令張覺據平州叛以瞻從事宗望復平州覺亡去城中復叛瞻踰城出降其子不能出爲賊所害宋王宗望嘉之承制以爲興平府判官天會三年遷大理少卿從宗望南伐爲漢軍糧料使四年金兵圍汴宋人請割河北三鎮瞻與禮部侍郎李天翼安撫河北東西兩路略定懷濬衞等州衞湯陰等縣七年知寧州累遷德州防禦使爲政寬平民懷其惠相率詣京師請留者數百千人貞元三年遷濟州路轉運使改忠順軍節度使正隆末盜賊蠭起瞻增築城壘爲備蔚人賴之以安大定初卒于官

劉敏行平州人登天會三年進士除太子校書郎累遷肥鄉令歲大饑盜賊掠人爲食諸縣老弱入保郡城不敢耕種農事廢畎畝荒蕪敏行白州借軍士三十護縣民出耕多張旗幟爲疑兵敏行率軍巡邏日暮則閱民入城由是盜不敢犯而耕稼滋殖轉高平令縣城圮壞久不修大盜橫恣掠縣鎮不能禦敏行出己俸率僚吏出錢顧役繕治百姓欣然從之凡用二千人版築遂完鄉村百姓入保賊至不能犯凡遷爲河北東路轉運使致仕卒

傅慎微字幾先其先秦州沙溪人後徙建昌慎微遷居長安宋末登進士累官河東路經制使宗翰已克汴京使婁室定陝西慎微率衆迎戰兵敗被獲送至元帥府元帥宗翰愛其才學弗殺羈置歸化州希尹收置門下宗弼復取河南地起爲陝西經略使尋權同州節度使事明年陝西大旱饑死者十七八以慎微爲京兆鄜延環慶三路經濟使許以便宜慎微募民入粟得二十餘萬石立養濟院飼餓者全活甚衆改同知京兆尹權陝西諸路轉運使復修三白龍首等渠以溉田募民屯種貸牛及種子以濟之民賴其利轉中京副留守用廉改沂州刺史累遷太常卿除定武軍節度使移靖難軍忤用事者蘇保衡救之得免大定初復爲太常卿遷禮部尚書與翰林侍講學士徒單子溫翰林待制移剌熙載俱兼同修國史卒官年七十六慎微博學喜著書嘗奏興亡金鏡錄一百卷性純質篤古喜談兵時人以爲迂闊云

劉煥字德文中山人宋末兵起城中久乏食煥尚幼煮糠覈而食之自飲其清者以釀厚者供其母鄉里異之稍長就學天寒擁糞火讀書不怠登天德元年進士調任丘尉縣令貪汙煥每規正之秩滿令持盃酒謝曰尉廉慎使我獲考調中都市令樞密使僕散忽土家有絛結工牟利於市不肯從市籍役煥繫之忽土召煥煥不往暴工罪而笞之煥初除市令過謝鄉人吏部侍郎石琚琚不悅曰京師浩穰不與外郡同棄簡就煩吾所不曉也至是始重之以廉升京兆推官再遷北京警巡使捕二惡少杖于庭中戒之曰孝弟敬慎則爲君子暴戾隱賊則爲小人自今以往毋狃于故習國有明罰吾不得私也自是衆皆畏憚毋敢犯者召爲監察御史父老數百人或卧車下或挽其靴鐙曰我欲復留使君期年不可得也以本官攝戶部員外郎代州錢監雜青銅鑄錢錢色惡類鐵錢民間盜鑄抵罪者衆朝廷患之下尚書省議煥奏曰錢寶純用黃銅精治之中濡以錫若青銅可鑄歷代何緣不用自代州取二分與四六分青黃雜糅務省銅而功易就由是民間盜鑄陷罪者衆非朝廷意也必欲爲天下利宜純用黃銅得數少而利遠其新錢已流行者宜驗數輸納準換從之再遷管州刺史耆老數百人疏其著蹟十一事詣節鎮請留煥曰刺史守職奉法乞留之以廉升鄭州防禦使遷官一階轉同知北京留守事世宗幸上京所過州郡大發民夫治橋梁馳道以希恩賞煥所部惟平治端好而已上嘉其意遷遼東路轉運使卒

高昌福中都宛平人父履遼御史中丞致仕太宗聞其名召之未及入見而卒特詔昌福釋服應舉登天會十年進士第補樞密院令史明年辟元帥府令史皇統初宗弼復河南元帥府治汴人有疑似被獲皆目爲宋諜者即殺之昌福讞得其實釋去者甚衆許州都統韓常用法嚴好殺人遣介送囚於汴或道亡監吏自度失囚恐得罪欲盡殺諸囚以滅口昌福識監吏意窮竟其狀免死者十七八而諸吏遂怨昌福欲搆害之是時方用兵梁楚間夜多陰雨元帥府遣人偵宋兵動靜諸吏遣昌福昌福不辭卽行盡得敵軍虛實報元帥師還除震武軍節度副使轉行臺禮部員外郎天德間行臺罷改絳陽軍節度副使入爲兵部員外郎改河間少尹世宗卽位上書陳便宜事上披閱再三因謂侍臣曰內外官皆上書言事可以知人材優劣不然朕何由知之三除同知東京留守事治最遷山東西路轉運使工部尚書改彰德軍節度使上書言賦稅大重上問翰林學士張景仁曰稅法比近代爲輕而以爲重何也景仁曰今之稅殊輕若復輕之國用且不足事遂寢累遷河中尹致仕卒

孫德淵字資深興中州人也大定十六年進士調石州軍事判官淶水丞察廉遷沙河令有盜秋桑者主逐捕之盜以叉自刺其足面曰秋桑例不禁採汝何得刺我主懼賂而求免盜不從訴之縣德淵曰若逐捕而傷瘡必在後今在前乃自刺也盜遂引服選尚書省令史不就丁父憂去官民爲刻石祠之察廉起復北京轉運司都勾判官以累薦遷中都左警巡使監察御史山東東路轉運副使累官大理丞兼左拾遺審官院奏德淵剛正幹能可任繁劇遂再任丁母憂服除特遷恩州刺史入爲右司郎中滕州刺史遷同知河間府事歷大興治中同知府事大安初遷盤安軍節度使改河北西路按察轉運使改昭義軍節度使潞州破被執俄有拜于前者皆沙河舊民也密護德淵由是得脫貞祐二年拜工部尚書攝御史中丞是時山東乏兵食有司請鬻恩例舉人居喪者亦許納錢就試德淵奏此大傷名教事遂寢尋致仕監察御史許古論德淵忠亮明敏可以大用近許告老士大夫竊歎望朝廷起復必能建明以利國家宣宗嘉納未及用而卒

趙鑑字擇善濟南章丘人宋建炎二年進士調廬州司理參軍是時江淮方用兵鑑棄官還鄉里齊國建除歷城丞轉長清令皆劇邑難治鑑政甚著劉豫召見還直秘閣提舉涇原路弓箭手兼提點本路刑獄公事戒之曰邊將多不法可痛繩之原州守將武悍自用以鑑年少易之鑑發其姦守將坐免郡縣聞風無敢犯者齊廢除知城陽軍改山東東路轉運副使攝行臺左司郎中行臺宰相欲以故宋宦者權都水監鑑曰誤國閹豎汴人視爲寇讎付以美官將失人望遂不用以母憂解職天德初起爲濟州刺史移涿州海陵召鑑入朝應對失旨遣還郡俄除知火山軍以病免大定初起知寧海軍秋禾方熟子方蟲生鑑出城行視蟲乃自死再遷鎮西軍節度使改河北西路轉運使致仕卒

蒲察鄭留字文叔東京路斡底必剌猛安人大定二十二年進士調高苑主簿濬州司候補尚書省令史除監察御史累官北京臨潢按察副使戶部侍郎御史臺奏鄭留前任北京稱職遷陝西路按察使改順義軍節度使西京人李安兄弟爭財府縣不能決按察司移鄭留平理月餘不問會釋奠孔子廟鄭留乃引安兄弟與諸生敘齒列坐會酒陳說古之友悌數事安兄弟感悟謝曰節使父母也誓不復爭乃相讓而歸蔚州多盜鄭留

禁絕游食多蓄兵器因行春撫諭之盜乃衰息獄空賜錫宴錢以褒之改利涉軍節度使詔括馬鄜留使百姓飼養以須御史劾之既而伐宋諸路括馬皆瘦惟隆州馬肥乃釋鄜留大安初徙安國軍二年知慶陽府事三年夏人犯邊鄜留擊走之至寧元年改知平涼府是時平涼新被兵夏人復來攻鄜留招潰卒爲禦守計夏兵退遷官四階貞祐二年改東京留守致仕貞祐四年卒鄜留重厚寡言笑人不見其喜慍臨終取奏藁盡焚之

女奚烈守愚字仲晦本名胡里改門興定府路吾直克猛安人也六歲知讀書既亂或謂食肉昏神識乃戒而不食性至孝父沒時年十五營葬如禮治家有法鄉人稱之中明昌二年進士調深澤主簿治有聲遷懷仁令改弘文校理秩滿爲臨沂令有不逞輩五百人結爲黨社大掠境內守愚下車其黨散去蝗起莒密間獨不入臨沂境先是朝廷括河朔山東地隱匿者沒入官告者給賞莒州刺史敎其奴告臨沂人冒地積賞錢三百萬先給官鏹乃徵于民民甚苦之守愚列其冤狀白州州不爲理即聞于戶部而徵還之流民歸業縣人勒其事于石改秘書郎母喪勺飲不入口三日終喪未嘗至內寢太常寺勸農司交辟守愚皆不聽服除同知登聞檢院改著作郎永定軍節度副使泰和伐宋守愚爲山東行六部員外郎改大興都總管判官大安元年除修起居注轉刑部員外郎戶部郎中太子左諭德貞祐初除戶部侍郎數月拜諫議大夫提點近侍局二年除保大軍節度使改翰林學士參議陝西路安撫司事安撫完顏弼重其爲人每事咨而後行未幾有疾詔賜御藥二年卒守愚爲人忠實無華孜孜于公蓋天性然也

石抹元字希明懿州路胡土虎猛安人七歲喪父號泣不食者數日十三居母喪如成人嘗爲擊鞠戲馬踣歎曰生無兄弟而數乘此險設有不測柰何由是終身不復爲之補樞密院尚書省譯史調同知恩州軍州事遷監察御史爲同知淄州軍州事劇盜劉奇久爲民患一日捕獲方訊鞫間赦將至亟命杖殺之闔郡稱快改大興府判官沂王府司馬沁南軍節度副使河內民家有多美橙者歲獲厚利仇家夜入殘毀之主人捕得乃以劫財誣其人仇家引服贓不可得元攝州事究得其情尋改河北西路轉運副使累遷山東西路按察轉運使貞祐初黃掴吾典徵兵東平擁衆不進大括民財衆皆怨怒副統僕撒掃合殺吾典於坐取其符佩之縱恣尤甚元密疏劾掃合擅殺近臣無上不道掃合坐誅移知濟南府到官六月卒元生平寡言笑尚節儉居官自守不交權要人以是稱之

張彀字伯英許州臨潁人大定二十八年進士調寧陵縣主簿改泰定軍節度判官率儒士行鄉飲酒禮改同州觀察判官是時出兵備邊州徵箭十萬限以鵰鴈羽爲之其價翔躍不可得彀曰矢去物也何羽不可節度使曰當須省報彀曰州距京師二千里如民急何萬一有責下官身任其咎一日之間價減數倍尚書省竟如所請補尚書省令史除同知鄭州防禦使事改北京鹽使丁父憂服除再遷監察御史從伐宋還武寧軍節度副使居母憂貞祐二年改惠民司令歷河南治中陳州刺史刑部郎中同知河南府事遷河東南路轉運使權行六部尚書安撫使興定元年以疾卒彀天性孝友任子悉先諸弟俸入所得亦委其弟掌之未嘗問有無云

趙重福字履祥豐州人通女直大小字試補女直誥院令史轉兵部譯史陝西提刑知法遷陝西東路都勾判官右藏庫副使同知陳州防禦事宋諜人蘇泉入河南重福迹之至魚臺將渡河見前一舟且渡令從者大呼泉姓名舟中忽有愴惶失措者執之果泉也改滄州鹽副使歲饑民煮鹵爲鹽貧以給食鹽官往往杖殺之重福曰寧使課殿不忍殺人歲滿課殿當降尚書右丞完顏匡三司使按出虎知其事乃以歲荒薄其罰除織染署令大安三年佐戶部尚書張煒調兵食于古北口遷都水少監行西北路六部郎中治密雲縣俄兼戶部員外郎貞祐二年以守密雲功遷同知河間府事行六部侍郎權清州防禦使攝河北東路兵馬都總管三年河間被圍有劉中者嘗與重福密雲聯事勸重福出降重福不聽是時河間兵少多羸疾不任戰欲亡去重福勸其父老率其子弟强者戰弱者守會久雨圍乃解去遷河東北路轉運使致仕元光二年卒

武都字文伯東勝州人大定二十二年進士調陽穀主簿遷商水令縣素多盜凡姦民嘗縱火行劫椎埋發冢者都皆廉得姓名牓之通衢約毋再犯悉奔他境察廉遷南京路轉運度支判官累遷中都路都轉運副使以親老與弟監察御史郁俱乞侍尋丁憂服除調太原治中復爲都轉運副使遷欒州刺史充宣差北京路規措官都拘括散逸官錢百萬入爲戶部郎中權右司郎中奏事稱旨被詔由海道漕遼東粟賑山東都高其價直募人入粟招海賈船致之三還中都西京按察副使大安三年充宣差行六部侍郎以勞遷本路按察使行西南路六部尚書佐元帥抹撚盡忠備禦西京有勞召爲戶部尚書賞銀二百兩絹一百匹宣宗即位議衞紹王降封語在衞紹王紀頃之中都戒嚴都知大興府佩虎符便宜行事彈壓中外軍民都醉酒以褻衣見詔使坐是解職起爲刑部尚書中都解圍爲河東路宣撫使俄以參知政事胥鼎代之興定元年以疾卒

紇石烈德字廣之眞定路山春猛安人明昌二年進士調南京教授察廉能遷獻州令補尚書省令史除同知泗州防禦事監察御史大名治中安曹裕三州刺史歷同知臨潢大興府事貞祐二年遷肇州防禦使是歲肇州升爲武興軍節度德爲節度使宣撫司署都提控肇州圍急食且盡有糧三百船在鴨子河去州五里不能至德乃浚濠增陴築甬道導濠水屬之河鑿陷馬穽伏甲其旁以拒守一日兵數接士殊死戰渠成船至城下兵食足圍乃解改遼東路轉運使軍民遮道挽留乘夜乃得去蒲鮮萬奴逼上京德與部將劉子元戰却之遷東京留守歷保靜武勝軍節度使興定二年以本官行六部事三年以節度權元帥右都監與左都監單州經略使完顏仲元俱行元帥府于宿州四年遷工部尚書明年召還中都是歲卒

張特立字文舉曹州東明人泰和三年中進士第調宣德州司候郡多皇族巨室特立律之以法闔境肅然調萊州節度判官不赴躬耕杞之圉城以經學自樂正大初左丞侯摯參政師安石薦其才授洛陽令四年拜監察御史拜章言鎬厲二宅久加禁錮棘圍柝警如防寇盜近降赦恩謀反大逆皆蒙湔雪彼獨何罪幽囚若是世宗神靈在天得無傷其心乎聖嗣未立未必不由是也又言方今三面受敵百姓凋敝宰執非才臣恐中興之功未可以歲月期也又言尚書右丞顏盞世魯遣其奴與小民爭田失大臣體參知政事徒單兀典諂事近習得居其位皆宜罷之當路者忌其直陰有以擠之固劾省掾高楨輩受請託飲娼家時平章政事白撒犒軍陝西歸楨等泣訴于道以當時同席并有省掾王賓張爲其進士故不劾白撒以其私且不實并治特立及賓特立左遷邳州軍士判官杖五十賓亦勒停士論惜特立之去後卒癸丑歲年七十五

王浩由吏起身初辟涇陽令廉曰爲關輔第一時西臺檄州縣增植棗果督責嚴急民甚被擾浩獨無所問主司將坐之浩曰是縣所植已滿其數若欲增植必盜他人所有取彼置此未見其利其愛民多此類所在有善政民絲毫無所犯秦人爲立生祠歲時思之南遷後爲扶溝令開興元年正月民錢大亨等執縣官送款于北大亨以浩有恩於民不忍加刃日遣所知勸之降浩終不聽於是殺之無血主簿劉坦尉宋乙並見害棄屍道路自春徂夏獨浩屍儼然如生目且不瞑烏犬莫敢近殆若有神護者初辟舉法行縣官甚多得人如咸寧令張天綱長安令李獻甫洛陽令張特立三人有傳餘如興平師夔臨潼武天禎汜水党君玉偃師王登庸高陵宋九嘉登封薛居中長社李天翼河津孫鼎臣郏城李無黨滎陽李過庭尉氏張瑜長葛張子玉猗氏安德璋三原蕭邦傑藍田張德直葉縣劉從益皆清愼才敏極一時之選而能扶持百年將傾之祚者亦曰吏得其人故也

金史卷一百二十九

元　中　書　右　丞　相　總　裁　脫　脫　等　修

列傳第六十七

酷吏

高閭山　蒲察合住

太史公有言法家嚴而少恩信哉斯言也金法嚴密律文雖因前代而增損之大抵多準重典熙宗迭興大獄海陵翦滅宗室鉤棘傅會告姦上變者賞以不次於是中外風俗一變咸尚威虐以爲事功而讒賊作焉流毒遠邇慘矣金史多闕逸據其舊錄得二人焉作酷吏傳

高閭山澄州析木人選充護衞調順義軍節度副使轉唐括移剌都乣詳穩改震武軍節度副使曹王府尉大名治中遷汝州刺史改單州制禁不依法用杖決人者閭山見之笑曰此亦難行是日特用大杖杖死部民楊仙坐削一官解職久之降鳳翔治中歷原州濟州泗州刺史改鄭州防禦使遷蒲與路節度使移臨海盤安軍寧昌軍貞祐二年城破死之

蒲察合住以吏起身久爲宣宗所信聲勢烜赫性復殘刻人知其蠹國而莫敢言其子充護衞先逐出之繼而合住爲恒州刺史需次近縣後大兵入陝西關中震動

或言合住赴恒州爲北走計朝廷命開封羈其親屬合住出怨言曰殺却我即太平矣尋爲御史所劾初議笞贖宰相以爲悖理斬於開封府門之下故當時有宣朝三賊之目謂王阿里蒲察咬住合住其一也興定中駙馬僕散阿海之獄京師宣勘七十餘所阿里輦乘時起事以肆其毒朝士惴惴莫克自保惟獨吉文之在開封府幕明其不反竟不署字阿海誅文之亦無所問咬住正大初致仕居睢陽潰軍變與其家皆被殺初宣宗喜刑罰朝士往往被笞楚至用刀杖決殺言者高琪用事威刑自恣南渡之後習以成風雖士大夫亦爲所移如徒單右丞思忠好用麻椎擊人號麻椎相公李運使特立號半截劍言其短小鋒利也馮內翰璧號馮劏雷淵爲御史至蔡州得姦豪杖殺五百人號曰雷半千又有完顏麻斤出皆以酷聞而合住王阿里李渙之徒胥吏中尤狡刻者也

佞幸

蕭肄　張仲軻　李通

馬欽　高懷貞　蕭裕

胥持國

世之有嗜慾者何嘗不被其害哉龍天下之至神也一有嗜慾見制於人故人君亦然嗜慾不獨柔曼之傾意也征伐畋獵土木神仙彼爲佞者皆有以投其所好焉金主內蠱聲色外好大喜功莫甚於熙宗海陵而章宗次之金史自蕭肄至胥持國得佞臣之尤者七人皆被寵遇於三君之朝以亡其身以蠹其國其禍皆始於此可不戒哉作佞幸傳

蕭肄本奚人有寵於熙宗復諂事悼后累官參知政事皇統九年四月壬申夜大風雨雷電震壞寢殿鴟尾有火自外入燒內寢幃幔帝徙別殿避之欲下詔罪己翰林學士張鈞視草鈞意欲奉答天戒當深自貶損其文有曰惟德弗類上干天威及顧茲寡昧眇予小子等語肄譯奏曰弗類是大無道寡者孤獨無親昧則於人事弗曉眇則目無所見小子嬰孩之稱此漢人託文字以詈主上也帝大怒命衛士拽鈞下殿榜之數百不死以手劒鑿其口而醢之賜肄通天犀帶憑恃恩倖倨視同列遂與海陵有惡及篡立加大臣官爵例加銀青光祿大夫數日召肄詰之曰學士張鈞何罪被誅爾何功受賞肄不能對海陵曰朕殺汝無難事人或以我報私怨也於是詔除名放歸田里禁錮不得出百里外

張仲軻幼名牛兒市井無賴說傳奇小說雜以俳優詼諧語爲業海陵引之左右以資戲笑海陵封岐國王以爲書表及即位爲秘書郎海陵嘗對仲軻與妃嬪褻瀆仲軻但稱死罪不敢仰視又嘗令仲軻倮形以觀之侍臣往往令倮褻雖徒單貞亦不免此兵部侍郎完顏普連大興少尹李惇皆以贓敗海陵置之要近伶人千慶兒官五品大氏家奴王之彰爲秘書郎之彰置珠偏僻海陵親視之不以爲褻唐括辯家奴和尚烏帶家奴葛溫葛魯皆置宿衛有僥倖至一品者左右或無官職人或以名呼之即授以顯階海陵語其人曰爾復能名之乎常置黃金裀褥間喜之者令自取之其濫賜如此宋余康弼賀登寶位且還海陵以玉帶附賜宋帝使謂宋帝曰此帶卿父所常服今以爲賜使卿如見而父當不忘朕意也使退仲軻曰此希世之寶可惜輕賜上曰江南之地他日當爲我有此置之外府耳由是知海陵有南伐之意俄遷秘書丞轉少監是時營建燕京宮室有司取真定府潭園材木仲軻乘間言其中材木不可用海陵意仲軻受請託免仲軻官未幾復用爲少監海陵獵于途你山次于鐸瓦酹天而拜謂羣臣曰朕幼時習射至一門下黙祝曰若我異日大貴當使一矢橫加門舂上及射果橫加門舂上後爲中京留守嘗大獵于此地圍未合禱曰我若有大位百步之內當獲三鹿若止爲公相獲一而已於是不及百步連獲三鹿又祝曰若統一海內當復獲一大鹿於是果獲一大鹿此事書與蕭裕言之朕今復至此地故拜奠焉海陵意欲取江南故先設禨祥以諷羣臣是以仲軻每先逢其意導之南伐貞元二年正月宋賀正旦使施臣朝辭海陵使左宣徽使敬嗣暉問施臣曰宋國幾科取士對曰詩賦經義策論兼行又問秦檜作何官年今幾何對曰檜爲尚書左僕射中書門下平章事年六十五矣復謂之曰我聞秦檜賢故問之正隆二年仲軻爲左諫議大夫修起居注但食諫議俸不得言事三年正月宋賀正使孫道夫陛辭海陵使左宣徽使敬嗣暉諭之曰歸白爾帝事我上國多有不誠今畧舉二事爾民有逃入我境者邊吏皆即發還我民有逃叛入爾境者有司索之往往託辭不發一也爾於沿邊盜買鞍馬備戰陣二也且馬待人而後可用如無其人得馬百萬亦奚以爲我亦豈能無備且我不取爾國則已如欲取之固非難事我聞接納叛亡盜買鞍馬皆爾國楊太尉所爲常因俘獲問知其人無能爲者也又曰聞秦檜已死果否道夫對曰檜實死矣陪臣亦檜所薦用者又曰爾國比來行事殊不似秦檜時何也道夫曰容陪臣還國一一具聞宋帝海陵蓋欲南伐故先設納叛亡盜買馬二事而雜以他辭言之海陵召仲軻右補闕馬欽校書郎田與信直長習失入便殿侍坐海陵與仲軻論漢書謂仲軻曰漢之封疆不過七八千里今吾國幅員萬里可謂大矣仲軻曰本朝疆土雖大而天下有四主南有宋東有高麗西有夏若能一之乃爲大耳海陵曰彼且何罪而伐之仲軻曰臣聞宋人買馬修器械招納山東叛亡豈得爲無罪海陵喜曰向者梁珫嘗爲朕言宋有劉貴妃者姿質豔美蜀之華蘂吳之西施所不及也今一舉而兩得之俗所謂因行掉手也江南聞我舉兵必遠竄耳欽與與信俱對曰海島蠻越臣等皆知道路彼將安往欽又曰臣在宋時嘗帥軍征蠻所以知也海陵謂習失曰汝敢戰乎對曰受恩日久死亦何避海陵曰汝料彼敢出兵否彼若出兵汝果能死敵乎習失良久曰臣雖懦弱亦將與之爲敵矣海陵曰彼將出兵何地曰不過淮上耳海陵曰然則天與我也既而曰朕舉兵滅宋遠不過二三年然後討平高麗夏國一統之後論功遷秩分賞將士彼必忘勞矣四年三月仲軻死冬至前一夕海陵夢仲軻求酒既覺嗟悼良久遣使者奠其墓

李通以便辟側媚得幸於海陵累官右司郎中遷吏部尚書請謁賄賂輻輳其門正隆二年正月乙酉詔左右司御史中丞以下奏事便殿海陵曰知子莫若父知臣莫若君朕嘗試之矣朕詢及人材汝等若不舉同類必舉其相善者朕聞女直契丹之仕進者必賴刑部尚書烏帶簽書樞密遙設爲之先容左司員外郎何里骨列任其事渤海漢人仕進者必賴吏部尚書李通戶部尚書許霖爲之先容右司郎中王蔚任其事凡在仕版朕識者寡不識者衆莫非人臣豈有遠近親疎之異哉苟奉職無愆尚書侍郎節度使便可得萬一獲罪必罰無赦頃之拜參知政事海陵恃累世彊盛欲大肆征伐以一天下嘗曰天下一家然後可以爲正統通揣知其意遂與張仲軻馬欽宦者梁珫近習羣小輩盛談江南富庶子女玉帛之多逢其意而先道之海陵信其言以通爲謀主遂議興兵伐江南四年二月海陵諭宰相曰宋國雖臣服有誓約而無誠實比聞沿邊買馬及招納叛亡不可不備遣使籍諸路猛安部族及州縣渤海丁壯充軍仍括諸道民馬於是遣使分往上京速頻路胡里改路曷懶路蒲與路泰州咸平府東京婆速路曷蘇館臨潢府西南招討司西北招討司北京河間府真定府益都府東平府大名府西京路凡年二十以上五十以下者皆籍之雖親老丁多求一子留侍亦不聽五年十一月使益都尹京等三十一人押諸路軍器於軍行要會處安置俟軍至分給之其分給之餘與繕完不及者皆聚而焚之六年正月海陵使通諭旨宋使徐度等曰朕昔從梁王嘗居南京樂其風土帝王巡狩自古有之淮右多隙地欲校獵其間從兵不踰萬人汝等歸告汝主令有司宣諭朕意使淮南之民無懷疑懼二月通進拜右丞詔曰卿典領繕完兵械今已畢功朕嘉卿忠謹故有是命俟江南事畢別當旌賞四月簽書樞密院事高景山爲賜宋帝生日使右司員外郎王全副之海陵謂全曰汝見宋主即面數其焚南京宮室沿邊買馬招致叛亡之罪當令大臣某人某人來此朕將親詰問之且索漢淮之地如不從即厲聲詆責之彼必不敢害汝海陵蓋使王全激怒宋主將以爲南伐之名也謂景山曰回日以全所言奏聞全至宋一如海陵之言詆責宋主宋主謂全曰聞公北方名家何乃如是全復曰趙桓今已死矣宋主遽起發哀而罷海陵至南京宋遣使賀遷都海陵使韓汝嘉就境上止之曰朕始至此比聞北方小警欲復歸中都無庸來賀宋使乃還於是大括天下羸馬官至七品聽留一馬等而上之并舊籍民馬其在東者給西軍在西者給東軍東西交相往來晝夜絡繹不絕死者狼籍于道其亡失多者官吏懼罪或自殺所過蹂踐民田調發牽馬夫役詔河南州縣所貯糧米以備大軍不得他用而羸馬所至當給芻粟無可給有司以爲請海陵曰此方比歲民間儲畜尚多今禾稼滿野羸馬可就牧田中借令再歲不獲亦何傷乎及徵發諸道工匠至京師疫死者不可勝數天下始騷然矣調諸路馬以戶口爲率富室有至六十匹者凡調馬五十六萬餘匹仍令本家養飼以俟師期海陵因出獵遂至通州觀造戰船籍諸路水手得三萬餘人及東海縣人張旺徐元反遣都水監徐文等率師浮海討之海陵曰朕志不在一邑將試舟師耳於是民不堪命盜賊蠭起大者連城邑小者保山澤遺護衛普連二十四人各授甲士五千人分往山東河北河東中都等路節鎮州郡屯駐捕捉盜賊以護衛頑犀爲定武軍節度副使尚賢爲武安軍節度副使蒲甲爲昭義軍節度副使皆給銀牌使督責之是時山東賊犯沂州臨沂令胡撒力戰而死大名府賊王九等據城叛衆至數萬契丹邊六斤王三蕫皆以十數騎張旗幟白晝公行官軍不敢誰何所

過州縣閘劫府庫物置于市令人攘取之小人皆喜賊至而良民不勝其害太府監高彥福大理正耶律道翰林待制大穎出使還朝皆言盜賊事海陵惡聞怒而杖之穎仍除名自是人人不復敢言海陵自將分諸道兵爲神策神威神捷神銳神毅神翼神勇神果神略神鋒武勝武定武威武安武捷武平武成武毅武銳武揚武翼武震威定威信威勝威捷威烈威毅威震威略威果威勇三十二軍置都總管副總管各一員分隸左右領軍大都督及三道都統制府置諸軍巡察使副各一員以太保奔睹爲左領軍大都督通爲副大都督海陵以奔睹舊將使帥諸軍以從人望實使通專其事海陵召諸將授方略賜宴於尚書省海陵曰太師梁王連年南伐淹延歲月今舉兵必不如彼遠則百日近止旬月惟爾將士無以征行爲勞戮力一心以成大功當厚加施賞其或弛慢刑茲無赦海陵恐糧運不繼命諸軍渡江無以僮僕從行聞者莫不怨嗟徒單后與太子光英居守尚書令張浩左丞相蕭玉參知政事敬嗣暉留治省事九月甲午海陵戎服乘馬具裝啟行明日嬪妃皆行宮中慟哭久之十月乙巳陰晦失路是夜二更始至蒙城丁未大軍渡淮至中流海陵拜而酹之至宿次見梁襄垣者殺四方館使張永鈐將至廬州見白兔馳射不中既而後軍獲之以進海陵大喜以金帛賜之顧謂李通曰昔武王伐紂白魚躍於舟中今朕獲此亦吉兆也癸亥海陵至和州百官表奉起居海陵謂其使汝等欲伺我動靜耶自今勿復來俟平江南始進賀表是時梁山濼水涸先造戰船不得進乃命通更造戰船督責苛急將士七八日夜不得休息壞城中民居以爲材木煮死人膏爲油用之遂築臺於江上海陵被金甲登臺殺黑馬以祭天以一羊一豕投於江中召都督昂副都督蒲盧渾謂之曰舟楫已具可以濟江矣蒲盧渾曰臣觀宋舟甚大我舟小而行遲恐不可濟海陵怒曰爾昔從梁王追趙構入海島豈皆大舟邪明日汝與昂先濟昂聞令已渡江悲懼欲亡去至暮海陵使謂昂曰前言一時之怒耳不須先渡江也明日遣武平軍都總管阿鄰武捷軍副總管阿撒率舟師先濟宿直將軍溫都奧剌國子司業馬欽武庫直長習失皆從戰海陵置黃旗紅旗於岸上以號令進止紅旗立則進黃旗仆則退既渡江兩舟先逼南岸水淺不得進與宋兵相對射者良久兩舟中矢盡遂爲所獲亡一猛安軍士百餘人海陵遂還和州於是尚書省使右司郎中吾補可員外郎王全奏報世宗即位於東京改元大定海陵前此已遣護衛謀良虎特離補往東京欲害世宗行至遼東遇世宗詔使擻八執而殺之遂還軍中海陵拊髀嘆曰朕本欲平江南改元大定此豈非天乎乃出素所書取一戎衣天下大定改元事以示羣臣遂召諸將帥謀北歸且分兵渡江議定通復入奏曰陛下親師深入異境無功而還若衆散於前敵乘於後非萬全計若留兵渡江車駕北還諸將亦將解體今燕北諸軍近遼陽者恐有異志宜先發兵渡江斂舟焚之絕其歸望然後陛下北還南北皆指日而定矣海陵然之明日遂趨揚州過烏江縣觀項羽祠嘆曰如此英雄不得天下誠可惜也海陵至揚州使符寶耶律沒答護神果軍扼淮渡凡自軍中還至淮上無都督府文字皆殺之乃出内箭飾以金龍題曰御箭繫帛書其上使人乘舟射之南岸其書言宋國遣人焚毀南京宮室及沿邊買馬招誘軍民今興師問罪義在弔伐大軍所至必無秋毫之犯以此招諭宋人於是宋將王權亦縱所獲金軍士三人齎書數海陵罪通奏其書即命焚之海陵怒亟欲渡江驍騎高僧欲誘其黨以亡事覺命衆刃剉之乃下令軍士亡者殺其蒲里衍蒲里衍亡者殺其謀克謀克亡者殺其猛安猛安亡者殺其總管由是軍士益危懼甲午令軍中運鴉鶻船及糧船於瓜洲渡期以明日渡江敢後者死乙未完顏元宜等以兵犯御營海陵遇弒都督府以南伐之計皆通等贊成之徒單永年乃其姻戚郭安國衆所共惡皆殺之大定二年詔削通官爵人心始快

馬欽幼名韓哥嘗仕江南故能知江南道路正隆三年海陵將南伐遂召用欽自貴德縣令爲右補闕欽爲人輕脫不識大體海陵每召見與語欽出宮輒以語人曰上與我論某事將行之矣其視海陵如僚友然累遷國子司業海陵至和州欲遣蒲盧渾渡江蒲盧渾言舟小不可濟海陵使人召欽先戒左右曰欽若言舟小不可渡江即殺之欽至問曰此船可渡江否欽曰臣得船亦可渡也大定二年除名是日起前翰林待制大穎爲秘書丞穎在正隆間嘗言山東盜賊海陵惡其言杖之除名世宗嘉穎忠直惡欽巧佞故復用穎而放欽焉

高懷貞爲尚書省令史素與海陵狎昵海陵久蓄不臣之心嘗與懷貞各言所志海陵曰吾志有三國家大事皆自我出一也帥師伐國執其君長問罪於前二也得天下絕色而妻之三也由是小人佞夫皆知其志爭進諛說大定縣丞張忠輔謂海陵言夢公與帝擊毬公乘馬衝過之帝墜馬下海陵聞之大喜會熙宗在位久委政大臣海陵以近屬爲宰相專威福柄遂成弒逆之計皆懷貞輩小人從臾導之海陵篡立以懷貞爲修起居注懷貞故父濱州刺史贈中奉大夫懷貞累遷禮部侍郎大定二年降奉政大夫放歸田里五年與許霖俱賜起復懷貞爲定國軍節度使上戒之曰汝等在正隆時姦佞貪私物論鄙之朕念沒身不齒則無以自新若怙舊不悛必不貸汝矣

蕭裕本名遙折奚人初以猛安居中京海陵爲中京留守與裕相結每與論天下事裕揣海陵有覬覦心密謂海陵曰留守先太師太祖長子德望如此人心天意宜有所屬誠有志舉大事願竭力以從海陵喜受之遂與謀議海陵竟成弒逆之謀者裕啟之也海陵爲左丞除裕兵部侍郎改同知南京留守事改北京海陵領行臺尚書省事道過北京謂裕曰我欲就河南兵建立位號先定兩河舉兵而北君爲我結諸猛安以應我定約而去海陵雖自良鄉召還不能如約遂弒熙宗篡立以裕爲秘書監海陵心忌太宗諸子欲除之與裕密謀裕傾險巧詐因構致太傅宗本秉德等反狀海陵殺宗本唐括辯遣使殺秉德宗懿及太宗子孫七十餘人秦王宗翰子孫三十餘人宗本已死裕乃求宗本門客蕭玉教以具欽反狀令作主名上變海陵既詔天下天下冤之海陵賞誅宗本功以括爲尚書左丞加儀同三司授猛安賜錢二千萬馬四百匹牛四百頭羊四千口再閱月爲平章政事監修國史舊制首相監修國史海陵以命裕謂裕曰太祖以神武受命豐功茂烈光於四海恐史官有遺逸故以命卿久之裕爲右丞相兼中書令裕在相位任職用事頗專恣威福在己勢傾朝廷海陵倚信之他相仰成而已裕與高藥師善嘗以海陵密語告藥師藥師以其言奏海陵且曰裕有怨望心海陵召裕戒諭之而不以爲罪也或有言裕擅權者海陵以爲忌裕者衆不之信又以爲人見裕弟蕭祚爲左副點檢妹夫耶律闢離剌爲左衛將軍勢位相憑藉遂生忌嫉乃出祚爲益都尹闢離剌爲寧昌軍節度使以絕衆疑裕不知海陵意遽見出其親表補外不令己知之自是深念恐海陵疑己海陵弟太師兗領三省事共在相位以裕多自用頗防閑之裕乃謂海陵使兗備之也而海陵猜忍嗜殺裕恐及禍遂與前眞定尹蕭馮家奴前御史中丞蕭招折博州同知遙設裕女夫遏剌補謀立亡遼豫王延禧之孫裕使親信蕭屯納往結西北路招討使蕭好胡好胡即懷忠懷忠依違未決謂屯納曰此大事汝歸遣一重人來裕乃使招折往招折前爲中丞以罪免以此得詣懷忠懷忠問招折與謀者復有何人招折曰五院節度使耶律朗亦是也懷忠舊與朗有隙而招折嘗上撻懶變事懷忠疑招折反覆因執招折收朗繫獄遣使上變遙設亦與筆硯令史白答書使白答助裕以取富貴白答奏其書海陵信裕不疑謂白答構誣之命殺白答於市執白答出宣華門點檢徒單貞得蕭懷忠上變事入奏遇見白答問其故因止之徒單貞已奏變事以白答爲請海陵遽使釋之海陵使宰相問裕裕即欸伏海陵甚驚愕猶未能盡信引見裕親問之裕曰大丈夫所爲事至此又豈可諱海陵復問曰汝何怨於朕而作此事裕曰陛下凡事皆與臣議及除祚等乃不令臣知之領省國王每事謂臣專權頗有隄防恐是得陛下旨意陛下與唐括辯及臣約同生死辯以強忍果敢致之死地臣皆知之恐不得死所以此謀反幸苟免耳太宗子孫無罪皆死臣手臣之死亦晚矣海陵復謂裕曰朕爲天子若於汝有疑雖汝弟輩在朝豈不能施行以此疑我汝實錯誤太宗諸子豈獨在汝朕爲國家計也又謂之曰自來與汝相好雖有此罪貸汝性命惟不得作宰相令汝終身守汝祖先墳壠裕曰臣子既犯如此罪逆何面目見天下人但願絞死以戒其餘不忠者海陵遂以刀刺左臂取血塗裕面謂之曰汝死之後當知朕本無疑汝心裕曰久蒙陛下非常眷遇仰戀徒切自知錯謬雖悔何及海陵哭送裕出門殺之并誅遙設及馮家奴馮家奴妻豫王女也與其子穀皆與反謀并殺之遣護衛龐葛往西北路招討司誅朗及招折而屯納遏剌補皆出走捕得屯納棄市遏剌補自縊死屯納出走過河間少尹蕭之詳之詳初不知裕事留之三日屯納往之詳茶扎家茶扎遣人詣之詳告公引得之付屯納遣之他所茶扎家奴發其事吏部侍郎窊產鞫之之詳曰屯納宿二日而去法家以之詳隱其間欺尚書省罪當贖海陵怒命殺之杖窊產及議法者茶扎杖四百死龐葛殺招折等并殺無罪四人海陵不問杖之五十而已以裕等罪詔天下賞上變功懷忠遷樞密副使以白答爲牌印云高藥師遷起居注進階顯武將軍藥師嘗奏裕有怨望至是賞之云

胥持國字秉鈞代州繁畤人經童出身累調博野縣丞上書者言民間冒占官地如太子務大王莊非私家所宜有部委持國按覈之持國還言此地自異代已爲民

有不可取也事遂寢尋授太子司倉轉掌飲令兼司倉皇太子識之擢祗應司令章宗即位除宮籍副監賜宮籍庫錢五十萬宅一區俄改同簽宣徽院事工部侍郎並領宮籍監閏三月遷工部尚書使宋明昌四年拜參知政事賜孫用康牓下進士第會河決陽武持國請督役遂行尚書省事明年進尚書右丞持國爲人柔佞有智術初李妃起微賤得幸於上持國久在太子宮素知上好色陰以秘術干之又多賂遺妃左右用事人妃亦自嫌門第薄欲藉外廷爲重乃數稱譽持國能由是大爲上所信任與妃表裏筦擅朝政誅鄭王永蹈鎬王永中罷黜完顏守貞等事皆起於李妃持國士之好利躁進者皆趨走其門下四方爲之語曰經童作相監婢爲妃惡其卑賤庸鄙也承安三年御史臺劾奏右司諫張復亨右拾遺張嘉貞同知安豐軍節度使事趙樞同知定海軍節度使事張光庭戶部主事高元甫刑部員外郎張巖叟尚書省令史傅汝梅張翰裴元郭郛皆趨走權門人戲謂胥門十哲復亨嘉貞尤卑佞苟進不稱諫職俱宜黜罷奏可於是持國以通奉大夫致仕嘉貞等皆補外頃之起知大名府事未行改樞密副使佐樞密使襄治軍於北京一日上召翰林修撰路鐸問以他事因語及董師中張萬公優劣鐸曰師中附胥持國進持國姦邪小人不宜典軍馬以臣度之不惟不允人望亦必不能服軍心若回日再相必亂天下上曰人臣進退人難人君進退人易朕豈以此人復爲相耶第遷官二階使之致仕耳尋卒于軍謚曰通敏後上問平章政事張萬公曰持國今已死其爲人竟何如萬公對曰持國素行不純謹如貨酒樂平樓一事可知矣上曰此亦非好利如馬琪位參政私鬻省醞乃爲好利也子鼎別有傳

金史卷一百三十

元　中　書　右　丞　相　總　裁　脫　脫　等　修

列傳第六十八

列女

阿鄰妻　李寶信妻　韓慶民妻
雷婦師氏　康住住　李文妻
李英妻　相琪妻　阿魯眞
撒合輦妻　許古妻　馮妙眞
蒲察氏　烏古論氏　素蘭妻
忙哥妻　尹氏　白氏
聶孝女　仲德妻
寶符李氏張鳳奴附

漢成帝時劉向始述三代賢妃淑女及淫泆奢僭興亡盛衰之所由彙分類別號列女傳因以諷諫范曄始載之漢史古者女子生十年有女師漸長有麻枲絲繭之事有祭祀助奠之事既嫁職在中饋而已故以無非無儀爲賢若乃嫠居寡處患難顚沛是皆婦人之不幸也一遇不幸卓然能自樹立有烈丈夫之風是以君子異之

阿鄰妻沙里質者金源郡王銀朮可之妹天輔六年黃龍府叛卒攻鈔旁近部族是時阿鄰從軍沙里質糾集附近居民得男女五百人樹營柵爲保守計賊千餘來攻沙里質以氈爲甲以裳爲旗男夫授甲婦女鼓譟沙里質仗劍督戰凡三日賊去皇統二年論功封金源郡夫人大定間以其孫藥師爲謀克

李寶信妻王氏寶信爲義豐縣令張覺以平州叛王氏陷賊中賊欲逼室之王氏罵賊賊怒遂支解之大定十二年贈貞烈縣君

韓慶民妻者不知何許人亦不知其姓氏慶民事遼爲宜州節度使天會中攻破宜州慶民不屈而死以其妻配將士其妻誓死不從遂自殺世宗讀太宗實錄見慶民夫婦事嘆曰如此節操可謂難矣

雷婦師氏夫亡孝養舅姑姑病刲臂肉飼之姑即愈舅姑既殁兄師逵與夫姪規其財產乃僞立媒證致之官欲必嫁之縣官不能辨曲直師氏畏逼乃投縣署井中死詔有司祭其墓賜謚曰節

康住住鄜州人夫早亡服闋父取之歸家許嚴沂爲妻康氏誓死弗聽欲還夫家不可得乃投崖而死詔有司致祭其墓

李文妻史氏同州白水人夫亡服闋誓死弗嫁父強取之歸許邑人姚乙爲妻史氏不聽姚訴之官被逮遂自縊死詔有司致祭其墓

李英妻張氏英初爲監察御史在中都張居濰州貞祐元年冬大元兵取濰州入其家張氏盡以所有財物與之既而令張氏上馬張曰我盡以物與汝猶不見贖邪答曰汝品官妻當復爲夫人張曰我死則爲李氏鬼頓坐不起遂見殺追封隴西郡夫人謚莊潔英仕至御史中丞有傳

相琪妻欒氏有姿色琪爲萊州掖縣司吏貞祐三年八月紅襖賊陷掖縣琪與欒氏及子俱爲所得賊見欒悅之殺琪及其子而誘欒欒奮起以頭觸賊而仆罵曰我豈爲犬彘所汙者哉賊怒殺之追封西河縣君謚莊潔

阿魯眞宗室承充之女胡里改猛安夾谷胡山之妻夫亡寡居有衆千餘興定元年承充爲上京元帥上京行省太平執承充應蒲鮮萬奴阿魯眞治廢壘修器械積芻糧以自守萬奴使人招之不從乃射承充書入城阿魯眞得而碎之曰此詐也萬奴兵急攻之阿魯眞衣男子服與其子蒲帶督衆力戰殺數百人生擒十餘人萬奴兵乃解去後復遣將擊萬奴兵獲其將十八人詔封公夫人子蒲帶視功遷賞承充已被執乘間謂其二子女胡蒲速乃曰吾起身宿衞致位一品死無恨矣若輩亦皆通顯未嘗一日報國家當思自處以爲後圖二子乃冒險自拔南走是年四月至南京

獨吉氏平章政事千家奴之女護衞銀朮可妹也自幼動有禮法及適內族撒合輦閨門肅如撒合輦爲中京留守大兵圍之撒合輦疽發背不能軍獨吉氏度城必破謂撒合輦曰公本無功能徒以宗室故嘗在禁近以至提點近侍局同判睦親府今又爲留守外路第一等官受國家恩最厚今大兵臨城公不幸病不能戰禦設若城破公當率精銳奪門而出攜一子走京師不能則獨赴京師又不能戰而死猶可報國幸無以我爲慮撒合輦出巡城獨吉氏乃取平日衣服粧具玩好布之臥榻資貨悉散之家人艷粧盛服過於平日且戒女使曰我死則扶置榻上以衾覆面四圍舉火焚之無使兵見吾面言訖閉門自經而死家人如言臥尸榻上以衾覆之撒合輦從外至家人告以夫人之死撒合輦拊榻曰夫人不辱我我肯辱朝廷乎因命焚之年三十有六少項城破撒合輦率死士欲奪門出不果投壕水死有傳

許古妻劉氏定海軍節度使仲洙之女也貞祐初古挈家僑居蒲城後留劉氏母子于蒲仕于朝既而兵圍蒲劉謂二女曰汝父在朝而兵勢如此事不可保若城破被驅一爲所汙奈何不若俱死以自全已而攻城益急於是劉氏與二女相繼自盡有司以聞于朝四年五月追封劉氏爲郡君謚曰貞潔其長女謚曰定姜次肅姜以其事付史館

馮妙眞刑部尚書延登之女也生十有八年適進士張槎興定五年槎爲洛川主簿大元兵破葭州綏德遂入鄜延鄜人震恐具守備臣以西路輸芻粟不時至檄槎詣平涼督之時延登爲平涼行省員外郎槎欲偕妙眞以往妙眞辭曰舅姑老矣雖有叔姒妾能安乎子行妾留奉養十一月洛川破妙眞從舅姑匿窟室兵索得之妙眞泣與舅姑訣曰婦生不辰不得終執箕箒義不從辱即攜三子赴井死縣人從而死者數十人明年春槎發井得屍殯于縣之東郭外死時年二十四

蒲察氏字明秀鄜州人訥申之女完顏長樂之妻也哀宗遷歸德以長樂爲總領將兵扈從將行屬蒲察氏曰無他言夫人愼毋辱此身明秀曰君第致身事上無以妾爲念妾必不辱長樂一子在幼出妻柴氏所生也明秀撫育如已出崔立之變驅從官妻子于省中人自閱之蒲察氏聞以幼子付婢僕且與之金幣親具衣棺祭物與家人訣曰崔立不道強人妻女兵在城下吾何所逃惟一死不負吾夫耳汝等惟善養幼子遂自縊而死欣然若不以死爲難者時年二十七

烏古論氏伯祥之妹臨洮總管陀滿胡土門之妻也伯祥朝貴中聲譽藉甚胡土門死王事崔立之變衣冠家婦女多爲所汙烏古論氏謂家人曰吾夫不辱朝廷我敢辱吾兄及吾夫乎即自縊一婢從死

參政完顏素蘭妻亡其姓氏當崔立之變謂所親曰吾夫有天下重名吾豈肯隨衆陷身以辱吾夫乎今日一死固當但不可無名而死亦不可離吾家而死即自縊于室

溫特罕氏夫完顏忙哥五朶山宣差提控回里不之子也系出蕭王忙哥叔父益都節度秦州爲大元兵所攻適病不能軍忙哥爲提控獨當一面兵退而益都死忙哥以城守功世襲謀克收充奉御及崔立之變忙哥義不受辱與其妻訣妻曰君能爲國家死我不能爲君死乎一婢曰主死婢將安歸是日夫婦以一繩同縊婢從之

尹氏完顏猪兒之妻也猪兒系出蕭王天興二年正月從哀宗爲南面元帥戰死黃陵岡其妻金源郡夫人聞猪兒死聚家貲焚之遂自縊年三十一猪兒贈官弟長住即日詔補護衞

白氏蘇嗣之之母許州人宋尚書右丞子由五世孫婦也初東坡潁濱叔黨俱葬郟城之小峨嵋山故五世皆居許昌白氏年二十餘即寡居服除外家迎歸兄嫂竊議改醮白氏微聞之牽車徑歸曰我爲蘇學士家婦又有子乃欲使我失身乎自是外家非有大故不往也嘗於宅東北爲祭室畫兩先生像圖黃州龍川故事壁間香火嚴潔躬自灑掃士大夫求瞻拜者往往過其家奠之天興元年正月庚戌許州被兵嗣之爲汴京廂官白

拜辭兩先生前日兒子往京師老婦死無恨矣敢以告即自縊於室側家人并屋焚之年七十餘嗣之本名宗之避諱改焉

聶孝女字舜英尚書左右司員外郎天驥之長女也年二十三適進士張伯豪伯豪卒歸父母家及哀宗遷歸德天驥留汴崔立劫殺宰相天驥被創甚日夜悲泣恨不即死舜英謁醫救療百方至刲其股雜他肉以進而天驥竟死時京城圍久食盡閭巷間有嫁妻易一飽者重以崔立之變劃奪暴凌無復人理舜英頗讀書知義理自以年尚少夫既亡父又死非命比爲兵所汙何若從吾父于地下乎葬其父之明日絕脰而死一時士女賢之有爲泣下者其家以舜英合葬張伯豪之墓

完顏仲德妻不知其族氏崔立之變妻自毀其容服攜妾及二子給以采蔬自汴走蔡蔡被圍丁男皆乘城拒守謂仲德曰事勢若此丈夫能爲國出力婦人獨不能耶率諸命婦自作一軍親運矢石於城下城中婦女爭出繼之城破自盡

哀宗寶符李氏國亡從后妃北遷至宣德州居摩訶院日夕寢處佛殿中作幡旆會當赴龍庭將發即於佛像前自縊死且自書門紙曰寶符御侍此處身故後人至其處見其遺跡憐而哀之天興元年北兵攻城矢石之際忽見一女子呼於城下曰我倡女張鳳奴也許州破被俘至此彼軍不日去矣諸君努力爲國堅守無爲所欺也言竟投濠而死朝廷遣使馳祭于西門正大天興之際婦人節義可知者特數人耳鳳奴之事別史錄之蓋亦有所激云

金史卷一百三十一

元中書右丞相總裁脫脫等修

列傳第六十九

宦者

梁珫

宋珪 潘守恒附

古之宦者皆出於刑人刑餘不可列於士庶故掌宮寺之事謂之婦寺焉東漢以來宦者養子以繼世唐世繼者皆爲閹人其初進也性多巧慧便辟善固恩寵及其得志黨比糾結不可制東漢以宦者亡唐又甚焉世儒論宦者之害如毒藥猛虎之不可拯也金法置近侍局嘗與政事而宦者少與焉惟海陵時有梁珫章宗時有梁道李新喜天政二君爲所誤多矣世傳梁道勸章宗納李妃後宮金史不載梁道始末弗得而論次之惟宋珪潘守恒頗能諷諫宣哀時有裨益蓋傭之佼佼鐵之錚錚者也作宦者傳

梁珫本大臭家奴隨元妃入宮以閹豎事海陵珫性便佞善迎合特見寵信舊制宦者惟掌掖庭宮闈之事天德三年始以王光道爲內藏庫使衞愈梁安仁皆以宦官領內藏海陵謂光道等曰人言宦者不可用朕以爲不然後唐莊宗委張承業以軍竟立大功此中豈無人乎卿等宜悉此意帑藏之物皆出民力費十致一當糾察姦弊犯者必罰無赦宦者始與政事而珫委任尤甚累官近侍局使及營建南京宮室海陵數數使珫往視工役是時一殿之費已不可勝計珫或言其未善即盡撤去雖丞相張浩亦曲意事之與之均禮海陵欲伐宋珫因極言宋劉貴妃絕色傾國海陵大喜及南征將行命縣君高師姑兒貯衾褥之新潔者俟得劉貴妃用之議者言珫與宋通謀勸帝伐宋徵天下兵以疲敝中國海陵至和州聞珫與宋人交通有狀謂珫曰聞汝與宋國交通傳泄事情汝本奴隸朕拔擢至此乃敢爾耶若至江南詢得實跡殺汝亦未晚也又謂校書郎田與信曰爾面目亦可疑必與珫同謀者皆命執於軍中海陵遇弒珫與信皆爲亂軍所殺

宋珪本名乞奴燕人也爲內侍殿頭宣宗嘗以元夕欲觀燈戲命乞奴監作乞奴諫語云社稷棄之中都南京作燈戲有何看耶宣宗微聞之杖之二十既而悔之有旨宣諭哀宗放鴿後苑鴿逸去勑近侍追訪之市中一農民臂此鴿近侍不敢言宮中所逸者百方索之農民不與與之物直僅乃得事聞哀宗欲送其人於有司乞奴從旁諫曰貴畜賤人豈可宣示四方哀宗惡其大訐又杖之尋亦悔賜物慰遣之及哀宗至歸德馬軍元帥蒲察官奴爲變殺左丞李蹊參政石盞女魯歡以下從官三百餘人倉皇之際哀宗不得已以官奴權參知政事既爲所制含恨欲誅之未能也及官奴往亳州珪陰與奉御吾古孫愛實納蘭忔答護衞女奚烈完出范陳僧王山兒等謀誅之官奴自亳還哀宗御臨漪亭詔參政張天綱及官奴議事官奴入見珪等即從旁殺之及其黨阿里合白進習顯及蔡城破哀宗自縊於幽蘭軒珪與完顏斜烈焦春和等皆從死有潘守恒者亦內侍也素稱知書南遷後規益甚多及哀宗自蒲城走歸德道次民家守恒進櫛曰願陛下還宮之日無忘此草廬中更加儉素以濟大業上問其言悽惋咨嗟久之

方伎

劉完素 張從正 李慶嗣

紀天錫 張元素 馬貴中

武禎子亢 李懋 胡德新

太史公序九流述日者龜策扁鵲倉公列傳劉歆校中秘書以術數方伎載之七畧後世史官作方伎傳蓋祖其意焉或曰素問內經言天道消長氣運贏縮假醫術託岐黃以傳其秘奧爾秦人至以周易列之卜筮斯豈易言哉第古之爲術以吉凶導人而爲善後世術者或以休咎導人爲不善古之爲醫以活人爲功後世醫者或因以爲利而誤殺人故爲政於天下雖方伎之事亦必慎其所職掌而務旌別其賢否焉金世如武禎武亢之信而不誣劉完素張元素之治療通變學其術者皆師尊之不可不記云

劉完素字守眞河間人嘗遇異人陳先生以酒飲守眞大醉及寤洞達醫術若有授之者乃撰運氣要旨論精要宣明論慮庸醫或出妄說又著素問玄機原病式特舉二百八十八字注二萬餘言然好用涼劑以降心火益腎水爲主自號通元處士云

張從正字子和睢州考城人精於醫貫穿難素之學其法宗劉守眞用藥多寒涼然起疾救死多取效古醫書有汗下吐法亦有不當汗者汗之則死不當下者下之則死不當吐者吐之則死各有經絡脉理世傳黃帝岐伯所爲書也從正用之最精號張子和汗下吐法妄庸淺術習其方劑不知察脉原病往往殺人此庸醫所以失其傳之過也其所著有六門二法之目存於世云

李慶嗣洛人少舉進士不第棄而學醫讀素問諸書洞曉其義天德間歲大疫廣平尤甚貧者往往闔門臥病慶嗣攜藥與米分遺之全活者衆慶嗣年八十餘無疾而終所著傷寒纂類四卷改證活人書二卷傷寒論三卷針經一卷傳於世

紀天錫字齊卿泰安人早棄進士業學醫精於其技遂以醫名世集註難經五卷大定十五年上其書授醫學博士

張元素字潔古易州人八歲試童子舉二十七試經義進士犯廟諱下第乃去學醫無所知名夜夢有人用大斧長鑿鑿心開竅納書數卷於其中自是洞徹其術河間劉完素病傷寒八日頭痛脉緊嘔逆不食不知所爲元素往候完素面壁不顧元素曰何見待之卑如此哉既爲診脉謂之曰脉病云云曰然初服某藥用某味乎曰然元素曰子誤矣某味性寒下降走太陰陽亡汗不能出今脉如此當服某藥則效矣完素大服如其言遂愈元素自此顯名元素治病不用古方其說曰運氣不齊古今異軌古方新病不相能也自爲家法云

馬貴中天德中爲司天提點與校書郎高守元奏天象災異忤旨海陵皆杖之黜貴中爲大同府判官久之遷司天監正隆三年三月辛酉朔日當食是日候之不食海陵謂貴中曰自今凡遇日食皆面奏不須頒示內外海陵伐宋問曰朕欲自將伐宋天道何如貴中對曰去年十月甲戌熒惑順入太微至屏星留退西出占書熒惑常以十月入太微庭受制出何無道之國十二月太白晝見經天占爲兵喪爲不臣爲更主又主有兵兵罷無兵兵起鎭戎軍地震大風海陵以問貴中對曰伏陰逼陽所以震也又問曰當震大風何也對曰土失其性則地震風爲號令人君命令嚴急則有烈風及物之災六年二月甲辰朔日有暈珥戴背海陵問近日天道何如貴中對曰前年八月二十九日太白入太微右掖門九月二日至端門九日至左掖門出並歷左右執法太微爲天子南宮太白兵將之象其占兵入天子之廷海陵曰今將征伐而兵將出入太微正其事也貴中又曰當端門而出其占爲受制歷左右執法爲受事此當有出使者或爲兵或爲賊海陵曰兵興之際小盜固不能無也及被害于揚州貴中之言皆驗大定八年世宗擊毬於常武殿貴中上疏諫曰陛下爲天下主守宗廟社稷之重圍獵擊毬皆危事也前日皇太子墜馬可以爲戒臣願一切罷之上曰祖宗以武定天下豈以承平遂忘之邪皇統嘗罷此事當時之人皆以爲非朕所親見故示天下以習武爾十年十一月皇太子生日世宗宴百官于東宮上飲歡甚貴中被酒前跪欲言事錯亂失次上不之罪但令扶出

武禎宿州臨渙人祖官太史靖康後業農後書界屬金禎深數學貞祐間行樞密院僕散安貞聞其名召至徐州以上客禮之每出師必資焉其占如響正大初徵至汴京待詔東華門其友王鉉問禎曰朝廷若問國祚脩短子何以對禎曰當以實告之但更言周過其歷秦不及期亦在修德爾時久旱祈禱不應朝廷爲憂禎忽謂鉉曰足下今日早歸恐爲雨阻鉉曰萬里無雲赤日如

此安得有雨禎笑曰若是則天不誠也天何嘗不誠既而東南有雲氣須臾蔽天平地雨注二尺衆皆驚嘆壽除司天臺管勾子亢寡言笑不妄交嘗與一學生終日相對握籌布畫目炯炯若有所營見者莫測也哀宗至蔡州右丞完顏仲德薦其術召至屏人與語大悅除司天長行賞賚甚厚上書曰比者有星變於周楚之分彗星起于大角西掃軫之左轄蓋除舊布新之象又言鄭楚周三分野當赤地千里兵凶大起王者不可居也又曰蔡城有兵喪之兆楚有亡國之徵三軍苦戰於西垣前後有日矣城壁傾頹內無見糧外無應兵君臣數盡之年也聞者悚然奪氣哀宗惟嗟嘆良久不以爲罪性頗倨傲朝士以此非之天興二年九月蔡州被圍亢奏日十二月三日必攻城及期果然哀帝問曰解圍當在何日對曰明年正月十三日城下無一人一騎矣帝不知其由乃喜圍解有期日但密計糧草使可給至其日不闕者明年甲午正月十日蔡州破十三日大元兵退是日亢赴水死云

李懋不知何許人有異術正大間游京兆行省完顏合達愛其術與俱至汴京薦於哀宗遣近侍密問國運否泰言無忌避居之繁臺寺朝士日走問之懋能道隱事及吉凶之變人以爲神帝惡其言太淺遣使者殺之使者乃持酒殽入寺懋出迎笑曰是矣使者曰何謂也懋曰我數當盡今日尚復何言遂索酒痛飲就死

胡德新河北士族也寓居南陽往來宛葉間嗜酒落魄不覊言禍福有奇驗正大七年夏與燕人王鉉邂逅於葉縣村落中與鉉初不相識坐中謬以兵官對胡曰此公在吾法中當登科甲何以謂之兵官衆愕然遂以實告二人相得甚歡卽命家人具雞酒以待酒酣舉大白相屬曰君此去事業甚遠不必置問某有所見久不敢對人言今欲告子遂邀至野田密謂曰某自去年來行宛葉道中見往來者十且八九有死氣今春至陳許間見其人亦有大半當死者若吾目可用則時事可知矣鉉驚問應驗遲速曰不過歲月間爾某亦不逃此厄請密誌之明年大元兵由金房入取峭石灘渡漢所過廬舍蕭然胡亦舉家及難其精驗如此

金史卷一百三十二

元　中書右丞相總裁脫脫等修

列傳第七十

逆臣

秉德本名乙辛　唐括辯　烏帶
大興國　徒單阿里出虎
僕散師恭本名忽土　徒單貞
李老僧　完顏元宜
紇石烈執中本名胡沙虎

昔者孔子作春秋而亂臣賊子懼其法有五焉微而顯志而晦婉而成章盡而不汚懲惡而勸善夫懲惡乃所以勸善也作逆臣傳

秉德本名乙辛初爲西南路招討使改外京留守丁母憂起復後爲兵部尚書拜參知政事皇統八年與烏林荅蒲盧虎等廉察郡縣使還拜平章政事廷議欲徙遼陽渤海人屯燕南秉德及左司郎中三合議其事近侍高壽星在徙中壽星訴於悼后后以白帝帝怒杖秉德而殺三合是時熙宗在位久悼后干政而繼嗣未立帝無聊不平屢殺宗室箠辱大臣秉德以其故懷忿乃與唐括辯烏帶等謀廢立烏帶以其謀告海陵海陵乃與秉德謀弒熙宗皇統九年十二月九日遂與唐括辯烏帶烏土阿里忽出大興國李老僧海陵妹夫特廝弒熙宗于寢殿秉德初意不在海陵已弒熙宗未有所屬忽土奉海陵坐秉德等皆拜稱萬歲殺曹國王宗敏左丞相宗賢時秉德位在海陵上因被杖怨望謀廢立而海陵因之以爲亂既立以秉德爲左丞相兼侍中左副元帥封蕭王賜鐵券與錢二千萬絹一千匹馬牛各三百羊三千久之爲烏帶所譖出領行臺尚書省事時秉德方在告亟召之限十日內發行會海陵欲除太宗諸子幷除秉德以秉德首謀廢立及弒熙宗不卽勸進銜之烏帶因言秉德與宗本謀反有狀曰昨來秉德曾於宗本家飲酒海州刺史子忠言秉德有福貌頗趙太祖秉德假仰笑受其言臣妻言秉德妻嘗指斥主上語皆不順及秉德與宗本相別時指斥尤甚且謂歷數有歸秉德招刑部侍郎漫獨曰已前曾說那公事頗記憶否漫獨曰不存性命事何可對衆便說似此逆狀甚明海陵遣使就行臺殺秉德幷殺前行臺參知政事烏林荅贊謀贊謀妻秉德乳母也初贊謀與前行臺左丞溫敦思忠同在行臺思忠黷貨無厭贊謀薄之由是有隙故思忠乘是幷誣贊謀及其子殺之贊謀不肯跪受刑行刑者立而縊殺之海陵以贊謀家財奴婢盡賜思忠秉德與烏帶以口語致怨既死遂幷殺其弟特里紇里及宗翰子孫死者三十餘人宗翰之後遂絕世宗卽位追復秉德官爵贈儀同三司初撒改薨宗翰襲其猛安親管謀克秉德死海陵以賞烏帶傳其子兀荅補大定六年世宗憫宗翰無後詔以猛安謀克還撒改曾孫盆買遣使改葬撒改宗翰於山陵西南二十里百官致奠其家產給近親以奉祭祀秉德既死其中都宅第左副元帥杲居之杲死海陵遷都迎其嫡母徒單氏居之徒單遇害世宗惡其不祥施爲佛寺

唐括辯本名斡骨剌尚熙宗女代國公主爲駙馬都尉累官參知政事尚書左丞與右丞相秉德謀廢立而烏帶以告海陵海陵謂辯曰我輩不能匡救旦暮且及禍若行大事誰可立者辯曰無乃胙王常勝乎海陵問其次辯曰鄧王子阿楞海陵曰阿楞屬疎安得立辯曰公豈有意邪海陵曰若不得已捨我其誰於是旦夕相與密謀護衛將軍特思疑之以告悼后曰辯等因問每竊竊偶語不知議何事悼后以告熙宗熙宗怒召辯責之曰爾與亮謀何事將如我何杖而遣之自是謀益甚十二月九日代國公主爲其母悼后作佛事居寺中故海陵秉德等俱會於辯家至夜辯等以刀藏衣下相隨入宮門者以辯駙馬不疑皆內之至殿門直宿護衛覺之辯舉刀呵之使無動既弒熙宗立海陵辯爲尚書右丞相兼中書令封王賜錢二千萬絹千匹馬牛各三百羊三千幷鐵券進拜左丞相父彰德軍節度使重國遷東平尹初辯與海陵謀逆辯嘗言其家奴多可用者海陵固已懷之及行弒之夕會於辯家待興國出宮辯因設饌衆皆恇懼不能食辯獨飽食自若海陵由此知其忮忍畏忌之及卽位嘗與辯觀太祖畫像海陵指示辯曰此眼與爾相似辯色動海陵亦色動由是疑辯益忌之及與蕭裕謀致宗本罪幷致辯嘗與宗本謀反卽殺之重國坐奪官正隆二年起爲沂州防禦使改清州防禦使大定初重國與徒單拔改俱以政跡著聞歷安國彰化橫海軍節度使後辯子孫上書言辯死天德間祖重國亦坐追削正隆初重國已復官職乞追復辯官爵是時海陵已降爲庶人以辯與弒逆不許言本名

烏帶行臺左丞相阿魯補子也熙宗時累官大理卿熙宗晚年喜怒不常大臣往往危懼右丞相秉德左丞唐括辯謀廢立烏帶卽詣海陵啓之遂與俱弒熙宗海陵卽位烏帶爲平章政事封許國王賜錢絹馬牛羊鐵券竝如其黨烏帶妻唐括氏淫泆舊與海陵通又私其家奴閻乞兒秉德嘗對熙宗斥其事烏帶銜之未發也時海陵多忌會有疾少間烏帶遂誣奏秉德有指斥語曰主上數日不視朝若有不諱誰當繼者臣曰主上有皇子秉德曰嬰兒豈能勝天下大任必也葛王乎海陵以爲實然故出秉德已而殺之以秉德世襲猛安謀克授烏帶進右丞相烏帶與宗本有親海陵以烏帶告秉德事故宗本之禍烏帶獨免遂以秉德千戶謀克及其子婦家產盡賜之進司空左丞相兼侍中居數月烏帶早朝以日陰晦將雨意海陵不視朝先趨出朝百官皆隨之去已而海陵御殿知烏帶率百官出朝惡之遂落司空出爲崇義軍節度使後海陵思慕唐括容色因其侍婢來候問起居海陵許立爲后使殺烏帶海陵詐爲烏帶哀傷使其子兀荅補佩金符乘驛赴喪追封爲王仍詔有司送其靈車賜絹三百爲道途費納唐括於宮中封貴妃兀荅補襲猛安謀克大定六年以猛安謀克還撒改曾孫以阿魯補謀克授兀荅補終同知大興尹子塘本名烏也阿補以曾祖阿魯補功充筆硯祗候

大興國事熙宗爲寢殿小底權近侍局直長最見親信未嘗去左右每逮夜熙宗就寢興國時從主者取符鑰歸家主者卽以付之聽其出入以爲常皇統九年海陵生日熙宗使興國以宋司馬光畫像及他珍翫賜海陵悼后亦以物附賜熙宗不悅杖興國一百海陵謀弒意先得興國乃可伺間入宮行大事且度興國無罪被杖必有怨望心可乘此說之乃因李老僧結興國既而知無異心可與謀乃召至臥內令解衣欲與之俱臥意有所屬者興國固辭不敢曰卽有使惟大王之命海陵曰主上無故殺常勝又殺皇后乃以常勝家產賜阿楞既又殺阿楞遂以賜我我深以爲憂奈何興國曰是固可慮也海陵曰朝臣旦夕危懼皆不自保向者我生日因皇后附賜物君遂被杖我亦見疑主上嘗言會須殺君我與君皆將不免寧坐待死何如舉大事我與大臣數人謀議已定爾以爲如何興國曰如大王言事不可緩也乃約十二月九日夜起事興國取符鑰開門矯詔召海陵入夜二更海陵秉德等入熙宗常置佩刀於御榻上是夜興國先取投榻下及亂作熙宗求佩刀不得遂遇弒海陵既立以興國爲廣寧尹賜奴婢百口犀玉帶各一錢絹馬牛鐵券如其黨進階金紫光祿大夫再賜興國錢千萬黃金四百兩銀千兩良馬四匹驢車一乘橐駝三頭眞珠巾玉鉤帶玉佩刀及玉校鞍轡天德四

年改崇義軍節度使賜名邦基再授絳陽武寧節度使改河間尹世宗即位廢于家凡海陵所賜皆奪之大定中邦基兄邦傑自京兆判官還世宗曰大邦傑因其弟進濫厠縉紳豈可復用併罷其子弟與所贈父官及海陵降爲庶人詔曰大邦基與海陵同謀弒逆逋誅至今爲幸多矣遂磔于思陵之側

徒單阿里出虎會寧葛馬合窟申人徙懿州父拔改太祖時有戰功領謀克曷速館軍師皇統四年爲兵部侍郎歷天德軍節度使改興中尹與宗幹世爲姻家皇統九年阿里出虎與僕散忽土俱爲護衛十人長海陵將弒熙宗欲得二人者爲內應遂許以女妻阿里出虎子而以逆謀告之阿里出虎素凶暴聞其言喜甚曰阿家此言何晚也廢立之事亦男子所爲主上不能保天下人望所屬惟在阿家今日之謀乃我素志也遂與忽土俱以十二月九日直禁中海陵故以是夜二更入宮至寢殿阿里出虎先進刃忽土次之熙宗頓仆海陵復刃之血濺其面及衣海陵既立以阿里出虎爲右副點檢賜錢絹馬牛羊如其黨子朮斯剌尚榮國公主合女加昭毅大將軍駙馬都尉天德二年留守東京加儀同三司八月改河間尹世襲臨潢府路紏剌阿猛安領親管謀克以憂去職起復爲太原尹封王阿里出虎自謂有佐立功受鐵券凶很益甚奴視僚屬少忤其意輒箠辱無所恤嘗問休咎於卜者高鼎遂以鼎所占問張王乞王乞以謂當有天命阿里出虎喜以王乞語告鼎鼎上變阿里出虎伏誅幷殺其妻及王乞海陵使其子朮斯剌焚其屍投骨水中拔改自西京留守歷西南路招討使忠順軍節度使入爲勸農使復爲河間尹改臨洮尹入爲工部尚書改興平軍節度使濟南尹卒

僕散師恭本名忽土上京老海達葛人本微賤宗幹嘗周恤之擢置宿衛爲十人長海陵謀逆以忽土出自其家有恩欲使爲內應謂之曰我有一言欲告君久矣恐泄於人未敢也忽土曰肌肉之外皆先太師所賜苟有補於國王死不敢辭先太師謂宗幹也海陵曰主上失道吾將行廢立事必得君爲助乃可忽土許之十二月九日忽土直宿海陵因之入宮至寢殿熙宗聞步屣聲咄之衆皆却立不敢動忽土曰事至此不進得乎乃相與排闥而入既弒熙宗秉德等尚未有所屬忽土曰始者議立平章今復何疑乃奉海陵坐衆前稱萬歲遂召曹國王宗敏至即使忽土殺之既即位忽土爲左副點檢賜錢絹馬牛羊鐵券轉都點檢改名思恭遷會寧牧拜太子少師工部尚書封王頃之以憂解職起復爲樞密副使進拜樞密使貞元三年爲右丞相正隆初拜太尉復爲樞密使無何以憂去起復爲太尉樞密使海陵至汴京賜忽土第一區隣寧德宮宮徒單太后所居也忽土時時入見太后及契丹撒八反海陵命忽土與蕭懷忠北伐比行忽土入辭寧德太后與語久之海陵聞而惡之疑其與太后有異謀是時蕭禿剌斡盧補與契丹撒八連戰皆無功糧運不繼乃退軍臨潢而撒八聞師恭以大軍且至乃謀歸大石沿龍駒河西去師恭至臨潢追之不及海陵使樞密副使白彥敬等討撒八師恭還遣其子忽殺虎乘傳逆之至則執而戮于市師恭臨刑繩枚窒口不能言但舉首視天日而已遂族滅之幷誅滅蕭禿剌蕭賾蕭懷忠家大定初皆復官爵及海陵降爲庶人師恭以預弒復削之世宗幸上京過老海達葛師恭族人臨潢尹守中定遠大將軍阿里徒等皆奪官二十八年上謂宰臣曰海陵遣僕散師恭蕭禿剌蕭懷忠追撒八不及皆坐誅遂夷其族虐之甚也平章政事襄對曰是時臣在軍中忽土蹟有精甲一萬三千有餘賊軍雖多皆脅從之人以氈紙爲甲易與也忽土等恇怯逗延賊乃遁去上曰審如是則誅之可也兄渾坦

徒單貞本名特思忒黑闊剌人也祖抄從太祖伐遼有功授世襲猛安父婆盧火以戰功累官開府儀同三司貞娶遼王宗幹女海陵同母女弟也皇統九年貞與海陵俱弒熙宗海陵旣立以貞爲左衛將軍封貞妻平陽長公主貞爲駙馬都尉殿前左副點檢轉都點檢兼太子少保封王改大興尹都點檢如故俄授臨潢府路昏斯魯猛安居二年海臨召貞勗之曰汝自幼常在左右頗著微勞而近日乃怠忽縱有罪樹私恩凡人富貴而驕皆死徵也汝若不制汝心將無所不至賜之死復何辭朕念弟襄及公主與朕同胞故少示懲戒貞但號泣即日解點檢職仍爲大興尹復戒之曰今而後能以勤自勵朕當思之不然黜爾歸田里矣逾月復爲都點檢大興尹如故正隆二年例封瀋遷樞密副使賜佩刀入宮轉同判大宗正事海陵將伐宋詔朝官除三國人使宴飲其餘飲酒者死六年正月四日立春節益都尹京安武節度使爽金吾上將軍阿速飲於貞第海陵使周福兒賜土牛至貞第見之以告海陵召貞詰之曰戎事方殷禁百官飲酒卿等知之乎貞等伏地請死海陵數之曰汝等若以飲酒殺人太重固當諫古人三諫不聽亦勉從君命魏武帝軍行令曰犯麥者死已而所乘馬入麥中乃割髮以自刑犯麥微事也然必欲以示信朕爲天下主法不能行于貴近乎朕念慈憲太后子四人惟朕與公主在而京等皆近屬曲貸死罪於是杖貞七十京等三人各杖一百降貞爲安武軍節度使京爲灤州刺史爽歸化州刺史無何拜貞御史大夫以本官爲左監軍從伐宋至揚州海陵死北還見世宗于中都詔以貞女爲皇太子妃除貞爲太原尹改咸平貞在咸平貪汙不法累贓鉅萬徙眞定尹事覺世宗使大理卿李昌圖鞫之貞即引伏昌圖還奏上問之曰貞停職否對曰未也上怒抵昌圖罪復遣刑部尚書移剌道往眞定問之徵其贓還主有司徵給不以時詔先以官錢還其主而令貞納官凡還主贓皆準此例降貞爲博州防禦使降貞妻爲淸平縣主頃之遷震武節度使遣使者往戒勅之詔曰朕念卿懿戚不待終考更遷大鎭非常之恩不可數得卿勿蹈前過轉河中尹進封其妻爲任國公主賜黃金百兩重綵二十端賜貞擊毬馬二匹改東京留守賜玉吐鶻弓矢賜貞妻錢萬貫有司奏海陵已貶爲庶人宗幹不當猶稱帝於是以宗幹有社稷功詔追封爲遼王其子孫及諸女皆降貞妻降永平縣主貞自儀同三司降特進奪猛安不稱駙馬都尉再徙臨潢尹初與弒熙宗凡九人海陵以暴虐自斃秉德辯忽土阿里出虎以疑見殺帶以妻殞李老僧以反誅至是貞與大興國尚在而興國擯棄不用獨貞以世姻籍恩寵雖夫婦降削爵號而世宗慮久遠終不以私恩曲庇久之詔誅貞及其妻與二子愼思十六而宥其諸孫俄而興國亦誅皇統逆黨盡矣章宗即位尊母皇太子妃爲皇太后追封貞爲太尉梁國公貞祖抄司空曾國公父婆盧火司徒齊國公貞妻梁國夫人子隨補火愼思十六俱爲鎭國上將軍無何再贈貞太師廣平郡王謚莊簡貞妻進封梁國公主

李老僧舊爲將軍司書吏與大興國有親素相厚海陵秉政興國屬請海陵海陵以爲省令史及將舉事使老僧結興國興國終爲海陵取符鑰納海陵宮中成弒逆者老僧爲之也海陵既立以老僧爲同知廣寧尹事賜錢千萬絹五百匹馬牛各一百羊二千久之海陵惡韓王亨將殺之求其罪不可得遂以亨爲廣寧尹再任老僧同知使伺察亨構致其罪亨喜博及至廣寧常與老僧博待之甚厚老僧由是不忍致亨死罪遲疑者久之海陵再使小底訛論促老僧老僧乃與亨家奴六斤謀殺亨獄中語在亨傳及耶律安禮自廣寧還朝海陵謂之曰孛迭三罪伏其一已見猒望爾乃梁王故吏若亨伏辜必罪及親族故榜殺之海陵以老僧於亨有遲回意遂降老僧爲易州刺史久之遷同知大興尹賜名惟忠改延安府同知大定二年與兵部尚書可喜謀反誅

論曰書曰王左右常伯常任準人綴衣虎賁周公曰嗚呼休茲知恤鮮哉穆王告伯冏曰愼簡乃僚其無以巧言令色便辟側媚其惟吉士金人所謂寢殿小底猶周之綴衣所謂護衛猶周之虎賁也則皆羣僕侍御之臣矣海陵弒逆而大興國忽土阿里出虎爲之扼擊皆出于小底護衛之中熙宗固不知恤之也一日熙宗與近侍飲酒會夜稽古殿火上欲往視都點檢辭不失引帝裾止之奏曰臣在此陛下何患願無親往熙宗謂辭不失被酒甚怒之明日杖而出之已而思其忠復見召用海陵與唐括辯時時屏人私語護衛特思察其非常海陵擠而殺之皇統末年羣臣解體無尊君謹上之心而羣姦竊發僕御之臣不復有如辭不失特思者矣綿之詩曰予曰有疏附予曰有先後予曰有奔走予曰有禦侮嗚呼先後禦侮之臣豈可少哉

完顏元宜本名阿列一名移特輦本姓耶律氏父愼思天輔七年宗望追遼主至天德愼思來降且言夏人以兵迎遼主將渡河去宗望移書夏人諭以禍福夏人乃止賜愼思姓完顏氏官至儀同三司元宜便騎射善擊毬皇統元年充護衛累遷毆里本羣牧使入爲武庫署令轉符寶郎海陵篡立爲兵部尚書天德三年詔凡賜姓者皆復本姓元宜復姓耶律氏歷順義昭義節度使復爲兵部尚書勸農使海陵伐宋以本官領神武軍都總管以大名路騎兵萬餘爲之前鋒渡淮拔昭關遇宋兵萬餘于柘皋力戰却之至和州宋兵十萬來拒元宜麾軍力戰抵暮而罷宋人乘夜襲營元宜擊走之黎明追及宋兵斬首數萬以功遷銀青光祿大夫海陵增置浙西路都統制使元宜領之督諸軍渡江佩金牌賜衣一襲是時世宗已即位于遼陽軍中多懷去就海陵軍令慘急亟欲渡江衆欲亡歸決計於元宜猛安唐括烏野曰前阻淮渡皆成擒矣比聞遼陽新天子即位不若共行大事然後舉軍北還元宜曰待王祥至謀之王祥者元宜子爲驍騎副都指揮使在別軍元宜使人密召王祥既至遂約詰旦衛軍番代即行事元宜先欺其衆曰有令爾輩皆去馬詰旦渡江衆皆懼乃以舉事告之皆許諾十月乙未黎明元宜王祥與武勝軍都總管徒

單守素猛安唐括烏野謀克斡盧保婁薛溫都長壽等率衆犯御營海陵聞亂以爲宋兵奄至攬衣遽起箭入帳中取視之愕然曰乃我兵也大慶山曰事急矣當出避之海陵曰走將安往方取弓以中箭仆地延安少尹納合斡魯補先刃之手足猶動遂縊殺之驍騎指揮使大磐整兵來救王祥出語之曰無及矣大磐乃止軍士攘取行營服用皆盡乃取大磐衣巾裹海陵尸焚之遂收尚書右丞李通浙西路副統制郭安國監軍徒單永年近侍局使梁珫副使大慶山皆殺之元宜行左領軍副大都督事使使者殺皇太子光英于南京大軍北還大定二年春入見拜御史大夫詔曰高楨爲御史大夫號爲正直頗涉煩碎臣下衣冠不正亦彼糾舉職事有大於此者爾宜勉之未幾拜平章政事封冀國公賜玉帶甲第一區復賜姓完顏氏往泰州路規措討契丹事元宜使忠勇校尉李榮招窩斡窩斡殺榮詔追贈榮進官四階五月上聞元宜將還遣使止之契丹已平元宜還朝奏請益諸羣牧鎧甲詔從之每羣牧益二十副元宜復請益臨潢戍軍士馬詔給馬六百匹久之罷爲東京留守乞還所賜甲第上從之賜以襲衣吐鶻廐馬海東青鶻未幾致仕薨于家上聞之遣使致祭賻贈甚厚大定十一年尚書省奏擬納合斡魯補除授上曰昔發海陵此人首入弒之人臣之罪莫大於是豈可復加官使其世襲謀克姑聽仍舊大定十八年扎里海上言凡爲人臣能捍災禦侮有功者宜錄用之今弒海陵者以爲有功賞以高爵非所以勸事君也宜削奪以爲人臣之戒臣在當時亦與其黨却止名定罪請自臣始上曰扎里海自請其罪以勸事君此亦人之所難遂以扎里海充趙王府祗候郎君元宜子習涅阿補大定二十五年爲符寶祗候乞依女直人例遷官上曰賜姓一時之權宜令習涅阿補還本姓

論曰春秋書齊公子商人弒其君舍又曰齊人弒其君商人嗟乎弒舍者商人也弒商人者邴歜閻職也海陵弒熙宗完顏元宜弒海陵商人之弒也邴歜閻職去之海陵之弒也元宜歸于世宗邴閻賤役元宜都將也握君之親兵窺利以弒之其罪豈容誅乎世宗僅能不大用之而已扎里海猶殺人而自首者也在律殺人未聞准首免罪而又予賞者也况弒逆乎海陵弒五十三年復有胡沙虎之事

紇石烈執中本名胡沙虎阿疎裔孫也徙東平路猛安大定八年充皇太子護衞出職太子僕丞改鷹坊直長再遷鷹坊使拱衞直指揮使明昌四年使過阻居監酒官移剌保迎謁後時飲以酒酒味薄執中怒毆傷移剌保詔的決五十未幾遷右副點檢肆傲不奉職降肇州防禦使踰年遷興平軍節度使丁母憂起復歸德軍節度使改開遠軍兼西南路招討副使俄知大名府事承安二年召爲簽樞密院事詔左丞相襄征伐執中不欲行奏曰臣與襄有隙且殺臣矣上怒其言不遜事下有司既而赦之出爲永定軍節度使改西北路招討使復爲永定軍坐奪部軍馬解職泰和元年起知大興府事詔契丹人立功官賞恩同女直人許存養馬匹得充司吏譯人者令執中格詔不下上責之曰汝雖意在防閑而不知朝廷自有定格自今勿復如此煩碎生事也乃下詔行之淶州人魏廷實祖任兒舊爲靳文昭家放良天德三年編籍正戶已三世矣文昭孫劭誣廷實爲奴及妄訴毆詈警巡院鞫對無狀法當訴本貫劭訴于府執中使廷實納錢五百貫與劭廷實不從還淶水執中徑遣鎖致廷實御史臺請移問執中轉奏御史臺不依制府未結斷令移推詔吏部侍郎李炳戶部侍郎粘割合荅推問炳合荅奏御史臺理直詔乃切責執中御史中丞孟鑄奏彈執中貪殘專恣不奉法令釋罪之後累過不悛既蒙恩貸轉生跋扈如雄州詐認馬平州冒支俸破魏廷實家發其冢墓拜表不赴新雨聚妓毆詈同僚擅令停職失師帥之體不稱京尹之任上曰執中麤人似有跋扈爾鑄對曰明天子在上豈容有跋扈之臣上意寤取問奏章詔尚書省問之由是改武衞軍都指揮使平章政事僕散揆宣撫河南執中除山東東西路統軍使揆行省汴京伐宋升諸道統軍司爲兵馬都統府執中爲山東兩路兵馬都統定海軍節度使完顏撒剌副之執中分兵駐金城朐山請益發東平路兵屯密沂寧海登萊以遏兵衝詔從之時泰和六年四月也五月宋兵犯金城執中遣巡檢使周奴以騎兵三百禦之會宋益兵轉趨沭陽謀克三合伏卒五十人葦竹中伺宋兵過突出擊之殺十數人追至縣城宋兵不敢出會周奴以兵入城宋兵踰城走三合已焚其舟合擊大破之斬首五百餘級殺宋統領李藻擒忠義軍將呂璋十月執中率兵二萬出清口宋以步騎萬餘列南岸戰艦百艘拒上流相持累日執中以舟兵二千搏戰遏宋舟兵遣副統移剌古與涅率精騎四千自下流徑渡宋兵望騎兵登南岸水陸俱潰追斬及溺死者甚衆盡獲其戰艦及戰馬三百遂克淮陰進兵圍楚州還元帥左監軍執中縱兵虜掠上聞之杖其經歷官阿里不孫放還所掠未幾宋人請和詔罷兵除西南路招討使改西京留守大安元年授世襲謀克復知大興府事出知太原府復爲西京留守行樞密院兼安撫使以勁兵七千遇大兵戰于定安之北薄暮先以麾下遁去衆遂潰行大蔚州擅取官庫銀五千兩及衣幣諸物奪官民馬與從行私人入紫荆關杖殺淶水令至中都朝廷皆不問乃遷右副元帥權尚書左丞執中益無所忌憚自請步騎二萬屯宣德州與之三千令駐嬀川崇慶元年正月執中乞移屯南口或屯新莊移文尚書省曰大兵來必不能支一身不足惜三千兵爲可憂十二關建春萬寧宮且不保朝廷惡其言下有司按問詔數其十五罪罷歸田里明年復召至中都預議軍事左諫議大夫張行信上書曰胡沙虎專逞私意不循公道蔑省部以示强梁媚近臣以求稱譽骫法行事枉害平民行院山西出師無律不戰先退擅取官物杖殺縣令屯駐嬀川乞移內地其謀略可見矣欲使改易前非以收後效不亦難乎才誠可取雖在微賤皆當擢用何必老舊始能立功一將之用安危所係惟朝廷加察天下幸甚丞相徒單鎰以爲不可用參知政事瓘跪奏其姦惡乃止執中善結近倖交口稱譽五月詔給留守半俸預議軍事張行信復諫曰伏聞以胡沙虎老臣欲起而用人之能否不在新舊彼向之敗朝廷既知之矣乃復用之無乃不可乎遂止上終以執中爲可用賜金牌權右副元帥將武衞軍五千人屯中都城北執中乃與其黨經歷官文繡局直長完顏醜奴提控宿直將軍蒲察六斤武衞軍鈐轄烏古論奪剌謀作亂是時大元大兵在近上使奉職卽軍中責執中止務馳獵不恤軍事執中方飼鶻怒擲殺之遂妄稱知大興府徒單南平及其子刑部侍郎駙馬都尉没烈謀反奉詔討之南平姻家福海別將兵屯於城北遣人以好語招之福海不知旣至乃執之八月二十五日未五更分其軍爲三軍由章義門入自將一軍由玄通門入執中恐城中出兵來拒乃遣一騎先馳抵東華門大呼曰大軍至北關已接戰矣旣而再遣一騎亦如之使徒單金壽召知大興府徒單南平南平不知行至廣陽門西富義坊馬上與執中相見執中手槍刺之墮馬下金壽斫殺之使烏古論奪剌召没烈殺之符寶祗候鄯陽護衞十人長完顏石古乃聞亂遽召漢軍五百人赴難與執中戰不勝皆死之執中至東華門使呼門者親軍百戶冬兒五十戶蒲察六斤皆不應許以世襲猛安三品職事官亦不應呼都點檢徒單渭河渭河卽徒單鎬也渭河縋城出見執中執中命聚薪焚東華門立梯登城護衞斜烈乞兒親軍春山共掊鑠開門納執中執中入宮盡以其黨易宿衞自稱監國都元帥居大興府陳兵自衞急召都轉運使孫椿年取銀幣賞金壽奪剌及軍官軍士大興府輿隷是夜召妓與親黨會飲明日以兵逼上出居衞邸誘左丞完顏綱至軍中卽殺之執中意不可測丞相徒單鎰勸執中立宣宗執中然之是時莊獻太子在中都執中以皇太子儀仗迎莊獻入居東宮召符寶郎徒單福壽取符寶陳於大興府露階上盜用御寶出制除完顏醜奴德州防禦使烏古論奪剌順天軍節度使蒲察六斤橫海軍節度使徒單金壽永定軍節度使雖除外官皆留之左右其餘除拜猶數十人同時有兩蒲察六斤其一守東華門不肯從亂者召禮部令史張好禮欲鑄監國元帥印好禮曰自古無異姓監國者乃止遣奉御完顏忽失來等三人護衞蒲鮮班底完顏醜奴等十人迎宣宗於彰德使宦者李思忠弒上於衞邸盡徹沿邊諸軍赴中都平州騎兵屯薊州以自重邊戍皆不守矣九月甲辰宣宗卽位拜執中太師尚書令都元帥監修國史封澤王授中都路和魯忽土世襲猛安以其弟同知河南府特末也爲都點檢兼侍衞親軍都指揮使子猪糞除濮王傅兵部侍郎都點檢徒單渭河爲御史中丞烏古論奪剌遙授知眞定府事徒單金壽遙授知東平府事蒲察六斤遙授知平陽府事完顏醜奴同知河中府事權宿直將軍詔以烏古論誼居第賜執中儀鸞局給供張妻王賜紫給銀鐸車戊申執中侍朝宣宗賜之坐執中就坐不辭無何執中奏請降衞紹王爲庶人奏再上詔百官議于朝堂太子少傅奧屯忠孝侍讀學士蒲察思忠附執中議衆相視莫敢言獨文學田廷芳奮然曰先朝素無失德尊號在禮不當削於是從之者禮部張敬甫諫議張信甫戶部武文伯罷才卿石抹晉卿等二十四人宣宗曰譬諸問途百人曰東行是十人曰西行是行道之人果適東乎適西乎豈以百人十人爲是非哉旣而曰朕徐思之數日詔降爲東海郡侯大元遊騎至高橋宰臣以聞宣宗使人問執中執中曰計畫已定矣旣而讓宰執曰吾爲尚書令豈得不先與議而遽奏耶宰執遜謝而已提點近侍局慶山奴副使惟弼奉御惟康請除執中宣宗念援立功隱忍不許元帥右監軍朮虎高琪屢戰不利執中戒之曰今日出兵果無功當以軍

法從事矣高琪出戰復敗自度不免頗聞慶山奴諸人有謀十月辛亥高琪遂率所將乣軍入中都圍執中第執中聞變彎弓注矢外射不勝登後垣欲走衣絓墮而傷股軍士就斬之高琪持執中首詣闕待罪宣宗赦之以爲右副元帥執中之黨呼於衢路曰乣軍反矣殺之者有賞市人從之乣軍死者甚衆一軍皆恂恂宣宗遣近侍撫諭之詔有司量加賻贈衆乃稍安明日除特末也奉寧軍節度使烏古論奪剌眞授知濟南府事徒單金壽眞授知歸德府事蒲察六斤眞授知平陽府事甲寅左諫議大夫張行信上封事曰春秋之法國君立不以道若嘗與諸侯盟會即列爲諸侯東海在位已六年矣爲其臣者誰敢干之胡沙虎握兵入城躬行弒逆當是時惟鄯陽石古乃率衆赴援至于戰死論其忠烈在朝食祿者皆當愧之陛下始親萬機海內望化褒顯二人延及子孫庶幾少慰貞魂激天下之義氣宋徐羡之傅亮謝晦弒營陽王立文帝文帝誅之以江陵奉迎之誠免其妻子胡沙虎國之大賊世所共惡雖已死而罪名未正合暴其過惡宣布中外除名削爵籍沒其家然後爲快陛下若不忍援立之勞則依倣元嘉故事亦足以示懲戒宣宗乃下詔暴執中過惡削其官爵贈鄯陽石古乃加恩其子慶山奴惟弼惟康皆遷賞近侍局自此用事矣

論曰金九主遇弒者三其逆謀者十人熙宗之弒惟大興國一人世宗發其罪而磔之思陵之側徒單貞雖誅未聞暴其罪狀後以戚畹又復贈官追封餘秉德唐括辯等六人皆以他罪誅海陵之弒其首惡爲完顏元宜則令終焉衛紹王之弒曰胡沙虎不死於司敗之誅而死於高琪之手古所謂弒君之賊人得而討之者謂請于公上而致討焉如孔子之請討陳恒是也豈有如琪之擅殺而以爲功者乎金之政刑其亂若此國欲不亡其可得乎

金史卷一百三十三

元　中　書　右　丞　相　總　裁　脫　脫　等　修

列傳第七十一

叛臣

張覺子僅言　耶律余睹

移剌窩斡

古書畔與叛通畔之爲言界也左氏曰政猶農之有畔是也君臣上下之定分猶此疆彼界之截然違此向彼即爲叛矣善惡判於跬步禍患極於懷襄吁可畏哉故作叛臣傳

張覺亦書作瑴平州義豐人也在遼第進士仕至遼興軍節度副使太祖定燕京時立愛以平州降當時宋人以海上之盟求燕京及西京地太祖以燕京涿易檀順景薊與之平州自入契丹別爲一軍故弗與而以平州爲南京覺爲留守既而聞覺有異志上遣使劉彥宗及斜鉢諭之詔曰平山一郡今爲南京節度使今爲留守恩亦厚矣或言汝等陰有異圖何爲當此農時輒相扇動非去危就安之計也其諭朕意太祖每收城邑往往徙其民以實京師民心多不安故特立愛因降表曾言及之及以燕京與宋而遷其人獨以空城與之遷者道出平州故覺因之以作亂天輔七年五月左企弓虞仲文曹勇義康公弼赴廣陵過平州覺使人殺之于栗林下遂據南京叛入于宋宋人納之太祖下詔諭南京官吏詔曰朕初駐蹕燕京嘉爾吏民率先降附故升府治以爲南京減徭役薄賦稅恩亦至矣何可輒爲叛逆今欲進兵攻取時方農月不忍以一惡人而害及衆庶且遼國舉爲我有孤城自守終欲何爲今止坐首惡餘並釋之覺兵五萬屯潤州近郊欲脅遷來潤隰四州闍母自錦州往討之已敗覺兵欲乘勝攻南京時暑雨不可進退屯于海壖無何闍母再敗覺兵復與戰于兔耳山闍母大敗覺報捷于宋宋建平州爲泰寧軍以覺爲節度使張敦固等皆加徽猷閣待制以銀絹數萬犒軍宗望軍至南京城東覺兵大敗宵遁遂奔宋入于燕京宗望以納叛責宋安撫司索張覺宣撫王安中匿之於甲仗庫紿曰無之宗望索愈急安中乃斬貌類覺者一人當之金人識之曰非覺也安中不得已引覺出數以罪覺罵宋人不容口遂殺覺函其首以與金人燕京降將及常勝軍皆泣下郭藥師自言曰若來索藥師當奈何自是降將卒皆解體及金人伐宋竟以納平州之叛爲執言云子僅言

僅言幼名元奴宗望攻下平山僅言在襁褓閭里人劉承宣得之養於家其隣韓夫人甚愛之年數歲因隨韓夫人得見貞懿皇后留之藩邸稍長侍世宗讀書遂使僅言主家事繩檢部曲一府憚之世宗留守東京海陵用兵江淮將士往往亡歸詣東京願推戴世宗爲天子僅言勸進世宗即位除內藏庫副使權發遣宮籍監事海陵死揚州僅言與禮部尚書烏居仁殿前左衛將軍阿虎帶御院通進劉珫發遣六宮百官圖書府藏在南京者還以本職提控尚食局轉少府監丞仍主內藏僅言能心計世宗倚任之凡宮室營造府庫出納行幸頓舍皆委之世宗嘗曰一經僅言無不愜朕意者六年提舉修內役事役夫掘地得白金匿之事覺法當死僅言責取其物與官釋其罪等兼祗應司遷少府監提控宮籍監祗應司如故護作太寧宮引宮左流泉溉田歲獲稻萬斛十七年復提點內藏典領昭德皇后山陵遷勸農使領諸職如故僅言雖舊臣出入左右然世宗終不假以權任二十一年尚書省奏宮苑司直長黎倫在職十六年請與遷叙上曰此朕之家臣質直人也今已老矣如勸農使張僅言亦朕舊臣純實頗解事凡朝廷議論內外除授未嘗得干預朕觀自古人君爲讒諂蒙蔽者多矣朕雖不及古人然近習憸言未嘗入耳宰臣曰誠如聖訓此國家之福也世宗欲以爲橫海軍節度使而不可去左右遂止僅言始得疾猶扶杖視事疾亟詔太醫診視近侍問訊相屬及卒上深惜之遣官致祭賻銀五百兩重綵十端絹二百匹棺槨衣衾銀汞斂物葬地皆官給贈輔國上將軍

耶律余睹遼宗室子也遼主近族父祖仕遼具載遼史初太祖起兵遼人來拒余睹請自効以功累遷金吾衛大將軍爲東路都統天輔元年與都統耶律馬哥軍於渾河銀术哥希尹拒之余睹等不敢戰比銀术哥等至馬哥余睹已遁去銀术哥希尹坐稽緩太祖皆罰之所獲生口財畜入于官天輔二年龍化州人張應古等來降而余睹復取之遼以撻不野爲節度使未幾應古等逐撻不野自効太祖於國中以問遼主龍化州已經降附何爲問罪而殺其主者遼主託以大盜羣起使余睹收之太祖已取臨潢府賜詔余睹曰汝將兵在東路前後戰未嘗不敗今聞汝收合散亡以拒我師朕已於今月十五日克上京今將往取遼主矣汝若治兵一決勝負可指地期日相報若知不敵當率衆來降無貽後悔及太祖班師闍母等還至遼河方渡余睹來襲完顏背荅烏塔等殿力戰却之獲甲馬五百匹天輔五年余睹送款于咸州路都統以所部來降乞援接于桑林渡都統司以聞詔曰余睹到日使與其官屬偕來餘衆處之便地無何余睹從上所受遼國宣誥及器甲旗幟等與將吏韓福奴阿八謝老太師奴蕭慶醜和尚高佛留蒲荅謝家奴五哥等來降余睹作書具言所以降之意大槩以謂遼主沉湎荒于遊畋不恤政事好佞人遠忠直淫刑吝賞政煩賦重民不聊生又言樞密使得里底本無材能但阿諛取容其子磨哥任以軍事又言文妃長子晉王素係人望宜爲儲副得里底以元妃諸子已所自出使晉王出繼文妃又言晉王與駙馬乙信謀復其樞密使來告余睹共定大計而所圖不成又言已粗更軍事進策遼主得里底蔽之遼主亦不省察又曰大金疆土日闢余睹灼知天命遂自去年春與耶律愼思等定議約以今夏來降近聞得里底高十捏等欲發倉卒之際不及收合四遠但率傍近部族戶三千車五千兩畜產數萬遼北軍都統以兵追襲遂棄輜重轉戰至此所有官吏職位姓名人戶畜產之數遣韓福奴具錄以聞遂以其將吏來見上撫慰之遂賜坐班同宰相賜宴盡醉而罷上命余睹以舊官領所部且諭之曰若能爲國立功別當奬用自余睹降益知遼人虛實矣余睹在軍中屢乞侍妾及子太祖疑之詔咸州路都統司曰余睹家屬善監護之復詔曰余睹降時其民多強率而來者恐在邊生變宜從之內地都統杲取中京余睹爲鄉導與希尹等招撫奚部奉聖州降其官吏皆遁去余睹舉前監酒李師夔爲節度使進士沈璋爲副使州吏裴贖爲觀察判官沈璋招集居民還業者三千餘遷太常少卿久之耶律麻者告余睹吳十鐸剌結黨謀叛及其未發宜先收捕上召余睹從容謂之曰今聞汝謀叛誠然邪其各無隱若果去必須鞍馬甲冑器械之屬當悉付汝吾不食言若再被擒無祈免死欲留事我則無懷異志吾不汝疑余睹等戰慄不能對乃杖鐸剌七十餘皆不問天會三年大舉伐宋余睹爲元帥右都監宋兵四萬救太原余睹屋里海迎擊于汾河北擒其帥郝仲連張關索統制馬忠殺萬餘人宗翰伐宋余睹留西京天會十年余睹謀反雲內節度使耶律奴哥等告之余睹亡去其黨燕京統軍蕭高六伏誅蔚州節度使蕭特謀自殺邊部斬余睹及其諸子函其首以獻耶律奴哥加守太保兼侍中趙公鑑劉孺信劉君輔等並授遙鎮節度使以賞之

移剌窩斡西北路契丹部族先從撒八爲亂受其僞署後殺撒八遂有其衆撒八者初爲招討司譯史正隆五年海陵徵諸道兵伐宋使牌印燥合楊葛盡徵西北路契丹丁壯契丹人曰西北路接近鄰國世世征伐相爲讎怨若男丁盡從軍彼以兵來則老弱必盡係累矣幸使者入朝言之燥合畏罪不敢言楊葛深念後西北有事得罪遂以憂死燥合復與牌印耶律娜尚書省令史没荅涅合督起西北路兵契丹聞男子當盡起於是撒八孛特補與部衆殺招討使完顏沃側及燥合而執耶律娜没荅涅合取招討司貯甲三千遂反議立豫王延禧子孫衆推都監老和尚爲招討使山後四羣牧山前諸羣牧皆應之迪斡羣牧使徒單賽里耶魯瓦羣牧使鶻壽等皆遇害語在鶻壽傳中五院司部人老和尚那也亦殺節度使朮甲兀者以應撒八會寧人猛安牧馬于山後至迪謀魯賊盡奪其馬闞沙河千戶十哥等與前招討使完顏麻潑殺烏古迪列招討使烏林荅蒲盧虎以所部趨西北路室魯部節度使阿厮列追擊敗之十哥與數騎遯去合于撒八咸平府謀克括里與所部自山後逃歸咸平少尹完顏余里野欲收捕括里家屬括里與其黨招誘富家奴隸數日得衆二千遂攻陷韓州及柳河縣遂趨咸平余里野發兵迎擊之兵敗賊遂據咸平於是繕完器甲出府庫財物以募兵賊勢益張權曹家山猛安緯質集兵千餘扼于夜河賊不得東緯質兵敗括里遂犯濟州會宿直將軍孛朮魯吳括剌徵兵于速頻路遇括里于信州與猛安烏延查剌兵二千擊敗括里括里收餘衆趨京是時世宗爲東京留守以兵四百人拒之賊至長安縣聞空中擊鼓聲如數千鼓者候見旌旗蔽野傳言留守以十萬兵至矣卽引還亦以其衆合于撒八海陵使樞密使僕散忽土西京留守蕭懷忠將兵一萬與右衛將軍蕭禿剌討平之禿剌與之相持數日連與戰皆無功而糧餉不繼禿剌退歸臨潢禿剌雖不能克敵而撒八自度大軍必相繼而至勢不可支謀歸于大石乃率衆沿龍駒河西出及僕散忽土蕭懷忠等兵至與禿剌合兵追至河上不及而還忽土懷忠禿剌坐逗遛不卽追賊皆誅死北京留守蕭賾不能制其下殺降人而取其婦女亦坐誅於是白彥恭爲北面兵馬都統紇石烈志寧副之完顏毅英爲西北面兵馬都統西北路招討使唐括孛姑的副之以討撒八等撒八旣西行而舊居山前者皆不欲往僞署六院節度使移剌窩斡兵官陳家殺撒八執老和尚孛特補

等至是窩斡始自爲都元帥陳家爲都監擁衆東還至臨潢府東南新羅寨世宗使移剌扎八前押軍謀克播斡前牌印麻駭利涉軍節度判官馬腦等招之扎八等見窩斡以上意諭之窩斡已約降已而復謂扎八曰若降爾能保我輩無事乎扎八曰我知招降耳其他豈能必哉扎八見窩斡兵衆彊車帳滿野意其可以有成因說之曰我之始來以汝輩不能有爲今觀兵勢彊盛如此汝等欲如羣羊爲人所驅去乎將欲待天時乎若果有大志吾亦不復還矣賊將有前孛特本部族節度使逐斡者言昔谷神丞相賢能人也嘗說他日西北部族當有事今日正合此語恐不可降也於是窩斡遂決意不復肯降矣扎八亦留賊中惟麻駭播斡還歸窩斡乃引兵攻臨潢府總管移室懣出城戰兵少被執賊遂圍臨潢衆至五萬正隆六年十二月己亥窩斡遂稱帝改元天正是時北面都統白彥敬副統紇石烈志寧在北京聞世宗卽位以兵來歸世宗使元帥左都監吾扎忽同知北京留守事完顏骨只救臨潢晝夜兼行比至臨潢賊已解圍去攻泰州吾扎忽追及于窊歷兩軍已陣將戰押軍猛安契丹忽剌叔以所部兵應賊吾扎忽軍遂敗泰州節度使烏里雅率千餘騎與窩斡遇烏里雅兵復敗僅以數騎脫歸賊勢愈振城中震駭莫敢出戰賊四面登城押軍猛安烏古孫阿里補率軍士數人各持刀以身率先循城擊賊力戰所刈甚衆賊乃退走城賴以完泰州司吏顏盞蒲查奏捷除忠翊校尉賜銀五十兩重綵十端二年正月右副元帥完顏謀衍率諸軍北征窩斡二月壬戌詔曰應諸人若能於契丹賊中自拔歸者更不問元初首從及被威脅之由奴婢良人罪無輕重並行免放曾有官職及糾率人衆來歸者仍與官賞依本品量材敘使其同來人各從所願處收係有才能者亦與錄用內外官員郎君羣牧直撒百姓人家驅奴宮籍監人等並放爲良亦從所願處收係與免三年差役或能捕殺首領而歸者准上施行仍驗勞績約量遷賞如捕獲窩斡者猛安加三品官授節度使謀克加四品官授防禦使庶人加五品官授刺史詔曰尚書省如節度防禦使捉獲窩斡者與世襲猛安刺史捉獲者與世襲謀克驅奴宮籍監人亦與庶人同復詔宰臣徧諭將士能捕殺窩斡者加特進授眞定總管於是括里將犯韓州聞元帥兵至不戰遯去將轉趨懿宜州謀衍屯懿州慶雲縣及屯川州武平縣奏請糧運當遣人護送兵仗乞選精良者付之詔以南征逃還軍士就往

屯戍如不足量于富家簽調就近地簽步軍給仗護送糧運詔平章政事移剌元宜往泰州規措邊事前安遠大將軍斡里朶猛安七斤庶人阿里葛磨哥等自窩斡中來降斡里朶七斤加昭武大將軍阿里葛武義將軍磨哥忠勇校尉窩斡遂自泰州往攻濟州欲邀糧運元帥完顏謀衍與右監軍完顏福壽左都監吾扎忽合兵甲士萬三千人曷懶路總管徒單克寧廣寧尹僕散渾坦同知廣寧尹完顏巖雅肇州防禦使唐括烏也爲左翼臨海節度使紇石烈志寧曷速館節度使神土懣同知北京留守完顏骨只淄州刺史尼厖古鈔兀爲右翼至朮虎崖盡委輜重士卒齎數日糧輕騎襲之乣椀羣牧人契丹乣者與其弟孛迭授刺皆棄家自賊中來降乣者謂謀衍曰賊中馬肥健官軍馬疲弱此去賊八十里比遇賊馬已憊賊輜重去此不遠我攻之賊必救其巢穴賊至馬必疲我馬少得息所謂攻其所必救以逸待勞者也謀衍從之乘夜亟發會大風路暗不能辨遲明行三十里許與賊輜重相近整兵少憩窩斡趨濟州知大軍取其輜重乃還救遇于長濼旣陣謀衍別設伏于左翼之側賊畧餘騎突出左翼伏兵之間徒單克寧射却之是日別部諸將與賊對者勝負未分相去五里許而立左翼萬戶襄別與賊戰賊陣動襄麾軍乘之突出其後俱與大軍不相及襄以善射者二十騎率衆自賊後擊之賊不能支乘勢麾軍擊其一偏賊遂却襄遂與大軍合而別部諸將皆至整陣力戰忽反風揚砂石賊陣亂官軍馳擊大破之追北十餘里斬獲甚衆詔以乣者爲武義將軍孛迭昭信校尉授刺忠翊校尉乣者除同知建州事未之官率孛迭取家賊中遂被害上憫之後以授刺爲汝州都巡檢使窩斡率其衆西走謀衍追及之于霿䜪河賊已濟毀其津口紇石烈志寧軍先至不克渡乃對岸爲疑兵以夾谷清臣徒單海羅兩萬戶於下流渡河值支港兩岸斗絕且淖命軍士束柳塡港而過追之數里得平地方食賊衆奄至志寧軍急整陣賊自南岡馳下衝陣者三志寧力戰流矢中左臂戰自若大軍畢至左翼騎兵先與賊接賊據上風縱火乘煙擊官軍官軍步兵亦至併力合戰凡十餘合軍士苦風煙皆植立如癡會天降雨風止官軍奮擊大敗之徒單克寧追奔十五里賊前阨溪澗不得亟渡多殺傷賊旣渡官軍亦渡少憩賊反旆來攻克寧以大軍不繼合軍士皆下馬射賊賊引却而南克寧亦將引而北士未及騎馬賊復來衝突官軍少却回渡澗北大軍至賊

遂引去四月詔元帥府曰應契丹賊人與大軍未戰已前投降者不得殺傷仍加安撫敗走以後招誘來降者除奴婢准已虜爲定外親屬分付圓聚仍官爲換贖窩斡旣敗謀衍不復追討駐軍白濼窩斡攻懿州不克遂殘破川州將遯于山西而北京亦不邀擊之於是發驍騎軍二千曷懶路留屯京師軍三千號稱二萬會寧濟州軍六千亦號二萬元帥左都監高忠建總兵沃州刺史烏古論蒲查爲曷懶路押軍萬戶邳州刺史烏林荅刺撒爲濟州押軍萬戶右驍騎副都指揮使爲驍騎萬戶祁州刺史宗寧爲會寧路押軍萬戶右宣徽使亨爲北京路都統吏部郎中完顏達吉爲副統會元帥府討擊之詔使尚廐局副使蒲察蒲盧渾往懿州戒勅將帥上曰朕委卿等討賊乃聞不就賊趨戰而駐兵閑緩經涉累月雖曾追襲乃不由有水草之地以致馬疲弱不能百里而還後雖破賊而縱諸軍刼掠數日後方追北霿䜪河亦不乘勝輒復引還賊遂入涉近地北京懿州由此受兵朕欲重譴汝等以方任兵事且圖後功當盡心一力毋得似前怠弛上謂蒲盧渾曰卿若聞賊在近卽當監督討伐用命力戰者疏記以聞朕將約量遷賞無或承徇上官抑有功濫署無功者善戰士卒勿縱虜掠以紇石烈志寧爲元帥右監軍右監軍完顏福壽召還京師咸平路總管完顏兀帶復舊職謀衍里斜哥在軍中多暴橫詔押歸本管窩斡使所親招節度使移菫窟域窟域執其使送官與窩斡連戰有功遷宣武將軍賜銀五百兩衣二襲起運在中都弓萬五千箭一百五十萬赴懿州平章政事移剌元宜寧昌軍節度使宗敘入見詔使自中道却還軍中宣諭元宜謀衍注意經略邊事師久無功尚書右丞僕散忠義願効死力除邊患世宗嘉歎六月忠義拜平章政事兼右副元帥宗敘爲兵部尚書各賜弓矢具鞍勒馬出內府金銀十萬兩佐軍用詔曰軍中將士有犯除連職奏聞餘依軍法約量決責有功者依格遷賞以大名尹宗尹爲河南路統軍使河南路統軍都監蒲察世傑爲西北路副統賜弓矢佩刀廐馬從忠義征行詔諭諸軍將士曰兵久駐邊陲蠹費財用無成功百姓不得休息今命平章政事僕散忠義兼右副元帥同心戮力以底戡定右副元帥謀衍罷爲同判大宗正事詔居庸關古北口譏察契丹姦細捕獲者加官賞萬戶溫迪罕阿魯帶以兵四千屯古北口薊州石門關等處各以五百人守之海陵末年阿魯帶爲猛安移剌娜爲牌印紙候起契丹部族兵被執

至是挺身來降世宗以阿魯帶為濟州押軍萬戶移剌娜為同知濼州事西南路招討使完顏思敬為都統賜金牌一銀牌二西北路招討使唐括孛古底副之以兵五千往會燕子城舊戍軍視地形衝要或于狗濼屯駐遠斥候賊至即戰不以晝夜為限詔思敬曰契丹賊敗必走山後可選新馬三千加芻秣以備追襲僕散忠義至軍中是時窩斡西走花道衆尚八萬忠義高忠建軍與賊遇萬戶查剌蒲查為左翼宗京統之宗寧剌撒為右翼宗叙統之世傑亦在左翼中與賊夾河為陣賊渡河以兵四萬餘先犯左翼軍查剌以六百騎奮擊敗之以四萬衆與右翼軍戰宗亨世傑七謀克指畫失宜陣亂敗于賊世傑挺身投于查剌軍中賊圍查剌軍查剌力戰宗叙以右翼軍來救賊乃去詔曰自契丹作逆有為賊詿誤者不問如何從賊但能復業與免本罪如能率衆來附或能殺捕首領而降或執送賊所扇誘作亂之人皆與量加官爵朕念正隆南征猛安亡者招還被殺已命其子孫襲其職爾等勿懲前事故懷遲疑賊軍今既破散山後諸處皆命將士遏其逃路爾等雖欲不降終將安往若猶疑貳俱就焚滅悔無及矣窩斡自花道西走僕散忠義紇石烈志寧以大軍追及于裊嶺西陷泉明日賊軍三萬騎涉水而東大軍先據南岡左翼軍自岡為陣迤邐而北步軍繼之右翼軍繼步軍北引而東作偃月陣步軍居中騎兵據其兩端使賊不見首尾是日大霧晦冥既陣霧開少頃晴霽賊見左翼據南岡不敢擊擊右翼軍烏延查剌力戰賊稍却志寧與夾谷清臣烏林荅剌撒鐸剌合戰賊大敗將涉水去泥淖不得亟渡大軍逐北人馬相蹂踐而死不可勝數陷泉皆平餘衆路籍而過或奔潰竄匿林莽間大軍踵擊之俘斬萬計生擒其弟偽六院司大王裊窩斡僅與數騎脫去鈔兀清臣追四十餘里不及斬千餘級獲車帳甚衆其母徐輦舉營自落括岡西走志寧追之盡獲輜重俘五萬餘人雜畜不可勝計偽節度使六及其部族皆降詔北京副統完顏達吉括本部馬規辦芻糧仍使達吉為監戰官錄有功者聞奏詔選中都西京兩路新舊軍萬人備守禦以窩斡敗走恐或衝突也僕散忠義使使奏捷詔略曰平章政事右副元帥忠義使使來奏大捷或被軍俘獲或自能來服或無所歸而投拜或將全屬歸附或分領家族來降或嘗受偽命及自來曾與官軍鬬敵皆釋其罪其敗亡人內除窩斡一身不以大小官員是何名色却來歸附者亦准釋放有能誅捕窩斡或於不從招納亡去人內誅捕以來獻或能率衆於掌軍官及隨處官司投降者並給官賞各路撫納來者毋得輒加侵損無資給者不以是何路分隨有糧處安置仍官為養濟窩斡收合散卒萬餘人遂入奚部以諸奚自益時時出兵寇速魯古淀古北口興化之間還迪罕阿魯帶守古北口與戰敗焉詔完顏謀衍蒲察烏里雅蒲察蒲盧渾以兵三千合舊屯兵五千擊之詔完顏思敬以所部兵入奚地會大軍討窩斡賊黨霧淞河猛安蒲速越遣人至帥府約降詔令擒捕窩斡許以官賞賊將降者甚衆其散走者聞詔書招降亦多降者其餘多疾疫而死無復鬬志窩斡自度勢窮乃謀自羊城道西京奔夏國大軍追之益急其衆復多亡去度不得西乃北走沙陀間詔尚書省凡脅從之家被俘掠遂致離散宜從改正將士往往藏匿其人有司檢括分付監軍志寧獲賊稍合住釋而弗殺縱還賊中使誘其親近捕窩斡以自効許以官賞九月庚子稍合住與神獨斡執窩斡詣右都監完顏思敬并獲其母徐輦及其妻子子婦弟姪盡收偽金銀牌印唐括孛古底獲前胡里改節度使什溫及其家屬西北路招討使李家奴獲偽樞密使逐斡等三十餘人復與猛安泥本婆果追偽監軍那也至天成縣那也乃降仍獲偽都元帥醜哥及金牌一銀牌五志寧與清臣宗寧速哥等追餘黨至燕子城盡得其黨前至抹拔里達之地悉獲之逆黨遂平甲辰皇太子率百官上表賀乙巳詔天下辛亥完顏思敬獻俘于京師窩斡梟首于市磔其手足分懸諸京府其母徐輦及妻子皆殺之契丹降人皆拘其器仗貧不能自給者官為養濟括里扎八率衆南走詔左宣徽使宗亨追及之扎八詐稱降宗亨信其言遂不與戰扎八紿之曰括里驚走願追之宗亨縱扎八去益都猛安欲以所部追括里扎八宗亨恐分其功不聽而縱軍士取賊所棄貲囊人畜而自有之括里扎八由是得亡去遂奔于宋宗亨降寧州刺史其後宋季世輔用括里扎八遂取宿州頗為邊患神獨斡除同知安化軍節度使稍合住除同知震武軍節度使事大定六年點檢司奏親軍中有逆黨子弟請一切罷去詔曰身預逆黨者罷之餘勿問

贊曰金人以燕山與宋遂啟張覺跳梁之心覺豈為宋者哉不過乘時以徼利耳耶律余睹從宗望追天祚會不遺餘力功成驕溢自取誅滅嘻哉正隆佳兵契丹作難傳曰夫兵猶火也弗戢將自焚可不戒哉

金史卷一百三十四

元　中　書　右　丞　相　總　裁　脫　脫　等　修

列傳第七十二

外國上

西夏

夏國王李乾順其先曰托跋思恭唐僖宗時為夏綏銀宥節度使與李茂貞李克用等破黃巢復京師賜姓李氏唐末天下大亂藩鎮連兵惟夏州未嘗為唐患歷五代至宋傳數世至元昊始稱帝遼人以公主下嫁李氏世修朝貢不絕事具遼史天輔六年金破遼兵遼主走陰山夏將李良輔將兵三萬來救遼次天德境野谷斡魯婁室敗之于宜水追至野谷澗水暴至漂沒者不可勝計宗望至陰山以便宜與夏國議和其書曰奉詔有之夏王遼之自出不渝終始危難相救今茲已舉遼國若能如事遼之日以効職貢當聽其來毋致疑貳若遼主至彼可令執送天會二年始奉誓表以事遼之禮稱藩請受割賜之地宗翰承制割下寨以北陰山以南乙室耶剌部吐祿濼之西以賜之天會二年乾順遣把里公亮等來上誓表曰臣乾順言今月十五日西南西北兩路都統遣左諫議大夫王介儒等齎牒奉宣若夏國追悔前非捕送遼主立盟上表仍依遼國舊制及賜誓詔將來或有不虞交相救援者臣與遼國世通姻契名係藩臣輒為援以啟端曾犯威而結釁既速違天之咎果罹敗績之憂蒙降德音以寬前罪仍賜土地用廣藩籬載惟含垢之恩常切戴天之望自今已後凡於歲時朝賀貢進表章使人往復等事一切永依臣事遼國舊例其契丹昏主今不在臣境至如奔竄到此不復存泊即當執獻若大朝知其所在以兵追捕無敢為地及依前援助其或徵兵即當依應至如殊方異域朝覲天闕合經當國道路亦不阻節以上所叙數事臣誓固此誠傳嗣不變苟或有渝天地鑒察神明殛之禍及子孫不克享國所謂西北西南兩路都統者宗翰也蓋宗望以太祖命與之通書而宗翰以便宜割地議和云太宗使王阿海楊天吉往賜誓詔曰維天會二年歲次甲辰閏三月戊寅朔皇帝賜誓詔於夏國王乾順先皇帝誕膺駿命肇啟鴻圖而卿國據夏臺境連遼右以効力於昏主致結釁於王師先皇帝以謂忠於所事務施恩而釋過迨朕躬之纂紹仰遺訓以遵行卿乃深念前非樂從內附飭使軺而奉貢効臣節以稱藩載錫寵光用彰復好所有割賜地土使聘禮節相為援助等事一切恭依先朝制詔其依應徵兵所請宜允三辰在上朕豈食言苟或變渝亦如卿誓遠垂戒諭毋替厥誠於是宋人與夏人俱受山西地宋人侵取之乾順遣使表謝賜誓詔并論宋所侵地詔曰省所上表具悉已命西南西北兩路都統府從宜定奪是時宗翰朝京師未還錄夏國奏付權都統斡魯宋人侵略新受疆土及使人王阿海爭儀物事與夏通問以便宜決之初以山西九州與宋人而天德遠在一隅緩急不可及割以與夏後破宋都獲二帝乃畫陝西分界自麟府路洛陽溝東距黃河西岸西歷暖泉堡鄜延路米脂谷至累勝寨環慶路威邊寨過九星原至委布谷口涇原威川寨略古蕭關至北谷川秦鳳路通懷堡至古會州自此直距黃河依見今流行分熙河路盡西邊以限封域復分陝西北鄙以易天德雲內以河為界及婁室定陝西婆盧火率兵先取威戎城軍至威戎東與敵遇擊走之生致二人問之乃知為夏將李遇取威戎也乃還其人而與李遇通問李遇軍威戎西蒲察軍威戎東而使使議事于婁室婁室報曰元帥府約束若兵近夏境則與夏人相為掎角毋相侵犯李遇使人來曰夏國既以天德雲內歸大國大國許我陝西北鄙之地是以至此蒲察等遂旋軍睿宗既定陝西元帥府不欲以陝西北鄙與夏國詔曰卿等審處所宜從事天眷二年國王乾順薨子仁孝立遣使冊命加開府儀同三司上柱國皇統元年請置榷場許之初王阿海等以太宗誓詔賜夏國乾順以契丹舊儀見使者阿海不肯曰契丹與夏國甥舅也故國王坐受使者以禮進今大金與夏國君臣也見大國使者當如儀爭數日不能決於是始起立受焉厥後不遺賜生日使至是始遣使賜之初慕洧以環州降及割陝西河南與宋人洧奔夏國夏人以為山訛首領及撒离喝再定陝西洧思歸夏人知之遂族洧以表聞詔書責讓之及海陵弒熙宗遣使報諭至境上夏人問曰聖德皇帝何為見廢不肯納朝廷乃使有司以廢立之故移文報之天德二年七月夏使御史中丞雜辣公濟等來賀如舊禮正隆末伐宋宋人入秦隴夏亦乘隙攻取盪羌通峽九羊會川等城寨宋亦侵入夏境世宗即位夏人復以城寨來歸且乞兵復宋侵地詔書嘉獎仍遣吏部郎中完顏達吉體究陝西利害邊吏奏夏人已歸城寨而所侵掠人口財畜尚未還請索之大定四年二月甲申夏遣其武功大夫紐卧文忠等賀萬春節入見附狀奏告略曰衆軍破蕩之時幸而免者十無一二繼以凍餓死

亡其存幾何兼夏國與宋兵交人畜之被俘僇亦多連歲勤動士卒暴露勢皆朘削又坐爲宋人牽制使忠誠之節無繇自達中外咸知願止約理索聽納臣言不勝下國之幸其後屢以爲請詔許之久之其臣任得敬專國政欲分割夏國因賀大定八年正旦遣奏告使殿前太尉芭里昌祖等以仁孝章乞良醫爲得敬治疾詔保全郎王師道佩銀牌往焉詔師道曰如病勢不可療則勿治如可治期一月歸得敬疾有瘳遣謝恩使任得聰來得敬亦附表進禮物上曰得敬自有定分附表禮物皆不可受並却之初仁孝嗣位其臣屢作亂任得敬抗禦有功遂相夏國二十餘年陰蓄異志欲圖夏國誣殺宗親大臣其勢漸逼仁孝不能制大定十年乃分西南路及靈州囉龐嶺地與得敬自爲國且上表爲得敬求封世宗以問宰相尚書令李石等曰事繫彼國我何預焉不如因而許之上曰有國之主豈肯無故分國與人此必權臣逼奪非夏王本意況夏國稱藩歲久一旦迫於賊臣朕爲四海主寧容此邪若彼不能自正則當以兵誅之不可許也乃却其貢物賜仁孝詔曰自我國家戡定中原懷柔西土始得畫疆於乃父繼而賜命於爾躬恩厚一方年垂三紀藩臣之禮既務踐修先業所傳亦當固守今兹請命事頗靡常未知措意之由來續當遣使以詢爾所有貢物已令發回得敬密通宋人求助宋以蠟丸書荅得敬夏人得之得敬始因求醫附表進禮物欲以嘗試世宗既不可行而求封又不可得仁孝乃謀誅之八月晦仁孝誅得敬及其黨與上表謝并以所執宋人及蠟丸書來上其謝表曰得敬初受分土之後曾遣使赴大朝代求封建蒙詔書不爲俞納此朝廷憐愛之恩夏國不勝感戴夏國妄煩朝廷冒求賊臣封建深虧禮節今既賊臣誅訖大朝不用遣使詢問得敬所分之地與大朝熙秦路接境恐自分地以來別有生事已根勘禁約乞朝廷亦行禁約十二年上謂宰臣曰夏國以珠玉易我絲帛是以無用易我有用也乃減罷保安蘭安榷場仁孝深念世宗恩厚十七年獻本國所造百頭帳上曰夏國貢獻自有方物可却之仁孝再以表上曰所進帳本非珍異使人亦已到邊若不蒙包納則下國深誠無所展效四方都國以爲夏國不預大朝眷愛之數將何所安乃許與正旦使同來先是尚書奏夏國與陝西邊民私相越境盜竊財畜姦人託名榷場貿易得以往來恐爲邊患使人入境與富商相易亦可禁止於是復罷綏德榷場止存東勝環州而已仁孝表請復置蘭州保安綏德榷場如舊并乞使人入界相易用物詔曰保安蘭州地無絲枲惟綏德建關市以通貨財使副往來聽留都亭貿易章宗即位詔曰夏使館內貿易且已明昌二年復舊項之夏人肆牧於鎮戎之境邏卒逐之夏人執邏卒而去邊將阿魯帶率兵詰之夏廂官吳明契信陵都卜祥徐餘立等伏兵三千於澗中阿魯帶中流矢而死取其弓甲而去詔索殺阿魯帶者夏人處以徒刑詔索之不已夏人乃殺明契等明昌四年仁孝薨子純佑嗣立承安二年復置蘭州保安榷場承安六年純佑母病風求醫詔太醫判官時德元及王利貞往仍賜御藥八月再賜醫藥泰和六年三月仁孝弟仁友子安全廢純佑自立再閱月死于廢所七月使純佑母羅氏爲表言純佑不能嗣守與大臣定議立安全爲王遣使奏告夏使私問館伴官奏告事詔許否館伴官曰此不當問也夏使曰明日當問諸客省若又不荅則升殿奏請上聞之使客省諭以許所祈之意乃賜羅氏詔詢其意夏人復以羅氏表來乃封安全爲夏國王大安三年安全薨族子遵頊立遵頊先以狀元及第充大都督府主立在安全薨前一月衞紹王無實錄不知其故然是時金兵敗績于會河堡夏人乘其兵敗侵略邊境而通使如故崇慶元年三月攻葭州至寧元年六月攻保安州貞祐元年十一月攻會州都統徒單醜兒擊走之十二月陷涇州二年八月歸國人喬成裔夏國書大槩言金邊吏侵略乞禁戢詔移文荅之宰臣言既非公牒今將責問彼必飾詞徒爲虛文無益於事乃止未幾夏人攻慶原延安積石州乃詔有司移文責問十一月蘭州譯人程陳僧結夏人以州叛邊將敗其兵三千三年正月夏兵攻武延川宣宗曰此不足慮恐由他道入也既而問邊吏侵夏境夏人乃攻環州詔治邊吏罪夏兵攻積石州都統姜伯通敗之夏兵入安鄉關都統曹記僧萬戶忽三十却之三月攻環州刺史烏古論延壽敗之于境上三月詔議伐夏陝西宣撫司奏往者夏人侵我環慶河蘭積石以兵應之悉皆遁去遠遁巢穴蓋爲我備也今蘭州潰兵猶未集軍實多不完沿邊地寒春草始生未可芻牧兩界無煙火者三百餘里不宜輕舉從之四月詔河州提控曹記僧通遠軍節度使完顏狗兒討程陳僧夏人援之九月遂破西關堡夏人復攻第五將城萬戶楊再興擊走之詔陝西宣撫司及沿邊諸將降空名宣勑臨陣立功五品以下並聽遷授十月攻保安及延安都統完顏國家奴破之既而深入臨洮總管陀滿胡土門不能禦陝西宣撫副使完顏胡失來救臨洮大敗于渭源堡城破胡失來被執十一月夏兵敗于克戎寨復敗于熟羊寨宰相入賀宣宗曰此忠賢之力也夏兵進圍臨洮陀滿胡土門破之四年四月夏葩俄族總管汪三郎率衆來降進羊千口詔納之優給其有來遠鎮獲諜人言宋夏相結來攻詔陝西行省備之夏於來羌城界河起析橋元帥右都監完顏賽不焚之斬馘其衆六月鄜延路奏夏人牒報用彼國光定年號詔封還其牒閏月慶陽總管慶山奴伐夏出環州陝西行省請中分其軍令慶山奴出第三將懷安寨環州刺史完顏胡魯出環州宣宗曰聞夏人移軍備其王城尚恐詐我勿墮其計中也提控完顏狗兒抵蘭州西關堡招得舊部曲九人掩擊夏兵于阿彌灣殺其將士百餘人八月左監軍烏古論慶壽敗夏兵于寇安堡右都監賽不擊走夏兵于結耶觜川復破之于車兒堡十一月提控石盞合喜楊斡烈解定西之圍十二月丙寅宣宗與皇太子議伐夏左監軍陀滿胡土門延安總管古里甲石倫攻鹽宥夏州慶陽總管慶山奴知平凉府移剌答不也攻威靈安會等州興定元年正月夏兵三萬自寧州還慶山奴以兵邀擊敗之詔河東行省胥鼎選兵三萬五千付陀滿胡土門代夏鼎馳奏不可遂止語在鼎傳右都監完顏仲元請試兵西夏出其不意必獲全勝兵威既振國力益完詔下尚書省樞密院議夏人福山以俘戶來降除同知澤州軍州事五月夏兵入大北岔都統紇石烈豬狗掩擊敗之宣宗欲與夏議和右都監慶山奴屯延安奏曰夏國決不肯和徒見欺耳既而獲諜者言遵頊聞大金將約和戒諭將士無犯西鄙宰臣奏曰就令如此邊備亦不宜弛宣宗以爲然右都監完顏閭山敗夏兵于黃鶴岔夏人圍羊狠寨都統党世昌與戰完顏狗兒遣都統夾谷瑞夜斫夏營遂解其圍猶駐近地左都監白撒發定西鋭兵龕谷副統包孝成緋翮翅軍合擊走之八月安定堡馬家平總押李公直敗夏兵三千九月都統羅世暉却夏兵于克戎寨興定二年三月右都監慶山奴奏夏人有乞和意保安綏德葭州得文報乞得互市以尋舊盟以臣觀之此出於遵頊非邊吏所敢專者朝廷不以爲然五月夏人入葭州慶山奴破之于馬吉峯七月犯龕谷夾谷瑞趙防敗之追至質孤堡三年閏月夏人破通秦寨提控納合買住擊敗之自葭蘆川遁去華州元帥完顏合達出安塞堡至隆州敗其兵二千進攻隆州克其西南會暮乃還十二月詔有司移文夏國四年二月夏人已鎮戎金師敗績夏人公移語不遜詔詞臣草牒折之四月夏兵犯邊元帥石盞合喜遇于鹿兒原提控烏古論世顯以偏師敗之都統王定復破其衆于新泉城元帥慶山奴攻宥州圍神堆府穴其城士卒有登者援兵至擊走之斬首二千俘百餘人獲雜畜三千餘八月夏人陷會州刺史烏古論世顯降復犯龕谷夾谷瑞連戰敗之夏人乃去是月詔有司移文議和事竟不克夏人三萬自高峯鎮圍定西刺史愛申阿失剌提控烏古論長壽溫敦永昌擊走之九月夏人圍綏平寨安定堡未幾陷西寧州遂攻定西烏古論長壽擊却之乃襲鞏州石盞合喜逆戰一日十餘戰乃解去五年正月詔樞密院議夏事奏曰夏人聚兵境上欲由會州入已遣行省白撒伏兵險要以待之鄜延元帥府伺便發兵以綴其後足以無慮二月寧遠軍節度使夾谷海壽破夏兵于搜嵬堡三月復取來羌城十月攻龕谷白撒連敗之元光元年正月夏人陷大通城復取之三月提控李師林敗夏兵于永木嶺八月攻寧安寨攻神林堡入質孤堡提控唐括昉敗之二年遵頊使其太子德任來伐德任諫曰彼兵勢尚强不若與之約和遵頊笑曰是非爾所知也彼失蘭州竟不能復何强之有德任固諫不從乞避太子位願爲僧遵頊怒幽之靈州遣人伐將會天旱不果是歲大元兵問罪夏國延安慶原元帥府欲乘夏人之困徼伐之陝西行省白撒合達以爲不可乃止隴安軍節度使完顏阿隣日與將士宴飲不治軍事夏人乘之掠民五千餘口牛羊雜畜數萬而去自天會議和八十餘年與夏人未嘗有兵革之事及貞祐之初小有侵掠以至構難十年不解一勝一負精鋭皆盡而兩國俱敝是歲遵頊傳位於子德旺正大元年和議成自稱兄弟之國三年二月遵頊死七月德旺死嗣立者史失其名明年夏國亡先是夏使精方厩匣使王立之來聘未復命國已亡詔於京兆安置充宣差彈壓主管夏國降戶八年五月立之妻子三十餘口至環州詔以歸立之賜以幣帛立之上言先世本申州人乞不仕居申州詔如所請以本官居申州主管唐鄧申裕等處夏國降戶聽唐鄧總帥府節制給上田千畝牛具農作云

贊曰夏之立國舊矣其臣羅世昌譜叙世次稱元魏衰微居松州者因以舊姓爲托跋氏按唐書党項八部有托跋部自党項入居銀夏之間者號平夏部托跋思恭以破黃巢功賜姓李氏兄弟相繼爲節度使居夏州在

河南繼遷再立國元昊始大乃北渡河城興州而都之其地初有夏綏銀宥靈鹽等州其後遂取武威張掖酒泉燉煌郡地南界橫山東距西河土宜三種善水草宜畜牧所謂凉州畜牧甲天下者是也土堅腴水清冽風氣廣莫民俗彊梗尚氣重然諾敢戰鬬自漢唐以水利積穀食邊兵興州有漢唐二渠甘凉亦各有灌漑土境雖小能以富彊地勢然也五代之際朝興夕替制度禮樂盪爲灰燼唐節度使有鼓吹故夏國聲樂清厲頓挫猶有鼓吹之遺音焉然能崇尚儒術尊孔子以帝號其文章辭命有可觀者立國二百餘年抗衡遼金宋三國偭鄉無常視三國之勢彊弱以爲異同焉故近代學者記西北地理往往皆臆度言之聖神有作天下會于一驛道往來視爲東西州矣

金史卷一百三十五

元 中 書 右 丞 相 總 裁 脫 脫 等 修

列傳第七十三

外國下

高麗

高麗國王王楷其地鴨綠江以東曷懶路以南東南皆至于海自遼時歲時遣使修貢事具遼史唐初靺鞨有粟末黑水兩部皆臣屬于高麗唐滅高麗粟末保東牟山漸彊大號渤海姓大氏有文物禮樂至唐末稍衰自後不復有聞金伐遼渤海來歸蓋其遺裔也黑水靺鞨居古肅慎地有山曰白山蓋長白山金國之所起焉女直雖舊屬高麗不復相通者久矣及金滅遼高麗以事遼舊禮稱臣于金初有醫者善治疾本高麗人不知其始自何而來亦不著其姓名居女直之完顏部穆宗時戚屬有疾此醫者診視之穆宗謂醫者曰汝能使此人病愈則吾遣人送汝歸汝鄉國醫者曰諾其人疾果愈穆宗乃以初約歸之乙離骨嶺僕散部胡石來勃堇居高麗女直之兩間穆宗使族人叟阿招之因使叟阿送醫者歸之高麗境上醫者歸至高麗因謂高麗人女直居黑水部者部族日彊兵益精悍年穀屢稔高麗王聞之乃通使于女直既而胡石來來歸遂率乙離骨嶺東諸部皆內附穆宗十年癸未阿疎自遼使其徒達紀來說曷懶甸人曷懶甸人執之穆宗以達紀送高麗謂高麗王曰前此爲亂於汝鄙者皆此輩也及破蕭海里使斡魯罕往高麗報捷高麗亦使使來賀未幾復使斜葛與斡魯罕往聘高麗王曰斜葛女直之族弟也其禮有加矣乃以一大銀盤爲謝厥後曷懶甸諸部盡欲來附高麗聞之不欲使來附恐近於己而不利也使人邀止之斜葛在高麗及往來曷懶道中具知其事遂使石適歡往納曷懶甸人未行而穆宗沒康宗嗣遣石適歡以星顯統門之兵往至乙離骨嶺益募兵趨活涅水徇地曷懶甸收叛亡七城高麗使人來告曰事有當議者曷懶甸官屬使斜勒詳穩冶剌保詳穩往石適歡亦使盃魯往高麗執冶剌保等而遣盃魯曰無與爾事於是五水之民皆附於高麗團練使陷者十四人二年甲申高麗來攻石適歡大破之殺獲甚衆追入其境焚略其戍守而還四月高麗復來攻石適歡以五百人禦於闢登水復大破之追入闢登水逐其殘衆踰境於是高麗王曰告邊釁者皆官屬祥丹傍都里昔畢罕輩也十四團練六路使人在高麗者皆歸之遣使來請和遂使斜葛經正疆界至乙離骨水曷懶甸活祢水留之兩月斜葛不能聽訟每一事輒至杖蔓民頗苦之康宗召斜葛還而遣石適歡往石適歡立幕府于三潺水其嘗陰與高麗往來爲亂階者即正其罪餘無所問康宗以爲能四年丙戌高麗使使黑歡方石來賀嗣位康宗使盃魯報聘且尋前約取亡命之民高麗許之曰使使至境上受之康宗以爲信然使完顏部阿聒烏林荅部勝昆往境上受之康宗畋於馬紀嶺乙隻村以待之阿聒勝昆至境上高麗遣人殺之而出兵曷懶甸築九城康宗歸衆咸曰不可舉兵也恐遼人將以罪我太祖獨曰若不舉兵豈止失曷懶甸諸部皆非吾有也康宗以爲然乃使斡塞將兵伐之大破高麗兵六月高麗率兵來戰斡塞敗之進圍其城七月高麗復請和康宗曰事若酌中則與之和高麗許歸亡入之民罷九城之戍復所侵故地遂與之和收國元年九月太祖已克黃龍府命加古撒喝攻保州保州近高麗遼侵高麗置保州至是命撒喝取之久不下撒喝請濟師且言高麗王將遣使來太祖使納合烏蠢以百騎益之詔撒喝曰汝領偏師屢破重敵多所俘獲及聞胡沙數戰有功朕甚嘉之若保州未下但守邊戍吾已克黃龍府聞遼主且至俟破大敵復益汝兵所言高麗遣使事未知果否至則護送以來邊境之事愼之毋忽十一月係遼女直麻懣太彎等十五人皆降攻開州取之盡降保州諸部女直太祖以撒喝爲保州路都統太祖已破走遼主軍撒喝破合主順化二城復請濟師攻保州使斡魯以甲士千人往二年閏月高麗遣使來賀捷且曰保州本吾舊地願以見還太祖謂使者曰爾其自取之詔撒喝烏蠢等曰若高麗來取保州益以胡剌古石顯等軍備之或欲合兵無得輒往但謹守邊戍及撒喝阿實賚等攻保州遼守將遯去而高麗兵已在城中既而高麗國王使蒲馬請保州詔諭高麗王曰保州近爾邊境聽爾自取今乃勤我師徒破敵城下且蒲馬止是口陳俟有表請即當別議天輔二年十二月詔諭高麗國王曰朕始興師伐遼已嘗布告賴皇天助順屢敗敵兵北自上京南至于海其間京府州縣部族人民悉皆撫定今遣孛堇朮孛報諭仍賜馬一疋至可領也三年高麗增築長城三尺邊吏發兵止之弗從報曰修補舊城曷懶甸孛堇胡剌古習顯以聞詔曰無得侵軼生事但愼固營壘廣布耳目而已四年咸州路都統司以兵分屯于保州畢里圍二城請益兵詔曰汝等分列屯戍以固封守甚善高麗累世臣事于遼或有交通可常遣人偵伺使習顯以獲遼國州郡諭高麗其國方誅亂者使謂習顯曰比與先文國王之書習顯就館凡誅戮官僚七十餘人即以舊禮接見而以表來賀并貢方物復以遼帝亡入夏國報之高隨斜野奉使高麗至境上接待之禮不遜隨等不敢往太宗曰高麗世臣於遼當以事遼之禮事我而我國有新喪遼主未獲勿遽彊之命高隨等還天會二年同知南路都統鶻實荅奏高麗納叛亡增邊備必有異圖詔曰凡有通問毋違常式或來侵略則整爾行列與之從事敢先犯彼者雖捷必罰詔闍母以甲士千人戍海島以備之四年國王王楷遣使奉表稱藩優詔答之上使高伯淑烏至忠使高麗凡遣使往來當盡循遼舊仍取保州路及邊地人口在彼界者須盡數發還勑伯淑曰若一一聽從即以保州地賜之高伯淑至高麗王楷附表謝一依事遼舊制八年楷上表乞免索保州亡入邊戶是歲高麗十人捕魚大風飄其船抵海岸曷蘇館人獲之詔還其國既而曷上表請不索保州亡入高麗戶口太宗從之自是保州封域始定皇統二年詔加楷開府儀同三司上柱國六年楷薨子晛嗣立大定四年詔鴨綠江堡戍頗被侵越焚毀五年正月世宗因正旦使朝辭諭之曰邊境小小不虞爾主使然邪彊吏爲之邪若果彊吏爲之爾主亦當懲戒之也初高麗使者別有私進禮物以爲常是歲萬春節上以使者私進不應典禮詔罷之十年王晛弟翼陽公晧廢晛自立十月賜生日使太宗正丞紇至界上高麗邊吏稱前王已讓位不肯受使者十一年三月王晧以讓國來奏告詔婆速路勿受有司移文詳問高麗告曰前王久病昏耄不治以母弟晧權攝國事上曰讓國大事也何以不先陳請詔有司再詳問高麗乃以王晛讓國表來大畧稱先臣楷遺訓傳位於弟又言其子有罪不可立之意上疑之以問宰執丞相良弼奏曰此不可信晛止一子往年生孫嘗有表自陳生孫之喜一也晧嘗作亂晛囚之二也今晛不遣使晧乃遣使三也朝廷賜晛生日使晧不轉達於晛乃稱未敢奉受四也是晧簒兄誣情於天子安可忍也右丞孟浩曰當詢彼國士民果皆推服即當遣使封冊上曰封一國之君詢於士民此與除拜猛安謀克何異乃却其使者而以詔書詳問王晛吏部侍郎靖爲宣問王晛使晧實簒國囚晛於海島靖至高麗晧稱王晛已避位出居他所病加無損不能就位拜命往復險遠非使者所宜往靖竟不得見晛乃以詔授晧轉取晛表附奏其言與前表大槩相同靖還上問大臣皆曰晛表如此可遂封之丞相良弼平章政事守道曰待晧祈請未晚也十二月晧遣其禮部侍郎張翼明等請封十二年三月遂賜封冊晧生日在正月十九日是歲十二年將盡未及遣使有司請至來歲舉行爲十五年高麗西京留守趙位寵叛晧遣徐彥寧等九十六人上表曰前王本非避讓大將軍鄭冲夫郎將李義方實弒之臣位寵請以慈悲嶺以西至鴨綠江四十餘城內屬請兵助援上曰王晧已加封冊位寵輒敢稱兵爲亂且欲納土朕懷撫萬邦豈助叛臣爲虐詔執徐彥寧等送高麗頃之王晧定趙位寵之亂遣使奏謝自位寵之亂晧所遣生日回謝橫賜回謝賀正旦進奉萬春節等使皆阻不通至是晧并奏之詔荅其意其合遣人使令節次入朝十七年賀正旦禮物玉帶乃石似玉者有司請移問上曰彼小國無能識者誤以爲玉耳不必移問乃止十二月有司奏高麗下節押馬官順成倒外將帶甲三遍界上以使人所坐罪重但令發還本國而已二十三年晧母任氏薨晧乞免賜生日及賀謝等事詔從之章宗即位詔使至界上頗稽滯詔移問高麗遜謝明昌三年下節金挺回至平州撫寧縣毆死當驛人何添兒有司請凡

人使往還乞量設兵衛參知政事張萬公曰可於宿頓之地巡護之上可其奏詔自今接送伴使副失闘防者當坐故事賀正旦使十二月二十九日入見明昌六年十二月己卯立春詔於前二日丁丑入見云承安三年晧表自陳衰病以國讓其弟晫權國事是歲晧薨晫嗣立泰和四年正月乙丑朔高麗傔人以小佩刀割桼廡下巡廊奉職見而糾之詔館伴官自今前期移文禁止是歲王晫薨子韺嗣立泰和七年正月是時用兵伐宋夏亦有故獨高麗遣正旦使詔不賜曲宴及天壽節夏高麗使者皆在有司奏大定初宋未請和夏高麗使者賜曲宴今請依大定故事詔從之至寧元年八月王韺薨嗣子未行起復九月宣宗即位邊吏奏高麗牒稱嗣子未起復不可以凶服迎吉詔又不可以草土名銜署表禮官議人臣不以私恩廢公義宜權用吉服迎詔署表用權國事名銜俟高麗告哀使至闕然後遣使致祭慰問及行封冊制可明年宣宗遷汴遼東道路不通興定三年遼東行省奏高麗復有奉表朝貢之意宰臣奏可令行省受其表章其朝貢之禮俟他日徐議宣宗以爲然乃遣使撫諭高麗終以道路不通未遑迎迓詔行省且羈縻勿絕其好然自是不復通問矣

贊曰金人本出靺鞨之附于高麗者始通好爲鄰國既而爲君臣貞祐以後道路不通僅一再見而已入聖朝猶子孫相傳自爲治故不復備論論其與金事相涉者焉

乾隆十二年七月十八日內閣奉

上諭近因校閱金史見所附國語解一篇其中訛舛甚多金源即滿洲也其官制其人名用本朝語譯之歷歷可見但大金全盛時索倫蒙古亦皆所服屬幅幀遼廣語音本各不同而當時惟以國語爲重於漢文音義未嘗校正畫一至元臣纂修又不過沿襲紀載舛文無暇一一校正訛以傳訛有自來矣即如所解之中或聲相近而字未恰合或語似是而文有增損至於姓氏惟當對音而竟有譯爲漢姓者今既灼見其謬豈可置之不論爰命大學士訥親張廷玉尚書阿克敦侍郎舒赫德用國朝校定切音詳爲辯正令讀史者咸知金時國語本音本義訛謬爲之一洗並註清文以便考証即用校正之本易去其舊其坊間原本聽其去留庶考古信今傳世行遠均有裨焉欽此

欽定金國語解

官稱

都勃極烈總治官名猶漢云冢宰都勃極烈即
（都伯伊勒）索倫語謂高爲都

諳版勃極烈官之尊且貴者諳版勃極烈即
（阿爾巴伯伊勒）此舊金國語與本朝清語相同即不加注餘倣此

國論勃極烈尊禮優崇得自由者國論勃極烈即
（固嚕伯伊勒）

胡魯勃極烈統領官之稱胡魯勃極烈即
（庫呼伯伊勒）

移賚勃極烈位第三曰移賚移賚勃極烈即
（伊拉伯伊勒）

阿買勃極烈治城邑者阿買勃極烈即
（阿馬伯伊勒）蒙古語謂關隘爲阿馬

乙室勃極烈迎迓之官乙室勃極烈即
（額西伯伊勒）蒙古語謂詔旨爲額西

扎失哈勃極烈守官署之稱扎失哈勃極烈即
（扎期喇胡伯伊勒）蒙古語謂管轄爲扎期喇胡

昃勃極烈陰陽之官昃勃極烈即
（扎伊伯伊勒）

迭勃極烈倅貳之官迭勃極烈即
（德特伯伊勒）蒙古語謂其次曰德特

猛安千夫長猛安即
（密英噶）

謀克百夫長也謀克即
（墨由克）索倫語謂鄉里爲墨由克

諸糺詳穩邊戍之官糺即軍字詳穩即長官見遼史

諸移里堇部落墟砦之首領詳穩移里堇本遼語金人因之而稍異同焉移里堇即
（伊哷格）

禿里掌部落詞訟察非違者禿里即
（圖嚕）

烏魯古牧圉之官烏魯古即
（蘇嚕克）

斡里朶官府治事之所斡里朶即
（鄂哷多）

人事

孛論出胚胎之名孛論出即
（[illegible]）

阿胡迭長子阿胡迭即
（阿胡英噶）

骨赧季也骨赧即
（額納）

蒲陽溫曰幼子蒲陽溫即
（費雅英額）

益都次第之通稱益都即
（伊都）

第九曰烏也烏也即
（武倫）

十六曰女魯歡女魯歡即
（尼由斯祜）

按答海客之通稱按答海即
（阿團塔哈）

山只昆舍人也山只昆即
（沙因齊因庫因）索倫語謂守寨人爲沙因齊因庫因

散亦孛男子散亦孛即
（薩伊因伯）

撒答老人之稱也撒答即
（薩克達）

什古乃瘠人什古乃即
（西固訥）索倫語謂瘦長爲西沽訥

撒合輦黧黑之名撒合輦即
（薩哈璉）

保活里侏儒保活里即
（播和尼）蒙古語謂矮小爲播和尼

阿里孫貌不揚也阿里孫即
（額哷蘇）

阿徒罕採薪之子阿徒罕即
（阿哈圖）

答不也耘田者答不也即
（達胡哩）索倫語謂耕種者爲達胡哩

阿土古善採捕者阿土古即
（阿穆塔哈）索倫語謂打牲者爲阿穆塔哈

阿里喜圍獵也阿里喜即
（阿巴拉齊）

拔里速角觝戲者拔里速即
（巴哩勒都）蒙古語謂角觝者爲巴哩勒都

阿离合懣臂鷹鶻者阿离合懣即
（阿禮哈）

胡魯剌戶長胡魯剌即
（庫呼勒）

阿合人奴也阿合即
（阿哈）

兀朮曰頭兀朮即
（武諾）

粘罕心也粘罕即
（尼雅瑪罕）

畏可牙又曰吾亦可畏可即
（倭伊赫）

盤里合將指盤里合即
（弗哷赫）

三合人之膚也三合即
（薩穆哈）

牙吾塔瘍瘡牙吾塔即
（岳由納哈）

蒲剌都目赤而盲也蒲剌都即
（富拉塔）

石哥里溲疾石哥里即
（西克）

謾都訶癡騃之謂謾都訶即
（墨圖圖祜）

謀良虎無賴之名皆不美之稱也謀良虎即
（穆喇祜）

與人同受福曰忽都忽都即
（胡圖哩）

以力助人曰阿息保阿息保即
（阿伊西拉布）

辭不失酒醒也辭不失即

蘇布赫 奴申和睦之義奴申卽
納蘇克圖 訛出虎寬容之名也訛出虎卽
鄂囉綽柯圖 賽里安樂賽里卽
塞拉瑪畢 迪古乃來也迪古乃卽
綝赫喀伊 撒八迅速之義撒八卽
蘇布胡 烏古出方言曰再休猶言再不復也烏古出卽
武楞恩濟由 凡事之知者曰后論后論卽
楞勒圖 以物與人已然曰阿里白阿里白卽
阿禮布 吾里補畜積之名吾里補卽
武禮布 習失猶人云常川也習失卽
西英西葉勒 索倫語謂行走勤者爲西英西葉勒
凡市物已得曰兀帶取以名子者猶言貨取如物然也兀帶卽
武達
物象
武勒恩圖 兀典明星兀典卽
阿林圖 阿隣山阿隣卽
德圖 太神高也太神卽
哈達 山之上銳者曰哈丹哈丹卽
阿拉 陂陀曰阿懶阿懶卽
大而峻曰斜魯斜魯卽
碩歡圖 索倫語謂山之高峻爲碩嚩英
忒隣海也忒隣卽
特哩圖 索倫語謂淀湖爲特禮图
沙忽帶舟也沙忽帶卽

扎胡達伊 生鐵曰斡論斡論卽
倭哷圖 釜曰闍母闍母卽
西墨圖 刃曰斜烈斜烈卽
塞勒壘 婆盧者槌也婆盧卽
佛哩 金曰按春按春卽
阿伊西圖 銀朮可珠也銀朮可卽
尼楚赫 布囊曰蒲盧渾蒲盧渾卽
富勒胡 盆曰阿里虎阿里虎卽
阿禮布 罐曰活女活女卽
烏克蘇 烏烈草廩也烏烈卽
武哩 沙刺衣襟也沙刺卽
沙刺 活臘胡色之赤者也活臘胡卽
富拉胡圖 胡刺竈突胡刺卽
胡拉圖
物類
和勒多圖 桓端松桓端卽
胡哩 阿虎里松子阿虎里卽
舒伊勒哈 孰輦蓮也孰輦卽
胡喀喇圖 活离罕羔活离罕卽
合喜犬子合喜卽
喀齊喀 索倫語謂小犬爲喀齊喀
訛古乃犬之有文者訛古乃卽
額呼納伊 蒙古語謂有花文者爲額哷納伊

斜哥貂鼠斜哥卽
塞克 蒲阿山雞蒲阿卽
法武納胡瑪 窩謀罕鳥卵也窩謀罕卽
武哷嚕圖
姓氏
完顏卽
翰齊基雅 烏古論卽
武庫哩 紇石烈卽
赫舍哩 徒單卽
圖沙图 女奚烈卽
尼曲祜嚕 兀顏卽
武雅 蒲察卽
富察 顏盞卽
雅阿扎 溫迪罕卽
武丹特赫 石抹卽
舒穆嚕 奧屯卽
鄂托英 孛朮魯卽
播都哩 移剌卽
伊喇 斡勒卽
倭呼 納剌卽
納喇 夾谷卽
喀哷圖 裴滿卽

佛伊莫 尼忙古卽
尼瑪哈 斡准卽
鄂岳 阿典卽
阿克扎圖 阿里侃卽
阿禮哈 溫敦卽
武因圖圖 吾魯卽
珠嚕 抹顏卽
穆雅圖 都烈卽
都哩 散答卽
薩克達 呵不哈卽
哈爾喀哈 烏林達卽
武禮克瑪 僕散卽
布薩 朮虎卽
珠赫哷 古里甲卽
額爾勒基雅

兵部右侍郎臣王會汾謹言昔元順帝至正三年命中書右丞相脫脫等分撰金史大抵仍劉祁元好問原本而稍爲增益其間豈無重見而涉於繁者然體裁猶稱簡嚴惟是金源建國百年承遼繼宋開元稽諸三史頗有異同薛應旂宋元通鑑王宗沐續資治通鑑明成化綱目編輯復屬參差不一臣等奉
勅校勘謹就數書中見確有證佐者徵引若干條附於卷末以備參考焉臣謹識

原任詹事臣陳浩庶子臣林蕭封侍讀臣齊召南

編修臣孫人龍副貢生臣龔元朱等奉

勅恭校刊

元史

進元史表

銀青榮祿大夫上柱國錄軍國重事中書左丞相兼太子少師宣國公臣李善長等言伏以紀一代以爲書史法相延於遷固考前王之成憲周家有監於夏殷蓋因已往之廢興用作將來之法戒惟元氏之有國本朔漠以造家事兵戈而爭强并部落者十世逐水草而爲食擅雄長于一隅逮至成吉思之時聚會斡難河之上方尊位號始定教條既近取於乃蠻復遠攻於回紇渡黃河以蹴西夏踰居庸以瞰中原太宗繼之而金源爲墟世祖承之而宋籙遂訖立經陳紀用夏變夷肆宏遠之規模成混一之基業爰及成仁之主見稱願治之君唯祖訓之式遵思孫謀之是遺自兹以降亦號隆平豐亨豫大之言壹倡於天歷之世離析渙奔之禍馴致於至正之朝徒玩細娛浸忘遠慮權姦蒙蔽於外嬖倖蠱惑於中周綱遽致於陵遲漢網實因於疏闊由是羣雄角逐九域瓜分風波徒沸於重溟海岳竟歸於眞主臣善長等誠惶誠恐稽首頓首欽惟皇帝陛下奉天承運濟世安民建萬世之丕圖紹百王之正統大明出而爝火息率土生輝迅雷鳴而衆響銷鴻音斯播載念盛衰之故乃推忠厚之仁僉言實旣亾而名亦隨亾獨謂國可滅而史不當滅特詔遺逸之士欲求論議之公文辭勿致於艱深事跡務令於明白苟善惡瞭然在目庶勸懲有益於人此皆天語之丁寧足見聖心之廣大於是命翰林學士臣宋濂待制臣王禕協恭刊裁儒士臣汪克寬臣胡翰臣宋僖臣陶凱臣陳基臣趙壎臣曾魯臣趙汸臣張文海臣徐尊生臣黃篪臣傅恕臣王錡臣傅著臣謝徽臣高啟分科脩纂上自太祖下迄寧宗據十三朝實錄之文成百餘卷粗完之史若自元統以後則其載籍靡存已遣使而旁求俟續編而上送愧其才識之有限弗稱三長兼以紀述之未周殊無寸補臣善長忝司鈞軸幸睹成書信傳信而疑傳疑僅克編摩於歲月筆則筆而削則削敢言褒貶於春秋仰塵乙夜之觀期作千秋之鑑所撰元史本紀四十七卷志五十三卷表六卷傳九十七卷目錄二卷通計二百十卷凡一百三十萬六千餘字謹繕寫裝潢成一百二十冊隨表上進以聞臣善長下情無任激切屏營之至臣善長等誠惶誠恐稽首頓首謹言

洪武二年八月十一日銀青榮祿大夫上柱國錄軍國重事中書左丞相兼太子少師宣國公

臣李善長上表

纂脩元史凡例

一本紀

按兩漢本紀事實與言辭並載兼有書春秋之義及唐本紀則書法嚴謹全倣乎春秋今脩元史本紀準兩漢史

一志

按歷代史志爲法間有不同至唐志則悉以事實組織成篇考覈之際學者憚之惟近代宋史所志條分件列覽者易見今脩元史志準宋史

一表

按漢唐史表所載爲詳而三國志五代史則無之唯遼金史據所可考者作表不計詳畧今脩元史表準遼金史

一列傳

按史傳之目冠以后妃尊也次以宗室諸王親也次以一代諸臣善惡之總也次以叛逆成敗之歸也次以四夷王化之及也然諸臣之傳歷代名目又自增減不同今脩元史傳準歷代史而參酌之

一歷代史書紀志表傳之末各有論贊之辭今脩元史不作論贊但據事直書具文見意使其善惡自見準春秋及欽奉聖旨示意

元史目錄上

明翰林學士亞中大夫知制誥兼修國史宋　濂等修

元史目錄下

明翰林學士亞中大夫知制誥兼修國史宋　濂等修

元史卷一

明翰林學士亞中大夫知制誥兼脩國史宋　濂等修

本紀第一

太祖

太祖法天啓運聖武皇帝諱鐵木眞姓奇渥溫氏蒙古部人其十世祖孛端叉兒母曰阿蘭果火嫁脫奔咩哩犍生二子長曰博寒葛答黑次曰博合覩撒里直旣而夫亡阿蘭寡居夜寢帳中夢白光自天窗中入化爲金色神人來趨臥榻阿蘭驚覺遂有娠產一子卽孛端叉兒也孛端叉兒狀貌奇異沈默寡言家人謂之癡獨阿蘭語人曰此兒非癡後世子孫必有大貴者阿蘭沒諸兄分家貲不及之孛端叉兒曰貧賤富貴命也貲財何足道獨乘青白馬至八里屯阿懶之地居焉食飲無所得適有蒼鷹搏野獸而食孛端叉兒以緡設機取之鷹卽馴狎乃臂鷹獵兔禽以爲膳或闕卽繼似有天相之居數月有民數十家自統急里忽魯之野逐水草來遷孛端叉兒結茅與之居出入相資自此生理稍足一日仲兄忽思之曰孛端叉兒獨出而無齎近者得無凍餒乎卽自來訪邀與俱歸孛端叉兒中路謂其兄曰統急里忽魯之民無所屬附若臨之以兵可服也兄以爲然至家卽選壯士令孛端叉兒帥之前行果盡降之孛端叉兒歿子八林昔黑剌禿合必畜嗣生子曰咩撚篤敦咩撚篤敦妻曰莫挐倫生七子而寡莫挐倫性剛急時押剌伊而部有羣小兒掘田間草根以爲食莫挐倫乘車出適見之怒曰此田乃我子馳馬之所羣兒輒敢壞之邪驅車徑出輾傷諸兒有至死者押剌伊而忿怨盡驅莫挐倫馬羣以去莫挐倫諸子聞之不及被甲往追之莫挐倫私憂曰吾兒不甲以往恐不能勝敵令子婦載甲赴之已無及矣旣而果爲所敗六子皆死押剌伊而乘勝殺莫挐倫滅其家唯一長孫海都尚幼乳母匿諸積木中得免先是莫挐倫第七子納眞於八剌忽民家爲贅壻故不及難聞其家被禍來視之見病嫗十數與海都尚在其計無所出幸驅馬時兒之黃馬三次掣套竿逸歸納眞至是得乘之乃僞爲牧馬者詣押剌伊而路逢父子二騎先後行臂鷹而獵納眞識其鷹曰此吾兒所擎者也趨前紿其少者曰有赤馬引羣馬而東汝見之乎曰否少者乃問曰爾所經過有鳧鴈乎曰有曰汝可爲吾前導乎曰可遂同行轉一河隈度後騎相去稍遠刺殺之縶馬與鷹趨迎後騎紿之如初後騎問曰前射鳧鴈者吾子也何爲久臥不起耶納眞以鼻衄

對騎者方怒納眞乘隙剌殺之復前行至一山下有馬數百牧者唯童子數人方擊髀石爲戲納眞熟視之亦兄家物也紿問童子亦如之於是登山四顧悄無來人盡殺童子驅馬臂鷹而還取海都幷病嫗歸八剌忽之地止焉海都稍長納眞率八剌忽怯谷諸民共立爲君海都既立以兵攻押剌伊而臣屬之形勢寖大列營帳於八剌合黑河上跨河爲梁以便往來由是四傍部族歸之者漸衆海都歿子拜姓忽兒嗣拜姓忽兒歿子敦必乃嗣敦必乃歿子葛不律寒嗣葛不律寒歿子八哩丹嗣八哩丹歿子也速該嗣幷吞諸部落勢愈盛大也速該崩至元三年十月追謚烈祖神元皇帝初烈祖征塔塔兒部獲其部長鐵木眞宣懿太后月倫適生帝手握凝血如赤石烈祖異之因以所獲鐵木眞名之志武功也族人泰赤烏部舊與烈祖相善後因塔兒不台用事遂生嫌隙絕不與通及烈祖崩帝方幼冲部衆多歸泰赤烏近侍有脫端火兒眞者亦將叛帝自泣留之脫端曰深池已乾矣堅石已碎矣留復何爲竟帥衆馳去宣懿太后怒其弱己也麾旗將兵躬自追叛者驅其太半而還時帝麾下搠只別居薩里河札木合部人禿台察兒居玉律哥泉時欲相侵凌掠薩里河牧馬以去搠只麾左右匿羣馬中射殺之札木合以爲怨遂與泰赤烏諸部合謀以衆三萬來戰帝時駐軍答蘭版朱思之野聞變大集諸部兵分十有三翼以俟已而札木合至帝與大戰破走之當是時諸部之中唯泰赤烏地廣民衆號爲最强其族照烈部與帝所居相近帝常出獵偶與照烈獵騎相屬帝謂之曰今夕可同宿乎照烈曰同宿固所願但從者四百因糗糧不具已遣半還矣今將奈何帝固邀與宿凡其留者悉飲食之明日再合圍帝使左右驅獸向照烈照烈得多獲以歸其衆感之私相語曰泰赤烏與我雖兄弟常攘我車馬奪我飲食無人君之度有人君之度者其惟鐵木眞太子乎照烈之長玉律時爲泰赤烏所虐不能堪遂與塔海答魯領所部來歸將殺泰赤烏以自效帝曰我方熟寐幸汝覺我自今車轍人跡之塗當盡奪以與汝矣已而二人不能踐其言復叛去塔海答魯至中路爲泰赤烏部人所殺照烈部遂亡時帝功德日盛泰赤烏諸部多苦其主非法見帝寬仁時賜人以裘馬心悅之若赤老溫若哲別若失力哥也不干諸人若朶郞吉若札剌兒若忙兀諸部皆慕義來降帝會諸族薛徹大丑及薛徹別吉等各以旄車載湩酪宴于斡難河上帝與諸族及薛徹別吉之母忽兒眞之前共置馬湩一革囊薛徹別吉次母野別該之前獨寘一革囊忽兒眞怒曰今不尊我而貴野別該乎疑帝之主膳者失丘兒所爲遂笞之於是頗有隙時皇弟別里古台掌帝乞列思事〔乞列思華言禁外繫馬所也〕播里掌薛徹別吉乞列思事播里從者因盜去馬靷別里古台執之播里怒斫別里古台傷其背左右欲鬭別里古台止之曰汝等欲卽復讐乎我傷幸未甚姑待之不聽各持馬乳橦疾鬬奪忽兒眞火里眞二哈敦以歸薛徹別吉遣使請和因令二哈敦還會塔塔兒部長蔑兀眞笑里徒背金約金主遣丞相完顏襄帥兵逐之北走帝聞之發近兵自斡難河迎擊仍諭薛徹別吉帥部人來助候六日不至帝自與戰殺蔑兀眞笑里徒盡虜其輜重帝之麾下有爲乃蠻部人所掠者帝欲討之復遣六十人徵兵於薛徹別吉薛徹別吉以舊怨之故殺其十人去五十人衣而歸之帝怒曰薛徹別吉曩笞我失丘兒斫傷我別里古台今又敢乘敵勢以陵我耶因帥兵踰沙磧攻之殺虜其部衆唯薛徹大丑僅以妻孥免越數月帝復伐薛徹大丑追至帖烈徒之隘滅之克烈部札阿紺孛來歸札阿紺孛者部長汪罕之弟也汪罕名脫里受金封爵爲王番言音重故稱王爲汪罕初汪罕之父忽兒札胡思盃祿既卒汪罕嗣位多殺戮昆弟其叔父菊兒帥兵與汪罕戰逼於哈剌溫隘敗之僅以百餘騎脫走奔于烈祖烈祖親將兵逐菊兒走西夏復奪部衆歸汪罕汪罕德之遂相與盟稱爲按答〔按答華言交物之友也〕烈祖崩汪罕之弟也力可哈剌怨汪罕多殺之故復叛歸乃蠻部乃蠻部長亦難赤爲發兵伐汪罕盡奪其部衆與之汪罕走河西回鶻回回三國奔契丹既而復叛歸中道糧絕捋羊乳爲飲刺橐駝血爲食困乏之甚帝以其與烈祖交好遣近侍往招之帝親迎撫勞安置軍中振給之遂會于土兀剌河上尊汪罕爲父未幾帝伐蔑里乞部與其部長脫脫戰于莫那察山遂掠其貲財田禾以遺汪罕汪罕因此部衆稍集居亡何汪罕自以其勢足以有爲不告於帝獨率兵復攻蔑里乞部部人敗走脫脫奔八兒忽眞之隘汪罕大掠而還於帝一無所遺帝不以屑意會乃蠻部長不魯欲罕不服帝復與汪罕征之至黑辛八石之野遇其前鋒也的脫孛魯者領百騎來戰見軍勢漸逼走據高山其馬鞍轉墜擒之曾未幾何帝復與乃蠻驍將曲薛吾撒八剌二人遇會日暮各還營壘約明日戰是夜汪罕多燃火營中示人不疑潛移部衆於別所及旦帝始知之因頗疑其有異志退師薩里河既而汪罕亦還至土兀剌河汪罕子亦剌合及札阿紺孛來會曲薛吾等察知之乘其不備襲虜其部衆于道亦剌合奔告汪罕汪罕命亦剌合與卜魯忽䚟共追之且遣使來曰乃蠻不道掠我人民太子有四良將能假我以雪恥乎帝頓釋前憾遂遣博爾朮木華黎博羅渾赤老溫四人帥師以往師未至亦剌合已追及曲薛吾與之戰大敗卜魯忽䚟成擒流矢中亦剌合馬胯幾爲所獲須臾四將至擊乃蠻走盡奪所掠歸汪罕已而與皇帝哈撒兒再伐乃蠻拒鬬於忽闌盞側山大敗之盡殺其諸將族衆積屍以爲京觀乃蠻之勢遂弱時泰赤烏猶强帝會汪罕於薩里河與泰赤烏部長沆忽等大戰斡難河上敗走之斬獲無算哈答斤部散只兀部朶魯班部塔塔兒部弘吉剌部聞乃蠻泰赤烏敗皆畏威不自安會於阿雷泉斬白馬爲誓欲襲帝及汪罕弘吉剌部長迭夷恐事不成潛遣人告變帝與汪罕自虎圖澤逆戰於盃亦烈川又大敗之汪罕遂分兵自由綠憐河而行札阿紺孛謀於按敦阿述燕火脫兒等曰我兄性行不常既屠絕我昆弟我輩又豈得獨全乎按敦阿述泄其言汪罕令執燕火脫兒等至帳下解其縛且謂燕火脫兒曰吾輩由西夏而來道路饑困其相誓之語遽忘之乎因唾其面坐上之人皆起而唾之汪罕又屢責札阿紺孛至於不能堪札阿紺孛與燕火脫兒等俱奔乃蠻帝駐軍於徹徹兒山起兵伐塔塔兒部部長阿剌兀都兒等來逆戰大敗之時弘吉剌部欲來附哈撒兒不知其意往掠之於是弘吉剌歸札木合部與朶魯班亦乞剌思哈答斤火魯剌思塔塔兒散只兀諸部會于犍河共立札木合爲局兒罕盟于禿律別兒河岸爲誓曰凡我同盟有洩此謀者如岸之摧如林之伐誓畢共舉足蹋岸揮刀斫林驅士卒來侵塔海哈時在衆中與帝麾下抄吾兒連姻抄吾兒偶往視之具知其謀卽還至帝所悉以其謀告之帝卽起兵逆戰於海剌兒帖尼火魯罕之地破之札木合脫走弘吉剌部來降歲壬戌帝發兵於兀魯回失連眞河伐按赤塔塔兒察罕塔塔兒二部先誓師曰苟破敵逐北見棄遺物愼無獲俟軍事畢散之既而果勝族人按彈火察兒答力台三人背約帝怒盡奪其所獲分之軍中初脫脫敗走八兒忽眞隘既而復出爲患帝帥兵討走之至是又會乃蠻部不魯欲罕約朶魯班塔塔兒哈答斤散只兀諸部來侵帝遣騎乘高四望知乃蠻兵漸至帝與汪罕移軍入塞亦剌合自北邊來據高山結營乃蠻軍衝之不動遂還亦剌合尋亦入塞將戰帝遷輜重於他所與汪罕倚阿蘭塞爲壁大戰于闕奕壇之野乃蠻使神巫祭風雪欲因其勢進攻既而反風逆擊其陣乃蠻軍不能戰欲引還雪滿溝澗帝勒兵乘之乃蠻大敗是時札木合部起兵援乃蠻見其敗卽還道經諸部之立己者大縱掠而去帝欲爲長子朮赤求昏於汪罕女抄兒伯姬汪罕之子禿撒合亦欲尚帝女火阿眞伯姬俱不諧自是頗有違言初帝與汪罕合軍攻乃蠻約明日戰札木合言於汪罕曰我於君是白翎雀他人是鴻鴈耳白翎雀寒暑常在北方鴻鴈遇寒則南飛就煖耳意謂帝心不可保也汪罕聞之疑遂移部衆於別所及議昏不成札木合復乘隙謂亦剌合曰太子雖言是汪罕之子嘗通信於乃蠻將不利於君父子君若能加兵我當從傍助君也亦剌合信之會答力台火察兒按彈等叛歸亦剌合亦說之曰我等願佐君討宣懿太后諸子也亦剌合大喜遣使言於汪罕汪罕曰札木合巧言寡信人也不足聽亦剌合力言之使者往返者數四汪罕曰吾身之存實太子是賴髭鬚已白遺骸冀得安寢汝乃喋喋不已耶汝善自爲之毋貽吾憂可也札木合遂縱火焚帝牧地而去歲癸丑汪罕父子謀欲害帝乃遣使者來曰向者所議婚事今當相從請來飲布渾察兒〔布渾察兒華言許親酒也〕帝以爲然率十騎赴之至中道心有所疑命一騎往謝帝遂還汪罕謀既不成卽議舉兵來侵圉人乞力失聞其事密與弟把帶告帝帝卽馳軍阿蘭塞悉移輜重於他所遣折里麥爲前鋒俟汪罕至卽整兵出戰先與朱力斤部遇次與董哀部遇又次與火力失烈門部遇皆敗之最後與汪罕親兵遇又敗之亦剌合見勢急突來衝陣射之中頰卽斂兵而退怯里亦部人遂棄汪罕來降汪罕既敗而歸帝亦將兵還至董哥澤駐軍遣阿里海致責於汪罕曰君爲叔父菊兒所逐困迫來歸我父卽攻菊兒敗之於河西其土地人民盡收與君此大有功於君一也君爲乃蠻所攻西奔日沒處君弟札阿紺孛在金境我亟遣人召還比至又爲蔑里乞部人所逼我請我兄薛徹別及及我弟大丑往殺之此大有功於君二也君困迫來歸時我過哈丁里歷掠諸部羊馬貲財盡以奉君不半月間令君饑者飽瘠者肥此大有功於君三也君不告我往掠蔑里乞部大獲而還未嘗以毫髮分我我不以爲意及君爲乃蠻所傾覆我遣四將奪還爾民人重立爾國家此大有功於君四也我征朶魯班塔塔兒哈答斤散只兀弘吉剌五

部如海東鷙禽之於鵝鴈見無不獲獲則必致於君此大有功於君五也是五者皆有明驗君不報我則已今乃易恩爲讐而遽加兵於我哉汪罕聞之語亦剌合曰我向者之言何如吾兒宜識之亦剌合曰事勢至今日必不可已唯有竭力戰鬭我勝則并彼彼勝則并我耳多言何爲時帝諸族按彈火察兒皆在汪罕左右帝因遣阿里海誚責汪罕就令告之曰昔者吾國無主以薛徹太丑二人實我伯祖八剌哈之裔欲立之二人既已固辭乃以汝火察兒爲伯父聶坤之子又欲立之汝又固辭然事不可中輟復以汝按彈爲我祖忽都剌之子又欲立之汝又固辭於是汝等推戴吾爲之主初豈我之本心哉不自意相迫至於如此也三河祖宗肇基之地毋爲他人所有汝善事汪罕汪罕性無常遇我尚如此況汝輩乎我今去矣我今去矣按彈等無一言帝既遣使於汪罕遂進兵虜弘吉剌別部溺兒斤以行至班朱尼河河水方渾帝飲之以誓衆有亦乞烈部人孛徒者爲火魯剌部所敗因遇帝與之同盟哈撒兒別居哈剌渾山妻子爲汪罕所虜挾幼子脫虎走糧絕探鳥卵爲食來會于河上時汪罕形勢盛強帝微弱勝敗未可知衆頗危懼凡與飲河水者謂之飲渾水言其曾同艱難也汪罕兵至帝與戰于哈闌眞沙陀之地汪罕大敗其臣按彈火察兒札木合等謀弑汪罕弗克往奔乃蠻答力台把憐等部稽顙來降帝移軍斡難河源謀攻汪罕復遣二使往汪罕僞爲哈撒兒之言曰我兄太子今既不知所在我之妻孥又在王所縱我欲往將安所之耶王儻棄我前愆念我舊好即束手來歸矣汪罕信之因遣人隨二使來以皮囊盛血與之盟及至即以二使爲向導令軍士銜枚夜趨折折運都山出其不意襲汪罕敗之盡降克烈部衆汪罕與亦剌合挺身遁去汪罕嘆曰我爲吾兒所誤今日之禍悔將何及汪罕出走路逢乃蠻部將遂爲其所殺亦剌哈走西夏日剽掠以自資既而亦爲西夏所攻走至龜茲國龜茲國主以兵討殺之帝既滅汪罕大獵於帖麥該川宣布號令振凱而歸時乃蠻部長太陽罕心忌帝能遣使謀於白達達部主阿剌忽思曰吾聞東方有稱帝者天無二日民豈有二王耶君能益吾右翼吾將奪其弧矢也阿剌忽思即以是謀報帝居無何舉部來歸歲甲子帝大會於帖麥該川議伐乃蠻羣臣以方春馬瘦宜俟秋高爲言皇帝斡赤斤曰事所當爲斷之在早何可以馬瘦爲辭別里古台亦曰乃蠻欲奪我弧矢是小我也我輩義當同死彼恃其國大而言誇苟乘其不備而攻之功當可成也帝悅曰以此衆戰何憂不勝遂進兵伐乃蠻駐兵於建忒該山先遣虎必來哲別二人爲前鋒太陽罕至自按臺營於沆海山與蔑里乞部長脫脫克烈部長阿憐太石猥剌部長忽都花別吉暨禿魯班塔塔兒哈答斤散只兀諸部合兵勢頗盛時我隊中羸馬有驚入乃蠻營中者太陽罕見之與衆謀曰蒙古之馬瘦弱如此今當誘其深入然後戰而擒之其將火力速八赤對曰先王戰伐勇進不回馬尾人背不使敵人見之今爲此遷延之計得非心中有所懼乎苟懼之何不令后妃來統軍也太陽罕怒即躍馬索戰帝以哈撒兒主中軍時札木合從太陽罕來見帝軍容整肅謂左右曰乃蠻初舉兵視蒙古軍若羖攊羔兒意謂蹄皮亦不留今吾觀其氣勢殆非往時矣遂引所部兵遁去是日帝與乃蠻軍大戰至晡禽殺太陽罕諸部軍一時皆潰夜走絕險墜崖死者不可勝計明日餘衆悉降於是朶魯班塔塔兒哈答斤散只兀四部亦來降已而復征蔑里乞部其長脫脫奔太陽罕之兄卜魯欲罕其屬帶兒兀孫獻女迎降俄復叛去帝至泰寒寨遣孛羅歡沈白二人領右軍往平之歲乙丑帝征西夏拔力吉里寨經落思城大掠人民及其橐駝而還

元年丙寅帝大會諸王羣臣建九斿白旗即皇帝位於斡難河之源諸王羣臣共上尊號曰成吉思皇帝是歲實金泰和之六年也帝既即位遂發兵復征乃蠻時卜魯欲罕獵於兀魯塔山禽之以歸太陽罕子屈出律罕與脫脫奔也兒的石河上帝始議伐金初金殺帝宗親咸補海罕帝欲復讐會金降俘等具言金主璟肆行暴虐帝乃定議致討然未敢輕動也

二年丁卯秋再征西夏剋斡羅孩城是歲遣按彈不兀剌二人使乞力吉思既而野牒亦納里部阿里替也兒部皆通使來獻名鷹

三年戊辰春帝至自西夏夏避暑龍庭冬再征脫脫及屈出律罕時斡亦剌部等遇我前鋒不戰而降因用爲向導至也兒的石河討蔑里乞部滅之脫脫中流矢死屈出律奔契丹

四年己巳春畏吾兒國來歸帝入河西夏主李安全遣其世子率師來戰敗之獲其副元帥高令公剋兀剌海城俘其太傅西壁氏進至克夷門復敗夏師獲其將嵬名令公薄中興府引河水灌之隄決水外潰遂撤圍還遣太傅訛答入中興招諭夏主夏主納女請和

五年庚午春金謀來伐築烏沙堡帝命遮別襲殺其衆遂略地而東初帝貢歲幣于金金主使衞王允濟受貢於靜州帝見允濟不爲禮允濟歸欲請兵攻之會金主璟殂允濟嗣位有詔至國傳言當拜受帝問金使曰新君爲誰金使曰衞王也帝遽南面唾曰我謂中原皇帝是天上人做此等庸懦亦爲之耶何以拜爲即乘馬北去金使還言允濟益怒欲俟帝再入貢就進場害之帝知之遂與金絕益嚴兵爲備

六年辛未春帝居怯綠連河西域哈剌魯部主阿昔蘭罕來降畏吾兒國主亦都護來覲二月帝自將南伐敗金將定薛於野狐嶺取大水濼豐利等縣金復築烏沙堡秋七月命遮別攻烏沙堡及烏月營拔之八月帝及金師戰于宣平之會河川敗之九月拔德興府居庸關守將遁去遮別遂入關抵中都冬十月襲金羣牧監驅其馬而還耶律阿海降入見帝于行在所皇子术赤察合台窩闊台分徇雲内東勝武朔等州下之是冬駐蹕金之北境劉伯林夾谷長哥等來降

七年壬申春正月耶律留哥聚衆于隆安自爲都元帥遣使來附帝破昌桓撫等州金將紇石烈九斤等率兵三十萬來援帝與戰于獾兒觜大敗之秋圍西京金元帥左都監奧屯襄率師來援帝遣兵誘至密谷口逆擊之盡殪復攻西京帝中流矢遂撤圍九月察罕剋奉聖州冬十二月甲申遮別攻東京不拔即引去夜馳還襲克之

八年癸酉春耶律留哥自立爲遼王改元元統秋七月克宣德府遂攻德興府皇子拖雷駙馬赤駒先登拔之帝進至懷來及金行省完顏綱元帥高琪戰敗之追至北口金兵保居庸詔可忒薄刹守之遂趨涿鹿金西京留守忽沙虎遁去帝出紫荊關敗金師于五回嶺拔涿易二州契丹訛魯不兒等獻北口遮別遂取居庸與可忒薄刹會八月金忽沙虎弑其主允濟迎豐王珣立之是秋分兵三道命皇子术赤察合台窩闊台爲右軍循太行而南取保遂安肅安定邢洺磁相衞輝懷孟掠澤潞遼沁平陽太原吉隰拔汾石嵐忻代武等州而還皇弟哈撒兒及斡陳那顏拙赤䚟薄刹爲左軍遵海而東取薊州平灤遼西諸郡而還帝與皇子拖雷爲中軍取雄霸莫安河間滄景獻深祁蠡冀恩濮開滑博濟泰安濟南濱棣益都淄濰登萊沂等郡復命木華黎攻密州屠之史天倪蕭勃迭率衆來降木華黎承制並以爲萬戶帝至中都三道兵還合屯大口是歲河北郡縣盡拔唯中都通順眞定清沃大名東平德邳海州十一城不下

九年甲戌春三月駐蹕中都北郊諸將請乘勝破燕帝不從乃遣使諭金主曰汝山東河北郡縣悉爲我有汝所守惟燕京耳天既弱汝我復迫汝於險天其謂我何我今還軍汝不能犒師以弭我諸將之怒耶金主遂遣使求和奉衞紹王女岐國公主及金帛童男女五百馬三千以獻仍遣其丞相完顏福興送帝出居庸夏五月金主遷汴以完顏福興及參政抹撚盡忠輔其太子守忠留守中都六月金乣軍斫答等殺其主帥率衆來降詔三摸合石抹明安與斫答等圍中都帝避暑魚兒濼秋七月金太子守忠走汴冬十月木華黎征遼東高州盧琮金扑等降錦州張鯨殺其節度使自立爲臨海王遣使來降

十年乙亥春正月金右副元帥蒲察七斤以通州降以七斤爲元帥二月木華黎攻北京金元帥寅答虎烏古倫以城降以寅答虎爲留守吾也而權兵馬都元帥鎭之興中府元帥石天應來降以天應爲興中府尹三月金御史中丞李英等率師援中都戰于霸州敗之夏四月克清順二州詔張鯨總北京十提控兵從南征鯨謀叛伏誅鯨弟致遂據錦州僭號漢興皇帝改元興龍五月庚申金中都留守完顏福興仰藥死抹撚盡忠棄城走明安入守之是月避暑桓州涼涇遣忽都忽等籍中都帑藏秋七月紅羅山寨主杜秀降以秀爲錦州節度使遣乙職里往諭金主以河北山東未下諸城來獻及去帝號爲河南王當爲罷兵不從詔史天倪南征授右副都元帥賜金虎符八月天倪取平州金經略使乞住降木華黎遣史進道等攻廣寧府降之是秋取城邑凡八百六十有二冬十月金宣撫蒲鮮萬奴據遼東僭稱天王國號大眞改元天泰十一月耶律留哥來朝以其子斜闍入侍史天祥討興州擒其節度使趙守玉

十一年丙子春還廬朐河行宮張致陷興中府木華黎討平之秋撒里知兀䚟三摸合拔都魯率師由西夏趨關中遂越潼關獲金西安軍節度使尼厖古蒲魯虎拔汝州等郡抵汴京而還冬十月蒲鮮萬奴降以其子帖哥入侍既而復叛僭稱東夏

十二年丁丑夏盜祁和尚據武平史天祥討平之遂擒金將巢元帥以獻察罕破金監軍夾谷於霸州金求和察罕乃還秋八月以木華黎爲太師封國王將蒙古乣漢諸軍南征拔遼城蠡州冬克大名府遂東定益都淄

登萊濰密等州是歲禿滿部民叛命鉢魯完朶魯伯討平之

十三年戊寅秋八月兵出紫荆口獲金行元帥事張柔命還其舊職木華黎自西京入河東克太原平陽及忻代澤潞汾霍等州金將武仙攻滿城張柔擊敗之是年伐西夏圍其王城夏主李遵頊出走西涼契丹六哥據高麗江東城命哈眞札剌率師平之高麗王瞰遂降請歲貢方物

十四年己卯春張柔敗武仙降祁陽曲陽中山等城夏六月西域殺使者帝率師親征取訛答剌城擒其酋哈只兒只蘭禿秋木華黎克岢嵐吉隰等州進攻絳州拔其城屠之

十五年庚辰春三月帝克蒲華城夏五月克尋思干城駐蹕也石的石河秋攻斡脫羅兒城克之木華黎徇地至眞定武仙出降以史天倪爲河北西路兵馬都元帥行府事仙副之東平嚴實籍彰德大名磁洺恩博滑濬等州戶三十萬來歸木華黎承制授實金紫光祿大夫行尚書省事冬金邢州節度使武貴降木華黎攻東平不克留嚴實守之撤圍趨洺州分兵徇河北諸郡是歲授董俊龍虎衞上將軍右副都元帥

十六年辛巳春帝攻卜哈兒薛迷思干等城皇子朮赤攻養吉干八兒眞等城並下之夏四月駐蹕鐵門關金主遣烏古孫仲端奉國書請和稱帝爲兄不允金東平行省事忙古棄城遁嚴實入守之宋遣苟夢玉來請和夏六月宋漣水忠義統轄石珪率衆來降以珪爲濟兗單三州總管秋帝攻班勒紇等城皇子朮赤察合台窩闊台分攻玉龍傑赤等城下之冬十月皇子拖雷克馬魯察葉可馬魯昔刺思等城木華黎出河西克葭綏德保安鄜坊丹等州進攻延安不下十一月宋京東安撫使張琳以京東諸郡來降以琳爲滄景濱棣等州行都元帥是歲詔諭德順州

十七年壬午春皇子拖雷克徒思匿察兀兒等城還經木剌夷國大掠之渡搠搠闌河克也里等城遂與帝會合兵攻塔里寒寨拔之木華黎軍克乾涇邠原等州攻鳳翔不下夏避暑塔里寒寨西域主札闌丁出奔與滅里可汗合忽都忽與戰不利帝自將擊之擒滅里可汗札闌丁遁去遣八剌追之不獲秋金復遣烏古孫仲端來請和見帝于回鶻國帝謂曰我向欲汝主授我河朔地令汝主爲河南王彼此罷兵汝主不從今木華黎已盡取之乃始來請耶仲端乞哀帝曰念汝遠來河朔旣爲我有關西數城未下者其割付我令汝主爲河南王勿復違也仲端乃歸金平陽公胡天祚以靑龍堡降冬十月金河中府來附以石天應爲兵馬都元帥守之

十八年癸未春三月太師國王木華黎薨夏避暑八魯彎川皇子朮赤察合台窩闊台及八剌之兵來會遂定西域諸城置達魯花赤監治之冬十月金主珣殂子守緒立是歲宋復遣苟夢玉來

十九年甲申夏宋大名總管彭義斌侵河北史天倪與戰於恩州敗之是歲帝至東印度國角端見班師

二十年乙酉春正月還行宮二月武仙以眞定叛殺史天倪董俊判官李全亦以中山叛三月史天澤擊仙走之復眞定夏六月彭義斌以兵應仙天澤禦於贊皇擒斬之

二十一年春正月帝以西夏納仇人赤臘喝翔昆及不遣質子自將伐之二月取黑水等城夏避暑於渾垂山取甘肅等州秋取西涼府搠羅河羅等縣遂踰沙陀至黃河九渡取應里等縣九月李全執張琳郡王帶孫進兵圍全於益都冬十一月庚申帝攻靈州夏遣嵬名令公來援丙寅帝渡河擊夏師敗之丁丑五星聚見於西南駐蹕鹽州川十二月李全降授張柔行軍千戶保州等處都元帥是歲皇子窩闊台及察罕之師圍金南京遣唐慶責歲幣于金

二十二年丁亥春帝留兵攻夏王城自率師渡河攻積石州二月破臨洮府三月破洮河西寧二州遣斡陳那顏攻信都府拔之夏四月帝次龍德拔德順等州德順節度使愛申進士馬肩龍死焉五月遣唐慶等使金閏月避暑六盤山六月金遣完顏合周奧屯阿虎來請和帝謂羣臣曰朕自去冬五星聚時已嘗許不殺掠遽忘下詔耶今可布告中外令彼行人亦知朕意是月夏主李晛降帝次淸水縣西江秋七月壬午不豫己丑崩于薩里川哈老徒之行宮臨崩謂左右曰金精兵在潼關南據連山北限大河難以遽破若假道于宋宋金世讎必能許我則下兵唐鄧直擣大梁金急必徵兵潼關然以數萬之衆千里赴援人馬疲弊雖至弗能戰破之必矣言訖而崩壽六十六葬起輦谷至元三年冬十月追諡聖武皇帝至大二年冬十一月庚辰加諡法天啓運聖武皇帝廟號太祖在位二十二年帝深沉有大略用兵如神故能滅國四十遂平西夏其奇勳偉跡甚衆惜乎當時史官不備或多失於紀載云

戊子年是歲皇子拖雷監國

元史卷一考證

太祖法天啓運聖武皇帝紀會乃蠻部長不魯欲罕○臣宗萬按通鑑及親征記皆作盃祿可汗

歲癸丑○按上文壬戌下文甲子丑疑作亥

七年春金將紇石烈九斤等率兵三十萬來援帝與戰于獾兒嘴大敗之○按續綱目通鑑作六年事

遼別攻東京○臣宗楷按遼別郎者別東京今奉天府

十年乙亥二月木華黎攻北京○臣祖庚按北京在遼東舊大寧城遼北初名中京

金元帥寅荅虎烏古倫以城降以寅荅虎爲留守吾也而權兵馬都元帥鎭之興中府元帥石天應來降○按續綱目通鑑俱作九年事

二十一年十二月李全降○按續綱目通鑑作二十二年事

元史卷二

明翰林學士亞中大夫知制誥兼修國史宋　濂等修

本紀第二

太宗

太宗英文皇帝諱窩闊台太祖第三子母曰光獻皇后弘吉剌氏太祖伐金定西域帝攻城略地之功居多太祖崩自霍博之地來會喪

元年己丑夏至忽魯班雪不只之地皇弟拖雷來見秋八月己未諸王百官大會於怯綠連河曲雕阿蘭之地以太祖遺詔卽皇帝位于庫鐵烏阿剌里始立朝儀皇族尊屬皆拜頒大札撒華言大法令也金遣阿虎帶來歸太祖之賵帝曰汝主久不降使先帝老于兵間吾豈能忘也賵何爲哉卻之遂議伐金敕蒙古民有馬百者輸牝馬一牛百者輸牸牛一羊百者輸羒羊一爲永制始置倉廩立驛傳命河北漢民以戶計出賦調耶律楚材主之西域人以丁計出賦調麻合沒的滑剌西迷主之印度國主木羅夷國主來朝西域伊思八剌納城酋長來降是歲金復遣使來聘不受

二年庚寅春正月詔自今以前事勿問定諸路課稅酒課驗實息十取一雜稅三十取一是春帝與拖雷獵于斡兒寒河遂遣兵圍京兆金主率師來援敗之尋拔其城夏避暑于塔密兒河朶忽魯及金兵戰敗績命速不台援之秋七月帝自將南伐皇弟拖雷皇姪蒙哥率師從拔天成等堡遂渡河攻鳳翔冬十一月始置十路徵收課稅使以陳時可趙昉使燕京劉中劉桓使宣德周立和王貞使西京呂振劉子振使太原楊簡高廷英使平陽王晉賈從使眞定張瑜王銳使東平王德亨侯顯使北京夾谷永程泰使平州田木西李天翼使濟南是月師攻潼關藍關不克十二月拔天勝寨及韓城蒲城

三年辛卯春二月克鳳翔攻洛陽河中諸城下之夏五月避暑于九十九泉命拖雷出師寶鷄遣搠不罕使宋假道宋殺之復遣李國昌使宋需糧秋八月幸雲中始立中書省改侍從官名以耶律楚材爲中書令粘合重山爲左丞相鎭海爲右丞相是月以高麗殺使者命撒禮塔率師討之取四十餘城高麗王瞰遣其弟懷安公請降撒禮塔承制設官分鎭其地乃還冬十月乙酉帝圍河中十二月己未拔之

四年壬辰春正月戊子帝由白坡渡河庚寅拖雷渡漢江遣使來報卽詔諸軍進發甲午次鄭州金防城提控馬伯堅降授伯堅金符使守之丙申大雪丁酉又雪次新鄭是日拖雷及金師戰于鈞州之三峯大敗之獲金將蒲阿戊戌帝至三峯壬寅攻鈞州克之獲金將合達遂下商虢嵩汝陝洛許鄭陳亳潁壽睢永等州三月命速不台等圍南京金主遣其弟曹王訛可入質帝還留速不台守河南夏四月出居庸避暑官山高麗叛殺所置官吏徙居江華島秋七月遣唐慶使金諭降金殺之八月撒禮塔復征高麗中矢卒金參政完顏思烈恒山公武仙救南京諸軍與戰敗之九月拖雷薨帝還龍庭冬十一月獵于納蘭赤剌溫之野十二月如太祖行宮

五年癸巳春正月庚申金主奔歸德戊辰金西面元帥崔立殺留守完顏奴申完顏習捏阿不以南京降二月幸鐵列都之地詔諸王議伐萬奴遂命皇子貴由及諸王按赤帶將左翼軍討之夏四月速不台進至靑城崔立以金太后王氏后徒單氏及荆王從恪梁王守純等至軍中速不台遣送行在遂入南京六月金主奔蔡塔察兒率師圍之詔以孔子五十一世孫元楷襲封衍聖公秋八月獵于兀必思地以阿同葛等充宣差勘事官括中州戶得戶七十三萬餘九月擒萬奴冬十一月宋遣荆鄂都統孟珙以兵糧來助十二月諸軍與宋兵合攻蔡敗武仙于息州金人以海沂萊濰等州降是冬帝

至阿魯兀忽可吾行宮大風霾七晝夜勅修孔子廟及渾天儀

六年甲午春正月金主傳位于宗室子承麟遂自經而焚城拔獲承麟殺之宋兵取金主餘骨以歸金亡是春會諸王宴射于斡兒寒河夏五月帝在達蘭達葩之地大會諸王百僚諭條令曰凡當會不赴而私宴者斬諸出入宮禁各有從者男女止以十人爲朋出入毋得相雜軍中凡十人置甲長聽其指揮專擅者論罪其甲長以事來宮中卽置權攝一人甲外一人二人不得擅自往來違者罪之諸公事非當言而言者拳其耳再犯笞三犯杖四犯論死諸千戶越萬戶前行者隨以木鏃射之百戶甲長諸軍有犯其罪同不遵此法者斥罷今後來會諸軍甲內數不足於近翼抽補足之諸人或居室或在軍毋敢喧呼凡來會用善馬五十疋爲一羈守者五人飼羸馬三人守乞烈思三人但盜馬一二者卽論死諸人馬不應絆於乞烈思內者輒沒與畜虎豹人諸婦人製質孫燕服不如法者及妬者乘以驏牛徇部中論罪卽聚財爲更娶秋七月以胡土虎那顏爲中州斷事官遣達海紺卜征蜀是秋帝在八里里荅闌荅八思之地議自將伐宋國王查老溫請行遂遣之冬獵于脫卜寒地

七年乙未春城和林作萬安宮遣諸王拔都及皇子貴由皇姪蒙哥征西域皇子闊端征秦鞏皇子曲出及胡土虎伐宋唐古征高麗秋九月諸王口溫不花獲宋何太尉冬十月曲出圍棗陽拔之遂徇襄鄧入郢虜人民牛馬數萬而還十一月闊端攻石門金便宜都總帥汪世顯降中書省臣請契勘大明曆從之

八年丙申春正月諸王各治具來會宴萬安宮落成詔印造交鈔行之二月命應州郭勝鈞州孛术魯九住鄧州趙祥從曲出充先鋒伐宋三月復修孔子廟及司天臺夏六月復括中州戶口得續戶一百一十餘萬耶律楚材請立編修所於燕京經籍所於平陽編集經史召儒士梁陟充長官以王萬慶趙著副之秋七月命陳時可閱刑名科差課稅等案赴闕磨照詔以眞定民戶奉太后湯沐中原諸州民戶分賜諸王貴戚斡魯朶拔都平陽府茶合帶太原府古與大名府孛魯帶邢州果魯于河間府孛魯古帶廣寧府野苦益都濟南二府戶內撥賜按赤帶濱棣州斡陳那顏平灤州皇子闊端駙馬赤苦公主阿剌海公主果眞國王查剌溫茶合帶鍜眞蒙古寒札按赤那顏圻那顏火斜术思並於東平府戶內撥賜有差耶律楚材言非便遂命各位止設達魯花赤朝廷置官吏收其租頒之非奉詔不得徵兵賦闊端率汪世顯等入蜀取宋關外數州斬蜀將曹友聞冬十月闊端入成都詔招諭秦鞏等二十餘州皆降皇子曲出薨張柔等攻郢州拔之襄陽府來附以游顯領襄陽樊城事

九年丁酉春獵于揭揭察哈之澤蒙哥征欽察部破之擒其酋八赤蠻夏四月築掃鄰城作迦堅茶寒殿六月左翼諸部訛言括民女帝怒因括以賜麾下秋八月命木虎乃劉中試諸路儒士中選者除本貫議事官得四千三十人冬十月獵于野馬川幸龍庭遂至行宮是冬口溫不花等圍光州命張柔鞏彥暉史天澤攻下之遂別攻蘄州降隨州略地至黃州宋懼請和乃還

十年戊戌春塔思軍至北峽關宋將汪統制降夏襄陽別將劉義叛執游顯等降宋宋兵復取襄樊帝獵于揭揭察哈之澤築圖蘇湖城作迎駕殿秋八月陳時可高慶民等言諸路旱蝗詔免今年田租仍停舊未輸納者俟豐歲議之

十一年己亥春復獵于揭揭察哈之澤皇子闊端軍至自西川秋七月游顯自宋逃歸以山東諸路災免其稅糧冬十一月蒙哥率師圍阿速蔑怯思城閱三月拔之十二月商人奧都剌合蠻買撲中原銀課二萬二千錠以四萬四千錠爲額從之

十二年庚子春正月以奧都剌合蠻充提領諸路課稅所官皇子貴由克西域未下諸部遣使奏捷命張柔等八萬戶伐宋冬十二月詔貴由班師敕州郡失盜不獲者以官物償之國初令民代償民多亡命至是罷之是歲以官民貸回鶻金償官者歲加倍名羊羔息其害爲甚詔以官物代還凡七萬六千錠仍命凡假貸歲久惟子本相侔而止著爲令籍諸王大臣所俘男女爲民

十三年辛丑春二月獵于揭揭察哈之澤帝有疾詔赦天下囚徒帝瘳秋高麗國王王瞮以族子綧入質冬十月命牙老瓦赤主管漢民公事十一月丁亥大獵庚寅還至鋋鐵鎋胡蘭山奧都剌合蠻進酒帝歡飲極夜乃罷辛卯遲明帝崩于行殿在位十三年壽五十有六葬起輦谷追謚英文皇帝廟號太宗帝有寬弘之量忠恕之心量時度力舉無過事華夏富庶羊馬成羣旅不齎糧時稱治平

壬寅年春六皇后乃馬眞氏始稱制秋七月張柔自五河口渡淮攻宋揚滁和等州

癸卯年春正月張柔分兵屯田于襄城夏五月熒惑犯房星秋后命張柔總兵戍杞

甲辰年夏五月中書令耶律楚材薨

乙巳年秋后命馬步軍都元帥察罕等率騎三萬與張柔掠淮西攻壽州拔之遂攻泗州盱眙及揚州宋制置趙葵請和乃還

定宗

定宗簡平皇帝諱貴由太宗長子也母曰六皇后乃馬眞氏以丙寅年生帝太宗嘗命諸王按只帶伐金帝以皇子從虜其親王而歸又從諸王拔都西征次阿速境攻圍木柵山寨以三十餘人與戰帝及憲宗與焉太宗嘗有旨以皇孫失烈門爲嗣太宗崩皇后臨朝會諸王百官於答蘭答八思之地遂議立帝

元年丙午春正月張柔入覲於和林秋七月卽皇帝位于汪吉宿滅禿里之地帝雖御極而朝政猶出於六皇后云冬獵黃羊于野馬川權萬戶史權等耀兵淮南攻虎頭關寨拔之進圍黃州

二年丁未春張柔攻泗州夏避暑于曲律淮黑哈速之地秋西巡八月命野里知吉帶率槊思蠻部兵征西是月詔蒙古人戶每百以一名充拔都魯九月取太宗宿衛之半以也曲門答兒領之冬十月括人戶

三年戊申春三月帝崩于橫相乙兒之地在位三年壽四十有三葬起輦谷追謚簡平皇帝廟號定宗是歲大旱河水盡涸野草自焚牛馬十死八九人不聊生諸王及各部又遣使於燕京迤南諸郡徵求貨財弓矢鞍轡之物或於西域回鶻索取珠璣或於海東樓取鷹鶻駅騎絡繹晝夜不絕民力益困然自壬寅以來法度不一內外離心而太宗之政衰矣

己酉年

庚戌年定宗崩後議所立未決當是時已三歲無君其行事之詳簡策失書無從考也

元史卷三

明翰林學士亞中大夫知制誥兼脩國史宋　濂等修

本紀第三

憲宗

憲宗桓肅皇帝諱蒙哥睿宗拖雷之長子也母曰莊獻太后怯烈氏諱唆魯禾帖尼歲戊辰十二月三日生帝時有黃忽荅部知天象者言帝後必大貴故以蒙哥爲名（蒙哥華言長子也）太宗在潛邸養以爲子屬昂灰皇后撫育之既長爲娶火魯剌部女火里差爲妃分之部民及睿宗薨乃命歸藩邸從征伐屢立奇功嘗攻欽察部其酋八赤蠻逃于海島帝聞亟進師至其地適大風刮海水去其淺可渡帝喜曰此天開道與我也遂進屠其衆擒八赤蠻命之跪八赤蠻曰我爲一國主豈苟求生且身非駝何以跪人爲乃命囚之八赤蠻謂守者曰我之竄入于海與魚何異然終見擒天也今水迴期且至軍宜早還帝聞之卽班師而水已至後軍有浮渡者復與諸王拔都征斡羅思部至也烈贊城躬自搏戰破之歲戊申定宗崩朝廷久未立君中外恟恟咸屬意於帝而覬覦者衆議未決諸王拔都木哥阿里不哥唆亦哥禿塔察兒大將兀良合台速你帶帖木迭兒也速不花咸會于阿剌脫忽剌兀之地拔都首建議推戴時定宗皇后海迷失所遣使者八剌在坐曰昔太宗命以皇孫失烈門爲嗣諸王百官皆與聞之今失烈門故在而議欲他屬將寘之何地耶木哥曰太宗有命誰敢違之然前議立定宗由皇后脫忽列乃與汝輩爲之是則違太宗之命者汝等也今尚誰咎耶八剌語塞兀良合台曰蒙哥聰明睿知人咸知之拔都之議良是拔都卽申令於衆衆悉應之議遂定

元年辛亥夏六月西方諸王別兒哥脫哈帖木兒東方諸王也古脫忽亦孫哥按只帶塔察兒別里古帶西方諸大將班里赤等東方諸大將也速不花等復大會于闊帖兀阿闌之地共推帝卽皇帝位於斡難河失烈門及諸弟腦忽等心不能平有後言帝遣諸王旭烈與忙可撒兒帥兵覘之諸王也速忙可不里火者等後期不至遣不憐吉䚟率兵備之遂改更庶政命皇弟忽必烈領治蒙古漢地民戶遣塔兒斡魯不察乞剌賽典赤趙璧等詣燕京撫諭軍民以忙哥撒兒爲斷事官以孛魯合掌宣發號令朝覲貢獻及內外聞奏諸事以晃兀兒留守和林宮闕帑藏阿藍答兒副之以牙剌瓦赤不只兒斡魯不覩答兒等充燕京等處行尚書省事賽典赤

匿昝馬丁佐之以誚懷塔剌海麻速忽等充別失八里等處行尚書省事暗都剌兀尊阿合馬也的沙佐之以阿兒渾充阿母河等處行尚書省事法合魯丁匿只馬丁佐之以茶寒葉了干統兩淮等處蒙古漢軍以帶答兒統四川等處蒙古漢軍以和里䚟統土蕃等處蒙古漢軍皆仍前征進以僧海雲掌釋教事以道士李眞常掌道教事葉孫脫按只䚟暢吉爪難合答曲憐阿里出及剛疙疸阿散忽都魯等務持兩端坐誘諸王爲亂並伏誅遂頒便益事宜於國中凡朝廷及諸王濫發牌印詔旨宣命盡收之諸王馳驛許乘三馬遠行亦不過四諸王不得擅招民戶諸官屬不得以朝覲爲名賦斂民財民糧遠輸者許於近倉輸之罷築和林城役千五百人冬以宴只吉帶違命遣合丹誅之仍籍其家

二年壬子春正月幸失灰之地遣乞都不花攻末來吉兒都怯寨皇太后崩夏駐蹕和林分遷諸王於各所合丹於別石八里地蔑里於于葉兒的石河海都於海押立地別兒哥於曲兒只地脫脫於葉密立地蒙哥都及太宗皇后乞里吉忽帖尼於擴端所居地之西仍以太宗諸后妃家貲分賜親王定宗后及失烈門母以厭禳事覺並賜死謫失烈門也速孛里等於沒脫赤之地禁錮和只納忽孫脫等於軍營秋七月命忽必烈征大理諸王禿兒花撒立征身毒怯的不花征沒里奚旭烈征西域素丹諸國詔諭宋荊南襄陽樊城均州諸守將使來附八月忽必烈次臨洮命總帥汪田哥以城利州閬欲爲取蜀之計冬十月命諸王也古征高麗帝駐蹕月帖古忽蘭之地時帝因獵墮馬傷臂不視朝百餘日十二月戊午大赦天下以帖哥紬闊闊术等掌帑藏孛蘭合剌孫掌斡脫阿忽察掌祭祀醫巫卜筮阿剌不花副之諸王合剌蠻以只兒斡帶掌傳驛所需孛魯合掌必闍赤寫發宣詔及諸色目官職徙諸匠五百戶修行宮是歲籍漢地民戶諸王旭烈薨

三年癸丑春正月汪田哥修治利州且屯田蜀人莫敢侵軼帝獵于怯蹇叉罕之地諸王也古以怨襲諸王塔剌兒營帝遂會諸王于斡難河北賜予甚厚罷也古征高麗兵以札剌兒帶爲征東元帥遣必闍別兒哥括斡羅思戶口三月大兵攻海州戍將王國昌逆戰于城下敗之獲都統一人夏六月命諸王旭烈兀及兀良合台等帥師征西域哈里發八哈塔等國又命塔塔兒帶撒里土魯花等征欣都思怯失迷兒等國帝幸火兒忽納要不花之地諸王拔都遣脫必察詣行在乞買珠銀萬錠以千錠授之仍詔諭之曰太祖太宗之財若此費用何以給諸王之賜王宜詳審之此銀就充今後歲賜之數秋幸軍腦兒以忙可撒兒爲萬戶哈丹爲札魯花赤九月忽必烈次忒剌地分兵三道以進冬十二月大理平帝駐蹕汪吉地命宗王耶虎與洪福源同領軍征高麗攻拔禾山東州春州三角山楊根天龍等城是歲斷事官忙哥撒兒卒

四年甲寅春帝獵于怯蹇叉罕夏幸月兒滅怯之地遣札剌亦兒部人火兒赤征高麗秋七月詔官吏之赴朝理算錢糧者許自首不公仍禁以後浮費冬大獵于也滅干哈里叉海之地忽必烈還自大理留兀良合台攻諸夷之未附者入覲於獵所是歲會諸王于顆顆腦兒之西乃祭天于日月山初籍新軍帝謂大臣求可以愼固封守閑於將略者擢史樞征行萬戶配以眞定相衞懷孟諸軍駐唐鄧張柔移鎭亳州權萬戶史權屯鄧州張柔遣張信將八漢軍戍潁州王安國將四千戶渡漢南深入而還張柔以連歲勤兵兩淮艱於糧運奏據亳之利詔柔率山前八軍城而戍之柔又以渦水北隘淺不可舟軍既病涉曹濮魏博粟皆不至乃築甬路自亳抵汴堤百二十里流深而不能築復爲橋十五丈廣八十尺橫以二堡戍之均州總管孫嗣遣人齎蠟書降且乞援史權以精甲備宋人之要遂援嗣而來其後驍將鍾顯王梅杜柔袁師信各帥所部來降

五年乙卯春詔徵逋欠錢穀夏帝幸月兒滅怯土秋九月張柔會大帥于符離以百丈口爲宋往來之道可容萬艘遂築甬路自亳而南六十餘里中爲橫江堡又以路東六十里皆水可致宋舟乃立柵水中惟密置偵邏於所達之路由是鹿邑寧陵考柘楚丘南頓無宋患陳蔡潁息皆通矣是歲收命劄剌䚟與洪福源同征高麗後此又連三歲攻拔其光州安城中州玄鳳珍原甲向玉果等城

六年丙辰春大風起北方砂礫飛揚白日晦冥帝會諸王百官于欲兒陌哥都之地設宴六十餘日賜金帛有差仍定擬諸王歲賜錢穀忽必烈遣沒兒合石詣行在所奏請續簽內郡漢軍從之夏四月駐蹕于塔密兒五月幸昔剌兀魯朶六月太白晝見幸䚟亦兒阿答諸王亦孫哥駙馬也速兒等請伐宋帝亦以宋人違命囚使會議伐之秋七月命諸王各還所部以居諸王塔察兒駙馬帖里垓軍過東平諸處掠民羊豕帝聞遣使問罪由是諸軍無犯者是歲高麗國王細嵯甫雲南酋長摩合羅嵯及素丹諸國來覲兀良合台討白蠻等克之遂自昔八兒地還至重慶府敗宋將張都統賜金縷織文衣一襲銀五十兩綵帛萬二百匹以賚軍士冬帝駐蹕阿塔哈帖乞兒蠻以阿木河回回降民分賜諸王百官

七年丁巳春幸忽闌也兒吉詔諸王出師征宋乞都不花等討末來吉兒都怯寨平之夏六月謁太祖行宮祭旗鼓復會于怯魯連之地還幸月兒滅怯土秋駐蹕于軍腦兒釃馬乳祭天九月出師南征以駙馬剌眞之子乞䚟爲達魯花赤鎭守斡羅思仍賜馬三百羊五千回鶻獻水精盆珍珠傘等物可直銀三萬餘錠帝曰方今百姓疲弊所急者錢爾朕獨有此何爲却之賽典赤以爲言帝稍償其直且禁其勿復有所獻宗王塔察兒率諸軍南征圍樊城霖雨連月乃班師元帥卜隣吉䚟軍自鄧州略地遂渡漢江冬十一月兀良合台伐交趾敗之入其國安南主陳日煚竄海島遂班師遣阿藍答兒脫因囊加台等詣陝西等處理算錢穀冬帝度漠南至於玉龍棧忽必烈及諸王阿里不哥八里土出木哈兒玉龍塔失昔烈吉公主脫滅干等來迎大燕既而各遣歸所部

八年戊午春正月朔幸也里本朶哈之地受朝賀二月陳日煚傳國于長子光昺光昺遣壻與其國人以方物來見兀良合台送詣行在所諸王旭烈兀討回回哈里發平之禽其王遣使來獻捷帝獵于也里海牙之地師南征次於河適冰合以土覆之而渡帝自將伐宋由西蜀以入命張柔從忽必烈征鄂趨杭州命塔察攻荊山分宋兵力宋四川制置使蒲澤之攻成都紐璘率師與戰敗之進攻雲頂山守將姚某等以衆相繼來降詔以紐璘爲都元帥帝由東勝河度遣參知政事劉太平括興元戶口三月命洪茶丘率師從劄剌䚟同征高麗夏四月駐蹕六盤山諸郡縣守令來覲豐州千戶郭燧奏請續簽軍千人修治金州從之是時軍四萬號十萬分三道而進帝由隴州入散關諸王莫哥由祥州入米倉關孛里叉萬戶由漁關入沔州以明安答兒爲太傅守京兆詔徵益都行省李璮兵璮來言益都南北要衝兵不可撤從之璮還擊海州漣水等處五月皇子阿速帶因獵獨騎傷民稼帝見讓之遂撻近侍數人士卒有拔民葱者卽斬以徇由是秋毫莫敢犯仍賜所經郡守各有差秋七月留輜重於六盤山率兵由寶鷄攻重貴山所至輒平八月辛丑璮與宋人戰殺宋師殆盡九月駐蹕漢中都元帥紐璘留密里火者劉黑馬等守成都悉率餘兵渡馬湖禽宋制置使張實遂遣實招諭苦竹隘實遁冬十月壬午帝次寶峯癸未如利州觀其城池並非深固以汪田哥能守蜀不敢犯賜卮酒獎諭之帝渡嘉陵江至白水江命田哥造浮梁以濟梁成賜田哥等金帛有差帝駐蹕劍門戊子攻苦竹隘裨將趙仲竊獻東南門師入與其守將楊立戰敗之殺立衆皆奔潰詔母犯趙仲家屬仍賜仲衣帽徙于隆慶己亥獲張實支解之賜田哥玉帶及犒賞士卒留精兵五百守之遣使招諭龍州帝至高峯庚子圍長寧山守將王佐裨將徐昕等率兵出戰敗之十一月己酉帝督軍先攻鵝頂堡壬子力戰于望喜門薄暮宋知縣王仲由鵝頂堡出降是夜破其城王佐死焉癸丑誅佐之子及徐昕等四十餘人以彭天祥爲達魯花赤治其事王仲副之丙辰進攻長獲山守將大淵降命大淵爲四川侍郎仍以其兵從庚午次和溪口遣驍騎略青居山是月龍州王知府降諸王莫哥都攻禮義山不克諸王塔察兒略地至江而還並會于行在所命忽必烈統諸路蒙古漢軍伐宋十二月壬午楊大淵率所部兵與汪田哥分擊相如等縣都元帥紐璘攻簡州以宋降將張威率衆爲先鋒乙酉帝次于運山大淵遣人招降其守將張大悅仍以大悅爲元帥師至青居山裨將劉淵等殺都統段元鑒降庚寅遣使招諭未附丁酉隆州守縣降己亥大良山守將蒲元圭降詔諸軍毋俘掠癸卯攻雅州拔之石泉守將趙順降甲辰遣宋人晉國寶招諭合州守將王堅辭之國寶遂歸是歲皇子辨都薨于吉河之南

九年己未春正月乙巳朔駐蹕重貴山北置酒大會因問諸王駙馬百官曰今在宋境夏暑且至汝等其謂可居否乎札剌亦兒部人脫歡曰南土瘴癘上宜北還所獲人民委吏治之便阿兒剌部人八里赤曰脫歡怯臣願往居焉帝善之戊申晉國寶歸次峽口王堅追還殺之諸王莫哥都復攻渠州禮義山曳剌禿魯雄攻巴州平梁山丁卯大淵請攻合州俘男女八萬餘二月丙子帝悉率諸兵渡鷄爪灘至石子山丁丑督諸軍戰城下辛巳攻一字城癸未攻鎭西門三月攻東新門奇勝門鎭西門小堡夏四月丙子大雷雨凡二十日乙未攻護國門丁酉夜登外城殺宋兵甚衆五月屢攻不克六月丁巳汪田哥復選兵夜登外城馬軍寨殺寨主及守城者王堅率兵來戰遲明遇雨梯折後軍不克進而止是月帝不豫秋七月辛亥留精兵三千守之餘悉攻重慶癸亥帝崩于釣魚山壽五十有二在位九年追謚桓肅

皇帝廟號憲宗帝剛明雄毅沉斷而寡言不樂燕飲不好侈靡雖后妃不許之過制初太宗朝羣臣擅權政出多門至是凡有詔旨帝必親起草更易數四然後行之御羣臣甚嚴嘗諭旨曰爾輩若得朕奬諭之言卽志氣驕逸志氣驕逸而災禍有不隨至者乎爾輩其戒之性喜畋獵自謂遵祖宗之法不蹈襲他國所爲然酷信巫覡卜筮之術凡行事必謹叩之殆無虛日終不自厭也

元史卷四

明翰林學士亞中大夫知制誥兼修國史宋　濂等修

本紀第四

世祖一

世祖聖德神功文武皇帝諱忽必烈睿宗皇帝第四子母莊聖太后怯烈氏以乙亥歲八月乙卯生及長仁明英睿事太后至孝尤善撫下納弘吉剌氏爲妃歲甲辰帝在潛邸思大有爲於天下延藩府舊臣及四方文學之士問以治道歲辛亥六月憲宗卽位同母弟惟帝最長且賢故憲宗盡屬以漠南漢地軍國庶事遂南駐爪忽都之地邢州有兩答剌罕言於帝曰邢吾分地也受封之初民萬餘戶今日減月削纔五七百戶耳宜選良吏撫循之帝從其言承制以脫兀脫及張耕爲邢州安撫使劉肅爲商榷使邢乃大治歲壬子帝駐桓撫間憲宗令斷事官牙魯瓦赤與不只兒等總天下財賦于燕視事一日殺二十八人其一人盜馬者杖而釋之矣偶有獻環刀者遂追還所杖者手試刀斬之帝責之曰凡死罪必詳讞而後行刑今一日殺二十八人必多非辜既杖復斬此何刑也不只兒錯愕不能對太宗朝立軍儲所于新衛以收山東河北丁糧後惟計直取銀帛軍行則以資之帝請于憲宗設官築五倉于河上始令民入粟宋遣兵攻虢之盧氏河南之永寧衞之八柳渡帝言之憲宗立經略司於汴以忙哥史天澤楊惟中趙璧爲使陳紀楊果爲參議俾屯田唐鄧等州授之兵牛敵至則禦敵去則耕仍置屯田萬戶於鄧完城以備之夏六月入覲憲宗於曲先惱兒之地奉命帥師征雲南秋七月丙午禡牙西行歲癸丑受京兆分地諸將皆築第京兆豪侈相尚帝卽分遣使戍興元諸州又奏割河東解州鹽池以供軍食立從宜府于京兆屯田鳳翔募民受鹽入粟轉漕嘉陵夏遣王府尚書姚樞立京兆宣撫司以孛蘭及楊惟中爲使關隴大治又立交鈔提舉司印鈔以佐經用秋八月師次臨洮遣玉律术王君侯王鑑諭大理不果行九月壬寅師次忒剌分三道以進大將兀良合帶率西道兵由晏當路諸王抄合也只烈帥東道兵由白蠻帝由中道乙巳至滿陀城留輜重冬十月丙午過大渡河又經行山谷二千餘里至金沙江乘革囊及栰以渡摩娑蠻主迎降其地在大理北四百餘里十一月辛卯復遣玉律术等使大理丁酉師至白蠻打郭寨其主將出降其姪堅壁拒守攻拔殺之不及其民庚子次三甸辛丑白蠻送款十二月丙辰軍薄大理城初大理主段氏微弱國事皆決於高祥高和兄弟是夜祥率衆遁去命大將也古及拔突兒追之帝旣入大理曰城破而我使不出計必死矣己未西道兵亦至命姚樞等搜訪圖籍乃得三使尸旣瘞命樞爲文祭之辛酉南出龍首城次趙瞼癸亥獲高祥斬于姚州留大將兀良合帶戍守以劉時中爲宣撫使與段氏同安輯大理遂班師歲甲寅夏五月庚子駐六盤山六月以廉希憲爲關西道宣撫使姚樞爲勸農使秋八月至自大理駐桓撫間復立撫州冬駐爪忽都之地歲乙卯春復駐桓撫間冬駐奉聖州北歲丙辰春三月命僧子聰卜地于桓州東灤水北城開平府經營宮室冬駐于合剌八剌合孫之地憲宗命益懷州爲分地歲丁巳春憲宗命阿藍荅兒劉太平會計京兆河南財賦大加鉤考其貧不能輸者帝爲代償之冬十二月入覲于也可迭烈孫之地議分道攻宋以明年爲期歲戊午冬十一月戊申禡牙于開平東北是日啓行歲己未春二月會諸王于邢州夏五月駐小濮州徵東平宋子貞李昶訪問得失秋七月甲寅次汝南命大將拔都兒等前行備糧漢上戒諸將毋妄殺命楊惟中郝經宣撫江淮必闍赤孫貞督軍須蔡州有軍士犯法者貞縛致有司白于帝命戮以徇諸軍凜然無敢犯令者八月丙戌渡淮辛卯入大勝關宋戍兵皆遁壬辰次黃陂甲午遣廉希憲招臺山寨比至千戶董文炳等已破之時淮民被俘者衆悉縱之庚子先鋒茶忽得宋沿江制置司榜來上有云今夏諜者聞北兵會議取黃陂民船繫栰由陽邏堡以渡會于鄂州帝曰此事前所未有願如其言辛丑師次江北九月壬寅朔親王穆哥自合州釣魚山遣使以憲宗凶問來告且請北歸以繫天下之望帝曰吾奉命南來豈可無功遽還甲辰登香鑪山俯瞰大江江北曰武湖湖之東曰陽邏堡其南岸卽滸黃洲宋以大舟扼江渡帝遣兵奪二大舟是夜遣木魯花赤張文謙等具舟楫乙巳遲明至江岸風雨晦冥諸將皆以爲未可渡帝不從遂申敕將帥揚旗伐鼓三道並進天爲開霽與宋師接戰者三殺獲甚衆逕達南岸軍士有擅入民家者以軍法從事凡所俘獲悉縱之丁未遣王冲道李宗傑訾郊招諭鄂城比至東門矢下如雨冲道墜馬爲敵所獲宗傑郊奔還帝駐滸黃洲己酉抵鄂屯兵敎場庚戌圍鄂壬子登城東北壓雲亭立望樓高可五丈望見城中出兵趣兵迎擊生擒二人云賈似道率兵救鄂事起倉卒皆非精銳遂命官取逃民棄糧聚之軍中爲攻取計戊午順天萬戶張柔兵至大將拔突兒等以舟師趣岳州遇宋將呂文德自重慶來拔都兒等迎戰文德乘夜入鄂城守愈堅冬十月辛未朔移駐烏龜山甲戌拔突兒還自岳十一月丙辰移駐牛頭山兀良合帶略地諸蠻由交趾歷邕桂抵潭州聞帝在鄂遣使來告時先朝諸臣阿藍荅兒渾都海脫火思脫里赤等謀立阿里不哥阿里不哥者睿宗第七子帝之弟也於是阿藍荅兒發兵於漠北諸部脫里赤括兵於漠南諸州而阿藍荅兒乘傳調兵去開平僅百餘里皇后聞之使人謂之曰發兵大事太祖皇帝曾孫眞金在此何故不令知之阿藍荅兒不能荅繼又聞脫里赤亦至燕后卽遣脫歡愛莫干馳至軍前密報請速還丁卯發牛頭山聲言趣臨安留大將拔突兒等帥諸軍圍鄂閏月庚午朔還駐青山磯辛未臨江岸遣張文謙還諭諸將曰遲六日當去鄂退保滸黃洲命文謙發降民二萬北歸宋賈似道遣宋京請和命趙璧等語之曰汝以生靈之故來請和好其意甚善然我奉命南征豈能中止果有事大之心當請於朝是日大軍北還己丑至燕脫里赤方括民兵民甚苦之帝詰其由托以憲宗臨終之命帝察其包藏禍心所集兵皆縱之人心大悅是冬駐燕京近郊

中統元年春三月戊辰朔車駕至開平親王合丹阿只吉率西道諸王塔察兒也先哥忽剌忽兒爪都率東道諸王皆來會與諸大臣勸進帝三讓諸王大臣固請辛卯帝卽皇帝位以禡禡趙璧董文炳爲燕京路宣慰使陝西宣撫使廉希憲言高麗國王嘗遣其世子倎入覲會憲宗將兵攻宋倎留三年不遣今聞其父已死若立倎遣歸國彼必懷德於我是不煩兵而得一國也帝是其言改館倎以兵衞送之仍赦其境內夏四月戊戌朔立中書省以王文統爲平章政事張文謙爲左丞以八春廉希憲商挺爲陝西四川等路宣撫使趙良弼參議司事粘合南合張啓元爲西京等處宣撫使己亥詔諭高麗國王王倎仍歸所俘民及其逃戶禁邊將勿擅掠辛丑以卽位詔天下詔曰朕惟祖宗肇造區宇奄有四方武功迭興文治多缺五十餘年於此矣蓋時有先後事有緩急天下大業非一聖一朝所能兼備也先皇帝卽位之初風飛雷厲將大有爲憂國愛民之心雖切於己尊賢使能之道未得其人方董夔門之師遽遺鼎湖之泣豈期遺恨竟勿克終肆予冲人渡江之後蓋將深入焉乃聞國中重以僉軍之擾黎民驚駭若不能一朝居者予爲此懼驛騎馳歸目前之急雖紓境外之兵未戢乃會羣議以集良規不意宗盟輒先推戴左右萬里名王巨臣不召而來者有之不謀而同者皆是咸謂國家之大統不可久曠神人之重寄不可暫虛求之今日太祖嫡孫之中先皇母弟之列以賢以長止予一人雖在征伐之間每存仁愛之念博施濟衆實可爲天下主天道助順人謨與能祖訓傳國大典於是乎在孰敢不從朕峻辭固讓至於再三祈懇益堅誓以死請於是俯徇輿情勉登大寶自惟寡昧屬時多艱若涉淵冰罔知攸濟爰當臨御之始宜新弘遠之規祖述變通正在今日務施實德不尚虛文雖承平未易遽臻而饑渴所當先務嗚呼曆數攸歸欽應上天之命勳親斯託敢忘烈祖之規體極建元與民更始朕所不逮更賴我遠近宗族中外文武同心協力獻可替否之助也誕告多方體予至意丁未以翰林侍讀學士郝經爲國信使翰林待制何源禮部郎中劉人傑副之使于宋丙辰收輯中外官吏宣劄牌面遣帖木兒李舜欽等行部考課各路諸色工匠置急遞鋪乙丑徵諸道兵六千五百人赴京師宿衞置互市于漣水軍禁私商不得越境犯者死是月阿里不哥僭號于和林城西按坦河召賈居貞張儆王煥完顏愈乘傳赴闕五月戊辰朔詔燕帖木兒忙古帶節度黃河以西諸軍丙戌建元中統詔曰祖宗以神武定四方淳德御羣下朝廷草創未遑潤色之文政事變通漸有綱維之目朕獲纘舊服載擴丕圖稽列聖之洪規講前代之定制建元表歲示人君萬世之傳紀時書王見天下一家之義法春秋之正始體大易之乾元炳煥皇猷權輿治道可自庚申年五月十九日建元爲中統元年惟卽位體元之始必立經陳紀爲先故內立都省以總宏綱外設總司以平庶政仍以興利除害之事補偏救弊之方隨詔以頒於戲秉籙握樞必因時而建號施仁發政期與物以更新敷宣懇惻之辭表著憂勞

之意凡在臣庶體予至懷詔安撫壽春府軍民甲午以阿里不哥反詔赦天下乙未立十路宣撫司以賽典赤李德輝爲燕京路宣撫使徐世隆副之宋子貞爲益都濟南等路宣撫使王磐副之河南路經略使史天澤爲河南宣撫使楊果爲北京等路宣撫使趙晒副之張德輝爲平陽太原路宣撫使謝瑄副之孛魯海牙劉肅並爲眞定路宣撫使姚樞爲東平路宣撫使張肅副之中書左丞張文謙爲大名彰德等路宣撫使游顯副之粘合南合爲西京路宣撫使崔巨濟副之廉希憲爲京兆等路宣撫使以汪惟正爲鞏昌等處便宜都總帥虎闌箕爲鞏昌路元帥詔諭成都路侍郎張威安撫元忠綿資邛彭等州西川潼川隆慶順慶等府及各處山砦歸附官吏皆給宣命金符有差詔平陽京兆兩路宣撫司僉兵七千人於延安等處守隘以萬戶鄭鼎昔剌忙古帶領之貧不能應役者官爲資給徵諸路兵三萬駐燕京近地命諸路市馬萬匹送開平府以總帥汪良臣統陝西漢軍於沿河守隘立望雲驛非軍事毋得輒入熒或入南斗留五十餘日六月戊戌詔燕京西京北京三路宣撫司運米十萬石輸開平府及撫州沙井靖州魚兒濼以備軍儲以李璮爲江淮大都督劉太平等謀反事覺伏誅并誅乞帶不花於東川明里火者於西川渾都海反乙巳李璮言獲宋諜者言賈似道調兵聲言攻漣州遣人覘之見許浦江口及射陽湖兵船二千艘宜繕理城塹以備罷阿藍帶兒所簽解鹽戶軍百人壬子詔陝西四川宣撫司八春節制諸軍乙卯詔東平路萬戶嚴忠濟等發精兵一萬五千人赴開平乙丑以石長不爲大理國總管佩虎符詔十路宣撫司造戰襖裘帽各以萬計輸開平是月召眞定劉郁邢州郝子明彰德胡祇遹燕京馮渭王光益楊恕李彥通趙和之東平韓文獻張昉等乘傳赴闕高麗國王王倎遣其子永安公僖判司宰事韓卽來賀卽位以國王封冊王印及虎符賜之秋七月戊辰敕燕京北京西京眞定平陽大名東平益都等路宣撫司造羊裘皮帽袴靴皆以萬計輸開平己巳以萬戶史天澤扈從先帝有功賜銀萬五千兩遣靈州種田民還京兆庚午賜山東行省大都督李璮金符二十銀符五俾給所部有功將士癸酉以燕京路宣慰使禡禡行中書省事燕京路宣慰使趙璧平章政事張啓元參知政事王鶚翰林學士承旨兼修國史河南路宣撫使史天澤兼江淮諸翼軍馬經略使丙子詔中書省給諸王塔察兒益都平州封邑歲賦金帛并以諸王白虎襲剌門所屬民戶人匠歲賦給之詔造中統元寶交鈔立互市于潁州漣水光化軍北京路都元帥阿海乞免所部軍士征徭從之宋兵攻邊城詔遣太尹怯烈忙古帶率所部合兵擊之下詔褒賞行省大都督李璮帝自將討阿里不哥勅劉天麟規措中都析津驛傳馬八月丙午授中書左丞行大名等路宣撫使張文謙虎符丁未詔都元帥紐璘所過毋擅捶掠官吏己酉立秦蜀行中書省以京兆等路宣撫使廉希憲爲中書省右丞行省事宋兵臨漣州李璮乞諸道援兵癸丑賜必闍赤塔剌渾銀二千五百兩李璮乞遣將益兵渡淮攻宋以方遣使修好不從癸亥澤州潞州旱民饑勅賑之九月丁卯帝在轉都兒哥之地以阿里不哥遣命下詔諭中外乙亥李璮復請攻宋復諭止之壬午初置拱衞儀仗是月阿藍荅兒率兵至西涼府與渾都海軍合詔諸王合丹合必赤與總帥汪良臣等率師討之丙戌大敗其軍于姑臧斬阿藍荅兒及渾都海西土悉平冬十月丁未李璮言宋兵復軍于漣州癸丑初行中統寶鈔戊午車駕駐昔光之地命給官錢雇在京橐駝運米萬石輸行在所十一月戊子發常平倉賑益都濟南濱棣饑民十二月丙申以禮部郎中孟甲禮部員外郎李文俊使安南大理乙巳李璮上將士功命璮以益都官銀賞之帝至自和林駐蹕燕京近郊始制祭享太廟祭器法服以梵僧八合思八爲帝師授以玉印統釋教立仙音院復改爲玉宸院括樂工立儀鳳司又立符寶局及御酒庫羣牧所升衞輝爲總管府賜親王穆哥銀二千五百兩諸王按只帶忽剌忽兒合丹忽剌出勝納合兒銀各五千兩文綺帛各三百匹金素半之諸王塔察阿木魯鈔各五十九錠有奇綿五千九十八斤絹五千九十八匹文綺三百匹金素半之海都銀八百三十三兩文綺五十匹金素半之覩兒赤也不干銀八百五十兩兀魯忽帶銀五千兩文綺三百匹金素半之只必帖木兒銀八百三十三兩爪都伯木兒銀五千兩文綺三百匹金素半之都魯牙忽銀八百三十三兩特賜綿五十斤阿只吉銀五千兩文綺三百金素半之先朝皇后帖古倫銀二千五百兩羅絨等折寶鈔二十三錠有奇皇后斡者思銀二千五百兩兀魯忽乃妃子銀五千兩自是歲以爲常

二年春正月辛未夜東北赤氣照人大如席乙酉宋兵圍漣州己丑李璮率將士迎戰敗之賜詔獎諭給金銀符以賞將士庚寅璮擅發兵修益都城塹二月丁酉太陰掩昴己亥宋兵攻漣水命阿术等帥兵赴之丙午車駕幸開平詔減免民間差發罷守隘諸軍秦蜀行省借民錢給軍以今年稅賦償之免平陽太原軍站戶重科租稅丁未詔行中書省平章禡禡及王文統等率各路宣撫使赴闕丁巳李璮破宋兵于沙湖堰三月壬戌朔日有食之夏四月丙午詔軍中所俘儒士聽贖爲民辛亥遣弓工往教鄯闡人爲弓乙卯詔十路宣撫使量免民間課程命宣撫司官勸農桑抑游惰禮高年問民疾苦舉文學才識可以從政及茂才異等列名上聞以聽擢用其職官污濫及民不孝悌者量輕重議罰辛酉詔太康弩軍二千八百人戍蔡州以禮部郎中劉芳使大理等國五月乙丑禁使臣毋入民家令止頓析津驛遣崔明道李全義爲詳問官詣宋淮東制司訪問國信使郝經等所在仍以稽留信使侵擾疆場詰之庚辰勅使臣及軍士所過城邑官給稟餼毋擾于民丁亥申嚴沿邊軍民越境私商之禁唐慶子政臣入見詔復其家弛諸路山澤之禁禁私殺馬牛申嚴越境私商販馬之者罪死以河南經略宣撫使史天澤爲中書右丞相河南軍民並聽節制詔成都路置惠民藥局遣王祐於西川等路採訪醫儒僧道六月癸巳括漏籍老幼等戶協濟編戶賦稅丙申賜新附人王顯忠王誼等衣物有差李璮遣人獻漣水捷罷諸路拘收孛蘭奚禁諸王擅遣使招民及徵私錢戊戌太陰犯角詔諭十路宣撫司并管民官定鹽酒稅課等法癸卯以嚴忠範爲東平路行軍萬戶兼管民總管仍諭東平路達魯花赤等官並聽節制詔定中外官所乘馬數各有差乙巳賑火少里驛戶之乏食者賞欽察所部將校有功者銀二千五百兩及幣帛有差己酉命竇默仍翰林侍講學士默與王鶚面論王文統不宜在相位薦許衡代之帝不懌而罷辛亥轉懿州米萬石賑親王塔察兒所部饑民賜親王合丹所部軍幣帛九百匹布千九百匹乙卯勅平陽路安邑縣蒲萄酒自今毋貢詔宣聖廟及管內書院有司歲時致祭月朔釋奠禁諸官員使臣軍馬毋得侵擾褻瀆違者加罪丙辰以汪良臣同簽鞏昌路便宜都總帥凡軍民官並聽良臣節制丁巳敕諸路造人馬甲及鐵裝具萬二千輸開平戊午詔毋收衞輝懷孟賦稅以償其所借芻粟庚申宋瀘州安撫使劉整舉城降以整行夔府路中書省兼安撫使佩虎符仍諭都元帥紐璘等使存恤其民賜故金翰林修撰魏璠謚靖肅秦蜀行省言青居山都元帥欽察等所部將校有功詔降虎符一金符五銀符五十七令行省銓定職名給之城臨洮陞眞定鼓城縣爲晉州以鼓城安平武强饒陽隸焉賜僧子聰懷孟邢州田各五十頃罷金銀銅鐵丹粉錫碌坑冶所役民夫及河南舞陽薑戶藤花戶還之州縣賜大理國主段實虎符優詔撫諭之命李璮領益都路鹽課出工局繡女聽其婚嫁懷孟廣濟渠提舉王允中大使楊端仁鑿沁河渠成溉田四百六十餘所高麗國王倎更名植遣其世子愖奉表來朝命宿衞將軍孛里察禮部郎中高逸民持詔往諭仍以玉帶賜之以不花爲中書右丞相耶律鑄爲中書左丞相張啓元爲中書右丞授管領崇慶府黎雅威茂邛灌七處軍民小太尉虎符秋七月辛酉朔立軍儲都轉運使司以馬月合乃爲使周鍇爲副使癸亥初立翰林國史院王鶚請修遼金二史又言唐太宗置弘文館宋太宗設內外學士院今宜除拜學士院官作養人才乞以右丞相史天澤監修國史左丞相耶律鑄平章政事王文統監修遼金史仍採訪遺事並從之賑和林饑民賞鞏昌路總帥汪惟正將校斬渾都海功銀二千五百兩馬價銀四千九百兩諸王昌童招河南漏籍戶五百命付之有司命總管王青製神臂弓柱子弓諭河南管軍官於近城地量存牧塲餘聽民耕巴思荅兒乞於高麗鴨綠江西立互市從之乙丑遣使持香幣祀嶽瀆丁丑渡江新附民留屯蔡州者徙居懷孟貸其種食以萬家奴爲安撫高麗軍民達魯花赤賜虎符庚辰西京宣德隕霜殺稼辛巳詔許衡即其家敎懷孟生徒命西京宣撫司造船備西夏漕運壬午遣納速剌丁孟甲等使安南乙酉以牛驛雨雪道途泥濘改立水驛己丑命鍊師王道婦於眞定築道觀賜名玉華諭將士舉兵攻宋詔曰朕卽位之後深以戢兵爲念故年前遣使於宋以通和好宋人不務遠圖伺我小隙反啓邊釁東剽西掠曾無寧日朕今春還宮諸大臣皆以舉兵南伐爲請朕重以兩國生靈之故猶待信使還歸庶有悛心以成和議留而不至者今又半載矣往來之禮遽絕侵擾之暴不已彼嘗以衣冠禮樂之國自居理當如是乎曲直之分灼然可見今遣王道貞往諭馬肥水陸分道而進以爲問罪之舉尚賴宗廟社稷之靈其克有勳卿等當宣布朕心明諭將士各當自勉毋替朕命鄂州青山磯滸黃洲所招新民遷至江北者設官領之勅懷孟牧地聽民耕墾八月壬辰賜故金補闕李大節謚貞肅丁酉命開平守臣釋奠于宣聖廟戊戌

以燕京等路宣撫使賽典赤爲平章政事勑以賀天爵爲金齒等國安撫使忽林伯副之仍招諭使安其民己亥諭武衛軍都指揮使李伯祐汰本軍疲老者選精銳代之給海青銀符一有奏馳驛以聞辛丑以宣撫使粘合南合爲中書右丞闊闊爲中書左丞賈文備爲開元女直水達達等處宣撫使賜虎符以宋降將王青爲總管教武衛軍習射乙巳禁以俘掠婦女爲娼丙午太白犯歲星以許衡爲國子祭酒丁未以姚樞爲大司農竇默仍翰林侍講學士先是以樞爲太子太師衡爲太子太傅默爲太子太保樞等以不敢當師傅禮皆辭不拜故復有是命初立勸農司以陳邃崔斌成仲寬粘合從中爲濱棣平陽濟南河間勸農使李士勉陳天錫陳膺武忙古帶爲邢洺河南東平涿州勸農使己酉命大名等路宣撫使歲給翰林侍講學士竇默太醫副使王安仁衣糧賜田以爲永業甲寅賞董文炳所將渡江及北征有功者二十二人銀各五十兩封順天等路萬戶張柔爲安肅公濟南路萬戶張榮爲濟南公陝西四川行省乞就決邊方重刑不允詔陝西四川行省存恤歸附軍民詔自今使臣有矯稱上命者有司不得聽受諸王后妃公主駙馬非聞奏不許擅取官物賜慶壽寺海雲寺陸地五百頃勑西京運糧于沙井北京運糧于魚兒泊立檀州驛頒斗斛權衡賑桓州饑民賜諸王塔察兒金千兩銀五千兩幣三百匹給阿石寒甲價銀千二百兩核實新增戶口措置諸路轉輸法命劉整招懷夔府嘉定等處民戶宋私商七十五人入宿州議置于法詔宥之還其貨聽榷場貿易仍檄宋邊將還北人之留南者九月庚申朔詔以忽突花宅爲中書省署奉遷祖宗神主于聖安寺癸亥邢州安撫使張耕告老詔以其子鵬翼代之武衛親軍都指揮使李伯祐董文炳言武衛軍疲老者乞補換仍存恤其家從之丙寅詔以粘合南合行中興府中書省戊辰大司農姚樞請以儒人楊庸教孔顏孟三氏子孫東平府詳議官王鏞兼充禮樂提舉詔以庸爲教授以鏞特兼太常少卿辛未以清滄鹽課銀償往歲所貸民錢給公費者罷和糴所于開平以戶部郎中宋紹祖爲提舉和糴官丙子諭諸王駙馬凡民間詞訟無得私自斷決皆聽朝廷處置河南民王四妻靳氏一產三男命有司量給贍養勑今歲田租輸沿河近倉官爲轉漕不可勞民癸未以甘肅等處新罹兵革民務農安業者爲戍兵所擾遣阿沙焦端義往撫治之以海青銀符二金符十給中書省量軍國事情緩急付乘驛者佩之以開元路隸北京宣撫司眞定路官民所貸官錢貧不能償詔免之王鶚請於各路選委博學老儒一人提舉本路學校特詔立諸路提舉學校官以王萬慶敬鉉等三十人充之勑燕京順天等路續製人甲五千馬甲及鐵裝具各二千冬十月庚寅朔詔鳳翔府種田戶隸平陽兵籍毋令出征務耕屯以給軍餉辛卯陝西四川行省上言軍務急速若待奏報恐失事機詔與都元帥紐璘會議行之遣道士訾洞春代祀東海廣德王廟壬辰敕火兒赤奴懷率所部略地淮西丁酉敕愛亦伯等及陝西宣撫司校覈不魯歡阿藍塔兒所貸官銀庚子以右丞張啓元行中書省於平陽太原等路括西京兩路官民有壯馬皆從軍令宣德州楊庭訓統之有力者自備甲仗無力者官與供給兩路奧魯官并在家軍人凡有馬者竝付新軍劉總管統領昂吉所管西夏軍并豐州蕁麻林夏水阿剌渾皆備鞍馬甲仗及孛魯歡所管兵凡從行者市馬給之竝令從軍違者以失悞軍期論修燕京舊城命平章政事趙璧左三部尚書怯烈門率蒙古漢軍駐燕京近郊太行一帶東至平灤西控關陝應有險阻於附近民內選諳武事者修立堡寨守禦以河南屯田萬戶史權爲江漢大都督依舊戍守又選銳卒三千付史樞管領於燕京近郊屯駐壬寅命亳州張柔歸德邸浹睢州王文幹水軍解成張榮實東平嚴忠嗣濟南張宏七萬戶以所部兵來會罷東平會計前任官侵用財賦甲辰宋兵攻瀘州劉整擊敗之詔賞整銀五千兩幣帛二千匹失里荅劉元振守禦有功各賞銀五百兩將士銀萬兩幣帛千匹乙巳詔指揮副使鄭江將千人赴開平指揮使董文炳率善射者千人由魚兒泊赴行在所指揮使李伯祐率餘兵屯潮河川壬子詔霍木海乞帶等自得勝口至中都預備糧餉芻粟丙辰詔平章政事塔察兒率軍士萬人由古北口西便道赴行在所十一月壬戌大兵與阿里不哥遇於昔木土腦兒之地諸王合丹等斬其將合丹火兒赤及其兵三千人塔察兒與合必赤等復分兵奮擊大破之追北五十餘里帝親率諸軍以躡其後其部將阿脫等降阿里不哥北遁庚午太陰犯昴壬申詔免今年賦稅癸酉駐蹕帖買和來之地以尚書怯烈門平章趙璧兼大都督率諸軍從塔察兒北上分蒙古軍爲二怯烈門從麥肖出居庸口駐宣德德興府訥懷從阿忽帶出古北口駐興州帝親將諸萬戶漢軍及武衛軍由檀順州駐潮河川敕官給芻糧毋擾居民罷十路宣撫司止存開元路命諸路市馬二萬五千餘匹授蒙古軍之無馬者丁丑徵諸路宣撫司官赴中都移蹕於速木合打之地詔漢軍屯懷來晉山鷹坊阿里沙及阿散兄弟二人以擅離扈從伏誅十二月庚寅詔封皇子眞金爲燕王領中書省事辛卯熒惑犯房壬辰熒惑犯鈎鈐癸巳以昌撫蓋利泊等處薦罹兵革免今歲租賦甲午師還詔撤所在戍兵放民間新簽軍命太常少卿王鏞教習大樂壬寅以隆寒命諸王合必赤所部軍士無行帳者聽舍民居命陝蜀行中書省給綏德州等處屯田牛種農具初立宮殿府秩正四品專職營繕立尚食局尚藥局初設控鶴五百四人以劉德爲軍使領之立異樣局達魯花赤掌御用織造秩正三品給銀印賜諸王金銀幣帛如歲例是歲天下戶一百四十一萬八千四百九十有九斷死罪四十六人

元史卷五

明翰林學士亞中大夫知制誥兼修國史宋　濂等修

本紀第五

世祖二

三年春正月癸亥修宣聖廟成庚午罷高麗互市諸王塔察兒請置鐵冶從之請立互市不從忽剌忽兒所部民饑罷上供羊命銀冶戶七百河南屯田戶百四十賦稅輸之州縣命匠戶爲軍者仍爲軍其軍官當考第富貧存恤無力者耶律鑄詣北京餉諸王軍仍遣宣撫使柴禎等增價糴米三萬石益之賜高麗國曆辛未禁諸道戍兵及勢家縱畜牧犯桑棗禾稼者癸酉以軍興人民勞苦勑停公私逋負毋徵癸未賜廣寧王爪都駝鈕金鍍銀印及諸王合必赤行軍印宋制置使賈似道以書誘總管張元等李璮獲其書上之丙戌命江漢大都督史權亳州萬戶張弘彥將兵八千赴燕備宮懸鍾磬樂舞簨簴凡用三百六十二人高麗遣使奉表來謝優詔荅之李璮質子彥簡逃歸二月丁亥朔元籍軍寫名爲民者命有司還正之括諸道逃亡軍己丑李璮反以漣海三城獻于宋盡殺蒙古戍軍引麾下趨益都前宣撫副使王磐脫身走至濟南驛召磐令姚樞問計磐對豎子狂妄即成擒耳帝然之庚寅宋兵攻新蔡辛卯始定中外官俸命大司農姚樞講定條格甲午李璮入益都發府庫犒其將校乙未詔諸道以今歲民賦市馬丙申郭守敬造寶山漏成徙至燕京以興松雲三州隸上都辛丑李璮遣騎寇蒲臺癸卯詔發兵討之以趙璧爲平章政事修深冀南宮棗強四城甲辰發諸蒙古漢軍討李璮命水軍萬戶解成張榮實大名萬戶王文幹及萬戶嚴忠範會東平濟南萬戶張宏歸德萬戶邸浹武衛軍礮手元帥薛軍勝等會濱棣詔濟南路軍民萬戶張宏濱棣路安撫使韓世安各修城塹盡發管內民爲兵以備召張柔及其子弘範率兵二千詣京師丙午命諸王合必赤總督諸軍以不只愛不干及趙璧行中書省事於山東宋子貞參議行中書省事以董源高逸民爲左右司郎中許便宜從事眞定順天河間平灤大名邢州河南諸路兵皆會濟南以中書左丞闊闊尚書怯烈門宣撫游顯行宣慰司於大名洺磁懷孟彰德衛輝河南東西兩路皆隸焉己酉王文統坐與李璮同謀伏誅仍詔諭中外王演等以妖言誅辛亥勑元帥阿海分兵戍平灤海口及東京廣寧懿州以餘兵詣京師詔諸道括逃軍還屯田嚴其禁壬子李璮據濟南癸丑詔大名洺磁彰德衛輝懷孟河南眞定邢州順天河間平灤諸路皆籍兵守城宋兵攻滕州丙辰詔拔都抹台將息州戍兵詣濟南移其民於蔡州東平萬戶嚴忠範留兵戍宿州及蘄縣以餘兵自隨三月戊午有旨非中書省文移及兵民官申省者不許入遞己未括木速蠻畏吾兒也里可溫荅失蠻等戶丁爲兵庚申括北京鷹坊等戶丁爲兵蠲其賦令趙炳將之辛酉宗拔突言河南有自願從軍者命即令將之遣鄭鼎贍思丁荅里帶三島行宣慰司事于平陽太原簽見任民官及捕鷹坊人匠等軍徙弘州錦工繡女于京師勑河東兩路元括金州兵付鄭鼎將之詔以平章政事禡禡廉希憲參政商挺斷事官麥肖行中書省于陝西四川獲私商南界者四十餘人命釋之勑燕京至濟南置海青驛凡八所壬申命戶部尚書劉肅專職鈔法平章政事賽典赤兼領之以撒吉思柴楨行宣慰司事于北京免今歲絲銀止輸田租癸酉命史樞阿朮各將兵赴濟南遇李璮軍邀擊大破之斬首四千璮退保濟南乙亥宋將夏貴攻符離戊寅萬戶韓世安率鎮撫馬興千戶張濟民大破李璮兵於高苑獲其權府傳珪賜濟民與金符詔以李璮兵敗諭諸路禁民間私藏軍器壬午始以畏吾字書給驛

璽書免西京今年絲銀稅甲申免高麗酒課乙酉宋夏貴攻蘄縣諭諸路管民官毋令軍馬使臣入州城村居鎮市擾及良民夏四月丙戌朔大軍樹柵鑿塹圍璮于濟南丁亥詔博興高苑等處軍民嘗爲李璮脅從者竝釋其罪庚寅命怯烈門安撫張耕分邢州戶隸兩荅剌罕辛卯修河中禹廟賜名建極宮壬辰以大梁府渠州路軍民總帥蒲元圭爲東夔路經略使丙申宋華路分湯太尉攻徐邳二州詔分張柔軍千人還戍亳州庚子江漢大都督史權以趙百戶挈衆逃歸斬之詔自今部曲犯重罪鞫問得實必先奏聞然後寘諸法詔安輯徐邳民禁征戍軍士及勢官毋縱畜牧傷其禾稼桑棗以米千石牛三百給西京蒙古戶癸卯宋兵攻亳州甲辰命行中書省宣慰司諸路達魯花赤管民官勸誘百姓開墾田土種植桑棗不得擅興不急之役妨奪農時乙巳以北京廣寧豪懿州軍興勞弊免今歲稅賦命諸路詳讞冤獄詔河東兩路并平陽太原路達魯花赤及兵民官撫安軍民各安生業毋失歲計丁未李璮遣柴牛兒招諭部民盧廣廣縛以獻殺之以廣權威州軍判兼捕盜官戊申賜諸王也相哥金印庚戌賜諸王合必赤金銀海青符各二免松州興州望雲州新舊差賦以望雲松山興州課程隸開平府壬子勅非軍情毋行馹驛乙卯河南路王鎔子張無僧杜信等謀爲不軌竝伏誅詔右丞相史天澤專征諸將皆受節度五月戊午蘄縣陷權萬戶李義千戶張好古死之庚申築環城圍濟南璮不復得出詔撒吉思安撫益都路百姓各務農功仍禁蒙古漢軍剽掠癸亥史權妄奏徐邳總管李杲哥完復邳州城詔由杲哥以下竝原其罪時宋將夏貴攻邳州杲哥出降貴既去杲哥自陳能保全州城史權以聞故有是命甲子宋兵攻利津縣蠲濱棣今歲田租之半東平蠲十之三自燕至開平立牛驛給鈔市車牛戊辰以右丞相忽魯不花兼中書省都斷事官賜虎符眞定順天邢州蝗以平章政事賽典赤兼領工部及諸路工作以孟烈所獻蹶張弩藏于中都丙子晉山至望雲立海青驛丁丑李杲哥等伏誅命史天澤選考徐邳總管甲申眞定路不眼里海牙擅殺造僞鈔者三人詔詰其違制之罪西京宣德威寧龍門霜天順平陽河南眞定雨雹東平濱棣旱詔覈實逃戶輸納絲銀稅租戶口增者賞之隱匿者罪之逃民苟免差稅重加之罪大司農姚樞辭赴省議事帝勉留之命樞與左三部尚書劉肅依前商議中書省事六月乙酉朔宋兵攻滄州雅州瀘山民既降復叛命誅其首亂者七人餘令安業割遼河以東隸開元路戊子濱棣安撫使韓安世敗宋兵于濱州丁河口己丑遣塔察兒帥兵擊宋軍仍安諭瀕海軍民乙未禁女直侵軼高麗國民其使臣往還官爲護送命婆娑府屯田軍移駐鴨綠江之西以防海道丙申高麗國王王植遣使來貢壬寅陝西行省言西京宣德太原匠軍困乏乞以民代之有旨軍籍已定不宜動搖宜令貧富相資果甚貧者令休息一歲癸卯太原總管李毅奴哥達魯花赤戴曲薛等領李璮僞檄傳行旁郡事覺誅之勅武寧軍歲輸所產鐵河西民及諸王忽撒吉所部軍士乏食給鈔賑之壬子申嚴軍官及兵伍擾民之禁癸丑立小峪蘆子寧武軍赤泥泉鐵冶四所東平嚴忠濟向爲民貸錢輸賦四十三萬七千四百定借用課程鈔本鹽課銀萬五千餘兩詔勿徵秋七月戊午復蒙古軍站戶差賦農民包銀徵其半俘戶止令輸絲民當輸賦之月毋徵私債勅私市金銀應支錢物止以鈔爲准丙寅賜夔州路行省楊大淵金符十銀符十九賞麾下將士別給海青符二事有急速馳以上聞立槍杆嶺驛以便轉輸癸酉甘州饑給銀以賑之甲戌李璮窮蹙入大明湖投水中不即死獲之併蒙古軍囊家伏誅體解以徇戊寅以夔府行省劉整行中書省於成都潼川兩路仍賜銀萬兩分給軍士之失業者八月己丑郭守敬請開玉泉水以通漕運廣濟河渠司王允中請開邢洺等處漳滏澧河達泉以溉民田竝從之甲午博都歡等奏請以宣德州德興府等處銀冶付其匠戶歲取銀及石綠丹粉輸官從之丙午立諸路醫學教授戊申勅王鶚集廷臣商榷史事鶚等乞以先朝事蹟錄付史館河間平灤廣寧西京宣德北京隕霜害稼九月戊午亳州萬戶張弘略破宋兵于蘄縣復宿蘄二城以侍衞親軍都指揮使董文炳兼山東路經略使收集益都舊軍充武衞軍戍南邊詔益都行省大都督撒吉思與董文炳會議兵民籍每十戶惟取其二充武衞軍其海州東海漣水移入益都者亦隸本衞己未罷霸州海青驛安南國陳光昞遣使貢方物壬戌改邢州爲順德府立安撫司洺磁威三州隸焉聽太原民食小鹽歲輸銀七千五百兩己巳以馬月合乃餉軍功授禮部尚書賜金符壬申授安南國王陳光昞及達魯花赤訥剌丁虎符勅濟南宮吏凡軍民公私逋負權閣毋徵癸酉都元帥闊闊帶卒于軍以其兄阿术代之授虎符將南邊蒙古漢軍閏月甲申朔沙肅二州乏食給米鈔賑之丁亥立古北口驛己丑濟南民饑免其賦稅免諸路軍戶他徭庚寅勅京師順州至開平置六驛辛卯嚴忠範奏請補東平路廟學太常樂工從之勅武衞軍及黑軍會于京師庚子中翼千戶九住破宋兵于虎腦山庚戌發粟三十萬賑濟南饑民冬十月丙辰放金州所屯軍士二千人及大明河南新簽防城軍爲民庚申分益都軍民爲二董文炳領軍撒吉思治民禁諸王使臣師旅敢有恃勢擾民者所在執以聞詔以李璮所掠民馬還其主以郝經劉人傑使宋未還廩其家中書省奏與宋互市庶止私商及復逋民之陷于宋者且覘漣海二州不允以劉人傑不附李璮擢益都路總管仍以金帛賜之壬戌授益都行中書省都督府所統州郡官金符十七銀符十一乙丑詔禁京畿畋獵丙寅分東西兩川都元帥府爲二以帖的及劉整等爲都元帥及左右副都元帥詔責高麗欺慢之罪又詔賜高麗王植曆以戰功賞渠州達魯花赤王章等金五十兩銀一千五百五十兩賞閬蓬等路都元帥合州戰功銀五千兩丁卯詔鳳翔府屯田軍隸兵籍仍屯田鳳翔放刁國器所簽平陽軍九百一十五人爲民閬蓬廣安順慶夔府等路都元帥欽察戍青居山請益兵詔陝西行省及鞏昌總帥汪惟正以兵益之戊辰楊大淵乞於利州大安軍以鹽易軍糧從之庚午勅鞏昌總帥汪惟正將戍青居軍還屯田利州乙亥分中書左右部丁丑勅宿州百戶王達等所擒宋王用夏珍等八人赴京師命百家奴所將質子軍入侍戊寅命不里剌所統固安平灤質子軍自益都從還故地詔益都府路官吏軍民爲李璮脅從者竝赦其罪勅萬戶嚴忠範修復宿州蘄縣萬戶忽都虎懷都何總管修完邳州城郭十一月乙酉太白犯鈎鈐丁亥勅聖安寺作佛頂金輪會長春宮設金籙周天醮辛丑日有背氣重暈三珥敕濟南人民爲李璮裨校掠取財物者詣都督撒吉思所訟之眞定民郝興讐殺馬忠忠子榮受興銀令興代其軍役中書省以榮納賂忘讐無人子之道杖之沒其銀事聞詔論如法有司失出之罪俾中書省議之三叉沽竈戶經宋兵焚掠免今年租賦汰少府監工匠存其良者千二百戶遣官審理陝西重刑獄河西民徙居應州其不能自贍者百六十戶給牛具及粟麥種仍賜布人二匹乙巳詔都元帥阿术分兵三千人同阿鮮不花懷都兵馬復立宿州蘄縣邳州有旨諭史天澤朕或乘怒欲有所誅殺卿等宜遲留一二日覆奏行之丙午詔特徵人員宜令乘傳戊申陞撫州爲隆興府以昔剌斡脫爲總管割宣德之懷安天成及威寧高原隸焉十二月甲寅封皇子眞金爲燕王守中書令丙辰敕諸王塔察兒等所部獵戶止收包銀其絲稅輸之有司立河南山東統軍司以塔剌渾火兒赤爲河南路統軍使盧昇副之東距亳州西至均州諸萬戶隸焉茶不花爲山東路統軍使武秀副之西自宿州東至寧海州諸萬戶隸焉罷各路急遞鋪丁巳立十路宣慰司以眞定路達魯花赤趙瑨等爲之己未犯罪應死者五十三人詔重加詳讞辛酉詔給懷州新民耕牛二百俾種水田立諸路轉運司以燕京路監榷官曹澤等爲之使癸亥享太廟詔各路總管兼萬戶者止理民事軍政勿預其州縣官兼千戶百戶者仍其舊乙丑復立息州城以安其民召眞定順德等路宣慰使王磐乘傳赴京師丙寅申嚴屠殺牛馬之禁己巳詔諸路管民總管子弟有分管州府司縣及鷹坊人匠諸色事務者罷之壬申遣使收輯諸路軍民官海青牌及驛券戊寅詔諸路管民官理民事管軍官掌兵戎各有所司不相統攝作佛事於昊天寺七晝夜賜銀萬五千兩割北京興州隸開平府建行宮于興隆路陞太原臨泉縣爲臨州降寧陵爲下縣仍隸歸德賜諸王金銀幣帛如歲例是歲天下戶一百四十七萬六千一百四十六斷死罪六十六人

四年春正月乙酉禁蒙古軍馬擾民宋賈似道遣楊琳齎空名告身及蠟書金幣誘大獲山楊大淵南歸大淵部將執琳詔誅之以宋忽兒滅里及沙只回回鷹坊等兵戍商州藍田諸隘軍民官各從統軍司及宣慰司選舉岳天輔乞復立息州不允丙戌以姚樞爲中書左丞改諸路監榷課稅所爲轉運司甲午給公主拜忽符印其所屬設達魯花赤給鈔賑益都路貧民之無牛者立十路奧魯總管丁酉益都路行省大都督撒吉思上李璮所傷漣水軍民及陷宋蒙古女直探馬赤軍數男女凡七千九百二十二人癸卯領部阿合馬請興河南等處鐵冶及設東平等路巡禁私鹽軍從之召商挺趙良弼赴闕乙巳敕李平陽以所部西川出征軍士戍青居山其各翼軍在青居山者悉還成都詔陝西行省塔剌海等收恤離散軍戶詔以諸路漢軍奧魯毋隸各萬戶管領其科徵差稅山東河南隸統軍司東西兩川隸征東元帥府陝西隸行戶部凡奧魯官內有各萬戶弟男及私人皆罷之敕總帥汪忠臣都元帥帖的及劉整等益兵付都元帥欽察戍青居山仍以解州鹽課給軍糧

丙午，詔諸翼萬戶簡精兵四千充武衛軍。罷古北口新置驛。增萬戶府監戰一員、叅議一員。以馬合麻所俘濟南老僧口之民文面爲奴者付元籍爲民。汪忠臣、史權械繫宋諜者六人至京師，有旨釋之。辛亥，申禁民家兵器及蒙古軍擾民者。陵州達魯花赤蒙哥戰死濟南，以其子忙兀帶襲職。召雲頂山侍郎張威赴闕。二月壬子朔，命河東宣慰司市馬百二十九匹賜諸王八剌軍士之無馬者。甲寅，詔諸路官員子弟入質。以高麗不荅詔書，詰其使者。以民杜了翁先朝舊功，復其家。庚申，賞萬戶怯來所部將士討李璮有功者銀二千七百五十兩。甲子，車駕幸開平。以王德素充國信使，劉公諒副之，使于宋，致書宋主，詰其稽留郝經之故。詔諸路置局造軍器，私造者處死，民間所有不輸官者與私造同。三月戊子，沂州胡節使、范同知陷于宋，命存恤其家。或言其嘗爲宋兵嚮導，乃分其妻孥資產賜有功將士。辛卯，敕撒吉思招集益都逃民。命董文炳以所獲宋諜及俘八十一人赴隆興府。聽諸路獵戶及捕盜巡鹽者執弓矢。壬辰，遣扎馬剌丁和糴東京。己亥，諸路包銀以鈔輸納，其絲料入本色，非產絲之地亦聽以鈔輸入。凡當差戶包銀鈔四兩，每十戶輸絲十四斤，漏籍老幼鈔三兩、絲一斤。庚子，亦黑迭兒丁請修瓊華島，不從。壬寅，闕東蒙古漢軍官未經訓敕者，令各乘傳赴開平。癸卯，初建太廟。乙巳，賜迭怯那延等銀七千九十兩。命北京元帥阿海發漢軍二千人赴開平。己酉，高麗國王王植遣其臣朱英亮入貢，上表謝恩。復立宿州。夏四月庚戌朔，以漏籍戶一萬一千八百、附籍戶四千三百於各處起冶，歲課鐵四百八十萬七千斤。癸丑，選益都兵千人充武衛軍。甲寅，償河西阿沙賑贍所部貧民銀三千七百兩。己未，以完顏端田宅賜益都千戶傳國忠。國忠父天祐爲端所殺，故命以其田宅賜之。宣德至開平置驛。罷開元路宣慰司。丙寅，西京武州隕霜殺稼。戊寅，召竇默、許衡乘驛赴開平。諸王阿只吉所部貧民遠徙者，賜以馬牛車幣。以東平爲軍行蹂踐，賑給之。改滄清深鹽提領所爲轉運司。王鶚請延訪太祖事蹟付史館。五月癸未，詔北京運米五千石赴開平，其車牛之費竝從官給。乙酉，初立樞密院，以皇子燕王守中書令，兼判樞密院事。戊子，陞開平府爲上都，其達魯花赤兀良吉爲上都路達魯花赤，總管董銓爲上都路總管兼開平府尹。辛卯，詔立燕京平準庫，以均平物價，通利鈔法。乙未，敕商州民就戍本州，毋禁弓矢。丙申，立上都馬步驛。丁酉，以元帥楊大淵、張大悅復神山有功，降詔獎諭。戊戌，以禮部尚書馬月合乃兼領潁州、光化互市，及領已括戶三千，興煽鐵冶，歲輸鐵一百三萬七千斤，就鑄農器二十萬事，易粟四萬石輸官。河南隨處城邑市鐵之家，令仍舊鼓鑄。庚子，河南路總管劉克興矯制括戶，罷其職，籍家貲之半。陞上都路望雲縣爲雲州，松山縣爲松州。賞前討渾都海戰功撒里都、闊闊出等鈔二千一百七十四錠、幣帛一千四百二十匹。六月壬子，河間、益都、燕京、眞定、東平諸路蝗。乙卯，以管民官兼統懷孟等軍。俺撒戰歿汴梁，命其子忙兀帶爲萬戶，佩金符。戊午，賜線眞田戶六百。己未，賜高麗國王王植羊五百。癸酉，賜拜忽公主所部鈔千錠。立上都惠民藥局。建帝堯廟於平陽，仍賜田十五頃。以線眞爲中書右丞相，塔察兒爲中書左丞相。秋七月癸未，詔諸投下毋擅勾攝燕京路州縣官吏。乙酉，禁野狐嶺行營民毋入南北口縱畜牧損踐桑稼。給公主拜忽銀五萬兩，合剌合納銀千兩。乙未，以故東平權萬戶呂義死王事，賜謚貞節。戊戌，詔弛河南沿邊軍器之禁。陞燕京屬縣安次爲東安州，固安爲固安州。河南統軍司言屯田民爲保甲丁壯射生軍凡三千四百人，分戍沿邊州郡，乞蠲他徭，從之。庚子，詔賜諸王瓜都牛馬價銀六萬三千一百兩。壬寅，詔禁益都路探馬赤擾民。以成都經略司隸西川行院。禁蒙古漢軍諸人煎販私鹽。詔山東經略司徙膠萊莒密之民及竈戶居內地，中書省臣以妨煮鹽爲言，遂令統軍司完復邊戍，居民竈戶毋徙。詔阿朮戒蒙古軍不得以民田爲牧地。燕京、河間、開平、隆興四路屬縣雨雹害稼。八月戊申朔，詔霍木海總管諸路驛，佩金符。辛亥，置元帥府于大理。詔東平、大名、河南宣慰司市馬千五百五十匹給阿朮等軍。陞宣德州爲宣德府，隸上都。以淄萊登三州爲總管府，治淄州。命昔撒昔總制鬼國、大理兩路。兵部郎中劉芳前使大理，至吐蕃遇害，命恤其家。壬子，命中書省給北京、西京轉運司車牛價鈔。彰德路及洺磁二州旱，免彰德今歲田租之半，洺磁十之六。冀州蒙古百戶阿昔等犯鹽禁，沒入馬百二十餘匹，以給軍士之無馬者。甲寅，命成都路運米萬石餉潼川。給鈔付劉整市牛屯田。分劉元禮等軍戍潼川，命按敦將之。丙辰，詔以成都路綿州隸潼川。戊午，以阿脫、商挺行樞密院於成都，凡成都、順慶、潼川都元帥府竝聽節制。庚申，以史天倪前爲武僊所殺，以武僊第賜其子楫。癸亥，敕京兆路給賜劉整第一區、田二十頃。以夢八剌所部貧乏，賜銀七千五百兩給之。甲子，以西涼經兵，居民困弊，給鈔賑之，仍免租賦三年。敕諸臣傳旨有疑者須覆奏。丙寅，以諸王只必帖木兒部民困乏，賜銀二萬兩給之。壬申，復置急遞鋪。濱棣二州蝗。眞定路旱。詔西涼流民復業者復其家三年。車駕至自上都。九月壬午，河南、大名兩道宣慰司所獲宋諜王立、張達、刁俊等十八人遇赦釋免，給衣服遣還。乙酉，立漕運河渠司。己丑，賜諸王阿只吉所部種食牛具。庚寅，諭高麗、上京等處毋重科歛民。招諭濟南、濱棣流民。遣使徵諸路賦稅錢帛。民間所賣布帛有疎薄狹短者，禁之。冬十月戊午，初置隆興路驛。十一月甲申，詔以歲不登，量減阿速、怯烈各軍行餉。東平、大名等路旱，量減今歲田租。丙戌，享于太廟，以合丹、塔察兒、王磐、張文謙行事。高麗國王王植以免置驛、籍民等事，遣其臣韓就奉表來謝，賜中統五年曆幷蜀錦一，仍命植入朝。立御衣、尚食二局。十二月丁未朔，以鳳翔屯軍、汪惟正青居等軍、刁國器平陽軍，令益都元帥欽察統之，戍虎嘯寨。甲戌，敕駙馬愛不花蒲萄戶依民例輸賦。也里可溫、荅失蠻、僧、道種田入租，貿易輸稅。丙子，賜諸王金銀幣帛如歲例。是歲，天下戶一百五十七萬九千一百一十，賦絲七十萬六千四百一斤，鈔四萬九千四百八十七錠，斷死罪七人。

至元元年春正月丁丑朔，高麗國王王植遣使奉表來賀。壬午，敕諸路宣慰司非奉旨無輒入覲。以千戶張好古歿王事，命其弟好義、好禮竝襲職爲千戶。癸巳，以益都武衛軍千人屯田燕京，官給牛具。以鄧州保甲軍二千三百二十九戶隸統軍司。戊戌，楊大淵進花羅、紅邊絹各百五十段，優詔諭之。己亥，立諸路平準庫。癸亥，命諸王位下工匠已籍爲民者，竝徵差賦；儒、釋、道、也里可溫、達失蠻等戶，舊免租稅，今竝徵之；其蒙古漢軍站戶所輸租減半。西北諸王率部民來歸，敕北京、西京宣慰司、隆興總管府和糴以備糧餉。築冷水河城，命千戶土虎等戍之。罷南邊互市。申嚴持軍器、販馬越境私商之禁。二月辛亥，賀禍等六人告平陽、太原漏籍戶，詔賞以官，廷臣以非材對，給鈔與之。勅選儒士編修國史，譯寫經書，起館舍，給俸以贍之。壬子，修瓊花島。發北京都元帥阿海所領軍疏雙塔漕渠。甲寅，以故亳州千戶邸閭陷于宋，命其子榮祖襲職。丙辰，罷陝西行戶部。丁卯，太陰犯南斗。癸酉，車駕幸上都。詔諸路總管史權等二十三人赴上都大朝會。弛邊城軍器之禁。三月庚辰，設周天醮于長春宮。己亥，命尚書宋子貞陳時事，子貞條具以聞，詔獎諭，命中書省議行之。辛丑，詔四川行院命阿脫專掌軍政，其刑名錢穀商挺任之。立漕運司，以王光益爲使。夏四月戊申，以彰德、洺磁路引漳、滏、洹水灌田，致御河淺澀，鹽運不通，塞分渠以復水勢。辛亥，太陰犯軒轅御女星。壬子，東平、太原、平陽旱，分遣西僧祈雨。己卯，詔高麗國王王植來朝上都，修世見之禮。辛酉，以四川茶、鹽、商、酒、竹課充軍糧。楊大淵以部將王仲得宋將昝萬壽書，殺之。詔以其事未經鞫問，或墮宋人行間之計，豈宜輒施刑戮，詰責大淵，仍存恤仲家。御苑官南家帶請修駐蹕涼樓，幷廣牧地，詔涼樓俟農隙，牧地分給農之無田者。丁卯，追治李璮逆黨萬戶張邦直兄弟及姜郁、李在等二十七人罪。戊辰，給新附戍軍糧餉。高麗國王王植遣其臣金祿來貢。五月乙亥，詔遣唆脫顏、郭守敬行視西夏河渠，俾具圖來上。庚辰，勅劒州守將分軍守劒門，置驛於人頭山。丙戌，太陰犯房。丁亥，釋宋私商五十七人，給糧遣歸其國。己丑，以平陰縣尹馬欽發私粟六百石贍饑民，又給民粟種四百餘石，詔獎諭，特賜西錦五端，以旌其義。乙未，初置四川急遞鋪。丙申，賜諸王欽察銀萬兩，濟其所部貧乏者。己亥，太陰犯昴。以中書右丞粘合南合爲平章政事。邛部川六番安撫招討使都王明亞爲鄰國建都所殺，敕其子伯佗襲職，賜金符。六月乙巳，召王鶚、姚樞赴上都。宋制置夏貴率兵欲攻虎嘯山，敕以萬戶石抹糺札剌一軍益欽察戍之。戊申，高麗國王王植來朝。秋七月甲戌，彗星出輿鬼，昏見西北，貫上台，掃紫微、文昌及北斗，旦見東北，凡四十餘日。以阿合馬言，益解州鹽課，均賦諸色僧道軍匠等戶，其太原小鹽聽從民便。癸未，改新鳳州爲徽州。以西番十八族部立安西州，行安撫司事。丁亥，諸王算吉所部營帳軍民被火，發粟賑之。庚寅，給諸王也速不花印。壬辰，特詔諭鞏昌路總帥汪惟正，勞勉之，賜元寶交鈔三萬貫，仍戍青居。賜諸王玉龍荅失印，仍以先朝獵戶賜之。丁酉，龍門禹廟成，命侍臣阿合脫因代祀。己亥，定用御寶制：凡宣命，一品二品用玉，三品至五品用金；其文曰「皇帝行寶」者，卽位時所鑄，惟用之詔誥，別鑄宣命金寶行之。庚子，阿里不哥自昔木土之敗，不復能軍，至是與諸王玉龍荅失、阿速帶、昔里給，其所謀臣不魯花、忽察、禿滿、阿里察、脫忽思等來歸。詔諸王皆太祖之裔，竝釋不問，其謀臣不魯花等皆伏誅。八月壬寅朔，陝西行省臣上言：「川蜀戍兵軍需，請令奥魯官徵入官庫，移文於近戍官司依數取之。宋新附民宜撥地土衣糧給其牛種仍禁邊將分匿人口商州險要乞增戍兵陝西獵戶移隸商州河西鳳翔屯田軍還戍興元四川各翼軍有地者徵其稅給無田者糧皆從之甲辰詔秦蜀行省發銀二十五萬兩給沿邊歲用乙巳立諸路行中書省以中書左丞相耶律鑄參知政事張惠等行省事詔新立條格省併州縣定官吏員數分品從官職給俸祿頒公田計月日以考殿最均賦役招流移禁勿擅用官物勿以官物進獻勿借易官錢勿擅科差役凡軍馬不得停泊村坊詞訟不得隔越陳訴恤鰥寡勸農桑驗雨澤平物價具盜賊囚徒起數月申省部又頒陝西四川西夏中興北京三處行中書省條格立諸王使臣驛傳稅賦差發不許擅招民戶不得以銀與非投下人爲斡脫禁口傳敕旨及追呼省臣官屬詔蒙古戶種田有馬牛羊之家其糧住支無田者仍給之庚戌命燕王署敕諸王設僚屬及說書官諸站戶限田四頃免稅供驛馬及祇應命各路總管府兼領其事癸丑命僧子聰同議樞密院事詔子聰復其姓劉氏易名秉忠拜太保參領中書省事乙卯詔改燕京爲中都其大興府仍舊增都省參佐掾史月俸丙辰劉秉忠王鶚張文謙商挺言燕王既署相銜宜於省中別置幕位每月一再至判署朝政其說書官皇子忙安以李槃爲之南木合以高道爲之丁巳以改元大赦天下詔曰應天者惟以至誠拯民者莫如實惠朕以菲德獲承慶基內難未戡外兵未戢夫豈一日于今五年賴天地之畀矜暨祖宗之垂裕凡我同氣會於上都雖此日之小康敢朕心之少肆比者星芒示儆雨澤愆常皆闕政之所繇顧斯民之何罪宜布惟新之令溥施在宥之仁據不魯花忽察禿滿阿里察脫火思輩構禍我家照依太祖皇帝扎撒正典刑訖可大赦天下改中統五年爲至元元年於戲否往泰來迓續亨嘉之會鼎新革故正資輔弼之良咨爾臣民體予至意戊午給益都武衛軍千人冬衣己未鳳翔府龍泉寺僧超過等謀亂遇赦沒其財隸管京兆僧司同謀蘇德貴令從軍自効發萬戶石抹糺扎剌所部千人赴商州屯田亳州軍六百八人及河南府軍六十人助欽察戍青居敕山東經略副使武秀選益都新軍千人充武衛軍赴中都城郯以沂州監戰塔思萬戶孟義所部兵戍之太原路總管攸忙兀帶坐藏甲匿戶罷職爲民九月壬申朔立翰林國史院以改元詔諭高麗國并赦其境內辛巳車駕至自上都庚寅益都毛璋謀逆二子及其黨崔成竝伏誅籍其家貲賜行省撒吉思冬十月壬寅朔高麗國王王植來朝乙巳禁上都畿內捕獵庚戌有事于太廟壬子恩州歷亭縣進嘉禾一莖五穗戊辰改武衛軍爲侍衛親軍十一月丙子詔宋人歸順及北人陷沒來歸者皆月給糧食辛巳征骨嵬先是吉里迷內附言其國東有骨嵬亦里于兩部歲來侵疆故往征之乙丑以至元二年曆日賜高麗國王王植禁登州和州等處并女直人入高麗界剽掠辛卯召衞州太一五代度師李居素赴闕壬辰罷領中書左右部併入中書省以領中書省左右部兼諸路都轉運使知太府監事阿合馬爲平章政事領中書省左右部兼諸路都轉運使阿里爲中書右丞丁酉太原路臨州進嘉禾二莖以元帥按敦劉整劉元禮欽察等將士獲功賞賚有差十二月乙巳罷各投下達魯花赤定中外百官儀從丁未敕遣宋諜者四人還其國戊午賞拔都軍人銀五十萬兩甲子太陰犯房乙丑以王鑑昔使大理沒於王事其子天赦不能自存優恤之丁卯敕鄧州沿邊增立茉英常平建陵季陽四堡戊辰命選善水者一人沿黃河計水程達東勝可通漕運馳驛以聞庚午詔罷樞密院斷事官及各路奧魯官令總管府兼總押所始罷諸侯世守立遷轉法是歲眞定順天洺磁順德大名東平曹濮州泰安高唐濟州博州德州濟南濱棣淄萊河間大水賜諸王金銀幣帛如歲例戶一百五十八萬八千一百九十五斷死罪七十三人

元史卷六

明翰林學士亞中大夫知制誥兼修國史宋　濂等修

本紀第六

世祖三

二年春正月辛未朔日有食之癸酉山東廉訪使言眞定路總管張宏前在濟南乘變盜用官物詔以宏嘗告李璮反免宏死罪罷其職徵贓物償官邳州萬戶張邦直等違制販馬竝處死敕徙鎭海百里八謙謙州諸色匠戶於中都給銀萬五千兩爲行費又徙奴懷忒木帶兒礮手人匠八百名赴中都造船運糧己卯北京路行省給札剌赤戶東徙行糧萬石以鄧州監戰訥懷新舊軍萬戶董文炳竝爲河南副統軍甲申詔申嚴越界販馬之禁違者處死乙酉以河南北荒田分給蒙古軍耕種戊子諸王塔察兒使臣闊闊出至北京花道驛手殺驛吏郝用郭和尚有旨徵鈔十錠給其主贖死庚寅城西番匣答路癸巳八東乞兒部牙西來朝貢銀鼠皮二千賜金素幣各九帛十有八武城縣王氏妻崔一產三男丁酉給親王玉龍答失部民糧二千石高麗國王王植遣其弟公淐奉表來貢二月辛丑朔元帥按東與宋兵戰于釣魚山敗之獲戰艦百四十六艘甲辰初立宮闈局戊申賜親王兀魯帶河間王印給所部米千石丁巳車駕幸上都癸亥并六部爲四以麥朮丁爲吏禮部尚書馬亨戶部尚書嚴忠範兵刑部尚書別魯丁工部尚書禁山東東路私煎硝鹻甲子以蒙古人充各路達魯花赤漢人充總管回回人充同知永爲定制以同知東平路宣慰使寶合丁爲平章政事山東廉訪使王晉爲參知政事廉希憲商挺罷詔併諸王只必帖木兒所設管民官屬詔諭總統所僧人通五大部經者爲中選以有德業者爲州郡僧錄判正副都綱等官仍於各路設三學講三禪會三月癸酉骨嵬國人襲殺吉里迷部兵敕以官粟及弓甲給之丁亥敕邊軍習水戰屯田誅宋諜李富住乙未罷南北互市括民間南貨官給其直遼東饑發粟萬石鈔百定賑之夏四月戊午賜諸王合必赤亦怯烈金素幣各四拜行金幣一五月壬午賞萬戶晃里荅兒所部征吐蕃功銀四百五十兩戊子禁北京平灤等處人捕獵庚寅令軍中犯法不得擅自誅戮罪輕斷遣重者聞奏敕上都商稅酒醋諸課毋徵其榷鹽仍舊諸人自願徙居永業者復其家詔西川山東南京等路戍邊軍屯田閏五月癸卯升脩縣爲景州辛亥檢覈諸王兀魯帶部民貧無孳畜者三萬七百二十四人人月給米二斗五升四閱月而止丙辰雅州碉門宣撫使請復碉門城邑詔相度之癸亥移秦蜀行省於興元丙寅命四川行院分兵屯田丁卯分四親王南京屬州鄭州隸合丹鈞州隸明里睢州隸孛羅赤蔡州隸海都他屬縣復還朝廷以平章政事趙璧行省于南京河南府大名順德洺磁彰德懷孟等路平章政事廉希憲行省事于東平濟南益都淄萊等路中書左丞姚樞行省事于西京平陽太原等路詔諸路州府若自古名郡戶數繁庶且當衝要者不須改併其戶不滿千者可併則併之各投下者併入所隸州城其散府州郡戶少者不須更設錄事司及司候司附郭縣止令州府官兼領括諸路未占籍戶任差職者以聞六月戊申朔新得州安撫向良言領以全城內附元領軍民流散南界者多欲歸順並乞招徠從之又敕良以所領新降軍民務成通江縣行新得州事辛未賜阿朮所部馬價鈔一千二十三錠有奇丙子太陰犯心大星戊寅移山東統軍司於沂州萬戶重喜立十字路復正陽命禿剌戍之己卯以淇州隸懷孟路高麗國王王植遣其臣榮脩伯奉表來賀聖誕節千戶闊闊出部民乏食賜鈔賑之王晉罷樞密院臣言各路出征逃亡漢軍及貧難未起戶并投下隱匿事故者宜一槩發遣應役從之敕行院及諸軍將校卒伍須正身應役違者罪之秋七月辛酉益都大蝗饑命減價糶官粟以賑癸亥安南國王陳光昞遣使奉表來貢甲子詔賜光昞至元三年曆八月丙子濟南路鄒平縣進芝草一本戊寅高麗國王王植遣使來貢方物己卯諸宰職皆罷以安童爲中書右丞相伯顏爲中書左丞相戊子召許衡於懷孟楊誠於益都車駕至自上都九月戊戌以將有事太廟取大樂工於東平預習儀禮敕江淮沿邊樹柵徐宿邳三州助役徒庚子皇孫鐵穆爾生丁巳賞諸王只必帖木兒麾下河西戰功銀二百五十兩冬十月己卯享于太廟癸未敕順天張柔東平嚴忠濟河間馬總管濟南張林太原石抹總管等戶改隸民籍統軍抄不花萬戶懷都麾下軍士所俘宋人九十三口官贖爲民其私越禁界掠獲者四十五人許令親屬完聚並種田內地戊子詔隨路私商曾入南界者首實免罪充軍十一月丙申召李昶於東平辛丑賜諸王只必帖木兒銀二萬五千兩鈔千錠癸丑賞楊文安戰功金五十兩所部軍銀六百兩及幣帛有差甲子詔事故貧難軍不堪應役者以兩戶或三戶合併正軍一名其丁單力備者許顧人應役十二月己巳省併州縣凡二百二十餘所庚午宋子貞言朝省之政不宜數行數改又刑部所掌事千人命尚書嚴忠範年少宜選老於刑名者爲之又請罷北京行中書省別立宣慰司以控制東北州郡並從之禁朝省告訐以息爭訟辛未以諸王也速不花所部戍西番軍屢有戰功賞銀三百兩癸酉召張德輝於眞定徙單公履於衞州丁丑詔諭高麗賜至元三年曆日癸未賜劉秉忠金五十兩甲申賜伯顏宋子貞楊誠銀千兩鈔六十錠丁亥敕選諸翼軍富強才勇者萬人充侍衞親軍己丑瀆山大玉海成敕置廣寒殿是歲戶一百五十九萬七千六百一

絲九十八萬六千一百八十八斤包銀鈔五萬七千六百八十二錠賜諸王金銀幣帛如歲例彰德大名南京河南府濟南淄萊太原弘州雹西京北京益都眞定東平順德河間徐宿邳蝗旱太原霜災斷死罪四十二人

二年春正月乙未高麗國王王植遣使來賀丙午遣朶端趙璧持詔撫諭四川將吏軍民壬子立制國用使司以阿合馬爲使癸丑選女直軍二千爲侍衛軍四川行樞密院謀取嘉定請益兵命朶端趙璧摘諸翼蒙古漢軍六千人付之二月丙寅廉希憲宋子貞爲平章政事張文謙復爲中書左丞史天澤爲樞密副使癸酉立瀋州以處高麗降民壬午平陽路僧官以妖言惑衆伏誅以中書右丞張易同知制國用使司事參知政事張惠爲制國用副使癸未車駕幸上都甲申罷西夏行省立宣慰司初製太常禮樂工冠服立東京廣寧懿州開元恤品合懶婆娑等路宣撫司乙酉蠲中都今年包銀四分之一詔理斷阿朮部下所俘人口畜牧及其草地爲民陵種者以制國用使司條畫諭中外官吏三月辛巳分衛輝路爲親王玉龍荅失分地戊戌賑水達達民戶饑己未王晉及侍中和哲斯濟南益都轉運使王明以隱匿鹽課皆伏誅夏四月丁卯五山珍御榻成置瓊華島廣寒殿亳州水軍千戶胡進等領騎兵渡淝水逾荆山與宋兵戰殺獲甚衆賞鈔幣有差庚午勅僧道祈福於中都寺觀詔以僧機爲總統居慶壽寺己卯申嚴瀕海私鹽之禁勅官閹毋彩繪五月乙未遣使諸路慮囚庚子勅太醫院領諸路醫戶惠民藥局辛丑以黃金飾渾天儀丙午浚西夏中興漢延唐來等渠凡良田爲僧所據者聽蒙古人分墾丙辰罷益都行省蠲平灤益都質子戶賦稅之半六月丁卯封皇子南木合爲北平王以印給之辛未徙歸化民於淸州興濟縣屯田官給牛具壬申賜劉整畿內地五十頃癸酉以千戶扎剌兒没于王事賜其妻銀二百五十兩丙子立漕運司戊寅以陝西行省平章賽典赤等政事修治賜銀五千兩命山東統軍副使王仲仁督造戰船于汴申嚴陝西河南竹禁立拱衛司秋七月丙申罷息州安撫司壬寅詔上都路總管府遇車駕巡幸行留守司事車駕還卽復舊丙午遣使祀五嶽四瀆甲寅添內外巡兵外路每百戶選中產者一人充之其賦令餘戶代輸在都增武衛軍四百己未以崞代堅臺四州隸忻州詔令西夏避亂之民還本籍成都新民爲豪家所庇者皆歸之州縣詔招集逃亡軍限百日詣所屬陳首原其罪貧者併戶應役八月癸亥賜丞相伯顏第一區丁卯以兵部侍郎黑的禮部侍郎殷弘使日本賜書曰皇帝奉書日本國王朕惟自古小國之君境土相接尚務講信修睦況我祖宗受天明命奄有區夏遐方異域畏威懷德者不可悉數朕卽位之初以高麗無辜之民久瘁鋒鏑卽令罷兵還其疆埸反其旄倪高麗君臣感戴來朝義雖君臣而歡若父子計王之君臣亦已知之高麗朕之東藩也日本密邇高麗開國以來時通中國至於朕躬而無一乘之使以通和好尚恐王國知之未審故特遣使持書布告朕心冀自今以往通問結好以相親睦且聖人以四海爲家不相通好豈一家之理哉以至用兵夫孰所好王其圖之又詔高麗導去使至其國戊子高麗國王王植遣其大將軍朴琪來賀聖誕節阿朮略地蘄黃俘獲以萬計九月戊午車駕至自上都冬十月庚申湖降德興府爲奉聖州癸亥高麗使還以王植病詔和藥賜之丁丑徙平陽經籍所于京師更勅牒舊式太廟成丞相安童伯顏言祖宗世數尊諡廟號增祀四世各廟神主配享功臣法服祭器等事皆宜定議命平章政事趙璧等集羣臣議定爲八室申禁京畿畋獵壬午命制國用使司造神臂弓千張矢六萬十一月辛卯初給京府州縣司官吏俸及職田戊戌瀕御河立漕倉丁未申嚴殺牛馬之禁宋子貞致仕辛亥以忽都荅兒爲中書左丞相詔禁天文圖讖等書丙辰千戶散竹帶以嗜酒失所守大良平罪當死錄其前功免死令往東川軍前自效詔建都使復歸朝又詔嘉定等府沿江一帶城堡早降又詔四川行樞密院遣人告諭江漢庸蜀等效順具官吏姓名對階換授有功者遷有才者用民無生理者以衣糧賑之願遷內地者給以田廬毋令失所十二月庚申給諸王合必赤行軍印辛酉詔改四川行樞密院爲行中書省以賽典赤也速帶兒等僉行中書省事甲子立諸路洞冶所以梁成生擒宋總轄官授同知開府事佩金符減輝州竹課先是官取十之六至是減其二丁亥詔安肅公張柔行工部尚書段天祐等同行工部事修築宮城併太府監入宣徽院仍以宣徽使專領監事詔賜高麗以至元四年曆日仍慰諭之建大安閣于上都鑿金口導盧溝水以漕西山木石勅諸越界私商及謀入與僞造鈔者送京師審覈是歲天下戶一百六十萬九千九百三東平濟南益都平灤眞定洛磁順天中都河間北京蝗京兆鳳翔旱斷死罪九十六人賜諸王金銀幣帛如歲例

四年春正月甲午陝西行省以開州新得復失請益兵勅平陽延安等處簽民兵三千人山東河南懷孟潼川調兵七千人益之丁酉申嚴平陽等處私鹽之禁壬寅立荼速禿木十四驛癸卯勅修曲阜宣聖廟乙巳百濟遣其臣梁浩來朝賜以錦繡有差禁僧官侵理民訟辛亥封安肅公張柔爲蔡國公以趙璧爲樞密副使立諸路洞冶都總管府癸丑勅封昔木土山爲武定山其神曰武定公泉爲靈淵其神曰靈淵侯僉蒙古軍戶二丁三丁者出一人爲軍四丁五丁者二人六丁七丁者三人乙卯高麗國王王植遣使來朝詔撫慰之戊午立提點宮城所析上都隆興府自爲一路行總管府事立開元等路轉運司城大都二月庚申粘合南合復平章事阿里復爲中書右丞丁卯改經籍所爲弘文院以馬天昭知院事丁亥括西夏民田徵其租車駕幸上都詔陝西行省招諭宋人又詔嘉定瀘州重慶夔府涪達忠萬及釣魚禮義大良等處官吏軍民有能率衆來降者優加賞擢三月己丑復以耶律鑄爲中書左丞相辛卯自潼關至蘄縣立河渡官八員以察姦僞乙未勅中都路建習樂堂使樂工肄業其中己亥賜皇子燕王忙阿剌那沒罕忽哥赤銀三萬兩辛丑夏津縣大雨雹壬寅安童言比者省官員數平章左丞各一員今丞相五人素無此例臣等議擬設二丞相臣等蒙古人三員惟陛下所命詔以安童爲長史天澤次之其餘蒙古漢人參用勿令員數過多又詔宜用老成人如姚樞等一二員同議省事丁巳耶律鑄制宮縣樂成詔賜名大成夏四月甲子新築宮城辛未遣使祀岳瀆五月丁亥朔日有食之勅上都重建孔子廟乙未應州大水丙申威州山後大番弄麻等十一族來附賜以璽書金銀符己酉以捕獵戶達魯花赤僞造銀符處死壬子勅諸路官吏俸令包銀民戶每四兩增納一兩以給之丙辰析東平之博州五城別爲一路六月壬戌以中都順天東平等處蠶災免民戶絲料輕重有差乙丑復以史天澤爲中書左丞相忽都荅兒耶律鑄並降平章政事伯顏降中書右丞廉希憲降中書左丞阿里張文謙並降參知政事乙酉賜諸王玉龍荅失銀五千兩幣三百歲以爲常罷宣徽院黑的殷弘以高麗使者宋君斐金贊不能導達至日本來奏降詔責高麗王王植仍令其遣官至彼宣布以必得要領爲期秋七月丙戌朔勅自中興路至西京之東勝立水驛十戊戌罷息州安撫岳林以其民隸南京路罷懷孟路安撫李宗傑以其民隸本路發鞏昌鳳翔京兆等處未占籍戶一千修治四川山路橋梁棧道大名路達魯花赤愛魯總管張弘範等盜用官錢罷之壬寅申嚴京畿牧地之禁甲寅詔亦卽納新附貧民從人借貸困不能償者官爲償之仍給牛具種實及糧食簽東京軍千八百人充侍衛軍八月庚申塡星犯天罇辛酉申嚴平灤路私鹽酒醋之禁丙寅復立宣徽院以前中書右丞相線眞爲使丁丑封皇子忽哥赤爲雲南王賜駞紐金鍍銀印壬午太白犯軒轅大星命怯綿征建都高麗國王王植遣其秘書監郭汝弼來賀聖誕節阿朮略地至襄陽俘生口五萬馬牛五千宋人遣步騎來拒阿朮率騎兵敗之九月壬辰作玉殿于廣寒殿中乙未總帥汪良臣請立寨於母章德山控扼江南以當釣魚之衝從之戊申以許衡爲國子祭酒安南國王陳光昞遣使來貢優詔荅之立大理等處行六部以闊闊帶爲尚書兼雲南王傅柴禎尚書兼府尉寧源侍郎兼司馬庚戌遣雲南王忽哥赤鎭大理鄯闡茶罕章赤禿哥兒金齒等處詔撫諭吏民又詔諭安南國俾其君長來朝子弟入質編民出軍役納賦稅置達魯花赤統治之癸丑申嚴西夏中興等路僧尼道士商稅酒醋之禁車駕至自上都王鶚請立選舉法有旨令議舉行有司難之事遂寢冬十月辛酉制國用司言別怯赤山石絨織爲布火不能然詔採之壬戌賜駙馬不花銀印魚通嵓州等處達魯花赤李福招諭西番諸族酋長以其民入附以阿奴版的哥等爲喝吾等處總管並授璽書及金銀符鐵旗城後番官折蘭遣其子天郎持先受憲宗璽書金符乞改授新命從之甲子歲星犯軒轅大星辛未太原進嘉禾二本異畝同穎甲戌賑新附民陳忠等鈔丁丑制國用使司請量節經用從之庚辰定品官子孫廕敍格十一月乙酉享于太廟戊戌立新蔡縣以忽察李家奴統所部兵戍之甲辰立夔府路總帥府戍開州乙巳塡星犯天罇距星申嚴京畿畋獵之禁南京宣慰劉整赴闕奏攻宋方略宜先從事襄陽十二月甲戌賞河南路統軍使訥懷所部將士戰功銀九千六百五十兩鈔幣鞍勒有差丙子賑親王穆相哥所部饑民丁丑給遼東新簽軍布六萬匹己卯立遼東路水驛七賞元帥阿朮部下有功將士二千二十五人銀五萬五千三百兩金五十兩及錦綵鞍勒有差庚辰簽女直水達達軍三千人立諸位斡脫總管府省平陽路岳陽和州二縣入冀氏復置覇州益津縣省安西路櫟陽縣入臨潼是歲天下戶口一百六十四萬四千三十山東河

南北諸路蝗順天東鹿縣旱免其租斷死罪一百十四人賜諸王金銀幣帛如歲例

五年春正月甲午太陰犯井庚子上都建城隍廟辛丑勑陝西五路四川行省造戰艦五百艘付劉整高麗國王王植遣其弟淐來朝詔以植飾辭見欺面數其事於淐切責之復遣北京路總管于也孫脫禮部郎中孟甲持詔往諭令具表遣海陽公金俊侍郎李藏用與去使同來以閏庚戌賜高麗國新曆閏月戊午以陳亳潁蔡等處屯田戶充軍令益都漏籍戶四千淘金登州棲霞縣每戶輸金歲四錢二月戊子太陰犯天關己丑太陰犯井給河南山東貧乏軍士鈔戊戌改軍器局爲軍器監辛丑百戶渾都速駐營濟南路屬縣三年務取民飲食糧料當粟五千石勑杖決之仍償粟千石析甘州路之肅州自爲一路三月丙寅罷諸路四品以下子孫入質者田禹妖言勑減死流之遠方禁民間兵器犯者驗多寡定罪甲子敕怯綿率兵二千招諭建都壬申改母章德山爲定遠城武崒山爲武勝軍丁丑敕阿里等詣軍前閱視軍籍罷諸路女直契丹漢人爲達魯花赤者回回畏兀乃蠻唐兀人仍舊夏四月壬寅遣使祀嶽瀆五月辛亥朔以太醫院拱衛司敎坊司及尚食尚果尚醞三局隸宣徽院癸亥都元帥百家奴拔宋嘉定五花石城白馬三砦癸酉賜諸王禾忽及八剌合幣帛六萬匹六月辛巳朔濟南王保和以妖言惑衆謀作亂勑誅首惡五人餘勿論甲申中山大雨雹阿朮言所領者蒙古軍若遇山水砦柵非漢軍不可宜令史樞率漢軍協力征進從之戊申東平等處蝗己酉封諸王習怯吉爲河平王賜駝鈕金印秋七月辛亥召翰林直學士高鳴順州知州劉瑜中都郝謙李天輔韓彥文李祐赴上都以山東統軍副使王仲仁戍眉州壬子詔陝西統軍司兼領軍民錢穀罷各路奧魯官令管民官兼領癸丑立御史臺以右丞相塔察兒爲御史大夫詔諭之曰臺官職在直言朕或有未當其極言無隱毋憚他人朕當爾主仍以詔諭天下立高州北二驛戊辰罷西夏宣撫司庚午省諸路打捕鷹坊工匠洞冶總管府令轉運司兼領之丙子立西夏惠民局高麗國王王植遣其臣崔東秀來言備兵一萬造船千隻詔遣都統領脫朶兒往閱之就相視黑山日本道路仍命耽羅別造船百艘以伺調用詔四川行省賽典赤自利州還京兆立東西二川統軍司以劉整爲都元帥與都元帥阿朮同議軍事整至軍中議築白河口鹿門山遣使以聞許之罷軍中諸司參議八月乙酉程思彬以投匿名書言斥乘輿伏誅己丑亳州大水庚子敕京師瀕河立十倉命忙古帶率兵六千征西番建都九月癸丑中都路水免今年田租罷中都路和顧所丁巳阿朮統兵圍樊城敕長春宮修設金籙周天大醮七晝夜建堯廟及后土太寧宮庚申賜安南國王陳光昞錦繡及其諸臣有差己丑立河南屯田命兵部侍郎黑的禮部侍郎殷弘齎國書復使日本仍詔高麗國遣人導送期於必達毋致如前稽阻詔諭安南國陳光昞來奏稱占城眞臘二寇侵擾已命卿調兵與不干併力征討今復命雲南王忽哥赤統兵南下卿可遵前詔遇有叛亂不庭爲邊寇者發兵一同進討降服者善爲撫綏車駕至自上都益都路饑以米三十一萬八千石賑之復以史天澤爲樞密副使冬十月戊寅朔日有食之己卯敕中書省樞密院凡有事與御史臺官同奏立河南等路行中書省以參知政事阿里行中書省事庚辰以御史中丞阿里爲參知政事壬午詔恤沿邊諸軍其橫科差賦責奧魯官償之庚寅敕從臣禿忽思等錄毛詩孟子論語乙未享于太廟中書省臣言前代朝廷必有起居注故善政嘉謨不致遺失即以和禮霍孫獨胡剌充翰林待制兼起居注敕給黎雅嘉定新附民田戊戌宮城成劉秉忠辭領中書省事許之爲太保如故十一月己酉簽河南山東邊城附籍諸色戶充軍庚申宋兵自襄陽來攻沿山諸寨阿朮分諸軍禦之斬獲甚衆立功將士千三百四人詔首立戰功生擒敵軍者各賞銀五十兩其餘賞賚有差癸酉御史臺臣言立臺數月發擿甚多追理侵欺糧粟近二十萬石錢物稱是有詔褒諭免南京河南兩路來歲修築都城役夫十二月戊寅以中都濟南益都淄萊河間東平南京順天順德眞定恩州高唐濟州北京等處大水免今年田租敕二分二至及聖誕節日祭星于司天臺詔諭四川行省沿邊屯戍軍士逃役者處死復置乾州奉天縣省好畤永壽入焉以鳳州隸興元路德興府改奉聖州隸宣德是歲京兆大旱天下戶一百六十五萬二百八十六斷死罪六十九人賜諸王金銀幣帛如歲例

六年春正月癸丑高麗國王王植遣使以誅權臣金俊來告賜曆日西錦立四道按察司戊午阿朮軍入宋境至復州德安府荊山等處俘萬人而還庚申以參知政事楊果爲懷孟路總管甲戌益都淄萊大水恩州饑命賑之敕史天澤與樞密副使駙馬忽剌出董師襄陽二月壬午以立四道提刑按察司詔諭諸道己丑詔以新製蒙古字頒行天下丙申罷宣德府稅課所以上都轉運司兼領改河南懷孟順德三路稅課所爲轉運司丁酉簽民兵二萬赴襄陽賑欠州人匠貧乏者米五千九百九十九石敕鞍靴箭鏃等物自今不得以黃金爲飾開元等路饑減戶賦布二疋秋稅減其半水達達戶減青鼠二其租稅被災者免徵免單丁貧乏軍士一千九百餘戶爲民癸卯給河南行省鈔千錠犒軍三月甲寅詔益都路簽軍萬人人給鈔二十五貫戊午賑曹州饑築堡鹿門山夏四月辛巳製玉璽大小十紐甲午遣使祀岳瀆大名等路饑賑米十萬石五月丙午東平路饑賑米四萬一千三百餘石辛酉詔禁戍邊軍士牧踐屯田禾稼六月辛巳以招討怯綿征建都敗績又擅追唆火兒璽書金符處死壬午免益都新簽軍單丁者千六百二十一人爲民丁亥河南河北山東諸郡蝗癸巳敕眞定等路旱蝗其代輸築城役夫戶賦悉免之丙申高麗國王王植遣其世子愖來朝賜植玉帶一愖金五十兩從官銀幣有差壬寅阿朮率兵萬五千人阨宋萬山射梁岡鬼門關樵蘇之路癸卯詔董文炳等率兵二萬二千人南征東昌路饑賑米二萬七千五百九十石秋七月丁巳遣宋私商四十五人還其國庚申水軍千戶邢德立張志等生擒宋荊鄂都統唐永堅賞銀幣有差辛酉製太常寺祭服壬戌西京大雨雹己巳立諸路蒙古字學癸酉立國子學詔遣官審理諸路冤滯正犯死罪明白者各正典刑其雜犯死罪以下量斷遣之又詔諭宋國官吏軍民示以不欲用兵之意復遣都統領脫朶兒統領王昌國等往高麗點閱所備兵船及相視耽羅等處道路立西蜀四川監榷茶場使司宋將夏貴率兵船三千至鹿門山萬戶解汝楫李庭率舟師敗之俘殺二千餘人獲戰艦五十艘八月己卯立金州招討司丙申以沙肅州鈔法未行降詔諭之詔諸路勸課農桑命中書省采農桑事列爲條目仍令提刑按察司與州縣官相風土之所宜講究可否別頒行之高麗國世子愖奏其國臣僚擅廢國王王植立其弟安慶公淐詔遣斡朶思不花李諤等往其國詳問條具以聞九月癸丑恩州進嘉禾一莖三穗戊午敕民間貸錢取息雖踰限止償一本息己未授高麗世子王愖特進上柱國東安公壬戌豐州雲內東勝旱免其租賦戊辰敕高麗世子愖率兵三千赴其國難愖辭東安公乃授特進上柱國辛未敕管軍萬戶宋仲義征高麗以忽剌出史天澤並平章政事阿里中書右丞行河南等路中書省事賽典赤行陝西五路西蜀四川中書省事車駕至自上都斡朶思不花李諤以高麗刑部尚書金方慶至奉權國王淐表訴國王植遘疾令弟淐權國事冬十月己卯定朝儀服色壬午陞高唐冠氏並爲州丁亥廣平路旱免租賦詔遣兵部侍郎黑的淄萊路總管府判官徐世雄召高麗國王王植王弟淐及權臣林衍俱赴闕命國王頭輦哥以兵壓其境趙璧行中書省于東京仍降詔諭高麗國軍民庚子太陰犯辰星宋遣人餽鹽糧入襄陽我軍獲之賜諸王奧魯赤駝鈕金鍍銀印十一月癸卯高麗都統領崔坦等以林衍作亂挈西京五十餘城來附丁未簽王綧洪茶丘軍三千人往定高麗西京都統李延齡乞益兵遣忙哥都率兵二千赴之庚午敕諸路鰥寡廢疾之人月給米二斗安南國王陳光昞遣使來貢濟南饑以米十二萬八千九百石賑之高麗國王王植遣其尚書禮部侍郎朴烋從黑的入朝表稱受詔已復位尋當入覲築新城于漢江西十二月戊子築東安渾河堤己丑作佛事于太廟七晝夜高唐固安二州饑以米二萬六百石賑之析彰德懷孟衞輝爲三路陞林慮縣爲林州改楨州復爲韓城縣併省馮翊等州縣十所以懿州廣寧等府隸東京是歲天下戶一百六十八萬四千一百五十七賜諸王金銀幣帛如歲例斷死罪四十二人

元史卷七

明翰林學士亞中大夫知制誥兼修國史宋　濂等修

本紀第七

世祖四

七年春正月辛丑朔高麗國王王植遣使來賀丙午耶律鑄廉希憲罷立尚書省罷制國用使司以平章政事忽都荅兒爲中書左丞相國子祭酒許衡爲中書左丞制國用使阿合馬平章尚書省事同知制國用使司事張易同平章尚書省事制國用使司副使張惠簽制國用使司事李堯咨麥朮丁並參知尚書省事己酉太陰

犯畢敕諸投下官隸中書省壬子敕驛券無印者不許乘傳甲寅高麗國王王植遣使來言比奉詔臣已復位今從七百人入覲詔令從四百人來餘留之西京詔高麗西京內屬改東寧府畫慈悲嶺爲界丁巳以蒙哥爲安撫高麗使佩虎符率兵戍其西境戊午均房州總管孫嗣擒宋統制朱興祖等丙寅賑兀魯吾民戶鈔丁卯定省院臺文移體式二月辛未朔以前中書右丞相伯顏爲樞密副使甲戌築昭應宮于高梁河丙子帝御行宮觀劉秉忠孛羅許衡及太常卿徐世隆所起朝儀大悅舉酒賜之丁丑以歲饑罷修築宮城役夫甲申置尚書省署乙酉立紙甲局申嚴畜牧損壞禾稼桑果之禁壬辰立司農司以參知政事張文謙爲卿設四道巡行勸農司乙未宋襄陽出步騎萬餘人兵船百餘艘來趣萬山堡萬戶張弘範千戶脫脫擊卻敗之事聞各賜金紋綾有差高麗國王王植來朝求見皇子燕王詔曰汝一國主也見朕足矣植請以子愖見從之詔諭植曰汝內附在後故班諸王下我太祖時亦都護先附卽令齒諸王上阿思蘭後附故班其下卿宜知之又詔令國王頭輦哥等舉軍入高麗舊京以脫脫朶兒焦天翼爲其國達魯花赤護送植還國仍下詔林衍廢立罪不可赦安慶公淐本非得已在所寬宥有能執送衍者雖舊在其黨亦必重增官秩世子愖奏乞隨朝及尙主不許命隨其父還國三月庚子朔日有食之改河南等路及陝西五路西蜀四川東京等路行中書省爲行尙書省尙書省臣言河西和糴應僧人豪官富民一例行之制可甲寅車駕幸上都丙辰浚武縣御河丁巳定醫官品從戊午益都登萊蝗旱詔減其今年包銀之半阿朮與劉整言圍守襄陽必當以教水軍造戰艦爲先務詔許之教水軍七萬餘人造戰艦五千艘夏四月壬午檀州隕黑霜二夕設諸路蒙古字學教授敕諸路達魯花赤子弟蔭敘充散府諸州達魯花赤其散府諸州子弟充諸縣達魯花赤諸縣子弟充巡檢改御史臺典事爲都事癸未定軍官等級萬戶總管千戶百戶總把以軍士爲差己丑省終南縣入盩厔復眞定贊皇縣太原樂平縣高麗行省遣使來言權臣林衍死其子惟茂擅襲令公位爲尙書宋宗禮所殺島中民皆出降已遷之舊京衍黨裴仲孫等復集餘衆立植庶族承化侯爲王竄入珍島五月辛丑懷州河內縣大雨雹癸卯陝西簽省也速帶兒嚴忠範與東西川統軍司率兵及宋兵戰于嘉定重慶釣魚山馬湖江皆敗之拔三寨擒都統牛宣俘獲人民及馬牛戰艦無算甲辰威州汝鳳川番族八千戶內附其酋長來朝授宣命賜金符丁未東京路饑兼運糧造船勞役免今年絲銀十之三以同知樞密院事合荅爲平章政事乙卯復平灤路撫寧縣以海山昌黎入之丙辰括天下戶尙書省臣言諸路課程歲銀五萬錠恐疲民力宜減十分之一運司官吏俸祿宜與民官同其院務官量給工食仍禁所司多取於民歲終較其增損而加黜陟上都地里遙遠商旅往來不易特免收稅以優之惟市易莊宅奴婢孳畜例收契本工墨之費管民官遷轉以三十月爲一考數於變易人心茍且自今請以六十月遷轉諸王遣使取索諸物及鋪馬等事目今並以文移毋得口傳敎令並從之改宣徽院爲光祿司秩正三品以宣徽使線眞爲光祿使庚申命樞密院閱實軍數壬戌東平府進瑞麥一莖二穗三穗五穗者各一本省中都打捕鷹坊總管府入工部大名東平等路桑蠶皆災南京河南等路蝗減今年銀絲十之三六月丙子敕西夏中興市馬五百疋庚辰敕戍軍還有乏食及病者令所過州城村坊主者給飲食醫藥丁亥罷各路洞冶總管府以轉運司兼領徙謙州甲匠于松山給牛具賜皇子南木合馬六千牛三千羊一萬賜北邊戍軍馬二萬牛一千羊五萬丙申立籍田大都東南郊禁民擅入宋境剽掠秋七月辛丑設上林署乙卯賜諸王拜荅寒印及海青金符二庚申初給軍官俸壬戌簽諸道回回軍乙丑閱實諸路礮手戶都元帥也速帶兒等略地光州敗宋兵于金剛臺以遼東開元等路總管府兼本路轉運司事山東諸路旱蝗免軍戶田租戍邊者給糧命達魯花赤兀良吉帶給上都扈從畋獵糧八月戊辰朔築環城以逼襄陽己巳賑應昌府饑諸王拜荅寒部曲告饑命有車馬者徙居黃忽兒玉良之地計口給糧無車馬者就食肅沙甘州戊寅隆興府總管昔剌斡脫以盜用官錢罷庚辰以御史大夫塔察兒同知樞密院事御史中丞帖只爲御史大夫高麗世子王愖來賀聖誕節辛巳設應昌府官吏辛卯保定路霖雨傷禾稼九月庚子敕僧道也里可溫有家室不持戒律者占籍爲民丁巳太陰犯井丙寅括河西戶口定田稅宋將范文虎以兵船二千艘來援襄陽阿朮合荅劉整率兵逆戰于灌子灘殺掠千餘人獲船三十艘文虎引退西京饑敕諸王阿只吉所部就食太原山東饑敕益都濟南酒稅以十之二收糧冬十月戊辰朔敕兩省以己奏事報御史臺庚午太白犯右執法癸酉敕宗廟祭祀祝文書以國字乙亥宋人攻莒州乙酉享于太廟丁亥以南京河南兩路旱蝗減今年差賦十之六發清滄鹽二十四萬斤轉南京米十萬石並給襄陽軍己丑敕來年太廟牲牢勿用豢豕以野豕代之時果勿市取之內園車駕至自上都降興中府爲州賑山東淄萊路饑十一月壬寅熒惑犯太微西垣上將壬子河西諸郡諸王頓舍僧民協力供給丁巳敕益兵二千合前所發軍爲六千屯田高麗以忻都及前左壁總帥史樞並爲高麗金州等處經略使佩虎符領屯田事仍詔諭高麗國王立侍儀司安南國王陳光昞遣使來貢優詔荅之復賑淄萊路饑閏月丁卯朔高麗世子王愖還賜王植至元八年曆戊辰禁緞段織日月龍虎及以龍犀飾馬鞍者己巳給河西行省鈔萬錠以充歲費以義州隸婆娑府癸未詔諭西夏提刑按察司管民官禁僧徒冒據民田壬辰申明勸課農桑賞罰之法詔設諸路脫脫禾孫十二月丙申朔改司農司爲大司農司添設巡行勸農使副各四員以御史中丞孛羅兼大司農卿安童言孛羅以臺臣兼領前無此例有旨司農非細事朕深諭此其令孛羅總之命陝西等路宣撫使趙良弼爲秘書監充國信使使日本敕歲祀太社太稷風師雨師雷師戊戌徙懷孟新民千八百餘戶居河西壬寅陞御史大夫秩正二品降河南韶州爲澠池縣宋重慶制置朱禩孫遣諜者持書榜來誘安撫張大悅等大悅不發封併諜者送致東川統軍司丁未金齒驃國三部酋長阿匿福勒丁阿匿爪來內附獻馴象三馬十九疋己酉魚通路知府高曳失獲宋諜者詔賞之辛酉以都水監隸大司農司以諸王伯忽兒爲札魯忽赤之長建大護國仁王寺于高良河敕更定僧服色是歲天下戶一百九十二萬九千四百四十九賜先朝后妃及諸王金銀幣帛如歲例斷死刑四十四人

八年春正月乙丑朔高麗國王王植遣其秘書監朴恒郎將崔有渰來賀兼奉歲貢丙寅太陰犯畢己卯以同僉河南等路行中書省事阿里海牙參知尙書省事中書省臣言前有旨令臣與樞密院御史臺議河南行省阿里伯等所置南陽等處屯田臣等以爲凡屯田人戶皆內地中產之民遠徙失業宜還之本籍其南京南陽歸德等民賦自今悉折輸米糧貯於便近地以給襄陽軍食前所屯田阿里伯自以無效引伏宜令州郡募民耕佃從之史天澤告老不允敕前築都城徙居民三百八十二戶計其直償之設樞密院斷事官遣兀都蠻率蒙古軍鎭西方當當丙戌高麗安撫阿海畧地珊島與逆黨遇多所亡失中書省臣言諜知珊島餘糧將竭宜乘弱攻之詔不許令巡視險要常爲之備丁亥管如仁費正寅以國機事爲書謀遣崔繼春賈鞏山路坤入宋事覺窮治正寅如仁繼春皆正典刑鞏山坤並流遠方壬辰敕諸路鰥寡孤獨疾病不能自存者官給廬舍薪米高麗國王王植遣使奉表爲世子愖請昏詔禁邊將受賂放軍及科歛賑北京益都饑二月乙未朔定民間婚聘禮幣貴賤有差丁酉發中都眞定順天河間平灤民二萬八千餘人築宮城己亥罷諸路轉運司入總管府以尙書省奏定條畫頒天下移陝蜀行中書省于興元癸卯四川行省也速帶兒言比因饑饉盜賊滋多宜加顯戮詔令羣臣議安童以爲強竊盜賊一皆處死恐非所宜罪至死者仍舊待命以中書左丞東京等路行尙書省事趙璧爲中書右丞甲辰添設監察御史六員命忽都荅兒持詔招諭高麗林衍餘黨裴仲孫乙巳大理等處宣慰都元帥寶合丁王傅闊闊帶等協謀毒殺雲南王火你赤曹禎發其事寶合丁闊闊帶及阿老瓦丁亦速夫並伏誅賞禎火你赤及證左人金銀有差以沙州瓜州鷹坊三百人充軍戊申詔以治事日程諭中外官吏敕往畏吾兒地市米萬石庚戌申嚴東川井鹽之禁己未敕軍官佩金銀符其民官工匠所佩者並拘入勿復給敕海青符用太祖皇帝御署庚申奉御九住舊以梳櫛奉太祖奉所落鬚髮束上詔櫝之藏于太廟夾室辛酉敕凡訟而自匿及誣告人罪者以其罪罪之分歸德爲散府割宿亳邳徐等州隸之升申州爲南陽府割唐鄧裕嵩汝等隸之賑西京饑三月乙丑增治河東山西道按察司改河東陝西道爲陝西四川道山北東西道爲山北遼東道甲戌敕元正聖節朝會凡百官表章外國進獻使臣陛見朝辭禮儀皆隸侍儀司丙子改山東河間陝西三路鹽課都轉運司爲都轉運鹽使司己卯中書省臣言高麗叛臣裴仲孫乞諸軍退屯然後內附而忻都未從其請今願得全羅道以居直隸朝廷詔以其飾詞遷延歲月不允辛巳復立夏邑縣以碭山入焉省穀熟入睢陽濱棣萬戶韓世安坐私儲糧食燒毀軍器詐乘驛馬及擅請諸王塔察兒益都四縣分地等事有司屢以爲言詔誅之仍籍其家甲申車駕幸上都乙酉許衡以老疾辭中書機務除集賢大學士國子祭酒納還舊俸詔別以新俸給之命設國子學增置司業博士助教各一員選隨朝百官近侍蒙古漢人

子孫及俊秀者充生徒丁亥熒惑犯太微西垣上將己丑立西夏中興等路行尚書省以趙海參知行尚書省事命尚書省閱實天下戶口頒條畫諭天下賑益都等路饑敕有司毋留獄滯訟以致越訴違者官民皆罪之制封皇子燕王乳母趙氏幽國夫人夫鞏德祿追封德育公夏四月壬寅高麗鳳州經畧司忻都言叛臣裴仲孫稽留使命負固不服乞與忽林赤王國昌分道進討從之平灤路昌黎縣民生子中夜有光詔加鞠養或以爲非宜帝曰何幸生一好人毋生嫉心也命高麗簽軍征珊島癸卯給河南行中書省歲用銀五十萬兩仍敕襄樊軍士自今人月給米四斗甲辰簽壯丁備宋戊午阿朮率萬戶阿剌罕等與宋將范文虎等戰于湍灘敗之獲統制朱勝等百餘人奪其軍器賞阿朮阿剌罕等金帛有差以至元七年諸路災蠲今歲絲料輕重有差五月乙丑以東道兵圍守襄陽命賽典赤鄭鼎提兵水陸並進以趨嘉定汪良臣彭天祥出重慶札剌不花出瀘州曲立吉思出汝州以牽制之改簽省也速帶兒鄭鼎軍前行尚書事賽典赤行省事于興元轉給軍糧丙寅牢魚國來貢己巳修佛事于瓊華島辛未分大理國三十七部爲三路以大理八部蠻酋新附降詔撫諭壬申造內外儀仗丁丑賑蔚州饑己卯命史天澤平章軍國重事陞太府監爲正三品忻都史樞表言珊島賊徒敗散餘黨竄入耽羅辛巳賜河西行省金符銀海青符各一令蒙古官子弟好學者兼習算術癸未升濟州爲濟寧府以玉宸院隸宣徽院高麗國王王植遣使貢方物六月甲午敕樞密院凡軍事徑奏不必經由尚書省其干錢糧者議之上都中都河間濟南淄萊眞定衞輝洛磁順德大名河南南京彰德益都順天懷孟平陽歸德諸州縣蝗癸卯宋將范文虎率蘇劉義夏松等舟師十萬援襄陽阿朮率諸將迎擊奪其戰船百餘艘敗走平章合荅又遣萬戶解汝楫等邀擊擒其總管朱日新鄭皐大破之辛亥敕凡管民官所領錢穀公事並俟年終考較乙卯招集河西斡端昂吉呵等處居民己未山東統軍司塔出董文炳偵知宋人欲據五河口請築城守之旣而坐失事機宋兵已樹柵其地事聞敕決罰塔出文炳等有差邈州和順縣解州聞喜縣虸蚄生秋七月壬戌朔尚書省請增太原鹽課歲以鈔千錠爲額仍令本路兼領從之設回回司天臺官屬以札馬剌丁爲提點簽女直水達達軍以鄭元領祠祭岳瀆授司禋大夫丁卯南人李忠進言運山侍郎張大悅嘗與宋交通以其事無實詔諭大悅宋善用間朕不輕信毋懷疑懼以國王頭輦哥行尚書省于北京遼東等路辛未置左右中三衞親軍都指揮使司乙亥鞏昌臨洮平涼府會蘭等州隕霜殺禾乙酉宋將來興國攻百丈山營阿朮擊破之追至湍灘斬首二千餘級高麗世子王諶入質珊島脅從民戶來降八月壬辰朔日有食之癸巳敕軍站戶地四頃以上依例輸租己亥詔招諭宋襄陽守臣呂文煥壬子車駕至自上都還成都統軍司於眉州己未聖誕節初立內外仗及雲和署樂位東川統兵司引兵攻宋銅鈸寨守寨總管李慶等降以慶知梁山軍事九月壬戌朔敕都元帥阿朮以所部兵畧地漢南癸亥高麗世子王諶辭歸賜國王王植西錦優詔諭之甲子賜劉整鈔五百錠鄧州田五百頃整辭改賜民田三百戶科調如故給河南行省歲用鈔二萬八千六百錠丙寅罷陝西五路西蜀四川行尚書省以也速荅兒行四川尚書省事于興元京兆等路直隷尚書省敗宋軍于渦河戊辰陞成都府德陽縣爲德州降虢州爲虢畧縣壬申選胄子脫脫木兒等十人肄業國學癸酉益都府濟州進芝二本甲戌簽西夏回回軍太廟殿柱朽壞監察御史劾都水劉晸監造不敬晸以憂卒張易請先期告廟然後完葺從之丙子敕今歲享太廟毋用犧牛太陰犯畢庚辰右衞親軍都指揮使忽都等言五河城堡已成唯廬舍未完凡材甓皆出宋境請率精兵分道抄掠從之壬午山東路統軍司言宋兵攻膠州千戶蔣德等逆戰敗之俘統制范廣等五十餘人獲戰船百艘癸未詔忙安倉失陷米五千餘石特免徵仍禁諸王非理需索詔以四川民力困弊免茶鹽等課稅以軍民田租給沿邊軍食仍敕有司自今有言茶鹽之利者以違制論冬十月癸巳大司農臣言高唐州達魯花赤忽都納州尹張廷瑞同知陳思濟勸課有效河南府陝縣尹王仔怠於勸課宜加黜陟以示勸懲從之丁酉享于太廟己未檀順等州風潦害稼賜高麗至元九年曆十一月辛酉朔敕品官子孫儒直敕遣阿魯忒兒等撫治大理壬戌罷諸路交鈔都提舉司乙亥劉秉忠及王磐徒單公履等言元正朝會聖節詔赦及百官宣勅具公服迎拜行禮從之禁行金泰和律建國號曰大元詔曰誕膺景命奄四海以宅尊必有美名紹百王而紀統肇從隆古匪獨我家且唐之爲言蕩也堯以之而著稱虞之爲言樂也舜因之而作號馴至禹興而湯造互名夏大以殷中世降以還事殊非古雖乘時而有國不以利而制稱爲秦爲漢者著從初起之地名曰隋曰唐者因卽所封之爵邑是皆徇百姓見聞之狃習要一時經制之權宜槩以至公不無少貶我太祖聖武皇帝握乾符而起朔土以神武而膺帝圖四震天聲大恢土宇輿圖之廣歷古所無頃者耆宿詣庭奏章申請謂既成於大業宜早定於鴻名在古制以當然於朕心乎何有可建國號曰大元蓋取易經乾元之義茲大治流形于庶品孰名資始之功予一人底寧于萬邦尤切體仁之要事從因革道協天人於戲稱義而名固匪爲之溢美孚休惟永尚不負於投艱嘉與敷天共隆大號丙戌置四川省於成都上都萬安閣成十二月辛卯朔詔天下興起國字學宣徽院請以闌遺漏籍等戶淘金帝曰姑止毋重勞吾民也乙巳減百官俸括西夏田召塔出董文炳赴闕辛亥併太常寺入翰林院宮殿府入少府監甲寅詔尚書省遷入中書省是歲天下戶一百九十四萬六千二百七十賜先朝后妃及諸王金銀幣帛如歲例賜囊家等羊馬價鈔萬千一百六十七錠斷死罪一百五人

九年春正月庚申朔高麗國王王植遣其臣禮賓卿宣文烈來賀兼奉歲貢甲子併尚書省入中書省平章尚書省事阿合馬同平章尚書省事張易並中書平章政事參知尚書省事張惠爲中書左丞參知尚書省事李堯咨麥朮丁並參知中書政事罷給事中中書舍人檢正等官仍設左右司省六部爲四改稱中書丙寅詔遣不花及馬璘諭高麗具舟糧助征耽羅河南省請益兵敕諸路簽軍三萬丁丑敕皇子西平王奧魯赤阿魯帖木兒禿哥及南平王禿魯所部與四川行省也速帶兒部下并忙古帶等十八族欲速公弄等土番軍同征建都新安州初隸雄州詔爲縣入順天庚辰改北京中興四川河南四路行尚書省爲行中書省京兆復立行省仍命諸王只必帖木兒設省斷事官給西平王奧魯赤馬價弓矢賜南平王禿魯銀印及金銀符各五辛巳移鳳州屯田於鹽白二州敕董文炳時巡掠南境毋令宋人得立城堡敕軍民訟田者民田有餘則分之軍軍田有餘亦分之民仍遣能臣聽其直其軍奴入民籍者還正之敕燕王遣使持香旛祀岳瀆后土五臺興國寺命劉整總漢軍壬午改山東東路都元帥府統軍司爲行樞密院以也速帶兒塔出並爲行樞密院副使乙酉定受宣敕官禮儀詔元帥府統軍司總管萬戶府閱實軍籍二月庚寅朔奉使日本趙良弼遣書狀官張鐸同日本二十六人至京師求見辛卯詔札魯忽赤乃太祖開創之始所置位百司右其賜銀印立左右司壬辰高麗國王王植遣其臣齊安侯王淑來賀改國號改中都爲大都甲午命阿朮典蒙古軍劉整阿里海牙典漢軍戊戌以去歲東平及西京等州縣旱蝗水潦免其租賦庚子復唐州泌陽縣建中書省署於大都戊申始祭先農如祭社之儀詔諸路開浚水利車駕幸上都三月乙丑諭旨中書省日本使人速議遣還安童言良弼請移金州戍兵勿使日本妄生疑懼臣等以爲金州戍兵彼國所知若復移戍恐非所宜但開諭來使此戍乃爲耽羅暫設爾等不須疑畏也帝稱善甲戌括民間四教經禁之蒙古都元帥阿朮漢軍都元帥劉整阿里海牙督本軍破樊城外郛斬首二千級生擒將領十六人增築重圍守之賑濟南路饑詔免醫戶差徭夏四月己丑詔於土番西川界立寧河驛辛卯賜皇子奧魯赤所部馬丙午給西平王奧魯赤所部米甲寅賑大都路饑五月戊午朔立和林轉運司以小云失別爲使兼提舉交鈔使己未給闊闊出海青銀符二辛酉罷簽回回軍癸亥敕拔都軍於怯鹿難之地開渠耕田丙寅簽徐邳二州丁壯萬人戍邳州庚午減鐵冶戶罷西蕃禿魯干等處金銀礦戶爲民禁漢人聚衆與蒙古人鬬毆詔議取耽羅及濟州辛巳敕修築都城凡費悉從官給毋取諸民并蠲伐木役夫稅賦甲申敕諸路軍戶驅丁除至元七年前從良入民籍者當差餘雖從良並令助本戶軍力乙酉太白犯畢距星宮城初建東西華左右掖門詔安集荅里伯所部流民六月壬辰遣高麗國西京屬城諸達魯花赤及質子金鎰等歸國減乞里吉思屯田所入租仍遣南人百名給牛具以往是夜京師大雨壞墻屋壓死者衆癸巳敕以籍田所儲糧賑民不足又發近地官倉濟之甲午高麗告饑轉東京米二萬石賑之己亥山東路行樞密院塔出於四月十三日遣步騎趨漣州攻破射龍溝五港口鹽場白頭河四處城堡殺宋兵三百餘人虜獲人牛萬計第功賞賚有差辛亥高麗國王王植請討耽羅餘寇秋七月丁巳朔河南省臣言往歲徙民實邊屯耕以貧苦悉散還家今唐鄧蔡息徐邳之民愛其田廬仍守故屯願以絲銀準折輸糧而內地州縣轉粟餉軍者反厭苦之臣議今歲沿邊州郡宜仍其舊輸糧內地州郡驗其戶數俾折鈔就沿邊和糴庶幾彼此交便制曰可拘括開元東京等路諸漏籍戶禁私鬻回回曆賑水達達部饑戊寅賜諸王八八部銀鈔集都城僧誦大藏經九會壬午和禮霍孫奏蒙古字設國子

學而漢官子弟未有學者及官府文移猶有畏吾字詔自今凡詔令並以蒙古字行仍遣百官子弟入學乙酉免徙大羅鎮居民令倍輸租米給鷹坊詔分閱大都京兆等處探馬赤奴戶名籍八月丙戌朔日有食之戊子立羣牧所掌牧馬及尚方鞍勒壬辰敕忙安倉及靖州預儲糧五萬石以備弘吉剌新徙部民及西人內附者廩給調兵增戍全羅州乙未禁諸人以巳事輒呼至尊稱號者丁酉立斡脫所己亥諸王闊闊出請以分地寧海登萊三州自爲一路與他王比歲賦惟入寧海無輸益都詔從之癸卯千戶崔松敗宋襄陽援兵斬其將張順賜松等將士有差乙巳車駕至自上都丁未改延州爲延津縣與陽武同隸南京癸丑賑遼東等路饑九月甲子宋襄陽將張貴以輪船出城順流突戰阿朮阿剌海牙等舉烽燃火燭江如晝率舟師轉戰五十餘里至櫃門關生獲貴及將士二千餘人丙寅敕樞密院諸路正軍貼戶及同籍親戚奴僕丁年既長依諸王權要以避役者並還之軍惟匠藝精巧者以名聞癸酉同簽河南省事崔斌訟右丞阿里妄奏軍數二萬敕杖而罷之甲戌罷水軍總管府東川元帥李吉等畧地開州拔石羊寨擒宋將一人統軍使合剌等兵掠合州及渠江口獲戰船五十艘賞銀幣有差丙子發民夫三千人伐巨木遼東免其家徭賦戊寅太陰犯御女賑益都路饑冬十月丙戌朔封皇子忙哥剌爲安西王賜京兆爲分地駐兵六盤山遣使持詔諭扮卜忻都國壬辰享于太廟癸巳趙璧爲平章政事張易爲樞密副使乙未築渾河堤戊戌熒惑犯塡星己亥敕自七月至十一月終聽捕獵餘月禁之癸卯立文州初立會同館十一月乙卯朔詔以至元十年曆賜高麗壬戌發北京民夫六千伐木乾山蠲其家徭賦諸王只必帖木兒築新城成賜名永昌府丙寅禁昔剌斡脫所貿官錢丁卯太陰犯畢城光州遣蕪籍軍掠宋境己巳敕發屯田軍二千漢軍二千高麗軍六千仍益武衞軍二千征耽羅辛未召高麗儒者楊恭懿不至癸酉以前拔樊城外郛功賞千戶劉深等金銀符己卯併中書省左右司爲一宋荊湖制置李庭芝爲書遣永寧僧齎金印牙符來授劉整盧龍軍節度使封燕郡王僧至永寧事覺上聞敕張易姚樞雜問適整至自軍中言宋患臣用兵襄陽欲以是殺臣臣實不知敕令整爲書復之賞整使還軍中誅永寧僧及其黨友參知行省政事阿里海牙言襄陽受圍久未下宜先攻樊城斷其聲援從之回回亦思馬因創作巨石砲來獻用力省而所擊甚遠命送襄陽軍前用之十二月乙酉朔詔諸路府州司縣達魯花赤管民長官兼管諸軍奧魯丁亥立萬州等處驛以東平府民五萬餘戶復爲東平路辛丑諸王忽剌出拘括逃民高麗界中高麗達魯花赤上其事詔高麗之民猶未安集禁罷之遣宋議互市使者南歸戊午賜北平王南木合軍馬一萬二千九百九十一羊六萬一千五百三十一及諸王塔察兒軍幣帛辛亥宋將昝萬壽來攻成都簽省嚴忠範出戰失利退保子城同知王世英等八人棄城遁詔以邊城失守罪在主將世英雖遁與免其罪惟遣使縛忠範至京師癸丑陞拱衞司爲拱衞直都指揮使司是歲天下戶一百九十五萬五千八百八十賜先朝后妃及諸王金銀幣帛如歲例斷死罪三十九人建大聖壽萬安寺

元史卷八

明翰林學士亞中大夫知制誥兼修國史宋　濂等修

本紀第八

世祖五

十年春正月乙卯朔高麗國王王植遣其世子愖來朝戊午敕自今並以國字書宣命命忻都鄭溫洪茶丘征耽羅宿州萬戶愛先不花請築堡牛頭山以阨兩淮糧運不允愛先不花因言前宋人城五河統軍司臣皆當得罪今不築恐爲宋人所先帝曰汝言雖是若坐視宋人戍之罪亦不免也安南使者還言陳光昺受詔不拜中書移文責問光昺稱從本俗改回回愛薛所立京師醫藥院名廣惠司己未禁鷹坊擾民及陰陽圖讖等書癸亥阿里海牙等大攻樊城拔之守將呂文煥懼而請降中書省驛聞遣前所俘唐永堅持詔諭之丁卯立祕書監戊辰給皇子北平王甲一千置軍器永盈二庫分典弓矢甲冑庚午簽陝西探馬赤軍己卯川蜀省言宋昝萬壽攻成都也速帶兒所部騎兵征建都未還擬於京兆等路簽新軍六千爲援從之詔遣扎木呵押失寒崔杓持金十萬兩命諸王阿不合市藥獅子國壬午賞東川統軍合剌所部有功者合剌請於渠江之北雲門山及嘉陵西岸虎頭山立二戍以其圖來上仍乞益兵二萬詔給京兆新簽軍五千益之二月丙戌以皇后皇太子受冊寶遣太常卿合丹告於太廟丙申雲南羅羽酋長阿旭叛詔有司安集其民募能捕斬阿旭者賞之遣斷事官麥肖勾校川陝行省錢穀詔勘馬剌失里乞帶脫因劉源使緬國諭遣子弟近臣來朝高麗國王王植以王師征耽羅乞下令禁俘掠聽自製兵仗從之丁未宋京西安撫使知襄陽府呂文煥以城降三月甲寅朔詔申諭大司農司遣使巡行勸課務要農事有成乙丑敕樞密院以襄陽呂文煥率將吏赴闕熟券軍并城居之民仍居襄陽給其田牛生券軍分隸各萬戶翼文煥等發襄陽擇蒙古漢人有才力者護視以來丙寅帝御廣寒殿遣攝太尉中書右丞相安童授皇后弘吉剌氏玉冊玉寶遣攝太尉同知樞密院事伯顏授皇太子眞金玉冊金寶辛未以皇后皇太子受冊寶詔告天下劉整請教練水軍五六萬及於興元金洋州汴梁等處造船二千艘從之壬申分金齒國爲兩路癸酉客星青白如粉絮起畢度五車北復自文昌貫斗杓歷梗河至左攝提凡二十一日以前中書左丞相耶律鑄平章軍國重事中書左丞張惠爲中書右丞車駕幸上都西蜀嚴忠範以罪罷遣察不花等撫治軍民罷中興等處行中書省夏四月癸未朔阿里海牙以呂文煥入朝授文煥昭勇大將軍侍衞親軍都指揮使襄漢大都督賜其將校有差時將相大臣皆以聲罪南伐爲請驛召姚樞許衡徒單公履等問計公履對曰乘破竹之勢席卷三吳此其時矣帝然之詔罷河南等路行中書省以平章軍國重事史天澤平章政事阿朮參知政事阿里海牙行荊湖等路樞密院事鎭襄陽左丞相合丹參知行中書省事劉整山東都元帥塔出董文炳行淮西等路樞密院事守正陽天澤等陛辭詔諭以襄陽之南多有堡寨可乘機進取仍以鈔五千錠賜將士及賑新附軍民甲申免隆興路榷課三年丁酉敕南儒爲人掠賣者官贖爲民辛丑罷四川行省以鞏昌二十四處便宜總帥汪良臣行西川樞密院東川閬蓬廣安順慶夔府利州等路統軍使合剌行東川樞密院東川副統軍王仲仁同簽行樞密院事仍令汪良臣就率所部軍以往五月壬子朔定內外官復舊制三歲一遷甲寅禁無籍軍從大軍殺掠其願爲軍者聽戊辰詔天下獄囚除殺人者待報其餘一槩疎放限以八月內自至大都如期而至者皆赦之乙亥詔免民代輸簽軍戶絲銀及伐木夫戶賦稅負前朝官錢不能償者毋徵主守失陷官錢者杖而釋之陣亡軍及營繕工匠無丁產者量加廩給以雄易州復隸大都庚辰賞襄陽有功萬戶奧魯赤等銀鈔衣服有差六月乙酉賑諸王塔察兒部民饑丁亥以各路弓矢甲匠並隸軍器監免大都南京兩路賦役以紓民力賑甘州等處諸驛辛卯汰陝西貧難軍以劉整阿里海牙不相能分軍爲二各統之癸巳敕襄陽造戰船千艘甲午改資用庫爲利用監丁酉置光州等處招討司戊申經畧忻都等兵至耽羅撫定其地詔以失里伯爲耽羅國招討使尹邦寶副之陞拱衞直爲都指揮司使日本趙良弼至太宰府而還具以日本君臣爵號州郡名數風俗土宜來上閏月癸丑敕諸道造甲一萬弓五千給淮西行樞密院己巳罷東西兩川統軍司辛未以翰林院纂修國史敕采錄累朝事實以備編集丙子以平章政事賽典赤行省雲南統合剌章鴨赤赤科金齒茶罕章諸蠻賜銀二萬五千兩鈔五百錠秋七月辛巳以金州軍八百人及統軍司還成都忽朗吉軍千人隸東川壬午以修太廟將遷神主別殿遣兀魯忽奴帶張文謙祭告丙戌敕樞密院襄陽生券軍無妻子者發至京師仍益兵衞送其老疾者遣還家庚寅河南水發粟賑民饑仍免今年田租省西涼府入永昌路戊申高麗國王王植遣其順安公王悰同知樞密院事宋宗禮賀皇后皇太子受冊禮成八月庚戌朔前所釋諸路罪囚自至大都者凡二十二人並赦之甲寅鳳翔寶雞縣劉鐵妻一產三男復其家三年丁丑聖誕節高麗王王植遣其上將軍金詵來賀己卯賜襄陽生熟券軍冬衣有差九月辛巳遼東饑弛獵禁以合伯爲平章政事壬午立河南宣慰司供給荊湖淮西軍需甲申襄陽生券軍至大都詔伯顏諭之釋其械繫免死罪聽自立部伍俾征日本仍敕樞密院具鎧仗人各賜鈔娶妻於蒙古漢人內選可爲率領者丙戌劉秉忠姚樞王磐竇默徒單公履等上言許衡疾歸若以太子贊善王恂主國學庶幾衡之規模不致廢墜又請增置生員並從之秉忠等又奏置東宮宮師府詹事以次官屬三十八人戊子遣官詣荊湖行省差次有功將士禁京畿五百里內射獵己丑敕自今秋獵鹿豕先薦太廟壬辰中書省臣奏高麗王王植屢言小國地狹比歲荒歉其生券軍乞駐東京詔令營北京界仍敕東京路運米二萬石以賑高麗丁酉立正陽諸驛敕河南宣慰司運米三十萬石給淮西合荅軍仍給淮西京湖軍需有差壬寅敕會同館

專居降附之入覲者以翰林學士承旨和禮霍孫兼會同館事以主朝廷咨訪及降臣奏請征東招討使塔匣剌請征骨嵬部不允丙午置御藥院車駕至自上都給諸王塔察兒所部布萬疋冬十月乙卯享于太廟丙辰以西川編民東川義士軍屯田餉潼川青居戍兵敕伯顏和禮霍孫以史天澤姚樞所定新格參考行之庚申御史臺臣言沒入贓罰爲鈔一千三百錠詔有貧乏不能存者以此賑之有司斷死罪五十人詔加審覆其十三人因鬬毆殺人免死充軍餘令再三審覆以聞禁牧地縱火以合荅帶爲御史大夫陞襄陽府爲路罷廣寧府新簽軍初建正殿寢殿香閣周廡兩翼室西蜀都元帥也速荅兒與皇子奧魯赤合兵攻建都蠻擒酋長下濟等四人獲其民六百建都乃降詔賞將士有差十一月癸未命布只兒修起居注丁未大司農司言中書移文以畿內秋禾始收請禁農民覆耕恐妨芻牧帝以農事有益詔勿禁十二月己酉朔安童等言昔博赤伯都謂總管府權太重宜立運司并諸軍奧魯以分之臣以今之民官循例遷徙保無邪謀別立官府於民未便帝然之壬子賜襄樊被傷軍士鈔千錠甲寅宋夏貴攻正陽淮西行院擊走之壬戌召阿术同呂文煥入覲大司農司請罷西夏世官括諸色戶從之安南國王陳光昞遣使來貢方物諸王薛闍禿以罪從軍累戰皆捷召赴闕己巳省陝州虢略朱陽二縣入靈寶賜萬戶解汝楫銀萬五千兩諸王孛兀兒出率所部兵與皇子北平王合軍討叛臣聶古伯平之賞立功將士有差賜諸王金銀幣帛如歲例是歲諸路蟲蝻災五分霖雨害稼九分賑米凡五十四萬五千五百九十石天下戶一百九十六萬二千七百九十五

十一年春正月己卯朔宮闕告成帝始御正殿受皇太子諸王百官朝賀高麗國王王植遣其少卿李義孫等來賀兼奉歲貢乙酉以金州招討使欽察率襄陽生熟券軍千人戍鴨池庚寅初立軍官以功陞散官格免諸路軍雜賦以忙古帶等新舊軍一萬一千五百人戍建都立建都寧遠都護府兼領互市監壬辰置西蜀四川屯田經略司丁酉長春宮設周天金籙醮七晝夜敕荊湖行院以軍三萬水弩砲手五千隸淮西行院丙午彭德趙當道等以謀逆伏誅餘從者論罪有差立于闐鴉兒看兩城水驛十三沙州北陸驛二免于闐采玉工差役阿里海牙言荊襄自古用武之地漢水上流已爲我有順流長驅宋必可平阿术又言臣略地江淮備見宋兵弱於往昔今不取之時不能再帝趣召史天澤同議天澤對曰此國大事可命重臣一人如安童伯顏都督諸軍則四海混同可計日而待矣臣老矣如副將者猶足爲之帝曰伯顏可以任吾此事矣阿术阿里海牙因言我師南征必分爲三舊軍不足非益兵十萬不可詔中書省簽軍十萬人二月戊申朔賜阿术所部將士及茶罕章阿吉老耆等銀鈔有差甲寅太陰犯井宿庚申新德副元帥楊堯元戰沒以其子襲職初立儀鸞局掌宮門管鑰供帳燈燭壬申造戰船八百艘於汴梁以廉希憲爲中書右丞北京等處行中書省事車駕幸上都三月己卯詔以勸課農桑諭高麗國王王植仍命安撫高麗軍民總管洪茶丘提點農事己丑呂文煥隨司千戶陳炎謀叛誅首惡二人其隨司軍併其妻子皆令內徙庚寅敕鳳州經略使忻都高麗軍民總管洪茶丘等將屯田軍及女直軍并水軍合萬五千人戰船大小合九百艘征日本移碉門兵戍合荅城辛卯改荊湖淮西二行樞密院爲二行中書省伯顏史天澤竝爲左丞相阿术爲平章政事阿里海牙爲右丞呂文煥爲參知政事行中書省於荊湖合荅爲左丞相劉整爲左丞塔出董文炳爲參知政事行中書省於淮西遣使代祀嶽瀆后土河南宣慰司言軍與轉輸煩重宜賦軍匠諸戶權助財用從之癸巳獲嘉縣尹常德課最諸縣詔優賞之亦乞里帶强取民租產桑園廬舍墳墓分爲探馬赤軍牧地詔還其民萬戶阿里必嘗發李璮逆謀爲璮所殺以其子剌吉襲職改金州招討司爲萬戶府遣要速木咱興憨失招諭八魯國帝師八合思八歸土番國以其弟亦鄰眞襲位建大護國仁王寺成夏四月辛亥分陝西隴右諸州置提刑按察司治鞏昌癸丑初建東宮甲寅誅西京訛言惑衆者括諸路馬五萬匹辛未詔安慰幹端鴉兒看合失合兒等城賜襄樊戰死之士二百四十九人之家每家銀百兩乙亥命也速帶兒將千人同撒吉思所部五州丁壯戍益都五月丙戌汪惟正以所部軍逃亾乞於民站戶選補從之敕北京東京等路新簽軍恐不宜暑權駐上都乙未樞密院臣言舊制蒙古軍每十人月食糧者惟拔都二人今遣怯薛丹合丹覈其數多籍二千六百七十人敕杖合丹斥無入宿衞謫往西川效死軍中餘定罪有差丙申以皇女忽都魯揭里迷失下嫁高麗世子王愖辛丑敕隨路所簽新軍其戶絲銀均配於民者竝除之六月丙午朔劉整乞益甲仗及水弩手給之庚戌賜建都合馬里戰士銀鈔有差癸丑敕合荅選部下蒙古軍五千人與漢軍分戍沿江堡隘爲使傳往來之衞仍以古不來拔都翟文彬率兵萬人掠荊南鵶山以綴宋之西兵丙辰免上都隆興兩路簽軍庚申問罪於宋詔諭行中書省及蒙古漢軍萬戶千戶軍士曰爰自太祖皇帝以來與宋使介交通憲宗之世朕以藩職奉命南伐彼賈似道復遣宋京詣我請罷兵息民朕卽位之後追憶是言命郝經等奉書往聘蓋爲生靈計也而乃執之以致師出連年死傷相藉係累相屬皆彼宋自禍其民也襄陽旣降之後冀宋悔禍或起令圖而乃執迷罔有悛心所以問罪之師有不能已者今遣汝等水陸竝進布告遐邇使咸知之無辜之民初無預焉將士毋得妄加殺掠有去逆效順別立奇功者驗等第遷賞其或固拒不從及逆敵者俘戮何疑甲子分遣忙古帶八都百家奴率武衞軍南征丙寅以合剌合孫爲中書左丞崔斌參知政事仍行河南道宣慰司事敕有司閱覈延安新軍貧無力者免之戊辰監察御史言江淮未附將帥闕人今首用阿里海牙子忽失海牙劉整子垓素不知兵且缺人望宜依弟男例罷去從之秋七月乙亥朔敕山北遼東道提刑按察使兀魯失不花同參知政事廉希憲行省北京國王頭輦哥毋署事有大事則希憲等就議乙酉徙生券軍八十一人屯田和林癸巳高麗國王王植薨遣使以遺表來上且言世子愖孝謹可付後事敕同知上都留守司事張煥冊愖爲高麗國王乙未伯顏等陛辭帝諭之曰古之善取江南者唯曹彬一人汝能不殺是吾曹彬也興元鳳州民獻麥一莖四穗至七穗穀一莖三穗八月甲辰朔頒諸路立社稷壇壝儀式丁未史天澤言今大師方興荊湖淮西各置行省勢位旣不相下號令必不能一後當敗事帝是其言復改淮西行中書省爲行樞密院癸丑行中書省言江漢未下之州請令呂文煥率其麾下臨城諭之令彼知我寬仁善遇降將亦策之善者也從之甲寅弛河南軍器之禁辛未高麗王愖遣其樞密使朴璆來賀聖誕節詔太原新簽軍遠戍兩川誠可憫恤諭樞密院遣使分括稟粟給其家九月丙戌行中書省以大軍發襄陽檄諭宋州郡官吏將校士民癸巳師次鹽山距郢州二十里宋兵十餘萬當郢夾漢水城萬勝堡兩岸戰艦千艘鐵絙橫江貫大艦數十遏我舟師不得下惟黃家灣有溪經鵶子山入唐港可達于江宋又爲垻築堡其處駐兵守之繫舟數百與垻相依伯顏督諸軍攻拔之鑿垻挽舟入溪出唐港整列而進車駕至自上都冬十月己酉享于太廟庚申長河西千戶必剌沖剽掠甲仗集衆爲亂火你赤移戍未還副元帥覃澄率屬吏赴之帝曰澄不必獨往趣益兵三千付火你赤合力討之壬戌歲星犯壘壁陣乙丑伯顏督諸將破沙洋堡生擒守將串樓王翌日次新城總制黃順縋城降伯顏遣順招都統邊居義不出總管李庭破其外堡諸軍蟻附而登拔之居義自焚死辛未賜北平王南木合馬三萬羊十萬十一月庚辰斷死罪三十九人壬午勅西川行樞密院也速帶兒取嘉定府癸未符寶郎董文忠言比聞益都彰德妖人繼發其按察司達魯花赤及社長不能禁止宜令連坐詔行之乙酉軍次復州宋安撫使翟貴出降丁亥詔宋嘉定安撫昝萬壽及凡守城將校納款來降與避罪及背主叛亾者悉從原免癸巳東川元帥楊文安與青居山蒙古萬戶怯烈乃也只里等會兵達州直趣雲安軍至馬湖江與宋兵遇大破之遂拔雲安羅拱高陽城堡賜文安等金銀有差以香河荒地千頃置中衞屯伯顏遣萬戶帖木兒譯史阿里奏沙洋新城之捷且以新城總制黃順來見賜順黃金錦衣及細甲授湖北道宣慰使佩虎符敕京師盜詐者衆宜峻立治法召征日本忽敦忽察劉復亨三沒合等赴闕壬寅安童以阿合馬擅財賦權蠹國害民凡官屬所用非人請別加選擇其營作宮殿夤緣爲姦亦宜詰問帝命窮治之起閣南直大殿及東西殿增選樂工八百人隸教坊司十二月丙午伯顏大軍次漢口宋淮西制置使夏貴都統高文明劉儀以戰船萬艘分據諸隘都統王達守陽羅堡荊湖宣撫朱禩孫以游擊軍阨中流師不得進用千戶馬福言自漢口開垻引船會淪河口徑趨沙蕪遂入大江癸丑以諸路逃奴之無主者二千人隸行工部甲寅賞忻都等征耽羅功銀鈔幣帛有差乙卯阿里海牙督萬戶張弘範等攻武磯堡宋夏貴以兵來援阿术率萬戶晏徹兒等四翼軍對青山磯泊丙辰萬戶史格以一軍先渡爲宋荊鄂諸軍都統程鵬飛所敗總管史塔剌渾等率衆赴敵鵬飛敗走進軍沙州抵觀音山夏貴東走遂破武磯堡斬宋都統王達始達南岸追至鄂州南門而還丁巳伯顏登武磯山宋朱禩孫遁歸江陵己未師次鄂州宋直祕閣湖北提舉張晏然權知漢陽軍王儀知德安府來興國竝以城降程鵬飛以本軍降伯顏承制以宋鄂州民兵總制王該知鄂州事王儀來興國仍舊任撤其戍兵分隸諸軍下令禁侵暴凡逃民悉縱還之以阿里海牙兵四萬鎭

鄂漢伯顏阿朮將大軍水陸東下以侍衞親軍都指揮使禿滿帶爲諸軍殿以襄陽路總管賈居貞爲宣撫使商議行中書省事庚申淮西正陽火廬舍甲仗焚蕩無餘杖萬戶愛先不花等有差癸亥賜太一眞人李居素第一區仍賜額曰太一廣福萬壽宮行中書省以渡江捷聞敕縱呂文煥隨司軍悉還家割南陽盧氏縣隸嵩州置歸德永城縣長武縣省入涇川良原縣省入靈臺是歲天下戶一百九十六萬七千八百九十八諸路蝗蝝等蟲災凡九所民饑發米七萬五千四百一十五石粟四萬五百九十九石以賑之

十二年春正月癸酉朔高麗國王王禃遣其判閤事李信孫來賀及奉歲幣甲戌大軍次黃州宋沿江制置副使知黃州陳奕以城降伯顏承制授奕沿江大都督其子巖知漣州奕遣人以書諭之書至巖卽出降乙亥徙襄陽新民七百戶於河北東川副都元帥張德潤拔禮義城殺宋安撫使張資招降軍民千五百餘人繼遣元帥張桂孫略地俘總管郭武及都轄唐惠等六人以歸賜德潤金五十兩及西錦金鞍細甲弓矢部下將士鈔三百錠戊寅劉整卒安西王相府乞給鈔萬錠爲軍需勅以千錠給之癸未師次蘄州宋安撫使管景模以城降乙酉敕樞密院以納忽帶兒屯速帶兒所統戍軍及再簽登萊丁壯八百人付五州經略司其郯城十字路亦聽經略司節度丙戌大軍次江州宋江西安撫使知江州錢眞孫及淮西路六安軍曹明以城降丁亥樞密院臣言宋瀘郡加嘉定重慶江陵郢州漣海等處皆阻兵自守宜降璽書招諭從之宋知南康軍葉閶以城降敕以侍衞親軍指揮使札的失囊加帶將蒙古軍二千百家奴唐古忽兀兒將漢軍萬人赴蔡州禿滿帶賈怗古帶復將餘兵赴闕己丑遣伯朮唐永堅齎詔招諭郢州仍敕襄陽統軍司調兵三千人衞送永堅等還蒙古畏吾漢人十四人赴行中書省爲新附州郡民官庚寅遣左衞指揮副使鄭溫唐古帖木兒率衞軍萬人同札的失囊加帶戍黃州詔諭重慶府制置司并所屬州郡城寨官吏軍民舉城歸附壬辰以宣撫使賈居貞簽書行中書省事戍鄂州安南國使者還敕以舊制籍戶設達魯花赤簽軍立站輸租及歲貢等事諭之乙未遣兵部尙書廉希賢工部侍郎嚴忠範祕書監丞柴紫芝奉國書使于宋丁酉以萬家奴所募願爲軍者萬人南征己亥雲南總管信苴日石買等刺殺合刺章舍里威之爲亂者以金賞之命土魯至雲南趣阿魯帖木兒入覲以蠻夷未附者尙多命宣慰司兼行元帥府事並聽行省節度置郡縣尹長選廉能者任之置雲南諸路規措所以贍思丁爲使益衞送唐永堅兵永堅求拜都怗古帶偕行許之敕追諸王海都八剌金銀符三十四二月癸卯大軍次安慶府宋殿前都指揮使知安慶府范文虎以城降伯顏承制授文虎兩浙大都督甲辰以中書右丞博魯歡爲淮南都元帥中書右丞阿里左右副都元帥仍命阿里撒吉思等各部蒙古漢軍會邳州又發蘄宿戍兵將河南戰船千艘赴之遣必闍赤孛羅檢覈西夏榷課命開元宣撫司賑吉里迷新附饑民敕畏吾地春夏毋獵孕字野獸立后土祠于平陽之臨汾伏羲女媧舜湯河瀆等廟于河中解州洪洞趙城丙午大軍次池州宋權州事趙昂發自經死都統制張林以城降省西夏中興都轉運司入總管府議以中統鈔易宋交會并發蔡州鹽貿易藥材丁未禁無籍自效軍俘掠新附復業軍民戊申詔諭江黃鄂岳漢陽安慶等處歸附官吏士民軍匠僧道人等令農者就耒商者就塗士庶緇黃各安己業如或鎭守官吏妄有搔擾詣行中書省陳告史天澤卒召游顯楊庭訓赴闕賜陳言人霍昇張和鈔十錠俾從淮東元帥府南征庚戌遣禮部侍郎杜世忠兵部郎中何文著齎書使日本國辛亥遣同知濟南府事張漢英持詔諭淮東制置使李庭芝壬子洺磁路總管姜毅捕獲農民郝進等四人造妖言惑衆敕誅進餘減死流遠方宋都督賈似道遣計議宋京承宣使阮思聰詣行中書省請還已降州郡約貢歲幣伯顏使囊加帶同阮思聰還報命留宋京以待使謂似道曰未渡江時議貢議和則可今沿江諸郡皆已內屬欲和則當來面議也囊加帶還乃釋宋京以同簽樞密院事倪德政赴鄂州省治財賦癸丑御史臺臣劾前南京路總管田大成以其弟婦趙氏爲妻廢絕人倫敕杖八十三年不齒時大成已死惟市杖趙氏八十丙辰賞東征元帥府日本戰功錦絹弓矢鞍勒庚申遣塔不帶斡魯召鄂漢降臣張晏然等赴闕仍諭之曰朕省卿所奏云宋之權臣不踐舊約拘留使者實非宋主之罪儻蒙聖慈止罪擅命之臣不令趙氏乏祀者卿言良是卿既不忘舊主必能輔弼我家比卿奏上已遣伯顏按兵不進仍遣兵部尙書廉希賢等持書往使果能悔過來附旣往之愆朕復何究至於權臣賈似道尙無罪之之心況肯令趙氏乏祀乎若其執迷罔悛未然之事朕將何言天其鑒之辛酉以闊闊出率其部下軍千人及親附軍五百聽阿剌海牙節制凡湖南州縣及瀨水之民有來附者俾闊闊出統之拒敵不降者就爲招集詔令大洪山避兵民還歸漢陽復業農畝命阿剌海牙鎭守之復命阿失罕唐永堅棊公直等與脫烈將甲騎千人持詔招諭郢州大軍次丁家洲戰船蔽江而下宋賈似道分遣步帥孫虎臣及督府節制軍馬蘇劉義集兵船于江之南北岸似道與淮西制置使夏貴將後軍戰船二千五百餘艘橫亘江中翌日伯顏命左右翼萬戶率騎兵夾岸而進繼命舉巨砲擊之宋兵陣動夏貴先遁似道錯愕失措鳴鉦斥諸軍散宋兵遂大潰阿朮與鎭撫何瑋李庭等舟師及步騎追殺百五十里得船二千餘艘及軍資器仗督府圖籍符印似道東走揚州阿先不花言夏貴縱北軍岳全還稱欲內附宜降璽書招諭遂遣其甥胡應雷持詔往諭之甲子大軍次蕪湖縣宋江東運判知太平州孟之縉以城降都元帥博魯歡次海州知州丁順以城降乙丑阿里海牙言江陵宋巨鎭地居大江上流屯精兵不啻數十萬若非乘此破竹之勢取之江水泛溢鄂漢之城亦恐難守從其請仍降璽書遣使諭江陵府制置司及高達已下官吏軍民宋福州團練使知特摩道事農士貴率知那寡州農天或知阿吉州農昌成知上林州農道賢州縣三十有七戶十萬詣雲南行中書省請降丙寅樞密院言渡江初亳州萬戶史格毗陽萬戶石抹紹祖以輕進致敗乞罪之有旨或決罰降官或以戰功自贖其從行省裁處禁民間賭博犯者流之北地戊辰師次采石鎭知和州王善以城降都元帥博魯歡次漣州宋知州孫嗣武以城降己巳復遣伯朮唐永堅等宣諭郢州官吏士庶庚午大軍次建康府宋沿江制置使趙溍南走都統權兵馬司事徐王榮翁福茅世雄等及鎭軍曹旺以城降宋賈似道至揚州始遣總管段佑送國信使郝經劉人傑等來歸敕樞密院迎經等由水路赴闕詔安南國王陳光昞仍以舊制六事諭之趣其來朝命怯薛丹察罕不花侍儀副使闊思義眞人李德和代祀嶽瀆后土車駕幸上都三月壬申朔宋鎭江府馬軍總管石祖忠以城降行中書省分遣淮西行樞密院阿塔海駐京口宋誅殿帥韓震其部將李大明等二百人攜震母妻并諸子文[illegible]文焮自臨安來奔甲戌宋江陰軍僉判李世脩以城降乙亥諭樞密院比遣建都都元帥火你赤征長河西以副都元帥覃澄鎭守建都付以璽書安集其民仍敕安西王忙兀剌諸王只必帖木兒駙馬長吉分遣所部蒙古軍從西平王奧魯赤征吐蕃命萬執中唐永堅同前所遣阿失罕等將銳兵千人同往招諭郢州已降則鎭之不降則從陸路與阿里海牙忽不來會於荆南丙子國信使廉希賢等至建康傳旨令諸將各守營壘毋得妄有侵掠宋知滁州王文虎以城降戊寅賜皇子安西王幣帛八千匹絲萬斤己卯改平陰縣新鎭寨爲肥城縣隸濟寧府庚辰宋知寧國府顏紹卿以城降江東路得府二州五軍二縣四十三戶八十三萬一千八百五十二口一百九十一萬九千一百六甲申於中興路置懷遠靈武二縣分處新民四千八百餘戶丙戌宋常州安撫戴之泰通判王虎臣以城降國信使廉希賢嚴忠範等至宋廣德軍獨松關爲宋人所殺丁亥免諸路軍雜賦辛卯宋將高世傑復據岳州質知州孟之紹妻子又取復州降將翟貴妻子送之江陵世傑會郢復岳三州及上流諸軍戰船數千艘兵數萬人扼荆江口壬辰阿里海牙以軍屯于東岸世傑夜半遁去黎明至洞庭湖口兵船成列而陣阿里海牙督諸翼萬戶及水軍張榮實解汝楫等逐世傑于湖口之夾灘遣郎中張鼎召世傑世傑降阿里海牙以世傑招岳州孟之紹亦以城降以世傑力屈而降誅之賜北平王南木合所部馬二千一百八十羊三百癸巳敕郯城沂州十字路戍兵從博魯歡征淮南丙申側布蕃官稅昔礶州蕃官莊寮男車甲等率四十三族戶五千一百六十詣四川行樞密院來附戊戌遣山東路經略使王儼戍岳州庚子從王磐竇默等請分置翰林院專掌蒙古文字以翰林學士承旨撒的迷底里主之其翰林兼國史院仍舊纂修國史典制誥備顧問以翰林學士承旨兼修起居注和禮霍孫主之辛丑敕阿朮分兵取揚州夏四月壬寅朔賞討長河西必剌充有功者及陣亡者金銀鈔幣帛各有差乙巳改西夏中興道按察司爲隴右河西道丙午立漣州新城清河三驛阿里海牙駐軍江陵城南沙市攻其柵破之知荆門軍劉懋降丁未阿里海牙遣郎中張鼎齎詔入江陵宋荆湖制置朱禩孫湖北制置副使高達京西湖北提刑青陽夢炎李湜始出降阿里海牙入江陵分道遣使招諭未下州郡知峽州趙眞知歸州趙仔權豐州安撫毛浚常德府新城總制魯希文舊城權知府事周公明等悉以城降辛亥遣使招諭宋五郡鎭撫使呂文福使降甲寅諭中書省議立登聞鼓如爲人殺其父母兄弟夫婦寃無所訴聽其來擊其或以細事唐突者論如法辛酉宋郢州安撫趙孟復州安撫翟貴以城降宋

度支尚書吳浚移書建康徐王榮等述其丞相陳宜中語請罷兵通好伯顏遣中書議事官張羽淮西行院令史王章同宋來使馬馭持徐王榮復書至平江府驛亭悉爲宋所殺癸亥阿术師駐瓜洲距揚州四十五里宋淮東制置司盡焚城中廬舍遷其居民而去阿术創立樓櫓戰具以守之丙寅立尚牧監罷降臣丁順等衣服免京畿百姓今歲絲銀丁卯以大司農御史中丞孛羅爲御史大夫罷隨路巡行勸農官以其事入提刑按察司括諸寺闌遺人口庚午以高達爲參知政事仍詔慰諭之遣兵部郎中王世英刑部郎中蕭郁持詔召嗣漢四十代天師張宗演赴闕五月辛未朔阿里海牙以所俘童男女千人牛萬頭來獻樞密院言峽州宜以戰船扼其津要又郢復二州戍兵不足今擬襄陽等處選五千七百人隸行中書省聽阿里海牙調遣從之詔中書右丞廉希憲參知政事脫博忽爵禿花行中書省于江陵府阿里海牙還鄂州立襄陽至荊南三驛丁丑阿术立木柵于揚子橋斷淮東糧道且爲瓜州藩蔽庚辰詔諭參知政事高達曰昔我國家出征所獲城邑卽委而去之未嘗置兵戍守以此連年征伐不息夫爭國家者取其土地人民而已雖得土地而無民其誰與居今欲保守新附城壁使百姓安業力農蒙古人未之知也爾熟知其事宜加勉旃湖南州郡皆汝舊部曲未歸附者何以招懷生民何以安業聽汝爲之宋嘉定安撫昝萬壽遣部將李立奉書請降言累負罪愆乞加赦免詔遣使招諭之辛巳宋知辰州呂文興黃仙洞行隋州事傅安國仙人寨行均州事徐鼎知沅州文用圭知靖州康玉知房州李鑑等皆以城降荊南湖北路凡得府三州十一軍四縣五十七戶八十萬三千四百一十五口一百一十四萬三千八百六十丙戌以三衞新附生券軍赴八達山屯田丁亥召伯顏赴闕以蒙古萬戶阿剌罕權行中書省事遣肅州達魯花赤阿沙簽河西軍萬戶愛先不花違伯顏節制擅撤戍兵詔追奪符印使從軍自效淮東宣撫陳巖乞解官終喪三年不許申嚴屠牛馬之禁庚寅宋五郡鎮撫使呂文福來降壬辰宋都統制劉師勇殿帥張彥據常州癸巳諭高麗國王王禃招珍島餘黨之在耽羅者六月庚子朔日有食之宋嘉定安撫使昝萬壽以城降賜名順癸卯遣兩浙大都督范文虎持詔往諭安豐壽州招信五河等處鎮戍官吏軍民遣刑部侍郎伯术諭朱祺孫以年老多病不任朝謁權留大都無自疑懼諭廉希憲等元沒青陽夢炎李湜家貲如籍還之併徙其家赴都甲辰以萬戶阿剌罕爲行中書省參知政事獲知開州張章赦其罪章二子杜楫先來降以其子故免死敕失里伯史樞率襄陽熟券軍二千獵戶丁壯二千同范文虎招安豐軍各賜馬十匹其故嘗從丞相史天澤者十九人願宜勞軍中令從樞以行戊申簽平陽西京延安等路達魯花赤弟男爲軍辛亥賞諸王兀魯所部獲功建都者三十五人銀鈔有差定兀魯衞士人各馬二定從者一匹敕淮東元帥府發兵及鄂州戍兵與李璮舊部曲并前河南已簽軍萬人後免爲民者復籍爲兵並付行中書省戊午詔遣使招諭宋四川制置趙定應比者畢再興青陽夢炎赴闕面陳蜀閫事宜奏請緩師令自納款姑從所請今遣再興宣布大信若能順時達變可保富貴毋爲塗炭生靈自貽後悔庚申遣重慶府招討使畢再興持詔招諭宋合州節使張珏江安潼川安撫張朝宗涪州觀察陽立梁山軍防禦馬塈辛酉宋潼川安撫使知江安州梅應春以城降乙丑以漣海新附丁順等括船千艘送淮東都元帥府丙寅宋揚州都統姜才副將張林步騎二萬人乘夜攻揚子橋木柵守柵萬戶史弼來告急阿术自瓜洲以兵赴之詰旦至柵下才軍夾水爲陣阿术麾騎兵渡水擊之陣堅不動阿术軍引卻才軍來逼我軍與力戰才軍遂走阿术麾步騎並進大敗之才僅以身免生擒張林斬首萬八千級戊辰敕塔出率阿塔海也速帶兒兩軍赴漣水以遏攤爲耽羅國達魯花赤罷山東經略司秋七月庚午朔阿术集行省諸翼萬戶兵船于瓜洲阿塔海董文炳集行院諸翼萬戶兵船于西津渡宋沿江制置使趙溍樞密都承旨張世傑知泰州孫虎臣等陳舟師于焦山南北阿术分遣萬戶張弘範等以拔都兵船千艘西掠珠金沙辛未阿术阿塔海登南岸石公山指授諸軍水軍萬戶劉琛循江南岸東趣夾灘繞出敵後董文炳直抵焦山南麓以擣其右招討使劉國傑趣其左萬戶忽剌出擣其中張弘範自上流繼至趣焦山之北大戰自辰至午呼聲震天地乘風以火箭射其篛蓬宋師大敗世傑虎臣等皆遁走追至圌山獲黃鵠白鷂船數百艘宋人自是不復能軍翌日宋平江都統劉師勇殿帥張彥以兩浙制司軍至呂城復爲阿塔海行院兵所敗壬申簽雲南落落蒲納烘等處軍萬人隸行中書省癸酉太白犯井詔取茶罕章未附種落丁丑立衞州至揚村水驛五己卯增置燕南河北道提刑按察司以蔡州驛蒙古軍四百隸阿里海牙漢軍六百從萬戶宋都帶赴江西壬午遣使招宋淮安安撫使朱煥癸未詔遣使江南搜訪儒醫僧道陰陽人等敕左丞相伯顏率諸將直趣臨安右丞阿里海牙取湖南蒙古萬戶宋都帶漢軍萬戶武秀張榮實李恒兵部尚書呂師夔行都元帥府取江西罷淮西行樞密院以右丞阿塔海參政董文炳同署行中書省事辛卯太陰犯畢甲午遣使持詔招諭宋李庭芝及夏貴以伯顏爲中書右丞相阿术爲中書左丞相八月己亥免北京西京陝西等路今歲絲銀癸卯伯顏陛辭南行奉詔諭宋君臣相率來附則趙氏族屬可保無虞宗廟悉許如故授故奉使大理王君侯子如珪正八品官己未升任城縣爲濟州辛酉車駕至自上都丙寅高麗王王禃遣其樞密副使許珙將軍趙玨來賀聖誕節九月己巳太白犯少民庚午阿合馬等以軍興國用不足請復立都轉運司九量增課程元額鼓鑄鐵器官爲局賣禁私造銅器乙亥賞淸河新城戰士及死事者銀千兩鈔百錠賜西平王所部鴨城戍兵人馬三匹丁丑以襄陽官牛五千八百賜貧民弛河南獵馬之禁賜東西川屯戍蒙古軍糧鈔有差戊寅諭太常卿合丹去冬享太宮敕牲無用牛今其復之己卯太白犯太微西垣上將壬午阿术築灣頭堡乙酉罷襄陽統軍司甲午宋揚州都統姜才將步騎萬五千人攻灣頭堡阿术阿塔海擊敗之賞淮安招討使乞里迷失及有功將士錦衣銀鈔有差丙申以玉昔帖木兒爲御史大夫括江南諸郡書版及臨安祕書省乾坤寶典等書冬十月戊戌朔享于太廟辛丑弛北京義錦等處獵禁癸丑太陰犯畢十一月丁卯阿里海牙以軍攻潭州乙亥伯顏分軍爲三趣臨安阿剌罕率步騎自建康四安廣德以出獨松嶺董文炳率舟師循海趣許浦澉浦以至浙江伯顏阿塔海由中道節度諸軍期並會于臨安丙子宋權融宜欽三州總管岑從毅沿邊巡檢使廣西節制軍馬李維屏等詣雲南行中書省降丁丑阿合馬奏立諸路轉運司凡十一所己卯宋都帶等軍大隆興府宋江西轉運使知府劉槃以城降都元帥府檄諭江西諸郡相繼歸附得府州六軍四縣五十六戶一百五萬一千八百二十九口二百七萬六千四百壬午伯顏大軍至常州督諸軍登城四面並進拔其城劉師勇變服單騎南走改順天府爲保定府樞密院言兩都平灤獵戶新簽軍二千皆貧無力者宜存恤其家又新附郡縣有既降復叛及糾衆爲盜犯罪至死者既已款伏乞聽權宜處決皆從之中書省臣議斷死罪詔今後殺人者死問罪狀已白不必待時宜即行刑其奴婢殺主者具五刑論乙酉阿剌罕克廣德趣獨松關丙戌太陰犯軒轅大星己丑遣太常卿合丹以所獲塗金爵三獻于太廟庚寅伯顏遣降人游介實奉璽書副本使于宋仍以書諭宋大臣甲午以高麗國官制僭濫遣使諭旨凡省院臺部官名爵號與朝廷相類者改正之十二月戊戌塡星犯亢己亥簽書四川行樞密院事昝順言紹慶府施州南平及諸蠻呂告馬蒙阿永等有嚮化之心又播州安撫楊邦憲思州安撫田景賢未知逆順乞降詔使之自新並許世紹封爵從之辛丑董文炳軍次許浦宋都統制祁安以本軍降宋主爲書介國信副使嚴忠範姪煥請和甲辰伯顏次平江府宋都統王邦傑以城降乙巳免江陵等處今歲田租丁未改諸站提領司爲通政院戊申中書左丞相忽都帶兒與內外文武百寮及緇黃耆庶請上皇帝尊號曰憲天述道仁文義武大光孝皇帝皇后曰貞懿順聖昭天睿文光應皇后不許太陰犯畢庚子宋主復遣尚書夏士林右史陸秀夫奉書稱姪乞和西川滄溪知縣趙龍遣間使入宋敕流遠方籍其家癸亥敕樞密院靖州旣降復叛今已平定其遣張通判李信家屬并同叛者赴都甲子荅宋國主書令其來降丙寅阿剌罕軍次安吉州宋安撫使趙與可以城降升高麗東寧府爲路割江東南康路隸江西省置馬湖路總管府省重慶路隆化縣入南川灤州海山縣入昌黎縣復華州鄭縣是歲衞輝太原等路旱河間霖雨傷稼凡賑米三千七百四十八石粟二萬四千二百六石天下戶四百七十六萬四千七十七斷死罪六十八人

元史卷八考證

世祖聖德神功文武皇帝紀十二年二月戊辰知和州王善以城降○臣祖庚按宋史善作喜

元史卷九

明翰林學士亞中大夫知制誥兼修國史宋　濂等修

本紀第九

世祖六

十三年春正月丁卯朔克潭州宋安撫使李芾盡室自焚死阿里海牙分遣官屬招徠未附者旬日間湖南州郡相繼悉降得府一州六軍二縣四十戶五十六萬一千一百一十二口百五十三萬七千七百四十伯顏軍次嘉興府安撫劉漢傑以城降董文炳軍次乍浦宋統制官劉英以本軍降辛未董文炳軍至海鹽知縣事王與賢及澉浦鎮統制胡全福建路馬步軍總管沈世隆皆降壬申改都統領司爲通政院命兀良合帶等領之立回易庫于諸路凡十有一掌市易幣帛諸物敕大都路總管府和顧和買權豪與民均輸癸酉宋相陳宜中遣軍器監劉庭瑞賫宋主稱藩表章詣軍前稟議又致宜中等書于伯顏伯顏以書荅之乙亥詔諭四川制置使趙定應來朝從大都等路獵戶戍大洪山之東荷賫郎董文忠請貧病者勿從從之宋復遣監察御史劉岊賫宋主稱藩表至軍前且致書伯顏爲宗社生靈請命丙子賞合兒魯帶所部將士征建都功銀鈔鍛衣丁丑宋遣都統洪模賫陳宜中吳堅等書請俟宗長福王至同詣軍前戊寅伯顏以軍出嘉興府留萬戶忽都虎千戶王禿林察戍之劉漢傑仍爲其府安撫使辛巳命雲南行省給建都屯軍弓矢軍衣崇德縣宋逆侍郎劉庭瑞都統洪模來迓行都元帥府宋都帶言江西隆興建昌撫州等郡雖附而闕廣諸州尚阻兵乞增兵進討敕以襄漢軍四千俾將之壬午軍次長安鎮董文炳以兵來會宋陳宜中吳堅等違約不至癸未軍次臨平鎮甲申次高亭山阿剌罕以兵來會宋主遣其保康軍承宣使尹甫和州防禦使吉甫等賫傳國玉璽及降表詣軍前其辭曰大宋國主㬎謹百拜奉表于大元仁明神武皇帝陛下臣昨嘗遣侍郎柳岳正言洪雷震捧表馳詣闕庭敬伸卑悃伏計已徹聖聽臣眇焉幼沖遭家多難權奸似道背盟誤國臣不及知至于興師問罪宗社阽危生靈可念臣與太皇日夕憂懼非不欲遷辟以求兩全實以百萬生民之命寄臣之身今天命有歸臣將焉往惟是世傳之鎮寳不敢愛惜謹奉太皇命戒痛自貶損削帝號以兩浙福建江東西湖南北二廣四川見在州郡謹悉奉上聖朝爲宗社生靈祈哀請命欲望聖慈垂哀祖母太后耄及臥病數載臣煢煢在疚情有足矜不忍臣祖宗三百年宗社遽至殞絶曲賜裁處特與存全大元皇帝再生之德則趙氏子孫世世有賴不敢弭忘臣無任感天望聖激切屏營之至伯顏既受降表玉璽復遣囊加帶以趙尹甫賈餘慶等還臨安召宰相出議降事乙酉師次臨安北十五里囊加帶洪模以總管段佑來報宋陳宜中張世傑蘇劉義劉師勇等挾益廣二王出嘉會門渡浙江遁去惟太皇太后嗣君在宮伯顏亟使諭阿剌罕董文炳范文虎率諸軍先據守錢塘口以勁兵五千人追陳宜中等過浙江不及而還丙戌伯顏下令禁軍士入城違者以軍法從事遣呂文煥齎黃榜安諭臨安中外軍民俾按堵如故時宋三司衛兵白晝殺人張世傑部曲尤橫閭里小民乘時剽殺令下民大悅伯顏又遣宣撫程鵬飛計議孫鼎亨囊加帶洪君祥入宮安諭太皇謝氏丁亥雲南行省賽典赤以改定雲南諸路名號來上又言雲南貿易與中州不同鈔法實所未諳莫若以交會𧴩子公私通行庶爲民便並從之戊子中書省臣言王孝忠等以罪命往八荅山採寳玉自効道經沙州值火忽叛孝忠等自拔來歸令於瓜沙等處屯田從之大名路達魯花赤小鈐部坐姦贓伏誅沒其家宋主祖母謝氏遣其丞相吳堅文天祥樞密謝堂安撫賈餘慶中貴鄧惟善來見伯顏於明因寺伯顏顧文天祥舉動不常疑有異志遂令萬戶忙古帶宣撫唆都羈留軍中且以其降表不稱臣仍書宋號遣程鵬飛洪君祥偕來使賈餘慶復往易之己丑軍次湖州市遣千戶囊加帶省掾王祐齎傳國玉璽赴闕敕高麗國以有官子弟爲質中書省臣言賦民舊籍已有定額至元七年新括協濟合併戶爲數凡二十萬五千一百八十敕減今歲絲賦之半庚寅伯顏建大將旗鼓率左右翼萬戶巡臨安城觀潮浙江於是宋宗室大臣以次來見暮還湖州市辛卯張弘範孟祺程鵬飛齎所易宋主稱臣降表至軍前甲午復薊州平谷縣立隨路都轉運司仍詔諭諸處管民官以龕吉剌帶丑漢所部軍五百戍哈荅城不吉帶所部軍六百移戍建都其兀兒禿唐忽軍前在建都者並遣還翼穿濟州漕渠以眞定總管昔班爲中書右丞二月丁酉詔劉頡程德輝招淮西制置使夏貴己亥克臨江軍庚子宋主㬎率文武百僚詣祥曦殿望闕上表乞爲藩輔遣右丞相兼樞密使賈餘慶樞密使謝堂端明殿學士簽樞密院事家鉉翁端明殿學士同簽樞密院事劉岊奉表以聞宋主祖母太皇太后亦奉表及牋是日宋文武百司出臨安府詣行中書省各以其職行中書省承制以臨安爲兩浙大都督府都督忙古帶范文虎入城視事辛丑伯顏令張惠阿剌罕董文炳左右司官石天麟楊晦等入城取軍民錢穀之數閱實倉庫收百官誥命符印悉罷宋官府散免侍衛禁軍宋主㬎遣其右丞相賈餘慶等充祈請使詣闕請命右丞相命吳堅文天祥同行行中書省右丞相伯顏等以宋主㬎舉國內附具表稱賀兩浙路得府八州六軍一縣八十一戶二百九十八萬三千六百七十二口五百六十九萬二千六百五十丁未詔諭臨安新附府州司縣官吏士民軍卒人等曰間者行中書省右丞相伯顏遣使來奏宋母后幼主暨諸大臣百官已於正月十八日齎璽綬奉表降附朕惟自古降王必有朝覲之禮已遣使特往迎致爾等各守職業其勿妄生疑畏凡歸附前犯罪悉從原免公私逋欠不得徵理應抗拒王師及逃亡嘯聚者並赦其罪百官有司諸王邸第三學寺監祕省史館及禁衛諸司各宜安居所在山林河泊除巨木花果外餘物權免徵稅祕書省圖書太常寺祭器樂器法服樂工鹵簿儀衛宗正譜牒天文地理圖冊凡典故文字并戶口版籍盡仰收拾前代聖賢之後高尚儒醫僧道卜筮通曉天文曆數并山林隱逸名士仰所在官司具以名聞名山大川寺觀廟宇并前代名人遺迹不許拆毀鰥寡孤獨不能自存之人量加贍給伯顏就遣宋內侍王埜入宮收宋國袞冕圭璧符璽及宮中圖籍寶玩車輅輦乘鹵簿麾仗等物戊申立浙東西宣慰司於臨安以戶部尚書麥歸祕書監焦友直爲宣慰使吏部侍郎楊居寬同知宣慰司事並兼知臨安府事乙卯詔諭淮東制置使李庭芝淮西制置使夏貴及所轄州軍縣鎮官吏軍民丁巳命焦友直括宋祕書省禁書圖籍戊午祀先農東郊淮西制置夏貴以淮西諸郡來降唯鎮巢軍復叛貴遣使招之守將洪福殺其使貴親至城下福始降阿术斬之軍中淮西路得府二州六軍四縣三十四戶五十一萬三千八百二十七口一百二萬一千三百四十九庚申召伯顏偕宋君臣入朝辛酉車駕幸上都設資戒大會于順德府開元寺伯顏遣不伯周青招泉州蒲壽庚壽晟兄弟甲子董文炳唆都發宋隨朝文士劉褎然及三學諸生赴京師太學生徐應鑣父子四人同赴井死帝既平宋召宋諸將問曰爾等何降之易耶對曰宋有強臣賈似道擅國柄每優禮文士而獨輕武官臣等久積不平心離體解所以望風而送款也帝命董文忠荅之曰借使似道寳輕汝曹特似道一人之過耳且汝主何負焉正如所言則似道之輕汝也固宜三月丁卯命樞密副使張易兼知祕書監事伯顏入臨安遣郎中孟祺籍宋太廟四祖殿景靈宮禮樂器冊寶暨郊天儀仗及祕書省國子監國史院學士院太常寺圖書祭器樂器等物戊辰括江南已附州郡軍器甲戌阿术遣使報廬州夏貴已降文天祥自鎮江遁去追之弗獲荊湖南路行中書省言潭州既定湖南州郡降者相繼即分命諸將鎮守其地從之宋福王與芮自浙東至伯顏軍中以獨松關守將張濡嘗殺奉使廉希賢斬之籍其家乙亥伯顏等發臨安丁丑阿塔海阿剌罕董文炳詣宋主宮趣宋主㬎同太后入覲郎中孟祺奉詔宣讀至免繫頸牽羊之語太后全氏聞之泣謂宋主㬎曰荷天子聖慈活汝當望闕拜謝宋主㬎拜畢子母皆肩輿出宮唯太皇太后謝氏以疾留戊寅敕諸路儒戶通文學者三千八百九十並免其徭役其富實以儒戶避役者爲民貧乏者五百戶隸太常寺敕淮西廬州置總管萬戶府以中書右丞河南等路宣慰使合剌合孫襄陽管軍萬戶邸浹並行府事庚辰囊加帶以宋玉璽來上乙酉蘄吉袁南安四郡內附庚寅賜郡王瓜都銀印敕上都和顧和買並依大都例以中書右丞昔班爲戶部尚書閏月丙申置宣慰司於濟寧路掌印造交鈔供給江南軍儲以前西夏中興簽行中書省事暗都剌郎思大都路總管張守智並爲宣慰使東川行樞密院總帥汪惟正略地涪州克山寨谿洞凡二十有三所丁酉詔湖廣阿里海牙忽都帖木兒赴闕令脫撥忽魯禿花崔斌並留後鄂州辛亥命副樞張易遣宋降臣吳堅夏貴等赴上都戊午淮西萬戶府招降方山等六寨甲子禁西番僧持軍器以中書省左右司郎中郝禎參知政事夏四月乙丑朔阿术以宋高郵寶應嘗餽餉揚州遣蒙古軍將苦徹及史弼等守之別遣都元帥孛魯歡等攻泰州之新城丁卯賜諸王都魯金印戊辰以河南兵事未息開元路民饑並弛正月五月屠殺之禁庚午敕南商貿易京師者毋禁辛未行江西都元帥宋都帶以應詔儒生醫卜士鄭夢得等六人進敕隸祕書監丙子省東川行樞密院及成都經略司以其事入西川行院復石人山寨居民于信陽軍免大都醫戶至元十二年絲銀己卯以侍衛親軍征戍歲久放令還家期六月各歸其軍庚辰以水達達分地歲輸皮革自今並入上都壬午召嗣漢天師張宗演赴闕乙酉召昭文館大學士姚樞翰林學士王磐翰林

侍講學士徒單公履赴上都庚寅修太廟以北京行中書省廉希憲爲中書右丞行中書省事于荆南府五月乙未朔伯顏以宋主㬎至上都制授㬎開府儀同三司檢校大司徒封瀛國公以平宋遣官告天地祖宗於上都之近郊遣使代祀嶽瀆己亥伯顏請罷兩浙宣慰司以忙古帶范文虎仍行兩浙大都督府事從之庚子定度量壬寅宋三學生四十六人至京師癸卯復沂莒膠密寧海五州所括民爲防城軍者爲民免其租徭二年乙巳賜伯顏所部有功將校銀二萬四千六百兩阿朮遣總管陳傑攻拔泰州之新城遣萬戶烏馬兒守之以偪泰州丁未宋揚州都統姜才攻灣頭堡阿里別擊走之殺其步騎四百人右衞親軍千戶董士元戰死戊申宋馮都統等自眞州率兵二千戰船百艘襲瓜州阿朮遣萬戶昔里罕阿塔赤等出戰大敗之追至珠金沙得船七十七艘馮都統等赴水死改博州爲東昌路己酉括獵戶鷹坊戶爲兵乙卯靖州張州判及李信李發焚其城退保飛山新城行中書省發兵攻殺之徙其黨及家屬于大都宋江西制置黃萬石率其軍來附敕令入覲辛酉安西王相府請頒詔招合州張珏不從癸亥陞異樣局爲總管府秩三品六月甲子朔敕新附三衞兵之老弱者放還其家己巳以孔子五十三世孫曲阜縣尹孔治兼權主祀事命東征元帥府選襄陽生券軍五百充侍衞軍置行戶部于大名府掌印造交鈔通江南貿易庚午敕西京僧道也里可溫荅失蠻等有室家者與民一體輸賦辛未命阿里海牙出征廣西請益兵選軍三萬俾將之壬申罷兩浙大都督府立行尚書省於鄂州臨安設諸路宣慰司以行省官爲之並帶相衞其立行省者不立宣慰司甲戌以大明曆浸差命太子贊善王恂與江南日官置局更造新曆以樞密副使張易董其事易恂奏今之曆家徒知曆術罕明曆理宜得者儒如許衡者商訂詔衡赴京師宋揚州姜才夜率步騎數千趨丁村堡守將史弼苦徹出戰斬首百餘級獲馬四十匹詰旦阿里都督陳巖以灣頭堡兵邀其後伯顏察兒踵至所將皆阿朮麾下兵姜才軍遙望旗幟卽走遂大破之獲米五千餘石阿朮又以宋人高郵木路不通必由陸路餽運千戶也先忽都以千騎邀之數日米運果來殺負米卒數千獲米三千石戊寅詔作平金平宋錄及諸國臣服傳記仍命平章軍國重事耶律鑄監修國史戊子樞密院上言陳宜中張世傑聚兵福建以攻我師江西都元帥宋都帶求援命以安慶蘄黃等郡宿兵付宋都帶將之己丑宋都帶言福建魏天祐游義榮棄家來附以天祐爲管軍總管兼知邵武軍事義榮遙授建寧路同知克管軍千戶壬辰下詔招諭宋揚州制置李庭芝以大軍官及通泰眞滁高郵大小官員又詔諭陳宜中張世傑蘇劉義劉師勇等使降李庭芝留朱煥守揚州與姜才率步騎五千東走阿朮親率百餘騎馳去督右丞阿里萬戶劉國傑分道追及泰州西殺步卒千人庭芝等僅得入遂築長圍塹而守之阿朮獨當東南面斷其走路以戶部尚書張澍參知政事行中書省事于北京秋七月乙未行中書省左右司郎中孟祺以亾宋金玉寶及牌印來上命太府監收之丙申淮安寶應民流寓邳州者萬餘口聽還其家丁酉宋涪州觀察楊立子嗣榮請降詔招諭其父從之戊戌陞閬州爲保寧府敕山丹城直隸省部以達魯花赤行者仍領之壬寅以李庭出征賞其部將李承慶等鈔馬衣服甲仗有差乙巳朱煥以揚州降丁未詔諭廣西路靜江府等大小州城官吏使降甲寅賜諸王孛羅印以揚村至灣雜泊漕渠迴遠改從孫家務乙卯宋泰州守將孫良臣與李庭芝帳下卒劉發鄭俊開北門以降執李庭芝姜才繫揚州獄丙辰阿朮以總管烏馬兒等守泰州其通滁高郵等處相繼來附淮東路得州十六縣三十三戶五十四萬二千六百二十四口一百八萬三千二百一十七遣使持香幣祠嶽瀆后土以中書右丞阿里海牙爲平章政事簽書樞密院事淮東行樞密院別乞里迷失爲中書右丞參知政事董文炳爲中書左丞淮東左副都元帥塔出兩浙大都督范文虎江東江西大都督知江州呂師夔淮東淮西左副都元帥陳巖並參知政事八月己巳穿武清蒙村漕渠敕漢軍都元帥闊闊帶李庭將侍衞軍二千人西征陞漷陰縣爲漷州乙亥斬宋淮東制置使李庭芝都統姜才于揚州市庚辰罷襄陽統軍司車駕至自上都遣太常卿脫忽思以銅爵一豆二獻于太廟以四萬戶總管奥魯赤參知政事九月壬辰朔命國師益憐眞作佛事于太廟己亥享于太廟常饌外益野豕鹿羊蒲萄酒庚子命姚樞王磐選宋三學生之有實學者留京師餘聽還家辛丑遣廬州屯田軍四千轉漕重慶癸卯以平宋赦天下乙巳高麗國王王賰上參議中贊金方慶功授虎符丙午敕常德府歲貢包茅丁未諭西川行樞密院移檄重慶俾內附命有司濬沿淮城壘辛亥太白犯南斗甲寅太白入南斗乙卯以吐番合荅城爲寧遠府辛酉召宋宗臣鄂州教授趙與票赴闕設資戒會于京師阿朮入覲江淮及浙東西湖南北等路得府三十七州一百二十八關一監一縣七百三十三戶九百三十七萬四百七十二口千九百七十二萬一千一十五冬十月甲子以陳巖拔新城丁村功賜金五十兩部將劉忠等賜銀有差乙亥賜皇子北平王出征軍士貧乏者羊馬幣帛有差申明以良爲娼之禁丁亥兩浙宣撫使焦友直以臨安經籍圖畫陰陽祕書來上戊子淮西安撫使夏貴請入覲乞令其孫貽孫權領宣撫司事從之以淮東左副都元帥阿里爲平章政事河南等路宣慰使合剌合孫爲中書右丞兵部尚書王儀吏部尚書兼臨安府安撫使楊鎮河南河北道提刑按察使迷里忽辛並參知政事參知政事陳巖行中書省事于淮東十一月癸巳安西王所部軍克萬州丙午賜阿朮所部有功將士二百三十九人各銀二百五十兩西川行院忽敦言所部軍士久圍重慶逃亾者衆乞益軍一萬并降詔招誘逋民之在大良平者並從之壬子賜龍荅溫軍有功及死事者銀鈔有差癸丑併省內外諸司丁卯太陰犯塡星庚申敕管民及理財之官由中書銓調軍官由樞密院定議驟襄漢荆湖諸城南平招撫使兼知峽州事趙眞請降詔招諭夔州安撫張起巖從之高麗國王王賰遣其臣判祕書寺朱悅來告更名賰十二月辛卯朔熒惑掩鈎鈐以十四年曆日賜高麗丁卯改雲南羅葡甸爲元江府路辛未賜塔海所部戰士及死事者銀鈔有差賜忽不來等戰功十九人銀千二百兩壬申李思敬告運使姜毅所言悖妄指毅妻子爲證帝曰妻子豈爲證者耶詔勿問乙亥定江南所設官府辛巳以軍士圍守崇慶勞苦賜鈔六千錠庚寅詔諭浙東西江東西淮東西湖南北府州軍縣官吏軍民昔以萬戶千戶漁奪其民致令逃散今悉以人民歸之元籍州縣凡管軍將校及宋官吏有以勢力奪民田廬產業者俾各歸其主無主則以給附近人民之無生產者其田租商稅茶鹽酒醋金銀鐵冶竹貨湖泊課程從實辦之凡故宋繁冗科差聖節上供經總制錢等百有餘件悉除免之伯顏言張惠守宋府庫不俟命擅啟管鑰詔阿朮詰其事仍諭江之東西浙之東西淮之東西官吏等檢覈新舊錢穀除浙西浙東江西江東湖北五道宣慰使陞江陵爲上路瑞安府仍爲溫州龐州爲散府薊州復置豐閏縣陞臨洮渭源堡爲縣賜諸王金銀幣帛如歲例賜諸王乃蠻帶等羊馬價賞阿朮等戰功及賜降臣吳堅夏貴等銀鈔幣帛各有差賜伯顏阿朮等青鼠銀鼠黃猸只孫衣餘功臣賜豹裘獐裘及皮衣帽各有差是歲東平濟南泰安德州漣海清河平灤西京西三州以水旱缺食賑軍民站戶米二十二萬五千五百六十石粟四萬七千七百十二石鈔四千二百八十二錠有奇平陽路旱濟寧路及高麗瀋州水並免今年田租斷死罪三十四人

十四年春正月癸巳行都元帥府軍次廣東知循州劉興以城降丙申以江南平百姓疲於供軍免諸路今歲所納絲銀賜嗣漢天師張宗演演道靈應沖和眞人領江南諸路道教戊戌高麗金方慶等爲亂命高麗王治之仍命忻都洪茶丘飭兵禦備癸卯復立諸道提刑按察司甲辰命阿朮選鋭軍萬人赴闕丁未知梅州錢榮之以城降戊申賜三衞軍士之貧乏者八千三百五十二人各鈔二錠幣十匹己酉賜耶律鑄鈔千錠甲寅敕宋福王趙與芮家貲之在杭越者有司輦至京師付其家丙辰立建都羅羅斯四路守戍烏木等處並置官屬己未以白玉碧玉水晶爵六獻于太廟括上都隆興北京西京四路獵戶二千爲兵置江淮等路都轉運鹽使司及江淮榷茶都轉運使司命嗣漢天師張宗演修周天醮于長春宮宗演還江南以其弟子張留孫留京師二月辛酉命征東都元帥洪茶丘將兵二千赴上都壬戌瑞州安撫姚文龍率張文顯來降其家屬爲宋人所害賜文龍文顯等鈔有差癸亥彗星出東北長四尺餘甲子遣使代祀嶽瀆后土丙寅改安西王傅銅印爲銀印立永昌路山丹城等驛仍給鈔千錠爲本俾取息以給驛傳之須諸王只必鐵木兒言永昌路驛百二十五疲於供給質妻孥以應役詔賜鈔百八十錠贖還之丁卯荆湖北道宣慰使塔海拔歸州山寨四十七所戊辰祀先農東郊甲戌西川行院不花率衆數萬至重慶營浮屠關造梯衝將攻之其夜都統趙安以城降張珏艤船江中與其妻妾順流走涪州元帥張德潤以舟師邀之珏遂降車駕幸上都辛巳命北京選福住所統軍三百赴上都壬午隳吉撫二州城隆興濱西江姑存之仍選汀州軍馬守禦瑞金縣丙戌連州守過元龍已降復叛塔海將兵討之元龍棄城遁丁亥知南恩州陳堯道僉判林叔虎以城降詔以僧亢吉益怜眞加加瓦並爲江南總攝掌釋教除僧租賦禁擾寺宇者以大司農御史大夫宣慰使兼領侍儀司事孛羅爲樞密副使兼宣徽使領侍儀司事三月庚寅朔以冬無雨雪春澤未繼遣使問便民之事於翰林國史院耶律鑄姚樞王磐竇

獸等對曰足食之道唯節浮費靡穀之多無踰醪醴麴蘖況自周漢以來嘗有明禁祈賽神社費亦不貲宜一切禁止從之辛卯湖廣行中書省言廣西二十四郡並已內附議復行中書省于潭州置廣南西路宣撫司於靜江詔鄭鼎所將侍衞軍萬人還京師崔斌阿里海牙同駐靜江忽都鐵木兒鄭鼎同駐鄂漢賈居貞脫博忽魯禿花同駐潭州癸巳以行都水監兼行漕運司事甲午以鄭鼎所部軍士撫定靜江之勞命還家少休期六月赴上都乙未福建漳泉二郡蒲壽庚印德傅李珏李公度皆以城降丁酉括馬三萬二千二百六匹孕駒者還其主壬寅廣東肇慶府新封等州皆來降癸卯壽昌府張之綱以從叛棄市乙巳命中外軍民官所佩金銀符以色組繫於肩腋庶無褻瀆具爲令庚戌建寧府通判郭纘以城降黃州歸附官史勝入覲以所部將校于躍等三十一人戰功聞命官之簽書東西川行樞密院事昝順言比遣同知隆州事趙孟烯齎詔招諭南平軍都掌蠻羅計蠻及鳳凰中壠羅韋高崖等四砦皆降田楊二家豕鶩夷民亦各遣使納款壬子寶應軍人施福殺其守將降于淮東都元帥府詔以福爲千戶佩金符癸丑命汪惟正自東川移鎭鞏昌行中書省承制以閬浙溫處台福泉汀漳劒建寧邵武興化等郡降官各治其郡潭州行省遣使上言廣南西路慶遠鬱林昭賀藤梧融賓柳象邕廉容貴潯皆降得府一州十四復立襄陽府襄陽縣平章政事浙西道宣慰使阿塔海爲平章政事行中書省事於江淮郡王合荅爲平章政事行中書省事於北京夏四月甲子宋特磨道將軍農士貴知安平州李惟屛知來安州岑從毅等以所屬州縣溪洞百四十七戶二十五萬六千來附癸酉省各路轉運司事入總管府設鹽轉運司四置榷場於碉門黎州與吐蕃貿易丙子召安撫趙與可宣撫陳巖入覲丙戌禁江南行用銅錢均州復立南漳縣五月癸巳申嚴大都酒禁犯者籍其家貲散之貧民辛丑千戶合剌合孫死於渾都海之戰命其子忽都帶兒襲職癸卯改廣南西路宣撫司爲宣慰司廣西欽橫二州改立安撫司各道提刑按察司兼勸農事敕江南歸附官三品以上者遣質子一人入侍西番長阿立丁甯占等三十一族來附得戶四萬七百丙子融州安撫使譚昌謀爲不軌伏誅辛亥以河南山東水旱除河泊課聽民自漁乙卯選蒙古漢軍相參宿衞詔諭思州安撫使田景賢又詔諭瀘州西南番蠻王阿永筠連騰串等處諸族蠻夷使其來附命眞人李德和代祀濟瀆六月丙寅涪州安撫陽立及其子嗣榮相繼來附命立爲夔路安撫使嗣榮爲管軍總管並佩虎符仍賜鈔百錠壬寅賞征廣戰死之家銀各五十兩丁丑置尚膳院秩三品以提點尚食尚藥局忽林失爲尚膳使其屬司有七庚辰賞陽立所部戰士鈔千錠甲申荆湖北道宣慰使黑的得諜者言夔府將出兵攻荆南諭陽立等與塔海會兵禦之丁亥陞崇明沙爲崇明州以行省參政行江東道宣慰使阿剌罕爲中書左丞行江東道宣慰使湖北道宣慰使奧魯赤參知政事行湖北道宣慰使秋七月戊子朔罷大名濟寧印鈔局壬辰敕犯盜者皆棄市符寶郎董文忠言盜有强竊贓有多寡似難悉寘于法帝然其言遽命止之丁酉敕自今非佩符使臣及軍情急速不聽乘傳戊戌申禁羊馬羣之在北者八月內毋縱出北口諸隘踐食京畿之禾犯者沒其畜癸卯諸王昔里吉劫北平王于阿力麻里之地械繫右丞相安童誘脅諸王以叛使通好于海都海都弗納東道諸王亦弗從遂率西道諸王至和林城北詔右丞相伯顏帥軍往禦之諸王忽魯帶率其屬來歸與右丞相伯顏等軍合丙午置行御史臺于揚州以都元帥相威爲御史大夫置八道提刑按察司戊申東川都元帥張德潤等攻取涪州大敗之擒安撫程聰程廣置行中書省于江西以參知政事行江西宣慰使塔出爲右丞參知政事行江西宣慰使麥朮丁爲左丞淮東宣慰使徹里帖木兒江東宣慰使張榮實江西宣慰使李恒招討使也的迷失萬戶昔里門荆湖路宣撫使程鵬飛閩廣大都督兵馬招討使蒲壽庚並參知政事行江西省事壬子榷大都商稅丁巳湖北宣慰司調兵攻司空山復壽昌黃州二郡賜平宋將帥軍士及簡州軍士廣西死事者銀鈔各有差回水窩渦聖廣源王加封善佑常山靈濟昭應王加封廣惠安丘雹泉靈霈侯追封靈霈公以參知政事行江東道宣慰使呂文煥爲中書左丞八月戊午朔詔不花行院西川丁卯成都路倉收羨餘五千石按察司已治其罪命以其米就給西川兵辛未常德府總管魯希文與李三俊結搆爲亂事覺命行省誅之車駕畋于上都之北九月壬申製鑌鐵海青圓符丙申廣南東路廣連韶德慶惠潮南雄英德等郡皆內附甲辰福建行省以宋二王在其疆境調都督忙兀帶招討高興領兵討之昂吉兒忻都唐兀帶等引兵攻司空山寨破之殺張德興執其三子以歸壬子福建路宣慰使行征南都元帥唆都遣招討使百家奴丁廣取建寧之崇安等縣及南劒州冬十月丙辰朔日有食之己未享于太廟庚申湖北宣慰使塔海略地至夔府之太原坪禽其將誅之辛酉弛蓋州獵禁乙亥以宋張世傑文天祥猶未降命阿塔海選銳兵防遏隆興諸城禁無籍軍隨大軍剽掠者勿過關渡己卯降臣郭曉魏象祖入覲賜幣帛有差壬午置宣慰司于黃州甲申播州安撫使楊邦憲言本族自唐至宋世守此土將五百年昨奉旨許令仍舊乞降璽書從之以行省參政忽都帖木兒脫博忽魯禿花崔斌並爲中書左丞鄂州總管府達魯花赤張鼎湖北道宣慰使賈居貞並參知政事十一月戊子樞密院臣言宋文天祥與其徒趙孟濙同起兵行中書發兵攻之殺孟濙天祥僅以身免詔以其妻孥赴京師右副都元帥張德潤上涪州功賜鈔千錠乙未凡僞造寶鈔同情者並處死分用者減死杖之具爲令庚子命中書省檄諭中外江南既平宋宜曰亾宋行在宜曰杭州以吏部尚書別都魯丁參知政事十二月丙辰置中灤唐村淇門驛丁卯以大都物價翔踴發官廩萬石賑糶貧民庚午梁山軍袁世安以其城及金石城軍民來降壬申潭州行省復祁陽縣斬首賊羅飛餘黨悉平乙亥都元帥楊文安攻咸淳府克之以十五年曆日賜高麗國以參議中書省事耿仁參知政事冠州及永年縣水免今年田租導任河復民田三千餘頃賜諸王金銀幣帛等物如歲例賜諸王也不干燕帖木兒等五百二十九人羊馬價鈔八千四百五十二錠賞拜荅兒等千三百五十五人戰功金百兩銀萬五千一百兩鈔百三十錠及納失失金素幣帛貂鼠豹裘衣帽有差是歲賑東平濟南等郡饑民米二萬一千六百十七石粟二萬八千六百十三石鈔萬一百十二錠斷死罪三十二人

元史卷九考證

十三年十二月丁卯改雲南蘿蔔甸爲元江府路○臣祖庚按滇志蘿蔔作蘿槃

元史卷十

明翰林學士亞中大夫知制誥兼修國史宋　濂等修

本紀第十

世祖七

十五年春正月辛卯阿老瓦丁將兵戍斡端給米三千石鈔三十錠以千戶鄭郡有戰功陞萬戶佩虎符癸巳西京饑發粟一萬石賑之仍諭阿合馬廣貯積以備闕乏順德府總管張文煥太原府達魯花赤太不花以按察司發其姦贓遣人詣省自首反以罪誣按察司御史臺臣奏按察司設果有罪不應因事而告宜待文煥等事決方聽其訴從之己亥收括闌遺官也先闊闊帶等坐易官馬闌遺人畜免其罪以諸路州縣管民官兼領其事官吏隱匿及擅易馬匹私配婦人者沒其家禁官吏軍民賣所娶江南良家子女及爲娼者賣買者兩罪之官沒其直人復爲良賜潤州長興縣金沙泉名爲瑞應泉金沙泉不常出唐時用此水造紫筍茶進貢有司具牲幣祭之始得水事訖輒涸宋末屢加浚治泉迄不出至是中書省遣官致祭一夕水溢可溉田千畝安撫司以事聞故賜今名封磁州神崔府君爲齊聖廣佑王壬寅弛女直水達達酒禁丙午安西王相府言萬戶禿滿答兒郝札剌不花等攻克瀘州斬其主將王世昌李都統戊申從阿合馬請自今御史臺非白于省毋擅召倉庫吏亦毋究錢穀數及集議中書不至者罪之授宋福王趙與芮金紫光祿大夫檢校大司農平原郡公庚戌東川副都元帥張德閏大敗涪州兵斬州將王明及其子忠訓總轄韓文廣張遇春詔軍官不能撫治軍士及役擾致逃亡者沒其家貲之半以阿你哥爲大司徒兼領將作院二月戊午祀先農蒙古胄子代耕藉田癸亥咸淳府等郡及良平民戶饑以鈔千錠賑之命平章政事阿塔海阿里選擇江南廉能之官去其冗員與不勝任者復立河中府萬泉縣辛未以川蜀地多嵐瘴弛酒禁丁丑熒惑犯天街庚辰征別十八里軍士免其徭役壬午參知政事福建路宣慰使唆都率師攻潮州破之置太史院命太子贊善王恂掌院事工部郎中郭守敬副之集賢大學士兼國子祭酒許衡領焉改華亭縣爲松江府遣使代祀嶽瀆以參知政事夏貴范文虎陳巖並爲中書左丞黃州路宣慰使唐兀帶史弼並參知政事三月乙酉詔蒙古帶唆都蒲壽庚行中書省事于福州鎭撫瀕海諸郡以沿海經略副使合剌帶領舟師南征陞經略使兼左副都元帥佩虎符丁亥太陰犯太

白戊子太陰犯熒惑己丑行中書省請考覈行御史臺文卷不從甲午西川行樞密院招降西蜀重慶等處得府三州六軍一監一縣二十冊四十蠻夷一乙未宋廣王昺遣倪堅以表來上令俟命大都命揚州行省選鐵木兒不花所部兵助隆興進討丁酉命塔海毀夔府城壁戊戌劉宗純據德慶府梧州萬戶朱國寶攻之焚其寨柵遂拔德慶詔中書左丞呂文煥遣官招宋生熟券軍堪爲軍者月給錢糧不堪者給牛屯田庚子漢軍都元帥李庭自願將兵擊張世傑從之西川行樞密院招宜勝土恢等城及石榴寨相繼來降壬寅以諸路歲比不登免今年田租絲銀癸卯都元帥楊文安遣兵攻克紹慶執其郡守鮮龍命斬之乙巳廣南西道宣慰司遣管軍總管崔永千戶劉潭王德用招降雷化高三州即以永等鎮守之宋張世傑蘇劉義挾廣王昺奔碙洲參知政事密立忽辛張守智竝行大司農司事夏四月乙卯命元帥劉國傑將萬人北征賜將士鈔二萬六百七十一錠修會川縣盤古王祠祀之丙辰詔以雲南境土曠遠未降者多簽軍萬人進討戊午以江南土寇竊發人心未安命行中書省左丞夏貴等分道撫治軍民檢覈錢穀察郡縣被旱災甚者吏廉能者舉以聞其貪殘不勝任者劾罷之甲子命不花留鎮西川汪惟正率獲功蒙古漢軍官及降臣入覲大都巡軍之戍西川者遣還立雲南湖南二轉運司以時雨霑足稍弛酒禁民之衰疾飲藥者官爲醞釀量給之辛未置光祿寺以同知宣徽院事禿剌鐵木兒爲光祿卿廣州張鎮孫叛犯廣州守將張雄飛棄城走出兵臨之鎮孫乞降命遣鎮孫及其妻赴京師丁丑雲南行省招降臨安白衣和泥分地城寨一百九所威楚金齒落落分地城寨軍民三萬二千二百禿老蠻高州筠連州等城寨十九所庚辰以許衡言遣使至杭州等處取在官書籍版刻至京師壬午立行中書省于建康府中書左丞崔斌言比以江南官冗委任非人命阿里等沙汰之而阿合馬溺於私愛一門子弟立爲要官詔竝黜之又言阿老瓦丁臺臣劾其侵欺官錢事猶未竟今復授江淮參政不可詔止其行敕自今罷免之官宰執爲宣慰宣慰爲路官路官爲州官淮浙鹽課直隸行省宣慰司官勿預改北京行省爲宣慰司追江南工匠官虎符五月癸未詔諭翰林學士和禮霍孫今後進用宰執及主兵重臣其與儒臣老者同議乙酉行中書言近討邵武建昌吉撫等巖洞山寨獲聶大老戴巽子餘黨皆下獨張世傑據碙洲攻

傍郡未易平擬遣宣慰使史格進討詔以也速海牙總制之敕主兵官若已擢授其舊職宜別授有功者勿復以子孫承襲申嚴無籍軍虜掠及傭奴代軍之禁甲午諸職官犯罪受宣者聞奏受敕者從行臺處之受省札者按察司治之其宣慰司官吏姦邪非違及文移案牘從本道提刑按察司磨刷應有死罪有司勘問明白提刑按察司審覆無冤依例結案類奏待命自行中書以下應行公務小事限七日中事十五日大事三十日選江南銳軍爲侍衛親軍乙未以烏蒙路隸雲南行省仍詔諭烏蒙路總管阿牟置立站驛修治道路其一應事務竝聽行省平章賽典赤節制立川蜀水驛自敘州達荊南府己亥江東道按察使阿八赤求江東宣慰使呂文煥金銀器皿及宅舍子女不獲誣其私匿兵仗詔行臺大夫相威詰之事白免阿八赤官辛亥制授張留孫江南諸路道教都提點賜拱衛司官及其所部四百五十人鈔二千六十錠六月乙卯改西蕃李唐城爲李唐州庚申敕博兒赤答剌赤及司糧司幣等官竝勿授符已授者收之壬戌賜瀘州降臣薛旺等鈔有差丙寅以江南防拓關隘一十三所設官太冗選軍民官廉能者各一人分領陞濟南府爲濟南路降西涼府爲西涼州丁卯置甘州和糴提舉司以備給軍餉賑貧民甲戌詔汰江南冗官江南元設淮東湖南隆興福建四省以隆興併入福建其宣慰司十一道除額設員數外餘竝罷去仍削去各官舊帶相銜罷茶運司及營田司以其事隸本道宣慰司罷漕運司以其事隸行中書省各路總管府依驗戶數多寡以上中下三等設官宋故官應入仕者付吏部錄用以史塔剌渾唐兀帶驟陞執政忙古帶任無爲軍達魯花赤復遙領黃州宣慰使竝罷之時淮西宣慰使昂吉兒入覲言江南官吏太冗故有是命帝諭昂吉兒曰宰相明天道察地理盡人事能兼此三者乃爲稱職爾縱有功宰相非可覬者回回人中阿合馬才任宰相阿里年少亦精敏南人如呂文煥范文虎率衆來歸或可以相位處之又顧謂左右曰汝可諭姚樞等江南官吏太冗此卿輩所知而皆未嘗言昂吉兒乃爲朕言之近侍劉鐵木兒因言阿里海牙屬吏張鼎今亦參知政事詔即罷去遂命平章政事哈伯等論中書省樞密院御史臺翰林院及諸南儒今爲宰相宣慰及各路達魯花赤佩虎符者俱多謬濫其議所以減汰之者凡小大政事順民之心所欲者行之所不欲者罷之乙亥敕省院臺諸司應聞奏事必由起居注丁丑太

廟殿柱朽腐命太常少卿伯麻思告于太室乃易之戊寅全州西延溪洞猺蠻二十所內附己卯發蒙古軍千人從江東宣慰使張弘範由海道討宋餘衆參知政事蒙古帶請頒詔招宋廣王昺及張世傑等不從庚辰處州張三八章焱季文龍等爲亂行省遣宣慰使謁只里率兵討之辛巳達實都收括中興等路闌遺安南國王陳光昞遣使奉表來貢秋七月壬午朔湖南制置張烈良提刑劉應龍與周隆賀十二起兵行省調兵往討獲周隆賀十二斬之烈良等舉家及餘兵奔思州烏羅洞爲官軍所襲二人皆戰死甲申賜親王愛牙赤所部建都戍軍貧乏者鈔千二百七十七錠行御史臺增設監察御史四員江南湖北道嶺南廣西道福建廣東道竝增設提刑按察司乙酉改江南諸路總管府爲散府者七爲州者一散府爲州者二丙戌以江南事繁行省官未有知書者恐於吏治非便分命崔斌至揚州行省張守智至潭州行省丁亥詔虎符舊用畏吾字今易以國字癸巳以塔海征夔軍旅之還戍者及揚州江西舟師悉付水軍萬戶張榮實將之守禦江口丙申以右丞塔出呂師夔參知政事賈居貞行中書省事于贛州福建江西廣東皆隸焉丁酉賜江西軍與張世傑力戰者三十人各銀五十兩以江西參知政事李恆爲都元帥將蒙古漢軍征廣命揚州行中書省分軍三千付李恆復上都守城軍二千人爲民壬寅改鑄高麗王王賰駙馬印丙午改開元宣撫司爲宣慰司太倉爲御廩資成庫爲尚用監皮貨局入總管府定江南俸祿職田戊申濮州蝗己酉禁使人經行納憐驛辛亥改京兆府爲安西府詔江南浙西等處毋非理征科擾民建漢祖天師正一祠於京城以參知政事李恆爲蒙古漢軍都元帥忙古帶爲福建路宣慰使張榮實張鼎竝爲湖北道宣慰使也的迷失爲招討使八月壬子朔追毀宋故官所受告身以嘉定重慶夔府既平還侍衛親軍歸本司遣禮部尚書柴椿等使安南國詔切責之仍俾其來朝丁巳沿海經略司行左副都元帥劉深言福州安撫使王積翁既已降附復通謀於張世傑積翁上言兵力單弱若不暫從恐爲闔郡生靈之患詔原其罪壬戌有首高興匿宋金者詔置勿問兩淮運糧五萬石賑泉州軍民乙丑濟南總管張宏以代輸民賦嘗貸阿里阿答赤等銀五百五十錠不能償詔依例停徵辛未復給漳州安撫使沈世隆家貲世隆前守建寧府有郭贊者受張世傑檄誘世隆世隆執贊斬之蒙古帶以世隆擅殺籍其家

帝曰世隆何罪其還之仍授本路管民總管中書省臣言近有旨追諸路管民官所授金虎符其江南路臣宜仍所授從之制封泉州神女號護國明著靈惠協正善慶顯濟天妃甲戌安西王相府言川蜀悉平城邑山寨洞穴凡八十三其渠州禮義城等處凡三十三所宜以兵鎮守餘悉徹毀從之己卯復立提刑按察司于畏吾兒分地庚辰以四川平勞賞軍士鈔二萬一千三百三十九錠辛巳陞洺磁爲廣平府路監察御史韓昺劾同知大都路總管府事舍里甫丁毆部民至死詔杖之免其官仍籍沒家貲十之二詔行中書省唆都蒲壽庚等曰諸蕃國列居東南島砦者皆有慕義之心可因蕃舶諸人宣布朕意誠能來朝朕將寵禮之其往來互市各從所欲詔諭軍前及行省以下官吏撫治百姓務農樂業軍民官毋得占據民產抑良爲奴以中書左丞董文炳簽書樞密院事參知政事唆都蒲壽庚竝爲中書左丞九月壬午朔敕以總管張子良所簽軍二千二百人爲侍衛軍俾張亨陳瑾領之癸未省東西川行樞密院其成都潼川重慶利州四處皆設宣慰司詔分揀諸路所括軍驗事力乏絕者爲民其恃權豪避役者復爲兵所遺分揀官及本府州縣官能核正無枉者陞爵一級又減至元九年所括三萬軍半以爲民其商戶餘丁軍竝除之戊子以征東元帥府治東京庚寅詔信達魯花赤李海剌孫言願同張弘略取宋二王調漢軍水軍俾將之以中書左丞行江東道宣慰呂文煥爲中書右丞冬十月己未享于太廟常設牢醴外益以羊鹿豕蒲萄酒庚申車駕至自上都辛酉賑別十八里日忽思等饑民鈔二千五百錠分夔府漢軍二千新軍一千付塔海將之賜合荅乞帶軍士馬價幣帛二千匹其軍士力戰者賞賚有差乙丑正一祠成詔張留孫居之丁卯弛山場樵採之禁己巳趣行省造海船付烏馬兒張弘範增兵四千俾將之庚午敕御史臺凡軍官私役軍士者視數多寡定其罪詔河西西京南京西川北京等處宣慰司案牘宜依江南近例令按察司磨照移河南河北道提刑按察司治南京御史臺臣言失里伯之弟阿剌與王權府等俘掠良民失里伯縱弗問及遣御史掾詰問不伏詔執而鞫之十一月庚辰朔襄陽萬戶府言李均收撫大洪山寨爲宋朱統制所害命賜銀千兩賙其家丁亥以辰沅靖鎮遠等郡與蠻獠接壤民不安業命塔海程鵬飛竝爲荊湖北道宣慰使置司常德路餘官屬留荊南府供給糧食軍需壬辰江東道宣慰使囊加帶

言江南既平兵民宜各置官屬蒙古軍宜分屯大河南北以餘丁編立部伍絕其虜掠之患分揀官僚本以革阿合馬濫設之弊其將校立功者例行沙汰何以勸後新附軍士宜令行省賜其衣糧無使闕乏帝嘉納之徵宋相馬廷鸞章鑑赴闕甲午開酒禁復阿合馬子忽辛阿散先等官始忽辛等以崔斌論列而免至是以張惠請故復之惠又請復其子麻速忽及其姪別都魯丁苫思丁前職帝疑惠不從敕已除官僚不之任者除名爲農丁酉召陳巖入覲己亥貸侍衛軍屯田者鈔二千錠市牛具辛丑建寧政和縣人黃華集鹽夫聯絡建寧括蒼及畬民婦自稱許夫人爲亂詔調兵討之丁未行中書省自揚州移治杭州立淮東宣慰司于揚州以阿剌罕爲宣慰使詔諭沿海官司通日本國人市舶以參知政事程鵬飛行荊湖北道宣慰使閏月庚戌荊羅氏鬼國主阿榨西南蕃主韋昌盛並內附詔阿榨韋昌盛各爲其地安撫使佩虎符辛亥太白熒惑塡星聚于房甲寅幸光祿寺丙辰詔禿魯赤同潭州行省官一員察戍還病軍所過州縣不加顧恤者按之甲子發蒙古漢軍都元帥張弘範攻漳州得山寨百五十戶百萬一是日諜報文天祥見屯潮陽港亟遣先鋒張弘正總管囊加帶率輕騎五百人追及于五坡嶺麓中大敗之斬首七千餘執文天祥及其將校四人赴都十二月己卯簽書西川行樞密院昝順招誘都掌蠻夷及其屬百一十人內附以其長阿永爲西南番蠻安撫使得蘭紐爲都掌蠻安撫使賜虎符餘授宣敕金銀符有差庚辰思州安撫使田景賢播州安撫使楊邦憲請歸宋舊借鎮遠黃平二城仍撤戍卒不允景賢等請降詔禁戍卒毋擾思播之民從之鴨池等處招討使欽察所領南征新軍不能自贍者千人命屯田于京兆乙酉伯顏以渡江收撫沙陽新城陽羅堡闕浙等郡獲功軍士及降臣姓名來上詔授虎符者入覲千戶以下並從行省授官丙戌揚州行省上將校軍功凡百三十四人授官有差丙申從播州安撫楊邦憲請以鼎山仍隸播州庚子敕長春宮修金籙大醮七晝夜丙午禁玉泉山樵採漁弋戊申以敘州等處禿老蠻殺使臣撒里蠻命發兵討之封伯夷爲昭義清惠公叔齊爲崇讓仁惠公以十六年曆日賜高麗海州饒楡縣雹傷稼免今年田租南寧吉瑞萬安三郡內附開城路置屯田總管府廣安縣隸之臨淄臨朐清河復爲縣導肥河入于鄴淤陂盡爲良田會諸王于大都以平宋所俘寶玉器幣分賜之賜諸王等金銀幣帛如歲例是歲西京奉聖州及彰德等處水旱民饑賑米八萬八百九十石粟三萬六千四十石鈔二萬四千八百八十錠有奇斷死罪五十二人

十六年春正月己酉朔高麗國王王賰遣其簽議中贊金方慶來賀兼奉歲幣壬子罷五翼探馬赤重役軍癸丑汪良臣言西川軍官父死子繼勤勞四十年乞顯加爵秩詔從其請詔以海南瓊崖儋萬諸郡俱平令阿里海牙入覲瀘州降臣趙金吳大才袁禹緝等從征重慶其家屬爲叛者所殺詔賜鈔有差仍以叛者妻孥付金等敕高麗國置大灰艾州東京柳石孛落四驛甲寅無籍軍侵掠平民而諸王只必帖木兒所部爲暴尤甚命捕爲首者寘之法敕移贛州行省還隆興高麗國來獻方物辛酉合州安撫使王立以城降先是立遣間使降安西王相李德輝東川行院與德輝爭功德輝單舸至城下呼立出降川蜀以平東川行院遂言立久抗王師嘗指斥憲宗宜殺之樞密院以其事聞而降臣李諒亦訟立前殺其妻子有其財物遂詔殺立籍其家貲償諒既而安西王具立降附本末來上且言東川院臣憤李德輝受降之故誣奏誅立樞密院臣亦以前奏爲非帝怒曰卿視人命若戲耶前遣使計殺立久矣今追悔何及卿等妄殺人其歸待罪斥出之會安西王使再至言未殺立帝召立入覲命爲潼川路安撫使知合州事壬戌分川蜀爲四道以成都等路爲四川西道廣元等路爲四川北道重慶等路爲四川南道順慶等路爲四川東道並立宣慰司賞重慶等處從征蒙古漢軍鈔三萬九千九百五十一錠改播川鼎山縣爲播州縣丁卯賜參知政事昝順田民百八十戶於江津縣戊辰立河西屯田給耕具遣官領之甲戌張弘範將兵追宋二王至崖山寨張世傑來拒戰敗之世傑遁去廣王昺偕其官屬俱赴海死獲其金寶以獻丙子詔諭又巴散毛等四洞番蠻酋長使降以中書左丞別乞里迷失同知樞密院事禁中書省文冊奏檢用畏吾字書賜異樣等局官吏工匠銀二千兩賜皇子奧魯赤及諸王拜答罕下軍士與思州田師賢所部軍衣服及鈔有差二月戊寅朔祭先農于籍田壬午陞溧州爲路遣使訪求通皇極數番陽祝泌子孫其甥傅立持泌書來上撥民萬戶隸明里淘金以江南漕運舊米賑軍民之饑者癸未增置五衛指揮司詔遣塔黑麻合兒撒兒答帶括中興戶太史令王恂等言建司天臺于大都儀象圭表皆銅爲之宜增銅表高至四十尺則景長而眞又請上都洛陽等五處分置儀表各選監候官從之甲申平章阿里伯乞行中書省檢覈行御史臺文案且請行臺呈行省比御史臺呈中書省例從之以征日本敕揚州湖南贛州泉州四省造戰船六百艘移紹興宣慰司于處州己丑調潭州行省軍五千戍沿海州郡庚寅張弘範以降臣陳懿兄弟破賊有功且出戰船百艘從征宋二王請授懿招討使兼潮州路軍民總管及其弟忠義勇三人爲管軍總管千夫長塔剌海獲文天祥有功請授總管軍千戶佩符並從之壬辰詔諭宗師張留孫悉主淮東淮西荊襄等處道教乙未玉速帖木兒言行臺文卷令行省檢覈於事不便詔改之其運司文卷聽御史臺檢覈饒州路達魯花赤玉古倫擅用羨餘糧四千四百石杖之仍沒其家詔湖南行省於戍軍還途每四五十里立安樂堂疾者醫之饑者廩之死者藁葬之官給其需選官覈實益都淄萊濟南逃亡荒地之爲行營牧地者禁諸奧魯及漢人持弓矢其出征之所持兵仗即輸之官庫壬寅賜太史院銀一千七十八兩癸卯發嘉定新附軍千人屯田脫里北之地甲辰陞大都兵馬都指揮使司秩四品詔大都河間山東管鹽運司並兼管酒醋商稅等課程中書省臣請以眞定路達魯花赤蒙古帶爲保定路達魯花赤帝曰此正人也朕將別以大事付之賞汪良臣所部蒙古漢軍收附四川功鈔五萬錠命嘉定以西新鄭州郡及田楊二家諸貴官子俱充質子入侍車駕幸上都乙巳命同知太史院事郭守敬訪求精天文曆數者西蜀四川道立提刑按察司丙午遣使代祀嶽瀆后土詔河南西京北京等路課程令各道宣慰司領之賞西川新附軍鈔三千八百五十錠以斡端境內蒙古軍耗乏并漢軍新附軍等賜馬牛羊及馬驢價鈔衣服弓矢鞍勒各有差三月戊申朔詔禁歸德亳壽臨淮等處畋獵庚戌敕郭守敬繇上都大都歷河南府抵南海測驗晷景壬子囊加帶括兩淮造回回礮新附軍匠六百及蒙古回回漢人新附人能造礮者俱至京師庚申給千戶馬乃部下拔突軍及土渾川軍屯田牛具丙辰敕中書省凡掾史文移稽緩一日二日者杖三日者死甲戌潭州行省遣兩淮招討司經歷劉繼昌招下西南諸番以龍方零等爲小龍蕃等處安撫使仍以兵三千戍之中書省下太常寺講究州郡社稷制度禮官折衷前代參酌儀禮定擬祭祀儀式及壇壝祭器制度圖寫成書名曰至元州縣社稷通禮上之以保定路旱減是歲租三千一百二十石夏四月己卯立江西榷茶運司及諸路轉運鹽使司宣課提舉司癸巳以給事中兼起居注掌隨朝諸司奏聞事戊戌以池州路達魯花赤阿塔赤戰功陞招討使兼本軍萬戶癸卯塡星犯鍵閉乙巳汪良臣言昔昝順兵犯成都掠其民以歸今嘉定既降宜還其民成都制曰可敕以上都軍四千衞都城凡他所來戍者皆遣歸從唆都請令泉州僧依宋例輸稅以給軍餉詔諭揚州行中書省選南軍精銳者二萬人充侍衞軍併發其家赴京師仍給行費鈔萬六千錠大都等十六路蝗五月己酉中書省請復授宣慰司官虎符不允又請各路設提舉同提舉副提舉各一員專領課程從之辛亥蒲壽庚請下詔招海外諸蕃不允詔諭漳泉汀邵武等處暨八十四畬官吏軍民若能舉衆來降官吏例加遷賞軍民按堵如故以泉州經張世傑兵減今年租賦之半丙辰以五臺僧多匿逃奴及逋賦之民敕西京宣慰司按察司搜索之命畏吾界內計畝輸稅以各道按察司地廣事繁併勸農官入案察司增副使僉事各壹員兼職勸農水利事甲子御史臺臣言先是省臣阿里伯言有罪者與臺臣相威同問有旨從之臣等謂行省斷罪以意出入行臺何由舉正宜從行省問訖然後體察爲宜制曰可高興使用宋二王金三萬一千一百兩有奇銀二十五萬六百兩詔遣使追理詔漣海等州募民屯田置總管府及提舉司領之乙丑敕江陵等路拔突戶一萬凡千戶置達魯花赤一員直隸省部丙寅敕江南僧司文移毋輒入遞臨洮鞏昌通安等十驛非有海青符不聽乘傳丁卯改雲南寶山賞渠二縣爲州己巳詔沿路驛店民家凡往來使臣不當乘傳者毋給人畜飲食芻料完都河南七驛民貧乏給其馬牛羊價鈔千八百錠庚午賜乃蠻帶戰功及攻圍重慶將士及宣慰使劉繼昌等鈔衣服各有差壬申以呂虎來歸授順慶府總管佩虎符仍賜鈔五十錠從丁子峪所駐侍衞軍萬人屯田昌平癸酉兀里養合帶言賦北京西京車牛俱至可運軍糧帝曰民之艱苦汝等不問但知役民使今年盡取之來歲禾稼何由得種其止之甲戌給要束合所領工匠牛二千就令運米二千石供軍詔諭脫兒赤等管甘州路宣課諸人毋或沮擾潭州行省上言瓊州宣慰馬旺巳招降海外四州壽有土寇黃威遠等四人爲亂今已擒獲詔置之極刑丙子進封桑乾河洪濟公爲顯應洪濟公命宗師張留孫即行宮作醮事奏赤章于天凡五晝夜賜皇子奧魯赤撥里答等及千戶伯牙兀帶所部軍及和州站戶羊馬鈔

各有差六月丁丑朔阿合馬言常州路達魯花赤馬恕告蕃浙西按察司事高源不法四十事源亦劾恕事聞詔令廷辯詔發新附軍五百人蒙古軍百人漢軍四百人戍碉門魚通黎雅詔諭王相府及四川行中書省四道宣慰司撫治播川務川西南諸蠻夷官吏軍民各從其俗無失常業壬午以浙東宣慰使陳祐沒王事命其子蔥爲管軍總管佩虎符甲申宋張世傑所部將校百五十八人詣瓊雷等州來降敕造戰船征日本以高麗材用所出卽其地製之令高麗王議其便以聞乙酉檢林洪貴刁窩每驛益馬百五十車二百牛如車數給之丙戌左右衞屯田蝗蝻生庚寅陞濟南府爲路壬辰以叅知政事行河南等路宣慰使忽辛爲中書左丞行中書省事癸巳以新附軍二萬分隸六衞屯田徹里帖木兒言其部軍多爲盜劫掠貲財有司不卽理斷乞遣官詰治詔兀魯帶往治之以不花行西川樞密院事總兵入川平宋諸城之未下者仍令東川行樞密院調兵守釣魚山寨西川旣平復立屯田其軍官第功陞擢凡授宣敕金銀符者百六十一人詔以高州筠連州騰川縣新附戶於敍州等處治道立驛雲南都元帥愛魯納速剌丁招降西南諸國愛魯將兵分定亦乞不薛納速剌丁將大理軍抵金齒蒲驃曲蠟緬國界內招忙木巨木秃等寨三百籍戶十一萬二百詔定賦租立站遞設衞送軍還獻馴象十二戊戌改宣德府龍門鎭復爲縣庚子拘括河西西番闊遺戶辛丑以通州水路淺舟運甚難命樞密院發軍五千仍令食祿諸官雇役千人開浚以五十日訖工癸卯以臨洮鞏昌通安等十驛歲饑供役繁重有質賣子女以供役者命選官撫治之甲辰以襄陽屯田戶四百代軍當驛役賜征北諸郡蒙古軍闊闊八都等力戰有功者銀五十兩戰歿者家給銀百兩從行伍者鈔一錠其餘衣物有差禁伯顔察兒諸峪寨捕獵詔免四川差稅以叅知政事行中書省事別都魯丁爲河南等路宣慰使以阿合馬子忽辛爲潭州行省左丞忽失海牙等並復舊職占城馬八兒諸國遣使以珍物及象犀各一來獻賜諸王所部銀鈔衣服幣帛鞍勒弓矢及羊馬價鈔等各有差五臺山作佛事秋七月戊申寧國路新附軍百戶詹福謀叛福論死捕告者何士青總把銀符仍賜鈔十錠罷西川行省庚戌禁脫脫和孫搜取乘傳者私物乙卯應昌府依例設官置東宮侍衞軍定江南上中路置達魯花赤二員下路一員敕發西川蒙古軍七千新附軍三千付皇子安西王丁巳交趾國遣使來貢馴象巳未以朶哥麻思地之算木多城爲鎭西府敕以蒙古軍二千益都軍二千諸路軍一千新附軍五千合萬人令李庭將之壬戌賞貸吉剌所部力戰軍人銀五十兩死事者人百兩給其家阿里海牙入覲獻金三千五百八十兩銀五萬三千一百兩罷潭州行省造征日本及交趾戰船丙寅塡星犯鍵閉癸酉西南八番羅氏等國來附洞寨凡千六百二十有六戶凡十萬一千一百六十有八詔遣牙納木崔彧至江南訪求藝術之人以中書左丞行四川行中書省事汪良臣爲安西王相賜諸王納里忽所部有功將校銀鈔衣裝幣帛羊馬有差以趙州等處水旱減今年租三千一百八十一石命散都修佛事十有五日八月丁丑車駕至自上都庚辰太陰犯房距星戊子范文虎言臣奉詔征討日本比遣周福欒忠與日本僧齎詔往諭其國期以來年四月還報待其從否始宜進兵又請簡閱舊戰船以充用皆從之海賊賀文達率衆來歸文虎文虎以所得銀三千兩來獻有旨釋其前罪官其徒四十八人就以銀賜文虎己丑宋降臣王虎臣陳便宜十七事令張易等議可者行之庚寅敕沅州路蒙古軍總管乞答合征取桐木籠犵狫伯洞諸蠻未附者調江南新附軍五千駐太原五千駐大名五千駐衞州以每歲聖誕節及元辰日禮儀費用皆斂之民詔天下罷之丁酉以江南所獲玉爵及坫凡四十九事納于太廟己亥海賊金通精死獲其從子溫有司欲論如法帝曰通精已死溫何預焉特赦其罪庚子歲星犯軒轅大星甲辰詔漢軍出征逃者罪死且沒其家置大護國仁王寺總管府以散扎兒爲達魯花赤李光祖爲總管賜范文虎僚屬二十一人金紋綾及西錦衣賞征重慶將校幣帛有差賜諸王阿只吉糧五千石馬六百疋羊萬口九月乙巳朔范文虎薦可爲守令者三十人詔今後所薦朕自擇之凡有官守不勤於職者勿問漢人回回皆論誅之且沒其家女直水達達軍不出征者令隸民籍輸賦己酉罷金州守船軍千人量留監守餘皆遣還庚戌詔行中書省左丞忽辛兼領杭州等路諸色人匠以杭州稅課所入歲造繒段十萬以進杭蘇嘉興三路辦課官吏額外多取分例今後月給食錢或數外多取者罪之阿合馬言王相府官趙炳云陝西課程歲辦萬九千錠所司若果盡心措辦可得四萬錠卽命炳總之同知揚州總管府事董仲威坐贓罪行臺方按其事仲威反誣行臺官以他事詔免仲威官仍沒其產十之二戊午王相府言四川宣慰司有籍無軍虛受賞者一萬七千三百八人命詰治之議罷漢人之爲達魯花赤者御史臺臣言江南三路管課官於分例外支用鈔一千九百錠命盡徵之詔遣使招諭西南諸蠻部族酋長能率所部歸附者官不失職民不失業乙丑以忽必來別速台爲都元帥將蒙古軍二千人河西軍一千人戍斡端城己巳樞密院臣言有唐兀帶者冒禁引軍千餘人於辰溪沅州等處劫掠新附人千餘口及牛馬金銀幣帛等而麻陽縣達魯花赤武伯不花爲之鄉導敕斬唐兀帶武伯不花餘減死論以所掠者還其民給河西行省鈔萬錠以備支用冬十月巳卯享于太廟辛巳敍州夔府至江陵界立水驛乙酉帝御香閣命大樂署令完顔椿等肄文武樂戊子張融訴西京軍戶和買和雇有司匿所給價鈔計萬八千餘錠官吏坐罪以融爲侍衞軍總把千戶脫略總把忽帶擅引軍入婺州永康縣界殺掠吏民事覺自陳扈從先帝出征有功乞貸死敕沒入其家貲之半杖遣之辛卯賑和州貧民鈔乙未納碧玉爵于太廟丙申太陰犯太微西垣上將辛丑以月直元辰命五祖眞人李居壽作醮事奏赤章凡五晝夜畢事居壽請間言皇太子春秋鼎盛宜預國政帝喜曰尋將及之明日下詔皇太子燕王叅決朝政凡中書省樞密院御史臺及百司之事皆先啓後聞甲辰賜高麗國王至元十七年曆日十一月戊申敕諸路所捕盜初犯贓多者死再犯贓少者從輕罪論阿合馬言有盜以舊鈔易官庫新鈔百四十錠者議者謂罪不應死且盜者之父執役臣家不論如法寧不自畏詔處死壬子遣禮部尚書柴椿偕安南國使杜中贊齎詔往諭安南國世子陳日烜責其來朝癸丑太陰犯熒惑乙卯罷太原平陽西京延安路新簽軍還籍罷招討使劉萬奴所管無籍軍願從大軍征討者趙炳言陝西運司郭同知王相府郎中令郭叔雲盜用官錢敕尚書秃速忽侍御史郭祐檢覈之戊辰命湖北道宣慰使劉深教練鄂州漢陽新附水軍詔諭四川宣慰司括軍民戶數己巳以梧州妖民吳法受扇惑藤州德慶府瀧水傜蠻爲亂獲其父誅之併敎坊司入拱衞司十二月戊寅發粟鈔賑鹽司竈戶之貧者括甘州戶庚辰安南國貢藥材甲申祀太陽丙申敕樞密翰林院官就中書省與唆都議招收海外諸番事丁酉八里灰貢海青回回等所過供食羊非自殺者不食百姓苦之帝曰彼吾奴也飮食敢不隨我朝乎詔禁之詔諭海內海外諸番國主賜右丞張惠銀五千四百兩敕自明年正月朔日建醮于長春宮凡七日歲以爲例命李居壽告祭新歲詔諭占城國主使親自來朝唆都所遣闍婆國使臣治中趙玉還改單州兗州隸濟寧路復置萬泉縣隸河中府改垣曲縣隸絳州降歸州路爲州陞沔陽安陸各爲府改京兆爲安西路改惠州建寧梧州柳州象州邕州慶遠賓州橫州容州潯州並爲路建聖壽萬安寺于京城帝師亦憐吉卒敕諸國教師禪師百有八人卽大都萬安寺設齋圓戒賜衣是歲斷死罪百三十二人保定等二十餘路水旱風雹害稼

元史卷十考證

十六年六月癸巳愛魯將兵分定亦乞不薛○臣祖庚按亦乞不薛者羅施鬼國別部也亦曰亦奚不薛、

元史卷十一

明翰林學士亞中大夫知制誥兼修國史宋　濂等修

本紀第十一

世祖八

十七年春正月癸卯朔高麗國王王賰遣其僉議中贊金方慶來賀兼奉歲貢丙午命萬戶綦公直戍別失八里賜鈔一萬二千五百錠辛亥磁州永平縣水給鈔貸之丙辰立遷轉官員法凡無過者授見闕物故及過犯者選人補之滿代者令還家以俟又定諸路差稅課程增益者卽上報隱漏者罪之不須履畝增稅以擾百姓詔括江淮銅及銅錢銅器辛酉以海賊賀文達所掠良婦百三十餘人還其家廣西廉州海賊霍公明鄭仲龍等伏誅甲子敕泉州行省所轄州郡山寨未卽歸附者率兵拔之已拔復叛者屠之以總管張瑄千戶羅璧收宋二王有功陞瑄沿海招討使虎符璧管軍總管金符丁卯敕近郊詔毋以侍衞軍供工匠役戊辰敕相威檢覈阿里海牙忽都帖木兒等所俘丁三萬二千餘人並放爲民置行中書省于福州改德慶路爲總管府賜開濼河五衞軍鈔二月乙亥張易言高和尚有祕術能役鬼爲兵遙制敵人命和禮霍孫將兵與高和尚同赴北

邊丙子立北京道二驛丁丑荅里不罕以雲南行省軍攻定昌路擒總管谷納殺之詔令荅里不罕還以阿荅代之敕非遠方歸附人毋入會同館詔納速剌丁將精兵萬人征緬國乙酉賞納速剌丁所部征金齒功銀五千三百二十兩己丑命梅國賓襲其父應春瀘州安撫使職瀘州嘗叛應春爲前重慶制置使張珏所殺國賓詣闕訴冤詔以珏畀國賓使復其父讎珏時在京兆聞之自經死國賓請贖還瀘州軍民之爲俘者從之日本國殺國使杜世忠等征東元帥忻都洪茶丘請自率兵往討廷議姑少緩之丙申詔諭眞人祈志誠等焚毀道藏僞妄經文及板庚子阿里海牙及納速剌丁招緬國及洞蠻降臣詔就軍前定錄其功以聞江淮行省左丞夏貴請老從之仍官其子孫合剌所部和州等城爲叛兵所掠者賜鈔給之仍免其民差役三年發侍衞軍三千浚通州運糧河畏吾戶居河西界者令其屯田辛丑以廣中民不聊生召右丞塔出左丞呂師夔廷詰壞民之由命也的迷失賈居貞行宣慰司往撫之師夔至廷辯無驗復令還省治事詔王相府於諸奥魯市馬二萬六千三百匹遣使代祀岳瀆賜諸王阿八合那木干所部及征日本行省阿剌罕范文虎等西錦衣銀鈔幣帛各有差又賜四川貧民及兀剌帶等馬牛羊價鈔三月癸卯命福建王積翁入領省事中書省臣以爲不可改戶部尚書甲辰車駕幸上都思播州軍侵鎭遠黃平界命李德輝等往視之罷通政院官不勝任者丙午敕東西兩川發蒙古漢軍戍魚通黎雅乙卯立都功德使司從二品掌奏帝師所統僧人并吐番軍民等事已未詔討羅氏鬼國命以蒙古軍六千哈剌章軍一萬西川藥剌海萬家奴軍萬人阿里海牙軍萬人三道並進癸亥高郵等處饑賑粟九千四百石辛未立畏吾境內交鈔提舉司給月脫古思八部屯田牛具賜忙古帶等羊馬及皇子南木合下羊馬價夏四月壬申朔中書省臣言唆都軍士擾民故南劒等路民復叛及忙古帶往招徠之民始獲安詔以忙古帶仍行省福州癸酉南康杜可用叛命史弼討擒之定杭州宣慰司官四員以游顯管如德忽都虎劉宣充之丙子隆興路楊門站復爲懷安縣庚辰四川宣慰使也罕的斤請賜海靑符命以二符給之壬午史弼入朝乙酉以宋太常樂付太常寺改泗州靈壁縣仍隸宿州丁亥立杭州路金玉總管府甲午敕軍戶貧乏者還民籍丙申以羅佐山道梗敕阿里海牙發軍千人戍守以隆興泉州福建置三省不便命廷

臣集議以聞己亥諸王只必帖木兒請各投下設官不從庚子歲星犯軒轅大星敕權停百官俸寧海益都等四郡霜眞定七郡蟲皆損桑五月辛丑朔樞密院調兵六百守居庸南北口甲辰作行宮于察罕腦兒丙午陞沙州爲路癸丑括沙州戶丁定常賦其富戶餘田令所戍漢軍耕種詔雲南行省發四川軍萬人命藥剌海領之與前所遣將同征緬國高麗國王王賰以民饑乞貸糧萬石從之福建行省移泉州甲寅汀漳叛賊廖得勝等伏誅造船三千艘敕耽羅發材木給之庚申賜諸王別乞帖木兒銀印辛酉賜國師掌教所印賞伯顏將士戰功銀二萬八千七百五十兩眞定咸平忻州漣海邳宿諸州郡蝗六月辛未朔以忽都帶兒收藉闊遺人民牛畜墾荒地令屯田壬申復招諭占城國丁丑唆都部下顧總管聚黨於海道劫奪商貨范文虎招降之復議眞于法命文虎等集議處之阿荅海等請罷江南所立稅課提舉司阿合馬力爭詔御史臺選官檢覈具實以聞阿合馬請立太宗正府罷上都奥魯官以留守司兼管奥魯事西安王薨罷其王相府遣呂告蠻部安撫使王阿濟同萬戶昝坤招諭羅氏鬼國壬辰召范文虎議征日本戊戌高麗王王賰遣其將軍朴義來貢方物江淮等處頒行鈔法廢宋銅錢遣不魯合荅等檢覈江淮行省阿里伯燕帖木兒錢穀改泗州隸淮安路賜忽烈禿忽不剌等將士力戰者銀鈔及給折可察兒等軍士羊馬價鈔各有差秋七月辛丑廣東宣慰使帖木兒不花言諸軍官宜一例遷轉江淮郡縣首亂者誅沒其家官豪隱庇佃民不供徭役宜別立籍各萬戶軍交參重役宜發還元翼詔中書省樞密院翰林院集議以聞敕思州安撫司還舊治戊申太陰犯房距星以高麗國初置驛站民乏食命給糧一歲仍禁使臣往來勿求索飲食己酉立行省於京兆以前安西相李德輝爲參知政事兼領錢穀事徙泉州行省于隆興以禿古滅軍劫食火拙畏吾城禾民饑命官給驛馬之費仍免其賦稅三年太陰犯南斗甲寅發衞兵八百治沙嶺橋敕毋踐民田戊午從阿合馬言以參知政事郝禎耿仁並爲中書左丞用姚演言開膠東河及收集逃民屯田漣海甲子遣安南國王子倪還括蒙古軍成丁者敕亦來等率萬人入羅氏鬼國如其不附則入討之乙丑罷江南財賦總管府丁卯併大都鹽運司入河間爲一仍減汰冗員割建康民二萬戶種稻歲輸釀米三萬石官爲運至京師戊辰詔括前願從軍者及張世傑潰軍使征日本命

范文虎等招集避罪附宋蒙古回回等軍己巳遣中使咬難歷江南名山訪求高士且命持香幣詣信州龍虎山臨江閤皂山建康三茅山皆設醮賜阿赤黑等及怯薛都等戰功銀鈔賜招收散毛等洞官吏衣段八月庚午朔蕭簡等十人歷河南五路擅招闌遺戶事覺論其爲首者從軍自効餘皆杖之乙亥改蒙古侍衞總管爲蒙古侍衞親軍都指揮使司丙子太陰犯心東星丁丑唆都請招三佛齊等八國不從鎭守南劍路萬戶呂宗海竊兵亡去詔追捕之戊寅占城馬八兒國皆遣使奉表稱臣貢寶物犀象以前所括願從軍者爲軍付茶忽領之征日本丁亥許衡致仕官其子師可爲懷孟路總管以便侍養納碧玉盞六白玉盞十五于太廟癸巳賜西平王所部糧戊戌高麗王王賰來朝且言將益兵三萬征日本以范文虎忻都洪茶丘爲中書右丞李庭張拔突爲參知政事並行中書省事賜闊里吉思等鈔迷里兀合等羊馬怯魯憐等牛羊馬價及東宮位下怯怜口等粟帛大都北京懷孟保定南京許州平陽旱濮州東平濟寧磁州水九月壬子車駕至自上都壬戌也罕的斤進征斡端癸亥命沿途廩食和林回軍甲子太陰掩右執法并犯歲星乙丑守庫軍盜庫鈔八剌合赤分其贓縱盜遁去詔誅之丁卯羅氏鬼國主阿察及阿里降西安王相李德輝遣人偕入覲賜八剌合赤等羊馬價二萬八千三錠及禿渾下貧民糧三月冬十月庚午塔剌不罕軍與賊力戰者命給田賞之癸酉加高麗國王王賰開府儀同三司中書左丞相行中書省事甲戌遣使括開元等路軍三千征日本丙子賜雲南王忽哥赤印丁丑以湖南兵萬人伐亦奚不薛亦奚不薛降戊寅發兵十萬命范文虎將之賜右丞洪茶丘所將征日本新附軍鈔及甲辛巳立營田提舉司從五品俾置司柳林割諸色戶千三百五十五隸之官給牛種農具壬午詔立陝西四川等處行中書省以不花爲右丞李德輝汪惟正並左丞時德輝已卒甲申詔龍虎山天師張宗演赴闕己丑命都實窮黃河源辛卯以漢軍屯田沙甘壬辰亦奚不薛病遣其從子入覲帝曰亦奚不薛不稟命輒以職授其從子無人臣禮宜令亦奚不薛出乃還軍癸巳詔諭和州諸城招集流移之民丙申命在官者任事一月後月乃給俸或廢事者斥之遣使諭爪哇國及交趾國始製象轎給怯烈等糧賜火察家貧乏者十一月己亥朔翰林學士承旨和禮霍孫等言俱藍馬八闍婆交趾等國俱遣使進表乞荅詔從之仍賜交趾

使人職名及弓矢鞍勒降詔招諭爪哇國乙巳置泉府司掌領御位下及皇太子皇太后諸王出納金銀事敕別置局院以處童匠有貧乏者給以鈔幣詔有罪配役者量其程遠近犯罪當死者詳加審讞戊申中書省臣議流通鈔法凡賞賜宜多給幣帛課程宜多收鈔制曰可庚戌命和禮霍孫揀汰交趾國使除可留者餘皆放還辛亥敕緩營建工役壬子詔諭俱藍國使來歸附甲寅太原路堅州進嘉禾六莖壬戌詔江淮行中書省招巧匠甲子詔頒授時曆丁卯詔以末甘孫民貧除倉站稅課外免其役三年復遣宣慰使敎化孟慶元等持詔諭占城國主令其子弟或大臣入朝詔江南江北陝西河間山東諸鹽場增撥竈戶賜將作院呂合剌工匠銀鈔幣帛十二月庚午以江淮行省平章政事阿里伯左丞燕鐵木兒擅易命官八百員自分左右司官鑄銀銅印復違命不散防守軍敕誅之辛未以熟券軍還襄陽屯田高麗國王王賰領兵萬人水手萬五千人戰船九百艘糧一十萬石出征日本給右丞洪茶丘等戰具高麗國鎧甲戰襖諭諸道征日本兵取道高麗毋擾其民以高麗中贊金方慶爲征日本都元帥密直司副使朴球金周鼎爲管高麗國征日本軍萬戶並賜虎符癸酉以高麗國王王賰爲中書右丞相甲戌復授征日本軍官元佩虎符丁丑用忽辛言以民當站役十戶爲率官給一馬死則買馬補之戊寅以奉使木剌由國速剌蠻等爲招討使佩金符己卯羅氏鬼國土寇爲患思播道路不通發兵千人與洞蠻開道甲申甘州增置站戶詔於諸王戶籍內簽之乙酉敕民避役竄名匠戶者復爲民淮西宣慰使昂吉兒請以軍士屯田阿塔海等以發民兵非便宜募民願耕者耕之且免其租三年從之丁亥復詔管民官兼管諸軍奥魯戊子以征也可不薛軍千五百復還塔海戍八番羅甸壬辰陳桂龍據漳州反唆都率兵討之桂龍亡入畬洞甲午大都重建太廟成自舊廟奉遷神主于祏室遂行大享之禮置鎭北庭都護府于畏吾境以脫脫木兒等領其事丙申遼東路所益兵以妻子易馬敕以合輸賦稅贖還之敕鏤板印造帝師八合思八新譯戒本五百部頒降諸路僧人左丞相阿术巡歷西邊至別十八里以疾卒敕擅據江南逃亡民田者有罪修桐栢山淮瀆祠以三茅山上淸四十三代宗師許道杞祈禱有驗命別主道敎安南國來貢馴象賜蠻洞主銀鈔衣物有差賑鞏昌常德等路饑民仍免其徭役改拱衞司爲都指揮司陞尚舍監秩三品

立太倉提舉司秩五品改建寧雷州封州廉州化州高州爲路以肇慶路隸廣南西道遷峽州路于江北舊治復置鄆縣隸肇昌路宿州靈壁縣復隸歸德是歲斷死罪一百二人

十八年春正月戊戌朔高麗國王王賰遣其簽議中贊金方慶來賀兼奉歲幣辛丑召阿剌罕范文虎囊加帶同赴闕受訓諭以拔都張珪李庭留後命忻都洪茶丘軍陸行抵日本兵甲則舟運之所過州縣給其糧食用范文虎言益以漢軍萬人文虎又請馬二千給禿失忽思軍及回回砲匠帝曰戰船安用此皆不從癸卯發鈔及金銀付孛羅以給貧民丁未畋于近郊敕江南州郡兼用蒙古回回人凡諸王位下合設達魯花赤並令赴闕仍詔諭諸王阿只吉等知之己酉改黃州陽羅堡復隸鄂州辛亥遣使代祀嶽瀆后土壬子高麗王王賰遣使言日本犯其邊境乞兵追之詔以戍金州隘口軍五百付之丙辰車駕幸鄗州改符寶局爲典瑞監收天下諸司職印丁巳制以六祖李全祐嗣五祖李居壽祭斗癸亥邵武民高日新據龍樓寨爲亂擒之賞忻都等戰功賜征日本諸軍鈔二月戊辰發侍衛軍四千完正殿賜征日本善射軍及高麗火長水軍鈔四千錠辛未車駕幸柳林高麗王王賰以尚主乞改宣命益駙馬二字制曰可乙亥敕以耽羅新造船付洪茶丘出征詔以刑徒減死者付忻都爲軍揚州火發米七百八十三石賑被災之家詔諭范文虎等以征日本之意仍申嚴軍律立上都留守司陞敘州爲路隸安西省移潭州省治鄂州徙湖南宣慰司于潭州乙酉改畏吾斷事官爲北庭都護府陞從二品丙戌征日本國軍啓行敕東儀發粟千二百七十餘石賑之己丑發肅州等處軍民鑿渠溉田給征日本軍衣甲弓矢海青符敕通政院官渾都與郭漢傑整治水驛自敘州至荊南凡十九站增戶二千一百船二百十二艘詔諭烏頭納空等毋擾羅氏鬼國違者令國主阿利具以名聞福建省左丞蒲壽庚言詔造海船二百艘今成者五十民實艱苦詔止之乙未貞懿順聖昭天睿文光應皇后弘吉剌氏崩丙申車駕還宮詔三茅山三十八代宗師蔣宗瑛赴闕遣丹八八合赤等詣東海及濟源廟修佛事以中書右丞行江東道宣慰使阿剌罕爲中書左丞相行中書省事江西道宣慰使兼招討使也的迷失參知政事行中書省事以遼陽懿蓋北京大定諸州旱免今年租稅之半三月戊戌許衛卒己亥以黃平隸安西行省鎮遠隸潭州行省各遣兵戍守甲辰命天師張宗演卽宮中奏赤章于天七晝夜丙午車駕幸上都丙辰陞軍器監爲三品辛酉立登聞鼓院許有寃者撾鼓以聞夏四月辛未益雲南軍征合剌章癸酉復頒中外官吏俸辛巳通泰二州饑發粟二萬一千六百石賑之戊子置蒙古漢人新附軍總管甲午命太原五戶絲就輸太原自太和嶺至別十八里置新驛三十賜征日本河西軍等鈔五月癸卯禁西北邊回回諸人越境爲商甲辰遣使賑瓜沙州饑戊申罷霍州畏兀按察司己酉禁甘肅瓜沙等州爲酒壬子免耽羅國今歲入貢白紵丙辰以烏蒙阿謀宣撫司隸雲南行省歲星犯右執法庚申嚴鬻人之禁乏食者量加賑貸壬戌詔括契丹戶敕耽羅國達魯花赤塔兒赤禁高麗全羅等處田獵擾民者六月丙寅敕賽典赤火尼赤分管烏木拔都怯兒等八處民戶謙州織工百四十二戶貧甚以粟給之其所鬻妻子官與贖還以太原新附軍五千屯田甘州丁丑以按察司所劾羨餘糧四萬八千石餉軍己卯以順慶路隸四川東道宣慰司安西等處軍站凡和顧和買與民均役增陝西營田糧十萬石以充常費壬午命耽羅戍力田以自給日本行省臣遣使來言大軍駐巨濟島至對馬島獲島人言太宰府西六十里舊有戍軍已調出戰宜乘虛擣之詔曰軍事卿等當自權衡之癸未命中書省會計姚演所領漣海屯田官給之資與歲入之數便則行之否則罷去丁亥放乞赤所招獵戶七千爲民庚寅以阿剌罕有疾詔阿塔海統率軍馬征日本壬辰高麗國王王賰言本國置驛四十民畜凋弊敕併爲二十站仍給馬價八百錠奉使木剌由國苦思丁至占城船壞使人來言乞給舟糧及益兵詔給米一千四百餘石以中書左丞忽都帖木兒爲中書右丞行中書省事御史中丞行御史臺事忽剌出爲中書左丞行尚書省事賜皇子南木合所部工匠羊馬價鈔秋七月甲午朔命萬戶綦公直分宣慰使劉恩所將屯肅州漢兵千人入別十八里以嘗過西川兵百人爲鄕導丁酉敕甘州置和中所以給兵糧京兆四川分置行省於河西己亥阿剌罕卒庚子括回回砲手散居他郡者悉令赴南京屯田癸卯太陰犯房距星庚戌以忻都戍大和嶺所將蒙古軍還復命漢軍戍守以松州知州僕散禿哥前後射虎萬計賜號萬虎將軍賜貴赤合八兒禿所招和眞孫等戶二千八百二十俾自領之辛酉唆都征占城賜駝蓬以辟瘴毒占城國來貢象犀命天師張宗演卽壽寧宮奏赤章于天凡五晝夜八月甲子朔招討使方文言擇守令崇祀典戢姦吏禁盜賊治軍旅獎忠義六事詔廷臣及諸老議舉行之丙寅熒惑犯諸侯西第三星庚午忙古帶爲中書右丞行中書省事辛未敕隆興行省參政劉合拔兒禿凡金穀造作專領之乙亥甘州凡諸投下戶依民例應站役申嚴大都總管府兵馬司左右巡院斂民之禁庚寅以阿剌罕旣卒命阿塔海等分戍三海口令阿塔海就招海中餘寇高麗國王王賰遣其密直司使韓康來賀聖誕節壬辰以開元等路六驛饑命給幣帛萬二千匹民鬻妻子者官爲贖之詔征日本軍回所在官爲給糧忻都洪茶丘范文虎李庭金方慶諸軍船爲風濤所激大失利餘軍回至高麗境十存一二設醮于上都壽寧宮賜歡只兀部及滅乞里等羊馬價及衆家奴等助軍羊馬鈔賜常河部軍貧乏者給過西川軍糧海南諸國來貢象犀方物給怯薛丹糧拘其所占田爲屯田閏月癸巳朔熒惑犯司怪南第二星阿塔海乞以戍三海口軍擊福建賊陳吊眼詔以重勞不從敕守縉山道侍衛軍還京師壬辰瓜州屯田進瑞麥一莖五穗丙午車駕至自上都庚戌太陰犯昴丁巳命播州每歲親貢方物改思州宣撫司爲宣慰司兼管內安撫使陞高麗簽議府爲從三品敕中書省減執政及諸司冗員遣兀良合帶運沙城等糧六千石入和林括江南戶口稅課庚申安南國貢方物江西行省薦舉兵官命罷之壬戌詔諭斡端等三城官民及忽都帶兒括不闌奚人口兩淮轉運使阿剌瓦丁坐盜官鈔二萬一千五百錠盜取和買馬三百四十四疋朝廷宣命格而弗頒又以官員所佩符擅與家奴往來貿易等事伏誅賜謙州屯田軍人鈔幣衣裘等物及給農具漁具償站匠等助軍羊馬價九月癸亥朔畋于近郊甲子增大都巡兵千人給鈔賑上都饑民癸酉商賈市舶物貨已經泉州抽分者諸處貿易止令輸稅益耽羅戍兵仍命高麗國給戰具庚辰還宮辛巳大都立蒙古站屯田編戶歲輸包銀者及眞定等路闌遺戶並令屯田其在眞定者與免皮貨癸未京兆等路歲辦課額自一萬九千錠增至五萬四千錠阿合馬尚以爲未實欲覈之帝曰阿合馬何知事遂止大都新安縣民復和顧和買甲申太陰犯軒轅大星壬辰占城國來貢方物賜修大都城侍衛軍鈔幣帛有差賞北征軍銀鈔賜怯憐口及四斡耳朶下與范文虎所部將士羊馬衣服幣帛有差冬十月乙未享于太廟貞懿順聖昭天睿文光應皇后附丙申募民淮西屯田己亥議封安南王號易所賜安南國畏吾字虎符以國字書之仍降詔諭安南國立日烜之叔遺愛爲安南國王庚子溪洞新附官鎮安州岑從毅縱兵殺掠迫死知州李顯祖召從毅入覲壬寅賜征日本將校衣裝幣帛靴帽等物有差乙巳命安西王府協濟戶及南山隘口軍於安西延安鳳翔六盤等處屯田河西置織毛段匠提舉司丁未安南國置宣慰司以北京路達魯花赤孛顏帖木兒參知政事行安南國宣慰使都元帥佩虎符柴椿忽哥兒副之給鈔萬錠付河西行省以備經費己酉張易等言參校道書惟道德經係老子親著餘皆後人僞撰宜悉焚毀從之仍詔諭天下給隆興行省海青符命失里咱牙信合八剌麻合迭瓦爲占城郡王加榮祿大夫賜虎符立行中書省占城以唆都爲右丞劉深爲左丞兵部侍郎也里迷失參知政事庚戌敕以海船百艘新舊軍及水手合萬人期以明年正月征海外諸番仍諭占城郡王給軍食以安南國王陳遺愛入安南發新附軍千人衞送詔諭干不昔國來歸附壬子用和禮霍孫言於揚州隆興鄂州泉州四省置蒙古提舉學校官各二員以翰林學士承旨撒里蠻兼領會同館集賢院事以平章政事樞密副使張易兼領祕書監太史院司天臺事以翰林學士承旨和禮霍孫守司徒改大都南陽眞定等處屯田孛蘭奚總管府爲農政院癸丑皇太子至自北邊丙辰以兀良合帶言上都南四站人畜困乏賜鈔給之庚申籍西川戶辛酉邵武叛人高日新降給征日本回侍衞新附軍冬衣賜劉天錫等銀幣勝兀剌等羊馬鈔諸王阿只吉等馬牛羊各有差十一月癸亥朔詔諭探馬禮令歸附甲子敕誅陳吊眼首惡者餘並收其兵仗繫送京師己巳敕軍器監給兵仗付高麗沿海等郡奉使占城孟慶元孫勝夫並爲廣州宣慰使兼領出征調度高麗國金州等處置鎮邊萬戶府以控制日本高日新及其弟鼎新等至闕以日新兩爲叛首授山北路民職文慶之屬遣還泉州賜有功將校二百二十三員銀十萬兩及幣帛弓矢鞍勒有差詔安南國王給占城行省軍食高麗國王請完濱海城防日本不允辛未給諸王阿只吉糧六千石甲戌太陰犯五車東南星乙亥召法師劉道眞問祠太乙法丁丑太陰犯鬼壬午詔諭瓜哇國主使親來覲昌州及蓋里泊民饑給鈔賑之丙戌給鈔二萬錠付和林貿易敕征日本回軍後至者分戍沿海丁亥太陰掩心東星給揚州行省新附軍將校鈔人二錠己酉賜安南國出征新附軍鈔

賜禮部尚書留夢炎及出使馬八國俺都剌等鈔各有差十二月甲午以瓮吉剌帶爲中書右丞相己亥罷日本行中書省丙午太陰犯軒轅大星丁未議選侍衞軍萬人練習以備扈從陞太常寺爲正三品辛亥命西川行省給萬家奴所部兵仗癸丑敕免益都淄萊寧海開河夫今年租賦仍給其傭直乙卯以諸王札忽兒所占文安縣地給付屯田丙辰調新附軍屯田獲福州叛賊林天成戮于市免福州路今年稅二分十八年以前租稅並免徵以漢州德陽縣隸成都府改漳州爲路賜禮部尚書謝昌元鈔賞揑古伯戰功銀有差償阿只吉等助軍馬價賜塔剌海籍沒戶五十是歲保定路清苑縣水平陽路松山縣旱高唐夏津武城等縣蝨害稼並免今年租計三萬六千八百四十石斷死罪二十二人

元史卷十二

明翰林學士亞中大夫知制誥兼修國史宋　濂等修

本紀第十二

世祖九

十九年春正月壬戌朔高麗國王王賰遣其大將軍金子廷來賀丙寅罷征東行中書省丁卯諸王札剌忽至自軍中時皇子北平王以軍鎮阿里麻里之地以禦海都諸王昔里吉與脫脫木兒撒里蠻等謀劫皇子北平王以叛欲與札剌忽結援於海都海都不從撒里蠻悔過執昔里吉等北平王遣札剌忽以聞妖民張圓光伏誅立大僕院撥信州民四百八戶隸諸王栢木兒丙子車駕畋于近郊丁丑高麗國王王賰細布四百匹丙戌賜西平王怯薛那懷等鈔一萬一千五百二十一錠二月辛卯朔車駕幸柳林饒州總管姚文龍言江南財賦歲可辦鈔五十萬錠詔以文龍爲江西道宣慰使兼措置茶法命司徒阿你哥行工部尚書納懷製飾銅輪儀表刻漏敕改給驛馬昌吉印修宮城太廟司天臺癸巳調軍一萬五千馬五千匹征也可不薛遣使代祀嶽瀆后土甲午甘州逃軍二千二百人自陳願挈家四千九百四十口還戍敕以鈔一萬六百二十錠布四千九百四十匹駝四千九百四十頭給之議征緬國以大卜爲右丞也罕的斤爲參政領兵以行戊戌給別十八里元帥綦公直軍需遣使往乾山造江南戰船千艘庚子賜諸王塔剌海籍沒五十戶願受十二戶孛羅歡理算未徵糧二十七萬石詔徵之壬寅陞軍器監秩三品命軍官陣亡者其子襲職以疾卒者授官降一等具爲令授溪洞招討使郭昂等九人虎符仍賞張溫顏義顯銀各千兩收晃兀兒塔海民匠九百五十三戶入官乙巳立廣東按察司戊申車駕還宮己酉減省部官冗員改上都宣課提領爲宣課提舉司立鐵冶總管府罷提舉司減大都稅課官十四員爲十員改羅羅斯宣慰司隸雲南省徙浙東宣慰司於溫州分軍戍守江南自歸州以及江陰至三海口凡二十八所庚戌以參知政事唐兀帶等六人鎮守黃州建康江陵池州興國壬子詔僉亦奚不薛及播思敘三州軍征緬國癸丑大艮平元帥蒲元圭遣其男世能入覲甲寅車駕幸上都申嚴漢人軍器之禁丁巳安州張拗驢以詐敕及僞爲丞相孛羅署印伏誅戊午賜雲南使臣及陝西簽省八八以下銀鈔衣服有差籍福建戶數三月辛酉朔烏蒙民叛敕那懷火魯思迷率蒙古漢人新附軍討之賞忽都荅兒等戰功牛羊馬益都千戶王著以阿合馬蠹國害民與高和尚合謀殺之壬午誅王著張易高和尚于市皆醢之餘黨悉伏誅甲申的斤帖林以己貲充屯田之費諸王阿只吉以聞敕酬其直丙戌禁益都東平沿淮諸郡軍民官捕獵戊子立塔兒八合你驛以烏蒙阿謀歲輸驛馬給之以領北庭都護阿必失哈爲御史大夫行御史臺事夏四月辛卯敕和禮霍孫集中書省部御史臺樞密院翰林院等官議阿合馬所管財賦先行封籍府庫丁酉以和禮霍孫爲中書右丞相降右丞相瓮吉剌帶爲留守仍同僉樞密院事戊戌征蠻元帥完者都等平陳弔眼巢穴班師賞其軍鈔仍令還家休息遣揚州射士戍泉州陳弔眼父文桂及兄弟桂龍滿安納欵令護送赴京師其黨吳滿張飛迎敵就誅之敕以大都巡軍隸留守司壬寅立回易庫中書左丞耿仁等言諸王公主分地所設達魯花赤例不遷調百姓苦之依常調任滿從本位下選代爲宜從之以留守司兼行工部敕自今歲用官車勿賦於民可即灤河造之給其糧費甲辰以甘州中興屯田兵逃還太原誅其拒命者四人而賞不逃者乙巳以阿合馬家奴忽都荅兒等久總兵權令博敦等代之仍隸大都留守司弛西山薪炭禁以阿合馬之子江淮行中書省平章政事忽辛罪重於父議究勘之考覈諸處平準庫汰倉庫官御史臺臣言見在贓罰鈔三萬錠金銀珠玉幣帛稱是詔留以給貧乏者丙午收諸王別帖木兒總軍銀印敕也里可溫依僧例給糧戊申寧國路太平縣饑民採竹實爲糧活者三百餘戶敕出使人還不卽以所給符上與上而有司不卽收者皆罪之凡文書並奏可始用御寶己酉刊行蒙古畏吾兒字所書通鑑以和禮霍孫爲右丞相詔天下庚戌行御史臺言阿里海牙占降民爲奴而以爲征討所得有旨降民還之有司征討所得籍其數量賜臣下有功者以興兵問罪海外天下供給繁重詔慰諭軍民應有逋欠錢糧及官吏侵盜並權停罷設懷孟路管河渠使副各一員拘括江南官豪隱匿逃軍壬子罷江南諸司自給驛券丙辰敕以妻女姊妹獻阿合馬得仕者黜之覈阿合馬占據民田給還其主庇富强戶輸賦其家者仍輸之官北京宣慰使阿老瓦丁濫舉非才爲管民官命選官代之議設鹽使司賣鹽引法擇利民者行之仍令按察司磨刷運司文卷定民間貸錢取息之法以三分爲率定內外官以三年爲考滿任者遷敘未滿者不許超遷禁吐蕃僧給驛太繁擾害於民自今非奉旨勿給給捡鶴人鈔一萬五錠及其官吏有差五月己未朔鈎考萬億庫及南京宣慰司沙汰省部官阿合馬黨人七百十四人己革者百三十三人餘五百八十一人並黜之瀘州管軍總管李從坐受軍士賄縱其私還致萬戶爪難等爲賊所殺伏誅籍阿合馬馬駝牛羊驢等三千七百五十八追治阿合馬罪剖棺戮其尸於通玄門外罷南京宣慰司及江南財賦總管府丁卯降各省給驛璽書戊辰併江西福建行省去江南冗濫官免福建山縣鎮店宣課禁當路私人權府州司縣官招諭畬洞人免其罪禁差戍軍防送禁人匠提舉擅招匠戶己巳遣浙西道宣慰司同知劉宣等理算各鹽運司及財賦府茶場都轉運司出納之數籍阿合馬妻子親屬所營貲產其奴婢縱之爲民罷宣慰使所帶相銜壬申鎮繫耿仁至大都命中書省鞫之庚辰議於平灤州造船發軍民合九千人令探馬赤伯要帶領之伐木於山及取於寺觀墳墓官酬其直仍命桑哥遣人督之癸未給大都拔都兒正軍夏衣和禮霍孫言省部濫官七百十四員其無過者五百八十一員姑存之沿海左副都元帥石國英請以稅戶贍軍軍逃死者令其補足站戶苗稅貧富不均者宜均其役又請行鹽法汰宫吏罷捕戶詔中書集議行之張惠阿里罷以甘肅行省左丞麥朮丁爲中書右丞行御史臺御史中丞張雄飛參知政事乙酉元帥綦公直言乞黜逃軍仍使從軍及設立冶塲於別十八里鼓鑄農器從之丙戌別十八里城東三百餘里蝗害麥六月己丑朔日有食之芝生眉州甲午阿合馬濫設官府二百四所詔存者三十三餘皆罷又江南宣慰司十五道內四道已立行中書省罷之乙未發六盤山屯田軍七百七十人以補劉恩之軍敕宣慰司等官毋役官軍丙申發射士百人衞丞相他人不得援例戊戌以占城既服復叛發淮浙福建湖廣軍五千海船百艘戰船二百五十命唆都爲將討之亡宋軍有手號及無手號者並聽爲民己亥命何子志爲管軍萬戶使暹國辛丑籍阿合馬妻子壻奴婢財產癸卯禁濫保軍功乙巳招無籍軍給衣糧己酉賞太子府宿衞軍禦盜之功給鈔馬有差無妻者以沒官寡婦配之以阿合馬居第賜和禮霍孫壬子申敕中外百官立限決事癸丑從和禮霍孫言罷司徒府及農政院鎖繫忽辛赴揚州鞫治丁巳征亦奚不薛盡平其地立三路達魯花赤留軍鎮守命藥剌海總之以也速帶兒爲都元帥宣慰使秋七月戊午朔日有食之立行樞密院於揚州鄂州庚申命行御史臺揀汰各道按察司官辛酉剖郝禎棺戮其尸壬戌命以官錢給戍軍費而以各奧魯所征還官禁諸位下營運錢貨差軍護送高麗國王請自造船一百五十艘助征日本戊辰征鴨池回軍屯田安西以鈔給之庚午令蒙古軍守江南者更番還家壬申發察罕腦兒軍千人治晉山道立馬湖路總管府癸酉賜高麗王王賰金印癸酉宣慰孟慶元萬戶孫勝夫使爪哇回爲忙古帶所囚詔釋之丁丑罷汪札剌兒帶總帥收其制命虎符以鞏昌路達魯花赤別速帖木兒爲鞏昌平涼等處二十四處軍前便宜都總帥府達魯花赤以蒙古人孛羅領湖北辰沅等州淘金事戊寅議築阿失荅不速皇城樞密院言用木十二萬地遠難致依察罕腦兒築土爲牆便從之乙酉賜諸王塔海帖木兒忽都帖木兒等金銀幣帛有差闍婆國貢金佛塔發米賑乞里吉思貧民八月丁亥朔給乾山造船軍匠冬衣及新附軍鈔庚寅忙古帶征羅氏鬼國還仍佩虎符爲管軍萬戶辛卯以阿八赤督運糧癸巳發羅羅斯等軍助征緬國辛亥併淄萊路田索二鎭仍於驛臺立新城縣治大駕駐蹕龍虎臺江南水民饑者衆眞定以南旱民多流移和禮霍孫請所在官司發廩以賑從之申嚴以

金飾車馬服御之禁又禁諸監官不得令人匠私造器物甲寅聖誕節是日還宮乙卯御正殿受皇太子諸王百官朝賀丙辰謫捏兀迭納戍占城以贖罪九月丁巳賙賑真定饑民其流移江南者官給之糧使還鄉里敕中書省窮治阿合馬之黨別速帶請於羅卜闍里輝立驛從之以阿合馬沒官田產充屯田籍阿里家戊午誅阿合馬第三子阿散仍剝其皮以徇庚申汰冗官游顯乞罷漣海州屯田以其事隸管民官從其請仍以顯平章政事行省揚州福建宣慰司獲倭國諜者有旨留之辛酉誅耿仁撒都魯丁及阿合馬第四子忻都招討使楊庭璧招撫海外南番皆遣使來貢俱藍國主遣使奉表進寶貨黑猿一那旺國主忙昂以其國無識字者遣使四人不奉表蘇木都速國主土漢八的亦遣使二人蘇木達國相臣那里八合剌攤赤因事在俱藍國聞詔代其主打古兒遣使奉表進指環印花綺段及錦衾二十合寓俱藍國也里可溫主兀咱兒撒里馬亦遣使奉表進七寶項牌一藥物二瓶又管領木速蠻馬合馬亦遣使奉表同日赴闕壬戌禁諸人不得沮撓課程敕官吏受賄及倉庫官侵盜臺察官知而不糾者驗其輕重罪之中外官吏贓罪輕者杖決重者處死言官緘默與受贓者一體論罪仍詔諭天下乙丑荅亦奚不薛等處軍丁卯安南國進貢犀兕金銀器香藥等物增給元帥綦公直軍冬衣鈔己巳命軍站戶出錢助民和顧和買籍雲南新附戶自兀良合帶鎮雲南凡八籍民戶四籍民田民以爲病至是令已籍者勿動新附者籍之定雲南稅賦用金爲則以貝子折納每金一錢直貝子二十索罷雲南宣慰司壬申敕平灤高麗耽羅及揚州隆興泉州共造大小船三千艘亦奚不薛之北蠻洞向世雄兄弟及散毛諸洞叛命四川行省就遣亦奚不薛軍前往招撫之使與其主偕來癸酉阿合馬姪宰奴丁伏誅罷忽辛黨馬璘江淮行省參知政事丁亥遣使括雲南所產金以孛羅爲打金洞達魯花赤戊寅給新附軍賈祐衣糧祐言爲日本國焦元帥婿知江南造船遣其來候動靜軍馬壓境願先降附辛巳敕各行省止用印一餘者拘之及拘諸位下印發鈔三萬錠於隆興德興府宣德州和糴糧九萬石壬申賜諸王阿只吉金五千兩銀五萬兩釐正選法置黑簿以籍阿合馬黨人之名令諸路歲貢儒吏各一人各道提刑按察司舉廉能者陞等還敘冬十月丁亥朔增兩浙鹽價詔整治鈔法己丑敕河西僧道也里可溫有妻室者同民納稅庚寅以歲事不登聽諸軍捕獵於汴梁之南辛卯以平章軍國重事監修國史耶律鑄爲中書左丞相壬辰享于太廟罷西京宣慰司丙申初立詹事院以完澤爲右詹事賽陽爲左詹事由大都至中灤中灤至瓜州設南北兩漕運司立蘆臺越支三叉沽鹽使司河間滄清山東濱樂安及膠萊莒密鹽使司五敕籍沒財物精好者及金銀幣帛入內帑餘付刑部以待給賜禁中出納分三庫御用寶玉遠方珍異隸內藏金銀只孫衣段隸右藏常課衣段綺羅縑布隸左藏設官吏掌鑰者三十二人仍以宦者二十二人董其事減大府監官癸卯命崔彧等鉤考樞密院文卷甲辰占城國納款使回賜以衣服乙巳遣阿魯招降法里郎阿魯乾伯等國罷屯田總管府以其事隸樞密院令管軍萬戶兼之丙午以汪惟孝爲總帥丁未女直六十自請造船運糧赴鬼國贍軍從之議征叉巴洞庚戌以四川民僅十二萬戶所設官府二百五十餘令四川行省議減之移成都宣慰司於碉門罷利州及順慶府宣慰司禁大都及山北州郡酒詔兩廣福建五品以下官從行省就便銓注耶律鑄言有司官吏以采室女乘時害民如令大郡歲取三人小郡二人擇其可者厚賜其父母否則遣還爲宜從之籍京畿隱漏田履畝收稅命游顯專領江浙行省漕運乙卯命堅童專掌奏記誅阿合馬長子忽辛第二子抹速忽於揚州皆醢之十一月戊午上都建利用庫賜太常禮樂籍田等二百六十戶鈔千二百錠甲子給欠州屯田軍衣服丁卯給河林戍還軍校銀鈔幣帛江南襲封衍聖公孔洙入覲以爲國子祭酒兼提舉浙東道學校事就給俸祿與護持林廟璽書詔以阿合馬罪惡頒告中外凡民間利病即與興除之壬申以勢家爲商賈者阻遏官民船立沿河巡禁軍犯者沒其家癸酉分元帥綦公直軍戍曲先甲戌中書省臣言天下重囚除謀反大逆殺祖父母父母妻殺夫奴殺主因姦殺夫並正典刑外餘犯死罪者令充日本占城緬國軍從之改鑄省印丙子四川行省招諭大盤洞主向臭友等來朝戊寅耶律鑄言前奉詔殺人者死仍徵燒埋銀伍十兩後止徵鈔二錠其事太輕臣等議依蒙古人例犯者沒一女入仇家無女者徵鈔四錠從之以袁州饒州興國軍復隸隆興省馬八兒國遣使以金葉書及土物來貢罷都功德使脫烈其修設佛事妄費官物皆徵還之賜貧乏者合納塔兒八只等羊馬鈔十二月丁亥命阿剌海領范文虎等所有海船三百艘壬寅中書左丞張文謙爲樞密副使乙未中書省臣言平原郡公趙與芮瀛國公趙㬎翰林直學士趙與票宜並居上都帝曰與芮老矣當留大都餘如所言繼有旨給瀛國公衣糧發遣之唯與票勿行以中山薛保住上匿名書告變殺宋丞相文天祥癸卯御史中丞崔彧言臺臣於國家政事得失生民休戚百官邪正雖王公將相亦宜糾察近唯御史有言臣以爲臺官皆當建言庶於國家有補選用臺察官若由中書必有偏徇之弊御史宜從本臺選擇初用漢人十六員今用蒙古人十六員相參巡歷爲宜從之浚濟川河降拱衞司復正四品仍收其虎符罷湖廣行省金銀鐵冶提舉司以其事隸各路總管府以建康淘金總管府隸建康路中書右丞札散爲平章政事罷解鹽司及諸鹽司令運司官親行調度鹽引罷南京屯田總管府以其事隸南陽府阿里海牙復鎮遠軍發軍千人戍守以其地與西川行省接就以隸焉詔立帝師荅耳麻八剌剌吉塔掌玉印統領諸國釋教造帝師八合思八舍利塔免鞏昌等處積年所欠田租稅課賜皇子北安王位下塔察兒等馬牛羊各有差

二十年春正月丙辰朔高麗國王王賰遣其大將軍俞洪慎來賀己未納皇后弘吉剌氏辛酉賜諸王出伯印賞諸王必赤帖木兒駙馬昌吉軍鈔敕諸王公主駙馬得江南分地者於一萬戶田租中輸鈔百錠准中原五戶絲數癸亥敕藥剌海領軍征緬國乙丑高麗國王王賰遣使兀剌帶貢氀布綿紬等物四百段和禮霍孫言去冬中山府奸民薛寶住爲匿名書來上妄効東方朔書欺罔朝廷希覬官賞敕誅之又言自今應訴事者必須實書其事赴省臺陳告其敢以匿名書告事重者處死輕者流遠方能發其事者給犯人妻子仍以鈔賞之又阿合馬專政時衙門太冗虛費俸祿宜依劉秉忠許衡所定併省爲便皆從之設務農司敕諸事赴省臺訴之理決不平者許詣登聞鼓院擊鼓以聞預備征日本軍糧令高麗國備二十萬石以阿塔海依舊爲征東行中書省丞相丙寅發五衞軍二萬人征日本發鈔三千錠糴糧于察罕腦兒以給軍匠以燕南河北山東諸郡去歲旱稅糧之在民者權停勿徵仍諭自今管民官凡有災傷過時不申及按察司不即行視者皆罪之刑部尚書崔彧言時政十八事詔中書省與御史大夫玉速帖木兒議行之罷上都回易庫丁卯伯要帶等伐船材于烈堝都山乾山凡十四萬二千有奇起諸軍貼戶年及丁者五千人民夫三千人運之己巳太陰犯軒轅御女賜諸王也里干塔納合奴木赤金各五十兩金衣襖一庚午以平灤造船去運木所遠民疲於役徙於陽河造之壬申御史臺言燕南山東河北去年旱災按察司已嘗閱視而中書不爲奏免民何以堪請權停稅糧制曰可移鞏昌按察司治甘州命右丞闍里帖木兒及萬戶三十五人蒙古軍習舟師者二千人探馬赤萬人習水戰者五百人征日本丁丑以招討楊廷璧爲宣慰使賜弓矢鞍勒使諭俱藍等國己卯命諸軍習舟檝給鈔八千錠於隆興宣德等處和糴以贍之庚辰太陰入南斗壬午車駕畋于近郊以四川歸附官楊文安爲荊南道宣慰使改廣東提刑按察司爲海北廣東道廣西按察司爲廣西海北道福建按察司爲福建閩海道鞏昌按察司爲河西隴北道癸未撥忽蘭及塔剌不罕等四千戶隸皇太子位下壬戌敕於禿烈禿等富戶內貸牛六百頭給乞里古思之貧乏者二月戊子定兩廣四川戍軍二三年一更廩其家屬軍官給俸以贍之賜俱藍國王瓦你金符賜駙馬阿禿江南民千戶以春秋仲月上戊日祭社稷及武成王庚寅太陰掩昴癸巳敕斡脫錢仍其舊丁酉給別十八里屯田軍戰襖庚子敕權貴所占田土量給各戶之外餘者悉以與怯薛帶等耕之減四川官府併西川東西北三道宣慰司及潼川等路鎮守萬戶府新軍總管府威灌茂等州安撫司十四處是夜太白犯昴辛丑定軍官選格立官吏贓罪法壬寅太白犯昴乙巳令隆興行省遣軍護送占城糧船太陰犯心丁未定安洞酋長遣其兄弟入覲敕給驛馬己酉陞闌遺監秩正五品癸丑諭中書省大事奏聞小事便宜行之毋致稽緩甲寅降太醫院爲尚醫監改給銅印立江南等處官醫提舉司賜日本軍官八忽帶及軍士銀鈔有差敕遣官錄揚州囚徙三月丁巳諸王勝納合兒設王府官三員以萬戶不都蠻鎮守金齒罷女直造日本出征船罷河西行御史臺立鞏昌等處行工部罷福建市舶總管府存提舉司併泉州行省入福建行省免福建歸附後未徵苗稅以闊闊你敦治江淮行省或言其過命兀奴忽帶伯顏佐之戊午以新附洞蠻酋長爲千戶己未歲星犯鍵閉罷京兆行省立行工部御史臺臣言平灤造船五臺山造寺伐木及南城建新寺凡役四萬人乞罷之詔伐木建寺即罷之造船一事其與省臣議前後衞軍自願征日本者命選留五衞漢軍千餘其新附軍令悉行庚申太陰犯井辛酉賞諸王合班弟忙兀帶所部軍士戰功銀鈔幣帛衣服各有差給甘

州戍軍鈔壬戌太陰犯鬼乙丑命兀奴忽魯帶往揚州錄囚遣江北重囚謫征日本立雲南按察司照刷行省文卷罷淮安等處淘金官惟計戶取金以阿合馬綿絹絲線給貧民工匠給王傳兀訥忽帖只印給西川福建兩廣之任官驛馬以湖南宣慰使張鼎新行省參知政事樊楫等嘗阿附阿里海牙敕罷之丙寅車駕幸上都江西行省參政完顏那懷坐越例驟陞及妄舉一百九十八人入官罷之罷河西辦課提舉司丁卯增置蒙古監察御史六員乙巳歲星犯房癸酉歲星掩房廣州新會縣林桂方趙良鈐等聚衆僞號羅平國稱延康年號官軍擒之伏誅餘黨悉平乙亥罷諸處役夫遣阿塔海戍曲先漢都魯迷失帥甘州新附軍往斡端己卯給各衞軍出征馬價鈔辛巳立畏吾兒四處驛及交鈔庫壬午祀太一罷福建道宣慰司復立行中書省于漳州以中書右丞張惠爲平章政事御史中丞也先帖木兒爲中書左丞並行中書省事賜迷里札蠻合八失鈔賑八魯怯薛八剌合赤等貧乏賜皇子北平王所部馬牛羊各有差夏四月丙戌立別十八里和州等處宣慰司庚寅敕欒刺海戍守亦奚不薛都元帥也速荅兒還自亦奚不薛駐軍成都求入見許之仍遣人屯守險隘以侍衞親軍二萬人助征日本辛卯樞密院臣言蒙古侍衞軍於新城等處屯田砂礫不可種乞改撥良田從之壬辰阿塔海求軍官習舟楫者同征日本命元帥張林招討張瑄總管朱清等行以高麗王就領行省規畫日本事宜甲午減江南諸道醫學提舉司四省各存其一免京畿所括豪勢田舊稅三之二新稅三之一高麗國王王賰請以蒙古人同行省事禁近侍爲人求官紊亂選法申嚴酒禁有私造者財產女子沒官犯人配役申私鹽之禁許按察司糾察鹽司己亥太陰犯房壬寅太陰犯南斗癸卯授高麗國王王賰征東行中書省左丞相仍駙馬高麗國王乙巳命樞密院集軍官議征日本事宜程鵬飛請明賞罰有功者軍前給憑驗俟班師日改授從之庚戌右丞也速帶兒招撫筠連州定州阿永都掌等處蠻獨山都掌蠻不降進軍討之生擒酋長得蘭紐遂班師發大都所造回回砲及其匠張林等付征東行省辛亥以征日本給役衞軍衣甲及大名衞輝新附軍鈔麥木丁等檢覈萬億庫以罪監繫者多請付蒙古人治有旨蒙古人爲利所汨亦異往日矣其擇可任者使之五月乙卯給甘州戍軍夏衣戊午丞相伯顏諸王相吾荅兒等言征緬國軍宜參用蒙古新附軍從之己

未免五衞軍征日本發萬人赴上都縱平灤造船軍歸耕撥大都見管軍代役庚申減隆興府昌州蓋里泊管鹽官吏九十九人以其事隸隆興府定江南民官及轉運司官公田甲子徙揚州淘金夫赴益都立征東行中書省以高麗國王與阿塔海共事給高麗國征日本軍衣甲御史中丞崔彧言江南盜賊相繼而起皆緣拘水手造海船民不聊生日本之役宜姑止之江南四省應辦軍需宜量民力勿強以土產所無凡給物價及民者必以實召募水手當從所欲伺民之氣稍蘇我之力粗備三二年復東征未晚不從丙寅太陰掩心東星免江南稅糧三之二敕阿里海牙調漢軍七千新附軍八千以附唆都從征辛未占城行省己破占城其國主補底遁去降璽書招徠之甲戌發征日本重囚往占城緬國等處從征設高麗國勸農官四員丙子詔諭諸王相吾荅兒先是雲南重囚令便宜處決恐濫及無辜自今凡大辟罪仍須待報併省江淮雲南州郡以耶律老哥爲中書參知政事免戍軍差稅禁諸王奧魯官科擾軍戶以西南蠻夷有謀叛未附者免西川征緬軍令專守禦支鏹令各驛供給戊寅諸陳言者從都省集議可行者以聞不可則明以諭言者許按察司官用弓矢監察御史阿剌渾坐擅免贓錢不糾私釀等罪罷用御史中丞崔彧言罷各路選取室女頒行宋文思院小口斛敕以陝西按察司贓罰錢輸於秦王省北京提刑按察司副使僉事各一員立海西遼東提刑按察司按治女直水達達部己卯詶諸王只必帖木兒給軍羊馬鈔十萬錠海南四州宣慰使朱國寶請益兵討占城國主詔以阿里海牙軍萬五千人應之用王積翁言詔江南運糧於阿八赤新開神山河及海道兩道運之立斡脫總管府辛巳給占城行省唆都弓矢甲仗六月丙戌申嚴私易金銀之禁以甘州行省參政王椅爲中書參知政事免大都及平灤路今歲絲料江南遷轉官不之任者杖之追奪所受宣勅戊子以征日本民間騷動盜賊竊發忽都帖木兒忙古帶乞益兵禦寇詔以興國江州軍付之己丑增官吏俸給庚寅定市舶抽分例舶貨精者取十之一粗者十之五差五衞軍人修築行殿外垣命諸王忽牙都設斷事官丙申發軍修完大都城辛丑發軍修築隄堰戊申用伯顏等言所括宋手號軍八萬三千六百人立牌甲設官以統之仍給衣糧庚戌流叛賊陳弔眼叔陳桂龍於憨荅孫之地辛亥四川行省參政曲立吉思等討平九溪十八洞以其酋長赴闕定其地立州

縣隸順元路宣慰司節制以向世雄等爲乂巴諸洞安撫大使及安撫使秋七月癸丑朔蠲建寧路至元十七年前未納苗稅丙辰免徵骨嵬軍賦諭阿塔海所造征日本船宜少緩之所拘商船其悉給還阿里沙坐虛言惑衆誅太白犯井丁巳賜捏古帶等珠衣庚申調軍益戍雲南丙寅立亦奚不薛宣慰司益兵戍守開雲南驛路分亦奚不薛地爲三設官撫治之癸亥太陰犯南斗乙丑太白犯井丁卯罷淮南淘金司以其戶還民籍庚午熒惑犯司怪新附官周文英入見其贄禮銀萬兩金四十錠鐵木兒不花匿爲己有詔卽其家搜閱沒入官帑敕捕阿合馬婦翁尚書蔡仲英徵償所貸官鈔二十萬錠阿八赤姚演以開神山橋渠侵用官鈔二千四百錠折閱糧米七十三萬石詔徵償仍議其罪壬申亦奚不薛軍民千戶宋添富及順元路軍民總管兼宣撫司阿里等來降班師以羅鬼酋長阿利及其從者入覲立亦奚不薛總管府命阿里爲總管丙子減江南十道宣慰司官一百四十員爲九十三員敕上都商稅六十分取一免大都平灤兩路今歲俸鈔立總教院秩正三品丁丑命按察司照刷土蕃宣慰司文卷立鋪軍捕淮西盜賊淮東宣慰同知宋廷秀私役軍四十人杖而罷之庚辰給忽都帖木兒等軍貧乏償怯兒合思等羊馬價鈔八月癸未以明理察平章軍國重事商議公事立懷來淘金所甲午敕大名眞定北京衞輝四路屯駐新附軍於東京屯田安南國遣使以方物入貢丙午太白犯軒轅丁未歲星犯鉤鈐浙西道宣慰使史弼言頃以征日本船五百艘科諸民間民病之宜取阿八赤所有船修理以付阿塔海庶寬民力并給鈔於沿海募水手從之濟州新開河成立都漕運司庚戌賞還役宿衞軍賜皇子北安王所部軍鈔羊馬九月壬子太白犯軒轅少女戊午命剌帶等招降象山縣海賊尤宗祖等九千五百九十二人海道以寧太陰犯斗壬戌調黎兵同征日本丙寅古荅奴國因商人阿剌畏等來言自願効順併占城荊湖行省爲一徙舊城市肆局院稅務皆入大都減稅徵四十分之一賞朱雲龍漕運功授七品總押仍以幣帛給之己巳太白犯右執法辛未以歲登開諸路酒禁廣東盜起遣兵萬人討之壬申太陰掩井癸酉熒惑犯鬼甲戌太陰犯鬼熒惑犯積尸氣太白犯左執法戊寅史弼陳弭盜之策爲首及同謀者死餘屯田淮上帝然其言詔以其事付弼賊黨耕種內地其妻奴送京師以給鷹坊人等冬十月庚寅給征日本新附鈔三萬

錠壬辰車駕由古北口路至自上都癸巳斡端宣慰使劉恩進嘉禾同穎九穗七穗六穗者各一甲午以平章政事札散爲樞密副使詔五衞軍歲以冬十月聽十之五還家備資裝正月番上代其半還四月畢入役時各衞議先遣七人而以三人自代從之乙未享于太廟丙申太陰犯昴丁酉誅占城逃回軍忙兀帶請增蒙古漢軍戍邊從之以忽都忽總揚州行省唆都新益軍庚子許阿速帶軍以兄弟代役建寧路管軍總管黃華叛衆幾十萬號頭陀軍僞稱宋祥興五年犯崇安浦城等縣圍建寧府詔卜憐吉帶史弼等將兵二萬二千人討平之耶律鑄罷壬寅立東阿至御河水陸驛以便遞運從濟州漕口驛於新河魯橋鎭給甘州納碌黃貧乏戶鈔癸卯諸王只必帖木兒請括閱常德府分地民戶不許中書省臣言阿八赤新開河二處皆有倉宜造小船分海運從之中書省臣押亦迷失嘗請諭江南諸郡募人種淮南田今乃往各郡轉收民戶行省官闊闊你敦言其非便宜令其於治所召募不可強民從之戊申給水達達鰥寡孤獨者絹千匹鈔三百錠立和林平準庫遣官檢覈益都淘金欺弊罷中興管課提舉司及北京鹽鐵課程提舉司己酉簽河西質子軍年及丁者充軍庚戌各道提刑按察司增設判官二員十一月壬子賞大不花脫歡等戰功銀幣癸丑總管陳義願自備海船三十艘以備征進詔授義萬戶佩虎符義初名五虎起自海盜內附後其兄爲招討義爲總管敕凡盜賊必由管民官鞫問仍不許私和丁巳命各省印授時曆諸王只必帖木兒請於分地二十四城自設管課官不從又請立拘榷課稅所其長從都省所定次則王府差設從之詔大都田土並令輸稅甘州新括田土畝輸租三升己未吏部尚書劉好禮以吉利吉思風俗事宜來上壬戌復立南京宣慰司乙丑罷開城路屯田總管府入開城路隸京兆宣慰司戊辰立司農司掌官田邸舍人民給諸王所部撒合兒兀魯等羊馬以賙其乏河西官府參用漢人徙甘肅沙州民戶復業大都城門設門尉丁丑禁雲南管課官於常額外多取餘錢戊寅禁雲南權勢多取債息仍禁沒人口爲奴及黥其面者太白歲星相犯己卯從諸王朮白蒙古帶等請賞也禿古等銀鈔以旌戰功賜皇太子鈔千錠以御史臺贓罰鈔賜怯憐口十二月庚辰賜諸王渾都帖木兒衣物忽都兒所部軍銀鈔幣帛甲申賜別速帶所部軍衣服幣帛七千馬二千賞西番軍官愛納八斯等戰功辛卯以茶忽所管

軍六千人備征日本壬辰給諸王阿只吉牛價以中書參議溫迪罕禿魯花廉貧不阿附權勢賜鈔百錠罷女直出產金銀禁甲午給鈔四萬錠和糴于上都給司闈衛士貧者人鈔二十錠辛丑賜諸王昔烈門等銀以海道運糧招討使朱清爲中萬戶賜虎符張瑄子文虎爲千戶賜金符徙新附官仕內郡以蠡州還隸眞定府路癸卯發粟賑水達達四十九站甲辰太陰掩熒惑丙午罷雲南造賣金箔規措所罷雲南都元帥府及重設官吏定質子令凡大官子弟遣赴京師戊申雲南施州子童與兵爲亂敕參知政事阿合八失帥兵合羅羅斯脫兒世合討之給布萬匹賑女直饑民一千戶是歲斷死罪二百七十八人

元史卷十三

明翰林學士亞中大夫知制誥兼修國史宋　濂等修

本紀第十三

世祖十

二十一年春正月乙卯帝御大明殿右丞相和禮霍孫率百官奉玉冊玉寶上尊號曰憲天述道仁文義武大光孝皇帝諸王百官朝賀如朔旦儀赦天下丁巳勅自今凡奏事者必先語同列以所奏既奏其所奉旨云何令同列知而後書之簿不明以告而輒書簿者杖必闍赤己未罷雲南都元帥府所管軍民隸行省甲子罷揚州等處理算官以其事付行省江浙行省平章忙忽帶進眞珠百斤丙寅闊闊你敦言屯田芍陂兵二千種二千石得粳糯二萬五千石有奇乞增新附軍二千從之丁卯建都王烏蒙及金齒一十二處俱降建都先爲緬所制欲降未能時諸王相吾答兒及行省右丞太卜參知政事也罕的斤分道征緬於阿昔阿禾兩江造船二百艘順流攻之拔江頭城令都元帥袁世安戍之遂遣使招諭緬王不應建都太公城乃其巢穴遂水陸並進攻太公城拔之故至是皆降庚午立江淮荆湖江西四川行樞密院治建康鄂州撫州成都立耽羅國安撫司辛未相吾答兒遣使進緬國所貢珍珠珊瑚異綵及七寶束帶甲戌遣蒙古官及翰林院官各一人祠嶽瀆后土遣王積翁齎詔使日本賜錦衣玉環鞍轡積翁由慶元航海至日本近境爲舟人所害御史臺臣言罪黜之人久忘其名又復奏用乞戒約帝曰卿等所言固是然其間豈無罪輕可錄用者御史大夫玉速帖木兒對曰以各人所犯罪狀明白敷奏用否當取聖裁從之丙子建寧叛賊黃華自殺丁丑雲南諸路按察司官陛辭詔諭之曰卿至彼當宣明朕意勿求貨財名成則貨財隨之徇財則必失其名而性命亦不可保矣己卯馬八兒國遣使貢珍珠異寶縑段二月辛巳以福建宣慰使管如德爲泉州行省參知政事征緬沒揚州漕河罷高麗造征日本船丁亥命翰林學士承旨撒里蠻祀先農于藉田壬辰以江西叛寇妻子賜鷹坊養虎者以別速帶逃軍七百餘人付安西王屯田給以牛具邕州賓州民黃大成等叛梧州韶州衡州民相挺而起湖南宣慰使撒里蠻將兵討之甲午罷羣牧所己亥瑞州獲叛民晏顒等三十二人并妻孥送京師罷阿八赤開河之役以其軍及水手各萬人運海道糧放檀州淘金五百人還家丁未括江南樂工命阿塔海發兵萬五千人船二百艘助征占城船不足命江西省益之戊申從江淮行省于杭州從浙西宣慰司于平江省黃州宣慰司入淮西道立法輪竿于大內萬壽山高百尺漳州盜起命江浙行省調兵進討秦州總管劉發有罪當欲歸黃華事覺伏誅遷故宋宗室及其大臣之仕者於內地三月辛亥敕思播管軍民官自今勿遷丁巳皇子北平王南木合至自北邊王以至元八年建幕庭于和林北野里麻里之地留七年至是始歸右丞相安童繼至以張弘範等將新附軍壬戌更定虎符丙寅乘輿幸上都丁卯太廟正殿成奉安神主甲戌置潮贛吉撫建昌戍兵乙亥高麗國王王賰以皇帝尊號禮成遣使來賀夏四月壬午令軍民同築堤堰以利五衞屯田乙酉省泉府司入戶部立大都留守司兼少府監立大都路總管府立西川延安鳳翔興元宣課司從迷里火者蜜剌里等言以鈔萬錠爲市於別十八里及河西上都以火者赤依舊揚州鹽運使歲市鹽八十萬石以贖過己亥涿州巨馬河決衝突三十餘里庚子湖廣行省平章阿里海牙請身至海濱收集占城散軍從唆南征且趣其未行者許之壬寅江淮行省進各翼童男女百人忽都鐵木兒征緬之師爲賊衝潰戊申高麗王王賰及公主以其世子諒來朝勅發思播田楊二家軍二千從征緬籍江南鹽徒軍藏匿者有罪火兒忽等所部民戶告饑帝曰饑民不救儲糧何爲發萬石賑之命開元等路宣慰司造船百艘付狗國戍軍雲南行省爲破緬國江頭城進童男女八十人并銀器幣帛五月己酉從禿禿合言立二千戶總欽察康里子弟願爲國宣勞者壬子拘征東省印癸丑樞密院臣言唆都潰軍已令李恒收集江淮江西兩省潰軍別遣使招諭凡至者皆給之糧舟楫損者修之以俟阿里海牙調用從之戊午勅中書省奏目及文冊皆不許用畏吾字其宣命劄付並用蒙古書己未荆湖占城行省言忽都虎忽馬兒等將兵征占城前鋒舟師至舒眉蓮港不知所向令萬戶劉君慶進軍次新州獲占蠻始知我軍已還矣就遣占蠻向導至占城境其國主遣阿不蘭以書降且言其國經唆都軍馬虜掠國計已空俟來歲遣嫡子以方物進繼遣其孫路司理勒蟄等奉表詣闕乙丑取高麗所產鐵爲江南今年田賦十分之二其十八年以前逋欠未徵者盡免之阿魯忽奴言曩於江南民戶中撥匠戶三十萬其無藝業者多今已遴定諸色工匠餘十九萬九百餘戶宜縱令爲民從之詔諭各道提刑按察司分司事宜庚午荆湖占城行省以兵進據烏馬境地近安南請益兵命鄂州達魯花赤趙翥等奉璽書往諭安南河間任丘縣民李移住謀叛事覺伏誅括天下私藏天文圖讖太乙雷公式七曜曆推背圖苗太監曆有私習及收匿者罪之丁丑忽都虎烏馬兒劉萬戶等率揚州省軍二萬赴唆都軍前遇風船散其軍皆潰勅追烏馬兒等誥命虎符及部將所受宣勅以河西孛魯合答兒等代之聽阿里海牙節制閏五月己卯封法里剌王爲郡王佩虎符改思播二州隸順元路宣撫司罷西南番安撫司立總管府給西川蒙古軍鈔使備鎧仗耕遂寧沿江曠土以食四頃以下者免輸地稅命總帥汪惟正括四川民戶辛巳加封衞輝路小清河神曰洪濟威惠王壬午蒙古侍衞親軍都指揮使八忽帶征黃華回進八卩百七十一乙酉以雲南城內洪城併察罕章隸皇太子丙戌行御史臺自揚州遷于杭州庚寅賜歸附洞蠻官十八人衣遣還癸巳賜北安王螭紐金印罷皮貨所理算江南諸行省造征日本船隱奘詔按察司毋得沮撓甲辰安南國王世子陳日烜遣其中大夫陳謙甫貢玉杯金瓶珠條金領及白猿綠鳩幣帛等物丙午以侍衞親軍萬人修大都城六月壬子遣使分道尋訪測驗晷景日月交食曆法增官吏俸以十分爲率不及一錠者量增五分甲寅詔封皇子脫歡爲鎮南王賜螭紐金印駐鄂州庚申改蒙古都元帥府爲蒙古都萬戶府砲手元帥府爲砲手萬戶府砲手都元帥府爲回回砲手軍匠萬戶府甲子命也速帶兒所部軍六十人淘金雙城從憨答孫請移阿剌帶和林屯田軍與其所部相合屯田五河乙丑中衞屯田蝗甲戌賜皇子愛牙赤怯薛帶孛折等及兀剌海所部民戶鈔二萬一千六百四十三錠皇子南木合怯薛帶怯憐口一萬二百四十六錠以馬一萬一百九十五羊一萬六十賜朶魯朶海扎剌伊兒所部貧軍秋七月丁丑朔勅荆湖西川兩省合兵討乂巴散毛洞蠻雲南省臣言騰越永昌羅必丹民心攜貳宜令也速帶兒或汪總帥將兵討之制曰可命樞密院差軍修大都城己卯立行福司中書省臣言宰相之名不宜輕授今占城省臣已及七人宜汰之詔軍官勿帶相銜賜皇子北安王印復揚州管匠提舉司丁亥江淮行省以占城所遣太半達連扎赴闕及其地圖來上塔剌赤言頭輦哥國王出戍高麗調旺速等所部軍四百以往令頭輦哥已回留軍耽羅去其妻子已久宜令他軍更戍伯顏等議以高麗軍千人屯耽羅其留戍四百人縱之還家從之戊子詔鎮南王脫歡征占城遣所留安南使黎英等還其國日烜遣其中大夫阮道學等以方物來獻總帥汪惟正言一門兄弟從仕者衆乞仍於秦鞏州置便宜都總帥府仍用元帥印即其兄弟四人擇一人爲總帥總帥之下總管府令其兼之汪氏二人西川典兵者亦擇其一爲萬戶餘皆依例遷轉從之賜貧乏者阿魯渾玉龍帖木兒等鈔共七千四百八十錠八月丁未雲南行省言華帖白水江鹽井三處土老蠻叛殺諸王及行省使者調兵千人討之定擬軍官格例以河西回回畏吾兒等依各官品充萬戶府達魯花赤同蒙古人女直契丹同漢人若女直契丹生西北不通漢語者同蒙古人女直生長漢地同漢人己酉御史臺臣言無籍之軍願從軍殺掠者初假之以張渡江兵威今各持弓矢剽劫平民若不分隸各翼恐生他變詔遣之還家辛亥征東招討司聶古帶言有旨進討骨嵬而阿里海牙朶剌帶玉典三軍皆後期七月之後海風方高糧仗船重深虞不測姑宜少緩從之占城國王乞回唆都軍願以土產歲修職貢使太盤亞羅日加翳大巴南等十一人奉表詣闕獻三象甲子放福建畬軍收其軍器其部長於近處州郡民官遷轉庚午車駕至自上都甲戌捌完上

言建都女子沙智治道立站有功已授虎符管領其父元收附民爲萬戶今改建昌路總管仍佩虎符從之九月甲申京師地震併市舶入鹽運司立福建等處鹽課市舶都轉運司中書省言福建行省軍餉絕少必於揚州轉輸事多遲誤若併兩省爲一分命省臣治泉州爲便詔以中書右丞行省事忙兀台爲江淮等處行中書省平章政事其行省左丞忽剌出蒲壽庚參政管如德分省泉州癸巳太白犯南斗丙申以江南總攝楊璉眞加發宋陵冢所收金銀寶器修天衣寺甲辰海南貢白虎獅子孔雀冬十月丁未享于太廟戊申四川行省言金齒遺民尚多未附以要剌海將探馬赤軍二千討之己酉勅管軍萬戶爲行省宣慰使者毋兼管軍事仍爲萬戶者毋兼涖民政壬子定漣海等處屯田法辛酉征東招討司以兵征骨嵬宋有手記軍死則以兄弟若子繼詔依漢軍籍之毋文其手丁卯和禮霍孫請設科舉詔中書省議會和禮霍孫罷事遂寢以招討使張萬爲征緬招討使佩三珠虎符戊辰立常平倉以五十萬石價鈔給之甲戌詔諭行中書省凡征日本船及長年篙手並官給鈔增價募之賜貧乏者押失忻都察等鈔一萬四千三錠十一月甲申封南木里忙哥赤郡公戊子命北京宣慰司修灤河道己丑江西行省參知政事也的迷失禽獲海盜黎德及招降餘黨百三十三人卽其地誅黎德以徇以黎德弟黎浩及僞招討吳興等檻送京師遙轉官員薄而不就者其令歸農當役庚寅占城國王遣使大羅盤亞羅日加翳等奉表來賀聖誕節獻禮幣及象二占城舊州主寶嘉婁亦奉表入附庚子以范文虎爲左丞商量樞密院事太陰犯心辛丑和禮霍孫麥术丁張雄飛溫迪罕皆罷前右丞相安童復爲右丞相前江西榷茶運使盧世榮爲右丞前御史中丞史樞爲左丞不魯迷失海牙撒的迷失並參知政事前戶部尚書拜降參議中書省事勅中書省整治鈔法定金銀價禁私自回易官吏奉行不虔者罪之壬寅安童盧世榮言阿合馬專政時所用大小官員例皆奏罷其間豈無通才宜擇可用者仍用之詔依所言汰選毋徇私情癸卯福建行省遣使人八合魯思招降南巫里別里剌理倫大力等四國各遣其相奉表以方物來貢以江淮間自襄陽至東海多荒田命司農司立屯田法募人開耕免其六年租稅并一切雜役賜蒙古貧乏者也里古辟列海察吉兒等鈔十二萬四千七百二十二錠十二月甲辰朔中書省臣言江南官田爲權豪寺觀欺隱者多宜免其積年收入限以日期聽人首實踰限爲人所告者徵以其半給告者從之立常平鹽局乙巳崔彧言盧世榮不可爲相忤旨罷以丁壯萬人開神山河立萬戶府以總之辛亥以儀鳳司隸衛尉院癸亥盧世榮言京師富豪戶釀酒價高而味薄以致課不時輸宜一切禁罷官自酤賣向之歲課一月可辦從之甲子以高麗提舉司隸工部乙丑祀太一丙寅荊湖占城行省遣八番劉繼昌諭降龍昌寧龍延萬等赴闕奉羊馬白氈來貢各授本處安撫使立宣慰司招撫西南諸蕃等處酋長癸酉命翰林承旨撒里蠻翰林集賢大學士許國禎集諸路醫學教授增修本草是月鎮南王軍至安南殺其守兵分六道以進安南興道王以兵拒於萬劫進擊敗之萬戶倪閏戰死於劉邨以涇州隸都總帥府賜蒙古貧乏者兀馬兒等鈔一千八百八十五錠銀四十錠

二十二年春正月戊寅以命相詔天下民間買賣金銀懷孟諸路竹貨江淮以南江河魚利皆弛其禁諸處站赤飲食官爲支給遣官諸路慮囚罪輕者釋之徙屯衞輝新附軍六千家屯之京師以完倉廩發五衞軍及新附軍濬蒙邨漕渠庚辰立別十八里驛傳毀宋郊天臺桑哥言楊璉眞加云會稽有泰寧寺宋毀之以建寧宗等攢宮錢唐有龍華寺宋毀之以爲南郊皆勝地也宜復爲寺以爲皇上東宮祈壽時寧宗等攢宮已毀建寺勑毀郊天臺亦建寺焉壬午詔立市舶都轉運司立上都等路羣牧都轉運使司諸路常平鹽鐵坑冶都轉運司甲申遣使代祀五岳四瀆東海后土戊子闊闊你敦言先有旨遣軍二千屯田芍陂試土之肥磽去秋已收米二萬餘石請增屯士二千人從之徙江南樂工八百家于京師封駙馬昤郞哥爲寧昌郡王賜龜紐銀印西川趙和尚自稱宋福王子廣王以誑民民有信者眞定民劉驢兒有三乳自以爲異謀不軌事覺皆磔裂以徇移五條河屯田軍五百於兀失蠻札失蠻辛卯發諸衞軍六千八百人給護國寺修造竇御史臺贓罰庫癸巳樞密臣言舊制四宿衞各選一人參決樞密院事請以脫列伯爲簽院從之詔括京師荒地令宿衞士耕種乙未中書省臣請以御史大夫玉速帖木兒爲左丞相中書撒里蠻爲御史大夫罷行御史臺以其所屬按察司隸御史臺行御史臺大夫撥魯罕爲中書省平章政事帝曰玉速帖木兒朕當思之撥魯罕寬緩不可安童對曰阿必赤合何如帝曰此事朕自處之罷行御史臺者當如所奏盧世榮請罷福建行中書省立宣慰司隸江西行中書省又言江南行中書省事繁恐致壅滯今隨行省立行樞密院總兵以分其務爲便帝曰行院之事前日已言由阿合馬欲其子忽辛兼兵柄而止今議行之流征占城擅還將帥二十三人於遠方丙申帝畋于近郊陞武備監爲武備寺尚醫監爲太醫院職俱三品陞六部爲二品以合必赤合爲中書平章政事命禮部領會同館初外國使至常令翰林院主之至是改正制湖占城行省平叛蠻百六十六洞詔禁私酒己亥分江浙行省所治南康隸江西省辛丑以楊兀魯帶爲征骨嵬招討使佩二珠虎符壬寅造大樽於殿樽以木爲質銀內而外鏤爲雲龍高一丈七寸是月壬午烏馬兒領兵與安南興道王遇擊敗之兵次富良江北乙酉安南世子陳日烜領戰船千餘艘以拒丙戌與戰大破之日烜遁去入其城還屯富良江北唆都唐古帶等引兵與鎮南王會二月乙巳駐蹕柳林增濟州漕舟三千艘役夫萬二千人初江淮歲漕米百萬石於京師海運十萬石膠萊六十萬石而濟之所運三十萬石水淺舟大恒不能達更以百石之舟舟用四人故夫數增多塞渾河堤決役夫四千人詔改江淮江西元帥招討司爲上中下三萬戶府蒙古漢人新附諸軍相參作三十七翼上萬戶宿州蘄縣眞定沂郯益都高郵沿海七翼中萬戶棗陽十字路邳州鄧州杭州懷州孟州眞州八翼下萬戶常州鎭江潁州廬州亳州安慶江陰水軍益都新軍湖州淮安壽春揚州泰州弩手保甲處州上都新軍黃州安豐松江鎭江水軍建康二十二翼翼設達魯花赤萬戶副萬戶各一人以隸所在行院江西盜黎德等餘黨悉平以應放還五衞軍穿河西務河舊例五衞軍十人爲率七人三人分爲二番十月放七人者還正月復役正月放三人者還四月復役更休息之丙午以荊湖行省所隸八番羅甸隸西川行省分嵐管爲二州加封桑乾河神洪濟公爲顯應洪濟公己酉爲皇孫阿難荅立衍福司職四品使同知副使各一員辛亥廣東宣慰使月的迷失討潮惠二州盜郭逢貴等四十五寨皆平降民萬餘戶軍三千六百一十人請將所獲渠帥入覲面陳事宜從之丙辰詔罷膠萊所鑿新河以軍萬人隸江浙行省習水戰萬人載江淮米泛海由利津達於京師辛酉御史臺臣言近中書奏罷行御史臺改按察司爲提刑轉運司俾兼錢穀而糾彈之職廢矣請令安童與老臣議從之壬戌太陰犯心中書省臣盧世榮請立規措所經營錢穀秩五品所用官吏以善賈爲之勿限白身人帝從之參知政事不魯迷失海牙等因奏世榮姻黨有牛姓者前爲提舉今浙西運司課程頗多擬陞轉運副使亦從之詔舊城居民之遷京城者以貲高及居職者爲先仍定制以地八畝爲一分其或地過八畝及力不能作室者皆不得冒據聽民作室陞御帶庫爲章佩監從右千戶只兒海迷失分地泉州賜合剌失都兒新附民五千戶合剌赤阿速阿塔赤昔寶赤貴由赤等嘗從征者亦皆賜之以民八十戶賜皇太子宿衞臣嘗從征者用盧世榮言回買江南民土田詔天下拘收銅錢申禁私造酒麴戊辰車駕幸上都帝問省臣行御史臺何故罷之安童曰江南盜賊屢起行御史臺鎭遏居多臣以爲不可罷然與江浙行中書省並在杭州地甚遠僻從之江州居江浙湖南江西三省之中爲便從之立眞定濟南太原甘肅江西江淮湖廣等處宣慰司兼都轉運使司以治課程仍立條制禁諸司不得擅追管課官吏有敢沮擾者具姓名以聞增濟州漕運司軍萬二千人立江西江淮湖廣造船提舉司令江浙行省參政馮珪湖廣行省右丞要束木參政潘傑龍興行省左丞伯顏參政楊居寬簽省陳文福專領課程事以貪吉剌帶爲中書左丞相己巳復立按察司撥民二萬七千戶與駙馬唆郞哥以忽都魯爲平章政事詔各道提刑按察司能遵奉條畫涖事有成者任滿陞職贓汚不稱任者罷黜除名詔立供膳司職從五品達魯花赤令丞各一員罷融州總管府爲州三月丙子遣太史監候張公禮彭質等往占城測候日晷癸未罷甘州行中書省立宣慰司隸寧夏行中書省荊湖占城行省請益兵時陳日烜所逃天長長安二處兵力復集興道王船千餘艘聚萬劫阮盝在永平而官兵遠行久戰懸處其中唆都唐古帶之兵又不以時至故請益兵帝以水行爲危令遵陸以往庚子詔依舊制凡鹽一引四百斤價鈔十兩以折今鈔爲二十貫商上都者六十而稅一增契本爲三錢立上都規措所回易庫增壞鈔工墨費每貫二分爲三分夏四月癸卯立行樞密院都鎭撫司置畏兀驛六所丙午以征日本船運糧江淮及教軍水戰庚戌監察御史陳天祥劾中書右丞盧世榮罪惡詔世榮天祥皆赴上都壬子江陵民張二妻鄧氏一產三男癸丑詔追捕宋廣王及陳宜中遣中書省樞密院御史臺官各一員決大都及諸路罪囚大都汴梁益都廬州河間濟寧歸德保定蝗辛酉以耽羅所造征日本船百艘

賜高麗王壬戌御史中丞阿剌帖木兒郭佑侍御史白秃剌帖木兒參知政事撒的迷失等以盧世榮所招罪狀奏阿剌帖木兒等與世榮對於帝前世榮悉款服改六部依舊爲三品詔安童與諸老臣議世榮所行當罷者罷之更者更之其所用人實無罪者朕自裁决癸亥勅以麥朮丁所行清潔與安童治省事五月甲戌以御史中丞郭佑爲中書省參知政事丁丑減上都商稅戊寅廣平汴梁鈞鄭旱以遠方曆日取給京師不以時至荆湖等處四行省所用者隆興印之合剌章河西西川等處所用者京兆印之詔甘州每地一頃輸稅三石壬午以軍千人修阿失鹽場倉以忻都爲賜里玉招討使佩虎符有旨不可與兵遠攻近地有不服者討之右巴等洞蠻平甲申立汴梁宣慰司依安西王故事汴梁以南至江以親王鎭之丁亥中書省臣言六部官冗甚可止以六十八員爲額餘悉汰去詔擇其廉潔有幹局者存之分漢地及江南所拘弓箭兵器爲三等下等毁之中等賜近居蒙古人上等貯於庫有行省行院行臺者掌之無省院臺者達魯花赤畏兀回回居職者掌之漢人新附人雖居職無有所預戊子改昇江烏定朶里滅該等府爲路雲南行省臣脫帖木兒言蠲逋賦徵侵隱戍叛民明黜陟罷轉運給親王賦豪戶除重稅决盜賊增驛馬取質子定俸祿教農桑優學者卹死事捕逃亡十餘事命中書省議其可者行之庚寅眞定廣平河間恩州大名濟南蝗災增大都諸門尉副各一人勅朶兒只招集甘沙速等州流徙饑民行御史臺復從于杭州丁酉從行樞密院於建康戊戌汴梁懷孟濮州東昌廣平平陽彰德衞輝旱罷江南造船提舉司陳日烜走海港鎭南王命李恒追襲敗之適暑雨疫作兵欲北還思明州命唆都等還烏里安南以兵追躡唆都戰死恒爲後距以衞鎭南王藥矢中左膝至思明毒發而卒六月庚戌命女直水達達造船二百艘及造征日本迎風船辛亥揚州進芝草丙辰遣馬速忽阿里齎鈔千錠往馬八圖求奇寶賜馬速忽虎符阿里金符高麗遣使來貢方物庚午詔減商稅罷牙行省市舶司入轉運司左丞呂師夔乞假五月省母江州帝許之因諭安童曰此事汝蒙古人不知朕左右復無漢人可否皆自朕决汝當盡心善治百姓無使重困致亂以爲朕羞參知政事張德潤獻其家人四百戶於皇太子馬湖部田鼠食稼殆盡其總管祠而祝之鼠悉赴水死秋七月壬申造溫石浴室及更衣殿癸酉詔禁捕獵甲戌勅秘書監修地理志

乙亥安南降者昭國王武道文義彰憲彰懷四侯赴闕戊寅京師蝗分甘州屯田新附軍三百人田于亦集乃之地己卯以米千石賑貧吉剌貧民壬午陝西四川行中書省左丞汪惟正入見甲申改闍里吉思等所平大小十谿洞悉爲府州縣修汴梁城丁亥廣東宣慰使月的迷失入覲以所降渠帥郭逢貴等至京師言山寨降者百五十餘所帝問戰而後降邪招之即降邪月的迷失對曰其首拒敵者臣已磔之矣是皆招降者也因言塔朮兵後未嘗撫治其民州縣官復無至者故盜賊各據土地互相攻殺人民漸耗今宜擇良吏往治之從之庚寅樞密院言鎭南王脫歡所總征交趾兵久戰力疲請於奧魯赤等三萬戶分蒙古軍千人江淮江西荆湖三行院分漢軍新附軍四千人選良將將之取鎭南王脫歡阿里海牙節制以征交趾從之復以唐兀帶爲荆湖行省左丞唐兀帶請放征交趾軍還家休憩詔從脫歡阿里海牙處之給諸王阿只吉分地貧民農具牛種令自耕播乙未雲南行省言今年未暇征緬請收穫秋禾先伐羅北甸等部從之庚子改開達梁山三州隸夔州路八月庚子給鈔萬二千四百錠爲米取息以贍甘肅二州屯田貧軍辛酉命有司祭斗三日戊申分四川鎭守軍萬人屯田成都丙辰車駕至自上都己未詔復立泉府司秩從二品以荅失蠻領之初和禮霍孫以泉府司商販者所至官給飲食遣兵防衞民實厭苦不便奏罷之至是荅失蠻復奏立之九月丙寅遣蒙古軍三千人屯田清滄靖海戊辰罷禁海商省合剌章金齒二宣撫司爲一治永昌立臨安廣西道宣撫司中書省臣奏近奉旨括江淮水手江淮人皆能游水恐因此動搖者衆從之罷榷酤初民間酒聽自造米一石官取鈔一貫盧世榮以官鈔五萬錠立榷酤法米一石取鈔十貫增舊十倍至是罷榷酤聽民自造增課鈔一貫爲五貫敕拘銅錢餘銅器聽民仍用令福建黃華畬軍有恒產者爲民無恒產與妻子者編爲守城軍汪惟正言鞏昌軍民站戶并諸人奴婢因饑歲流入陝西四川者彼即括爲軍站帝曰信如所言當鳩集與之如非已有而强欲得之者豈彼於法不知懼邪乙亥聽民自實兩淮荒地免稅三年中書省以江北諸城課程錢糧聽杭鄂二行省節制道途迂遠請改隸中書從之永昌騰衝二城在緬國金齒間摧圮不可禦敵敕修之勅自今貢物惟地所產非所產者毋輒上丙子眞蠟占城貢樂工十人及藥材鰐魚皮諸物辛巳收工匠之隱匿者丙戌速木

都剌馬荅二國遣使來朝庚寅勅征交趾諸軍除留蒙古軍百漢軍四百爲鎭南王脫歡宿衞餘悉遣還別以江淮行樞密院所總蒙古兵戍江西癸巳雲南貢方物烏蒙叛命四川行院也速帶兒將兵討之馬湖總管汝作以蠻軍三百爲助降西崖門酋長阿者等百餘戶冬十月己亥以鈔五千錠和糴于應昌府復分河間山東鹽課轉運司爲二遣合撒兒海牙使安南遣雪雪的斤領畏兀兒戶一千戍合剌章庚子享于太廟甲辰修南嶽廟乙巳樞密院臣言脫脫木兒遣使言阿沙阿女阿則三部欲叛宜遣人往召如不至乘隙伐之不允因勅諭之事不議於雲南王也先帖木兒者毋輒行詔征東招討使塔塔兒帶揚兀魯帶以萬人征骨嵬因授揚兀魯帶三珠虎符爲征東宣慰使都元帥壬子長葛郾城各進芝草癸丑立征東行省以阿塔海爲左丞相劉國傑陳巖並左丞洪茶丘右丞征日本賜脫里察安荅卽古阿散等印令考覈中書省其制如三品丙辰以參議帖木兒爲參知政事位郭佑上且命之曰自今之事皆責於汝馬法國入貢戊午以江淮行省平章忙兀帶爲江浙省左丞相初西川止立四路阿合馬濫用官增而爲九臺臣言其地民少留廣元成都順慶重慶夔府五路餘悉罷去後以山谷險要蠻夷雜處復置嘉定路敍州宣撫司以控制之陞大理寺爲都護府職從二品都護府言合剌禾州民饑戶給牛二頭種二石更給鈔一十一萬六千四百錠糴米六萬四百石爲四月糧賑之癸亥以荅卽古阿散理算積年錢穀別置司署與省部敵干擾政務併入省中丁卯勅樞密院計膠萊諸處漕船高麗江南諸處所造海船括傭江淮民船備征日本仍勅習泛海者募水工至千人者爲千戶百人爲百戶塔海弟六十言今百姓及諸投下民俱令造船於女直而女直又復發爲軍工役繁甚乃顏勝納合兒兩投下鷹坊採金等戶獨不調有旨遣使發其民烏蒙蠻夷宣撫使阿蒙叛詔止征羅必丹兵同雲南行省出兵討之郭佑言自平江南十年之間凡錢糧事八經理算今荅卽古阿散等又復鉤考宜卽罷去帝嘉納之十一月己巳朔廣東宣慰使月的迷失以英德循梅三路民少請改爲州又請以管軍總管于羅爲惠州總管蔚州知州木八剌爲潮州達魯花赤帝疑其專不允御史臺臣言御史臺按察司以糾察百官爲職近鉤校錢穀者恐發其姦私聚羣不逞之徒欲沮其事願陛下依舊制諭之制曰可庚午賜皇子愛牙赤銀印壬申以討日本遣阿

八剌督江淮行省軍需遣察忽督遼東行省軍需甲戌置合剌章四川建都等驛戊寅遣使告高麗發兵萬人船六百五十艘助征日本仍令於近地多造船己丑籍重慶府不花家八百二十三戶爲民御史臺臣奏昔宋以無室家壯士爲鹽軍數凡五千今存者一千一百二十二人性習凶暴民患苦之宜給以衣糧使屯田自贍詔議行之癸巳敕漕江淮米百萬石泛海貯於高麗之合浦仍令東京及高麗各貯米十萬石備征日本諸軍期於明年三月以次而發八月會於合浦乙未以禿魯歡爲參知政事盧世榮伏誅丙申赦囚徒黥其面及招宋時販私鹽軍習海道者爲水工以征日本十二月敕減天下罪囚以占城逃還忽都虎劉九田二復舊職從征日本增阿塔海征日本戰士萬人回回砲手五十人己亥從樞密院請嚴立軍籍條例選壯士及有力家充軍勅樞密院向以征日本故遣五衞軍還家治裝今悉選壯士以正月一日到京師江淮行省以戰船千艘習水戰江中辛丑誅荅卽古阿散黨八蔡仲英李蹊丁未皇太子薨戊午以中衞軍四千人伐木五萬八千六百給萬安寺修造己未丹太廟楹乙酉立集賢院以札里蠻領之戊子罷合剌章打金規運所及都元帥勅合剌章酋長之子入質京師千戶百戶子留質雲南王也先帖木兒所中書省臣奏納速丁言減合剌章冗官可歲省俸金九百四十六兩又屯田課程專人主之可歲得金五千兩皆從之遣只必哥等考覈雲南行省庚寅詔毋遷轉工匠官辛卯勅有司祭北斗是歲命江浙轉運司通管課程集諸路僧四萬於西京普恩寺作資戒會七日夜併省重慶等處州縣占城行省參政亦黑迷失等以軍還駐海外四州遣使以聞勅放其軍還賜皇子脫歡諸王阿魯灰只吉不花公主囊家眞等鈔計七千七百三十二錠馬六百二十九匹衣段百疋弓千矢二萬發賜諸王阿只吉合兒魯忙兀帶宋忽兒阿沙合丹別合剌等及官戶散居河西者羊馬價鈔三萬七千七百五十七錠布四千匹絹二千匹以伯八剌等貧乏給鈔七萬六千五百二錠賞諸王阿只吉小廝汪總帥別速帶也先等所部及征緬占城等軍鈔五萬三千五百四十一錠馬八千一百九十七匹羊一萬六千六百三十四牛十一米二萬二千一百石絹帛八萬一千匹綿五百三十斤木綿二萬七千二百七十九匹甲千被弓千張衣百七十九襲命帝師也憐八合失甲自羅二思八等遞藏佛事于萬安寺與敎慶壽等寺凡一十九會斷

死罪二百七十一八

元史卷十三考證

二十二年十月己亥遣雪雪的斤領畏兀兒戶一千戍合剌章○合剌章卽烏蠻也

元史卷十四

明翰林學士亞中大夫知制誥兼修國史宋　濂等修

本紀第十四

世祖十一

二十三年春正月戊辰朔以皇太子故罷朝賀禁齋金銀銅錢越海互市甲戌帝以日本孤遠島夷重困民力罷征日本召阿八赤赴闕仍散所顧民船以江南廢寺田土爲人占據者悉付總統楊璉眞加修寺己卯立羅不怯台闍鄽斡端等驛呂文煥以江淮行省右丞告老許之任其子爲宣慰使庚辰馬八國遣使進銅盾壬午太陰犯軒轅太民遣使代祀嶽瀆東海癸未罷肇昌二十四城拘榷所以其事入有司發鈔五千錠糴糧于沙靜隆興從桑哥請命楊璉眞加遣宋宗戚謝儀孫全允堅趙沂趙太一入質甲申忽都魯言所部屯田新軍二百人鑿河渠於亦集乃之地役久功大乞以傍近民西僧餘戶助其力從之憨答孫遣使言軍士疲乏者八百餘人乞賑贍宜於朶魯朶海處驗其虛實帝曰比遣人往事已緩矣其使贍之丁亥焚陰陽僞書顯明暦辛卯命阿里海牙等議征安南事宜癸巳陞福州長溪縣爲福寧州以福安寧德二縣隸之丙申以新附軍千人屯田合思罕關東曠地官給農具牛種丁酉畋于近郊降敘州爲縣隸蠻夷宣撫司詔禁沮撓鹽課設諸路推官以審刑獄上路二員中路一員陞隆興武寧縣爲寧州以分寧隸之二月己亥勅中外凡漢民持鐵尺手撾及杖之藏刃者悉輸于官辛丑遣使以鈔五千錠賑諸王小薛所部饑民甲辰以雪雪的斤爲緬中行省左丞相阿台董阿叅知政事兀的迷失簽行中書省事以阿里海牙仍安南行中書省左丞相奧魯赤平章政事都元帥烏馬兒亦里迷失阿里昝順樊楫並叅知政事遣使諭皇子也先鐵木兒調合剌章軍千人或二三千付阿里海牙從征交趾仍具將士姓名以聞乙巳廷議以東北諸王所部雜居其間宣慰司望輕罷山北遼東道開元等路宣慰司立東京等處行中書省以闊闊你敦爲左丞相遼東道宣慰使塔出右丞同簽樞密院事楊仁風宣慰使亦而撒合並叅知政事敕中書省大府監所儲金銀循先朝例分賜諸王復立大司農司專掌農桑陞宣徽院正二品降鎭巢府爲巢州丁未用御史臺臣言立按察司巡行郡縣法除使二員留司副使以下每歲二月分蒞按治十月還司丙午太陰犯井戊申樞密院奏前遣蒙古軍萬人屯田所獲除歲費之外可糴鈔三千錠乞分廩諸翼軍士之貧者帝悅令從便行之調京師新附軍二千立營屯田癸丑復置隰州大寧縣丁巳命湖廣行省造征交趾海舩三百期以八月會欽廉州戊午併江南行樞密院四處入行省命荆湖占城行省將江浙湖廣江西三行省兵六萬人伐交趾荆湖行省平章奧魯赤以征交趾事宜請入覲詔乘傳赴闕集賢直學士程文海言省院諸司皆以南人叅用惟御史臺按察司無之江南風俗南人所諳宜叅用之便帝以語玉速鐵木兒對曰當擇賢者以聞帝曰汝漢人用事者豈皆賢邪江南諸路學田昔皆隸官詔復給本學以便教養封陳益稷爲安南王陳秀嵈爲輔義公仍下詔諭安南吏民復立岳鄂常德澧州靜江榷茶提舉司癸亥太史院上授時暦經暦議敕藏于翰林國史院甲子復以平原郡公趙與芮江南田隸東宮立甘州行中書省丙寅以編地里書召曲阜敎授陳儼京兆蕭𣂏蜀人虞應龍唯應龍赴京師三月己巳御史臺臣言近奉旨按察司叅用南人非臣等所知宜令侍御史行御史臺事程文海與行臺官博采公潔知名之士具以名聞帝命賫詔以往太陰犯婁浚冶中興路河渠省雲和署入教坊司辛未降梅循爲下州甲戌雄霸二州及保定諸縣水泛溢冒官民田發軍民築河堤禦之乙亥以麥木丁仍中書右丞與郭佑並領錢穀揭居寬典銓選立欽察衛親軍都指揮使司賜諸王脫忽帖木兒羊二萬丙子大駕幸上都詔行御史臺按察司以八月巡行郡縣中書省臣言阿合馬時諸王駙馬往來餉給之費悉取於萬億庫後徵百官俸入以償最非便詔在籍者除之勿徵以榷茶提舉李起南爲江西榷茶轉運使起南嘗言江南茶每引價三貫六伯文今宜增每引五貫事下中書議因令起南爲運使置達魯花赤處其上丁丑徙東京行中書省于咸平府癸巳歲星犯壘壁陣以臨江路爲北安王分邑夏四月庚子中書省臣請立汴梁行中書省及燕南河東山東宣慰司有旨南京戶寡盜息不必置省其宣慰司如所請濟南乃勝納合兒分地太原乃阿只吉分地其令各衞委官一人同治之敕免雲南從征交趾蒙古軍屯田租立烏蒙站江南諸路財賦並隸中書省雲南省平章納速剌丁上便宜數事一曰弛道路之禁通民來往二曰禁負販之徒毋令從征三曰罷丹當站賦民金爲飲食之費四曰聽民伐木貿易五曰戒使臣勿擾民居立急遞鋪以省驛騎詔議行之辛丑陝西行省言延安置屯田鷹坊總管府其火失不花軍逃散者皆入屯田今復供秦王阿難答所部阿黑答思飼馬及輸他賦有旨皆罷之其不悛者罪當死甲辰行御史臺自杭州徙建康以山南淮東淮西三道按察司隸內臺增置行臺色目御史員數丁未江東宣慰司進芝一本庚戌制謚法壬子樞密院納速剌丁言前所統漸丁軍五千人往征打馬國其力已疲今諸王復籍此軍征緬宜取進止帝曰苟事力未損卽遣之仍諭納速剌丁分阿剌章蒙古軍千人以能臣將之赴交趾助皇子脫歡己未遣要束木勾考荆湖行省錢穀中書擬要束木平章政事脫脫忽叅知政事有旨要束木小人事朕方五年授一理算官足矣脫脫忽人奴之奴令史宜使才也讀卿等所進擬令人恥之其以朕意諭安童以漢民就食江南者多又從官南方者秩滿多不還遣使盡徙北還仍設脫脫禾孫於黃河江淮諸津渡凡漢民非齎公文適南者止之爲商者聽中書省臣言比奉旨凡爲盜者毋釋今竊鈔數貫及佩刀微物與童幼竊物者悉令配役臣等議一犯者杖釋再犯依法配役爲宜帝曰朕以漢人徇私用泰和律處事致盜賊滋衆故有是言人命至重今後非詳讞者勿輒殺人五月丁卯朔樞密院臣言臣等與玉速帖木兒議別十八里軍事凡軍行並聽伯顏節制其留務委孛欒帶及諸王阿只吉官屬統之爲宜從之己巳熒惑犯太微西垣上將荆湖行省阿里海牙上言要束木在鄂省勾考豈無貪賄臣亦請勾考之詔遣叅知政事禿魯罕樞密院判李道治書侍御史陳天祥偕行甲戌汴梁旱徙江東按察司于宣州庚辰歲星犯壘壁陣乙酉熒惑犯太微右執法勅遣耽羅戍兵四百人還家庚寅廣平等路蠶災辛卯霸州鄚州蝻生安南國遣使來貢方物癸巳京畿旱六月丙申朔太白犯御女辛丑中書省臣言禿魯罕來奏前要束木阿里海牙互請鉤考今阿里海牙雖已死事之是非當令暴白帝曰卿言良是其連引諸人近者卽彼追逮者宜以上聞此事自要束木所發當依其言究行之乙巳以立大司農司詔諭中外皇孫鐵木兒不花駐營亦奚不薛其糧餉仰於西川遠且不便徙駐重慶府詔以大司農司所定農桑輯要書頒諸路命雲南陝西二行省籍定建都稅賦戊申括諸路馬凡色目人有馬者三取其二漢民悉入官敢匿與互市者罪之辛亥以亦馬剌丹忒忽里使交趾癸丑湖廣行省線哥言今用兵交趾分本省戍兵二萬八千七百人期以七月悉會靜江今已發精銳啓行餘萬七千八百人皆羸病屯田等軍不可用敕今歲姑罷之丁巳設陝西等路諸站總管府從三品庚申甘肅新招貧民百一十八戶敕廩給之敕路府州縣捕盜者持弓矢各路十副府州七副縣五副以薛闍干爲中書省平章政事辛酉封楊邦憲妻田氏爲永安郡夫人領播州安撫司事遣鎭西平緬等路招討使怯烈招諭緬國廣元路閬中麥秀兩岐高麗國遣使來貢秋七月丙寅朔遣必剌蠻等使爪哇己巳用中書省臣言以江南隸官之田多爲強豪所據立營田總管府其所據田仍履畝計之復尙醞監爲光祿寺罷遼陽等處行中書省復北京咸平等三道宣慰司給鐵古思合敦貧民幣帛各二千布千匹庚午江淮行省忙兀帶言今置省杭州兩淮江東諸路財賦軍實皆南輸又復北上不便揚州地控江海宜置省宿重兵鎭之且轉輸無往返之勞行省徙揚州便從之立淮南洪澤芍陂兩處屯田壬申平陽饑民就食鄰郡者所在發倉賑之置中尙監右丞拜答兒將兵討阿常并其妻子禽之皆伏誅丁丑斡脫吉思部民饑遣就食北京其不行者發米賑之以雄易二州復隸保定給和林軍儲自京師輸米萬石發鈔卽其地糴米萬石辛巳八都兒饑民六百戶駐八剌忽思之地給米千石賑之壬午總制院使桑哥具省臣姓名以上帝曰右丞相安童右丞麥术丁叅知政事郭佑楊居寬並仍前職以鐵木兒爲左丞其左丞相耷吉剌帶平章政事阿必失合都忽魯皆別議仍諭中書選可代者以聞給金齒國使臣圓符癸巳銓定省院臺部官詔諭中外中書省除中書令外左右丞相並一員平章政事二員左右丞並一員叅知政事二員行中書省平章政事二員左右丞並一員叅知政事簽行省事並二員樞密院除樞密院使外同知樞密院事一員樞密副使簽樞密院事並二員樞密院判一員御史臺御史大夫一員中丞侍御史治書

侍御史並二員行臺同六部尙書侍郎郎中員外郎並二員其餘諸衙門並委中書省斟酌裁減八月丙申發鈔二萬九千錠鹽五萬引市米賑諸王阿只吉所部饑民己亥敕樞密院遣侍衞軍千人扈從北征平陽路歲比不登免貧民稅賦罷淮東蘄黃宣慰司以黃蘄壽昌隸湖廣行省安慶六安光州隸淮西宣慰司招集宋鹽軍以市舶司隸泉府司乙卯太白犯軒轅右角辛酉婺州永康縣民陳巽四等謀反伏誅甘州饑禁酒罷德平定昌二路置德昌軍民總管府九月乙丑遡馬八兒須門那僧急里南無力馬蘭丹那旺丁呵兒來來急闌亦帶蘇木都剌十國各遣子弟上表來覲仍貢方物以太廟雨壞遣𥥆吉剌帶致告奉安神主別殿甲申太陰犯天關壬辰高麗遣使獻日本俘是月南部縣生嘉禾一莖九穗芝產于巻溪縣冬十月甲午朔太白犯右執法以南康路隸江西行省徙浙西按察司治杭州罷諸道提刑按察司判官行御史臺監察御史及按察司官雖漢人並毋禁弓矢襄邑縣尹張玘爲治有績鄒平縣達魯花赤回回能捕盜理財進秩有差丁酉享于太廟戊戌太陰犯建星己亥車駕至自上都壬寅太白犯左執法遣兵千人戍畏吾境乙巳賜合迷里貧民及合剌和州民牛種給鈔萬六千二百錠當其價合迷里民加賜幣帛並千匹己酉遣塔塔兒帶楊兀魯帶以兵萬人船千艘征骨嵬中書省具宣徽大司農大都上都留守司存減員數以聞帝曰在禁近者朕自沙汰餘從卿等議之辛亥太陰犯東井河決開封祥符陳留杞太康通許鄢陵扶溝洧川尉氏陽武延津中牟原武睢州十五處調南京民夫二十萬四千三百二十三人分築隄防癸丑諭江南各省所統軍官教練水軍遣侍衞新附兵千人屯田別十八里置元帥府卽其地總之甲寅太白犯進賢以征緬功調招討使張萬爲征緬副都元帥也先鐵木兒征緬招討司達魯花赤千戶張成征緬招討使並虎符敕造戰船將兵六千人以征緬俾禿滿帶爲都元帥總之乙卯給皇子脫歡馬四千匹部曲人三匹庚申濟寧路進芝二莖壬戌改河間鹽運司爲都轉運使司徙戍甘州新附軍千人屯田中興千人屯田亦里黑高麗遣使來獻日本俘十六人馬法國進鞍勒氈甲興化路仙游縣蟲傷禾十一月乙丑中書省臣言朱清等海道運糧以四歲計之總百一萬石斗斛耗折願如數以償風浪覆舟請免其徵從之遂以昭勇大將軍沿海招討使張瑄明威將軍管軍萬戶兼管海道運糧船朱清並爲海道運糧萬戶仍佩虎符敕禽獸字孕時無畋獵戊辰太白犯亢遣蒙古千戶曲出等總新附軍四百人屯田別十八里己巳改思明等四州並爲路以阿八赤爲征交趾行省右丞丙子以涿易二州良鄉寶坻縣饑免今年租給糧三月平灤太原汴梁水旱爲災免民租二萬五千六百石有奇改廣東轉運市舶提舉司爲鹽課市舶提舉司丁丑命塔叉兒忽難使阿兒渾戊寅遣使閱實宣寧縣饑民周給之己卯太陰犯井辛巳歲星犯壘壁陣十二月乙未遼東開元饑賑糧三月戊戌太白犯東咸癸卯要束木籍阿里海牙家貲運致京師賜諸王朮伯所部軍五千人銀萬五千兩鈔三千錠探馬赤二千人羊七萬口丙午置燕南河東山東三道宣慰司罷大有署丁未太陰犯井乙卯諸道宣慰司在內地者設官四員江南者六員以阿里海牙所芘逃民無主者千人屯田遣中書省斷事官禿不申復鉤考湖廣行省錢穀復置泉州市舶提舉司大都饑發官米低其價糶貧民丙辰遣蒲昌赤貧民墾甘肅閑田官給牛種農具賜安南國王陳益稷羊馬鈔百錠丁巳太陰犯氐戊午翰林承旨撒里蠻言國史院纂修太祖累朝實錄請以畏吾字繙繹俟奏讀然後纂定從之諸路分置六道勸農司庚申置尙珍署於濟寧等路秩從五品是歲以亦攝思憐爲帝師賜皇子奧魯赤脫歡諸王朮伯也不干等羊馬鈔一十五萬一千九百二十三錠馬七千二百九十匹羊三萬六千二百六十九口幣帛氈段木綿三千二百八十八匹貂裘十四又賜皇子脫歡所部憐牙思不花等及欠州諸局工匠鈔五萬六千一百三十九錠一十二兩命西僧遞作佛事于萬壽山玉塔殿萬安寺凡三十會大司農司上諸路學校凡二萬一百六十六所儲義糧九萬五百三十五石植桑棗雜菓諸樹二千三百九萬四千六百七十二株斷死刑百一十四人

二十四年春正月乙丑復雲南石梁縣戊辰以修築柳林河堤南軍三千浚河西務漕渠皇子奧魯赤部曲饑命大同路給六十日糧免唐兀衞河西地元籍徭賦壬申御正殿受諸王百官朝賀癸酉俱藍國遣使不六溫乃等來朝甲戌太陰犯東井乙酉太陰犯房丙戌以參政程鵬飛爲中書右丞阿里爲中書左丞丁亥以不顏里海牙爲參知政事發新附軍千人從阿八赤討安南弛女直水達達地弓矢之禁復改江浙省爲江淮行省戊子以鈔萬錠賑斡端貧民西邊歲饑民困賜絹萬匹庚寅遣使代祀嶽瀆后土東海辛卯以淮東淮西山南三道按察司隸行御史臺立上林署秩從七品詔發江淮江西湖廣三省蒙古漢券軍及雲南兵及海外四州黎兵命海道運糧萬戶張文虎等運糧十七萬石分道以討交趾置征交趾行尙書省奧魯赤平章政事烏馬兒樊楫參知政事總之並受鎭南王節制二月壬辰朔遣使持香幣詣龍虎閣皁三茅設醮召天師張宗演赴闕癸巳雍古部民饑發米四千石賑之不足復給六千石米價甲午畋于近郊乙未以麥朮丁爲平章政事眞定路饑發公河倉粟減價糶之以眞定所牧官馬四萬餘匹分牧他郡禁畏吾地禽獸孕孳時畋獵庚子太陰犯天關辛丑太陰犯東井甲辰陞江淮行大司農司事秩二品設勸農營田司六秩四品使副各二員隸行大司農司以范文虎爲中書右丞商議樞密院事壬子封駙馬昌吉爲寧濮郡王設都總管府以總皇子北安王民匠斡端大小財賦中書省臣言自正旦至二月中旬費鈔五十萬錠臣等兼總財賦自今侍臣奏請賜賚乞令臣等預議帝曰此朕所當慮仍諭玉速鐵木兒月赤徹兒知之丙辰馬八兒國貢方物戊午敕諸王闊里鐵木兒節制諸軍以趙與芮子孟桂襲平原郡公乃顏遣使徵東道兵諭闊里鐵木兒毋輒發閏二月癸亥太陰犯辰星以女直水達達部連歲饑荒移粟賑之仍盡免今年公賦及減所輸皮布之半以宋畬軍將校授管民官散之郡邑敕春秋二仲月上丙日祀堯帝祠西京等處管課官馬合謀自言歲以西京平陽太原課程額外羨錢市馬驅千輸官而實盜官錢市之按問有跡伏誅乙丑畋于近郊召麥朮丁鐵木兒楊居寬等與集賢大學士阿魯渾撒里及葉李程文海趙孟頫論鈔法麥朮丁言自制國用使司改尙書省頗有成効今仍分兩省爲便詔從之各設官六員其尙書以桑哥鐵木兒平章政事阿魯渾撒里右丞葉李左丞馬紹參知政事餘一員議選回回人充中書宜設丞相二員平章政事二員參知政事二員省隴右河西道提刑按察司分置鞏昌者入甘州設官五員以鞏昌改隸京兆提刑按察司設官六員省太原提刑按察司分置西京者入太原辛未以復置尙書省詔天下除行省與中書議行餘並聽尙書省從便以聞設國子監立國學監官祭酒一員司業二員監丞一員學官博士二員助教四員生員百二十人蒙古漢人各半官給紙劄飲食仍隸集賢院設江南各道儒學提舉司甲辰太陰犯牽牛車駕還宮乙酉改淄萊路爲般陽路置錄事司大都饑免今歲銀俸鈔諸路半徵之罷江南竹木柴薪及岸例魚牙諸課停不給之務敕行省宣慰司勿濫舉官吏受除官延引歲月不卽之任者追所受宣勅鎭南王脫歡徙鎭南京改福建市舶都漕運司爲都轉運鹽使司范文虎改尙書右丞商議樞密院事改行中書省爲行尙書省六部爲尙書六部以吏部尙書忻都爲尙書省參知政事庚寅大駕幸上都札魯忽赤合剌合孫等言去歲審囚官所錄囚數南京濟南兩路應死者已一百九十人若總校諸路爲數必多宜留札魯忽赤數人分道行刑帝曰囚非羣羊豈可遽殺耶宜悉配隸淘金三月甲午更造至元寶鈔頒行天下中統鈔通行如故以至元寶鈔一貫文當中統交鈔五貫文子母相權要在新者無冗舊者無廢凡歲賜周乏餉軍皆以中統鈔爲准禁無籍自効軍擾民仍籍充軍丙申太陰犯東井乙卯幸凉陘遼東饑弛太子河捕魚禁丙辰馬八兒國遣使進奇獸一類騾而巨毛黑白間錯名阿塔必卽降重慶路定遠州爲縣命都水監開汶泗水以達京師汴梁河水泛溢役夫七千修完故堤夏四月癸酉太陰犯氐甲戌太陰犯房甲申忻都奏發新鈔十一萬六百錠銀千五百九十三錠金百兩付江南各省與民互市是月諸王乃顏反五月己亥遣也先傳旨諭北京等處宣慰司凡隸乃顏所部者禁其往來毋令乘馬持弓矢庚子以不魯合罕總探馬赤軍三千人出征移濟南宣慰司治益都燕南按察司治大名南京按察司治南陽太原按察司治西京復立豐州亦剌眞站壬寅以御史臺吏王良弼等誹訕尙書省政事誅良弼籍其家餘皆斷罪用桑哥言置上海福州兩萬戶府以維制沙不丁烏馬兒等海運船戶工兩部各增尙書二員授高麗王睶行尙書省平章政事罷諸路站脫脫禾孫括江南諸路匠戶沙不丁言江南各省南官多每省宜用一二人帝曰除陳巖呂師夔管如德范文虎四人餘從卿議帝自將征乃顏發上都括江南僧道馬匹詔范文虎將衞軍五百鎭平灤以欽察爲親軍都指揮使也速帶兒右衞僉事王通副之甲辰免北京今歲絲銀仍以軍旅經行給鈔三千錠賑之壬子高麗王睶請益兵征乃顏以五百人赴之六月庚申朔百官以職守不得從征乃顏願獻馬以給衞士壬戌至撒兒都魯之地乃顏黨塔不帶率所部六萬逼行在而陣遣前軍敗之乙丑敕遼陽省督運軍儲壬申發諸衞軍萬人蒙古軍千人戍豪懿州諸王失都兒所部鐵哥

率其黨取咸平府渡遼欲劫取豪懿州守臣以乏軍求援敕以北京戍軍千人赴之括平灤路馬北京饑免絲銀租稅乙亥霸州益津縣霖雨傷稼以陝西涇邠乾及安西屬縣閑田立屯田總管府置官屬秩三品車駕駐千大利斡魯脫之地獲乃顏輜重千餘仍禁秋毫無犯秋七月癸巳乃顏黨失都兒犯咸平宣慰塔出從皇子愛牙赤合兵出瀋州進討宣慰亦兒撒合分兵趣懿州其黨悉平丁酉弘州匠官以犬兎毛製如西錦者以獻授匠官知弘州戊戌太陰犯南斗樞密院奏簽征緬行省事合撒兒海牙言比至緬國諭其王赴闕彼言都番數叛未易即行擬遣阿難答剌奉表齎土貢入覲辛丑太陰犯牽牛壬寅熒惑犯輿鬼庚戌雲南行省愛魯言金齒酋打奔等兄弟求內附且乞入覲壬子太陰犯司怪癸丑日暈連環白虹貫之罷乃顏所署益都平灤也不干河間分地達魯花赤及勝納合兒濟南分地所署官移北京道按察司置豪州免東京等處軍民徭賦陞福建鹽運使司依兩淮等例爲都轉運使司以中興府隸甘州行省以河西管牙赤所部屯田軍同沙州居民修城河西瓜沙等處立閣鄽屯田八月癸亥太白犯亢瀋州進瑞麥一莖九穗乙丑車駕還上都以李海剌孫爲征緬行省參政將新附軍五千探馬赤軍一千以行仍調四川湖廣行省軍五千赴之召能通白夷金齒道路者張成及前占城軍總管劉全並爲招討使佩虎符從征以脫滿答兒爲都元帥將四川省兵五千赴緬省仍令其省駐緬近地以俟進止置江南四省交鈔提舉司己巳諭從叛諸王赴江南諸省從軍自効諭鎮南王脫歡禁戢從征諸王及省官奧魯赤等毋縱軍士焚掠毋以交趾小國而易之癸酉朶兒朶海獲叛王阿赤思赦之亦集乃路屯田總管忽都魯請疏浚管內河渠從之丙子填星南犯壘壁陣己卯太陰犯天關辛巳太陰犯東井甲申太白犯房丁亥瀋州饑又經乃顏叛兵蹂踐免其今歲絲銀租賦以北京伐木三千戶屯田平灤立豐贍昌國濟民三署秩五品設達魯花赤令丞直長各一員女人國貢海人置河西務馬站九月辛卯東京誼靜麟威遠婆娑等處大霖雨江水溢沒民田大定金源高州武平興中等處霜雹傷稼丁酉熒惑犯長垣己亥湖廣省臣言海南瓊州路安撫使陳仲達南寧軍總管謝有奎延欄總管符庇成以其私船百二十艘黎兵千七百餘人助征交趾詔以仲達仍爲安撫使佩虎符有奎庇成亦仍爲沿海管軍總管佩金符庚子太白犯天江給諸王八八所部窮乏者鈔萬一千錠禁市毒藥者以西京平灤路饑禁酒乙巳太陰犯畢以米二萬石羊萬口給阿沙所統唐兀軍丁未安南國遣其中大夫阮文彥通侍大夫黎仲謙貢方物戊申咸平懿州北京以乃顏叛民廢耕作又霜雹爲災告饑詔以海運糧五萬石賑之辛亥熒惑犯太微西垣上將壬子太白犯南斗禁沮撓江南茶課高麗王王賰來朝冬十月戊午朔日有食之壬戌大陰犯牽牛大星甲子享于太廟桑哥請賜葉李馬紹不忽木高翥等鈔詔賜李鈔百五十錠不忽木紹翥各百錠又言中書省舊在大內前阿合馬移置於北請仍舊爲宜從之癸酉江西行院月的迷失言廣東窮邊險遠江西福建諸寇出沒之窟乞於江南諸省分軍一萬益臣詔江西忽都帖木兒以軍五千付之丙子誅郭佑楊居寬戊寅桑哥言北安王王相府無印而安西王相獨有印實非事例乞收之諸王勝納合兒印文曰皇姪貴宗之寶寶非人臣所宜用因其分地改爲濟南王印爲宜皆從之從總帥汪惟和言分所部戍四川軍五千人屯田六盤乙酉熒惑犯左執法立陝西寶鈔提舉司羅北甸土官火者阿禾及維摩合剌孫之子並內附丙戌范文虎言豪懿東京等處人心未安宜立省以撫綏之詔立遼陽等處行尚書省以薛闍干闍里帖木兒並行尚書省平章政事洪茶丘右丞亦兒撒合左丞楊仁風阿老瓦丁並參知政事十一月壬辰太白犯壘壁陣月暈金土二星雲南省右丞愛魯兵次交趾木兀門其將昭文王以四萬人守之愛魯擊破之獲其將黎石何英弛太原保德河魚禁以桑哥爲金紫光祿大夫尚書右丞相兼統制院使領功德使司事從桑哥請以平章帖木兒代其位右丞阿剌渾撒里陞平章政事葉李陞右丞參知政事馬紹陞左丞陞集賢院秩正二品丙申熒惑犯太微東垣上相丁酉桑哥言先是皇子忙哥剌封安西王統河西土番四川諸處置王相府後封秦王綰二金印今嗣王阿難答仍襲安西王印弟按攤不花別用秦王印其下復以王傅印行一藩而二王恐於制非宜詔以阿難答嗣爲安西王仍置王傅而上秦王印按攤不花所署王傅罷之戊戌以別十八里漢軍及新附軍五百人屯田合迷玉速曲之地己亥鎮南王次思明程鵬飛與奧魯赤等從鎮南王分道並進阿八赤以萬人爲前鋒庚子太白晝見大都路水賜今年田租十二萬九千一百八十石辛丑烏馬兒樊楫及程鵬飛等遂趣交趾所向克捷改衛尉院爲太僕寺秩三品仍隸宣徽以月赤徹兒禿禿合領之丙午鎮南王次界河交趾發兵拒守前鋒皆擊破之己酉詔議弭盜桑哥玉速帖木兒言江南歸附十年盜賊迄今未靖者宜降旨立限招捕而以安集責州縣之吏其不能者黜之葉李言臣在漳州十年詳知其事大抵軍官嗜利與賊通者尤難弭息宜令各處鎮守軍官例以三年轉徙庶革斯弊帝皆從其議詔行之封駙馬帖木兒濟寧郡王壬子以江西行省平章忽都帖木兒督捕廣東等處盜賊甲寅命京畿濟寧兩漕運司分掌漕事鎮南王次萬劫諸軍畢會獲福建首賊張治囝其黨皆平諭江南四省招捕盜賊丙辰熒惑犯進賢十二月癸亥立尙乘寺順元宣慰使禿魯古言金竹寨主播驢等以所部百二十五寨內附甲子皇子北安王置王傅凡軍需及本位諸事並以王傅領之丙寅太陰犯畢太白晝見丁卯減揚州省歲額米十五萬石以鹽引五十萬易糧免浙西魚課三千錠聽民自漁發河西甘肅等處富民千人往闍鄽地與漢軍新附軍雜居耕植從西安王阿難答請設本位諸匠都總管府陞萬億庫官秩四品癸酉鎮南王次茅羅港攻浮山寨破之諸王薛徹都等所駐之地雨土七晝夜羊畜死不可勝計以鈔暨幣帛綿布雜給之其直計鈔萬四百六十七錠丁丑以朱清張瑄海漕有勞遙授宣慰使乙酉鎮南王以諸軍渡富良江次交趾城下敗其守兵日烜與其子棄城走敢喃堡是歲命西僧監臧宛卜卜思哥等作佛事坐靜于大殿寢殿萬壽山五臺山等寺凡三十三會斷天下死刑百二十一人浙西諸路水免今年田租十之二西京北京隆興平灤南陽懷孟等路風雹害稼保定太原河間般陽順德南京眞定河南等路霖雨害稼太原尤甚屋壞壓死者衆平陽春旱二麥枯死秋種不入土鞏昌雨雹虸蚄爲災分賜皇子諸王駙馬怯薛帶等羊馬鈔總二十五萬三千五百餘錠又賜諸王怯薛帶等軍人馬一萬二千二百羊二萬二千六百驢百餘賑貧乏者合剌忽答等鈔四萬八千二百五十錠

元史卷十五

明翰林學士亞中大夫知制誥兼修國史宋　濂等修

本紀第十五

世祖十二

二十五年春正月日烜復走入海鎮南王以諸軍追之不及引兵還交趾城命烏馬兒將水兵迎張文虎等糧船又發兵攻其諸寨破之己丑詔江淮省管內並聽忙兀帶節制庚寅祭日于司天臺賜諸王火你赤銀五百兩珠一索錦衣一襲玉都銀千兩珠一索錦衣一襲辛卯尙書省臣言初以行省置丞相與內省無別罷之今江淮平章政事忙兀帶所統地廣事繁乞依前爲丞相詔以忙兀帶爲右丞相以蘄黃二州壽昌軍隸湖廣省毀中統鈔板乙未賞征東功從乘輿將吏陞散官二階軍士鈔人三錠從皇孫將吏陞散官一階軍士鈔人二錠死者給其家十錠凡爲鈔四萬一千四百二十五錠丁酉遣使代祀嶽瀆東海后土戊戌大赦弛遼陽魚獵之禁惟毋殺孕獸壬寅高麗遣使來貢方物賀州賊七百餘人焚掠封州諸郡循州賊萬餘人掠梅州癸卯海都犯邊敕駙馬昌吉諸王也只烈察乞兒合丹兩千戶皆發兵從諸王朮伯北征賜諸王亦憐眞部曲鈔三萬錠掌吉舉兵叛諸王拜答罕遣將追之至八立渾不及而還甲辰也速不花謀叛逮捕至京師誅之乙巳太陰犯角蠻洞十八族饑餓死者二百餘人以鈔千五百錠有奇市米賑之丙午畋于近郊以平江鹽兵屯田于淮東西杭蘇二州連歲大水賑其尤貧者戊申太陰犯房己酉詔中興西涼無得沮壞河渠兩淮兩浙無得沮壞歲課發海運米十萬石賑遼陽省軍民之饑者辛亥省器盒局入諸路金玉人匠總管府癸丑詔行大司農司各道勸農屯田司巡行勸課舉察勤惰歲具府州縣勸農官實迹以爲殿最路經歷官縣尹以下並聽裁決或怙勢作威侵官害農者從提刑按察司究治募民能耕江南曠土及公田者免其差役三年其輸租免三分之一江淮行省言兩淮土曠民寡兼并之家皆不輸稅又管內七十餘城止屯田兩所宜增置淮東西兩道勸農營田司督使耕之制曰可二月丁巳改濟州漕運司爲都漕運司併領濟之南北漕京畿都漕運司惟治京畿鎮南王引兵還萬劫烏馬兒迎張文虎等糧船不至諸將以糧盡師老宜全師而還鎮南王從之戊午命李庭整漢兵五千東征賜葉李平江嘉興田四頃庚申司徒撒里蠻等進讀祖宗實錄帝曰太宗事則然睿宗少

有可易者定宗固日不暇給憲宗汝獨不能憶之耶猶當詢諸知者徵大都南諸路所放扈從馬赴京官給芻粟價令自糴之無擾諸縣民遼陽武平等處饑除今年租稅及歲課貂皮浚滄州鹽運渠辛酉忙兀帶忽都忽言其軍三年薦饑賜米五百石壬戌省遼東海西道提刑按察司入北京江南湖北道提刑按察司入京南敕江淮勿捕天鵝弛魚濼禁丙寅賜雲南王塗金駝鈕印改南京路爲汴梁路北京路爲武平路西京路爲大同路東京路爲遼陽路中興路爲寧夏府路改江西茶運司爲都轉運使司并榷酒醋稅改河渠提舉司爲轉運司江淮總攝楊璉眞加言以宋宮室爲塔一爲寺五已成詔以水陸地百五十頃養之詔徵葛洪山隱士劉彥深甲戌蓋州旱民饑蠲其租四千七百石己卯以高麗國王王賰復爲征東行尚書省左丞相豪懿州饑以米十五萬石賑之禁遼陽酒京師水發官米下其價糶貧民以江南站戶貧富不均命有司料簡合戶稅至七十石當馬一匹並免雜徭獨戶稅逾七十石願入站者聽合戶稅不得過十戶獨戶稅無上百石辛巳以杭州西湖爲放生池壬午鎮南王命烏馬兒樊楫將水兵先還程鵬飛塔出將兵護送之以御史臺監察御史提刑按察司多不舉職降詔申飭之命皇孫雲南王也先鐵木兒帥兵鎮大理等處三月丙戌諸王昌童部曲饑給糧三月丁亥熒惑犯太微東垣上相戊子太陰犯畢車駕還宮淞江民曹夢炎願歲以米萬石輸官乞免他徭且求官職桑哥以爲請遂授淛東道宣慰副使改曲靖路總管府爲宣撫司庚寅大駕幸上都改闌遺所爲闌遺監陞正四品敕遼陽省亦乞列思吾魯兀札剌兒探馬赤自懿州東征李庭遙授尚書左丞食其祿將漢兵以行江淮行省忙兀帶言宜除軍官更調法死事者增散官病故者降一等帝曰父兄雖死事子弟不勝任者安可用之苟賢矣則病故者亦不可降也辛卯以六衞漢兵千二百新附軍四百屯田兵四百造尚書省鎮南王以諸軍還張文虎糧船遇賊兵船三十艘文虎擊之所殺略相當費拱辰徐慶以風不得進皆至瓊州凡亡士卒二百二十人船十一艘糧萬四千三百石有奇癸巳賜諸王木伯銀五萬兩幣帛各一萬匹兀魯台爪忽兒銀五千兩幣帛各一百甲午禁捕鹿羔鎮南王次內傍關賊兵大集以邀歸師鎮南王遂由單巳縣趣盝州間道以出乙未以往歲北邊大風雪拔突古倫所部牛馬多死賜米千石丁酉駐蹕野狐嶺命阿東塔不帶總京師城守諸軍己亥太陰掩角壬寅禮部言會同館蕃夷使者時至宜令有司倣古職貢圖繪而爲圖及詢其風俗土產去國里程籍而錄之實一代之盛事從之鎮南王次思明州命愛魯引兵還雲南奧魯赤以諸軍北還日烜遣使來謝進金人代己罪乙巳詔江西管內並聽行尚書省節制戊申改山東轉運使司爲都轉運使司兼濟南路酒稅醋課己酉徐邳屯田及靈壁濉寧二屯雨雹如雞卵害麥甲寅循州賊萬餘人寇漳浦泉州賊二千人寇長泰汀贛畬賊千餘人寇龍溪皆討平之夏四月丙辰萊縣蒲臺旱饑出米下其直賑之戊午太陰犯井庚申以武岡寶慶二路荐經寇亂免今年酒稅課及前歲逋租辛酉從行泉府司沙不丁烏馬兒請置鎮撫司海船千戶所市舶提舉司省平陽投下總管府入平陽路雜造提舉司入雜造總管府桑哥言自至元丙子置應昌和糴所其間必多盜詐宜加鉤考扈從之臣種地極多宜依軍站例除四頃之外驗畝征租並從之癸亥渾河決發軍築堤捍之乙丑廣東賊董賢舉等七人皆稱大老聚衆反剽掠吉贛瑞撫龍興南安韶雄汀諸郡連歲擊之不能平江西行樞密院副使月的迷失請益兵江西行省平章忽都鐵木兒亦以地廣兵寡爲言詔江淮省分萬戶一軍詣江西俟賊平還翼戊辰浚怯烈河以溉口溫腦兒黃土山民田庚午立弘吉剌站癸酉尚書省臣言近以江淮饑命行省賑之吏與富民因結爲姦多不及於貧者今杭蘇湖秀四州復大水民鬻妻女易食請輟上供米二十萬石審其貧者賑之帝是其言甲戌萬安寺成佛像及窗壁皆金飾之凡費金五百四十兩有奇水銀二百四十斤遼陽省新附軍逃還各衞者令助造尚書省仍命分道招集之增立直沽海運米倉命征交趾諸軍還家休息一歲敕緬中行省比到緬中一稟雲南王節制庚辰安南國王陳日烜遣中大夫陳克用來貢方物賜諸王小薛金百兩銀萬兩鈔千錠及幣帛有差辛巳賜諸王阿赤吉金二百兩銀二萬二千五百兩鈔九千錠及紗羅絹布有差命甘肅行省發新附軍三百人屯田亦集乃陝西省督鞏昌兵五千人屯田六盤山癸未雲南省右丞愛魯上言自發中慶經羅羅白衣入交趾往返三十八戰斬首不可勝計將士自都元帥以下獲功者四百七十四人甲申詔皇孫撫諸軍討叛王火魯火孫合丹禿魯干五月丙戌敕武平路括馬千匹戊子諸王察合子闊闊帶叛牀兀兒執之以來己丑汴梁大霖雨河決襄邑漂麥禾以左右怯薛衞士及漢軍五千三百人從皇孫北征甲午發五衞漢兵五千人北征乙未桑哥言中統鈔行垂三十年省官皆不知其數今已更用至元鈔宜差官分道置局鉤考中統鈔本從之丙申賜諸王八八金百兩銀萬兩金素段五百紗羅絹布等四千五百兀馬兒來獻璞玉丁酉平江水免所負酒課減米價賑京師改雲南烏撒宣撫司爲宣慰司兼管軍萬戶府戊戌復蘆臺越支三叉沽三鹽使司王家奴火魯忽帶察罕復舉兵反己亥雲南行省言金沙江西通安等五城宜依舊隸察罕章宣撫司金沙江東永寧等處五城宜廢以北勝施州爲北勝府從之壬寅渾天儀成運米十五萬石詣懿州餉軍及賑饑民乙巳罷興州採蜜提舉司營上都城內倉丁未奉安神主于太廟戊申太白犯畢賜拔都不倫金百五十兩銀萬五千兩及幣帛紗羅等萬匹辛亥孟州烏河川雨雹五寸大者如拳癸丑詔湖廣省管內並聽平章政事禿滿要束木節制遷四川省治重慶復還宣慰司於成都高麗遣使來貢方物詔四川管內並聽行尚書省節制河決汴梁太康通許杞三縣陳潁二州皆被害六月甲寅以新府軍修尚食局庚申賑諸王荅兒伯部曲之饑者及桂陽路饑民辛酉禁上都桓州應昌隆興酒壬戌賜諸王朮伯金銀皆二百五十兩幣帛紗羅萬匹乙丑詔蒙古人總漢軍閱習水戰丁卯又賜諸王朮伯銀二萬五千兩幣帛紗羅萬匹復立咸平至建州四驛以延安屯田總管府復隸安西省戊辰海都將暗伯著暖以兵犯業里干腦兒管軍元帥阿里帶戰却之壬申雎陽霖雨河溢害稼免其租千六十石有奇命諸王怯憐口及扈從臣轉米以饋將士之從皇孫者太醫院光祿寺儀鳳寺侍儀司拱衞司皆毋隸宣徽院罷教坊司入拱衞司癸酉詔加封南海明著天妃爲廣祐明著天妃甲戌太白犯井改西南番總管府爲永寧路乙亥以考城陳留通許杞太康五縣大水及河溢沒民田蠲其租萬五千二百石丙子給兵五十人衞淛西宣慰使史弼使任治盜之責丁丑太陰犯歲星發兵千五百人詣漢北浚井癸未處州賊柳世英寇青田麗水等縣淛東道宣慰副使史耀討平之資國富昌等一十六屯雨水蝗害稼秋七月甲申朔復葺興靈二州倉始命昔寶赤合剌赤貴由赤左右衞士轉米輸之委省官督運以備賑給丙戌眞定汴梁路蝗運大同太原諸倉米至新城爲邊地之儲以南安瑞贛三路連歲盜起民多失業免逋稅萬二千六百石有奇弛寧夏酒禁發大同路粟賑流民保定路霖雨害稼蠲今歲田租改儲偫所爲提舉司敕征交趾兵官還家休息一歲壬辰遣必闍赤以鈔五千錠往應昌和糴軍儲改會同館爲四賓庫戊戌駐蹕許泥百牙之地同知江西行樞密院事月的迷失上言近以盜起廣東分江西江淮福建三省兵萬人令臣將之討賊臣願萬人內得蒙古軍三百并臣所籍降戶萬人置萬戶府以撒木合兒爲達魯花赤佩虎符詔許之以沭川等五寨割隸嘉定者還隸馬湖蠻部總管府己亥熒惑犯氐庚子太白犯鬼膠州連歲大水民採橡而食命減價糶米以賑之霸鄚二州霖雨害稼免其今年田租乙巳太陰掩畢諸王也眞部曲饑分五千戶就食濟南保定路唐縣野蠶繭絲可爲帛壬子命幹端戍兵三百一十人屯田命六衞造軍器八月癸丑諸王也眞言臣近將濟寧投下蒙古軍東征其家皆乏食願賜濟南路歲賦銀使易米而食詔遼陽省給米萬石賑之丙辰熒惑犯房袁之萍鄉縣進嘉禾詔安童以本部怯薛蒙古軍三百人北征己未太白犯軒轅大星辛酉免江州學田租癸亥尚書省成壬申安西省管內大饑蠲其田租二萬一千五百石有奇仍貸粟賑之癸酉以河間等路鹽運司兼管順德廣平綦陽三鐵冶丙子發米三千石賑減吉兒帶所部饑民趙晉冀三州蝗丁丑嘉祥魚臺金鄉三縣霖雨害稼蠲其租五千石庚辰車駕次孛羅海腦兒以咸平薦經兵亂發瀋州倉賑之分萬億庫爲寶源賦源綺源廣源四庫九月癸未朔熒惑犯天江大駕次野狐嶺甘州旱饑免逋稅四千四百石丙戌置汀梅二州驛己丑獻莫二州霖雨害稼免田租八百餘石壬辰大駕至大都乙未罷檀州淘金戶都哇犯邊庚子太陰犯畢鬼國建都皆遣使來貢方物從桑哥請營五庫禁中以貯幣帛癸卯熒惑犯南斗命忽都忽民戶履地輸稅尚書省臣言自立尚書省凡倉庫諸司無不鉤考宜置徵理司秩正三品專治合追財穀以甘肅等處行尚書省參政禿烈羊呵簽省吳誠並爲徵理使從之陞寶鈔總庫永盈庫並爲從五品改八作司爲提舉八作司秩正六品增元寶永豐及八作司官吏俸庚戌太醫院新編本草成冬十月己未享于太廟庚申從桑哥請以省院臺官十二人理算江淮江西福建四川甘肅安西六省錢穀給兵使以爲衞烏思藏宣慰使軟奴汪木嘗賑其管內兵站饑戶桑哥請賞之賜銀二千五百兩甲子置虎賁司復改爲武衞司丙寅賜瀛國公趙㬎鈔百錠以甘州轉運司隸都省湖廣

省言左右江口溪洞蠻獠置四總管府統州縣洞百六十而所調官畏憚瘴癘多不敢赴請以漢人爲達魯花赤軍官爲民職雜土人用之就擬夾谷三合等七十四人以聞從之大同民李伯祥蘇永福八人以謀逆伏誅庚午海都犯邊桑哥請明年海道漕運江南米須及百萬石又言安山至臨淸爲渠二百六十五里若開浚之爲工三百萬當用鈔三萬錠米四萬石鹽五萬斤其陸運夫萬三千戶復罷爲民其賦入及芻粟之估爲鈔二萬八千錠費略相當然渠成亦萬世之利請以今冬備糧費來春浚之制可丙子始造鐵羅圈甲瀛國公趙㬎學佛法于土番己卯也不干入寇不都馬失引兵奮擊之塔不帶及忽剌忽阿塔海等戰却之詔免儒戶雜徭尙書省臣請令集賢院諸司分道鉤考江南郡學田所入羨餘貯之集賢院以給多才藝者從之給倉官俸高麗遣使來貢方物十一月壬午鞏昌路薦饑免田租之半仍以鈔三千錠賑其貧者以忽撒馬丁爲管領甘肅陝西等處屯田等戶達魯花赤督幹端可失合兒工匠千五十戶屯田丁亥金齒遣使貢方物以山東東西道提刑按察使何榮祖爲中書省參知政事修國子監以居胄子禁有分地臣私役富室爲柴米戶及賦外雜徭柳州民黃德淸叛潮州民蔡猛等拒殺官軍並伏誅庚寅琳哥里合引兵犯建州殺三百餘人咸平大震辛卯兀良合饑民多殍死給三月糧壬辰罷建昌路屯田總管府癸巳賜諸王也里千金五十兩銀五千兩鈔千錠幣帛紗羅等二千匹也速帶兒牙林海剌孫執捏坤忽都答兒兩叛王以歸甲午北兵犯邊詔福建省管內並聽行尙書省節制丙申合迷裏民饑種不入土命愛牙赤以屯田餘糧給之己亥命李思衍爲禮部侍郎充國信使以萬奴爲兵部郎中副之同使安南詔諭陳日烜親身入朝否則必再加兵大都民史吉等請立桑哥德政碑從之辛丑馬八兒國遣使來朝帖列滅入寇甲辰以鞏昌便宜都總帥府統五十餘城兵民事繁改爲宣慰使司兼便宜都總帥府改釋教總制院爲宣政院秩從一品印用三臺以尙書右丞相桑哥兼宣政使庚戌益咸平府戍兵三百十二月乙卯賜按答兒禿等金千二百五十兩銀十二萬五千兩鈔二萬五千錠幣帛布氎布二萬三千六百六十六匹命上都募人運米萬石赴和林應昌府運米三萬石給弘吉剌軍丁巳海都兵犯邊拔都也孫脫迎擊死之先是安童將兵臨邊爲失里吉所執一軍皆沒至是八鄰來歸從者凡三百九十人賜鈔萬二千五百一十三錠辛酉太陰犯畢癸亥置大都等路打捕民匠等戶總管府甲子太陰犯井辛未桑哥言有分地之臣例以貧乏爲辭希覬賜與財非天墜地出皆取於民苟不愼其出入恐國用不足帝曰自今不當給者汝即畫之當給者宜覆奏朕自處之甲戌太陰犯亢熒惑犯壘壁陣西安王阿難答來告兵士饑且闕橐駝詔給米六千石及橐駝百乙亥湖頭賊張治囝掠泉州免泉州今歲田租丙子也速不花以昔列門叛甘肅行省官約諸王八八拜答罕駙馬昌吉合兵討之皆自縛請罪獨昔列門以其屬西走追至朶耶不帶之地邀而獲之以歸于京師庚辰六衞屯田饑給更休三千人六十日糧高麗國王遣使來貢方物賜諸王愛牙合赤等金千兩銀一萬八千三百六十兩絲萬兩綿八萬三千二百兩金素幣一千二百匹絹五千九十八匹賜皇子愛牙赤部曲等羊馬鈔二十九萬百四十七錠馬二萬六千九百一十四羊十萬二百一十驢八牛九百賙諸王貧乏者鈔二十一萬六百錠馬六千七百二十五羊一萬二千八百五十七牛四十賜妻子家貲沒于寇者鈔三萬二千八百八十錠馬牛百償以羊馬諸物供軍者鈔千六百七十四錠馬四千三百二十五羊三萬四千百九十九驢七十二牛三十賞自寇中拔歸者鈔四千七十八錠因雨雹河溢害稼除民租二萬二千八百石命亦思麻等七百餘人作佛事坐靜于玉塔殿寢殿萬壽山護國仁王等寺凡五十四會天師張宗演設醮三日以光祿寺直隸都省置醴源倉分太倉之麴米藥物隸焉以滄州之軍營城爲滄濱縣以施州之淸江縣隸夔路總管府罷安和署大司農言耕曠地三千五百七十頃立學校二萬四千四百餘所積義糧三十一萬五千五百餘石斷死罪九十五人

二十六年春正月丙戌地震詔江淮省忙兀帶與不魯迷失海牙及月的迷失合兵進討羣盜之未平者己丑發兵塞沙陀間鐵烈兒河辛卯拔都不倫言其民千一百五十八戶貧乏賜銀十萬五千一百五十兩徙江州都轉運使司治龍興沙不丁上市舶司歲輸珠四百斤金三千四百兩詔貯之以待貧乏者合丹入寇戊戌以荆湖占城省左丞唐兀帶副按的忽都合爲蒙古都萬戶統兵會江淮福建二省及月的迷失兵討盜于江西蠲漳汀二州田租辛丑遣使代祀岳瀆后土東南海立武衞親軍都指揮使司以侍衞軍六千屯田軍三千江南鎭守軍一千合兵一萬隸焉太陰犯氐壬寅海船萬戶府言山東宣慰使樂實所運江南米陸負至淮安易閘者七然後入海歲止二十萬石若由江陰入江至直沽倉民無陸負之苦且米石省運估八貫有奇乞罷膠萊海道運糧萬戶府而以漕事責臣當歲運三十萬石詔許之癸卯高麗遣使來貢方物賊鍾明亮寇贛州掠寧都據秀嶺詔發江淮省及鄰郡戍兵五千遷江西省參政管如德爲左丞使將兵往討畬民丘大老集衆千人寇長泰縣福州達魯花赤脫歡同漳州路總管高傑討平之甲辰復立光祿寺戊申徙廣州按察司於韶州以荆南按察司所統遼遠割三路入淮西二路入江西立咸平至聶延驛十五所廢甘州路宣課提舉司入寧夏都轉運使司遣參知政事張守智翰林直學士李天英使高麗督助征日本糧二月辛亥朔詔籍江南戶口凡北方諸色人寓居者亦就籍之濬滄州御河癸丑愛牙合赤請以所部軍屯田咸平懿州以省糧餉己未發和林糧千石賑諸王火你赤部曲置延禧司秩正三品壬戌合木里饑命甘肅省發米千石賑之癸亥詔立崇福司爲從二品從江淮省治杭州改浙西道宣慰司爲淮東道宣慰司治揚州丙寅尙書省臣言行泉府所統海船萬五千艘以新附人駕之緩急殊不可用宜招集乃顏及勝納合兒流散戶爲軍自泉州至杭州立海站十五站置船五艘水軍二百專運番夷貢物及商販奇貨且防禦海道爲便從之命福建行省拜降江西行院月的迷失江淮行省忙兀帶合兵擊賊江西大都路總管府判官蕭儀嘗爲桑哥掾坐受賕事覺帝貸其死欲從爲淘金桑哥以儀嘗鉤考萬億庫有追錢之能足贖其死宜解職杖遣之帝曲從之丁卯幸上都以中書右丞相伯顏知樞密院事將北邊諸軍成都管軍萬戶劉德祿上言願以兵五千人招降八番蠻夷因以進取交趾樞密院請立元帥府以藥剌罕及德祿並爲都元帥分四川軍萬人隸之帝從之以伯答兒爲中書平章政事紹興大水免未輸田租合丹兵寇胡魯口開元路治中兀顏牙兀格戰連日破之己巳立左右翼屯田萬戶府秩從三品玉呂魯奏江南盜賊凡四百餘處宜選將討之帝曰月的迷失屢以捷聞忙兀帶已往卿無以爲慮皇孫甘不剌所部軍乏食發大同路榷場糧賑之甲戌命鞏昌便宜都總帥汪惟和將所部軍萬人北征令過闕受命乙亥省屯田六署爲營田提舉司三月庚辰朔日有食之台州賊楊鎭龍聚衆寧海僭稱大興國寇東陽義烏浙東大震諸王甕吉帶時謫婺州帥兵討之立雲南屯田以供軍儲桑哥言省部成案皆財穀事當令監察御史即省部稽照書姓名於卷末仍命侍御史堅童視之失則連坐從之安西饑減估糶米二萬石甘州饑發鈔萬錠賑之己丑賜陝西屯田總管府農器種粒癸巳東流縣獻芝甲午太陰犯亢乙未鑄渾天儀成癸巳金齒人塞完以其民二十萬一千戶有奇來歸仍進象三夏四月己酉復立營田司于寧夏府遼陽省管內饑貸高麗米六萬石以賑之壬子孛羅帶上別十八里招集戶數令甘肅省賑之癸丑命塔海發忽都不花等所部軍屯狗站北以禦寇寶慶路饑下其估糶米萬一千石丙辰命甘肅行省給合的所部饑者粟丁巳遣官驗視諸王按灰貧民給以糧戊午禁江南民挾弓矢犯者籍而爲兵置江西福建打捕鷹坊總管府福建轉運司及管軍總管言其非宜詔罷之省江淮屯田打捕提舉司七所存者徐邳海州揚州兩淮淮安高郵昭信安豐鎭巢蘄黃魚網石湫猪十二所甲子池州貴池縣民王勉進紫芝十二本戊辰安南國王陳日烜遣其中大夫陳克用等來貢方物己巳乞兒乞思戶居和林驗其貧者賑之庚午沙河決發民築堤以障之癸酉以高麗國多產銀遣工即其地發旁近民冶以輸官以萊蕪鐵冶提舉司隸山東鹽運司甲戌以御史大夫玉呂魯爲太傅加開府儀同三司簽江西等處行尙書省事召江淮行省參知政事忻都赴闕以戶部尙書王巨濟專理算江淮省左丞相忙兀帶總之置浙東江東江西湖廣福建木綿提舉司責民歲輸木綿十萬匹以都提舉司總之罷皇孫按攤不花所設斷事官也先仍收其印尙書省臣言鞏昌便宜都總帥府已陞爲宣慰使司乞以舊兼府事別立散府調官分治從之立諸王愛牙赤投下人匠提舉司於益都并省雲南大理中慶等路州縣丁丑陞市令司爲從五品改大都路甲匠總管府爲軍器人匠都總管府尙書省臣言乃顏以反誅其人戶月給米萬七千五百二十三石父母妻子俱在北方恐生它志請徙置江南充沙不丁所請海船水軍從之五月庚辰發武衞親軍千人濬河西務至通州漕渠癸未移諸王小薛饑民就食汴梁發大同宣德等路民築倉於昂兀剌壬辰太白犯鬼軟奴玉木私以金銀器皿給諸王出伯合班等且供饋有勞命有司如數償之復賞銀五萬兩幣帛各二千匹丙申詔季陽益都淄萊三萬戶軍久戍廣東疫死者衆其令二年一更賊鍾明亮率衆萬八千五百七十三人來降江淮福建江西三省所

抽軍各還本翼行御史臺復徙於揚州淛西提刑按察司徙蘇州以參知政事忻都爲尚書左丞中書參知政事何榮祖爲參知政事參議尚書省事張天祐爲中書參知政事己亥設回回國子學陞利用監爲從三品遼陽路饑免往歲未輸田租尚書省臣言括大同平陽太原無籍民及人奴爲良戶略見成効益都濟南諸道亦宜如之詔以農時民不可擾俟秋冬行之罷永盈庫以所貯上供幣帛入太府監及萬億庫辛丑御河溢入會通渠漂東昌民廬舍以莊浪路去甘肅省遠改隸安西省省流江縣入渠州秦安寺屯田大水免今歲租青山猫蠻以不莫臺甲包等三十三寨相繼內附六月戊申劄發侍衛軍二千人濬口溫腦兒河渠己酉鞏昌汪惟和言近括漢人兵器臣管內已禁絕自今臣凡用兵器乞取之安西官庫帝曰汝家不與它漢人比弓矢不汝禁也任汝執之辛亥詔以雲南行省地遠州縣官多闕六品以下許本省選辟以聞桂陽路寇亂水旱下其估糶米八千七百二十石以賑之己未西番進黑豹庚申諸王乃蠻帶敗合丹兵於托吾兒河丙寅要忽兒犯邊辛巳詔遣尚書省斷事官禿烈羊阿理算雲南復立雲南提刑按察司月的迷失請以降賊鍾明亮爲循州知州宋士賢爲梅州判官丘應祥等十八人爲縣尹巡尉帝不允命明亮應祥並赴都大都增設倒鈔庫三所遼陽等路饑免今歲差賦移八八部曲饑者就食甘州海都犯邊和林宣慰使怯伯同知乃滿帶副使八黑鐵兒皆反應之合剌赤饑出粟四千三百二十八石有奇以賑之甲戌西南夷中下爛土等處洞長忽帶等以洞三百寨百一十來歸得戶三千餘乙亥金剛奴寇折連怯兒立江淮等處財賦總管府掌所籍宋謝太后貲產隸中宮丁丑汲縣民朱良進紫芝濟寧東平汴梁濟南棣州順德平灤眞定霖雨害稼免田租十萬五千七百四十九石秋七月戊寅朔海都兵犯邊帝親征尚珍署屯田大水從征者給其家己卯駙馬爪忽兒部曲饑賑之辛巳兩淮屯田雨雹害稼蠲今歲田租雨壞都城發兵民各萬人完之開安山渠成河渠官禮部尚書張孔孫兵部郎中李處選員外郎馬之貞言開魏博之渠通江淮之運古所未有詔賜名會通河置提舉司職河渠事甲申四川山齊蠻民四寨五百五十戶內附丙戌命百官市馬助邊敕以禿魯花及侍衛兵百人爲桑哥導從丁亥發至元鈔萬錠市馬于燕南山東海南太原平陽保定河間平灤戊子太白經天四十五日庚寅黃兀兒月良等驛乏食以鈔賑之辛卯太陰犯牛詔遣牙牙往偕諳江南搜訪術藝之士發和林所屯乞兒乞思等軍北征癸巳平灤屯田霖雨損稼甲午御河溢東平濟寧東昌益都眞定廣平歸德汴梁懷孟蝗乙未太陰犯歲星丁酉命遼陽行省益兵戍咸平懿州戊戌誅信州叛賊鮑惠日等三十三人右丞李庭等北征辛丑發侍衛親軍萬人赴上都河間大水害稼壬寅賦百官家製戰襖癸卯沙河溢鐵燈扞堤決八月壬子霸州大水民乏食下其估糶直沽倉米五千石乙卯郴之宜章縣爲廣東寇所掠免今歲田租辛酉大都路霖雨害稼免今歲租賦仍減價糶諸路倉糧壬戌漷州饑發河西務米二千石減其價賑糶之癸亥諸王鐵失孛羅帶所部皆饑敕上都留守司遼陽省發粟賑之甲子月的迷失以鍾明亮貢物來獻辛未歲星晝見癸酉以八番羅甸宣慰使司隸四川省台婺二州饑免今歲田租甲戌詔兩淮兩淛都轉運使司及江西榷茶都轉運司諸人毋得沮辦課改四川金竹寨爲金竹府徙淛東道提刑按察司治婺州河東山西道提刑按察司治太原宣慰司治大同九月戊寅歲星犯井己卯置高麗國儒學提舉司從五品丙戌罷濟州泗汶漕運使司丁亥罷斡端宣慰使元帥府癸巳以京師糴貴禁有司拘顧商車乙未太陰犯畢丙申熒惑犯太微西垣上將增淛東道宣慰使一員江淮省平章沙不丁言提調錢穀積怨於衆乞如要束木例撥戍兵三百人爲衞從之平灤昌國等屯田霖雨害稼甲辰以保定新城定興屯田糧賑其戶饑貧者乙巳詔福建省及諸司毋沮撓魏天祐銀課冬十月癸丑營田提舉司水害稼太陰犯牛宿距星甲寅熒惑犯右執法以驢運大都米五百石有奇給皇子北安王等部曲乙卯以八番羅甸隸湖廣省丙辰禁內外百官受人饋酒食者沒其家貲之半甲子享于太廟己巳赤那主里合花山城置站一所癸酉尚書省臣言沙不丁以便宜增置淛東二鹽司合淛東西舊所立者爲七乞官知鹽法者五十六人從之平灤水害稼以平灤河間保定等路饑弛河泊之禁閏十月戊寅車駕還大都尚書省臣言南北鹽均以四百斤爲引今權豪家多取至七百斤莫若先貯鹽於席來則授之爲便從之庚辰桑哥言初改至元鈔欲盡收中統鈔故令天下鹽課以中統至元鈔相半輸官今中統鈔尚未可急斂宜令稅賦並輸至元鈔商販有中統料鈔聽易至元鈔以行然後中統鈔可盡從之月的迷失以首賊丘應祥董賢舉歸于京師癸未命遼陽行省給諸王乃蠻帶民戶乏食者乙酉命自今所授宣勅並付尚書省通州河西務饑民有鬻子去之他州者發米賑之丙戌西南夷生番心楼等八族計千二百六十戶內附廣東賊鍾明亮復反以衆萬人寇梅州江羅等以八千人寇漳州又韶雄諸賊二十餘處皆舉兵應之聲勢張甚詔月的迷失復與福建江西省合兵討之且諭旨月的迷失鍾明亮既降朕令汝遣之赴闕而汝玩常不發致有是變自今降賊其卽遣之丁亥安南國王陳日烜遣使來貢方物左右衞屯田新附軍以大水傷稼乏食發米萬四百石賑之辰星犯房己丑太陰犯畢熒惑犯進賢庚寅江西宣慰使胡頤孫援沙不丁例請至元鈔千錠爲行泉府司歲輸珍異物爲息從之以胡頤孫遙授行尚書省參政泉府太卿行泉府司事詔籍江南及四川戶口丙申寶坻屯田大水害稼河南宣慰司請給管內河間眞定等路流民六十日糧遣還其土從之婺州賊葉萬五以衆萬人寇武義縣殺千戶一人江淮省平章不鄰吉帶將兵討之遣使鉤考大同錢穀及區別給糧人戶庚子取石泗濱爲磬以補宮縣之樂辛丑羅斛二女人國遣使來貢方物癸卯禁殺羔羊淛西宣慰使史弼請討淛東賊以爲淛東道宣慰使位合剌帶上甲辰武平路饑發常平倉米萬五千石賑保定等屯田戶饑給九十日糧檀州饑民劉德成犯獵禁詔釋之湖廣省臣言近招降贛州賊胡海等令將其衆屯田自給今過耕時不恤之恐生變命贛州路發米千八百九十石賑之丙午緬國遣委馬剌菩提班的等來貢方物十一月丙午朔回回昔寶赤百八十六戶居汴梁者申命宣慰司給其田丁未禁江南北權要之家毋沮鹽法戊申敕尚書省發倉賑大都饑民壬子漳州賊陳機察等八千人寇龍巖執千戶張武義與楓林賊合福建行省兵大破之陳機察丘大老張順等以其黨降行省請斬之以警衆事下樞密院議范文虎曰賊固當斬然既降乃殺之何以示信宜並遣赴闕從之癸丑建寧賊黃華弟福結陸廣馬勝復謀亂事覺皆論誅甲寅瓜沙二州城壞詔發軍民修完之丙辰罷阿你哥所領采石提舉司發米五百八十七石給昔寶赤五百七十八人之乏食者丁巳平灤昌國屯戶饑賑米千六百五十六石改播州爲播南路丁卯詔山東東路毋得沮淘金賑文安縣饑民陝西鳳翔屯田大水戊辰太陰犯亢己巳發米千石賑平灤饑民改平恩鎭爲丘縣武平路饑免今歲田租桓州等驛饑以鈔給之十二月丁丑蠡州饑發義倉糧賑之戊寅罷平州望都榛子二驛放其戶爲民辛巳詔括天下馬一品二品官許乘五匹三品三匹四品五品二匹六品以下皆一匹平灤大水傷稼免其租小薛坐與合丹禿魯干通謀叛伏誅紹興路總管府判官白絜矩言宋趙氏族人散居江南百姓敬之不衰久而非便宜悉徙京師桑哥以聞請擢絜矩爲尚書省舍人從之給玉呂魯所招集戶五百人九十日糧徙龕吉剌民戶貧乏者就食六盤乙酉命四川蒙古都萬戶也速帶選所部軍萬人西征太白犯南斗丁亥封皇子闊闊出爲寧遠王河間保定二路饑發義倉糧賑之仍免今歲田租木鄰站經亂乏食給九十日糧命回回司天臺祭熒惑庚寅禿木合之地霜殺稼禿魯花之地饑給九十日糧甲午以官軍萬戶汪惟能爲征西都元帥將所部軍入漠其先戍漠兵無令還翼乙未蠲大名淸豐逋租八百四十石命甘肅行省賑千戶也先所部人戶之饑者給鈔賑黃兀兒月良站人戶庚子武平饑以糧二萬三千六百石賑之伯顏所部阿速戶饑出粟七千四百七十石賑之癸卯發麥遣使來言邊民乏食詔賜網罟使取魚自給拔都昔剌賑廣濟署饑民是歲馬八兒國進花驢二寧州民張世安進嘉禾一本詔天下梵寺所貯藏經集僧看誦仍給所費俾爲歲例幸大聖壽萬安寺置旃檀佛像命帝師及西僧作佛事坐靜二十會免災傷田租眞定三萬五千石濟寧二千一百五十四石東平一百四十七石大名九百二十五石汴梁萬三千九十七石冠州二十七石賜諸王公主駙馬如歲例爲金二千兩銀二十五萬二千六百三十兩鈔一十一萬二百九十錠幣十二萬二千八百匹斷死罪五十九人

元史卷十六

明翰林學士亞中大夫知制誥兼修國史宋　濂等修

本紀第十六

世祖十三

二十七年春正月戊申改大都路總管府爲都總管府庚戌太白犯牛改儲偫提舉司爲軍儲所秩從三品以河東山西道宣慰使阿里火者爲尚書右丞宣慰使如故癸丑太陰犯井敕從臣子弟入國子學安南國王陳日烜遣其中大夫陳克用來貢方物乙卯造祀天幄殿高麗國王王賰遣使來貢方物丁巳遣使代祀岳瀆海

神后土戊午遼陽自乃顏之叛民甚疲敝發鈔五千八十錠賑之己未賜鎮遠王牙忽都靖遠王合帶塗金銀印各一章吉寇甘木里諸王朮伯拜答寒亦憐眞擊走之庚申賑馬站戶饑給滕竭兒囘囘屯田三千戶牛種辛酉營懿州倉壬戌造長甲給北征軍乙丑伸思八兒朮答兒移剌四十石抹蠻忒四人以謀不軌伏誅丙寅合丹餘寇未平命高麗國發耽羅戍兵千人討之賜河西質子軍五百人馬丁卯熒惑犯房高麗國王王賰言臣昔宿衞京師遭林衍之叛國內大亂高麗民居大同者皆籍之臣願復以還高麗爲民從之己巳改西南番總管府爲永寧路辛未賜也速帶兒所部萬人鈔萬錠豐閏署田戶饑給六十日糧無爲路大水免今年田租癸酉忻都所部別笳兒田戶饑給九十日糧降臨淮府爲盱眙縣隸泗州復立興文署掌經籍板及江南學田錢穀合丹寇遼東海陽二月乙亥朔立全羅州道萬戶府江西諸郡盜未平詔江淮行省分兵一千益之命太僕寺毋隸宣徽院丙子新附屯田戶饑給六十日糧順州僧道上四百九十一人饑給九十日糧戊寅太陰犯畢開元路寧遠等縣饑民站戶逃從發鈔二千錠賑之播州安撫使楊漢英進雨氈千駙馬鐵別赤進羅羅斯雨氈六十刀五十弓二十己卯興州與安饑給九十日糧庚辰伯答罕民戶饑給六十日糧辛巳括河間昔寶赤戶口癸未泉州地震乙酉賑新附民居昌平者丙戌改奉先縣爲房山縣泉州地震己丑江西羣盜鍾明亮等復降詔從爲首者至京師而給其餘黨糧浙東諸郡饑給糧九十日庚寅太陰犯亢辛卯復立南康與國榷茶提舉司秩從五品發虎賁更休士二千人赴上都修城河間路任丘饑給九十日糧癸巳晉陵無錫二縣霖雨害稼並免其田租江西賊華大老黃大老等掠樂昌諸郡行樞密院討平之閩兀所部闌遺戶饑給六十日糧常寧州民遭羣盜之亂免其田租己亥保定路定興饑發粟五千二百六十四石賑之辛丑唆歡禾稼不登給九十日糧三月乙巳中山畋戶饑給六十日糧戊申廣濟署饑給粟二千二百五十石以爲種壬子熒惑犯鉤鈐蓟州漁陽等處稻戶饑給三十日糧戊午出忙安倉米賑燕八撒兒所屬四百二十人己未改雲南蒙憐甸爲蒙憐路軍民總管府蒙萊甸爲蒙萊路放罷福建獵戶沙魚皮戶爲民以其事付有司總之發雲州民夫鑿銀洞永昌站戶饑賣子及奴產者甚衆命甘肅省贖還給米賑之併福泉二州人匠提舉司爲一仍放無役

者爲民庚申陞御史臺侍御史正四品治書侍御史正五品增蒙古經歷一員從五品罷行司農司及各道勸農營田司增提刑按察司僉事二員總勸農事四川行省舊移重慶成都之民苦於供給詔復從治成都立江南營田提舉司秩從五品掌僧寺貲產放壽穎屯田軍千九百五十九戶爲民撤江南戍兵代之凡工匠隸呂合剌阿尼哥段貞無役者皆區別爲民詔風憲之選仍歸御史臺如舊制置金竹府大隘等四十二砦蠻夷長官癸亥建昌賊丘元等稱大老集衆千餘人掠南豐諸郡建昌副萬戶擒斬之甲子楊震龍餘衆剽浙東總兵官討賊者多俘掠良民敕行御史臺分揀之凡爲民者千六百九十五人庚午以建昌路廣昌縣經鍾明亮之亂免其田租九千四百四十七石辛未太平縣賊葉大五集衆百餘人寇寧國皆擒斬之夏四月癸酉朔大駕幸上都婺州螟害稼雷雨大作螟盡死丙子太陰犯井辛巳命大都路以粟六萬二千五百六十四石賑通州河西務等處流民芍陂屯田以霖雨河溢害稼二萬二千四百八十畝有奇免其租癸未罷海道運糧萬戶府江淮行省言近朝廷遣白絜矩來與沙不丁議令發兼并戶皆宋宗族赴京人心必致動搖江南之民方患增課料民括馬之苦宜俟它日行之從之阿速敎等二百九十五人乏食命驗其實給糧賑之改利津海道運糧萬戶府爲臨淸御河運糧上萬戶府諸王小薛部曲萬二千六十一戶饑給六十日糧發六衞漢軍萬人伐木爲修城具甲申以薦饑免今歲銀俸鈔其在上都大都保定河間平灤者萬一百八十錠在遼陽省者千三百四十八錠有奇丙戌遣桑吉剌失等詣馬八兒國訪求方伎士壬辰熒惑守氐十餘日癸巳河北十七郡蝗千戶也先小闊闊所部民及喜魯不別等民戶並饑敕河東諸郡量賑之千戶也不干所部乏食敕發粟賑之太傅玉呂魯言招集斡者所屬亦乞烈令已得六百二十一人命與高麗民屯田宜給其食敕遼陽行省驗實給之平山眞定棗强三縣旱靈壽元氏二縣大雨雹並免其租丁酉以鈔二千五百錠賑昌平至上都站戶貧乏者定興站戶饑給三十日糧己亥命考大都路貧病之民在籍者二千八百二十七人發粟二百石賑之庚子合丹復寇海陽復立安和署從六品五月乙巳罷秦王典藏司收其印括江南闌遺人雜畜錢帛合丹寇開元戊申江西行省管如德江西行院月的迷失合兵討反寇鍾明亮明亮降詔縛致闕下如德等留不遣明亮復

率衆寇贛州樞密院以如德等違詔縱賊請詰之從之詔罷江西行樞密院庚戌陝西南市屯田隕霜殺稼免其租壬子賜諸王鐵木兒等軍一萬七百人糧一人一從者五石二人一從者七石五斗丙辰發粟賑御河船戶敘州等處諸部蠻夷進雨氈八百戊午移江西行省於吉州以便捕盜尚書省遣人行視雲南銀洞獲銀四千四十八兩奏立銀場官秩從七品出魯等千一百一十五戶饑給六十日糧癸亥敕諸王分地之民有訟王傅與所置監郡同治無監郡者王傅聽之平灤民萬五千四百六十五戶饑賑粟五千石徽州績溪賊胡發饒必成伏誅乙丑太陰犯填星丙寅罷奉宸庫遷江西行尚書省參政楊文璨爲左丞文璨踰歲不之官詔以外剌帶代之外剌帶至文璨復署事桑哥乃奏文璨陞右丞江西行省言吉贛湖南廣東福建以禁弓矢賊益發乞依內郡例許尉兵持弓矢從之己巳立雲南行御史臺命徹里鐵木兒所部女直高麗契丹漢軍輸地稅外並免他徭江陰大水免田租萬七百九十石庚午復置諸王也只里王傅秩正四品尚珍署廣備等屯大水免其租伯要民乏食命撒的迷失以車五百兩運米千石賑之婺州永康東陽處州縉雲賊呂重二楊元六等反浙東宣慰使史弼擒斬之泉州南安賊陳七師反討平之括天下陰陽戶口仍立各路敎官有精于藝者歲貢各一人六月壬申朔陞閏鹽州爲栢興府降普樂州爲閏鹽縣金州爲金縣河溢太康沒民田三十一萬九千八百餘畝免其租八千九百二十八石納鄰等站戶饑給九十日糧甲戌桑州總管黃布蓬那州長羅光寨安郡州長閉光過率蠻民萬餘戶內附丙子放保定工匠楚通等三百四十一戶爲民庚辰從江淮行省請陞廣濟庫爲提舉司秩從五品用江淮省平章沙不丁言以參政王巨濟鉤考錢穀有能賞鈔五百錠繕寫金字藏經凡縻金三千二百四十四兩廣州增城韶州樂昌以遭畬賊之亂並免其田租杭州賊唐珍等伏誅己丑熒惑犯房辛卯敕應昌府以米千二百石給諸王亦只里部曲壬辰別給江西行省印以便分省討賊泉州大水丙申發侍衞兵萬人完都城丁酉大司徒撒里蠻翰林學士承旨兀魯帶進定宗實錄己亥棣州厭次濟陽大風雹害稼免其租庚子從江西省請發各省戍兵討賊辛丑免河間保定平灤歲賦絲之半懷孟路武陟縣汴梁路祥符縣皆大水蠲田租八千八百二十八石秋七月終南等屯霖雨害稼萬九千六百餘畝免其租丙午

禁平地忙安倉釀酒犯者死戊申江西霖雨贛吉袁瑞建昌撫水皆溢龍興城幾沒癸丑罷納中行尚書省江淮省平章沙不丁以倉庫官盜欺錢糧請依宋法黥而斷其腕帝曰此囘囘法也不允免大都路歲賦絲戊午貴州猫蠻三十餘人作亂刼順元路入其城遂攻阿牙寨殺傷官吏其衆遂盛湖廣省檄八番蔡州均州二萬戶府及八番羅甸宣慰司合兵討之鳳翔屯田霖雨害稼免其租建平賊王靜照伏誅辛酉熒惑犯天江壬申駐蹕老鼠山西乙丑蕪湖賊徐汝安孫惟俊等伏誅丙寅雲南闊力白衣甸酋長凡十一甸內附丁卯用桑哥言詔遣慶元路總管毛文豹搜括宋時民間金銀諸物已而罷之滄州樂陵旱免田租三萬三百五十六石江夏水溢害稼六千四百七十餘畝免其租魏縣御河溢害稼五千八百餘畝免其租百七十五石八月辛未朔日有食之併廣東道眞陽洽光二縣爲英德州沁水溢害冀氏民田免其租禁諸人毋沮平陽太原大同宣課丁丑廣州淸遠大水免其租庚辰免大都平灤河間保定四路流民租賦及酒醋課丁亥復從四川南道宣慰司于重慶府以南安贛建昌豐州畬猺鍾明亮之亂悉免其田租癸巳地大震武平尤甚壓死按察司官及總管府官王連等及民七千二百二十人壞倉庫局四百八十間民居不可勝計己亥帝聞武平地震慮乃顏黨入寇遣平章政事鐵木兒樞密院官塔魯忽帶引兵五百人往視九月壬寅河東山西道饑敕宣慰使阿里火者炒米賑之癸卯歲星犯鬼申嚴漢人田獵之禁乙巳禁諸王遣僧建寺擾民敕河東山西道宣慰使阿里火者發大同鈔本二十萬錠糴米賑饑民平章政事闍里鐵木兒帥師與合丹戰于兀法大破之丁未御河決高唐沒民田命有司塞之戊申武平地震盜賊乘隙剽刼民愈憂恐平章政事鐵木兒以便宜蠲租賦罷商稅弛酒禁斬爲盜者發鈔八百四十錠轉海運米萬石以賑之金竹府知府掃閭貢馬及雨氈且言金竹府雖內附蠻民多未服近與趙堅招降竹古弄古魯花等三十餘寨乞立縣設長官總把參用土人從之己酉福建省以管內盜賊蠭起請益戍兵命江淮省調下萬戶一軍赴之發蒙古都萬戶府探馬赤軍五百人戍鄂州辛亥修東海廣德王廟丙辰赦天下丁卯命江淮行省鉤考行敎坊司所總江南樂工租賦置四巡檢司于宿遷之北以所罷陸運夫爲兵護送會通河上供之物禁發民挽舟冬十月壬申封皇孫甘麻剌爲梁王賜金印出鎮雲

南癸酉享于太廟甲戌立會通汶泗河道提舉司從四品丁丑尚書省臣言江陰寧國等路大水民流移者四十五萬八千四百七十八戶帝曰此亦何待上聞當速賑之凡出粟五十八萬二千八百八十九石己卯增上都留守司副留守判官各一員從甘肅行省請簽管內民千三百人爲兵以戍其境辛巳太白犯斗只深所部八鄰刺思等饑命寧夏路給米三千石賑之禁大同路釀酒乙酉門答占自行御史臺入覲梁洞梁宮朝吳曲洞吳湯暖等凡二十洞以二千餘戶內附丁亥賜北邊幣帛十萬匹己丑新作太廟登歌宮懸樂以昔寶赤歲取鶻鵠成都擾民罷之十一月辛丑廣濟署洪濟屯大水免租萬三千一百四十一石輿松二州隕霜殺禾免其租隆興苦鹽灤等驛饑發鈔七千錠賑之丁未大同路蒙古多目名支糧置千戶百戶十員以達魯花赤總之食糧戶以富爲貧者籍家貲之半戊申太陰掩鎭星桑哥言向奉詔內外官受命不赴及受代官居五年不赴銓者罷不復敘臣謂苟無大故不可終棄帝復允其請江淮行省平章不憐吉帶言福建盜賊已平惟浙東一道地極邊惡賊所巢穴復還三萬戶以合剌帶一軍戍沿海明台亦怯烈一軍戍溫處札忽帶一軍戍紹興婺其寧國徽初用土兵後皆與賊通今以高郵泰兩萬戶漢軍易地而戍楊州建康鎭江三城跨據大江人民繁會置七萬戶府杭州行省諸司府庫所在置四萬戶府水戰之法舊止十所今擇瀕海沿江要害二十二所分兵閱習伺察諸盜錢塘控扼海口舊置戰船二十艘故海賊時出奪船殺人今增置戰船百艘海船二十艘故盜賊不敢發從之庚戌罷雲南會川路采碧甸子甲寅禁上都釀酒乙卯貴赤三百三十戶乏食發粟賑之己未禁山後釀酒庚申賜伯顏所將兵幣帛各萬三千四百匹綿三千四百斤辛酉太陰掩左執法隆興路隕霜殺稼免其田租五千七百二十三石壬戌大司徒撒里蠻翰林學士承旨兀魯帶進太宗實錄癸亥河決祥符義唐灣太康通許陳潁二州大被其患甲子御史臺言江南盜起討賊官利其剽掠復以生口充贈遺請給還其家帝嘉納之徙河北河南道提刑按察司治許州罷大都東西二驛脫脫禾孫以通政院總之乙丑易水溢雄莫任丘新安田廬漂沒無遺命有司築堤障之丙寅括遼陽馬六千匹擇肥者給闊里鐵木兒所部軍丁卯立新城榷場平地脫脫禾孫遣使鉤考延安屯田降南雄州爲保昌縣韶州爲曲江縣十二月辛未以衛尉院爲太僕寺戊寅免大都平灤保定河間自至元二十四年至二十六年逋租十三萬五百六十二石己卯命樞密院括江南民間兵器及將士習武加戊子歲詔甲申遣兵部侍郎靳榮等閱實安西鳳翔延安三道軍戶元籍四千外復得三萬三千二百八十丁樞密院欲以爲兵桑哥不可帝從之丙戌興化路仙游賊朱三十五集衆寇青山萬戶李綱討平之京兆省上屯田所出羊價鈔六百九錠敕以賜札散暗伯民貧乏者辛卯太陰犯亢乙未初分萬億爲四庫以金銀輸內府至是立提舉富寧庫秩從五品以掌之大同路民多流移免其田租二萬一千五百八石洪贊灤陽驛饑給六十日糧不耳答失所部滅乞里饑給九十日糧詔諸王乃蠻帶遼陽行省平章政事薛闍干右丞洪察忽摘蒙古軍萬人分戍雙城及婆娑府諸城以防合丹兵己亥省灤陽路爲縣入建康湖廣省上二年宣課珠九萬五百一十五兩處州青田賊劉甲乙等集衆萬餘人寇溫州平陽是歲賜諸王公主駙馬金銀鈔幣如歲例命帝師西僧遞作佛事坐靜于萬壽山厚載門茶罕腦兒聖壽萬安寺桓州南屏庵雙泉等所凡七十二會斷死罪七十二人

二十八年春正月壬寅太白熒惑鎭星聚奎癸卯給諸王愛牙赤印命玄教宗師張留孫置醮祠星三日上都民仰食于官者衆詔傭民運米十萬石致上都官價石四十兩命留守木八剌沙總其事辛亥罷汴梁至正陽杞縣睢州中牟鄭唐鄧十二站站戶爲民癸丑高麗國遣使來貢方物丁巳遣貴由赤四百人北征辛酉罷江淮漕運司併於海船萬戶府由海道漕運併浙西金玉人匠提舉司入浙西道金玉人匠總管府降無爲和州二路六安軍爲州巢州爲縣入無爲並隸廬州路陞安豐府爲路降壽春府懷遠軍爲縣懷遠入濠州並隸安豐路陞各處行省理問所爲四品免江淮貧民至元十二年至二十五年所逋田租二百九十七萬六千餘石及二十六年未輸田租十三萬石鈔千一百五十錠絲五千四百斤綿千四百三十餘斤罷淘金提舉司立江東兩浙都轉運使司壬戌以札散禿禿合總兵于瓮古之地命有司供其軍需敕大同路發米賑瓮古饑民尚書省臣桑哥等以罪罷二月辛未賜也速帶兒所部兵驛馬萬疋從萬億庫金銀入禁中富寧庫尚書省言大同仰食于官者七萬人歲用米八十萬石遣使覆驗不當給者萬三千五百人乞徵還官從之癸酉以隴西四川總攝輦眞朮納思爲諸路釋教都總統改福建行省爲宣慰司隸江西行省詔行御史臺勿聽行省節度雲南行省言敍州烏蒙水路險惡舟多破溺宜自葉稍水站出陸經中慶又經鹽井土老必撒諸蠻至敍州慶符可治爲驛路凡立五站從之也速帶兒汪總帥言近制和顧和買不及軍家今一切與民同詔自今軍勿輸丙子罷徵理司上都太原饑免至元十二年至二十六年民間所逋田租三萬八千五百餘石遣使同按察司賑大同太原饑民口給糧兩月或三月以桑哥黨與罷楊州路達魯花赤晙羅兀思遣官覆驗水達達咸平貧民賑之丁丑以太子右詹事完澤爲尚書右丞相翰林學士承旨不忽木平章政事詔告天下以列兀難粳米賑給貧民己卯遣官持香詣中嶽南海淮瀆致禱立金齒等處宣慰司都元帥府以上都虎賁士二千人屯田官給牛具農器用鈔二萬錠以雲南曲靖路宣撫司所轄地廣民心未安改立曲靖等處宣慰司管軍萬戶府以鎭之辛巳以湖廣行省八番羅甸司復隸四川省壬午以桑哥沮抑臺綱又箝監察御史命御史大夫月兒魯辨之癸未太陰犯左執法大駕幸上都是日次大口復召御史臺及中書尚書兩省官辨論桑哥之罪復以闍遺監隸宣徽院詔毋沮擾山東轉運使司課程甲申太白犯昴命江淮行省鉤考沙不丁所總詹事院江南錢穀乙酉立江淮湖廣江西四川等處行樞密院詔論中外江淮治廣德軍湖廣治岳州江西治汀州四川治嘉定丙戌詔改提刑按察司爲肅政廉訪司每道仍設官八員除二使留司以總制一道餘六人分臨所部如民事錢穀官吏奸弊一切委之俟歲終省臺遣官考其功効以集賢大學士何榮祖爲尚書右丞集賢學士賀勝爲尚書省參知政事詔江淮行省遣蒙古軍五百漢兵千人從皇子鎭南王鎭楊州執河間都轉運使張庸仍遣官鉤考其事丁亥營建宮城南面周廬以居宿衛之士執湖廣要束木詣京師戊子籍要束木家貲金凡四千兩辛卯封諸王鐵木兒不花爲肅遠王賜之印壬辰雨壞太廟第一室奉遷神主別殿癸巳籍桑哥家貲遣行省行臺官發粟賑徽之績溪杭之臨安餘杭於潛昌化新城等縣饑民命江淮行省參政燕公楠整治鹽法之弊丁酉詔加嶽瀆四海封號各遣官詣祠致告三月己亥朔眞定河間保定平灤饑平陽太原尤甚民流移就食者六萬七千戶饑而死者三百七十一人桑哥妻弟八吉由爲燕南宣慰使以受賂積贓伏誅仆桑哥德政碑太原饑嚴酒禁丁未太陰犯御女己酉太陰犯右執法庚戌太陰犯太微東垣上相甲寅常德路水免田租二萬三千九百石乙卯太白犯五車乃顏所屬牙兒馬兀等同女直兵五百人追殺內附民餘千人遣塔海將千人平之辛酉呂連站木赤五十戶饑賑三月糧發侍衛兵營紫檀殿壬戌以甘肅行省右丞崔彧爲中書右丞南丹州莫國麟入覲授國麟安撫使三珠虎符杭州平江等五路饑發粟賑之仍弛湖泊蒲魚之禁溧陽太平徽州廣德鎭江五路亦饑賑之如杭州武平路饑百姓困於盜賊軍旅免其去年田租凡州郡田嘗被災者悉免其租不被災者免十之五罷甘州轉運司江淮豪家多行賄權貴爲府縣卒史容庇門戶遇有差賦惟及貧民詔江淮行省嚴禁之賑遼陽武平饑民仍弛捕獵之禁夏四月己巳禁屠宰牝羊甲戌詔各路府州司縣長次官兼管諸軍奧魯以地震故免侍衛兵籍武平者今歲徭役增置欽察衛經歷一員用漢人爲之餘不得爲例庚辰弛杭州西湖禽魚禁聽民網罟丙戌詔凡負斡脫銀者入還皆以鈔爲則乙未歲星犯輿鬼以沙不丁等米賑江南饑民召朱清張瑄詣闕庚寅併總制院入宣政院以鈔法故召葉李還京師乙未從湖廣行樞密院治鄂州丙申以米三千石賑闊里吉思饑民五月戊戌召江西行樞密院副使阿里詣闕升章佩監秩三品遣脫脫塔剌海忽辛三人追究僧官江淮總攝楊璉眞加等盜用官物以參知政事廉希恕爲湖廣等處行省右丞行海北海南道宣慰使都元帥瓊州安撫使陳仲達海北海南道宣慰使都元帥湖廣行省左右司郎中不顏于思別十八里副元帥王信並同知海北海南道宣慰司事副元帥並佩虎符將二千二百人以征黎蠻僚屬皆從仲達辟置立左右兩江宣慰司都元帥府壬寅太陰犯少民從江淮行樞密院治建康甲辰中書省臣麥木丁崔彧言桑哥當國四年諸臣多以賄進親舊皆授要官唯以欺蔽九重朘削百姓爲事宜令兩省嚴加考覈並除名爲民從之要束木以桑哥妻黨爲湖廣行省平章至是坐不法者數十事詔械致湖廣省誅之辛亥以太原及杭州饑免今歲田租增河東道宣慰使一員徵太子贊善劉因因前爲太子贊善以繼母病去至是母亡以集賢學士徵之不起罷脫脫塔剌海忽辛等理算僧官錢穀罷江南六提舉司歲輸木綿羅昌舊惟總帥府桑哥特升爲宣慰司以其弟答麻剌答思爲使桑哥敗懼誅自殺至是復總帥府增置異珍御帶二庫秩從五品並設提點使副各一員減中外冗官

三十七員宮城中建蒲萄酒室及女工室詔以桑哥罪惡繫獄按問誅其黨要束木八吉等發兵塞晃火兒月連地河渠修城堡令蒙古戍兵屯田川中以禦寇癸丑罷尚書省事皆入中書改尚書右丞相右詹事完澤爲中書右丞相平章政事麥朮丁不忽木並中書平章政事尚書右丞何榮祖中書右丞尚書左丞馬紹中書左丞參知政事賀勝高翥並參知中書政事征東行尚書省左丞相駙馬高麗國王王賰爲征東行中書省左丞相罷大都燒鈔庫仍舊制各路昏鈔令行省官監燒增置戶部司計工部司程正七品甲寅太陰犯牛賑上都桓州榆林昌平武平寬河宣德西站女直等站饑民乙卯以政事悉委中書仍遣使布告中外詔禁失陷錢糧者託故詣京師丁巳建白塔二各高一丈一尺以居咒師朶四的性吉等七人何榮祖以公規治民禦盜理財等十事緝爲一書名曰至元新格命刻版頒行使百司遵守桑哥嘗以劉秉忠無子收其田土其妻竇氏言秉忠嘗鞠猶子蘭章爲嗣敕以地百頃還之己未以門答占復爲御史大夫行御史臺事高麗國王王賰乞以其子謜爲世子詔立謜爲高麗王世子授特進上柱國賜銀印六月丁卯朔禁蒙古人往回回地爲商賈者湖廣饑敕以剌里海牙米七萬石賑之辛巳洞蠻鎭遠立黃平府乙酉以雲南諸路行省參知政事兀難爲梁王傅洗國王洞主市備什王弟同來朝益江淮行院兵二萬擊郴州桂陽寶慶武岡四路盜賊以汴梁逃人男女配偶成家給農具耕種丙戌勑屯田官以三歲爲滿互於各屯內調用宣諭江淮民恃總統璉眞加力不輸租者依例徵輸辛卯太陰犯畢癸巳以漣海二州隸山東宣慰司秋七月丙申朔雲南省參政怯剌言建都地多產金可置冶令旁近民煉之以輸官從之己亥太白犯井詔諭尚州等處諸洞蠻夷庚子徙江西行樞密院治贛州乙巳大都饑出米二十五萬四千八百石賑之戊申揚州路學正李淦上言人皆知桑哥用羣小之罪而不知尚書右丞葉李妄舉桑哥之罪宜斬葉李以謝天下有旨驛召淦詣京師淦至而李卒除淦江陰路教授以旌直言給還行臺監察御史周祚妻子祚嘗劾行尚書省官桑哥誣以他罪流祚于憨答孫妻子家貲入官及是還之禁屠宰馬牛敕江南重囚依舊制聞奏處決罷江南諸省買銀提舉司遣官招集宋時涅手軍可充兵者八萬三千六百人以蒙古漢人宋人參爲萬戶千戶百戶領之遼陽諸路連歲荒加以軍旅民苦饑發米二萬石賑之己酉召交趾王弟陳益稷右丞陳巖鄭鼎子那懷並詣京師癸丑賜師壁洞安撫司師壁鎭撫所師羅千戶所印安撫司從三品餘皆五品丁巳桑哥伏誅募民耕江南曠土戶不過五頃官授之券俾爲永業三年後徵租遣憨散總兵討平江南盜賊己未降江陰路爲州宜興府爲縣並隸常州路移揚子縣治新城分華亭之上海爲縣松江府隸行省罷淘金提舉司江淮人匠提舉司凡五以其事並隸有司雨壞都城發兵二萬人築之增置各衞經歷一員俾漢人爲之壬戌弛畿內秋耕禁八月乙丑朔平陽地震壞民廬舍萬有八百二十六區壓死者百五十人丙寅太白犯輿鬼己巳置中書省檢校二員秩正七品俾考覈戶工部文案疏緩者罷江西等處行泉府司大都甲匠總管府廣州人匠提舉司廣德路錄事司罷泉州至杭州海中水站十五所撫州路饑免去歲未輸田租四千五百石馬八兒國遣使進花牛二水牛土彪各一丙子太陰犯牽牛大名之清河南樂諸縣霖雨害稼免田租萬六千六百六十九石己卯詔諭思州提省溪洞官楊都要招安叛蠻悔過來歸者與免本罪罷雲南四州立東川府癸未歲星犯軒轅大星乙酉遣麻速忽阿散乘傳詣雲南捕黑虎戊子太白犯軒轅大星併犯歲星咀喃落邦遣馬不剌罕丁進金書寶塔及黑獅子番布藥物婺州水免田租四萬一千六百五十石辛卯命工部造飛車五輛癸巳太陰掩熒惑九月辛丑以平章政事麥朮丁商議中書省事復以咱喜魯丁平章政事代之乙巳景州河間等縣霖雨害稼免田租五萬六千五百九十五石丙午立行宣政院治杭州己酉設安西延安鳳翔三路屯田總管府庚戌太白犯右執法襄陽南障縣民李氏妻黃一產三男辛亥安南王陳日烜遣使上表貢方物且謝不朝之罪徽州績溪縣賊未平免二十七年田租禁宣德府田獵壬子酒醋課不兼隸茶鹽運司仍隸各府縣立乞里台思至外剌等六驛命海船副萬戶楊祥合迷張文虎並爲都元帥將兵征瑠求置左右兩萬戶府官屬皆從祥選辟既又用福建吳誌斗言祥不可信宜先招諭之乃以祥爲宣撫使佩虎符阮監兵部員外郎誌斗禮部員外郎並銀符賷詔往瑠求明年楊祥阮監果不能達瑠求而還誌斗死于行時人疑爲祥所殺詔福建行省按問會赦不治乙卯以歲荒免平灤屯田二十七年田租三萬六千石有奇丙辰熒惑犯左執法戊午太白犯熒惑從四川行樞密院治成都以八忽答兒禿魯歡唆不闌脫兒赤四翼蒙古兵復隸蒙古都萬戶府庚申以鐵里爲禮部尚書佩虎符阿老瓦丁不剌並爲侍郎遣使俱藍辛酉歲星犯少民免大都今歲田租保定河間平灤三路大水被災者全免收成者半之以別鐵木兒亦列失金爲禮部侍郎使馬八兒國陝西脫西爲禮部侍郎佩金符使于馬都尚衣局織無縫衣冬十月乙丑朔賜薛徹溫都兒等九驛貧民三月糧己巳修太廟在眞定傾壞者壬申以前緬中行尚書省平章政事雪雪的斤爲中書省平章政事癸酉享太廟遣使發倉賑大同屯田兵及敎化的所部軍士之饑者江淮行省言鹽課不足由私鬻者多乞付兵五千巡捕從之塔剌海張忽辛崔同知並坐理算錢穀受賕論誅辛巳召高麗國王王賰公主忽都魯揭里迷失詣闕癸未羅斛國王遣使上表以金書字仍貢黃金象齒丹頂鶴五色鸚鵡翠毛犀角篤縟龍腦等物高麗國饑給以米一十萬斛罷各處行樞密院事入行省割八番洞蠻自四川隸湖廣行省丙戌太陰犯軒轅大星併御女丁亥洞蠻爛土立定雲府改陳蒙洞爲陳蒙州合江爲合江州巖山後酒禁中書省臣言洞蠻請歲進馬五十匹雨氊五十被刀五十握丹砂雌雄黃等物率二歲一上有詔從其所爲己丑太陰犯太微東垣上相敕沒入璉眞加沙不丁烏馬兒妻並遣詣京師召行省轉運司官赴京師集議治賦法辛卯諸王出伯部曲饑給米賑之癸巳武平路饑免今歲田租以武平路總管張立道爲禮部尚書使交趾免衞輝種仙茅戶徭役從遼陽行省言以乃顏合丹相繼叛詔給蒙古人內附者及開元南京水達達等三萬人牛畜田器詔嚴益都般陽泰安寧海東平濟寧畋獵之禁犯者沒其家貲之半十一月丙申以甘肅曠土賜昔寶赤合散等俾耕之壬寅遣左吉奉使新合剌的音甲辰太白犯房減太府監冗員三十一人罷器備行內藏二庫詔回回以答納珠充獻及求售者還之留其估以濟貧者塔叉兒塔帶民饑發米賑之給按答兒民戶四月糧罷海道運糧鎭撫司丙午熒惑犯亢丁未太陰犯畢耽羅遣使貢東紵百匹太史院靈臺上修祀事三晝夜甲寅太陰犯歲星郴州路達魯花赤曲列有罪論誅復置會同館禁沮撓益都淘金乙卯新添葛蠻宋安撫率洞官阿汾靑貴來貢方物監察御史言沙不丁納速剌丁滅里烏里兒王巨濟璉眞加沙的敎化的皆桑哥黨與受賕肆虐使江淮之民愁怨載路今或繫獄或釋之此臣下所未能喻帝曰桑哥已誅納剌丁滅里在獄唯沙不丁朕姑釋之耳武平平灤諸州饑弛獵禁其孕字之時勿捕諭中書議增中外官吏俸戊午金齒國遣阿魁入覲庚申熒惑犯氐辛酉陞宣德龍門鎭爲望雲縣割隸雲州置望雲銀冶十二月乙丑復都水監秩從三品遣官迓雲南鴨池所遣使遼陽洪寬女直部民饑借高麗粟賑給之籍探馬赤八忽帶兒等六萬戶成丁者爲兵丁卯高麗國鴨綠江西十九驛經乃顏反掠其馬畜給以牛各四十大都饑下其價糶米二十萬石賑之己巳詔罷遣官招集畏兀氏改辰沅靖州轉運司爲湖北湖南道轉運司立葛蠻軍民安撫司宣政院臣言宋全太后瀛國公母子以爲僧尼有地三百六十頃乞如例免徵其租從之辛未以鐵滅爲兵部尚書佩虎符明思昔答失爲兵部侍郎佩金符使于羅孛卜兒御史臺臣言鈎考錢穀自中統初至今餘三十年更阿合馬桑哥當國設法已極而其餘黨公取賄賂民不堪命不如罷之有旨議擬以聞壬申立河南江北行中書省治汴梁撒里蠻老壽並爲大司徒領太常寺中書省臣言江南在宋時差徭爲名七十有餘歸附後一切未徵今分隸諸王城邑歲賜之物仰給京師又中外官吏俸少似宜量添可令江南依宋時諸名征賦盡輸之何榮祖言宜召各省官任錢穀者詣京師集議科取之法以聞從之甲戌詔罷鈎考錢穀應昔年逋負錢穀文卷聚置一室非朕命而視之者有罪仍遣使布告中外庚辰太陰犯御女江北州郡割隸河南江北行中書省改江淮行省爲江浙等處行中書省治杭州賑闊闊出饑民米闊里帶言乃顏餘黨竄女直之地臣與月兒魯議乞益兵千五百人可平之從之癸未太陰犯東垣上相廣濟署大昌等屯水免田租萬九千五百石平灤路及豐贍濟民二署饑出米萬五千石賑之別都兒丁前以桑哥專恣不肯仕命仍爲中書左丞丙戌八番洞官吳金叔等以所部二百五十寨民二萬有奇內附詣闕貢方物戊子詔釋天下囚非殺人抵罪者己丑熒惑犯房庚寅熒惑犯鈎鈐升營田提舉司爲規運提點所正四品辛卯濬運糧壩河築隄防授吃剌思八斡節兒爲帝師統領諸國僧尼釋教事賜親王公主駙馬金銀鈔幣如歲例令僧羅藏等遞作佛事坐靜于聖壽萬安涿州寺等所凡五十度遣眞人張志仙持香詣東北海嶽濟瀆致禱戶部上天下戶數內郡百九十九萬九千四百四十四江淮四川一千一百四十三萬八百七十八口五千九百八十四萬八千九百六十四游食者四十

二萬九千一百一十八司農司上諸路所設學校二萬一千三百餘墾地千九百八十三頃有奇植桑棗諸樹二千二百五十二萬七千七百餘株義糧九萬九千九百六十石宣政院上天下寺宇四萬二千三百一十八區僧尼二十一萬三千一百四十八人斷死刑五十五人

元史卷十七

明翰林學士亞中大夫知制誥兼修國史宋　濂等修

本紀第十七

世祖十四

二十九年春正月甲午朔以日食免朝賀日食時左右有珥上有抱氣丙申雲南行中書省言羅甸歸附後改普定府隸雲南省三十餘年今挪羅甸宣慰安撫司隸湖南省不便乞罷之仍以其地隸雲南省制曰可戊戌清州饑就陵州發粟四萬七千八百石賑之己亥命太史令郭守敬兼領都水監事仍置都水監少監丞經歷知事凡八員八作司官舊制六員今分爲左右二司增官二員庚子江西行省左丞高興言江西福建汀漳諸處連年盜起百姓入山以避乞降旨招諭復業福建鹽課既設運司又設四鹽使司今若設提舉司專領鹽課其酒稅課悉歸有司爲便福建銀鐵又各立提舉司亦爲冗濫請罷去詔皆從之禁商賈私以金銀航海壬寅以武平地震全免去年稅四千五百三十六錠今年量輸之止徵二千五百六十九錠癸卯命玉典赤阿里置司邕州以便糧餉而以輕軍邏思明州以漢天師張宗演男與棣嗣其教陞利用監正三品甲辰詔江南州縣學田其歲入聽其自掌春秋釋奠外以廩師生及士之無告者貢士莊田則令覈數入官乙巳賜諸王失都兒金千兩丙午河南福建行中書省臣請詔用漢語有旨以蒙古語諭河南漢語諭福建罷河南宣慰司以汴梁襄陽河南南陽歸德皆隸河南行省復割湖廣省之德安漢陽信陽隸荆湖北道蘄黃隸淮西道并淮東道三宣慰司咸隸河南省其荆湖北道宣慰司舊領辰沅澧靖歸常德直隸湖廣省從葛蠻軍民安撫使宋子賢請詔諭未附平伐大甕眼紫江皮陵潭溪九堡等處諸洞猫蠻戊申太陰犯歲及軒轅左角己酉興州之興安宜興兩縣饑賑米五千石罷南雄韶州惠州三路錄事司壬子桓州至赤城站戶告饑給鈔計口賑之癸丑罷四賓庫復會同館初置織造段疋提舉司五八番都元帥劉德祿言新附洞蠻十五寨請置官府以統之詔設陳蒙爛土軍民安撫司江西行省伯顏阿老瓦丁言蒙山歲課銀二萬五千兩初制鍊銀一兩免役夫田租五斗今民力日困每兩擬免一石帝曰重困吾民民何以生從之丙辰播州洞蠻因籍戶懷疑竄匿降詔招集之以行播州軍民安撫使楊漢英爲紹慶珍州南平等處沿邊宣慰司行播州軍民宣撫使播州等處管軍萬戶仍佩虎符壬戌召嗣漢天師張與棣赴闕二月甲子朔金竹酋長騷驢貢馬氈各二十有七從其請減所部貢馬降詔招諭之賜新附黑蠻衣襖遣回命進所產朱砂雄黃之精善者無則止遣使代祀嶽瀆后土四海乙丑給輝州龍山里州和中等縣饑民糧一月丁卯畋于近郊命宿衛受月廩及蒙古軍以艱食受糧者宣徽院仍領之己巳太陰犯畢發通州河西務粟賑東安固安薊州寶坻縣饑民申禁鞭背庚午斡羅思招附桑州生猫羅甸國古州等峒酋長三十一所部民十二萬九千三百二十六戶詣闕貢獻壬申敕遣使分行諸路釋死罪以下輕囚澤州獻嘉禾乙亥立總管高麗女直漢軍萬戶府頒銀印總軍六千人以泉府太卿亦黑迷失鄧州舊軍萬戶史弼福建行省右丞高興並爲福建行中書省平章政事將兵征爪哇用海船大小五百艘軍士二萬人戊寅立征行左右軍都元帥府都元帥四副都元帥二上萬戶府達魯花赤四萬戶皆四副萬戶八鎮撫四各佩虎符詔加高麗王王賰太保仍錫功臣之號詔從諸王阿禿作亂者朶羅帶以付闊里吉思脫迭出以付阿里抄兒赤以付月的迷失合麥以付亦黑迷失使從軍自效又詔諸王從合丹作亂者納答兒之鎮南王所聶怯來之合剌合孫答剌罕所阿禿之雲南王所朶列禿之阿里所八里帶之月的迷失所斡里羅忽里帶之東海發義倉官倉糧賑德州齊河清平泰安州饑民庚辰月兒魯等言納速剌丁滅里忻都王巨濟黨比桑哥恣爲不法楮幣銓選鹽課酒稅無不更張變亂之銜命江南理算者皆嚴急輸期民至嫁妻賣女禍及親鄰維揚錢塘受害最慘無故而隕其生五百餘人其初士民猶疑事出國家今乃知天子仁愛元元而使民至此極者實桑哥及其凶黨之爲莫不願食其肉臣等議此三人既已伏辜乞依條論坐以謝天下從之牙亦迷失招無籍民千四百三十六戶請隸東宮詔命之耕田辛巳從樞密院臣暗伯等請就襄陽給曲先塔林合剌魯六百三十七戶田器種粟俾耕而食丁亥以汪惟和爲鞏昌等二十四處便宜都總帥兼鞏昌府尹仍佩虎符御史臺月兒魯崔彧等言馮子振劉道元指陳桑哥同列罪惡詔令省臺臣及董文用留夢炎等議其一言翰林諸臣撰桑哥輔政碑者廉訪使閻復近已免官餘請聖裁帝曰死者勿論其存者罰不可恕也乞台不花等使緬國詔令遙授左丞廷議以尚書行使事其副以郎中處之制曰可戊子禁杭州放鷹己丑歲星犯軒轅大星庚寅宣政院臣言授諸路釋教都總統輦真术納思爲太中大夫土蕃等處宣慰使都元帥敕畸零拔都兒三百四十七戶佃益都閑田給牛種農具官爲屋居之壬辰山東廉訪司申棣州境內春旱且霜夏復霖潦饑民啖藜藿木葉乞賑卹敕依東平例發附近官廩計口以給三月甲午詔遣脫忽思儂獨赤昔烈門至合敦奴孫界與駙馬闊里吉思議行屯田己亥樞密院臣言出征女直納里哥議於合思罕三千新附軍內選撥千人詔先調五百人行中書省具舟給糧仍設征東招討司壬寅御史大夫月兒魯等奏比監察御史商琥舉昔任詞垣風憲時望所屬而在外者如胡祗遹姚燧王惲雷膺陳天祥楊恭懿高道程文海陳儼趙居信十人宜召寘翰林備顧問帝曰朕未深知俟召至以聞丙午中書省臣言京畿薦饑宜免今歲田租上都隆興平灤河間保定五路供億視他路爲甚宜免今歲公賦漢地河泊隸宣徽院除入太官外宜弛其禁便民取食並從之丁未納速剌丁滅里以盜取官民鈔一十三萬餘錠忻都以徵理逋負迫殺五百二十人皆伏誅王巨濟雖無贓帝以與忻都同惡并誅之中書省與御史臺共定贓罪十三等枉法者五不枉法者八罪入死者以聞制曰可戊申以威寧昌等州民饑給鈔二千錠賑之己酉以大司農同知宣徽院事兼領尚膳監事鐵哥翰林學士承旨通政院使兼知尚乘寺事剌真並爲中書平章政事兼領舊職中書省臣言右丞何榮祖以疾平章政事麥术丁以久居其任乞令免署惟食其祿與議中書省事從之以阿里爲中書右丞梁暗都剌爲參知政事中書省臣言亦奚不薛及八番羅甸既各設宣慰司又復立都元帥府其地甚狹而官府多宜合二司帥府爲一詔從之且命亦奚不薛與思播州同隸湖廣省羅甸還隸雲南以八番羅甸宣慰使斡羅思等並爲八番順元等處宣慰使都元帥佩虎符以安南國王陳益稷遙授湖廣等處行中書省平章政事佩虎符居鄂州庚戌車駕幸上都賜速哥斡羅思賽因不花蠻夷之長五十六人金紋綾絹各七十九疋及弓矢鞍轡壬子樞密院臣奏延安鳳翔京兆三路籍軍三千人桑哥皆罷爲民今復其軍籍屯田六盤從之敕都水監分視黃河堤堰罷河渡司庚申免寶慶路邵陽縣田租萬三千九百七十三斛壬戌給還楊璉真加土田人口之隸僧坊者初璉真加重賂桑哥擅發宋諸陵取其寶玉凡發冢一百有一所戕人命四人攘盜詐掠諸贓爲鈔十一萬六千二百錠田二萬三千畝金銀珠玉寶器稱是省臺諸臣乞正典刑以示天下帝猶貸之死而給還其人口土田隆興府路饑給鈔二千錠復發粟以賑之夏四月丙子太陰犯氐己卯復典瑞監三品弛甘肅酒禁権其酤辛巳弛太原酒禁仍権酤辛卯設雲南諸路學校其教官以蜀士充五月甲午遼陽水達達女直饑詔忽都不花趣海運給之丙午敕雲南邊徼入朝非初附者不聽乘傳所進馬不給芻豆丁未中書省臣言妄人馮子振嘗爲詩譽桑哥且涉大言及桑哥敗即告詞臣撰碑引諭失當國史院編修官陳孚發其姦狀乞免所坐遣還家帝曰詞臣何罪使以譽桑哥爲罪則在廷諸臣誰不譽之朕亦嘗譽之矣詔以楊居寬郭佑死非其罪給還其家資改思州安撫司爲軍民宣撫司隸湖廣省詔諭其民因閱戶驚逃者各使安業以陝西鹽運司酒稅等課已入州縣罷諸子鹽司併罷東平路河道提舉司事入都水監己未龍興路南昌新建進賢三縣水免田租四千四百六十八石是月真定之中山新樂平山獲鹿元氏靈壽河間之滄州無棣景之阜城東光益都之濰州北海縣有蟲食桑葉盡無蠶六月甲子平江湖州常州鎮江嘉興松江紹興等路水免至元二十八年田租十八萬四千九百二十八石戊辰詔聽僧食鹽不輸課己巳日本來互市風壞三舟惟一舟達慶元路壬申江西省臣言肇慶德慶二路封連二州宋時隸廣東今隸廣西不便請復隸廣東從之鐵旗城後察昔折一烈率其族類部曲三千餘戶來附甲戌設司籍庫秩從五品隸太府監儲物之籍入者丙子太寧路惠州連年旱澇加以役繁民饑死者五百人詔給鈔二千錠及糧一月賑之仍遣使責遼陽省臣阿散壬午敕以海南新附四州洞寨五百一十九民二萬餘戶置會同定安二縣隸瓊州免其田租二年癸未以征爪哇暫禁兩浙廣東福建商賈航海者

佚舟師已發後從其便丁亥湖州平江嘉興鎮江揚州寧國太平七路大水免田租百二十五萬七千八百八十三石己丑太白犯歲星鐵木塔兒薛闍禿捏古帶闍闍所部民饑詔給米四千石付鐵木塔兒薛闍禿一千石付捏古帶闍闍俾以賑之閏六月辛卯朔陞上都兵馬司四品如大都丁酉遼陽瀋州廣寧開元等路雹害稼免田租七萬七千九百八十八石岳州華容縣水免田租四萬九百六十二石東昌路蝗壬寅以東安海寧改隸淮安路詔大都事繁課稅改隸轉運司通州造船畢罷提舉司罷福建歲造象齒鞶帶戊申熒惑犯狗國庚戌回回人忽不木思售大珠帝以無用却之辛亥河西務水給米賑饑民江北河南省旣立詔江北諸城悉隸其省詔漢陽隸湖廣省左江總管黃堅言其管內黃勝許聚衆二萬據忠州乞調軍萬人土兵三千人命劉國傑討之臣顏調軍民萬人以從詔許之太平寧國平江饒常湖六路民艱食發粟賑之高麗饑其王遣使來請粟詔賜米十萬石中書省臣言今歲江南海運糧至京師者一百五萬石至遼陽者十三萬石比往歲無耗折不足者甲寅右江岑從毅降從毅老疾詔以其子斗榮襲佩虎符爲鎮安路軍民總管廣南西路安撫副使賽甫丁等誹謗朝政沙不丁復資給之以風聞三十餘事妄告省官帝以有傷政體捕惡黨下吏如法乙卯濟南般陽蝗是月詔諭廉訪司巡行勸課農桑禮部尚書張立道郞中歪頭使安南回以其使臣阮代乏何維岩至闕陳日燇拜表賤修歲貢秋七月庚申朔詔以史弼代也黑迷失高興將萬人征爪哇仍召三人者至闕遣使檢覈窟名鷹坊受糧者辛酉河北河南道廉訪司還治汴梁癸亥完大都城也里嵬里沙沙嘗簽僧道儒也里可溫答赤蠻爲軍詔令止隸軍籍甲子降詔申嚴牛馬踐稼之禁乙丑阿里願自修船同張存從征爪哇軍往招占城甘不察詔授阿里三珠虎符張存一珠虎符仍蠲阿里父布伯所負斡脫鈔三千錠丙寅罷徽州路錄事司免屯田租一萬二千八百一十一石辛未太陰犯牛壬申建社稷和義門內壇各方五丈高五尺白石爲主飾以五方色土壇南植松一株北墉瘗坎壝垣悉倣古制別爲齋廬門廡三十三楹戊寅黎兵百戶鄧志願謀叛伏誅庚辰敕雲南省擬所轄州縣官如福建二廣例省臺委官銓選以姓名聞隨給授宣敕八月己丑朔賽甫丁處死餘黨杖而徒之仍籍其家產壬辰勅禮樂戶仍與軍站民戶均輸賦丁酉辰星犯右執法己亥太白犯房辛丑寧夏府屯田成功陞其官脫兒赤壬寅括唐兀禿魯花所部闊象赤及河西逃人入蠻地者甲辰車駕至自上都討浙東孟總把等賊赦諸軍之駐福建者聽平章政事闍里節度乙巳歲星犯右執法丙午用郭守敬言浚通州至大都漕河十有四役軍匠二萬人又鑿六渠灌昌平諸水以廣濟署屯田旣蝗復水免今年田租九千二百十八石丁未也黑迷失乞與高興等同征爪哇帝曰也黑迷失惟熟海道海中事當付之其兵事則委之史弼可也以史弼爲福建等處行中省平章政事統領出征軍馬庚戌高苑縣高希允以非所宜言伏誅壬子詔塔剌赤程鵬飛討黃聖許劉國傑駐馬軍戍守戊午福建行省參政魏天祐獻計發民一萬鑿山鍊銀歲得萬五千兩天祐賦民鈔市銀輸官而私其一百七十錠臺臣請追其贓而罷鍊銀事從之改燕南河北廉訪司還治眞定高麗女直界首雙城告饑敕高麗王於海運內以粟賑之弛平灤州酒禁詔不敦忙兀魯迷失以軍征八百媳婦國九月己未朔治書侍御史裴居安言月的迷失遇盜起不卽加兵盜去乃延誅平民詔臺院遣官按問之辛酉詔諭安南國陳日燇使親入朝選湖南道宣慰副使梁曾授吏部尚書佩三珠虎符翰林國史院編修官陳孚授禮部郞中佩金符同使安南山東東西道廉訪司劾宣慰使樂實盜庫鈔百二十錠買庫銀九百五十兩官局私造弓勒等物受屯田鈔百八十錠樂實宜解職從之丁卯中書省臣言茆蔣十團安化等新附洞蠻凡八萬宜設管軍民司以其土人蒙意蒙世莫仲文爲長官以呂天佑塔不帶爲達魯花赤八番斡羅思招附光蘭州洞蠻宜置定遠府就用其所舉禿干高守文黃世會燕只哥爲達魯花赤知府同知判官制曰可癸酉從沔州治鐸水縣廢新得州置通江縣復漢州綿竹縣沙州瓜州民從甘州詔於甘肅兩界畫地使耕無力者則給以牛具農器寧夏戶口繁多而土田半蓺紅花詔令盡種穀麥以補民食丁丑以平灤路大水且霜免田租二萬四千四十一石辛巳太白犯南斗罷雲南行臺從置西川設雲南廉訪司壬午木達達女直民戶由反地驅出者押回本地分置萬夫千夫百夫內屯田甲申烏思藏宣慰司言由必里公反後站驛遂絕民貧無可供億命給烏思藏五驛各馬百牛二百羊五百皆以銀軍七百三十六戶戶銀百五十五丁亥從宣政院言置烏思藏納里速古兒孫等三路宣慰使司都元帥冬十月戊子朔詔福建廉訪司知事張師道赴闕師道至乞汰內外官府之冗濫者詔麥术丁何榮祖馬紹燕公楠等與師道同區別之數月授師道翰林直學士日本舟至四明求互市舟中甲仗皆具恐有異圖詔立都元帥府令哈剌帶將之以防海道詔浚浙西河道導水入海庚寅兩淮運使納速剌丁坐受商賈賄多給之鹽事覺詔嚴加鞫問癸巳弛上都酒禁燕公楠言歲終各行省臣赴闕奏事亦宜令行臺臣赴闕奏一歲舉剌之數制曰可丙申四川行省以洞蠻酋長向思聰等七人入朝壬寅從朱清張瑄請授高德誠管領海船萬戶佩雙珠虎符復以殷實陶大明副之令將出征水手甲辰信合納帖音國遣使入覲廣東道宣慰司遣人以暹國主所上金冊詣京師乙巳太陰犯井丁未太陰犯鬼己酉樞密院臣言六衞內領漢軍萬戶見存者六千戶擬分爲三力足以備車馬者二千五百戶每甲令備馬十五匹牛車二輛力足以備車者五百戶每甲令備牛車三輛其三千戶惟習戰鬭不他役之六千戶外則供他役庶能各勤乃事而兵亦精銳詔施行之詔擇囚徒罪輕者釋之癸丑完澤等言凡賜諸人物有二十萬錠者爲數旣多先賜者盡得之及後將賜或無可給不均爲甚今計怯薛帶怯憐口昔博赤哈剌赤凡近侍人上等以二百戶爲率次等半之下等又半之於下等擇尤貧者歲加賞賜則無不均之失矣一歲天下所入凡二百九十七萬八千三百五錠今歲已辦者纔一百八十九萬三千九百九十三錠其中有未至京師而在道者有就給軍旅及織造物料館傳俸祿者自春至今凡出三百六十三萬八千五百四十三錠出數已逾入數六十六萬二百三十八錠矣懷孟竹課歲辦千九十三錠尚書省分賦於民人實苦之宜停其稅帝皆嘉納其言命趙德澤吳榮領逃奴無主者二百四十戶淘銀耕田於廣寧瀋州乙卯太陰犯氐十一月庚申岳州華容縣水發米二千一百二十五石賑饑民壬戌太陰犯壘壁陣戊寅樞密院奏一衞萬人嘗調二千屯田木八剌沙上都屯田二年有成擬增軍千人從之己卯太陰犯太微東垣上相癸未禁所在私渡命關津譏察姦宄丙戌提省溪錦州銅人等洞酋長楊秀朝等六人入見進方物十二月庚寅中書省臣言皇孫晉王甘麻剌昔鎭雲南給梁王印今進封晉王請給晉王印北安王府尉也里古帶司馬荒兀並爲晉王中尉仍命不只答魯帶狄琮並爲司馬金齒適當忙兀禿兒迷失出征軍馬之衞資其芻糧立爲木來府敕應昌府給乞答帶糧五百石以賑饑民癸巳中書省臣言寧國路民六百戶鑿山冶銀歲額二千四百兩皆市銀以輸官未嘗採之山乞罷之制曰可庚子太陰犯井甲辰太陰犯太微西垣己酉故麓川路軍民總管達魯花赤阿散男布八同趙昇等招木忽魯甸金齒土官忽魯馬男阿魯來入見貢方物阿魯言其地東南隣境未附者約二十萬民慕化願附請頒詔旨命布八趙昇諭之從之壬子敕中書省用烏思藏站例給合里忽必二站馬牛羊凡爲銀九千五百兩丁巳敕都水監修治保定府沙塘河堤堰是歲賜皇子皇孫諸王藩戚禁衞邊庭將士等鈔四十六萬六千七百十三錠給軍士畸零口糧五千五百二十三石賑其乏者爲鈔三十六萬八千四百二十八錠命國師諸僧呪師修佛事七十二會斷死獄七十四

三十年春正月壬戌詔遣使招諭溙頭金齒蠻乙丑敕福建毋進鶻戊戌和林漢軍四百留百人餘令耕屯杭海丙寅太陰犯畢命中書汰冗員凡省內外官府二百五十五所總六百六十九員丁卯安西王請仍舊設常侍不允罷雲南延慶司以洛波卜兒二蠻酋遙授知州各賜璽書戊辰樞密院臣奏兀渾察部兀末魯罕軍每歲運米六千四百二十六石以給之計傭直爲鈔萬二千八百五十二錠詔邊境無事令本軍屯耕以食庚午驗洞酋長楊總國等來朝揑怯烈女直二百人以漁自給有旨與其漁於水曷若力田其給牛價農具使之耕甲戌河南江北行省平章伯顏言揚州忙兀臺所立屯田爲田四萬餘頃官種外宜聽民耕墾揚州鹽轉運一司設三重官府宜削去鹽司止留管勾襄陽舊食京兆鹽以水陸難易計之莫若改食揚州鹽蔡州去汴梁地遠宜陞散府以潁息信陽光州隸之詔皆從其議陞廣州爲上路總管府罷納速剌丁滅里所立魚鹽局割江西興國路隸湖廣行省乙亥諡皇太子曰明孝丙子西番一甸蠻酋三人來覲各授以蠻夷軍民官仍以招諭人張道明爲達魯花赤丁丑太陰犯氐戊寅詔舊隸乃顏勝納答兒女直戶四百虛縻廩食令屯田揚州庚辰歲星犯左執法立豪懿州七驛辛巳置遼陽路慶雲至合里賓二十八驛驛給牛三十頭車七輛壬午淮西道宣慰使昂吉兒斂軍鈔六百錠銀四百五十兩馬二匹敕省臺及扎魯火赤鞫問丁亥遣使代祀嶽瀆東海及后土二月己丑從阿老瓦丁燕公楠之請以楊璉眞加子宣政院使暗普爲江浙行省左丞詔上都管倉庫者

無資品俸秩故爲盜詐宜於六品七品內委用以俸給之高麗國王王賰請易名曰昛其簽議府請陞簽議司降二品印從之減河南江浙海運米四十萬石中書省添設檢校二員免大都今歲公賦益上都屯田軍千人給農具牛價鈔五千錠以木八剌沙董之詔以只速滅里與兒蠻之民隸詹事院壬辰太陰犯畢丙申却江淮行樞密院官不憐吉帶進鷹仍敕自今禁戢軍官無從禽擾民違者論罪丁酉回回孛可馬合謀沙等獻大珠邀價鈔數萬錠帝曰珠何爲當留是錢以賙貧者敕海運米十萬石給遼陽戍兵仍諭其省官薛闍干令伯鐵木部欽察等耕漁自養糧不須給甲辰中書省臣言侍臣傳旨予官者先後七十人臣今欲加汰擇不可用者不敢奉詔帝曰率非朕言凡來奏者朕祗令諭卿等可用與否卿等自處之又言今歲給餉上都大都及甘州西京經費浩繁自今賞賜悉宜姑止從之乙巳熒惑犯天街丁未車駕幸上都以新附洞蠻吳動鰲爲潭溪等處軍民官佩金符給新附軍三百人人鈔十錠屯田貴定庚戌太陰犯牛辛亥詔發總帥汪惟和所部軍三千征土番又發陝西四川兵萬人以行樞密官明安荅兒統之征西番敕以韶贛相去地遠分贛州行院官一員鎮韶州復立雲南行御史臺詔沿海置水驛自耽羅至鴨淥江口凡十一所令洪君祥董之癸丑太白犯壘壁陣江西行院官月的迷失言江南豪右多庇匿盜賊宜誅爲首者餘從內縣從之申嚴江南兵器之禁三月庚申以同知樞密院事扎散知樞密院事以平章政事范文虎董疏漕河之役平章政事李庭率諸軍扈從上都雨壞都城詔發侍衛軍三萬人完之仍命中書省給其傭直甲子括天下馬十萬匹己巳立行大司農司洪澤芍陂屯田舊委四處萬戶詔存其二立民屯二十辛未太陰犯氐夏四月己亥行大司農燕公楠翰林學士承旨留夢炎言杭州上海澉浦溫州慶元廣東泉州置市舶司凡七所唯泉州物貨三十取一餘皆十五抽一乞以泉州爲定制從之仍併溫州舶司入慶元杭州舶司入稅務江南行大司農司自平江徙揚州兼管兩淮農事省八番重設州縣官罷徽州錄事司皇孫晉王位立內史府詔諸二品官府自今與各部文移相關鞏昌二十四城依舊例於總帥汪氏弟兄子姪內選用二人壬寅樞密院臣言去年征爪哇軍二萬各給鈔二錠其後祗以五千人往宜徵元給鈔三萬錠入官帝曰非其人不行乃朕中止之耳勿徵癸丑太白犯填星廣東肅政廉訪司復治廣州甲寅詔遣使招諭暹國幹羅思請以八番見戶合思播之民兼管徙宣慰司治辰沅靖州常賦外歲輸鈔三千錠不允光州蠻人光龍等一十二人及邦崖王文顯等二十八人金竹府馬麟等一十六人大龍番禿盧忽等五十四人永順路彭世彊等九十人安化州吳再榮等一十三人師壁散毛洞勾答什王等四人各授蠻夷官賜以璽書遣歸敕江南毀諸道觀聖祖天尊祠五月丙辰朔給四部更番衛士馬萬匹又給其必闍赤四百匹壬戌定雲洞蠻酋長來附癸亥括思播等處亡宋湟手軍丙寅詔委官與行省官閱覈蠻夷軍民官以江南民怨楊璉眞加罷其子江浙行省左丞暗普詔以浙西大水冒田爲災令富家募佃人疏決水道辛未敕僧寺之邸店商賈舍止其物貨依例收稅丁丑中書省臣言上都工匠二千九百九十九戶歲糜官糧萬五千二百餘石宜擇其不切於用者俾就食大都從之甲申眞定路深州靜安縣大水民饑發義倉糧二千五百七十四石賑之六月丙戌敕選河西質子軍精銳者八百給以鎧仗鞍勒狐貉衣裘遣赴皇孫阿難答所出征己丑歲星犯左執法庚寅詔雲南旦當仍屬西番宣慰司改淮西蘄黃等路隸河南江北行省丙申太陰犯斗乙巳以皇太子寶授皇孫鐵穆耳總兵北邊己酉詔濬太湖壬子大興縣蝗易州雨雹大如雞卵秋七月丁巳敕中書省官一員監修國史己未詔皇曾孫松山出鎮雲南以皇孫梁王印賜之詔免福建歲輸皮貨及泉州織作紵絲庚申命知鶴慶府昔寶赤賫璽書招諭農順未附蠻寨甲子太陰犯建星己巳命劉國傑從諸王亦吉里督諸軍征交趾免雲南屯田軍逋租萬石壬申以月失察兒知樞密院事丁丑賜新開漕河名曰通惠壬申以只兒合忽所汰乞兒吉思戶七百屯田合思合之地辛巳太陰犯鬼八月丙戌括所在荒田無主名者令放良漏籍等戶屯田庚寅奉使安南國梁曾陳孚以安南使人陶子奇梁文藻偕來敕福建行省放爪哇出征軍歸其家甲午辰星犯太微西垣上將戊戌給安西王府斷事官印甲辰太陰犯畢丁未湖廣行省臣言海南海北多曠土可立屯田詔設鎮守黎蠻海北海南屯田萬戶府以董之戊申太陰犯鬼營田提舉司所轄屯田百七十七頃爲水所没免其租四千七百七十二石九月癸丑朔大駕至自上都戊午敕各路達魯花赤總管董驛事己未明安荅兒率軍萬人征土蕃近邊使來言乞引茂州先附寨官赴闕不允己丑立海北海南博易提舉司稅依市舶司例丙寅遣金齒人還歸丁卯太陰犯畢癸酉敕以御史臺贓罰鈔五萬錠給衛士之貧者辛巳登州蝗恩州水百姓闕食賑以義倉米五千九百餘石冬十月癸未朔以侍衛親軍千戶張邦瑞爲萬戶佩虎符將六盤山軍千人及皇子西平王等軍共爲萬人西征賜冠城疏河董役軍官衣各一襲賜交趾陶子奇等十七人冬衣荊南安置戊子詔修汴堤己丑遣兵部侍郎忽魯禿花等使闍藍可兒納答信合納帖音三國仍賜信合納帖音酋長三珠虎符庚寅饗于太廟彗星入紫微垣抵斗魁光芒尺許凡一月乃滅丙申熒惑犯亢己亥太陰犯天關辛丑太陰犯井壬寅敕減米直糶京師饑民其鰥寡孤獨不能自存者給之甲辰赦天下戊申僧官總統以下有妻者罷之以段貞董開河修倉之役加平章政事庚戌造象蹄掌甲辛亥禁江南州郡以乞養良家子轉相販鬻及强將平民略賣者平灤水免田租萬一千九百七十七石廣濟署水損屯田百六十五頃免田租六千二百一十三石十一月壬子朔改德安府隸黃州路丁巳孫民獻嘗附桑哥助要束木爲惡及同知上都留守司事又受贓減諸從臣糧詔籍其家貲妻奴復因潭州呂澤訴其刻虐械送民獻至湖廣如澤所訴鞫治之立海北海南道肅政廉訪司治雷州庚申敕中書省凡出征軍毋以和顧和買煩其家乙丑太陰犯畢丁卯太陰犯井戊辰以金齒木朶甸戶口增立下路總管府給其爲長者雙珠虎符眞定路達魯花赤合散言廉訪司官檢責民官太苛乞以民官復檢責廉訪司文卷從之庚午太陰犯鬼免江南都作院軍匠出征丙子熒惑犯鉤鈐戊寅歲星犯亢己卯河南江北行省平章伯顏入爲中書省平章政事位帖哥剌眞不忽木上十二月丁亥禁漢軍更番者毋驚軍器辛卯武平路達魯花赤塔海言女直地至今未定賊一人入境百姓離散臣願往安集之詔以答海爲遼東道宣慰使壬辰中書左丞馬紹疾以詹事丞張九思代之乙未太陰犯井遣使督思播二州及鎮遠黃平發宋舊軍八千人從征安南庚子平章政事亦黑迷失史弼高興等無功而還各杖而耻之仍没其家貲三之一癸卯敕以桑哥没入官田三百九十一頃八十餘畝給阿合亢闌所司匠戶丙午以鐵赤脫脫木兒皷住拜延四人並安西王傅是歲天下路府州縣等二千三十八路一百六十九府四十三州三百九十八縣千一百六十五宣撫司十五安撫司一寨十一鎮撫所一堡一各甸部管軍民官七十三長官司五十一錄事司百三巡院三官府大小二千七百三十三處隨朝二百二十一員萬六千四百二十五隨朝千六百八十四戶一千四百萬二千七百六十賜皇后親王公主如歲例賜諸臣羊馬價鈔四十三萬四千五百錠幣五萬五千四百一十錠周貧乏鈔三萬七千五百二十錠作佛事祈福五十一眞定寧晉等處被水旱蝗雹爲災者二十九斷死罪四十

三十一年春正月壬子朔帝不豫免朝賀癸亥知樞密院事伯顏至自軍中庚午帝大漸癸酉帝崩于紫檀殿在位三十五年壽八十親王諸大臣發使告哀于皇孫乙亥靈駕發引葬起輦谷從諸帝陵夏四月皇孫至上都甲午卽皇帝位丙午中書右丞相完澤及文武百官議上尊謚壬寅始爲壇于都城南七里甲辰遣司徒兀都帶平章政事不忽木左丞張九思率百官請謚于南郊五月戊午遣攝太尉臣兀都帶奉冊上尊謚曰聖德神功文武皇帝廟號世祖國語尊稱曰薛禪皇帝是日完澤等議同上先皇后弘吉剌氏尊謚曰昭睿順聖皇后世祖度量弘廣知人善任使信用儒術用能以夏變夷立經陳紀所以爲一代之制者規模宏遠矣

元史卷十八

明翰林學士亞中大夫知制誥兼修國史宋　濂等修

本紀第十八

成宗一

成宗欽明廣孝皇帝諱鐵穆耳世祖之孫裕宗眞金第三子也母曰徽仁裕聖皇后弘吉烈氏至元二年九月庚子生二十四年諸王乃顏反世祖自將討平之其後合丹復叛命帝往征之合丹敗亡三十年乙巳受皇太子寶撫軍於北邊三十一年春正月世祖崩親王諸大臣遣使告哀軍中夏四月壬午帝至上都左右部諸王畢會先是御史中丞崔彧得玉璽于故臣之家其文曰受命于天既壽永昌上之徽仁裕聖皇后至是手授於帝甲午卽皇帝位受諸王宗親文武百官朝於大安閣詔曰朕惟太祖聖武皇帝受天明命肇造區夏聖聖相承光熙前緒迨我先皇帝體元居正以來然後典章文物大備臨御三十五年薄海內外罔不臣屬宏規遠略厚澤深仁有以衍皇元萬世無疆之祚我昭考早正儲位德盛功隆天不假年四海缺望顧惟眇質仰荷先皇帝素眷往歲之夏親授皇太子寶付以撫軍之任今春宮車遠馭奄棄臣民乃有宗藩昆弟之賢戚畹官僚之

舊謂祖訓不可以違神器不可以曠體承先皇帝夙昔付託之意合辭推戴誠切意堅朕勉徇所請於四月十四日卽皇帝位可大赦天下尚念先朝庶政悉有成規惟愼奉行罔敢失墜更賴祖親勳戚左右忠良各盡乃誠以輔台德布告遠邇咸使聞知詔除大都上都兩路差稅一年其餘減丁地稅糧十分之三係官逋欠一切蠲免民戶逃亡者差稅皆除之追尊皇考曰皇帝尊太母元妃曰皇太后庚子遣攝太尉兀都帶等請謚于南郊遣禮部侍郎李衎兵部郎中蕭泰登齎詔使安南中書省臣言陛下新卽大位諸王駙馬賜與宜依往年大會之例賜金一者加四爲五銀一者加二爲三又江南分土之賦初止驗其版籍令戶出鈔五百文今亦當有所加然不宜增賦於民請因五百文加至二貫從今歲官給之從之乙巳賜駙馬蠻子帶銀七萬六千五百兩闊里吉思一萬五千四百五十兩高麗王王昛三萬兩丁未湖廣行省所屬寇盜竊發復令劉國傑討之戊申太白晝見又犯鬼詔存恤征黎蠻爪哇等軍己酉雲南行省以所定路府州縣來上上路二下路十一下州四十九中縣一下縣五十以金齒歸附官阿魯爲孟定路總管佩虎符是月卽墨縣雹五月庚戌朔太白犯輿鬼壬子始開醮祠於壽寧宮祭太陽太歲火土等星於司天臺戊午遣攝太尉兀都帶奉玉冊玉寶上大行皇帝尊謚曰聖德神功文武皇帝廟號世祖皇后尊謚曰昭睿順聖皇后皇考尊謚曰文惠明孝皇帝廟號裕宗賜國王和童金二百五十兩月兒魯百五十兩伯顏月赤察而各五十兩銀鈔錦各有差庚申祭紫微星於雲仙臺雲南部長適習四川散毛洞主覃順等來貢方物陞其洞爲府丁卯八番宣慰使斡羅思犯法爲人所訟懼罪逃還京師賜安西王阿難答鈔萬錠己巳改皇太后所居舊太子府爲隆福宮詹事院爲徽政院司議曰中議府正曰宮正家令曰內宰典醫署曰掌醫典寶曰掌謁典設曰掌儀典膳曰掌膳仍增控鶴至三百人詔各處轉運司官欺隱姦詐爲人所訟者聽廉訪司卽時追問其案牘仍舊例於歲終檢之陞福建鹽提舉司爲鹽轉運司增捕私鹽人賞格庚午諸王亦里不花來朝以瘠馬輸官酬其直爲鈔十有一萬五千錠賜也速帶而汪惟正兩軍將士糧五萬石餉北征軍壬申御史臺臣言內外官府增置愈多在京食祿者萬人在外尤衆理宜減併命與中書議之用崔彧言肅政廉訪司案牘勿令總管府檢劾詔議增官吏祿以也速帶而所統將

士貧乏給鈔萬錠乙亥以扎珊知樞密院事戊寅封皇姑高麗王王昛妃忽都魯揭里迷失爲安平公主賜亦都護金五百五十兩銀七千五百兩合迷里的斤帖林金五十兩銀四百五十兩西平王奧魯赤言汪總帥之軍多庇其富實而令貧弱者應役命更易之以月兒魯爲太師伯顏爲太傅月赤察而爲太保禁諸司豪奪鹽船遞運官物僧道權勢之家私匿盜販是月密州路諸城縣大都路武清縣雹峽州路大水六月庚辰朔日有食之辛巳御史臺臣言名分之重無踰宰相惟事業顯著者可以當之不可輕授廉訪司官歲以五月分按所屬次年正月還司職官犯贓勅授者聽總司議宜授者上聞其本司聲跡不佳者代之受賂者依舊例比諸人加重帝曰其與中書同議乙酉雲南金齒路進馴象三丙戌以雲南歲貢馬二千五百匹給梁王數太多命量減之庚寅必察不里城敢木丁遣使來貢詔罷功德使司及泉府司官冗員壬辰立晉王內史府復以光祿寺隸宣徽院中書省臣言朝會賜與之外餘鈔止有二十七萬錠凡請錢糧者乞量給之定西平王奧魯赤寧遠王闊闊出鎭南王脫歡及也先帖木而大會賞賜例金各五百兩銀五千兩鈔二千錠幣帛各二百匹諸王帖木而不花也只里不花等金各四百兩銀四千兩鈔一千六百錠幣帛各一百六十匹以帖木而復爲平章政事諸王阿只吉部玉速福屢叛伏誅以甘肅等處米價踊貴詔禁釀酒命月赤察而提調羣牧事乙未以世祖皇后裕宗謚號播告天下免所在本年包銀俸鈔及內郡地稅江淮以南夏稅之半乙亥以乳保勞封完顏伯顏爲冀國公妻何氏爲冀國夫人完澤貸民錢多取其息命依世祖定制辛丑浙西道提刑按察使弘吉烈帶阿魯灰受賂遇赦免復以爲河西隴北道肅政廉訪使御史臺臣言先朝決獄隨罪輕重笞杖異施今止用杖乞如舊制不允宋使家鉉翁安置河間年踰八十賜衣服遣還其家癸卯封駙馬闊里吉思爲唐王給金印甲辰詔翰林國史院修世祖實錄以完澤監修國史乙巳給困赤禿出征軍士鈔各千戶千錠丙午太陰犯井以昔寶赤從征諸軍自備馬一千一百九十餘匹命給還其直戊申詔宗藩內外官吏人等咸聽丞相完澤約束以合剌思八斡節而爲帝師賜玉印賜雪雪的斤公主鈔千錠諸王伯答罕末察合而部貧乏者三千錠伯牙兀眞赤里由柔伯牙伯剌麻闊怯倫忙哥眞各金五十兩銀鈔幣有差是月東安州蝗秋七月壬子詔御史大

夫月兒魯振臺綱禁內外諸司減官吏俸爲宴飲費置隆福宮衞候司癸丑詔軍民各隸所司無相侵越乙卯以諸王出伯所部四百餘戶乏食徙其家屬就食內郡仍賜以奧魯軍年例鈔三千錠給瓜沙之民徙甘州屯田者牛價鈔二千六百錠以也的迷失爲東昌路達魯花赤中書省臣言其嘗官是郡犯法五百餘欵今不宜復官帝曰姑試之己未復立平陽路之蒲武鄉保定路之博野泰安州之新泰等縣賜諸王出伯奧魯軍也速帶而紅襖軍幣帛各六萬疋庚申改侍衞都指揮使司爲隆福宮左都威衞使右都威衞使以陝西道廉訪司沒入贓罰錢舊給安西王者令行省別貯之壬戌詔中外崇奉孔子癸亥罷肇州宣慰司併入遼東道戊辰減八番等處所設官二百一十六員八番稱新附九十萬戶設官四百二十四員及遣官覈實止十六萬五千餘戶故減之行樞密院月的迷失程鵬飛各加平章政事中書省臣言樞密之臣不宜重與相銜帝命以軍職尊崇者授之辛未中書省臣言向御史臺劾右丞阿里嘗與阿合馬同惡論罪抵死幸得原免不當任以執政臣謂阿里得罪之後能自警省乞令執政如故從之以軍戶所棄田產歲入及管軍官吏贖罪等鈔復輸樞密院癸酉以陝西行省平章不忽木爲中書平章政事甲戌立隨路民匠打捕鷹房納綿等戶總管府秩正三品詔招諭暹國王敢木丁來朝或有故則令其子弟及陪臣入質扎魯花赤言諸王之下有罪者不聞于朝輒自決遣詔禁治之詔月兒魯守北邊賜其所統軍士幣帛各萬疋及西征軍士幣三萬疋鈔三萬六千六百錠賜不魯花眞公主及諸王阿只吉女弟伯禿銀鈔有差是月棣州陽信縣雹大風拔木發屋眞定路之南宮新河易州之淶水等縣雹八月庚辰太白晝見癸未平灤路遷安等縣水蠲其田租戊子初祀社稷用堂上樂歲以爲常己丑以大都留守段貞平章政事范文虎監浚通惠河給二品銀印令軍士復濬浙西太湖澱山湖溝港立新河運糧千戶所詔諸路平準交鈔庫所貯銀九十三萬六千九百五十兩除留十九萬二千四百五十兩爲鈔母餘悉運至京師復立平陽之芮城陵川等縣辛卯以忙哥撒而妻子爲敵所掠賜鈔八千錠戊戌太陰犯畢太白犯軒轅是月德州之安德縣大風雨雹九月壬子聖誕節帝駐蹕三部落受諸王百官賀癸丑詔有司存恤征爪哇軍士死事之家甲寅口授諸王傅阿黑不花爲丞相丁巳太白經天庚申以合魯剌及乃顏之黨

七百餘人隸同知樞密院事不憐吉帶習水戰丙寅太陰掩塡星辛未太陰犯軒轅乙亥太白犯右執法太陰犯平道遣禿古鐵木兒等使闍藍是月趙州之寧晉等縣水冬十月戊寅車駕還大都辛巳江浙行省臣言陛下卽位之初詔蠲今歲田租十分之三然江南與江北異貧者佃富人之田歲輸其租今所蠲特及田主其佃民輸租如故則是恩及富室而不被於貧民也宜令佃民當輸田主者亦如所蠲之數從之遼陽行省所屬九處大水民饑或起爲盜賊命賑恤之江西行省臣言銀場歲辦萬一千兩而未嘗及數民不能堪命自今從實辦之不爲額壬午太白犯左執法有事于太廟癸巳太陰掩塡星乙未太陰犯井金齒新附孟愛甸酋長遣其子來朝卽其地立軍民總管府朱清張瑄從海道歲運糧百萬石以京畿所儲充足詔止運三十萬石辛丑帝諭右丞阿里參政梁德珪曰中書職務卿等皆懷怠心朕在上都令還也的迷沙己沒財產任明里不花皆至今未行又不約束吏曹使選人留滯桑哥雖姦邪然僚屬憚其威政事無不立決卿等其約束曹屬有不事事者笞之仍以朕意諭右丞相完澤壬寅緬國遣使貢馴象十乙巳遣南巫里速木答剌繼沒剌矛毯陽使者各還其國賜以二珠虎符及金銀符金幣衣服有差初也黑迷失征爪哇時嘗招其瀕海諸國於是南巫里等遣人來附以禁商泛海留京師至是弛商禁故皆遣之十一月丁未朔帝朝皇太后于隆福宮上玉冊玉寶庚戌行樞密院臣劉國傑討辰州賊詔選州民刀弩手助其軍他不爲例京師犯贓罪者三百人帝命事無疑者准世祖所定十三等例決之己酉太陰犯亢庚戌廣西鹽先給引於民而徵其直私鹽日橫及官自鬻鹽民復不售詔先以鹽與民而後徵之辛亥中書省臣言國賦歲有常數先帝嘗曰凡賜與雖有朕命中書其斟酌之由是歲務節約常有羸餘今諸王藩戚費耗繁重餘鈔止一百十六萬二千餘錠上都隆興西京應昌甘肅等處糴糧鈔計用二十餘萬錠諸王五戶絲造作顏料鈔計用十餘萬錠而來會諸王尚多恐無以給乞俟其還部臣等酌量定擬以聞從之壬子詔以軍民不相統壹罷湖廣江西行樞密院併入行省乙卯令河西僧人依舊助役丁巳以伯顏察而參議中書省事其兄伯顏言曰臣叨平章政事兄弟宜相嫌避帝曰卿勿復言兄平章於上弟參議於下何所嫌也罷貴赤屯田總管府罷宣政院所刻河西藏經板庚申太陰犯畢甲子詔禁作姦

犯科者以湖南道宣慰司何偉爲中書參知政事罷海北海南市舶提舉司壬申立覆實司濟寧路立諸色戶計諸總管府秩四品癸酉太白犯房詔改明年爲元貞元年十二月辛巳賜諸王亦思麻般金五十兩癸未歲星犯房丙戌罷遼河等處人匠正副達魯花赤丁亥歲星犯鈎鈐甲午以諸王晃兀而駙馬阿失等皆在軍加賜金銀鞍勒弓矢衣服各有差乙未以伯遙帶忽剌出所隸一千戶饑賜鈔萬錠壬辰太陰犯鬼戊戌禁侵擾農桑者庚子太陰犯房又犯歲星選各衛精兵千人命孛羅帖答兒等將之戍和林聽太師月兒魯節度三年而更用帝師奏釋京師大辟三十人杖以下百人賜諸鰥寡貧民鈔二百錠曲靖澂江普安等路夷官各以方物來貢以東勝等處牛遞戶貧乏賜鈔三千餘錠卜阿里使麻八兒還都阿思民爲海都所虜賜鈔三萬九千九百錠是月常德岳鄂漢陽四州水免其田租是歲斷大辟三十一人

元貞元年春正月戊申諸王阿失罕來朝賜金五十兩銀四百五十兩癸丑以太僕卿只而合郎爲御史大夫甲寅以從世祖狩杭海功賜諸王忽剌出金五十兩珠一串乙卯太陰犯塡星又犯畢壬戌以國忌節大聖壽萬安寺飯僧七萬癸亥安西王阿難答寧遠王闊闊出皆言所部貧乏賜安西王鈔二十萬錠寧遠王六萬錠又以隕霜殺禾復賑安西王山後民米一萬石詔道家復行金籙科範以雲南行省左丞楊炎龍爲中書左丞乙丑以亦奚不薛復隸雲南行省以行樞密院既罷賜行中書省長官虎符領其軍庚午以江浙行省平章阿老瓦丁爲參知政事壬申立北庭都元帥府以平章政事合伯爲都元帥江浙行省右丞撒里蠻爲副都元帥皆佩虎符立曲先塔林都元帥府以亹都察爲都元帥佩虎符饒州路達魯花赤阿剌紅治中趙良不法僉江東廉訪司事昔班季讓受金縱之事覺昔班自殺杖季讓除名仍沒其財產奴婢之半罷瓜沙等州屯田癸酉歲星犯東咸甲戌有飛書妄言朱淸張瑄有異圖者詔中外慰勉之乙亥追封皇國舅按只那演爲濟寧王謚忠武封皇姑囊家眞公主爲魯國大長公主駙馬蠻子台爲濟寧王仍賜金印詔飭諸道鹽運司二月丙子朔安西王相鐵赤等請復立王相府不許令陝西省臣給其所需仍以廉訪司沒入贓罰鈔與之丁丑翰林學士承旨留夢炎告老帝以其在先朝言無所隱厚賜遣之命曷伯撒里蠻孛來將探馬赤軍萬人出征聽諸王出伯節度壬午罷江南茶稅以其數三千錠添入江西榷茶都轉運司歲額詔貸斡脫錢而逃隱者罪之仍以其錢賞首告者癸未熒惑犯太陰丁亥雲南行省平章也先不花言敢麻魯有兩夷未附金齒亦叛服不常乞調兵六千鎭撫金齒置驛入緬從之復以拱衞司爲正三品以濟寧王蠻子台所部弘吉烈人貧乏賜鈔一十八萬錠戊子思州田曷剌不花雲南夷卜木四川洞主杳闊王金齒帶梅混冬等來見緬國阿剌扎高徵班的來獻舍利寶玩甲午以探馬赤軍出征馬不足詔除軍民官吏所乘凡有馬者盡括之壬辰太陰犯平道丁酉車駕幸上都癸卯太陰犯歲星以諸王亦憐眞部馬牛驛人貧乏賜鈔千錠以工部尚書兼諸路金玉人匠總管府達魯花赤呂天麟爲中書參知政事立雲州銀場都提舉司秩四品中書省臣言近者阿合馬桑哥怙勢賣官不別能否止憑解由選調由是選法大壞宜令廉訪司體覆以聞省臺選官覈實定其殿最以明黜陟其廉訪司官亦令省臺同選爲宜從之罷河西軍聽各還其所屬賜駙馬那懷鈔萬五千錠以雕延春閣賜天師張與棣宗師張留孫眞人張志僊等十三人玉圭各一製寶玉五方佛冠賜帝師三月乙巳朔安南世子陳日燇遣使上表慰國哀又上書謝寬貰恩并獻方物丙午遣密剌章以鈔五萬錠授征西元帥令市馬萬匹分賜二十四城貧乏之軍校庚戌太陰犯塡星壬子禁來朝官斂所屬俸丙辰給月兒魯禿禿軍炒米萬石金齒夷洞蠻來見賜衣遣之戊午罷福建銀場提舉司其歲額銀以有司領之中書省臣言樞密院御史臺例應奏舉官屬其餘諸司不宜奏請今皆請之非便詔自今已後專令中書擬奏以東作方殷罷諸不急營造惟帝師塔及張法師宮不罷壬戌地震太陰犯房丙寅國王和童隱所賜本部貧民鈔三百五十錠命臺臣遣人按問以愧之詔免醫工門徭增置蒙古學正以各道肅政廉訪司領之夏四月辛巳妖人蒙蟲僭擬及其黨十三人伏誅賜章河至苦鹽貧乏驛戶鈔一萬二千九百餘錠丙戌諸王也只里以兵五千人戍兀魯思界遣使來求馬帝不允庚寅太陰犯東咸封乳母楊氏爲趙國安翼夫人癸巳以同知烏撒烏蒙等處宣慰使司事牙那木假兵部尚書佩虎符使馬答兒的陰戊戌給扈從探馬赤軍市馬鈔十二萬錠庚子立掌謁司掌皇太后寶秩四品以宦者爲之賜貴赤親軍貧乏戶鈔四萬一千五百餘錠癸卯以諸王出伯所統探馬赤紅襖軍各千人隸西平王奥魯赤設各路陰陽教授仍禁陰陽人不得游於諸王駙馬之門以貴赤萬戶忽禿不花等所部爲敵所掠賜鈔有差是月眞定路之平山靈壽等縣有蟲食桑閏四月丙午爲皇太后建佛寺于五臺山以前工部尚書涅只爲將作院使領工部事燕南河北道肅政廉訪使宋德柔爲工部尚書董其役以大都保定眞定平陽太原大同河間大名順德廣平十路應其所需癸丑歲星犯房甲寅太陰犯平道立梭籠招討使司以答而忽帶爲使佩虎符乙卯太陰犯亢丁巳太陰掩房己未罷打捕鷹房總管府及司籍周用薄斂等庫及徽州路銀場各處鹽使司鹽場改設司令司丞仍免大都今歲田租弛甘州酒禁庚申河南行省虧兩淮歲辦鹽十萬引鈔五千錠遣扎剌而帶等往鞫實命隨其罪之輕重治之陝西行省增美鹽鈔一萬二千五百餘錠山東都轉運使司別思葛等增美鹽鈔四千餘錠各賜衣以旌其能南人洪幼學上封事妄言五運笞而遣之壬戌塔卽古阿散以不法伏誅詔禁行省行泉府司抽分市舶船貨而固匿其珍細者戊辰遣愛牙赤齎寶高麗國儲糧平陽民訴諸王小薛曲列失伯部曲恣橫遣官鞫之賜安南國王陳益稷鈔千錠是月蘭州上下三百餘里河淸三日五月戊寅以魯國大長公主建佛寺于應昌給鈔千錠金五十兩命麥朮丁何榮祖等釐正選法己卯寬忙兀部別闊于江西俾從月底迷失討賊庚辰詔各省止存儒學提舉司一餘悉罷之陞江南平陽等縣爲州以戶爲差戶至四萬五萬者爲下州五萬至十萬者爲中州下州官五員中州六員凡爲中州者二十八下州者十五又以戶不及額降連州路爲連州增重挑補鈔人罪告捕者仍優其賞令犯人給之辛巳罷行大司農司加平章政事麥朮丁爲平章軍國重事中書左丞議中書省事何榮祖爲昭文館大學士與中書省事甲申詔自元貞元年五月以前逋欠錢糧者皆罷徵丁亥太陰犯南斗甲午以諸王阿只吉部貧乏賜鈔二十萬錠江浙行省臣鐵木而不聽詔遣官責之丙申以伯顏之子買的爲僉書樞密院事太后言其父盡心王室欲令代其父官帝以其年尚小故有是命詔以農桑水利諭中外鞏昌府金州西和州會州雨雹無麥禾饒州鎭江常州湖州平江建康太平常德澧州皆水六月戊申濟南路之歷城縣大淸河水溢壞民居壬子高麗王王昛乞爲太師中書令不允以近邊役煩及水災免咸平府民八百戶今年賦稅詔遼陽省進海東青鶻二十四驛每驛給牛六頭使者食米五石鷹食羊五口叉狗遞十二驛每戶給鈔十錠甲寅翰林承旨董文用等進世祖實錄乙卯江西行省所轄郡大水無禾民乏食令有司與廉訪司官賑之仍弛江河湖泊之禁聽民採取陞沅州爲路以靖州隸之遣使與各省官就遷調邊遠六品以下官併左右兩江宣慰司都元帥府宣撫司爲廣西兩江道宣慰司都元帥府以靖江爲治所仍分司邕州勅凡上封事者命中書省發緘視之然後以聞詔河西僧納租稅癸亥立蒙古軍都元帥府于西川徑隸樞密院以阿剌鐵木而岳樂罕並爲都元帥佩虎符河西隴北道廉訪司鞫張萬戶不法西平王奥魯赤沮撓其事帝命諭之甲子以安西王所部出征軍妻孥乏食給糧二千石昭賀藤邕澧全衡柳吉贛南安等處蠻寇竊發以軍民官備禦不嚴撫字不至皆責而降之駙馬濟寧王蠻子台私殺罪人御史臺臣言其專擅有旨諭蠻子台令知之庚午立西域親軍都指揮使司以逃而的斤爲都指揮使是月汴梁路蝗利州蓋州蝻泰安曹州濟寧路水鞏昌環州慶陽延安安西旱秋七月乙亥徙甘涼御匠五百餘戶于襄陽詔江南地稅輸鈔丁丑太陰犯亢罷追問已原逋欠普顏怯里迷失公主等俱以其部貧乏來告賜鈔計四十九萬餘錠御史臺臣言內地盜賊竊發者衆皆由國家赦宥所致乞命中書立爲條格督責所屬期至盡滅制曰可乙卯詔中飭中外有儒吏兼通者各路舉之廉訪司每道歲貢二人省臺委官立法考試中程者用之所貢不公罪其舉者職官坐贓論斷再犯者加二等倉庫官吏盜所守錢糧一貫以下笞之至十貫杖之二十貫加一等一百二十貫徒一年每三十貫加半年二百四十貫徒三年滿三百貫者死計贓以至元鈔爲則給江南行御史臺守護軍百人減海南屯田軍之半還其元翼詔增給諸軍藥餌價直壬午立肇州屯田萬戶府以遼陽行省左丞阿散領其事甲申歲星犯房給塞下貧民鈔二萬四千錠己丑賜劉國傑玉帶錦衣旌其戰功辛卯以禿禿合所部貧乏賜鈔十萬錠戊戌朱永福邊珍裕以妖言伏誅扎魯忽赤文移舊用國語敕改從漢字壬寅詔易江南諸路天慶觀爲玄妙觀毀所奉宋太祖神主大都遼東東平常德湖州武衞屯田大水隆興路雹太原平陽安豐河間等路旱八月乙酉太陰犯牛壬子太陰犯壘壁陣辛酉緬國進馴象三癸亥賑遼陽民被水者糧兩月己巳以駙馬那懷知樞密院事金復州屯田有蟲食禾汴梁安

西眞定等路旱平江安豐等路大水九月甲戌帝至自上都乙亥用帝師奏釋大辟三人杖以下四十七人戊寅以八撒而治私第給鹽萬引詔輸米十萬石于權塲故糜以備北塞以探馬赤軍士所至擾民令合伯鎮之犯者罪其主將乙卯罷四川淘金戶四千還其元籍罪初獻言者庚辰罷寧夏路行中書省以其事併入甘肅行省丁亥爪哇遣使來獻方物己丑給桓州甲匠糧千石壬辰湖州司獄郭玘訴浙西廉訪司僉事張孝思多取廩餼孝思繫玘于獄行臺令監察御史楊仁往鞫而江浙行省平章鐵木而逮孝思至省訊問又令其屬官與仁同鞫玘事仁不從行臺以聞詔省臺遣官鞫問旣引服皆杖之諸王小薛部衆擾民遣官按問杖其所犯重者餘聽小薛責之甲午太陰犯軒轅戊戌太陰犯平道宣德府大水軍民乏食給糧兩月武衞萬盈屯及延安路隕霜殺禾高郵府泗州賀州旱平江廬州等路大水冬十月癸卯有事于太廟中書省臣言去歲世祖皇后裕宗祔廟以綾代玉冊今玉冊玉寶成請納諸各室帝曰親享之禮祖宗未嘗行之其奉冊以來朕躬祝之命獻官迎導入廟給江浙河南巡邏私鹽南軍兵杖癸丑以西北叛王將入自土蕃命平章軍國重事答失蠻往征之仍敕便宜總帥發兵千人從行聽其節度甲寅中書省御史臺臣言江浙行省平章明里不花陳臺憲非便事臣等議乞自今監察御史廉訪司有所按覈州縣官與本路同鞫路官與宣慰司同鞫宣慰司官與行省同鞫制曰可詔諸王駙馬部民旣隸軍籍者毋奪回本部己未賜各衞士貧乏者鈔二萬九千三百餘錠辛酉辰星犯房壬戌辰星犯鍵閉癸亥賜諸王巴撒而火而忽答孫禿剌三部鈔四萬八千五百餘錠丁卯以博而赤答剌赤等貧乏賜鈔二萬九千餘錠戊辰太白晝見太陰犯房遣安南朝貢使陳利用等還其國降詔諭陳日燇十一月甲戌太白經天及犯壘壁陣辛巳置江浙行省檢校官二員立江浙金銀洞冶轉運使司乙酉太陰犯井丙戌毬陽曾長之兄脫杭捧于法而剌曾長之弟密剌八都阿魯曾長之弟脫杭忽先等各奉金表來覲丁亥太陰犯鬼戊子賜阿魯曾長虎符癸巳賜安西王甲冑槍楇弓矢櫜鞬等十五萬八千二百餘事戊戌陞贛州路之寧都會昌二縣爲州以石城縣隸寧都瑞金縣隸會昌詔江浙行省括隱漏官田及檢劾富强避役之戶十二月庚子朔遣集賢院使阿里渾撒里等祭星于司天臺癸卯以駙馬阿不花所部民貧賜鈔萬錠賜諸王押忽禿忽剌出阿失罕等金各二百五十兩鈔五百錠丙辰太陰犯軒轅荆南僧普昭等僞撰佛書有不道語伏誅己未詔大都路凡和顧和買及一切差役以諸色戶與民均當賜諸王不顏鐵木而阿八也不干金各五百兩銀五千兩鈔二千錠幣帛各二百疋其幼王減五分之一以各道廉訪司官八員員一印命收其三甲子太陰犯天江賜帝師雙龍紐玉印也速帶而之軍因李璮亂去山東其元駐之地爲人所墾歲久成業爭訟不已命別以境內荒田給之正軍五頃餘丁二頃已滿數者不給減海運脚價鈔一貫計每石六貫五百文著爲令徙縉山所居乞里乞思等民于山東以田與牛種給之丁卯禁諸王輒召有司官吏己巳詔免軍器匠門徭是歲斷大辟三十八

元史卷十九

明翰林學士亞中大夫知制誥兼修國史宋　濂等修

本紀第十九

成宗二

二年春正月丙子詔𨪼兩都站戶和顧和市己卯詔江南毋捕天鵝以忽剌出千戶所部屯夫貧乏免其所輸租上思州叛賊黃勝許攻剝水口思光寨湖廣行省調兵擊破之獲其黨黃法安等賊遁入上牙六羅壬午太陰犯輿鬼詔凡戶隸貴赤者諸人毋爭甲申命西平王奧魯赤今夏居上都丙戌太白晝見安西王傅鐵赤脫鐵木而等復請立王相府帝曰去歲阿難答已嘗面陳朕以世祖定制諭之今復奏請豈欲以四川京兆悉爲彼有耶賦稅軍站皆朝廷所司今姑從汝請置王相府惟行王傅事丁亥太陰犯平道己丑御史臺臣言漢人爲同寮者嘗爲姦人捃摭其罪由是不敢盡言請於近侍昔寶赤速古而赤中擇人用之帝曰安用此曹其選漢人識達事體者爲之以御史中丞禿赤爲御史大夫庚寅太陰犯鈎鈐辛卯令月赤察而也可及合剌赤所部衞士自運軍糧給其行費甲午授嗣漢三十八代天師張與材太素凝神廣道眞人管領江南諸路道教乙未詔諸王公主駙馬非奉旨毋罪官吏賜諸王合班妃鈔千二百錠雜幣帛千疋駙馬塔海鐵木而鈔三千錠回紇不剌罕獻獅豹藥物賜鈔千三百餘錠二月乙亥朔中書省臣言陛下自御極以來所賜諸王公主駙馬勳臣爲數不輕向之所儲散之殆盡今繼請者尚多臣等乞甄別貧匱及赴邊者賜之其餘宜悉止從之分江浙行省軍萬人戍湖廣給稱海屯田軍農具詔奉使及軍官殁而子弟未襲職者其所佩金銀符歸于官違者罪之辛丑立中御府以脫忽伯唐兀並爲中御卿丙午禁軍將擅易侍衞軍蒙古軍以家奴代役者罪之仍令其奴別入兵籍以其主資產之半畀之軍將敢有縱之者罷其職括蒙古戶漸丁以充行伍丁未太陰犯井庚戌詔軍卒擅更代及逃歸者死給禿禿合所部屯田農器丙辰詔江南道士貿易田者輸田商稅庚申命札剌而忽都虎所部戶居于奉聖雲州者與民均供徭役自六盤山至黃河立屯田置軍萬人丙寅以大都留守司達魯花赤段貞爲中書平章政事遣使代祀嶽瀆賜安西王米三千石以賑饑民三月壬申以中書平章政事不忽木爲昭文館大學士平章軍國事罷太原平陽路釀進蒲萄酒其蒲萄園民恃爲業者皆還之諸王出伯言所部探馬赤軍懦弱者三千餘人乞代以強壯從之仍命出伯非奉旨毋擅徵發以怯魯剌駐夏民饑戶給糧六月郡王慶童有疾以其子也里不花代之賜八撒火而忽答孫禿剌三人鈔各千錠治書侍御史萬僧受贓命御史臺與宣政院使答失蠻雜治之癸酉增駐夏軍爲四萬人忻都言晉王甘麻剌朶兒帶言月兒魯皆有異圖詔樞密院鞫之無驗帝命言晉王者死言月兒魯者謫從軍自效詔雲南行臺檢劾亦乞不薛宣慰司案牘甲戌遣諸王亦只里八不沙亦憐眞也里慳甕吉剌帶並駐夏于晉王怯魯剌之地丙子車駕幸上都丁丑以完顏邦義納速丁劉季安妄議朝政杖之徙二年籍其家財之半甲申次大口乙酉太陰犯鈎鈐辛卯賜遼陽行省糧三萬石壬辰詔駙馬亦都護括流散畏吾而戶癸巳湖廣行省以叛賊黃勝許黨魯萬丑王獻于京師賜諸王鐵木兒金二百五十兩銀二千五百兩鈔五千錠以旌其戰功以合伯及塔塔剌所部民饑賑米各千石夏四月己亥朔命撒的迷失招集其祖忙兀臺所部流散人戶賜諸王八卜沙鈔四萬錠也眞所部六萬錠平陽之絳州台州路之黃巖州饑杭州火並賑之五月戊辰朔免兩都徭役辛未安西王遣使來告貧乏帝語之曰世祖以分賚之難嘗有聖訓阿難答亦知之矣若言貧乏豈獨汝耶去歲賜鈔二十萬錠又給以糧今與則諸王以爲不均不與則汝言人多饑死其給糧萬石擇貧者賑之甲戌詔民間馬牛羊百取其一羊不滿百者亦取之惟色目人及數乃取丁丑太陰犯平道庚辰土蕃叛殺掠階州軍民遣脫脫會諸王鐵木而不花只列等合兵討之甲申命也眞薛闍罕駐夏于合亦而之地禁諸王公主駙馬招戶己丑詔諸徒役者限一年釋之毋杖庚寅罷四川馬湖進獨本葱詔諸王駙馬及有分地功臣戶居上都大都隆興者與民均納供需丁酉命諸行省非奉旨毋擅調軍安南國遣人招誘叛賊黃勝許也黑迭失進紫檀賜鈔四千錠是月野蠶成繭河中府之猗氏雹太原之平晉獻州之交河樂壽莫州之莫亭任丘及湖南醴陵州皆水濟寧之濟州蝗六月己亥給出伯軍馬七千二百餘匹詔晉王所部衣糧糧以歲給衣則三年賜之給瓜州沙州站戶牛種田具御史臺臣言官吏受賂初旣辭伏繼以審覈而有司徇情致令異辭者乞加等論罪從之乙巳太白犯天關以調兵妨農免廣西容州等處田租一年丙午叛賊黃勝許遁入交趾甲寅降官吏受贓條格凡十有三等丁巳太白犯填星癸亥太陰犯井丙寅詔行省行臺凡朱清有所陳列毋輒止之賜西平王奧魯赤銀二百五十兩鈔六千錠所部六萬錠諸王亦憐眞所部二十萬錠兀魯思駐冬軍三萬錠是月大都眞定保定太平常州鎭江紹興建康澧州岳州廬州汝寧龍陽州漢陽濟寧東平大名滑州德州蝗大同隆興順德太原雹海南民饑發粟賑之秋七月庚午肇州萬戶府立屯田給以農具種食辛未以鈔十一萬八千錠給西蕃諸驛甘肅兩州驛戶饑給糧有差賜諸王完澤印癸酉詔茶鹽轉運司印鈔提舉司運糧漕運司官仍舊以三年爲代雲南福建官吏滿任者給驛以歸壬午塡星犯井太白犯輿鬼括伯顏阿术阿里海牙等所據江南田及權豪匿隱者令輸租河泊官歲入五百錠者勅授增江西河南省參政一員以朱清張瑄爲之授特進上柱國高麗王世子王謜爲儀同三司領都僉議司事乙酉遣雲南省逃軍戍亦乞不薛命湖廣江西兩省擇駐夏軍牧地丙戌遣岳樂也奴等使馬八兒國己丑命行臺監察御史鉤校随省理問所案牘以虎賁三百人戍應昌諸提調錢正官其部凡有逋欠者勿遷敘廣西賊陳飛雷通藍青謝發寇昭梧藤容等州湖廣左丞八都馬辛擊平之辛巳

陽貴由赤戍軍鈔三萬九千餘錠是月平陽大名歸德眞定蝗彰德眞定曹州濵州水懷孟大名河間旱太原懷孟雹福建廣西兩江道饑賑粟有差八月丁酉朔禁舶商毋以金銀過海諸使海外國者不得爲商庚子太陰犯亢太白犯軒轅壬寅命江浙行省以船五十艘水工千三百人沿海巡禁私鹽癸卯太陰犯天江乙巳詔諸人告捕盜賊者强盜一名賞鈔五十貫竊盜半之應捕者又半之皆徵諸犯人無可徵者官給乙卯太陰犯天街太白犯上將給諸王亦憐眞軍糧三月是月德州彰德太原蝗咸寧縣金復州隆興路隕霜殺禾寧海州大雨大名路水九月戊辰太白犯左執法辛未聖誕節帝駐蹕安同泊受諸王百官賀壬申太陰掩南斗甲戌增鹽價鈔一引爲六十五貫鹽戶造鹽錢爲十貫獨廣西如故徵浙東福建湖廣夏稅罷民間鹽鐵爐竈給襄陽府合剌魯軍未賜田者糧兩月罷淮西諸巡禁打捕人員丁丑太陰犯壘壁陣戊寅元江賊捨資殺掠邊境梁王命怯薛丹等討降之甲申雲南省臣也先不花征乞藍拔瓦農開陽兩寨其黨答剌率諸蠻來降乞藍悉平以其地爲雲遠路軍民總管府己丑太陰犯軒轅辛卯諸王出伯言汪總帥等部軍貧乏帝以其久戍命留五千駐冬餘悉遣還至明年四月赴軍甲午令廣海左右兩江戍軍以二年三年更戍海都兀魯思不花部給出伯所部軍米萬石是月常德之沅江縣水免其田租河間之莫州獻州旱河決河南杞封丘祥符寧陵襄邑五縣冬十月丁酉有事于太廟壬寅發米十萬石賑糶京師以宣德奉聖懷來縉山等處牧宿衛馬甲辰修大都城壬子車駕至自上都職官坐贓經斷再犯者加本罪三等贛州賊劉六十攻掠吉州江西行省左丞董士選討平之是月廣備屯及寧海之文登水十一月丁卯以蠻洞將領彭安國父子討田知州有功賜安國金符子爲蠻夷官答馬剌一本王遣其子進象十六戊辰以廣西戍軍悉隸兩江宣慰司都元帥府己巳兀都帶等進所譯太宗憲宗世祖實錄帝曰忽都魯迷失非昭睿順聖太后所生何爲亦曰公主順聖太后崩時裕宗已還自軍中所計月日先後差錯又別馬里思丹砲手亦思馬因泉府司皆小事何足書耶辛未徙江浙行省拔都軍萬人戍潭州潭州以南軍移戍郴州以洪澤芍陂屯田軍萬人修大都城遣樞密院官整飭江南諸鎭戍軍凡將校勤怠者列實以聞增海運明年糧爲六十萬石丁丑太陰犯月星又犯天街庚辰太陰犯井丁亥太陰犯上相乙酉樞密院臣言江南近邊州縣宜擇險要之地合羣戍爲一屯卒有警急易於徵發詔行省圖地形覈軍實以聞戊子太陰犯平道增大都巡防漢軍壬辰太陰犯天江緬王遣其子僧伽巴叔撒邦巴來貢方物罷雲南栢興府入德昌路賜太常禮樂戶鈔五千餘錠是月象食屯水免其田租十二月戊戌立徹里軍民總管府雲南行省臣言大徹里地與八百媳婦犬牙相錯今大徹里胡念已降小徹里復占扼地利多相殺掠胡念遣其弟胡倫乞別置一司擇通習蠻夷情狀者爲之帥招其來附以爲進取之地詔復立蒙樣剛等甸軍民官癸卯定諸王朝會賜與太祖位金千兩銀七萬五千兩世祖位金各五百兩銀二萬五千兩餘各有差丁未太陰犯井詔諸行省徵補逃亡軍復司天臺觀星戶乙卯太陰犯進賢癸亥釋在京四百人增置侍御史二員賜金齒羅斛來朝人衣是月大都保定汴梁江陵沔陽淮安水金復州風損禾太原開元河南芍陂旱蠲其田租是歲斷大辟二十四人

大德元年春正月庚午增諸王要木忽而兀魯而不花歲賜各鈔千錠辛未諸王亦憐眞來朝薨于道賜幣帛五百疋乙亥給月兒魯匠者田八百畝乙酉以邊地乏芻給出伯征行馬粟四月丙戌以鈔十二萬錠鹽引三萬給甘肅行省昔寶赤等爲叛寇所掠仰食於官賜以農具牛種俾耕種自給己丑以藥木忽而等所部貧乏摘和林漢軍置屯田於五條河以歲入之租資之辛卯以張斯立爲中書省參知政事諸王阿只吉駐太原河東之民困於供億詔詰問之仍歲給鈔三萬錠糧萬石給晉王所部屯田農器千具建五福太乙神壇畤汴梁歸德水木鄰等九站饑以米六百餘石賑之給可溫種田戶耕牛二月甲午朔賜晉王甘麻剌鈔七萬錠安西王阿難答三萬錠丙申蒙陽甸酋長納款遣其弟阿不剌等來獻方物且請歲貢銀千兩及置驛傳詔即其地立通西軍民府秩正四品戊戌陞全州爲全寧府庚子詔東部諸王分地蒙古戍軍死者補之不勝役者易之癸卯徙揚州萬戶鄧新軍屯蘄黃以闍里台所隸新附高麗女直漢軍居瀋州甲申諸軍民相訟者命軍民官同聽之丁未省打捕鷹房府入東京路戊午羅羅斯酋長來朝己未改福建省爲福建平海等處行中書省徙治泉州平章政事高興言泉州與瑠求相近或招或取易得其情故徙之減福建提舉司歲織段三千疋其所織者加文繡增其歲輸衲服二百其車渠帶工別立提舉司掌之封的立普哇拿阿廸提牙爲緬國王且詔之曰我國家自祖宗肇造以來萬邦黎獻莫不畏威懷德嚮先朝臨御之日爾國使人禀命入覲詔允其請爾乃遽食前言是以我帥閫之臣加兵於彼比者爾遣子信合八的奉表來朝宜示含弘特加恩渥今封的立普哇拿阿廸提牙爲緬國王賜之銀印子信合八的爲緬國世子錫以虎符仍戒飭雲南等處邊將毋擅興兵甲爾國官民各宜安業又賜緬王弟撒邦巴一珠虎符酋領阿散三珠虎符從者金符及金幣遣之以新附軍三千屯田漳州庚申陞寧都會昌縣爲州並隸贛州路寧陽鎭爲縣隸濟寧路陳州巡檢司爲河曲縣隸保德州安豐路設錄事司以行徽政院副使王慶端爲中書右丞詔改元赦天下免上都大都隆興差稅三年給也只所部六千戶糧三月三月戊辰熒惑犯井己巳完澤等奏定銓調選法庚午以陝西行省平章也先鐵木而爲中書平章政事中書省左丞梁暗都剌爲中書省右丞癸酉太陰掩軒轅大星畋于柳林免武當山新附軍徭賦甲戌西番寇階州陝西行省平章脫列伯以兵進討其黨悉平留軍五百人戍之詔各省合併鎭守軍福建所置者合爲五十三所江浙所置者合爲二百二十七所丙子車駕幸上都丁丑封諸王鐵木而不花爲鎭西武靖王賜駝紐印以江西省左丞八都馬辛爲中書左丞庚辰札魯忽赤脫而速受賂爲其奴所告毒殺其奴坐棄市乙酉遣阿里以鈔八萬錠糴糧和林丁亥禁正月至七月捕獵大都八百里內亦如之庚寅立江淮等處財賦總管府及提舉司賜諸王岳木忽而及兀魯思不花金各百兩兀魯思不花母阿不察等金五百兩銀鈔有差賜稱海匠戶市農具鈔二萬二千九百餘錠及牙忽都所部貧戶萬錠別吉轄匠萬九百餘錠五臺山佛寺成皇太后將親往祈祝監察御史李元禮上封事止之歸德徐邳汴梁諸縣水免其田租道州旱遼陽饑並發粟賑之岳木忽而及兀魯思不花所部民饑以乳牛牡馬濟之夏四月癸巳朔日有食之丙申中書省御史臺臣言阿老瓦丁及崔彧條陳臺憲諸事臣等議乞依舊例御史臺不立選其用人則於常調官選之惟監察御史首領官令御史臺自選各道廉訪司必擇蒙古人爲使或闕則以色目世臣子孫爲之其次參以色目漢人又合剌赤阿速各舉監察御史非便亦宜止於常選擇人各省文案行臺差官檢覈宿衞近侍奉特旨令臺憲擢用者必須明奏然後任之行臺御史秩滿而有劾績者或遷內臺或呈中書省遷調廉訪司亦如之其不稱職者省臺擇人代之未歷有司者授以牧民之職經省臺同選者聽御史臺自調中書省或用臺察之人亦宜與御史臺同議各官府憲司官毋得輒入體察今擬除轉運鹽使司外其餘官府悉依舊例制曰可壬寅賜兀魯思不花圓符賜暹國羅斛來朝者衣服有差賜牙忽都部鈔萬錠給岳木忽而所部和林屯田種以米二千石賑應昌府五月丙寅河決汴梁發民三萬餘人塞之戊辰安南國遣使來朝追收諸位下爲商者制書驛券命回回人在內郡輸商稅給鈔千錠建臨洮佛寺詔强盜姦傷事主者首從悉誅不傷事主止誅爲首者從者刺配再犯亦誅給葛蠻安撫司驛券一辛未遂寧州軍戶任福妻一產三男給復三歲癸酉太白犯鬼積尸氣乙亥太陰犯房丁丑禁民間捕鶖鷹鶻庚寅平伐酋領內附乞隸於亦乞不薛從之各路平準行用庫舊制選部民富有力者爲副命自今以常調官爲之隸行省者從行省署用上思州叛賊黃勝許遣其子志寶來降漳河溢損民禾稼饒州鄱陽樂平及隆興路水亦乞列等二站饑賑米一百五十石六月甲午諸王也里干遣使乘驛祀五嶽四瀆命追其驛券仍切責之以湖廣行省參政崔良知廉貧特賜鹽課鈔千錠給和林軍需鈔十萬錠乙未太白晝見戊戌平伐九寨來降立長官司己酉令各部宿衞士輸上都隆興糧各萬五千石于北地甲寅罷亦奚不薛歲貢馬及氊衣丙辰監察御史斡羅失剌言中丞崔彧兒在先朝嘗有罪還其所籍家產非宜又買僧寺水磑違制帝以其妄言咎之詔僧道犯姦盜重罪者聽有司鞫問賜諸王也里干等從者鈔二萬錠朶思麻一十三站貧民五千餘錠是月平灤路蝗食桑歸德徐邳州蝗太原風雹河間大名路旱和州歷陽縣江漲漂沒廬舍萬八千五百餘家以糧四千餘石賑廣平路饑民萬五千石賑江西被水之家二百九十餘石賑鐵里干等四站饑戶秋七月庚午太陰犯房辛未賜諸王脫脫孛羅赤沙禿而鈔二千錠所部八萬四千餘錠撒都失里千錠所部二萬餘錠罷蒙古軍萬戶府入曲先塔林都元帥府癸未增晉王所部屯田戶甲申增中御府官一員賜馬八兒國塔喜二珠虎符詔出使招諭者授以招諭使副諸取藥物者授以會同館使副但降旨差遣不給制命丙戌以八兒思禿倉糧隸上都留守司招籍宋兩江鎭守軍丁亥免上都酒課三年賜諸王不顏鐵木而及其弟伯眞孛羅鈔四千錠所部

八萬四千八百餘錠仍給糧一年寧海州饑以米九千四百餘石賑之河決杞縣蒲口郴州路耒陽州衡州之酃縣大水山崩溺死三百餘人懷州武陟縣旱八月庚子詔合伯留軍五千屯守令李來統其餘衆以歸丁未命諸王阿只吉自今出獵悉自供具毋傷民力丁巳祆星出奎揚州淮安寧海州旱眞定順德河間旱疫池州南康寧國太平水九月辛酉朔祆星復犯奎壬戌八番順元等處初隸湖廣後改隸雲南雲南戍兵不至其屯駐舊軍逃亡者衆仍命湖廣行省遣軍代之甲子八百媳婦叛寇徹里遣也先不花將兵討之丙寅詔恤諸郡水旱疾疫之家罷括兩淮民田汰諸王來大都者及宿衛士冗員丁卯命平章伯顏專領給賜孤老衣糧壬午車駕還大都己丑增海漕爲六十五萬石罷南丹州安撫司立慶遠南丹溪洞等處軍民安撫司詔邊遠官已嘗優陞品級而託他事不起者奪其所陞官平珠六洞蠻及十部洞蠻皆來降命以蠻夷官授之給衛士牧馬外郡者糧令毋仰食於民以札魯忽赤所追贓物輸中書省衛輝路旱疫澧州常德饒州臨江等路溫之平陽瑞安二州大水鎭江之丹陽金壇旱並以糧給之冬十月甲午詔諸遷轉官注闕二年丁酉有事于太廟辛丑減上都商稅歲額爲三千錠溫州陳空崖等以妖言伏誅癸丑免陝西鹽戶差稅罷其所給米乙卯爪哇遣失剌班直木達奉表來降戊午太白經天增吏部尚書一員以朶甘思十九站貧乏賜馬牛羊有差廬州路無爲州江潮泛溢漂沒廬舍歷陽合肥梁縣及安豐之蒙城霍丘自春及秋不雨揚州淮安路饑韶州南雄建德溫州皆大水並賑之十一月壬戌禁權豪僧道及各位下擅據鑛炭山場罷順德彰德廣平等路五提舉司立都提舉司二陞正四品設官四員直隸中書戶部衞輝路提舉司隸廣平彰德都提舉司眞定鐵冶隸順德都提舉司罷保定紫荆關鐵冶提舉司還其戶八百爲民癸亥詔自今田獵始自九月高麗王王昛告老乞以爵與其子謜福建行省遣人覘瑠求國俘其傍近百人以歸戊辰增太廟牲用馬庚午籍唐兀軍入樞密院辛未曹州禹城進嘉禾一莖九穗丁丑詔以高麗王世子謜爲開府儀同三司征東行中書省左丞相駙馬上柱國高麗國王仍加授王昛爲推忠宣力定遠保節功臣開府儀同三司太尉駙馬上柱國逸壽王增烏撒烏蒙等處宣慰使一員以孛羅歡爲之賜諸王兀魯思不花金千兩銀萬五千兩鈔萬錠徙大同路軍儲所于紅城以河南行省經用不足命江浙行省運米二十萬石給之總帥汪惟和以所部軍屯田沙州瓜州給中統鈔二萬三千二百餘錠置種牛田具大都路總管沙的坐贓當罷帝以故臣子特減其罪俾仍舊職崔彧言不可復任帝曰卿等與中書省臣戒之若後復然則置爾死地矣戊子太白經天增晉王內史一員尚乘寺卿一員賜藥木忽而金一千二百五十兩銀一萬五千兩鈔一萬二千錠常德路大水常州路及宜興州旱並賑之十二月癸巳令也速帶而藥樂罕將兵出征丙申徙襄陽屯田合剌魯軍于南陽戶受田百五十畝給種牛田具戊戌中書省臣同河南平章孛羅歡等言世祖撫定江南沿江上下置戍兵三十一翼今無一二懼有不虞外郡戍卒封樁錢軍官遷延不以時取而以已錢貸之徵其倍息逃亡者各處鎭守官及萬戶府並遣人追捕皆非所宜又富戶規避差稅冒爲僧道且僧道作商賈有妻子與編氓無異請汰爲民宋時爲僧道者必先輸錢縣官始給度牒今不定制僥倖必多無爲礬課初歲入爲鈔止一百六錠續增至二千四百錠大率斂富民刻吏俸停竈戶工本以足之亦宜減其數帝曰礬課遣人覈實汰僧道之制卿等議擬以聞軍政與樞密院議之諸王也只里部忽剌帶於濟南商河縣侵擾居民蹂踐禾稼帝命詰之走歸其部帝曰彼宗戚也有是理耶其令也只里罪之禁諸王駙馬并權豪毋奪民田其獻田者有刑復立芍陂洪澤屯田壬寅朝洞蠻內附立長官司二命楊漢英領之甲辰太白經天又犯東咸丙午太陰犯軒轅丁未旌表烈婦漳州招討司知事闞文興妻王氏戊申增給雲南廉訪司驛　十二甲寅太陰犯心乙卯免上都至大都并宣徽等十三站戶和顧和買賜諸王忽剌出鈔千錠所部四萬四千五百餘錠諸王阿木速哥鐵木而所部二萬八千九百餘錠閏十二月壬戌太陰犯壘壁陣命也速帶而等出征詔諸軍戶賣田者由所隸官給文券甲子福建平章高興言漳州漳浦縣大梁山產水晶乞割民百戶采之帝曰不勞民則可勞民勿取壬申徙乃顏民戶于內地定燕禿忽思所隸戶差稅以三分之一輸官賜忽剌出所部鈔萬錠癸酉至丙子太白犯建星己卯賜不思塔伯千戶等鈔約九萬錠淮東饑遣參議中書省事于章發廩賑之弛湖泊之禁仍聽正月捕獵平伐等蠻未附播州宣撫使楊漢英請以己力討之命湖廣省答剌罕從宜收撫瓜州屯田軍萬人貧乏命減一千以張萬戶所領兵補之甲申增兩淮屯田軍爲二萬人賜諸王阿牙赤鈔千錠所部一萬一千餘錠藥樂罕等所部七萬錠晤都剌火者所部四萬餘錠般陽路饑疫給糧兩月是歲濟南及金復州水旱大都之檀州順州遼陽瀋陽廣寧水順德河間大名平陽旱河間之樂壽交河疫死六千五百餘人斷大辟百七十五人

二年春正月壬辰詔以水旱減郡縣田租十分之三傷甚者盡免之老病單弱者差稅並免三年禁諸王公主駙馬受諸人呈獻公私田地及擅招戶者丙申遣使閱諸省兵丁酉置汀州屯田辛丑御史臺臣言諸轉運司案牘例以歲終檢覈金穀事繁稽照難盡奸僞無從知之其未終者宜聽憲司於明年檢覈從之乙巳以糧十萬石賑北邊內附貧民己酉建康龍興臨江寧國太平廣德饒池等處水發臨江路糧三萬石以賑仍弛澤梁之禁聽民漁采遣所俘瑠求人歸諭其國使之效順併土蕃碉門安撫司運司改爲碉門魚通黎雅長沙西寧遠軍民宣撫司以翰林王惲閻復王構趙與票王之綱楊文郁王德淵集賢王顒宋渤盧摯耶律有尚李泰郝采麟皆耆德舊臣清貧守職特賜鈔二千一百餘錠給西平王奧魯赤部民糧三月晉王秣米五百石所部鈔十二萬錠戍和林高麗女直漢軍三萬錠二月戊午朔詔樞密院合併貧難軍戶辛酉歲星熒惑太白聚危熒惑犯歲星壬戌徙重慶宣慰司都元帥府於成都立軍民宣慰司都元帥府於福建乙丑立浙西都水庸田司專主水利以中書右丞徹政院副使張九思爲平章政事與中書省事丁卯改泉州爲泉寧府己巳敕子鄭州辛未太陰犯左執法併江西省元分置軍爲六十四所丙子太陰犯心帝諭中書省臣曰每歲天下金銀鈔幣所入幾何諸王駙馬賜與及一切營建所出幾何其會計以聞右丞相完澤言歲入之數金一萬九千兩銀六萬兩鈔三百六十萬錠然猶不足於用又於至元鈔本中借二十萬錠自今敢以節用爲請帝嘉納焉罷中外土木之役癸未詔諸王駙馬毋擅祀嶽鎭海瀆申禁諸路軍及豪右人等毋縱畜牧損農乙酉車駕幸上都罷建康金銀銅冶轉運司還淘金戶於元籍歲辦金悉責有司詔廉訪司作成人材以備選舉禁諸王從者假控鶴佩帶擾民詔諸郡凡民播種怠惰及有司勸課不至者命各道廉訪司治之減行省平章爲二員丙子以梁德珪爲中書平章政事楊炎龍爲中書右丞賜瓜忽而所部鈔三十萬錠近侍伯顏鐵木而等二萬錠也先鐵木而等市馬價三萬四千四百餘錠鎭南王脫歡六萬錠浙西嘉興江陰江東建康溧陽池州水旱並賑恤之湖廣省漢陽漢川水免其田租甘肅省沙州鼠傷禾稼大都檀州雨雹歸德等處蝗三月丁亥朔罷大名路故河堤堰歲入隆福宮租鈔七百五十錠申禁官吏受賂詣諸司首者不得輒受戊子詔僧人犯奸盜詐僞聽有司專決輕者與僧官約斷約不至者罪之庚寅命各萬戶出征者其印令副貳掌之不得付其子弟違法行事以兩淮閑田給蒙古軍壬子御史臺臣言道州路達魯花赤阿林不花總管周克敬虛申麥熟不賑饑民雖經赦宥宜降職一等從之壬子詔加封東鎭沂山爲元德東安王南鎭會稽山爲昭德順應王西鎭吳山爲成德永靖王北鎭醫巫閭山爲貞德廣寧王歲時與嶽瀆同祀著爲令式夏四月戊午遣征不剌壇軍還本部庚申以也速帶而擅調甘州戍軍遣伯顏等詰之賜大都守門合赤剌等鈔九萬錠織工四萬四千錠發慶元糧五萬石減其直以賑饑民江南山東江浙兩淮燕南屬縣百五十處蝗五月辛卯罷海南黎兵萬戶府及黎蠻屯田萬戶府以其事入瓊州路軍民安撫司罷蕁麻林酒稅羨餘壬辰以中書右丞何榮祖爲平章政事與中書省事湖廣左丞八都馬辛爲中書右丞淮西諸郡饑漕江西米二十萬石以備賑貸命中書省遣使監雲南四川海北海南廣西兩江廣東福建等處六品以下選戊戌太陰犯心壬寅平灤路旱發米五百石減其直賑之己酉諸王念不列妃扎忽眞詐增所部貧戶冒支鈔一萬六百餘錠遣扎魯忽赤同王府官追之衛輝順德旱大風損麥免其田租一年詔總帥汪惟正所轄二十四城有安西王諸王等并朶思麻來寓者與編戶均當賦役既羅國以方物來貢撫州之崇仁星隕爲石復致用院置和林宣慰司都元帥府以忽剌出耶律希周納鄰合剌並爲宣慰使都元帥佩虎符給兩都八剌合赤鈔各三萬錠六月庚申御史臺臣言江南宋時行兩稅法自阿里海牙改爲門攤增課錢至五萬錠今宣慰張國紀請復科夏稅與門攤併徵以圖陞進湖湘重罹其害帝命中書趣罷之禁權豪斡脫括大都漕河舟楫西臺侍御史脫歡以受賂不法罷禁諸王擅行令旨其越例開讀者併所遣使拘執以聞壬戌太陰犯角詔陝西諸色戶與民均當傜役申嚴陝西運司私鹽之禁置奉宸庫賜諸王岳木忽而金一千二百五十兩兀魯思不花併其母一千兩銀鈔有差山東河南燕南山北五十

處蝗山北遼東道大寧路金源縣蝗秋七月癸巳太陰犯心汴梁等處大雨河決壞隄防漂没歸德數縣禾稼廬舍免其田租一年遣尚書那懷御史劉賡等塞之自蒲口首事凡築九十六所壬寅詔諸王駙馬及諸近侍自今奏事不經中書輒傳旨付外者罪之高麗王王謜擅命妄殺詔遣中書右丞楊炎龍僉樞密院事洪君祥召其入侍以其父昛仍統國政賜諸王亦憐真等金銀鈔有差江西江浙水賑饑民二萬四千九百有奇八月壬戌太陰犯箕癸未給四川出征蒙古軍馬萬匹九月己丑聖誕節駐蹕阻嬀之地受諸王百官賀交趾爪哇金齒國各貢方物給和林更戍軍牛車丙申車駕還大都辛丑太陰犯五車南星命廣海左右江戍軍依舊制以二年或三年更代癸卯太陰犯五諸侯樞密副使塔剌忽帶犯贓罪命御史臺鞫之己酉太陰犯左執法庚戌吉贛立屯田減中外冗員冬十月甲寅朔增海漕米爲七十萬石壬戌太白犯牽牛置蒙古都萬戶府於鳳翔立平珠六洞蠻夷長官司二設土官四十四員戊寅太陰犯角距星命御史臺檢劾樞密院案牘賜諸王岳木忽而兀魯忽不花所部糧五萬石控鶴七百人賜鈔五百錠十一月庚寅安南貢方物丙申知樞密院那懷言常例文移乞令副樞以下署行從之罷雲南行御史臺置肅政廉訪司己亥太陰犯輿鬼辛丑辰星犯牽牛罷徐邳鐵冶所進息錢壬寅太陰犯右執法以中書右丞王慶端爲平章政事賜和林軍校幣六千疋衣帽等物有差十二月戊午太白經天己未塡星犯輿鬼乙丑太白犯歲星太陰犯熒惑括諸路馬除牝孕攜駒者齒三歲以上並拘之賜朶而朶海所部鈔八十五萬錠庚午鎭星入輿鬼太陰犯上將辛未增置各路推官專掌刑獄上路二員下路一員詔諸逃軍復業者免役三年江浙行省平章政事答剌罕陞左丞相甲戌彗出子孫星下己卯太陰犯南斗辛巳命廉訪司歲舉所部廉幹者各二人詔和市價直隨給其主違者罪之定諸稅錢三十取一歲額之上勿增揚州淮安兩路旱蝗以糧十萬石賑之給陣亡軍妻子衣糧免內郡賦稅諸王小薛所部三百餘戶散處鳳翔以潞州田二千八百頃賜之釋在京囚二百一十九人

元史卷十九考證

成宗欽明廣孝皇帝紀二年十二月戊戌立徽里軍民總管府○徽里本古產里寰宇記作車里

三月庚午中書省左丞梁暗都剌爲中書省右丞○暗都剌卽梁德珪也

元史卷二十

明翰林學士亞中大夫知制誥兼修國史宋　濂等修

本紀第二十

成宗三

三年春正月癸未朔遣番没剌由羅斛諸國各以方物來貢賜還番世子虎符丙戌太陰犯太白己丑中書省臣言天變屢見大臣宜依故事引咎避位帝曰此漢人所說耳豈可一一聽從耶卿但擇可者任之庚寅詔遣使問民疾苦除本年內郡包銀俸鈔免江南夏稅十分之三增給小吏俸米置各路惠民局擇良醫主之封藥木忽而爲定遠王賜金印命中書省自今后妃諸王所需非奉旨勿給各位擅置官府紊亂選法者戒飭之辛卯詔諸行省謹視各翼病軍浙西肅政廉訪使王遇犯贓罪託權幸覬免命御史臺鞫治之壬辰安置高麗陪臣趙仁規於安西崔冲紹於鞏昌並笞而遣之以正其附王謜擅命妄殺之罪復以王昛爲高麗王遣工部尚書也先鐵木而翰林待制賈汝舟齎詔往諭之追收別鐵木而脫脫合兒魯行軍印中書省臣言比年公帑所費動輒鉅萬歲入之數不支半歲自餘皆借及別支臣恐理財失宜鈔法亦壞帝嘉納之仍令諭月赤察而等自今一切賜與皆勿奏癸巳以江南軍數多闕官吏因而作弊詔禁飭之以答剌罕哈剌哈孫爲中書左丞相丁酉太陰犯西垣上將戊戌太陰犯右執法辛丑括諸路馬隸蒙古軍籍者免之乙巳太白經天二月癸丑朔車駕幸柳林丁巳完澤等奏銓定省部官以次引見帝皆允之仍諭六部官曰汝等事多稽誤朕昔未知其人爲誰今既閱視且知姓名其洗心滌慮各欽乃職復蹈前失罪不汝貸罷四川福建等處行中書省陝西行御史臺江東荊南淮西三道宣慰司置四川福建宣慰司都元帥府及陝西漢中道肅政廉訪司廣和林甘州城詔緡山縣民戶爲勢家所蔽者悉還縣定籍壬戌詔諭江浙河南北兩省軍民乙巳熒惑犯五諸侯壬申加解州鹽池神惠康王曰廣濟資寶王曰永澤泉州海神曰護國庇民明著天妃浙西鹽官州海神曰靈感弘祐公吳大夫伍員曰忠孝威惠顯聖王金齒國遣使來貢方物庚辰車駕幸上都三月癸巳緬國世子信合八的奉表來謝賜衣遣還命妙慈弘濟大師江浙釋教總統補陀僧一山齎詔使日本詔曰有司奏陳向者世祖皇帝嘗遣補陀禪僧如智及王積翁等兩奉璽書通好日本咸以中途有阻而還爰自朕臨御以來綏懷諸國薄海內外靡有遐遺日本之好宜復通問今如智已老補陀寧一山道行素高可令往諭附商舶以行庶可必達朕特從其請蓋欲成先帝遺意耳至於惇好息民之事王其審圖之甲午命何榮祖等更定律令詔軍官受贓罪重者罷職輕者降其散官或決罰就職停俸期年許令自効戊戌熒惑犯輿鬼陞御史臺殿中司秩五品乙巳行御史臺劾平章教化受財三萬餘錠教化復言平章的里不花領財賦時盜鈔三十萬錠及行臺中丞張閭受李元善鈔百錠敕俱勿問戊申減江南諸道行臺御史大夫一員賜和林軍鈔十萬錠夏四月辛亥朔駙馬蠻子台所部匱乏以糧十三萬石賑之己未太陰犯上將丙寅塡星犯輿鬼太陰犯心庚午申嚴江浙兩淮私鹽之禁巡捕官驗所獲遷賞辛未禁和林戍軍竄名他籍自通州至兩淮漕河置巡防捕盜司凡十九所己卯以禮部尚書月古不花爲中書左丞賜和林軍鈔五十萬錠帛四十萬匹糧二萬石仍命和林宣慰司市馬五千匹給之遼東開元咸平蒙古女直等人乏食以糧二萬五百石布三千九百匹賑之五月壬午罷江南諸路釋教總統所丙申太陰犯南斗海南速古臺速龍探奔奚里諸番以虎象及桫羅木舟來貢己亥太白犯畢庚子免山東也速帶而牧地歲輸粟之半禁阿而剌部毋於廣平牧馬庚子復征東行中書省以福建平海省平章政事闊里吉思爲平章政事是月鄂岳漢陽興國常澧潭衡辰沅寶慶常寧桂陽茶陵旱免其酒課夏稅江陵路旱蝗弛其湖泊之禁仍竝以糧賑之六月辛亥兀魯兀敦慶童擅殺所部軍之逃亡者命樞密院戒之癸丑罷大名路所獻黃河故道田輸租戊午申禁海商以人馬兵仗往諸蕃貿易者以福建州縣官類多色目南人命自今以漢人參用禁福建民冒稱權豪佃戶規免門役庚申太陰掩房丁卯熒惑犯右執法壬申歲星晝見賜和林戍軍鈔一百四十萬錠鷹師五十萬一千餘錠秋七月己卯朔太白犯井庚辰中書省臣言江南諸寺佃戶五十餘萬本皆編民自楊總攝冒入寺籍宜加釐正從之丙申揚州淮安屬縣蝗在地者爲鶖啄食飛者以翅擊死詔禁捕鶖丁未太陰犯輿鬼八月己酉朔日有食之丁巳太陰犯箕戊辰太白犯軒轅大星己巳太陰犯五車星賜定遠王藥木忽而所部鈔萬五千錠是月汴梁大都河間水隆興平灤大同宣德等路雨雹九月癸未聖誕節駐蹕古栅受諸王百官賀庚寅置河東山西鐵冶提舉司壬辰流星色赤尾長丈餘其光燭地起自河鼓没於牽牛之西有聲如雷癸巳罷括宋手號軍乙未太陰犯昴距星丁酉太白犯左執法己亥車駕還大都揚州淮安旱免其田租冬十月戊申朔有事于太廟壬子冊伯岳吾氏爲皇后甲寅復立海北海南道肅政廉訪司山東轉運使阿里沙等增課鈔四萬一千八百錠賜錦衣人一襲丙子太陰犯房賜禿忽魯不花等所部戶鈔三萬七千餘錠槖駞戶十萬二千餘錠以淮安江陵沔陽揚廬隨黃旱汴梁歸德水隴陝蝗並免其田租十一月庚辰置浙西平江湖渠閘堰凡七十八所禁和林釀酒乙酉太白犯房戊子釋囚二十人丁西浚太湖及澱山湖己亥賜隆福宮牧駞者鈔十萬二千錠諸王合帶部十萬錠雲南王也先鐵木而及所部三萬八千錠和林戍軍一百四十萬餘錠幣帛二萬九千匹杭州火江陵路蝗並發粟賑之十二月己酉徙鎭巢萬戶府戍沅靖毗陽萬戶府戍辰州均州萬戶府戍常德澧州賜諸王岳忽難銀印丙寅詔各省戍軍輪次放還二年供役陞宣徽院爲從一品癸酉詔中書省貨財出納自今無券記者勿與以守司徒集賢院使領太史院事阿魯渾撒里爲平章政事賜諸王六十脫脫等鈔一萬二千餘錠四怯薛衞士五萬二千餘錠千戶撒而兀魯所部四萬錠淮安揚州饑甘肅亦集乃路屯田旱並賑以糧

四年春正月丙申申嚴京師惡少不法之禁犯者黥刺杖七十拘役辛丑詔蒙古都元帥也速答而非奉旨勿擅決重刑命和林戍軍借幹脫錢者止償其本癸卯復淮東漕渠賜諸王塔失鐵木而金印賜翰林承旨僧家鈔五百錠以養其母賜諸王木忽難所部一萬二千餘錠八魯剌思等部六萬錠二月丁未朔日有食之乙卯遣使祀東嶽丙辰皇太后崩明日祔葬先陵戊午太陰犯軒轅壬戌帝諭何榮祖曰律令良法也宜早定之榮

祖對曰臣所擇者三百八十條一條有該三四事者帝曰古今異宜不必相沿但取宜於今者甲戌發粟十萬石賑湖北饑民仍弛山澤之禁罷稱海屯田改置於呵札之地以農具種實給之乙亥車駕幸上都置西京太和嶺屯田立烏撒烏蒙等郡縣併會理㵲川西州爲二置維摩州丙子命李庭訓練各衞軍士賜晉王所部鈔四萬錠三月乙未寧國太平兩路旱以糧二萬石賑之夏四月丙午朔詔雲南行省釐革積弊壬子高郵府寶應縣民孫奕妻朱一產三男蠲復三年丙辰置五條河屯田丁巳免今年上都隆興絲銀大都差稅地租賜諸王也滅干鎏金印緬國遣使進白象戊午參政張頤孫及其弟珪等伏誅于隆興市頤孫初爲新淦富人胡制機養子後制機自生子而死頤孫利其貲與珪謀殺之賂郡縣吏獲免其僕胡忠訴主之冤于官乃誅之其貲悉還胡氏以中書省斷事官不蘭奚爲平章政事賜皇姪海山所統諸王戍軍馬二萬二千九百餘匹五月癸未左丞相荅剌罕遣使來言橫費不節府庫漸虛詔自今諸位下事關錢穀者毋輒入聞帝諭集賢大學士阿魯渾撒里等曰集賢翰林乃養老之地自今諸老滿秩者陞之勿令輒去或有去者罪將及汝其諭中書知之增雲南至緬國十五驛驛給圓符四驛券十二甲午太陰犯壘壁陣辛丑太白犯輿鬼太陰犯昴復延慶司賜諸王也只里部鈔二萬錠八憐脫列思所隸戶六萬五千餘錠是月同州平灤隆興雹揚州南陽順德東昌歸德濟寧徐濠芍陂旱蝗眞定保定大都通薊二州水六月己酉詔立緬國王子窟麻剌哥撒八爲緬國王賜以銀印及金銀器皿衣服等物丙辰以太傅月赤察而爲太師完澤爲太傅皆賜之印丁巳太白犯塡星御史中丞不忽木卒貧無以葬賜鈔五百錠甲子置躭羅總管府詔各省自今非奉命毋擅役軍以和林都元帥府兼行宣慰司事吊吉而爪哇暹國藍八等國二十二人來朝賜衣遣之秋七月甲戌朔右丞相完澤請上徽仁裕聖皇后諡寶冊乙酉緬國阿散哥也弟者蘇等九十一人各奉方物來朝詔命餘人留安慶遣者蘇來上都辛卯熒惑犯井加乳母冀國夫人韓氏爲燕冀國順育夫人石抹氏爲冀國夫人杭州路貧民乏食以糧萬石減其直糶之八月癸卯朔更定蔭敘格正一品子爲正五從五品子爲從九中間正從以是爲差蒙古色目人特優一級置廣東鹽課提舉司癸丑太陰犯井庚申緬國阿散吉牙等昆弟赴闕自言殺主之罪罷征緬兵甲子辰星犯靈臺上星大名之白馬縣旱閏八月庚辰熒惑犯輿鬼庚子車駕還大都以中書右丞賀仁傑爲平章政事賜晉王所部糧七萬石九月戊午太白犯斗壬戌太陰犯輿鬼曹州探馬赤軍與民訟地百二十頃詔別以鄰近官田如數給之廣東英德州達魯花赤脫歡察而招降羣盜二千餘戶陞英德州爲路立三縣以脫歡察而爲達魯花赤兼萬戶以鎭之甲子太白犯斗改中御府爲中政院賜諸王出伯所部鈔萬五千四百餘錠建康常州江陵饑民八十四萬九千六十餘人給糧二十二萬九千三百九十餘石冬十月癸酉朔有事于太廟十一月壬寅朔詔頒寬令免上都大都隆興大德五年絲銀稅糧附近秣養馬駝之郡免稅糧十分之三其餘免十分之一徒罪各減一半杖罪以下釋之江北荒田許人耕種者元擬第三年收稅今並展限一年著爲定例併遼陽省所轄狗站牛站爲一仍給鈔以賙其乏命省臺差官同昔寶赤鞫和林運糧稽遲未至者眞定路平棘縣旱十二月癸酉御史臺臣言所糾官吏與有司同審所以事沮難行乞依舊制中書凡有改作輒令監察御史同往非宜自今非奉旨勿遣皆從之庚寅熒惑犯軒轅癸巳太陰犯房距星晉州達魯花赤捏古伯紿稱母喪歸迎其妻事聞詔以其數傷彝倫罷職不敘遣劉深合剌帶鄭祐將兵二萬人征八百媳婦仍敕雲南省每軍十人給馬五匹不足則補之以牛賜諸王忻都部鈔五萬錠兀魯思不花等四部二十一萬九千餘錠西都守城軍二萬八千餘錠賑建康平江浙東等處饑民糧二十二萬九千三百餘石

五年春正月己酉太陰犯五車庚戌給征八百媳婦軍鈔總計九萬二千餘錠壬子太陰犯輿鬼積尸氣奉安昭睿順聖皇后御容于護國仁王寺罷檀景兩州採金鐵冶提舉司以其事入都提舉司御史臺臣言官吏犯贓及盜官錢事覺避罪逃匿者宜同獄成雖經原免亦加降黜庶奸僞可革從之丙寅以兩淮鹽法澀滯命轉運司官兩員分司上江以整治之仍頒印及驛券辛酉太陰犯心二月己卯太陰犯輿鬼以劉深合剌帶並爲中書右丞鄭祐爲參知政事皆佩虎符分雲南諸路行中書省事仍置理問官二員郎中員外郎都事各一員給圓符四驛券二十罷福建織繡提舉司增河間轉運司鹽爲二十八萬引罷其所屬清滄深三鹽司丁亥立征八百媳婦萬戶府二設萬戶四員發四川雲南四徒從軍乙未詔廉訪司官非親喪遷葬及以病給告者不得離職或以地遠職卑受任不赴者臺憲勿復用丙申給脫脫等部馬萬匹丁酉車駕幸上都詔飭雲南行中書省減內外諸司官千五百一十四員增江浙戍兵戊戌賜昭應宮興教寺地各百頃興教仍賜鈔萬五千錠上都乾元寺地九十頃鈔皆如興教之數萬安寺地六百頃鈔萬錠南寺地百二十頃鈔如萬安之數己亥凡軍士殺人姦盜者令軍民官同鞫永寧路總管雄挫來朝獻馬三十餘匹賜幣帛有差三月甲辰收故軍官金銀符戊申太陰犯御女己酉罷陝西路拘榷課稅所壬子賜諸王也孫等鈔一萬八千五百錠戊午馬來忽等海島遣使來朝賜金素幣有差給和林貧乏軍鈔二十萬錠諸王藥忽木而所部萬五千九百餘錠丁卯熒惑犯塡星己巳熒惑塡星相合詔戒飭中外官吏命遼陽行省平章沙藍將萬人駐夏山後人備馬二匹官給其直夏四月壬申太陰犯東井癸酉遣禿剌鐵木而等犒和林軍壬午以晉王甘麻剌所部貧乏賜鈔四十萬錠調雲南軍征八百媳婦癸巳禁和林釀酒其諸王駙馬許自釀飲不得沽賣是月大都彰德廣平眞定順德大名濮州蟲食桑五月商州隕霜殺麥河南妖賊醜斯等伏誅己酉給月裏可里軍駐夏山後者市馬鈔八萬八千七百餘錠辛亥遣怯列亦帶脫脫帥師征四川癸丑太陰犯南斗乙卯熒惑犯右執法丙辰曲靖等路宣慰使兼管軍萬戶忽林失來朝壬戌雲南土官宋隆濟叛時劉深將兵由順元入雲南雲南右丞月忽難調民供餽隆濟因紿其衆曰官軍徵發汝等將盡翦髮黥面爲兵身死行陣妻子爲虜衆惑其言遂叛丙寅詔雲南行省自願征八百媳婦者二千人人給貝子六十索丁卯太白犯井六月乙亥平江等十有四路大水以糧二十萬石隨各處時直賑糶開中慶路昆陽州海口甲申歲星犯司怪丙戌宋隆濟率猫狫紫江諸蠻四千人攻楊黃寨殺掠甚衆己酉緬王遣使獻馴象九壬辰宋隆濟攻貴州知州張懷德戰死梁王遣雲南行省平章幢兀兒參政不蘭奚將兵禦之殺賊曾撒月斬首五百級癸巳太白犯輿鬼歲星犯井甲午太白犯輿鬼賜諸王念不烈妃札忽而眞所部鈔二十萬錠是月汴梁南陽衛輝大名濮州旱大都路水順德懷孟蝗秋七月戊戌朔晝晦暴風起東北雨雹兼發江湖泛溢東起通泰崇明西盡眞州民被災死者不可勝計以米八萬七千餘石賑之己亥增階沙二州戍軍庚子籍安西王所侵占田站等四百餘戶爲民賜寧遠王闊闊出所部鈔二萬三千餘錠乙巳遼陽省大寧路水以糧千石賑之丙午歲星犯井丁未命御史大夫禿忽赤整飭臺事詔軍官受贓者與民官同例量罪大小殿黜命監察御史審覆札魯忽赤罪囚檢照蒙古翰林院案牘戊申立躭羅軍民萬戶府諸王也滅干薨以其子八八剌嗣己酉詔諸司嚴禁盜賊辛亥太陰犯壘壁陣賜諸王出伯等部鈔六萬錠又給市馬直三十八萬四千錠癸丑詔禁畏吾兒僧陰陽巫覡道人咒師自今有大祠禱必請而行違者罪之浙西積雨泛溢大傷民田詔役民夫二千人疏導河道俾復其故命雲南省分蒙古射士征八百媳婦庚申辰星犯太白癸亥合丹之孫脫歡自北境來歸其父母妻子皆遭殺虜賜鈔一千四百錠給諸王妃札忽而眞及諸王出伯軍鈔四十萬錠中書省臣言舊制京師州縣捕盜止從兵馬司有司不與遂致淹滯自今輕罪乞令有司決遣重者從宗正府聽斷庶不留獄且民不冤從之以暗伯阿忽台並知樞密院事禁富豪之家役軍詔封贈非中書省無輒奏請稱海至北境十二站大雪馬牛多死賜鈔一萬一千餘錠命御史臺檢照宣政院并僧司案牘陞太醫院爲二品以平章政事大都護提點太醫事脫因納爲太醫院使賜上都諸匠等鈔二十一萬七千四百錠大都保定河間濟寧大名水廣平眞定蝗八月戊辰給軍人羊馬價及定遠王所部鈔十四萬三千錠己巳平灤路霖雨灤漆淝汝河溢民死者衆免其今年田租仍賑粟三萬石庚午禿剌鐵木而等自和林犒軍還言和林屯田宜令軍官廣其墾闢量給農具倉官宜任選人可革侵盜之弊從之甲戌遣薛超兀而等將兵征金齒諸國時征緬師還爲金齒所遮士多戰死又接連八百媳婦諸蠻相效不輸稅賦賊殺官吏故皆征之庚辰詔遣官分道賑恤凡獄囚禁繫累年疑不能決者令廉訪司具其疑狀申呈省臺詳讞仍爲定例各路被災重者免其差稅一年貧乏之家計口賑恤尤甚者優給之小吏犯贓者並罷不敘征緬萬戶曳剌福山等進馴象六壬辰太陰犯軒轅御女乙未塡星犯太微上將順德路水免其田租九月癸丑放稱海守倉庫軍還令以次更代丙辰江陵常德澧州皆旱並免其門攤酒醋課乙酉自八月庚辰彗出井歷紫微垣至天市垣凡四十六日而滅冬十月丙辰朔以畿內歲饑增明年海運糧爲百二十萬石己巳緬王遣使入貢戊寅雲南武定路土官羣則獻方物癸未太陰犯東井壬午車駕還大都丙戌以歲饑禁釀酒弛山澤之禁聽民

捕獲湖廣行省臣言海南海北道宣慰司都元帥府不與軍務遇有盜竊惟行文移比迴已不及事今乞以其長二人領軍務又鎭守官慢功當罰者已有定例獲功當賞者乞或加散官或授金銀符皆從之撥南陽府屯田地給新籍畏吾而戶俾耕以自贍仍給糧三月丁亥詔軍官既受命而不時赴者病故不行者被差事畢不即還者准民官例違限六月選人代之被代者期年始敘改鄂州路爲武昌路遣使就調雲南四川福建廣東廣西官諭百司凡事關中書省者毋得輒奏權豪勢要之家佃戶貸糧者聽於來歲秋成還之癸巳分礪門黎雅軍戍蠻夷命陝西屯田萬戶也不干等將之辛卯夜有流星大如杯光燭地自北起近東分爲二一星没於危宿十一月己亥歲星犯東井詔諭中書近因禁酒聞年老需酒之人有預市而儲之者其無釀具者勿問罷湖南轉運司弘州種田提舉司以其事入有司降容象橫賓路爲州平灤金丹提舉司爲管勾陞昭州爲平樂府省泌縣入唐州丁未遣劉國傑及也先忽都魯將兵萬人入剌及阿塔赤將兵五千人征宋隆濟減直糶米賑京師貧民設肆三十六所其老幼單弱不能自存者廩給五月選六御歷從漢軍習武事仍禁萬戶以下毋令私代犯者斷罪有差戊申太陰犯昴徭人藍賴率丹陽三十六洞來降以賴等爲融州懷遠縣簿尉立長信寺秩三品十二月甲戌歲星犯司怪給安西王所部軍士食令各還其家候春調遣辛卯太陰犯南斗征東行省平章闊里吉思以不能和輯高麗罷定强竊盜條格凡盜人孳畜者取一償九然後杖之是歲汴梁歸德南陽鄧州唐州陳州和州襄陽汝寧高郵揚州常州蝗峽州隨州安陸荆門泰州光州揚州滁州高郵安豐霖汴梁之封丘武陽蘭陽中牟延津河南澠池蘄州之蘄春廣濟蘄水旱大名宣德奉聖歸德寧海濟寧般陽登州萊州益都濰州博興東平濟南濱州保定河間眞定大寧水是歲斷大辟六十一人

六年春正月癸卯詔千戶百戶等自軍逃歸先事而逃者罪死敗而後逃者杖而罷之沒入其男女乙巳中書省臣言廣東宣慰副使脫歡察而收捕盜賊屢有勞績近廉訪司劾其私置兵杖擅殺土寇等事遣官鞫問實無私罪乞加獎諭命賜衣二襲晉王甘麻剌薨命封其王印及內史府印丙午京畿二十一站闕食命賜鈔萬二千七百餘錠陝西旱禁民釀酒以雲南站戶貧乏增馬及鈔以優恤之中書省臣以朱淸張瑄屢致人言乞罷其職從其諸子官江南者于京丁未命江浙平章阿里專領其省財賦戊戌詔官吏犯罪已經赦宥者仍從覈問海道漕運船令探馬赤軍與江南水手相參教習以防海寇江南僧石祖進告朱淸張瑄不法十事命御史臺詰問之帝語臺臣曰朕聞江南富戶侵占民田以致貧者流離轉徙卿等嘗聞之否臺臣言曰富民多乞護持璽書依倚以欺貧民官府不能詰治宜悉追收爲便命即行之毋越三日詔自今僧官僧人犯罪御史臺與內外宣政院同鞫宣政院官徇情不公者聽御史臺治之增諸王塔赤鐵木而歲賜銀二百五十兩雜幣百匹乙卯築渾河堤長八十里仍禁豪家毋侵舊河令屯田軍及民耕種增劉國傑等軍仍令屯戍險隘俟秋進師命札忽而帶阿里等整治江南影占稅民地土者中書省臣言御史臺廉訪司體察體覆前後不同初立臺時止從體察後立按察司事無大小一皆體覆由是憲司之事積不能行請自今除水旱災傷體覆餘依舊例體察爲宜從之以大都平灤等路去年被水其軍應赴上都駐夏者免其調遣一年詔軍官除邊遠出征其餘遇祖父母父母喪依民官例立限奔赴禁畜養鷹犬馬駝等人擾民乙未以諸王眞童誣告濟南王請置劉國傑軍中自效壬戌鎭星犯太微垣上將二月庚午太陰犯昴謫諸王孛羅於四川八剌軍中自效癸酉增諸王出伯軍三千人人備馬二匹官給其直丙戌遣陝西省平章也速帶而參政汪惟勤將川陝軍湖廣平章劉國傑將湖廣軍征亦乞不薛一切軍務並聽也速帶而劉國傑節制罷征八百媳婦右丞劉深等官收其符印驛券以京師民乏食命省臺委官計口驗實以鈔十一萬七千一百餘錠賑之癸巳帝有疾釋京師重囚三十八人三月丁酉以旱溢爲災詔赦天下大都平灤被災尤甚免其差稅三年其餘災傷之地已經賑恤者免一年今年內郡包銀俸鈔江淮已南夏稅諸路鄉村人戶散辦門攤課程並蠲免之壬寅太陰犯輿鬼命僧設水陸大會七晝夜癸卯歲星犯井甲寅太陰犯鉤鈐合祭昊天上帝皇地祇于南郊遣中書左丞相答剌罕哈剌哈孫攝事夏四月乙丑朔太白犯東井丁卯詔曲赦雲南諸部蠻夷發通州倉粟三百石賑貧民釋輕重囚三十八人人給鈔五錠乙亥濬永淸縣南河戊寅太陰犯心庚辰上都大水民飢減價糶糧萬石賑之戊子修盧溝上流石徑山河隄[illegible]駕幸上都庚寅太白犯輿鬼眞定大名河間等路蝗五月乙巳給貧乏漢軍地及五丁者一頃四丁者二頃三丁者三頃其孤寡者存恤六年逃散者招諭復業戊申太廟寢殿災癸丑謫和林潰軍征雲南其戰傷而歸及嘗奉晉王令旨諸王藥忽木而免者不遣丁巳福州路饑賑以糧一萬四千七百石濟南路大水揚州淮安路蝗歸德徐州邳州水六月癸亥朔日有食之太史院失於推筭詔中書議罪以聞塡星犯太微西垣上將甲子建文宣王廟於京師辛未享于太廟乙亥太陰犯斗安南國以馴象二及朱砂來獻甲申賜諸王合答孫脫歡脫列鐵木而伯牙倫完者所部鈔四萬五千八百餘錠潮州嘉興杭州廣德饒州太平婺州慶元紹興寧國等路饑賑糧二十五萬一千餘石大同路寧海州亦饑以糧一萬六千石賑之廣平路大水秋七月癸巳朔熒惑犯塡星辰星聚井庚子太陰犯心己酉亦乞不薛土官三人棄家來歸賜金銀符衣服戊午太陰犯熒惑辛酉賜諸王八八剌脫脫灰也只里也滅干等鈔四萬三千九百餘錠以江浙行省參知政事忽都不丁爲中書右丞建康民饑以米二萬石賑之大都諸縣及鎭江安豐濠州蝗順德水八月甲子詔御史臺凡有司婚姻土田文案遇赦依例檢覆乙丑熒惑犯歲星己巳熒惑犯輿鬼辛巳太陰犯昴壬午太白犯軒轅九月乙未遣阿牙赤撒罕禿會計稱海屯田歲入之數仍自今令宣慰司官與阿剌台共掌之甲午賜諸王兀魯思不花所部鈔六萬錠丙午熒惑犯軒轅丁未中書省臣言羅里等擾民宜依例決遣置屯田所從之賜諸王八撒而等鈔八萬六千三百餘錠己酉龍興民譌言括童男女至有殺其子者命誅其爲首者三人癸丑太陰犯輿鬼丁巳太白犯右執法賜諸王捏苦迭而等鈔五千八百四十錠冬十月甲子改浙東宣慰司爲宣慰司都元帥府徙治慶元鎭遏海道置大同路黄花嶺屯田罷軍儲所立屯儲軍民總管萬戶府設官六員仍以軍儲所宣慰使法忽魯丁掌之南人林都鄰告浙西廉訪使張珪收藏禁書及推筭帝五行江浙運使合只亦言珪沮撓鹽法命省臺官同鞫之丙子車駕還大都壬午熒惑犯太微西垣上將濟南濱棣泰安高唐州霖雨米價騰湧民多流移發粟賑之併給鈔三萬錠十一月辛卯塡星犯左執法甲午劉國傑禆將宋光率兵大敗蛇節賜衣二襲仍授以金符乙未辰星犯房癸卯太陰犯昴己酉太陰犯軒轅庚戌禁和林軍釀酒惟安西王阿難答諸王忽剌出脫脫不沙也只里駙馬蠻子台弘吉列帶燕里干許釀辛亥以同知樞密院事合答知樞密院事詔江南寺觀凡續置民田及民以施入爲名者並輸租充役戊午籍河西寧夏善射軍隸親王阿木哥甘州軍隸諸王出伯己未詔諸驛使輒枉道者罪之十二月庚申朔熒惑犯塡星辛酉御史臺臣曰言自大德元年以來數有星變及風水之災民間乏食陛下敬天愛民之心無所不盡理宜轉災爲福而今春霜殺麥秋雨傷稼五月太廟災尤古今重事臣等恐之得非荷陛下重任者不能奉行聖意以致如此若不更新後難爲力乞令中書省與老臣識達治體者共圖之復請禁諸路釀酒減免差稅賑濟飢民帝皆嘉納命中書即議行之雲南地震戊辰又震甲子衡州袁舜一等誘集二千餘人侵掠郴州湖南宣慰司發兵討之獲舜一及其餘黨命誅其首謀者三人餘者配洪澤芍陂屯田其脅從者招諭復業乙丑歲星犯輿鬼乙亥太陰犯輿鬼丙子劉國傑也先忽都魯來獻蛇節羅鬼等捷庚辰熒惑犯太微東垣上相命中書省更定略賣良人罪例癸未太陰犯房保定等路饑以鈔萬錠賑之是歲斷大辟三人

元史卷二十一

明翰林學士亞中大夫知制誥兼修國史宋　濂等修

本紀第二十一

成宗四

七年春正月戊戌太陰犯昴甲辰太陰犯軒轅丙午定諸改補鈔罪例爲首者杖一百有七從者減二等再犯從者杖與首同爲首者流己酉以歲不登禁河北甘肅陝西等郡釀酒益都諸處牧馬之地爲民所墾者畝輸租一斗太重減爲四升弛饑荒所在山澤河泊之禁一年賑邢海貧乏戶米八千石壬子罷歸德府括田乙卯詔凡爲匿名書辭語重者誅之輕者流配首告人賞鈔有差皆籍沒其妻子充賞命御史臺宗正府委官遣發朱淸張瑄妻子來京師仍封籍其家貲拘收其軍器海船等丁巳命樞密院選軍士習農業者十人教軍前屯田賜也梯忽而的合金五十兩銀千兩鈔千錠幣帛百匹二月壬戌詔中書省汰諸有司冗員仍令諭樞密院除出征將帥外掌署院事者定其員數以聞辛未以平章政事行上都留守木八剌沙陝西行省平章阿老瓦丁並爲中書平章政事江南行臺御史中丞尚文爲中書左丞江浙行省參知政事董士珍爲中書參知政事

壬申詔樞密院宗正府等自今每事與中書共議然後奏聞諸司不得擅奏遷調官員雖經特旨用之而於例未允者亦聽覆奏甲戌減杭州稅課提舉司冗員丙子詔和林軍以六年更戍仍給鈔以周其乏命西京也速迭而軍及大都所起軍皆以四月至上都五月赴北丁丑命諸王出伯非急務者勿遣乘驛詔中書省設官自左右丞相以下平章二員左右丞各一員參知政事二員定爲八府戊寅太陰犯心己卯盡除內郡饑荒所在差稅仍令河南省賑恤流民給北師鈔三十八萬錠以安南陳益稷久居鄂州賜鈔千錠以侍御史朵台爲中書參知政事御史臺臣言江浙行省平章阿里左丞高翥安祐僉省張祐等詭名買鹽萬五千引增價轉市於人乞遣省臺官按問從之太原大同平灤路饑並減直糶糧以賑之庚辰命陝西甘肅行省賑鳳翔秦鞏甘州合迷里貧乏戶監察御史杜肯構等言太傅右丞相完澤受朱清張瑄賄賂事不報壬午帝語中書省臣曰比有以歲課增羨希求爵賞者此非掊克於民何從而出自今除元額外勿以增羨作正數罷江南財賦總管府及提舉司禁內外中書省戶部轉運司官不得私買鹽引罷致用院禁諸人毋以金銀絲線等物下番罷江南都水庸田司行通政院併大都鹽運司入河間運司其所掌京師酒稅課令戶部領之禁諸人非奉旨毋得以寶貨進獻汰諸色人冒充宿衛及諸王駙馬妃主部屬濫請錢糧者真定路饑賑鈔五萬錠仍諭諸王小薛及鷹師等毋於真定近地縱獵擾民丙戌詔除征邊軍士及兩都站戶外其餘人戶均當徭役丁亥詔自今除樞密院御史臺宣政院依舊奏選諸司毋得擅奏其舉用人員並經中書省三月己丑朔保定路饑賑鈔四萬錠庚寅詔遣奉使宣撫循行諸道以郝天挺塔出往江南江北石珪往燕南山東耶律希逸劉賡往河東陝西鐵里脫歡戎益往兩浙江東趙仁榮岳叔謨往江南湖廣木八剌陳英往江西福建塔赤海牙劉敏中往山北遼東並給二品銀印仍降詔戒飭之江浙行省平章脫脫遣發朱清張瑄家屬其家以金珠重賂之脫脫以聞帝諭之曰朕以江南任卿果能爾真男子事也其益恪勤乃事賜以黃金五十兩都城火命中書省與樞密院議增巡防兵甘肅行省供軍錢糧多弊詔徙廉訪司于甘州壬辰定大都南北兵馬司姦盜等罪六十七以下付本路七十七以上付也可札魯忽赤河間路禾稼不登命罷修建僧寺工役乙未真定路饑賑鈔六百六十餘錠中書平章伯顏梁德珪段貞阿里渾撒里右丞八都馬辛左丞月古不花參政迷而火者張斯立等受朱清張瑄賄賂治罪有差詔皆罷之以洪君祥爲中書右丞監察御史言其曩居宥密以貪賄罷黜乞別選賢能代之不報甲辰詔定贓罪爲十二章京朝官月俸外增給祿米外任官無公田者亦量給之乙巳以征八百媳婦喪師誅劉深笞合剌帶鄭祐罷雲南征緬分省戊申卜蘭禧岳鉉等進大一統志賜賚有差己酉追收元降除免和顧和市璽書以脫歡誣告諸王脫脫謫置湖廣省軍前自效罷甘肅行省差調民兵及取勘軍民站戶家屬孳畜之數庚戌以鐵哥察而所收愛牙合赤戶仍隸諸王脫脫癸丑樞密院臣及監察御史言中丞董士選貸朱清張瑄鈔非義帝曰臺臣稱貸不必問也若言者不已後當杖之甲寅車駕幸上都丙辰賜諸王小薛所部等鈔六萬錠賑李陵臺等五站戶鈔一千四百餘錠遼陽等路饑賑鈔萬錠夏四月癸亥太陰犯東井詔省臺樞密院通政院凡呼召大都總管府官吏必用印帖其餘諸司不得輒召徵藩臣陳天祥張孔孫郭筠至京師以天祥孔孫爲集賢大學士筠爲昭文館大學士皆同議中書省事丙寅太陰犯軒轅庚午以中書文移太繁其二品諸司當呈省者命止關六部中書左丞相答剌罕言僧人修佛事畢必釋重囚有殺人及妻妾殺夫者皆指名釋之生者苟免死者負冤於福何有帝嘉納之辛未流朱清張瑄子孫於遠方仍給行費乙亥歲星犯輿鬼太陰犯南斗戊辰蛇節降令海剌孫將兵五千守之餘衆悉遣還各戍撤碉門四川軍人一千人鎮羅羅斯其土軍修治道路者悉令放還甲申熒惑犯太微垣右執法丁亥歲星犯輿鬼誅蛇節衛輝路辰州螟濟南路隕霜殺麥五月己丑給和林軍鈔三十八萬錠開上都大都酒禁其所隸兩都州縣及山後河東山西河南嘗告饑者仍悉禁之詔雲南行省整飭錢糧壬辰辰星犯東井以大德五年戰功賞北師銀二十萬兩鈔二十萬錠幣帛各五萬九千匹賜皇姪海山及安西王阿難答諸王脫脫八不沙駙馬蠻子台等各金五十兩銀珠錦幣等物有差丙申遣征緬回軍萬四千人還各戍癸卯詔和林軍糧除歲支十二萬石其餘非奉旨不得擅支丁未床兀兒來朝以戰功賜金五十兩銀四百兩仍給其萬戶所隸貧乏之軍鈔六十九萬餘錠辛亥奉使宣撫耶律希逸劉賡言平陽僧察力威犯法非一有司憚其豪強不敢詰問聞臣等至潛逃京師中書省臣言宜捕送其所令省臺宣政院遣官雜治從之甲寅濬上都灤河乙卯以昌童王五戶絲分給諸王塔失鐵木而令甘州站戶爲僧人禿魯花等隱藏者依例還役詔中外官吏無職田者驗俸給米有差其上都甘肅和林諸處非產米地惟給其價禁諸王八不沙部於般陽等處圍獵擾民詔諸宿衛士除官員子弟曾經奏准者留餘悉革去禁諸王駙馬毋輒杖州縣官吏違者罪王府官立和林宣慰司都元帥府以忽剌出遙授中書省左丞爲宣慰使都元帥賜諸王納忽里鈔千錠幣三十匹濟寧東昌濟南般陽益都蟲食麥太原龍興南康袁瑞撫等路高唐南豐等州饑減直糶糧五萬五千石東平益都濟南等路蝗般陽路隕霜閏五月戊午朔日有食之以也奴鐵木而瀾瀾出晃兀沒於軍賜其家鈔有差壬戌詔禁犯曲阜林廟者丁卯平江等十五路民饑減直糶糧三十五萬四千石戊辰太陰犯心己巳以諸王孛羅真童皆討賊有功徵詣京師完澤薨庚辰雲南行省平章也速帶而入朝以所獲軍中金五百兩爲獻帝曰是金卿効死所獲者賜鈔千錠丁丑禁諸王駙馬等征北諸軍以奴爲代者罪之辛巳詔僧人與民均當差役癸未各道奉使宣撫言去歲被災人戶未經賑濟者宜免其差役從之命江浙行省右丞董士選發所籍朱清張瑄貨財赴京師其海外未還商船至則依例籍沒甘肅行省平章合散等侵盜官錢十六萬三千餘錠鹽引五千餘道命省臺官徵之詔上都路應昌府亦乞列思和林等處依內郡禁酒丙戌罷營田提舉司汴梁開封縣蟲食麥六月己丑御史臺臣言瓜沙二州自昔爲邊鎮重地今大軍屯駐甘州使官民反居邊外非宜乞以蒙古軍萬人分鎮險隘立屯田以供軍實爲便從之罷四川宣慰司立四川行中書省以雲南行省平章脫脫湖廣行省議事平章程鵬飛並爲平章政事壬辰武岡路饑減價糶糧萬石以賑之給欽察千戶等貧乏者鈔三萬七千八百餘錠癸巳叛賊雄挫來降乙未以亦乞不薛就平留探馬赤軍二千人討阿禾叛蠻餘悉放還庚子西京道宣慰使法忽魯丁以瑟瑟二千五百餘斤鬻于官爲鈔一萬一千九百餘錠有旨除御榻所用外餘未用者宜悉還之命阿伯阿忽台等整飭河西軍事癸卯詔凡軍官子弟年及二十者與民官子孫同儤直一年方許襲職萬戶於樞密院千戶於行省百戶於本萬戶乙巳罷行省僉省浙西淫雨民饑者十四萬賑糧一月仍免今年夏稅并各戶酒醋課命甘肅行省修阿合潭曲尤壕以通漕運大寧路蝗秋七月辛酉常德路饑減直糶糧萬石以賑之壬戌御史臺臣言前河間路達魯花赤忽賽因轉運使术甲德壽皆坐贓罷今忽賽因以獻鷹犬復除大寧路達魯花赤术甲德壽以迭里迷失妄奏其被誣復除福寧知州並宜改正不敘以戢姦貪從之禁僧人以修建寺宇爲名賫諸王令旨乘傳擾民汰宿衛士丙寅答剌罕哈剌哈孫爲中書右丞相知樞密院事戊寅歲星犯軒轅丙子給四川行省驛券十二道詔除集賢翰林老臣預議朝政其餘三品以下年七十者各陞散官一等致仕立和林兵馬司罷遼東宣慰司丁丑中省臣言大同稅課比奉旨賜乳母楊氏其家掊歛過數擾民爲甚勑賜鈔五百錠其稅課依例輸官御史臺臣言湖南輸糧百石者出驛馬一疋廣海地狹所輸不及百石者所出亦如之故官以鹽引助其不給每馬一疋貴州以北給鹽十七引以南二十引近立權鹽提舉司官價增五之三元給二十引者宜與鈔十七錠十七引者十五錠從之罷江南白雲宗攝所其田令依例輸租都生察八而滅里鐵木而等遣使請息兵帝命安西王愼飭軍士安置驛傳以俟其來戊寅賜諸王奴倫伯顏也不干等鈔九萬錠罷諸王所設總管府叛賊麻你降貢金五百兩童男女二百人及馬牛羊郤之己卯太陰犯井乙酉熒惑犯房賜諸王曲而魯等部鈔幣有差八月己丑罷護國仁王寺元設江南營田提舉司給安西王所部貧民米二萬石辛卯夜地震平陽太原尤甚村堡移徙地裂成渠人民壓死不可勝計遣使分道賑濟爲鈔九萬六千五百餘錠仍免太原平陽今年差稅山場河泊聽民採捕癸巳太白犯氐月里不花將窺吉里軍赴雲南道卒以其子普而耶代之甲午熒惑犯東咸太陰犯牽牛庚子中書省臣言法忽魯丁輸運和林軍糧其負欠計二十五萬餘石近監察御史亦言其侵匿官錢十三萬餘錠臣等議遣官徵之不足則籍沒其財產從之乙巳歲星犯軒轅庚戌緬王遣使獻馴象四辛亥熒惑犯天江賜諸王脫鐵木而之子也先博怯所部等鈔六千九百餘錠九月戊午車駕還大都丙寅太白晝見以太原平陽地震禁諸王阿只吉小薛所部擾民仍減太原歲飼馬之半遣刑部尚書塔察而翰林直學士王約使高麗以其國相吳祈專權徵詣闕問罪辛未熒惑犯南斗詔諭諸司賑恤平陽太原甲戌太陰犯東井乙亥太白犯南斗丙子罷僧官有妻者壬午辰星犯氐復木八剌沙平章政事冬十月丁亥

太白經天御史臺臣劾言浙江行省平章阿里不法帝曰阿里朕所信任臺臣屢以爲言非所以勸大臣也後有言者朕當不恕戊子弛太原平陽酒禁以浙江年穀不登減海運糧四十萬石己丑詔從軍醫工止復其妻子戶如故辛卯復立陝西行御史臺癸巳御史臺臣及諸道奉使言行省官久任與所隸編氓聯姻害政詔互遷之以只而合忽知樞密院事給大都文宣王廟洒掃戶五乙未發雲南叛寇餘黨未革心者來京師留蛇節養子阿闍于本境以撫其民改平灤爲永平路陞甘州爲上路設刑部獄吏一員以掌囚徒安西轉運司於常課外增算五萬七千四百錠人賜衣一襲以勸其功詔諸司凡錢糧不經中書省議者勿奏庚子改普定府爲路隸曲靖宣慰司以故知府容苴妻適姑爲總管佩虎符以敘州宣慰司爲敘南等處諸部蠻夷宣撫司辛丑太陰犯東井庚戌翰林國史院進太祖太宗定宗睿宗憲宗五朝實錄辛亥詔軍戶貧乏者存恤六年增蒙古國子生百員十一月甲寅朔賜諸王阿只吉所部鈔二十萬錠糧萬石命鷹師圍獵毋得擾民以順元隸湖廣省併海道運糧萬戶府爲海道都漕運萬戶府給印二亦乞不薛賊黨魏傑等降人賜衣一襲遣還俾招其首亂者丁巳詔大同靜州隆興等路運糧五萬石入和林己未太白經天辛酉木冰甲子命依十二章斷僧官罪丙寅鎭星犯進賢戊辰太陰犯井辛未陞全寧府爲路己卯太陰犯東咸遣諸王滅怯禿玉龍鐵木而使察八兒免其田租乙酉弛京師酒課許貧民釀酒丙戌太白而十二月甲申朔詔內郡比歲不登其民已免差者併經天熒惑犯壘壁陣戊子以平宋隆濟功增諸將秩賜銀鈔等物有差其軍士各賜鈔十錠放歸存恤一年丙申太陰犯東井辛丑太陰犯明堂詔撫諭順元諸司免大德七年民間逋稅命江南浙西官田奉特旨賜賚者許中書省覆奏賜皇姑魯國大長公主鈔一萬五千錠幣帛各三百匹加封眞武爲元聖仁威玄天上帝丁未太陰犯天江以轉輸軍餉勞免思播二州及潭衡辰沅等路稅糧一年常賦三分之一淘金站戶無種佃者免雜役一年七道奉使宣撫所罷贓汚官吏凡一萬八千四百七十三人贓四萬五千八百六十五錠審寃獄五千一百七十六事是歲斷大辟十八人

八年春正月己未以災異故詔天下恤民隱省刑罰雜犯之罪當杖者減輕當笞者並免私鹽徒役者減一年平陽太原免差稅三年隆興延安及上都大同懷孟衞輝彰德眞定河南安西等路被災人戶免二年大都保定河間路免一年江南佃戶私租太重以十分爲率減二分永爲定例仍弛山場河泊之禁聽民採捕庚申以雲南順元同知宣撫事宋阿重生獲其叔隆濟來獻特陞其官賜衣一襲置掌薪司以供尙食令宣徽院掌其事癸亥禁錮朱清張瑄族屬乙丑復置遂平新蔡眞陽太和沈丘潁上柘城城父鄖舞陽十縣丙寅以御史中丞大僕卿塔思不花爲中書右丞江南行臺中丞趙仁榮爲中書參知政事陞教坊司三品庚午以輦眞監藏爲帝師辛巳詔諸王妃主及諸路有馬者十取其一諸王駙馬往遼東捕海東鷹者毋給驛自榮澤至睢州築河防十有八所給其夫鈔人十貫駙馬也列千住所部民饑以糧二千石賑之是月平陽地震不止已修民屋復壞二月丙戌增置國子生二百員選宿衞大臣子孫充之降莊浪路爲州併隴干縣入德順州辛卯命諸王出伯所部軍屯田于薛出合出谷甲午詔父子兄弟有才者許並居風憲從江東建康道廉訪司治于寧國其建康路簿書命監察御史鉤考丙申分軍千人戍嘉定州甲辰翰林學士承旨撒里蠻進金書世祖實錄節文一冊漢字實錄八十冊減宿衞繁冗者丙午車駕幸上都勅軍人姦盜詐僞悉歸有司賜太祖位怯憐口戶鈔萬八千二百錠布帛萬匹賜禿赤及塔剌海以所籍朱清張瑄田人六十頃近侍鷹坊怯憐口鈔二萬七千三百錠布帛萬二千匹賜平章政事王慶端玉帶半俸終身三月丁巳詔軍民官已除以地遠官卑不赴者奪其官不敍軍官擅離所部者悉遣還翼違者論如律軍人不告所部私歸者杖而還之乙丑去歲十二月庚戌彗星見約盈尺在室十一度入紫微垣至是滅凡七十四日戊辰中書左丞尚文以疾辭不允詔諸王駙馬所分郡邑達魯花赤惟用蒙古人三年依例遷代其漢人女直契丹名爲蒙古者皆罷之勅軍民逃奴有獲者即付其主主在他所者赴所在官司給之仍追逃奴鈔充獲者賞逃及誘匿者論罪有差詔諸路牧羊及百至三十者官取其一不及數者勿取中書省臣言自內降旨除官者果爲近侍宿衞踐履年深依已除敍嘗宿衞未官者視散官敍始歷一考準爲初階無資濫進降官二級官高者量降各位下再任者從所隸用三任之上聽入常調蒙古人不在此限從之雲南黎州盜刼也速而帶家屬貲產命宣政院督具郡邑捕之給諸王出伯所部馬萬三千五百疋庚辰詔內外使以軍務行者至其地有司給饋十五日自餘重事八日細事三日命凡爲衙兵者皆半隸屯田仍諭各衞屯官及屯田者視其勤惰以爲賞罰陞分寧縣爲寧州罷廬州路榷茶提舉司灤城濟陽等縣隕霜殺桑夏四月丙戌置千戶所戍定海以防歲至倭船永寧路叛寇雄挫來降命僧道爲商者輸稅凡諸王駙馬徵索有司非奉旨輒給者罪且罷之詔諸路畏吾兒合迷里自相訟者歸都護府與民交訟者聽有司專決甲午詔朝廷諸王駙馬進捕鷹鷂皆有定戶自今非鷹師而乘傳冒進者罪之庚子以永平清滄柳林屯田被水其逋租及民貸食者皆勿徵丁未分教國子生於上都賜西平王奧魯赤合帶等部民鈔萬錠朶耳思等站戶鈔二千二百錠銀三百九十兩有奇益都臨朐德州齊河蝗五月癸未朔日有食之辛酉以所籍朱清張瑄江南財產隸中政院己巳以平宋隆濟功賜諸王脫脫亦吉里平章床兀而等銀鈔金幣玉帶及大理金齒曲靖烏撒烏蒙宣慰等官銀鈔各有差壬申罷福建都轉運鹽使司以其歲課併隸宣慰司中書省臣言吳江松江實海口故道潮水久淤凡湮塞良田百有餘里況海運亦由是而出宜於租戶役萬五千人濬治歲免租人十五石仍設行都水監以董其程從之追收諸王驛券癸酉定館陶等十七倉官品級諸糧十萬石以上者從七品五萬石以上者正八品不及五萬者從八品庚辰以去歲平陽太原地震宮觀摧圮者千四百餘區道士死傷者千餘人命賑恤之是月蔚州之靈仙太原之陽曲隆興之天城懷安大同之白登大風雨雹傷稼人有死者大名之濬滑德州之齊河霖雨汴梁之祥符太康衞輝之獲嘉太原之陽武河溢六月癸未開和林酒禁立酒課提舉司丁酉汝寧妖人李曹驢等妄言得天書惑衆事覺伏誅益津蝗汴梁祥符開封陳州霖雨蠲其田租扶風岐山寶雞諸縣旱烏撒烏蒙益州忙部東川等路饑疫並賑恤之秋七月辛酉罷江淮等處財賦總管府癸亥諸王合贊自西域遣使來貢珍物賜諸王也孫鐵木而等鈔二十萬錠戍北千戶十五萬錠怯憐口等九萬餘錠西平王奧魯赤二萬錠以順德恩州去歲霖雨免其民租四千餘石八月太原之交城陽曲管州嵐州大同之懷仁雨雹隕霜殺禾杭州火發粟賑之以大名高唐去歲霖雨免其田租二萬四千餘石九月癸丑車駕至自上都庚申伯顏梁德珪並復爲中書平章政事八都馬辛復爲中書右丞迷而火者復爲中書參知政事以江浙行省平章阿里爲中書平章政事庚午以戶部尚書張祐爲中書參知政事癸酉諸王察八而朶瓦等遣使來附以幣帛六百匹給之詔諸王凡泉府規營錢非奉旨毋輒支貸給諸王出伯所部帛四百匹四川雲南鎭戍軍家居太原平陽被災者給鈔有差潮州颶風起海溢漂民廬舍溺死者衆給其被災戶糧兩月以冀孟輝雲內諸州去歲霖雨免其田租二萬二千一百石冬十月辛卯有事于太廟辛巳給諸王阿只吉所部馬料價鈔三千九百錠以宣徽使大都護長壽爲中書右丞陝西行省右丞脫歡爲中書參知政事丁亥安南遣使入貢詔諸王駙馬毋乘驛以獵庚寅封皇姪海山爲懷寧王賜金印仍割瑞州戶六萬五千隸之歲給五戶絲直鈔二千六百錠幣帛各千匹戊戌命省臺院官鞫高麗國相吳祈及千戶石天輔等以祈離間王父子天輔謀歸日本皆笞之徙安西十一月壬子詔內郡江南人凡爲盜黥三次者謫戍遼陽諸色人及高麗三次免黥謫戍湖廣盜禁籞馬者初犯謫戍再犯者死以平陽太原去歲地大震免其稅課一年遣制用院使忽鄰翰林直學士林元撫慰高麗放遼陽民樂亦等三百九十戶爲兵者還民籍丁卯復免僧人租戊辰以武備卿鐵古迭而爲御史大夫壬申詔凡僧姦盜殺人者聽有司專決寧遠王闊闊出以馬萬五百餘疋給軍命以鈔五萬二千五百餘錠償其直增海漕米爲百七十萬石十二月庚子復立益都淘金總管府辛丑封諸王出伯爲威武西寧王賜金印賜安西王阿難答諸王阿只吉也速不干等鈔一萬四千錠

九年春正月丁巳太陰犯天關戊午帝師輦眞監藏卒賻金五百兩銀千兩幣帛萬匹鈔三千錠仍建塔寺甲子太陰犯明堂以僉吉剌部民張道奴等舊權爲軍者復隸民籍己巳太陰犯東咸壬申弛大都酒禁甲戌賜諸王完澤撒都失里別不花等所部鈔五萬六千九百錠幣帛有差鷹師等百五十萬錠二月癸未勑軍匠等戶元隸東宮者有司毋得奪之中書省臣言近侍自內傳旨凡除授賞罰皆無文記懼有差違乞自今傳旨者悉以文記付中書從之甲午免天下道士賦稅乙未建大天壽萬寧寺丁酉封諸王完澤爲衞安王定遠王岳木忽而爲威定王並賜金印陞翰林國史院爲正二品賜朶瓦使者幣帛五百匹庚子命中書議行郊祀禮辛丑詔赦天下令御史臺翰林集賢院六部於五品以上各舉廉能識治體者三人行省行臺宣慰司廉訪司各舉五人免大都上都隆興差稅內郡包銀俸鈔一年江

淮以南租稅及佃種官田者均免十分之二致仕官止有一子應承廕者其傔使竝免之家貧者給半俸終其身丙午賜宿衞怯憐口鈔一百萬錠以歸德頻歲被水民饑給糧兩月平陽太原地震站戶被災給鈔一萬二千五百錠三月丁未朔車駕幸上都給還安西王積年所減歲賜金五百兩絲一萬一千九百斤仍賜其所部鈔萬錠勑遼陽行省毋專決大辟以和林所貯幣帛給懷寧王所部軍庚戌以乞剌八思斡節兒姪相加班爲帝師詔梁王勿與雲南行省事賜鈔千錠甲寅熒惑犯氐戊午歲星犯左執法以樞密副使高興爲平章政事仍樞密副使賜親王脫脫鈔二千錠奴兀倫字羅等金五百兩銀千兩鈔二萬錠以濟寧去歲霖雨傷稼常寧州饑竝賑恤之河間益都般陽屬縣隕霜殺桑撫之宜黃興國之大冶等縣火給被災者糧一月夏四月庚辰太陰犯井雲南行省請益戍兵不許遣使詣諸路閱其當戍者遣之乙酉大同路地震有聲如雷壞官民廬舍五千餘間壓死二千餘人懷仁縣地裂二所涌水盡黑漂出松栢朽木遣使以鈔四千錠米二萬五千餘石賑之是年租賦稅課徭役一切除免戊子賜察八而朶兒所遣使者銀千四百兩鈔七千八百餘錠己丑東川路蠻官阿葵以馬二百五十匹金二百五十兩及方物來獻壬辰太白犯井中書省臣言前代郊祀以祖宗配享臣等議今始行郊禮專祀昊天爲宜詔依所議行之以汴梁歸德安豐去歲被災潭州郴州桂陽東平等路饑竝賑恤之五月丁未詔諸王駙馬部屬及各投下凡市儈徭役與民均輸遣官調雲南四川福建兩廣官大都旱遣使持香禱雨戊申徵陝西儒學提舉蕭𣂏赴闕命有司給以安車戊午改各道肅政廉訪司爲詳刑觀察使聽省臺辟人用之立行慶司正二品癸亥歲星掩左執法以地震改平陽爲晉寧太原爲冀寧復立洪澤芍陂屯田令河西行省平章阿散領其事省爵林縣入貴州以晉寧冀寧累歲被災給鈔三萬五千錠寶慶路饑發粟五千石賑之以陝西渭南櫟陽諸縣去歲旱蠲其田租道州旱六月丙子朔以立皇太子遣中書右丞相答剌罕哈剌哈孫告昊天上帝御史大夫鐵古迭而告太廟庚辰立皇子德壽爲皇太子詔告天下賜高年帛八十者一匹九十者二匹孝子順孫堪從政者量才任之親年七十别無侍丁者從近遷除外任官五品以下竝減一資諸處罪囚淹繫五年以上除惡逆外疑不能決者釋之流竄遠方之人量移內地甲午潼川霖雨江溢漂沒民居溺死者衆勑有司給糧一月免其田租以瓊州屢經叛寇隆興撫州臨江等路水汴梁霖雨爲災竝給糧一月桓州宣德雨雹風翔扶風旱通泰靜海武清蝗秋七月乙巳朔禁晉寧冀寧大同釀酒蠲晉寧冀寧今年商稅之半丙午熒惑犯氐辛亥築郊壇於麗正文明門之南丙位設郊祀署令丞各一員太祝三員奉禮郎二員協律郎一員法物庫官二員癸丑以黑水新城爲靖安路陞祕書監拱衞司竝正三品罷福建蒙古字提舉司及醫學提舉司賜安西王阿難答子月魯鐵木而鈔二千錠甲寅太白經天庚申陞大府監爲大府院壬戌以金千兩銀七萬五千兩鈔十三萬錠賜與聖太后及宿衞臣出居懷州復置懷寧王王府官賜威遠王岳木忽而鈔萬錠給大都至上都十二驛鈔一萬一千二百錠丁卯熒惑犯房以大司徒段貞中書右丞八都馬辛竝爲中書平章政事參知政事合剌蠻子爲右丞參知政事迷而火者爲左丞參議中書省事也先伯爲參知政事給脫脫所部乞而吉思民糧五月沔陽之玉沙江溢陳州之西華河溢嶧州水賑米四千石揚州之泰興江都淮安之山陽水蠲其田租九千餘石潭郴衡雷峽滕沂寧海諸郡饑減直糶糧五萬一千六百石八月乙亥朔省孛可孫冗員孛可孫專治芻粟初惟數人後以各位增入遂至繁冗至是存十二員餘盡革之丙子給大都車站戶粟千四百七十餘石丁丑給曲阜林廟洒掃戶以尚珍署田五十頃供歲祀己卯以冀寧歲復不登弛山澤之禁聽民採捕命大常卿丑閭昭文館大學士靳德進祭星于司天臺辛巳太陰犯東咸丙戌商胡塔乞以寶貨來獻以鈔六萬錠給其直癸巳復立制用院乙未熒惑犯天江賜寧遠王闊闊出鈔萬錠及其所部三萬錠是月涿州東安州河間嘉興蝗象州融州柳州旱歸德陳州河溢大名大水揚州饑九月戊申聖誕節帝駐驆于壽寧宮受朝賀丁巳熒惑犯斗庚申車駕至自上都賜威武西寧王出伯所部鈔三萬錠冬十月丁丑朔陞都水監正三品辛巳有事于太廟丙戌太白經天己丑命兩廣以南軍與土人同戍庚寅駙馬按替不花來自朶兒賜銀五十兩鈔二百錠乙未帝諭中書省樞密院御史臺臣曰省中政事聽右丞相哈剌哈孫答剌罕總裁自今用人非與答剌罕共議者悉罷之戊戌詔芍陂洪澤等屯田爲豪右占據者悉令輸租辛丑復以詳刑觀察司爲廉訪司常州僧錄林起祐以官田二百八十頃冒爲己業施河西寺勑募民耕種輸其租于官御史臺臣請增官吏俸命與中書省共議以聞括兩淮地爲豪民所占者令輸租賦賜安南王陳益稷湖廣地五百頃諸王忽剌出及昔而吉思來賀立皇太子賜鈔及衣服弓矢等有差十一月丁未以鈔萬錠給雲南行省命與貝參用其貝非出本土者同僞鈔論拘收諸王妃主驛券置大都南城警巡院黃勝許遣其屬來獻方物請復其子官帝不允曰勝許反側不足信如其悔罪自至則官可得命賜衣服遣之以去年冀寧地震站戶貧乏詔諸王駙馬毋妄遣使乘驛復立雲南屯田命伯顏察而董其事給四川征戍軍士其家居大同爲地震壓死者戶鈔五錠庚戌歲星太白鎭星聚於亢癸丑歲星犯亢丙寅歲星晝見庚午祀昊天上帝于南郊牲用馬一蒼犢一羊豕鹿各九其文舞曰崇德之舞武舞曰定功之舞以攝太尉右丞相哈剌哈孫左丞相阿忽台御史大夫鐵古迭而爲三獻官壬申太白經天十二月乙亥賜冀寧路鈔萬錠鹽引萬紙以給歲費丙子太白犯西咸地震庚寅熒惑犯壘壁陣皇太子德壽薨己亥辰星犯建星

十年春正月壬寅朔高麗王王昛遣使來獻方物甲辰詔詢訪莊聖皇后昭睿順聖皇后徽仁裕聖皇后儀範中外之政以備紀錄丙午濬吳松江等處漕河四川行省臣言所在驛傳舊制以各路達魯花赤兼督今沿江水驛迂遠宜令所隸州縣官統治之從之增置甘肅行省王渾木敎等處驛傳立福建鹽課提舉司隸宣慰司庚戌濬眞揚等州漕河令鹽商每引輸鈔二貫以爲傭工之費丁巳太白犯建星戊午罷江南白雲宗都僧錄司汰其民歸州縣僧歸各寺田悉輸租壬戌發河南民十萬築河防丙寅以沙都而所部貧乏給糧兩月丁卯命諸王駙馬妃主奏請錢穀者與中書議行之陞巡檢爲九品命近侍無輒驛名外郡官弛大同路酒禁封駙馬合伯爲昭武郡王營國子學於文宣王廟西偏詔各道禁沮擾鹽法以京畿雷家站戶貧乏給鈔五百錠奉聖州懷來縣民饑給鈔九百錠閏正月癸酉太白犯牽牛甲戌賑合民所部留處鳳翔者糧三月壬午給諸王也先鐵木而所部米二千石賑暗伯拔突軍屯東地者糧兩月丁亥免大都今年租賦己丑太白犯壘壁陣甲午以前中書平章政事鐵哥江浙行省平章闊里河南行省平章阿散竝爲中書平章政事行宣政院使張閭四川行省左丞杜思敬竝爲中書左丞參議中書省事劉源爲參知政事是月以曹之禹城去歲霖雨害稼民饑發陵州糧二千餘石賑之晉寧冀寧地震不止二月壬寅賑金蘭站戶不能自贍者糧兩月賑遼陽千戶小薛干所部貧匱者糧三月辛亥中書省臣言近侍傳旨以文記至省者凡一百五十餘人令臣擢用其中犯法妄進者實多宜加遴選制曰可陞行都水監爲正三品諸路提控案牘爲九品駙馬濟寧王蠻子帶以所部用度不足乞預貸歲得五戶絲從之遣六衞漢軍貧乏者還家休息一年丙辰封孛羅爲鎭寧王錫以金印朶兒遣使來朝賜衣幣遣之戊午太陰犯氐己未江西福建道奉使宣撫塔不帶坐贓遇赦釋其罪終身不敍丁卯以月古不花爲中書左丞戊辰車駕幸上都賜安西王阿難答西平王奧魯赤不里亦鈔三萬錠南哥班萬錠從者三萬二千錠鎭西武靖王搠思班所部民饑發甘肅糧賑之是月大同路暴風大雪壞民廬舍明日雨沙陰霾馬牛多斃人亦有死者三月戊寅歲星犯亢己卯崆古王遣使來貢方物乙未慮大都囚釋上都死囚三人賜駙馬蠻子帶鈔萬錠道州營道等處暴雨江溢山裂漂蕩民廬溺死者衆復其田租以濟州任城縣民饑賑米萬石給千家木思答伯部糧三月柳州民饑給糧一月河間民王天下奴弑父磔裂於市夏四月庚子朔詔凡匿鷹犬者沒家貲之半笞三十來獻者給之以賞甲辰樞密院臣言太和嶺屯田舊置屯儲總管府專督其程人給地五十畝歲輸糧三十石或佗役不及耕作者悉如數徵之人致重困乞令軍官統治以宣慰使玉龍失不花總其事視軍民所收多寡以爲賞罰從之丁未命威武西寧王出伯領甘肅等地軍站事辛酉塡星犯亢壬戌雲南羅雄州軍火主阿邦龍少結豆溫匡虜普定路諸蠻爲寇右丞汪惟能進討賊退據越州諭之不服遣平章也速帶而率兵萬人往捕之兵至曲靖與惟能合從諸王昔寶赤亦里吉帶等進壓賊境獲阿邦龍少斬之餘衆皆潰命也速帶而留軍二千戍之其從軍有功者皆加賞賚癸亥置崑山嘉定等處水軍上萬戶府甲子倭商有慶等抵慶元貿易以金鎧甲爲獻命江浙行省平章阿老瓦丁等備之賜梁王松山鈔千錠是月以廣東諸郡吉州龍興道州柳州漢陽淮安民饑贛縣暴雨水溢賑糧有差鄭州暴風雨雹大若雞卵麥及桑棗皆損蠲今年田租眞定河間保定河南蝗五月辛未大都旱遣使持香禱雨壬午增河間山東兩浙兩淮福建廣海鹽運司歲賣鹽二十五萬餘引癸未詔西番僧往還者不許馳驛給以舟車禁御史臺宣慰司廉

訪司官毋買鹽引乙酉以同知樞密院事塔魯忽台塔剌海並知樞密院事遣高麗國王王眗還國仍署行省以鎮撫之其國僉議密直司等官並授以宣敕封駙馬脫鐵木而爲濮陽王賜以金印公主忙哥台爲鄆國大長公主丁亥詔命右丞相哈剌哈孫答剌罕左丞相阿忽台等整飭庶務凡銓選錢穀等事一聽中書裁決百司勤怠者悉以名聞賜威武西寧王出伯鈔三萬錠遼陽益都民饑賑貸有差大都眞定河間蝗平江嘉興諸郡水傷稼六月癸卯御史臺臣言江南行臺監察御史教化劾江浙行省宣使李元不法行省亦遣人摭拾教化不令檢覈案牘中書省臣復言教化等不循法度擅遣軍士守衞其門搒掠李元誣指行省等官實溫省事詔省臺及也可札魯忽赤同訊之癸丑太陰犯羅堰上星己未歲星犯亢壬戌來安路總管岑雄叛湖廣行省遣宣慰副使忽都魯鐵木而招諭之雄令其子世堅來降賜衣物遣之復淮西道廉訪司大名益都易州大水景州霖雨龍興南康諸郡蝗秋七月庚辰太陰犯牽牛辛巳釋諸路罪囚常赦所不原者不與宣德等處雨雹害稼大同之渾源隕霜殺禾平江大風海溢漂民廬舍道州之武昌永州之興國黃州沅州饑減直賑糶米七萬七千八百石八月壬寅歲星犯氐熒惑犯太微垣上將開成路地震王宮及官民廬舍皆壞壓死故秦王妃也里完等五千餘人以鈔萬三千六百餘錠糧四萬四千一百餘石賑之辛亥賜王姪阿木哥鈔三千錠丁巳京師文宣王廟成行釋奠禮牲用太牢樂用登歌製法服三襲命翰林院定樂名樂章成都等縣饑減直賑糶米七千餘石九月己巳熒惑犯太微垣右執法壬申以聖誕節朶瓦遣款徹等來賀壬午熒惑犯太微垣左執法冬十月甲辰太白犯斗丁未有事于太廟辛亥太陰犯畢甲寅太陰犯井丁卯安南國遣黎亢宗來貢方物青山叛蠻紅犵獠等來附仍貢方物賜金幣各一吳江州大水民乏食發米萬石賑之十一月己巳車駕還大都辛未歲星犯房壬申太陰犯虛甲戌熒惑犯亢丁亥武昌路火給被災者糧一月戊子熒惑犯氐辛卯太陰犯熒惑丙申安西王阿難答西平王奧魯赤所部皆乏食給米有差益都揚州辰州歲饑減直賑糶米二萬一千餘石十二月壬寅太白晝見乙巳歲星犯東咸壬子速哥察而等十三站乏食給糧三月乙卯帝有疾禁天下屠宰四十二日丙辰遣宣政院使沙的等禱于太廟諸王合而班答部民潰散詔諭所在敢匿者罪之戊午太陰犯氐癸亥瓊州臨高縣那蓬洞主王文何等作亂伏誅磁州民田雲童弒母磔裂于市是歲斷大辟四十四人

十一年春正月丙辰朔帝大漸免朝賀癸酉崩于玉德殿在位十有三年壽四十有二乙亥靈駕發引葬起輦谷從諸帝陵是年九月乙丑諡曰欽明廣孝皇帝廟號成宗國語曰完澤篤皇帝成宗承天下混壹之後垂拱而治可謂善於守成者矣惟其末年連歲寢疾凡國家政事內則決于宮壼外則委於宰臣然其不致於廢墜者則以去世祖爲未遠成憲具在故也

元史卷二十一考證

七年冬十月以故知府容直妻適姑爲總管○臣宗楷按滇志云容直劾順賊未平而沒其妻能宣力戎行故有是命

九年十一月丁未以鈔萬錠給雲南行省命與貝參用○臣宗萬按通考云貝作叭雲南叭以一爲庄四庄爲手四手爲苗四苗爲索

元史卷二十二

明翰林學士亞中大夫知制誥兼修國史宋　濂等修

本紀第二十二

武宗一

武宗仁惠宣孝皇帝諱海山順宗荅剌麻八剌之長子也母曰興聖皇太后弘吉剌氏至元十八年七月十九日生成宗大德三年以寧遠王闊闊出總兵北邊怠於備禦命帝卽軍中代之四年八月與海都軍戰于闊別列之地敗之十二月軍至按台山乃蠻帶部落降五年八月朔與海都戰于迭怯里古之地海都軍潰越二日海都悉合其衆以來大戰于合剌合塔之地師失利親出陣力戰大敗之盡獲其輜重悉援諸王駙馬衆軍以出明日復戰軍少却海都乘之帝揮軍力戰突出敵陣後全軍而還海都不得志去旋亦死八年十月封帝懷寧王賜金印置王傅官食瑞州六萬五千戶十年七月自脫忽思圈之地踰按台山追叛王斡羅思獲其妻孥輜重執叛王也孫禿阿等及駙馬伯顏八月至也里的失之地受諸降王禿滿明里鐵木兒阿魯灰等降海都之子察八兒逃于都瓦部盡俘獲其家屬營帳駐冬按台山降王禿曲滅復叛與戰敗之北邊悉平十一年春聞成宗崩三月自按台山至於和林諸王勳戚畢會皆曰今阿難答明里鐵木兒等熒惑中宮潛有異議諸王也只里昔嘗與叛王通今亦預謀旣辭服伏誅乃因闔辭勸進帝謝曰吾母吾弟在大都俟宗親畢會議之先是成宗違豫日久政出中宮命仁宗與皇太后出居懷州至是仁宗聞訃以二月辛亥與太后俱至京師安西王阿難答與諸王明里鐵木兒已於正月庚午先至左丞相阿忽台平章八都馬辛前中書平章伯顏中政院使怯烈道興等潛謀推成宗皇后伯要眞氏稱制阿難荅輔之仁宗以右丞相哈剌哈孫之謀言於太后曰太祖世祖創業艱難今大行晏駕德壽已薨諸王皆疎屬而懷寧王在朔方此輩潛有異圖變在朝夕俟懷寧王至恐亂生不測不若先事而發遂定計誅阿忽台怯烈等而遣使迎帝五月至上都乙丑仁宗侍太后來會左右部諸王畢至會議乃廢皇后伯要眞氏出居東安州賜死執安西王阿難荅諸王明里鐵木兒至上都亦皆賜死甲申皇帝卽位於上都受諸王文武百官朝於大安閣大赦天下詔曰昔我太祖皇帝以武功定天下世祖皇帝以文德洽海內列聖相承丕衍無疆之祚朕自先朝肅將天威撫軍朔方殆將十年親御甲冑力戰却敵者屢矣方諸藩內附邊事以寧遽聞宮車晏駕乃有宗室諸王貴戚元勳相與定策於和林咸以朕爲世祖曾孫之嫡裕宗正派之傳以功以賢宜膺大寶朕謙讓未遑至於再三還至上都宗親大臣復請於朕間者姦臣乘隙謀爲不軌賴祖宗之靈母弟愛育黎拔力八達稟命太后恭行天罰內難旣平神器不可久虛宗祧不可乏祀合辭勸進誠意益堅朕勉徇輿情於五月二十一日卽皇帝位任大守重若涉淵冰屬嗣服之云初其與民更始可大赦天下存恤征戍軍士及供給繁重州郡免上都大都隆興差稅三年其餘路分量重輕優免雲南八番田楊地面免差發一年其積年逋欠者蠲之逃移復業者免三年被災之處山場湖泊課程權且停罷聽貧民採取站赤消乏之者優之經過軍馬勿得擾民諸處鐵冶許諸人煽辦勉勵學校蠲儒戶差役存問鰥寡孤獨是日追尊皇考曰皇帝尊太母元妃曰皇太后丁亥陞通政院秩正二品陞儀鳳司爲玉宸樂院秩從二品壬辰加知樞密院事朶兒朶海太傅中書右丞相哈剌哈孫荅剌罕太保並錄軍國重事知樞密院事塔剌海爲中書左丞相預樞密院宣徽院事同知徽政院事床兀兒也可扎魯忽赤阿沙不花江浙行省平章政事明里不花並爲中書平章政事江浙行省左丞劉正爲中書左丞遙授中書左丞欽察福建道宣慰使也先帖木兒並爲中書參知政事中書右丞行御史中丞塔思不花爲御史大夫平章政事床兀兒爲知樞密院事特授乞台普濟中書平章政事延慶使抄兒赤中書右丞同知和林等處宣慰司事塔海中書右丞阿里中書左丞脫脫御史大夫以大都迤北六十二驛戶罷乏給鈔賙之是月封皇太子乳母李氏爲壽國夫人其夫燕家奴爲壽國公以中書平章政事合散爲遼陽行省平章政事建州大雨雹眞定河間順德保定等郡蝗六月癸巳朔詔立母弟愛育黎拔力八達爲皇太子受金寶陞武備寺爲武備院秩從二品甲午建行宮于旺兀察都之地立宮闕爲中都丁酉中書右丞相哈剌哈孫荅剌罕左丞相塔剌海言臣等與翰林集賢太常老臣集議皇帝嗣登寶位詔追尊皇考爲皇帝皇考大行皇帝同母兄也大行皇帝祔廟之禮尚未舉行二帝神主依兄弟次序祔廟爲宜今擬請諡皇考昭聖衍孝皇帝廟號順宗大行皇帝曰欽明廣孝皇帝廟號成宗太祖之室居中睿宗西第一室世祖西第二室裕宗西第三室順宗東第一室成宗東第二室先元妃弘吉剌氏失憐荅里宜諡曰貞慈靜懿皇后祔成宗廟室制曰可又言前奉旨命臣等議諸王朝會賜與臣等議憲宗世祖登寶位時賞賜有數成宗卽位承世祖府庫充富比先例賜金五十兩者增至二百五十兩銀五十兩者增至百五十兩有旨其遵成宗所賜之數賜之戊戌哈剌哈孫荅剌罕言比者諸王駙馬會于和林已蒙賜與者今不宜再賜帝曰和林之會國事方殷已賜者其再賜之己亥御史大夫脫脫翰林學士承旨三寶奴言舊制皇太子官屬省臺參用請以羅羅斯宣慰使斡羅思任之中書詔以爲中書右丞班朝諸司聽皇太子各置一人以拱衞直都指揮使馬謀沙角觝屢勝遙授平章政事壬寅塔剌海加太保錄軍國重事太子太師癸卯置詹事院甲辰樞密院請以軍二千五百人繕治上都鷹坊及諸官廨有旨自今非奉旨軍勿輒役以平章政事行和林等處宣慰使都元帥憨剌合兒通政使武備卿鐵木兒不花並知樞密院事乙巳以金二千七百五十兩銀十二萬九千二百兩鈔萬錠幣帛二萬二千二百八十匹奉興聖宮賜皇太子亦如之中書省臣言中書宰臣十四員御史大夫四員前制所無詔與翰林集賢諸老臣議擬以聞丙午太陰犯南斗杓星徽政使佤頭等

言別不花以私錢建寺爲國祝釐其父爲諸王斡忽所
害請賜以斡忽所得歲賜命以五年與之爲銀四千一
百餘兩絲三萬一千二百九十斤織幣金百兩絹七百
一十匹戊申特授尚乘卿孛蘭奚床兀兒並平章政事
大同屯儲軍民總管府達魯花赤怯里木丁中書右丞
辛亥以中書平章政事脫虎脫爲江西行省平章政事
壬子封皇妹祥哥剌吉爲魯國大長公主駙馬琱阿不
剌爲魯王鐵木兒不花憨剌合兒等言舊制樞密院銓
調軍官公議以聞比者近侍自擇名分從內降旨恐壞
世祖定制且誤國事在成宗時嘗有旨輒奏樞密事者
許本院再陳臣等以爲自今用人宜一遵世祖成憲帝
曰其遵前制餘人勿輒有請又言軍官與民官不同父
子兄弟許其相襲此世祖定制比者近侍有輒以萬戶
千戶之職請於上者內降聖旨臣等未敢奉行帝曰其
依例行之甲寅敕內郡江南高麗四川雲南諸寺僧誦
藏經爲三宮祈福乙卯遣也可扎魯忽赤馬剌赴北軍
以印給之甲寅御史大夫塔思不花言殿中司所職中
書而下奏事者必使隨之以入不在奏事之列者聽其
引退班朝百官朝會失儀者得糾劾病故者必以告請
如舊制又言舊制內外風憲官有所彈劾諸人勿預而
近有受贓爲監察御史所劾者獄具賄緣奏請託言事
入覲以避其罪臣等以爲今後有罪者勿聽至京待其
對辯事竟果有所言方許奏陳皆從之塔思不花又言
皇太子有旨有司贓罪不須刑部定議受敕者從廉訪
司處決省臺遣人檢覈廉訪司文案則私意沮格非便
平章阿沙不花因言此省臺同議之事臺臣不宜獨奏
帝曰此御史臺事阿沙不花勿妄言臺臣言是也如所
奏行之塔思不花脫脫並遙授左丞相戊午進封高麗
王王昛爲瀋陽王加太子太傅駙馬都尉置皇太子家
令司府正司延慶司典寶署典膳署己未封寧遠王闊
闊出爲寧王賜金印庚申遙授左丞相行御史大夫塔
思不花右丞相辛酉汴梁南陽歸德江西湖廣水保定
屬縣蝗秋七月癸亥朔封諸王禿剌爲越王諸王出伯
言瓜州沙州屯田逋戶漸成丁者乞拘隸所部中書省
臣言瓜州雖諸王分地其民役於驛傳出伯言宜勿從
陞章佩監爲章佩院秩從二品賜阿剌納八剌鈔萬錠
甲子命御史臺大夫鐵古迭兒知樞密院事塔魯忽帶
中書平章政事床兀兒以卽位告謝南郊丙寅以禮店
蒙古萬戶屬土番宣慰司非便命仍舊隸脫思麻宣慰
司防守陝州諸王駙馬入覲者非奉旨不許給驛以中

書參知政事趙仁榮爲太子詹事以阿保功授明里大
司徒封其妻梅仙爲順國夫人賜床兀兒軍士鈔六萬
錠幣帛二萬匹遣肥兒牙兒迷的里及鐵肐膽詣西域
取佛鉢舍利肥兒牙兒迷的里遙授宣政使鐵肐膽遙
授平章政事以並命太傅右丞相哈剌哈孫荅剌罕太
保左丞相塔剌海綜理中書庶務詔諭中外己巳太陰
犯亢置宮師府設太子太師少師太傅少傅太保少保
賓客左右諭德贊善庶子洗馬率更令丞司經令丞中
允文學通事舍人校書正字等官壬申命御史大夫鐵
古迭兒中書平章政事床兀兒樞密副使孛蘭奚以卽
位祇謝太廟以夾西平江吉州三路爲皇太子分地越
州路爲越王禿剌分地賜諸王八不沙鈔萬錠癸酉罷
和林宣慰司置行中書省及稱海等處宣慰司都元帥
府和林總管府以太師月赤察兒爲和林行省右丞相
中書右丞相哈剌哈孫荅剌罕爲和林行省左丞相依
前太傅錄軍國重事江浙水民饑詔賑糧三月酒醋門
攤課程悉免一年乙亥以永平路爲皇妹魯國長公主
分地租賦及土產悉賜之賜越王禿剌鈔萬錠諸王兀
都思不花所部三萬五千二百二十錠丙子以江浙行
省平章政事塔失海牙知樞密院事床兀兒並爲中書
平章政事丁丑封諸王八不沙爲齊王朶列納爲濟王
迭里哥兒不花爲北寧王太師月赤察兒爲淇陽王加
平章政事脫虎脫太尉以中書左丞相塔剌海爲中書
右丞相監修國史御史大夫塔思不花爲中書左丞相
江浙行省平章政事教化河南江北行省平章政事法
忽魯丁並爲中書平章政事平章政事鐵木迭兒爲江
西行省平章政事戊寅以儀鳳司大使火失海牙鐵木
兒不花教坊司達魯花赤沙的並遙授平章政事爲玉
宸樂院使己卯以集賢院使別不花爲中書平章政事
七月庚辰以御史中丞只兒合郎爲御史大夫辛巳加
封至聖文宣王爲大成至聖文宣王右丞相塔剌海左
丞相塔思不花言中書庶務同僚一二近侍往往不俟
公議卽以上聞非便今後事無大小請共議而後奏帝
曰卿等言是自今庶政非公議者勿奏置行工部於旺
兀察都以遙授左丞相同知樞密院事也兒吉尼知樞
密院事御史中丞王壽江浙行省左丞郝天挺並爲中
書左丞壬午熒惑犯南斗命御史大夫鐵古迭兒知樞
密院事塔魯忽帶中書平章政事床兀兒以卽位告社
稷癸未陞利用監爲利用院秩從二品甲申遣贍思丁
使西域遙授福建道宣慰使乙酉賜壽寧公主鈔萬錠

丙戌以內郡歲歉令諸王衛士還大都者揀汰以入從
和林省臣請乞如甘肅省例給鈔二千錠歲收子錢以
佐供給仍以網罟賜貧民御史大夫月兒魯言舊制中
書省樞密院御史臺宣政院許得自選其人他司悉從
中書銓擇近臣不得輒奏如此則紀綱不紊帝嘉納之
以同知宣徽院事孛羅荅失爲中書左丞中書參知政
事欽察爲四川行省左丞浙江湖廣江西屬郡饑詔行
省發粟賑之丁亥使完澤借乞兒乞帶亦難往徵乞兒
吉思部禿魯花驃馬鷹鶻山東河北蒙古軍告饑遣官
賑之賜晉王部貧民鈔五萬錠己丑塔剌海塔思不花
言前乃顏叛其繫虜之人奉世祖旨俱隸版籍比者近
臣請以歸之諸王脫脫彼卽遣人拘括臣等以爲此事
具有先制今已歸脫脫所部宜令遼陽省臣薛闍干等
往諭之已拘之人悉還其主從之安西等郡旱饑以糧
二萬八千石賑之庚寅置延福司秩正三品辛卯詔唐
兀禿魯花戶籍已定其入諸王駙馬各部避役之人及
冒匿者皆有罪發卒二千人爲晉王也孫鐵木兒治邸
舍是月江浙湖廣江西河南兩淮屬郡饑於鹽茶課鈔
內折粟遣官賑之詔富家能以私粟賑貸者量授以官
保定河間晉寧等郡水德州蝗八月甲午中書省臣言
內降旨與官者八百八十餘人已除三百未議者猶五
百餘請自今越奏者勿與帝曰卿等言是自今不由中
書奏者勿與官又言外任官帶相銜非制也請勿與制
可又言以朝會應賜者爲鈔總三百五十萬錠已給者
百七十萬未給猶百八十萬兩都所儲已虛自今特奏
乞賞者宜暫停有旨自今凡以賞爲請者勿奏御史臺
臣言中書省樞密院御史臺宣政院得自選官具有成
憲今監察御史廉訪司官非本臺公選而從諸臣所請
自內降旨非祖宗成法帝曰凡若此者卿等其勿行浙
東浙西湖北江東郡縣饑遣官賑之賜山後驛戶鈔每
驛五百錠置掌儀署秩五品設令丞各一員乙未賜諸
王按灰阿魯灰北寧王迭里哥兒不花金三百五十兩
銀三千七百兩以治書侍御史烏伯都剌爲中書參知
政事戊戌御史大夫脫脫封秦國公辛丑遙北之民新
附者置傳輸粟以賑之癸卯改也里合牙營田司爲屯
田運糧萬戶府甲辰以納蘭不剌所儲糧萬石賑其旁
近饑民丙午建佛閣於五臺寺江南饑以十道廉訪司
所儲贓罰鈔賑之己酉從皇太子請陞詹事院從一品
置僉議斷事官如樞密院辛亥中書右丞孛羅鐵木兒
以國字譯孝經進詔曰此乃孔子之微言自王公達於

庶民皆當由是而行其命中書省刻板模印諸王而下
皆賜之癸丑唐兀禿魯花軍乏食發粟賑之丙辰陞闌
遺監秩三品丁巳以中書左丞王壽爲御史中丞戊午
中書平章政事乞台普濟床兀兒別不花並加太尉中
書右丞塔海加太尉平章政事以中書左丞孛羅鐵木
兒爲中書右丞東昌汴梁唐州延安澧沅歸灃興國諸
郡饑發粟賑之冀寧路地震河間眞定等郡蝗隆平文
水平遙祁霍邑靖海容城束鹿等縣水九月甲子車駕
至自上都乙丑請諡皇考皇帝大行皇帝于南郊命中
書右丞相塔剌海攝太尉行事庚午陞御史臺從一品
辛未加塔剌海塔思不花並太尉壬申命塔剌海奉玉
冊玉寶上皇考及大行皇帝尊諡廟號又上先元妃弘
吉烈氏尊諡祔于成宗廟室陞尚舍監秩正三品癸酉
太白犯右執法甲戌改太常寺爲太常禮儀院秩正二
品陞侍儀司秩正三品丙子置皇太子位典牧監秩正
三品中書省臣言內外選法向者有旨一遵世祖成制
兩宮近侍遷敘爲上所命比有應入常調者賄緣驟遷
其已仕廢黜及未嘗入仕者亦復請自內降旨臣等奏
請禁止蒙賜允從是後所降內旨復有百餘臣等已嘗
銓擇奉行第中書政務他人又得輒請責以整飭其效
寔難自今銓選錢穀請如前制非由中書議者毋得越
奏制從之又言比怯來木丁獻寶貨敕以鹽萬引與之
仍許市引九萬臣等竊謂所市寶貨旣估其直止宜給
鈔若以引給之徒壞鹽法帝曰此朕自言非臣下所請
其給之餘勿視爲例江浙饑中書省臣言請令本省官
租於九月先輸三分之一以備賑給又兩淮漕河淤澀
官議疏濬鹽一引帶收鈔二貫爲傭費計鈔二萬八千
錠今河流已通宜移以賑饑民杭州一郡歲以酒糜米
麥二十八萬石禁之便河南益都諸郡亦宜禁之制可
塔剌海言比蒙聖恩賜臣江南田百頃今諸王公主駙
馬賜田還官臣等請還所賜從之仍諭諸人賜田悉令
還官命張留孫知集賢院事領諸路道教事丁丑中書
省臣言比議省臣員數奉旨依舊制定爲十二員右丞
相塔剌海左丞相塔思不花平章床兀兒乞台普濟如
故餘令臣等議臣等請以阿沙不花塔失海牙爲平章
政事孛羅荅失劉正爲右丞郝天挺也先鐵木兒爲左
丞于璋兀伯都剌爲參知政事其班朝諸司冗員並宜
揀汰從之己卯太白犯左執法壬午改尚乘寺爲衛尉
院秩從二品甲申詔立尚書省分理財用命塔剌海塔
思不花仍領中書以脫虎脫敎化法魯忽丁任尚書省

仍俾其自舉官屬命鑄尚書省印敕弛江浙諸郡山澤之禁丙戌陞掌謁司秩三品皇太子建佛寺請買民地益之給鈔萬七百錠有奇戊子陞延慶司秩從二品己丑遣使錄囚晉王也孫鐵木兒以詔賜鈔萬錠止給八千爲言中書省臣言帑藏空竭常賦歲鈔四百萬錠各省備用之外入京師者二百八十萬錠常年所支止二百七十餘萬錠自陛下即位以來已支四百二十萬錠又應求而未支者一百萬錠臣等慮財用不給敢以上聞帝曰卿之言然自今賜予宜暫停諸人毋得奏請可給晉王鈔千錠餘移陝西省給之以中書平章政事別不花爲江浙行省平章政事辛卯御史臺臣言至元中阿合馬綜理財用立尚書省三載併入中書其後桑哥用事復立尚書省事敗又併入中書粤自大德五年以來四方地震水災歲仍不登百姓重困便民之政正在今日頃又聞爲總理財用立尚書省如是則必增置所司濫設官吏殆非益民之事也且綜理財用在人爲之若止命中書整飭未見不可臣等隱而不言懼將獲罪帝曰卿言良是此三臣願任其事姑聽其行焉是月襄陽霖雨民饑敕河南省發粟賑之十月乙未陞典寶署爲典寶監秩正三品庚子中書省奏初置中書省時太保劉秉忠度其地宜裕宗爲中書令嘗至省署勑其後桑哥遷立尚書省不四載而罷今復遷中書於舊省乞消吉徙中書令位仍請皇太子一至中書制可壬寅陞典瑞監爲典瑞院秩從二品封知樞密院事床兀兒爲容國公癸卯以舊制諸王駙馬事務皆內侍宰臣所領命中書右丞孛羅鐵木兒領之乙巳太白犯亢敕方士日者毋游諸王駙馬之門丙午詔整飭臺綱布告中外封御史大夫鐵古迭兒爲鄆國公以中衞親軍都指揮使買奴知樞密院事壬子從中書省臣言凡事不由中書輒遣使并移文者禁止之甲寅太陰犯明堂陞集賢院秩從一品將作院秩從二品丙辰以行省平章總督軍馬得佩虎符其左丞等所佩悉追納中書省奏常歲海漕糧百四十五萬石今江浙歲儉不能如數請仍舊例湖廣江西各輸五十萬石並由海道達京師從之己未塔思不花上疏言政事且辭太尉職還所降制書及印是月杭州平江水民饑發粟賑之十一月癸亥封諸王牙忽都爲楚王賜金印置王傅建佛寺於五臺山乙丑中書省臣言宿衞廩給及馬駝芻料父子兄弟世相襲者給之不當給者請令孛可孫汰之今會是年十月終馬駝九萬三千餘至來春二月闕芻六百萬束料十五萬石比又增馬五萬餘匹此國重務臣等敢以上聞有旨不當給者勿給丙寅帝朝隆福宮上皇太后玉冊玉寶丁卯太白犯房闊兒伯牙里言更用銀鈔銅錢便命中書與樞密院御史臺集賢翰林諸老臣集議以聞己巳中書省臣阿沙不花孛羅鐵木兒言臣等與闊兒伯牙里面論折銀鈔銅錢非便有旨卿等以爲不便勿行可也詔中書省官十二員脫虎脫仍領宣政院教化留京師其餘各任以職庚午盧龍灤河遷安昌黎撫寧等縣水民饑給鈔千錠以賑之辛未以塔剌海領中政院事乙亥中書省臣言大都路供億浩繁槩於屬郡取之其軍站鷹坊控鶴等戶恃其雜徭無與冒占編氓請降璽書依祖宗舊制悉令均當或輒奏請者亦宜禁止制可皇太子言近蒙恩以安西吉州平江爲分地租稅悉以賜臣臣恐宗親昆弟援例自五戶絲外餘請輸之內帑其陝西運司歲辦鹽十萬引向給安西王以此錢斟酌與臣惟陛下裁之中書計會三路租稅及鹽課所入鈔四十萬錠有旨皇太子所思甚善歲以十萬錠給之不足則再賜樂工殿人刑部捕之玉宸樂院長謂玉宸與刑部秩皆三品官皆榮祿大夫留不遣中書以聞帝曰凡諸司視其資級授之散官不可超越其閑冗職名官高者遵舊制降之建康路屬州縣饑詔免今年酒醋課丙子太陰犯東斗丁丑中書省臣言前爲江南大水以茶鹽課折收米賑饑民今商人輸米中鹽以致米價騰湧百姓雖獲小利終爲無益臣等議茶鹽之課當如舊從之戊寅授皇太子玉冊己卯以皇太子受冊禮成帝御大明殿受諸王百官朝賀庚辰中書省臣言皇太子謂臣等曰吾之分地安西平江吉州三路遵舊制自達魯花赤之外悉從常選其常選宜速擇才能有旨其擇人任之乙酉太陰犯亢詔皇太后軍民人匠等戶租賦徭役有司勿與並隸徽政院陞太僕院秩從二品丁亥杭州平江等處大饑發糧五十萬一千二百石賑之庚寅賜太師月赤察兒江南田四十頃時賜田悉奪還官中書省爲言有旨月赤察兒自世祖時積有勳勞非餘人比宜以前後所賜合百頃與之仍敕行省平章別不花領其歲入辛卯辰星犯歲星從皇太子請御史臺檢覈詹事院文案十二月壬辰朔中書省臣言舊制金虎符及金銀符典瑞院掌之給則由中書事已則復歸典瑞院今出入多不由中書下至商人結託近侍奏請以致泛濫出而無歸臣等請覈之自後除官及奉使應給者非由中書省勿給從之又言今國用甚多帑藏已乏用及鈔母非宜鹽引向從運司與民爲市今權時制宜從戶部鬻鹽引八十萬便有旨今歲姑從所請後勿復行又言太府院爲內藏世祖成宗朝遇重賜則取給中書今所賜有踰千錠至萬錠者皆取之太府比者太府取五萬錠已支二萬矣今復以乏告請自後內府所用數多者仍取之中書帝曰此朕特旨後當從所奏乙未赤塔塔兒等擾檀州民强取米粟六百餘石詔官訊之辛丑幸大聖壽萬安寺授吏部尚書察乃平章政事領工部事癸卯以漢軍萬人屯田和林命留守司以來歲正月十五日起燈山於大明殿後延春閣前庚戌陞行泉府司爲泉府院秩正二品以蒙古萬戶禿監鐵木兒有平內難功加鎮國上將軍陞皇太子典醫署爲典醫監秩正三品山東河南江浙饑禁民釀酒丁巳以中書省言國用浩穰民貧歲歉詔宣政院併省佛事大都上都二驛設敕授官二員餘驛一員敕諸王公主駙馬使臣給璽書驛劵不許輒用圓符乘驛中書省臣言驛戶疲乏宜量事給驛今經費浩大其收售寶貨權宜停罷又陛下即位詔書不許越職奏事比者近侍奏除官丐賞者皆自內降旨請今不經中書省勿行又刑法者譬之權衡不可偏重世祖已有定制自元貞以來以作佛事之故放釋有罪失於太寬故有司無所遵守今請凡內外犯法之人悉歸有司依法裁決又各處民饑除行宮外工役請悉停罷皆從之又言律令者治國之急務當以時損益世祖嘗有旨金泰和律勿用令老臣通法律者參酌古今從新定制至今尚未行臣等謂律令重事未可輕議請自世祖即位以來所行條格校讎歸一遵而行之制可庚申詔曰仰惟祖宗應天撫運肇啓疆宇華夏一統罔不率從逮朕嗣服丕圖纘膺景命遵承詒訓恪慕洪規祗揚畏競未知攸濟永思創業艱難之始兢然軫念而守成萬事之統在予一人故自即位以來溥從寬大量能授官俾勤乃職夙夜以永康兆民爲急務間者歲比不登流民未還官吏並緣侵漁上下因循和氣乖戾是以責任股肱耳目大臣思所以盡瘁贊襄嘉猷朝夕入告朕命惟允庶事克諧樂與率土之民共享治安之化邇寧遠肅顧不韙歟可改大德十二年爲至大元年誕布惟新之令式孚永固之休存恤征戍蒙古漢軍拯治站赤消乏弛山場河泊蘆蕩禁囿獵飛放毋得騷擾百姓招誘流移人戶禁投屬怯薛歹鷹房避役濫請錢糧勸農桑興學校議貢舉旌賞孝弟力田懲戒游惰政令得失許諸人上書陳言僧道也里可溫荅失蠻並依舊制納稅凡選法錢糧刑名造作一切公事近侍人員毋得隔越聞奏敕內庭作佛事毋釋重囚以輕囚釋之

至大元年春正月辛酉朔曲赦御史臺見繫犯贓官吏罪止徵贓罷職癸亥敕樞密院發六衞軍萬八千五百人供旺兀察都建宮工役甲子授中書平章政事阿沙不花右丞相行御史大夫丙寅從江浙行省請罷行都水監以其事隸有司立皇太子位典幄署承和署秩並正五品丁卯以中書右丞也罕的斤爲平章政事議陝西省事己巳紹興台州慶元廣德建康鎮江六路饑死者甚衆饑戶四十六萬有奇戶月給米六斗以沒入朱清張瑄物貨隸徽政院者鬻鈔三十萬錠賑之特授乳母夫壽國公楊燕家奴開府儀同三司己巳緬國進馴象六辛未樞密院臣言先奉旨以中衞親軍隸皇太子位皇太子謂臣等曰世祖立五衞以應五方去一不可宜各翼選漢軍萬人別立一衞帝以爲然敕知院事鐵木兒不花等摘漢軍萬人別立衞甲戌中書省臣言進海東青鶻者當乘驛馬五百不數敕遣怯列應童括民間車馬兵部請以各驛馬陸續而進勿括爲便從之改徽政院人匠總管府爲繕珍司秩正三品己卯陞中尚監爲中尚院秩從二品幽王出伯進玉六百一十五斤賜金千五百兩銀二萬兩鈔萬錠從人四萬錠寬闊也先孛可等金二千三百兩銀一萬七百兩鈔三萬九千一百錠甲申勑床兀兒除登極恩例外特賜金五百兩銀千兩鈔二千錠戊子皇太子請以阿沙不花復入中書脫脫復入御史臺己酉中書省臣言阿失鐵木兒請遣敎化的詣河西地采玉馱攻玉沙需馬四十餘匹采玉人千餘臣等以爲不急之務勞民乞罷之又言近百姓艱食盜賊充斥苟不嚴治將至滋蔓宜遣使巡行遇有罪囚即行決遣與隨處官吏共議弭盜方畧明立賞罰或匿盜不聞或期會不至或踰期不獲者官吏連坐又言江浙行省海賊出沒殺虜軍民其已獲者例合結案待報宜從中書省也可扎魯忽赤遣官同行省行臺宣慰司廉訪司審錄無冤棄之於市其未獲者督責追捕自首者原罪給粟能禽其黨者加賞有旨弭盜安民事爲至重宜即議行之封諸王也先鐵木兒爲營王以乳母夫斡耳朶爲司徒二月癸巳立鷹坊爲仁虞院秩正一品以右丞相脫脫遙授左丞相禿剌鐵木兒也可扎魯忽赤月里赤並爲仁虞院使汝寧歸德二路旱蝗民饑給鈔萬錠賑之甲午增泉府院副使同僉各一員

益都濟寧般陽濟南東平泰安大饑遣山東宣慰使王佐同廉訪司覈實賑濟爲鈔十萬二千二百三十七錠有奇糧萬九千三百四十八石乙未中書省臣言陛下登極以來錫賞諸王恤軍力賑百姓及殊恩泛賜帑藏空竭豫賣鹽引今和林甘肅大同隆興兩都軍糧諸所營繕及一切供億合用鈔八百二十餘萬錠往者或遇匱急奏支鈔本臣等固知鈔法非輕曷敢輒動然計無所出今乞權支鈔本七百一十餘萬錠以周急用不急之費姑後之帝曰卿等言是泛賜者不以何人毋得蒙蔽奏請陞尚舍監爲尚舍寺秩正三品丙申立甄用監秩正三品隸徽政院淮安等處饑從河南行省言以兩浙鹽引十萬貿粟賑之戊戌以上都衛軍三千人赴旺兀察都行宮工役壬寅中書省臣言賁赤擾害檀州民敕遣人往訊其辭伏者宜加罪有旨勿問臣等以爲非宜已辭伏者先爲决遣帝曰俟其獵畢治之從皇太子請改詹事院使爲詹事副詹事爲少詹事院判爲丞立尚服院秩從二品中書省臣言陝西行省言開成路前者地震民力重困已免賦二年請再免今年從之甲辰賜國王和童金二百五十兩銀七百五十兩立皇太子衛率府發軍千五百人修五臺山佛寺命有司市邸舍一區以賜丞相赤因鐵木兒爲鈔萬九千四百錠丁未用丞相瓜頭言設尚冠尚衣尚鞶尚沐尚輦尚飾六奉御秩五品凡四十八員隸尚服院甲寅和林貧民北來者衆以鈔十萬錠濟之仍於大同隆興等處糴糧以賑就令屯田諸内侍太醫陰陽樂人毋援常選散官以綱畧給和林饑民戊午遣不達達思等送爪哇使還己未以皇太子建佛寺立營繕署秩五品三月庚申朔中書省臣言鄃王拙忽難人戸散失詔有司括索臣等議昔阿只吉括索所失人戸成宗慮其爲例不許今若括索未免擾民且諸王必多援例乞寢其事從之又莊聖皇后及諸王忽禿禿人戸散入他郡阿都赤脫歡降璽書俾括索陝西行省及眞定等路言百姓均在國家版籍今所遣使輒奪軍驛編民等戸非宜中書省臣以聞帝曰彼奏誤也卿等速追以還賜鎭南王老章金五百兩銀五千兩鈔二千錠幣帛八百匹也先不花牙兒昔金各二百五十兩銀七百五十兩鈔二千錠乙丑太陰犯井以北來貧民八十六萬八千戸仰食於官非久計給鈔百五十萬錠幣帛準鈔五十萬錠命太師月赤察兒太傅哈剌哈孫分給之罷其廩給賜諸王八亦忽金百五十兩銀七百五十兩丁卯建興聖宮給鈔五萬錠絲二萬斤遣使祀五嶽四瀆名山大川諸王賜八不沙金五百兩銀五千兩復立白雲宗攝所秩從一品設官三員戊寅車駕幸上都建佛寺於大都城南立驥用資武二庫秩正五品隸府正司陞太史院秩從二品司天臺秩正四品封中書右丞相行平章政事阿沙不花爲康國公以甘肅行省右丞脫脫木兒爲中書平章政事加大司徒賜晉王所部五百四十七人鈔五萬二千九百六十錠定王藥木忽兒金千五百兩銀三萬兩鈔萬錠衛士五十三人鈔萬六百錠乙卯命翰林國史院纂脩順宗成宗實錄壬午嗣漢天師張與材來朝加金紫光祿大夫封留國公夏四月戊戌中書省臣言請依元降詔敕勿超越授官泛濫賜賚帝曰卿等言是朕累有旨止之又復蒙蔽以請自今縱有旨卿等其覆奏罪之詔以永平路鹽課賜祥哥剌吉公主中書省臣執不可從之賜諸王木南子金五十兩銀千兩鈔千錠賜皇太子位鷹坊鈔二十萬錠戊戌封三寶奴爲渤國公香山爲賓國公加鐵木迭兒右丞相都護買住中書右丞立皇太子位人匠總管府秩正三品癸卯加授平章政事教化太子太保太尉平章軍國重事魏國公甲辰陞典瑞監爲典瑞院秩從二品知樞密院事也兒吉尼遙授右丞相辛亥樞密院臣言諸王各用其印符乘驛使臣旁午驛戸困乏宜準舊制量其馬數降以璽書奏可乙卯遣米楫等使蘇魯國丙辰高麗國王王昛言陛下令臣還國復設官行征東行省事高麗歲數不登百姓乏食又數百人仰食其土則民不勝其困且非世祖舊制帝曰先請立者以卿言今請罷亦以卿言其準世祖舊制速遣使往罷之五月丙寅降英德路爲州知樞密院事塔魯忽台遙授左丞相丁卯御史臺臣言成宗朝建國子監學迄今未成皇太子請畢其功制可己巳管城縣大雨雹緬國進馴象六乙亥知樞密院事憨剌合兒遙授左丞相丙子以諸王及西番僧從駕上都途中擾民禁之禁白蓮社毀其祠宇以其人還隸民籍御史臺臣言比奉旨罷不急之役今復爲各官營私宅臣等以爲俟旺兀察都行宮及大都五臺寺畢工然後從事爲宜有旨除瓜頭三寶奴所居餘悉罷之授右丞相塔思不花上柱國監修國史加左丞相乞台普濟太子太傅辛巳中書省臣言舊制樞密院御史臺宣政院得自選官諸官府必由中書省奏聞還調宜申嚴告諭制可癸未濟南般陽雨雹甲申立大同侍衛親軍都指揮使司以丞相赤因鐵木兒爲使摘通惠河漕卒九百餘人隸之漕事如故渭源縣旱饑給糧一月眞定大名廣平有蟲食桑寧夏府水晉寧等處蝗東平東昌益都蝝六月己丑渤國公三寶奴加錄軍國重事中書右丞相應國公太子詹事平章軍國重事大司農曲出加太子太保左丞相脫脫加上柱國太尉遙授參知政事行詹事丞大慈都加平章軍國重事甲午改太子位承和署爲典樂司秩正三品丁酉鞏昌府隴西寧遠縣地震雲南烏撒烏蒙三日之中地大震者六戊戌大都饑發官廩減價糶貧民戸出印帖委官監臨以防不均之弊中書省臣言江浙行省管內饑賑米五十三萬五千石鈔十五萬四千錠麵四萬斤又流民戸百三十三萬九百五十有奇賑米五十三萬六千石鈔十九萬七千錠鹽折直爲引五千令行省行臺遣官臨視內郡江淮大饑免今年常賦及夏稅益都水民饑采草根樹皮以食免今歲差徭仍以本路稅課及發朱汪利津兩倉粟賑之封藥木忽兒爲定王駙馬阿失爲昌王並賜金印以司徒平章政事領大司農李邦寧遙授左丞相辛丑以沒入朱淸張瑄田產隸中宮立江浙財賦總管府提舉司己酉減太常禮儀院官二十七員爲八員河南山東大饑有父食其子者以兩道沒入贓鈔賑之加乞台普濟錄軍國重事是月保定眞定蝗秋七月庚申流星起自勾陳南行圓若車輪微有鋭經貫索滅敕以金銀歲入數少自今毋問何人以金銀爲請奏及托之奏者皆抵罪又各處行省宣慰司等官多以結托來京師今後非奉朝命毋赴闕雲南湖廣河南四川盜賊竊發諭軍民官用心撫治立廣武康里侍衛親軍都指揮使司以中書平章政事阿沙不花爲都指揮使壬戌皇子和世瑓請立總管府領提舉司四括河南歸德汝寧境內瀕河荒地約六萬餘頃歲收其租令河南省臣高興總其事中書省臣言瀕河之地出沒無常遇有退灘則爲之主先是有亦馬罕者妄稱省委括地蠶食其民以有主之田俱爲荒地所至騷動民高榮等六百人訴於都省追其驛劵方議其罪遇赦獲免今乃獻其地于皇子且河南連歲水災人方鬬食若從所請設立官府爲害不細帝曰安用多言其止勿行禁鷹坊於大同隆興等處縱獵擾民築呼鷹臺於漷州澤中發軍千五百人助其役旺兀察都行宮成立中都留守司兼開寧路都總管府丙寅復置泰安州之新泰縣辛卯濟寧大水入城詔遣官以鈔五千錠賑之己巳眞定淫雨水溢入自南門下及槀城溺死者百七十七人發米萬七百石賑之辛未立御香局秩正五品壬申太白犯左執法香山加太子太傅遣塔察兒等九人使諸王寬闍遣月魯等十二人使諸王脫脫癸酉詔諭安南國曰惟我國家以武功定天下文德懷遠人乃眷安南自乃祖乃父世修方貢朕甚嘉之邇者先皇帝晏駕朕方撫軍朔方爲宗室諸王貴戚元勳之所推戴以謂朕乃世祖嫡孫裕皇正派宗藩効順於外臣民屬望於下人心所共神器有歸朕俯徇輿情大德十一年五月二十一日卽皇帝位於上都今遣少中大夫禮部尚書阿里灰朝請大夫吏部侍郎李京朝列大夫兵部侍郎高復禮諭旨尚體同仁之視益堅事大之誠輯寧爾邦以稱朕意又以管祝思監爲禮部侍郎朶兒只爲兵部侍郎使緬國遣脫里不花等二十人使諸王合兒班荅弛上都酒禁壬午置皇太子司議郎秩正五品封乃蠻帶爲壽王癸未樞密院臣言世祖時樞密臣六員成宗時增至十三員今署事者三十二員乞省之敕罷塔思帶等一十一人甲申太師淇陽王月赤察兒請置王傅中書省臣謂異姓王無置傅例不許乙酉以拳虎人徹兒怯思爲監察御史是月以左丞相塔思不花爲中書右丞相太保乞台普濟爲中書左丞相內外大小事務並聽中書省區處諸王公主駙馬勢要人等毋得攙擾沮壞近侍臣員及內外諸衙門毋得隔越聞奏各處行省宣慰司及在外諸衙門等官非奉聖旨并中書省明文毋得擅自離職乘驛赴京營幹私事江南江北水旱饑荒已嘗遣使賑恤者至大元年差發官稅並行除免八月戊子大寧雨雹丙申御史臺臣言奉勅逮監察御史撒都丁赴上都世祖成宗迄於陛下累有明旨監察御史乃朝廷耳目中外臣僚作姦犯科有不職者聽其糾劾治事之際諸人毋得與焉邇者鞫問刑部尚書烏剌沙贓罪蒙玉音獎諭諸御史皆被錫賚臺綱益振今撒都丁被逮同列皆懼所係非小乞寢是命申明臺憲之制諸人毋得與聞制可辛丑以中都行宮成賞官吏有勞者工部尚書黑馬而下並陞二等賜塔剌兒銀二百五十兩同知察乃通政使塔利赤同知留守蕭珍工部侍郎荅失蠻金二百兩銀一千四百兩軍人金二百兩銀八百兩死於木石及病沒者給鈔有差癸卯加中書右丞領將作院呂天麟大司徒戊申立中都萬億司寧夏立河渠司秩五品官二員參以二僧爲之特授瓜頭太師賜諸王脫歡金二百兩銀二千五百兩鈔二千錠阿里不花金百兩銀千兩鈔千錠己酉大同隕霜殺禾甲寅李邦寧以建香殿成賜金五

十兩銀四百五十兩乙卯中書省臣言外臺行省及諸人應詔言事未敢一一上煩聖聽請集朝臣議擇其切於事者小則輒行大則以聞從之揚州淮安蝗九月丙辰以內郡歲不登諸都人馬之入都城者減十之五中書省臣言夏秋之間鞏昌地震歸德暴風雨泰安濟寧真定大水廬舍蕩析人畜俱被其災江浙饑荒之餘疫癘大作死者相枕籍父賣其子夫鬻其妻哭聲震野有不忍聞臣等不才猥當大任雖欲竭盡心力而聞見淺狹思慮不廣以致政事多舛有乖陰陽之和百姓被其災殃願退位以避賢路帝曰災害事有由來非爾所致汝等但當慎其所行立怯憐口提舉司秩正五品設官四員高麗國王王𤨒卒命雪尼台鐵木察使薛迷思干部己未陞中政院秩從一品辛酉遣人使諸王察八兒寬闍所壬戌太尉脫脫奏泉州大商合只鐵即剌進異木沉檀可構宮室者敕江浙行省驛致之癸亥萬戶也列門合散來自薛迷思干等城進呈太祖時所造戶口青冊賜銀鈔幣帛有差丙寅蒲縣地震癸酉陞內史府爲內史院秩正二品乙亥車駕至自上都弛諸路酒禁戊寅泉州大商馬合馬丹的進珍異及寶帶西域馬庚辰以高麗國王王璋嗣高麗王諸王禿滿進所藏太宗玉璽封禿滿爲陽翟王賜金印中書省臣言奉旨連歲不登從駕四衞一衞約四百人所給芻粟自如常例給各部者減半臣等議大都去歲飼馬九萬四千疋今請減爲五萬疋外路飼馬十一萬九千餘疋今請減爲六萬疋自十月十五日爲始又言薛迷思干塔剌思塔失玄等城三年民賦以輸縣官今因薛尼台鐵木察往彼宜令以二年之賦與寬闍給與元輸之人以一年者上進並從之癸未太陰犯熒惑立中都虎賁司特授承務郎直省舍人藏吉沙資善大夫行泉府院使冬十月庚寅爲太師伬頭建第給鈔二萬錠癸巳蒲縣陵縣地震甲午以阿沙不花知樞密院事丁酉以大都艱食復糶米十萬石減其價以賑之以其鈔於江南和糴大都權酤賜皇太子金千兩辛丑太白犯南斗癸卯中書省臣請以湖廣米十萬石貯於揚州江西江浙海漕三十萬石內分五萬石貯朱汪利津二倉以濟山東饑民從之敕凡持內降文記買河間鹽及以諸王駙馬之言至運司者一切禁之持內降文記不由中書者聽運司以聞禁奉符長清泗水章丘霑化利津無棣七縣民田獵甲辰從帝師請以釋教都總管朵兒只八兼領囊八地產錢物爲都總管府達魯花赤總其財賦以西番僧教瓦班爲翰林承旨左丞相知樞密院事鐵木兒不花加錄軍國重事中書右丞司徒禿忽魯河南江北行省右丞也速內史脫孛花並知樞密院事乙巳改護國仁王寺昭應規運總管府爲會福院秩從二品丙午立興聖宮掌醫監秩正三品十一月己未中書省臣言世祖時省院臺及諸司皆有定員後畧有增者成宗已嘗有旨併省邇者諸司遞陞四品者三品三品者二品二品者一品一司甚至二三十員事不改舊而官日增請依大德十年已定員數冗濫者從各司自與減汰衙門既陞諸吏止從舊秩出官果應例者自如選格從之庚申太白晝見以軍五千人供造寺工役增官吏俸以至元鈔依中統鈔數給之止其祿米歲該四十萬石吏員以九十月出身如舊制詔免紹興慶元台州建康廣德田租紹興被災尤甚今歲又旱凡佃戶止輸田主十分之四山場河濼商稅截日免之諸路小稔審被災者免之乙丑賜諸王南木忽里金印丁卯中書省臣言今銓選錢糧之法盡壞廩藏空虛中都建城大都建寺及爲諸貴人營私第軍民不得休息適者用度愈廣每賜一人輒至萬錠惟陛下矜察又言銓選錢糧諸司乞毋干預帝曰已降制書令諸人毋干中書之政他日或有乘朕忽忘持內降文記及傳旨至中書省其執之以來朕將加罪以也兒吉兒爲御史大夫己巳以乞台普濟爲右丞相脫脫爲左丞相既又從脫脫言以塔思不花與乞台普濟俱爲右丞相中書省臣言國用不給請沙汰宣徽太府利用等院籍定應給人數其在上都行省者委官裁省又行泉院專以守寶貨爲任宜禁私獻寶貨者又天下屯田百二十餘所由所用者多非其人以致廢弛除四川甘州應昌府雲南爲地絕遠餘當選習農務者往與行省宣慰司親履其地可興者興可廢者廢各具籍以聞並從之詔開寧路及宣德雲州工役供億浩繁其賦稅除前詔已免三年外更免一年辛巳罷益都諸處合剌赤等狩獵以銀七百五十兩鈔二千二百錠幣帛三百疋施昊天寺爲水陸大會癸未皇太后造寺五臺山摘軍六千五百人供其役閏十一月己丑以大都米貴發廩十萬石減其價以糶賑貧民北來饑民有鬻子者命有司爲贖之乙未賜故中書右丞相完澤妻金五百兩銀千五百兩丙申罷江南進沙糖止富民輸粟賑饑補官丁酉禁江西湖廣汴梁私捕鴛鴦己亥罷遼陽省進雕豹貴赤衞受烏江縣達魯花赤獻私戶萬令隸縣官壬寅乞台普濟乞賜固安田二百餘頃從之乙巳中書省臣言回回商人持璽書佩虎符乘驛馬名求珍異既而以一豹上獻復邀回賜似此甚衆臣等議虎符國之信器驛馬使臣所需今以畀諸商人誠非所宜乞一槩追之制可罷順德廣平鐵冶提舉司聽民自便有司稅之如舊丁未復立汴梁路之項城縣以杭州紹興建康等路歲比饑饉今年酒課免十分之三勅河西僧戶準先朝定制從軍輸稅一與民同甲寅荅剌罕哈剌哈孫卒十二月庚申封和郎撒爲隴王賜金印平江路民有隸謹的里部者依舊制差賦與民一體均當雲南畏吾兒一千人居荊襄雲南省臣言世祖有旨使歸雲南以佐征討中書省臣議發還爲是從之中都立開寧縣降隆興爲源州陞蔚州爲蔚昌府省河東宣慰司以大同路隸中都留守司冀寧晉寧二路隸中書省甲戌以平章政事商議中書省事太子賓客王太亨行太子詹事平章軍國重事太子少詹事大慈都爲太子詹事賜御史臺官及監察御史宴服

元史卷二十三

明翰林學士亞中大夫知制誥兼修國史宋　濂等修

本紀第二十三

武宗二

二年春正月己丑從皇太子請罷宮師府設賓客諭德贊善如故庚寅越王禿剌有罪賜死禁日者方士出入諸王公主近侍及諸官之門辛卯皇太子諸王百官上尊號曰統天繼聖欽文英武大章孝皇帝乙未恭謝太廟丙申詔天下弛山澤之禁恤流移毋令見戶包納差稅被災百姓內郡免差稅一年江淮免夏稅內外大小職官普覃散官一等有出身人考滿者加散官一等己亥封知樞密院事容國公床兀兒爲句容郡王乙巳塔思不花乞台普濟言諸人恃恩徑奏璽書不由中書直下翰林院給與者今覈其數自大德六年至至大元年所出凡六千三百餘道皆于田土戶口金銀鐵冶增餘課程進貢奇貨錢穀選法詞訟造作等事害及於民請盡追奪之今後有不由中書者乞勿與制可丙午定制大成至聖文宣王春秋二丁釋奠用太牢戊申迭里帖木兒不花進鷹犬命歲以幣帛千匹鈔千錠與之二月戊午鑄金印賜句容郡王床兀兒賑真定路饑民糧萬石塔塔境六千石癸亥皇太子幸五臺佛寺罷行泉府院以市舶歸之行省乙丑以和林屯田去秋收九萬餘石其宣慰司官吏部校軍士給賞有差己巳太陰犯亢辛未太陰犯氐詔國王部及忽里合赤兀魯帶朵來等軍九千五百人赴和林壬申令各衞董屯田官三年一易甲戌弛中都酒禁三月己丑遼陽行省右丞洪重喜訴高麗國王王章不奉國法恣暴等事中書省臣請令重喜與高麗王辯對敕中書毋令辯對令高麗王從太后之五臺山梁王在雲南有風疾以諸王老的代梁王鎮雲南賜金二百五十兩銀七百五十兩從者幣帛有差庚寅車駕幸上都摘五衞軍五千人隸中都虎賁司封諸王也不干爲褒寧王辛卯罷杭州白雲宗攝所立湖廣頭陀禪錄司丙寅賜雲南王老的金印戊戌太陰犯氐己亥熒惑犯歲星封公主阿剌的納八剌爲趙國公主駙馬汪安爲趙王甲辰中書省臣言國家歲賦有常頃以歲儉所入曾不及半而去歲所支鈔至千萬錠糧三百萬石陛下嘗命汰其求芻粟者而宣徽院孛可孫竟不能行視去歲反多三十萬石請用知錢穀者二三員於宣徽院佐而理之又中書省斷事官大德十年四十三員今皇太子位增二員諸王闊闊出剌馬甘禿剌亦各增一員非舊制臣等以爲皇太子位所增宜存諸王者宜罷並從之陞掌醫署爲典醫監乙巳中書省臣言中書爲百司之首宜先汰冗員帝曰百司所汰卿等定議省臣去留朕自思之己酉濟陰定陶雹夏四月甲寅中書省臣言江浙杭州驛半歲之間使人過者千二百餘有桑兀寶合丁等進獅豹鴉鶻留二十有七日人畜食肉千三百餘斤請自今遠方以奇獻異寶來者依驛遞其商人因有所獻者令自備資力從之辛酉立興聖宮江淮財賦總管府詔諭中外癸亥摘漢軍五千給田十萬頃於直沽沿海口屯種又益以康里軍二千立鎮守海口屯儲親軍都指揮使司壬午詔中都創皇城角樓中書省臣言今農事正殷蝗蝝徧野百姓艱食乞依前旨罷其役帝曰皇城若無角樓何以壯觀先畢其功餘者緩之以建新寺鑄提調監造三品銀印益都東平東渚濟寧河間順德廣平大名汴梁衞輝泰安高唐曹濮德揚滁高郵等處蝗五月丁亥以通政院使憨剌合兒知樞密院事董建興聖宮令大都留守養安等督其工丁酉以陰陽家言自今至聖誕節不宜興土功敕權停新寺工役甲辰御史臺臣言乘輿北幸而京師工役正興加之歲旱乏食民愚易惑所關甚重乞留一

丞相鎭京師後爲例制可六月癸亥遣官督捕蝗從皇
太子言禁諸賜田者馳驛徵租擾民庚午中書省臣言
奉旨旣停新寺工役其亭苑鷹坊諸役乞并罷又太醫
院遣使取藥材於陝西四川雲南費公帑勞驛傳臣等
議事干錢糧隔越中書省徑行乞禁止並從之以益都
濟南般陽三路寧海一州屬宣慰司餘並令直隸省部
以大都隸儒籍者四十戶充文廟樂工從皇太子請改
典樂司提點大使等官爲卿少卿丞甲戌以宿衞之士
比多冗雜遵舊制存蒙古色目之有閥閱者餘皆革去
皇太子言宣政院先奉旨毆西番僧者截其手詈之者
斷其舌此法昔所未聞有乖國典且於僧無益僧俗相
犯已有明憲乞更其令又言宣政院文案不檢覈於憲
章有礙遵舊制爲宜並從之乙亥中書省臣言河南江
浙省言宣政院奏免僧道也里可溫荅失蠻租稅臣等
議田有租商有稅乃祖宗成法今宣政院一體奏免非
制有旨依舊制徵之是月金城崞州源州雨雹延安之
神木碾谷盤西神川等處大雨雹霸州檀州涿州良鄉
舒城歷陽合肥六安江寧句容溧水上元等處蝗秋七
月癸未河決歸德府境壬辰宣政院臣言武靖王搠思
班與朶思麻宣慰司言松潘疊宕威茂州等處安撫司
管內西番秃魯卜降胡漢民四種人雜處非遣經歷蔡
懋昭往蛇谷隴迷招之降其八部戶萬七千皆數百年
負固頑獷之人酋長令眞巴等八人已詣廷見今令眞
巴謂其地隣接四川未降者尚十餘萬宣撫司官皆他
郡人不知蠻夷事宜纔至成都灌州畏懼卽返何以撫
治宜改安撫司爲宣撫司遷治茂州徙松州軍千人鎭
遏爲便臣等議宜從其言詔改松潘疊宕威茂州安撫
司爲宣撫司遷治茂州汶川縣秩正三品以八兒思的
斤爲宣撫司達魯花赤蔡懋昭爲副使並佩虎符乙未
復置贛州龍南安遠二縣以河西二十驛往來使多馬
數旣少民力耗竭命中書省樞密院通政院於諸部撥
戶增馬以濟之樂實言鈔法大壞請更鈔法圖新鈔式
以進又與保八議立尚書省詔與乞台普濟塔思不花
赤因鐵木兒脫虎脫集議以聞己亥河決汴梁之封丘
甲辰改昔保赤八剌合孫總管府爲奉時院乙巳保八
言臣與塔思不花乞台普濟等集議立尚書省事臣今
竊自思之政事得失皆前日中書省臣所爲今欲舉正
彼懼有累孰願行者臣今不言誠以大事爲懼陛下若
矜憐保八樂實所議請立尚書省舊事從中書新政從
尚書尚書請以乞台普濟脫虎脫爲丞相三寶奴樂實
爲平章保八爲右丞王羆參知政事姓江者畫鈔式以
爲印鈔庫大使並從之塔思不花言此大事遽爾更張
乞與老臣更議帝不從是月濟南濟寧般陽曹濮德高
唐河中解絳耀同華等州蝗八月壬子中書省臣言甘
肅省僻在邊垂城中蓄金穀以給諸王軍馬世祖成宗
嘗修其城池近撒的迷失擅興兵甲掠豳王出伯輜重
民大驚擾今撒的迷失已伏誅其城若不修慮啓寇心
又沙瓜州摘軍屯田歲入糧二萬五千石撒的迷失叛
不令其軍入屯遂廢今乞仍舊遣軍屯種選知屯田地
利色目漢人各一員領之皆從之癸酉立尚書省以乞
台普濟爲太傅右丞相脫虎脫爲左丞相三寶奴樂實
爲平章政事保八爲右丞忙哥鐵木兒爲左丞王羆爲
參知政事中書左丞劉楫授尚書左丞商議尚書省事
詔告天下甲寅敕以海剌孫昔與伯顏阿术平江南知
兵事可授平章政事商議樞密院事以阿速衞軍五百
人隸諸王怯里不花駐和林給鈔萬五千錠人備四馬
己未立皇太子右衞率府秩正三品命尚書右丞相脫
虎脫御史大夫不里牙敦並領右衞率府事尚書省臣
言中書省尚有逋欠錢糧應追理者宜存斷事官十人
餘皆併入尚書省又言往者大辟獄具尚書省議定令
中書省裁酌以聞宜依舊制從之以江西等處行中書
省參知政事郝彬爲尚書省參知政事甲戌賜太師瓜
頭名脫兒赤顏丁丑永平路隕霜殺禾己卯三寶奴言
尚書省立更新庶政變易鈔法用官六十四員其中宿
衞之士有之品秩未至者有之未歷仕者有之此皆素
習於事旣已任之乞勿拘例授以宣敕制可詔天下敢
有沮撓尚書省事者罪之眞定保定河間順德廣平彰
德大名衞輝懷孟汴梁等處蝗九月庚辰朔以尚書省
條畫詔天下改各行中書省爲行尚書省詔朝廷得失
軍民利害臣民有上言者皆得實封上聞在外者赴所
屬轉達各處人民饑荒轉徙復業者一切逋欠並行蠲
免仍除差稅三年田野死亡遺骸暴露官爲收拾頒行
至大銀鈔詔曰昔我世祖皇帝旣登大寶始造中統交
鈔以便民用歲久法隳亦旣更張印造至元寶鈔逮今
又復二十三年物重鈔輕不能無弊迺循舊典改造至
大銀鈔頒行天下至大銀鈔一兩準至元鈔五貫白銀
一兩赤金一錢隨路立平準行用庫買賣金銀倒換昏
鈔或民間絲綿布帛赴庫回易依驗時估給價隨處路
府州縣設立常平倉以權物價豐年收糴粟麥米穀值
青黃不接之時比附時估減價出糶以遏沸湧金銀私
相買賣及海舶興販金銀銅錢綿絲布帛下海者並禁
之平準行用庫常平倉設官皆於流官內銓注以二年
爲滿中統交鈔詔書到日限一百日盡數赴庫倒換茶
鹽酒醋商稅諸色課程如收至大銀鈔以一當五頒行
至大銀鈔二兩至一釐定爲一十三等以便民用壬午
江南行臺劾平章政事敎化詐言家貧冒受賜貨物折
鈔二萬錠且其人素行無一善可稱魏國公尊爵也豈
宜授之請追奪爲宜制可癸未尚書省臣言古者設官
分職各有攸司方今地大民衆事益繁冗若使省臣總
挈綱領庶官各盡厥職其事豈有不治頃歲省務壅塞
朝夕惟署押文案事皆廢弛天裁民困職此之由自今
以始省部一切皆令從宜處置大事或須上請得旨卽
行用成至治上順天道下安民心又言國家地廣民衆
古所未有累朝格例前後不一執法之吏輕重任意請
自太祖以來所行政令九千餘條刪除繁冗使歸於一
編爲定制並從之以大都城南建佛寺立行工部領行
工部事三人行工部尚書二人仍令尚書右丞相脫虎
脫兼領之丙戌車駕至大都戊子尚書省臣言翰林國
史院先朝御容實錄皆在其中鄉置之南省今尚書省
復立倉卒不及營建請買大第徙之制可壬辰賜高唐
王注安金五千兩銀五萬兩癸巳以薪價貴禁權豪畜
鷹犬之家不得占據山場聽民樵采三寶奴言冀寧大
同保定眞定以五臺建寺所須皆直取於民宜免今年
租稅從之丙申御史臺臣言頃年歲凶民疫陛下哀矜
賑之獲濟者衆今山東大饑流民轉徙乞以本臺沒入
贓鈔萬錠賑救之制可丁酉御史臺臣言比者近幸爲
人奏請賜江南田千二百三十頃爲租五十萬石乞拘
還官從之己亥尚書省臣言今國用需中統鈔五百萬
錠前者嘗借支鈔本至千六十萬三千一百餘錠今乞
罷中統鈔以至大銀鈔爲母至元鈔爲子仍撥至元鈔
本百萬錠以給國用大都立資國院秩正二品山東河
東遼陽江淮湖廣川漢立泉貨監六秩正三品產銅之
地立提舉司十九秩從五品尚書省臣言三宮內降之
旨曩中書省奏請勿行臣等謂宜仍舊行之儻於大事
有害則復奏請帝是其言又言中書之務乞以盡歸臣
等至元二十四年凡宣敕亦尚書省掌之今臣等議乞
從尚書省任人而以宣敕散官委之中書從之占八國
王遣其弟扎剌奴等來貢白面象伽藍木合魯納荅思
秃堅鐵木兒桑加失里等奏請遣人使海外諸國以秃
堅張也先伯顏使不憐八孫薛徹兀李唐徐伯顏使八
昔察罕亦不剌金楊忽荅兒阿里使占八以陝西行臺
大夫大司徒沙的爲左丞相行土蕃等處宣慰使都元
帥甲辰尚書省言每歲芻粟費鈔五十萬錠請廢孛可
孫立度支院秩二品設使同知僉院僉判各二員從之
乙巳以盜多徙上都中都大都舊盜於水達達亦剌思
等地耕種丁未三寶奴言養豹者害民爲甚有旨禁之
有復犯者雖貴幸亦加罪冬十月庚戌朔以皇太子爲
尚書令詔天下令州縣正官以九年爲任詔天下又以
行銅錢法詔天下辛亥皇太子言舊制百官宣敕散官
皆歸中書以臣爲中書令故也自今敕牒宜令尚書省
給降宣命仍委中書制可丙辰樂實言江南平垂四十
年其民止輸地稅商稅餘皆無與其富室有蔽占王民
奴使之者動輒百千家有多至萬家者其力可知乞自
今有歲收糧滿五萬石以上者令石輸二升於官仍質
一子而軍之其所輸之糧移其半入京師以養御士半
留於彼以備凶年富國安民無善於此帝曰如樂實言
行之辛酉弛酒禁立酒課提舉司尚書省以錢穀繁劇
增戶部侍郎員外郎各一員又增禮部侍郎郎中各一
員凡言時政者屬之立太廟廩犧署設令丞各一員癸
亥以翰林學士承旨不里牙敦爲御史大夫乙丑以皇
太后有疾詔天下釋大辟百人丁卯以御史大夫只兒
合郎及中書左丞相脫脫尚服院使大都並知樞密院
事壬申太陰犯左執法癸酉尚書省臣言比來東汰冗
官之故百官俸至今未給乞如大德十年所設員數給
之餘弗給從之加知樞密院事秃忽魯左丞相丁丑以
遼陽行尚書省平章政事合散爲左丞相行中書省平
章政事中書參知政事伯都爲平章政事行中書右丞
商議中書省事忽都不丁爲右丞行中書省左丞參議
中書省事鐵里脫歡賈鈞並中書參知政事戊寅御史
臺臣言常平倉本以益民然歲不登遽立之必反害民
罷之便又言至大銀鈔始行品目繁碎民猶未悟而又
兼行銅錢慮有相妨又言民間拘銅器甚急弗便乞與
省臣詳議又言歲凶乏食不宜遽弛酒禁有旨其與省
臣議之十一月庚辰朔以徐邳連年大水百姓流離悉
免今歲差稅增吏部郎中員外郎主事各一員令考功
以行黜陟東平濟寧薦饑免其民差稅之半下戶悉免
之尚書省臣言比年衞士大濫率多無賴請充衞士者
必廷見乃聽從之雲南行省言八百媳婦大徹里小徹
里作亂威遠州谷保奪據木羅甸詔遣本省右丞算只
兒威往招諭之仍令威楚道軍千五百人護送入境而

算只兒威受谷保賂金銀各三錠復進兵攻劫谷保弓弩亂發遂以敗還匪惟敗事反傷我人惟陛下裁度帝曰大事也其速擇使復齎璽書往招諭算只兒威雖遇赦可嚴鞫之甲申賜寧肅王脫脫金印陞皇太子府正司爲從二品乙酉尚書省及太常禮儀院言郊祀者國之大禮今南郊之禮已行而未備北郊之禮尚未舉行今年冬至祀天南郊請以太祖皇帝配明年夏至祀地北郊請以世祖皇帝配制可丁亥以湖廣行省左丞散朮帶爲平章政事商議樞密院事丁酉太尉尚書右丞相脫虎脫監脩國史己亥太陰犯右執法庚子太陰犯上相辛丑尚書省臣言臣等竊計國之糧儲歲費浸廣而所入不足今歲江南頗熟欲遣使和糴恐米價暴增請以至大鈔二千錠分之江浙河南江西湖廣四省於來歲諸色應支糧者視時直予以鈔可得百萬不給則聽以各省錢足之制可丙午諸王孛蘭奚以私怨殺人當死大宗正也可扎魯忽赤議孛蘭奚貴爲國族乞杖之流北鄙從軍從之丁未擇衛士子弟充國子學生十二月己卯親饗太廟上太祖聖武皇帝尊謚廟號及光獻皇后尊謚又上睿宗景襄皇帝尊謚廟號及莊聖皇后尊謚執事者人陞散階一等賜太廟禮樂戶鈔帛有差和林省右丞相太師月赤察兒言臣與哈剌哈孫荅剌罕共事時錢穀必與臣議自哈剌哈孫沒凡出入不復關聞予奪失當而右丞虁家帶反相凌侮輒託故赴京師有旨其鎖虁家帶詣和林鞫之武昌婦人劉氏詣御史臺訴三寶奴奪其所進亡宋玉璽一金椅一夜明珠二奉旨令尚書省臣及御史中丞冀德方也可扎魯忽赤別鐵木兒中政使搠只等雜問劉氏稱故翟萬戶妻三寶奴謫武昌時與劉往來及三寶奴貴劉託以追逃婢來京師謁三寶奴於其家不荅入其西廊見榻上有逃婢所竊寶鞍及其手縫錦帕以問三寶奴又不荅忿恨而出卽求書狀人喬瑜爲狀乃因尹榮往見察院吏李節入訴於臺獄成以劉氏爲妄有旨斬喬瑜笞李節杖劉氏及尹榮歸之元籍丙辰併中書省左右司遣使往諸路分揀逋負合徵者徵之合免者免之庚申太陰犯參尚書省臣言鹽價每引宜增爲至大銀鈔四兩廣西者如故其煑鹽工本請增爲至大銀鈔四錢制可辛酉申禁漢人執弓矢兵仗壬戌陽曲縣地震有聲如雷封西僧迷不韻子爲寧國公賜金印丁丑詔增百官俸定流官封贈等第應封贈者或使遠死節臨陣死事於見授散官上加之若六品七品死節死事者驗事特贈官封贈內外百官三品以上者許請謚凡請謚者許其家具本官平日勲勞政績德業藝能經由所在官司保勘與本家所供相同轉申吏部考覆呈都省都省準擬令太常禮儀院驗事蹟定謚若勲戚大臣奉旨賜謚者不在此例

三年春正月癸未省中書官吏自客省使而下一百八十一員賜諸王那木忽里等鈔萬二千錠賜宣徽院使拙忽難所隷酒人鈔萬五百八十八錠乙酉特授李孟榮祿大夫平章政事集賢大學士同知徽政院事丁亥白虹貫日戊子禁近侍諸人外增課額及進他物有妨經制營五臺寺役工匠千四百人軍三千五百人己丑以紐隣叅議尚書省事庚寅立司禋監秩正三品掌巫覡以丞相麤日領之辛卯立皇后弘吉列氏遣脫虎脫攝太尉持節授玉冊玉寶壬辰陞中政院爲從一品癸巳立中瑞司秩正三品掌皇后寶甲午太陰犯右執法乙未定稅課法諸色課程並係大德十一年考較定舊額元增總爲正額折至元鈔作數自至大三年爲始恢辦餘止以十分爲率增及三分以上爲下酬五分以上爲中酬七分以上爲上酬增及九分爲最不及三分爲殿所設資品官員以二周歲爲滿定稅課官等第萬錠之上設正提舉同提舉副提舉各一員一千錠之上設提領大使副使各二員五百錠之上設提領大使副使各一員一百錠之上設大使副使各一員丙申立資國院泉貨監命以歷代銅錢與至大錢相叅行用復立廣平順德路鐵冶都提舉司戊戌詔湖廣行省招諭叛人上思州知州黃勝許辛丑降詔招諭大徹里小徹里樞密院臣言湖廣省乖西帶蠻阿馬等連結萬人入寇已遣萬戶移剌四奴領軍千人及調思播土兵併力討捕臣等議事勢緩急地里要害四奴備知乞聽其便宜調遣制可壬寅詔諭八百媳婦遣雲南行省右丞算只兒威招撫之癸卯改太子少詹事爲副詹事乙巳令中書省官吏如安童居中書特例存設其已汰者尚書省還敘省樞密院官存知樞密院七員同知樞密院事二員樞密副使二員僉樞密院事二員同僉樞密院事一員增御史臺官二員御史大夫御史中丞侍御史治書侍御史各二員省通政院官六員存十二員汰廣武康里衛軍非其種者還之元籍凡隸諸王阿只吉火郎撒及迤南探馬赤者令樞密院遣人卽其處叅定爲籍去歲朝會諸王伯鐵木兒阿剌鐵木兒並賜金二百五十兩銀一千兩鈔四百錠丙午詔令知樞密院事大都僉院合剌合孫復職丁未立右衛阿速親軍都指揮使司秩正三品二月庚戌以皇后受冊遣官告謝太廟辛亥熒惑犯月星賜鷹坊馬速忽金百兩銀五百兩己未浚會通河給鈔四千八百錠糧二萬一千石以募民命河南省平章政事塔失海牙董其役遣商議尚書省事劉楫整治鈔法增大都警巡院二分治四隅壬戌太陰犯左執法甲子以上皇太后尊號告祀南郊乙丑復以僉樞密院事賈鈞爲中書叅知政事尚書省臣言官階差等已有定制近奉聖旨懿旨令旨要索官階者率多躐等願依世祖皇帝舊制次第給之制可丁卯尚書省臣言昔至元鈔初行卽以中統鈔本供億及銷其板今旣行至大銀鈔乞以至元鈔輸萬億庫銷毀其板止以至大鈔與銅錢相權通行爲便又言今夏朝會上都供億請先發鈔百萬錠以往並從之楚王牙忽都所隷戶貧乏以米萬石鈔六千錠賑之己巳寧王闊闊出謀爲不軌越王禿剌子阿剌納失里許助力事覺闊闊出下獄賜其妻完者死竄阿剌納失里及其祖母母妻於伯鐵木兒所以畏吾兒僧鐵里等二十四人同謀或知謀不首並磔於市鞫其獄者並陞秩二等賞牙忽都金千兩銀七千五百兩三寶奴賜號荅剌罕以闊闊出食邑濬州賜之自達魯花赤而下並聽舉用辛未脫兒赤顏加錄軍國重事賜故中書右丞相塔剌海妻也里干金七百五十兩銀一千五百兩鈔四百錠壬申樂實爲尚書左丞相駙馬都尉封齊國公癸酉以左丞相行中書省平章政事合散商議遼陽行省事乙亥太白犯月星以上皇太后尊號告祀太廟三月己卯朔樞密院臣言國家設官分職都省治金穀樞密治軍旅各有定制邇者尚書省弗遵成憲易置本院官令依大德十年員數聞奏臣等議以鐵木兒不花朶而赤顏兀兒也速脫脫也兒吉尼脫不花大都知樞密院事撒的迷失史弼同知樞密院事吳元珪樞密副使塔海姑令爲副樞有旨令樞密院如舊制設官十七員乙酉以知樞密院事只兒合郎爲陝西行尚書省平章政事遣刑部尚書馬兒往甘肅和市羊馬分賚諸王那木忽里蒙古軍給鈔七萬錠庚寅太陰犯氐尚書省臣言昔世祖有旨以叛王海都分地五戶絲爲幣帛俟彼來降賜之藏二十餘年今其子察八兒向慕德化歸覲闕廷請以賜之帝曰世祖謀慮深遠若是待諸王朝會頒賞旣畢卿等備述其故然後與之使彼知愧辛卯發康里軍屯田永平官給之牛壬辰車駕幸上都立興聖宮章慶使司秩正二品丙申太陰犯南斗丁未太白犯井夏四月己酉興聖宮鷹坊等戶四千分處遼陽建萬戶府以統之容米洞官田壘斜合蠻酋殺千戶及戍卒八十餘人俘掠良民改永順保靖南渭安撫司爲永順等處軍民安撫司以安撫副使梓材爲使往招之賜高麗國王王章功臣號改封瀋王改大承華普慶寺總管府爲崇祥監庚戌以鈔九千一百五十八錠有奇市耕牛農具給直沽酸棗林屯田軍戊辰太白晝見己巳立怯憐口諸色人匠都總管府秩正三品提舉司二分治大都秩正五品江浙等處財賦提舉司秩從五品瑞州等路營民都提舉司秩從四品並隸章慶使司辛未賜角觝者阿里銀千兩鈔四百錠丙子立管領軍匠千戶所秩正五品割左都威衛軍匠八百隷之備興聖宮營繕增國子生爲三百員靈壽平陰二縣雨雹鹽山寧津堂邑茌平陽穀高唐禹城等縣蝗五月甲申封諸王完者爲衛王癸巳東平人饑賑米五千石乙未加尚書參知政事王羆大司徒是月合肥舒城歷陽蒙城霍丘懷寧等縣蝗六月丁未朔詔太尉尚書右丞相脫虎脫太保尚書左丞相三寶奴總治百司庶務並從尚書省奏行戊申省上都留守司官七員以行中書左丞忽都不丁爲中書右丞己酉立上都中都等處銀冶提舉司秩正四品尚書省臣言別都魯思云雲州朝河等處産銀令往試之得銀六百五十兩詔立提舉司以別都忽思爲達魯花赤庚戌立規運都總管府秩正三品領大崇恩福元寺錢糧置提舉司資用庫大益倉隷之乙卯太陰犯氐和林省言貧民自迤北來者四年之間靡粟六十萬石鈔四萬餘錠魚網三千農具二萬詔尚書樞密差官與和林省臣覈實給賜農具田種俾自耕食其續至者戶以四口爲率給之粟丁巳敕今歲諸王妃主朝會頒賚一如至大元年例甲子以太子詹事斡赤爲中書左丞集賢使領典醫監事戊辰遣使諸道審決重囚賜太師淇陽王月赤察兒淸州民戶萬七千九百一十九安吉王乞台普濟安吉州民戶五百壬申以西北諸王察八兒等來朝告祀太廟賜脫虎脫三寶奴珠衣封三寶奴爲楚國公以常州路爲分地乙亥陞晉王延慶司秩正二品是月襄陽峽州路荆門州大水山崩壞官廨民居二萬一千八百二十九間死者三千四百六十六人汝州大水死者九十二人六安州大水死者五十二人沂州莒州兗州諸縣水沒民田威州洺水肥鄉鷄澤等縣旱秋七月戊寅太陰犯右執法己卯太陰犯上相庚辰封皇伯晉王長女

寶荅失憐爲韓國長公主丙戌循州大水漂廬舍二百四十四間死者四十三人發米賑之庚寅罷稱海也可扎魯忽赤定王藥木忽兒乞如例設王府官六員從之癸巳給親民長吏考功印曆令監治官歲終驗其行蹟書而上之廉訪司御史臺尚書禮部考校以爲陞黜增尚書省客省使副各一員直省舍人十四員立河南打捕鷹坊魚課都提舉司秩正四品乙未中都立光祿寺丁酉汜水長林當陽夷陵宜城遠安諸縣水令尚書省賑恤之己亥禁權要商販挾聖旨懿旨令旨阻礙會通河民船者壬寅詔禁近侍奏降御香及諸王駙馬降香者磁州威州諸縣旱蝗八月丁未以江浙行尚書省左丞相忽剌出遙授中書右丞相韃日並爲御史大夫詔諭中外甲寅白虹貫日陞尚服院從一品丙辰以行用銅錢詔諭中外甲子獵於昂兀腦兒之地己巳以諸王只必鐵木兒貧仍以西京府田賜之尚書省臣言今歲頒賚已多凡各位下奉聖旨懿旨令旨賜財物者請分汰有旨卿等但具名以進朕自分汰之汴梁懷孟衛輝彰德歸德汝寧南陽河南等路蝗九月己卯平伐蠻酋不老丁遣其姪與甥十人來降陞平伐等處蠻夷軍民安撫司同知陳思誠爲安撫使佩金虎符御史臺臣言江浙省丞相荅失蠻於天壽節日毆其平章政事孛蘭奚事屬不敬詔遣使詰問之內郡饑詔尚書省如例賑恤辛巳太陰犯建星立宣慰司都元帥府於察罕腦兒之地丙戌車駕至大都保八遙授平章政事辛卯太陰犯天廩壬辰皇太子言司徒劉夔乘驛省親江南大擾平民二年不歸詔罷之庚子以灤州隸中宮上都民饑敕遣刑部尚書撒都丁發粟萬石下其價賑糶之壬寅敕諸司官濫設者毋給月俸詔諭三寶奴等去歲中書省奏諸司官員遵大德十年定制濫者汰之今聞員冗如故有不以聞而徑之任者有旨不奏而擅令之任及之任者並逮捕之朕不輕釋冬十月甲辰朔太白經天丙午太白犯左執法三寶奴及司徒田忠良等言曩奉旨舉行南郊配位從祀北郊方丘朝日夕月典禮臣等議欲祀北郊必先南郊今歲冬至祀圜丘尊太祖皇帝配享來歲夏至祀方丘尊世祖皇帝配享春秋朝日夕月宜合祀典有旨所用儀物其令有司速備之又言太廟祠祭故用瓦尊乞代以銀從之戊申帝率皇太子諸王羣臣朝興聖宮上皇太后尊號冊寶曰儀天興聖慈仁昭懿壽元皇太后庚戌恭謝太廟癸丑熒惑犯亢甲寅敕諭中外民戶託名諸王妃主貴近臣僚規避差徭巳嘗禁止自今違者俾充軍驛及築城中都郡縣官不覺察者罷職封僧亦憐眞乞烈思爲文國公賜金印御使臺臣言江浙省平章烏馬兒遣人從使臣駉匝馬丁枉道馳驛取贓吏紹興獄中釋之敕臺臣遣官往鞫毋徇私情山東徐邳等處水旱以御史臺沒入贓鈔四千餘錠賑之丁巳尚書省臣言宣徽院廩給日增儲偫雖廣亦不能給宜加分減帝曰比見後宮飲膳與朕無異有是理耶其令伯荅沙與宣徽院官覈實分減之庚申敕尚書省事繁重諸司有才識明達者並從尚書省選任樞密院御史臺及諸有司毋輒奏用違者論罪其或私意請托罷之不敘辛酉以皇太后受尊號赦天下大都上都中都比之他郡供給繁擾與免至大三年秋稅其餘去處今歲被災人戶曾經體覆依上蠲免內外不急之役截日停罷至大二年已前民間貧欠差稅課程並行蠲免闊闊出餘黨未發覺者並原其罪隨處官民田土各有所屬諸人勿得陳獻三寶奴言省部官不肯勤恪署事敕自今晨集暮退苟或怠弛不必以聞便宜罪之其到任或一再月辭以病者杖罷不敘又言故丞相和禮霍孫時叅議府左右司斷事官六部官日具一膳不然則抱饑而還稽誤公事今則無以爲資乞各賜鈔二百錠規運取其息錢以爲食制可丁卯封諸王水八剌子買住韓爲兗王壬申晉王也孫鐵木兒言世祖以張鐵木兒所獻地土金銀銅冶賜臣後以成宗拘收諸王所占地土民戶例輸縣官乞回賜從之仍賜鈔三千錠賑其部貧民江浙省臣言曩者朱清張瑄海漕米歲四五十萬至百十萬時船多糧少顧直均平比歲賦斂橫出漕戶困乏逃亡者有之今歲運三百萬漕舟不足遣人於浙東福建等處和顧百姓騷動本省左丞沙不丁言其弟合八失及馬合謀但的澉浦楊家等皆有舟且深知漕事乞以爲海道運糧都漕萬戶府官各以己力輸運官糧萬戶千戶並如軍官例承襲寬恤漕戶增給顧直庶有成效尚書省以聞請以馬合謀但的爲遙授右丞海外諸蕃宣慰使都元帥領海道運糧都漕運萬戶府事設千戶所十每所設達魯花赤一千戶三副千戶二百戶四制可雲南省丞相鐵木迭兒擅離職赴都有旨詰問以皇太后旨貸免令復職以丞相鐵古迭兒爲陝西行御史臺御史大夫詔諭陝西四川雲南甘肅詔諭大司農司勸課農桑十一月甲戌朔太白犯亢戊寅濟寧東平等路饑免曾經賑恤諸戶今歲差稅其未經賑恤者量減其半詔諭鹽日移文尚書省凡憲臺除官事後勿與庚辰河南水死者給槥漂廬舍者給鈔驗口賑糧兩月免今年租賦停逋責辛巳尚書省臣言今歲已印至大鈔本一百萬錠乞增二十萬錠及銅錢兼行以備侍衛及鷹坊急有所須又言上都中都銀冶提舉司達魯花赤別都魯思去歲輸銀四千二百五十兩今秋復輸三千五百兩且言復得新礦銀當增辦乞加授嘉議大夫並從之加脫虎脫爲太師錄軍國重事封義國公壬午改大崇恩福元寺規運總管府爲隆禧院秩從二品丁亥太陰犯畢戊子改皇太子妃怯憐口都總管府爲典內司以益都寧海等處連歲饑罷鷹坊縱獵其餘獵地並令禁約以俟秋成尚書省臣言雲南省臨安大理等處宣慰司麗江宣撫司及晉定路所隸部曲連結蠻寇殺掠良民諭之不服且方調兵討八百媳婦軍力消耗今擬蒙古軍人給馬一漢軍十人給馬二計直與之乞賜鈔三萬錠又言四川行省紹慶路所隸容米洞田墨連結諸蠻攻劫麻寮等寨方調兵討捕遣千戶塔术往諭田墨施什用等來降宜立黃沙寨以田墨施什用爲千戶塔术爲河東陝西等處萬戶府千戶所達魯花赤廖起龍爲來寧州判官田思遠爲懷德府判官賞賚遣還皆從之以朱清子虎張瑄子文龍往治海漕以所籍宅一區田百頃給之尚書省臣言昔世祖命皇子脫歡爲鎮南王居揚州今其子老章出入導衞僭竊上儀勑遣官詰問仍以所僭儀物來上從之敕城中都以牛車運土令各部衛士助之限以來歲四月十五日畢集失期者罪其部長自願以車牛輸運者別賞之江浙省左丞相荅失蠻江西省左丞相別不花來朝賜世祖宮人伯牙倫金七百五十兩銀二千五百兩鈔六百錠丙申有事於南郊尊太祖皇帝配享昊天上帝己亥尚書省以武衞親軍都指揮使鄭阿兒思蘭與兄鄭榮祖段叔仁等圖爲不軌置獄鞫之皆誣服詔叔仁等十七人並正典刑籍沒其家十二月甲辰朔以建大崇恩福元寺乞失剌遙授左丞曲列劉艮遙授叅知政事並領行工部事立崇輝署隸中政院戊申冀寧路地震己未諭中外應避役占籍諸王者俾充軍驛鎮南王老章僭擬儀衞究問有驗召老章赴闕

四年春正月癸酉朔帝不豫免朝賀大赦天下庚辰帝崩於玉德殿在位五年壽三十一壬午靈駕發引葬起輦谷從諸帝陵夏五月乙未文武百官也先鐵木兒等上尊謚曰仁惠宣孝皇帝廟號武宗國語曰曲律皇帝是日請謚南郊閏七月丙午祔於太廟武宗當富有之大業慨然欲創治改法而有爲故其封爵太盛而遙授之官衆錫賚太隆而泛賞之恩溥至元大德之政於是稍有變更云

元史卷二十三考證

武宗仁惠宣孝皇帝紀至大二年九月頒行至大銀鈔〇臣祖庚按元鈔法至是凡三變大抵至元鈔五倍於中統至大鈔又五倍於至元未及期年仁宗卽位卽罷銀鈔而中統至元二鈔終元之世蓋常行焉

三年春正月癸未省中書官吏自客省使而下一百八十一員〇通考作三百員

元史卷二十四

明翰林學士亞中大夫知制誥兼脩國史宋　濂等脩

本紀第二十四

仁宗一

仁宗聖文欽孝皇帝諱愛育黎拔力八達順宗次子武宗之弟也母曰興聖太后弘吉剌氏至元二十二年三月丙子生大德九年冬十月成宗不豫中宮秉政詔帝與太后出居懷州十年冬十二月至懷州所過郡縣供帳華侈悉令撤去嚴飭扈從毋擾於民且諭僉事王毅察而言之民皆感悅十一年春正月成宗崩時武宗爲懷寧王總兵北邊戊子帝與太后聞哀奔赴庚寅至衞輝經比干墓顧左右曰紂內荒於色毒痡四海比干諫紂剖其心遂失天下令祠比干於墓爲後世勸至漳河值大風雪田叟有以盂粥進者近侍卻不受帝曰昔漢光武嘗爲寇兵所迫食豆粥大丈夫不備嘗艱阻往往不知稼穡艱難以致驕惰命取食之賜叟綾一匹慰遣之行次邯鄲諭縣官曰吾慮衞士不法胥吏科斂重爲民困乃命王傅巡行察之二月辛亥至大都與太后入內哭盡哀復出居舊邸日朝夕入哭奠左丞相阿忽台等潛謀推皇后伯要眞氏稱制安西王阿難荅輔之時

左丞相哈剌哈孫答剌罕稱疾守宿掖門凡三月密持其機陽許之夜遣人啓帝曰懷寧王遠不能猝至恐變生不測當先事而發三月丙寅帝率衞士入內召阿忽台等責以亂祖宗家法命執之鞫問辭服戊辰伏誅諸王闊闊出牙忽都等曰今罪人斯得太子寔世祖之孫宜早正天位帝曰王何爲出此言也彼惡人潛結宮壼構亂我家故誅之豈欲作威覬望神器耶懷寧王吾兄也正位爲宜乃遣使迎武宗於北邊五月乙丑帝與太后會武宗於上都甲申武宗卽位六月癸巳詔立帝爲皇太子受金寶遣使四方旁求經籍識以玉刻印章命近侍掌之時有進大學衍義者命詹事王約等節而譯之帝曰治天下此一書足矣因命與圖象孝經列女傳並刊行賜臣下十一月戊寅受玉冊領中書省樞密院至大元年七月帝諭詹事曲出曰汝舊事吾其與同僚協議務遵法度凡世祖所未嘗行及典故所無者愼勿行二年八月立尚書省詔太子兼尚書令戒飭百官有司振紀綱重名器夙夜以赴事功詹事院臣啓金州獻瑟瑟洞請遣使采之帝曰所寶惟賢瑟瑟何用焉若此者後勿復聞先是近侍言賈人有售美珠者帝曰吾服御雅不喜飾以珠璣生民膏血不可輕耗汝等當廣進賢才以恭儉愛人相規不可以奢靡蠹財相導言者慚而退淮東宣慰使撒都獻玉觀音七寶帽頂寶帶寶鞍卻之戒諭如初詹事王約啓事二宦者侍側帝問自古宦官壞人家國有諸約對曰宦官善惡皆有之但恐處置失宜耳帝然之九月河間等路獻嘉禾有異畝同穎及一莖數穗者命集賢學士趙孟頫繪圖藏諸祕書四年春正月庚辰武宗崩壬午罷尚書省以丞相脫虎脫三寶奴平章樂實右丞保八左丞忙哥帖木兒參政王羆變亂舊章流毒百姓命中書右丞相塔思不花知樞密院事鐵木兒不花等鞫之丙戌脫虎脫三寶奴樂實保八王羆伏誅忙哥帖木兒杖流海南壬子日赤如赭罷城中都召世祖朝諳知政務素有聲望老臣平章程鵬飛董士選太子少傅李謙少保張驢右丞陳天祥尚文劉正左丞郝天挺中丞董士珍太子賓客蕭𣂏參政劉敏中王思廉韓從益侍御趙君信廉訪使程鉅夫杭州路達魯花赤阿合馬給傳詣闕同議庶務甲午宥阿附脫虎脫等左右司六部官罪乙未禁百官役軍人營造及守護私第丁酉以雲南行中書省左丞相鐵木迭兒爲中書右丞相太子詹事完澤集賢大學士李孟並平章政事戊戌以塔思不花及徽政院使沙沙並爲御

史大夫己亥改行尚書省爲行中書省庚子減價糶京倉米日千石以賑貧民停各處營造罷廣武康里衞追還印符驛券璽書及其萬戶等官宣敕辛丑以塔失鐵木兒知樞密院事壬寅禁鷹坊馳驛擾民敕中書凡傳旨非親奉者勿行以諸王朝會普賜金三萬九千六百五十兩銀百八十四萬九千五十兩鈔二十二萬三千二百七十九錠幣帛四十七萬二千四百八十八匹二月復玉宸樂院爲儀鳳司改延慶司爲都功德使司乙巳命和林江浙行省依前設左丞相餘省唯置平章二員遙授職事勿與戊申罷運江南所印佛經辛亥禁諸王駙馬權豪擅據山場聽民樵採罷阿老瓦丁買賣浙鹽供中政食羊禁宣政院違制度僧甲寅遣使檢覈小雲石不花所獻河南荒田司徒蕭珍以城中都徼功毒民命追奪其符印令百司禁錮之還中都所占民田罷江南行通政院行宣政院甲子太陰犯填星陞典內司爲典內院秩從三品命中書平章李孟領國子監學諭之曰學校人材所自出卿等宜數詣國學課試諸生勉其德業敕諸王駙馬戶在緡山懷來永興縣者與民均服徭役諸司擅奏除官者毋給宣敕御史臺臣言白雲宗總攝所統江南爲僧之有髮者不養父母避役損民乞追收所受璽書銀印勒還民籍從之罷福建繡匠河南魚課兩提舉司省宣徽院參議斷事官丙寅監察御史言比者尚書省臣蠹國亂政已正典刑其餘黨附之徒布在百司亦須次第沙汰今中書奏用孛羅鐵木兒爲陝西平章烏馬兒爲江浙平章灤里吉思爲甘肅平章塔失帖木兒爲河南參政萬僧爲江浙參政各人前任皆受重贓或挾勢害民咸乞罷黜制曰可丁卯命西番僧非奉璽書驛券及無西番宣慰司文牒者勿輒至京師仍戒黃河津吏驗問禁止罷總統所及各處僧錄僧正都綱司凡僧人訴訟悉歸有司罷仁虞院復置鷹坊總管府庚子命廣西靜江融州軍民官鎮守三載無虞者民官減一資軍官陞一階著爲令思州軍民宣撫司招諭官唐銓以洞蠻楊正思等五人來朝賜金帛有差立淮安忠武王伯顏祠於杭州仍給田以供祀事是月帝謂侍臣曰郡縣官有善有惡其命臺官選正直之人爲廉訪司官而體察之果有廉能愛民者不次擢用則小人自知激厲矣旌表漳州長泰縣民王初應孝行三月庚辰召前樞密副使吳元珪左丞拜降兀伯都剌至京師同諸老臣議事丙戌太陰犯太微上相罷五臺行工部己丑命毋赦十惡大逆等罪復典瑞院爲典瑞

監庚寅卽皇帝位於大明殿受諸王百官朝賀詔曰惟昔先帝事皇太后撫朕躬篤孝友天至由朕得託顧考遺體重以母弟之嫡加有削平內難之功於其踐阼曾未踰月授以皇太子寶領中書令樞密使百揆機務聽所總裁於今五年先帝奄棄天下勳戚元老咸謂大寶之承既有成命非與前聖賓天而始徵集宗親議所宜立者比當循周漢晉唐故事正位宸極朕以國恤方新誠有未忍是用經時今則上奉皇太后勉進之命下徇諸王勳戚之勸三月十八日於大都大明殿卽皇帝位凡尚書省誤國之臣先已伏誅同惡之徒亦已放殛百司庶政悉歸中書命丞相鐵木迭兒平章政事李道復等從新拯治可大赦天下敢以赦前事相告言者罪以其罪諸衙門及近侍人等毋隔越中書奏事諸上書陳言者量加旌擢其僥倖獻地土并山場窰冶及中寶之人並禁止之諸王駙馬經過州郡不得非理需索應和顧和買隨卽給價毋困吾民辛卯禁民間製金箔銷金織金以御史中丞李士英爲中書左丞壬辰發京倉米減價以糶賑貧民丁酉命月赤察兒依前太師宣徽使鐵哥爲太傅集賢大學士曲出爲太保敕百司改陞品級者悉復至元舊制己亥增置左翼右翼指揮各一員寧夏路地震是月帝諭省臣曰卿等裒集中統至元以來條章擇曉法律老臣斟酌重輕折衷歸一頒行天下俾有司遵行則抵罪者庶無冤抑又諭太府監臣曰財用足則可以養萬民給軍旅自今雖一繒之微不言於朕毋輒與人以陝西行尚書省左丞兀伯都剌爲中書右丞昭文館大學士察罕參知政事中書平章政事知樞密院事床兀兒欽察親軍都指揮使脫火赤拔都兒中書右丞相知樞密院事鐵木兒不花錄軍國重事知樞密院事也速知樞密院事兼山東河北蒙古軍都萬戶也先鐵木兒遙授左丞相仁虞院使也兒吉太子詹事月魯鐵木兒並知樞密院事賜大都路民年九十者二千三百三十一人人帛二匹八十者八千三百三十一人人帛一匹夏四月壬寅詔分汰宿衞士漢人高麗南人冒入者還其元籍癸卯禜星於回回司天臺以卽位恩賜太師太傅太保人金五十兩銀三百五十兩衣四襲行省臣預朝會者賞銀有差丁未以太子少保張驢爲江浙平章戒之曰以汝先朝舊人故命汝往民爲邦本無民何以爲國汝其上體朕心下愛斯民戊申以卽位告天地於南郊庚戌拘收下番將校不典兵者虎符銀牌癸丑詔路府州縣官三年爲滿罷典醫監甲寅

太陰犯亢熒惑犯壘壁陣丙辰詔諭宣徽使亦列赤諸蒙古民有貧乏者發廩濟之丁巳罷中政院戊午以卽位告於太廟辛酉敕國子監師儒之職有才德者不拘品級雖布衣亦選用癸亥敕諸使臣非軍務急速者毋給金字圓牌定四宿衞士歲賜鈔二十四萬二百五錠罷中都留守司復置隆興路總管府凡創置司存悉罷之乙丑封知樞密院事鐵木兒不花爲宣寧王賜銀印丁卯詔曰我世祖皇帝參酌古今立中統至元鈔法天下流行公私蒙利五十年於茲矣比者尚書省不究利病輒意變更旣創至大銀鈔又鑄大元至大銅錢鈔以倍數太多輕重失宜錢以鼓鑄弗給新舊恣用曾未再期其弊滋甚爰咨廷議允協輿言皆願變通以復舊制其罷資國院及各處泉貨監提舉司買賣銅器聽民自便應尚書省已發各處至大鈔本及至大銅錢截日封貯民間行使者赴行用庫倒換仍免大都上都隆興差稅三年命中書省賑濟甘肅過川軍罷僧道也里可溫荅失蠻頭陀白雲宗諸司改封親王迭里哥兒不花爲湘寧王賜金印食湘鄉州寧鄉縣六萬五千戶拘還甘肅陝西遼陽省臣所佩虎符禁鷹坊擾民罷通政院以其事歸兵部增置尚書員外郎各一員罷回回合的司屬帝御便殿李孟進曰陛下御極物價頓減方知聖人神化之速敢以爲賀帝蹙然曰卿等能盡力贊襄使兆民乂安庶幾天心克享至於秋成尚未敢必今朕踐阼曾未踰月寧有物價頓減之理朕托卿甚重茲言非所賴也孟愧謝帝諭集賢學士忽都魯都兒迷失曰向召老臣十人所言治政汝其詳譯以進仍諭中書悉心舉行南陽等處風雹五月壬申以宦者鐵昔里爲利用監卿癸酉八百媳婦蠻與大小徹里蠻寇邊命雲南王及右丞阿忽台以兵討之改封乳母夫壽國公楊德榮爲雲國公丙子命翰林國史院纂脩先帝實錄及累朝皇后功臣列傳俾百司悉上事蹟丁丑禁毋以毒藥釀酒庚辰敕中書省裁省冗司置高昌王傅復度支院爲監罷泉府司長信院司禋監辛巳賜大長公主祥哥剌吉鈔一萬錠壬午制定翰林國史院承旨五員學士侍讀侍講直學士各二員拘諸王駙馬及有司驛券自今遣使悉從中書省給降置祥和署掌伶人金齒諸國獻馴象癸未太陰犯氐賜國師板的荅鈔萬錠以建寺於舊城戊子羅鬼蠻來獻方物甲午復太常禮儀院爲太常寺是月禁民捕鴽鵝六月癸卯敕宣政院凡西番軍務必移文樞密院同議以聞吐蕃犯永福鎮敕宣政院與

樞密院遣兵討之乙巳命侍臣咨訪內外才堪佐國者悉以名聞仍戒敕諸王恪恭乃職丙午以內侍楊光祖爲祕書卿譚振宗爲武備卿闊居仁爲尚乘卿並授弘文館學士置湘寧王迭里哥兒不花王傅丁未太陰犯太微東垣上相己酉詔存恤軍人庚戌太陰犯氐壬子敕甘肅省給過川軍牛種農器令屯田癸丑復太府院爲太府監省上都兵馬指揮爲五員甲寅封亦思丹爲懷仁郡王賜銀印丁巳敕翰林國史院春秋致祭太祖太宗睿宗御容歲以爲常命和林行省右丞孛里馬速忽經理稱海屯田大同路宣寧縣民家產犢而死頭類麒麟車載以獻左右曰古所謂瑞物也帝曰五穀豐熟百姓安業乃爲瑞也己未復置長信寺封樞密使孛羅爲澤國公庚申敕自今諸司白事須殿中侍御史侍側癸亥賜晉王也孫鐵木兒鈔五千錠幣帛各二千匹太尉不花金百兩復雲州銀場提舉司置儀鸞局秩皆五品甲子請大行皇帝謚於南郊上尊謚曰仁惠宣孝皇帝廟號武宗丙寅拘收泉府司元給諸商販璽書丁卯罷只合赤八剌合孫所造上供酒戊辰敕諸王朝會後至者如例給賜己巳衞王阿木哥入見帝諭省臣曰朕與阿木哥同父而異母朕不撫育彼將誰賴其賜鈔二萬錠他勿援例帝覽貞觀政要諭翰林侍講阿林鐵木兒曰此書有益於國家其譯以國語刊行俾蒙古色目人誦習之濟寧東平歸德高唐徐邳諸州水給鈔賑之河間陝西諸縣水旱傷稼命有司賑之仍免其今年租諸王塔剌馬的遣使進馴象秋七月辛未朔拘還遼陽省官提調諸事圓符璽書驛券裁減虎賁司職員賜上都宿衞士貧乏者鈔十三萬九千錠丁丑鞏昌寧遠縣暴雨山土流涌敕內外軍官並覃官一等癸未甘州地震大風有聲如雷以朝會恩賜諸王禿滿金百五十兩銀五千二百五十兩幣帛三千匹乙酉賜湘寧王迭里哥兒不花所部鈔三萬二千錠癸巳太陰掩畢甲午置經正監掌蒙古軍牧地秩正三品官五員丁酉太陰犯鬼距星己亥詔諭省臣曰朕前戒近侍毋輒以文記傳旨中書自今敢有犯者不須奏聞直捕其人付刑部究治敕御史臺臣選更事老成者爲監察御史超授中散大夫典內院史孛叔榮祿大夫是月江陵屬縣水民死者衆太原河間眞定順德彰德大名廣平等路德濮恩通等州霖雨傷稼大寧等路隕霜敕有司賑恤閏七月辛丑命國子祭酒劉賡詣曲阜以太牢祠孔子甲辰車駕將還大都太后以秋稼方盛勿令鷹坊騶人衞士先往庶免害稼擾民敕禁止之樞密院奏居庸關古道四十有三軍吏防守之處僅十有三舊置千戶位輕責重請置隆鎭萬戶府俾嚴守備制曰可禁五星於司天臺以故魯王刁斡八剌適子阿禮嘉世禮襲其封爵分地乙巳以朝會恩賜月赤察兒床兀兒金二百兩銀二千八百兩幣帛有差丙午奉武宗神主祔於太廟戊申封李孟秦國公命亦憐眞乞剌思爲司徒己酉吐番寇禮店文州命總帥亦憐眞等討之辛亥以西僧藏不班八爲國師賜玉印戊午復置司禋監己未詔諭省臣曰國子學世祖皇帝深所注意如平章不忽木等皆蒙古人而教以成才朕今親定國子生額爲三百人仍增陪堂生二十人通一經者以次補伴讀著爲定式敕軍官七十致仕始聽子弟承襲其有未老卽託疾引年令幼弱子弟襲職者除名不敘其巧計求遷者以違制論壬戌命賑卹嶺北流民上都立通政院領蒙古諸驛秩正二品甲子寧夏地震乙丑魯國大長公主祥哥剌吉進號皇姊大長公主遣使招諭黑水白水等蠻十二萬餘戶來降丙寅太陰犯軒轅賜諸王阿不花等金二百兩銀七百五十兩鈔一萬三千六百三十錠幣帛各有差丁卯完澤李孟等言方今進用儒者而老成日以凋謝四方儒士成才者請擢任國學翰林祕書太常或儒學提舉等職俾學者有所激勸帝曰卿言是也自今勿限資級果才而賢雖白身亦用之敕直省舍人以其半給事殿庭半聽中書差遣禁醫人非選試及著籍者毋行醫藥大同宣寧縣雨雹積五寸苗稼盡殞八月己巳朔裁定京朝諸司員數並依至元三十年舊額楚王牙忽都所部乏食給鈔萬錠出粟五千石賑之賜環衞困人鈔三萬錠以近侍曲列失爲戶部尚書甲戌賜皇姊大長公主鈔萬錠丙戌安南世子陳日燇奉表以方物來貢敕西番軍務隸宣政院九月己亥朔遙授左丞相不花進太尉丙午遙授湖廣平章安南國王陳益稷入見言臣自世祖朝來歸妻子皆爲國人所害朝廷授以王爵又賜漢陽田五百頃俾自贍以終餘年今臣年幾七十而有司拘臣所授田就食無所帝謂省臣曰安南國王慕義來歸宜厚其賜以懷遠人其進勳爵受田如故戊申禁民彈射飛鳥殺馬牛羊當乳者禁衞士不得私衣侍宴服及以質於人庚戌命樞密院閱各省軍馬壬子改元皇慶詔曰朕賴天地祖宗之靈纂承聖緒永惟治古之隆羣生咸遂國以乂寧朕夙興夜寐不敢怠遑任賢使能興滯補闕庶其臻茲歛時五福用敷錫厥庶民朕之志也踰年改元厥有彝典其以至大五年爲皇慶元年都水監卿木八剌沙傳旨給驛往取杭州所造龍舟省臣諫曰陛下踐祚詔告天下凡非宣索毋得擅進誠取此舟有乖前詔詔止之復置中宮位下怯憐口諸色民匠打捕鷹坊都總管府秩正三品乙卯太陰犯畢丁巳奉太后旨以永平路歲入除經費外悉賜魯國大長公主給雲南王老的部屬馬價一萬二千錠丙寅敕省部官勿托以宿衞廢職罷西番茶提舉司是月江陵路水漂民居溺死十有八人冬十月戊辰朔有事於太廟己巳敕繪武宗御容奉安大崇恩福元寺月四上祭辛未賜大普慶寺金千兩銀五千兩鈔萬錠西錦綵段紗羅布帛萬端田八萬畝邸舍四百間丁丑禁諸僧寺毋得冒侵民田辛巳罷宣政院理問僧人詞訟以蘄縣萬戶府鎭慶元紹興沿海萬戶府鎭處州宿州萬戶府兼鎭台州戊子省海道運糧萬戶爲六員千戶爲七所特授故太師月兒魯子木剌忽榮祿大夫知樞密院事辛卯罷諸王斷事官其蒙古人犯盜詐者命所隸千戶鞫問壬辰詔收至大銀鈔敕諸衞漢軍練習武事置羣牧監秩正三品掌興聖宮位下畜牧癸巳詔置汴梁平江等處田賦提舉司掌大承華普慶寺貲產給雲南增戍軍鈔二萬五千錠丙申太白犯壘壁陣十一月戊戌封司徒買僧爲趙國公辛丑命延安鳳翔安西軍屯田紅城者還陝西屯田敕商稅官盜稅課者同職官贓罪立乖西府以土官阿馬知府事佩金符李孟奏錢糧爲國之本世祖朝量入爲出恒務撙節故倉庫充牣今每歲支鈔六百餘萬錠又土木營繕百餘處計用數百萬錠內降旨賞賜復用三百餘萬錠北邊軍需又六七百萬錠今帑藏見貯止十一萬餘錠若此安能周給自今不急浮費宜悉停罷帝納其言凡營繕悉罷之辛亥諸王不里牙屯等誣八不沙以不法詔竄不里牙屯禿干於河南因忽乃於揚州納里於湖廣太那於江西班出兀那於雲南壬子賑欽察衞糧五千七百五十三石甲寅太陰犯輿鬼戊午禁漢人回回術者出入諸王駙馬及大臣家己未以遼陽省平章政事合撒爲中書平章政事甲子敕增置京城米肆十所日平糶八百石以賑貧民丙寅加徽政使羅源爲大司徒賑諸軍糧七千六十石十二月辛未增置經正監官爲八員置尚牧所秩五品掌太官羊癸酉封宣政會福院使暗普爲秦國公增置兵部侍郎郎中各一員庚辰太白經天復以陝西屯田軍三千隸紅城萬戶府壬午詔曰今歲不登民何以堪春蒐其勿令供億癸未太白經天甲申太陰犯太微西垣上將浙西水災免漕江浙糧四分之一存留賑濟命江西湖廣補運輸京師占城遣使奉表貢方物庚寅申禁漢人持弓矢兵器田獵曲赦大都大辟囚一人幷流以下罪辛卯裁宗正府官爲二十八員遣官監視焚至大鈔壬辰太白經天敕刱設邊遠官員俟到任方降敕牒乙未命李孟整飭國子監學中書省臣言世祖定立選法歷陞以示激勸今官未及考或無故更代或躐等進階僭受國公丞相等職諸司已裁而復置者有之今春以內降旨除官千餘人其中欺僞豈能悉知壞亂選法莫此爲甚帝曰凡內降旨一切勿行賜濟王朶列納印以和林稅課建延慶寺詔諭安南國世子陳日燇曰惟我祖宗受天明命撫有萬方威德所加柔遠能邇乃者先皇帝龍馭上賓朕以王侯臣民不釋之故於至大四年三月十八日卽皇帝位遵踰年改元之制以至大五年爲皇慶元年今遣禮部尚書乃馬台等齎詔往諭仍頒皇慶元年曆日一本卿其敬授人時益脩臣職毋替爾祖事大之誠以副朕不忘柔遠之意

皇慶元年春正月庚子帝諭御史大夫塔思不花曰凡大臣不法卿等劾奏毋避朕自裁之癸卯敕諸僧犯奸盜詐僞鬬訟仍令有司專治之甲辰授太師錄軍國重事知樞密院事脫兒赤顏開府儀同三司嗣淇陽王戊申改隆鎭萬戶府爲隆鎭衞庚戌封知樞密院事醜漢爲安遠王出總北軍壬子敕軍不滿五千者勿置萬戶癸丑太陰犯太微東垣上將旌表廣州路番禺縣孝子陳韶孫戊午制諸王設王傅六員銀印其次設官四員改封濟王朶列納爲吳王賜衞王阿木哥慶元路定海縣六萬五千戶加崇福使也里牙秦國公己未陞崇祥監爲崇祥院秩正二品壬戌陞翰林國史院秩從一品帝諭省臣曰翰林集賢儒臣朕自選用汝等毋輒擬進人言御史臺任重朕謂國史院尤重御史臺是一時公論國史院實萬世公論二月丁卯朔徙大都路學所置周宣王石鼓於國子監敕稱海屯內漢軍存恤二年庚午西北諸王也先不花遣使貢珠寶皮幣馬駝賜鈔一萬三千六百錠辛未改安西路爲奉元路吉州路爲吉安路壬申以霸州文安縣屯田水患遣官疏決之遣使賜西僧金五千兩銀二萬五千兩幣帛三萬九千九百匹甲戌制定封贈名爵等級著爲令改和林省爲嶺北省丙子給稱海屯田牛二千賜晉王也孫鐵木兒南康路戶六萬五千世祖諸王子也先鐵木兒福州路福安

縣脫歡之子不荅失里福州路寧德縣忽都魯鐵木兒之子泉州路南安縣愛牙赤之子邵武路光澤縣戶並一萬三千六百有四食其歲賦己卯置衞龍都元帥府秩正二品以古阿速衞隸之八百媳婦來獻馴象二壬午太陰犯亢封孛羅爲永豐郡王置德安府行用鈔庫罷莊浪州唐兀千戶所丙戌省樞密斷事官爲八員庚寅敕嶺北省賑給闕食流民敕兩淮民種荒田者如例輸稅遣官同江西江浙省整治茶鹽法賜韓國公主普達實憐鈔萬錠詔勉勵學校賑山東流民至河南境者通潞州饑賑糧兩月三月丁酉朔熒惑犯東井陞給事中秩正三品罷諸王大臣私第營繕戊戌右丞相鐵木迭兒言自今左右司六部官有不盡心初則論決不悛則黜而不敍制曰可省女直水達達萬戶府冗員敕諸王脫脫所招戶其未籍者俾隸有司己亥以生日爲天壽節庚子加御史大夫火尼赤開府儀同三司罷衞龍都元帥府壬寅太陰犯東井敕歸德亳州以憲宗所賜不憐吉帶地一千七十三頃還其子孫丙子敕北邊使者非軍機毋給驛丁未置內正司秩正三品卿少卿丞各一員戊申陞典內院秩正二品以前河南行省平章政事塔失海牙爲御史大夫改翰林國史院司直司爲經歷司置經歷都事各一員置五臺寺濟民局秩從五品賜安王完澤及其子金三百兩銀一千二百五十兩鈔三千五百錠賜汴梁路上方寺地百頃遼陽省增置灤陽寬河驛甲寅西北諸王也先不花等遣使以橐駞方物入貢丙辰封同知徽政院事常不闌奚爲趙國公庚申敕簡汰大明宮興聖宮宿衞甲子給北軍幣帛二十萬匹遣戶部尚書馬兒經理河南屯田乙丑命河南省建故丞相阿朮祠堂封諸王塔思不花爲恩平王夏四月丁卯簡汰控鶴還本籍以都水監隸大司農寺置察罕腦兒捕盜司秩從七品庚午命浙東都元帥鄭祐同江浙軍官教練水軍辛未給鈔萬錠修香山永安寺趙王汝安郡告饑賑糧八百石陞保定路萬戶府爲上萬戶癸酉車駕幸上都丙子太白晝見封鄆國大長公主忙哥台爲大長公主賜金印增也可扎魯忽赤爲四十二員壬午熒惑犯輿鬼敕皇子碩德八剌置四宿衞敕僧人田除宋之舊有并世祖所賜外餘悉輸租如制阿速衞指揮那懷等冒增衞軍六百名盜支糧七千二百石幣帛一千二百匹鈔二百八錠敕中書樞密按治封知樞密院事木剌忽爲廣平王癸未熒惑犯積尸氣庚寅太白經天大崇恩福元寺成置隆禧院龍興新建縣霖雨傷禾彰德安陽縣蝗五月丙申朔以中書平章政事合散爲中書左丞相江浙行省平章張驢爲中書平章政事知樞密院事也先鐵木兒授開府儀同三司壬寅諸王脫忽思海迷失以農時出獵擾民敕禁止之自今十月方許出獵改和林路爲和寧路賜諸王阿木哥鈔萬錠速速迭兒按麻思等各千錠以蒙古驛隸通政院置濼陽王脫脫木兒王傅官四員給上都濼陽驛馬三百匹丁未縉山縣行宮建涼殿己酉以西寧州田租稅課賜大長公主忙古台賑宿衞士糧二萬石陞回回司天臺秩正四品彰德河南隴西雹六月乙丑朔日有食之丁卯天雨毛己巳太陰犯天關敕李孟博選中外才學之士任職翰林給羊馬鈔價濟嶺北甘肅戍軍之貧者壬申減四川鹽額五千引賜崇福寺河南官地百頃丁亥敕罷封贈誡左右守法度勤職業勿妄僥倖加官賜安遠王醜漢金百兩銀五百兩鈔千錠鞏昌河州等路饑免常賦二分秋七月辛丑定內正司官爲六員禁諸王徑宣旨於各路徙中都內帑金銀器歸太府監賜新店諸驛鈔三千八百錠充使者饋稟癸卯詔獎勵御史臺丙午陞大司農司秩從一品帝諭司農曰農桑衣食之本汝等舉諳知農事者用之敕諸王小薛部歸晉寧路襄垣縣民田中書參政賈鈞以病請告賜鈔三百錠給安車還鄉戊午太陰犯東井八月丁卯敕探馬赤軍羊馬牛依舊制百稅其一戊辰太白犯軒轅辛未太陰犯填星丁丑罷司禋監己卯以吏部尚書許師敬爲中書參知政事庚辰車駕至自上都壬午辰星犯右執法置少府監隸大都留守司甲申賜諸王瀾瀾出金束帶一銀百五十兩鈔二百錠乙酉太白犯右執法辛卯敕雲南省右丞阿忽台等領蒙古軍從雲南王討八百媳婦蠻濱州旱民饑出利津倉米二萬石減價賑糶寧國路涇縣水賑糧二月安南國王陳益稷來朝九月丁酉增江浙海漕糧二十萬石戊戌罷征八百媳婦蠻大小徹里蠻以璽書招諭之辛丑命司徒田忠良等詣眞定玉華宮祀睿宗御容八百媳婦大小徹里蠻獻馴象及方物甲辰陞參議中書省事阿卜海牙爲參知政事拘火者等所佩國公司徒印丁巳太陰犯亢壬戌瓊州黎賊嘯聚遣官招諭冬十月甲子有事於太廟改隆興路爲興和路賜銀印雲南行省右丞算只兒威有罪國師搠思吉斡節兒奏請釋之帝斥之曰僧人宜誦佛書官事豈當與聞癸未以中書參知政事察罕爲中書平章政事商議中書省事丁亥太陰犯平道戊子太陰犯亢翰林學士承旨玉連赤不花等進順宗成宗武宗實錄罷造船提舉司辛卯赦天下賜李孟潞州田二十頃十一月戊戌調汀漳畬軍代亳州等翼漢軍於本處屯田己亥太陰犯壘壁陣甲辰捕滄州羣盜阿失荅兒等擒之支解以徇丙午諭六部官毋踰越中書奏事丙辰封駙馬脫脫木兒爲岐王庚申賜諸王寬徹忽荅迷失金百五十兩銀一千五百兩鈔三千錠幣帛有差占城國進犀象緬國主遣其婿及雲南不農蠻酋長岑福來朝十二月癸亥中書平章政事李孟致仕以樞密副使張珪爲中書平章政事癸酉遣使分道決囚壬申晉王也孫鐵木兒所部告饑賑鈔一萬五千錠庚辰知樞密院事荅失蠻罷省海道運糧萬戶一員增副萬戶爲四員甲申熒惑填星辰星聚斗鷹坊不花帖列請往河南湖廣括取孔雀珍禽敕以擾民不允丁亥遣官祈雪於社稷嶽鎭海瀆省臣言中書職在總挈綱維比者行省六部諸司應決不決者往往作疑咨呈以致文繁事弊詔體世祖立中書初意定擬程式以聞俾遵行之敕回回合的如舊祈福凡詞訟悉歸有司仍拘還先降璽書戊子太陰犯熒惑己丑宗王女班丹給驛取江南田租命拘還驛券是月諸王春丹叛

二年春正月甲午以察罕腦兒等處宣慰使伯忽爲御史大夫辛丑封前尚書右丞相乞台普濟爲安吉王丙午寧王瀾瀾出薨丁未以太府卿禿忽魯爲中書右丞相戊申太陰犯三公己未置遼陽行省儒學提舉司二月壬戌改典內院爲中政院秩正一品甲子以皇后受冊寶遣官祭告天地於南郊及太廟丁丑日赤如赭己卯免徽益都饑民所貸官糧二十萬石各寺修佛事日用羊九千四百四十敕遵舊制易以蔬食命張珪綱領國子學庚辰冀寧路饑禁釀酒辛巳詔以錢糧造作訴訟等事悉歸有司以清中書之務壬午西北諸王也先不花進馬駝璞玉丁亥敕外任官應有公田而無者皆以至元鈔給之以乖西府隸播州宣撫司功德使亦憐眞等以佛事奏釋重囚不允帝諭左右曰回回以寶玉鬻於官朕思此物何足爲寶唯善人乃可爲寶善人用則百姓安茲國家所宜寶也丙申以御史中丞脫歡荅剌罕爲御史大夫庚子熒惑犯壘壁陣以晉寧大同大寧四川鞏昌甘肅饑禁酒丙午冊立皇后弘吉剌氏詔天下丁未彗出東井壬子禿忽魯言臣等職專燮理去秋至春亢旱民間乏食而又隕霜雨沙天文示變皆由不能宣上恩澤致茲災異乞黜臣等以當天心帝曰事豈關汝輩耶其勿復言御史中丞郝天挺上疏論時政帝嘉納之賜西僧搠思吉斡節兒鈔萬錠丙辰以皇后受冊寶遣官恭謝太廟以亢旱既久帝於宮中焚香默禱遣官分禱諸祠甘雨大注詔敎諭勸課農桑夏四月甲子祭星於司天臺癸酉賜壽寧公主橐駞三十六乙亥車駕幸上都丙子高麗王辭位以其世子王燾爲征東行中書省左丞相上柱國封高麗國王辛巳加御史大夫伯忽開府儀同三司太傅壬午置中瑞司秩正四品甲申詔遴選賢士纂修國史乙酉御史臺臣言富人賚緣特旨濫受官爵徽政宣徽用人率多罪廢之流近侍託爲貧乏互奏恩賞西僧以作佛事之故累釋重囚外任之官身犯刑憲輒營求內旨以免罪諸王駙馬寺觀臣僚土田每歲徵租亦極爲擾民請悉革其弊制曰可詔罷不急之役眞定保定河間大寧路饑並免今年田租十之三仍禁釀酒安南國遣使來貢方物五月辛丑陞中書右丞兀伯都剌爲平章政事左丞八剌脫因爲右丞參知政事阿卜海牙爲左丞參議中書省事禿魯花鐵木兒爲參知政事順德冀寧路饑辰州水賑以米鈔仍禁釀酒檀州及獲鹿縣蝻六月己未朔京師地震癸亥禿忽魯等以災異乞賜放黜不允丙寅京師地震辛未以參知政事許思敬綱領國子學乙亥詔諭僧俗辯訟有司及主僧同問續置土田如例輸稅丙子賜諸王按灰金五十兩銀七百五十兩金束帶一幣帛各四十匹己卯河東廉訪使趙簡言請選方正博洽之士任翰林侍讀侍講學士講明治道以廣聖聽從之御史臺臣言比年廉訪司多不悉心奉職宜令監察御史檢覈名實而黜陟之廣海及雲南甘肅地遠遷調者憚弗肯往乞今後加一等官之制曰可壬午命監察御史檢察監學官考其殿最癸未命委官簡汰衞士甲申建崇文閣於國子監給馬萬匹與幽王南忽里等軍士之貧乏者以宋儒周敦頤程顥顥弟頤張載邵雍司馬光朱熹張栻呂祖謙及故中書左丞許衡從祀孔子廟廷上都民饑出米五千石減價賑糶河決陳亳睢州開封陳留縣沒民田廬秋七月己丑朔歲星犯東井辛卯太白晝見癸巳以作佛事釋囚徒二十九人賜宣寧王鐵木兒不花幣帛百二十匹安遠王亦思丹等各百匹保定眞定河間民流不止命所在有司給糧兩月仍悉免今年差稅諸被災地並弛山澤之禁獵者毋入其境甲午置榷茶批驗所并茶由局官乙未太白晝見庚子立長秋寺掌武宗皇后宮政秩三品敕衞王阿木哥歲賜外

給鈔萬錠賜駙馬脫鐵木兒金百五十兩銀七百五十兩鈔二千錠幣帛五十四辛丑復立四川等處儒學提舉司壬寅京師地震免大寧路金嶺鹽課丁未賜諸王火羅思迷脫歡南忽里駙馬忙兀帶今二百兩銀一千二百兩鈔一千六百錠幣帛各有差己酉改淮東淮西道宣慰司爲淮東宣慰司以淮西三路隸河南省敕守令勸課農桑勤者陞遷怠者黜降著爲令丙辰太白晝見丁巳太白經天雲州蒙古軍乏食戶給米一石興國屬縣螟發米賑之八月戊午朔太白晝見揚州路崇明州大風海潮泛溢漂沒民居壬戌歲星犯東井丁卯車駕至自上都庚午以侍御史薛居敬爲中書參知政事壬午太陰犯輿鬼九月以相兒加思巴爲帝師癸巳以宣徽院使完澤知樞密院事戊申封脫歡爲安定王賜金印敕鎮江路建銀山寺勿徙寺傍塋冢京師大旱帝問弭災之道翰林學士程鉅夫舉湯禱桑林事帝獎諭之冬十月己卯敕中書省議行科舉封不荅滅里爲安德王辛未徙崑山州治於太倉昌平縣治於新店癸未以遼陽路之懿州隸遼陽行省復置蒙陰縣隸莒州乙酉旌表高州民蕭乂妻趙氏貞節免其家科差壬寅敕漢人南人高麗人宿衞分司上都勿給弓矢甲辰行科舉詔天下以皇慶三年八月天下郡縣興其賢者能者充貢有司次年二月會試京師中選者親試於廷賜及第出身有差帝謂侍臣曰朕所願者安百姓以圖至治然匪用儒士何以致此設科取士庶幾得眞儒之用而治道可興也十二月辛酉可里馬丁上所編萬年曆發米五千石賑阿只吉部之貧乏者海都都生屬戶內附敕所在給衣糧丙子定百官致仕資格甲申詔飭海道漕運萬戶府京師以久旱民多疾疫帝曰此皆朕之責也赤子何罪明日大雪以嘉定州德化縣民災發粟賑之

元史卷二十四考證

仁宗聖文欽孝皇帝紀詹事院臣啟金州獻瑟瑟洞○通考作皇慶元年事

少保張驢○驢通考作閭

二年丙申○臣祖庚按上二月壬戌以日考之則丙申當在三月文無三月疑脫

冬十月壬寅○臣祖庚按八月戊午朔以甲子考之壬寅當是十一月原文無月疑脫

元史卷二十五

明翰林學士亞中大夫知制誥兼脩國史宋　濂等脩

本紀第二十五

仁宗二

延祐元年春正月丁亥授中書右丞劉正平章政事商議中書省事丙申除四川酒禁興元鳳翔涇州邠州歲荒禁酒庚子敕各省平章爲首者及漢人省臣一員事意訪求遺逸苟得其人先以名聞而後致之以江浙行中書省左丞高昉爲中書參知政事丁未詔改元延祐釋天下流以下罪四免上都大都差稅二年其餘被災曾經賑濟人戶免差稅一年庚戌中書省臣禿魯忽等以災變乞罷免不允二月庚申立印經提舉司戊辰大寧路地震癸酉熒惑犯東井甲戌以侍御史趙世延爲中書參知政事詔免蒙古地差稅二年商賈勿免己卯給鈔六千三百錠賑濟良鄉諸驛壬午以合散爲中書右丞相監脩國史癸未以中書參政高昉爲集賢學士三月壬辰太陰掩熒惑賜諸王塔失蒙古鈔千錠衣二襲戊戌眞定保定河間民饑給糧兩月己亥白暈亘天連環貫日癸卯遼國王遣其臣愛耽入貢改南劒路曰延平劒浦縣曰南平乙巳以僧人作佛事擇釋獄四命中書審察丙午封阿魯禿爲趙王戊申車駕幸上都己酉敕奸民宮其子爲閹宦謀避徭役者罪之辛亥命參知政事趙世延綱領國子學癸丑中書平章政事察罕致仕晉寧民侯喜兒昆弟五人並坐法當死帝嘆曰彼一家不幸而有是事其擇情輕者一人杖之俾養父母毋絕其祀閏三月甲寅朔敕減樞密知院冗員辛酉太陰犯輿鬼罷呪僧月給俸遣人視大都至上都駐蹕之地有侵民田者計畝給直丙寅太陰犯太微東垣丁丑畿內及諸衞屯軍饑賑鈔七千五百錠汴梁濟寧東昌等路隴州開州青城齊東渭源東明長垣等縣隕霜殺桑果禾苗歸州告饑出糧減價賑糶馬八兒國主昔刺木丁遣其臣愛思丁貢方物夏四月甲申朔大寧路地震有聲如雷丁亥敕儲稱海五河屯田粟以備賑濟太常寺臣請立北郊不允陞延慶寺秩正二品西番諸驛貧乏給鈔萬錠曲魯部畜牧斃耗賑鈔八百七十三錠己酉廢眞陽含光二縣入英德州壬辰諸王脫脫薨以月思別襲位己酉敕郡縣官勤職者加賜幣帛以鐵木迭兒錄軍國重事監脩國史立回回國子監帝以資治通鑑載前代興亡治亂命集賢學士忽都魯都兒迷失及李孟擇其切要者譯寫以進武昌路饑命發米減價賑糶五月甲寅朔賜營王也先鐵木兒鈔萬錠戊午辰星犯輿鬼丁卯賜李孟孝感縣地二十八頃禁諸王支屬徑取分地租賦擾民敕嶺北行省塞陣沒遺骼乙亥賑怯魯連地貧乏者米三千石丁丑徙滄州治於長蘆鎮戊寅京兆爲故儒臣許衡立魯齋書院降璽書旌之庚辰盧陽麻陽二縣以土賊作耗蠲其地稅賦營王也先鐵木兒支屬貧乏之賑糧兩月武陵縣霖雨水溢溺死居民漂沒廬舍禾稼澧州漢陽思州民饑並發廩減價糶賑之廣施縣大風雹損禾幷傷人畜六月戊子敕內侍今後止授中官勿昇文階置雲南行省儒學提舉司封河南省丞相卜鄰吉帶爲河南王壬辰增置畿內州縣同知主簿各一員諸王察八兒屬戶匱乏給糧一歲仍俾屯田以自贍發軍增墾河南芍陂等處屯田乙未熒惑犯右執法戊申增置兩浙鹽運司判官一員甲辰拘河西僧免輸租賦璽書敕諸王戚里入覲者宜趁夏時芻牧至上都毋輒入京師有事則遣使奏稟衞州郴州興國永州路耒陽州饑發廩減價賑糶宣平仁壽白登縣雹損稼傷人畜秋七月乙卯荅郎乃所部匱乏戶給糧二石庚午命中書省臣議復封贈賜晉王也孫鐵木兒部鈔十萬錠詔開下番市舶之禁賜衞王阿木哥等鈔七千錠乙亥會福院越制奏旨除官敕自今舉人聽中書可否以聞申飭私鹽之禁沅陵盧溪二縣水武淸縣渾河堤決淹沒民田發廩賑之八月戊子車駕至大都癸卯陞太常寺爲太常禮儀院秩正二品丁未冀寧汴梁及武安涉縣地震壞官民廬舍武安死者十四人涉縣三百二十六人台州岳州武岡常德道州等路水發廩減價賑糶九月壬戌改提點教坊司事爲大使己巳復以鐵木迭兒爲右丞相合散爲左丞相罷陝西諸道行御史臺降儀鳳卿爲儀鳳大使肇慶武昌建德建康南康江州袁州建昌贛州杭州撫州安豐等路水發廩減價賑糶冬十月癸巳陞潁州萬戶府爲中萬戶府乙未敕吏人轉官止從七品在選者降等注授申飭內侍及諸司隔越中書奏請之禁敕下番商販須江浙省給牒以往歸則征稅如制私往者沒其物遣官括淮民所佃閑田不輸稅者丙申復甘肅屯田置沙瓜等處屯儲總管萬戶府秩正三品乙巳置恩平王塔思不花傳二人庚戌辰星犯東咸監察御史言乞命樞密院設法敎練士卒應軍官襲職者試以武事而後任之制曰可遣張驢經理江南田糧十一月壬子陞司天臺爲司天監秩正三品賜銀印乙卯改大同侍衞親軍都指揮使司爲中都威衞使司置保安軍於麻陽縣以禦徭蠻戊辰以通政院使蕭拜住爲中書右丞辛未以翰林學士承旨荅失蠻知樞密院事癸酉敕吏人贓行者黥其面大寧路地震有聲如雷戊寅鐵木迭兒言比者僚屬及六部諸臣皆晚至早退政務廢弛今後有如此者視其輕重杖責之臣或自惰亦令諸人陳奏帝曰如更不悛則罷不敘以前中書右丞相禿忽魯知樞密院事靜安路饑發糧賑之詔檢覈浙西江東江西田稅十二月壬午汴梁南陽歸德汝寧淮安水敕禁釀酒量加賑恤癸未賑諸王鐵木兒不花部米五千石禿滿部二千石辛卯禁諸王駙馬權勢之人增價鬻鹽壬辰詔定官員士庶衣服車輿制度甲午太陰犯輿鬼己亥敕中書省定議孔子五十三代孫當襲封衍聖公者以名聞庚子遣官浚揚州淮安等處運河以翰林學士承旨李孟復爲中書平章政事癸卯太陰犯房甲辰太陰犯天江乙巳勑經界諸衞屯田汚陽歸德汝寧安豐等處饑發米賑之

二年春正月乙卯歲星犯輿鬼戊午懷孟衞輝等處饑發米賑之己未太白晝見癸亥太陰犯軒轅丙寅霖雨壞渾河堤堰沒民田發卒補之禁民煉鐵發卒浚漷州漕河丁卯太陰犯進賢戊辰晉寧等處民饑給鈔賑之己巳置大聖壽萬安寺都總管府秩正三品庚午立行用庫於江陰州敕以江南行臺贓罰鈔賑恤饑民乙亥詔遣宣撫使分十二道問民疾苦黜陟官吏並給銀印命中書省臣分領庶務禁南人典質妻子販買爲驅御史臺臣言比年地震水旱民流盜起皆風憲顧忌失於糾察宰臣變理有所未至或近侍蒙蔽賞罰失當或獄有寃濫賦役繁重以致乖和宜與老成共議所由詔明言其事當行者以聞諸王脫列鐵木兒部闕食以鈔七千五百錠給之益都般陽晉寧民饑給鈔米賑之二月己卯朔會試進士戊子太白晝見癸巳太白經天甲午詔禁民轉鬻養子丙申賜諸王納忽答兒金五十兩銀二百五十兩鈔五百錠庚子詔以公哥羅古羅思監藏班藏卜爲帝師賜玉印仍詔天下壬寅雲南王老的來朝辰沅洞蠻吳千道爲寇敕調兵捕之乙巳賜諸王月魯鐵木兒鈔萬錠丙午太白經天是月晉寧宣德等處饑給米鈔賑之眞州揚子縣火發米減價賑糶三月乙卯廷試進士賜護都沓兒張起巖等五十六人及第出身有差丙辰太陰色赤如赭庚午帝率諸王百官奉玉冊玉寶加上皇太后尊號詔天下蠲逋欠稅課丁丑以

中書平章張驢爲江浙行省平章政事夏四月戊寅朔日有食之辛巳賜進士恩榮宴於翰林院癸巳敕亦思丹等部出征軍有後期及逃還者並斬以徇甲午諭晉王也孫鐵木兒以先朝所賜惠州銀礦洞歸還有司庚子太陰犯壘壁陣辛丑賜會試下第舉人七十以上從七流官致仕六十以上府州教授餘並授山長學正後勿援例敕諸王分地仍以流官爲達魯花赤各位所辟爲副達魯花赤命李孟等類集累朝條格俟成書聞奏頒行立規運提點所秩五品置官四員廣貯庫秩七品置官二員並隸壽福院乙巳車駕幸上都宣徽院以供尙膳遣人獵於歸德敕以其擾民特罷之加授特進上卿玄教大宗師張留孫開府儀同三司丙午封諸王察八兒爲汝寧王潭州江州建昌沅州饑發廩賑糶五月戊申朔收給各道廉訪司銀印復立陝西諸道行御史臺貴赤張小厮等招戶六千勒還民籍御史中丞王毅乞歸養親不許庚申賜公主燕海牙鈔千錠辛酉太陰犯天江乙丑秦州成紀縣山移是夜疾風電雹北山南移至夕河川次日再移平地突出土阜高者二三丈陷没民居敕遣官驗賑恤庚午太白晝見立海西遼東鷹坊萬戶府隸中政院壬申諸王撒都失里薨甲戌日赤如赭加授宦者中尙卿穰元嗶昭文館大學士乙亥日赤如赭是月發粟三百石賑諸王按鐵木兒等部貧民奉元龍興吉安南康臨江袁州撫州江州建昌贛州南安梅州辰州興國潭州岳州常德武昌等路南豐州澧州等處饑並發廩賑糶六月辛巳察罕腦兒諸驛乏食給糧賑之甲申太白晝見是夜太陰犯平道乙未徙陝西肅政廉訪司於鳳翔戊戌幽王南忽里等部困乏給鈔俾買馬羊以濟之河決鄭州己亥置汝寧王察八兒王傅官辛丑以濟寧益都亢旱汰省宿衞士芻粟癸卯太白犯東井丙午辰星犯輿鬼緬國主遣其子脫剌合等來貢方物秋七月庚戌增興和路治中一員戊申賜宣寧王鐵木兒不花及其二弟鈔萬錠并玉具鞍勒幣帛壬子增尙舍寺官六員爲八員雲需總管府增同知二員癸丑復賜晉王也孫鐵木兒惠州銀鐵洞甲寅置諸王斡羅溫孫王傅官四員復陳州商水鎭爲南屯縣省兩淮屯田總管府官四員併提領所入提舉司攺只合赤八剌合孫總管府爲尙供府乙卯贛州土賊蔡五九聚衆作亂敕遣兵捕之敕阿宿衞戶貧乏者給牛種耕具於連怯烈地屯田甲子江南湖廣道奉使溫迪罕言廉訪司公田多取民租宜復舊制從之乙丑陞崇福院秩正二品癸酉賜衞王阿木哥鈔萬錠命鐵木迭兒總宣政院事詔諭中外是月畿內大雨漷州昌平香河寶坻等縣水没民田廬潭州金州永州路茶陵州霖雨江漲没田稼出米減價賑糶八月丙戌贛州賊蔡五九陷汀州寧化縣僭稱王號詔遣江浙行省平章張驢等率兵討之己丑車駕至自上都乙未臺臣言蔡五九之變皆由昵匝馬丁經理田糧與郡縣横加酷暴逼抑至此新豐一縣撤民廬千九百區夷墓揚骨虛張頃畝流毒居民乞罷經理及冒括田租制曰可庚子改遼陽省泰州爲泰寧府壬寅增國子生百員歲貢伴讀四員詔江浙行省印農桑輯要萬部頒降有司遵守勸課旌表貴州達魯花赤相元孫妻脫脫眞死節仍俾樹碑任所九月丁未張驢以括田逼死九人敕吏部尙書王居仁等鞫之己酉太陰犯房甲寅日色如赭辛酉太白犯左執法壬戌蔡五九衆潰伏誅餘黨悉平敕賞軍士討捕功并官其死事者子孫己巳徙典尤倉於赤斤之地賜諸王別鐵木兒永昌路及西涼州田租冬十月丙子朔客星見太微垣丁丑封脫火赤爲威寧郡王賜金印忽兒赤鐵木兒不花爲趙國公庚辰以淮西廉訪使郭貫爲中書參知政事壬午有事於太廟給雲南廉訪司公田乙未陞同知樞密院事鐵木兒脫知樞密院事授白雲宗主沈明仁榮祿大夫司空丁酉加授鐵木迭兒太師癸卯八百媳婦蠻遣使獻馴象二賜以幣帛十一月丙午客星變爲彗犯紫微垣歷軫至壁十五宿明年二月庚寅乃滅辛未以星變赦天下減免各路差稅有差甲戌封和世㻋爲周王賜金印左丞相合散等言彗星之異由臣等不才所致願避賢路帝曰此朕之愆豈卿等所致其復乃職苟政有過差勿憚於改凡可以安百姓者當悉言之庶上下交修天變可弭也十二月戊寅賜雲南行省參政汪長安虎符預軍政庚寅增置平江路行用庫癸巳給鈔買羊馬賑北邊諸軍命省臣定擬封贈通例俾高下適宜以聞旌表汀州寧化縣民賴祿孫孝行

三年春正月乙巳漢陽路饑出米賑之特授昔寶赤八剌合孫達魯花赤脫歡金紫光祿大夫太尉仍給印丙午封前中書左丞相忽魯荅兒壽國公增置晉王部斷事官四員都水太監二員省卿一員以眞定保定薦饑禁畋獵攺直沽爲海津鎭辛酉陞同知樞密院事買閭知院事壬戌賜上都開元寺江浙田二百頃華嚴寺百頃賜趙王阿魯禿部鈔二萬錠二月丁丑調海口屯儲漢軍千人隸臨淸運糧萬戶府以供轉漕給鈔二千錠戊寅命湖廣行省諭安南歸占城國主置安遠王醜漢王傅河間濟南濱棣等處饑給糧兩月三月辛亥特授高麗王世子王暠開府儀同三司瀋王加授將作院使呂天麟大司徒甲寅敕蕭拜住及陝西四川省臣各一員護送周王之雲南置周王常侍府秩正二品設常侍七員中尉四員諮議記室各二員置打捕鷹坊民匠總管府設官六員斷事官八員延福司飲膳署官各六員並隸周王常侍府辛酉陞太史院秩正二品癸亥車駕幸上都壬申鷹坊孛羅等擾民於大同敕拘還所奉璽書禁天下春時畋獵夏四月癸酉朔賜皇姊大長公主鈔五千錠幣帛二百匹河南流民羣聚渡江所過擾害命行臺廉訪司以見貯贓鈔賑之横州徭蠻爲寇命湖廣省發兵討捕壬午諭中書省歲給衞王阿木哥鈔萬錠敕衞輝昌平守臣修殷比干唐狄仁傑祠歲時致祭戊子陞印經提舉司爲廣福監己丑陞會福院秩正二品癸巳賜安遠王醜漢金各五百兩鈔千錠幣帛二十匹己亥增置周王斷事官二員以淮東廉訪司僉事苗好謙善課民農桑賜衣一襲庚子以上都留守憨剌合兒知樞密院事陞殊祥院秩正二品命中書省與御史臺翰林集賢院集議封贈通制著爲令遼陽蓋州及南豐州饑發倉賑之五月甲辰至戊申日赤如赭辛亥以江西行省右丞相斡赤爲大司徒庚申以大都留守伯鐵木兒爲中書平章政事陞中書右丞蕭拜住爲平章政事左丞阿卜海牙爲右丞參政郭貫爲左丞參議不花爲參知政事庚午置甘肅儒學提舉司遼陽金銀鐵冶提舉司秩並從五品賜諸王迭里哥兒不花等金三百五十兩銀一千二百兩鈔三千二百錠幣帛有差潭禾賓慶桂陽澧道袁等路饑發米賑糶六月乙亥制封孟軻父爲邾國公母爲邾國宣獻夫人改諸王公臣分地郡邑同知縣丞爲副達魯花赤中下縣及錄事司增置副達魯花赤一員丙子融賓柳州徭蠻叛命湖廣行省遣官督兵捕之丁丑敕大辟罪臨刑敢有横加刲割者以重罪論凡鞫囚非强盜毋加酷刑戊寅吳王朶列納等部乏食賑糧兩月己卯詔諭百司各勤其職毋縻廢大政甲申給安遠王醜漢分樞密院印丁亥封床兀兒爲句容郡王丁酉賜周王從衞鈔四十萬錠河決汴梁没民居遼陽之蓋州饑並發糧賑之秋七月壬子命御史大夫伯忽脫歡荅剌罕拯治臺綱仍降詔宣諭中外乙卯封玉龍鐵木兒爲保恩王賜金印辛酉賜普慶寺益都田百七十頃丙寅復以燕鐵木兒知樞密院事庚午發高麗女直漢軍千五百人於濱州遼河慶雲趙州屯田八月癸酉以兵部尙書乞塔爲中書參知政事己卯車駕至自上都戊戌置織佛像工匠提調所秩七品設官二員九月辛丑復五條河屯田以中書左丞郭貫爲集賢大學士集賢大學士王毅爲中書左丞庚戌割上都宣德府奉聖州懷來縉山二縣隸大都路改縉山縣爲龍慶州帝生是縣特命改焉癸丑太白晝見己未冀寧晉寧路地震丙寅太白經天冬十月辛未以江南行臺侍御史高昉爲中書參知政事壬申有事於太廟調四川軍二千人雲南軍三千人烏蒙等處屯田置總管萬戶府秩正三品設官四員隸雲南省壬午河南路地震甲申太白犯斗庚寅敕五臺靈鷲寺置鐵冶提舉司乙未賜幽王南忽里部鈔四萬錠丁酉修甘州城申禁民有父在者不得私貸人錢及鬻墓木甘州肅州等路饑免田租十一月壬寅命監察御史監治嶺北鉤校錢糧牛歲更代大萬寧寺住持僧米普雲濟以所佩國公印移文有司紊亂官政敕禁止之乙巳增集寧砂井淨州路同知府判提控案牘各一員乙卯改舊運糧提舉司爲大都陸運提舉司新運糧提舉司爲京畿運糧提舉司澧州路安撫司爲安定軍民府十二月庚午以知樞密院事禿忽魯爲陝西行省左丞相壬午授嗣漢三十九代天師張嗣成太玄輔化體仁應道大眞人主領三山符籙掌江南道教事丁亥立皇子碩德八剌爲皇太子兼中書令樞密使授以金寶告天地宗廟陞同知樞密院事床兀兒知樞密院事諸王按灰部乏食給米三千一百八十六石濟之

元史卷二十六

明翰林學士亞中大夫知制誥兼修國史宋　濂等修

本紀第二十六

仁宗三

四年春正月庚子帝謂左右曰中書比奏百姓乏食宜加賑恤朕默思之民饑若此豈政有過差以致然歟向詔百司務遵世祖成憲宜勉力奉行輔朕不逮然嘗思之唯省刑薄賦庶使百姓各遂其生也乙卯諸王脫脫駐雲南擾害軍民以按灰代之丙辰以知樞密院事完者爲雲南行省平章政事己未給帝師寺廩食鈔萬錠

壬戌冀寧路地震戊辰給諸王也速也不干明安荅兒部糧三月閏月庚辰封諸王孛羅爲冀王丙戌以立皇太子詔天下給賜鰥寡孤獨鈔減免各路租稅有差賜諸王宗戚朝會者金三百兩銀二千五百兩鈔四萬三千九百錠辛卯封別鐵木兒爲汾陽王壬辰給幽王南忽里部鈔十二萬錠買馬汴梁揚州河南淮安重慶順慶襄陽民皆饑發廩賑之二月庚子賜諸王買閭部鈔三萬錠甲辰敕郡縣各社復置義倉戊申特授近侍完者不花翰林侍讀學士知制誥同修國史癸亥陞泰寧府爲泰寧路仍置泰寧縣乙丑陞蒙古國子監秩正三品賜銀印丙寅以諸王部值脫火赤之亂百姓貧乏給鈔十六萬六千錠米萬石賑之曹州水免今年租三月丁卯朔陞靖州爲路庚午給趙王阿魯禿部糧四千石乙酉太陰犯箕辛卯車駕幸上都夏四月戊戌給安王兀都思不花部軍糧三月己亥德安府旱免屯田租壬寅加授太常禮儀院使拜住大司徒賜趙王阿魯禿金五十兩銀五百兩鈔千錠割懷來縣隸龍慶州甲辰以太寧路隸遼陽省戊申荅合孫寇邊吳王朶列納等敗之於和懷賜金玉束帶黃金幣帛有差己未諸王紐憐薨乙丑禁嶺北酒帝常夜坐謂侍臣曰雨暘不時奈何蕭拜住對曰宰相之過也帝曰卿不在中書耶拜住惶愧頃之帝露香默禱既而大雨左右以雨衣進帝曰朕爲民祈雨何避焉翰林學士承旨忽都魯都兒迷失劉賡等譯大學衍義以進帝覽之謂羣臣曰大學衍義議論甚嘉其令翰林學士阿憐鐵木兒譯以國語五月辛未授上都留守闊闊出開府儀同三司大司徒壬申賜出征諸王醜漢等金銀鈔幣有差乙亥加封大長公主忙哥台爲皇姑大長公主給金印戊寅改衞率府爲中翊府壬午黃州高郵眞州建寧等處流民羣聚持兵抄掠敕所在有司其傷人及盜者罪之餘並給糧遣歸以翰林學士承旨赤因鐵木兒爲中書平章政事中書平章兀伯都剌爲集賢大學士己丑陞中書左丞阿卜海牙爲平章政事參政乞塔爲右丞高昉爲左丞參議中書省事換住張思明並參知政事六月乙巳太陰犯心內外監察御史四十餘人劾鐵木迭兒姦貪不法戊申鐵木迭兒罷以左丞相合散爲中書右丞相己酉兀伯都剌復爲中書平章政事壬子以工部尚書王桂爲中書參知政事安遠王醜漢趙王阿魯禿爲叛王脫火赤所掠各賜金銀幣帛丙辰敕諸王駙馬功臣分地仍舊制自辟達魯花赤丁巳安南國遣使來貢戊午置冀王孛羅王傅二員中尉司馬各一員都總管府秩正三品己未給嶺北行省經費鈔九十萬錠雜綵五萬匹癸亥禁總攝沈明仁所佩司空印毋移文有司秋七月乙亥李孟罷以江浙行省左丞王毅爲中書平章政事庚辰賜皇姑大長公主忙哥台金百兩銀千兩鈔二千錠幣帛各百匹賞討叛王有功句容郡王床兀兒等金銀幣帛鈔各有差壬午敕赤因鐵木兒頒賚諸王駙馬及賑濟所部貧乏之特授中衞親軍都指揮使孛蘭奚太尉己丑成紀縣山崩土石潰徙壞田稼廬舍壓死居民辛卯冀寧路地震帝諭省臣曰比聞蒙古諸部困乏往往鬻子女於民家爲婢僕其命有司贖之還各部帝出見衞士有敝衣者駐馬問之對曰戍守邊鎭餘十五年以故貧耳帝曰此輩久勞於外留守臣未嘗以聞非朕親見何由知之自今有類此者必言於朕因命賜之錢帛八月丙申車駕至自上都熒惑犯輿鬼壬子太陰犯昴庚申合散奏事畢帝問曰卿等日所行者何事合散對曰臣等第奉行詔旨而已帝曰卿等何嘗奉行朕旨雖祖宗遺訓朝廷法令皆不遵守夫法者所以辨上下定民志自古及今未有法不立而天下治者使人君制法宰相能守而勿失則下民知所畏避綱紀可正風俗可厚其或法弛民慢怨言並興欲求治安豈不難哉九月丙寅合散言故事丞相必用蒙古勳臣合散回回人不厭人望遂懇辭制以宣徽使伯荅沙爲中書右丞相合散爲左丞相己巳大都南城產嘉禾一莖十一穗庚午太陰犯斗壬辰詔戒飭海漕諭諸司毋得沮撓嶺北地震三日冬十月甲午朔有事於太廟戊戌給諸王晃火鐵木兒等部糧五千石壬寅敕刑部尚書舉林栢監大都兵馬司防遏盜賊仍嚴飭軍校制其出入遣御史大夫伯忽參知政事王桂祭陝西嶽鎭名山賑恤秦州被災之民己酉監察御史言官吏丁憂起復人情驚惑請禁止以絶僥倖惟朝廷耆舊特旨起復者不在禁例制曰可給兩淮屯田總管府職田壬子給鈔五萬錠糧五萬石賑察罕腦兒戊午海外婆羅公之民往賈海番遇風濤存者十四人漂至溫州永嘉縣敕江浙省資遣還鄉改潮州路所統梅州隸廣東道宣慰司十一月己卯復浚揚州運河己丑併汧源縣入隴州壬辰諭諸宿衞入直各居其次非有旨不得上殿闌入禁中者坐罪大臣許從二人他官一人門者譏其出入十二月丁酉復廣州採金銀珠子都提舉司秩正四品官三員乙巳置詹事院從一品太子詹事四員副詹事詹事丞並二員家令府延慶司設官並四員典寶監八員遣官郎與和路及淨州發廩賑給北方流民己酉盧溝橋澤畔店琉璃河並置巡檢司壬子置安王王傅丁巳賜諸王禿滿鐵木兒等及駙馬忽剌兀帶各部金一千二百兩銀七千七百兩鈔一萬七千七百錠幣帛二千匹以內宰領延福司事禿滿迭兒知樞密院事特授晉王內史按攤出金紫光祿大夫魯國公辛酉改怯憐口民匠總管府爲繕用司

五年春正月辛未賜諸王禿滿鐵木兒等所部鈔四萬錠甲戌懿州地震丙子安南國遣其臣尹世才等以方物來貢乙酉敕諸王位下民在大都者與民均役丁亥會試進士湖廣平章買住加魯國公大司農賑晉王也孫鐵木兒等部貧乏者二月癸巳朔日有食之和寧路地震丁酉敕廣寧開元等萬戶府軍入侍衞有兄弟子姪五人者三人留四人三人者二人留著爲籍秦州秦安縣山崩封諸王晃火鐵木兒爲嘉王禿滿鐵木兒爲武平王並賜印丁未敕雲南四川歸還所侵順元宣撫司民地戊申陞內史府秩正二品建鹿頂殿於文德殿後辛亥敕杭州守臣春秋祭淮安忠武王伯顏祠王子諸王荅失蠻部乏食敕甘肅行省給糧賑之賜諸王察吉兒鈔萬錠甲寅置寧昌府乙卯命中書省汰不及之役增置河東宣慰司副使一員敕上都諸寺權豪商販貨物並輸稅課戊午以者連怯耶兒萬戶府爲右衞率府給書西天字維摩經金三千兩庚申罷封贈賞討叛王脫火赤戰功賜諸王部察罕等金銀幣鈔有差三月戊辰御試進士賜忽都達兒霍希賢以下五十人及第出身有差己巳賜寧海王八都兒金印庚午立諸王斡羅溫孫部打捕鷹坊諸色人匠怯憐口總管府秩從四品改靜安路爲德寧路靜安縣爲德寧縣癸酉晉王也孫鐵木兒部貧乏賑米四千一百五十石仍賜鈔二萬錠買牛羊孳畜乙亥增給兩淮運司分司印一特授安遠王醜漢開府儀同三司錄軍國重事知樞密院事戊寅以湖州路爲安王元都思不花分地其戶數視衞王阿木哥癸未和寧淨州路禁酒賜鈔萬錠命晉王也孫鐵木兒賑濟遼東貧民晉王內史拾得閭加榮祿大夫封桓國公給金九百兩銀百五十兩書金字藏經甲申免鞏昌等處經賑濟者差稅鹽課乙酉御史臺臣言諸司近侍隔越中書聞奏者請如舊制論罪制曰可己丑敕以紅城屯田米賑淨州平地等處流民置汾陽王別鐵木兒王傅四員賜醜驢荅剌罕平江路田百頃夏四月壬辰安吉王乞台普濟薨丁酉諸王雍吉剌部乏食賑米三千石己亥耽羅捕獵戶成金等爲寇敕征東行省督兵捕之庚子賜諸王察吉兒部鈔萬錠布帛稱是給中塑府闊臺順州屯田鈔萬錠置牛種農具庚戌敕安遠王醜漢分地隸建寧者七縣汀州者三縣達魯花赤聽其自辟陞印經提舉司爲延福監秩正三品遣官分汰各部流民給糧賑濟免懷孟河南南陽居民所輸陝西鹽課是時解州鹽池爲水所壞命懷孟等處食陝西紅鹽後以地遠改食滄鹽而仍輸課陝西民不堪命故免之木鄰鐵里干驛困乏濟以馬五千匹遼陽饑海漕糧十萬石於義錦州以賑貧民甲寅樞密院臣言各省調度軍馬惟長官二人領其事今四川省諸臣皆預非便請如舊制從之以千奴史弼並爲中書平章政事侍御史敬儼爲中書參知政事戊午車駕幸上都五月辛酉朔順元等處軍民宣撫使阿晝以洞蠻酋黑冲子子昌奉方物來覲丁卯賜安王元都思不花金五十兩銀五千兩以御史中丞亦列赤爲中書右丞相戊辰遣平章政事王毅禁星於司天臺三晝夜諸王按塔木兒不顏鐵木兒部乏食賑糧兩月壬申監察御史言比年名爵冒濫太尉司徒國公接跡於朝昔奉詔裁罷中外莫不欣悅近聞禮部奉旨鑄太尉司徒司空等印二十有六此輩無功於國載在史冊貽笑將來請自今門闌貴重勳業昭著者存留一二餘並革去制曰可癸酉遣官分道減決笞以下罪己卯德慶路地震鞏昌隴西縣大雨南土山崩壓死居民給糧賑之六月辛卯御史臺臣言昔遣張驢等經理江浙江西河南田糧虛增糧數流毒生民已嘗奉旨俟三年徵租今及其期若江浙江西當如例輸之其河南請視鄉例減半徵之制曰可癸巳以典瑞院使斡赤爲集賢大學士領典瑞院事大司徒己亥北地諸部軍士乏食給糧賑之庚子遣阿尼八都兒只兒海分汰淨州北地流民其隸四宿衞及諸王駙馬者給資糧遣還各部癸卯賜諸王桑哥班金束帶一銀百兩鈔五百錠乙巳衞者趙子玉等七人伏誅時衞王阿木哥以罪貶高麗子玉言於王府司馬曹脫不台等曰阿木哥名應圖讖於是潛謀備兵器衣甲旗鼓航海往高麗取阿木哥至大都俟時而發行次利津縣事覺誅之西番土寇作亂敕甘肅省調兵捕之丁巳賜安王兀都思不花等金束帶及金二百兩銀一千五十兩鈔二千二百錠幣帛二百八十匹秋七月己未朔李邦寧加開府儀同三司癸亥賜諸王八里帶等金二百

兩銀八百五十兩鈔二千錠幣帛二百匹甲子給欽察衞馬羊價鈔一十四萬五千九百九十二錠丙寅調軍五千烏蒙等處屯田置總管萬戶府秩正三品給銀印丁卯給鈔二十萬錠糴萬石命晉王分賚所部宿衞士壬申御史中丞趙簡言皇太子春秋鼎盛宜選耆儒敷陳道義今李銓侍東宮說書未請經史請別求碩學分進講讀實宗社無疆之福制曰可諸王不里牙敦之叛諸王也舍失列吉及衞士朶帶伯都坐持兩端不助官軍進討敕流也舍江西失列吉湖廣朶帶衡州伯都潭州癸酉拘衞王阿木哥王傅印置饟廪司秩正八品隸上都留守司豐州石泉店置巡檢司賜諸王別失帖木兒等金銀幷賑其部米萬石鈔萬錠己卯諸王雍吉剌帶曲春鐵木兒來朝賜金二百兩銀一千兩鈔五千錠幣帛一百匹仍給鈔萬錠米萬石分賚其所部辛巳立受給庫秩九品隸工部壬午罷河南省左丞陳英等所括民田止如舊例輸稅戊子鞏昌路寧遠縣山崩加封楚三閭大夫屈原爲忠節清烈公八月戊子車駕至自上都乙卯併翁源縣入曲江縣九月癸亥大司農買住等進司農丞苗好謙所撰栽桑圖說帝曰農桑衣食之本此圖甚善命刊印千帙散之民間丙寅廣西兩江龍州萬戶趙清臣太平路總管李興隆率土官黃法扶何凱竝以方物來貢賜以幣帛有差幽王南忽里等部貧乏命甘肅省市馬萬匹給之丁卯中書右丞宣徽使亦列赤爲中書平章政事左丞高昉爲右丞參知政事換住爲左丞吏部尚書蘸只干爲參知政事壬申以鈔給北邊軍爲馬價甲戌以作佛事釋重囚三人輕囚五十三人己卯以江浙省所印大學衍義五十部賜朝臣辛巳置大永福寺都總管府秩三品壬午敕軍官犯罪行省咨樞密院議擬毋擅決遣丙戌以僉太常禮儀院事狗兒爲中書參知政事丁亥立行宣政院於杭州設官八員大同路金城縣大雨雹冬十月己丑以大寧路隸遼陽省宣德府隸大都路敕僧人除宋舊有及朝廷撥賜土田免租稅餘田與民一體科徵播州南寧長官洛麼作亂思州守臣換住哥招諭之洛麼遣人以方物來覲罷膠萊莒密鹽使司復立濤洛場辛卯禁大同冀寧晉寧等路釀酒壬辰建帝師巴思八殿於大興教寺給鈔萬錠癸巳改中翌府爲羽林親軍都指揮使司甲午有事於太廟癸丑贛州路雩都縣里胥劉景周以有司徵括田新租聚衆作亂敕免徵新租招諭之十一月辛酉開成莊浪等處禁酒壬戌改黃花嶺屯儲軍民總管府爲屯儲總管府設官四員山後民饑增海漕四十萬石增置大都南北兩兵馬司指揮使色目漢人各二員給分司印二丁卯用監察御史乃蠻帶等言追奪建康富民王訓等白身濫受宣敕仍禁冒籍貫宿衞及巧受遠方職官不赴任求別調者隱匿不自首者罪之己巳陞同知樞密院事忠嘉知樞密院事丙子集賢大學士太保曲出言唐陸淳著春秋纂例辨疑微旨三書有益後學請令江西行省鋟梓以廣其傳從之癸未敕江西茶運司歲課以二十五萬錠爲額敕大永福寺創殿安奉順宗皇帝御容十二月壬辰特受集賢大學士脫列大司徒辛亥置重慶路江津巴縣等處屯田省成都歲漕萬二千石甲寅敕樞密院嚴實蒙古軍貧乏者存䘏

五年

六年春正月丁巳朔暹國遣使奉表來貢方物丁卯敕福建兩廣雲南甘肅四川軍官致仕還家官給驛傳如民官例戊辰賑晉王部貧民癸酉特授同知徽政院事醜驢荅剌罕金紫光祿大夫太尉給銀印甲戌監察御史李朮魯翀等言皇太子位正東宮旣立詹事院以總家政宜擇年德老成道義崇重者爲師保賓贊俾盡心輔導以廣緝熙之學制曰可戊寅太陰犯心己卯祭星於司天臺廣東南恩新州猺賊龍郎庚等爲寇命江西行省發兵捕之帝御嘉禧殿謂扎魯忽赤買閭曰扎魯忽赤人命所繫其詳閱獄辭事無大小必謀諸同僚疑不能決者與省臺臣集議以聞又顧謂侍臣曰卿等以朕居帝位爲安邪朕惟太祖創業艱難世祖混一疆宇兢業守成恒懼不能當天心繩祖武使萬方百姓樂得其所朕念慮在玆卿等固不知也二月丁亥朔日有食之改釋奠於中丁祀社稷於中戊禁星於回回司天臺丁酉雲南闊里愛俄永昌蒲蠻阿八剌等竝爲寇命雲南省從宜勦捕戊戌改陝西轉運鹽使司爲河東陝西都轉運鹽使司直隸省部己亥太陰犯靈臺乙巳敕諸司不由中書奏官輒署事者悉罷之特授僧從吉祥榮祿大夫大司空加榮祿大夫大司徒僧文吉祥開府儀同三司三月丁巳以天壽節釋重囚一人乙未給鈔賑濟上都西番諸驛辛酉斡端地有叛者入寇遣鎮西武靖王搠思班率兵討之詔以御史中丞禿禿合爲御史大夫諭之曰御史大夫職任至重以卿勳舊之裔故特授汝當思乃祖乃父忠勤王室仍以古名臣爲法否則將墜汝家聲負朕委任之意矣丙寅改懷孟路爲懷慶路特授翰林學士承旨八兒思不花開府儀同三司大司徒己巳太陰犯明堂敕諸王駙馬宗姻諸事依舊制領於內八府官勿徑移文中書封諸王月魯鐵木兒爲恩王給印置王傅官免大都上都興和大同今歲租稅癸酉太陰犯日星甲戌太陰犯心壬午賜大興教寺僧齋食鈔二萬錠禁甘肅行省所屬郡縣釀酒夏四月壬辰中書省臣言雲南土官病故子姪兄弟襲之無則妻承夫職遠方蠻夷頑獷難制必任土人可以集事今或闕員宜從本俗權職以行制曰可丙辰命京師諸司官吏運糧輸上都興和賑濟蒙古饑民庚子車駕幸上都以鐵木迭兒爲太子太師內外監察御史四十餘人劾其逞私蠹政難居師保之任不聽諸王合贊薨丙午命宣政院賑給西番諸驛壬子伯顏鐵木兒部貧乏給鈔賑之五月辛酉太陰犯靈臺丁卯太陰犯房丙子太陰犯壘壁陣加安南國王陳益稷儀同三司六月戊子以莊浪巡檢司爲莊浪縣移巡檢司於北卜渡癸巳以米五千石賑大長公主所隸貧民甲午改繕珍司爲徽儀使司秩二品己亥歲星犯東咸辛丑置河南田賦總管府隸內史府設達魯花赤總管同知各一員副總管二員秩從三品戊申置勇校署以角觝者隸之庚戌大同縣雨雹大如雞卵詔以駝馬牛羊分給朔方蒙古民戍守邊徼者俾牧養蕃息以自贍仍命議興屯田壬子賜大乾元寺鈔萬錠俾營子錢供繕脩之費仍陞其提點所爲總管府給銀印秩正三品給鈔四十萬錠賑合剌赤部貧民三十萬錠賑諸位怯憐口被災者諸有俸祿及能自贍者勿給癸丑以羽林親軍萬人隸東宮丙子陞廣惠司秩正三品掌回回醫藥丁丑以濟寧等路水遣官閱視其民乏食者賑之仍禁酒開河泊禁聽民採食晉陽西京鈞等州楊翟新鄭密等縣大雨雹汴梁益都般陽濟南東昌東平濟寧恭安高唐濮州淮安諸處大水秋七月丙辰緬國趙欽撒以方物來觀來安路總管岑世興叛據唐興州賜璽書招諭之諸王闊慳堅部貧乏給糧賑之壬戌太陰犯心以者連怯耶兒萬戶府軍萬人隸東宮置右衞率府秩正三品丁卯詔諭江西官吏豪民毋沮撓茶課甲戌皇姊大長公主祥哥剌吉作佛事釋全寧府重囚二十七人敕按問全寧守臣阿從不法仍追所釋囚還獄命分簡奴兒及流囚罪稍輕者屯田肇州乙亥通州漷州增置三倉丙子太白犯太微垣右執法增置上都巡警院開平縣官各二員己卯晉王也孫鐵木兒所部民經剽掠災傷爲盜者衆敕扎魯忽赤囊加帶往與晉王內史審錄罪囚重者就啓晉王誅之當流配者加等杖之庚辰賜木憐麥該兩驛鈔一萬二千一百二十錠俾市馬給驛辛巳賜左右鷹坊及合剌赤等貧乏者鈔一十四萬錠八月甲申以河東山西道宣慰使張思明爲中書參知政事乙酉熒惑犯輿鬼甲午以授皇太子玉冊告祭於南郊庚子車駕至自上都丁未告祭於太廟是月伏羌縣山崩閏八月丙辰辰星犯太微垣右執法賜嘉王晃火鐵木兒部羊十萬馬萬匹庚申增置興和路預備倉秩正八品陞廣盈庫從八品癸亥熒惑犯軒轅甲子太陰犯壘壁陣浚會通河壬申以太傅御史大夫伯忽爲太師癸酉敕河東山西道宣慰司官給傳同隨朝敕諸司有受命不之官及避繁劇託故去職者奪其宣敕乙亥太白犯東咸併永興縣入奉聖州九月甲申以徽政使朶帶爲太傅陞參議中書省事欽察爲參知政事辛卯鐵里干等二十八驛被災給鈔賑之壬辰禁星於司天臺癸巳以作佛事釋大辟囚七人流以下囚六人戊戌增海漕十萬石置雲南縣隸雲內州以故昌州寶山縣置寶昌州隸興和路庚子併順德廣平兩鐵冶提舉司爲順德廣平彰德等處鐵冶提舉司癸卯御史臺臣言比者官以倖求罪以賂免乞凡內外官非勳舊有資望者不許驟陞諸犯贓罪已款伏及當鞫而幸免者悉付元問官以竟其罪其貪污受刑奪職不敘者夤緣近侍出入內庭覬倖名爵宜斥逐之帝皆納其言詔謂四宿衞嘗受刑者勿令造禁廷山東諸路禁酒浚鎮江練湖發粟賑濟寧東平東昌高唐德州濟南益都般陽揚州等路饑十月甲寅省都功德使四員止存六員乙卯東平濟寧路水陸十五驛乏食戶給麥十石中書省臣言白雲宗總攝沈明仁強奪民田二萬頃誑誘愚俗十萬人私賂近侍妄受名爵已奉旨追奪請汰其徒還所奪民田其諸不法事宜令覈問有旨朕知沈明仁姦惡其嚴鞫之戊午遣中書右丞相伯荅沙持節授皇太子玉冊辛酉以扎魯忽赤鐵木兒不花爲御史大夫癸亥熒惑犯太微垣左執法上都民饑發官粟萬石減價賑糶置兩浙鹽倉六所秩從八品官二員惟杭州嘉興二倉設官三員秩從七品鹽場三十四所場設監運一員正八品罷檢校所乙丑太陰犯昴丁卯賑北方諸驛戊辰太陰犯東井庚午太白晝見辛未太陰犯軒轅丙子以皇太子受玉冊詔天下己卯浚通惠河增河東陝西鹽運司判官一員給分司印二置提領所二秩從八品官各二員鹽場二增管勾各二員罷滬鹽戶提領二十人濟南濱棣州章

丘等縣水免其田租十一月辛卯熒惑犯進賢木邦路帶邦爲寇敕雲南省招捕之乙巳以秘書卿苦思丁爲大司徒庚子敕晉王部貧民二千居稱海屯田增京畿漕運司同知副使各一員給分司印中書省臣言曩賜諸王阿只吉鈔三萬錠使營子錢以給畋獵廩膳毋取諸民今其部阿魯忽等出獵恣索於民且爲姦事宜令宗正府刑部訊鞫之以正典刑制曰可禁民匿蒙古軍亡奴帝論臺臣曰有國家者以民爲本比聞百姓疾苦銜冤者衆其令監察御史廉訪司審察以聞河間民饑發粟賑之十二月壬戌命皇太子參決國政封宋儒周惇頤爲道國公甲子遣宗正府扎魯忽赤二員審決興和平地等處獄四省雲南大理大小徹里等地同知相副官及儒學蒙古教授等官百二十四員丙寅太陰犯軒轅己巳復吏人出身舊制其犯贓者止從七品免大都上都興和延祐七年差稅河西塔塔剌地置屯田立軍民萬戶府壬申太陰犯星平章政事王毅以親老辭職從之仍賜其父幣帛癸酉是夜風雪甚寒帝謂侍臣曰朕與卿等居暖室宗戚昆弟遠戍邊陲曷勝其苦歲賜錢帛可不徧及耶敕上都大都冬夏設食於路以食饑者

七年春正月辛巳朔日有食之帝齋居損膳輟朝賀壬午御史臺臣言比賜不兒罕丁山場完者不花海船稅會計其鈔皆數十萬錠諸王軍民貧乏者所賜未嘗若是苟不撙節漸致帑藏虛竭民益困矣中書省臣進曰臺臣所言良是若非振理朝綱法度愈壞臣等乞賜罷黜選任賢者帝曰卿等不必言其各共乃事癸未帝御大明殿受諸王百官朝賀辛卯江浙行省丞相黑驢言白雲僧沈明仁擅度僧四千八百餘人獲鈔四萬餘錠既已辭伏今遣其徒沈崇勝潛赴京師行賄求援請逮赴江浙併治其罪從之乙未太陰犯明堂上星丁亥帝不豫辛丑帝崩於光天宮壽三十有六在位十年癸卯葬起輦谷從諸帝陵五月乙未羣臣上謚曰聖文欽孝皇帝廟號仁宗國語曰普顏篤皇帝仁宗天性慈孝聰明恭儉通達儒術妙悟釋典嘗曰明心見性佛教爲深脩身治國儒道爲切又曰儒者可尚以能維持三綱五常之道也平居服御質素澹然無欲不事遊畋不喜征伐不崇貨利事皇太后終身不違顏色待宗戚勳舊始終以禮大臣親老時加恩賚太官進膳必分賜貴近有司奏大辟每慘惻移時其孜孜爲治一遵世祖之成憲云

元史卷二十六考證

五年四月以千奴史弼竝爲中書平章政事○志奴作盧

五月以御史中丞亦列赤爲中書右丞相○臣祖庚按下文及年表俱無相字

元史卷二十七

明翰林學士亞中大夫知制誥兼修國史宋　濂等修

本紀第二十七

英宗一

英宗睿聖文孝皇帝諱碩德八剌仁宗嫡子也母莊懿慈聖皇后弘吉剌氏以大德七年二月甲子生仁宗欲立爲太子帝入謁太后固辭曰臣幼無能且有兄在宜立兄以臣輔之太后不許延祐三年十二月丁亥立爲皇太子授金寶開府置官屬監察御史段輔太子詹事郭貫等首請近賢人擇師傅帝嘉納之六年十月戊午受玉冊詔命百司庶務必先啓太子然後奏聞帝謂中書省臣曰至尊委我以天下事日夜寅畏惟恐弗堪卿等亦當洗心滌慮恪勤乃職勿有廢壞以貽君父憂七年春正月戊戌仁宗不豫帝憂形于色夜則焚香泣曰至尊以仁慈御天下庶績順成四海清晏今天降大厲不如罰殛我身使至尊永爲民主辛丑仁宗崩帝哀毁過禮素服寢于地日歠一粥癸卯太陰犯斗甲辰太子太師鐵木迭兒以太后命爲右丞相丙午遣使分讞內外刑獄戊申賑通漷二州蒙古貧民汰知樞密院事四員禁巫祝日者交通宗戚大官二月壬午罷造永福寺賑大同豐州諸驛饑以江浙行省左丞相黑驢爲中書平章政事丁巳修佛事戊午祭社稷建御容殿于永福寺汰富民竄名宿衛者給役蒙古諸驛己未命儲糧于宣德開平和林諸倉以備賑貸供億復以都水監隸中書辛丑太陰犯軒轅御女平章政事赤斤鐵木兒御史大夫脫歡罷爲集賢大學士壬戌太陰犯靈臺甲子鐵木迭兒阿散請捕逮四川行省平章政事趙世延赴京參議中書省事乞失監坐鬻官刑部以法當杖太后命笞之帝曰不可法者天下之公徇私而輕重之非示天下以公也卒正其罪丙寅以陝西行省平章政事趙世榮爲中書平章政事江西行省右丞木八剌爲中書右丞參知政事張思明爲中書左丞中書左丞换住罷爲嶺北行省右丞丁卯太陰犯日星白雲宗攝沈明仁爲不法坐罪詔籍江南冒爲白雲僧者爲民己巳修鎮雷佛事于京城四門罷上都乾元寺規運總管府庚午太陰犯斗辛未括民間係官山場河泊窰冶廬舍壬申召陝西行臺御史大夫答失鐵木兒赴闕以遼陽大同上都甘肅官牧羊馬牛駝給朔方民戶仍給曠地屯種癸酉括勘崇祥院地其冒以官地獻者追其直以民地獻者歸其主決開平重囚丙子定京城環衛更番法准五衞漢軍歲例丁丑奪前中書平章政事李孟所受秦國公制命仍仆其先墓碑戊寅中書平章政事兀伯都剌罷爲甘肅行省平章政事阿禮海牙罷爲湖廣行省平章政事鐵木迭兒以前御史中丞楊朶兒只中書平章政事蕭拜住違太后旨矯命殺之竝籍其家徽政院史失列門以太后命請更朝官帝曰此豈除官時耶且先帝舊臣豈宜輕動俟予卽位議于宗親元老賢者任之邪者黜之可也司農卿完者不花言先帝以土田頒賜諸臣者宜悉歸之官帝問曰所賜爲誰對曰左丞相阿散所得爲多帝曰予常諭卿等當以公心輔弼卿於先朝嘗請海泊之稅以阿散奏而止今卿所言乃復私憾耳非公議也豈輔弼之道耶遂出完者不花爲湖南宣慰使奪僧輦真吃剌思等所受司徒國公制仍銷其印三月辛巳以中書禮部領教坊司壬午賑陳州嘉定州饑爪哇遣使入貢戊子太陰犯酒旗上星熒惑犯進賢徵諸王駙馬流竄者給侍從還就分邑庚寅帝卽位詔曰洪惟太祖皇帝膺期撫運肇開帝業世祖皇帝神機睿略統一四海以聖繼聖迨我先皇帝至仁厚德涵濡羣生君臨萬國十年于茲以社稷之遠圖定天下之大本叶謀宗親授予冊寶方春宮之與政遽昭考之賓天諸王貴戚元勳碩輔咸謂朕宜體先帝付託之重皇太后擁護之慈既深繫於人心詎可虛于神器合辭勸進誠意交孚乃于三月十一日卽皇帝位于大明殿可赦天下尊太后爲太皇太后是夜太陰犯明堂壬辰太皇太后受百官朝賀于興聖宮鐵木迭兒進開府儀同三司上柱國太師敕羣臣超授散官者朝會毋越班式賜諸王也孫鐵木兒脫脫那顏等金銀幣帛有差賑寧夏路軍民饑甲午作佛事于寶慈殿賑木憐潭都兒等十一驛饑乙未日有暈若連環丙申斡羅思等內附賜鈔萬四千貫遣還其部遣知樞密事也兒吉尼檢覈鞏昌等路屯戍選甘州戍卒戊戌汰上都留守司留守五員定吏員秩止從七品如前制庚子降太常禮儀院通政院都護府崇福司竝從二品蒙古國子監都水監尚乘寺光祿寺竝從三品給事中闌遺監尚舍寺司天監竝正四品其官遞降一等有差七品以下不降賜邊戍諸王駙馬及將校士卒金銀幣帛有差市羊五十萬馬十萬贍北邊貧乏者辛丑禁擅奏璽書以樞密院兼領左右衛率府壬寅降前中書平章政事李孟爲集賢侍講學士悉奪前所受制命御史臺臣請降詔諭百司以肅臺綱帝曰卿等但守職盡言善則朕當服行否亦不汝罪也甲辰詔中外毋沮議鐵木迭兒敕罷醫卜工匠任子其藝精絕者擇用之丙午有事於南郊告卽位丁未罷崇祥院以民匠都總管府隸將作院夏四月庚戌有事于太廟告卽位追奪佛速司徒官罷少府監復儀鳳教坊廣惠諸司品秩罷行中書省丞相河南行省丞相也先鐵木兒湖廣行省丞相朶兒只的斤遼陽行省丞相竝降爲本省平章政事惟征東行省丞相高麗王不降賜諸王鐵木兒不花鈔萬五千貫甲寅太白犯填星乙卯復國子監都水監秩正三品罷回回國子監行通政院封諸王徹徹禿爲寧遠王申詔京師勢家與民均役那懷渾都兒驛戶饑賑之戊午祀社稷告卽位己未紹慶路洞蠻爲寇命四川行省捕之祭遁甲神于香山命平章政事王毅等徵理在京諸倉庫糧帛虧額申嚴和林酒禁庚申降百官越階者竝依所受之職以太常禮儀院使拜住爲中書平章政事以西僧牙八的里爲元水延教三藏法師授金印壬戌太陰犯房以卽位賞宿衛軍括馬三萬疋給蒙古流民遣還其部給通漷二州蒙古戶夏布鐵木迭兒請參決政務禁諸臣毋隔越擅奏從之乙丑仁宗喪卒哭作佛事七日戊辰車駕幸上都海運至直沽調兵千人防戍封王煦爲雞林郡公議祔仁宗以陰陽拘忌權結綵殿於太室東南以奉神主己巳河間眞定濟南等處蒙古軍饑賑之罷市舶司禁賈人下番課回回散居郡縣者戶歲輸包銀二兩增兩淮荆湖江南東西道田賦斗加二升賑大都淨州等處流民給糧馬遣還北邊戊寅以蒙古漢人驛傳復隸通政院有獻七寶帶者因近臣以進帝曰朕登大位不聞卿等薦賢而爲人進帶是以利誘朕也其還之是月左衛屯田旱蝗左翊屯田蟲食麥苗亳州水五月己卯禁僧馳驛仍收元給璽書庚辰上都留守賀伯顏坐便服迎詔棄市籍其家辛巳汝寧府霖雨傷麥禾發粟五

千石賑糶之丁亥罷沅陵縣蒲口千戶所己丑中書省臣請禁擅奏除拜帝曰然恐朕遺忘或乘間奏請濫賜名爵汝等當復以聞復置稱海五條河屯田命僧禱雨大同雲內豐勝諸郡縣饑發粟萬三千石貸之左丞相阿散罷爲領北行省平章政事以拜住爲中書左丞相乃剌忽塔失海牙並爲中書平章政事只兒哈郎爲中書參知政事庚寅太陰犯心辛卯參知政事欽察罷爲集賢學士賑上都城門及駐冬衞士遣使権廣東番貨弛陝西酒禁壬辰和林民闕海瘞殍死者三千餘人旌其門癸巳太陰犯天狗甲午瀋陽軍民饑給鈔萬二千五百貫賑之乙未請大行皇帝謚于南郊丙申太白犯畢禁宗戚權貴避徭役及作奸犯科戊戌有告嶺北行省平章政事阿散中書平章政事黑驢及御史大夫脫忒哈徽政使失列門等與故要束謀妻亦列失八謀廢立拜住請鞫狀帝曰彼若借太皇太后爲詞奈何命悉誅之籍其家追封隴西公汪世顯爲隴右王辛丑以知樞密院事鐵木兒脫爲中書平章政事壬寅監察御史請罷僧道工伶濫爵及建寺叅獻之費甲辰以誅阿散黑驢賀伯顏等詔天下赦百司日勤政務怠者罪之丙午御史劉恒請興義倉及奪僧道官敕捕亦列失八子江浙行省平章政事買驢仍籍其家丁未封王禪爲雲南王往鎭其地饒州番陽縣進嘉禾一莖六穗以賀伯顏失列門阿散家貲田宅賜鐵木迭兒等六月己酉流徽政院使米薛迷于金剛山以脫忒哈失列門故奪人畜產歸其主甲寅前太子詹事床兀兒伏誅京師疫修佛事于萬壽山乙卯昌王阿失部饑賜鈔千萬貫賑之賞誅阿散等功賜拜住以下金銀鈔有差丙辰召河南行省平章政事也仙帖木兒至京師收脫忒哈廣平王印丁巳以江西行省左丞相脫脫爲御史大夫宗正扎魯火赤鐵木兒不花知樞密院事戊午罷徽政院廣東採珠提舉司罷以有司領其事封知樞密院事塔失鐵木兒爲薊國公己未定邊地盜孳畜罪犯者令給各部力役如不悛斷罪如內地法庚申太陰犯斗賜角觝百二十人鈔各千貫辛酉詔免僧人雜役壬戌敕諸使至京者大事五日小事三日遣還是夜月食既癸亥太陰犯壘壁陣乙丑賑北邊饑民有妻子者鈔千五百貫孤獨者七百五十貫新作太祖幄殿西番盜洛各目降丁卯太白犯井賜諸王阿木里台宴服珠帽戊辰賑雷家驛戶鈔萬五千貫辛未太陰犯昴甲戌賜北邊諸王伯要台等十人鈔各二萬五千貫邊民賑米三月修寧夏欽察魯佛事給鈔二百一十二萬貫丁丑改紅城中都威衞爲忠翊侍衞親軍都指揮使司隸樞密院罷章慶司延福司羣牧監宮正司遼陽萬戶府復徽儀司爲繕珍司善政司爲都總管府內宰司延慶司甄用監復爲正三品益都蝗荆門州旱棣州高郵江陵水秋七月戊寅賜諸王曲魯不花鈔萬五千貫命玄教宗師張留孫修醮事于崇眞宮壬午立普定路屯田分烏撒烏蒙屯田卒二千赴之運和林糧于扎昆倉以便邊軍市馬三萬羊四萬給邊軍貧乏者癸未括馬於大同興和冀寧三路以頒衞士甲申車駕將北幸調左右翊軍赴北邊浚井以知樞密院事買驢哈丹並爲遼陽行省平章政事丙戌賜諸王買奴等鈔二十五萬貫丁亥太陰犯斗諸王告住等部火賑糧三月鈔萬五千貫晉王也孫鐵木兒部饑賑鈔五千萬貫壬辰罷女直萬戶府及狗站脫脫禾孫散遼陽紅花萬戶府兵遣扈從諸營還大都禁踐民禾安南內附人陳巖言其國貢使多爲覘伺敕湖廣行省汰遣之乙未賜西僧沙加鈔萬五千貫以甘肅行省平章欽察知樞密院事回回太醫進藥曰打里牙給鈔十五萬貫丙申以昌平灤陽十二驛供億繁重給鈔三十萬貫賑之中書平章政事乃剌忽罷降封安王兀都不花爲順陽王禁獻珍寶製袞冕戊戌熒惑犯房樞密院臣言塔海萬戶部不剌兀赤與北兵戰拔軍士三百人以還棄其子於野殺所乘馬以啗士卒請賞之賜鈔五千貫斡魯思辰告諸王月兒魯鐵木兒謀變賞鈔萬五千貫敕中外希賞自請者勿予己亥太陰犯昴賜女巫伯牙台鈔萬五千貫庚子以江南行御史臺中丞廉恂爲中書平章政事辛丑賜公主扎牙八剌等鈔七萬五千貫晉王也孫鐵木兒遣使以地七千頃歸朝廷請有司徵其租歲給糧鈔從之以遼陽金銀鐵冶歸中政院癸卯賜伶人鈔二萬五千貫酒人十五萬貫己巳以知樞密院事也先吉尼爲江西行省平章政事是月後衞屯田及潁息汝陽上蔡等縣水霸州及堂邑縣蝻八月丁未朔嶺北省臣忻都坐以官錢犒軍免官詔復其職戊申祭社稷罷曲靖路人匠提舉司賑晉王部軍民鈔二百五十萬貫禁屋于司天監辛亥賑龍居河諸軍乙卯賜上都駐冬衞士鈔四百萬貫諸王木南卽部饑與聖宮牧駝戶貧乏並賑之丙辰祔仁宗聖文欽孝皇帝莊懿慈聖皇后于太廟鐵木迭兒攝太尉奉玉冊行事太白犯靈臺戊午鐵木迭兒以趙世延嘗劾其姦誣以不敬下獄請殺之幷究省臺諸臣不允帝幸涼亭從容謂近侍曰頃鐵木迭兒必欲寘趙世延于死地朕素聞其忠良故每奏不納左右咸稱萬歲乙丑熒惑犯天江丁卯太白犯太微垣右執法宮人官奴坐用日者請太皇太后禁星杖之籍其貲脫思馬部宣慰使亦憐眞坐違制不發兵杖流奴兒干之地庚午發米十萬石賑糶京師貧民壬申太陰犯軒轅御女甲戌廣東新州饑賑之河間路水九月甲申建壽安山寺給鈔千萬貫括興和馬以贍北部貧民禁五臺山樵採罷上都嶺北甘肅河南諸郡酒禁乙酉太陰犯壘壁陣丙戌熒惑犯斗壬辰敕議王華宮歲享睿宗登歌大樂土番利族阿俄等五種寇成谷遣鞏昌總帥以兵討之循州溪蠻秦元吉爲寇遣守將捕之癸巳太陰犯昴瀋陽水旱害稼弛其山場河泊之禁戊戌太陰犯鬼己亥太白犯亢庚子常灃州洞蠻貞公合諸洞爲寇命土官追捕之癸卯親王脫不花搠思班遣使來賀登極甲辰雲南木邦路土官給邦子忙兀等入貢賜幣有差遣馬扎蠻等使占城占臘龍牙門索馴象以虞藏不充停諸王所部歲給冬十月丁未時享太廟庚戌太陰犯熒惑于斗將作院使也速坐董製珠衣怠工杖之籍其家壬子作佛事于文德殿四十日申嚴兩淮鹽禁丁巳酉陽聳儂洞蠻田謀遠爲寇命守臣招捕之戊午車駕至自上都詔太常院臣曰朕將以四時躬祀太室宜與羣臣集議其禮此追遠報本之道毋以朕勞于對越而有所損其悉遵典禮安南國遣其臣鄧恭儉來貢方物庚申敕譯佛書辛酉賜勞探馬赤宿衞者遣還所部癸亥太陰犯井乙丑幸大護國仁王寺帝師請以醮八兒監藏爲土番宣慰司都元帥從之酉陽土官冉世昌遣其子冉朝李大小石隄洞蠻入貢丙寅定恭謝太廟儀式丁卯爲皇后作鹿頂殿于上都己巳罷玉華宮祀睿宗登歌樂敕翰林院譯詔關白中書庚午命拜住督造壽安山寺癸酉流諸王阿剌鐵木兒於雲南十一月丙子朔帝御齋宮丁丑恭謝太廟至仁宗太室卽流涕左右感動戊寅以海運不給命江浙行省以財賦府租益之還其直歸宣徽中政二院檢勘沙淨二州流民勒還本部以登極大賚諸王百官中書會其數計金五千兩銀七十八萬兩鈔百二十一萬一千貫幣五萬七千三百六十四匹帛四萬九千三百二十二匹木綿九萬二千六百七十二匹布二萬三千三百九十八匹衣八百五十九襲鞍勒弓矢有差給嶺北驛牛馬造今年鈔本至元鈔五千萬貫中統鈔二百五十萬貫汰衞士冒受歲賜者庚辰併永平路灤邑縣于石城遣定住等括順陽王兀都思不花邸財物入章佩監中政院禁京城諸寺邸舍匿商稅辛巳以親祀太廟禮成御大明殿受朝賀甲申敕翰林國史院纂修仁宗實錄丁亥作佛事于光天殿戊子幸隆福宮己丑宣德蒙古驛饑命通政院賑之丁酉詔各郡建帝師八思巴殿其制視孔子廟有加戊戌交趾蠻儂志德寇脫零那乞等六洞命守將討之遣使閱實各行省戍兵己亥計京官俸鈔給米三分癸卯熒惑犯壘壁陣甲辰鐵木迭兒言和市織幣薄惡由董事者不謹請免右丞高昉等官仍令郡縣更造徵其元直不允太常禮儀院擬進時享太廟儀式十二月乙巳朔詔曰朕祗遹貽謀獲承丕緒念付託之惟重顧繼述之敢忘爰以延祐七年十一月丙子被服袞冕恭謝于太廟既大禮之告成宜普天之均慶屬茲踰歲用易紀元于以導天地之至和于以法春秋之謹始可以明年爲至治元年減天下租賦二分包銀五分免大都上都興和三路差稅三年優復煮鹽煉鐵等戶二年開燕南山東河泊之禁聽民采取命官家屬流落邊遠者有司資給遣之其子女典鬻於人者聽還其家監察御史廉訪司歲舉可任守令者二人七品以上官有偉畫長策可以濟世安民者實封上之士有隱居行義明治體不求聞達者有司具狀以聞丁未播州蠻的羊籠等來降庚戌鑄銅爲佛像置玉德殿壬子賜壽寧公主鈔七萬五千貫癸丑以天壽節預遣使修醮于龍虎山乙卯率百官奉玉冊玉寶加上太皇太后尊號曰儀天興聖慈仁昭懿壽元全德泰寧福慶徽文崇祐太皇太后翰林學士忽都魯都兒譯進宋儒眞德秀大學衍義帝曰修身治國無踰此書賜鈔五萬貫河南饑帝問其故羣臣莫能對帝曰良由朕治道未洽卿等又不盡心乃職委任失人致陰陽失和災害荐至自今各務勤恪以應天心毋使吾民重困太陰掩昴丙辰以太皇太后加號禮成御大明殿受朝賀丁巳詔諭中外戊午太陰犯井庚申太陰犯鬼辛酉作延春閣後殿壬戌召西僧輦眞哈剌思赴京師敕所過郡縣肅迎乙丑祭星于回回司天監四十晝夜丙寅以典瑞院使闊徹伯知樞密院事修祕密佛事于延春閣丁卯鐵木迭兒拜住言比者詔內外言得失今上封事者或直進御前乞令臣等開視乃入奏聞帝曰言事者直至朕前可也如細民輒訴訟者則禁之給武宗皇后鈔七十五萬貫以大學衍義印本頒賜羣臣戊辰以太皇太后加號禮成告太廟己巳敕罷明

年二月八日迎佛中書右丞木八剌罷爲江西行省右丞以中書參知政事只兒哈郎爲右丞江南浙西道廉訪使薛處敬爲中書參知政事遣使閱奉元路軍需庫辛未拜住進鹵簿圖帝以唐制用萬二千三百人耗財乃定大駕爲三千二百人法駕二千五百人上思州猺結交趾寇忠州癸酉帝聞賀伯顏母老憫之以所籍京兆田礎還其家江浙行省平章政事伯顏察兒江西行省平章政事白撒都並坐貪墨免官是歲決獄輕重七千六百三十事河決汴梁原武浸灌諸縣滹沱決文安大成等縣渾河溢壞民田廬泰州成紀縣暴雨山崩朽壤墳起覆沒畜產汴梁延津縣大風晝晦桑多損大同雨雹大者如鷄卵諸衞屯田隕霜害稼益津縣雨黑霜至治元年春正月丁丑修佛事于文德殿壬午增置漷州都漕運司同知運判各一員甲申召高麗王王章赴上都丙戌帝服衮冕享太廟以左丞相拜住亞獻知樞密院事闊徹伯終獻詔羣臣曰一歲惟四祀使人代之不能致如在之誠實所未安歲必親祀以終朕身廷臣或言祀事畢宜赦天下帝諭之曰恩可常施赦不可屢下使殺人獲免則死者何辜遂命中書陳便宜事行之丁亥帝欲以元夕張燈宮中參議中書省事張養浩上書諫止帝遽命罷之日有臣若此朕復何憂自今朕凡有過豈獨臺臣當諫人皆得言賜養浩帛二疋諸王忽都答兒來朝癸巳諸王斡羅思部饑發淨州平地倉糧賑之蘄州蘄水縣饑賑糧三月奉元路饑禁酒乙未太陰掩房己亥降延福監爲延福提舉司廣福監爲廣福提舉司秩從五品以壽安山造佛寺置庫掌財帛秩從七品甲辰辰星犯外屏木金火土四星聚奎二月汴梁歸德饑發粟十萬石賑糶河南安豐饑以鈔二萬五千貫粟五萬石賑之戊申祭社稷改中都威衞爲忠翊侍衞親軍都指揮使司己酉作仁宗神御殿于普慶寺辛亥調軍三千五百人修上都華嚴寺壬子夜金火土三星聚于奎大永福寺成賜金五百兩銀二千五百兩鈔五十萬貫幣帛萬匹丁巳畋于柳林敕更造行宮監察御史觀音保鎖咬兒哈的迷失成珪李謙亨諫造壽安山佛寺殺觀音保鎖咬兒哈的迷失杖珪謙亨竄于奴兒干地己未樞密院臣請授副使吳元珪榮祿大夫以階高不允授正奉大夫賑木憐道三十一驛貧戶辛酉太白犯熒惑癸亥太陰犯心甲子罷承徽寺秩正三品割常州宜興民四萬戶隸之丁卯以僧法洪爲釋源宗主授榮祿大夫司徒禁越臺省訴事罷先朝傳旨濫選者戊辰賜公主扎牙八剌從者鈔七十五萬貫三月甲戌營王也先帖木兒部畜牧死損賜鈔五十萬貫丙子建帝師八思巴寺於京師丁丑御大明殿受緬國使者朝貢太陰掩昴賜公主買的鈔五萬貫駙馬滅憐鈔二萬五千貫召諸王太平于汴發民丁疏小直沽白河庚辰廷試進士泰普化宋本等六十四人賜及第出身有差辛巳車駕幸上都遣使賜西番撒思加地僧金二百五十兩銀二千二百兩袈裟二萬幣帛幡茶各有差壬午遣呪師朶兒只往牙濟班卜二國取佛經癸未製御服珠袈裟甲申敕纂修仁宗實錄后妃功臣傳乙酉寶集寺金書西番波若經成置大內香殿益壽安山造寺役軍己丑大同路麒麟生甲午置雲南王府己亥宦者孛羅鐵木兒坐罪流奴兒干地庚子賑寧國路饑辛丑以鐵失爲御史大夫佩金符領忠翊侍衞親軍都指揮使癸卯益都般陽饑以粟賑之夏四月丙午給喃答失王府銀印秩正三品寬徹忽塔迷失王府銅印秩從三品庚戌享太廟江州贛州臨江霖雨袁州建昌旱民皆告饑發米四萬八千石賑之丁巳廣德路旱發米九千石減直賑糶戊午太陰犯心己未造象駕金脊殿吉陽黎蠻寇寧遠縣庚申太陰犯斗戊辰敕賜鐵木迭兒父祖碑命宦者孛羅台爲太常署令太常官言刑人難與大祭遂罷之五月丙子毁上都回回寺以其地營帝師殿賑益都膠州饑丁丑霸州蝗戊寅太白犯鬼積尸氣太陰犯軒轅庚辰太陰犯明堂濮州大饑命有司賑之壬午遷親王圖帖穆爾于海南禁日者毋交通諸王駙馬掌陰陽五科者毋泄占候以興國路去歲旱免其田租丁亥修佛事于大安閣庚寅賑諸王哈賓鐵木兒部沂州民張昱坐妖言濟南道士李天祥坐教人兵藝杖之女直蠻赤興等十九驛饑賑之辛卯海漕糧至直沽遣使祀海神天妃作行殿于稻山流杯池高郵府旱癸巳寶定路飛蟲食桑乙未命世家子弟成童者入國學辛丑太常禮儀院進太廟制圖壬寅開元路霖雨六月癸卯朔日有食之作金浮屠于上都藏佛舍利乙卯以鐵木迭兒領宣政院事丁巳參知政事敬儼罷爲陝西行御史臺中丞戊午涇州雨雹己未太陰犯虛梁滁州霖雨傷稼蠲其租辛酉太白經天趙弘祚等言事勒歸鄉里仍禁妄言時政壬戌龍虎山張嗣成來朝授太玄輔化體仁應道大眞人乙丑遣使往銓江浙江西湖廣四川雲南五省邊郡官選丁卯禜星于司天臺大同路雨雹戊辰衞輝汴梁等處蝗己巳以上都留守只兒哈郎爲中書平章政事臨江路旱免其租通濟屯霖雨傷稼霸州大水渾河溢被災者二萬三千三百戶秋七月壬申賜晉王也孫鐵木兒鈔百萬貫遼陽開元等路及順州邢臺等縣大水癸酉衞輝路胙城縣蝗乙亥賑南恩新州饑丙子淮安路屬縣水丁丑享太廟戊寅通州潞縣榆棣水決庚辰鹵簿成滹沱河及范陽縣巨馬河溢辛巳盩厔縣僧圓明作亂遣樞密院判官章台督兵捕之壬午通許臨淮盱眙等縣蝗癸未封太尉孛蘭奚爲和國公乙酉大雨渾河防決庚寅清池縣蝗癸巳太陰犯昴黃平府蠻盧砰爲寇削萬戶何之祺等官一級遣吏部尚書教化禮部郎中文矩使安南頒登極詔諸王闊別薨賻鈔萬五千貫丙申禁服色踰制己亥奉仁宗及帝御容於大聖壽萬安寺蒲陰縣大水庚子修上都城詔河南江浙流民復業淮西蒙城等縣饑邵陽道士劉志先以妖術謀亂復命章台捕之薊州平谷漁陽等縣大水大都保定眞定大名濟寧東平東昌永平等路高唐曹濮等州水順德大同等路雨雹乞兒吉思部水八月壬寅修都城安陸府水壞民廬舍癸卯賑膠州饑甲辰高郵興化縣水免其租丙午泰興江都等縣蝗丁未太陰犯心戊申祭社稷上都鹿頂殿成己酉太陰犯斗庚戌以軍士貧乏遣知樞密院事鐵木兒不花整治仍詔諭中外有敢擾害者罪之賑北部孤寡糧鈔賜公主速哥八剌鈔五十萬貫兀兒速憨哈納思等部貧乏戶給牝馬二疋壬子熒惑犯軒轅乙卯中書平章政事鐵木兒脫罷爲上都留守壬戌淮安路鹽城山陽縣水免其租車駕駐蹕興和左右以寒甚請還京師帝曰兵以牛馬爲重民以稼穡爲本朕遲留蓋欲馬得芻牧民得刈穫一舉兩得何計乎寒雷州路海康遂溪二縣海水溢壞民田四千餘頃免其租秦州成紀縣山崩九月乙亥熒惑犯靈臺京師饑發粟十萬石減價糶之丙子駐蹕昂兀嶺壬午熒惑犯太微西垣上將賜諸王撒兒蠻鈔五萬貫壬辰中書平章政事塔失海牙坐受贓杖免丁酉熒惑犯太微垣右執法車駕還大都庚子安陸府漢水溢壞民田賑之冬十月辛丑朔修佛事於大內妖僧圓明等伏誅甲午太白經天戊申熒惑犯太微垣左執法庚戌親享太廟壬子拜住獻嘉禾兩莖同穗癸丑敕翰林集賢官年七十者毋致仕以內郡水罷不急工役敕蒙古子女鬻爲回回漢人奴者官收養之禁中書掾曹毋泄機事命樞密遣官整視各郡兵馬戊午置趙王馬札罕部錢糧總管府秩正三品己未肇慶路水賑之丙寅河南行省參知政事你咱馬丁坐殘忍免官丁卯增置侍儀司通事舍人六員侍儀舍人四員己巳遣燕鐵木兒巡邊十一月辛未熒惑犯進賢己亥幸大護國仁王寺丙子太陰犯虛梁戊寅御大明殿羣臣上尊號曰繼天體道敬文仁武大昭孝皇帝是夜辰星犯房己卯以受尊號詔天下拜住請釋囚不允庚辰益壽安山寺役卒三千人辛巳命御史大夫鐵失領左右阿速衞丙戌太陰犯井丁亥以教官待選者借注廣海巡檢己丑太陰犯酒旗又犯軒轅庚寅拜住等言受尊號宜謝太廟行一獻禮世祖亦嘗議行武宗則躬行謝禮詔曰朕當親謝命太史卜日樞密選兵肄鹵簿辛卯太陰犯明堂癸巳以營田提舉司徵酒稅擾民命有司兼權之甲午以遼陽行省管內山場隸中政院丙申敕立故丞相安童碑于保定新城戊戌鞏昌成州饑發義倉賑之己亥太白犯西咸十二月庚子給蒙古子女冬衣辛丑立亦啓烈氏爲皇后遣攝太尉中書右丞相鐵木迭兒持節授玉冊玉寶癸卯以立后詔天下慶遠路饑眞定路疫並賑之甲辰熒惑犯亢戊申躬謝太廟庚戌太陰犯昴作太廟正殿甲寅疏玉泉河車駕幸西僧灌頂寺己未封晙南藏卜爲白蘭王錫金印眞定保定大名順德等路水民饑禁釀酒以金虎符頒各行省平章政事辛酉熒惑入氐甲子置田糧提舉司掌薊景二州田賦以給衞士貧乏者秩從五品命帝師公哥羅古羅思監藏班藏卜詣西番受具足戒賜金千三百五十兩銀四千五十兩幣帛萬匹鈔五十萬貫以諸王怯伯使者數入朝發兵守北口及盧溝橋河間路饑賑之復以馬家奴爲司徒乙丑置中瑞司冶銅五十萬斤作壽安山寺佛像寧海州蝗歸德遼陽通州等處水

元史卷二十七考證

英宗睿聖文孝皇帝紀上都留守賀伯顏○賀伯顏卽賀勝伯顏賜名也

至治元年五月壬午遷親王圖帖穆爾於海南○圖帖穆爾卽武宗子文宗也

十月甲午太白經天○以上文甲子推之應作丙午甲午誤也

元史卷二十八

明翰林學士亞中大夫知制誥兼修國史宋　濂等修

本紀第二十八

英宗二

二年春正月己巳朔安南占城各遣使來貢方物壬申
保定雄州饑賑之庚午廣太廟甲戌禁漢人執兵器出
獵及習武藝丁丑太陰犯昴親祀太廟始陳鹵簿賜導
駕耆老幣帛戊寅敕有司存恤孔氏子孫貧乏者己卯
山東保定河南汴梁歸德襄陽汝寧等處饑發米三十
九萬五千石賑之庚辰太白犯建星公主阿剌忒納八
剌下嫁賜鈔五十萬貫辛巳太白犯建星敕臺憲用人
勿拘資格儀封縣河溢傷稼賑之癸未流徽政院使羅
源于耽羅建行殿于柳林封塔察兒為薊國公辛卯太
陰犯心癸巳以西僧羅藏為司徒潮州饑糶米十萬石
賑之甲午熒惑犯房丁酉太白犯牛二月己亥朔熒惑
犯建閉星庚子置左右欽察衛親軍都指揮使司命拜
住總之罷上都歇山殿及帝師寺役辛丑賜鐵失父祖
碑癸卯以江南行臺御史大夫欽察為中書平章政事
江浙行省參政王居仁為中書參知政事薛處敬罷為
河南行省左丞丙午熒惑犯罰星戊申祭社稷順德路
九縣水旱賑之太陰犯井庚戌熒惑犯東咸辛亥太陰
犯酒旗及軒轅壬子太白犯壘壁陣賜諸王案忒不花
鈔七萬五千貫以徹兀台禿忽魯死事賜鈔三萬五千
貫諸王怯伯遣使進文豹河間路饑禁釀酒癸丑太陰
犯明堂甲寅以太廟役軍造流盃池行殿廣海郡邑官
瀆貨敕願往任者陞秩二等乙卯以遼陽行省平章政
事買驢為中書平章政事西僧亦思剌蠻展普疾詔為
釋大辟四十一人笞罪二十人戊午賑眞定等路饑己未
太陰犯天江括馬賜宗仁衛壬戌太白犯壘壁陣諸王
怯伯遣使進海東青鶻癸亥遼陽等路饑免其租仍賑
糧一月甲子恩州水民饑疫賑之三月己巳中書省臣
言國學廢弛請令中書平章政事廉恂參議中書事張
養浩都事孛术魯翀董之外郡學校仍命御史臺翰林
院國子監同議興舉從之敕四宿衛興聖宮及諸王部
勿用南人斡魯思告訐父母斬之辛未禁捕天鵝違者
籍其家壬申復張珪司徒臨安路河西諸縣饑賑之癸
酉河南兩淮諸郡饑禁釀酒丙子延安路饑賑糧一月
罷京師諸營繕役卒四萬餘人河間河南陝西十二郡
春旱秋霖民饑免其租之半戊寅修都城庚辰敕江浙
僧寺田除宋故有永業及世祖所賜者餘悉稅之癸未
賑遼陽女直漢軍等戶饑乙酉賑濮州水災丙戌以親
祀禮成賜與祭者幣帛減內外官吏一資萬戶哈剌那
海以私粟賑軍賜銀幣仍酬其直給行通政院印賜潛
邸四宿衛士鈔有差復置市舶提舉司於泉州慶元廣
東三路禁子女金銀絲綿下番丁亥鳳翔道士王道明
妖言伏誅己丑有暈貫日如連環賜諸王斡魯溫孫銀
印命有司建木華黎祠於東平仍樹碑以國用匱竭停
諸王賞賚及皇后荅里麻失等歲賜庚寅曹州滑州饑
賑之命將作院更製冕旒辛卯遣御史錄囚置甘州八
剌哈孫驛監察御史何守謙坐贓杖免壬辰賑上都十
一驛給宗仁衛蒙古子女衣糧賜諸王脫烈鐵木兒鈔
五萬貫甲午遼陽哈里賓民饑賑之丁酉幸柳林駙馬
許納之子速怯訴曰臣父謀叛臣母私從人帝曰人子
事親有隱無犯今有過不諫乃復告訐命誅之賑奉元
路饑夏四月戊戌朔車駕幸上都己亥嶺北蒙古軍饑
給糧遣還所部庚子賑彰德路饑壬寅眞州火徽州饑
並賑之辛亥涇州雨雹免被災者租壬子公主失憐荅
里薨賜鈔五萬貫甲寅南陽府西穰等屯風雹洪澤芍
陂屯田去年旱蝗並免其租丙辰恩州饑禁釀酒乙丑
中書省臣請節賞賚以紓民力帝曰朕思所出倍於所
入出納之際卿輩宜愼之朕當撙節其用丙寅賜邊卒
鈔帛賑東昌霸州饑民松江府上海縣水仍旱五月己
巳以公主速哥八剌為趙國大長公主免德安府被災
民租修滹沱河堤彰德府饑禁釀酒庚午泰符臨邑二
縣民謀逆其首王驢兒伏誅餘杖流之睢許二州去年
水旱免其租辛未駙馬脫脫薨賜鈔五萬貫丙子熒惑
退犯東咸庚辰賑固安州饑置營於永平收養蒙古子
女遣使諭四方匿者罪之癸未以御史大夫脫脫為江
南行臺御史大夫置宗仁蒙古侍衛親軍都指揮使司
甲申車駕幸五臺山賑夏津永清二縣饑以只兒哈郎
為御史大夫乙酉以拜住領宗仁蒙古侍衛親軍都指
揮使司事佩三珠虎符京師饑發粟二十萬石賑糶雲
南行省平章荅失鐵木兒朵兒只坐贓杖免戊子禁民
集衆祈神庚寅河南陝西河間保定彰德等路饑發粟
賑之仍免常賦之半調各衛漢軍二千充宗仁衛屯田
卒禜星于五臺山甲午賑鞏昌階州饑丙申以吳全節
為玄教大宗師特進上卿閏月戊戌封諸葛忠武侯為
威烈忠武顯靈仁濟王辛丑萬戶李英以良民為奴擅
文其面坐罪癸卯禁白蓮佛事睢陽縣亳社屯大水饑
賑之諸王阿馬承童坐擅徙脫列捏王衛士並杖流海
南甲辰御史臺臣請黜監察御史不稱職者以示懲勸
從之丙午嶺北戍卒貧乏賜鈔三千二百五十萬貫帛
五十萬疋戊申奉元路鄜縣及成州饑並賑之以鐵木
迭兒子同知樞密院事班丹知樞密院事己酉也不干
八禿兒戍邊有功賜以金鈔壬子作紫檀殿乙卯以淮
安路去歲大水遼陽路隕霜殺禾南康路旱並免其租
壬戌安豐屬縣霖雨傷稼免其租興元褒城縣饑賑之
甲子眞定山東諸路饑弛其河泊之禁丙寅辰州沅陵
縣洞蠻為寇遣兵捕之敕已除不赴任者奪其官封公
主速哥八剌乳母為順國夫人六月丁卯朔車駕至五
臺山禁扈從宿衛毋踐民禾置中慶大理二路推官各
一員戊辰揚州屬縣旱免其租己巳廣元路綿谷昭化
二縣饑官市米賑之壬申熒惑犯心癸酉申禁日者妄
談天象甲戌新平上蔡二縣水免其租丙子修渾河堤
壬午辰州江水溢壞民廬舍丁亥奉元屬縣水淮安屬
縣旱並免其租庚寅恩州風雹建德路水皆賑之秋七
月戊戌淮安路水民饑免其租己亥熒惑犯天江丁未
賜拜住平江田萬畝壬子遣親王闊闊禿總兵北邊賜
金二百五十兩銀二千五百兩鈔五十萬貫戊午太陰
犯井宿鉞星車駕次應州曲赦金城縣囚徒庚申陞靖
州為路辛酉次澤源州中書左丞張思明坐罪杖免籍
其家甲子錄京師諸役軍匠病者千人各賜鈔遣還南
康路大水廬州六安縣大雨水暴至平地深數尺民饑
命有司賑糧一月八月戊辰祭社稷己巳道州寧遠縣
民符翼軫作亂有司討擒之壬申蔚州民獻嘉禾甲戌
詔畫蠶麥圖於鹿頂殿壁以時觀之可知民事也己卯
次奉聖州粟宗仁衛營給廬州流民復業者行糧戊寅
廬州路六安舒城縣水賑之庚辰增壽安山寺役卒七
千人庚寅鐵木迭兒卒命給直市其葬地甲午瑞州高
安縣饑命有司賑之九月戊戌大寧路水達達等驛水
傷禾賑之給蒙古子女貧乏者鈔七百五十萬貫戊申
給壽安山造寺役軍匠死者鈔人百五十貫庚戌申禁
江南典雇妻妾辛亥幸壽安山寺賜監役官鈔人五千
貫甲寅賑淮東泰興等縣饑丙辰太皇太后崩戊午賜
蒙古子女鈔百五十萬貫己未太陰犯明堂庚申敕停
今年冬祀南郊癸亥地震甲子臨安河西縣春夏不雨
種不入土居民流散命有司賑給令復業作層樓於涿
州鹿頂殿西丙寅西僧班吉疾賜鈔五萬貫冬十月丁
卯太史院請禁明年興作土功從之戊辰享太廟以國
哀迎香去樂修廟工役未畢妨陳宮懸止用登歌丙子
押濟思國遣使來貢方物江南行臺大夫脫脫坐請告
未得旨輒去職杖謫雲南庚辰至辛巳太陰犯井甲申
建太祖神御殿于興教寺己丑熒惑犯壘壁陣以拜住
為中書右丞相南恩州賊譚庚生等降十一月甲午朔
日有食之己亥以立右丞相詔天下流民復業者免差
稅三年站戶貧乏鬻賣妻子者官贖還之凡差役造作
先科商賈末技富實之家以優農力免陝西明年差稅
十之三各處官佃田明年租十之二江淮刷科包銀全
免之御史李端言近者京師地震日月薄蝕皆臣下失
職所致帝自責曰是朕思慮不及致然因敕群臣亦當
修飭以謹天戒罷世祖以後冗置官括江南僧有妻者
為民安南國遣使來貢方物回賜金四百五十兩金幣
九帛如之癸卯地震甲辰太白犯壘壁陣罷徽政院乙
巳熒惑犯壘壁陣丙午造龍船三艘戊申太陰掩井岷
州旱疫賑之賜戍北邊萬戶千戶等官金帶御史李端
言朝廷雖設起居注所錄皆臣下聞奏事目上之言動
宜悉書之以付史館世祖以來所定制度宜著為令使
吏不得為奸治獄者有所遵守並從之乙卯遣西僧高
主瓦迎帝師宣德府宣德縣地屢震賑被災者糧鈔己
未太陰犯東咸定脫脫禾孫入流官選給印與俸置八
番軍民安撫司改長官所二十有八為州縣庚申太陰
犯天江辛酉熒惑犯歲星眞人蔡道泰殺人伏誅刑部
尚書不荅失里坐受其金范德郁坐詭隨並杖免平江
路水損官民田四萬九千六百三十頃免其租十二月
甲子朔南康建昌州大水山崩死者四十七人民饑命
賑之己丑太白歲星熒惑三星聚于室太白犯壘壁陣
丁卯中書平章政事買驢罷為大司農廉恂罷為集賢
大學士以集賢大學士張珪為中書平章政事戊辰以
掌道教張嗣成吳全節藍道元各三授制命銀印敕奪
其二壬申免回回人戶屯戍河西者銀稅甲戌兩江來
安路總管岑世興作亂遣兵討之鐵木迭兒子宣政院
使八思吉思坐受劉夔冒獻田地伏誅仍籍其家乙亥
太陰掩井丙寅增鎮南王脫不花戍兵戊寅太白犯歲
星庚辰葛蠻安撫司副使龍仁貴作亂湖廣行省督兵
捕之以知樞密院事欽察台為宣政院使參知政事速
速為中書左丞宗仁侍衛親軍都指揮使馬剌為參知
政事癸未紹興路柔遠州洞蠻把者為寇遣兵捕之以
御史大夫只兒哈郎知樞密院事封闊闊禿為武寧王
授金印以地震日食命中書省樞密院御史臺翰林集
賢院集議國家利害之事以聞敕兩都營繕仍舊餘如

所議弛河南陝西等處酒禁禁近侍妻取沒入錢物乙酉杭州火賑之丙戌定諡太皇太后曰昭獻元聖遣太常禮儀院使朶台以諡議告于太廟陞寧昌府爲下路增置一縣併雲南西沙縣入寧州賜淮安忠武王伯顏祠祭田二十頃己丑熒惑犯外屏太陰犯建星辛卯給蒙古流民糧鈔遣還本部張珪足疾免朝賀西僧灌頂疾請釋囚帝曰釋囚祈福豈爲師惜朕思惡人屢赦反害善良何福之有宣徽院臣言世祖時晃吉剌歲輸尚食羊二千成宗時增爲三千今請增五千帝不許曰天下之民皆朕所有如有不足朕當濟之若加重賦百姓必致困窮國亦何益命遵世祖舊制徽州廬州濟南眞定河間大名歸德汝寧鞏昌諸處及河南芍陂屯田水大同衛輝江陵屬縣及豐贍署大惠屯風河南及雲南烏蒙等處屯田旱汴梁順德河間保定慶元濟寧濮州益都諸屬縣及諸衛屯田蝗

三年春正月癸巳朔暹國及八番洞蠻酋長各遣使來貢曹州禹城縣去秋霖雨害稼縣人邢著程進出粟以賑饑民命有司旌其門乙未享太廟己亥思明州盜起湖廣行省督兵捕之庚子刑部尚書烏馬兒坐贓杖免壬寅命太僕寺償給牝馬百匹供世祖仁宗御容殿祭祀馬運和林阿蘭禿等驛戶貧乏給鈔賑之以行中書省平章政事復兼總軍政軍官有罪重者以聞輕者就決罷上都雲州興和宣德蔚州奉聖州及雞鳴山房山黃蘆三义諸金銀冶聽民採鍊以十分之三輸官授前樞密院副使吳元珪王約集賢大學士翰林侍講學士韓從益昭文館大學士並商議中書省事拜住言前集賢侍講學士趙居信直學士吳澄皆有德老儒請徵用之帝喜曰卿言適副朕心更當搜訪山林隱逸之士遂以居信爲翰林學士承旨澄爲學士增置上都留守司判官二員以漢人爲之專掌刑名置仁宗中宮位提舉司二秩正五品隸承徽寺太陰犯鉞星又犯井癸卯太陰犯井甲辰鎭西武寧正部饑賑之遣諸王忽剌出往鎭雲南賜鈔萬五千貫辛亥申命鐵失振舉臺綱壬子建諸王驛於京師遣回回砲手萬戶赴汝寧新蔡遵世祖舊制教習砲法靜江邕柳諸郡獠爲寇命湖廣行省督兵捕之甲寅以宗仁衞蒙古子女額足萬戶命罷收之乙卯征東末吉地兀者戶以貂鼠水獺海狗皮來獻詔存郵三歲丙辰泉州民留應總作亂命江浙行省遣兵捕之丁巳定封贈官等秩辛酉禁故殺子孫誣平民者增置兵部尚書一員四川行省平章政事趙世延爲其弟訟不法事繫獄待對其弟逃去詔出之仍著爲令逃者百日不出則釋待對者命樞密副使完顏納丹侍御史曹伯啓也可扎魯忽赤不顏集賢學士欽察翰林直學士曹元用聽讀仁宗時纂集累朝格例赦常調官外不次銓用者但陞以職勿陞其階二月癸亥朔作上都華嚴寺八思巴帝師寺及拜住第役軍六千二百人定軍官襲職嫡長子孫幼者令諸兄弟姪攝之所受制敕書權襲以息爭訟是夜熒惑太白填星三星聚于胃丙寅翰林國史院進仁宗實錄遣敎化等往西番撫初附之民徵畜牧治郵傳戊辰祭社稷天壽節賓丹爪哇等國遣使來貢己巳修廣惠河牐十有九所治野狐桑乾道癸酉畋于柳林顧謂拜住曰近者地道失寧風雨不時豈朕纂承大寶行事有闕歟對曰地震自古有之陛下自責固宜良由臣等失職不能燮理帝曰朕在位三載於兆姓萬物豈無乖戾之事卿等宜與百官議有便民利物者朕卽行之置鎭遠王也不干王傅官屬罷播州黃平府長官所一徙其民隸黃平是夜太白犯卯辛巳造五輅司徒劉夔同僉宣政院事囊加台坐妄獻地土冒取官錢伏誅格例成定凡二千五百三十九條內斷例七百一十七條格千一百五十一詔赦九十四令類五百七十七名曰大元通制頒行天下是夜太陰犯東咸癸未賑北邊軍鈔二十五萬錠糧二萬石命宣徽院選蒙古子男四百入宿衞罷徽政院總管府三都總管府隸有司怯憐口及人匠總管府隸陝西行中書省降開成路爲州丙戌雨土京師饑發粟二萬石賑糶造五輅旗丁亥敕金書藏經二部命拜住等總之戊午封鷹師不花爲趙國公辛卯以太子賓客伯都廉貧賜鈔十萬貫諸王月思別遣使來朝罷稱海宣慰司及萬戶府改立屯田總管府諸王怯伯遣使貢蒲萄酒海漕糧至直沽遣使祀海神天妃三月壬辰朔車駕幸上都賜諸王喃荅失言鈔二百五十萬貫復給諸王脫歡歲賜丁酉平江路嘉定州饑發粟六萬石賑之戊戌安豐芍陂屯田女直戶饑賑糧一月庚子崇明諸州饑發米萬八千三百石賑之甲辰台州路黃巖州饑賑糧兩月丁未西番參卜郎諸族叛敕鎭西武靖王搠思班等發兵討之戊申祔太皇太后于順宗廟室遣攝太尉中書右丞相拜住奉玉冊玉寶上尊諡曰昭獻元聖皇后辛亥以圓明王道明之亂禁僧道度牒符籙丙辰敕醫卜匠官居喪不得去職七十不聽致仕子孫無蔭敘能紹其業者量材錄用監察御史拜住敎化坐舉八恩吉思失當並黜免諸王火魯灰部軍驛戶饑賑之夏四月壬戌朔敕天下諸司命僧誦經十萬部丙寅察罕腦兒蒙古軍驛戶饑賑之丁卯旌內黃縣節婦王氏己巳浚金水河甲戌命張珪及右司員外郎王士熙勉勵國子監學敕都功德使濶兒魯至京師釋四大辟三十一人杖五十七以上者六十九人放籠禽十萬令有司償其直己卯詔行助役法遣使考視稅籍高下出田若干畝使應役之人更掌之收其歲入以助役費官不得與北邊軍饑賑之蒙古大千戶部比歲風雪斃畜牧賑鈔二百萬貫敕京師萬安慶壽聖安普慶四寺揚子江金山寺五臺萬聖祐國寺作水陸佛事七晝夜丁亥故羅羅斯宣慰使述古妻漂末權領司事遣其子娑住邦來獻方物戊子南豐州民及鞏昌蒙古軍饑賑之五月辛卯設大理路白鹽城榷稅官秩正七品中慶路榷稅官秩從七品置安慶灊山縣雲南寧遠州戊戌太白經天庚子大風雨雹拔柳林行宮內外大木二千七百辛丑以鐵失獨署御史大夫事壬寅雲南行省平章政事忽辛坐贓杖免詔中外開言路置慶元路嶧山縣增尉一員從安寨縣於龍安驛癸卯太陰犯房乙巳嶺北米貴禁釀酒戊申監察御史蓋繼元宋翼言鐵木迭兒奸險貪汚請毀所立碑從之仍追奪官爵及封贈制書帝御大安閣見太祖世祖遺衣皆以縑素木綿爲之重加補綴嗟歎良久謂侍臣曰祖宗創業艱難服用節儉乃如此朕焉敢頃刻忘之太白犯畢癸丑荊湖宣慰使脫烈受賂事覺召至京師御史臺臣請遣就鞫不允乙卯賜勳舊子撒兒蠻按灰鐵木兒也先鐵木兒鈔人萬五千貫以鈔千萬貫市羊馬給嶺北戍卒人驛馬二牝馬二羊十五禁驛戶無質賣官地丙辰東安州水壞民田千五百六十頃戊午眞定路武邑縣南水害稼奉元行宮正殿災上都利用監庫火帝令衞士撲滅之因語羣臣曰世皇始建宮室于今安焉朕嗣登大寶而値此燬此朕不能圖治之故也欽察衞兵戍邊有卒累功請賞以官帝曰名爵豈賞人之物命賜鈔三千貫大名路魏縣霖雨大同路鴈門屯田旱損麥諸衞屯田及永淸縣水保定路歸信縣蝗六月寇圍寧都州民孫正臣出糧餉軍旌其門丁卯西番參卜郎諸寇未平遣徽政使醜驢往督師戊辰毀鐵木迭兒父祖碑追收元受制書告諭中外贈乳母忽禿台定襄郡夫人其夫阿來追封定襄王諡忠愍壬申將作院使哈撒兒不花坐罔上營利杖流東裔籍其家留守司以雨請修都城有旨今歲不宜大興土功其略完之癸酉置太廟夾室贈燕赤吉台太赤爲襄安王諸王別思鐵木兒統兵北部別頒歲賜太常請纂修累朝儀禮從之癸未塡星犯畢乙酉易安滄莫霸祈諸州及諸衞屯田水壞田六千餘頃諸王怯伯數寇邊至是遣使來降帝曰朕非欲彼土地人民但吾民不罹邊患軍士免於勞役斯幸矣今旣來降當厚其賜以安之秋七月辛卯朔宣政使欽察台自傳旨署事中書以體制非宜請通行禁止從之壬辰占城國王遣其弟保佑八剌遮奉表來貢方物眞定路驛戶饑賑糧二千四百石癸卯太廟成班丹坐贓杖免賜剌禿屯田貧民鈔四十六萬八千貫市牛具甲辰諸王帖木兒還自雲南入宿衞賜鈔二萬五千貫乙巳招諭左右兩江黃勝許岑世興己酉封諸王忽都鐵木兒爲威遠王授金印減海道歲運糧二十萬石併免江淮增科糧甲寅買馬行宮駕車六百五十匹丙辰永寧王卜鐵木兒爲不法命宗正府及近侍雜治其傳籍鐵木迭兒家資諸王徹徹禿入朝請印帝以其政績未著不允賜鈔二十五萬貫御史臺請降旨開言路帝曰言路何嘗不開但卿等選人未當爾鄜州雨水害屯田稼眞定州諸路屬縣蝗冀寧興和大同三路屬縣隕霜東路蒙古萬戶府饑賑糧兩月八月癸亥車駕南還駐蹕南坡是夕御史大夫鐵失知樞密院事也先帖木兒大司農失禿兒前平章政事赤斤鐵木兒前雲南行省平章政事完者鐵木迭兒子前治書侍御史鎖南鐵失弟宣徽使鎖南典瑞院使脫火赤樞密院副使阿散僉書樞密院事章台衞士禿滿及諸王按梯不花孛羅月魯不花曲呂不花兀魯思不花等謀逆以鐵失所領阿速衞兵爲外應鐵失赤斤鐵木兒殺丞相拜住遂弒帝於行幄年二十一從葬諸帝陵泰定元年二月上尊諡曰睿聖文孝皇帝廟號英宗四月上國語廟號曰格堅英宗性剛明嘗以地震減膳徹樂避正殿有近臣稱觴以賀問何爲賀朕方修德不暇汝爲大臣不能匡輔反爲諂耶斥出之拜住進曰地震乃臣等失職宜求賢以代曰毋多遜此朕之過也嘗戒羣臣曰卿等居高位食厚祿當勉力圖報苟或貧乏朕不惜賜汝若爲不法則必刑無赦八思吉思下獄謂左右曰法者祖宗所制非朕所得私八思吉思雖事朕日久今其有罪當論如法嘗御鹿頂殿謂拜住曰朕以幼沖嗣承大業錦衣玉食何求不得惟我祖宗櫛風沐雨戡定萬方曾有此樂邪卿元勳之裔當體朕至懷毋忝爾祖拜住頓首對曰創業惟艱守成不易陛下

睿思及此億兆之福也又謂大臣曰中書選人署事未
旬日御史臺卽改除之臺除者中書亦然今山林之下
遺逸良多卿等不能盡心求訪惟以親戚故舊更相引
用邪其明斷如此然以果於刑戮奸黨畏誅遂搆大變
云

元史卷二十九

明翰林學士亞中大夫知制誥兼修國史宋　濂等修

本紀第二十九

泰定帝一

泰定皇帝諱也孫鐵木兒顯宗甘麻剌之長子裕宗之
嫡孫也初世祖以第四子那木罕爲北安王鎭北邊北
安王薨顯宗以長孫封晉王代之統領太祖四大斡耳
朶及軍馬達達國土至元十三年十月二十九日帝生
于晉邸大德六年晉王薨帝襲封是爲嗣晉王仍鎭北
邊成宗武宗仁宗之立咸與翊戴之謀有盟書焉王府
內史倒剌沙得幸於帝常偵伺朝廷事機以其子哈散
事丞相拜住且入宿衞久之哈散歸言御史大夫鐵失
與拜住意相忤欲傾害之至治三年三月宣徽使探忒
來王邸爲倒剌沙言主上將不容於晉王汝盍思之於
是倒剌沙與探忒深相要結八月二日晉王獵於禿剌
之地鐵失密遣斡羅思來告曰我與哈散也先鐵木兒
失禿兒謀已定事成推立王爲皇帝又命斡羅思以其
事告倒剌沙且言汝與馬速忽知之勿令旭邁傑得聞
也於是王命囚斡羅思遣別烈迷失等赴上都以逆謀
告未至癸亥英宗南還駐蹕南坡是夕鐵失等矯殺拜
住英宗遂遇弒于幄殿諸王按梯不花及也先鐵木兒
奉皇帝璽綬北迎帝于鎭所癸巳卽皇帝位於龍居河
大赦天下詔曰薛禪皇帝可憐見嫡孫裕宗皇帝長子
我仁慈甘麻剌爺爺根底封授晉王統領成吉思皇帝
四箇大斡耳朶及軍馬達達國土都付來依著薛禪皇
帝聖旨小心謹愼但凡軍馬人民的不揀甚麽勾當裏
遵守正道行來的上頭數年之間百姓得安業在後完
澤篤皇帝教我繼承位次大斡耳朶裏委付了來已委
付了的大營盤看守著扶立了兩箇哥哥曲律皇帝普
顏篤皇帝姪碩德八剌皇帝我累朝皇帝根底不謀異
心不圖位次依本分與國家出氣力行來諸王哥哥兄
弟每衆百姓每也都理會的也者今我的姪皇帝生天
了也麽道迤南諸王大臣軍士的諸王駙馬臣僚達達
百姓每衆人商量著大位次不宜久虛惟我是薛禪皇
帝嫡派裕宗皇帝長孫大位次裏合坐地的體例有其
餘爭立的哥哥兄弟也無有這般晏駕其間比及整治
以來人心難測宜安撫百姓使天下人心得寧早就這
裏卽位提說上頭從著衆人的心九月初四日於成吉
思皇帝的大斡耳朶裏大位次裏坐了也交衆百姓每
心安的上頭赦書行有是日以知樞密院事淇陽王也
先鐵木兒爲中書右丞相諸王月魯鐵木兒襲封安西
王甲午以內史倒剌沙爲中書平章政事乃馬台爲中
書右丞鐵失知樞密院事馬思忽同知樞密院事孛羅
爲宣徽院使旭邁傑爲宣政院使乙未大理護子羅蠻
爲寇以樞密副使阿散爲御史中丞內史善僧爲中書
左丞丁酉以完澤知樞密院事禿滿同僉樞密院事戊
戌以撒的迷失知樞密院事章台同知樞密院事已亥
敕諭百司凡銓授官遵世祖舊制惟樞密院御史臺宣
政院宣徽院得自奏聞餘悉由中書辛丑以馬某沙知
樞密院事失禿兒爲大司農召諸王官屬流徙遠地及
還元籍者二十四人還京師是歲大寧蒙古大千戶部
風雪斃畜牧賑米十五萬石南康漳州二路水淮安揚
州屬縣饑賑之冬十月癸亥修佛事於大明殿甲子遣
使至大都以卽位告天地宗廟社稷誅逆賊也先鐵木
兒完者鎖南禿滿等於行在所以旭邁傑爲中書右丞
相陝西行中書左丞相禿魯通政院使紐澤並爲御史
大夫速速爲御史中丞遣旭邁傑紐澤誅逆賊鐵失失
禿兒赤斤鐵木兒脫火赤章台等於大都並戮其子孫
籍入家產己巳太白犯亢戊辰召亦都護高昌王鐵木
兒補化壬申以內史按答出爲太師知樞密院事丙子
太白犯氐詔百司遵守世祖成憲癸未以旭邁傑兼阿
速衞達魯花赤丙戌以江浙行省平章政事兀伯都剌
爲中書平章政事八番順元及靜江大理威楚諸路猺
兵爲寇敕湖廣雲南二省招諭之揚州江都縣火雲南
王西平王二部衞士饑皆賑之十一月己丑朔熒惑犯
亢車駕次于中都修佛事於昆剛殿庚寅太白犯鉤鈐
丙申次于祖媽乙未太白犯東咸辛丑車駕至大都壬
寅熒惑犯氐諸王怯別遣使來朝丁未御大明殿受諸
王百官朝賀庚戌詔百司朝夕視事毋怠辛亥御史中
丞董守庸坐黨鐵失免官壬子敕營繕不急者罷之癸
丑遣使詣曲阜以太牢祀孔子敕會福院奉北安王那
木罕像于高良河寺祭遁甲五福神甲寅諸王怯別遣
使來朝乙卯禜星於司天監丙辰御史中丞速速坐貪
淫免官丁巳廣州路新會縣民汜長弟作亂廣東副元
帥烏馬兒率兵捕之雲南開南州大阿哀阿三木台龍
買六千餘人寇哀卜白鹽井詔凡有罪自首者原其罪
袁州路宜春縣鎭江路丹徒縣饑賑糶米四萬九千石
沅州黔陽縣饑芍陂屯田旱並賑之十二月己未御史
臺經歷朶兒只班御史撒兒塔罕兀都蠻郭也先忽都
並坐黨鐵失免官御史言曩者鐵木迭兒專政誣殺楊
朶兒只蕭拜住賀伯顏觀音保鎖咬兒哈的迷失鯨竄
李謙亨成珪罷免王毅高昉張志弼天下咸知其寃請
昭雪之詔存者召還錄用死者贈官有差授諸王薛徹
干以其父故金印庚申以宦者剛苔里爲中政院使壬
戌賜潛邸衞士鈔人六十錠浚鎭江路漕河及練湖役
丁萬三千五百人給諸王八剌失里印戊辰請皇考皇
妣諡于南郊皇考晉王曰光聖仁孝皇帝廟號顯宗皇
妣晉王妃曰宣懿淑聖皇后己巳辰星犯壘壁陣庚午
以卽位大賚后妃諸王百官金七百餘錠銀三萬三千
錠錢及幣帛稱是遣使祀海神天妃盜入太廟竊仁宗
及莊懿慈聖皇后金主辛未熒惑犯房壬申作仁宗主
仍督有司捕盜禜星于司天監癸酉德慶路瀧水縣猺
劉寅等降甲戌命道士吳全節修醮事乙亥征東夷民
奉獸皮來附太常院臣言世祖以來太廟歲惟一享先
帝始復古制一歲四祭請裁擇之帝曰祭祀大事也朕
何敢簡其禮命仍四祭監察御史脫脫趙成慶等言鐵
木迭兒在先朝包藏禍心離間親藩誅戮大臣使先帝
孤立卒罹大禍其子鎖南親與逆謀久逭天憲乞正其
罪以快元元之心月魯禿禿哈速敦皆鐵失之黨不宜
寬宥遂並伏誅丙子命嶺北守邊諸王徹徹禿月修佛
事以郤寇兵己卯命僧作佛事於大內以厭雷增諸王
薛徹干駙馬哈伯等歲賜金銀幣帛有差辛巳熒惑犯
東咸壬午諸王月思別遣怯烈來朝賜以金幣癸未廣
西右江來安路總管岑世興遣其弟世元入貢流諸王
月魯鐵木兒於雲南按梯不花于海南曲呂不花于奴
兒干孛羅及兀魯思不花于海島並坐與鐵失等逆謀
乙酉雲南車里于孟爲寇詔招諭之諭百司借名器各
遵世祖定制丙戌旭邁傑言近也先鐵木兒之變諸王
買奴逃赴潛邸願効死力且言不除元兇則陛下美名
不著天下後世何從而知上契聖衷嘗蒙獎諭今臣等
議宗戚之中能自拔逆黨盡忠朝廷者惟有買奴請加
封賞以示激勸遂以泰寧縣五千戶封買奴爲泰寧王
知樞密院事大司徒潤徹伯授開府儀同三司以前太
師拜忽商議軍國重事丁亥議賞討逆功賜旭邁傑金
十錠銀三十錠鈔七十錠倒剌沙爲中書左丞相知樞
密院事馬某沙御史大夫紐澤宣政院使鎖禿並加授
光祿大夫仍賜金銀鈔有差塑馬哈吃剌佛像於延春
閣之徽清亭下詔改元詔曰朕荷天鴻禧嗣大歷服側
躬圖治夙夜祗畏惟祖訓是遵乃開歲甲子景運伊始
思與天下更新稽諸典禮踰年改元可以明年爲泰定
元年免大都興和差稅三年八番思播兩廣洞寨差稅
一年江淮創科包銀三年四川雲南甘肅秋糧三分河
南陝西遼陽絲鈔三分除虛增田稅免斡脫逋錢賑恤
雲南廣海八番等處戍軍求直言賜高年帛禁獻山場
湖泊之利定吏員出身者秩正四品以追尊皇考皇妣
詔天下雲南花腳蠻爲寇詔招諭之平江嘉定州饑遼
陽苔陽失蠻闊闊部風雹並賑之澧州歸州饑賑糶米
二萬石是歲夏諸衞屯田及大都河間保定濟南濟寧
五路屬縣霖雨傷稼秋忻州定襄縣及忠翊侍衞屯田
所營田象食屯田所隕霜殺禾土番岷州春疫夏旱西
番寇鞏昌府

泰定元年春正月乙未以乃馬台爲平章政事善僧爲
右丞敕諸王哈剌還本部召江西行省平章政事也兒
吉你赴闕己亥以誅逆臣也先鐵木兒等詔天下辛丑
諸王大臣請立皇太子賜諸王徹徹禿金一錠銀六十
錠幣帛各百匹塔思不花金一定銀四十錠幣帛二百
匹阿忽鐵木兒等金銀各有差壬寅以故丞相拜住子
答兒麻失里爲宗仁衞親軍都指揮使徹里哈爲左右
衞阿速親軍都指揮使命僧諷西番經於光天殿甲辰
敕譯列聖制詔及大元通制刊本賜百官丁未以稱海
屯田萬戶府達魯花赤帖陳假嶺北行中書省參知政
事近侍忽都帖木兒假禮部尚書使西域諸王不賽因
部戊申八番生蠻韋光正等及楊黃五種人以其戶二
萬七千來附請歲輸布二千五百疋置長官司以撫之
己酉命諸王遠徙者悉還其部召親王圖帖睦爾于瓊
州阿木哥于大同定怯薛台歲給鈔人八十錠甲寅賜
諸王太平忽剌台別失帖木兒等金印敕高麗王還國
仍歸其印糶米二十萬石賑京師貧民丙辰賜故監察
御史觀音保鎖咬兒哈的迷失妻子鈔各千錠賜司徒
道住印敕封解州鹽池神曰靈富公廣德信州岳州惠

州南恩州民饑發粟賑之二月丁巳朔作顯宗影堂己未修西番佛事於壽安山寺曰星吉思吃剌曰闊兒魯弗卜曰水朶兒麻曰颯間卜里喃家經僧四十人三年乃罷庚申監察御史傅巖起李嘉賓言遼王脫脫乘國有隙誅屠骨肉其惡已彰恐懷疑貳如令歸藩譬之縱虎出柙請廢之別立近族以襲其位不報甲子作佛事命僧百八人及倡優百戲導帝師游京城庚午選守令推官舊制臺憲歲舉守令推官二人有罪連坐至是言其不便復命中書於常選擇人用之壬申請上大行皇帝謚于南郊曰睿聖文孝皇帝廟號英宗甲戌浙江行省左丞趙簡請開經筵及擇師傅令太子及諸王大臣子孫受學遂命平章政事張珪翰林學士承旨忽都魯都兒迷失學士吳澄集賢直學士鄧文原以帝範資治通鑑大學衍義貞觀政要等書進講復敕右丞相也先鐵木兒領之諸王怯別孛羅各遣使來貢高昌王亦都護帖木兒補化遣使進蒲萄酒丁丑監察御史宋本趙成慶李嘉賓言盜竊太廟神主由太常守衛不謹請罪之不報戊寅御史李嘉賓劾逆黨左阿速衛指揮使脫帖木兒罷之癸未宣諭也里可溫各如教具戒加封廣德路祠山神張眞君曰普濟寧國路廣惠王曰福祐紹興慶元延安岳州潮州五路及鎭遠府河州集州饑發粟賑之三月丁亥朔罷徽政院立詹事院以太傅朶台宣徽使禿滿迭兒桓國公拾得驢太尉丑驢答剌罕並爲太子詹事中書參知政事王居仁爲太子副詹事以同知宣政院事楊廷玉爲中書參知政事罷大同路黃華嶺及崇慶屯田賜壽寧公主金十錠銀五十錠鈔二萬錠乙未以江西行省平章政事也兒吉你知樞密院事置定王薛徹干總管府給蒙古流民糧鈔遣還所部敕擅從者斬藏匿者杖之賜諸王徹徹禿永福縣戶萬三千六百爲食邑仍置王傅戊戌廷試進士賜八剌張益等八十四人及第出身有差會試下第者亦賜教官有差中書省臣請禁橫奏賞賚及踰越奏事者從之庚子欽察罷爲陝西行臺御史大夫以四川行中書省平章政事囊加台兼宣政院使往征西番寇參卜郎癸卯命中書平章政事乃馬台攝祭南郊知樞密院事闊徹伯攝祭太廟以冊皇后皇太子告丙午御大明殿冊八八罕氏爲皇后皇子阿速吉八爲皇太子己酉以皇子八的麻亦兒間卜嗣封晉王泰寧王買奴卒以其子亦憐眞朶兒赤嗣遣湘寧王八剌失里出鎭察罕腦兒罷宣慰司立王傅府以知樞密院事也先吉你爲雲南行

省右丞相召流人還京師庚戌月直延民眞只海阿荅罕來獻大珠監察御史宋本李嘉賓傅巖起言太尉司徒司空三公之職濫假僧人及會福殊祥二院並辱名爵請罷之不報癸丑諸王不賽因遣使朝貢臨洮狄道縣冀寧石州離石寧鄉縣旱饑賑米兩月廣西橫州猺寇永淳縣夏四月戊午廉恂罷爲集賢大學士食其祿終身賜乳母李氏鈔千錠賜征參卜郎軍千人鈔四萬七千錠太尉不花平章政事即烈坐矯制以寡婦古哈強配撒梯被鞫詔以世祖舊臣原其罪己未以珠字詔賜帝師所居撒思加部庚申詔整飭御史臺作昭聖皇后御容殿於普慶寺辛酉命昌王八剌失里往鎭阿難荅昔所居地親王圖帖睦爾至自潭州及王禪皆賜車帳駝馬癸亥以國言上英宗廟號曰格堅皇帝修佛事於壽昌殿甲子車駕幸上都以諸王寬徹不花失剌平章政事兀伯都剌右丞善僧等居守以嶺北行中書省左丞潑皮爲中書左丞江南行臺中丞朶朶爲中書參知政事馬剌罷爲太史院使罷衛士四百人還宗仁衛賜北庭的撒兒兀魯軍羊馬諸王不賽因遣使來貢發兵民築渾河堤丙寅賜昌王八剌失里牛馬橐駝稅僧道邸舍積貨丁卯遣諸王揑古伯等還和林封八剌失里繼母買的爲皇妹昌國大長公主給銀印以忽咱某丁爲哈讚忽咱主西域戶籍辛未月食既癸酉以太子詹事禿滿迭兒爲中書平章政事甲戌命呪師作佛事厭雷庚辰以風烈月食地震手詔戒飭百官辛巳太廟新殿成木憐撒兒蠻部及北邊蒙古戶饑賑糧鈔有差江陵路屬縣饑雲南中慶昆明屯田水五月丁亥監察御史董鵬南劉潛邊笥慕完沙班以灾異上言平章乃蠻台宣徽院使帖木兒不花詹事禿滿荅兒黨附逆徒身虧臣節太常守廟不謹遼王擅殺宗親不花即里矯制亂法皆蒙寬宥甚爲失刑乞定其罪以銷天變不允己丑帝諭倒剌沙曰朕即位以來無一人能執成法爲朕言者知而不言則不忠且陷人於罪繼自今凡有所知宜悉以聞使朕明知法度斷不敢自縱非獨朕身天下一切政務能守法以行則衆皆乂安反是則天下罹於憂苦又曰凡事防之於小則易救之於大則難爾其以朕言明告于衆俾知所愼壬辰御史臺臣禿忽魯紐澤以御史言災異屢見宰相宜避位以應天變可否仰自聖裁顧惟臣等爲陛下耳目有徇私違法者不能糾察慢官失守宜先退避以授賢能帝曰御史所言其失在朕卿等何必遽爾禿忽魯又言臣已老病恐誤大事

乞先退於是中書省臣兀伯都剌張珪楊廷玉皆抗疏乞罷丞相旭邁傑倒剌沙言比者災異陛下以憂天下爲心反躬自責謹遵祖宗聖訓脩德愼行敕臣等各勤乃職手詔至大都居守省臣皆引罪自劾臣等爲左右相才下識昏當國大任無所襄贊以致災祲罪在臣等所當退黜諸臣何罪帝曰卿若皆辭避而去國家大事朕孰與圖之宜各相諭以勉乃職戊戌遷列聖神主于太廟新殿辛丑循州猺寇長樂縣甲辰赦上都四笞罪以下者丙午太白犯鬼侍御史高奎上書請求直言辨邪正明賞罰帝善其言賜以銀幣丁未太白犯鬼積尸氣己酉賓州民方二等爲寇有司捕擒之癸丑命司天監禁星中書平章政事禿滿迭兒領宣徽使詹事丞回回請如裕宗故事擇名儒輔太子敕中書省臣訪求以聞袁州火龍慶延安吉安杭州大都諸路屬縣水民饑賑糧有差六月乙卯朔遣諸王闊闊出鎭畏兀賜金銀鈔千計戊午雲南蒙化州高蘭神場寨主照明羅九等寇威楚庚申張珪自大都至以守臣集議事言逆黨未討奸惡未除忠憤未雪冤枉未理政令不信賞罰不公賦役不均財用不節請裁擇之不允諸王阿木哥薨賻鈔千錠諸王寬徹亦里吉赤來朝賜駙馬鐵木兒等部鈔一萬三千錠北邊戍兵鈔萬六千八十錠賑蒙古饑民遣還所部延安路饑禁酒癸亥作禮拜寺於上都及大同路給鈔四萬錠丙寅遣使招諭參卜郎遣闊闊出等詣高麗取女子三十人廣西左右兩江黃勝許岑世興乞遣其子弟朝貢許之丁卯大幄殿成作鎭雷坐靜佛寺庚午置海剌禿屯田總管府辛未修黑牙蠻荅哥佛事於水晶殿癸酉帝受佛戒於帝師己卯諸王怯別等遣其宗親鐵木兒不花等奉馴豹西馬來朝貢詔疏決繫囚存恤軍士免天下和買雜役三年蠶戶差稅一年百官四品以下普覃散官一等三品遞進一階遠仕瘴地身故不得歸葬妻子流落者有司資給遣還仍著爲令雲南大理路你囊爲寇大都眞定晉州深州奉元諸路及甘肅河渠營田等處雨傷稼賑糧二月大司農屯田諸衛屯田彰德汴梁等路雨傷稼順德大名河間東平等二十一郡蝗晉寧鞏昌常德龍興等處饑皆發粟賑之大同渾源河眞定滹沱河陝西渭水黑水渠州江水皆溢並漂民廬舍宣德府鞏昌路及八番金石番等處雨雹河間晉寧涇州揚州壽春等路湖廣河南諸屯田皆旱秋七月丙戌思州平茶楊大車酉陽州冉世昌寇小石耶凱江等寨調兵捕之諸王阿馬薨賻鈔五

千錠賜雲南王王禪鈔二千錠諸王阿都赤鈔三千錠作楠木殿招諭船領義寧靈川等處猺庚寅遣使代祀岳瀆丙申以諸王薛徹禿襲統其父完者所部仍給故印己亥賑蒙古流民給鈔二十九萬錠遣還仍禁毋擅離所部違者斬庚子諸王伯顏帖木兒出鎭闊連東部阿剌忒納失里出鎭沙州各賜鈔三千錠撒忒迷失率衛士佐太師拔塔出行邊賜鈔千錠癸卯罷廣州福建等處採珠蜑戶爲民仍免差稅一年丙午以畏兀字譯西番經丁未禁星于上都司天監以山東鹽運司判官馬合謨爲吏部尚書佩虎符翰林修撰楊宗瑞爲禮部郎中佩金符奉即位詔往諭安南置長慶寺以宦者阿亦伯爲寺卿罷中瑞司中書省臣言東宮衛士先朝止三千人今增至萬七千請命詹事院汰去仍依舊制從之戊申以籍入鐵木迭兒及子班丹觀音奴貨產給還其家奉元路朝邑縣曹州楚丘縣大名路開州濮陽縣河溢大都路固安州清河溢順德路任縣沙澧洺水溢眞定廣平廬州等十一郡雨傷稼龍興州雨雹大如雞子平地深三尺定州屯河溢山崩免河渠營田租大都鞏昌延安冀寧龍興等處饑賑糶有差廣西慶遠猺酋潘父絹等率衆來降署爲簿尉等官有差加封溫州故平陽侯曰英烈侯八月甲寅徹徹兒火兒火思之地五千貧乏賑糧二月乙卯敕以刑獄復隸宗正府依世祖舊制刑部勿與丙辰享太廟丁巳賜諸王八里台黃頭鈔各千五百錠禁言赦前事庚申市牝馬萬匹取湩酒賑帖列干木倫等驛戶糧鈔有差辛亥遣翰林學士承旨斡赤祀太祖太宗睿宗御容于普慶寺賜親王圖帖睦爾鈔三千錠庚午作中宮金脊殿辛未繪帝師八思巴像十一頒各行省俾塑祀之敕武官坐罪制授者以聞勅授者從行省處決以金泉館酒課賜公主壽寧丁丑罷浚玉泉山河役車駕至大都癸未敕樞密役軍凡三百人以上奏聞詔諭雲南大車里小車里秦州成紀縣大雨山崩水溢壅土至來谷河成丘阜汴梁濟南屬縣雨水傷稼賑之延安冀寧杭州潭州等十二郡及諸王哈伯等部饑賑糧有差九月乙酉封也速不堅爲荆王賜金印以宣德府復隸上都留守司辛卯罷哈思的結魯思伴卜總統所更置臨洮總管府賜潛邸衛士鈔萬錠丙申葺太祖神御殿乙巳昭獻元聖皇后忌日修佛事飯僧萬萬人敕存恤武衛軍一年癸丑以籍入阿散家貲給其子脫列改邕州爲南寧路岑世興遣其弟興元來朝貢奉元路長安縣大雨灃水溢延安路洛水

溢濮州館陶縣及諸衞屯田水建昌紹興二路饑賑糧有差冬十月乙卯秦州成紀縣趙氏婦一產三男成都嘉穀生一莖九穗丁巳監察御史王士元請早諭教太子帝嘉納之戊午享太廟立壽福總管府秩正三品典累朝神御殿祭祀及錢穀事降大天源延聖寺總管府爲提點所以隸之庚申命左右相日直禁中有事則赴中書丙寅太白犯斗己巳太白入斗太陰犯填星雲南車里蠻爲寇遣斡耳朶奉詔招諭之其酋寒賽子尼而鷹搆木子刁零出降庚午太白犯斗壬申安南國世子陳日爌遣其臣莫節夫等來朝貢眞州珠金沙河松江府吳江州諸河淤塞詔所在有司傭民丁浚之丙子命帝師作佛事於延春閣丁丑緬國王子吾者那等爭立歲貢不入命雲南行省諭之徙封雲南王王禪爲梁王食邑益陽州六萬五千戶仍以其子帖木兒襄封雲南王封親王圖帖睦爾爲懷王食邑端州六萬五千戶增歲賜幣帛千匹並賜金印壬午熒惑犯壘壁陣肇慶猺黃寶才等降延安路饑發義倉粟賑之仍給鈔四千錠廣東道及武昌路江夏縣饑賑糶有差河南廉訪使買奴坐多徵公田租免官以曾國大長公主女適懷王己丑命道士修醮事癸巳遣兵部員外郎宋本吏部員外郎鄭立阿魯灰工部主事張成太史院都事費著分調閩海兩廣四川雲南選諸王不賽因言其臣出班有功請官之以出班爲開府儀同三司翊國公給銀印金符賜諸王散朮台也速速兒鈔各千五百錠斡耳朶罕鈔千二百錠魯賓鈔千五百錠甲午縈星于囘囘司天監己亥以朮溫台知樞密院事辛丑造金寶蓋飾以七寶貯佛舍利甲辰作歇山鹿頂樓于上都丁未釋笞四十七以下囚及輕罪流人給鈔二千錠散與貧者印明年鈔本至元鈔四十萬錠中統十萬錠己酉詔免也里可溫荅失蠻差役庚戌招諭融州猺般領大小木龍等百七十五團河間路饑賑糧二月汴梁信州泉州南安贛州等路饑賑糶有差嘉定路龍興縣饑賑糧一月大都上都興和等路十三驛饑賑鈔八千五百錠十二月癸丑朔以岑世興爲懷遠大將軍遙授沿邊溪洞軍民安撫使佩虎符仍來安路總管黃勝許爲懷遠大將軍遙授沿邊溪洞軍民安撫使佩虎符致仕其子志熟襲爲上思州知州降詔宣諭仍各賜幣帛二乙卯雲南猺阿吾及歪閘爲寇行省督兵捕之庚申同州地震有聲如雷癸亥鹽官州海水溢壞隄障侵城郭遣使祀海神仍與有司視形勢所便還請疊石爲塘詔曰築塘是重勞吾民也其增石囤扞禦庶天其相之乙丑給蒙古子女孳畜丙寅命翰林國史院修纂英宗顯宗實錄敕內外百官凡行朝賀等禮雨雪免朝服庚午熒惑犯外屏辛未新作棕殿成諸王鎖思的甍賻鈔五百錠乙亥太白經天曲赦重囚三十八人以爲三宮祈福夔路容米洞蠻田先什用等九洞爲寇四川行省遣使諭降五洞餘發兵捕之陝西行省以兵討階州土蕃察罕腦兒千戶部饑賑糧一月延安路雹災賑糧一月溫州路樂清縣鹽場水民饑發義倉粟賑之兩浙及江東諸郡水旱壞田六萬四千三百餘頃

二年春正月丙戌辰星犯天雞乙未以畿甸不登罷春畋禁后妃諸王駙馬毋通星術之士非司天官不得妄言禍福敕御史臺選舉與中書合議以聞中書省臣言江南民貧僧富諸寺觀田土非宋舊置幷累朝所賜者請仍舊制與民均役從之以籍入思吉思地賜故監察御史觀音保鎖咬兒哈的迷失妻子各十頃戊戌造象輦參卜郎來降賜其酋班木兒銀鈔幣帛辛丑懷王圖帖睦爾出居于建康壬寅太白犯建星甲辰奉安顯宗像于永福寺給祭田百頃廣西山獠爲寇命所在有司捕之江浙行省平章政事脫歡荅剌罕陞爲左丞相諸王怯別遣使貢方物賜鈔四萬錠戊申以乞剌失思八班藏卜爲土蕃等路宣慰使都元帥兼管長河西奔不兒亦思剛察沙加兒朶甘思朶思麻等管軍達魯花赤與其屬往鎭撫參卜郎庚戌詔諭宰臣曰向者卓兒罕察苦魯及山後皆地震內郡大小民饑朕自卽位以來惟太祖開創之艱世祖混一之盛期與人民共享安樂常懷祗懼災沴之至莫測其由豈朕思慮有所不及而事或僭差天故以此示儆卿等其與諸司集議便民之事其思自死罪始議定以聞朕將肆赦以詔天下肇慶肇昌延安贛州南安英德新州梅州等處饑賑糶有差閏月壬子朔詔赦天下除江淮剏科包銀免被災地差稅一年庚申修野狐嶺色澤桑乾嶺道乙丑命整治屯田河南行省左丞姚煒請禁屯田吏蠶食屯戶及勿務美增以廢裕民之意不報丁卯中書省臣言國用不足請罷不急之費從之罷惠遠倉永需庫於海剌禿總管府己巳修滹沱河堰壬申罷永興銀場聽民採鍊以十分之二輸官罷松江都水庸田使司命州縣正官領之仍加兼知渠堰事癸酉作棕毛殿丙子浙西道廉訪司言四方代祀之使乘公營私多不誠潔以是神不歆格請愼擇之山南廉訪使帖木哥請削降鐵失所用驟陞官戊寅諸王忽塔梯迷失等來朝賜金銀鈔帛有差己卯河間眞定保定瑞州四路饑禁釀酒階州土蕃爲寇肇昌總帥府調兵禦之站八兒監藏叛於兀敎保定路饑賑鈔四萬錠糧萬五千石雄州歸信諸縣大雨河溢被災者萬一千六百五十戶賑鈔三萬錠南寶州棣州等處水民饑賑糧二萬石死者給鈔以葬五花城宿滅禿抽只千麻兀三驛饑賑糧二千石衡州衡陽縣民饑瑞州蒙山銀場丁饑賑粟有差山東廉訪使許師敬請頒族葬制禁用陰陽相地邪說二月甲申祭先農丙戌頒道經于天下名山宮觀丁亥平伐苗酋的娘率其戶十萬來降土官三百六十人請朝湖廣行省請汰其衆還部令的娘等四十六人入覲從之己丑加嗣漢三十九代天師張嗣成太玄輔化體仁應道大眞人庚寅熒惑辰星塡星聚于畢辛卯賑安定王朶兒只班部軍糧三月爪哇國遣其臣昔剌僧迦里也奉表及方物來朝貢廣西猺潘寶陷柳城縣丁酉禁星于囘囘司天監己亥命西僧作燒壇佛事於延華閣封阿里迷失爲和國公張珪爲蔡國公仍知經筵事以中書右丞善僧爲平章政事參知政事淩皮爲右丞御史大夫禿忽魯加太保仍御史大夫庚子姚煒以河水屢決請立行都水監於汴梁倣古法備捍仍命瀕河州縣正官皆兼知河防事從之丙午造玉御床戊申命道士祭五福太一神庚戌通漷二州饑發粟賑糶薊州寶坻縣慶元路象山諸縣饑賑糧二月甘州蒙古驛戶饑賑糧三月大都鳳翔寶慶衡州潭州全州諸路饑賑糶有差三月癸丑修曹州濟陰縣河隄役民丁一萬八千五百人甲寅禁捕天鵝丁巳賜諸王帖木兒不花等鈔有差辛酉咸平府清河寇河合流失故道壞堤堰敕蒙古軍千人及民丁修之乙丑車駕幸上都諸王搠思班部戍士四百人征參卜郎有功人賞鈔四千錠乙亥安南國世子陳日爌遣使貢方物荊門州旱漷州薊州鳳州延安歸德等處民及山東蒙古軍饑賑糧鈔有差肇慶富州惠州袁州江州諸路及南恩州梅州饑賑糶有差夏四月丁亥作吾殿癸巳和市牝馬有駒者萬匹敕宿衞騶馬散牧民間者歸官廄飼之丁酉濮州鄄城縣言城西堯塚上有佛寺請徙之不報辛丑加公主壽寧爲皇姊大長公主禁山東諸路酒丙午奧魯及蒐雁遮殺雲南行省所遣諭蠻使者敕追捕之丁未封后父火里兀察兒爲威靖王戊申以許師敬爲中書左丞中政使禹亨爲中書參知政事仍中政使奉元路白水縣雹肇昌路伏羌縣大雨山崩鎭江寧國瑞州桂州南安寧海南豐潭州涿州等處饑賑糧五萬餘石隴西漢中秦州饑賑鈔三萬錠五月壬子車里陶剌孟及大阿哀蠻兵萬人乘象寇陷朶剌等十四寨木邦路蠻八廟率僰夷萬人寇陷倒八漢寨督邊將嚴備之癸丑龍牙門蠻遣使奉表貢方物辛未罷京師官鬻鹽肆十五改河間鹽運司爲大都河間等路都轉運鹽使司遣察乃使于周王和世㻋癸酉融州否泉洞吉龍洞村山黑江諸猺爲寇廣西元帥府發兵討之丙子旭邁傑等以國用不足請減廐馬汰衞士及節諸王濫賜從之賜潛邸怯憐口千人鈔三萬錠浙西諸郡霖雨江湖水溢命江浙行省及都水庸田司興役疏洩之置諫議書院於昌平院祀唐劉蕡大都路檀州大水平地深丈有五尺汴梁路十五縣河溢江陵路江溢洮州臨洮府雨雹潭州興國屬縣旱彰德路蝗龍興平江等十二郡饑賑糶米三十二萬五千餘石鞏昌路臨洮府饑賑鈔五萬五千錠六月己卯朔皇子生命巫祓除于宮葺萬歲山殿靜江猺爲寇遣廣西宣慰司發兵捕之辛巳柳州猺爲寇戍兵討斬之癸未濬州平甫縣猺爲寇達魯花赤都堅都監姚泰亨死之甲申改封嘉王晃火帖木兒爲并王丙戌塡星犯井鉞星丙申中書參知政事左塔不台言大臣兼領軍務前古所無鐵失以御史大夫也先帖木兒以知樞密院事皆領衞兵如虎而翼故成逆謀今軍衞之職乞勿以大臣領之庶勳舊之家得以保全從之仍賜幣帛以旌其直丁酉靜江義寧縣及慶遠安撫司蠻猺爲寇敕守將捕之息州民趙丑厮郭菩薩妖言彌勒佛當有天下有司以聞命宗正府刑部樞密院御史臺及河南行省官雜鞫之辛丑柳州馬平縣猺爲寇湖廣行省督所屬追捕之丙午塡星犯井丁未立都水庸田使司浚吳松二江勅營造毋役五衞軍士止以武衞虎賁二衞給之開南府阿只弄哀培蠻兵爲寇命雲南行省督所屬兵捕之通州三河縣大雨水丈餘潼川府綿江中江水溢入城郭冀寧路汾河溢秦州秦安山移新州路旱濟南河間東昌等九郡蝗奉元衞輝路及永平屯田豐贍昌國濟民等署雨傷稼蠲其租濟寧興元寧夏南康歸州等十二郡饑賑糶米七萬餘石鎭西武靖王部及遼陽水達達路饑賑糧一月秋七月戊申朔大小車里蠻來獻馴象乙酉賜諸王燕大等金鈔有差庚戌遣阿失伯祀宅神于北部行幄甲寅遣使奉詔分諭猺蠻鎭康路土官你囊謀粘路土官賽丘羅出降木邦路土官八廟旣降復

叛棨星于上都司天監紐澤許師敬編類帝訓成請於經筵進講仍俾皇太子觀覽有旨譯其書以進丙辰享太廟播州蠻黎平愛等集羣夷爲寇湖廣行省請兵討之不許詔播州宣撫使楊也里不花招諭之戊午遣使代祀龍虎武當二山己未置車里軍民總管府以土人寒賽爲總管佩金虎符中書省臣言往歲征猺廉訪司劾其濫殺今凡出師請廉訪司官一員莅軍糾正從之庚申以宮人二賜藩王怯別癸亥修大乾元寺以許師敬及郎中買驢兼經筵官廣西諸猺寇城邑遣湖廣行省左丞乞住兵部尚書李大成中書舍人買驢將兵二萬二千人討之仍以諸王斡耳朶罕監其軍海北猺酋盤吉祥寇陽春縣命江西行省督兵捕之庚午以國用不足罷書金字藏經威楚大理諸蠻爲寇雲南行省請出師不允遣亦剌馬丹等使大理普顏實立等使威楚招諭之思州洞蠻楊銀千等來獻方物封駙馬孛羅帖木兒知樞密院事火沙並爲郡王辛未立河南行都水監申禁漢人藏執兵仗有軍籍者出征則給之還復歸于官壬申御史臺臣言廉訪司莅軍非世祖舊制賈胡鬻寶西僧修佛事所費不支於國無益並宜除罷從之敕太傅朶台太保禿忽魯日至禁中集議國事猺蠻潘寶寇鐔津義寧來賓諸縣命廣西守將捕之慶遠溪洞民饑發米二萬五百石平價糶之敕山東州縣收養流民遺棄子女延安鄜州綏德鞏昌等處雨雹般陽新城縣蝗宗仁衞屯田隕霜殺禾睢州河決順德汴梁德安汝寧諸路旱免其租梅州饒州鎮江郴州諸路饑賑糶米三萬餘石八月戊子修上都香殿辛卯雲南白夷寇雲龍州癸巳歲星犯天罇辛丑遣使代祀岳瀆名山大川敕諸王私入京者勿供其所用諸部曲宿衞私入京者罪之命度支監汰阿塔赤所掌駞馬於外郡飼之大都路檀州鞏昌府靜寧縣延安路安塞縣雨雹衞輝路汲縣河溢南恩州瓊州饑賑糧一月臨江路歸德府饑賑糧二月衡州建昌岳州饑賑糶米一萬三千石九月戊申朔分天下爲十八道遣使宣撫詔曰朕祇承洪業夙夜惟寅凡所以圖治者悉遵祖宗成憲曩屢詔中外百司宣布德澤蠲賦詳刑賑恤貧民思與黎元共享有生之樂尚慮有司未體朕意庶政或闕惠澤未洽承宣者失於撫綏司憲者怠於糾察俾吾民重困朕甚憫焉今遣奉使宣撫分行諸道按問官吏不法詢民疾苦審理冤滯凡可以興利除害從宜舉行有罪者四品以上停職申請五品以下就便處決其有政績尤異暨晦跡

丘園才堪輔治者具以名聞以湖廣行省參知政事馬合某河東宣慰使李處恭之兩浙江東道江東道廉訪使朶列禿太史院使齊履謙之江西福建道都功德使舉林伯荊湖宣慰使蒙弼之江南湖廣道禮部尚書李家奴工部尚書朱贇之河南江北道同知樞密院事阿吉剌御史中丞曹立之燕南山東道太子詹事別帖木兒宣徽院判韓讓之河東陝西道吏部尚書納哈出董訥之山北遼東道陝西鹽運使衆家奴中書斷事官韓庭茂之雲南省湖南宣慰使寒食冀寧路總管劉文之甘肅省山東宣慰使禿思帖木兒陝西行省左丞廉惇之四川省翰林侍講學士帖木兒不花祕書卿吳秉道之京畿道以郡縣饑詔運粟十五萬石貯瀕河諸倉以備賑救仍敕有司治義倉禁大都順德衞輝等十郡釀酒募富民入粟拜官二千石從七品千石正八品五百石從八品三百石正九品不願仕者旌其門諸王斡即遣使貢金浮圖己酉海運江南糧百七十萬石至京師庚戌復尚乘寺光祿寺爲正三品給銀印癸丑車駕至大都遣使祀海神天妃甲寅禁饑民結扁檐社傷人者杖一百著爲令乙卯享太廟己未岑世興上言自明不反請置蒙古漢人監貳官詔優從之壬戌諸王牙即貢馬丁丑浚河間陳玉帶河廣西猺寇賓州禮部員外郎元永貞言鐵失弒逆皆由鐵木迭兒始禍請明其罪仍錄付史館以爲人臣之戒漢中道文州霖雨山崩檀州雨雹開元路三河溢瓊州南安德慶諸路饑賑糧鈔有差冬十月戊寅朔張珪歸保定上冢以病辭祿不允岑世興及子鐵木兒率衆寇上林等州命撫諭之壬午禁成都路釀酒癸未以倒剌沙爲御史大夫丁亥享太廟己丑賜恩平王塔思不花部鈔五千錠壬辰熒惑犯氐癸巳塡星退犯井播州凱黎苗率諸寨苗獠爲寇乙未皇后亦憐真八剌受佛戒於帝師丁酉廣西獠酋何童降請防邊自効從之乙巳寧遠知州滌掉言安南國土官押那攻掠其木末諸寨請治之敕安南世子諭押那歸其俘丙辰寧夏路曹州屬縣水霸州衞州路饑賑糧二月戊申周王和世㻋遣使以豹來獻改長寧軍爲州庚戌旭邁傑以歲饑請罷皇后上都營繕從之紐澤以病乞罷不允丙辰郭菩薩等伏誅杖流其黨丁巳幸大承華普慶寺祀昭獻元聖皇后于影堂賜僧鈔千錠岑世興結八番蠻班光金等合兵攻石頭等寨敕調兵禦之八番宣慰司官失備坐罪戊午塡星退犯井宿鉞星己未詔整飭臺綱庚申倭舶來互市廣西道宣慰使獲

猺酋潘寶下獄其弟潘見遂寇柳州命湖廣行省左丞乞住捕之壬戌敕軍民官廕襲者由本貫圖宗支申請銓授丙寅倒剌沙復爲中書左丞相加開府儀同三司錄軍國重事丁卯罷蒙山銀冶提舉司命瑞州路領之壬申賜諸王不賽因鈔二萬錠帛百匹諸王斡耳朶罕遣使以追捕廣西猺寇上聞帝曰朕自即位累詔天下憫恤黎元惟廣猺屢叛殺掠良民故命斡耳朶罕等討之今聞迎降者甚衆宜更以恩撫之若果不悛嚴兵追捕京師饑賑糶米四十萬石內郡饑賑鈔十萬錠米五萬石河間諸郡流民就食通鄆二州命有司存恤之杭州路火賑貧民糧一月常德路水民饑賑糧萬一千六百石十二月戊寅以塔失帖木兒爲中書右丞相癸未加塔失帖木兒開府儀同三司上柱國錄軍國重事監修國史封薊國公諸王不賽因遣使貢珠賜鈔二萬錠乙酉帝復受佛戒於帝師熒惑犯天江辰星犯建星丁亥修鹿頂殿鎮南王脫不花薨遣中書平章政事乃馬歹攝鎮其地中書省臣言山東陝西湖廣地接戎夷請議選宗室往鎮從之申禁圖讖私藏不獻者罪之癸巳京師多盜塔失帖木兒請處決重囚增調邏卒仍立捕盜賞格從之甲午太白犯壘壁陣召張珪於保定丁酉加紐澤知樞密院事與馬某沙並開府儀同三司弛瑞州路酒禁左丞乞住諸王斡耳朶罕征猺賊敗之元江路土官普山爲寇命戍兵捕之壬寅大寧路鳳翔府饑禁釀酒右丞趙簡請行區田法於內地以宋董煟所編救荒活民書頒州縣濟南延川二路饑賑鈔三千五百錠惠州杭州等處饑賑糶有差是歲陝西府雨雹御河水溢以故翰林學士不花中政使普顏篤指揮使卜顏忽里爲鐵失等所繫死贈功臣號及階勳爵謚

元史卷三十

明翰林學士亞中大夫知制誥兼修國史宋　濂等修

本紀第三十

泰定帝二

三年春正月丙午朔征東行省左丞相高麗國王王章遣使奉方物賀正旦播州宣慰使楊燕里不花招諭蠻酋黎平慶等來降戊申元江路總管普雙叛命雲南行省招捕之諸王薛徹禿晃火帖木兒來朝賜金銀鈔幣有差壬子封諸王寬徹不花爲威順王鎮湖廣買奴爲宣靖王鎮益都各賜鈔三千錠以山東湖廣官田賜民耕墾人三頃仍給牛具諸王不賽因遣使獻西馬徵前翰林學士吳澄不起置都水庸田司於松江掌江南河渠水利己未賜武平王帖古思不花部軍民鈔人十五錠以湘寧王八剌失里鎮兀魯思部辛酉太白犯外屏癸亥封朶列捏爲國公以知樞密院事撒忒迷失爲嶺北行中書省平章政事戊辰緬國亂其主答里也伯遣使來乞師獻馴象方物安南國阮叩寇思明路命湖廣行省督兵備之大都路屬縣饑賑糧六萬石恩州水以糧賑之二月丁丑購能首告謀逆厭魅者給賞立賞格諭中外庚辰賑魯王阿兒加失里部瓮吉剌貧民鈔六萬錠命諸王魯賓爲大宗正壬午廣西全茗州土官許文傑率諸猺以叛寇茗盈州殺知州事李德卿等命湖廣行省督兵捕之以乃馬台知樞密院事甲申祭太祖太宗睿宗御容於翰林國史院丁亥中書請罷征猺赦斡耳朶罕等班師其鎮戍者如故乙丑禁汴梁路釀酒甲午葺眞定玉華宮乙未修佛事厭雷于崇天門丙申建顯宗神御殿於盧師寺賜額曰大天源延壽寺敕以金書西番字藏經甲戌建殊祥寺於五臺山賜田三百頃爪哇國遣使貢方物庚子以通政院使察乃爲中書平章政事甲辰車駕幸上都命諸王也忒古不花及中書省臣兀伯都剌察乃善僧許師敬朶朶居守立典醫署秩從五品隸詹事院歸德府屬縣河決民饑賑糧五萬六千石河間保定眞定三路饑賑糧四月建昌路饑賑糶米三萬石三月乙巳朔帝以不雨自責命審決重囚遣使分祀五嶽四瀆名山大川及京城寺觀安南國宮爲龍州萬戶趙雄飛等所侵乞諭還所掠詔廣西道遣官究之丙午塡星犯井宿鉞星丁未敕百官集議急務中書省臣等請汰衞士節濫賞罷營繕防猺寇諸寺官署坑冶等事歸中書並從之壬子禜星于司天監癸丑八番巖霞洞蠻來降願歲輸布二千五百匹設蠻夷官鎮撫之乙卯申禁民間金龍文織幣丁巳遣諸王失剌鎮北邊戊午詔安撫緬國賜其主金幣甲子命功德使司簡歲修佛事一百二十七丙寅翰林承旨阿憐帖木兒許師敬譯帝訓成更名曰皇圖大訓敕授皇太子考試國子生遣僧修佛事於臨洮鳳翔星吉兒宗山等處賜諸王孛羅鐵木兒阿剌忒納各鈔二千錠戊辰熒惑犯壘壁陣塡星犯井庚午塡星太白歲星聚于井辛未泉州民阮鳳子作亂寇陷城邑軍民官以失討坐罪永平衞輝中山順德諸路饑賑鈔六萬六千餘錠寧夏奉元建昌諸路饑賑糧二月大都河間保定永平濟南

常德諸路饑免其田租之半四月丙戌鎮安路總管岑修廣爲弟修仁所攻來告命湖廣行省辨治之戊戌太白犯鬼壬寅熒惑犯壘壁陣米洞蠻田先什用等結十二洞蠻寇長陽縣湖廣行省遣九姓長官彭忽都不花招之田先什用等五洞降餘發兵討之修夏津武河堤三十三所役丁萬七千五百人五月甲戌朔藩王法別遣使來獻豹乙巳修鎮雷佛事三十一所甘肅行省臣言赤斤儲粟軍士度川遠給不便請復徙于曲尤之地從之修上都復仁門涇州饑禁釀酒罷造福建歲供蔗餳以西僧馳驛擾民禁之甲寅八百媳婦蠻招南道遣其子招三聽奉方物來朝乙卯以帝師兄鎖南藏卜領西番三道宣慰司事尚公主錫王爵給壽寧公主印仍賜田百頃鈔三萬錠甲子中書會歲鈔出納之數請節用以補不足從之監察御史劾宣撫使朵兒只班學士李塔剌海劉紹祖庸鄙不勝任中書議三人皆勳舊子孫罪無實狀乞復其職仍敕憲臺勿以空言妄劾從之丁卯岑世興及鎮安路岑修文合山獠角蠻六萬餘人爲寇命湖廣雲南行省招諭之遣指揮使兀都蠻鐫西番咒語于居庸關崖石庚午乞住招諭永明縣五洞徭來降河西加木籠四部來降以答兒麻班藏卜領卜剌麻沙搠部公哥班領古龍羅烏公遠宗蘭宗孛兒間沙加堅部唆南監藏卜領蘭宗古卜剌卜吉里昔吉林亦木石咸石部朵兒只本剌領籠答吃列八里阿卜魯答思阿答藏部雄州饑太平興化屬縣水並賑之廬州鬱林州及洪澤屯田旱揚州路屬縣財賦官田水並免其租六月癸酉朔賜藩王怯別七寶束帶以禿哈帖木兒爲四川行省平章政事請終母喪從之癸未播州蠻黎平愛復叛合謝烏窮爲寇宣撫使楊燕禮不花招平愛出降烏窮不附命湖廣行省討之丁亥命湘寧王八剌失里出鎮阿難答的之地戊子諸王脫脫等來朝賜金銀鈔幣有差乙未命梁王王禪及諸王徹徹禿鎮撫北軍賜王禪鈔五千錠幣帛各二百匹丁酉遣道士吳全節修醮事於龍虎三茆閣皂三山戊戌遣使祀解州鹽池神中書省臣言比郡縣旱蝗由臣等不能調變故災異降戒今當恐懼儆省力行善政亦冀陛下敬慎修德憫恤生民帝嘉納之賑昌王八剌失里部鈔四萬錠賜吳王潑皮鈔萬錠己亥納皇姊壽寧公主女撒答八剌于中宮道州路櫟所源猺爲寇命乞住督兵捕之奉元鞏昌屬縣大雨雹峽州旱東平屬縣蝗大同屬縣大水萊蕪等處冶戶饑賑鈔三萬錠光州水中山安喜縣雨雹傷稼大昌屯河決大寧廬州德安梧州中慶諸路屬縣水旱並蠲其租秋七月甲辰車駕發上都禁車騎踐民禾遼王脫脫請復太母月也倫宮守兵及女直屯戶不允增給太祖四大斡耳朶歲賜銀二百錠鈔八千錠遣使祀海神天妃造象豹輦車三十兩乙巳怯憐口屯田霜賑糧二月丙午享太廟丁未貂慶西陽寨冉世昌及何惹洞蠻爲寇詔行宮驗馬及宗戚將校駐冬北邊者毋輒至京師辛亥封阿都赤爲綏寧王賜鈔四千錠給金印壬子皇后受牙蠻答哥戒于水精殿甲寅幸大乾元寺敕鑄五方佛銅像乙卯詔翰林侍講學士阿魯威直學士燕赤譯世祖聖訓以備經筵進講戊午諸王不賽因獻驍馬遣日本僧瑞興等四十人還國作別殿於潛邸敕入粟拜官者准致仕銓格己未禁諸部王妃入京告饑以月魯帖木兒嗣齊王給金印八百媳婦蠻招南通遣使來獻馴象方物乙丑發兵修野狐色澤桑乾三嶺道戊辰太白經天己巳大理土官你囊來獻方物庚申廣西宣慰副使王瑞請益戍兵及以土民屯田備蠻仍置南寧安撫司河決鄭州陽武縣漂民萬六千五百餘家賑之永平大都諸屬縣水大風雨雹龍興辰州二路火大名永平奉元諸路屬縣旱汴梁路水大名順德衞輝淮安等路睢趙涿霸等州及諸位屯田蝗大同渾源河溢檀順等州兩河決温榆水溢賑永平奉元鈔七萬錠賑糶濠州饑民麥三萬九千餘石命瘞京城外棄骸死狀不白者有司究之八月甲戌兀伯都剌許師敬並以災變饑歉乞解政柄不允乙亥遣乃馬台簡閱邊兵賜鈔千錠大天源延聖寺神御殿成戊寅修澄清石牐甲申享太廟長春宮道士藍道元以罪被黜詔道士有妻者悉給徭役遷黃羊坡民二百五十戶於韃靼部寧遠州洞蠻刁用爲寇命雲南行省備之丁亥遣梁王王禪整飭斡耳朶思邊事辛卯雲南行省丞相亦兒吉斛廉訪副使散兀只台以使酒相詆狀聞詔兩釋之甲午以災變罷獵賑河南探馬赤軍籍其餘丁罷行宣政院及功德使司免武備寺遣貢兵器丁酉藩王不賽因遣使獻玉及獨峯駝是夜太白犯軒轅御女以星變下詔恤民辛丑次中都畋于汪火察禿之地賜太師按攤出鈔二千八百錠鹿頂殿成罷甘肅札渾倉徙其軍儲於汪古剌倉戶部尚書郭良坐贓免作天妃宮于海津鎮西番土官撒加布來獻方物海寇黎三來附詔諭廉州蜑戶使復業鹽官州大風海溢壞隄防三十餘里遣使祭海神不止徙居民千二百五十家大都昌平大風壞民居九百家龍慶路雨雹一尺大風損稼真定蠡州奉元蒲城等縣及無爲州諸處水河中府永平建昌邛都中慶太平諸路及廣西兩江饑並發粟賑之揚州崇明州大風雨海水溢溺死者給棺斂之杭州火賑糧一月九月丁未增置上都留守判官一員兼推官辛亥命帝師還京修灑淨佛事于大明興聖隆福三宮丁巳弛大都上都興和酒禁庚申車駕至大都壬戌以察乃領度支事癸亥太白犯太微垣右執法賜大車里新附蠻官七十五人裘帽鞾服戊辰命權赤等使于諸王怯別月思別不賽因三部賑潛邸貧民鈔二十萬錠湖廣行省太平路總管郭扶雲南行省威楚路禿剌寨長哀培景東寨長阿只弄男阿吾大阿哀寨主弟你刀木羅寨長哀卜利茫施路土官阿利鎮江路土官泥囊弟陀金客木帖路土官丘羅大車里昭哀姪哀用孟隆甸土官吾仲並奉方物來獻以昭哀地置木朶路一木來州一甸三以吾仲地置孟隆路一甸一以哀培地置甸一並降金符銅印仍賜幣帛鞍勒有差中書省臣言今國用不繼陛下當法世祖之勤儉以爲永圖臣等在職苟有濫承恩賞者必當回奏帝嘉納之揚州寧國建德諸屬縣水南恩州旱民饑並賑之汾州平遙縣汾水溢廬州懷慶二路蝗冬十月辛未朔發卒四千治通州道給鈔千六百錠甲戌紐澤陞右御史大夫庚辰享太廟奉安顯宗御容於大天源延聖寺辛巳太白犯進賢天壽節遣道士祠衞輝太一萬壽宮壬午帝師以疾還撒思加之地賜金銀鈔幣萬計敕中書省遣官從行備供億癸酉河水溢汴梁路樂利堤壞役丁夫六萬四千人築之京師饑發粟八十萬石減價糶之賜大天源延聖寺鈔二萬錠吉安臨江二路田千頃中書省臣言養給軍民必藉地利世祖建大宣文弘教等寺賜永業當時已號虛費而成宗復搆天壽萬寧寺較之世祖用增倍半若武宗之崇恩福元仁宗之承華普慶租榷所入益又甚焉英宗鑿山開寺損兵傷農而卒無益夫土地祖宗所有子孫當共惜之臣恐茲後藉爲口實妄興工役徼福利以逞私欲惟陛下察之帝嘉納焉十一月庚子陝西行臺中丞姚煒請集世祖嘉言善行以時省覽從之瀋陽遼陽大寧等路及金復州水民饑賑鈔五萬錠懷慶脩武縣旱免其租寧夏路萬戶府慶遠安撫司饑並賑之弛寧夏路酒禁宣撫使馬合某李讓劾浙西廉訪使完者不花受賂簿對不服詔遣刑部郎中唆住鞫其侵辱使者笞之藩王不賽因遣使來獻虎癸卯中書省臣言西僧每假元辰疏釋重囚有乖政典請罷之有旨自今當釋者敕宗正府審覆乙巳梁王王禪往北邊賜鈔二千錠己酉作鹿頂棕樓辛亥追復前平章政事李孟官賜湘寧王八剌失里鈔三千錠諸王不賽因遣使來獻馬乙卯太白犯鍵閉廣西透江團猺爲寇宣慰使買奴諭降之扶靈青溪櫟頭等源蠻爲寇湖南道宣慰司遣使諭降之戊午造中統至元鈔各十萬錠封諸王鐵木兒不花爲鎮南王鎮揚州辛酉加御史大夫紐澤開府儀同三司加封廬陵江神曰顯應弛成都酒禁播州蠻宋王保來降己巳徙上都清寧殿于伯亦兒行宮弛永平路山澤之禁階州土蕃爲寇武靖王遣臨洮路元帥蓋盞諭降之廣寧路屬縣霖雨傷稼賑鈔三萬錠沔陽府旱免其稅永平路大水免其租仍賑糧四月汴梁建康太平池州諸路及甘肅亦集乃路饑並賑之錦州水溢壞田千頃漂死者百八人給鈔一錠崇明州海溢漂民舍五百家賑糧一月給死者鈔二十貫丁丑諸王月思別獻文豹賜金銀鈔幣有差御史哈剌那海請擇正人傳太子帝嘉納之壬午御史賈垕請祔武宗皇后于太廟不報敕以來年元夕搆燈山于內廷御史趙思魯以水旱請罷其事從之甲申師魯又請親祀郊廟帝嘉納之丙戌以回回陰陽家言天變給鈔二千錠施有道行者及乞人繫囚以禳之丁亥寧夏路地震有聲如雷連震者四庚寅赦天下召江浙行省右丞趙簡爲集賢大學士領經筵事壬辰賜梁王王禪宴器金銀以皇子小薛夜啼賜高年鈔癸巳作鹿頂殿己亥命帝師修佛事釋重囚三人罷大承華普慶寺總管府罷規運提點所御史言比年營繕以衞軍供役廢武事不講請遵世祖舊制教習五衞親軍以備扈從不報湖廣屯戍千戶只千不花招諭扶靈洞蠻劉季等來降保定路饑賑米八萬一千五百石懷慶路饑賑鈔四萬錠亳州河溢漂民舍八百餘家壞田二千三百頃免其租廣西靜江象州諸路及遼陽路饑並賑之大寧路大水壞田五千五百頃漂民舍八百餘家溺死者人給鈔一錠

四年春正月甲辰諸王買奴來朝賜金一錠銀十錠鈔二千錠幣帛各四十匹乙巳御史臺臣請親祀郊廟帝曰朕遵世祖舊制其命大臣攝之己酉太白犯牛庚戌置紹慶路石門十寨巡檢司御史辛鈞言西商鬻寶動以數十萬錠今水旱民貧請節其費不報壬子以中政院金銀鐵冶歸中書靖安王闊不花出鎮陝西賜鈔二千錠癸丑賜諸王阿剌忒納失里等鈔六千錠甲寅應

師脫脫病賜鈔千錠戊午命市珠寶首飾庚申皇子允丹藏卜受佛戒于智泉寺鹽官州海水溢壞捍海堤二千餘步甲子武龍洞蠻寇武綠縣諸堡丁卯燕南廉訪司請立眞定常平倉不報浚會通河築漷州護倉堤役丁夫三萬人初置雲南行省檢校官遼陽行省諸郡饑賑鈔十八萬錠彰德淮安揚州諸路饑並賑之大寧路水給溺死者人鈔一錠二月辛未祀先農甲戌祭太祖太宗睿宗御容于大承華普慶寺以翰林院官執事乙亥親王也先鐵木兒出鎭北邊賜金一錠銀五錠鈔五百錠幣帛各十匹丙子命亦烈赤領仁宗神御殿事大司徒亦憐眞乞剌思爲大承華普慶寺總管府達魯花赤仍大司徒壬午狩于漷州諸王火沙河榮答里出鎭北邊賜金銀幣鈔有差帝師參馬亦思吉思卜長出亦思宅卜卒命塔失鐵木兒紐澤監修佛事丙戌詔同僉樞密院事燕帖木兒教閱諸衞軍戊子進襲封衍聖公孔思晦階嘉議大夫以馬忽思爲雲南行省平章政事提調烏蒙屯田庚寅八百媳婦蠻酋招南通來獻方物辛卯白虹貫日以尚供總管府及雲需總管府隸上都留守司奉元廬州淮安諸路及白登部饑賑糧有差永平路饑賑鈔三萬錠糧二月三月辛丑皇子允丹藏卜出鎭北邊以那海赤爲惠國公商議內史府事癸卯和寧地震有聲如雷丙午廷試進士阿察赤李黼等八十五人賜進士及第出身有差命西僧作止風佛事潮州路判官錢珍挑推官梁楫妻劉氏不從誣楫下獄殺之事覺珍飲藥死詔戮尸傳首海北廉訪副使劉安仁坐受珍賂除名辛亥諸王槊思班不賽亦等以文豹西馬佩刀珠寶等物來獻賜金鈔萬計庚申遣使往江南求奇花異果辛酉以太傅朶台爲太師太保禿忽魯爲太傅也可扎魯忽赤伯達沙爲太保敕前太師伯忽與議大事食其俸終身召翰林學士承旨蔡國公張珪集賢大學士廉恂太子賓客王毅悉復舊職陝西行臺中丞敬儼爲集賢大學士並商議中書省事珪仍預經筵事賜諸王火沙部鈔四千錠郡王朶來兀魯兀等部畜牧災賑鈔三萬五千錠中書省臣請酬哈散等累朝售寶價鈔十萬二千錠從之壬戌車駕幸上都復設武備寺同判六員命親王八剌失思出鎭察罕腦兒封寬徹爲國公以阿散火者知樞密院事渾河決發軍民萬人塞之丁卯熒惑犯井復置衞候直都指揮使司秩正四品諸王不賽因遣使獻文豹獅子賜鈔八千錠大寧廣平二路屬縣饑賑鈔二萬八千錠河南行省諸州縣及建康屬縣饑賑糧有差夏四月辛未盜入太廟竊武宗金主及祭器大理鹿甸酋阿你爲寇壬申作武宗主甲戌作棕毛鹿頂樓己卯道州永明縣猺爲寇癸未鹽官州海水溢侵地十九里命都水少監張仲仁及行省官發工匠二萬餘人以竹落木柵實石塞之不止癸巳高州猺寇電白縣千戶張額力戰死之邑人立祠敕賜額曰旌義甲午以西僧公哥列思巴冲納思監藏班藏卜爲帝師賜玉印仍詔諭天下僧乙未以武備寺卿阿昔兒答剌罕爲御史大夫禜星于回回司天臺湖廣猺寇全州義寧屬縣命守將捕之河南奉元二路及通順檀薊等州漁陽寶坻香河等縣饑賑糧兩月河間揚州建康太平衢州常州諸路屬縣及雲南烏撒武定二路饑賜糧鈔有差永平路饑免其租仍賑糧兩月五月辛丑太尉丑驢卒癸卯以鹽官州海溢命天師張嗣成修醮禳之乙巳作成宗神御殿于天壽萬寧寺己未占城國遣使貢方物甲子以典守宗廟不嚴罷太常禮儀院官丁卯修佛事於賀蘭山及諸行宮罷諸王分地州縣長官世襲俾如常調官以三載爲考元江路總管普雙坐贓免遂結蠻兵作亂敕復其舊職德慶路猺來降歸所掠男女悉給其親河南江陵屬縣饑賑糧有差汴梁屬縣饑免其租常州淮安二路寧海州大雨雹睢州河溢大都南陽汝寧廬州等路屬縣旱蝗衞輝路大風九日木盡偃河南路洛陽縣有蝗可五畝羣烏食之旣數日蝗再集又食之六月辛未翰林侍講學士阿魯威直學士燕赤等進講仍命譯資治通鑑以進參知政事史惟良請解職歸養不允丁丑倒剌沙等以災變乞罷不允罷兩都營繕工役錄諸郡繫囚己卯永興屯被災免其租辛巳造象輿六乘癸未遣察乃伯顏赴大都銓選甲申廣西花角蠻爲寇命所部討之乙未紹慶路四洞酋阿者等降並命爲蠻夷長官仍設巡檢司以撫之發義倉粟賑鹽官州民廬州路饑賑糧七萬九千石鎭江興國二路饑賑糶有差中山府雨雹汴梁路河決汝寧府旱大都河間濟南大名峽州屬縣蝗秋七月丁酉元江路普雙復叛戊戌諸王燕只吉台襲位遣使來朝己亥八兒忽部晃忽來獻方物御史臺臣言內郡江南旱蝗荐至非國細故丞相塔失帖木兒倒剌沙參知政事不花史惟良參議買奴並乞解職有旨毋多辭朕當自儆卿等亦宜各欽厥職修大明殿占城國獻馴象二建橫渠書院於郿縣祠宋儒張載辛丑賜齊王月魯帖木兒鈔二萬錠甲辰播州蠻謝烏窮來獻方物丙午享太廟丁未敕經筵講讀官非有代不得去職詔諭宗正府決獄遵世祖舊制戊戌遣翰林侍讀學士阿魯威還大都譯世祖聖訓壬子賜諸王火兒灰月魯帖木兒八剌失里及駙馬買住罕鈔一萬五千錠金銀幣帛有差甲寅遣使市旄牛於西域丁巳給齊王月魯帖木兒印伯顏察兒兀伯都剌以疾乞解政優詔諭之戊午謀粘路土官賽丘羅招諭八百媳婦蠻招三斤來降銀沙羅土官散怯遮殺賽丘羅敕雲南王遣人諭之癸亥賜壽寧公主鈔五千錠岐王鎭南管卜訴荊王也速也不干侵其分地命甘肅行省閱籍歸之乙丑周王和世㻋及諸王燕只哥台等來貢賜金銀鈔幣有差遣使祀海神天妃丙寅籍僧道有妻者爲民塞保安鎭渠役民丁六千人是月籍田蝗雲州黑河水溢衢州大雨水發廩賑饑者給漂死者棺延安屬縣旱免其租稅遼陽遼河老撒加河溢右衞率部饑並賑之八月戊辰給累朝斡耳朶鈔有差癸酉給別乞烈失寧國公印度支監卿孛羅請辭職奉母不允賜皇后乳母鈔千七百錠滹沱河水溢發丁浚治河以殺其勢奉元路治中單鷁言令民採捕珍禽異獸不便請罷之敕應獵者其捕以進乙亥賜公主不答昔你滕戶鈔四千錠苗人祭伯抰寇李陀寨命湖廣行省捕之庚辰運粟十萬石貯瀕河諸倉備內郡饑田州洞猺爲寇遣湖廣行省捕之癸未賜營王也先帖木兒鈔三千錠乙酉伯赤斡耳朶作欽明殿成壬辰御史李昌言河南行省平章政事童童世官河南大爲奸利請徙他鎭不報癸巳謚武宗皇后曰宣慈惠聖英宗皇后曰莊靜懿聖升祔太廟發衞軍八千修白浮甕山河堤是月揚州路崇明州海門縣海水溢汴梁路扶溝蘭陽縣河溢沒民田廬並賑之建德杭州衢州屬縣水眞定晉寧延安河南等路屯田旱大都河間奉元懷慶等路蝗鞏昌府通渭縣山崩碉門地震有聲如雷晝晦天全道山崩飛石斃人鳳翔興元成都峽州江陵同日地震九月丙申朔日有食之阿察赤的斤獻木綿大行帳敕國子監仍舊制歲貢生員業成者六人禁僧道買民田違者坐罪沒其直壬寅寧夏路地震壬子太白犯房甲寅湖廣土官宋王保來獻方物壬戌遣歡赤等使諸王怯別等部甲子御史言廣海古流放之地請以職官贓污者處之以示懲戒從之保定眞定二路饑賑糧三萬石鈔萬五千錠閏月丁卯賜諸王徹徹禿渾都帖木兒鈔各五千錠己巳太白經天車駕至大都壬申以災變赦天下廣西兩江猺爲寇命所部捕之甲戌命祀天地享太廟致祭五嶽四瀆名山大川甲午八百媳婦蠻請官守置蒙慶宣慰司都元帥府及木安孟傑二府于其地以同知烏撒宣慰司事你出公土官招南通並爲宣慰司都元帥招諭八米德爲同知宣慰司事副元帥南通之子招三斤知木安府姪混盆知孟傑府仍賜鈔幣各有差建昌贛州惠州諸路饑賑米四萬四千石土番階州饑賑鈔千五百錠奉元慶遠延安諸路饑賑糶有差冬十月丙申享太廟戊戌諸王脫別帖木兒哈兒蠻等獻玉及蒲萄酒賜鈔六千錠己亥御史德住請擇東宮官癸卯命帝師作佛事于大天源延聖寺甲辰改封建德路烏龍山神曰忠顯靈澤普佑孚惠王乙巳晝有流星己酉以治書侍御史王士熙爲參知政事辛亥監察御史亦怯列台卜答言都水庸田使司擾民請罷之癸丑江浙行省左丞相脫歡答剌罕平章政事高昉以海溢病民請解職不允雲南沙木寨土官馬愚等來朝丁巳以御史中丞趙世延爲中書右丞以中書參議傅巖起爲吏部尚書御史韓鏞言尚書三品秩巖起由吏累官四品於法不得陞制可安南遣使來獻方物戊午辰星犯東咸監察御史馮思忠請命太常纂修累朝禮儀壬戌開南州土官阿只弄率蠻兵爲寇雲南行省招捕之增置肅州沙州亦集乃三路推官大都路諸州縣霖雨水溢壞民田廬賑糧二十四萬九千石衞輝獲嘉等縣饑賑鈔六千錠仍蠲丁地稅龍興路屬縣旱免其租大名河間二路屬縣饑並賑之十一月庚午禁晉寧路釀酒減價糶京倉米十萬石以賑貧民以思州土官田仁爲思州宣慰使召雲南王帖木兒不花赴上都癸酉太白犯壘壁陣乙亥熒惑犯天江丙子賜公主不答昔你鈔千錠平樂府猺爲寇湖廣行省督兵捕之辛卯以降蠻謝烏窮爲蠻夷官雲南蒲蠻來附置順寧府寶通州慶甸縣緬國主答里必牙請復立行省於迷郎崇城不允孛斯來附給伯亦斡耳朶駝牛以歲饑開內郡山澤之禁永平路水旱民饑蠲其賦三年諸王塔思不花部衞士饑賑糧千石冀寧路陽曲縣地震十二月庚子發米三十萬石賑京師饑絳州太平縣趙氏婦一產三子定捕盜令限內不獲者償其贓辛丑敕塔失鐵木兒倒剌沙領內史府四斡耳朶事癸卯安南遣使來貢方物甲辰梧州猺爲寇湖廣行省督兵捕之戊申諸王孛羅遣使貢碙砂賜鈔二千錠癸丑命趙世延及中書參議韓讓左司郎中姚庸提調國子監乙卯爪哇遣使獻金文豹白猴白鸚鵡各一蔡國公張珪卒植萬歲

山花木八百七十本丙辰賜諸王孛羅帖木兒等鈔四千錠己未歲星退犯太微西垣上將靜江路徭兵爲寇湖廣行省督兵捕之右江諸蠻土官岑世忠等來獻方物大都保定眞定東平濟南懷慶諸路旱免田租之半河南河間延安鳳翔屬縣饑並賑之是歲汴梁延安汝寧峽州旱濟南衞輝濟寧南陽八路屬縣蝗汴梁諸屬縣霖雨河決揚州路通州崇明州大風海溢

致和元年春正月乙丑朔高麗王遣使來朝賀獻方物甲戌享太廟命繪蠶麥圖乙亥詔諭百司凡不赴任及擅離職者奪其官避差遣者笞之御史鄒惟亨言時享太廟三獻官舊皆勳戚大臣而近以戶部尚書爲亞獻人旣疏遠禮難嚴肅請仍舊制以省臺樞密宿衞重臣爲之丁丑頒農桑舊制十四條于天下仍詔勵有司以察勤惰己卯帝將畋柳林御史王獻等以歲饑諫帝曰其禁衞士毋擾民家命御史二人巡察之諸王星吉班部饑賑鈔萬錠米五千石占城遣使來貢方物且言爲交趾所侵詔諭解之禁僧道匿商稅給宗仁衞蒙古子女糧六月辛巳靜江徭寇靈川臨桂二縣命廣西招捕之甲申遣使祀海神天妃戊子詔優護爪哇國主札牙納哥仍賜衣物弓矢罷河南鐵冶提舉司歸有司命帝師修佛事于禁中免陝西撈鹽一年發卒修京城罷益都諸屬縣食鹽加封幸淵龍神福應昭惠公河間眞定順德諸路饑賑鈔萬一千錠大都路東安州大名路白馬縣饑並賑之二月癸卯弛汴梁路酒禁乙卯牙卽遣使藏古來貢方物庚申詔天下改元致和免河南自實田糧一年被災州郡稅糧一年流民復業者差稅三年疑獄繫三歲不決者咸釋之賜遼王脫脫鈔五千錠梁王王禪鈔二千錠壬戌太白晝見癸亥解州鹽池黑龍堰壞調番休鹽丁修之陝西諸路饑賑鈔五萬錠河間汴梁二路屬縣及開城乾州蒙古軍饑並賑之三月庚午阿速衞兵出戍者千人人給鈔四十錠貧乏者六千一百人人給米五石雲南安隆寨土官岑世忠與其兄世興相攻籍其民三萬二千戶來附歲輸布三千匹請立宣撫司以總之不允置州一以世興知州事置縣二聽世忠舉人用之仍諭其兄弟共處立萬戶府二領征西紅胖襖軍塔失帖木兒倒剌沙言災異未彌由官吏以罪黜罷者怨誹所致請量才敍用從之辛未大天源延聖寺顯宗神御殿成置總管府以司財賦壬申雨霾甲戌雅濟國遣使獻方物乙卯帝御興聖殿受無量壽佛戒于帝師庚辰命僧千人修佛事于鎭國寺辛巳賜壽寧公主鹽價鈔萬引甲申遣戶部尚書李家奴往鹽官祀海神仍集議修海岸丙戌詔帝師命僧修佛事于鹽官州仍造浮屠二百一十六以厭海溢戊子車駕幸上都己丑以趙世延知經筵事趙簡領經筵事阿魯威同知經筵事曹元用吳秉道虞集段輔馬祖常燕赤孛术魯翀並兼經筵官雲南土官撒加布降奉方物來獻置州一以撒加布知州事隸羅羅宣慰司徵其租賦壬辰太平路當塗縣楊氏婦一產三子晉寧衞輝二路及泰安州饑賑鈔四萬八千三百錠冀寧路平定州饑賑糶米三萬石陝西四川及河南府等處饑並賑之夏四月丙申欽州徭黃焱等爲寇命湖廣行省備之己亥塔失帖木兒倒剌沙請凡蒙古色目人效漢法丁憂者除其名從之壬寅李家奴以作石囤捍海議聞己酉御史楊倬等以民饑請分僧道儲粟濟之不報甲寅改封蒙山神曰嘉惠昭應王鹽池神曰靈富公洞庭廟神曰忠惠順利靈濟昭佑王唐柳州刺史柳宗元曰文惠昭靈公戊午禁僞造金銀器皿大都東昌大寧汴梁懷慶之屬州縣饑發粟賑之保定冠州德州般陽彰德濟南屬州縣饑發鈔賑之是月靈州濬州大雨雹薊州及岐山石城二縣蝗廣寧路大水崇明州大風海溢五月甲子遣官分護流民還鄉仍禁聚至千人者杖一百丙寅廣西普寧縣僧陳慶安作亂僭建國改元己巳八百媳婦蠻遣子哀招獻馴象癸酉籍在京流民廢疾者給糧遣還大理怒江甸土官阿哀你寇樂辰諸寨命雲南行省督兵捕之庚辰有流星大如缶其光燭地甲申安南國及八洞蠻酋遣使獻方物戊子以嶺北行省平章政事塔失帖木兒爲中書平章政事是月燕南山東東道及奉元大同河間河南東平濮州等處饑賑鈔十四萬三千餘錠峽州屬縣饑賑糶糧五千石冀寧廣平眞定諸路屬縣大雨雹汝寧府潁州衞輝路汲縣蝗涇州靈臺縣旱六月高麗世子完者禿訴取其印遣平章政事買閭往諭高麗王俾還之丙午遣使祀世祖神御殿是月諸王喃答失徹徹禿火沙乃馬台諸郡風雪斃畜牧士卒饑賑糧五萬石鈔四十萬錠奉元延安二路饑賑鈔四千八百九十錠彰德屬縣大雨雹南寧開元永平諸路水江陵路屬縣旱河南安德屯蝗食桑秋七月辛酉朔寧夏地震庚午帝崩壽三十六葬起輦谷己卯大寧路地震癸未修佛事于欽明殿乙酉皇后皇太子降旨諭安百姓丙戌太白犯軒轅大星九月倒剌沙立皇太子爲皇帝改元天順詔天下泰定之世災異數見君臣之間亦未見其引咎責躬之實然能知守祖宗之法以行天下無事號稱治平茲其所以爲足稱也

元史卷三十一

明翰林學士亞中大夫知制誥兼修國史宋　濂等修

本紀第三十一

明宗

明宗翼獻景孝皇帝諱和世㻋武宗長子也母曰仁獻章聖皇后亦乞烈氏成宗大德三年命武宗撫軍北邊帝以四年十一月壬子生成宗崩十一年武宗入繼大統立仁宗爲皇太子命以次傳於帝武宗崩仁宗立延祐三年春議建東宮時丞相鐵木迭兒欲固位取寵乃議立英宗爲皇太子又與太后幸臣識烈門譖帝於兩宮浸潤久之其計遂行於是封帝爲周王出鎭雲南置常侍府官屬以遙授中書左丞禿忽魯大司徒斡耳朵中政使尚家奴山北遼陽等路蒙古軍萬戶孛羅翰林侍講學士教化等並爲常侍中衞親軍都指揮使唐兀兵部尚書賽罕八都魯爲中尉仍置諮議記室各二員遣就鎭是年冬十一月帝次延安禿忽魯尚家奴孛羅及武宗舊臣釐日沙不丁哈八兒禿等皆來會教化謀曰天下者我武皇之天下也出鎭之事本非上意由左右搆間致然請以其故白行省俾聞之朝廷庶可杜塞離間不然事變叵測遂與數騎馳去先是阿思罕爲大師鐵木迭兒奪其位出之爲陝西行省丞相及教化等至卽與平章政事塔察兒行臺御史大夫脫里伯中丞脫歡悉發關中兵分道自潼關河中府入已而塔察兒脫歡襲殺阿思罕教化于河中帝遂西行至北邊金山西北諸王察阿台等聞帝至咸率衆來附帝至其部與定約束每歲冬居扎顏夏居斡羅斡察山春則命從者耕于野泥十餘年間邊境寧謐延祐七年仁宗崩英宗嗣立是歲夏四月丙寅子妥懽帖木爾生是爲至正帝至治三年八月癸亥御史大夫鐵失等弒英宗晉王也孫鐵木兒自立爲皇帝改元泰定五月遣使扈從皇后八不沙至自京師二年帝弟圖帖睦爾以懷王出居于建康三年三月癸酉子懿璘質班生是爲寧宗歲戊辰七月庚午泰定皇帝崩于上都倒剌沙專權自用踰月不立君朝野疑懼時僉樞密院事燕鐵木兒留守京師遂謀舉義八月甲午黎明召百官集興聖宮兵皆露刃號於衆曰武皇有聖子二人孝友仁文天下歸心大統所在當迎立之不從者死乃縛平章烏伯都剌伯顏察兒以中書左丞朵朵參知政事王士熙等下于獄燕鐵木兒與西安王阿剌忒納失里固守內廷於是帝方遠在沙漠猝未能至慮生他變乃迎帝弟懷王于江陵且宣言已遣使北迎帝以安衆心復矯稱帝所遣使者自北方來云周王從諸王兵整駕南轅旦夕卽至矣丁巳懷王入京師羣臣請正大統固讓曰大兄在北以長以德當有天下必不得已當明以朕志播告中外九月壬申懷王卽位是爲文宗改元天曆詔天下曰謹俟大兄之至以遂朕固讓之心時倒剌沙在上都立泰定皇帝子爲皇帝乃遣兵分道犯大都而梁王王禪右丞相答失鐵木兒御史大夫紐澤太尉不花等兵皆次于榆林燕帖木兒與其弟撒敦子唐其勢等帥師與戰屢敗之上都兵皆潰十月辛丑齊王月魯帖木兒元帥不花帖木兒以兵圍上都倒剌沙乃奉皇帝寶出降兩京道路始通於是文宗遣哈散及撒迪等相繼來迎朔漠諸王皆勸帝南還京師遂發北邊諸王察阿台沿邊元帥朵烈捏萬戶買驢等咸帥師扈行舊臣孛羅尚家奴哈八兒禿皆從至金山嶺北行省平章政事潑皮奉迎武寧王徹徹禿僉樞密院事帖木兒不花繼至乃命孛羅如京師兩京之民聞帝使者至驩呼鼓舞曰吾天子實自北來矣諸王舊臣爭先迎謁所至成聚天曆二年正月乙丑文宗復遣中書左丞躍里帖木兒來迎乙酉撒迪等至入見帝于行幄以文宗命勸進丙戌帝卽位于和寧之北扈行諸王大臣咸入賀乃命撒迪遣人還報京師是月前翰林學士承旨不答失里以太府太監沙剌班輦金銀幣帛至遣撒迪等還京師帝命之曰朕弟曩嘗覽觀書史邇者得無廢乎聽政之暇宜親賢士大夫講論史籍以知古今治亂得失卿等至京師當以朕意諭之二月壬辰宣靖王買奴自京師來覲辛丑追尊皇妣亦乞烈氏曰仁獻章聖皇后是月文宗立奎章閣學士院于京師遣人以除目來奏帝並從之三月戊午朔次潔堅察罕之地辛酉文宗遣右丞相燕鐵木兒奉皇帝寶來上御史中丞八卽剌知樞密院事禿兒哈帖

木兒等各率其屬以從壬戌造乘輿服御及近侍諸服用丙寅帝謂中書左丞躍里帖木兒曰朕至上都宗藩諸王必皆來會非尋常朝會比也諸王察阿台今亦從朕遠來有司供張皆宜豫備卿其與中書臣僚議之丁亥雨土霾四月癸巳燕鐵木兒見帝於行在率百官上皇帝寶帝嘉其勳拜太師仍命爲中書右丞相開府儀同三司上柱國錄軍國重事監修國史荅剌罕太平王並如故復諭燕鐵木兒等曰凡京師百官朕弟所用者並仍其舊卿等其以朕意諭之燕鐵木兒奏陛下君臨萬方國家大事所繫者中書省樞密院御史臺而已宜擇人居之帝然其言以武宗舊人哈八兒禿爲中書平章政事前中書平章政事伯帖木兒知樞密院事常侍孛羅爲御史大夫甲午立行樞密院命昭武王知樞密院事火沙領行樞密院事賽帖木兒買奴並同知行樞密院事是日帝宴諸王大臣于行殿燕鐵木兒哈八兒禿伯帖木兒孛羅等侍帝特命臺臣曰太祖皇帝嘗訓敕臣下云美色名馬人皆悅之然方寸一有繫累卽能壞名敗德卿等居風紀之司亦嘗念及此乎世祖初立御史臺首命塔察兒奔帖傑兒二人協司其政天下國家譬猶一人之身中書則右手也樞密則左手也左右手有病治之以良醫省院闕失不以御史臺治之可乎凡諸王百司違法越禮一聽舉劾風紀重則貪墨懼猶斧斤重則入木深其勢然也朕有闕失卿亦以聞朕不爾責也乙未特命孛羅等傳旨宣諭燕鐵木兒伯荅沙火沙哈八兒禿八卽剌等曰世祖皇帝立中書省樞密院御史臺及百司庶府共治天下大小職掌已有定制世祖命廷臣集律令章程以爲萬世法成宗以來列聖相承罔不恪遵成憲朕今居太祖世祖所居之位凡省院臺百司庶政詢謀僉同標譯所奏以告于朕軍務機密樞密院當卽以聞毋以夙夜爲間而稽留之其他事務果有所言必先中書院臺其下百司及暬御之臣毋得隔越陳請宜宣諭諸司咸俾聞知儻違朕意必罰無赦丁酉以陝西行臺御史大夫鐵木兒脫爲上都留守辛丑文宗立都督府于京師遣使來奏又以臺憲官除目來上並從之癸卯遣使如京師卜日命中書左丞相鐵木兒補化攝告卽位于郊廟社稷遣武寧王徹徹禿及哈八兒禿立文宗爲皇太子仍立詹事院罷儲慶司以徹里鐵木兒爲中書平章政事闊兒吉思爲中書右丞怯來只兒哈郎並爲甘肅行省平章政事忽剌台爲江浙行省平章政事那海爲嶺北行省平章政事甲辰

敕中書省賜官吏送寶者秩一等從者賚以幣帛乙巳監察御史言嶺北行省控制一方廣輪萬里實爲太祖肇基之地國家根本繫焉方面之寄豈可輕任平章塔卽吉素非勳舊奴事倒剌沙倔起宿衞輒爲右丞俄陞平章年已七十眊昏殊甚左丞馬謀本晉邸部民以女妻倒剌沙引爲都水遂除左丞郎中羅里市井小人禿魯忽乃晉邸衞卒不諳政務並宜黜退臺臣以聞帝曰御史言甚善其並黜之又諭臺臣曰御史劾嶺北省臣朕甚嘉之繼今所當言者毋有所憚被劾之人茍營求申訴朕必罪之或廉非其實毋輒以聞五月丁巳朔次朶里伯眞之地戊午遣西安王阿剌忒納失里還京師封帖木兒爲保德郡王賜扈駕宿衞士等幣帛有差己未皇太子遣翰林學士承旨阿鄰帖木兒來覲庚申次斡耳罕木東辛酉御史大夫孛羅中政使尚家奴並特授開府儀同三司以典四番宿衞癸亥次必忒怯禿之地翰林學士承旨斡耳朶自京師來覲命有司新武宗幄殿車輿庚午命燕鐵木兒陞用嶺北行省官吏其餘官吏並賜散官一級選用潛邸舊臣及扈從士受制命者八十有五人六品以下二十有六人壬申次採禿兒海之地封亦憐眞八爲梆城郡王以八卽剌爲陝西行臺御史大夫衆家奴爲御史中丞乙亥次禿忽剌赦大都省臣鑄皇太子寶時求太子故寶不知所在近侍伯不花言寶藏于上都行幄遣人至上都索之無所得乃命更鑄之西木隣等四十三驛旱災命中書以糧賑之計八千二百石丁丑皇太子發京師鎮南王帖木兒不花諸王也速斡卽荅來不花朶來只班伯顏也不干駙馬別闍里及扈衞百官悉從行戊寅京師市馬二百八十疋載乘輿服御送行在所己卯次禿忽剌河東加翰林學士承旨唐兀爲太尉趙王馬札罕部落旱民五萬五千四百口不能自存敕河東宣慰司賑糧兩月庚辰賜諸王燕只哥台鈔二百錠幣帛二千匹辛巳次斡羅斡禿之地壬午次不魯通之地是日左丞相鐵木兒補化等以帝卽位攝告南郊甲申次忽剌火失溫之地六月丁亥朔次坤都也不剌之地是日鐵木兒補化等以帝卽位攝告于宗廟社稷戊子燕鐵木兒等奏中政院越中書擅奏除授移文徵制敕已如所請授之然於大體非宜乞申命禁止庶使政權歸一從之庚寅次撒里之地陝西行省告饑遣使還都與諸老臣議賑救之丁酉次兀納八之地陞都督府爲大都督府己亥次闊朶之地樞密院奏皇太子遣使來言近已頒赦四川諸

省兵悉遣還營惟雲南逆謀叵測兵未可卽罷令臣等以聞帝曰可仍屯戍俟平定而後罷辛丑次撒里怯兒之地壬寅戒近侍毋得輒有奏請甲辰賜駙馬脫必兒鈔千錠往雲南丁未次哈里溫戊申次闊朶傑阿剌倫辛亥次哈兒哈納禿之地詔諭中書省臣凡國家錢穀銓選諸大政事先啓皇太子然後以聞癸丑次忽禿之地甲寅賑陝西臨潼華陰二十三驛鈔一千八百錠晉寧路十五驛鈔八百錠是月鐵木兒補化以久旱啓于皇太子辭相位乞更選賢德委以燮理皇太子遣使以聞帝諭闊兒吉思等曰修德應天乃君臣當爲之事鐵木兒補化所言良是天明可畏朕未嘗斯須忘于懷也皇太子來會當與共圖其可以澤民利物者行之卿等其以朕意諭羣臣七月丙辰朔日有食之甲子次孛羅火你之地壬申監察御史把的于思言朝廷自去秋命將出師戡定禍亂其供給軍需賞賚將士所費不可勝紀若以歲入經賦較之則其所出已過數倍況今諸王朝會舊制一切供億俱尚未給而陝西等處饑饉荐臻餓殍枕藉加以冬春之交雪雨愆期麥苗槁死秋田未種民庶遑遑流移者衆臣伏思之此正國家節用之時也如果有功必當賞賚者宜視其官之崇卑而輕重之不惟省費亦可示勸其近侍諸臣奏請恩賜宜悉停罷以紓民力臺臣以聞帝嘉納之仍敕中書省以其所言示百司乙亥次不羅察罕之地丙子文宗受皇太子寶戊寅次小只之地壬午遣使諭京師敕中書平章政事哈八兒禿同翰林國史院官致祭太祖太宗睿宗三朝御容發諸衞軍六千完京城八月乙酉朔次王忽察都之地丙戌皇太子入見是日宴皇太子及諸王大臣于行殿庚寅帝暴崩年三十葬起輦谷從諸陵是月己亥皇太子復卽皇帝位十二月乙巳知樞密院事臣也不倫等議請上尊謚曰翼獻景孝皇帝廟號明宗三年三月壬申祔于太廟

元史卷三十一　考證

明宗翼獻景孝皇帝紀十二月乙巳知樞密院事臣也不倫等議請上尊謚○臣祖庚按文宗紀作十月丙申事

元史卷三十二

明翰林學士亞中大夫知制誥兼修國史宋　濂等修

本紀第三十二

文宗一

文宗聖明元孝皇帝諱圖帖睦爾武宗之次子明宗之弟也母曰文獻昭聖皇后唐兀氏大德三年武宗總兵北邊帝以八年春正月癸亥生十一年武宗入繼大統至大四年武宗崩傳位于弟仁宗延祐三年丞相鐵木迭兒等議立英宗爲皇太子明宗以武宗長子乃出之居于朔漠及英宗卽位鐵木迭兒復爲丞相懷私固寵構釁骨肉諸王大臣莫不自危至治元年五月中政使咬住告脫歡察兒等交通親王於是出帝居于海南三年六月英宗在上都謂丞相拜住曰朕兄弟實相友愛曩以小人譖愬俾居遠方當亟召還明正小人離間之罪未幾鐵失也先鐵木兒等爲逆而晉王遂立爲皇帝改元泰定召帝于南海之瓊州還至潭州復命止之居數月乃還京師十月封懷王賜黃金印二年正月又命出居于建康以殊祥院使也先捏掌其衞士初晉王既爲皇帝以內史倒剌沙爲中書平章政事遂爲丞相狡愎自用災異數見而帝兄弟播越南北人心思之致和元年春大駕出畋柳林以疾還宮諸王滿禿阿馬剌台太常禮儀使哈海宗正扎魯忽赤闊闊出等與僉樞密院事燕鐵木兒謀曰今主上之疾日臻將往上都如有不諱吾黨扈從者執諸王大臣殺之居大都者卽縛大都省臺官宣言太子已至正位宸極傳檄守禦諸關則大事濟矣三月大駕至上都滿禿闊闊出等扈從西安王阿剌忒納失里居守燕鐵木兒亦留大都時也先捏私至上都與倒剌沙等圖弗利於帝乃遣宗正扎魯忽赤雍古台遷帝居江陵七月庚午泰定皇帝崩于上都倒剌沙及梁王王禪遼王脫脫因結黨害政人皆不平時燕鐵木兒實掌大都樞密符印謀於西安王阿剌忒納失里陰結勇士以圖舉義八月甲午黎明百官集興聖宮燕鐵木兒率阿剌鐵木兒孛倫赤等十七人兵皆露刃號於衆曰武宗皇帝有聖子二人孝友仁文天下正統當歸之今爾一二臣敢紊邦紀有不順者斬乃手縛平章政事烏伯都剌伯顏察兒分命勇士執中書左丞朶朶參知政事王士熙參議中書省事脫脫吳秉道侍御史鐵木哥丘世傑治書侍御史脫歡太子詹事丞王桓等皆下之獄燕鐵木兒與西安王阿剌忒納失里共守內廷籍府庫錄符印召百官入內聽命卽遣前河

南行省參知政事明里董阿前宣政使荅里麻失里馳驛迎帝於江陵密以意諭河南行省平章政事伯顏令簡兵以備扈從是日前湖廣行省左丞相別不花爲中書左丞相太子詹事塔失海涯爲中書平章政事前湖廣行省右丞速速爲中書左丞前陜西行省參知政事王不憐吉台爲樞密副使與中書右丞趙世延同僉樞密院事燕鐵木兒翰林學士承旨亦列赤通政院使寒食分典機務調兵守禦關要徵諸衞兵屯京師下郡縣造兵器出府庫犒軍士燕鐵木兒直宿禁中達旦不寐一夕或再徙人莫知其處乙未以西安王令給宿衞京城軍士鈔有差調諸衞兵守居庸關及盧兒嶺丙申遣將兵屯泰和嶺丁酉發中衞兵守遷民鎭又遣撒里不花等往迎帝且令塔失帖木兒矯爲使者自南來言帝已次近郊使民毋驚疑戊戌徵宣靖王買奴諸王燕不花於山東己亥徵兵遼陽明里董阿至汴梁執行省臣皆下之獄又收肅政廉訪司萬戶府及郡縣印庚子發宗仁衞兵增守遷民鎭辛丑遣萬戶徹里帖木兒將兵屯河中壬寅河南行省以郡縣闕人權署官攝其事癸卯燕鐵木兒之弟撒敦子唐其勢自上都來歸河南行省殺平章曲烈右丞別鐵木兒是日明里董阿等至江陵甲辰帝發江陵遣使召鎭南王鐵木兒不花威順王寬徹不花湖廣行省平章政事高昌王鐵木兒補化來會執湖廣行省左丞馬合某送京師以別薛代之河南行省出府庫金千兩銀四千兩鈔七萬一千錠分給官吏將士又命有司造乘輿供張儀仗等物乙巳遣隆鎭衞指揮使也速台兒將兵守碑樓口河南行省殺其參政脫孛臺召陝西行臺侍御史馬扎兒台及行省平章政事探馬赤不至丙午諸王按渾察至京師遣前西臺御史剌馬黑巴等諭陝西丁未撤敦守居庸關唐其勢屯古北口命河南行省造銀符以給軍士有功者戊申燕鐵木兒又令乃馬台矯爲使者北來言周王整兵南行聞者皆悅帝命河南行省平章政事伯顏爲本省左丞相河南行省遣前萬戶孛羅等將兵守潼關己酉諸王滿禿阿馬剌台宗正扎魯忽赤闊闊出前河南行平章政事買閭集賢侍讀學士兀魯思不花太常禮儀院使哈海赤等十八人同謀援大都事覺倒剌沙殺之庚戌帝至汴梁伯顏等扈從北行以前翰林學士承旨阿不海牙爲河南行省平章政事發平灤民塹遷民鎭以禦遼東軍辛亥以燕鐵木兒知樞密院事亦列赤爲御

史中丞壬子阿速衞指揮使脫脫木兒帥其軍自上都來歸卽命守古北口癸丑鑄樞密分院印是日上都諸王及用事臣以兵分道犯京畿留遼王脫脫諸王孛羅帖木兒太師朶帶左丞相倒剌沙知樞密院事鐵木兒脫居守甲寅剌馬黑巴等至陝西皆見殺乙卯脫脫木兒及上都諸王失剌平章政事乃馬台詹事欽察戰于宜興斬欽察于陣禽乃馬台送京師戮之失剌敗走丙辰燕鐵木兒奉法駕郊迎丁巳帝至京師入居大內貴赤衞指揮使脫迭出自上都率其軍來歸命守古北口戊午以速速爲中書平章政事前御史中丞曹立爲中書右丞江浙行省參知政事張友諒爲中書參知政事河南行省左丞相伯顏爲御史大夫中書右丞趙世延爲御史中丞己未以河南萬戶也速台兒同知樞密院事罷回回掌教哈的所上都梁王王禪右丞相塔失鐵木兒太尉不花平章政事買閭御史大夫紐澤等兵次榆林陞宜興縣爲州隆鎭衞指揮使黑漢謀附上都坐棄市籍其家九月庚申朔燕鐵木兒督師居庸關遣撒敦以兵襲上都兵于榆林擊敗之追至懷來而還隆鎭衞指揮使斡都蠻以兵襲上都諸王滅里鐵木兒脫木赤于陀羅臺執之歸于京師遣使卽軍中賜脫脫木兒等銀各千兩以分給軍士有功者賜京師耆老七十人幣帛命有司括馬中書左丞相別不花言回回人哈哈的自至治間貸官鈔違制別往番邦得寶貨無算法當沒官而倒剌沙私其種人不許今請籍其家從之燕鐵木兒請釋馬合某從之陝西兵入河中府刼行用庫鈔萬八千錠殺同知府事不倫禿壬戌遣使祭五嶽四瀆命速速宣諭中外曰昔在世祖以及列聖臨御咸命中書省綱維百司總裁庶政凡錢穀銓選刑罰興造罔不司之自今除樞密院御史臺其餘諸司及左右近侍敢有隔越中書奏請政務者以違制論監察御史其糾言之以高昌王鐵木兒補化知樞密院事也先捏爲宣徽使給居庸關軍士糗糧賜鎭南王鐵木兒不花等鈔有差徵五衞屯田兵赴京師安南國來貢方物賜上都將士來歸者鈔各有差樞密院臣言河南行省軍列戍淮西距潼關河中不遠湖廣行省軍唯平陽保定兩萬戶號稱精銳請發蘄黃戍軍一萬人及兩萬戶軍爲三萬命湖廣參政鄭昂霄萬戶脫脫木兒將之並黃河爲營以便徵遣從之召燕鐵木兒赴闕上都諸王也先帖木兒平章禿滿迭兒自遼東以兵入遷民鎭諸王入剌馬也先帖木兒以所部兵入管州殺掠吏民丙寅命造兵

器江浙江西湖廣三省六萬事內郡四萬事丁卯燕鐵木兒率諸王大臣伏闕請早正大位以安天下帝固辭曰大兄在朔方朕敢紊天序乎燕鐵木兒曰人心向背之機間不容髮一或失之噬臍無及帝曰必不得已必明著朕意以示天下而後可賜西安王阿剌忒納失里鎭南王帖木兒不花威順王寬徹不花宣靖王買奴等金各五十兩銀各五百兩幣各三十匹遣撒敦拒遼東兵于薊州東流沙河元帥阿兀剌守居庸關上都軍攻碑樓口指揮使也速臺兒禦之不克戊辰大司農明里董阿大都留守闊闊台並爲中書平章政事募勇士從軍遣使分行河間保定眞定及河南等路括民馬徵鄧陵縣河西軍赴闕命襄陽萬戶楊克忠鄧州萬戶孫節以兵守武關命海道萬戶府來年運米三百一十萬石造金符八十己巳鑄御寶成立行樞密院于汴梁以同知樞密院事也速台兒知行樞密院事將兵行視太行諸關西擊河中潼關軍以措疊弩分給守關軍士上都諸王忽剌台等引兵犯崞州庚午命有司和市粟豆十六萬五千石分給居庸等關軍馬遣軍民守歸峽諸隘辛未常服謁太廟雲南孟定路土官來貢方物烏伯都剌鐵木哥棄市朶朶王士熙伯顏察兒脫歡等各流于遠州並籍其家同知樞密院事脫脫木兒與遼東禿滿迭兒戰于薊州兩家店壬申帝卽位於大明殿受諸王百官朝賀大赦詔曰洪惟我太祖皇帝混一海宇爰立定制以一統緒宗親各受分地勿敢妄生覬覦此不易之成規萬世所共守者也世祖之後成宗武宗仁宗英宗以公天下之心以次相傳宗王貴戚咸遵祖訓至於晉邸具有盟書願守藩服而與賊臣鐵失也先帖木兒等潛通陰謀冒干寶位使英宗不幸罹於大故朕兄弟播越南北備歷艱險臨御之事豈獲與聞朕以叔父之故順承惟謹于今六年災異迭見權臣倒剌沙烏伯都剌等專權自用踈遠勳舊廢棄忠良變亂祖宗法度空府庫以私其黨類大行上賓利於立幼顯握國柄用成其奸宗王大臣以宗社之重統緒之正協謀推戴屬於眇躬朕以非德宜俟大兄固讓再三宗戚將相百僚耆老以爲神器不可以久虛天下不可以無主周王遼隔朔漠民庶遑遑已及三月誠懇迫切朕故從其請謹俟大兄之至以遂朕固讓之心已於致和元年九月十三日卽皇帝位於大明殿其以致和元年爲天曆元年可大赦天下自九月十三日昧爽已前除謀殺祖父母父母妻妾殺夫奴婢殺主謀故殺人但犯強盜印造僞鈔

不赦外其餘罪無輕重咸赦除之於戲朕豈有意於天下哉重念祖宗開創之艱恐隳大業是以勉徇輿情尙賴爾中外文武臣僚協心相予輯寧億兆以成治功咨爾多方體予至意癸酉翰林院增給驛璽書命燕鐵木兒將兵擊遼東軍封燕鐵木兒爲太平王以太平路爲食邑賜金五百兩銀二千五百兩鈔萬錠平江官地五百頃中書右丞曹立爲江浙行省平章政事福建廉訪使易釋董阿爲右丞前中書左丞張思明爲左丞諸王塔术只兒哈郎佛寶等自恩州來朝賜按灰鈔百錠以祀天神括河東馬甲戌燕鐵木兒加開府儀同三司上柱國錄軍國重事中書右丞相監修國史依前知樞密院事伯顏加太尉以江南行臺御史大夫朶兒只爲江浙行省左丞相淮西道肅政廉訪使阿兒思蘭海牙爲江南行臺御史大夫諸王孛羅忽都火者來朝徵左右兩阿速衞軍老幼赴京師不行者斬籍其家乙亥立太禧院以奉祖宗神御殿祠祭秩正二品罷會福殊祥兩院江西行省平章政事禿堅帖木兒江浙行省右丞易釋董阿並爲太禧院使中書平章速速御史中丞亦列赤兼太禧院使上都王禪兵襲破居庸關將士皆潰燕鐵木兒軍次三河丙子王禪游兵至大口燕鐵木兒還軍次榆河帝出齊化門視師丁丑燕鐵木兒來見曰乘輿一出民心必驚軍旅之事臣請以身任之卽日還宮命司天監禜星戊寅諭中外曰近以姦臣倒剌沙烏伯都剌潛通陰謀變易祖宗成憲既已明正其罪凡回回種人不預其事者其安業勿懼有因而扇惑其人者罪之又勅軍中逃歸及京城游民敢擾民財者斬命高昌僧作佛事於延春閣又命也里可溫於顯懿莊聖皇后神御殿作佛事諸王阿兒八忽按灰脫脫來朝命留守司完京城軍士乘城守禦燕鐵木兒與王禪前軍戰于榆河敗之追奔紅橋北其樞密副使阿剌帖木兒指揮使忽都帖木兒以兵會王禪復來戰又敗之我師據紅橋增給大都驛馬百匹庚辰太白犯亢宿詔諭御史臺今後監察御史廉訪司凡有刺舉並著其實無則勿妄以言廉訪司書吏當以職官教授吏員鄕貢進士參用加封漢將軍關羽爲顯靈義勇武安英濟王遣使祠其廟辛巳命司天監禜星以別不花知樞密院事依前中書左丞相括山東馬燕鐵木兒與上都軍大戰白浮之野燕鐵木兒手刃七人于陣敗之脫脫木兒與遼東軍戰薊州之檀子山壬午大霧王禪等遁崑山州獲上都頒詔使者及遼東徵兵使者以聞詔誅之癸未以同知

樞密院事禿兒哈帖木兒知樞密院事中書平章政事明里董阿爲江浙行省平章政事王禪收集散亡復來戰我師列陣白浮之西敵不敢犯至夜撒敦脫脫木兒前後夾攻敗走之追及于昌平北斬首數千級降者萬餘人帝遣使賜燕鐵木兒上尊諭旨曰丞相每臨陣躬冒矢石脫有不虞柰何自今第以大將旗鼓督戰可也燕鐵木兒對曰凡戰臣必以身先之敢後者論以軍法若委之諸將萬一失利悔將何及甲申慶雲見王禪單騎亡撒敦追之不及而還命御史臺凡各道廉訪司官用蒙古二人畏兀河西回回漢人各一人各司書吏十六人用職官五各路司吏五教授二鄉貢進士四人本臺經歷品秩相當者除各道廉訪使都事除副使令臺譯史通事考滿不得除御史靖安王闊不花等將陝西兵潛由潼關南水門入萬戶孛羅棄關走闊不花等分據陝州等縣縱兵四劫乙酉以明里董阿爲中書平章政事嶺北行省左丞燕不鄰知樞密院事募丁壯千人守捍城郭上都兵入古北口將士皆潰其知樞密院事竹溫台以兵掠石槽追封乳母完者雲國夫人其夫斡羅思贈太保封雲國公諡忠懿子鎖乃贈司徒封雲國公諡貞閔燕鐵木兒遣撒敦倍道趨石槽掩其不備擊之燕鐵木兒大兵繼至轉戰四十餘里至牛頭山擒駙馬孛羅帖木兒平章蒙古荅失帖木兒將作院使撒兒討溫送闕下戮之將校降者萬人餘兵奔竄夜遣撒敦出古北口逐之脫脫木兒與遼東軍戰薊州南殺獲無算調河南蒙古軍老幼五萬人增守京師募丁壯守直沽調臨清萬戶府運糧軍三千五百並御河分守山東丁壯萬人守禦益都般陽諸處海港居庸關壘石以爲固丁亥遼東軍抵京城燕鐵木兒引兵拒之令京城里長召募丁壯及百工合萬人與兵士爲伍乘城守禦月給鈔三錠米三斗冀寧晉寧兩路所轄代州之鴈門關崞州之陽武關嵐州之大澗口皮庫口保德州之寨底天橋白羊三關石州之塢堡口汾州之向陽關隰州之烏門關吉州之馬頭秦王嶺二關靈石縣之陰地關皆令穿塹壘石以爲固調丁壯守之戊子上都諸王忽剌台等兵入紫荆關將士皆潰行樞密院官卜顏斡都蠻指揮使也速臺兒將兵援之陝西行臺御史大夫也先帖木兒引兵從大慶關渡河擒河中府官殺之萬戶徹里帖木兒軍潰而遁河南廉訪副使萬家閭言徹里帖木兒身爲大將紀律不嚴望風奔潰宜加重罰以示勸懲不報河東聞也先帖木兒軍至官吏皆棄城走也先帖木兒悉以其黨代之召雲南行省左丞相也先吉尼不至前尚書左丞相三寶奴以罪誅其二子上都哈剌八都兒近侍命以所籍家貲及制命還之冬十月己丑朔命西僧作佛事燕鐵木兒引兵至通州擊遼東軍敗之皆渡潞水走遣脫脫木兒等將兵四千西援紫荆關調江浙兵萬人西禦潼關紫荆關潰卒南走保定因肆剽掠同知路事阿里沙及故平章張珪子武昌萬戶景武等率民持梃擊死數百人河南行省調兵守虎牢關庚寅我師與遼東軍夾潞水而陣遼東軍宵遁我師渡而襲之辛卯禮官言卽位之始當告祭郊廟社稷時享之禮請改用仲月從之紫荆關兵進逼涿州同知州事教化的調丁壯禦之壬辰也先捏以軍至保定殺阿里沙等及張景武兄弟五人并取其家貲倒剌沙貸其姻家長蘆鹽運司判官亦剌馬丹鈔四萬錠買鹽營利於京師詔追理之癸巳立壽福會福隆禧崇祥四總管府分奉祖宗神御殿秩正三品並隸太禧院忽剌台游兵進逼南城令京城居民戶出壯丁一人持兵仗從軍士乘城仍於諸門列甕貯水以防火燕鐵木兒及陽翟王太平國王朶羅台等戰于檀子山之棗林唐其勢陷陣殺太平死者蔽野餘皆宵遁遣撒敦追之弗及甲午命有司市馬千匹賜軍士出征者脫脫木兒章吉與也先捏合擊敵軍於良鄉南轉戰至盧溝橋忽剌台被創據橋而宿乙未燕鐵木兒率軍循北山而西趣良鄉諸將時與忽剌台阿剌帖木兒等戰于盧溝橋聲言燕鐵木兒大軍至敵兵皆遁使者頒詔于甘肅至陝西行省行臺官塗毀詔書械使者送上都湘寧王八剌失里引兵入冀寧殺掠吏民時太行諸關守備皆闕冀寧路來告急敕萬戶和尚將兵由故關援之冀寧路官募民丁迎敵和尚以兵爲殿殺獲甚衆會上都兵大至和尚退保故關冀寧遂破丙申燕鐵木兒入朝賜宴興聖殿賑通州被兵之家命速速等董度支芻粟中書省臣言上都諸王大臣不思祖宗成憲惑於姦臣倒剌沙之言輒以兵犯京畿賴陛下洪福王禪遂致潰亡生擒諸王孛羅帖木兒及諸用事臣蒙古荅失雅失帖木兒等旣已明正典刑宜傳首四方以示衆從之丁酉以縉山縣民十人嘗爲王禪向導誅其爲首者四人餘杖一百七籍其家貲妻子分賜守關軍士戊戌命湖廣行省平章政事乞住調兵守歸峽左丞別薛守八番以禦四川軍諸將追阿剌帖木兒等至紫荆關獲之送京師皆棄市己亥幸大聖壽萬安寺謁世祖裕宗神御殿賜燕鐵木兒太平王黃金印并降制書及賜玉盤龍衣珠衣寶珠金腰帶海東白鶻青鶻各一河南行中書省行樞密院皆聽便宜行事禿滿迭兒軍復入古北口燕鐵木兒引軍禦之大戰于檀州南敗之其萬戶以兵萬人降禿滿迭兒遂走還遼東使者頒詔於陝西行省行臺官焚詔書下使者獄告于上都庚子以梁王王禪第賜諸王帖木兒不花廷臣言保定萬戶張昌其諸父景武等旣受誅宜罷其所將兵而奪其金虎符不許辛丑以同知樞密院事脫脫木兒通政使也不倫並知樞密院事御史中丞亦列赤爲御史大夫還給伯顏察兒朶朶家貲齊王月魯帖木兒東路蒙古元帥不花帖木兒等以兵圍上都倒剌沙等奉皇帝寶出降梁王王禪遁遼王脫脫爲齊王月魯帖木兒所殺遂收上都諸王符印壬寅以宣徽使也先捏知行樞密院事宣徽副使章吉爲行樞密院副使與知樞密院事也速台兒等將兵西擊潼關軍中書省臣言野理牙舊以贓罪除名近復命爲太醫使臣等不敢奉詔帝曰往者勿咎比兵興之時朕已錄用其依朕命行之以張珪女歸也先捏癸卯以故徽政使失烈門妻賜燕鐵木兒以通州知州趙義能禦敵賜幣二匹也先鐵木兒軍至晉寧本路官皆遁甲辰晉邸及遼王所轄路府州縣達魯花赤並罷免禁錮選流官代之給淮東宣慰司銀字圓符命有司收將士所遺符印兵仗賑糶京城米十萬石石爲鈔十五貫丙午中書省臣言凡有罪者旣籍其家貲又沒其妻子非古者罪人不孥之意今後請勿沒人妻子制可丁未告祭于南郊以中書平章政事塔失海涯爲大司農復以欽察台爲中書平章政事侍御史玥璐不花爲中丞以度支芻豆經用不足凡諸王駙馬來朝並節其給宿衞官已有廩祿者及內侍宮人歲給芻豆皆權止之糴豆二十萬石於瀕御河州縣以河間山東鹽課鈔給其直放還防河運糧軍陝西兵至鞏縣黑石渡遂據虎牢我師皆潰儲仗悉爲所獲河南行省來告急戒有司修城壁嚴守衞雲南銀羅甸土官哀贊等來貢方物己酉別不花加太保落知樞密院事命刑部郎中大都前廣東僉事張世榮追理烏伯都剌家貲開居庸關陝西軍奪武關萬戶楊克忠等兵潰庚戌帝御興聖殿齊王月魯帖木兒諸王別思帖木兒阿兒哈失里那海罕及東路蒙古元帥不花帖木兒等奉上皇帝寶倒剌沙等從至京師下之獄分遣使者檄行省內郡罷兵以安百姓以宦者伯帖木兒妻及奴婢田宅賜撒敦辛亥雲南徹里路土官刁賽等來貢方物詔自今朝廷政務及籍沒田宅賜人者非與燕鐵木兒議諸人不許奏陳以宦者米薛迷奴婢家貲賜伯顏壬子以河南江西湖廣入貢鴛鶒太頻令減其數以省驛傳以諸王火沙第賜燕鐵木兒繼母公主察吉兒癸丑燕鐵木兒辭知樞密院事命其叔父東路蒙古元帥不花帖木兒代之燕鐵木兒請以蒙古塔失等三十人田宅賜徹里鐵木兒等三十人從之以所括河北諸路馬四百匹給四宿衞阿塔赤二百匹給中宮阿塔赤餘二千匹分牧於內郡嚴上都倉庫錢穀御史臺臣言近北兵奪紫荆關官軍潰走掠保定之民本路官與故平章張珪子景武五人率其民擊官軍死也先捏不俟奏聞輒擅殺官吏及珪五子珪父祖三世爲國勳臣設使珪子有罪珪之妻女又何罪焉今旣籍其家又以其女妻也先捏誠非國家待遇勳臣之意帝曰卿等言是命中書革正之命御史臺擇人克各道廉訪司官遣官賑良鄉涿州定興保定驛戶之被兵者甲寅罷徽政院改立儲慶使司秩正二品平章政事速速明里董阿並領儲慶司事鷹坊伯撒里河南行省左丞姚煒並爲儲慶使元帥也速荅兒執湘寧王八剌失里送京師八剌失里及趙王馬扎罕諸王忽剌台承上都之命各起所部兵南侵冀寧還次馬邑至是被執其所俘男女千人悉還其家遣使止江浙軍士之往潼關者就還鎭也先鐵木兒兵至潞州乙卯以倒剌沙宅賜不花帖木兒倒剌沙子潑皮宅賜斡都蠻內侍王伯顏宅賜唐其勢丙辰燕鐵木兒請以所沒逆臣赤斤鐵木兒家貲還其妻鐵木哥兵入鄧州丁巳毀顯宗室升順宗祔右穆第二室成宗祔右穆第三室武宗祔左昭第三室仁宗祔左昭第四室英宗祔右穆第四室加命燕鐵木兒爲荅剌罕仍命子孫世襲其號燕鐵木兒請以河南平章曲列等二十三人田宅賜西安王阿剌忒納失里等二十三人從之戊午詔諭廷臣曰凡今臣僚唯丞相燕鐵木兒大夫伯顏許兼三職署事餘者並從簡省百司事當奏者共議以聞或私任己意者不許獨請上都官吏自八月二十一日以後擢用者並追收其制敕天下僧道有妻者皆令爲民也先捏軍次順德令廣平大名兩路括馬盜殺太尉不花初不花乘國家多事率衆剽掠居庸以北皆爲所擾至是盜入其家殺之與和路當盜以死罪刑部議以爲不花不道衆所聞知幸遇盜殺而本路隱其殘剽之罪獨以盜聞於法不當中書以聞帝嘉其議十一月己未詔諭中外曰諸王王禪及禿滿

迭兒阿剌不花禿堅等兵敗而逃有能擒獲者授五品官同黨之人若能去逆効順擒王禪等來歸者免本罪依上授官家奴獲之者得備宿衞敢有隱匿者事覺與犯人同罪給殿中侍御史及冀寧路印凡內外百司印因兵興而失者令中書如品秩鑄給之命太保伯荅沙陞太傅兼宗正扎魯忽赤總兵北邊中書省臣言侍御史左吉非才不當任風憲御史臺臣伯顏等言左吉御史所薦若旣用之又以人言而止臺綱不能振矣必如省臣所言臣等乞辭避帝曰汝等其勿爲是言左吉果不可用省臣何不先言之其令左吉仍爲侍御史帝謂中書省臣曰朕在瓊州建康時撒迪皆從備極艱苦其賜鹽引六萬俾規利以贍其家命郡縣招集被兵流亡之民貧者賑給之遼東降軍給行糧遣還京畿及四方民爲兵所掠而奴于人者令有司追理送還山北京東驛被兵者賑以鈔二萬一千五百錠放高麗官者米薛迷剛荅里歸田里庚申中書錄用前御史臺官亦憐眞蔡文淵用江南行臺御史王琚仁言汰近歲白身入官者敕行御史臺凡有糾劾必由御史臺陳奏勿徑以封事聞命中書省追理倒剌沙及其兄馬某沙子潑皮木八剌沙等家貲辛酉燕鐵木兒請以紐澤田宅賜欽察台也先捏兵至武安也先鐵木兒以軍降河東州縣聞之盡殺其所署官吏癸亥帝宿齋宮甲子服袞冕享于太廟陝西兵進逼汴梁聞朝廷傳檄罷兵乃解去乙丑燕鐵木兒請以烏伯都剌等三十人田宅賜斡魯思等三十人從之丁卯伯顏兼忠翊侍衞都指揮使庚午復立察罕腦兒宣慰司命總宿衞官分簡所募勇士非舊嘗宿衞者皆罷去汴梁河南等路及南陽府頻歲蝗旱禁其境內釀酒日本船商至福建博易者江浙行省選廉吏征其稅中書省臣言今歲旣罷印鈔本來歲擬印至元鈔一百一十九萬二千錠中統鈔四萬錠監察御史言戶部鈔法歲會其數易故以新期於流通不出其數邇者倒剌沙以上都經費不足命有司刻板印鈔今事旣定宜急收毀從之監察御史撒里不花鎖南八千欽張士弘言朝廷政務賞罰爲先功罪旣明天下斯定國家近年自鐵木迭兒竊位擅權假刑賞以遂其私綱紀始紊迨至泰定爵賞益濫比以兵興用人甚急然而賞罰不可不嚴夫功之高下過之重輕皆係天下之公論願命有司務合公議明示黜陟功罪旣明賞罰攸當則朝廷肅清紀綱振舉而天下治矣帝嘉納之辛未遣西僧作佛事於興和新內鐵木哥兵入襄陽本路官皆遁襄陽縣尹谷庭珪主簿張德獨不去西軍執使降不屈死之時僉樞密院事塔海擁兵南陽不救壬申遣官告祭社稷以故平章黑驢平江田三百頃及嘉興蘆地賜西安王阿剌忒納失里癸酉八百媳婦國使者昭哀雲南威楚路土官脫放等九十九寨土官必也姑等各以方物來貢燕鐵木兒言向者上都舉兵諸王失剌樞密同知阿乞剌等十人南望宮闕鼓譟其黨拒命逆戰情不可恕詔各杖一百七流遠籍其家貲甲戌居泰定后雍吉剌氏于東安州杭州火命江浙行省賑被災之家乙亥賜西安王阿剌忒納失里齊王月魯帖木兒知樞密院事不花帖木兒金各五百兩銀各二千五百兩鈔各萬錠諸王朶列帖木兒金五十兩銀五百兩鈔千錠從者及軍士有差丙子速速坐受賂杖一百七徙襄陽以母年老詔留之京師丁丑以躬祀太廟禮成御大明殿受諸王文武百官朝賀荊王也速也不干遣使傳檄至襄陽鐵木哥引兵走戊寅以御史中丞玥璐不花爲太禧使監察御史撒里不花等言玥璐不花素稟直氣操履端正陛下欲振憲綱非任斯人不可乃復以玥璐不花爲中丞兼太禧使作佛事于五臺寺命河南江浙兩省以兵五萬益湖廣己卯中書省臣言內外流官年及致仕者並依階敘授以制敕今後不須奏聞制可以也先鐵木兒烏伯都剌珠衣賜撒迪趙世安諸衞漢軍及州縣丁壯所給甲冑兵杖皆令還官庚辰遣使奉迎皇兄明宗皇帝於漠北以中政院使敬儼爲中書平章政事同知樞密院事徹里帖木兒爲中書左丞辛巳遣欽察百戶及其軍士還鎭以脫脫等三人妻賜闊闊出等三人以朶台等十一人田宅賜駙馬朶必兒等十一人壬午第三皇子寶寧易名太平訥命大司農買住保養於其家詔行樞密院罷兵還以御史中丞玥璐不花爲中書右丞癸未倒剌沙伏誅磔其尸於市王禪亦賜死馬某沙紐澤撒的迷失也先鐵木兒等皆棄市以所賜速速也先捏宅改賜駙馬謹只兒及乳媪也孫眞甲申命威順王寬徹不花還鎭湖廣御史中丞趙世延以老疾辭職不許用故中丞崔彧故事加平章政事居前職御史臺臣言行宣政院行都水監宜罷從之丙戌作水陸會以阿魯灰帖木兒等六人在上都欲舉義不克而死並賜贈謚邮其家燕鐵木兒言晉王及遼王等所轄府縣達魯花赤旣已黜罷其所舉宗正府扎魯忽赤中書斷事官皆其私人亦宜革去從之敕趙世延及翰林直學士虞集製御史臺碑文遺諸衞兵各還鎭別不花罷命有司追理上都官吏預借俸遼王脫脫之子八都聚黨出剽掠敕宣德府官捕之四川行省平章囊加台自稱鎭西王以其省左丞脫脫爲平章前雲南廉訪使楊靜爲左丞殺其省平章寬徹等官稱兵燒絕棧道烏蒙路教授杜巖肖謂聖明繼統方內大寧省臣當罷兵入朝庶免一方之害囊加台以其妄言惑衆杖一百七禁錮之十二月己丑朔監察御史言伯顏宜與燕鐵木兒一體論功行賞帝曰伯顏之功朕心知之御史不必言庚寅令內外諸司天壽節聽具肉食民間禁屠宰如舊制命通政院整飭蒙古驛諸闕監嘗毀民屋以塞者賜民鈔俾完之甲午以王禪奴婢賜鎭南王鐵木兒不花及燕鐵木兒乙未以王禪弓矢賜燕鐵木兒伯顏燕鐵木兒請以馬某沙等九人田宅賜燕不憐等九人從之丙午幸大崇恩福元寺謁武宗神御殿分命諸僧於大明殿延春閣興聖宮隆福宮萬歲山作佛事雲南土官普雙等來貢方物御史臺臣言也先捏將兵所至擅殺官吏俘掠子女貨財詔刑部鞫之籍其家杖一百七竄于南寧命其妻歸父母家己亥造皇后玉冊玉寶庚子赦天下賜諸王滿禿爲果王阿馬剌台爲毅王宗正札魯忽赤闊闊出等十七人並賜功臣號及階官爵謚仍命有司刻其功于碑賜鈔邮其家中書省臣言陝西行省行臺官焚棄詔書坐罪當流雖經赦宥永不錄用爲宜制可辛丑立龍翊侍衞親軍都指揮使司分掌欽察軍士秩正三品指揮使三人命燕鐵木兒及卜蘭奚卯罕爲之餘官悉聽燕鐵木兒選人以聞命高昌僧作佛事於寶慈殿江南行臺御史言遼王脫脫自其祖父以來屢爲叛逆蓋因所封地大物衆宜削王號處其子孫遠方而析其元封分地詔中書與勳舊大臣議其事火兒忽荅等十三人從湘寧王八剌失里用兵旣伏誅命皆籍其家貲西僧百人作佛事於徽猷閣七日癸卯欽察阿速二部依宿衞軍士例給芻豆乙巳伯顏加大尉開府儀同三司與亦列赤並爲御史大夫同振臺綱詔天下立內宰司隷儲慶使司秩正三品以阿伯等六人田宅賜諸王老的等六人雲南姚州知州高明來貢方物戊申以潛邸所用工匠百五十人付皇子阿剌忒納荅剌立異樣局以司之秩從六品加伯顏爲太保知樞密院事不花帖木兒爲太尉香山爲司徒己酉開上都酒禁壬子以諸路民匠提領所合爲提舉司秩從五品甲寅復遣治書侍御史撒迪內侍不顏禿古思奉迎皇兄於漠北西安王阿剌忒納失里及燕鐵木兒鐵木兒補化請各遣人送名鷹於行在所以王禪妻金珠首飾歸中宮丙辰陞太禧院從一品中書左丞玥璐不花爲太禧使丁巳封西安王阿剌忒納失里爲豫王賜南康路爲食邑徹里鐵木兒陞右丞參知政事躍里鐵木兒爲左丞參議省事趙世安爲參知政事戊午詔被兵郡縣免雜役禁釀酒弛山場河濼之禁私相假貸者俟秋成責償蒙古色目人願丁父母憂者聽如舊制御史臺言囊加台拒命西南罪不可宥所授制敕宜從追奪中書省臣言令方許囊加台等自新則御史言宜勿行從之教坊司達魯花赤撒剌兒在武宗時遥授參知政事階中奉大夫詔落遥授之職而仍其舊階是月復遣使者召雲南行省左丞相也兒吉你又不至加諡唐司徒顏眞卿正烈文忠公令有司歲時致祭陝西自泰定二年至是歲不雨大饑民相食杭州嘉興平江湖州鎭江建德池州太平廣德等路水沒民田萬四千餘頃河北山東有年

元史卷三十三

明翰林學士亞中大夫知制誥兼修國史宋　濂等修

本紀第三十三

文宗二

天曆二年春正月己未朔立都督府以總左右欽察及龍翊衞庚申封知樞密院事火沙爲昭武王床兀兒之子荅鄰荅里襲父封爲句容郡王高麗國遣使來朝賀遣前翰林學士承旨不荅失里北還皇兄行在所仍命太府太監沙剌班奉金幣以往辛酉封朶列帖木兒復爲楚王高昌王鐵木兒補化爲中書左丞相大司農王毅爲平章政事欽察台知樞密院事皇兄遣火里忽達孫剌剌至京師以伯帖木兒扈從有功遣使以幣帛百匹即行在賜之諸王渾都帖木兒薨取其印及王傅印以賜斡即武寧王徹徹禿遣使來言皇兄啓行之期癸亥燕鐵木兒爲御史大夫太平王如故賜魯國大長公主鈔二萬錠營第宅甲子太白犯壘壁陣時享于太廟齊王月魯帖木兒薨乙丑中書省言度支今歲芻槀不足常例支給外凡陳乞者宜勿予從之仍命中書右丞徹里帖木兒總其事丙寅帝幸大崇恩福元寺遣使賜西域諸王燕只吉台海東鶻二戊辰遣使獻海東鶻于

皇兄行在所已已賜內外軍士四萬二千二百七十人鈔各一錠作佛事陝西告饑賑以鈔五萬錠辛未以冊命皇后告于南郊賜豫王黃金印回回人戶與民均當差役中書省臣言近籍沒欽察家其子年十六請令與其母同居仍請繼今臣僚有罪致籍沒者其妻其子他人不得陳乞亦不得沒爲官口從之壬申遣近侍星吉班以詔往四川招諭囊加台癸酉命中書省宣徽院臣稽考近侍宿衞廩給定其名籍以遼陽省蒙古高麗肇州三萬戶將校從逆舉兵犯京畿拘其符印制敕罷今歲柳林田狩復鹽制每四百斤爲引引爲鈔三錠四川囊加台乞師于鎭西武靖王搠思班搠思班以兵守關隘甲戌復命太僕卿教化獻海東鶻于皇兄行在所罷中瑞司丙子皇后滕臣張住童等七人授集賢侍講學士等官丁丑四川囊加台攻破播州猫兒埡隘宣慰使楊延里不花開關納之陝西蒙古軍都元帥不花台者囊加台之弟囊加台遣使招之不花台不從斬其使中書省臣言朝廷賞賚不宜濫及罔功鷹鶻獅豹之食舊支肉價二百餘錠今增至萬三千八百錠控鶴舊止六百二十八戶今增二千四百戶又佛事歲費以今較舊增多金千一百五十兩銀六千二百兩鈔五萬六千二百錠幣帛三萬四千餘匹請悉揀汰從之中正院臣言皇后日用所需鈔十萬錠幣五萬匹綿五千斤詔鈔予所需之半幣給一萬匹賑大都路涿州房山范陽等縣饑民糧兩月己卯以冊命皇后告于太廟庚辰賜潛邸說書劉道衡等四人官從七品薛允等十六人官從八品辛巳起復中書左丞史惟良爲御史中丞上都官吏惟初入仕及驟陞者黜之餘聽敘復以御史臺贓罰鈔三百錠賜教坊司撒剌兒壬午以陝西行臺御史大夫阿不海牙爲中書平章政事皇兄遣常侍孛羅及鐵住訖先至京師賞以金幣居宅仍遣內侍禿教化如皇兄行在所播州楊萬戶引四川賊兵至烏江峯官軍敗之八番元帥脫出亦破烏江北岸賊兵復奪關口諸王月魯帖木兒統蒙古漢人荅剌罕諸軍及民丁五萬五千俱至烏江癸未遣宣靖王買奴往行在所丙戌皇兄明宗卽皇帝位於和寧之北四川囊加台焚雞武關大橋又焚棧道命中書省錄江陵汴梁郡縣官扈從者三十四人並陞其階秩陝西大饑行省乞糧三十萬石鈔三十萬錠詔賜鈔十四萬錠遣使往給之大同路言去年旱且遭兵民多流殍命以本路及東勝州糧萬三千石減時直十之三賑糶之奉元蒲城縣民王顯政五世同居衞輝安寅妻陳氏河間王成妻劉氏冀寧李孝仁妻寇氏濮州王義妻雷氏南陽郝二妻張氏懷慶阿魯輝妻翟氏皆以貞節並旌其門二月己丑曲赦四川囊加台庚寅燕鐵木兒復爲中書右丞相立繕工司掌織御用紋綺秩正三品辛卯帝御大明殿冊命皇后雍吉剌氏廣西思明路軍民總管黃克順來貢方物壬辰囊加台據雞武關奪三义柴關等驛癸巳遣翰林侍講學士曹元用祀孔子於闕里囊加台以書誘鞏昌總帥汪延昌丙申命中書省翰林國史院官祀太祖太宗睿宗御容于普慶寺丁酉遣晉邸部曲之在京師者還所部囊加台以兵至金州據白土關陝西行省督軍禦之樞密院言囊加台阻兵四川其亂未已請命鎭西武靖王搠思班等皆調軍以湖廣行省官脫歡別薛孛羅及鄭昂霄總其兵進討從之戊戌命察罕腦兒宣慰使撒忒迷失將本部蒙古軍會鎭西武靖王等討四川諸傭雇者主家或犯惡逆及侵損己身許訴官餘非干己不許告訐著爲制頒行農桑輯要及栽桑圖辛丑中書省議追尊皇妣亦乞烈氏曰仁獻章聖皇后唐兀氏曰文獻昭聖皇后命有司具冊寶建遊皇城佛事雲南行省蒙通蒙算甸土官阿三木開南土官哀放八百媳婦金齒九十九洞銀沙羅甸咸來貢方物癸卯賜吳王木楠子西寧王忽荅的迷失諸王那海罕闊兒吉思金銀有差丙午囊加台分兵逼襄陽湖廣行省調兵鎭播州及歸州己酉熒惑犯井宿辛亥帝謂廷臣曰撒迪還言大兄已卽皇帝位凡二月二十一日以前除官者速與制敕後凡銓選其詣行在以聞廬州路合肥縣地震壬子命有司造行在帳殿癸丑諸王月魯帖木兒等至播州招諭土官之從囊加台者楊延里不花及其弟等皆來降甲寅立奎章閣學士院秩正三品以翰林學士承旨忽都魯都兒迷失集賢大學士趙世延並爲大學士侍御史撒迪翰林直學士虞集並爲侍書學士又置承制供奉各一員更鑄鈔板仍毀其刓者調河南江浙江西山東兵萬一千及左右翼蒙古侍衞軍二千討四川乙卯置銀沙羅甸等處宣慰司都元帥府丙辰奉元臨潼咸陽二縣及畏兀兒八百餘戶告饑陝西行省以便宜發鈔萬三千錠賑咸陽麥五千四百石賑臨潼麥百餘石賑畏兀兒遣使以聞從之永平大同二路上都雲需兩府貴赤衞皆告饑永平賑糧五萬石大同賑糶糧萬三千石雲需府賑糧一月貴赤衞賑糧二月眞定平山縣河間臨津等縣大名魏縣有蟲食桑葉盡蟲俱死三月辛酉遣燕鐵木兒奉皇帝寶于明宗行在所仍命知樞密院事禿兒哈帖木兒御史中丞八卽剌翰林直學士馬哈某典瑞使教化的宣徽副使章吉僉中政院事脫因通政使那海太醫使呂廷玉給事中咬驢中書斷事官忽兒忽荅右司郎中孛別出左司員外郎王德明禮部尙書八剌哈赤等從行復命有司奉金千五百兩銀七千五百兩幣帛各四百匹及金腰帶二十詣行在所以備賜予帝命廷臣曰寶璽旣北上繼今國家政事其遣人聞于行在所癸亥命有司造乘輿服御北迎大駕改潛邸所幸諸路名建康曰集慶江陵曰中興瓊州曰乾寧潭州曰天臨甲子減大官羊直丙寅躍里帖木兒自行在還諭旨曰朕在上都宗王大臣必皆會集有司當備供張上都積貯已爲倒剌沙所耗大都府藏聞亦悉虛供億如有不足其以御史臺司農司樞密宣徽宣政等院所貯充之蒙古饑民之聚京師者遣往居庸關北人給鈔一錠布一匹仍令興和路賑糧兩月還所部戊辰雲南諸王荅失不花禿堅不花及平章馬忽思等集衆五萬數丞相也兒吉尼專擅十罪將殺之也兒吉尼遁走八番荅失不花等僞署參知政事等官己巳命改集慶潛邸建大龍翔集慶寺以來歲興工辛未監察御史與扎魯忽赤等官錄囚壬申以去冬無雪今春不雨命中書及百司官分禱山川羣祀設奎章閣授經郎二員職正七品以勳舊貴戚子孫及近侍年幼者肄業甲戌舊賜篤麟帖木兒平江田百頃官嘗收其租米詔特予之開遼陽酒禁乙亥置行樞密院以山東都萬戶也速台兒知行樞密院事與湖廣河南兩省官進兵平四川也速台兒以病不往命明里董阿爲蒙古巫覡立祠丁丑文獻昭聖皇后神御殿月祭特命如列聖故事僧道也里可温朮忽荅失蠻爲商者仍舊制納稅丙戌囊加台所遣守隘碉門安撫使布荅思監等降於雲南行省丁亥雨土霾夏四月己丑時享于太廟辛卯命躍里鐵木兒王不憐吉台代也速台兒討四川不憐吉台以母老辭同僉樞密院事傅巖起請往從之壬辰匠官年七十者許致仕浚漷州漕運河甲午四番衞士各分五十人直東宮丁酉給鈔萬錠爲集慶大龍翔寺置永業戊戌以陝西久旱遣使禱西嶽西鎭諸祠賜衞士萬三千人鈔人八十錠四番衞士舊以萬人爲率至是增三千人己亥湖廣行省參知政事孛羅奉詔至四川赦囊加台等罪囊加台等聽詔蜀地悉定諸省兵皆罷癸卯明宗遣武寧王徹徹禿中書平章政事哈八兒禿來錫命立帝爲皇太子命仍置詹事院罷儲慶司陝西諸路饑民百二十三萬四千餘口諸縣流民又數十萬先是嘗賑之不足行省復請令商賈入粟中鹽富家納粟補官及發孟津倉糧八萬石及河南漢中廉訪司所貯官租以賑從之德安府屯田饑賑糧千石常德澧州慈利州饑賑糶糧萬石賑衞輝路饑民萬七千五百餘戶丙午封孛羅不花爲鎭南王占臘國來貢羅香木及象豹白猿戒翰林典瑞兩院官不許互相奏請璽書以護其家諸王分邑達魯花赤受代不得仍留官所其父兄所居官子弟不得再任辛亥賑鄂州諸縣被兵逃戶糧三千六百石壬子賑通州諸縣被兵之民糧兩月被俘者四千五百一十人命遼陽行省督所屬簿錄護送歸其家丙辰行在所遣只兒哈郎等至京師河南廉訪司言河南府路以兵旱民饑食人肉事覺者五十一人餓死者千九百五十人饑者一萬七千四百餘人乞弛山林川澤之禁聽民採食行入粟補官之令及括江淮僧道餘糧以賑從之江浙行省言池州廣德寧國太平建康鎭江常州湖州慶元諸路及江陰州饑民六十餘萬戶當賑糧十四萬三千餘石從之諸王忽剌荅兒言黃河以西所部旱蝗凡千五百戶命賑糧兩月大都興和順德大名彰德懷慶衞輝汴梁中興諸路泰安高唐曹冠徐邳諸州饑民六十七萬六千餘戶賑以鈔九萬錠糧萬五千石大都宛平縣保定遂州易州賑糧一月靖州賑糶糧九千八百石濮州鄄城縣蠶災大寧興中州懷慶孟州廬州無爲州蝗廣西獠寇古縣五月丁巳朔復賜魯國大長公主鈔二萬錠以搆居第賜燕鐵木兒祖父紀功碑銘水達達路阿速古兒千戶所大水己未遣翰林學士承旨阿鄰帖木兒北迎大駕命司天監禁星昌王八剌失里還鎭庚申太白犯鬼宿積尸氣癸亥復遣翰林學士承旨斡耳朵迎大駕乙丑命有司給行在宿衞士衣糧及馬芻豆以儲慶司所貯金三十錠銀百錠建大承天護聖寺給皇子宿衞之士千人鈔四番宿衞增爲萬三千人至是又增千人甲戌命中書省臣擬注中書六部官奏于行在所乙亥幸大聖壽萬安寺作佛事于世祖神御殿又於玉德殿及大天源延聖寺作佛事丙子武寧王徹徹禿中書平章政事哈八兒禿至自行在所致立皇太子之命賜徹徹禿金五百兩餘有差改儲慶使司爲詹事院伯顏鐵木兒補化及江南行臺御史大夫阿兒思蘭海牙江浙行省平章政事曹立並爲太子詹事又除副詹事詹事丞及斷事官家令司

典寶典用典醫等官丁丑帝發京師北迎明宗皇帝戊寅次于大口徵諸王鼎八入朝庚辰次香水園置江淮財賦都總管府秩正三品隸詹事院陝西行省言鳳翔府饑民十九萬七千九百人本省用便宜賑以官鈔萬五千錠又豐樂八屯軍士饑死者六百五十人萬戶府軍士饑者千三百人賑以官鈔百三十錠從之給保定路定興驛車馬又賑被兵之民百四十五戶糧一月眞定路民被兵者二千七百四十八戶亦命賑之上都迭只諸位宿衛士及開平縣民被兵者並賑以糧大名路蠶災六月丁亥朔明宗遣近侍馬駒塔台別不花至丁酉鐵木兒補化以旱乞避宰相位有旨諭之曰皇帝遠居沙漠未能卽至京師是以勉攝大位今亢陽爲災皆予闕失所致汝其勉修厥職祇修實政可以上荅天變仍命馳奏于行在己亥江浙行省言紹興慶元台州婺州諸路饑民凡十一萬八千九十戶乙巳命中書省逮繫也先捏以還丙午永平屯田府所隸昌國諸屯大風驟雨平地出水丁未太白晝見庚戌次于上都之六十店辛亥陝西行臺御史孔思迪言人倫之中夫婦爲重比見內外大臣得罪就刑者其妻妾卽斷付他人似與國朝旌表貞節之旨不侔夫亡終制之令相反況以失節之婦配有功之人又與前賢所謂娶失節者以配身是已失節之意不同今後凡負國之臣籍沒奴婢財產不必罪其妻子當典刑者則孥戮之不必斷付他人庶使婦人均得守節請著爲令壬子海運糧至京師凡百四十萬九千一百三十石是月陝西雨賜鳳翔府岐陽書院額書院祀周文憲王仍命設學官春秋釋奠如孔子廟儀明宗遣吏部尚書別兒怯不花還京師命中書集老臣議賑荒之策時陝西河東燕南河北河南諸路流民十數萬自嵩汝至淮南死亡相藉命所在州縣官以便宜賑之順元思播州諸驛因兵興馬多羸斃驛戶貧乏令有司市馬補之益都莒密二州春水夏旱蝗饑民三萬一千四百戶賑糧一月陝西延安諸屯以旱免徵舊所逋糧千九百七十石永平屯田府昌國濟民豐贍諸署以蝗及水災免今年租汴梁蝗衛輝蠶災峽州旱淮東諸路歸德府徐邳二州大水秋七月丙辰朔日有食之丁巳次上都之三十里店宗仁衛屯田大水壞田二百六十頃戊午大都之東安薊州永清益津潞縣春夏旱麥苗枯六月壬子雨至是日乃止皆水災己未更定遷徙法凡應徙者驗所居遠近移之千里在道遇赦皆得放還如不悛再犯徙之本省不毛之地十年無過則量移之所還人死妻子聽歸土著著爲令征京師僧道商稅癸亥太白經天丙子帝受皇太子寶辛巳發諸衛軍六千完京城冀寧陽曲縣雨雹大者如雞卵令諸王封邑達魯花赤推擇本部年二十五以上識達治體廉愼無過者以充或有冒濫罪及王傅遣使以上尊腊羊鈔十錠至大都國子監助仲秋上丁釋奠以淮安海寧州鹽城山陽諸縣去年水免今年田租眞定河間汴梁永平淮安大寧廬州諸屬縣及遼陽之蓋州蝗八月乙酉朔明宗次于王忽察都丙戌帝入見明宗宴帝及諸王大臣于行殿庚寅明宗崩帝入臨哭盡哀燕鐵木兒以明宗后之命奉皇帝寶授于帝遂還壬辰次孛羅察罕以伯顏爲中書左丞相依前太保欽察台阿兒思蘭海牙趙世延並中書平章政事甘肅行省平章朵兒只爲中書右丞中書參議阿榮太子詹事丞趙世安並中書參知政事前右丞相塔失鐵木兒知樞密院事鐵木兒補化及上都留守鐵木兒脫並爲御史大夫癸巳帝至上都乙未賜護守大行皇帝山陵官御史大夫孛羅等鈔有差禁四川僞造鹽茶引丙申監察御史徐奭言天下不可一日無君神器不可一時而曠先皇帝奄棄臣庶已踰數日伏望聖上早正宸極以安億兆之心實宗社無疆之福流諸王忽剌出于海南丁酉命阿榮趙世安提調通政院事一切給驛事皆關白然後給遣戊戌四川囊加台以指斥乘輿坐大不道棄市己亥帝復卽位于上都大安閣大赦天下詔曰朕惟昔上天啓我太祖皇帝肇造帝業列聖相承世祖皇帝旣大一統卽建儲貳而我裕皇天不假年成宗入繼纔十餘載我皇考武宗歸膺大寶克享天心志存不私以仁廟居東宮遂嗣宸極甫及英皇降割我家晉邸違盟搆逆據有神器天示譴告竟隕厥身於是宗戚舊臣恊謀以舉義正名以討罪揆諸統緒屬在眇躬朕興念大兄播遷朔漠以賢以長曆數宜歸力拒羣言至於再四乃曰艱難之際天位久虛則衆志弗固恐隳大業朕雖從請而臨御秉初志之不移是以固讓之詔始頒奉迎之使已遣尋命阿剌忒納失里燕鐵木兒奉皇帝寶璽遠迓于途受寶卽位之日卽遣使授朕皇太子寶朕幸釋重負實獲素心乃率臣民北迎大駕而先皇帝跋涉山川蒙犯霜露道里遼遠自春徂秋懷艱阻於歷年望都邑而增慨徒御弗愼屢爽節宣信使往來相望於道路彼此思見交切於衷懷八月一日大駕次王忽察都朕欣瞻對之有期獨兼程而先進相見之頃悲喜交集何數日之間而宮車弗駕國家多難遽至於斯念之痛心以夜繼旦諸王大臣以爲祖宗基業之隆先帝付托之重天命所在誠不可違請卽正位以安九有朕以先皇帝奄棄方新摧怛何忍銜哀辭對固請彌堅執誼伏闕者三日皆宗社大計乃以八月十五日卽皇帝位于上都可大赦天下自天曆二年八月十五日昧爽以前罪無輕重咸赦除之於戲戡定之餘莫急乎與民休息丕變之道莫大乎使民知義亦惟爾中外大小之臣各究乃心以稱朕意庚子命阿榮趙世安督造建康龍翔集慶寺辛丑立寧徽寺掌明宗宮分事壬寅以鈔萬錠幣帛二千匹供明宗后八不沙費用陞奎章閣學士院秩正二品更司籍郎爲羣玉署秩正六品癸卯幸世祖所御幄殿祓祭禁凡送諸王駙馬恩賜者毋受金幣犯者以贓論或以衣馬爲贈者聽遣道士苗道一吳全節修醮事于京師毛頡遠祭遁甲神于上都南屏山大都西山甲辰命司天監及回回司天監禜星中書省臣言祖宗故事卽位之初必恩賚諸王百官比因兵興經費不足請如武宗之制凡金銀五錠以上減三之一五錠以下全畀之又以七分爲率其二分準時直給鈔制可遣欽察台先還京師經理政務燕鐵木兒阿榮留上都監給恩賚金幣以仁宗英宗潛邸宿衛士二百人還大都備直宿乙巳立藝文監秩從三品隸奎章閣學士院又立藝林庫廣成局皆隸藝文監賜御史中丞史惟良沛縣地五十頃發諸衛軍浚通惠河丙午自庚子至是日晝霧夜晴封牙納失里爲遼王以故遼王脫脫印賜之出官米五萬石賑糶京師貧民丁未以馬扎兒台爲上都留守馬扎兒台前爲陝西行臺侍御史坐塗毀詔書得罪以其兄伯顏有功故特官之戊申封諸王寬徹爲肅王己酉車駕發上都賜明宗北來衛士千八百三十人各鈔五十錠怯薛官十二人各鈔二百錠賜諸部曲出征者幣帛人各二匹遣還冀寧之忻州兵後荐饑賑鈔千錠庚戌改詹事院爲儲政院伯顏兼儲政使中政使哈撒兒不花太子詹事丞雲世月思前儲慶使姚煒並儲政使河東宣慰使哈散託朝賀爲名斂所屬鈔千錠入己事覺雖會赦仍徵鈔還其主敕自今有以朝賀斂鈔者依枉法論罪癸丑徵吳王潑皮及其諸父木楠子赴京師甲寅置隆祥總管府秩正三品總建大承天護聖寺工役監察御史劾前丞相別不花昔以贓罷天曆初因人成功遂居相位旣矯制以買驢家貲賜平章速速又與速速等潛呼日者推測聖算今奉詔已釋其罪宜竄諸海島以杜姦萌帝曰流竄海島朕所不忍其并妻子置之集慶河南府路旱疫又被兵賑以本府屯田租及安豐務遞運糧三月莒密沂諸州饑民採草木實盜賊日滋賑以米二萬一千石幷賑晉寧路饑民鈔萬錠大名眞定河間諸屬縣及湖池饒諸路旱保定之行唐縣蝗加封大都城隍神爲護國保寧王夫人爲護國保寧王妃九月乙卯朔作佛事于大明殿興聖隆福諸宮市故宋太后全氏田爲大承天護聖寺永業戊午賜武寧王徹徹禿金百兩銀五百兩西域諸王燕只吉台金二千五百兩銀萬五千兩鈔幣有差己未立龍翔萬壽營繕提點所海南營繕提點所並秩正四品隸隆祥總管府庚申加封故領諸路道教事張留孫爲上卿大宗師輔成贊化保運神德眞君辛酉凡往明宗所送寶官吏越次超陞者皆從黜降賑甘肅行省沙州察八等驛鈔各千五百錠癸亥敕宣徽院所儲金銀鈔幣百司毋得奏請甲子賜雲南烏撒土官祿余曲靖土官舉楮衣各一襲丁卯大駕至大都戊辰敕翰林國史院官同奎章閣學士采輯本朝典故準唐宋會要著爲經世大典召威順王寬徹不花赴闕敕使者須詔赦率日行三百餘里旣受命逗留三日及所至飲宴稽期者治罪取賂者以枉法論辛未以控鶴士二十人賜宣靖王買奴監察御史劾奏知樞密院事塔失帖木兒阿附倒剌沙又與王禪舉兵犯闕今旣待以不死而又付之兵柄事非便詔罷之壬申怯薛官武備卿定住特授開府儀同三司癸酉帝御大明殿受諸王百官朝賀鐵木迭兒諸子鎖住等明宗嘗敕流于南方燕鐵木兒言鎖住天曆初有勞于國請各遣還田里從之甲戌命江浙行省明年漕運糧二百八十萬石赴京師廣西思明州土官黃宗永遣其子來貢虎豹方物乙亥史惟良上疏言今天下郡邑被災者衆國家經費若此之繁帑藏空虛生民凋瘵此政更新百廢之時宜遵世祖成憲汰冗濫蠶食之人罷土木不急之役事有不便者咸釐正之如此則天災可弭禎祥可致不然將恐因循苟且其弊漸深治亂之由自此而分矣帝嘉納之丙子改太禧院爲太禧宗禋院立溫州路竹木場以衛輝路旱罷蘇門歲輸米二千石鐵木兒補化加錄軍國重事以翰林學士承旨也兒吉尼元帥梁國公都列捏並知行樞密院事立衛候司秩正四品隸儲政院賑陝西臨潼等二十三驛各鈔五伯錠論也先捏以不忠不敬伏誅嵐管臨三州所居諸王八剌馬忽都火者等部曲乘亂爲寇遣省臺宗

正府官往督有司捕治之壬午伯顏以病在告居赤城遣使召赴闕封知樞密院事燕不鄰爲興國公以大司農卿燕赤爲司徒癸未建顏子廟于曲阜所居陋巷上都西按塔罕闊干忽剌禿之地以兵旱民告饑賑糧一月冬十月甲申朔帝服袞冕享于太廟丙戌命欽察台兼領度支監遣鎭南王孛羅不花還鎭楊州禁奉元永平釀酒戊子知樞密院事昭武王火沙知行樞密院事己丑立大承天護聖寺營繕提點所秩正五品又立大都等處平江等處田賦提舉司二秩從五品皆隸隆祥總管府辛卯燕鐵木兒率羣臣請上尊號不許雲南行省立元江等處宣慰司申飭海道轉漕之禁籍四川囊加台家產其黨楊靜等皆奪爵杖一百七籍其家流遼東封太禧宗禋使禿堅帖木兒爲梁國公甲午以登極恭謝遣官代祀于南郊社稷中書省臣言舊制朝官以三十月爲一考外任則三年爲滿比年朝官率不久於其職或數月卽改遷於典制不類且治蹟無從考驗請如舊制爲宜敕除風憲官外其餘朝官不許二十月內遷調監察御史劾奏吏部尚書八剌哈赤先除陝西行臺侍御史避難不行罷之丙申中書省臣言臣等議集樞密院御史臺翰林集賢院奎章閣太常禮儀院禮部諸臣僚議上大行皇帝尊謚曰翼獻景孝皇帝廟號明宗國言謚號曰護都篤皇帝是日奉玉冊玉寶于太廟如常儀命江西湖廣分漕米四十萬石以紓江浙民力給鈔十五萬錠賑陝西饑民己亥加封天妃爲護國庇民廣濟福惠明著天妃賜廟額曰靈慈遣使致祭申飭都水監河防之禁辛丑遣使括勘內外郡邑官久次事故應代者歲終上名于中書省以怯憐口諸色民匠總管府及所屬諸司隸徽政院者悉隸儲政院發中政院財賦總管府糧儲在江南者赴京師以助經費驗時直以鈔還之諸王公主官府寺觀撥賜田租除魯國大長公主聽遣人徵收外其餘悉輸於官給鈔酬其直壬寅弛陝西山澤之禁以與民大寧路地震癸卯命道士苗道一建醮于長春宮改瓊州軍民安撫司爲乾寧軍民安撫司陞定安縣爲南康州隸海北元帥府以南建洞主王官知州事佩金符領軍民監察御史劾奏張思明在仁宗朝阿附權臣鐵木迭兒間諜兩宮仁宗灼見其姦旣行黜降及英宗朝鐵木迭兒再相復援爲左丞稔惡不悛竟以罪廢今又冒居是官宜從黜罷詔罷之敕刑部尚書察民之無賴者懲治之甲辰畏兀僧百八人作佛事于興聖殿戊申以江淮財賦都總管府隸儲政院供皇后湯沐之用作佛事于廣寒殿徹朶朶王士熙等十二人于貶所放還鄉里庚戌以親祀太廟禮成詔天下罷大承天護聖寺工役囚在獄三年疑不能決者釋之民間拖欠官錢無可追徵者盡行蠲免命通政院官分職往所在官司僉補逃亡驛戶大都至上都并塔思哈剌旭麥怯諸驛自備首思供給繁重天曆三年官爲應付免徵奉元路民間商稅一年命所在官司設置常平倉雲南八番爲囊加台所詿誤反側未安者並貰其罪免各處煎鹽竈戶雜泛夫役二年遣使代祀嶽瀆山川免永平屯田總管府田租申禁天下私殺馬牛明宗乳媼夫斡耳朶在武宗時爲大司徒仁宗朝拘其印燕鐵木兒以爲言詔給還之雲南威楚路黃州土官哀放遣其子來朝貢湖廣常德武昌澧州諸路旱饑出官粟賑糶之陝西鳳翔府饑民四萬七千戶皆賑以鈔十一月乙卯以立皇后詔天下受佛戒於帝師作佛事六十日丙辰以句容郡王荅鄰荅里知行樞密院事詔列聖諸宮后妃陪從之臣永給衣廩芻粟后八不沙請爲明宗資冥福命帝師率羣僧作佛事七日于大天源延聖寺道士建醮于玉虛天寶太乙萬壽四宮及武當龍虎二山戊午遣使代祀天妃賜燕鐵木兒宅一區皇后以銀五萬兩助建大承天護聖寺冠州旱命朶耳只亦都護爲河南行省丞相近制行省不設丞相中書省以爲言帝有旨朶耳只先朝舊臣不當以例拘武宗宿衞士歲賜如仁宗衞士例西夏僧總統封國公冲卜卒其弟監藏班藏卜襲職仍以璽書印章與之癸亥以翰林學士承旨闊徹伯知樞密院事位居衆知院事上甲子廬州旱饑發糧五千石賑之止鷹坊毋獵畿甸江西龍興南康撫瑞袁吉諸路旱丙寅陞山東河北蒙古軍大都督府秩從二品改普慶修寺人匠提舉司爲營繕提點所秩從五品隸崇祥總管府雲南威楚路土官眠放來朝貢罷功德使司以所掌事歸宣政院已撒迪爲中書右丞命中書左丞趙世安提調國子監學庚午諸王闊不花至自陝西收其印遣還壬申毀廣平王木剌忽印命哈班代之更鑄印以賜癸酉太陰犯填星丙子諸王阿剌忒納失里翊戴有勞以其父越王禿剌印與之丁丑復立孟定路軍民總管府復給元江路軍民總管府印湖廣州縣爲廣源等猺寇掠者二百八十餘所命行省平章劉脫歡招捕之造靑木綿衣萬領賜圍宿軍乙卯翰林國史院臣言纂修英宗實錄請具倒剌沙欵伏付史館從之高麗國王王燾久病不能朝請命其子楨襲位以平江官田百五十頃賜大龍翔集慶寺及大崇禧萬壽寺辛巳還山東河北蒙古軍大都督府於濮州仍聽山東廉訪司按治欽察台兼右都威衞使壬午詔豫王阿剌忒納失里鎭雲南賜其衞士鈔萬錠仍每歲豫給其衣廩十二月甲申給豳王忽塔忒迷失王傅印以西僧輦眞吃剌思爲帝師詔僧尼徭役一切無有所與丙戌詔百官一品至三品先言朝政得失一事四品以下悉聽敷陳仍命趙世安阿榮輯錄所上章疏善者卽議舉行追封燕鐵木兒曾祖班都察爲溧陽王祖土土哈爲昇王父床兀兒爲楊王庚寅祓祭于太祖幄殿以朱吉爲大司徒中書省臣言舊制凡有奏陳衆議定共署乃入奏近年事方議擬一二省臣輒已上請致多乖滯今請如舊制御史臺臣言風憲官赴任毋拘遠近均給驛爲宜並從之辛卯命帝師率其徒作佛事於凝暉閣甲午冀寧路旱饑賑糧二千九百石乙未改封前鎭南王帖木兒不花爲宣讓王初鎭南王脫不花薨子孛羅不花幼命帖木兒不花襲其爵孛羅不花旣長帖木兒不花請以王爵歸之乃特封宣讓王以示襃寵收諸王帖古思金印詔諭廷臣曰皇姑魯國大長公主蚤寡守節不從諸叔繼尚鞠育遺孤其子襲王爵女配予一人朕思庶民若是者猶當旌表況在懿親乎趙世延虞集等可議封號以聞詔諸僧寺田自金宋所有及累朝賜予者悉除其租其有當輸租者仍免其役僧還俗者聽復爲僧戊戌以淮浙山東河間四轉運司鹽引六萬爲魯國大長公主湯沐之資己亥遣使驛致故帝師舍利還其國給以金五百兩銀二千五百兩鈔千五百錠幣五千匹加謚漢長沙王吳芮爲長沙文惠王壬寅命江浙行省印佛經二十七藏癸卯蘄州路夏秋旱饑賑米五千石甲辰以明年正月武宗忌辰命高麗漢僧三百四十人預誦佛經二藏于大崇恩福元寺丁未造至元鈔四十五萬錠中統鈔五萬錠如歲例中書省臣言在京酒坊五十四所歲輸課十餘萬錠比者間以賜諸王公主及諸官寺諸王公主自有封邑歲賜官寺亦各有常產其酒課悉令仍舊輸官爲宜從之開河東冀寧路四川重慶路酒禁罷土番巡捕都元帥府賑上都留守司八剌哈赤二千二百餘戶燭剌赤八百餘戶糧三月鈔有差牙連禿傑魯迭所居鷹坊八百七十戶糧三月戊申以玥璐不花爲御史大夫兼領隆祥總管府事庚戌詔興舉中政院事辛亥趣內外已授官者速赴任改上都饅頭山爲天曆山壬子織武宗御容成卽神御殿作佛事敕凡階開府儀同三司者班列居一品之前武昌江夏縣火賑其貧乏者二百七十戶糧一月黃州路及恩州旱並免其租是歲會賦入之數金三百二十七錠銀千一百六十九錠鈔九百二十九萬七千八百錠幣帛四十萬七千五百匹絲八十八萬四千四百五十斤綿七萬六百四十五斤糧千九十六萬五十三石

元史卷三十四

明翰林學士亞中大夫知制誥兼修國史宋　濂等修

本紀第三十四

文宗三

至順元年春正月丙辰命趙世延趙世安領纂脩經世大典事懷慶路饑賑鈔四千錠丁巳賜明宗妃按出罕月魯沙不顏忽魯都鈔幣有差以知樞密院事伯帖木兒爲遼陽行省左丞相戊午頒璽書諭雲南辛酉時享太廟命回回司天監禜星壬戌中興路饑賑糶糧萬石貧者仍賙其家甲子燕鐵木兒伯顏並辭丞相職不允仍命阿榮趙世安慰諭之丁卯雲南諸王禿堅及萬戶伯忽阿禾怯朝等叛攻中慶路陷之殺廉訪司官執左丞忻都等迫令署諸文牘庚午芍陂屯及鷹坊軍士饑賑糧一月辛未中書省臣言科舉會試日期舊制以二月一日三日五日近歲改爲十一十三十五請依舊制從之壬申衡陽猺爲寇劫掠湘鄉州癸酉以宣徽使撒敦復知樞密院事與欽察台並領長寧卿乙亥賜燕鐵木兒質庫一寧海州文登牟平縣饑賑以糧三千石丙子衡州路饑總管王伯恭以所受制命質官糧萬石賑之丁丑追封三寶奴爲鄆城王謚榮敏召荆王之子脫脫木兒赴闕趙世延請致仕不允命中書省製玉帶二十賜臣僚官一品者遣使齎金千五百兩銀伍伯兩詣杭州書佛經賜海南大興龍普明寺鈔萬錠市永業地戊寅賜隆禧總管府田千頃立荆襄等處平松等處田賦提舉司並隸太禧宗禋院命陝西行省以鹽課鈔十萬錠賑流民之復業者猺賊八百餘人寇石康縣己卯封太醫院使野理牙爲秦國公庚辰陞羣玉署爲羣玉內司秩正三品置司尉亞尉僉司司丞仍隸奎章閣學士院禮部尚書巙巙兼監羣玉內司事辛巳改大都田賦提舉司爲宣農提舉司荆襄田賦提舉司爲荆襄濟

農香戶提舉司平江提舉司爲平江善農提舉司遣使齎鈔三千錠往甘肅市氂牛豪州去年旱賑糧一月大明路及江淛諸路俱以去年旱告永平路以去年八月雹災告加封秦蜀郡太守李冰爲聖德廣裕英惠王其子二郎神爲英烈昭惠靈顯仁祐王二月壬午朔以趙世安爲御史中丞史惟良爲中書左丞癸未加知樞密院事燕不鄰開府儀同三司籍張珪子五人家資乙酉以西僧加瓦藏卜蘸八兒監藏並爲烏思藏土蕃等處宣慰使都元帥雲南麓州等土官來貢方物揚州安豐廬州等路饑以兩淮鹽課鈔五萬錠糧五萬石賑之眞定蘄黃等路汝寧府鄭州饑各賑糧一月丁亥命江南陝西河南等處富民輸粟補官江南萬石者官正七品陝西千五百石河南二千石江南五千石者從七品自餘品級有差四川富民有能輸粟赴江陵者依河南例其不願仕乞封父母者聽僧道輸己粟者加以師號徵江淛江西湖廣賑糶糧價鈔赴京師己丑禿堅伯忽等攻陷仁德府至馬龍州調八番元帥完澤將八番答剌罕軍千人順元土軍五百人禦之庚寅改萬聖祐國典龍普明龍翔萬壽三提點所並爲營繕都司秩正四品萬安規運普慶營繕等八提點所並爲營繕司秩正五品以脩經世大典久無成功專命奎章閣阿鄰帖木兒忽都魯都兒迷失等譯國言所紀典章爲漢語纂修則趙世延虞集等而燕鐵木兒如國史例監修開元路胡里改萬戶府軍士饑給糧賑之二月辛卯朔以御史臺贓罰鈔萬錠金千兩銀五千兩付太禧宗禋院供祭祀之需賜燕鐵木兒給驛璽書以徵其食邑租賦奎章閣學士忽都魯都兒迷失撒迪虞集辭職詔諭之曰昔我祖宗睿知聰明其於致理之道自然生知朕以統緒所傳實在眇躬夙夜憂懼自惟早歲跋涉艱阻視我祖宗既乏生知之明於國家治體豈能周知故立奎章閣置學士員日以祖宗明訓古昔治亂得失陳說於前使朕樂於聽聞卿等其推所學以稱朕意其勿復辭帖麥赤驛戶及建康廣德鎭江諸路饑賑糧一月衞輝江州二路饑賑鈔二萬錠寧國路饑嘗賑糧二萬石不足復賑萬五千石癸巳衞輝路胙城新鄉縣大風雨災甲午自庚寅至是日京師大霜晝霚立諸色民匠打捕鷹坊都總管府秩正二品置奎章閣監書博士二人秩正五品禿堅伯忽等攻晉寧州禿堅自立爲雲南王伯忽爲丞相阿禾忽剌忽等爲平章等官立城柵焚倉庫以拒命乙未中書省言江淛民饑今歲海運爲米二百萬石其

不足者來歲補運從之丙申雲南蒲蠻來朝賑常德澧州路饑丁酉帝及皇后燕王阿剌忒納荅剌並受佛戒己亥命明宗皇子受佛戒監察御史言中書平章朵兒失職任台衡不思報效銓選之際紊亂綱紀貪汚著聞恬不知恥黜罷爲宜從之猺賊入灌陽縣刼民財庚子以兵興所收諸王也先帖木兒撒思監等印還給之壬寅玥璐不花辭御史大夫職不允土蕃等處民饑命有司以糧賑之新安保定諸驛孳畜疫死命中書給鈔濟其乏癸卯汴梁路封丘祥符縣霜災甲辰流王禪之子于吉陽軍乙巳封明宗皇子亦璘眞班爲鄜王豫王阿剌忒納失里所部千六百餘人饑賑糧二月淮安路民饑以兩淮鹽課鈔五萬錠賑之丙午復以阿兒思蘭海牙爲江南行臺御史大夫命中尚卿小云失以兵討雲南御史臺臣言欽察台天曆初在上都常與闊闊出等謀執倒剌沙事泄同謀者皆死欽察台以出征獲免頃臺臣疑而劾之不稱事情宜雪其枉制曰可丁未以伯顏知樞密院事依前太保錄軍國重事詔諭中書曰昔在世祖嘗以宰相一人總領庶務故治出於一政有所統今燕鐵木兒爲右丞相伯顏既知樞密院事左丞相其勿復置太禧宗禋院所隸總管府各置副達魯花赤一人賜豫王王傅官金虎符戊申命中書省及翰林國史院官祭太祖太宗睿宗三朝御容以太禧宗禋使阿不海牙爲中書平章政事命史惟良及參知政事和尚總督建言之事中書省臣言舊制正旦天壽節內外諸司各有贄獻頃者罷之今江淛省臣言聖恩公溥覆幬無疆而臣等殊無補報凡遇慶禮進表稱賀請如舊制爲宜從之降璽書申鹽法之禁以嘉興路崇德縣民四萬戶所輸租稅供英宗后妃歲賜錢帛詔諭樞密院以屯田子粒鈔萬錠助建佛寺免其軍卒土木之役庚戌茶陵州民饑同知萬家奴江存禮以所受敕質糧三千石賑之辛亥遙西蒙古驛戶饑給芻粟有差賑河南流民復歸者鈔五千錠泰安州饑民三千戶眞定南宮縣饑民七千七百戶松江府饑民萬八千二百戶及王蕃朵里只失監萬戶部內饑命所在有司從宜賑之濟寧路饑民四萬四千九百戶賑以山東鹽課鈔萬錠杭州火賑糧一月命市故瀛國公趙㬎田爲大龍翔集慶寺永業御史臺臣言不必予其直帝曰吾建寺爲子孫黎民計若取人田而不予直非朕志也察罕腦兒宣慰司所部千戶察剌等衞饑者萬四千四百五十六人人給鈔一錠三月甲寅命宣政院供顯懿莊聖皇后神御殿

祭祀乖西斛蠻三千人入松梨山燒沿邊官軍營堡東平路須城縣饑賑以山東鹽課鈔安慶安豐蘄黃廬五路饑以淮西廉訪司贓罰鈔賑之丁巳徙封濟陽王木楠子爲吳王吳王潑皮爲濟陽王賜八番順元曲靖烏撒烏蒙蒙慶羅羅斯萬明州土官幣帛各一禁泛濫給驛四川官吏脅從囊加台者皆復故職戊午封皇子阿剌忒納荅剌爲燕王立宮相府總其府事秩正二品燕鐵木兒領之廷試進士賜篤列圖王文燁等九十七人及第出身有差命彰德路歲祭美里周文王祠以河南行省平章乞住爲雲南行省平章八番順元宣慰使帖木兒不花爲雲南行省左丞從豫王由八番道討雲南賜明宗近侍七十人官有差裕宗及昭獻元聖皇后位宿衞三千人命儲政院給其衣糧芻粟發米十萬石賑糶京師貧民癸亥遣諸王桑哥班撒忒迷失買哥分使西北諸王燕只吉台不賽因月即別等所甲子詔諭中外命御史大夫鐵木兒補化玥璐不花振舉臺綱丁卯木八剌沙來貢蒲萄酒賜鈔幣有差以山東鹽課鈔萬錠賑東昌饑民三萬三千六百戶己巳議明宗升祔序于英宗之上視順宗成宗廟遷之例辛未羣臣請上皇帝尊號不許固請不已乃許之封知樞密院事不花帖木兒爲武平郡王錄討雲南禿堅伯忽之功雲南宣慰使土官舉宗祿余並遙授雲南行省參知政事餘賜賚有差分龍慶州隸大都路諸王也孫台部七百餘人入天山縣掠民財產遣樞密院宗正府官往捕之壬申奉玉冊玉寶祔明宗神主于太廟濮州臨淸館陶二縣饑賑鈔七千錠光州光山縣饑出官粟萬石下其直賑糶信陽息州及光之固始縣饑並以附近倉糧賑之甲戌封諸王速來蠻爲西寧王乙亥西番哈剌火州來貢蒲萄酒諸王駙馬還鎭錫賚有差丙子改山東都萬戶府爲都督府雲南木邦路土官渾都來貢方物河南登封偃師孟津諸縣饑賑以兩淮鹽課鈔三萬錠鞏昌臨洮蘭州定西州饑賑鈔三千五百錠沂莒膠密寧海五州饑賑糧五千石中興峽州歸州安陸沔陽饑戶三十萬有奇賑糧四月丁丑陞太常禮儀院秩正二品敕有司供明宗后八不沙宮分幣帛二百匹及阿梯里脫忽思幣帛有差賜燕鐵木兒功勳之碑廣平路饑以河間鹽課鈔萬三千錠賑之辛巳諸王哈兒蠻遣使來貢蒲萄酒廣德太平集慶等路饑凡數百萬戶濮州諸縣蟲食桑葉將盡夏四月壬午朔命西僧作佛事于仁智殿自是日始至十二月終罷癸未置怯憐口錢糧都總管府

秩正三品中書省臣言各宮分及宿衞士歲賜錢帛舊額萬人去歲增四千人邇者增數益廣請依舊額爲宜詔命阿不海牙裁省以聞甲申時享太廟丙戌封也眞也不干爲桓國公燕鐵木兒言天曆初阿速軍士爲國有勞請以鈔十萬錠米十萬石分給其家從之戊子四川行省調重慶五路萬戶以兵救雲南庚寅中書省臣言邇者諸處民饑累常賑救去歲賑鈔百三十四萬九千六百餘錠糧二十五萬一千七百餘石今汴梁懷慶彰德大名興和衞輝順德歸德及高唐泰安徐邳曹冠等州饑民六十七萬六千戶一百一萬二千餘口請以是月滄州高唐州屬縣蟲食桑葉盡芍陂屯饑賑糧二月土蕃等處脫思麻民饑命有司賑之賑懷慶承恩孟州等驛鈔千錠五月乙卯遣宣徽使定住等以受尊號告祭南郊故四川行省平章寬徹四川道廉訪使忽都魯養阿等皆爲囊加台所害並贈官賜諡榆次縣主簿太帖木兒河中府判官禿塔兒皆爲遼東軍所害並加褒贈戊午帝御大明殿燕帖木兒率文武百官及僧道耆老奉玉冊玉寶上尊號曰欽天統聖至德誠功大文孝皇帝是日改元至順詔天下河南懷慶衞輝普寧四路曾經賑濟人戶今歲差發全行蠲免其餘被災路分人民已經賑濟者腹裏差發江淮夏稅亦免三分己未羅羅斯權土官宣慰撒加伯阿漏土官阿剌里州土官德益叛附于祿余庚申以受尊號恭謝太廟辛酉四川行省討雲南進軍至烏蒙壬戌歸德府之譙縣霧傷麥癸亥四川軍至雲南之雪山峽遇羅羅斯軍敗之德州饑賑以山東鹽課鈔三千錠武昌路饑賑以糧五萬石鈔二千錠甲子申命燕鐵木兒爲中書右丞相詔天下以鈔四萬錠分給宮人賜魯國大長公主鈔萬錠丁卯翰林國史院修英宗實錄成戊辰車駕發大都次大口陞尚舍寺秩正三品命阿鄰帖木兒爲大司徒遣豫王阿剌忒納失里鎭西番授以金印賜諸王脫歡金印大司徒不蘭奚銀印加趙世延翰林學士承旨封魯國公賑衞輝大名廬州饑民鈔六千錠糧五千石開元路胡里該萬戶府寧夏路哈赤千戶所軍士饑各賑糧二月己巳以龍虎臺置肅王寬徹傅尉司馬各一員辛未置宣忠扈衞親軍都萬戶府秩正三品總斡羅思軍士隸樞密院以太禧宗禋使亦列赤爲中書平章政事左右欽察龍翊侍衞軍士五千三百七十戶饑戶賑鈔二錠布一疋糧一月癸酉遣使勞軍于雲南時諸王禿剌率萬戶忽都魯沙怯列孛羅等皆領兵進討禿堅伯忽甲

戌八番乖西舺苗阿馬察伯秩等萬八侵擾邊境詔樞密臣分兵討之乙亥置順元宣撫司統荅剌斥軍征雲南人賜鈔五錠衞輝路之輝州以荒乏穀種給鈔三千錠俾糴於他郡己卯遣使詣五臺山作佛事庚辰命湖廣行省以鈔五萬錠給雲南軍需是月右衞左右手屯田大水害禾稼八百餘頃廣平河南大名般陽南陽濟寧東平汴梁等路高唐開濮輝德冠滑等州及大有千斯等屯田蝗以淛東宣慰使陳天祐湖廣叅知政事樊楫死於王事贈封特加一級龍興張仁輿妻鄒氏奉元李郁妻崔氏以志節汴梁尹華以孝行皆旌其門六月辛巳朔燕鐵木兒言嚮有旨惟許臣及伯顏兼領三職今趙世延以平章政事兼翰林學士承旨奎章閣大學士引疾以辭帝曰朕重老成人其令世延仍視事中書果病無預銓選可也丙戌大駕至上都戊子給左右欽察龍翊侍衞軍士糧壬辰鎭江饑賑糧四萬石饒州饑亦命有司賑之癸巳御史臺臣言宣徽院錢穀出納無經以上供飲膳目昧者多不稽其案牘則弊日滋宜如舊制具實上之省部以備考覈從之丙申立行樞密院討雲南賜給驛璽書十五銀字圓符五以河南行省平章徹里鐵木兒知行樞密院事陝西行省平章探馬赤近侍教化爲同知副使發朵甘思朵思麻及鞏昌諸處軍萬三千人人乘馬三匹徹里鐵木兒同鎭西武靖王搠思班等由四川教化從豫王阿剌忒納失里等由八番分道進軍黃河溢大名路之屬縣沒民田五百八十餘頃庚子以內侍中瑞卿撒里爲大司徒賜四川行省左丞孛羅金虎符以鹽課鈔二十萬錠供雲南軍需命河南湖廣江西甘肅行省誦藏經六百五十部施鈔三萬錠知樞密院事闊徹伯脫脫木兒通政使只兒哈郎翰林學士承旨教化的伯顏也不干燕王宮相教化的斡羅思中政使尚家奴禿烏台右阿速衞指揮使那海察拜住以謀變有罪並棄市籍其家癸卯四川孛羅以蒙古漸丁軍五千往雲南乙巳羅羅斯土官撒加伯合烏蒙蠻兵萬人攻建昌縣雲南行省右丞躍里帖木兒拒之斬首四百餘級四川軍亦敗撒加伯于蘆古驛丙午朵思麻蒙古民饑賑糧一月丁未改東路蒙古軍元帥府爲東路欽察軍萬戶府是月高唐曹州及前後武衞屯田水災大都益都眞定河間諸路獻景泰安諸州及左都威衞屯田蝗邈北蒙古饑民三千四百人人給糧二石布二匹旌表眞定梁子益妻李氏等貞節徐州胡居仁孝行秋七月辛亥封諸王按渾察爲廣寧王授以金印壬子命西僧祭星丙辰以闊徹伯大司徒印授撒里丁巳命中書省翰林國史院官祀太祖太宗睿宗御容于大普慶寺命西僧爲皇子燕王作佛事西域諸王不賽因遣使來朝賀監察御史請以所籍闊徹伯衣物分賜宿衞軍士從之己未以闊徹伯宅賜太禧宗禋院衣服賜羣臣通渭山崩壓民舍命陝西行省賑被災者十二家庚申籍脫脫木兒家貲輸內府辛酉改哈思罕萬戶府爲總管府秩四品詔僧道獵戶鷹坊合得璽書者翰林院無得越中書省以聞眞定路之平棘廣平路之肥鄉保定路之曲陽行唐等縣大風雨雹傷稼許失台速怯月謹眞孛可等部獻人口牧畜命酬其直江西建昌萬戶府軍戍廣海者一歲更役來往勞苦詔仍至元舊制二歲一更乙丑翰林學士承旨也兒吉尼知樞密院事調諸衞卒築漷州柳林海子堤堰丙寅蒙古百姓以饑乏至上都者闕口數給以行糧俾各還所部增大都賑糶米五萬石大都之順州東安州大風雨雹傷稼戊辰壽寧公主薨收其印己巳命江淛行省以鈔十萬錠至雲南增其軍需庚午歲星犯氐宿開平路雨雹傷稼中書省臣言近歲帑廩虛空其費有五曰賞賜曰作佛事曰創置衙門曰濫冒支請曰續增衞士鷹坊請與樞密院御史臺各怯薛官同加汰減從之御史臺臣劾奏新除河南府總管張居敬避難不之官有旨免所授官加其罪笞甲戌賜諸王養怯帖木兒孛欒台徹棘斯察阿兀罕等金銀鈔幣有差丙子敕中書省御史臺遣官詣江淛江西湖廣四川雲南諸行省遷調三品以下官命四川行省於明年茶鹽引內給鈔八萬錠增軍需以討雲南賑木鄰扎里至苦鹽泊等九驛每驛鈔五百錠增給戍居庸關軍士糧海潮溢漂沒河間運司鹽二萬六千七百餘引丁丑以給驛璽書五銀字圓符二增給陝西蒙古都萬戶府以討雲南故丞相鐵木迭兒子將作使鎖住與其弟觀音奴姊夫太醫使野理牙坐怨望造符籙祭北斗呪咀事覺詔中書鞫之事連前刑部尚書烏馬兒前御史大夫孛羅上都留守馬兒及野理牙姊阿納昔木思等俱伏誅雲南禿堅伯忽等勢愈猖獗烏撒祿余亦乘勢連約烏蒙東川茫部諸蠻欲令伯忽弟拜延順等兵攻順元樞密臣以聞詔卽遣使督豫王阿納忒剌失里及行樞密院四川雲南行省亟會諸軍分道進討以烏蒙烏撒及羅羅斯地接西番與碉門安撫司相爲脣齒命宣政院督所屬軍民嚴加守備又命鞏昌都總帥府調兵千人戍四川開元大同眞定冀寧廣平諸路及忠翊侍衞左右屯田自夏至于是月不雨奉元晉寧興國揚州淮安懷慶衞輝益都般陽濟南濟寧河南河中保定河間等路及武衞宗仁衞左衞率府諸屯田蝗永平麗遵以孝行福州王薦以隱逸大同李文實妻齊氏河南閻遂妻楊氏大都潘居敬妻陳氏王成妻高氏以志節順德馬奔妻胡閏奴眞定民妻周氏冀寧民妻魏益紅以夫死自縊殉葬並旌其門閏七月庚辰朔封諸王卯澤爲永寧王授金印及給銀字圓符給驛璽書併以所隸封邑歲賦賜之癸未遣諸王篤憐渾禿孛羅等共銀千兩幣二百匹賜諸王朶列鐵木兒監察御史葛明誠言中書平章政事趙世延年踰七十智慮耗衰固位苟容無補於事請斥歸田里臺臣以聞詔令中書議之雲南茫部路九村夷人阿斡阿里詣四川行省自陳本路舊隸四川今土官撒加伯與雲南連叛願備糧四百石民丁千人助大軍進征事聞詔嘉其去逆效順厚慰諭之衞士上都駐冬者所給糧以三分爲率二分給鈔大駕將還敕上都兵馬司官二員率兵士由偏嶺至明安巡邏以防盜賊市橐駝百牛三百充扈從屬軍之用丙戌忠翊衞左右屯田隕霜殺稼籍鎖住野里牙等庫藏田宅奴僕牧畜給大承天護聖寺爲永業鑄黃金神仙符命印賜掌全眞教道士苗道一己丑立掌醫署秩正五品庚寅以所籍野理牙宅爲都督府公署辛卯以陝西行臺御史中丞脫亦納爲中書叅知政事燕鐵木兒言趙世延向自言年老屢乞致仕臣等以聞嘗有旨世延舊人宜與共政中書御史之言不知前有旨也帝曰如御史言世延固難任中書矣其仍任以翰林奎章之職四川行省平章汪壽昌言雲南伯忽叛逆與兵進討調遣餽餉皆壽昌領之頃以市馬造器械軍官俸給軍士行糧已給鈔十五萬錠今伯忽未及殄滅而烏撒烏蒙相繼爲亂大兵深入去朝廷益遠元請軍需早乞頒降從本省酌其緩急便宜以行庶不稽誤從之寧夏奉元鞏昌鳳翔大同晉寧諸路屬縣隕霜殺稼癸巳以月魯帖木兒爲大司徒賜哈剌赤軍士鈔一萬錠糧十萬石察罕腦兒并東西涼亭諸衞士九百五十人人賜鈔五錠糧二月朔漠軍士人鈔三錠布二匹糧二月命燕鐵木兒以鈔萬錠分賜天曆初諸王羣臣死事之家行樞密院言征戍雲南軍士二人逃歸捕獲法當死詔曰如臨戰陣而逃死宜也非接戰而逃輒當以死何視人命之易耶其杖而流之丁酉大駕發上都授阿憐帖木兒大司徒印戊戌甘肅平章政事乃馬台封宣寧郡王授以金印駙馬謹只兒封鄆國公授以銀印並知行樞密院事贈安南國王陳益稷儀同三司湖廣行省平章政事王爵如故諡忠懿益稷在世祖時自其國來歸遂授以國王卽居于漢陽府天曆二年卒至是加贈諡庚子魯王阿剌哥識里所部三萬餘人告饑賑鈔萬錠糧二萬石中書省臣言內外佛寺三百六十七所用金銀鈔幣不貲今國用不充宜從裁省命省人及宣政院臣裁減上都歲作佛事百六十五所定爲百四所令有司永爲歲例乙巳雲南使來報捷遣使賜雲南四川省臣行樞密院臣以上尊丙午諸王卜顏帖木兒請給鞍馬願從諸軍擊雲南帝嘉其意從之戊申加封孔子父齊國公叔梁紇爲啓聖王母魯國太夫人顏氏爲啓聖王夫人顏子兗國復聖公曾子郕國宗聖公子思沂國述聖公孟子鄒國亞聖公河南伯程顥豫國公伊陽伯程頤洛國公羅羅斯土官撒加伯及阿陋土官阿剌里州土官德益兵八千撤毀棧道遣把事曹通潛結西番欲據大渡河進寇建昌四川行省調碉門安撫司軍七百人成都保寧順慶廣安諸屯兵千人令萬戶周戡統領直抵羅羅斯界以控扼西番及諸蠻部又遣成都順慶二翼萬戶昝定遠等以軍五千同卬部知州馬伯所部蠻兵會周戡等從便道共討之發成都沙糖戶二百九十人防遏敘州徵重慶夔州逃士軍八百人赴成都廣西猺于國安率千五百人寇修仁荔浦等縣廣西元帥府發兵捕之賊衆潰走生擒國安大都太寧保定益都諸屬縣及京畿諸衞大司農諸屯水沒田八十餘頃杭州常州慶元紹興鎭江寧國諸路及常德安慶池州荆門諸屬縣皆水沒田一萬三千五百八十餘頃松江平江嘉興湖州等路水漂民廬沒田三萬六千六百餘頃饑民四十萬五千五百七十餘戶詔江淛行省以入粟補官鈔三千錠及勸率富人出粟十萬石賑之寶慶衡永諸處田生靑蟲食禾稼冠州郇世復大都趙祥及弟英以孝行旌其門大都愛祖丁塔术漷州劉仲溫以輸米賑貧旌其門八月庚戌河南府路新安沔池等十五驛饑疫人給粟馬給芻粟各一月辛亥雲南躍里鐵木兒以兵屯建昌執羅羅斯把事曹通斬之丁巳北邊諸王月卽別遣使來京師燕鐵木兒由西道田獵未至詔以機務至重遣使趣召之己未大駕至京師勞遣人士還營有言蔚州廣靈縣地產銀者詔中書太禧院遣人涖其事歲所得銀歸大承天護聖寺辛酉以世祖是月生命京師率僧百七十人作

佛事七日御史臺臣請立燕王爲皇太子帝曰朕子尚幼非裕宗爲燕王時比俟燕帖木兒至共議之甲子忠州土官黃祖顯遣其子宗忠來朝獻方物乙丑遣使詣眞定玉華宮祀睿宗及顯懿莊聖皇后神御殿戊辰太白犯氐宿壬申詔興舉蒙古字學中書省樞密院御史臺言臣等比奉旨裁省衞士今定大內四宿衞之士每宿衞不過四百人累朝宿衞之士各不過二百人鷹坊萬四千二十四人當減者四千人內饔九百九十人四怯薛當留者各百人累朝舊邸宮分饔人三千二百二十四人當留者千一百二十人媵臣怯憐口共萬人當留者六千人其汰去者斥歸本部著籍應役自裁省之後各宿衞復有容匿漢南高麗人及奴隸濫充者怯薛官與其長杖五十七犯者與典給散者皆杖七十七沒家貲之半以籍入之半爲告者賞仍令監察御史察之制可九月庚辰江浙行省言今歲夏秋霖雨大水沒民田甚多稅糧不滿舊額明年海運本省止可二百萬石餘數令他省補運爲便從之罷入粟補官例糴豆二十三萬石於河間保定等路冠恩高唐等州出馬八萬匹令諸路分收之大寧路地震甲申授不蘭奚及月魯鐵木兒大司徒印史惟良辭中書左丞職不允命藝文監以燕鐵木兒世家刻板行之命河南行省給湖廣行省鈔四千錠爲軍需討雲南遼陽諸王老的蠻子台諸部擾民敕樞密院宗正府及行省每歲遣官偕往巡問以治其獄訟監察御史葛明誠劾奏遼陽行省平章哈剌鐵木兒嘗坐贓被杖罪今復任以宰執控制東藩亦足見國家名爵之濫黜罷爲宜從之丙戌卭部州土官馬伯嚮導征雲南軍有功以爲征進招討知本州事江西湖廣蒙古軍進征雲南者人給鈔五錠雲南羅羅斯叛與成都甚邇而成都軍馬俱進征雲南詔四川鄰境諸王發藩部丁壯二千人戍成都廣源賊弗道閉覆寇龍州羅回洞龍州萬戶府移文詰安南國其國回言本國自歸順天朝恪共臣職彼疆我界盡歸一統豈以羅回元隸本國遂起爭端此蓋邊吏生釁假閉覆爲名爾本府宜自加窮治湖廣行省備其言以聞命龍州萬戶府申嚴邊防己丑熒惑犯鬼宿辛卯賜陝西蒙古軍之征雲南者三十人人鈔六錠監察御史朶羅台王文若言嶺北行省乃太祖肇基之地武宗時太師月赤察兒爲右丞相太傅答剌罕爲左丞相保安邊境朝廷遂無北顧之患今天子臨御及命哈八兒禿爲平章政事其人無正大之譽有鄙俚之稱錢穀甲兵之事懵無所知豈

能昭宣皇猷贊襄國政且以月赤察兒輩居於前而以斯人繼其後賢不肖固不待辯而明理宜黜罷制曰可癸巳白虹貫日置麓川路軍民總管府復立總管府於哈剌火州甲午熒惑犯鬼宿積尸氣封魏王阿木哥子阿魯於西靖王乙未以立冬祀五福十神太一眞君御史臺臣劾奏前中書平章速速叨居台鼎專肆貪淫兩經杖斷一百七方議流竄幸蒙恩宥量從湖廣不復畏法自守而乃攜妻娶妾濫汚百端況湖廣乃屯兵重鎭豈宜居此乞屏之遠裔以示至公詔永竄雷州湖廣行省遣人械送其所丙申以魯國大長公主邸第未完復給鈔萬錠命中書平章亦列赤董其役己亥以奎章閣纂修經世大典命省院臺諸司以次宴其官屬以平江等處官田五百頃賜魯國大長公主敕諸人非其本俗敢有弟收其嫂子收庶母者坐罪壬寅褒賞諸衞軍戶物力賜魯國大長公主鈔萬錠命燕鐵木兒詣其邸第送之丙午命西僧作佛事於大明殿史惟良復乞辭職歸養允其請仍賜鈔二百錠丁未中書參知政事張友諒爲左丞知樞密院事脫別台爲陝西行臺御史大夫鐵里干木憐等三十二驛自夏秋不雨牧畜多死民大饑命嶺北行省人賑糧二石至治初以白雲宗田給壽安山寺爲永業至是其僧沈明琦以爲言有旨令中書省改正之敕有司繕治南郊齋宮遼陽行省水達達路自去夏霖雨黑龍宋瓦二江水溢民無魚爲食至是末魯孫一十五狗驛狗多餓死賑糧兩月狗死者給鈔補市之辰州萬戶圖格里不花母石抹氏以志節漳州龍溪縣陳必達以孝行並旌其門冬十月戊申朔降璽書申飭衍聖公崇奉孔子廟事賜雲南行省參政忽都沙三珠虎符辛亥命湖廣行省給諸王云都思鐵木兒幣百匹以賞將士捕猺賊有功者壬子諸王大臣復請立燕王爲皇太子帝曰卿等所言誠是但燕王尚幼恐其識慮未弘不克負荷徐議之未晚也立宣忠扈衞親軍都萬戶營於大都北市民田百三十餘頃賜之戊午致齋於大明殿己未遣亞獻官中書右丞相燕鐵木兒終獻官貼木爾補化率諸執事告廟請以太祖皇帝配享南郊庚申出次郊宮辛酉帝服大裘袞冕祀昊天上帝于南郊以太祖皇帝配禮成是日大駕還宮甲子以奉元驛馬瘠死命陝西行省給鈔三千錠補市之木納火失溫所居諸牧人三千戶瀕黃河所居鷹坊五千戶各賑糧兩月乙丑廣西猺賊寇橫州及永淳縣敕廣西元帥府率兵捕之樞密院臣言每歲大駕幸上都發各衞

軍士千五百人扈從又發諸衞漢軍萬五千人駐山後蒙古軍三千人駐官山以守關梁乞如舊數調遣以俟來年從之辛未烏蒙路土官阿朝歸順遣其通事阿累等貢方物壬申御史臺臣言內外官吏令家人受財以其干名犯義罪止四十七解任今貪汚者緣此犯法愈多請依十二章計贓多寡論罪從之甲戌敕累朝宮分官署凡文移無得稱皇后止稱某位下娘子其委用官屬並由中書擬聞乙亥改打捕鷹坊總管府爲仁虞都總管府知樞密院事撒敦宣徽使唐其勢並賜荅剌罕之號中書省臣言近討雲南已給鈔二十萬錠爲軍需今費用已盡鎭西武靖王搠思班及行省行院復求鈔如前數臣等議方當進討之際宜依所請給之制曰可賜伯夷叔齊廟額曰聖清歲春秋祠以少牢遣使趣四川雲南行省兵進討於是四川行省平章塔出引兵由永寧左丞孛羅引兵由青山茫部並進陳兵周泥驛及祿余等戰殺蠻兵三百餘人祿余衆潰即奪其關隘以導順元諸軍時雲南行省平章乞住等俱失期不至十一月庚辰命中書賑糶糧十萬石濟京師貧民辛巳御史臺臣言陝西行省左丞怯列坐受人僮奴一人及鸚鵡請論如律詔曰位至宰執食國厚祿猶受人生口理宜罪之但鸚鵡微物以是論贓失於太苛其從重者議罪今後凡饋禽鳥者勿以贓論著爲令癸未賑上都欒河駐冬各宮分怯憐口萬五千七百戶糧二萬石甲申熒惑退犯鬼宿命帝師率西僧作佛事內外凡八所以是日始歲終罷丙戌太白犯壘壁陣中書省臣言至元間安豐安慶廬州等路有未附籍戶千四百三十六世祖命以其歲賦賜床兀兒後既附籍所輸歲賦皆入官別令萬億庫歲給以鈔二百錠今乞停所給鈔復以其戶還賜床兀兒之子燕鐵木兒從之羅羅斯撒加伯烏撒阿荅等合諸蠻萬五千人攻建昌躍里鐵木兒等引兵追戰于木托山下敗之斬首五百餘級賑襄鄧畏兀民被西兵害者六十三戶戶給鈔十五錠米二石被西兵掠者五百七十七戶戶給鈔五錠米二石廣西廉訪司言今討叛猺各行省官將兵二萬人皆屯駐靜江遷延不進曠日持久恐失事機詔遣使趣之知樞密院事燕不憐請依舊制全給鷹坊芻粟使毋貧乏帝曰國用皆百姓所供當量入爲出朕豈以鷹坊失所重困吾民哉不從辛卯以闊闊台知樞密院事給山東鹽課鈔三千錠賑曹州濟陰等縣饑民癸巳以臨江吉安兩路天源延聖寺田千頃所入租稅隸太禧宗禋院戊戌立打

捕鷹坊紅花總管府於遼陽行省秩四品辛丑徵河南行省民間自實田土糧稅不通舟楫之處得以鈔代輸命陝西行省賑河州蒙古屯田衞士糧兩月甲辰命司天監禜星丙午恩州諸王按灰坐擊傷巡檢張恭杖六十七謫還廣寧王所部充軍役十二月戊申遣伯顏等以將立燕王阿剌忒納荅剌爲皇太子告祭于郊廟己酉以董仲舒從祀孔子廟位列七十子之下國子生積分及等者省臺集賢院奎章閣官同考試中式者以等第試官不中者復入學肄業以粟十萬石米豆各十五萬石給河北諸路牧官馬之家宣忠扈衞斡羅思屯田給牛種農具辛亥立燕王阿剌忒納荅剌爲皇太子詔天下甲寅西域軍士居永平灤州豐閏玉田者人給鈔三錠布二匹糧兩月監察御史言昔裕宗由燕邸而正儲位世祖擇耆舊老臣如王顒姚燧蕭𣂏等爲之師保賓客今皇太子仁孝聰睿出自天成誠宜愼選德望老成學行純正者俾之輔導於左右以宏養正之功實宗社生民之福也帝嘉納其言詔龍翔集慶寺工役佛事江南行臺悉給之戊午以十月郊祀禮成帝御大明殿受文武百官朝賀大赦天下癸亥知樞密院事闊闊台兼大都留守乙丑遣集賢侍讀學士珠遘詣眞定以明年正月二十日祀睿宗及后于玉華宮之神御殿丁卯命西僧於興聖光天宮十六所作佛事癸酉詔宣忠扈衞親軍都萬戶府凡立營司境內所屬山林川澤其鳥獸魚鼈悉供內膳諸獵捕者坐罪甲戌御史中丞和尚坐受婦人爲賂遇赦原罪監察御史言和尚所爲貪縱有汚臺綱罪雖見原理宜追奪所受制命禁錮元籍終其身臺臣以聞制可敕各行省凡遇邊防有警許令便宜發兵事緩則驛聞賑龍慶州懷來縣前歲被兵萬一千八百六十戶糧兩月冀寧路梁世明妻程氏中興路伯顏妻阿迭的以志節大都宛平縣鄭珪以行義並旌其門賑遼陽行省所居鷹坊戶糧一月

元史卷三十五

明翰林學士亞中大夫知制誥兼修國史宋　濂等修

本紀第三十五

文宗四

二年春正月己卯御製奎章閣記行樞密臣言十一月仁德府權達魯花赤曲朮糾集兵衆以討雲南首敗伯忽賊兵於馬龍州以是月十一日殺伯忽弟拜延獻馘於豫王十三日戰于馬金山獲伯忽及其弟伯顏察兒其黨拜不花卜顏帖木兒等十餘人誅之餘兵皆潰獨祿余猶據金沙江有旨趣進兵討之庚辰住持大承天護聖寺僧寶峯加司徒辛巳大名魏縣民曹革輸粟賑陝西饑旌其門癸未立侍正府以總近侍秩從二品乙酉時享太廟丙戌伯顏月魯帖木兒玥璐不花阿卜海牙等十四人並以本官兼侍正旌大都大興縣郭仲安妻李氏貞節丁亥以壽安山英宗所建寺未成詔中書省給鈔十萬錠供其費仍命燕鐵木兒撒迪等總督其工役命後衞指揮使史塤往四川行省調軍官選戍子命奴都赤阿里火者按行北邊牧地以晉邸部民劉元良等二萬四千餘戶隸壽安山大昭孝寺爲永業戶中書省臣言四川省臣塔出脫帖木兒等討雲南以十一月九日領兵至烏撒周泥驛明日祿余阿奴阿荅等賊兵萬餘自山後間道潛出塔出脫帖木兒等進擊屢戰敗之十五日又戰七星關六日凡十七戰賊大敗潰去詔遣使以銀幣賞塔出脫帖木兒等造歲額鈔本至元鈔八十九萬五十錠中統鈔五千錠給鈔五千錠賑寧海州饑民罷益都等處廣農提舉司改立田賦總管府秩從三品仍令隆祥總管府統之命興和路建燕鐵木兒鷹棚樞密院臣言四川行省地鄰烏撒而雲南未平今戍卒單少宜增兵防過請調夔路怯憐口戶丁七百重慶河東五路兩營兵三百同往戍之俟征進軍還日悉罷遣從之庚寅改東路蒙古軍萬戶府爲東路蒙古侍衞親軍指揮使司諸王哈兒蠻遣使來貢葡萄酒國制累朝行帳設衞士給事如在位時近嘗汰其冗濫武宗仁宗兩朝各定爲八百人英宗七百人中書省臣言舊給事人有失職者詔復其百八人辛卯皇太子阿剌忒納荅剌甍壬辰命宮相法里及給事者五十八人護靈轝北祔葬于山陵仍令法里等守之御史臺臣劾奏福建宣慰副使哈只前爲廣東廉訪副使貪汚狼籍宜罷黜從之己亥遣吏部尚書撒里瓦佩虎符禮部郎中趙期頤佩金符賫卽位詔告安南國且賜以授時曆賜武寧王徹徹禿金百兩銀五百兩以淮安路之海寧州爲其食邑癸卯以皇子古納荅剌疹疾愈賜燕鐵木兒及公主察吉兒各金百兩銀五百兩鈔二千錠撒敦等金銀鈔各有差又賜醫巫乳媼宦官衞士六百八人金三百五十兩銀三千四百兩鈔五千三百四十錠甲辰敕每歲四祭五福太一星建孔子廟于後衞至元末討諸王乃顏之叛獲其部蒙古軍分置河南江浙湖廣江西諸省命樞密院遣使括其數得二千六百八人乙巳封蒙古巫者所奉神爲靈感昭應護國忠順王號其廟曰靈祐給衞士萬人歲例鈔人八十錠內以他物及粟折五之一鎭西武靖王搠思班豫王阿剌忒納失里及行省行院官同討雲南兵十餘萬以去年十一月十一日搠思班師次羅羅斯期躍里鐵木兒俱至三泊郎仍趣小云失會於曲靖馬龍等州同進兵躍里鐵木兒倍道兼進奪金沙江十二月十七日大兵與阿禾蒙古軍相值戰敗之阿禾僞降明日率其兵三千爲三隊來襲我營搠思班躍里鐵木兒等分十三隊又擊敗之阿禾竄走大兵直趣中慶二十六日遇賊黨蒙古軍於安寧州與再戰又大敗之二十八日阿禾來逆戰遂就禽斬于軍前三十日將抵中慶賊兵七千猶拒戰于伽橋古壁口兵交躍里鐵木兒左頰中流矢洞耳後拔矢復與戰大捷遂復行省治諸軍皆會駐于城中分兵追捕殘賊於嵩明州樞密院臣以捷聞詔總兵官量度緩急從宜區處新添安撫司壅河寨主訴他部猺獠蹂其禾民饑命湖廣行省發鈔二千錠市米賑之二月丙戌以上都留守乃馬台行嶺北行樞密院事太禧宗禋使謹只兒荅鄰荅里馬烈捏四人並知院事遙授平章政事戊申立廣敎總管府以掌僧尼之政凡十六所曰京畿山後道曰河東山右道曰遼東山北道曰河南荊北道曰兩淮江北道曰湖北湖南道曰浙西江東道曰浙東福建道曰江西廣東道曰廣西兩海道曰燕南諸路曰山東諸路曰陝西諸路曰甘肅諸路曰四川諸路曰雲南諸路秩正三品府設達魯花赤總管同知府事判官各一員宣政院選流內官擬注以聞總管則僧爲之四川行省招諭懷德府蘆谷什用等四洞及生蠻十二洞皆內附詔陞懷德府爲宣撫司以鎭之諸洞各設長官司及巡檢司且命各還所掠生口湖廣參政徹里帖木兒與速速班丹俱坐出怨言鞫問得實刑部議當徹里帖木兒班丹杖一百七速速處死會赦徹里帖木兒流廣東班丹廣西速速徙海南皆置荒僻州郡有旨此輩怨望於朕向非赦原俱當寘之極刑可俱籍其家速速禁錮終身己酉白虹貫日旌鞏昌金州民杜祖隆妻張氏志節樞密院臣言徹里鐵木兒孛羅以正月戊寅敗烏撒蠻兵射中祿余降其民烏蒙東川易良州蠻兵夷獠等俱欵附鎭西武靖王搠思班等駐中慶復行省事豫王阿剌忒納失里等至當當驛安輯其人民又言澂江路蠻官郡容報賊古剌忽及禿堅之弟必剌都迷失等僞降於豫王而反圍之至易龍驛古剌忽等兵掩襲官軍四川行省平章塔出頓兵不進平章乞住妻子孳畜爲賊所掠諜知禿堅方修城堡布兵拒守無出降意詔速進兵討之敕探馬赤軍士歲以五月十日遷處山後諸州辛亥建燕鐵木兒居第于興聖宮之西南詔撒迪及留守司董其役壬子太白晝見中書平章政事亦列赤兼藩陽等路安撫使燕王宮相伯撒里爲中書平章政事陝西行臺中丞朶兒只班爲中書參知政事戶部尚書高履亨兩淮都轉運鹽使許有壬並參議中書省事甲寅燕鐵木兒言賽因怯列木丁英宗時嘗獻寶貨于昭獻元聖太后議給價鈔十二萬錠故相拜住奏酬七萬錠未給泰定間以鹽引萬六百六十道折鈔給之今有司以詔書奪之還官臣等議以爲寶貨太后既已用之以鹽引還之爲宜從之燕鐵木兒又言安慶萬戶鎖住坐令家人殺人繫獄久未欵伏宜若無罪乞釋之制曰可乙卯太白犯昴祀太祖太宗睿宗御容雲南統兵官來報捷諸蠻悉降唯祿余追捕未獲命番休各衞漢軍十之二以三月一日放遣丁巳駙馬不顏帖木兒自北邊從武寧王徹徹禿來朝己未命西僧爲皇子古納荅剌作佛事一周歲壬戌改封武寧王徹徹禿爲鄒王賜以金印甲子中書省臣言國家錢穀歲入有額而所費浩繁是以不足天曆二年嘗以鹽賦十分之一折銀納之凡得銀二千餘錠今請以銀易官帑鈔本給宿衞士卒又言陛下不用經費不勞人民創建大承天護聖寺臣等願上所易鈔本十萬錠銀六百錠助建寺之需從之丙寅以太祖四大行帳世留朔方不遷者其馬駝孳畜多死損發鈔萬錠命內史府市以給之行樞密院都事阿里火者來報雲南之捷庚午給宿衞士歲例鈔詔毋出定額萬人之外占城國遣其臣高暗都剌來朝貢創建五福太一宮于京城乾隅修上都洪禧崇壽等殿諸王徹徹禿沙哥坐妄言不道詔安置徹徹禿廣州沙哥雷州壬申命遼陽行省發粟賑國王朶兒只及納忽荅兒等六部蒙古軍民萬五千戶旌大都民劉德仁妻王氏貞節甲戌給宣讓王王傅印荆王也速也不干貢犛牛命田賦總管府稅鑛銀輸大承天護聖寺命興和路爲玥璐不花作鷹棚雲南景東甸蠻官阿只弄遣子罕旺來朝獻馴象乞陞甸爲景東軍民府阿只弄知府事罕旺爲千戶常賦外歲增輸金五千兩銀七百兩許之以山東鹽課鈔萬錠賑膠州饑命龍翊衞以屯田歲入粟贍衞卒孤貧者是月深冀二州有蟲食桑爲災三月丙子朔熒惑犯鬼宿辛巳御史臺臣劾奏燕南廉訪使卜咱兒前爲閩海廉訪使受贓計鈔二萬二千餘錠金五百餘兩銀三千餘兩男女生口二十二人及它寶貨無算雖遇赦原乞追奪制命籍沒流竄詔如所言仍暴其罪示天下壬午賜南郊侍祠文武官金幣有差特令沙津愛護持必剌忒納失里爲三藏國師賜玉印以陝西鹽課鈔萬錠賑察罕腦兒蒙古饑民癸未割外府幣帛各千匹輸之中宮以供需用甲申繪皇太子眞容奉安慶壽寺之東鹿頂殿祀之如累朝神御殿儀鞫宦者拜住侍皇太子疹疾飮食不時進以酥拭其眼鼻又爲禳呪杖一百七斥出京城冠州有蟲食桑四十餘萬株御史臺臣言奎章閣參書雅琥阿媚奸臣所爲不法宜罷其職從之丙戌雨土霾伯撒里辭所兼儲政使不允伯顏娶諸王女賜金二百兩銀千兩賜上都死事者不顏帖木兒等十一家鈔各百錠分賜燕鐵木兒鷹坊百人中書省臣言宣課提舉司歲榷商稅爲鈔十萬餘錠比歲數不登乞凡僧道爲商者仍征其稅有旨誡爲僧者其仍免之司徒香山言陶弘景胡笳曲有負扆飛天曆終是甲辰君之語今陛下生年紀號實與之合此實受命之符乞錄付史館頒告中外詔令翰林集賢奎章禮部雜議之翰林諸臣議以謂唐開元間太子賓客薛讓進武后鼎銘云上玄降鑑方建隆基爲玄宗受命之符姚崇表賀請宣示史官頒告中外而宋儒司馬光斥其采偶合之文以爲符瑞乃小臣之諂而宰相實之是侮其君也今弘景之曲雖於生年紀號若偶合者然陛下應天順人紹隆正統于今四年薄海內外罔不歸心固無待於旁引曲說以爲符命從其所言恐啓讖緯之端非所以定民志事遂寢趙王不魯納食邑沙淨德寧等處蒙古部民萬六千餘戶饑命河東宣慰發近倉糧萬石賑之又發山東鹽課鈔朱王倉粟賑登萊饑民典和倉粟賑保昌饑民戊子以西僧旭你迭八荅剌班的爲三藏國師賜金印以龍慶州之流杯園池水磑土田賜燕鐵木兒命諸王阿魯出鎭陝西行省以籍入速

速班丹徹理帖木兒貲產賜大承天護聖寺爲永業浙西諸路比歲水旱饑民八十五萬餘戶中書省臣請令官私儒學寺觀諸田佃民從其主假貸錢穀自賑餘則勸分富家及入粟補官仍益以本省鈔十萬錠并給僧道度牒一萬道從之旌同知大都府事忙兀禿魯迷失妻海迷失貞節己丑賑雲內州饑民及察忽凉樓戍兵共七千戶庚寅命威順王寬徹不花還鎭湖廣癸巳詔累朝神御殿之在諸寺者各製名以冠之世祖曰元壽昭睿順聖皇后曰睿壽南必皇后曰懿壽裕宗曰明壽成宗曰廣壽順宗曰衍壽武宗曰仁壽文獻昭聖皇后曰昭壽仁宗曰文壽英宗曰宣壽明宗曰景壽召亳州太清宮道士馬道逸汴梁朝天宮道士李若訥河南嵩山道士趙亦然各率其徒赴闕修普天大醮賑浙西鹽丁五千餘戶命玥璐不花作佛事於德興府監察御史劾江浙行省平章童童荒泆宴安才非輔佐詔免其官豫王阿剌忒納失里鎭西武靖王搠思班等禽雲南諸賊也木干羅羅脫脫木兒板不阿居激江路總管羅羅不花伯忽乞叔怯得該僞署萬戶哈剌荅兒及諸將校悉斬之磔戶以徇賑遼陽境內蒙古饑民萬四千餘戶旌山丹州郝榮妻李閏貞節陝州諸縣蝗八番軍從征雲南者俱屯貴州樞密院臣請遣使發粟給之己亥御史臺臣劾奏大都總管劉原仁稱疾久不視事及遷同知儲政院事卽就職僥倖巧宦避難就易有旨罷之庚子以將幸上都命西僧作佛事於乘輿次舍之所壬寅以欽察衞軍士增多析爲左右二衞給雲南行省鈔十萬錠以備軍資民食癸卯御史臺臣劾奏工部尚書蘇炳性行貪邪詔罷之大同路累歲水旱民大饑裁節衞士馬芻粟自四月一日始壽王脫里出陽翟王帖木兒赤西平王管不八昌王八剌失里等七部之民居遼陽境者萬四千五百餘戶告饑命遼陽行省發近境倉糧賑兩月命宣靖王買奴置王傅等官立宮相都總管府秩正三品給銀印以儒學教授在選數多凡仕由內郡江淮者注江西江浙湖廣由陝西兩廣者注福建由甘肅四川雲南福建者注兩廣敕河南行省右丞那海提督境內屯田中書省臣言嘉興平江松江江陰蘆場蕩山沙塗沙田等地之籍于官者嘗賜他人今請改賜燕鐵木兒有旨燕鐵木兒非他臣比其令所在有司如數給付發通州官糧賑檀順昌平等處饑民九萬餘戶以山東鹽課鈔三千五百錠賑益都三萬餘戶是月陝西行省遣官分給復業饑民七萬餘口行糧賑諸王伯顏也不干部內蒙古饑民千餘口眞定汴梁二路恩冠晉冀深蠡景獻等八州俱有蟲食桑爲災旌故戶部主事趙野妻柳氏貞節夏四月丙午朔全寧民王脫歡獻銀鑛詔設銀場提舉司隸中政院中書樞密臣言天曆兵興諸領軍與敵戰者宜定功賞臣等議諸王各金百兩銀五百兩金腰帶一織金等幣各十八匹諸臣四戰以上者同三戰及一戰者各有差有旨賞格具如卿等議燕鐵木兒首倡大義躬擐甲胄伯顏在河南先誅擕貳使朕道路無虞兩人功無與比其賞不可與衆同其賜燕鐵木兒七寶腰帶一金四百兩銀九百兩伯顏金腰帶一金二百兩銀七百兩受賞者凡九十六人用金二千四百兩銀萬五千六百兩金腰帶九十一副幣帛千三百餘疋命西僧於五臺及霧靈山作佛事各一月爲皇太子古訥荅剌祈福以糧五萬石賑糶京師貧民戊申皇姑魯國大長公主薨以宮中高麗女子不顏帖你賜燕鐵木兒高麗國王請割國中田爲資送詔遣使往受之發衞卒三千助大承天護聖寺工役庚戌詔建燕鐵木兒生祠於紅橋南樹碑以紀其勳御史臺臣言平章政事曹立累任江浙今雖閑廢猶與富民交納宜遣還其本籍大同路又監察御史萬家閭嘗薦中丞和尚脫脫嘗舉廉訪使卜咱兒今和尚卜咱兒俱以贓罪除名萬家閭脫脫難任臺省之職並從之眞定武陟縣池震逾月不止壬子命燕鐵木兒總制宮相都總管府事也不倫伯撒里俱以本官兼宮相都總管府都達魯花赤諸王哈兒蠻遣使來朝貢甲寅改宣忠扈衞親軍都萬戶府爲宣忠斡羅思扈衞親軍都指揮使司賜銀印中書省臣言越王禿剌在武宗時以紹興路爲食邑歲割賜本路租賦鈔四萬錠今其子阿剌忒納失里襲王號宜歲給其半從之乙卯時享太廟鎭西武靖王搠思班等已平雲南各遣使來報捷諸王朶列捏鎭雲南品甸自以貲力給軍協力討賊詔以襲衣賜之丙辰葺太祖所御大行帳戊午以集慶路玄妙觀爲大元興崇壽宮命興和建屋居海青上都建屋居鷹鶻庚申特命河南儒士吳炳爲藝文監典簿仍予對品階寧國路涇縣民張道殺人爲盜道弟吉從而不加功居四七年不決吉母老無他子孫中書省臣以聞敕免死杖而黜之俾養其母辛酉以山東鹽課鈔五千錠賑博興州饑民九千戶一千錠賑信陽等場鹽丁御史臺臣言儲政使哈撒兒不花侍陛下潛邸時受馬七十九疋又盜用官庫物天曆初領兵蘆溝橋迎敵卽逃擅閉城門驚惑民庶度支卿納哈出嘗匿官馬又矯增制命又受諸王斡卽七寶帶一鈔百六十錠臣等議其罪宜杖一百七除名斥還鄉里從之壬戌樞密院臣言雲南事已平鎭西武靖王搠思班言蒙古軍及哈剌章羅羅斯諸種人叛者或誅或降雖已略定其餘黨逃竄山谷不能必其不反側今請留荊王也速也不干及諸王鎭南等各領所部屯駐一二歲以示威重從之仍命豫王阿剌忒納失里分兵給探馬赤三百乞赤伯三百共守一歲以鎭輯之餘軍皆遣還所部統兵官召赴闕時已命探馬赤爲雲南行省平章政事遂命總制境內軍事潞州潞城縣大水癸亥諸王完者也不干所部蒙古民二百八十餘戶告饑命河東宣慰司發官粟賑之甲子陝西行省言終南屯田去年大水損禾稼四十餘頃詔蠲其租鎭寧王那海部曲二百以風雪損孳畜命嶺北行省賑糧兩月欽察台以名園爲獻命御史臺給賦罰鈔千錠酬其直諸王乞八言臣每歲扈從時巡爲費甚廣臣兄豫王阿剌忒納失里弟亦失班歲給鈔五百錠幣帛各五千匹敢視其例以請制可詔故尚書省丞相脫脫可視三寶奴例以所籍家貲還其家御史臺臣言同僉中政院事殷仲容姦貪邪佞冒哀居官詔黜之楊州泰興縣饑民萬三千餘戶河南行省先賑以糧一月後以聞許之命遼陽行省發粟賑孛羅部內蒙古饑民戊辰奎章閣以纂修經世大典請從翰林國史院取脫卜赤顏一書以紀太祖以來事蹟詔以命翰林學士承旨押不花塔失海牙押不花言脫卜赤顏事關祕禁非可令外人傳寫臣等不敢奉詔從之增置拱衞司儀仗命武備寺諸匠官避元籍遣使召趙世延於集慶詔以泥金畏兀字書無量壽佛經千部壬申散遣宣忠扈衞新籍軍士六百人還鄉里期以七月一日還營衞州路屬縣比歲旱蝗仍大水民食草木殆盡又疫癘死者十九湖南道宣慰司請賑糧米萬石從之河中府蝗晉寧冀寧大同河間諸路屬縣皆以旱不能種告饑甘州阿兒思蘭兔古妻忽都的斤以貞節旌其門五月丙子皇太子影殿造祭器如裕宗故事敕建宮相都總管府公廨丁丑熒惑犯軒轅左角賜宮相都總管府給驛璽書調衞兵浚金水河己卯安南世子陳日焯遣其臣段子貞來朝貢安慶之望江縣淮安之山陽縣去歲皆水災免其田租丙戌太禧宗禋院臣言累朝所建大萬安等十二寺舊額僧三千一百五十人歲例給糧今其徒猥多請汰去九百四十三人制可常德府桃源州去歲水災免其租丁亥復立怯憐口提舉司仍隸中政院命樞密院調軍士修京城己丑置雲南等處宣慰司都元帥府以土官昭練爲宣慰使都元帥又置臨江元江等處宣慰司兼管軍萬戶孟定路孟肖路並爲軍民總管府秩從三品者線蒙慶甸銀沙羅等甸並爲軍民府秩從四品孟并孟廣者樣等甸並設軍民長官司秩從五品益都路宋德讓趙仁各輸米三百石賑膠州饑民九千戶中書省臣請依輸粟補官例予官從之賑駐冬衞士二萬一千五百戶糧四月庚寅立雲南省蘆傳路軍民總管府以土官爲之制授者各給金符癸巳雲南威楚路之蒲蠻猛吾來朝貢願入銀爲歲賦詔爲置散府一及土官三十三所皆賜金銀符甲午太白犯畢宿封宣政使脫因爲蒯國公以平江官田五百頃立稻田提舉司隸宮相都總管府乙未以陝西行臺御史大夫脫別台知樞密院事御史大夫玥璐不花累辭職江南行省平章朶兒只以疾辭新任並許之脫忽思娘子繼主明宗幄殿詔賜湘潭州民戶四萬爲湯沐奎章閣學士院纂修皇朝經世大典成詔以泥金書佛經一藏丙申大駕幸上都四川行省平章汪壽昌辭職不允敕在京百司日集公署自晨及暮毋廢事賑灤陽桓州李陵臺昔寶赤失兒禿五驛鈔各二百錠桓州民以所種麥獻詔賜幣帛二匹慰遣之戊戌次紅橋臨視燕鐵木兒生祠以太禧宗禋院所隸昭孝營繕司隸崇禧總管府賑遼陽東路蒙古萬戶府饑民三千五百戶糧兩月己亥也兒吉尼知行樞密院事八番西蠻官阿馬路奉方物入貢高郵寶應等縣去歲水免其租庚子太陰犯太白辛丑太白經天改阿速萬戶府爲宣毅萬戶府賜銀印命伯顏領之旌濟南章丘縣馬萬妻晉氏志節癸卯加也兒吉尼太尉賜銀印以河間鹽課鈔四千錠賑河間屬縣饑民四千一百戶甲辰詔通政院整治內外水陸驛傳宣政院臣言舊制列聖神御殿及諸寺所作佛事每歲計二百十六今汰其十六爲定式制可東昌保定二路濮唐二州有蟲食桑寧夏紹慶保定德安河間諸路屬縣大水六月乙巳朔徵儲政院鈔三萬錠給中宮道路之用敕河南行省立阿不海牙政蹟碑監察御史韓元善言歷代國學皆盛獨本朝國學生僅四百員又復分辨蒙古色目漢人之額請凡蒙古色目漢人不限員額皆得入學又監察御史陳守中言請凡仕者親老別無侍丁奉養不限地方名次宜從優附近遷調庶廣忠孝之道皆不報發米五千石賑興和屬縣饑民丁未太白晝見乙卯監

察御史陳良劾浙東廉訪使脫脫赤顏阿附權姦倒剌沙其生母何氏本父之妾而兄妻之欺誑朝廷封溫國夫人請黜罷憲職追還贈恩爲宜御史臺臣以聞從之旌大都右警巡院胡德妻曹氏貞節壬戌以鈔萬五千錠賑國王朶兒只等九部蒙古饑民三萬三百六十二戶癸亥詔諸官吏在職役或守代未任爲人行賕關說即有所取者官如十二章論贓吏罷不敘終其身雖無所取訟起滅由己者罪加常人一等甲子太府監領宮殯闍官及宿衞士行帳資裝免控鶴衞士當驛戶丙寅雲南出征軍悉還烏撒羅羅蠻復殺戍軍黃海潮等撒加伯又殺掠良民爲亂命雲南行省及行樞密院凡境上諸關戍兵未可輕撤宜視緩急以制其變丁卯太陰犯畢太白犯井庚午以揚州泰興江都二縣去歲雨害稼免今年租樞密院臣言征西萬戶府軍七百人自泰定以來累經優䘏放還者四百五十人今邊防軍少倒當追使還營從之是月晉寧亦集乃二路旱濟寧路蟲食桑河南晉寧二路諸屬縣蝗大都保定眞定河間東昌諸路屬州縣及諸屯水彰德路臨漳縣漳水決秋七月甲戌朔賜野馬川等處駐冬衞士衣襖文少監歐陽玄言先聖五十四代孫襲封衍聖公爵最五等秩登三品而用四品銅印於爵秩不稱詔鑄從三品印給之德安府去年水免今年田租旌德安應山縣高可肅孝行己卯以雲南既平惟祿余等懼罪竄伏降詔曲赦之辛巳只兒哈荅兒坐罪當流遠以唐其勢舅氏故釋之壬午祀太祖太宗睿宗御容於翰林國史院監察御史張益等言欽察台在英宗朝陰與中政使咬住造謀誣告脫歡察兒將構異圖辭連潛邸致出居海南及天曆初倒剌沙據上都遣欽察台以兵拒命倒剌沙疑其有異志復禽以歸即追言昔日咬住之謀以自解皇上即位不念舊惡擢居中書而又自貽厥咎以致奪官籍產旋復釋宥以爲四川平章今雲南未平與蜀接境其人反覆不可信任宜削官遠竄仍沒入其家產臺臣以聞詔奪其制命金符同妻孥禁錮于廣東毋籍其家仍詔諭御史凡憸人如欽察台者其極言之毋隱鐵木兒補化辭御史大夫職不允乙酉遣使代祀護國庇民廣濟福惠明著天妃命西僧於大都萬歲山憫忠閣作佛事起八月八日至車駕還大都日止丁亥海南黎賊作亂詔江西湖廣兩省合兵捕之諸王搠思吉亦兒甘卜哈兒蠻駙馬完者帖木兒遣使來獻蒲萄酒壬辰以知樞密院事脫別台爲御史大夫癸巳辰州興國二路蟲傷稼免今年租甲午歸德府雨傷稼免今年租給諸衞士及蒙古戶糧四月乙未立閔子書院於濟南杭州火賑被災民百九十戶丁酉調甘州兵千人撒里畏兀兵五百人守參卜郎以防土番戊戌封伯顏爲浚寧王賜金印仍前太保知樞密院事高郵府去歲水災免今年租湖州安吉縣大水暴漲漂死百九十人人給鈔二十貫瘞之存者賑糧兩月庚子廣西徭賊平召諸王云都思帖木兒還辛丑懷德府洞蠻二十一洞田先什用等以方物來貢還所虜生口八百餘人給其家癸卯知行樞密院事徹里帖木兒以兵討叛蠻鎖力哈迷失戮其黨七百餘人是月河南奉元屬縣蝗大都河間漢陽屬縣水冀寧屬縣雨雹傷稼廬州去年水寧夏霜爲災並免今年田租賑靈夏鳴沙蘭山二驛戶二百九十定州新軍戶千二百應理州民戶千三百糧各一月又賑龍興路饑民九百戶糧一月大寧和衆縣何千妻栢都賽兒夫亡以身殉葬旌其門八月甲辰朔日有食之封脫憐忽禿魯爲靖恭王沙藍朶兒只爲懿德王並給以塗金銀印西域諸王卜賽因遣使忽都不丁來朝灤陽驛戶增置馬牛各一免其和市雜役賜上都孔子廟碑御史臺臣劾奏宣徽副使桑哥比奉旨給宿衞士錢糧稽緩九日玩法欺公罪當黜罷從之己酉以銀符二十八賜拱衞直百戶命燕鐵木兒以鈔萬錠分賜蒙古孤寡者辛亥大駕南還大都壬子西域諸王荅兒麻襲朶列帖木兒之位遣諸王孛兒只吉台等來朝貢甲寅雪別台之孫月魯帖木兒買閭也先來獻失剌奴賜以金百兩銀千五百兩鈔五百錠金帶一命宣課提舉司毋收燕鐵木兒邸舍商貨稅斡兒朶思之地頻年災畜牧多死民戶萬七千一百六十命內史府給鈔二萬錠賑之乙卯太白犯軒轅大星丙辰封內史怯列該爲豐國公以星變令羣臣議赦丁巳命郯王不顏帖木兒鬮獵於撫州己未立鎭寧王總管府於撫州公主脫脫灰來朝以汴梁路尉氏縣賜伯顏爲食邑詔刑部鞫內侍撒里不花巫蠱事凡當死者杖一百七流廣東西中書省臣言明年海運糧二百四十萬石已令江浙運二百二十萬河南二十萬今請令江浙復增二十萬本省參政杜貞督領從之復命賑糶米五萬石濟京城貧民旌濟寧路魏鐸孝行揚州路呂天麟妻韋氏貞節庚申太白犯軒轅左角中書樞密臣言西域諸王不賽因其臣怯列木丁矯王命來朝不賽因遣使來言請執以歸臣等議宗藩之國行人往來執以付之不可宜令乘驛歸國以自辨制可壬申陞侍正府秩正二品是月江浙諸路水潦害稼計田十八萬八千七百三十八頃景州自六月至是月不雨澧州泗州等縣去年水免今年租沅州饑賑糶米二千石金州及西和州頻年旱災民饑賑以陝西鹽課鈔五千錠九月癸酉朔市阿魯渾撒里宅命燕鐵木兒奉皇子古納荅剌居之中書省臣言今歲當飼馬駝十四萬八千四百疋京城飼六萬疋餘令外郡分飼每疋給芻粟價鈔四錠從之乙亥命留守司發軍士築駐蹕臺于大承天護聖寺東御史臺臣劾奏四川行省參政馬鎔發糧六千石餉雲南軍中道輒還預借俸鈔一十九錠以娶妾又詬罵平章汪壽昌罪雖蒙宥難任宰輔帝曰綱常之理尊卑之分僭無所知其何以居上而臨下亟罷之丙子太白犯塡星樞密院臣言雲南東川路總管普折兄那具會祿余兵殺烏撒宣慰使月魯東川路府判教化的二十餘人又會伯忽姪阿福領蒙古兵將擊羅羅斯臣等與燕鐵木兒議遣西域指揮使鎖住等發陝西都萬戶府兵直抵羅羅斯發礀門安撫司兵絕大渡河直抵邛部州巡守關隘詔宣政院亦遣使同往督之海南賊王周糾率十九洞黎蠻二萬餘人作亂命調廣東福建兵隸湖廣行省左丞移剌四奴統領討捕之阿速及斡羅思新戍邊者命遼陽行省給其牛具糧食己卯發粟五千石賑興和路鷹坊庚辰樞密院臣言六月中行樞密院官以兵與烏撒賊兵五戰破之惟祿余竄伏未獲命四川行省給其軍餉賑興和寶昌州饑民米二千石御史臺臣言大聖壽萬安寺壇主司徒嚴吉祥盜公物畜妻孥宜免其司徒壇主之職從之禁諸驛毋畜竄行馬免控鶴戶雜役湖州安吉縣久雨太湖溢漂民居二千八百九十戶溺死男女百五十七人命江浙行省賑䘏之丁亥御史臺臣言江西行省參政李允中乃故內侍李邦寧養子器質庸下謏叨重選宜黜罷從之庚寅幸大承天護聖寺以鈔五萬錠及預貸四川明年鹽課鈔五萬錠給行樞密院軍需祿余寇順元路癸巳罷供需府覆實司置廣誼司秩正三品以右丞撒迪領其務御史臺臣劾太禧宗禋使童童淫佚不潔不可以奉明禋又奎章閣監書博士柯九思性非純良行極矯譎挾其末技趨附權門請罷黜之乙未以金虎符賜中書平章政事亦列赤思州鎭遠府饑賑米五百石丁酉雲南行省遣都事那海鎭撫樂智等奉詔往諭祿余及授以參政制命至撒家關祿余拒不受俄而賊大至那海因與力戰賊乃退及晚烏撒兵入順元境左丞帖木兒不花禦戰那海復就陣宣詔招之遂遇害帖木兒不花等斂兵還壬寅改隆祥總管府爲隆祥使司秩從二品冬十月甲辰遣秘書太監王珪等代祀嶽鎭海瀆后土乙巳召行樞密院徹里鐵木兒小云失還朝以前東川路總管普折子安樂襲其父職己酉時享于太廟爲皇子古納荅剌作佛事釋在京囚死罪者二人杖罪者四十七人辛亥召江南行臺御史大夫阿兒思蘭海牙赴闕癸丑幸大承天護聖寺蒙古都元帥怯烈引兵擊阿禾賊黨於靖江路海中山爲雲梯登山破其柵殺賊五百餘人禿堅之弟必剌都古彖失舉家赴海死又獲禿堅弟二人子三人誅之甲寅杭州火命江浙行省賑其不能自存者丁巳中書省臣言江浙平江湖州等路水傷稼明年海漕米二百六十萬石恐不足若令運百九十萬而命河南發三十萬江西發十萬爲宜又遣官齎鈔十萬錠鹽引三萬五千道於通漷陵滄四州優價和糴米三十萬石又以鈔二萬五千錠鹽引萬五千道於通漷二州和糴粟豆十五萬石以鈔三十萬錠往遼陽懿綿二州和糴粟豆十萬石並從之燒在京積年還倒昏鈔二百七十餘萬錠戊午詔還平江路大玉清昭應宮田百頃官勿徵其租己未給宿衞士有官者芻豆諸王卜賽因使者還西域詔酬其所貢藥物價直辛酉命西僧作佛事於興聖宮十有五日乃罷吳江州大風雨太湖溢漂沒廬舍孳畜千九百七十家命江浙行省給鈔千五百錠賑之乙丑立昭功萬戶都總使府伯顏鐵木兒補化並兼昭功萬戶都總使丙寅命大都路定時估每月朔望送廣誼司以酬物價燕鐵木兒取犛牛五千於西域來獻十一月壬申朔日有食之雲南行省言亦乞不薛之地所牧國馬歲給鹽以每月上寅日啖之則馬健無病比因伯忽叛亂雲南鹽不可到馬多病死詔令四川行省以鹽給之乙亥李彥通蕭不蘭奚等謀反伏誅丙子封諸王斡即爲保寧王賜以印以其先所受印賜諸王渾禿帖木兒之子庚兀台詔給移剌四奴分行省印丁丑興和路鷹坊及蒙古民萬一千一百餘戶大雪畜牧凍死賑米五千石戊寅樞密院臣言天曆兵興以揚州重鎭嘗假淮東宣慰司以兵權今事已寧宜以所部兵復隸河南行省又征西元帥府自泰定初調兵四千一百人戍龍剌亦集乃期以五年爲代今已十年逃亡者衆宜加優䘏期以來歲五月代還並從之己卯封蘸班爲幽國公庚辰左右欽察衞軍士千四百九十戶饑命上都留守司賑之辛巳以

戶部尚書耿煥爲中書叅知政事癸未詔養燕鐵木兒之子塔剌海爲子賜居第及所籍李彥通貲產荆王也速也不干獻犛牛四百詔每歲樞密院宗正府遣官與遼陽行省官巡歷諸郡毋令諸王所部擾民隆祥司使晃忽兒不花言海南所建大興龍普明寺工費浩穰黎人不勝其擾以故爲亂詔湖廣行省臣玥璐不花及宣慰宣撫二司領其役仍命廉訪司涖之辛卯諸王撒兒蠻遣使者七十四人來賑左欽察衞撒敦等翼頂也兒古駐冬軍千五百八十戶諸鹽課鈔以十分之一折收銀銀每錠五十兩折鈔二十五錠乙未敕宮相都總管府勿隸昭功都總使府丁酉以南陽府之嵩州更賜伯顏爲食邑十二月戊申陝西行臺御史捏古伯高坦等劾奏本臺監察御史陳良恃勢肆毒徇私破法請罷職籍贓還歸田里有旨雖會赦其准風憲例追奪勑命餘如所奏以黃金符鐫文曰翊忠徇義迪節同勳賜西域親軍副都指揮使欽察以旌其天曆初紅橋戰功壬子復命諸王忽剌出還鎭雲南癸丑撒敦獻斡羅思十六戶酬以銀百七錠鈔五千錠以河間路淸池南皮縣牧地賜斡羅思駐冬仍以忽里所牧官羊給之河南河北道廉訪副使僧家奴言自古求忠臣必於孝子之門今官於朝者十年不省親者有之非無思親之心實由朝廷無給假省親之制而有擅離官次之禁古律諸職官父母在三百里於三年聽一給定省假二十日無父母者五年聽一給拜墓假十日以此推之父母在三百里以至萬里宜計道里遠近定立假期其應省覲匿而不省覲者坐以罪若詐冒假期規避以掩其罪與詐奔喪者同科御史臺臣以聞命中書省禮部刑部及翰林集賢奎章閣議之丁巳雨木冰戊午西域諸王禿列帖木兒遣使獻西馬及蒲萄酒賚給四宿衞及諸潛邸衞士歲賜鈔八二十錠庚申遣集賢直學士荅失蠻詣眞定玉華宮祀睿宗及顯懿莊聖皇后神御殿辛酉遣兵部尚書也速不花同僉通政院事忽納不花迎帝師詔中書省御史臺遣官詣各道同廉訪司錄囚癸亥雨木冰給征東元帥府兵仗丁卯御史臺臣言甘肅行省平章月魯帖木兒既非蒙古族姓且闇於事機使總兵柄恐非所宜詔樞密院勿令提調軍馬己巳御史臺臣言河東道廉訪副使忽哥兒不花僉燕南道廉訪司事不顏忽都王士元郝志善憲綱不振宜免官從之旌寧海州崔惟孝孝行是歲眞定路屬州水冀寧河南二路旱大饑

元史卷三十五考證

文宗聖明元孝皇帝紀二年四月戊辰請從翰林國史院取脫卜赤顏一書○脫卜赤顏卽今之起居注也

元史卷三十六

明翰林學士亞中大夫知制誥兼修國史宋　濂等修

本紀第三十六

文宗五

三年春正月辛未朔高麗國王楨遣其臣元忠奉表稱賀貢方物癸酉命高麗國王王燾仍爲高麗國王賜金印初燾有疾命其子楨襲王爵至是燾疾愈故復位甲戌賜燕鐵木兒妻公主月魯金五百兩銀五千兩丁丑禁冒哀求敘復者賑糶米五萬石濟京師貧民己卯時享太廟罷諸建造工役惟城郭河渠橋道倉庫勿禁廣西羅韋里叛寇馬武沖等合龍州嶺北朗龍洞韋大蟲賊兵萬人攻陷那馬達那馬安等砦命廣西宣慰司嚴軍禦之月闊察兒冒請衞士芻束當坐罪燕鐵木兒請釋之壬午命甘肅行省爲豳王不顏帖木兒建居第封孔子妻鄆國夫人幵官氏爲大成至聖文宣王夫人癸未給納鄰等十四驛糧及芻粟賑永昌路流民慶遠南丹等處溪洞軍民安撫司言所屬宜山縣饑疫死者衆乞以給軍積穀二百八十石賑糶從之江西行省言梅州頻年水旱民大饑命發粟七百石以賑糶丙戌印造歲額鈔本至元鈔九十九萬六千錠中統鈔四千錠丁亥幸大承天護聖寺賜諸王帖木兒及其妃阿剌赤八剌金五百兩銀萬兩鈔二萬錠幣帛各千匹監察御史劾奏翰林學士承旨典哈其兒野里牙坐誅當罷從之戊子萬安軍黎賊王奴羅等集衆五萬人寇陵水縣己丑賑肇慶路高要縣饑民九千五百四十口四川行省言去年九月左丞帖木兒不花與祿余賊兵戰被創賊遂侵境乞調重慶敘州兵二千五百人往救之順元宣撫司亦言賊列行營爲十六所乞調兵分道備禦詔上都留守司爲燕鐵木兒建居第御史臺言選除雲南廉訪司官多託故不行繼今有如是者風憲勿復用制可戊戌命中書省以鈔三千錠幣帛各三千匹給皇子古納答剌歲例鷹犬回賜諸王章吉獻斡羅思百七十人酬以銀七十二錠鈔五千錠己亥給斡羅思千人衣糧山南道廉訪副使禿堅董阿劾荆湖北道宣慰使別列怯都常貸內府鈔威逼部民代償不足則以宣慰使公帑鈔償之又副使驢駒以修治沿江堤岸縱家奴掊斂民財二人罪雖遇赦宜從黜退御史臺臣以聞從之庚子封公主不納爲鄆安大長公主藝路忠信寨洞主阿具什用合洞蠻八百餘人寇施州二月辛丑朔八番苗蠻駱度來貢方物癸卯諸王也先帖木兒薨甲辰諸王答兒馬失里哈兒蠻各遣使來貢蒲萄酒西馬金鴉鶻乙巳以湖廣行省平章玥璐不華爲陝西行臺御史大夫給豳王及其王傅祿戊申雲南行省言會通州土官阿賽及河西阿勒等與羅羅賊兵千五百人寇會州路之卜龍村又祿余將引兵與茫部合寇羅羅斯截大渡河金沙江以攻東川會通等州臣等敢奉先所降詔書招諭之不奉命則從宜進軍制可己酉賜怯薛官完者帖木兒及阿昔兒珠衣帽德寧路去年旱復值霜雹民饑賑以粟三千石旌晉寧路沁州劉瑋妻張氏志節祿余言于四川行省自父祖世爲烏撒土官宣慰使佩虎符素無異心曩爲伯忽誘脅比聞朝廷招諭而今期限已過乞再降詔赦卽率四路土官出降仍乞改屬四川省隸永寧路與得休息四川行省以聞詔中書樞密御史諸大臣雜議之己未旌寧夏路趙那海孝行辛酉燕鐵木兒兼奎章閣大學士領奎章閣學士院事己巳命燕鐵木兒集翰林集賢太禧宗禋院議立太祖神御殿詔修曲阜宣聖廟邛州有二井宋舊名曰金鳳茅池天曆初九月地震鹽水湧溢州民侯坤願作什器煮鹽而輸課於官詔四川轉運鹽司主之旌濟州任城縣王德妻秦氏婺州路金華縣吳塤妻宋氏廬州路高仁妻張氏甘州路岳忽南妻失林蓋州完顏帖哥住妻李氏志節三月庚午朔帝師至京師遣使往西域賜諸王不賽因繡綵幣帛二百四十匹中書省臣言凡遠戍軍官死而歸葬者宜視民官例給道里之費又四川驛戶比以軍興消乏宜遣官同行省量濟之制可燕鐵木兒言平江松江澱山湖圩田方五百頃有奇當入官糧七千七百石其總田者死頗爲人占耕今臣願增糧爲萬石入官令人佃種以所得餘米贍臣弟撒敦從之洛水溢爪哇國遣其臣僧伽剌等八十三人奉金書表及方物來朝貢己卯詔以西寧王速來蠻鎭禦有勞其如安定王朶兒只班例置王傅官四人鑄印給之庚辰以安陸府賜并王晃火兒不花爲食邑旌大都良鄉縣韋安妻張氏貞節丁亥諸王伯岳兀完者帖木兒來朝戊子占城國遣其臣阿南那那里沙等四人奉金書表及方物來朝貢己丑復立功德使司癸巳皇子古剌答納更名燕帖古思置興瑞司掌中宮歲作佛事秩正三品乙未命燕鐵木兒依舊例以鈔萬錠分給蒙古孤寡者以帝師泛舟于西山高梁河調衞士三百挽舟丙申賜怯薛官萬憐鐵木兒璽書申飭其所部賑木憐苦鹽濼札哈掃憐九驛之貧者凡四百五十二戶丁酉緬國遣使者阿落等十人奉方物來朝貢己亥賜行樞密院鈔四萬錠分給征烏撒烏蒙所調陝西四川蒙古軍及漸丁萬人高唐德冀諸州大名汴梁廣平諸路有蟲食桑葉盡夏四月壬寅中書省臣言去歲宿衞士給鈔者萬五千人今減去千四百人餘當給者萬三千六百人又太府監歲支幣帛二萬匹不足於用請再給二百匹並從之四川師壁散毛盤速出三洞蠻野王等二十三人來貢方物戊申大寧路地震四川大盤洞謀者什用等十四人來貢方物丙辰諸王不別居法郎遣使者要忽難等及西域諸王不賽因使者也先帖木兒等皆來貢方物戊午命奎章閣學士院以國字譯貞觀政要鋟板模印以賜百官四川行省平章汪壽昌辭職不允以作佛事祈福釋御史臺所囚定興劉縣尹及刑部四二十六人乙丑安南國世子陳日焞遣其臣鄧世延等二十四人來貢方物安西王阿難答之子月魯帖木兒坐與畏兀僧玉你達八的剌板的國師必剌忒納失里沙津愛護持謀不軌命宗王大臣雜鞫之獄成三人皆伏誅仍籍其家以必剌忒納失里沙津愛護持妻丑丑賜通政副使伯藍玉鞍賜撒敦餘人畜土田及七寶奩具金珠寶玉鈔幣並沒入大承天護聖寺免四川行省境內今年租命有司爲伯顏建生祠立紀功碑于涿州仍別建祠立碑于汴梁戊辰免雲南行省田租三年安州饑給河間鹽課鈔萬錠賑之東昌濟寧二路及曹濮諸州皆有蟲食桑五月己巳朔高昌王藏吉薨其弟太平奴襲位壬申賑木憐七里等二十三驛人米二石癸酉熒惑犯東井賜燕鐵木兒宴于流盃池雲南大理中慶等路大饑賑鈔十萬錠甲戌陞尚舍寺爲從三品撒迪請備錄皇上登極以來固讓大凡往復奏答其餘訓敕辭命及燕鐵木兒等宣力效忠之蹟命朶來續爲蒙古脫不赤顏一書置之奎章閣從之賜湖廣行省平章政事脫亦納

金虎符旌保定路郭壽孝行採忒妻靈保賢孝戊寅幸大承天護聖寺京師地震有聲己卯命諸王也先班還鎮浙西道廉訪司劾副使三寶凶惡陰險紊亂紀綱詔罷之壬午復賑糶米五萬石濟京城貧民戊子唐其勢以疾先住上都賜藥價鈔千錠遣使往帝師所居撒思吉牙之地以珠織制書宣諭其屬仍給鈔四千錠幣帛各五千匹分賜之賑帖里干不老也不徹温等十九驛人米二石庚寅大駕發大都時巡于上都置山東益都等處金銀銅鐵提舉司辛卯復以司徒印給萬安寺僧嚴吉祥詔給鈔五萬錠修帝師巴思八影殿壬辰太常博士王瓚言各處請加封神廟濫及淫祠按禮經以勞定國以死勤事能禦大災能捍大患則祀之其非祀典之神今後不許加封制可丁酉白虹並日出長竟天追封顏子父顏無繇爲杞國公謚文裕母齊姜氏杞國夫人謚端獻妻宋戴氏兗國夫人謚貞素甘州大雹揚州之江都泰興德安府之雲夢應城縣水汴梁之睢州陳州開封之蘭陽封丘諸縣河水溢滹沱河決沒河間清州等處屯田四十三頃常寧州饑賑糶米二千四百石杭州火被災九十一戸池州火被災七十三戸命江浙行省量賑之六月已亥朔以月魯帖木兒等罪詔告中外赦天下免四川行省今年差稅陝西行省今年商稅錄用朶朶王士熙脫歡等已酉以御史中丞趙世安爲中書左丞癸丑遣使分祀嶽鎮海瀆戊午給鈔五萬錠賜雲南行省爲公儲已未燕鐵木兒言頃伯顏封浚寧王賜食邑嵩州今請於潁汴擇一州賜之詔改賜陳州癸亥加授知樞密院事也卜倫開府儀同三司乙丑御史臺臣劾遼陽行省參政賽甫丁庸鄙不勝任罷之監察御史陳思謙言內外官非文武全才出處繫天下安危能拯金革之難者勿許奪情起復制可禁諸卜筮陰陽人毋出入諸王公大臣家晉寧冀州桑災益都濟寧大雨無爲州和州水旌德府永城縣民張氏孝節秋七月戊辰朔諸王答里麻失里等遣使來貢虎豹雲南行省言本省舊降給驛璽書六十九金字圓符四伯忽之亂散失殆盡乞更賜爲宜敕更賜璽書三十二圓符四仍究詰所失者辛未以車坊官園賜伯顏賜從征雲南將校三百四十七人鈔幣有差調軍士修柳林海子橋道乙亥命僧於鐵幡竿修佛事施金百兩銀千兩幣帛各五伯匹布二千匹鈔萬錠丁丑賑蒙古軍流離至陝西者四百六十七戸糧三月遣復其居戸給鈔五十錠湖廣行省言黎賊勢猖獗乞益兵三千以備調用有旨依前詔促移剌四奴尅日進兵壬午江西行省造螺鈿几榻遺燕鐵木兒詔賜匠者幣帛各一甲申燕鐵木兒獻斡羅思二千五百人旌裕州民李庭瑞孝行庚寅給鈔萬錠命燕鐵木兒分賜累朝官分嬪御之貧乏者壬辰西域諸王不賽因遣哈只怯馬丁以七寶水晶等物來貢給蒙古民及各部衛士鈔幣有差仍賑糧五月甲午北邊諸王月卽別遣南忽里等來朝貢燕鐵木兒言諸王徹徹秃沙哥嚢坐罪流南荒乞賜矜閔俾還本部從之賑宗仁衛軍士九百戸各鈔一錠滕州民饑賑糶米二萬石慶都縣大饑以河間鹽課鈔萬錠賑之八月辛丑諸王阿兒加失里獻斡羅思三十人漸丁百三人賑大都寶坻縣饑民以京畿運司糧萬石癸卯吳王木喃子及諸王答都河海鎮南管卜帖木兒赤帖木迭兒等來朝賜護守上都宮殿衛卒二千二百二十九人人鈔二十五錠乙巳天鼓鳴于東北丙午遣官祭社稷丁未有事于太廟海道漕運糧六十九萬餘石至京師已酉隴西地震帝崩壽二十有九在位五年癸丑靈駕發引葬起輦谷從諸帝陵元統二年正月已酉太師右丞相伯顏率文武百官等議上尊謚曰聖明元孝皇帝廟號文宗國言謚號曰札牙篤皇帝請謚于南郊三月已酉祔于太廟後至元六年六月以帝謀爲不軌使明宗飲恨而崩詔除其廟主放燕遐之後祖母太皇太后惑於憸慝俾皇考明宗皇帝出封雲南英宗遇害正統寖偏我皇考以武宗之嫡逃居朔漠宗王大臣同心翊戴肇啓大事于時以地近先迎文宗暫總機務繼知天理人倫之攸當假讓位之名以寶璽來上皇考推誠不疑卽授以皇太子寶文宗稔惡不悛當躬迓之際乃與其臣月魯不花也里牙明里董阿等謀爲不軌使我皇考飲恨上賓歸而再御宸極思欲自解於天下乃謂夫何數日之間宮車弗駕海內聞之靡不切齒又私圖傳子乃搆邪言嫁禍於八不沙皇后謂朕非明宗之子遂俾出居遐陬祖宗大業幾於不繼內懷愧慊則殺也里牙以杜口上天不祐隨降殞罰叔嬸不答失里怙其勢燄不明明考之嗣而妄立孺稚之弟亦憐眞班奄復不年諸王大臣以賢以長扶朕踐位國之大政屬不自遂者詎能枚舉每念治必本於盡孝事莫先於正身賴天之靈權奸屛黜盡孝正名不容復緩永惟鞠育罔極之恩忍忘不共戴天之義旣往之罪不可勝誅其命太常徹去脫脫木兒在廟之主不答失里本朕之嬸乃陰搆奸臣弗體朕意僭膺太皇太后之號迹其閨門之禍離間骨肉罪惡尤重揆之大義削去帖古思於高麗未至月闊察兒害之于中道

元史卷三十六考證

三月已酉祔於太廟○臣祖庚按順帝本紀作四月已卯

元史卷三十七

明翰林學士亞中大夫知制誥兼修國史宋　濂等修

本紀第三十七

寧宗

寧宗沖聖嗣孝皇帝諱懿璘質班明宗第二子也母曰皇后乃蠻眞氏初武宗有子二人長明宗次文宗延祐中明宗封周王出居朔漠泰定之際正統遂偏天曆元年文宗入紹大統內難旣平卽遣使奉皇帝璽綬北迎明宗明宗崩文宗復卽皇帝位明宗有子二人長妥懽帖木耳次卽帝也天曆二年二月乙巳封帝爲鄜王至順三年八月已酉文宗崩于上都皇后導揚末命申固讓初志傳位於明宗之子時妥懽帖木耳出居靜江帝以文宗眷愛之篤留京師太師太平王右丞相燕鐵木兒請立帝以繼大統於是遣使徵諸王會京師中書百司政務咸啓中宮取進止八月甲寅中書省臣奉中宮旨預備大朝會賞賜金銀幣帛等物乙卯燕鐵木兒奉中宮旨賜駙馬也不千子歡忒哈赤太尉孛蘭奚句容郡王答隣答里僉事小薛呵麻剌台之子秃帖木兒公主本答里諸王丑漢妃公主台忽都魯諸王卯澤妃公主完者台及公主本答里徹里帖木兒等金銀幣鈔有差是月渾源雲內二州隕霜殺禾冀寧路之陽曲河曲二縣及荊門州皆旱江水又溢高郵府之寶應興化二縣德安府之雲夢應城二縣大雨水九月丁丑塡星犯太微垣左執法辛巳修皇太后儀仗是夜地震有聲來自北是月益都路之莒沂二州泰安州之奉符縣濟寧路之魚臺豐縣曹州之楚丘縣平江常州鎮江三路松江府江陰州中興路之江陵縣皆大水河南府之洛陽縣旱十月庚子帝卽位于大明殿大赦天下詔曰洪惟太祖皇帝啓闢疆宇世祖皇帝統一萬方列聖相承法度明著我曲律皇帝入纂大統修舉庶政動合成法授大寶位于普顏篤皇帝以及格堅皇帝曆數之歸實當在我忽都篤皇帝扎牙篤皇帝而各播越邀遠時則有若燕鐵木兒建義效忠戢平內難以定邦國協恭推戴扎牙篤皇帝登極之始卽以讓兄之詔明告天下隨奉璽紱遠迓忽都篤皇帝朔方言還奄棄臣庶扎牙篤皇帝薦正宸極仁義之至視民如傷恩澤旁被無間遠邇顧育眇躬尤篤慈愛賓天之日皇后傳顧命於太師太平王右丞相答剌罕燕帖木兒太保浚寧王知樞密院事伯顏等謂聖體彌留益推固讓之初志以宗社之重屬諸大兄忽都篤皇帝之世嫡乃遣使召諸王宗親以十月一日來會于大都與宗王大臣同奉遺詔揆諸成憲宜御神器以至順三年十月初四日卽皇帝位于大明殿可大赦天下自至順三年十月初四日昧爽以前除謀反大逆謀殺祖父母父母妻妾殺夫奴婢殺主謀故殺人但犯强盜印造僞鈔蠱毒魘魅犯上者不赦外其餘一切罪犯咸赦除之大都上都興和三路差稅免三年腹裏差發并其餘諸郡不納差發去處稅糧十分爲率免二分江淮以南夏稅亦免二分土木工役除倉庫必合修理外毋復刱造以紓民力民間在前應有逋欠差稅課程盡行蠲免監察御史肅政廉訪司官并內外三品以上正官歲舉才堪守令者一人申達省部先行錄用如果稱職舉官優加旌擢一任之內或犯贓私者量其輕重黜罰其不該原免重囚淹禁三年以上疑不能決者申達省部詳讞釋放學校農桑孝義貞節科舉取士國學貢試並依舊制廣海雲南梗化之民詔書到日限六十日內出官與免本罪許以自新於戲肆予冲人託于天下臣民之上任大守重若涉淵氷尚賴宗王大臣百司庶府交修乃職思盡厥忠嘉與億兆之民共保承平之治咨爾多方體予至意故茲詔示想知悉辛丑以知樞密院事撒敦爲御史大夫中書右丞撒廸爲中書平章政事宣政使闊里吉思爲中書左丞中書平章政事秃兒哈鐵木兒知樞密院事乙巳造皇太后玉册玉寶丁未皇太后命作兩宮幄殿車乘供帳戊申賞賚諸王金幣其數如文宗卽位之制立徽政中政二院己酉太白犯斗宿敕諸王駙馬勳舊大臣及中書省樞密院御史臺秩正二品百司庶府秩至一品者闕門之內得施繩床以坐餘皆禁之庚戌修郊祀法服以官者鐵古思哈里兀答兒累狗者闊闊出並爲中政院使辛亥以江浙歲比不登其海運糧不及數俟來歲補運壬子定婦人犯私鹽罪著爲令甲寅諸王不賽因遣使

貢塔里牙八十八斤佩刀八十賜鈔三千三百錠乙卯以卽位告祭南郊丙辰給宿衞士蒙古漢軍三萬人禦寒衣命江浙行省範銅造和寧宣聖廟祭器凡百三十有五事己未告祭太廟庚申告祭社稷以伯顏爲徽政使依前開府儀同三司浚寧王太保錄軍國重事知樞密院事提調忠翊侍衞親軍都指揮使司事伯撒里右都威衞都指揮使常不蘭奚並爲徽政使賜諸妃后大朝會賞賚有差甲子以諸王忽剌台貧乏賜鈔五百錠皇弟燕帖古思受戒於西僧加兒麻哇剌百官及宿衞士有只孫衣者凡與宴饗皆服以侍其或質諸人者罪之丙寅楚丘縣河堤壞發民丁二千三百五十人修之十一月己巳詔翰林國史集賢院奎章閣學士院集議先皇帝廟號神主升祔武宗皇后及改元事庚午賜鄭王徹徹禿以海寧州朐山贛榆沭陽三縣壬申命鄭王徹徹禿鎭遼陽甲戌遣宿衞官阿察赤以上皇太后玉冊告祭南郊中書平章政事伯撒里告祭太廟戊寅奉玉冊玉寶尊皇后曰皇太后皇太后御興聖殿受朝賀己卯帝御大明殿受朝賀庚寅賜諸王寬徹幣帛各二千匹以周其貧左欽察衞士饑賑糧二月壬辰帝崩年七歲甲午葬起輦谷從諸陵明年六月己巳明宗長子妥懽帖木耳卽位至元四年三月辛酉謚曰沖聖嗣孝廟號寧宗四月乙酉祔于太廟

元史卷三十八

明翰林學士亞中大夫知制誥兼修國史宋　濂等修

本紀第三十八

順帝一

順帝名妥懽貼睦爾明宗之長子母罕祿魯氏名邁來廸郡王阿兒廝蘭之裔孫也初太祖取西北諸國阿兒廝蘭率其衆來降乃封爲郡王俾領其部族及明宗北狩過其地納罕祿魯氏延祐七年四月丙寅生帝于北方當泰定帝之崩太師燕鐵木兒與諸王大臣迎立文宗文宗旣卽位以明宗嫡長復遣使迎立之明宗卽位于和寧之北而立文宗爲皇太子及明宗崩文宗復正大位至順元年四月辛丑明宗后八不沙被讒遇害遂徙帝于高麗使居大青島中不與人接閱一載復詔天下言明宗在朔漠之時素謂非其己子移于廣西之靜江三年八月己酉文宗崩燕鐵木兒請文宗后立太子燕帖古思后不從而命立明宗次子懿璘只班是爲寧宗十一月壬辰寧宗崩燕鐵木兒復請立燕帖古思文宗后曰吾子尚幼妥懽貼睦爾在廣西今年十三矣且明宗之長子禮當立之乃命中書左丞闊里吉思迎帝于靜江至良鄉具鹵簿以迓之燕鐵木兒旣見帝並馬徐行具陳迎立之意帝幼且畏之一無所答於是燕鐵木兒疑之故帝至京久不得立適太史亦言帝不可立立則天下亂以故議未決遷延者數月國事皆決於燕鐵木兒奏文宗后而行之俄而燕鐵木兒死后乃與大臣定議立帝且曰萬歲之後其傳位於燕帖古思若武宗仁宗故事諸王宗戚奉上璽綬勸進四年六月己巳帝卽位于上都詔曰洪惟我太祖皇帝受命于天肇造區夏世祖皇帝奄有四海治功大備列聖相傳丕承前烈我皇祖武宗皇帝入纂大統及致和之季皇考明宗皇帝遠居沙漠札牙篤皇帝戡定內難讓以天下我皇考賓天札牙篤皇帝復正宸極治化方隆奄棄臣庶今皇太后名大臣燕鐵木兒伯顏等曰昔者闊徹脫脫木兒只兒哈郎等謀逆以明宗太子爲名又先爲八不沙始以妬忌妄搆誣言疎離骨肉逆臣等旣正其罪太子遂遷于外札牙篤皇帝後知其妄等至大漸顧命有曰朕之大位其以朕兄子繼之時以朕遠征南服以朕弟懿璘只班登大位以安百姓乃遽至大故皇太后體承札牙篤皇帝遺意以武宗皇帝之元孫明宗皇帝之世嫡以賢以長在予一人遣使迎還徵集宗室諸王來會合辭推戴今奉皇太后勉進之篤宗親大臣懇請之至以至順四年六月初八日卽皇帝位于上都於戲惟天惟祖宗全付予有家慄慄危懼若涉淵冰罔知攸濟尚賴宗親臣鄰交修不逮以底隆平其赦天下時有阿魯輝帖木兒者明宗親臣也言於帝曰天下事重宜委宰相決之庶可責其成功若躬自聽斷則必負惡名帝信之由是深居宮中每事無所專焉辛未命伯顏爲太師中書右丞相上柱國監修國史兼奎章閣大學士領學士院太史院回回漢人司天監事撒敦爲太傅右丞相是月大霖雨京畿水平地丈餘饑民四十餘萬詔以鈔四萬錠賑之涇河溢關中水災黃河大溢河南水災兩淮旱民大饑秋七月霖雨潮州路水己亥太陰犯房宿八月壬申鞏昌徽州山崩是月立燕鐵木兒女伯牙吾氏爲皇后九月甲午太陰犯填星乙未太陰犯天江甲寅中書省臣言官員遷陞窒礙選法今請自省院臺官外其餘不許遷陞從之丁巳太陰犯填星己未太陰犯氐宿庚申詔太師右丞相伯顏太傅左丞相撒敦專理國家大事其餘官不得兼領三職秦州山崩賑恤寧夏饑民五萬三千人一月詔免儒人役冬十月甲子太陰犯斗宿丙寅鳳州山崩戊辰改元詔曰在昔世祖皇帝紹開丕圖稽古建元立經陳紀列聖相承恪遵成憲肆予冲人嗣大歷服茲圖治之云初嘉與民而更始乃新紀號誕告多方其以至順四年爲元統元年於戲一元運於四時惟裁成之有道大統綿於萬世思保佑於無疆中書省臣言凡朝賀遇雨請便服行禮從之己巳加知樞密院事答剌罕答里金紫光祿大夫庚午詔以察罕腦兒宣慰司人民止令應當徽政院差發癸酉雲南傀羅土官渾鄧馬弄來貢方物詔以其地陞立散府丁丑依皇太后行年之數釋放罪囚二十七人庚辰奉文宗皇帝及太皇太后御容於大承天護聖寺命左丞相撒敦爲隆祥使奉其祭祀乙酉詔以高郵府爲伯顏食邑戊子封撒敦爲榮王食邑廬州唐其勢襲父封爲太平王進階金紫光祿大夫庚寅中書省臣請集議武宗英宗明宗三朝皇后陞祔十一月辛卯朔罷富州金課甲午太陰犯壘壁陣丙申鞏昌成紀縣地裂山崩令有司賑被災人民丁酉享于太廟辛丑起棕毛殿丙午申飭鹽運司辛亥江西湖廣江浙河南復立榷茶運司追謚札牙篤皇帝爲聖明元孝皇帝廟號文宗時寢廟未建於英宗室次權結綵殿以奉安神主封伯顏爲秦王錫金印是日秦州山崩地裂夜太陰犯太微東垣上相壬子太陰犯填星癸丑太陰犯亢宿乙卯以燕鐵木兒平江所賜田五百頃復賜其子唐其勢罷河間大報恩寺諸色人匠總管府江浙旱饑發義倉糧募富人入粟以賑之詔秦王右丞相伯顏榮王左丞相撒敦統百官總庶政十二月庚申命伯顏提調彰德威武衞乙丑廣西猺寇湖南陷道州千戶郭震戰死寇焚掠而去壬申遣省臺官分理天下囚罪狀明者處決冤者辨之疑者讞之淹滯者罪其有司以奴列你他代其父塔剌赤爲耽羅國軍民安撫使司達魯花赤錫三珠虎符癸酉太陰犯鬼宿甲戌禿堅帖木兒致仕錫太尉印置僚屬乙亥爲皇太后置徽政院設官屬三百六十有六員太白犯壘壁陣太陰犯軒轅己卯太陰犯進賢癸未太陰犯東咸

元統二年春正月庚寅朔雨血于汴梁著衣皆赤辛卯東平須城縣濟寧濟州曹州濟陰縣水災民饑詔以鈔六萬錠賑之以御史大夫脫別台爲中書平章政事阿里海牙爲河南行省左丞相丁酉享于太廟戊戌四川大盤洞蠻謀谷什用遣男謀者什用來貢方物卽其地立盤順府命謀谷什用爲知府遣吏部尚書帖住禮部郎中智熙善使交阯以授時曆賜之太陰犯軒轅癸卯勑僧道與民一體充役己酉以上文宗皇帝謚號遣官告祭于南郊庚戌太陰犯房宿甲寅罷廣教總管府立行宣政院乙卯雲南土酋姚安路總管高明來獻方物錫符印遣之二月己未朔詔內外興舉學校癸亥廣西猺寇邊殺官吏廣海官已除而未上者罪之甲子塞北東涼亭雹民饑詔上都留守發倉廩賑之乙丑命有司以時給宿衞冬衣以燕不憐爲太保置僚屬戊辰封也真也不干爲昌寧王錫金印癸酉太陰犯太微上相丁丑封皇姑妥妥輝爲英壽大長公主癸未安豐路旱饑勑有司賑糶麥萬六千七百石甲申太廟木陛壞遣官告祭丁亥太白經天是月灤河漆河溢永平諸縣水災賑鈔五千錠瑞州路水賑米一萬石三月己丑朔詔科舉取士國子學積分膳學錢糧儒人免役悉依累朝舊制學校官選有德行學問之人以充辛卯以陰陽家言罷造作四年太陰犯填星癸巳廣西猺賊復起殺同知元帥吉列思掠庫物遣右丞脫魯迷失將兵討之復立西番巡捕都元帥府罷廣誼司復立覆實司贈吉烈思官令其子孫襲職庚子杭州鎭江嘉興常州松江江陰水旱疾疫勑有司發義倉糧賑饑民五十七萬二千戶癸卯月食旣甲辰中書省臣言興和路起建佛事一路所費爲鈔萬三千五百三十餘錠請依上都大都例給餼僧錢節其冗費從之乙巳中書省臣言益都眞定盜起請選省院官往督捕之仍募能擒獲者倍其賞獲三人者與一官從之丁未以河南行省左丞相阿里海牙爲江浙行省左丞相壬子廣西慶遠府猺賊寇全州詔平章政事探馬赤統兵二萬人擊之丁巳詔蒙古色目犯奸盜詐僞之罪者隸宗正府漢人南人犯者屬有司是月山東霖雨水湧民饑賑糶米二萬二千石淮西饑賑糶米二萬石湖廣旱自是月不雨至于八月夏四月戊午朔日有食之庚申封宗室蠻子爲文濟王乙丑命順元等處軍民宣撫使八番等處沿邊宣慰使伯顏溥

花承襲父職丙寅罷龍慶州黑峪道上勝火兒站庚午詔雲南出征軍士亾歿者人賜鈔二錠以葬壬申命唐其勢爲總管高麗女直漢軍萬戶府達魯花赤與馬札兒台並爲御史大夫丁丑太白經天戊寅太白晝見己卯奉聖明元孝皇帝文宗神主祔于太廟躬行告祭之禮樂用宮懸禮三獻先是御史臺臣言郊廟國之大典王者必行親祀之禮所以盡尊尊親親之誠宜因陞祔有事于太廟帝從之是日罷夏季時享詔加榮王左丞相撒敦開府儀同三司上柱國錄軍國重事食邑廬州復立杭州四隅錄事司太白晝見壬午復如之帝嘉許衡輔世祖以不殺一天下特錄其孫從宗爲章佩監異珍庫提點癸未立鹽局于京師南北城官自賣鹽以革專利之弊乙酉中書省臣言佛事布施費用太廣以世祖時較之歲增金三十八錠銀二百三錠四十兩繒帛六萬一千六百餘疋鈔二萬九千二百五十餘錠請除累朝期年忌日之外餘皆罷從之是月車駕時巡上都益都東平路水設酒禁大名路桑麥災成州旱饑詔出庫鈔及發常平倉米賑之河南旱自是月不雨至于八月五月己丑詔威武西寧王阿哈伯之子亦里黑赤襲其父封宦者孛羅帖木兒傳皇后旨取鹽一十萬引入中政院辛卯以唐其勢代撒敦爲中書左丞相撒敦仍商量中書省事壬辰命中書平章政事撒的領蒙古國子監癸巳罷洪教提點所戊申詔文濟王蠻子鎭大名雲南王阿魯鎭雲南給銀字圓牌是月中書省臣言江浙大饑以戶計者五十九萬五百六十四請發米六萬七百石鈔二千八百錠及募富人出粟發常平義倉賑之并存海運糧七十八萬三百七十石以備不虞從之詔王侯宗戚軍站人匠鷹坊控鶴但隸京師諸縣者令所在一體役之贈故中書平章政事王泰亨諡淸憲舊令三品以上官立朝有大節及有大功勳於王室者得賜功臣號及諡時寖冗濫失實惟泰亨在中書時安南請佛書乞以九經賜之使高麗不受禮遺爲尚書貧不能自給故特賜是諡贈潼州萬戶府知事闞文興英毅侯妻王氏貞烈夫人廟號雙節六月丁巳朔中書省臣言雲南大理中慶諸路曩因脫肩敗狐反叛民多失業加以災傷民饑請發鈔十萬錠差官賑恤從之戊午淮河漲淮安路山陽縣滿浦淸岡等處民畜房舍多漂溺丙寅宣德府水災出鈔二千錠賑之乙亥唐其勢辭左丞相不拜復命撒敦爲左丞相辛巳詔蒙古色目人行父母喪癸未復立繕工司造繒帛乙酉贈燕鐵木兒公忠開濟弘謨同德翊運佐命功臣開府儀同三司太師中書右丞相追封德王諡忠武是月彰德雨白毛大寧廣寧遼陽開元瀋陽懿州水旱蝗大饑詔以鈔二萬錠遣官賑之秋七月丁亥戒陰陽人毋得於貴戚之家妄言禍福辛卯祭太祖太宗睿宗三朝御容罷秋季時享壬辰帝幸大安閣是日宴侍臣於奎章閣甲午太白晝見己亥太白經天壬寅詔蒙古色目人犯盜者免刺甲辰太白經天丙午復如之帝幸楠木亭己酉太白晝見夜有流星大如酒盃色赤長五尺餘光明燭地起自天津沒于離宮之南庚戌太白經天壬子復如之夜熒惑犯鬼宿癸丑甲寅太白復經天是月池州青陽銅陵饑發米一千石及募富民出粟賑之八月丙辰朔太白經天凡四日戊午祭社稷癸亥太白經天丙寅至戊辰太白復經天辛未赦天下京師地震雞鳴山崩陷爲池方百里人死者甚衆自是日至甲戌太白經天丁丑己卯復如之夜犯軒轅庚辰至壬午太白復經天癸未中書平章政事阿里海牙罷是月南康路諸縣旱蝗民饑以米十二萬三千石賑糶之九月庚寅太白經天辛卯車駕還自上都壬辰太陰入南斗癸巳太白犯靈臺甲午太白經天猺賊陷賀州發河南江浙江西湖廣諸軍及八番義從軍命廣西宣慰使都元帥章伯顏將以擊之乙未太白經天己亥壬寅復如之乙巳太白犯太微垣壬子吉安路水災民饑發糧二萬石賑糶夜太白犯太微垣冬十月乙卯朔正內外官朝會儀班次一依品從戊午享于太廟辛酉以侍御史許有壬爲中書參知政事癸亥太白犯太微上相復犯進賢丁卯立湖廣黎兵屯田萬戶府統千戶一十三所每所兵千人屯戶五百皆土人爲之官給田土牛種農器免其差徭又刱立武安縣移石山寨巡檢司於淸水寨立霍丘縣淮陰鄉臨水山巡檢司改乾寧軍民安撫司曰乾寧安撫司乙亥太陰犯軒轅太白犯塡星己卯奉玉冊玉寶上皇太后尊號曰贊天開聖仁壽徽懿昭宣皇太后詔曰朕登大寶君臨萬方永惟大母擁佑之勤神器奠安海宇寧謐寶慈訓之致然也爰協衆議再舉徽稱而皇太后以文宗皇帝未祔于廟至誠謙抑弗賜俞允今告祔禮成亦既閱歲始徇所請乃以吉日奉上尊號思與普天同玆大慶其赦天下免今年民租之半內外官四品以下減一資卻天鵝之獻癸未命臺憲部官各舉材堪守令者一人十一月戊子中書省臣請發兩艅船下番爲皇后營利濟南萊蕪縣饑罷官冶鐵一年辛卯賜行宣政院廢寺錢一千錠以營公廨乙未塡星犯亢宿庚戌熒惑犯太微垣是月鎭南王孛羅不花來朝十二月立道州永明縣白面墟江華縣濤墟巡檢司各一以鎭遏猺賊甲戌詔整治學校是歲禁私刱寺觀庵院僧道入錢五十貫給度牒方出家

至元元年春正月癸巳申命廉訪司察郡縣勸農官勤惰達大司農司以憑黜陟乙未立徽政院屬官侍正府丙午雲南婦人一產三男二月甲寅朔革冗官乙卯車駕將田于柳林御史臺臣諫曰陛下春秋鼎盛宜思文皇付托之重致天下於隆平況今赤縣之民供給繁勞農務方興而馳騁冰雪之地倘有銜橛之變奈宗廟社稷何遂止丁巳立纏甸散府一穆由甸范陵甸軍民長官司二以薊州寶坻縣稻田提舉司所轄田土賜伯顏戊午祭社稷甲戌熒惑逆行入太微己卯以上皇太后冊寶遣官告祭天地三月癸未朔詔遣五府官決天下囚御史臺臣言丞相已領軍國重事省院臺官俱不得兼領各衞從之平伐都雲定雲酋長實郞天都蟲等來降卽其地復立宣撫司參用其土酋爲官辛卯以上皇太后實冊遣官告祭太廟壬辰河州路大雪十日深八尺牛羊駝馬凍死者十九民大饑丙申中書省臣言甘肅甘州路十字寺奉安世祖皇帝母別吉太后於內請定祭禮從之丁酉以霑益州所轄羅山石梁交木三縣幷歸巡檢司月食己亥龍興路饑出糧九萬九千八百石賑其民庚子御史臺臣言高麗爲國首效臣節而近年屢遣使往選取媵妾至使生女不舉女長不嫁乞賜禁止從之中書省臣言帝生母太后神主宜於太廟安奉命集議其禮甲辰山東河間兩淮福建四處增鹽課一十八萬五千引中書請權罷徵止令催辦正額乙巳以中書左丞王結參知政事許有壬知經筵事封安南世子陳端午爲安南國王是月益都路沂水日照蒙陰莒縣旱饑賑米一萬石夏四月癸丑朔詔諸官非節制軍馬者不得佩金虎符辛酉享于太廟以江南行御史臺中丞不花爲中書省參知政事壬戌太陰犯左執法丙寅詔以鈔五十萬錠命徽政院散給達達兀魯思怯薛丹各愛馬己巳加唐其勢開府儀同三司己卯詔翰林國史院纂修累朝實錄及后妃功臣列傳庚辰罷功德典瑞營繕集慶翊正羣玉繕工金玉珠翠諸提舉司以撒的爲御史大夫禁犯御名是月河南旱賑恤芍陂屯軍糧兩月五月壬午朔皇太后以膺受寶冊恭謝太廟丙戌占城國遣其臣剌忒納瓦兒撒來獻方物且言交趾遏其貢道詔遣使宣諭交趾戊子車駕時巡上都遣使者詣曲阜孔子廟致祭加伯撒里金紫光祿大夫壬辰命嚴謚法以絕冒濫京畿民饑詔有司議賑恤癸卯太陰犯壘壁陣甲辰伯顏請以右丞相讓唐其勢詔不允命唐其勢爲左丞相是月永新州饑賑之六月辛酉有司言甘肅撒里畏產金銀請遣官稅之壬戌太陰犯心宿癸酉禁服色不得僭上乙亥罷江淮財賦總管府所管杭州平江集慶三處提舉司以其事歸有司詔湖南宣慰使司兼都元帥府總領所轄諸路鎭守軍馬庚辰伯顏奏唐其勢及其弟塔剌海謀逆誅之執皇后伯牙吾氏幽於別所大霖雨秋七月辛巳朔以馬札兒台阿察赤並爲御史大夫壬午伯顏殺皇后伯牙吾氏于開平民舍丁亥享于太廟壬辰加馬札兒台銀青榮祿大夫開府儀同三司領承徽寺乙未太陰犯壘壁陣壬寅專命伯顏爲中書右丞相罷左丞相不置癸卯立脫脫禾孫於察罕腦兒之地乙巳罷燕鐵木兒唐其勢舉用之人戊申誅答里及剌剌等于市詔曰曩者文宗皇帝以燕鐵木兒嘗有勞伐父子兄弟顯列朝廷而輒造事釁出朕遠方文皇尋悟其妄有旨傳次于予燕鐵木兒貪利幼弱復立朕弟懿璘質班不幸崩殂今丞相伯顏追奉遺詔迎朕于南既至大都燕鐵木兒猶懷兩端遷延數月天隕厥躬伯顏等同時翊戴乃正宸極後撒敦答里唐其勢相襲用事交通宗王晃火帖木兒圖危社稷阿察赤亦嘗與謀賴伯顏等以次掩捕明正其罪元凶構難貽我太皇太后震驚朕用兢惕永惟皇太后其所生之子一以至公爲心親挈大寶畀予兄弟迹其定策兩朝功德隆盛近古罕比雖嘗奉上尊號揆之朕心猶爲未盡已命大臣特議加禮伯顏爲武宗捍禦北邊翼戴文皇茲又克淸大憝明飭國憲爰賜答剌罕之號至于子孫世世永賴可赦天下是月西和州徽州雨雹民饑發米賑貸之八月辛亥朔熒惑犯氐戊午祭社稷癸亥詔以岐陽王完者帖木兒知樞密院事帖木兒不花並爲御史大夫甲子加完者帖木兒太傅戊寅道州永興水災發米五千石及義倉糧賑之己卯議尊皇太后爲太皇太后許有壬諫以爲非禮不從是月廣西猺反命湖廣行省右丞完者討之沅州等處民饑賑米二萬七千七百石九月庚辰朔車駕駐扎胡嶺丙戌赦丁亥封知樞密院事闊里吉思爲宣國公太保中書平章政事定住爲宣德王夜太陰犯斗宿庚寅太陰犯壘壁陣庚子加中書平章政事徹里帖木兒銀青榮

祿大夫命有司造太皇太后玉冊玉寶御史臺臣言國朝初用宦官不過數人今內府執事不下千餘乞依舊制裁減冗濫廣仁愛之心省糜費之患從之丙午詔以烏撒烏蒙之地隸四川行省是月耒陽常寧道州民饑以米萬六千石并常平米賑糶之車駕還自上都以京畿鹽換羊二萬口冬十月甲寅熒惑犯南斗丙辰以大司農塔失海牙爲太尉置僚屬商議中書省事丁巳以塔失帖木兒爲太禧院使議軍國重事流晃火帖木兒荅里唐其勢子孫於邊地詔海道都漕運萬戶府船戶與民一體充役壬戌加御史大夫帖木兒不花銀青榮祿大夫癸亥流御史大夫完者帖木兒於廣海安置完者帖木兒乃賊臣也先鐵木兒骨肉之親監察御史以爲言故斥之選省院臺宗正府通練刑獄之官分行各道與廉訪司審決天下囚甲子太陰犯昴宿丁卯太陰犯斗宿戊辰太白晝見以宗王亦思干兒弟撒昔襲其兄封監察御史呂思誠等十九人劾奏徹里帖木兒之罪不聽皆辭去惟陳允文以不署名留辛未太皇太后玉冊玉寶成遣官告祭于太廟是月以伯顏獨任中書右丞相詔天下十一月庚辰勑以所在儒學貢士庄田租給宿衞衣糧詔罷科舉甲申太白經天乙酉伯顏請內外官悉循資銓注今後無得保舉澁滯選法從之癸巳命知樞密院事馬札兒台領武備寺丙戌太白經天己丑辰星犯房宿甲午以燕鐵木兒唐其勢荅里所奪高麗田宅還其王阿剌忒納失里丁酉以戶部尚書徐奭吏部尚書定住參議中書省事戊戌名前知樞密院事福丁失剌不花撒兒的哥還京師初二人以帝未立謀誅燕鐵木兒爲所誣貶故正之己亥太陰犯太微垣庚子太陰犯左執法辛丑下詔改元詔曰朕祗紹天明入纂丕緒于今三年夙夜寅畏罔敢怠荒茲者年穀順成海宇清謐朕方增修厥德日以敬天恤民爲務屬太史上言星文示儆將朕德菲薄有所未逮歟天心仁愛俾予以治有所告戒歟弭災有道善政爲先更號紀年實惟舊典惟世祖皇帝在位長久天人協和諸福咸至祖述之志良切朕懷今特改元統三年仍爲至元元年遹遵成憲誕布寬條庶格禎祥永綏景祚赦天下立常平倉丁未賜知樞密院事徹里帖木兒三珠虎符十二月己酉朔荆門州獻紫芝以廩給司屬通政院加知樞密院事闊里吉思銀青榮祿大夫兼左翊蒙古侍衞親軍都指揮使壬子太陰犯壘壁陣乙卯命雲南行省造軍士錢糧新舊之籍丙辰制省諸王公主駙馬飲饍之費詔徵高麗王阿剌忒納失里入朝丁巳詔伯顏領宮相府戊午日赤如赭辛酉太白犯壘壁陣壬戌撥廬州饒州牧地一百頃賜宣讓王帖木兒不花命四川雲南江西行省保選蠻夷官以俟銓注乙丑奉玉冊玉寶上太皇太后尊號曰贊天開聖徽懿宣昭貞文慈佑儲善衍慶福元太皇太后詔曰欽惟太皇太后承九廟之托啓兩朝之業親以大寶付之眇躬尚依擁佑之慈恪遵仁讓之訓爰極尊崇之典以昭報本之忱庸上徽稱宣告中外命宣政院使末吉以司徒就第太白犯軒轅夫人星丙寅太白經天丁卯復如之夜太陰犯右執法庚午太白經天壬申復如之癸酉歲星晝見乙亥太白歲星皆晝見丙子安慶蘄黃地震丁丑西番賊起遣兵擊之戊寅蒙古國子監成是日太白經天歲星晝見是月寶慶路饑賑糶米三千石閏月乙酉詔四川鹽運司於鹽井仍舊造鹽餘井聽民煮造收其課十之三熒惑犯壘壁陣丁亥日赤如赭凡二日戊子復以宗正府爲大宗正府壬辰詔宗室脫脫木兒襲封荆王賜金印命掌忙來諸軍設立王府官屬丁酉御史大夫撒的加銀青榮祿大夫領奎章閣知經筵事戊戌御史臺臣復劾奏中書平章政事徹里帖木兒罪罷之庚子太陰犯心星壬寅流徹里帖木兒於南安太陰犯箕宿癸卯太陰犯南斗丙午詔平章政事塔失海牙領都水度支二監是年江西大水民饑賑糶米七萬七千石賜天下田租之半凡有妻室之僧令還俗爲民既而復聽爲僧移犍爲縣還舊治

元史卷三十八考證

順帝紀元統元年十一月辛亥追謚札牙篤皇帝爲聖明元孝皇帝廟號文宗○臣祖庚按文宗紀作元統二年正月己酉事

二年八月戊午祭社稷○臣祖庚按仁宗六年改祀中戊此八月丙辰朔則上戊之典自是復舉

元史卷三十九

明翰林學士亞中大夫知制誥兼修國史宋　濂等修

本紀第三十九

順帝二

二年春正月壬戌太陰犯右執法甲子太陰犯角宿乙丑宿松縣地震山裂丁卯太陰犯房宿是月置都水庸田使司于平江二月戊寅朔祭社稷辛巳太陰犯昴宿甲申太白經天戊子詔以世祖所賜王積翁田八十頃還其子都中初積翁實詔諭日本死於王事嘗受賜後收入官故復賜之己丑立穆陵關巡檢司壬辰日赤如赭乙未丙申復如之丁酉追尊帝生母邁來迪爲貞裕徽聖皇后庚子分衡州路衡陽縣立新城縣進封宣靖王買奴爲益王甲辰宗王也可札魯忽赤添孫薨賜鈔一百錠以葬乙巳詔賞勞廣海征猺將卒有官者升散階歿於王事者優加褒贈金山甘肅兵士在逃者聽復業免其罪三月戊申以阿里海牙家藏書畫賜伯顏甲寅以按灰爲大宗正府也可札魯忽赤總掌天下奸盜詐僞丁巳以累朝御服朱衣七寶項牌賜伯顏庚申日赤如赭壬戌復如之賜征東元帥府軍士冬衣及甲諸軍討廣西猺久無功勑行省行臺廉訪司官共督之順州民饑以鈔四千錠賑之夜太陰犯星宿癸亥日赤如赭甲子太陰犯箕宿乙丑太陰犯南斗賜宗王火兒灰母答里鈔一千錠以撒敦上都居第賜太保定住仍勑有司籍撒敦家財甲戌復四川鹽井之禁以按答木兒家人田宅賜太保定住以汪家奴爲宣政院使加金紫光祿大夫造武宗英宗明宗三朝皇后玉冊玉寶是月陝西暴風旱無麥夏四月丁丑朔日赤如赭禁民間私造格例戊寅封駙馬孛羅帖木兒爲毓德王丙戌太陰犯角宿丁亥禁服麒麟鸞鳳白兔靈芝雙角五爪龍八龍九龍萬壽福壽字赭黃等服庚寅以知樞密院事帖木兒不華爲中書平章政事撒迪爲御史大夫甲午遣使以香幣賜武當龍虎二山詔以太平路爲郯王徹徹禿食邑以集慶廬州饒州禿禿哈民戶賜伯顏仍於句容縣設長官所領之戊戌車駕時巡上都拜中書左丞耿煥爲侍御史王德懋爲中書左丞賜宗室灰里王金一錠鈔一千錠毓德王孛羅帖木兒鈔三千錠公主八八鈔二千錠五月丙午朔黃河復于故道庚戌太陰犯靈臺乙卯南陽鄧州大霖雨自是日至于六月甲申湍河白河大溢水爲災丙辰太白晝見丁巳亦如之壬申秦州山崩是月婺州不雨至于六月六月丁丑禁諸王駙馬從衞服只孫衣繫條環賜宗王忽都答兒爲雲安王謚忠武羅羅歹爲保寧王謚昭勇庚辰命中書平章政事阿吉剌知經筵事戊子以鐵木兒補化爲江浙行省左丞相太白犯井宿辛卯以汴梁大名諸路脫別台地土賜伯顏禮部侍郎忽里台請復科舉取士之制不聽庚子涇水溢辛丑以鈔五千錠賜吳王搠失江秋七月丙午詔以公主奴倫引者思之地五千頃賜伯顏以衞輝路賜衞王寬徹哥爲食邑己酉太白犯鬼宿庚戌以定住鎖南參議中書省事壬子發阿魯哈不蘭奚騂駝一百一十上供太皇太后乘輿之用乙卯太白犯熒惑庚申禁隔越中書口傳勑旨冒支錢糧甲子命有司以所籍撒敦寶器分賜伯顏及太保定住乙丑中書平章政事孛羅從宅賜金二錠銀十錠庚午勑賜上都孔子廟碑載累朝尊崇之意省諸王公主駙馬從衞糧賜之數癸酉命宗王不蘭奚駙馬月魯不花帖古思教化鎭薛連可怯魯連之地各賜鈔六百錠及銀牌遣之是月黃州蝗督民捕之人日五斗以鈔二千錠賑新收阿速軍扈從車駕者每戶鈔二錠死者人一錠八月甲戌朔日有食之高郵大雨雹詔雲南廣海八番及甘肅四川邊遠官死而不能歸葬者有司給糧食舟車護送還鄉去鄉遠者加鈔二十錠無親屬者官爲瘞之命威順王寬徹不花還鎭湖廣先是伯顏矯制召之至京至是帝遣歸藩戊寅祭社稷大都至通州霖雨大水勑軍人修道己卯太陰犯心宿辛巳太陰犯箕宿辛卯以徽政院中政院財賦府田租六萬三千三百石補本年海運未敷之數令有司歸其直壬辰立屯衞於馬札罕之地庚子詔强盜皆死盜牛馬者劓盜驢騾者黥額再犯劓盜羊豕者墨項再犯黥三犯劓劓後再犯者死盜諸物者照其數估價省院臺五府官三年一次審決著爲令辛丑減湖馬路泥溪平夷蠻夷都沐川雷坡六長官司併爲三九月庚戌熒惑犯太微垣癸亥弛鞏昌總帥府漢人軍器之禁戊辰車駕還自上都海運糧至京遣官致祭天妃是月台州路饑發義倉募富人出粟賑之沅州路盧陽縣饑賑糶米六千石冬十月丙子熒惑犯左執法己卯享于太廟丙申命參知政事納麟監繪明宗皇帝御容丁酉太陰犯昴宿己亥詔每日右丞相伯顏太保定住中書平章政事孛羅阿吉剌聚議於內廷平章政事塔失海牙右丞鞏卜班參知政事納麟許有壬等聚議於中書太陰犯進賢是月撫州袁州瑞州諸路饑發米六萬石賑糶之十一月己酉太陰犯壘壁陣

壬子，以那海爲湖廣行省平章政事，討廣西叛猺。武宗英宗明宗三朝皇后升祔入廟，命官致祭。丁巳，遣河南行省平章政事玥璐普華於西番爲僧。己未，太陰犯壘壁陣。辛酉，賜宣讓王帖木兒不花市宅錢四千錠。詔帖木兒不花王府官屬朝賀班次列于有司之右。壬戌，命同知樞密院事者燕不花兼宮相都總管府達魯花赤，領隆鎭衞左阿速衞諸軍。癸亥，安置宗王不蘭奚於梧州。丁卯，太陰犯房宿。辛未，禁彈弓弩箭袖箭。壬申，國公買住卒，賜鈔三百錠。印造至元三年鈔本一百五十萬錠。是月，松江府上海縣饑，發義倉糧及募富人出粟賑之。安豐路饑，賑糶麥四萬二千四百石。十二月甲戌，日赤如赭。丙子，命興元府鳳州留壩鎭及晉寧路遼山縣十八盤各立巡檢司。宗王也孫帖木兒進西馬三疋。賜文濟王蠻子金印、驛券，及從衞者衣并糧五千石。詔省院臺翰林集賢奎章閣太常禮儀院禮部官定議寧宗皇帝尊謚廟號。是月，江州諸縣饑，總管王大中貸富人粟以賑貧民，而免富人雜徭以爲息，約年豐還之，民不病饑。慶元慈溪縣饑，遣官賑之。是歲，詔整治驛傳。以甘肅行省白城子屯田之地賜宗王喃忽里。以燕鐵木兒居第賜灌頂國師曩哥星吉，號大覺海寺，塑千佛於其內。江浙旱，自春至于八月不雨，民大饑。

三年春正月癸卯，廣州增城縣民朱光卿反，其黨石昆山、鍾大明率衆從之，僞稱大金國，改元赤符。命指揮狗札里、江西行省左丞沙的討之。戊申，大都南北兩城設賑糶米鋪二十處。辛亥，升祔懿璘只班皇帝於廟，謚沖聖嗣孝皇帝，廟號寧宗。豫王阿剌忒納失里買池州銅陵産銀地一所，請用私財煆煉，輸納官課，從之。癸丑，立宣鎭侍衞屯田萬戶府於寧夏。丙辰，月食。丁巳，日有交暈，左右珥，上有白虹貫之。戊午，帝獵于柳林，凡三十五日。監察御史丑的、宋紹明進諫，帝嘉納之，賜金幣。丑的等固辭，帝曰：「昔魏徵進諫，唐太宗未嘗不賞，汝其受之。」是月，臨江路新淦州、新喻州、瑞州民饑，賑糶米二萬石。封晉郭璞爲靈應侯。二月壬申朔，日有食之。棒胡反於汝寧信陽州。棒胡本陳州人，名閏兒，以燒香惑衆，妄造妖言作亂，破歸德府鹿邑，焚陳州，屯營於杏岡。命河南行省左丞慶童領兵討之。紹興路大水。丙子，立船戶提舉司十處，提領二十處，定船戶科差，船一千料之上者歲納鈔六錠，以下遞減。壬午，以上太皇太后玉冊玉寶，恭謝太廟。甲申，定服色器皿輿馬之制。己丑，汝寧獻所獲棒胡彌勒佛、小旗、僞宣勅并紫金印、量天尺。辛卯，發鈔四十萬錠，賑江浙等處饑民四十萬戶，開所在山場河泊之禁，聽民樵採。廣西猺賊復反，命湖廣行省平章那海、江西行省平章禿兒迷失海牙總兵捕之。丙申，太保定住薨，給賜殯葬諸物。庚子，中書參知政事納麟等請立採珠提舉司。先是，常立提舉司，泰定間以其煩擾罷去，至是納麟請復立之，且以採珠戶四萬賜伯顏。是月，發義倉米賑蘄州及紹興饑民。三月辛亥，太陰犯靈臺。發鈔一萬錠，賑大都寶坻饑民。戊午，以玉寶玉冊立弘吉剌氏伯顏忽都爲皇后，因雨輟賀。詔以完者帖木兒蘇州之田二百頃賜郯王徹徹禿。己未，大都饑，命於南北兩城賑糶糙米。癸亥，加封晉周處爲英義武惠正應王。己丑，命宗王燕帖木兒爲大宗正府札魯忽赤。是月，天雨線。發義倉糧賑溧陽州饑民六萬九千二百人。夏四月壬申，遣使降香於龍虎、三茅、閤皂諸山。癸酉，禁漢人、南人、高麗人不得執持軍器，凡有馬者拘入官。甲戌，有星孛于王良，至七月壬寅沒于貫索。皇后以受玉冊玉寶，恭謝太廟。命伯顏領宣鎭侍衞軍，賜鈔三千錠。建宣鎭侍衞府。以太皇太后受冊寶，詔天下。己卯，車駕時巡上都。壬午，高麗王阿剌忒納失里朝賀還國，賜金一錠、鈔二千錠，從官賜與有差。辛卯，合州大足縣民韓法師反，自稱南朝趙王。太陰犯壘壁陣。丁酉，謚唐杜甫爲文貞。己亥，惠州歸善縣民聶秀卿、譚景山等造軍器，拜戴甲爲定光佛，與朱光卿相結爲亂，命江西行省左丞沙的捕之。庚子，太白晝見。是月，詔省院臺部宣慰司廉訪司及部府幕官之長並用蒙古色目人。禁漢人南人不得習學蒙古色目文字。以米八千石、鈔二千八百錠賑哈剌奴兒饑民。龍興路南昌新建縣饑，太皇太后發徽政院糧三萬六千七百七十石賑糶之。五月辛丑，民間訛言朝廷拘刷童男童女，一時嫁娶殆盡。壬寅，太白犯鬼宿。癸卯，給平伐都雲定雲二處安撫司達魯花赤暗都剌等虎符。乙巳，以興州、松州民饑，禁上都興和造酒。太陰犯軒轅。戊申，詔：「汝寧棒胡、廣東朱光卿、聶秀卿等，皆係漢人。漢人有官於省臺院及翰林集賢者，可講求誅捕之法以聞。」太白晝見。壬子，太陰犯心宿。甲寅，詔哈八兒禿及禿堅帖木兒爲太尉，各設僚屬幕官。西番賊起，殺鎭西王子党兀班。立行宣政院，以也先帖木兒爲院使，往討之。戊午，太白晝見。己未，太陰犯壘壁陣。辛酉，太白晝見。壬戌，命四川行省參知政事舉理等捕反賊韓法師。丁卯，慧星見於東北，大如天船星，色白，約長尺餘，彗指西南，至八月庚午始滅。六月庚午，太白經天。辛未、甲戌，復如之。乙亥，太白犯靈臺。戊寅，贈丞相安童推忠佐運開國元勳，東平忠憲王，於所封城內建立祠廟，官爲致祭。己卯，太白經天。夜，太白犯太微垣。辛巳，大霖雨，自是日至癸巳不止。京師、河南北水溢，御河、黃河、沁河、渾河水溢，沒人畜廬舍甚衆。壬午，太白晝見。太陰犯斗宿。癸未，設醮長春宮。丁亥，太白犯太微垣。戊子，加封文始尹眞人爲無上太初博文文始眞君，徐甲爲垂玄感聖慈化應御眞君，庚桑子洞靈感化超蹈混然眞君，文子通玄光暢昇元敏秀眞君，列子沖虛至德遁世遊樂眞君，莊子南華至極雄文弘道眞君。己丑，太白晝見。庚寅，復如之，至七月辛酉方息。壬辰，彰德大水，深一丈。立高密縣濰川鄉景芝社巡檢司。秋七月己亥，漳河泛溢，至廣平城下。賜鞏卜班西平王印。癸卯，車駕出獵。太白經天。乙巳，復如之。丙午，車駕幸失剌斡耳朶。太白復經天。丁未，車駕幸龍岡，灑馬乳以祭。戊申，名朶兒只國王入朝。庚戌，太白晝見。河南武陟縣禾將熟，有蝗自東來，縣尹張寬仰天祝曰：「寧殺縣尹，毋傷百姓。」俄有魚鷹羣飛啄食之。壬子，車駕幸乾元寺。甲寅，太白經天。乙卯，懷慶水。庚申，詔除人命重事之外，凡盜賊諸罪，不須候五府官審錄，有司依例決之。辛酉，太白晝見。壬戌，賜宗王桑哥八剌七寶繫腰。太白經天。癸亥、甲子，復如之。是月，狗札里、沙的擒朱光卿等，追擒石昆山、鍾大明。八月戊辰，祭社稷。遣使賑濟南饑民九萬戶。庚午，彗星不見，自五月丁卯始見，至是凡六十三日，自昴至房，凡歷一十五宿而滅。甲戌，太陰犯心宿。辛巳，京畿盜起。壬午，京師地大震，太廟梁柱裂，各室墻壁皆壞，壓損儀物，文宗神主及御床盡碎；西湖寺神御殿壁仆，壓損祭器。自是累震，至丁亥方止，所損人民甚衆。癸未，日有交暈，左右珥，白虹貫之。河南地震。弛高麗執持軍器之禁，仍令乘馬。戊子，漢人鎭遏生番處，亦開軍器之禁。修理文宗神主并廟中諸物。是月，車駕至自上都。九月己亥，熒惑犯斗宿。甲辰，太白犯斗宿。丁未，太陰犯壘壁陣。己酉，立皮貨所於寧夏，設提領使副主之。立四川、湖廣、江西、江浙行樞密院。文宗新主玉冊及一切神御之物皆成，詔依典禮祭告。太陰犯壘壁陣。辛亥，太陰犯軒轅。丙寅，大都南北兩城添設賑糶米舖五所。冬十月庚午，太白晝見。癸酉，日赤如赭。乙亥，命江浙行省丞相撒思監提調海運。丙子，太陰犯壘壁陣。壬午，太陰犯昴宿。丁亥，太白晝見。太陰犯鬼宿。庚寅，太白晝見。辛卯，亦如之。丙申，復如之。十一月丁酉，太白經天。戊戌，太白犯亢宿。己亥，太白經天。壬寅，太陰犯熒惑。癸卯，太陰犯壘壁陣。丙午，立屯田於雄州。丁未，塡星犯鍵閉。辛亥，太白犯五車。甲寅，太白犯鬼宿。丙辰，太陰犯軒轅。丁巳，太白經天。太陰犯太微垣。詔脫脫木兒襲脫火赤荆王位，仍命其妃忽剌灰同治亢魯思事。戊午，太白經天。癸亥，發鈔萬五千錠，賑宣德等處地震死傷者。太白經天。甲子、乙丑，復如之。十二月己巳，享于太廟。歲星退犯天罇。塡星犯罰星。甲戌，熒惑犯壘壁陣。太白犯東咸。乙亥，吏部仍設考功郎中、員外郎、主事各一員。庚辰，命阿魯圖襲廣平王爵。壬午，集賢大學士羊歸等言：「太上皇、唐妃影堂在眞定玉華宮，每年宜於正月二十日致祭。」從之。丙戌，命阿速衞探馬赤軍屯田。是月，以馬札兒台爲太保，分樞密院鎭北邊。是歲，詔賜孝子靳昺碑。伯顏請殺張、王、劉、李、趙五姓漢人，帝不從。徵西域僧伽剌麻至京師，號灌頂國師，賜玉印。

四年春正月丙申，以地震赦天下。詔內外廉能官父母年七十無侍丁者，附近銓注，以便侍養。以宣政院使不蘭奚年七十致仕，授大司徒，給全俸終身。癸卯，太白犯建星。甲辰，復如之。丙午，太白犯五車。辛亥，太陰犯軒轅。己未，塡星犯東咸。江浙海運糧數不足，撥江西、河南五十萬石補之。庚申，太陰入南斗。太白犯牛宿。辛酉，分命宗王乃馬歹爲知行樞密院事。癸亥，印造鈔本百二十萬錠。是月，詔修曲阜孔子廟。二月丁卯，罷河南、江西、江浙、湖廣、四川等處行樞密院。戊辰，祭社稷。庚午，車駕獵于柳林。戊寅，太陰犯軒轅。己卯，太陰犯靈臺。乙酉，奉聖州地震。是月，賑京師、河南北被水災者。龍興路南昌州饑，以江西海運糧賑糶之。三月戊申，塡星退犯東咸。辛酉，命中書平章政事阿吉剌監修至正條格。告祭南郊。以國王朶兒只爲遼陽行省左丞相，宗王玉里不花爲知樞密院事，賜鈔一千錠、金一錠、銀十錠。夏四月辛未，京師天雨紅沙，晝晦。以探馬赤只兒瓦歹爲中書平章政事。癸酉，以脫脫爲御史大夫。乙亥，命阿吉剌爲奎章大學士兼知經筵事。己卯，車駕時巡上都。河南執棒胡至京師，誅之。癸巳，車駕薄暮至八里塘，雨雹大如拳，其狀有小兒、環玦、獅象、龜卵之形。五月乙未，立五臺山等處巡檢司。庚戌，升兩淮屯田打捕總管府爲正三品。甲寅，贈湖廣行省平章政事燕赤推誠翊戴安邊制勝功臣、太傅、開府儀同三司、上柱國，追封永平王，謚忠襄。辛酉，詔土番宣慰司軍士許令乘馬執兵器。湖廣行省元領新化洞、古州、潭溪、龍里、洪州諸洞三百餘處，洞民六萬餘戶分隸靖州立敘南橫江巡檢司是月命佛家閭爲考功郎中喬林爲考功員外郎魏宗道爲考功主事考較天下郡縣官屬功過命阿剌吉復爲中書平章政事彰德獻瑞麥一莖三穗臨沂費縣水發米三萬石賑糶之六月庚午廣東廉訪司僉事恩莫綽言處決重囚宜命五府官斟酌地里遠近預選官分行各道比到秋分時畢事從之辛巳袁州民周子旺反僭稱周王僞改年號尋擒獲伏誅填星退犯鍵閉壬午立重慶路墊江縣己丑邵武路大雨水入城郭平地二丈是月信州路靈山裂漳州路南勝縣民李志甫反圍漳城守將搠思監與戰失利詔浙江行省平章別不花總浙閩江西廣東軍討之秋七月壬寅詔以伯顏有功立生祠於涿州汴梁己酉奉聖州地大震損壞人民廬舍丙辰鞏昌府山崩壓死人民戊午爲伯顏立打捕鷹房諸色人戶總管府八月癸亥朔日有食之戊辰祭社稷己巳申取高麗女子及閹人之禁贈伯顏察兒守誠佐治安惠世美功臣太師開府儀同三司上柱國追封奉元王謚忠宣辛未宣德府地大震癸酉山東鹽運司於濟南歷城立濱洛鹽倉東西二場丙子京師地震日二三次至乙酉乃止丁酉白虹貫天癸未改宣德府爲順寧府奉聖州爲保安州贈太保曲出推忠翊運保寧一德功臣太師開府儀同三司上柱國追封廣陽王謚忠惠贈平章伯帖木兒宣忠濟美協誠正德功臣太傅開府儀同三司上柱國追封文安王謚忠憲甲申雲南老告土官八那遣姪那賽齎象馬來朝爲立老告軍民總管府是月車駕還自上都閏八月戊戌日赤如赭己亥復如之填星犯罰星太陰犯斗宿壬寅日赤如赭庚戌太陰犯斗宿乙卯太陰犯鬼宿九月丙寅太陰犯斗宿戊辰太白犯東咸癸酉奔星如盃大色白起自右旗之下西南行沒於近濁甲申太陰犯軒轅乙酉太陰犯靈臺庚寅日赤如赭太白犯斗宿冬十月辛卯享于太廟辛亥太陰犯酒旗十一月丙寅改英宗殿名昭融丁卯立紹熙府軍民宣撫都總使司命御史大夫脫脫兼都總使治書侍御史吉當普爲副都總使世襲其職本府元領六州二十縣一百五十二鎮國初以其地荒而廢之至是居民二十餘萬故立府治之乙巳命平章政事孛羅領太常禮儀院使熒惑犯氐宿丁丑太陰犯鬼宿戊寅太陰犯壘壁陣壬午四川散毛洞蠻反遣使賑被寇人民十二月甲午大都南城等處設米鋪二十每鋪日糶米五十石以濟貧民俟秋成乃罷戊戌立邦牙等處宣慰司都元帥府并總管府先是世祖既定緬地以其處雲南極邊就立其酋長爲帥令三年一入貢至是來貢故立官府庚子熒惑犯房宿壬寅以宣徽使別兒怯不花爲御史大夫癸卯太白經天己酉復如之庚戌加荊王脫脫木兒元德上輔廣中宣義正節振武佐運功臣之號太白經天辛亥復如之壬子熒惑犯東咸乙卯太白犯外屏太陰犯斗宿丙辰太白經天

元史卷四十

明翰林學士亞中大夫知制誥兼修國史宋　濂等修

本紀第四十

順帝三

五年春正月癸亥禁濫予僧人名爵庚午太陰犯井宿乙亥熒惑犯天江濮州鄄城范縣饑賑鈔二千一百八十錠冀寧路交城等縣饑賑米七千石桓州饑賑鈔二千錠雲需府饑賑鈔五千錠開平縣饑賑米兩月興和寶昌等處饑賑鈔萬五千錠二月庚寅信州雨土甲午太陰犯昴宿戊戌祭社稷庚子免廣海添辦鹽課萬五千引止辦元額壬寅太陰犯靈臺三月辛酉八魯剌思千戶所民被災遣太禧宗禋院斷事官塔海發米賑之戊辰灤河住冬怯憐口民饑每戶賑糧一石鈔二十兩夏四月辛卯革興州興安縣癸巳立伯顏南口過街塔二碑乙未加封孝女曹娥爲慧感靈孝昭順純懿夫人壬寅太陰犯日星及房宿己酉申漢人南人高麗人不得執軍器弓矢之禁是月車駕時巡上都五月己未朔晃火兒不剌賽禿不剌紐阿迭列孫三卜剌等處六愛馬大風雪民饑發米賑之庚午太陰犯心宿壬申太陰犯斗宿丙子太白犯昴宿丙戌加封劉陽州道吾山龍神崇惠昭應靈顯廣濟侯六月壬寅月食甲辰熒惑退入南斗庚戌汀州路長汀縣大水平地深可三丈餘沒民廬八百家壞民田二百頃戶賑鈔半錠死者一錠乙卯達達民饑賑糧三月是月沂莒二州民饑發糧賑糶之秋七月辛酉壬戌熒惑犯南斗甲子熒惑犯南斗太陰犯房宿甲戌太白經天丙子開上都興和等處酒禁丁丑封皇姊月魯公主爲昌國大長公主戊寅太白經天詔諸王位下官毋入常選甲申常州宜興山水出勢高二丈壞民廬乙酉太白經天丙戌太白復經天八月丁亥車駕至自上都戊子太白經天祭社稷己丑太白復經天庚寅宗王脫歡脫木爾各愛馬人民饑以鈔三萬四千九百錠賑之宗王脫憐渾禿各愛馬人民饑以鈔萬一千三百五十七錠賑之太白經天辛卯太白復經天甲午太陰犯斗宿丁酉太白犯軒轅戊戌己亥太白經天壬寅至甲辰太白復經天乙巳太陰犯昴宿九月丁巳瀋陽饑民食木皮賑糶米一千石戊午太白經天己未太白復經天冬十月辛卯享于太廟壬辰禁倡優盛服許男子裹青巾婦女服紫衣不許戴笠乘馬甲午詔命伯顏爲大丞相加元德上輔功臣之號賜七寶玉書龍虎金符己亥熒惑犯壘壁陣是月衛州饑賑糶米五千石遼陽饑賑米五百石文登牟平二縣饑賑糶米一萬石十一月丁巳熒惑犯壘壁陣禁宰殺戊辰開封杞縣人范孟反僞傳帝旨殺河南行省平章政事月祿帖木兒左丞劫烈廉訪使完者不花等已而捕誅之癸酉瑞州路新昌州雨木冰至明年二月始解是月八番順元等處饑賑鈔二萬二十錠十二月辛卯復立都水庸田使司于平江先是嘗置而罷至是復立甲午太陰犯昴宿癸酉熒惑犯外屏是歲勑賜曲阜宣聖廟碑工部廳梁上出芝草一本七莖袁州饑賑糶米五千石膠密莒濰等州饑賑鈔二萬錠

六年春正月丁卯太陰犯鬼宿甲戌立司禋監奉太祖太宗睿宗三朝御容於石佛寺乙亥太陰犯房宿戊寅追封闊兒吉思宣誠戡難翊運致美功臣太師開府儀同三司上柱國追封晉寧王謚忠襄是月察忽察罕腦兒等處馬災賑鈔六千八百五十八錠邳州饑賑米兩月二月甲申朔詔權止今年印鈔戊子祭社稷己丑太陰犯昴宿丙申太陰犯太微垣己亥黜中書大丞相伯顏爲河南行省左丞相詔曰朕踐位以來命伯顏爲太師秦王中書大丞相而伯顏不能安分專權自恣欺朕年幼輕視太皇太后及朕弟燕帖古思變亂祖宗成憲虐害天下加以極刑允合輿論朕念先朝之故尚存憫恤今命伯顏出爲河南行省左丞相所有元領諸衛親軍并怯薛丹人等詔書到時即許散還以太保馬札兒台爲太師中書右丞相太尉塔失海牙爲太傅知樞密院事塔馬赤爲太保御史大夫脫脫爲知樞密院事汪家奴爲中書平章政事嶺北行省平章政事也先帖木兒爲御史大夫增設京城米鋪從便賑糶壬寅詔除知樞密院事脫脫之外諸王侯不得懸帶弓箭環刀輒入內府癸卯太陰犯心宿乙巳罷各處船戶提舉廣東採珠提舉二司丁未太陰犯羅堰立延徽寺以奉寧宗祀事罷司禋監罷通州河西務等處抽分按利房大都東褁山查提領所戊申熒惑犯月星己酉彗星如房星大色白狀如粉絮尾跡約長五寸餘彗指西南漸向西北行是月福寧州大水溺死人民京畿五州十一縣水每戶賑米兩月三月甲寅漳州義士陳君用襲殺反賊李志甫授君用同知漳州路總管府事乙卯益都般陽等處饑賑之丙辰赦漳潮二州民爲李志甫劉虎仔脅從之罪褒贈軍將死事者丁巳大斡耳朶思風雪爲災馬多死以鈔八萬錠賑之癸亥四怯薛役戶饑賑米一千石鈔二千錠成宗潛邸四怯薛戶饑賑米二百石鈔二百錠以知樞密院事脫脫御史大夫別兒怯不花知樞密院事牙不花知經筵事中書參議阿魯佛住兼經筵官太陰犯軒轅丁卯詔賜江南行臺御史中丞史惟良御史中丞耿煥山東廉訪使張友諒中書參知政事許有壬上尊束帛庚午太陰犯房宿辛未詔從伯顏於南恩州陽春縣安置壬申太陰犯南斗丁丑以治書侍御史達識帖睦邇爲奎章閣大學士翰林直學士揭傒斯爲奎章閣供奉學士戊寅太白犯月星辛巳彗星見自二月己酉至三月庚辰凡三十二日是月淮安路山陽縣饑賑鈔二千五百錠給糧兩月順德路邢臺縣饑賑鈔三千錠夏四月己丑享于太廟庚寅詔大天元延壽寺立明宗神御殿碑以同知樞密院事鐵木兒塔識爲中書右丞丙午詔封馬札兒台爲忠王及加荅剌罕之號馬札兒台辭五月癸丑禁民間藏軍器乙卯監察御史普魯台言右丞相馬札兒台辭荅剌罕及王爵名號宜示天下以勸廉讓從之己未詔以党兀巴太子擒賊阿荅理胡歿於王事追封涼王謚忠烈漳州龍巖尉黃佐才獲李志甫餘黨鄭子箕佐才因與賊戰妻子四十餘口皆遇害以佐才爲龍巖縣尹丁卯太陰犯斗宿辛未降鈔萬錠給守衛宮闕內外門禁唐兀左右阿速貴赤阿兒渾欽察等衛軍丙子車駕時巡上都置月祭各影堂香於大明殿遇行禮時令省臣就殿迎香祭之以宦者伯不花爲長寧寺卿是月濟南饑賑鈔萬錠六月丙申詔撤文宗廟主徙太皇太后不荅失里東安州安置放太子燕帖古思於高麗其詔曰昔我皇祖武宗皇帝昇遐之後祖母太皇太后惑於憸慝俾皇考明宗皇帝出封雲南英宗遇害正統寖偏我皇考以武宗之嫡逃居朔漠宗王大臣同心翊戴肇啓大事于時以地近先迎文宗暫總機務繼知天理人倫之攸當假讓位之名以寶璽來上皇考推誠不疑即授以皇太子寶文宗

稔惡不悛當躬逆之際乃與其臣月魯不花也里牙明里董阿等謀爲不軌使我皇考飲恨上賓歸而再御宸極思欲自解於天下乃謂夫何數日之間宮車弗駕海內聞之靡不切齒又私圖傳子乃搆邪言嫁禍於八不沙皇后謂朕非明宗之子遂俾出居遐陬祖宗大業幾於不繼內懷愧慊則殺也里牙以杜口上天不祐隨降殞罰叔嬸不答失里怙其勢𦑺不立明考之冢嗣而立孺稚之弟懿璘質班奄復不年諸王大臣以賢以長扶朕踐位國之大政屬不自遂者詎能枚舉每念治必本於盡孝事莫先於正名賴天之靈權奸屏黜盡孝正名不容復緩永惟鞠育罔極之恩忍忘不共戴天之義旣往之罪不可勝誅其命太常徹去脫脫木兒在廟之主不答失里本朕之嬸乃陰構奸臣弗體朕意僭膺太皇太后之號迹其閨門之禍離間骨肉罪惡尤重揆之大義削去鴻名徙東安州安置燕帖古思昔雖幼沖理難同處朕終不陷於覆轍專務殘酷惟放諸高麗當時賊臣月魯不花也里牙已死其以明里董阿等明正典刑監察御史崔敬言燕帖古思不宜放逐不報己亥秦州成紀縣山崩地坼癸卯太白晝見己酉太白復晝見辛亥太白晝見夜犯歲星是月濟南路歷城縣饑賑鈔二千五百錠秋七月甲寅太白晝見詔封微子爲仁靖公箕子爲仁獻公比干加封爲仁顯忠烈公乙卯奉元路盩厔縣河水溢漂流人民丁巳太白晝見戊午以星文示異地道失寧蝗旱相仍頒罪己詔於天下享于太廟己未以亦憐眞班爲御史大夫庚申太陰犯心宿壬戌至癸亥太白晝見甲子太陰犯羅堰乙丑至丙寅太白復晝見丁卯燕帖古思薨詔以鈔一百錠備物祭之癸酉太白晝見戊寅命翰林學士承旨腆哈奎章閣學士巙巙等刪修大元通制庚辰達達之地大風雪羊馬皆死賑軍士鈔一百萬錠并遣使賑怯烈干十三站每站一千錠是月禁色目人勿妻其叔母八月壬午以也先帖木兒爲御史大夫戊子祭社稷是月車駕至自上都九月辛亥明里董阿伏誅癸丑加封漢張飛武義忠顯英烈靈惠助順王辛酉太白犯虛梁丙寅詔今後有罪者毋籍其妻女以配人丁卯太陰犯昴宿熒惑犯歲星甲戌太陰犯軒轅冬十月甲申奉玉冊玉寶尊皇考爲順天立道睿文智武大聖孝皇帝親祼太室庚寅奉符長清元城清平四縣饑詔遣制國用司官驗而賑之辛卯各愛馬人不許與常選壬辰立曹南王阿剌罕淮安王伯顏河南王阿朮祠堂丁酉太白入南斗己亥太白犯斗宿壬寅馬札兒台辭左丞相職仍爲太師以脫脫爲中書右丞相宗正札魯忽赤鐵木兒不花爲中書左丞相是月河南府宜陽等縣大水漂沒民廬溺死者衆人給殯葬鈔一錠仍賑義倉糧兩月十一月甲寅監察御史世圖爾言宜禁答失蠻回回主吾人等叔伯爲婚姻乙卯太陰犯虛梁以親祼大禮慶成御大明殿受羣臣朝戊午熒惑犯氐宿甲子月食辰星犯東咸辛未以孔克堅襲封衍聖公戊寅辰星犯天罡是月處州婺州饑以常平義倉糧賑之十二月復科舉取士制國子監積分生員三年一次依科舉例入會試中者取一十八名癸未太陰犯虛梁乙酉太陰犯土公丁亥熒惑犯鈎鈐戊子罷天曆以後增設太禧宗禋等院及奎章閣乙未熒惑犯東咸戊戌太陰犯明堂是月東平路民饑賑之寶慶路大雪深四尺五寸

至正元年春正月己酉朔改元詔曰朕惟帝王之道德莫大於克孝治莫大於得賢朕早歷多難入紹大統仰思祖宗付託之重戰兢惕厲于茲八年慨念皇考久勞于外甫卽大命四海觖望夙夜追慕不忘于懷乃以至元六年十月初四日奉玉冊玉寶追上皇考曰順天立道睿文智武大聖孝皇帝被服袞冕祼于太室式展孝誠十有一月六日勉徇大禮慶成之請御大明殿受羣臣朝爰自去春疇咨于衆以知樞密院事馬札兒台爲太師右丞相以正百官以親萬民尋卽控辭養疾私第再三諭旨勉令就位自春徂秋其請益固朕憫其勞日久察其至誠不忍煩之以政俾解機務仍爲太師而知樞密院事脫脫早歲輔朕克著忠貞乃命爲中書右丞相宗正札魯忽赤帖木兒不花嘗歷政府嘉績著聞爲中書左丞相並錄軍國重事夫三公論道以輔予德二相總政以弼予治其以至元七年爲至正元年與天下更始甲寅熒惑犯天江丁巳享于太廟庚申太陰犯井宿癸亥詔天壽節禁屠宰六日辛未太陰犯心宿癸酉太陰犯斗宿甲戌太白晝見凡四日是月命脫脫領經筵事命永明寺寫金字經一藏免天下稅糧五分湖南諸路饑賑糶米十八萬九千七十六石二月戊寅祭社稷己卯太白晝見庚辰太白復晝見辛巳立廣福庫罷藏珍等庫乙酉濟南濱州霑化等縣饑以鈔五萬三千錠賑之丙戌太白晝見癸巳太陰犯明堂乙未加封皇姊不答昔你明惠貞懿大長公主是月大都寶坻縣饑賑米兩月河間莫州滄州等處饑賑鈔三萬五千錠晉州饒陽阜平安喜靈壽四縣饑賑鈔二萬錠印造至元鈔九十九萬錠中統鈔一萬錠三月庚戌罷兩淮屯田手號打捕軍役令屬本所領之癸丑命屯儲衛軍於河南芍陂洪澤德安三處屯種甲寅給還帖木兒不花宣讓王印鎮淮西己未汴梁地震大都路涿州范陽房山饑賑鈔四千錠丙子以行省平章政事燕帖木兒就佩虎符提調屯田是月般陽路長山等縣饑賑鈔萬錠彰德路安陽等縣饑賑鈔萬五千錠夏四月丁丑道州土賊蔣丙等反破江華縣掠明遠縣戊寅彰德有赤風自西北起晝晦如夜甲申享于太廟丁亥臨賀縣民被猺寇鈔掠發義倉糧賑之庚寅帝幸護聖寺命中書右丞鐵木兒塔識爲平章政事阿魯爲右丞許有壬爲左丞癸巳立富平庫隸資正院復立衛候司丁酉以兩浙水災免歲辦餘鹽三萬引己亥立吏部司績官庚子復封太師馬札兒台爲忠王罷漷州河西務彰德饑賑鈔萬五千錠是月車駕時巡上都五月戊申以崇文監屬翰林國史院己未罷河西務行用庫壬戌月食是月賑河剌忽等處被災之民三千九百一十三戶給鈔二萬一千七百五錠閏五月丁丑改封徽州土神汪華爲昭忠廣仁武烈靈顯王甲午賞賜扈從明宗諸王官屬八百七人金銀鈔幣各有差壬寅詔刻宣文至正二寶六月戊午禁高麗及諸處民以親子爲宦者因避賦役戊辰改舊奎章閣爲宣文閣庚午太陰犯井宿是月揚州路崇明通泰等州海潮湧溢溺死一千六百餘人賑鈔萬一千八百二十錠秋七月己卯享于太廟乙酉太陰犯塡星庚寅太陰犯雲雨八月戊申祭社稷是月車駕至自上都九月庚辰太陰犯建星壬午賜文臣燕於拱辰堂己丑冀寧路嘉禾生異畝同穎壬辰太陰犯鉞星又犯井宿壬寅許有壬進講明仁殿帝悅賜酒宣文閣中仍賜貂裘金織文幣冬十月丁未享於太廟己酉封阿沙不花順寧王昔寶赤寒食順國公甲寅中書省臣奏海運不給宜令江浙行省於中政院財賦府撥賜諸人寺觀田糧總運二百六十萬石從之乙卯歲星犯氐宿丁巳太陰犯月星戊午月食旣十一月丙子道州路賊何仁甫等反戊寅彰德屬縣各添設縣尉一員庚辰分吏部禮部兵部刑部爲二庫戶部工部爲二庫各設管勾一員己亥太陰犯東井庚子太陰犯天江猺賊寇邊詔湖廣行省平章政事鞏卜班總兵討平之定賞有差十二月乙卯詔民年八十以上蒙古人賜綺帛二表裏其餘州縣雄以高年耆德之名免其家雜役丁巳太白犯壘壁陣己未立四川安岳縣增設嘉興等處鹽倉壬戌雲南車里寒賽刀等反詔雲南行省平章政事脫脫木兒討平之癸亥以在庫至元中統鈔二百八十二萬二千四百八十八錠可支二年住造明年鈔本詔革王伯顏察兒等所獻檀景等處產金地土山東燕南強盜縱橫至三百餘處選官捕之復立拱儀局己巳以翰林學士承旨張起巖知經筵事是月復立司禋監加封眞定路滹沱河神爲昭佑靈源侯

二年春正月丁丑享于太廟丙戌開京師金口河深五十尺廣一百五十尺役夫一十萬戊子太陰犯明堂癸巳遣翰林學士三保等代祀五嶽四瀆甲午熒惑犯月星是月大同饑人相食運京師糧賑之順寧保安饑賑鈔一萬錠廣平磁威州饑賑鈔五萬錠降咸平府爲縣升懿州爲路以大寧路所轄與中義州屬懿州二月壬寅頒農桑輯要戊申祭社稷乙卯李沙的僞造御寶聖旨稱樞密院都事伏誅己巳織造明宗御容是月彰德路安陽臨彰等縣饑賑鈔二萬錠大同路渾源州饑以鈔六萬二千錠糧二萬石兼賑之大名路饑以鈔萬二千錠賑之河間路饑以鈔五萬錠賑之三月戊寅親試進士七十八人賜拜住陳祖仁及第其餘出身有差辛巳冀寧路饑賑糶米三萬石戊子太陰犯房宿是月順德路平鄉縣饑賑鈔萬五千錠衛輝路饑賑鈔萬五千錠杭州路火災給鈔萬錠賑之夏四月辛丑冀寧路平晉縣地震聲鳴如雷裂地尺餘民居皆傾乙巳享于太廟己酉罷雲南蒙慶宣慰司庚申太陰犯羅堰是月車駕時巡上都五月甲申太白經天丁亥以浙江行省平章政事只而瓦台爲河南行省平章政事東平雨雹如馬首六月戊申命江浙撥賜僧道田還官徵糧以備軍儲壬子濟南山崩水湧乙丑罷邦牙宣慰司是月汾水大溢秋七月庚午惠州路羅浮山崩辛未享于太廟乙未太陰掩太白丁酉太白晝見己亥慶遠路莫八聚衆反攻陷南丹左右兩江等處命脫脫赤顏討平之立司獄司於上都比大都兵馬司是月拂郎國貢異馬長一丈一尺三寸高六尺四寸身純黑後二蹄皆白八月庚子朔日有食之癸卯罷上都事產提舉司丙午太白晝見戊申祭社稷是月冀寧路饑賑糶米萬五千石九月己巳詔遣湖廣行省平章政事鞏卜班領河南江浙湖廣諸軍討道州賊平之復平峽峒堡寨二百餘處辛未車駕至自上都丁丑太陰犯羅堰京城強賊四起戊子太陰犯井宿是月歸德府睢陽縣因黃河爲患民饑賑糶米萬三千五百石冬十月己亥朔日有食之癸卯太

陰犯建星陝西行省平章政事朶朶辭職侍親不允丁未享于太廟甲寅太陰犯天關壬戌詔遣官致祭孔子于曲阜罷織染提舉司甲子杭州嘉興紹興溫州台州等路各立檢校批驗鹽引所權免兩浙額鹽十萬引福建餘鹽三萬引十一月甲申詔免雲南明年差稅辛卯歲星熒惑太白聚於尾宿十二月壬寅申服色之禁丙午命中書右丞太平樞密副使姚庸御史中丞張起巖知經筵事己酉京師地震辛亥封晃火帖木兒之子徹里帖木兒爲撫寧王丙辰賜雲南行省參知政事不老三珠虎符以兵討死可伐癸亥阿魯禿滿等以謀害宰臣圖爲叛逆伏誅

元史卷四十一

明翰林學士亞中大夫知制誥兼修國史宋　濂等修

本紀第四十一

順帝四

三年春正月丙子中書左丞許有壬辭職丁丑享于太廟乙酉中書平章政事納麟辭職庚寅沙汰怯薛丹名數二月戊戌祭社稷甲辰太陰犯井宿塡星犯牛宿熒惑犯羅堰丁未立四川省檢校官遼陽吾者野人叛乙卯太陰犯氐宿是月汴梁路新鄭密二縣地震寶慶路饑判官文殊奴以所受勑牒貸官糧萬石賑之秦州成紀縣鞏昌府寧遠伏羌縣山崩水湧溺死人無算三月壬申造鹿頂殿監察御史成遵等言可用終場下第舉人充學正山長國學生會試不中者與終場舉人同戊寅詔作新風憲在內之官有不法者監察御史劾之在外之官有不法者行臺監察御史劾之歲以八月終出巡次年四月中還司壬午太陰犯氐宿是月詔修遼金宋三史以中書右丞相脫脫爲都總裁官中書平章政事鐵木兒塔識中書右丞太平御史中丞張起巖翰林學士歐陽玄侍御史呂思誠翰林侍講學士揭傒斯爲總裁官夏四月丙申朔日有食之乙巳享于太廟是月兩都桑果葉皆生黃色龍文車駕時巡上都五月河決白茅口六月壬子命經筵官月進講者三是月回回剌里五百餘人渡河寇掠解吉隰等州中書戶部以國用不足請撙節浮費秋七月丁卯享于太廟戊辰修大都城戍寅立永昌等處宣慰司庚辰太白犯右執法是月興國路大旱河南自四月至是月霖雨不止戶部復言撙節錢糧八月甲午朔晉寧路臨汾縣獻嘉禾一莖有八穗者命朶思麻同知宣慰司事鎖兒哈等討四川上蓬頭吃賊戊戌祭社稷山東有賊焚掠兗州是月車駕還自上都九月甲子湖廣行省平章政事鞏卜班擒道州賀州猺賊首唐大二蔣仁五至京誅之其黨蔣丙自號順天王攻破連桂二州甲申修理太廟遣官告祭奉遷神主於後殿冬十月乙未增立巡防捕盜所於永昌丁酉告祭太廟奉安神主戊戌帝將祀南郊告祭太廟至寧宗室問曰朕寧宗兄也當拜否太常博士劉聞對曰寧宗雖弟其爲帝時陛下爲之臣春秋時魯閔公弟也僖公兄也閔公先爲君宗廟之祭未聞僖公不拜陛下當拜帝乃拜丁未月食己酉帝親祀上帝于南郊以太祖配癸丑命僉樞密院事韓元善爲中書參知政事中書參議買木丁同知宣徽院事己未以郊事禮成詔大赦天下文官普減一資武官陞散官一等蠲民間田租五分賜高年帛以湖廣行省平章政事鞏卜班爲宣徽院使行樞密院知院刺刺爲翰林學士承旨十一月辛未享于太廟十二月丙申詔寫金字藏經丁未以別兒怯不花爲中書左丞相是月膠州及屬邑高密地震河南等處民饑賑糶麥十萬石是歲詔立常平倉罷民間食鹽徵遺逸脫因伯顏張瑾杜本本辭不至

四年春正月辛未享于太廟辛巳詔定守令黜陟之法六事備者陞一等四事備者減一資三事備者平遷六事俱不備者降一等庚寅河決曹州雇夫萬五千八百修築之是月河又決汴梁二月戊戌祭社稷辛丑四川行省立惠民藥局是月中書右丞太平陞平章政事閏月辛酉朔永平澧州等路饑賑之乙亥月食三月丁酉復立武功縣壬寅特受八禿麻朶兒只征東行省左丞相嗣高麗國王癸丑以河南行省平章政事納麟爲中書平章政事集賢大學士姚庸爲中書左丞夏四月丁亥復立廣樣局是月車駕時巡上都五月乙未右丞相脫脫辭職不許甲辰許之以阿魯圖爲中書右丞相乙巳封脫脫爲鄭王食邑安豐賜金印及海青文豹等物倶辭不受是月大霖雨黃河溢平地水二丈決白茅堤金堤曹濮濟兗皆被災六月戊辰鞏昌隴西縣饑每戶貸常平倉粟三斗俟年豐還官己巳賜脫脫松江田爲立松江等處稻田提領所秋七月戊子朔溫州颶風大作海水溢地震益都瀕海鹽徒郭火你赤作亂己丑享于太廟是月灤河水溢八月戊午祭社稷丁卯山東霖雨民饑相食賑之丙戌賜脫脫金十錠銀五十錠鈔萬錠幣帛二百匹辭不受是月陝西行省定惠民藥局莒州蒙陰縣地震郭火你赤上太行由陵川入壺關至廣平殺兵馬指揮復還益都車駕還自上都九月丁亥朔日有食之丙午命太平提調都水監辛亥以南臺治書侍御史秦從德爲江浙行省參知政事提調海運癸丑命御史大夫也先帖木兒平章政事鐵木兒塔識知經筵事右丞達識帖睦邇提調宣文閣知經筵事冬十月乙酉議修黃河淮河堤堰十一月丁亥朔以各郡縣民饑不許抑配食鹽復令民入粟補官以備賑濟戊子禁內外官民宴會不得用珠花己亥保定路饑以鈔八萬錠糧萬石賑之戊申河南民饑禁酒十二月己未四川廉訪司建言廣元等五路廣安等三府永寧等兩宣撫司請依內郡設置推官一員從之壬戌太陰犯外屏癸亥漢陽地震戊寅猺賊寇靖州是月東平地震禁滛祠賑東昌濟南般陽慶元撫州饑民是歲猺賊寇潯州同知府事保童率民兵擊走之

五年春正月辛卯享于太廟是月薊州地震二月戊午祭社稷三月辛卯帝親試進士七十有八人賜普顏不花張士堅進士及第其餘賜出身有差是月以陳思謙參議中書省事先是思謙建言所在盜起蓋由歲饑民貧宜大發倉廩賑之以收人心仍分布重兵鎭撫中夏不聽大都永平鞏昌興國安陸等處幷桃溫萬戶府各翼人民饑賑之夏四月丁卯大都流民官給路糧遣其還鄕是月汴梁濟南邠州瑞州等處民饑賑之募富戶出米五十石以上者旌以義士之號車駕時巡上都五月己丑詔以軍士所掠雲南子女一千一百人放還鄕里仍給其行糧不願歸者聽丁未河間轉運司竈戶被水災詔權免餘鹽二萬引俟年豐補還官六月廬州張順與出米五百餘石賑饑旌其門秋七月丁亥河決濟陰己丑享于太廟丙午命也先帖木兒鐵木兒塔識並爲御史大夫詔作新風紀八月戊午祭社稷是月車駕還自上都九月壬午日有食之戊戌開酒禁辛丑以中書右丞達識帖睦邇爲翰林學士承旨中書參知政事搠思監爲右丞資政院使朶兒直班爲中書參知政事是月革罷奧魯冬十月壬子以中書平章政事太平爲御史大夫乙卯享于太廟辛酉命奉使宣撫巡行天下詔曰朕自踐祚以來至今十有餘年託身億兆之上端居九重之中耳目所及豈能周知故雖夙夜憂勤覬安黎庶而和氣未臻災眚時作聲教未洽風俗未淳吏弊未祛民瘼滋甚豈承宣之寄糾劾之司奉行有所未至歟若稽先朝成憲遣官分道奉使宣撫布朕德意詢民疾苦疏滌冤滯蠲除煩苛體察官吏賢否明加黜陟有罪者四品以上停職申請五品以下就便處決民間一切興利除害之事悉聽舉行命江西行省左丞忽都不丁吏部尚書何執禮巡兩浙江東道前雲南行省右丞散散將作院使王士弘巡江西福建道大都路達魯花赤拔實江浙行省參知政事秦從德巡江南湖廣道吏部尚書定僧宣政僉院魏景道巡河南江北道資政院使蠻子兵部尚書李獻巡燕南山東道兵部尚書不花樞密院判官靳義巡河東陝西道宣政院同知伯家奴宣徽僉院王也速迭兒巡山北遼東道荊湖北道宣慰使阿乞剌兩淮運使杜德遠巡雲南省上都留守阿牙赤陝西行省左丞王紳巡甘肅永昌道大都留守答爾麻失里河南行省參知政事王守誠巡四川省前西臺中丞定定集賢侍講學士蘇天爵巡京畿道平江路達魯花赤左答納失里都水監賈惟貞巡海北海南廣東道黃河泛溢辛未遼金宋三史成右丞相阿魯圖進之帝曰史既成書前人善者朕當取以爲法惡者取以爲戒然豈止激勸爲君者爲臣者亦當知之卿等其體朕心以前代善惡爲勉己卯監察御史不答失里請罷造作不急之務是月以呂思誠爲中書參知政事十一月甲午至正條格成奉元路陳望叔僞稱燕帖古思太子伏誅十二月丁巳詔定薦舉守令法是歲宣徽院使篤憐鐵穆邇知樞密院事馮思溫爲御史中丞

六年春二月庚戌朔日有食之辛未興國雨雹大者如馬首是月山東地震七日乃止三月辛未盜扼李開務之閘河劫商旅船兩淮運使宋文瓚言世皇開會通河千有餘里歲運米至京者五百萬石今騎賊不過四十人劫船三百艘而莫能捕恐運道阻塞乞選能臣率壯勇千騎捕之不聽戊申京畿盜起范陽縣請增設縣尉及巡警兵從之山東盜起詔中書參知政事鎭南班至東平鎭遏八番龍宜來進馬夏四月壬子遼陽爲捕海東青煩擾吾者野人及水達達皆叛癸丑以長吉爲皇太子宮傅官頒至正條格於天下甲寅以中書參知政

事呂思誠爲左丞乙卯享于太廟丁卯車駕時巡上都發米二十萬石賑糶貧民萬戶買住等討吾者野人遇害詔恤其家以中書左丞呂思誠知經筵事命左右二司六部吏屬於午後講習經史五月壬午陝西饑禁酒象州盜起江西田賦提舉司擾民罷之丁亥盜竊太廟神主遺火兒忽答討吾者野人丁酉以黃河決立河南山東都水監六月己酉汀州連城縣民羅天麟陳積萬叛陷長汀縣福建元帥府經歷眞寶萬戶廉和尚等討之丁巳詔以雲南賊死可伐盜據一方侵奪路甸命亦禿渾爲雲南行省平章政事討之秋七月己卯享于太廟丙戌以遼陽吾者野人等未靖命太保伯撒里爲遼陽行省左丞相鎭之丁亥降詔招諭死可伐散毛洞蠻覃全在叛招降之以爲散毛誓厓等處軍民宣撫使置官屬給宣勅虎符設立驛鋪癸巳詔選怯薛官爲路府縣達魯花赤丙申以朶兒直班爲中書右丞答兒麻爲參知政事壬寅以御史大夫亦憐眞班等知經筵事甲辰京畿奉使宣撫定定奏言御史撒八兒等罪杖黜之時諸道奉使皆與臺憲互相掩蔽惟定定與湖廣道拔實糾舉無避八月丙午命江浙行省右丞忽都不花江西行省右丞禿魯統軍合討羅天麟戊申祭社稷是月車駕還自上都九月乙酉克復長汀戊子邵武地震有聲如鼓至夜復鳴冬十月思靖猺寇犯武岡詔湖廣省臣及湖南宣慰元帥完者帖木兒討之俘斬數百級猺賊敗走閏月乙亥詔赦天下免差稅三分水旱之地全免靖州猺賊吳天保陷黔陽癸未汀州賊徒羅德用殺首賊羅天麟陳積萬以首級送官餘黨悉平十二月丁丑省臣改擬明宗母壽章皇后徽號曰莊獻嗣聖皇后己卯改立山東東西道宣慰使司都元帥府開設屯田駐軍馬甲申詔復立大護國仁王寺昭應宮財用規運總管府凡貸民間錢二十六萬餘錠辛卯有司以賞賚汎濫奏請恩賜必先經省臺院定擬甲午設立海海剌禿屯田二處詔犯贓罪之人常選不用復立八百宣慰司以土官韓部襲其父爵辛丑以吉剌班爲太尉開府置僚屬壬寅山東河南盜起遣左右阿速衞指揮不兒國等討之是歲黃河決尚書李絅請躬祀郊廟近正人遠邪佞以崇陽抑陰不聽

七年春正月甲辰朔日有食之大寒而風朝官仆者數人己酉享于太廟壬子命中書左丞相別兒怯不花爲右丞相尋辭職丁巳復立東路都蒙古軍都元帥府庚申雲南老丫等蠻來降立老丫耿凍路軍民總管府丙寅以廣西宣慰使章伯顏討猺獠有功陞湖廣行省左丞詔以怯薛丹支給浩繁除累朝定額外悉罷之二月甲戌朔興聖宮作佛事賜鈔二千錠己卯山東地震壞城郭棣州有聲如雷河南山東盜蔓延濟寧滕邳徐州等處庚辰以中書參知政事鎖南班爲中書右丞道童爲中書參知政事丙戌以宦者伯帖木兒爲司徒是月猺賊吳天保寇沅州以阿吉剌爲知樞密院事整治軍務三月甲辰中書省臣言世祖之朝省臺院奏事給事中專掌之以授國史纂修近年廢弛恐萬世之後一代成功無從稽考乞復舊制從之乙巳遣使銓選雲南官員修光天殿庚戌試國子監會食弟子員選補路府及各衞學正戊午詔編六條政類庚申監察御史王士點劾集賢大學士吳直方臟進官階奪其宣命乙丑雲南王孛羅來獻死可伐之捷壬申遣使修上都大乾元寺命有司定吊賻諸王公主駙馬禮儀之數夏四月乙亥命江浙省臣講究役法己卯享于太廟辛巳遣達本賀方使于占城以通政院使朶耶吉兒爲遼陽行省參知政事討吾者野人己丑發米二十萬石賑糶貧民以翰林學士承旨定住爲中書右丞庚寅復命別兒怯不花爲中書右丞相以中書平章政事鐵木兒塔識爲左丞相臨淸廣平灤河等處盜起遣兵捕之通州盜起監察御史言通州密邇京城而盜賊蜂起宜增兵討之以杜其源不聽是月河東大旱民多饑死遣使賑之車駕時巡上都五月庚戌猺賊吳天保陷武岡路詔遣湖廣行省右丞沙班統軍討之乙丑右丞相別兒怯不花以調燮失宜災異迭見罷詔以太保就第是月臨淄地震七日乃止六月詔免太師馬札兒台官安置西寧州其子脫脫請與父俱行以御史大夫太平爲中書平章政事彰德路大饑民相食秋七月甲寅召隱士完者圖執禮哈瑱爲翰林待制張樞董立爲翰林修撰李孝先爲著作郎張樞不至丙辰太陰犯壘壁陣丁巳以江南行臺大夫納麟爲御史大夫是月猺賊吳天保復寇沅州陷漵浦辰溪縣所在焚掠無遺徙馬札兒台於甘肅以別兒怯不花之譖也九月癸卯八憐內哈剌那海禿魯和伯賊起斷嶺北驛道甲辰遼陽霜早傷禾賑濟驛戶戊申車駕還自上都癸丑上都斡耳朶成用鈔九千餘錠甲寅詔舉才能學業之人以備侍衞丁巳中書左丞相鐵木兒塔識薨辛酉以御史大夫朶兒只爲中書左丞相甲子集慶路盜起鎭南王孛羅不花討平之丁卯猺寇吳天保復陷武岡延及寶慶殺湖廣行省右丞沙班于軍中冬十月辛未享于太廟丁丑詔左右丞相平章樞密知院御史大夫得賜玉押字印餘官不與庚辰詔建木華黎伯顏祠堂於東平丙戌亦憐只答兒反遣兵討之辛卯開東華射圃戊戌西番盜起凡二百餘所陷哈剌火州刼供御蒲萄酒殺使臣是月猺賊吳天保復寇沅州州兵擊走之十一月辛丑監察御史曲曲以宦者隴普憑藉寵幸驟陞榮祿大夫追封三代田宅踰制上疏劾之甲辰沿江盜起剽掠無忌有司莫能禁兩淮運使宋文瓚上言江陰通泰江海之門戶而鎭江眞州次之國初設萬戶府以鎭其地今戍將非人致使賊艦往來無常集慶花山刼賊才三十六人官軍萬數不能進討反爲所敗後竟假手鹽徒雖能成功豈不貽笑宜亟選智勇以任兵柄以圖後功不然東南五省租稅之地恐非國家之有不聽撥山東地土十六萬二千餘頃屬大承天護聖寺乙巳中書戶部言各處水旱田禾不收湖廣雲南盜賊蜂起兵費不給而各位怯薛冗食甚多乞賜分柬帝牽於衆請令三年後減之庚戌太陰犯天廩懷慶路饑猺賊吳天保復陷武岡命湖廣行省平章政事苟爾領兵討之以河決命工部尚書迷兒馬哈謨行視金堤甲寅猺賊吳天保陷靖州命威順王寬徹不花鎭南王孛羅不花及湖廣江西二省以兵討之丁巳命中書平章政事太平爲左丞相辭不允戊午命河南山東都府發兵討湖廣洞蠻己未以中書省平章政事韓嘉訥爲陝西行臺御史大夫迤北荒旱缺食遣使賑濟驛戶丁卯海北湖南猺賊竊發兩月餘有司不以聞詔罪之并降散官一等是月馬札兒台薨召脫脫還京師十二月庚午以中書左丞相朶兒只爲右丞相平章政事太平爲左丞相詔天下丙子以連年水旱民多失業選臺閣名臣二十六人出爲郡守縣令仍許民間利害實封呈省壬午晉寧東昌東平恩州高唐等處民饑賑鈔十四萬錠米六萬石丙戌中書省臣建議以河南盜賊出入無常宜分撥達達軍與楊州舊軍於河南水陸關隘戍守東至徐邳北至夾馬營遇賊掩捕從之是月陝西行御史臺臣劾奏別兒怯不花乃逆臣之親子不可居太保之職不從是歲置中書議事平章四人隆福宮三皇后弘吉剌氏木納失里薨

八年春正月戊戌朔命也先帖木兒知樞密院事丁未享于太廟辛亥黃河決遷濟寧路於濟州詔各官府諳練事務之人毋得遷調詔翰林國史院纂修后妃功臣列傳學士承旨張起巖學士楊宗瑞侍講學士黃溍爲總裁官左丞相太平左丞呂思誠領其事甲子木憐等處大雪羊馬凍死賑之是月詔給銅虎符以宮尉完者不花貴赤衞副指揮使壽山監湖廣軍命湖廣行省右丞禿赤湖南宣慰都元帥完者帖木兒討莫磐洞諸蠻斬首數百級其餘二十餘洞縛其洞首楊鹿五赴京師二月癸酉御史大夫納麟加太尉致仕乙亥以北邊沙土苦寒罷海海剌禿屯田丙子命太子愛猷識理達臘習讀畏吾兒文字庚辰太陰犯軒轅癸未太陰犯平道甲申命星吉爲江南行臺御史大夫壬辰太平言孛答乃禿忙兀三處屯田世祖朝以行營舊站撥屬虎賁司後爲豪有力者所奪遂失其利今宜仍前撥還從之是月以前奉使宣撫賈惟貞稱職特授永平路總管會歲饑惟貞請降鈔四萬餘錠賑之詔濟寧鄆城立行都水監以賈魯爲都水三月丁酉詔以束帛旌郡縣守令之廉勤者遼東鎖火奴反詐稱大金子孫水達達路脫脫禾孫唐兀火魯火孫討擒之壬寅土番盜起有司請不拘資級委官討之福建盜起地遠難於討捕詔汀漳二州立分元帥府轄之癸卯帝親試進士七十有八人賜阿魯輝帖木兒王宗哲進士及第餘出身有差己酉湖廣行省遣使獻石壁洞蠻捷丙辰太陰犯建星己未遣使詣江浙江西湖廣四川雲南銓福建番廣蠻夷等處官員選辛酉遼陽兀顏撥魯歡妄稱大金子孫受玉帝符文作亂官軍討斬之壬戌六條政類書成京畿民饑徽州路達魯花赤哈剌不花以政績聞詔賜金帛旌之是月猺賊吳天保復寇沅州夏四月辛未河間等路以連年河決水旱相仍戶口消耗乞減鹽額詔從之乙亥帝幸國子學賜衍聖公銀印升秩從二品定弟子員出身及奔喪省親等法詔守令選立社長專一勸課農桑詔京官三品以上歲舉守令一人守令到任三月亦舉一人自代其玉典赤拱衞百戶不得授縣達魯花赤止授佐貳久著廉能則用之平江松江水災給海運糧十萬石賑之丁丑遼陽董哈剌作亂鎭撫欽察討擒之己卯海寧州沭陽縣等處盜起遣翰林學士禿堅不花討之是月享于太廟車駕時巡上都命脫脫爲太傅湖廣章伯顏引兵捕土寇莫萬五蠻雷等已而廣西峒賊乘隙入寇伯顏退走五月丁酉朔大霖雨京城崩庚子廣西山崩水湧灕江溢平地水深二丈餘屋宇人畜漂沒壬子寶慶大水丁巳四川旱饑禁酒六月丙寅朔陞徐州爲總管府以邳宿滕嶧四州隸之丙戌立司天臺於上都是月山東大水民饑賑之秋七月丙申朔日有食

之辛丑復立五道河屯田乙巳享于太廟旌表大都節婦鞏氏門戊申西北邊軍民饑遣使賑之壬子量移竄徙官於近地安置死者聽歸葬乙卯遣使祭曲阜孔子廟江州路總管劉恒有政績陞授山東宣慰使丙辰以阿剌不花爲大司徒八月丙子太陰犯壘壁陣己卯山東雨雹是月車駕還自上都九月己未太陰犯靈臺冬十月丁亥廣西猺掠道州十一月辛亥猺賊吳天保率衆六萬掠全州是歲詔賜高年帛設分元帥府於沂州以買列的爲元帥備山東寇台州方國珍爲亂聚衆海上命江浙行省參知政事朶兒只班討之監察御史張楨劾太尉阿乞剌欺罔之罪又言明里董阿也里牙月魯不花皆陛下不共戴天之讐伯顏賊殺宗室嘉王郯王一十二口稽之古法當伏門誅而其子兄弟尙仕于朝宜急誅竄別兒怯不花阿附權奸亦宜遠貶今災異迭見盜賊蜂起海寇敢於要君閫帥敢於玩寇若不振舉恐有唐末藩鎭噬臍之禍不聽監察御史李泌言世祖誓不與高麗共事陛下踐世祖之位何忍忘世祖之言乃以高麗奇氏亦位皇后今災異屢起河決地震盜賊滋蔓皆陰盛陽微之象乞仍降爲妃庶幾三辰奠位災異可息不聽

元史卷四十一考證

至正七年春正月庚申雲南老了等蠻來降○臣祖庚按老了蜜宇記作老撾

元史卷四十二

明翰林學士亞中大夫知制誥兼修國史宋　濂等修

本紀第四十二

順帝五

九年春正月丁酉享于太廟癸卯立山東河南等處行都水監專治河患乙巳廣西猺賊復陷道州萬戶鄭均擊走之丙午命中書平章政事太不花提調會同館庚戌太白犯建星辛亥太白犯平道二月戊辰祭社稷辛巳太不花辭職不允甲申太陰犯建星三月丁酉濁河淺澁以軍士民夫各一萬濬之己亥太白犯壘壁陣巳

已命大司農達識帖睦邇爲湖廣行省平章政事是月河北潰陳州麒麟生不乳而死猺賊吳天保復寇沅州夏四月丁卯享于太廟丁丑以知樞密院事欽察台爲中書平章政事己卯以燕南廉訪使韓元善爲中書左丞立鎭撫司於直沽海津鎭壬午以河間鹽運司水災住煎鹽三萬引是月車駕時巡上都五月戊戌命太傅脫脫提調大斡耳朶內史府庚子詔修黃河金堤民夫日給鈔三貫辛丑罷瑞州路上高縣長官司庚戌命翰林國史院等官薦舉守令丙辰定守令督攝之法路督攝府府督攝州州督攝縣是月白茅河東注沛縣遂成巨浸蜀江大溢浸漢陽城民大饑六月丙子刻小玉印以至正珍秘爲文凡秘書監所掌書畫皆識之秋七月庚寅監察御史斡勒海壽劾奏殿中侍御史哈麻及其弟雪雪罪惡御史大夫韓嘉訥以聞不省章三上詔奪哈麻雪雪官出海壽爲陝西廉訪副使韓嘉訥爲宣政院使壬辰詔命太子愛猷識理達臘習學漢人文書以李好文爲諭德歸暘爲贊善張仲爲文學李好文等上書辭不許賜公主不答昔你平江田五十頃甲午以也先帖木兒爲御史大夫乙未以湖廣行省左丞相亦憐眞班知樞密院事丙午太陰犯壘壁陣癸丑太陰犯天關甲寅以栢顏爲集賢大學士乙卯罷右丞相朶兒只依前爲國王左丞相太平爲翰林學士丞旨是月大霖雨木没高唐州城江漢溢漂没民居禾稼閏月辛酉詔脫脫爲中書左丞相仍太傅韓嘉訥爲浙江行省平章政事庚午以也可札魯忽赤搠思監爲中書右丞同知樞密院事玉樞虎兒吐華爲中書參知政事辛巳詔赦湖廣猺賊詿誤者戊子命岐王阿剌乞鎭西番八月甲辰以集賢大學士栢顏爲中書平章政事河南行省平章政事月魯不花爲宣政院使庚戌以司徒雅普化提調太史院知經筵事是月車駕還自上都九月甲子凡建言中外利害者詔委官選其可行之事以聞丙寅命平章政事栢顏提調留守司丙子中書平章政事定住以疾辭職不允辛巳命知樞密院事亦憐眞班提調武備寺丙戌熒惑犯靈臺是月遣御史中丞李獻代祀河瀆冬十月辛卯享于太廟丁酉命皇太子愛猷識理達臘自是日爲始入端本堂肄業命脫脫領端本堂事司徒雅普化知端本堂事端本堂虛中座以俟至尊臨幸太子與師傅分東西向坐授書其下僚屬以次列坐十一月戊午朔日有食之戊辰太陰犯畢宿庚辰太白犯壘壁陣十二月戊戌太白復犯壘壁陣丁未猺賊吳天

保陷辰州是歲詔汰冗官均俸祿賜致仕官及高年帛漕運使賈魯建言便益二十餘事從其八事其一曰京畿和糴二曰優卹漕司舊領漕戶三曰接運委官四曰通州總治豫定委官五曰船戶困於壩夫海糧壞於壩戶六曰疏濬運河七曰臨淸運糧萬戶府當隸漕司八曰宜以宣忠船戶付本司節制冀寧平遙等縣曹七七反命刑部郎中八十兵馬指揮沙不丁討平之

十年春正月丙辰朔以中書右丞搠思監爲平章政事玉樞虎兒吐華爲中書右丞壬戌立四川容美洞軍民總管府壬申太陰犯熒惑甲戌隕石棣州色黑中微有金星先有聲自西北來至州北二十里乃隕二月丙戌詔加封天妃父種德積慶侯母育聖顯慶夫人辛丑太陰犯平道甲辰太陰犯鍵閉三月己卯熒惑犯太微垣是月奉化州山石裂有禽鳥草木山川人物之形夏四月己丑左司都事武祺建言更鈔法丁酉赦天下其略曰朕纂承洪業撫臨萬邦夙夜厲精靡遑暇逸比緣倚注失當治理乖方是用圖任一相俾贊萬機爰命脫脫爲中書右丞相統正百官允釐庶績曾未期月百度具舉中外協望朕甚嘉焉尚慮軍國之重民物之繁政令有未孚生意有未遂可赦天下丙午太白犯鬼宿是月車駕時巡上都六月壬子星大如月入北斗震聲若雷三日復還秋七月辛酉太陰犯房宿癸亥以大護國仁王寺昭應宮財用規運總管府仍屬宣政院辛未太白晝見丁丑太白復晝見八月壬寅車駕還自上都九月癸丑朔太白晝見辛酉祭三皇如祭孔子禮先是歲祀以醫官行事江西廉訪使文殊訥建言禮有未備乃勅工部具祭器江浙行省造雅樂太常定儀式翰林撰樂章至是用之壬戌熒惑犯天江庚午命樞密院以軍士五百修築白河堤壬午脫脫以吏部選格條目繁多莫適據依銓選者得以高下之請編類爲成書從之冬十月癸巳歲星犯軒轅乙未吏部尚書偰哲篤建言更鈔法命中書省御史臺集賢翰林兩院之臣集議之丙申太陰犯昴宿辛丑置諸路寶泉都提擧司於京城是月大名東平濟南徐州各立兵馬指揮司以捕上馬賊十一月壬子朔日有食之丙辰以高麗瀋王之孫脫脫不花等爲東宮怯薛官辛酉罷遼陽濱海民煎熬野鹽戊辰太陰犯鬼宿己巳詔天下以中統交鈔壹貫文權銅錢一千文準至元寶鈔貳貫仍鑄至正通寶錢並用以實鈔法至元寶鈔通行如故是月三星隕于耀州化爲石如斧形削之有屑擊之有聲十二月壬午朔修大都

城辛卯以大司農禿魯等兼領都水監集河防正官議黃河便益事命前同知樞密院事不顏不花等討廣西猺賊乙未太陰犯鬼宿己酉方國珍攻溫州是歲京師麗正門樓上忽有人妄言災禍鞫問之自稱薊州人已而不知所往

十一年春正月乙卯享于太廟丙辰辰星犯牛宿庚申命江浙行省左丞孛羅帖木兒討方國珍丁卯蘭陽縣有紅星大如斗自東南墜西北其聲如雷己卯命搠思監提調大都留守司二月庚寅太陰犯鬼宿乙未太陰犯太微丁酉太陰犯亢宿是月命遊皇城中書省臣諫止之不聽立湖南元帥府分府于寶慶路三月庚戌立山東分元帥府于登州丙辰親策進士八十三人賜朶烈圖文允中進士及第其餘賜出身有差壬戌徵建寧處士彭炳爲端本堂說書不至丁卯太陰犯東咸戊辰太陰犯天江是月遣使賑湖南北被寇人民死者鈔五錠傷者三錠燬所居屋者一錠夏四月壬午詔開黃河故道命賈魯以工部尙書爲總治河防使發汴梁大名十三路民十五萬廬州等戍十八翼軍二萬自黃陵岡南達白茅放于黃固哈只等口又自黃陵西至陽靑村合于故道凡二百八十里有奇仍命中書右丞玉樞虎兒吐華同知樞密院事黑廝以兵鎭之冀寧路屬縣多地震半月乃止乙酉享于太廟詔加封河瀆神爲靈源神祐弘濟王仍重建河瀆及西海神廟改永順安撫司爲宣撫司丁酉孟州地震庚子罷海西遼東道巡防捕盜所立鎭寧州辛丑師壁安撫司土官田驢什用盤順府土官墨奴什用降立長官司四巡檢司七乙巳彰德路雨雹形如斧傷人畜是月罷沂州分元帥府改立兵馬指揮使司復分司于膠州車駕時巡上都五月己酉朔日有食之辛亥潁州妖人劉福通爲亂以紅巾爲號陷潁州初欒城人韓山童祖父以白蓮會燒香惑衆謫徙廣平永年縣至山童倡言天下大亂彌勒佛下生河南及江淮愚民皆翕然信之福通與杜遵道羅文素盛文郁王顯忠韓咬兒復鼓妖言謂山童實宋徽宗八世孫當爲中國主福通等殺白馬黑牛誓告天地欲同起兵爲亂事覺縣官捕之急福通遂反山童就擒其妻楊氏其子韓林兒逃之武安癸丑文水縣雨雹壬申命同知樞密院事禿赤以兵討劉福通授以分樞密院印丙子命大都至汴梁二十四驛凡馬一匹助給鈔五錠六月發軍一千從直沽至通州疏濬河道是月劉福通據朱皐攻破羅山眞陽確山遂犯武陽葉縣等處江浙左

丞孛羅帖木兒爲方國珍所敗秋七月丙辰廣西大水丁巳罷四川大奴管勾洞長官司改立忠孝軍民府己未太陰犯斗宿壬戌太陰犯右執法己巳太白犯左執法癸亥入鬼宿是月開河功成乃議塞決河命大司農達識帖睦邇及江浙行省參知政事樊執敬浙東廉訪使董守慤同招諭方國珍八月丁丑朔中興地震戊寅祭社稷乙酉太陰犯天江丙戌蕭縣李二及老彭趙君用攻陷徐州李二號芝蔴李與其黨亦以燒香聚衆而反是月車駕還自上都鄭州羅田縣人徐貞一名壽輝與黃州麻城人鄒普勝等以妖術陰謀聚衆遂舉兵爲亂以紅巾爲號九月戊申以中書平章政事朵兒直班提調宣文閣知經筵事平章政事定住提調會同館事壬子命御史大夫也先帖木兒知樞密院事及衛王寬徹哥總率大軍出征河南妖寇各賜鈔一千錠從征者賜予有差乙卯辰星犯左執法丁巳太白犯房宿壬戌詔以高麗國王不答失里之弟伯顏帖木兒襲其王封不答失里之子遂廢戊辰太陰犯鬼宿是月劉福通陷汝寧府及息州光州衆至十萬徐壽輝陷蘄水縣及黃州路冬十月戊寅熒惑犯太微垣己卯享于太廟辛巳太陰犯斗宿癸未立寶泉提舉司于河南行省及濟南冀寧等路凡九江浙江西湖廣行省等處凡三命知樞密院事老章以兵同也先帖木兒討河南妖寇乙酉太白犯斗宿己丑太白晝見熒惑犯歲星辛卯太白犯斗宿立中書分省于濟寧癸巳歲星犯右執法癸卯以宗王神保克復睢寧虹縣有功賜金帶一從征者賞銀有差丙午熒惑犯左執法是月天雨黑子于饒州大如黍菽徐壽輝據蘄水爲都國號天完僭稱皇帝改元治平以鄒普勝爲太師十一月癸酉有星孛于婁宿甲寅孛星見于胃宿乙卯丙辰亦如之丁巳太陰犯填星孛星微見于畢宿黃河堤成散軍民役夫庚午監察御史徹徹帖木兒等言右丞相脫脫治河功成宜有異數以旌其勞甲戌江西妖人鄧南二作亂攻瑞州總管禹蘇福擒斬之是月遣使以治河功成告祭河伯召賈魯還朝超授榮祿大夫集賢大學士賜金繫腰一銀十錠鈔千錠幣帛各二十匹都水監并有司官有功者三十七員皆歷遷其職詔賜脫脫答剌罕之號俾世襲之以淮安路爲其食邑命立河平碑十二月丙子朔太白晝見丁丑太白經天己卯立河防提舉司隸行都水監庚辰太白經天是夜犯壘壁陣甲申太陰犯填星丙戌太白復經天是夜復犯壘壁陣以治書侍御史烏古孫良楨爲中書參知政事辛卯太白經天壬辰復如之丁酉太白晝見太陰犯熒惑命脫脫於淮安立諸路打捕鷹房民匠錢糧總管府秩從三品庚子太白經天辰星犯天江辛丑太白經天也先帖木兒復上蔡縣擒韓咬兒等至京師誅之壬寅太白晝見是歲括馬

十二年春正月丙午朔詔印造中統元寶交鈔一百九十萬錠至元鈔十萬錠戊申竹山縣賊陷襄陽路總管柴肅死之是日荊門州亦陷己酉特享太廟庚戌以宣政院使月魯不花爲中書平章政事壬子中書省臣言河南陝西腹裏諸路供給繁重調兵討賊正當春首耕作之時恐農民不能安於田畝守令有失勸課宜委通曉農事官員分道巡視督勒守令親詣鄉都省諭農民依時播種務要人盡其力地盡其利其有曾經盜賊水患供給之處貧民不能自備牛種者所在有司給之仍令總兵官禁止屯駐軍馬毋得踏踐以致農事廢弛從之乙卯淮東宣慰司添設同知宣慰司事及都事各一員丙辰徐壽輝遣僞將丁普郎徐明遠陷漢陽丁巳陷興國府己未徐壽輝遣鄒普勝陷武昌威順王寬徹普化湖廣行省平章政事和尚棄城走刑部尚書阿魯收捕山東賊給勅牒十一道使分賞有功者辛酉徐壽輝僞將魯法與陷安陸府知府丑驢戰不勝死之癸亥刑部添設尚書侍郎郎中員外郎各一員五愛馬添設忽剌罕赤一百名乙丑太陰犯熒惑丙寅以河復故道大赦天下己巳歲星犯右執法辛未徐壽輝兵陷沔陽府壬申中興路陷山南宣慰司同知月古輪失領兵出戰衆潰宣慰司錦州不花山南廉訪使卜禮月敦皆遁走是月命遂魯曾爲淮東添設元帥統領兩淮所募鹽丁五千討徐州拘刷河南陝西遼陽三省及上都大都腹裏等處漢人馬命四川行省平章政事月魯帖木兒爲總兵官與四川行省右丞長吉討興元金州等處賊宣政院同知桑哥率領亦都護畏吾兒軍與荊湖北道宣慰使朶兒只班同守襄陽濟寧兵馬指揮使賓童統領右都衛軍從知樞密院事月闊察兒討徐州二月乙亥朔詔許溪洞蠻猺自新丁丑以集賢大學士賈魯爲中書添設左丞以河南廉訪使哈藍朶兒只爲荊湖北道宣慰使都元帥守襄陽癸未命諸王禿堅領從官百人馳驛守揚州賜金一錠鈔一千錠命寧王牙安沙鎮四川賜鎮南王孛羅不花鈔一萬錠甲申鄒平縣馬子昭爲亂捕斬之乙酉徐壽輝兵陷江州總管李黼死之遂陷南康路丙戌霍州靈石縣地震徐壽輝兵陷岳州房州賊陷歸州戊子詔徐州內外羣聚之衆限二十日不分首從並與赦原置安東安豐分元帥府己丑游皇城庚寅太陰犯太微垣癸巳太陰犯氐宿辛丑鄧州賊王權張椿陷澧州龍鎮衛指揮使俺都剌哈蠻等帥師復之褒贈伏節死義宣徽使帖木兒等二十七人壬寅以御史大夫納麟爲江南行臺御史大夫仍太尉命翰林學士承旨八剌與諸王孛蘭奚領軍守大名癸卯命中書平章政事月魯不花知經筵事左丞賈魯參知政事帖理帖木兒烏古孫良楨並同知經筵事是月賊侵滑濬命德住爲河南右丞守東明德住時致仕于家聞命馳至東明浚城隍嚴備禦賊不敢犯徐壽輝僞將歐祥陷袁州命帖理帖木兒以中書參知政事分省濟寧三月乙巳朔追封太師忠王馬扎兒台爲德王丁未徐壽輝僞將許甲攻衡州洞官黃安撫敗之徐壽輝僞將陶九陷瑞州總管禹蘇福萬戶張岳敗之壬子河南左丞相太不花克復南陽等處癸丑中書省臣請行納粟補官之令凡各處士庶果能爲國宣力自備糧米供給軍儲者照依定擬地方實授常選流官依例陞轉封廕及已除茶鹽錢穀官有能再備錢糧供給軍儲者驗見授品級改授常流從之戊午太陰犯進賢辛酉命親王阿兒麻以兵討商州等處賊以鞏卜班知行樞密院事壬戌太陰犯東咸甲子徐壽輝僞將項普略陷饒州路遂陷徽州信州四川未附生蠻向亞甲洞主墨得什用出降立盤順府丁卯江南行臺御史大夫帖木哥乞致仕不允以爲甘肅行省平章政事以出征馬少出幣帛各一十萬匹於迤北萬戶千戶所易馬戊辰太白晝見詔南人有才學者依世祖舊制中書省樞密院御史臺皆用之中書省臣張理獻言饒州德興三處膽水浸鐵可以成銅宜即其地各立銅冶場直隸寶泉提舉司宜以張理就爲銅冶場官從之以江浙行省左丞相亦憐眞班爲江西行省左丞相領兵收捕饒信賊庚午詔隨朝一品職事及省臺院六部翰林集賢司農太常宣政宣徽中政資正國子祕書崇文都水諸正官各舉循良材幹智勇兼全堪充守令者二人知人多者不限員數各處試用守令並授兼管義兵防禦諸軍與魯勸農事所在上司不許擅差守令既已優陞其佐貳官員比依入廣例量陞二等任滿驗守令全治者與眞授不治者全削二等依本等敍半治者減一等敍雜職人員其有知勇之士並依上例凡除常選官於殘破郡縣及迫近賊境之處陞四等稍近賊境陞二等是月方國珍復劫其黨下海入黃巖港台州路達魯花赤泰不花率官軍與戰死之隴西地震百餘日城郭頹夷陵谷遷變定西會州靜寧莊浪尤甚會州公宇中墻崩獲弩五百餘張長者丈餘短者九尺人莫能挽改定西爲安定州會州爲會寧州詔定軍民官不守城池之罪閏三月辛巳以台州路達魯花赤泰不花爲江浙行省參知政事行台州路事命下泰不花已死壬午以大理宣慰使答失八都魯爲四川行省添設參知政事與本省平章政事咬住討山南湖廣等處賊乙酉徐壽輝僞將陳普文陷安吉路鄉民羅明遠起義兵復之命工部尙書朶來兵部侍郎馬某火者分詣上都察罕腦兒集寧等處給散出征河南達達軍口糧立淮南江北等處行中書省治揚州轄揚州高郵淮安滁州和州廬州安豐安慶蘄州黃州壬辰以大都留守兀忽失爲江浙行省添設右丞討饒信賊丙申阿速愛馬里納忽台擒滑州開州賊韓兀奴罕有功授賚用庫大使丁酉湖廣行省參知政事鐵傑以湖南兵復岳州戊戌詔淮南行省設官二十五員以翰林學士承旨晃火兒不花湖廣平章政事失列門並爲平章政事淮東元帥蠻子爲右丞燕南廉訪使泰從德爲左丞陝西行臺侍御史答失禿山北廉訪使趙璉並爲參知政事庚子以樞密副使悟良哈台爲中書添設參知政事同知經筵事辛丑命淮南行省平章政事晃火兒不花提調鎭南王傅事是月詔四川行省平章政事咬住以兵東討荊襄賊克復忠萬夔雲陽等州命江西行省左丞相亦憐眞班以兵守江東西關隘命諸王亦憐眞班愛因班參知政事也先帖木兒與陝西行省平章政事月魯帖木兒討南陽襄陽賊刑部尙書阿魯討海寧賊江西行省右丞火你赤與參知政事朶斛討江西賊以浙東宣慰使恩寧普代江浙行省左丞左答納失里守蕪湖命江西行省右丞兀忽失江浙行省左丞老老與星吉不顏帖木兒蠻子海牙同討饒信等處賊方國珍不受招安之命命江浙左丞左答納失里討之命典瑞院給淮南行省銀字圓牌三面驛券五十道詔江西行省左丞相亦憐眞班淮南行省平章政事晃火兒不花江浙行省左丞左答納失里湖廣行省平章政事也先帖木兒四川行省平章政事八失忽都及江南行臺御史大夫納麟與江浙行省官並以便宜行事也先帖木兒駐軍沙河軍中夜驚軍潰退屯朱仙鎭詔以中書平章政事蠻子代總其兵也先帖木兒還京師仍命爲御史大夫夏四月癸卯朔日有食之江西

臨川賊鄧忠陷建昌路己酉時享太廟甲寅以御史大夫搠思監為中書平章政事提調留守司乙卯鐵傑及萬戶陶夢楨復武昌漢陽壽再陷丙辰江西宜黃賊塗佑與邵武建寧賊應必達等攻陷邵武路總管吳按攤不花以兵討之千戶魏淳以計擒塗佑應必達復其城辛酉翰林學士承旨渾都海牙乞致仕不允以為中書平章政事四川行省參知政事桑哥失里復渠州甲子翰林學士承旨歐陽玄以湖廣行省右丞致仕賜玉帶及鈔一百錠給全俸終其身戊辰諸王禿堅帖木兒平章政事也先帖木兒討和州有功各賜金繫腰并鈔一千錠辛未荊門知州聶炳復荊門州平章政事忽都海牙年老有疾詔免其朝賀是月大駕時巡上都永懷縣賊陷桂陽咬住復歸州進攻峽州與峽州總管趙余褫大破賊兵誅賊將李太素等遂平之詔天下完城郭築隄防命亦都護月魯帖木兒領畏吾兒軍馬同豫王阿剌忒納失里知樞密院事老章討襄陽南陽鄧州賊陝西行臺監察御史蒙古魯海牙范文等糾言也先帖木兒喪師辱國乞明正其罪詔不允左遷西臺御史大夫朶爾直班為湖廣行省平章政事蒙古魯海牙十二人為各路添設佐貳官五月癸酉朔太白犯鎮星戊寅命龍虎山張嗣德為三十九代天師給印章海道萬戶李世安建言權停夏運從之命江南行臺御史大夫納麟給宣勅與台州民陳子由楊恕卿趙士正戴甲令其集民丁夾攻方國珍己卯咬住復中興路庚辰監察御史徹徹帖木兒等言河南諸處群盜輒引亡宋故號以為口實宜以瀛國公子和尚趙完普及親屬徙沙州安置禁勿與人交通從之罷菘兒棚等處金銀場課癸未建昌民戴良起鄉兵克復建昌路乙酉命留守帖木哥與諸王朶兒只守口北龍慶州是月荅失八都魯至荊門增募兵趨襄陽與賊戰大敗克之命左荅納失里仍守蕪湖險隘六月丙午中書省臣言大名路開滑濬三州元城十一縣水旱蟲蝗饑民七十一萬六千九百八十口給鈔十萬錠賑之戊申命治書侍御史杜秉彝中書參議李稷並兼經筵官辛亥太白犯井宿河南行省左丞匝納祿參知政事王也速迭兒並以失誤軍需左遷添設淮西宣慰使隨軍供給命河南行省平章政事禿魯參知政事李獻供給汝寧軍需丁巳賜中書參知政事悟良哈台珠衣并帽乙丑宣讓王帖木兒不花諸王乞塔歹曲憐帖木兒及淮南廉訪使班祝兒並平賊有功賜金繫腰銀鈔有差紹慶宣慰使楊延禮不花遙授湖廣左丞楊伯顏卜花為紹慶宣慰使換文資楊城為沿邊溪洞招討使兼征行萬戶回賜先所拘收牌面丙寅紅巾周伯顏陷道州修太廟西神門秋七月丁丑時享太廟庚辰饒徽賊犯昱嶺關陷杭州路辛巳命通政院使荅兒麻失里與樞密副使禿堅不花討徐州賊給勅牒三十道以賞功己丑湖州賊陷寶慶路庚寅以殺獲西番首賊功賜岐王阿剌乞巴鈔一千錠邠王嵬釐諸王班的失監平章政事鎖南班各金繫腰一以征西元帥斡羅為章珮添設少監討徐州脫脫請親出師討徐州詔許之辛卯命脫脫台為行樞密院使提調二十萬戶賜金繫腰一銀鈔幣帛有差丁酉辰星犯靈臺以杜秉彝為中書添設參知政事湖南元帥副使小云失海牙總管兀顏思忠復寶慶路是月徐壽輝偽將王善康壽四江二蠻等陷福安寧德等縣八月癸卯命中書參知政事帖理帖木爾淮南行省右丞蠻子供給脫脫行軍一應所需方國珍率其衆攻台州城浙東元帥也忒迷失福建元帥黑的兒擊退之甲辰以同知樞密院事哈麻為中書添設右丞齊王失列門獻馬一萬五千匹于京師賜脫脫金三錠銀三十錠鈔一萬錠幣帛各一千匹丁未日本國白高麗賊過海剽掠身稱島居民高麗國王伯顏帖木兒調兵勦捕之賜金繫腰一鈔二千錠己酉命知樞密院事咬咬中書平章政事搠思監也可扎魯忽赤福壽並從脫脫出師征徐州賜金繫腰及銀鈔幣帛有差翰林學士承旨闊怯鎮過五投下百姓賜金繫腰一壬子以扎撒溫孫為河南行省右丞僕哲篤為淮南行省左丞各賜鈔五十錠丙辰以禿思迷失為淮南行省平章政事丁巳命中書平章政事普化知經筵事脫脫將出師六部尚書密邇麻和謨等上言大臣天子之股肱中書庶政之根本不可以一日離乞詔留賢相弼亮天工如此則內外有兼治之宜社稷有倚重之寄不報脫脫言皇后斡耳朶思支用不敷自今為始每年宜給金一十錠銀五十錠以同知樞密院事雪雪出軍南陽同知樞密院事禿赤出軍河南皆有功各進階榮祿大夫中書左丞哈麻進階榮祿大夫庚申命哈麻等提調各怯薛各愛馬口糧丁卯太白犯歲星詔脫脫以荅剌罕太傅中書右丞相分省于外督制諸處軍馬討徐州中書省樞密院御史臺分官屬從行稟受節制爵賞有功誅殺有罪綏順討逆悉聽便宜從事是日發京師是月大駕還大都安陸賊將俞君正復陷荊門州知州聶炳死之賊將党仲達復陷岳州九月乙亥俞君正復陷中興咬住領兵與戰於樓臺敗績奔松滋本路判官上都死之己卯監察御史及河南分御史臺行樞密院河南廉訪司鞏昌總帥府陝西都府義兵萬戶府等官交章言御史大夫也先帖木兒出征河南功績庚辰賜也先帖木兒金繫腰一金一錠銀一十錠鈔五千錠幣帛各一百匹癸未中興義士范中偕荊門僧李智率義兵復中興路俞君正敗走龍鎮衛指揮使俺都剌哈蠻領兵入城咬住自松滋還屯兵于石馬乙酉脫脫至徐州丁亥命知行樞密院事阿剌吉從脫脫討徐州賜金繫腰一金一錠銀五錠鈔幣有差辛卯脫脫復徐州屠其城芝蔴李等遁走壬辰太陰犯軒轅戊戌賜哈麻鈔三百錠買玉帶己亥賊攻辰州達魯花赤和尚擊走之庚子詔加脫脫為太師班師還京冬十月丁未時享太廟庚戌知樞密院事老章進階金紫光祿大夫命平章定住右丞哈麻同知經筵事癸丑命和糴粟豆五十萬石于遼陽甲寅拜知行樞密院事阿乞剌為太尉淮南行省平章政事戊午太陰犯鬼宿甲子太陰犯歲星乙丑太陰犯亢宿十一月辛未命江浙行省平章政事慶童收捕常州賊乙亥以星吉為江西行省平章政事出師湖廣丙子中書省臣請為脫脫立徐州平寇碑及加封王爵癸未命江浙行省右丞帖里帖木兒總兵討方國珍己丑以脫脫平徐功賜金一十錠銀一百錠鈔五萬錠幣帛各三千匹上表辭從之庚寅太陰犯太微垣十二月壬寅荅失八都魯復襄陽辛亥詔以杭常湖信廣德諸路皆克復赦詿誤者蠲其夏稅秋糧命有司撫恤其民辛酉以湖廣行省參知政事卜顏不花右丞阿兒灰討猺賊復湖南潭岳等處有功卜顏不花陞散階從一品阿兒灰陞正二品癸未脫脫言京畿近地水利召募江南人耕種歲可得粟麥百萬餘石不煩海運而京師足食帝曰此事有利於國家其議行之是歲海運不通立都水庸田使司于汴梁掌種植之事潁州沈丘人察罕帖木兒與信陽州羅山人李思齊同起義兵破賊有功授察罕帖木兒中順大夫汝寧府達魯花赤李思齊知汝寧府

元史卷四十三

明翰林學士亞中大夫知制誥兼修國史宋　濂等修

本紀第四十三

順帝六

十三年春正月庚午朔用帝師請釋放在京罪囚以中書添設平章政事哈麻為平章政事參知政事悟良哈台為右丞參知政事烏古孫良楨為左丞詔印造中統元寶交鈔一百九十萬錠至元鈔一十萬錠辛未命悟良哈台烏古孫良楨兼大司農卿給分司農司印西自西山南至保定河間北至檀順州東至遷民鎮凡係官地及元管各處屯田悉從分司農司立法佃種合用工價牛具農器穀種召募農夫諸費給鈔五百萬錠以供其用旌表真定路槀城縣董氏婦貞節壬申命陝西行省平章政事卜荅失里為總兵官癸酉享于太廟以皇第二子育于太尉衆家奴家賜衆家奴及乳母鈔各一千錠甲戌重建穆清閣乙亥命中書右丞禿禿以兵討商州賊丙子方國珍復降以司農司舊署賜哈麻庚辰中書省臣言近立分司農司宜於江浙淮東等處召募能種水田及脩築圍堰之人各一千名為農師教民播種宜降空名添設職事勅牒一十二道遣使齎往其地有能募農民一百名者授正九品二百名者正八品三百名者從七品即書填流官職名給之就令管領所募農夫不出四月十五日俱至田所期年為滿即放還家其所募農夫每名給鈔十錠從之以杜秉彝為中書參知政事乙酉太陰犯太微垣丙戌以武衛所管鹽臺屯田八百頃除軍見種外荒閑之地盡付分司農司荅失八都魯克復襄陽樊城有功陞四川行省右丞賜金繫腰一庚寅知樞密院事老章克復南陽唐州賜金一錠銀一十錠鈔一千錠幣帛各五十匹戊戌熒惑太白辰星聚于奎宿二月丁未祭先農己酉太陰犯軒轅庚戌太白犯熒惑壬子太陰犯太微垣甲寅中書省臣言徐州民願建廟宇生祠右丞相脫脫從之詔仍立脫脫平徐勳德碑壬戌以宣政院使篤憐帖木兒知經筵事中書右丞悟良哈台左丞烏古孫良楨參知政事杜秉彝並同知經筵事三月己卯命脫脫領大司農司甲申詔脩大承天護聖寺賜鈔二萬錠丁亥命脫脫以太師開府提調太史院回回漢兒司天監己丑以各衙門係官田地并宗仁等衛屯田地土並付分司農司播種是月會州定西靜寧莊浪等州地震命江浙行省左丞帖里帖木兒江南行臺侍御史左荅納失里招諭方國珍夏

四月戊戌朔，命南北兵馬司各分官一員就領通州漷州直沽等處巡捕官兵往來巡邏給分司印一同署事半載一更特命烏古孫良楨得用軍器庚子以禮部所轄掌薪司并地土給付分司農司以甘肅行省平章政事鎖南班爲永昌宣慰使總永昌軍馬仍給平章政事俸先是永昌愚魯罷等爲亂鎖南班討平之至是復起故有是命辛丑太白犯井宿乙巳時享太廟己酉詔取勘徐州汝寧南陽鄧州等處荒田并戶絕籍沒入官者立司牧署掌分司農司耕牛又立玉田屯署降徐州路爲武安州以所轄縣屬歸德府其滕州嶧州仍屬益都路辛亥太陰犯房宿是月車駕時巡上都五月己巳命東安州武清大興宛平三縣正官添給河防職名從都水監官巡視渾河隄岸或有損壞即脩理之辛未江西行省左丞相亦憐真班江浙行省左丞老老引兵取道自信州元帥韓邦彥哈迷取道由徽州浮梁同復饒州蘄黃等賊聞風皆奔潰癸酉以太尉阿剌吉爲嶺北行省左丞相知行樞密院事伯家奴封武國公與諸王孛羅帖木兒同出軍甲戌行樞密院添設僉院二員乙亥太陰犯歲星乙未泰州白駒場亭民張士誠及其弟士德士信爲亂陷泰州及興化縣遂陷高郵據之僭國號大周自稱誠王建元天祐六月丙申朔立詹事院設詹事三員同知二員副詹事二員丞二員命四川行省平章政事玉樞虎兒吐華便宜行事丁酉立皇子愛猷識理達臘爲皇太子中書令樞密使授以金寶告祭天地宗廟命右丞相脫脫兼詹事己亥詔征西都元帥汪只南發本處精銳勇敢軍一千人從征討以千戶二員百戶一十員領之庚子知樞密院事失剌把都總河南軍平章政事答失八都魯總四川軍自襄陽分道而下克復安陸府辛丑罷宮傳府以所掌錢帛歸詹事院癸卯詔以勑牒二十道鈔五萬錠給付淮南行省平章政事達識帖睦邇於淮南淮北等處召募壯丁并總領漢軍蒙古守禦淮安遼東搠羊哈及乾帖困朮赤朮等五十六名吾者野人以皮貨來降給搠羊哈等三人銀牌一面管領吾者野人甲辰以立皇太子詔天下大赦己酉亦都護高昌王月魯帖木兒薨于南陽軍中命其子桑哥襲亦都護高昌王爵辛亥親王完者禿泰州陣亡八禿亳州陣亡各賻鈔五百錠命前河西廉訪副使也先不花爲淮西添設宣慰副使討泰州丙辰詔皇太子位下立儀衛司設指揮二員給二珠金牌副指揮二員一珠金牌賜吳王搠思監金二錠銀五錠鈔二千錠幣帛各九匹以資政院所轄左右都威衛屬詹事院是月命淮南行省平章政事達識帖睦邇便宜行事詔淮南行省平章政事福壽討興化是夏薊州大水秋七月丁卯泉州天雨白絲海潮日三至時享太廟戊辰太白晝見宦官至一品二品者依常例給俸祿壬申湖廣行省參知政事阿魯輝復武昌及漢陽府癸酉詔詹事院自行銓注本院屬官壬辰親王只兒哈忽薨於海寧軍中以其子寶童襲王爵八月癸卯親王闊兒吉思帖木兒獻馬辛亥賜脫脫東泥河田一十二頃親王只兒哈郎討捕金山賊薨於軍中命其子禿魯帖木兒入備宿衛庚申命不花帖木兒襲封文濟王是月車駕還自上都資政院使脫火赤以兵復江州路以四川行省平章政事玉樞虎兒吐華右丞完者不花守鎮中興路左遷平章政事咬住爲淮西元帥供給烏撒軍進討蘄黃九月乙丑朔日有食之乙亥以怯薛官廣平王咬咬征討慢功削其王爵降爲河南行省平章政事己丑廣寧王渾都帖木兒薨賻鈔一千錠建皇太子鹿頂殿于聖安殿西歪剌歹桑哥失里獻馬一百匹賜金繫腰一幣帛各九庚寅太陰犯熒惑辛卯扎你別之地獻大撒哈剌察赤兒米西兒刀弓鎖子甲及青白西馬各二匹賜鈔二萬錠壬辰太白經天熒惑犯左執法南臺御史大夫納麟以老疾辭職從之命太尉如故丁酉享于太廟庚子太白經天冬十月癸卯以江浙行省參知政事買住丁陞本省右丞提調明年海運甲辰歲星犯氐宿丁未廣西元帥甄崇福復道州誅賊將周伯顏庚戌從帖里帖木兒左答納失里之請授方國珍徽州路治中國璋廣德路治中國瑛信州路治中督遣之任國珍疑懼不受命立水軍都萬戶府於崑山州以浙東宣慰使納麟哈剌爲正萬戶宣慰使董搏霄爲副萬戶庚申賜皇太子妃鈔十萬錠壬戌賜皇太子五愛馬怯薛丹二百五十人鈔各一百一十錠癸亥太白犯亢宿是月撤世祖所立氊殿改建殿宇十一月壬申太陰犯壘壁陣乙酉立典藏庫貯皇太子錢帛丁亥江西右丞火你赤以兵平富州臨江遂引兵復瑞州是月立義兵千戶水軍千戶所于江西事平願還爲民者聽十二月丁酉太白犯東咸己亥寧王旭滅該還大斡耳朵思賜金繫腰一鈔一千錠庚子熒惑入氐宿癸卯脫脫請以趙完普家產田地賜知樞密院事桑哥失里庚戌京城天無雲而雷鳴少頃有火見于東南淮慶路及河南府西北有聲如擊鼓者數四已而雷聲震地癸丑以西安王阿剌忒納失里爲豫王弟答兒麻討南陽賊有功以西安王印與之命鎮寵吉兒之地丁巳太陰犯心宿西寧王牙罕沙鎮四川還沙州賜鈔一千錠是月大同路疫死者大半江浙行省平章政事卜顏帖木兒南臺御史中丞蠻子海牙及四川行省參知政事哈臨禿左丞桑禿失里西寧王牙罕沙合軍討徐壽輝于蘄水敗之壽輝遁走獲其僞官四百餘人陝西行省平章政事孛羅四川行省右丞答失八都魯復均房等州詔孛羅等守之答失八都魯討東正陽是歲自六月不雨至于八月造清寧殿前山子月宮諸殿宇以宦官留守也先帖木兒留守同知也速迭兒及都水少監陳阿木哥等董其役哈麻及禿魯帖木兒等陰進西天僧于帝行房中運氣之術號演揲兒法又進西番僧善祕密法帝皆習之

十四年春正月甲子朔汴梁城東汴河冰皆成五色花草如繪畫三日方解乙丑熒惑犯歲星丁卯太白犯建星辛未享于太廟壬申命帖木兒不花襲封廣寧王賜鈔一千錠癸酉熒惑犯房宿立遼陽等處漕運庸田使司屬分司農司丁丑帝謂脫脫曰朕嘗作朵思哥兒好事迎白傘蓋遊皇城實爲天下生靈之故今命剌麻選僧一百八人仍作朵思哥兒好事凡所用物官自給之毋擾于民丙戌以答兒麻監藏遙授陝西行省平章政事實授行宣政院使整治西番人民是月命桑哥失里哈臨禿守中興答失八都魯復峽州二月戊戌祭社稷乙卯命中書平章政事搠思監提調規運總管府戊午太白犯壘壁陣己未以湖廣行省平章政事苟兒爲淮南行省平章政事以兵攻高郵是月以呂思誠爲湖廣行省左丞命湖廣行省右丞伯顏普化江南行臺中丞蠻子海牙江浙行省平章政事卜顏帖木兒參知政事阿里溫沙會合湖廣行省平章政事也先帖木兒討沿江賊立鎮江水軍萬戶府命江浙行省右丞佛家閭領之詔河南淮南兩省並立義兵萬戶府建清河大壽元忠國寺以江浙廢寺田歸之三月癸亥朔日有食之己巳廷試進士六十二人賜薛朝晤牛繼志進士及第餘授官出身有差壬申以皇太子行幸和買駝馬甲戌命親王速哥帖木兒以兵討宿州賊丙子潁州陷是月中書定擬義兵立功者權任軍職事平授以民職從之命四川行省右丞答失八都魯陞本省平章政事兼知行樞密院事總荊襄諸軍從宜調遣詔和買馬于北邊以供軍用凡有馬之家十匹內和買二匹每匹給鈔一十錠夏四月癸巳朔汾州介休縣地震泉湧以武祺參議中書省事是月車駕時巡上都江西湖廣大饑民疫癘者甚衆御史臺臣糾言江浙行省左丞帖里帖木兒等罪先是帖里帖木兒與江南行臺侍御史左答納失里奉旨招諭方國珍報國珍已降乞立巡防千戶所朝廷授以五品流官令納其船散遣徒衆國珍不從擁船一千三百餘艘仍據海道阻絕糧運以故歸罪二人以江浙行省參知政事阿兒溫沙陞本省右丞浙東宣慰使恩寧普爲江浙行省參知政事皆總兵討方國珍發陝西軍討河南賊給鈔令自備鞍馬軍器合二萬五千人馬七千五百匹永昌鞏昌沿邊人匠雜戶亦在遣中造過街塔於蘆溝橋命有司給物色人匠以御史大夫也先不花督之復立應昌全寧二路先是有詔罷之以撥屬魯王馬某沙王傅府至是有司以爲不便復之詔復起永昌鞏昌嘛巴臨洮等處軍命各衛軍人脩白浮甕山等處隄堰五月甲子安豐正陽賊圍廬州是月詔脩砌北巡所經色澤嶺黑石頭河西沿山道路刱建龍門等處石橋皇太子徙居宸德殿命有司脩葺之立南陽鄧州等處毛胡蘆義兵萬戶府募土人爲軍免其差役令討賊自效因其鄉人自相團結號毛胡蘆故以名之詔以玉樞虎兒吐華募兵萬人下蜀江代答失八都魯守中興荊門命答失八都魯以兵赴汝寧陞湖廣行省參知政事阿兒灰爲右丞討廬州募寧夏善射者及各處回回朮忽殷富者赴京師從軍復發禿卜軍萬人命太傅阿剌吉領之命荊王答兒麻失里代闊瑞阿合鎮河西討西番賊六月辛卯朔薊州雨雹高郵張士誠寇揚州丙申達識帖睦邇以兵討張士誠敗績諸軍皆潰詔江浙行省參知政事佛家閭會達識帖睦邇復進兵討之甲辰太陰入斗宿己酉盱眙縣陷庚戌陷泗州官軍潰秋七月甲子潞州襄垣縣大風拔木偃禾乙丑太陰犯角宿壬申詔免大都上都興和三路今年稅糧命刑部尚書阿魯於汝寧州等處募兵討泗州壬午太陰犯昴宿是月汾州孝義縣地震八月冀寧路榆次縣桃李花車駕還自上都九月己未朔賜親王撒蠻答失金二錠銀二十錠鈔一萬錠幣帛表裏各三百匹創設奧剌赤二十名仍給衣糧草料庚申以湖廣行省左丞呂思誠復爲中書左丞辛酉以知樞密院事月赤察兒爲中書平章政事詔脫脫以太師中書右丞相總制諸王各愛馬諸省各翼軍馬董督總兵領兵大小官將出征高郵甲子封高麗國王脫脫不花爲瀋王丁卯普顏忽都皇后母殁賻鈔三百錠立寧宗影堂戊子免河南蒙

古軍人雜泛差役是月賜穆清閣工匠皮衣各一領蓋海青鷹房禁河南淮南酒階州西番賊起遣兵擊之方國珍拘執元帥也忒迷失黃巖州達魯花赤宋伯顏不花知州趙宜浩以俟詔命冬十月甲午享于太廟戊戌詔答失八都魯及泰不花等會軍討安豐甲辰詔加號海神爲輔國護聖庇民廣濟福惠明著天妃壬子太陰犯太微垣十一月丙寅勅中書省樞密院御史臺凡奏事先啓皇太子詔江浙應有諸王公主后妃寺觀官員撥賜田糧及江淮財賦稻田營田各提舉司糧盡數赴倉聽候海運以備軍儲價錢依本處十月時估給之丁卯脫脫領大兵至高郵辛未戰于高郵城外大敗賊衆丙子太陰犯鬼宿癸未賜親王喃答失金鍍銀印乙酉脫脫遣兵平六合縣是月答失八都魯復苗軍所據鄭均許三州皇太子脩佛事釋京師死罪以下十二月辛卯絳州北方有紅氣如火蔽天丙申以中書平章政事定住爲左丞相宣政院使哈麻永昌宣慰鎖南班並爲中書平章政事進階光祿大夫監察御史袁賽因不花等劾奏脫脫出師三月略無寸功傾國家之財以爲己用半朝廷之官以爲自隨又其弟也先帖木兒庸材鄙器玷汙清臺綱紀之政不修貪淫之心益著章三上詔令也先帖木兒出都門聽旨以宣徽使汪家奴爲御史大夫丁酉詔以脫脫老師費財已逾三月坐視寇盜恬不爲意削脫脫官爵安置淮安路弟御史大夫也先帖木兒安置寧夏路以河南行省平章政事泰不花爲本省左丞相中書平章政事月闊察兒加太尉集賢大學士雪雪知樞密院事一同總兵總領諸處征進軍馬并在軍諸王駙馬省院臺官及大小出軍官員其滅里卜亦失你山哈八兒禿哈怯來等拔都兒云都赤禿兒怯里兀孛可西番軍人各愛馬朶憐赤高麗囘囘民義丁壯等軍人並聽總兵官節制詔被災殘破之處令有司賑恤仍蠲租稅三年賜高年帛罷庸田茶運寶泉等司戊戌以定住領經筵事中政院使桑哥失里爲中書添設右丞己亥太陰掩昴宿庚子以桑哥失里同知經筵事冀國公禿魯加太尉進階金紫光祿大夫癸卯命哈麻提調經正監都水監會同館知經筵事就帶元降虎符甲辰以桑哥失里提調宣文閣哈麻兼大司農呂思誠兼司農卿提調農務己酉紹興路地震是月命織造世祖御容詔威順王寬徹普化還鎮湖廣先是以賊據湖廣命奪其王印至是寬徹普化討賊累立功故詔還其印仍守舊鎮命甘肅右丞嵬的討捕西番賊答失八都魯復河陰鞏縣猫賊自汞陽寇衛州萬戶許脫因死之是歲詔諭民間私租太重以十分爲率普減二分永爲定例降鈔十萬錠賞江西守城官吏軍民京師大饑加以疫癘民有父子相食者帝於內苑造龍船委內官供奉少監塔思不花監工帝自製其樣船首尾長一百二十尺廣二十尺前瓦簾棚穿廊兩暖閣後吾殿樓子龍身并殿宇用五彩金粧前有兩爪上用水手二十四人身衣紫衫金荔枝帶四帶頭巾于船兩旁下各執篙一自後宮至前宮山下海子內往來游戲行時其龍首眼口爪尾皆動又自製宮漏約高六七尺廣半之造木爲匱陰藏諸壺其中運水上下匱上設西方三聖殿匱腰立玉女捧時刻籌時至輒浮水而上左右列二金甲神一懸鐘一懸鉦夜則神人自能按更而擊無分毫差當鐘鉦之鳴獅鳳在側者皆翔舞匱之西東有日月宮飛僊六人立宮前遇子午時飛僊自能耦進度僊橋達三聖殿已而復退立如前其精巧絕出人謂前代所鮮有時帝怠于政事荒於游宴以宮女三聖奴妙樂奴文殊奴等一十六人按舞名爲十六天魔首垂髮數辮戴象牙佛冠身被纓絡大紅綃金長短裙金雜襖雲肩合袖天衣綬帶鞋韈各執加巴剌般之器內一人執鈴杵奏樂又宮女一十一人練槌髻勒帕常服或用唐帽窄衫所奏樂用龍笛頭管小鼓箏蓁琵琶笙胡琴響板拍板以宦者長安迭不花管領遇宮中讚佛則按舞奏樂宮官受祕密戒者得入餘不得預

元史卷四十四

明翰林學士亞中大夫知制誥兼修國史宋　濂等修

本紀第四十四

順帝七

十五年春正月戊午朔以中書平章政事搠思監提調留守司宣徽使黑廝爲中書平章政事河南行省左丞許有壬爲集賢大學士遼陽行省左丞奇伯顏不花陞本省平章政事壬戌以宣政院副使忻都爲太子詹事癸亥享于太廟甲子親王禿堅帖木兒歿于軍中賜鈔五百錠江西行省平章政事道童加大司徒戊辰太陰犯五車辛未太陰犯鬼宿大斡耳朶儒學教授鄭咺建言蒙古乃國家本族宜教之以禮而猶循本俗不行三年之喪又收繼庶母叔嬸兄嫂恐貽笑後世必宜改革繩以禮法不報丙子上都饑賑糶米二萬石丁丑徐壽輝僞將倪文俊復陷沔陽府威順王寬徹普化令王子報恩奴等同湖南元帥阿思藍水陸並進討之至漢川水淺文俊用火筏燒船報恩奴遇害庚辰復設仁虞雲需尚供三總管府丙戌大同路饑出粮一萬石減價糶之是月詔以湖廣行省平章政事乞剌班慢功削其官爵令從軍自効詔安置脫脫于亦集乃路收所賜田土命河南行省參知政事洪丑驢守禦河南陝西行省參知政事述律朶兒只守禦潼關宗王扎牙失里守禦興元陝西行省參知政事阿魯溫沙守禦商州通政院使朶來守禦山東詔豫王阿剌忒納失里與陝西行省平章政事搠思監從宜商議軍事閏月壬寅以各衛軍人屯田京畿人給鈔五錠以是日入役日支鈔二兩五錢仍給牛種農器命司農司令本管萬戶督其勤惰丙午太陰犯心宿丙辰太白經天是月上都路饑詔嚴酒禁命河南行省參知政事塔失帖木兒領元管陝西軍馬守禦河南二月己未劉福通等自碭山夾河迎韓林兒至立爲皇帝又號小明王建都亳州國號宋改元龍鳳以其母楊氏爲皇太后杜遵道盛文郁爲丞相羅文素劉福通爲平章劉六知樞密院事拆鹿邑縣大清宮材建宮闕遵道等各遣子入侍遵道得寵專權劉福通疾之命甲士撾殺遵道福通遂爲丞相後稱太保丙寅以中書平章政事黑廝左丞許有壬並知經筵事戊辰命太傅御史大夫汪家奴爲中書右丞相中書平章政事定住爲左丞相詔天下庚午以河南行省平章政事咬咬爲遼陽行省左丞相壬申立淮東等處宣慰使司都元帥府于天長縣統濠泗義兵萬戶府并洪澤等處義兵聽富民願出丁壯義兵五千名者爲萬戶五百名者爲千戶一百名者爲百戶仍降宣勅牌面丙子以達識帖睦邇爲中書平章政事提調留守司平章政事黑廝兼大司農是月命刑部尚書董銓等與江西行省平章政事火你赤專任征討之務便宜從事遣使先降曲赦諭以禍福如能出降釋其本罪執迷不悛尅日進討三月庚寅太陰犯五車癸巳徐壽輝兵陷襄陽路甲午命汪家奴攝太尉持節授皇太子愛猷識理達臘玉冊錫以冕服九旒祇謁太廟丙申太陰犯房宿辛丑以監察御史言安置脫脫于雲南鎭西路也先帖木兒于四川硎門脫脫長男哈剌章安置肅州次男三寶奴安置蘭州仍籍其家產己酉命知樞密院事衆家奴知經筵事知樞密院事捏兀失該提調內史府癸丑太白經天夏四月壬戌中書省臣言江南因盜賊阻隔所在闕官宜遣人與各省及行臺官以廣東廣西海北海南三品以下通行遷調五品以下先行照會之任江浙行省三年一次遷調福建等處闕官亦依前例從之命彰德等處分樞密院添設同知副使都事各一員癸亥以中書平章政事達識帖睦邇知經筵事命樞密院添設僉院一員判官二員直沽分樞密院添設副使一員都事一員以御史中丞扎撒兀孫同知經筵事乙丑以中書右丞臧十左丞烏古孫良楨分省彰德辛未命御史中丞伯家奴同知經筵事中書參議成遵兼經筵官癸酉以左丞相定住爲右丞相平章政事哈麻爲左丞相太子詹事桑哥失里爲中書平章政事雪雪爲御史大夫丁丑加知樞密院事衆家奴太傅辛巳親王脫脫甓賜鈔二百錠是月車駕時巡上都詔翰林待制烏馬兒集賢待制孫撝招安高郵張士誠仍齎宣命印信牌面與鎭南王孛羅不花及淮南行省廉訪司等官商議給付之御史臺劾奏中書左丞呂思誠罷之詔四川等處立宣化鎭南軍民府改四川忠孝軍民府爲忠孝軍民安撫司罷盤順府改立盤順軍民安撫司罷四川羊毋甲洞臭南王洞長官司改立忠義軍民安撫司立汴梁等處義兵萬戶府五月壬辰復襄陽路監察御史也里忽都等劾奏河南行省左丞相太不花慢功虐民詔削其官職仍令率領火赤溫從總兵官平章政事答失八都魯征進答失八都魯管領太不花一應軍馬庚戌倪文俊自沔陽陷中興路元帥朶兒只斑死之是月命淮南行省平章政事咬住淮東廉訪使王也先迭兒撫諭高郵六月丙辰命御史大夫雪雪提調端本堂癸亥太白經天丁卯監察御史哈林禿劾奏脫脫之師集賢大學士吳直方及其參軍黑漢長史火里赤等並宜追奪從之監察御史亞哥等辯明中書左丞呂思誠給付元追所授宣命玉帶戊辰命中書平章政事搠思監兼大司農桑哥失里知經筵事己巳靖安王闊不花甍無後命其姪襲封靖安王癸酉以四川行省平章政事答失八都魯爲河南行省平章政事乙亥命將作院判官烏馬兒招安濠泗等處章佩監丞普顏帖木兒招安沔陽等處諸王倒吾沒於軍中賻鈔二百錠丁丑保德州地震己卯陝西行省平章政事禿禿加答剌罕庚辰徽州隱士

鄭玉爲翰林待制不至江浙省臣言至正十五年稅課等鈔內除詔書已免稅粮等鈔較之年例海運粮并所支鈔不敷乞減海運以甦民力戶部定擬本年稅粮除免之外其寺觀并撥賜田糧十月開倉盡行拘收其不敷糧撥至元折中統鈔一百五十萬錠於產米處羅一百五十萬石貯瀕河之倉以聽撥運從之癸未中書參知政事實理門言舊立蒙古國子監專教四怯薛并各愛馬官員子弟今宜諭之依先例入學俾嚴爲訓誨從之是月大明皇帝起兵自和州渡江取太平路自紅巾妖寇倡亂之後南北郡縣多陷沒故大明從而取之荆州大水命湖廣行省平章政事阿魯灰領軍與淮南行省平章政事蠻子海牙淮西道宣慰使完者不花以兵攻和州等處命郡王只兒瞰伯湖廣行省右丞卜蘭奚攻討河南以湖廣行省平章政事咬住爲總兵官領本省軍馬并江州楊完者黃州李勝等軍守禦湖廣江浙行省參知政事納麟哈剌統領水軍萬戶等軍會本省平章政事定定進攻常州鎮江等處命將作院判官烏馬兒利用監丞八十奴招諭濠泗淮南行省左丞相太平助之章佩監丞普顏帖木兒翰林修撰烈瞻招諭沔陽四川行省平章政事王樞虎兒吐華等助之以怯薛丹溧皮等六十名從江南行御史臺大夫福壽守禦集慶路國王朶兒只蠻于揚州軍中命郡王只兒瞰伯管領其所部軍馬秋七月辛卯享于太廟壬寅倪文俊復陷武昌漢陽等處是月命親王失里門以兵守曹州山東宣慰馬某火者以兵分府沂州莒州等處命知樞密院事答兒麻監藏及四川行省左丞沙剌班湖南同知宣慰使劉答兒麻失里以兵屯中興招諭諸處有不降者與親王禿魯及玉樞虎兒吐華討之命湖廣行省平章政事桑哥亦禿渾及禿禿守禦襄陽參知政事哈林禿及王塔失帖木爾守禦沔陽如賊徒不降即進兵討之陞台州海道巡防千戶所爲海道防禦運糧萬戶府八月庚申命南陽等處義兵萬戶府召募毛胡蘆義兵萬人進攻南陽戊辰以中書平章政事達識帖睦邇爲江浙行省左丞相便宜行事賜鈔一千錠甲戌以大宗正府扎魯忽赤迭里迷失爲甘肅行省平章政事戊寅太白經天雲南死可伐等降令其子莽三以方物來貢乃立平緬宣撫司四川向思勝降以安定州改立安定軍民安撫司是月車駕還自上都詔淮南行省左丞相太平統淮南諸軍討所陷郡邑仍命湖廣行省平章政事阿魯灰以所部苗軍聽其節制立吾者野人乞列迷等處諸軍萬戶府于哈兒分之地命親王寬徹班守與元永昌宣慰使完者帖木兒討西番賊以淮南行省平章政事蠻子海牙與同知樞密院事絆住馬等自蕪湖至鎮江南岸守禦同阿魯灰所部軍馬協力衞護江南行臺命答失八都魯從便調度湖廣行省左丞卜蘭奚所領苗軍江浙行省平章政事卜顏帖木兒守禦蘄黃蘭溪等處九月癸未命搠思監提調武衞以知嶺北行樞密院事紐的該爲中書平章政事乙酉立分海道防禦運糧萬戶府于平江路己丑太白犯太微垣辛卯命秘書卿答蘭提調別吉太后影堂祭祀知樞密院事野僊帖木兒提調世祖影堂祭祀宣政院使蠻子提調裕宗英宗影堂祭祀己亥倪文俊圍岳州路壬子命桑哥失里提調宣文閣呂思誠知經筵事集賢大學士許有壬兼太子論德是月移置脫脫于阿輕乞之地命答失八都魯移軍住陳留冬十月丁巳立淮南行樞密院于揚州己未太陰犯壘壁陣甲子命兵工二部尙書撒八兒王安童以金銀牌一百六十五面給淮東宣慰使司等處義兵官員命哈麻領大司農司帝謂右丞相定住等曰敬天地尊祖宗重事也近年以來闕于舉行當選吉日朕將親祀郊廟務盡誠敬不必繁文卿等其議典禮從其簡者行之遂命右丞斡欒左丞呂思誠領其事以中書右丞拜住爲平章政事庚午以襲封衍聖公孔克堅同知太常禮儀院事以克堅子希學爲襲封衍聖公癸酉太陰犯軒轅哈麻奏言郊祀之禮以太祖配皇帝出宮至郊祀所便服乘馬不設內外儀仗教坊隊子齋戒七日內散齋四日於別殿致齋三日二日於大明殿西幄殿一日在南郊祀所丙子以郊祀命皇太子愛猷識理達臘祭告太廟己卯以翰林學士承旨慶童爲淮南行省平章政事立黃河水軍萬戶府于小清口十一月甲申熒惑犯氐宿庚寅塡星犯井宿壬辰親祀上帝于南郊以皇太子愛猷識理達臘爲亞獻攝太尉右丞相定住爲終獻甲午以太不花爲湖廣行省左丞相總兵招捕湖廣沔陽等處湖廣荆襄諸軍悉聽節制給還元追奪河南行省丞相宣命仍給以功賞宣勅金銀牌面戊戌介休縣桃杏花己亥太陰犯鬼宿戊申右丞相定住以病辭職命以太保就第治病庚戌賊陷饒州路辛亥賜高麗國王伯顏帖木兒爲親仁輔義宣忠奉國彰惠靖遠功臣是月答失八都魯攻夾河賊大破之賊陷懷慶命河南行省右丞不花討之以湖廣歸州改隸四川行省十二月壬子朔熒惑犯房宿給湖廣行省分省印丁巳命中書參知政事月倫失不花陳敬伯分省彰德癸亥立忠義忠勤萬戶府于宿州武安州己巳以諸郡軍儲供餉繁浩命戶部印造明年鈔本六百萬錠給之壬申以平章政事帖里帖木兒右丞斡欒並知經筵事參議丁好禮兼經筵官乙亥以天下兵起下詔罪己大赦天下是月答失八都魯大敗劉福通等于太康遂圍亳州僞宋主遁于安豐立興元等處宣慰使司都元帥府于興元路是歲薊州雨血詔凡有水田之處設大兵農司招集人夫有警乘機進討無事栽植播種詔濬大內河道以宦官同知留守埜先帖木兒董其役埜先帖木兒言自十一年以來天下多事不宜興作帝怒命往使高麗改命宦官答失蠻董之以中書平章政事拜住分省濟寧設四部是歲察罕帖木兒與賊戰于河南北屢有功除中書刑部侍郎

十六年春正月壬午改福建宣慰使司都元帥府爲福建行中書省戊子親享太廟命中書平章政事帖里帖木兒提調國子監己丑太陰犯昴宿丁酉太保定住以病辭職太尉大宗正府扎魯忽赤月闊察兒以出軍中傷辭職皆不允乙亥詔命太尉阿吉剌開府設官屬乙巳以遼陽行省左丞相咬咬爲太子詹事翰林學士承旨朶列帖木兒同知詹事院事丙子以知樞密院事實理門兼大府監卿戊申雲南土官阿蘆降遣姪腮斡以方物來貢庚戌左丞相哈麻罷辛亥御史大夫雪雪亦罷以搠思監爲御史大夫復以定住爲右丞相是月薊州地震倪文俊建僞都于漢陽迎徐壽輝據之二月癸酉禿魯帖木兒辭職不允搠思監糾言哈麻及其弟雪雪等罪惡帝曰哈麻兄弟雖有罪然侍朕日久與朕弟懿璘質班皇帝實同乳且緩其罰令之出征自效甲寅命右丞相定住依前太保中書一切機務悉聽總裁詔天下丙辰以鎭南王孛羅不花自兵興以來率怯薛丹討賊累立戰功賜鈔一萬錠定住及平章政事桑哥失里等復奏哈麻兄弟罪惡遂命貶哈麻惠州安置雪雪肇州安置尋杖殺之壬戌詹事伯撒里辭職乙丑禁銷毀販賣銅錢丙寅命翰林國史院太常禮儀院定擬皇后奇氏三代功臣謚號王爵甲戌命六部大司農司集賢翰林國史兩院太常禮儀院祕書崇文國子都水監侍儀司等正官各舉才堪守令者一人不拘蒙古色目漢南人從中書省斟酌用之或任內害民受贓者舉官量事輕重降職命蠻蠻爲靖安王賜金印置王傅等官己卯命集賢直學士楊俊民致祭曲阜孔子廟仍葺其廟宇詔諭山東鹽法軍民毋得沮壞賜定住篤憐赤怯薛丹三十名給衣糧馬疋草料是月高郵張士誠陷平江路據之改平江路爲隆平府遂陷湖州松江常州三月辛巳復立酒課提舉司命中書平章政事帖里帖木兒參知政事成遵等議鈔法壬午徐壽輝復寇襄陽癸未臺臣言係官牧馬草地俱爲權豪所占今後除規運總管府見種外餘盡取勘令大司農召募耕墾歲收租課以資國用從之丁亥以今秋出師詔和買馬六萬疋戊子命宣讓王帖木兒不花威順王寬徹普化以兵鎭遏懷慶路各賜金一錠銀五錠幣帛九疋鈔二千錠庚寅大明兵取集慶路江南行臺御史大夫福壽死之丙申倪文俊陷常德路總兵官俺都剌遁命搠思監提調承徽寺丁酉立行樞密院于杭州命江浙行省左丞相達識帖睦邇兼知行樞密院事節制諸軍省院等官並聽調遣凡賞功罰罪招降討逆許以便宜行事大明兵取鎭江路戊申方國珍復降以爲海道運糧漕運萬戶兼防禦海道運糧萬戶其兄方國璋爲衢州路總管兼防禦海道事是月有兩日相盪夏四月辛亥以搠思監爲中書左丞相丙辰以資正院使普化爲御史大夫丁巳命左丞相搠思監領經筵事中書平章政事悟良哈台御史大夫普化並知經筵事庚申以河南行省左丞卜蘭奚爲湖廣行省平章政事答失八都魯加金紫光祿大夫丙寅命阿因班太子與陝西行省官同討均房南陽遼陽行省平章政事奇伯顏不花加大司徒丁卯以陝西行臺御史大夫朶朶爲陝西行省左丞相大司農咬咬爲遼陽行省左丞相以知樞密院事實理門分院濟寧翰林學士承旨脫脫同知詹事院事壬申命豫王阿剌忒納失里與陝西行省官商議軍機從宜攻討己卯命悟良哈台兼太子諭德是月車駕時巡上都五月壬辰太白犯鬼宿癸巳亦如之甲午太陰入斗宿丙申倪文俊陷澧州路丁酉太陰犯壘壁陣乙巳賊寇辰州守將和尙以鄉兵擊敗之六月甲寅江浙行省平章政事三旦八參知政事楊完者以兵守嘉興路禦張士誠乙丑大明兵取廣德路秋七月癸未以翰林學士禿魯帖木兒爲侍御史丁酉太陰犯壘壁陣是月張士誠遣兵陷杭州江浙行省平章政事左答納失里戰死丞相達識帖木邇遁楊完者及萬戶普賢奴擊敗之復其城八月丙辰奉元路判官王淵等以義兵復商州陞淵同知關商襄鄧等處宣慰司事己未賊侵河南府路參知政事洪丑驢以兵敗之丁卯太陰犯昴宿庚午倪文

俊陷衢州路元帥甄崇福戰死甲戌彗星見張宿色青白彗指西南長尺餘至十二月戊午始滅是月車駕還自上都黃河決山東大水九月庚辰汝頴賊李武崔德等破潼關參知政事述律杰戰死壬午豫王阿剌忒納失里同知樞密院事定住引兵復潼關河南行省平章政事伯家奴以兵守之丙申潼關復陷伯家奴兵潰豫王阿剌忒納失里復以兵取之李武崔德敗走戊戌賊陷陝州及虢州詔以太尉納麟復爲江南行臺御史大夫遷行臺治紹興是月察罕帖木兒復陝州及虢州復襲敗賊兵于平陸安邑以功由兵部尚書陞僉河北行樞密院事冬十月丁未大名路有星如火從東南流芒尾如曳彗墮地有聲火燄蓬勃久之乃息化爲石青黑色光瑩形如狗頭其斷處如新劃者命藏于庫壬辰太陰犯井宿是月詔罷太尉也先帖木兒十一月丙戌以老的沙答里麻失並爲詹事丁亥流星大如酒盃色青白尾跡約長五尺餘光明燭地起自東北東南行沒于近濁有聲如雷壬辰太陰犯井宿是月河南陷河南廉訪副使俺普遁置河南廉訪司于沂州又於沂州設分樞密院以兵馬指揮使司隸之十二月倪文俊陷岳州路殺威順王子歹帖木兒湖廣參知政事也先帖木兒與左江義兵萬戶鄧祖勝合兵復衡州是歲詔沿海州縣爲賊所殘掠者免田租三年賜高年帛河南行省左丞相太不花駐軍于南陽嵩汝等州叛民皆降軍勢大振陝西行臺監察御史李尙絅上關中形勝急論凡十有二事命大司農司屯種雄霸二州以給京師號京糧

元史卷四十五

明翰林學士亞中大夫知制誥兼修國史宋　濂等修

本紀第四十五

順帝八

十七年春正月丙子朔日有食之以伯顏禿古思爲大司徒辛卯命山東分省團結義兵每州添設判官一員每縣添設主簿一員專率義兵以事守禦仍命各路達魯花赤提調聽宣慰使司節制丙申監察御史哈剌章言淮東道廉訪使楮不華徇忠盡節宜加褒贈優恤其家從之二月壬子賊犯七盤藍田命察罕帖木兒以軍會答兒麻亦兒守陝州潼關哈剌不花由潼關抵陝西會豫王阿剌忒納失里及定住等同進討癸丑太陰犯五車以征河南許亳太康嵩汝大捷詔赦天下戊辰知樞密院事脫脫復邳州調客省使撒兒答溫等攻黃河南岸賊大破之壬申劉福通遣其黨毛貴陷膠州僉樞密院事脫歡死之甲戌倪文俊陷陝州是月李武崔德陷商州察罕帖木兒與李思齊以兵自陝虢援陝西以察罕帖木兒爲陝西行省左丞李思齊爲四川行省左丞詔以高寶爲四川行省參知政事將兵取中興不克賊遂破轆轤關三月乙亥義兵萬戶賽甫丁阿迷里丁叛據泉州庚辰毛貴陷萊州守臣山東宣慰副使釋嘉訥死之壬午大明兵取常州路甲申太陰犯鬼宿壬辰歲星犯壘壁陣甲午毛貴陷益都路益王買奴遁自是山東郡邑皆陷乙未以江淮行樞密院副使董摶霄爲山東宣慰使丁酉毛貴陷濱州戊戌以中書平章政事帖里帖木兒爲御史大夫悟良哈台斡欒並爲中書平章政事夏四月丙午監察御史五十九言今京師周圍雖設二十四營軍卒疲弱素不訓練誠爲虛設儻有不測誠可寒心宜速選擇驍勇精銳衛護大駕鎭守京師實當今奠安根本固堅人心之急務況武備莫重于兵而養兵莫先于食今朝廷撥降鈔錠措置農具命總兵官于河南克復州郡且耕且戰甚合寓兵于農之意爲今之計權命總兵官從宜于軍官府選委能撫字軍民者兼路府州縣之職務要農事有成軍民得所則擾民之害益除而匱乏之憂亦釋矣帝嘉納之乙卯毛貴陷莒州丙辰京師立便民六庫倒易昏鈔辛酉以咬咬爲甘肅行省左丞相答失八都魯加太尉四川行省左丞相漢中道廉訪司糾陝西行省左丞蕭家奴遇賊逃竄失陷所守郡邑詔正其罪是月車駕時巡上都封江西行省平章政事火你赤爲營國公大明兵取寧國路五月乙亥命知樞密院事李蘭奚進兵討山東戊寅平章政事亦老溫帖木兒復武安州等三十餘城丙申命搠思監爲右丞相太平爲左丞相詔天下免民今歲稅糧之半詔以永昌宣慰司屬詹事院六月甲辰朔以實理門爲中書分省右丞守濟寧丙辰監察御史脫脫穆而言去歲河南之賊窺伺河北惟河南與山東互相策應爲害尤大爲今之計中書當遴選能將就太不花答失八都魯阿魯三處軍馬內擇其精銳以守河北進可以制河南之侵退可以攻山東之寇庶幾無虞從之己未以帖里帖木兒老的沙並爲御史大夫庚申大明兵取江陰州壬申帖里帖木兒糾陝西知行樞密院事也先帖木兒遂命罷陝西行樞密院令也先帖木兒居于草地癸酉溫州路樂清江中龍起颶風作有火光如毬是月劉福通犯汴梁其軍分三道關先生破頭潘馮長舅沙劉二王士誠寇晉冀白不信大刀敖李喜喜趨關中毛貴據山東其勢大振秋七月己卯帖里帖木兒奏續集風憲宏綱庚辰大明兵取徽州路癸未太白犯鬼宿甲申太陰犯斗宿乙酉命右丞相搠思監領宣政院事平章政事臧卜知經筵事參知政事李稷同知經筵事參知政事完者帖木兒兼太府卿丁亥塡星犯鬼宿戊子以李稷爲御史中丞中書省臣言山東般陽益都相次而陷濟南日危宜選將練卒信賞必罰爲保燕趙計以衞京師不報己丑鎭守黃河義兵萬戶田豐叛陷濟寧路分省右丞實理門道義兵萬戶孟本周攻之田豐敗走本周還守濟寧甲午以御史中丞完者帖木兒爲中書右丞河南廉訪使俺普爲中書參知政事監察御史迭里彌實劉傑言疆域日蹙兵律不嚴陝西汴梁淮潁山東之寇有窺伺燕趙之志宜俯詢大臣共圖克復之宜預定守備之策不報是月立四方獻言詳定使司秩正三品歸德府知府林茂萬戶時公權叛以城降于賊歸德府及曹州皆陷八月癸卯塡星犯鬼宿太白犯軒轅癸丑劉福通兵陷大名路遂自曹濮陷衞輝路答失八都魯之子孛羅帖木兒與萬戶方脫脫擊之甲子太陰犯五車乙丑以陝西行臺御史中丞伯嘉訥爲陝西行省平章政事淮南行省參知政事余闕爲淮南行省左丞江浙行省參知政事楊完者陞左丞方國珍爲江浙行省參知政事海道運糧萬戶如故丙寅慶陽府鎭原州大雹是月大駕還自上都薊州大水詔知樞密院事紐的該進討山東大明兵取揚州路平江路張士誠俾前江南行臺御史中丞蠻子海牙爲書請降江浙左丞相達識帖睦邇承制令參知政事周伯琦等至平江撫諭之詔以士誠爲太尉士德爲淮南行省平章政事時士德已爲大明兵所擒九月丙子命同知樞密院事壽童以兵討冠州以老的沙爲中書省平章政事兼兀良海牙指揮使甲午澤州陵川縣陷縣尹張輔死之戊戌太不花復大名路并所屬郡縣辛丑詔中書右丞也先不花御史中丞成遵奉使宣撫彰德大名廣平東昌東平曹濮等處奬厲將帥是月命紐的該加太尉總諸軍守禦東昌時田豐據濟濮率衆來寇擊走之倪文俊謀殺其主徐壽輝不果自漢陽奔黃州壽輝僞將陳友諒襲殺之友諒遂自稱平章閏九月癸卯有飛星如孟青色光燭地尾約長尺餘起自王良沒于勾陳監察御史朵兒只等劾奏知樞密院使哈剌八禿兒失陷所守郡縣詔正其罪丙午太陰犯斗宿右丞相搠思監左丞相太平並加開府儀同三司平章政事完者不花兼大司農庚申太陰犯井宿乙丑路州陷丙寅賊攻冀寧察罕帖木兒以兵擊走之冬十月乙亥熒惑犯氐宿戊寅設分詹事院甲申太陰掩昴宿戊戌曹州賊入太行山是月白不信大刀敖李喜喜陷興元遂入鳳翔察罕帖木兒李思齊屢擊破之其黨走入蜀答失八都魯與知樞密院事答里麻失里以軍討曹州賊官軍敗潰答里麻失里死之靜江路山崩地陷大水十一月辛丑山東道宣慰使董摶霄建言請令江淮等處各枝官軍分布連珠營寨于隘口屯駐守禦宜廣屯田以足軍食從之汾州桃杏花壬寅賊侵壺關察罕帖木兒大破之戊午以河南行省平章政事答蘭爲中書平章政事御史中丞李獻爲中書左丞陝西行臺中丞十顏帖木兒樞密院副使哈剌那海司農少卿崔敬侍御史陳敬伯皆爲參知政事癸亥豫王阿剌忒納失里與陝西行省左丞相朵朵陝西行臺御史中丞伯嘉訥分道攻討關陝己巳以中書參知政事八都麻失里爲右丞十二月庚午熒惑犯天江辛未山東道廉訪使伯顏不花建言嚴保伍集勇健汰冗官戊寅太白犯歲星甲申太陰犯鬼宿丁亥歲星犯壘壁陣庚寅太白犯壘壁陣癸巳太陰犯心宿丁酉慶元路象山縣鵝鼻山崩己亥流星如金星大尾約長三尺餘起自太陰近東而沒化爲青白氣庚子答失八都魯卒于軍中是歲詔天下團結義兵路府州縣正官俱兼防禦事詔淮南行知樞密院事脫脫領兵討淮南詔諭濟寧李秉彝田豐等令其出降叙復元任嘯亂士卒仍給資糧欲還鄉者聽倪文俊陷川蜀諸郡命僞元帥明玉珍守據之趙君用及彭大之子早住同據淮安趙僭稱永義王彭僭稱魯淮王義兵千戶余寶殺其知樞密院事寶童以叛降于毛貴余寶遂據棣州河南大饑

十八年春正月辛丑塡星犯鬼宿乙巳察罕帖木兒李思齊合兵于鳳翔丙午太陰犯昴宿陳友諒陷安慶路守將余闕死之庚戌大明兵取婺源州甲子以不蘭奚知樞密院事乙丑大風起自西北益都土門萬歲碑仆而碎丙寅田豐陷東平路丁卯不蘭奚與毛貴戰于好石橋敗績走濟南是月詔答失八都魯子孛羅帖木兒

爲河南行省平章政事總領其父元管軍馬詔察罕帖木兒屯陝西李思齊屯鳳翔二月己巳朔議團結西山寨大小十一處以爲保障命中書右丞答失帖木兒左丞烏古孫良楨等總行提調設萬夫長千夫長百夫長編立牌甲分守要害互相策應毛貴陷清滄州遂據長蘆鎮中書省臣奏以陝西軍旅事劇務殷去京師道遠供費艱難請就陝西印造寶鈔爲便遂分戶部寶鈔庫等官置局印造仍命諸路撥降鈔本畀平準行用庫倒易昏幣布于民間癸酉毛貴陷濟南路守將愛的戰死毛貴立賓興院選用故官以姬宗周等分守諸路又于萊州立三百六十屯田每屯相去三十里造大車百輛以挽運糧儲官民田十止收二分冬則陸運夏則水運乙亥填星犯鬼宿辛巳詔以太不花爲中書右丞相總兵山東壬午田豐復陷濟寧路甲申輝州陷丙戌紐的該聞田豐逼近東昌棄城走丁亥察罕帖木兒調兵復涇州平涼保鞏昌戊子田豐陷東昌路庚寅王士誠自益都犯懷慶路周全擊敗之辛卯以安童爲中書參知政事丁酉興元路陷三月己亥朔日色如血加右丞相搠思監太保庚子毛貴陷般陽路辛丑大同路夜黑氣蔽西方有聲如雷少頃東北方有雲如火交射中天遍地俱見火空中有兵戈之聲癸卯王士誠陷晉寧路總管杜賽因不花死之甲辰察罕帖木兒遣賽因赤等復晉寧路己酉劉福通遣兵犯衞輝孛羅帖木兒擊走之庚戌毛貴陷薊州詔徵四方兵入衞乙卯毛貴犯漷州至棗林樞密副使達國珍戰死遂略柳林同知樞密院事劉哈剌不花以兵擊敗之貴走據濟南丙辰大明兵取建德路以周全爲湖廣行省參知政事統輿魯等軍移鎮嵩州白龍寨冀寧路陷丁巳田豐陷益都路辛酉大同諸縣陷察罕帖木兒遣關保等往擊之是時賊分二道犯晉冀一出沁州一侵絳州乙丑以老章爲太子少保夏四月甲申陳友諒陷龍興路省臣道童火你赤棄城遁壬午田豐陷廣平路大掠退保東昌詔令元帥方脫脫以兵復廣平癸未以諸處捷音屢至詔頒軍民事宜十一條庚寅以翰林學士承旨蠻子爲嶺北行省平章政事辛卯太白犯鬼宿甲午陳友諒遣王奉國陷瑞州路是月車駕時巡上都察罕帖木兒李思齊會宣慰張良弼郎中郭擇善宣慰同知拜帖木兒平章政事定住總帥汪長生奴各以所部兵討李喜喜于鞏昌李喜喜敗入蜀察罕帖木兒駐清湫李思齊駐斜坡張良弼駐秦州郭擇善駐崇信拜帖木兒等駐通渭定住駐臨洮各自除路府州縣官徵納軍需李思齊張良弼又同襲殺拜帖木兒分總其兵五月戊戌朔察罕帖木兒遣董克昌等以兵復冀寧以方國珍爲江浙行省左丞兼海道運糧萬戶詔察罕帖木兒還兵鎮冀寧李思齊殺同僉樞密院事郭擇善庚子賊兵踰太行察罕帖木兒部將關保擊敗之以察罕帖木兒爲陝西行省右丞兼陝西行臺侍御史同知河南行樞密院事劉福通攻汴梁壬寅太白犯填星汴梁守將竹貞棄城遁福通等遂入城乃自安豐迎其僞主居之以爲都陳友諒遣康泰趙琮鄧克明等以兵寇邵武路甲辰命太尉阿吉剌爲甘肅行省左丞相乙巳關保與賊戰于高平大敗之庚戌陳友諒陷吉安路壬子太陰犯斗宿癸丑監察御史七十等糾劾太保中書右丞相太不花乙卯詔削太不花官爵安置蓋州時太不花總兵山東以知行樞密院悟良哈台代之命悟良哈台節制河北諸軍河南行省平章政事周全節制河南諸軍辛酉陳友諒兵陷撫州路甲子監察御史七十燕赤不花等劾中書參知政事燕只不花是月遂州蝗山東地震天雨白毛察罕帖木兒自以劉尚質爲冀寧路總管六月戊辰朔太不花伏誅察罕帖木兒調虎林赤關保同守潞州拜察罕帖木兒陝西行省平章政事便宜行事庚辰關先生破頭潘等陷遼州虎林赤以兵擊走之關先生等遂陷冀寧路乙酉命左丞相太平督諸軍守禦京城便宜行事是月汾州大疫秋七月丁酉朔周全據懷慶路以叛附于劉福通時察罕帖木兒駐軍洛陽遣伯帖木兒以兵守盌子城周全來戰伯帖木兒爲其所殺周全遂盡驅懷慶民渡河入汴梁丁未太陰犯斗宿不蘭奚以兵復般陽路已而復陷戊申太白晝見癸丑有賊兵犯京城刑部郎中不花守西門夜開門擊退之己未劉福通遣周全引兵攻洛陽守將登城以大義責全全愧謝退兵劉福通殺之丙寅以完卜花脫脫帖木兒爲中書平章政事是月京師大水蝗民大饑八月丁卯朔江浙行省平章政事三旦八遁于福建先是三旦八討饒州貪財玩寇久而無功遂妄稱遷職福建行省至福建爲廉訪僉事般若帖木兒所劾拘之興化路壬申太陰掩心宿庚辰陳友諒兵陷建昌路辛巳義兵萬戶王信以滕州叛降于毛貴甲申太陰掩昴宿庚寅以老的沙爲御史大夫詔作新風紀九月丁酉朔詔授普班帖木兒同知河東宣慰司事其妻剌八哈敦雲中郡夫人子觀音奴贈同知大同路事仍旌表其門閭先是普班帖木兒爲趙王位下同知怯怜口總管府事其妻嘗保育趙王及是部落滅里叛欲殺王普班帖木兒與妻謀以其子觀音奴服王平日衣冠居王宮夜半夫妻衞趙王微服遁去比賊至遂殺觀音奴趙王得免事聞故旌其忠焉褒封唐贈諫議大夫劉賁爲文節昌平侯關先生攻保定路不克遂陷完州掠大同興和塞外諸郡中書左丞張冲請立團練安撫勸農使司二道一奉元延安等處一鞏昌等處從之壬寅詔命中書參知政事普顏不花治書侍御史李國鳳經畧江南癸卯詔以福建行中書省平章政事慶童爲江南行臺御史大夫丙午賊兵攻大同路壬戌平定州陷乙丑陳友諒陷贛州路江西行省參知政事全普庵撒里及總管哈海赤死之冬十月丙寅朔詔豫王阿剌忒納失里徙居白海尋遷六盤壬申大明兵取蘭溪州己卯太陰犯昴宿壬午監察御史燕赤不花劾右丞相搠思監罪狀詔收其印綬乙酉監察御史答兒麻失里王彝等復劾之請正其罪帝不聽壬辰大同路陷達魯花赤完者帖木兒棄城遁十一月乙未朔以普化帖木兒爲福建行省平章政事癸卯陳友諒陷汀州路丙午太陰犯昴宿太白犯房宿丁未田豐陷順德路先是樞密院判官劉起祖守順德糧絕劫民財掠牛馬民強壯者令充軍弱者殺而食之至是城陷起祖遂盡驅其民走于廣平辛酉太陰掩心宿十二月乙丑朔日有食之癸酉關先生破頭潘等陷上都焚宮闕留七日轉畧往遼陽遂至高麗戊寅太白經天庚辰察罕帖木兒遣樞密院判官陳住進兵于遼陽癸未太白經天甲申大明兵取婺州路達魯花赤僧住浙東廉訪使楊惠死之戊子太陰犯房宿

十九年春正月甲午朔陳友諒兵陷信州路守臣江東廉訪副使伯顏不花的斤力戰死之大明兵取諸暨州辛丑太陰犯昴宿乙巳以朶兒只班爲中書平章政事丙午遼陽行省陷懿州路總管呂震死之贈震河南行省左丞追封東平郡公察罕帖木兒遣樞密院判官陳秉直八不沙將兵二萬守冀寧癸丑流星如酒盃大有聲如雷三月辛巳樞密副使朶兒只以賊犯順寧命張立將精銳由紫荊關出討命鴉鶻由北口出迎敵甲申叛將梁炳攻辰州守將和尚擊敗之以和尚爲湖廣行省參知政事賊由飛狐靈丘犯蔚州庚寅御史臺臣言先是召募義兵費用銀鈔一百四十萬錠多近侍權倖冒名關支率爲虛數乞令軍士凡已領官錢者立限出征詔從之已而復止不行是月詔孛羅帖木兒移兵鎮大同以爲京師捍蔽置大都督兵農司仍置分司十道專督屯種以孛羅帖木兒領之所在侵奪民田不勝其擾太不花潰散之兵數萬鈔掠山西察罕帖木兒遣陳秉直分兵駐榆次招撫之其首領悉送河南屯種三月癸巳朔陳友諒遣兵由信州畧衢州復遣兵陷襄陽路辛丑京城北兵馬司指揮周哈剌歹與林智和等謀叛事覺伏誅庚戌太陰犯房宿壬戌詔定科舉流寓人名額蒙古色目南人各十五名漢人二十名夏四月癸亥朔汾水暴漲賊陷金復等州司徒知樞密院事佛家奴調兵平之甲子毛貴爲趙君用所殺帝以天下多故郤天壽節朝賀詔羣臣曰朕方今宜敬天地法祖宗以自修省朕初度之日羣臣毋賀庚午左丞相太平暨文武百官奏曰天壽節朝賀乃臣子報本實合禮典今謙讓不受固陛下盛德然今軍旅征進君臣名分正宜舉行不允壬申皇太子復率羣臣上奏曰朝賀祝壽是祖宗以來舊行典故今不行有乖于禮帝曰今盜賊未息萬姓荼毒正朕恐懼修省敬天之時奈何受賀以自樂乙亥御史大夫帖里帖木兒復奏曰天壽朝賀之禮蓋出臣子之誠伏望陛下曲徇所請若朝賀之後內庭燕集特賜除免亦古者人君減膳之意仍乞宣示中書使內外知聖天子憂勤惕厲至于如此帝曰爲朕缺于修省以致萬姓塗炭今復朝賀燕集是重朕之不德當候天下安寧行之未晚卿等其無復言卒不聽己丑賊陷寧夏路遂畧靈武等處五月壬辰朔以陝西行臺御史大夫完者帖木兒爲陝西行省左丞相便宜行事丙申熒惑犯鬼宿丁酉皇太子奏請巡北邊以撫綏軍民御史臺臣上疏固留詔從之壬寅察罕帖木兒請令歲八月鄉試河南舉人及避兵儒士不拘籍貫依河南省元定額數就陝州置貢院應試詔從之丙午太陰犯天江丁未太陰犯斗宿是月察罕帖木兒大發秦晉諸軍討汴梁圍其城山東河東河南關中等處蝗飛蔽天人馬不能行所落溝塹盡平民大饑六月辛巳詔以宣徽使燕古兒爲御史大夫秋七月壬辰朔出搠思監爲遼陽行省左丞相便宜行事丁酉太白犯上將庚子詔以察罕腦兒宣慰司之地屬資正院有司毋得差占察罕腦兒之地在世祖時隸怯哥歹太子四千戶今從皇后奇氏請故以屬之資正院甲辰太白犯右執法戊申命國王囊加歹中書平章政事佛家奴也先不花知樞密院事黑驢等統領探馬赤軍進征遼陽己酉太白犯左執法丙辰趙君用既殺毛貴其黨續繼祖自遼陽入益都殺

君用遂與其所部自相讎敵是月霸州及介休縣靈石縣蝗八月辛酉朔倪文俊餘黨陷歸州戊寅察罕帖木兒督諸將闊思孝李克彝虎林赤賽因赤荅忽脫因不花呂文完哲賀宗哲孫翥等攻破汴梁城劉福通奉其僞主遁退據安豐己卯蝗自河北飛渡汴梁食田禾一空詔以察罕帖木兒爲河南行省平章政事兼同知河南行樞密院事陜西行臺御史中丞依前便宜行事仍賜御衣七寶腰帶以旌其功是月大同路蝗襄垣縣螟蝝九月癸巳以中書平章政事帖里帖木兒爲陜西行省左丞相便宜行事乙巳以湖南北浙東西四道廉訪司所治之地皆陷詔任其所便之地置司丙午夜白虹貫天丁未禁軍人不得私殺牛馬甲寅太白犯天江是月大明兵取衢州路詔遣兵部尚書伯顏帖木兒戶部尚書曹履亨以御酒龍衣賜張士誠徵海運糧冬十月庚申朔詔京師十一門皆築甕城造吊橋以方國珍爲江浙行省平章政事壬申太白犯斗宿辛巳流星大如桃十一月癸卯大明兵取處州路戊申陳友諒兵陷杉關十二月戊辰太白犯壘壁陣是月知樞密院事兀良哈台領太不花軍其所部方脫脫與弟方伯帖木兒時保遼州兀良哈台同唐琰高脫因等屯孟州與察罕帖木兒部將八不沙等交兵已而兀良哈台獨引達達軍還京師方脫脫等乃從孛羅帖木兒皇太子憾太平忤己以中書左丞成遵參知政事趙中皆太平所用使監察御史誣成遵趙中以贓罪杖殺之是歲以後因上都宮闕盡廢大駕不復時巡陳友諒以江州爲都迎僞主徐壽輝居之自稱漢王

二十年春正月己丑朔察罕帖木兒請以鞏縣改立軍州萬戶府招民屯種從之御史大夫老的沙御史中丞咬住奏今後各處從宜行事官員毋得陰挾私讎明爲舉索飄將風憲官吏擅自遷除侵擾行事沮壞臺綱從之己亥太陰犯井宿癸卯大寧路陷壬子以危素爲參知政事乙卯會試舉人知貢舉平章政事八都麻失里同知貢舉翰林學士承旨李好文禮部尚書許從宗考試官國子祭酒張翥同考官太常博士傅亨等奏舊例各處鄉試舉人三年一次取三百名會試取一百名今歲鄉試所取比前數少止有八十八名會試三分內取一分合取三十名如于三十名外添取五名爲宜從之丙寅五色雲見移時二月戊午朔左丞相太平罷爲太保守上都三月戊子朔田豐陷保定路彗星見東方甲午廷試進士三十五人賜買住魏元禮進士及第其餘出身有差乙巳冀寧路陷壬子以搠思監爲中書右丞相夏四月庚申命大司農司都事樂元臣招諭田豐至其軍爲豐所害丁卯太陰犯明堂辛未僉行樞密院事張居敬復興中州癸酉太陰犯東咸五月丁亥朔日有食之雨雹陳友諒殺其僞主徐壽輝於太平路遂稱皇帝國號大漢改元大義已而回駐於江州乙未陳友諒遣羅中顯陷辰州己亥以絆住馬爲中書平章政事壬寅太陰犯建星是月張士誠海運糧十一萬石至京師閏月己未以太尉也帖木兒知經筵事以甘肅行省左丞相阿吉剌爲太尉乙亥流星大如桃六月己丑命孛羅帖木兒部將方脫脫守禦嵐興保德州等處詔今後察罕帖木兒與孛羅帖木兒部將毋得互相越境侵犯所守信地因而讐殺方脫脫不得出嵐興州境界察罕帖木兒亦不得侵其地癸巳太白犯井宿戊戌太陰犯建星是月大明兵取信州路秋七月辛酉命遼陽行省參知政事張居敬討義州賊孛羅帖木兒敗賊王士誠於臺州乙丑太陰犯井宿乙亥詔孛羅帖木兒總領達達漢兒軍馬爲總兵官仍便宜行事八月戊子命孛羅帖木兒守石嶺關以北察罕帖木兒守石嶺關以南辛卯太陰犯天江壬辰加封福建鎮閩王爲護國英仁武烈忠正福德鎮閩尊王乙未永平路□壬辰填星犯太微甲辰太陰犯井宿詔諸處所在權攝官員專務漁獵百姓今後非朝廷允許不得之任庚戌詔江浙行省左丞相達識帖睦邇加太尉兼知江浙行樞密院事提調行宣政院事便宜行事九月乙卯朔詔遣參知政事也先不花往諭孛羅帖木兒察罕帖木兒令講和時孛羅帖木兒調兵自石嶺關直抵冀寧圍其城三日復退屯交城察罕帖木兒調參政閻奉先引兵與戰已而各于石嶺關南北守禦壬戌賊陷孟州又陷趙州攻眞定路癸未賊復犯上都右丞忙哥帖木兒引兵擊之敗績冬十月甲申朔甘露降于國子監大成殿前柏木以張良弼爲湖廣行省參知政事討南陽襄樊詔孛羅帖木兒守冀寧孛羅帖木兒遣保保殷興祖高脫因倍道趨冀寧守者不納丙戌命迭兒必失爲太尉守衞大斡耳朶思戊子熒惑犯井宿己亥察罕帖木兒遣陳秉直瑣住等以兵攻孛羅帖木兒之軍于冀寧與孛羅帖木兒部將脫列伯戰敗之時帝有旨以冀寧畀孛羅帖木兒察罕帖木兒以爲用兵數年惟藉冀晉以給其軍而致盛彊苟奉旨與之則彼得以足其兵食乃託言用師汴梁尋渡河就屯澤潞拒之調延安軍交戰于東勝州等處再遣八不沙以兵援之八不沙謂彼軍奉旨而來我何敢抗王命察罕帖木兒怒殺之十一月甲寅朔黃河清凡三日孛羅帖木兒以兵侵汾州察罕帖木兒以兵拒之癸酉賊犯易州十二月丙戌詔太廟影堂祭祀乃子孫報本重事近兵興歲歉品物不能豐備累朝四祭減爲春秋二祭今宜復四祭後竟不行辛卯廣平路陷是歲陽翟王阿魯輝帖木兒擁兵數十萬屯于木兒古徹兀之地將犯京畿使來言曰祖宗以天下付汝汝已失其太半若以國璽付我我當自爲之帝遣報之曰天命有在汝欲爲則爲之命樞密院事禿堅帖木兒等將兵擊之不克軍士皆潰禿堅帖木兒走上都

元史卷四十六

明翰林學士亞中大夫知制誥兼修國史宋　濂等修

本紀第四十六

順帝九

二十一年春正月癸丑朔詔赦天下命中書參知政事七十往諭孛羅帖木兒罷兵還鎮復遣使往諭察罕帖木兒亦令罷兵孛羅帖木兒縱兵掠冀寧等處察罕帖木兒以兵拒之故有是命庚申太陰犯歲星乙丑河南賊犯杞縣察罕帖木兒討平之丁卯李思齊進兵平伏羌縣等處癸酉石州大風拔木六畜俱鳴民所持槍忽生火焰抹之即無搖之即有二月癸未朔填星退犯太微垣甲申同僉樞密院事迭里帖木兒復永平灤州等處己丑察罕帖木兒駐兵霍州攻孛羅帖木兒壬寅太陰犯天江是月江南行臺侍御史八撒剌不花殺廣東廉訪使完者篤副使李思誠僉事迭麥赤以兵自衞據廣州時八撒剌不花以廉訪使久居廣東專恣自用詔乃以完者篤等爲廉訪司官而除八撒剌不花侍御史八撒剌不花不受命怒完者篤等代己即誣以罪盡殺之惟廉訪使董鑰哀請得免三月丙辰太陰犯井宿癸酉察罕帖木兒調兵討永城縣又駐兵宿州擒賊將梁綿住庚辰熒惑犯鬼宿是月張士誠海運糧一十一萬石至京師孛羅帖木兒罷兵還遣脫列伯等引兵據延安以謀入陝張良弼出南山義谷駐藍田受節制於察罕帖木兒良弼又陰結陝西行省平章政事定住聽丞相帖里帖木兒調遣營於鹿臺夏四月辛巳朔日有食之是月以張良弼爲陝西行省參知政事察罕帖木兒遣其子副詹事擴廓帖木兒貢糧至京師皇太子親與定約遂不復疑五月癸丑四川明玉珍陷嘉定等路李思齊遣兵擊敗之壬戌太陰犯房宿癸酉太白犯軒轅甲戌熒惑犯太白乙亥察罕帖木兒以兵侵孛羅帖木兒所守之地是月李思齊受李武崔德等降六月乙未熒惑歲星太白聚于翼宿丙申察罕帖木兒總兵討山東發晉軍下井陘出邯鄲過磁相懷衞踰白馬津發其軍之在汴梁者繼之水陸並進戊戌太陰犯雲兩甲辰太白晝見秋七月辛亥察罕帖木兒平東昌己巳忻州西北有赤氣蔽天如血是月察罕帖木兒進兵復冠州八月乙酉大同路北方夜有赤氣蔽天移時方散庚子以福建行省平章政事普化帖木兒爲江南行臺御史大夫癸卯大明兵取江州路時僞漢陳友諒據江州爲都至是退都武昌是月察罕帖木兒遣其子擴廓帖木兒闊思孝等會關保虎林赤等將兵由東河造浮橋以濟賊以二萬餘衆奪之關保虎林赤且戰且度拔長清討東平東平僞丞相田豐遣崔世英等出戰大破之乃遣使招諭田豐豐降東平平令豐爲前鋒從大軍東討棣州俞寶降東平王士誠東昌楊誠等皆降魯地悉定進兵濟南劉珪降遂圍益都九月戊午陽翟王阿魯輝帖木兒伏誅阿魯輝帖木兒以宗親見天下盜賊並起遂成間隙肆爲異圖詔少保知樞密院事老章率諸軍討之老章遂敗其衆尋爲部將同知太常禮儀院事脫驩所擒送闕下詔誅之于是詔加老章太傅和寧王以阿魯輝帖木兒之弟忽都帖木兒襲封陽翟王宗王囊加玉樞虎兒吐華與脫驩悉議加封壬戌四川賊兵陷東川郡縣李思齊調兵擊之壬申命孛羅帖木兒於保定以東河間以南從便屯種是月命兵部尚書徹徹不花侍郎韓祺徵海運糧于張士誠大明取建昌饒州二路冬十月癸巳絳州有赤氣見北方如火以察罕帖木兒爲中書平章政事兼知河南山東等處行樞密院事陝西行御史臺中丞察罕帖木兒調參知政事陳秉直劉珪等守樂河南十一月戊申朔溫州樂清縣雷庚戌太陰犯建星癸亥太陰犯井宿戊辰黃河自平陸三門

磧下至孟津五百餘里皆清凡七日命祕書少監程徐祀之壬申太陰犯氐宿是月察罕帖木兒李思齊遣兵圍鹿臺攻張良弼詔和解之俾各還信地兵乃解是歲京師大饑屯田成收糧四十萬石賜司農丞胡秉彝上尊金幣以旌其功

二十二年春正月戊申朔太白犯建星甲寅詔李思齊討四川張良弼平襄漢時兩軍不和故有是命乙卯填星退犯左執法庚申大明取江西龍興諸路時江西諸路皆陳友諒所據丁卯詔以太尉完者帖木兒爲陝西行省左丞相仍命察罕帖木兒屯種于陝西申論李思齊張良弼等各以兵自効以也先不花爲中書右丞二月丁丑朔盜殺陝西行省右丞塔不歹己卯太白犯壘壁陣乙酉彗星見于危宿光芒長丈餘色青白丁酉彗星犯離宮西星至二月終光芒長二丈餘是月知樞密院事禿堅帖木兒奉詔諭李思齊討四川時思齊退保鳳翔使至思齊進兵益門鎮使還思齊復歸鳳翔三月戊申彗星不見星形惟有白氣形曲竟天西指掃大角壬子彗星行過太陽前惟有星形無芒在昴宿至戊午始滅甲寅四川明玉珍陷雲南省治屯金馬山陝西行省叅知政事車力帖木兒等擊敗之擒明玉珍弟明二己未御史大夫老的沙辭職不許是月命孛羅帖木兒爲中書平章政事位第二加太尉張良弼受節制于孛羅帖木兒李思齊遣兵攻良弼至于武功良弼以伏兵大破之夏四月丙子朔長星見其形如練長數十丈在虛危之間後四十餘日乃滅丁亥熒惑離太陽三十九度不見當出不出己丑詔諸王駙馬御史臺各衙門不許占匿人民不當差役乙未賊新橋張陷安州孛羅帖木兒來請援兵是月紹興路大疫五月乙巳朔泉州賽甫丁據福州路福建行省平章政事燕只不花擊敗之餘衆航海還據泉州福建行省叅知政事陳有定復汀州路己未中書叅知政事陳祖仁上章乞罷修上都宮闕辛酉太陰犯建星辛未明玉珍據成都自稱隴蜀王遣僞將楊尚書守重慶分兵寇龍州青州犯興元鞏昌等路是月張士誠海運糧一十三萬石至京師六月辛巳彗星見紫微垣光芒長尺餘東南指西南行戊子彗星光芒掃上宰田豐及王士誠刺殺察罕帖木兒遂走入益都城衆乃推察罕帖木兒之子擴廓帖木兒爲總兵官復圍益都詔贈察罕帖木兒推誠定遠宣忠亮節功臣開府儀同三司上柱國河南行省左丞相追封忠襄王諡獻武食邑沈丘縣令河南山東等處立廟長吏歲時致祭其父司徒阿都溫賜良田二百頃其子擴廓帖木兒授光祿大夫中書平章政事兼知河南山東等處行樞密院事同知詹事院事一應軍馬竝聽節制仍詔諭其將士曰凡爾將佐久爲察罕帖木兒從事惟恩與義寔同骨肉覩被逆黨不共戴天當力圖報復以伸大義己亥益都賊兵出戰擴廓帖木兒生擒六百餘人斬首八百餘級秋七月乙卯彗星滅跡丙辰熒惑見西方須臾成白氣如長蛇光燭有文橫亘中天移時乃滅是月河決范陽縣漂民居八月己亥擴廓帖木兒言孛羅帖木兒張良弼據延安掠黃河上下欲東渡以奪晉寧乞賜詔諭癸巳太白犯畢宿九月癸卯朔劉福通以兵援田豐至火星埠擴廓帖木兒遣關保邀擊大破之甲辰以山北廉訪司權置于惠州丁未太白犯亢宿己酉太陰犯斗宿丁亥歲星犯軒轅丙寅熒惑犯鬼宿戊辰以也速爲遼陽行省左丞相依前總兵撫安遼東郡縣己巳有流星如酒盃色青白光明燭地熒惑犯鬼宿積屍氣冬十月壬申朔江西行省平章朶列不花移檄討八撒剌不花時朶列不花分省廣州適邵宗愚陷廣州執八撒剌不花殺之甲戌孛羅帖木兒南侵擴廓帖木兒所守之地遂據眞定路己卯太陰犯牛宿丁亥辰星犯亢宿戊子太陰犯畢宿十一月乙巳擴廓帖木兒復益都田豐等伏誅自擴廓帖木兒既襲父職身率將士誓必復讎人心亦思自奮圍城益急賊悉力拒守乃以壯士穴地通道而入遂克之盡誅其黨取田豐王士誠之心以祭察罕帖木兒庚戌擴廓帖木兒遣關保復莒州山東悉平庚申詔授擴廓帖木兒太尉銀青榮祿大夫中書平章政事知樞密院事太子詹事便宜行事襲總其父兵將校士卒論賞有差察罕帖木兒父阿魯溫進封汝陽王察罕帖木兒改贈宣忠興運弘仁効節功臣追封潁川王改諡忠襄癸亥四川賊兵陷青州十二月壬辰太陰犯角宿庚子以中書平章政事佛家奴爲御史大夫是歲樞密副使李士瞻上疏極言時政凡二十條一曰悔己過以詔天下二曰罷造作以快人心三曰御經筵以講聖學四曰延老成以詢治道五曰去姑息以振乾剛六曰開言路以求得失七曰明賞罰以厲百司八曰公選舉以息奔競九曰察近倖以杜奸弊十曰嚴宿衛以備非常十一曰省佛事以節浮費十二曰絕濫賞以足國用十三曰罷各官屯種俾有司經理十四曰減常歲計置爲諸宮用度十五曰招集散亡以實八衛之兵十六曰廣給牛具以備屯田之用十七曰獎勵守令以勸農務本十八曰開誠布公以禮待藩鎮十九曰分遣大將急保山東二十曰依唐廣寧故事分道進取先是薊國公脫火赤上言乞罷三宮造作帝爲減軍匠之半還隸宿衛而造作如故故士瞻疏首及之皇太子常坐清寧殿分布長席列坐西番高麗諸僧皇太子曰李好文先生教我儒書多年尚不省其義今聽佛法一夜卽能曉焉于是頗崇尚佛學帝以讒廢高麗王伯顏帖木兒立塔思帖木兒爲王國人上書言舊王不當廢新王不當立之故初皇后奇氏宗族在高麗恃寵驕橫伯顏帖木兒屢戒飭不悛高麗王遂盡殺奇氏族皇后謂太子曰爾年已長何不爲我報讎時高麗王昆弟有留京師者乃議立塔思帖木兒爲王而以奇族子三寶奴爲元子以將作同知崔帖木兒爲丞相以兵萬人送之國至鴨綠江爲高麗兵所敗僅餘十七騎還京師詔加封唐撫州刺史南庭王危全諷爲南庭忠烈靈惠王

二十三年春正月壬寅朔四川明玉珍僭稱皇帝建國號曰大夏紀元曰天統乙巳大寧陷庚戌歲星犯軒轅二月戊戌太白晝見庚子亦如之是月擴廓帖木兒自益都領兵還河南留鎮住以兵守益都以山東州縣立屯田萬戶府三月辛丑朔彗星見東方彌月乃滅詔中書平章政事愛不花分省冀寧擴廓帖木兒遣兵據之丙午大赦天下丁未親試進士六十二人賜寶寶楊輗進士及第餘出身有差丙辰太白犯氐宿壬戌大同路夜有赤氣亘天中侵北斗是月立廣西行中書省以廉訪使也兒吉尼爲平章政事時南方郡縣多陷沒惟也兒吉尼獨保廣西者十五年立膠東行中書省及行樞密院總制東方事以袁宏爲叅知政事是春關先生餘黨復自高麗還寇上都孛羅帖木兒擊降之夏四月辛丑熒惑犯歲星孛羅帖木兒李思齊互相交兵庚申歲星犯軒轅是月擴廓帖木兒遣貊高等以兵擊張良弼五月己巳朔張士誠海運糧十三萬石至京師壬午太白晝見甲午亦如之乙未熒惑犯右執法是月瓜哇遣使淡濛加加殿進金表貢方物六月戊戌朔孛羅帖木兒遣方脫脫迎匡福於彰德擴廓帖木兒遣兵追之敗還匡福遂據保定路己亥擴廓帖木兒部將歹驢等駐兵藍田七盤李思齊攻圍興平遂據盩厔孛羅帖木兒時奉詔進討襄漢而歹驢阻道于前思齊躡襲于後乃請催督擴廓帖木兒東出潼關道路既通卽便南討戊申孛羅帖木兒遣竹貞等入陝西據其省治時陝西行省右丞荅失鐵木兒與行臺有隙且恐陝西爲擴廓帖木兒所據陰結於孛羅帖木兒請竹貞入城劫御史大夫完者帖木兒及監察御史張可遵等印其後屢使召完者帖木兒貞拘留不遣擴廓帖木兒遣部將貊高與李思齊合兵攻之竹貞出降遂從擴廓帖木兒庚戌星隕于濟南龍山入地五尺甲寅詔授江南下第及後期舉人爲路府州儒學教授乙卯太白犯井宿丁巳絳州有白虹二道衝斗牛間庚申平陽路有白氣三道一貫北極一貫北斗一貫天漢至夜分乃滅壬戌太白晝見夜犯井宿秋七月戊辰朔京師大雹傷禾稼丁丑以馬良爲中書叅知政事乙酉太白晝見有星墜于慶元路西北聲如雷光芒數十丈久之乃滅八月丁酉朔倭人寇蓬州守將劉暹擊敗之自十八年以來倭人連寇瀕海郡縣至是海隅遂安辛丑擴廓帖木兒遣兵侵孛羅帖木兒所守之境壬寅太白犯軒轅乙巳太陰犯建星丁未太白犯軒轅己酉太白晝見丙辰太陰犯畢宿沂州有赤氣亘天中有白色如蛇形徐徐西行至夜分乃滅戊午孛羅帖木兒言擴廓帖木兒踵襲父惡有不臣之罪乞賜處置己未太白晝見辛酉太白犯歲星乙丑太白犯右執法是月大明兵與僞漢兵大戰于鄱陽湖陳友諒敗績而死其子理自立仍據武昌爲都改元德壽大明兵遂進圍武昌九月丁卯朔遣爪哇使淡濛加加殿還國詔賜其國主三珠金虎符及織金紋幣辛未太白犯左執法乙亥歲星犯右執法丁丑辰星犯填星丁亥太白犯填星辰星犯亢宿是月張士誠自稱吳王來請命不報遣戶部侍郎博羅帖木兒等徵海運于張士誠士誠不與冬十月丙申朔青齊一方赤氣千里癸卯太白犯氐宿甲辰湖廣僞姚平章張知院陰遣人言於擴廓帖木兒設計擒殺僞漢主陳理及僞夏主明玉珍不果己酉監察御史米只兒海牙劾奏太傅太平罪狀詔安置太平于陝西之西仍拘收宣命幷御賜等物戊午太白犯房宿是月擴廓帖木兒遣僉樞密院事任亮復安陸府孛羅帖木兒遣兵攻冀寧至石嶺關擴廓帖木兒大破之擒其將烏馬兒殷興祖孛羅帖木兒軍由是不振十一月壬申御史臺臣言故右丞相脫脫有大臣之體向在中書政務脩舉深懼滿盈自求引退加封鄭王固辭不受再秉鈞軸克濟艱危統軍進征平徐州收六合大功垂成浮言構難奉詔謝兵就貶以沒巳蒙錄用其子還所籍田宅更乞憫其勳舊還其所授宣命從之癸未太陰犯軒轅歲星犯左執法是歲御史

大夫老的沙與知樞密院事禿堅帖木兒得罪于皇太子，皆奔大同孛羅帖木兒匿之營中

二十四年春正月戊寅太白犯軒轅庚辰保德州民家產豬一頭兩腳二月壬子歲星犯左執法癸丑太陰犯西咸池是月大明滅僞漢其所據湖南北江西諸郡皆降于大明三月乙亥監察御史王朵列禿崔卜顏帖木兒等諫皇太子勿親征辛卯詔以孛羅帖木兒匿老的沙謀爲悖逆解其兵權削其官爵俾候道路開通許還四川田里孛羅帖木兒拒命不受夏四月甲午朔命擴廓帖木兒討孛羅帖木兒乙未太陰犯西咸池孛羅帖木兒悉知詔令調遣之事非出帝意皆右丞相搠思監所爲遂令禿堅帖木兒舉兵向闕壬寅禿堅帖木兒兵入居庸關癸卯知樞密院事也速詹事不蘭奚迎戰于皇后店不蘭奚力戰也速不援而退不蘭奚幾爲所獲脫身東走甲辰皇太子率侍衞兵出光熙門東走古北口趨興松乙巳禿堅帖木兒兵至清河列營時都城無備城中大震令百官吏卒分守京城使達達國師至其軍問故以必得搠思監及宦官朴不花爲對詔慰解之不聽丁未詔屏搠思監于嶺北竄朴不花于甘肅執而與之復孛羅帖木兒前官仍總兵以也速爲左丞相庚戌禿堅帖木兒陳兵自健德門入覲帝于延春閣慟哭請罪帝就宴賚之加孛羅帖木兒太保依前守禦大同禿堅帖木兒爲中書平章政事辛亥禿堅帖木兒軍還皇太子至路兒嶺詔追及之還宮癸丑太白犯井宿甲子黃河清戊辰擴廓帖木兒奉命討孛羅帖木兒屯兵冀寧其東道以白鎖住領兵三萬守禦京師中道以貊高竹貞領兵四萬西道以關保領兵五萬合擊之關保等兵逼大同孛羅帖木兒留兵守大同而自率兵與禿堅帖木兒老的沙復大舉向闕甲戌太白犯鬼宿乙亥又犯積屍氣歲星犯左執法六月癸卯三星晝見白氣橫突其中甲辰河南府有大星夜見南方光如晝丁未大星隕照夜如晝及旦黑氣晦暗如夜甲寅白鎖住以兵至京師請皇太子西行丁巳太白犯右執法是月保德州黃龍見井中秋七月癸亥太白與歲星合于翼宿甲子歲星犯左執法丙戌孛羅帖木兒前鋒軍入居庸關皇太子親率軍禦于清河也速軍于昌平軍士皆無闕志皇太子馳還都城白鎖住引兵入平則門丁亥白鎖住扈從皇太子出順承門由雄霸河間取道往冀寧戊子孛羅帖木兒駐兵健德門外與禿堅帖木兒老的沙入見帝于宣文閣訴其非罪皆泣帝亦泣乃賜宴孛羅帖木兒欲追襲皇太子老的沙止之庚寅詔以孛羅帖木兒爲中書左丞相老的沙爲中書平章政事禿堅帖木兒爲御史大夫其部屬布列省臺百司以也速知樞密院事詔諭孛羅帖木兒擴廓帖木兒俱股肱視同心膂自今各棄宿忿弼成大勳是月大明兵取廬州路八月壬辰朔日有食之乙未熒惑犯鬼宿壬寅詔以孛羅帖木兒爲中書右丞相監修國史節制天下軍馬乙巳皇太子至冀寧乙卯張士誠自以其弟士信代達識帖睦邇爲浙江行省左丞相是月孛羅帖木兒請誅狎臣禿魯帖木兒波迪哇兒禡罷三宮不急造作沙汰宦官減省錢糧禁止西番僧人好事九月辛酉朔宦官思龍宜潛送宮女伯忽都出自順承門以達于皇太子乙丑太白晝見癸酉夜天西北有紅光至東而散甲申太陰犯軒轅是月大明兵取中興及歸峽澧衡等路冬十月丙午太陰犯畢宿己酉太陰犯井宿己未詔皇太子還京師命也速老的沙分道總兵十二月乙卯太陰犯太白

二十五年春正月癸亥封李思齊爲許國公丙寅太白晝見戊辰亦如之己巳大明兵取寶慶路守將唐隆道遁走僞漢守將熊天瑞以贛州及韶州南雄降于大明甲戌太白犯建星壬午監察御史孛羅帖木兒賈彬等辯明哈麻雪雪之罪二月辛丑汴梁路見日傍有一月一星丙午太陰犯填星戊午皇太子在冀寧命甘肅行省平章政事朵兒只班以岐王阿剌乞兒軍馬會平章政事臧卜李思齊各以兵守寧夏三月庚申皇太子下令于擴廓帖木兒軍中曰孛羅帖木兒襲據京師余既受命總督天下諸軍恭行顯罰少保中書平章政事擴廓帖木兒躬勒將士分道進兵諸王駙馬及陝西平章政事李思齊等各統軍馬尚其奮義戮力剋期恢復丙寅孛羅帖木兒幽置皇后奇氏于諸色總管府丁卯命老的沙別帖木兒並爲御史大夫戊辰太白犯壘壁陣夏四月庚寅孛羅帖木兒至諸色總管府見皇后奇氏令還宮取印章作書遣皇太子還內侍官完者禿持往冀寧復出皇后幽之乙巳關保等兵進圍大同壬子熒惑犯靈臺乙卯關保入大同五月辛酉熒惑犯太微垣甲子京師天雨氂長尺許或言于帝曰龍絲也命拾而祀之乙亥大明兵破安陸府守將任亮迎戰被執己卯大明兵破襄陽路是月侯卜延答失奉威順王自雲南經蜀轉戰而出至成州欲之京師李思齊俾屯田于成州六月戊子以黎安道爲中書參知政事辛丑湖廣行省左丞周文貴復寶慶路乙巳皇后奇氏自幽所還宮乙卯以太尉火你赤爲御史大夫是月皇太子加李思齊銀青榮祿大夫邠國公中書平章政事皇太子詹事兼四川行樞密院事虎符招討使分中書四部秋七月丁丑填星歲星熒惑聚于角亢太陰犯畢宿己卯太陰犯畢宿乙酉孛羅帖木兒伏誅禿堅帖木兒老的沙皆遁走丙戌遣使函孛羅帖木兒首往冀寧召皇太子還京師大赦天下黎安道方脫脫雷一聲皆伏誅是月京師大水河決小流口達于清河八月丁亥朔京城門至是不開者三日竹貞貊高軍至城外命軍士緣城而上碎平則門鍵悉以軍入占民居奪民財乙未太陰犯建星己亥太白犯壘壁陣癸卯詔命皇太子分調將帥戡定未復郡邑仍還京師行事之際承制用人並准正授丁未皇后弘吉剌氏崩壬子以洪寶寶帖古思不花捏烈禿並爲中書平章政事九月擴廓帖木兒扈從皇太子至京師丁丑太陰犯井宿壬午詔以伯撒里爲太師中書右丞相監修國史擴廓帖木兒爲太尉中書左丞相錄軍國重事同監修國史知樞密院事兼太子詹事是月以方國珍爲淮南行省左丞相分省慶元冬十月辛卯熒惑犯天江壬寅以哈剌章爲知樞密院事丁未益王渾都帖木兒樞密副使觀音奴擒老的沙誅之禿堅帖木兒以餘兵往八兒思之地命嶺北行省左丞相山僧及知樞密院事魏賽因不花同討之戊申以資政院使禿魯爲御史大夫己酉熒惑犯斗宿太陰犯右執法庚戌太陰犯太微垣閏月庚申以賓國公五十八爲知樞密院事詔張良弼俞寶孔興等悉聽調於擴廓帖木兒戊辰太白辰星熒惑聚于斗宿太陰犯畢宿辛未詔封擴廓帖木兒河南王代皇太子親征總制關陝晉冀山東等處并迤南一應軍馬諸王各愛馬應該總兵統兵領兵等官凡軍民一切機務錢糧名爵黜陟予奪悉聽便宜行事壬申太白犯辰星辛巳以脫脫木兒爲中書右丞達識帖睦邇爲參知政事己丑太白犯熒惑太陰犯壘壁陣丙申太陰犯畢宿癸卯太陰犯太微垣是月大明兵取泰州時泰州通州高郵淮安徐州宿州泗州濠州安豐諸郡皆張士誠所據十二月乙卯詔立次皇后奇氏爲皇后改奇氏爲肅良合氏詔天下仍封奇氏父以上三世皆爲王爵癸亥太陰犯畢宿以帖林沙爲中書參知政事庚子歲星掩房宿辛未太陰犯右執法是月禿堅帖木兒伏誅

元史卷四十七

明翰林學士亞中大夫知制誥兼修國史宋　濂等修

本紀第四十七

順帝十

二十六年春正月己酉以崇政院使孛羅沙爲御史大夫壬子以完者木知樞密院事是月以沙藍答里爲中書左丞相命燕南河南山東陝西河東等處舉人會試者增其額數進士及第以下遞升官一級二月癸丑朔立河淮水軍元帥府於孟津縣甲戌詔天下以比者逆臣孛羅帖木兒禿堅帖木兒老的沙等干紀亂倫內外之民經值軍馬致使困乏與免一切雜泛差徭是月擴廓帖木兒還河南分立省部以自隨尋居懷慶又居彰德調度各處軍馬陝西張良弼拒命三月癸未朔罷洛陽嵩縣宣慰司丁亥白虹五道亘天其第三道貫日又有氣橫貫東南良久始滅甲午擴廓帖木兒遣關保虎林赤以兵西攻張良弼于鹿臺李思齊脫烈伯孔興等兵皆與良弼合以蠻子脫脫木兒知樞密院事乙未廷試進士七十二人賜赫德溥化張棟進士及第餘出身有差監察御史玉倫普建言八事一曰用賢二曰申嚴宿衞三曰保全臣子四曰八衞屯田五曰禁止奏請六曰培養人才七曰罪人不孥八曰重惜名爵帝嘉納之是月大明兵取高郵府夏四月辛酉詔立皇太子妃瓦只剌孫答里氏是月大明兵取淮安路徐州宿州濠州泗州潁州安豐路五月壬午朔洛陽瑞麥生一莖四穗甲辰以脫脫不花爲御史大夫六月壬子朔汾州介休縣地震平遙縣大雨雹紹興路山陰縣臥龍山裂己未命知樞密院事買閭以兵守直沽命河間鹽運使拜住曹履亨撫諭沿海竈戶俾出丁夫從買閭征討丙寅詔英宗時謀爲不軌之臣其子孫或成丁者可安置舊地幼者隨母居草地終身不得入京城及不得授官止許於本愛馬應役皇后肅良合氏生日百官進箋皇后諭沙藍答里等曰自世祖以來正宮皇后壽日不曾進箋近年雖行不合典故卻之秋七月辛巳朔日有食之徐溝縣地震介休縣大水石州大星如斗自西南而落甲申以李思齊爲太尉甲午太白經天丙申擴廓帖木兒遣朱珍盧旺屯兵河中遣關保虎林赤合兵渡河會竹貞商暠且約李思齊以攻張良弼良弼遣子弟質于思齊與良弼拒守關保等不利思齊請詔和解之丙午太白經天八月戊寅以李國鳳爲中書左丞陳友定爲福建行省平章政事九月甲申李思齊兵下鹽井獲川賊

余縱隆誅之禮部侍郎滿尚賓吏部侍郎掩篤刺哈自鳳翔還京師先是尚賓等持詔諭思齊開通川蜀道路思齊方兵爭不奉詔尚賓等留鳳翔一年至是始還丙戌以方國珍爲江浙行省左丞相弟國瑛國珉姪明善並爲江浙行省平章政事己亥以中書平章政事失列門爲御史大夫辛丑孛星見東北方冬十月甲子擴廓帖木兒遣其弟脫因帖木兒及貊高完哲等駐兵濟南以控制山東十一月甲申大明兵取湖州路丙申大明兵取杭州路及紹興路辛丑大明兵取嘉興路時湖州杭州紹興嘉興松江平江諸路及無錫州皆張士誠所據十二月庚午蒲城洛水和順崖崩

二十七年春正月乙未絳州夜聞天鼓鳴將旦復鳴其聲如空中戰鬭者庚子大明兵取松江府癸卯大明兵取沅州路是月李思齊張良弼脫列伯自會于含元殿基推李思齊爲盟主同拒擴廓帖木兒二月庚申以買住爲雲國公七十爲中書平章政事月魯不花爲御史大夫乙丑以詹事月魯帖木兒爲御史大夫三月丁丑朔萊州大風有大鳥至其翅如席擴廓帖木兒遣兵屯滕州以禦王信庚子京師大風自西北起飛砂揚礫白日昏暗夏五月丙子朔白氣二道亙天以去歲水潦霜災嚴酒禁戊寅以空名宣勅遣福建行省命平章政事曲出陳友定同驗有功者給之辛巳大同隕霜殺麥癸未福建行宣政院以廢寺錢糧由海道送京師乙酉以完者帖木兒爲中書右丞相辭以老病不許辛卯以知樞密院事失列門爲嶺北行省左丞相提調分通政院己亥以俺普爲中書平章政事辛丑擴廓帖木兒定擬其所屬官員二千六百一十八人從之是月山東地震雨白氂李思齊遣張良弼部將郭謙等守黃連寨擴廓帖木兒部將關保虎林赤商暠竹貞引兵拔其寨郭謙走會貊高等爲變關保虎林赤夜遁李思齊遂解而西六月丙午朔日有食之晝晦丁巳皇太子寢殿後新甃井中有龍出光燄爍人宮人震懾仆地又長慶寺有龍纒繞槐樹飛去樹皮皆剝丁卯沂州山崩是月知樞密院事壽安奉空名宣勅與侯伯顏達世令其以兵援擴廓帖木兒時李思齊據長安與商暠拒戰侯伯顏達世進兵攻李思齊秦州守將蕭公達降思齊思齊知關保等兵退遣蔡琳等破其營侯伯顏達世奔潰秋七月甲申命也速提調武備寺丁酉絳州星隕光燿如晝是月李思齊遣許國佐薛穆飛會張良弼脫列伯兵屯于華陰時命禿魯爲陝西行省左丞相思齊不悅遣其部將鄭應祥守陝西而自還鳳翔龍見於臨朐龍山大石起立八月丙午詔命皇太子總天下兵馬其略曰元良重任職在撫軍稽古徵今卓有成憲曩者障塞決河本以拯民昏墊豈期妖盜積造訛言簧鼓愚頑塗炭郡邑殆遍海內茲逾一紀故察罕帖木兒仗義興師獻功敵愾汎掃汴洛克平青齊爲國捐軀深可哀悼其子擴廓帖木兒克繼先志用成駿功愛猷識理達臘計安宗社累請出師朕以國本至重詎宜輕出遂授擴廓帖木兒總戎重寄畀以王爵俾代其行李思齊張良弼等各懷異見搆兵不已以至盜賊愈熾深遺朕憂况全齊密邇輦轂儻失早計恐生異圖詢諸衆謀僉謂皇太子聰明仁孝文武兼資聿遵舊典妥命以中書令樞密使悉總天下兵馬諸王駙馬各道總兵將吏一應軍機政務生殺予奪事無輕重如出朕裁其擴廓帖木兒總領本部軍馬自潼關以東肅清江淮李思齊總統本部軍馬自鳳翔以西與侯伯顏達世進取川蜀以少保禿魯爲陝西行中書省左丞相本省駐劄總本部及張良弼孔興脫列伯各枝軍馬進取襄樊王信本部軍馬固守信地別聽調遣詔書到日汝等悉宜洗心滌慮同濟時艱庚戌貊高殺衛輝守禦官余仁輔彰德守禦官范國英引軍至清化聞懷慶有備遂還彰德上疏言人臣以尊君爲本以盡忠爲心以愛民爲務今總兵官擴廓帖木兒歲與官軍讎殺臣等乃朝廷培養之人素知忠義焉能俛首聽命乞降明詔別選重臣以總大兵詔以擴廓帖木兒不遵君命宜黜其兵權就命貊高討之辛亥帖木兒不花進封淮王賜金印設王傅等官壬子爲皇太子立大撫軍院秩從一品知院四員同知二員副使同僉各一員經歷都事各二員管勾一員癸丑封太師伯撒里丞平王甲寅以右丞相完者帖木兒翰林承旨答爾麻平章政事完者帖木兒並知大撫軍院事丙辰完者帖木兒言大撫軍院專掌軍機今後迤北軍務仍舊制樞密院管其餘內外諸王駙馬各處總兵統兵行省行院宣慰司一應軍情不許隔越徑行移大撫軍院詹事院同知李國鳳同知大撫軍院事參政完者帖木兒爲副使左司員外郎咬住樞密參議王弘遠爲經歷庚申完者帖木兒言諸軍將士有能用命効力建立奇功者請所賞宣勅依常制外加以忠義功臣之號從之辛酉以完者帖木兒仍前少師知樞密院事也速仍前太保中書右丞相帖里帖木兒以太尉添設中書左丞相丙寅立行樞密院于阿難答察罕腦兒命陝西行省左丞相禿魯仍前少保兼知行樞密院事壬辰命帖里帖木兒仍前太尉左丞相爲知大撫軍院事中書右丞陳敬伯爲中書平章政事九月甲戌朔義士戴晉生上皇太子書言治亂之由命右丞相也速以兵往山東命參知政事法都忽刺分戶部官一同供給丁亥以兵起迤南百姓供給繁重其眞定河南陝西山東冀寧等處除軍人自耕自食外與免民間今年田租之半其餘雜犯一切住罷辛巳大明兵取平江路執張士誠乙酉大明兵取通州丁亥大明兵取無錫州己丑詔也速以中書右丞相分省山東沙藍答里以中書左丞相分省大同丙申太師汪家奴追封兗王謚忠靖己亥命帖里帖木兒提調端本堂及領經筵事辛丑大明兵取台州路時台州溫州慶元三路皆方國珍所據冬十月甲辰朔貊高以兵入山西定孟州忻州下潞州遂攻眞定詔也速自河間以兵會貊高取眞定已而不克命也速還河間貊高還彰德乙巳皇太子奏以淮南行省平章政事王信爲山東行省平章政事兼知行樞密院事立中書分省于眞定路丙午加司徒淮南行省平章政事王宣爲沂國公丁未享于太廟壬子詔擴廓帖木兒落太傅中書左丞相并諸兼領職事仍前河南王錫以汝州爲其食邑其弟脫因帖木兒以集賢學士同擴廓帖木兒於河南府居其帳前諸軍命瑣住虎林赤一同統之其河南諸軍命中書平章政事內史李克彝統之關保本部諸軍仍舊統之山東諸軍命太保中書右丞相也速統之山西諸軍命少保中書左丞相沙藍答里統之河北諸軍命知樞密院事貊高統之赦天下甲寅以火里赤爲中書平章政事乙丑命集賢大學士丁好禮爲中書添設平章政事丙寅平章內史關保封許國公己巳大明兵取溫州十一月壬午大明兵取沂州守臣王信遁其父宣被執癸未大明兵取慶元路丙戌以平章政事月魯帖木兒知樞密院事完者帖木兒平章政事伯顏帖木兒帖林沙並知撫軍院事戊子大明兵取嶧州乙未以知樞密院事貊高爲中書平章政事命大尉中書左丞相帖里帖木兒爲撫軍院使丁酉命帖里帖木兒同監修國史命關保分省于晉寧辛丑大明兵取益都路平章政事保保降宣慰使普顏不花總管胡濬知院張俊皆死之十二月癸卯朔日有食之丁未大明兵取般陽路戊申大明兵取濟寧路陳秉直遁己酉大明兵取萊州遂取濟南及東平路丁巳大明兵入杉關取邵武路時邵武建寧延平福州興化泉漳汀潮諸路皆陳友定所據庚申以楊誠陳秉直並爲國公中書平章政事甲子命右丞相也速太尉知院脫火赤中書平章政事忽林台平章政事貊高知樞密院事小章典堅帖木兒江文清驢兒等會楊誠陳秉直伯顏不花俞勝各部諸軍同守禦山東又命關保往援山東丙寅以莊家爲中書參知政事庚午大明兵由海道取福州守臣平章政事曲出遁行宣政院使朵兒死之是月方國珍歸於大明詔命陝西行省左丞相禿魯總統張良弼脫列伯孔興各枝軍馬以李思齊爲副總統禦關中撫安軍民脫列伯孔興等出潼關及取順便山路渡黃河合勢東行共勤王事思齊等皆不奉命是歲詔分潼關以西屬李思齊以東屬擴廓帖木兒各罷兵還鎭于是關保退屯潞州商暠留屯潼關

二十八年春正月壬申朔皇太子命關保固守晉寧總統諸軍如擴廓帖木兒拒命當以大義相裁就便擒擊以中書平章政事不顏帖木兒爲御史大夫辛巳詔諭擴廓帖木兒曰比者也速上奏卿以書陳情深自悔悟及省來意良用惻然朕覩卿猶子卿何惑於憸言不體朕心慕其先業卿今能自悔固朕所望卿其思昔委任肅清江淮之意卽將冀寧眞定諸軍就行統制渡河直擣徐沂以康靖齊魯則職任之隆當悉還汝衛輝彰德順德皆爲王城卿無以貊高爲名縱軍侵暴其晉寧諸軍已命關保總制策應戡定山東將帥各宜悉心庚寅彗星見于昴畢之間是月大明兵取建寧延平二路陳友定被執二月壬寅朔詔削擴廓帖木兒爵邑命禿魯李思齊等討之詔曰擴廓帖木兒本非察罕帖木兒之宗俾嗣職任冀承遺烈畀以相位隆以師垣崇以王爵授以兵柄顧乃憑藉寵靈遂肆跋扈搆兵關陝專事吞併貊高倡明大義首發姦謀關保弗信邪言乃心王室陳其罪惡請正邦典今禿魯李思齊其率兵東下共行天討癸卯武庫災癸丑大明兵取東昌路守將申榮王輔元死之丙辰擴廓帖木兒自澤州退守晉寧關保守澤潞二州與貊高軍合己未大明兵取寶慶路甲子汀州路總管陳谷珍以城降于大明丙寅大明兵取棣州是月大明兵至河南李思齊張良弼等解兵西還詔命知樞密院事脫火赤平章政事魏賽因不花進兵攻晉寧李思齊次渭南張良弼次櫟陽興化泉州漳州潮州四路皆降于大明二月庚寅彗星見于西北壬辰翰林學士承旨王時太常院使陳祖仁上章乞撫諭擴廓帖木兒以兵勤王赴難是月有星流于東北衆小星隨之

其聲大震大明兵取河南李思齊張良弼會兵駐潼關火焚良弼營思齊移軍葫蘆灘調其所部張德欽穆薛飛守潼關大明兵入潼關攻李思齊營思齊棄輜重奔于鳳翔是月大明兵取永州路又取惠州路夏四月辛丑朔大明兵取英德州丙午隕霜殺菽戊申大明兵取廣州路又取嵩陝汝等州五月庚午朔大明兵取道州李克彝棄河南城奔陝西推李思齊爲總兵駐兵岐山是月李思齊部將忽林赤脫脫張意據盩厔商暠據武功李克彝據岐山任從政據隴州六月庚子朔徐溝縣地震癸丑大明兵取全州郴州梧州藤州等州貴象鬱林等郡甲寅雷雨中有火自天墜焚大聖壽萬安寺壬戌臨州保德州地震五日不止大明兵取靜江路是月廣西諸郡縣皆附于大明秋七月癸酉京城紅氣滿空如火照人自旦至辰方息乙亥京城黑氣起百步內不見人從寅至巳方息貊高關保以兵攻晉寧是月李思齊會李克彝商暠張意脫列伯等於鳳翔海南海北諸郡縣皆降于大明閏月己亥朔擴廓帖木兒與貊高關保戰敗之擒關保貊高遣其斷事官以閏詔關保貊高間諜兵可依軍法處治關保貊高皆被殺辛丑大明兵取衞輝路癸卯大明兵取彰德路乙巳左江右江諸路皆降于大明丁未大明兵取廣平路丁巳詔罷大撫軍院誅知大撫軍院事伯顏帖木兒等詔復命擴廓帖木兒仍前河南王太傅中書左丞相統領見部軍馬由中道直抵彰德衞輝太保中書右丞相也速統率大軍經由東道水陸並進少保陝西行省左丞相禿魯統率關陝諸軍東出潼關攻取河洛太尉平章政事李思齊統率軍馬南出七盤金商克復汴洛四道進兵掎角勦捕毋分彼此秦國公平章知院俺普平章瑣住等軍東西布列乘機掃殄太尉遼陽左丞相也先不花郡王知院厚孫等軍捍禦海口藩屏畿輔皇太子愛猷識理達臘悉總天下兵馬裁決庶務具如前詔壬戌白虹貫日癸亥罷內府河役甲子擴廓帖木兒自晉寧退守冀寧大明兵至通州知樞密院事卜顏帖木兒力戰被擒死之左丞相失列門傳旨令太常禮儀院使阿魯渾等奉太廟列室神主與皇太子同北行阿魯渾等卽至太廟與署令王嗣宗太祝哈刺不花襲護神主畢仍留室內乙丑白虹貫日罷內府興造詔淮王帖木兒不花監國慶童爲中書左丞相同守京城丙寅帝御清寧殿集三宮后妃皇太子皇太子妃同議避兵北行失列門及知樞密院事黑厮宦者趙伯顏不花等諫以爲不可行不聽伯顏不花慟哭諫曰天下者世祖之天下陛下當以死守奈何棄之臣等願率軍民及諸怯薛歹出城拒戰願陛下固守京城卒不聽至夜半開健德門北奔八月庚申大明兵入京城國亡後一年帝駐于應昌府又一年四月丙戌帝因痢疾殂于應昌壽五十一在位二十六年太尉完者院使觀音奴奉梓宮北葬五月癸卯大明兵襲應昌府皇孫買的里八刺及后妃幷寶玉皆被獲皇太子愛猷識理達臘從十數騎遁大明皇帝以帝知順天命退避而去特加其號曰順帝而封買的里八刺爲崇禮侯

元史卷四十八

明翰林學士亞中大夫知制誥兼修國史宋　濂等修

天文志第一

天文一

司天之說尚矣易曰天垂象見吉凶聖人象之又曰觀乎天文以察時變自古有國家者未有不致謹於斯者也是故堯命羲和曆象日月星辰舜在璿璣玉衡以齊七政天文於是有測驗之器焉然古之爲其法者三家曰周髀曰宣夜曰渾天周髀宣夜先絕而渾天之學至秦亦無傳漢洛下閎始得其術作渾儀以測天厥後歷世遞相沿襲其有得有失則由乎其人智術之淺深未易遽數也宋自靖康之亂儀象之器盡歸于金元興定鼎於燕其初襲用金舊而規環不協難復施用於是太史郭守敬者出其所創簡儀仰儀及諸儀表皆臻於精妙卓見絕識蓋有古人所未及者其說以謂昔人以管窺天宿度餘分約爲太半少未得其的乃用二線推測於餘分纖微皆有可考而又當時四海測景之所凡二十有七東極高麗西至滇池南踰朱崖北盡鐵勒是亦古人之所未及爲者也自是八十年間司天之官遵而用之靡有差忒而凡日月薄食五緯凌犯彗孛飛流暈珥虹霓精祲雲氣等事其係於天文占候者具有簡冊存焉若昔司馬遷作天官書班固范曄作天文志其於星辰名號分野次舍推步候驗之際詳矣及晉隋二志實唐李淳風撰於夫二十八宿之躔度二曜五緯之次舍時日災祥之應分野休咎之別號極詳備後有作者無以尚之矣是以歐陽修志唐書天文先述法象之具次紀日月食五星凌犯及星變之異而凡前史所已載者皆略不復道而近代史官志宋天文者則首載儀象諸篇志天文文者則唯錄日月五星之變誠以璣衡之制載於書日星風雨霜雹雷霆之災異載於春秋愼而書之非史氏之法當然固所以求合於聖人之經者也今故據其事例作元天文志

簡儀

簡儀之制四方爲趺縱一丈八尺三分去一以爲廣趺面上廣六寸下廣八寸厚如上廣中布橫輄三縱輄三南二北抵南輄北一南抵中輄趺面四周爲水渠深一寸廣加五分四隅爲礎出趺面內外各二寸繞礎爲渠深廣皆一寸與四周渠相灌通又爲礎於卯酉位廣加四維長加廣三之二水渠亦如之北極雲架柱二徑四寸長一丈二尺八寸下爲鼇雲植於乾艮二隅礎上左右內向其勢斜准赤道合貫上規規環徑二尺四寸廣一寸五分厚倍之中爲距相交爲斜十字廣厚如規中心爲竅上廣五分方一寸有半下二寸五分方一寸以受北極樞軸自雲架柱斜上去趺面七尺二寸爲橫輄自輄心上至竅心六尺八寸又爲龍柱二植於卯酉礎中分之北皆飾以龍下爲山形北向斜植以柱北架南極雲架柱二植於卯酉礎中分之南廣厚形制一如北架斜向坤巽二隅相交爲十字其上與百刻環邊齊在辰巳未申之間南傾之勢準赤道各長一丈一尺五寸自趺面斜上三尺八寸爲橫輄以承百刻環下邊又爲龍柱二植於坤巽二隅礎上北向斜柱其端形制一如北柱四游雙環徑六尺廣二寸厚一寸中間相離一寸相連於子午卯酉當子午爲圓竅以受南北極樞軸兩面皆列周天度分起南極抵北極餘分附于北極去南北極竅兩旁四寸各爲直距廣厚如環距中心各爲橫關東西與兩距相連廣厚亦如之關中心相連厚三寸爲竅方八分以受窺衡樞軸窺衡長五尺九寸四分廣厚皆如環中腰爲圓竅徑五分以受樞軸衡兩端爲圭首以取中縮去圭首五分各爲側立橫耳高二寸二分廣如衡面厚三分中爲圓竅徑六分其中心上下一線界之以知度分百刻環徑六尺四寸面廣二寸周布十二時百刻每刻作三十六分厚二寸自半已上廣三寸又爲十字距皆所以承赤道環也百刻環內廣面臥施圓軸四使赤道環旋轉無澁滯之患其環陷入南極架一寸仍釘之赤道環徑廣厚皆如四游環面細刻列舍周天度分中爲十字距廣三寸中空一寸厚一寸當心爲竅竅徑一寸以受南極樞軸界衡二各長五尺九寸四分廣三寸衡首斜剡五分刻度分以對環面中腰爲竅重置赤道環南極樞軸其上衡兩端自長竅外邊至衡首底厚倍之取二衡運轉皆着環面而無低昂之失且易得度分也二極樞軸皆以鋼鐵爲之長六寸半爲本半爲軸本之分寸一如上規距心適取能容軸徑一寸北極軸中心爲孔孔底橫穿通兩旁中出一線曲其本出橫孔兩旁結之孔中線留三分亦結之上下各穿一線貫界衡兩端中心爲孔下洞衡底順衡中心爲渠以受線直入內界長竅中至衡中腰復爲孔自衡底上出結之定極環廣半寸厚倍之皆勢穹窿中徑六度度約一寸許極星去不動處三度僅容轉周中爲斜十字距廣厚如環連於上規環距中心爲孔徑五釐下至北極軸心六寸五分又置銅板連於南極雲架之十字方二寸厚五分北面剡其中心存一釐以爲厚中爲圓孔徑一分孔心下至南極軸心亦六寸五分又爲環二其一陰緯環面刻方位取趺面縱橫輄北十字爲中心臥置之其一曰立運環面刻度分施於北極雲架柱下當臥環中心上屬架之橫輄下抵趺輄之十字上下各施樞軸令可旋轉中爲直距當心爲竅以施窺衡令可俯仰用窺日月星辰出地度分右四游環東西運轉南北低昂凡七政列舍中外官去極度分皆測之赤道環旋轉與列舍距星相當卽轉界衡使兩線相對凡日月五星中外官入宿度分皆測之百刻環轉界衡令兩線與日相對其下直時刻則晝刻也夜則以星定之比舊儀測日月五星出沒而無陽經陰緯雲柱之映其渾象之制圜如彈丸徑六尺縱橫各畫周天度分赤道居中去二極各周天四之一黃道出入赤道內外各二十四度弱月行白道出入不常用竹篾均分天度考驗黃道所交隨時遷徙先用簡儀測致入宿去極度數按於其上校驗出入黃赤二道遠近疏密了然易辨仍參以算數爲準其象置於方匱之上南北極出入匱面各四十度太強半見半隱機運輪牙隱於匱中

仰儀

仰儀之制以銅爲之形若釜置於甎臺內畫周天度脣列十二辰位蓋俯視驗天者也其銘辭云不可體形莫天大也無競維人仰釜載也六尺爲深廣自倍也兼深廣倍絜釜兌也環鑿爲沼準以溉也辨方正位曰子卦也衡縮度中平斜再也斜起南極平釜鐓也小大必周入地畫也始周浸斷浸極外也極入地深四十太也北九十一赤道齡也列刻五十六時配也衡竿加卦巽坤內也以負縮竿本午對也首旋璣板窽納芥也上下懸直與鐓會也視日透光何度在也暘谷朝賓夕餞昧也寒暑發斂驗進退也薄蝕起自鑒生殺也以避赫曦奪

目害也南北之偏亦可槷也極淺十五林邑界也黃道夏高人所載也夏永冬短猶少差也深五十奇鐵勒塞也黃道浸平冬晝晦也夏則不沒永短最也安渾宣夜斯穹蓋也六天之書言殊話也一儀一揆孰善悖也以指爲告無煩喙也闇資以明疑者沛也智者是之膠者怪也古今巧曆不億輩也非讓不爲思不逮也將窺天朕造化愛也其有俊明昭聖代也泰山礪乎河如帶也黃金不磨悠久賴也鬼神禁訶勿銘壞也

大明殿燈漏

燈漏之制高丈有七尺架以金爲之其曲梁之上中設雲珠左日右月雲珠之下復懸一珠梁之兩端飾以龍首張吻轉目可以審平水之緩急中梁之上有戲珠龍二隨珠俛仰又可察準水之均調凡此皆非徒設也燈毬雜以金寶爲之內分四層上環布四神旋當日月參辰之所在左轉日一週次爲龍虎鳥龜之象各居其方依刻跳躍鐃鳴以應於內又次週分百刻上列十二神各執時牌至其時四門通報又一人當門內常以手指其刻數下四隅鐘鼓鉦鐃各一人一刻鳴鐘二刻鼓三鉦四鐃初正皆如是其機發隱於櫃中以水激之

正方案

正方案方四尺厚一寸四周去邊五分爲水渠先定中心畫爲十字外抵水渠去心一寸畫爲圓規自外寸規之凡十九規外規內三分畫爲重規徧布周天度中爲圓徑二寸高亦如之中心洞底植臬高一尺五寸南至則減五寸北至則倍之凡欲正四方置案平地注水于渠眂平乃植臬於中自臬景西入外規即識以墨影少移輒識之每規皆然至東出外規而止凡出入一規之交皆度以線屈其半以爲中即所識與臬相當且其景最短則南北正矣復徧閱每規之識以審定南北南北既正則東西從而正然二至前後日軌東西行南北差少即外規出入之景以爲東西允得其正當二分前後日軌東西行南北差多朝夕有不同者外規出入之景或未可憑必取近內規景爲定仍校以累日則愈眞又測用之法先測定所在北極出地度即自案地平以上度如其數下對南極入地度以墨斜經中心界之又橫截中心斜界爲十字即天腹赤道斜勢也乃以案側立懸繩取正凡置儀象皆以此爲準

圭表

圭表以石爲之長一百二十八尺廣四尺五寸厚一尺四寸座高二尺六寸南北兩端爲池圓徑一尺五寸深二寸自表北一尺與表梁中心上下相直外一百二十尺中心廣四寸兩旁各一寸畫爲尺寸分以達北端兩旁相去一寸爲水渠深廣各一寸與南北兩池相灌通以取平表長五十尺廣二尺四寸厚減廣之半植於圭之南端圭石座中入地及座中一丈四尺上高三十六尺其端兩旁爲二龍半身附表上擎橫梁自梁心至表顚四尺下屬圭面共爲四十尺梁長六尺徑三寸上爲水渠以取平兩端及中腰各爲橫竅徑二分橫貫以鐵長五寸繫線合於中懸錘取正且防傾墊按表短則分寸短促尺寸之下所謂分秒太半少之數未易分別表長則分寸稍長所不便者景虛而淡難得實影前人欲就虛景之中考求眞實或設望筩或置小表或以木爲規皆取端日光下徹表面今以銅爲表高三十六尺端挾以二龍舉一橫梁下至圭面共四十尺是爲八尺之表五圭表刻爲尺寸舊一寸今申而爲五釐毫差易分別

景符

景符之制以銅葉博二寸加長博之二中穿一竅若針芥然以方闑爲趺一端設爲機軸令可開闔榰其一端使其勢斜倚北高南下往來遷就於虛梁之中竅達日光僅如米許隱然見橫梁於其中舊法一表端測晷所得者日體上邊之景今以橫梁取之實得中景不容有毫末之差至元十六年己卯夏至晷景四月十九日乙未景一丈二尺三寸六分九釐五毫至元十六年己卯冬至晷景十月二十四日戊戌景七丈六尺七寸四分

闚几

闚几之制長六尺廣二尺高倍之下爲趺廣三寸厚二寸上闌廣四寸厚如趺以板爲面厚及寸四隅爲足撐以斜木務取正方面中開明竅長四尺廣二寸近竅兩旁一寸分畫爲尺內三寸刻爲細分下應圭面几面上至梁心二十六尺取以爲準闚限各長二尺四寸廣二寸春厚五分兩刃斜稠取其於几面相符著限兩端厚廣各存二寸銜入几闌侯星月正中從几下仰望視表梁南北以爲識折取分寸中數用爲直景又於遠方同日闚測取景數以推星高下也

西域儀象

世祖至元四年扎馬魯丁造西域儀象○咱秃哈剌吉漢言混天儀也其制以銅爲之平設單環刻周天度畫十二辰位以準地面側立雙環而結於平環之子午半入地下以分天度內第二雙環亦刻周天度而參差相交以結于側雙環去地平三十六度以爲南北極可以旋轉以象天運爲日行之道內第三第四環皆結於第二環又去南北極二十四度亦可以運轉凡可運三環各對綴銅方釘皆有竅以代衡簫之仰窺焉○咱秃朔八台漢言測驗周天星曜之器也外周圓牆而東面啓門中有小臺立銅表高七尺五寸上設機軸懸銅尺長五尺五寸復如窺測之簫二其長如之下置橫尺刻度數其上以準掛尺下本開圖之遠近可以左右轉而周窺可以高低舉而徧測○魯哈麻亦渺凹只漢言春秋分晷影堂爲屋二間脊開東西橫罅以斜通日晷中有臺隨晷影南高北下上仰置銅半環刻天度一百八十以準地上之半天斜倚銳首銅尺長六尺闊一寸六分上結半環之中下加半環之上可以往來窺運側望漏屋晷影驗度數以定春秋二分○魯哈麻亦木思塔餘漢言冬夏至晷影堂也爲屋五間屋下爲坎深二丈二尺脊開南北一罅以直通日晷隨罅立壁附壁懸銅尺長一丈六寸壁仰畫天度半規其尺亦可往來規運直望漏屋晷影以定冬夏二至○苦來亦撒麻漢言渾天圖也其制以銅爲丸斜刻日道交環度數于其腹刻二十八宿形於其上外平置銅單環刻周天度數列于十二辰位以準地而側立單環二一結于平環之子午以銅丁象南北極一結于平環之卯酉皆刻天度卽渾天儀而不可運轉窺測者也○苦來亦阿兒子漢言地理志也其制以木爲圓毬七分爲水其色綠三分爲土地其色白畫江河湖海脈絡貫串於其中畫作小方井以計幅圓之廣袤道里之遠近○兀速都兒剌不定漢言晝夜時刻之器也其制以銅如圓鏡而可掛面刻十二辰位晝夜時刻上加銅條綴其中可以圓轉銅條兩端各屈其首爲二竅以對望晝則視日影夜則窺星辰以定時刻以測休咎背嵌鏡片三面刻其圖凡七以辨東西南北日影長短之不同星辰向背之有異故各異其圖以盡天地之變焉

四海測驗

南海北極出地一十五度夏至景在表南長一尺一寸六分晝五十四刻夜四十六刻

衡嶽北極出地二十五度夏至日在表端無景晝五十六刻夜四十四刻

嶽臺北極出地三十五度夏至晷景長一尺四寸八分晝六十刻夜四十刻

和林北極出地四十五度夏至晷景長三尺二寸四分晝六十四刻夜三十六刻

鐵勒北極出地五十五度夏至晷景長五尺一分晝七十刻夜三十刻

北海北極出地六十五度夏至晷景長六尺七寸八分晝八十二刻夜一十八刻

大都北極出地四十度太强夏至晷景長一丈二尺三寸六分晝六十二刻夜三十八刻

上都北極出地四十三度少

北京北極出地四十二度强

益都北極出地三十七度少

登州北極出地三十八度少

高麗北極出地三十八度少

西京北極出地四十度少

太原北極出地三十八度少

安西府北極出地三十四度半强

興元北極出地三十三度半强

成都北極出地三十一度半强

西涼州北極出地四十度强

東平北極出地三十五度太

大名北極出地三十六度

南京北極出地三十四度太强

河南府陽城北極出地三十四度太弱

揚州北極出地三十三度

鄂州北極出地三十一度半

吉州北極出地二十六度半

雷州北極出地二十度太

瓊州北極出地一十九度太

日薄食暈珥及日變

世祖中統二年三月壬戌朔日有食之○三年十一月辛丑日有背氣重暈三珥○至元二年正月辛未朔日有食之○四年五月丁亥朔日有食之○五年十月戊寅朔日有食之○七年三月庚子朔日有食之○八年八月壬辰朔日有食之○九年八月丙戌朔日有食之○十二年六月庚子朔日有食之○十四年十月丙辰日有食之○十九年六月己丑朔日有食之七月戊午朔日有食之○二十四年七月癸丑日暈連環白虹貫之十月戊午朔日有食之○二十六年三月庚辰朔日有食之○二十七年八月辛未朔日有食之○二十九年正月甲午朔日有食之有物漸侵入日中不能旣日體如金環然左右有珥上有抱氣○三十一年六月庚

辰朔日食

成宗大德三年八月己酉朔日食○四年二月丁未朔日食○六年六月癸亥朔日食○七年閏五月戊午朔日食○八年五月癸未朔日食

武宗至大二年正月丁亥白虹貫日八月甲寅白虹貫日○四年正月壬辰日赤如赭

仁宗皇慶元年六月乙丑朔日有食之○延祐元年三月己亥白暈亘天連環貫日○二年四月戊寅朔日有食之五月甲戌日赤如赭乙亥亦如之九月甲寅日赤如赭戊午亦如之○三年五月戊申日赤如赭○五年二月癸巳朔日有食之○六年二月丁亥朔日有食之○七年正月辛巳朔日有食之三月乙未日有暈若連環然

英宗至治元年三月己丑交暈如連環貫日六月癸卯朔日有食之○二年十一月甲午朔日有食之

泰定帝泰定四年二月辛卯白虹貫日九月丙申朔日食

文宗天曆二年七月丙辰朔日有食之○至順元年九月癸巳白虹貫日○二年正月己酉白虹貫日八月甲辰朔日有食之十一月壬申朔日有食之○三年五月丁酉白虹竝日出長竟天

順帝○元統元年三月癸巳日赤如赭閏三月丙申癸丑甲寅皆如之○二年四月戊午朔日有食之○至元元年十二月戊午日赤如赭閏十二月丁亥戊子己丑皆如之○二年二月壬辰日赤如赭乙未丙申亦如之三月庚申壬戌癸卯四月丁丑皆如之八月甲戌朔日有食之十二月甲戌日赤如赭○三年正月丁巳日有交暈左右珥上有白虹貫之二月壬申朔日有食之八月癸未日有交暈左右珥上有白虹貫之十月癸酉日赤如赭○四年閏八月戊戌日赤如赭己亥壬寅亦如之九月庚寅皆如之○五年正月丙寅日有交暈左右珥上有白虹貫之二月辛亥日赤如赭三月庚申辛酉四月丁未皆如之○至正元年三月壬申日赤如赭○三年四月丙申朔日有食之○四年九月丁亥朔日有食之○十年十一月壬子朔日有食之○十三年九月乙丑朔日有食之○十四年三月癸亥朔日有食之○十五年二月丙子日赤如赭○十七年七月己丑日有交暈連環貫之○十八年六月戊辰朔日有食之十二月乙丑朔日有食之○二十一年四月辛巳朔日有食之○二十五年三月壬戌日有暈內赤外青白虹如連環貫之○二十六年二月丁卯日有暈左珥上有背氣一道七月辛巳朔日有食之○二十七年十二月癸卯朔日有食之

月五星凌犯及星變上

憲宗六年六月太白晝見

世祖中統元年五月乙未熒惑入南斗留五十餘日○二年二月丁酉太陰掩昴六月戊戌太陰犯角八月丙午太白犯歲星十一月庚午太陰犯昴十二月辛卯熒惑犯房壬寅熒惑犯鉤鈐○三年十一月乙酉太白犯鉤鈐○至元元年二月丁卯太陰犯南斗四月辛亥太陰犯軒轅御女星五月丙戌太陰犯房己亥太陰犯昴七月甲戌彗星出輿鬼昏見西北貫上台掃紫微文昌及北斗旦見東北凡四十餘日十二月甲子太陰犯房○二年六月丙子太陰犯心宿大星○四年八月庚申填星犯天罇距星壬戌太白犯軒轅大星甲子歲星犯軒轅大星十一月乙巳填星犯天罇距星○五年正月甲午太陰犯井二月戊子太陰犯天關己丑太陰犯井○六年十月庚子太陰犯辰星○七年正月己酉太陰犯畢九月丁巳太陰犯井十月庚午太白犯右執法十一月壬寅熒惑犯太微西垣上將○八年正月辛未太陰犯畢三月丁亥熒惑犯太微西垣上將九月丙子太陰犯畢○九年五月乙酉太白犯畢距星九月戊寅太陰犯御女十月戊戌熒惑犯填星十一月丁卯太陰犯畢○十年三月癸酉客星青白如粉絮起畢度五車北復自文昌貫斗杓歷梗河至左攝提凡二十一日○十一年二月甲寅太陰犯井宿十月壬辰歲星犯壘壁陣○十二年七月癸酉太白犯井辛卯太陰犯畢九月己巳太白犯少民己卯太白犯太微西垣上將十月癸丑太陰犯畢十一月丙戌太陰犯軒轅大星十二月戊戌填星犯亢戊申太陰犯畢○十三年九月辛亥太白犯南斗甲寅太白入南斗十二月乙卯太陰犯填星辛酉熒惑掩鉤鈐○十四年二月癸亥彗出東北長四尺餘○十五年二月丁丑熒惑犯天街三月丁亥太陰犯太白戊子太陰犯熒惑十一月辛亥太白熒惑填星聚于房○十六年四月癸卯填星犯鍵閉七月丙寅填星犯鍵閉八月庚辰太陰犯房宿距星庚子歲星犯軒轅大星十月丙申太陰犯太微西垣上將十一月癸丑太陰犯熒惑○十七年四月庚子歲星犯軒轅大星七月戊申太陰掩房宿距星己酉太陰犯南斗八月丙子太陰犯心宿東星甲子太陰犯右執法并犯歲星○十八年七月癸卯太陰犯房宿距星閏八月癸巳朔熒惑犯司怪南第二星庚戌太陰犯昴九月甲申太陰犯軒轅大星十一月甲戌太陰犯五車次南星丁丑太陰犯鬼丁亥太陰掩心十二月丙午太陰犯軒轅大星○二十年正月己巳太陰犯軒轅御女庚辰太陰犯南斗犯距星二月庚寅太陰掩昴庚子太白犯昴壬寅太白犯昴乙巳太陰犯心三月己未歲星犯鍵閉庚申太陰犯井壬戌太陰犯鬼乙巳歲星犯房癸酉歲星掩房四月己亥太陰犯房壬寅太陰犯南斗五月丙寅太陰掩心七月丙辰太白犯井癸亥太陰犯南斗乙丑太白犯井庚子熒惑犯司怪八月丙午太白犯軒轅丁未歲星犯鉤鈐九月壬子太白犯軒轅少女戊午太陰犯斗己巳太白犯右執法壬申太陰掩井癸酉熒惑犯鬼甲戌太陰犯鬼熒惑犯積尸氣太白犯左執法十月丙申太陰犯昴十一月戊寅太白歲星相犯十二月甲辰太陰掩熒惑○二十一年閏五月戊寅朔填星犯斗七月甲申太白犯熒惑九月癸巳太白犯南斗第四星乙未太陰犯井十月己酉太陰犯軫十一月丙戌太陰犯昴己亥太陰掩輿鬼庚子太陰犯心○二十二年二月辛亥太陰犯東井癸丑太陰犯鬼壬戌太陰犯心八月癸丑太陰入東井十二月己亥歲星犯填星○二十三年正月壬午太陰犯軒轅太民乙酉太陰犯氐二月丙午太陰犯井三月己巳太陰犯婁五月己巳熒惑犯太微西垣上將庚辰歲星犯壘壁陣乙酉熒惑犯太微右執法六月丙申朔太白犯御女八月乙卯太白犯軒轅右角星九月甲申太陰犯天關十月甲午朔太白犯右執法戊戌太陰犯建星辛亥太陰犯東井甲寅太白犯進賢十一月戊辰太白犯亢己卯太陰犯東井辛巳歲星犯壘壁陣十二月戊戌太白犯東咸丁未太陰犯東井丁巳太陰犯氐○二十四年正月甲戌太陰犯東井乙酉太陰犯房二月庚子太陰犯天關辛丑太陰犯東井閏二月癸亥太陰犯辰星甲申太陰犯牽牛三月丙申太陰犯東井四月癸酉太陰犯氐甲戌太陰犯房七月戊戌太陰犯南斗辛丑太陰犯牽牛壬寅熒惑犯輿鬼積尸氣甲辰熒惑犯輿鬼壬子太陰犯司怪八月癸亥太白犯亢丙子填星南犯壘壁陣己卯太陰犯天關辛巳太陰犯東井甲申太白犯房九月丁酉熒惑犯長垣庚子太白犯天江乙巳太陰犯畢辛亥熒惑犯太微西垣上將壬子太白犯南斗十月壬戌太陰犯牽牛大星乙酉熒惑犯左執法十一月壬辰太白犯壘壁陣太陰暈太白填星丙申熒惑犯太微東垣上將庚子太白晝見丙辰熒惑犯進賢十二月丙寅太陰犯畢太白晝見○二十五年正月乙巳太陰犯角戊申太陰犯房三月丁亥熒惑犯太微東垣上相戊子太陰犯畢己亥太陰掩角四月戊午太陰犯井五月戊申太白犯畢六月甲戌太白犯井丁丑太陰犯歲星七月己亥熒惑犯氐庚子太白犯鬼乙巳太陰掩畢八月丙辰熒惑犯房乙未太白犯軒轅大星九月癸未朔熒惑犯天江庚子太陰犯畢癸卯熒惑犯南斗十二月辛酉太陰犯畢甲子太陰犯井甲戌太陰犯亢熒惑犯壘壁陣○二十六年正月辛丑太陰犯氐三月甲午太陰犯亢五月壬辰太白犯鬼七月戊子太白經天四十五日辛卯太陰犯牛乙未太陰犯歲星八月辛未歲星晝見九月戊寅歲星犯井乙未太陰犯畢辛丑熒惑犯太微西垣上將十月癸丑太陰犯牛宿距星甲寅熒惑犯右執法閏十月丁亥辰星犯房己丑太陰犯畢熒惑犯進賢太陰犯井十一月丁巳熒惑犯亢戊辰太陰犯亢○二十七年正月庚戌太白犯牛癸丑太陰犯井丁卯熒惑犯房壬申熒惑犯鍵閉二月戊寅太陰犯畢庚寅太陰犯亢三月壬子熒惑犯鉤鈐四月丙子太陰犯井壬辰熒惑守氐十餘日五月乙丑太陰犯填星六月己丑熒惑犯房七月辛酉熒惑犯天江九月癸卯歲星犯鬼十月辛巳太白犯斗十一月戊申太陰掩填星辛酉太陰掩左執法十二月辛卯太陰犯亢○二十八年正月壬寅太白熒惑填星聚奎二月癸未太陰犯左執法甲申太白犯昴三月丁未太陰犯御女己酉太陰犯右執法庚戌太陰犯太微東垣上相乙卯太白犯五車四月乙未歲星犯輿鬼積尸氣五月壬寅太陰犯少民甲寅太陰犯牛六月辛卯太陰犯畢七月己亥太白犯井八月丙寅太白犯輿鬼丙子太陰犯牽牛癸未歲星犯軒轅大星戊子太白犯軒轅大星并犯歲星癸巳太陰掩熒惑九月丙辰熒惑犯左執法戊午太白犯熒惑辛酉歲星犯少民十月丙戌太陰犯軒轅太星并御女己丑太陰犯太微東垣上相十一月甲辰太陰犯房丙午熒惑犯亢丁未太陰犯畢庚申熒惑犯氐十二月庚辰太陰犯御女癸未太陰犯東垣上相己丑熒惑犯房庚寅熒惑犯鉤鈐○二十九年正月戊申太陰犯歲星及軒轅左角二月己巳太陰犯畢四月丙子太陰犯氐六月己丑太白犯歲星閏六月戊申熒惑犯狗國七月辛未太陰犯牛八月丁酉辰星犯右執法己亥太白犯房乙巳歲星犯右執法九月壬戌

熒惑犯壘壁陣辛巳太白犯南斗十月乙巳太陰犯井丁未太陰犯鬼乙卯太陰犯氐十一月壬戌太陰犯壘壁陣己卯太陰犯太微東垣上將十二月庚子太陰犯井甲辰太陰犯太微西垣上將○三十年正月丙寅太陰犯畢丁丑太陰犯氐庚辰歲星犯左執法二月壬辰太陰犯畢乙巳熒惑犯天街庚戌太陰犯牛癸丑太白犯壘壁陣三月辛未太陰犯氐四月癸丑太白犯填星六月己丑歲星犯左執法丙申太陰犯斗七月甲子太陰犯建星辛丑太陰犯鬼八月甲午辰星犯太微西垣上將甲辰太陰犯畢戊申太陰犯鬼九月丁卯太陰犯畢十月庚寅彗星入紫微垣抵斗魁光芒尺許凡一月乃滅丙申熒惑犯亢己亥太陰犯天關辛丑太陰犯井十一月乙丑太陰犯畢丁卯太陰犯井庚子太陰犯鬼丙子熒惑犯鉤鈐戊寅歲星犯亢十二月乙未太陰犯井○三十一年四月戊申太白晝見又犯鬼五月庚戌朔太白犯輿鬼六月丙午太陰犯井八月庚辰太白晝見戊戌太陰犯畢太白犯軒轅九月丁巳太白經天丙寅太陰掩填星辛未太陰犯軒轅乙亥太白犯右執法太陰犯平道十月壬午太白犯左執法癸巳太陰掩填星乙未太陰犯井十一月己酉太陰犯亢庚申太陰犯畢癸酉太白犯房十二月癸未歲星犯房丁亥歲星犯鉤鈐壬辰太陰犯鬼庚子太陰犯房又犯歲星

成宗元貞元年正月乙卯太陰犯填星又犯畢癸酉歲星犯東咸二月癸未熒惑犯太陰壬辰太陰犯平道癸卯太陰犯歲星三月庚戌太陰犯填星壬戌太陰犯房四月庚寅太陰犯東咸閏四月癸丑歲星犯房甲寅太陰犯平道乙卯太陰犯亢丁巳太陰掩房五月丁亥太陰犯南斗七月丁丑太陰犯亢甲申歲星犯房八月乙酉太陰犯牛壬子太陰犯壘壁陣九月甲午太陰犯軒轅戊戌太陰犯平道十月辛酉辰星犯房壬戌辰星犯鍵閉戊辰太白晝見太陰犯房十一月甲戌太白經天及犯壘壁陣乙酉太陰犯井丁亥太陰犯鬼十二月丙辰太陰犯軒轅甲子太陰犯天江○二年正月壬午太陰犯輿鬼丙戌太白晝見丁亥太陰犯平道庚寅太陰犯鉤鈐二月丁未太陰犯井三月乙酉太陰犯鉤鈐五月丁丑太陰犯平道六月乙巳太白犯天關丁巳太白犯填星癸亥太陰犯井七月壬午填星犯井太白犯輿鬼八月庚子太陰犯亢太白犯軒轅癸卯太陰犯天江乙卯太陰犯天街太白犯上將九月戊辰太白犯左執法壬申太陰掩南斗丁丑太陰犯壘壁陣己丑太陰犯軒轅十一月丁丑太陰犯月星又犯天街庚辰太陰犯井丁亥太陰犯上相戊子太陰犯平道壬辰太陰犯天江十二月丁未太陰犯井乙卯太陰犯進賢○大德元年三月戊辰熒惑犯井癸酉太陰掩軒轅大星五月癸酉太白犯鬼積尸氣乙亥太陰犯房六月乙未太白晝見七月庚午太陰犯房八月丁巳祆星出奎九月辛酉朔祆星復犯奎十月戊午太白經天十一月戊子太白經天十二月甲辰太白經天又犯東咸丙午太陰犯軒轅甲寅太陰犯心閏十二月癸酉太白犯建星丙子太白犯建星○二年二月辛酉歲星熒惑太白聚危熒惑犯歲星辛未太陰犯左執法丙子太陰犯心五月戊戌太陰犯心六月壬戌太陰犯角七月癸巳太陰犯心八月壬戌太陰犯箕九月辛丑太陰犯五車南星癸卯太陰犯五諸侯己酉太陰犯左執法十月壬戌太白犯牽牛戊寅太陰犯角宿距星十一月己亥太陰犯輿鬼辛丑辰星犯牽牛壬寅太陰犯右執法十二月戊午太白經天己未填星犯輿鬼乙丑太白犯歲星太陰犯熒惑庚午填星入輿鬼太陰犯上將甲戌彗出子孫星下己卯太陰犯南斗○三年正月丙戌太陰犯太白丁酉太陰犯西垣上將戊戌太陰犯右執法乙巳太白經天三月乙巳熒惑犯五諸侯戊戌熒惑犯輿鬼四月己未太陰犯上將丙寅填星犯輿鬼太陰犯心五月丙申太陰犯南斗己亥太白犯畢六月庚申太陰掩房丁卯熒惑犯右執法壬申歲星晝見七月己卯朔太白犯井丁未太陰犯輿鬼八月丁巳太陰犯箕戊辰太白犯軒轅大星己巳太陰犯五車星九月壬辰流星色赤尾長尺餘其光燭地起自河鼓沒於牽牛之西有聲如雷乙未太陰犯昴宿距星丁酉太白犯左執法十月丙子太陰犯房十一月乙酉太白犯房○四年二月戊午太陰犯軒轅五月甲午太陰犯壘壁陣辛丑太白犯輿鬼太陰犯昴六月丁巳太白犯填星七月辛卯熒惑犯井八月癸丑太陰犯井甲子辰星犯靈臺上星閏八月庚辰熒惑犯輿鬼九月戊午太白犯斗壬戌太陰犯輿鬼甲子太白犯斗十二月庚寅熒惑犯軒轅癸巳太陰犯房宿距星○五年正月己酉太陰犯五車壬子太陰犯輿鬼積尸氣辛酉太陰犯心二月己卯太陰犯輿鬼三月戊申太陰犯御女丁卯熒惑犯填星己巳熒惑填星相合四月壬申太陰犯東井五月癸丑太陰犯南斗乙卯熒惑犯右執法丁卯太白犯井六月甲申歲星犯司怪己酉太白犯輿鬼歲星犯井甲午太白犯輿鬼七月丙午歲星犯井辛亥太陰犯壘壁陣庚申辰星犯太白八月壬辰太陰犯軒轅御女乙未填星犯太微上將九月乙丑自八月庚辰彗出井二十四度四十分如南河大星色白長五尺直西北後經文昌斗魁南掃太陽又掃北斗天機紫微垣三公貫索星長丈餘至天市垣巴蜀之東梁楚之南宋星上長盈尺凡四十六日而滅十月癸未太陰犯東井辛卯夜有流星大如杯色赤尾長丈餘光燭地自北起近東徐徐而行分爲二星前大後小相離尺餘沒於危宿十一月己亥歲星犯東井戊申太陰犯昴十二月甲戌歲星犯司怪辛卯太陰犯南斗○六年正月壬戌填星犯太微西垣上將二月庚午太陰犯昴三月壬寅太陰犯輿鬼癸卯歲星犯井甲寅太陰犯鉤鈐四月乙丑朔太白犯東井戊寅太陰犯心庚寅太白犯輿鬼六月癸亥朔填星犯太微西垣上將乙亥太陰犯斗七月癸巳朔熒惑填星辰星聚井庚子太陰犯心戊午太陰犯熒惑八月乙丑熒惑犯歲星己巳熒惑犯輿鬼辛巳太陰犯昴壬午太白犯軒轅九月丙午熒惑犯軒轅癸丑太陰犯輿鬼丁巳太白犯右執法十月壬午熒惑犯太微西垣上將十一月辛亥填星犯左執法乙未辰星犯房癸卯太陰犯昴己酉太陰犯軒轅十二月庚申朔熒惑犯填星乙丑歲星犯輿鬼乙未太陰犯輿鬼庚辰熒惑犯太微東垣上相癸未太陰犯房○七年正月戊戌太陰犯昴甲辰太陰犯軒轅二月戊寅太陰犯心四月癸亥太陰犯東井丙寅太陰犯軒轅乙亥歲星犯輿鬼太陰犯南斗甲申熒惑犯太微垣右執法丁亥歲星犯輿鬼五月壬辰辰星犯東井閏五月戊辰太陰犯心七月戊寅歲星犯軒轅己卯太陰犯井乙酉熒惑犯房八月癸巳太白犯氐甲午熒惑犯東咸太陰犯牽牛乙巳亢星犯軒轅辛亥熒惑犯天江九月丙寅太白晝見辛未熒惑犯南斗甲戌太陰犯東井乙亥太白犯南斗壬午辰星犯氐十月丁亥太白經天辛丑太陰犯東井十一月己未太白經天丙寅填星犯進賢戊辰太陰犯東井己卯太陰犯東咸十二月丙戌太白經天夜熒惑犯壘壁陣丙申太陰犯東井辛丑太陰犯明堂丁未太陰犯天江○八年三月乙丑自去歲十二月庚戌彗星見約盈尺指東南色白測在室十一度漸長尺餘復指西北掃騰蛇入紫微垣至是滅凡七十四日○九年正月丁巳太陰犯天關甲子太陰犯明堂己巳太陰犯東咸三月甲寅熒惑犯氐戊午歲星犯左執法四月庚辰太陰犯井壬辰太白犯井五月癸亥歲星掩左執法七月丙午熒惑犯氐甲寅太白經天丁卯熒惑犯房八月辛巳太陰犯東井乙未熒惑犯天江九月丁巳熒惑犯斗十月丙戌太白經天十一月庚戌歲星太白填星聚於亢癸丑歲星犯亢丙寅歲星晝見十二月壬申太白經天丙子太陰犯西咸庚寅熒惑犯壘壁陣己亥辰星犯建星○十年正月丁巳太白犯建星閏正月癸酉太白犯牽牛己丑太白犯壘壁陣二月戊午太陰犯氐三月戊寅歲星犯亢四月辛酉填星犯亢六月癸丑太陰犯羅堰上星己未歲星犯亢七月庚辰太陰犯牽牛八月壬寅歲星犯氐熒惑犯太微垣上將九月己巳熒惑犯太微垣右執法壬午熒惑犯太微垣左執法十月甲辰太白犯斗辛亥太陰犯畢甲寅太陰犯井十一月辛未歲星犯房壬申太陰犯虛甲戌熒惑犯亢戊子熒惑犯氐辛卯太陰犯熒惑十二月壬寅太白晝見乙巳歲星犯東咸戊午太陰犯氐○十一年六月丙午太陰犯南斗杓星己巳太陰犯亢七月壬午熒惑犯南斗九月癸酉太白犯右執法己卯太白犯左執法十月乙巳太白犯亢己酉熒惑犯壘壁陣甲寅太陰犯明堂己未太陰犯太白十一月丁卯太白犯房丙子太陰犯東井乙酉太陰犯亢辛卯辰星犯歲星十二月丁巳填星犯鍵閉

武宗至大元年正月辛未太陰犯井甲申太陰犯填星二月丁未太陰犯亢甲寅太陰犯牛距星三月乙丑太陰犯井五月癸丑太白犯輿鬼七月庚申流星起自勾陳南至於大角傍尾跡約三尺化爲白氣聚於七公南行圓若車輪微有鋭經貫索滅壬申太白犯左執法八月壬子太陰犯軒轅太民九月壬申填星犯房丙子太陰犯井癸未太陰犯熒惑十月辛丑太白犯南斗十一月庚申太白晝見癸亥熒惑犯亢己巳太陰掩畢甲戌熒惑犯氐乙亥辰星犯填星閏十一月壬寅熒惑犯房丁未太陰犯亢十二月甲子太陰犯畢丙子太陰犯氐戊寅太白掩建星○二年二月己巳太陰犯亢辛未太陰犯氐庚辰太陰犯太白三月戊戌太陰犯氐己亥熒惑犯歲星丙午熒惑犯壘壁陣五月辛卯太陰犯亢六月乙卯太白犯井癸酉辰星犯輿鬼乙亥太陰掩畢八月乙亥太陰犯軒轅丁丑太陰犯右執法九月丙午太陰犯進賢十月壬申太陰犯左執法十一月己亥太陰犯右執法庚子太陰犯上相辛丑熒惑犯外屏十二月庚申太陰犯參癸亥辰星犯歲星辛未太白犯壘壁陣○三年正月壬辰太陰犯軒轅御女甲午太陰犯右執

法丙申太陰犯平道二月辛亥熒惑犯月星庚申熒惑犯天街太陰犯軒轅少民壬戌太陰犯左執法甲戌太白犯月星三月甲申太陰犯井庚寅太陰犯氐丙申太陰犯南斗丁未太白犯井甲寅太陰犯軒轅御女戊辰太白晝見五月乙酉太陰犯平道癸巳熒惑犯輿鬼六月乙卯太陰犯氐七月戊寅太陰犯右執法己卯太陰犯上相八月甲子太白犯軒轅太民乙丑太陰掩畢大星辛巳太陰犯建星辛卯太陰犯天廩十月甲辰朔太白經天丙午太白犯左執法癸丑熒惑犯亢十一月甲戌朔太白犯亢丁亥太陰犯畢十二月甲辰朔太陰犯羅堰庚申太陰犯軒轅大星辛酉太白犯塡星丙寅太白犯氐〇四年二月甲子太陰犯塡星三月丙戌太陰犯太微上將四月甲寅太陰犯亢熒惑犯壘壁陣癸未太陰犯氐五月乙未太陰犯太微東垣上相庚戌太陰犯氐七月癸巳太陰犯畢丁酉太陰犯鬼宿距星閏七月丙寅太陰犯軒轅九月乙卯太陰犯畢十月丙申太白犯壘壁陣十一月甲寅太陰犯輿鬼十二月庚辰太白經天癸未亦如之甲申太陰犯太微西垣上將壬辰太白經天

仁宗皇慶元年正月癸丑太陰犯太微東垣上相二月壬午太陰犯亢三月丁酉朔熒惑犯東井壬寅太陰犯東井四月丙子太白晝見壬午熒惑犯輿鬼癸未熒惑犯積尸氣庚寅太白經天六月己巳太陰犯天關七月戊午太陰犯東井八月戊辰太白犯軒轅辛未太陰犯塡星壬午辰星犯右執法乙酉太白犯右執法丁亥辰星犯左執法九月丁巳太白犯亢十月丁亥太陰犯平道戊子太陰犯亢十一月己亥太陰掩壘壁陣十二月甲申熒惑塡星辰星聚井戊子太陰犯熒惑〇二年正月戊申太陰犯三公三月庚子熒惑犯壘壁陣丁未彗出東井七月己丑朔歲星犯東井辛卯太白晝見乙未丙辰皆如之丁巳太白經天八月戊午朔太白晝見壬戌歲星犯東井壬午太陰犯輿鬼〇延祐元年二月癸酉熒惑犯東井三月壬辰太陰掩熒惑閏三月辛酉太陰犯輿鬼丙寅太陰犯太微東垣五月戊午辰星犯輿鬼六月乙未熒惑犯右執法十月庚戌辰星犯東咸十二月甲子太陰犯輿鬼癸卯太陰犯房甲辰太陰犯天江〇二年正月乙卯歲星犯輿鬼己未太白晝見癸亥太陰犯軒轅丁卯太陰犯進賢二月戊子太白晝見癸巳太白經天丙午亦如之三月丙辰太陰色赤如赭四月庚子太陰犯壘壁陣五月辛酉太陰犯天江庚午太白晝見六月甲申太白晝見是夜太陰犯平道癸卯太白犯東井丙申辰星犯輿鬼九月己酉太陰犯房辛酉太白犯左執法十月丙子朔客星見太微垣十一月丙午客星變爲彗犯紫微垣歷軫至壁十五宿明年二月庚寅乃滅〇三年九月癸丑太白晝見丙寅太白經天十月甲申太白犯斗〇四年三月乙酉太陰犯箕六月乙巳太陰犯心八月丙申熒惑犯輿鬼壬子太陰犯昴九月庚午太陰犯斗〇六年正月戊寅太陰犯心二月己亥太陰犯靈臺三月己巳太陰犯明堂癸酉太陰犯日星甲戌太陰犯心五月辛酉太陰犯靈臺丁卯太陰犯房丙子太陰犯壘壁陣六月己亥歲星犯東咸七月壬戌太陰犯心丙子太白犯太微垣右執法八月乙酉熒惑犯輿鬼閏八月丙辰辰星犯太微垣右執法丁巳太陰犯心癸亥熒惑犯軒轅甲子太陰犯壘壁陣乙亥太白犯東咸十月癸亥熒惑犯太微垣左執法乙丑太陰犯昴戊辰太陰犯東井庚午太白晝見辛未太陰犯軒轅辛卯熒惑犯進賢庚子太陰犯明堂十二月丙寅太陰犯軒轅〇七年正月乙未太陰犯明堂上星癸卯太陰犯斗宿東星二月辛酉太陰犯軒轅御女壬戌太陰犯靈臺丁卯太陰犯日星庚午太陰犯斗宿距星三月戊子太陰犯酒旗上星熒惑犯進賢庚寅太陰犯明堂上星四月甲寅太白犯塡星壬戌太陰犯房宿距星五月庚寅太陰犯心宿東星癸巳太陰犯狗宿東星丙申太白犯畢宿距星六月庚申太陰犯斗宿東星癸亥太陰犯壘壁陣西二星丁卯太白犯井宿東扇第三星辛未太陰犯昴宿七月丁亥太陰犯斗宿東二星戊戌熒惑犯房宿上星己亥太陰犯昴宿距星八月丙辰太白犯靈臺上星乙丑熒惑犯天江丁卯太白犯太微垣右執法壬申太陰犯軒轅御女九月乙酉太陰犯壘壁陣西二星丙戌熒惑犯斗宿癸巳太陰犯昴宿東星己亥太白犯亢星十月庚戌太陰犯熒惑于斗癸亥太陰犯井宿十一月癸卯熒惑犯壘壁陣乙卯太陰掩昴宿戊午太陰犯井宿東星庚申太陰犯鬼宿

英宗至治元年正月乙未太陰掩房宿距星甲辰辰星犯外屏西第一星辰星太白熒惑塡星聚於奎宿二月壬子太白熒惑塡星聚於奎宿辛酉太白犯熒惑癸亥太陰犯心宿大星又犯心宿東星三月丁丑太陰掩昴宿四月戊午太陰犯心宿大星庚辰太陰犯斗宿東第三星五月戊寅太白犯鬼宿積尸氣太陰犯軒轅右角庚辰太陰犯明堂中星六月己未太陰犯虛梁東第二星辛酉太白經天七月癸未太陰犯昴宿八月丁未太陰犯心宿前星己酉太陰犯斗宿西第二星壬子熒惑犯軒轅大星九月乙亥熒惑犯靈臺東北星壬午熒惑犯太微西垣上將丁酉熒惑犯太微垣右執法十月甲辰太白經天戊申熒惑犯太微垣左執法十一月辛未熒惑犯進賢丙子太陰犯虛梁東第一星戊寅辰星犯房宿上星丙戌太陰犯井宿東扇北第二星己丑太陰犯酒旗西星又犯軒轅右角辛卯太陰犯明堂中星己亥太白犯西咸南第一星十二月甲辰熒惑犯亢宿南第一星庚戌太陰犯昴宿東第一星辛酉熒惑入氐宿〇二年正月丁丑太陰犯昴宿距星庚辰太白犯建星西第二星辛巳太白犯建星西第三星辛卯太陰犯心宿大星甲午熒惑犯房宿上星丁酉太白犯牛宿南第一星二月己亥朔熒惑犯鍵閉星丙午熒惑犯罰星南一星戊申太陰犯井宿東扇北第二星庚戌熒惑犯東咸北第二星辛亥太陰犯酒旗西第一星及軒轅右角星壬子太白犯壘壁陣西方第二星癸丑太陰犯明堂中星己未太陰天江南第一星壬戌犯太白犯壘壁陣第六星五月丙子熒惑退犯東咸南第一星六月壬申熒惑犯心宿距星七月己亥熒惑犯天江南第一星戊午太陰犯井宿鉞星九月己未太陰犯明堂中星十月庚辰太陰犯井宿距星辛巳太陰犯井宿東扇北第二星及第三星己丑熒惑犯壘壁陣西第六星十一月甲辰太白犯壘壁陣第一星乙巳熒惑犯壘壁陣西第八星戊申太陰掩井宿東扇北第二星己未太陰犯東咸南第一星庚申太陰犯天江上第二星辛酉熒惑犯歲星十二月乙丑太白歲星熒惑聚于室太白犯壘壁陣西第八星乙亥太陰掩井宿距星戊寅太白犯歲星己丑熒惑犯外屏西第三星太陰犯建星西第二星〇三年正月壬寅太陰犯鉞星又犯井宿距星癸卯太陰犯井宿東扇南第二星二月癸亥朔熒惑太白塡星聚於胃宿癸酉太白犯昴宿辛巳太陰犯東咸南第一星第二星五月戊戌太白經天癸卯太陰犯房宿第二星庚戌太白犯畢宿右股第三星六月癸未塡星犯畢宿距星九月辛卯塡星退犯畢十月己巳太白犯亢丙子太白犯氐十一月己丑朔熒惑犯亢庚寅太白犯鉤鈐乙未太白犯東咸壬寅熒惑犯氐十二月己巳辰星犯壘壁陣辛未熒惑犯房辛巳熒惑犯東咸

泰定帝泰定元年五月丙午太白犯鬼宿丁未太白又犯鬼宿積尸氣十月丙寅太白犯斗宿距星己巳太白入斗宿魁太陰犯塡星庚午太白犯斗壬午熒惑犯壘壁陣十二月庚午熒惑犯外屏乙亥太白經天〇二年正月丙戌辰星犯天雞壬寅太白犯建星二月庚寅熒惑歲星塡星聚于畢宿六月丙戌塡星犯井宿鉞星丙午塡星犯井宿八月癸巳歲星犯天罇十月壬辰熒惑犯氐宿癸巳塡星退犯井宿十一月戊午塡星退犯井宿鉞星十二月乙酉熒惑犯天江辰星犯建星甲午太白犯壘壁陣〇三年正月辛酉太白犯外屏三月丙午塡星犯井宿鉞星戊辰熒惑犯壘壁陣塡星犯井宿庚午塡星太白歲星聚于井四月戊戌太白犯鬼宿壬寅熒惑犯壘壁陣七月戊辰太白經天至于十二月九月壬戌太白犯太微垣右執法十月辛巳太白犯進賢〇四年正月己酉太白犯斗宿三月丁卯熒惑犯井宿九月壬子太白犯房宿閏九月己巳太白經天至十二月十月乙巳晝有流星戊午辰星犯東咸十一月癸酉太白犯壘壁陣熒惑犯天江十二月己未歲星退犯太微西垣上將〇致和元年二月壬戌太白晝見五月庚辰流星如缶大光明燭地七月丙戌太白犯軒轅大星

文宗天曆元年九月庚辰太白犯亢宿〇二年正月甲子太白犯壘壁陣二月己酉熒惑犯井宿五月庚申太白犯鬼宿積尸氣六月丁未太白晝見七月癸亥太白經天十一月癸酉太陰犯塡星〇至順元年七月庚午歲星犯氐宿八月戊辰太白犯氐宿九月己丑熒惑犯鬼宿甲午熒惑犯鬼宿十一月甲申熒惑退犯鬼宿丙戌太白犯壘壁陣〇二年二月壬子太白晝見三月丙子朔熒惑犯鬼宿己卯熒惑犯鬼宿積尸氣五月丁丑熒惑犯軒轅左角甲午太白犯畢宿庚子太陰犯太白辛丑太白經天六月丁未太白晝見丁卯太陰犯畢太白犯井八月乙卯太白犯軒轅大星庚申太白犯軒轅左角九月丙子太白犯塡星十一月壬申朔太白犯鉤鈐〇三年五月癸酉熒惑犯東井

明翰林學士亞中大夫知制誥兼修國史宋　濂等修

志第二

天文二

月五星凌犯及星變下

順帝○元統元年正月癸酉太白晝見二月戊戌亦如之己亥塡星退犯太微東垣上相丙辰太陰犯天江下星三月戊寅太陰犯太微東垣上相五月丁酉熒惑犯太微垣右執法六月丁丑太陰犯壘壁陣西第二星七月己亥太陰犯房宿北第二星九月甲午太陰犯東咸西第一星塡星犯進賢乙未太陰犯天江下星丁巳太陰犯塡星己未太陰犯氐宿距星十月甲子太陰入犯斗宿魁東北星十一月甲午太陰犯壘壁陣西方第二星辛亥太陰犯太微東垣上相壬子太陰犯塡星癸丑太陰犯亢宿南第一星癸酉太陰犯鬼宿東北星乙亥太白犯壘壁陣西第八星太陰犯軒轅夫人星己卯太陰犯進賢癸未太陰犯東咸西第二星○二年正月壬寅太陰犯軒轅夫人星庚戌太陰犯房宿北第二星二月癸酉太陰犯太微東垣上相丁亥太白經天三月辛丑太陰犯進賢又犯塡星四月丁丑太白經天戊寅太白晝見辛巳壬午皆如之壬午夜太白犯鬼宿積尸氣七月己亥太白經天甲辰亦如之丙午復如之己酉太白晝見夜流星如酒盃大色赤尾跡約長五尺餘光明燭地起自天津之側没于離宮之南庚戌太白經天壬子熒惑入犯鬼宿積尸氣癸丑太白經天甲寅亦如之八月丙辰朔太白經天丁巳戊午己未亦如之癸亥丙寅戊辰辛未壬申癸酉甲戌丁丑己卯皆如之己卯夜太白犯軒轅御女星庚辰太白經天壬午亦如之九月庚寅太白經天壬辰太陰入南斗魁癸巳太陰犯狗宿東星太白犯靈臺中星甲午太白經天乙未亦如之己亥壬寅皆如之乙巳太白犯太微垣右執法壬子太白犯太微垣左執法十月癸亥熒惑犯太微西垣上將太白犯進賢乙亥太陰犯軒轅夫人星太白犯塡星十一月乙未塡星犯亢宿距星庚戌熒惑犯太微東垣上相○仍改至元元年二月甲戌熒惑逆行入太微垣四月壬戌太陰犯太微垣左執法五月癸卯太陰犯壘壁陣東方第四星六月壬戌太陰犯心宿大星七月乙未太陰犯壘壁陣西方第二星八月辛亥熒惑犯氐宿東南星九月丁亥太陰入魁犯斗宿東南星庚寅太陰犯壘壁陣西方第二星十月甲寅熒惑犯斗宿西第二星庚申太陰犯壘壁陣東方東第二星甲子太陰犯昴宿西第二星丁卯太白犯斗宿魁第三星戊辰太白晝見十一月甲申太白經天丙戌亦如之己丑辰星犯房宿上星及鉤鈐星丙申太陰犯鬼宿東北星己亥太陰犯太微西垣上將庚子太陰犯太微垣左執法十二月壬子太陰犯壘壁陣西方第二星辛酉太白犯壘壁陣東方第六星甲子太白經天乙丑太陰犯軒轅夫人星丙寅太白經天丁卯亦如之太陰犯太微垣右執法庚午太白經天壬申亦如之癸酉歲星晝見乙亥太白歲星皆晝見戊寅太白經天歲星晝見閏十二月乙酉熒惑犯壘壁陣西第八星庚子太陰犯心宿大星壬寅太陰犯箕宿距星癸卯太陰犯斗宿魁東南星○二年正月壬戌太陰犯太微垣右執法甲子太陰犯角宿距星丁卯太陰犯房宿距星二月辛巳太陰犯昴宿距星甲申太白經天己丑太陰犯太微西垣右執法三月壬戌太陰犯心宿距星甲子太陰犯箕宿距星乙丑太陰犯斗宿東南星四月丙戌太陰犯角宿距星五月庚戌太陰犯靈臺西第一星五月丙辰太白晝見丁巳亦如之六月戊子太白犯井宿東扇北第二星七月己酉太白犯鬼宿東南星乙卯太白犯熒惑八月乙卯太陰犯心宿東第一星辛巳太陰犯箕宿東北星九月庚戌熒惑犯太微西垣上將十月丙子熒惑犯太微垣左執法丁亥太陰犯昴宿己亥熒惑犯進賢十一月己酉太陰犯壘壁陣西第八星己未太陰犯鬼宿積尸氣丁卯太陰犯房宿距星○三年三月辛亥太陰犯靈臺上星四月辛卯太陰犯壘壁陣西方第五星庚子太白晝見五月壬寅太白犯鬼宿東北星乙巳太陰犯軒轅左角戊申太白晝見壬子太陰犯心宿後星戊午太白晝見己未太陰犯壘壁陣西方第六星辛酉太白晝見丁卯彗星見於東北如天船星大色白約長尺餘彗指西南測在昴五度六月庚午太白經天辛未亦如之甲戌復如之乙亥太白犯靈臺上星己卯太白經天夜太白犯太微西垣上將壬午太白晝見太陰犯斗宿魁尖星丁亥太白犯太微垣右執法己丑太白晝見庚寅亦如之七月癸卯太白經天乙巳亦如之丙午復如之庚戌太白晝見甲寅太白經天辛酉太白晝見壬戌太白經天癸亥甲子皆如之八月庚午彗星不見其星自五月丁卯始見戊辰往西南行日益漸速至六月辛未芒彗愈長約二尺餘丁丑掃上丞己卯光芒愈甚約長三尺餘入圜衞壬午掃華蓋杠星乙酉掃鉤陳大星及天皇大帝丙戌貫四輔經樞心甲午出圜衞丁酉出紫微垣戊戌犯貫索掃天紀七月庚子掃河間癸卯經鄭晉入天市垣丙午掃列肆己酉太陰光盛微辨芒彗出天市垣掃梁星至辛酉光芒微小騎在房宿鍵閉之上罰星中星正西難測日漸南行至是凡見六十有三日自昴至房凡歷一十五宿而滅甲戌太陰犯心宿後星九月己亥熒惑犯斗宿西第二星甲辰太陰犯斗宿魁第二星丁未太陰犯壘壁陣西第一星己酉太陰犯壘壁陣西第八星辛酉太陰犯軒轅大星十月庚午太白晝見丙子太陰犯壘壁陣西方第七星壬午太陰犯昴宿上行星丁亥太白晝見太陰犯鬼宿積尸氣庚寅太白晝見辛卯亦如之丙申復如之十一月丁酉太白經天戊戌太白犯亢宿距星己亥太白經天壬寅太陰犯熒惑癸卯太陰犯壘壁陣西第六星丁未塡星犯鍵閉辛亥太陰犯五車東南星甲寅太陰犯鬼宿西北星丙辰太陰犯軒轅左角丁巳太白經天太陰犯太微垣三公東南星戊午太白經天癸亥亦如之甲子乙丑皆如之十二月己巳歲星退犯天罇東北星塡星犯罰星南第一星甲戌熒惑犯壘壁陣東第五星太白犯東咸上星○四年正月癸卯太白犯建星西第二星甲辰太白犯建星西第三星丙午太陰犯五車東南星辛亥太陰犯軒轅左角己未塡星犯東咸上星庚申太陰入斗魁太白犯牛宿二月戊寅太陰犯軒轅大星己卯太陰犯靈臺中星三月戊申塡星退犯東咸上星六月辛巳塡星退犯鍵閉星閏八月己亥塡星犯罰星南第一星太陰犯斗宿南第二星庚戌太陰犯昴宿南第二星乙卯太陰犯鬼宿東南星九月丙寅太陰犯斗宿距星戊辰太白犯東咸上第二星癸酉奔星如酒盃大色白起自右旗之下西南行没於近濁甲申太陰犯軒轅御女乙酉太陰犯靈臺南第一星庚寅太白犯斗宿北第二星十月辛亥太陰犯酒旗上星十一月辛未熒惑犯氐宿距星丁丑太陰犯鬼宿東南星戊寅太白犯壘壁陣西第六星十二月庚子熒惑犯房宿上星癸卯太白經天己酉庚戌辛亥皆如之壬子熒惑犯東咸上第二星乙卯太白犯外屏西第二星太陰犯斗宿距星丙辰太白經天○五年正月庚午太陰犯井宿東扇上星乙亥熒惑犯天江上星二月甲午太陰犯昴宿上西第一星壬寅太陰犯靈臺下星四月壬寅太陰犯日星及犯房宿距星五月庚午太陰犯心宿後星壬申太陰犯斗宿西第四星丙子太白犯畢宿右股西第三星六月甲辰熒惑退入南斗魁內七月辛酉熒惑犯南斗魁尖星壬戌亦如之甲子復如之太陰犯房宿距星甲戌太白經天乙亥丙子亦如之戊寅乙酉丙戌皆如之八月戊子太白經天己丑庚寅辛卯皆如之甲午太陰犯斗宿西第四星丁酉太白犯軒轅大星戊戌太白經天己亥亦如之壬寅甲辰皆如之乙巳太陰犯昴宿上行西第三星九月戊午太白經天己未亦如之十月己亥熒惑犯壘壁陣西方第六星十一月丁巳熒惑犯壘壁陣東方第五星十二月甲午太陰犯昴宿距星癸卯熒惑犯外屏西第三星○六年正月丁卯太陰犯鬼宿距星乙亥太陰犯房宿距星二月己丑太陰犯昴宿丙申太陰犯太微西垣上將癸卯太陰犯心宿太星丁未太陰犯羅堰南第一星戊申熒惑犯月星己酉彗星如房星大色白狀如粉絮尾跡約長五寸餘彗指西南測在房七度漸往西北行太陰犯虛梁南第二星三月癸亥太陰犯軒轅右角庚午太陰犯房宿距星壬申太陰犯南斗杓第二星丙子太陰犯虛梁南第一星戊寅太白犯月星辛巳是夜彗星不見自二月己酉至三月庚辰凡見三十二日四月乙巳太陰犯雲雨西北星五月丁卯太陰犯斗宿西第二星辛未太陰犯虛梁西第二星六月癸卯太白晝見己酉亦如之辛亥復如之辛亥夜太白犯歲星又太白歲星皆犯右執法七月甲寅太白晝見丁巳亦如之庚申太陰犯心宿距星又犯心中央大星壬戌太白晝見癸亥亦如之甲子太陰犯羅堰乙丑太白晝見丙寅亦如之癸酉復如之九月辛酉太陰犯虛梁北第一星丁卯太陰犯昴宿距星熒惑犯歲星甲戌太陰犯軒轅右角十月丁酉太白入南斗魁己亥太白犯斗宿中央東星十一月乙卯太陰犯虛梁西第一星戊午熒惑犯氐宿距星丙寅辰星犯東咸上第一星戊寅辰星犯天江北第一星十二月癸未太陰犯虛梁北第一星乙酉太陰犯土公東星丁亥熒惑犯鉤鈐南星乙未熒惑犯東咸北第二星戊戌太陰犯明堂星○至正元年正月甲寅熒惑犯天江上星庚申太陰犯井宿東扇北第二星辛未太陰犯心宿距星癸酉太陰犯斗宿北第二星甲戌太白晝見乙亥丙子丁丑皆如之二月己卯太白晝見庚辰亦如之丙戌復如之癸巳太陰犯明堂東南星三月癸酉太陰犯雲雨西北星六月庚午太陰犯井宿距星七月乙酉太陰犯塡星庚寅太陰犯雲雨西北星九月庚辰太陰犯建星南第二星壬辰太陰犯鉞星又犯井宿距星十月己卯歲星犯氐宿距星丁巳太陰犯月星十

一月己亥太陰犯東咸南第一星庚子太陰犯天江北第二星十二月丁巳太白犯壘壁陣東方第五星○二年正月戊子太陰犯明堂北第二星甲午熒惑犯月星三月戊子太陰犯房宿北第二星四月庚申太陰犯羅堰上星五月甲申太白經天七月乙未太陰掩太白丁酉太白晝見八月丙午太白晝見九月丁丑太陰犯羅堰北第一星戊子太陰犯井宿東扇南第一星十月癸卯太陰犯建星北第三星甲寅太陰犯天關十一月辛卯歲星熒惑太白聚於尾宿○三年二月甲辰太陰犯井宿西扇北第二星塡星犯牛宿南第一星熒惑犯羅堰南第一星乙卯太陰犯氐宿東南星三月壬午太陰犯氐宿東南星七月庚辰太白犯右執法○四年十二月壬戌太陰犯外屏西第二星○七年七月丙辰太陰犯壘壁陣東第四星十一月庚戌太陰犯天廩西北星○八年二月庚辰太陰犯軒轅左角癸未太陰犯平道東星三月丙辰太陰犯建星西第一星八月丙子太陰犯壘壁陣西方第五星九月己未太陰犯靈臺東北星○九年正月庚戌太白犯建星東第三星辛亥太陰犯平道西星二月甲申太陰犯建星西第二星三月己亥太白犯壘壁陣東方第六星七月丙午太陰犯壘壁陣東方南第一星癸丑太陰犯天關九月丙戌熒惑犯靈臺上星十一月戊辰太陰犯畢宿左股北第三星庚辰太白犯壘壁陣西方第二星十二月戊戌太白犯壘壁陣東方第五星○十年正月壬申太陰犯熒惑二月辛丑太陰犯平道東星甲辰太陰犯鍵閉三月己卯熒惑犯太微西垣上將四月丙午太白犯鬼宿西北星七月辛酉太陰犯房宿北第一星辛未太白晝見壬申丁丑壬午皆如之八月癸未朔太白晝見丁酉亦如之九月癸丑朔太白晝見壬戌熒惑犯天江南第二星十月癸巳歲星犯軒轅大星丙申太陰犯昴宿右股東第二星十一月戊辰太陰犯鬼宿東北星十二月乙未太陰犯鬼宿西北星○十一年正月丙戌辰星犯牛宿西南星二月庚寅太陰犯鬼宿東北星乙未太陰犯太微東垣上相丁酉太陰犯亢宿距星三月丁卯太陰犯東咸第二星戊辰太陰犯天江西第一星七月己未太陰犯斗宿東第三星壬戌太白犯右執法甲子太陰犯壘壁陣東方第一星己巳太白犯太微垣左執法熒惑入犯鬼宿積尸氣八月乙酉太陰犯天江南第二星九月乙卯辰星犯太微垣左執法丁巳太白犯房宿第二星戊辰太陰犯鬼宿東北星十月戊寅熒惑犯太微西垣上將辛巳太陰犯斗宿距星乙酉太白犯斗宿西第一星己丑太白晝見熒惑犯歲星辛卯太白犯斗宿西第四星癸巳歲星犯右執法丙午熒惑犯太微垣左執法十一月辛亥孛星見於奎宿癸丑孛星見於婁宿甲寅孛星見於胃宿乙卯亦如之丙辰孛星見於昴宿丁巳太陰犯塡星孛星微見於畢宿丁卯太白晝見庚午歲星晝見十二月丙子太白晝見丁丑太白經天庚辰亦如之夜太白犯壘壁陣西第六星甲申太陰犯塡星丙戌太白經天夜太白犯壘壁陣西第七星辛卯太白經天壬辰亦如之甲午復如之丁酉太白晝見太陰犯熒惑庚子太白經天辰星犯天江西第二星辛丑太白經天壬寅太白晝見○十二年正月乙丑太陰犯熒惑己巳歲星犯右執法二月庚寅太陰犯太微東垣上相癸巳太陰犯氐宿距星三月戊午太陰犯進賢壬戌太陰犯東咸西第一星戊辰太白晝見五月癸酉太白犯塡星六月辛亥太白犯井宿東第二星七月丁酉辰星犯靈臺北第二星八月丁卯太白犯歲星九月壬辰太陰犯軒轅南第三星十月戊午太陰犯鬼宿東北星甲子太陰犯歲星乙丑太陰犯亢宿南第一星十一月庚寅太陰犯太微東垣上相○十三年正月乙酉太陰犯太微東垣上相戊戌熒惑太白辰星聚於奎宿二月己酉太陰犯軒轅南第三星庚戌太白犯熒惑壬子太陰犯太微東垣上相四月辛丑太白犯井宿東扇北第一星辛亥太陰犯房宿北第二星五月乙亥太陰犯歲星七月戊辰太白晝見九月庚寅太陰犯熒惑壬辰太白經天熒惑犯左執法十月庚子太白經天甲辰歲星犯氐宿距星癸亥太白犯亢宿距星十一月壬申太陰犯壘壁陣東方第四星十二月丁酉太白犯東咸北第一星庚子熒惑入氐宿丁巳太陰犯心宿距星○十四年正月乙丑熒惑犯歲星丁卯太白犯建星西第二星癸酉熒惑犯房宿北第一星二月戊午太白犯壘壁陣西第八星六月甲辰太陰入斗宿南第一星七月乙丑太陰犯角宿距星壬午太陰犯昴宿距星十月壬子太陰犯太微垣右執法十一月丙子太陰犯鬼宿東北星十二月己亥太陰掩昴宿○十五年正月戊辰太陰犯五車東南星辛未太陰犯鬼宿東北星閏正月丁未太陰犯心宿後星丙辰太白經天三月庚寅太陰犯五車東南星五月丙申太陰犯房宿距星癸丑太白經天六月癸亥太白經天八月戊寅太白晝見九月乙丑太白晝見夜太白入犯太微垣左執法庚寅太白晝見十月己未太陰犯壘壁陣西方第二星癸酉太陰犯軒轅大星十一月乙酉熒惑犯氐宿距星庚寅塡星退犯井宿東扇北第二星己亥太陰犯鬼宿東北星十二月癸丑熒惑犯房宿北第一星○十六年正月己丑太陰犯昴宿西第一星四月癸亥熒惑犯壘壁陣西方第四星五月壬辰太白犯鬼宿西北星癸巳太白犯鬼宿積尸氣甲午太陰入犯斗宿南第二星丁酉太陰犯壘壁陣西方第一星八月丁卯太陰犯昴宿西北星甲戌彗星見於正東如軒轅左角大色青白彗指西南約長尺餘測在張宿十七度一十分至十月戊午滅跡西北行四十餘日十一月丁亥流星如酒盃大色青白尾跡約長五尺餘光明燭地起自西北東南行没於近濁有聲如雷壬辰太陰犯井宿東扇上星○十七年二月癸丑太陰犯五車東南星三月甲申太陰入犯鬼宿積尸氣又犯東南星壬辰歲星犯壘壁陣西南第六星七月癸未太白入犯鬼宿積尸氣甲申太陰入犯斗宿距星丁亥塡星入犯鬼宿距星八月癸卯塡星犯鬼宿東南星太白犯軒轅大星己酉歲星犯壘壁陣西方第六星甲子太陰犯五車尖星閏九月癸卯飛星如酒盃大色青白光明燭地尾跡約長尺餘起自王良没於勾陳之下丙午太陰犯斗宿南第三星庚申太陰犯井宿東扇北第一星十月乙亥熒惑犯氐宿距星甲申太陰掩昴宿十二月庚午朔熒惑犯天江北第一星戊寅太白犯歲星庚辰太白犯壘壁陣東方第五星甲申太陰犯鬼宿距星丁亥歲星犯壘壁陣東方第五星癸巳太陰犯心宿後星己亥申時流星如金星大尾跡約長三尺餘起自太陰近東往南行没後化爲青白氣○十八年正月辛丑塡星退入犯鬼宿積尸氣丙午太陰犯昴宿二月乙亥塡星入守鬼宿積尸氣三月丁卯太白在井宿失行於北生芒角熒惑犯壘壁陣東方第六星四月辛卯太白入犯鬼宿積尸氣五月壬寅太白犯塡星壬子太陰犯斗宿東第三星七月丁未太陰犯斗宿南第三星戊申太白晝見八月壬申太陰掩心宿大星甲申太陰掩昴宿距星十月己卯太陰犯昴宿距星十一月丙午太陰犯昴宿距星太白犯房宿上第一星辛酉太陰掩心宿大星十二月戊寅太白生黑芒環繞太白乍東乍西乍動乍靜癸未太白生黑芒忽明忽暗乍東乍西戊子太陰犯房宿南第二星○十九年正月辛丑太陰犯昴宿東第一星癸丑流星如酒盃大色赤尾跡約長五尺餘起自南河没於騰蛇其星將没迸散隨落處有聲如雷三月庚戌太陰犯房宿距星五月丙申熒惑入犯鬼宿積尸氣丙午太陰犯天江南第一星丁未太陰犯斗宿北第二星七月丁酉太白犯上將甲辰太白犯右執法己酉太白犯左執法九月甲寅太白入犯天江南第一星十月壬申太白入犯斗宿南第三星辛巳流星如桃大色黃潤後離一尺又一小星相隨色赤尾跡通約長三尺餘起自危宿之東緩緩東行没於畢宿之西十二月戊辰太白犯壘壁陣西方第七星○二十年正月己亥太陰犯井宿東扇北第二星丙辰熒惑犯牛宿東角星四月丁卯太陰犯明堂中星癸酉太陰犯東咸西第一星五月癸卯太陰犯建星西第二星閏五月乙亥流星如桃大色赤尾跡約長丈餘起自房宿之側緩緩西行没於近濁六月癸巳太白犯井宿東扇北第二星戊戌太陰犯建星西第三星七月丁丑太陰犯井宿距星八月辛卯太陰犯天江北第二星壬寅塡星犯太微西垣上將甲辰太陰犯井宿鉞星十月戊子熒惑犯井宿東扇北第一星○二十一年正月庚申太陰犯歲星二月癸未塡星退犯太微西垣上將壬寅太陰犯天江北第一星三月丙辰太陰犯井宿西扇第二星庚辰熒惑入犯鬼宿西北星五月壬戌太陰犯房宿北第二星癸酉太白犯軒轅左角甲戌熒惑犯太白六月乙未熒惑歲星太白聚于翼宿戊戌太陰犯雲雨上二星甲辰太白晝見七月丙辰太陰犯氐宿東南星十月甲申太陰犯牛宿距星十一月庚戌太陰犯建星西第四星癸亥太陰犯井宿東扇北第四星壬申太陰犯氐宿東南星○二十二年正月戊申朔太白犯建星西第二星乙卯塡星退犯左執法二月己卯太白犯壘壁陣西方第二星乙酉彗星見光芒約長尺餘色青白測在危七度二十分丁酉彗星犯離宮西星至二月終光芒約長二丈餘三月戊申彗星不見星形惟有白氣形曲竟天西指掃大角壬子彗星行過太陽前惟有星形無芒如酒盃大昏濛色白測在昴宿六度至戊午始滅跡焉四月丁亥熒惑離太陽三十九度不見當出不出五月辛酉太陰犯建星西第四星六月辛巳彗星見於紫微垣測在牛二度九十分色白光芒約長尺餘東南指西南行戊子彗星光芒掃上宰七月乙卯彗星滅跡八月癸巳太陰犯畢宿右股第二星九月丁未太白犯亢宿南第一星己酉太陰犯斗宿北第一星癸亥歲星犯軒轅太星丙寅熒惑犯鬼宿西北星己巳流星如酒盃大色青白光明燭地熒惑入犯鬼宿積尸氣十月己卯太陰犯牛宿距星丁

亥辰星犯亢宿南第一星戊子太陰犯畢宿距星十二月壬辰太陰犯角宿距星〇二十三年正月庚戌歲星退犯軒轅大星二月戊戌太白晝見庚子亦如之三月丙辰太陰犯氐宿距星四月辛丑熒惑犯歲星庚申歲星犯軒轅大星五月壬午太白晝見甲午亦如之乙未熒惑犯右執法六月乙卯太白犯井宿西扇北第二星壬戌太白晝見夜太白入犯井宿東扇南第二星七月乙酉太白晝見丙戌辛卯皆如之八月壬寅太白入犯軒轅大星乙巳太陰犯建星東第二星丁未太白犯軒轅左角己酉太白晝見壬子亦如之丙辰太陰犯畢宿右股北第二星己未太白晝見辛酉太白犯歲星乙丑太白入犯右執法九月辛未太白入犯左執法乙亥歲星入犯右執法丁丑辰星犯填星丁亥太白犯填星辰星犯亢宿南第一星十月癸卯太白犯氐宿距星戊午太白犯房宿北第一星十一月癸未太陰犯軒轅右角歲星犯太微垣左執法〇二十四年正月癸酉太陰犯畢宿大星戊寅太陰犯軒轅右角二月壬子歲星自去年九月九日東行入右掖門犯右執法出端門留守三十餘日犯左執法今逆行入端門西出右掖門又犯右執法太陰犯西咸南第一星四月丁未太陰犯西咸南第一星癸丑太白入犯井宿東扇北第一星五月甲戌太白犯鬼宿西北星乙亥又犯積尸氣歲星入犯右執法六月丁巳太白犯右執法七月癸亥太白與歲星相合於翼宿二星相去八寸餘甲子歲星犯左執法八月丁未熒惑入犯鬼宿積尸氣九月乙丑太白晝見甲申太陰犯軒轅右角戊子熒惑入犯軒轅大星十月丙午太陰犯畢宿大星己酉太陰犯井宿東扇南第一星丙辰太白犯斗宿西第二星十二月乙卯太陰犯太白〇二十五年正月丁卯太白晝見戊辰亦如之太陰犯畢宿右股東第四星甲戌太白犯建星西第四星二月丙午太陰犯填星三月戊辰太白犯壘壁陣東方第五星四月壬子熒惑犯靈臺東北星五月辛酉熒惑犯太微西垣上將流星如酒盃大色青白光明燭地起自房宿之側緩緩西行沒於太微垣右執法之下七月丁丑填星歲星熒惑聚於角亢己卯太陰犯畢宿左股北第二星八月乙未太陰犯建星東第三星己亥太陰犯壘壁陣東方第六星九月丁丑太陰犯井宿東扇南第一星十月辛卯熒惑犯天江東第二星己酉熒惑犯斗宿杓星西第二星太陰犯右執法庚戌太陰犯太微東垣上相閏十月戊辰太白晨星熒惑聚於斗宿太陰犯畢宿右股北第四星又犯左股北第三星壬申太白犯辰星十一月己丑太白犯熒惑太陰犯壘壁陣東方第五星丙申太陰犯畢宿大星癸卯太陰犯太微西垣上將十二月丙辰太陰犯太白癸亥太陰犯畢宿右股第二星庚午歲星掩房宿北第一星辛未太陰犯太微垣右執法星二十六年正月戊戌太陰犯太微西垣上將辛丑太陰犯亢宿距星二月戊午太陰犯畢宿大星丁丑歲星退行犯房宿北第一星歲星守鉤鈐三月甲午太陰犯左執法四月己未太陰犯軒轅大星乙丑太陰犯西咸西第一星丙子太白入犯鬼宿積凡氣六月癸酉流星如酒盃大色青白尾跡約長尺餘起自心宿之側東南行光明燭地沒於近濁七月丁酉熒惑犯鬼宿積尸氣甲辰太白晝見丙午丁未戊申皆如之八月辛亥太白晝見己未太陰掩牛宿南三星庚午歲星犯鉤鈐乙亥太陰掩軒轅大星九月壬辰太白犯太微垣右執法庚子孛星見於紫微垣北斗權星之側色如粉絮約斗大往東南行過犯天棓星辛丑孛星測在尾十八度五十分壬寅孛星測在女二度五十分癸卯孛星測在女九度九十分甲辰孛星測在虛初度入十分太陰犯太微西垣上將乙巳孛星出紫微垣北斗權星玉衡之間在於軫宿東南行過犯天棓經漸臺輦道去虛宿壘壁陣西方星始消滅焉丙午熒惑犯太微西垣上將十一月乙酉太白犯填星丁亥太白犯房宿北第一星戊子熒惑犯太微東垣上相太白犯鍵閉己丑流星如酒盃大分爲三星緊相隨前星色青明後二星色赤尾跡約長二丈餘起自東北緩緩往西南行沒於近濁庚寅太陰犯畢宿右股北第四星丙申太白歲星辰星聚於尾宿庚子太陰犯太微東垣上相辛丑填星犯房宿北第一星甲辰太白犯歲星十二月戊午太陰犯畢宿大星庚申太陰犯井宿西扇北第二星乙丑太陰犯軒轅左角丙寅太陰犯太微西垣上將辛未太陰犯西咸西第一星甲戌太陰犯建星西第三星〇二十七年正月癸巳太陰犯太微西垣上將二月乙卯太陰犯井宿西扇北第二星三月辛巳填星退犯鍵閉星四月丙寅太陰犯壘壁陣西方第四星六月乙卯太陰犯氐宿東北星辛未太陰犯井宿西扇北第二星七月壬辰熒惑犯氐宿東南星丙申太陰犯畢宿大星己亥太陰犯井宿東扇南第二星八月庚戌熒惑犯房宿北第二星癸丑太陰犯建星西第二星九月丁丑歲星犯房宿北第一星熒惑犯天江南第二星乙酉太陰犯壘壁陣東方第六星辛卯填星犯鍵閉太陰犯畢大星癸巳太陰犯井宿西扇北第二星丁酉熒惑犯斗宿西第二星十月戊午太陰犯畢宿右股西第二星辛酉太陰犯井宿東扇南第三星癸亥太陰犯鬼宿西南星丁卯歲星太白熒惑聚於斗宿十一月戊寅太白晝見庚辰太陰犯壘壁陣東方南東第一星餘見本紀

元史卷五十

明翰林學士亞中大夫知制誥兼修國史宋　濂等修

志第三上

五行一

人與天地參爲三極災祥之興各以類至天之五運地之五材其用不窮其初一陰陽耳陰陽一太極耳而人之生也全付畀有之具爲五性著爲五事又著爲五德脩之則吉不脩則凶吉則致福焉不吉則致極焉徵之於天吉則休徵之所應也不吉則咎徵之所應也天地之氣無感不應天地之氣應亦無物不感而況天子建中和之極身爲神人之主而心範圍天地之妙其精神常與造化相流通若桴鼓然故軒轅氏治五氣高陽氏建五官夏后氏脩六府自身而推之於國莫不有政焉其後箕子因之以衍九疇其言天人之際備矣漢儒不明其大要如夏侯勝劉向父子競以災異言之班固以來采爲五行志又不攷求向之論著本於伏生之大傳言六沴作見若是共禦五福乃降若不共禦六極具下禹乃共辟厥德爰用五事建用王極後世君不建極臣不加省顧乃執其類而求之惑矣否則判而二焉如宋儒王安石之論亦過也天人感應之機豈易言哉故無變而無不脩省者上也因變而克自脩省者次之災變既形脩之而莫知所以脩省之而莫知所以省又次之其下者災變並至敗亡隨之訖莫脩省者形戮之民是已歷放往古存亡之故不越是數者元起朔漠方太祖西征角端見于東印度爲人語云汝主宜早還意者天告之以止殺也憲宗討八赤蠻于寬田吉思海會大風吹海水盡涸濟師大捷憲宗以爲天導我也以此見五方不殊性其於畏天有不待教而能者世祖兼有天下方地既廣郡邑災變蓋不絕書而妖孽禍眚非有司言狀則亦不得具見昔孔子作春秋所紀災異多矣然不著其事應聖人之知猶天也故不妄意天欲人深自謹焉乃本洪範倣春秋之意攷次當時之災祥作五行志

五行一曰水潤下水之性也失其性爲沴時則霧水暴出百川逆溢壞鄉邑溺人民及凡霜雹之變是爲水不潤下其徵恒寒其色黑是爲黑眚黑祥至元元年眞定順天河間順德大名東平濟南等郡大水四年五月應州大水五年八月亳州大水六年十二月獻莫清滄四州及豐州渾源縣大水九年九月南陽懷孟衛輝順天等郡洺磁泰安通灤等州淫雨河水並溢圮田廬害稼十三年十二月濟寧及高麗瀋州水十四年六月濟寧路雨水平地丈餘損稼曹州定陶武清二縣濮州堂邑縣雨水沒禾稼十二月冠州永年縣水十六年十二月保定等路水十七年正月磁州永平縣水八月大都北京懷孟保定東平濟寧等路水十八年二月遼陽懿州蓋州水十一月保定清苑縣水二十年六月大原懷孟河南等路沁河水涌溢壞民田一千六百七十餘項衛輝路清河溢損稼南陽府唐鄧裕嵩四州河水溢損稼十月涿州巨馬河溢二十一年六月保定河間濱棣大水二十二年秋南京彰德大名河間順德濟南等路河水壞田三千餘項高郵慶元大水傷人民七百九十五戶壞廬舍三千九十區二十三年六月安西路華州華陰縣大雨潼谷水涌平地三丈餘杭州平江二路屬縣水壞民田一萬七千二百項大都涿漷檀順薊五州汴梁歸德七縣水二十四年六月霸州益津縣雨水九月東京誼靜威遠婆娑等處水二十五年七月膠州大水民采橡爲食十二月太原汴梁二路河溢害稼二十六年二月紹興大水六月平灤路水壞田稼一千一百項二十七年正月甘州無爲路大水五月江陰州大水六月河溢大康縣沒民田三十一萬九千畝八月沁水溢廣州清遠縣大水十一月河決祥符義唐灣太康通許二縣陳潁二州大被其患二十八年二月常德路水八月浙東婺州水九月平灤保定河間三路大水二十九年五月龍興路南昌新建進賢三縣水六月鎭江常州平江嘉興湖州松江紹興等路府水揚州寧國太平三郡大水岳州華容縣水三十年五月深州靜安縣大水十月平灤路水三十一年八月趙州寧晉縣水十月遼陽路水元貞元年五月建康溧陽州太平當塗縣鎭江金壇丹徒等縣常州無錫州平江長洲縣湖州烏程縣鄱陽餘干州常德沅江澧州安鄉等縣水六月泰安州

奉符曹州濟陰兗州磁陽等縣水歷城縣大清河水溢壞民居七月遼東和州大都武衛屯田水九月盧州平江二郡大水二年五月太原平晉縣獻州交河樂壽二縣莫州任丘莫亭等縣湖南醴陵州水六月大都路益津保定大興三縣水損田稼七千餘頃眞定古城獲鹿稾城等縣保定葛城歸信新安束鹿等縣汝寧潁州濟寧沛縣揚廬岳澧四郡建康太平鎭江常州紹興五郡水八月棣州曹州水九月河決河南杞封丘祥符寧陵襄邑五縣十月河決開封縣十二月江陵潛江縣沔陽玉沙縣淮安海寧朐山鹽城等縣水大德元年三月歸德徐州邳州宿遷睢寧鹿邑三縣河南許州臨潁郾城等縣睢州襄邑太康扶溝陳留開封杞等縣河水大溢漂沒田廬五月河決汴梁發民夫三萬五千塞之漳水溢害稼龍興南康澧州南雄饒州五郡水六月和州歷陽縣江水溢漂廬舍一萬八千五百區七月郴州耒陽縣衡州酃縣大水溺死三百餘人七月溫州平陽瑞安二州水溺死六千八百餘人十一月常德武陵縣大水二年六月河決蒲口凡九十六所泛溢汴梁歸德二郡大名東昌平灤等路水三年八月河間郡水四年五月保定眞定二郡通薊二州水六月歸德睢州大水五年五月宣德保定河間屬州水寧海州水六月濟寧般陽益都東平濟南襄陽平江七郡水七月江水暴風大溢高四五丈連崇明通泰眞州定江之地漂沒廬舍被災者三萬四千五百餘戶遼陽大寧路水八月平灤郡雨灤河溢順德路水六年四月上都大水五月濟南路大水歸德府徐州邳州睢寧縣雨五十日沂武二河合流水大溢東安州渾河溢壞民田一千八十餘頃六月廣平路大水七年五月濟南河間等路水六月遼陽大寧平灤昌國瀋陽開元六郡雨水壞田廬男女死者百十有九人脩武河陽新野蘭陽等縣趙河湍河白河七里河沁河漭河皆溢台州風水大作寧海臨海二縣死者五百五十人八年五月太原陽武縣衛輝獲嘉縣汴梁祥符縣河溢大名滑州濬州雨水壞民田六百八十餘頃八月潮陽颶風海溢漂民廬舍九年六月汴梁武陽縣思齊口河決東昌博平堂邑二縣雨水潼川郪縣雨綿江中江溢水決入城龍興撫州臨川三郡水七月沔陽玉沙縣江溢嵊州水揚州泰興縣淮安山陽縣水八月歸德府寧陵陳留通許扶溝太康杞縣河溢大名元城縣大水十年五月雄州鄚州水平江嘉興二郡水害稼六月保定滿城清苑二縣雨水大名益都定興等路大水七月平江路大風海溢吳江州大水十一年六月靖海容城束鹿隆平新城等縣水七月冀寧文水縣汾水溢十一月盧龍灤河遷安昌黎撫寧等縣水至大元年七月濟寧路雨水平地丈餘暴決入城漂廬舍死者十有八人眞定路滛雨大水入南門下注稾城死者百七十人彰德衛輝二郡水損稻田五千三百七十頃二年七月河決歸德府又決汴梁封丘縣三年六月洧川鄄城汶上三縣水峽州大雨水溢死者萬餘人七月循州惠州大水漂廬舍二百九十區四年六月大都三河縣潞縣河東祁縣懷仁縣永平豐盈屯雨水害稼七月東平濟寧般陽保定等路大水江陵松滋縣桂陽臨武縣水皇慶元年五月歸德睢陽縣河溢六月大寧水達達路水宋瓦江溢民避居亦母兒乞嶺八月松江府大風海水溢二年五月辰州沅陵縣水六月涿州范陽縣東安州宛平縣固安州霸州益津永清永安等縣雨水壞田稼七千六百九十餘頃河決陳亳睢三州開封陳留等縣八月崇明嘉定二州大風海溢延祐元年五月常德路武陵縣雨水壞廬舍溺死者五百人六月涿州范陽房山二縣渾河溢壞民田四百九十餘頃七月沅陵盧溪二縣水八月肇慶武昌建康杭州建德南康江州臨江袁州建昌贛州安豐撫州等路水二年六月河決鄭州壞汜水縣治七月京師大雨鄭州昌平香河寶坻等縣水全州永州江水溢害稼三年四月潁州泰和縣河溢七月婺源州雨水溺死者五千三百餘人四年正月解州鹽池水五年四月盧州合肥縣大雨水六年六月河間路漳河水溢壞民田二千七百餘頃益都般陽濟南東昌東平濟寧等路曹濮泰安高唐等州大雨水害稼遼陽廣寧瀋陽永平開元等路水大名路屬縣水壞民田一萬八千頃汴梁歸德汝寧彰德眞定保定衛輝南陽等郡大雨水七年四月安豐廬州淮水溢損禾麥一萬頃城父縣水五月江陵縣水六月棣州德州大雨水壞田四千六百餘頃七月上蔡汝陽西平等縣水八月霸州文安文成二縣滹沱河溢害稼汾州平遙縣水是歲河決汴梁原武縣至治元年六月霸州大水渾河溢被災者三萬餘戶七月薊州平谷漁陽二縣順州邢臺沙河二縣大名魏縣永平石城縣大水彰德臨漳縣漳水溢大都固安州眞定元氏縣東安寶坻縣淮安清河山陽等縣水東平東昌二路高唐曹濮等州雨水害稼乞里吉思部江水溢八月安陸府雨七日江水大溢被災者三千五百戶雷州海康遂溪二縣海水溢壞民田四千頃九月京山長壽二縣漢水溢十月遼陽肇慶等郡水二年五月儀封縣河溢二月濮州大水閏五月睢陽縣亳社屯大水六月奉元郿縣邠州新平上蔡二縣水八月廬州六安舒城二縣水十一月平江路大水損民田四萬九千六百頃三年五月東安州水壞民田一千五百餘頃眞定武邑縣水害稼六月大都永清縣雨水損田四百頃七月潮州雨水害稼九月漳州建昌南康等郡水泰定元年五月潮州固安州水隴西縣大雨水漂死者五百餘家龍慶路雨水傷稼六月益都濟南般陽東昌東平濟寧等郡三十有二縣曹濮高唐德州等處十縣淫雨水深丈餘漂沒田廬大同渾源河溢陳汾順晉恩深六州雨水害稼眞定滹沱河溢漂民廬舍陝西大雨渭水及黑水河溢損民廬舍渠州江水溢七月眞定河間保定廣平等郡三十有七縣大雨水五十餘日害稼大都路固安州清河溢順德路任縣沙灃洺水溢奉元朝邑縣曹州楚丘縣開州濮陽縣河溢九月延安路洛水溢奉元長安縣大雨灃水溢濮州館陶縣水十二月杭州鹽官州海水大溢壞隄塹侵城郭有司以石囷木櫃捍之不止二年正月大都寶坻縣肇慶高要縣雨水肇昌路水閏正月雄州歸信縣大水二月甘州路大雨水漂沒行帳孳畜三月咸平府清寇二河合流失故道隳堤堰四月涿州房山范陽二縣水岷洮文階四州雨水五月檀州大水平地深丈有五尺高郵興化江陵公安二縣水河溢汴梁被災者十有五縣六月冀寧路汾河溢潼江府綿江中江水溢入城深丈餘衞輝汲縣歸德宿州雨水濟寧路虞城碭山單父豐沛五縣水七月睢州河決八月霸州涿州永清香河二縣大水傷稼九千五十餘頃九月開元路三河溢沒民田壞廬舍十月寧夏鳴沙州大雨水三年正月恩州水二月歸德府河決六月大同縣大水汝寧光州水七月河決鄭州漂沒陽武等縣民一萬六千五百餘家東安檀順鄜四州雨渾河決溫榆水溢傷稼延安路膚施縣水漂民居九十餘戶八月鹽官州大風海溢捍海隄崩廣三十餘里袤二十里徙居民千二百五十家以避之眞定蠡州奉元蒲城縣無爲州歷陽含山等縣水九月平遙縣汾水溢十一月崇明州三沙鎭海溢漂民居五百家十二月遼陽大水大寧路瑞州大水壞民田五千五百頃廬舍八百九十所溺死者百五十人四年正月鹽官州潮水大溢捍海隄崩二千餘步四月復崩十九里發丁夫二萬餘人以木柵竹落磚石塞之不止六月大都東安固安通順薊檀漷七州永清良鄉等縣雨水七月上都雲州大雨北山黑水河溢雲安縣水八月汴梁扶溝蘭陽二縣河溢漂民居一千九百餘家濟寧虞城縣河溢傷稼十二月夏邑縣河溢汴梁中牟開封陳留三縣歸德邳宿二州雨水致和元年三月鹽官州海隄崩遣使禱祀造浮圖二百十六用西僧法壓之河決碭山虞城二縣四月鹽官州海溢益發軍民塞之置石囷二十九里六月南寧開元永平等路水河間林邑縣雨水益都濟南般陽濟寧東平等郡三十縣濮德泰安等州九縣雨水害稼七月廣西兩江諸州水天曆元年八月杭州嘉興平江湖州建德鎭江池州太平廣德九郡水沒民田萬四千餘頃二年六月大都東安通薊霸四州河間靖海縣雨水害稼永平昌國諸屯水至順元年六月河決大名路長垣東明二縣沒民田五百八十餘頃曹州高唐州水七月海潮溢漂沒河間運司鹽二萬六千七百引閏七月平江嘉興湖州松江三路一州大水壞民田三萬六千六百餘頃被災者四十萬五千五百餘戶杭州常州慶元紹興鎭江寧國等路望江銅陵長林寶應興化等縣水沒民田一萬三千五百餘頃大都保定大寧益都屬州縣水二年四月潞州潞城縣大雨水五月河間莫亭縣寧夏河渠縣紹慶彭水縣及德安屯田水六月彰德屬縣漳水決十月吳江州大風太湖水溢漂民居一千九百七十餘家十二月深州晉州水三年三月奉元朝邑縣洛水溢五月汴梁河水溢江都泰興雲夢應城等縣水六月汾州大水

至元十四年九月湖州長興縣金沙泉自唐宋以來用以造茶其泉不常有今漢然涌出溉田可數百頃有司以聞錫名瑞應泉十五年十二月河水清自孟津東柏谷至汜水縣蓼子谷上下八十餘里澄瑩見底數月始如故元貞元年閏四月蘭州上下三百餘里河清三日

中統二年五月西京隕霜殺禾三年五月宣德咸寧等路隕霜八月河間平灤等路隕霜害稼四年四月武州隕霜殺麥禾至元二年八月太原隕霜七年四月檀州隕霜八年七月鞏昌會蘭等州霜殺稼十七年四月益都隕霜二十一年三月山東隕霜殺桑蠶盡死被災者三萬餘家二十七年七月大同平陽太原隕霜殺禾二十九年三月濟南般陽等郡及恩州屬縣霜殺桑元貞二年八月金復州隕霜殺禾大德五年三月湯陰縣霜殺麥五月商州霜殺麥六年八月大同太原霜殺禾七年四月霜殺麥八年三月濟陽灤城二縣霜殺桑八月

隕霜殺稼九年三月河間益都般陽三郡屬縣隕霜殺桑清莫滄獻四州霜殺桑一百四十一萬七千餘本壞蠶一萬二千七百餘箔十年七月大同渾源縣霜殺禾八月綏德州米脂縣霜殺禾二百八十頃至大元年八月大同隕霜殺禾皇慶二年三月濟寧霜殺桑延祐元年三月東平般陽等郡泰安曹濮等州大雨雪三日隕霜殺桑閏三月濟寧汴梁等路及隴州開州青城渭源諸縣霜殺桑無蠶七月冀寧隕霜殺稼四年夏六盤山隕霜殺稼五百餘頃五年五月雄州歸信縣隕霜六年三月奉元路同州隕霜七年八月益津縣雨黑霜至治三年七月冀寧曲陽縣大同路大同縣興和路威寧縣隕霜八月袁州宜春縣隕霜害稼泰定二年三月雲需府大雪民饑天曆三年二月京師大霜晝霁至順元年閏七月奉元西和州寧夏應理州鳴沙州鞏昌靜寧邠會等州鳳翔麟遊大同山陰晉寧潞城隰川等縣隕霜殺稼

中統二年四月雨雹大如彈丸三年五月順天平陽眞定河南等郡雨雹四年七月燕京昌平縣景州蓨縣開平路興松雲三州雨雹害稼至元二年八月彰德大名南京河南濟南大原等郡雨雹四年三月夏津縣大雨雹五年六月中山大雨雹六年七月西京大同縣雨雹七年五月河內縣大雨雹十五年閏十一月海州贛榆縣雨雹傷稼十九年八月雨雹大如鷄卵二十年四月河南風雷雨雹害稼五月安西路風雷雨雹八月眞定元氏縣大風雹禾盡損二十二年七月冠州雨雹二十四年九月大定金源高州武平興中等處雨雹二十五年三月靈壁虹縣雨雹如鷄卵害麥十二月靈壽陽曲天成等縣雨雹二十六年夏平陽大同保定等郡大雨雹二十七年四月靈壽縣大風雹六月棣州厭次濟陽二縣大風雹傷禾黍菽麥桑棗二十九年閏六月遼陽瀋州廣寧開元等路雨雹三十一年四月卽墨縣雨雹八月德州德安縣大風雨雹元貞元年五月鞏昌金州會州西和州雨雹大無麥禾七月隆興路雨雹元貞二年五月河中猗氏縣雨雹六月隆興咸寧縣順德邢臺縣太原交河離石壽陽等縣雨雹八月懷孟武陟縣雨雹大德元年六月太原崞州雨雹害稼二年二月檀州雨雹八月彰德安陽縣雨雹四年三月宣州涇縣台州臨海縣風雹八年五月大寧路建州蔚州靈仙縣雨雹太原大同隆興屬縣陽曲天成懷安白登風雹害稼八月管州嵐州交城陽曲懷仁等縣雨雹九年六月晉寧冀寧宣德隆興大同等郡大雨雹害稼十年四月鄭州管城縣風雹大如鷄卵積厚五寸五月大雨雹七月宣德縣雨雹十一年五月建州雨雹至大元年四月般陽新城縣濟南厭次縣益都高苑縣風雹五月管城縣大雹深一尺無麥禾八月大寧縣雨雹害稼斃畜牧二年三月濟陰定陶等縣雨雹六月崞州源州金城縣雨雹延安神禾縣大雹一百餘里擊死人畜三年四月靈壽平陰等縣雨雹四年四月南陽雨雹閏七月宣寧路雨雹皇慶元年四月大名濬州彰德安陽縣河南孟津縣雨雹六月開元路風雹害稼二年七月冀寧平定州雨雹景州阜城縣風雹八月大同懷仁縣雨雹延祐元年五月膚施縣大風雹損稼并傷人畜六月宣平仁壽白登等縣雨雹二年五月大同宣德等郡雷雹害稼三年五月薊州雹深一尺五年四月鳳翔府雹傷麥禾六年六月大同縣雨雹大如鷄卵七月鞏昌隴西縣雹害稼七年八月大同路雷風雨雹至治元年六月武州雨雹害稼永平路大雹深一尺害稼七月眞定順德等郡雨雹二年四月涇州涇川縣雨雹六月思州大風雨雹三年五月大風雨雹拔柳林行宮大木泰定元年五月冀寧陽曲縣雨雹傷稼思州龍泉平雨雹傷麥六月順元太平軍定西州雨雹七月龍慶路雨雹大如鷄卵平地深三尺餘八月大同白登縣雨雹二年四月奉元白水縣雨雹五月洮州路可當縣臨洮府狄邑縣雨雹六月興州鄜州靜寧州及成紀通渭白水膚施安塞等縣雨雹七月檀州雨雹三年六月鞏昌路大雨雹中山府安喜縣乾州永壽縣雨雹七月房山寶坻玉田永平等縣大風雹折木傷稼八月龍慶路雨雹一尺大風損稼四年七月彰德湯陰縣冀寧定襄縣大同武應二州雨雹害稼致和元年四月濬州涇州大雹傷麥禾五月冀寧陽曲縣威州井陘縣雨雹六月涇川湯陰等縣大雨雹大寧永平屬縣雨雹天曆二年七月大寧惠州雨雹八月冀寧陽曲縣大雹如鷄卵害稼三年七月順州東安州及平棘肥鄉曲陽行唐等縣風雹害稼開元路雨雹至順二年十二月冀寧清源縣雨雹三年五月甘州雨雹乙巳天皷鳴于西北

中統二年九月河南民王四妻靳氏一產三男唐志云物反常爲妖陰氣盛則母道壯也至元元年八月武城縣王氏妻崔一產三男十年八月甲寅鳳翔寶鷄縣劉鐵牛妻一產三男二十年二月高州張丑妻李氏一產四子三男一女四月固安州王得林妻張氏懷孕五月生一男四手四足圓頭三耳一耳附腦後生而卽死具狀有司上之二十八年九月襄陽南障縣民李氏妻王一產三子大德元年五月遂寧州軍戶任福妻一產三男十一月遼陽打鴈孛蘭奚戶那懷妻和里迷一產四男四年寶應縣民孫奕妻朱氏一產三男十年正月江州湖口縣趙丙妻甘氏一產四男泰定元年十月乙卯泰州成紀縣趙思直妻張氏一產三子致和元年三月壬辰太平當塗縣楊太妻吳氏一產三子

五行二曰火炎上火之性也失其性爲沴董仲舒云陽失節則火災出於是而熾炎妄起災宗廟燒宮館雖輿師衆弗能救也是爲火不炎上其徵恒燠其色赤是爲赤眚赤祥定宗三年戊申野草自焚牛馬十死八九民不聊生至元十一年十二月淮西正陽火廬舍鎧仗悉燬十八年二月揚州火元貞二年杭州火燔七百七十家大德八年五月杭州火燔四百家九年三月宜黃縣火十年武昌路火延祐元年二月眞州楊子縣火三年八月重慶路火郡舍十焚八九六年四月揚州火燔官民廬舍一萬三千三百餘區至治二年四月揚州眞州火十二月杭州火三年五月奉元路行宮正殿火上都利用監庫火九月揚州江都縣火燔四百七十餘家泰定元年五月江西袁州火燔五百餘家三年六月龍興路寧州高市火燔五百餘家七月龍興奉新州辰州辰溪縣火八月杭州火燔四百七十餘家四年八月龍興路火十二月杭州火燔六百七十家天曆二年三月四川紹慶彭水縣火四月重慶路火延二百四十餘家七月武昌路江夏縣火延四百家十二月江夏縣火燔四百餘家三年二月河內諸縣火皇慶元年冬無雪詔禱嶽瀆延祐元年大都檀薊等州冬無雪至春草木枯焦至元二年八月丙寅濟南鄒平縣進芝一本八年八月癸酉益都濟州進芝二本十五年四月濟南歷城縣進芝十九年六月芝生眉州青城縣景德寺二十三年四月丁未江東宣慰司進芝一本十月清寧進芝一本二十六年三月癸未東流縣獻芝四月池州貴池縣民王逖進紫芝十二本六月汲縣民朱良進紫芝二十八年三月芝生鈞州翟陽縣二十九年六月芝生賀州大德五年十二月興元西鄉縣進芝一本色如珊瑚六年正月濟南鄒平縣進芝一本五枝五葉色皆赤至大四年八月芝生國學大成殿延祐二年三月芝生大成殿五年七月芝生大成殿

元統二年正月辛未御帳殿受朝賀是夜東北有赤氣照人大如席

五行三曰木曲直木之性也失其性爲沴故生不暢茂爲變異者有之是爲木不曲直其徵恒雨其色青是爲青眚青祥大德七年十一月辛酉木冰至順二年十一月丁巳雨木冰十二月癸亥雨木冰元貞元年大平路蕪湖縣進榆木有文曰天下太平年至治三年五月庚子柳林行宮大木風拔三千七百株至元十七年二月眞定七郡桑有蟲食之二十九年五月滄州濰州中山元氏無棣等縣桑蟲食葉蠶不成元貞元年四月眞定中山靈壽二縣桑有蟲食之大德五年四月彰德廣平眞定順德大名等郡蟲食桑至大元年五月大名廣平眞定三郡蟲食桑致和元年六月河南德安屯蠖食桑天曆二年三月滄州高唐州及南皮鹽山武城等縣桑蟲食之如枯株至順二年二月冠州蟲食桑四萬株晉冀深蠡等州及鄆城延津二縣蟲夜食桑晝匿土中人莫捕之五月曹州禹城保定博野東昌封丘等縣蟲食桑皆旣

至元九年六月丁亥京師大雨二十四年九月太原河間河南等路霖雨害稼二十五年七月保定郡霸鄚二州淫雨害稼八月嘉祥魚臺金鄉三縣淫雨九月莫獻二州淫雨保定路淫雨二十六年六月濟寧東平汴梁濟南順德眞定平灤棣州霖雨害稼二十八年八月大名清河南樂諸縣霖雨爲災九月河間郡淫雨至大四年七月河間順德大名彰德廣平等路德濮恩通等州及河東祈縣霖雨害稼皇慶元年隆興路新建縣雨害稼延祐四年四月遼陽蓋州雨水害稼六年七月霸州文成縣雨害稼三千餘頃至治元年江州贛州淫雨二年閏五月安豐路雨傷稼三年五月大名魏縣淫雨保定定興縣濟南無棣厭次縣濟寧碭山縣河間齊東縣霖雨害稼泰定元年七月眞定廣平廬州十一郡雨傷稼元年八月汴梁考城儀封濟南沾化利津等縣霖雨損禾稼

五行四曰金從革金之性也失其性爲沴時則冶鑄不成變異者有之是爲金不從革金石同類故古者以類附見其徵恒陽其色白是爲白眚白祥至元十三年露靈山伐木官劉氏言檀州大峪錐山出鐵鑛有司覆視之尋立四冶大德元年雲州聚陽山等冶言鑛石煽煉銅貨不出詔減其課額二年六月撫州崇仁縣辛陂村有星隕于地爲綠色員石邑人張椿以狀聞泰定四年八月天全道山崩飛石擊人中者輒死庶徵之恒暘劉

向以爲春秋大旱也京房易傳曰欲得不用茲謂張厥災荒荒旱也中統三年五月濱棣二州旱四年八月眞定郡及洺磁等州旱至元元年二月東平太原平陽旱分命西僧禱雨五年十二月京兆大旱八年四月蔚州靈仙廣靈二縣旱九年六月高麗旱十三年十二月平陽路旱十六年七月趙州旱十八年二月廣寧北京大定州旱二十三年五月汴梁旱京畿旱二十四年春平陽旱二麥枯死二十五年東平路須城等六縣安西路商耀乾華等十六州旱二十六年絳州大旱元貞元年六月環州葭州及咸寧伏羌通渭等縣旱七月河間肅寧樂壽二縣旱泗州賀州旱二年八月大名開州懷孟武陟縣河間肅寧縣旱九月莫州獻州旱十月化州旱十二月遼東開元二路旱大德元年六月汴梁南陽大旱民鬻子女九月鎭江丹陽金壇二縣旱十二月平陽曲沃縣旱二年五月衞輝順德平灤等路旱三年五月荆湖諸郡及桂陽寶慶興國三路旱十月揚廬隨黃等州旱四年平棘白馬二縣旱五年六月汴梁南陽衞輝大名等路旱九月江陵旱八年六月鳳翔扶風岐山寶鷄三縣旱九年七月晉州饒陽縣漢陽漢川縣旱八月象州融州柳州屬縣旱十年五月京畿旱安西春夏大旱二麥枯死至大三年夏廣平亢旱皇慶元年六月濱棣德三州及蒲臺陽信等縣旱二年九月京畿大旱延祐二年春檀薊濠三州旱夏鞏昌蘭州旱四年四月德安府旱五年七月眞定河間廣平中山大旱七年六月黃蘄二郡及荆門軍旱至治元年六月大同路旱二年十一月岷州旱三年夏順德眞定冀寧大旱泰定元年六月景清滄莫等州臨汾涇川靈臺壽春六合等縣旱九月建昌郡旱二年五月潭州茶陵州興國永興縣旱七月隨州息州旱三年夏燕南河南州縣十有四亢陽不雨七月關中旱四年二月奉元醴泉順德唐山邠州淳化等縣旱六月潞霍綏德三州旱八月藤州旱致和元年二月廣平彰德等郡旱天曆元年八月陝西大旱人相食二年夏眞定河間大名廣平等四州四十一縣旱峽州二縣旱八月浙西湖州江東池州饒州旱十二月冀寧路旱至順元年七月肇州興州東勝州及榆次滏陽等十三縣旱二年霍顯石三州阜城平地二縣旱

恒陽則有介蟲之孽釋者謂小蟲有甲飛揚之類陽氣所生也於春秋爲螽今謂之蝗按劉歆云貪虐取民則螽與魚同占劉向以爲介蟲之孽當屬言不從今倣之中統三年五月眞定順天邢州蝗四年六月燕京河間益都眞定東平蝗八月濱棣等州蝗至元二年七月益都大蝗十二月西京北京順德徐宿邳等州郡蝗五年六月東平等郡蝗七年七月南京河南諸路大蝗八年六月上都中都大名河間益州順天懷孟彰德濟南眞定衞輝平陽歸德順德等路淄萊洺磁等州蝗十六年四月大都十六路蝗十七年五月忻州及漣海邳宿等州蝗十九年四月別十八里部東三百餘里蝗害麥二十五年七月眞定汴梁蝗八月趙晉冀三州蝗二十七年四月河北十七郡蝗二十九年六月東昌濟南般陽歸德等郡蝗三十一年六月東安州蝗元貞元年六月汴梁陳留太康考城等縣睢許等州蝗二年六月濟寧任城魚臺縣東平須城汶上縣開州長垣靖豐縣德州齊河縣滑州大和州內黃縣蝗八月平陽大名歸德眞定等郡蝗大德元年六月歸德邳州徐州蝗二年四月燕南山東兩淮江浙屬縣百五十處蝗三年五月淮安屬縣蝗有鶖食之十月隴陝蝗五年六月順德路淇州蝗七月廣平眞定等路蝗八月河南淮南睢陳唐和等州新野汝陽江都興化等縣蝗六年四月眞定大名河間等路蝗七月大都涿順固安三州及濠州鍾離鎭江丹徒二縣蝗七年五月益都濟南等路蝗六年大寧路蝗八年四月益都臨朐德州齊河縣蝗八年六月益津縣蝗九月六月通泰靖海武清等州縣蝗八月涿州良鄉河間南皮泗州天長等縣及東安海鹽等州蝗十年四月大都眞定河間保定河南等郡蝗六月龍興南康等郡蝗至大元年五月晉寧路蝗六月保定眞定二郡蝗八月淮東蝗二年四月益都東平東昌順德廣平大名汴梁衞輝等郡蝗六月檀霸曹濮高唐泰安等州良鄉舒城歷陽合肥大安江寧句容溧水上元等縣蝗七月濟南濟寧般陽河中解絳耀同華等州蝗八月眞定保定河間懷孟等郡蝗二年四月寧津堂邑茌平陽穀平原齊河禹城七縣蝗七月磁州威州饒陽元氏平棘滏陽元城無棣等縣蝗皇慶元年彰德安陽縣蝗延祐七年六月益都路蝗至治元年五月霸州蝗六月濮輝汴梁等處蝗七月江都泰興古城通許臨淮盱眙清池等縣蝗十二月寧海州蝗二年汴梁祥符縣蝗有群鶖食蝗既而復吐積如丘垤三年五月保定路歸信縣蝗泰定元年六月大都順德東昌衞輝保定益都濟寧彰德眞定般陽廣平大名河間東平等郡蝗二年五月彰德路蝗六月德濮曹景等州歷城章丘淄川柳城茌平等縣蝗九月濟南歸德等郡蝗三年六月東平須城縣興國永興縣蝗七月大名順德廣平等路趙州曲陽滿城慶都修武等縣蝗淮安高郵二郡睢泗雄霸等州蝗八月永平汴梁懷慶等郡蝗四年五月洛陽縣有蝗五畝群烏盡食之越數日蝗又集又食之七月籍田蝗八月冠州恩州蝗十二月保定濟南衞輝濟寧廬州五路南陽河南二府蝗博興臨淄膠西等縣蝗致和元年四月大都薊州永平路石城縣蝗鳳翔岐山縣蝗無麥苗五月潁州及汲縣蝗六月武功縣蝗天曆二年四月大寧興中州懷慶孟州廬州無爲州蝗六月益都莒密二州蝗七月眞定汴梁永平淮安廬州大寧遼陽等郡屬縣蝗三年五月廣平大名般陽濟寧東平汴梁南陽河南等郡輝德濮開高唐五州蝗至順元年六月潞薊固安博興等州蝗七月解州華州及河內靈寶延津等二十二縣蝗二年三月陝州諸路蝗六月孟州濟源縣蝗七月河南閿鄉陝縣奉元蒲城白水等縣蝗

至元十五年四月濟南無棣縣獲白雉以獻元貞三年正月海州牟平縣獲白鹿于聖水山以獻至元二十四年七月癸丑日暈連環白虹貫之至大元年七月流星起勾陳化爲白氣員如車輪至貫索始滅皇慶元年六月丁卯天雨毛延祐元年二月己亥白暈亘天連環貫日至順三年五月丁酉白虹並日出其長竟天

五行五曰土土中央生萬物者也而莫重於稼穡土氣不養則稼穡不成金木水火沴之衝氣爲異爲地震爲天雨土其徵恒風其色黃是爲黃眚黃祥中統元年五月澤州益州饑二年六月塔察兒部饑七月恒州饑三年五月甘州饑閏九月濟南郡饑至元二年四月遼東饑五年九月益都饑六年十一月濟南饑十一月固安高唐二州饑七年五月東京饑七月山東淄萊等州饑八年正月西京益都饑九年四月京師饑七月水達達部饑十七年三月高郵郡饑十八年二月淛東饑四月通泰崇明等州饑十九年九月眞定路饑民流徙鄂州二十三年七月宣寧路饑二十四年九月平灤路饑十二月蘇常湖秀四州饑二十五年十一月兀良合部饑二十六年二月合木裏部饑三月安西甘州等路饑四月遼陽路饑閏十月武平路饑檀州饑十二月蠡州饑河間保定二路饑二十七年二月開元路寧遠縣饑四月浙東婺州饑河間任丘保定定興二縣饑九月河東山西道饑二十八年三月眞定河間保定平灤太原平陽等路饑杭州平江鎭江廣德太平徽州饑九月武平路饑十二月洪寬女直部饑大都內郡饑二十九年正月清州興州饑三月輝州龍山縣里州和中縣饑東安固安薊棣四州饑三月威寧昌州饑閏六月南陽懷孟衞輝等路饑三十年十月京師饑元貞二年四月平陽絳州大原陽曲台州黃巖饑大德元年六月廣德路饑七月寧海州文登牟平等縣饑三年八月揚州淮安等郡饑四年二月湖北饑三月寧國太平二路饑九月建康常州江陵等郡饑六年五月福州饑六月杭州嘉興湖州廣德寧國饒州太平紹興慶元婺州等郡饑大同路饑七月建康路饑十一月保定路饑七年二月眞定路饑五月太原龍興南康袁州瑞州撫州等路高唐南豐等州饑六月淛西饑七月常德路饑八年六月烏撒烏蒙益州忙部東川等路饑九年三月常寧州饑五月寶慶路饑八月揚州饑十年三月濟州任城饑四月漢陽淮安道州柳州饑七月黃州沅州永州饑八月成都饑十一月揚州辰州饑至大元年二月益都般陽濟寧濟南東平泰安大饑六月山東河南江淮等郡大饑二年七月徐州邳州饑皇慶元年六月鞏昌河州路饑二年三月晉寧大同大寧四州鞏昌甘肅等郡饑四月眞定保定河間等路饑五月順德冀寧二路饑六月上都饑延祐元年六月衞州饑七月台州饑十二月歸德汝寧沔陽安豐等郡饑二年正月晉寧宣德懷孟衞輝益都般陽等路饑二年十二月漢陽路饑三年二月河間濟南濱棣等處饑四月遼陽蓋州及南豐州饑五月寶慶桂陽澧州潭州永州道州袁州饑四年正月汴梁饑五年四月上都饑六年八月山東濟寧饑七年五月大同雲南豐勝諸郡邑饑潘陽路饑八年廣東新州新城縣饑至治元年正月蘄州蘄水縣饑二月河南汴梁歸德安豐等路饑五月膠州濮州饑七月南恩新州饑十一月鞏昌成州饑十二月慶遠眞定二路饑二年三月河南淮東淮西諸郡饑延安延長宜川二縣饑奉元路饑四月東昌霸州饑九月臨安河西縣饑三年二月京師饑三月平江嘉定州饑崇明黃巖二州饑十一月鎭江丹徒沅州黔陽縣饑十二月歸澧二州饑泰定元年正月惠州新州南恩州信州上饒縣廣德路廣德縣岳州臨湘華容等縣饑二月慶元紹興二路綏德州米脂清澗二縣饑三月臨洮狄道縣石州離石縣饑四月江陵荆門軍監利縣饑五月贛州吉安臨江等郡崑山南恩等州饑八月冀寧延安江州安陸杭州建昌常德全州桂陽辰州南安等路屬州縣饑九月紹興南康二路饑十一月泉州饑中牟延津二縣饑二年正月梅州饑

郡施英德二州饑閏正月河間眞定保定瑞州四郡饑二月鳳翔路饑三月薊灤徐邳等州饑濟南肇慶江州惠州饑四月杭州鎭江寧國南安潯州潭州等路饑五月廣德袁州撫州饑六月寧夏路饑九月瓊州成州饑德慶路饑十二月濟南延川等郡饑三年三月河間保定眞定三路饑三月大都永平奉元饑十一月瀋陽大寧永平廣寧金復州甘肅亦集乃路饑四年正月遼陽諸郡饑二月奉符長清萊蕪二縣饑建康淮安蘄州屬縣饑四月通薊等州漁陽永清等縣饑七月武昌江夏縣饑致和元年二月乾州饑三月晉寧冀寧奉元延安等路饑四月保定東昌般陽彰德大寧五路屬縣饑五月河南東平大同等郡饑七月威寧長安縣涇州靈臺縣饑天曆二年正月大同及東勝州饑涿州房山范陽等縣饑四月奉元耀州乾州華州及延安邠寧諸縣饑流民數十萬大都與和順德大名彰德懷慶衛輝汴梁中興等路泰安高唐曹冠徐邳等州饑江東淛西二道饑八月忻州饑十月漢陽武昌常德澧州等路饑鳳翔府大饑三年正月寧海州文登牟平縣饑懷慶衛州二路饑眞定汝寧揚廬蘄黃安豐等郡饑二月河南大饑三月東昌須城堂邑縣饑沂莒膠密寧海五州臨清定陶光山等縣饑鞏昌蘭州定西州饑四月德州清平縣饑至順二年二月集慶嘉興二郡及江陰州饑檀順維密昌平五州饑六月興和路高原咸平等縣饑九月思州鎭遠府饑十二月河南大饑三年四月大理中慶路饑五月常寧州饑七月滕州饑八月大都寶坻縣饑

至大元年春紹興慶元台州疫死者二萬六千餘人皇慶二年冬京師大疫唐志云國將有恤則邪亂之氣先被于民故疫

太宗五年癸巳十二月大風霾凡七晝夜至元二十年正月汴梁延津封丘二縣大風麥苗盡拔延祐七年八月延津縣大風晝晦桑隕者十八九至治元年三月大同路大風走沙土壅沒麥田一百餘頃三年三月衛輝路大風桑彫蠶死泰定三年七月寶坻房山二縣大風折木八月大都昌平等縣大風一晝夜壞民居九百餘家四年五月衛輝路輝州大風九日禾盡偃天曆二年二月胙城縣新鄉縣大風

按漢志云溫而風則生螟螣有裸蟲之孽至元八年六月遼州和順縣解州聞喜縣虸蚄生十八年高唐夏津武城縣蟊二十三年五月霸州漷州蝻二十四年鞏昌虸蚄為災二十七年四月婺州螟害稼雷雨大作螟盡死歲乃大稔元貞元年六月利州龍山縣蓋州明山縣螟二年五月濟州任城縣螟隨州野蠶成繭亘數百里民取為纊大德七年五月濟南東昌般陽益都等路蟲食麥閏五月汴梁開封縣蟲食麥九年七月桂陽郡蝝至大元年五月東平東昌益都等郡蝝皇慶二年五月檀州及獲鹿縣蝻延祐七年七月霸州及堂邑縣蝻泰定四年七月奉元路咸陽興平武功三縣鳳翔府岐山等縣虸蚄害稼天曆二年淮安廬州安豐三路屬縣蝻

至元十六年四月益都樂安縣朱五十家牛生犢兩頭四耳三尾其色黃旣生卽死大德九年二月大同平地縣迷兒的斤家牛生麒麟而死至大四年大同宣寧縣民滅的家牛生一犢其質有鱗無毛其色青黃類若麟者以其鄰上之泰定三年九月湖州長興州民王俊家牛生一獸鱗身牛尾口目皆赤墮地卽大鳴母不乳之具圖以上不知何獸或曰此瑞也宜俾史臣紀錄

至元二十四年諸王薛徹都部雨土七晝夜沒死牛畜大德十年二月大同平地縣雨沙黑霾斃牛馬二千至治三年二月丙戌雨土致和元年三月壬申雨霾天曆二年三月丁亥雨土霾至順二年三月丙戌雨土霾

至元二十一年九月戊子京師地震按傳云陽伏而不能出陰迫而不能升於是有地震二十六年正月丙戌地震二十七年二月癸未泉州地震丙戌泉州地復震八月癸未武平路地大震二十八年八月巳丑平陽路地震壞廬舍萬八百區元貞元年三月壬戌地震大德六年十二月辛酉雲南地震戊戌亦如之七年八月辛卯夕地震太原平陽尤甚壞官民廬舍十萬計平陽趙城縣范宣義郇堡徙十餘里太原徐溝祁縣及汾州平遙介休西河孝義等縣地震成渠泉涌黑沙汾州北城陷長一里東城陷七十餘步八年正月平陽地震不止九年四月己酉大同路地震有聲如雷壞廬舍五千八百壓死者一千四百餘人懷仁縣地震二所涌水盡黑其一廣十八步深十五丈其一廣六十六步深一丈五月癸亥以地震改平陽路為晉寧太原路為冀寧十一月壬子大同地震十二月丙子地震十年正月晉寧冀寧地震不止十一年三月道州營道縣暴雨山裂百三十餘處八月壬寅開城路地震至大元年六月丁酉鞏昌隴西寧遠縣地震雲南烏撒烏蒙地三日而大震者六九月巳酉蒲縣地震十月癸巳蒲縣靈縣地震二年十二月壬戌陽曲縣地震有聲三年十二月戊申冀寧路地震四年三月巳亥寧夏路地震七月癸未甘州地震大風有聲如雷閏七月甲子寧夏地震皇慶二年六月京師地震巳未京師地震丙辰又震壬寅又震延祐元年二月戊辰大寧路地震四月甲申朔大寧地震有聲如雷八月丁未冀寧汴梁等路陟縣武安縣地震十一月戊辰大寧地震如雷二年五月乙丑秦州成紀縣北山移至夕川河明日再移平地突如土阜高者二三丈陷沒民居三年八月巳未冀寧晉寧等郡地震十月壬午河南地震四年正月壬戌冀寧地震七月巳丑成紀縣山崩辛卯冀寧地震九月嶺北地震三日五年正月甲戌懿州地震二月癸巳和寧路地震丁酉秦安縣山崩三月巳卯德慶路地震七月戊子寧遠縣山崩八月伏羌縣山崩秦州成紀縣暴雨山崩朽壤墳起覆沒畜產至治二年九月癸亥地震十一月癸卯地震泰定元年八月成紀縣大雨山崩水溢壅土至來谷河成丘阜十二月庚申奉元路同州地震有聲如雷二年十二月丁亥寧夏路地震如雷發自西北連震者三四年三月癸卯和寧路地震如雷八月鞏昌通渭縣山崩碉門地震有聲如雷晝晦鳳翔興元成都陝州江陵等郡地同日震九月壬寅寧夏地震致和元年七月辛酉朔寧夏地震巳卯大寧路地震十月壬寅大寧路地震至順二年四月丁亥眞定陟縣地一日五震或三震月餘乃止四年四月戊申大寧路地震五月戊寅京師地震有聲八月巳酉隴西地震

至元元年十月壬子恩州歷亭縣進嘉禾一莖九穗十一月丁酉太原臨州進嘉禾二莖四年十月庚午太原進嘉禾二本異畝同穎六年九月癸丑恩州進嘉禾一莖三穗七年夏東平府進瑞麥一莖五穗十一年興元鳳州進麥一莖七穗穀一莖三穗十四年八月嘉禾生襄陽十七年十月太原堅州進嘉禾六莖十八年八月壬寅瓜州屯田進瑞麥一莖五穗二十年癸巳幹端宣慰司劉恩進嘉禾同穎九穗七穗六穗者各一二十三年五月廣元路閬中麥秀兩岐二十四年八月濬州進瑞麥一莖五穗二十五年八月袁州萍鄉縣進嘉禾二十六年十二月寧州民張安進嘉禾一本三十一年嘉禾生京畿一莖九穗大德元年十一月辛未曹州禹城縣進嘉禾一莖九穗大德九年嘉禾生應州山陰縣至大三年九月河間路獻嘉禾有異畝同穎及一莖數穗者勑繪為圖皇慶二年八月嘉禾生渾源州一莖四穗延祐四年七月南城產嘉禾七年五月鄱陽進嘉禾一莖六穗至治二年八月蔚州獻嘉禾泰定元年十月成都縣穀一莖九穗

元史卷五十一

明翰林學士亞中大夫知制誥兼修國史宋　濂等修

志第三下

五行二

水不潤下

元統元年五月汴梁陽武縣河溢害稼六月京畿大霖雨水平地丈餘涇河溢關中水災黃河大溢河南水災泉州霖雨溪水暴漲漂民居數百家七月潮州大水元統二年正月東平須城縣濟寧濟州曹州濟陰縣水災二月灤河漆河溢永平路屬縣皆水瑞州路水三月山東霖雨水湧四月東平益都水五月鎭江路水宣德府大水六月淮河漲漂山陽縣境內民畜房舍九月吉安路水至元元年河決汴梁封丘縣二年五月南陽鄧州大水六月涇水溢八月大都至通州霖雨大水三年二月紹興大水五月廣西賀州大水害稼六月衛輝淫雨至七月丹沁二河泛漲與城西御河通流平地深二丈餘漂沒人民房舍田禾甚衆民皆棲於樹木郡守僧家奴以舟載飯食之移老弱居城頭日給糧餉月餘水方退汴梁蘭陽尉氏二縣歸德府皆河水泛溢黃州及衢州常山縣皆大水四年五月吉安永豐縣大水六月邵武大水城市皆洪流漂沿溪民居殆盡五年五月庚戌汀州路長汀縣大水平地深三丈許損民居八百家壞民田二百頃溺死者八千餘人七月沂州沂沭二河暴漲決隄防害田稼邵武光澤縣大水常州宜興縣山水出勢高一丈壞民居六年二月京畿五州十一縣及福州路福寧州大水五月甲子慶元奉化州山崩水湧出平地溺死人甚衆六月衢州西安龍游二縣大水庚戌處州松陽龍泉二縣積雨水漲入城中深丈餘溺死五百餘人遂昌縣尤甚平地三丈餘桃源鄉山崩壓溺民居五十三家死者三百六十餘人七月壬子延平南平

縣淫雨水泛漲溺死百餘人損民居三百餘家壞民田二頃七十餘畝乙卯奉元路盩厔縣河水溢漂溺居民八月甲午衞輝大水漂民居一千餘家十月河南府宜陽縣大水漂民居溺死者衆至正元年汴梁鈞州大水揚州路崇明通泰等州海潮湧溢溺死一千六百餘人二年四月睢州儀封縣大水害稼六月癸丑夜濟南山水暴漲衝東西二關流入小清河黑山天麻石固等寨及卧龍山水通流入大清河漂没上下民居千餘家溺死者無筭三年二月鞏昌寧遠伏羌成紀三縣山崩水湧溺死者無筭五月黃河決白茅口七月汴梁中牟扶溝尉氏洧川四縣鄭州滎陽汜水河陰三縣大水四年五月霸州大水六月河南鞏縣大雨伊洛水溢漂民居數百家濟寧路兖州汴梁鄢陵通許陳留臨潁等縣大水害稼人相食七月灤河水溢出平地丈餘永平路禾稼廬舍漂没甚衆東平路東阿陽穀汶上平陰四縣衞州西安縣大水溫州颶風大作海水溢漂民居溺死者甚衆五年七月河決濟陰漂官民亭舍殆盡十月黃河泛溢七年五月黃州大水八月壬午杭州上海浦中午潮退而復至八年正月辛亥河決陷濟寧路四月平江松江大水五月庚子廣西山崩水湧灕江溢平地水深二丈餘屋宇人畜漂没壬子寶慶大水乙卯錢塘江潮比之八月中高數丈餘沿江民皆遷居以避之六月己丑中興路松滋縣驟雨水暴漲平地深丈有五尺餘漂没六十餘里死者一千五百人是月膠州大水七月高密縣大水九年七月中興路公安石首潛江監利等縣及沔陽府大水夏秋蘄州大水傷稼十年五月龍興瑞州大水六月乙未霍州靈石縣雨水暴漲決堤堰漂民居甚衆七月汾州平遥縣汾水溢靜江荔浦縣大水害稼十一年夏龍興南昌新建二縣大水安慶桐城縣雨水泛漲花崖龍源二山崩衝決縣東大河漂民居四百餘家七月冀寧路平晉文水二縣大水汾河泛溢東西兩岸漂没田禾數百頃河決歸德府永城縣壞黃陵岡岸靜江路大水決南北二陡渠十二年六月中興路松滋縣驟雨水暴漲漂民居千餘家溺死七百人七月衞州西安縣大水十三年夏薊州豐潤玉田遵化平谷四縣大水七月丁卯泉州海水日三潮十四年六月河南府鞏縣大雨伊洛水溢漂没民居溺死三百餘人秋薊州大水十五年六月荆州大水十六年河決鄭州河陰縣官署民居盡廢遂成中流山東大水十七年六月暑雨漳河溢廣平郡邑皆水秋薊州四縣皆大水十八年秋京師及薊州廣東惠州廣西四縣賀州皆大水十九年九月濟州任城縣河決二十年七月通州大水二十二年三月邵武光澤縣大水二十三年孟州濟源溫縣水七月河決東平壽張縣圮城牆漂屋廬人溺死甚衆二十四年三月益都縣井水溢而黃懷慶路孟州河內武陟縣水七月益都路壽光縣膠州高密縣水二十五年秋薊州大水東平須城東阿平陰三縣河決小流口達于清河壞民居傷禾稼二十六年二月河北徙上自東明曹濮下及濟寧皆被其害六月河南府大霖雨瀍水溢深四丈許漂東關居民數百家秋七月汾州介休縣汾水溢薊州四縣衞輝汴梁鈞州大水害稼八月棣州大清河決濱棣二州之界民居漂流無遺濟寧路肥城縣西黃水泛溢漂没田禾民居百有餘里德州齊河縣境七十餘里亦如之

至正二十年十一月汴梁原武滎澤二縣黃河清三日二十一年十一月河南孟津縣至絳州垣曲縣二百里河清七日新安縣亦如之十二月冀寧路石州河水清至明年春冰泮始如故二十四年夏衞輝路黃河清

至正六年九月彰德雨雪結凍如琉璃七年八月衞輝隕霜殺稼九年三月溫州大雪十年春彰德大寒近清明節雨雪三尺民多凍餒而死十一年三月汴梁路鈞州大雷雨雪密縣平地雪深三尺餘十三年秋邵武光澤縣隕霜殺稼二十三年三月東平路須城東阿陽穀三縣隕霜殺桑廢蠶事八月鈞州密縣隕霜殺菽二十七年三月彰德大雪寒甚於冬民多凍死五月辛巳大同隕雪殺麥秋冀寧路徐溝介休二縣雨雪十二月奉元路咸寧縣井水冰二十八年四月奉元隕霜殺菽

元統元年三月戊子紹興蕭山縣大風雨雹拔木仆屋殺麻麥斃傷人民二年二月甲子塞北東凉亭雨雹至元元年七月西和州徽州雨雹二年八月甲戌朔高郵寶應縣大雨雹是時淮浙皆旱唯本縣瀕河田禾可刈悉爲雹所害凡田之旱者無一雹及之至元四年四月癸巳清州八里塘雨雹大過於拳其狀有如龜者有如小兒形者有如獅象者有如環玦者或楕如卵或圓如彈玲瓏有竅色白而堅長老云大者固常見之未有奇狀若是也至正二年五月東平路東阿縣雨雹大者如馬首三年六月東平陽穀縣雨雹六年二月辛未興國路雨雹大如馬首小者如鷄子斃禽畜甚衆五月辛卯絳州雨雹大者二尺餘八年四月庚辰鈞州密縣雨雹大如鷄子傷麥禾龍興奉新縣大雨雹傷禾折木八月己卯益都臨淄縣雨雹大如盃盂野無青草赤地如赭九年二月龍興大雨雹十年五月汾州平遥縣雨雹十一年四月乙巳彰德雨雹大者如斧時麥熟將刈頃刻亡失田疇堅如築場無稭粒遺留者地廣三十里長百有餘里樹木皆如斧所劈傷行人斃禽畜甚衆五月癸丑文水縣雨雹十三年四月益都高苑縣雨雹傷麥禾及桑十四年六月薊州雨雹十七年四月濟南大風雨雹十九年四月莒州蒙陰縣雨雹五月通州及益都臨朐縣雨雹害稼二十年五月薊州遵化縣雨雹終日二十一年五月東平雨雹害稼二十二年八月南雄雨雹如桃李實二十三年五月鄜州宜君縣雨雹大如鷄子損豆麥七月京師及隰州永和縣大雨雹害稼二十五年五月東昌聊城縣雨雹大如拳小者如鷄子二麥不登二十六年六月汾州平遥縣雨雹二十七年二月乙丑永州城中晝晦鷄棲于塒人舉燈而食既而大雨雹逾時方明五月益都大雷雨雹七月冀寧徐溝縣大風雨雹拔木害稼二十八年六月慶陽府雨雹大如盂小者如彈丸平地厚尺餘殺苗稼斃禽獸

至正三年秋興國路永興縣雷擊死糧房貼書尹章于縣治時方大旱有朱書在其背云有旱却言無旱無灾却道有灾未肅藏厥渠魁且擊庭前小吏七年五月庚戌台州路黃巖州海濱無雲而雷冬衞輝路天鼓鳴十年六月戊申廣西臨桂縣無雲而雷震死邑民廖廣達十二月庚子汾州孝義縣雷雨十一年十二月台州大雨震電十二年三月丙午寧國路無雲而雷十三年十二月庚戌京師無雲而雷少頃有火墜于東南懷慶路河內縣及河南府天鼓鳴于西北是日懷慶之修武潞州之襄垣縣皆無雲而雷聲震天地是月汾州雷雨十四年十二月孝義縣雷雨十九年十二月台州大雷電二十一年十一月戊申溫州樂清縣雷二十七年乙未夜晉寧路絳州天鼓鳴空中如鬬戰之聲十月奉元路雷電

至正二十五年六月戊申京師大雨有魚隨雨而落長尺許人取而食之

至元五年六月庚戌汀州長汀縣山蛟出大雨驟至平地湧水深三丈餘漂没民居八百餘家壞田二百餘頃

至正十七年六月癸酉溫州有龍鬬于樂清江中颶風大作所至有光如毬死者萬餘人八月癸丑祥符縣西北有青白二龍見若相鬬之勢良久而散二十三年正月甲辰廣西貴州江中有物登岸蛇首四足而青色長四尺許軍民聚觀而殺之二十四年六月保德州有黃龍見於咸寧井中二十七年六月丁巳皇太子寢殿新甃井成有龍自井而出光焰爍人宮人震慴仆地又宮牆外長慶寺所掌成宗斡耳朵內大槐樹有龍纏繞其上良久飛去樹皮皆剥七月益都臨朐縣有龍見于龍山巨石重千斤浮空而起二十八年十一月大同路懷仁縣河岸崩有蛇大小相綰結可載數車

至正三年秋建寧浦城縣民家豕生豚二尾八足十五年鎮江民家豕生豚如象形二十四年正月保德州民家豕生豚一首二身八蹄二尾至元元年正月廣西師宗州婁生妻適和一產三男汴梁祥符縣市中一乞丐婦人忽生髭鬚至正九年四月棗陽民張氏婦生男甫及周歲長四尺許容貌異常皤腹擁腫見人輒嬉笑如世俗所畫布袋和尚云二十三年五月霸州民王馬駒妻趙氏一產三男六月亳家務李閏妻張氏一產三男

至正元年四月戊寅彰德有赤風自西北來忽變爲黑晝晦如夜十三年冬袁州路每日暮有黑氣環遶郡城十七年正月己丑杭州降黑雨河池水皆黑二十八年七月乙亥京師黑霧昏暝不辨人物自旦近午始消如是者旬有五日

火不炎上

元統元年六月甲申杭州火至正元年四月辛卯台州火乙未杭州火燔官舍民居公廨寺觀凡一萬五千七百餘間死者七十有四人二年四月杭州又火六年八月己巳延平路火燔官舍民居八百餘區死者五人十年興國路自春及夏城中火灾不絕日數十起二十年惠州路城中火灾屢見二十三年正月乙卯夜廣西貴州火同知州事韓帖木不花判官高萬章及家人九口俱死焉居民死者三百餘人牛五十頭馬九匹公署倉庫案牘焚燒皆盡二十八年二月癸卯京師武器庫灾己巳陝西有飛火自華山下流入張良弼營中焚兵庫器仗六月甲寅大都大聖壽萬安寺灾是日未時雷雨中有火自空而下其殿脊東鰲魚口火焰出佛身上亦火起帝聞之泣下亟命百官救護唯東西二影堂神主及寶玩器物得免餘皆焚燬此寺舊名白塔自世祖以來爲百官習儀之所其殿陛闌楯一如內庭之制成宗時置世祖影堂於殿之西裕宗影堂于殿之東月遣大臣致祭

至元六年冬京師無雪至正八年九月奉元路桃杏花十四年八月冀寧路榆次縣桃李花十五年十一月汾

州介休縣桃杏花十七年十一月汾州桃杏花

至元十一年十月衛州東北雨米如黍十一月建寧浦城縣雨黑子如稗實邵武大雨震電雨黑黍如蘆穄信州雨黑黍鄱陽縣雨菽豆郡邑多有民皆取而食之十六年六月彰德路葦葉順次倚疊而生自編成若旗幟上尖葉聚粘如槍民謠云葦生成旗民皆流離葦生成槍殺伐遭殃又有黍自生成文紅稭黑字其上節云天下太平其下節云天下刀兵十八年處州山谷中小竹結實如小麥饑民采食之二十一年明州象山縣竹穗生實如小米可食

至正十一年廣西慶遠府有異禽雙飛見於述昆鄉飛鳥千百隨之蓋鳳凰云其一飛去其一留止者爲獞人射死首長尺許毛羽五色有藏之以獻於帥府者久而其色鮮明如生云五月興國有大鳥百餘飛至郡西白朗山顛狀如人立去而復至者數次十九年京師鴣鴨夜鳴達旦連月乃止有杜鵑啼於城中居庸關亦如之二十七年三月丁丑朔萊州招遠縣大社里黑風大起有大鳥自南飛至其色蒼白展翅如席狀類鶴俄頃飛去遺下粟黍稻麥黃黑豆蕎麥於張家屋上約數升許是歲大稔

元統二年正月庚寅朔河南省雨血是日衆官晨集忽聞燔柴烟氣既而黑霧四塞咫尺不辨腥穢逼人逾時方息及行禮畢日過午驟雨隨至霑灑堊墻及裳衣皆赤至元四年四月辛未京師雨紅沙晝晦至正五年四月鎮江丹陽縣雨紅霧草木葉及行人裳衣皆濡成紅色十三年三月丙戌彰德路西南有火自天而下如在城外覓之無有十二月庚戌潞州襄垣縣有火墜於東南十四年衛輝路有天光見於西方十二月辛卯絳州有紅氣起自北方蔽天幾半移時方散十五年春薊州雨血十八年三月辛丑夜大同路有黑氣蔽於西方聲如雷然俄頃有雲如火交射中天遍地俱見火光以物觸地輒有火起至夜半空中如有兵戈相擊之聲二十一年七月己巳冀寧路忻州西北有赤氣蔽空如血逾時方散八月壬午棣州夜半有赤風亘天起西北至於東北癸未彰德西北夜有紅氣亘天至明方息乙酉大同路北方夜有赤氣蔽天直過天庭自東而西移時方散如是者三十月癸巳昧爽絳州有紅氣見於北方如火二十三年三月壬戌大同路夜有赤氣亘天中侵北斗六月丁巳絳州日暮有紅光見於北方如火中有黑氣相雜又有白虹二直衝北斗逾時方散庚申晉寧路北方日暮天赤中有白氣如虹者三一貫北斗一貫北極一貫天橫至夜分方滅八月丙辰忻州東北夜有赤氣亘天中有白色如蛇形徐徐而行逾時方散十月丙申朔大名路向青齊一方有赤氣照耀千里二十四年九月癸酉冀寧平晉縣西北方至夜天紅半壁有頃從東而散二十八年六月壬寅彰德路天寧寺塔忽變紅色自頂至踵表裏透徹如煆鐵初出於爐頂上有光焰迸發自二更至五更乃止癸卯甲辰亦如之先是河北有童謠云塔兒黑北人作主南人客塔兒紅朱衣人作主人公七月癸酉京師赤氣滿天如火照人自寅至辰氣焰方息

至元元年十二月芝草生於荊門州當陽縣覆船山一本五榦高尺有二寸一本二榦高五寸有半榦皆兩岐二本相依附扶疏瑰奇如珊瑚枝其高者結爲華蓋慶雲之狀五年秋芝草生於中書工部之屋梁一本七榦

木不曲直

至元五年十一月癸酉瑞州路新昌州雨木冰至明年二月壬寅冰始解至正四年正月汴梁路鄭州尉氏洧川河陰三縣及龍興靖安縣雨木冰十一月東平雨木冰十二年九月壬午冀寧保德州雨木冰十四年冬龍興雨木冰二十五年二月辛亥汴梁雨木冰狀如樓閣人物冠帶鳥獸花卉百態具備羽幢珠葆彌望不絕凡五日始解

至元三年夏上都大都桑果葉皆有黃色龍文九年秋奉元桃杏實十二年五月汴梁祥符縣椿樹結實如木瓜十六年七月彰德李樹結實如小黃瓜民謠云李生黃瓜民皆無家二十一年明州松樹結實其大有盈尺者八月汴梁祥符縣邑中樹木一夕皆有濕泥塗之

至元二年五月乙卯南陽鄧州大霖雨自是日至於六月甲申乃止三年六月衛輝路淫雨至正二年秋彰德路霖雨三年四月至七月汴梁路滎澤縣鈞州新鄭密縣霖雨害稼四年夏汴梁蘭陽縣許州長葛郾城襄城睢州歸德府亳州之鹿邑濟寧之虞城淫雨害蠶麥禾皆不登八月益都霖雨饑民有相食者五年夏秋汴梁祥符尉氏洧州鄭州鈞州亳州久雨害稼二麥禾豆俱不登河間路淫雨妨害鹽課八年五月京師大霖雨都城崩圮鈞州新鄭縣淫雨害麥九年七月高唐州大霖雨壞官署民居歸德府淫雨浹十旬十年二月彰德路大雨害麥二十年七月益都高苑縣陝州黽池縣大雨害稼二十三年七月懷慶路河內修武武陟三縣及孟州淫雨害稼二十四年秋密州安丘縣大雨二十五年秋密州安丘縣路州汴梁許州及鈞州之密縣淫雨害稼二十七年秋彰德路淫雨

至正六年八月龍興進賢縣甘露降二十年十月國子學大成殿松栢樹有甘露降其上

至正十年春麗正門樓斗栱內有人伏其中不知何自而至遠近聚觀之門尉以白留守達於都堂上聞有旨令取付法司鞫問但云薊州人問其姓名詰其所從來皆惘若無知唯妄言禍福而已乃以不應之罪笞之忽不知所在

至正二十年八月慶陽延安寧安等州野鼠食稼初由鶉卵化生既成牝牡生育日滋百畝之田一夕俱盡二十六年泗州潁淮兩岸有灰黑色鼠暮夜出穴成羣覆地食禾

金不從革

至正十年正月甲戌棣州白晝空中有聲自西北而來距州二十里隕於地化爲石其色黑微有金星散布其上有司以進遂藏之司天監十一月冬至夜陝西耀州有星墜於西原光耀燭地聲如雷鳴者三化爲石形如斧一面如鐵一面如錫削之有屑擊之有聲十六年冬十一月大名路大名縣有星如火自東南流尾如曳篲墜入於地化爲石青黑光瑩狀如狗頭其斷處類新割者有司以進太史驗視云天狗也命藏於庫十九年四月己丑建寧路甌寧縣有星隕於營山前其聲如雷化爲石二十三年六月庚戌益都臨朐縣龍山有星墜入於地掘之深五尺得石如磚褐色上有星如銀破碎不完

至元九年龍興靖安縣山石迸裂湧水人多死者十年三月慶元奉化州南山石笑開其碎而大者有山川人物禽鳥草木之文二十七年六月丁卯沂州東蒙山有巨石大如屋崩裂墜地聲震如雷七月丙戌廣西靈川縣臨江石崖崩

元統元年夏紹興旱自四月不雨至於七月淮東淮西皆旱二年三月湖廣旱自是月不雨至於八月四月河南旱自是月不雨至於八月秋南康旱至元元年夏河南及邵武大旱二年蘄州黃州浙東衢州婺州紹興江東信州江西瑞州等路及陝西皆旱是年四月黃州黃岡縣周氏婦產一男即死狗頭人身咸以爲旱魃云六年夏廣東南雄路旱自二月不雨至於五月種不入土至正二年彰德大同二郡及冀寧平晉榆次徐溝縣汾州孝義縣沂州皆大旱自春至秋不雨人有相食者秋衛輝大旱三月秋興國大旱四年福州大旱自三月不雨至於八月興化邵武鎮江及湖南之桂陽皆旱五年曹州禹城縣大旱夏膠州高密縣旱六年鎮江及慶元奉化州旱七年懷慶衛輝河東及鳳翔之岐山汴梁之祥符河南之孟津皆大旱八年三月益都臨淄縣大旱五月四川旱十年夏秋彰德旱十一年鎮江旱十二年蘄州黃州大旱人相食浙東紹興旱台州自四月不雨至於七月十三年蘄州黃州及浙東慶元衢州婺州江東饒州江西龍興瑞州建昌吉安廣東南雄湖南永州桂陽皆大旱十四年懷慶河內縣孟州汴梁祥符縣福建泉州湖南永州寶慶廣西梧州皆大旱祥符旱魃再見泉州種不入土人相食十五年衛輝大旱十六年婺州處州皆大旱十八年春薊州旱莒州濱州般陽淄川縣霍州鄜州鳳翔岐山縣春夏皆大旱莒州家人自相食岐山人相食十九年晉寧鳳翔廣西梧州象州皆大旱二十年通州旱汾州介休縣自四月至秋不雨廣西賓州大旱自閏五月不雨至於八月二十二年河南洛陽孟津偃師三縣大旱人相食二十三年山東濟南廣西賀州皆大旱

至元五年八月京師童謠云白雁望南飛馬札望北跳至正五年淮楚間童謠云富漢莫起樓窮漢莫起屋但看羊兒年便是吳家國十年河南北童謠云石人有雙眼挑動黃河天下反十五年京師童謠云一陣黃風一陣沙千里萬里無人家回頭雪消不堪看三眼和尚弄瞎馬此皆詩妖也至元三年郡邑皆相傳朝廷欲括童男女於是市井鄉里競相嫁娶倉卒成言貧富長幼多不得其宜者此民訛也

至正十年彰德境內狼狽爲害夜如人形入人家哭就人懷抱中取小兒食之二十三年正月福州連江縣有虎入於縣治二十四年七月福州白晝獲虎於城西

至元二年七月黃州蝗三年六月懷慶溫州汴梁陽武縣蝗五年七月膠州即墨縣蝗至正四年歸德府永城縣及亳州蝗十七年東昌茌平縣蝗十八年夏薊州遼州濰州昌邑縣膠州高密縣蝗秋大都廣平順德及濰州之北海莒州之蒙陰汴梁之陳留歸德之永城皆蝗順德九縣民食蝗廣平人相食十九年大都霸州通州真定彰德懷慶東昌衛輝河間之臨邑東平之須城東阿陽穀三縣山東益都臨淄二縣濰州膠州博興州大同冀寧二郡文水榆次壽陽徐溝四縣沂汾二州及孝

義平遥介休二縣晉寧潞州及壺關潞城襄垣三縣霍州趙城靈石二縣隰之永和沁之武鄉遼之榆社奉元及汴梁之祥符原武鄢陵扶溝杞尉氏洧川七縣鄭之滎陽汜水許之長葛郾城襄城臨潁鈞之新鄭密縣皆蝗食禾稼草木俱盡所至蔽日礙人馬不能行塡坑塹皆盈饑民捕蝗以爲食或曝乾而積之又罄則人相食七月淮安清河縣飛蝗蔽天自西北來凡經七日禾稼俱盡二十年益都臨朐壽光二縣鳳翔岐山縣蝗二十一年六月河南鞏縣蝗食稼俱盡七月衛輝及汴梁滎澤縣鄭州蝗二十二年秋衛輝及汴梁開封扶溝洧川三縣許州及鈞之新鄭密二縣蝗二十五年鳳翔岐山縣蝗

元統二年六月彰德雨白毛俗呼云老君髯民謡曰天雨氂事不齊至元三年三月彰德雨毛如綫而綠俗呼云菩薩綫民謡云天雨綫民起怨中原地事必變六年七月延安路鄜州雨白毛如馬鬃所屬邑亦如之至正十三年四月冀寧榆次縣雨白毛如馬鬃七月泉州路雨白絲十八年五月益都雨白氂十九年三月遵化路連日雨氂二十五年五月甲子京師雨氂長尺許如馬鬃二十七年五月益都雨白氂

至元四年八月丁丑京師白虹亘天至正二十二年京師有白氣如小索起危宿長五百丈掃太微二十四年六月癸卯冀寧路保德州三星晝見有白氣橫突其中二十六年三月丁亥白虹五道亘天其第三道貫日又氣橫貫東南良久乃滅二十七年五月大名路有白氣二道二十八年閏七月乙丑冀寧文水縣有白虹貫日自東北直遶西南雲影中似日非日如鏡者三色青白踰時方沒

稼穡不成

元統元年夏兩淮大饑二年春淮西饑七月池州饑十一月濟南萊蕪縣饑至元元年春益都路沂水日照蒙陰莒四縣及龍興路饑夏京師饑是歲沅州道州寶慶及邵武建寧饑二年順州及淮西安豐浙西松江浙東台州江西江撫袁瑞湖北沅州盧陽縣饑三年大都及濟南蘄州杭州平江紹興溧陽瑞州臨江饑五年上都開平縣桓州興和寶昌州濮州之鄄城冀寧之文城益都之膠密莒濰四川遼東瀋陽路湖南衡州江西袁州八番順元等處皆饑六年順德之邢臺濟南之歷城大名之元城德州之清平泰安之奉符長清淮安之山陽等縣歸德邳州益都般陽處州婺州四郡皆饑至正元年春京畿州縣眞定河間濟南及湖南饑夏彰德及温州饑二年保德州大饑三年衛輝冀寧忻州大饑人相食四年霸州大饑人相食東平路東阿陽穀汶上平陰四縣皆大饑冬保定河南饑五年春東平路須城東阿陽穀三縣及徐州大饑人相食夏濟南汴梁河南邠州瑞州温州邵武饑六年五月陝西饑七年彰德懷慶東平東昌晉寧等處饑九年春膠州大饑人相食鈞州新鄭密縣饑十四年春浙東台州江東饒閩海福州邵武汀州江西龍興建昌吉安臨江廣西靜江等郡皆大饑人相食十七年河南大饑十八年春莒州蒙陰縣大饑斗米金一斤冬京師大饑人相食彰德山東亦如之十九年正月至五月京師大饑銀一錠得米僅八斗死者無筭通州民劉五殺其子而食之保定路孳死盈道軍士掠孱弱以爲食濟南及益都之高苑莒之蒙陰河南之孟津新安澠池等縣皆大饑人相食二十一年霸州饑民多孳死

至正四年福州邵武延平汀州四郡夏秋大疫五年春夏濟南大疫十二年正月冀寧保德州大疫夏龍興大疫十三年黃州饒州大疫十二月大同路大疫十六年春河南大疫十七年六月莒州蒙陰縣大疫十八年夏汾州大疫十九年春夏鄜州弁原縣莒州沂水日照二縣及廣東南雄路大疫二十年夏紹興山陰會稽二縣大疫二十二年又大疫

至正元年七月廣西雷州颶風大作湧潮水拔木害稼二年十月海州颶風作海水漲溺死人民十三年五月乙丑潯州颶風大作壞官舍民居屋瓦門扉皆飄揚七里之外十四年七月甲子潞州襄垣縣大風拔木偃禾二十一年正月癸酉石州大風拔木六畜皆鳴人持槍矛忽生火焰抹之即無搖之即有二十四年台州路黃巖州海溢颶風拔木禾盡偃二十七年三月庚子京師有大風起自西北飛砂揚礫昏塵蔽天逾時風勢八面俱至終夜不止如是者連日自後每日寅時風起萬竅爭鳴戌時方息至五月癸未乃止

至正三年六月梧州青蟲食稼十年七月全州蟲食稼郡守石亨祖禱于玄妙觀寒雨三日蟲盡死十九年五月濟南章丘鄒平二縣螟五穀不登二十二年春衛輝路螟六月萊州膠水縣蝦蚄生七月掖縣蝦蚄生害稼二十三年六月寧海文登縣蝦蚄生七月萊州招遠萊陽二縣及登州寧海州蝦蚄生

至正九年三月陝州楊家庄上牛生黃犢火光滿室麻頂綠角間生綠毛不食乳二日而死十年秋襄陽車城民家牛生犢五足前三後二十六年春汴梁祥符縣牛生犢雙首不及二日死二十八年五月東昌聊城縣錢鎮撫家牛生黃犢六足前二後四

至元五年二月信州雨土至正三年三月至四月忻州風霾晝晦二十六年四月乙丑奉元路黃霧四塞

元統元年八月鞏昌徽州山崩九月庚申秦州山崩十月丙寅鳳州山崩十一月丙申鞏昌成紀縣地裂山崩癸卯安慶灊山縣地震辛亥秦州地裂山崩十二月饒州德興縣餘干樂平二州地震二年五月信州地震八月辛未京師地震雞鳴山崩陷爲池方百里人死者衆至元元年十一月壬寅興國路地震十二月丙子安慶路地震所屬宿松太湖灊山三縣同時俱震廬州蘄州黃州亦如之是月饒州亦地震二年正月乙丑宿松地震五月壬申秦州山崩三年八月辛亥夜京師地震壬午又大震損太廟神主西湖寺神御殿壁傾祭器皆壞順州龍慶州及懷來縣皆以辛巳夜地震壞官民房舍傷人及畜牧宣德府亦如之遂改爲順寧云四年春保安州及瑞州路新昌州地震六月信州路靈山裂七月巳酉保安州地大震丙辰鞏昌府山崩八月丙子京師地震日凡二三至乙酉乃止密州安丘縣地震六年六月巳亥秦州成紀縣山崩地裂至正元年二月汴梁路地震二年四月辛丑冀寧路平晉縣地震聲如雷鳴裂地尺餘民居皆傾仆七月惠州雨水羅浮山崩凡二十七處壞民居塞田澗十二月乙酉京師地震三年二月鈞州新鄭密縣地震六月乙巳秦州奉安縣南坡崩裂壓死人畜七月戊辰鞏昌山崩人畜死者衆十二月膠州及屬邑高密地震四年八月莒州蒙陰縣地震十二月東平路東阿陽穀平陰三縣及漢陽地震五年春薊州地震所領四縣及東平汶上縣亦如之十二月乙丑鎮江地震六年二月益都路益都昌樂壽光三縣濰州北海縣膠州即墨縣地震三月高苑縣地震壞民居六月廣州增城縣羅浮山崩水湧溢溺死百餘人九月戊午邵武地震翌日地中有聲如鼓夜復如之七年二月益都臨淄臨朐濰州之昌邑膠州之高密濟南之棣州地震三月東平路東阿陽穀平陰三縣地震河水動搖五月臨淄地又震七日乃止河東地坼泉湧崩城陷屋傷人民十一月鎮江丹陽縣地震九年六月台州地震七月庚寅泉州大風雨永春縣南象山崩壓死者甚衆十年冀寧徐溝縣地震五月甲子龍興寧州大雨山崩數十處丙寅瑞州上高縣蒙山崩十月乙酉泉州安溪縣後山鳴十一年四月冀寧路汾忻二州文水平晉榆次壽陽四縣晉寧遼州之榆社懷慶河內脩武二縣及孟州皆地震聲如雷霆圮房屋壓死者甚衆八月丁丑中興路公安松滋枝江三縣峽荆門二州地震十二年二月丙戌霍州靈石縣地震閏三月丁丑陝西地震莊浪定西靜寧會州尤甚移山湮谷陷沒廬舍有不見其跡者會州公廨墻圮得弩五百餘張長丈餘短者九尺人莫能開挽十月丙午霍州趙城縣霍山崩湧石數里前三日山鳴如雷禽獸驚散十三年三月莊浪定西靜寧會州地震七月汾州白彪山坼十四年四月汾州介休縣地震泉湧七月孝義縣地震十一月寧國路地震所領寧國旌德二縣亦如之淮安路海州地震十二月巳酉紹興地震十五年四月寧國敬亭麻姑華陽諸山崩六月丁丑冀寧保德州地震十六年春薊州地震凡十日所領四縣亦如之六月雷州地大震十七年十月靜江路東門地陷城東石山崩十二月丁酉慶元路象山縣鵝鼻山崩有聲如雷十八年二月乙亥冀寧臨州地震五月益都地震十九年正月甲午慶元地震二十年二月延平順昌縣地震二十二年三月南雄路地震二十三年十二月丁巳台州地震二十五年十月壬申興化路地震有聲如雷二十六年三月海州地震如雷贛榆縣吳山崩六月汾州介休縣地震紹興山陰縣臥龍山裂七月辛亥冀寧路徐溝縣石忻臨三州汾之孝義平遙二縣同日地震有壓死者丙辰泉州同安縣大雷雨三秀山崩是月河南府鞏縣大霖雨地震山崩十一月辛丑華州蒲城縣洛岸崩壅水絕流三日十二月庚午華州之蒲城縣洛水和順崖崩其崖戴石有巖穴可居是日壓死辟亂者七十餘人二十七年五月山東地震六月沂州山石崩裂有聲如雷七月丙戌靜江靈川縣大藏山石崖崩十月丙辰福州雷雨地震十二月庚午又震有聲如雷二十八年六月冀寧文水徐溝二縣汾州孝義介休二縣臨州保德州隰之石樓縣及陝西皆地震十月辛巳陝西地又震

至元四年五月彰德臨彰縣麥秀兩岐有三穗者至正元年延平順昌縣嘉禾生一莖五穗冀寧太原縣有嘉禾異畝同穎三年八月晉寧臨汾縣嘉禾生有五穗至八穗者十年彰德路穀麥雙穗十六年大同路秦城鄉嘉禾生一莖二穗五穗有九穗者有異莖而同穗者二十六年五月洛陽縣康家莊有瑞麥一莖五穗雙穗三

穗者甚衆

元史卷五十二

明翰林學士亞中大夫知制誥兼修國史宋　濂等修

志第四

曆一

夫明時治曆自黃帝堯舜與三代之盛王莫不重之其文備見於傳記矣雖去古既遠其法不詳然原其要不過隨時考驗以合於天而已漢劉歆作三統曆始立積年日法以爲推步之準後世因之歷唐而宋其更元改法者凡數十家豈故相爲乖異哉盖天有不齊之運而曆爲一定之法所以既久而不能不差既差則不可不改也元初承用金大明曆庚辰歲太宗西征五月望月蝕不效二月五月朔微月見於西南中書令耶律楚材以大明曆後天乃損節氣之分減周天之秒去交終之率治月轉之餘課兩曜之後先調五行之出沒以正大明曆之失且以中元庚午歲國兵南伐而天下略定推上元庚子歲天正十一月壬戌朔子正冬至日月合璧五星聯珠同會虛宿六度以應太祖受命之符又以西域中原地里殊遠創爲里差以增損之雖東西萬里不復差忒遂題其名曰西征庚午元曆表上之然不果頒用至元四年西域札馬魯丁撰進萬年曆世祖稍頒行之十三年平宋遂詔前中書左丞許衡太子贊善王恂都水少監郭守敬改治新曆衡等以爲金雖改曆止以宋紀元曆微加增益實未嘗測驗於天乃與南北日官陳鼎臣鄧元麟毛鵬翼劉巨淵王素岳鉉高敬等參攷累代曆法復測候日月星辰消息運行之變參別同異酌取中數以爲曆本十七年冬至曆成詔賜名曰授時曆十八年頒行天下二十年詔太子諭德李謙爲曆議發明新曆順天求合之徵攷證前代人爲附會之失誠可以貽之永久自古及今其推驗之精盖未有出於此者也今衡恂守敬等所撰曆經及謙曆議故存皆可攷據是用具著于篇惟萬年曆不復傳而庚午元曆雖未嘗頒用其爲書猶在因附著于後使來者有攷焉作曆志

授時曆議上

驗氣

天道運行如環無端治曆者必就陰消陽息之際以爲立法之始陰陽消息之機何從而見之惟候其日晷進退則其機將無所遁候之之法不過植表測景以究其氣至之始智作能述前代諸人爲法略備苟能精思密索心與理會則前人述作之外未必無所增益舊法擇地平衍設水準繩墨植表其中以度其中晷然表短促尺寸之下所爲分秒大半少之數未易分別表長則分寸稍長所不便者景虛而淡難得實景前人欲就虛景之中考求眞實或設望筩或置小表或以木爲規皆取表端日光下徹圭面今以銅爲表高三十六尺端挾以二龍舉一横梁下至圭面共四十尺是爲八尺之表五圭表刻爲尺寸舊寸一今申而爲五釐毫差易分別創爲景符以取實景其制以銅葉博二寸長加博之二中穿一竅若針芥然以方閩爲趺一端設爲機軸令可開闔楷其一端使其勢斜倚北高南下往來遷就於虛景之中竅達日光僅如米許隱然見横梁於其中舊法以表端測晷所得者日體上邊之景今以横梁取之實得中景不容有毫末之差地中八尺表景冬至長一丈三尺有奇夏至尺有五寸今京師長表冬至之景七丈九尺八寸有奇在八尺表則一丈五尺九寸六分夏至之景一丈一尺七寸有奇在八尺表則二尺三寸四分雖晷景長短所在不同而其景長爲冬至景短爲夏至則一也惟是氣至時刻攷求不易盖至日氣正則一歲氣節從而正矣劉宋祖冲之嘗取至前後二十三四日間晷景折取其中定爲冬至且以日差比課推定時刻宋皇祐間周琮則取立冬立春二日之景以爲去至既遠日差頗多易爲推攷紀元以後諸曆爲法加詳大抵不出冲之之法新曆積日累月實測中晷自遠日以及近日取前後日率相埒者參攷同異初非偏取一二日之景以取數多者爲定實減大明曆一十九刻二十分仍以累歲實測中晷日差分寸定擬二至時刻于後

推至元十四年丁丑歲冬至

其年十一月十四日己亥景長七丈九尺四寸八分五釐五毫至二十一日丙午景長七丈九尺五寸四分一釐二十二日丁未景長七丈九尺四寸五分五釐以己亥丁未二日之景相校餘三分五毫爲晷差進二位以丙午丁未二日之景相校餘八分六釐爲法除之得三十五刻用減相距日八百刻餘七百六十五刻折取其中加半日刻共爲四百三十二刻半百約爲日得四日餘以十二乘之百約爲時得三時滿五十又作一時共得四時餘以十二收之得三刻命初起距日己亥筭外得癸卯日辰初三刻爲丁丑歲冬至此取至前後四日景

十一月初九日甲午景七丈八尺六寸三分五釐五毫至二十六日辛亥景七丈八尺七寸九分三釐五毫二十七日壬子景七丈八尺五寸五分以甲午壬子景相減復以辛亥壬子景相減準前法求之亦得癸卯日辰初三刻至二十八日癸丑景七丈八尺三寸四釐五毫用壬子癸丑二日之景與甲午景準前法求之亦合此取至前後八九日景

十一月丙戌朔景七丈五尺九寸八分六釐五毫二日丁亥景七丈六尺三寸七分七釐至十二月初六日戊申景七丈五尺八寸五分一釐準前法求之亦在辰初三刻此取至前後一十七日景十一月二十一日丙子景七丈九寸七分一釐至十二月十六日庚午景七丈七寸六分十七日辛未景七丈一寸五分六釐五毫準前法求之亦得辰初三刻此取至前後二十七日景

六月初五日癸亥景一丈三尺八分距十五年五月癸未朔景一丈三尺三分八釐五毫初二日甲申景一丈二尺九寸二分五毫準前法求之亦合此取至前後一百六十日景

推十五年戊寅歲夏至

五月十九日辛丑景一丈一尺七寸七分七釐五毫距二十八日庚戌景一丈一尺七寸八分二十九日辛亥景一丈一尺八寸五釐五毫用辛丑庚戌二日之景相減餘二釐五毫進二位爲實復用庚戌辛亥景相減餘二分五釐五毫爲法除之得九刻用減相距日九百刻餘八百九十一刻半之加半日刻百約得四日餘以十二乘之百約得十一時餘以十二收爲刻得三刻命初起距日辛丑筭外得乙巳日亥正三刻夏至此取至前後四日景

十四年十二月十五日己巳景七丈一尺三寸四分三釐距十五年十一月初二日辛巳景七丈七寸五分九釐五毫初三日壬午景七丈一尺四寸六釐用己巳壬午景相減以辛巳壬午景相減除之亦合此用至前後一百五十六日景

十四年十二月十二日丙寅景七丈二尺九寸七分二釐五毫十三日丁卯景七丈二尺四寸五分四釐五毫十四日戊辰景七丈一尺九寸九釐距十五年十一月初四日癸未景七丈一尺九寸五分七釐五毫初五日甲申景七丈二尺五寸五釐初六日乙酉景七丈三尺三分三釐五毫前後互取所得時刻皆合此取至前後一百五十八九日景

十四年十二月初七日辛酉景七丈五尺四寸七分七釐初八日壬戌景七丈四尺九寸五分九釐五毫初九日癸亥景七丈四尺四寸八分六釐距十五年十一月初九日戊子景七丈四尺五寸二分五毫初十日己丑景七丈五尺三釐五毫十一日庚寅景七丈五尺四寸四分九釐五毫以壬戌己丑景相減爲實以辛酉壬戌景相減爲法除之或以壬戌癸亥景相減或以戊子己丑景相減若己丑庚寅景相減推前法求之皆合此取至前後一百六十三四日景

推十五年戊寅歲冬至

其年十一月十九日戊戌景七丈八尺三寸一分八釐五毫距閏十一月初九日戊午景七丈八尺二寸六分三釐五毫初十日己未景七丈八尺八分二釐五毫用戊戌戊午二日景相減餘四分五釐爲晷差進二位以戊午己未景相減餘二寸八分一釐爲法除之得一十六刻加相距日二千刻半之加半日刻百約得十日餘以十二乘之百約爲時滿五十又進一時共得七時餘以十二收爲刻命初起距日己亥筭外得戊申日未初三刻爲戊寅歲冬至此取至前後十日景

十一月十二日辛卯景七丈五尺八寸八分一釐五毫十三日壬辰景七丈六尺三寸一釐五毫閏十一月十五日甲子景七丈六尺三寸六分六釐五毫十六日乙丑景七丈五尺九寸五分三釐十七日丙寅景七丈五尺五寸四釐五毫用壬辰甲子景相減爲實以辛卯壬辰景相減爲法除之亦得戊申日未初三刻或用甲子乙丑景相減推之亦合若用辛卯乙丑景相減爲實用乙丑丙寅景相減除之並同此取至前後十六七日景

十一月初八日丁亥景七丈四尺三分七釐五毫閏十一月二十日己巳景七丈四尺一寸二分二十一

日庚午景七丈三尺六寸一分四釐五毫用丁亥己巳景相減爲實以己巳庚午景相減除之亦同此取至前後二十一日景

六月二十六日戊寅景一丈四尺四寸五分二釐五毫二十七日己卯景一丈四尺六寸三分八釐至十六年四月二日戊寅景一丈四尺四寸八分一釐以二戊寅景相減用後戊寅己卯景相減推之亦同此取至前後一百五十日景

五月二十八日庚戌景一丈一尺七寸八分至十六年四月二十九日乙巳景一丈一尺八寸六分三釐三十日丙午景一丈一尺七寸八分三釐用庚戌丙午景相減以乙巳丙午景相減推之亦同此取至前後一百七十八日景

推十六年己卯歲夏至

四月十九日乙未景一丈二尺三寸六分九釐五毫二十日丙申景一丈二尺二寸九分三釐五毫至五月十九日乙丑景一丈二尺二寸六分四釐以丙申乙丑景相減餘二分九釐五毫爲晷差進二位以乙未丙申景相減得七分六釐爲法除之得三十八刻加相距日二千九百刻半之加半日刻百約得十五日餘以十二乘之百約得二時餘以十二收之得二刻命初起距日丙申筭外得辛亥日寅正二刻爲夏至此取至前後十五日景

三月二十一日戊辰景一丈六尺三寸九分五毫六月十六日壬辰景一丈六尺九分九釐五毫十七日癸巳景一丈六尺三寸一分一釐用戊辰癸巳景相減以壬辰癸巳景相減準前法推之亦合此取至前後四十二日景

三月初二日己酉景二丈一尺三寸五釐至七月初七日壬子景二丈一尺一寸九分五釐五毫初八日癸丑景二丈一尺四寸八分六釐五毫用己酉壬子景相減以壬子癸丑景相減如前法推之亦合此取至前後六十一二日景

三月戊申朔景二丈一尺六寸一分一釐至七月初八日癸丑景二丈一尺四寸八分六釐五毫初九日甲寅景二丈一尺九寸一分五釐五毫用戊申癸丑景相減以癸丑甲寅景相減準前法推之亦同此取至前後六十二三日景

二月十八日乙未景二丈六尺三分四釐五毫至七月二十一日丙寅景二丈五尺八寸九分九釐二十二日丁卯景二丈六尺二寸五分九釐用乙未丙寅景相減以丙寅丁卯景相減如前法推之亦同此取至前後七十五六日景

二月三日庚辰景三丈二尺一寸九分五釐五毫至八月初五日庚辰景三丈一尺五寸九分六釐五毫初六日辛巳景三丈二尺二分六釐五毫用前庚辰與辛巳景相減以後庚辰辛巳景相減如前推之亦同此取至前後九十日景

正月十九日丁卯景三丈八尺五寸一釐五毫至八月十八日癸巳景三丈七尺八寸二分三釐十九日甲午景三丈八尺三寸一分五毫用丁卯甲午景相減以癸巳甲午景相校如前推之亦同此取至前後一百三四日景

推十六年己卯歲冬至

十月二十四日戊戌景七丈六尺七寸四分至十一月二十五日己巳景七丈六尺五寸八分二十六日庚午景七丈六尺一寸四分二釐五毫用戊戌己巳景相減餘一寸六分爲晷差進二位以己巳庚午景相減餘四寸三分七釐五毫爲法除之得三十六刻以相減距日三千一百刻餘三千六十四刻半之加五十刻百約得一十五日餘以十二乘之百約爲時滿五十又進一時共得十時餘以十二收之爲刻得二刻命初起距日戊戌筭外得癸丑日戌初二刻冬至此取至前後十五六日景

十月十八日壬辰景七丈四尺五分二釐五毫十九日癸巳景七丈四尺五寸四分五釐二十日甲午景七丈五尺二分五釐至十一月二十八日壬申景七丈五尺三寸二分二十九日癸酉景七丈四尺八寸五分二釐五毫十二月甲戌朔景七丈四尺三寸六分五釐初二日乙亥景七丈三尺八寸七分一釐五毫用甲午癸酉景相減癸巳甲午景相減如前推之亦同若以壬申癸酉景相減爲法推之亦同此取至前後十八九日景

若用癸巳與甲戌景相減以壬辰癸巳景相減推之或癸巳甲午景相減推之或用甲戌癸酉景相減推之或甲戌乙亥景相減推之或以壬辰乙亥景相減用壬辰癸巳景相減推之並同此取至前後二十日景

十月十六日庚寅景七丈三尺一分五釐十二月初三日丙子景七丈三尺三寸二分初四日丁丑景七丈二尺八寸四分二釐五毫用庚寅丁丑景相減以丙子丁丑景相減推之亦同此取至前後二十三日景

十月十四日戊子景七丈一尺九寸二分二釐五毫十五日己丑景七丈二尺四寸六分九釐十二月初五日戊寅景七丈二尺二寸七分二釐五毫用己丑戊寅景相減以戊子己丑景相減推之或用己丑庚寅相減推之亦同此取至前後二十四日景

十月初七日辛巳景六丈七尺七寸四分五釐初八日壬午景六丈八尺三寸七分二釐五毫初九日癸未景六丈八尺九寸七分七釐五毫十二月十二日乙丑景六丈八尺一寸四分五釐用壬午乙丑景相減以辛巳壬午相減推之壬午癸未景相減推之亦同此取至前後三十一二日景

十月乙亥朔景六丈三尺八寸七分十二月十八日辛卯景六丈四尺二寸九分七釐五毫十九日壬辰景六丈三尺六寸二分五釐用乙亥壬辰景相減以辛卯壬辰景相減推之亦同此取至前後三十八日景

九月二十二日丙寅景五丈七尺八寸二分五釐十二月二十八日辛丑景五丈七尺五寸八分二十九日壬寅景五丈六尺九寸一分五釐用丙寅辛丑景相減以辛丑壬寅景相減推之亦同此取至前後四十七八日景

九月二十日甲子景五丈六尺四寸九分二釐五毫至十二月二十九日壬寅景五丈六尺九寸一分五釐至十七年正月癸卯朔景五丈六尺二寸五分用甲子癸卯相減壬寅癸卯景相減推之亦同此取至前後五十日景

右以累年推測到冬夏二至時刻爲準定擬至元十八年辛巳歲前冬至當在己未日夜半後六刻卽丑初一刻

歲餘歲差

周天之度周歲之日皆三百六十有五全策之外又有奇分大率皆四分之一自今歲冬至距來歲冬至歷三百六十五日而日行一周凡四周歷千四百六十日則餘一日折而四之則四分之一也然天之分常有餘歲之分常不足其數有不能齊者惟其所差至微前人初未覺知迨漢末劉洪始覺冬至後天謂歲周餘分太强乃作乾象曆減歲餘分二千五百爲二千四百六十二至晉虞喜宋何承天祖冲之謂歲當有差因立歲差之法其法損歲餘益天周使歲餘浸弱天周浸强强弱相減因得日躔歲退之差歲餘天周二者實相爲用歲差由斯而立日躔由斯而得一或損益失當詎能與天叶哉

今自劉宋大明壬寅以來凡測景驗氣得冬至時刻眞數者有六取相距積日時刻以相距之年除之各得其時所用歲餘復自大明壬寅距至元戊寅積日時刻以相距之年除之得每歲三百六十五日二十四分二十五秒比大明曆減去一十一秒定爲方今所用歲餘餘七十五秒用益所謂四分之一共爲三百六十五度二十五分七十五秒定爲天周餘分强弱相減餘一分五十秒用除全度得六十六年有奇日郤一度以六十六年除全度適得一分五十秒定爲歲差復以堯典中星攷之其時冬至日在女虛之交及攷之前史漢元和二年冬至日在斗二十一度晉太元九年退在斗十七度宋元嘉十年在斗十四度末梁大同十年在斗十二度隋開皇十八年猶在斗十二度唐開元十二年在斗九度半今退在箕十度取其距今之年距今之度較之多者七十餘年少者不下五十年輒差一度宋慶元間改統天曆取大衍歲差率八十二年及開元所距之差五十五年折取其中得六十七年爲日郤行一度之差施之今日質諸天道實爲密近然古今曆法合於今必不能通於古密於古必不能驗於今今授時曆以之攷古則增歲餘而損歲差以之推來則增歲差而損歲餘上推春秋以來冬至往往皆合下求方來可以永久而無弊非止密於今日而已仍以大衍等六曆攷驗春秋以來冬至疏密凡四十九事具列如後

冬至刻

	大衍	宣明	紀元	統天	大明	授時
獻公十五年戊寅歲正月甲寅朔旦冬至	丙辰二十二	乙卯八十八	丁巳三十三	乙卯二	丁巳三十五	甲寅九十九
僖公五年丙寅歲正月辛亥朔旦冬至	辛亥九十四	辛亥六十六	壬子二十四	辛亥二十七	壬子八十九	辛亥十四
昭公二十年己卯歲正月己丑朔旦冬至	己丑四十五	己丑二十	庚寅二十五	戊子九十二	庚寅二十九	戊子八十三
宋元嘉十二年乙亥歲十一月十五日戊辰景長	戊辰三十五	戊辰三十二	戊辰三十九	戊辰五十一	戊辰四十一	戊辰四十七
元嘉十三年丙子歲十一月二十六日甲戌景長	癸酉五十九	癸酉五十七	癸酉六十三	癸酉二十五	癸酉六十五	癸酉二十一
元嘉十五年戊寅歲十一月十八日甲申景長						

甲申八　甲申六　甲申十二　甲申二十四　甲申十四　甲申十九

元嘉十六年己卯歲十月二十九日己丑景長

己丑三十三　己丑三十　己丑三十七　己丑四十八　己丑三十七　己丑四十四

元嘉十七年庚辰歲十一月初十日甲午景長

甲午五十七　甲午五十五　甲午六十一　甲午七十二　甲午六十三　甲午六十八

元嘉十八年辛巳歲十一月二十一日己亥景長

己亥八十二　己亥七十九　己亥八十五　己亥九十七　己亥八十七　己亥九十三

元嘉十九年壬午歲十一月初三日乙巳景長

乙巳六　乙巳四　乙巳十　乙巳二十一　乙巳十一　乙巳十七

大明五年辛丑歲十一月乙酉冬至

甲申七十　甲申六十八　甲申七十二　甲申八十九　甲申七十四　甲申七十九

陳天嘉六年乙酉歲十一月庚寅景長

庚寅十三　庚寅十三　庚寅五　庚寅二十四　庚寅八　庚寅七

光大二年戊子歲十一月乙巳景長

乙巳八十　乙巳八十六　乙巳七十九　乙巳九十七　乙巳八十一　乙巳九十

太建四年壬辰歲十一月二十九日丁卯景長

丙寅八十三　丙寅七十八　丙寅七十七　丙寅九十五　丙寅九十八　丙寅八十七

太建六年甲午歲十一月二十日丁丑景長

丁丑三十二　丁丑三十三　丁丑二十五　丁丑四十三　丁丑二十七　丁丑三十六

太建九年丁酉歲十一月二十三日壬辰景長

癸巳四　癸巳六　壬辰九十九　癸巳十六　癸巳六十　癸巳八

太建十年戊戌歲十一月五日戊戌景長

戊戌三十　戊戌三十　戊戌二十三　戊戌四十四　戊戌二十四　戊戌三十三

開皇四年甲辰歲十一月十一日己巳景長

己巳七十七　己巳七十八　己巳六十九　己巳八十六　己巳七十一　己巳八十六

開皇五年乙巳歲十一月二十二日乙亥景長

乙亥一　乙亥二　甲戌九十二　乙亥十二　甲戌九十五　乙亥十

開皇六年丙午歲十一月三日庚辰景長

庚辰二十五　庚辰二十六　庚辰十八　庚辰三十四　庚辰十九　庚辰三十四

開皇七年丁未歲十一月十四日乙酉景長

乙酉五十　乙酉五十　乙酉四十二　乙酉五十九　乙酉四十四　乙酉五十九

開皇十一年辛亥歲十一月二十八日丙午景長

丙午四十八　丙午四十九　丙午四十三　丙午五十七　丙午四十一　丙午五十六

開皇十四年甲寅歲十一月辛酉朔旦冬至

壬戌二十一　壬戌二十二　壬戌十二　壬戌二十　壬戌十四　壬戌二十九

唐貞觀十八年甲辰歲十一月乙酉景長

甲申四十三　甲申四十五　甲申三十一　甲申五十　甲申三十二　甲申四十四

貞觀二十三年己酉歲十一月辛亥景長

庚戌六十五　庚戌六十八　庚戌五十二　庚戌七十二　庚戌五十四　庚戌六十六

龍朔二年壬戌歲十一月四日己未至戊午景長

戊午八十三　戊午八十六　戊午六十九　戊午八十五　戊午七十一　戊午八十二

儀鳳元年丙子歲十一月壬申景長

壬申二十五　壬申二十八　壬申十　壬申二十八　壬申十三　壬申二十二

永淳元年壬午歲十一月癸卯景長

癸卯七十二　癸卯七十五　癸卯五十七　癸卯七十六　癸卯五十八　癸卯六十八

開元十年壬戌歲十一月癸酉景長

癸酉四十九　癸酉五十四　癸酉三十一　癸酉五十　癸酉三十二　癸酉四十六

開元十一年癸亥歲十一月戊寅景長

戊寅十四　戊寅七十八　戊寅五十五　戊寅七十四　戊寅五十六　戊寅七十

開元十二年甲子歲十一月癸未冬至

癸未九十八　甲申三　癸未八十　癸未九十九　癸未八十一　癸未九十五

宋景德四年丁未歲十一月戊辰日南至

戊辰十五　戊辰二十六　丁卯七十四　丁卯八十二　丁卯七十四　丁卯八十

皇祐二年庚寅歲十一月三十日癸丑景長

癸丑六十五　癸丑七十九　癸丑二十二　癸丑二十五　癸丑二十二　癸丑二十三

元豐六年癸亥歲十一月丙午景長

丙午七十三　丙午八十五　丙午二十六　丙午二十七　丙午二十六　丙午二十六

元豐七年甲子歲十一月辛亥景長

辛亥九十七　壬子十　辛亥五十一　辛亥五十一　辛亥五十　辛亥五十一

元祐三年戊辰歲十一月壬申景長

壬申九十四　癸酉八　壬申四十八　壬申四十八　壬申四十八　壬申四十八

元祐四年己巳歲十一月丁丑景長

戊寅十九　戊寅三十二　丁丑七十二　丁丑七十二　丁丑七十二　丁丑七十二

元祐五年庚午歲十一月壬午冬至

癸未四十四　癸未五十六　壬午九十六　壬午九十七　壬午九十六　壬午九十六

元祐七年壬申歲十一月癸巳冬至

癸巳九十二　甲午五　癸巳四十五　癸巳四十五　癸巳四十五　癸巳四十五

元符元年戊寅歲十一月甲子冬至

乙丑三十九　乙丑五十二　甲子九十一　甲子九十一　甲子九十一　甲子九十一

崇寧三年甲申歲十一月丙申冬至

丙申八十六　丙申九十九　丙申三十七　丙申三十六　丙申三十七　丙申三十七

紹熙二年辛亥歲十一月壬申冬至

癸酉十二　癸酉二十七　壬申五十七　壬申四十七　壬申五十七　壬申四十六

慶元三年丁巳歲十一月癸卯日南至

甲辰五十九　甲辰七十四　甲辰三　癸卯九十二　甲辰三　癸卯九十二

嘉泰三年癸亥歲十一月甲戌日南至

丙子五　丙子二十　乙亥四十九　乙亥三十七　乙亥四十九　乙亥三十七

嘉定五年壬申歲十一月壬戌日南至

癸亥二十五　癸亥四十一　壬戌六十九　壬戌五十六　壬戌六十八　壬戌五十六

紹定三年庚寅歲十一月丙申日南至

丁酉六十五　丁酉八十三　丁酉七　丙申六十三　丁酉七　丙申九十二

淳祐十年庚戌歲十一月辛巳日南至

壬午九十四　壬午七十一　辛巳九十六　辛巳七十七　辛巳九十四　辛巳七十八

本朝至元十七年庚辰歲十一月己未夜半後六刻冬至

己未八十七　庚申五　己未二十五　己未四　己未二十四　己未六

右自春秋獻公以來，凡二千一百六十餘年，用大衍、宣明、紀元、統天、大明、授時六曆推算冬至，凡四十九事，大衍曆合者三十二，不合者十七；宣明曆合者二十六，不合者二十三；紀元曆合者三十五，不合者十四；統天曆合者三十八，不合者十一；大明曆合者三十四，不合者十五；授時曆合者三十九，不合者十事。今按獻公十五年戊寅歲正月甲寅朔旦冬至，授時曆得甲寅，統天曆得乙卯，後天一日；至僖公五年正月辛亥朔旦冬至，授時、統天皆得辛亥，與天合；下至昭公二十年己卯歲正月己丑朔旦冬至，授時、統天皆得戊子，並先一日。若曲變其法以從之，則獻公、僖公皆不合矣。以此知春秋所書昭公冬至，乃日度失行之驗，一也。大衍曆攷古冬至，謂劉宋元嘉十三年丙子歲十一月甲戌日南至，大衍與皇極、麟德三曆皆得癸酉，各先一日，乃日度失行，非三曆之差，今以授時曆攷之，亦得癸酉，二也。大明五年辛丑歲十一月乙酉冬至，諸曆皆得甲申，殆亦日度之差，三也。陳太建四年壬辰歲十一月丁卯景長，大衍、授時皆得丙寅，是先一日；太建九年丁酉歲十一月壬辰景長，大衍、授時皆得癸巳，是後一日，一失之先，一失之後，若合於壬辰，則差於丁酉，合於丁酉，則差於壬辰，亦日度失行之驗，五也。開皇十一年辛亥歲十一月丙午景長，大衍、統天、授時皆得丙午，與天合；至開皇十四年甲寅歲十一月辛酉冬至，而大衍、統天、授時皆得壬戌，若合於辛亥，則失於甲寅，合於甲寅，則失於辛亥，其開皇十四年甲寅歲冬至，亦日度失行，六也。唐貞觀十八年甲辰歲十一月乙酉景長，諸曆得甲申；貞觀二十三年己酉歲十一月辛亥景長，諸曆皆得庚戌。大衍曆議以永淳、開元冬至推之，知前二冬至乃史官依時曆以書，必非候景所得，所以不合，今以授時曆攷之亦然，八也。自前宋以來，測景驗氣者凡十七事，其景德丁未歲戊辰日南至，統天、授時皆得丁卯，是先一日；嘉泰癸亥歲甲戌日南至，統天、授時皆得乙亥，是後一日，一失之先，一失之後，若曲變其數以從景德，則其餘十六事多後天；從嘉泰，則其餘十六事多先天，亦日度失行之驗，十也。前十事皆授時曆所不合，以此理推之，非不合矣。蓋類其同則知其中，辨其異則知其變。今於冬至略其日度失行及史官依時曆書之者凡十事，則授時曆三十九事皆中，統天曆與今曆不合者僅有獻公一事。大衍曆推獻公冬至後天二日，大明後天三日，授時曆與天合。下推至元庚辰冬至，大衍後天八十一刻，大明後天一十九刻，統天曆先天一刻，授時曆與天合。以前代諸曆校之，授時爲密，庶幾千歲之日至，可坐而致云。

古今曆參校疏密

授時曆與古曆相校，疏密自見，蓋上能合於數百載之前，則下可行之永久，此前人定說。古稱善治曆者，若宋何承天，隋劉焯，唐傅仁均、僧一行之流，最爲傑出，今以其曆與至元庚辰冬至氣應相校，未有不舛戾者，而以新曆上推往古，無不脗合，則其疏密從可知已。

宋文帝元嘉十九年壬午歲十一月乙巳日十一刻冬至，距本朝至元十七年庚辰歲，計八百三十八年，其年十一月氣應己未六刻冬至，元嘉曆推之得辛酉，後授時二日；授時上考元嘉壬午歲冬至，得乙巳，與元嘉合。

隋大業三年丁卯歲十一月庚午日五十二刻冬至，距至元十七年庚辰歲，計六百七十三年，皇極曆推之得庚申冬至，後授時一日；授時上考大業丁卯歲冬至，得庚午，與皇極合。

唐武德元年戊寅歲十一月戊辰日六十四刻冬至，距至元十七年庚辰歲，計六百六十二年，戊寅曆推之得庚申冬至，後授時一日；授時上考武德戊寅歲，得戊辰冬至，與戊寅曆合。

開元十五年丁卯歲十一月己亥日七十二刻冬至，距至元十七年庚辰歲，計五百五十三年，大衍曆推之得己未冬至，後授時八十一刻；授時曆上考開元丁卯歲，得己亥冬至，與大衍曆合，先四刻。

長慶元年辛丑歲十一月壬子日七十六刻冬至，距至元十七年庚辰歲，計四百五十九年，宣明曆推之得庚申冬至，後授時一日；授時曆上考長慶辛丑歲，得壬子冬至，與宣明曆合。

宋太平興國五年庚辰歲十一月丙午日六十三刻冬至，距至元十七年庚辰歲，計三百年，乾元曆推之得庚申冬至，後授時一日；授時曆上考太平興國庚辰歲，得丙午冬至，與乾元合。

咸平三年庚子歲十一月辛卯日五十三刻冬至，距至元十七年庚辰歲，計二百八十年，儀天曆推之得庚申

冬至後授時一日授時上考咸平庚子歲得辛卯冬至與儀天合

崇寧四年乙酉歲十一月辛丑日六十一刻冬至距至元十七年庚辰歲計一百七十五年紀元曆推之得己未日冬至後授時十九刻授時曆上考崇寧乙酉歲得辛丑日冬至與紀元曆合先二刻

金大定十九年己亥歲十一月己巳日六十四刻冬至距至元十七年庚辰歲計一百一年大明曆推之得己未冬至後授時一十九刻授時曆上考大定己亥歲己巳冬至與大明曆合先九刻大明冬至蓋測驗未密故也

慶元四年戊午歲十一月己酉日一十七刻冬至距至元十七年庚辰歲計八十二年統天曆推之得己未冬至先授時一刻授時曆上考慶元戊午歲得己酉日冬至與統天曆合

周天列宿度

列宿著於天爲舍二十有八爲度三百六十五有奇非日躔無以校其度非列舍無以紀其度周天之度因二者以得之天體渾圓當二極南北之中絡以赤道日月五星之行常出入於此天左旋日月五星遡而右轉昔人曆象日月星辰謂此也然列舍相距度數歷代所測不同非微有動移則前人所測或有未密古用闚管今新制渾儀測用二綫所測度數分秒與前代不同者今列於左

漢落下閎所測	唐一行所測	宋皇祐所測	元豐所測	崇寧所測	至元所測
角十二度					十二度一十分
亢九度				九度少	九度二十分
氐十五度		十六度			十六度三十分
房五度			六度	五度太	五度六十分
心五度		六度		六度少	六度五十分
尾十八度		十九度		十九度少	十九度一十分
箕十一度		十度	十一度	十度半	十度四十分
東方七十五度		七十七度	七十九度	七十八度	七十九度二十分
斗二十六度及分	二十六度	二十五度			二十五度二十分
牛八度		七度		七度少	七度二十分
女十二度		十一度		十一度少	十一度三十五分
虛十度	十度少強		九度少強		八度九十五分
危十七度		十六度		十五度半	十五度四十分
室十六度	十六度	十七度			十七度一十分
壁九度				八度太	八度六十分
北方九十八度及分	九十八度二十五分	九十五度二十五分	九十四度二十五分	九十四度七十五分	九十三度八十分太
奎十六度				十六度半	十六度六十分
婁十二度					十一度八十分
胃十四度		十五度			十五度六十分
昴十一度				十一度少	十一度三十分
畢十六度	十七度	十八度	十七度	十七度少	十七度四十分
觜二度	一度			半度	五分
參九度	十度			十度半	十一度一十分
西方八十度	八十一度	八十三度	八十二度	八十三度	八十三度八十五分
井三十三度				三十三度少	三十三度三十分
鬼四度	三度	二度		二度半	二度二十分
柳十五度		十四度		十三度太	十三度三十分
星七度				六度太	六度三十分
張十八度			十七度	十七度少	十七度二十五分
翼十八度			十九度	十八度太	十八度七十五分
軫十七度					十七度三十分
南方一百一十二度	一百十度	一百十度	一百十度	一百九度二十五分	一百八度四十分

日躔

日之麗天縣象最著大明一生列宿俱熄古人欲測躔度所在必以昏旦夜半中星衡考其所距從考其所當然昏旦夜半時刻未易得眞時刻一差則所距所當不容無舛晉姜岌首以月食衝檢知日度所在紀元曆復以太白誌其相距遠近於昏後明前驗定星度因得日躔今用至元丁丑四月癸酉望月食既推求得冬至日躔赤道箕宿十度黃道九度有奇仍自其年正月至己卯歲終三年之間日測太陰所離宿次及歲星太白相距度定驗參考共得一百三十四事皆躔箕宿適與月食所衝允合以金趙知微所修大明曆法推之冬至猶躔斗初度三十六分六十四秒比新測實差七十六分六十四秒

日行盈縮

日月之行有冬有夏言日月行度冬夏各不同也人徒知日行一度一歲一周天曾不知盈縮損益四序有不同者北齊張子信積候合蝕加時覺日行有入氣差然損益未得其正趙道嚴復準晷景長短定日行進退更造盈縮以求虧食至劉焯立躔度與四序升降雖損益不同後代祖述用之夫陰陽往來馴積而變冬至日行一度強出赤道二十四度弱自此日軌漸北積八十八日九十一分當春分前三日交在赤道實行九十一度三十一分而適平自後其盈日損復行九十三日七十一分當夏至之日入赤道內二十四度弱實行九十一度三十一分日行一度弱向之盈分盡損而無餘自此日軌漸南積九十三日七十一分當秋分後三日交在赤道實行九十一度三十一分而復平自後其縮日損行八十八日九十一分出赤道外二十四度弱實行九十一度三十一分復當冬至向之縮分盡損而無餘盈縮均有損益初爲益末爲損自冬至以及春分春分以及夏至日躔自北陸轉而西西而南於盈爲益益極而損損至於無餘而縮自夏至以及秋分秋分以及冬至日躔自南陸轉而東東而北於縮爲益益極而損損至於無餘而復盈盈初縮末俱八十八日九十一分而行一象縮初盈末俱九十三日七十一分而行一象盈縮極差皆二度四十分由實測晷景而得仍以算術推考與所測允合

月行遲疾

古曆謂月平行十三度十九分度之七漢耿壽昌以爲日月行至牽牛東井日過度月行十五度至婁角始平行赤道使然賈逵以爲今合朔弦望月食加時所以不中者蓋不知月行遲疾意李梵蘇統皆以月行當有遲疾不必在牽牛東井婁角之間乃由行道有遠近出入所生劉洪作乾象曆精思二十餘年始悟其理列爲差率以囿進退損益之數後之作曆者咸因之至唐一行考九道委蛇曲折之數得月行疾徐之理先儒謂月與五星皆近日而疾遠日而遲曆家立法以入轉一周之日爲遲疾二曆各立初末二限初爲益末爲損在疾初遲末其行度率過於平行遲初疾末率不及于平行自入轉初日行十四度半強從是漸殺歷七日適及平行度謂之疾初限其積度比平行餘五度四十二分自是其疾日損又歷七日行十二度微強向之益者盡損而無餘謂之疾末限自是復行遲度又歷七日適及平行度謂之遲初限其積度比平行不及五度四十二分自此其遲日損行度漸增又歷七日復行十四度半強向之益者亦損而無餘謂之遲末限入轉一周實二十七日五十五刻四十六分遲疾極差皆五度四十二分舊曆日爲一限皆用二十八限今定驗得轉分進退時各不同今分日爲十二共三百三十六限半之爲半周限析而四之爲象限

白道交周

當二極南北之中橫絡天體以紀宿度者赤道也出入赤道爲日行之軌者黃道也所謂白道與黃道交貫月行之所由也古人隨方立名分爲八行與黃道而九究而言之其實一也惟其隨交遷徙變動不居故強以方色名之月道出入日道兩相交值當朔則日爲月所掩當望則月爲日所衝故皆有食然涉交有遠近食分有深淺皆可以數推之所謂交周者月道出入日道一周之日也日道距赤道之遠爲度二十有四月道出入日道不踰六度其距赤道也遠不過三十度近不下十八度出黃道外爲陽入黃道內爲陰陰陽一周分爲四象月當黃道爲正交出黃道外六度爲半交復當黃道爲中交入黃道內六度爲半交是爲四象象別七日各行九十一度四象周歷是謂一交之終以日計之得二十七日二十一刻二十二分二十四秒每一交退天一度二百分度之九十三凡二百四十九交退天一周有奇終而復始正交在春正半交出黃道外六度在赤道內十八度正交在秋正半交出黃道外六度在赤道外三十度中交在春正半交入黃道內六度在赤道內三十度中交在秋正半交入黃道內六度在赤道外十八度月道與赤道正交距春秋二正黃赤道正交宿度東西不及十四度三分度之二夏至在陰曆內冬至在陽曆外月道與赤道所差者多夏至在陽曆外冬至在陰曆內月道與赤道所差者少蓋白道二交有斜有直陰陽二曆有內有外直者密而狹斜者疏而闊其差亦從而異今立象置法求之差數多者不過三度五十分少者不下一度三十分是爲月道與赤道多少之差

晝夜刻

日出爲晝日入爲夜晝夜一周共爲百刻以十二辰分之每辰得八刻三分刻之一無間南北所在皆同晝短則夜長夜短則晝長此自然之理也春秋二分日當赤道出入晝夜正等各五十刻自春分以及夏至日入赤道內去極浸近夜短而晝長自秋分以及冬至日出赤道外去極浸遠晝短而夜長以地中揆之長不過六十刻短不過四十刻地中以南夏至去日出入之所爲遠其長有不及六十刻者冬至去日出入之所爲近其短有不止四十刻者地中以北夏至去日出入之所爲近其長有不止六十刻者冬至去日出入之所爲遠其短有不及四十刻者今京師冬至日出辰初二刻日入申正二刻故晝刻三十八夜刻六十二夏至日出寅正二刻日入戌初二刻故晝刻六十二夜刻三十八蓋地有南北極有高下日出入有早晏所有不同耳今授時曆晝夜刻一以京師爲正其各所實測北極高下具見天文志

元史卷五十三

明翰林學士亞中大夫知制誥兼修國史宋　濂等修

志第五

曆二

授時曆議下

交食

曆法疏密驗在交食然推步之術難得其密加時有早晚食分有淺深取其密合不容偶然推演加時必本於躔離朓朒考求食分必本於距交遠近苟入氣盈縮入轉遲疾未得其正則合朔不失之先則失之後合朔失之先後則虧食時刻其能密乎日月俱東行而日遲月疾月追及日是爲一會交值之道有陽曆陰曆交會之期有中前中後加以地形南北東西之不同人目高下邪直之各異此食分多寡理不得一者也今合朔既正則加時無早晚之差氣刻適中則食分無强弱之失推而上之自詩書春秋及三國以來所載虧食無不合焉者合於既往則行之悠久自可無弊矣

詩書所載日食二事

書胤征惟仲康肇位四海乃季秋月朔辰弗集于房

今按大衍曆作仲康即位之五年癸巳距辛巳三千四百八年九月庚戌朔泛交二十六日五千四百二十一分入食限

詩小雅十月之交大夫刺幽王也十月之交朔日辛卯日有食之亦孔之醜

今按梁太史令虞劇云十月辛卯朔在幽王六年乙丑朔大衍亦以爲然以授時曆推之是歲十月辛卯朔泛交十四日五千七百九分入食限

春秋日食三十七事

隱公三年辛酉歲春王二月己巳日有食之

杜預云不書日史官失之公羊云日食或言朔或不言朔或日或不日或失之前或失之後失之前者朔在前也失之後者朔在後也穀梁云言日不言朔食晦日也姜岌校春秋日食云是歲二月己亥朔無己巳似失一閏三月己巳朔去交分入食限大衍與姜岌合今授時曆推之是歲三月己巳朔加時在晝去交分二十六日六千六百三十一入食限

桓公三年壬申歲七月壬辰朔日有食之

姜岌以爲是歲七月癸亥朔無壬辰亦失閏其八月壬辰朔去交分入食限大衍與姜岌合以今曆推之是歲八月壬辰朔加時在晝食六分一十四秒

桓公十七年丙戌歲冬十月朔日有食之

左氏云不書日史官失之大衍推得在十一月交分入食限失閏也以今曆推之是歲十一月加時在晝交分二十六日八千五百六十入食限

莊公十八年乙巳歲春王三月日有食之

穀梁云不言日不言朔夜食也大衍推是歲五月朔交分入食限三月不應食以今曆推之是歲三月朔不入食限五月壬子朔加時在晝交分入食限蓋誤五爲三

莊公二十五年壬子歲六月辛未朔日有食之

大衍推之七月辛未朔交分入食限以今曆推之是歲七月辛未朔加時在晝交分二十七日四百八十九入食限失閏也

莊公二十六年癸丑歲冬十有二月癸亥朔日有食之

今曆推之是歲十二月癸亥朔加時在晝交分十四日三千五百五十一入食限

莊公三十年丁巳歲九月庚午朔日有食之

今曆推之是歲十月庚午朔加時在晝去交分十四日四千六百九十六入食限失閏也大衍同

僖公十二年癸酉歲春王三月庚午朔日有食之

姜氏云三月朔交不應食在誤條其五月庚午朔去交分入食限大衍同今曆推之是歲五月庚午朔加時在晝去交分二十六日五千一百九十二入食限蓋五誤爲三

僖公十五年丙子歲夏五月有食之

左氏云不書朔與日史官失之也大衍推四月癸丑朔去交分入食限差一閏今曆推之是歲四月癸丑朔去交分一日一千三百一十六入食限

文公元年乙未歲二月癸亥朔日有食之

姜氏云二月甲午朔無癸亥三月癸亥朔入食限大衍亦以爲然今曆推之是歲三月癸亥朔加時在晝去交分二十六日五千九百十七分入食限失閏也

文公十五年己酉歲六月辛丑朔日有食之

今曆推之是歲六月辛丑朔加時在晝交分二十六日四千四百七十三分入食限

宣公八年庚申歲秋七月甲子日有食之

杜預以七月甲子晦食姜氏云十月甲子朔食大衍同今曆推之是歲十月甲子朔加時在晝食九分八十一秒蓋十誤爲七

宣公十年壬戌歲夏四月丙辰日有食之

今曆推之是月丙辰朔加時在晝交分十四日九百六十八分入食限

宣公十七年己巳歲六月癸卯日有食之

姜氏云六月甲辰朔不應食大衍云是年五月在交限六月甲辰朔交分已過食限蓋誤今曆推之是歲五月乙亥朔入食限六月甲辰朔泛交二日已過食限大衍爲是

成公十六年丙戌歲六月丙寅朔日有食之

今曆推之是歲六月丙寅朔加時在晝去交分二十六日九千八百三十五分入食限

成公十七年丁亥歲十有二月丁巳朔日有食之

姜氏云十二月戊子朔無丁巳似失閏大衍推十一月丁巳朔交分入食限今曆推之是歲十一月丁巳朔加時在晝交分十四日二千八百九十七分入食限與大衍同

襄公十四年壬寅歲二月乙未朔日有食之

今曆推之是歲二月乙未朔加時在晝交分十四日一千三百九十三分入食限也

襄公十五年癸卯歲秋八月丁巳朔日有食之

姜氏云七月丁巳朔食失閏也大衍同今曆推之是歲七月丁巳朔加時在晝去交分二十六日三千三百九十四分入食限

襄公二十年戊申歲冬十月丙辰朔日有食之

今曆推之是歲十月丙辰朔加時在晝交分十三日七千六百分入食限

襄公二十一年己酉歲秋七月庚戌朔日有食之

今曆推之是月庚戌朔加時在晝交分十四日三千六百八十二分入食限

冬十月庚辰朔日有食之

姜氏云比月而食宜在誤條大衍亦以爲然今曆推之十月已過交限不應頻食姜說爲是

襄公二十三年辛亥歲春王二月癸酉朔日有食之

今曆推之是月癸酉朔加時在晝交分二十六日五千七百三分入食限

襄公二十四年壬子歲秋七月甲子朔日有食之既

今曆推之是月甲子朔加時在晝日食九分六秒

八月癸巳朔日有食之

漢志董仲舒以爲比食又既大衍云不應頻食在誤條今曆推之立分不叶不應食大衍說是

襄公二十七年乙卯歲冬十有二月乙亥朔日有食之

姜氏云十一月乙亥朔交分入限應食大衍同今曆推之是歲十一月乙亥朔加時在晝交分初日八百二十五分入食限

昭公七年丙寅歲夏四月甲辰朔日有食之

今曆推之是月甲辰朔加時在晝交分二十七日二百九十八分入食限

昭公十五年甲戌歲六月丁巳朔日有食之

大衍推五月丁巳朔食失一閏今曆推之是歲五月丁巳朔加時在晝交分十三日九千五百六十七分入食限

昭公十七年丙子歲夏六月甲戌朔日有食之

姜氏云六月乙巳朔交分不叶不應食當誤大衍云當在九月朔六月不應食姜氏是也今曆推之是歲九月甲戌朔加時在晝交分二十六日七千六百五十分入食限

昭公二十一年庚辰歲七月壬午朔日有食之

今曆推之是月壬午朔加時在晝交分二十六日八千七百九十四分入食限

昭公二十二年辛巳歲冬十有二月癸酉朔日有食之

今曆推之是月癸酉朔交分十四日一千八百入食限杜預以長曆推之當爲癸卯非是

昭公二十四年癸未歲夏五月乙未朔日有食之

今曆推之是月乙未朔加時在晝交分二十六日三千八百三十九分入食限

昭公三十一年庚寅歲十有二月辛亥朔日有食之

今曆推之是月辛亥朔加時在晝交分二十六日六千一百二十八入食限

定公五年丙申歲春三月辛亥朔日有食之

今曆推之三月辛卯朔加時在晝交分十四日三百三十四分入食限

定公十二年癸卯歲十一月丙寅朔日有食之

今曆推之是歲十月丙寅朔加時在晝交分十四日二千六百二十二分入食限蓋失一閏

定公十五年丙午歲八月庚辰朔日有食之

今曆推之是月庚辰朔加時在晝交分十三日七千六百八十五分入食限

哀公十四年庚申歲夏五月庚申朔日有食之

今曆推之是月庚申朔加時在晝交分二十六日九千二百一分入食限

右詩書所載日食二事春秋二百四十二年間凡三十有七事以授時曆推之惟襄公二十一年十月庚辰朔及二十四年八月癸巳朔不入食限蓋自有曆以來無比月而食之理其三十五食食皆在朔經或不書日不書朔公羊穀梁以爲食晦二者非左氏以爲史官失之者得之其間或差一日二日者蓋由古曆疎闊置閏失當之弊姜岌一行已有定說孔子作書但因時曆以書非大義所關故不必致詳也

三國以來日食

蜀章武元年辛丑六月戊辰晦時加未

授時曆食甚未五刻

大明曆食甚未五刻

右皆親二曆推戊辰皆七月朔

魏黃初三年壬寅十一月庚申晦食時加西南維

授時曆食甚申二刻

大明曆食甚申三刻

右授時親大明次親二曆推庚申皆十二月朔

梁中大通五年癸丑四月己未朔食在丙

授時曆虧初午四刻

大明曆虧初午四刻

右皆親

太清元年丁卯正月己亥朔食時加申

授時曆食甚申一刻

大明曆食甚申三刻

右授時次親大明親

陳太建八年丙申六月戊申朔食於卯甲間

授時曆食甚卯二刻

大明曆食甚卯四刻

右授時次親大明疎遠

唐永隆元年庚辰十一月壬申朔食巳四刻甚

授時曆食甚巳七刻

大明曆食甚巳五刻

右授時疎大明親

開耀元年辛巳十月丙寅朔食巳初甚

授時曆食甚辰正三刻

大明曆食甚辰正一刻

右授時親大明疎

嗣聖八年辛卯四月壬寅朔食卯二刻甚

授時曆食甚寅八刻

大明曆食甚卯初刻

右皆次親

十七年庚子五月己酉朔食申初甚

授時曆食甚申初二刻

大明曆食甚申正初刻

右授時次親大明疎遠

十九年壬寅九月乙丑朔食申三刻甚

授時曆食甚申一刻

大明曆食甚申四刻

右授時次親大明親

景龍元年丁未六月丁卯朔食午正甚

授時曆食甚午正二刻

大明曆食甚未初初刻

右授時次親大明疎遠

開元元年辛酉九月乙巳朔食午正後三刻甚

授時曆食甚午正一刻

大明曆食甚午正二刻

右授時次親大明親

宋慶曆六年丙戌三月辛巳朔食申正三刻復滿

授時曆復滿申正三刻

大明曆復滿申正一刻

右授時密合大明次親

皇祐元年己丑正月甲午朔食午正甚

授時曆食甚午初二刻

大明曆食甚午正初刻

右授時親大明密合

五年癸巳歲十月丙申朔食未一刻甚

授時曆食甚未三刻

大明曆食甚未初刻

右授時次親大明親

至和元年甲午四月甲午朔食申正一刻甚

授時曆食甚申正一刻

大明曆食甚申正二刻

右授時密合大明親

嘉祐四年己亥正月丙申朔食未三刻復滿

授時曆復滿未初二刻

大明曆復滿未初二刻

右皆親

六年辛丑六月壬子朔食未初虧初

授時曆虧初未初刻

大明曆虧初未一刻

右授時親大明次親

治平三年丙午九月壬子朔食未二刻甚

授時曆食甚未三刻

大明曆食甚未四刻

右授時親大明次親

熙寧二年己酉七月乙丑朔食辰三刻甚

授時曆食甚辰五刻

大明曆食甚辰四刻

右授時次親大明親

元豐三年庚申十一月己丑朔食巳六刻甚

授時曆食甚巳五刻

大明曆食甚巳二刻

右授時親大明疎遠

紹聖元年甲戌三月壬申朔食未六刻甚

授時曆食甚未五刻

大明曆食甚未五刻

右皆親

大觀元年丁亥十一月壬子朔食未二刻虧初未八刻甚申六刻復滿

授時曆虧初未三刻食甚申初刻復滿申六刻

大明曆虧初未初刻食甚未七刻復滿申五刻

右授時曆虧初食甚皆親復滿密合大明虧初次親食甚復滿皆親

紹興三十二年壬午正月戊辰朔食申初虧

授時曆虧初申一刻

大明曆虧初未七刻

右皆親

淳熙十年癸卯十一月壬戌朔食巳正二刻甚

授時曆食甚巳正二刻

大明曆食甚巳正一刻

右授時密合大明親

慶元元年乙卯三月丙戌朔食午初二刻虧初

授時曆虧初午初一刻

授時曆虧初午正初刻食甚未初一刻復滿未正一刻

大明曆虧初午正三刻食甚未正一刻復滿申初二刻

右授時虧初食甚皆密合復滿親大明虧初疎食甚復滿皆疎遠

前代考古交食同刻者爲密合相較一刻爲親二刻爲次親三刻爲疎四刻爲疎遠今授時大明校古日食上自後漢章武元年下訖本朝計三十五事密合者授時十大明二親者授時十有七大明十有六次親者授時十大明八疎者授時一大明三疎遠者授時無大明六

前代月食

宋元嘉十一年甲戌七月丙子望食四更二唱虧初四更四唱食既

授時曆虧初四更三點食既在四更四點

大明曆虧初在四更二點食既在四更五點

右授時虧初親食既密合大明虧初密合食既親

十三年丙子十二月己巳望食一更三唱食既

授時曆

大明曆虧初午初二刻

右授時虧初親大明虧初密合

嘉泰二年壬戌五月甲辰朔食午初一刻虧初

授時曆虧初巳正三刻

大明曆虧初午初三刻

右皆親

嘉定九年丙子二月甲申朔食申正四刻甚

授時曆食甚申正三刻

大明曆食甚申正二刻

右授時親大明次親

淳祐三年癸卯三月丁丑朔食巳初二刻

授時曆食甚巳初一刻

大明曆食甚巳初初刻

右授時親大明次親

本朝中統元年庚申三月戊辰朔食申正二刻甚

授時曆食甚申正一刻

大明曆食甚申初三刻

右授時親大明疎

至元十四年丁丑十月丙辰朔食午正初刻虧初未初一刻食甚未正二刻復滿

授時曆食既在一更三點

大明曆食既在一更四點

右授時密合大明親
十四年丁丑十一月丁丑望食二更四唱虧初三更
一唱食既
授時曆虧初在二更五點食既在三更二點
大明曆虧初在二更四點食既在三更二點
右授時虧初食既皆親大明虧初密合食既親
梁中大通二年庚戌五月庚寅望月食在子
授時曆食甚在子正初刻
大明曆食甚在子正初刻
右皆密合
大同九年癸亥三月乙巳望食三更三唱虧初
授時曆虧初三更一點
大明曆虧初三更三點
右授時次親大明密合
隋開皇十二年壬子七月己未朔食一更三唱虧初
授時曆虧初在一更四點
大明曆虧初在一更五點
右授時親大明次親
十五年乙卯十一月庚午望食一更四點虧初二更
三點食甚三更一點復滿
授時曆虧初在一更三點食甚在二更二點復滿
在二更五點
大明曆虧初在一更五點食甚在二更二點復滿
在二更五點
右授時虧初食甚復滿皆親大明虧初復滿皆
親食甚密合
十六年丙辰十一月甲子望食四更三籌復滿
授時曆復滿在四更四點
大明曆復滿在四更五點
右授時親大明次親
後漢天福十二年丁未十二月乙未望食四更四點
虧初
授時曆虧初四更五點
大明曆虧初四更一點
右授時親大明次親
宋皇祐四年壬辰十一月丙辰望食寅四刻虧初
授時曆虧初在寅二刻
大明曆虧初在寅一刻
右授時次親大明疎
嘉祐八年癸卯十月癸未望食卯七刻甚

授時曆食甚在辰初刻
大明曆食甚在辰初刻
右皆親
熙寧二年己酉閏十一月丁未望食亥六刻虧初子
五刻食甚丑四刻復滿
授時曆虧初在亥六刻食甚在子五刻復滿在丑
三刻
大明曆虧初在子初刻食甚在子六刻復滿在丑
四刻
右授時虧初食甚密合復滿親大明虧初次親
食甚親復滿密合
四年辛亥十一月丙申望食卯二刻虧初卯六刻甚
授時曆虧初在卯初刻食甚在卯五刻
大明曆虧初在卯四刻食甚在卯七刻
右虧初皆次親食甚皆親
六年癸丑三月戊午望食亥一刻虧初亥六刻甚子
四刻復滿
授時曆虧初在戌七刻食甚在亥五刻復滿在子
三刻
大明曆虧初在亥二刻食甚在亥七刻復滿在子
四刻
右授時虧初次親食甚復滿皆親大明虧初食
甚皆親復滿密合
七年甲寅九月己酉望食四更五點虧初五更三點
食既
授時曆虧初在四更五點食既在五更三點
大明曆虧初在四更三點食既在五更二點
右授時虧初食既皆密合大明虧初次親食既
親
崇寧四年乙酉十二月戊寅望食酉三刻甚戌初刻
復滿
授時曆食甚在酉一刻復滿在酉七刻
大明曆食甚在酉三刻復滿在戌二刻
右授時食甚復滿皆次親大明食甚密合復滿
次親
本朝至元七年庚午三月乙卯望食丑三刻虧初寅
初刻食甚寅六刻復滿
授時曆虧初在丑二刻食甚在寅初刻復滿在寅
六刻
大明曆虧初在丑四刻食甚在寅一刻復滿在寅

七刻
右授時虧初親食甚復滿密合大明虧初食甚
復滿皆親
九年壬申七月辛未望食丑初刻虧初丑六刻食甚
寅三刻復滿
授時曆虧初在子七刻食甚在丑四刻復滿在寅
一刻
大明曆虧初在丑二刻食甚在丑六刻復滿在寅
二刻
右授時虧初親食甚復滿皆次親大明虧初次
親食甚密合復滿親
十四年丁丑四月癸酉望食子六刻虧初丑三刻食
既丑五刻甚丑七刻生光寅四刻復滿
授時曆虧初在子六刻食既在丑四刻食甚在丑
五刻生光丑六刻復滿寅四刻
大明曆虧初在丑初刻食既丑七刻食甚在丑七
刻生光在丑八刻復滿寅六刻
右授時虧初食甚復滿皆密合食既生光皆親
大明虧初食甚復滿皆次親食既疎遠生光親
十六年己卯二月癸酉望食子五刻虧初丑二刻甚
丑七刻復滿
授時曆虧初在子五刻食甚在丑二刻復滿在丑
七刻
大明曆虧初在子七刻食甚在丑三刻復滿在丑
七刻
右授時虧初食甚復滿皆密合大明虧初次親
食甚親復滿密合
八月己丑望食丑五刻虧初寅初刻甚寅四刻復滿
授時曆虧初在丑三刻食甚在寅初刻復滿在寅
四刻
大明曆虧初在丑七刻食甚在寅二刻復滿在寅
四刻
右授時虧初次親食甚復滿皆密合大明虧初
食甚皆次親復滿密合
十七年庚辰八月甲申望食在晝戌一刻復滿
授時曆復滿在戌一刻
大明曆復滿在戌四刻
右授時密合大明疎
已上四十五事密合者授時十有八大明十有一親者
授時十有八大明十有七次親者授時九大明十有四

疎者授時無大明二疎遠者授時無大明一
定朔
日平行一度月平行十三度十九分度之七一晝夜之
間月先日十二度有奇歷二十九日五十三刻復追及
日與之同度是謂經朔經朔云者謂合朔大量不出此
也日有盈縮月有遲疾以盈縮遲疾之數損益之始爲
定朔古人立法簡而未密初用平朔一大一小故日食
有在朔二月食有在望前後者漢張衡以月行遲疾分
爲九道宋何承天以日行盈縮推定小餘故月有三大
二小隋劉孝孫劉焯欲遵用其法時議排抵以爲迂怪
卒不能行唐傅仁均始采用之至貞觀十九年九月後
四月頻大復用平朔訖麟德元年始用李淳風甲子元
曆定朔之法遂行淳風又以晦月頻見故立進朔之法
謂朔日小餘在日法四分之三已上虛進一日後代皆
循用之然虞劇嘗曰朔在會同苟躔次既合何疑於頻
大日月相離何拘於間小一行亦曰天事誠密雖四大
三小庸何傷今但取辰集時刻所在之日以爲定朔朔
雖小餘在進限亦不之進甚矣人之安於故習也初曆
法用平朔止知一大一小爲法之不可易初聞三大二
小之說皆不以爲然自有曆以來下訖麟德而定朔始
行四大三小理數自然唐人弗克若天而止用平朔迨
本朝至元而常議方革至如進朔之意止欲避晦日月
見殊不思合朔在酉戌亥距前日之卯十八九辰矣若
進一日則晦不見月此論誠然苟合朔在辰申之間法
不當進距前日之卯已踰十四五度則月見於晦庸得
免乎且月之隱見本天道之自然朔之進退出人爲之
牽强孰若廢人用天不復虛進爲得其實哉至理所在
奚恤乎人言可爲知者道也
不用積年日法
曆法之作所以步日月之躔離候氣朔之盈虛不揆其
端無以測知天道而與之脗合然日月之行遲速不同
氣朔之運參差不一昔人立法必推求往古生數之始
謂之演紀上元當斯之際日月五星同度如合璧連珠
然惟其世代綿遠馴積其數至踰億萬後人厭其布算
繁多互相推考斷截其數而增損日法以爲得改憲之
術此歷代積年日法所以不能相同者也然行之未遠
浸復差失蓋天道自然豈人爲附會所能苟合哉夫七
政運行於天進退自有常度苟原始要終候驗周匝則
象數昭著有不容隱者又何必捨目前簡易之法而求
億萬年宏闊之術哉今授時曆以至元辛巳爲元所用

之數一本諸天秒而分分而刻刻而日皆以百爲率比之他曆積年日法推演附會出於人爲者爲得自然或曰昔人謂建曆之本必先立元元正然後定日法法定然後度周天以定分至然則曆之有積年日法尚矣自黃帝以來諸曆轉相祖述殆七八十家未聞舍此而能成者今一切削去無乃昧於本原而考求未得其方歟是殆不然晉杜預有云治曆者當順天以求合非爲合以驗天前代演積之法不過爲合驗天耳今以舊曆頗疏乃命釐正法之不密在所必更奚暇踵故習哉遂取漢以來諸曆積年日法及行用年數具列于後仍附演積數法以釋或者之疑

三統曆西漢太初元年丁丑鄧平造行一百八十八年至東漢元和乙酉後天七十八刻

積年一十四萬四千五百一十一

日法八十一

四分曆東漢元和二年乙酉編訢造行一百二十一年至建安丙戌後天七刻

積年一萬五百六十一

日法四

乾象曆建安十一年丙戌劉洪造行三十一年至魏景初丁巳後天七刻

積年八千四百五十二

日法一千四百五十七

景初曆魏景初元年丁巳楊偉造行二百六年至宋元嘉癸未先天五十刻

積年五千八十九

日法四千五百五十九

元嘉曆宋元嘉二十年癸未何承天造行二十年至大明七年癸卯先天五十刻

積年六千五百四十一

日法七百五十二

大明曆宋大明七年癸卯宋祖冲之造行五十八年至魏正光辛丑後天二十九刻

積年五萬二千七百五十七

日法三千九百三十九

正光曆後魏正光二年辛丑李業興造行一十九年至興和庚申先天十三刻

積年一十六萬八千五百九

日法七萬四千九百五十二

興和曆興和二年庚申李業興造行一十年至齊天保庚午先天九十九刻

積年二十萬四千七百三十七

日法二十萬八千五百三十

天保曆北齊天保元年庚午宋景業造行一十七年至周天和丙戌後天一日八十七刻

積年一十一萬一千二百五十七

日法二萬三千六百六十

天和曆後周天和元年丙戌甄鸞造行一十三年至大象己亥先天四十刻

積年八十七萬六千五百七

日法二萬三千四百六十

大象曆大象元年己亥馮顯造行五年至隋開皇甲辰後天十刻

積年四萬二千二百五十五

日法一萬二千九百九十二

開皇曆隋開皇四年甲辰張賓造行二十四年至大業戊辰後天七刻

積年四百一十二萬九千六百九十七

日法一十萬二千九百六十

大業曆大業四年戊辰張胄玄造行一十一年至唐武德己卯後天七刻

積年一百四十二萬八千三百一十七

日法一千一百四十四

戊寅曆唐武德二年己卯道士傅仁均造行四十六年至麟德乙丑後天四十七刻

積年一十六萬五千三

日法一萬三千六百

麟德曆麟德二年乙丑李淳風造行六十三年至開元戊辰後天一十二刻

積年二十七萬四百九十七

日法一千三百四十

大衍曆開元十六年戊辰僧一行造行三十四年至寶應壬寅先天一十四刻

積年九千六百九十六萬二千二百九十七

日法三千四十

五紀曆寶應元年壬寅郭獻之造行二十三年至貞元乙丑後天二十四刻

積年二十七萬四百九十七

日法一千三百四十

貞元曆貞元元年乙丑徐承嗣造行二十七年至長慶壬寅先天十五刻

積年四十萬三千三百九十七

日法一千九十五

宣明曆長慶二年壬寅徐昂造行七十一年至景福癸丑先天四刻

積年七百七萬五百九十七

日法八千四百

崇玄曆景福二年癸丑邊岡造行十四年後六十三年至周顯德丙辰先天四刻

積年五千三百九十四萬七千六百九十七

日法一萬三千五百

欽天曆五代周顯德三年丙辰王朴造行五年至宋建隆庚申先天二刻

積年七千二百六十九萬八千七百七十七

日法七千二百

應天曆宋建隆元年庚申王處訥造行二十一年至太平興國辛巳後天二刻

積年四百八十二萬五千八百七十七

日法一萬單二

乾元曆太平興國六年辛巳吳昭素造行二十年至咸平辛丑合

積年三千五十四萬四千二百七十七

日法二千九百四十

儀天曆咸平四年辛丑史序造行二十三年至天聖甲子合

積年七十一萬六千七百七十七

日法一萬一千

崇天曆天聖二年甲子宋行古造行四十年至治平甲辰後天五十四刻

積年九千七百五十五萬六千五百九十七

日法一萬五百九十

明天曆治平元年甲辰周琮造行一十年至熙寧甲寅合

積年七十一萬一千九百七十七

日法三萬九十

奉元曆熙寧七年甲寅衛朴造行十八年至元祐壬申後天七刻

積年八千三百一十八萬五千二百七十七

積法二萬三千七百

觀天曆元祐七年壬申皇居卿造行三十一年至崇寧癸未先天六刻

積年五百九十四萬四千九百九十七

日法一萬二千三十

占天曆崇寧二年癸未姚舜輔造行三年至丙戌後天四刻

積年二千五百五十萬一千九百三十七

日法二萬八千八十

紀元曆崇寧五年丙戌姚舜輔造行二十一年至金天會丁未合

積年二千八百六十一萬三千四百六十七

日法七千二百九十

大明曆金天會五年丁未楊級造行五十三年至大定庚子合

積年三億八千三百七十六萬八千六百五十七

日法五千二百三十

重修大明曆大定二十年庚子趙知微重修行一百一年至元朝至元辛巳後天一十九刻

積年八千八百六十三萬九千七百五十七

日法五千二百三十

統元曆後宋紹興五年乙卯陳德一造行三十二年至乾道丁亥合

積年九千四百二十五萬一千七百三十七

日法六千九百三十

乾道曆乾道三年丁亥劉孝榮造行九年至淳熙丙申後天一刻

積年九千一百六十四萬五千九百三十七

日法三萬

淳熙曆淳熙三年丙申劉孝榮造行一十五年至紹熙辛亥合

積年五千二百四十二萬二千七十七

日法五千六百四十

會元曆紹熙二年辛亥劉孝榮造行八年至慶元己未後天一十刻

積年二千五百四十九萬四千八百五十七

日法三萬八千七百

統天曆慶元五年己未楊忠輔造行八年至開禧丁卯先天六刻

積年三千九百一十七

日法一萬二千

開禧曆開禧三年丁卯鮑澣之造行四十四年至淳祐辛亥後天七刻

積年七百八十四萬八千二百五十七

日法一萬六千九百

淳祐曆淳祐十年庚戌李德卿造行二年至壬子合

積年一億二千二十六萬七千六百七十七

日法三千五百三十

會天曆寶祐元年癸丑譚玉造行十八年至咸淳辛未後天一刻

積年一千一百三十五萬六千一百五十七

日法九千七百四十

成天曆咸淳七年辛未陳鼎造行四年至至元辛巳後天一刻

積年七千一百七十五萬八百五十七

日法七千四百二十

此下不曾行用見於典籍經進者二曆

皇極曆大業間劉焯造阻難不行至唐武德二年己卯先天四十三刻

積年一百萬九千五百一十七

日法一千二百四十二

乙未曆大定二十年庚子耶律履造不曾行用至辛巳後天一十九刻

積年四千四十五萬二千一百二十六

日法二萬六百九十

授時曆元至元十八年辛巳爲元

積年日法不用

實測到至元十八年辛巳歲

氣應五十五日六百分

閏應二十日一千八百五十分

經朔三十四日八千七百五十分

日法二千一百九十演紀上元己亥距至元辛巳九千八百二十五萬一千四百二十二算

氣應五十五日六百二分

閏應二十日一千八百五十三分

經朔三十四日八千七百四十九分

日法八千二百七十演紀上元甲子距辛巳五百六十七萬五百五十七算日命甲子

氣應五十五日五百三十三分

閏應二十日一千八百八分

經朔三十四日八千七百二十五分

日法六千五百七十演紀上元甲子距辛巳三千九百七十五萬二千五百三十七算

氣應五十五日六百三十一分

閏應二十日一千九百一十九分

經朔三十四日八千七百一十二分

元史卷五十四

翰林學士亞中大夫知制誥兼修國史宋濂等修

曆志第六

曆三

授時曆經上

步氣朔第一

至元十八年歲次辛巳爲元（上考往古下驗將來皆距立元爲算周歲消長百年各一其諸應等數隨時推測不用爲元）

日周一萬

歲實三百六十五萬二千四百二十五分

通餘五萬二千四百二十五分

朔實二十九萬五千三百五分九十三秒

通閏十萬八千七百五十三分八十四秒

歲周三百六十五日二千四百二十五分

朔策二十九日五千三百五分九十三秒

氣策十五日二千一百八十四分三十七秒半

望策十四日七千六百五十二分九十六秒半

弦策七日三千八百二十六分四十八秒少

氣應五十五萬　六百分

閏應二十萬一千八百五十分

没限七千八百一十五分六十二秒半

氣盈二千一百八十四分三十七秒半

朔虚四千六百九十四分　七秒

旬周六十萬

紀法六十

推天正冬至

置所求距算以歲實（上推往古每百年長下算將來每百年消）一乘之爲中積加氣應爲通積滿旬周去之不盡以日周約之爲日不滿爲分其日命甲子算外即所求天正冬至日辰及分（如上考者以氣應減中積滿旬周去之不盡以減旬周餘同上）

求次氣

置天正冬至日分以氣策累加之其日滿紀法去之外命如前各得次氣日辰及分秒

推天正經朔

置中積加閏應爲閏積滿朔實去之不盡爲閏餘以減通積爲朔積滿旬周去之不盡以日周約之爲日不滿爲分即所求天正經朔日及分秒（上考者以閏應減中積滿朔實去之不盡以減朔實爲閏餘以日周約之爲日不滿爲分以減冬至日及分不及減者加紀法減之命如上）

求弦望及次朔

置天正經朔日及分秒以弦策累加之其日滿紀法去之各得弦望及次朔日及分秒

推没日

置有没之氣分秒（如没限已上爲有没之氣）以十五乘之用減氣策餘滿氣盈而一爲日并恒氣日命爲没日

推滅日

置有滅之朔分秒（在朔虚分已下爲有滅之朔）以三十乘之滿朔虚而一爲日并經朔日命爲滅日

步發斂第二

土王策三日四百三十六分八十七秒半

月閏九千六十二分八十二秒

辰法一萬

半辰法五千

刻法一千二百

推五行用事

各以四立之節爲春木夏火秋金冬水首用事日以土王策減四季中氣各得其季土始用事日

氣候

正月

立春正月節　雨水正月中

東風解凍　蟄蟲始振　魚陟負冰

獺祭魚　候鴈北　草木萌動

二月

驚蟄二月節　春分二月中

桃始華　倉鶊鳴　鷹化爲鳩

玄鳥至　雷乃發聲　始電

三月

清明三月節　穀雨三月中

桐始華　田鼠化爲鴽　虹始見

萍始生　鳴鳩拂其羽　戴勝降于桑

四月

立夏四月節　小滿四月中

螻蟈鳴　蚯蚓出　王瓜生

苦菜秀　靡草死　麥秋至

五月

芒種五月節　夏至五月中

螳螂生　鵙始鳴　反舌無聲

鹿角解　蜩始鳴　半夏生

六月

小暑六月節　大暑六月中

溫風至　蟋蟀居壁　鷹始摯

腐草爲螢　土潤溽暑　大雨時行

七月

立秋七月節　處暑七月中

涼風至　白露降　寒蟬鳴

鷹乃祭鳥　天地始肅　禾乃登

八月

白露八月節　秋分八月中

鴻鴈來　玄鳥歸　羣鳥養羞

雷始收聲　蟄虫坏戶　水始涸

九月

寒露九月節　霜降九月中

鴻鴈來賓　雀入大水爲蛤　菊有黃華

豺乃祭獸　草木黃落　蟄蟲咸俯

十月

立冬十月節　小雪十月中

水始冰　地始凍　雉入大水爲蜃

虹藏不見　天氣上升地氣下降　閉塞而成冬

十一月

大雪十一月節　冬至十一月中

鶡鴠不鳴　虎始交　荔挺出

蚯蚓結　麋角解　水泉動

十二月

小寒十二月節　大寒十二月中

鴈北鄉　鵲始巢　雉雊

雞乳　征鳥厲疾　水澤腹堅

推中氣去經朔

置天正閏餘以日周約之爲日命之得冬至去經朔以月閏累加之各得中氣去經朔日算（滿朔策去之乃全置閏然俟定朔無中氣者裁之）

推發斂加時

置所求分秒以十二乘之滿辰法而一爲辰數餘以刻法收之爲刻命子正算外即所在辰刻（如滿半辰法通作一辰命起子初）

步日躔第三

周天分三百六十五萬二千五百七十五分

周天三百六十五度二十五分七十五秒

半周天一百八十二度六十二分八十七秒半

象限九十一度三十一分四十三秒太

歲差一分五十秒

周應三百一十五萬一千七十五分

半歲周一百八十二日六千二百一十二分半

盈初縮末限八十八日九千九十二分少

縮初盈末限九十三日七千一百二十分少

推天正經朔弦望入盈縮曆

置半歲周以閏餘日及分減之即得天正經朔入盈縮曆（冬至後盈夏至後縮）以弦策累加之各得弦望及次朔入盈縮曆日及分秒（滿半歲周去之即交盈縮）

求盈縮差

視入曆盈者在盈初縮末限已下爲初限已上反減半歲周餘爲末限縮者在縮初盈末限已下爲初限已上反減半歲周餘爲末限其盈初縮末者置立差三十一以初末限乘之加平差二萬四千六百又以初末限乘之用減定差五百一十三萬三千二百餘再以初末限乘之滿億爲度不滿退除爲分秒縮初盈末者置立差二十七以初末限乘之加平差二萬二千一百又以初末限乘之用減定差四百八十七萬六百餘再以初末限乘之滿億爲度不滿退除爲分秒即所求盈縮差又術置入限分以其日盈縮分乘之萬約爲分以加其下盈縮積萬約爲度不滿爲分秒亦得所求盈縮差

赤道宿度

角十二（一十）　亢九（二十）　氐十六（三十）

房五（六十）　心六（五十）　尾十九（一十）

箕十（四十）

右東方七宿七十九度二十分

斗二十五（二十）　牛七（二十）　女十一（三十五）

虛八（九十五太）　危十五（四十）　室十七（一十）

壁八（六十）

右北方七宿九十三度八十分太

奎十六（六十）　婁十一（八十）　胃十五（六十）

昴十一（三十）　畢十七（四十）　觜初（五）

參十一（一十）

右西方七宿八十三度八十五分

井三十三三十　鬼二二十　柳十三三十

星六三十　張十七二十五　翼十八七十五

軫十七三十

右南方七宿一百八度四十分

右赤道宿次並依新製渾儀測定用爲常數校天爲密若考往古卽用當時宿度爲準

推冬至赤道日度

置中積以加周應爲通積滿周天分上推往古每百年長一下算將來每百年消一去之不盡以日周約之爲度不滿退約爲分秒命起赤道虛宿六度外去之至不滿宿卽所求天正冬至加時日躔赤道宿度及分秒上考者以周應減中積滿周天去之不盡以減周天餘以日周約之爲度餘同上如當時有宿度者止依當時宿度命之

求四正赤道日度

置天正冬至加時赤道日度累加象限滿赤道宿次去之各得春夏秋正日所在宿度及分秒

求四正赤道宿積度

置四正赤道宿全度以四正赤道日度及分減之餘爲距後度以赤道宿度累加之各得四正後赤道宿積度及分

黃赤道率

積度	度率	積度	度率	積差	差率
初	一		一○八六五		八十二秒
一	一	一○八六五	一○八六三	八十二秒	二分四六
二	一	二一七二八	一○八六○	三分二八	四分一一
三	一	三二五八八	一○八五七	七分三九	五分七六
四	一	四三四四五	一○四九	十三分一五	七分四一
五	一	五四二九四	一○八四三	二十分五六	九分○七
六	一	六五一三七	一○八三三	二十九分三六	十分七一
七	一	七五九七○	一○八二三	四十分三六	十二分四○
八	一	八六七九三	一○八一二	五十二分七六	十四分○八
九	一	九七六○五	一○八○一	六十六分八四	十五分七六
十	一	十八四○六	一○七八六	八十二分六○	十七分四五
十一	一	十一九一九二	一○七七二	一○○○五	十九分一六
十二	一	十二九九六四	一○七五五	一一九二一	二十分八七
十三	一	十四○七一九	一○七四○	一四○○八	二十二分五八
十四	一	十五一四五九	一○七二○	一六二六六	二十四分三○
十五	一	十六二一七九	一○七○四	一八六九六	二十六分○五
十六	一	十七二八八三	一○六八四	二一三○一	二十七分七九
十七	一	十八三五六七	一○六六三	二四○八○	二十九分五五
十八	一	十九四二三○	一○六四二	二七○三五	三十一分三一
十九	一	二十四八七二	一○六二二	三○一六五	三十三分○七
二十	一	二十一五四九四	一○五九九	三三四七二	三十四分八五
二十一	一	二十二六○九三	一○五七五	三六九五七	三十六分六三
二十二	一	二十三六六六八	一○五五四	四○六二○	三十八分四二
二十三	一	二十四七二二二	一○五三○	四四四六二	四十分二○
二十四	一	二十五七七五二	一○五○六	四八四八二	四十二分
二十五	一	二十六八二五八	一○四八二	五二六八二	四十三分七九
二十六	一	二十七八七四○	一○四五六	五七○六一	四十五分五九
二十七	一	二十八九一九六	一○四三二	六一六二○	四十七分二八
二十八	一	二十九九六二八	一○四○八	六六三五八	四十九分一七
二十九	一	三十一○○六三	一○三八二	七一二七五	五十分九五
三十	一	三十二○四一八	一○三五五	七六三七○	五十二分三七
三十一	一	三十三○七七三	一○三三三	八一六四三	五十四分五○
三十二	一	三十四一一○五	一○三○六	八七○九三	五十六分二六
三十三	一	三十五一四一一	一○二八○	九二七一九	五十八分○一
三十四	一	三十六一六九一	一○二五四	九八五二○	五十九分七四
三十五	一	三十七一九四五	一○二二九	十四四九四	六十一分四五
三十六	一	三十八二一七四	一○二○三	十一○六三九	六十三分一四
三十七	一	三十九二三七七	一○一七七	十一六九五三	六十四分八一
三十八	一	四十二五五四	一○一五二	十二三四三四	六十六分四七
三十九	一	四十一二七○六	一○一二六	十三○○八一	六十八分○八
四十	一	四十二二八三二	一○一○一	十三六八八九	六十九分六七
四十一	一	四十三二九三四	一○○七五	十四三八五六	七十一分二四
四十二	一	四十四三○○九	一○○四九	十五○九八○	七十二分七六
四十三	一	四十五三○五八	一○○二七	十五八二五六	七十四分二六
四十四	一	四十六三○八五	一○○○○	十六五二八六	七十五分一七
四十五	一	四十七三○八五	九九七四	十七三二五三	七十七分一二
四十六	一	四十八三○五九	九九五一	十八○九六五	七十八分五○
四十七	一	四十九三○一○	九九二五	十八八八一五	七十九分八四
四十八	一	五十二九三五	九九○一	十九六七九九	八十一分一二
四十九	一	五十一二八三六	九八七六	二十四九一一	八十二分三七
五十	一	五十二二七二二	九八五一	二十一三一四八	八十三分五七
五十一	一	五十三二五六三	九八二七	二十二一五○五	八十四分七二
五十二	一	五十四二三九○	九八○三	二十二九九七七	八十五分八三
五十三	一	五十五二一九三	九七八○	二十三八五六○	八十六分八八
五十四	一	五十六一九七三	九七五五	二十四七二四八	八十七分八九
五十五	一	五十七一七二八	九七三一	二十五六○三七	八十八分八五
五十六	一	五十八一四五九	九七○八	二十六四九二二	八十九分七七
五十七	一	五十九一一六七	九六八五	二十七三八九九	九十分六三
五十八	一	六十○八五二	九六六一	二十八二九六二	九十一分四四
五十九	一	六十一○五一三	九六三九	二十九二一○六	九十二分二二
六十	一	六十二○一五二	九六一六	三十一三二八	九十二分九四
六十一	一	六十二九七六八	九五九四	三十一○六二二	九十三分六一
六十二	一	六十三九三六二	九五二七	三十一九九八三	九十四分二六
六十三	一	六十四八九四三	九五五一	三十二九四○九	九十四分五八
六十四	一	六十五八四八五	九五二九	三十三八八九四	九十五分二八
六十五	一	六十六八○一四	九五○九	三十四八四三二	九十五分九○
六十六	一	六十七七五二三	九四八七	三十五八○二二	九十六分三八
六十七	一	六十八七○一○	九四七○	三十六七六六○	九十六分八一
六十八	一	六十九六四八○	九四五○	三十七七三四一	九十七分一九
六十九	一	七十五九三○	九四二七	三十八七○六○	九十七分五六
七十	一	七十一五三五七	九四一二	三十九六八一六	九十七分八九
七十一	一	七十二四七六九	九三九二	四十六六○五	九十八分一八
七十二	一	七十三四一六一	九三八五	四十一六四二三	九十八分四五
七十三	一	七十四三五四六	九三五三	四十二六二六八	九十八分六八
七十四	一	七十五二八九九	九三四三	四十三六一三六	九十八分六一
七十五	一	七十六二二四二	九三二九	四十四六○二七	九十九分一○
七十六	一	七十七一五七一	九三一五	四十五五九三七	九十九分二五
七十七	一	七十八○八八六	九三○四	四十六五八六二	九十九分四八
七十八	一	七十九○一九○	九二八六	四十七五八○二	九十九分五二
七十九	一	七十九九四七六	九二七五	四十八五七五四	九十九分八二
八十	一	八十八七五一	九二六五	四十九五七一六	九十九分七二
八十一	一	八十一八○一六	九二五五	五十五六八八	九十九分七九
八十二	一	八十二七二七一	九二四四	五十一五六六七	九十九分八四
八十三	一	八十三六五一五	九二三八	五十二五六五一	九十九分八九
八十四	一	八十四五七五三	九二二八	五十三五六四○	九十九分九三
八十五	一	八十五四九八一	九二二二	五十四五六三三	九十九分九六
八十六	一	八十六四三○三	九二一五	五十五五六二九	九十九分九七
八十七	一	八十七三四一八	九二一二	五十六五六二六	九十九分九九
八十八	一	八十八二六三○	九二一○	五十七五六二五	一
八十九	一	八十九一八四○	九二○四	五十八五六二五	一
九十	二	九十一○四四	九二○四	五十九五六二五	一
九十一	三	九十一○二四八	二八七七	六十五六二五	三一二五
九十二		九十一三一二五		六十八七五○	

推黃道宿度

置四正後赤道宿積度以其赤道積度減之餘以黃道率乘之如赤道率而一所得以加黃道積度爲二十八宿黃道積度以前宿黃道積度減之爲其宿黃道度及分其秒就近爲分

黃道宿度

角十二八十七　亢九五十六　氐十六四十

房五四十八　心六二十七　尾十七九十五

箕九五十九

右東方七宿七十八度一十二分

斗二十三四十七　牛六九十　女十一一十二

虛九分空太　危十五九十五　室十八三十二

壁九三十四

右北方七宿九十四度一十分太

奎十七八十七　婁十二三十六　胃十五八十一

昴十一○八　畢十六五十　觜初○五

參十二二十八

右西方七宿八十三度九十五分

井三十一○三　鬼二一十一　柳十三

星六三十一　張十七七十九　翼二十○九

軫十八七十五

右南方七宿一百九度八分

右黃道宿度依今曆所測赤道准冬至歲差所在算定以憑推步若上下考驗據歲差每移一度依術推變各得當時宿度

推冬至加時黃道日度

置天正冬至加時赤道日度以其赤道積度減之餘以黃道率乘之如赤道率而一所得以加黃道積度卽所求年天正冬至加時黃道日度及分秒

求四正加時黃道日度

置所求年冬至日躔黃赤道差與次年黃赤道差相減餘四而一所得加象限爲四正定象度置冬至加時黃道日度以四正定象度累加之滿黃道宿次去之各得四正定氣加時黃道宿度及分

求四正晨前夜半日度

置四正恒氣日及分秒冬夏二至盈縮之端以恒爲定以盈縮差命爲日分盈減縮加之卽爲四正定氣日及分置日下分以其日行度乘之如日周而一所得以減四正加時黃道日度各得四正定氣晨前夜半日度及分秒

求四正後每日晨前夜半黃道日度

以四正定氣日距後正定氣日爲相距日以四正定氣晨前夜半日度距後正定氣晨前夜半日度爲相距度累計相距日之行定度與相距度相減餘如相距日而一爲日差相距度多爲加相距度少爲減以加減四正每日行度率爲每日行定度累加四正晨前夜半黃道日度滿宿次去

之爲每日晨前夜半黃道日度及分秒

求每日午中黃道日度

置其日行定度半之以加其日晨前夜半黃道日度得午中黃道日度及分秒

求每日午中黃道積度

以二至加時黃道日度距所求日午中黃道日度爲二至後黃道積度及分秒

求每日午中赤道日度

置所求日午中黃道積度滿象限去之餘爲分後內減黃道積度以赤道率乘之如黃道率而一所得以加赤道積度及所去象限爲所求赤道積度及分秒以二至赤道日度加而命之即每日午中赤道日度及分秒

黃道十二次宿度

危十二度六十四分九十一秒　入娵訾之次辰在亥

奎一度七十三分六十三秒　入降婁之次辰在戌

胃三度七十四分五十六秒　入大梁之次辰在酉

畢六度八十八分五秒　入實沈之次辰在申

井八度三十四分九十四秒　入鶉首之次辰在未

柳三度八十六分八十秒　入鶉火之次辰在午

張十五度三十六分六秒　入鶉尾之次辰在巳

軫十度七分九十七秒　入壽星之次辰在辰

氐一度一十四分五十二秒　入大火之次辰在卯

尾三度一分一十五秒　入析木之次辰在寅

斗二度七十六分八十五秒　入星紀之次辰在丑

女二度六分三十八秒　入玄枵之次辰在子

求入十二次時刻

各置入次宿度及分秒以其日晨前夜半日度減之餘以日周乘之爲實以其日行定度爲法實如法而一所得依發斂加時求之即入次時刻

步月離第四

轉終分二十七萬五千五百四十六分

轉終二十七日五千五百四十六分

轉中十三日七千七百七十三分

初限八十四

中限一百六十八

周限三百三十六

月平行十三度三十六分八十七秒半

轉差一日九千七百五十九分九十三秒

弦策七日三千八百二十六分四十八秒少

上弦九十一度三十一分四十三秒太

望一百八十二度六十二分八十七秒半

下弦二百七十三度九十四分三十一秒少

轉應一十三萬一千九百四分

推天正經朔入轉

置中積加轉應減閏餘滿轉終分去之不盡以日周約之爲日不滿爲分即天正經朔入轉日及分（上考者中積內加所求閏餘減轉應滿轉終去之不盡以減轉終餘同上）

求弦望及次朔入轉

置天正經朔入轉日及分以弦策累加之滿轉終去之即弦望及次朔入轉日及分秒（如徑求次朔以轉差加之）

求經朔弦望入遲疾歷

各視入轉日及分秒在轉中已下爲疾歷已上減去轉中爲遲歷

遲疾轉定及積度

入轉日	初末限	遲疾度	轉定度	轉積度
初	初	疾初	十四 六七六四	初
一	一十二 二十	疾一 三〇七七	十四 五五七三	十四 六七六四
二	二十四 四十	疾二 四九六三	十四 四〇二九	二十九 二三三七
三	三十六 六十	疾三 五三〇五	十四 二一三〇	四十三 六三六六
四	四十八 八十	疾四 三七四八	十三 九八七七	五十七 八四九六
五	六十一	疾四 九九三八	十三 七二七一	七十一 八三七二
六	七十三 二十	疾五 三五二二	十三 四四四六	八十五 五六四四
七	末八十二 六十	疾五 四二八一	十三 二三五三	九十九 〇〇九〇
八	七十 四十	疾五 二九四七	十二 九四七五	一百一十二 二四四三
九	五十八 二十	疾四 八七三五	十二 六九四八	一百二十五 一九一八
十	四十六	疾四 一九九六	十二 四七七七	一百三十七 八八六六
十一	三十三 八十	疾三 三〇八六	十二 二九六〇	一百五十 三六四三
十二	二十一 六十	疾二 二三五九	十二 〇四九六	一百六十二 六六〇三
十三	九 四十	疾一 〇一六八	十二 〇四六二	一百七十四 八〇九九
十四	初二 八十	遲初	十二 〇八五二	一百八十六 八五六一
十五	一十五	遲一 五九二三	十二 二一二二	一百九十八 九四一三
十六	二十七 二十	遲二 七四八八	十二 三七五二	二百一十一 一五三五
十七	三十九 四十	遲三 七四二二	十二 五七三〇	二百二十三 五二八七
十八	五十一 六十	遲四 五三八〇	十二 八〇六二	二百三十六 一〇一七
十九	六十三 八十	遲五 一〇〇四	十三 〇七五三	二百四十八 九〇八〇
二十	七十六	遲五 三九三八	十三 三三七七	二百六十一 九八三三
二十一	末七十九 八十	遲五 四二四八	十三 五七一二	二百七十五 三二一〇
二十二	六十七 六十	遲五 二二二三	十三 八五一一	二百八十八 八九二二
二十三	五十五 四十	遲四 七三九九	十四 〇九五五	三百二 七四三三
二十四	四十三 二十	遲四 〇一三一	十四 三〇四六	三百一十六 八三八八
二十五	三十一	遲三 〇七七二	十四 四七八二	三百三十一 一四三四
二十六	一十八 八十	遲一 九六七七	十四 六一六三	三百四十五 六三一六
二十七	六 六十	遲 七二〇一	十四 七一五四	三百六十 二三七九

求遲疾差

置遲疾曆日及分以十二限二十分乘之在初限已下爲初限已上覆減中限餘爲末限置立差三百二十五以初末限乘之加平差二萬八千一百又以初末限乘之用減定差一千一百一十一萬餘再以初末限乘之滿億爲度不滿退除爲分秒即遲疾差

又術置遲疾曆日及分以遲疾曆日率減之餘以其下損益分乘之如八百二十而一益加損減其下遲疾度亦爲所求遲疾差

求朔弦望定日

以經朔弦望盈縮差與遲疾差同名相從異名相消（盈遲縮疾爲同名盈疾縮遲爲異名）以八百二十乘之以所入遲疾限下行度除之即爲加減差（盈遲爲加縮疾爲減）以加減經朔弦望日及分即定朔弦望日及分若定弦望分在日出分已下者退一日其日命甲子筭外各得定朔弦望日辰定朔干名與後朔干同者其月大不同者其月小內無中氣者爲閏月

推定朔弦望加時日月宿度

置經朔弦望入盈縮曆日及分以加減差加減之爲定朔弦望入曆在盈便爲中積在縮加半歲周爲中積命日爲度以盈縮差盈加縮減之爲加時定積度以冬至加時日躔黃道宿度加而命之各得定朔弦望加時日度

凡合朔加時日月同度便爲定朔加時月度其弦望各以弦望度加定積爲定弦望月行定積度依上加而命之各得定弦望加時黃道月度

推定朔弦望加時赤道月度

各置定朔弦望加時黃道月行定積度滿象限去之以其黃道積度減之餘以赤道率乘之如黃道率而一用加其下赤道積度及所去象限各爲赤道加時定積度以冬至加時赤道日度加而命之各爲定朔弦望加時赤道月度及分秒（象限以下及半周去之爲至後滿象限及三象去之爲分後）

推朔後平交入轉遲疾曆

置交終日及分內減經朔入交日及分爲朔後平交日以加經朔入轉爲朔後平交入轉在轉中已下爲疾曆已上去之爲遲曆

求正交日辰

置經朔加朔後平交日以遲疾曆依前求到遲疾差遲加疾減之爲正交日及分其日命甲子筭外即正交日辰

推正交加時黃道月度

置朔後平交日以月平行度乘之爲距後度以加經朔中積爲冬至距正交定積度以冬至日躔黃道宿度加而命之爲正交加時月離黃道宿度及分秒

求正交在二至後初末限

置冬至距正交積度及分在半歲周已下爲冬至後已上去之爲夏至後其二至後在象限已下爲初限已上減去半歲周爲末限

求定差距差定限度

置初末限度以十四度六十六分乘之如象限而一爲定差反減十四度六十六分餘爲距差以二十四乘定差如十四度六十六分而一所得交在冬至後名減夏至後名加皆加減九十八度爲定限度及分秒

求四正赤道宿度

置冬至加時赤道度命爲冬至正度以象限累加之各得春分夏至秋分正積度各命赤道宿次去之爲四正赤道宿度及分秒

求月離赤道正交宿度

以距差加減春秋二正赤道宿度爲月離赤道正交宿度及分秒（冬至後初限加末限減視春正夏至後初限減末限加視秋正）

求正交後赤道宿積度入初末限

各置春秋三正赤道所當宿全度及分以月離赤道正交宿度及分減之餘爲正交後積度以赤道宿次累加之滿象限去之爲半交後又去之爲中交後再去之爲半交後視各交積度在半象已下爲初限已上用減象限餘爲末限

求月離赤道正交後半交白道（舊名九道）出入赤道內外度及定差

置各交定差度及分以二十五乘之如六十一而一所得視月離黃道正交在冬至後宿度爲減夏至後宿度爲加皆加減二十三度九十分爲月離赤道後半交白道出入赤道內外度及分以周天六之一六十度八十七分六十二秒半除之爲定差（月離赤道正交後爲外中交後爲內）

求月離出入赤道內外白道去極度

置每日月離赤道交後初末限用減象限餘爲白道積用其積度減之餘以其差率乘之所得百約之以加其下積差爲每日積差用減周天六之一餘以定差乘之

爲每日月離赤道內外度內減外加象限爲每日月離白道去極度及分秒

求每交月離白道積度及宿次

置定限度與初末限相減相乘退位爲分爲定差正交中交後爲加半交後爲減以差加減正交後赤道積度爲月離白道定積度以前宿白道定積度減之各得月離白道宿次及分

推定朔弦望加時月離白道宿度

各以月離赤道正交宿度距所求定朔弦望加時月離赤道宿度爲正交後積度滿象限去之爲半交後又去之爲中交後再去之爲半交後視交後積度在半象已下爲初限已上用減象限爲末限以初末限與定限度相減相乘退位爲分分滿百爲度爲定差正交中交後爲加半交後爲減以差加減月離赤道正交後積度爲定積度以正交宿度加之以其所當月離白道宿次去之各得定朔弦望加時月離白道宿度及分秒

求定朔弦望加時及夜半晨昏入轉

置經朔弦望入轉日及分以定朔弦望加減差加減之爲定朔弦望加時入轉以定朔弦望日下分減之爲夜半入轉以晨分加之爲晨轉昏分加之爲昏轉

求夜半月度

置定朔弦望日下分以其入轉日轉定度乘之萬約爲加時轉度以減加時定積度餘爲夜半定積度依前加而命之各得夜半月離宿度及分秒

求晨昏月度

置其日晨昏分以夜半入轉日轉定度乘之萬約爲晨昏轉度各加夜半定積度爲晨昏定積度加命如前各得晨昏月離宿度及分秒

求每日晨昏月離白道宿次

累計相距日數轉定度爲轉積度與定朔弦望晨昏宿次前後相距度相減餘以相距日數除之爲日差距度多爲加距度少爲減以加減每日轉定度爲行定度以累加定朔弦望晨昏月度加命如前卽每日晨昏月離白道宿次朔後用昏望後用晨朔望晨昏俱用

元史卷五十五

明翰林學士亞中大夫知制誥兼修國史宋　濂等修

曆志第七

曆四

授時曆經下

步中星第五

大都北極出地四十度太強

冬至去極一百一十五度二十一分七十三秒

夏至去極六十七度四十一分一十三秒

冬至晝夏至夜三千八百一十五分九十二秒

夏至晝冬至夜六千一百八十四分八秒

昏明二百五十分

黃道出入赤道內外去極度及半晝夜分

黃道積	內外		冬至前	夏至前	冬晝	夏晝	晝夜
度	度	差	後去極	後去極	夏夜	冬夜	差
初	二十三九〇三〇	三三	百十五度二一七三	六十七度四一一三	一千九百〇七九六	三千〇九二〇四	〇九
一	二十三八九九七	九九	百十五二一四〇	六十七四一四六	一千九百〇八〇五	三千〇九一九五	二九
二	二十三八八九八	一分六六	百十五二〇四一	六十七四二四五	一千九百〇八三四	三千〇九一六六	四七
三	二十三八七三二	二分三一	百十五一八七五	六十七四四一一	一千九百〇八八一	三千〇九一一九	六六
四	二十三八五〇一	二分九九	百十五一六四四	六十七四六四二	一千九百〇九四七	三千〇九〇五三	八五
五	二十三八二〇二	三分六五	百十五一三四五	六十七四九四一	一千九百一〇三二	三千〇八九六八	一分〇四
六	二十三七八三七	四分三二	百十五〇九八〇	六十七五三〇六	一千九百一一三六	三千〇八八六四	一分二三
七	二十三七四〇五	四分九八	百十五〇五四八	六十七五七三八	一千九百一二五九	三千〇八七四一	一分四一
八	二十三六九〇七	五分六五	百十五〇〇五〇	六十七六二三六	一千九百一四〇〇	三千〇八六〇〇	一分六一
九	二十三六三四二	六分三六	百十四九四八五	六十七六八〇一	一千九百一五六一	三千〇八四三九	一分七九
十	二十三五七〇六	七分〇二	百十四八八四九	六十七七四三七	一千九百一七四〇	三千〇八二六〇	一分九九
十一	二十三五〇〇四	七分六九	百十四八一四七	六十七八一三九	一千九百一九三九	三千〇八〇六一	二分一八
十二	二十三四二三五	八分三九	百十四七三七八	六十七八九〇八	一千九百二一五七	三千〇七八四三	二分三七
十三	二十三三三九六	九分〇八	百十四六五三九	六十七九七四七	一千九百二三九四	三千〇七六〇六	二分五六
十四	二十三二四八八	九分七五	百十四五六三一	六十八〇六五五	一千九百二六五〇	三千〇七三五〇	二分七四
十五	二十三一五一三	十分四七	百十四四六五六	六十八一六三〇	一千九百二九二四	三千〇七〇七六	二分九四
十六	二十三〇四六六	十一分一四	百十四三六〇九	六十八二六七七	一千九百三二一八	三千〇六七八二	三分一四
十七	二十二九三五二	十一分八五	百十四二四九五	六十八三七九一	一千九百三五三二	三千〇六四六八	三分三〇
十八	二十二八一六七	十二分五四	百十四一三一〇	六十八四九七六	一千九百三八六二	三千〇六一三八	三分五一
十九	二十二六九一三	十三分二五	百十四〇〇五六	六十八六二三〇	一千九百四二一三	三千〇五七八七	三分六九
二十	二十二五五八八	十三分九五	百十三八七三一	六十八七五五五	一千九百四五八二	三千〇五四一八	三分八八
二十一	二十二四一九三	十四分六六	百十三七三三六	六十八八九五〇	一千九百四九七〇	三千〇五〇三〇	四分〇七
二十二	二十二二七二七	十五分三七	百十三五八七〇	六十九〇四一六	一千九百五三七七	三千〇四六二三	四分二六
二十三	二十二一一九〇	十六分〇六	百十三四三三三	六十九一九五三	一千九百五八〇三	三千〇四一九七	四分四三
二十四	二十一九五八四	十六分七八	百十三二七二七	六十九三五五九	一千九百六二四六	三千〇三七五四	四分六一
二十五	二十一七九〇六	十七分四七	百十三一〇四九	六十九五二三七	一千九百六七〇八	三千〇三二九二	四分八〇
二十六	二十一六一五九	十八分二〇	百十二九三〇二	六十九六九八四	一千九百七一八八	三千〇二八一二	四分九八
二十七	二十一四三三九	十八分九〇	百十二七四八二	六十九八八〇四	一千九百七六八六	三千〇二三一四	五分一六
二十八	二十一二四四九	十九分六〇	百十二五五九二	七十〇六九四	一千九百八二〇二	三千〇一七九八	五分三五
二十九	二十一〇四八九	二十分二七	百十二三六三二	七十二六五四	一千九百八七三七	三千〇一二六三	五分四九
三十	二十八四六二	二十分九九	百十二一六〇五	七十四六八一	一千九百九二八六	三千〇〇七一四	五分六七
三十一	二十六三六三	二十一分六八	百十一九五〇六	七十六七八〇	一千九百九八五三	三千〇〇一四七	五分八五
三十二	二十四一九五	二十二分三五	百十一七三三八	七十八九四八	二千〇四三八	二千九百九五六二	六分〇一
三十三	二十一九六〇	二十三分〇三	百十一五一〇三	七十一一一八三	二千一〇三九	二千九百八九六一	六分一六
三十四	十九九六五七	二十三分七一	百十一二八〇〇	七十一三四八六	二千一六五三	二千九百八三四七	六分三五
三十五	十九七二八六	二十四分三七	百十一〇四二九	七十一五八五七	二千二二八八	二千九百七七一二	六分四八
三十六	十九四八四九	二十五分〇二	百十七九九二	七十一八二九四	二千二九三六	二千九百七〇六四	六分六三
三十七	十九二三四六	二十五分六六	百十五四八九	七十二〇七九七	二千三五九九	二千九百六四〇一	六分七八
三十八	十八九七八〇	二十六分三一	百十二九二三	七十二三三六三	二千四二七七	二千九百五七二三	六分九二
三十九	十八七一四九	二十六分九三	百十〇二九二	七十二五九九四	二千四九六九	二千九百五〇三一	七分〇五
四十	十八四四五六	二十七分五二	百〇九七五九九	七十二八六八七	二千五六七四	二千九百四三二六	七分一九
四十一	十八一七〇四	二十八分一四	百〇九四八四七	七十三一四三九	二千六三九三	二千九百三六〇七	七分三二
四十二	十七八八九〇	二十八分七二	百〇九二〇三三	七十三四二五三	二千七一二五	二千九百二八七五	七分四四
四十三	十七六〇一八	二十九分二九	百〇八九一六一	七十三七一二五	二千七八六九	二千九百二一三一	七分五六
四十四	十七三〇八九	二十九分八四	百〇八六二三二	七十四〇〇五四	二千八六二五	二千九百一三七五	七分六八
四十五	十七〇一〇五	三十分三八	百〇八三二四八	七十四三〇三八	二千九三九三	二千九百〇六〇七	七分七八
四十六	十六七〇六七	三十分九〇	百〇八〇二一〇	七十四六〇七六	二千一百〇一七一	二千八百九八二九	七分八九
四十七	十六三九七七	三十一分四一	百〇七七一二〇	七十四九一六六	二千一百〇九六〇	二千八百九〇四〇	七分九八
四十八	十六〇八三六	三十一分九一	百〇七三九七九	七十五二三〇七	二千一百一七五八	二千八百八二四二	八分〇八
四十九	十五七六四五	三十二分三六	百〇七〇七八八	七十五五四九八	二千一百二五六六	二千八百七四三四	八分一七
五十	十五四四〇九	三十二分八五	百〇六七五五二	七十五八七三四	二千一百三三八三	二千八百六六一七	八分二六
五十一	十五一一二四	三十三分二六	百〇六四二六七	七十六二〇一九	二千一百四二〇九	二千八百五七九一	八分三二
五十二	十四七七九八	三十三分六四	百〇六〇九四一	七十六五三四五	二千一百五〇四一	二千八百四九五九	八分四〇
五十三	十四四四三四	三十四分〇七	百〇五七五七七	七十六八七〇九	二千一百五八八一	二千八百四一一九	八分四六
五十四	十四一〇二七	三十四分四五	百〇五四一七〇	七十七二一一六	二千一百六七二七	二千八百三二七三	八分五四
五十五	十三七五八二	三十四分八一	百〇五〇七二五	七十七五五六一	二千一百七五八一	二千八百二四一九	八分五九
五十六	十三四一〇一	三十五分一五	百〇四七二四四	七十七九〇四二	二千一百八四四〇	二千八百一五六〇	八分六四
五十七	十三〇五八六	三十五分四七	百〇四三七二九	七十八二五五七	二千一百九三〇四	二千八百〇六九六	八分六九
五十八	十二七〇三九	三十五分七八	百〇四〇一八二	七十八六一〇四	二千二百〇一七三	二千七百九八二七	八分七五
五十九	十二三四六一	三十六分〇七	百〇三六六〇四	七十八九六八二	二千二百一〇四八	二千七百八九五二	八分七八
六十	十一九八五四	三十六分三三	百〇三二九九七	七十九三二八九	二千二百一九二六	二千七百八〇七四	八分八一
六十一	十一六二二一	三十六分五九	百〇二九三六四	七十九六九二二	二千二百二八〇七	二千七百七一九三	八分八四
六十二	十一二五六二	三十六分八三	百〇二五七〇五	八十〇五八一	二千二百三六九一	二千七百六三〇九	八分八九
六十三	十八八七九	三十七分〇五	百〇二二〇二二	八十四二六四	二千二百四五八〇	二千七百五四二〇	八分九〇
六十四	十五一七四	三十七分二四	百〇一八三一七	八十七九六九	二千二百五四七〇	二千七百四五三〇	八分九二
六十五	十一四五〇	三十七分四四	百〇一四五九三	八十一一六九三	二千二百六三六二	二千七百三六三八	八分九四
六十六	九七七〇六	三十七分六二	百〇一〇八四九	八十一五四三七	二千二百七二五六	二千七百二七四四	八分九七
六十七	九三九四五	三十七分七八	百七〇八八	八十一九一九八	二千二百八一五三	二千七百一八四七	八分九七
六十八	九〇一七〇	三十七分九二	百三三一三	八十二二九七三	二千二百九〇五〇	二千七百〇九五〇	八分九八
六十九	八六三七八	三十八分〇七	九十九九五二一	八十二六七六五	二千二百九九四八	二千七百〇〇五二	九分〇〇
七十	八二五七一	三十八分一七	九十九五七一四	八十三〇五七二	二千三百〇八四八	二千六百九一五二	九分〇〇
七十一	七八七五四	三十八分二八	九十九一八九七	八十三四三八九	二千三百一七四八	二千六百八二五二	九分〇一
七十二	七四九二六	三十八分三八	九十八八〇六九	八十三八二一七	二千三百二六四九	二千六百七三五一	九分〇一
七十三	七一〇八八	三十八分四七	九十八四二三一	八十四二〇五五	二千三百三五五〇	二千六百六四五〇	九分〇二
七十四	六七二四一	三十八分五四	九十八〇三八四	八十四五九〇二	二千三百四四五二	二千六百五五四八	九分〇二
七十五	六三三八七	三十八分六二	九十七六五三〇	八十四九七五六	二千三百五三五四	二千六百四六四六	九分〇一
七十六	五九五二五	三十八分六七	九十七二六六八	八十五三六一八	二千三百六二五四	二千六百三七四六	九分〇一
七十七	五五六五八	三十八分七三	九十六八八〇一	八十五七四八五	二千三百七一五四	二千六百二八四六	九分〇〇
七十八	五一七八五	三十八分七七	九十六四九二八	八十六一三五八	二千三百八〇五四	二千六百一九四六	九分〇〇
七十九	四七九〇八	三十八分八一	九十六一〇五一	八十六五二三五	二千三百八九五四	二千六百一〇四六	九分〇〇
八十	四四〇二七	三十八分八五	九十五七一七〇	八十六九一一六	二千三百九八五四	二千六百〇一四六	九分〇〇
八十一	四〇一四二	三十八分八八	九十五三二八五	八十七三〇〇一	二千四百〇七五四	二千五百九二四六	九分〇〇
八十二	三六二五四	三十八分八九	九十四九三九七	八十七六八八九	二千四百一六五四	二千五百八三四六	八分九七
八十三	三二三六五	三十八分九〇	九十四五五〇八	八十八〇七七八	二千四百二五五一	二千五百七四四九	八分九七
八十四	二八四七五	三十八分九二	九十四一六一八	八十八四六六八	二千四百三四四八	二千五百六五五二	八分九七
八十五	二四五八三	三十八分九三	九十三七七二六	八十八八五六〇	二千四百四三四五	二千五百五六五五	八分九七
八十六	二〇六九〇	三十八分九四	九十三三八三三	八十九二四五三	二千四百五二四二	二千五百四七五八	八分九六
八十七	一六七九六	三十八分九四	九十二九九三九	八十九六三四七	二千四百六一三八	二千五百三八六二	八分九六
八十八	一二九〇二	三十八分九五	九十二六〇四五	九十〇二四一	二千四百七〇三四	二千五百二九六六	八分九六
八十九	九〇〇七	三十八分九五	九十二二一五〇	九十四一三六	二千四百七九三〇	二千五百二〇七〇	八分九六
九十	五一一二	三十八分九五	九十一八二五五	九十八〇三一	二千四百八八二六	二千五百一一七四	八分九五
九十一	一二一七	十二分一七	九十一四三六〇	九十一一九二六	二千四百九七二一	二千五百〇二七九	二分七九
九十一三一	空	空	九十一三一四三	九十一三一四三	二千五百	二千五百	空

求每日黃道出入赤道內外去極度

置所求日晨前夜半黃道積度滿半歲周去之在象限已下爲初限已上復減半歲周餘爲入末限滿積度去之餘以其段內外差乘之百約之所得用減內外度爲出入赤道內外度內減外加象限卽所求去極度及分秒

求每日半晝夜及日出入晨昏分

置所求入初末限滿積度去之餘以晝夜差乘之百約之所得加減其段半晝夜分爲所求日半晝夜分前多後少爲減前少後多爲加以半夜分便爲日出分用減日周餘爲日入分以昏明分減日出分餘爲晨分加日入分爲昏分

求晝夜刻及日出入辰刻

置半夜分倍之百約爲夜刻以減百刻餘爲晝刻以日出入分依發斂求之卽得所求辰刻

求更點率

置晨分倍之五約爲更率又五約更率爲點率

求更點所在辰刻

置所求更點數以更點率乘之加其日昏分依發斂求之卽得所求辰刻

求距中度及更差度

置半日周以其日晨分減之餘爲距中分以三百六十六度二十五分七十五秒乘之如日周而一所得爲距中度用減一百八十三度一十二分八十七秒半倍之五除爲更差度及分

求昏明五更中星

置距中度以其日午中赤道日度加而命之卽昏中星所臨宿次命爲初更中星以更差度累加之滿赤道宿次去之爲逐更及曉中星宿度及分秒　其九服所在晝夜刻分及中星諸率竝準隨處北極出地度數推之已上諸率與晷漏所推自相符契

求九服所在漏刻

各於所在以儀測驗或下水漏以定其處冬至或夏至夜刻與五十刻相減餘爲至差刻置所求日黃道去赤道內外度及分以至差刻乘之進一位如二百三十九而一所得內減外加五十刻卽所求夜刻以減百刻餘爲晝刻其日出入辰刻及更點等率依術求之

步交會第六

交終分二十七萬二千一百二十二分二十四秒

交終二十七日二千一百二十二分二十四秒

交中十三日六千六十一分一十二秒

交差二日三千一百八十三分六十九秒

交望十四日七千六百五十二分九十六秒半

交應二十六萬一百八十七分八十六秒

交終三百六十三度七十九分三十四秒

交中一百八十一度八十九分六十七秒

正交三百五十七度六十四分

中交一百八十八度五分

日食陽曆限六度　定法六十

陰曆限八度　定法八十

月食限十三度五分　定法八十七

推天正經朔入交

置中積加交應減閏餘滿交終分去之不盡以日周約之爲日不滿爲分秒卽天正經朔入交汎日及分秒上考者中積內加所求閏餘減交應滿交終去之不盡以減交終餘如上

求次朔望入交

置天正經朔入交汎日及分秒以交望累加之滿交終日去之卽爲次朔望入交汎日及分秒

求定朔望及每日夜半入交

各置入交汎日及分秒減去經朔望小餘卽爲定朔望夜半入交若定日有增損者亦如之否則因經爲定大月加二日小月加一日餘皆加七千八百七十七分七十六秒卽次朔夜半入交累加一日滿交終日去之卽每日夜半入交汎日及分秒

求定朔望加時入交

置經朔望入交汎日及分秒以定朔望加減差加減之卽定朔望加時入交日及分秒

求交常交定度

置經朔望入交汎日及分秒以月平行度乘之爲交常度以盈縮差盈加縮減之爲交定度

求日月食甚定分

日食視定朔分在半日周已下去減半周爲中前已上減去半周爲中後與半周相減相乘退二位如九十六而一爲時差中前以減中後以加皆加減定朔分爲食甚定分以中前後分各加時差爲距午定分月食視定望分在日周四分之一已下爲卯前已上覆減半周爲卯後在四分之三已下減去半周爲酉前已上覆減日周爲酉後以卯酉前後分自乘退二位如四百七十八而一爲時差子前以減子後以加皆加減定望分爲食甚定分各依發斂求之卽食甚辰刻

求日月食甚入盈縮曆及日行定度

置經朔望入盈縮曆日及分以食甚日及定分加之以經朔望日及分減之卽爲食甚入盈縮曆依日躔術求盈縮差盈加縮減之爲食甚入盈縮曆定度

求南北差

視日食甚入盈縮曆定度在象限已下爲初限已上用減半歲周爲末限以初末限度自相乘如一千八百七十而一爲度不滿退除爲分秒用減四度四十六分餘爲南北汎差以距午定分乘之以半晝分除之所得以減汎差爲定差汎差不及減者反減之爲定差應加者減之應減者加之在盈初縮末者交前陰曆減陽曆加交後陰曆加陽曆減在縮初盈末者交前陰曆加陽曆減交後陰曆減陽曆加

求東西差

視日食甚入盈縮曆定度與半歲周相減相乘如一千八百七十而一爲度不滿退除爲分秒爲東西汎差以距午定分乘之以日周四分之一除之爲定差若在汎差已上者倍汎差減之餘爲定差依其加減在盈中前者交前陰曆減陽曆加交後陰曆加陽曆減中後者交前陰曆加陽曆減交後陰曆減陽曆加在縮中前者交前陰曆加陽曆減交後陰曆減陽曆加中後者交前陰曆減陽曆加交後陰曆加陽曆減

求日食正交中交限度

置正交中交度以南北東西差加減之爲正交中交限度及分秒

求日食入陰陽曆去交前後度

視交定度在中交限已下以減中交限爲陽曆交前度已上減去中交限爲陰曆交後度在正交限已下以減正交限爲陰曆交前度已上減去正交限爲陽曆交後度

求月食入陰陽曆去交前後度

視交定度在交中度已下爲陽曆已上減去交中爲陰曆視入陰陽曆在後準十五度半已下爲交後度前準一百六十六度三十九分六十八秒已上覆減交中餘爲交前度及分

求日食分秒

視去交前後度各減陰陽曆食限不及減者不食餘如定法而一各爲日食之分秒

求月食分秒

視去交前後度不用南北東西差者用減食限不及減者不食餘如定法而一爲月食之分秒

求日食定用及三限辰刻

置日食分秒與二十分相減相乘平方開之所得以五千七百四十乘之如入定限行度而一爲定用分以減食甚定分爲初虧加食甚定分爲復圓依發斂求之爲日食三限辰刻

求月食定用及三限五限辰刻

置月食分秒與三十分相減相乘平方開之所得以五千七百四十乘之如入定限行度而一爲定用分以減食甚定分爲初虧加食甚定分爲復圓依發斂求之卽月食三限辰刻月食既者以既內分與一十分相減相乘平方開之所得以五千七百四十乘之如入定限行度而一爲既內分用減定用分爲既外分以定用分減食甚定分爲初虧加既外爲食既又加既內爲食甚再加既內爲生光復加既外爲復圓依發斂求之卽月食五限辰刻

求月食入更點

置食甚所入日晨分倍之五約爲更法又五約更法爲點法乃置初末諸分昏分已上減去昏分晨分已下加晨分以更法除之爲更數不滿以點法收之爲點數其更點數命初更初點筭外各得所入更點

求日食所起

食在陽曆初起西南甚於正南復於東南食在陰曆初起西北甚於正北復於東北食八分已上初起正西復於正東此據午地而論之

求月食所起

食在陽曆初起東北甚於正北復於西北食在陰曆初起東南甚於正南復於西南食八分已上初起正東復於正西此亦據午地而論之

求日月出入帶食所見分數

視其日月出入分在初虧已上食甚已下者爲帶食各以食甚分與日出入分相減餘爲帶食差以乘所食之分滿定用分而一如月食既者以既內分減帶食差餘進一位如既外分而一所得以減既分卽月帶食出入所見之分不及減者爲帶食既出入以減所食分卽日月出入帶食所見之分其食甚在晝晨爲漸進昏爲已退其食甚在夜晨爲已退昏爲漸進

求日月食甚宿次

置日月食甚入盈縮曆定度在盈便爲定積在縮加半歲周爲定積望卽更加半周天度以天正冬至加時黃道日度加而命之各得日月食甚宿次及分秒

步五星第七

曆度

三百六十五度二十五分七十五秒

曆中

一百八十二度六十二分八十七秒半

曆策

一十五度二十一分九十秒六十二微半

水星

周率三百九十八萬八千八百分

周日三百九十八日八十八分

曆率四千三百三十一萬二千九百六十四分八十六秒半

度率一十一萬八千五百八十二分

合應一百一十七萬九千七百二十六分

曆應一千八百九十九萬九千四百八十一分

盈縮立差二百三十六加

平差二萬五千九百一十二減

定差一千八十九萬七千

伏見一十三度

段目	段日	平度	限度	初行率
合伏	一十六日八十六	三度八十六	二度九十五	二十三分
晨疾初	二十八日	六度一十一	四度六十四	二十二分
晨疾末	二十八日	五度五十一	四度一十九	二十一分
晨遲初	二十八日	四度三十一	三度二十五	一十八分
晨遲末	二十八日	一度九十一	一度四十五	一十二分
晨留	二十四日			
晨退	四十六日五十八	四度八十八一十二半	空三十二八十七半	
夕退	四十六日五十八	四度八十八一十二半	空三十二八十七半	一十六分
夕留	二十四日			
夕遲初	二十八日	一度九十一	一度四十五	
夕遲末	二十八日	四度三十一	三度二十五	一十二分
夕疾初	二十八日	五度五十一	四度一十九	一十八分
夕疾末	二十八日	六度一十一	四度六十四	二十一分
夕伏	一十六日八十六	三度八十六	三度九十五	二十二分

火星

周率七百七十九萬九千二百九十分

周日七百七十九日九十二分九十秒

曆率六百八十六萬九千五百八十分四十三秒

度率一萬八千八百七分半

合應五十六萬七千五百四十五分

曆應五百四十七萬二千九百三十八分

盈初縮末立差十千一百三十五減

平差八十三萬一千一百八十九減

定差八千八百四十七萬八千四百

縮初盈末立差八百五十一加

平差三萬二百三十五負減

定差二千九百九十七萬六千三百

伏見一十九度

段目	段日	平度	限度	初行率
合伏	六十九日	五十度	四十六度五十	七十三分
晨疾初	五十九日	四十一度八十	三十八度八十七	七十二分
晨疾末	五十七日	三十九度〇八	三十六度三十四	七十分
晨次疾初	五十三日	三十四度一十六	三十一度七十七	六十七分
晨次疾末	四十七日	二十七度〇六	二十五度二十五	六十二分
晨遲初	三十九日	二十七度七十二	一十六度四十八	五十三分
晨遲末	二十九日	六度二十	五度七十七	三十八分
晨留	八日			
晨退	二十八日九十六五十五	八度六十五六十七半	六度四十六三十二半	
夕退	二十八日九十六五十五	八度六十五六十七半	六度四十六三十二半	四十四分
夕留	八日			
夕遲初	二十九日	六度二十	五度七十七	
夕遲末	三十九日	一十七度七十二	一十六度四十八	三十八分
夕次疾初	四十七日	二十七度〇四	二十五度二十五	五十三分
夕次疾末	五十三日	三十四度一十六	三十一度七十七	六十二分
夕疾初	五十七日	三十九度〇八	三十六度三十四	六十七分
夕疾末	五十九日	四十一度八十	三十八度八十七	七十分
夕伏	六十九日	五十度	四十六度五十	七十二分

土星

周率三百七十八萬九千一百一十六分

周日三百七十八日九分一十六秒

曆率一億七百四十七萬八千八百四十五分十六秒

度率二十九萬四千二百五十五分

合應一十七萬五千六百四十三分

曆應五千二百二十四萬五千六百六十一分

盈立差二百八十三加

平差四萬一千二十二減

定差一千五百一十四萬六千一百

縮立差三百三十一加

平差一萬五千一百二十六減

定差一千一百一萬七千五百

伏見一十八度

段目	段日	平度	限度	初行率
合伏	二十日四十	二度四十	一度四十九	一十二分
晨疾	三十日	三度四十	二度一十一	一十一分
晨次疾	二十九日	二度七十五	一度七十一	一十分
晨遲	二十六日	一度五十	初八十三	八分
晨留	三十日			
晨退	五十二日六十四五十八	三度六十二五十四半	初二十八四十五半	
夕退	五十二日六十四五十八	三度六十二五十四半	初二十八四十五半	一十分
夕留	三十日			
夕遲	二十六日	一度五十	初八十三	
夕次疾	二十九日	二度七十五	一度七十一	八分
夕疾	三十日	三度四十	二度一十一	一十分
夕伏	二十日四十	二度四十	一度四十九	一十一分

金星

周率五百八十三萬九千二十六分

周日五百八十三日九十分二十六秒

曆率三百六十五萬二千五百七十五分

度率一萬

合應五百七十一萬六千三百三十分

曆應一十一萬九千六百三十九分

盈縮立差一百四十一加

平差三減

定差三百五十一萬五千五百

伏見一十度半

段目	段日	平度	限度	初行率
合伏	三十九日	四十九度五十	四十七度六十四	一度二十五分半
夕疾初	五十二日	六十五度五十	六十三度〇四	一度二十六分半
夕疾末	四十九日	六十一度	五十八度七十一	一度二十五分半
夕次疾初	四十二日	五十度三十五	四十八度三十六	一度二十三分半
夕次疾末	三十九日	四十二度十五	四十度九十	一度一十六分
夕遲初	三十三日	二十七度	二十五度九十九	一度二分
夕遲末	一十六日	四度三十五	四度〇九	六十二分
夕留	五日			
夕退	一十日九十五一十三	三度六十九八十七	一度五十九一十三	
夕退伏	六日	四度三十五	一度六十三一十三	六十一分
合退伏	六日	四度三十五	一度六十二	八十二分
晨退	一十日九十五一十三	三度六十九八十七	一度五十九一十三	六十一分
晨留	五日			
晨遲初	一十六日	四度三十五	四度〇九	
晨遲末	三十三日	二十七度	二十五度九十九	六十二分
晨次疾初	三十九日	四十二度十五	四十度九十	一度一分
晨次疾末	四十二日	五十度三十五	四十八度三十六	一度一十六分
晨疾初	四十九日	六十一度	五十八度七十一	一度二十三分半
晨疾末	五十二日	六十五度五十	六十三度〇四	一度二十五分半
晨伏	三十九日	四十九度五十	四十七度六十四	一度二十六分半

水星

周率一百一十五萬八千七百六十分

周日一百一十五日八十七分六十秒

曆率三百六十五萬二千五百七十五分

度率一萬

合應七十萬四百三十七分

曆應二百五萬五千一百六十一分

盈縮立差一百四十一加

平差二千一百六十五減

定差三百八十七萬七千

晨伏夕見一十六度半

夕伏晨見一十九度

段目	段日	平度	限度	初行率
合伏	一十七日七十五	三十四度二十五	二十九度〇八	二度一十五分五十八
夕疾	一十五日	二十一度三十八	一十八度二十六	一度七十分三十四
夕遲	一十二日	一十度一十二	八度五十九	一度一十四分七十二
夕留	二日			
夕退伏	一十一日一十八八十一	七度八十一二十	二度一十八十	
合退伏	一十一日一十八八十一	七度八十一二十	二度一十八十	一度三分四十六
晨留	二日			
晨遲	一十二日	一十度一十二	八度五十九	一度
晨疾	一十五日	二十一度三十八	一十八度二十六	一度一十四分七十二
晨伏	一十七日七十五	三十四度二十五	二十九度〇八	一度七十分三十四

推天正冬至後五星平合及諸段中積中星

置中積加合應以其星周率去之不盡爲前合復減周率餘爲後合以日周約之得其星天正冬至後平合中積中星命爲日曰中積命爲度曰中星以段日累加中積卽諸段中積以度累加中星經退則減之卽爲諸段中星上考者中積內減合應滿周率去之不盡便爲所求後合分

推五星平合及諸段入曆

各置中積加曆應及所求後合分滿曆率去之不盡如度率而一爲度不滿退除爲分秒卽其星平合入曆度及分秒以諸段限度累加之卽諸段入曆上考者中積內減曆應滿曆率去之不盡反減曆率餘加其年後合餘同上

求盈縮差

置入曆度及分秒在曆中已下爲盈已上減去曆中餘爲縮視盈縮曆在九十一度三十一分四十三秒太已下爲初限已上用減曆中餘爲末限

其火星盈曆在六十度八十七分六十二秒半已下爲初限已上用減曆中餘爲末限縮曆在一百二十一度七十五分二十五秒已下爲初限已上用減曆中餘爲末限置各星立差以初末限乘之去加減平差得又以初末限乘之去加減定差再以初末限乘之滿億爲度不滿退除爲分秒卽所求盈縮差

又術置盈縮曆以曆策除之爲策數不盡爲策餘以其下損益率乘之曆策除之所得益加損減其下盈縮積亦爲所求盈縮差

求平合諸段定積

各置其星其段中積以其盈縮差盈加縮減之卽其段定積日及分秒以天正冬至日分加之滿紀法去之不滿命甲子筭外卽得日辰

求平合及諸段所在月日

各置其段定積以天正閏日及分加之滿朔策除之爲月數不盡爲入月已來日數及分秒其月數命天正十一月筭外卽其段入月經朔日數及分秒以日辰相距爲所在定月日

求平合及諸段加時定星

各置其段中星以盈縮差盈加縮減之（金星倍之水星三之）卽諸段定星以天正冬至加時黃道日度加而命之卽其星其段加時所在宿度及分秒

求諸段初日晨前夜半定星

各以其段初行率乘其段加時分百約之乃順減退加其日加時定星卽其段初日晨前夜半定星加命如前卽得所求

求諸段日率度率

各以其段日辰距後段日辰爲日率以其段夜半宿次與後段夜半宿次相減餘爲度率

求諸段平行分

各置其段度率以其段日率除之卽其段平行度及分秒

求諸段增減差及日差

以本段前後平行分相減爲其段汎差倍而退位爲增減差以加減其段平行分爲初末日行分（前多後少者加爲初減爲末前少後多者減爲初加爲末）倍增減差爲總差以日率減一除之爲日差

求前後伏遲退段增減差

前伏者置後段初日行分加其日差之半爲末日行分

後伏者置前段末日行分加其日差之半爲初日行分

以減伏段平行分餘爲增減差

前遲者置前段末日行分倍其日差減之爲初日行分

後遲者置後段初日行分倍其日差減之爲末日行分

以遲段平行分減之餘爲增減差（前後近留之遲段）

木火土三星退行者六因平行分退一位爲增減差

金星前後退伏者三因平行分半而退位爲增減差

前退者置後段初日行分以其日差減之爲末日行分

後退者置前段末日行分以其日差減之爲初日行分

乃以本段平行分減之餘爲增減差

水星退行者半平行分爲增減差皆以增減差加減平行分爲初末日行分（前多後少者加爲初減爲末前少後多者減爲初加爲末）又倍增減差爲總差以日率減一除之爲日差

求每日晨前夜半星行宿次

各置其段初日行分以日差累損益之後少則損之後多則益之爲每日行度及分秒乃順加退減滿宿次去之卽每日晨前夜半星行宿次

求五星平合見伏入盈縮曆

置其星其段定積日及分秒（若滿歲周日及分秒去之餘在次年天正冬至後）如在半歲周已下爲入盈曆滿半歲周去之爲入縮曆各在初限已下爲初限已上反減半　歲周餘爲末限卽得五星平合見伏入盈縮曆日及分秒

求五星平合見伏行差

各以其星其段初日星行分與其段初日太陽行分相減餘爲行差若金水二星退行在退合者以其段初日星行分併其段初日太陽行分爲行差內水星夕伏晨見者直以其段初日太陽行分爲行差

求五星定合定見定伏汎積

木火土三星以平合晨見夕伏定積日便爲定合伏見汎積日及分秒

金水二星置其段盈縮差度及分秒（水星倍之）各以其段行差除之爲日不滿退除爲分秒在平合夕見晨伏者盈減縮加在退合夕伏晨見者盈加縮減各以加減定積爲定合伏見汎積日及分秒

求五星定合定積定星

木火土三星各以平合行差除其段初日太陽盈縮積爲距合差日不滿退除爲分秒以太陽盈縮積減之爲距合差度各置其星定合汎積以距合差日盈減縮加之爲其星定合定積日及分秒以距合差度盈減縮加之爲其星定合定星度及分秒

金水二星順合退合者各以平合退合行差除其日太陽盈縮積爲距合差日不滿退除爲分秒順加退減太陽盈縮積爲距合差度順合者盈加縮減其星定合汎積爲其星定合定積日及分秒退合者以距合差日盈加縮減距合差度盈加縮減其星退定合汎積爲其星退定合定積日及分秒命之爲退定合定星度及分秒

以天正冬至日及分秒加其星定合定積日及分秒滿旬周去之命甲子筭外卽得定合日辰及分秒以天正冬至加時黃道日度及分秒加其星定合定星度及分秒滿黃道宿次去之卽得定合所躔黃道宿度及分秒（徑求五星合伏定日木火土三星以夜半黃道日度減其星夜半黃道宿次餘在其日太陽行分已下爲其日伏合金水二星以其星夜半黃道宿次減夜半黃道日度餘在其日金水二星行分已下者爲其日伏合金水二星伏退合者視其日太陽夜半黃道宿次未行到金水二星宿次又視次日太陽行過金水二星宿次金水二星退行過太陽宿次爲其日定合伏退定日）

求木火土三星定見伏定積日

各置其星定見定伏汎積日及分秒晨加夕減九十一日三十一分六秒如在半歲周已下自相乘已上反減歲周餘亦自相乘滿七十五除之爲分滿百爲度不滿退除爲秒以其星見伏度乘之一十五除之所得以其段行差除之爲日不滿退除爲分秒見加伏減汎積爲其星定見伏定積日及分秒加命如前卽得定見定伏日辰及分秒

求金水二星定見伏定積日

各以伏見日行差除其段初日太陽盈縮積爲日不滿退除爲分秒若夕見晨伏盈加縮減如晨見夕伏盈減縮加以加減其星定見伏汎積日及分秒爲常積如在半歲周已下爲冬至後已上去之餘爲夏至後各在九十一日三十一分六秒已下自相乘已上反減半歲周亦自相乘冬至後晨夏至後夕一十八而一爲分冬至後夕夏至後晨七十五而一爲分又以其星見伏度乘之一十五除之所得滿行差除之爲日不滿退除爲分秒加減常積爲定積在晨見夕伏者冬至後加之夏至後減之夕見晨伏者冬至後減之夏至後加之爲其星定見伏定積日及分秒加命如前卽得定見定伏日晨及分秒

元史卷五十六

明翰林學士亞中大夫知制誥兼修國史宋　濂等修

曆志第八

曆五

庚午元曆上

演紀上元庚午距太宗庚辰歲積年二千二十七萬五千二百七十筭外上考往古每年減一筭下驗將來每年加一筭

步氣朔術

日法五千二百三十

歲實一百九十一萬二百二十四

通餘二萬七千四百二十四

朔實一十五萬四千四百四十五

通閏五萬六千八百八十四

歲策三百六十五　餘一千二百七十四

朔策二十九　餘二千七百七十五

氣策一十五　餘一千一百四十二　秒六十

望策一十四　餘四千　二　秒四十五

象策七　餘二千　一　秒二十二半

沒限四千八十七　秒三千

朔虛分二千四百五十五

旬周三十一萬三千八百

紀法六十

秒母九十

求天正冬至

置上元庚午以來積年以歲實乘之爲通積分滿旬周去之不盡以日法約之爲日不盈爲餘命壬戌筭外卽得所求天正冬至大小餘也（先以里差加減通積分然後求之求里差術具月離篇中）

求次氣

置天正冬至大小餘以氣策及餘累加之秒盈秒母從分分滿日法從日卽得次氣日及餘分秒

求天正經朔

置通積分滿朔實去之不盡爲閏餘以減通積分爲朔積分滿旬周去之不盡如日法而一爲日不盡爲餘卽得所求天正經朔大小餘也

求弦望及次朔

置天正經朔大小餘以象策累加之卽各得弦望及次朔經日及餘秒也

求沒日

置有沒之氣恒氣小餘如沒限以上爲有沒之氣以秒母乘之內其秒用減四十七萬七千五百五十六餘滿六千八百五十六而一所得併入恒氣大餘內命壬戌筭外卽得爲沒日也

求滅日

置有滅之朔小餘（經朔小餘不滿朔虛分者）六因之如四百九十一而一所得併經朔大餘命爲滅日

步卦候發斂術

候策五　餘三百八十　秒八十

卦策六　餘四百五十七　秒六

貞策三　餘二百二十八　秒四十八

秒母九十

辰法二千六百一十五

半辰法一千三百七半

刻法三百一十三　秒八十

辰刻八　分一百四　秒六十

半辰刻四　分五十二　秒三十

秒母一百

求七十二候

置節氣大小餘命之爲初候以候策累加之即得次候及末候也

求六十四卦

置中氣大小餘命之爲公卦以卦策累加之得辟卦又加得內卦以貞策加之得節氣之初爲侯外卦又以貞策加之得大夫卦又以卦策加之爲卿卦也

求土王用事

以貞策減四季中氣大小餘即得土王用事日也

求發斂

置小餘以六因之如辰法而一爲辰數不盡以刻法除爲刻命子正筭外即得加時所在辰刻分也如加半辰法即命子初

求二十四氣卦候

恒氣　月中節　四正卦	初候	次候	末候	始卦	中卦	終卦
冬至　十一月中　坎初六	蚯蚓結	麋角解	水泉動	公中孚	辟復	侯屯內
小寒　十二月節　坎九二	鴈北鄉	鵲始巢	野雞始雊	侯屯外	大夫謙	卿睽
大寒　十二月中　坎六三	雞始乳	鷙鳥厲疾	水澤腹堅	公升	辟臨	侯小過內
立春　正月節　坎六四	東風解凍	蟄虫始振	魚上冰	侯小過外	大夫蒙	卿益
雨水　正月中　坎九五	獺祭魚	鴻鴈來	草木萌動	公漸	辟泰	侯需內
驚蟄　二月節　坎上六	桃始華	倉鶊鳴	鷹化爲鳩	侯需外	大夫隨	卿晉
春分　二月中　震初九	玄鳥至	雷乃發聲	始電	公解	辟大壯	侯豫內
清明　三月節　震六二	桐始華	田鼠化爲鴽	虹始見	侯豫外	大夫訟	卿蠱
穀雨　三月中　震六三	萍始生	鳴鳩拂其羽	戴勝降于桑	公革	辟夬	侯旅內
立夏　四月節　震九四	螻蟈鳴	蚯蚓出	王瓜生	侯旅外	大夫師	卿比
小滿　四月中　震六五	苦菜秀	靡草死	小暑至	公小畜	辟乾	侯大有內
芒種　五月節　震上六	螳螂生	鵙始鳴	反舌無聲	侯大有外	大夫家人	卿井
夏至　五月中　離初九	鹿角解	蜩始鳴	半夏生	公咸	辟姤	侯鼎內
小暑　六月節　離六二	溫風至	蟋蟀居壁	鷹乃學習	侯鼎外	大夫豐	卿渙
大暑　六月中　離九三	腐草化爲螢	土潤溽暑	大雨時行	公履	辟遯	侯恒內
立秋　七月節　離九四	涼風至	白露降	寒蟬鳴	侯恒外	大夫節	卿同人
處暑　七月中　離六五	鷹乃祭鳥	天地始肅	禾乃登	公損	辟否	侯巽內
白露　八月節　離上九	鴻鴈來	玄鳥歸	羣鳥養羞	侯巽外	大夫萃	卿大畜
秋分　八月中　兌初九	雷乃收聲	蟄虫坏戶	水始涸	公賁	辟觀	侯歸妹內
寒露　九月節　兌九二	鴻鴈來賓	雀入大水化爲蛤	菊有黃花	侯歸妹外	大夫無妄	卿明夷
霜降　九月中　兌六三	豺乃祭獸	草木黃落	蟄虫咸俯	公困	辟剝	侯艮內
立冬　十月節　兌九四	水始冰	地始凍	野雞入水化爲蜃	侯艮外	大夫既濟	卿噬嗑
小雪　十月中　兌九五	虹藏不見	天氣上騰地氣下降	閉塞成冬	公大過	辟坤	侯未濟內
大雪　十一月節　兌上六	鶡鳥不鳴	虎始交	荔挺出	侯未濟外	大夫蹇	卿頤

步日躔術

周天分一百九十一萬二千九百九十二　秒九十八

歲差六十八　秒九十八

秒母一百

周天度三百六十五　分二十五　秒六十七

象限九十一　分三十一　秒九

分秒母一百

二十四氣日積度盈縮

恒氣日積度	分　秒	損益率	初末率	日差	盈縮積
冬至空		益七千五百五十九	[illegible]	四　九十一　七十九	盈空
小寒一十五	九十二　四十三	益五千九百一十	[illegible]	五　一十八　九十九	盈七千五十九
大寒三十一	七十三　四十八	益四千七百七十八	[illegible]	五　四十六　一十九	盈一萬二千九百七十九
立春四十七	四十二　五十五	益三千四百五十三	[illegible]	五　七十二　九十六	盈一萬七千六百九十七
雨水六十二	九十八　八十九	益二千一百七十六	[illegible]	五　九十八　八十七	盈二萬一千一百五十
驚蟄七十八	四十三　空	益七百三十九	[illegible]	五　九十八　八十七	盈二萬三千二百七十六
春分九十三	二十一　二十四	損七百三十九	[illegible]	五　九十八　八十七	盈二萬四千　一十五
清明一百八	八十五　六十九	損二千一百七十六	[illegible]	五　七十二　九十六	盈二萬三千二百七十六
穀雨一百二十三	八十六　二十八	損三千四百五十三	[illegible]	五　四十六　一十九	盈二萬一千一百五十
立夏一百三十八	[illegible]	損四千七百七十八	[illegible]	五　一十八　九十九	盈一萬七千六百九十七
小滿一百五十三	四十八　七十七	損五千九百一十	[illegible]	四　九十一　七十九	盈一萬二千九百七十九
芒種一百六十八	二十　九十二	損七千五百五十九	[illegible]	四　九十一　七十九	盈七千五十九
夏至一百八十二	六十二　二十九	益七千五百五十九	[illegible]	四　九十一　七十九	縮空
小暑一百九十七	一十三　四十三	益五千九百一十	[illegible]	五　一十八　九十九	縮七千五十九
大暑二百一十一	七十六　八	益四千七百七十八	[illegible]	五　四十六　一十九	縮一萬二千九百七十九
立秋二百二十六	五十　七十五	益三千四百五十三	[illegible]	五　七十二　九十六	縮一萬七千六百九十七
處暑二百四十一	二十八　七	益二千一百七十六	[illegible]	五　九十八　八十七	縮二萬一千一百五十
白露二百五十六	三十八　六十六	益七百三十九	[illegible]	五　九十八　八十七	縮二萬三千二百七十六
秋分二百七十一	五十三　二十二	損七百三十九	[illegible]	五　九十八　八十七	縮二萬四千　一十五
寒露二百八十六	八十二　三十五	損二千一百七十六	[illegible]	五　七十二　九十六	縮二萬三千二百七十六
霜降三百二	二十五　四十六	損三千四百五十三	[illegible]	五　四十六　一十九	縮二萬一千一百五十
立冬三百一十七	八十一　八十四	損四千七百七十八	[illegible]	五　一十八　九十九	縮一萬七千六百九十七
小雪三百三十三	五十　八十七	損五千九百一十	[illegible]	四　九十一　七十九	縮一萬二千九百七十九
大雪三百四十九	三十一　九十二	損七千五百五十九	[illegible]	四　九十一　七十九	縮七千　五十九

二十四氣中積及朓朒

恒氣中積	經分　約分	損益率	初末率	日差	朓朒積
冬至空		益二百七十六	[illegible]	一十九	朒空
小寒十五	[illegible]	益二百三十二	[illegible]	二十　二十九	朒二百七十六
大寒三十	[illegible]	益一百八十五	[illegible]	二十一　五十九	朒五百　八
立春四十五	[illegible]	益一百三十五	[illegible]	二十二　四十五	朒六百九十三
雨水六十	[illegible]	益八十三	[illegible]	二十三　三十二	朒八百二十八
驚蟄七十六	[illegible]	益二十九	[illegible]	二十三　三十二	朒九百一十一
春分九十一	[illegible]	損二十九	[illegible]	二十三　三十二	朒九百四十
清明一百六	[illegible]	損八十三	[illegible]	二十二　四十五	朒九百一十一
穀雨一百二十一	[illegible]	損一百三十五	[illegible]	二十一　五十九	朒八百二十八
立夏一百三十六	[illegible]	損一百八十五	[illegible]	二十　二十九	朒六百九十三
小滿一百五十二	[illegible]	損二百三十二	[illegible]	一十九	朒五百　八
芒種一百六十七	[illegible]	損二百七十六	[illegible]	一十九	朒二百七十六
夏至一百八十二	[illegible]	益二百七十六	[illegible]	一十九	朓空
小暑一百九十七	[illegible]	益二百三十二	[illegible]	二十　二十九	朓二百七十六
大暑二百一十三	[illegible]	益一百八十五	[illegible]	二十一　五十九	朓五百　八
立秋二百二十八	[illegible]	益一百三十五	[illegible]	二十二　四十五	朓六百九十三
處暑二百四十三	[illegible]	益八十三	[illegible]	二十三　三十二	朓八百二十八
白露二百五十八	[illegible]	益二十九	[illegible]	二十三　三十二	朓九百一十一
秋分二百七十三	[illegible]	損二十九	[illegible]	二十三　三十二	朓九百四十
寒露二百八十九	[illegible]	損八十三	[illegible]	二十二　四十五	朓九百一十一
霜降三百四	[illegible]	損一百三十五	[illegible]	二十一　五十九	朓八百二十八
立冬三百一十九	[illegible]	損一百八十五	[illegible]	二十　二十九	朓六百九十三
小雪三百三十四	[illegible]	損二百三十二	[illegible]	一十九	朓五百　八
大雪三百五十	[illegible]	損二百七十六	[illegible]	一十九	朓二百七十六

求每日盈縮朓朒

各置其氣損益率求盈縮用盈縮之損益求朓朒用朓朒之損益六因如象限而一爲其氣中率與後氣中率相減爲合差加減其氣中率爲初末汎率至後加初減末分後減初加末又置合差六因如象限而一爲日差半之加減初末汎率爲初末定率至後減初加末分後加初減末以日差累加減氣初定率爲每日損益分至後減分後加各以每日損益分加減氣下盈縮朓朒爲每日盈縮朓朒二分前一氣無後率相減爲合差者皆用前氣合差

求經朔弦望入氣

置天正閏餘以日法除爲日不滿爲餘如氣策以下以減氣策爲入大雪氣以上去之餘亦以減氣策爲入小雪氣即得大正經朔入氣日及餘也以象策累加之滿氣策去之即爲弦望入次氣日及餘因加得後朔入氣日及餘也便爲中朔望入氣

求每日損益盈縮朓朒

以日差益加損減其氣初損益率爲每日損益率馴積損益其氣盈縮朓朒積爲每日盈縮朓朒積

求經朔弦望入氣朓朒定數

以各所求入氣小餘以乘其日損益率如日法而一所得損益其下朓朒積爲定數便爲中朔弦望朓朒定數

赤道宿度

斗二十五　牛七少　女十一少　虛九少六十七秒

危十五度半　室十七　壁八太

右北方七宿九十四度六十七秒

奎十六半　婁十二　胃十五　昴十一少

畢十七少　觜半　參十半

右西方七宿八十三度

井三十三少　鬼二半　柳十三太　星六太

張十七少　翼十八　軫十七

右南方七宿一百九度少

角十二　亢九少　氐十六　房五六

心六少　尾十九少　箕十半

右東方七宿七十九度

求冬至赤道日度

置通積分以周天分去之餘日法而一爲度不滿退除爲分秒以百爲母命起赤道虛宿六度外去之不滿宿即得所求年天正冬至加時日躔赤道宿度及分秒其尋斯干之東西者先以里差加減通積分

求春分夏至秋分赤道日度

置天正冬至加時赤道日度累加象限滿赤道宿次去之即各得春分夏至秋分加時日在宿度及分秒

求四正赤道宿積度

置四正赤道宿全度以四正赤道日度及分秒減之餘爲距後度以赤道宿度累加之各得四正後赤道宿度及分秒

求赤道宿積度入初限

視四正後赤道宿積度及分在四十五度六十五分五十四秒半以下爲入初限以上者用減象限餘爲入末限

求二十八宿黃道度

置四正後赤道宿入初末限度及分減一百一度餘以初末限度及分乘之進位滿百爲分分滿百爲度至後以減分後以加赤道宿積度爲其宿黃道積度以前宿黃道積度減之爲其宿黃道度及其四正之宿先加象限然後以前宿減之

分其分就近約為太半少

黃道宿度

斗二十三　牛七　女十一　虛九少六十七秒

危十六　室十八少　壁九半

右北方七宿九十四度六十七秒

奎十七太　婁十二太　胃十五半　昴十二

畢十六半　觜半　參九太

右西方七宿八十三度太

井三十半　鬼二半　柳十三少　星六太

張十七太　翼二十　軫十八半

右南方七宿一百九度少

角十二太　亢九太　氐十六少　房五太

心六　尾十八少　箕九半

右東方七宿七十八度少

前黃道宿度依今曆歲差所在筭定如上考往古下驗將求當據歲差每一度依術推變當時宿度然後可步七曜知其所在

求天正冬至加時黃道日度

以冬至加時赤道日度分秒減一百一度餘以冬至加時赤道日度及分秒乘之進位滿百為分分滿百為度命曰黃赤道差用減冬至加時赤道日度及分秒即得所求年天正冬至加時黃道日度及分秒

求二十四氣加時黃道日度

置所求年冬至日黃赤道差以次年黃赤道差減之餘以所求氣數乘之二十四而一所得以加其氣中積度及約分以其氣初日盈縮數盈加縮減之用加冬至加時黃道日度依宿次去之即各得其氣加時黃道日躔宿度及分秒如其年冬至加時黃道宿度空分秒在歲差以下者即加前宿全度然求黃赤道差餘依術算

求二十四氣及每日晨前夜半黃道日度

副置其恒氣小餘以其氣初日損益率乘之盈縮之損益萬約之應益者盈加縮減應損者盈減縮加其副曰法除之為度不滿退除為分秒以減其氣加時黃道日度即得其氣初日晨前夜半黃道日度每日加一度以萬乘之又以每日損益數盈縮之損益應益者盈加縮減應損者盈減縮加為每日晨前夜半黃道日度及分秒

求每日午中黃道日度

置一萬分以所求入氣日損益數加減益者盈加縮減損者盈減縮加半之滿百為分不滿為秒以加其日晨前夜半黃道日度即其日午中日躔黃道宿度及分秒

求每日午中黃道積度

以二至加時黃道日度距至所求日午中黃道日度為入二至後黃道日積度及分秒

求每日午中黃道入初末限

視二至後黃道積度在四十三度一十二分八十七秒之以下為初限以上用減象限餘為入末限其積度滿象限去之為二分後黃道積度在四十八度一十八分二十一秒之以下為初限以上用減象限餘為入末限

求每日午中赤道日度

以所求日午中黃道積度入至後初限分後末限度及分秒進三位加二十萬二千五十少開平方除之所得減去四百四十九半餘在初限者直以二至赤道日度加而命之在末限者以減象限餘以二分赤道日度加而命之即每日午中赤道日度以所求日午中黃道積度入至後末限分後初限度及分秒進三位用減三十萬三千五十少開平方除之所得以減五百五十半其在初限者以所減之餘直以二分赤道日度加而命之在末限者以減象限餘以二至赤道日度加而命之即每日午中赤道日度

太陽黃道十二次入宮宿度

危十三度三十九分五十九秒外入衞分陬訾之次辰在亥

奎二度三十五分八十五秒外入魯分降婁之次辰在戌

胃四度二十四分三十三秒外入趙分大梁之次辰在酉

畢七度九十六分六秒外入晉分實沈之次辰在申

井九度四十七分一十秒外入秦分鶉首之次辰在未

柳四度九十五分二十六秒外入周分鶉火之次辰在午

張十五度五十六分三千五秒外入楚分鶉尾之次辰在巳

軫十度四十四分五秒外入鄭地壽星之次辰在辰

氐一度七十七分七十七秒外入宋分大火之次辰在卯

尾三度九十七分七十二秒外入燕分析木之次辰在寅

斗四度三十六分六十六秒外入吳越分星紀之次辰在丑

女二度九十一分九十一秒外入齊分玄枵之次辰在子

求入宮時刻

各置入宮宿度及分秒以其日晨前夜半日度減之相近一度之間者求之餘以日法乘其分其秒從於下亦通乘之為實以其日太陽行分為法實如法而一所得依發斂加時求之即得其日太陽入宮時刻及分秒

步晷漏術

中限一百八十二日六十二分一十八秒

冬至初限夏至末限六十二日二十分

夏至初限冬至末限一百二十日四十二分

冬至永安晷影常數一丈二尺八寸三分

夏至永安晷影常數一尺五寸六分

周法一千四百二十八

內外法一萬八百九十六

半法二千六百一十五

日法四分之三三千九百二十二半

日法四分之一一千三百七半

昏明分一百三十分七十五秒

昏明刻二刻一百五十六分九十秒

刻法三百一十三分八十秒

秒母一百

求午中入氣中積

置所求日大餘及半法以所入氣大小餘減之為其日午中入氣以加其氣中積為其日午中中積小餘以日法除為約分

求二至後午中入初末限

置午中中積及分如中限以下為冬至後以上去中限為夏至後其二至後如在初限以下為初限以上覆減中限餘為入末限也

求午中晷影定數

視冬至後初限夏至後末限百通日內分自相乘副置之以一千四百五十除之所得加五萬三百八折半限分併之除其副為分分滿十為寸寸滿十為尺用減冬至地中晷影常數為求晷影定數

視夏至後初限冬至後末限百通日內分自相乘為上位下置入限分以二百二十五乘之百約之加一十九萬八千七十五為法夏至前後半限以上者減去半限列于上位下置半限各百通日內分先相減後相乘以七千七百除之所得以加其法及除上位為分分滿十為寸寸滿十為尺用加夏至地中晷影常數為所求晷影定數

求四方所在晷影

各於其處測冬夏二至晷數乃相減之餘為其處二至晷差亦以地中二至晷數相減為地中二至晷差其所求日在冬至後初限夏至後末限者如在半限以下倍之半限以上覆減全限餘亦倍之併入限日三因折半以日為分十分為寸以減地中二至晷差為法置地中冬至晷影常數以所求日地中晷影定數減之餘以其處二至晷差乘之為實實如法而一所得以減其處冬至晷數即得其處其日晷影定數所求日在夏至後初限冬至後末限者如在半限以下倍之半限以上覆減全限餘亦倍之併入限日三因四除以日為分十分為寸以加城中二至晷差為法置所求日地中晷影定數以地中夏至晷影常數減之餘以其處二至晷差乘之為實實如法而一所得以加其處夏至晷數即得其處其日晷影定數

二十四氣陟降及日出分

恒氣	增損差	加減差	陟降率	初末率	日出分
冬至	增 初九 二十九 末七 九十六	減十	陟十 四十	初空 五 五十 末一 二十六 四	一千五百六十七 九十三
小寒	增 初七 八十九 末六 五十九	減十	陟二十八 七十三	初一 三十六 末二 三十七 一十六	一千五百五十七 五十二
大寒	增 初六 五十二 末五 二十二	減十	陟四十三 五十六	初二 四十三 末二 二十五 一十八	一千五百二十八 七十九
立春	增 初五 一十八 末三 八十八	減十	陟五十五 一十九	初二 二十九 末三 九十二 四十二	一千四百八十五 二十三
雨水	增 初三 八十二 末二 五十二	減十	陟六十三 九十	初三 九十五 五十 末四 二十九 八十八	一千四百三十 四
驚蟄	增 初二 四十八 末一 三十八	減十	陟六十九 一十八	初四 四十四 末四 六十七 二十六	一千三百六十六 一十四
春分	損 初一 三十八 末二 四十八	減十	陟六十四 六十九	初四 三十七 末四 一十 六十八	一千二百九十六 九十六
清明	損 初二 五十 末三 五十四	加八	陟五十九 九	初四 八 五十 末三 六十六 三十三	一千二百二十二 二十七
穀雨	損 初三 六十五 末四 六十九	加八	陟五十 八十四	初三 六十二 末三 三 六十二	一千一百七十三 一十八
立夏	損 初四 八十 末五 八十四	加八	陟三十九 八十六	初一 九十八 末三 一十四 五十	一千一百二十二 三十四
小滿	損 初五 九十八 末七 二	加八	陟二十六 六	初一 一十六 末一 一十五	一千八十二 四十八
芒種	損 初七 一十九 末八 二十三	加八	陟九 三十一	初一 一十五 末四 七 六	一千五十六 四十二
夏至	增 初八 三十七 末七 三十三	減八	降九 三十二	初空 四 五十 末一 一十四 四十	一千四十七 七
小暑	增 初七 二十 末六 一十六	減八	降二十六 六	初一 二十三 末三 一十六 五十二	一千五十六 四十二
大暑	增 初六 末四 九十六	減八	降三十九 八十六	初三 二十二 五 末二 九十九 二十二	一千八十二 四十八
立秋	增 初四 八十 末三 七十六	減八	降五十 八十四	初三 三 末三 六十二 九十二	一千一百二十二 三十四
處暑	增 初三 九十 末二 五十六	減八	降五十九 八	初三 六十五 五十 末四 八 六十二	一千一百七十二 一十八
白露	增 初二 四十 末一 三十六	減八	降六十四 六十九	初四 一十 三十 末四 三十六 八十二	一千二百二十二 二十七
秋分	損 初一 九十 末一 九十一	加十	降六十九 一十八	初四 六十八 末四 四十四 九十	一千二百九十六 九十六
寒露	損 初二 九十三 末三 九十二	加十	降六十三 九十一	初四 四十二 末三 九十六 二十二	一千三百六十六 一十四

霜降	損初三末五 九十八 三十八	加十	降五十五 一十九	初三末三 九十四 一十九 一十八	一千四百三十 四
立冬	損初五末六 三十三 六十三	加十	降四十三 五十六	初三末二 九十七 四十三 四十三	一千四百三十五 二十三
小雪	損初六末七 六十六 九十六	加十	降二十八 七十三	初二末一 三十九 三十七 五十 一十六	一千五百一十八 七十九
大雪	損初八末九 三 三十二	加十	降十 四十	初一末空 二十八 七 五十 一十三	一千五百五十七 五十二

二分前後陟降率

春分前三日太陽入赤道內秋分後三日太陽出赤道外故其陟降與他日不倫今各別立數而用之

驚蟄十二日陟四六十七一十六此爲末率於此用畢(其減差亦止於此也)

十三日陟四四十一六 十四日陟四三十八九十

十五日陟四

秋分初日降四三十八 一日降四二十九

二日降四五十九 三日降四六十八

此爲初率始用之(其加差亦始於此也)

求每日日出入晨昏半晝分

各以陟降初率陟減降加其氣初日日出分爲一日下日出分以增損差(仍加減加減差)增損陟降率馴積而加減之即爲每日日出分覆減日法餘爲日入分以日出分減日入分半之爲半晝分以昏明分減日出分爲晨分加日入分爲昏分

求日出入辰刻

置日出入分以六因之滿辰法而一爲辰數不盡刻法除之爲刻不滿爲分命子正筭外即得所求

求晝夜刻

置日出分十二乘之刻法而一爲刻不滿爲分即爲夜刻以減一百餘爲晝刻及分秒

求更點率

置晨分四因之退位爲更率二因更率退位爲點率

求更點所在辰刻

置更點率以所求更點數因之又六因之內加更籌刻滿辰法而一爲辰數不盡滿刻法除之爲刻數不滿爲分命其日辰刻筭外即得所求

求四方所在漏刻

各於所下水漏以定其處冬至或夏至夜刻乃與五十刻相減餘爲至差刻置所求日黃道去赤道內外度及分以至差刻乘之進一位如二百三十九而一爲刻不盡以刻法乘之退除爲分內減外加五十刻即得所求日夜刻以減百刻餘爲晝刻(其日出入辰刻及更點差率等並依前術求之)

求黃道內外度

置日出之分如日法四分之一以上去之餘爲外分如日法四分之一以下覆減之餘爲內分置內外分千乘之如內外法而一爲度不滿退除爲分秒即爲黃道去赤道內外度內減外加象限即得黃道去極度

求距中度及更差度

置半法以晨分減之餘爲距中分百乘之如周法而一爲距中度用減一百八十三度一十二分八十三秒半餘四因退位爲每更差度

求昏明五更中星

置距中度以其日午中赤道日度加而命之即昏中星所格宿次因爲初更中星以更差度累加之滿赤道宿次去之即得逐更及明中星

步月離術

轉終分一十四萬四千一百一十 秒六千 二十 微六十

轉終日二十七 餘二千九百 秒六千 二十 微六十

轉中日一十三 餘四千 六十五 秒三千 一十 微三十

朔差日一 餘五千一百 四 秒三千九百七十九 微四十

象策七 餘二千 一 秒二千五百

秒母一萬

微母一百

上弦度九十一 分三十一 秒四十一太

望度一百八十二 分六十二 秒八十三半

下弦度二百七十三 分九十四 秒二十五少

月平行度十三 分三十六 秒八十七半

分秒母一百

七日初數四千六百四十八 末數五百八十二

十四日初數四千 六十五 末數一千一百六十五

二十一日初數三千四百八十三 末數一千七百四十七

二十八日初數二千九百一

求經朔弦望入轉(凡稱秒者微從之他倣此)

置天正朔積分以轉終分及秒去之不盡如日法而一爲日不滿爲餘秒即天正十一月經朔入轉日及餘秒以象策累加之去命如前得弦望經日加時入轉及餘秒徑求次朔入轉即以朔差加之(加減里差即得中朔弦望入轉及餘秒)

求轉定分及積度朓朒

一日	一千四百六十八	度初	疾初	益五百一十三	朓初
二日	一千四百五十七	一十四度六十八	疾一度三十一	益四百六十九	朓五百一十三
三日	一千四百四十二	二十九度二十五	疾二度五十一	益四百一十一	朓九百八十二
四日	一千四百二十三	四十三度六十七	疾三度五十六	益三百三十二	朓一千三百九十三
五日	一千三百九十九	五十七度八十九	疾四度四十一	益二百四十三	朓一千七百二十五
六日	一千七百七十三	七十一度八十八	疾五度三	益一百四十一	朓一千九百六十八
七日	一千三百四十七	八十五度六十一	疾五度三十九	初益四十三 末損四	朓二千一百九
八日	一千三百二十一	九十九度八	疾五度四十九	損六十三	朓二千一百四十八
九日	一千二百九十五	一百一十二度二十九	疾五度三十三	損一百六十四	朓二千八十五
十日	一千二百七十一	一百二十五度二十四	疾四度九十一	損二百五十八	朓一千九百二十一
十一日	一千二百四十七	一百三十七度九十五	疾四度二十五	損三百二十五	朓一千六百六十三
十二日	一千二百二十八	一百五十度四十二	疾三度三十五	損四百二十五	朓一千三百二十一
十三日	一千二百一十四	一百六十二度七十	疾二度二十六	損四百八十一	朓八百八十四
十四日	一千二百四	一百七十四度八十四	疾一度三	初損四百三 末益一百一十七	朓四百三
十五日	一千二百八	一百八十六度八十八	遲空三十	益五百五	朒一百一十七
十六日	一千二百一十九	一百九十八度九十六	遲一度五十九	益四百六十二	朒六百二十二
十七日	一千二百三十六	二百一十一度一十五	遲二度七十七	益三百九十五	朒一千八十四
十八日	一千二百五十八	二百二十三度五十一	遲三度七十八	益三百九	朒一千四百七十九
十九日	一千二百八十二	二百三十六度九	遲四度五十六	益二百一十九	朒一千七百八十八
二十日	一千三百七	二百四十八度九十	遲五度一十三	益一百一十七	朒二千七
二十一日	一千三百三十三	二百六十一度九十七	遲五度四十三	初益二十七 末損一十一	朒二千一百二十四
二十二日	一千三百五十九	二百七十五度三十	遲五度四十七	損八十六	朒二千一百四十
二十三日	一千三百八十四	二百八十八度八十九	遲五度二十五	損一百八十四	朒二千五十四
二十四日	一千四百八	三百二度七十三	遲四度七十八	損二百七十八	朒一千八百七十
二十五日	一千四百三十一	三百一十六度八十一	遲四度七	損三百六十八	朒一千五百九十二
二十六日	一千四百四十九	三百三十一度一十二	遲三度一十三	損四百三十八	朒一千二百二十四
二十七日	一千四百六十三	三百四十五度六十一	遲二度一	損四百九十三	朒七百八十六
二十八日	一千四百七十二	三百六十度二十四	遲空七十五	損二百九十三	朒二百九十二

求中朔弦望入轉朓朒定數

置入轉小餘以其日筭外損益率乘之如日法而一所得以損益朓朒積爲定數其四七日下餘如初數以下初率乘之如初數而一以損益朓朒積爲定數如初數以上以初數減之餘乘末率如末數而一用減初率餘如朓朒積爲定數其十四日下餘如初數以上以初數減之餘乘末率如末數而一爲朒定數

求朔弦望中日

以尋斯干城爲準置相去地里以四千三百五十九乘之退位萬約爲分曰里差以加減經朔弦望小餘滿與不足進退大餘即中朔弦望日及餘(以東加之以西減之)

求朔弦望定日

置中朔弦望小餘朓減朒加入氣入轉朓朒定數滿與不足進退大餘命壬戌筭外各得定朔弦望日辰及餘定朔干名與後朔同者其月大不同者其月小月內無中氣者爲閏視定朔小餘秋分後在日法四分之三以上者進一日春分後定朔日出分與春分日出分相減之餘者三約之用減四分之三定朔小餘及此分以上者亦進一日或有交虧初於日入前者不進之定弦望小餘在日出分以下者退一日或有交虧初於日出前者小餘雖在日出後亦退之如望在十七日者又視定朔小餘在四分之三以下之數(春分後用減定之數)與定望小餘在日出分以上之數相校之朔少望多者望不退而朔猶進之望少朔多者朔不進而望猶退之(日月之行有盈縮遲疾加減之數或有四大三小若循常當察加時早晚隨所近而進退之使不過四大三小)

求定朔弦望中積

置定朔弦望小餘與中朔弦望小餘相減之餘以加減經朔弦望入氣日餘(中朔弦望少即加之多即減之)即爲定朔弦望中積(其餘以日法退除爲分秒)

求定朔弦望加時日度

置定朔弦望約餘以所入氣日損益率(盈縮之損益)乘之萬約之以損益其下盈縮積乃盈加縮減定朔弦望中積又以冬至加時日躔黃道宿度加之依宿次去之即得定朔弦望加時日所在度分秒

又法置定朔弦望約餘副之以乘其日盈縮之損益率萬約之應益者盈加縮減應損者盈減縮加其副滿百爲分分滿百爲度以加其日夜半日度命之各得其日加時日躔黃道宿次(若先於歷中注定每日夜半日度即用此法爲妙也)

求定朔弦望加時月度

凡合朔加時日月同度其定朔加時黃道日度即爲定朔加時黃道月度弦望各以弦望度加定朔弦望加時黃道日度依宿次去之即得定朔弦望加時黃道月度及分秒

求夜半午中入轉

置中朔入轉以中朔餘減之爲中朔夜半入轉又中朔小餘與半法相減之餘以加減中朔加時入轉(中朔少如半法減之多如半法加之)爲中朔午中入轉若定朔大餘有進退者亦加減轉日否則因中爲定每日累加一日滿轉終日及餘秒去命如前各得每日夜半午中入轉(求夜半因定朔夜半入轉求午中因定朔午中入轉累加之求加時入轉者如求加時入氣之術法)

求加時及夜半月度

置其日入轉筭外轉定分以定朔弦望小餘乘之如日法而一爲加時轉分(分滿百爲度)減定朔弦望加時月度以

相次轉定分累加之即得每日夜半月度或朔至弦望或至後朔皆可累加之然近則差少遠則差多置所求前後夜半相距月度爲行度計其日相距入轉積度與行度相減餘以相距日數除之爲日差行度多日差加每日轉定分行度少日差減每日轉定分而用之可也欲求速即用此數欲究其微而可用後術

求晨昏月度

置其日晨分乘其日筭外轉定分日法而一爲晨轉分用減轉定分餘爲昏轉分又以朔望定小餘乘轉定分日法而一爲加時分以減晨昏轉分爲前不足覆減之爲後乃前加後減加時月度即晨昏月度所在宿度及分秒

求朔弦望晨昏定程

各以其朔昏定月減上弦昏定月餘爲朔後昏定程以上弦昏定月減望昏定月餘爲上弦後昏定程以望晨定月減下弦晨定月餘爲望後晨定程以下弦晨定月減後朔晨定月餘爲下弦後晨定程

求每日轉定度

累計每定程相距日下轉積度與晨昏定程相減餘以相距日數除之爲日差定程多加之定程少減之以加減每日轉分爲轉定度因朔弦望晨昏月每日累加之滿宿次去之爲每日晨昏月度及分秒凡注歷朔日已後注昏月望後一日注晨古歷有九道月度其數雖繁亦難削去具其術

求平交日辰

置交終日及餘秒以其月經朔加時入交汎日及餘秒減之餘爲平交其月經朔加時後日筭及餘秒中朔同以加其月中朔大小餘其大餘命壬戌筭外即得平交日辰及餘秒求次交者以交終日及餘秒加之如大餘滿紀法去之命如前即得次平日辰及餘秒也

求平交入轉朓朒定數

置平交小餘其日夜半入轉餘以乘其損益率日法而一所得以損益其日下朓朒積爲定數

求正交日辰

置平交小餘以平交入轉朓朒定數朓減朒加之滿與不足進退日辰即得正交日辰及餘秒與定朔日辰相距即得所在月日

求中朔加時中積

各以其月中朔加時入氣日及餘加其氣中積及餘其日命爲度其餘以日法退除爲分秒即其月中朔加時中積度及分秒

求正交加時黃道月度

置平交入中朔加時後日筭及餘秒以日法通日內餘進二位如三萬九千一百二十一爲度不滿退除爲分秒以加其月中朔加時中積然後以冬至加時黃道日度加而命之即得其月正交加時月離黃道宿度及分秒如求次交者以交中度及分秒加而命之即得所求

求黃道宿積度

置正交加時黃道宿全度以正交加時月離黃道宿度及分秒減之餘爲距後度及分秒以黃道宿度累加之即各得正交後黃道宿積度及分秒

求黃道宿積度入初末限

置黃道宿積度及分秒滿交象度及分秒去之餘在半交象以下爲初限以上者減交象度餘爲末限入交積度交象度並在交會篇中

求月行九道宿度

凡月行所交冬入陰歷夏入陽歷月行青道冬至夏至後青道半交在春分之宿當黃道東立冬立夏後青道半交在立春之宿當黃道東南至所衝之宿亦皆如之也宜細推冬入陽歷夏入陰歷月行白道冬至夏至後白道半交在秋分之宿當黃道西立冬立夏後白道半交在立秋之宿當黃道西北至所衝之宿亦如之也春入陽歷秋入陰歷月行朱道春分秋分後朱道半交在夏至之宿當黃道南立春立秋後朱道半交在立夏之宿當黃道西南至所衝之宿亦如之也春入陰歷秋入陽歷月行黑道春分秋分後黑道半交在冬至之宿當黃道北立春立秋後黑道半交在立冬之宿當黃道東北至所衝之宿亦如之也四時離爲八節至陰陽之所交皆與黃道相會故月行有九道各以所入初末限度及分減一百一度餘以所入初末限度及分乘之半而退位爲分分滿百爲度命爲月道與黃道汎差凡日以赤道內爲陰外爲陽月以黃道內爲陰外爲陽故月行正交入夏至後宿度內爲同名入冬至後宿度內爲異名其在同名者置月行與黃道汎差九因之八約之爲定差半交後正交前以差減正交後半交前以差加此加減出入六度正如黃赤道相交同名之差若較之漸異則隨交所在遷變不常仍以正交度距秋分度數乘定差如象限而一所得爲月道與赤道定差前加者爲減減者爲加其在異名者置月行與黃道汎差七因之八約之爲定差半交後正交前以差加正交後半交前以差減此加減出入六度正如黃赤道相交異名之差若較之漸同則隨交所在遷變不常仍以正交度距春分度數乘定差如象限而一所得爲月道與赤道定差前加者爲減減者爲加各加減黃道宿積度爲九道宿積度以前宿九道積度減之爲其宿九道度及分秒其分就近約爲太半少論春夏秋冬以四時日所在宿度爲正

求正交加時月離九道宿度

以正交加時黃道日度及分減一百一度餘以正交度及分乘之半而退位爲分分滿百爲度命爲月道與黃道汎差其在同名者置月行與黃道汎差九因之八約之爲定差以加仍以正交度距秋分度數乘定差如象限而一所得爲月道與赤道定差以減其異名者置月行與黃道汎差七因之八約之爲定差以減仍以正交度距春分度數乘定差如象限而一所得爲月道與赤道定差以加置正交加時黃道月度及分以二差加減之即爲正交加時月離九道宿度及分

求定朔弦望加時月所在度

置定朔加時日躔黃道宿次凡合朔加時月行潛在日下與太陽同度是爲加時月離宿次各以弦望度及分秒加其所當弦望加時日躔黃道宿度滿宿次去之命如前各得定朔弦望加時月所在黃道宿度及分秒

求定朔弦望加時九道月度

各以定朔弦望加時月離黃道宿度及分秒加前宿正交後黃道積度爲定朔弦望加時正交後黃道積度如前求九道積度以前宿九道積度減之餘爲定朔弦望加時九道月離宿度及分秒其合朔加時若非正交則日在黃道月在九道所入宿度雖多少不同考其兩極若繩準故云月行潛在日下與太陽同度即爲加時九道月度求其晨昏夜半月度並依前術

元史卷五十七

明翰林學士亞中大夫知制誥兼修國史宋　濂等修

曆志第九

曆六

庚午元曆下

步交會術

交終分一十四萬二千三百一十九　秒九千三百六　微二十

交終日二十七　餘一千一百　九　秒九千三百六　微二十

交中日一十三　餘三千一百六十九　秒四千六百五十三　微一十

交朔日二　餘一千六百六十五　秒六百九十三　微八十

交望日一十四　餘四千　二　秒五十

秒母一萬

微母一百

交終度三百六十三　分七十九　秒三十六

交中度一百八十一　分八十九　秒六十八

交象度九十　分九十四　秒八十四

半交象度四十五　分四十七　秒四十二

日食既前限二千四百　定法二百四十八

日食既後限三千一百　定法三百二十

月限五千一百

月食既限一千七百　定法三百四十

分秒母皆一百

求朔望入交

置天正朔積分先置里差半之如九而一所得依其加減天正朔積分然後求之以交終分去之不盡如日法而一爲日不滿爲餘即得天正十一月中朔入交汎日及餘秒便爲中朔加時入交汎日及餘交朔加之得次朔交望加之得望再加交望亦得次朔各爲朔望入交汎日及餘秒凡稱餘秒者微亦從之餘倣此

求定朔及每日夜半入交

各置入交汎日及餘秒減去中朔望小餘即爲定朔望夜半入交汎日及餘秒若定朔望有進退者亦進退交日否則因中爲定大月加二日小月加一日餘皆四千一百二十秒六百九十三微八十即次朔夜半入交累加一日滿交終日及餘秒去之即每日夜半入交汎日及餘秒

求定朔加時入交

置中朔望加時入交汎日及餘秒以入氣入轉朓朒定數朓減朒加之即得定朔望加時入交汎日及餘秒

求定朔望加時入交積度及陰陽曆

置定朔望加時入交汎日以日法通之內餘進二位如三萬九千一百二十一而一爲度不滿退除爲分秒即得定朔望加時月行入交積度以定朔望加時入轉遲疾度遲減疾加之即爲月行入定交積度如交中度以下爲入陽曆積度以上去之爲入陰曆積度每日夜半準此求之

求月去黃道度

視月入陰陽曆積度及分交象以下爲少象以上覆減交中餘爲老象置所入老少象度於上位列交象度於下相減相乘倍之退位爲分分滿百爲度用減所入老少象度及分餘又與交中度相減相乘八因之以一百一十除之爲分分滿百爲度即得月去黃道度及分

求朔望加時入交常日及定

置朔望入交汎日以入氣朓朒定數朓減朒加爲入交常日又置入轉朓朒定數進一位以一百二十七而一所得朓減朒加交常日爲入交定日及餘秒

求入交陰陽曆交前後分

視入交定日如交中以下爲陽曆以上去之爲陰曆如

一日上下以日法通日內分內餘爲交後分十三日上下覆減交中日餘爲交前分

求日月食甚定餘

置朔望入氣入轉朓朒定數同名相從異名相消以一千三百三十七乘之以定朔望加時入轉算外轉定分除之所得以朓減朒加中朔望小餘爲汎餘日食視汎餘如半法以下爲中前半法以上去之爲中後置中前後分與半法相減相乘倍之萬約爲分曰時差中前以時差減汎餘爲定餘覆減半法餘爲午前分中後以時差加汎餘爲定餘減去半法餘爲午後分月食視汎餘在日入後夜半前如日法四分之三以下減去半法爲酉前分四分之三以上覆減日法餘爲酉後分又視汎餘在夜半後日出前者如日法四分之一以下爲卯前分四分之一以上覆減半法餘爲卯後分其卯酉前後分自相乘四因退位萬約爲分以加汎餘爲定餘各置定餘以發斂加時法求之卽得日月食甚辰刻及分秒

求日月食甚日行積度

置朔望食甚大小餘與中朔大小餘相減之餘以加減中朔望入氣日餘（以中朔望少加多減）卽爲食甚入氣以加其氣中積爲食甚中積又置食甚入氣餘以所入氣損益率（盈縮之損益）乘之如日法而一以損益其日盈縮積盈加縮減食甚中積卽爲食甚日行積度及分先以食甚中積經分爲約分然後加減之餘類此者依而求之

求氣差

置日食食甚日行積度及分滿中限去之餘在象限以下爲初限以上覆減中限爲末限皆相乘進二位以四百七十八而一所得用減一千七百四十四餘爲氣差恒數以午前後分乘之半晝分除之所得以減恒數爲定數（如不及減者覆減爲定數應加者減之應減者加之）春分後陽曆減陰曆加秋分後陽曆加陰曆減（春分前秋分後各二日二千一百分爲定氣於此宜加減之）

求刻

置日食食甚日行積度及分滿中限去之餘與中限相減相乘進二位如四百七十八而一所得爲刻差恒數以午前後分乘之日法四分之一除所得爲定數（若在恒數以上者倍恒數以所得之數減之爲定數依其加減）冬至後午前陽加陰減午後陽減陰加夏至後午前陽減陰加午後陽加陰減

求日食去交前後定分

置氣刻二差定數同名相從異名相消爲食差依其加減交前後分爲去交前後定分視其前後定分如在陽曆卽不食如在陰曆卽有食之如交前陰曆不及減反減之（反減食差）爲交後陽曆交後陰曆不及減反減之爲交前陽曆卽不食交前陽曆不及減反減之爲交後陰曆交後陽曆不及減反減之爲交前陰曆卽日有食之

求日食分

視去交前後定分如二千四百以下爲既前分以二百四十八除爲大分二千四百以上覆減五千五百（不足減者不食）爲既後分以三百二十除爲大分退爲秒（其一分以下者涉交大淺大陽光盛或不見食）

求月食分

視去交前後分（不用氣刻差者）一千七百以下者食既以上覆減五千一百（不足減者不食）餘以三百四十除之爲大分不盡退除爲秒卽月食之分秒去交分在既限以下覆減既限亦以三百四十除之爲既內之大分

求日食定用分

置日食之大分與二十分相減相乘又以二千四百五十乘之如定朔入轉算外轉定分而一所得爲定用分減定餘爲初虧分加定餘爲復圓分各以發斂加時法求之卽得日食三限辰刻也

求月食定用分

置月食之大分與三十五分相減相乘又以二千一百乘之如定望入轉算外轉定分而一所得爲定用分加減定餘爲初虧復圓分各如發斂加時法求之卽得月食三限辰刻月食既者以既內大分與一十五分相減相乘又以四千二百乘之如定望入轉算外轉定分而一所得爲既內分用減定用分爲既外分置月食定餘減定用分爲初虧分因加既外分爲食既分又加既內分爲食甚分（卽定餘分是也）再加既內分爲生光分復加既外分爲復圓分各以發斂加時法求之卽得月食五限辰刻及分（如月食既者以十分并既內大分如其法而求其定用分也）

求月食所入更點

置食甚所入日晨分倍之五約之爲更法又五約之爲點法乃置月食初末諸分昏分以上者減昏分晨分以下者加晨分如不滿更法爲初更不滿點法爲一點依法以次求之卽得更點之數

求日食所起

食在既前初起西南甚於正南復於東南食在既後初起西北甚於正北復於東北其食八分以上者皆起正西復正東（此據正午地而論之）

求月食所起

月在陽曆初起東北甚於正北復於西北月在陰曆初起東南甚於正南復於西南其食八分以上者皆起正東復正西（此亦據正午地而論之）

求日月出入帶食所見分數

各以食甚小餘與日出入分相減餘爲帶食差以乘所食之分滿定用分而一（月食既者以既內分減帶食差餘乘所食分如既外分而一不及減者爲帶食既出入）以減所食分卽日月出入帶食所見之分（其食甚在晝晨爲漸進昏爲已退其食甚在夜晨爲已退昏爲漸進也）

求日月食甚宿次

置日月食甚日行積度（望卽更加半周天）以天正冬至加時黃道日度加而命之依黃道宿次去之卽各得日月食甚宿度及分秒

步五星術

木星周率二百八萬六千一百四十二秒九

曆率二千二百六十五萬五百五十七

曆度法六萬二千一十四

周日三百九十八日八十八分

曆度三百六十五度二十四分九十秒

曆中一百八十二度六十二分四十五秒

曆策一十五度二十一分八十七秒

伏見一十三度

段目	段日	平度	限度	初行率
合伏	一十六日八十六	三度八十六	二度九十三	二十三
晨順疾	二十八日	六度一十一	四度六十四	二十二
晨次疾	二十八日	五度五十一	四度一十九	二十一
晨順遲	二十八日	四度三十一	三度二十八	一十八
晨末遲	二十八日	一度九十一	一度四十五	一十二
晨留	二十四日			
晨退	四十六日五十八	四度八十八二十八	空度三十二八十二	
夕退	四十六日五十八	四度八十八二十八	空度三十二八十二	一十六
夕留	二十四日			
夕末遲	二十八日	一度九十一	一度四十五	
夕順遲	二十八日	四度三十一	三度二十八	一十二
夕次疾	二十八日	五度五十一	四度一十九	一十八
夕順疾	二十八日	六度一十一	四度六十四	二十一
夕伏	一十六日八十六	三度八十六	二度九十三	二十二

策數	損益率	盈積度	損益率	縮積度
一	益一百五十九	初	益一百五十九	初
二	益一百四十二	一度五十九	益一百四十二	一度五十九
三	益一百二十	三度一	益一百二十	三度一
四	益九十三	四度二十一	益九十三	四度二十一
五	益六十一	五度一十四	益六十一	五度一十四
六	益二十四	五度七十五	益二十四	五度七十五
七	損二十四	五度九十九	損二十四	五度九十九
八	損六十一	五度七十五	損六十一	五度七十五
九	損九十三	四度一十四	損九十三	五度一十四
十	損一百二十	四度二十一	損一百二十	四度二十一
十一	損一百四十二	三度一	損一百四十二	三度一
十二	損一百五十九	一度五十九	損一百五十九	一度五十九

火星周率四百七萬九千四十二秒一十四半

曆率三百五十九萬二千七百五十七秒四十四少

曆度法九千八百三十六半

周日七百七十九日九十三分一十六秒

曆度三百六十五度二十四分七十五秒

曆中一百八十二度六十二分三十七秒半

曆策一十五度二十一分八十六秒

伏見一十九度

段目	段日	平度	限度	初行率
合伏	六十七日	四十八度	四十五度四十八	七十二
晨順疾	六十三日	四十四度六十	四十二度三十六	七十二
晨次疾	五十八日	四十度一十九	三十七度九十九	七十
晨中疾	五十二日	三十四度六	三十二度三十二	六十八
晨末疾	四十五日	二十六度三十三	二十四度九十九	六十三
晨順遲	三十七日	一十六度六十八	一十五度八十	五十四
晨末遲	二十八日	五度七十五	五度四十五	三十七
晨留	一十一日			
晨退	二十八日九十六五十八	八度六十一十五	三度四十五	
夕退	二十八日九十六五十八	八度六十一十五	三度四十五	四十一
夕留	一十一日			
夕末遲	二十八日	五度七十五	五度四十五	
夕順遲	三十七日	一十六度六十八	一十五度八十	三十七
夕末疾	四十五日	二十六度三十三	二十四度九十九	五十四
夕中疾	五十二日	三十四度六	三十二度三十二	六十三
夕次疾	五十八日	四十度九	三十七度九十九	六十八
夕順疾	六十日	四十四度六十	四十二度三十六	七十
夕伏	六十七日	四十八度	四十五度四十八	七十一

策數	損益率	盈積度	損益率	縮積度
一	益三百六十	初	益四百五十六	初
二	益八百	一十度六十	益四百五十三	四度五十八
三	益四百六十	一十九度六十	益四百二十三	九度二十一
四	益三百五十二	二十四度二十四	益三百九十六	一十三度四十四

五	損五十七	二十五度七十六	益三百四十一	一十七度四十
六	損百七十二	二十五度一十九	益二百六十六	二十度八十一
七	損二百六十六	二十三度四十七	益一百七十二	二十三度四十七
八	損三百四十一	二十度八十一	損五十七	二十五度一十九
九	損三百九十六	一十七度四十	損一百五十三	二十五度七十六
十	損四百三十三	一十三度四十四	損四百六十四	二十四度二十四
十一	損四百五十三	九度二十一	損九百	一十九度六十
十二	損四百五十六	四度五十八	損一千六十	一十度六十

土星周率一百九十七萬七千四百一十一　秒六十九

曆率五千六百二十二萬三千二百四十八半

曆度法一十五萬三千九百二十八

周日三百七十八日　九分　二秒

曆度三百六十五度　二十五分　六十八秒

曆中一百八十二度　六十二分　八十四秒

曆策一十五度　二十一分　九十秒

伏見一十七度

段目	段日	平度	限度	初行率
合伏	一十九日四十八	二度四十八	一度五十六	一十三
晨順疾	二十七日五十	三度二十二	二度三	一十二
晨次疾	二十七日五十	二度六十四	一度六十五	一十一
晨遲	二十七日五十	一度四十八	空度九十二	八
晨留	三十六日			
晨退	五十一日六五十一	三度三十九六十六	空度二十八二十三	
夕退	五十一日六五十一	三度三十九六十六	空度二十八三十三	九七十五
夕留	三十六日			
夕遲	二十七日五十	一度四十八	空度九十二	
夕次疾	二十七日五十	二度六十四	一度六十五	八
夕順疾	二十七日五十	三度二十二	二度三	一十一
夕伏	一十九日四十八	二度四十八	一度五十六	一十二

策數	損益率	盈積度	損益率	縮積度
一	益二百一十三	初	益一百六十三	初
二	益一百九十七	二度一十三	益一百四十九	一度六十三
三	益一百六十八	四度一十	益一百二十八	三度一十二
四	益一百二十八	五度七十八	益一百	四度四十
五	益八十一	七度六	益六十五	五度四十
六	益三十五	七度八十七	益二十三	六度五
七	損三十五	八度二十二	損二十三	六度二十八
八	損八十一	七度八十七	損六十五	六度五
九	損一百二十八	七度六	損一百	五度四十
十	損一百六十八	五度七十八	損一百二十八	四度四十
十一	損一百九十七	四度一十	損一百四十九	三度一十二
十二	損二百一十三	二度一十三	損一百六十三	一度六十三

金星周率三百五萬三千八百四　秒六十三太

曆率一百九十一萬　二百四十　秒七十六半

曆度法五千二百三十

周日五百八十三日　九十分　一十四秒

合日二百九十一日　九十五分　七秒

曆度三百六十五度　二十四分　六十八秒

曆中一百八十二度　六十二分　三十四秒

曆策一十五度　二十一分　八十六秒

伏見一十度半

段目	段日	平度	限度	初行率
合伏	三十九日二十五	四十九度七十五	四十七度七十六	一百二十七
夕順疾	四十七日七十五	六十度一十六五十	五十七度七十六	一百二十六
夕次疾	四十七日七十五	五十九度三十九	五十七度一	一百二十五
夕中疾	四十七日七十五	五十七度	五十四度七十二	一百二十三
夕末疾	三十九日二十五	四十二度二十九	四十度六十	一百一十五
夕順遲	二十九日二十五	二十四度七十二	二十三度七十二	一百
夕末遲	一十八日二十五	六度九十三五十	六度六十六	六十九
夕留	七日			
夕退	九日五十七	三度七十九九十三	一度六十九七	
夕退伏	六日	四度五十	二度二	六十八
合退伏	六日	四度五十	二度二	八十二
晨退	九日五十七	三度七十九九十三	一度六十九七	六十八
晨留	七日			
晨末遲	一十八日二十五	六度九十三五十	六度六十六	
晨順遲	二十九日二十五	二十四度七十二	二十三度七十三	六十九
晨末疾	三十五日二十五	四十二度二十九	四十度六十	一百
晨中疾	四十七日七十五	五十七度	五十四度七十二	一百一十五
晨次疾	四十七日七十五	五十九度三十九	五十七度一	一百二十三
晨順疾	四十七日七十五	六十度一十六五十	五十七度七十六	一百二十五
晨伏	三十九日二十五	四十九度七十六	四十七度七十六	一百二十六

策數	損益率	盈積度	損益率	縮積度
一	益五十二	初	益五十二	初
二	益四十八	空度五十二	益四十八	空度五十二
三	益四十一半	一度	益四十一半	一度
四	益三十二半	一度四十一半	益三十二半	一度四十一半
五	益二十一	一度七十四	益二十一	一度七十四
六	益七	一度九十五	益七	一度九十五
七	損七	二度二	損七	二度二
八	損二十一	一度九十五	損二十一	一度九十五
九	損三十二半	一度七十四	損三十二半	一度七十四
十	損四十一半	一度四十一半	損四十一半	一度四十一半
十一	損四十八	一度	損四十八	一度
十二	損五十二	空度五十二	損五十二	空度五十二

水星周率六十萬六千三百三十一　秒七十七半

曆率一百九十一萬　二百四十二　秒一十三半

曆度法五千二百三十

周日一百一十五日　八十七分　六十秒

合日五十七日　九十三分　八十秒

曆度三百六十五度　二十四分　七十秒

曆中一百八十二度　六十二分　三十五秒

曆策一十五度　二十一分　八十五秒

晨伏夕見一十四度

夕伏晨見一十九度

段目	段日	平度	限度	初行率
合伏	一十五日	二十九度	二十四度三十六	二百五
夕順疾	一十五日	二十三度七十五	一十九度九十五	一百八十一
夕順遲	一十五日	一十三度二十五	一十一度一十三	一百三十五
夕留	二日			
夕退伏	一十日九十三八十	八度六二十	二度四十九八十	
合退伏	一十日九十三八十	八度六二十	二度四十九八十	一百八
晨留	二日			
晨順遲	一十五日	一十三度二十五	一十一度一十三	
晨順疾	一十五日	二十三度七十五	一十九度九十五	一百三十五
晨伏	一十五日	二十九度	二十四度三十六	一百八十一

策數	損益率	盈積度	損益率	縮積度
一	益五十七	初	益五十七	初
二	益五十三	空度五十七	益五十三	空度五十七
三	益四十五	一度一十	益四十五	一度一十
四	益三十五	一度五十五	益三十五	一度五十五
五	益二十二	一度九十	益二十二	一度九十
六	益八	二度一十二	益八	二度一十二
七	損八	二度二十	損八	二度二十
八	損二十二	二度一十二	損二十二	二度一十二
九	損三十五	一度九十	損三十五	一度九十
十	損四十五	一度五十五	損四十五	一度五十五
十一	損五十三	一度一十	損五十三	一度一十
十二	損五十七	空度五十七	損五十七	空度五十七

求五星天正冬至後平合及諸段中積中星

置通積分（先以里差加減之）各以其星周率去之不盡爲前合分覆減周率餘爲後合分如日法而一不滿退除爲分秒即得其星天正冬至後平合中積中星（命爲日曰中積命爲度曰中星）以段日累加中積即爲諸段中積以平度累加中星經退則減之即爲段中星

求五星平合及諸段入曆

置通積分各加其星後合分以曆率去之不盡各以其曆度法除爲度不滿退除爲分秒即爲其星平合入曆度及分秒以諸段限度累加之即得諸段入曆度及分秒

求五星平合及諸段盈縮定差

各置其星段入曆度及分秒如在曆中以下爲盈以上爲減去曆中餘爲縮以其星曆策除之爲策數不盡爲入策度及分命數算外以其策損益率乘之餘曆策而一爲分以損益其下盈縮積度即爲其星段盈縮定差

求五星平合及諸段定積

各置其星段中積以其段盈縮定差盈加縮減之即得其段定積日及分加天正冬至大餘及約分滿紀法去之不滿命壬戌算外即得日辰也

求五星平合及諸段所在月日

各置其定積以加天正閏日及約分以朔策及約分除之爲月數不盡爲入月以來日數及分其月數命天正十一月算外即得其段入月中朔日數及分乃以日辰相距爲所在定朔月日

求五星平合及諸段加時定星

各置中星以盈縮定差盈加縮減（金星倍之水星三之然後加減）即爲五星諸段定星以加天正冬至加時黃道日度依宿次命之即其日其段加時所在度及分秒

求五星諸段初日晨前夜半定星

各以其段初行率乘其段定積日下加時分百約之乃順減退加其日加時定星即其段初日晨前夜半定星所在宿度及分秒

求諸段日率度率

各以其段日辰距後段日辰爲日率以其段夜半宿次與後段夜半宿次相減餘爲度率

求諸段平行分

各置其段度率及分秒以其段日率除之即得其段平行度日及分秒

求諸段總差及日差

本段前後平行分相減爲其段汎差 假令求木星次疾汎差乃以順疾順遲平行分相減餘爲次疾汎差他皆倣此 倍而退位爲增減差加減其平行分爲初末日行分 前多後少者加爲初減爲末前少後多者減爲初加爲末 倍增減差爲總差以日率減一除之爲日差

求前後伏遲退段增減差

前伏者置後段初日行分加其日差之半爲末日行分後伏者置前段末日行分加其日差之半爲初日行分以減伏段平行分餘爲增減差前遲者置前段末日行分倍其日差減之爲初日行分後遲者置後段初日行分倍其日差減之爲末日行分以遲段平行分減之餘爲增減差 前後近留遲段 木火土三星退行者六因平行分退一位爲增減差金星前後伏退者三因平行分半而退位爲增減差前退者置後段初日之行分以其日差減之爲末日行分後退者置前段末日之行分以其日差減之爲初日行分以本段平行分減之餘爲增減差水星平行分爲增減差皆以增減差加減平行分爲初末日行分 前多後少加初減末前少後多減初加末 又倍增減差爲總差以日率減一除之爲日差

求每日晨前夜半星行宿次

各置其段初日行分以日差累損益之 後少則損之後多則益之 爲每日行度及分秒乃順加退減之滿宿次去之即得每日晨前夜半星行宿次 視前段末日後段初日行分相較之數不過一二日差爲妙或多日差數倍或顚倒不倫當類同前後增減差稍損益之使其有倫然後用之或前後平行分俱多俱少則平注之或總差之秒不盈一分亦平注之若有不倫而平注得倫者亦平注之

求五星平合及見伏入氣

置定積以氣策及約分除之爲氣數不滿爲入氣日及分秒命天正冬至算外即得所求平合及見伏入氣日及分秒

求五星平合及見伏行差

各以其段初日星行分與太陽行分相減餘爲行差若金在退行水在退合者相併爲行差如水星夕伏晨見者直以太陽行分爲行差

求五星定合及見伏汎積

木火土三星各以平合晨疾夕伏定積爲定合定見定伏汎積金水二星置其段盈縮定差 水星倍之 各以行差除之爲日不滿退除爲分秒若在平合夕見晨伏者盈減縮加如在退合夕伏晨見盈加縮減皆以加減定積爲定合定見定伏汎積

求五星定合定積定星

木火土三星各以平合行差除其日太陽盈縮差爲距合差日以太陽盈縮差減之爲距合差度日在盈縮以差日差度減之在縮曆加之加減其星定合汎積爲定合定積定星金水二星順合退合各以平合退合行差除其日太陽盈縮差爲距合差日順加退減太陽盈縮差爲距合差度順在盈曆以差日差度加之在縮曆減之退在盈曆以差日減之差度加之在縮曆以差日加之差度減之皆以加減其定星定合再定合汎積爲定合再定合定積定星以冬至大餘及約分加定積滿紀法去之命得定合日晨以冬至加時黃道日度加定星滿宿次去之即得定合所在宿次 其順退所在盈縮即太陽盈縮

求木火土三星定見伏定日

各置其星定見伏汎積晨加夕減象限日及分秒 半中限爲象限 如中限以下自相乘以上覆減歲周日及分秒餘亦自相乘滿七十五而一所得以其星伏見度乘之一十五除之爲差其差如其段行差而一爲日不滿退除爲分秒見加伏減汎積爲定積加命如前即得日辰

求金水二星定見伏定日

各以伏見日行差除其日太陽盈縮差爲日若晨伏夕見日在盈曆加之在縮曆減之如夕伏晨見日在盈曆減之在縮曆加之加減其星汎積爲常積視常積如中限以下爲冬至後以上去之餘爲夏至後其二至後如象限以下自相乘以上覆減中限餘亦自相乘各如法而一 冬至後晨夏至後夕以一十八爲法冬至後夕夏至後晨以七十五爲法 以伏見度乘之一十五除之爲差其差滿行差而一爲日不滿退除爲分秒加減常積爲定積 冬至後晨見夕伏加之夕見晨伏減之夏至後晨見夕伏減之夕見晨伏加之 加命如前即得定見伏日晨其水星夕疾在大暑氣初日至立冬氣九日三十五分以下者不見晨留在大寒氣初日至立夏氣九日三十五分以下者不見春不晨見秋不夕見者亦舊曆有之

元史卷五十八

明翰林學士亞中大夫知制誥兼修國史宋　濂等修

地理志第十

地理一

自封建變爲郡縣有天下者漢隋唐宋爲盛然幅員之廣咸不逮元漢梗於北狄隋不能服東夷唐患在西戎宋患常在西北若元則起朔漠併西域平西夏滅女眞臣高麗定南詔遂下江南而天下爲一故其地北踰陰山西極流沙東盡遼左南越海表蓋漢東西九千三百二里南北一萬三千三百六十八里唐東西九千五百一十一里南北一萬六千九百一十八里元東南所至不下漢唐而西北則過之有難以里數限者矣初太宗六年甲午滅金得中原州郡七年乙未下詔籍民自燕京順天等三十六路戶八十七萬三千七百八十一口四百七十五萬四千九百七十五憲宗二年壬子又籍之增戶二十餘萬世祖至元七年又籍之又增三十餘萬十三年平宋全有版圖二十七年又籍之得戶一千一百八十四萬八百有奇於是南北之戶總書于策者一千三百一十九萬六千二百有六口五千八百八十三萬四千七百一十有一而山澤溪洞之民不與焉立中書省一行中書省十有一曰嶺北曰遼陽曰河南曰陝西曰四川曰甘肅曰雲南曰江浙曰江西曰湖廣曰征東分鎭藩服路一百八十五府三十三州三百五十九軍四安撫司十五縣一千一百二十七文宗至順元年戶部錢糧戶數一千三百四十萬六百九十九視前又增二十萬有奇漢唐極盛之際有不及焉蓋嶺北遼陽與甘肅四川雲南湖廣之邊唐所謂羈縻之州往往在是今皆賦役之比於內地而高麗守東藩執臣禮惟謹亦古所未見地大民衆後世狃於治安而不知詰戎兵愼封守積習委靡一旦有變而天下遂至於不可爲嗚呼盛極而衰固其理也唐以前以郡領縣而已元則有路府州縣四等大率以路領州領縣而腹裏或有以路領府府領州州領縣者其府與州又有不隸路而直隸省者具載于篇而其沿革則泝唐而止焉作地理志

凡路低於省一字府與州直隸省者亦低於省一字其有宣慰司廉訪司亦止低於省一字各路錄事司與州所親領之縣與府州之隸路者低於路一字府與州所領之縣低於府與州一字府領州州領縣者又低於州縣一字路所親領之縣若府若州曰領縣若干府若干州若干府與州所領之縣則曰若干縣所以別之也

中書省統山東西河北之地謂之腹裏爲路二十九州八屬府三屬州九十一屬縣三百四十六 各路立站總計一百九十八處

大都路唐幽州范陽郡遼改燕京金遷都爲大興府元太祖十年克燕初爲燕京路總管大興府太宗七年置版籍世祖至元元年中書省臣言開平府闕庭所在加號上都燕京分立省部亦乞正名遂改中都其大興府仍舊四年始於中都之東北置今城而遷都焉 京城右擁太行左挹滄海枕居庸奠朔方城方六十里十一門正南曰麗正南之右曰順承南之左曰文明北之東曰安貞北之西曰健德正東曰崇仁東之右曰齊化東之左曰光熙正西曰和義西之右曰肅淸西之左曰平則海子在皇城之北萬壽山之陰舊名積水潭聚西北諸泉之水流入都城而匯於此汪洋如海都人因名焉恣民漁採無禁擬周之靈沼云 九年改大都十九年置留守司二十一年置大都路總管府戶一十四萬七千五百九十口四十萬一千三百五十 用至元七年抄籍數 領院二縣六州十州領十六縣

右警巡院

左警巡院 初設警巡院三至元四年省其一止設左右二院分領坊市民事

縣六

大興 赤 宛平 赤 與大興分治郭下金水河源出玉泉山流入皇城故名金水

良鄉 下 永淸 下 寶坻 下 至元十六年於縣立屯田所收子粒赴太倉及醴源倉輸納 昌平 下

州十

涿州 下 唐范陽縣復改涿州宋因之元太宗八年爲涿州路中統四年復爲涿州領二縣范陽 下 倚郭 房山 下 金奉先縣至元二十七年改今名

霸州 下 唐隸幽州周始置霸州宋升永淸郡金置信安軍元仍爲霸州領四縣益津 下 倚郭中統四年省至元二年置 文安 下 大城 下 保定 下 至元二年省入益津四年置

通州 下 唐爲潞縣金改通州取漕運通濟之義有豐備通濟太倉以供京師領二縣潞縣 倚郭 三河 下

薊州 下 唐置後改漁陽郡仍改薊州宋爲廣川郡金爲中都元太祖十年定其地仍爲薊州領五縣漁陽 下 倚郭 豐閏 下 至元二年省入玉田四年以路當衝要復置二十一年立豐閏署領屯田八百三十七戶 玉田 下 遵化 下 平谷 下 至元二年省入漁陽十三年復置

漷州 下 遼金爲漷陰縣元初爲大興府屬邑至元十三年升漷州割大興府之武淸香河二邑來屬領二縣香河 下 武淸

順州 下 唐初改燕州復爲歸德郡復爲順州復爲歸順州遼爲歸化軍宋爲順興軍金仍爲順州置溫陽縣元廢縣存州

檀州 下 唐改密雲郡又復爲檀州遼爲武威軍宋爲鎭遠軍金仍爲檀州元因之

東安州 下 唐以前爲安次縣遼金因之元初隸大興府太宗七年隸霸州中統四年升爲東安州隸大都路

固安州 下 唐仍隋舊爲固安縣隸幽州宋隸涿水郡金隸涿州元憲宗九年隸霸州又改隸大興府中統四年升固安州

龍慶州 唐爲嬀川縣金爲縉山縣元至元三年省入懷來縣五年復置本屬上都路宣德府奉聖州

二十二年仁宗生於此延祐三年割縉山懷來來隸大都升縉山爲龍慶州領一縣懷來下

上都路唐爲奚契丹地金平契丹置桓州元初爲札剌兒部兀魯郡王營幕地憲宗五年命世祖居其地爲巨鎭明年世祖命劉秉忠相宅於桓州東灤水北之龍岡中統元年爲開平府五年以闕庭所在加號上都歲一幸焉至元二年置留守司五年升上都路總管府十八年升上都留守司兼行本路總管府事戶四萬一千六十二口一十一萬八千一百九十一領院一縣一府一州四州領三縣府領三縣二州州領六縣

警巡院

縣一

開平上

府一

順寧府唐爲武州遼爲德州金爲宣德州元初爲宣寧府太宗七年改山東路總管府中統四年改宣德府仍隸上都路至元三年以地震改順寧府領三縣二州

三縣

宣德下倚郭至元二年省本府之錄事司并龍門縣並入焉二十八年又割龍門去屬雲州 宣平下 順聖下本隸弘州今來屬

二州

保安州下唐新州遼改奉聖州金爲德興府元初因之舊領永興縉山懷來礬山四縣至元二年省礬山入永興三年省縉山入懷來仍改爲奉聖州隸宣德府五年復置縉山延祐三年以縉山懷來仍隸大都至元三年以地震改保安州領一縣

永興下倚郭

蔚州下唐改爲安邊郡又改爲興唐縣又仍爲蔚州遼爲忠順軍金仍爲蔚州元至元二年省州爲靈仙縣隸弘州其年復改爲蔚州隸宣德府領五縣靈仙下 靈丘下 飛狐下 定安下 廣靈下

州四

興州下唐爲奚地金初爲興化郡隸北京後爲興州元中統三年屬上都路領二縣興安下至元二年置 宜興中至元二年置

松州下本松林南境遼置松山州金爲松山縣隸北京大定府路元中統三年升爲松州仍存縣至元二年省縣入州

桓州下本上谷郡地金置桓州元初廢至元二年復置

雲州下古望雲川地契丹置望雲縣金因之元中統四年升縣爲雲州治望雲縣至元二年州存縣廢二十八年復升宣德之龍門鎭爲望雲縣隸雲州領一縣望雲

興和路上唐屬新州金置柔遠鎭後升爲縣又升撫州屬西京元中統三年以郡爲內輔升隆興路總管府建行宮戶八千九百七十三口三萬九千四百九十五領縣四州一

縣四

高原下倚郭中統二年隸宣德府三年來屬 懷安下元初隸宣德府中統三年來屬 天成下元初隸宣德府中統三年來屬 威寧下元初隸宣德府中統三年來屬

州一

寶昌州下金置昌州元初隸宣德府中統三年隸本路置鹽使司延祐六年改寶昌州

永平路下唐平州遼爲盧龍軍金爲興平軍元太祖十年改興平府中統元年升平灤路置總管府設錄事司大德四年以水患改永平路戶一萬三千五百一十九口三萬五千三百領司一縣四州一州領二縣

錄事司

縣四

盧龍下倚郭 遷安下至元二年省入盧龍縣後復置 撫寧下至元二年與海山俱省入昌黎三年復置四年又與海山俱入昌黎七年復置仍省昌黎海山入焉十一年復置昌黎以屬灤州今屬本路 昌黎下至元十一年復置仍併海山入焉詳見撫寧縣

州一

灤州下在盧龍塞南金領義豐馬城石城樂亭四縣元至元二年省義豐入州三年復置先以石城省入樂亭其年改入義豐四年馬城亦省領二縣義豐下倚郭至元二年省入州三年復置 樂亭下元初嘗於縣置漢州尋廢復爲樂亭縣隸灤州

德寧路下領縣一德寧下

淨州路下領縣一天山下

泰寧路下領縣一泰寧下

集寧路下領縣一集寧下

應昌路下領縣一應昌下

全寧路下領縣一全寧下

寧昌路下領縣一寧昌下

砂井總管府領縣一砂井

以上七路一府八縣皆闕

保定路上本清苑縣唐隸鄚州宋升保州金改順天軍元太宗十一年升順天路置總管府至元十二年改保定路設錄事司戶七萬五千一百八十二口一十三萬九百四十領司一縣八州七州領十一縣

錄事司

縣八

清苑中附郭 滿城中 唐縣下金隸定州後來屬 慶都下元初隸眞定府太宗十一年來屬 行唐下 曲陽中古恒州地唐爲曲陽縣宋屬中山府金因之元初改恒州立元帥府割阜平靈壽行唐慶都唐縣以隸之逮移鎭歸德還隸中山府復爲曲陽縣後隸保定北嶽恒山在焉 新安下金置新安州渥城縣元至元二年州縣俱廢改爲新安鎭入歸信縣四年割入容城九年置新安縣來屬 博野下至元三十一年立

州七

易州中唐改上谷郡又復爲易州元太宗十一年割隸順天府至元十年隸大都路二十三年還隸保定領三縣易縣中倚郭元初存州廢縣至元三年復置 淶水下 定興下金隸涿州今來屬

祁州中唐爲義豐縣屬定州宋改爲蒲陰縣金於縣置祁州屬眞定路元至元三年立附郭蒲陰縣及以束鹿深澤二縣來屬隸保定領三縣蒲陰中倚郭 深澤下至元二年併入束鹿縣三年又來屬 束鹿中

雄州下唐歸義縣五代爲瓦橋關周世宗克三關於關置雄州宋爲易陽郡金爲永定軍元太宗十一年割雄州三縣屬順天路至元十年改屬大都路十二年改屬順天路爲保定路二十三年復以雄州隸之領三縣歸信下 容城下金隸安肅州今來屬 新城太宗二年改新泰州七年復爲縣隸大都路十一年隸順天路至元二年隸雄州十年隸大都二十三年復來屬

安州下唐爲唐興縣隸鄚州宋升順安軍金改安州治渥城縣元初移治葛城至元二年廢爲鎭入高陽縣後復改安州隸保定領二縣葛城下倚郭 高陽下

遂州下唐爲遂城縣屬易州宋改廣信軍金廢爲遂城縣隸保州元至元二年省入安肅州爲鎭後復置州而縣廢隸保定

安肅州下本易州宥戎鎭地宋創立靜戎軍又改安肅軍金爲安肅州元隸保定

完州下唐爲北平縣隸定州宋升北平軍金更爲永平縣又改完州元至元二年改永平縣後復爲完州

燕南河北道肅政廉訪司

眞定路唐恒山郡又改鎭州宋爲眞定府元初置總管府領中山府趙邢洺磁滑相濬衛祁威完十一州後割磁威隸廣平濬滑隸大名祁完隸保定又以邢入順德洺入廣平相入彰德衛入衛輝又以冀深晉蠡四州來屬戶一十三萬四千九百八十六口二十四萬六百七十領司一縣九府一州五府領三縣州領十八縣

錄事司

縣九

眞定中倚郭 藁城中太宗六年爲永安州無極寧晉新樂平棘四縣隸焉七年廢州爲藁城縣屬眞定 欒城下 元氏中 獲鹿中太宗在潛邸改西寧州旣即位七年復爲獲鹿縣隸眞定 平山下 靈壽下 阜平下 涉縣元初爲崇州隸眞定路後廢州復置涉縣至元二年省入磁州後復來屬

府一

中山府唐定州宋爲中山郡金爲中山府元初因之舊領祁完二州太宗十一年割二州隸順天府後爲散府隸眞定領三縣安喜中 新樂下 無極中

州五

趙州中唐趙州宋爲慶源軍金改沃州元仍爲趙州舊領平棘臨城欒城元氏高邑贊皇寧晉隆平柏鄉九縣太祖十五年割欒城元氏隸眞定領七縣平棘中 寧晉下 隆平下 臨城中 柏鄉下 高邑下 贊皇下至元二年併入高邑七年復置

冀州上唐改魏州後仍爲冀州宋升安武軍元仍爲冀州領五縣信都中至元初與冀州錄事司俱省入冀州後復置三年省錄事司入焉爲冀州治所 南宮上 棗彊中 武邑中 新河中太宗四年置

深州下唐改饒陽郡後仍爲深州元初隸河間置帥府太宗十年隸眞定路領饒陽安平武彊束鹿靜安五縣後割安平饒陽武彊隸晉州束鹿隸祁州以冀州之衡水來屬領二縣靜安中 衡水下

晉州唐宋皆爲鼓城縣元太祖十年改晉州太宗十年立鼓城等處軍民萬戶所中統二年復爲晉州領四縣鼓城中倚郭 饒陽中 安平下太祖十九年爲南平州於此行千戶總管府事領饒陽一縣太宗七年復改爲縣隸深州憲宗在潛隸鼓城等處軍民萬戶府中統二年改立晉州仍爲安平縣隸焉 武彊下元初創立東武州領武邑靜安太宗六年廢州復爲縣改隸深州十一年割屬祁州憲宗在潛隸鼓城等處軍民萬戶府中統二年置晉州隸焉

蠡州下唐始置宋改永寧軍金仍爲蠡州元初隸

真定領司候司博野縣至元三年省司候司博野縣入蠡州十七年直隸省部二十一年仍屬真定

順德路下 唐邢州宋爲信德府金改邢州元初置元帥府後改安撫司憲宗分洺水民戶之半於武道鎮置司總管五年以武道鎮置廣宗縣併以來屬中統三年升順德府至元元年以洺州磁州來屬二年洺磁自爲一路以順德爲順德路總管府戶三萬五百一口一十二萬四千四百六十五領司一縣九

錄事司

縣九

邢臺 中倚郭 鉅鹿 中 內丘 中至元二年併唐山縣入焉後復置唐山與內丘並 平鄉 中 廣宗 中憲宗五年置中統三年以後屬順德府至元二年省入平鄉縣後復置隸順德路 沙河 下至元二年省南和縣入焉後復置南和與沙河並 南和 下 唐山 下 任縣 下至元二年省入邢臺縣後復置

廣平路下 唐洺州又爲廣平郡元太宗八年置邢洺路總管府以邢磁威隸之憲宗二年爲洺磁路止領磁威二州至元十五年升廣平路總管府戶四萬一千四百四十六口六萬九千八十二領司一縣五州二二州領六縣

錄事司

縣五

永年 中倚郭 曲周 中 肥鄉 中 雞澤 下元初併入永年後復置 唐平 下

州一

磁州 中 唐磁州宋爲滏陽郡金以隸彰德元太祖十年升爲滏源軍節度隸真定路太宗八年隸邢洺路憲宗二年改邢洺路爲洺磁路至元二年以真定之涉縣及城安縣併入滏陽武安縣併入邯鄲止以滏陽邯鄲二縣及錄事司來屬後復置涉縣歸真定以滏陽武安邯鄲成安錄事司隸焉至元三年併錄事司入滏陽縣至元十五年改洺磁路爲廣平路總管府磁州仍隸焉領四縣 滏陽 中倚郭 武安 中 邯鄲 下 成安 下

威州 中 舊無此州金始置元太宗六年割隸邢洺路以洺水縣來屬憲宗二年隸洺磁路徙州治於洺水領二縣 洺水 中倚郭大宗八年隸洺州定宗二年改隸威州憲宗一年徙威州治此 井陘 下威州本治此憲宗二年移州治於洺水縣井陘爲屬縣

彰德路下 唐相州又改鄴郡石晉升彰德軍金升彰德府元太宗四年立彰德總帥府領衛輝二州憲宗二年割出衛輝以彰德爲散府屬真定路至元二年復立彰德總管府領懷孟衛輝四州及本府安陽臨漳湯陰輔岩林慮五縣四年又割出懷孟衛輝仍立總管以林慮升爲林州復立輔岩縣隸之六年併輔岩入安陽戶三萬五千二百四十六口八萬八千二百六領司一縣三州一

錄事司

縣三

安陽 上至元六年併輔岩入焉 湯陰 中 臨漳 中

州一

林州 下 本林慮縣金升爲州元太宗七年行縣事憲宗二年復爲州至元二年復爲縣又併輔岩入焉未幾復爲州割輔岩入安陽仍以州隸彰德路

大名路 中 唐魏州五代南漢改大名府金改安武軍元因舊名爲大名府路總管府戶六萬八千六百三十九口一十六萬三百六十九領司一縣五州三領六縣

錄事司

縣五

元城 中倚郭至元二年併入大名縣後復置 大名 中倚郭太宗六年立縣治憲宗二年遷縣事於府城內至元二年省元城來屬尋析大名元城爲二縣九年還縣治於故所 南樂 中 魏縣 中 清河 本恩州地太宗七年籍爲清河縣隸大名路

州三

開州 上 唐澶州宋升開德府金爲開州元割開封之長垣曹州之東明來屬領四縣 濮陽 上倚郭 東明 中太宗七年割隸大名路至元三年來屬 長垣 中初隸大明路至元二年始隸開州 清豐 中

滑州 中 唐改靈昌郡宋改武成軍元仍爲滑州領二縣 白馬 上爲州治所 內黃

濬州 下 唐置黎州後廢石晉置濬州宋爲通利軍又改平川軍金復爲濬州元初隸真定至元二年隸大名

懷慶路 下 唐懷州復改河內郡又仍爲懷州宋升爲防禦金改南懷州又改沁南軍元初復爲懷州太宗四年行懷孟州事憲宗六年世祖在潛邸以懷孟二州爲湯沐邑七年改懷孟路總管府至元元年以懷孟路隸彰德路二年復以懷孟自爲一路延祐六年以仁宗潛邸改懷慶路戶三萬四千九百九十三口一十七萬九百二十六領司一縣三州一州領三縣

錄事司

縣三

河內 中 修武 中 武陟 中

州一

孟州 下 唐置河陽軍又升孟州宋隸河北道金大定中爲河水所害北去故城十五里築今城徙治焉故城謂之下孟州新城謂之上孟州元初治下孟州憲宗八年復立上孟州河陽濟源王屋溫四縣隸焉設司候司至元三年省王屋入濟源併司候司入河陽領三縣 河陽 下 濟源 下太宗六年改濟源爲原州七年州廢復爲縣至元三年省王屋縣入焉 溫縣

衛輝路 下 唐義州又爲衛州又爲汲郡金改河平軍元中統元年升衛輝路總管府設錄事司戶二萬二千一百一十九口一十二萬七千二百四十七領司一縣四州二

錄事司

縣四

汲縣 下倚郭 新鄉 中 獲嘉 下 胙城 下舊以胙城爲倚郭憲宗元年還州治于汲以胙城爲屬邑

州二

輝州 下 唐以共城縣置共州宋隸衛州金改爲河平縣又改蘇門縣又升蘇門縣爲輝州置山陽縣屬焉至元三年省蘇門縣廢山陽爲鎮入本州

淇州 下 唐宋金並爲衛縣之域曰鹿臺鄉元憲宗五年以大名彰德衛輝籍餘之民立爲淇州因又置縣曰臨淇爲倚郭中統元年隸大名路宣撫司至元三年立衛輝路以州隸之而臨淇縣省

河間路 上 唐瀛州宋河間府元至元二年置河間路總管府戶七萬九千二百六十六口一十六萬八千五百三十六領司一縣六州六州領十七縣

錄事司

縣六

河間 中倚郭 肅寧 下至元二年廢爲鎮入河間縣後復舊 齊東 下憲宗三年隸濟南路至元二年還屬河間路 寧津 下憲宗二年屬濟南路至元二年隸河南 臨邑 下本屬濟南府太宗七年割屬河間憲宗三年還屬濟南至元二年復屬河間 青城 下本青平鎮太宗七年析臨邑寧津地置縣隸濟南中統置青城縣隸陵州至元二年隸河間

州六

滄州 中 唐改景城郡復仍爲滄州金升臨海軍元復爲滄州領五縣 清池 中 樂陵 中 南皮 下 無棣 下至元二年併入樂陵縣以縣治入濟南之棣州尋復置 鹽山 下

景州 中 唐觀州又改景州宋改永靜軍金仍改觀州元因之至元二年復爲景州領五縣 蓨縣 中舊屬觀州元初升元州後復爲蓨縣 故城 中元初隸河間路至元二年併爲故城鎮屬景州是年復置縣還來屬 阜城 下 東光 下 吳橋 中

清州 下 五代置乾寧軍宋爲乾寧郡大觀間以河清改清州金爲乾寧郡元太宗二年改清寧府七年又改清州至元二年以靖海興濟兩縣及本州司候司併爲會川縣後復置清州領三縣 會川 中 靖海 下 興濟 下

獻州 下 本樂壽縣宋隸瀛州又隸河間府金改爲壽州又改獻州元至元二年以州併入樂壽直隸河間路未幾復舊領二縣 樂壽 中附郭 交河 中至元二年入樂壽未幾如故

莫州 下 唐置鄚州尋改爲莫舊領二縣至元二年省入河間未幾仍領二縣 莫亭 下倚郭至元二年與任丘俱省入河間縣後復置 任丘

陵州 下 本將陵縣宋金皆隸景州憲宗三年割隸河間府是年升陵州隸濟南路至元二年復爲縣三年復爲州仍隸河間路

東平路 下 唐鄆州又改東平郡又號天平軍宋改東平府隸河南道金隸山東路元太祖十五年嚴實以彰德大名磁洺恩博滑濬等戶三十萬來歸以實行臺東平領州縣五十四實沒子忠濟爲東平路管軍萬戶總管行總管府事州縣如舊至元五年以東平爲散府九年改下路總管府戶四萬四千七百三十一口五萬一百四十七領司一縣六

錄事司

縣六

須城 下爲東平治所 東阿 中 陽穀 中 汶上 中 壽張 下 平陰 下至元十三年以縣之辛鎮寨孝德等四鄉分析他屬明年改寨爲肥城作中縣隸濟寧路以平陰爲下縣仍屬東平

東昌路 下 唐博州宋隸河北東路金隸大名府元初隸東平路至元四年析爲博州路總管府十三年改東昌路仍置總管府戶三萬三千一百二口一十二萬五千四百六領司一縣六

錄事司

縣六

聊城 中倚郭 堂邑 中 莘縣 中宋隸大名府元割以來屬 博平 中 茌平 中 丘縣 下本爲鎮隸曲周至元二年併入堂邑二十六年山東宣慰司言丘縣併入堂邑差稅詞訴相去二百餘里往復非便不恩有戶二千七百升縣爲宜遂立丘縣隸東昌

濟寧路 下 唐麟州周於此置濟州元太宗七年割屬東平府至元六年以濟州還治鉅野仍析鄆城之四

鄆來屬八年升濟寧府治任城尋還治鉅野十二年復立濟州治任城屬濟寧府十五年遷府於濟州却以鉅野行濟州事其年又以府治歸鉅野而濟州仍治任城但爲散州十六年濟寧升爲路置總管府戶一萬五百四十五口五萬九千八百一十八領司一縣七州三州領九縣

錄事司

縣七

鉅野 中倚郭金廢屬鄆州至元六年復立 鄆城 上金以水患徙置盤溝村元至元八年復來屬 肥城 宋金爲平陰縣元至元十二年以平陰華鎮寨東北十五里舊城改設今縣 金鄉 下初隸濟州至元二年來屬 碭山 金爲水蕩沒元憲宗七年始復置縣治隸東平路至元二年以戶口稀少併入單父縣三年復置屬濟州八年屬濟寧路 虞城 下金圮於水元憲宗二年始復置縣隸東平路至元二年以戶口稀少併入單父三年復立縣屬濟州八年隸濟寧路 豐縣 唐屬徐州元憲宗二年屬濟州至元二年以沛縣併入豐縣三年復立沛縣八年以豐縣直隸濟寧路

州三

濟州 下 唐以前爲濟北郡治單父唐初爲濟州又爲濟陽郡仍改濟州周瀕濟水立濟州宋因之金遷州治任城以河水湮沒故也元至元二年以戶不及千數併隸任城六年還州於鉅野而任城爲屬邑八年升州爲濟寧府治任城復還府治鉅野十二年以任城當江淮水陸衝要復立濟州屬濟寧路而任城廢十五年還府於濟州以鉅野行濟州事其年復於鉅野立府仍於此爲州二十三年復置任城隸州領三縣任城 倚郭 魚臺 太宗七年屬濟州至元二年併入金鄉三年復故八年屬濟寧府十三年來屬 沛縣 太宗七年移州治此憲宗二年州廢復爲縣至元二年省入豐縣二年復置八年隸濟寧府十三年來屬

兗州 下 唐初爲兗州復升泰寧軍宋改襲慶府金改泰定軍元初復爲兗州屬濟州憲宗二年分隸東平路至元五年復屬濟州十六年隸濟寧路總管府 二十三年立尚珍署領屯田四百五十六戶收子粒赴濟州官倉輸納餘糧糶賣所入鈔納於光祿寺 領四縣嵫陽 曲阜 泗水 至元二年省入曲阜三年復置 寧陽 至元二年省入嵫陽大德元年復置

單州 下 唐置輝州治單父後唐改爲單州宋升團練州金隸歸德府元初屬濟州憲宗二年屬東平府至元五年復屬濟州十六年隸濟寧路領二縣單父 縣在郭下元初與單州併屬濟州憲宗二年隸東平府至元二年復立單父縣三年還屬濟州今屬單州 嘉祥 舊屬濟州憲宗二年割隸東平路至元三年還屬濟州今爲單州屬縣

曹州 上 唐初爲曹州後改濟陰郡又仍爲曹州宋改興仁府金復爲曹州元初隸東平路總管府至元二年直隸省部戶三萬七千一百五十三口一十九萬五千三百三十五領縣五濟陰 上 成武 中 定陶 中 禹城 中 楚丘 中

濮州 上 唐初爲濮州後改濮陽郡又仍爲濮州宋升防禦郡金爲刺史州元初隸東平路後割大名之館陶朝城恩州之臨清開州之觀城來屬至元五年析隸省部戶一萬七千三百一十六口六萬四千二百九十三領縣六鄄城 上 朝城 中初隸東平府至元五年來屬 館陶 中初屬東平路至元三年來屬 臨清 觀城 下金屬開州元初來屬 范縣 下初屬東平府路至元二年來屬

高唐州 中 唐爲縣屬博州宋金因之元初隸東平至元七年升州戶一萬九千一百四口二萬三千一百二十一領縣三高唐 中 夏津 中初隸東平至元七年來屬 武城 中初隸東平至元七年來屬

泰安州 中 本博城縣唐初於縣置東泰州後廢州改爲乾封縣屬兗州宋改奉符縣金置泰安州元初屬東平路至元二年省新泰縣入萊蕪縣五年析隸省部三十一年復立新泰縣 東嶽泰山在焉 戶九千五百四十口一萬七百九十五領縣四奉符 中 長清 中舊屬濟南府元初來屬 萊蕪 下 新泰 金屬泰安州至元二年省入萊蕪三十一年復立

德州 唐初爲德州後改平原郡又仍爲德州金屬山東西路元初隸東平路總管府割大名之清平濟南之齊河縣來屬戶二萬四千四百二十四口一十五萬六千九百五十二領縣五安德 下 平原 下 齊河 金創置此州隸濟南府至元二年來屬 清平 宋金隸大名府元初來屬 德平

恩州 中 唐貝州又爲清河郡宋改恩州金隸大名府路元初割清河縣隸大名府以武城隸高唐惟存歷亭一縣及司候司至元二年縣及司俱省入州七年自東平析隸省部戶一萬五百四十五口三萬七千四百七十九

冠州 本冠氏縣唐因隋舊置毛州後州廢縣屬魏州宋金並屬大名府元初屬東平路至元六年升冠州直隸省戶五千六百九十七口二萬三千四十

山東東西道宣慰司

益都路 唐青州又升盧龍軍宋改鎮海軍金爲益都路總管府戶七萬七千一百六十四口二十一萬二千五百二領司一縣六州八州領十五縣

錄事司

縣六

益都 中倚郭至元二年以行淄州及行淄川縣併入三年又併臨淄臨朐二縣入焉十五年割臨淄臨朐復置縣並屬本縣 臨淄 下 臨朐 下 高苑 下舊屬淄州 樂安 下 壽光 下

州八

濰州 下 唐初爲濰州後廢宋爲北海軍復升濰州金屬益都路元初領北海昌邑昌樂三縣及司候司憲宗三年省司候司入北海至元三年省昌樂縣入北海領二縣北海 下 昌邑 下

膠州 下 唐初爲膠西縣宋置臨海軍金仍改爲膠西縣屬密州元太祖於縣置膠州領三縣膠西 中 即墨 下宋金皆隸萊州元太祖二十二年來屬 高密 下宋金並隸密州

密州 唐初改爲高密郡後仍爲密州宋爲臨海軍復爲密州元初因之以膠西高密屬膠州憲宗三年省司候司入諸城縣隸益都領二縣諸城 州治所 安丘 下

莒州 下 唐廢莒州以莒縣隸密州宋沿其舊金復爲莒州隸益都府元初因之領四縣莒縣 下州治所憲宗三年省司候司入焉 沂水 下有沂山爲東鎮 日照 下 蒙陰 下元初因舊名爲新泰縣中統三年以李璮亂人民逃散省入沂水皇慶二年復置爲蒙陰縣

沂州 下 唐初改爲瑯邪郡後仍爲沂州宋屬京東東路金屬山東東路元屬益都路領二縣臨沂 中州治所憲宗三年省司候司入焉 費縣 下

滕州 下 唐爲滕縣屬徐州宋仍舊金改爲滕州屬兗州元隸益都路領二縣滕縣 下憲宗三年省司候司入焉 鄒縣 下

嶧州 下 唐置鄫州又改蘭陵縣爲承縣後州廢以縣屬沂州宋仍舊金改蘭陵縣於縣置嶧州元初以嶧州隸益都路至元二年省蘭陵入本州

博興州 下 唐博昌縣後唐改博興宋屬青州金屬益都府元初升爲州

山東東西道肅政廉訪司

濟南路 上 唐濟州又改臨淄郡又改濟南郡又爲青州宋爲濟南府金因之元初改濟南路總管府舊領淄陵二州至元二年淄州割入淄萊路陵州割入河間路又割臨邑縣隸河間路長清縣入泰安州禹城縣隸曹州齊河縣入德州割淄州之鄒平縣來屬置總管府戶六萬三千二百八十九口一十六萬四千八百八十五領司一縣四州二州領七縣

錄事司

縣四

歷城 中倚郭 章丘 上 鄒平 上唐宋皆屬淄州至元間來屬 濟陽 中

州二

棣州 上 唐析滄州之陽信商河樂陵厭次置棣州宋金因之元初濱棣自爲一道中統三年改置濱棣路安撫司至元二年與濱州俱隸濟南路領四縣厭次 中倚郭初立司候司至元二年省入本縣 商河 中 陽信 中 無棣 下宋金屬滄州元初割無棣之半屬滄州半以來屬

濱州 中 唐屬棣州周始置濱州金隸益都元初以棣州爲濱棣路至元二年省路爲州隸濟南路領三縣渤海 中初設司候司至元二年省入此縣 利津 下 霑化 下

般陽府路 下 唐淄州宋屬河南道金屬山東東路元初太宗在潛置新城縣中統四年割濱州之蒲臺來屬先是淄州隸濟南路總管府五年升淄州路置總管府是歲改元至元割鄒平屬濟南路高苑屬益都路二年改淄州路爲淄萊路二十四年改般陽路取漢縣以爲名戶二萬一千五百三十口一十二萬三千一百八十五領司一縣四州二州領八縣

錄事司

縣四

淄州 中倚郭 長山 中初屬濟南路中統三年來屬 新城 中本長山縣驛臺太宗在潛以人民完聚翻置城曰新城以田索二鎮屬焉 蒲臺 下金屬濱州元初隸濱棣路中統五年屬淄州至元二年改屬淄萊路升中縣

州二

萊州 中 唐初改東萊郡爲萊州宋爲防禦州金升定海軍屬山東東路元初屬益都路中統五年屬淄萊路舊設錄事司至元二年省入掖縣又省即墨入掖與膠水仍隸般陽路領四縣掖縣 中倚郭至元二年省錄事司析即墨縣入焉 膠水 下至元二年析即墨縣入焉 招遠 下 萊陽

登州 下 唐初爲牟州復改登州宋屬河南道元初屬益都路中統五年別置淄萊路以登州隸之至元二十四年改屬般陽路領四縣蓬萊 下 黃縣 下 福山 下僞齊以登州之兩水鎮爲福山縣楊疃鎮爲棲霞縣 棲霞 下

寧海州 下 僞齊劉豫以登州之文登牟平二縣立寧海軍金升寧海州元初隸益都路至元九年直隸省部戶五千七百一十三口一萬五千七百四十三領縣二牟平 中 文登 下

河東山西道宣慰司

大同路 上 唐爲北恒州又爲雲州又改雲中郡遼爲西京大同府金改總管府元初置警巡院至元二十

五年改西京爲大同路戶四萬五千九百四十五口一十二萬八千四百九十六領司一縣五州八州領四縣大德四年於西京黃華嶺立屯田六年立萬戶府所屬山陰馬邑鄯陽洪濟金城寧武凡七屯

錄事司

縣五

大同中倚郭至元二年省西縣入焉 白登下至元二年廢爲鎭屬大同縣尋復置 宣寧下 平地下本號平地裊至元二年省入豐州二年置縣曰平地 懷仁下

州八

弘州下唐爲淸塞軍隸蔚州遼置弘州金仍舊領襄陰順聖二縣元至元中割順聖隸宣德府惟領襄陰及司候司後並省入州

渾源州下唐爲渾源縣隸應州金升爲州仍置縣在郭下併置司候司元至元四年省入州

應州下唐末置後唐升彰國軍元初仍爲應州領二縣金城下州治所 山陰下至元二年併入金城後復置

朔州下唐改馬邑郡爲朔州後唐升鎭武軍宋爲朔寧府金爲朔州元因之領二縣鄯陽下至元四年省錄事司入焉 馬邑下

武州下唐隸定襄馬邑二郡遼置武州宣威軍元至元二年割寧邊州之半來屬舊領寧邊一縣及司候司四年省入州

豐州下唐初爲豐州又改九原郡又仍爲豐州金爲天德軍元復爲豐州舊有錄事司并富民縣元至元四年省入州

東勝州下唐勝州又改榆林郡又復爲勝州張仁愿築三受降城東城南直榆林後以東城濱河徙置綏遠峯南郡今東勝州是也金初屬西夏後復取之元至元二年省寧邊州之半入焉舊有東勝縣及錄事司四年省入州

雲內州下唐初立雲中都督府復改橫塞軍又改天德軍卽中受降城之地金爲雲內州舊領雲川柔服二縣元初廢雲川設錄事司至元四年省司縣入州

河東山西道肅政廉訪司

冀寧路上唐并州又爲太原府宋金因之元太祖十一年立太原路總管府大德九年以地震改冀寧路戶七萬五千四百四口一十五萬五千三百二十一領司一縣十州十四州領九縣

錄事司

縣十

陽曲中倚郭 文水中 平晉下 祁縣下舊隸晉州後州廢隸太原路 榆次下至元二年隸太原路 太谷下 淸源下 壽陽下 交城下 徐溝下

州十四

汾州中唐改西河郡爲浩州又改汾州又改西河郡又爲汾州金置汾陽軍元初立汾州元帥府割靈石縣隸平陽路之霍州仍析置小靈石縣後廢府至元二年復行州事省小靈石入介休三年併温泉入孝義領四縣西河中 孝義下至元三年割温泉縣之半置巡檢司隸本縣 平遙下元初屬太原府至元二年來屬 介休下元初隸太原府至元二年來屬仍省小靈石縣入焉

石州下唐初改離石郡爲石州又改昌化郡又仍爲石州宋金因其名元中統二年省離石縣入本州三年復立至元三年省温泉入孝義以臨泉爲臨州舊置司候司後與孟門方山俱省入離石領二縣離石下倚郭 寧鄕下太宗九年隸太原府定宗三年隸石州憲宗九年又隸太原府至元三年復來屬

忻州下唐初置新興郡後改忻州又改定襄郡又爲忻州金隸太原府元因之領二縣秀容下倚郭至元二年省入忻州四年復置 定襄下

平定州下唐爲廣陽縣宋爲平定軍金爲平定州元至元二年省倚郭平定樂平二縣入本州七年復立樂平領一縣樂平下倚郭至元二年省縣爲鄕入本州立巡檢司七年復立

臨州下唐置臨泉縣又置北和州後州廢隸石州宋置晉寧軍金廢軍置臨水縣隸石州元中統二年仍改臨泉縣直隸太原府三年升臨州

保德州下本嵐州地宋始置州舊有倚郭縣元憲宗七年廢縣至元二年省隩州芭州入本州三年又併岢嵐軍入焉四年割岢嵐隸管州隩州仍來屬

崞州下本崞縣元太宗十四年升崞州

管州下唐以靜樂縣置後州廢屬嵐州後又爲憲州宋爲靜樂軍金爲靜樂郡又改爲管州元太祖十六年以嵐州之岢嵐寧化樓煩併入本州至元二十二年割岢嵐隸嵐州而寧化樓煩併入本州

代州下唐置代州總管府金改都督府元中統四年併鴈門縣入州

臺州下唐爲五臺縣隸代州金升臺州隸太原路元因之

興州下唐臨津縣隸嵐州又改合河縣金升興州隸太原路元因之

堅州下唐繁畤縣金爲堅州隸太原路元因之

嵐州下唐宋並爲嵐州金升鎭西節度至元二年省入管州五年復立

盂州下本盂縣金升爲州元因之

晉寧路上唐晉州金爲平陽府元初爲平陽路大德九年以地震改晉寧路戶一十二萬六百二十口二十七萬一百二十一領司一縣六府一州九府領六縣州領四十縣

錄事司

縣六

臨汾中倚郭 襄陵中 洪洞中 浮山下 汾西下 岳陽下本倚氏縣屬平陽府至元三年省入岳陽縣四年以縣當東西驛路之要復置併岳陽和川二縣入焉後復改爲岳陽縣

府一

河中府唐蒲州又改河中府又改河東郡又仍爲河中府宋爲護國軍金復爲河中府元憲宗在潛置河解萬戶府領河解二州河中府領錄事司及河東臨晉虞鄕猗氏萬泉河津滎河七縣至元三年省虞鄕入臨晉省萬泉入猗氏併錄事司入河東罷萬戶府而河中府仍領解州八年割解州直隸平陽路河中止領五縣十五年復置萬泉縣來屬領六縣河東下府治所 萬泉下 猗氏下 滎河下金隸滎州元初廢滎州復爲滎河縣 臨晉下 河津下

州九

絳州中唐初爲絳郡又改絳州宋置防禦金改晉安府元初爲絳州行元帥府河解二州諸縣皆隸焉後罷元帥府仍爲絳州隸平陽路領七縣正平下倚郭至元二年省錄事司入焉 太平中 曲沃下 翼城下金爲翼州元初復爲翼城縣隸絳州 稷山下 絳縣下至元二年省垣曲縣入焉十六年復立垣曲縣絳縣如故 垣曲下

潞州下唐初爲潞州後改上黨郡又仍爲潞州宋改隆德軍金復爲潞州元初爲隆德府行都元帥府事太宗三年復爲潞州隸平陽路至元三年以涉縣割入眞定府以錄事司併入上黨縣領七縣上黨下 壺關下 長子下 潞城下 屯留下至元三年省入襄垣十五年復置 襄垣下 黎城下至元二年併涉縣偏城等十三村入焉

澤州下唐初爲澤州後爲高平郡又仍爲澤州宋屬河東道金爲平陽府元初置司候司及領晉城高平陽城沁水端氏陵川六縣至元三年省司候司陵川縣入晉城省端氏入沁水後復置陵州領五縣晉城下 高平下 陽城下 沁水下 陵川下至元三年省入晉城後復置

解州下本唐蒲州之解縣五代漢乾祐中置解州宋屬京兆府金升寶昌軍元至元四年併司候入解縣有鹽池方一百二十里領六縣解縣下 安邑下 聞喜下 夏縣下 平陸下 芮城下

霍州下唐初爲霍山郡又改呂州又廢州而以縣隸晉州金改霍州元因之領三縣霍邑下倚郭有霍山爲中鎭 趙城舊屬平陽府 靈石下舊屬汾州

隰州下唐初爲隰州又改大寧郡又仍爲隰州元以州隸晉寧路領五縣隰川中州治所至元三年省大寧温泉三縣入焉 大寧下至元三年省入隰川廿三年復置 石樓下 永和下 蒲縣下

沁州下唐初爲沁州又改陽城郡又仍爲沁州宋置威勝軍金仍爲沁州元因之領三縣銅鞮下州治所至元三年省錄事司武鄕縣入焉 沁源下至元十年省綿上縣入焉 武鄕下至元三年省入銅鞮後復立

遼州下唐初置遼州又改箕州又改儀州宋復爲遼州元隸晉寧路領三縣遼山下倚郭 榆社下至元三年省入遼山六年復立 和順下至元三年省儀城縣入焉

吉州下唐初置西汾州又爲南汾州又改慈州宋置吉鄕軍金改耿州又改吉州元初領司候司吉鄕鄕寧二縣中統二年併司候司入吉鄕縣至元二年省吉鄕三年又省鄕寧並入州後復置鄕寧領一縣鄕寧下

嶺北等處行中書省統和寧路總管府

和寧路上始名和林以西有哈剌和林河因以名城太祖十五年定河北諸郡建都於此初立元昌路後改轉運和林使司前後五朝都焉太宗乙未年城和林作萬安宮丁酉治迦堅茶寒殿在和林北七十餘里戊戌營圖蘇胡迎駕殿去和林城三十餘里世祖中統元年遷都大興和林置宣慰司都元帥府後分都元帥府於金山之南和林止設宣慰司至元二十六年諸王叛兵侵軼和林宣慰司怯伯等乘隙叛去二十七年立和林等處都元帥府大德十一年立和林等處行中書省以淇陽王月赤察兒爲右丞相太傅荅剌罕爲左丞相罷和林宣慰司都元帥府置和林總管府至大二年改行中書省爲行尚書省四年罷尚

書省復爲行中書省皇慶元年改嶺北等處行中書省改和林路總管府爲和寧路總管府至元二十年令西京宣慰司送牛一千赴和林屯田二十二年併和林屯田入五條河三十年命戍和林漢軍四百留百人餘令耕屯杭海元貞元年於六衞漢軍內撥一千人赴稱海屯田北方立站帖里干木憐納憐等一百一十九處

元史卷五十八考證

地理志一丑三年復置○臣祖庚按丑字南北板同縣志至元廿三年復置則丑爲廿字之訛今改正

元史卷五十九

明翰林學士亞中大夫知制誥兼修國史宋　濂等修

地理志第十一

地理二

遼陽等處行中書省爲路七府一屬州十二屬縣十徒存其名而無城邑者不在此數本省計站一百二十處

遼陽路上唐以前爲高句驪及渤海大氏所有梁貞明中阿保機以遼陽故城爲東平郡後唐升爲南京石晉改爲東京金置遼陽府領遼陽鶴野二縣後復改爲東京宜風澄復蓋瀋貴德州廣寧府來遠軍並屬焉元初廢貴德澄復州來遠軍以廣寧府婆娑府懿州蓋州作四路直隸省至元六年置東京總管府降廣寧爲散府隸之十五年割廣寧仍自行路事直隸省十七年又以婆娑府懿州蓋州來屬二十四年始立行省二十五年改東京爲遼陽路後廢婆娑府爲巡檢司戶三千七百八口萬三千二百三十一壬子年抄籍數領縣一州二

縣一

遼陽下倚郭至元六年以鶴野縣警巡院入焉

州二

蓋州下初爲蓋州路至元六年併爲東京支郡併熊岳陽池二縣入建安縣八年又併建安縣入本州

懿州下初爲懿州路至元六年爲東京支郡所領豪州及同昌靈山二縣省入順安縣入本州

廣寧府路下金爲廣寧府元封孛魯古歹爲廣寧王舊立廣寧行帥府事後以地遠還治臨潢立總管府至元六年以戶口單寡降爲東京路總管府屬郡十五年復分爲路行總管府事有醫巫閭山爲北鎮在府城西北二十里至順錢糧戶數四千五百九十五領縣二閭陽下初立千戶所至元十五年以戶口繁夥復立行千戶所後復爲閭陽縣望平至元六年省鐘秀縣入焉十五年爲望平軍民千戶所今復爲縣

肇州按哈剌八都魯傳至元三十年世祖謂哈剌八都魯曰乃顏故地曰阿八剌忽者產魚吾今立城而以兀速憨哈納思乞里吉思三部人居之名其城曰肇州汝往爲宣慰使旣至定市里安民居得魚九尾皆千斤來獻又成宗紀元貞元年立肇州屯田萬戶府以遼陽行省左丞阿散領其事而大一統志與經世大典皆不載此州不知其所屬所領之詳今以廣寧爲乃顏分地故附注於廣寧府之下乃顏孛魯古歹之孫也

山北遼東道肅政廉訪司

大寧路上本奚部唐初其地屬營州貞觀中奚酋可度內附乃置饒樂郡遼爲中京大定府金因之元初爲北京路總管府領興中府及義瑞興高錦利惠川建和十州中統三年割興州及松山縣屬上都路至元五年併和州入利州爲永和鄉七年興中府降爲州仍隸北京改北京爲大寧二十五年改爲武平路後復爲大寧戶四萬六千六口四十四萬八千一百九十三壬子年數領司一縣七州九

錄事司初置警巡院至元二年改置錄事司

縣七

大定下中統二年省長興入焉龍山下初屬大定府至元四年屬利州後復來屬富庶下至元三年省入興中州後復置和衆下金源下惠和下武平下

州九

興中州下元初因舊爲興中府後省至元七年又降府爲州

義州下

瑞州下至元二十三年伯顏奏准以咬都哈斛等狗收戶計種田立屯於瑞州之西擬瀕海荒閒地及時開耕設打捕屯田總管府仍以咬都哈斛等爲屯田官

高州下錦州下利州下

惠州下川州下建州下

東寧路本高句驪平壤城亦曰長安城漢滅朝鮮置樂浪玄菟郡此樂浪地也晉義熙後其王高璉始居平壤城唐征高麗拔平壤其國東徙在鴨綠水之東南千餘里非平壤之舊至王建以平壤爲西京元至元六年李延齡崔坦玄元烈等以府州縣鎮六十城來歸八年改西京爲東寧府十三年升東寧路總管府設錄事司割靜州義州麟州威遠鎮隸婆娑府本路領司一餘城堙廢不設司存今姑存舊名

錄事司　土山縣　中和縣　鐵化鎮

都護府自唐之季地入高麗置府州縣鎮六十餘城此爲都護府雖仍唐舊名而無都護府之實至元六年李延齡等以其地來歸後城治廢毀僅存其名屬東寧路

定遠府　郭州　撫州　黃州領安岳三和龍岡咸從江西五縣長命一鎮　靈州　慈州　嘉州　順州　殷州　宿州　德州領江東永清通海順化四縣寧遠柔遠安戎三鎮　昌州　鐵州領定戎一鎮　泰州　价州　朔州　宣州領寧朔蕭鳥二鎮　成州領樹德鎮　熙州　孟州領三登一縣椒島椴島寧得三鎮　延州領陽巖一鎮　雲州

瀋陽路本挹婁故地渤海大氏建定理府都督瀋定二州此爲瀋州地契丹爲興遼軍金爲昭德軍又更顯德軍後皆燬於兵火元初平遼東高麗國麟州神騎都領洪福源率西京都護龜州四十餘城來降各立鎮守司設官以撫其民後高麗復叛洪福源引衆來歸授高麗軍民萬戶徙降民散居遼陽瀋州初創城郭置司存僑治遼陽故城中統二年改爲安撫高麗軍民總管府及高麗舉國內附四年又以質子淳爲安撫高麗軍民總管分領二千餘戶理瀋州元貞二年併兩司爲瀋州等路安撫高麗軍民總管府仍治遼陽故城轄總管五千戶二十四百戶二十五至順錢糧戶數五千一百八十三

開元路古肅愼之地隋唐曰黑水靺鞨唐初渠長阿固郎始來朝後乃臣服以其地爲燕州置黑水府其後渤海盛靺鞨皆役屬之又其後渤海浸弱爲契丹所攻黑水復擅其地東瀕海南界高麗西北與契丹接壤卽金鼻祖之部落也初號女眞後避遼興宗諱改曰女直太祖烏古打旣滅遼卽上京設都海陵遷都於燕改爲會寧府金末其將蒲鮮萬奴據遼東元初癸巳歲出師伐之生禽萬奴師至開元恤品東土悉平開元之名始見於此乙未歲立開元南京二萬戶府治黃龍府至元四年更遼東路總管府二十三年改爲開元路領咸平府後割咸平爲散府俱隸遼東道宣慰司至順錢糧戶數四千三百六十七

咸平府古朝鮮地箕子所封漢屬樂浪郡後高麗侵有其地唐滅高麗置安東都護以統之繼爲渤海大氏所據遼平渤海以其地多險隘建城以居流民號咸州安東軍領縣曰咸平金升咸平府領平郭安東新興慶雲淸安歸仁六縣兵亂皆廢元初因之隸開元路後復割出隸遼東宣慰司

合蘭府水達達等路土地曠闊人民散居元初設軍民萬戶府五撫鎮北邊一曰桃溫距上都四千里一曰胡里改距上都四千二百里大都三千八百里有胡里改江幷混同江又有合蘭河流入于海一曰斡朶憐一曰脫斡憐一曰孛苦江各有司存分領混同江南北之地其居民皆水達達女直之人各仍舊俗無市井城郭逐水草爲居以射獵爲業故設官牧民隨俗而治有合蘭府水達達等路以相統攝焉有俊禽曰海東青由海外飛來至奴兒干土人羅之以爲土貢至順錢糧戶數二萬九百六

河南江北等處行中書省爲路十二府七州一屬州三十四屬縣一百八十二本省陸站一百六處水站九十處

河南江北道肅政廉訪司

汴梁路上唐置汴州總管府石晉爲開封府宋爲東京建都於此金改南京宣宗南遷都焉金亡歸附舊領歸德府延許裕唐陳亳鄧汝潁徐邳嵩宿申鄭鈞睢蔡息盧氏行襄樊二十州至元八年令歸德自爲一府割亳徐邳宿四州隸之升申州爲南陽府割裕唐汝鄧嵩盧氏行襄樊隸之九年廢延州以所領延津陽武二縣屬南京路統蔡息鄭鈞許陳睢潁八州開封祥符倚郭而屬邑十有五舊有警巡院十四年改錄事司二十五年改南京路爲汴梁路二十八年以瀕河而南大江以北其地衝要又新入版圖置省南京以控治之三十年升蔡州爲汝寧府屬行省割息潁二州以隸焉本路戶三萬一十八口一十八萬四千三百六十七壬子年數領司一縣十七州五州領二十一縣

錄事司

縣十七

開封下倚郭祥符下倚郭中牟下原武下舊以此縣隸延州元初隸開封府後復爲延州縣如舊至元九年州廢後來屬鄢陵中滎澤下舊隸鄭州至元二年來屬封丘中金大定中河水湮沒遷治新城元初新城又爲河水所壞乃因故城遺址稍加完葺而遷治焉扶溝下陽武下舊隸延州至元九年州廢來屬杞縣中元初河決城之北面爲水所圮遂爲大河之道乃於故城北二里河水北岸築新城置縣繼又僑治故城號南杞縣蓋黃河至此分爲三其大河流於二城之間其一流於新城之北郭睢河中其一在故城之南東流俗稱三叉口延津下舊爲延州隸河南路至元九年州廢以縣來屬蘭陽下通許下尉氏下太康下洧川下陳留下

州五

鄭州下唐初爲鄭州又改滎陽郡宋爲奉寧軍金仍爲鄭州元初領管城滎陽汜水河陰原武新鄭密滎澤八縣及司候司後割新鄭密屬鈞州滎澤原武隸開封府併司候司入管城領四縣管城下倚郭滎陽下汜水下河陰下

許州下唐初爲許州後改潁川郡又仍爲許州宋

升潁昌府，金改武昌軍，元初復爲許州。領五縣：長社下 長葛下 郾城下 襄城下 臨潁下

陳州下唐初爲陳州，後改淮陽郡，又仍爲陳州。宋升懷德府，金復爲陳州。元初因之。舊領宛丘、南頓、項城、商水、西華、清水六縣。至元二年，南頓、項城、清水皆廢，後復置南頓、項城。領五縣：宛丘 西華 商水至元二年省南頓項城入焉後復置 南頓 項城

鈞州下唐、宋皆不置郡。僞齊置潁順軍，金改順州，又改鈞州。元至元二年，又割鄭州密縣來屬。領三縣：陽翟下 新鄭下 密雲下

睢州下唐屬曹州，宋改拱州，又升保慶軍，金改睢州。元因之。領四縣：襄邑下倚郭 考城下 儀封下 柘城下

河南府路，唐初爲洛州，後改河南府，又改東京。宋爲西京。金爲中京金昌府。元初爲河南府。府治即周之王城。舊領洛陽、宜陽、永寧、登封、鞏、偃師、孟津、新安、澠池九縣，後割澠池隸陝州。戶九千五百二，口六萬五千七百五十一。壬子年數領司一、縣八、州一。州領四縣。

錄事司

縣八

洛陽 宜陽下 永寧下 登封下中嶽嵩山在焉 鞏縣下 孟津下 新安 偃師下

州一

陝州下唐初爲陝州，又改陝府，又改陝郡。宋爲保義軍。元仍爲陝州。領四縣：陝縣下 靈寶下至元三年省入陝縣八年廢虢州爲虢略縣隸陝州併虢略治靈寶以虢略爲巡檢司併朱陽縣入焉 閿鄉下至元二年省湖城縣入焉 澠池下金升爲韶州置澠池司候司元至元三年省司候司八年省韶州復爲縣隸河南府路後割以來屬

南陽府，唐初爲宛州，而縣名南陽。後州廢，以縣屬鄧州。歷五代至宋，皆爲縣。金升爲申州。元至元八年升爲南陽府，以唐、鄧、裕、嵩、汝五州隸焉。二十五年，改屬汴梁路，後直隸行省。戶六百九十二，口四千八百九十三。壬子年數領縣二、州五。州領十一縣。

縣二

南陽下倚郭 鎭平下

州五

鄧州下唐初爲鄧州，後改南陽郡，又仍爲鄧州。宋屬京西南路，金屬南京開封府。舊領穰縣、南陽、內鄉、淅川、順陽五縣。元初以淅川、順陽省入內鄉，舊設錄事司，至元二年併入穰縣。領三縣：穰縣下倚郭 內鄉下至元二年以順陽來屬 新野下

唐州下唐初爲顯州，後改唐州。宋屬京西南路，金改裕州。元初復爲唐州。至元三年，以民力不及，廢湖陽、比陽、桐柏三縣。領一縣：泌陽倚郭

嵩州下唐爲陸渾、伊闕二縣，宋升順州，金改嵩州，領伊陽、福昌二縣。元初以福昌隸河南。至元三年，省伊陽入州。領一縣：盧氏下至元二年隸南京路八年屬南陽府十一年來屬

汝州下唐初爲伊州，又改汝州。宋屬京西北路。元至元三年，廢郟城、寶豐二縣入梁縣，後復置郟縣。領三縣：梁縣下 魯山下 郟縣下

裕州下唐初置北澧州，又改魯州，後廢爲縣，屬唐州。金升爲裕州，舊領方城、舞陽、葉縣。元初即葉縣行隨州事，就置昆陽縣爲屬邑。至元三年，罷州，併昆陽、舞陽二縣入葉縣，後復置舞陽。領三縣：方城下倚郭 葉縣下 舞陽下

汝寧府，唐蔡州，上蔡、西平、確山、遂平、平輿爲屬邑。至元七年，省遂平、平輿入汝陽，隸汴梁路。三十年，河南江北行省平章伯顏言：「蔡州去汴梁地遠，凡事稽誤，宜升散府。」遂升汝寧府，直隸行省，以息、潁、信陽、光四州隸焉。復置遂平縣。抄籍戶口闕至順錢糧戶數七千七十五領縣五、州四。州領十縣。

縣五

汝陽下元初廢後置蔡州治此仍復置縣 上蔡下 西平下 確山下 遂平下元初省入汝陽後復置

州四

潁州下唐初爲信州，後改汝陰郡，又改潁州。宋升順昌府，金復爲潁州，舊領汝陰、泰和、沈丘、潁上四縣。元至元二年，省四縣及錄事司入州，後復領三縣：太和下 沈丘下 潁上下

息州下唐初爲息州，後爲新息縣，隸蔡州。五代至宋，皆因之。金復置息州，舊領新息、新蔡、眞陽、褒信四縣。元中統三年，以李璮叛，廢州。四年，復置。至元三年，以四縣併入州，後復領二縣：新蔡下 眞陽下

光州下唐初爲光州，後改弋陽郡，又復爲光州。宋升光山軍。元至元十二年歸附，屬蘄黃宣慰司。二十二年，同蘄黃等州直隸行省。三十年，隸汝寧府。領三縣：定城 固始下宋末兵亂徙治無常至元十一年復舊治 光山下兵亂地荒至元十二年復立舊治

信陽州下唐初爲申州，又改義陽郡。宋改信陽軍，端平間兵亂地荒，凡四十餘年。元至元十四年，改立信陽府，領羅山、信陽二縣。十五年，改爲信陽州。二十年，以羅山縣當驛置要衝，徙州治此，而移縣治於西南，號曰羅山新縣，今州治即舊縣。戶三千四百一十四，口三萬三千七百五十一。至元七年數領二縣：羅山倚郭 信陽

歸德府，唐宋州，又爲睢陽郡。後唐爲歸德軍。宋升南京。金爲歸德府。金亡，宋復取之。舊領宋城、寧陵、下邑、虞城、穀熟、碭山六縣。元初與亳之酇縣同時歸附，置京東行省，未幾罷。歲壬子，又立司府州縣官，以綏定新居之民。中統二年，畬民戶多寡，定官吏員數。至元二年，以虞城、碭山二縣在枯黃河北，割屬濟寧府，又併穀熟入睢陽，酇縣入永州，降永州爲永城縣，與寧陵、下邑隸本府。八年，以宿、亳、徐、邳並隸焉。壤地平坦，數有河患。府爲散郡，設知府、治中、府判各一員，直隸行省。抄籍戶數闕至順錢糧戶數二萬三千三百一十七領縣四、州四。州領八縣。

縣四

睢陽下倚郭唐曰宋城亦曰睢陽金曰睢陽宋曰宋城元仍曰睢陽 永城下 下邑 寧陵下

州四

徐州下唐初爲徐州，又改彭城郡，又升武寧軍。宋因之。金屬山東西路。金亡，宋復之。元初歸附，後凡州縣視民多少設官吏。至元二年，例降爲下州。舊領彭城、蕭、永固三縣及錄事司，至是永固併入蕭縣，彭城并錄事司併入州。領一縣：蕭縣下至元二年併入徐州十二年復立

宿州中唐置，宋升保靜軍，金置防禦使。金亡，宋復之。元初隸歸德府，領臨渙、蘄、靈璧、符離四縣并司候司。至元二年，以四縣一司并入州。四年，以靈璧入泗州。十七年，復來屬。領一縣：靈璧下

邳州下唐初爲邳州，後廢，屬泗州，又屬徐州。宋置淮陽軍，金復爲邳州。金亡，宋暫有之。元初以民少，併三縣入州。至元八年，以州屬歸德府。十二年，復置睢寧、宿遷兩縣，屬淮安。十五年，還來屬。領三縣：下邳下州治所 宿遷下 睢寧下

亳州下唐初爲亳州，後改譙郡，又仍爲亳州。宋升集慶軍，金復爲亳州。金亡，宋復之。元初領縣六：譙、酇、鹿邑、城父、衞眞、穀熟。後以民戶少，併城父入譙，衞眞入鹿邑，穀熟入睢陽，酇入永城。其睢陽、永城去隸歸德，後復置城父。領三縣：譙縣下 鹿邑下此邑數有水患歷代民不寧居 城父下

襄陽路，唐初爲襄州，後改襄陽郡。宋爲襄陽府。元至元十年，兵破樊城，襄陽守臣呂文煥降，罷宋京西安撫司，立河南等路行中書省，更襄陽府爲散府。未幾，罷省。十一年，改襄陽府爲總管府，又立荊湖等路行樞密院。十二年，立荊湖行中書省，後復罷。本府領四縣一司。十九年，割均、房二州，光化、棗陽二縣來屬。抄籍戶口數闕至順錢糧戶數五千九十領司一、縣六、州二。州領四縣。

錄事司

縣六

襄陽下倚郭 南漳下 宜城下 穀城下 光化至元十三年南伐明年設官置縣屬南陽十九年來屬 棗陽至元十四年屬南陽十九年來屬

州二

均州下唐初爲均州，又爲武當郡。宋爲武當軍。元至元十二年，江陵歸附，割隸湖北道宣慰司。十九年，還屬襄陽。領二縣：武當下兵亂遷治無常至元十四年復置 鄖縣下兵後僑治無常至元十四年復置

房州下唐初爲遷州，後爲房州，又改房陵郡。宋置保寧軍。德祐中，知州黃思賢納土，命千戶鎭守，仍令思賢領州事。至元十九年，隸襄陽路。領二縣：房陵下 竹山下

蘄州路下唐初爲蘄州，後改蘄春郡，又仍爲蘄州。宋爲防禦州。至元十二年，立淮西宣撫司。十四年，改總管府，設錄事司。戶三萬九千一百九十，口二十四萬九千三百二十一。自此以後至德安府皆用至元二十七年數領司一、縣五。

錄事司

縣五

蘄春中倚郭 蘄水中 廣濟中宋嘉熙兵亂徙治大江中洲歸附後復舊治 黃梅中嘉熙兵亂僑治中洲後復舊 羅田下兵亂縣廢歸附後始立

黃州路下唐初爲黃州，後改齊安郡，又仍爲黃州。宋爲團練軍州。元至元十二年歸附。十四年，立總管府。十八年，又爲黃蘄州宣慰司治所。二十三年，罷宣慰司，直隸行省。戶一萬四千八百七十八，口三萬六千八百七十九。領司一、縣三。

錄事司

縣三

黃岡中州治所 黃陂下兵亂僑治鄂州青山磯歸附還舊治 麻城下兵亂徙治什

子山歸附還舊治

淮西江北道肅政廉訪司

廬州路上 唐改廬江郡又仍爲廬州宋爲淮西路元至元十三年設淮西總管府明年於本路立總管府隸淮西道二十八年以六安軍爲縣來屬後升六安縣爲州戶三萬一千七百四十六口二十二萬九千四百五十七領司一縣三州三州領八縣

錄事司

縣三

合肥上倚郭 梁縣中 舒城中

州三

和州中 唐改歷陽郡後仍爲和州宋隸淮南西道元至元十三年置鎮守萬戶府明年改立安撫司又明年升和州路二十八年降爲州隸廬州路舊設錄事司後入州自治領三縣歷陽上倚郭 含山中 烏江中

無爲州中 唐初隸光州宋始以城口鎮置無爲軍思與天下安於無事取無爲而治之意以名之元至元十四年升爲路二十八年降爲州罷鎮巢州爲縣以屬焉領三縣無爲上倚郭 廬江中 巢縣下

六安州下 唐以霍山縣置霍州後州廢仍爲縣梁改霍山縣宋改六安軍元至元十二年歸附二十八年降爲縣隸廬州路後升爲州領二縣六安中 英山中

安豐路下 唐初爲壽州後改壽春郡宋爲壽春府又以安豐縣爲安豐軍繼遷安豐軍於壽春府元至元十四年改安豐路總管府十五年定爲散府領壽春安豐霍丘三縣二十八年復升爲路以臨濠府爲濠州與下蔡蒙城俱來屬戶一萬七千九百九十二口九萬七千六百一十一領司一縣五州一州領三縣

錄事司

縣五

壽春中倚郭 安豐下至元二十一年江淮行省言安豐之芍陂可溉田萬頃若立屯開耕實爲便益從之於安豐縣立萬戶府屯戶一萬四千八百有奇 霍丘下 下蔡下至元十三年隸壽春府廿八年罷府與蒙城皆來屬 蒙城下

州一

濠州下 唐初爲濠州後改鍾離郡又仍爲濠州阻淮帶山與壽陽俱爲淮南之險郡名初從豪後加水爲濠南唐置定遠軍宋爲團練州初隸淮南路後隸淮南西路元至元十三年歸附設濠州安撫司十五年定爲臨濠府二十八年復爲濠州革懷遠爲下縣來屬領三縣鍾離下倚郭 定遠下 懷遠下宋爲懷遠軍領荊山一縣至元二十八年以軍爲縣隸濠州省荊山入焉

安慶路下 唐初爲舒州又改同安郡又復爲舒州宋爲安慶府元至元十三年立安撫司十四年改安慶路總管府屬蘄黃宣慰司二十三年罷宣慰司直隸行省戶三萬五千一百六口二十一萬九千四百九十領司一縣六

錄事司

縣六

懷寧中 宿松中 望江下 太湖中 桐城中 潛山至治三年初立

淮東道宣慰使司

江北淮東道肅政廉訪司

揚州路上 唐初改南兗州又改邗州又改廣陵郡又復爲揚州宋爲淮東路元至元十三年初建大都督府置江淮等處行中書省十四年改爲揚州路總管府十五年置淮東道宣慰司本路屬焉十九年省宣慰司以本路總管府直隸行省二十一年行省移杭州復立淮東道宣慰司止統本路屬淮安二郡而本路領高郵府及眞滁通泰崇明五州二十二年行省復還宣慰司遂廢所屬如故後改立河南江北等處行中書省移治汴梁路復立淮東道宣慰司割出高郵府爲散府直隸宣慰司戶二十四萬九千四百六十六口一百四十七萬一千一百九十四領司一縣二州五州領九縣

錄事司

縣二

江都上倚郭 泰興上

州五

眞州中 五代以前地屬揚州宋以迎鑾鎮置建安軍又升爲眞州元至元十三年初立眞州安撫司十四年改眞州路總管府二十一年復爲州隸揚州路領二縣揚子上倚郭至元二十年省錄事司入焉 六合下

滁州下 唐初析揚州地置又改永陽郡又復爲滁州元至元十五年改滁州路總管府二十年仍爲州隸揚州路領三縣清流中至元十四年省錄事司入焉 來安下 全椒中

泰州上 唐更海陵縣曰吳陵置吳州尋廢南唐升泰州元至元十四年立泰州路總管府二十一年改爲州隸揚州路領二縣海陵上倚郭 如皋上

通州中 唐屬揚州南唐於海陵東境置靜海鎮周平淮南改爲通州宋改靜海郡元至元十五年改通州路總管府二十一年復爲州隸揚州路領二縣靜海上倚郭 海門中

崇明州下 本通州海濱之沙洲宋建炎間有昇州句容縣姚劉姓者因避兵於沙上其後稍有人居焉遂稱姚劉沙嘉定間置鹽場屬淮東制司元至元十四年升爲崇明州

淮安路上 唐楚州又改臨淮郡又仍爲楚州宋爲淮安州元至元十三年行淮東安撫司十四年改立總管府領山陽鹽城淮安淮陰新城清河桃園七縣設錄事司二十年升爲淮安府路併淮安新城淮陰三縣入山陽兼領臨淮府海寧泗安東四郡其盱眙天長臨淮虹五河贛榆朐山沐陽各歸所隸二十七年革臨淮府以盱眙天長隸泗州戶九萬一千二十二口五十四萬七千三百七十七領司一縣四州三州領八縣至元二十三年於本路之白水塘黃家疃等處立洪澤屯田萬戶府

錄事司

縣四

山陽上至元十二年安東州歸附以本縣馬羅軍寨作山陽縣十三年淮安路歸附仍存淮安縣二十年省淮安新城入焉 鹽城上 桃園下 清河下本泗州之清河口宋立清河軍至元十五年爲縣

州三

海寧州下 唐海州宋隸淮東路元至元十五年升爲海州路總管府復改爲海寧府未幾降爲州隸淮安路初設錄事司二十年與東海縣併入朐山領三縣朐山中 沐陽下 贛榆下

泗州下 唐改臨淮郡後復爲泗州宋隸淮東路元至元十三年降爲下州舊領臨淮淮平虹靈壁睢寧五縣十六年割睢寧屬邳州十七年割靈壁入宿州以五河縣來屬二十一年併淮平入臨淮二十七年廢臨淮府以盱眙天長二縣隸焉領五縣臨淮下 虹縣下 五河下元隸臨淮府十七年來屬 盱眙上宋昭信軍至元十三年行招信軍安撫司事領盱眙天長招信五河四縣明年升昭信路總管府十五年改爲臨淮府十七年以五河縣在淮之北改屬泗州二十年併招信入盱眙二十七年廢臨淮府爲盱眙縣 天長中

安東州下

高郵府 唐爲縣宋升爲軍元至元十四年升爲高郵路總管府領錄事司及高郵興化二縣二十年廢安宜府爲寶應縣來屬又併錄事司改高郵路爲府屬揚州路今隸宣慰司抄籍戶口數闕至順錢糧戶數五萬九十有八領縣三

本府

高郵上 興化中 寶應上舊爲寶應軍至元十六年爲安宜府二十年廢府爲縣來屬

荊湖北道宣慰司

山南江北道肅政廉訪司

中興路上 唐荊州復爲江陵府宋爲荊南府元至元十三年改上路總管府設錄事司天曆二年以文宗潛藩改爲中興路戶一十七萬六百八十二口五十九萬九千二百二十四領司一縣七

錄事司

縣七

江陵上 公安中 石首中 松滋中 枝江下 潛江中 監利中宋末兵亂民散收附後始復舊

峽州路下 唐改夷陵郡又爲峽州宋隸荊湖北路後徙治江南元至元十三年歸附十七年升爲峽州路戶三萬七千二百九十一口九萬三千九百四十七領縣四夷陵中宋末隨州遷治不常歸附後復歸江北舊治 宜都下 長陽下 遠安下

安陸府 唐郢州又改富水郡又爲郢州宋隸京西路元至元十三年歸附十五年升爲安陸府戶一萬四千六百六十五口三萬三千五百五十四領縣二長壽中 京山中兵亂移治漢濱至元十二年還舊治

沔陽府 唐復州又改竟陵郡又爲復州宋端平間移州治于沔陽鎮至元十三年歸附改爲復州路十五年升爲沔陽府戶一萬七千七百六十六口三萬九百五十五領縣二玉沙中倚郭 景陵中兵亂徙治集常歸附後還舊治

荊門州下 唐爲縣宋升爲軍端平間移治當陽縣元至元十三年歸附十四年升爲府十五年還府治于古城降爲州戶二萬九千四百七十一口一十六萬五千四百三十五領縣二長林上 當陽中

德安府 唐安州又改安陸郡又仍爲安州宋爲德安府咸淳間徙治漢陽元至元十三年還舊治隸湖北道宣慰司十八年罷宣慰司直隸鄂州行省爲散府後割以來屬戶一萬九百二十三口三萬六千二百一十八領縣四州一州領二縣

縣四

安陸下 孝感下 應城中 雲夢下

州一

隨州下 唐初爲隨州又改漢東郡又復爲隨州宋

爲崇信軍又爲棗陽軍後因兵亂遷徙無常元至元十二年歸附十三年卽黃仙洞爲州治戶一萬五千九百六十六口五萬二千六十四領二縣隨縣下　應山下

元史卷六十

明翰林學士亞中大夫知制誥兼修國史宋　濂等修

地理志第十二

地理三

陝西諸道行御史臺

陝西等處行中書省爲路四府五州二十七屬州十二屬縣八十八本省陸站八十處水站一處

奉元路上　唐初爲雍州後改關內道又改京兆府又以京城爲西京又曰中京又改上都宋分陝西秦鳳熙河涇原環慶鄜延爲六路金倂陝西爲四路元中統三年立陝西四川行省治京兆至元初倂雲陽縣入涇陽櫟陽縣入臨潼終南縣入盩厔十六年改京兆爲安西路總管府二十三年四川置行省改此省爲陝西等處行中書省大德元年移雲南行臺於此爲陝西行臺皇慶元年改安西爲奉元路戶三萬三千九百三十五口二十七萬一千三百九十九壬子年數領司一縣十一州五州領十五縣

錄事司

縣十一

咸寧下　長安下　咸陽下　興平下　臨潼下屯田一千二十頃有奇　藍田下　涇陽下至元二年倂入高陵縣三年復立屯田一千三十頃有奇　高陵下　鄠縣下　盩厔下屯田九百四十三頃有奇　郿縣下舊爲郿州添置櫛林縣至元元年省郿州爲郿縣廢櫛林

州五

同州下　唐初爲同州又改馮翊郡又復爲同州宋爲定國軍金因之元仍爲同州領五縣朝邑下　白水下　郃陽下　澄城下　韓城下唐宋爲郃城縣金曰禎州至元元年州廢二年再立六年州又廢止設縣

華州下　唐改鎭國軍宋改鎭潼軍金改金安軍元復爲華州西嶽華山在焉領三縣華陰下　蒲城下　渭南下屯田一千二百二十二頃有奇

耀州下　唐初立宜州後爲華原縣後又爲耀州宋爲感義軍又改感德軍又爲耀州如故金因之元至元元年倂華原縣入州又倂美原入富平領三縣三原下　富平下　同官下

乾州下　唐以高宗乾陵所在改醴泉縣爲奉天又升爲乾州宋改醴州金復改乾州元至元元年倂奉天縣入州五年復置奉天省好畤入焉又割永壽來屬後又改奉天爲醴泉領三縣醴泉下　武功下　永壽下宋金屬邠州至元十五年徙縣治于麻亭

商州下　唐初爲商州又改上洛郡又復爲商州宋及元皆因之領一縣洛南下

延安路下　唐初爲延州又改延安郡又爲延州宋爲延安府金爲鄜延路元改延安路戶六千五百三十九口九萬四千六百四十一壬子年數領縣八州三州領八縣本路屯田四百八十餘頃

縣八

膚施下　甘泉下　宜川下元初置司候司至元六年省入宜川　延長下　延川下　安定下本宋舊堡元壬子年升爲安定縣至元元年析置丹頭縣四年倂丹頭入本縣　安塞下本金舊堡壬子年升爲縣　保安下金爲保安州至元六年降爲縣

州三

鄜州下　唐初爲鄜州又改洛交郡又復爲鄜州宋金因之舊領洛交洛川鄜城直羅四縣元至元四年倂鄜城入洛川又倂洛交直羅入州六年廢坊州以中部宜君二縣來屬領三縣洛川下　中部下　宜君下

綏德州下　唐綏州又改上郡又爲綏州宋爲綏德軍金爲州領八縣歸附後倂嗣武入米脂綏平入懷寧至元四年倂定戎入米脂懷寧入青澗又倂義合綏德入本州領二縣青澗下　米脂下

葭州下　唐銀州宋爲晉寧軍金改爲葭州元至元六年倂通秦彌川葭蘆入州倂太和入神木建寧入府谷領三縣神木下元初創立雲州於古麟州之神木寨至元六年廢州爲縣　府谷下後唐爲府州元初建州治至元六年廢爲縣　吳堡下

興元路下　唐爲梁州又改漢中郡又爲興元府宋仍舊名元立興元路總管府久之以鳳金洋三州隸焉宋時領南鄭西縣褒城廉水城固五縣後廢廉水入南鄭元初割出西縣屬沔州以洋州西鄉縣來屬戶二千一百四十九口一萬九千三百七十八至元二十七年數領縣四州三

縣四

南鄭下　城固下　褒城下　西鄉下

州三

鳳州下　唐初爲鳳州後升節度府宋爲團練州至元五年以在郭梁泉縣倂入州隸興元路

洋州下　唐改洋州郡又復爲洋州後更革不常宋復爲洋州元至元二年省興道眞符二縣入州

金州下　唐改西城郡爲金州宋升爲金房開達四州路元爲散州

陝西漢中道肅政廉訪司

鳳翔府唐爲扶風郡又爲鳳翔府號西京宋金因其名元初割平涼府秦隴德順西寧鎭寧州隸鞏昌路廢恒州以所領盩厔縣隸安西府路尋立鳳翔路總管府至元九年更爲散府戶二千八十一口一萬四千九百八壬子年數領縣五鳳翔下屯田九十頃有奇　扶風下　岐山下　寶雞下　麟游下

邠州下　唐豳州以字類幽改爲邠宋金以來皆因之領縣二新平下　淳化下至元七年倂三水入本縣

涇州下　唐改安定郡後仍爲涇州宋改彰化軍舊領保定長武靈臺良原四縣金改保定縣爲涇州元初以隸都元帥府立總司轄邠州後屬鞏昌都總帥府或隸平涼府陝西省所隸不一今直隸省領縣二涇川下涇州治此卽保定　靈臺下至元七年倂歸涇川十一年復立以良原倂入而長武仍倂於涇州

開成州下　唐原州宋爲鎭戎軍金升鎭戎州元初仍爲原州至元十年皇子安西王分治秦蜀遂立開成府仍視上都號爲上路至治三年降爲州領縣一州一

縣一

開成

州一

廣安州本鎭戎地金升爲縣隸鎭戎州經亂荒廢元至元十年安西王封守西土旣立開成路遂改爲廣安縣募民居止未幾戶口繁夥十五年升爲州仍隸本路

莊浪州下沿革闕成宗大德八年二月降莊浪路爲州

鞏昌等處總帥府

鞏昌府唐初置渭州後曰隴西郡尋陷入吐蕃宋復得其地置鞏州金爲鞏昌府元初改鞏昌路便宜都總帥府統鞏昌平涼臨洮慶陽隆慶五府及秦隴會環金德順徽金洋安西河洮岷利巴沔龍大安褒涇邠寧定西鎭原階成西和蘭二十七州又於成州行金洋州事至元五年割安西州屬脫思麻路總管府六年以河州屬吐蕃宣慰司都元帥府七年倂洮州入安西州八年割岷州屬脫思麻路十三年立鞏昌路總管府十四年復行便宜都總帥府事其年割隆慶府利巴大安褒沔龍等州隸廣元路二十一年又以涇邠二州隸陝西漢中道宣慰司而帥府所統者鞏昌平涼臨洮慶陽府凡四秦隴寧定西鎭原階成西和蘭會環金德順徽金洋州凡十有五戶四萬五千一百三十五口三十六萬九千二百七十二壬子年數領司一縣五

錄事司

縣五

隴西下　寧遠下　伏羌下本舊寨至元十三年升縣　通渭下　鄣縣下宋名鹽川寨金爲鎭至元十七年置今縣

平涼府唐爲馬監隸原州宋爲涇原路升平涼軍金立平涼府元初倂潘原縣入平涼化平入華亭隸鞏昌帥府領縣三平涼下屯田一百一十五頃　崇信下　華亭下

臨洮府唐臨洮軍宋爲鎭洮軍又爲熙州金爲臨洮府元至元十三年復以渭源堡升爲縣領縣二狄道下　渭源下

慶陽府唐慶州宋環慶路改慶陽軍又升府金爲慶源路元初改爲慶陽散府至元七年倂安化彭原入焉領縣一合水下

秦州中　唐初爲秦州宋爲天水郡金爲秦州舊領六縣元至元七年倂雞川隴城入秦安治坊入淸水領縣三成紀中　淸水中　秦安下

隴州中　唐改汧陽郡復爲隴州宋金置防禦使舊領四縣元至元七年省吳山隴安入汧源十三年罷防禦使爲散郡有吳山爲西鎭領縣二汧源中　汧陽下

寧州下　唐初改北地郡爲寧州宋金因之元至元七年倂襄樂安定定平入州領縣一眞寧下

定西州下　本唐渭州西市五代淪于先零宋置定西城金改定西縣復升爲州仍置安西縣倚郭通西二寨並置縣來屬元至元三年倂三縣入本州屯田四百六十七頃

鎭原州下　唐原州又爲平涼郡宋金因之元改鎭原州以鎭戎州之東山三川二縣來屬至元七年例倂州縣遂以臨涇彭陽及東山三川四縣入本州屯田四百二十六頃有奇

西和州下　唐岷州又改和政郡又仍爲岷州宋改曰

西和舊領縣三大潭祐川軍興久廢惟有長道一縣元至元七年亦併入本州
環州 下 唐改威州宋復爲環州後與慶州定爲環慶路金隸慶陽府元初爲散郡舊領通遠一縣元至元七年併入本州
金州 下 本蘭州龕谷寨金升寨爲縣以龕谷爲金州治所元至元七年併縣入州
靜寧州 下 宋慶曆中以渭州隴干城置德順軍復置隴干縣金升爲州元初併治平永洛入隴干後復省隴干改爲靜寧州領縣一隆德 下
蘭州 下 唐初置後改金城郡又仍爲蘭州宋金因之元初領阿干一縣及司候司至元七年併司縣入本州
會州 下 唐初改西會州又爲粟州又爲會寧郡又爲會州宋置敷川縣金置寶川縣陷于河西僑治州西南百里會川城名新會州元初棄新會州遷於所隸西寧縣至元七年併縣入州
徽州 下 元兵入蜀鳳州二縣首降以鳳州仍治梁泉別置南鳳州治于河池後又升永寧鄉爲縣與兩當同爲屬邑至元元年改爲徽州七年併河池永寧二縣入州領縣一兩當 下
階州 下 唐初置武州又改武都郡又更名階州宋因之今州治在柳樹城距舊城東八十里舊領福津將利二縣至元七年併入本州
成州 下 唐初爲成州又改同谷郡後仍爲成州宋因之舊領同谷栗亭二縣元初歲壬寅以田世顯挈成都府歸附令遷於栗亭行栗亭管民司事不隸成州割天水縣來屬至元七年併同谷天水二縣入州
金洋州 本隸興元路戊戌歲有雷李二將挈民戶歸附令遷至成州自行金洋州事
土蕃等處宣慰司都元帥府 至元九年於土蕃西界立寧河站
河州路 下 領縣三定羌 下 寧河 下 安鄉 下
雅州 下 憲宗戊午歲攻破雅州石泉守將趙順以城降 領縣五石山 下 盧山 下 百丈 下 榮經 下 嚴道 下
黎州 下 至元十八年給黎雅州民千一百五十四戶鈔二千三百八錠以贖牛具種實 領縣一漢源 下
洮州 下 領縣一可當 下
貴德州 下
茂州 下 領縣二文山 下 汶川 下
脫思麻路

岷州 下
鐵州 下
碉門魚通黎雅長河西寧等處宣撫司 至元二年授雅州碉門安撫使高保四虎符高保四言碉門舊有城邑中統初爲宋人所廢衆依山爲柵去碉門半舍欲復成故城便於守禦敕秦蜀行省彼中緩急卿等相度須得其宜城如可復當助成之三年諭四川行樞密院遣人於碉門岩州西南沿邊丁寧告諭官吏軍民有願來歸者方便接納用意存恤百姓貧者賑之願徙近裏城邑者以屋舍給之
禮店文州蒙古漢兒軍民元帥府 自河州以下至此多闕其餘如朵甘思烏思藏積石州之類尚多簿籍疎畧莫能詳錄也
四川等處行中書省 爲路九府三屬府二屬州三十六軍一屬縣八十一蠻夷種落不在其數 本省陸站四十八處水站八十四處鹽場十二處俱鹽井所出井凡九十五眼在成都夔府重慶敘南嘉定順慶廣元潼川紹慶等路所管州縣萬山之間
西蜀四川道廉訪司
成都路 上 唐改蜀郡爲益州又改成都府宋爲益州路又爲成都府路元初撫定立總管府設錄事司至元十三年領成都嘉定崇慶三府眉邛隆黎雅威茂簡漢彭綿十一州後嘉定自爲一路以眉雅黎邛隸之二十年又割黎雅屬吐蕃招討司降崇慶爲州隆州併入仁壽縣隸本府戶三萬二千九百一十二口二十一萬五千八百八十八 至元二十七年數 領司一縣九州七州領十一縣
錄事司
縣九
成都 下 唐宋爲成都府治所至元十三年以本縣元管大城內西北隅併入錄事司 華陽 下 新都 下 郫縣 下 溫江 下 雙流 下 新繁 下 仁壽 下 唐爲陵州宋爲隆州元至元二十年以此州地荒民散併爲仁壽縣隸成都府路
金堂 下 宋屬懷安軍元初升爲懷州而縣屬如故至元二十年併州入金堂縣隸成都府路
州七
彭州 下 唐置濛州又爲彭州宋及元因之領二縣
濛陽 下 崇寧 下
漢州 下 唐爲德陽郡又爲漢州自唐至宋苦於兵革民不聊生元中統元年復立漢州領三縣什邡 下 德陽 下 至元八年升爲德州十三年仍爲縣隸成都路十八年復來屬 綿竹 下 至元十三年以戶少併入州後復置
安州 下 唐置石泉縣宋升爲軍元中統五年升爲安州領一縣石泉 下
灌州 下 唐導江縣五代爲灌州宋爲永康軍後廢爲灌口寨元初復立灌州至元十三年以導江青城二縣戶少省入州 青城陶壩立屯田萬戶府

崇慶州 下 唐爲唐安郡又爲蜀州宋爲崇慶軍元至元十二年立總管府二十年改爲崇慶州併江原縣入州 本州有屯田萬戶府 領二縣晉原 下 新津 下
威州 下 唐維州宋改威州領保寧通化二縣元至元十九年併保寧入州領一縣通化 下
簡州 下 唐析益州置宋因之元至元二十年併附郭陽安縣入州二十二年併成都府所屬靈泉縣來隸而本州有平泉以地荒竟廢之
嘉定府路 下 唐初爲嘉州又改犍爲郡又仍爲嘉州宋升嘉定府元至元十三年立總管府舊領龍游夾江峨眉犍爲洪雅五縣二十年併洪雅入夾江領司一縣四州二州領三縣 戶口數闕
錄事司
縣四
龍游 下 夾江 下 峨眉 下 犍爲 下
州二
眉州 下 唐改嘉州又仍爲眉州元至元十四年隸嘉定路領二縣彭山 下 青神 下
邛州 唐初置邛州又改臨邛郡又仍爲邛州元至元十四年立安撫司兼行州事二十一年併臨邛依政蒲江三縣入州領一縣大邑 下
廣元路 下 唐初爲利州又改益昌郡又復爲利州宋爲利州路端平後兵亂無寧歲地荒民散者十有七年元憲宗三年立利州治設都元帥府至元十四年罷帥府改爲廣元路戶一萬六千四百四十二口九萬六千四百六 至元二十七年數 領縣二府一州四府領三縣州領七縣 本路屯田九頃有奇
縣二
綿谷 下 昭化 下 元初併葭萌入焉
府一
保寧府 下 唐隆州又改閬州又爲閬中郡後唐爲保寧軍元初立東川路元帥府至元十三年升保寧府二十年罷元帥府改保寧路初領新得小寧二州後併入閬中縣又併奉國入蒼溪縣新井新政西水總入南部縣仍改爲府隸廣元路 本府屯田一百一十八頃有奇 領三縣閬中 下 倚郭 蒼溪 下 南部 下
州四
劍州 下 唐爲始州後改劍州宋升普安軍又爲隆慶府元至元二十年改劍州領二縣普安 下 至元二十年併普城劍門入焉 梓潼 下

龍州 下 唐初爲龍門郡又改龍州又改江油郡又改應靈郡宋改政州繼復舊元憲宗歲戊午宋守將王知府以城降至元二十二年併江油清川二縣入焉
巴州 下 唐初改巴州又改清化郡又爲巴州宋領化城難江恩陽曾口上通江下通江六縣元至元二十年併南江恩陽二縣入化城上下通江二縣入曾口領二縣化城 下 曾口 下
沔州 下 唐初爲興州又爲順政郡又改興州宋改沔州元至元十四年隸廣元路二十年廢褒州止設鐔水縣還沔州而治焉領三縣鐔水 下 倚郭 大安 下 本大安州至元二十年降爲縣以來屬 略陽 下 至元二十年併長舉及西縣入焉
順慶路 下 唐爲南充郡又改梁州又改充州宋升順慶府元中統元年立征南都元帥府至元四年置東川路統軍司後改東川府十五年復爲順慶二十年升爲路設錄事司戶二千八百二十一口九萬五千一百五十六 至元二十七年數 領司一縣二府一州二府領二縣州領五縣
錄事司
縣二
南充 下 至元二十年併漢初入焉 西充 下 至元二十年併流溪舊縣入焉
府一
廣安府 唐屬宕渠巴西洛陵三郡宋置廣安軍又改寧西軍元至元十五年廢寧西軍二十年升爲廣安府舊領渠江岳池和溪新明四縣後併和溪新明入岳池領二縣渠江 下 倚郭 岳池 下
州二
蓬州 下 唐改蓬州郡又仍爲蓬州元初立宣撫都元帥府後罷至元二十年立蓬州路總管府後復爲蓬州領三縣相如 至元二十年以金城寨入焉 營山 下 至元二十年併良山入焉 儀隴 下 至元二十年併蓬池伏虞入焉
渠州 下 唐初爲渠州又改潾山郡又爲渠州宋屬潼川府元至元十一年立渠州安撫司二十年罷安撫司以渠州爲散郡領二縣流江 下 大竹 下 至元二十年併鄰山鄰水入焉
潼川府 唐梓州又改梓潼郡又爲梓州宋改靜戎軍又改安靜軍又升潼川府兵後地荒元初復立府治至元二十年併涪城及錄事司入郪縣通泉入射洪東關入鹽亭銅山入中江領縣四州二 戶口闕
縣四

郪縣下倚郭中江下射洪下鹽亭下
州二
遂寧州下唐遂州又改遂寧郡宋爲遂寧府元初因之至元十九年併遂寧青石二縣入小溪長江入蓬溪後復改爲州領二縣小溪下蓬溪下
綿州下唐更改不常元初隸成都路元至元二十年併魏城入本州改隸潼川路領二縣彰明下羅江下
永寧路下闕領州一
筠連州下闕至元十七年樞密院言四川行省參政行諸蠻夷部宣慰司答順言先是奉旨以高州筠連川騰川縣隸安撫郭漢傑立站今漢傑已併蠻洞五十六有旨答順所陳卿等與中書議臣等以爲宜遣使行視之帝曰此五十六洞如舊隸高州筠連則與郭漢傑立站否則還之答順
領一縣騰川下
四川南道宣慰司至元十六年立
重慶路上唐渝州宋更名恭州又升重慶府元至元十六年立重慶路總管府二十一年升爲上路割中涪二州爲屬郡二十二年又割瀘合來屬省壁山入巴縣廢南平軍入南川縣爲屬邑置錄事司戶二萬二千三百九十五口九萬三千五百三十五至元二十七年數領司一縣三州四州領十縣本路三堆中嘈趙市等處屯田四百二十項
錄事司
縣三
巴縣下倚郭江津下至元十六年賜四川行省參政答順田民百八十戶於江津縣南川下
州四
瀘州下唐改瀘川郡爲瀘州宋爲瀘川軍元至元二十年併瀘川縣入焉二十二年隸重慶路領三縣江安下納溪下合江下
忠州下唐改爲南賓郡又爲忠州宋升咸淳府元仍爲忠州領三縣臨江下南賓下豐都下
合州下唐爲合州又改巴川郡又仍爲合州宋因之元至元十五年宋安撫使王立以城降二十年爲散郡併錄事司赤水入石照縣二十二年改爲州隸重慶路領三縣銅梁下元初併巴川入焉定遠下本宋地名女青平元至元四年便宜都總帥部兵築爲武勝軍後爲定遠州二十四年降爲縣石照下
涪州下唐改爲涪陵郡又改涪州宋因之元至元二十年併涪陵樂溫二縣入焉領一縣武龍下
紹慶府下唐黔州又黔中郡宋升爲紹慶府元至元二十年仍置府戶三千九百四十四口一萬五千一百八十九至元二十七年數領縣二彭水下黔江下
懷德府領州四闕
來寧州下柔遠州下酉陽州下服州下告闕
夔路下唐初爲信州又爲夔州又爲雲安郡又仍爲夔州宋升爲帥府元至元十五年立夔州路總管府以施雲安萬大寧四州隸焉二十二年又以開達梁山三州來屬戶二萬二十四口九萬九千五百九十八至元二十七年數領司一縣二州七州領五縣本路屯田五十六項
錄事司
縣二
奉節下巫山下
州七
施州下唐改清江郡又改清化郡又復爲施州宋因之舊領清江建始二縣元至元二十二年併清江入州領一縣建始下
達州下唐爲通州又改通川郡又仍爲通州宋更名達州元至元十五年隸四川東道宣慰司二十二年改隸夔路領二縣通川下新寧下
梁山州下本梁山縣宋升梁山軍元至元二十年升爲州領一縣梁山下
萬州下唐改浦州爲萬川又改南浦郡宋爲浦州元至元二十年以南浦爲萬州領一縣武寧
雲陽州下唐雲安監宋置安義縣後復爲監元至元十五年立雲安軍二十年升雲陽州併雲陽縣入焉
大寧州下舊大昌縣宋置監元至元二十年升爲州併大昌縣入焉
開州下唐改爲盛山郡又復爲開州宋及元皆因之
敘南等處蠻夷宣撫司
敘州路古僰國唐戎州貞觀初徙治僰道在蜀江之西三江口宋升爲上州屬東川路後易名敘州咸淳中城登高山爲治所元至元十二年郭漢傑挈城歸附十三年立安撫司未幾毀山城復徙治三江口罷安撫司立敘州十八年復升爲路隸諸部蠻夷宣撫司領縣四州二
縣四
宜賓下慶符下南溪下宣化下元貞二年於本縣置萬戶府領軍屯田四十餘項
州二
富順州下唐富義縣宋富義監後改富順縣元至元十二年改立富順監安撫司二十年罷安撫司升富順州
高州下古夜郎之屬境隣烏蠻與長寧軍地相接均爲西南羌族前代以爲化外置而不論唐開拓邊地於本部立高州宋設長寧軍十州族姓俱效順元至元十五年雲南行省遣官招諭內附十七年知州郭安復行州事蠻人散居村囤無縣邑鄉鎮
馬湖路下古牂牁屬地漢唐以下名馬湖部宋時蠻主屯湖內元至元十三年內附後立總管府遷於夷部溪口瀕馬湖之南岸創府治其民散居山箐無縣邑鄉鎮領軍一州一初馬湖蠻來朝嘗以蜀本葱爲獻由是歲至郡縣疲於遞送元貞二年敕罷之
軍一
長寧軍唐置長寧等羈縻十四州五十六縣并隸瀘州都督府宋以長寧地當衝要升爲長寧軍立安寧縣元至元十二年郡守黃立挈城效順二十二年設錄事司後與安寧縣俱省入本軍
州一
戎州下本夜郎國西南蠻種號大壩都掌分族十有九前代以化外置而弗論唐武后時恢拓蠻徼設十四州五團二十九縣於本部置晏州元至元十三年以昝順爲蠻夷部宣撫司遣官招諭十七年本部官得蘭紐來見授以大壩都總管二十二年升爲戎州叛服不常州治在箐前所領俱村囤無縣邑鄉鎮
上羅計長官司領蠻地羅計羅星乃古夜郎境爲西南種族前代置之化外宋設長寧軍十州族姓俱效順各命之官其後分姓他居遂有上下羅計之分蓋亦如唐羈縻之以爲西蜀後戶屏蔽元至元十三年蠻夷部宣撫昝順引本部夷酋得賴阿當歸順十五年授得賴阿當千戶十八年黎州同知李奇以武恩將軍來充羅星長官二十二年夷人叛誘誅上羅星夷行樞密院討平之其民人散居村箐無縣邑鄉鎮
下羅計長官司領蠻地其境近烏蠻與敘州長寧軍相接均爲西南夷族與上羅計同至元十二年長寧知軍率先內附十三年昝順引本部夷酋得顏箇詣行樞密院降奏充下羅計蠻夷千戶二十二年諸蠻皆叛惟本部無異志
四十六囤蠻夷千戶所領豕蛾夷地在慶符向南抵定川古夜郎之屬唐羈縻定州之支江縣也至元十三年收附於慶符縣僑置千戶所領四十六囤
黃水口上下落骨 山落牟許滿吳
麽落財 麽落賢 騰息奴 屯莫面
落播 麽落梅 麽得幸 上落松
麽得會 麽得惡 落嵬 落昧下村
落鳥 麽得享 落燕 落得慮
麽得了 麽騰斛 許宿 麽九色
落播屯右 麽得晏 落能 山落寡
水落寡 落得擂 麽得具 麽得淵
騰曰彭 落昧上村 賴扇 許焰
騰郎 周頭 賣落炎 落女
愛荅洛 愛荅速 麽得奸 阿郎頭
下得辛 上得辛 愛得婁 落鷗
諸部蠻夷
泰加大散等洞以下各設蠻夷官 斜崖昌朱等洞
隴堤紂皮等洞 石耶洞
散毛洞 彭家洞
黑土石等處 市備洞
樂化兀都剌布白享羅等處
洪望冊德等族 大江九姓羅氏
水西 鹿朝
阿永蠻部至元二十一年首長阿泥入覲自言阿永隣境烏蒙等蠻悉隸皇太子位願依例附屬詔從其請以阿永蠻隸宮府
師壁洞安宣撫司 永順等處軍民安撫司
阿者洞以下各設蠻夷官 謝甲洞
上安下壩 阿渠洞
下役洞 驢盧洞
錢滿等處 水洞下曲等寨
必藏等處 酌宜等處
雍邦等寨 崖筍等寨
昌朱洞 麻峽柘歌等寨
新附嵬羅金井 沙溪等處
亩窖洞 新容米洞
甘肅等處行中書省爲路七州二屬州五本省馬站六處
河西隴北道肅政廉訪司
甘州路上唐爲甘州又爲張掖郡宋初爲西夏所據改鎮夷郡又立宣化府元初仍稱甘州至元元年置

甘肅路總管府八年改甘州路總管府十八年立行中書省以控制河西諸郡戶一千五百五十戶二萬三千九百八十七至元二十七年數本路黑山滿峪泉水渠鴨子翅等處屯田計一千一百六十餘頃

永昌路下唐涼州宋初爲西涼府景德中陷入西夏元初仍爲西涼府至元十五年以永昌王宮殿所在立永昌路降西涼府爲州隸焉

西涼州下

肅州路下唐爲肅州又爲酒泉郡宋初爲西夏所據元太祖二十一年西征攻肅州下之世祖至元七年置肅州路總管府戶一千二百六十二口八千六百七十九至元二十七年數

沙州路下唐爲沙州又爲燉煌郡宋仍爲沙州景祐初西夏陷瓜沙肅三州盡得河西故地金因之元太祖二十二年破其城以隸八都大王至元十四年復立州十七年升爲沙州路總管府瓜州隸焉沙州去肅州千五百里內附貧民欲乞糧沙州必須白之肅州然後給與朝廷以其不便故升沙州爲路

瓜州下唐改爲晉昌郡復爲瓜州宋初陷於西夏夏亡州廢元至元十四年復立二十八年徙居民於肅州但名存而已

亦集乃路下在甘州北一千五百里城東北有大澤西北俱接沙磧乃漢之西海郡居延故城夏國嘗立威福軍元太祖二十一年內附至元二十三年立總管府二十三年亦集乃總管忽都魯言所部有田可以耕作乞以新軍二百人鑿合卽渠於亦集乃地并以傍近民西僧餘戶助其力從之計屯田九十餘頃

寧夏府路下唐屬靈州宋初廢爲鎮領蕃部自唐末有拓拔思恭者鎮夏州世有銀夏綏宥靜五州之地宋天禧間傳至其孫德明城懷遠鎮爲興州以居後升興慶府又改中興府元至元二十五年置寧夏路總管府至元八年立西夏中興等路行尚書省元貞元年革寧夏路行中書省併其事於甘肅行省領州三本路賚圖納憐苦等處屯田一千八百頃

靈州下唐爲靈州又爲靈武郡宋初陷於夏國改爲翔慶軍

鳴沙州下隋置環州立鳴沙縣唐革州以縣隸靈州宋沒於夏國仍舊名元初立鳴沙州屯田四百四十餘頃

應理州下與蘭州接境東阻大河西據沙山考之圖志乃唐靈武郡地其州城未詳建立之始元初仍立州

山丹州下唐爲刪丹縣隸甘州宋初爲夏國所有置甘肅軍元初爲阿只吉大王分地至元六年行山丹城事刪訛爲山二十二年升爲州隸甘肅行省

西寧州下唐置鄯州理湟水縣上元間沒於土蕃號青唐城宋改爲西寧州元初爲章吉駙馬分地至元二十三年立西寧州等處拘摧課程所二十四年封章吉爲寧濮郡王以鎮其地

兀剌海路闕太祖四年由黑水城北兀剌海西關口入河西獲西夏將高令公克兀剌海城

元史卷六十一

明翰林學士亞中大夫知制誥兼修國史宋　濂等修

地理志第十三

地理四

雲南諸路行中書省爲路三十七府二屬府三屬州五十四屬縣四十七其餘甸寨軍民等府不在此數馬站七十四處木站四處

雲南諸路道肅政廉訪司大德三年罷雲南行御史臺立肅政廉訪司

中慶路上唐姚州閣羅鳳叛取姚州其子鳳伽異增築城曰柘東六世孫券豐祐改曰善闡歷五代迄宋羈縻而已元世祖征大理凡收府八善闡其一也郡四部三十有七其地東至普安路之橫山西至緬地之江頭城凡三千九百里而遠南至臨安路之鹿滄江北至羅羅斯之大渡河凡四千里而近憲宗五年立萬戶府十有九分善闡爲萬戶府四至元七年改爲路八年分大理國三十七部爲南北中三路路設達魯花赤并總管十三年立雲南行中書省初置郡縣遂改善闡爲中慶路領司一縣三州四州領八縣本路軍民屯田二萬二千四百雙有奇

錄事司

縣三

昆明中倚郭唐置元憲宗四年分其地立千戶二至元十二年改善州領縣二十一年州革縣如故其地有昆明池五百餘里夏潦必冒城郭張立道爲大理等處勸農使求泉源所出洩其水得地萬餘頃皆爲良田云

富民下至元四年立黎灢千戶十二年卽黎灢立縣

宜良下唐匡州卽其地蠻酋羅氏於此立城居之名曰羅裒龍乃今縣也元憲宗六年立太池千戶至元十三年升宜良州治太池縣二十一年州罷爲縣後廢太池來屬

州四

嵩明州下州在中慶東北治沙札臥城烏蠻車氏所築白蠻名爲嵩明昔漢人居之後烏白蠻強盛漢人徙去盟誓於此因號嵩盟今州南有土臺盟會處也漢人嘗立長州築金城阿葛二城蒙氏興改長州爲嵩盟部段氏因之元憲宗六年立嵩明萬戶至元十二年復改長州十五年升嵩明府二十二年降爲州領二縣

楊林下在州東南治楊林城乃雜蠻枳氏車氏斗氏麽氏四種所居之地城東門內有石如羊形故又作羊唐有羊林部落卽此地元憲宗七年立羊林千戶至元十二年改爲縣

邵甸下在州西治白邑村無城郭車蠻斗蠻舊地名爲東甸以東爲邵憲宗七年立邵甸千戶至元十二年改爲縣

晉寧下唐晉寧縣蒙氏段氏皆爲陽城堡部元憲宗七年立陽城堡萬戶至元十二年改晉寧州領二縣

呈貢下西臨滇澤之濱在路之南州之北其間相去六十里有故城曰呈貢世爲些莫強宗部蠻所居元憲宗六年立呈貢千戶至元十二年割切龍呈貢雌甸塔羅羅和羅忽六城及烏納山立呈貢縣

歸化下在州東北呈貢縣南西濱滇澤地名大吳龍昔吳氏所居後爲些莫徒蠻所有世隸善闡憲宗六年分隸呈貢千戶至元十二年割大吳龍安江安澗立歸化縣

昆陽州下在滇池南僰㺐雜夷所居有城曰巨橋今爲州治閣羅鳳叛唐令曲轉蠻居之段氏興隸善闡元憲宗併羅畐等十二城立巨橋萬戶至元十三年改昆陽州領二縣

三泊下至元十三年於那龍城立縣

易門下在州之西治市坪村世爲烏蠻所居段氏時高智昇治善闡奄而有之至元四年立洟門千戶十二年改爲縣西有泉曰洟源訛作易門

安寧州下唐初置安寧縣隸昆州閣羅鳳叛唐後烏白蠻遷居蒙氏終善闡酋孫氏爲安寧城主及袁氏高氏互有其地元憲宗七年隸陽城萬戶至元三年立安寧千戶十二年改安寧州領二縣

祿豐下在州西治白村其地瘴熱非大會所居惟烏雜蠻居之遷徙不常至元十三年割安寧千戶之祿琫化泥騾琮籠三處立祿豐縣因江中有石如飯俗名祿琫譯謂祿爲石琫爲飯訛爲今名

羅次下在州北治壓磨呂白村本烏蠻羅部地險俗悍至元十二年因羅部立羅次州隸中慶路二十四年改州爲縣二十七年隸安寧州

威楚開南等路下爲雜蠻耕牧之地夷名俄碌歷代無郡邑後爨酋威楚築城俄碌聯居之唐時蒙舍詔閣羅鳳合六詔爲一侵俄碌取和子城今鎮南州是也後閣羅鳳叛於本境立郡縣諸爨盡附蒙氏立二都督六節度銀生節度卽今路也及段氏興銀生隸姚州又名當筋驗及高昇泰執大理國柄封其姪子明量於威楚築外城號德江城傳至其裔長壽元憲宗三年征大理平之六年立威楚萬戶至元八年改威楚路置總管府領縣二州四州領一縣本路軍民屯田共七千二百雙

縣二

威楚下倚郭至元十五年升威州仍立富民淨樂二縣二十一年降州爲威楚縣革二縣爲鄉來屬

定遠下在路北地名曰直聯雜蠻居之諸葛孔明征南中經此聯後號爲牟州唐蒙氏遣爨蠻酋糯苛鎮牟州築城曰耐籠至高氏專大理國政命雲南些莫徒酋夷美徒民二百戶於黃蓬井其據苛故城隸高氏元憲宗四年立牟州千戶黃蓬井爲百戶至元十二年改爲定遠州黃蓬井爲南寧縣後革縣爲鄉改州爲縣隸本路

州四

鎮南州下州在路北昔樸落蠻所居川名欠舍中有城曰雞和至唐時蒙氏併六詔征東爨取和子雞和二城置石鼓縣又於沙却置俗富郡沙却卽今州治至段氏封高明量爲楚公欠舍沙却皆隸之元憲宗三年其酋內附七年立欠舍千戶石鼓百戶至元二十二年改欠舍千戶爲鎮南州立定邊石鼓二縣二十四年革二縣爲鄉仍隸本州

南安州下州在路東南山嶺稠疊內一峰竦秀林麓四周其頂有泉昔黑爨蠻祖瓦晟吳立柵居其上子孫漸盛不隸他部至高氏封威楚方隸焉憲宗立摩芻千戶隸威楚萬戶至元十二年改千戶爲南安州隸本路領一縣

廣通下縣在州之北或名爲路賧雜蠻居之南詔閣羅鳳會立路賧縣至段氏封高明量於威楚其後宜州酋些莫徒裔易裒等附之至高長壽遂處於路賧易裒去舊堡二十里山上築城白龍戲新柵憲宗七年長壽內附立路賧千戶至元十二年改爲廣通縣隸南安州

開南州下州在路西南其川分十二甸昔樸和泥二蠻所居也莊蹻王滇池漢武開西南夷諸葛孔明定益州皆未嘗涉其境至蒙氏興立銀生府後爲金齒白蠻所陷移府治於威楚開南遂爲生蠻所據自南詔至段氏皆爲徼外荒僻之地元中統三年平之以所部隸威楚萬戶至元十二年改爲開南州

威遠州下州在開南州西南其川有六昔撲和泥二蠻所居至蒙氏興開威楚爲郡而州境始通其後金齒白夷蠻酋阿只步等奪其地中統三年征之悉降至元十二年立開南州及威遠州隸威楚路

武定路軍民府下唐隸姚州在滇北昔獫鹿等蠻居之至段氏使烏蠻阿歷治納洟胣共龍城於共甸又築城名曰易龍其裔孫法瓦浸盛以其遠祖羅婺爲部名元憲宗四年內附七年立爲萬戶隸威楚至元八年併仁德于矢入本部爲北路十二年割出二部改本路爲武定領州二州領四縣本路屯田七百四十八雙

州二

和曲州下州在路西南蠻名巨簉甸僰㺐諸種蠻所居地多漢冢或謂漢人曾居蒙氏時白蠻據其

地至段氏以烏蠻阿劇併吞諸蠻聚落三十餘處分兄弟子姪治之皆隸羅婺部元憲宗六年改巨箐甸曰和曲至元二十六年升爲州領二縣南甸 下路治本縣蠻曰漢旬又稱漢陳籠至元二十六年改爲縣 元謀 下夷中舊名環州元治五甸至元十六年改爲縣

祿勸州 下 州在路東北甸名洪農祿券雜蠻居之無郡所至元二十六年立祿勸州領二縣易籠 下易籠者城名在州北地名倍場縣境有二水蠻語謂漢爲水籠爲成因此爲名昔羅婺部大酋居之爲群會集之所至元二十六年立縣 石舊 下縣在州東有四甸曰掌鳩曰法塊曰抹捻曰曲蔽掌鳩甸有溪邊共三面凡數十渡故名今訛名石舊至元二十六年立縣

鶴慶路軍民府 下 府治在麗江路東南大理路東北夷名其地曰鶴川樣共昔隸越析詔漢唐未建城邑開元末閣羅鳳合六詔爲一稱南詔徙治羊苴城地近龍尾鶴柘今府卽其地也大和中蒙勸封祐於樣共立謀統郡蒙氏後經數姓如故元憲宗三年內附爲鶴州七年立二千戶仍稱謀統隸大理上萬戶至元十一年罷謀統千戶復爲鶴州二十年爲燕王分地隸行省二十三年升爲鶴慶府領一縣劍川 下縣治在劍川湖西夷云羅魯城按唐史南詔有六節度劍川其二也初蒙氏未合六詔時有浪穹詔與南詔戰不勝遂保劍川更稱浪劍貞元中南詔擊破之奪劍共諸川地其酋徙居劍睒西北四百里號劍羌蒙氏終至段氏改劍川爲義督瞼憲宗四年內附七年立義督千戶至元十一年罷千戶立劍川縣隸鶴州軍民屯田共二千餘雙

雲遠路軍民總管府元貞二年置

徹里軍民總管府大德中置 大德中雲南省言大徹里地與八百媳婦犬牙相錯勢均力敵今大徹里胡念已降小徹里復控扼地利多相殺掠胡念日與相拒不得離遣其弟胡倫入朝指畫地形乞別立徹里軍民宣撫司擇通習蠻夷情狀者爲之帥招其來附以爲進取之地乃立徹里軍民總管府

廣南西路宣撫司 闕

麗江路軍民宣撫司路因江爲名謂金沙江出沙金故云源出吐蕃界今麗江卽古麗水兩漢至隋唐皆爲越巂郡西徼地昔麼些蠻居之遂爲越析詔二部皆烏蠻種居鐵橋貞元中其地歸南詔元憲宗三年征大理從金沙濟江麼些負固不服四年春平之立茶罕章管民官至元八年立宣慰司十三年改爲麗江路立軍民總管府二十二年府罷於通安巨津之間立宣撫司領府一州七 州領一縣

府一

北勝府在麗江之東唐南詔時鐵橋西北有施蠻者貞元中爲異牟尋所破遷其種居之號劍羌名其地曰成偈睒又改名善巨郡蒙氏終段氏時高智昇使其孫高大惠鎭此郡後隸大理元憲宗三年其酋高俊內附至元十五年立爲施州十七年改爲北勝州二十年升爲府

州七

順州在麗江之東俗名牛睒昔順蠻種居劍川共唐貞元間南詔異牟尋破之徙居鐵橋大婆小婆三探覽等川其酋成斗族漸盛自爲一部遷於牛睒至十三世孫自瞪猶隸大理元憲宗三年內附至元十五年改牛睒爲順州

蒗蕖州治羅共睒在麗江之東北勝永寧南北之間羅落麼些三種蠻世居之憲宗三年征大理至元九年內附十六年改羅共睒爲蒗蕖州

永寧州昔名樓頭睒接吐蕃東徼地名荅藍麼些蠻祖泥月烏逐出吐蕃遂居此睒世屬大理憲宗三年其三十一世孫和字內附至元十六年改爲州

通安州治在麗江之東雪山之下昔名三睒僕繲蠻所居其後麼些蠻葉古乍奪而有之世隸大理憲宗三年其二十三世孫麥良內附中統四年以麥良爲察罕章管民官至元九年其子麥兀襲父職十四年改三睒爲通安州

蘭州在蘭滄水之東漢永平中始通博南山道渡蘭滄水置博南縣唐爲盧鹿蠻部至段氏時置蘭溪郡隸大理元憲宗四年內附隸茶罕章管民官至元十二年改蘭州

寶山州在雪山之東麗江西來環帶三面昔麼些蠻居之其先自樓頭徙居此二十餘世世祖征大理自卞頭濟江由羅邦至羅寺圍大匱等寨其酋內附名其寨曰察罕忽魯罕至元十四年以大匱七處立寶山縣十六年升爲州

巨津州昔名羅波九睒北接三川鐵橋西隣吐蕃按唐書南詔居鐵橋之南西北與吐蕃接今州境實大理西北陬要害地麼些大酋世居之憲宗三年內附至元十四年於九睒立巨津州蓋以鐵橋自昔爲南詔吐蕃交會之大津渡故名領一縣臨西 下縣在州之西北乃大理極邊險僻之地夷名羅裒間居民皆麼些二種蠻至元十四年立大理州縣於羅裒間立臨西縣以西臨吐蕃境故也隸巨津州

東川路 下 至元二十八年立

芒部路軍民總管府 下

益良州 下 強州 下

孟傑路 自東川路以下闕泰定三年八百媳婦蠻請官守置木安孟傑二府於其地

普安路 下 治在盤町山陽巴盤江東古夜郎地秦爲黔中地兩漢隸牂牁郡蜀隸興古郡隋立牂州唐置西平州後改興古郡爲盤州蒙氏叛唐其地爲南詔東鄙東爨烏蠻七部落居之其後爨酋阿宋逐諸蠻據其地號于失部世爲酋長元憲宗七年其酋內附命爲于失萬戶至元十三年改普安路總管府明年更立招討司十六年改爲宣撫司二十二年罷司爲路

曲靖等路宣慰司軍民萬戶府曲靖二州在漢爲夜郎味縣地蜀分置興古郡隋初爲恭州協州唐置南寧州東西爨分烏白蠻二種自曲靖州西南昆川距龍和城通謂之西爨白蠻自彌鹿升麻二川南至步頭通謂之東爨烏蠻貞觀中以西爨歸王爲南寧都督襲殺東爨首領蓋聘南詔閣羅鳳以兵脅西爨徙之至龍和皆殘於兵東爨烏蠻復振徙居西爨故地世與南詔爲婚居故曲靖州天寶末征南詔進次曲靖州大敗其地遂沒于蠻元憲宗六年立磨彌部萬戶至元八年改爲中路十三年改曲靖路總管府二十年以隸皇太子二十五年升宣撫司領縣一州五州領六縣 本路屯田四千四百八十雙歲輸金三千五百五十兩馬一百八十四

縣一

南寧 下倚郭唐以爨歸王爲南寧州都督治石城及閣羅鳳叛州廢蒙氏改石城郡至段氏烏蠻莫彌部酋據五城元憲宗三年內附六年立千戶隸莫彌部萬戶至元十三年升南寧州二十二年革爲縣

州五

陸涼州 下 卽漢牂牁郡之平夷縣南詔叛後落溫部蠻世居之憲宗三年內附立落溫千戶屬落蒙萬戶至元十三年改爲陸涼州領二縣芳華 下在州西 河納 下在州南治蔡村

越州 下 在路之南其川名魯望普麼部蠻世居之憲宗四年內附六年立千戶隸末迷萬戶至元十二年改越州隸曲靖路

羅雄州 下 與溪洞蠻獠接壤歷代未嘗置郡夷名其地爲塔敝納夷甸俗傳盤瓠六男其一曰蒙由丘後裔有羅雄者居此甸至其孫普恐名其部曰羅雄憲宗四年內附七年隸普摩千戶至元十三年割夜苴部爲羅雄州隸曲靖路

馬龍州 下 夷名曰撒匡昔僰刺居之盤瓠裔納垢逐舊蠻而有其地至羅苴內附於本部立千戶至元十三年改爲州卽舊馬龍城也領一縣通泉 下在州西南與嵩明州楊林縣接壤納垢之孫易陬分居其地元初爲易龍百戶隸馬龍千戶至元十三年改名通泉縣隸馬龍州

霑益州 下 在本路之東北據南盤江北盤江之間唐初置州天寶末沒于蠻爲僰剌二種所居後磨彌部奪之元初其孫普垢劄內附憲宗七年以本部隸曲靖磨彌萬戶府至元十三年改霑益州領三縣交水 下治易陬龍城其先磨彌部酋蒙提居之後大理國高護軍逐其子孫爲私已憲宗五年內附至元十三年卽其城立縣 石梁 下孫磨彌部又名伍勒部其酋世爲巫居石梁原山至元十三年爲縣 羅山 下夷名落蒙山乃磨彌部東境

澂江路 下 治在滇池東南唐屬牂州隸黔州都督府開元中降爲羈縻州今夷中名其地曰羅伽甸初麼些蠻居之後爲僰蠻所奪南詔蒙氏爲河陽郡至段氏麼些蠻之裔復居此甸號羅伽部元憲宗四年內附六年以羅伽部爲萬戶至元三年改萬戶爲中路十六年升爲澂江路領縣三州二州領三縣 本路屯田四千一百雙

縣三

河陽 下內附後爲千戶至元十六年爲河陽州二十六年降爲縣

江川 下在澂江路南星雲湖之北蒙氏叛唐使白蠻居之至段氏些麼徒蠻之裔居此城更名步雄部其後弄景內附卽本部爲千戶至元十三年改千戶爲江川州二十年降爲縣

陽宗 下在本路西北明湖之南昔麼些蠻居之號曰強宗部其酋盧舍內附立本部千戶至元十三年改爲縣

州二

新興州 下 漢新興縣唐初隸牂州後南詔叛降爲羈縻州蒙氏爲溫富州段氏時麼些蠻分居其地內附後立爲千戶至元十三年改新興州隸澂江路領二縣普舍 下在州西北昔有強宗部蠻之裔據普札龍城之西有白城漢人所築一酋長曰部傍據普具龍城次曰普舍屢爭其地莫能定後普舍孫苴劇內附立本部爲千戶十三年改千戶爲普舍縣治普札龍城隸新興州 研和 下麼些徒蠻步雄居之其孫龍鋪內附立百戶至元十三年改爲縣

路南州 下 州在本路之東夷名路甸有城曰撒呂黑爨蠻之裔落蒙所築子孫世居之因名落蒙部憲宗朝內附卽本部立萬戶至元七年併落蒙羅伽末迷三萬戶爲中路十三年分中路爲二路改羅伽爲澂江路落蒙爲路南州隸澂江路領一縣邑市 下至元十三年卽邑市彌沙等五城立邑市縣彌沙二城立彌沙縣二十四年併彌沙入本縣隸路南州

普定路本普里部歸附後改普定府 至元二十七年初幹羅思呂國瑞入覲丞相桑哥及要束木等議勦羅甸宣慰司至是言招到羅甸國札哇并龍家宋家犵狫猫人諸種蠻夷四萬六千六百戶阿卜阿牙者來朝爲曲靖路宣慰同知脫因反普安路官所阻會雲南行省言羅

甸卽普里也歸附後改普定府印信具存隸雲南省三十餘年賦役如期今所剳羅甸宣慰安撫司隸湖南省乾羅思等擅以兵脅降普定土官矣賨男札牲希古等勒令同其入覲邀功希賞乞罷之仍以其地隸雲南制可大德七年改爲路大德七年中書省臣言蛇節宋隆濟等作亂普定知府容苴李宋茂顧容苴沒其妻適姑亦能宣力戍行乞令襲其夫職仍改普定爲路隸曲靖宣慰司以適姑爲本路總管虎符

仁德府昔㱿剌蠻居之無郡縣其部曰仲扎溢源後烏蠻之裔新丁奪而有之至四世孫因其祖名新丁以爲部號語訛爲仁地憲宗五年內附明年立本部爲仁地萬戶至元初復叛四年降之仍爲萬戶十三年改萬戶爲仁德府本府屯田五百六十雙領縣二爲美下縣治在府北地名溢浦適佀賧甸卽仁地黃部至元二十四年置縣歸厚下縣治在府西地名易浪滷龍舊隸仁地部至元二十四年分立二縣曰倘俸曰爲美二十五年改倘俸曰歸厚

羅羅蒙慶等處宣慰司都元帥府

建昌路下本古越嶲地唐初設中都府治越嶲至德中沒于吐蕃貞元中復之懿宗時蒙詔立城曰建昌府以烏白二蠻實之其後諸酋爭强不能相下分地爲四堆段興爲長其裔浸强遂併諸酋自爲府主大理不能制傳至阿宗娶落蘭部建蒂女沙智元憲宗朝建蒂內附以其壻阿宗守建昌至元十二年析其地置總管府五州二十三建昌其一路也設羅羅宣慰司以總之本路領縣一州九州領一縣本路立軍民屯田

縣一

中縣縣治在住頭回甸蓋越嶲之東境也所居烏蠻自別爲沙麻部以酋長所立處爲中州至元十年內附十四年仍爲中州二十二年降爲縣隸建昌路

州九

建安州下卽總府所治建蒂既平分建昌府爲萬戶二又置千戶二至元十五年割建鄉城十四村及建蒂四村立寶安州十七年改本千戶爲建安州二十六年革寶安州以其鄉村來屬

永寧州下在建昌之東郭唐時南詔立建昌郡領建安永寧二州元至元九年西平王平建蒂十六年分建昌爲二州在城曰建安東郭曰永寧俱隸建昌路

瀘州下州在路西昔名沙城瞼卽諸葛武侯禽孟獲之地有瀘水深廣而多瘴鮮有行者冬夏常熱其源可燖鷄豚至段氏時於熱水甸立城名溁籠隸建昌憲宗時建蒂內附復叛至元九年平之十五年改溁籠爲瀘州

禮州下州在路西北瀘沽水東所治曰籠麼城南詔末諸蠻相侵奪至段氏與併有其地裔孫阿宗內附復叛至元九年平之設千戶十五年改爲禮州領一縣瀘沽縣在州北昔羅落蠻所居至蒙氏覇諸部以烏蠻酋守此城後漸盛自號曰落蘭部或稱羅落其裔蒲德遣其姪建蒂內附建蒂總叛殺蒲德自爲酋長併有諸部至元九年平之設千戶十三年升萬戶十五年改縣

里州下唐隸嶲州都督蒙詔時落蘭部小酋阿都之裔居此因名阿都部傳至納空隨建蒂內附中統三年叛至元十年其子耶吻效順隸烏蒙十八年設千戶二十二年同烏蠻叛奔羅羅斯二十三年升軍民總管府二十六年府罷爲州隸建昌路

闊州下州治密納甸古無城邑烏蒙所居昔仲由蒙之裔孫名科居此因以名爲部號後訛爲闊至三十七世孫㱿羅內附至元九年設千戶二十六年改爲州

邛部州下州在路東北大渡河之南越嶲之東北君長十數筰都最大唐立邛部縣後沒于蠻至宋歲貢名馬土物封其酋爲邛都王今其地夷稱爲邛部川治烏弄城昔麼些蠻居之後仲由蒙之裔奪其地元憲宗時內附中統五年立邛部川安撫招討使隸成都元帥府至元十年割屬羅羅斯宣慰司二十一年改爲州

隆州下州在路之西南與漢邛部縣接境唐會川縣之西北蒙氏改會川爲會同暹立五瞼本州爲邊府瞼其後瞼主楊大蘭於瞼北塏上立城分派而居名曰大隆城卽今州治也元至元十三年內附十四年設千戶十七年改隆州

姜州下姜者蠻名也烏蠻仲牟由之裔阿壇絳始居闊畔部其孫阿羅仕大理國主高泰是時會川有城曰龍納羅落蠻世居焉阿羅挾高氏之勢攻拔之遂以祖名曰絳部憲宗時隨闊畔內附因隸焉至元八年爲落蘭部酋建蒂所破九年平之遂隸會川後屬建昌十五年改爲姜州二十七年復屬闊畔部後又屬建昌

德昌路軍民府下漢邛都縣地唐沒於南詔路在建昌西南所居蠻號屈部元至元九年內附十二年立定昌路以本部爲昌州二十三年罷定昌路併入德昌路治本州舊曾城領州四本路立軍民屯田

昌州下路治本州初烏蠻阿屈之裔寖强用祖名爲屈部其孫烏則至元九年內附十二年改本部爲州兼領普濟威龍隸定昌路二十三年罷定昌路併隸德昌

德州下在路之北其地今名吾越甸城曰亦苴龍所居蠻苴郞以遠祖名部曰賴縱憲宗時內附至元十二年立千戶十三年改爲德州隸德平路二十三年改隸德昌

威龍州下州在路西南夷名巴翠部領小部三一曰沙媧普宗二曰烏鷄泥祖三曰媧諾龍莒蒲皆獹獡蠻種也至元十五年合三部立威龍州隸德昌

普濟州下州在路西北夷名玗甸昔爲荒僻之地獹獡蠻世居之後屬屈部至元九年隨屈部內附十五年於玗甸立定昌路二十三年路革改隸德昌

會川路下路在建昌南唐移邛都於此其地當征蠻之要衝諸酋聽會之所故名天寶末沒於南詔立會川都督府又號清寧郡至段氏仍爲會川府元至元九年內附十四年立會川路治武安州領州五本路立軍民屯田

武安州下蠻稱龍泥城至元十四年立管民千戶十七年改爲武安州

黎溪州下古無城邑蠻云黎彊訛爲今名初烏蠻與漢人雜處及南詔閣羅鳳叛徙白蠻守之蒙氏終羅羅逐去白蠻段氏與令羅羅蠻乞夷據其地至元九年其裔阿夷內附改其部爲黎溪州

永昌州下州在路北治故歸依城卽古會川也唐天寶末沒於南詔置會川都督至蒙氏改會同府置五瞼徙張王李趙楊周高段何蘇龔尹十二姓於此以趙氏爲府主居今州城趙氏弱王氏據之及段氏與高氏專政逐王氏以其子高政治會川元憲宗三年征大理高氏逃去九年故酋王氏孫阿龍率衆內附至元八年以其男阿禾領會川十四年改管民千戶十七年立永昌州隸會川路

會理州下州在會川府東南唐時南詔屬會川節度地名昔陀有蠻名阿壇絳亦仲由蒙之遺種其裔羅於則得昔陀地居之取祖名曰絳部後强盛盡有四州之地號蒙歪元憲宗八年其孫亦蘆內附隸闊畔萬戶至元四年屬落蘭部十三年改隸會川路十五年置會理州仍隸會川二十七年復屬闊畔部

麻龍州下麻龍者城名也地名棹羅能烏蠻蒙夾次之裔祖居闊畔東川後普恐遷苗臥龍其孫阿麻內附至元五年爲建蒂所併十二年屬會川十四年立管民千戶隸會川路十七年立爲州二十七年割屬闊畔部

栢興府昔摩沙夷所居漢爲定筰縣隸越嶲郡唐立昆明縣天寶末沒於吐蕃後復屬南詔改香城郡元至元十年其鹽井摩沙酋羅羅將獲鹿茹庫內附十四年立鹽井管民千戶十七年改爲閏鹽州以獲鹿部爲普樂州俱隸德平路二十七年併普樂閏鹽二州爲閏鹽縣立栢興府隸羅羅宣慰司領縣二閏鹽下倚郭夷名爲賈頭甸以縣境有鹽井故名金縣下縣在府北夷名利賨揭勒所居蠻因茹庫乃漢越嶲郡北境與吐蕃接至元十五年立爲金州後降爲縣以縣境解㱿和山出金故名焉

臨安廣西元江等處宣慰司兼管軍萬戶府

臨安路下唐隸牂州天寶末沒於南詔蒙氏立都督府二其一曰通海郡段氏改爲秀山郡阿㱿部蠻居之元憲宗六年內附以本部爲萬戶至元八年改爲南路十三年又改爲臨安路領縣二千戶一州三州領二縣宣慰司所領屯田六百雙本路有司所管三千四百雙爨僰軍千戶所管一千一百五十雙有奇

縣二

河西下縣在杞麓湖之南又名其地曰休臘昔莊蹻王其地唐初於姚州之南置西宗州領三縣河西其一也天寶後沒於蠻爲步雄部後阿僰蠻易渠奪而居之元憲宗六年內附七年卽阿僰部立萬戶休臘隸之至元十三年始爲河西州隸臨安路二十六年降爲縣蒙自下縣界南隣交趾西近建水州縣境有山名自則漢語訛爲蒙自上有故城白夷所築卽今縣治下臨巴甸南詔時以趙氏鎭守至段氏阿僰蠻居之憲宗六年內附繼叛七年平之立千戶隸阿僰萬戶至元十三年改阿僰萬戶爲臨安路以本千戶爲縣

捨資千戶蒙自縣之東阿僰蠻所居地昔名褒古又曰部㜷隨甸傳至裔孫捨資因以爲名內附後隸蒙自千戶至元十三年改蒙自爲縣其地近交趾遂以捨資爲安南道防送軍千戶隸臨安路

州三

建水州下在本路之南近接交趾爲雲南極邊治故建水城唐元和間蒙氏所築古稱步頭亦云巴甸每秋夏溪水漲溢如海夷謂海爲惠歷爲大故名惠歷漢語曰建水歷趙楊李段數姓皆仍舊名些麼徒蠻所居內附後立千戶隸阿僰萬戶至元十三年改建水州隸臨安路

石平州下在路之西南阿僰蠻據之得石坪聚爲居邑名曰石坪至元七年改邑爲州隸臨安路

寧州下在本路之東唐置黎州天寶末沒于蠻地號溴贕夷語謂旱龍也步雄部蠻些麼徒據之後屬爨蠻酋阿幾以溴贕割與寧酋豆圭元憲宗四

年寧酋內附。至元十三年改爲寧州，隸臨安路。舊領三縣：通海、嶍峨、西沙。在州東，寧部蠻世居之。其裔孫西沙築城於此，因名西沙籠。憲宗四年，其酋普提內附，就居此城，爲萬戶。至元十三年立爲西沙縣，二十六年以隸寧州，至治二年併入州。領二縣：

通海 下。倚郭。元初立通海千戶，隸善闡萬戶。至元十三年改通海縣，隸寧海府。二十七年府革，直隸臨安路，今割隸寧州。嶍峨 下。縣在河西縣之西，控扼山谷，北接滇池，亦屬滇國。昔嶍峴蠻居之，後阿僰蠻逐嶍峴據其地。至其孫阿次內附，以其部立千戶。至元十三年改爲州，領邛洲、平甸二縣。二十六年降爲縣，併二縣爲鄉，隸臨安路，今割隸寧州。

廣西路 下。東爨烏蠻彌鹿等部所居。唐爲羈縻州，隸黔州都督府，後師宗、彌勒二部浸盛，蒙氏、段氏莫能制。元憲宗七年，二部內附，隸落蒙萬戶。至元十二年籍二部爲軍，立廣西路。十八年復爲民，領州二：

師宗州 下。在路之東南。昔爨蠻逐獠僰等居之，其後師宗據匿弄甸，故名師宗部。至元十二年立爲千戶，十八年復爲民，二十七年改爲州。

彌勒州 下。在路南。昔些莫徒蠻之裔彌勒得郭甸、巴甸部籠而居之，故名其部曰彌勒。至元十二年爲千戶，十八年復爲民，二十七年改爲州。

元江路 下。古西南夷地，今元江在梁州之西南，又當在黑水之西南也。阿僰諸部蠻自昔據之。憲宗四年內附，七年復叛，率諸部築城以拒命。至元十三年遙立元江府以羈縻之。二十五年命雲南王討平之，割羅槃、馬籠、步日、思麼、羅丑、羅陀、步騰、步竭、台威、台陽、設栖你陀十二部於威遠，立元江路。

步日部 在本路之西。蒙氏立此甸，徙白蠻鎮之，名步日瞼。

馬籠部 因馬籠山立寨，在本路之北，所居蠻阿僰。元初立爲千戶，屬寧州萬戶。至元十三年改隸元江萬戶。二十五年屬元江路。

大理金齒等處宣慰司都元帥府

大理路軍民總管府 上。本漢楪榆縣地，唐於昆明之梇棟州置姚州都督府，治楪榆洱河蠻。後蒙舍詔皮羅閣逐河蠻，取太和城，至閤羅鳳，號大蒙國。雲南先有六詔，至是請於朝，求合爲一，從之。蒙舍在其南，故稱南詔。徙治太和城，至異牟尋又遷於喜郡史城，又徙居羊苴乖城，卽今府治。改號大禮國。其後鄭、趙、楊三氏互相篡奪，至石晉時段思平更號大理國。元憲宗三年收附，六年立上下二萬戶，至元七年併二萬戶爲大理路。有點蒼山，在大理城西，周廣四百里，爲雲南形勝要害之地。城中有五花樓，唐大中十年南詔王勸豐佑所建，樓方五里，高百尺，上可容萬人。世祖征大理時駐兵樓前。至元三年嘗賜金，重修焉。領司一、縣一、府二、州五。府領一縣，州領二縣。

錄事司 憲宗七年立中千戶，屬大理萬戶。至元十一年罷千戶，立錄事司。十二年升理州，二十一年州罷，復立錄事司。

縣一

太和 倚郭。憲宗七年於城內外立上中下三千戶，至元二十六年卽中千戶立錄事司，上下二千戶立縣。

府二

永昌府 唐時蒙氏據其地，歷段氏、高氏，皆爲永昌府。元憲宗七年分永昌之永平立千戶，至元十一年立永昌州，十五年升爲府，隸大理路，領一縣：永平 下。縣在府東，鹿滄江之東，卽漢博南縣。唐蒙氏改勝鄉郡，屬永昌。至元十一年改永平縣，隸永昌府。

騰衝府 在永昌之西，卽越睒地。唐置羈縻郡。蒙氏九世孫異牟尋取越睒，逐諸蠻，有其地，爲軟化府。其後白蠻徙居之，改騰衝府。元憲宗三年，府酋高救內附。至元十一年改藤越州，又立藤越縣。十四年改騰衝府。二十五年罷州縣，府如故。永昌、騰衝二府軍民屯田共二萬二千一百五雙。

州五

鄧川州 下。在本路北。夷有六詔，邆睒其一也。唐置邆川州，治大釐。蒙氏襲而奪之，後改德原城，隸大理段氏。因之。元憲宗三年內附，七年立德原千戶，隸大理上萬戶。至元十一年改德原城爲鄧川州，領一縣：浪穹 下。本名彌茨，乃浪穹詔所居之地。唐初其王鐸羅望與南詔戰不勝，保劍川，更稱浪劍。貞元中南詔破之，以浪穹、施浪、鄧睒三浪爲浪穹州。元憲宗七年內附，立浪穹千戶，隸大理上萬戶。至元十一年降爲縣，隸鄧川州。

蒙化州 下。本蒙舍城，唐置陽瓜州。天寶間，閤羅鳳伽異爲州刺史，段氏爲開南縣。元憲宗七年以蒙舍立千戶，屬大理上萬戶。至元十一年立蒙化府，十四年升爲路，二十年降爲州，復隸大理路。

趙州 下。昔爲羅落蠻所居地，蒙氏立國，有十瞼，趙州瞼其一也，夷語瞼若州。皮羅閤置趙郡，閤羅鳳改爲州，段氏改天水郡。憲宗七年立趙瞼千戶，隸大理下萬戶。至元十一年改爲州，又於白崖瞼立建寧縣，隸本州，卽古勃弄地。二十五年縣革入州。隸大理路。

姚州 下。唐於梇棟川置姚州都督府。天寶間，閤羅鳳叛，取姚州附吐蕃，終段氏爲姚州。元憲宗三年內附，七年立統矢千戶、大姚堡千戶。至元十二年罷統矢，立姚州，隸大理路，領一縣：大姚 下。唐置西濮州，後更名髳州，南接姚州，統縣四，一曰青蛉，卽此地。夷名大姚堡，與梇棟川相接。元憲宗七年立千戶，隸大理下萬戶。至元十一年罷千戶，立大姚縣，隸姚州。

雲南州 下。唐以漢雲南縣置郡，蒙氏至段氏並爲雲南州。元憲宗七年立千戶，隸大理下萬戶。至元十一年立雲南州。

蒙憐路軍民府 至元二十七年從雲南行省請，以蒙憐甸爲蒙憐路軍民總管府，蒙萊甸爲蒙萊路軍民總管府。其餘闕。

蒙萊路軍民府 闕。

金齒等處宣撫司 其地在大理西南，蘭滄江界其東，與緬地接其西。土蠻凡八種：曰金齒，曰白夷，曰僰，曰峨昌，曰驃，曰繲，曰渠羅，曰比蘇。按唐史，茫施蠻本關南種，在永昌之南，樓居，無城郭。或漆齒，或金齒，故俗呼金齒蠻。自漢開西南夷後，未嘗與中國通。唐南詔蒙氏興，異牟尋破羣蠻，盡虜其人，以實其南東北，取其地。南至青石山，緬界，悉屬大理。及段氏時，白夷諸蠻漸復故地，是後金齒諸蠻浸盛。元憲宗四年平定大理，繼征白夷等蠻。中統初，金齒、白夷諸酋各遣子弟朝貢。二年立安撫司以統之。至元八年分金齒、白夷爲東西兩路安撫使。十二年改西路爲建寧路，東路爲鎭康路。十五年改安撫爲宣撫，立六路總管府。二十三年罷兩路宣撫司，併入大理金齒等處宣撫司。

柔遠路 在大理之西，永昌之南。其地曰潞江，曰普坪瞼，曰申瞼，僰寨曰烏摩坪。僰蠻卽通典所謂黑僰也。中統初，僰酋阿八思入朝。至元十三年與茫施、鎭康、鎭西、平緬、麓川俱立爲路，隸宣撫司。

茫施路 在柔遠路之南，瀘江之西。其地曰怒謀，曰大枯睒，曰小枯睒，卽唐史所謂茫施蠻也。中統初內附。至元十三年立爲路，隸宣撫司。

鎭康路 在柔遠路之南，蘭江之西。其地曰石睒，亦黑僰所居。中統初內附，至元十三年立爲路，隸宣撫司。

鎭西路 在柔遠路正西，東隔麓川。其地曰于賴睒，曰渠瀾睒。白夷蠻居之。中統初內附，至元十三年立爲路，隸宣撫司。

平緬路 北近柔遠路。其地曰驃睒，曰羅必四庄，曰小沙摩弄，曰驃睒頭。白夷居之。中統初內附，至元十三年立爲路，隸宣撫司。

麓川路 在茫施路東。其地曰大布茫，曰睒頭附賽，曰睒中彈吉，曰睒尾福祿培，皆白夷所居。中統初內附，至元十三年立爲路，隸宣撫司。

南睒 在鎭西路西北。其地有阿賽睒、午眞睒。白夷峨昌所居。元初內附。至元十五年隸宣撫司。金齒六路一睒，歲賦金銀各有差。

烏撒烏蒙宣慰司 在本部巴的甸，烏撒者蠻名也。其部在中慶東北七百五十里，舊名巴凡兀姑，今曰巴的甸。自昔烏雜蠻居之，今所轄部六，曰烏撒部、阿頭部、易溪部、易娘部、烏蒙部、閟畔部。其東西又有芒布、阿晟二部。後烏蠻之裔折怒始強大，盡得其地，因取遠祖烏撒爲部名。憲宗征大理，累招不降。至元十年始附。十三年立烏撒路。十五年爲軍民總管府。二十一年改軍民宣撫司。二十四年升烏撒烏蠻宣慰司。

木連路軍民府 以下闕。

蒙光路軍民府

木邦路軍民府

孟定路軍民府

謀粘路軍民府

南甸軍民府

六難路甸軍民府

陋麻和管民官

雲龍甸軍民府

縹甸軍民府

二十四寨達魯花赤

孟隆路軍民府

木朶路軍民總管府 至元三十年以金齒木朶甸戶口增殖，立下路總管府，其爲長者給兩珠虎符。

金齒孟定各甸軍民官

孟愛等甸軍民府 至元二十一年，金齒新附孟愛甸酋長遣其子來朝，卽其地立軍民總管府。

蒙兀路

通西軍民總管府 大德元年，蒙陽甸酋領緬吉納欽遣其弟阿不剌等赴闕，進方物，且請歲貢銀千兩，及置郡縣驛傳，遂立通西軍民府。

木來軍民府 至元二十九年，雲南省言新附金齒適當忙兀禿兒迷失出征軍馬之衝，賚其甥欙擬立爲木來路，中書省奏置散府，以布伯爲達魯花赤，用其土人馬列知府事。

元史卷六十二

明翰林學士亞中大夫知制誥兼修國史宋　濂等修

地理志第十四

地理五

江浙等處行中書省爲路三十府一州二屬州二十六屬縣一百四十三本省陸站一百八十處水站八十二處

江南浙西道肅政廉訪司

杭州路上唐初爲杭州後改餘杭郡又仍爲杭州五代錢鏐據兩浙號吳越國宋高宗南渡都之爲臨安府元至元十三年平江南立兩浙都督府又改爲安撫司十五年改爲杭州路總管府二十一年自揚州遷江淮行省來治于杭改曰江浙行省本路戶三十六萬八百五十口一百八十三萬四千七百一十至元二十七年抄籍數領司二縣八州一

左右錄事司宋高宗建炎三年遷都杭州設九廂元至元十四年分爲四隅錄事司泰定二年併爲左右二錄事司

縣八

錢塘上仁和上與錢塘分治城下餘杭中臨安中新城中富陽中於潛中昌化中

州一

海寧州中唐以來爲鹽官縣元元貞元年以戶口繁多升爲鹽官州是年升江南平陽等縣爲州以戶爲差戶至四萬五萬者爲下州五萬至十萬者爲中州凡爲中州者二十八下州者十五泰定四年海圮鹽官天曆二年改海寧州海寧東南皆濱巨海自唐宋常有水患大德延祐間亦嘗被其害泰定四年春其害尤甚命都水少監張仲仁往治之沿海三十餘里下石囤四十四萬三千三百有奇木櫃四百七十餘工役萬人文宗卽位水勢始平乃罷役故改曰海寧云

湖州路上唐改吳興郡又改湖州宋改安吉州至元十三年升湖州路戶二十五萬四千三百四十五抄籍戶口數闕用至順錢糧數領司一縣五州一

錄事司舊設東西南北四廂至元十三年立總督四廂十四年改錄事司

縣五

烏程上歸安上與烏程皆爲倚郭安吉中德清中武康中

州一

長興州中唐爲綏州又更名雉州又爲長城縣朱梁改曰長興宋因之元元貞元年升爲州

嘉興路上唐爲嘉興縣石晉置秀州宋爲嘉禾郡又升嘉興府戶四十二萬六千六百五十六口二百二十四萬五千七百四十二領司一縣一州二

錄事司舊置廂官元初改爲兵馬司至元十四年置錄事司

縣一

嘉興上倚郭

州二

海鹽州中唐爲縣宋因之元元貞元年升州

崇德州中石晉置宋因之元元貞元年升州

平江路上唐初爲蘇州又改吳郡又仍爲蘇州宋爲平江府元至元十三年升平江路戶四十六萬六千一百五十八口二百四十三萬三千七百領司一縣二州四

錄事司

縣二

吳縣上長洲上與吳縣並爲倚郭

州四

崑山州中唐以來爲縣元元貞元年升州

常熟州中唐以來爲縣元元貞元年升州

吳江州中唐以來爲縣元元貞元年升州

嘉定州中本崑山縣地宋置縣元元貞元年升州

常州路上唐初爲常州又改晉陵郡又復爲常州宋因之元至元十四年升爲路戶二十萬九千七百三十二口一百二萬一十一領司一縣二州二

錄事司

縣二

晉陵中倚郭武進中倚郭

州二

宜興州中唐義興縣宋改義爲宜至元十五年升宜興府二十年仍爲縣二十一年復升爲府仍置宜興縣以隸之元貞元年府縣俱廢止立宜興州

無錫州中唐無錫縣元元貞元年升州

鎭江路下唐潤州又改丹陽郡又爲鎭海軍宋爲鎭江府元至元十三年升爲鎭江路戶一十萬三千三百一十五口六十二萬三千六百四十四領司一縣三

錄事司

縣三

丹徒中倚郭丹陽中金壇中

建德路上唐睦州又爲嚴州又改新定郡宋爲建德軍又爲遂安軍後升建德府元至元十三年改建德府安撫司十四年改建德路戶一十萬三千四百八十一口五十萬四千二百六十四領司一縣六

錄事司

縣六

建德中倚郭淳安中遂安下桐廬中分水中壽昌中

松江府唐爲蘇州屬邑宋爲秀州屬邑元至元十四年升爲華亭府十五年改松江府仍置華亭縣以隸之戶一十六萬三千九百三十一至順錢糧數領縣二

華亭上倚郭上海上本華亭縣地至元二十七年以戶口繁多置上海縣屬松江府

江陰州上唐初爲暨州後爲江陰縣隸常州宋爲軍元至元十二年依舊置軍行安撫司事十四年升爲江陰路總管府今降爲江陰州戶五萬三千八百二十一口三十萬一百七十七

浙東道宣慰司都元帥府元治婺州大德六年移治慶元

慶元路上唐爲鄞州又爲明州又爲餘姚郡宋升慶元府元至元十三年改置宣慰司十四年改爲慶元路總管府戶二十四萬一千四百五十七口五十一萬一千一百一十三領司一縣四州二

錄事司

縣四

鄞縣上倚郭象山中慈溪中定海中

州二

奉化州下唐析鄮縣地置奉化縣隸明州元元貞元年升爲奉化州隸慶元

昌國州下宋置昌國縣元至元十四年升爲州仍置昌國縣以隸之後止立昌國州隸慶元

衢州路上本太末地唐析婺州之西境置衢州又改信安郡又改爲衢州元至元十三年改衢州路總管府戶一十萬八千五百六十七口五十四萬三千六百六十領司一縣五

錄事司

縣五

西安中倚郭龍游上江山下常山下宋改信安今復舊名開化中

浙東海右道肅政廉訪司

婺州路上唐初爲婺州又改東陽郡宋爲保寧軍元至元十三年改婺州路戶二十二萬一千一百一十八口一百七萬七千五百四十領司一縣六州一

錄事司

縣六

金華上倚郭東陽上義烏上永康中武義中浦江中

州一

蘭溪州下本金華之西部三河戍唐析置蘭溪縣宋因之元元貞元年升州

紹興路上唐初爲越州又改會稽郡又仍爲越州宋爲紹興府元至元十三年改紹興路戶一十五萬一千二百三十四口五十二萬一千五百八十八領司一縣六州二

錄事司

縣六

山陰上會稽中與山陰俱倚郭有會稽山爲南鎭上虞上蕭山中嵊縣上新昌中

州二

餘姚州下唐餘姚縣宋因之元元貞元年升州

諸暨州下宋諸暨縣元元貞元年升州

溫州路上唐初爲東嘉州又改永嘉郡又爲溫州宋升瑞安府元至元十三年置溫州路戶一十八萬七千四百三口四十九萬七千八百四十八領司一縣二州二

錄事司

縣二

永嘉上倚郭樂清下

州二

瑞安州下唐瑞安縣宋因之元元貞元年升州

平陽州下唐平陽縣宋因之元元貞元年升州

台州路上唐初爲海州復改台州又改臨海郡又爲德化軍宋因之元至元十三年置安撫司十四年改台州路總管府戶一十九萬六千四百一十五口一百萬三千八百三十三領司一縣四州一

錄事司

縣四

臨海上倚郭仙居上寧海上天台中

州一

黃巖州下唐爲縣宋因之元元貞元年升州

處州路上唐初爲括州又改縉雲郡又爲處州宋因之元至元十三年立處州路總管府戶一十三萬二千七百五十四口四十九萬三千六百九十二領司一縣七

錄事司

縣七

麗水中倚郭 龍泉中 松陽中 遂昌中 青田中 縉雲中 慶元中

江東建康道肅政廉訪司

寧國路上 唐爲宣州又爲宣城郡又升寧國軍宋升寧國府元至元十四年升寧國路總管府戶二十三萬二千五百三十八口一百一十六萬二千六百九十領司一縣六

錄事司舊立四廂元至元十四年廢四廂創立

縣六

宣城上倚郭 南陵中 涇縣中 寧國中 旌德中 太平中

徽州路上 唐歙州宋改徽州元至元十四年升徽州路戶一十五萬七千四百七十一口八十二萬四千三百四領司一縣五州一

錄事司舊設四廂至元十四年改置

縣五

歙縣上倚郭 休寧中 祁門中 黟縣下 績溪中

州一

婺源州下 本休寧縣之回玉鄉唐析之置婺源縣元元貞元年升州

饒州路上 唐改鄱陽郡仍改饒州宋因之元至元十四年升饒州路總管府戶六十八萬二百三十五口四百三萬六千五百七十領司一縣三州三

錄事司舊設三廂至元十四年改立

縣三

鄱陽上倚郭 德興上 安仁中

州三

餘干州中 唐以來爲縣元元貞元年升州

浮梁州中 唐以來爲縣元元貞元年升州

樂平州中 唐以來爲縣元元貞元年升州

江南諸道行御史臺

集慶路上 唐武德初置揚州東南道行臺尚書省後復爲蔣州罷行臺移揚州江都改金陵曰白下以其地隸潤州貞觀中更白下曰江寧至德中置江寧郡乾元中改昇州其後楊氏有其地改爲金陵府南唐李氏又改爲江寧府宋平南唐復爲昇州仁宗以昇王建國升建康軍高宗改建康府建行都又爲沿江制置司治所元至元十二年歸附十四年升建康路初立行御史臺于揚州既而徙杭州又徙江州又還杭州二十三年自杭州徙治建康天曆二年以文宗潛邸改建康路爲集慶路戶二十一萬四千五百三十八口一百七萬二千六百九十領司一縣三州二

錄事司

縣三

上元中倚郭 江寧中倚郭 句容中

州二

溧水州中 唐以來皆爲縣元元貞元年升州

溧陽州中 唐以來並爲縣元至元十六年升爲溧陽路二十七年復降爲縣後復升爲州

太平路下 唐置南豫州宋爲太平州元至元十四年升爲太平路戶七萬六千二百二口四十四萬六千三百七十一領司一縣三

錄事司舊設四廂至元十四年改立

縣三

當塗中倚郭 蕪湖中 繁昌下

池州路下 唐於秋浦縣置池州後廢以縣隸宣州未幾復置宋仍爲池州元至元十四年升爲路戶六萬八千五百四十七口三十六萬六千五百六十七領司一縣六

錄事司

縣六

貴池下倚郭即秋浦縣吳改爲貴池 青陽下 建德下 銅陵下 石埭中 東流下

信州路上 唐乾元以前爲衢饒撫建四州之地乾元元年始割衢之玉山常山饒之弋陽及撫建二州之地置信州宋因之元至元十四年升爲路戶一十三萬二千二百九十口六十六萬二千二百五十八領司一縣五

錄事司

縣五

上饒上倚郭 玉山中 弋陽中 貴溪中 永豐中

廣德路下 唐初以綏安縣置桃州後廢州改綏安爲廣德縣宋爲廣德軍元至元十四年升爲路戶五萬六千五百一十三口三十三萬九千七百八十領司一縣二

錄事司

縣二

廣德中倚郭 建平中

鉛山州中 本建撫二州之地山產銅鉛後唐析上饒弋陽五鄉爲銅場繼升爲縣屬信州宋因之元至元二十九年割上饒之乾元永樂二鄉弋陽之新政善政二鄉來屬升爲鉛山州直隸行省戶二萬六千三十五至順錢糧數

福建道宣慰使司都元帥府大德元年立

福建閩海道肅政廉訪司

福州路上 唐爲閩州後改福州又爲長樂郡又爲威武軍宋爲福建路元至元十五年爲福州路十八年遷泉州行省於本州十九年復還泉州二十年仍遷本州二十二年併入杭州戶七十九萬九千六百九十四口三百八十七萬五千一百二十七領司一縣九州二州領二縣

錄事司至元十五年行中書省於在城十二廂分四隅置錄事司十六年併其二置東西二司二十年復併爲一

縣九

閩縣中倚郭 侯官中倚郭 懷安中 古田上 閩清中 長樂中 連江中 羅源中 永福中

州二

福清州下 唐析長樂八鄉置萬安縣又改福唐又改福清元元貞元年升爲州

福寧州上 唐長溪縣元升爲福寧州領二縣

寧德中 福安中

建寧路下 唐初爲建州又改建安郡宋升建寧軍元至元二十六年升爲路戶一十二萬七千二百五十四口五十萬六千九百二十六領司一縣七

錄事司

縣七

建安中 甌寧中與建安俱倚郭 浦城中 建陽中 崇安中 松溪下 政和下

泉州路上 唐置武榮州又改泉州宋爲平海軍元至元十四年立行宣慰司兼行征南元帥府事十五年改宣慰司爲行中書省升泉州路總管府十八年遷行省於福州路十九年復還泉州二十年仍遷福州路戶八萬九千六十口四十五萬五千五百四十五領司一縣七

錄事司至元十五年立南北二司十六年併爲一

縣七

晉江中倚郭 南安中 惠安下 同安下 永春下 安溪下 德化下

興化路下 宋置太平軍又改興化軍先治興化後遷莆田元至元十四年升興化路戶六萬七千七百三十九口三十五萬二千五百三十四領司一縣三

錄事司

縣三

莆田中宋置興化軍遷治莆田元至元十三年割左右二廂屬錄事司縣如故 仙游下 興化下軍治元在此後移於莆田此縣爲屬邑

邵武路下 唐邵武縣屬建州宋置邵武軍元至元十三年爲邵武路戶六萬四千一百二十七口二十四萬八千七百六十一領司一縣四

錄事司

縣四

邵武中倚郭 光澤中 泰寧中 建寧中

延平路下 五代爲延平鎮王延政始以鎮爲鐔州南唐置劍州宋以利州路亦有劍州乃稱此爲南劍州元至元十五年升南劍路後改延平路戶八萬九千八百二十五口四十三萬五千八百六十九領司一縣五

錄事司

縣五

南平中倚郭 尤溪中 沙縣中 順昌中 將樂中

汀州路下 唐開福撫二州山洞置州治新羅後改臨汀郡又仍爲汀州宋隸福建路元至元十五年升爲汀州路戶四萬一千四百二十三口二十三萬八千一百二十七領司一縣六本路屯田二百二十五頃

錄事司

縣六

長汀中倚郭 寧化中 清流下 蓮城下 上杭下 武平下

漳州路下 唐析閩州西南境置漳浦郡又復爲漳州宋因之元至元十六年升漳州路戶二萬一千六百九十五口一十萬一千三百六領司一縣五本路屯田二百五十頃

錄事司

縣五

龍溪下倚郭 漳浦下 龍巖下 長泰下 南靖下本南勝改今名

江西等處行中書省爲路一十八州九屬州十三屬縣七十八本省馬站八十五處水站六十九處

江西湖東道肅政廉訪司

龍興路上 唐初爲洪州又爲豫章郡又仍爲洪州宋升隆興府元至元十二年設行都元帥府及安撫司仍領南昌新建豐城進賢奉新靖安分寧武寧八縣置錄事司十四年改元帥府爲江西道宣慰司本路爲總管府立行中書省十五年立江西湖東道提刑

按察司移省於贛州十六年復還龍興十七年併入
福建行省止立宣慰司十九年復立罷宣慰司隸皇
太子位二十一年改隆興府爲龍興二十三年豐城
縣升富州武寧縣置寧州領武寧分寧二縣大德五
年以分寧縣置寧州武寧縣隸龍興路戶三十七萬
一千四百三十六口一百四十八萬五千七百四十
四至元二十七年抄籍數 領司一縣六州二
錄事司 宋以南昌新建二縣分置九廂元至元十三年廢城內六廂置錄事司
縣六
南昌 上倚郭至元二十年割錄事司所領城外二廂東南西關來屬 新建 上倚郭 進
賢 中 奉新 中 靖安 中 武寧 中至元二十三年置寧州縣爲倚郭大德八年於分寧縣置寧州武寧直隸本路
州二
富州 上 本富城縣又曰豐城唐自豐水之西徙治
章水東即今治所宋屬隆興府元至元十九年隸
皇太子位二十三年升爲富州
寧州 中 唐分寧縣宋因之元至元二十三年於武
寧縣置寧州分寧爲倚郭縣大德八年割武寧直
隸本路遂徙州治於分寧
吉安路 上 唐爲吉州又爲廬陵郡宋升爲上州元至
元十四年升吉州路總管府置錄事司領一司八縣
元貞元年吉水安福太和永新四縣升州改吉州爲
吉安路戶四十四萬四千八十三口二百二十二萬
四百一十五領司一縣五州四 大德二年吉贛立屯田
錄事司
縣五
廬陵 上倚郭 永豐 上 萬安 中 龍泉 中 永寧 下至順間分永新州立
州四
吉水州 中 舊爲縣元元貞元年升州
安福州 中 唐初以縣置潁州後廢復爲縣元元貞
元年升州
太和州 下 唐初置南平州後廢爲縣元元貞元年
升州
永新州 下 唐爲縣元元貞元年升州
瑞州路 上 唐改建成縣曰高安即其地置靖州又改
筠州宋爲高安郡又改瑞州元至元十四年升瑞州
路領一司三縣元貞元年升新昌縣爲州戶一十四
萬四千五百七十二口七十二萬二千三百二領司
一縣二州一
錄事司 至元十四年始立
縣二
高安 上倚郭 上高 中
州一
新昌州 下 唐爲建成縣屬靖州後省入高安宋割
高安上高二縣地升鹽步鎭爲新昌縣元元貞元
年升州
袁州路 上 唐爲袁州又爲宜春郡元至元十三年置
安撫司十四年改總管府領四縣設錄事司隸湖南
行省十九年升路隸江西行省元貞元年萍鄉縣升
州戶一十九萬八千五百六十三口九十九萬二千
八百一十五領司一縣三州一
錄事司 至元十三年設兵馬司十四年改錄事司
縣三
宜春 上倚郭 分宜 上 萬載 中
州一
萍鄉州 中 本爲縣元元貞元年升州
臨江路 上 唐改建成爲高安而蕭灘鎭實高安境內
南唐升鎭爲清江縣屬洪州後又屬筠州宋即清江
縣置臨江軍隸江南西道元至元十三年隸江西行
都元帥府十四年改臨江路總管府元貞元年新淦
新喻二縣升州戶一十五萬八千三百四十八口七
十九萬一千七百四十領司一縣一州二
錄事司 宋隸都監司元至元十三年設兵馬司十五年改錄事司
縣一
清江 上宋帥縣治置臨江軍元至元十四年升軍爲路而縣爲倚郭
州二
新淦州 中 唐以來爲縣元元貞元年升州
新喻州 中 唐以來爲縣元元貞元年升州
撫州路 上 唐初爲撫州又爲臨川郡又仍爲撫州元
至元十二年復爲撫州十四年升撫州路總管府戶
二十一萬八千四百五十五口一百九萬二千二百
七十五領司一縣五
錄事司 至元十四年廢宋三廂立
縣五
臨川 上 崇仁 上 金溪 上 宜黃 中 樂安 中
江州路 下 唐初爲江州又改潯陽郡又仍爲江州宋
爲定海軍元至元十二年置江東西宣撫司十三年
改爲江西大都督府隸揚州行省十四年罷都督府
升江州路隸龍興行都元帥府後置行中書省江州
直隸焉十六年隸黃蘄等路宣慰司二十二年復隸
行省戶八萬三千九百七十七口五十萬三千八百
五十二領司一縣五
錄事司 宋隸都監司元至元十二年設兵馬司十四年置錄事司
縣五
德化 中唐潯陽縣 瑞昌 中 彭澤 中 湖口 中 德安 中
南康路 下 唐屬江州宋置南康軍治星子縣元至元
十四年升南康路隸江淮行省二十二年割屬江西
領一司三縣戶九萬五千六百七十八口四十七萬
八千三百九十領司一縣二州一
錄事司
縣二
星子 下南康治所 都昌 上
州一
建昌州 下 唐初置南昌州後廢屬洪州宋屬南康
軍元元貞元年升州
贛州路 上 唐初爲虔州又爲南康郡又仍爲虔州宋
改贛州元至元十四年升贛州路總管府十五年設
錄事司領一司十縣隸江西省二十四年併龍南入
信豐安遠入會昌大德元年寧都會昌二縣升州割
瑞金隸會昌至大三年復置龍南安遠二縣屬寧都
戶七萬一千二百八十七口二十八萬五千一百四
十八領司一縣五州二州領三縣 本路屯田五百一十餘頃
錄事司
縣五
贛縣 上州治所 興國 中 信豐 下 雩都 下 石城 下
州二
寧都州 下 唐爲縣元大德元年升寧都州領二縣
龍南 下至元二十四年併入信豐縣至大三年復置 安遠 下至元二十四年省入會昌縣至大三年復置
會昌州 下 本雩都地唐屬虔州宋升縣之九州鎭
爲會昌縣復升爲軍元大德元年升會昌州領一
縣瑞金 下舊屬虔州大德元年來屬
建昌路 下 本南城縣屬撫州南唐升建武軍宋升建
昌軍元至元十四年改建昌路總管府割南城置錄
事司十九年南豐縣升州直隸行省戶九萬二千二
百二十三口五十五萬三千三百三十八領司一縣
三
錄事司 至元十四年立
縣三
南城 中 新城 中 廣昌 中
南安路 下 唐升大庾鎭爲縣屬虔州宋以縣置南安
軍元至元十四年改南安路總管府十五年割大庾
縣在城四坊設錄事司十六年廢錄事司戶五萬六
百一十一口三十萬三千六百六十六領縣三大庾
中倚郭 南康 中 上猶 下南唐爲上猶宋改南安至元十六年改永清後復爲上猶
南豐州 下 唐爲南豐縣隸撫州宋改隸建昌軍元至
元十九年升爲州直隸行省戶二萬五千七十八口
一十二萬八千九百
廣東道宣慰使司都元帥府
海北廣東道肅政廉訪司
廣州路 上 唐以廣州爲嶺南五府節度五管經略使
治所又改南海郡又仍爲廣州宋升爲帥府元至元
十三年內附後又叛十五年克之立廣東道宣慰司
立總管府并錄事司元領八縣而懷集一縣割屬賀
州戶一十七萬二百一十六口一百二萬一千二百
九十六領司一縣七
錄事司 至元十六年立以州之東城西城子城并番禺南海二縣在城民戶隸之
縣七
南海 中 番禺 下與南海俱倚郭 東莞 中 增城 中 香山 下 新
會 下 清遠
韶州路 下 唐初爲番州又更名東衡州又改韶州又
爲始興郡又仍爲韶州元至元十三年內附未幾廣
人叛十五年始定立總管府設錄事司戶一萬九千
五百八十四口一十七萬六千二百五十六領司一
縣四
錄事司
縣四
曲江 中元初分縣城西廂地及城外三廂屬錄事司 樂昌 下 仁化 下 乳源
下
惠州路 下 唐循州宋改惠州又改博羅郡又復爲惠
州元至元十六年改惠州路總管府戶一萬九千八
百三口九萬九千一十五領縣四歸善 下倚郭 博羅 下
海豐 下 河源 下
南雄路 下 本始興縣唐初屬韶州五代劉氏割韶之
須昌始興二縣置雄州宋以河北有雄州改爲南雄
州元至元十五年改南雄路總管府戶一萬七百九
十二口五萬三千九百六十領縣二保昌 下本湞昌宋改今名
始興 下
潮州路 下 唐初爲潮州又改潮陽郡又復爲潮州元

至元十五年歸附十六年改爲總管府以孟招討鎮守未幾移鎮漳州土豪各據其地二十一年廣東道宣慰使月的迷失以兵來招諭二十三年復爲江西等處行樞密院副使兼廣東道宣慰使以鎮之始定戶六萬三千六百五十口四十四萬五千五百五十
領司一縣三
錄事司至元二十二年始立
縣三
海陽下倚郭　潮陽下　揭陽下
德慶路下　唐初爲南康州又名康州又改晉康郡宋升德慶府元至元十三年徇廣東既取廣州而德慶未下十四年廣西宣慰司以兵取之改隸廣西道十七年立德慶路總管府後仍屬廣東道戶一萬二千七百五口三萬二千九百九十七領縣二端溪下　瀧水下
肇慶路下　唐初爲端州又改高要郡又仍爲端州宋升肇慶府元至元十三年徇廣東惟肇慶未附十六年廣南西道宣慰司定之因隸廣西十七年改爲下路總管府仍屬廣東戶三萬三千三百三十八口五萬五千四百二十九領縣二高要中倚郭　四會中
英德州下　唐湞州五代南漢爲英州宋升英德府元至元十三年歸附十五年立英德路總管府二十三年降爲散州大德五年復爲路本州素爲寇盜淵藪大德四年達魯花赤脫歡察兒比歲招降羣盜至二千餘戶遂升英德爲路命脫歡察兒爲達魯花赤兼萬戶以鎮之至大元年復降爲州領縣一翁源大德五年置
梅州下　唐爲程鄉縣屬潮州五代南漢置敬州宋改梅州元至元十三年歸附十六年置總管府二十三年改爲散州戶二千四百七十八口一萬四千八百六十五領縣一程鄉
南恩州下　唐恩州又爲齊安郡宋改南恩州元至元十三年置南恩路總管府十九年降爲散州戶一萬九千三百七十三口九萬六千八百六十五領縣二陽江下　陽春下
封州下　唐改爲臨封郡後復爲封州元至元十三年歸附明年廣人叛廣西宣慰司以兵定之遂隸西道十六年立封州路總管府後又降爲散州仍屬東道戶二千七十七口一萬七百四十二領縣二封川下　開建下
新州下　唐改爲新昌郡後復爲新州元至元十六年置新州路總管府十九年降爲散州戶一萬一千三百一十六口六萬七千八百九十六領縣一新興下
桂陽州下　本桂陽縣唐宋因之元至元十三年內附十九年升桂陽縣爲散州割連州陽山縣來屬爲蒙古觧忽都虎郡王分地元隸湖南道宣慰司後隸廣東道戶六千三百五十六口二萬五千六百五十五
領縣一陽山下唐屬連州宋因之至元十九年割以來屬
連州下　唐改連山郡復改連州元至元十三年置安撫司直隸行中書省十七年廢安撫司升爲連州路總管府隸湖南道宣慰司十九年降爲散州隸廣東道戶四千一百五十四口七千一百四十一領縣一
連山下
循州下　唐改爲海豐郡仍改循州宋爲博羅郡元至元十三年立總管府二十三年降爲散州戶一千六百五十八口八千二百九十領縣三龍川下　興寧下
長樂下

元史卷六十三

明翰林學士亞中大夫知制誥兼修國史宋濂等修

地理志第十五

地理六

湖廣等處行中書省爲路三十州十三府三安撫司十五軍三屬府三屬州十七屬縣一百五十管番民總管一本省陸站一百處水站七十三處

江南湖北道肅政廉訪司

武昌路上　唐初爲鄂州又改江夏郡又陞武昌軍宋爲荆湖北路元憲宗末年世祖南伐自黃州陽羅洑橫橋梁貫鐵鎖至鄂州之白鹿磯大兵畢渡進薄城下圍之數月既而解去歸即大位至元十一年丞相伯顏從陽羅洑南渡權州事張晏然以城降自是湖北州郡悉下是年立荆湖等路行中書省并本道安撫司十三年設錄事司十四年立湖北宣慰司改安撫司爲鄂州路總管府併鄂州行省入潭州行省十八年遷潭州行省於鄂州移宣慰司于潭州十九年隨省處例罷宣慰司本路隸行省大德五年以鄂州首來歸附又世祖親征之地改武昌路戶一十一萬四千六百三十二口六十一萬七千一百一十八至元二十七年抄籍數領司一縣七
錄事司
縣七
江夏中倚郭　咸寧下　嘉魚下　蒲圻中　崇陽中　通城中
武昌下宋陞壽昌軍以其爲江西衝要地也元因之至元十四年陞散府治本縣後革府以縣屬本路戶一萬五千八百五口六萬四千五百九十八
岳州路上　唐巴州又改岳州宋爲岳陽軍元至元十二年歸附十三年立岳州路總管府戶一十三萬七千五百八口七十八萬七千七百四十三領司一縣三州一
錄事司
縣三
巴陵上倚郭　臨湘中　華容中
州一
平江州下　唐平江縣宋因之元元貞元年陞州
常德路上　唐朗州宋常德府元至元十二年置常德府安撫司十四年改爲總管府戶二十萬六千四百二十五口一百二萬六千四十二領司一縣一州二
錄事司
縣一
武陵上
州二
桃源州中　宋置縣元元貞元年陞州
龍陽州下　宋辰陽縣元元貞元年陞州領一縣
沅江下本屬朗州後來屬
澧州路上　唐改澧陽郡復改澧州元至元十二年立安撫司十四年改澧州路總管府戶一十萬九千九百八十九口一百一十一萬一千五百四十三領司一縣三州二
錄事司
縣三
澧陽上倚郭　石門上　安鄉下
州二
慈利州中　唐宋皆爲縣元元貞元年陞州
柿溪州下
辰州路下　唐改唐溪郡復改辰州宋因之元改辰州路戶八萬三千二百二十三口一十一萬五千九百四十五領縣四沅陵中　辰溪下　盧溪下　敘浦下
沅州路下　唐巫州又改沅州又爲潭陽郡又改敘州宋爲鎮遠州元至元十二年立沅州安撫司十四年改沅州路總管府戶四萬八千六百三十二口七萬九千五百四十五領縣三盧陽下　黔陽下
麻陽下
興國路下　本隋永興縣宋置永興軍又改興國軍元至元十四年陞興國路總管府舊隸江西三十年自江西割隸湖廣戶五萬九百五十二口四十萬七千六百一十六領司一縣三
錄事司至元十七年立
縣三
永興下倚郭　大冶下　通山下
漢陽府　唐初爲沔州又改沔陽郡宋爲漢陽軍咸淳十年郡守孟琦以城來歸元至元十四年陞漢陽府戶一萬四千四百八十六口四萬八百六十六領縣二漢陽至元二十二年升中縣　漢川下
歸州下　唐初爲歸州又改巴東郡又復爲歸州宋端平三年元兵至江北遂遷郡治于江南曲沱文新灘又文白沙南浦今州治是也德祐初歸附元至元十二年立安撫司十四年改歸州路總管府十六年降爲州戶七千四百九十二口一萬九百六十四領縣三秭歸下倚郭　巴東下　興山
靖州路下　唐爲夷播敘二州之境宋爲誠州復改靖州元至元十二年立安撫司明年改靖州路總管府戶二萬六千五百九十四口六萬五千九百五十五領縣三永平下　會同下　通道下
湖南道宣慰司
嶺北湖南道肅政廉訪司
天臨路上　唐爲潭州長沙郡宋爲湖南安撫司元至元十三年立安撫司十四年立行省改潭州路總管府十八年遷行省於鄂州徙湖南道宣慰司治潭州天歷二年以潛邸所幸改天臨路戶六十萬三千五百一口一百八萬一千一十領司一縣五州七
錄事司宋有兵馬司都監領之元至元十四年改置
縣五
長沙上倚郭　善化倚郭　衡山上南嶽衡山在焉　寧鄉上　安化下
州七
醴陵州中　唐宋皆爲縣元元貞元年陞州
瀏陽州中　唐宋皆爲縣元元貞元年陞州
攸州中　唐爲縣屬南雲州宋屬潭州元元貞元年陞州

湘鄉州下唐宋皆爲縣元元貞元年陞州

湘潭州中唐宋皆爲縣元元貞元年陞州

益陽州中唐新康縣宋安化縣元元貞元年陞爲益陽州

湘陰州下唐宋皆爲縣元元貞元年陞州

衡州路上唐初爲衡州又改衡陽郡又仍爲衡州宋因之元至元十三年置安撫司十四年改衡州路總管府十五年置湖南宣慰司以衡州爲治所十八年移司於潭衡州隸焉戶一十一萬三千三百七十三口二十萬七千五百二十三領司一縣三本路屯田一百二十頃

錄事司宋立兵馬司分在城民戶爲五廂元至元十三年改立

縣三

衡陽上倚郭安仁下酃縣

道州路下唐爲南營州復改道州復爲江華郡宋仍爲道州元至元十三年置安撫司十四年改道州路總管府戶七萬八千一十八口一十萬九百八十九領司一縣四

錄事司

縣四

營道中倚郭寧遠中江華中永明下

永州路下唐改零陵郡爲永州宋因之元至元十三年置安撫司十四年改永州路總管府戶五萬五千六百六十六口一十萬五千八百六十四領司一縣三本路屯田一百三頃

錄事司

縣三

零陵上倚郭東安上祁陽中

郴州路下唐改桂陽郡爲郴州宋因之元至元十三年置安撫司十四年改郴州路總管府戶六萬一千二百五十九口九萬五千一百一十九領司一縣六

錄事司舊有兵馬司至元十四年改立

縣六

郴陽中倚郭舊爲敦化縣至元十三年改今名宜章中永興中興寧下桂陽下桂東下

全州路下石晉於清湘縣置全州宋因之元至元十三年置安撫司十四年改全州路總管府戶四萬一千六百四十五口二十四萬五百一十九領司一縣二

錄事司舊有兵馬司至元十五年改立

縣二

清湘上倚郭灌陽下

寶慶路下唐邵州又爲邵陽郡宋仍爲邵州又陞寶慶府元至元十二年立安撫司十四年改寶慶路總管府戶七萬二千三百九口一十二萬六千一百五領司一縣二

錄事司

縣二

邵陽上倚郭新化中

武岡路下唐武岡縣宋陞爲軍元至元十三年置安撫司十四年陞武岡路總管府戶七萬七千二百七口三十五萬六千八百六十三領司一縣三本路屯田八十六頃

錄事司舊有兵馬司領四廂至元十五年改立

縣三

武岡上倚郭新寧下綏寧下

桂陽路下唐郴州宋陞桂陽軍元至元十二年置安撫司十四年陞桂陽路總管府戶六萬五千五十七口一十萬二千二百四

錄事司

縣三

平陽上臨武中藍山下

茶陵州下唐爲縣隸南雲州宋隸衡州陞爲軍復爲縣元至元十九年陞爲州戶三萬六千六百四十二口一十七萬七千二百二

耒陽州下唐宋皆爲縣隸湘東郡元至元十九年陞爲州戶二萬五千三百一十一口一十一萬一十

常寧州下唐爲縣隸衡州宋因之元至元十九年陞爲州戶一萬八千四百三十一口六萬九千四百二

廣西兩江道宣慰使司都元帥府大德二年廣西兩江道宣慰司都元帥府言比者黃聖許叛亂逃竄交趾遺棄水田五百四十五頃請募溪洞猺獞民丁於上浪忠州諸處開屯耕種緩急則令擊賊深爲便益從之

嶺南廣西道肅政廉訪司

靜江路上唐初爲桂州又改始安郡又改建陵郡又置桂管又陞靜江軍宋仍爲靜江軍元至元十三年立廣西道宣撫司十四年改宣慰司十五年爲靜江路總管府元貞元年併左右兩江宣慰司都元帥府爲廣西兩江道宣慰司都元帥府仍分司邕州戶二十一萬八百五十二口一百三十五萬二千六百七十八領司一縣十

錄事司

縣十

臨桂上倚郭興安下靈川下理定下義寧下修仁下荔浦下陽朔下永福下古縣下

南寧路下唐初爲南晉州又改邕州又爲永寧郡元至元十三年立安撫司十六年改爲邕州路總管府兼左右兩江溪洞鎭撫泰定元年改爲南寧路戶一萬五百四十二口二萬四千五百二十領司一縣二

錄事司

縣二

宣化下武緣下

梧州路下唐改蒼梧郡又仍爲梧州宋因之元至元十四年置安撫司十六年改梧州路總管府戶五千二百口一萬九百一十領縣一蒼梧下

潯州路下唐改潯江郡又仍爲潯州元至元十三年置安撫司十六年改爲總管府戶九千二百四十八口三萬八千九領縣二桂平下平南下

柳州路下唐改龍城郡又改柳州元至元十三年置安撫司十六年改柳州路總管府戶一萬九千一百四十三口三萬六百九十四領縣三柳城下倚郭馬平下洛容下

慶遠南丹溪洞等處軍民安撫司唐爲龍水郡又改粵州宋爲慶遠府元至元十三年置安撫司十六年改慶遠路總管府大德元年中書省臣言南丹州安撫司及慶遠路相去爲近所隸戶少請省之遂立慶遠南丹溪洞等處軍民安撫司戶二萬六千五百三十七口五萬二百五十三領縣五宜山下忻城下天河下思恩下河池下

平樂府唐以平樂縣置樂州復改昭州又爲平樂郡又仍爲昭州宋因之元改爲平樂府戶七千六十七口三萬三千八百二十領縣四平樂下倚郭恭城下立山下龍平下

鬱林州下唐爲南尹州又改貴州又爲鬱林州宋因之元至元十四年仍行州事戶九千五十三口五萬一千五百二十八領縣三南流下興業下博白下

容州下唐改銅州爲容州又改普寧郡又置管內經畧使宋爲寧遠軍至元十三年改安撫司十六年改容州路總管府戶二千九百九十九口七千八百五十四領縣三普寧下北流下陸川下

象州下唐改爲象郡又改象州元至元十三年立安撫司十五年改象州路總管府戶一萬九千五百五十八口九萬二千一百二十六領縣三陽壽下來賓下武仙下

賓州下唐以嶺方縣地置南方州又爲賓州又改安城郡又改嶺方郡又仍爲賓州元至元十三年置安撫司十六年改下路總管府戶六千一百四十八口三萬八千八百七十九領縣三嶺方下倚郭上林下遷江下

橫州下唐初爲簡州又改南簡州又改橫州又爲寧浦郡元至元十四年立安撫司十六年改總管府戶四千九十八口三萬一千四百七十六領縣二寧浦下倚郭永淳下

融州下唐初爲融州又改融水郡後仍爲融州宋爲清遠軍元至元十四年置安撫司十六年改融州路總管府二十二年改散州戶二萬一千三百九十三口三萬九千三百三十四領縣二融水下懷遠下

藤州下唐改感義郡後仍爲藤州宋徙州治於大江西岸元至元十三年仍行州事戶四千二百九十五口一萬一千二百一十八領縣二鐔津下岑溪下

賀州下唐改臨賀郡後仍爲賀州宋因之元至元十三年仍行州事戶八千六百七十六口三萬九千二百三十五領縣四臨賀下倚郭富川下桂嶺下懷集下宋屬廣州至元十五年以隸本州

貴州下唐改懷澤郡後仍爲貴州元至元十四年領鬱林縣大德九年省縣止行州事戶八千八百九十一口二萬八百一十一貴州地接八番與播州相去二百餘里乃湖廣四川雲南喉衿之地大德六年雲南行省右丞劉深征八百媳婦至貴州科夫致宋隆濟等糾合諸蠻爲亂水東水西羅鬼諸蠻皆叛劉深伏誅

左江左江出源州界至合江鎭與右江水合爲一流入橫州號鬱江

思明路戶四千二百二十九口一萬八千五百一十

太平路戶五千三百一十九口二萬二千一百八十六

右江右江源出峩利州與大理大槃水通大槃在大理之威楚州

田州路軍民總管府戶二千九百九十一口一萬六千九百一

來安路軍民總管府

鎭安路以上並闕

海北海南道宣慰司

海北海南道肅政廉訪司至元三十年立

雷州路下唐初爲南合州又更名東合州又爲海康

郡又改雷州元至元十五年平章政事阿里海牙南征海外四州雷州歸附初置安撫司十七年卽此州爲海北海南道宣慰司治所改安撫司爲總管府隸宣慰司戶八萬九千五百三十五口一十二萬五千三百一十本路屯田一百六十五頃有奇領縣三海康中徐聞下遂溪下

化州路下唐置羅州辯州宋廢羅州入辯州復改辯州曰化州元至元十五年立安撫司十七年改總管府戶一萬九千七百四十九口五萬二千三百一十七本路屯田五十五頃有奇領縣三石龍下吳川下石城下

高州路下唐爲高涼郡又爲高州宋廢高州入竇州後復置元至元十五年置安撫司十七年改總管府戶一萬四千六百七十五口四萬三千四百九十三本路屯田四十五頃領縣三電白下茂名下信宜下

欽州路下唐爲寧越郡又爲欽州宋因之元至元十五年置安撫司十七年改總管府戶一萬三千五百五十九口六萬一千三百九十三領縣二安遠下靈山下

廉州路下唐爲合浦郡又改廉州元至元十七年設總管府戶五千九百九十八口一萬一千六百八十六本路屯田四頃有奇領縣二合浦下倚郭石康下

乾寧軍民安撫司唐以崖州之瓊山置瓊州又爲瓊山郡宋爲瓊管安撫都監元至元十五年隸海北海南道宣慰司天曆二年以潛邸所幸改乾寧軍民安撫司戶七萬五千八百三十七口一十二萬八千一百八十四本路屯田二百九十餘頃領縣七瓊山下倚郭澄邁下臨高下文昌下樂會下會同下定安下

南寧軍唐儋州改昌化郡宋改昌化軍又改南寧軍元至元十五年隸海北海南道宣慰司戶九千六百二十七口二萬三千六百五十二領縣三宜倫下昌化下感恩下

萬安軍唐萬安州宋更爲軍元至元十五年隸海北海南道宣慰司戶五千三百四十一口八千六百八十六領縣二萬安下倚郭陵水下

吉陽軍唐振州宋改崖州又爲珠崖郡又改吉陽軍元至元收附後隸海北海南道宣慰司戶一千四百三十九口五千七百三十五領縣一寧遠下

〇八番順元蠻夷官至元十六年潭州行省遣兩淮招討司經歷劉繼昌招降西南諸番以龍方零爲小龍番靜蠻軍安撫使龍文求臥龍番南寧州安撫使龍延三大龍番應天府安撫使程延隨程番武盛軍安撫使洪延暢洪番永盛軍安撫使韋昌盛方番河中府安撫使石延異石番太平軍安撫使盧延陵盧番靜海軍安撫使羅阿資羅甸國遏蠻軍安撫使並懷遠大將軍虎符仍以兵三千戍之〇是年宣慰使塔海以西南八番羅氏等國已歸附者具以來上洞寨凡千六百二十有六戶凡十萬一千一百六十有八西南五番千一百八十六寨戶八萬九千四百西南番三百一十五寨大龍番三百六十寨〇二十八年從楊勝請割八番洞蠻自四川行省隸湖廣行省三十年四川行省官言思播州元隸四川近改入湖廣今二人赴闕仍其舊有旨遣問還云田氏楊氏言昨赴闕廷取道湖廣甚便況百姓相隣驛傳已立願隸平章答剌罕

羅番遏蠻軍安撫司

程番武勝軍安撫司

金石番太平軍安撫司

臥龍番南寧州安撫司

小龍番靜蠻軍安撫司

大龍番應天府安撫司

木瓜犵狫蠻夷軍民長官

韋番蠻夷長官

洪番永盛軍安撫司

方番河中府安撫司

盧番靜海軍安撫司

盧番蠻夷軍民長官

定遠府

桑州

章龍州

必化州

小羅州

下思同州

朝宗縣　上橋縣　新安縣

麻峽縣　甕蓬縣　小羅縣

章龍縣　烏山縣　華山縣

都雲縣　羅博縣

管番民總管

小程番以下各設蠻夷軍民長官　中曹百納等處

底窩紫江等處　甕眼納八等處

獨塔等處　客當刻地等處

天臺等處　梯下

党兀等處　勇都朱砂古瑰等處

大小化等處　洛甲洛屯等處

低當低界等處　獨石寨

百眼佐等處　羅來州

那歷州　重州

阿孟州　上龍州

峽江州　羅賴州

桑州　白州

北島州　羅那州

龍里等寨　六寨等處

帖犵狫等處　本當三寨等處

山齋等處　美塘帶夾等處

都雲桑林獨立等處　六洞柔遠等處

竹古弄等處　中都雲棺水等處

金竹府古堰縣　都雲軍民府

萬平等處　南寧

丹竹等處　陳蒙

李稍李殿等處　陽安等處

八千蠻　恭焦溪等處

都鎭　平溪等處

平月　李崖等處

陽並等處　盧山等處

乖西軍民府皇慶元年以土官阿馬知府事佩金符

順元等路軍民安撫司至元二十年四川行省討平九溪十八洞以其酋長赴闕定其地之可以設官者與其人之可以入官者大處爲州小處爲縣并立總管府聽順元路宣慰司節制

雍眞乖西葛蠻等處　葛蠻雍眞等處

曾竹等處大德七年順元同知宣撫事阿重嘗爲曾竹蠻夷長官以其叔父宋隆濟結諸蠻爲亂棄家朝京師陳其事宜深入烏撒烏蒙至于水東招諭木樓苗犵狫生獲隆濟以獻

龍平寨　骨龍等處

底寨等處　茶山百納等處

納壩紫江等處　磨坡雷波等處

灒泥等處　青山遠地等處

木窩普冲普得等處　武當等處

養龍坑宿徽等處　骨龍龍里淸江木樓瘫眼等處

高橋青塘鴨水等處　落邦札佐等處

平遲安德等處　六廣等處

貴州等處　施溪樣頭

朶泥等處　水東

市北洞

思州軍民安撫司婺川縣

鎭遠府　楠木洞

古州八萬洞　偏橋中寨

野雞平　德勝寨偏橋四甲等處

思印江等處　石千等處

曉愛瀘洞赤溪等處　卑帶洞大小田等處

黃道溪　省溪壩場等處

金容金達等處　臺蓬若洞住溪等處

洪安等處　葛章葛商等處

平頭著可通達等處　溶江芝子平等處

亮寨　沿河

龍泉平思州舊治龍泉及火其城卽移治淸江至元十七年勑徙安撫司還舊治

祐溪　水特姜

楊溪公俄等處　麻勇洞

恩勒洞　大萬山蘇葛辦等處

五寨銅人等處　銅人大小江等處

德明洞　烏羅龍干等處

西山大洞等處　禿羅

浦口　高丹

福州　永州

邇州　鸞州

程州　三旺州

地州　忠州

天州　文州

合鳳州　芝山州

安習州　茆蘺等團

荔枝　安化上中下蠻

曹滴等洞　洛卜寨

麥着土村　衙迪洞

會溪施容等處　咸化州等處

契鋤洞　臘惹洞

勞岩洞　驢遲洞

來化州　客團等處

中古州樂墩洞　上里坪

洪州泊李等洞　張家洞

沿邊溪洞宣慰使司至元二十八年播州楊賽因不花言洞民近因籍戶懷疑竄匿乞降詔招集又言向所授安撫職任隸順元宣慰司其所管地於四川行省爲近乞改爲軍民宣撫司直隸四川行省從之以播州等處管軍萬戶楊漢英爲紹慶珍州南平等處沿邊宣慰使行播州軍民宣撫使播州等處管軍萬戶仍虎符漢英卽賽因不花也仍領所請詔旨詔曰爰自前宋歸附十五餘年閱實戶數乃有司當知之事諸郡皆然非獨爾播自今以往咸奠厥居流移失所者招諭復業有司常加存恤毋致煩擾重困吾民

播州軍民安撫司

黃平府　平溪上塘羅駱家等處

水車等處　石粉羅家永安等處

六洞柔遠等處　錫樂平等處

白泥等處　南平綦江等處

珍州思寧等處　水煙等處

溱洞涪洞等處　洞天觀等處

葛浪洞等處　賽垻埡黎焦溪等處
小姑單張　倒柞等處
烏江等處　舊州草堂等處
恭溪杳洞　水囤等處
平伐月石等處　下垻
寨章　橫坡
平地寨　寨勞
寨勇　上塘
寨坦　嗙奔
平莫　林種密秀
沿河祐溪等處
新添葛蠻安撫司大德元年授葛蠻安撫驛券一
南渭州　落葛谷鵝羅榮等處
昔不梁駱杯密約等處　乾溪吳地等處
儂聳古平等處　甕城都桑等處
都鎭馬乃等處　平普樂重墺等處
落同當等處　平族等處
獨祿　三陂地蓬等處
小葛龍洛邦到駱豆虎等處
羅月和　麥傲
大小田陂帶等處　都雲洞
洪安畫剎等處　谷霞寨
剌客寨　吾狂寨
割利寨　必郎寨
谷底寨　都谷郎寨
犵徭寨　平伐等處大德元年平伐酋領內附乞隸於亦奚不薛從之
安剌速
思樓寨　落暮寨
梅求望懷寨　甘長
桑州郎寨　永縣寨
平里縣寨　鎖州寨
雙隆　思母
歸仁　各丹
木當　雍郎客都等處
雍門犵徭等處　栖求等處仲家蠻
婁木等處　樂賴蒙囊吉利等處
華山谷津等處
青塘望懷甘長不列獨娘等處
光州　者者寨
安化思雲等洞　北遐洞

茅難思風北郡都變等處　必際縣
上黎平　潘樂盈等處
誠州富盈等處　赤畬洞
羅章特團等處　福水州
允州等處　欽村
硬頭三寨等處　顏村
水歷吾洞等處　順東
六龍團　推寨
橘叩寨　黃頂寨
金竹等寨　格慢等寨
客蘆寨　地省等寨
平魏　白崖
雍門客當樂賴蒙囊大化木瓜等處
嘉州　分州
平硃　洛河洛腦等處
甯溪　甕除
麥穰　孤頂得同等處
甕包　三陂
控州　南平
獨山州　木洞
瓢洞　睿洞
大青山骨記等處　百佐等處
九十九寨蠻　當橋山齊朱谷列等處
虎列谷當等處　眞滌杜珂等處
楊坪楊安等處　棣甫都城等處
楊友閫　百也客等處
阿落傳等寨　蒙楚
公洞龍木　三寨猫犵剌等處
黑土石　洛賓洛咸
益輪沿邊蠻　割和寨
王都谷浪寨　王大寨
只蛙寨　黃平下寨
林拱章秀拱江等處　密秀丹張
林種拱幫　西羅剖盆
杉木箐　各郎西
恭溪望成崖嶺等處　孤把
焦溪篤住等處　草堂等處
上桑直　下桑直
米坪　令其平尾等處
保靖州　特團等處

征東等處行中書省領府二司一勸課使五大德三年立征東行省未幾罷至治元年復立今高麗國王爲左丞相

高麗國事蹟見高麗傳至元十八年王賰言本國置站凡四十民畜凋弊勅併爲二十站三十年沿海立水驛自耽羅至鴨淥江并楊村海口凡三十所

瀋陽等路高麗軍民總管府

征東招討司

各道勸課使

慶尚州道

東界交州道

全羅州道

忠清州道

西海道

耽羅軍民總管府大德五年立

河源附錄

河源古無所見禹貢導河止自積石漢使張騫持節道西域度玉門見二水交流發葱嶺趨于闐匯鹽澤伏流千里至積石而再出唐薛元鼎使吐蕃訪河源得之於悶磨黎山然皆歷歲月涉艱難而其所得不過如此世之論河源者又皆推本二家其說怪迂總其實皆非本眞意者漢唐之時外夷未盡臣服而道未盡通故其所往每迂廻艱阻不能直抵其處而究其極也元有天下薄海內外人迹所及皆置驛傳使驛往來如行國中至元十七年命都實爲招討使佩金虎符往求河源都實既受命是歲至河州州之東六十里有寧河驛驛西南六十里有山曰殺馬關林麓穹隘舉足浸高行一日至巓西去愈高四閱月始抵河源是冬還報并圖其城傳位置以聞其後翰林學士潘昂霄從都實之弟闊闊出得其說撰爲河源志臨川朱思本又從八里吉思家得帝師所藏梵字圖書而以華文譯之與昂霄所志互有詳畧今取二家之書考定其說有不同者附注于下按河源在土蕃朶甘思西鄙有泉百餘泓沮洳散渙弗可逼視方可七八十里履高山下瞰燦若列星以故名火敦腦兒火敦譯言星宿也思本曰河源在中州西南直四川馬湖蠻部之正西三千餘里雲南麗江宣撫司之西北一千五百餘里帝師撒思加地之西南二千餘里水從地涌出如井其井百餘東北流百餘里匯爲大澤曰火敦腦兒羣流奔輳近五七里匯二巨澤名阿剌腦兒自西而東連屬吞噬行一日迤邐東騖成川號赤賓河又二三日水西南來名亦里出與赤賓河合又三四日水南來名忽闌又水東南來名也里術合流入赤賓其流浸大始名黃河然水猶清人可涉思本曰忽闌河源出自南山其地大山峻嶺綿亘千里水流五百餘里注也里出河也里出河源亦出自南山西北流五百餘里始與黃河合又一二日岐爲八九股名也孫斡論譯言九渡通廣五七里可度馬又四五日水渾濁土人抱革囊騎過之聚落糾木幹象舟傅髦革以濟僅容兩人自是兩山峽束廣可一里二里或半里其深叵測朶甘思東北有大雪山名亦耳麻不莫剌其山最高譯言騰乞里塔卽崑崙也山腹至頂皆雪冬夏不消土人言遠年成冰時六月見之自八九股水至崑崙行二十日思本曰自渾水東北流二百餘里與懷里火禿河合懷里火禿河源自南山水正北偏西流八百餘里與黃河合又東北流一百餘里過郎麻哈地又正北流一百餘里乃折而西北流二百餘里又折而正北流一百餘里又折而東流過崑崙山下番名亦耳麻不剌其山高峻非常山麓綿亘五百餘里河隨山足東流過撒思加闊卽闊提地河行崑崙南半日又四五日至地名闊卽及闊提二地相屬又三日地名哈剌別里赤兒四達之衝也多寇盜有官兵鎭之近北二日河水過之思本曰河過闊提與亦西八思今河合亦西八思今河源自鐵豹嶺之北正北流凡五百餘里而與黃河合崑崙以西人簡少多處山南山皆不穹峻水亦散漫獸有髦牛野馬狼狍羱羊之類其東山益高地益漸下岸狹隘有狐可一躍而越之處行五六日有水西南來名納隣哈剌譯言細黃河也思本曰哈剌河自白狗嶺之北水西北流五百餘里與黃河合又兩日水南來名乞兒馬出二水合流入河思本曰自哈剌河與黃河合正北流二百餘里過阿以伯站折而西北流經崑崙之北二百餘里與乞里馬出河合乞里馬出河源自威茂州之西北岷山之北水北流卽古當州境正北流四百餘里折而西北流又五百餘里與黃河合河水北行轉西流過崑崙北一向東北流約行半月至貴德州地名必赤里始有州治官府州隸吐蕃等處宣慰司司治河州又四五日至積石州卽禹貢積石五日至河州安鄉關一日至打羅坑東北行一日洮河水南來入河思本曰自乞里馬出河與黃河合又西北流與鵬拔河合鵬拔河源自鵬拔山之西北水正西流七百餘里過札塞塔失地與黃河合折而西北流三百餘里又折而東北流過西寧州貴德州馬嶺凡八百餘里與邈水合邈水源自青唐宿軍谷正東流五百餘里過三巴站與黃河合又東北流過土橋站古積石州來羌城廓州構米站界都城凡五百餘里過河州與野龐河合野龐河源自西傾山之北水東北流凡五百餘里與黃河合又東北流一百餘里過踏白城銀川站與湟水浩亹河合湟水源自祁連山下正東流一千餘里注浩亹河浩亹河源自删丹州之南删丹山下水東南流七百餘里注湟水然後與黃河合又東北流一百餘里與洮河合洮河源自羊撒嶺北東北流過臨洮府凡八百餘里與黃河合又一日至蘭州過北卜渡至鳴沙河過應吉里州正東行至寧夏府南東行卽東勝州隸大同路

自發源至漢地南北澗溪細流傍貫莫知紀極山皆草
石至積石方林木暢茂世言河九折彼地有二折蓋乞
兒馬出及貴德必赤里也 思本曰自洮水與河合又東北流過達達地凡八百餘里過豐州西受降城折而正東流過達達地古天德軍中受降城東受降城凡七百餘里折而正南流過大同路雲內州東勝州與黑河合黑河源自漁陽嶺之南水正西流凡五百餘里與黃河合又正南流過保德州葭州及興州境又過臨州凡一千餘里與吃那河合吃那河源自古宥州東南流過陝西省綏德州凡七百餘里與黃河合又南流三百里與延安河合延安河源自陝西蘆子關亂山中南流三百餘里過延安府折而正東流三百里與黃河合又南流三百里與汾河合汾河源自河東朔武州之南亂山中西南流過管州冀寧路汾州霍州晉寧路絳州又西流至龍門凡一千二百餘里始與黃河合又南流二百里過河中府過潼關與太華大山綿亘水勢不可復南乃折而東流大槃河源東北流所歷皆西番地至蘭州凡四千五百餘里始入中國又東北流過達達地凡二千五百餘里始入河東境內又南流至河中凡一千八百餘里通計九千餘里

西北地附錄

篤來帖木兒

途魯吉

柯耳魯地

畏兀兒地 至元二十年立畏兀兒四處站及交鈔庫

哥疾寧　可不里　巴達哈傷

途思　忒耳迷　不花剌

那黑沙不　的里安　撒麻耳干

忽氈　麻耳亦囊　可失哈耳

忽炭　柯提　兀提剌耳

巴補　訛跡邦　倭赤

若又　柯散　阿忒八失

八里茫　察赤　也云赤

亦剌八里　普剌　也迷失

阿力麻里 諸王海都行營於阿力麻里等處蓋其分地也自上都西北行六千里至回鶻五城唐號北庭置都護府又西北行四五千里至阿力麻里至元五年海都叛舉兵南來世祖逆敗之于北庭又追至阿力麻里則又遠遁二千餘里上令勿追以皇子北平王統諸軍於阿力麻里以鎮之命丞相安童往輔之

合剌火者　魯古塵

別失八里 至元十五年授八撒察里虎符掌別失八里畏兀城子里軍站事十七年以萬戶綦公直戍別失八里十八年從諸王阿只吉請自太和嶺至別失八里置新站三十二十年立別失八里和州等處宣慰司二十一年阿只吉使來言元隸只必帖木兒二十四城之中有察帶二城置達魯花赤就付闊端追不隸省至是奉旨誠如所言其還正之二十三年遣侍衛新附兵千人屯田別失八里置元帥府即其地以總之

他古新

仰吉八里　古塔巴　彰八里 至元十五年授朶魯知金符掌彰八里軍站事

月祖伯

撒耳柯思

阿蘭阿思

欽察 太宗甲午年命諸王拔都征西域欽叉阿速斡羅思等國歲乙未亦命憲宗往焉歲丁酉師至寬田吉思海傍欽叉酋長八赤蠻逃避海島中適值大風吹海水去而乾生禽八赤蠻遂與諸王拔都征斡羅思至也列贊城七日破之歲丁巳出師南征以駙馬剌真之子乞反爲達魯花赤鎮守斡羅思阿思歲癸丑括斡羅思阿思戶口

阿羅思

不里阿耳

撒吉剌

花剌子模

賽蘭

巴耳赤邦

氈的

不賽因

八哈剌因

怯失

八吉打

孫丹尼牙

忽里模子

可咱隆　設剌子　泄剌失

苦法　瓦夕的　兀乞八剌

毛夕里　設里汪　羅耳

乞里茫沙杭　蘭巴撒耳　那哈完的

亦思法杭　撒瓦　柯傷

低廉　胡瓦耳　西模娘

阿剌模忒　可疾云　阿模里

撒里牙　塔米設　贊章

阿八哈耳　撒里茫　朱里章

的希思丹　巴耳打阿　打耳班

巴某　塔八辛　不思忒

法因　乃沙不耳　撒剌哈歹

巴瓦兒的　麻里兀　塔里干

巴里黑

吉利吉思撼合納謙州益蘭州等處 吉利吉思者初以漢地女四十人與烏斯之男結婚取此義以名其地南去大都萬有餘里相傳乃滿部始居此及元朝析其民爲九千戶其境長一千四百里廣半之謙河經其中西北流又西南有水曰阿浦東北有水曰玉須皆巨浸也會於謙而注於昂可剌河北入于海俗與諸國異其語言則畏吾兒同廬帳而居隨水草畜牧頗知田作遇雪則跨木馬逐獵土產名馬白黑海東青昂可剌者因水爲名附庸於吉利吉思去大都二萬五千餘里其語言與吉利吉思特異晝長夜短日沒時炙羊肋熟東方已曙矣即唐史所載骨利幹國也烏斯亦因水爲名在吉利吉思東謙河之北其俗每歲六月上旬刑白馬牛羊灑馬湩咸就烏斯沐漣以祭河神謂其始祖所從出故也撼合納猶言布囊也蓋口小腹巨地形類此因以爲名在烏斯東謙河之源所從出也其境上惟有二山口可出入山水林樾險阻爲甚野獸多而畜字少貧民無恒產者皆以樺皮作廬帳以白鹿負其行裝取鹿乳採松實及劚山丹芍藥等根爲食冬月亦乘木馬出獵謙州亦以河爲名去大都九千里在吉利吉思東南謙河西南唐麓嶺之北居民數千家悉蒙古回紇人有工匠數局蓋國初所徙漢人也地沃衍宜稼夏種秋成不煩耘耔或云汪罕始居此地益蘭者蛇之稱也初州境山中居人見一巨蛇長數十步從穴中出飲河水腥聞數里因以名州至元七年詔遣劉好禮爲吉利吉思撼合納謙州益蘭州等處斷事官即於此州修庫廩置傳舍以爲治所先是數部民俗皆以杞柳爲杯皿刳木爲槽以濟水不解鑄作農器好禮聞諸朝乃遣工匠教爲陶冶舟楫土人便之

安南郡縣附錄

安南古交趾也陳氏叛服之蹟已見本傳今取其城邑之可紀者錄于左方

大羅城路漢交趾郡唐置安南都護府宋時郡人李公蘊立國於此及陳氏立以其屬地置龍興天長長安府

龍興府本多岡鄉陳氏有國置龍興府

天長府本多墨鄉陳氏祖父所生之地建行宮於此歲一至示不忘本故改曰天長

長安府本華閭洞丁部領所生之地五代末部領立國於此

歸化江路地接雲南

宣化江路地接特磨道

沱江路地接金齒

諒州江路地接左右兩江

北江路在羅城東岸瀘江水分入北江江有六橋

如月江路

南冊江路

大黃江路

烘路

快路

國威州在羅城南 此以下州多接雲南廣西界雖名州其實洞也

古州在北江

仙州古龍編

富良

司農 一云楊舍

定邊 一云明媚

萬涯 一云明黃

文周 一云門州

七源

思浪

大原 一云黃源

通農

羅順 一云來神

梁舍 一云梁个

平源

光州 一云明蘇

渭龍 一云乙舍

道黃 即平林場

武寧 此以下縣接雲南廣西界雖名縣其實洞也　萬載　丘溫

新立　恍縣　紙縣　歷縣　闌橋

烏延　古勇　供縣　窟縣　上坡

門縣

淸化府路漢九眞隋唐爲愛州其屬邑更號曰江曰場曰甲曰社

梁江　波龍江　古農江　宋舍江　茶江

安暹江　分場古文場　古藤甲　支明甲

古弘甲　古戰甲　緣甲

乂安府路漢日南隋唐爲驩州

倍江　惡江　偈江　尚路社

唐舍社　張舍社

演州路本日南屬縣曰扶演安仁唐改演州

孝江　多壁場　巨賴社　他袁社

布政府路本日南郡象林縣東濱海西際眞蠟南接扶南北連九德東漢末區連殺象林令自立國稱林邑唐時有環王者徙國于古日古城今布政乃林邑故地

自安南大羅城至燕京約一百一十五驛計七千七百

餘里　邊氓服役

古城　王琴　蒲伽　道覽

滐淮　稔婆邏　獠

元史卷六十四

明翰林學士亞中大夫知制誥兼修國史宋　濂等修

河渠志第十六

河渠一

水爲中國患尚矣知其所以爲患則知其所以爲利因其患之不可測而能先事而爲之備或後事而有其功斯可謂善治水而能通其利者也昔者禹堙洪水疏九河陂九澤以開萬世之利而周禮地官之屬所載豬防溝遂之法甚詳當是之時天下蓋無適而非水利也自先王疆理井田之制壞而後水利之說興魏史起鑿漳

河泰鄭國引涇水漢鄭當時王安世輩或獻議穿漕渠或建策防水決是數君子者皆嘗試其術而卒有成功太史公河渠一書猶可考自時厥後凡好事喜功之徒率多爲興利之言而其患顧有不可勝言者矣夫潤下水之性也而欲爲之防以殺其怒遏其衝不亦甚難矣哉惟能因其勢而導之可蓄則儲水以備旱暵之災可洩則瀉水以防水潦之溢則水之患息而於是蓋有無窮之利焉元有天下內立都水監外設各處河渠司以興舉水利修理河隄爲務決雙塔白浮諸水爲通惠河以濟漕運而京師無轉餉之勞導渾河疏灤水而武清平灤無墊溺之虞浚冶河障滹沱而真定免決嚙之患開會通河於臨清以通南北之貨疏陝西之三白以溉關中之田泄江湖之淫潦立捍海之橫塘而浙右之民得免於水患當時之善言水利如太史郭守敬等蓋亦未嘗無其人焉一代之事功所以爲不可泯也今故著其開修之歲月工役之次第歷叙其事而分紀之作河渠志

通惠河

通惠河其源出於白浮甕山諸泉水也世祖至元二十八年都水監郭守敬奉詔興舉水利因建言疏鑿通州至都河改引渾水溉田於舊牐河蹤跡導清水上自昌平縣白浮村引神山泉西折南轉過雙塔榆河一畝玉泉諸水至西門入都城南匯爲積水潭東南出文明門東至通州高麗莊入白河總長一百六十四里一百四步塞清水口一十二處共長三百一十步壩牐一十處共二十座節水以通漕運誠爲便益從之首事於至元二十九年之春告成於三十年之秋賜名曰通惠凡役軍一萬九千一百二十九工匠五百四十二水手三百一十九沒官囚隸百七十二計二百八十五萬工用楮幣百五十二萬錠糧三萬八千七百石木石等物稱是役興之日命丞相以下皆親操畚鍤爲之倡置牐之處往往於地中得舊時磚木時人爲之感服船既通行公私兩便先時通州至大都五十里陸輓官糧歲若干萬民不勝其悴至是皆罷之其壩牐之名曰廣源牐西城牐二上牐在和義門外西北一里下牐在和義水門西三步海子牐在都城內文明牐二上牐在麗正門外水門東南下牐在文明門西南一里魏村牐二上牐在文明門東南一里下牐西至上閘一里籍東牐二在都城東南王家莊郊亭牐二在都城東南二十五里銀王莊通州牐二上牐在通州西門外下牐在通州南門外楊尹牐二在都城東南三十里朝宗牐二上牐在萬億庫南百步下牐去上牐百步成宗元貞元年四月中書省臣言新開運河牐宜用軍一千五百以守護兼巡防往來船內姦宄之人從之七月工部言通惠河剏造牐壩所費不貲雖已成功全藉主守之人上下照略修治今擬設提領三員管領人夫專一巡護降印給俸其西城牐改名會川海子牐改名澄清文明牐仍用舊名魏村牐改名惠和籍東牐改名慶豐郊亭牐改名平津通州牐改名通流河門牐改名廣利楊尹牐改名溥濟武宗至大四年六月省臣言通州至大都運糧河牐始務速成故皆用木歲久木朽一旦俱敗然後致力將見不勝其勞今爲永固計宜用磚石以次修治從之後至泰定四年始修完焉文宗天歷三年三月中書省臣言世祖時開挑通惠河安置閘座全藉上源白浮一畝等泉之水以通漕運今各枝及諸寺觀權勢私決隄堰澆灌稻田水碾園圃致河淺妨漕事乞禁之奉旨白浮甕山直抵大都運糧河隄堰泉水諸人毋挾勢偷決大司農司都水監可嚴禁之

壩河

壩河亦名阜通七壩成宗大德六年三月京畿漕運司言歲漕米百萬全藉船壩夫力自冰開發運至河凍時止計二百四十日日運糧四千六百餘石所轄船夫一千三百餘人壩夫七百三十占役俱盡晝夜不息今歲水漲衝決壩隄六十餘處雖已修畢恐霖雨衝圮走泄運水以此點視河隄淺澀低薄去處請加修理自五月四日入役六月十二日畢深溝壩九處計一萬五千一百五十三工王村壩二處計七百十三工鄭村壩一處計一千一百二十五工西陽壩三處計一千二百六十二工郭村壩三處計一千九百八十七工千斯壩下一處計一萬工總用工三萬二百四十

金水河

金水河其源出於宛平縣玉泉山流至義和門南水門入京城故得金水之名至元二十九年二月中書右丞馬速忽等言金水河所經運石大河及高良河西河俱有跨河跳槽今已損壞請新之是年六月興工明年二月工畢至大四年七月奉旨引金水河水注之光天殿西花園石山前舊池置牐四以節水閏七月興工九月成凡役夫匠二十九爲工二千七百二十三除妨工實役六十五日

隆福宮前河

隆福宮前河其水與太液池通英宗至治二年五月奉勅云昔在世祖時金水河濯手有禁今則洗馬者有之比至秋疏滌禁諸人毋得汚穢於是會計修浚三年四月興工五月工畢凡役軍八百爲工五千六百三十五

海子岸

海子岸上接龍王堂以石甃其四周海子一名積水潭聚西北諸泉之水流行入都城而匯于此汪洋如海都人因名焉仁宗延祐六年二月都水監計會前後與元修舊石岸相接凡用石三百五各長四尺闊二尺五寸厚一尺石灰三千斤該三百五工丁夫五十石工十九月五日興工十一日工畢至治三年三月大都河道提舉司言海子南岸東西道路當兩城要衝金水河浸潤於其上海子風浪衝嚙於其下且道狹不時潰陷泥濘車馬艱於往來如以石砌之實永久之計也泰定元年四月工部應副工物七月興工八月工畢凡用夫匠二百八十七人

雙塔河

雙塔河源出昌平縣孟村一畝泉經雙塔店而東至豐善村入榆河至元三年四月六日巡河官言雙塔河時將泛溢不早爲備恐至潰決臨期卒難措手乃計會閘水口工物開申都水監剏開雙塔河未及堅久今已及水漲之時倘或決壞走泄水勢悞運船不便省準制國用司給所需都水監差夫修治焉凡合閉水口五處用工二千一百五十五

盧溝河

盧溝河其源出於代地名曰小黃河以流濁故也自奉聖州界流入宛平縣境至都城四十里東麻谷分爲二泒太宗七年歲乙未八月勅近劉沖祿言率水工二百餘人已依期築閉盧溝河元破牙梳口若不修隄固護恐不時漲水衝壞或貪利之人盜決溉灌請令禁之劉沖祿可就主領毋致衝塌盜決犯者以違制論徒二年決杖七十如遇修築時所用丁夫器具應差處調發之其舊有水手人夫內五十人差官存留不妨已委管領常切巡視體究歲一交番所司有不應副者罪之

白浮甕山

白浮甕山卽通惠河上源之所出也白浮泉水在昌平縣界西折而南經甕山泊自西水門入都城焉成宗大德七年六月甕山等處看牐提領言自閏五月二十九日始晝夜雨不止六月九日夜半山水暴漲漫流隄上衝決水口於是都水監委官督軍夫自九月二十一日入役至是月終輟工實役軍夫九百九十三人十一年三月都水監言巡視白浮甕山河隄崩三十餘里宜編荊笆爲水口以泄水勢計修笆口十一處四月興工十月工畢仁宗皇慶元年正月都水監言白浮甕山隄多低薄崩陷處宜修治來春二月入役八月修完總修長三十七里二百十五步計七萬三千七百七十三工延祐元年四月都水監言自白浮甕山下至廣源牐隄堰多淤澱淺塞源泉微細不能通流擬疏滌由是會計工程差軍千人疏治泰定四年八月都水監言八月三日至六日霖雨不止山水泛溢衝壞甕山諸處笆口浸沒民田計料工物移文工部關支修治自八月二十六日興工九月十二日工畢役軍夫二千名實役九萬工四十五日

渾河

渾河本盧溝水從大興縣流至東安州武清縣入漷州界至大二年十月渾河水決左都威衞營西大隄泛溢南流沒左右二翊及後衞屯田麥由是左都威衞言十月五日水決武清縣王甫村隄闊五十餘步深五尺許水西南漫平地流環圓營倉局水不沒者無幾恐來春冰消夏雨水作衝決成渠軍民被害或遷置營司或多差軍民修塞庶免墊溺三年二月十二日省準下左右翊及後衞大都路委官督工修治至五月二十日工畢皇慶元年二月十七日東安州言渾河水溢決黃堝隄一十七所都水監計工物移文工部二十七日樞密知院塔失帖木兒奏左衞言渾河決隄口二處屯田浸不耕種已發軍五百修治臣等議治水有司職耳宜令中書戒所屬用心修治從之七月省委工部員外郎張彬言巡視渾河六月三十日霖雨水漲及丈餘決隄口二百餘步漂民廬沒禾稼乞委官修治發民丁刈雜草興築延祐元年六月十七日左衞言六月十四日渾河決武清縣劉家莊隄口差軍七百與東安州民夫協力同修之三年三月省議渾河決隄堰沒田禾軍民蒙害既已奏聞差官相視上自石徑山金口下至武清縣界舊隄長計三百四十八里中間因舊修築者大小四十七處漲水所害合修補者一十九處無隄剏修者八處宜疏通者二處計工三十八萬一百役軍夫三萬五千九十六日可畢如通築則役大難成就令分作三年爲之省院差官先發軍民夫匠萬人興工以修其要處是月二十日樞府奏撥軍三千委中衞僉事督修治之七年五月營田提舉司言去歲十二月二十一日屯戶巡視

廣賦屯北渾河隄二百餘步將崩恐春首土解水漲浸沒爲患乞修治都水監委濠寨會營田提舉司官武清縣官督夫修完廣武屯北陷薄隄一處計二千五百工永興屯北隄低薄一處計四千一百六十六工落垈村西衝圯一處計三千七百三十三工永興屯北崩圯一處計六千五百十八工北王村莊西河東岸至白墳兒南至韓村西道口計六千九十三工劉邢莊西河東岸北至寶僧百戶屯南至白墳兒計三萬七百十二工總用工五萬三千七百二十二泰定四年四月省議三年六月內霖雨山水暴漲泛沒大興縣諸鄉桑棗田園移文樞府於七衞屯田及見有軍內差三千人修治

白河

白河在漷州東四里北出通州潞縣南入于通州境又東南至香河縣界又流入于武清縣境達于靜海縣界至元三十年九月漕司言通州運糧河全仰白榆渾三河之水合流名曰潞河舟楫之行有年矣今歲新開壩河分引渾榆二河上源之水故自李二寺至通州三十餘里河道淺澁今春夏天旱有止深二尺處糧船不通改用小料船搬載淹延歲月致虧糧數先是都水監相視白河自東岸吳家莊前就大河西南斜開小河二里許引榆河合流至深溝壩下以通漕舟今丈量自深溝榆河上灣至吳家莊龍王廟前白河西南至壩河八百步及巡視知榆河上源築閉其水盡趨通惠河止有白佛靈溝一子母三小河水入榆河泉脉微不能勝舟擬自吳家莊就龍王廟前閉白河於西南開小渠引水自壩河上灣入榆河庶可漕運又深溝樂歲五倉積貯新舊糧七十餘萬石站車輓運艱緩由是訪視通州城北通惠河積水至深溝村西水渠去樂歲廣儲等倉甚近擬自積水處由舊渠北開四百步至樂歲倉西北以小料船運載甚便都省准焉通惠河自通州城北至樂歲西北水陸共長五百步計役八萬六百五十工大德二年五月中書省劄付都水監運糧河隄自楊村至河西務三十五處用葦一萬九千一百四十束軍夫二千六百四十九名度三十日畢於是本監分官率濠寨至楊村歷視壞隄督巡河夫修理以霖雨水溢故工役倍元料自寺洵口北至蔡村清口孫家務辛莊河西務隄就用元料葦草修補卑薄剏築月隄頗有成功其楊村兩岸相對出水河口四處葦草不敷就令軍夫采刈至九月住役楊村河上接通惠諸河下通滹沱入江淮使官民舟楫直達都邑利國便民柰楊村隄岸隨修隨圯蓋爲用力不固徒煩工役其未修者候來春水涸土乾調軍夫修治延祐六年十月省臣言漕運糧儲及南來諸物商賈舟楫皆由直沽達通惠河今岸崩泥淺不早疏浚有礙舟行必致物價翔湧都水監職專水利宜分官一員以時巡視遇有頹圯淺澀隨宜修築如功力不敷有司差夫助役息事者究治從之至治元年正月十一日漕司言夏運海糧一百八十九萬餘石轉漕往返全藉河道通便今小直沽汊河口潮汐往來淤泥壅積七十餘處漕運不能通行宜移文都水監疏滌工部議時農作方興兼民多艱食若不差軍助役民力有所不逮樞密院言軍人不敷省議若差民丁方今東作之時恐妨歲事其令大都募民夫三千日給傭鈔一兩糙粳米一升委正官提調驗日支給令都水監暨漕司官同督其事四月十一日入役五月十日工畢泰定元年二月樞府臣奏臨清萬戶府言至治元年霖雨決壞運糧河岸宜差軍修築臣等議誠利益事令本府差軍三百執役從之三年三月都水監言河西務菜市灣水勢衝囓與倉相近將來爲患宜於劉二總管營相對河東岸截河築隄改水道與舊河合可杜後患四年正月省臣奏准樞府差軍五千大都路募夫五千人日支糙米五升中統鈔一兩本監工部委官與前衞董指揮同監役是年三月十八日興工六月十一日工畢致和元年六月六日臨清御河萬戶府言泰定四年八月二日河溢壞營北門隄約五十步漂舊椿木百餘崩圯猶未已工部議河岸崩摧理宜修治既都水監會計工物各處支給其役夫三千人若擬差民方春恐妨農務宜移文樞密院撥軍省准修舊隄岸展闊新河口東岸計工五萬九千九百三十七用軍三千木匠十人天歷二年三月漕司言元開劉二總管營相對河北舊河運糧迂遠乞委官相視復開舊河便四月九日奏准差軍七千委兵部員外郎鄧衞都水監丞阿里漕使太不花等督工修浚後以冬寒候凍解興役三年工部移文大都於近甸募民夫三千日支糙粳米三升中統鈔一兩兵部改委辛侍郎暨元委官修闊至順元年六月都水監言二十三日夜白河水驟漲丈餘觀音寺新修護倉隄已督有司差夫救護今水落尺餘宜候伏槽興作

御河

御河自大名路魏縣界經元城縣泉源鄉于村度南北約十里東北流至包家渡下接管陶縣界三口御河上從交河縣下入清池縣界又永濟河在清池縣西三十里自南皮縣來入清州今呼爲御河也至元三年七月六日都水監言運河二千餘里漕公私物貨爲利甚大自兵興以來失於修治清州之南景州以北頹闕岸口三十餘處淤塞河流十五里至癸巳年朝廷役夫四千修築浚滌乃復行舟今又三十餘年無官主領滄州地分水面高於平地全藉隄堰防護其園圃之家掘隄作井深至丈餘或二丈引水以溉蔬花復有瀕河人民就隄取土漸至闕破走洩水勢不惟澁行舟妨運糧或致漂民居沒禾稼其長蘆以北索家馬頭之南水內暗藏樁橛破舟船壞糧物部議以瀕河州縣佐貳之官兼河防事於各地分巡視如有闕破即率衆修治拔去樁橛仍禁園圃之家毋穿隄作井栽樹取土都省准議七年省臣言御河水泛武清縣計疏浚役夫一十工八十日可畢從之至大元年六月二十九日左翼屯田萬戶府呈五月十八日申時水決會川縣孫家口岸約二十餘步南流灌本管屯田已移文河間路武清縣清州有司多發丁夫管領修治由是樞密院檄河間路左翊屯田萬戶府差軍併工築塞十月大名路濬州言七月十一日連雨至十七日清石二河水溢李家道東南橫流詢社長高良輩稱水源自衞輝路汲縣東北連本州淇門西舊黑蕩泊溢流出岸漫黃河古隄東北流入本州齊賈泊復入御河漂及門民舍竊計今歲水勢逆行乃下流漳水漲溢遏絕不能通以致若此實非人力可勝又西關水手佐聚稱七月十二日卯時御河水驟漲三尺十八日復添四尺其水逆流明是下流漲水壅逆擬差官巡治延祐三年七月滄州言清池縣民告往年景州吳縣諸處御河水溢衝決隄岸萬戶千奴爲恐傷其屯田差軍築塞舊洩水郎兒口故水無所洩浸民廬及已熟田數萬頃乞遣官疏闢引水入海及七月四日決吳橋縣柳斜口東岸三十餘步千戶移僧又遣軍閉塞郎兒口水壅不得洩必致漂蕩張管許河孟村三十餘村黍穀廬舍故本州摘官相視移文約會開闢不從四年五月都水監遣官與河間路官相視元塞郎兒口東西長二十五步南北闊二十尺及隄南高一丈四尺北高二丈餘復按視郎兒口下流故河至滄州約三十餘里上下古跡寬闊乃減水故道名曰盤河令爲開闢郎兒口增濬故河決積水由滄州城北達滹沱河以入于海泰定元年九月都水監遣官督丁夫五千八百九十八人是月二十八日興工十月二日工畢

灤河

灤河源出金蓮川中由松亭北經遷安東平州西瀕灤州入海也王曾北行錄云自偏槍嶺四十里過烏灤河東有灤州因河爲名至元二十八年八月省臣奏姚演言奉勑疏濬灤河漕運上都乞應副沿河蓋露囤工匠什物仍預備來歲所用漕船五百艘水手一萬牽船夫二萬四千臣等集議近歲東南荒歉民力凋弊造舟調夫其事非輕一時並行必致重困請先造舟十艘量撥水手試行之如果便續增益制可其奏先以五十艘行之仍選能人同事大德五年八月十三日平灤路言六月九日霖雨至十五日夜灤河與肥洳三河並溢衝圯城東西二處舊護城隄東西南三面城牆橫流入城漂郭外三關瀕河及在城官民屋廬糧物沒田苗溺人畜死者甚衆而雨猶不止至二十四日夜灤漆肥洳諸河水復漲入城餘屋漂蕩殆盡乃委吏部馬員外同都水監官修之東西二隄計用工三十一萬一千五十鈔八千八十七錠十五兩糙粳米三千一百一十石五斗椿木等價鈔二百七十四錠二十六兩四錢延祐四年六月十六日上都留守司言正月一日城南御河西北岸爲水衝囓漸至頹圯若不修治恐來春水泛漲漂沒民居又開平縣言四月二十六日霖雨至二十八日夜東關灤河水漲衝損北岸宜擬修築本司議即目仲夏霖雨其水復溢必大爲害乃委官督夫匠興役開平發民夫幼小不任役請調軍供作庶可速成五月二十一日留守司言灤河水漲決隄計修築用軍六百宜令樞密院差調官給其食制曰令維其時移文樞密院發軍速爲之虎賁司發軍三百治焉泰定二年三月十三日永平路屯田總管府言國家經費咸出於民民之所生無過農作本屯闢田收糧以供億內府之用不爲不重訪馬城東北五里許張家莊龍灣頭在昔有司差夫築隄以防灤水西南連清水河至公安橋皆本屯地分去歲霖雨水溢衝盪皆盡浸死屯民田苗終歲無收方今農隙若不預修必致爲害工部移文都水監差濠寨泊本屯官及灤州官親詣相視督令有司差夫補築三年五月十日上都留守司及本路總管府言巡視大西關南馬市口灤河遞北隄侵嚙漸崩不預治恐夏霖雨水泛貽害居民於是送都城所丈量計用物修治工部移文上都分部施行七月二日右丞相塔失帖木兒等奏斡耳朶思住冬營盤爲灤河走渡河水衝壞將築護水隄宜令樞密院發軍千二百人以供役從之樞密院請遣軍千二百人

河間河

河間河在河間路界泰定三年三月都水監言河間路水患古儉河自北門外始依舊疏通至大成縣界以洩上源水勢引入鹽河古陳玉帶河自軍司口浚治至雄州歸信縣界以導淀濼積潦注之易河黃龍港自鎖井口開鑿至文安縣玳瑁口以通濼水經火燒淀轉流入海計河宜疏者三十處總役三萬三十日可畢是月省臣奏准遣斷事官定住同元委都水孫監丞洎本處有司官於旁近州縣發丁夫三萬日給鈔一兩米一升先詣古陳玉帶河蕁以歲旱民饑役興人勞罷候年登爲之

冶河

冶河在真定路平山縣西門外經井陘縣流來本縣東北十里入滹沱河元貞元年正月十八日丞相完澤等言往年先帝嘗命開真定冶河已發丁夫人役適值先帝昇遐以聚衆罷之今請遵舊制俾卒其事從之皇慶元年七月二日真定路言龍花判官莊諸處壞隄計工物申請省委都水監及本路官自平山縣西北歷視滹沱冶河合流急注真定西南關由是再議照冶河故道自平山縣西北河內改修滾水石隄下修龍蹧隄東南至水碾村改引河道一里蕭吾橋西改闢河道一里上至平山縣西北下至寧晉縣疏其淤澱築隄分其上源入舊河以殺其勢復有程同程章二石橋阻咽水勢擬開減水月河二道可久且便下相欒城縣南視趙州寧晉縣諸河北之下源地形低下恐水泛經欒城趙州壞石橋阻河流爲害由是議於欒城縣北聖母堂東冶河東岸開減水河可去真定之患省准於二年二月都水監委官與本路及廉訪司官同詣平山縣相視會計修冶總計冶河始自平山縣北關西龍神廟北獨石通長五千八百六步共役夫五千爲工十八萬八百七無風雨妨工三十六日可畢

滹沱河

滹沱河源出於西山在真定路真定縣南一里經藁城縣北一里經平山縣北十里寰宇記載經靈壽縣西南二十里此河連貫真定諸郡經流去處皆曰滹沱水也延祐七年十一月真定路言真定縣城南滹沱河北決隄寖近城每歲修築聞其源本微與冶河不相通後二水合其勢遂猛屢壞金大隄爲患本路達魯花赤哈散於至元三十年言准引闢冶河自作一流滹沱河水十退三四至大元年七月水漂南關百餘家淤塞冶河口其水復滹河自後歲有潰決之患屠舉大德十年至皇慶元年節次修隄用捲埽葦草二百餘萬官給夫糧備傭直百餘萬錠及延祐元年三月至五月修隄二百七十餘步其明堂判官勉村三處就用橋木爲樁徵夫五百餘人執役月餘不能畢近年米價翔貴民匱於食有丁者正身應役單丁者必須募人人日傭直不下三五貫前工未畢後役迭至至七月八日又衝塌李玉飛等莊及木方胡營等村三處隄長一千二百四十步申請委官相視差夫築月隄延祐二年本路前總管馬思忽嘗闢冶河已復湮塞今歲霖雨水溢北岸數處浸沒田禾其河元經康家莊村南流不記歲月徙於村北數年修築皆於隄北取土故南高北低水愈就下侵嚙西至木方村東至護城隄約二千餘步比來春必須修治用樁梢築土隄亦非永久之計若濬木方村南舊湮枯河引水南流歸閉北岸河口於南岸取土築隄下至合頭村北與本河合如此去城稍遠庶可無患都水監差官相視截河築隄闊千餘步新開古岸止闊六十步恐不能制禦千步之勢若於北岸闕破低薄處比元料增夫力葦草捲埽補築便計葦草丁夫若令責辦民間緣今歲旱澇相仍民食匱乏擬均料各州縣上中戶價錢及食米於官錢內支給限二月二十日興工役夫五千爲工十六萬七百一十九度三十二日可畢總計補築滹沱河北岸防水隄十處長一千九百一十步高闊不一計三百四十萬七千七百五十尺用推埽梯二十五每梯用大檁三小檁三計大小檁一百五十草三十五萬八百束葦二十八萬六百四十束稍柴七千二百束至治元年三月真定路言真定縣滹沱河每遇水泛衝隄岸浸沒民田已差募丁夫修築與廉訪司官相視講究如將木方村南舊堙河道疏闢導水東南行歸閉北岸卻於河南取土修築至合頭村合入本河似望可以民安都水監與真定路官相視議夫治水者行其所無事蓋以順其性也歸閉滹沱河口截河築隄一千餘步開掘故河老岸闊六十步長三十餘里改水東南行流霖雨之時水拍兩岸截河隄堰阻逆水性新開故河止闊六十步焉能吞授千步之勢上蟠下滯必致潰決徒糜官錢空勞民力若順其自然將河北岸舊隄北之元料增添工物如法捲埽堅固修築誠爲官民便益省准補築滹沱河北岸縷水隄一十處通長一千九百一十步役夫五百名計一十六萬七百三十九工泰定四年八月七日省臣奏真定路言滹沱河水連年泛溢爲害都水監廉訪司真定路及瀕河州縣官洎耆老會議其源自五臺諸山來至平山縣王母村山口下與平定州娘子廟石泉冶河合夏秋霖雨水漲瀰漫城郭每年勞民築隄莫能除害宜自王子村辛安村鑿河長四里餘接魯家灣舊澗復開二百餘步合入冶河以分殺其勢又木方村滹沱河南岸故道疏滌三十里北岸下樁捲埽築隄捍水令東流今歲儲材九月興役期十一月功成所用石鐵石灰諸物夫匠工糧官爲供給力省功多可永無害工部議若從所請二河並治役大民勞擬先開冶河其真定路徵民夫如不敷可於鄰郡順德路差募人夫日給中統鈔一兩五錢如侵礙民田官酬其直中書省都水監差官率知水利濠寨督本路及當該州縣用工廉訪司添力成就滹河近後再議從之九月委都水監官洎本道廉訪司真定路同監督有司併工修治後真定路言閏九月五日爲始興工間據趙州臨城諸縣申天寒地凍難於用工候春煖開闢便已於十月七日放散人民部議人夫既散宜准所擬凡已給夫鈔二萬六千八百三十二錠地價錢六百三十錠

會通河

會通河起東昌路須城縣安山之西南由壽張西北至東昌又西北至于臨清以逾于御河至元二十六年壽張縣尹韓仲暉太史院令史邊源相繼建言開河置牐引汶水達舟于御河以便公私漕販省遣漕副馬之貞與源等按視地勢商度工用於是圖上可開之狀詔出楮幣一百五十萬緡米四百石鹽五萬斤以爲傭直備器用徵旁郡丁夫三萬驛遣斷事官忙速兒禮部尚書張孔孫兵部尚書李處巽等董其役首事於是年正月已亥起於須城安山之西南止於臨清之御河其長二百五十餘里中建牐三十有一度高低分遠邇以節蓄洩六月辛亥成凡役工二百五十一萬七百四十有八賜名曰會通河二十七年省以馬之貞言霖雨岸崩河道淤淺宜加修濬奏撥放罷輸運站戶三千專供其役仍俾採伐木石等以充用是後歲委都水監官一員佩分監印率令史奏差濠寨官往職巡視且督工易牐以石而視所損緩急爲後先至泰定二年始克畢事會通鎮牐三土壩二在臨清縣北頭牐長一百尺闊八十尺兩直身各長四十尺兩鴈翅各斜長三十尺高二尺牐空闊二丈自至元三十年正月一日興工凡役夫匠六百六十名至十月二十九日工畢中牐南至隘船牐三里元貞二年七月二十三日興工至大德二年三月十三日工畢夫匠四百四十三長廣與上牐同隘船牐南至李海務牐一百五十二里延祐元年八月十五日興工九月二十五日工畢夫匠五百牐空闊九尺長廣同上土壩二李海務牐南至周家店牐一十二里元貞二年二月二日興工五月二十日工畢夫匠五百二十七名長廣與會通鎮牐同周家店牐南至七級牐一十二里大德四年正月二十一日興工八月二十日工畢夫匠四百四十二長廣與上同七級牐二北牐南至南牐三里大德元年五月一日興工十月六日工畢夫匠四百四十三名長廣如周家店牐南牐南至阿城牐一十二里元貞二年正月二十日興工十月五日工畢夫匠四百五十名長廣同北牐阿城牐二北牐南至南牐三里大德三年三月五日興工七月二十八日工畢夫匠四百四十一名長廣上同南牐南至荆門北牐一十里大德二年正月二十五日興工十月一日工畢夫匠四百四十六名長廣上同荆門牐二北牐南至荆門南牐二里半大德三年六月初一日興工至十月二十五日工畢役夫三百一十名長廣同南牐南至壽張牐六十三里大德六年正月二十三日興工六月二十九日工畢長廣同北牐壽張牐南至安山牐八里至元三十一年正月一日興工五月二十日工畢安山牐南至開河牐八十五里至元二十六年建開河牐南至濟州牐一百二十四里濟州牐三上牐南至中牐三里大德元年三月十二日興工七月二十八日工畢中牐南至下牐二里至治元年三月一日興工六月六日工畢下牐南至趙村牐六里大德七年二月十三日興工五月二十一日工畢趙村牐南至石佛牐七里泰定四年二月十八日興工五月二十日工畢石佛牐南至辛店牐一十三里延祐六年二月十日興工四月二十九日工畢辛店牐南至師家店牐二十四里大德元年正月二十七日興工四月一日工畢師家店牐南至棗林牐一十五里大德二年二月三日興工五月二十三日工畢棗林牐南至孟陽泊牐九十五里延祐五年二月四日興工五月二十二日工畢孟陽泊牐南至金溝牐九十里大德八年正月四日興工五月十七日工畢金溝牐南至隘船牐一十二里大德十年閏正月二十五日興工四月二十三工畢沽頭牐二北隘船牐南至下牐二里延祐二年二月六日興工五月十五日工畢南牐南至徐州一百二十里大德十一年二月興工五月十四日工畢三汊口牐入鹽河南至土山牐一十八里泰定二年正

月十九日興工四月十三日工畢土山牐南至三汊口牐二十五里入鹽河兗州牐堈城牐延祐元年二月二十日省臣言江南行省起運諸物皆由會通河以達于都爲其河淺澀大船充塞於其中阻礙餘船不得來往每歲省臺差人巡視其所差官言始開河時止許行百五十料船近年權勢之人并富商大賈貪嗜貨利造三四百料或五百料船於此河行駕以致阻滯官民舟楫如於沽頭置小石牐一止許行百五十料船便臣等議宜依所言中書及都水監差官於沽頭置小牐一及於臨淸相視宜置牐處亦置小牐一禁約二百料之上船不許入河行運從之至治三年四月十日都水分監言會通河沛縣東金溝沽頭諸處地形高峻旱則水淺舟澀省部已准置二滾水隁近延祐二年沽頭牐上增置隘牐一以限巨舟每經霖雨則三牐月河截河土隁盡爲衝決自秋摘夫刈薪至冬水落或來歲春首修治工夫浩大動用丁夫千百束薪十萬之餘數月方完勞費萬倍又兄延祐六年雨多水溢月河土隁及石牐鴈翅日被衝嚙土石相離深及數丈其工倍多至今未完今若運金溝沽頭并隘牐三處見有石於沽頭月河內修隁牐一所更將隘牐移置金溝牐月河或沽頭牐月河內水大則大牐俱開使水得通流小則閉金溝大牐上開隘牐沽頭則閉隘牐而啟正牐行舟如此歲省修治之費亦可免丁夫冬寒入水之苦誠爲一勞永逸移文工部令委官與有司同議於是差濠寨約會濟寧路官相視就問金溝牐提領周德興言每歲夏秋霖雨衝失牐隄必候水落役夫採薪修治不下三兩月方畢冬寒水作苦不勝言會驗監察御史言延祐初元省臣亦嘗請置隘牐以限巨舟臣等議其言當請從之於是議棱板等船乃御河江淮可行之物宜遣出任其所之於金溝沽頭兩牐中置隘牐二各闊一丈以限大船若欲於通惠會通河行運者止許一百五十料違者罪之仍沒其船其大都江南權勢紅頭花船一體不許來往准擬折移沽頭隘牐置於金溝大牐之南仍作運環牐其間空地北作滾水石隁水漲即開大小三牐水落即鎖閉大牐止於隘牐通舟果有小料船及官用巨物許申禀上司權開大牐仍添金溝牐板積水以便行舟其沽頭截河土隁依例改修石堰盡除舊有土堰三道金溝牐月河內刱建滾水石堰長一百七十尺高一丈闊一丈沽頭牐月河內修截河堰長一百八十尺高一丈一尺底闊二丈上闊一丈泰定四年四月御史臺臣言巡視河道自通州至眞揚會集都水分監及瀕河州縣官民詢考利病不出兩端一曰壅決二曰經行卑職叅詳自古立國引漕皆有成式自世祖屈羣策濟萬民疏河渠引淸濟汶泗立牐節水以通燕薊江淮舟楫萬里振古所無後人篤守成規茍能舉其廢墜而已實萬世無窮之利也蓋水性流變不常久廢不修舊規漸壞雖有智者不能善後以故詳歷考視酌古準今叅會衆議輒有管見倘蒙采錄責任水監謹守勿失能事畢矣不窮利病之源頻歲差人具文巡視徒爲煩擾無益於事都水監元立南北隘牐各闊九尺二百料下船梁頭八尺五寸可以入牐愚民嗜利無厭爲隘牐所限改造減舷添倉長船至八九十尺甚至百尺皆五六百料入至牐內不能回轉動輒淺閣阻礙餘舟蓋緣隘牐之法不能限其長短今卑職至眞州問得造船作頭稱過牐船梁八尺五寸船該長六丈五尺計二百料由是叅詳宜於隘牐下岸立石則遇船入牐必須驗量長不過則然後放入違者罪之牐內舊有長船立限遣出省下都水監委濠寨官約會濟寧路委官同歷視議擬隘牐下約八十步河北立二石則中間相離六十五尺如舟至彼驗量如式方許入牐有長者罪遣退之又與東昌路官親詣議擬於元立隘牐西約一里依已定丈尺置石則驗量行舟有不依元料者罪之天歷三年三月詔諭中外都水監言世祖費國家財用開闢會通河以通漕運往來使臣下番百姓及隨從使臣各枝斡脫權勢之人到牐不候水則恃勢搥撻看牐人等頻頻啟放又漕運糧船凡遇水淺於河內築土壩積水以漸行舟以故壞牐乞禁治事命後諸王駙馬各枝往來使臣及斡脫權勢之人下番使臣等并運官糧船如到牐依舊定例啟閉若似前不候水則恃勢搥拷守牐人等勒令啟牐及河內用土築壩壞牐之人治其罪如守牐之人恃有聖旨合啟牐時故意遲延阻滯使臣客旅欺要錢物乃不畏常憲也仍令監察御史廉訪司常加體察

兗州牐

兗州牐已見前至元二十七年四月都漕運副使馬之貞言准山東東西道宣慰使司牒文相視兗州牐隁事先於至元十二年蒙丞相伯顏訪問自江淮達大都河道之貞乃言宋金以來汶泗相通河道郭都水按視可以通漕於二十年中書省奏准委兵部李尚書等開鑿擬修石牐十四二十一年省委之貞與尚監察等同相視擬修石牐八石堰二除已修畢外有石牐一石堰一堽城石堰一至今未修據濟州以南徐邳沿河捧道橋梁二十三年添立邳州水站移文沿河州縣修治已完二十三年調之貞充漕運副使委管牐接放綱船沿河捧道元無崩損去處在前年例當麻麥盛時差官修理捧道督責地主割刈麻麥并滕州開決稻隁泗源磨隁差人於呂梁百步等洪及濟州牐監督江淮綱運船隻過洪出牐不令阻滯客旅苟取錢物據新開會通并濟州汶泗相通河非自然長流河道於兗州立牐隁約泗水西流堽城立牐隁分汶水入河南會于濟州以六牐撙節水勢啟閉通放舟楫南通淮泗以入新開會通河至於通州近去歲四月江淮都漕運使司言本司糧運經濟河至東阿交割前者濟州運司不時移文瀕河官司修治捧道若有緩急處所正官取招呈省路經歷縣達魯花赤以下就便斷罪今濟州漕司革罷其河道撥屬都漕運司管領本司糧運未到東阿凡有阻滯並是本司遲慢遂南河道從此無人管領不時水勢泛溢隄岸摧塌淤滯河道又濟州牐前濟州運司正官親臨監視其押綱船戶不敢分爭即目各處官司差人管領與綱官船戶各無統攝爭要水勢及攙越過牐互相毆打以致損壞船隻浸沒官糧擬將東阿河道撥付江淮都漕運司提調管領庶幾不誤糧運都省准焉又准江淮都漕運司副使言除委官看管牐隁外據汶泗堽城二牐一隁泗河兗州牐隁濟州城南牐乃會通河上源之喉衿去歲流水衝壞堽城汶河土隁兗州泗河土隁必須移文兗州泰安州差夫修閉又被漲水衝破梁山一帶隄隁走洩水勢通入舊河以致新河水小澁糧船乞移文斷事等官轉下東平路修閉上流撥屬江淮漕運司下流屬之貞管領若已後新河水小直下濟州監牐官并泰安兗州東平修理據兗州石牐一所石隁一道堽城石牐一道合用材物已行措置完備必須修理雖初經之貞相視會計即令不隸管領乞移文江淮漕司修治其泰安州堽城安梁山一帶隄岸濟州牐等處雖是撥屬江淮漕司今後倘若水漲衝壞隄堰亦乞照會東平齊寧泰安如承文字亦仰奉行又東阿須城界安山牐爲糧船不由舊河來往江淮所委監牐官已去目今無人看管必須之貞修理以此權委人守焉

元史卷六十五

明翰林學士亞中大夫知制誥兼修國史宋　濂等修

河渠志第十七

河渠二

黃河

黃河之水其源遠而高其流大而疾其爲患於中國者莫甚焉前史載河決之患詳矣世祖至元九年七月衞輝路新鄉縣廣盈倉南河北岸決五十餘步八月又崩一百八十三步其勢未已去倉止三十步於是委都水監丞馬良弼與本路官同詣相視差丁夫併力修完之二十五年汴梁路陽武縣諸處河決二十二所漂蕩麥禾房舍委宣慰司督本路差夫脩治成宗大德三年五月河南省言河決蒲口兒等處浸歸德府數郡百姓被災差官脩築計料合脩七隄二十五處共長三萬九千九十二步總用葦四十萬四千束徑尺椿二萬四千七百二十株役夫七千九百二人武宗至大三年十一月河北河南道廉訪司言黃河決溢千里蒙害浸城郭漂室廬壞禾稼百姓已罹其毒然後訪求脩治之方而且衆議紛紜互陳利害當事者疑惑不決必須上請朝省比至議定其害滋大所謂不預已然之弊大抵黃河伏槽之時水勢似緩觀之不足爲害一遇霖潦湍浪迅猛自孟津以東土性疏薄兼帶沙滷又失導洩之方崩潰決溢可翹足而待近歲亳潁之民幸河北徙有司不能遠慮失於規畫使陂濼悉爲陸地東至杞縣三汊口播河爲三分殺其勢蓋亦有年往歲歸德大康建言相次湮塞南北二汊遂使三河之水合而爲一下流既不通暢自然上溢爲災由是觀之是自奪分泄之利故其上下決溢至今莫除即今水勢趨下有復鉅野梁山之意蓋河性遷徙無常茍不爲遠計預防不出數年曹濮濟鄆蒙害必矣今之所謂治水者徒爾議論紛紜咸無良策水監之官既非精選知河之利害者百無一二雖每年累驛而至名爲巡河徒應故事問地形之高下則懵不知訪水勢之利病則非所習既無實才又不經練乃或妄興事端勞民動衆阻逆水性翻爲後患爲今之計莫若於汴梁置都水分監妙選廉幹深知水利之人專職其任量存員數頻爲巡視謹其防護可踈者踈之可堙者堙之可防者防之職掌既專則事功可立較之河已決溢民已被害然後鹵莾脩治以勞民者烏可同日而語哉於是省令都水監議檢照大德十年正月省臣奏準腓都水監陞正三品添官二員鑄分監印巡視御

河脩缺潰疏淺澀禁民船越次亂行者今擬就令分巡提點脩治本監議黃河泛漲止是一事難與會通河有壩牐漕運分監守治爲比先爲御河添官降印兼提點黃河若使專一分監在彼則有妨御河公事況黃河已有拘該有司正官提調自今莫若分監官吏以十月往與各處官司巡視缺破會計工物督治比年終完來春分監新官至則一一交割然後代還庶不誤工部照大德九年黃河決徙逼近汴梁幾至浸沒本處官司權宜開闢董盆口分入巴河以殺其勢遂使正河水緩併趨支流緣巴河舊隘不足吞伏明年急遣蕭都水等閉塞而其勢愈大卒無成功致連年爲害南至歸德諸處北至濟寧地分至今不息本部議黃河爲害難同餘水欲爲經遠之計非用通知古今水利之人專任其事終無補益河南憲司所言詳悉今都水監別無他見止依舊例議擬未當如量設官精選廉幹奉公深知地形水勢者專任河防之職往來巡視以時疏塞庶可除害省準令都水分監官專治河患任滿交代仁宗延祐元年八月河南等處行中書省言黃河涸露舊水泊汙池多爲勢家所據忽遇泛溢水無所歸遂致爲害由此觀之非河犯人人自犯之擬差知水利都水監官與行省廉訪司同相視可以疏闢隄障比至泛溢先加脩治用力少而成功多又汴梁路睢州諸處決破河口數十內開封縣小黃村計會月隄一道都水分監脩築障水隄堰所擬不一宜委請行省官與本道憲司汴梁路都水分監官及州縣正官親歷按驗從長講議由是委太常丞郭奉政前都水監丞邊承務都水監卿朶兒只河南行省右丞本道廉訪副使站木赤汴梁判官張承直上自河陰下至陳州與拘該州縣官一同沿河相視開封縣小黃村河口測量比舊淺減六尺陳留通許太康舊有蒲葦之地後因閉塞西河塔河諸水口以便種蒔故他處連年潰決各官公議治水之道惟當順其性之自然嘗聞大河自陽武胙城由白馬河間東北入海歷年既久遷徙不常每歲泛溢兩岸時有衝決強爲閉塞正及農忙科樁梢發丁夫動至數萬所費不可勝紀其弊多端郡縣嗷嗷民不聊生蓋黃河善遷徙惟宜順下疏泄今相視上自河陰下抵歸德經夏水漲甚於常年以小黃口分洩之故並無衝決此其明驗也詳視陳州最爲低窪瀕河之地今歲麥禾不收民饑特甚欲爲拯救奈下流無可疏之處若將小黃村河口閉塞必移患鄰郡決上流南岸則汴梁被害決下流北岸則山東可憂事難兩全當遺小就大如免陳村差稅賑其饑民陳留通許太康縣被災之家依例取勘賑恤其小黃村河口乃舊通流外據脩築月隄并障水隄閉河口別難擬議於是凡汴梁所轄州縣河隄或已脩治及當疏通與補築者條列具備至五年正月河北河南道廉訪副使奧屯言近年河決杞縣小黃村口滔滔南流莫能禦遏陳潁瀕河膏腴之地浸沒百姓流散今水迫汴城遠無數里儻值霖雨水溢倉卒何以防禦方今農隙宜爲講究使水歸故道達于江淮不惟陳潁之民得遂其生竊恐將來浸灌汴城其害匪輕於是大司農司下都水監移文汴梁分監脩治自六年二月十一日興工至三月九日工畢總計北至槐疙疸兩舊隄南至窑務汴隄通長二十里二百四十三步剏脩護城隄一道長七千四百四十三步下地脩隄下廣十六步上廣四步高一丈六十尺爲一工隄東二十步外取土內河溝七處深淺高下濶狹不一計工二十五萬三千六百八十用夫八千四百五十三除風雨妨工三十日畢內流水河溝南北濶二十步水深五尺河內脩隄底濶二十四步上廣八步高一丈五尺積十二萬尺取土稍遠四十尺爲一工計三萬工用夫百人每步用大樁二計四十各長一丈二尺徑四寸每步雜草千束計二萬每步簽樁四計八十各長八尺徑三寸水手二十木匠二大船二艘棉鑁一副繩索畢備七年七月汴梁路言滎澤縣六月十一日河決塔海莊東隄十步餘橫隄兩重又缺數處二十三日夜開封縣蘇村及七里寺復決二處本省平章站馬赤親率本路及都水監官併工脩築於至治元年正月興工脩隄岸四十六處該役一百二十五萬六千四百九十四工凡用夫三萬一千四百一十三人文宗至順元年六月曹州濟陰縣河防官本縣尹郝承務言六月五日魏家道口黃河舊隄將決不可脩築以此差募民夫剏脩護水月隄東西長三百九步下濶六步高一丈又緣水勢瀚漫復於近北築月隄東西長一千餘步下廣九步其功未竟至二十一日水忽泛溢新舊三隄一時咸決明日外隄復壞急率民閉塞而湍流迅猛有蛇時出沒於中所下樁土一掃無遺又舊隄歲久多有缺壞差夫併工築成二十餘步其魏家道口缺隄東西五百餘步深二丈餘外隄缺口東西長四百餘步又磨子口護水隄低薄不足禦水東西長一千五百步魏家道口卒未易脩先差夫補築磨子口七月十六日興工二十八日工畢二十二日按視至朱從馬頭西舊隄缺壞東西長一百七十餘步計料隄外貼築五步增高一丈二尺與舊隄等上廣二步於磨子口脩隄夫內摘差三百一十人於是月二十三日入役至閏七月四日工畢郝承務又言魏家道口塼堌等村缺破隄堰累下樁土衝洗不存若復閉築緣缺隄周回皆泥淖人不可居兼無取土之處又沛郡安樂等保去歲旱災今復水澇漂禾稼壞室廬民皆缺食難於差倩其不經水害村保民人先已遍差補築黃家橋磨子口諸處隄堰似難重役如候秋涼水退倩夫脩理庶蘇民力今衝破新舊隄七處共長一萬二千二百二十八步下廣十二步上廣四步高一丈二尺計用夫六千三百四人樁九百九十葦箔一千三百二十草一萬六千五十束六十尺爲一工無風雨妨工度五十日可畢本縣準言至八月三十日差夫二千四百二十闕請郝承務督役郝承務又言九月三日興工脩築至十八日大風十九日雨二十四日復雨緣此辛馬頭孫家道口障水隄堰又壞計工役倍於元數移文本縣添差二千人同築二十六日元與武成定陶二縣分築魏家道口八百二十步脩完十月二日至辛馬頭孫家道口從實又量元缺隄南北濶一百四十步內水地五十步深者至二丈淺者不下八九尺依元料用樁箔補築至七日完又於本處剏築月隄一道西北東南斜長一千六百二十七步內武成定陶分築一百五十步實築一千四百七十七步外有元料堌頭魏家道口外隄未築卽欲興工緣冬寒土凍擬候來春併工脩理官民兩便

濟州河

濟州河者新開以通漕運也世祖至元十七年七月耿參政阿里尚書奏爲姚演言開河事令阿合馬與耆舊臣集議以鈔萬錠爲傭直仍給糧食世祖從之十八年九月中書丞相火魯火孫等奏姚總管等言請免益都淄萊寧海三州一歲賦入折傭直以爲開河之用平章阿合馬與諸老臣議以爲一歲民賦雖多較之官給傭直行之甚便遂從之十月火魯火孫等奏阿八失所開河經濟州而其地又有一河傍有民田開之甚便臣等議若開此河阿八失所管一方屯田宜移之他處不阻水勢世祖令移之十二月差奧魯赤劉都水及精算數者一人給宣差印往濟州定開河夫役令大名衛州新附軍亦往助工三十一年御史臺言膠萊海道淺澀不能行舟臺官玉速帖木兒奏阿八失所開河省遣牙亦速失來謂漕船泛河則失少泛海則損多既而漕臣褒加觧萬戶孫偉又言漕海舟疾且便右丞麥术丁又奏斡奴兀奴觧凡三移文言阿八失所開河益少損多不便轉漕水手軍人二萬舟千艘見閑不用如得之可歲漕百萬石昨奉旨候忙古觧來共議海道便則阿八失河可廢今忙古觧已自海道運糧回有一二南人自願運糧萬石已許之囊加觧孫萬戶復請用軍驗試海運省院官暨衆議阿八失河所用水手五千軍五千船千艘畀揚州省敎習漕運今擬以此水手軍人就用平灤船從利津海漕運世祖從之阿八失所開河遂廢

洺河

洺河者引洺水以通洺州城濠者也至元五年十月洺磁路言洺州城中井泉鹹苦居民食用多作疾且死者衆請疏滌舊渠置壩牐引洺水分灌洺州城濠以濟民用計會河渠東西長九百步濶六尺深三尺二尺爲工役工四百七十五民自備用器歲二次放牐且不妨漕事中書省準其言

廣濟渠

廣濟渠在懷孟路引沁水以達于河世祖中統二年提舉王允中大使楊端仁奉詔開河渠凡募夫千六百五十一人內有相合爲夫者通計使水之家六千七百餘戶一百三十餘日工畢所脩石堰長一百餘步濶三十餘步高一丈三尺石斗門橋高二丈長十步濶六步渠四道長濶不一計六百七十七里經濟源河內河陽溫武陟五縣村坊計四百六十三處渠成甚益於民名曰廣濟三年八月中書省臣忽魯不花等奏廣濟渠司言沁水渠成今已驗工分水恐久遠權豪侵奪乃下詔依本司所定水分已後諸人毋得侵奪至文宗天曆三年三月懷慶路同知阿合馬言天久亢旱夏麥枯槁秋穀種不入土民匱於食近因訪問耆老咸稱舟水澆溉近山田土居民深得其利有沁水亦可溉田中統間王學士亦爲天旱奉詔開此渠募自願人戶於大行山下沁口古蹟置分水渠口開濬大河四道歷溫陟入黃河約五百餘里渠成名曰廣濟設官提調遇旱則官爲斟酌驗工多寡分水澆溉濟源河內河陽溫武陟五縣民田三千餘頃咸受其賜二十餘年後因豪家截河起堰立碾磨壅遏水勢又經霖雨渠口淤塞隄堰頹圮河渠司尋亦革罷有司不爲整治因致廢壞今五十餘年分水渠口及舊渠蹟俱有可考若蒙依前浚治引水溉田於民大便可令河陽河內濟源溫武陟五縣使水人戶自備工力疏通分水渠口立牐起堰仍委諳知水利之人

多方區畫遇旱視水緩急撒牐通流驗工分水以灌溉若霖雨泛漲閉牐退還正流禁治不得截水置碾磨栽種稻田如此則澇旱有備民樂趨利請移文孟州河內武陟縣委官講議夆據孟州等處申親詣沁口諮詢耆老言舊日沁水正河內築土堰遮水入廣濟渠岸北雖有減水河道不能吞伏後值霖雨蕩没田禾以此堵閉今若枋口上連土岸及於浸水正河置立石堰與枋口相平如遇水溢閉塞牐口使水漫流石堰復還本河又從減水河分殺其勢如此庶不爲害約會河陽武陟縣尹與耆老等議若將舊廣濟渠依前開濬減水河亦增開深濶禁安磨碾設立牐堰自下使水遇旱放牐澆田值澇閉牐退水公私便益懷慶路備申工部牒都水監回文本路委官相視施行

三白渠

京兆舊有三白渠自元伐金以來渠堰缺壞土地荒蕪陝西之人雖欲種蒔不獲水利賦稅不足軍興乏用太宗之十二年梁泰奏請差撥人戶牛具一切種蒔等物脩成渠堰比之旱地其收數倍所得糧米可以供軍太宗準奏就令梁泰佩元降金牌充宣差規措三白渠使郭時中副之直隸朝廷置司於雲陽縣所用種田戶及牛畜別降旨付塔海紺不於軍前應副是月敕諭塔海紺不近梁泰奏脩三白渠事可於汝軍前所獲有妻少壯新民量撥二千戶及木工二十人官牛內選肥腯齒小者一千頭內乳牛三百以畀梁泰等如不敷於各千戶百戶內貼補限今歲十一月內交付數足趁十二月入工其耕種之人所收之米正爲接濟軍糧如發遣人戶之時或闕少衣裝於各千戶百戶內約量支給差軍護送出境沿途經過之處亦爲防送毋致在逃走逸驗路程給以行糧大口一升小者半之

洪口渠

洪口渠在奉元路英宗至治元年十月陝西屯田府言自秦漢至唐宋年例八月差使水戶自涇陽縣西仲山下截河築洪堰改涇水入白渠下至涇陽縣北白公斗分爲三限并平石限蓋五縣分水之要所北限入三原櫟陽雲陽中限入高陵南限入涇陽澆溉官民田七萬餘畝近至大三年陝西行臺御史王承德言涇陽洪口展脩石渠爲萬世之利由是會集奉元路三原涇陽臨潼高陵諸縣洎涇陽渭南櫟陽諸屯官及耆老議如準所言展脩石渠八十五步計四百二十五尺深二丈廣一丈五尺計用石十二萬七千五百尺人日採石積方一尺工價二兩五錢石工二百丁夫三百金火匠二用火焚水淬日可鑿石五百尺二百五十五日工畢官給其糧食用具丁夫就役使水之家顧匠備直使水戶均出陝西省議計所用錢糧不及二年之費可謂一勞永逸准所言便都省準委屯田府達魯花赤只里赤督工自延祐元年二月十日發夫匠入役至六月十九日委官言石性堅厚鑿僅一丈水泉湧出近前續展一十七步石積二萬五千五百尺添夫匠百人日鑿六百尺二百四十二日可畢文宗天曆二年三月屯田總管兼管河渠司事郭嘉議言去歲六月三日驟雨涇水泛漲元脩洪堰及小龍口盡圮水歸涇白渠內水淺爲此計用十四萬九千五百十一工役丁夫一千六百度九十三日畢於使水戶內差撥每夫就持麻一斤鐵一斤繫囤取泥索各一長四十尺草苫一長七尺厚二寸陝西省準屯田府照洪口自秦至宋一百二十激經由三限自涇陽下至臨潼五縣分流澆溉民田七萬餘頃驗田出夫千六百人自八月一日脩堰至十月放水溉田以爲年例近因奉元亢旱五載失稔人皆相食流移疫死者十七八令差夫又合就出用物實不能辦集竊詳涇陽水利雖分三限引水溉田緣三原等縣地理遙遠不能依時周遍涇陽北近俱在上限并南限中限用水最便今次脩堰除見在戶依例差役其逃亡之家合出夫數宜令涇陽縣近限水利戶添差一人官日給米一升併工脩治省準出鈔八百錠委燿州同知李承事洎本府總管郭嘉議及各處正官計工役照時直糴米給散李承事督夫修築至十一月十六日畢

揚州運河

運河在揚州之北宋時嘗設軍疏滌世祖取宋之後河漸壅塞至元末年江淮行省嘗以爲言雖有旨濬治有司奉行未見實効仁宗延祐四年十一月兩淮運司言鹽課甚重運河淺澀無源止仰天雨請加修治明年二月中書移文河南省選官洎運司有司官相視會計工程費用於是河南行省委都事張奉政及淮東道宣慰司官運司官會州縣倉場官徧歷巡視集議河長二千三百五十里有司差瀕河有田之家顧倩丁夫開脩一千八百六十九里倉場鹽司不妨辦課協濟有司開脩四百八十二里運司言近歲課額增多而船竈戶日益貧苦宜令有司通行脩治省減官錢省臣奏準諸色戶內顧募丁夫萬人日支鹽糧錢二兩計用鈔二萬錠於運司鹽課及減駁船錢內支用差官與都水監河南行省淮東宣慰司官專董其事廉訪司體察樞密院遣官鎮遏乘農隙併工疏治

練湖

練湖在鎮江元有江南之後豪勢之家於湖中築堤圍田耕種侵占既廣不足受水遂致泛溢世祖末年參政暗都剌奏請依宋例委人提調疏治其侵占者驗畝加賦至治三年十二月省臣奏江浙行省言鎮江運河全藉練湖之水爲上源官司漕運供億京師及商賈販載農民來往其舟楫莫不由此宋時專設人夫以時脩濬練湖瀦蓄潦水若運河淺阻開放湖水一寸則可添河水一尺近年淤淺舟楫不通凡有官物差民運遞甚爲不便委官相視疏治運河自鎮江路至呂城壩長百三十一里計役夫萬五百十三人六十日可畢又用三千餘人浚滌練湖九十日可完人日支糧三升中統鈔一兩行省行臺分官監督所用船物今歲預備來春興工合行事宜依江浙行省所擬既得旨都省移文江浙行省委參政董中奉率合屬正官親臨督役於是董中奉言所委前都水少監崇明州知州任奉政鎮江路總管毛中議等議練湖運河此非一事宜依假山諸湖農民取泥之法用船千艘船三人用竹籥撈取淤泥日可三載月計九萬載三月之間通取二十七萬載就用所取泥增築湖岸自鎮江在城程公壩至常州武進縣呂城壩河長百三十一里一百四十六步擬開河面濶五丈底濶三丈深四尺與見有水二尺可積深六尺所役夫於平江鎮江常州江陰州又建康路所轄溧陽州田多上戶內差倩若濬湖開河二役並與卒難辦集宜趁農隙先開運河工畢就濬練湖省準所言與都事王徵事等於泰定元年正月至鎮江丹陽縣洎各監工官沿湖相視上湖沙岡黃土下湖茭根叢雜泥亦堅硬不可篰取又議兩役並興相離三百餘里往來監督供給爲難願以所督夫一萬三千五百十二人先開運河期四十七日畢次濬練湖二十日可完繼有江南行臺侍御史及浙西廉訪司副使俱至乃議首事運河備文咨稟遂於是月十七日入役二月十八日省臣奏開濬運河練湖重役也宜依行省所議仍令便宜從事後各監工官言已分運河作三壩依元料深濶丈尺開浚至三月四日工畢數內平江崑山嘉定二州實役二十六日常熟吳江二州長州吳縣實役二十八日餘皆役三十日已於三月七日積水行舟又監脩練湖官言任奉議指劃元料增築堤堰及舊有土基共增濶一丈二尺平面至高底難脚增築共量斜高二丈五尺依中堰西石磋東舊堤臥羊灘脩築如舊堤高濶已及所料之上者遇有崩缺脩築令完中堰西石磋至五百婆堤西上增高土一尺有缺亦補之五百婆堤至馬林橋堤水勢稍緩不須脩治其堤底間有滲漏者窒塞之三月六日破土九日入役至十一日工畢實役三日歸勘任少監元料開運河夫萬五百十三人六十日畢濬練湖夫三千人九十日畢人日支鈔一兩米三升共該鈔萬八千一十四錠二十兩米二萬七千二十一石六斗實徵夫萬三千五百十二人共役三十三日支鈔八千六百七十九錠三十六兩糧萬三千十九石五斗八升比附元料省鈔九千三百三十四錠三十四兩糧萬四千二石二升其練湖未畢相視地形水勢再議參政董中奉又言練湖舊有湖兵四十三人添補五十七名共百人於本路州縣苗糧三石之下二石之上差充專任脩築湖岸設提領二員壕寨二人司吏三人於有出身人內選用工部議練湖所設提領人等印信仰同湖兵宜咨本省遍行議擬又鎮江路言運河練湖今已開濬若不設法關防徒勞民力除關本路達魯花赤兀魯失海牙總治其事同知哈散知事程郇專管啟閉斗門行省從之

吳松江

浙西諸山之水受之太湖下爲吳松江東匯澱山湖以入海而潮汐來往逆湧濁沙上湮河口是以宋時設置撩洗軍人專掌脩治元既平宋軍士罷散有司不以爲務勢豪租占爲蕩爲田州縣不得其人輒行許準以致湮塞不通公私俱失其利久矣至治三年江浙省臣方以爲言就委嘉興路治中高朝列湖州路知事丁將仕同本處正官體究舊曾疏濬通海故道及新生沙漲礙水處所商度開滌圖呈據丁知事等官按視講究合開濬河道五十五處內常熟州九處十三段該工百三十二萬一千五百六十二崑山州十一處九十五里用工二萬七千四日役夫四百五十六宜於本州有田一頃之上戶內驗田多寡算量里步均派自備糧赴功疏濬正月上旬興工限六十日工畢二年一次舉行嘉定州三十五處五百三十八里該工百二十六萬七千五十九日支糧一升計米萬二千六百七十石九升五斗日役夫二萬一千一百一十七六十日畢工程浩大米糧數多乞依年例勸率附河有田用水之家自備口糧佃戶傭力開濬奈本州連年被災今歲尤甚力有不逮宜從上司區處高治中會集松江府各州縣官按視議合

濬河渠華亭縣九處計五百二十八里該工九百六十八萬四千八百八十二役夫十六萬一千四百一十四人日支糧二升計米十九萬三千六百九十七石六斗四升上海縣十四處計四百七十一里該工千二百三十六萬八千五十二日役夫二萬六千一百三十四人日支糧二升計二十四萬七千三百六十一石四升六十日工畢官給之糧傭民疏治如下年豐稔勸率有田之家五十畝出夫一人十畝之上驗數合出止於本保開濬其權勢之家置立魚斷并沙塗栽葦者依上出夫其上海嘉定連年旱澇皆緣河口湮塞旱則無以灌漑澇則不能流洩累致凶歉官民俱病至元三十年以後兩經疏闢稍得豐稔比年又復壅閉勢家愈加租占雖得徵賦實失大利上海縣歲收官糧一十七萬石民糧三萬餘石畧舉似延祐七年災傷五萬八千七百餘石至治元年災傷四萬九千餘石二年十萬七千餘石水旱連年殆無虛歲不惟虧欠官糧復有賑貸之費近委官相視地形講議疏濬其通海大江未易遽治舊有河港聯絡官民田土之間藉以灌漑者今皆填塞必須疏通以利耕種欲今有田人戶自爲開濬而工役浩繁民力不能獨成由是議上海嘉定河港宜令本處所管軍民站竈僧道諸色有田者以多寡出夫自備糧脩治州縣正官督役其豪勢租占蕩田妨水利者並與除闢本處民田稅糧全免一年官租減半今秋收成下年農隙舉行行省行臺廉訪司官巡鎮外據華亭崑山常熟州河港比上海嘉定緩急不同難爲一體從各處勸農正官督有田之家備糧併工脩治若遽興工陰陽家言癸亥年動土有忌預爲咨稟可否至泰定元年十月十九日右丞相旭邁傑等奏江浙省言吳松江等處河道壅塞宜爲疏滌仍立牐以節水勢計用四萬餘人今歲十二月爲始至正月終六十日可畢用二萬餘人二年可畢其丁夫於旁郡諸色戶內均差依練湖例給備直糧食行省行臺廉訪司并有司官同提調臣等議此事官民兩便宜從其請若丁夫有餘止令一年畢命脫歡荅剌罕諸臣同提調專委左丞朶兒只班及前都水任少監董役得旨移文行省準擬疏治江浙省下各路發夫入役至二年閏正月四日工畢

澱山湖

太湖爲淛西巨浸上受杭湖諸山之水瀦蓄之餘分匯爲澱山湖東流入海世祖末年參政暗都剌言此湖在宋時委官差軍守之湖旁餘地不許侵占常疏其壅塞以洩水勢今既無人管領遂爲勢豪絕水築隄繞湖爲田湖狹不足瀦蓄每遇霖潦泛溢爲害昨本省官忙古觪等興言疏治因受曹總管金而止張參議潘應武等相繼建言識者咸以爲便臣等議此事可行無疑然雖軍民相參選委廉幹官提督行省山住子行院董八都兒子行臺哈剌解今親詣相視會計合用軍夫擬稟世祖曰利益美事舉行已晚其行之既而平章鐵哥言委官相視計用夫十二萬百日可畢昨奏軍民共役今民丁數多不須調軍世祖曰有損有益咸令均齊毋自疑惑其均科之至元三十一年世祖崩成宗即位平章鐵哥奏太湖澱山湖昨嘗奏過先帝差倩民夫二十萬疏掘已畢今諸河日受兩潮漸致沙漲若不依舊宋例令軍屯守必致坐隳成功臣等議常時工役撥軍樞府猶且悋惜屯守河道用軍八千必辭不遣澱山湖圍田賦糧二萬石就以募民夫四千調軍士四千與同屯守立都水防田使司職掌收捕海賊脩治河渠圍田命伯顏察兒暨樞密院議畢聞奏於是樞府言嘗奏澱山湖在宋時設軍屯守范殿帥朱張輩必知其故擬與省官集議定稟奏有旨從之乃集樞府官及范殿帥等兵議朱張言宋時屯守河道用手號軍大處千人小處不下三四百隸巡檢司管領范殿帥言差夫四千非動搖四十萬戶不可若令五千軍屯守就委萬戶一員提調事或可行臣等亦以爲然與都水巡防萬戶府職名俾隸行院樞府官又言若與知源委之人詢其詳候至都定議從之

鹽官州海塘

鹽官州去海岸三十里舊有捍海塘二後又添築鹹塘在宋時亦嘗崩陷成宗大德三年塘岸崩都省委禮部郎中游中順洎本省官相視虛沙復漲難於施力至仁宗延祐已未庚申間海汛失度累壞民居陷地三十餘里其時省憲官共議宜於州後北門添築土塘然後築石塘東西長四十三里後以潮汐沙漲而止至泰定即位之四年二月間風潮大作衝捍海小塘壞州郭四里杭州路言與都水庸田司議欲於北地築塘四十餘里而工費浩大莫若先脩鹹塘增其高闊填塞溝港且濬深近北備塘濠塹用樁密釘庶可護禦江潮省準下本路脩治都水庸田司又言宜速差丁夫當水入衝堵閉其不敷工役於仁和錢塘及嘉興附近州縣諸色人戶內斟酌差倩即目淪沒不已旦夕誠爲可慮工部議海岸崩摧重事也宜移文江浙行省督催庸田使司鹽運司及有司發丁夫脩治毋致侵犯城郭貽害居民五月五日平章禿滿迭兒茶乃史參政等奏江浙省四月內潮水衝破鹽官州海岸令庸田司官徵夫脩堵又令僧人誦經復差人令天師致祭臣等集議世祖時海岸嘗崩遣使命天師祈祀潮即退今可令直省舍人伯顏奉御香令天師依前例祈祀制曰可既而杭州路又言八月以來秋潮洶湧水勢愈大見築沙地塘岸東西八十餘步造木櫃石囤以塞其要處本省左丞相脫歡等議安置石囤四千九百六十抵禦鏤嚙以救其急擬比淛江立石塘可爲久遠計工物用鈔七十九萬四千餘錠糧四萬六千三百餘石接續興脩致和元年三月省臣奏江淛省并庸田司官脩築海塘作竹籧篨內實以石鱗次壘疊以禦潮勢今又淪陷入海見圖脩治儻得堅久之策移文具報臣等集議此重事也旦夕駕幸上都分官扈從不得圓議今差戶部尚書李家奴工部尚書李嘉賓樞密院屬衞指揮青山副使洪灝宣政僉院南哥班與行省左丞相脫歡及行臺行宣政院庸田使司諸臣會議脩治之方合用軍夫除戍守州縣關津外酌量差撥從便添支口糧合役丁力附近有田之民及僧道也里可溫荅失蠻等戶內點倩凡工役之時諸人毋或沮壞違者罪之合行事務提調官移文稟奏施行有旨從之四月二十八日朝廷所委官洎行省臺院及庸田司等官議大德延祐欲建石塘未就泰定四年春潮水異常增築土塘不能抵禦議置板塘以水湧難施工遂作籧篨木櫃間有漂沉欲踵前議疊石塘以圖久遠爲地脉虛浮比定海淛江海鹽地形水勢不同由是造石囤於其壞處疊之以救目前之急已置石囤二十九里餘不曾崩陷畧見成效庸田司與各路官同議東西接壘石囤十里其六十里塘下舊河就取土築塘鑿東山之石以備崩損文宗天曆元年十一月都水庸田司言八月十日至十九日正當大汛潮勢不高風平水穩十四日祈請天妃入廟自本州嶽廟東海北護岸鱗鱗相接十五日至十九日海岸沙漲東西長七里餘南北廣或三十步或數十百步漸見南北相接西至石囤已及五都脩築捍海塘與鹽塘相連直抵巖門障禦石囤東至十一都六十里塘東至東大尖山嘉興平湖三路所脩處海口自八月一日至二日探海二丈五尺至十九日二十日探之先二丈者今一丈五尺先一丈五尺者今一丈西自六都仁和縣界赭山雷山爲首添漲沙塗已過五都四都鹽官州廊東西二都沙土流行水勢俱淺二十日復巡視自東至西岸脚漲沙比之八月十七日漸增高闊二十七日至九月四日大汛本州嶽廟東西水勢俱淺漲沙東過錢家橋海岸元下石囤木植並無頹圮水息民安於是改鹽官州曰海寧州

龍山河道

龍山河在杭州城外歲久淤塞武宗至大元年江淛省令史裴堅言杭州錢塘江近年以來爲沙塗壅漲潮水遠去離北岸十五里舟楫不能到岸商旅往來募夫搬運十七八里使諸物翔湧生民失所遞運官物甚爲煩擾訪問宋時並江岸有南北古河一道名龍山河今淛江亭南至龍山牐約一十五里糞壤填塞兩岸居民間有侵占迹其形勢宜改脩運河開掘沙土對牐搬載直抵淛江轉入兩處市河免擔負之勞生民獲惠省下杭州路相視錢塘縣城南上隅龍山河至橫河橋委係舊河居民侵占起建房屋若疏通以接運河公私大便計工十五萬七千五百六十六日役夫五千二百五十二度可三十日畢所役夫於本路錄事司仁和錢塘縣富實之家差倩就持筐檐鍬鑁應役人日支官糧二升該米三千一百五十一石三斗二升河長九里三百六十二步造石橋八立上下二牐計用鈔一百六十三錠二十三兩四錢七分七釐省準咨請丞相脫脫總治其事於仁宗延祐三年三月七日興工至四月十八日工畢

元史卷六十六

元史卷六十七

明翰林學士亞中大夫知制誥兼脩國史宋　濂等修

河渠志第十七下

河渠二

黃河

至正四年夏五月大雨二十餘日黃河暴溢水平地深二丈許北決白茅隄六月又北決金隄並河郡邑濟寧單州虞城碭山金鄉魚臺豐沛定陶楚丘武城以至曹州東明鉅野鄆城嘉祥汶上任城等處皆罹水患民老弱昏墊壯者流離四方水勢北侵安山沿入會通運河

延袤濟南河間將壞兩漕司鹽場妨國計甚重省臣以聞朝廷患之遣使體量仍督大臣訪求治河方畧九年冬脫脫既復爲丞相慨然有志於事功論及河決卽言于帝請躬任其事帝嘉納之乃命集羣臣議廷中而言人人殊唯都漕運使賈魯昌言必當治先是魯嘗爲山東道奉使宣撫首領官循行被水郡邑具得脩捍成策後又爲都水使者奉旨詣河上相視驗狀爲圖以二策進獻一議脩築北隄以制橫潰其用功省一議疏塞並舉挽河使東行以復故道其功費甚大至是復以二策對脫脫韙其後策議定乃薦魯于帝大稱旨十一年四月初四日下詔中外命魯以工部尚書爲總治河防使進秩二品授以銀印發汴梁大名十有三路民十五萬人廬州等戍十有八翼軍二萬人供役一切從事大小軍民咸稟節度便宜興繕是月二十二日鳩工七月疏鑿成八月決水故河九月舟楫通行十一月水土工畢諸埽諸隄成河乃復故道南匯于淮又東入于海帝遣貴臣報祭河伯召魯還京師論功超拜榮祿大夫集賢大學士其宣力諸臣遷賞有差賜丞相脫脫世襲答剌罕之號特命翰林學士承旨歐陽玄製河平碑文以旌勞績玄旣爲河平之碑又自以爲司馬遷班固記河渠溝洫僅載治水之道不言其方使後世任斯事者無所考則乃從魯訪問方畧及詢過客質吏牘作至正河防記欲使來世罹河患者按而求之其言曰治河一也有疏有濬有塞三者異焉釃河之流因而導之謂之疏去河之淤因而深之謂之濬抑河之暴因而扼之謂之塞疏濬之別有四曰生地曰故道曰河身曰減水河生地有直有紆因直而鑿之可就故道故道有高有卑高者平之以趨卑高卑相就則高不壅卑不瀦慮夫壅生潰瀦生堙也河身者水雖通行身有廣狹狹難受水水溢悍故狹者以計闢之廣難爲岸岸善崩故廣者以計禦之減水河者水放曠則以制其狂水隳突則以殺其怒治隄一也有剏築修築補築之名有刺水隄有截河隄有護岸隄有縷水隄有石船隄治埽一也有岸埽水埽有龍尾攔頭馬頭等埽其爲埽臺及推卷牽制薶掛之法有用土用石用鐵用草用木用杙用絙之方塞河一也有缺口有豁口有龍口缺口者已成川豁口者舊常爲水所豁水退則口下於隄水漲則溢出於口龍口者水之所會自新河入故道之潨也此外不能悉書因其用功之次第而就述於其下焉其濬故道深廣不等通長二百八十里百五十四步而強功始自白茅長百八十二里繼自黃陵岡至南白茅闢生地十里口初受廣百八十步深二丈有二尺已下停廣百步高下不等相折深二丈及泉曰停曰折者用古算法因此推彼知其勢之低昂相準折而取勻停也南白茅至劉莊村接入故道十里通折墾廣八十步深九尺劉莊至專固百有二里二百八十步通折停廣六十步深五尺專固至黃固墾生地八里面廣百步底廣九十步高下相折深丈有五尺黃固至哈只口長五十一里八十步相折停廣墾六十步深五尺乃濬凹里減水河通長九十八里百五十四步凹里村缺河口生地長三里四十步面廣六十步底廣四十步深一丈四尺自凹里生地以下舊河身至張贊店長八十二里五十四步上三十六里墾廣二十步深五尺中三十五里墾廣二十八步深五尺下十里二百四十步墾廣二十六步深五尺張贊店至楊青村接入故道墾生地十有三里六十步面廣六十步底廣四十步深一丈四尺其塞專固缺口脩隄三重并補築凹里減水河南岸豁口通長二十里三百十有七步其剏築河口前第一重西隄南北長三百三十步面廣二十五步底廣三十三步樹置樁橛實以土牛草葦雜稍相兼高丈有三尺隄前置龍尾大埽言龍尾者伐大樹連稍繫之隄旁隨水上下以破嚙岸浪者也築第二重正隄并補兩端舊隄通長十有一里三百步缺口正隄長四里兩隄相接舊隄置樁堵閉河身長百四十五步用土牛草葦稍土相兼脩築底廣三十步脩高二丈其岸上土工脩築者長三里二百十有五步有奇高廣不等通高一丈五尺補築舊隄者長七里三百步表裏倍薄七步增卑六尺計高一丈築第三重東後隄并接脩舊隄高廣不等通長八里補築凹里減水河南岸豁口四處置樁木草土相兼長四十七步於是塞黃陵全河水中及岸上脩隄長三十六里百三十六步其脩大隄刺水者二長十有四里七十步其西復作大隄刺水者一長十有二里百三十步內剏築岸上土隄西北起李八宅西隄東南至舊河岸長十里百五十步顚廣四步趾廣三之高丈有五尺仍築舊河岸至入水隄長四百三十步趾廣三十步顚殺其六之一接脩入水兩岸埽隄並行作西埽者夏人水工徵自靈武作東埽者漢人水工徵自近畿其法以竹絡實以小石每埽不等以蒲葦綿腰索徑寸許者從鋪廣可一二十步長可二三十步又以曳埽索綯徑三寸或四寸長二百餘尺者衡鋪之相間復以竹葦麻檾大繂長三百尺者爲管心索就繫綿腰索之端於其上以草數千束多至萬餘勻布厚鋪於綿腰索之上橐而納之丁夫數千以足踏實推卷稍高卽以水工二人立其上而號於衆衆聲力舉用小大推梯推卷成埽高下長短不等大者高二丈小者不下丈餘又用大索或互爲腰索轉致河濱選健丁操管心索順埽臺立踏或掛之臺中鐵猫大橛之上以漸縋之下水埽後掘地爲渠陷管心索渠中以散草厚覆築之以土其上復以土牛雜草小埽稍土多寡厚薄先後隨宜修疊爲埽臺務使牽制上下縝密堅壯互爲犄角埽不動搖日力不足火以繼之積累旣畢復施前法卷埽以厭先下之埽量水淺深制埽厚薄疊之多至四埽而止兩埽之間置竹絡高二丈或三丈圍四丈五尺實以小石土牛旣滿繫以竹纜其兩旁並埽密下大樁就以竹絡上大竹腰索繫於樁上東西兩埽及其中竹絡之上以草土等物築爲埽臺約長五十步或百步再下埽卽以竹索或麻索長八百尺或五百尺者一二雜廁其餘管心索之間俟埽入水之後其餘管心索如前薶掛隨以管心長索遠置五七十步之外或鐵猫或大樁曳而繫之通管束累日所下之埽再以草土等物通修成隄又以龍尾大埽密掛於護隄大樁分析水勢其隄長二百七十步北廣四十二步中廣五十五步南廣四十二步自顚至趾通高三丈八尺其截河大隄高廣不等長十有九里百七十七步其在黃陵北岸者長十里四十一步築岸上土隄西北起東西故隄東南至河口長七里九十七步顚廣六步趾倍之而強二步高丈有五尺接脩入水施土牛小埽稍草雜土多少厚薄隨宜脩疊及下竹絡安大樁繫龍尾埽如前兩隄法唯脩疊埽臺增用白闌小石并埽上及前游脩埽隄一長百餘步直抵龍口稍北攔頭三埽並行埽大隄廣與刺水二隄不同通前列四埽間以竹絡成一大隄長二百八十步北廣百一十步其顚至水面高丈有五尺水面至澤腹高二丈五尺通高三丈五尺中流廣八十步其顚至水面高丈有五尺水面至澤腹高五丈五尺通高七丈並剏築縷水橫隄一東起北截河大隄西抵西刺水大隄又一隄東起中刺水大隄西抵西刺水大隄通長二里四十二步亦顚廣四步趾三之高丈有二尺脩黃陵南岸長九里百六十步內剏岸土隄東北起新補白茅故隄西南至舊河口高廣不等長八里二百五十步乃入水作石船大隄蓋由是秋八月二十九日乙巳道故河流先所脩北岸西中刺水及截河三隄猶短約水尚少力未足恃決河勢大南北廣四百餘步中流深三丈餘益以秋漲水多故河十之八兩河爭流近故河口水刷岸北行洄漩湍激難以下埽且埽行或遲恐水盡湧入決河因淤故河前功遂隳魯乃精思障水入故河之方以九月七日癸丑逆流排大船二十七艘前後連以大桅或長樁用大麻索竹絙絞縛綴爲方舟又用大麻索竹絙用船身繳繞上下令牢不可破乃以鐵猫於上流硾之水中又以竹絙絕長七八百尺者繫兩岸大橛上每絙或硾二舟或三舟使不得下船腹畧鋪散草滿貯小石以合子板釘合之復以埽密布合子板上或二重或三重以大麻索縛之急復縛橫木三道於頭桅皆以索維之用竹編笆夾以草石立之桅前約長丈餘名曰水簾桅復以木楮拄使簾不偃仆然後選水工便捷者每船各二人執斧鑿立船首尾岸上撾鼓爲號鼓鳴一時齊鑿須臾舟穴水入舟沉遏決河水怒溢故河水暴增卽重樹水簾令後復布小埽土牛白闌長稍雜以草土等物隨以塡垛以繼之石船下詣實地出水基趾漸高復卷大埽以壓之前船勢畧定尋用前法沉餘船以竟後功昏曉百刻役夫分番甚勞無少間斷船隄之後草埽三道並舉中置竹絡盛石並埽置樁繫纜四埽及絡一如脩北截水隄之法第以中流水深數丈用物之多施工之大數倍他隄船隄距北岸纔四五十步勢迫東河流峻若自天降深淺叵測於是先卷下大埽約高二丈者或四或五始出水面脩至河口一二十步用工尤艱薄龍口喧豗猛疾勢撼埽基陷裂欹傾俄遠故所觀者股弁衆議騰沸以爲難合然勢不容已魯神色不動機解捷出進官吏工徒十餘萬人日加奬諭辭旨懇至衆皆感激赴功十一月十一日丁巳龍口遂合決河絕流故道復通又於隄前通卷攔頭埽各一道多者或三或四前埽出水管心大索繫前埽硾後闌頭埽之後後埽管心大索亦繫小埽硾前闌頭埽之前後先羈縻以鋼其勢又於所交索上及兩埽之間壓以小石白闌土牛草土相半厚薄多寡相勢措置埽隄之後自南岸復脩一隄抵已閉之龍口長二百七十步船隄四道成隄用農家塲圃之具曰轆軸者穴石立木如比櫛薶前埽之旁每步置一轆軸以橫木貫其後又穴石以徑二寸餘麻索貫之繫橫木上密掛龍尾大埽使夏秋潦水冬春凌箄不得肆力於岸此隄接北岸截河大隄長二百七十步南廣百二十步顚至水面高丈有七尺水面至澤腹高四丈二尺中流廣八十步顚至水面

高丈有五尺水面至澤腹高五丈五尺通高七丈仍治南岸護隄埽一道通長百三十步南岸護岸馬頭埽三道通長九十五步脩築北岸隄防高廣不等通長二百五十四里七十一步白茅河口至板城補築舊隄長二十五里二百八十五步曹州板城至英賢村等處高廣不等長一百三十三里二百步稍岡至碭山縣增培舊隄長八十五里二十步歸德府哈只口至徐州路三百餘里脩完缺口一百七處高廣不等積脩計三里二百五十六步亦思剌店縷水月隄高廣不等長六里三十步其用物之凡椿木大者二萬七千榆柳雜稍六十六萬六千帶稍連根株者三千六百藁秸蒲葦雜草以束計者七百三十三萬五千有奇竹竿六十二萬五千葦蓆十有七萬二千小石二千艘繩索小大不等五萬七千所沉大船百有二十鐵纜三十有二鐵猫三百三十有四竹篾以斤計者十有五萬硾石三千塊鐵鑽萬四千二百有奇大釘三萬三千二百三十有二其餘若木龍蠶椽木麥稭扶椿鐵叉鐵吊枝麻搭火鉤汲水貯水等具皆有成數官吏俸給軍民衣糧工錢醫藥祭祀賑恤驛置馬乘及運竹木沉船渡船下椿等工鐵石竹木繩索等匠傭貲兼以和買民地爲河併應用雜物等價通計中統鈔百八十四萬五千六百三十六錠有奇魯嘗有言水工之功視土工之功爲難中流之功視河濱之功爲難決河口視中流又難北岸之功視南岸爲難用物之效草雖至柔柔能狎水水漬之生泥泥與草并力重如碇然維持夾輔纜索之功實多蓋由魯習知河事故其功之所就如此玄之言曰是役也朝廷不惜重費不吝高爵爲民辟害脫脫能體上意不憚焦勞不恤浮議爲國拯民魯能竭其心思智計之巧乘其精神膽氣之壯不惜劬瘁不畏譏評以報君相知人之明宜悉書之使職史氏者有所考證也先是歲庚寅河南北童謠云石人一隻眼挑動黃河天下反及魯治河果於黃陵岡得石人一眼而汝潁之妖寇乘時而起議者往往以謂天下之亂皆由賈魯治河之役勞民動衆之所致殊不知元之所以亡者實基於上下因循狃於宴安之習紀綱廢弛風俗偸薄其致亂之階非一朝一夕之故所由來久矣不此之察乃獨歸咎於是役是徒以成敗論事非通論也設使賈魯不興是役天下之亂詎無從而起乎今故具錄玄所記庶來者得以詳焉

蜀堰

江水出蜀西南徼外東至于岷山而禹導之秦昭王時蜀太守李冰鑿離堆分其江以灌川蜀民用以饒歷千數百年所過衝薄蕩齧又大爲民患有司以故事歲治隄防凡一百三十有三所役兵民多者萬餘人少者千人其下猶數百人役凡七十日不及七十日雖事治不得休息不役者日出三緡爲庸錢由是富者屈於貲貧者屈於力上下交病會其費歲不下七萬緡大抵出於民者十九藏于吏而利之所及不足以償其費矣元統二年僉四川肅政廉訪司事吉當普巡行周視得要害之處三十有二餘悉罷之召灌州判官張弘計曰若甃之以石則歲役可罷民力可蘇矣弘曰公慮及此生民之福國家之幸萬世之利也弘遂出私錢試爲小堰堰成水暴漲而堰不動乃具文書會行省及蒙古軍七翼之長郡縣守宰下及鄉里之老各陳利害咸以爲便復禱于冰祠卜之吉於是徵工發徒以仍改至元元年十有一月朔日肇事于都江堰卽禹鑿之處分水之源也鹽井關限其西北水西關據其西南江南北皆東行北舊無江水鑿以辟沫水之害中爲都江堰少東爲大小釣魚又東跨二江爲石門以節北江之水又東爲利民臺臺之東南爲侍郞楊柳二堰其水自離堆分流入于南江南江東至鹿角又東至金馬口又東道大安橋入于成都俗稱大皁江江之正源也北江少東爲虎頭山爲鬬雞臺臺有水則以尺畫之凡十有一水及其九其民喜過則憂沒其則則困又書深淘灘高作堰六字其旁爲治水之法皆冰所爲也又東爲離堆又東過凌虛步雲二橋又東至三石洞釃爲二渠其一自上馬騎東流過郫入于成都古謂之外江此冰所穿二江也南江自利民臺有支流東南出萬工堰又東爲駱駝又東爲碓口繞青城而東鹿角之北涯有渠曰馬灞東流至成都入于南江渠東行二十餘里水決其南涯四十有九每歲疲民力以塞之乃自其北涯鑿二渠與楊柳渠合東行數十里復與馬灞渠會而渠成安流自金馬口之西鑿二渠合金馬渠東南入于新津江罷藍淀黃水千金白水新興至三利十二堰北江三石洞之東爲外應顏上五斗諸堰外應顏上之水皆東北流入于外江五斗之水南入馬灞渠皆內江之支流也外江東至崇寧亦爲萬工堰堰之支流自北而東爲三十六洞過淸白堰東入于彭漢之間而淸白堰水潰其南涯延袤三里餘有司因潰以爲堰堰輒壞乃疏其北涯舊渠直流而東罷其堰及三十六洞之役嘉定之靑神有堰曰鴻化則授成其長吏應期而功畢若成都之九里隄崇寧之萬工堰彰之堋口豐潤千江石洞濟民羅廚諸堰工未及施則召長吏勉諭使及農隙爲之諸堰都江及利民臺之役最大侍郞楊林外應顏上五斗次之鹿角萬工駱駝碓口三利又次之而都江又居大江中流故以鐵萬六千斤鑄爲大龜貫以鐵柱而鎭其源然後卽工諸堰皆甃以石範鐵以關其中取桐實之油和石灰雜麻絲而搗之使熟以苴罅漏岸善崩者密築江石以護之上植楊柳旁種蔓荆櫛比鱗次賴以爲固蓋以數百萬計所至或疏舊渠以導其流或鑿新渠以殺其勢遇水之會則爲石門以時啓閉而洩蓄之用以節民力而資民利凡智力所及無不爲也初郡縣及兵家共掌都江之政延祐七年其兵官奏請獨任郡縣民不堪其役至是復合焉常歲獲水之利僅數月堰輒壞至是雖緣渠所置碓磑紡績之處以千萬計四時流轉而無窮其始至都江水深廣莫可測忽有大洲湧出其西南方可數里人得用事其間入山伐石崩石已滿隨取而足蜀故多雨自初役至工畢無雨雪故力省而功倍若有相之者五越月功告成而吉當普以監察御史召省臺上其功詔揭傒斯製文立碑以旌之是役也凡石工金工皆七百人木工二百五十人役徒三千九百人而蒙古軍居其二千糧爲石千有奇石之材取于山者百萬有奇石之灰以斤計者六萬有奇油半之鐵六萬五千斤麻五千斤最其工之直物之價以緡計者四萬九千有奇皆出於民之庸而在官之積者尚餘二十萬一千八百緡責灌守以貸于民歲取其息以備祭祀及淘灘脩堰之費仍蠲灌之兵民所常徭役俾專其力於堰事

涇渠

涇渠者在秦時韓使水工鄭國說秦鑿涇水自仲山西抵瓠口爲渠並北山東注于洛三百餘里以溉田蓋欲以罷秦之力使無東伐秦覺其謀欲殺之鄭曰臣爲韓延數年之命而爲秦建萬世之利秦以爲然使迄成之號鄭渠漢時有白公者奏穿渠引涇水起谷口入櫟陽注渭中袤二百里溉田四千五百餘頃因名曰白渠歷代因之皆享其利至宋時水衝齧失其故蹟熙寧間詔賜常平息錢助民興作自仲山旁開鑿石渠從高瀉水名豐利渠元至元間立屯田府督治之大統八年涇水暴漲毀堰塞渠陝西行省命屯田府總管夾谷伯顏帖木兒及涇陽尹王琚疏導之起涇陽高陵三原櫟陽用水人戶及渭南櫟陽涇陽三屯所人夫共三千餘人興作水通流如舊其制編荆爲囤貯之以石復填以草以土爲堰歲時葺理未嘗廢止至大元年王琚爲西臺御史建言於豐利渠上更開石渠五十一丈闊一丈深五尺積一十五萬三千工每方一尺爲一工自延祐元年興工至五年渠成是年秋改堰至新口泰定間言者謂石渠歲久水流漸穿逾下去岸益高至正三年御史宋秉亮相視其堰謂渠積年坎取於土疊壘於岸極爲高崇力難送土於上因請就岸高處開通鹿巷以便夫行廷議允可四年屯田同知牙八胡涇尹李克忠發丁夫開鹿巷八十四處削平土壘四百五十餘步二十年陝西行省左丞相帖里帖木兒遣都事楊欽脩治凡溉農田四萬五千餘頃

金口河

至正二年正月中書參議孛羅帖木兒都水傅佐建言起自通州南高麗莊直至西山石峽鐵板開水古金口一百二十餘里創開新河一道深五丈廣二十丈放西山金口水東流至高麗莊合御河接引海運至大都城內輸納是時脫脫爲中書右丞相以其言奏而行之廷臣多言其不可而左丞許有壬言尤力脫脫排羣議不納務於必行有壬因條陳其利害畧曰大德二年渾河水發爲民害大都路都水監將金口下閉閘板五年間渾河水勢浩大郭太史恐衝没田薛二村南北二城又將金口已上河身用砂石雜土盡行堵閉至順元年因行都水監郭道壽言金口引水過京城至通州其利無窮工部官并河道提舉司大都路及合屬官員耆老等相視議擬水由二城中間窒礙又盧溝河自橋至合流處自來未嘗有漁舟上下此乃不可行船之明驗也且通州去京城四十里盧溝止二十里此時若可行船當時何不於盧溝立馬頭百事近便却於四十里外通州爲之又西山水勢高峻亡金時在都城之北流入郊野縱有衝決爲害亦輕今則在都城西南與昔不同此水性本湍急若加以夏秋霖潦漲溢則不敢必其無虞宗廟社稷之所在豈容僥倖於萬一若一時成功亦不能保其永無衝決之患且亡金時此河未必通行今所有河道遺跡安知非作而復輟之地乎又地形高下不同若不作閘必致走水淺澁若作閘以節之則沙泥渾濁必致淤塞每年每月專人挑洗蓋無窮盡之時也且郭太史初作通惠河時何不用此水而遠取白浮之水引入都城以供閘垻之用蓋白浮之水澄清而此水渾濁不可用也此議方興傳聞於外萬口一辭以爲不可若以爲成大功者不謀於衆人言不足聽則是商鞅王安

石之法當今不宜有此議既上丞相終不從遂以正月興工至四月功畢起閘放金口水流湍勢急沙泥壅塞船不可行而開挑之際毀民廬舍墳塋夫丁死傷甚衆又費用不貲卒以無功繼而御史糾劾建言者孛羅帖木兒傅佐俱伏誅今附載其事于此用爲妄言水利者之戒

元史卷六十七

明翰林學士亞中大夫知制誥兼修國史宋　濂等修

禮樂志第十八

禮樂一

傳曰禮者天地之序也樂者天地之和也致禮以治躬外貌斯須不莊不敬則慢易之心入之矣致樂以治心中心斯須不和不樂則鄙詐之心入之矣古之禮樂壹本於人君之身心故其爲用足以植綱常而厚風俗後世之禮樂既無其本唯屬執事者從事其間故僅足以美聲文而侈觀聽耳此治之所以不如古也前聖之制至周大備周公相成王制禮作樂而教化大行邈乎不可及矣秦廢先代典禮漢因秦制起朝儀作宗廟樂魏晉而後五胡雲擾秦漢之制亦復不存矣唐初襲用隋禮太常多肆者教坊俗樂而已至宋承五季之衰因唐禮作太常因革禮而所製大晟樂號爲古雅及乎靖康之變禮文樂器掃蕩無遺矣元之有國肇興朔漠朝會燕饗之禮多從本俗太祖元年大會諸侯王于阿難河即皇帝位始建九斿白旗世祖至元八年命劉秉忠許衡始制朝儀自是皇帝即位元正天壽節及諸王外國來朝冊立皇后皇太子羣臣上尊號進太皇太后皇太后冊寶暨郊廟禮成羣臣朝賀皆如朝會之儀而大饗宗親錫宴大臣猶用本俗之禮爲多若其爲樂則自太祖徵用舊樂於西夏太宗徵金太常遺樂於燕京及憲宗始用登歌樂祀天於日月山而世祖命宋周臣典領樂工又用登歌樂享祖宗于中書省既又命王鏞作大成樂詔括民間所藏金之樂器至元三年初用宮縣登歌文武二舞于太廟烈祖至憲宗八室皆有樂章三十年又撰社稷樂章成宗大德間製郊廟曲舞復撰宣聖廟樂章仁宗皇慶初命太常補撥樂工而樂制日備大抵其於祭祀率用雅樂朝會饗燕則用燕樂蓋雅俗兼用者也元之禮樂揆之於古固有可議然自朝儀既起規模嚴廣而人知九重大君之尊重其樂聲雄偉而宏大又足以見一代興王之象其在當時亦云盛矣今取其可書者著於篇作禮樂志

制朝儀始末

世祖至元八年秋八月己未初起朝儀先是至元六年春正月甲寅太保劉秉忠大司農孛羅奉旨命趙秉溫史杠訪前代知禮儀者肄習朝儀既而秉忠奏曰一人習之雖知之莫能行也得旨許用十人遂徵儒生周鐸劉允中尚文岳忱關思義侯祐賢蕭琬徐汝嘉從亡金故老烏古倫居貞完顏復昭完顏從愈葛從亮于伯儀及國子祭酒許衡太常卿徐世隆稽諸古典參以時宜沿情定制而肄習之百日而畢秉忠復奏曰無樂以相須則禮不備奉旨搜訪舊教坊樂工得杖鼓色楊皓笛色曹楫前行色劉進教師鄭忠依律運譜被諸樂歌六月而成音聲克諧陳于萬壽山便殿帝聽而善之秉忠及翰林太常奏曰今朝儀既定請備執禮員有旨命丞相安童大司農孛羅擇蒙古宿衞士可習容止者二百餘人肄之期月七年春二月奏以丙子觀禮前期一日布綿蕝金帳殿前帝及皇后臨觀于露階禮文樂節悉無遺失冬十有一月戊寅秉忠等奏請建官典朝儀帝命與尚書省論定以聞八年春二月立侍儀司以忽都于思也先乃爲左右侍儀奉御趙秉溫爲禮部侍郎兼侍儀司事周鐸劉允中爲左右侍儀使尚文岳忱爲左右直侍儀事關思義侯祐賢爲左右侍儀副使蕭琬徐汝嘉爲僉左右侍儀事烏古倫居貞爲承奉班都知完顏復昭爲引進副使葛從亮爲侍儀署令于伯儀爲尚衣局大使夏四月侍儀司奏請製內外仗如歷代故事從之秋七月內外仗成遇八月帝生日號曰天壽聖節用朝儀自此始

元正受朝儀

前期三日習儀于聖壽萬安寺（或大興教寺）前二日陳設于殿庭至期大昕侍儀使引導從護尉各服其服入至寢殿前捧牙牌跪報外辦內侍入奏出傳制曰可侍儀俛伏興皇帝出閤陞輦鳴鞭三侍儀使拜通事舍人分左右引擎執護尉劈正斧中行導至大明殿外劈正斧直正門北向立導從倒卷序立惟扇置于錡侍儀使導駕時引進使同內侍官引宮人擎執導從入至皇后宮庭捧牙牌跪報外辦內侍入啓出傳旨曰可引進使俛伏興皇后出閤陞輦引進使引導從導至殿東門外引進使分退押直至墀塗之次引導從倒卷出俟兩宮升御榻鳴鞭三劈正斧退立於露階東司晨報時雞唱畢尚引引殿前班皆公服分左右入日精月華門就起居位相向立通班舍人唱曰左右衞上將軍兼殿前都點檢臣某以下起居尚引唱曰鞠躬曰平身引至丹墀拜位知班報班齊宣贊唱曰拜通贊贊曰鞠躬曰拜曰興曰拜曰興曰都點檢稍前宣贊報曰聖躬萬福通贊贊曰復位曰拜曰興曰拜曰興曰平身曰搢笏曰鞠躬曰三舞蹈曰跪左膝三叩頭曰山呼曰山呼曰再山呼（凡傳山呼控鶴呼譟應和曰萬歲傳再山呼應曰萬萬歲後倣此）曰出笏曰就拜曰興曰拜曰興曰拜曰興曰平立宣贊唱曰各恭事兩班點檢宣徽將軍分左右陞殿宿直以下分立殿前尚廐分立仗南管旗分立大明門南楹俟后妃諸王駙馬以次賀獻禮畢典引引丞相以下皆公服入日精月華門就起居位通班唱曰文武百僚開府儀同三司錄軍國重事監脩國史右丞相（具官無常）臣某以下起居典引贊曰鞠躬曰平身引至丹墀拜位知班報班齊宣贊唱曰拜通贊贊曰鞠躬曰拜曰興曰拜曰興曰平身曰搢笏曰鞠躬曰三舞蹈曰跪左膝三叩頭曰山呼曰山呼曰再山呼曰出笏曰就拜曰興曰拜曰興曰拜曰興曰平身侍儀使詣丞相前請進酒雙引升殿前行樂工分左右引登歌者及舞童舞女以次升殿門外露階上登歌之曲各有名音中本月之律（先期儀鳳司運譜翰林院譔辭肄之）丞相至宇下褥位立侍儀使分左右北向立俟前行色曲將半舞旋列定通贊唱曰分班樂作侍儀使引丞相由南東門入宣徽使奉隨至御榻前丞相跪宣徽使立於東南曲終丞相祝贊曰溥天率土祈天地之洪福同上皇帝皇后億萬歲壽宣徽使答曰如所祝丞相俛伏興退詣進酒位尚醞官以觴授丞相丞相搢笏捧觴北面立宣徽使復位前行色降舞旋至露階上教坊奏樂舞至第四拍丞相進酒皇帝舉觴宣贊唱曰殿上下侍立臣僚皆再拜通贊贊曰鞠躬曰拜曰興曰拜曰興曰平身丞相三進酒畢以觴授尚醞官出笏侍儀使雙引自南東門出復位樂止（至元七年進酒儀班首至殿前稱位立前行進曲尚醞官執空盞自正門出授班首搢笏執空盞由正門入至御榻前跪俟曲終以盞授尚醞官出笏祝贊宣徽使曰諾班首俛伏興班首宣徽使由南東門出各復位班首以下舞蹈山呼五拜百官分班教坊奏樂尚醞官進酒殿上下侍立臣僚皆再拜三進酒畢班首降至丹墀至元十八年十二月二十八日改今儀）通贊贊曰合班禮部官押進奏表章禮物二案至橫階下宣禮物舍人進讀禮物目至第二重階俟進讀表章官等（翰林國史院屬官一人）至宇下齊跪宣表目舍人先讀中外百司表目翰林院官讀中書省表畢皆俛伏興退降第一重階下立俟進讀禮物舍人陞階至宇下跪讀禮物目畢俛伏興退同降至橫階隨表章西行至右樓下侍儀仍領之禮物東行至左樓下太府受之宣贊唱曰拜通贊贊曰鞠躬曰拜曰興曰平身曰搢笏曰鞠躬曰三舞蹈曰跪左膝三叩頭曰山呼曰山呼曰再山呼曰出笏曰就拜曰興曰拜曰興曰拜曰興曰平立僧道耆老外國蕃客以次而賀禮畢大會諸王宗親駙馬大臣宴饗殿上侍儀使引丞相等陞殿侍宴凡大宴馬不過一羊雖多必以獸人所獻之鮮及脯鱐折其數之半預宴之服衣服同制謂之質孫（宴饗樂節見宴樂篇）四品以上賜酒殿上典引引五品以下賜酒于日精月華二門之下宴畢鳴鞭三侍儀使導駕引進使導后還寢殿如來儀

天壽聖節受朝儀（如元正儀）

郊廟禮成受賀儀（如元正儀）

皇帝即位受朝儀

前期三日習儀于萬安寺前二日陳設于殿庭前一日設宣詔位于闕前至期大昕侍儀使引導從護尉各服其服至皇太子寢閤前捧牙牌跪報外辦內侍傳旨曰可侍儀使俛伏興皇太子出閤侍儀使前導由崇天門入升大明殿引進使引導從至皇太子妃閤前跪報外辦內侍出傳旨曰可引進使俛伏興前導由鳳儀門入俟諸王以國禮扶皇帝登寶位畢鳴鞭三尚引引點檢以下皆公服入就起居位（起居贊拜如元正朝儀）兩班點檢宣徽將軍宿直尚廐管旗各恭事俟后妃諸王駙馬以次賀獻禮畢參議中書省事四人以箱奉詔書由殿左門入至御榻前參議中書省事跪奏詔文俛伏興以詔受典瑞使押寶畢置于箱對舉由正門出樂作至闕前以詔置于案文武百僚各公服就位北向立侍儀使稱有制宣贊唱曰拜通贊贊曰鞠躬曰拜曰興曰拜曰興曰平身曰班首稍前典引引班首至香案前通贊贊曰跪曰在位官皆跪司香贊曰搢笏通贊贊曰上香曰上香曰三上香曰出笏曰就拜曰興曰復位宣贊唱曰拜通贊贊曰鞠躬曰拜曰興曰拜曰興曰平身侍儀使以詔授左司郎中郎中跪受同譯史稍西陞木榻東向宣讀通贊贊曰在位官皆跪讀詔先以國語宣讀隨以漢語譯之讀畢降榻以詔授侍儀使侍儀使置于案通贊贊曰就拜曰興曰拜曰興曰拜曰興曰拜曰搢笏曰鞠躬曰三舞蹈曰跪左膝三叩頭曰山呼曰山呼曰再山呼曰出笏曰就拜曰興曰拜曰興曰拜曰興曰平立典引引丞相

以下皆公服入起居位（起居拜舞祝頌進酒獻表賜宴並同元正受朝儀）宴畢鳴鞭三侍儀使導駕引進使導后入寢殿如來儀次日以詔頒行

羣臣上皇帝尊號禮成受朝賀儀

前期二日儀鸞司設大次于大明門外又設進冊案于殿內御座前之西進寶案于其東設受冊案于御座上之西受寶案于其東侍儀司設冊案于香案南寶案又于其南禮儀使位于前冊使冊副位于廷中北面引冊奉冊舉冊讀冊捧冊官位于右引寶奉寶舉寶讀寶捧寶官位于左以北爲上百官自金玉府迎冊寶奉安中書省如常儀前期一日右丞相率公卿朝服儀衞音樂導冊寶二案出自中書至闕前控鶴舁案方輿中道冊使等奉隨入大次內方輿舁案侍儀使引冊使以下由左門以出百官趨退至期大昕右丞相以下百官各公服集闕廷儀仗護尉就位侍儀使禮儀使引導從導皇帝升大明殿引進使引導從導皇后陞殿尚引引殿前班入起居位起居山呼拜舞畢宣贊唱曰各恭事皇太子諸王后妃公主以次陞殿鳴鞭三侍儀使引冊引寶導冊寶由正門入樂作奉冊使右丞相率冊官由右門入奉寶使御史大夫率寶官由左門入至殿下置冊案于香案南寶案又舁于其南樂止侍儀使引冊使以下就起居位典引引羣臣入就位通班舍人唱曰文武百僚具官臣某以下起居典引贊曰鞠躬曰平身引至丹墀拜位宣贊唱曰拜通贊贊拜舞蹈山呼如常儀畢承奉班都知唱曰奉冊使以下進上冊寶侍儀司引冊使以下進就位樂作掌儀贊曰奉冊寶官稍前搢笏捧冊寶侍儀使前導由中道升正階立于下俟奉冊使諸冊官由右階隮奉寶使諸寶官由左階隮畢俱由左門入奉冊寶至御榻前位前冊西寶東樂止掌儀贊曰捧冊寶官稍前以冊寶跪置于案曰出笏曰就拜曰興曰平身曰復位曰奉冊使以下皆跪曰舉冊官與俱至案前跪曰搢笏取冊于匣置于盤對舉曰讀冊官與俱至案前跪曰讀冊讀冊官稱臣某謹讀冊讀畢舉冊官納冊于匣與以授典瑞使出笏立于冊案西南典瑞使置于受冊案掌儀贊曰舉寶官與俱至案前跪曰搢笏取寶于盝對舉曰讀寶官與俱至案前跪曰讀寶讀寶官稱臣某謹讀寶讀畢舉寶官納寶于盝與以授典瑞使出笏立于寶案東南典瑞使置于受寶案掌儀贊曰奉冊使以下皆就拜曰興曰平身參議中書省事四人以篚奉詔書由殿左門入至御榻前跪讀詔文如常儀授典瑞使押寶畢置于篚對舉由正門出至丹墀北置于詔案冊使以下由南東門出就位聽詔如儀儀鸞使四人舁進冊寶案由左門出侍儀使引班首由左階隮前行色樂作至宇下樂止舞旋至露階立班首入殿宣徽使奉隨班首跪宣徽使西北向立班首致詞曰冊寶禮畢顯上皇帝皇后萬萬歲壽宣徽使應曰如所祝樂作通贊唱曰分班進酒畢班首由東南門出降階復位樂止通贊唱曰合班奏進表章禮物贊拜舞蹈山呼錫宴並如元正之儀

冊立皇后儀

前期二日儀鸞司設發冊寶案于大明殿御座前稍西設發寶案稍東掌謁設香案于皇后殿前設冊案于殿內座榻前稍西寶案稍東設受冊案于座榻上稍西設受寶案于稍東侍儀司設板位冊使副位于廷中北面冊官位于右寶官位于左禮儀使位于冊案前主節位于太尉左皇后殿廷亦如之至期大昕引贊敘太尉以下于闕廷各公服侍儀使禮儀使引冊使引冊奉冊舉冊讀冊捧冊官由月華門入侍儀使禮儀使引冊副引寶奉寶舉寶讀寶捧寶官由日精門入至露階下依板位立侍儀使捧牙牌入至寢殿前跪報外辦內侍入奏出傳制曰可侍儀使俛伏興皇帝出閤升輦鳴鞭三侍儀使引導從導皇帝入大明殿陞御座鳴鞭三司晨報時雞唱畢尚引引殿前班入起居位（起居贊拜舞蹈山呼如儀）宣贊唱曰各恭事引贊引冊使以下入就位掌儀舍人引承奉班都知侍儀使禮儀使主節捧冊捧寶官升自左階由南東門入至御座前分左右相向立掌儀贊曰禮儀使稍前跪曰太尉以下皆跪禮儀使跪奏請進發皇后冊寶掌儀贊曰就拜曰興曰平身曰太尉以下皆興曰復位掌儀贊曰內謁者稍前曰搢笏曰捧冊寶跪進皇帝曰以冊寶授捧冊寶官捧冊寶官跪受興掌儀贊曰主節官搢笏持節禮儀使引節導冊寶由正門出至露階南向立禮儀使稱有制承奉班都知唱曰太尉以下皆再拜通贊曰鞠躬曰拜曰興曰拜曰興曰平身禮儀使宣制曰命太尉某等持節授皇后冊寶通贊贊曰鞠躬曰拜曰興曰拜曰興曰平身降至露階下依次就位掌儀唱曰以冊寶置于案曰出笏曰復位方輿舁以行樂作侍儀使禮儀使引太尉及冊寶官奉隨至皇后宮庭舁案樂止掌儀唱曰捧冊寶官稍前搢笏捧冊寶使太尉以下奉隨由正階隮至案前掌儀贊曰以冊寶置于案曰出笏曰復位侍儀使稍前跪報外辦內侍入啓出傳旨曰可侍儀使俛伏興皇后出閤詣褥位太尉稱制遣臣某等恭授皇后冊寶內侍贊禮曰跪掌儀贊曰太尉以下皆跪內侍贊皇后曰上香曰上香曰三上香曰拜曰興曰拜曰興掌儀贊曰太尉以下皆興皇后陞殿立于座榻前承奉班都知唱曰太尉以下進冊寶掌儀唱曰捧冊寶官稍前搢笏捧冊寶由正門至殿內掌儀贊曰以冊寶跪置于案曰捧冊寶官出笏興復位曰太尉以下皆跪曰舉冊官與至案前跪曰搢笏取冊于匣置于盤對舉曰讀冊官與至案前跪曰讀冊讀冊官稱臣某謹讀冊讀畢納冊于匣掌儀贊曰出笏舉寶官興至案前跪搢笏取寶于盝對舉曰讀寶官與至案前跪曰讀寶讀寶官稱臣某謹讀寶讀畢納寶于盝掌儀贊曰出笏曰太尉以下皆就拜曰興曰平身捧冊寶官以冊寶授太尉太尉以授掌謁掌謁以冊寶置于受冊寶案掌儀唱曰太尉以下跪曰衆官皆跪太尉致祝辭曰冊寶禮畢伏願皇后與天同算司徒應曰如所祝就拜興平身太尉進酒樂作皇后飲畢樂止禮儀使引節引主節由正門以出侍儀使引太尉以下由左門至階下北面立承奉班都知唱曰太尉以下皆再拜通贊曰鞠躬曰拜曰興曰拜曰興曰平立侍儀使引太尉以下還詣皇帝御座前跪奏曰奉制授皇后冊寶謹以禮畢就拜興由左門出降詣旁折位侍儀使引導從導皇后詣大明殿前謝恩掌謁贊曰拜曰興曰拜曰興侍儀使分退掌謁導皇后升御座典引引丞相以下入起居位（起居贊拜如儀）侍儀使詣右丞相前請進酒雙引陞殿至宇下褥位立侍儀使分左右北向立俟前行色曲將半舞旋列定通贊唱曰分班樂作侍儀使引右丞相由南東門入宣徽使奉隨至御榻前右丞相跪宣徽使立于東南曲終右丞相祝贊曰冊寶禮畢臣等不勝慶抃同上皇帝皇后萬萬歲壽宣徽使應曰如所祝右丞相俛伏興退詣進酒位（進酒進表章禮物贊拜僧道賀獻大宴殿上並如元正儀）宴畢鳴鞭三侍儀使導駕引進使導后還寢殿如來儀

冊立皇太子儀

前期三日右丞相率百僚至金玉局冊寶案前舍人贊曰鞠躬曰拜曰興曰拜曰興曰平身曰班首稍前曰跪曰在位官皆跪曰搢笏曰上香曰上香曰三上香曰出笏曰就拜曰興曰拜曰興曰拜曰興曰平身侍儀使舍人分引羣臣儀衞音樂導至中書省正位安置前期二日儀鸞司設發冊案于大明殿御座西發寶案于東典寶官設香案于太子殿前階上設冊案于西寶案于東又設受冊案于殿內座榻之西受寶案于東侍儀司設板位太尉冊使副位于大明殿廷太尉位居中冊官位于右寶官位于左禮儀使位于前主節官位于太尉之左太子殿廷亦如之樂位布置亦如之右丞相率百僚朝服至中書省冊寶案前敘立定舍人贊曰鞠躬曰拜曰興曰拜曰興曰平身曰班首稍前曰跪曰搢笏曰在位官皆跪曰上香曰上香曰三上香曰出笏曰就拜曰興曰拜曰興曰拜曰興曰平立舍人分引羣臣儀衞導從音樂傘扇導至闕前控鶴舁案方輿官舁之由中道入崇天門冊使以下奉隨至露階下方輿官置冊案于西寶案于東分退立于兩廡冊使副北面引冊官舉冊官讀冊官捧冊官位于冊案西東向引寶官舉寶官讀寶官捧寶官位于寶案東西向掌儀舍人贊曰捧冊官稍前曰搢笏曰捧冊又贊曰捧寶官稍前曰搢笏曰捧寶侍儀使引進使引冊官引寶官前導捧冊寶官次之冊使副以下奉隨升大明殿午階由正門入至進發冊寶案前冊使副北面立引冊官引寶官舉冊官舉寶官以下分左右夾冊寶案立掌儀贊曰以冊寶置于案曰出笏曰復位侍儀使引奉冊使以下由左門出百辟趨退至期大昕引贊引冊使以下皆公服敘位于闕廷侍儀使導從皇帝出閤鳴鞭三陞大明殿登御座尚引引殿前班入起居位起居贊拜如儀宣贊唱曰各恭事引贊引冊使以下入就位掌儀舍人引承奉班都知侍儀使禮儀使主節郎捧冊捧寶官升自左階由左門入至御座前分左右立掌儀贊曰禮儀使稍前曰跪曰衆官皆跪禮儀使奏請發皇太子冊寶掌儀唱曰就拜曰興曰平身曰衆官皆興曰復位曰內謁者稍前曰搢笏曰捧冊寶跪進皇帝曰以冊寶授捧冊寶官捧冊寶官跪受興掌儀贊曰主節郎搢笏持節禮儀使引節導冊寶由正門以出至露階南向立禮儀使稱有制承奉班都知唱曰太尉以下皆再拜掌儀贊曰鞠躬曰拜曰興曰拜曰興曰平身禮儀使宣制曰上命太尉等持節授皇太子冊寶掌儀贊曰鞠躬曰拜曰興曰拜曰興曰平身禮儀使引節導冊寶降至露階下依次就位掌儀贊曰以冊寶置于案曰出笏曰復位方輿舁以行樂作侍儀使禮儀使主節前導冊使以下奉隨由正門出至闕前方輿舁案控鶴舁以行至皇太子殿廷控鶴舁案方輿舁以行入至露階下舁案方輿退樂止冊使以下以次立掌儀贊曰捧冊寶官稍前搢笏捧冊寶侍儀使引節主節導冊寶以行冊使以下由正階隮節立于香案之

西掌儀贊曰捧冊寶官跪以冊寶置于案曰出笏曰興曰就位右庶子跪報外備內侍入啓出傳旨曰可右庶子俛伏興皇太子出閤立于香案前掌儀贊曰皇太子跪曰上香曰上香曰三上香曰拜曰興曰拜曰興太尉前稱制遣臣某等恭授皇太子冊寶復位掌儀贊曰皇太子拜曰興曰拜曰興請皇太子詣褥位南向立曰皇太子跪曰諸執事官皆跪曰舉冊官興至案前曰跪曰讀冊讀畢曰納冊于匣曰出笏掌儀唱曰舉寶官興至案前曰跪曰讀寶讀畢曰納寶于盝曰出笏曰舉冊寶官讀冊寶官皆興復位掌儀贊曰太尉進授冊寶侍儀使引太尉司徒至冊寶案前搢笏以冊寶跪進皇太子恭受以授左右庶子左右庶子搢笏跪受掌儀贊曰皇太子興冊使以下皆興右庶子捧冊左庶子捧寶導皇太子入殿右庶子奠冊于授冊案左庶子奠寶于受寶案引節引主節立于殿西北引贊引太尉以下降階復位北向立承奉班都知唱曰太尉以下皆再拜掌儀贊曰鞠躬曰拜曰興曰拜曰興曰平身樂作侍儀使詣太尉前請進酒太尉入至殿內進酒畢降復位樂止侍儀使禮儀使主節導太尉以下還詣大明殿御座前跪奏曰奉制授皇太子冊寶謹以禮畢俛伏興降詣位侍儀使左右庶子導皇太子詣大明殿御座前謝恩右庶子贊曰拜曰興曰拜曰興進酒又贊曰拜曰興曰拜曰興降殿還府侍儀使詣右丞相前請進酒雙引陞殿至宇下褥位立侍儀使分左右北向立俟前行色曲將半舞旋列定通贊唱曰分班樂作侍儀使右丞相由南東門入宣徽使奉觴至御榻前右丞相跪宣徽使立于東南曲終右丞相祝贊曰皇太子冊寶禮畢臣等不勝慶抃同上皇帝皇后萬萬歲壽宣徽使應曰如所祝右丞相俛伏興退詣進酒位進酒進表章禮物贊拜如元正儀駕興鳴鞭三侍儀使導駕還寢殿如來儀皇太子還府陞殿典引引羣臣入就起居位通班自班西行至中道唱曰具官某以下起居典引贊曰鞠躬曰平身進就拜位宣贊唱曰拜通贊贊曰鞠躬曰拜曰興曰拜曰興曰平身侍儀使詣班首前請進酒雙引由左階至殿宇下褥位立侍儀分左右北向立俟前行色曲將半舞旋列定通贊唱曰分班班首入自左門右庶子隨至座前班首跪右庶子立于東南俟曲終班首致祝詞曰冊寶禮畢願上殿下千秋之壽右庶子應曰如所祝班首俛伏興退至進酒位搢笏捧觴北向立右庶子退復位俟舞旋至露階樂舞至第四柏班首進酒宣贊唱曰文武百僚皆再拜通贊贊曰鞠躬曰拜曰興曰拜曰興曰平身班首自東門出復位樂止通贊唱曰合班中書押進箋及禮物案至橫階下進讀箋官由左階躋進讀禮物官至階下俟進讀箋官至宇下先讀箋目次讀箋讀畢俛伏興降至階下進讀禮物官升階至宇下跪讀禮物狀畢俛伏興退同讀箋官至橫階隨箋案西行至右廡下禮物案東行至左廡下各付所司宣贊唱曰拜通贊贊曰鞠躬曰拜曰興曰拜曰興曰平立右庶子導皇太子還閤

太皇太后上尊號進冊寶儀

前期二日儀鸞司設進發冊寶案于大明殿御座之前掌謁設進冊寶案于太皇太后殿座榻前設受冊寶案于座榻上並冊西寶東侍儀司設冊使副位于廷中北面冊官位右寶官位左禮儀使位于前以北爲上太皇太后殿廷亦如之至期大昕羣臣皆公服敘位閤前侍儀使禮儀使引冊使引冊奉冊舉冊讀冊捧冊官由月華門入侍儀使禮儀使引冊副引寶奉寶舉寶讀寶捧寶官由日精門入至露階下依板位立侍儀使捧牙牌入至寢殿前跪報外辦內侍入奏出傳制曰可侍儀使俛伏興皇帝出閤升輦鳴鞭三入大明殿陞御座鳴鞭三司晨報時雞唱畢侍儀使禮儀使引冊使以下陞自東階由左門入至御榻前相向立掌儀贊曰奏中嚴侍儀使捧牙牌跪奏曰中嚴又贊曰就拜曰興曰平身曰復位曰禮儀使稍前跪曰冊使以下皆跪禮儀使奏請進發太皇太后冊寶掌儀贊曰就拜曰興曰平身曰復位曰內謁者稍前曰搢笏奉冊寶上進曰冊使副捧冊寶官稍前曰搢笏曰內謁者跪進冊寶皇帝興以冊授冊使冊使跪受興以授捧冊官出笏以寶授冊副冊副跪受興以授捧寶官出笏侍儀使禮儀使引冊引寶官導冊寶由正門出冊使以下奉隨至階下掌儀贊曰以冊寶置于案曰出笏復位方輿舁行樂作侍儀使禮儀使引冊引寶前導冊使以下奉隨至興聖宮前奠案樂止侍儀使以導從入至太皇太后寢殿前跪報外辦掌謁入啓出傳旨曰可侍儀使俛伏興侍儀使掌謁前導太皇太后陞殿導太皇太后時侍儀使入至大明殿跪奏冊寶至興聖宮請行禮駕興鳴鞭三侍儀使前引導從至興聖宮陞御座侍儀使出至案所樂作方輿入至露階下奠案冊使副立于案前冊官東向寶官西向方輿分退立于兩廡樂止尚引引殿前班入起居位相向立起居拜舞如元正儀禮畢宣贊唱曰各恭事贊引冊使以下退至起居位通班舍人唱曰攝某官具官（或太尉具官無常）臣某以下起居引贊贊曰鞠躬曰平身進入丹墀知班唱曰班齊宣贊唱曰拜通贊贊曰鞠躬曰拜曰興曰拜曰興曰平身宣贊唱曰各恭事進至案前依位立宣贊唱曰太尉以下進上冊寶掌儀贊曰捧冊寶官稍前搢笏捧冊寶侍儀使引冊寶官前導冊使奉隨至御榻進冊寶案前掌儀唱曰跪捧冊寶官不跪曰以冊寶置于案曰捧冊寶官出笏復位曰太尉以下皆跪曰讀舉冊寶官興俱至案前跪掌儀贊曰舉冊官搢笏取冊于匣置于盤對舉曰讀冊讀冊官稱臣某謹讀冊讀畢舉冊官納冊于匣掌儀贊曰出笏曰舉寶官搢笏取寶于盝對舉曰讀寶讀寶官稱臣某謹讀寶讀畢舉寶官納寶于盝掌儀贊曰出笏曰就拜曰興曰平身曰衆官皆興曰復位曰太尉司徒奉冊寶官稍前曰捧冊寶官稍前曰搢笏曰捧冊寶上進曰皇帝躬授太皇太后冊寶太皇太后以冊寶授內掌謁內掌謁置于案皇帝興進酒太皇太后舉觴飲畢皇帝復御座畢掌儀贊曰衆官皆復位侍儀使引冊使以下分左右出就位皇帝率皇后及后妃公主降丹墀北面拜賀陞殿皇太子及諸王拜賀陞殿典引引百官入就起居位通班舍人唱曰文武百僚具官臣某以下起居曰鞠躬曰平身引至丹墀拜位知班報班齊宣贊唱曰拜通贊贊曰鞠躬曰拜曰興曰拜曰興曰平身侍儀使詣班首前請進酒雙引至殿宇下褥位立俟舞旋列定通贊唱曰分班樂作侍儀使引班首由南東門入宣徽使奉隨至御榻前班首跪曲終班首祝贊曰冊寶禮畢臣等不勝欣抃願上太皇太后皇帝億萬歲壽宣徽使應曰如所祝班首俛伏興退詣進酒位（以下並同元正儀）

皇太后上尊號進冊寶儀（同前儀）

太皇太后加上尊號進冊寶儀（同前儀）

進發冊寶導從

清道官二人警蹕二人並分左右皆攝官服本品朝服

雲和樂一部署令二人分左右次前行戲竹一次排簫四次簫管四次板二次歌四並分左右前行內琵琶二十次箏十六次箜篌十六次蓁十六次方響八次頭管二十八次龍笛二十八爲三十三重（重四人）次杖鼓三十爲八重次板八爲四重板內大鼓二工二人舁八人樂工服並與鹵簿同法物庫使二人服本品服次朱團扇八爲二重次小雉扇八次中雉扇八次大雉扇八分左右爲十二重次朱團扇八爲二重次大傘二次華蓋二次紫方傘二次紅方傘二次曲蓋二並分左右執傘扇所服並同立仗

團子頭一人中道次團子八人分左右服與鹵簿內同

安和樂一部署令二人服本品服札鼓六爲二重前四後二次和鼓一中道次板二分左右次龍笛四次頭管四並爲二重次羌管二次笙二並分左右次雲璈一中道次蓁二分左右樂工服與鹵簿內同

傘一中道椅左踏右執人皁巾大團花緋錦襖金塗銅束帶行縢鞋韈

拱衛使一人服本品服

舍人二人次引寶官二人並分左右服四品服

香案中道輿士控鶴八人服同立仗內表案輿士侍香二人分左右服四品服

寶案中道輿士控鶴十有六人服同香案輿士方輿官三十人夾香案寶案分左右而趨至殿門則控鶴退方輿官舁案以陞唐巾紫羅窄袖衫金塗銅束帶烏靴

引冊二人四品服

香案中道輿士控鶴八人服同寶案輿士侍香二人分左右服四品服

冊案中道輿士控鶴十有六人服同寶案輿士方輿官三十人夾香案冊案分左右而趨至殿門則控鶴退方輿官舁案以陞巾服與寶案方輿官同

葆蓋四十人次閱仗舍人二人服四品服次小戟四十人次儀鍠四十人夾雲和樂傘扇分左右行服同立仗

供衛使二人服本品朝服次班劒十次梧杖十二次斧十二次鐙杖二十次列絲十皆分左右次水瓶左金盆右次列絲十次立瓜十次金杌左鞭桶右蒙鞍左散手右次立瓜十次臥瓜三十並夾葆蓋小戟儀鍠分左右行服並同鹵簿內

拱衛外舍人二人服四品服引導冊諸官次從九品以上次從七品以上次從五品以上並本品朝服

金吾折衝二人牙門旗二每旗引執五人次青稍四十人赤稍四十人黃稍四十人白稍四十人紫稍四十人並兜鍪甲靴各隨稍之色行導冊官外

冊案後舍人二人服四品服次太尉右司徒左次禮儀使二人分左右次舉冊官四人右舉寶官四人左次讀冊官二人右讀寶官二人左次閤門使四人分左右並本品服

知班六人分左右服同立仗往來視諸官之失儀者而行罰焉

冊寶攝官

上尊號冊寶凡攝官二百一十有六人奉冊官四人奉寶官四人捧冊官二人捧寶官二人讀冊官二人讀寶官二人引冊官五人引寶官五人典瑞官三人糾儀官四人殿中侍御史二人監察御史四人閤門使三人清道官四人點試儀衛五人司香四人備顧問七人代禮官三十人拱衛使二人押仗二人方輿一百六十人

上皇太后冊寶凡攝官百五十人攝太尉一人攝司徒一人禮儀使四人奉冊官二人奉寶官二人引冊官二人引寶官二人舉冊官二人舉寶官二人讀冊官二人讀寶官二人捧冊官二人捧寶官二人奏中嚴一人主當內侍十人閤門使六人充內臣十三人糾儀官四人代禮官四十二人掌謁四人司香十二人折衝都尉二人拱衛使二人清道官四人警蹕官四人方輿官百二十人

上太皇太后冊官攝官同前

授皇后冊寶凡攝寶官百八十人攝太尉一人攝司徒一人主節官二人禮儀使四人奉冊官二人奉寶官二人引冊官二人引寶官二人舉冊官二人舉寶官二人讀冊官二人讀寶官二人內臣職掌十人宣徽使二人閤門使四人代禮官三十七人侍香二人清道官四人折衝都尉二人警蹕官四人中宮內臣九人糾儀官四人接冊內臣二人接寶內臣二人方輿官七十四人

授皇太子冊凡攝官四十有九人攝太尉一人奉冊官二人持節官一人捧冊官二人讀冊官二人引冊官二人攝禮儀使二人主當內侍六人副持節官五人侍從官十一人代禮官十六人

攝行告廟儀（如受尊號上太皇太后皇太后冊寶冊立皇后皇太子凡國家大典禮皆告宗廟）

前期二日太廟令掃除內外翰林國史院學士譔寫祝文前一日告官等致齋一日其日告官等各服紫服奉祝版進請御署訖差控鶴用紅羅銷金案擡昇覆以黃羅帕幷奉御香御酒如常儀迎至祝所齋宿告日質明前三刻禮直官引太廟令率其屬入廟殿開室陳設如儀禮直官引告官等各服紫服以次入就位東向立定禮直官稍前贊曰有司謹具請行事贊者曰再拜在位者皆再拜禮直官先引執事者各就位次引告官詣盥洗爵洗位北向立搢笏盥手帨手洗爵拭爵訖執笏請詣酒尊所搢笏執爵司尊者舉冪良醞令酌酒以爵授奉爵官執笏詣太祖室再拜執事者奉香告官搢笏跪三上香執爵三祭酒以虛爵授奉爵官執笏俛伏興舉祝官搢笏跪對舉祝版讀祝官跪讀祝文訖奠祝於案執笏俛伏興禮直官贊告官再拜畢每室並如上儀告畢引告官以下降復位再拜訖詣望瘞燔祝再拜半燎告官以下皆退

國史院進先朝實錄儀

是日大昕諸司官具公服立于光天門外侍儀使引實錄案以入監脩國史以下奉隨至光天殿前分班立皇帝陞御座宣贊唱曰拜通贊贊曰鞠躬曰拜曰興曰拜曰興曰平身待制四人奉實錄陞自午階監脩國史以下奉隨至御前香案南立衆官降復位應奉翰林文字陞至實錄前跪讀表讀畢俛伏興復位翰林學士承旨陞至御前分班立俟御覽畢降復位宣贊唱曰監脩國史以下皆再拜通贊贊曰鞠躬曰拜曰興曰拜曰興曰平身待制陞取實錄降自午階置于案由光天門以出音樂儀從前導還國史院置于堂上通贊贊曰鞠躬曰拜曰興曰拜曰興曰平身曰搢笏曰上香曰上香曰三上香曰出笏曰就拜曰興曰拜曰興曰拜曰興曰平立百僚趨退

元史卷六十八

明翰林學士亞中大夫知制誥兼修國史宋　濂等修

禮樂志第十九

禮樂二

制樂始末

太祖初年以河西高智耀言徵用西夏舊樂太宗十年十一月宣聖五十一代孫衍聖公元措來朝言于帝曰今禮樂散失燕京南京等處亡金太常故臣及禮冊樂器多存者乞降旨收錄於是降旨令各處管民官如有亡金知禮樂舊人可并其家屬徙赴東平令元措領之於本路稅課所給其食十一年元措奉旨至燕京得金掌樂許政掌禮王節及樂工翟剛等九十二人十二年夏四月始命製登歌樂肄習于曲阜宣聖廟十六年太常用許政所舉大樂令苗蘭詣東平指授工人造琴十張一絃三絃五絃七絃九絃者各二憲宗二年三月五日命東平萬戶嚴忠濟立局製冠冕法服鐘磬筍虡儀物肄習五月十三日召太常禮樂人赴日月山八月七日學士魏祥卿徐世隆郎中姚樞等以樂工李明昌許政吳德段楫宼忠杜延年趙德等五十餘人見于行宮帝問制作禮樂之始世隆對曰堯舜之世禮樂興焉時明昌等各執鐘磬笛簫箎塤巢笙於帝前奏之曲終復合奏之凡三終十一日始用登歌樂祀昊天上帝于日月山祭畢命驛送樂工還東平三年時世祖居潛邸命勾當東平府公事宋周臣兼領大樂禮官樂工人等常令肄習仍令萬戶嚴忠濟依已降旨存恤六年夏五月世祖以潛邸次灤州下教命嚴忠濟督宋周臣以所得禮樂舊人肄習宜如故事勉行之毋忽冬十有一月敕樂工老不堪任事者以子孫代之不足者以佗戶補之中統元年春正月命宣撫廉希憲等召太常禮樂人至燕京夏六月命許唐臣等制樂器公服法服秋七月七日工畢十一日用新製雅樂享祖宗于中書省禮畢賜預祭官及禮樂人百四十九人鈔有差八月命太常禮樂人復還東平二年秋九月敕太常少卿王鏞領東平樂工常加督視肄習以備朝廷之用五年太常寺言自古帝王功成作樂樂各有名盛德形容於是乎在伏覩皇上踐阼以來留心至治聲名文物思復承平之舊首敕有司脩完登歌宮縣八佾樂舞以備郊廟之用若稽古典宜有徽稱謹案歷代樂名黃帝曰咸池龍門大卷少昊大淵顓頊六莖高辛五英唐堯大咸大章虞舜大韶夏禹大夏商湯大濩周武大武降及近代咸有厥名宋總名曰大晟金總名曰大和今採輿議權以數名伏乞詳定曰大成按尚書簫韶九成鳳凰來儀樂記曰王者功成作樂詩云展也大成曰大明按白虎通言如唐堯之德能大明天人之道曰大順易曰天之所助者順又曰順乎天而應乎人曰大同樂記曰樂者爲同禮者爲異禮運曰大道之行也故人不獨親其親不獨子其子是之謂大同曰大豫易曰豫順以動故天地如之象曰雷出地奮豫先王以作樂崇德殷薦之上帝以配祖考中書省遂定名曰大成之樂乃上表稱賀表曰離日中天已覩文明之化豫雷出地又聞正大之音神人以和祖考來格欽惟皇帝陛下潤色洪業游意太平爰從龍邸之潛久敬鳳儀之奏及登寶位申命鼎司謂雖陳堂上之登歌而尚闕庭前之佾舞方嚴禋祀當備聲容屬天語之一宣迺春官之畢會臣等素無學術徒有汗顏聿求舊署之師工仍討累朝之典故按圖索器永言和聲較鍾律於積黍之中續琴調於絕絃之後金而模石而琢簴斯竪筍斯横合八音而克諧閱三歲而始就列文武兩階之干羽象帝王四面之宮庭一洗哇淫之聲可謂盛大之舉既完雅器未錫嘉名蓋聞軒昊以來俱有咸雲之號莖英章韶以象德夏濩武勺以表功洪惟國朝誕受天命地大物鉅人和歲豐宜符古記之文稱曰大成之樂漢庭聚議作章敢望於一夔舜殿鳴弦率舞願觀於百獸至元元年冬十有一月括金樂器散在寺觀民家者先是括到燕京鐘磬等器凡三百九十有九事下翟剛辨驗給價至是大興府又以所括鐘磬樂器十事來進太常因言亡金散失樂器若止於燕京拘括似爲未盡合於各路各觀民家括之庶省鑄造於是奏檄各道宣慰司括到鐘三百六十有七磬十有七鎛一送于太常又中都宣德平灤順天河東眞定西京大名濟南北京東平等處括到大小鐘磬五百六十有九其完者景鐘二鎛鐘十六大聲鐘十中聲鐘一小聲鐘二十有七編鐘百五十有五編磬七其不完者景鐘四鎛鐘二十有三大聲鐘十有三中聲鐘一小聲鐘四十有五編鐘二百五十有一編磬十有四三年初用宮縣登歌樂文武二舞于太廟先是東平萬戶嚴光範奏太常登歌樂器樂工已完宮縣樂文武二舞未備凡用人四百一十二請以東平漏籍戶充之合用樂器官爲置備制可命中書省臣議行於是中書命左三部太常寺少府監於興禪寺置局委官楊天祐太祝郭敏董其事大樂正翟剛辨驗音律充收受樂器官丞相耶律鑄又言今製宮縣大樂內編磬十有二簴宜於諸處選石材爲之太常寺以新撥宮縣樂工文武二舞四百一十二人未習其藝遣大樂令許政往東平教之大樂署言堂上下樂舞官員及樂工合用衣服冠冕鞾履等物乞行製造中書禮部移準太常博士議定制度下所屬製造宮縣樂器既成大樂署郭敏開坐名數以上編鐘磬三十有六簴樹鼓四（建鞞應同一座）晉鼓一路鼓二鼗鼓二相鼓二雅鼓二柷一敔一笙二十有七（巢和竽）塤八箎簫籥笛各十琴二十有七瑟十有四單鐸雙鐸鐃錞鉦麾旌纛各二補鑄編鐘百九十有二靈璧石磬如其數省臣言太廟殿室向成宮縣樂器咸備請徵東平樂工赴京師肄習以俟享廟制可秋七月新樂服成樂工至自東平敕翰林院定撰八室樂章大樂署編運舞節俾肄習之冬十有一月有事于太廟宮縣登歌樂文武二舞咸備其迎送神曲曰來成之曲烈祖曰開成之曲太祖曰武成之曲太宗曰文成之曲皇伯考术赤曰弼成之曲皇伯考察合帶曰協成之曲睿宗曰明成之曲定宗曰熙成之曲憲宗曰威成之曲初獻升降曰肅成之曲司徒奉俎曰嘉成之曲文舞退武舞進曰和成之曲亞終獻酌獻曰順成之曲徹豆曰豐成之曲文舞曰武定文

綴之舞武舞曰內平外成之舞第一成象滅王罕二成破西夏三成克金四成收西域定河南五成取西蜀平南詔六成臣高麗服交趾（詳見樂舞篇）十有二月籍近畿儒戶三百八十四人爲樂工先是召用東平樂工凡四百一十二人中書以東平地遠惟留其戶九十有二餘盡遣還復入民籍十一年秋八月製內庭曲舞中書以上皇帝冊寶下太常太樂署編運無射宮大寧等曲及上壽曲譜（嘗肄習於殿庭用雅樂後不果用）十三年以近畿樂戶多逃亡僅得四十有二復徵用東平樂工十六年冬十月命太常卿忽都于思召太常樂工是月十一日大樂令完顏椿等以樂工見于香閣文郎魏英舞迎神黃鍾曲武郎安仁舞亞獻無射宮曲十八年冬十月昭睿順聖皇后將祔廟製昭睿順聖皇后室曲舞十九年王積翁奏請徵亡宋雅樂器至京師置於八作司二十一年大樂署言宜付本署收掌中書命八作司與之鎛鐘二十有七編鐘七百二十有三特磬二十有二編磬二十有八鐃六單鐸雙鐸各五鉦錞各八十二年冬閏十有一月太常卿忽都于思奏大樂見用石磬聲律不協稽諸古典磬石莫善於泗濱女直未嘗得此今泗在封疆之內宜取其石以製磬從之選審聽音律大樂正趙榮祖及識辨磬材石工牛全詣泗州採之得磬璞九十製編磬二百三十命大樂令陳革等料簡應律者百有五二十三年忽都于思又奏太廟樂器編鐘笙匏歲久就壞音律不協遂補鑄編鐘八十有一合律者五十造笙匏三十有四二十九年四月太常太卿香山請采石增製編磬遣孔鑄馳驛往泗州得磬璞五十八製磬九十大樂令毛莊等審聽之得應律磬五十有八於是編磬始備三十年夏六月初立社稷命大樂許德良運製曲譜翰林國史院譔樂章其降送神曰鎮寧之曲初獻盥洗升壇降壇望瘞位皆肅寧之曲正配位奠玉幣曰億寧之曲司徒奉俎徹豆曰豐寧之曲正配位酌獻曰保寧之曲亞終獻曰咸寧之曲（按祭社稷先農及大德六年祀天地五方帝樂章皆用金舊名釋奠宣聖亦因宋不改詳樂章篇）三十一年世祖裕宗祔廟命大樂署編運曲譜舞節翰林定譔樂章世祖室曰混成之曲裕宗室曰昭成之曲成宗大德九年新建郊壇既成命大樂署編運曲譜舞節翰林譔樂章十一月二十八日祀圜丘用之其迎送神曰天成之曲初獻奠玉幣曰欽成之曲酌獻曰明成之曲登降曰隆成之曲亞終酌獻曰和成之曲奉饌徹豆曰寧成之曲望燎如登降（惟用黃鍾宮）文舞曰崇德之舞武舞曰定功之舞十年命江浙行省製造宣聖廟樂器以宋舊樂工施德仲審較應律運至京師秋八月用于廟祀宣聖先命翰林新譔樂章命樂工習之降送神曰凝安之曲初獻盥洗陞殿降殿望瘞皆同安之曲奠幣曰明安之曲奉俎曰豐安之曲酌獻曰成安之曲亞終獻曰文安之曲徹豆曰娛安之曲蓋舊曲也新樂章不果用十一年武宗卽位祭告天地命大樂署編運皇地祇酌獻大呂宮一曲及舞節翰林譔樂章（無曲名）九月順宗成宗二室祔廟下大樂署編運曲譜舞節翰林譔樂章順宗室曰慶成之曲成宗室曰守成之曲至大二年親享太廟皇帝入門奏順成之曲盥洗陞殿用至元中初獻升降肅成之曲亦曰順成之曲出入小次奏昌寧之曲迎神用至元中來成之曲改曰思成初獻攝太尉盥洗陞殿奏肅寧之曲酌獻太祖室仍用舊曲改名開成（開成本至元中烈祖曲名其詞則太祖舊曲也）睿宗室仍用舊曲改名武成（此亦至元中太祖曲名其詞則神祖創業以下仍舊）皇帝飲福登歌奏釐成之曲（新製曲）文舞退武舞進仍用舊曲改名肅寧（舊名和成其詞天生五材孰能去兵以下是也）亞終獻酌獻仍用舊曲改名肅寧（舊名順成其詞明精禋以下是也）徹豆曰豐寧之曲（舊名豐成詞語亦異）送神曰保成之曲皇帝出廟廷亦曰昌寧之曲（太常集禮曰樂章據孔思逮本錄之國朝樂章皆用成字凡用寧字者金曲也國初禮樂之事悉用前代舊工循習故常遂有用其舊者亦有不用其詞而冒以舊號者如郊祀先農等樂是也）冬十有二月始製先農樂章以太常登歌樂祀之先是有命祀先農以登歌樂如祭社稷之制大樂署言禮祀先農如社遂錄祭社林鐘宮鎮寧等曲以上蓋金曲也三年冬十月置曲阜宣聖廟登歌樂初宣聖五十四代孫左三部照磨思逮言闕里宣聖祖廟釋奠行禮久闕祭服登歌之樂未蒙寵賜如蒙移咨江浙行省於各處贍學祭餘子粒內製造登歌樂器及祭服以備祭祀庶盡事神之禮中書允其請移文江浙製造至是樂器成運赴闕里用之十有一月敕以二十三日冬至祀昊天上帝于南郊配以太祖命大樂署運製配位及親祀曲譜舞節翰林譔樂章皇帝出入中壝黃鐘宮曲二盥洗黃鐘宮曲一陞殿登歌大呂宮曲一酌獻黃鐘宮曲一飲福登歌大呂宮曲一出入小次黃鐘宮曲一（皆無曲名）四年夏六月武宗祔廟命樂正謝世寧等編曲譜舞節翰林侍講學士張士觀譔樂章曲名威成之曲仁宗皇慶二年秋九月用登歌樂祀太上皇（睿宗）于眞定玉華宮自是歲用之至延祐七年春三月奏罷延祐五年命各路府宣聖廟置雅樂選擇習古樂師教肄生徒以供春秋祭祀六年秋八月議置三皇廟樂不果行七年仁宗祔廟命樂正劉瓊等編運酌獻樂譜舞節翰林譔樂章曲名曰歆成之曲英宗至治二年冬十月用登歌樂于太廟是月英宗祔廟下大樂署編運樂譜舞節翰林譔樂章曲曰獻成之曲文宗天曆二年春三月明宗祔廟下大樂署編運樂譜舞節翰林定譔樂章曲曰永成之曲

登歌樂器

金部

編鐘一簴鐘十有六範金爲之筍簴（橫曰筍植曰簴）皆雕繪樹羽塗金雙鳳五中列博山崇牙十有六縣以紅絨組簴趺青龍籍地以綠油臥梯二加兩跗焉筍兩端金螭首銜鍮石璧翣五色銷金流蘇條以紅絨維之鐵杙者四所以備欹側在太室以礙地甓因易以石麟簴額識以金飾篆字擊鐘者以茱萸木爲之合竹爲柄凡鐘未奏覆以黃羅雨覆以油絹磬亦然元初鐘用宋金舊器其識曰大晟大和景定者是也後增製兼用之

石部

編磬一簴磬十有六石爲之縣以紅絨紃簴跗狻猊杵磬者以牛角爲之餘筍簴崇牙樹羽璧翣流蘇之制並與鐘同元初磬亦用宋金舊器至元中始采泗濱靈璧石爲之

絲部

琴十一絃三絃五絃七絃九絃者各二斲桐爲面梓爲底冰絃木軫漆質金徽長三尺九寸首闊五寸二分通足中高二寸七分旁各高二寸尾闊四寸一分通足中高二寸旁各高一寸五分俱以黃綺夾囊貯之琴卓髹以綠

瑟四其制底面皆用梓木面施采色兩端繪錦長七尺首闊尺有一寸九分通足中高四寸旁各高三寸尾闊尺有一寸七分通足中高五寸旁各高三寸五分朱絲爲絃凡二十有五各設柱兩頭有孔疏通相連以黃綺夾囊貯之架四髹以綠金飾鳳首八

竹部

簫二編竹爲之每架十有六管闊尺有六分黑槍金鸞鳳爲飾鍮石釘鉸以黃絨紃維於人項左右復垂紅絨條結架以木爲之高尺有二寸亦號排簫韜以黃囊

笛一斷竹爲之長尺有四寸七孔亦號長笛纏以朱絲垂以紅絨條結韜以黃囊

籥二制如笛三孔纏以朱絲垂以紅絨條結韜以黃囊

篪二髹色如桐葉七孔纏以朱絲垂以紅絨條結韜以黃囊

匏部

巢笙四和笙四七星匏一九曜匏一閏餘匏一皆以斑竹爲之玄髹底置管匏中施簧管端參差如鳥翼大者曰巢笙次曰和笙管皆十九簧如之十三簧者曰閏餘匏九簧者曰九曜匏七簧者曰七星匏皆韜以黃囊

土部

塤二陶土爲之圍五寸半長三寸四分形如稱錘六孔上一前二後三韜以黃囊

革部

搏拊二制如鼓而小中實以糠外髹以朱繪以綠雲繫以青絨條兩手用之或搏或拊以節登歌之樂

木部

柷一以桐木爲之狀如方桶繪山於上髹以粉旁爲圓孔納椎於中椎以杞木爲之撞之以作樂

敔一製以桐木狀如伏虎彩繪爲飾背有二十七鉏鋙刻下承以槃用竹長二尺四寸破爲十莖其名曰籈櫟其背以止樂

宮縣樂器

金部

鎛鐘十有二簴簴一鐘制視編鐘而大依十二辰位特縣之亦號辰鐘筍簴朱髹塗金彩繪飛龍趺東青龍西白虎南赤豸北玄麟素羅五色流蘇餘制並與編鐘同

編鐘十有二簴簴十有六鐘制見登歌（此下樂器制與登歌同者皆不重載）

石部

編磬十有六簴簴十有二磬制見登歌筍簴與鎛鐘同

絲部

琴二十有七一絃者三三絃五絃七絃九絃者各六瑟十有二

竹部

簫十籥十篪十笛十

匏部

巢笙十

竽十竹爲之與巢笙皆十九簧惟指法各異

七星匏一九曜匏一閏餘匏一

土部

塤八

革部

晉鼓一長六尺六寸面徑四尺圍丈有二尺穹隆者居鼓面三之一穹徑六尺六寸三分寸之一面繪雲龍爲

飾其皐陶以朱髹之下承以彩繪趺座幷鼓高丈餘在郊祀者鞔以馬革

樹鼓四每樹三鼓其制高六尺六寸中植以柱曰建鼓柱末爲翔鷺下施小圓輪又爲重斗方蓋並綠以彩繪四角有竿各垂璧翣流蘇下以青狻猊四爲趺建旁挾二小鼓曰鞞曰應樹樂縣之四隅路床鼓桴並髹以朱

雷鼓二制如鼓而小鞔以馬革持其柄播之旁耳自擊郊祀用之

雷鼗二亦以馬革鞔之爲太小鼓三交午貫之以柄郊祀用之

路鼓二制如雷鼓惟非馬革祀宗廟用之

路鼗二其制爲大小二鼓午貫之旁各有耳以柄搖之耳往還自擊不以馬革祀宗廟用之

木部

柷一敔一

節樂之器

麾一製以絳繒長七尺畫升龍於上以塗金龍首朱杠縣之樂長執之舉以作樂偃以止樂

照燭二以長竿置絳羅籠於其末然燭於中夜暗麾遠難辨樂正執之舉以作樂偃以止樂

文舞器

纛二制若旌幢高七尺杠首刻象牛首下施朱紨蓋爲三重以導文舞

籥六十有四木爲之象籥之制舞人所執

翟六十有四木柄端刻龍首飾以雉羽綴以流蘇舞人所執

武舞器

旌二制如纛杠首栖以鳳以導武舞

干六十有四木爲之加以彩繪舞人所執

戚六十有四制若劒然舞人所執（禮記注戚斧也今制與古異）

金錞二範銅爲之中虛鼻象狻猊木方趺二人舉錞築於趺上

金鉦二制如銅槃縣而擊之以節樂

金鐃二制如火斗有柄以銅爲匡疏其上如鈴中有丸執其柄而搖之其聲鐃鐃然用以止鼓

單鐸雙鐸各二制如小鐘上有柄以金爲舌用以振武舞兩鐸通一柄者號曰雙鐸

雅鼓二制如漆筩鞔以羊革旁有兩紐工人持之築地以節舞

相鼓二制如搏拊以韋爲表實之以穅拊其兩端以相樂舞節

鼗鼓二

舞表

表四木杆鑿方石樹之用以識舞人之兆綴

元史卷六十九

明翰林學士亞中大夫知制誥兼修國史宋　濂等修

禮樂志第二十

禮樂三

郊祀樂章

成宗大德六年合祭天地五方帝樂章

降神奏乾寧之曲六成

圜鍾宮三成

惟皇上帝　監德昭明　祀考承天　治底隆平
孝思維則　禋祀薦誠　神其降格　萬福來幷

黃鍾角一成（詞同前）

太簇徵一成（詞同前）

姑洗羽一成（詞同前）

初獻盥洗奏肅寧之曲

黃鍾宮

明水在下　鐘鼓既奏　有孚顒若　陟降左右
辟公處之　多士祼將　吉蠲以祭　上帝其饗

初獻升降奏肅寧之曲

大呂宮

禋祀孔肅　盥薦初升　攝齊恭敬　以薦惟馨
肅雝多士　來格百靈　降福受釐　萬世其承

奠玉幣奏

大呂宮

宗祀配饗　肇舉明禋　嘉玉既設　量幣斯陳
惟德格天　惟誠感神　於萬斯年　休命用申

迎俎奏豐寧之曲

黃鍾宮

有碩斯俎　有滌斯牲　鸞刀屢奏　血膋載升
禋崇薌栗　氣達尚腥　上帝臨止　享于克誠

酌獻奏嘉寧之曲

大呂宮

崇崇泰畤　穆穆昊穹　神之格思　肸蠁斯通
儀尊載列　黃流在中　酒既和止　萬福攸同

亞獻奏咸寧之曲

黃鍾宮

六成既闋　三獻云終　神具醉止　穆穆雍雍
和風慶雲　賁我郊宮　受茲祉福　億載無窮

終獻（詞同前）

徹籩豆奏豐寧之曲

大呂宮

禋禮既備　神具宴娭　籩豆有楚　廢徹不遲
多士駿奔　樂且有儀　乃錫純嘏　永佐丕基

送神奏

圜鍾宮

殷祀既畢　靈馭載旋　禮洽和應　降福自天
動植咸若　陰陽不愆　明明天子　億萬斯年

望燎奏

黃鍾宮

享申百禮　慶洽百靈　奠玉高壇　燔柴廣庭
祥光達曙　燦若景星　神之降福　萬國咸寧

大德九年以後定擬親祀樂章

皇帝入中壝

黃鍾宮

赫赫有臨　洋洋在上　克配皇祖　於穆來饗
肇此大禋　乾文弘朗　被袞圜丘　巍巍玄象

皇帝盥洗

黃鍾宮

翼翼孝思　明德洽禮　功格玄穹　有光帝始
著我精誠　潔茲薦洗　幣玉攸奠　永集嘉祉

皇帝升壇（降同）

大呂宮

天行惟健　盛德御天　日月龍章　筍簴宮縣
藁鞂尚明　禮璧蒼圜　神之格思　香升燔煙

降神奏天成之曲

圜鍾宮三成

烝哉皇元　丕承帝眷　報本貴誠　于郊殷薦
藁鞂載陳　雲門六變　神之格思　來處來燕

黃鍾角一成

太簇徵一成

姑洗羽一成（詞竝同前）

初獻盥洗奏隆成之曲

黃鍾宮

肇禋南郊　百神受職　齊潔惟先　匪馨于稷
迺沃迺盥　祠壇是陟　上帝監觀　其儀不忒

初獻升壇（降同）奏隆成之曲

大呂宮

於穆圜壇　陽郊奠位　孔惠孔時　吉蠲爲饎
降登祇若　百禮既至　顒言居歆　允集熙事

奠玉幣（正配位同）奏欽成之曲

黃鍾宮

謂天蓋高　至誠則格　克祀克禋　駿奔百辟
制幣斯陳　植以蒼璧　神其降康　俾我來益

司徒捧俎奏寧成之曲

黃鍾宮

我牲既潔　我俎斯實　笙鏞克諧　籩豆有飶
神來宴娭　歆茲明德　永錫繁禧　如幾如式

昊天上帝位酌獻奏明成之曲

黃鍾宮

於昭昊天　臨下有赫　陶匏薦誠　聲聞在德
酌言獻之　上靈是格　降福孔偕　時萬時億

皇地祇位酌獻

大呂宮

至哉坤元　與天同德　函育羣生　玄功莫測
合饗圜壇　舊典時式　申錫無疆　聿寧皇國

太祖位酌獻

黃鍾宮

禮大報本　郊定天位　皇皇神祖　反始克配
至德難名　玄功宏濟　帝典式敷　率育攸墍

皇帝飲福

大呂宮

特牲享誠　備物循質　上帝居歆　百神受職
皇武昭宣　孝祀芬苾　萬福攸同　下民陰騭

皇帝出入小次

黃鍾宮

惟天惟大　惟帝饗帝　以配祖考　肅贊靈祉
定極崇功　永我昭事　升中于天　象物畢至

文舞退武舞進奏和成之曲

黃鍾宮

羽籥既竣　載揚玉戚　一弛一張　匪舒匪棘
八音克諧　萬舞有奕　永觀厥成　純嘏是錫

亞終獻奏和成之曲

黃鍾宮

有嚴郊禋　恭陳幣玉　大禧是承　載祗載肅
上帝居歆　馨香既飫　惠我無疆　介以景福

徹籩豆奏寧成之曲

大呂宮

三獻攸終　六樂斯徧　既右享之　徹其有踐
洋洋在上　黙黙靈眷　明禋告成　於皇錫羡

送神奏天成之曲

圜鍾宮

神之來歆　如在左右　神保聿歸　靈斿先後
恢恢上圜　無聲無臭　日監孔昭　思皇多祐

望燎奏隆成之曲

黃鍾宮

熙事備成　禮文郁郁　紫煙聿升　靈光下燭
神人樂康　永膺戩穀　祚我丕平　景命有僕

皇帝出中壝

黃鍾宮

泰壇承光　寥廓玄曖　暢我揚明　饗儀惟大
九服敬宣　聲教無外　皇拜天祐　照臨斯屆

宗廟樂章

世祖中統四年至元元三年七室樂章（太常集禮稾云此係卷牘所載）

太祖第一室

天垂靈顧　地獻中方　帝力所拓　神武莫當
陽谿昧谷　咸服要荒　昭孝明禋　神祖皇皇

太宗第二室

和林勝域　天邑地宮　闕　南北來同
闕　司分置　冑教肇崇　潤色祖業　德仰神宗

睿宗第三室

珍符黙授　疇昔自天　爰生聖武　寶祚開先
霓旌迴狩　龍駕遊仙　追遠如生　皇慕顯然

皇伯考朮赤第四室

威闕　鷹揚　冢位闕　當　從龍遠拓　千萬里疆
誕總虎旅　駐壓西方　航海梯山　東西來王

皇伯考察合帶第五室

雄武軍威　滋多歷年　深謀遠畧　協贊惟專
流沙西域　餞日東邊　百國畏服　英聲赫然

定宗第六室

三朝承休　恭己優游　欽繩祖武　其德聿脩
帝慭錫壽　德澤期周　蠲饎惟薌　祈饗于幽

憲宗第七室

龍躍潛居　風雲會通　知民病苦　軫念宸衷
夔門之旅　繼志圖功　俎豆敬祭　華儀孔隆

至元四年至十七年八室樂章（太常集禮云周馭所藏儀注所錄舞節同）

迎神奏來成之曲九成

黃鍾宮三成

齊明盛服　翼翼靈眷　禮備多儀　樂成九變
烝烝孝心　若聞且見　眄蠁端臨　來寧來燕

大呂角二成（詞同黃鍾）

太簇徵二成（詞同黃鍾）

應鍾羽二成（詞同黃鍾）

初獻盥洗奏肅成之曲（再詣盥洗同至大以後名順成之曲詞律同）

無射宮

天德維何　如水之清　維水內耀　配彼天明
以滌以濯　犧象光晶　孝思維則　式薦忱誠

初獻升殿登歌樂奏肅成之曲（降同）

夾鍾宮

祀事有嚴　太官有侐　陟降靡違　孔容翼翼
籩豆旅陳　鐘磬翕繹　於昭吉蠲　神保是格

司徒捧俎奏嘉成之曲（別本所錄親祀樂章詞同）

無射宮

色純體全　三犧五牲　鸞刀屢奏　毛炰胾羹
神具厭飫　聽我磬聲　居歆有永　胡考之寧

列祖第一室奏開成之曲

無射宮

於皇烈祖　積厚流長　大勳未集　燮伐用張
篤生聖嗣　奄有多方　錫我景福　萬世無疆

太祖第二室奏武成之曲

無射宮

天扶昌運　混一中華　爰有真人　奮起龍沙
際天開宇　亘海爲家　肇脩禋祀　萬世無涯

太宗第三室奏文成之曲

無射宮

纂成前烈　底定丕圖　禮文簡省　禁網寬疏
還風太古　躋世華胥　三靈順協　四海無虞

皇伯考朮赤第四室奏弼成之曲

無射宮

神支挺秀　右壤疏封　創業艱難　相我祖宗
欽親伊邇　論功亦崇　春秋祭祀　萬世攸同

皇伯考察合帶第五室奏協成之曲

無射宮

玉牒綦親　神支懿屬　論德疏封　展親分玉
相我祖宗　風櫛雨沐　昔同其勞　今共茲福

睿宗第六室奏明成之曲

無射宮

神祖創業　爰著戎衣　聖考撫軍　代行天威
河南底定　江北來歸　貽謀翼子　奕葉重輝

定宗第七室奏熙成之曲

無射宮

嗣承丕祚　畧洽重熙　堂構既定　垂拱無爲
邊庭閑暇　田里安綏　歆茲禋祀　萬世攸宜

憲宗第八室奏威成之曲

無射宮

羲馭未出　螢爝騰光　大明麗天　羣陰披攘
百神受職　四海寧康　愔愔靈韶　德音不忘

文舞退武舞進奏和成之曲（別本所錄親祀樂章詞同）

無射宮

天生五材　孰能去兵　恢張弘業　我祖天聲
干戈曲盤　濯濯厥靈　於赫七德　展也大成

亞獻行禮奏順成之曲（終獻詞律同）

無射宮

幽通神明　所重精禋　清宮肅肅　百禮具陳
九韶克諧　八佾兟兟　靈光昭荅　天休日申

徹籩豆登歌樂奏豐成之曲

夾鍾宮

豆籩苾芬　金石鏘鏗　禮終三獻　樂奏九成
有嚴執事　進徹無聲　神保聿歸　萬福來寧

送神奏來成之曲（或作保成）

黃鍾宮

神主在室　神靈在天　禮成樂闋　神返幽玄
降福寘寘　百順無愆　於皇孝思　于萬斯年

至元十八年冬十月世祖皇后祔廟酌獻樂章（太常集禮云卷牘所載）

徽柔懿哲　溫黙靖恭　範儀宮闈　任姒同風
敷天寧謐　內助多功　淑德祔廟　萬世昌隆

親祀禘祫樂章（未詳年月太常集禮云別本所錄以時考之疑至元三年以前擬用詳見制樂始末）

皇帝入門宮縣奏順成之曲

無射宮

熙熙雍雍　六合大同　維皇有造　典禮會通
金奏王夏　祗欵神宮　感格如響　嘉氣來叢

皇帝陞殿奏順成之曲

夾鍾宮

皇明燭幽　沿時制作　宗廟之威　降登時若
趨以釆茨　聲容有恪　曰藝曰文　監茲衎樂

皇帝詣罍洗宮縣奏順成之曲（太常集禮云至元四年用此曲名曰肅成至大以後用此詞律同）

無射宮

酌彼行潦　維挹其清　潔齊以祀　祀事昭明
肅肅辟公　沃盥乃升　神之至止　歆于克誠

皇帝詣酌尊所宮縣奏順成之曲

無射宮

靈庭愔愔　乃神攸依　文爲在禮　載斟匪祈
皇皇穆穆　玉佩聲希　列侯百辟　濟濟闕　威

迎神宮縣奏思成之曲（至元四年名來成之曲詞律同）

司徒捧俎宮縣奏嘉成之曲（至元四年詞律同）

酌獻始祖宮縣奏慶成之曲

無射宮

啓運流光　幅員旣長　敬恭祀事　鬱鬯芬薌
德以舞象　功以歌揚　式歌且舞　神享是皇

諸廟奏熙成昌成鴻成樂成康成明成等曲（詞闕）

文舞退武舞進宮縣奏肅成之曲（至元四年名和成之曲詞律同）

亞終獻宮縣奏肅成之曲（至元四年名順成之曲詞律同）

皇帝飲福登歌奏釐成之曲

夾鍾宮

誠通恩降　靈慈昭宣　左右明命　六合大全
啐飲椒馨　純嘏如川　皇人壽穀　億萬斯年

徹豆登歌奏豐成之曲

夾鍾宮

三獻九成　禮畢樂闋　于豆于登　于焉靖徹
多士密勿　樂且有儀　能事脫穎　孔惠孔時

送神奏保成之曲

黃鍾宮

雲車之來　不疾而速　風馭言還　閒其怳惚
神心之欣　孝孫之祿　燕翼無疆　景命有僕

武宗至大以後親祀攝樂章（太常集禮云孔思逮本所錄）

皇帝入門奏順成之曲（別本親祀禘祫樂章詞律同）

皇帝盥洗奏順成之曲（至元四年名肅寧之曲詞律同）

皇帝陞殿登歌樂奏順成之曲（別本親祀樂章詞律同）

皇帝出入小次奏昌寧之曲（太常集禮云此曲名思逮取之詳見制樂始末）

無射宮
於皇神宮　象天清明　肅肅來止　相維公卿
威儀孔彰　君子攸寧　神之休之　綏我思成
迎神奏思成之曲 至元四年名來成之曲詞律同
黃鐘宮三成
齊明盛服　翼翼靈眘　禮備多儀　樂成九變
烝烝孝心　若聞且見　盻蠁端臨　來寧來燕
大呂角二成
大簇徵二成
應鐘羽二成 詞並同上
初獻盥洗奏肅成之曲 別本親祀樂章名順成之曲詞律同
初獻陞殿降同登歌樂奏肅寧之曲 至元四年名肅成之曲詞律同
司徒捧俎奏嘉成之曲 至元四年曲名詞律同
太祖第一室奏開成之曲 至元四年名武成之曲詞同
睿宗第二室奏武成之曲 至元四年名明成之曲詞同
世祖第三室奏混成之曲
無射宮
於昭皇祖　體健乘乾　龍飛應運　盛德光前
神功耆定　澤被垓埏　詒厥孫謀　何千萬年
裕宗第四室奏昭成之曲
無射宮
天啓深仁　須世而昌　追惟顯考　敢後光揚
徽儀肇舉　禮備音鏘　皇靈監止　降釐無疆
順宗第六室奏慶成之曲
無射宮
龍潛于淵　德昭于天　承休基命　光被紘埏
洋洋如臨　籩豆牲牷　惟明惟馨　皇祚綿延
成宗第七室奏守成之曲
無射宮
天開神聖　繼世淸寧　澤深仁溥　樂協韶英
宗枝嘉會　氣和惟馨　繁禧來格　永祓皇靈
武宗第八室奏威成之曲
無射宮
紹天鴻業　繼世隆平　惠孚中國　威靖邊庭
厥功惟茂　淸廟妥靈　歆茲明祀　福祿來成
仁宗第九室奏歆成之曲
無射宮
紹隆前緒　運啓文明　深仁及物　至孝躬行
惟皇建極　盛德難名　居歆萬祀　福祿崇成
英宗第十室奏獻成之曲

無射宮
神聖繼作　式是憲章　誕興禮樂　躬事烝嘗
翼翼淸廟　烨有耿光　于千萬年　世仰明良
皇帝飲福登歌樂奏釐成之曲
夾鐘宮
穆穆天子　禋祀太宮　禮成樂備　敬徹誠通
神胥樂止　錫之醇醲　天子萬世　福祿無窮
文舞退武舞進奏肅成 孔本作肅寧 之曲 至元四年名和成之曲詞律同
亞終獻行禮宮縣奏肅成之曲 至元四年名順成之曲詞律同
徹籩豆登歌樂奏豐寧之曲 至元四年名豐成之曲詞律同
送神奏保成之曲 至元四年名來成之曲詞律同
皇帝出廟廷奏昌寧之曲
無射宮
緝熙維淸　吉蠲致誠　上儀具舉　明德薦馨
己事而竣　歡通三靈　先祖是皇　來燕來寧
文宗天曆三年明宗祔廟酌獻奏永成之曲
無射宮
猗那皇明　世贊神武　敬天弗違　時潛時旅
龍斾在塗　言受率土　不遐有臨　永錫多嘏
社稷樂章
降神奏鎭寧之曲
林鐘宮二成
以社以方　國有彝典　大哉元德　基祚綿遠
農功萬世　於焉報本　顯相默佑　降監壇壝
太簇角二成
錫民地利　厥功甚溥　昭代典禮　淸聲律呂
穀旦于差　洋洋來下　相此有年　根本日固
姑洗徵二成
平厥水土　百穀用成　長扶景運　宜歆德馨
五祀爲大　千古舉行　感通肹蠁　登歌鎭寧
南宮羽二成
觩齊虔脩　粢盛告備　倉庾坻京　緊維之賜
崇壇致恭　幽光孔邇　享于精誠　休祥畢至
初獻盥洗奏肅寧之曲
太簇宮
禮備樂陳　辰良日吉　挹彼樽罍　馨哉黍稷
濯漑揭虔　維巾及羃　萬年嚴祀　蹌蹌受職
初獻升壇奏肅寧之曲 降同
應鐘宮
春祈秋報　古今彝章　民天是資　神靈用彰

功崇禮嚴　人阜時康　雍雍爲儀　燔芬苾香
正配位奠玉幣奏億寧之曲
太簇宮
地祇德　稽古美報　幣帛斯陳　圭璋式纁
載烈載燔　肴羞致告　雨暘時若　丕圖永保
司徒捧俎奏豐寧之曲
太簇宮
我稼既同　羣黎徧德　我祀如何　牲牷孔碩
有翼有嚴　隨方布色　報功求福　其儀不忒
正位酌獻奏保寧之曲
太簇宮
異世同德　於皇聖昭　降茲嘉祥　衛我大寶
生乃烝民　倂德覆燾　厥作祼將　有相之道
配位酌獻奏保寧之曲
太簇宮
以御田祖　皇家秩祀　有民人焉　盍究本始
惟叙惟脩　誰實介止　酒旨且多　盛德宜配
亞終獻奏咸寧之曲
太簇宮
以引以翼　來處來燕　豆籩牲牢　有楚有踐
庸荅神休　神亦錫羨　土穀是依　成此醻獻
徹豆奏豐寧之曲
應鐘宮
文治脩明　相成田功　功爲特殊　儀爲特隆
終如其初　誠則能通　明神毋忘　時和歲豐
送神奏鎭寧之曲
林鐘宮
不屋受陽　國所崇敬　以輿來歲　苞秀堅頴
雲軿莫駐　神其諦聽　景命有僕　與國同永
望瘞位奏肅寧之曲
太簇宮
雅奏肅寧　繁釐降格　篚厥玄黃　丹誠烜赫
肇祀以歸　瞻言咫尺　萬年攸介　丕承帝德
先農樂章
降神奏鎭寧之曲
林鐘宮二成
民生斯世　食爲之天　恭惟大聖　盡心於田
仲春卲農　明祀吉蠲　馨香感神　用祈豐年
太簇角二成
耕種務農　振古如茲　爰粒烝庶　功德茂垂

降嘉奏艱　國家攸宜　所依惟神　庸潔明粢
姑洗徵二成
俶載平疇　農功肇斂　千耦耕耘　同徂隰畛
田祖丕靈　爲仁至盡　豐歲穰穰　延洪有引
南呂羽二成
羣黎力耕　及茲方春　維時東作　篤我農人
我黍既華　我稷宜新　由天降康　永賴明神
初獻盥洗奏肅寧之曲
太簇宮
泂酌行潦　眞足爲薦　奉茲潔淸　神在乎前
分作甘霖　沾漑芳甸　愼于其初　誠意攸見
初獻升壇奏肅寧之曲
應鐘宮
有椒其馨　維多且旨　式愼爾儀　降登庭止
黍稷稻粱　民無渴饑　神嗜飲食　永綏嘉祉
正配位奠玉幣奏億寧之曲
太簇宮
奉幣維恭　前陳嘉玉　聿昭盛儀　肅雝純如
南畝深耕　麻麥禾菽　用祈三登　膺受多福
司徒奉俎奏豐寧之曲
太簇宮
奉牲孔嘉　登俎豐備　地官駿奔　趨進光輝
肥碩蕃孳　歆此誠意　有年斯今　均被神賜
正位酌獻奏保寧之曲
太簇宮
寶壇巍煌　神應如響　備腯咸有　牲體苾芳
洋洋如在　降格來享　秉誠罔怠　羣生瞻仰
配位酌獻奏保寧之曲
太簇宮
酒淸斯香　牲碩斯大　具列觴俎　精意先會
民命維食　稗莠毋害　我倉萬億　神明攸介
亞終獻奏咸寧之曲
闕宮
至誠攸感　肹蠁潛通　百穀嘉種　爰降時豐
祈年孔夙　稼穡爲重　俯歆醴齊　載揚歌頌
徹豆奏豐寧之曲
應鐘宮
有來雍雍　存誠敢匱　廢徹不遲　靈神攸嗜
孔惠孔時　三農是宜　眉壽萬歲　穀成丕乂
送神奏鎭寧之曲

林鐘宮
焄蒿悽愴　萬靈來唉　靈神具醉　聿吉旋歸
歲豐時和　風雨應期　皇圖萬年　永膺洪禧

望瘞位奏肅寧之曲
闕宮
禮成文備　歆受清祀　加牲兼幣　陳玉如儀
靈馭言旋　面陰昭瘞　集茲嘉祥　常致豐歲

宣聖樂章

迎神奏凝安之曲
黃鐘宮三成
大哉宣聖　道尊德崇　維持王化　斯文是宗
典祀有常　精純並隆　神其來格　於昭盛容
大呂角二成
生而知之　有教無私　成均之祀　威儀孔時
惟茲初丁　潔我盛粢　永言其道　萬世之師
太簇徵二成
巍巍堂堂　其道如天　清明之象　應物而然
時維上丁　備物薦誠　維新禮典　樂諧中聲
應鐘羽二成
聖王生知　闡乃儒規　詩書文教　萬世昭垂
良日惟丁　靈承丕爽　揭此精虔　神其來享

初獻盥洗奏同安之曲
姑洗宮
右文興化　憲古師經　明祀有典　吉日惟丁
豐犧在俎　雅奏在庭　周迴陟降　福祉是膺

初獻陞殿奏同安之曲降同
南呂宮
誕興斯文　經天緯地　功加于民　實千萬世
笙鏞和鳴　粢盛豐備　肅肅降登　歆茲秩祀

奠幣奏明安之曲
南呂宮
自生民來　誰底其盛　惟王神明　度越前聖
粢幣具成　禮容斯稱　黍稷惟馨　惟神之聽

捧俎奏豐安之曲
姑洗宮
道同乎天　人倫之至　有享無窮　其興萬世
既潔斯牲　粢明醑旨　不懈以忱　神之來塈

大成至聖文宣王位酌獻奏成安之曲
南呂宮
大哉聖王　實天生德　作樂以崇　時祀無斁
清酤惟馨　嘉牲孔碩　薦羞神明　庶幾昭格

兗國復聖公位酌獻奏成安之曲
南呂宮
庶幾屢空　淵源深矣　亞聖宣猷　百世宜祀
吉蠲斯辰　昭陳尊簋　旨酒欣欣　神其來止

郕國宗聖公酌獻奏成安之曲
南呂宮
心傳忠恕　一以貫之　爰述大學　萬世訓彝
惠我光明　尊聞行知　繼聖迪後　是亨是宜

沂國述聖公酌獻奏成安之曲
南呂宮
公傳自曾　孟傳自公　有嫡緒承　允得其宗
提綱開蘊　乃作中庸　侑于元聖　億載是崇

鄒國亞聖公酌獻奏成安之曲
南呂公
道之由興　於皇宣聖　維公之傳　人知趨正
與饗在堂　情文斯稱　萬年承休　假哉天命

亞獻奏文安之曲終獻同
姑洗宮
百王宗師　生民物軌　瞻之洋洋　神其寧止
酌彼金罍　惟清且旨　登獻惟三　於嘻成禮

飲福受胙與盥洗同惟國學釋奠親祀用之攝事則不用外路州縣並皆用之

徹豆奏娛安之曲
南呂宮
犧象在前　豆籩在列　以享以薦　既芬既潔
禮成樂備　人和神悅　祭則受福　率尊無越

送神奏凝安之曲
黃鐘宮
有嚴學宮　四方來崇　恪恭祀事　威儀雝雝
歆茲惟馨　飈馭回復　明禋斯畢　咸膺百福

望瘞與盥洗同

右釋奠樂章皆舊曲元朝嘗擬譔易而未及用
今并附于此

迎神奏文明之曲
天縱之聖　集厥大成　立言垂教　萬世準程
廟庭孔碩　尊俎既盈　神之格思　景福來并

盥洗奏昭明之曲
神既寧止　有孚顒若　盥洗在庭　載盥載濯
匪惟潔脩　亦新厥德　對越在茲　敬恭惟則

陞殿奏景明之曲降同
大哉聖功　薄海內外　禮隆秩宗　光垂昭代
陟降在庭　揖齊委佩　莫不肅雝　洋洋如在

奠幣奏德明之曲
圭衮尊崇　佩紳列侑　籩豆有楚　樂具和奏
式陳量幣　駿奔左右　天貺斯文　繄神之佑

文宣王酌獻奏誠明之曲
惟聖監格　享于克誠　有樂在縣　有碩斯牲
奉醴以告　嘉薦惟馨　綏以多福　永底隆平

兗國公酌獻奏誠明之曲
潛心好學　不違如愚　用舍行藏　乃與聖俱
千載景行　企厥步趨　廟食作配　祀典弗渝

郕國公酌獻闕

沂國公酌獻闕

鄒國公酌獻奏誠明之曲
洙泗之傳　學窮性命　力距楊墨　以承三聖
遭時之季　孰識其正　高風仰止　莫不肅敬

亞獻奏靈明之曲終獻同
廟成奕奕　祭祀孔時　三爵具舉　是饗是宜
於昭聖訓　示我民彝　紀德報功　配于兩儀

送神奏慶明之曲
禮成樂備　靈馭其旋　濟濟多士　不懈益虔
文教茲首　儒風是宣　佑我闕

元史卷七十

明翰林學士亞中大夫知制誥兼修國史宋　濂等修

禮樂志第二十一

禮樂四

郊祀樂舞

降神文舞崇德之舞乾寧之曲六成圜鐘宮三成始聽三鼓一擊鐘一擊鼓凡三作後倣此一鼓稍前開手立二鼓合手退後三鼓相顧蹲三鼓畢間聲作二擊鐘一擊鼓一鼓稍前舞蹈二鼓舉左手收左揖三鼓舉右手收右揖四鼓高呈手五鼓兩兩相向蹲六鼓稍前開手立七鼓退後俛伏八鼓舉左手收左揖九鼓舉右手收右揖十鼓稍前開手立十一鼓合手退後躬身十二鼓伏興仰視十三鼓舞蹈相向立十四鼓復位交籥正蹲十五鼓躬身受終聽三鼓止黃鐘角一成始聽三鼓一鼓稍前舞蹈二鼓合手退後三鼓相顧蹲三鼓畢間聲作一鼓稍前舞蹈二鼓高呈手三鼓兩兩相向蹲四鼓舉左手收左揖五鼓舉右手收右揖六鼓稍前開手七鼓復位正揖八鼓兩兩相向交籥正蹲九鼓復位立十鼓稍前開手立十一鼓合手退後躬身十二鼓伏興仰視十三鼓舉左手收開手正蹲十四鼓舉右手收開手正蹲十五鼓躬身受終聽三鼓止太簇徵一成始聽三鼓一鼓稍前開手立二鼓合手退後三鼓相顧蹲三鼓畢間聲作一鼓稍前舞蹈二鼓復位躬身三鼓高呈手四鼓舉左手收左揖五鼓舉右手收右揖六鼓兩兩相向交籥正蹲七鼓復位俛伏八鼓舞蹈相向立九鼓復位俛伏十鼓舉左手收左揖十一鼓舉右手收右揖十二鼓伏興仰視十三鼓舞蹈相向立十四鼓復位交籥正蹲十五鼓躬身受終聽三鼓止姑洗羽一成始聽三鼓一鼓稍前開手立二鼓合手退後三鼓相顧蹲三鼓畢間聲作一鼓稍前舞蹈二鼓復位正揖三鼓高呈手四鼓推左手收左揖五鼓推右手收右揖六鼓兩兩相向交籥正蹲七鼓復位俛伏八鼓舞蹈相向立九鼓復位躬身十鼓伏興仰視十一鼓舉左手收左揖十二鼓舉右手收右揖十三鼓舞蹈相向立十四鼓復位交籥正蹲十五鼓躬身受終聽三鼓止昊天上帝位酌獻文舞崇德之舞明成之曲黃鐘宮一成始聽三鼓一鼓稍前開手立二鼓合手退後三鼓相顧蹲三鼓畢間聲作一鼓稍前舞蹈相向立二鼓復位相顧蹲三鼓復位開手立四鼓合手正揖五鼓舉左手收左揖六鼓舉右手收右揖七鼓兩兩相向交籥正蹲八鼓復位正揖九鼓稍前開手立十鼓退後俛伏十一鼓稍前開手立十二鼓推左手收十三鼓推右手收十四鼓三叩頭拜舞十五鼓躬身受終聽三鼓止皇地祇酌獻大呂宮一成始聽三鼓一鼓稍前開手立二鼓合手退後三鼓相顧蹲三鼓畢間聲作一鼓稍前舞蹈相向立二鼓復位正揖三鼓舉左手收左揖四鼓舉右手收右揖五鼓高呈手六鼓兩兩相向交籥正蹲七鼓復位俛伏八鼓舞蹈相向立九鼓復位躬身十鼓交籥正蹲十一鼓兩兩相向開手正蹲十二鼓伏興仰視十三鼓舞蹈相向立十四鼓三叩頭拜舞十五鼓躬身受終聽三鼓止太祖位酌獻黃鐘宮一成始聽三鼓一鼓稍

前開手立二鼓合手退後三鼓相顧蹲三鼓畢間聲作一鼓稍前舞蹈二鼓復位正揖三鼓舉左手收左揖四鼓舉右手收右揖五鼓高呈手六鼓兩兩相向交籥正蹲七鼓復位俛伏八鼓舞蹈相向立九鼓復位躬身十鼓交籥正蹲十一鼓兩兩相向開手正蹲十二鼓伏興仰視十三鼓合手正揖十四鼓叩頭拜舞十五鼓躬身受終聽三鼓止亞獻酌獻武舞定功之舞黃鐘宮一成始聽三鼓一鼓稍前開手立二鼓合手退後按腰立三鼓相顧蹲三鼓畢間聲作一鼓稍前左右揚干戚二鼓退後相顧蹲三鼓舉左手收四鼓舉右手收五鼓左右揚干戚相向立六鼓復位相顧蹲七鼓呈干戚八鼓復位按腰立九鼓刺干戚十鼓復位推左手收十一鼓推右手收十二鼓稍前開手立十三鼓左右揚干戚十四鼓復位按腰相顧蹲十五鼓躬身受終聽三鼓止終獻武舞黃鐘宮一成始聽三鼓一鼓稍前開手立二鼓合手退後按腰立三鼓相顧蹲三鼓畢間聲作一鼓稍前左右揚干戚二鼓退後高呈手三鼓復位相顧蹲四鼓左右揚干戚相向立五鼓復位舉左手收六鼓舉右手收七鼓面向西開手正蹲八鼓呈干戚九鼓復位按腰立十鼓刺干戚十一鼓兩兩相向立十二鼓復位左右揚干戚十三鼓退後相顧蹲十四鼓三叩頭拜舞十五鼓躬身受終聽三鼓止

宗廟樂舞

世祖至元三年八室時享文舞武定文綏之舞降神來成之曲九成黃鐘宮三成始聽三鼓一鼓稍前開手立二鼓退後合手三鼓相顧蹲三鼓畢間聲作一鼓稍前舞蹈次合手而立二鼓正面高呈手住三鼓退後收手蹲四鼓正面躬身興身立五鼓推左手右相顧左揖六鼓皆推右手左相顧右揖七鼓稍前正面開手立八鼓舉左手右相顧左揖九鼓舉右手左相顧右揖十鼓稍退後俛身而立十一鼓稍前開手立十二鼓合手退後相顧蹲十三鼓稍進前舞蹈十四鼓退後合手相顧蹲十五鼓正面躬身受終聽三鼓止大呂角二成始聽三鼓一鼓稍前開手立二鼓退後合手三鼓相顧蹲三鼓畢間聲作一鼓稍進前舞蹈合手立二鼓舉左手住收右足三鼓舉右手住收左足四鼓兩兩相向而立五鼓稍前高呈手住六鼓舞蹈退後立七鼓稍前開手立八鼓合手退後蹲九鼓正面歸佾立十鼓推左手收右足推右手收左足十一鼓舉左手收右足興右手收左足十二鼓稍進前正面仰視十三鼓稍退後相顧蹲十四鼓合手俛身立十五鼓正面躬身受終聽三鼓止太蔟徵二成始聽三鼓一鼓稍前開手立二鼓退後合手三鼓相顧蹲三鼓畢間聲作一鼓稍進前舞蹈次合手立二鼓俛身而正面揖三鼓稍進前高呈手立四鼓收手正面蹲五鼓舉左手住收右足六鼓舉右手收左足收手七鼓兩兩相向而立八鼓稍前高仰視九鼓稍退收手蹲十鼓舉左手住而蹲十一鼓舉右手收手而蹲十二鼓正面歸佾舞蹈十三鼓俛身正揖十四鼓交籥翟相顧蹲十五鼓正面躬身受終聽三鼓止應鍾羽二成始聽三鼓一鼓稍前開手立二鼓退後合手三鼓相顧蹲三鼓畢間聲作一鼓稍進前舞蹈次合手立二鼓兩兩相向立三鼓舉左手收右足左揖四鼓舉右手收左足右揖五鼓歸佾正面立六鼓稍進前高呈手住七鼓收手稍退相顧蹲八鼓兩兩相向立九鼓稍前開手蹲十鼓退後合手對揖十一鼓正面歸佾立十二鼓稍進前舞蹈次合手立十三鼓垂左手而右足應十四鼓垂右手而左足應十五鼓正面躬身受終聽三鼓止烈祖第一室文舞開成之曲無射宮一成始聽三鼓一鼓稍前開手立二鼓稍退合手三鼓相顧蹲三鼓畢間聲作一鼓稍進前舞蹈合手立二鼓稍退俛身開手立三鼓垂左手住收右足四鼓垂右手收左足五鼓左側身相顧左揖六鼓右側身相顧右揖七鼓正面躬身興身立八鼓兩兩相向合手立九鼓相顧高呈手住十鼓收手舞蹈十一鼓舞左而收手立十二鼓舞右而收手立十三鼓揚左手相顧蹲十四鼓揚右手相顧蹲十五鼓稍前正面躬身受終聽三鼓止太祖第二室文舞武成之曲無射宮一成始聽三鼓一鼓稍前開手立二鼓退後合手三鼓相顧蹲三鼓畢間聲作一鼓稍前舞蹈次合手立二鼓正面高呈手住三鼓兩兩相向而對揖四鼓正面歸佾舞蹈次合手立五鼓稍前開手蹲收手立六鼓稍退合手蹲收手立七鼓舉左手而左揖八鼓舉右手而右揖九鼓推左手住而正蹲十鼓推右手正蹲十一鼓開手執籥翟正面俯視十二鼓垂左手收右足十三鼓垂右手收左足十四鼓稍前正面仰視而立十五鼓稍前正面躬身受終聽三鼓止太宗第三室文舞文成之曲無射宮一成始聽三鼓一鼓稍前開手立二鼓退後合手三鼓相顧蹲三鼓畢間聲作一鼓稍進前舞蹈二鼓兩相向而高呈手立三鼓稍前開手立相顧蹲四鼓退後合手立相顧蹲五鼓垂左手而右足應六鼓垂右手而左足應七鼓揖左手住左揖八鼓推右手住右揖九鼓稍前仰視正揖十鼓舉左手住收右足十一鼓舉右手住收左足十二鼓稍前舞蹈十三鼓稍前開手而相顧立十四鼓退後合手立十五鼓稍前正面躬身受終聽三鼓止皇伯考朮赤第四室文舞弼成之曲無射宮一成始聽三鼓一鼓稍前開手立二鼓退後合手三鼓相顧蹲三鼓畢間聲作一鼓稍進前舞蹈二鼓合手俛身相顧蹲三鼓正面高呈手住四鼓稍前舞蹈次合手立五鼓垂左手右相顧收手立六鼓垂右手左相顧收手立七鼓稍前高仰視收手正面立八鼓再退高執籥翟相顧蹲九鼓舞蹈次合手而立十鼓舉左手住收右足十一鼓舉右手住收左足十二鼓稍前開手立收手蹲十三鼓稍前退後合手立十四鼓俛身合手而立十五鼓稍前正面躬身受終聽三鼓止皇伯考察合帶第五室文舞協成之曲無射宮一成始聽三鼓一鼓稍前開手立二鼓退後合手三鼓相顧蹲三鼓畢間聲作一鼓稍進前舞蹈次合手立二鼓開手相顧蹲三鼓合手相顧蹲四鼓稍前高呈手住五鼓舉左手右相顧左揖六鼓舉右手左相顧右揖七鼓推左手住收右足八鼓推右手住收左足九鼓稍前舞蹈次合手立十鼓開手正蹲收合手立十一鼓稍前正面仰視立十二鼓交籥翟相顧蹲十三鼓各盡舉左手而住十四鼓各盡舉右手收手立十五鼓稍前正面躬身受終聽三鼓止睿宗第六室文舞明成之曲無射宮一成始聽三鼓一鼓稍前開手立二鼓退後合手三鼓相顧蹲三鼓畢間聲作一鼓稍前舞蹈二鼓稍前開手立三鼓退後合手立四鼓垂左手相顧蹲五鼓垂右手相顧蹲六鼓稍前正面仰視立七鼓舞左手住收右足收手八鼓舞右手住收左足收手九鼓兩相向合手而立十鼓推左手推右手十一鼓皆舉左右手十二鼓正面高呈手立十三鼓退後合手俛身十四鼓開手高呈籥翟相顧蹲十五鼓正面稍前躬身受終聽三鼓止定宗第七室文舞熙成之曲無射宮一成始聽三鼓一鼓稍前開手立二鼓退後合手三鼓相顧蹲三鼓畢間聲作一鼓稍前舞蹈二鼓兩相向高呈手立三鼓垂左手而右足應四鼓垂右手而左足應五鼓稍前開手立相顧蹲六鼓退後合手立相顧蹲七鼓舉左手住收右足八鼓舉右手住收左足九鼓推左手左揖十鼓推右手右揖十一鼓稍前舞蹈十二鼓退後正揖十三鼓稍前開手相顧立十四鼓退後合手立十五鼓稍前正面躬身受終聽三鼓止憲宗第八室文舞威成之曲無射宮一成始聽三鼓一鼓稍前開手二鼓退後合手三鼓相顧蹲三鼓畢間聲作一鼓進前舞蹈次合手立二鼓高呈手住三鼓舉左手右顧四鼓舉右手左顧五鼓推左手右揖六鼓推右手左揖七鼓兩相向交籥翟立八鼓正面歸佾合手立九鼓稍前舞蹈收手立十鼓退後正揖十一鼓俛身正面揖十二鼓高仰視十三鼓垂左手十四鼓垂右手十五鼓正面躬身受終聽三鼓止亞獻武舞內平外成之舞順成之曲無射宮一成始聽三鼓一鼓側身開手二鼓合手三鼓相顧蹲三鼓畢間聲作一鼓皆稍進前舞蹈次按腰立二鼓按腰相顧蹲三鼓左右揚干戚收手按腰右以象滅王罕四鼓稍退舞蹈按腰立五鼓兩兩相向按腰立六鼓歸佾開手蹲七鼓面西收手按腰立八鼓側身擊干戚收立右以象破西夏九鼓正面歸佾躬身次興身立十鼓稍進前舞蹈次按腰立十一鼓左右推手次按腰立十二鼓跪左膝疊手呈干戚住右以象克金國十三鼓收手按腰興身立十四鼓兩相向而相顧蹲十五鼓正面躬身受終聽三鼓止終獻武舞順成之曲無射宮一成始聽三鼓一鼓側身開手立二鼓合手按腰三鼓相顧蹲三鼓畢間聲作一鼓稍進前舞蹈次按腰立二鼓開手正面蹲收手按腰三鼓面西舞蹈次按腰立四鼓面南左右揚干戚收手按腰五鼓側身擊干戚收手按腰立右以象收西域定河南六鼓兩兩相向立七鼓歸佾正面開手蹲收手按腰八鼓東西相向躬身受右以象收西蜀平南詔九鼓歸佾舞蹈退後次按腰立十鼓推左右手躬身次興身立十一鼓進前舞蹈次按腰立右以象臣高麗服交趾十二鼓兩兩相向按腰蹲十三鼓歸佾左右揚手按腰立十四鼓正面開手俯視十五鼓收手按腰躬身受終聽三鼓止

泰定十室樂舞

迎神文舞思成之曲黃鐘宮三成始聽三鼓一鼓稍前開手立二鼓合手退後三鼓相顧蹲三鼓畢間聲作一鼓稍前舞蹈二鼓高呈手三鼓舉左手收左揖四鼓舉右手收右揖五鼓退後相顧蹲六鼓兩兩相向立七鼓復位俛伏八鼓舉左手開手正蹲九鼓舉右手開手正蹲十鼓稍前開手立十一鼓合手退後躬身十二鼓伏興仰視十三鼓舞蹈相向立十四鼓復位交籥正蹲十五鼓躬身受終聽三鼓止大呂角二成始聽三鼓一鼓稍前舞蹈二鼓合手退後三鼓相顧蹲三鼓畢間聲作一鼓稍前舞蹈二鼓舉左手收左揖三鼓舉右手收右揖四鼓高呈手五鼓兩兩相顧蹲六鼓稍前開手立七

皷復位正揖八皷兩兩相向交籥正蹲九皷復位正揖十皷舉左手收左揖十一皷舉右手收右揖十二皷伏興仰視十三皷舞蹈相向立十四皷復位立十五皷躬身受終聽三皷止太簇徵二成始聽三皷一皷稍前開手立二皷合手退後三皷相顧蹲三皷畢間聲作一皷稍前舞蹈二皷復位躬身三皷高呈手四皷兩兩相向交籥正蹲五皷復位立六皷舞蹈相向立七皷舉左手收左揖八皷舉右手收右揖九皷稍前舞蹈十皷退後俛伏十一皷稍前開手立十二皷推左手收十三皷推右手收十四皷三叩頭拜舞十五皷躬身受終聽三皷止應鐘羽二成始聽三皷一皷稍前開手立二皷合手退後三皷相顧蹲三皷畢間聲作一皷稍前舞蹈二皷復位正揖三皷高呈手四皷稍前開手立五皷退後躬身六皷推左手收七皷推右手收八皷舞蹈相向立九皷復位躬身十皷交籥正蹲十一皷兩兩相向開手正蹲十二皷舉左手收左揖十三皷舉右手收右揖十四皷三叩頭拜舞十五皷躬身受終聽三皷止初獻酌獻太祖第一室文舞開成之曲無射宮一成始聽三皷一皷稍前開手立二皷合手退三皷相顧蹲三皷畢間聲作一皷稍前舞蹈相向立二皷復位正揖三皷推左手收四皷推右手收五皷三叩頭拜舞六皷兩兩相向交籥正蹲七皷復位立八皷稍前舞蹈九皷復位俛伏十皷高呈手正揖十一皷兩兩相向蹲十二皷復位開手立十三皷合手正揖十四皷伏興仰視十五皷躬身受終聽三皷止睿宗第二室文舞武成之曲無射宮一成始聽三皷一皷稍前開手立二皷合手退後三皷相顧蹲三皷畢間聲作一皷稍前舞蹈二皷復位正揖三皷高呈手四皷稍前開手立五皷退後躬身六皷舉左手收左揖七皷舉右手收右揖八皷舞蹈相向立九皷復位立十皷推左手收十一皷推右手收十二皷伏興仰視十三皷兩兩相向蹲十四皷復位交籥正蹲十五皷躬身受終聽三皷止世祖第三室文舞混成之曲無射宮一成始聽三皷一皷稍前開手立二皷合手退後三皷相顧蹲三皷畢間聲作一皷稍前舞蹈二皷高呈手三皷交籥正蹲四皷兩兩相向開手正蹲五皷伏興仰視六皷舉左手收左揖七皷舉右手收右揖八皷退後躬身九皷稍前開手立十皷舉左手收左揖十一皷舉右手收右揖十二皷高呈手正揖十三皷舞蹈相顧蹲十四皷三叩頭拜舞十五皷躬身受終聽三皷止裕宗第四室文舞昭成之曲無射宮一成始聽三皷一皷稍前開手立二皷合手退後三皷相顧蹲三皷畢間聲作一皷稍前舞蹈二皷退後高呈手三皷舉左手收左揖四皷舉右手收右揖五皷稍前開手立六皷退後躬身七皷兩兩相向交籥正蹲八皷伏興仰視九皷推左手收左揖十皷推右手收右揖十一皷稍前舞蹈十二皷退後相顧蹲十三皷高呈手十四皷三叩頭拜舞十五皷躬身受終聽三皷止顯宗第五室文舞德成之曲無射宮一成始聽三皷一皷稍前開手立二皷合手退後三皷相顧蹲三皷畢間聲作一皷稍前舞蹈相向立二皷復位正揖三皷舉左手收四皷舉右手收五皷伏興仰視六皷兩兩相向立七皷復位交籥正蹲八皷退後躬身九皷稍前開手立十皷舉左手收左揖十一皷舉右手收右揖十二皷高呈手十三皷復位正蹲十四皷三叩頭拜舞十五皷躬身受終聽三皷止順宗第六室文舞慶成之曲無射宮一成始聽三皷一皷稍前開手立二皷合手退後三皷相顧蹲三皷畢間聲作一皷稍前舞蹈二皷復位相顧蹲三皷稍前開手立四皷合手正揖五皷舉左手收左揖六皷舉右手收右揖七皷兩兩相向交籥正蹲八皷復位立九皷稍前開手立十皷伏興仰視十一皷舉左手收相顧蹲十二皷舉右手收相顧蹲十三皷高呈手正揖十四皷三叩頭拜舞十五皷躬身受終聽三皷止成宗第七室文舞守成之曲無射宮一成始聽三皷一皷稍前開手立二皷合手退後三皷相顧蹲三皷畢間聲作一皷稍前舞蹈二皷退後躬身三皷舉左手收左揖四皷舉右手收右揖五皷伏興仰視六皷兩兩相向交籥正蹲七皷復位正揖八皷高呈手九皷舉左手收左揖十皷舉右手收右揖十一皷開手立十二皷合手正揖十三皷稍前舞蹈十四皷三叩頭拜舞十五皷躬身受終聽三皷止武宗第八室文舞威成之曲無射宮一成始聽三皷一皷稍前開手立二皷合手退後三皷相顧蹲三皷畢間聲作一皷稍前舞蹈二皷復位正揖三皷高呈手四皷稍前開手立五皷退後躬身六皷舉左手收左揖七皷舉右手收右揖八皷舞蹈相向立九皷復位立十皷舉左手收左揖十一皷舉右手收右揖十二皷伏興仰視十三皷兩兩相向立十四皷復位交籥正蹲十五皷躬身受終聽三皷止仁宗第九室文舞歆成之曲無射宮一成始聽三皷一皷稍前開手立二皷合手退後三皷相顧蹲三皷畢間聲作一皷稍前舞蹈相向立二皷復位正揖三皷高呈手四皷推左手收五皷推右手收六皷稍前開手立七皷退後躬身八皷兩兩相向立九皷復位交籥正蹲十皷舉左手收左揖十一皷舉右手收右揖十二皷稍前舞蹈十三皷復位正揖十四皷伏興仰視十五皷躬身受終聽三皷止英宗第十室文舞獻成之曲無射宮一成始聽三皷一皷稍前開手立二皷合手退後三皷相顧蹲三皷畢間聲作一皷稍前舞蹈相向立二皷舉左手收左揖三皷舉右手收右揖四皷高呈手五皷伏興仰視六皷兩兩相向蹲七皷退後俛伏八皷復位交籥正蹲九皷稍前開手立十皷復位躬身十一皷稍前舞蹈十二皷復位正揖十三皷舞蹈兩兩相向立十四皷三叩頭拜舞十五皷躬身受終聽三皷止亞獻武舞肅寧之曲無射宮一成始聽三皷一皷稍前開手立二皷合手退後按腰立三皷相顧蹲三皷畢間聲作一皷稍前左右揚干戚二皷退後相顧蹲三皷高呈手四皷左右揚干戚五皷呈干戚六皷復位按腰立七皷刺干戚八皷兩兩相向開手正蹲九皷復位舉左手收十皷舉右手收十一皷稍前開手立十二皷退後按腰立十三皷左右揚干戚相向立十四皷復位按腰相顧蹲十五皷躬身受終聽三皷止終獻武舞肅寧之曲無射宮一成始聽三皷一皷稍前開手立二皷合手退後按腰立三皷相顧蹲三皷畢間聲作一皷稍前左右揚干戚二皷退後高呈手三皷舉左手收四皷舉右手收五皷面向西開手正蹲六皷復位左右揚干戚七皷躬身受八皷呈干戚九皷復位按腰立十皷刺干戚十一皷兩兩相向立十二皷復位按腰立十三皷退後相顧蹲十四皷三叩頭拜舞十五皷躬身受終聽三皷止天曆三年新製樂舞明宗酌獻武舞永成之曲無射宮一成始聽三皷一皷合手稍前開手立二皷退後立三皷相顧蹲三皷畢間聲作一皷向前舞蹈相向立二皷復位三叩頭拜舞三皷兩兩開手正蹲四皷復位俛伏五皷交籥正蹲六皷伏興仰視七皷躬身八皷稍前開手立九皷復位正揖高呈手十皷舉左手收左揖十一皷舉右手收右揖十二皷正揖十三皷兩兩交籥相揖十四皷復位十五皷躬身受終聽三皷止

元史卷七十一

明翰林學士亞中大夫知制誥兼修國史宋　濂等修

禮樂志第二十二

禮樂五

樂服

樂正副四人舒脚幞頭紫羅公服烏角帶木笏皂鞾

照燭二人服同前無笏

樂師二人服緋冠笏同前

運譜二人服綠冠笏同前

舞師二人舒脚幞頭黃羅繡抹額紫服金銅荔枝帶皂鞾各執仗仗牙仗也

執旌二人平冕前後各九旒五就青生色鸞袍黃綾帶黃絹袴白絹韈赤革履平冕鸞袍皆倣金制惟冕之旒數不同詳見後至元二年博士議

執纛二人青羅巾餘同執旌

樂工介幘冠緋羅生色鸞袍黃綾帶皂鞾冠以皮爲之黑油如熊耳亦金制也

歌工服同樂工

執麾服同上惟加平巾幘狀若籠金幘以革爲之

舞人青羅生色義花鸞袍綠以皂綾平冕冠冠前後有旒青白硝石珠相間

執器二十人服同樂工綠油毋追冠革爲之一名武弁加紅抹額

至元二年閏五月大樂署言堂上下樂舞官員及樂工合用衣服冠冕鞾履等物乞行製造太常寺下博士議定樂正副四人樂師二人照燭二人運譜二人皆服紫羅公服皂紗幞頭舒脚紅鞓角帶木笏皂鞾引舞色長四人紫羅公服皂紗幞頭展脚黃羅繡南花抹額金銅帶皂鞾樂工二百四十有六人緋繡義花鸞袍縣黃插口介幘冠紫羅帶全黃羅抹帶黃絹夾袴白綾韈朱履金太常寺掌故張琳所著疊代世範載金制舞人服黑彩皆四襖有黃插口左右垂之黃綾抹帶其彩以紬爲之胸背二荅兩肩二荅前後各一荅皆綵色繡二鸞盤飛之狀緣之於彩冠以平冕亦有天板口圈天門納言以紫絹縹背銅畢邊圍前後各五旒以青白硝石珠相間大備集所載二舞人皂繡義花鸞彩縣紫插口黃綾抹帶朱履平冕其冠有口圈亦有天門納言繫帶口圈高一尺許天板長二尺闊一尺前微高後低裹外紫絹糊銅楞道粧釘無旒執器二十人緋繡義花鸞袍縣黃插口綠油革冠黃羅抹帶黃絹夾袴白綾韈朱履旌纛四人青繡義花鸞袍縣紫插口平冕冠二青包巾二黃羅抹帶黃絹夾袴白綾韈朱履七月中書吏部再準太常博士議定行下所司製造三年九月服成緋鸞袍二百六十有七青鸞袍

一百三十二黃綃袴一百五十二紫羅公服一十四黃鞓帶三百九十七介幘冠二百四十有四平冕冠百三十笏全木笏十有六幞頭十有四平巾幘二綠油革冠二十荔枝銅帶四角帶十皂鞾二百六十對朱履百五十對

宣聖廟樂工黑漆冠三十五綠羅生色胸背花袍三十五皂鞾三十五對黃綃囊三十五黃絹夾袱三十五

大樂職掌

大樂署令一人丞一人掌郊社宗廟之樂凡樂郊社宗廟則用宮縣工二百六十有一人社稷則用登歌工五十有一人二樂用工三百一十有二人代事故者五十人前祭之月召工習樂及舞祀前一日宿縣於庭中東方西方設十二鎛鐘各依辰位編鐘處其左編磬處其右黃鐘之鐘起子位在通街之西蕤賓之鐘居午位在通街之東每辰三簴謂之一肆十有二辰凡三十六簴樹建鞞應於四隅左柷右敔設縣中之北歌工次之（三十二人重行相向而坐）巢笙次之簫次之竽次之籥次之篪次之塤次之長笛又次之夾街之左右琴瑟翼柷敔之東西在前行路鼓路鼗次之（郊祀則雷鼓雷鼗）閏餘匏在簫之東七星匏在西九曜匏次之一絃琴列路鼓之東西（東一西二）三絃五絃七絃九絃次之晉鼓一處縣中之東南以節樂（一絃琴三五絃以下皆六凡坐者高以机地以氈）立四表於橫街之南少東設舞位於縣北文郎左執籥右秉翟武郎左執干右執戚皆六十有四人享日與工人先入就位舞師二人執纛二人引文舞分立於表南武舞及執器者俟立於宮縣之左右器纛二雙鐸二單鐸二鐃二錞二（二錞用六人）鉦二相鼓二雅鼓二凡二十人文武退舞師二人執旌二人引武舞進立其處文舞還立於縣側又設登歌樂於殿之前楹（殿陛之旁設樂床一樂工列於上）搏拊二歌工六柷一敔一在門內相向而坐鐘一簴在前楹之東一絃三絃五絃七絃九絃琴五次之瑟二在其東笛一簫一篪一在琴之南巢笙和笙各二次之塤一在笛之南閏餘匏排簫各一次之皆西上磬一簴在前楹之西一絃三絃五絃七絃九絃琴五次之塤一在笛之南七星匏九曜匏排簫各一次之皆東上凡宗廟之樂九成舞九變黃鐘之宮三成三變大呂之角二成二變太簇之徵二成二變應鐘之羽二成二變圜丘之樂六成舞六變夾鐘之宮三成三變黃鐘之角一成一變太簇之徵一成一變姑洗之羽一成一變社稷之樂八成林鐘之宮二成太簇之角二成姑洗之徵二成南呂之羽二成凡有事于宗廟大樂令位于殿楹之東西向丞位於縣北通街之東西向以肅樂舞

協律郎二人掌和律呂以合陰陽之聲陽律六黃鐘子太簇寅姑洗辰蕤賓午夷則申無射戌陰呂六大呂丑夾鐘卯仲呂巳林鐘未南呂酉應鐘亥文之以宮商角徵羽變宮變徵播之以金石絲竹匏土革木凡律管之數九九相乘八十一以爲宮三分去一五十四以爲徵三分益一七十二以爲商三分去一四十八以爲羽三分益一六十四以爲角如黃鐘爲宮則林鐘爲徵太簇爲商南呂爲羽姑洗爲角應鐘爲變宮蕤賓爲變徵是爲七聲十二律還相爲宮爲八十四調凡大祭祀皆法服一人立於殿楹之西東向一人立於縣北通街之西東向以節樂（堂上者主登歌堂下者主宮縣）凡樂作則跪俛伏舉麾以興工鼓柷以奏樂止則偃麾工戛敔而樂止（今執麾者代執之協律郎特拜而已）

樂正二人副二人掌肄樂舞展樂器正樂位凡祭二人立於殿內二人立於縣間以節樂殿內者視獻者奠獻用樂作止之節以笏示照燭照燭舉偃以示堂下若作登歌則以笏示柷敔而已縣間者示堂上照燭及引初獻照燭動亦以笏示柷敔

樂師一人運譜一人掌以樂教工人凡祭立於縣間皆北上相向而立

舞師四人皆執挺（挺牙杖也）執纛二人執旌二人祭則前舞以爲舞容舞人從南表向第一表爲一成則一變從第二至第三爲二成從第三至北第四表爲三成舞人各轉身南向於北表之北還從第一至第二爲四成從第二至第三爲五成從第三至南第一表爲六成若八變者更從南北向第二爲七成又從第二至第三爲八成若九變者又從第三至北第一爲九變

執麾一人從協律郎以麾舉偃而節樂

照燭二人掌執籠燭而節樂凡樂作止皆舉偃其籠燭一人立於堂上門東視殿內獻官禮節麾燭以示縣間一人立於堂下縣間俟三獻入導初獻至位立於其左（初獻行皆前導亞終則否）凡殿下禮節則麾其燭以示上下初獻詣盥洗位乃偃其燭止亦如之俟初獻動爲節宮縣樂作詣盥洗位洗拭瓚訖樂止詣階登歌樂作升自東階至殿門樂止乃立於陛側以俟晨祼訖初獻出殿登歌樂作至版位樂止司徒迎饌至橫街轉身北向宮縣樂作司徒奉俎至各室遍奠訖樂止酌獻初獻詣盥洗位宮縣樂作詣爵洗位洗拭爵訖樂止出笏登歌樂作升自東階至殿門樂止初獻至酒尊所酌訖宮縣樂作詣神位前祭酒訖拜興讀祝樂止讀訖樂作再拜訖樂止次詣每室作止如初每室各奏本室樂曲俱獻畢還至殿門登歌樂作降自東階至版位樂止文舞退武舞進宮縣樂作舞者立定樂止亞獻行禮無節步之樂至酒尊所酌酒訖出笏宮縣樂作詣神位前奠獻畢樂止次詣每室作止如初俱畢還至版位皆無樂終獻樂作同亞獻助奠以下升殿奠馬湩至神位蒙古巫祝致詞訖宮縣樂作同司徒進饌之曲禮畢樂止出殿登歌樂作各復位樂止太祝徹籩豆登歌樂作卒徹樂止奉禮贊拜衆官皆再拜訖送神宮縣樂作一成而止

宴樂之器

興隆笙制以楠木形如夾屏上銳而面平縷金雕鏤枇杷寶相孔雀竹木雲氣兩旁側立花板居背三之一中爲虛櫃如笙之匏上豎紫竹管九十管端實以木蓮苞櫃外出小橛十五上豎小管管端實以銅杏葉下有座獅象遶之座上櫃前立花板一雕鏤如背板間出二皮風口用則設朱漆小架于座前繫風囊於風口囊面如琵琶朱漆雜花有柄一人按小管一人鼓風囊則簧自隨調而鳴中統間回回國所進以竹爲簧有聲而無律玉宸樂院判官鄭秀乃考音律分定清濁增改如今制其在殿上者盾頭兩旁立刻木孔雀二飾以真孔雀羽中設機每奏工三人一人鼓風囊一人按律一人運動其機則孔雀飛舞應節殿庭笙十延祐間增製不用孔雀

琵琶制以木曲首長頸四軫頸有品闊面四絃面飾雜花

箏如瑟兩頭微垂有柱十三絃

火不思制如琵琶直頸無品有小槽圓腹如半瓶榼以皮爲面四絃皮絣同一孤柱

胡琴制如火不思卷頸龍首二絃用弓捩之弓之絃以馬尾

方響制以鐵十六枚懸于磬簴小角槌二廷中設下施小交足几黃羅銷金衣

龍笛制如笛七孔橫吹之管首制龍頭銜同心結帶

頭管制以竹爲管卷蘆葉爲首竅七

笙制以匏爲底列管于上管十三簧如之

箜篌制以木闊腹腹下施橫木而加軫二十四柱頭及首並加鳳喙

雲璈制以銅爲小鑼十三同一木架下有長柄左手持而右手以小槌擊之

簫制如笛五孔

戲竹制如籤長二尺餘上繫流蘇香囊執而偃之以止樂

鼓制以木爲匡冐以革朱漆雜花面繪復身龍長竿二廷中設則有大木架又有擊撾高座

杖鼓制以木爲匡細腰以皮冐之上施五綵繡帶右擊以杖左拍以手

札鼓制如杖鼓而小左持而右擊之

和鼓制如大鼓而小左持而右擊之

纂制如箏而七絃有柱用竹軋之

羌笛制如笛而長三孔

拍板制以木爲板以繩聯之

水盞制以銅凡十有二擊以鐵箸

樂隊

樂音王隊（元旦用之）引隊大樂禮官二員冠展角幞頭紫袍塗金帶執笏次執戲竹二人同前服次樂工八人冠花幞頭紫窄衫銅束帶龍笛三杖鼓三金鞚小鼓一板一奏萬年歡之曲從東階升至御前以次而西折繞而南北向立（後隊進皆倣此）次二隊婦女十人冠展角幞頭紫袍隨樂聲進至御前分左右相向立次婦女一人冠唐帽黃袍進北向立定樂止念致語畢樂作奏長春柳之曲次三隊男子三人戴紅髮青面具雜綵衣次一人冠唐帽綠襴袍角帶舞蹈而進立於前隊之右次四隊男子一人戴孔雀明王像面具披金甲執叉從者二人戴毗沙神像面具紅袍執斧次五隊男子五人冠五梁冠戴龍王面具繡氅執圭與前隊同進北向立次六隊男子五人爲飛天夜叉之像舞蹈以進次七隊樂工八人冠霸王冠青面具錦繡衣龍笛三觱栗三杖鼓二與前大樂合奏吉利牙之曲次八隊婦女二十人冠廣翠冠銷金綠衣執牡丹花舞唱前曲與樂聲相和進至御前北向列爲九重重四人曲終再起與後隊相和次九隊婦女二十人冠金梳翠花鈿繡衣執花鞚稍子鼓舞唱前曲與前隊相和次十隊婦女八人花髻服銷金桃紅衣搖日月金鞚稍子鼓舞唱同前次男子五人作五方菩薩梵像搖日月鼓次一人作樂音王菩薩梵像執花鞚稍子鼓齊聲舞前曲一闋樂止次婦女三人歌新水令沽美酒太平令之曲終念口號畢舞唱相和以次而出

壽星隊（天壽節用之）引隊禮官樂工大樂冠服並同樂音王隊次二隊婦女十人冠唐巾服銷金紫衣銅束帶次婦女一人冠平天冠服繡鶴氅方心曲領執圭以次進至御前立定樂止念致語畢樂作奏長春柳之曲次三隊男子三人冠服舞蹈並同樂音王隊次四隊男子一人冠金漆弁冠服緋袍塗金帶執笏從者二人錦帽繡衣執金字福祿牌次五隊男子一人冠捲雲冠青面具綠袍塗金帶分執梅竹松椿石同前隊而進北向立次六隊男子五人爲烏鴉之像作飛舞之態進立於前隊之左樂止次七隊樂工十有二人冠雲頭冠銷金緋袍白裙龍笛三觱栗三札鼓三和鼓一板一與前大樂合奏山荊子帶袄神急之曲次八隊婦女二十人冠鳳翹冠翠花鈿服寬袖衣加雲肩霞綬玉佩各執寶蓋舞唱前曲次九隊婦女三十人冠玉女冠翠花鈿服黃銷金寬袖衣加雲肩霞綬玉佩各執櫻毛日月扇舞唱前曲與前隊相和次十隊婦女八人服雜綵衣被槲葉魚鼓簡子次男子八人冠束髮冠金掩心甲銷金緋袍執戟次爲龜鶴之像各一次男子五人冠黑紗帽服繡鶴氅朱履策龍頭藜杖齊舞唱前曲一闋樂止次婦女三人歌新水令沽美酒太平令之曲終念口號畢舞唱相和以次而出

禮樂隊（朝會用之）引隊禮官樂工大樂冠服並同樂音王隊次二隊婦女十人冠黑漆弁冠服青素袍方心曲領白裙束帶執圭次婦女一人冠九龍冠服繡紅袍玉束帶進至御前立定樂止念致語畢樂作奏長春柳之曲次三隊男子三人冠服舞蹈同樂音王隊次四隊男子三人皆冠捲雲冠服黃袍塗金帶執圭次五隊男子五人皆冠三龍冠服紅袍各執劈正金斧同前隊而進北向立次六隊童子五人三髻素衣各執香花舞蹈而進樂止次七隊樂工八人皆冠束髮冠服錦衣白袍龍笛三觱栗三杖鼓二與前大樂合奏新水令水仙子之曲次八隊婦女二十人冠籠巾服紫袍金帶執笏歌新水令之曲與樂聲相和進至御前分爲四行北向立鞠躬拜興舞蹈叩頭山呼就拜再拜畢復趨聲歌水仙子之曲一闋再歌青山口之曲與後隊相和次九隊婦女二十人冠車髻冠服銷金藍衣雲肩佩綬執孔雀幢舞唱與前隊相和次十隊婦女八人冠翠花唐巾服錦繡衣執寶蓋舞唱前曲次男子八人冠鳳翅兜牟披金甲執金戟次男子一人冠平天冠服繡鶴氅執圭齊舞唱前曲一闋樂止次婦女三人歌新水令沽美酒太平令之曲終念口號畢舞唱相和以次而出

說法隊引隊禮官樂工大樂冠服並同樂音王隊次二隊婦女十人冠僧伽帽服紫禪衣皂條次婦女一人服錦袈裟餘如前持數珠進至御前北向立定樂止念致語畢樂作奏長春柳之曲次三隊男子三人冠服舞蹈並同樂音王隊次四隊男子一人冠隱士冠服白紗道袍皂條執麈拂從者二人冠黃包巾服錦繡衣執令字旗次五隊男子五人冠金冠披金甲錦袍執戟同前隊而進北向立次六隊男子五人爲金翅鵰之像舞蹈而進樂止次七隊樂工十有六人冠五福冠服錦繡衣龍笛六觱栗六杖鼓四與前大樂合奏金字西番經之曲次八隊婦女二十人冠珠子菩薩冠服銷金黃衣纓絡佩綬執金浮屠白傘蓋舞唱前曲與樂聲相和進至御前分爲五重重四人曲終再起與後隊相和次九隊婦女二十人冠金翠菩薩冠服銷金紅衣執寶蓋舞唱與前隊相和次十隊婦女八人冠青螺髻冠服白銷金衣執金蓮花次男子八人披金甲爲八金剛像次一人爲文殊像執如意一人爲普賢像執西番蓮花一人爲如來像齊舞唱前曲一闋樂止次婦女三人歌新水令沽美酒太平令之曲終念口號畢舞唱相和以次而出

凡吉禮郊祀享太廟告謚見祭祀志軍禮見兵志喪禮五服見刑法志水旱賑卹見食貨志內外導從見儀衛志

元史卷七十二

明翰林學士亞中大夫知制誥兼修國史宋　濂等修

祭祀志第二十三

祭祀一

禮之有祭祀其來遠矣天子者天地宗廟社稷之主於郊社禘嘗有事守焉以其義存乎報本非有所爲而爲之故其禮貴誠而尚質務在反本循古不忘其初而已漢承秦弊郊廟之制置周禮不用謀議巡守封禪而方士祠官之說興兄弟相繼共爲一代而統緒亂迨其季世乃合南北二郊爲一雖以唐宋盛時亦莫之正蓋未有能反其本而求之者彼籩豆之事有司所職又豈足以盡仁人孝子之心哉元之五禮皆以國俗行之惟祭祀稍稽諸古其郊廟之儀禮官所考日益詳慎而舊禮初未嘗廢豈亦所謂不忘其初者歟然自世祖以來每難於親其事英宗始有意親郊而志弗克遂久之其禮乃成於文宗至大間大臣議立北郊而中輟遂廢不講然武宗親享于廟者三英宗親享五晉王在帝位四年矣未嘗一廟見文宗以後乃復親享豈以道釋禱祠薦禳之盛竭生民之力以營寺宇者前代所未有有所重則有所輕歟或曰北陲之俗敬天而畏鬼其巫祝每以爲能親見所祭者而知其喜怒故天子非有察于幽明之故禮俗之辨則未能親格豈其然歟自憲宗祭天日月山追崇所生與太祖竝配世祖所建太廟皇伯朮赤察合帶皆以家人禮祔于列室既而太宗定宗以世天下之君俱不獲廟享而憲宗亦以不祀則其因襲之弊蓋有非禮官之議所能及者而況乎不禰所受國之君而兄弟共爲一世乃有徵於前代者歟夫郊廟國之大祀也本原之際既已如此則中祀以下雖有闕畧無足言者其天子親遣使致祭者三曰社稷曰先農曰宣聖而嶽鎮海瀆使者奉璽書卽其處行事稱代祀其有司常祀者五曰社稷曰宣聖曰三皇曰嶽鎮海瀆曰風師雨師其非通祀者五曰武成王曰古帝王廟曰周公廟曰名山大川忠臣義士之祀曰功臣之祠而大臣家廟不與焉其儀皆禮官所擬而議定于中書日星始祭于司天臺而回回司天臺遂以禁星爲職事五福太乙有壇畤以道流主之皆所未詳凡祭祀之事其書爲太常集禮而經世大典之禮典篇尤備參以累朝實錄與六條政類序其因革錄其成制作祭祀志

郊祀上

元興朔漠代有拜天之禮衣冠尚質祭器尚純帝后親之宗戚助祭其意幽深玄遠報本反始出於自然而非強爲之也憲宗卽位之二年秋八月八日始以冕服拜天於日月山其十二日又用孔氏子孫元措言合祭昊天后土始大合樂作牌位以太祖睿宗配享歲甲寅會諸王于顆顆腦兒之西丁巳秋駐蹕于軍腦兒皆祭天於其地世祖中統二年親征北方夏四月乙亥躬祀天于舊桓州之西北灑馬湩以爲禮皇族之外無得而與皆如其初十二年十二月以受尊號遣使豫告天地下太常檢討唐宋金舊儀於國陽麗正門東南七里建祭臺設昊天上帝皇地祇位二行一獻禮自後國有大典禮皆卽南郊告謝焉十三年五月以平宋遣使告天地中書下太常議定儀物以聞制若曰其以國禮行事三十一年成宗卽位夏四月壬寅始爲壇于都城南七里甲辰遣司徒兀都帶率百官爲大行皇帝請謚南郊爲告天請謚之始大德六年春三月庚戌合祭昊天上帝皇地祇五方帝于南郊遣左丞相哈剌哈孫攝事爲攝祀天地之始大德九年二月二十四日右丞相哈剌哈孫等言去年地震星變雨澤愆期歲比不登祈天保民之事有天子親祀者三曰天曰祖宗曰社稷今宗廟社稷歲時攝官行事祭天國之大事也陛下雖未及親祀宜如宗廟社稷遣官攝祭歲用冬至儀物有司豫備日期至則以聞制若曰卿言是也其豫備儀物以待事於是翰林集賢太常禮官皆會中書集議博士疏曰冬至圜丘惟祀昊天上帝至西漢元始間始合祭天地歷東漢至宋千有餘年分祭合祭迄無定論集議曰周禮冬至圜丘禮天夏至方丘禮地時既不同禮樂亦異王莽之制何可法也今當循唐虞三代之典惟祀昊天上帝其方丘祭地之禮續議以聞按周禮壇壝三成近代增外四成以廣天文從祀之位集議曰依周禮三成之制然周禮疏云每成一尺不見縱廣之度恐壇上陿隘器物難容擬四成制內減去一成以合陽奇之數每成高八尺一寸以合乾之九九上成縱廣五丈中成十丈下成十五丈四陛陛十有二級外設二壝內壝去壇二十五步外壝去內壝五十四步壝各四門壇設於丙巳之地以就陽位按古者親祀冕無旒服大裘而加衮臣下從祀冠服歷代所尚其制不同集議曰依宗廟見用冠服制度按周禮大司樂云凡樂圜鐘爲宮黃鐘爲角太簇爲徵姑洗爲羽雷鼓雷鼗孤竹之管雲和之琴瑟雲門之舞冬至日於地上之圜丘奏之若樂六變則天神皆降可得而禮矣集議曰樂者所以動天地感鬼神必訪求深知音律之人審五聲八音以司肄樂夏四月壬辰中書復集議博士言舊制神位版用木中書議改用蒼玉金字白玉爲座博士曰郊祀尚質合依舊制遂用木主長二尺五寸闊一尺二寸上圓下方丹漆金字木用松柏貯以紅漆匣黃羅帕覆之造畢有司議所以藏議者復謂神主廟則有之今祀於壇對越在上非若他神無所見也所製神主遂不用七月九日博士又言古者祀天器用陶匏席用藁秸自漢甘泉雍畤之祀以迄後漢晉魏南北二朝隋唐其壇壝玉帛禮器儀仗日益繁縟浸失古者尚質之意宋金多循唐制其壇壝禮器

考之於經固未能全合其儀法具在當時名儒輩出亦未嘗不援經而定也酌古今以行禮亦宜焉今檢討唐宋金親祀攝行儀注并雅樂節次合從集議太常議曰郊祀之事聖朝自平定金宋以來未暇舉行今欲脩嚴不能一舉而大備然始議之際亦須酌古今之儀垂則後來請從中書會翰林集賢禮官及明禮之士講明去取以聞中書集議曰合行禮儀非草創所能備唐宋皆有攝行之禮除從祀受胙外一切儀注悉依唐制脩之八月十二日太常寺言尊祖配天其禮儀樂章別有常典若俟至日議之恐匆遽有誤於是中書省臣奏曰自古漢人有天下其祖宗皆配天享祭臣等與平章何榮祖議宗廟已依時祭享今郊祀止祭天制曰可是歲南郊配位遂省十一年武宗卽位秋七月甲子命御史大夫鐵古迭兒卽南郊告謝天地主用栢素質玄書爲卽位告謝之始至大二年冬十月乙酉尚書省臣及太常禮官言郊祀者國之大禮今南郊之禮已行而未備北郊之禮尚未舉行今年冬至南郊請以太祖聖武皇帝配享明年夏至北郊以世祖皇帝配帝皆是之十二月甲辰朔尚書太尉右丞相太保左丞相田司徒郝彖政等復奏曰南郊祭天於圜丘大禮已舉其北郊祭皇地祇於方澤并神州地祇五岳四瀆山林川澤及朝日夕月此有國家所當崇禮者也當聖明御極而弗舉行恐遂廢弛制若曰卿議甚是其卽行焉至大三年春正月中書禮部移太常禮儀院下博士擬定北郊從祀朝日夕月禮儀博士李之紹蔣汝礪疏曰按方丘之禮夏以五月商以六月周以夏至其丘在國之北禮神之玉以黃琮牲用黃犢幣用黃繒配以后稷其方壇之制漢去都城四里爲壇四陛唐去宮城北十四里爲方壇八角三成每成高四尺上闊十六步設陛上等陛廣八尺中等陛一丈下等陛廣一丈二尺宋至徽宗始定爲再成歷代制雖不同然無出於三成之式今擬取坤數用六之義去都城北六里於壬地選擇善地於中爲方壇三成四陛外爲三壝仍依古制自外壝之外治四面稍令低下以應澤中之制宮室牆圍器皿色並用黃其再成八角八陛非古制難用其神州地祇以下從祀自漢以來歷代制度不一至唐始因隋制以嶽鎭海瀆山林川澤丘陵墳衍原隰各從其方從祀今盍參酌舉行秋九月太常禮儀院復下博士檢討合用器物十一月丙申有事于南郊以太祖配五方帝日月星辰從祀仁宗延祐元年夏四月丁亥太常寺臣請立北郊帝謙遜未遑北郊之議遂輟英宗至治二年九月有旨議南郊祀事中書平章買閭御史中丞曹立禮部尚書張埜學士蔡文淵袁桷鄧文原太常禮儀院使王緯田天澤博士劉致等會都堂議一曰年分按前代多三年一祀天子卽位已及三年常有旨欽依二曰神位周禮大宗伯以禋祀祀昊天上帝註謂昊天上帝冬至圜丘所祀天皇大帝也又曰蒼璧禮天注云此禮天以冬至謂天皇大帝也在北極謂之北辰又云北辰天皇耀魄寶也又名昊天上帝又名太一帝君以其尊大故有數名今按晉書天文志中宮鉤陳口中一星曰天皇大帝其神耀魄寶周禮所祀天神正言昊天上帝鄭氏以星經推之乃謂卽天皇大帝然漢魏以來名號亦復不一漢初曰上帝曰太一曰皇天上帝魏曰皇皇帝天梁曰天皇大帝惟西晉曰昊天上帝與周禮合唐宋以來壇上旣設昊天上帝第一等復有天皇大帝其五天帝與太一天一等皆不經見本朝大德九年中書圓議止依周禮祀昊天上帝至大三年圓議五帝從享依前代通祭三曰配位孝經曰孝莫大於嚴父嚴父莫大於配天又曰郊祀后稷以配天此郊之所以有配也漢唐以下莫不皆然至大三年冬十月三日奉旨十一月冬至合祭南郊太祖皇帝配圜議取旨四曰告配禮器曰魯人將有事於上帝必先有事於頖宮註告后稷也告之者將以配天也告用牛一宋會要於致齋二日宿廟告配凡遣官犧尊豆籩行一獻禮至大三年十一月二十一日質明行事初獻攝太尉同太常禮儀院官赴太廟奏告圓議取旨五曰大裘冕周禮司裘掌爲大裘以共王祀天之服鄭司農云黑羊裘服以祀天示質也弁師掌王之五冕注冕服有六而言五者大裘之冕蓋無旒不聯數也禮記郊特牲曰郊之祭也迎長日之至也祭之日王被袞以象天戴冕十有二旒則天數也陸佃曰禮不盛服不充蓋服大裘以袞襲之也謂冬祀服大裘被之以袞開元及開寶通禮鸞駕出宮服袞冕至大次質明改服大裘冕而出次宋會要紹興十三年車駕自廟赴青城服通天冠絳紗袍祀日服大裘袞冕圓議用袞冕取旨六曰匏爵郊特牲曰郊之祭也器用陶匏以象天地之性也注謂陶瓦器匏用酌獻酒開元禮開寶禮皆有匏爵大德九年正配位用匏爵有坫圓議正位用匏配位飮福用玉爵取旨七曰戒誓唐通典引禮經祭前期十日親戒百官及族人太宰總戒羣官唐前祀七日宋會要十日纂要太尉南向司徒亞終獻一品二品從祀北向行事官以次北向禮直官以誓文授之太尉讀今天子親行大禮止令禮直局管勾讀誓文圓議令管勾代太尉讀誓刑部尚書涖之八曰散齋致齋禮經前期十日唐宋金皆七日散齋四日致齋三日國朝親祀太廟七日散齋四日於別殿致齋三日於大明殿圓議依前七日九曰藉神席郊特牲曰莞簟之安而蒲越稾鞂之尚注蒲越稾鞂藉神席也漢舊儀高帝配天紺席祭天用六綵綺席六重成帝卽位丞相衡御史大夫譚以爲天地尚質宜皆勿修詔從焉唐麟德二年詔曰自處以厚奉天以薄改用裀褥上帝以蒼其餘各視其方色宋以褥加席上禮官以爲非禮元豐元年奉旨不設國朝大德九年正位稾鞂配位蒲越冒以青繒至大三年加青綾褥青錦方座圓議合依至大三年於席上設褥各依方位十曰犧牲郊特牲曰郊特牲而社稷太牢又曰天地之牛角繭栗秦用騮駒漢文帝五帝共一牲武帝三年一祀用太牢光武采元始故事天地共犢隋上帝配帝蒼犢二唐開元用牛宋正位用蒼犢一配位太牢一國朝大德九年蒼犢二羊豕各九至大三年馬純色肥腯一牲正副一鹿一十八野猪一十八羊一十八圓議依舊儀神位配位用犢外仍用馬其餘並依舊日已行典禮十一曰香鼎大祭有三始煙爲歆神始宗廟則焫蕭祼鬯所謂臭陽達於牆屋者也後世焚香蓋本乎此而非禮經之正至大三年用陶瓦香鼎五十神座香鼎香盒案各一圓議依舊儀十二曰割牲周禮司士凡祭祀帥其屬而割牲羞俎豆又諸子大祭祀正六牲之體禮運云腥其俎熟其殽體其犬豕牛羊注云腥其俎謂豚解而腥之爲七體也熟其殽謂體解而爓之爲二十一體也體其犬豕牛羊謂分別骨肉之貴賤以爲衆俎也七體謂脊兩肩兩拍兩髀二十一體謂肩臂臑膊骼正脊脡脊橫脊正脅短脅代脅并腸三胃三拒肺一祭肺三也宋元豐三年詳定禮文所言古者祭祀用牲有豚解有體解豚解則爲七以薦腥體解則爲二十一以薦熟蓋犬豕牛羊分別骨肉貴賤其解之爲體則均也皇朝馬牛羊豕鹿並依至大三年割牲用國禮圓議依舊儀十三曰大次小次周禮掌次王旅上帝張氈按皇邸唐通典前祀三日尚舍直長施大次於外壝東門之內道北南向宋會要前祀三日儀鸞司帥其屬設大次于外壝東門之內道北南向小次於午階之東西向曲禮曰踐阼臨祭祀正義曰阼主階也天子祭祀履主階行事故云踐阼宋元豐詳定禮文所言周禮宗廟無設小次之文古者人君臨位於阼階蓋阼階者東階也惟人主得位主階行事今國朝太廟儀注大次小次皆在西蓋國家尚右以西爲尊也圓議依祀廟儀注續具未議一曰禮神玉周禮大宗伯以禋祀祀昊天上帝注禋之言煙也周人尚臭煙氣之臭聞者積柴實牲體焉或有玉帛正義曰或有玉帛或不用玉帛皆不定之辭也崔氏云天子自奉玉帛牲體於柴上引詩圭璧既卒是燔牲玉也蓋卒者終也謂禮神旣終當藏之也正經卽無燔玉明證漢武帝祠太乙胙餘皆燔之無玉晉燔牲幣無玉唐宋乃有之顯慶中許敬宗等脩舊禮乃云郊天之有四圭猶宗廟之有圭瓚也並事畢收藏不在燔列宋政和禮制局言古祭祀無不用玉周官典瑞掌玉器之藏蓋事已則藏焉有事則出而復用未嘗有燔瘞之文今後大祀禮神之玉時出而用無得燔瘞從之蓋燔者取其煙氣之臭聞玉旣無煙又且無氣祭之日但當奠於神座旣卒事則收藏之二曰飮福特牲饋食禮曰尸九飯親嘏主人少牢饋食禮尸十一飯尸嘏主人嘏長也大也行禮至此神明已饗盛禮俱成故膺受長大之福於祭之末也自漢以來人君一獻纔畢而受嘏唐開元禮太尉未升堂而皇帝飮福宋元豐三年改從亞終獻旣行禮皇帝飮福受胙國朝至治元年親祀廟儀注亦用一獻畢飮福三曰升煙禋之言煙也升煙所以報陽也祀天之有禋柴猶祭地之瘞血宗廟之祼鬯歷代以來或先燔而後祭或先祭而後燔皆爲未允祭之日樂六變而燔牲首牲首亦陽也祭終以爵酒饌物及牲體燎於壇天子望燎柴用栢四曰儀注禮經出於秦火之後殘闕脫漏所存無幾至漢諸儒各執所見後人所宗惟鄭康成王子雝而二家自相矛盾唐開元禮杜佑通典五禮畧完至宋開寶禮并會要與郊廟奉祠禮文中間講明始備金國大率依唐宋制度聖朝四海一家禮樂之興政在今日況天子親行大禮所用儀注必合講求大德九年中書集議合行禮儀依唐制至治元年已有祀廟儀注宜取大德九年至大三年并今次新儀與唐制參酌增損修之侍儀司編排鹵簿太史院具報星位分獻官員數及行禮并諸執事官合依至大三年儀制亞終獻官取旨是歲太皇太后崩有旨冬至南郊祀事可權止泰定四年春正月御史臺臣言自世祖迄英宗咸未親郊惟武宗英宗親享太廟陛下宜躬祀郊廟制曰朕當遵世祖舊典其命大臣攝行祀事閏九月甲戌郊祀天地致祭五嶽四瀆名山大川至順元年

文宗將親郊，十月辛亥，太常博士言：「親祀儀注已具，事有未盡者。按前代典禮，親郊七日，百官習儀於郊壇。今既與受戒誓相妨，合於致齋前一日告示與祭執事者，各具公服赴南郊習儀。親祀太廟雖有防禁，然郊外尤宜嚴戒，往來貴乎清肅。凡與祭執事齋郎樂工，舊不設盥洗之位，殊非涓潔之道，今合於饌殿齊班廳前及齋宿之所，隨宜設置盥洗數處，俱用鍋釜溫水，置盆杓巾帨，令人掌管，省諭必盥洗然後行事，違者治之。祭日太常院分官提調神廚，監視割烹。上下燈燭，燎已前雖有窗燭提調枧盆等官，率皆虛應故事，或減刻物料，燭燎不明。又嘗見奉禮贊賜胙之後，獻官方退，所司便服徹俎，壇上燈燭一時俱滅，因而雜人登壇攘奪，不能禁止，甚爲褻慢。今宜禁約，省牲之前，凡入壝門之人，皆服窄紫，有官者公服，禁治四壝紅門，宜令所司添造關木鎖鑰，祭畢即令關閉，毋使雜人得入。其藁秸匏爵，事畢合依大德九年例焚之。」壬子，御史臺臣言：「祭日宜勑股肱近臣及諸執事人毋飲酒。」制曰：「卿言甚善，其移文中書禁之。」丙辰，監察御史楊彬等言：「禮，享帝必以始祖爲配，今未聞設配位，竊恐禮文有闕。又先祀一日，皇帝必備法駕出宿郊次，其扈從近侍之臣未嘗經歷，宜申加戒敕，以達孚誠。」命與中書議行。十月辛酉，始服大裘衮冕，親祀昊天上帝于南郊，以太祖配。自世祖混一六合，至文宗凡七世，而南郊親祀之禮始克舉焉，蓋器物儀注至是益加詳愼矣。自至元十二年冬十二月用香酒脯臡，行一獻禮，而至治元年冬二祭告、泰定元年之正月咸用之。自大德九年冬至，用純色馬一，蒼犢一，羊鹿野豕各九。十一年秋七月，用馬一，蒼犢正副各一，羊鹿野豕各九。而至大中告謝五，皇慶至延祐告謝七，與至治三年冬告謝二，泰定元年之二月，咸如大德十一年之數。泰定四年閏九月，特加皇地祇黃犢一，將祀之夕，勑送新獵鹿二。惟至大三年冬至，正配位蒼犢皆一，五方帝犢各一，皆如其方之色，大明青犢、夜明白犢皆一，馬一，羊鹿野豕各十有八，兔十有二。而四年四月如之。其犧牲品物香酒，皆參用國禮，而豐約不同。告謝非大祀，而用物無異，豈所謂未能一舉而大備者乎。南郊之禮，其始爲告祭，繼而有大祀，皆攝事也，故攝祀之儀特詳。

壇壝：地在麗正門外丙位，凡三百八畝有奇。壇三成，每成高八尺一寸，上成縱橫五丈，中成十丈，下成十五丈。四陛午貫地子午卯酉四位，陛十有二級。外設二壝，內壝去壇二十五步，外壝去內壝五十四步。壝各四門，外垣南欞星門三，東西欞星門各一。圜壇周圍上下俱護以甓，內外壝各高五尺，壝四面各有門三，俱塗以赤。至大三年冬至，以三成不足以容從祀版位，以青繩代一成。繩二百，各長二十五尺，以足四成之制。燎壇在外壝內丙巳之位，高一丈二尺，四方各一丈，周圜亦護以甓，東西南三出陛，開上南出戶，上方六尺，深可容柴。香殿三間，在外壝南門之外，少西，南向。饌幕殿五間，在外壝南門之外，少東，南向。省饌殿一間，在外壝東門之外，少北，南向。外壝之東南爲別院。內神廚五間，南向。祠祭局三間，北向。酒庫三間，西向。獻官齋房二十間，在神廚南垣之外，西向。外壝南門之外，爲中神門五間，諸執事齋房六十間以翼之，皆北向。兩翼端皆有垣，以抵東西周垣，各爲門，以便出入。齊班廳五間，在獻官齋房之前，西向。儀鸞局三間，法物庫三間，都監庫五間，在外垣內之西北隅，皆西向。雅樂庫十間，在外垣西門之內，少南，東向。演樂堂七間，在外垣內之西南隅，東向。獻官廚三間，在外垣內之東南隅，西向。滌養犧牲所，在外垣南門之外，少東，西向。內犧牲房三間，南向。

神位：昊天上帝位天壇之中，少北，皇地祇位次東，少却，皆南向。神席皆緣以繒，綾褥素座，昊天上帝色皆用青，皇地祇色皆用黃，藉皆以藁秸。配位居東，西向，神席綾褥錦方座，色皆用青，藉以蒲越。其從祀圜壇，第一等九位，青帝位寅，赤帝位巳，黃帝位未，白帝位申，黑帝位亥，主皆用栢，素質玄書。大明位卯，夜明位酉，北極位丑，天皇大帝位戌，用神位版，丹質黃書。神席綾褥，座各隨其方色，籍皆以藁秸。第二等內官位五十有四：鉤星、天柱、玄枵、天廚、柱史位于子，其數五；女史、星紀、御女位于丑，其數三；自子至丑，神位皆西上。帝座、歲星、大理、河漢、析木、尚書位于寅，帝座居前行，其數六，南上。陰德、大火、天槍、玄戈、天床位于卯，其數五，北上。太陽守、相星、壽星、輔星、三師位于辰，其數五，南上。天一、太一、內廚、熒惑、鶉尾、勢星、天理位于巳，天一、太一居前行，其數七，西上。北斗、天牢、三公、鶉火、文昌、內階位于午，北斗居前行，其數六。塡星、鶉首、四輔位于未，其數三，自午至未皆東上。太白、實沈位于申，其數二，北上。八穀、大梁、杠星、華蓋位于酉，其數四。五帝內座、降婁、六甲、傳舍位于戌，五帝內座居前行，其數四，自酉至戌皆南上。紫微垣、辰星、陬訾、鉤陳位于亥，其數四，東上。神席皆藉以莞席，內壝外諸神位皆同。第三等中官百五十八位：虛宿、牛宿、織女、人星、司命、司非、司危、司祿、天津、離珠、羅堰、天桴、奚仲、左旗、河鼓、右旗位于子，虛宿、女宿、牛宿、織女居前行，其數十有七。月星、建星、斗宿、箕宿、天雞、輦道、漸臺、敗瓜、扶筐、匏瓜、天弁、天棓、帛度、屠肆、宗星、宗人、宗正位于丑，月星、建星、斗宿、箕宿居前行，其數十有七，自子至丑皆西上。日星、心宿、天紀、尾宿、罰星、東咸、列肆、天市垣、斛星、斗星、車肆、天江、宦星、市樓、候星、女床、天籥位于寅，日星、心宿、天紀、尾宿居前行，其數十有七，南上。房宿、七公、氐宿、帝席、大角、亢宿、貫索、鍵閉、鉤鈐、西咸、天乳、招搖、梗河、亢池、周鼎位于卯，房宿、七公、氐宿、帝席居前行，其數十有五，北上。太子星、太微垣、軫宿、角宿、攝提、常陳、幸臣、謁者、三公、九卿、五內諸侯、郎位、郎將、進賢、平道、天田位于辰，太子星、太微垣、軫宿、角宿、攝提居前行，其數十有六，南上。張宿、翼宿、明堂、四帝座、黃帝座、長垣、少微、靈臺、虎賁、從官、內屏位于巳，張宿、翼宿、明堂居前行，其數十有一，西上。軒轅、七星、三台、柳宿、內平、太尊、積薪、積水、北河位于午，軒轅、七星、三台、柳宿居前行，其數九。鬼宿、井宿、參宿、天尊、五諸侯、鉞星、座旗、司怪、天關位于未，鬼宿、井宿、參宿居前行，其數九，自午至未皆東上。畢宿、五車、諸王、觜宿、天船、天街、礪石、天高、三柱、天潢、咸池位于申，畢宿、五車、諸王、觜宿居前行，其數十有一，北上。月宿、昴宿、胃宿、積水、天讒、卷舌、天河、積尸、太陵、左更、天大將軍、軍南門位于酉，月宿、昴宿、胃宿居前行，其數十有二。婁宿、奎宿、壁宿、右更、附路、閣道、王良、策星、天廄、土公、雲雨、霹靂位于戌，婁宿、壁宿居前行，其數十有二，自酉至戌皆南上。危宿、室宿、車府、墳墓、虛梁、蓋屋、臼星、杵星、土公吏、造父、離宮、雷電、騰蛇位于亥，危宿、室宿居前行，其數十有三，東上。內壝內外官一百六位：天壘城、離瑜、代星、齊星、周星、晉星、韓星、秦星、魏星、燕星、楚星、鄭星位于子，其數十有二。越星、趙星、九坎、天田、狗國、天淵、狗星、鼈星、農丈人、杵星、糠星位于丑，其數十有一，自子至丑皆西上。車騎將軍、天輻、從官、積卒、神宮、傳說、龜星、魚星位于寅，其數八，南上。陣車、車騎、騎官、頡頏、折威、陽門、五柱、天門、衡星、庫樓位于卯，其數十，北上。土司空、長沙、青丘、南門、平星位于辰，其數五，南上。酒旗、天廟、東甌、器府、軍門、左右轄位于巳，其數六，西上。天相、天稷、爟星、天記、外廚、天狗、南河位于午，其數七。天社、矢星、水位、闕丘、狼星、弧星、老人星、四瀆、野雞、軍市、水府、孫星、子星位于未，其數十有三，自午至未皆東上。天節、九州殊口、附耳、參旗、九斿、玉井、軍井、屏星、伐星、天廁、天矢、丈人位于申，其數十有二，北上。天園、天陰、天廩、天苑、天囷、芻藁、天庾、天倉、鈇鑕、天溷位于酉，其數十。外屏、大司空、八魁、羽林位于戌，其數四，自酉至戌皆南上。哭星、泣星、天錢、天綱、北落師門、敗臼、斧鉞、壘壁陣位于亥，其數八，東上。內壝外衆星三百六十位，每辰神位三十。自第二等以下，神位版皆丹質黃書，內官、中官、外官則各題其星名，內壝外三百六十位惟題曰衆星位。凡從祀位皆內向，十二次微左旋，子居子陛東，午居午陛西，卯居卯陛南，西居酉陛北。

器物之等，其目有八：一曰圭幣。昊天上帝蒼璧一，有繅藉，青幣一，燎玉一。皇地祇黃琮一，有繅藉，黃幣一。配帝青幣一。黃帝黃琮一，青帝青圭一，赤帝赤璋一，白帝白琥一，黑帝玄璜一，幣皆如其方色。大明青圭有邸，夜明白圭有邸，天皇大帝青圭有邸，北極玄圭有邸，幣皆如其玉色。內官以下皆青幣。二曰尊罍。上帝大尊、著尊、犧尊、山罍各一，在壇上東南隅，皆北向西上。設而不酌者，象尊、壺尊各二，山罍四，在壇下午陛之東，皆北向西上。皇地祇亦如之，在上帝酒尊之東，皆北向西上。配帝著尊、犧尊、象尊各二，在地祇酒尊之東，皆北向西上。設而不酌者，犧尊、壺尊各二，山罍四，在壇下酉陛之北，東向北上。五帝、日月、北極、天皇，皆太尊一，著尊二。內官十二次，各象尊二。中官十二次，各壺尊二。外官十二次，各槩尊二。衆星十二次，各散尊二。凡尊各設於神座之左而右向，皆有坫，有勺，加冪，冪之繪以雲，惟設而不酌者無勺。三曰籩豆登俎。昊天上帝、皇地祇及配帝，籩豆皆十二，登三，簠二，簋二，俎八，皆有匕筯，玉幣篚二，匏爵一，有坫，沙池一，青蕘牲盤一。從祀九位，籩豆皆八，簠一，簋一，登一，俎一，匏爵一，有坫，沙池一，玉幣篚一。內官位五十四，籩豆皆二，簠一，簋一，登一，俎一，匏爵有坫，沙池，幣篚十二，次各一。中官百五十八，皆籩一，豆一，簋一，簠一，俎一，匏爵有坫，沙池，幣篚十二，次各一。外官位一百六，皆籩一，豆一，簋一，簠一，俎一，匏爵，沙池，幣篚十二，次各一。衆星位三百六十，皆籩一，豆一，簋一，簠一，俎一，匏爵，沙池，幣篚十二，次各一。此籩豆簠簋登爵篚之數也。凡籩之設，居神位左，豆居右，登簠簋居中，俎居後，籩皆有巾，巾之繪以斧。四曰酒齊。以太尊實泛齊，著尊實醴齊，犧尊實盎齊，山罍實三酒，皆有上尊，馬湩設于尊罍之前，注于器而冪之。設而不酌者，以象尊實醴齊，壺尊實沈齊，山罍二實三酒，皆有上尊，以祀昊天上帝。皇地祇亦如之。以著尊實泛齊，犧尊實醴齊，象尊實盎齊，山罍實清酒，皆有上尊，馬湩如前設之。設而不酌者，以犧尊實醍齊壺尊實沈齊山罍三實淸酒皆有上尊以祀配帝以太尊實泛齊以著尊實醴齊皆有上尊九位同以祀五帝日月北極天皇大帝以象尊實醍齊有上尊十二次同以祀內官以壺尊實沈齊有上尊十二次同以祀中官以概尊實淸酒有上尊十二次同以祀外官以散尊實昔酒有上尊十二次同以祀衆星凡五齊之上尊必皆實明水山罍之上尊必皆實玄酒散尊之上尊亦實明水五曰牲齊庶器昊天上帝蒼犢皇地祇黃犢配位蒼犢大明靑犢夜明白犢天皇大帝蒼犢北極玄犢皆一馬純色一鹿十有八羊十有八野豕十有八兎十有二盞祭以國禮割牲爲七體左肩臂臑代脅長脅爲一體右肩臂臑代脅長脅爲一體右髀肫胳爲一體脊連背膂短脅爲一體膺骨臍腹爲一體項脊爲一體馬首報陽升烟則用之毛血盛以豆或靑甆盤饌未入置俎上饌入徹去之籩之實魚鱐糗餌粉餈棗乾橑形鹽鹿脯榛桃菱芡栗豆之實芹菹韭菹菁菹筍菹脾析菹醓食魚醢豚拍鹿臡醓醢糝食凡籩之用八者無糗餌粉餈菱芡豆之用八者無脾析菹酏食兎醢糝食用皆二者籩以鹿脯乾棗豆以鹿臡菁菹用皆一者籩以鹿脯豆以鹿臡凡簠簋用皆二者簋以黍稷簠以稻粱用皆一者簋以稷簠以黍實登以大羹六曰香祝洗位正位香鼎一香合一香案一祝案一皆有衣拜褥一盥爵洗位一罍一洗一白羅巾一親祀匜二盤二地祇配位咸如之香用龍腦沈香祝版長各二尺四寸闊一尺二寸厚三分木用楸梓從祀九位香鼎香合香案綾拜褥皆九褥各隨其方之色盥爵洗位二罍二洗二巾二第二等盥爵洗位二罍二洗二巾二第三等亦如之內壝內盥爵洗位一罍一洗一巾一內壝外亦如之凡巾皆有篚從祀而下香用沈檀降眞鼎用陶瓦第二等十二次而下皆紫綾拜褥十有二親祀御板位一飮福位及大小次盥洗爵洗板位各一皆靑質金書亞獻終獻飮福板位一黑質黃書御拜褥八亞終獻飮福位拜褥一黃道裀褥寶案二黃羅銷金案衣水火鑑七曰燭燎天壇椽燭四皆銷金絳紗籠自天壇至內壝外及樂縣南北通道絳燭三百五十素燭四百四十皆絳紗籠御位椽燭六銷金絳紗籠獻官椽燭四雜用燭八百糲盆二百二十有架黃桑條去膚一車束之置燎壇以焚牲首八曰獻攝執事亞獻官一終獻官一攝司徒一助奠官一大禮使一侍中二門下侍郞二禮儀使二殿中監二尚輦官二太僕卿二控馬官六近侍官八導駕官二十有四典寶官四侍儀官五太常卿丞八光祿卿丞二刑部尚書二禮部尚書二奉玉幣官一定撰祝文官一書讀祝冊官二舉祝冊官二太史令一御奉爵官一奉匜盤官二御爵洗官二執巾官二割牲官二溫酒官一太官令一太官丞一良醞令丞二廩犧令丞二糾儀御史四太常博士二郊祀令丞二太樂令一太樂丞一司尊罍二亞終獻盥洗官二爵洗官二巾篚官二奉爵官二祝史四太祝十有五奉禮郞四協律郞二翦燭官四禮直官管勾一禮部點視儀衞官二兵部淸道官二拱衞使二大都兵馬使二齋郞百司天生二看守糲盆軍官一百二十

元史卷七十二考證

郊祀志上秋八月八日始以冕服拜天于日月山共十二日又用孔氏子孫元措言合祭昊天后土〇臣祖庚按本紀四年冬乃祭天于日月山禮樂志十一月始用登歌樂祀昊天上帝于日月山又通鑑紀事本末亦作是冬事俱與此互異如以志論八月八日方祭天而十二日又行合祭相去四日恐無此數祭之理十二日日字或是月字之誤其中舛譌錯簡殆不免耳

元史卷七十三

明翰林學士亞中大夫知制誥兼修國史宋　濂等修

祭祀志第二十四

祭祀二

郊祀下

儀注之節其目有十一一曰齋戒祀前七日皇帝散齋四日於別殿致齋三日其二日於大明殿一日於大次有司停奏刑罰文字致齋前一日尚舍監設御幄於大明殿西序東向致齋之日質明諸衞勒所部屯門列仗晝漏上水一刻通事舍人引侍享執事文武四品以上官俱公服詣別殿奉迎晝漏上水二刻侍中版奏請中嚴皇帝服通天冠絳紗袍晝漏上水三刻侍中版奏外辦皇帝結佩出別殿乘輿華蓋繖扇侍衞如常儀奏引至大明殿御幄東向坐侍臣夾侍如常一刻頃侍中前跪奏臣某言請降就齋俛伏興皇帝降座入室解嚴侍享執事官各還本司宿衞者如常凡侍祠官受誓戒于中書省散齋四日致齋三日守壝門兵衞與大樂工人俱淸齋一宿光祿卿以陽燧取明火供爨以方諸取明水實尊二曰告配祀前二日攝太尉與太常禮儀院官恭詣太廟以一獻禮奏告太祖法天啓運聖武皇帝之室寅刻太尉以下公服自南神門東偏門入至橫街南北向立定奉禮郞贊曰拜禮直官承傳曰鞠躬曰拜曰興曰拜曰興曰平立又贊曰各就位禮直官詣太尉前曰請詣盥洗位引太尉至盥洗位曰盥手曰帨手曰詣爵洗位曰滌爵曰拭爵曰請詣酒尊所曰酌酒曰請詣神座前曰北向立曰稍前曰搢笏曰跪曰上香曰再上香曰三上香曰授幣曰奠幣曰執爵曰祭酒曰祭酒曰三祭酒祭酒於沙池訖曰讀祝舉祝官搢笏跪對舉祝版讀祝官跪讀祝文畢舉祝官奠祝版於案執笏興讀祝官俛伏興禮直官贊曰出笏曰俛伏興曰拜曰興曰拜曰興曰平立曰復位司尊彝良醞令從降復位北向立奉禮郞贊曰拜禮直官承傳再拜畢太祝捧祝幣降自太階詣望瘞位太尉以下俱詣坎位焚瘞訖自南神門東偏門以次出三曰車駕出宮祀前一日所司備儀從內外仗侍祠官兩行序立於崇天門外太僕卿控御馬立於大明門外諸侍臣及導駕官二十有四人俱於齋殿前左右分班立俟通事舍人引侍中奏請中嚴俛伏興皇帝服通天冠絳紗袍少頃侍中版奏外辦皇帝出齋室即御座羣臣起居訖尚輦進輿侍中奏請皇帝升輿華蓋繖扇侍衞如常儀導駕官導至大明門外侍中進當輿前跪奏請降輿乘馬導駕官分左右步導門下侍郞跪奏請進發俛伏興前稱警蹕至崇天門外門下侍郞奏請權停勑衆官上馬侍中承旨稱制可門下侍郞傳制稱衆官上馬贊者承傳衆官出櫺星門外上馬門下侍郞奏請進發前稱警蹕華蓋繖扇儀仗與衆官分左右前引教坊樂鼓吹不作至郊壇南櫺星門外侍中傳制衆官下馬贊者承傳衆官下馬訖自卑而尊與儀仗倒卷而北兩行駐立駕至櫺星門侍中奏請皇帝降馬步入櫺星門由西偏門稍西侍中奏請升輿尚輦奉輿華蓋繖扇如常儀導駕官前導皇帝乘輿至大次前侍中奏請降輿皇帝降輿入就次簾降侍衞如式通事舍人承旨勑衆官各還齋次尚食進膳訖禮儀使以祝冊奏請御署訖奉出郊祀令受之各奠於坫四曰陳設祀前三日尚舍監陳大次於外壝西門之道北南向設小次於內壝西門之外道南東向設黃道裀褥自大次至於小次版位及壇上皆設之所司設兵衞各具器服守衞壝門每門兵官二員外垣東西南櫺星門外設蹕街淸路諸軍諸軍旗服各隨其方之色去壇二百步禁止行人祀前一日郊祀令率其屬掃除壇之上下太樂令率其屬設登歌樂於壇上稍南北向設宮縣二舞位於壇南內壝南門之外如式奉禮郞設御版位於小次之前東向設御飮福位於壇上午陛之西亞終獻飮福位於午陛之東皆北向又設亞終獻助奠門下侍郞以下版位壇下御版位之後稍南東向異位重行以北爲上又設司徒太常卿以下位於其東相對北上皆如常儀又分設糾儀御史位於其東西二壝門之外相向而立又設御盥洗爵洗位於內壝南門之內道西北向又設亞終獻盥洗爵洗位於內壝南門之外道西北向又設省牲饌等位如常儀未後二刻郊祀令同太史令俱公服升設昊天上帝位於壇上北方南向席以藁秸加神席褥座又設配位於壇上西方東向席以蒲越加神席褥座禮神蒼璧置於繅藉靑幣設于篚正位之幣加燎玉置尊所俟告潔畢權徹畢祀日丑前重設執事者實柴于燎壇及設籩豆簠簋尊罍匏爵俎坫等事如常儀五曰省牲器祀前一日未後二刻郊祀令率其屬又掃除壇之上下司尊彝奉禮郞率祠祭局以祭器入設于位郊祀令率執事者以禮神之玉置於神位前未後三刻廩犧令與諸太祝祝史以牲就位禮直官分引太常卿光祿卿丞監祭監禮官太官令丞等詣省牲位立定禮直官引太常卿監祭監禮由東壝北偏門入自卯陛陞壇視滌濯司尊罍跪舉冪曰潔告潔畢俱復位禮直官稍前曰請省牲太常卿稍前省牲畢退復位次引廩犧令巡牲一匝西向折身曰充告充畢復位諸太祝俱巡牲一匝復位上一員出班西向折身曰腯告腯畢復位禮直官引太常卿光祿卿丞太官令丞監祭監禮詣省饌位東西相向立禮直官請太常卿省饌畢退還齋所廩犧令與諸太祝祝史以次牽牲詣廚授太官令次引光祿卿監祭監禮等詣廚省鼎鑊視滌溉畢還齋所晡後一刻太官令率宰人以鸞刀割牲祝史各取血及左耳毛實於豆仍取牲首貯於盤（用馬首）俱置

于饌殿遂烹牲刑部尚書涖之監實水納烹之事六日習儀祀前一日未後三刻獻官諸執事各服其服習儀于外壝西南隙地其陳設樂架禮器等物竝如行事之儀七曰奠玉幣祀日丑前五刻太常卿設燭於神座太史令郊祀令各服其服升設昊天上帝及配位神座執事者陳玉幣於篚置尊所禮部尚書設祝册于案光祿卿率其屬入實籩豆簠簋尊罍如式祝史以牲首盤設于壇大樂令率工人二舞入就位禮直官分引監祭禮郊祀令及諸執事官齋郎入就位禮直官引監祭禮按視壇之上下退復位奉禮贊再拜禮直官承傳監祭禮以下皆再拜訖又贊各就位太官令率齋郎出詣饌殿俟于門外禮直官分引攝太尉及司徒等官入就位符寶郎奉寶陳於宮縣之側隨地之宜太尉之將入也禮直官引博士博士引禮儀使對立於大次前侍中板奏請中嚴皇帝服大裘袞冕侍中奏外辦禮儀使跪奏禮儀使臣某請皇帝行禮俛伏興（凡奏二人皆跪一人贊之）簾捲出次禮儀使前道華蓋繖扇如常儀至西壝門外殿中監進大圭禮儀使奏請執大圭皇帝執圭華蓋繖扇停於門外近侍官與大禮使皆後從皇帝入門宮縣樂作請就小次釋圭樂止禮儀使以下分立左右少頃禮儀使奏有司謹具請行事降神樂作天成之曲六成太常卿率祝史捧馬首詣燎壇升烟訖復位禮儀使跪奏請就板位俛伏興皇帝出次請執大圭至位東向立再拜皇帝再拜奉禮贊衆官皆再拜訖奉玉幣官跪取玉幣於篚立於尊所禮儀使奏請行事遂前導宮縣樂作由南壝西偏門入詣盥洗位北向立樂止搢大圭盥手奉匜官奉匜沃水奉盤官奉盤承水執巾官奉巾以進盥帨手訖執大圭樂作至午陛樂止升階登歌樂作至壇上樂止宮縣欽成之樂作殿中監進鎮圭（殿中監二員一員執大圭一員執鎮圭）禮儀使奏請搢大圭執鎮圭請詣昊天上帝神位前北向立內侍先設繅席於地禮儀使奏請跪奠鎮圭於繅席奉玉幣官加玉於幣以授侍中侍中西向跪進禮儀使奏請奠玉幣皇帝受奠訖禮儀使奏請執大圭俛伏興少退再拜皇帝再拜興平立內侍取鎮圭授殿中監又取繅藉置配位前禮儀使前導詣太祖皇帝神位前西向立奠鎮圭及幣竝如上儀樂止禮儀使前導請還版位登歌樂作降階樂止宮縣樂作殿中監取鎮圭繅藉以授有司皇帝至版位東向立樂止請還小次釋大圭祝史奉毛血豆升自午陛以進正位升自卯陛以進配位太祝各迎奠于神座前俱退立尊所八曰進饌皇帝奠玉幣還位祝史取毛血豆以降禮直官引司徒太官令率齋郎奉饌入自正門升殿如常儀禮儀使跪奏請行禮俛伏興皇帝出次宮縣樂作請執大圭前導由正門西偏門入詣盥洗位北向立樂止搢圭盥手如前儀執圭詣爵洗位北向立搢圭奉爵官跪取匏爵於篚以授侍中侍中以進皇帝受爵執罍官酌水洗爵執巾官授巾拭爵訖侍中受之以授捧爵官執圭樂作至午陛樂止升階登歌樂作至壇上樂止詣正位酒尊所東向立搢圭捧爵官進爵皇帝受爵司尊者舉羃侍中贊酌太尊之泛齊以爵授捧爵官執圭宮縣樂作奏明成之曲請詣昊天上帝神座前北向立搢圭跪三上香侍中以爵跪進皇帝執爵三祭酒以爵授侍中太官丞注馬湩於爵以授侍中侍中跪進皇帝執爵亦三祭之（今有蒲萄酒與尚醞馬湩各祭一爵爲三爵）以爵授侍中執圭俛伏興少退立讀祝舉祝官搢笏跪舉祝冊讀祝官西向跪讀祝文讀訖俛伏興舉祝官奠祝於案奏請再拜皇帝再拜興平立請詣配位酒尊所西向立司尊者舉羃侍中贊酌著尊之泛齊以爵授捧爵官執圭請詣太祖皇帝神位前西向立宮縣樂作侍中贊搢圭跪三上香三祭酒及馬湩訖贊執圭俛伏興少退立舉祝官舉祝讀祝官北向跪讀祝文讀訖俛伏興奠祝版訖奏請再拜皇帝再拜興平立樂止請詣飲福位北向立登歌樂作太祝各以爵酌上尊福酒合置一爵以授侍中侍中西向以進禮儀使奏請再拜皇帝再拜興奏請搢圭跪受爵祭酒啐酒以爵授侍中侍中再以溫酒跪進禮儀使奏請受爵皇帝飲福酒訖侍中受虛爵興以授太祝太祝又減神前胙肉加於俎以授司徒司徒以俎西向跪進皇帝受以授左右奏請執圭俛伏興平立少退奏請再拜皇帝再拜訖樂止禮儀使前導還版位登歌樂作降自午陛樂止宮縣樂作至位東向立樂止請還小次至次釋圭文舞退武舞進宮縣樂作奏和成之曲樂止禮直官引亞終獻官陞自卯陛行禮如常儀惟不讀祝皆飲福而無胙俎降自卯陛復位禮直官贊太祝徹籩豆登歌樂作奏寧成之曲卒徹樂止奉禮贊賜胙衆官再拜在位者皆再拜禮儀使奏請詣版位出次執圭至位東向立再拜皇帝再拜奉禮贊曰再拜贊者承傳在位者皆再拜送神樂作天成之曲一成止禮儀使奏禮畢遂前導皇帝還大次宮縣樂作出門樂止至大次釋圭九曰望燎皇帝既還大次禮直官引攝太尉以下監祭禮詣望燎位太祝各捧篚詣神位前進取燔玉祝幣牲俎并黍稷飯籩爵酒各由其陛降詣燎壇以祝幣饌物置柴上禮直官贊可燎半柴又贊禮畢攝太尉以下皆出禮直官引監祭禮祝史太祝以下從壇南北向立定奉禮贊曰再拜監祭禮以下皆再拜訖遂出十曰車駕還宮皇帝既還大次侍中奏請解嚴皇帝釋袞冕停大次五刻頃所司備法駕序立於欞星門外以北爲上侍中版奏請中嚴皇帝改服通天冠絳紗袍少頃侍中版奏外辦皇帝出次升輿導駕官前導華蓋繖扇如常儀至欞星門外太僕卿進御馬如式侍中前奏請皇帝降輿乘馬訖太僕卿執御門下侍郎奏請車駕進發俛伏興退車駕動稱警蹕至欞星門外門下侍郎跪奏曰請權停勑衆官上馬侍中承旨曰制可門下侍郎傳制贊者承傳衆官上馬畢導駕官及華蓋繖扇分左右前導門下侍郎跪請車駕進發俛伏興車駕動稱警蹕教坊樂鼓吹振作駕至崇天門欞星門外門下侍郎跪奏曰請權停勑衆官下馬侍中承旨曰制可門下侍郎俛伏興退傳制贊者承傳衆官下馬畢左右前引入內與儀仗倒卷而北駐立駕入崇天門至大明門外降馬升輿以入駕既入通事舍人承旨勑衆官皆退宿衛官率衛士宿衛如式

攝祀之儀其目有九一曰齋戒祀前五日質明奉禮郎率儀鸞局設獻官諸執事版位於中書省獻官諸執事位俱藉以席仍加紫綾褥初獻攝太尉設位於前堂階上稍西東南向監祭御史二位一位在甬道上西稍北東向一位在甬道上東稍北西向監禮博士二位各次御史以北爲上次亞獻官終獻官攝司徒位于其南次助奠官次太常太卿太常卿光祿卿次太史令禮部尚書刑部尚書次奉璧官奉幣官讀祝官太常少卿拱衛直都指揮使次太常丞光祿丞太官令良醞令司尊罍次廩犧令舉祝官奉爵官次太官丞盥洗官爵洗官巾篚官次翦燭官與祭官其禮直官分直于左右東西相向西設版位四列皆北向以東爲上郊祀令太樂令太祝祝史次齋郎東設版位四列皆北向以西爲上郊祀丞太樂丞協律郎奉禮郎次齋郎司天生禮直官引獻官諸執事各就位獻官諸執事俱公服五品以上就服其服六品以下皆借紫服禮直局管勾進立于太尉之右宣讀誓文曰某年某月某日祀昊天上帝于圜丘各揚其職其或不敬國有常刑散齋三日宿於正寢致齋二日於祀所散齋日治事如故不弔喪問疾不作樂不判署刑殺文字不決罰罪人不與穢惡事致齋日惟祀事得行其餘悉禁凡與祀之官已齋而闕者通攝行事讀畢稍前唱曰七品以下官先退復贊曰對拜太尉與餘官皆再拜乃退凡與祭者致齋之宿官給酒饌守壝門兵衛及大樂工人皆清齋一宿二曰告配祀前二日初獻官與太常禮儀院官恭詣太廟奏告太祖皇帝本室即還齋次三日迎香祝祀前二日翰林學士赴禮部書寫祝文太常禮儀院官亦會焉書畢於公廨嚴潔安置祀前一日質明獻官以下諸執事皆公服禮部尚書率其屬捧祝版同太常禮儀院官俱詣闕廷以祝版授太尉進請御署訖同香酒迎出崇天門外香置于輿祝置香案御酒置輦樓俱用金複覆之太尉以下官比上馬清道官率京官行于儀衛之先兵馬司巡兵執矛幟夾道次金鼓又次京尹儀從左右成列前導諸執事官東西二班行于儀仗之外次儀鳳司奏樂禮部官點視成列太常禮儀院官導于香輿之前然後控鶴舁輿案行太尉等官從行至祀所輿案由南欞星門入諸執事官由左右偏門入奉安御香祝版于香殿四曰陳設祀前三日樞密院設兵衛各具器服守衛壝門每門兵官二員及外垣東西南欞星門外設蹕街清路諸軍諸軍旗服各隨其方色去壇二百步禁止行人祀前一日郊祀令率其屬掃除壇上下大樂令率其屬設登歌樂于壇上稍南北向編磬一簴在西編鐘一簴在東擊鐘磬者皆有坐杌大樂令位在鐘簴東西向協律郎位在磬簴西東向執麾者立於後柷一在鐘簴北稍東敔一在磬簴北稍西搏拊二一在柷北一在敔北歌工八人分列于午陛左右東西相向坐以北爲上凡坐者皆藉以席加氈琴一絃三絃五絃七絃九絃者各二瑟四篪二篴二笛二簫二巢笙四和笙四閏餘匏一九曜匏一七星匏一塤二各分立於午陛東西樂榻上琴瑟者分列于北皆北向坐匏竹者分立于琴瑟之後爲二列重行皆北向相對爲首又設圜宮懸樂於壇南內壝南門之外東方西方編磬起北編鐘次之南方北方編磬起西編鐘次之又設十二鎛鐘於編懸之間各依辰位每辰編磬在左編鐘在右謂之一肆每面三辰共九架四面三十六架設晉鼓於懸內通街之東稍南北向置雷鼓單鼗雙鼗各二柄於北懸之內通街之左右植四楹雷鼓於四隅皆左鼙右應北懸之內歌工四列內二列在通街之東二列於通街之西每列八人共三十二人東西相向立以北爲上柷一在東敔一在西皆在歌工之南大樂丞位在北懸之外通街之東西向協律

郎位於通衢之西東向執麾者立于後舉節樂正立于東副正立于西並在歌工之北樂師二員對立于歌工之南運譜二人對立于樂師之南照燭二人對立于運譜之南祀日分立于壇之上下掌樂作樂止之標準琴二十七設于東西懸內一絃者三東一西二俱爲第一列三絃五絃七絃九絃者各六東西各四列每列三人皆北向坐瑟十二東西各六共爲列在琴之後坐巢笙十簫十閏餘匏一在東七星匏一九曜匏一皆在竽笙之側竽笙十籥十篪十塤八笛十每色爲一列各分立于通衢之東西皆北向又設文舞位于北懸之前植四表于通衢之東舞位行綴之間導文舞執衙仗舞師二員執旌二人分立于舞者行綴之外舞者八佾每佾八人共六十四人左手執籥右手秉翟各分四佾立于通衢之東西皆北向又設武舞俟立位于東西縣外導武舞執衙仗舞師二員執纛二人執器二十人內單鼗二單鐸二雙鐸二金鐃二鉦二金錞二執扃者四人扶錞二相鼓二雅鼓二分立于東西縣外舞者如文舞之數左手執干右手執戚各分四佾立于執器之外俟文舞自外延則武舞自內進就立文舞之位惟執器者分立于舞人之外文舞亦退于武舞俟立之位太史令郊祀令各公服率其屬升設昊天上帝神座於壇上北方南向席以藁秸加褥座置璧於繅藉設幣於篚置酌尊所皇地祇神座壇上稍東北方南向席以藁秸加褥座置玉於繅藉設幣於篚置酌尊所配位神座壇上東方西向席以蒲越加褥座置璧於繅藉設幣於篚置酌尊所設五方五帝日月天皇大帝北極等九位在壇之第一等席以莞各設玉幣於神座前設內官五十四位於圜壇第二等設中官一百五十九位於圜壇第三等設外官一百六位於內壝內設衆星三百六十位於內壝外席皆以莞各設青幣于神座之首皆內向候告潔畢權徹第一等玉幣至祀日丑前重設執事者實柴于燎壇仍設葦炬于東西執炬者東西各二人皆紫服奉禮郎率儀鸞局設獻官以下及諸執事官版位設三獻官版位於內壝西門之外道南東向以北爲上次助奠位稍却次第一等至第三等分獻官第四等第五等分奠官次郊祀令太官令良醞令廩犧令司尊罍次郊祀丞讀祝官舉祝官奉璧官奉幣官奉爵官太祝盥洗官爵洗官巾篚官祝史次齋郎位于其後每等異位重行俱東向北上攝司徒位于內壝東門之外道南與亞獻相對次太常禮儀使光祿卿同知太常禮儀院事太史令分獻分奠官僉太常禮儀院事供衞直都指揮使太常禮儀院同僉院判光祿丞位於其南皆西向北上監察御史二位一位在內壝西門之外道北東向一位在內壝東門之外道北西向博士二位各次御史以北爲上設奉禮郎位于壇上稍南午陛之東西向司尊罍位于尊所北向又設望燎位于燎壇之北南向設牲榜于外壝東門之外稍南西向太祝祝史位于牲後俱西向設省牲位于牲北太常禮儀使光祿卿太官令光祿丞太官丞位于其北太官令以下位皆少却監祭監禮位在太常禮儀使之西稍却南向廩犧令位于牲西南北向又設省饌位于牲位之北饌殿之南太常禮儀使光祿卿丞太官令丞位在東西向監祭監禮位在西東向俱北上祠祭局設正配三位各左十有二籩右十有二豆俱爲四行登三鉶三簠簋各二在籩豆間登居神前鉶又居前簠左簋右居鉶前皆藉以席設牲首俎一居中牛羊豕俎七次之香案一沙池爵坫各一居俎前祝案一設於神座之右又設天地二位各太尊二著尊二犧尊二山罍二於壇上東南俱北向西上又設配位著尊一犧尊二象尊二山罍二在二尊所之東皆有坫加勺冪惟玄酒有冪無勺以北爲上馬湩三器各設于尊所之首加冪勺又設玉幣篚二於尊所西以北爲上又設正位象尊二壺尊二山罍四于壇下午陛之西又設地祇尊罍與正位同於午陛之東皆北向西上又設配位犧尊二壺尊二山罍四在西陛之北東向北上皆有坫冪不加勺設而不酌又設第一等九位各左八籩右八豆登一在籩豆間簠簋各一在登前俎一爵坫各一在簠簋前每位太尊二著尊二於神之左皆有坫加勺冪沙池玉幣篚各一又設第二等諸神每位籩二豆二簠簋各一登一俎一於神座前每陛間象尊二爵坫沙池幣篚各一於神中央之座首又設第三等諸神每位籩豆簠簋各一俎一於神座前每陛間設壺尊一爵尊二爵坫沙池幣篚各一於神中央之座首又設內壝內諸神每位籩豆各一簠簋各一於神座前每道間概尊二爵坫沙池幣篚各一於神中央之座首又設內壝外衆星三百六十位每位籩豆簠簋俎各一於神座前每道間散尊二爵坫沙池幣篚各一於神中央之座前自第一等以下皆用匏爵洗滌訖置於坫上又設正配位各籩一豆一簠一簋一俎四及毛血豆各一牲首盤一并第一等神位每位俎二於饌殿內又設盥洗爵洗於壇下卯陛之東北向罍在洗東加勺篚在洗西南肆實以巾爵洗之篚實以匏爵加坫又設第一等分獻官盥洗爵洗位第二等以下分獻官盥洗位各於陛道之左罍在洗左篚在洗右俱內向凡司尊罍篚位各于其後五曰省牲器見親祀儀六曰習儀見親祀儀七曰奠玉幣祀日丑前五刻太常卿率其屬設椽燭於神座四隅仍明壇上下燭內外枛燎太史令郊祀令各服其服陞設昊天上帝神座藁秸席褥如前執事者陳玉幣於篚置於尊所禮部尚書設祝版於案光祿卿率其屬入實籩豆簠簋籩四行以右爲上第一行魚鱐在前糗餌粉餈次之第二行乾橑在前乾橑形鹽次之第三行鹿脯在前榛實乾桃次之第四行菱在前芡栗次之豆四行以左爲上第一行芹菹在前筍菹葵菹次之第二行菁菹在前韭菹酏食次之第三行魚醢在前兔醢豚拍次之第四行鹿臡在前醓醢糝食次之簠實以稻粱簋實以黍稷登實以大羹良醞令率其屬入實尊罍太尊實以泛齊著尊醴齊犧尊盎齊象尊醍齊壺尊沈齊山罍爲下尊實以玄酒其酒齊皆以尚醞酒代之太官丞設革囊馬湩于尊所祠祭局以銀盒貯香同瓦鼎設于案司香官一員立于壇上祝史以牲首盤設于壇上獻官以下執事官各服其服就次所會于齊班幕拱衞直都指揮使率控鶴各服其服擎執儀仗分立于外壝內東西諸執事位之後拱衞使亦就位大樂令率工人二舞自南壝東偏門以次入就壇上下位奉禮郎先入就位禮直官分引監祭御史監禮博士郊祀令太官令良醞令廩犧令司尊罍太官丞讀祝官舉祝官奉玉幣官太祝祝史奉爵官盥爵洗官巾篚官齋郎自南壝東偏門入就位禮直官引監祭監禮按視壇之上下祭器糾察不如儀者及其按視也太祝先徹去蓋冪按視訖禮直官引監祭監禮退復位奉禮郎贊再拜禮直官承傳曰拜監祭禮以下皆再拜奉禮郎贊曰各就位太官令率齋郎以次出詣饌殿俟立于南壝門外禮直官分引三獻官司徒助奠官太常禮儀院使光祿卿太史令太常儀禮院同知僉院同僉院判光祿丞自南壝東偏門經樂縣內入就位禮直官進太尉之左贊曰有司謹具請行事退復位宮縣樂作降神天成之曲六成內圜鐘宮三成黃鍾角大簇徵姑洗羽各一成文舞崇德之舞初樂作協律郎跪俛伏舉麾興工鼓柷偃麾戛敔而樂止凡樂作樂止皆倣此禮直官引太常禮儀院使率祝史自卯陛陞壇奉牲首降自午陛由南壝正門經宮縣內詣燎壇北南向立祝史奉牲首陞自南陛置於戶內柴上東西執炬者以火燎柴升烟燔牲首訖禮直官引太常禮儀院使祝史捧盤血詣坎位瘞之禮直官引太常禮儀院使祝史各復位奉禮郎贊再拜禮直官承傳曰拜太尉以下皆再拜訖其先拜者不拜執事者取玉幣於篚立於尊所禮直官引太尉詣盥洗位宮縣樂奏黃鍾宮隆成之曲至位北向立樂止搢笏盥手帨手訖執笏詣壇陞自午陛登歌樂作大呂宮隆成之曲至壇上樂止詣正位神座前北向立宮縣樂奏黃鍾宮欽成之曲搢笏跪三上香執事者加璧於幣西向跪以授太尉太尉受玉幣奠於正位神座前執笏俛伏興少退立再拜訖樂止次詣皇地祇位奠獻如上儀次詣配位神主前奠幣如上儀降自午陛登歌樂作如陞壇之曲至位樂止祝史奉毛血豆入自南壝門詣壇陞自午陛諸太祝迎取於壇上俱跪奠於神座前執笏俛伏興退立于尊所至大三年大祀奠玉幣儀與前少異今存之以備互考祀日丑前五刻設壇上及第一等神位陳其玉幣及明燭實籩豆尊罍樂工各入就位畢奉禮郎先入就位禮直官分引分獻官監祭御史監禮博士諸執事太祝祝史齋郎入自中壝東偏門當壇南重行西上北向立定奉禮郎贊曰再拜分獻官以下皆再拜訖奉禮贊曰各就位禮直官引子丑寅卯辰巳陛道分獻官詣版位西向立北上午未申酉戌亥陛道分獻官詣版位東向立北上禮直官分引監祭禮點視陳設按視壇之上下糾察不如儀者退復位太史令率齋郎出俟禮直官引三獻官并助奠等官入就位東向立司徒西向立禮直官贊曰有司謹具請行事降神六成樂止太常禮儀使率祝史二員捧馬首詣燎壇升烟訖復位奉禮郎贊曰再拜三獻司徒等皆再拜訖奉禮郎贊曰諸執事者各就位立定禮直官請初獻官詣盥洗位樂作至位樂止盥畢詣壇樂作陞自卯陛至壇樂止詣正位神座前北向立樂作搢笏跪太祝加玉於幣西向跪以授初獻初獻受玉幣奠訖執笏俛伏興再拜訖樂止次詣配位神座前立樂作奠玉幣如上儀樂止降自卯陛樂作復位樂止初獻將奠正位之幣禮直官分引第一等分獻官詣盥洗位盥畢執笏各由其陛陛詣各神位前搢笏跪太祝以玉幣授分獻官奠訖俛伏興再拜訖還位初第一等分獻官將陞禮直官分引第二等內壝內內壝外分獻官盥畢盥洗官俱從至酌尊所立定各由其陛道詣各神首位前奠竝如上儀退立酌尊所伺候終獻酌奠詣各神首位前酌奠祝史奉正位毛血豆由午陛陞配

位毛血豆由卯陛陛太祝迎於壇上進奠於正配位神座前太祝與祝史俱退於尊所八曰進熟太尉既陞奠玉幣太官令丞率進饌齋郎詣厨以牲體設於盤馬牛羊豕鹿各五盤宰割體段竝用國禮各對舉以行至饌殿俟光祿卿出實籩豆簠簋籩以粉餈豆以糝食簠以粱簋以稷齋郎上四員奉籩豆簠簋者前行舉盤者次之各奉正配位之饌以序立於南壝門之外俟禮直官引司徒出詣饌殿齋郎各奉以序從司徒入自南壝正門配位之饌入自偏門宮縣樂奏黃鍾宮寧成之曲至壇下俟祝史進徹毛血豆訖降自卯陛以出司徒引齋郎奉正位饌詣壇陞自午陛太史令丞率齋郎奉配位及第一等之饌陞自卯陛立定奉禮贊諸大祝迎饌諸太祝迎于壇陛之間齋郎各跪奠于神座前設籩于糗餌之前豆於醯醢之前簠於稻前簋於黍前又奠牲體盤于俎上齋郎出笏俛伏興退立定樂止禮直官引司徒降自卯陛太官令率齋郎從司徒亦降自卯陛各復位其第二等至內壝外之饌有司陳設禮直官贊太祝搢笏立茅苴于沙池出笏俛伏興退立于本位禮直官引太尉詣盥洗位宮縣樂作奏黃鍾宮隆成之曲至位北向立樂止搢笏盥手帨手訖出笏詣爵洗位北向立搢笏執事者奉匏爵以授太尉太尉洗爵拭爵訖以爵授執事者太尉出笏詣壇陞自午陛（一作卯陛）登歌樂作奏黃鍾宮明成之曲至壇上樂止詣酌尊所西向立搢笏執事者以爵授太尉太尉執爵司尊彝舉冪良醞令酌太尊之泛齊凡舉冪酌酒皆跪以爵授執事者太尉出笏詣正位神座前北向立宮縣樂作奏黃鍾宮明成之曲文舞崇德之舞太尉搢笏跪三上香執事者以爵授太尉太尉執爵三祭酒于茅苴以爵授執事者執事者奉爵退詣尊所太官丞傾馬湩于爵跪授太尉亦三祭于茅苴復以爵授執事者執事者受虛爵以興太尉出笏俛伏興少退北向立樂止舉祝官搢笏跪對舉祝版讀祝官搢笏跪讀祝文讀訖舉祝官奠版于案出笏興讀祝官出笏俛伏興宮縣樂奏如前曲舉祝讀祝官俱先詣皇地祇位前北向立太尉再拜訖樂止次詣皇地祇位竝如上儀惟樂奏大呂宮次詣配位竝如上儀惟樂奏黃鍾宮降自午陛（一作卯陛）登歌樂作如前降神之曲至位樂止讀祝舉祝官降自卯陛復位文舞退武舞進宮縣樂作奏黃鍾宮和成之曲立定樂止禮直官引亞獻官詣盥洗位北向立搢笏盥手帨手訖出笏詣爵洗位北向立搢笏執爵洗爵拭爵以爵授執事者出笏詣壇陞自卯陛至壇上酌尊所東向（一作西向）立搢笏授爵執爵司尊彝舉冪良醞令酌著尊之醴齊以爵授執事者出笏詣正位神座前北向立宮縣樂奏黃鍾宮熙成之曲武舞定功之舞搢笏跪三上香授爵執爵三祭酒于茅苴復祭馬湩如前儀以爵授執事者出笏俛伏興少退立再拜訖次詣皇地祇位配位竝如上儀訖樂止降自卯陛復位禮直官引終獻官詣盥洗位盥手帨手訖詣爵洗位授爵執爵洗爵拭爵以爵授執事者出笏陞自卯陛至酌尊所搢笏授爵執爵良醞令酌犧尊之盎齊以爵授執事者出笏詣正位神座前北向立宮縣樂作奏黃鍾宮熙成之曲武舞定功之舞上香祭酒馬湩竝如亞獻之儀降自卯陛初終獻將陞壇時禮直官分引第一等分獻官詣盥洗位搢笏盥手帨手滌爵拭爵訖以爵授執事者出笏各由其陛詣酌尊所搢笏執事者以爵授分獻官執爵酌太尊之泛齊以爵授執事者各詣諸神位前搢笏跪三上香三祭酒訖出笏俛伏興少退再拜興降復位第一等分獻官將陞壇時禮直官引第二等第三等內壝內內壝外衆星位分獻官各詣盥洗位搢笏盥手帨手酌奠如上儀訖禮直官各引獻官復位諸執事者皆退復位禮直官贊太祝徹籩豆登歌樂作大呂宮寧成之曲太祝跪以籩豆各一少移故處卒徹出笏俛伏興樂止奉禮郎贊曰賜胙衆官再拜禮直官承傳曰拜在位者皆再拜平立定送神宮縣樂作奏圜鍾宮天成之曲一成止九曰望燎禮直官引太尉亞獻助奠一員太常禮儀院使監祭監禮各一員等詣望燎位又引司徒終獻助奠監祭監禮各一員及太常禮儀院使等官詣望瘞位樂作奏黃鍾宮隆成之曲至位南向立樂止上下諸執事各執篚進神座前取燔玉及幣祝版日月已上齋郎以俎載牲體黍稷各由其陛降南行經宮縣樂出東詣燎壇陞自南陛以玉幣祝版饌食致於柴上戶內諸執事又以內官以下之禮幣皆從燎禮直官贊曰可燎東西執炬者以炬燎火半柴執事者亦以地祇之玉幣祝版牲體黍稷詣瘞坎焚瘞畢禮直官引太尉以下官以次由南壝東偏門出禮直官引監祭監禮奉玉幣官太祝祝史齋郎俱復壇南北向立奉禮郎贊曰再拜禮直官承傳曰拜監祭監禮以下皆再拜訖各退出太樂令率工人二舞以次出禮直官引太尉以下諸執事官至齊班幕前立禮直官贊曰禮畢衆官員揖畢各退于次太尉等官太常禮儀院使監祭監禮展視胙肉酒醴奉進闕庭餘官各退

祭告三獻儀大德十一年所定告前三日三獻官諸執事官具公服赴中書省受誓戒前一日未正二刻省牲器告日質明三獻官以下諸執事官各具法服禮直官引監祭禮以下諸執事官先入就位立定監祭禮點視陳設畢復位立定太官令率齋郎出禮直官引三獻司徒太常禮儀院使光祿卿入就位立定禮直官贊曰有司謹具請行事降神樂作六成止太常禮儀院使燔牲首復位立定奉禮贊三獻以下皆再拜就位禮直官引初獻詣盥洗位盥手訖陞壇詣昊天上帝位前北向立搢笏跪三上香奠玉幣出笏俛伏興再拜訖降復位禮直官引初獻詣盥洗位盥手訖詣爵洗位洗拭爵訖詣酒尊所酌酒訖請詣昊天上帝神位前北向搢笏跪三上香執爵三祭酒於茅苴出笏俛伏興俟讀祝訖再拜平立請詣皇地祇酒尊所酌獻竝如上儀俱畢復位禮直官引亞獻竝如初獻之儀惟不讀祝降復位禮直官引終獻竝如亞獻之儀降復位奉禮贊賜胙衆官再拜在位者皆再拜禮直官引三獻司徒太常卿光祿卿監祭監禮等官請詣望燎位南向立定俟燎玉幣祝版禮直官贊可燎禮畢

祭告一獻儀至元十二年所定告前二日郊祀令掃除壇壝內外翰林國史院學士撰寫祝文前一日告官等各公服捧祝版進請御署訖同御香上尊酒如常儀迎至祠所齋宿告日質明前三刻禮直官引郊祀令率其屬詣壇鋪筵陳設如儀禮直官二員引告官等各具紫服以次就位東向立定禮直官稍前曰有司謹具請行事贊者曰鞠躬曰拜曰興曰拜曰興曰平身禮直官先引執事官各就位次詣告官前曰請詣盥爵洗位至位北向立曰搢笏曰盥手曰帨手曰洗爵曰拭爵曰出笏曰詣酒尊所曰搢笏曰執爵曰司尊者舉冪曰酌酒良醞令酌酒曰以爵授執事者告官以爵授執事者曰出笏曰詣昊天上帝皇地祇神位前北向立曰稍前曰搢笏曰跪曰上香曰上香曰三上香曰祭酒曰祭酒曰三祭酒曰以爵授捧爵官曰出笏曰俛伏興曰舉祝官跪曰舉祝曰讀祝官跪曰讀祝讀訖曰舉祝官奠祝版於案曰俛伏興告官再拜曰鞠躬曰拜曰興曰拜曰興曰平身引告官以下降復位禮直官贊曰再拜曰鞠躬曰拜曰興曰拜曰興曰平身曰詣望燎位燔祝版半燎告官以下皆退瘞之其坎於祭所壬地方深足以容物

元史卷七十四

明翰林學士亞中大夫知制誥兼修國史宋　濂等修

祭祀志第二十五

祭祀三

宗廟上

其祖宗祭享之禮割牲奠馬湩以蒙古巫祝致辭蓋國俗也世祖元年秋七月丁丑設神位于中書省用登歌樂遣必闍赤致祭焉必闍赤譯言典書記者十二月初命製太廟祭器法服二年九月庚申朔徙中書署奉遷神主于聖安寺辛巳藏于瑞像殿三年十二月癸亥卽中書省備三獻官大禮使司徒攝祀事禮畢神主復藏瑞像殿四年三月癸卯詔建太廟于燕京十一月丙戌仍寓祀事中書以親王合丹塔察兒王盤張文謙攝事至元元年冬十月奉安神主于太廟初定太廟七室之制皇祖皇祖妣第一室皇伯考伯妣第二室皇考皇妣第三室皇伯考伯妣第四室皇伯考伯妣第五室皇兄皇后第六室皇兄皇后第七室凡室以西爲上以次而東二年九月初命滌養犧牲取大樂工于東平習禮儀冬十月已卯享于太廟尊皇祖爲太祖三年秋九月始作八室神主設祏室冬十月太廟成丞相安童伯顏言祖宗世數尊謚廟號配享功臣增祀四世各廟神主七祀神位法服祭器等事皆宜以時定乃命平章政事趙璧等集議製尊謚廟號定爲八室烈祖神元皇帝皇曾祖妣宣懿皇后第一室太祖聖武皇帝皇祖妣光獻皇后第二室太宗英文皇帝皇伯妣昭慈皇后第三室皇伯術赤皇伯妣別土出迷失第四室皇伯考察合帶皇伯妣也速倫第五室皇考睿宗景襄皇帝皇妣莊聖皇后第六室定宗簡平皇帝欽淑皇后第七室憲宗桓肅皇帝貞節皇后第八室十一月戊申奉安神主于祏室歲用冬祀如初禮四年二月初定一歲十二月薦新時物六年冬時享畢十二月命國師僧薦佛事于太廟七晝夜始造木質金表牌位十有六設大榻金椅奉安祏室前爲太廟薦佛事之始七年十月癸酉勅宗廟祝文書以國字八年八月太廟柱朽從張易言告于列室而後修奉遷栗主金牌位與舊神主于饌幕殿工畢安奉自是修廟皆如之丙子勅冬享毋用犧牲十二年五月檢討張謙呈昔者因修太廟奉遷金牌位於饌幕殿設以金椅其栗主却與舊主牌位各貯箱內安置金椅下禮有非宜今擬合以金牌位遷于八室內其祏室栗主宜用綵輿遷納舊主併牌位安置于箱爲宜九月丁丑

勑太廟牲復用牛十月己未遷金牌位于八室內太祝兼奉禮郎申屠致遠言竊見木主既成又有金牌位其日月山神主及中統初中書設祭神主安奉無所博士議曰合存祏室栗主舊置神主牌位俱可隨時埋瘞不致神有二歸太常少卿以聞制曰其與張仲謙諸老臣議行之十三年九月丙申薦佛事于太廟命即佛事處便大祭己亥享于太廟加薦羊鹿野豕是歲改作金主太祖主題曰成吉思皇帝睿宗題曰太上皇也可那顏皇后皆題名諱十四年八月乙丑詔建太廟于大都博士言古者廟制率都宮別殿西漢亦各立廟東都以中興崇儉故七室同堂後世遂不能革十五年五月九日太常卿還自上都爲議廟制據博士言同堂異室非禮以古今廟制畫圖貼說令博士李天麟齎往上都分議可否以聞一曰都宮別殿七廟九廟之制祭法曰天子立七廟三昭三穆與太祖之廟而七諸侯大夫士降殺以兩晉博士孫毓以謂外爲都宮內各有寢廟別有門垣太祖在北左昭右穆以次而南是也前廟後寢者以象人君之居前有朝而後有寢也廟以藏主以四時祭寢有衣冠几杖象生之具以薦新物天子太祖百世不遷宗亦百世不遷高祖以上親盡則遞遷昭常爲昭穆常爲穆同爲都宮則昭常在左穆常在右而外有以不失其序一世自爲一廟則昭不見穆穆不見昭而內有以各全其尊必祫享而會于太祖之廟然後序其尊卑之次蓋父子異宮祖禰異廟所以盡事亡如事存之義然漢儒論七廟九廟之數其說有二韋玄成等以謂周之所以七廟者以后稷始封文王武王受命而王是以三廟不毀與親廟四而七也如劉歆之說則周自武王克商以后稷爲太祖即增立高圉亞圉二廟於公叔太王王季文王二昭二穆之上已爲七廟矣至懿王時始立文世室於三穆之上至孝王時始立武世室於三昭之上是爲九廟矣然先儒多是劉歆之說二曰同堂異室之制後漢明帝遵儉自抑遺詔無起寢廟但藏其主於光武廟中更衣別室其後章帝又復如之後世遂不敢加而公私之廟皆用同堂異室之制先儒朱熹以謂至使太祖之位下同孫子而更僻處於一隅無以見爲七廟之尊羣廟之神則又上厭祖考不得自爲一廟之主以人情論之生居九重窮極壯麗而設祭一室不過尋丈甚或無地以容鼎俎而陰損其數子孫之心於此宜亦有所不安矣且如命士以上其父子婦姑猶且異處謹尊卑之序不相褻瀆況天子貴爲一人富有四海而祖宗神位數世同處一堂有失人子事亡如事存之意矣十六年八月丁酉以江南所獲玉爵及坫凡四十九事納于太廟十七年十二月甲申告遷于太廟癸巳承旨和禮霍孫太常卿太出禿忽思等以祏室內栗主八位并日月山板位聖安寺木主俱遷甲午和禮霍孫太常卿撒里蠻率百官奉太祖睿宗二室金主於新廟安奉遂大享焉乙未毀舊廟十八年二月博士李時衍等議歷代廟制俱各不同欲尊祖宗當從都宮別殿之制欲崇儉約當從同堂異室之制三月十一日尚書段那海及太常禮官奏曰始議七廟除正殿寢殿正門東西門已建外東西六廟不須更造餘依太常寺新圖建之遂爲前廟後寢廟分七室二十一年三月丁卯太廟正殿成奉安神主九月廟室掛錢網釘鑿籠門告成二十二年十二月丁未皇太子薨太常博士議曰前代太子薨梁武帝謚統曰昭明齊武帝謚長懋曰文惠唐憲宗謚寧曰惠昭金世宗謚允恭曰宣孝又建別廟以奉神主准中祀以陳登歌例設令丞歲供洒掃斯皆累代之典莫不追美洪休時中書翰林諸老臣亦議宜加謚立別廟奉祀遂謚曰明孝太子作主用金二十五年冬享制送白馬一三十年十月朔皇太子祔于太廟三十一年成宗即位追尊皇考爲皇帝廟號裕宗元貞元年冬十月癸卯有事于太廟中書省臣言去歲世祖皇后裕宗祔廟以綾代玉冊今玉冊玉寶成請納諸各室帝曰親饗之禮祖宗未嘗行之其奉冊以來朕躬祝之命獻官迎導入廟大德元年十一月太保月赤察兒等奏請廟享增用馬制可二年正月特祭太廟用馬一牛一羊鹿野豕天鵝各七餘品如舊爲特祭之始四年八月以皇妣皇后祔六年五月戊申太廟寢殿災十一年武宗即位追尊皇考爲皇帝廟號順宗太祖室居中睿宗西第一室世祖西第二室裕宗西第三室順宗東第一室成宗東第二室追尊先元妃爲皇后祔成宗室至大二年春正月乙未以受尊號恭謝太廟爲親祀之始十月以將加謚太祖睿宗擇日請太祖睿宗尊謚于天擇日請光獻皇后莊聖皇后尊謚于廟改製金表神主題寫尊謚廟號十二月乙卯親享太廟奉玉冊玉寶加上太祖聖武皇帝尊謚曰法天啓運廟號太祖光獻皇后曰翼聖加上睿宗景襄皇帝曰仁聖廟號睿宗莊聖皇后曰顯懿其舊制金表神主以櫝貯兩旁自是主皆範全作之如金表之製延祐七年仁宗升祔增置廟室太常禮儀院下博士檢討歷代典故移書禮部中書集議曰古者天子祭七代兄弟同爲一代廟室皆有神主增置廟室又議大行皇帝升祔太廟七室皆有神主增室不及依前代典故權於廟內止設幄座面南安奉今相視得第七室近南對室地位東西一丈五尺除設幄座外餘五尺不妨行禮乃結綵爲殿置武宗室南權奉神主十月戊子英宗將以四時躬祀太廟命太常禮官與中書翰林集賢等官集議其禮制曰此追遠報本之道也毋以朕勞而有所損焉其一遵典禮丙寅中書以躬謝太廟儀注進十一月丙子朔帝御齋宮丁丑備法駕儀衞躬謝太廟至櫺星門駕止有司進輦不御步至大次服袞冕端拱以俟禮儀使請署祝帝降御座正立書名及讀祝勑高贊御名至仁宗室輒歔欷流涕左右莫不感動退至西神門殿中監受圭出降沒階乃授甲辰太常進時享太廟儀式至治元年正月乙酉始命於太廟垣西北建大次殿丙戌始以四孟月時享親祀太室禮成坐大次謂羣臣曰朕纘承祖宗丕緒夙夜祗慄無以報稱歲惟四祀使人代之不能致如在之誠實所未安自今以始歲必親祀以終朕身五月中書省臣言以廟制事集御史臺翰林院太常院臣議謹按前代廟室多寡不同晉則兄弟同爲一室正室增爲十四間東西各一間唐九廟後增爲十一室宋增室至十八東西夾室各一間以藏祧主今太廟雖分八室然兄弟爲世止六世而已世祖所建前廟後寢往歲寢殿災請以今殿爲寢別作前廟十五間中三間通爲一室以奉太祖神主餘以次爲室庶幾情文得宜謹上太常廟制制曰善期以來歲營之二年春正月丁丑始陳鹵簿親享太廟三月二十三日以新作太廟正殿夏秋二祭權止秋八月丙辰太皇太后崩太常院官奏國哀以日易月旬有二日外乃舉祀事有司以十月戊辰有事于太廟取聖裁制曰太廟禮不可廢迎香去樂可也又言太廟興工未畢有妨陳宮縣樂請止用登歌從之三年春三月戊申祔昭獻元聖皇后于順宗室夏四月六日上都分省參議速速以都堂旨太廟夾室未有制度再約臺院等官議定博士議曰按爾雅曰室有東西廂曰廟注夾室前堂同禮曰西夾南向注曰西廂夾室此東西夾室之正文也賈公彥曰室有東西廂曰廟其夾皆在序是則夾者猶今耳房之類也然其制度則未之聞東晉太廟正室一十六間東西儲各一間共十有八所謂儲者非夾室與唐貞觀故事遷廟之主藏於夾室西壁南北三間又宋哲宗亦嘗於東夾室奉安後雖增建一室其夾室仍舊是唐宋夾室與諸室制度無大異也五帝不相沿樂三王不相襲禮今廟制皆不合古權宜一時宜取今廟一十五間南北六間東西兩頭二間準唐南北三間之制壘至棟爲三間壁以紅泥以準東西序南向爲門如今室戶之制虛前以準廂所謂夾室前堂也雖未盡合於古於今事爲宜六月上都中書省以聞制若曰可壬申勑以太廟前殿十有五間東西二間爲夾室南向秋七月辛卯太廟落成俄國有大故晉王即皇帝位十二月戊辰追尊皇考晉王爲皇帝廟號顯宗皇妣晉王妃爲皇后庚午盜入太廟失仁宗及慈聖皇后神主壬申重作仁廟二金主丙午御史趙成慶言太廟失神主乃古今莫大之變由太常禮官不恭厥職宜正其罪以謝宗廟以安神靈制命中書定罪泰定元年春正月甲午奉安仁宗及慈聖皇后二神主丁丑御史宋本趙成慶李嘉賓言太廟失神主已得旨命中書定太常失守之罪中書以爲事在太廟署令而太常官屬居位如故昔唐陵廟皆隸宗正盜斫景陵門戟架既貶陵令丞而宗正卿亦皆貶黜且神門戟架比之太廟神主孰爲輕重宜定其罪名顯示黜罰以懲不恪不報先是博士劉致建議曰竊以禮莫大於宗廟宗廟者天下國家之本禮樂刑政之所自出也唐虞三代而下靡不由之聖元龍興列聖積德累功百有餘年而宗廟未有一定之制方聖天子繼統之初定一代不刊之典爲萬世法程正在今日周制天子七廟三昭三穆昭處於東穆處於西所以別父子親疎之序而使不亂也聖朝取唐宋之制定爲九世遂以舊廟八室而爲六世昭穆不分父子並坐不合禮經新廟之制一十五間東西二間爲夾室太祖室既居中則唐宋之制不可依惟當以昭穆列之父爲昭子爲穆則睿宗當居太祖之東爲昭之第一世世祖居西爲穆之第一世裕宗居東爲昭之第二世兄弟共爲一世則成宗順宗顯宗三室皆當居西爲穆之第二世武宗仁宗二室皆當居東爲昭之第三世昭之后居左穆之后居右西以左爲上東以右爲上也苟或如此則昭穆分明秩然有序不違禮經可爲萬世法若以累朝定制依室次於新廟遷安則顯宗躋順宗之上順宗躋成宗之上以禮言之春秋閔公無子庶兄僖公代立其子文公遂躋僖公於閔公之上史稱逆祀及定公正其序書曰從事先公然僖公猶是有位之君尚不可居故君之上況未嘗正位者乎國家雖曰以右爲尊然古人所尚或左或右初無定制古人右社稷而左宗

廟國家宗廟亦居東方豈有建宗廟之方位既依禮經而宗廟之昭穆反不應禮經乎且如今朝賀或祭祀宰相獻官分班而立居西則尚左居東則尚右及行禮就位則西者復尚右東者復尚左矣致職居博士宗廟之事所宜建明然事大體重宜從使院移書集議取旨四月辛巳中書省臣言始祖皇帝始建太廟太祖皇帝居中南向睿宗世祖裕宗神主以次祔西室順宗成宗武宗仁宗以次祔東室邇者集賢翰林太常諸臣言國朝建太廟遵古制古尚左今尊者居右爲少屈非所以示後世太祖皇帝居中南向宜奉睿宗皇帝神主祔左一室世祖祔右一室裕宗祔睿宗室之左顯宗順宗成宗兄弟也以次祔世祖室之右武宗仁宗亦兄弟也以祔裕宗室之左英宗祔成宗室之右臣等以其議近是謹繪室次爲圖以獻惟陛下裁擇從之五月戊戌祔顯宗英宗凡十室四年夏四月辛未盜入太廟失武宗神位及祭器壬申重作武宗金主及祭器甲午奉安武宗神主天曆元年冬十月丁亥毀顯宗室重改至元之六年六月詔毀文宗室其宗廟之事本末因革大槩如此凡大祭祀尤貴馬湩將有事勑太僕司挏馬官奉尚飲者革囊盛送焉其馬牲既與三牲同登于俎而割奠之饌復與籩豆俱設將奠牲盤酹馬湩則蒙古太祝升詣第一座呼帝后神諱以致祭年月日數牲齊品物致其祝語以次詣列室皆如之禮畢則以割奠之餘撒於南櫺星門外名曰抛撒茶飯蓋以國禮行事尤其所重也始至元初金大祝魏友諒者仕於朝詣中書言太常寺奉祀宗廟禮不備者數事禮部移太常考前代典禮以勘友諒所言皆非是由是禮官代有討論割奠之禮初惟太常卿設之桑哥爲初獻乃有三獻等官同設之儀博士議曰凡陳設祭品實罇罍等事獻官皆不與也獨此親設之然後再升殿恐非誠慤專一之道且大禮使等官尤非其職大樂署長言割奠之禮宜別撰樂章博士議曰三獻之禮實依古制若割肉奠葡萄酒馬湩別撰樂章是又成一獻也又議燔膋膟與今燒飯禮合不可廢形鹽糗餌粉餈酏食糝食非古雷鼓路鼓與播鼗之制不同攝祀大禮使終夕堅立無其義知禮者皆有取於其言英宗之初博士又言今冬祭即烝也天子親祼太室功臣宜配享事亦弗果行

廟制至元十七年新作于大都前廟後寢正殿東西七間南北五間內分七室殿陛二成三階中曰泰階西曰西階東曰阼階寢殿東西五間南北三間環以宮城四隅重屋號角樓正南正東正西宮門三門各五門皆號神門殿下道直東西神門曰橫街直南門曰通街甓之通街兩旁井二皆覆以亭宮城外繚以崇垣饌幕殿七間在宮城南門之東南向齊班廳五間在宮城之東南西向省饌殿一間在東城東門少北南向初獻齋室在宮城之東東垣門內少北西向其南爲亞終獻司徒大禮使助奠七祀獻官等齋室皆西向雅樂庫在宮城西南東向法物庫儀鸞庫在宮城之東北皆南向都監局在其東少南西向東垣之內環築墻垣爲別院內神廚局五間在北南向井在神廚之東北有亭酒庫三間在井亭南西向祠祭局三間對神廚局北向院門西向百官廚五間在神廚院南西向宮城之南復爲門與中神門相值左右連屋六十餘間東掩齊班廳西値雅樂庫爲諸執事齋房築崇墉以環其外東西南開櫺星門三門外馳道抵齊化門之通衢至治元年詔議增廣廟制三年別建大殿一十五間於今廟前用今廟爲寢殿中三間通爲一室餘十間各爲一室東西兩旁際墻各留一間以爲夾室室皆東西橫闊二丈南北入深六間每間二丈宮城南展後鑿新井二于殿南作亭東南隅西南隅角樓南神門東西神門饌幕殿省饌殿獻官百執事齋室中南門齊班廳雅樂庫神廚祠祭等局皆南徙建大次殿三間於宮城之西北東西櫺星門亦南徙東西櫺星門之內鹵簿房四所通五十間

神主至元三年始命太保劉秉中考古制爲之高一尺二寸上頂圜徑二寸八分四廂合剡一寸一分上下四方穿中央通孔徑九分以光漆題尊謚於背上匱趺底蓋俱方底自下而上蓋從上而下底齊趺方一尺厚三寸皆準元祐古尺圖主及匱趺皆用栗木匱趺並用玄漆設祏室以安奉帝主用曲几黃羅帕覆之后主用直几紅羅帕覆之祏室每室紅錦厚褥一紫錦薄褥一黃羅複帳一龜背紅簾一緣以黃羅帶飾六年十二月十八日國師奉旨造木質金表牌位十有六亦號神主設大榻金椅位置祏室前帝位於右后位於左題號其面籠以銷金絳紗其制如櫝

祝有二祝冊親祀用之製以竹每副二十有四簡貫以紅絨條面用膠粉塗飾背飾以絳金綺藏以楠木縷金雲龍匣塗金鎖鑰韜以紅錦囊蒙以銷金雲龍絳羅複擬撰祝文書祝讀祝皆翰林詞臣掌之至大二年親祀竹冊長一尺二寸廣一寸二分厚三分至治二年正月親祀竹冊八副每冊二十有四簡長一尺一寸廣一寸厚一分二籠祝版攝祀用之制以楸木長二尺四寸廣一尺二寸厚一分其面背飾以精潔楮紙祝文至元時享於太祖室稱孝孫嗣皇帝臣某睿宗室稱孝子嗣皇帝臣某天曆時享自太祖至裕宗四室皆稱孝曾孫嗣皇帝臣某順宗室稱孝孫嗣皇帝臣某成宗至英宗三室皆稱嗣皇帝臣某武宗室稱孝子嗣皇帝臣某

幣以白繒爲之每段長一丈八尺

牲齊庶品大祀馬一用色純者有副牛一其角握其色赤有副羊其色白豕其色黑鹿凡馬牛羊豕鹿牲體每室七盤單室五盤太羹每室三登和羹每室三鉶籩之實每室十有二品豆之實每室十有二品凡祀先期命貴臣率獵師取鮮獐鹿兔以供脯臡醓醢稻粱爲飯每室二簠黍稷爲飯每室二簋彝尊之實每室十有一明水玄酒用陰鑑取水于月與井水同鬯用鬱金爲之五齊三酒醞於光祿寺醴齊蕭蒿至元十八年五月弗用後遂廢茅香以縮酒至元十七年始用沅州麻陽縣包茅天鵝野馬塔剌不花（其狀如獾）野鷄鶬黃羊胡寨兒（其狀如鳩）湩乳葡萄酒以國禮割奠皆列室用之羊一豕一籩之實二栗鹿脯豆之實二菁菹鹿臡簠之實黍簋之實稷爵尊之實酒皆七祀位各用之薦新鮪野蔬孟春用之鴈天鵝仲春用之韭鴨鷄卵季春用之冰羔羊孟夏用之櫻桃竹筍蒲筍羊仲夏用之瓜豚大麥飯小麥麵季夏用之雛鷄孟秋用之菱芡栗黃鼠仲秋用之梨棗黍粱鶩老季秋用之芝麻兎鹿稻米飯孟冬用之麕野馬仲冬用之鯉黃羊塔剌不花季冬用之至大元年春正月皇太子言薦新增用影堂品物羊羔炙魚饅頭餅子西域湯餅圜米粥砂糖飯羹每月用以配薦

祭器籩十有二羃以青巾巾繪緣雲豆十有四一實毛血一實膟膋登三鉶三有柶簠二簋二有匕箸俎七以載牲體皆有鼎後以盤貯牲體盤置俎上鼎不用香案一銷金絳羅衣銀香鼎一銀香奩一茅苴盤一實以沙已上並陳室內燎爐一實以炭篚一實以蕭蒿黍稷祝案一紫羅衣置祝文于上銷金絳羅覆之鷄彝一有舟鳥彝一有舟加勺春夏用之斝彝一有舟黃彝一有舟加勺秋冬用之虎彝一有舟蜼彝一有舟加勺特祭用之凡鷄彝斝彝虎彝以實明水鳥彝黃彝蜼彝以實鬯犧尊二象尊二春夏用之著尊二壺尊二秋冬用之太尊二山尊二特祭用之尊皆有坫勺羃以白布巾巾繪黼文著尊二山罍二皆有坫加羃已上並陳室外壺尊二太尊二山罍四皆有坫加羃藉以莞席並陳殿下北向西上設而不酌每室皆同通廊御香案一銷金黃羅衣銀香奩一貯御祝香銷金帕覆之並陳殿中央罍洗所罍二洗二一以供爵滌一以供盥潔篚二實以璋瓚巾塗金銀爵七祀神位籩二豆二簠一簋一俎一爵一有坫香案一沙池一壺尊二有坫加羃七祀皆同罍一洗一篚一中統以來雜金宋祭器而用之至治初始造新器於江浙行省其舊器悉置几閣

親祀時享儀其目有八一曰齋戒前祀七日皇帝散齋四日於別殿治事如故不作樂停奏刑名事不行刑罰致齋三日惟專心祀事其二日於大明殿一日於大次致齋前一日尚舍監設御幄於大明殿西序東向致齋之日質明諸衞勒所部屯列晝漏下一刻通事舍人引侍享執事文武四品以上官俱公服詣別殿奉迎二刻侍中版奏請中嚴皇帝服通天冠絳紗袍三刻侍中版奏外辦皇帝結佩出別殿乘輿華蓋繖扇侍衞如常儀奉引至大明殿御幄東向坐侍臣夾侍如常一刻頃侍中前跪奏言請降就齋俛伏興皇帝降座入室侍享執事官各還所司宿衞者如常凡應祀官受誓戒於中書省散齋四日致齋三日光祿卿鑑取明水火以供爨水以實尊二曰陳設祀前三日尚舍監陳大次於西神門外道北南向設小次於西階西東向設版位於西神門內橫街南東向設飲福位於太室尊彝所稍東西向設黃道裀褥於大次前至西神門至小次版位西階及殿門之外設御洗位於御板位東稍北北向設亞終獻位於西神門內御板位稍南東向以北爲上罍洗在其東北設亞終獻飲福位於御飲福位後稍南西向陳設八寶黃羅案於西階西甓地之宜設享官宮縣樂省牲位諸執事公卿御史位並如常儀殿上下及各室設簠簋籩豆尊罍彝斝等器並如常儀三曰車駕出宮祀前一日所司備法駕鹵簿於崇天門外太僕卿率其屬備玉輅於大明門外千牛將軍執刀於輅前北向其日質明諸侍享執事官先詣太廟祀所諸侍臣直衞及導駕官於致齋殿前左右分班立通事舍人引侍中跪奏請中嚴俛伏興皇帝服通天冠絳紗袍少頃侍中版奏外辦皇帝出齋室即御座羣臣起居訖尚輦進輿侍中奏請皇帝升輿皇帝升輿華蓋繖扇侍衞如常儀導駕官前導至大明門外侍中進當輿前跪奏請皇帝降輿升輅皇帝升輅太僕執御導駕官分左右步導門下侍郎進當輅前跪奏請車駕進發車駕動稱警蹕千牛將軍夾而趨至崇天門外門下侍郎跪奏請車駕少駐勑衆

官上馬侍中承旨退稱曰制可門下侍郎退傳制稱衆官上馬贊者承傳勑衆官上馬上馬訖門下侍郎奏請勑車右升侍中前承制退稱曰制可千牛將軍升訖門下侍郎奏請車駕進發車駕動稱警蹕符寶郎奉八寶與殿中監部從在黃鉞內教坊樂前引皷吹不振作將至太廟禮直官引諸侍享執事官於廟門外左右立班奉迎駕至廟門回輅南向將軍降立於輅左侍中於輅前奏稱侍中臣某請皇帝降輅步入廟門皇帝降輅導駕官前導皇帝步入廟門稍西侍中奏請皇帝升輿尚輦奉輿華蓋繖扇如常儀皇帝乘輿至大次侍中奏請皇帝降輿入就大次簾降宿衛如式尚食進饍如儀禮儀使以祝版奏御署訖奉出太廟令受之各奠於坫置各室祝案上通事舍人承旨勑衆官各還齋次四日省牲器祀前一日未後三刻廩犧令丞太官令丞太祝以牲就位禮直官引太常卿光祿卿丞監祭禮等官就位禮直官請太常監祭監禮由東神門北偏門入升自東階每位視滌祭器司尊彝舉冪曰潔俱畢降自東階由東神門北偏門出復位立定禮直官稍前曰請省牲引太常卿視牲退復位次引廩犧令出班巡牲一匝西向折身曰充諸太祝巡牲一匝上一員出班西向折身曰腯畢俱復位蒙古巫祝致詞訖禮直官稍前曰請詣省饌位引太常卿光祿卿監祭監禮光祿丞大官令丞詣省饌位東西相向立定以北為上禮直官引太常卿詣饌殿內省饌視饌訖禮直官引太常卿還齋所次引廩犧令丞諸太祝以次牽牲詣廚授太官令次引光祿卿丞監祭監禮詣廚省鼎鑊視滌溉訖各還齋所太官令帥宰人以鸞刀割牲祝史各取毛血每位共實一豆以肝洗於鬱鬯及取膟膋每位共實一豆置於各位饌室內庖人烹牲五日晨祼祀日丑前五刻諸享陪位官各服其服光祿卿良醞令大官令入實籩豆簠簋尊罍各如常儀太樂令率工人二舞以次入奉禮郎贊者先入就位禮直官引御史博士及執事者以次各入就位並如常儀禮直官引司徒以下官升殿分香設酒如常儀禮直官引太常官御史博士升殿視陳設就位復與太廟令太祝宮闈令升殿太祝出帝主宮闈令出后主訖御史及以上升殿官於當陛近西北向立奉禮於殿上贊奉神主訖奉禮曰再拜贊者承傳諸官及執事者皆再拜各就位禮直官引亞終獻等官由南神門東偏門入就位立定禮直官贊有司謹具請行事協律郎俛伏興舉麾興工鼓柷宮縣樂作思成之曲以黃鍾為宮大呂為角太簇為徵應鍾為羽作文武九成止樂奏將終通事舍人引侍中版奏請中嚴皇帝服衮冕坐少頃禮直官引博士博士引禮儀使對立於大次門外當門北向侍中奏外辦禮儀使跪奏請皇帝行禮俛伏興簾捲符寶郎奉寶陳於西陛之西黃羅案上皇帝出大次博士禮儀使前導華蓋繖扇如儀大禮使後從至西神門外殿中監跪進鎮圭皇帝執圭華蓋繖扇停於門外近侍從入門協律郎跪俛伏興舉麾工鼓柷宮縣順成之樂作至版位東向協律郎偃麾工戛敔樂止引禮官分左右侍立禮儀使前奏請再拜皇帝再拜奉禮曰衆官再拜贊者承傳凡在位者皆再拜禮儀使奏請皇帝詣盥洗位宮縣作樂至洗位樂止內侍跪取匜興沃水又內侍跪取盤興承水禮儀使奏請搢鎮圭皇帝搢圭盥手訖內侍跪取巾於篚興以進帨手訖皇帝詣爵洗位奉瓚官以瓚跪進皇帝受瓚內侍奉匜沃水又內侍跪奉盤承水洗瓚訖內侍奉巾以進皇帝拭瓚訖內侍奠盤匜又奠巾於篚奉瓚官跪受瓚禮儀使奏請執鎮圭前導皇帝升殿宮縣樂作至西階下樂止皇帝升自西階登歌樂作禮儀使前導皇帝詣太祖室尊彝所東向立樂止奉瓚官以瓚莅鬯司尊者舉冪侍中跪酌鬱鬯訖禮儀使前導入詣太祖神座前北向立禮儀使奏請搢鎮圭跪奉瓚官西向立以瓚跪進禮儀使奏請執瓚以鬯祼地皇帝執瓚以鬯祼地以瓚授奉瓚官禮儀使奏請執鎮圭俛伏興皇帝俛伏興禮儀使前導出戶外褥位禮儀使奏請再拜皇帝再拜訖禮儀使前導詣第二室以下祼鬯並如上儀祼訖禮儀使奏請還版位登歌樂作皇帝降自西階樂止宮縣樂作至版位東向立樂止禮儀使奏請還小次前導皇帝行宮縣樂作將至小次禮儀使奏請釋鎮圭殿中監跪受皇帝入小次簾降樂止六日進饌皇帝祼將畢光祿卿詣饌殿視饌復位太官令率齋郎詣饌幕以牲體設於盤各對舉以行自南神門入司徒出迎饌宮縣樂作奏無射宮嘉成之曲禮直官引司徒齋郎奉饌升自太階由正門入諸太祝迎於階上各跪奠於神座前齋郎執笏俛伏興遍奠訖樂止禮直官引司徒太官令率齋郎降自東階各復位饌之升殿也太官丞率七祀齋郎奉饌以序跪奠于七祀神座前退從殿上齋郎以次復位諸太官令率割牲官詣各室進割牲體置俎上皆退七日酌獻禮直官於殿上贊太祝立茅苴禮儀使奏請詣盥洗位簾捲出次宮縣樂作殿中監跪進鎮圭皇帝執鎮圭至盥洗位樂止北向立禮儀使奏請搢鎮圭執事者跪取匜興沃水又跪取盤承水禮儀使奏請皇帝盥手執事者跪取巾於篚興進帨手訖禮儀使奏請執鎮圭請詣爵洗位北向立禮儀使奏請搢鎮圭奉爵官以爵跪進皇帝受爵執事者奉匜沃水奉盤承水皇帝洗爵訖執事者奉巾跪進皇帝拭爵執事者奠盤匜又奠巾於篚奉爵官受爵禮儀使奏請執鎮圭升殿宮縣樂作至西階下樂止升自西階登歌樂作禮儀使前導詣太祖室尊彝所東向立樂止禮儀使奏請搢鎮圭執爵奉爵官以爵跪進皇帝受爵司尊者舉冪良醞令跪酌犧尊之泛齊以爵授執事者禮儀使奏請執鎮圭皇帝執圭入詣太祖神位前北向立宮縣樂作奏開成之曲禮儀使跪奏請搢鎮圭跪又奏請三上香三上香訖奉爵官以爵授進酒官進酒官東向以爵跪進禮儀使奏請執爵三祭酒於茅苴以虛爵授進酒官進酒官以授奉爵官奉爵官退立尊彝所進酒官進取神案上所奠玉爵馬湩東向跪進禮儀使奏請執爵祭馬湩祭訖以虛爵授進酒官進酒官進奠神案上退禮儀使奏請執圭俛伏興司徒搢笏跪於俎前奉牲西向以進禮儀使奏請搢鎮圭皇帝搢圭俯受牲盤北向跪奠神案上蒙古祝史致辭訖禮儀使奏請執鎮圭興前導出戶外褥位北向立樂止舉祝官搢笏跪對舉祝版讀祝官北向跪讀祝文訖俛伏興舉祝官奠祝版訖先詣次室禮儀使奏請再拜拜訖禮儀使前導詣各室各奏本室之樂其酌獻進牲祭馬湩並如第一室之儀既畢禮儀使奏請詣飲福位登歌樂作至位西向立樂止登歌釐成之樂作禮直官引司徒立於飲福位側太祝以爵酌上尊飲福酒合置一爵以奉侍中侍中受爵奉以立禮儀使奏請皇帝再拜拜訖奏請搢鎮圭跪侍中東向以爵跪進禮儀使奏請執爵三祭酒又奏請啐酒啐酒訖以爵授侍中禮儀使奏請受胙太祝以黍稷飯籩授司徒司徒東向跪進皇帝受以授左右太祝又以胙肉俎跪授司徒司徒跪進皇帝受以授左右禮直官引司徒退立侍中再以爵酒跪進禮儀使奏請皇帝受爵飲福飲福訖侍中受虛爵興以授太祝禮儀使奏請執鎮圭俛伏興又奏請再拜拜訖樂止禮儀使前導還版位登歌樂作降自西階樂止宮縣樂作至位樂止禮儀使奏請還小次宮縣樂作將至小次禮儀使奏請釋鎮圭殿中監跪受入小次簾降樂止文舞退武舞進先是皇帝酌獻訖將至小次禮直官引亞獻官詣盥洗位盥洗訖升自阼階酌獻並如常儀酌獻訖禮直官引亞獻官詣東序西向立諸太祝各以酌罍福酒合置一爵一太祝捧爵進亞獻之左北向立亞獻再拜受爵跪祭酒遂啐飲太祝進受爵退復於坫上亞獻興再拜禮直官引亞獻官降復位終獻如亞獻之儀初終獻既升禮直官引七祀獻官各詣盥洗位搢笏盥帨訖執笏詣神位搢笏跪執爵三祭酒奠爵執笏俛伏興再拜訖詣次位如上儀終獻畢贊者唱太祝徹籩豆諸太祝進徹籩豆登歌豐成之樂作卒徹樂止奉禮曰賜胙贊者唱衆官再拜在位者皆再拜禮儀使奏請詣版位簾捲出次殿中監跪進鎮圭皇帝執圭行宮縣樂作至位樂止送神保成之樂作一成止禮儀使奏請皇帝再拜贊者承傳凡在位者皆再拜禮儀使前奏禮畢前導皇帝還大次宮縣昌寧之樂作出門樂止禮儀使奏請釋鎮圭殿中監跪受華蓋繖扇引導如常儀入大次簾降禮直官引太常卿御史太廟令太祝宮闈令升殿納神主降就拜位奉禮贊升納神主訖再拜御史以下諸執事者皆再拜以次出禮直官各引享官以次出太樂令率工人二舞以次出太廟令闔戶以降乃退祝冊藏於匱八日車駕還宮皇帝既還大次侍中奏請解嚴皇帝釋衮冕停大次五刻頃尚食進膳所司備法駕鹵簿與侍祠官序立於太廟欞星門外以北為上侍中版奏請中嚴皇帝改服通天冠絳紗袍少頃侍中版奏皇帝出次升輿導駕官前導華蓋繖扇如儀至廟門外太僕卿率其屬進金輅如式侍中前奏請皇帝降輿升輅升輅訖太僕御門下侍郎奏請車駕進發俛伏興退車駕動稱警蹕至欞星門外門下侍郎奏請車駕權停勑衆官上馬侍中承旨退稱曰制可門下侍郎退傳制贊者承傳衆官上馬畢門下侍郎奏請勑車右升侍中承旨退稱制可千牛將軍升訖導駕官分左右前導門下侍郎奏請車駕進發車駕動稱警蹕符寶郎奉八寶與殿中監從教坊樂鼓吹振作駕至崇天門外垣欞星門外門下侍郎奏請車駕權停勑衆官下馬贊者承傳衆官下馬車駕動衆官前引入內石橋與儀仗倒捲而北駐立駕入崇天門至大明門外降駕升輿以入駕既入通事舍人承旨勑衆官皆退宿衛官率衛士宿衛如式

元史卷七十五

明翰林學士亞中大夫知制誥兼修國史宋　濂等修

祭祀志第二十六

祭祀四

宗廟下

親謝儀其目有八一曰齋戒前享三日皇帝散齋二日於別殿致齋一日於大次應享官員受誓戒於中書省如常儀二曰陳設如前親祀儀三曰車駕出宮前享一日所司備儀從內外仗與應享之官兩行序立於崇天門外太僕卿控御馬立於大明門外諸侍臣及導駕官二十四人俱於齋殿前左右分班立候通事舍人引侍中跪奏請中嚴俛伏興少頃侍中版奏外辦皇帝卽御座四品以上應享執事官起居訖侍中奏請升輿皇帝出齋殿降自正階乘輿華蓋繖扇如常儀導駕官前導至大明門外侍中進當輿前奏請降輿乘馬訖導駕官分左右步導門下侍郎跪奏請進發俛伏興前稱警蹕至崇天門門下侍郎奏請權停敕衆官上馬侍中承旨退稱制可門下侍郎退傳制稱衆官上馬贊者承傳衆官出欞星門外上馬訖門下侍郎奏請進發前稱警蹕華蓋繖扇儀仗與衆官左右前引教坊樂鼓吹不振作至太廟欞星門外紅橋南贊者承傳衆官下馬下馬訖自卑而尊與儀仗倒卷而北兩行駐立駕至廟門侍中奏請皇帝下馬步入廟門入廟門訖侍中奏請升輿尙輦奉輿華蓋繖扇如常儀導駕官前導皇帝乘輿至大次前侍中奏請降輿皇帝降輿入就位簾降侍衛如式尙食進饍如常儀禮儀使以祝冊奏御署訖奉出太廟令受之各奠於坫置各室祝案上通事舍人承旨勑衆官各還齋次四曰省牲器見前親祀儀五曰晨祼享日丑前五刻光祿卿良醞令太官令入實籩豆簠簋尊罍各如常儀太樂令率工人二舞以次入就位禮直官引御史及執事者以次入就位禮直官引太常卿御史升殿點視陳設退復位禮直官引司徒等官詣各室分香設酒如常儀禮直官復引太常卿及御史太廟令太祝宮闈令升殿奉出帝后神主訖各退降就拜位立定奉禮於殿上贊奉神主訖奉禮贊曰再拜贊者承傳御史以下皆再拜訖各就位禮直官引攝太尉由南神門東偏門入就位立定協律郎跪俛伏舉麾興工鼓柷宮縣樂作思成之曲以黃鍾爲宮大呂爲角大簇爲徵應鍾爲羽作文舞九成止太尉以下皆再拜訖禮直官引太尉詣盥洗位宮縣樂作肅寧之曲至位樂止北向立搢笏盥手帨手執笏詣爵洗位北向立搢笏洗瓚拭瓚以瓚授執事者執笏升殿宮縣樂作至阼階下樂止陞自阼階登歌樂作詣太祖尊彝所西向立樂止執事者以瓚奉太尉太尉搢笏執瓚司尊者舉冪酌鬱鬯訖太尉以瓚授執事者執笏詣太祖神位前搢笏跪三上香執事者以瓚奉太尉太尉執瓚以鬯祼地訖以虛瓚授執事者執笏俛伏興退出戶外北向再拜訖次詣各室並如上儀禮畢降自阼階復位六曰進饌太尉祼將畢進饌如前儀七曰酌獻太尉既升祼禮直官引博士博士引禮儀使至大次前北向立通事舍人引侍中詣大次前版奏請中嚴皇帝服衮冕坐少頃侍中奏外辦禮儀使跪奏請皇帝行禮俛伏興簾捲出次禮儀使前導至西神門華蓋繖扇停於門外近侍從入太禮使後從殿中監跪進鎭圭皇帝執圭入門協律郎跪俛伏興舉麾宮縣順成之樂作至版位東向立樂止引禮官分左右侍立禮儀使奏請皇帝再拜奉禮曰衆官再拜贊者承傳凡在位者皆再拜禮儀使奏請皇帝詣盥洗位宮縣樂作至位樂止內侍跪取匜興沃水又內侍跪取盤承水禮儀使奏請搢鎭圭皇帝搢圭盥手內侍跪取巾於篚興進帨手訖奉爵官以爵跪進皇帝受爵內侍奉匜沃水又內侍奉盤承水皇帝洗爵訖內侍奉巾跪進皇帝拭爵訖內侍奠盤匜又奠巾於篚奉爵官受爵禮儀使奏請執鎭圭導升殿宮縣樂作至西階下樂止升自西階登歌樂作禮儀使前導詣太祖室尊彝所東向立樂止宮縣樂作奏開成之曲奉爵官以爵涖尊執事者舉冪侍中跪酌犧尊之泛齊以爵授執事者禮儀使前導入詣太祖神位前北向立禮儀使奏請搢鎭圭跪又奏請三上香上香訖奉爵官以爵授進酒官進酒官東向以爵跪進禮儀使奏請執爵祭酒執爵三祭酒於茅苴訖以虛爵授進酒官進酒官受爵以授奉爵官退立尊彝所進酒官進徹神案上所奠玉爵馬湩東向跪進禮儀使奏請執爵祭馬湩祭訖以虛爵授進酒官進酒官進奠神案上訖退禮儀使奏請執圭俛伏興司徒搢笏跪俎前舉牲盤西向以進禮儀使奏請搢鎭圭皇帝搢圭俯受牲盤北向跪奠神案上訖禮儀使奏請執圭興前導出戶外褥位北向立樂止舉祝官搢笏跪對舉祝版讀祝官北向跪讀祝文訖俛伏興舉祝官奠祝版訖先詣次室次蒙古祝史詣室前致辭訖禮儀使奏請再拜拜訖禮儀使前導詣各室奏各室之樂其酌獻進牲體祭馬湩並如第一室之儀既畢禮儀使奏請詣飮福位登歌樂作至位西向立樂止宮縣釐成之樂作禮直官引司徒立於飮福位側太祝以爵酌上尊福酒合置一爵以奉侍中侍中受爵奉以立禮儀使奏請皇帝再拜拜訖奏搢鎭圭跪侍中東向以爵跪進禮儀使奏請執爵三祭酒又奏請啐酒啐訖以爵授侍中禮儀使奏請受胙太祝以黍稷飯籩授司徒司徒東向跪進皇帝受以授左右太祝又以胙肉俎跪授司徒司徒跪進皇帝受以授左右禮直官引司徒退立侍中再以爵酒跪進禮儀使奏請皇帝受爵飮福酒訖侍中受虛爵興以授太祝禮儀使奏請執鎭圭俛伏興又奏請再拜拜訖樂止禮儀使前導還版位登歌樂作降自西階樂止宮縣樂作至位樂止奉禮於殿上唱太祝徹籩豆宮縣豐寧之樂作卒徹樂止奉禮曰賜胙贊者唱衆官再拜在位者皆再拜送神樂作保成之曲作一成止禮儀使奏請皇帝再拜贊者承傳在位者皆再拜拜訖禮儀使前奏禮畢皇帝還大次宮縣昌寧之樂作出門樂止禮儀使奏請釋鎭圭殿中監跪受華蓋繖扇如常儀入次簾降禮直官引太常卿御史太廟令太祝宮闈令升殿納神主訖各降就位贊者於殿上唱升納神主訖奉禮曰再拜御史以下諸執事者皆再拜訖以次出通事舍人禮直官各引享官以次出太樂令率工人二舞以次出太廟令闔戶訖降乃退祝版藏於匱八曰車駕還宮皇帝既還大次侍中奏請解嚴皇帝釋衮冕停大次五刻頃尙食進膳如常儀所司備儀從內外仗與從祀諸執事官兩行序立於太廟欞星門外侍中版奏外辦皇帝出次升輿導駕官前導華蓋繖扇如常儀至廟門太僕卿進御馬侍中奏請皇帝降輿乘馬乘馬訖門下侍郎奏請進發俛伏興退前稱警蹕至欞星門外門下侍郎奏請權停勑衆官上馬侍中承旨退稱曰制可門下侍郎退傳制贊者承傳衆官上馬畢導駕官及華蓋繖扇分左右前導稱警蹕教坊樂鼓吹振作至崇天門欞星門外門下侍郎奏請權停敕衆官下馬贊者承傳衆官下馬訖左右前引入內石橋北與儀仗倒捲而北駐立駕入崇天門至大明門外降馬升輿以入駕既入通事舍人承旨敕衆官皆退宿衛官率衛士宿衛如式

攝祀儀其目有九一曰齋戒享前三日三獻官以下凡與祭員皆公服受誓戒於中書省是日質明有司設金椅於省庭一人執紅羅繖立於其左奉禮郎率儀鸞局陳設版位獻官諸執事位俱藉以席仍加紫綾褥設初獻太尉位於省階少西南向大禮使位於其東少南西向監祭御史位二于通道之西東向監禮博士位二于通道之東西向俱北上設司徒亞終獻位於其南北向西上次助奠七祀獻官次太常卿光祿卿光祿丞書祝官讀祝官太官令良醞令廩犧令司尊彝舉祝官太官丞廩犧丞奉爵官奉瓚官盥爵官二巾篚官蒙古太祝巫祝點視儀衞淸道官及與祭官依品級陳設皆異位重行太廟令太樂令郊社令太祝位於通道之西北向東上太廟丞太樂丞郊社丞奉禮郎協律郎司天生位於通道之東北向西上齋郎位於其後贊者引行事等官各就位立定次引初獻官立定禮直官搢笏讀誓文曰某年某月某日享于太廟各揚其職其或不敬國有常刑散齋二日宿于正寢致齋一日宿於祠所散齋日治事如故不弔喪問病不作樂不判署刑殺文字不決罰罪人不與穢惡事致齋日惟享事得行餘悉禁凡與享之官已齋而闕者通攝行事七品以下官先退餘官再拜禮直官贊鞠躬拜興拜興平立禮畢守廟兵衞與太樂工人俱淸齋一宿赴祀所之日官給酒饌二曰陳設享前二日所司設兵衞於廟門禁斷行人儀鸞局設幄幔於饌殿所司設三獻官以下行事執事官次於齋房之所前一日太樂令率其屬設宮縣之樂於庭中東方西方磬虡起北鐘虡次之南方北方磬虡起西鐘虡次之設十二鎛鐘於編縣之間各依辰位樹建鼓於四隅置柷敔於北縣之內柷一在道東敔一在道西路鼓一在柷之東南晉鼓一在其後又路鼓一在柷之西南諸工人各於其後東方西方以北爲上南方北方以西爲上文舞在北武舞在南立舞表於酇綴之間又設登歌之樂於殿上前楹間玉磬一簴在西金鐘一簴在東柷一在金鐘北稍西敔一在玉磬北稍東搏拊二一在柷北一在敔北東西相向歌工次之餘工各位於縣後其匏竹者立於階間重行北向相對爲首享前一日太廟令率其屬掃除廟庭之內外樞密院軍官一員率軍人剗除草穢平治道路又設七祀燎柴於廟門之外又於室內鋪設神位於北牖下當戶南向每位設黼扆一紫綾厚褥一薄褥一莞席一繅席二虎皮次席二時瑄則用桃枝竹席几在筵上又設三獻官拜跪褥位二一在室內一在室外學士院定撰祝冊訖書祝官於饌幕具公服書祝訖請初獻官署御名訖以授太廟令又設祝案於室戶外之右又設三獻官位於殿下橫街之南稍西東向亞獻終獻位稍卻助奠七祀獻官又於其南書祝官讀祝官舉祝官太廟令太官令良醞令廩犧令

太廟丞太官丞位又於其南司尊彝奉瓚官奉爵官盥洗巾篚爵洗巾篚蒙古太祝蒙古巫祝太祝宮闈令及七祀司尊彝盥洗巾篚以次而南又設齋郎位於其後每等異位重行東向北上又設大禮使位於南神門東偏門稍北北向又設司徒太常卿等位於橫街之南稍東西向亞終獻相對司徒位在北太常卿稍却太常同知光祿卿僉院同僉院判光祿丞拱衞使以次而南又設監祭御史位二監禮博士位二于橫街之北西向以北爲上又設協律郎位在宮縣樂簴西北東向大樂丞在樂簴之間又設大樂令協律郎位於登歌樂簴之間又設牲榜于東神門外南向設太常卿位於牲位南向監祭御史位在太常卿之左太官令次之光祿丞太官丞又次之廩犧令位在牲西南廩犧丞稍却俱北向以右爲上又設諸太祝位於牲東西向以北爲上又設蒙古巫祝位於牲東南北向又設省饌位於省饌殿前太常卿光祿卿光祿丞太官令位於東西向監祭監禮位於西東向皆北上太廟令陳祝版於室右之祝案又率祠祭局設籩豆簠簋每室左十有二籩右十有二豆俱爲四行登三在籩豆之間鉶三次之簠二簋二又次之簠左簋右俎七在簠簋之南香案一次之沙池又次之又設每室尊罍于通廊斝彝黃彝各一春夏用鷄彝鳥彝犧尊二象尊二秋冬用著尊壺尊著尊二山罍二以次在本室南之左皆加勺羃爲酌尊所北向西上彝有舟坫羃又設壺尊二太尊二山罍四在殿下階間俱北向望室戶之左皆有坫加羃設而不酌凡祭器皆藉以席又設七祀位於橫階之南道東西向以北爲上席皆以莞設神版位各於座首又設祭器每位左二籩右二豆簠一簋一在籩豆間俎一在籩前爵坫一次之壺尊二在神位之西東向以北爲上皆有坫勺羃又設三獻盥洗爵洗在通街之西橫街之南北向罍在洗西加勺篚在洗東皆實以巾爵洗仍實以瓚爵加盤坫執罍篚者各位于後又設七祀獻官盥洗位於七祀神位前稍北罍在洗西篚在洗東實以巾又實爵於坫執罍篚者各位於後三日習儀享前二日三獻以下諸執事官員赴太廟習儀次日早各具公服乘馬赴東華門迎接御香至廟省牲四日迎香享前一日有司告諭坊市灑掃經行衢路祗備香案享前一日質明三獻官以下及諸執事官各具公服六品以下官皆借紫服詣崇天門下太常禮儀院官一員奉御香一員奉酒二員奉馬湩自內出監祭監禮奉禮郎太祝分兩班前導控鶴五人一人執繖從者四人執儀仗在前行至大明門由正門出教坊大樂作至崇天門外奉香酒馬湩者安置於輿導引如前行至外垣櫺星門外百官上馬分兩班行於儀仗之外清道官行於儀衞之先兵馬司之兵夾道次之金鼓又次之京尹儀從又次之教坊大樂爲一隊次之控鶴弩手各服其服執儀仗左右成列次之拱衞使居其中儀鳳司細樂又次之太常卿與博士御史導於輿前獻官司徒大禮使助奠官從入至殿下獻官奉香酒馬湩升自東階入殿內通廊正位安置禮直官引獻官降自東階由東神門北偏門出釋服五曰省牲器見親祀儀六曰晨祼祀日丑前五刻太常卿光祿卿太廟令率其屬設燭於神位遂同三獻官司徒大禮使等每室一人分設御香酒醴以金玉爵斝酌馬湩蒲萄尚醞酒奠於神案又陳籩豆之實籩四行以右爲上第一行魚鱐在前糗餌粉餈次之第二行乾橑在前乾棗形鹽次之第三行鹿脯在前榛實乾桃次之第四行菱在前芡栗次之豆四行以左爲上第一行芹菹在前筍菹葵菹次之第二行菁菹在前韭菹酏食次之第三行魚醢在前兎醢豚拍次之第四行鹿臡在前醓醢糝食次之簠實以稻粱簋實以黍稷登實以大羹鉶實以和羹尊彝斝彝實以明水黃彝實以鬱鬯犧尊實以泛齊象尊實以醴齊著尊實以盎齊山罍實以三酒壺尊實以醍齊太尊實以沈齊凡齊之上尊實以明水酒之上尊實以玄酒其酒齊皆以上醞代之又實七祀之祭器每位左二籩栗在前鹿脯次之右二豆菁菹在前鹿臡次之簠實以黍簋實以稷壺尊實以醍齊其酒齊亦以上配代之陳設訖獻官以下行事執事官各服其服會於齊班廳禮直官引太常卿監祭監禮太廟令太祝宮闈令諸執事官齋郎自南神門東偏門入就位東西相向立定候監祭監禮按視殿之上下徹去蓋羃糾察不如儀者退復位禮直官引太常卿監祭監禮太廟令太祝宮闈令陞自東階詣太祖室蒙古太祝起帝主神羃宮闈令起后主神羃次詣每室並如常儀畢禮直官引太常卿以下諸執事官當橫街間重行以西爲上北向立定奉禮郎贊曰奉神主訖再拜禮直承傳太常卿以下皆再拜訖奉禮郎又贊曰各就位禮直官引諸執事官各就位次引太官令率齋郎由南神門東偏門以次出贊者引三獻官司徒大禮使七祀獻官諸行事官由南神門東偏門入各就位立定禮直官進於初獻官之左贊曰有司謹具請行事退復位協律郎跪俛伏興舉麾興工鼓柷宮縣樂奏思成之曲九成文舞九變奉禮郎贊再拜在位者皆再拜奉禮又贊諸執事者各就位禮直官引奉瓚奉爵盥爵洗巾篚執事官各就位立定禮直官引初獻官詣盥洗位宮縣樂作無射宮肅寧之曲至位北向立定搢笏盥手帨手執笏詣爵洗位至位北向立定搢笏執瓚洗瓚拭瓚以瓚授執事者執笏樂止登歌樂作夾鍾宮肅寧之曲升自東階樂止詣太祖酌尊所西向立搢笏執事者以瓚授初獻官執瓚司尊彝跪舉羃良醞令跪酌黃彝鬱鬯初獻以瓚授執事者執笏詣太祖神位前北向立搢笏跪三上香執事者以瓚授初獻初獻執瓚以鬯灌於沙池以瓚授執事者執笏俛伏興出室戶外北向立再拜訖詣每室祼鬯如上儀俱畢禮直官引初獻降自東階登歌樂作奏夾鍾宮肅寧之曲復位樂止七曰饋食初獻旣祼如前進饌儀八曰酌獻太祝立茅苴于盤禮直官引初獻詣盥洗位宮縣樂作奏無射宮肅寧之曲至位北向立搢笏盥手帨手執笏詣爵洗位至位搢笏執爵洗爵拭爵以爵授執事者執笏樂止登歌樂作奏夾鍾宮肅寧之曲陞自東階樂止詣太祖酒尊所西向立搢笏執爵司尊彝搢笏跪舉羃良醞令搢笏跪酌犧尊之泛齊以爵授執事者執笏宮縣樂作奏無射宮開成之曲詣太祖神座前北向立稍前搢笏跪三上香執爵三祭酒于茅苴以爵授執事者執笏俛伏興平立請出室戶外北向立樂止俟讀祝舉祝官搢笏跪對舉祝版讀祝官跪讀祝文讀訖舉祝官奠祝版于案執笏與讀祝官俛伏興禮直官贊再拜訖次詣每室酌獻如上儀各奏本室之樂獻畢宮縣樂止降自東階登歌樂作奏夾鍾宮肅寧之曲初獻復位立定文舞退武舞進宮縣樂作奏無射宮肅寧之曲舞者立定樂止禮直官引亞獻詣盥洗位至位北向立搢笏執爵洗爵拭爵以爵授執事者陞自東階詣太祖酌尊所西向立搢笏執爵司尊彝搢笏跪舉羃良醞令搢笏跪酌象尊之醴齊以爵授執事者執笏宮縣樂作奏無射宮肅寧之曲詣太祖神座前北向立稍前搢笏跪三上香執爵三祭酒于茅苴以爵授執事者執笏俛伏興平立請出室戶外北向立再拜訖次詣每室酌獻並如上儀獻畢樂止降自東階復位立定禮直官引終獻如亞獻之儀唯酌著尊之盎齊禮畢降復位初終獻將行贊者引七祀獻官詣盥洗位搢笏盥手帨手訖執笏詣酒尊所搢笏執爵酌酒以爵授執事者執笏詣首位神座前東向立稍前搢笏跪執爵三祭酒于沙池奠爵于案執笏俛伏興少退立再拜訖每位並如上儀俱畢七祀獻官俟終獻官降復位立定九曰祭馬湩終獻酌獻將畢禮直官分引初獻亞獻官司徒太禮使助奠官七祀獻官太常卿監祭監禮太廟令丞蒙古庖人巫祝等陞殿每室獻官一員各立於戶外太常卿監祭監禮以下立於其後禮直官引獻官詣神座前蒙古庖人割牲體以授獻官獻官搢笏跪奠于帝主神位前次奠于后主神位前訖出笏退就拜位搢笏跪太廟令取案上先設金玉爵斝馬湩蒲萄尚醞酒以次授獻官獻官皆祭于沙池蒙古巫祝致詞訖宮縣樂作同進饌之曲初獻出笏就拜興請出室戶外北向立俟衆獻官畢立禮直官通贊曰拜興凡四拜監祭監禮以下從拜皆作本朝跪禮拜訖退登歌樂作降階樂止太祝徹籩豆登歌樂作奏夾鍾宮豐寧之曲奉禮贊賜胙贊者承傳衆官再拜興送神樂作奏黃鍾宮保成之曲一成而止太祝各奉每室祝版降自太階望瘞位禮直官引三獻司徒大禮使助奠七祀獻官太常卿光祿卿監祭監禮視燔祝版至位坎北南向跪以祝版奠于柴就拜興俟半燎禮直官贊可瘞禮直官引三獻以下及諸執事者齋郎等由南神門東偏門出至揖位圓揖樂工二舞以次從出三獻之出也禮直官分引太常卿太廟令監祭監禮蒙古太祝宮闈令及各室太祝陞自東階詣太祖神座前陞納神主每室如儀俱畢降自東階至橫街南北向西上立定奉禮贊曰陞納神主訖再拜贊者承傳再拜訖以次出禮畢三獻官司徒大禮使太常禮儀院使光祿卿等官奉胙進于闕庭駕幸上都則以驛赴奉進

攝行告謝儀告前三日三獻官以下諸執事官各具公服赴中書省受誓戒告前一日未正一刻省牲器至期質明三獻官以下諸執事者各服法服禮直官引太常卿監祭御史監禮博士五令諸執事官先入就位禮直官引監祭監禮點視陳設畢復位禮直官引太常卿監祭監禮太廟令太祝宮闈令奉遷各室神主訖降自橫街北向立定奉禮郎贊再拜在位官皆再拜訖奉禮郎贊各就位訖太官令齋郎出禮直官引三獻司徒光祿卿捧瓚爵盥爵洗官入就位立定禮直官贊有司謹具請行事降神樂作九成止奉禮郎贊再拜三獻以下再拜訖奉禮郎贊諸執事者各就位立定禮直官引初獻詣盥洗位盥手詣爵洗位洗瓚詣第一室酒尊所酌鬱鬯詣神座前北向跪搢笏三上香奠幣執瓚以鬯灌於

沙池執笏俛伏興出室戶外再拜訖次詣各室並如上儀俱畢降復位司徒率齋郎進饌如常儀奠畢降復位禮直官引初獻詣盥洗位盥手詣爵洗位洗爵詣第一室酒尊所酌酒詣神座前北向搢笏跪三上香執爵三祭酒於茅苴以爵授執事者執笏俛伏興出室戶外北向立俟讀祝官讀祝文訖再拜詣每室並如上儀俱畢降復位禮直官引亞獻官盥手洗爵酌獻並如初獻儀惟不讀祝俱畢降復位禮直官引終獻並如亞獻儀俱畢復位太祝徹籩豆奉禮郎贊賜胙衆官再拜在位官皆再拜訖禮直官引三獻官司徒太常卿監祭監禮視焚祝版幣帛禮直官贊可瘞禮畢太常卿監祭監禮升納神主訖降自橫階奉禮郎贊再拜在位官皆再拜訖退

薦新儀至日質明太常禮儀院官屬赴廟所皆公服俟于次太廟令率其屬升殿開室戶不出神主設籩豆俎酒醴馬湩及室戶內外褥位又設盥洗位于階下少東西向奉禮郎率儀鸞局設席褥版位于橫街南又設盥盆巾帨二所于齋班幕前凡與祭執事官皆盥手訖太常官詣神廚點視神饌執事者奉所薦饌物各陳饌幕內太常官以下入就位東西重行北向立定禮直官贊皆再拜鞠躬拜興拜興平立各就位禮直官引太常次官一員率執事者出詣饌所奉饌入自正門升自太階奠各室神位前執事者進時食院官搢笏受而奠之禮直官引太常禮儀使詣盥洗位盥手帨手升殿詣第一室神位前搢笏執事者注酒于杯三祭酒又注馬湩于杯亦三祭之奠杯于案出笏就拜興出室戶外北向立再拜每室俱畢降復位執事者皆降禮直官贊再拜鞠躬拜興拜興平立餘官率執事者升徹饌出殿闔戶禮直官引太常官以下俱出東神門外圜揖

神御殿

神御殿舊稱影堂所奉祖宗御容皆紋綺局織錦爲之影堂所在世祖帝后大聖壽萬安寺裕宗帝后亦在焉順宗帝后大普慶寺仁宗帝后亦在焉成宗帝后大天壽萬寧寺武宗及二后大崇恩福元寺爲東西二殿明宗帝后大天源延聖寺英宗帝后大永福寺也可皇后大護國仁王寺世祖武宗影堂皆藏玉冊十有二牒玉寶一鈕仁宗影堂藏皇太子玉冊十有二牒皇后玉冊十有二牒玉寶一鈕英宗影堂藏皇帝玉冊十有二牒玉寶一鈕皇太子玉冊十有二牒凡帝后冊寶以匣匱金鎖鑰藏於太廟此其分置者其祭器則黃金缾斝盤盂之屬以十數黃金塗銀香合椀楪之屬以百數銀壺釜盃匜之屬稱是玉器水晶瑪瑙之器爲數不同有玻瓈瓶琥珀勺世祖影堂有真珠簾又皆有珊瑚樹碧甸子山之屬其祭之日常祭每月初一日初八日十五日二十三日節祭元日清明蕤賓重陽冬至忌辰其祭物常祭以蔬果節祭忌辰用牲祭官便服行三獻禮加薦用羊羔炙魚饅頭䭔子西域湯餅圜米粥砂糖飯羹泰定二年亦作顯宗影堂于大天源延聖寺天曆元年廢舊有崇福殊祥二院奉影堂祀事乃改爲泰禧院二年又改爲太禧宗禋院秩二品既而復以祖宗所御殿尙稱影堂更號神御殿殿皆製名以冠之世祖曰元壽昭睿順聖皇后曰睿壽南必皇后曰懿壽裕宗曰明壽成宗曰廣壽順宗曰衍壽武宗曰仁壽文獻昭聖皇后曰昭壽仁宗曰文壽英宗曰宣壽明宗曰景壽且命學士擬其祭祀儀注今闕又有玉華宮孝思殿在真定世祖所立以忌日享祀太上皇皇太后御容本路官吏祭奠太常博士按宋會要定其儀所司前期置辦茶飯香果質明禮直官引獻官與陪位官以下並公服入廟庭西向立俱再拜訖引獻官詣殿正階下再拜升階至案前褥位三上香三奠酒訖就拜興又再拜訖引獻官復位與陪位官以下俱再拜退仁宗皇慶二年秋八月庚辰命大司徒田忠良詣真定致祭依歲例給御香酒并犧牲祭物錢中統鈔一百錠延祐四年始用登歌樂行三獻禮七年太常博士言影堂用太常禮樂非是制罷之歲時本處依舊禮致祭其太祖太宗睿宗御容在翰林者至元十五年十一月命承旨和禮霍孫寫太祖御容十六年二月復命寫太上皇御容與太宗舊御容俱置翰林院院官春秋致祭二十四年二月翰林院言舊院屋敝新院屋纔六間三朝御容宜於太常寺安奉後仍遷新院至大四年翰林院移署舊尙書省有旨月祭中書平章完澤等言祭祀非小事太廟歲一祭執事諸臣受戒誓三日乃行事今此輕易非宜舊置翰林院御容春秋二祭不必增益制若曰可至治三年遷置普慶寺祀禮廢泰定二年八月中書省臣言當祭如故乃命承旨斡赤齎香酒至大都同省臣祭于寺四年造影堂於石佛寺未及遷至順元年七月卽普慶寺祭如故事二年復祀于翰林國史院重改至元之六年翰林院言三朝御容祭所甚隘兼歲久屋漏於石佛寺新影堂奉安爲宜中書省臣奏此世祖定制當仍其舊制可

元史卷七十六

明翰林學士亞中大夫知制誥兼修國史宋　濂等修

祭祀志第二十七

祭祀五

太社太稷

至元七年十二月有詔歲祀太社太稷三十年正月始用御史中丞崔彧言於和義門內少南得地四十畝爲壝垣近南爲二壇壇高五丈方廣如之社東稷西相去約五丈社壇土用青赤白黑四色依方位築之中間實以常土上以黃土覆之築必堅實依方面以五色泥飾之四面當中各設一陛道其廣一丈亦各依方色稷壇一如社壇之制惟土不用五色其上四周純用一色黃土壇皆北向立北墉於社壇之北以甎爲之飾以黃泥瘞坎二於稷壇之北少西深足容物二壝周圍壝垣以甎爲之高五丈廣三十丈四隅連飾內壝垣欞星門四所外垣欞星門二所每所門三列戟二十有四外壝內北垣下屋七間南望二壇以備風雨曰望祀堂堂東屋五間連厦三間曰齊班廳廳之南西向屋八間曰獻官幕又南西向屋三間曰院官齋所又其南屋十間自北而南曰祠祭局曰儀鸞庫曰法物庫曰都監庫曰雅樂庫又其南北向屋三間曰百官廚外垣南門西壝垣西南北向屋三間曰大樂署其西東向屋三間曰樂工房又其北北向屋一間曰饌幕殿又北南向屋三間曰饌幕又北稍東南向門一間院內南南向屋三間曰神廚東向屋三間曰酒庫近北少却東向屋三間曰犧牲房井有亭望祀堂後自西而東南向屋九間曰執事齋郎房自北折而南西向屋九間曰監祭執事房此壇壝次舍之所也社主用白石長五尺廣二尺剡其上如鍾於社壇近南北向埋其半於土中稷不用主后土氏配社后稷氏配稷神位版二用栗素質黑書社樹以松於社稷二壇之南各一株此作主樹木之法也祝版四以楸木爲之各長二尺四寸闊一尺二寸厚一分文曰維年月日嗣天子敬遣某官某敢昭告于太社之神配位曰后土之神稷曰太稷之神配位曰后稷之神玉幣社稷皆黝圭一繅藉瘞玉一以黝石代之玄幣一配位皆玄幣一各長一丈八尺此祝文玉幣之式也牛一其色黝其角握有副羊四野豕四籩之實皆十無糗餌粉餈豆之實亦十無酏食糝食簠簋之實皆四鉶之實和羹五齊皆以尚醞代之香用沉龍涎神席一緣以黑綾黑綾褥方七尺四寸太尊著尊犧尊山罍各二有坫加勺冪象尊壺尊山罍各二有坫冪設而不酌籩豆各十有一其一設於饌幕鉶三簠三簋三其一設於饌幕俎八其二設於饌幕盤一毛血豆一爵一有坫沙池一玉幣篚一木柶一勺一香鼎一香盒一香案一祝案一皆有衣紅髹器一以盛馬湩盥洗位二罍二洗二白羅巾四實以篚朱漆盤五已上社稷皆同配位有象尊無太尊設而不酌者無象尊餘皆與正位同此牲齊祭器之等也饌幕省饌殿香殿黃羅幕三黃羅額四黃絹帷一百九十五幅獻攝板位三十有五紫綾拜褥百蒲葦席各二百木燈籠四十絳羅燈衣百一十紅挑燈十剪燭刀二鐵柄盆三十有架黃燭二百雜用燭二百麻柄三百松明清油各百斤此饌幕板位燭燎之用也初獻官一亞獻官一終獻官一攝司徒一助奠官二太常卿一光祿卿一廩犧令一太官令一巾篚官四祝史四監祭御史二監禮博士二司天監二良醞令一奉爵官一司尊罍二盥洗官二爵洗官二太社令一太社丞一太樂令一太樂丞一協律郎二奉禮郎二讀祝官一舉祝官二奉幣官四剪燭官二太祝七齋郎四十有八贊者一禮直官三與祭官無定員此獻攝執事之人也凡祭之日以春秋二仲月上戊延祐六年改用中戊其儀注之節有六一曰迎香前一日有司告諭坊市灑掃經行衢路設香案至日質明有司具香酒樓轝三獻官以下及諸執事官各具公服五品以下官齋郎等皆借紫詣崇天門三獻官及太常禮儀院官入奏祝及御香尙尊酒馬湩自內出監祭御史監禮博士奉禮郎太祝分左右兩班前導控鶴五人一人執繖四人執儀仗由大明門正門出教坊大樂作至崇天門外奉香酒馬湩者各安置於轝導引如儀至紅門外百官乘馬分班行於儀仗之外清道官行於儀衞之先兵馬司巡兵夾道次之金鼓又次之京尹儀從左右成列又次之教坊大樂一隊次之控鶴弩手各服其服執儀仗左右成列次之拱衞使行其中儀鳳司細樂又次之太常卿與博士御史導於轝前獻官司徒助奠官從於轝後若駕幸上都三獻官以下及諸執事官則詣健德門外皆具公服於香轝前北向立異位重行俟奉香酒官驛至太常官受而奉之各置於轝禮直官贊班齊鞠躬再拜興平立班首稍前搢笏跪衆官皆跪三上香出笏就拜興平立退復位北向立鞠躬再拜興平立衆官上馬分班前導如儀至社稷壇北神門外皆下馬分左右入自北門序立如儀太常卿博士御史前導獻官司徒助奠等官後從至望祀堂

下三獻奉香酒馬湩陛階置於堂中黃羅幕下禮直官引三獻官以次而出各詣齋次釋服二日齋戒前期三日質明有司設三獻官以下行事執事官位於中書省太尉南向監祭御史位二於其西東向監禮博士位二於其東西向俱北上司徒亞獻終獻位於其南北向次助奠稍却次太常卿光祿卿太官令司尊彝良醞令太社令廩犧令光祿丞太樂令太社丞次讀祝官奉爵官太祝祝史奉禮郎協律郎司天生諸執事齋郎每等異位重行俱北向西上贊者引行事執事官各就位立定禮直官引太尉初獻就位讀誓曰某年某月某日上戊日祭於太社太稷各揚其職其或不敬國有常刑散齋二日宿於正寢致齋一日於祠所散齋日治事如故不吊喪問疾不作樂不判署刑殺文字不決罰罪人不與穢惡事致齋日惟祭事得行其餘悉禁凡與祭之官已齋而闕者通攝行事七品以下官先退餘官對拜守壝門兵衛與大樂工人俱清齋一日行禮官前期習儀於祠所三日陳設前期三日所司設三獻以下行事執事官次於齋房之內及設饌幕四於西神門之外稍南西向北上今有饌幕殿在西壝門外近北南向陳設如儀前祭二日所司設兵衛各以其方色器服守衛壝門每門二人每隅一人大樂令帥其屬設登歌之樂於兩壇上稍北南向磬簴在東鐘簴在西柷一在鐘簴南稍東敔一在磬簴南稍西搏拊二一在柷南一在敔南東西相向歌工次之餘工位在縣後其匏竹者位於壇下重行南向相對爲首太社令帥其屬掃除壇之上下爲瘞坎二於壬地方深足以容物南出陛前祭一日司天監太社令帥其屬升設太社太稷神座各於壇上近南北向設后土神座於太社神座之左后稷神座於太稷神座之左俱東向席皆以莞裀褥如幣之色設神位板各於座首奉禮郎設三獻官位於西神門之內道南亞獻終獻位稍却司徒位道北太常卿光祿卿次之稍却司天監光祿丞又次之太社令太官令良醞令廩犧令太社丞讀祝官奉爵官太祝以次位於其北諸執事者及祝史齋郎位於其後每等異位重行俱東向南上又設監祭御史位二監禮博士位二於太社壇子陛之東北俱東向南上設奉禮郎位於稷壇之西北隅贊者位於東北隅俱東向協律郎位二於各壇上樂簴東北俱南向太樂令位於兩壇樂簴之間南向司尊彝位於酌尊所俱南向設望瘞位於坎之南北向又設牲榜於西神門外東向諸太祝位於牲西祝史次之東向太常卿光祿卿太官令位在南北向東上監祭監禮位於太常卿之東稍却俱北向東上廩犧令位於牲東北南向又設禮饌於牲東設省饌於禮饌之北今有省饌殿設位於其北東西相向南上太常卿光祿卿太官令位於西東向監祭監禮位於東西向俱南上禮部設板案各於神位之側司尊彝奉禮郎帥執事者設玉幣篚於酌尊所次設籩豆之位每位各籩十豆十簠二簋二鉶三俎五盤一又各設籩一豆一簠一簋一俎三於饌幕內毛血別置一豆設尊罍之位社稷正位各太尊二著尊二犧尊二山罍二于壇上酉陛之西北隅南向東上設配位各著尊二犧尊二象尊二山罍二在正位酒尊之西俱南向東上又設正位各象尊二壺尊二山罍二于壇下子陛之東南向東上配位各壺尊二山罍二在酉陛之南西向南上又設洗位二于各壇子陛之西北南向篚在洗東北肆執罍篚者各位於其後祭日丑前五刻司天監太社令各服其服帥其屬升設正配位神位版於壇上又陳玉幣正位禮神之玉一兩圭有邸置於匣正配位幣皆以玄各長一丈八尺陳於篚太祝取瘞玉加於幣實於篚瘞玉以玉石爲之及禮神之玉各置於神座前光祿卿帥其屬入實籩豆簠簋每位籩三行以右爲上第一行乾橑在前乾棗形鹽魚鱐次之第二行鹿脯在前榛實乾桃次之第三行菱在前芡栗次之豆三行以左爲上第一行芹菹在前筍菹葵菹菁菹次之第二行韭菹在前魚醢兔醢次之第三行豚拍在前鹿臡醓醢次之簠實以稻粱簋實以黍稷鉶實以羹良醞令帥其屬入實尊罍正位太尊爲上實以泛齊著尊實以醴齊犧尊實以盎齊象尊實以醍齊壺尊實以沈齊山罍實以三酒配位著尊爲上實以泛齊犧尊實以醴齊象尊實以盎齊壺尊實以醍齊山罍實以三酒凡齊之上尊實以明水酒之上尊實以玄酒酒齊皆以尚醞代之太常卿設燭于神座前四日省牲器前期一日午後八刻諸衛之屬禁止行人未後二刻太社令帥其屬掃除壇之上下司尊彝奉禮郎帥執事者以祭器入設於位司天監太社令升設神位版及禮神之玉幣如儀俟告潔畢權徹祭日重設未後二刻廩犧令與諸太祝祝史以牲就位禮直官贊者分引太常卿監祭監禮太官令於西神門外省牲位立定禮直官引太常卿贊者引監祭監禮入自西神門詣太社壇自西陛升視滌濯於上執事者皆舉冪曰潔次詣太稷壇如太社之儀訖降復位禮直官稍前曰告潔畢請省牲引太常卿稍前省牲訖退復位次引廩犧令出班巡牲一匝東向折身曰克復位諸太祝俱巡牲一匝上一員出班東向折身曰腯復位禮直官稍前曰省牲畢請就省饌位引太常卿以下各就位立定省饌畢還齋所廩犧令與太祝祝史以次牽牲詣廚授太官令次引光祿卿以下詣廚省鼎鑊視滌溉畢乃還齋所晡後一刻太官令帥宰人以鸞刀割牲祝史以豆取血各置於饌幕祝史又取瘞血貯於盤遂烹牲五日奠玉幣祭日丑前五刻三獻官以下行事執事官各服其服有司設神位版陳玉幣實籩豆簠簋尊罍俟監祭監禮按視壇之上下及徹去蓋冪未明二刻太樂令帥工人入奉禮郎贊者入就位禮直官贊者入就位禮直官贊者分引監祭監禮諸太祝祝史齋郎及諸執事官自西神門南偏門入當太社壇北壝下重行南向立以東爲上奉禮曰再拜贊者承傳監祭監禮以下皆再拜次贊者分引各就壇上下位祝史奉盤血太祝奉玉幣由西階升壇各於尊所立次引監祭監禮按視壇之上下糾察不如儀者退復位質明禮直官贊者各引三獻以下行禮執事官入就位皆由西神門南偏門以入禮直官進初獻之左曰有司謹具請行事退復位協律郎跪俛伏舉麾興工鼓柷樂作八成偃麾戛敔樂止禮直官引太常卿瘞血于坎訖復位祝史以盤還饌幕以俟奉毛血豆奉禮曰衆官再拜在位者皆再拜又贊諸執事者各就位禮直官贊者分引執事官各就壇上下位諸太祝各取玉幣於篚立於尊所禮直官引初獻詣太社壇盥洗位樂作至位南向立樂止搢笏盥手帨手執笏詣壇樂作升自北陛至壇上樂止詣太社神座前南向立樂作搢笏跪太祝加玉於幣東向跪以授初獻初獻受玉幣奠訖執笏俛伏興少退再拜訖樂止禮直官引初獻降自北陛詣太稷壇盥洗位樂作至位樂止盥洗訖升壇奠玉幣並如太社后土之儀奠畢降自北陛樂作復位樂止初獻奠玉幣將畢祝史各奉毛血豆立於西神門外俟奠玉幣畢樂止祝史奉正位毛血入自中門配位毛血入自偏門至壇下正位者升自北陛配位者升自西陛諸太祝迎取於壇上各進奠於神位前太祝祝史俱退立於尊所六曰進熟初獻既奠玉幣有司先陳鼎八於神廚各在於鑊右太官令出帥進饌者詣廚以匕升羊豕於鑊各實於一鼎冪之祝史以扃對舉鼎有司執匕以從各陳於饌幕內俟光祿卿出帥其屬實籩豆簠簋訖乃去鼎之扃冪匕加於鼎太官令以匕升羊豕各載於俎俟初獻還位樂止禮直官引司徒出詣饌所帥進饌者各奉正配位之饌太官令引以次自西神門入正位之饌入自中門配位之饌入自偏門饌初入門樂作饌至陛樂止祝史俱進徹毛血豆降自西陛以出正位之饌升自北陛配位之饌升自西陛諸太祝迎取於壇上各跪奠於神座前訖俛伏興禮直官引司徒太官令及進饌者自西陛各復位諸太祝還尊所贊者曰太祝立茅苴於沙池禮直官引初獻官詣太社壇盥洗位樂作至位南向立樂止搢笏盥手帨手執笏詣爵洗位至位南向立搢笏洗爵拭爵以爵授執事者執笏詣壇樂作升自北陛至壇上樂止詣太社酌尊所東向立執事者以爵授初獻初獻搢笏執爵司尊者舉冪良醞令跪酌太尊之泛齊樂作初獻以爵授執事者執笏詣太社神座前南向立搢笏跪執事者以爵授初獻初獻執爵三祭酒奠爵執笏俛伏興少退立樂止舉祝官跪對舉祝版讀祝官西向跪讀祝文讀訖俛伏興舉祝官奠祝版於案興初獻再拜訖樂止次詣后土氏酌尊所東向立執事者以爵授初獻初獻搢笏執爵司尊彝舉冪良醞令跪酌著尊之泛齊樂作初獻以爵授執事者執笏詣后土神座前西向立搢笏跪執事者以爵授初獻初獻執爵三祭酒奠爵訖執笏俛伏興少退立樂止舉祝官跪對舉祝版讀祝官南向跪讀祝文讀訖俛伏興舉祝官奠祝版於案興初獻再拜訖樂止降自北陛詣太稷壇盥洗位樂作至位樂止盥洗升獻並如太社后土之儀降自北陛樂作復位樂止讀祝舉祝官亦降復位亞獻詣兩壇盥洗升獻並如初獻之儀終獻盥洗升獻並如亞獻之儀終獻奠獻畢降復位樂止執事者亦復位太祝各進徹籩豆樂作卒徹樂止奉禮曰賜胙衆官再拜贊者承傳在位者皆再拜訖送神樂作一成止禮直官進初獻之左曰請詣望瘞位御史博士從樂作至位北向立樂止初在位官將拜諸太祝各執篚進於神座前取瘞玉及幣齋郎以俎載牲體并黍稷爵酒各由其陛降置於坎訖贊者曰可瘞東西各二人置土半坎禮直官進初獻之左曰禮畢禮直官各引獻官以次出禮直官引監祭太祝以下執事官俱復於壇北壝下南向立定奉禮曰再拜監祭以下皆再拜訖出祝史齋郎及工人以次出祝版燔於齋所光祿卿監祭監禮展視酒胙訖乃退其告祭儀告前三日三獻官以下諸執事官各具公服赴中書省受誓戒告前一日省牲器告日質明三獻官以下諸執事各服其服禮直官引監察監禮以下諸執事官入

自北壝下南向立定奉禮郎贊曰再拜在位官皆再拜訖奉禮郎贊曰各就位立定監祭監禮視陳設畢復位立定禮直官引三獻司徒太常卿光祿卿入就位立定禮直官贊有司謹具請行事降神樂作八成止太常卿瘞血復位立定奉禮郎贊再拜皆再拜訖禮直官引初獻官詣盥洗位盥手訖詣社壇正位神座前南向搢笏跪三上香奠玉幣執笏俛伏興再拜訖詣配位神座前西向搢笏跪三上香奠幣執笏俛伏興再拜訖詣稷壇盥洗位盥手訖升壇並如上儀俱畢降復位司徒率齋郎進饌奠訖降復位禮直官引初獻官詣盥洗位盥手訖詣爵洗位洗爵訖詣酒尊所酌酒訖詣社壇神位座前南向立搢笏跪三上香執爵三祭酒於茅苴爵授執事者執笏俛伏興俟讀祝官讀祝文訖再拜興詣酒尊所酌酒訖詣配位神座前西向搢笏跪三上香執爵三祭酒於茅苴爵授執事者執笏俛伏興俟讀祝文訖再拜興詣稷壇盥洗位盥手洗爵酌獻並如上儀俱畢降復位禮直官引亞獻並如初獻之儀惟不讀祝俱畢降復位禮直官引終獻並如亞獻之儀俱畢降復位太祝徹籩豆訖奉禮郎贊賜胙衆官再拜訖禮直官引三獻司徒太常卿詣瘞坎位南向立定禮直官贊可瘞禮畢出禮直官引監祭監禮太祝齋郎至北壝下南向立定奉禮贊再拜皆再拜訖出

先農

先農之祀始自至元九年二月命祭先農如祭社之儀十四年二月戊辰祀先農東郊十五年二月戊午祀先農以蒙古胄子代耕籍田二十一年二月丁亥又命翰林學士承旨撒里蠻祀先農于籍田武宗至大三年夏四月從大司農請建農蠶二壇博士議二壇之式與社稷同縱廣一十步高五尺四出陛外壝相去二十五步每方有櫺星門今先農先蠶壇位在籍田內若立外壝恐妨千畝其外壝勿築是歲命祀先農如社稷禮樂用登歌日用仲春上丁後或用上辛或甲日祝文曰維某年月日皇帝敬遣某官昭告于帝神農氏配神曰于后稷氏祀前一日未後禮直官引三獻監祭禮以下省牲饌如常儀祀日丑前五刻有司陳燈燭設祝幣太官令帥其屬入實籩豆尊罍丑正禮直官引先班入就位立定次引監祭禮按視壇之上下糾察不如儀者畢退復位東向立奉禮曰再拜贊者承傳再拜訖奉禮又贊諸執事者各就位禮直官各引執事官各就位立定次引三獻官并與祭等官以次入就位西向立禮直官於獻官之右贊請行事樂作三成止奉禮贊再拜在位者皆再拜太祝跪取幣於篚立於尊所禮直官引初獻官詣盥洗位北向立盥手帨手畢升自東階詣神位前北向立搢笏跪三上香受幣奠幣執笏俛伏興少退再拜訖降復位立定太官令率齋郎設饌於神位前畢俛伏興退復位禮直官引初獻再詣盥洗位北向立盥手帨手詣爵洗位洗爵拭爵詣酒尊所酌酒畢詣正位神位前北向立搢笏跪三上香三祭酒於沙池爵授執事者執笏俛伏興北向立俟讀祝畢再拜興次詣配位酒尊所酌酒訖詣神位前東向立搢笏跪三上香三祭酒於沙池爵授執事者執笏俛伏興東向立俟讀祝畢再拜退復位次引亞終獻行禮並如初獻之儀惟不讀祝退復位立定禮直官贊徹籩豆樂作卒徹樂止奉禮贊賜胙衆官再拜贊者承傳在位者皆再拜訖樂作送神之曲一成止禮直官引齋郎升自東階太祝跪取幣祝齋郎捧俎載牲體及籩豆簠簋各由其階至坎位北向立俟三獻畢至立定各跪奠訖執笏俛伏興禮直官贊可瘞乃瘞焚瘞畢三獻以次詣耕地所耕訖而退此其儀也

先蠶之祀未聞

宣聖

宣聖廟太祖始置于燕京至元十年三月中書省命春秋釋奠執事官各公服如其品陪位諸儒襴帶唐巾行禮成宗始命建宣聖廟于京師大德十年秋廟成至大元年秋七月詔加號先聖曰大成至聖文宣王延祐三年秋七月詔春秋釋奠于先聖以顏子曾子子思孟子配享封孟子父爲邾國公母爲邾國宣獻夫人皇慶二年六月以許衡從祀又以先儒周惇頤程顥程頤張載邵雍司馬光朱熹張拭呂祖謙從祀至順元年以漢儒董仲舒從祀齊國公叔梁紇加封啓聖王魯國太夫人顏氏啓聖王夫人顏子兗國復聖公曾子郕國宗聖公子思沂國述聖公孟子鄒國亞聖公河南伯程顥豫國公伊楊伯程頤洛國公其祝幣之式祝版三各一尺二寸廣八寸木用楸梓柏文曰維年月日皇帝敬遣某官等致祭于大成至聖文宣王於先師曰維年月日某官等致祭于某國公幣三用絹各長一丈八尺其牲齊器皿之數牲用牛一羊五豕五以犧尊實泛齊象尊實醴齊皆三有上尊加羃有勺設堂上太尊實泛齊山罍實醴齊有上尊著尊實盎齊犧尊實醴齊象尊實沈齊壺尊實三酒皆有上尊設堂下盥洗位在阼階之東以象尊實醴齊有上尊加羃有勺設於兩廡近北盥洗位在階下近南籩十豆十簠二簋二登三鉶三俎三有毛血豆正配位同籩豆皆二簠一簋一俎一從祀皆同凡銅之器六百八十有一宣和爵坫一豆二百四十有八簠簋各一百一十有五登六犧尊象尊各六山尊二壺尊六著尊太尊各二罍二洗二龍杓二十有七坫二十有八爵一百一十有八竹木之器三百八十有四籩二百四十有八篚三俎百三十有三陶器三瓶二香爐一籩巾二百四十有一簠簋巾二百四十有八俎巾百三十有三黃巾蒙單十其樂登歌其日用春秋二仲月上丁有故改用中丁其釋奠之儀省牲前期一日晡時三獻官監祭官各具公服詣省牲所阼階東西向立以北爲上少頃引贊者引三獻官監祭官巡牲一匝北向立以西爲上侍禮牲者折身曰充贊者曰告充畢禮牲者又折身曰腯贊曰告腯畢贊者復引三獻官監祭官詣神厨視滌溉畢還齋所釋服釋奠是日丑前五刻初獻官及兩廡分奠官二員各具公服於幕次諸執事者具儒服先於神門外西序東向立以北爲上明贊承傳贊先詣殿庭前再拜畢明贊升露階東南隅西向立承傳贊立於神門階東南隅西向立掌儀先引諸執事者各司其事引贊者引初獻官兩廡分奠官點視陳設引贊者進前曰請點視陳設至階曰升階至殿簷下曰詣大成至聖文宣王神位前至位曰北向立點視畢曰詣兗國公神位前至位曰東向立點視畢曰詣鄒國公神位前至位曰西向立點視畢曰詣東從祀神位前至位曰東向立點視畢曰詣西從祀神位前至位曰西向立點視畢曰詣酒尊所曰西向立點視畢曰詣三獻爵洗位至階曰降階至位曰北向立點視畢曰詣三獻官盥洗位至位曰北向立點視畢曰請就次方初獻點視時引贊二人各引東西廡分奠官曰請詣東西廡神位前至位東曰西西曰東向立點視畢曰詣先儒神位前至位曰南向立點視畢曰退詣酒尊所至酒尊所東西向立點視畢曰退詣分奠官爵洗位至位曰南向立點視畢曰請就次西廡分奠官點視畢引贊曰請詣望瘞位至位曰北向立點視畢曰請就次初獻官釋公服司鐘者擊鐘初獻以下各服其服齊班於幕次掌儀點視班齊詣明贊報知引禮者引監祭官監禮官就位進前曰請就位至位曰就位西向立明贊唱曰典樂官以樂工進就位承傳贊曰典樂官以樂工進就位明贊唱曰諸執事者就位承傳贊曰諸執事者就位明贊唱曰諸生就位承傳贊曰諸生就位引班者引諸生就位明贊唱曰陪位官就位承傳贊曰陪位官就位引班者引陪位官就位明贊唱曰獻官就位承傳贊曰獻官就位引贊者進前曰請就位至位曰西向立明贊唱曰闢戶俟戶闢迎神之曲九奏樂止明贊唱曰初獻官以下皆再拜承傳贊曰鞠躬拜興拜興平身明贊唱曰諸執事者各司其事俟執事者立定明贊唱曰初獻官奠幣引贊者進前曰請詣盥洗位盥洗之樂作至位曰北向立搢笏盥手帨手出笏樂止及階曰升階升殿之樂作樂止入門曰詣大成至聖文宣王神位前至位曰北向立稍前奠幣之樂作搢笏跪三上香奉幣者以幣授初獻初獻受幣奠訖出笏就拜興平身少退再拜鞠躬拜興拜興平身曰詣兗國公神位前至位曰就位東向立奠幣如上儀曰詣鄒國公神位前至位曰就位西向立奠幣如上儀樂止曰退復位及階降殿之樂作樂止至位曰就位西向立俟立定明贊唱曰禮饌官進俎奉俎之樂作乃進俎樂止進俎畢明贊唱曰初獻官行禮引贊者進前曰請詣盥洗位盥洗之樂作至位曰北向立搢笏盥手帨手出笏請詣爵洗位至位曰北向立搢笏執爵滌爵拭爵以爵授執事者如是者三出笏樂止曰請詣酒尊所及階升殿之樂作曰升階樂止至酒尊所曰西向立搢笏執爵舉羃司尊者酌犧尊之泛齊以爵授執事者如是者三出笏曰詣大成至聖文宣王神位前至位曰就位北向立酌獻之樂作稍前搢笏跪三上香執爵三祭酒奠爵出笏樂止祝人東向跪讀祝祝在獻官之左讀畢興先詣左配位南向立引贊曰就拜興平身少退再拜鞠躬拜興拜興平身曰詣兗國公神位前至位曰就位東向立酌獻之樂作樂止讀祝如上儀曰詣鄒國公神位前至位曰就位西向立酌獻之樂作樂止讀祝如上儀曰退復位至階降殿之樂作樂止至位曰就位西向立俟立定明贊唱曰亞獻官行禮引贊者進前曰請詣盥洗位至位曰北向立搢笏盥手出笏請詣爵洗位至位曰北向立搢笏執爵滌爵拭爵以爵授執事者如是者三出笏請詣酒尊所曰西向立搢笏執爵舉羃司尊者酌象尊之醴齊以爵授執事者如是者三出笏曰詣大成至聖文宣王神位前至位曰就拜北向立酌獻之樂作稍前搢笏跪三上香執爵三祭酒奠爵出笏就拜興平身少退鞠躬拜興拜興平身曰詣兗國公神位前至位曰東向立酌獻如上儀曰詣鄒國公神位前至位曰西向立酌獻如上儀樂止曰退復位及階曰降階至位曰就位西向立明贊唱曰終獻官行禮引贊者進前曰

請詣盥洗位至位曰北向立搢笏盥手帨手出笏請詣爵洗位至位曰北向立搢笏執爵滌爵拭爵以爵授執事者如是者三出笏請詣酒尊所至階曰升階至酒尊所曰西向立搢笏執爵舉冪司尊者酌象尊之醴齊以爵授執事者如是者三出笏曰詣大成至聖文宣王神位前至位曰就位北向立稍前酌獻之樂作搢笏跪三上香執爵三祭酒奠爵出笏就拜興平身少退鞠躬拜興拜興平身曰詣兗國公神位前至位曰東向立酌獻如上儀曰詣鄒國公神位前至位曰西向立酌獻如上儀樂止曰退復位及階曰降階至位曰就位西向立俟終獻將升階明贊唱曰分獻官行禮引贊者分引東西從祀分獻官進前曰詣盥洗位至位曰北向立搢笏盥手帨手出笏詣爵洗位至位曰北向立搢笏執爵滌爵拭爵以爵授執事者出笏詣酒尊所至階曰升階至酒尊所曰西向立搢笏執爵舉冪司尊者酌象尊之醴齊以爵授執事者出笏詣東從祀神位前至位曰就位東向立稍前搢笏跪三上香執爵三祭酒奠爵出笏就拜興平身少退鞠躬拜興拜興平身退復位及階曰降階至位曰就位西向立引西從祀分獻官同上儀唯至神位前東向立俟十哲分獻官離位明贊唱曰兩廡分奠官行禮引贊者進前曰詣盥洗位至位曰南向立搢笏盥手帨手出笏詣爵洗位至位曰南向立搢笏執爵滌爵拭爵以爵授執事者出笏曰詣東廡酒尊所及階曰升階至酒尊所曰北向立搢笏執爵舉冪酌象尊之醴齊以爵授執事者出笏詣東廡神位前至位曰東向立稍前搢笏跪三上香執爵三祭酒奠爵出笏就拜興平身稍退鞠躬拜興拜興平身退復位至階曰降階至位曰就位西向立引西廡分奠官同上儀唯至神位前東向立作西向立俟終獻十哲兩廡分奠官同時復位明贊唱曰禮饌者徹籩豆徹豆之樂作禮饌者跪移先聖前籩豆略離席樂止明贊唱曰諸執事者退復位俟諸執事者至版位立定送神之樂作明贊唱曰初獻官以下皆再拜承傳贊曰鞠躬拜興拜興平身樂止明贊唱曰祝人取祝幣人取幣詣瘞坎俟徹祝幣者出殿門北向立望瘞之樂作明贊唱曰三獻官詣望瘞位引贊者進前曰請詣望瘞位至位曰就位北向立曰可瘞埋畢曰退復位至殿庭前俟樂止明贊唱曰典樂官以樂工出就位明贊唱曰闔戶又唱曰初獻官以下退詣圓揖位引贊者引獻官退詣圓揖位至位初獻在西亞終獻及分獻以下在東陪位官東班在東西班在西俟立定明贊唱曰圓揖禮畢退復位引贊者各引獻官詣幕次更衣其飮福受胙除國學外諸處仍依常制

闕里之廟始自太宗九年令先聖五十一代孫襲爵行聖公元措修之官給其費而代祠之禮則始於武宗牲用太牢禮物別給白金一百五十兩綵幣表裏各十有三疋四年冬復遣祭酒劉賡往祀牲禮如舊延祐之末泰定天曆初載皆循是典錦幣雜綵有加焉

岳鎭海瀆

岳鎭海瀆代祀自中統二年始凡十有九處分五道後乃以東嶽東海東鎭北鎭爲東道中嶽淮瀆濟瀆北海南嶽南海南鎭爲南道北嶽西嶽后土河瀆中鎭西海西鎭江瀆爲西道既而又以驛騎迂遠復爲五道道遣使二人集賢院奏遣漢官翰林院奏遣蒙古官出璽書給驛以行中統初遣道士或副以漢官至元二十八年正月帝謂中書省臣言曰五嶽四瀆祠事朕宜親往道遠不可大臣如卿等又有國務宜遣重臣代朕祠之漢人選名儒及道士習祀事者其禮物則每處歲祀銀香合一重二十五兩五嶽組金幡二鈔五百貫四瀆織金幡二鈔二百五十貫四海五鎭銷金幡二鈔二百五十貫至則守臣奉詔使行禮皇帝登寶位遣官致祭降香幡合如前禮惟各加銀五十兩五嶽各中統鈔五百貫四瀆四海五鎭各中統鈔二百五十貫或他有禱禮亦如之其封號至元二十八年春二月加上東嶽爲天齊大生仁聖帝南嶽司天大化昭聖帝西嶽金天大利順聖帝北嶽安天大貞玄聖帝中嶽中天大寧崇聖帝加封江瀆爲廣元順濟王河瀆靈源弘濟王淮瀆長源溥濟王濟瀆清源善濟王東海廣德靈會王南海廣利靈孚王西海廣潤靈通王北海廣澤靈祐王成宗大德二年二月加封東鎭沂山爲元德東安王南鎭會稽山爲昭德順應王西鎭吳山爲成德永靖王北鎭醫巫閭山爲貞德廣寧王中鎭霍山爲崇德應靈王勑有司歲時與嶽瀆同祀

郡縣社稷

至元十年八月甲辰朔頒諸路立社稷壇壝儀式十六年春三月中書省下太常禮官定郡縣社稷壇壝祭器制度祀祭儀式圖寫成書名至元州郡通禮元貞二年冬復下太常議置壇於城西南二壇方廣視太社太稷殺其半壺尊二籩豆皆八而無樂牲用羊豕餘皆與太社太稷同三獻官以州長貳爲之

郡縣宣聖

中統二年夏六月詔宣聖廟及所在書院有司歲時致祭月朔釋奠八月丁酉命開平守臣釋奠于宣聖廟成宗卽位詔曲阜林廟上都大都諸路府州縣邑廟學書院贍學土地及貢士莊以供春秋二丁朔望祭祀修完廟宇自是天下郡邑廟學無不完葺釋奠悉如舊儀

郡縣三皇廟

元貞元年初命郡縣通祀三皇如宣聖釋奠禮太皥伏羲氏以勾芒氏之神配炎帝神農氏以祝融氏之神配軒轅黃帝氏以風后氏力牧氏之神配黃帝臣俞跗以下十人姓名載于醫書者從祀兩廡有司歲春秋二季行事而以醫師主之

嶽鎭海瀆常祀

至元三年夏四月定歲祀嶽鎭海瀆之制正月東嶽鎭海瀆土王日祀泰山於泰安州沂山於益都府界立春日祀東海於萊州界大淮於唐州界三月南嶽鎭海瀆立夏日遙祭衡山土王日遙祭會稽山皆於河南府界立夏日遙祭南海大江於萊州界六月中嶽鎭土王日祀嵩山於河南府界霍山於平陽府界七月西嶽鎭海瀆土王日祀華山於華州界吳山於隴縣界立秋日遙祭西海大河於河中府界十月北嶽鎭海瀆土王日祀恒山於曲陽縣界醫巫閭於遼陽廣寧路界立冬日遙祭北海於登州界濟瀆於濟源縣祀官以所在守土官爲之既有江南乃罷遙祭

風雨雷師

風雨雷師之祀自至元七年十二月大司農請於立春後丑日祭風師於東北郊立夏後申日祭雷雨師於西南郊仁宗延祐五年乃卽二郊定立壇壝之制其儀注闕

武成王

武成王立廟於樞密院公堂之西以孫武子張良管仲樂毅諸葛亮以下十人從祀每歲春秋仲月上戊以羊一豕一犧尊象尊籩豆俎爵樞密院遣官行三獻禮

古帝王廟

堯帝廟在平陽舜帝廟河東山東濟南歷山濮州湖南道州皆有之禹廟在河中龍門至元元年七月龍門禹廟成命侍臣持香致敬有祝文十二年二月立伏羲女媧舜湯等廟于河中解州洪洞趙城十五年四月修會川縣盤古王祠祀之二十四年閏二月勑春秋二仲丙日祀帝堯廟致和元年禮部移太常送博士議舜禹之廟合依堯祠故事每歲春秋仲月上旬卜日有司蠲潔致祭官給祭物至順元年三月從太常奉禮郎薛元德言彰德路湯陰縣北故羑里城周文王祠命有司奉祀如故事

周公廟

周公廟在鳳翔府岐山之陽天曆二年六月以岐陽廟爲岐陽書院設學官春秋釋奠周文憲王如孔子廟儀凡有司致祭先代聖君名臣皆有牲無樂

名山大川忠臣義士之祠

凡名山大川忠臣義士在祀典者所在有司主之惟南海女神靈惠夫人至元中以護海運有奇應加封天妃神號積至十字廟曰靈慈直沽平江周涇泉福興化等處皆有廟皇慶以來歲遣使齎香遍祭金幡一合銀一鋌付平江官漕司及本府官用柔毛酒醴便服行事祝文云維年月日皇帝特遣某官等致祭于護國庇民廣濟福惠明著天妃

功臣祠

功臣之祠惟故淮安忠武王立廟于杭春秋二仲月次戊祀以少牢用籩豆簠簋行酌獻禮若魏國文正公許衡廟在大名順德忠獻王哈剌哈孫廟在順德武昌者皆歲時致祭自古帝王而下祭器不用籩豆簠簋儀非酌奠者有司便服行禮三上香奠酒而已

大臣家廟

大臣家廟惟至治初右丞相拜住得立五廟同堂異室而牲器儀式未聞

元史卷七十七

明翰林學士亞中大夫知制誥兼修國史宋　濂等修

祭祀志第二十七

祭祀六

至正親祀南郊

至正三年十月十七日親祀昊天上帝于圓丘以太祖皇帝配享如舊行儀制右丞相脫脫爲亞獻官太尉樞密知院阿魯禿爲終獻官御史大夫伯撒里爲攝司徒樞密知院汪家奴爲大禮使中書平章也先帖木兒鐵木兒達識二人爲侍中御史大夫也先帖木兒中書右

丞太平二人爲門下侍郎宣徽使達世帖睦爾太常同知李好文二人爲禮儀使宣徽院使也先帖木兒執劈正斧其餘侍祀官依等第定擬前期八月初七日太常禮儀院移關禮部具呈都省會集翰林集賢禮部等官講究典禮九月內承奉班都知孫玉鉉具錄親祀南郊儀注云致齋日停奏刑殺文字應享執事官員涖誓於中書省享前一日質明所司備法駕儀仗暨侍享官分左右敘立於崇天門外太僕卿控御馬立於大明門外侍儀官導駕官各具公服備擎執立於致齋殿前通事舍人二員引門下侍郎侍中入殿相向立侍中跪奏請皇帝中嚴就拜興退出少頃引侍中跪奏外辦就拜興皇帝出致齋殿侍中跪奏請皇帝升輿侍儀官導駕官引擎執前導巡輦路至大明殿西陛下侍中跪奏請皇帝降輿升殿就拜興皇帝入殿卽御座舍人引執事等官敘於殿午陛下相向立通班舍人贊起居引贊鞠躬平身舍人引門下侍郎侍中入殿至御座前門下侍郎侍中相向立侍中跪奏請皇帝降殿升輿就拜興侍儀官前導至大明殿門外侍中跪奏請皇帝升輿就拜興至大明門外侍中跪奏請皇帝降輿乘馬門下侍郎跪奏請車駕進發就拜興動稱警蹕至崇天門外門下侍郎跪奏請車駕少駐勑衆官上馬就拜興侍中承旨退稱曰制可門下侍郎退傳制勑衆官上馬贊者承傳勑衆官於欞星門外上馬少頃門下侍郎跪奏請車駕進發就拜興動稱警蹕華蓋繖扇儀仗百官左右前導教坊樂皷吹不作至郊壇南欞星門外門下侍郎跪奏請皇帝權停勑衆官下馬侍中傳制勑衆官下馬自卑而尊與儀仗倒捲而左右駐立駕至內欞星門侍中跪奏請皇帝降馬步入欞星門由右偏門入稍西侍中跪奏請皇帝升輿就拜興侍儀官暨導駕官引擎執前導至大次殿門前侍中跪奏請皇帝降輿入就大次殿就拜輿皇帝入就大次簾降宿衛如式侍中入跪奏勑衆官各退齋次就拜興通事舍人承旨勑衆官各還齋次尚食進膳訖禮儀使以祝冊奏御署訖奉出郊祀令受而奠於坫其享日丑時二刻侍儀官備擎執同導駕官列於大次殿前通事舍人引侍中門下侍郎入大次殿侍中跪奏請皇帝中嚴服衮冕就拜興退少頃舍人再拜引侍中跪版奏外辦就拜興退出禮儀使入跪奏請皇帝行禮就拜興簾捲出大次侍儀官備擎執同導駕官前導皇帝至西壝門侍儀官導駕官擎執止於壝門外近侍官代禮官皆後從入殿中監跪進大圭禮儀使跪請皇帝執大圭皇帝入行禮禮節一如舊制行禮畢侍儀官備擎執同導駕官前導皇帝還至大次通事舍人引侍中入跪奏請皇帝解嚴釋衮冕停五刻頃尚食進膳如儀所司備法駕儀仗同侍享等官分左右敘立於郊南欞星門外以北爲上舍人引侍中入跪奏請皇帝中嚴就拜興退少頃再引侍中跪版奏外辦就拜興皇帝出大次侍中跪奏請皇帝升輿侍儀官備擎執同導駕官前導至欞星門外太僕卿進御馬侍中跪奏請皇帝降輿乘馬就拜興門下侍郎跪奏請車駕進發就拜興動稱警蹕至欞星門外門下侍郎跪請皇帝少駐勑衆官上馬就拜興侍中承旨退稱曰制可門下侍郎傳制勑衆官上馬贊者承傳勑衆官上馬少頃門下侍郎跪奏請車駕進發就拜興侍儀官備擎執同導駕官前導動稱警蹕華蓋儀仗繖扇衆官左右前導教坊樂皷吹皆作至麗正門裏石橋北舍人引門下侍郎下馬跪奏請皇帝權停勑衆官下馬贊者承傳勑衆官下馬舍人引衆官分左右先入紅門內倒捲而北駐立引甲馬軍士於麗正門內石橋大北駐立依次倒捲至欞星門外左右相向立仗立於欞星門內倒捲亦如之門下侍郎跪奏請車駕進發侍儀官備擎執導駕官導由崇天門入至大明門外引侍中跪奏請皇帝降馬升輿就拜興至大明殿引衆官相向立於殿陛下俟皇帝入殿升座侍中跪奏請皇帝解嚴勑衆官皆退通事舍人承旨勑衆官皆退郊祀禮成

至正親祀太廟

至元六年六月監察御史呈嘗聞五行傳曰簡宗廟廢祭祀則水不潤下近年雨澤愆期四方多旱而歲減祀事變更成憲原其所致恐有感召欽惟國家四海乂安百有餘年列聖相承典禮具備莫不以孝治天下古者宗廟四時之祭皆天子親享莫敢使有司攝也蓋天子之職莫大於禮禮莫大於孝孝莫大於祭世祖皇帝自新都城首建太廟可謂知所本矣春秋之法國君卽位逾年改元必行告廟之禮伏自陛下卽位以來于今七年未嘗躬詣太廟似爲闕典方今政化更新並遵舊制告廟之典理宜親享時帝在上都臺臣以聞奉旨若曰俟到大都親自祭也九月二十七日中書省奏以十月初四日皇帝親祀太廟制曰可前期告示以太師右丞相馬扎兒台爲亞獻官樞密知院阿魯禿爲終獻官知院潑皮翰林承旨老章爲助奠官大司農愛牙赤爲七祀獻官侍中二人門下侍郎一人大禮使一人執劈正斧一人禮儀使四人餘名如故事有司具儀注云享前一日質明所司備法駕於崇天門外侍儀官引擎執同導駕官具公服於致齋殿前左右分班侍立承奉舍人引門下侍郎侍中入殿門下侍郎相向立侍中跪奏臣某等官請皇帝中嚴就拜興退出少頃引侍中版奏外辦就拜興退皇帝出齋室侍中跪奏請皇帝升輿巡輦路由正門至大明殿西陛下侍中跪奏請皇帝降輿升殿就拜興引皇帝卽御座執事官於午陛下起居訖舍人引侍中門下侍郎入殿至御榻前門下侍郎相向立侍中跪奏請皇帝降殿升輿就拜興導至大明殿外侍中跪奏請皇帝升輿就拜興至大明門外太僕卿進御馬侍中跪奏請皇帝降輿乘馬訖門下侍郎跪奏請車駕進發就拜興進發時稱警蹕至崇天門外門下侍郎跪奏請車駕少駐勑衆官上馬就拜興侍中承旨退稱曰制可贊者承傳勑衆官上馬少頃門下侍郎跪奏請車駕進發就拜興進發時稱警蹕導至太廟外紅門內門下侍郎跪奏請車駕權停勑衆官下馬就拜興贊者承傳勑衆官下馬門下侍郎跪奏請車駕進發至石橋南侍中跪奏請皇帝下馬步入神門就拜興皇帝下馬侍儀官同導駕官前導皇帝步入神門稍西侍中跪奏請皇帝升輿就拜興至大次殿門前侍中跪奏請皇帝降輿入就大次就拜興簾降宿衛如式侍中入跪奏勑衆官各還齋次承旨贊者承傳勑衆官各還齋次俟行禮時至丑時二刻頃侍儀官備擎執同導駕官於大次殿門前舍人引侍中門下侍郎入大次座前侍中跪奏請皇帝中嚴服衮冕就拜興退少頃再引侍中跪奏外辦就拜興退禮儀使跪奏請皇帝行禮侍儀官同導駕官導引皇帝至西神門擎執侍儀官同導駕官止行禮畢皇帝由西神門出侍儀官備擎執同導駕官引導皇帝還至大次舍人引侍中入跪奏請皇帝解嚴釋衮冕尚食進膳如式畢侍中跪版奏外辦就拜興退導皇帝出大次侍中跪奏請皇帝升輿就拜興侍儀官同導駕官前導至神門外太僕卿進御馬侍中跪奏請皇帝降輿乘馬就拜興乘馬訖門下侍郎跪奏請車駕進發就拜興退進發時稱警蹕至欞星門外門下侍郎跪奏請車馬少駐勑衆官上馬就拜興侍中承旨退稱曰制可贊者承傳勑衆官上馬少頃門下侍郎跪奏請車駕進發就拜興進發時稱警蹕教坊樂振作至麗正門裏石橋北引門下侍郎跪奏請車駕權停勑衆官下馬就拜興贊者承傳勑衆官下馬門下侍郎跪奏請車駕進發侍儀官引擎執同導駕官前導執事官後從皇帝由紅門裏輦路至大明門外侍中跪奏請皇帝降馬乘輿就拜興侍儀官擎執同導駕官導至大明殿諸執事殿下相向立俟皇帝入殿升座侍中跪奏勑衆官皆退贊者承傳勑衆官皆退

三皇廟祭祀禮樂

至正九年御史臺以江西湖東道肅政廉訪使文殊訥所言具呈中書其言曰三皇開天立極功被萬世京師每歲春秋祀事命太醫官主祭揆禮未稱請如國子學宣聖廟春秋釋奠上遣中書省臣代祀一切儀禮倣其制中書付禮部集禮官議之是年十月二十四日平章政事太不花定住等以聞制曰可於是命太常定儀式工部範祭器江浙行省製雅樂器復命太常博士定樂曲名翰林國史院撰樂章十有六曲明年祭器樂器俱備以醫籍百四十有八戶充廟戶禮樂生御藥院大使盧亨素習音律受命敎樂工四十有二人各執其技乃季秋九月九日蒇事宣徽供禮饌光祿勳供內醞太府供金帛廣源庫供薌炬大興府尹供犧牲制幣粢盛肴核中書奏擬三獻官以次定諸執事並以清望充前一日內降御香三獻官以下公服備大樂儀仗迎香至開天殿虔置退習明日祭儀習畢就廟齋宿京朝文武百司與祭官如之各以禮助祭翰林祠臣具祝又曰皇帝敬遣某官某致祭

樂章

前卷祀社稷樂章俱在禮樂類中今附于此

降神奏咸成之曲

黃鐘宮三成

於皇三聖　神化無方　繼天立極　垂憲百王
聿崇明祀　率由舊章　靈兮來下　休有烈光

降神奏賓成之曲

大呂角二成

帝德在人　日用不知　神之在天　矧可度思
辰良日吉　蒇事有儀　感以至誠　尚右享之

降神奏顧成之曲

太簇徵二成

大道之行　肇自古先　功烈所加　何千萬年
是尊是奉　執事孔虔　神哉沛兮　洽風馺然

降神奏臨成之曲

應鐘羽二成

雅奏告成　神斯降格　妥安有位　淸廟奕奕
肹蠁潛通　豐融烜赫　我其承之　百世無斁

初獻盥洗奏𨶒成之曲

姑洗宮

靈斿戾止 式燕以寧 吉蠲致享 惟寅惟清

挹彼注茲 沃盥而升 有孚顒若 交于神明

初獻升殿奏恭成之曲

南呂宮

齋明盛服 恪恭命祀 洋洋在上 匪遠具邇

左右周旋 陟降庭止 式禮莫愆 用介多祉

奠幣奏祇成之曲

南呂宮

駿奔在列 品物咸備 禮嚴載見 式陳量幣

惟茲篚實 肅將忱意 鑒兮安留 成我熙事

初獻降殿與升殿同

捧俎奏𨶒成之曲

姑洗宮

我祀如何 有牲在滌 既全且潔 爲俎孔碩

以將以享 其儀不忒 神其迪嘗 純嘏是錫

初獻盥洗與前同

初獻升殿與前同

大皞伏羲氏位酌獻奏𨶒成之曲

南呂宮

五德之首 巍巍聖神 八卦有作 誕開我人

物無能稱 玄酒在尊 歆監在茲 惟德是親

炎帝神農氏位酌獻奏𨶒成之曲

南呂宮

耒耜之利 人賴以生 鼓腹含哺 帝力難名

欲報之德 黍稷非馨 眷言顧之 享于克誠

黃帝有熊氏位酌獻奏𨶒成之曲

南呂宮

爲衣爲裳 法乾效坤 三辰順序 萬國來賓

典祀有常 多儀具陳 紀精聿達 匪藉彌文

配位酌獻奏𨶒成之曲

南呂宮

三聖儼臨 孰侑其食 惟爾有神 同功合德

丕擁靈休 留娛嘉席 歷世昭配 永永無極

初獻降殿與前同

亞獻奏𨶒成之曲終獻同

姑洗宮

綴飾安歌 載升武𦐇 禮成三終 申薦令芳

凡百有職 罔敢怠遑 神具醉止 欣欣樂康

徹豆奏𨶒成之曲

南呂宮

籩豆有踐 殷薦亶時 禮文疏洽 饜徹不遲

愼終如始 進退無違 神其祚我 綏以繁釐

送神奏𨶒成之曲

黃鐘宮

夜如何其 明星煌煌 靈逝弗留 飈舉雲翔

瞻望靡及 德音不忘 庶回景貺 發爲禎祥

望瘞奏𨶒成之曲

姑洗宮

工祝致告 禮備樂終 加牲兼幣 訖薶愈恭

精神斯罄 惠澤無窮 儲休錫美 萬福來崇

顏子考妣封謚

至順元年冬十一月望曲阜兗國復聖公新廟落成元統二年改封顏子考曲阜侯爲杞國公謚文裕妣齊姜氏爲杞國夫人謚端獻夫人戴氏兗國夫人謚貞素又割益都鄒縣牧地三十頃徵其歲入以給常祀

宋五賢從祀

至正十九年十一月江浙行省據杭州路申備本路經歷司呈准提控案牘兼照磨承發架閣胡瑜牒嘗謂文治興隆宜舉行於曠典儒先褒美期激勵於將來凡在闡知詎容緘默蓋國家化民成俗莫先於學校而學校之設必崇先聖先師之祀者所以報功而示勸也我朝崇儒重道之意度越前古既已加封先聖大成之號又追崇宋儒周敦頤等封爵俾從祀廟庭報功示勸之道可謂至矣然有司討論未盡尚遺先儒楊時等五人未列從祀遂使盛明之世猶有闕典惟故宋龍圖閣直學士謚文靖龜山先生楊時親得程門道統之傳排王氏經義之謬南渡後朱張呂氏之學其源委脉絡皆出於時者也故宋處士延平先生李侗傳河洛之學以授朱熹凡集註所引師說卽其講論之旨也故宋中書舍人謚文定胡安國聞道伊洛志在春秋纂爲集傳羽翼正經明天理而扶世教有功於聖人之門者也故宋處士贈太師榮國公謚文正九峯先生蔡沈從學朱子親承指授著書集傳發明先儒之所未及深有功於聖經者也故宋翰林學士參知政事謚文忠西山先生眞德秀博學窮經踐履篤實當時立僞學之禁以錮善類德秀晚出獨以斯文爲己任講習躬行黨禁解而正學明此五人者學問接道統之傳著述發儒先之祕其功甚大況科舉取士已將胡安國春秋蔡沈尚書集傳表章而尊用之眞德秀大學衍義亦備經筵講讀是皆有補於國家之治道者矣各人出處詳見宋史本傳俱應追錫名爵從祀先聖廟廷可以敦厚儒風激勸後學如蒙備呈上司申達朝省命禮官討論典禮如周敦頤等例聞奏施行以補闕典吾道幸甚本省以其言具咨中書省仍遣胡瑜赴都投呈至正二十一年七月中書判送禮部行移翰林集賢太常三院會議俱准所言回呈中書省二十二年八月奏准送禮部定擬五先生封爵謚號俱贈太師楊時追封吳國公李侗追封越國公胡安國追封楚國公蔡沈追封建國公眞德秀追封福國公各給詞頭宣命遣官賫往福建行省訪問各人子孫給付如無子孫者於其故所居鄉里郡縣學或書院祠堂內安置施行

朱熹加封齊國父追謚獻靖

至正二十二年十二月追謚朱熹父爲獻靖其制詞云考德而論時灼見風儀之俊觀子而知父迨聞詩禮之傳久閟幽堂不昭公論故宋左承議郎守尚書吏部員外郎兼史館校勘累贈通議大夫朱松仕不躁進德合中行遡鄒魯之淵源式開來學闡圖書之蘊奧妙契玄機奏對雖忤於權姦嗣續篤生於賢哲化民成俗著書滿家既繼志述事之光前何節惠易名之孔後才高弗展嗟沉滯於下僚道大莫容竟昌明於永世神靈不昧休命其承可謚獻靖其改封熹爲齊國公制詞云聖賢之蘊載諸經義理實明於先正風節之厲垂諸世褒崇豈間於異時不有鉅儒孰膺寵數故宋華文閣待制累贈寶謨閣直學士太師追封徽國公謚文朱熹挺生異質蚤擢科名試用於郡縣而善政孔多廻翔於館閣而直言無隱權姦屢挫志慮不回著書立言嘉乃簡編之富愛君憂國負其經濟之長正學久達於中原漁號中行於仁廟詢諸僉議宜易故封國啓營丘爰錫太公之境土壤鄰洙泗尚觀尼父之宮墻緬想英風載欽親命可追封齊國公餘並如故

國俗舊禮

每歲太廟四祭用司禋監官一員名蒙古巫祝當省牲時法服同三獻官升殿詣室戶告腯還至牲所以國語呼累朝帝后名諱而告之明旦三獻禮畢獻官御史太常卿博士復陞殿分詣各室蒙古博兒赤跪割牲太僕卿以朱漆盂奉馬乳酌奠巫祝以國語告神訖太祝奉祝幣詣燎位獻官以下復版位載拜禮畢

每歲駕幸上都以八月二十四日祭祀謂之灑馬妳子用馬一羯羊八綵段練絹各九疋以白羊毛纏若穗者九貂鼠皮三命蒙古巫覡及蒙古漢人秀才達官四員領其事再拜告天又呼太祖成吉思御名而祝之曰托天皇帝福蔭年年祭賽者禮畢掌祭官四員各以祭幣表裏一與之餘幣及祭物則凡與祭者共分之

每歲九月內及十二月十六日以後於燒飯院中用馬一羊三馬湩酒醴紅織金幣及裏絹各三疋命蒙古達官一員偕蒙古巫覡掘地爲坎以燎肉仍以酒醴馬湩雜燒之巫覡以國語呼累朝御名而祭焉

每歲十二月下旬擇日於西鎮國寺內墻下灑掃平地太府監供綵幣中尚監供細氈鍼線武備寺供弓箭環刀束稈草爲人形一爲狗一剪雜色綵段爲之腸胃選達官世家之貴重者交射之非別速札剌爾乃蠻忙古台列班塔達珊竹雪泥等氏族不得與列射至糜爛以羊酒祭之祭畢帝后及太子嬪妃併射者各解所服衣俾蒙古巫覡祝讚之祝讚畢遂以與之名曰脫災國俗謂之射草狗

每歲十二月十六日以後選日用白黑羊毛爲線帝后及太子自頂至手足皆用羊毛線纏繫之坐于寢殿蒙古巫覡念呪語奉銀槽貯火置米糠于其中沃以酥油以其煙薰帝之身斷所繫毛線納諸槽內又以紅帛長數寸帝手裂碎之唾之者三併投火中卽解所服衣帽付巫覡謂之脫舊災迎新福云

凡后妃妊身將及月辰則移居于外氈帳房若生皇子孫則錫百官以金銀綵段謂之撒荅海及彌月復還內寢其帳房則以頒賜近臣云

凡帝后有疾危殆度不可愈亦移居外氈帳房有不諱則就殯殮其中葬後每日用羊二次燒飯以爲祭至四十九日而後已其帳房亦以賜近臣云

凡宮車晏駕棺用香楠木中分爲二刳肖人形其廣狹長短僅足容身而已殮用貂皮襖皮帽其靴襪繫腰盒鉢俱用白粉皮爲之殉以金壺瓶二盞一椀楪匙筯各一殮訖用黃金爲箍四條以束之輿車用白氈青緣納失失爲簾覆棺亦以納失失爲之前行用蒙古巫媼一人衣新衣騎馬牽馬一疋以黃金飾鞍轡籠以納失失謂之金靈馬日三次用羊奠祭至所葬陵地其開穴所起之土成塊依次排列之棺既下復依次掩覆之其有剩土則遠置他所送葬官三員居五里外日一次燒飯致祭三年然後返

世祖至元七年以帝師八思巴之言於大明殿御座上

置白傘蓋一頂用素段泥金書梵字於其上謂鎮伏邪魔護安國剎自後每歲二月十五日於大殿啓建白傘蓋佛事用諸色儀仗社直迎引傘蓋周遊皇城內外云與衆生祓除不祥導迎福祉歲正月十五日宣政院同中書省奏請先期中書奉旨移文樞密院八衛撥傘鼓手一百二十人殿後軍甲馬五百人擡舁監壇漢關羽神轎軍及雜用五百人宣政院所轄官寺三百六十所掌供應佛像壇面幢幡寶蓋車鼓頭旗三百六十壇每壇擎執擡舁二十六人鈸鼓僧一十二人大都路掌供各色金門大社一百二十隊教坊司雲和署掌大樂鼓板杖鼓篳篥龍笛琵琶箏䅨七色凡四百人興和署掌妓女雜扮隊戲一百五十人祥和署掌雜把戲男女一百五十人儀鳳司掌漢人回回河西三色細樂每色各三隊凡三百二十四人凡執役者皆官給鎧甲袍服器仗俱以鮮麗整齊爲尚珠玉金繡裝束奇巧首尾排列三十餘里都城士女閭閻聚觀禮部官點視諸色隊仗刑部官巡綽喧鬧樞密院官分守城門而中書省官一員總督視之先二日於西鎮國寺迎太子遊四門舁高塑像具儀仗入城十四日帝師率梵僧五百人於大明殿內建佛事至十五日恭請傘蓋于御座奉置寶輿諸儀衛隊仗列于殿前諸色社直暨諸壇面列于崇天門外迎引出宮至慶壽寺具素食食罷起行從西宮門外垣海子南岸入厚載紅門由東華門過延春門而西帝及后妃公主於五德殿門外搭金脊五殿綵樓而觀覽焉及諸隊仗社直送金傘還宮復恭置御榻上帝師僧衆作佛事至十六日罷散歲以爲常謂之游皇城或有因事而輟尋復舉行夏六月中上京亦如之

元史卷七十八

明翰林學士亞中大夫知制誥兼修國史宋　濂等修

輿服志第二十八

輿服一

若稽往古黃帝堯舜垂衣裳而天下治蓋取諸乾坤服牛乘馬引重致遠蓋取諸大壯冕服車輿之制其來尚矣虞書舜作十二章五服以命有德車服以賞有功禮記虞鸞車夏鉤車商大輅至周損益前代弁師掌王之五冕巾車掌王之五輅而儀文始備然孔子論治天下之大法於殷輅取其質而得中周冕取其文而得中也至秦併天下兼收六國車旗服御窮極侈靡有大駕法駕以及鹵簿漢承秦後多因其舊由唐及宋亦效秦法以爲盛典於文質適中之義君子或得而譏焉元初立國庶事草創冠服車輿並從舊俗世祖混一天下近取金宋遠法漢唐至英宗親祀太廟復置鹵簿今攷之當時上而天子之冕服皇太子冠服天子之質孫天子之五輅與腰輿象轎以及儀衛隊仗下而百官祭服朝服與百官之質孫以及於士庶人之服色粲然其有章秩然其有序大抵參酌古今隨時損益兼存國制用備儀文於是朝廷之盛宗廟之美百官之富有以成一代之制作矣作輿服志而儀衛附見于後云

冕服

天子冕服衮冕制以漆紗上覆曰綖青表朱裏綖之四周匝以雲龍冠之口圍縈以珍珠綖之前後旒各十二以珍珠爲之綖之左右繫黈纊二繫以玄紞承以玉瑱纊色黃絡以珠冠之周圍珠雲龍網結通翠柳調珠綖上橫天河帶一左右至地珠鈿窠網結翠柳朱絲組二屬諸笄爲纓絡以翠柳調珠簪以玉爲之橫貫於冠○衮龍服制以青羅飾以生色銷金帝星一日一月一升龍四複身龍四山三十八火四十八華蟲四十八虎蜼四十八○裳制以緋羅其狀如裙飾以文繡凡一十六行每行藻二粉米一黼二黻二○中單制以白紗絳緣黃勒帛副之○蔽膝制以緋羅有褾緋絹爲裏其形如襜袍上着之繡複身龍○玉佩珩一琚一瑀一衝牙一璜二衝牙以繫璜珩下有銀獸面塗以黃金雙璜夾之次又有衡下有衝牙傍别施雙的以鳴用玉○大帶制以緋白二色羅合縫爲之○玉環綬制以納石失（金錦也）上有三小玉環下有青絲織網○紅羅韠制以紅羅爲之高勒○履制以納石失有雙耳二帶鉤飾以珠○襪制以紅綾

右按太常集禮至元十二年十一月博士議擬冕天版長一尺六寸廣八寸前高八寸五分後高九寸五分身圍一尺八寸三分并納言用青羅爲表紅羅爲裏周迴緣以黃金天板下四面珠網結子花素墜子前後共二十有四旒以珍珠爲之青碧線織天河帶兩頭各有珍珠金翠旒三節玉滴子節花全紅線組帶二上有珍珠金翠旒玉滴子下有金鐸二梅紅繡款幔帶一黈纊二珍珠垂繫上用金萼子二簪窠款幔組帶鈿窠各二內組帶窠四並鏤玉爲之玉簪一頂面鏤雲龍衮衣用青羅夾製五采間金繪日月星辰山龍華蟲宗彝正面日一月一升龍四山十二上下襟華蟲火各六對虎蜼各（闕）對背星一升龍四山十二華蟲火各十二對虎蜼各六對中單用白羅單製羅領褾襈裳一帶褾襈全紅羅八幅夾造上繡藻粉米黼黻藻三十三粉米十六黼三十二黻三十二蔽膝一帶褾襈紅羅夾造八幅上繡升龍二綬一幅六采織造紅羅托裏小綬三色同大綬銷金黃羅綬頭全上間施二玉環並碾雲龍緋白大帶一銷金黃帶頭鈿窠二十有四紅羅勒帛一青羅抹帶一佩二玉上中下璜各一半月各二並碾玉爲雲龍文玉滴子各二並珍珠穿造金篦鉤獸面水葉環釘全涼帶一紅羅裏鏤金爲之上爲玉鶩七撻尾束各一金攀龍口玳瑁襯釘舄一重底紅羅面白綾托裏如意頭銷金黃羅緣口玉鼻人飾以珍珠金緋羅錦襪一兩○大德十一年九月博士議唐制天子衮冕垂白珠十有二旒以組爲纓色如其綬黈纊充耳玉簪導玄衣纁裳凡十二章八章在衣日月星辰山龍華蟲火宗彝四章在裳藻粉米黼黻褾領爲升龍皆織成之龍章以下每章一行每行十二白紗中單黼領青褾襈裾黻加龍山火三章毳冕以上火山二章繡冕山一章玄冕無章革帶大帶玉佩綬襪與上同舄加金飾享廟謁廟及朝遣上將征還飲至踐祚加元服納后元日受朝及臨軒冊拜王公則服之又宋制天子服有衮冕廣尺二寸長四寸前後十有二旒二纊並貫珍珠又有珠旒十二碧鳳銜之在珠旒外冕板以龍鱗錦表上綴玉爲七星傍施琥珀餅犀各二十四周綴金絲網鈿以珍珠雜寶玉加紫雲白鶴錦裏四柱飾以七寶紅綾裏金飾玉簪導紅絲絛組帶亦謂之平天冠衮服青色日月星山龍雉虎蜼七章紅裙藻火粉米黼黻五章紅蔽膝升龍二並織成間以雲彩飾以金鈒花鈿窠裝以珍珠琥珀雜寶玉紅羅襦裙繡五章青褾襈裾六采綬一小綬三結三玉環三素大帶朱裏青羅四紳帶二繡四紳盤結（綬帶飾並同衮服）白帶中單青羅袜帶紅羅勒帛鹿盧玉具劍玉標首鏤白玉雙佩金飾貫珍珠金龍鳳革帶紅韈赤舄金鈒花四神玉鼻祭天地宗廟受冊尊號元日受朝冊皇太子則服之事未果行至延祐七年七月英宗命禮儀院使八思吉斯傳旨令省臣與太常禮儀院速製法服八月中書省會集翰林集賢太常禮儀院官講議依秘書監所藏前代帝王衮冕法服圖本命有司製如其式

鎮圭制以玉長一尺二寸有袋副之

皇太子冠服○衮冕○玄衣○纁裳○中單　蔽膝○玉佩○大綬○朱韈○赤舄

按太常集禮至元十二年博士擬衮冕制用白珠九旒紅絲組爲纓青纊充耳犀簪導青衣朱裳九章五章在衣山龍華蟲火宗彝四章在裳藻粉米黼黻白紗中單青褾襈裾革帶塗金銀鉤䚢蔽膝隨裳色爲火山二章瑜玉雙佩四采織成大綬間施玉環三白韈朱舄舄加金塗銀釦大德十一年九月照擬前代制度唐制皇太子衮冕垂白珠九旒紅絲組爲纓青纊充耳犀簪導玄衣纁裳九章五章在衣龍山華蟲火宗彝四章在裳藻粉米黼黻織成之每行一章黼黻重以爲等每行九白紗中單黼領青褾襈裾革帶金鉤䚢大帶蔽膝隨裳色火山二章玉貝劍金寶飾玉標首瑜玉雙佩朱組帶大綬四采赤白縹紺純朱質長丈八尺首廣九寸小雙綬長二尺六寸色同大綬而首半之間施玉環三珠韈赤舄加金飾侍從祭祀及謁廟加元服納妃服之宋制皇太子衮冕垂白珠九旒紅絲組爲纓青纊充耳犀簪導青衣朱裳九章五章在衣山龍華蟲火宗彝四章在裳藻粉米黼黻白紗中單青褾襈裾革帶塗金銀鉤䚢蔽膝隨裳衣火山二章瑜玉雙佩四采織成大綬間施玉環三白韈朱舄舄加塗金銀飾加元服從祀受冊謁廟朝會服之已擬其制未果造

三獻官及司徒大禮使祭服○籠巾貂蟬冠五青羅服五（領袖襴俱用皂綾）紅羅裙五（皂綾爲襴）紅羅蔽膝五（其羅花樣俱係牡丹）白紗中單五（黃綾帶）紅組金綬紳五（紅組金譯語言納石失各佩玉環二）象笏五銀束帶五玉佩五白羅方心曲領五赤革履五對白綾韈五對

助奠以下諸執事官冠服○貂蟬冠獬豸冠七梁冠六梁冠五梁冠四梁冠三梁冠二梁冠二百青羅服二百（領袖襴俱用皂綾）紅綾裙二百（皂綾爲襴）紅羅蔽膝二百紫羅公服二百（用梅花羅）白紗中單二百（黃綾帶）織金綬紳二百（紅一百九十八青二各佩銅環二）銅束帶二百白羅方心曲領二百銅佩二百展角幞頭二百塗金荔枝帶三十烏角帶一百七十皂鞾二百對赤革履二百對白綾韈二百對象笏三十銀杏木笏一百七十

凡獻官諸執事行禮俱衣法服惟監察御史二冠獬豸服青綬凡迎香讀祝及祀日遇陰雨俱衣紫羅公

服六品以下皆得借紫

都監庫祠祭局儀鸞局神廚局頭目長行人等○交角幞頭五十窄袖紫羅服五十塗金束帶五十皂鞾五十對

初憲宗壬子年秋八月祭天於日月山用冕服自此始成宗大德六年春三月祭天於麗正門外丙地公獻官以下諸執事各具公服行禮是時大都未有郊壇大禮用公服自此始九年冬至祭享用冠服依宗廟見用者制其後節次祭祀或合祀天地增配位從祀獻攝職事續置冠服於法服庫收掌法服二百九十有九公服二百八十窄紫二百九十有五至大間太常博士李之紹王天祐疏陳親祀冕無旒服大裘而加袞裘以黑羔皮爲之臣下從祀冠服歷代所尚其制不同集議得依宗廟見用冠服制度

社稷祭服○青羅袍一百二十三白紗中單一百三十三紅梅花羅裙一百二十三藍織錦銅環綬紳二紅織錦銅環綬紳一百一十七紅織錦玉環綬紳四紅梅花羅蔽膝一百二十三革履一百二十三白綾襪一百二十三白羅方心曲領一百二十三黃綾帶一百二十三佩一百二十三銅珩璜者一百一十九玉珩璜者四藍素紵絲帶一百二十三銀帶四銅帶一百一十九冠一百二十三木角簪金梁冠一百七紗冠一十獬豸冠二籠巾紗冠四木笏一百二十三紫羅公服一百二十三黑漆幞頭一百二十三展角全二色羅插領一百二十三鍍金銅荔枝帶一十角帶一百一十三象笏一十三枝木笏一百一十枝黃絹單包複一百二十三紵絲抹口青氈襪一百一十三皂鞾一百二十三窄紫羅衫三十黑漆幞頭三十銅束帶三十黃絹單包複三十皂鞾三十紫紵絲抹口青氈襪三十

宣聖廟祭服○獻官法服○七梁冠三（簪全）鴉青袍三絨錦綬紳三（各帶青絨網并銅環二）方心曲領三藍結帶三銅佩三紅羅裙三白絹中單三紅羅蔽膝三革履三（白絹襪全）○執事儒服○軟角唐巾白襴插領黃鞓角帶皂鞾各九十有八○曲阜祭服○連蟬冠四十有三七梁冠三五梁冠三十有六三梁冠四皂紵絲鞋三十有六輛舒角幞頭二軟角唐巾四十角簪四十有三冠纓四十有三副（凡八十有六條）象牙笏七木笏三十有八玉佩七（凡十有四繫）銅佩三十有六（凡七十有二繫）帶八十有五藍鞓帶七紅鞓帶三十有六烏角帶二黃鞓帶烏角偏帶四十大紅金綬結帶七（上用玉環十有四）青羅大袖夾衣七紫羅公服二褐羅大袖衣三十有六白羅衫四十白絹中單三十有六白紗中單七大紅羅夾蔽膝七大紅夾裳緋紅羅夾蔽膝三十有六緋紅夾裳四黃羅夾裳三十有六黃羅大帶七白羅方心曲領七紅羅綬帶七黃絹大帶三十有六皂鞾白羊毳襪各四十有二對大紅羅鞋七輛白絹夾襪四十有三輛○質孫漢言一色服也內庭大宴則服之冬夏之服不同然無定制凡勳戚大臣近侍賜則服之下至於樂工衛士皆有其服精粗之制上下之別雖不同總謂之質孫云○天子質孫冬之服凡十有一等服納石失（金錦也）怯綿里（剪茸也）則冠金錦暖帽服大紅桃紅紫藍綠寶里（寶里服之有襴者也）則冠七寶重頂冠服紅黃粉皮則冠紅金荅子暖帽服白粉皮則冠白金荅子暖帽服銀鼠則冠銀鼠暖帽其上並加銀鼠比肩（俗稱曰襻子荅忽）夏之服凡十有五等服荅納都納石失（綴大珠於金錦）則冠寶頂金鳳鈸笠服速不都納石失（綴小珠於金錦）則冠珠子捲雲冠服納石失則帽亦如之服大紅珠寶里紅毛子荅納則冠珠緣邊鈸笠服白毛子金絲寶里則冠白藤寶貝帽服駝褐毛子則帽亦如之服大紅綠藍銀褐棗褐金繡龍五色羅則冠金鳳頂笠各隨其服之色服金龍青羅則冠金鳳頂漆紗冠服珠子褐七寶珠龍荅子則冠黃牙忽寶貝珠子帶後簷帽服青速夫金絲闌子（速夫回回毛布之精者也）則冠七寶漆紗帶後簷帽○百官質孫冬之服凡九等大紅納石失一大紅怯綿里一大紅冠素一桃紅藍綠官素各一紫黃鴉青各一夏之服凡十有四等素納石失一聚線寶里納石失一棗褐渾金間絲蛤珠一大紅官素帶寶里一大紅明珠荅子一桃紅藍綠銀褐各一高麗鴉青雲袖羅一駝褐茜紅白毛子各一鴉青官素帶寶里一

百官公服○公服制以羅大袖盤領俱右衽一品紫大獨科花徑五寸二品小獨科花徑三寸三品散荅花徑二寸無枝葉四品五品小雜花徑一寸五分六品七品緋羅小雜花徑一寸八品九品綠羅無文○幞頭漆紗爲之展其角○笏制以牙上圓下方或以銀杏木爲之○偏帶正從一品以玉或花或素二品以花犀三品四品以黃金爲荔枝五品以下以烏犀並八胯鞓用朱革○鞾以皂皮爲之

儀衛服色○交角幞頭其制巾後交折其角○鳳翅幞頭制如唐巾兩角上曲而作雲頭兩旁覆以兩金鳳翅○學士帽制如唐巾兩角如匙頭下垂○唐巾制如幞頭而撱其角兩角上曲作雲頭○控鶴幞頭制如交角金縷其額○花角幞頭制如控鶴幞頭兩角及額上簇象生雜花○錦帽制以漆紗後幅兩旁前拱而高中下後畫連錢錦前額作聚文○平巾幘黑漆革爲之形如進賢冠之籠巾或以青或以白○武弁制以皮加漆○甲騎冠制以皮加黑漆雌黃爲緣○抹額制以緋羅繡寶花○巾制以絁五色畫寶相花○兜鍪制以皮金塗五色各隨其甲○襯甲制如雲肩青錦質緣以白錦衷以氈裏以白絹○雲肩制如四垂雲青緣黃羅五色嵌金爲之○裲襠制如衫○襯袍制用緋錦武士所以裼裲襠○士卒袍制以絹絁繪寶相花○窄袖袍制以羅或絁○辮線襖制如窄袖衫腰作辮線細摺○控鶴襖制以青緋二色錦圓荅寶相花○窄袖襖長行輿士所服紺緅色○樂工襖制以緋錦明珠琵琶窄袖辮線細摺○甲覆膊掩心扞背扞股制以皮或爲虎文獅子文或施金鎧鎖子文○臂鞲制以錦綠絹爲裏有雙帶○錦騰蛇束麻長一丈一尺裹以紅錦○束帶紅鞓雙獺尾黃金塗銅胯餘同腰帶而狹小○絛環制以銅黃金塗之○汗胯制以青錦緣以銀褐錦或繡撲獸間以雲氣○行縢以絹爲之○鞋制以麻○鞝鞋制以皮爲履而長其靿縛於行縢之內○雲頭鞾制以皮幫嵌雲朵頭作雲象鞝束于脛

服色等第仁宗延祐元年冬十有二月定服色等第詔曰比年以來所在士民靡麗相尚尊卑混淆僭禮費財朕所不取貴賤有章益明國制儉奢中節可阜民財命中書省定立服色等第于后○一蒙古人不在禁限及見當怯薛諸色人等亦不在禁限惟不許服龍鳳文（龍謂五爪二角者）○一職官除龍鳳文外一品二品服渾金花三品服金荅子四品五品服雲袖帶襴六品七品服六花八品九品服四花（職事散官從一高）繫腰五品以下許用銀并減鐵○一命婦衣服一品至三品服渾金四品五品服金荅子六品以下惟服銷金并金紗荅子首飾一品至三品許用金珠寶玉四品五品用金玉珍珠六品以下用金惟耳環用珠玉（同籍不限親疏期親雖別籍并出嫁同）○一器皿（謂茶酒器）除鈒造龍鳳文不得使用外一品至三品許用金玉四品五品惟臺盞用金六品以下臺盞用鍍金餘並用銀○一帳幕除不得用赭黃龍鳳文外一品至三品許用金花刺繡紗羅四品五品用刺繡紗羅六品以下用素紗羅○一車輿除不得用龍鳳文外一品至三品許用間金粧飾銀螭頭繡帶青幔四品五品用素獅頭繡帶青幔六品至九品用素雲頭素帶青幔○一鞍轡一品許飾以金玉二品三品飾以金四品五品飾以銀六品以下並飾以鍮石銅鐵○一內外有出身考滿應入流見役人員服用與九品同○一授各投下令旨鈞旨有印信見任勾當人員亦與九品同○一庶人除不得服赭黃惟許服暗花紵絲紬綾羅毛毳帽笠不許飾用金玉鞾不得裁制花樣首飾許用翠花并金釵鎞各一事惟耳環用金珠碧甸餘並用銀酒器許用銀壺瓶臺盞盂鏇餘並禁止帳幕用紗絹不得赭黃車輿黑油齊頭平頂皂幔○一諸色目人除行營帳外其餘並與庶人同○一諸職官致仕與見任同解降者依應得品級不敘者與庶人同○一父祖有官既沒年深非犯除名不敘之限其命婦及子孫與見任同○一諸樂藝人等服用與庶人同凡承應粧粉之物不拘上例○一皂隸公使人惟許服紬絹○一娼家出入止服皂褙子不得乘坐車馬餘依舊例○一今後漢人高麗南人等投充怯薛者並在禁限○一服色等第上得兼下下不得僭上違者職官解見任期年後降一等敘餘人決五十七下違禁之物付告捉人充賞有司禁治不嚴從監察御史廉訪司究治○御賜之物不在禁限

輿輅

玉輅青質金裝青綠藻井栲栳輪蓋外施金裝雕木雲龍內盤碾玉褊海圓龍一頂上匝以金塗鍮石耀葉八十一上圍九者二中圍九者三下圍九者四頂輪衣三重上二重青繡雲龍瑞草下一重無文輪衣內黃屋一黃素紵絲瀝水下周垂朱絲結網青紵絲繡小帶四十八帶頭綴金塗小銅鈴青紵絲繡絡帶二頂輪竿素面夾用青紵絲蓋四周垂流蘇八飾以五色茸線結網五重金塗銅鈸五金塗木珠二十有五又繫玉雜佩八珩璜衝瑀全金塗鍮石鉤掛十六黃茸貫頂天心直下十字繩二各長三丈蓋下立朱漆柱四柱下直平盤虛櫃中櫺三十下外梲二漆繪犀象鸚鵡錦雉孔雀隔窠嵌裝花板櫃周朱漆勾闌雲拱地霞葉百七十有九下垂牙護泥虛板并朱漆畫瑞草勾闌上玉行龍十碾玉蹲龍十孔雀羽臺九木精面火珠七金圈焰銅照八輿下周垂朱絲結網飾以金塗鍮石鐸三百絲畫鍮石梅萼嵌網眼中輿之長轅三界轅勾心各三上下龍頭六前轅引手玉螭頭三並繫以蹲龍後轅方卷頭三梲頭十六銓以蹲龍三轅頭衡一兩端玉龍頭二上列金塗銅鳳十二含以金塗銅鈴輿之軸一輪二軸之半羅二明轄蹲龍銓並青漆輪之輻各二十四轂首壓貼金塗銅

轂葉八十一金塗鍮石擊耳戀攀四櫃之前朱漆金裝雲龍輅牌一牌字以玉裝綴輅之箱四壁雕鏤漆畫填心隔窠龜文華板上層左畫青龍右畫白虎前畫朱雀後畫玄武輅之前額玉行龍二奉一木精珠後額如之前兩柱青茸鈴索五貼金鸞和大響銅鈴十金塗鍮石雙魚五下朱漆軾櫃一櫃上金香毬金香寶金香合銀灰盤各一並黃絲綬帶輅之後朱漆後轓一金塗曲戌黃紵絲銷金雲龍門簾一緋紵絲繡雲龍帶二輅之中金塗鍮石較碾玉龍椅一靠背上金塗圈焰玉明珠一左建大常旂十有二斿青羅繡日月五星升龍右建闟戟一九斿青羅繡雲龍中央黃羅綠青黑黼文兩旗綢杠並青羅旗首金塗鍮石龍頭二金塗銅鈴二金塗鍮石鈸青纓綏十二重金塗木珠流蘇十二重龍椅上方坐一綠褥一皆錦銷金黃羅夾帕一方輿地褥二勾闌內褥八皆用雜錦綺青漆金塗鍮石鉸葉踏道一小褥五重青漆雕木塗金龍頭行馬一小青漆梯一青漆柄金塗長托叉二短托叉二金塗首青漆推竿一青茸引輅索二各長六丈餘金塗銅環二黃茸綏一輅馬誕馬並青色鞍轡鞦勒纓拂靷並青韋金飾誕馬青織金紵絲屜四青羅銷金絹裹籠鞍六蓋輅黃絹大蒙帕一黃油絹帕一駕士平巾大袖並青繒紵絲爲之

至治元年英宗親祀太廟詔中書及太常禮儀院禮部定擬制鹵簿五輅以平章政事張珪留守王伯勝將作院使明里董阿侍儀使乙剌徒滿董其事是年

玉輅成明年親祀御之後復命造四輅工未成而罷

金輅赤質金粧青綠藻井栲栳輪蓋外施金粧雕木雲龍內盤眞金福海圓龍一頂上匝以金塗鍮石耀葉八十一上圍九者二中圍九者三下圍九者四頂輪衣三重上二重大紅繡雲龍瑞草下一重無文輪衣內黃屋一黃素紵絲瀝水下垂朱絲結網一周大紅紵絲繡小帶四十八帶頭綴金塗小銅鈴三百大紅紵絲繡絡帶二頂輪平素面夾用緋紵絲蓋之四阞垂流蘇八飾以五色茸線結網五重金塗鍮石雜佩八珩璜衝瑀全金塗鍮石鉤掛十有六黃絨貫頂天心直下十字繩二蓋下立朱漆柱四柱下直平盤虛櫃中檽三十其下外桄二漆繪犀象鸚鵡錦雉孔雀隔窠嵌粧花板櫃上周遭朱漆勾闌雲拱地霞葉一百七十有九下垂牙護泥虛板並朱漆畫瑞草勾闌上金塗鍮石行龍十二金塗鍮石蹲龍十孔雀羽臺九水精面火珠七金圈焰銅照八輿下垂朱絲結網一遭飾以金塗鍮石鐸子三百綵畫鍮石梅萼嵌綢眼中輿之長轅三界轅勾心各三上下龍頭六前轅引手金塗鍮石螭頭三並繫以蹲龍後轅方罨頭三梲頭十六繫以蹲龍三轅頭衡一兩端金塗鍮石龍頭二上列金塗銅鳳十二含以金塗銅鈴輿之軸一輪二軸之㭒羅二明轄蹲龍絟並漆以赤輪之輻各二十有四轂首壓帖金塗銅轂葉八十有一金塗鍮石擊耳戀攀四櫃之前朱漆金粧雲龍輅牌一金塗鐵曲戌輅之箱四壁雕鏤漆畫填心隔窠龜文花板上層左畫青龍右畫白虎前畫朱雀後畫玄武輅之前額金行龍二奉一水精珠後額亦如之前兩柱緋絨鈴索五貼金鸞和大響銅鈴十金塗鍮石雙魚五下朱漆軾櫃一櫃上金香毬一金香寶一金香合銀灰盤一並黃紵絲綬帶輅之後朱漆後轓一金塗曲戌黃紵絲銷金雲龍門簾一緋紵絲繡雲龍帶二輅之中黃金粧鉸龍椅一靠背上金塗圈焰玉明珠一左建大常旂十有二斿緋羅繡日月五星升龍右建闟戟一九斿緋羅繡雲龍中央黃羅繡青黑黼文兩旗裯杠並大紅羅旗首金塗鍮石龍頭二金塗銅鈴二金塗鍮石鈸朱纓綏十二重金塗木珠流蘇十二重龍椅上金錦方坐子一緣可貼金錦也褥一銷金黃羅夾帕一方輿地金錦褥一緣可貼褥一勾闌內可貼條褥四藍紵絲條褥四朱漆金塗鍮石鉸葉踏道一小可貼條褥五重朱漆雕木塗金龍頭行馬一小朱漆梯一朱漆柄金塗長托叉二短托叉二金塗首朱漆推竿一紅絨引輅索二金塗銅環二黃絨執綏一輅馬誕馬並赤色鞍轡鞦勒纓拂套項並赤韋金粧誕馬紅織金紵絲屜四副紅羅銷金紅絹裹籠鞍六蓋輅黃絹大蒙帕一黃油絹帕一駕士平巾大袖並緋繡紵絲爲之

象輅黃質金粧青綠藻井栲栳輪蓋外施金粧雕木雲龍內盤描金象牙雕福海圓龍一頂上匝以金塗鍮石耀葉八十有一上圍九者二中圍九者三下圍九者四頂輪衣三重上二重黃繡雲龍瑞草下一重無文輪衣內黃屋一黃素紵絲瀝水下垂朱絲結網一遭黃紵絲繡小帶四十有八帶頭綴金塗小銅鈴三百黃紵絲繡絡帶二頂輪平素面夾用黃紵絲蓋之四周垂流蘇八飾以五色茸線結網五重金塗銅鈸五金塗木珠二十有五叉繫金塗鍮石雜佩八珩璜衝瑀全金塗鍮石鉤掛十有六黃絨貫頂天心直下十字繩二蓋下立朱漆柱四柱下直平盤虛櫃中檽三十下外桄二漆繪犀象鸚鵡錦雉孔雀隔窠嵌粧花板櫃上周遭朱漆勾闌雲拱地霞葉百七十有九下垂牙護泥虛板並朱漆畫瑞草勾闌上描金象牙雕行龍十蹲龍十孔雀羽臺九水精面火珠七金圈焰銅照八輿下垂朱絲結網一遭飾以金塗鍮石鐸子三百采畫鍮石梅萼嵌綢眼中輿之長轅三界轅勾心各三上下龍頭六前轅引手描金象牙雕螭頭三并繫以蹲龍後轅方罨頭三梲頭十有六繫以蹲龍三轅頭衡一兩端描金象牙雕龍頭二上例金塗銅鳳十二含以金塗銅鈴輿之軸一輪二軸之㭒羅二明轄蹲龍絟並漆以黃輪之輻各二十有四轂首壓貼金塗銅轂葉八十有一金塗鍮石擊耳戀攀四櫃之前朱漆金粧雲龍輅牌一金塗鐵曲戌輅之箱四傍雕鏤漆畫填心隔窠龜文花板上層左畫青龍右畫白虎前畫朱雀後畫玄武輅之前額描金象牙雕行龍二奉一水精珠後額如之前兩柱黃絨鈴索五貼金鸞和大響銅鈴十金塗鍮石雙魚五下朱漆軾櫃一櫃上金香毬一金香寶一金香合一銀灰盤一並黃紵絲綬帶輅之後朱漆後轓一金塗曲戌黃紵絲銷金雲龍門簾一緋紵絲繡雲龍帶二輅之中黃金粧鉸描金象牙雕龍椅一靠背上金塗圈焰玉明珠一右建太常旂一十有二斿黃羅繡日月五星升龍右建闟戟一九斿黃羅繡雲龍中央黃羅繡青黑黼文兩旗綢杠並黃羅旗首金塗鍮石龍頭二金塗銅鈴二金塗鍮石鈸黃纓綏十二重金塗木珠流蘇十二重龍椅上金錦方坐一緣可貼褥一勾闌內可貼條褥四藍紵絲條褥四黃漆金塗鍮石鉸葉踏道一小可貼條褥五重黃漆木塗金龍頭行馬一小黃漆梯一黃漆柄金塗長托叉二短托叉二金塗首黃漆推竿一黃絨引輅索二金塗銅環二黃絨執綏一輅馬誕馬皆黃色鞍轡鞦勒纓拂套項並金粧黃韋誕馬銀褐織金紵絲屜四副黃羅銷金黃絹裹籠鞍六蓋輅黃絹大蒙帕一黃油絹帕一駕士平巾大袖並黃繡紵絲爲之

革輅白質金粧青綠藻井栲栳輪蓋外施金粧雕木雲龍內盤描金白檀雕福海圓龍一頂上匝以金塗鍮石耀葉八十有一上圍九者二中圍九者三下圍九者四頂輪衣三重上二重素白繡雲龍瑞草下一重無文輪衣內黃屋一黃素地紵絲瀝水下垂朱絲結網一遭素白紵絲繡小帶四十有八帶頭綴金塗小銅鈴三百素白紵絲繡絡帶二頂輪平素面夾用白素紵絲蓋之四周垂流蘇八飾以五色絨線結網五重金塗銅鈸五金塗木珠二十有五叉繫金塗鍮石雜佩八珩璜衝瑀全金塗鍮石鉤掛十有六黃絨貫頂天心直下十字繩二蓋下立朱漆柱四柱下直平盤虛櫃中檽三十下外桄二漆繪革輓犀象鸚鵡錦雉孔雀隔窠嵌粧花板櫃上周遭朱漆勾闌雲拱地霞葉百七十有九下垂牙護泥虛板並朱漆畫瑞草勾闌上描金白檀行龍十擺白蹲龍十孔雀羽臺九水精面火珠七金圈焰銅照八輿下垂朱絲結網一遭飾以金塗鍮石鐸子三百綵畫鍮石梅萼嵌網眼中輿之長轅三界轅勾心各三上下龍頭六前轅引手擺白螭頭三並繫以蹲龍後轅方罨頭三梲頭十有六繫以蹲龍三轅頭衡一兩端擺白龍頭二上列金塗銅鳳十二含以金塗銅鈴輿之軸一輪二軸之㭒羅二明轄蹲龍絟皆漆以白其輪之輻各二十有四轂首壓貼金塗銅轂葉八十有一金塗鍮石擊耳戀攀四櫃之前朱漆金粧雲龍輅牌一金塗鐵曲戌輅箱之四傍雕鏤革輓漆畫填心隔窠龜文花板上層左畫青龍右畫白虎前畫朱雀後畫玄武輅之前額白檀行龍二奉一水精珠後額如之前兩柱素白絨鈴索五貼金鸞和大響銅鈴十金塗鍮石雙魚五下朱漆革輓軾櫃一櫃上金香毬一金香寶一金香合一銀灰盤一皆黃紵絲綬帶輅之後朱漆革輓後轓一金塗曲戌黃紵絲銷金雲龍門簾一緋紵絲繡雲龍帶二輅之中金粧鉸白檀雕龍椅一靠背上金塗圈焰玉明珠一左建太常旂一十有二斿白羅繡日月五星升龍右建闟戟一九斿素白羅繡雲龍中央黃羅繡青黑黼文兩旗綢杠並素白羅旗首金塗鍮石龍頭二金塗銅鈴二金塗鍮石鈸素白纓綏十有二重金塗木珠流蘇十有二重龍椅上金錦方座一緣可貼褥一銷金黃羅夾帕一方輿地金錦褥一緣可貼褥一勾闌內可貼條褥五重素白漆雕木塗金龍頭行馬一小白漆梯一白漆柄金塗長托叉二短托叉二金塗首白漆推竿一白絨引輅索二金塗銅環二黃絨執綏一輅馬誕馬皆白色鞍轡鞦勒纓拂套項皆白韋金粧誕馬白織金紵絲屜四副白羅銷金白絹裹籠鞍六蓋輅黃絹大蒙帕一黃油絹帕一駕士平巾大袖皆白繡紵絲爲之

木輅黑質金粧青綠藻井栲栳輪蓋外施金粧雕木雲龍內盤描金紫檀雕福海圓龍一頂上匝以金塗鍮石耀葉八十有一上圍九者二中圍九者三下圍九者四頂輪衣三重上二重皂繡雲龍瑞草下一重無文輪衣內黃屋一黃素紵絲瀝水下垂朱絲結網一遭皂紵絲繡小帶四十有八帶頭綴金塗小銅鈴三百皂紵絲繡

絡帶二項輪平素面夾用檀褐紵絲蓋之四周垂流蘇八飾以五色絨線結網五重金塗銅鈸五金塗木珠二十五又繫金塗鍮石雜佩八珩璜衝瑀全金塗鍮石掛鉤十有六黃絨貫頂天心直下十字繩二蓋下立朱漆柱四柱下直平盤虛櫃中樞三十下外桄二漆繪犀象鸚鵡錦雉孔雀隔窠嵌粧花板櫃上周遭朱漆勾闌雲拱地霞葉百七十有九下垂牙護泥虛板皆朱漆畫瑞草勾闌上金嵌鑌鐵行龍十蹲龍十孔雀羽臺九水精面火珠七金圈焰銅照八輿下垂朱絲結網一遭飾以金塗鍮石鐸子三百絲畫鍮石梅萼嵌網眼中輿之長轅三界轅勾心各三上下龍頭六前轅引手金嵌鑌鐵螭頭三皆絟以蹲龍後轅方鼈頭三枕頭十有六繫以蹲龍三轅頭衡一兩端金嵌鑌鐵龍頭二上列金塗銅鳳十二含以金塗銅鈴輿之軸一輪二軸之𡉏羅二明轄蹲龍絟並漆以黑輪之輻各二十有四轂首壓貼金塗銅轂葉八十有一金塗鍮石摯耳戀攀四櫃之前朱漆金粧雲龍輅牌一金塗鐵曲戍輅之箱四傍雕鏤漆畫塡心隔窠龜文花板上層左畫青龍右畫白虎前畫朱雀後畫玄武輅之前額金嵌鑌鐵行龍二奉一水精珠後額如之前兩柱皂絨鈴索五貼金鸞和大轡銅鈴十金塗鍮石雙魚五下朱漆軾櫃一櫃上金香毬一金香寶一金香合一銀灰盤一皆黃紵絲綬帶輅之後朱漆後轉一金塗曲戍黃紵絲銷金雲龍門簾一緋紵絲繡雲龍帶二輅之中金粧烏木雕龍椅一靠背上金塗圈焰玉明珠一左建太常旂一十有二斿皂羅繡日月五星升龍右建闟戟一九斿皂羅繡雲龍中央黃羅繡青黑黼文兩旗綢杠並皂羅旗首金塗鍮石鈸紫纓綏十有二重金塗流蘇十有二重龍椅上金錦方座一絲可貼褥一銷金黃羅夾帕一方輿地金錦褥一絲可貼褥一勾闌內可貼條褥四藍紵絲條褥四黑漆金塗鍮石鈸葉踏道一小可貼條褥五重黑漆雕木塗金龍頭行馬一小黑漆梯一黑漆柄金塗長托叉二短托叉二金塗首黑漆推竿一皂絨引輅索二金塗銅環二黃絨執綏一輅馬誕馬並黑色鞍轡鞦勒纓拂套項皆以淺黑韋金粧誕馬紫織金紵絲屜四副紫羅銷金紫絹裏籠鞍六蓋輅黃絹大蒙帕一黃油絹帕一駕士平巾大袖紫繡紵絲爲之

腰輿制以香木後背作山字牙嵌七寶粧雲龍屏風上施金圈焰明珠兩傍引手屏風下施雕鏤雲龍床坐前有踏床可貼錦褥一坐上貂鼠緣金錦條褥絲可貼方坐

象轎駕以象凡巡幸則御之

元史卷七十九

明翰林學士亞中大夫知制誥兼修國史宋　濂等修

輿服志第二十九

輿服二

儀仗

皂纛（國語讀如禿）建纓于素漆竿凡行幸則先驅建纛夾以馬鼓居則置纛于月華門西之隅室○絳麾金塗竿上施圓盤朱絲拂三層紫羅袋韜之○金節制如麾八層韜以黃羅雲龍袋○引導節金塗龍頭朱漆竿懸五色拂上施銅鈸○朱雀幢制如節而五層韜以紅繡朱雀袋○青龍幢制如前韜以碧繡青龍袋○白虎幢制如前韜以素繡白虎袋○玄武幢制如前韜以皂繡玄武袋○犦矟制如節頂刻犦牛首有袋上加碧油○絳引旛四角朱絲蓋每角垂羅文雜佩繫于金銅鉤竿竿以朱飾懸五色間暈羅下有橫木板作碾玉文○告止旛緋帛錯綵爲告止字承以雙鳳立仗者紅羅銷金升龍餘如絳引○傳教旛制如告止旛錯綵爲傳教字承以雙白虎立仗者白羅絳雲龍○信旛制如傳教旛錯綵爲信字承以雙龍立仗者繪飛鳳○黃麾旛制如信旛錯綵爲黃麾篆○龍頭竿繡氅竿如戟無鉤下有小橫木刻龍頭垂朱絲蓋每角綴珠佩一帶帶末有金銅鈴○圈子制以金塗攢竹杖首貫銅錢而以紫絹冒之○副竿制以木朱漆之○火輪竿制以白鐵爲小車輪建于白鐵竿首輪及竿皆金塗之上書西天呪語帝師所制常行爲親衞中道正行在劈正斧之前以法佛衞以祛邪僻以鎮轟雷爲蓋辟惡車之意也○豹尾竿制如戟繫豹尾朱漆竿○寶輿方案緋羅銷金雲龍案衣緋羅銷金蒙襯複案傍有金塗鐵鞠四龍頭竿結綬二副之○香蹬朱漆案黃羅銷金雲龍案衣上設金塗香爐一燭臺二案旁金塗鐵鞠四龍頭竿結綬二副之○香案朱漆案緋羅銷金雲龍案衣上設金香爐合各一餘同香蹬殿庭陳設則除龍頭竿結綬○詔案制如香案○冊案制如前○寶案制如前○表案制如香案上加矮闌金塗鐵鞠四竿二副之緋羅銷金蒙複○禮物案制如表案○交椅銀飾之塗以黃金○杌子四脚小床銀飾之塗以黃金○鳴鞭絲柄鞭以梅紅絲爲之梢用黃茸而漬以蠟○鞭桶制以紫絁表白絹裏皮緣兩末○蒙鞍青錦緣緋錦複○水瓶制如湯瓶有蓋有提有背銀爲之塗以黃金○鹿盧制如乂字兩頭卷塗金粧鈒朱絲繩副之○水盆黃金塗銀粧鈒爲之○淨巾緋羅銷金雲龍有裏○香毬制以銀爲座上插蓮花爐爐上罩以圓毬鏤絪緼旋轉文于上黃金塗之○香合制以銀徑七寸塗黃金鈒雲龍於上○金拂紅犛牛尾爲之黃金塗龍頭柄○唾壺制以銀寬緣虛腹有蓋黃金塗之○唾盂制以銀形圓如缶有蓋黃金塗之○外辦牌制以象牙書國字背書漢字塡以金○外備牌制如前○中嚴牌制如前時牌制同外備而小○板位制以木長一尺二寸闊一尺厚六分白髹黑字○大繖赤質正方四角銅螭首塗以黃金紫羅表緋絹裏諸繖蓋宋以前皆平頂今加金浮屠○紫方繖制如大繖而表以紫羅○紅方繖制如大繖而表以緋羅○華蓋制如繖而圓頂隆起赤質繡雜花雲龍上施金浮屠○曲蓋制如華蓋緋瀝水繡瑞草曲柄上施金浮屠○導蓋制如曲蓋緋羅瀝水繡龍朱漆直柄○朱繖制如導蓋而無文○黃繖制如朱繖而色黃○葆蓋金塗龍頭竿懸以纓絡銷金圓裙六角葆蓋○孔雀蓋朱漆竿首建小蓋蓋頂以孔雀毛徑尺許下垂孔雀尾簷下以青黃紅瀝水圍之上施金浮屠蓋居竿三之一竿塗以黃金書西天呪語與火輪竿義同○朱團扇緋羅繡盤龍朱漆柄金銅飾導駕團扇蹙金線○大雉扇制稍長下方而上橢緋羅繡象雉尾中有雙孔雀間以雜花下施朱漆橫木連柄金銅裝○中雉扇制如大雉扇而減小○小雉扇制如中雉扇而減小○青瀝水扇制圓而青色四周瀝水以青絹○畢朱縢結網二螭首銜紅絲拂中有獸面朱漆柄金銅裝○罕制形如扇朱縢網中有獸面朱漆柄金銅裝○旗扇錡即坐也旗錡制十字木于下上四枝交拱置竅于其上以樹旗扇錡制如梔形小六木拱于上而制作精于旗錡並漆以朱○風伯旗青質赤火焰脚畫神人犬首朱髮鬼形豹汗胯朱袴負風囊立雲氣中○雨師旗青質赤火焰脚畫神人冠五梁冠朱衣黃袍黑襴黃帶白袴皂舄右手杖劍左手捧鐘○雷公旗青質赤火焰脚畫神人犬首鬼形白擁項朱犢鼻黃帶右手持斧左手持鑿運連鼓于火中○電母旗青質赤火焰脚畫神人爲女子形纁衣朱裳白袴兩手運光○金星旗素質赤火焰脚畫神人冠五梁冠素衣皂襴朱裳秉圭○水星旗黑質赤火焰脚畫神人冠五梁冠皂衣皂襴緣裳秉圭○木星旗青質赤火焰脚畫神人冠五梁冠青衣皂襴朱裳秉圭○火星旗赤質青火焰脚畫神人冠五梁冠朱衣皂襴緣裳秉圭○土星旗黃質赤火焰脚畫神人冠五梁冠黃衣皂襴緣裳秉圭○攝提旗赤質赤火焰脚畫神人冠五梁冠素中單黃衣朱蔽膝緣裳杖劍○北斗旗黑質赤火焰脚畫七星○角宿旗青質赤火焰脚畫神人爲女子形露髮朱袍黑襴立雲氣中持蓮荷外仗角亢以下七旗並青質青火焰脚角宿繪二星下繪蛟○亢宿旗青質赤火焰脚畫神人冠五梁冠素衣朱袍皂襴皂帶黃裳持黑等子外仗繪四星下繪龍○氐宿旗青質赤火焰脚畫神人冠小冠衣金甲朱衣緣包肚朱擁項白袴左手杖劍乘一鷩外仗繪四星下繪貉○房宿旗青質赤火焰脚畫神人烏巾白中單碧袍黑襴朱蔽膝黃帶黃裙朱舄左手仗劍外仗繪四星下繪兎○心宿旗青質赤火焰脚畫神人冠五梁冠朱袍皂襴右手持杖外仗繪三星下繪狐○尾宿旗青質赤火焰脚畫神人冠束髮冠素衣黃袍朱裳青帶右手杖劍左手持弓外仗繪九星下繪虎○箕宿旗青質赤火焰脚畫神人烏巾衣淺朱袍皂襴杖劍乘白馬于火中外仗繪四星下繪豹○斗宿旗青質赤火焰脚畫神人被髮素腰裙朱帶左右持杖外仗斗牛以下七旗並黑質黑火焰脚斗宿繪六星下繪獬○牛宿旗青質赤火焰脚畫神人牛首皂襴黃裳皂舄外仗繪六星下繪牛○女宿旗青質赤火焰脚畫神人烏牛首衣朱服皂襴黃帶烏鞾左手持蓮外仗繪四星下繪蝠○虛宿旗青質赤火焰脚畫神人被髮裸形坐于囊中右手持一珠外仗繪二星下繪鼠○危宿旗青質赤火焰脚畫神人虎首金甲衣朱服貔皮汗胯青帶烏鞾外仗上繪三星下繪燕○室宿旗青質赤火焰脚畫神人丫髮朱服乘舟水中外仗繪二星下繪豬○壁宿旗青質赤火焰脚繪神人爲女子形被髮朱服皂襴緣帶白裳烏舄外仗繪二星下繪㺄○奎宿旗青質赤火焰脚畫神人狼首朱服金甲緣包肚白汗胯黃帶烏鞾杖劍外仗奎婁以下七旗並素質素火焰脚奎宿

繪十六星下繪狼○婁宿旗青質赤火焰脚繪神人烏巾素衣皂袍朱蔽膝黃帶綠裳烏舄左手持烏牛角右手杖劍外仗繪三星下繪狗○胃宿旗青質赤火焰脚繪神人被髮裸形披豹皮白腰裙黃帶右手持劍外仗繪三星下繪雉○昴宿旗青質赤火焰脚繪神人黃牛首朱服皂襴黃裳朱舄左手持如意外仗繪七星下繪鷄○畢宿旗青質赤火焰脚繪神人作鬼形朱裩持黑杖乘赤馬行于火中外仗上繪八星下繪烏○觜宿旗青質赤火焰脚繪神人冠緇布冠朱服皂襴綠裳持一蓮坐于雲氣中外仗繪三星下繪猴○參宿旗青質赤火焰脚繪神人被髮衣黃袍綠裳朱帶朱舄左手持珠外仗上繪十星下繪猿○井宿旗青質赤火焰脚繪神人烏巾素衣朱袍皂襴坐于雲氣中左手持蓮外仗井鬼以下七旗並赤質赤火焰脚井宿繪八星下繪犴○鬼宿旗青質赤火焰脚繪神人作女子形被髮素衣朱袍黃帶黃裳烏舄右手持杖外仗繪五星下繪羊○柳宿旗青質赤火焰脚繪神人作女子形露髻朱衣黑襴黃裳皂舄撫一青龍外仗繪八星下繪麞○星宿旗青質赤火焰脚繪神人冠五梁冠淺朱袍皂襴青帶黃裳烏舄持黃稱外仗繪七星下繪馬○張宿旗青質赤火焰脚繪神人衣豹皮朱帶素韠右手杖劍坐于雲氣中外仗繪六星下繪鹿○翼宿旗青質赤火焰脚繪神人冠道冠皂袍黃裳朱蔽膝杖劍履火于雲氣中外仗繪二十二星下繪蛇○軫宿旗青質赤火焰脚繪神人冠道冠衣朱袍黃帶黃裳左手持書外仗繪四星下繪蚓○日旗青質赤火焰脚繪日于上奉以雲氣○月旗青質赤火焰脚繪月于上奉以雲氣○祥雲旗青質赤火焰脚繪五色雲氣○合璧旗青質赤火焰脚繪雲氣日月○連珠旗青質赤火焰脚繪五星○東嶽旗青質赤火焰脚繪神人冠七梁冠黃襴青袍綠裳白中單素蔽膝執圭○南嶽旗赤質青火焰脚繪神人冠七梁冠黑襴緋袍綠裳黃中單朱蔽膝執圭○中嶽旗黃質赤火焰脚繪神人冠七梁冠皂襴黃袍綠裳白中單朱蔽膝執圭○西嶽旗白質赤火焰脚繪神人冠七梁冠青襴白袍緋裳白中單素蔽膝執圭○北嶽旗黑質赤火焰脚繪神人冠七梁冠紅襴皂袍綠裳白中單素蔽膝執圭○江瀆旗赤質青火焰脚繪神人冠七梁冠青襴朱袍跨赤龍○河瀆旗黑質赤火焰脚繪神人冠七梁冠皂襴黃袍跨青龍○淮瀆旗素質赤火焰脚繪神人冠七梁冠皂襴素袍乘青鯉○濟瀆旗青質赤火焰脚繪神人冠七梁冠皂襴青袍乘一鱉○天下太平旗赤質青火焰脚錯采爲字○皇帝萬歲旗赤質青火焰脚錯采爲字○吏兵旗黑質赤火焰脚繪神人具甲兜鍪綠臂韝杖劍○力士旗白質赤火焰脚繪神人武士冠緋袍金甲汗胯皂履執戈盾○東天王旗青質赤火焰脚繪神人武士冠衣金甲緋裲襠右手執戟左手奉塔履石○南天王旗赤質青火焰脚繪神人冠服同前○西天王旗白質赤火焰脚繪神人冠服同前○北天王旗黑質赤火焰脚繪神人冠服同前○大神旗黃質黃火焰脚詳見牙門旗下○牙門旗赤質赤火焰脚繪神人冠武士冠鎧甲裲襠襯肩包脚汗胯束帶長帶大口袴執戈戟○金鼓旗黃質黃火焰脚書金鼓字○朱雀旗赤質赤火焰脚繪朱雀其形如鸞○玄武旗黑質黑火焰脚繪龜蛇○青龍旗青質赤火焰脚繪蹲龍○白虎旗白質赤火焰脚繪蹲虎○龍君旗青質赤火焰脚繪神人冠通眞冠服青繡衣白裙朱履執戟引青龍○虎君旗白質赤火焰脚繪神人冠流精冠服素羅繡衣朱裙朱履執斬蛇劍引白虎○大黃龍負圖旗青質青火焰脚繡複身黃龍背八卦○小黃龍負圖旗赤質青火焰脚繪複身黃龍背八卦○五色龍旗五色質五色直脚無火焰○大四色龍旗青赤黃白四色質具火焰脚○小四色龍旗制同大四色直脚無火焰脚○應龍旗赤質赤火焰脚繪飛龍○金鸞旗赤質火焰脚繪鸞而金色○鸞旗制同前而繪以五采○金鳳旗赤質青火焰脚繪鳳而金色○鳳旗制同前而繪以五采○五色鳳旗五色質五色直脚無火焰○大四色鳳旗青赤黃白四色質火焰脚色隨其質繪鳳○小四色鳳旗制同前直脚無火焰○玉馬旗赤質青火焰脚繪白馬兩髆有火焰○駃騠旗赤質青火焰脚繪白馬○飛黃旗赤質赤火焰脚形如馬色黃有兩翼○騊駼旗青質青火焰脚繪獸形如馬白首虎文赤尾○龍馬旗赤質青火焰脚繪龍馬○麟旗赤質青火焰脚繪麒麟○飛麟旗赤質青火焰脚繪飛麟其形五色身朱翼兩角長爪○黃鹿旗赤質青火焰脚繪獸如鹿而色深黃○兕旗赤質青火焰脚繪獸似牛一角青色○犀牛旗赤質青火焰脚繪犀牛○金牛旗赤質青火焰脚繪獸形如牛金色○白狼旗赤質青火焰脚繪白狼○辟邪旗赤質赤火焰脚繪獸形似鹿長尾二角○赤熊旗赤質赤火焰脚繪獸如熊色黃○三角獸旗赤質赤火焰脚繪獸其首類白澤綠髮三角青質白腹䟦尾綠色○角端旗質赤火焰脚繪獸如羊而小尾項有獨角○騶牙旗赤質青火焰脚繪獸形似麋齒前後一齊○太平旗赤質青火焰脚金描蓮花四上金書天下太平字○鵕鸃旗赤質青火焰脚繪鳥似山鷄而小冠背黃服赤項綠尾紅○蒼鳥旗赤質青火焰脚繪鳥如烏而色蒼○白澤旗赤質赤火焰脚繪獸虎首朱髮而有角龍身○東方神旗綠質赤火焰脚繪神人金兜牟金鎧甲杖劍已下四旗所繪神同西方神旗白質赤火焰脚○中央神旗黃質赤火焰脚○南方神旗赤質青火焰脚○北方神旗黑質赤火焰脚○凡立仗諸旗各火焰脚三條色與質同長一丈五尺杠長二丈一尺牙門太平萬歲質長一丈橫闊五尺日月龍君虎君橫豎並八尺餘旗並豎長八尺橫闊六尺○車輻朱漆八棱施以銅釘形如柯舒○吾杖朱漆金飾兩末○鐙杖朱漆棒首標以金塗馬鐙○殳制如矟而短黑飾兩末中畫雲氣上綴朱絲拂○骨朶朱漆棒首貫以金塗銅鎚○列絲骨朶制如骨朶加紐絲文○臥瓜制形如瓜塗以黃金臥置朱漆棒首○立瓜制形如瓜塗以黃金立置朱漆棒首○長刀長丈有奇闊上窄下單刀○儀刀制以銀飾紫絲紛錔○橫刀制如儀刀而曲鞘以沙魚皮飾倅革紛錔○千牛刀制如長刀○劍班鞘飾以沙魚皮劍口兩刃○班劍制劍鞘黃質紫班叉金銅裝紫絲紛錔○刀盾之刀制如長刀而柄短木爲之青質有環紫絲紛錔○刀盾之盾制以木赤質畫異獸執人右刀左盾○朱縢絡盾制同而朱其質○絲縢絡盾制同而絲其質○戟制以木有枝塗以黃金竿以朱漆○小戟飛龍掌制如戟畫雲氣上綴飛掌垂五色帶末有銅鈴掌下方而上兩角微攜繪龍於其上○級戟制如戟無飛掌而有橫木○矟制以木黑質畫雲氣上刻刃塗以青五色矟並同而質異○𥎊制如戟鋒兩旁微起下有鐏鋭○叉制如戟而短青飾兩末中白畫雲氣上綴紅絲拂○斧雙刃斧貫于朱漆竿首○鉞金塗鐵鉞單刃腦後繫朱拂朱漆竿○劈正斧制以玉單刃金塗柄銀鐏○儀鍠斧制如斧刻木爲之柄以朱上綴小錦旛五色帶○弓矢○弩制如弓而有臂○服制以虎豹皮或暴綵文金銅裝○韔制以黑革○蘭弩矢室○象韉鞍五采裝明金木蓮花座緋繡攀鞍條紫繡襜襦紅錦屜鞦石蓮花跋塵錦緣氈盤紅犛牛尾纓拂并胸攀鞦攀上各帶紅犛牛尾纓拂鞦石胡桃鈸子杏葉鉸具緋皮轡頭鉸具蓮花座上金塗銀香爐一元初既定占城交趾眞臘歲貢象育于析津坊海子之陽行幸則蕃官騎引以導大駕以駕巨輦○駝鼓設金裝校具花罽鞍韉囊篋前峰樹皂纛或施采旗後峰樹小旗絡腦當胸後鞦並以毛組爲轡勒五色瓘玉毛結纓絡周綴銅鐸小鏡上施一面有底銅擉小鼓一人乘之擊以毛繩凡行幸先鳴鼓于駝以威振遠邇亦以試橋梁伏水而次象焉○騾鼓制以駝而小○馬鼓轡勒後勒當胸皆綴紅纓拂銅鈴杏葉校具金塗釦上插雉尾上負四足小架上施以華鼓一面一人前引凡行幸負鼓于馬以先駝與纛並行○誕馬纓轡緋涼鑄○御馬鞍轡纓複全○珂馬銅面雉尾鼻拂胸上綴銅杏葉紅絲拂又胸前腹下皆有攀綴銅鈴後有跋塵錦包尾

崇天鹵簿

中道○頓遞隊象六飾以金裝蓮座香寶鞍韂鞦轡罽勒犛牛尾拂跋塵鉸具導者六人馭者南越軍六人皆弓花角唐帽緋絁銷金衫鍍金束帶烏韡橫列而前行次駝鼓九飾以鍍金鉸具轡飾罽籠旗鼓纓槍馭者九人服同馭象者中道相次而行次舍人二人四品服騎分左右夾駝而行次青衣一人武弁青絁衫青勒帛青韡執青杖次清道官四人本品服騎次信旛二執者二人引護者四人武弁黃絁生色寶相花袍黃勒帛黃韡次騾鼓六飾騾以鍍金鉸具轡罽籠旗鼓纓槍馭者六人服同馭駝者次告止旛二執者二人引護者四人武弁緋絁生色寶相花袍紅勒帛紅韡次傳教旛二執者二人引護者四人武弁黃絁生色寶相花袍黃勒帛黃韡並分左右次橋道頓遞使一人本品服騎中道舍人清道官橋道頓遞使從者凡七人錦帽紫䄍衫小銀束帶行縢鞋襪後凡從者之服皆同此○纛矟隊金吾將軍二人交角幞頭緋羅繡抹額紫羅繡辟邪裲襠紅錦襯袍錦縢蛇金帶烏韡橫刀佩符騎分左右次弩而騎者五人錦帽青絁生色寶相花袍銅帶綠雲韡次矟而騎者五人錦帽緋絁生色寶相花袍銅帶朱雲韡次纛一執者一人夾者四人護者二人皆錦帽紫生色寶相花袍鍍金帶紫雲韡押纛官二人皆騎本品服次馬鼓四飾如騾鼓馭者四人服同御騾次佩弓矢而騎者五人服同執弩者押衙四人騎而佩劍錦帽紫絁生色寶相花袍鍍金帶雲頭韡褁矟者四人騎錦帽緋絁生色寶相花袍銅帶朱韡控馬八人錦帽紫衫銀帶烏韡次矟而騎者五人服佩同執弩者金吾將軍押纛官從者四人服同前隊○朱雀隊舍人一人四品服騎而前次朱雀旗

一執者一人引護者四人錦帽緋絁生色鳳花袍銅帶朱雲韉皆佩劒而騎護者加弓矢次金吾折衝一人交角幞頭緋絁繡抹額紫羅繡辟邪裲襠紅錦襯袍金帶錦螣蛇烏韉横刀佩弓矢而騎帥甲騎凡二十有五弩五人次弓五人次矟五人次弓五人次矟五人皆冠甲騎冠朱畫甲青勒甲條鍍金環白繡汗胯束帶紅韉帶弓箭器仗馬皆朱甲具裝珂飾全舍人金吾折衝從者凡二人服同前隊○十二旗隊舍人一人四品服騎而前金吾果毅二人交角幞頭緋羅繡抹額紫羅繡辟邪裲襠紅錦襯袍金帶錦螣蛇烏韉横刀佩弓矢騎分左右帥引旗騎士五皆錦帽黃生色寶相花袍銀帶烏韉次風伯旗左雨師旗右雷公旗左電母旗右執者四人騎青甲旗冠祿甲青勒甲條鍍金環白繡汗胯束帶青雲韉馬皆青甲珂飾次五星旗五執者五人甲騎冠五色畫甲青勒甲條鍍金環白繡汗胯束帶五色韉馬甲如其甲之色珂飾次北斗旗一執者一人甲騎冠紫畫甲青勒甲條鍍金環白繡汗胯束帶紫雲韉馬甲隨其甲之色珂飾左右攝提旗二執者二人甲騎冠朱畫甲青勒甲條鍍金環白繡汗胯束帶紅雲韉馬朱甲珂飾執副竿者二人騎錦帽黃生色寶相花袍銀帶烏韉執矟而護者五人騎服同執副竿者舍人金吾果毅從者凡三人服同前隊○門旗隊舍人二人四品服監門將軍二人皆交角幞頭緋絁繡抹額紫羅繡獅子裲襠紅錦襯袍金帶烏韉横刀佩弓矢騎馬甲珂飾全次門旗二執者二人錦帽緋絁生色獅子文袍銅革帶紅雲韉劒而騎引護者四人服佩同執人而加弓矢騎次監門校尉二人騎服佩同監門將軍分左右行次鸞旗一執者一人引護者四人錦帽五色絁生色瑞鸞花袍束帶五色雲韉佩劒護人加弓矢皆騎舍人監門將軍監門校尉從者凡六人服同前隊○雲和樂雲和署令二人朝服騎分左右引前行凡十有六人戲竹二排簫四簫管二龍笛二板二歌工四皆展角花幞頭紫絁生色雲花袍鍍金帶紫韉次琵琶二十箏十有六箜篌十有六纂十有六方響八頭管二十有八龍笛二十有八已上工百三十有二人皆花幞頭緋絁生色雲花袍鍍金帶朱韉次杖鼓三十工人花幞頭黃生色花襖紅生色花袍錦臂鞲鍍金帶烏韉次板八工人服色同琵琶工人次大鼓二工十人服色同杖鼓工人雲和署令從者二人服同前隊○殿中黃麾隊舍人二人四品服殿中侍御史二人本品服皆騎次黃麾一執者一人夾者二人騎武弁緋絁生色寶相花袍紅勒帛紅雲韉舍人殿中侍御史從者凡四人服同前隊○太史鉦鼓隊太史一人本品服騎引交龍掆鼓左金鉦右舁四人工二人皆武弁緋絁生色寶相花袍紅勒帛紅韉次司辰郎一人左典事一人右並四品服騎太史司辰郎典事從者三人服同前隊○武衛鈒戟隊武衛將軍一人交角幞頭緋羅繡抹額紫羅繡瑞鷹裲襠紅錦襯袍錦螣蛇金帶横刀騎領五色繡旛一金節八罕右畢左朱雀青龍白虎幢三横布導蓋一中道又四武衛果毅二人服佩同武衛將軍鈒二十戟二十徒五十有九人武弁緋絁生色寶相花袍紅勒帛紅韉武衛將軍武衛果毅從者凡三人服同前隊○龍墀旗隊舍人二人四品服中郎將二人服佩同鈒戟隊武衛將軍騎分左右帥騎士凡二十有四人執旗者八人天下太平旗中道中嶽帝旗左中央神旗右次日旗左月旗右次祥雲旗二分左右次皇帝萬歲旗中道執人皆黃絁巾黃絁生色寶相花袍黃勒帛黃雲韉横刀引者八人青絁巾青絁生色寶相花袍青勒帛青雲韉横刀執弓矢護者八人緋絁巾緋絁生色寶相花袍紅勒帛紅雲韉横刀執弓矢舍人中郎將從者凡四人服同前隊○御馬隊舍人二人四品服引左右衛將軍二人緋羅繡抹額紫羅繡瑞馬裲襠紅錦襯袍錦螣蛇金帶烏韉横刀皆騎分左右行御馬十有二疋分左右飾以纓轡鞍複馭士控鶴二十有四人交角金花幞頭紅錦控鶴襖金束帶鞥鞋次尚乘奉御二人四品服騎分左右行舍人左右衛將軍從者四人服同前隊○拱衛控鶴第一隊拱衛指揮使二人本品服騎分左右帥步士凡二百五十有二人負劒者三十人次執吾杖者五十人次執斧者五十人次執鐙杖者六十人次執列絲骨朶者三十人皆分左右次携金水瓶者一人左金盆者一人右次執列絲骨朶者三十人皆分左右皆金縷額交角幞頭青質孫控鶴襖塗金荔枝束帶鞥鞋拱衛指揮使從者二人服同前隊○安和樂安和署令二人本品服騎分左右行領押職二人弓角鳳翅金花幞頭紅質孫加襴袍金束帶花韉次扎鼓八爲二重次和鼓一中道次板二次龍笛四次頭管二次羌笛二次笙二次纂二左右行次雲璈一中道工二十有四人皆弓角鳳翅金花幞頭紅錦質孫襖金荔枝束帶花韉從者二人服同前隊○金吾援寶隊舍人二人四品服引金吾將軍二人交角幞頭緋羅繡抹額紫羅繡辟邪裲襠紅錦襯袍錦螣蛇横刀佩弓矢皆騎分左右前引駕十二重甲士一十二騎弩四次弓四次矟四爲三重次香案二金爐合各二分左右舁士十有六人侍香二人騎而從次典瑞使二人本品服騎而左右引八寶受命寶左傳國寶右次天子之寶左皇帝之寶右次天子行寶左皇帝行寶右次天子信寶左皇帝信寶右每輿寶盝銷金蒙複襯複案輿紅銷金衣龍頭竿結綬舁士八人朱團扇四人凡九十有六人皆交角金花幞頭青紅錦質孫襖每輿前青後紅金束帶鞥鞋援寶三十人交角金花幞頭窄紫衫銷金紅汗胯金束帶烏鞋執金縷黑杖次符寶郎二人四品服騎分左右次金吾果毅二人服佩同金吾將軍騎分左右次矟四人次弓四人次弩四人爲三重舍人金吾將軍侍香典瑞使符寶郎金吾果毅從者凡十有二人服同前隊○殿中繖扇隊舍人二人四品服騎分左右領騎而執旗者四人日月合璧旗左五星連珠旗右次金龍旗左金鳳旗右黃絁巾黃絁生色寶相花袍黃勒帛黃韉佩劒騎而引旗者四人青絁巾青絁生色寶相花袍青勒帛青韉佩劒執弓矢騎而護旗者四人紅絁巾紅絁生色寶相花袍紅勒帛紅韉佩劒執弓矢次朱團扇十有六次小雉扇八次中雉扇八次大雉扇八爲十重重四人次曲蓋二紅方繖二次紫方繖二次華蓋二次大繖二執者五十人武弁紅絁生色寶相花袍紅勒帛紅韉舍人從者二人服同前隊○控鶴圍子隊圍子頭一人執骨朶由中道交角幞頭緋錦質孫襖鍍金荔枝帶鞥鞋領執圍子十有六人分左右交角金花幞頭白襯肩青錦質孫襖鍍金荔枝帶鞥鞋次朱繖中道次金脚踏左金椅右服如圍子頭拱衛指揮使一人本品服騎中道控鶴二十人服同上拱衛指揮使從者二人服同前隊○天樂一部天樂署令二人本品服騎分左右領押職二人弓角鳳翅金花幞頭紅錦質孫襖加襴金束帶花韉次琵琶二箜篌二火不思二板二箏二胡琴二笙二頭管二龍笛二響鐵一工十有八人從二人皆弓角鳳翅金花幞頭紅錦質孫襖鍍金束帶花韉○控鶴第二隊僉拱衛司事二人本品服騎分左右帥步士凡七十有四人執立爪者三十有六人分左右次捧金杌一人左鞭桶一人右次蒙鞍一人左繖手一人右次執立爪者三十有四人分左右皆交角金花幞頭緋錦質孫襖鍍金荔枝帶鞥鞋僉拱衛司事從者二人服同前隊○殿中導從隊舍人二人四品服騎左右引香鐙案一黃銷金盤龍衣金爐合結綬龍頭竿舁者十有二人交角金花幞頭紅錦質孫控鶴襖鍍金束帶鞥鞋侍香二人騎分左右次警蹕三人交角幞頭紫窄袖衫鍍金束帶烏韉次舍人二人四品服騎引天武官二人執金鉞金鳳翅兜牟金鎖甲青勒甲條金環繡汗胯金束帶馬珂飾次金骨朶二次幢二次節二分左右次金水盆左金椅右次蒙複左副執椅右次金水瓶鹿盧左銷金淨巾右次金香毬二金香合二分左右次金唾壺左金唾盂右金拂四扇十分左右次黃繖中道繖衣從凡騎士三十人服如警蹕加白繡汗胯步卒四人執椅二人蒙複一人繖衣一人服如舁香鐙徒舍人天武官從者六人服同前隊○控鶴第三隊拱衛直鈴轄二人本品服騎引執臥瓜八十人服如第二隊○導駕官引進使二人分左右前行次給事中一人左起居注一人右侍御史一人左殿中侍御史一人右次翰林學士二人左集賢學士一人右次御史中丞一人左同知樞密院事一人右次御史大夫一人左知樞密院事一人右次侍儀使四人中書侍郎二人黃門侍郎二人侍中二人皆分左右次儀仗使一人左鹵簿使一人右次禮儀使二人分左右持劈正斧一人中道次大禮使一人左太尉一人右皆本品服騎從者三十人惟執劈正斧官從者二人服同前隊○羽林宿衛舍人二人四品服前行次羽林將軍二人交角幞頭緋羅繡抹額紫羅繡瑞鷹裲襠紅錦襯袍錦螣蛇金帶烏韉横刀佩弓矢皆騎分左右領宿衛騎士二十人執骨朶六人次執短戟六人次執斧八人皆弓角金鳳翅幞頭紫袖細褶辮線襖束帶烏韉横刀舍人羽林將軍從者凡四人服同前隊○檢校官分布中道之外仗之內頓遞隊監察御史二人本品服次纛矟隊循仗檢校官二人次朱雀隊金吾中郎將二人皆交角幞頭緋羅繡抹額紫羅繡辟邪裲襠紅錦襯袍錦螣蛇金帶烏韉佩儀刀加弓矢次十二旗隊兵部侍郎二人本品服次門旗隊糾察儀仗官二人本品服次雲和樂部金吾將軍二人服佩如金吾中郎將知隊仗官二人本品服次武衛鈒戟隊監察御史二人本品服次外道左右牙門巡仗監門中郎將二人交角幞頭緋羅繡抹額紫羅繡獅子裲襠紅錦襯袍錦螣蛇金帶烏韉佩儀刀弓矢次金吾援寶隊兵部尚書二人次循仗檢校官二人次殿中繖扇隊監察御史二人次禮部尚書二人皆本品服次圍子隊知隊仗官二人次金吾大將軍二人服同金吾將軍各襆矟從次殿中導從隊糾察儀仗官二人次循仗檢校官二人次羽林宿衛隊左點檢一人左右點檢一

人右紫羅繡瑞麟裲襠餘同金吾大將軍領大黃龍負圖旗二執者二人夾者八人騎錦帽五色絁巾五色絁生色雲龍袍塗金束帶五色雲鞾佩劍夾者加弓矢並行中道控鶴外外仗內前後檢校仗內知班六人展角幞頭紫窄衫塗金束帶烏鞾丞奉班都知一人太常博士一人皆朝服騎門檢校官前後巡察宿直將軍八人服佩同左右點檢夾輅檢校三衞○陪輅隊誕馬二疋珂飾纓簪青屜乘黃令二人本品服分左右次殿前將軍二人交角幞頭緋羅繡抹額紫羅繡辟邪裲襠紅錦襯袍錦螣蛇金帶烏鞾橫刀騎玉輅太僕卿馭本品服千牛大將軍驂乘交角幞頭紅抹額繡瑞牛裲襠紅錦襯袍錦螣蛇金帶烏鞾橫刀左右衞將軍服如千牛大將軍惟裲襠繡瑞虎文陪輅輅馬六疋珂飾纓轡青屜牽套鞶帶步卒凡八十有二人馭士四人駕士六十有四人行馬二人踏道八人推竿二人托叉一人梯一人皆平巾青幘青繡雲龍花袍塗金束帶青鞾教馬官二人進輅職長二人皆本品服夾輅將軍二人金鳳翅兜牟金鎖甲條環繡汗胯金束帶綠雲花鞾青瀝水扇二次千牛備身二人皆分左右交角幞頭緋羅繡抹額紫羅繡瑞牛裲襠紅錦襯袍金帶烏鞾橫刀佩弓矢獻官二人殿中監六人內侍十人皆本品朝服騎分左右千牛備身後騎而執弓矢者十人尚衣奉御四人尚食奉御二人尚藥奉御二人皆騎本品服次腰輿黃紵絲銷金雲龍蒙複步卒凡十有三人舁八人道扇四人黃繖一人皆交角金花幞頭紅質孫控鶴襖金束帶鞾鞋尚舍奉御二人騎左尚輦奉御二人騎右皆朝服從者三十有四人服同前隊○大神牙門旗隊都點檢一人騎交角幞頭緋羅繡抹額紫羅繡瑞麟裲襠紅錦襯袍次監門大將軍二人分左右騎服如都點檢惟裲襠紫繡獅文門凡三重親衞郎將帥甲士分左右夾輅而陣繞出輅後合誂鶱者二爲第一門翊衞郎將帥護尉夾親衞而陣繞出輅後合爲第二門監門校尉二人騎左右衞大將軍帥甲士執五色龍鳳旗夾護尉而陣繞出輅後合牙門旗二爲第三門監門校尉二人主之服色詳見外仗○雲和樂後部雲和署丞二人本品服騎分左右領前行戲竹二排簫二簫管二歌工二凡十人皆騎花幞頭紫絁生色花袍塗金帶烏鞾次琵琶四箏四箜篌四蓁四頭管六方響二龍笛六杖鼓十工四十人皆騎服同上惟絁色紅從者二人服同前隊後黃麾隊玄武幢一絳麾二徒三人皆武弁紫絁生色寵雲花袍紫羅勒帛紫鞾次黃麾執者一人夾者二人皆騎豹尾一執者一人夾者二人皆騎武弁紫生色寶相花袍紫勒帛紫鞾○玄武黑甲掩後隊金吾將軍一人騎中道交角幞頭緋羅繡抹額紫羅繡辟邪裲襠紅錦襯袍金帶錦螣蛇烏鞾佩刀後衞指揮使二人騎分左右服同各衞指揮使帥甲騎五十有七人玄武旗一執者一人夾者二人小金龍鳳黑旗二執者二人皆黑兜牟金飾黑甲條環汗胯束帶鞾帶弓矢器仗馬黑金色獅子甲珂飾矟四十人弩十人黑兜牟黑甲條環汗胯束帶鞾帶弓矢器仗馬黑甲珂飾執衞司摻矟二人錦帽紫生色辟邪文袍鍍金帶烏鞾從者三人服同前隊

外仗

金鼓隊金鼓旗二執者二人引護者八人皆五色絁巾生色寶相花五色袍五色勒帛鞾佩劍引護者加弓矢分左右次折衝都尉二人交角幞頭緋羅繡抹額紫羅繡辟邪裲襠紅錦襯袍金帶錦螣蛇騎帥步士凡百二十人鼓二十四人鉦二十四人並黃絁巾黃絁生色寶相花袍黃勒帛黃鞾角二十四人紅絁巾紅絁生色寶相花袍紅勒帛紅鞾車輻棒二十四人長刀二十四人並金飾青兜牟青甲條環白繡汗胯束帶青雲鞾○清游隊舍人二人四品服騎導金吾折衝二人交角幞頭緋羅繡抹額紫羅繡辟邪裲襠紅錦襯袍金帶錦螣蛇橫刀佩弓矢騎分左右帥步士凡百有十人白澤旗二執者二人引護者八人次執弩二十人次執矟二十人次執弓二十人次執矟二十人次執弓二十人皆甲騎冠金飾綠畫甲條環白繡汗胯束帶綠雲鞾佩弓矢器仗馬金飾朱畫甲珂飾分左右○佽飛隊鐵甲佽飛執矟者十有二人甲騎冠鐵甲佩弓矢器仗馬鐵甲珂飾次金吾果毅二人交角幞頭緋絁繡抹額紫羅繡辟邪裲襠紅錦襯袍金帶錦螣蛇橫刀弓矢騎次虞候佽飛執弩二十人錦帽紅生色寶相花袍塗金帶烏鞾○殳仗隊領軍將軍二人交角幞頭緋絁繡抹額紫羅繡白澤裲襠紅錦襯袍金帶錦螣蛇烏鞾橫刀騎帥步士五十人執殳二十五人執叉二十五人錯分左右皆五色絁生色巾寶相花五色袍五色勒帛五色雲頭鞾領軍將軍從者二人錦帽紫褉衫小銀束帶行縢鞋韤○諸衞馬前隊舍人二人四品服騎導左右衞郎將二人交角幞頭緋絁繡抹額紫繡瑞馬裲襠紅錦襯袍金帶錦螣蛇烏鞾橫刀佩弓矢騎分左右帥騎士百五十有六人前辟邪旗左應龍旗右次玉馬旗左三角旗右次黃龍負圖旗左黃鹿旗右次飛麟旗左駃騠旗右次鸞旗左鳳旗右次飛黃旗左麒麟旗右執旗十有二人生色黃袍巾勒帛鞾引旗十有二人服同執人惟袍色青護旗十有二人生色紅袍巾勒帛鞾執弓六十人錦帽青生色寶相花袍塗金帶烏鞾執矟六十人服如執弓者惟袍色紅每旗弓五矟五從者四人服同前隊○二十八宿前隊舍人二人四品服騎導領軍將軍二人紫羅繡白澤裲襠餘如前隊左右衞郎將皆騎帥步士百十有二人前井宿旗左參宿旗右各五盾從次鬼宿旗左觜宿旗右各五弓從次柳宿旗左畢宿旗右各五盾從次星宿旗左昴宿旗右各五盾從次張宿旗左胃宿旗右各五弓從次翼宿旗左婁宿旗右各五矟從次軫宿旗左奎宿旗右各五盾從執旗十有四人生色黃袍巾勒帛鞾引旗十有四人服如執人惟袍巾色青護旗十有四人服如執人惟袍巾色紅執刀盾者三十人弓矢者二十人矟者二十人皆五色兜牟甲條環白繡汗胯束帶五色雲鞾舍人領軍將軍從者四人服同前隊○領軍黃麾仗前隊舍人二人四品服騎導領軍將軍二人服佩如二十八宿旗隊領軍將軍騎分左右帥步士凡一百五十人絳引旛十次龍頭竿繡氅十皆分左右次江瀆旗左濟瀆旗右次小戟十次弓十皆分左右次南方神旗左西方神旗右次鍠十次綠縢絡盾加刀十皆分左右次南岳帝旗左西岳帝旗右次龍頭竿氅十次朱縢絡盾加刀十皆分左右次南天王旗左西天王旗右次小戟十次弓十皆分左右次龍君旗左虎君旗右次鍠十次綠縢絡盾加刀十皆分左右執人一百三十人武弁五色生色寶相花袍勒帛鞾引旗十人青生色寶相花袍巾勒帛鞾護旗十人服同惟袍巾色紅○殳仗後隊領軍將軍二人騎帥步士凡五十人殳二十有五叉二十有五錯分左右服佩同前隊○左右牙門旗隊監門將軍二人騎紫繡獅子裲襠餘如殳仗隊領軍將軍之服佩次牙門旗四每旗執者一人引夾者二人並黃絁巾黃絁生色寶相花袍黃勒帛黃雲鞾皆騎次監門校尉二人騎服佩同監門將軍從者四人服同前隊○左右青龍白虎隊舍人二人四品服騎導領軍將軍二人服佩同殳仗隊之領軍將軍騎分左右帥甲士凡五十有六人騎青龍旗左執者一人夾者二人從以執弩五人弓十人矟十人皆冠青甲騎冠青鐵甲青條金環束帶白繡汗胯青雲鞾白虎旗右執者一人夾者二人從以執弩五人弓十人矟十人皆冠白甲騎冠白鐵甲青條金環束帶白繡汗胯白雲鞾舍人領軍將軍從者四人服同前隊○二十八宿後隊舍人二人四品服騎導領軍將軍二人騎分左右帥步士百十有二人角宿旗左壁宿旗右從以執弓者五人次亢宿旗左室宿旗右各從以執矟者五人次氐宿旗左危宿旗右各從以執盾者五人次房宿旗左虛宿旗右各從以執弓者五人次心宿旗左女宿旗右各從以執矟者五人次尾宿旗左牛宿旗右各從以執盾者五人次箕宿旗左斗宿旗右各從以執弓者五人舍人領軍將軍從者四人執夾引從服佩皆同前隊○諸衞馬後隊舍人二人四品服騎導左右衞果毅都尉二人騎分左右帥衞士百五十有六人角端旗左赤熊旗右次兕旗左太平旗右次驢騎旗左騶牙旗右次犀牛旗左鵔鸃旗右次蒼烏旗左白狼旗右次龍馬旗左金牛旗右舍人左右衞果毅都尉從者四人執夾引從服佩同前隊○左右領軍黃麾後隊舍人二人四品服騎導領軍將軍二人騎分左右帥步士百六十人龍頭竿氅十次朱縢絡盾加刀十皆分左右次吏兵旗左力士旗右次小戟十次弓十皆分左右次東天王旗左北天王旗右次鍠十次綠縢絡盾加刀十皆分左右次東岳帝旗左北岳帝旗右次龍頭竿氅十次朱縢絡盾加刀十皆分左右次東方神旗左北方神旗右次小戟十次弓十皆分左右淮瀆旗左河瀆旗右次鍠十次綠縢絡盾加刀十皆分左右次絳引旛十分左右掩後舍人領軍將軍從者四人執夾服佩並同前隊○左右衞儀刀班劒隊舍人二人四品服騎導左右衞中郎將二人交角幞頭緋羅繡抹額紫羅繡瑞馬裲襠紅錦襯袍錦螣蛇金帶烏鞾騎分左右帥步士凡四十人班劒二十人儀刀二十人並錦帽紅生色寶相花袍塗金束帶烏鞾舍人左右衞中郎將從者四人服同前隊○供奉宿衞步士隊供奉中郎將二交角幞頭緋絁繡抹額紫羅繡瑞馬裲襠紅錦襯袍錦螣蛇金帶烏鞾橫刀佩弓矢騎分左右帥步士凡五十有二人執短戟十有二人次執列絲十有二人次叉戟十有二人次斧十有六人分左右夾玉輅行皆弓角金鳳翅幞頭紫細摺辮線襖塗金束帶烏鞾○親衞步士隊親衞郎將二人服同供奉中郎將騎分左右帥步士凡百四十有八人執龍頭竿氅四人次小戟十人次氅二人次儀鍠十人次氅二人次小戟十人次氅二人次儀鍠十人次氅二人次小戟十人次氅二人次儀鍠十人次氅二人次小戟十人次氅二人次儀鍠十人次

氅二人次小戟十人皆分左右夾供奉宿衞隊次氅二人次儀鍠十人次氅二人次小戟十人次氅二人次儀鍠十人次氅二人折繞宿衞隊後而合其端爲第一門士皆金兜牟甲青勒甲條金環綠雲韠○翊衞護尉隊翊衞郎將二人服同親衞郎將騎帥護尉騎士百有二人皆交角金花幞頭窄袖紫衫紅銷金汗胯塗金束帶烏韠執金裝骨朶分左右夾親衞隊行折繞隊後而合其端爲第二門○左右衞甲騎隊左右衞大將軍二人服如翊衞郎將帥騎士百人執青龍騎五人左青鳳旗五人右次青龍旗五人左赤鳳旗五人右次黃龍旗五人左黃鳳旗五人右次白龍旗五人左白鳳旗五人右次黑龍旗五人左黑鳳旗五人右次五色鳳旗二十五居左五色龍旗二十五居右曲繞輅後合牙門旗爲第三門士皆冠甲騎冠金飾朱畫甲青勒甲條鍍金環白繡汗胯紅韠佩弓矢器仗馬青金毛獅子甲珂飾○左衞青甲隊左衞指揮使二人騎服紫羅繡雕虎裲襠餘同左右衞大將軍帥騎士三十有八人執大青龍旗一人左大青鳳旗一人右次小青龍旗一人左小青鳳旗一人右次大青鳳旗一人左大青龍旗一人右每旗從以持青稍者四人次小青鳳旗一人左小青龍旗一人右皆從以持青稍者三人皆青兜牟金飾青畫甲青條塗金環汗胯束帶韠佩弓矢器仗馬青金毛獅子甲珂飾折繞陪門○前衞赤甲隊前衞指揮使二人騎服佩同前衞指揮使帥騎士凡四十有八人執大赤鳳旗一人左大赤龍旗一人右次小赤鳳旗一人左小赤龍旗一人右次大赤龍旗一人左大赤鳳旗一人右次小赤龍旗一人左小赤鳳旗一人右每旗從以持朱稍者四人次執大赤鳳旗一人左大赤龍旗一人右皆從以持朱稍者三人皆朱兜牟金飾朱畫甲條環汗胯束帶韠佩弓矢器仗馬朱甲珂飾從者二人服同前隊折繞陪門○中衞黃甲隊中衞指揮使二人騎服同前衞指揮使帥騎士凡五十有八人執大黃龍旗一人左大黃鳳旗一人右次小黃龍旗一人左小黃鳳旗一人右次大黃鳳旗一人左大黃龍旗一人右次小黃鳳旗一人左小黃龍旗一人右次大黃龍旗一人左大黃鳳旗一人右每旗從以持黃稍者四人次小黃龍旗一人左小黃鳳旗一人右皆從以持黃稍者三人皆黃兜牟金飾黃甲條環汗胯束帶韠佩弓矢器仗馬黃甲珂飾從者二人服同前隊折繞陪門○右衞白甲隊右衞指揮使二人騎服同中衞指揮使帥騎士凡七十有四人執大白鳳旗一人左大白龍旗一人右次小白鳳旗一人左小白龍旗一人右次大白龍旗一人左大白鳳旗一人右次小白龍旗一人左小白鳳旗一人右次大白鳳旗一人左大白龍旗一人右每旗從以持白稍者四人次小白鳳旗一人左小白龍旗一人右次大白龍旗一人左大白鳳旗一人右皆從以持白稍者五人皆白兜牟金飾白甲條環汗胯束帶韠佩弓矢器仗馬白甲珂飾從者二人服同前隊折繞陪門○牙門四監門中郎將二人服佩同各衞指揮使騎分左右次左衞次前衞次中衞次右衞牙門旗各二色並赤監門校尉各二人騎服佩同各衞之執旗者從者十人服同前隊

元史卷八十

明翰林學士亞中大夫知制誥兼修國史宋　濂等修

輿服志第三十

輿服三

儀衞

殿上執事

挈壺郎二人掌直漏刻冠學士帽服紫羅窄袖衫塗金束帶烏韠漏刻直御榻南○司香二人掌侍香以主服御者（國語曰速古兒赤）攝之冠服同挈壺香案二在漏刻東西稍南司香侍案側東西相向立○酒人凡六十人主酒（國語曰答剌赤）二十人主湩（國語曰鄔剌赤）二十人主膳（國語曰博兒赤）二十人冠唐帽服同司香酒海直漏南酒人北面立酒海南○護尉四十人以質子在宿衞者攝之（質子國語曰覩魯花）冠交角幞頭紫梅花羅窄袖衫塗金束帶白錦汗胯帶弓矢佩刀執骨朶分立東西宇下○警蹕三人以控鶴衞士爲之冠交角幞頭服紫羅窄袖衫塗金束帶烏靴捧立于露階每乘出入則鳴其鞭以警衆

殿下執事

司香二人亦以主服御者攝之冠服同殿上司香香案直露階南司香東西相向立護尉凡四十人以戶郎（國語曰玉典赤）二十人質子二十人攝之服同宇下護尉夾立階戺右階之下伍長凡六人都點檢一人右點檢一人左點檢一人凡宿衞之人及諸門者戶者皆屬焉（如怯薛歹八剌哈赤玉典赤之類是也）殿內將軍一人凡殿內佩弓矢者佩刀者諸司禦者皆屬焉（如火兒赤溫都赤之類是也）殿外將軍一人宇下護尉屬焉宿直將軍一人黃麾立仗及殿下護尉屬焉右無常官凡朝會則以近侍重臣攝之服白帽白衲襖行縢履襪或服其品之公服恭事則侍立舍人授以骨朶而易笏都點檢以玉右點檢以瑪瑙左點檢以水精殿內將軍以瑪瑙殿外將軍以水精宿直將軍以金○左階之下伍長凡三人殿內將軍一人殿外將軍一人宿直將軍一人冠服同右恭事則侍立舍人授以骨朶而易笏殿內將軍以瑪瑙殿外將軍以水精宿直將軍以金○司辰郎二人一人立左樓上服視六品候時北面而雞唱一人立樓下服視八品候時捧牙牌趨丹墀跪報露階之下左黃麾仗內設表案一禮物案一輿士凡八人每案四人前二人冠縷金額交角幞頭緋錦寶相花窄袖襖塗金束帶行縢鞋襪後二人冠服同前惟襖色青○圉人十人（國語曰阿塔赤）冠唐巾紫羅窄袖衫青錦緣白錦汗胯銅束帶烏靴馭立仗馬十覆以青錦緣緋錦鞍復分左右立黃麾仗南○侍儀使二人引進使一人通班舍人一人尚引舍人一人閤仗舍人一人奉引舍人一人先輿舍人一人糾儀官凡四人尚書一人侍郎一人監察御史二人知班三人視班內失儀者糾儀官而行罰焉皆東向立右仗之東以北爲上○侍儀使二人引進使一人承奉班都知一人宣表目舍人一人宣表修撰一人宣禮物舍人一人奉表舍人一人奉幣舍人一人尚引舍人一人閤仗舍人一人奉引舍人一人先輿舍人一人押禮物官凡二人工部侍郎一人禮部侍郎一人糾儀官凡四人尚書一人侍郎一人監察御史二人知班三人視班內如左右輦路宣輦舍人一人通贊舍人一人戶郎二人承傳贊席前皆西向立左仗之西以北爲上凡侍儀使引進使尚書侍郎御史各服其本品之服承奉班都知舍人借四品服知班冠展角幞頭服紫羅窄袖衫塗金束帶烏靴○護尉三十人以質子在宿衞者攝之立大明門闌外冠服同宇下護尉○承傳二人控鶴衞士爲之立大明門楹間以承傳于外仗冠服同警蹕執金柄小骨朶

殿下黃麾仗（黃麾仗凡四百四十有八人分布于丹墀左右各五行）

右前列執大蓋二人執華蓋二人執紫方蓋二人執紅方蓋二人執曲蓋二人冠展角幞頭服緋絁生色寶相花袍勒帛烏靴○次二列執朱團扇八人執大雉扇八人執中雉扇八人執小雉扇八人執朱團扇八人冠武弁服同前執蓋者○次三列執黃麾幡十人武弁青絁生色寶相花袍青勒帛烏靴執絳引幡十人武弁緋絁生色寶相花袍緋勒帛烏靴執信幡十人冠服同上其色黃執傳教幡十人冠服同上其色白執告止幡十人冠服同上其色紫○次四列以下執葆蓋四十人服緋服緋絁生色寶相花袍勒帛烏靴執儀鍠斧四十人冠服同上其色黃執小戟蛟龍掌四十人冠服同上其色青左列亦如之皆以北爲上押仗四人行視仗內而檢校之冠服同警蹕者

殿下旗仗（旗仗執護引屏凡五百二十有八人分左右以列）

左前列建天下太平旗第一牙門旗第二每旗執者一人護者四人皆五色緋巾五色絁生色寶相花袍勒帛雲頭靴執人佩劒護人加弓矢後屏五人執稍朱兜鍪朱甲雲頭靴○左二列日旗第三龍君旗第四每旗執者一人護者四人後屏五人巾服執佩同前列○右前列建皇帝萬歲旗第一牙門旗第二每旗執者一人護者四人後屏五人巾服執佩同左前列○右二列月旗第三虎君旗第四每旗執者一人護者四人後屏五人巾服執佩同前列○左次三列青龍旗第五執者一人黃絁巾黃絁生色寶相花袍勒帛花靴佩劒護者二人朱白二色絁巾二色絁生色寶相花袍勒帛花靴佩劒加弓矢天王旗第六執者一人巾服同上護者二人青白二色絁巾二色生色寶相花袍勒帛花靴佩劒加弓矢後屏五人執稍朱兜鍪朱甲雲頭靴風伯旗第七執者一人護者二人後屏五人巾服佩執同天王旗雨師旗第八執者一人護者二人後屏五人巾服佩執同青龍旗雷公旗第九執者一人巾服佩同上護者二人青紫二色絁巾二色絁生色寶相花袍勒帛花靴佩劒加弓矢後屏五人執稍白兜鍪白甲雲頭靴電母旗第十執者一人護者二人後屏五人巾服執佩同風伯旗吏兵旗第十一執者一人護者二人巾服佩同雷公旗後屏五人執稍黃兜鍪黃甲雲頭靴○右次三列白虎旗第五執者一人黃絁巾黃絁生色寶相花袍勒帛花靴佩劒護者二人青朱二色絁巾二色絁生色寶相花袍勒帛花靴佩劒加弓矢後屏五人執稍朱兜鍪朱甲雲頭靴江瀆旗第七執者一人護者二人後屏五人巾服執佩同天王旗河瀆旗第八執者一人巾服佩同上護

者二人青紫二色絁巾二色絁生色寶相花袍勒帛花靴佩劍加弓矢後屏五人執矟黃兜鍪黃甲雲頭靴淮瀆旗第九執者一人巾服佩同上護者二人青朱二色絁巾二色絁生色寶相花袍勒帛花靴佩劍加弓矢後屏五人巾服執佩同白虎旗濟瀆旗第十執者一人巾服佩同上護者二人朱白二色絁巾二色絁生色寶相花袍勒帛花靴佩劍加弓矢後屏五人執矟青兜鍪青甲雲頭靴力士旗第十一執者一人護者二人後屏五人巾服佩執同河瀆旗二十二旗內拱衞直指揮使二人分左右立服本品朝服執玉斧次臥瓜一列次立瓜一列次列絲一列冠纓金額交角幞頭緋錦寶相花窄袖襖塗金荔枝束帶行縢履韈次鐙仗一列次吾仗一列次班劍一列並分左右立冠纓金額交角幞頭青錦寶相花窄袖襖塗金荔枝束帶行縢履韈○左次四列朱雀旗第十二執者一人黃絁巾黃絁生相寶相花袍勒帛花靴佩劍護者二人青白二色絁巾二色絁生色寶相花袍勒帛花靴佩劍加弓矢後屏五人執矟朱兜鍪朱甲雲頭靴木星旗第十三執者一人巾服佩同上護者二人青朱二色絁巾二色絁生色寶相花袍勒帛花靴佩劍加弓矢後屏五人執矟青兜鍪青甲雲頭靴熒惑旗第十四執者一人巾服佩同上護者二人青紫二色絁巾二色絁生色寶相花袍勒帛花靴佩劍加弓矢後屏五人巾服執佩同朱雀旗土星旗第十五執者一人護者二人巾服佩同熒惑旗後屏五人執矟黃兜鍪黃甲雲頭靴太白旗第十六執者一人護者二人巾服佩同木星旗後屏五人執矟白兜鍪白甲雲頭靴水星旗第十七執者一人護者二人巾服佩同太白旗後屏五人執矟紫兜鍪紫甲雲頭靴鸞旗第十八執者一人巾服佩同上護者二人朱白二色絁巾二色絁生色寶相花袍勒帛花靴佩劍加弓矢後屏五人巾服執同木星旗○右次四列玄武旗第十二執者一人黃絁巾黃絁生色寶相花袍勒帛花靴佩劍護者二人朱白二色絁巾二色絁生色寶相花袍勒帛花靴佩劍加弓矢後屏五人紫兜鍪紫甲雲頭靴執矟東嶽旗第十三執者一人護者二人巾服佩同玄武旗後屏五人執矟青兜鍪青甲雲頭靴南嶽旗第十四執者一人巾服佩同上護者二人青白二色絁巾二色絁生色寶相花袍勒帛花靴佩劍加弓矢後屏五人執矟朱兜鍪朱甲中嶽旗第十五執者一人巾服佩同上護者二人紫青二色絁巾二色絁生色寶相花袍勒帛花靴佩劍加弓矢後屏五人執矟黃兜鍪黃甲雲頭靴西嶽旗第十六執者一人巾服佩同上護者二人朱青二色絁巾二色絁生色寶相花袍勒帛花靴佩劍加弓矢後屏五人執矟白兜鍪白甲北嶽旗第十七執者一人護者二人巾服佩同南嶽旗後屏五人巾服執同玄武旗麟旗第十八執者一人護者二人後屏五人巾服執佩同西嶽旗○左次五列角宿旗第十九亢宿旗第二十氐宿旗第二十一房宿旗第二十二心宿旗第二十三尾宿旗第二十四箕宿旗第二十五每旗執者一人黃絁巾黃絁生色寶相花袍勒帛花靴佩劍護者二人青朱二色絁巾二色絁生色寶相花袍勒帛花靴佩劍加弓矢後屏五人青兜鍪青甲執矟○右次五列奎宿旗第十九婁宿旗第二十胃宿旗第二十一昴宿旗第二十二畢宿旗第二十三觜宿旗第二十四參宿旗第二十五每旗執者一人黃絁巾黃絁生色寶相花袍勒帛花靴佩劍護者一人青朱二色絁巾二色絁生色寶相花袍勒帛花靴佩劍加弓矢後屏五人執矟白兜鍪白甲○左次六列斗宿旗第二十六牛宿旗第二十七女宿旗第二十八虛宿旗第二十九危宿旗第三十室宿旗第三十一壁宿旗第三十二每旗執者一人黃絁巾黃絁生色寶相花袍勒帛花靴佩劍護者二人朱白二色絁巾二色絁生色寶相花袍勒帛花靴佩劍加弓矢後屏五人執矟紫兜鍪紫甲○右次六列井宿旗第二十六鬼宿旗第二十七柳宿旗第二十八星宿旗第二十九張宿旗第三十翼宿旗第三十一軫宿旗第三十二每旗執者一人黃絁巾黃絁生色寶相花袍勒帛花靴佩劍護者二人朱白二色絁巾二色絁生色寶相花袍勒帛花靴佩劍加弓矢後屏五人執矟朱兜鍪朱甲

宮內導從

警蹕三人以控鶴衞士爲之並列而前行掌鳴其鞭以警衆服見前○天武二人執金鉞分左右行金兜鍪金甲鞶金素汗胯金束帶綠雲靴○舍人二人服祀四品○主服御者凡三十人速古兒赤也執骨朶二人執幢二人執節二人皆分左右行攜金盆一人由左負金椅一人由右攜金水瓶鹿盧一人由左執巾一人由右捧金香毬二人捧金香合二人皆分左右行捧金唾壺一人由左捧金唾盂一人由右執金拂四人執升龍扇十人皆分左右行冠交角幞頭服紫羅窄袖衫塗金束帶烏靴○劈正斧官一人由中道近侍重臣攝之侍儀使四人分左右行○佩弓矢十人國語曰火兒赤分左右由外道行服如主服御者○佩寶刀十人國語曰溫都赤分左右行冠鳳翅唐巾服紫羅辮線襖金束帶烏鞾

中宮導從

舍人二人引進使二人中政院判二人同僉中政院事二人僉中政院事二人中政院副使二人同知中政院事二人中政院使二人皆分左右行各服其本品公服內侍二人分左右行服視四品○押直二人冠交角幞頭紫羅窄袖衫塗金束帶烏鞾小內侍凡九人執骨朶二人執葆蓋四人皆分左右行執繖一人由中道行攜金盆一人由左負金椅二人由右服紫羅團花窄袖衫冠帶鞾如押直○中政使一人由中道捧外辦象牌服本品朝服○宮人凡二十人攜水瓶金鹿盧一人由右執銷金淨巾一人由左捧金香毬二人捧金香合二人分左右捧金唾壺一人由左捧金唾盂一人由右執金拂四人執雉扇十人各分左右行冠鳳翅纓金帽銷金緋羅襖銷金緋羅結子銷金緋羅繫腰紫羅衫五色嵌金黃雲扇瓘玉束帶

進發册寶

清道官二人警蹕二人並分左右皆攝官服本品朝服○雲和樂一部署令二人分左右次前行戲竹二次排簫四次簫管四次板二次歌四並分左右前行內琵琶二十次箏十六次箜篌十六次蓁十六次方響八次頭管二十八次龍笛二十八爲三十三重重四人次杖鼓三十爲八重次板八爲四重板內大鼓二工二人舁八人本工服並與鹵簿同法物庫使二人服本品服次朱團扇八爲二重次小雉扇八次中雉扇八次大雉扇八分左右爲十二重次朱團扇八爲二重次大繖二次華蓋二次紫方繖二次紅方繖二次曲蓋二並分左右執繖扇所服並同立仗○圍子頭一人中道次圍子八人分左右服與鹵簿內同○安和樂一部署令二人服本品服札鼓六爲二重前四後二次和鼓一中道次板二分左右次龍笛四次頭管四並爲二重次羌管二次笙二並分左右次雲璈一中道次蓁二分左右樂工服與鹵簿內同○繖一中道椅左踏右執人皂巾大團花緋錦襖金塗銅束帶行縢鞋韈○拱衞使一人服本品服○舍人二人次引寶官二人並分左右服四品服○香案中道輿士控鶴八人服同立仗內表案輿士侍香二人分左右服四品服○寶案中道輿士控鶴十有六人服同香案輿士方輿官三十人夾香案寶案分左右而趨至殿門則控鶴退方輿官舁案以陞唐巾紫羅窄袖衫金塗銅束帶烏靴○引册二人四品服○香案中道輿士控鶴八人服同寶案輿士侍香二人分左右服四品服○册案中道輿士控鶴十有六人服同寶案輿士方輿官三十人夾香案册案分左右而趨至殿門則控鶴退方輿官舁案以陞巾服與寶案方輿官同○葆蓋四十人次闕仗舍人二人服四品服次小戟四十人次儀鍠四十人夾雲和樂繖扇分左右行服同立仗○拱衞使二人服本品朝服次班劍十次吾仗十二次斧十二次鐙仗二十次列絲十皆分左右次水瓶左金盆右次列絲十次立瓜十次金杌左鞭桶右蒙鞍左繖手右次立爪十次臥瓜三十並夾葆蓋小戟儀鍠分左右行服並同鹵簿內○拱衞外舍人二人服四品服引導册諸官次從九品以上次從七品以上次從五品以上並本品朝服○金吾折衝二人牙門旗二每旗引執五人次青矟四十人赤矟四十人黃矟四十人白矟四十人紫矟四十人並兜鍪甲靴各隨矟之色行道册官外○册案後舍人二人服四品服次太尉右司徒左次禮儀使二人分左右次舉册官四人右舉寶官四人左次讀册官二人右讀寶官二人左次閤門使四人分左右並本品服○知班六人分左右服同立仗往來視諸官之失儀者而行罰焉

册寶攝官

上尊號册寶凡攝官二百十有六人奉册官四人奉寶官四人捧册官二人捧寶官二人讀册官二人讀寶官三人引册官五人引寶官五人典瑞官三人糾儀官四人殿中侍御史二人監察御史四人閤門使三人清道官四人點試儀衞五人司香四人備顧問七人代禮三十人拱衞使二人押仗二人方輿一百六十人○上皇太后册寶凡攝官百五十人攝太尉一人攝司徒一人禮儀使四人奉册官二人奉寶官二人引册官二人引寶官二人舉册官二人舉寶官二人讀册官二人讀寶官二人捧册官二人捧寶官二人奏中嚴一人主當內侍十人閤門使六人充內臣十三人糾儀官四人代禮官四十二人掌謁四人司香十二人折衝都尉二人拱衞使二人淸道官四人警蹕官四人方輿官百二十人○太皇太后册寶攝官同前○授皇后册寶凡攝官百八十人攝太尉一人攝司徒一人主節官二人禮儀使四人奉册官一人奉寶官二人引册官二人引寶官二人舉册官二人舉寶官二人讀册官二人讀寶官二人內臣職掌十人宣徽使二人閤門使二人代禮官三十

七人侍香二人清道官四人折衝都尉二人警蹕官四人中宮内臣九人糾儀官四人接冊内臣二人接寶内臣二人方輿官七十四人○授皇太子冊凡攝官四十有九人攝太尉一人奉冊官二人持節官一人捧冊官二人讀冊官二人引冊官二人攝禮儀使二人主當内侍六人副持節官五人侍從官十一人代禮官十六人

班序

先期侍儀使糾庀陳設○殿内兩楹北香案二○殿門内殿内將軍板位二其外殿外將軍板位二宇下斜界護尉板位二軒溜前斜外出畫白蓮六右點檢板位三左宣徽板位三蓮南一步橫列鳴鞭板位三左右階南兩隅天武板位二宇下左右第一第三重斜界導從板位二○殿東門兩磌斜界出導從二道三層各圈十五先扇錡各五寶蓋錡各二○殿東階下各圈十直至東門階下爲回倒導從位正階下二十四甓香案一護尉席内各所遶内第四螭首取直邊北左右護尉第五席相向布席北二席宿直夾殿中夾典瑞夾起居每席函丈五尺設○殿前板位八各以左右祀道内邊丹墀遶内第五甓縱直北空路五丈五尺東西走路各違四丈九尺中布席四十席函九尺設護尉板位二輦路東西各五道袤二丈一仞五寸南北兩道廣丈有奇北至道當中第一北三南一自兩端各函六丈第二北起十一各函丈咫南起九各函丈三尺第三北起十三各函丈五尺南起十二各函丈五寸第四北起十六各函丈二尺南起十四各函九尺第五北起同上南起各函八尺北頭曲尺路内各函九尺設黃麾仗錡二百二十仗南畫闌約丈許左右同中央置席設尙廐板位二仗内丹墀橫界一十八道道函五尺縱引橫引三仗中設九品板位一十八尙廐南左右縱畫各一十八道道函仞左右向設起居旁折板位三十六以内爲上○大明門中兩楹外斜界二道護尉板位二外設管旗板位二門下左右闕邊各六丈南北各畫一道廣一引七丈一仞六寸空各二丈一仞内橫二引二丈五寸空各三丈五尺每錡後丈五尺屏風渠一道長五尺坐各違四壁丈五尺設牙旗錡七十四闕下兩觀内各六丈縱各界一十八道道違仞左右設外序班板位三十六自序班北入闕左右門邊兩外仗徃北折西至月華門東至日精門道中央入至起居旁折界一道導引

元史卷八十一

明翰林學士亞中大夫知制誥兼修國史宋　濂等修

選舉志第三十一

選舉一

選舉之法尙矣成周庠序學校以鄉三物教萬民而賓興之舉於鄉升於司徒司馬論定而後官之兩漢有賢良方正孝弟力田等科或奉對詔策事猶近古隋唐有秀才明經進士明法明算等科或兼用詩賦士始有棄本而逐末者宋大興文治專尙科目雖當時得人爲盛而其弊遂至文體卑弱士習委靡識者病焉遼金居北方俗尙弓馬遼景宗道宗亦行貢試金太宗世宗屢闢科場亦麤稱得士元初太宗始得中原輒用耶律楚材言以科舉選士世祖既定天下王鶚獻計許衡立法事未果行至仁宗延祐間始斟酌舊制而行之取士以德行爲本試藝以經術爲先士褎然舉首應上所求者皆彬彬輩出矣然當時仕進有多岐銓衡無定制其出身於學校者有國子監學有蒙古字學回回國學有醫學有陰陽學其策名於薦舉者有遺逸有茂異有求言有進書有童子其出於宿衛勳臣之家者待以不次其用於宣徽中政之屬者重爲内官文蔭敘有循常之格而超擢有選用之科由直省侍儀等入官者亦名清望以倉庾賦稅任事者例視冗職捕盜者以功敘入粟者以貲進至工匠皆入班資而輿隸亦躋流品諸王公主寵以投下俾之保任遠夷外徼授以長官俾之世襲凡若此類殆所謂吏道雜而多端者歟矧夫儒有歲貢之名吏有補用之法曰掾史令史曰書寫銓寫曰書吏典吏所設之名未易枚舉曰省臺院部曰路府州縣所入之途難以指計雖名卿大府亦往往由是躋要官受顯爵而刀筆下吏遂致竊權勢舞文法矣故其銓選之備考覈之精曰隨朝外任曰省選部選曰文官武官曰考數曰資格一毫不可越而或援例或借資或優陞或回降其縱情破律以公濟私非至明者不能察焉是皆文繁吏弊之所致也今採摭舊編載於簡牘或詳或畧條分類聚殆有不勝其紀述者姑存一代之制作選舉志

科目

太宗始取中原中書令耶律楚材請用儒術選士從之九年秋八月下詔令斷事官术忽䚟與山西東路課稅所長官劉中歷諸路考試以論及經義詞賦分爲三科作三日程專治一科能兼者聽但以不失文義爲中選其中選者復其賦役令與各處長官同署公事得東平楊英等凡若干人皆一時名士而當世或以爲非便事復中止世祖至元初年有旨命丞相史天澤條具當行大事嘗及科舉而未果行四年九月翰林學士承旨王鶚等請行選舉法遠述周制次及漢隋唐取士科目近舉遼金選舉用人與本朝太宗得人之効以爲貢舉法廢士無入仕之階或習刀筆以爲吏胥或執僕役以事官僚或作技巧販鬻以爲工匠商賈以今論之惟科舉取士最爲切務矧先朝故典尤宜追述奏上帝曰此良法也其行之中書左三部與翰林學士議立程式又請依前代立國學選蒙古人諸職官子孫百人專命師儒教習經書俟其藝成然後試用庶幾勳舊之家人材輩出以備超擢十一年十一月裕宗在東宮時省臣復啓謂去年奉旨行科舉今將翰林老臣等所議程式以聞奉令旨准蒙古進士科及漢人進士科參酌時宜以立制度事未施行至二十一年九月丞相火魯火孫與留夢炎等言十一月中書省臣奏皆以爲天下習儒者少而由刀筆吏得官者多帝曰將若之何對曰惟貢舉取士爲便凡蒙古之士及儒吏陰陽醫術皆令試舉則用心爲學矣帝可其奏繼而許衡亦議學校科舉之法罷詩賦重經學定爲新制事雖未及行而選舉之制已立至仁宗皇慶二年十月中書省臣奏科舉事世祖裕宗累嘗命行成宗武宗尋亦有旨今不以聞恐或有沮其事者夫取士之法經學實修己治人之道詞賦乃摛章繪句之學自隋唐以來取人專尙詞賦故士習浮華今臣等所擬將律賦省題詩小義皆不用專立德行明經科以此取士庶可得人帝然之十一月乃下詔曰惟我祖宗以神武定天下世祖皇帝設官分職徵用儒雅崇學校爲育材之地議科舉爲取士之方規模宏遠矣朕以眇躬獲承丕祚繼志述事祖訓是式若稽三代以來取士各有科目要其本末舉人宜以德行爲首試藝則以經術爲先詞章次之浮華過實朕所不取爰命中書參酌古今定其條制其以皇慶三年八月天下郡縣興其賢者能者充賦有司次年二月會試京師中選者朕將親策焉具合行事宜于后科場每三歲一次開試舉人從本貫官司於諸色戶内推舉年及二十五以上鄉黨稱其孝悌朋友服其信義經明行修之士結罪保舉以禮敦遣資諸路府其或徇私濫舉并應舉而不舉者監察御史肅政廉訪司體察究治考試程式蒙古色目人第一場經問五條大學論語孟子中庸内設問用朱氏章句集註其義理精明文辭典雅者爲中選第二場策一道以時務出題限五百字以上漢人南人第一場明經經疑二問大學論語孟子中庸内出題並用朱氏章句集註復以己意結之限三百字以上經義一道各治一經詩以朱氏爲主尙書以蔡氏爲主周易以程氏朱氏爲主已上三經兼用古註疏春秋許用三傳及胡氏傳禮記用古註疏限五百字以上不拘格律第二場古賦詔誥章表内科一道古賦詔誥用古體章表四六參用古體第三場策一道經史時務内出題不矜浮藻惟務直述限一千字以上成蒙古色目人願試漢人南人科目中選者加一等注授蒙古色目人作一榜漢人南人作一榜第一名賜進士及第從六品第二名以下及第二甲皆正七品第三甲以下皆正八品兩榜並同　所在官司遲慢開試日期監察御史肅政廉訪司糾彈治罪　流官子孫廕敘並依舊制願試中選者優陞一等　在官未入流品願試者聽若中選之人已有九品以上資級比附一高加一等注授若無品級止依試例從優銓注鄉試處所并其餘條目命中書省議行於戲經明行修庶得眞儒之用風移俗易益臻至治之隆咨爾多方體予至意中書省所定條目　鄉試中選者各給解據錄連取中科文行省移咨都省送禮部腹裏宣慰司及各路關申禮部拘該監察御史廉訪司依上錄連科文申臺轉呈都省以憑照勘　鄉試八月二十日蒙古色目人試經問五條漢人南人明經經疑二問經義一道二十三日蒙古色目人試策一道漢人南人古賦詔誥章表内科一道二十六日漢人南人試策一道　會試省部依鄉試例於次年二月初一日試第一場初三日第二場初五日第三場　御試三月初七日前期奏委考試官二員監察御史二員讀卷官二員於殿廷考試每舉子一名怯薛歹一人看守漢人南人試策一道限一千字以上成蒙古色目人時務策一道限五百字以上成　選考試官行省與宣慰司及腹裏各路有行臺及廉訪司去處與臺憲官一同商議選差上都大都從省部選差在内監察御史在外廉訪司官一員監試每處差考試官同考試官各一員並於見任并在閑有德望文學常選官内選差封彌官一員謄錄官一員選廉幹文資正官充之凡謄錄試卷并行移文字皆用朱書仍須設法關防毋致容私作弊省部會試都省選委知貢舉同知貢舉官各一員考試官四員監察御史二員彌封謄錄對讀官監門等官各一員　鄉試行省一十一河南陝西遼陽四川甘肅雲南嶺北征東

江浙江西湖廣宣慰司二河東山東直隸省部路分四眞定東平大都上都　天下選合格者三百人赴會試於內取中選者一百人內蒙古色目漢人南人分卷考試各二十五人蒙古人取合格者七十五人大都十五人上都六人河東五人眞定等五人東平等五人山東四人遼陽五人河南五人陝西五人甘肅三人嶺北三人江浙五人江西三人湖廣三人四川一人雲南一人征東一人色目人取合格者七十五人大都十人上都四人河東四人東平等四人山東五人眞定等五人河南五人四川三人甘肅二人陝西三人嶺北二人遼陽二人雲南二人征東一人湖廣七人江浙一十人江西六人漢人取合格者七十五人大都一十人上都四人眞定等十一人東平等九人山東七人河東七人河南九人四川五人雲南二人甘肅二人嶺北一人陝西五人遼陽二人征東一人南人取合格者七十五人湖廣一十八人江浙二十八人江西二十二人河南七人

鄉試會試許將禮部韻略外餘並不許懷挾文字差搜檢懷挾官一員每舉人一名差軍一名看守無軍人處差巡軍　提點鞠掠試院差廉幹官一員度地安置席舍務令隔遠仍自試官入院後常川妨職監押外門

鄉試會試彌封謄錄對讀官下吏人於各衙門從便差設　試卷不考格犯御名廟諱及文理紕繆塗注乙五十字以上者不考謄錄所承受試卷並用朱書謄錄正文實計塗注乙字數標寫對讀無差將朱卷逐旋送考試所如朱卷有塗注乙字亦皆標寫字數謄錄官書押候考校合格中選人數已定抄錄字號索上元卷請監試官知貢舉官同試官對號開拆　舉人試卷各人自備三場文卷并草卷各一十二幅於卷首書三代籍貫年甲前期半月於印卷所投納置簿收附用印鈐縫訖各還舉人　凡就試之日日未出入場黃昏納卷受卷官送彌封所撰字號封彌訖送謄錄所　科舉旣行之後若有各路歲貢及保舉儒人等文字到官並令還赴本鄉應試　倡優之家及患廢疾若犯十惡奸盜之人不許應試　舉人於試場內毋得喧譁違者治罪仍殿二舉　舉人與考試官有五服內親者自須迴避仍令同試官考卷若應避而不自陳者殿一舉　鄉試會試若有懷挾及令人代作者漢人南人有居父母喪服應舉者並殿二舉　國子監學歲貢生員及伴讀出身並依舊制願試者聽中選者於監學合得資品上從優銓注　別路附籍蒙古色目漢人大都上都有恒產住經年深者從兩都官司依上例推舉就試其餘去處冒貫者治罪

知貢舉以下官會集至公堂議擬合行事目云　諸輙於彌封所取問舉人試卷封號姓名及漏泄者治罪諸試題未出而漏泄者許人告首諸對讀試卷官不躬親而輙令人吏對讀其對讀訖而差誤有礙考校者有罰諸謄錄人書寫不愼及錯誤有礙考校者重事責罰諸官司故縱舉人私將試卷出院及祇應人知而爲傳送者許人告首諸監試官掌試院事不得干預考校諸試院官在簾內者不許與簾外官交語諸色人無故不得入試廳諸舉人謗毀主司率衆喧競不服止約者治罪諸舉人就試無故不冠及擅移坐次者或偶與親姻隣坐而不自陳者懷挾代筆傳義者並扶出諸折毀試卷首家狀者推治諸舉人於試卷書他語者駁放涉謗訕者推治諸試日爲舉人傳送文書及因而受財者並許人告諸舉人於別紙上起草者出榜退落諸科文內不得自敍苦辛門第委謄錄所點檢得如有違犯更不謄錄移文考試院出榜退落諸冒名就試別立姓名反受財爲人懷挾代筆傳義者並許人告諸被黜而妄訴者治罪諸監門官譏察出入其物應入者拆封點檢諸巡鋪官及兵級不得喧擾及輒視試文并容縱舉人無故往來非因公事不得與舉人私語諸試卷彌封用印訖以三不成字爲號標寫仍於塗注乙處用印　每舉人一名給祇應巡軍一人隔夜入院分宿席房試日擊鐘爲節一次院官以下皆盥漱二次監門官啓鑰舉人入院搜檢訖就將解據呈納禮生贊曰舉人再拜知貢舉官隔簾受一拜跪答一拜試官受一拜答一拜鐘三次頒題就次日午賜膳其納卷者赴受卷所揖而退不得交語受卷官書舉人姓名于曆人揖而退　取解據出院巡軍亦出至曉鳴鐘一次鎖院門第二場舉人入院依前搜撿每十人一甲序立至公堂下作揖畢頒題就次第三場如前儀　其受卷官具受到試卷逐旋關發彌封官將家狀草卷腰封用印蒙古色目漢人南人分卷以三不成字撰號每名累場同用一號於卷上親書及於曆內標附訖牒送謄錄官置曆分給吏人並用朱書謄錄正文仍具元卷塗注乙及謄錄塗注乙字數卷末書謄錄人姓名謄錄官具銜書押用印鈐縫牒送對讀所翰林掾史具謄錄訖試卷總數呈報監察御史對讀官以元卷與朱卷躬親對讀無差具銜書押呈解貢院元卷發還彌封所各所行移並用朱書試卷照依元號附簿　試官考卷知貢舉居中試官相對向坐公同考校分作三等逐等又分上中下用墨筆批點考校旣定收掌試卷官於號簿內標寫分數知貢舉官同試官監察御史彌封官公同取上元卷對號開拆知貢舉於試卷家狀上親書省試第幾名拆號旣畢應有試卷並付禮部架閣貢舉諸官出院中書省以中選舉人分爲二榜揭于省門之左右　三月初四日中書省奏准以初七日御試舉人於翰林國史院定委監試官及諸執事初五日各官入院初六日譔策問進呈俟上采取初七日執事者望闕設案於堂前置策題於上舉人入院搜檢訖蒙古人作一甲序立禮生導引至於堂前望闕兩拜賜策題又兩拜各就次色目人作一甲漢人南人作一甲如前儀每進士一人差蒙古宿衞士一人監視日午賜膳進士納卷畢出院監試官同讀卷官以所對策第其高下分爲三甲進奏作二榜用敕黃紙書揭于內前紅門之左右　前一日禮部告諭中選進士以次日詣闕前所司具香案侍儀舍人唱名謝恩放榜擇日賜恩榮宴于翰林國史院押宴以中書省官凡預試官並與宴預宴官及進士並簪華至所居擇日恭詣殿廷上謝恩表次日詣中書省參見又擇日諸進士詣先聖廟行舍菜禮第一人具祝文行事刻石題名於國子監

延祐二年春三月廷試進士賜護都答兒張起巖等五十有六人及第出身有差　五年春三月廷試進士護都達兒霍希賢等五十人　至治元年春三月廷試進士達普化宋本等六十有四人　泰定元年春三月廷試進士捌剌張益等八十有六人　四年春三月廷試進士阿察赤李黼等八十有六人　天曆三年春三月廷試進士篤列圖王文燁等九十有七人　元統癸酉科廷試進士同同李齊等復增名額以及百人之數稍異其制左右榜各三人皆賜進士及第其餘出身有差科舉取士莫盛於斯後三年其制遂罷又七年而復興遂稍變程式減蒙古色目人明經二條增本經義易漢南人第一場四書疑一道爲本經疑增第二場古賦外於詔誥章表內又科一道此有元科目取士之制大略如此若夫會試下第者自延祐創設之初丞相帖木迭兒阿散及平章李孟等奏下第舉人年七十以上者與從七品流官致仕六十以上者與教授元有出身者於應得資品上稍優加之無出身者與山長學正受省劄後舉不爲例今有來遲而不及應試者未曾區用取旨帝曰依下第例恩之勿著爲格　泰定元年三月中書省臣奏下第舉人仁宗延祐間命中書省各授教官之職以慰其歸今當改元之初恩澤宜溥蒙古色目人年三十以上并兩舉不第者與教授以下與學正山長漢人南人年五十以上并兩舉不第者與教授以下與學正山長先有資品出身者更優加之不願仕者令備國子員後勿爲格從之自餘下第之士恩例不可常得間有試補書吏以登仕籍者惟己廢復興之後其法始變下第者悉授以路府學正及書院山長又增取鄉試備榜亦授以郡學錄及縣教諭於是科舉取士得人爲盛焉

學校

世祖至元八年春正月始下詔立京師蒙古國子學教習諸生於隨朝蒙古漢人百官及怯薛歹官員選子弟俊秀者入學然未有員數　以通鑑節要用蒙古語言譯寫教之俟生員習學成效出題試問觀其所對精通者量授官職成宗大德十年春二月增生員廩饍通前三十員爲六十員武宗至大二年定伴讀員四十人以在籍上名生員學問優長者補之仁宗延祐二年冬十月以所設生員百人蒙古五十人色目二十人漢人三十人而百官子弟之就學者常不下二三百人宜增其廩餼乃減去庶民子弟一百一十四員聽陪堂學業於見供生員一百名外量增五十名元置蒙古二十人漢人三十人其生員紙札筆墨止給三十人歲凡二次給之　至元六年秋七月置諸路蒙古字學十二月中書省定學制頒行之命諸路府官子弟入學上路二人下路二人府一人州一人餘民間子弟上路三十人下路二十五人願充生徒者與免一身雜役以譯寫通鑑節要頒行各路俾肄習之至成宗大德五年冬十月又定生員散府二十人上中州十五人下州十人元貞元年命有司割地給諸路蒙古學生員餼廩其學官至元十九年定擬路府路設教授以國字在諸字之右府州教授一任准從八品再歷路教授一任准正八品任回本等遷轉大德四年添設學正一員上自國學下及州縣舉生員高等從翰林考試凡學官譯史取以充焉

世祖至元二十六年夏五月尙書省臣言亦思替非文字宜施於用今翰林院益福的哈魯丁能通其字學乞授以學士之職凡公卿大夫與夫富民之子皆依漢人入學之制日肄習之帝可其奏是歲八月始置回回國子學至仁宗延祐元年四月復置回回國子監設監官以其文字便於關防取會數目令依舊制篤意領教泰

定二年春閏正月以近歲公卿大夫子弟與夫凡民之子入學者衆其學官及生員五十餘人已給飲膳者二十七人外助教一人生員二十四人廩膳並令給之學之建置在於國都凡百司庶府所設譯史皆從本學取以充焉

太宗六年癸巳以馮志常爲國子學總教命侍臣子弟十八人入學世祖至元七年命侍臣子弟十有一人入學以長者四人從許衡童子七人從王恂至二十四年立國子學而定其制設博士通掌學事分教三齋生員講授經旨是正音訓上嚴教導之術下考肄習之業復設助教同掌學事而專守一齋正錄申明規矩督習課業凡讀書必先孝經小學論語孟子大學中庸次及詩書禮記周禮春秋易博士助教親授句讀音訓正錄伴讀以次傳習之講說則依所讀之序正錄伴讀亦以次而傳習之次日抽籤令諸生復說其功課對屬詩章經解史評則博士出題生員具稾先呈助教俟博士既定始錄附課簿以憑考校其生員之數定二百人先令一百人及伴讀二十人入學其百人之內蒙古半之色目漢人半之許衡又著諸生入學雜儀及日用節目七年命生員八十人入學俾永爲定式而遵行之成宗大德八年冬十二月始定國子生蒙古色目漢人三歲各貢一人十年冬閏十月國子學定蒙古色目漢人生員二百人三年各貢二人武宗至大四年秋閏七月定生員額二百人冬十二月復立國子學試貢法蒙古授官六品色目正七品漢人從七品試蒙古生之法宜從寬色目生宜稍加密漢人生則全科場之制仁宗延祐二年秋八月增置生員百人陪堂生二十人用集賢學士趙孟頫禮部尚書元明善等所議國子學貢試之法更定之一曰陞齋等第六齋東西相向下兩齋左曰游藝右曰依仁凡誦書講說小學屬對者隸焉中兩齋左曰據德右曰志道講說四書課肄詩律者隸焉上兩齋左曰時習右曰日新講說易書詩春秋科習明經義等程文者隸焉每齋員數不等每季考其所習經書課業及不違規矩者以次遞陞二曰私試規矩漢人驗日新時習兩齋蒙古色目取志道據德兩齋本學舉實歷坐齋二周歲以上未嘗犯過者許令充試限實歷坐齋三周歲以上以充貢舉漢人私試孟月試經疑一道仲月試經義一道季月試策問表章詔誥科一道蒙古色目人孟仲月各試明經一道季月試策問一道辭理俱優者爲上等準一分理優辭平者爲中等準半分每歲終通計其年積分至八分以上者陞充高等生員以四十名爲額內蒙古色目各十名漢人二十名歲終試貢員不必備惟取實才有分同闕少者以坐齋月日先後多少爲定其未及等并雖及等無闕未補者其年積分並不爲用下年再行積算每月初二日蚤旦圓揖後本學博士助教公座面引應試生員各給印紙依式出題考試不許懷挾代筆各用印紙眞楷書寫本學正錄彌封謄錄餘並依科舉式助教博士以次考定次日監官覆考於名簿內籍記各得分數本學收掌以俟歲終通考三曰黜罰科條應私試積分生員其有不事課業及一切違戾規矩者初犯罰一分再犯罰二分三犯除名從學正錄糾舉正錄知見而不糾舉者從本監議罰之應已補高等生員其有違戾規矩者初犯殿試一年再犯除名從學正錄糾舉之正錄知見而不糾舉者亦從本監議罰之應在學生員歲終實歷坐齋不滿半歲者並行除名除月假外其餘告假並不準算學正錄歲終通行考校應在學生員除蒙古色目別議外其餘漢人生員三年不能通一經及不肯勤學者勒令出學其餘責罰並依舊規泰定三年夏六月更積分而爲貢舉並依世祖舊制其貢試之法從監學所擬大槩與前法略同而防閑稍加嚴密焉其本學正錄各二員司樂一員典籍二員管勾一員及侍儀舍人舊例舉積分生員充之後以積分旣革於上齋舉年三十以上學行堪範後學者爲正錄通曉音律學業優贍者爲司樂幹局通敏者爲典籍管勾其侍儀舍人於上中齋舉禮儀習熟音吐洪暢曾掌春秋釋奠每月告朔明贊衆與其能者充之文宗天曆二年春三月惟伴讀員數自初二十人歲貢二人後於大德七年定四十人歲貢六人至大四年定四十人歲貢四人延祐四年歲貢八人爲淹滯旣額設四十名宜充部令史者四人路教授者四人是後又命所貢生員每大比選士與天下士同試於禮部策於殿廷又增至備榜而加選擇焉

國初燕京始平宣撫王檝請以金樞密院爲宣聖廟太宗六年設國子總教及提舉官命貴臣子弟入學受業憲宗四年世祖在潛邸特命修理殿廷及卽位賜以玉斝俾永爲祭器至元十三年授提舉學校官六品印遂改爲大都路學署曰提舉學校所二十四年旣遷都北城立國子學于國城之東迺以南城國子學爲大都路學自提舉以下設官有差仁宗延祐四年大興府尹馬思忽重修殿門堂廡建東西兩齋泰定三年府尹曹偉增建環廊文宗天曆二年復增廣之提舉郝義恭又增建齋舍自府尹郝朶而別至曹偉始定生員凡百人每名月餼京畿漕運司及本路給之泰定四年夏四月諸生始會食于學焉

太宗始定中原卽議建學設科取士世祖中統二年始命置諸路學校官凡諸生進修者嚴加訓誨務使成材以備選用至元十九年夏四月命雲南諸路皆建學以祀先聖二十三年二月帝御德興府行宮詔江南學校舊有學田復給之以養士二十八年令江南諸路學及各縣學內設立小學選老成之士教之或自願招師或自受家學于父兄者亦從其便其他先儒過化之地名賢經行之所與好事之家出錢粟贍學者並立爲書院凡師儒之命於朝廷者曰教授路府上中州置之命於禮部及行省及宣慰司者曰學正山長學錄教諭路州縣及書院置之路設教授學正學錄各一員散府上中州設教授一員下州設學正一員縣設教諭一員書院設山長一員中原州縣學正山長學錄教諭並受禮部付身各省所屬州縣學正山長學錄教諭並受行省及宣慰司劄付凡路府州書院設直學以掌錢穀從郡守及憲府官試補直學考滿又試所業十篇陞爲學錄教諭凡正長學錄教諭或由集賢院及臺憲等官舉充之諭錄歷兩考陞正長正長一考陞散府上中州教授上中州教授又歷一考陞路教授教授之上各省設提舉二員正提舉從五品副提舉從七品提舉凡學校之事後改直學考滿爲州吏例以下第舉人充正長備榜舉人充諭錄有薦舉者亦參用之自京學及州縣學以及書院凡生徒之肄業於是者守令舉薦之臺憲考覈之或用爲教官或取爲吏屬往往人材輩出矣　世祖中統二年夏五月太醫院使王猷言醫學久廢後進無所師授竊恐朝廷一時取人學非其傳爲害甚大乃遣副使王安仁授以金牌往諸路設立醫學其生員擬免本身檢醫差占等役俟其學有所成每月試以疑難視其所對優劣量加勸懲後又定醫學之制設諸路提舉綱維之凡宮壼所需省臺所用轉入常調可任親民其從太醫院自遷轉者不得視此例又以示仕途不可以雜進也然太醫院官旣受宣命皆同文武正官五品以上遷敘餘以舊品職遞陞子孫廕用同正班敘其掌藥充都監直長充御藥院副使陞至大使考滿依舊例於流官銓注諸教授皆從太醫院定擬而各路主善亦擬同教授皆從九品凡隨朝太醫及醫官子弟及路府州縣學官並須試驗其各處名醫所述醫經文字悉從考校其諸藥所產性味眞僞悉從辨驗其隨路學校每歲出降十三科疑難題目具呈太醫院發下諸路醫學令生員依式習課醫義年終置簿解納送本司以定其優劣焉

世祖至元二十八年夏六月始置諸路陰陽學其在腹裏江南若有通曉陰陽之人各路官司詳加取勘依儒學醫學之例每路設教授以訓誨之其有術數精通者每歲錄呈省府赴都試驗果有異能則於司天臺內許令近侍延祐初令陰陽人依儒醫例於路府州設教授員凡陰陽人皆管轄之而上屬於太史焉

舉遺逸以求隱跡之士擢茂異以待非常之人世祖中統間徵許衡授懷孟路教官詔於懷孟等處選子弟之俊秀者教育之是年又詔徵金進士李冶授翰林學士徵劉因爲集賢學士不至又用平章咸寧王野仙薦徵蕭𣂏不起卽授陝西儒學提舉至元十八年詔求前代聖賢之後儒醫卜筮通曉天文曆數并山林隱逸之士二十年復召拜劉因右贊善大夫辭不允未幾以親老乞終養俸給一無所受後遣使授命于家辭疾不起二十八年復詔求隱晦之士俾有司具以名聞成宗大德六年徵臨川布衣吳澂擢應奉翰林文字拜命卽歸九年詔求山林間有德行文學識治道者遣使徵蕭𣂏且曰或不樂於仕可試一來與朕語而遣歸至大三年復召吳澄拜國子司業以病還延祐三年召拜集賢直學士以疾不赴至治三年召拜翰林學士武宗仁宗累徵蕭𣂏授集賢學士國子司業未赴改集賢侍講學士又以太子右諭德徵始至京師授集賢學士國子祭酒諭德如故仁宗延祐七年十一月詔曰比歲設立科舉以取人材尚慮高尚之士晦跡丘園無從可致各處其有隱居行義才德高邁深明治道不求聞達者所在官司具姓名牒報本道廉訪司覆奏察聞以備錄用又屢詔求言於下使得進言於上雖指斥時政並無譴責往往采擇其言任用其人列諸庶位以圖治功其他著書立言裨益教化啓迪後人者亦斟酌錄用著爲常式云

童子舉唐宋始著于科然亦無常員成宗大德三年舉童子楊山童海童五年大都提舉學校所舉安西路張泰山江浙行省舉張昇甫武宗至大元年舉武福安仁宗延祐三年江浙行省舉俞傳孫馮怙哥六年河南路舉張答罕學士完者不花舉丁頑頑七年河間縣舉杜山童大興縣舉陳聃英宗至治元年福州路連江縣舉

陳元麟至治三年河南行省舉張英泰定四年福州舉葉留畊文宗天曆二年舉杜夙靈至順二年制舉答不歹子買來的皆以其天資穎悟超出兒輩或能默誦經文書寫大字或能綴緝辭章講說經史並令入國子學敎育之惟張泰山尤精篆籀陳元麟能通性理葉留畊問以四書大義則對曰無過事父母能竭其力事君能致其身時人以遠大期之

元史卷八十二

明翰林學士亞中大夫知制誥兼修國史宋　濂等修

選舉志第三十二

選舉二

銓法上

凡怯薛出身元初用左右宿衛爲心膂爪牙故四怯薛子孫世爲宿衛之長使得自舉其屬諸怯薛歲久被遇常加顯擢惟長官薦用則有定制至元二十年議久侍禁闥門地崇高者初受朝命散官減職事一等否則量減二等至大四年詔蒙古人降一等色目人降二等漢人降三等

凡臺憲選用大德元年省議臺官舊無選法俱於民職選取後互相保選省臺各爲一選宜令臺官幕官聽自選擇惟廉訪司官則省臺共選若臺官於省部選人則與省官共議之省官於臺憲選人亦與臺官共議之至元八年定監察御史任滿在職無異政元係七品以下者例加一等六品以上者陞擢其有不顧權勢彈劾非違及利國便民者別議陞除或有不稱者斟酌銓注

凡選舉守令至元八年詔以戸口增田野闢詞訟簡盜賊息賦役均五事備者爲上選九年以五事備者爲上選陞一等四事備者減一資三事有成者爲中選依常例遷轉四事不備者添一資五事俱不舉者黜降一等二十三年詔勸課農桑克勤奉職者以次陞獎其怠於事者笞罷之二十八年詔路府州縣除達魯化赤外長官並宜選用漢人素有聲望及勳臣故家并儒吏出身資品相應者佐貳官遴選色目漢人參用庶期於政平訟理民安盜息而五事備矣

凡進用武官至元十五年詔軍官有功而陞職者舊以其子弟襲職陣亡者許令承襲若罷去者以有功者代之十七年詔渡江總把百戸有功陞遷者總把依千戸降等承襲百戸無遞降職名則從其本等十九年奏擬萬戸千戸百戸物故親其子孫堪承襲者依例承襲外都元帥詔討使總管總把親其子孫堪承襲者止令管其元軍元帥詔討子孫爲萬戸總管子孫爲千戸總把子孫爲百戸給元佩金銀符病故者降等惟陣亡者本等承襲二十年詔萬戸千戸百戸分上中下三等定立條格通行遷轉以三年爲滿理算資考陞加品級若年老病故者令其子弟依例廕敘是年以舊制父子相繼管領元軍不設蒙古軍官故定立資考三年爲滿通行遷轉後各翼大小軍官俱設蒙古軍官又兼調遣征進俱已離翼難與民官一體遷轉廕敘合將萬戸千戸鎮撫自奏准日爲始以三年爲滿通行遷轉百戸以下不拘此例凡軍官征戰有功過者驗實跡陞降又定蒙古奧魯官大翼萬戸下設奧魯總管府從四品小翼萬戸下設奧魯官從五品各千戸奧魯亦設奧魯官受院劄各千戸奧魯不及一千戸者或二百戸三百戸以遠就近以小就大合併爲千戸翼奧魯官受院劄若干碍投下難以合併宜再議之又定首領官受勅牒元帥詔討司經歷知事就充萬戸府經歷知事換降勅牒如元翼該革別與遷除若王令旨并行省劄付樞密院劄付經歷充中下萬戸府知事行省諸司劄付充提領案牘并各翼萬戸自設經歷知事一例俱作提控案牘受院劄又議隨朝各衛千戸鎮撫所提控案牘已擬受院劄外任千戸鎮撫所提控案牘合從行省許准受萬戸府付身二十四年詔諸求襲其父兄之職者宜察其人而用之凡舊臣勳閥及有戰功者其子弟當先任以小職若果有能則大用之二十五年軍官陣亡者本等承襲病故者降二等雖陣亡其子弟無能勿用雖病故其子弟果能不必降等於本等用之大德四年以上都虎賁司并武衛內萬戸千戸百戸達魯花赤亡歿而無奏准承襲定例似爲偏頗今後各翼達魯花赤亡歿宜察其子弟有能者用之無能則止五年詔軍官有不赴任者有患病因事不行者有已赴任被差委而出公事已辦爲私事稱故不迴者今後宜限以六月越限者以他人代之期年後以他職授之十一年詔色目鎮撫已歿其子有能依例用之子幼則取其兄弟之子有能者用之俟其子長卽以其職還之至大二年議各衛翼首領官至經歷以上不得陞除似與官軍一體其子孫乃不得承襲今後年踰七十而散官至正從四品者宜正從五品軍官內任用四年詔軍官有故令其嫡長子亡歿令嫡長孫爲之嫡長孫亡歿則令嫡長孫之嫡長子爲之若嫡長俱無則以其兄弟之子相應者爲之

太禧院天曆元年罷會福殊祥二院而立之秩正二品其所轄諸司則從其擢用

宣徽院皇慶二年省臣奏其所轄倉庫屯田官員半由都省半由本院用之奉旨宜俱從省臣用之

中政院至大四年言諸司錢糧選法悉令中書省掌之可更選人任用移文中書給降宣勅延祐七年院臣啓皇后位下中政院用人奉懿旨依樞密院御史臺等例行之

直省舍人內則侍相臣之興居外則傳省闥之命令選宿衛及勳臣子弟爲之又擇其高等二人專掌奏事至元二十五年省臣奏其充是職者俾受宣命大德八年擬歷六十月者始令從政

凡禮儀諸職有太常寺檢討至元十三年擬歷一百月除從八品　有御史臺殿中司知班十五年擬歷九十月除正八品　有通事舍人二十年議從本司選已入流品職官爲之考滿驗應得資品陞一等遷用未入流官人員擬充侍儀舍人受中書省劄一考除從九品三十年議於二品三品官子內選用不限廕敘兩考從七品遷敘　有侍儀舍人三十年議於四品五品官子內選用不限廕敘一考從九品大德三年議有闕宜令侍儀司於到部正從九品流官內選用仍受省劄三十月爲滿依朝官內陞轉如不敷於應得府州儒學教授內選用歷一考正九品敘　有禮直管勾大德三年省選合用到部人員俱從太常寺舉保非常選除充者任迴止於本衙門敘用　有郊壇庫藏都監二人至大三年議受省劄者歷一考之上受部劄者歷兩考之上再歷本院屬官一任擬於從九品內敘天曆二年擬在朝文翰衙門於國子生員內舉充

至元九年部議巡檢流外職任擬三十月爲一考任迴於從九品遷敘二十年議巡檢六十月陞從九品大德七年議各處所委巡檢自立格月日爲始已歷兩考之上者循舊例九十月出職不及兩考者須歷一百二十月方許出職遷轉十年省奏奉旨腹裏巡檢任回及考者止於巡檢內注授所歷未及者於錢穀官內定奪通理巡檢月日各處行省所設巡檢考滿者咨省定奪未及考滿者行省於錢穀官等職內委用通理月日依舊陞轉不及一考如係告廕并提控案牘例應轉充者於雜職內委用考滿各理本等月日依例陞轉

腹裏諸路行用鈔庫至元十九年部擬州縣民官內選充係八品九品人員三十月爲滿任回驗元資品減一資歷通理遷敘　庫使受都省劄付任滿從優遷敘　庫副受本路劄付二十月爲滿於本處上戸內公選交替　陝西四川西夏中興等路提舉司鈔庫俱係行省管領合就令依上選擬庫官移文都省給降勅牒劄付省議除鈔庫使副咨各省選擬外提領省部選注　腹裏官員二十六年定選充倉庫等官擬於應得資品上陞一等通理月日陞轉　江南官員若曾腹裏歷仕前資相應依例陞轉遷去江淮歷仕人員所歷月日一考之上者除一考准爲根脚餘有月日後任通理不及考者添一資若選充倉庫等官擬於應得資品上例陞一等任回依上於腹裏陞轉　接連官員選充倉庫等官應本地面從七品者准算腹裏從七資品歷過一考者爲始理算月日後任通理一考之上餘有月日後任通理不及考者添一資陞轉　福建兩廣官員選充倉庫等官應得本地面從七品者准算江南從七資品歷過一考者爲始理算月日一考之上餘有月日後任通理不及考者添一資陞轉　元係流官任回止於流官內任用雜職者雜職內遷敘　萬億庫寶鈔總庫八作司以一年滿代錢物甚多未易交割宜以二年爲滿少者以一年爲滿　上都稅務官止依上例遷轉　都省所轄去處二周歲爲滿者各處都轉運使司官司屬官首領官　各處都漕運使司官首領官　諸路寶鈔都提舉司官　腹裏江南隨路平準行用庫官　印造寶鈔庫官　鐵冶提舉司官首領官　採金提舉司官　管官　銀場提舉司官首領官　新舊運糧提舉司官首領官　都提舉萬億庫八作司寶鈔總庫首領官　一周歲爲滿者泉府司所轄富藏庫官　廣給司　四賓庫　薄斂庫官　大都稅課提舉司官首領官　酒課提舉司官首領官　提舉太倉官首領官　提舉醴源倉官首領官　大都省倉官　河倉官　通州等處倉官應受省部劄付管錢穀院務雜職等官　大都平準行用庫官　燒鈔四庫官　抄紙坊官　幣源庫官行省所轄去處二周歲爲滿者各處都轉運使司官司屬官首領官　各處都漕運使司官首領官　行諸路寶鈔都提舉司官　腹裏江南隨路平準行用庫官甘州寧夏府等處都轉運使司官　市舶提舉司官首領官　榷茶提舉司官首領官　一周歲爲滿者行泉府司所轄阜通庫官　各處行省收支錢帛諸物庫官

三十年部議凡內外平準行用庫官提領從七品大使從八品副使從從九品若流官內選充者任回減一資陞轉雜職人員止理本等月日　元貞二年部議凡倉官有闕於到選相應職官并諸衙門有出身令譯史通事知印宣使奏差兩考之上人內選用依驗難易收糧多寡陞等任回於應去地方遷敍　通州河西務李二寺等倉官於應得資品上陞一等任滿交割別無短少減一資通理　在都并城外倉分收糧五萬石之上倉官於應得資品上陞一等任滿交割別無短少依例遷敍　收糧一萬石之上倉官止依應得品級除授任滿交割別無短少減一資通理　大德元年省擬大都萬億四年富億庫寶鈔總庫上都萬億庫官止依合德資品選注須二周歲滿日別無短少擬同隨朝例陞一等

二年省議上都應昌倉官比同萬億庫官例二周歲爲滿於應得資品上擬陞一等　六年部議在都平準行用庫官擬合與外路一體二周歲爲滿元係流官內選充者任回減一資陞轉　萬億四庫知事例陞一等提控按牘減資遷轉　和林昔寶赤八剌哈孫孔古烈倉改立從五品提舉司提舉一員從五品同提舉一員從六品副提舉一員從七品周歲爲滿於到選人內選充應得資品上擬陞二等任回遷用所歷月日通理甘肅二路每處設監支納一員正六品倉使一員從六品倉副一員正七品二周歲爲滿於到選人內銓注入倉先陞一等任滿交割別無短少又陞一等　受給庫提領從九品使副受省劄攢典合干人各設二名　七年部擬大都路永豐庫提領從七大使從八副使從九於到選相應人內銓注　江西省英德路河西務兩處設立平準行用庫擬合設官員係從七以下人員依例銓注　英德路平準行用庫提領一員從七大使一員從八副使一員從九品　河西務行用庫大使一員從八品副使一員吏部劄　甘肅行省豐備庫提領一員從七品大使一員正八品於到選迤西資品人內陞等銓注　大同倉官擬二周歲交代永盈倉例陞一等其餘六倉任回擬減一資陞轉　八年部議湖廣行省所轄散府司吏充倉官依河南行省散府司吏充倉官比總管府司吏取充者降等定奪　至大二年部呈凡平準行用庫設官二員常平倉設官三員於流官內銓注以二年爲滿依例減資　四年部議上都兩倉二周歲爲滿於應得資品上陞一等歷過月日今後比例通理皇慶元年部議上都平盈庫二周歲爲滿減一資陞轉

延祐四年部議江浙行省各路見役司吏已及兩考選充倉官五萬石之上比同考滿出身充典史一考陞吏目五萬石之下者於典史添一考依例遷敍　湖廣行省倉官如係路吏及兩考選充倉官一界同考滿出身充典史一考陞吏目遷敍庫官周歲准理本等月日考滿依例陞轉

凡稅務官陞轉至元二十一年省議應敍辦課官分三等一百錠之上設提領一員使一員五十錠之上設務使一員五十錠之下設都監一員十錠以下從各路差人管辦　都監歷三界陞務使一週歲爲滿月日不及者通理務使歷三界陞提領提領歷三界受省劄錢穀官再歷三界始於資品錢穀官并雜職任用　各處就差相副官增及兩酬者聽各處官司再差增及三酬以上及後界又增者申部定奪　二十九年省判所辦諸課增虧分數陞降人員增六分陞二等增三分陞一等其增不及分數比全無增者到選量與從優虧兌一分降一等　三十年省擬提領二年爲滿省部於流官內銓注一萬錠之上擬從六品五千錠之上擬正七品二千錠之上擬從七品一千錠之上正八品五百錠之上從八品大使副使俱周歲交代大使從行省吏部於解由合敍相應人內遷調副使從各路於本處係籍近上戶內公選　至大三年詔定立辦課例一百錠之下院務官分爲三等五十錠之上爲上等設題領一員受省劄大使一員受部劄二十錠之上爲中等設大使副使各一員二十錠之下爲下等設都監同監各一員俱受部劄竝以一年爲滿齊界交代都監同監四界陞副使又四界陞大使又三界陞提領又三界入資品錢穀官并雜職內遷用行省差設人員各添兩界陞轉仍自立界以後爲始理算月日竝於有陞轉出身人員內定奪不許濫用白身議得例前部劄提領於大使內銓注都監同監本等擬注止依歷一十二界至大三年例後劄入錢穀人員及正從六品七品取廕子孫亦依先例陞轉不須添界外其餘雜進之人依今次定例遷用通歷一十四界依上例陞轉

至元九年部議凡總府續置提控案牘多係入仕年深似比巡檢例同考滿轉入從九緣從九係銓注巡檢闕提領案牘吏員文資出職難應捕捉兼從九員多闕少本等人員不敷銓注凡陞轉資考從九三任陞從八正九兩任陞從八巡檢提領案牘等考滿轉入從九從九再歷三考陞從八通理一百二十月陞巡檢依已擬提領案牘權擬六十月正九再歷兩任通理一百二十月陞從九較之陞轉資考卽比巡檢庶員闕易就都吏目擬吏目一考轉充都目一考轉充提領案牘考滿依上轉入流品都吏目應陞無闕止注本等職名驗理陞轉

二十年部擬提控案牘九十月陞九品　二十五年部擬各路司吏實歷六十月吏目兩考陞都目歷一考陞提控案牘兩考陞正九若依路司吏九十月吏目歷一考與都目餘皆依上陞轉省議江南提控案牘除各路司吏比附腹裏路司吏至元二十五年呈准定例遷除其餘已行直補并自行踏逐歷案牘兩考者再添資遷除　三十年省准提控案牘補注巡檢陞轉資品不相爭懸如已歷提控案牘月日者任回止於提空案牘內遷敍　三十一年省議都目巡檢員闕雖不相就若不從宜調用似涉壅滯下部先儘到選巡檢餘闕准告銓注任回各理本等月日　大德二年省准京城內外省倉典吏例於大都路州司吏縣典史內勾補二周歲轉陞吏目除行省所轄外腹裏下州并雜職等衙門計設吏目一百餘處其籍記未注者以次銓注俱擬三十月爲滿任回本等內不次銓注　三年部擬提控案牘都吏目有三周歲二周歲一周歲爲滿者俱以三十月爲滿　八年省准和林兵馬司掌管案牘人等比依下州合設吏目一員於籍記吏目外發補任回從九品遷用添一資陞轉　司吏量擬四名從本司選補通吏業者六十月提控案牘內任用　九年部呈都吏目已於典史內銓注宜將籍記案牘驗歷仕以遠就近於吏目闕內參注各理本等月日　十一年江浙省臣言各路提控案牘改受敕牒不見通例部照江北提控案牘皆自府州司縣轉充路吏請俸九十月方得吏目一考陞都目都目一考陞提控案牘兩考正九品通理二百一十月入流其行省所委者九十月與九品今議行省委用例革提控案牘合於散府諸州案牘都吏目并雜職錢穀官內行省依例銓注通理月日陞轉之後行省所設提控案牘都吏目合依江北由司縣府州轉充路吏通理月日考滿方許入流

凡選取宣使奏差至元十九年部擬六部奏差額設數目每一十名內令各部選取四名九十月與從九品餘外合設數目俱於到部巡檢提領案牘都吏目內選取候考滿日驗下項資品銓注省准解由到部闕會完備人員內選取應入吏目選充奏差三考與從九品吏目一考應入都目人員選充奏差兩考與從九品都目一考應入提領案牘人員選充奏差一考與從九品巡檢提領案牘一考選充奏差一考與正九品　二十六年省准上都留守司兼本路都總管府典吏出身歷九十月比通政院例合轉補本司宣使考滿依例定奪　二十九年省議行省行院宣使於正從九品有解由職官內選取如是不敷於各道宣慰司一考之上奏差本衙門三考典吏內選取不敷於各道廉訪司三考奏差內并本衙門三考典吏內選取仍須色目漢人相參選取自行踏逐者亦須相應人員考滿例降一等須歷九十月方許出職　內外諸衙門宣使以色目漢人相參九十月爲滿自行踏逐者降一等　凡內外諸衙門宣使通事知印奏差都省宣使有闕於臺院等衙門一考之上宣使并有解由正從八品職官內選補如係都省直選人員不拘此例仍須色目漢人相參選取自行踏逐者考滿例降一等須歷九十月方許出職　樞密院宣使正從九品職官內選取仍須色目漢人相參選用自行踏逐者亦須相應人員考滿例降一等須歷九十月方許出職　御史臺宣使正從九品職官內選取自行踏逐者考滿例降一等須歷九十月方許出職　宣政院宣使選補同　宣尉司奏差於本衙門三考典吏內選取自行踏逐者考滿降等敍須色目漢人參用歷九十月方許出職　山東運司奏差九十月於近下錢穀官內任用大都運司一體定奪　七年省准鞏昌等處便宜都總帥府令史人等已擬依各道宣慰司令史人等一體出身自行踏逐者降等敍有闕於本司三考典吏內選取　八年部呈各寺監保本處典吏補奏差若元係請俸典吏本把人等補充者考滿同自行踏逐者降等敍　九年擬宣徽院典吏九十月補宣使并所轄寺監令史　十年省擬中政院宣使於本衙門三考之上典吏及正從九品職官內選用以色目漢人相參自行踏逐者降等　十一年省擬燕南廉訪司奏差州吏內選補考滿於都目內遷用　延祐三年省議各衙門典吏須歷九十月方許轉補奏差

凡匠官至元九年工部驗各管戶數二千戶之上至一百戶之上隨路管匠官品級省議除在都總提舉司去處依准所擬　東平雜造提舉司并隨路織染提舉司二千戶之上提舉正五品同提舉從六品副提舉從七品一千戶之上提舉從五品同提舉正七品副提舉正八品五百戶之上至一千戶之下提舉正六品同提舉從七品副提舉從八品三百戶之上大使正七品副使

正八品一百戶之上大使從七品副使從八品一百戶之下院長一員同院務例不入流品量給食錢　凡一百戶之下管匠官資品受上司劄付者依已擬充院長已受宣牌充局使者比附一百戶之上局使資品遞降量作正九資品　二十二年凡選取陞轉匠官資格元定品級員數提舉司二千戶之上者無之一千戶之上提舉從五品同提舉正七品副提舉正八品五百戶之上一千戶之下提舉正六品同提舉從七品副提舉從八品使副三百戶之上局使正七品副使正八品一百戶之上局使從七品副使從八品一百戶之下院長一員比同務院例不入流品工部議三百戶之上局副從八一百戶之上局副正九遇有闕於一百戶之下院長內選充院長一百二十月陞正九正九兩考陞從八從八三考正八兩考俱陞從七如正八有闕別無資品相應人員於已授八匠官內選注通歷九十月陞從七從七三考陞正七正七兩考陞從六從六三考正六兩考俱陞從五爲所轄司屬無從六名闕如已歷正七兩考擬陞加從六散官止於正七匠官內遷轉九十月陞從五如正六匠官有闕於已授從六散官人員內選注通歷九十月陞從五從五三考擬陞正五別無正五匠官名闕陞加正五散官止於從五匠官內遷轉如歷仕年深至日斟酌定奪至元十二年以前受宣勅省劄人員依管民官例擬准已受資品十三年以後受宣勅省劄人員若有超陞越等者驗實歷俸月定擬合得資品上例存一等遷用　管匠官遇有闕員去處如無資品相應之人擬於雜職資品相應到選人內銓用　凡中原江淮匠官正從五品子從九品匠官內廕敘六品七品子於院長內敘用以匠官無從九品闕擬正從五品子應廕者於正九匠官內銓注任回理等從九月日　二十三年詔管匠官其造作有好惡虧少勿令遷轉　二十四年部言管匠衙門首領官宜於本衙門內選委知會造作相應人員區用勿令遷轉合依舊例從本部於常選內選差相應人員掌管案牘任滿交代遷敘　元貞元年准湖廣行省所擬三千戶之上提舉司從五品提舉從五品同提舉正七品副提舉正八品二千戶之上提舉司正六品提舉正六品同提舉從七品副提舉從八品一千戶之上局局使正七品副使正八品五百戶之上局局使從七品副使正九品五百戶之下院長一員

凡諸王分地與所受湯沐邑得自舉其人以名聞朝廷而後授其職至元二年詔以各投下總管府長官不遷外其所屬州縣長官於本投下分到城邑內遷轉　四年省劄應給印官員若受宣命及諸王令旨或投下官員批劄省府樞密院制府左右部劄付者驗戶給印　五年詔凡投下官必須用蒙古人員　六年以隨路見任并各投下翺差達魯花赤內多女直契丹漢人除回回畏吾兒乃蠻唐兀同蒙古例許敘用其餘擬合革罷曾歷仕者於管民官內敘用　十九年詔各投下長官宜依例三年一次遷轉　省臣奏江南諸王分地長官已令如例遷轉其間若有兼管軍鎮守爲達魯花赤者一體代之似爲不宜合令於投下長官之上署字一同莅事　二十年議諸王各投下千戶於江南分地已於長官內委用其州縣長官亦令如之似爲相宜　二十三年諸王駙馬并百官保送人員若曾仕者驗資歷於州縣內相間用如無歷仕從本投下自用　三十年各投下州縣長官三年一次給由互相遷轉如無可遷轉依例給由申呈省部仍牒廉訪司體訪　大德元年諸投下達魯花赤從七以下者依例類選　十年議各投下官員非奉省部明文毋得擅自離職　皇慶二年詔各投下分地城邑長官其常選所用者居衆人之上投下所委者爲添設其常選內路府州及各縣內減一員　三年以中下縣主簿錄事司錄判掌錢糧捕盜等事不宜減去并增置副達魯花赤一員　四年凡投下郡邑令自置達魯花赤其爲副者罷之　各投下有闕用人自於其投下內選用不許冒用常選內人

凡壕寨官至元十九年省部擬都水監併入本部其壕寨官比依各部奏差出身大德二年擬考滿除從九品

凡入粟補官天曆三年河南陝西等處民饑省臣議江南陝西河南等處富實之家願納粟補官者驗糧數等第從納粟人運至被災處所隨即出給勘合朱鈔實授茶鹽流官咨申省部除授凡錢穀官隸行省者行省銓注腹裏省者吏部注擬考滿依例陞轉其願折納價鈔者並以中統鈔爲則江南三省每石四十兩陝西省每石八十兩河南并腹裏每石六十兩其實授茶鹽流官如不願仕而讓封父母者聽　陝西省一千五百石之上從七品一千石之上正八品五百石之上從八品三百石之上正九品二百石之上從九品一百石之上上等錢穀官八十石之上中等錢穀官五十石之上下等錢穀官三十石之上旌表門閭　河南并腹裏二千石之上從七品一千五百石之上正八品一千石之上從八品五百石之上正九品三百石之上從九品二百石之上上等錢穀官一百五十石之上中等錢穀官一百石之上下等錢穀官　江南三省一萬石之上正七品五千石之上從七品三千石之上正八品二千石之上從八品一千石之上正九品五百石之上從九品三百石之上上等錢穀官二百五十石之上中等錢穀官二百石之上下等錢穀官　凡先嘗入粟遙授虛名者今再入粟則依驗糧數照依資品今實授茶鹽流官

陝西省一千石之上從七品六百六十石之上正八品三百三十石之上從八品二百石之上正九品一百三十石之上從九品　河南并腹裏一千三百石之上從七品一千石之上正八品六百六十石之上從八品三百三十石之上正九品二百石之上從九品　江南三省六千六百六十石之上正七品二千三百三十石之上從七品二千石之上正八品一千三百三十石之上從八品六百六十石之上正九品二百二十石之上從九品　先嘗入粟實授茶鹽流官者今再入粟則依驗糧數加等陞職　陝西省七百五十石之上五百石之上二百五十石之上一百五十石之上一百石之上　河南并腹裏一千石之上七百五十石之上五百石之上二百五十石之上一百五十石之上　僧道能以自己衣鉢濟饑民者三百石之上六字師號都省出給二百石之上四字師號一百石之上二字師號俱禮部出給　四川省所轄地分富實民戶有能入粟赴江陵者依河南省入粟補官例行之其糧合用之時從長處置

江浙江西湖廣三省已糴官糧見在價鈔於此差人赴河南省別與收貯合用之時從長處置

凡獲盜賞官大德五年詔獲強盜五人與一官捕盜官及應捕人本境失盜而獲他境盜者聽功過相補獲強盜過五人捕盜官減一資至十五人陞一等應捕人與一官不在論賞之列

凡控鶴傘子至元二十二年擬控鶴受省劄保充御前傘子者除充拱衛都直指揮使司鈐轄官進義副尉　二十八年控鶴提控受勅進義副尉管控鶴百戶及一考擬元除散官從八職事正九於從八內遷注　元貞元年控鶴提控奉旨充速古兒赤一年受省劄充御前傘子歷三百三十二月詔於從六品內遷用　大德六年控鶴百戶部議於巡檢內任用其離役百戶人等擬從八品傘子從七品　延祐三年控鶴百戶歷兩考之上擬於正九品遷用

凡玉典赤至元二十七年定擬歷三十月至九十月者並與縣達魯花赤進義副尉一百月以上者官敦武校尉　至大二年令玉典赤權於州判縣丞內銓注三年令依舊例九十月除從七下縣達魯花赤任回添一資

凡蠻夷官議播州宣撫司保蠻夷地分副長官係遠方蠻夷不拘常調之職合准所保其蠻夷地分難不拘常調之處而所保之人多有泛濫今後除襲替土官外急闕久任者依例以相應人舉用不許預報違者罪及所由官司

元史卷八十三

明翰林學士亞中大夫知制誥兼修國史宋　濂等修

選舉志第三十三

選舉三

銓法中

至元四年詔諸官品正從分等職官用廕各止一名諸廕官不以居官去任致仕身故其承廕之人年及二十五以上者聽　諸用廕者以嫡長子若嫡長子有廢疾立嫡長子之子孫曾玄同如無立嫡長子同母弟曾玄同如無立繼室所生如無立次室所生如無立婢子如絕嗣者傍廕其親兄弟各及子孫如無傍廕伯叔及其子孫　諸用廕者孫降子一等曾孫降孫一等婢生子及傍廕者皆於合敘品從降一等　諸廕子入品職循其資考流轉陞遷廉慎幹濟者依格超陞特恩擢用者不拘此例其有不務廉慎違犯禮法者依格降罰重者除名　諸自九品依例遷至正三品止於本等流轉二品以上選自特旨　諸職官廕子之後若有餘子不得於諸官府自求職事諸官府亦不許任用　五年詔諸廕官各具父祖歷仕緣由去任身故歲月并所受宣勅劄付彩畫宗支指實該承廕人姓名年甲本處官司體勘房親揭照籍冊別無詐冒及無廢疾過犯等事上司審驗相同保結申覆令親齎文解赴部　諸廕敘人員除蒙古及已當禿魯花人數別行定奪外三品以下七品以上年二十五之上者當傔使一年並不支俸滿日三品至五品子孫量材敘用外六品七品子准上銓注監當差使已後通驗各界增虧定奪　十六年部擬管匠官止於管匠官內遷用其身故匠官之子若依管民官品級承廕緣匠官至正九品以下止有院長同院務例不入流品似難一例廕用比附承廕例量擬正從五品子於九品匠官內敘六品七品子於院長內敘　凡傔直曾

當怯薛身役已經歷仕及止有一子五十以上者並免　二十七年詔凡軍民官陣亡軍官襲父職民官陣亡者其子比父職降二等敘其孫若弟復降一等　大德四年省議諸職官子孫廕敘正一品子正五品敘從一品子從五品敘正二品子正六品敘從二品子從六品敘正三品子正七品敘從三品子從七品敘正四品子正八品敘從四品子從八品敘正五品子正九品敘從五品子從九品敘正六品子（流官於巡檢內用雜職於省劄錢穀官內用）從六品子近上錢穀官正七品子酌中錢穀官從七品子近下錢穀官　諸色目人比漢人優一等廕敘達魯花赤子孫與民官子孫一體廕敘傍廕照例降敘　至大四年詔諸職官子孫承廕須試一經一史能通大義者免儤使不通者發還習學蒙古色目願試者聽仍量進一階　延祐六年部呈福建兩廣海北海南左右兩江雲南四川甘肅等處廕敘之人如父祖始仕本處止以本地方敘用據腹裏江南歷仕陞等遷往者其子孫弟姪承廕又注遠方誠可憐憫今將承廕人等量擬敘用福建兩廣八番官員擬江南廕敘海北海南左右兩江官員擬接連廕敘雲南官員擬四川廕敘四川甘肅官員擬陝西廕敘

凡遷調閩廣川蜀雲南官員每三歲遣使與行省銓注而以監察御史往蒞之至元十九年省議江淮州郡遠近險易不同似難一體今量分爲三等若腹裏常調官員遷入兩廣福建溪洞州郡者於本等資歷上例陞二等其餘州郡例陞一等福建兩廣官員五品以上照勘員闕移咨都省銓注六品以下就便委用開具咨省　二十年部議遷敘江淮官員擬定應得資品若於接連福建兩廣溪洞州郡任用陞一等　甘肅中興行省所轄係西夏邊地除本處籍貫見任官外腹裏遷去甘肅者擬陞二等中興府擬陞一等　二十二年詔管民官腹裏遷去四川陞一等接連溪洞陞二等四川見任官遷往接連溪洞陞一等若遷去溪洞諸蠻夷別議定奪達魯花赤就彼處無軍蒙古軍官內選擬不爲常例　二十二年江淮官員遷於龍南安遠縣地分者擬陞三等仍以三十月爲滿陞轉　二十八年詔腹裏官員遷去雲南近裏城邑擬陞二等若極邊重地更陞一等行省咨保人員比依定奪其蒙古土人及招附百姓有功之人不拘此例　省臣奏准福建兩廣官員多闕都省差人與彼處行省行臺官一同以本土周遍相應人員委用　部議雲南六品以下任滿官員依御史臺所擬選資品相應人擬定名闕具歷仕腳色咨省奏准勑牒到日許令之任若有急闕依上選取權令之任歷過月日依上准理　二十九年詔福建兩廣官員歷兩任滿者遷於接連去處一任滿日歷江南一任許入腹裏通行遷轉願於兩廣福建者聽依例陞等　至治元年省臣奏江浙江西湖廣四川雲南五處行省所轄邊遠地分官員三年一次差人與行省行臺官一同遷調　泰定四年部擬諸職官子孫承廕已有元定廕敘地方通例別難議擬如願於廣海廕敘者聽其所請依例陞等遷敘其已咨到都省應合本省地方廕敘而未受除者依例咨行省令差去遷調官就便銓注　廣海闕官於任滿得代有由應得路府州縣儒學教授學正山長內願充者借注正九品以下名闕任迴止理本等月日　廣海應設巡檢於本省應得常選上等錢穀官選擬權設理本等月日行省自用并不應之人不許委用如受勑巡檢到彼即聽交代

凡遷調循行各省所轄路府州縣諸司應合遷調官員先儘急闕次及滿任急闕須憑各官在任解由依驗月日應得資品及解由到行省月日依次就便遷調若有急闕委無相應之人或員闕不能相就者於應敘職官內選用驗各得資品上雖有超越不過一等　本管地面若有遐荒煙瘴險惡重地除土官外依例公選銓注其有超用人員多者不過二等　軍官匠官醫官站官各投下人等例不轉入流品者雖資品相應不許銓注　都省已除人員例應到任若有違限一年者聽別行補注　應有合就彼遷敘人員如在前給由已咨都省聽除未經遷注照會不曾咨到本省者即聽就便開咨　無解由人員不許銓注　諸犯贓經斷應敘人員照例銓注　令譯史奏差人等須驗實歷月日已滿方許銓注　邊遠重難去處如委不可闕官從差去官與本省官公同選注能幹人員開具歷仕元由并所注職名擬咨都省候回准明文方許之任　應遷調官員三品四品擬定咨呈五品以下先行照會之任

凡文武散官多采用金制建官之初散官例降職事二等至元二十年始陞官職對品九品無散官謂之平頭勑蒙古色目初授散官或降職事再授職雖不降必俟官資合轉然後陞職漢人初授官不及職再授則降職授官惟封贈廕敘官職各從一高必歷官至二品則官必從職不復用理算法矣至治初稍改之尋復其舊此外月日不及者惟歷繁劇得優獲功賞則優由內地入邊遠則優憲臺舉廉能政蹟則優以選出使絕域則優然亦各有其格也

凡保舉職官大德二年制各廉訪司所按治城邑內有廉慎幹濟者歲舉二人九年詔臺院部五品以上官各舉廉能識治體者三人行省臺宣慰司廉訪司各舉五人　凡翰林院國子學官大德七年議文翰師儒難同常調翰林院宜選通經史能文辭者國子學宜選年高德劭能文辭者須求資格相應之人不得預保布衣之士若果才德素著必合不次超擢者別行具聞

凡遷官之法從七以下屬吏部正七以上屬中書三品以上非有司所與奪由中書取進止自六品至九品爲勑授則中書牒署之自一品至五品爲宣授則以制命之三品以下用金寶二品以上用玉寶有特旨者則有告詞其理算論月日遷轉憑散官內任以三十月爲滿外任以三歲爲滿錢穀典守以二歲爲滿而理考通以三十月爲則內任官率一考陞一等十五月進一階京官率一考覦外任減一資外任官或一考進一階或兩考陞一等或三考陞二等四品則內外考通理此秋毫不可越然前任少則後任足之或前任多則後任累之一考者及二十七月兩考者及五十七月三考者及八十一月以上遇陞則借陞而補以後任此又其權衡也

凡選用不拘常格省參議都司郎中員外高第者拜參預政事六曹尚書侍郎及臺幕官監察御史出爲憲司官外補官已制授入朝或用勑除朝蹟秩視六品外任或爲長伯在朝諸院由判官至使寺監由丞至卿館閣由屬官至學士有遞陞之法用人重於用法如此又覃官或准實授或普減資陞等或內陞等或外減資或外減內不減斯則恩數之不常有者惟四品以下者有之三品則遞進一階至正議大夫而止若夫勳臣世胄侍中貴人上命超遷則不可以選格論亦有傳勑中書送部覆奏或致繳奏者斯則歷代以來封駁之良法也

凡吏部月選至元十九年議到部解出即行照勘合得七品者呈省從七以下本部注擬其餘流外人員不拘多寡並以一月一次銓注

凡官吏遷敘至元十年議舊以三十月遷轉太速以六十月遷轉太遲二十八年定隨朝以三十月爲滿在外以三周歲爲滿錢穀官以得代爲滿吏員以九十月日出職職官轉補與職官同

凡覃官至大二年詔內官四品以下普覃散官一等服色班次封廕皆憑散官三品者遞進一階至正三品上階而止其應入流品者有出身吏員譯史等考滿加散官一等　三年蒙古儒學教授一體普覃　四年詔在任官員普覃散官一等　泰定元年詔內外流官已帶覃官准理實授所有軍官及其餘未覃人員四品以下並覃散官一等三品遞進一階至三品上階止服色班次封廕悉從一高其有出身應入流品人等如在恩例之前入役支俸者考滿亦依上例覃授　二年省議應覃人員依例先理月日後准實授其正五品任回已歷一百三十五月者九十月該陞從四餘有四十五月既循行舊例覃官三品擬合准理實授月日未及者依驗散官止於四品內遷用所有月日任回四品內通行理算

凡減資陞等大德九年詔外任流官陞轉甚遲但歷在外兩任五品以下並減一資部議外任五品以下職官若歷過隨朝及在京倉庫官鹽鐵等職曾經陞等減資外以後至大德九年格前歷及在外兩任或一任六十月之上者並與優減未及者不拘此格　至治二年太常禮儀院臣奏皇帝親祭太廟恩澤未加詔四品以下諸職官不分內外普減一資有出身應入流品者考滿任回依上優減　天曆元年詔以兵興內外官吏供給繁勞在京者陞一等至三品止在外者減一資

凡注官守闕至元八年議已除官員無問月日遠近許准守闕外未奏未注者許注六月滿闕六月以上不得預注　二十二年詔員多闕少守闕一年年月滿者照闕注授餘無闕者令候一年　大德元年以員多闕少宜注二年

凡注官避籍至元五年議各路地理闊遠若更避路恐員闕有所礙止宜斟酌避籍銓選

凡除官照會至元十年議受除民官若有守闕人員當前官任滿預期一月檢舉照會錢穀官候見界官任滿至日行下合屬照會　二十四年議受除官員省劄到部照勘急闕任滿者比之滿期預先一月照會

凡赴任程限大德八年定赴任官在家裝束假限二千里內三十日三千里內四十日遠不過五十日馬日行七十里車日行四十里乘驛者日兩驛百里以上止一驛舟行上水日八十里下水百二十里職當急赴者不拘此例違限百日外依例作闕

凡赴任公參至元二年定散府州縣赴任官去上司百里之內者公參百里之外者申到任月日上司官不得非理勾擾失誤公事

凡官員給假中統三年省議職官在任病假及緣親病假滿百日所在官司勘當申部作闕仍就任所給據期年後給由求敘自願休閒者聽　至元八年省准在任因病求醫并告假侍親者擬自離職住俸日爲始限一十二月後聽仕其之任官果因病患事故不能赴任自受除日爲始限一十二月後聽仕　部擬凡外任官日久不行赴任除行程并裝束假限外違者計日斷罪

二十七年議祖父母父母喪亡并遷葬者許給假限其限內俸鈔擬合支給違例不到停俸定罪　二十八年部議官吏遠離鄉土不幸患病難議截日住俸果有患病官吏百日內給俸百日外停俸作闕　大德元年議雲南官員如遇祖父母父母喪葬其家在中原者並聽解任奔赴　二年詔凡值喪除蒙古色目人員各從本俗外管軍官并朝廷職不可曠者不拘此例　五年樞密院臣議軍官宜限以六月越限日以他人代之期年後授以他職　七年議已除官員若有病故及因事不能赴任者卽牒所在官司否則親鄰主首呈報上司別行銓注　八年吏部言赴任官卽將署事月日飛申以憑摽附有犯贓事故並仰申聞　天曆二年詔官吏丁憂各依本俗蒙古色目倣效漢人者不用部議蒙古色目人願丁父母憂者聽

凡官員便養至大三年詔銓選官員父母衰老氣力單寒者得就近遷除尤爲便益果有親年七十以上別無以次侍丁合從元籍官司保勘明白斟酌定奪

凡遠年求敘元貞元年部擬自至元二十八年三月爲限於本處官司明具實跡保勘申覆上司遷敘　大德七年議求敘人員具由陳告州縣體覆相同明白定奪依例敘用

銓法下

凡省部令史譯史通事等至元六年省議舊例一百二十月出職今案牘繁冗難同舊日會量作九十月爲滿其通事譯史繁劇合與令史一體近都省未及兩考省令史譯史授宣注六品職事部令史已授省劄注從七品職事今擬省令譯史通事由六部轉充者中統四年正月已前合與直補人員一體擬九十月考滿注六品職事回降正七一任還入六品中統四年正月已後將本司歷過月日三折二驗省府月日考滿通理九十月出職與正七職事並免回降　職官充省令譯史舊例文資右職參注一考滿合得從七品注從六品未合得從七品注正七品如更勒留一考合同隨朝陞一等一考滿未得從七注正七品者回降從七還入正七一考滿合得從七注從六品合得正七注正六品者免回降正從六品人員不合收補省令史譯史如有已補人員合同隨朝一考陞一等注授　中統四年正月已前收補部令史譯史通事擬九十月爲考滿照依已除部令史例注從七品回降正八一任還入從七　中統四年正月已後充部令譯史通事人員亦擬九十月爲考滿依舊例正八品職事仍免回降省宣使舊例無此職名中統以來初立中書省受宣命充宣使者擬出職正七品職外有非宣授人員擬九十月爲考滿與正八品　至元二十年吏部言准內外諸衙門令譯史通事知印宣使奏差等病故作闕未及九十月並令貼補値例革者比至元九年例定奪省准宣使各部令史出職同三考從七一考之上驗月日定奪一考之下二十月以上者正九十五月以上者從九十五月以下擬充巡檢　臺院大司農司譯史令史出身同三考正七一考之上驗月日定奪一考之下二十月以上從八十五月以上正九十五月以下十月之上從九添資十月以下巡檢宣使三考正八品一考之上驗月日定奪一考之下二十月以上從九十五月以上巡檢十五日以下酒稅醋使　部令史譯史通事三考從七一考之上驗月日定奪一考之下二十月以上者正九十五月以上從九十五月以下令史提控案牘通事譯史巡檢　奏差三考從八品一考之上驗月日定奪一考之下二十月以上巡檢十五月之上酒稅醋使十五月之下酒稅醋都監　大德四年中書省准吏部擬腹裏江南都吏目提控案牘陞轉通例凡腹裏提控案牘都吏目京畿漕運司令史元擬六十月考滿今准九十月考滿都漕運司令史九十月諸路寶鈔提舉司吏元擬六十月考滿今准九十月考滿萬億四庫司吏元擬六十月考滿今准九十月考滿大都路令史元擬六十月考滿任回減資陞轉今准六十月考滿不須減資大都運司令史九十月考滿都目寶鈔總庫司吏元擬六十月都目九十月提控案牘今准九十月都目富寧庫司吏元擬六十月提控案牘今准九十月都目左右八作司司吏元擬六十月今准九十月都目又議已經改擬出職人員各路司吏轉充提控案牘都目比同陞用其餘直補人數並循至元二十一年之例遷用江南提控案牘都目至元二十五年呈准各路司吏六十月吏目兩考陞都目一考陞提控案牘兩考正九路司吏九十月吏目一考轉都目餘皆依上陞轉江南提控案牘除各路司吏比腹裏路司吏至元二十五年呈准例遷除其餘已行直補并自行保擧自呈准月日立格實歷案牘兩考者止依至元二十一年定例九十月入流未及兩考者再添一資遷除例後違越攙補者雖歷月日不准　大德十一年省臣奏凡內外諸司令史譯史通事知印宣使有出身者一半於職官內選用依舊一百二十月爲滿外任減一資又議選補吏員除都省自行選用外各部依元設額數遇闕職官與籍記內相參發補合用一半職官從各部自行選用通事知印從長官選用譯史則從翰林院試發都省書寫典吏考滿人內挨次上名補用其有不敷從翰林發補奏差亦於職官內選一半餘於籍記應例人內發補歲貢人吏依已擬在役聽候　省議六部令史如正從九品不敷從八品內亦聽選取省掾正從七品得代有解由并見任未滿已除未任文資流官內選取考滿於應得資品上陞一等除元任地方雜職不用院臺令史如元係七品之人亦在選補之例　譯史通事選識蒙古回回文字通譯語正從七品流官考滿驗元資陞一等注元任地方雜職不預　知印於正從七品流官內選取考滿並依上例注授雜職不預　宣使於正從八品流官內選取仍取色目漢人相參歷一考於應得資品上陞一等除元任地方雜職不預

凡歲貢吏員至元十九年省議中書省掾於樞密院御史臺令史內取臺院令史於六部令史內取六部令史以諸路歲貢人吏補充內外職官材堪省掾及院臺部令史者亦許擢用省掾考滿資品旣高責任亦重皆自歲貢中出若不教養銓試必致人材失眞今擬定例于後　諸州府隷省部者儒學敎授選本管免差儒戸子弟入學讀書習業非儒戸而願學者聽遇按察司本路總管府歲貢之時於學生內選行義脩明文學優贍通經史達時務者保申解貢　各路司吏有闕於所屬衙門人吏內選取委本路長官參佐同儒學敎授考試習行移算術字畫謹嚴語言辯利詩書論孟內通一經者爲中式然後補充按察司書吏有闕府州司吏內勾補至歲貢時本州本路以上再試貢解　諸歲貢吏當該官司於見役人內公選以性行純謹儒吏兼通者爲上才識明敏吏事熟閑者次之月日雖多才能無取者不許呈貢　二十二年省擬呈試吏員先有定立貢法各道按察司上路總管府凡三年一貢儒吏各一人下路二年貢一人以次籍記遇各部令史有闕補用若隨路司吏及歲貢儒人先補按察書吏然後貢之於部按察書吏依先例選取考試唯以經史吏業不失章指者爲中選隨路貢擧元額自至元二十三年爲始各道按察司每歲於書吏內以次貢二名儒人一名必諳吏事吏人一名必知經史者遇各部令史有闕以次勾補　元貞元年詔諸路有儒通吏事吏通經術性行脩謹者各路薦擧廉訪司試選每道歲貢二人省臺委官立法考試必中程式方許錄用　大德二年貢部人吏擬宣慰司廉訪司每道歲貢二人儒吏兼通者自大德三年爲始依例歲貢應合轉補各部寺監令史依至元新格發遣到部之日公座試驗收補　九年省判凡選府州敎授年四十已下願試吏員程式許補各部令史除南人已試者別無定奪到部未試之人依例考試　至治二年省准各道廉訪司書吏先儘儒人不敷者吏員內充貢各歷一考依例試貢

凡補用吏員至元十一年省議有出身人員遇省掾有闕擬合於正從七品文資職官并臺院六部令史內從上名轉補　翰林兩院擬同六部令史有闕於隨路儒學敎授通吏事人內選補　樞密院御史臺令史省掾有闕從上轉補考滿依例除授又於正從八品文資官及六部令史內轉補　省斷事官令史與六部令史一體三考出身於部令史內發補　少府監令史擬於六部并諸衙門考滿典吏內補用　十三年省議行工部令史與六部令史一體於應補人內挨次塡補　十四年詔諸站都統領使司令史擬同各部令史令旣改通政院與臺院令史一體出身於各部令史內選補　十五年部擬翰林兼國史院令史同臺令史一體出身於各部令史內選取　二十一年省議江淮江西荆湖等處行省令史擬將至元十九年咨發各省貼補人員先行收補不許自行踏逐移咨都省於六部見役令史內補充或參用職官則從行省新除正從八品職官內選取雜職官不預　二十二年宣徽院令史考滿正七品遷敘於六部請俸令史內選取　總制院與御史臺同品令譯史通事一體如之　二十四年省准大都留守司兼少府監令史依宣徽院大司農司例遷　二十八年省議陝西行省令史於各部及考令史并正從八品流官內選補　二十九年大司農司令史於各部一考之上令史及正從八品職官內選取　省掾有闕於正七品文資出身人員內選吏員於樞密院御史臺令史

元係六部令史內發充歷二十月以上者選如無於上名內選　三十一年省准內史府令史於各部下名令史內選　大德三年省准遼陽省令史宜從本省選正從八品文資職官補用復令各部見役令史內不限歲月或願充或籍貫附近或選到職官逐旋選解　國子監令譯史於籍記寺監令史內發補　上都留守司令史於籍記各部令史內或於正八品職官內選用考滿從七品遷用　宣徽院闌遺監令史准本院依驗元准月日挨補考滿同自行踏逐者降等遇闕如係籍記令史并常調提控案牘內及本院兩考之上典吏內補充者考滿依例遷敘自行選用者止於本衙門就給付身不入常調　四年部擬上都留守司令史仍聽本司於正從八品流官內或於上都見役寺監令史河東山北二道兼訪司上名書吏內就便選用　上都兵馬司司吏發補附近隆興大同大寧路司吏相應　部擬各處行省令史除雲南甘肅征東外其餘合依至元二十一年定例於六部見役上名令史或正從八品流官參補不敷聽於各道宣尉司元係廉訪按察司轉補見役兩考之上令史內選充以宣尉司役過月日折半准算通理一百二十月方許出職　大德五年擬檀景等處採金鐵冶都提舉司人吏於附近州縣司吏內遴選　六年省擬太醫院令史於各部令史并相應職官內選取　長信寺令史於元保內選補考滿降等敘用有闕於籍記令史內發補　七年擬刑部人吏於籍記令史內公選不許別行差補考滿離役依例選取餘者依次發補　禮部省判許於籍記部令史內選取儒吏一名續准一名於籍記部令史內從上選補　戶部令史於籍記部令史內從上以通曉書算練達錢穀者發遣從本部試驗收補　八年省准隨路補用吏員令各路先以州吏入役月日籍爲一簿府吏有闕從上勾補州吏有闕則於本州籍記司縣人吏內從上勾補　各道宣慰司令史遇闕以籍記部令史下名發補新除正從九品流官內選取　九年省准都城所係在京五品衙門司吏歷兩考轉補京畿都漕運兩司令史遇闕以倉庫攢典歷一考者選充及兩考則京畿都漕運兩司籍名遇闕依次收補　上都寺監令史有闕先儘省部籍記常調人員發補仍於正從九品流官內并應得提控案牘內選取不敷就取元由路吏考滿陞充都吏目典史准吏目月日及大同大寧隆興三路司吏歷兩考之上者參用　十年省准司縣司吏有闕於巡尉司吏內依次勾補巡尉司吏有闕從本處耆老上戶循衆推舉仍將祗應月日均以歲爲滿州吏有闕縣吏內勾補路吏有闕州吏內勾補若無所轄府州於附近府州吏內勾補縣吏發補附近府州司吏　戶刑禮部合選令史有闕於籍記令史上十名內并職官到選正從九品文資流官內試選　十一年省准縣吏如歷一考取充庫子一界再發縣吏准理州吏月日路吏有闕依次勾補　至大元年省准典寶監令史就用前典寶署典書蒙古必闍赤一名例從翰林院試補知印通事各一名從長官選保　二年立資國院二品及司屬衙門令史一十名半用職官從本院選半於上名部令史內發補譯史二名內職官一名從本院選外一名翰林院發通事知印各一名從本院長官選宣使八名半參用職官餘許本院自用一名外三名常選相應人內發典吏六名從本院選所轄庫二處每處司庫六名本把四名於常選人內發泉貨監六處各設令使八名於各路上名司吏內選譯史一名從翰林院發通事二名從本監長官選奏差六名各州司吏內選典吏二名本監選以上考滿同都漕運司吏出身所轄一十九處兩提舉司設吏目一人常選內選司吏五名縣司吏內選　三年省准泉貨監令史於各處行省應得提控案牘人內選參用正從九品流官山東河東二監從本部於相應人內發補考滿依例遷用見役自用之人考滿降等敘有闕以相應人補　四年省准江西等處儒學提舉司司吏舊從本司公選後從國子監發補宜從本司選補　典瑞監首領官令譯史等依典寶監例選用考滿遷敘　部議長信寺通事一名例從所保譯史知印令史奏差從本衙門選一半職官餘相應人內選考滿同自用遷敘典吏二名就便定奪其自用者降等敘　皇慶元年省准羣牧監令譯史知印怯里馬赤奏差人等據諸色譯史例從翰林院發補知印通事長官選令史奏差典吏俱有發補定例其已選人考滿降等敘有闕於相應人內選發　大都路令史歷六十月依至元二十九年例陞提控案牘減一資陞轉有過者雖貼滿月日不減資遇闕於所轄南北兩兵馬司并各州見役上名司吏內勾補有闕從本路於左右巡院大興宛平與其餘縣吏通籍從上挨補月日雖多不得無故替罷違例補用者不准除已籍記外有闕依上勾補　覆實司司吏於諸州見役司吏內選不敷則以在都倉庫見役上名攢典發充歷九十月除都目年四十五之下歷一考之上亦許轉補京畿都漕運司令史違例收補別無定奪　二年省准中瑞司譯史從翰林院發知印長官選保令史奏差參取職官一半所選相應考滿依例遷敘奉懿旨委用者考滿本司區用有闕以相應人補　征東行省令譯史宣使人等舊考滿從本省區用若經省部擬發相應之人依例遷用如不應者雖省發亦從本省區用　延祐二年省准河間等路都轉鹽運使司所轄場分二十九處二處改陞從七品司吏有闕依各縣人吏一體於附近各處巡尉捕盜司吏依次以上名勾補再歷一考與各場隣縣吏互相遷調　和林路總管府司吏以本處兵馬司吏歷一考者轉補再歷一考轉稱海宣慰令史考滿除正八品補不盡者六十月受部劄充提控案牘沙瓜二州屯儲總管萬戶府邊遠比例一體出身相應　會福院令譯史通事宣使人等若省部發去者依例遷敘自用者考滿同二品衙門出身例降一等添一資陞轉於常選教授儒人職官并見役各部令史內取補宣使於常職官內參補通事知印從長官選用仍須參用職官典吏從本衙門補用　五年省准詹事院立家令司府正司知印怯里馬赤俱令長官選用令史六名內取教授二名職官二名廉訪司書吏二名譯史一名於蒙古字教授及都省見役蒙古書寫內選補奏差二名以相應人補

凡宣使奏差委差巡鹽官出身　中書省宣使至元九年曾受宣命補充者九十月考滿正七品省劄宣使九十月考滿比依部令史例從七品其臺院宣使各部奏差比例定擬　二十三年省准省部臺院令譯史通事宣使奏差人等未滿九十月不許預告遷轉都省元定六部奏差遷轉格例應入吏目選充者三考從八品應入提控案牘人員選充者三考從八品任回減一資陞轉巡檢提控案牘選充者一考正九品　二十四年省准大都留守司兼少府監奏差改充宣使合於各部奏差內選取改陞宣使月日爲始考滿比依宣徽院大司農司一體出身自行踏逐者降等遷敘　大司農司所轄各道勸農營田內書吏於各路司吏內選取考滿提控案牘內任用奏差就令本司選委　二十九年省准各道廉訪司通事譯史出身比依書吏一體考滿正九奏差考滿依通事譯史降二等量擬於錢穀官并巡檢內任用　三十年省准延慶司奏差比依家令司奏差一體考滿正九品自行踏逐者降一等　大德四年省准諸路寶鈔提舉司奏差改稱委差九十月爲滿於酌中錢穀官內任用　五年部議山東運司奏差九十月近下錢穀官內任用大都運司一體定奪　六年部擬河間運司巡鹽官依奏差出身九十月近下錢穀官內任用　七年部擬凡奏差自改立廉訪司爲始九十月歷巡檢三考轉從九　皇慶元年各道廉訪司奏差出身於本道所轄上名州司吏內選取九十月都目內任用若有路吏并典吏內取充者歷兩考比依上例都目內陞轉

凡庫藏司吏庫子等出身　至元二十六年省准上都資乘庫庫子本把九十月近上錢穀官內任用　衛尉院利器庫壽武庫庫子踏逐者九十月近上錢穀官內任用　二十八年省擬泉府司富藏庫本把庫子六十月近下錢穀官內任用　大府監行由藏庫子三周年爲滿省劄錢穀官內遷敘　備用庫提控三十月庫子本把三周歲近上錢穀官內任用　三十年省准大都留守司兼少府監器備庫庫子本把六十月近下錢穀官內任用　三十年省准宣徽院生料庫庫子本把并太醫院所轄御藥局院本把出身例六十月近上錢穀官一體遷敘　大德元年部擬中御府奉宸庫庫子以三周歲爲滿擬受省劄錢穀官本把六十月近上錢穀官內任用　三年省擬萬億四庫左右八作司富寧寶源等庫各設色目司庫二名俱於樞密院各衛色目軍內選差考滿巡檢內任用自行踏逐者一考並同循行如此又漢人司庫於院務提領大使都監內發補二周歲滿日減一界陞轉其色目司庫於到選錢穀官內選發考滿優減兩界　都提舉萬億庫提控案牘比常選人員任迴減一資陞用司吏三十五人除色目四人外漢人有闕於大都總管府轉運司漕運司下名司吏內選取三十月擬充吏目四十五月之上六十月之下都目六十月以上轉提控案牘省擬六十月以上四十五月以下願充寺監令史者聽司庫五十人除色目一十四人另行定奪外漢人於大都路人戶內選用二周歲爲滿院務提領內任用都監內充司庫二年爲滿於受省劄錢穀官內任用務使充司庫二年爲滿於從九品雜職內任用秤子五人於大都人戶內選充一年爲滿於近下錢穀官內任用　太醫院御藥局本把六十月近上錢穀官內任用　四年受給庫依油磨坊設攢典庫子從工部選　會同館收支庫攢典與長秋庫同上都廣積萬盈二倉係正六品永豐係正七品比之大都平准庫品級尤高擬各倉攢典轉寺監本把并萬億

庫司吏相應　提舉廣會司庫子考滿近下錢穀官內任用　侍儀司法物庫所設攢典庫子依平准行用庫例補用　五年大都尚食局本把擬於錢穀官內遷敍本院自行踏逐者就給付身考滿不入常調　都提舉萬億寶源庫色目司庫擬於巡檢內任用添一資陞轉　京畿都漕運司司倉於到選錢穀官內選發　六年部呈凡路府諸州提控案牘都吏目等諸衙門吏員出身應得案牘都吏目如係路府司吏轉充之人依舊遷除其由倉庫攢典雜進者得提控案牘改省劄錢穀官都目近上錢穀官吏目改酌中錢穀官提控案牘都吏目月日考滿於流官內遷用　廣勝庫子合從武備寺給付身考滿本衙門定奪　大積等倉典吏與四庫案牘所掌事同任回減一資陞用　七年各路攢典庫子部議江北及行省所轄路分庫子依已擬於司縣司吏內差補周歲發充縣司吏遇州司吏有闕挨次勾補諸倉庫攢典有闕於各部籍記典吏內發補左右八作司等五品衙門內司吏有闕却於各倉庫上名攢典內發補若萬億庫四品衙門司吏有闕亦於上項司吏內從上轉補將役過五品衙門月日五折四准算通理九十月考滿提控案牘內遷用如轉補不盡五品衙門司吏考滿止於都吏內任用油磨坊抄紙坊攢典有闕並依上例　回回藥物院本把六十月酌中錢穀內定奪九年省准提舉和林倉昔寶赤八剌哈孫倉孔古列倉司吏六十月酌中錢穀官內委用資成庫庫子出身部議比依太府利用章佩中尚等監武備寺庫有闕如係本衙門典吏請俸一考轉補者六十月爲近上錢穀官其餘補充之人九十月依上遷用　和林等處宣慰司都元帥府所轄廣濟庫庫子攢典自行踏逐者比依三倉例六十月於近下錢穀官內定奪　至大二年省准廣禧庫庫子依奉宸庫例出身如係本把一考之上轉充者四十五月受省劄錢穀官其餘補充之人六十月依上例遷用本把元係本衙門請俸一考典吏轉補者六十月近上錢穀官其餘補充者九十月亦依上例遷用　上都東西萬盈廣積二倉司倉與倉官一體二周歲爲滿　三年省准各路庫子於各處錢穀官內發補擬不減界考滿從優定奪江北庫子止依舊例和林設立平准行用庫庫子宜從本省相應人內量選二名二周歲爲滿近下錢穀官內定奪　皇慶元年部議文成供須藏珍三庫本庫庫子依太府監庫子例常選內委用考滿比例遷除有闕於常調人內發補自行選用者考滿從本院定奪若係常選任用者考滿依例遷敍　二年殊祥院所轄萬聖庫庫子攢典依崇祥院諸物庫例出身部議如比上例三十月轉補五品衙門司吏再歷三十月於四品衙門司吏內補用其庫子合於常調籍記倉庫攢典人內發補六十月爲滿於務都監內任用自行委用者考滿本衙門定奪　延祐元年省議腹裏路分司倉庫子於州縣司吏內勾補滿日同舊例陞轉

凡書寫銓寫書吏典吏轉補　至元二十五年省准通政等二品衙門典吏九十月補本院宣使各寺監典吏比依上例考滿轉補本衙門奏差　戶部塡寫勘合典吏與管勘合令史一體考滿從優定奪　參議府左右司客省使令史書寫四十五月轉補如補不盡於提控案牘內任用於各部銓寫及典吏內收補　會總房承發司照磨所架閣庫典吏各部銓寫六十月轉補已上都目內任用　各部典吏幷左右部照磨所架閣庫典吏於都省參議府左右司客省使令史書寫內以次轉補如補不盡六十月轉補各監令史已上吏目內任用　樞密院典吏銓寫依御史臺典吏一體六十月轉部轉補不盡六十月已上於都目內任用御史臺典吏遷察院書吏有闕從上挨次轉補通理六十月補各道按察司書吏部令史有闕亦行收補　二十六年省准上都留守司兼本路都總管府典吏九十月補本司宣使考滿依例定奪　二十七年省准漕運使司令史九十月提控案牘內任用如年四十五以下願充寺監令史者聽　省院臺部書寫銓寫典吏人等出身與各道宣慰司按察司隨路總管府歲貢吏員一體轉部書寫人等止令轉寺監等衙門令史　二十八年省准參議府左右司客省使令史各房書寫有闕擬於都省典吏內選補五折四令史書寫月日通折四十月轉部及六部銓寫典吏一考之上選充三折二令史書寫月日通折四十五月轉補各部令史如已行選用者四十五月補寺監令史　參議府左右司客省使令史各房書寫有闕擬於都省典吏內選補五折四令史書寫月日通折四十五月轉部及六部銓寫典吏一考之上選充三折二令史書寫月日通折四十五月轉補各部令史如自行選用者四十五月補寺監令史　部議執總會總房照磨承發司架閣庫典吏一考之上轉補參議府左右司客省使令史補不盡者四十五月補寺監令史有闕於六部銓寫典吏一考之上選充三折二省典吏月日通折六十月轉補各部令史若轉充參議府左右司客省使令史都省書寫五折四令史書寫月日通折四十五月轉部如自行選用者六十月補寺監令史　六部銓寫典吏幷左右部照磨所架閣庫典吏一考之上選省書寫典吏月日補不盡者六十月轉補寺監令史省議除見役外後有闕擬於都省各房寫發人內公舉發補除轉充參議府左右司客省使令史都省書寫典吏者依前例轉補不盡者六十月充都目　二十九年部擬御史臺典吏三十月依廉訪司書吏轉補察院三十月轉部補不盡者考滿從八品遷用外行臺典吏三十月轉補行臺察院書吏再歷三十月發補各道宣慰司令史　參議府令史四十五月轉部令史　光祿寺典吏考滿轉補本衙門奏差　元貞元年省准省部見役典吏實歷俸月名排籍記遇都省書寫典吏有闕從上挨次發補　樞密院銓寫一考之上補都省書寫通折月日陞轉外本院銓寫有闕補請俸上名典吏　大德元年省准兩淮本道書吏轉補行臺察院書吏江南宣慰司令史　雲南四川河西三道書吏在邊遠者三十月爲格依上遷補　江浙行省檢校書吏於行省請俸典吏內選補以典吏月日五折四通折書吏六十月轉各道宣慰司　四年省准徽政院掌儀掌膳掌醫署書吏宜從本院通定名排若本院典吏有闕以次轉補　八年省議院臺以下諸司吏員俱從吏部發補據曾經省發幷省判籍定典吏令史從吏部依次試補元籍記典吏見在寫發者遇各庫攢典試補　省掾每名設貼書二名就用已籍記者呈左右司關吏部籍定遇部典吏闕收補歷兩考從上名轉省典吏除一考外餘者折省典吏月日兩考陞補參議府左右司客省使令史書寫檢校書吏通折四十五月補不盡省典吏六十月遇寺監令史宣慰司令史有闕依次發補除宣慰司令史已有貢部定例寺監令史歷一考與籍記部令史通籍發補各部令史寺監見役人等雖經准設未曾補闕不許轉部考滿依舊例遷敍其省部典吏書寫人等轉入寺監宣慰司願守考滿者聽　御史臺令史一名選貼書二名依次選試相應充架閣庫子轉補典吏三十月發充各道廉訪司書吏再歷一考依例歲貢　三品衙門典吏歷三考陞宣使補不盡本衙門於相應闕內委用　部典吏一考之上轉省典吏補不盡者三考補本衙門奏差兩考之上發寺監宣慰司奏差外據六部係名貼書合與都省寫發人相參轉補各部典吏補不盡者發各庫攢典都省寫發人有闕於六部係名貼書內參選不盡者依舊發各庫攢典　九年省准獄典歷一考之上轉各部典吏　翰林國史院書寫考滿除從七品有闕從本院於籍記教授試准應補部令史內指名選用　太常寺典吏歷九十月注吏目　工部符牌局典吏三十月轉各部典吏　翰林國史院蒙古書寫四十五月轉補寺監蒙古必闍赤　宣徽院所轄寺監令史有闕於到部籍記寺監令史與本院考滿典吏挨次發補　十年省准陝西諸道行御史臺察院書吏若係腹裏歲貢廉訪司見役書吏選取人數須歷一考以上名貢部下名轉補察院　總管府獄典轉州司吏府州者補縣吏須歷一考方許轉補　江浙行省運司書吏九十月陞都目添一資陞轉如非各路散府上州司吏補充役過月日別無定奪　十一年省准左司言照磨所典吏遇闕宜於左右部照磨所典吏內從上發補各路府州獄典遇闕於廉訪司寫發人及各路通曉刑名貼書內參補　至大元年省准各部蒙古必闍赤如係翰林院選發之人四十五月遇各衙門譯史有闕依次與職官相參補用不敷從翰林院發補　三年省准詹事院蒙古書寫如係翰林院選發之人四十五月遇典用等監衙門譯史有闕依次與職官相參補用不敷從翰林院選發　和林行省典吏轉理問所令史四十五月發補稱海宣慰司令史轉補不盡典吏須歷六十月依上發補　中瑞司掌謁司典書九十月與寺監令史一體除正八品　行臺察院書吏俱歷九十月依舊出身敘任迴添一資陞轉　內臺察院轉部行臺察院轉江南宣慰司令史北人貢內臺察院各道廉訪司書吏先役書吏歷九十月擬正九品任回添一資陞轉　省議廉訪司書吏上名貢部下名轉察院不盡者通九十月除正九品察院書吏三十月轉部不盡者九十月除從八品非廉訪司取充則四十五月轉部不盡者考滿除正九品　二年議廉訪司書吏貢察院書吏不盡者九十月除正九品行臺察院書吏轉補不盡者如之內臺察院書吏轉部年高不願轉部者九十月除從八品　皇慶元年部議廉訪司職官書吏合依通例選取不許遷敘候書吏考滿通理敘用　職官先嘗爲廉訪司書吏者避元役道分并其餘相應職官歷三十月減一資又教授學正學錄并府州提控案牘都吏目內委充職官各理本等月日其餘歲貢儒吏依例選用又廉訪司奏差內臺行臺典吏有能者歷一考之上選充書

吏通儒書者充儒人數通吏業者充吏員數　參議府左右司客省使令史書寫檢校書吏依至元二十八年例以省典吏選充五折四令史書寫書吏月日通折五十五月轉部省典吏係六部銓寫典吏轉充三折二省典吏月日通折六十月轉各部令史自用之人幷轉補不盡省典吏考滿發補寺監各道宣慰司令史　二年省准河東宣慰司選河東山西道廉訪司書吏充令史合迴避按治道分選取其餘亦合一體　延祐三年部擬行臺察院書吏各道廉訪司掌書元係吏員出身者並依舊例以九十月爲滿依漢人吏員降等於散府諸州案牘內選用任迴依例陞轉　太宗正府蒙古書寫四十五月依樞密院轉各衞譯史除正八品例籍定發補諸寺監譯史　察院書吏與宣慰司令史皆係八品出身轉部者宜以五折四理算宣慰司令史出身正八品察院從八品其轉補到部者以五折四准算太優今三折二其廉訪司徑發貢部及已除者難議理算　天曆元年臺議各道書吏額設一十六人有闕宜用終場下第舉子四人教授四人各路司吏四人通吏職官四人委文資正官試驗相應方許入部

凡衞翼吏員陞轉　皇慶元年樞密院議各處都府幷總管高麗女直漢軍萬戶府及臨清萬戶府秩三品本府令史有闕於一考都目兩考吏目幷各衞三考典吏內呈院發補九十月歷提控案牘一任於各萬戶府知事內選用　延祐六年樞密院議各衞翼都目得代兩考者擬受院劄提控案牘內銓注三考陞千戶所知事月日不及者各衞翼挨次前後得代日期於都目內貼補　各衞提控案牘年過五旬已歷四考者陞千戶所知事及兩考年四十五以下發補各衞令史不及兩考者止於案牘內銓注受院劄通理一百二十月於千戶所知事內選用　各處蒙古都元帥府額設令史有闕於本府所轄萬戶府幷奧魯府上名司吏年四十以下者選職呈院准設歷一百二十月再歷提控案牘一任於萬戶府知事內遷用　泰定三年樞密院議行省所轄萬戶府司吏有闕於本翼上千戶所上名司吏內取補須行省准設九十月充吏目一考轉都目一考除千戶所提領案牘一考陞萬戶所提控案牘歷兩考通歷省除一百五十月行省照勘相同咨院於萬戶府知事內區用

凡各萬戶府司吏　蒙古都萬戶府司吏有闕於千戶所司吏內選補歷一百二十月陞千戶所提領案牘一考萬戶府案牘通理九十月轉萬戶府知事　漢軍萬戶府幷所轄萬戶府及奧魯府司吏於千戶所司吏內補用呈院准設九十月充吏目一考都目一考陞千戶所或都千戶所奧魯府提控案牘再歷萬戶府或都府奧魯府提控案牘兩任於萬戶府知事內用　各處都府令史於一考都目兩考吏目幷各衞請俸三考典吏內呈院發補九十月爲滿再歷提控案牘一任於各萬戶府知事內選用　各處蒙古軍元帥府令史大德十年擬於本府所轄萬戶府幷奧魯府上名司吏內年四十以下者選補呈院准設歷一百二十月再歷提控案牘一任於萬戶府知事內遷用　各省鎮撫司令史於各萬戶府上名六十月司吏內選取受行省劄三十月爲滿再於各萬戶府提控案牘內歷一百二十月知事內定奪　各衞翼令史有出身轉補者九十月正八無出身者從八內定奪

凡提控案牘都目　至元二十一年三月已後受院劄九十月爲滿行省行院劄一百二十月爲滿於萬戶府知事內用　大德四年案牘年過五旬已歷四考者於千戶所知事內定奪外及兩考四十五以下發補各衞令史若不及考者止於案牘內銓注受院劄通理一百二十月於千戶所知事內用　各衞翼都目延祐六年請俸兩考者院劄提控案牘內銓注歷三考陞千戶所知事月日不及者各衞翼都目內貼補如各衞典吏轉充者六十月直隸本院萬戶府提控案牘弩軍屯田千戶所鎮撫司提控案牘內銓注無俸人轉充者二十月依上陞轉　鎮撫司屯田弩軍千戶所都目依中州例改設案牘止請都目俸三十月爲滿依例注代

元史卷八十四

明翰林學士亞中大夫知制誥兼修國史宋　濂等修

選舉志第三十四

選舉四

考課

凡隨朝職官至元六年格一考陞一等兩考通陞二等止六部侍郎正四品依舊例通理八十月陞三品左右司郎中員外郎都事考滿陞二等六部郎中員外郎主事三十月考滿陞一等兩考通陞二等

凡官員考數省部定擬從九品擬歷三任陞從八正九品歷兩任陞從八正八品歷三任陞從七從七歷三任呈省正七歷兩任陞從六從六品通歷三任陞從五正六歷兩任陞從五從五轉至正五緣四品闕少通歷兩任須歷上州尹一任方入四品內外正從四品通理八十月陞三品

凡取會行止中統三年詔置簿立式取會各官姓名籍貫年甲入仕次第至元十九年諸職官解由到省部考其功過以憑黜陟大德元年外任官解由到吏部止於刑部照過將各人所歷立行止簿就檢照定擬

凡職官迴降至元十九年定江淮官已受宣勅資品相應例陞二等遷去江淮官員依舊於江淮任用其已考滿者並免回降不及考者例存一等有出身未合入流品受宣者任迴三品擬同六品四品擬同七品正從五品同正八品受敕者正從六品同從八品七品八品同正從九品正從九品同提領案牘巡檢無出身及白身人受宣者三品同七品四品同八品正從五品同正九品受勅者正從六品同從九品七品八品同提領案牘巡檢正從九品擬院務監當官其上項有資品人員再於接連福建兩廣溪洞州郡任用擬陞一等兩廣福建別議陞轉　至元十四年都省未注江淮官已前創立官府招撫百姓實有勞績者其見受職名若應受宣者三品同七品四品五品擬同八品若應受勅者正從六品同正從九品其七品八品擬同提控案牘巡檢正從九品擬同院務監當官無出身不應敘白身人其見受職名應受宣者三品同八品四品五品同九品應受勅者正從六品同提控案牘巡檢七品以下擬院務監當官其上項人員若再於接連福建兩廣溪洞州郡任用擬陞一等兩廣福建別議陞轉至元十四年已後新收撫州郡准上例定奪　前資不應又陞二等遷去江淮官員任迴擬定前資合得品級於上例陞二等止於江淮遷轉若於腹裏任用並依上例七品以下已歷三品四品者比附上項有出身未入流品人員例從一高前三件於見擬資品上增一等銓注　二十一年詔軍官轉入民職已受宣勅不曾之任者擬自准定資品換授從禮任月日爲始理算資考陞轉若先受宣敕已經禮任資品相應者通理月日陞轉外據驟陞人員前任所歷月日除一考外餘月日與後任月日依准定資品通理陞轉不及考者擬自准定資品換授從禮任月日爲始理算資考陞轉　腹裏常調官除資品相應者依例陞轉外有前資未應入流品受宣敕者六品以下人員照勘有無出身依驗職事品秩自受勅以後歷一考者同江淮例定擬不及考者更陞一等五品以上人員斟酌比附議擬呈省據在前已經除授者任迴通理定奪

凡吏屬年勞差等　至元六年吏部呈省部譯史通事舊以一百二十月出職今案牘繁冗合以九十月爲滿

十九年部擬行省通事譯史令史宣使或經例革替罷所歷月日不等如元經省掾發去不及一考者擬令貼補及一考之上者比臺院令史出身例定奪自行踏逐者降一等敘不及一考者發還本省區用宣慰司人吏經省院發不及一考者擬貼補及一考之上者比部令史出身降一等定奪自行踏逐者又降一等不及一考者別無定奪　二十年省擬雲南行省極邊重地令譯史人等六十月考滿　甘肅行省令譯史人等六十五月考滿本土人員依舊例用　二十五年省准緬中行省令史依雲南行省一體出身　大德元年省臣奏以省臺院諸衙門令譯史通事知印宣使等舊以九十月爲滿陞遷太驟今以一百二十月爲滿於應得職事內陞用又寫聖旨掌奏事選法應辦刑名文字必闍赤等以八月折十月今後毋令折算　四年制以諸衙門令譯史宣使人等一百二十月爲滿部議遠方令譯史人等甘肅福建四川於此發去九十月爲滿兩廣海北海南道於此發去八十月滿雲南省八十月滿土人一百二十月滿都省議俱以九十月爲考滿土人依例一百二十月爲滿　至大元年部議和林行省卽係遠方其人吏比四川甘肅行省九十月出職　二年詔中外吏員人等依世祖定制以九十月滿務詳歷一百二十月已受除者依大德十一年內制外任減一資所有詔書已後在選未曾除受幷見告滿之人歷一百二十月者合同四考理算外任一資不須再減省擬以九十月爲滿餘有月日後任理算應滿而不離役者雖有役過月日不准　三年省准河西廉訪司書吏人等月日部議合准舊例雲南六十月河西四川六十五月土人九十月爲滿　皇慶二年部議凡內外諸司吏員舊以九十月爲滿大德元年收一百二十月爲滿至大二年復舊制一紀之間受除者衆其元除有以三十月爲一考者亦有四十月爲一考者以所除不等往往援例陳訴有礙選法擬合依已降詔條爲格係大德元年三月七日以後入役至未復舊制之前已除未除俱以四十月爲一考通理一百二十月爲滿減資陞轉其未滿受除者一體理考定擬餘二十六月已上准陞一等十五月

之上減外任一資十五月之下後任理算改格之後應滿而不離役者役過月日別無定奪

凡吏員考滿授從六品　至元九年省准省令史出身中統四年已前六品陞遷已後七品除授至元之後事繁責重宜依准中統四年已前考滿一體注授　三十一年省議三師僚屬蒙古必闍赤掾史宣使等依都省設置若不由臺院轉補者降等敍　元貞元年省議監脩國史僚屬依三師所設非臺院轉補者降等敍　大德五年部呈考滿省掾各資品省議今後院臺并行省令史選充省掾者離理考滿須歷三十月方許出職仍分省發自行踏逐者各部令史毋得直理省掾月日

凡吏員考滿授正七品　至元九年部擬院臺大司農司令史出身三考正七品一考之上驗月日定奪一考之下二十月以上爲從八品十五月以上正九品十五月以下十月之上爲從九品添一資歷十月以下爲巡檢　十一年部議扎魯大赤令史譯史考滿合依樞密院御史臺令史譯史出身三考出爲正七品自用者降一等有闕於部令史內選取　十四年部擬前諸站統領使司令史同部令史出身今既改通政院從二品通事譯史令史人等宜同臺院人吏一體出身　十五年翰林國史院言本院令史係省准人員其出身與御史臺一體遇闕省掾時亦合勾補准吏部牒本院令史以九十月考滿同部令史出身本院與御史臺皆隨朝二品令史亦合與臺令史一體出身有闕於部令史內選用　十九年部擬泉府司隨朝從二品令史譯史人等由省部發者考滿依通政院例定奪自行用者降一等　二十年定擬安西王王相府首領官令史與臺院吏屬一體遷轉　二十二年部擬宣徽院陞爲二品與臺院品秩相同令史出身合依正七品遷除貢補省院有闕於部令史內選取　揔制院與御史臺俱爲正二品部擬令譯史考滿亦合一體出身　二十三年省准詹事院掾史若六部選充者考滿出爲正七品自用者降等　二十四年集賢院言本院與翰林國史院品級相同省議令史考滿一體定奪　二十五年省議上都留守司兼本路揔管府令史出身三考正八品其自部令史內選取者同宣徽院太醫院令史一體出身上都留守司陞爲正二品見設令史自行踏逐者考滿不爲例從七品內選用部令史內選取考滿宣徽院大司農司令史一體出身　部議都護府人吏依通政院令譯史入等出身由省部發者考滿出爲正七品自用者降一等　二十六年省准都功德使司隨朝二品令譯史人等比臺院人吏一體陞轉　二十九年部呈大司徒令史若各部選發者三考出爲正九自用者降等　崇福司與都護府泉府司品秩相同所設人吏由省部發者考滿出爲正七品自用者降一等　福建省征爪哇所設人吏出征迴還俱同考滿　三十年省准將作院令史依通政院等衙門令史考滿除正七品　部議如係六部選發考滿除正七品自用者本衙門敍　元貞元年內史府秩正二品令史亦於部令史內收補考滿除正七品自用者降等　大德九年部擬闕闕出大司徒令史若各部選發考滿正七自用者降等　至大四年省准會福院令史知印通事譯史宣使典吏俱自用前擬不拘常調考滿本衙門區用隆禧院令史人等如常選者考滿依例遷敍自用者不入常調於本衙門區用　皇慶二年部議崇祥院人吏係部令史發補者依例遷用不應者降等敍　延祐四年部議隆禧院令史譯史通事知印典吏同五臺殊祥院人吏一體常選內委付其出身若有曾歷寺監并籍記各部令史人等考滿同二品衙門出身降等敍白身者降等添一資歷轉省部發去者依例遷敍後有闕令史須於常選教授儒人職官并部令史見役上名內取補宣使於職官并相應內忝補通事知印從長官保選仍忝用職官違例補充別無定奪殊祥院人吏先未定擬亦合一體

凡吏員考滿授從七品　至元六年省擬部令史譯史通事人等中統四年正月以前收補者擬九十月爲滿注從七品回降正八一任還入從七以後充者亦擬九十月爲滿正八品仍免回降　九年吏禮部擬凡部令史二考注從七品一考之上驗月日定奪一考之下二十月以上者正九品十五月以上從九品十五月以下令史提控案牘通事譯史巡檢　太府監改擬正三品與六部同人吏自行踏逐將已歷月日准爲資考似爲不倫擬自改陞月日爲始九十月爲滿同部令史出職有闕於籍記部令史內挨次收補　十一年省議省斷事官令史與六部令史一體出身若是實歷俸月九十月考滿遷除有闕於應補部令史人內挨次補用　省議中御府正三品擬同太府監令史出身九十月於從七品內除授自行踏逐者降一等歇下名闕於應補部令史人內補塡　十三年省議行工部令史與六部令史一體出身　四怯薛令史九十月同部令史出身有闕以籍記部令史內補塡　三十年部呈行省令譯史人等比臺院一體出身行臺行院令譯史通事人等九十月考滿元係都省臺院發去及應補之人合降臺院一等　二十三年省判大都留守司兼少府監令史如係省部發去相應人員同部令史出身九十月考滿從七品自行踏逐者降等　二十四年省判中尚監令史人等若係省部發去人員同太府監令譯史等出身自行踏逐者降等　太史院令史部議如省部發去人員從七品內遷除自行踏逐者降等敍用　部擬行省臺院令史九十月考滿若係都省臺院發去腹裏請俸人員行省令史同臺院令史出身行臺行院降一等俱於腹裏遷用自行踏逐遷降一等於江南任用　二十九年省判鞏昌等處便宜都總帥府令史人等出身擬與各道宣慰司一體自行踏逐者降等敍用　大德三年省准上都留守司令史舊以見役部令史發補以籍居懸遠擬於籍記部令史內選發與六部見役令史一體轉陞二品衙門令史轉補不盡者考滿從七品敍用　八年部擬利用監自大德三年八月已前入役者若充各衙門有俸令史及本監奏差典吏轉補則於應得資品內選用由庫子本把就陞并白身人於雜職內通理定奪自用之人本監委用　皇慶元年制典瑞監人吏俱與七品出身部議太府利用等四監同省發者考滿與六部一體敍其餘寺監令譯史正八品奏差正九品令典瑞監前典寶監人吏出身同大府等監係奉旨事理省議已除者依舊例定奪　三年省准章慶使司秩正二品見役人吏若同隨朝二品衙門考滿除正七品緣係徽政院所轄司屬量擬考滿除從七品自用者降等如係及考部令史轉充考滿正七品未及考者止除從七品有闕須依例補不許自用

凡吏員考滿授正八品　至元十一年省議祕書監從三品令史擬九十月出爲正八品自用者降一等有闕諸衙門考滿典吏內補塡　省議太常寺正三品令史以九十月出爲從八品有闕於應補監令史內取用　省議少府監正四品准軍器監令史出身是省部發去者三考於正八品任用自行踏逐人員考滿降一等　省議尚牧監正四品省部發去令史擬九十月出爲正八品自用者降一等有闕於諸衙門典吏內選補　部擬河南等路宣慰司係外任從二品與隨朝各部正三品衙門相同准令史以九十月同部令史遷轉開元等路宣撫司外任正三品令譯史比前例降一等九十月於正八品內遷轉　十四年部擬樞密院斷事官令史擬以九十月出爲從八品有闕於諸衙門考滿典吏內補用　十六年部擬樞密院斷事官令改從三品所設人吏若係上司發去人員歷九十月比省斷事官令史降等於正八品內遷除自用者降一等遇闕於相應人內發遣　二十一年部擬廣西海北海南道宣慰司令史譯史奏差人等與嶺南廣西道等處按察司書吏人等一體二十月理算一考擬六十月同考滿　省准廣東宣慰司其地倚山瀕海極邊煙瘴令史議合優陞依泉州行省令譯史等以二十月理算一考　二十二年省准詹事院府正家令二司給侍宮闈正班三品令史卽非各司自用人員俸秩與六部同若遇院掾史有闕於兩司令史內遷補擬定資品出身依樞密院所轄各衞令史出身考滿出爲正八品　尚醞監令史與六部令史同議諸監令史考滿正八品內遷用及非省部發去者例降一等尚醞監令史亦合一體　二十三年省准太常寺令史歷九十月正八品內任用有闕於呈准籍記人內選取　雲南省羅羅斯宣慰司兼管軍萬戶府首領官令史人等依雲南行省令史例六十月考滿首領官受勑例以三十月爲一考　武備寺正三品令譯史等出身擬先司農寺令譯史人等依各監例考滿出爲正八品武備寺令史亦合依例遷敍　尚舍監令史擬同諸寺監令史考滿授正八品自行用者降一等尚舍監亦如之　陝西四川行省順元等路軍民宣慰司依雲南令譯史人等六十月爲滿遷轉　二十四年部擬太史院武備寺光祿寺等令史九十月正八品內遷用自用者降一等太醫院係宣徽院所轄令史人等若係省部發去考滿同諸監令史擬正八品自用者降等任用　二十六年省准給事中兼脩起居注人吏依諸寺監令史出身例考滿一體定奪　侍儀司令史依給事中兼起居注人吏遷轉　二十七年省准延慶司令史九十月依已准家令府正兩司例中省部發者出爲正八品自用者降等敍　二十八年省准太僕寺擬比尚乘等寺令史以九十月出爲正八品自用者降一等　拱衞直都指揮使司與武備寺同品令史考滿出爲從八品自用者降一等遷用　蒙古等衞令史卽係在先考滿令史合於正八品內遷敍各衞令史有闕由省部籍記遷發者考滿出爲正八品樞密院所轄都元帥府萬戶府各衞并屯田等司官吏俱從本院定奪遷調見役令史自用者考滿合從本院定奪　宣政院斷事官令史與樞密院及蒙古必闍赤由翰林院發者以

九十月爲從七品通事令史以九十月爲正八品奏差以九十月爲正九品典吏九十月轉本府奏差自用者降等　二十九年部擬左右兩江宣慰司都元帥府令譯史人等依雲南兩廣福建人吏六十月爲滿兩廣敘用譯史除從七品非翰林院選發別無定奪令史省發考滿正八品奏差省發考滿正九品自用者降等敘儀鳳司令史比同侍儀司令史考滿爲正八品自用者降一等　哈迷爲頭只哈赤八剌哈孫達魯花赤令史吏部議與阿速拔都兒達魯花赤必闍赤考滿正八品任用雖必闍赤令史月俸不同各官隨朝近侍一體比依例出身相應　三十年省准孛可孫係正三品令譯史人等比依各寺監令譯史出身相應　都水監從三品令譯史等依寺監令史一體出身考滿正八品敘自用者降等　只兒哈忽昔寶赤八剌哈孫達魯花赤本處隨朝正三品與只哈赤八剌哈孫達魯花赤令史等卽係一體擬合依例考滿出爲正八品　元貞元年省准闕遺監令譯史人等省部發去者考滿正八品內任用自行踏逐者降等　家令司府正司改內宰宮正其人吏依元定爲當　拱衞直都指揮使司陞爲正三品其令譯史等俸俱與光祿寺相同擬係相應人內發補者考滿與正八品奏差正九自用者降等敘　大德三年部擬鷹坊總管府人吏依隨朝三品考滿正八品內遷用　五年部擬和林宣慰司都元帥府人吏合與隨朝二品衙門一體及量減月日部議各道宣慰司令史一百二十月正八品敘自用者降等遷用其和林宣慰司無應取司屬又係酷寒之地人吏已蒙都省從優以九十月爲滿今擬考滿不分自用俱於正八品內遷用　八年部言行都水監准設人吏令史八人奏差六人壕寨一十人通事知印各一人譯史一人公使人二十人都水監令譯史通事知印考滿俱於正八品遷用奏差考滿正九品自用者降等壕寨出身并俸給同奏差行都水監係江南剏立衙門令史比例合於行省所轄常調提控案牘內選取奏差壕寨人等亦須選相應人考滿比都水監人吏降等江南遷用典吏公使人從本監自用　九年部言尚乘寺援武備寺大府章佩等監例求陞加其人吏出身俸給議得各監人吏皆係奉旨陞加尚乘寺人吏合依已擬　至大三年部言和林係邊遠酷寒之地兵馬司司吏歷一考餘轉本路摠管府司吏補不盡者六十月陞都目總管府吏再歷一考轉稱海宣慰司令史考滿除正八品不係本路司吏轉補者降等敘補不盡者六十月部劄提控案牘內任用蒙古必闍赤比上例定奪　部議晉王位下斷事官正三品除怯里馬赤知印例從長官所保蒙古必闍赤翰林院發令史以內史府考滿典吏并籍記寺監令史發補九十月除正八品與職官相參用奏差亦須選相應人九十月依例遷用自用者考滿本衙門定奪　皇慶元年部言衞率府勾當人員令都省與常選出身議得令史係軍司勾當之人未有轉受民職定奪合自奏准日爲格係皇慶元年二月九日以前者同典牧監一體遷敘以後者若係籍記寺監令史常選提控案牘補充依上銓除自用者不入常調　部議徽政院繕珍司見役令史若係籍記寺監令史常調提控案牘院兩考之上典吏補充內宰司令史例考滿除正八通事譯史知印亦依上遷敘自用者降等後有闕須依例發補違例補充別無定奪　二年部議徽政院延福司見役令史若係籍記寺監令史常調提控案牘本院兩考之上典吏補充者依內宰司令史例考滿除正八品通事譯史知印依上遷敘自用者降等後有闕須依例發補不許自用　延祐三年省准徽政院所轄衞候司奉旨陞正三品與拱衞直都指揮使司同品合設令譯史考滿除正八自用者降等衞候司就用前衞候司八吏擬自呈准月日理算考滿同自用遷敘後有闕以相應人補考滿依例敘　徽政院掌飲司人吏部議常選發補令譯史考滿從八奏差從九自用者降等後有闕須以相應人補違例補充考滿本衙門用　四年省准屯儲總管萬戶府司吏譯史出身至大二年尚書省劄和林路司吏未定出身和林係邊遠酷寒去處兵馬司司吏如歷一考之上轉補本路司吏并總管府司吏再歷一考之上轉補稱海宣慰司令史考滿正八品遷除補不盡人數從優擬六十月於部劄提控案牘內任用蒙古必闍赤比依上例定奪其沙州瓜州立屯儲總管萬戶府衙門卽係邊遠酷寒地面依和林路總管府司吏人員一體出身

凡吏員考滿授正九品　至元二十年省准宮籍監係隨朝從五品令史擬九十月正九品例革人員驗月日定奪自行踏逐降一等　二十八年省擬廉訪司所設人吏擬選取書吏止依按察司舊例上名者依例貢部下名轉補察院貢補不盡人數廉訪司月日爲始理算考滿者正九品敘須令迴避本司分治及元籍路分　部議察院書吏出身除見役人三十月轉補不盡者九十月出爲從八品察院書吏有闕止於各道廉訪司書吏內選取依上三十月轉部九十月從八品如非廉訪司書吏取充者四十五月轉部補不盡者九十月考滿降一等出爲正九品　三十年省准行臺察院書吏歷一考之上者轉江南宣慰司令史并內臺察院書吏於見役人內用之若有用不盡人數以九十月出爲正九品江南有闕依內臺察院書吏於各道廉訪司書吏內選取依例轉補　大德四年省擬各道廉訪司書吏至元二十八年七月元定出身上名貢部下名轉補察院書吏貢補不盡者廉訪司爲始理算月日考滿正九品用今議廉訪司先役書吏歷九十月依已定出身正九品注任回添一資陞轉大德元年三月七日已後充廉訪司人吏九十月考滿須歷提控案牘一任於從九品內用通事譯史比依上例　察院書吏至元二十八年十一月元定出身於各道廉訪司書吏內選取三十月轉部九十月從八品內用如非廉訪司書吏取充者四十五月轉部補用不盡者九十月考滿降一等正九品用今議先役書吏九十月依已定出身遷用任回添一資陞轉大德元年三月七日爲始擲入役者止依舊例轉部　行臺察院書吏至元三十年正月元定出身於廉訪司書吏內選取歷一考之上轉補江南宣慰司令史并內臺察院書吏用不盡者九十月正九品江南用省議先役書吏歷俸九十月依已定出身任回添一資陞轉大德元年三月七日始擲入者止依舊例轉補江南宣慰司令史北人貢內臺察院

凡吏員考滿除錢穀官案牘都吏目　至元十三年吏禮部言各路司吏四十五以下以次轉補按察司書吏補不盡者歷九十月於都目內任用六十月以上於吏目內任用　省議上都大都路司吏雖同其餘路分出身依按察司書吏遷用　十四年省准覆實司司吏俱授吏部劄付如歷九十月擬於中州都目內遷若不滿考及六十月於下州吏目內任用有闕以相應人發充　二十一年省准諸色人匠總管府與少府監不同又其餘相體管匠衙門人吏俱未定擬出身量擬比外路總管府司吏考滿於都目內任用　二十二年省准大都等路都轉運使司令史與河間等路都轉運鹽使司書吏出身同外路總管府司吏三名貢舉儒吏二名貢不盡年四十五之上考滿都目內任用　二十三年省准各路司吏轉運司書吏年四十五以上歷俸六十月充吏目九十月充都目餘有役過月日不用奏差宜從行省斟酌月日量於錢穀官內就便銓用　省准覆實司係正五品令史出身比交鈔提舉司司吏出身九十月務使六十月都監六十月之下四十五月之上都監添一界遷用四十五月之下轉補運司令史　部擬京畿漕運司司吏轉補察院書吏不盡四十五以上九十月依例於都目內任用　二十四年部議各道巡行勸農官書吏於各路總管府上名司吏內選取考滿於提控案牘內任用奏差從大司農司選委　省准諸司局人匠總管府令史於都目內任用　二十五年省准大護國仁王寺昭應宮財用規運總管府令譯史人等比大都路總管府正三品司吏九十月提控案牘內任用　部議甘肅寧夏等處巡行勸農司係邊陲遠地人吏依甘肅行省并河西隴北道提刑按察司以二十二月准一考六十五月爲滿　省准供膳司司吏比覆實司司吏九十月出身於務使內任用　二十六年省准巡行勸農司書吏役過路司吏月日三折二准算通理九十月於提控案牘內遷敘　尚書省右司郎中管領大都等路打捕民匠等戶總管令史比依諸司局人匠總管府令史例九十月於都目內任用　省准諸路寶鈔都提舉司司吏有闕於諸路轉運司漕運司上名司吏內選取三十月充吏目四十五月之上六十月之下都目六十月已上轉提控案牘充寺監令史者聽諸路寶鈔提舉司同　奏准大都路都總管府添設司吏一十名委差五名司吏六十月於提控案牘內任用委差於近上錢穀官內委用有闕以有根腳請俸人補充不及考滿不許無故替換　二十七年省准京畿都漕運司令史九十月充提控案牘年四十五之上比依都提舉萬億庫司吏願充寺監令史者聽　二十九年部擬大都路令史四十五以上六十月提控案牘內任用任回減一資陞轉四十五以下六十月之上選舉貢部每歲二名奏差六十月酌中錢穀官內任用　省准京畿都漕運司令史比依諸路寶鈔提舉司司吏出身例三十月吏目四十五月之上六十月之下都目六十月之上提控案牘　三十年省准提舉八作司係正六品司吏四十五月之上吏目六十月之上都目　元貞元年省准大都等路都轉運司令史九十月提控案牘　大德三年省准諸路寶鈔提舉司都提舉萬億四庫司吏九十月提控案牘內任用如六十月之上自願告敘者於都目內遷除有闕於平準行用庫攢典內挨次轉補　省准寶鈔總庫司提舉富寧庫司俱係從五品其司吏

九十月都目內任用如六十月之上自願告叙於吏目內遷除有闕須於在京五品衙門及左右巡院大興宛平二縣及諸州司吏并籍記各部典吏內選　省准提舉左右八作司吏九十月都目內任用六十月之上自願告叙於吏目內遷除有闕於在都諸倉攢典內選補

京畿都漕運使司令史六十月之上於提控案牘內用遇闕於路府諸州并在京五品等衙門上名司吏內選　大都路司吏改爲令史六十月之上年及四十五以下貢部不過二名四十五以上六十月提控案牘內遷用任回減資陞轉大都路都總管府令史依舊六十月於提控案牘內遷叙不須減資有闕於府州兵馬司左右巡院大興宛平二縣上名司吏內選補　大德五年省准河東宣慰使司軍儲所司吏譯史九十月爲滿譯史由翰林院發補司吏由州縣司吏取充與各路總管府譯史司吏一體陞轉自用譯史別無定奪司吏除酌中錢穀官委差近下錢穀官　七年部擬濟南萊蕪等處鐵冶都提舉司及廣平彰德等處鐵冶都提舉司秩四品司吏九十月比散府上州例歷吏目蒙古必闍赤擬酌中錢穀官奏差近下錢穀官典吏三考轉本司奏差　省准陝西省叙州等處諸部蠻夷宣撫司正三品其令譯史考滿比各路司吏人等一體遷用奏差行省定奪　九年宣慰司大同等處屯儲軍民總管萬戶府從三品司吏譯史委差人等九十月爲滿司吏除酌中錢穀官委差近下錢穀官　大德十年省准諸路吏六十月須歷五萬石之上倉官一界陞吏目一考陞都目一考歷中州案牘或錢穀官通理九十月入流五萬石之下倉官一界陞吏目兩考都目一考依上陞轉補不盡路吏九十月陞吏目兩考陞都目依上流轉如非州縣司吏轉補者役過月日別無定奪

凡通事譯史考滿遷叙　至元二年部擬雲南行省極邊重地令譯史等人員擬二十月爲一考歷六十月准考滿叙用　九年省准省部臺院所設知印人等所請俸給元擬出身俱在勾當官之上既將勾當官陞作從八品其各部知印考滿亦合陞正八品擬例減知印除有前資人員驗前資定奪無前資者各驗實歷月日定擬遷叙　二十年各道按察司奏差通事譯史奏差已有定例通事九十月考滿擬同譯史一體遷叙　部議行省行臺行院五品以下官員并首領官亦合比依臺院例一考陞一等任用據行省人吏比同臺院人吏出身已有定例行院行臺令史譯史通事宣使人等九十月滿考元係都省臺院發及應補者擬降臺院一等定奪　部擬甘肅行省令譯史通事宣使人等量擬以六十五月遷叙若係都省發去人員如部議自用者仍舊例　二十一年部議四川行省人吏比甘肅行省所歷月日一體遷除　二十三年部擬福建兩廣行省令譯史通事宣使人等擬歷六十月同考滿止於江南遷用若行省咨保福建兩廣必用人員於資品上陞一等　二十四年部議行省行臺行院令史九十月考滿若係都省臺院發去腹裏相應人員行省令史同臺院令史出身行臺行省降臺院一等俱於腹裏遷用自用者遍降一等止於江南任用　二十七年省議中書省蒙古必闍赤俱係正從五品遷除令蒙古字教授擬比儒學教授例高一等其必闍赤擬高省掾一等內外諸衙門蒙古譯史一體陞等遷叙　二十八年部擬諸路寶鈔都提舉司蒙古必闍赤三十月吏目四十五月都目六十月提控案牘役過月日擬於巡檢內叙用奏差九十月近土錢穀官六十月酌中錢穀官內任用　翰林院寫聖旨必闍赤比依都省蒙古必闍赤內管宣勅者八月算十月遷轉正六品部議寫聖旨必闍赤比依管宣勅蒙古必闍赤一體亦合八折十准算月日外據出身已有定例　崇禮司令譯史知印省部發補者考滿出爲正七品自用者降一等宣使省部發去者考滿出爲正八品自用者降一等　各道廉訪司通事譯史出身比依書吏擬合一體考滿正九奏差考滿依通事譯史降二等量擬於省劄錢穀官并巡檢內任用　三十年省准將作院令譯史人等由省部選發者考滿正七品遷叙自用者止從本衙門定奪　大都路蒙古必闍赤若係例後入役人員擬六十月於巡檢內遷用任回減一資陞轉　大德三年省議各路譯史如係翰林院選發人員九十月考滿除蒙古人依准所擬外其餘色目漢人先歷務使一界陞提控一界於巡檢內遷用　省議大都運司通事比依本司令史滿考者於巡檢內任用　四年省准雲南諸路廉訪司寸白通事譯史出身比依書吏出身九十月爲滿歷巡檢一任轉陞從九品雲南地面遷用　七年宣慰司奏差除應例補者一百二十月考滿依例自行保舉者降等任回添資定奪任用　廉訪司通事譯中大德元年三月七日已後擬入補者九十月歷巡檢一任轉從九如書吏役九十月充巡檢者聽如違不准　各路譯史如係各道提舉學校官選發腹裏各路譯史九十月考滿先歷務使一界陞提領再歷一界充巡檢三考從九違者雖歷月日不准

會同館蒙古必闍赤九十月務提領內遷用　十年省准中政院寫懿旨必闍赤依寫聖旨必闍赤一體出身　八番順元海北海南宣慰司都元帥府極邊重地令譯史人等考滿依兩廣福建例於江南遷用

凡官員致仕　至元二十八年省議諸職官年及七十精力衰耗例應致仕今到選官員多有年已七十或七十之上者合令依例致仕　大德七年省臣言內外官員年至七十者三品以下於應授品級加散官一等令致仕　十年省臣言官員年老不堪仕宦者於應得資品加散官遙授職事令致仕　皇慶二年省臣言蒙古色目官員所授散官卑於職事擬三品以下官員職事散官俱陞一等令致仕

凡封贈之制至元初唯一二勳舊之家以特恩見襃雖略有成法未悉行之至元二十年制考課雖以五事責辦管民官爲無激勸之方徒示虛文竟無實効自今每歲終考課管民官五事備具內外諸司官職任內各有成効者爲中考第一考對官品加妻封號第二考令子弟承廕叙仕第三考封贈祖父母父母品格不及封贈者量遷官品其有政績殊異者不須陞擢仰中書恭酌舊制出給誥命　至大二年詔流官五品以上父母正妻七品以上正妻令尚書省議行封贈之制禮部集吏部翰林國史院集賢院太常等官議封贈謚號等第制以封贈非世祖所行其令罷之至治三年省臣言封贈之制本以激勸將來比因泛請者衆遂致中輟詔從新設法議擬與行毋致冗濫禮部從新分立等第　正從一品封贈三代爵國公勳正上柱國從柱國母妻並國夫人　正從二品封贈二代爵郡公勳正上護軍從護軍母妻並郡夫人　正從三品封贈二代爵郡侯勳正上輕車都尉從輕車都尉母妻並郡夫人　正從四品封贈父母爵郡伯勳正上騎都尉從騎都尉母妻並郡君　正五品封贈父母爵縣子勳驍騎尉母妻並縣君　從五品封贈父母爵縣男勳飛騎尉母妻並縣君　正從六品封贈父母父止用散官母妻並宜人　正從一品至五品宣授六品至七品敕牒如應封贈三代者曾祖父母一道祖父母一道父母一道生者各號給降　封贈者一品至五品並用散官勳爵六品七品止用散官職事從一高　封贈曾祖降祖一等祖降父一等父母妻並與夫子同父母在仕者不封已致仕并不在仕者封之雖在仕棄職就封者聽　父母應封而讓曾祖父母祖父母者聽　諸子應封父母嫡母在所生之母不得封嫡母亡得並封若所生母未封贈者不得先封其妻　諸職官曾受贓不許申請封贈之後但犯取受之贓並行追奪其父祖元有官進一階不在追奪之例　父祖元有官者隨其所帶文武官上封贈若已是封贈之官上於本等官上許進一階階滿者更不在封贈之限如子官至四品其父祖已帶四品上階之類或兩子當封者從一高文武不同者從所請婦人因其子封贈而夫子兩有官者從一高　封贈曾祖母祖母并母生封並加太字若已亡殁或曾祖祖父在者不加太字　職官居喪應封贈曾祖父母祖父母父母者聽其應受封之人居曾祖父母祖父母父母舅姑夫喪者服闋申請　應封贈者有使遠死節有臨陳死事者驗事特議加封　應封妻者止封正妻一人如正妻已殁繼室亦止封一人餘不在封贈之例婦人因夫子得封者不許再嫁如不遵守將所受宣敕追奪斷罪離異　父母曾任三品以上官亡殁生前有勳勞爲上知遇者子孫雖不仕具實跡赴所在官司保結申請驗事跡可否量擬封贈無後者許有司保結申請　曾祖父母祖父母父母曾犯十惡奸盜除名等罪及例所封妻不是以禮娶到正室或係再醮倡優婢妾並不許申請　凡告請封贈者隨朝并京官行省行臺宣慰司廉訪司見任官各於任所申請其餘官員見任并已除未任至得替日隨其解由申請致仕官於所在官司申請　正從七品至正從六品止封一次陞至正從五品封贈一次陞至正從四品封贈一次陞至正從三品封贈一次陞至正從二品封贈一次陞至正從一品封贈一次　凡封贈流官父祖曾任三品以上者許請謚如立朝有大節功勳在王室者許加功臣之號　至治三年詔封贈之典本以激勸忠孝今後散官職事勳爵依例加授外任官員並許在任申請其餘合行事理仰各依舊制　泰定元年詔犯贓官員不得封贈沉鬱既久宜許自新有能滌慮改過再歷兩任無過者許所管上司正官從公保明監察御史廉訪司覆察是實並聽依例申請

元史卷八十五

明翰林學士亞中大夫知制誥兼修國史宋　濂等修

百官志第三十五

百官一

王者南面以聽天下之治建邦啓土設官分職其制尚矣漢唐以來雖沿革不同恒因周秦之故以爲損益亦無大相遠大要欲得賢才用之以佐天子理萬民也元太祖起自朔土統有其衆部落野處非有城郭之制國俗淳厚非有庶事之繁惟以萬戶統軍旅以斷事官治政刑任用者不過一二親貴重臣耳及取中原太宗始立十路宣課司選儒術用之金人來歸者因其故官若行省若元帥則以行省元帥授之草創之初固未暇爲經久之規矣世祖卽位登用老成大新制作立朝儀造都邑遂命劉秉忠許衡酌古今之宜定內外之官其總政務者曰中書省秉兵柄者曰樞密院司黜陟者曰御史臺體統既立其次在內者則有寺有監有衛有府在外者則有行省有行臺有宣慰司有廉訪司其牧民者則曰路曰府曰州曰縣官有常職位有常員其長則蒙古人爲之而漢人南人貳焉於是一代之制始備百年之間子孫有所憑藉矣大德以後承平日久彌文之習勝而質簡之意微僥倖之門多而方正之路塞官冗於上吏肆於下言事者屢疏論列而朝廷訖莫正之勢固然也大抵元之建官繁簡因乎時得失係乎人故取其簡牘所載而論次之若其因事而置事已則罷與夫異教雜流世襲之屬名類實繁亦姑舉其大槩作百官志

三公太師太傅太保各一員正一品銀印以道燮陰陽經邦國有元襲其名號特示尊崇太祖十二年以國王置太師一員太宗卽位建三公其拜罷歲月皆不可考世祖之世其職常缺而僅置太保一員至成宗武宗而後三公並建而無虛位矣又有所謂大司徒司徒太尉之屬或置或不置其置者或開府或不開府而東宮嘗置三師三少蓋亦不恒有也

中書令一員銀印典領百官會決庶務太宗以相臣爲之世祖以皇太子兼之至元十年立皇太子行中書令大德十一年以皇太子領中書令延祐三年復以皇太子行中書令置屬監印二人

右丞相左丞相各一員正一品銀印統六官率百司居令之次令缺則總省事佐天子理萬機國初職名未創太宗始置右丞相一員左丞相一員世祖中統元年置丞相一員二年復置右丞相二員左丞相二員至元二年增置丞相五員七年立尚書省置丞相二員八年罷尚書省乃置丞相二員二十四年復立尚書省其中書省丞相二員如故二十九年以尚書再罷專任一相武宗至大二年復置尚書省丞相二員中書丞相二員四年尚書省仍歸中書丞相凡二員自後因之不易文宗至順元年專任右相其一或置或不置

平章政事四員從一品掌機務貳丞相凡軍國重事無不由之世祖中統元年置平章二員二年置平章四員至元七年置尚書省設尚書平章二員八年尚書併入中書平章復設三員二十三年詔淸冗職平章汰爲二員二十四年復尚書省中書尚書兩省平章各二員二十九年罷尚書省增中書平章爲五員而一員爲商議省事三十年又增平章爲六員成宗元貞元年改商議省事爲平章軍國重事武宗至大二年再立尚書省平章三員中書五員四年罷尚書省歸中書平章仍五員文宗至順元年定置四員自後因之

右丞一員正二品左丞一員正二品副宰相裁成庶務號左右轄世祖中統二年置左右丞各一員三年增爲四員至元七年立尚書省中書右丞左丞仍四員八年尚書併入中書省左右丞各一員二十二年汰冗職右左丞如故二十四年復立尚書省右左丞各一而中書省缺員二十八年復罷尚書省三十年設右丞二員而一員爲商議省事成宗元貞元年右丞商議省事者又以昭文大學士與中書省事武宗至大一年復立尚書省右左丞二員中書右左丞五員四年罷尚書右左丞中書右左丞止設四員文宗至順元年定置右丞一員左丞一員而由是不復增損

參政二員從二品副宰相以參大政而其職亞於右左丞世祖中統元年始置參政一員二年增爲二員至元七年立尚書省參政三員八年尚書併入中書參政二員二十三年汰冗職參政二員如故二十四年復立尚書省參政二員中書參政二員二十八年罷尚書省參政武宗至大二年復置尚書省參政二員中書參政二員四年併尚書省入中書參政三員文宗至順元年定參政爲二員自後因之

參議中書省事秩正四品典左右司文牘爲六曹之管轄軍國重事咸預決焉中統元年始置一員至元二十二年累增至六員大德元年止置四員後遂爲定額其治曰參議府令史二人

左司郎中二員正五品員外郎二員正六品都事二員正七品中統元年置左右司至元十五年分置兩司左司所掌吏禮房之科有九一曰南吏二曰北吏三曰貼黃四曰保舉五曰禮六曰時政記七曰封贈八曰牌印九曰好事知除房之科有五一曰次品二曰常選三曰臺院選四曰見闕選五曰別里哥選戶雜房之科有七一曰定俸二曰衣裝三曰羊馬四曰置計五曰田土六曰太府監七曰會總科糧房之科有六一曰海運二曰儹運三曰邊遠四曰賑濟五曰事故六曰軍匠銀鈔房之科有二一曰鈔法二曰課程應辦房之科有二一曰飲膳二曰草料令史二人蒙古書寫一十人回回書寫一人漢人書寫七人典吏十五人

右司郎中二員正五品員外郎二員正六品都事二員正七品中統元年置左右司至元十五年分置兩司右司所掌兵房之科有五一曰邊關二曰站赤三曰鋪馬四曰屯田五曰牧地刑房之科有六一曰法令二曰弭盜三曰功賞四曰禁治五曰枉勘六曰斷訟工房之科有六一曰横造軍器二曰常課段疋三曰歲賜四曰營造五曰應辦六曰河道令史二人蒙古書寫三人回回書寫一人漢人書寫一人典吏五人

中書省掾屬

監印二人掌監視省印有中書令則置

知印四人掌執用省印

怯里馬赤四人

蒙古必闍赤二十二人左司十六人右司六人

漢人省掾六十人左司三十九人右司二十一人

回回省掾十四人左司九人右司五人

宣使五十人

省醫三人

玉典赤四十一人

斷事官秩三品掌刑政之屬國初嘗以相臣任之其名甚重其員數增損不常其人則皆御位下及中宮東宮諸王各投下怯薛丹等人爲之中統元年一十六位下置三十一員至元六年十七位下置三十四員七年十八位下置三十五員八年始給印二十七年分立兩省而斷事官隨省並置二十八年十八位下置三十六員併入中書三十一年增二員後定置自御位下及諸王位下共置四十一員首領官經歷一員知事一員吏屬蒙古必闍赤二人令史一十二人回回令史一人怯里馬赤二人知印二人奏差八人典吏一人

客省使秩正五品使四員正五品副使二員正六品令史一人掌直省舍人宣使等員選舉差遣之事至元九年置使二員一員兼通事一員不兼大德元年增置四員副二員直省舍人二員至元七年始置後增至三十三員掌奏事給使差遣之役檢校官四員正七品掌檢校左右司六部公事程期文牘稽失之事書吏六人大德元年置

照磨一員正八品掌磨勘左右司錢穀出納營繕料例凡數計文牘簿籍之事中統元年置二員至元八年省爲一員典吏八人

管勾一員正八品掌出納四方文移緘縢啓拆之事郵遞之程期曹屬之承受兼主之中統元年置二員至元三年定爲一員典吏八人

架閣庫管勾二員正八品掌庋藏省府籍帳案牘凡備稽考之文卽掌故之任至元三年始置二員其後增置員數不一至順初定爲二員典吏十人蒙古架閣庫兼管勾一員典吏二人回回架閣庫管勾一員典吏二人

吏部尚書三員正三品侍郎二員正四品郎中二員從五品員外郎二員從六品掌天下官吏選授之政令凡職官銓綜之典吏員調補之格封勳爵邑之制考課殿最之法悉以任之世祖中統元年以吏戶禮爲左三部尚書二員侍郎二員郎中四員員外郎六員至元元年以吏禮自爲一部尚書三員侍郎仍二員郎中仍四員員外郎三員三年復爲左三部五年又合爲吏禮部尚書仍二員侍郎郎中員外郎各一員七年始列尚書六部吏部尚書一員侍郎一員郎中二員員外郎二員八年仍爲吏禮部尚書侍郎郎中各一員員外郎仍二員十三年分置吏部尚書增置七員侍郎三員郎中二員員外郎四員十九年尚書裁爲二員侍郎一員郎中一員員外郎二員二十一年尚書三員侍郎一員郎中員外郎如故二十三年定六部尚書侍郎郎中員外郎額各二員二十八年增尚書爲三員主事三員蒙古必闍赤三人令史二十五人回回令史二人怯里馬赤一人知印二人奏差六人蒙古書寫二人銓寫五人典吏一十九人

戶部尚書三員正三品侍郎二員正四品郎中二員從五品員外郎三員從六品掌天下戶口錢糧田土之政令凡貢賦出納之經金幣轉通之法府藏委積之實物貨貴賤之直斂散准駁之宜悉以任之中統元年以吏戶禮爲左三部尚書二員侍郎二員郎中四

員員外郎六員至元元年分立戶部尚書三員侍郎中四員員外郎省爲三員三年復爲左三部五年復分爲戶部尚書一員侍郎郎中各一員員外郎又省爲二員七年始列尚書六部尚書二員侍郎二員郎中二員員外郎如故十三年尚書增置一員侍郎郎中員外郎如故十九年郎中員外郎俱增至四員二十三年六部尚書侍郎郎中定以二員爲額明年以戶部所掌視他部特爲繁劇增置二員成宗大德五年省尚書一員員外郎亦省一員各設三員主事八員蒙古必闍赤七人令史六十一人回回令史六人怯里馬赤一人知印二人奏差三十二人蒙古書寫一人典吏二十二人司計官四人其屬附見于後

都提舉萬億寶源庫掌寶鈔玉器至元二十五年始置都提舉一員正四品提舉一員正五品同提舉一員從五品副提舉一員從六品知事一員從八品提控案牘一員司吏二十三人譯史二人司庫四十六人內以色目二人參之

都提舉萬億廣源庫掌香藥紙劄諸物設置同上提控案牘二員司吏一十二人譯史一人司庫一十三人

都提舉萬億綺源庫掌諸色叚疋設置並同上而副提舉則增一員提控案牘設三員後省二員司吏二十二人譯史一人司庫二十六人內參用色目二人

都提舉萬億賦源庫掌絲綿布帛諸物設置並同上提控案牘二員其後省一員司吏一十七人譯史一人司庫一十五人內參用色目二人

四庫照磨兼架閣庫管勾一員從九品世祖至元二十八年以四庫錢帛事繁始置一員仍給印

提舉富寧庫至元二十七年始創提舉一員從五品同提舉一員從六品副提舉一員從七品分掌萬億寶源庫出納金銀之事吏目一人其後司吏增至六人譯史一人司庫八人

諸路寶鈔提舉司達魯花赤一員正四品都提舉一員正四品副達魯花赤一員正五品提舉一員正五品同提舉一員從五品副提舉二員從六品知事一員從八品照磨一員從九品國初戶部兼領交鈔公事世祖至元始設交鈔提舉司秩正五品二十四年改諸路寶鈔都提舉司陞正四品增副達魯花赤提控案牘各一員其後定置已上官員提控案牘又增一員設司吏十二人蒙古必闍赤一人回回令史一人奏差七人

寶鈔總庫達魯花赤一員從五品大使一員從五品副使三員正七品世祖至元二十五年改元寶庫爲寶鈔庫秩正六品二十六年陞從五品增大使副使設司庫其後遂定置已上官員司吏七人譯史一人司庫五十人

印造寶鈔庫達魯花赤一員正七品大使二員從七品副使二員正八品中統四年始置秩從八品至元二十四年陞從七品增達魯花赤一人其後遂定置已上官員

燒鈔東西二庫達魯花赤一員正八品大使一員從八品副使一員從九品至元元年始制昏鈔庫用正九品印置監燒昏鈔官二十四年分立燒鈔東西二庫秩從八品各置達魯花赤大使副使等員

行用六庫中統元年初立中都行用庫秩從七品提領一員從七品大使一員從八品副使一員從九品至元二十四年京師改置庫者三曰光熙曰文明曰順承因城門之名爲額二十六年又置三庫曰建德曰和義曰崇仁並因城門以爲名

大都宣課提舉司掌諸色課程併領京城各市提舉二員從五品同提舉一員從六品副提舉一員從七品提控案牘一員司吏六人世祖至元十九年併大都舊城兩稅務爲大都稅課提舉司至武宗至大元年改宣課提舉司其屬四

馬市猪羊市秩從七品提領一員從七品大使一員從八品副使一員從九品世祖至元三十年始置

牛驢市果木市品秩設官同上

魚蠏市大使一員副使二員至大元年始置

煤木所提領一員從八品大使一員從九品副使一員至元二十二年始置

大都酒課提舉司掌酒醋榷酤之事至元十九年始置提舉一員從五品同提舉二員從六品副提舉二員從七品提控案牘二員司吏五人二十八年省同提舉一員副提舉一員餘如故

抄紙坊提領一員正八品大使一員從八品副使二員從九品中統四年始置用九品印止設大使副使各一員至元二十七年陞正八品增置提領副使各一員

印造鹽茶等引局大使一員副使一員至元二十四年置掌印造腹裏行省鹽茶礬鐵等引仍置攢典庫子各一人

右以上屬戶部其萬億四庫國初以太府掌內帑之出納既設左藏等庫而國計之領在戶部仍置萬億等庫爲收藏之府中統元年置庫官六員而未有品秩俸給至元十六年始爲提舉萬億庫秩正五品二十四年改陞都提舉萬億庫秩正四品二十五年分立四庫以分掌出納至二十七年又別立富寧庫焉

京畿都漕運使司秩正三品運使二員正三品同知二員正四品副使二員正五品判官二員正六品經歷一員正七品知事一員從八品提控案牘兼照磨一員掌凡漕運之事世祖中統二年初立軍儲所尋改漕運所至元五年改漕運司秩五品十二年改都漕運司秩五品十九年改京畿都漕運使司秩正三品二十四年內外分立兩運司而京畿都漕運司之額如舊止領在京諸倉出納糧斛及新運糧提舉司站車攢運公事省同知運判知事各一員而押綱官隸焉延祐六年增同知副使運判各一員其後定置官員已上正官各二員首領官四員吏屬令史二十一人譯史二人回回令史一人通事一人知印二人奏差一十六人典吏二人其屬二十有四

新運糧提舉司秩正五品至元十六年始置管站車二百五十輛隸兵部開設運糧垻河改隸戶部定置達魯花赤一員都提舉一員同提舉二員副提舉一員吏目一員司吏八人奏差十二人

京師二十二倉秩正七品

萬斯北倉中統二年置　萬斯南倉至元二十四年置

千斯倉中統二年置　永平倉至元十六年置　永濟倉至元四年置

惟億倉　既盈倉　大有倉並係皇慶元年置

屢豐倉　積貯倉並係皇慶元年增置

已上十倉每倉各置監支納一員正七品大使二員從七品副使二員正八品

豐穰倉皇慶元年置　廣濟倉皇慶元年置　廣衍倉至元二十九年置

大積倉至元二十八年置　既積倉　盈衍倉至元二十六年置

相因倉中統二年置　順濟倉至元二十九年置

已上八倉每倉各置監支納一員正七品大使一員從七品副使二員正八品

通濟倉中統二年置　慶貯倉至元四年置　豐潤倉至元十六年置

豐實倉

已上四倉每倉各置監支納一員正七品大使一員從七品副使一員正八品

通惠河運糧千戶所秩正五品掌漕運之事至元三十一年始置中千戶一員中副千戶二員

都漕運使司秩正三品掌御河上下至直沽河西務李二寺通州等處儹運糧斛至元二十四年自京畿運司分立都漕運司於河西務置總司分司臨清運使二員正三品同知二員正四品副使二員正五品運判三員正六品經歷一員從七品知事一員從八品提控案牘二員內一員兼照磨司吏三十三人通事譯史各一人奏差一十六人典吏一人其屬七十有五

河西務十四倉秩正七品

永備南倉　永備北倉　廣盈南倉

廣盈北倉　充溢倉

已上五倉各置監支納一員正七品大使二員從七品副使二員正八品

崇墉倉　大盈倉　大京倉

大稔倉　足用倉　豐儲倉

豐積倉　恒足倉　既備倉

已上九倉各置監支納一員正七品大使一員從七品副使一員正八品

通州十三倉秩正七品

有年倉　富有倉　廣儲倉

盈止倉　及秭倉　迺積倉

樂歲倉　慶豐倉　延豐倉

已上九倉各置監支納一員正七品大使二員從七品副使二員正八品

足食倉　富儲倉　富衍倉

及衍倉

已上四倉各置監支納一員正七品大使二員從七品副使一員正八品

河倉一十有七用從七品印

館陶倉　舊縣倉　陵州倉

傅家池倉

已上各置監支納一員從七品大使一員從八品副使一員

秦家渡倉　尖塚西倉　尖塚東倉

長蘆倉　武强倉　夾馬營倉

上口倉　唐宋倉　唐村倉

安陵倉　四柳樹倉　淇門倉

伏恩倉

已上各置監支納一員從八品大使一員從九品副使一員

直沽廣通倉秩正七品大使一員

滎陽等綱凡三十曰濟源曰陵州曰獻州曰白馬曰滏陽曰完州曰河內曰南宮曰沂莒曰霸州曰東明曰獲嘉曰鹽山曰武強曰膠水曰東昌曰武安曰汝寧曰修武曰安陽曰開封曰儀封曰蒲臺曰鄒平曰中牟曰膠西曰衞輝曰濬州曰曹濮州每綱皆設押綱官二員計六十員秩正八品每綱船三十隻爲一綱船九百餘隻運糧三百餘萬石船戶八千餘戶綱官以常選正八品爲之

檀景等處採金鐵冶都提舉司秩正四品提舉一員正四品同提舉一員正五品副提舉一員從六品掌各冶採金煉鐵榷貨以資國用國初中統始置景州提舉司管領景州灤陽新匠三冶至元十四年又置檀州提舉司管領雙峯暗峪大峪五峯等冶大德五年檀州景州三提舉司倂置檀州等處採金鐵冶都提舉司而灤陽雙峯等冶悉隸焉他如河東山西濟南萊蕪等處鐵冶提舉司及益都般陽等處淘金總管府其沿革蓋不一也

大都河間等路都轉運鹽使司秩正三品掌場竈榷辦鹽貨以資國用使二員正三品同知一員正四品副使一員正五品運判二員正六品首領官經歷一員從七品知事一員從八品照磨一員從九品國初立河間稅課達魯花赤清滄鹽使所後陞立運司立提舉鹽榷所又改爲河間路課程所提舉滄清課鹽使所中統三年改都提領拘榷滄清課鹽所至元二年以刑部侍郎右三部郎中兼滄清課鹽使司尋改立河間都轉運鹽使司立清滄課三鹽司十二年改爲都轉運使司十九年以戶部尚書行河間等路都轉運使司事尋罷改立清滄二鹽使司二十三年改立河間等路都轉運司二十七年改令戶部尚書行河間等路都轉運使司事二十八年改河間等路都轉運司延祐六年頒分司印巡行郡邑以防私鹽之弊

鹽場二十二所每場設司令一員從七品司丞一員從八品辦鹽各有差

利國場　利民場　海豐場　阜民場

阜財場　益民場　潤國場　海阜場

海盈場　海潤場　嚴鎮場　富國場

興國場　厚財場　豐財場　三义沽場

蘆臺場　越支場　石碑場　濟民場

惠民場　富民場

山東東路轉運鹽使司品秩職掌同上運判止一員國初始置益都課稅所管領山東鹽場以總鹽課後改置運司中統四年詔以中書左右部兼諸路都轉運司至元二年命有司兼辦其課改立山東轉運司至元十二年改立都轉運司延祐五年以鹽法澁滯降分司印巡行各場督收課程罷膠萊鹽司所屬鹽場

鹽場一十九所每場設司令一員從七品司丞一員從八品管勾一員從八品

永利場　寧海場　官臺場　豐國場

新鎮場　豐民場　富國場　高家港場

永阜場　利國場　固堤場　王家岡場

信陽場　濤洛場　石河場　海滄場

行村場　登寧場　西由場

河東陝西等處轉運鹽使司品秩職掌同前運判增一員國初設平陽府以徵課程之利中統二年改置轉運司置提舉解鹽司至元二年罷運司命有司掌其務尋復置轉運司二十二年立陝西都轉運司諸色稅課悉隸焉二十九年置鹽運司專掌鹽課其餘課稅歸有司解鹽司亦罷延祐六年更爲河東陝西等處都轉運鹽使司隸省部其屬三

解鹽場管勾一員正九品同管勾一員從九品

河東等處解鹽管民提領所正提領一員從八品

副提領一員從九品

安邑等處解鹽管民提領所正提領一員從八品

副提領一員從九品

禮部尚書三員正三品侍郎二員正四品郎中二員從五品員外郎二員從六品掌天下禮樂祭祀朝會燕享貢舉之政令凡儀制損益之文符印簡冊之信神人封謚之法忠孝貞義之褒送迎聘好之節文學僧道之事婚姻繼續之辨音藝膳供之物悉以任之世祖中統元年以吏戶禮爲左三部置尚書二員侍郎二員郎中四員員外郎六員總領三部之事至元元年分立爲吏禮部尚書三員侍郎仍二員郎中仍四員員外郎四員七年別立禮部尚書三員侍郎一員郎中二員員外郎如舊明年又合爲吏禮部十三年又別爲禮部二十三年六部尚書侍郎郎中員外郎定以二員爲額成宗元貞元年復增尚書一員領會同館主事二員蒙古必闍赤二人令史一十九人回回令史二人怯里馬赤一人知印二人奏差十二人典吏三人其屬附見

左三部照磨所秩正八品照磨一員掌吏戶禮三部錢穀計帳之事典吏八人

侍儀司秩正四品掌凡朝會卽位冊后建儲奉上尊號及外國朝覲之禮至元八年始置左右侍儀奉御二員禮部侍郎知侍儀事一員引進使知侍儀事一員左右侍儀使二員左右直侍儀使二員左右侍儀副使二員左右侍儀僉事二員引進副使侍儀令承奉班都知尚衣局大使各一員十二年省左侍儀奉御通曰左右侍儀省引進副使及侍儀令尚衣使等員改置通事舍人十四員三十年減通事舍人七員爲侍儀舍人大德十一年陞秩正三品至大二年置典簿一員延祐七年定置侍儀使四員至治元年增置通事舍人六員侍儀舍人四員其後定置侍儀使四員正三品引進使知侍儀事二員正四品首領官典簿一員從七品屬官承奉班都知一員正七品通事舍人一十六員從七品侍儀舍人十四員從九品吏屬令史二人譯史一人通事一人知印一人其屬

法物庫秩五品掌大禮法物提點一員從五品大使一員從六品副使一員從七品直長二員正八品

拱衞直都指揮使司秩從四品掌控鶴六百餘戶及儀衞之事至元三年始置都指揮使一員副使一員鈐轄一員提控案牘一員十六年陞正三品降虎符增置達魯花赤一員隸宣徽院二十年復爲從四品二十五年歸隸禮部元貞元年復陞正三品皇慶元年置經歷一員二年改鈐轄爲僉事至順二年撥隸侍正府定置達魯花赤一員正三品都指揮使四員正三品副指揮使二員從三品僉事二員正四品首領官經歷一員從七品知事一員從八品吏屬令史四人譯史一人通事知印各一人奏差二人其屬控鶴百戶所秩從七品色目百戶一十三員漢人百戶一十三員總十三所

儀從庫秩從七品掌收儀衞器仗大使一員從七品副使一員從八品

儀鳳司秩正四品掌樂工供奉祭饗之事至元八年立玉宸院置樂長一員樂副一員樂判一員二十年改置儀鳳司隸宣徽院置大使副使各一員判官三員二十五年歸隸禮部省判官三員三十一年置達魯花赤一員副使一員大德十一年改陞玉宸樂院秩從二品置院使副使僉事同僉院判至大四年復爲儀鳳司秩正三品延祐七年降從三品定置大使五員從三品副使四員從四品首領官經歷一員從七品知事一員從八品吏屬令史二人譯史通事知印各一人其屬五

雲和署秩正七品掌樂工調音律及部籍更番之事至元十二年始置至大二年撥隸玉宸樂院皇慶元年陞正六品二年陞從五品署令二員署丞二員管勾二員協音一員協律一員書史二人書吏四人教師二人提控四人

安和署秩正七品職掌與雲和同至元十三年始置皇慶二年陞從五品署令二員署丞二員管勾二員協音一員協律一員書史二人書吏四人教師二人提控四人

常和署初名管勾司秩正九品管領回回樂人皇慶元年初置延祐三年陞從六品署令一員署丞二員管勾二員教師二人提控二人

天樂署初名昭和署秩從六品管領河西樂人至元十七年始置大德十一年陞正六品至大四年改爲天樂署皇慶元年陞從五品署令二員署丞二員管勾二員協音一員協律一員書史二人書吏四人教師二人提控四人

廣樂庫秩從九品掌樂器等物大使一員副使一員皇慶元年始置

教坊司秩從五品掌承應樂人及管領興和等署五百戶中統二年始置至元十二年陞正五品十七年改提點教坊司隸宣徽院秩正四品二十五年隸禮部大德八年陞正三品延祐七年復正四品達魯花赤一員正四品大使三員正四品副使四員正五品知事一員從八品令史四人譯史知印奏差各二人通事一人其屬三

興和署秩從六品署令二員署丞二員管勾二員

祥和署秩從六品署令二員署丞二員管勾二員

廣樂庫秩從九品大使一員副使一員

會同館秩從四品掌接伴引見諸番蠻夷峒官之來朝貢者至元十三年始置二十五年罷之二十九年復置元貞元年以禮部尚書領館事遂爲定制禮部

尚書領會同館事一員正三品大使二員正四品副使二員從六品提控案牘一員掌書四人蒙古必闍赤一人典給官八人其屬有收支諸物庫秩從九品大使一員副使一員至元二十九年以四賓庫改置

鑄印局秩正八品掌凡刻印銷印之事大使一員副使一員直長一員至元五年始置

白紙坊秩從八品掌造詔旨宣勅紙劄大使一員副使一員至元九年始置

掌薪司秩正七品司令一員正七品司丞二員正八品典吏一人

兵部尚書三員正三品侍郎二員正四品郎中二員從五品員外郎二員從六品掌天下郡邑郵驛屯牧之政令凡城池廢置之故山川險易之圖兵站屯田之籍遠方歸化之人官私芻牧之地駝馬牛羊鷹隼羽毛皮革之徵驛乘郵運祗應公廨皂隸之制悉以任之世祖中統元年以兵刑工爲右三部置尚書二員侍郎二員郎中五員員外郎五員總領三部之事至元元年別置工部以兵刑自爲一部尚書四員侍郎三員郎中如舊員外郎五員三年併爲右三部五年復爲兵刑部尚書二員省侍郎二員郎中如故員外郎一員七年始列六部尚書一員侍郎仍舊郎中一員員外郎仍一員明年又合爲兵刑部十三年復析兵部二十三年定尚書侍郎郎中員外郎以二員爲額至治三年增尚書一員主事二員蒙古必闍赤二人令史十四人回回令史一人怯里馬赤一人知印二人奏差八人典吏三人其屬附見

大都陸運提舉司秩從五品掌兩都陸運糧斛之事至元十六年始置運糧提舉司延祐四年改今名提舉二員從五品副提舉一員從七品吏目一員司吏六人委差一十人海王庄七里庄魏家庄鷹八庄四所各設提領一人用從九品印

管領隨路打捕鷹房民匠總管府秩從三品達魯花赤一員總管一員副總管二員經歷知事各一員提控案牘一員吏屬令史六人初太祖以隨路打捕鷹房民戶七千餘戶撥隸旭烈大王位下中統二年始置至元十二年阿八合大王遣使奏歸朝廷隸兵部

管領本投下大都等路打捕鷹房諸色人匠都總管府秩正三品掌哈贊大王位下事大德八年始置官吏皆王選用至大四年省併衙門以哈兒班荅大王遠鎭一隅別無官屬存設不廢定置府官達魯花赤二員總管一員同知一員副總管二員知事一員提控案牘一員令史四人譯史二人奏差二人典吏一人其屬東局織染提舉司秩從五品達魯花赤一員提舉一員副達魯花赤一員副提舉一員提控案牘一員司吏二人

隨路諸色民匠打捕鷹房等戶都總管府秩從三品達魯花赤一員總管一員同知一員經歷一員知事一員提控案牘兼照磨一員令史六人譯史一人知印通事一人奏差二人掌別吉大營盤事及管領大都路打捕鷹房等戶至元三十年置延祐四年陞正三品

管領本位下打捕鷹房民匠等戶都總管府秩正三品達魯花赤一員總管一員副達魯花赤一員同知一員副總管一員判官一員經歷一員知事一員提控案牘兼照磨一員令史六人譯史通事知印各一人掌別吉大營盤城池阿哈探馬兒一應差發薛徹于定王位下事泰定元年始置

刑部尚書三員正三品侍郎二員正四品郎中二員從五品員外郎二員從六品掌天下刑名法律之政令凡大辟之按覆繫囚之詳讞孥收產沒之籍捕獲功賞之式冤訟疑罪之辨獄具之制度律令之擬議悉以任之世祖中統元年以兵刑工爲右三部置尚書二員侍郎二員郎中五員員外郎五員以郎中員外郎各一員專署刑部至元元年析置工部而兵刑仍爲一部尚書四員侍郎仍二員郎中四員員外郎置五員三年復爲右三部七年始別置刑部尚書一員侍郎一員郎中一員員外郎二員八年改爲兵刑部十三年又爲刑部二十三年六部尚書侍郎郎中員外郎定以二員爲額大德四年尚書增置一員其首領官則主事三員吏屬則蒙古必闍赤四人令史三十八人回回令史二人怯里馬赤一人知印二人奏差十人書寫三人典吏七人其屬附見

司獄司司獄一員正八品獄丞一員正九品獄典一人初以右三部照磨兼刑部繫獄之任大德七年始置專官部醫一人掌調視病囚

司籍所提領一員同提領一員至元二十年改大都等路斷沒提領所爲司籍所隸刑部

工部尚書三員正三品侍郎二員正四品郎中二員從五品員外郎二員從六品掌天下營造百工之政令凡城池之脩濬土木之繕葺材物之給受工匠之程式銓注局院司匠之官悉以任之世祖中統元年右三部置尚書二員侍郎二員郎中五員員外郎五員內二員專署工部事至元元年始分立工部尚書四員侍郎三員郎中四員員外郎五員三年復合爲右三部七年仍自爲工部尚書二員侍郎仍二員郎中三員員外郎如舊二十三年定尚書侍郎郎中員外郎各以二員爲額明年以曹務繁冗增尚書二員二十八年省尚書一員首領官主事五員蒙古必闍赤六人令史四十二人回回令史四人怯里馬赤一人知印一人奏差三十人蒙古書寫一人典吏七人又司程官四員右三部照磨一員典吏七人其屬附見

左右部架閣庫秩正八品管勾二員典吏十二人掌六部文卷簿籍架閣之事中統元年左右部各置二十三年併爲左右部架閣庫

諸色人匠總管府秩正三品掌百工之技藝至元十二年始置總管同知副總管各一員十六年置達魯花赤一員增同知副總管各一員二十八年省同知一員三十年省副總管一員後定置達魯花赤一員總管一員同知二員副總管二員經歷一員知事一員提控案牘一員令史五人譯史一人奏差四人其屬十有一

梵像提舉司秩從五品提舉一員同提舉一員副提舉一員吏目一員董繪畫佛像及土木刻削之工至元十二年始置梵像局延祐三年陞提舉司設令官

出蠟局提舉司秩從五品提舉一員同提舉一員副提舉一員吏目一員掌出蠟鑄造之工至元十二年始置局延祐三年陞提舉司設令官

鑄瀉等銅局秩從七品大使一員副使一員掌鑄瀉之工至元十年始置官三員二十八年省管勾一員後定置二員

銀局秩從七品大使一員直長一員掌金銀之工至元十二年始置

鑌鐵局秩從八品大使一員掌鏤鐵之工至元十二年始置

瑪瑙玉局秩從八品直長一員掌琢磨之工至元十二年始置

石局秩從七品大使一員管勾一員董攻石之工至元十二年始置

木局秩從七品大使一員直長一員董攻木之工至元十二年始置

油漆局副使一員用從七品印重髹漆之工至元十二年始置

諸物庫秩正九品提領一員副使一員掌出納諸物之事至元十二年始置

管領隨路人匠都提領所提領一員大使一員俱受省檄掌工匠詞訟之事至元十二年始置

諸司局人匠總管府秩正三品達魯花赤一員總管一員副達魯花赤一員同知一員副總管一員經歷一員知事一員提控案牘一員令史四人領兩都金銀器盒及符牌等一十四局事至元十四年置二十四年以八局改隸工部及金玉府止領五局一庫掌氈毯等事其屬有六

收支庫秩正九品大使一員掌出納之物

大都氈局秩從七品大使副使各一員管人匠一百二十有五戶

大都染局秩從九品大使一員管人匠六千有三戶

上都氈局秩從五品大使一員副使一員管人匠九十有七戶

隆興氈局大使一員副使一員管人匠一百戶

剪毛花毯蠟布局大使一員副使一員管人匠一百一十有八戶

提舉右八作司秩正六品提舉二員同提舉一員副提舉一員吏目一人司吏九人司庫十三人譯史一人秤子一人掌出納內府漆器紅甕捎隻等并在都局院造作鑌鐵銅鋼鍮石東南簡鐵兩都支持皮毛雜色羊毛生熟斜皮馬牛等皮鬃尾雜行沙里陀等物中統三年始置提領八作司秩正九品至元二十五年改陞提舉八作司秩正六品二十九年以出納委積分爲左右兩司

提舉左八作司秩正六品掌出納內府氈貨柳器等物其設置官員同上

諸路雜造總管府秩正三品至元元年改提領所爲提舉司十四年又改工部尚書行諸路雜造局總管府定置達魯花赤一員總管一員同知一員副總管一員知事一員提控案牘一員令史六人譯史一人其屬二

簾網局大使一員副使一員並受省劄至元元年始置

收支庫大使一員副使一員至元三十年始置

茶迭兒局總管府秩正三品管領諸色人匠造作等事憲宗朝置至元十六年始設總管一員二十七年置同知一員後定置府官達魯花赤一員總管一員同知一員知事一員提控案牘一員司吏四人其屬二

諸司局用從七品印提領一員相副官二員中統三年始置

收支庫提領一員大使副使各一員掌造作出納之物

大都人匠總管府秩從三品至元六年始置達魯花赤一員總管一員同知一員經歷一員提控案牘一員令史十人通事一人其屬四

繡局用從七品印大使一員副使一員掌繡造諸王百官段匹

紋綿總院提領一員大使一員副使一員掌織諸王百官段匹

涿州羅局提領一員大使一員掌織造紗羅段匹

尚方庫提領一員大使副使各一員掌出納絲金顏料等物

隨路諸色民匠都總管府秩正三品掌仁宗潛邸諸色人匠延祐六年撥隸崇祥院後又屬將作院至元三年歸隸工部後定置達魯花赤一員總管一員同知一員副總管一員經歷一員知事一員提控案牘一員照磨一員令史八人譯史二人知印通事各一人奏差四人其屬五

織染人匠提舉司秩從七品至大二年設達魯花赤一員提舉一員同提舉一員副提舉一員吏目一員

雜造人匠提舉司秩從七品設置官屬同上

大都諸色人匠提舉司秩從五品達魯花赤一員提舉一員同提舉一員副提舉一員吏目一員

大都等處織染提舉司秩從五品管何難荅王位下人匠一千三百九十八戶達魯花赤一員提舉一員同提舉一員副提舉一員吏目一員

收支諸物庫秩從七品提領一員大使一員副使一員庫子二人

提舉都城所秩從五品提舉二員同提舉二員副提舉二員吏目一員照磨一員掌脩繕都城內外倉庫等事至元三年置其屬一

左右廂官四員用從九品印至元十三年置

受給庫秩正八品提領一員大使一員副使一員掌京城內外營造木石等事至元十三年置

符牌局秩正八品大使一員副使一員直長一員掌造虎符等至元十七年置

旋匠提舉司秩從五品提舉一員副提舉一員至元九年置

撒荅剌欺提舉司秩正五品提舉一員副提舉一員提控案牘一員至元二十四年以札馬剌丁率人匠成造撒荅剌欺與絲紬同局造作遂改組練人匠提舉司為撒荅剌欺提舉司

別失八里局秩從七品大使一員副使一員掌織造御用領袖納失失等段至元十三年始置

忽丹八里局大使一員給從七品印至元三年置

平則門窰場提領一員大使一員副使一員給從六品印至元十三年置

光熙門窰場提領一員大使一員副使一員給從八品印至元二十五年置

大都皮貨所提領一員大使一員副使一員用從九品印至元二十九年置

通州皮貨所提領一員大使一員副使一員用從九品印延祐六年置

晉寧路織染提舉司提舉一員照略案牘一員其屬提領所一係官織染人匠局一雲內人匠東西局二本路人匠局一河中府襄陵翼城潞州隰州澤州雲州等局七每局各設提領一員副提領一員惟澤州雲州則止設提領一員

冀寧路織染提舉司真定路織染提舉司各置提舉一員同提舉一員副提舉一員照略案牘一員其屬二

開除局大使一員副使一員照略案牘一員

真定路紗羅兼雜造局大使一員副使一員

南宮中山織染提舉司各設提舉一員同提舉副提舉一員照略案牘一員

中山劉元帥局大使一員副使一員

中山察魯局大使一員副使一員

深州織染局大使一員副使一員照略案牘一員

深州趙良局大使一員副使一員

弘州人匠提舉司提舉一員同提舉一員副提舉一員照略案牘一員

納失失毛段二局院長一員

雲內州織染局大使一員副使一員照略案牘一員

大同織染局大使一員副使一員照略案牘一員

朔州毛子局大使一員

恩州織染局大使一員副使一員照略案牘一員

恩州東昌局提領一員

保定織染提舉司提舉一員同提舉一員副提舉一員照略案牘一員

大名人匠提舉司提舉一員同提舉一員副提舉一員照略案牘一員

永平路紋綿等局提舉司提舉一員同提舉一員副提舉一員照略案牘一員

大寧路織染局大使一員副使一員照略案牘一員

雲州織染提舉司提舉一員同提舉一員副提舉一員照略案牘一員

順德路織染局大使一員副使一員照略案牘一員

彰德路織染人匠局大使一員副使一員照略案牘一員

懷慶路織染局大使一員副使一員照略案牘一員

別失八里局官一員

宣德府織染提舉司提舉一員同提舉一員副提舉一員照略案牘一員

東聖州織染局院長一員局副一員

宣德八魯局提領一員副使一員

東平路疃局直長一員

興和路蕁麻林人匠提舉司提舉一員同提舉一員副提舉一員照磨案牘一員

陽門天城織染局提領一員副使一員照磨案牘一員

巡河提領所提領二員副提領一員

元史卷八十六

明翰林學士亞中大夫知制誥兼修國史宋濂等修

百官志第三十六

百官志二

樞密院秩從一品掌天下兵甲機密之務凡宮禁宿衛邊庭軍翼征討戍守簡閱差遣舉功轉官節制調度無不由之世祖中統四年置樞密副使二員僉書樞密事一員至元七年置同知樞密院事一員院判一員二十八年始置知院一員增院判一員又以中書平章商量院事大德十年增置知院二員同知五員副樞五員僉院五員同僉三員院判二員至大三年知院七員同知二員副樞二員僉院一員同僉一員院判二員革去議事平章延祐四年以分鎮北邊增知院一員五年增同知一員後定置知院六員從一品同知四員正二品副樞二員從二品僉院二員正三品同僉二員正四品院判二員正五品參議二員正五品經歷二員從五品都事四員正七品承發兼照磨二員正八品架閣庫管勾一員正九品同管勾一員從九品掾史二十四人譯史一十四人通事三人司印二人宣使一十九人銓寫二人蒙古書寫二人典吏一十七人院醫二人

客省使秩從五品大使二員副使二員至元十四年置大使一員十六年增一員二十一年置副使一員延祐五年增一員天曆元年又增一員尋定置大使二員從五品副使二員從六品令史二人

斷事官秩正三品掌處決軍府之獄訟至元元年始置斷事官二員八年增二員十九年又增一員二十年又增二員大德十一年又增四員皇慶元年省二員後定置斷事官八員正三品經歷一員從七品令史六人譯史一人通事知印奏差典吏各一人

行樞密院國初有征伐之事則置行樞密院大征伐則止日行院為一方一事而設則稱某處行樞密院或與行省代設事已則罷

西川行樞密院中統四年始置設官二員管四川軍民課稅交鈔打捕鷹房人匠及各投下應管公事節制官吏諸色人等并軍官遷授征進等事始置於成都至元十年又於重慶別置東川行樞密院設官一員十三年併為一院尋復分東川行院十六年罷兩川行院二十八年復立四川行院於成都

江南行樞密院至元十年罷河南省統軍司漢軍都元帥山東行院置荊湖等路行院設官三員淮西行院設官二員掌調度軍馬之事十二年罷行院十九年詔於揚州岳州俱立行院各設官五員二十一年立沿江行院二十二年立江西行院馬軍戍江州步軍戍撫州二十八年徙岳州行院於鄂州徙江淮行院於建康其後行院悉併歸行省

甘肅行樞密院至大四年置行院於甘州為甘肅等處行樞密院設官四員提調西路軍馬後以甘肅省丞相提調遂罷行院

河南行樞密院致和元年分置專管調遣之事天曆元年罷

嶺北行樞密院天曆二年置知院一員同知二員副樞一員僉院二員同僉一員院判二員經歷一員都事二員蒙古必闍赤四人掾史二人怯里馬赤一人知印一人宣使四人掌邊庭軍務凡大小事宜悉從裁決

右衛秩正三品中統三年初置武衛至元元年改爲侍衛八年改爲左右中三衛掌宿衛扈從兼屯田國有大事則調度之二十年增都指揮使一員副都指揮使一員二十一年置僉事二員大德十一年增都指揮使二員副都指揮使一員至大元年增都指揮使三員副都指揮使一員四年省都指揮使五員副都指揮使二員後定置都指揮使三員正三品副都指揮使二員從三品僉事二員正四品經歷二員從七品知事二員照磨一員俱從八品令史七人譯史通事知印各一人又其屬十有五

鎭撫所鎭撫二員

行軍千戶所十秩正五品達魯花赤十員副達魯花赤十員千戶十員副千戶十員彈壓二十員百戶二百員知事十員

弩軍千戶所一秩正五品達魯花赤一員千戶一員彈壓二員百戶十員

屯田左右千戶所二秩正五品達魯花赤二員千戶二員彈壓二員百戶四十員

教官二蒙古字教授一員儒學教授一員掌諸屯衛行伍耕戰之暇使之習學國字通曉書記初由樞府選舉後歸吏部

左衛秩正三品至元八年以侍衛改置掌宿衛扈從兼屯田國有大事則調度之是年增副指揮使一員十六年增副都指揮使一員二十年置僉事一員二十二年增僉事一員二十四年省都指揮使副都指揮使一員大德十一年增都指揮使五員副都指揮使二員僉事二員至大四年省都指揮使六員副都指揮使二員其後定制衛官都指揮使二員正三品副都指揮使二員從三品僉事二員正四品經歷二員從七品知事二員照磨一員俱從八品令史七人譯史通事知印各一人其屬十有五

鎭撫所鎭撫二員

行軍千戶所凡十秩正五品達魯花赤十員副達魯花赤十員千戶十員副千戶十員彈壓二十員百戶二百員知事十員

弩軍千戶所一秩正五品達魯花赤一員千戶一員彈壓二員百戶十員

屯田左右千戶所二秩正五品達魯花赤一員千戶二員彈壓二員百戶四十員

教官二蒙古字教授一員儒學教授一員

中衛秩正三品至元八年以侍衛改置掌宿衛扈從兼營屯田國有大事則調度之是年置都指揮使一員副都指揮使一員二十年增副都指揮使一員二十一年置僉事二員二十三年增都指揮使一員大德十一年增都指揮使二員副使三員至大元年增都指揮使一員四年省都指揮使三員副都指揮使三員其後定置都指揮使三員正三品副都指揮使二員從三品僉事二員正四品經歷二員從七品知事二員承發架閣照磨一員俱從八品令史七人譯史通事知印各一人其屬十有五

鎭撫所鎭撫二員

行軍千戶所十秩正五品達魯花赤十員副達魯花赤十員千戶十員副千戶十員彈壓二十員百戶二百員知事十員

弩軍千戶一秩正五品達魯花赤一員千戶一員彈壓二員百戶十員

屯田左右千戶所二秩正五品達魯花赤二員千戶二員彈壓二員百戶四十員

教官二蒙古字教授一員儒學教授一員

前衛秩正三品至元十六年以侍衛親軍刱置前後二衛掌宿衛扈從兼營屯田國有大事則調度之是年置都指揮使一員副都指揮使二員十八年增都指揮使二員二十年置僉事一員大德十一年增都指揮使五員副都指揮使一員僉事三員至大四年省都指揮使五員副都指揮使一員僉事三員後定置衛官都指揮使三員正三品副都指揮使二員從三品僉事二員正四品經歷一員從七品知事二員承發架閣照磨一員俱從八品令史七人譯史通事知印各一人又其屬十有七

鎭撫所鎭撫二員

行軍千戶所十秩正五品達魯花赤十員副達魯花赤十員千戶十員副千戶十員彈壓二十員百戶二百員

弩軍千戶一秩正五品達魯花赤一員千戶一員彈壓二員百戶十員

屯田千戶所二秩正五品達魯花赤二員千戶二員彈壓二員百戶四十員

門尉二平則門尉一員順承門尉一員

教官二蒙古字教授一員儒學教授一員

後衛秩正三品至元十六年以侍衛親軍刱置掌宿衛扈從兼營屯田國有大事則調度之是年置都指揮使二員副都指揮使二員後增設副都指揮使一員十八年增都指揮使二員二十年置僉事二員大德十一年增都指揮使五員副都指揮使一員僉事二員至大四年省都指揮使五員副指揮使二員僉事二員後定置都指揮使三員正三品副都指揮使二員從三品僉事二員正四品經歷二員從七品知事二員照磨一員俱從八品令史七人譯史二人知印一人通事二人其屬十有四

鎭撫所鎭撫二員

行軍千戶所十秩正五品達魯花赤十員副達魯花赤十員千戶十員副千戶十員彈壓二十員百戶二百員

弩軍千戶所一秩正五品達魯花赤一員千戶一員彈壓二員百戶十員

屯田千戶所一秩正五品達魯花赤一員千戶二員彈壓二員百戶四十員

教官二蒙古字教授一員儒學教授一員

武衛親軍都指揮使司秩正三品掌修治城隍及京師內外工役兼大都屯田等事至元二十六年樞密院以六衛六千人大都屯田三千人近路迤南萬戶府一千人總一萬人立武衛設官五員元貞大德年間累增都指揮使四員至大三年省都指揮使四員副都指揮使一員後定置衛官達魯花赤一員正三品都指揮使三員正三品副都指揮使二員從三品僉事二員正四品經歷二員從七品知事二員照磨一員俱從八品令史七人譯史通事知印各一人其屬十有五

鎭撫所鎭撫二員

行軍千戶所七秩正五品達魯花赤七員副達魯花赤七員千戶七員副千戶七員百戶一百四十員彈壓一十四員

屯田千戶所六秩正五品達魯花赤各一員千戶六員百戶六十員彈壓六員

教官二蒙古字教授一員儒學教授一員

隆鎭衛親軍都指揮使司秩正三品掌屯軍徼巡盜賊於居庸關南北口統領欽察阿速護軍三千六百九十三人屯駐東西四十三處皇慶元年陞隆鎭萬戶府爲隆鎭衛置都指揮使三員副都指揮使二員僉事二員延祐二年又以哈兒魯軍千戶所併隸東衛四年置色目經歷一員至治二年置愛馬知事一員後定置衛官都指揮使三員正三品副指揮使二員從三品僉事二員正四品經歷二員從七品知事二員承發兼照磨一員俱從八品令史七人譯史通事知印各一人其屬十有二

鎭撫所鎭撫二員

北口千戶所秩正五品達魯花赤一員千戶一員百戶七員於上都路龍慶州東口置司

南口千戶所秩正五品達魯花赤一員千戶一員百戶一員彈壓一員於大都路昌平縣居庸關置司

白羊口千戶所秩正五品達魯花赤一員千戶一員百戶二員彈壓一員於大都路昌平縣東口置司

碑樓口千戶所秩正五品達魯花赤一員千戶一員百戶一員彈壓一員於應州金城縣東口置司

古北口千戶所秩正五品達魯花赤一員千戶一員百戶六員彈壓一員於檀州北面東口置司

遷民鎭千戶所秩正五品達魯花赤一員百戶六員彈壓一員於大寧路東口置司

黃花鎭千戶所秩正五品達魯花赤一員千戶一員百戶六員彈壓一員於昌平縣東口置司

蘆兒嶺千戶所秩五品達魯花赤一員千戶一員百戶六員彈壓一員於昌平縣本口置司

太和嶺千戶所秩五品達魯花赤一員千戶一員百戶六員彈壓一員於大同路昌邑縣本監置司

紫荆關千戶所秩五品達魯花赤一員千戶一員百戶六員彈壓一員於易州易縣本監置司

隆鎭千戶所秩五品達魯花赤一員千戶一員百戶八員彈壓一員於龍慶州北口置司

左右翼屯田萬戶府二秩從三品分掌斡端別十八里迴還漢軍及大名衞輝新附之軍并迤東迴軍合爲屯田至元二十六年置延祐五年隸詹事院并入衞率府復改隸樞密院定置兩府達魯花赤各一員萬戶各一員副萬戶各一員經歷各一員知事各一員提控案牘各一員令史各五人屬官鎭撫各二員

千戶八所達魯花赤八員千戶八員副千戶八員百戶五十九員彈壓一十六員

千戶四所達魯花赤四員千戶四員副千戶四員百戶五十二員彈壓八員

左衞率府秩正三品至大元年撥江南行省萬戶府精鋭漢軍爲東宮衞軍立衞率府設官十一員延祐四年始改爲中翊府又改爲御臨親軍指揮司又以御臨非古典改爲羽林六年復隸東宮仍爲左衞率府定置率使三員正三品副使二員從三品僉事二員正四品經歷一員從七品知事一員照磨一員俱從八品令史七人譯史通事知印各二人其屬十有五

鎭撫所鎭撫二員

行軍千戶所十秩正五品達魯花赤一員千戶十員副千戶十員百戶二百員彈壓一十員

弩軍千戶所一秩正五品達魯花赤一員千戶一員百戶十員彈壓一員

屯田千戶所三秩正五品達魯花赤三員千戶三員百戶六十員彈壓三員

教官三員蒙古字教授一員儒學教授一員陰陽教授一員

右衞率府秩正三品延祐五年以速怯那兒萬戶府迤東女直兩萬戶府右翼屯田萬戶府兵合爲右衞率府置官十二員後定置率使二員正三品副使二員從三品僉事二員正四品經歷二員從七品知事二員照磨一員俱從八品令史七人譯史通事知印各二人其屬七

鎭撫所鎭撫二員

千戶所五秩正五品千戶五員百戶四十五員彈壓二員

教官一儒學教授一員

河南淮北蒙古軍都萬戶府秩正三品至元二十四年以四萬戶奧魯赤改爲蒙古軍都萬戶府設府官四員奧魯官四員大德七年後改爲河南淮北蒙古軍都萬戶府延祐五年罷奧魯官副鎭撫等員定置都萬戶一員正三品副都萬戶一員從三品經歷一員從七品知事一員提控案牘一員俱從八品令史七人譯史通事各一人屬官鎭撫二員

八撒兒萬戶府萬戶一員副萬戶一員經歷知事提控案牘各一員鎭撫一員

千戶所一十翼達魯花赤一十員千戶十員副千戶十員百戶七十三員彈壓一十員

札忽兒台萬戶府萬戶一員經歷知事提控案牘各一員鎭撫一員

千戶所七翼千戶七員百戶三十八員彈壓七員

脫烈都萬戶府萬戶一員副萬戶一員經歷一員知事一員提控案牘一員鎭撫一員

千戶所九翼千戶九員百戶六十二員彈壓九員

和尚萬戶府萬戶一員副萬戶一員經歷一員知事提控案牘各一員鎭撫一員

千戶所六翼達魯花赤四員千戶六員副千戶四員百戶四十七員彈壓六員

砲手千戶所一翼千戶一員百戶六員彈壓一員

哨馬千戶所一翼達魯花赤一員千戶一員副千戶一員彈壓二員百戶九員奧魯官二員

右阿速衞親軍都指揮使司秩正三品掌宿衞城禁兼營潮河蘇沽兩川屯田供給軍儲至元九年初立阿速拔都達魯花赤置屬官二十三年遂名爲阿速之軍至大二年改立右阿速衞親軍都指揮使司置達魯花赤三員都指揮使三員副都指揮使二員僉事二員四年省達魯花赤三員後定置達魯花赤一員正三品都指揮使三員正三品副都指揮使二員從三品僉事二員正四品經歷二員從七品知事二員承發架閣照磨一員從八品令史七人譯史通事知印各一人鎭撫二員其屬五

行軍千戶所千戶七員百戶九員

把門千戶二員百戶五員門尉一員

本投下達魯花赤一員長官一員副長官一員

廬江縣達魯花赤一員主簿一員

教官儒學教授一員

左阿速衞親軍都指揮使司品秩職掌同右阿速衞至元九年初立阿速拔都達魯花赤置屬官二十三年遂名爲阿速之軍至大二年改立左衞阿速親軍都指揮使司置達魯花赤二員都指揮使六員副都指揮使四員僉事二員四年省達魯花赤一員都指揮使三員後定置達魯花赤一員都指揮使三員副都指揮使二員僉事一員經歷二員知事二員照磨一員鎭撫二員其屬四

本投下達魯花赤二員長官二員

鎭巢縣達魯花赤二員主簿一員

圍宿把門千戶所一十三翼千戶二十六員百戶一百三十員彈壓一十三員

教官儒學教授一員

回回砲手軍匠上萬戶府秩正三品至元十一年置砲手總管府十八年始立爲都元帥府二十二年改爲萬戶府後定置達魯花赤一員萬戶一員副萬戶一員經歷知事提控案牘各一員令史四人譯史一人鎭撫二員

千戶所三翼達魯花赤三員千戶三員副千戶三員百戶三十二員彈壓三員

唐兀衞親軍都指揮使司秩正三品總領河西軍三千人以備征討至元十八年始立置都指揮使二員副都指揮使二員二十二年增都指揮使一員僉事一員大德五年增指揮使二員至大元年增都指揮一員四年省都指揮使三員副都指揮使一員後定置都指揮使三員正三品副都指揮使二員從三品僉事二員正四品經歷一員從七品知事一員照磨一員俱從八品令史七人通事譯史知印各一人鎭撫二員奧魯官正副各一員

千戶所九翼正千戶九員副千戶九員百戶七十五員彈壓九員奧魯官正副各九員

門尉三建德門一和義門一肅清門一

教官二儒學教授一員蒙古字教授一員

貴赤衞親軍都指揮使司秩正三品至元二十四年立置都指揮使二員副都指揮二員僉事二員二十九年置達魯花赤一員大德十一年增達魯花赤一員都指揮使四員副都指揮一員至大元年省達魯花赤一員都指揮使四員副都指揮使三員後定置達魯花赤一員正三品都指揮使二員從三品副都指揮使二員從三品僉事二員正四品經歷二員從七品知事二員照磨一員令史七人知印一人通事譯史各一人鎭撫二員

千戶所八翼每所置達魯花赤一員千戶一十六員百戶八十員彈壓八員門尉二員

延安屯田打捕總管府秩從三品管析居放良人戶并兀里吉思田地北來蒙古人戶至元十八年始設定置達魯花赤一員總管一員同知一員經歷知事各一員屬官打捕屯田官一十二員

大寧海陽等處屯田打捕所秩從七品掌北京平灤等路析居放良不蘭奚等戶至元二十二年置總管府元貞元年罷總管府置打捕所定置達魯花赤一員長官一員教官蒙古字教授一員儒學教授一員

忠翊侍衞親軍都指揮使司秩正三品至元二十九年始立屯田府大德十一年增軍數立爲大同等處指揮使司至大四年屬徽政院延祐元年改中都威衞使司仍隸徽政院尋復改屬樞密院至治元年改爲忠翊侍衞後定置都指揮使三員正三品副都指揮使二員從三品僉事二員正四品經歷二員從七品知事二員照磨一員俱從八品令史七人譯史通事知印各一人鎭撫二員

行軍千戶所一十翼達魯花赤一十員副達魯花赤一十員千戶一十員副千戶一十員百戶二百六員彈壓二十員

弩軍千戶所一翼達魯花赤一員千戶一員百戶一十員彈壓一十員

屯田左右手千戶所二翼達魯花赤二員千戶二員百戶四十員彈壓四員

西域親軍都指揮使司秩正三品元貞元年始立設官十一員大德十一年增都指揮使二員又增指揮使三員副都指揮使二員僉事二員至大四年省都指揮使五員副都指揮使二員僉事二員後定置達魯花赤一員正三品都指揮使二員正三品副都指揮使二員從三品僉事二員正四品經歷二員從七品知事二員承發架閣兼照磨一員並從八品令史七人通事譯史知印各一人鎭撫二員

行軍千戶所千戶一十三員百戶二十九員

把門千戶二員百戶八員門尉一員

教官儒學教授一員

宗仁蒙古侍衞親軍都指揮使司秩正三品至治二年以亦乞列思人氏二百戶與所收蒙古子女通三千戶及淸州匠二千戶屯田漢軍二千戶立宗仁衞以統之定置都指揮使三員正三品副都指揮使二員從三品僉事二員正四品經歷二員從七品知事二員照磨一員俱從八品令史七人知印二人怯里馬赤二人譯史二人鎭撫二員

蒙古軍千戶所一十翼千戶二十員百戶一百員彈壓一十員

屯田千戶所千戶四員百戶四十員彈壓四員

教官二儒學教授一員蒙古教授一員

山東河北蒙古軍大都督府秩從二品掌各路軍民

科差征進及調遣總攝軍馬公事至元二十一年罷統軍司都元帥府立蒙古軍都萬戶府大德七年改山東河北蒙古軍都萬戶府延祐五年罷天曆二年改立爲大都督府定置正官大都督三員從二品同知一員從三品副使一員從四品經歷一員從六品都事二員從七品承發兼照磨一員正八品令史八人譯史通事知印各二人宣使五人典吏三人鎮撫二員左手萬戶府萬戶一員副萬戶一員經歷一員知事一員提控案牘各一員鎮撫一員

千戶九翼千戶一十一員百戶七十四員彈壓一十一員

右手萬戶府萬戶一員副萬戶一員經歷一員知事一員提控案牘一員鎮撫一員

千戶九翼千戶九員百戶六十三員彈壓九員

拔都萬戶府達魯花赤一員萬戶一員副萬戶一員經歷一員知事一員提控案牘一員鎮撫一員

千戶六翼千戶七員百戶四十一員彈壓五員

哈答萬戶府達魯花赤一員萬戶一員經歷一員知事一員提控案牘一員鎮撫一員

千戶八翼千戶八員百戶二十四員彈壓八員

蒙古回回水軍萬戶府達魯花赤一員萬戶一員副萬戶一員經歷知事提控案牘各一員鎮撫二員

千戶八翼達魯花赤二員千戶六員百戶四十六員彈壓九員

玘都哥萬戶府初隸都府七千戶翼延祐三年樞密院奏改立萬戶府達魯花赤一員萬戶一員副萬戶一員經歷知事提控案牘各一員鎮撫二員

千戶七翼千戶九員百戶三十五員彈壓八員

哈必赤千戶翼千戶一員百戶四員彈壓一員直隸大都督府

洪澤屯田千戶趙國宏翼達魯花赤一員千戶一員副千戶一員百戶一十四員彈壓二員直隸大都督府

左翊蒙古侍衞親軍都指揮使司秩正三品至元十八年以蒙古侍衞總管府依五衞之例爲指揮使司設官十二員奧魯官二員大德七年奏改爲左翼蒙古侍衞親軍都指揮使司延祐五年罷奧魯官後定置司官都指揮使三員正三品副都指揮使二員從三品僉事二員正四品經歷二員從七品知事二員承發架閣兼照磨一員並從八品令史七人譯史通事知印各一人典吏二人鎮撫二員

千戶所七翼正千戶七員副千戶七員知事七員

彈壓七員百戶六十二員

教官二蒙古字教授一員儒學教授一員

右翊蒙古侍衞親軍都指揮使司品秩同左衞至元十八年以蒙古侍衞總管府依五衞例爲指揮使司設官十二員奧魯官二員大德七年奏改爲右翊蒙古侍衞親軍都指揮使司延祐五年罷奧魯官後定置司官都指揮使三員正三品副都指揮使二員從三品僉事二員正四品經歷二員從七品知事二員承發兼照磨架閣一員並從八品令史七人譯史通事知印各一人典吏二人鎮撫二員

千戶所一十二翼正千戶一十二員副千戶一十二員知事一十二員彈壓一十二員百戶一百九員

教官蒙古字教授一員儒學教授一員

虎賁親軍都指揮使司秩正三品管領上都路元籍軍人兼奧魯之事至元十六年立虎賁軍設官二員十七年置都指揮使二員副都指揮使一員又增置副都指揮使一員元貞元年以虎賁軍改爲虎賁親軍都指揮使司十一年增置都指揮使六員至大四年省都指揮使九員後定置司官都指揮使三員正三品副都指揮使二員從三品僉事二員正四品經歷一員從七品知事照磨兼承發各一員並從八品令史七人譯史通事知印各一人典吏二人鎮撫二員都目一員

撒的赤千戶翼正達魯花赤一員副達魯花赤一員正千戶一員副千戶一員知事一員百戶二十員彈壓二員

不花千戶翼正達魯花赤一員副達魯花赤一員正千戶一員副千戶一員百戶二十二員彈壓二員

脫脫木千戶翼正達魯花赤一員副達魯花赤一員正千戶一員副千戶一員知事一員百戶二十八員彈壓二員

大忽都魯千戶翼正達魯花赤一員副達魯花赤一員正千戶一員副千戶一員知事一員百戶二十四員彈壓二員

楊千戶翼正達魯花赤一員副達魯花赤一員正千戶一員副千戶一員知事一員百戶二十二員彈壓二員

迷里火者千戶翼正達魯花赤一員副達魯花赤一員正千戶一員副千戶一員知事一員百戶二十員彈壓二員

大都督府正二品管領左右欽察兩衞龍翊侍御東路蒙古軍元帥府東路蒙古軍萬戶府哈剌魯萬戶府天曆二年始立欽察親軍都督府秩從二品後改大都督府置大都督三員正二品同知二員正三品副都督三員從三品僉都督事二員正四品經歷二員從六品都事二員從七品管勾一員照磨一員俱正八品令史八人蒙古必闍赤二人怯里馬赤二人知印二人宣使六人

右欽察衞秩正三品至元二十三年依河西等衞例立欽察衞設官十員至治二年分爲左右衞天曆二年撥隸大都督府定置達魯花赤一員正三品都指揮二員正三品副使二員從三品僉事二員正四品經歷二員從七品知事二員照磨二員並從八品令史七人譯史通事知印各一人鎮撫一員

行軍千戶十八所達魯花赤各一員千戶三十六員百戶一百八十員彈壓一十八員

屯田千戶所二達魯花赤二員千戶二員百戶二十員彈壓二員

門尉二員

儒學教授一員至大四年始置蒙古字教授一員延祐四年始置

左欽察衞秩正三品至治二年依阿速衞例分爲兩衞設官十員天曆二年撥隸大都督府定置衞官都指揮使三員正三品副都指揮二員從三品僉事二員正四品經歷二員從七品知事二員照磨一員從八品令史七人譯史通事知印各一人屬官鎮撫二員

行軍千戶所一十翼千戶一十員百戶八十二員彈壓九員奧魯官四員

守城千戶所一翼達魯花赤一員千戶一員百戶九員彈壓一員

屯田千戶所一翼達魯花赤一員千戶一員百戶十員彈壓一員

教官儒學教授一員

龍翊侍衞親軍都指揮使司秩正三品天曆元年始立設官十四員二年又置愛馬知事一員又以左欽察衞唐吉失九千戶隸本衞定置官都指揮使三員正三品副都指揮使二員從三品僉事二員正四品經歷一員從七品知事二員照磨一員並從八品令史七人譯史二人怯里馬赤二人知印二人鎮撫二員

行軍千戶所九翼達魯花赤一員千戶六員副千戶一員百戶四十五員彈壓五員

屯田一翼欽察千戶所達魯花赤一員千戶一員

百戶二十二員彈壓二員

教官二蒙古字教授一員儒學教授一員

哈剌魯萬戶府掌守禁門等處應直宿衞至元二十四年招集哈剌魯軍人立萬戶府尋移屯襄陽後征交趾大德二年置司南陽天曆三年奏隸大都督府定置官達魯花赤一員萬戶一員經歷知事各一員提控案牘一員鎮撫一員吏目一員

千戶所三翼千戶三員百戶九員彈壓三員

御史臺秩從一品大夫二員從一品中丞二員正二品侍御史二員從二品治書侍御史二員從二品掌糾察百官善惡政治得失至元五年始立臺建官設官七員大夫從二品中丞從三品侍御史從五品治書侍御史從六品典事從七品檢法二員獄丞一員七年改典事爲都事十九年罷檢法獄丞二十一年陞大夫爲從一品中丞爲正三品侍御史爲正五品治書爲正六品二十七年大夫以下品從各陞一等始置經歷一員大德十一年陞中丞爲正二品侍御史爲從二品治書侍御史爲正三品皇慶元年增中丞爲三員二年減一員至治二年大夫一員後定置御史大夫二員中丞二員侍御史二員治書侍御史二員品秩如上經歷一員從五品都事二員正七品照磨一員正八品承發管勾兼獄丞一員正八品架閣庫管勾兼承發一員正九品掾史一十五人譯史四人知印二人通事二人宣使十人臺醫二人蒙古書寫二人典吏六人庫子二人其屬有二

殿中司殿中侍御史二員正四品至元五年始置秩正七品後陞正四品凡大朝會百官班序其失儀失列則糾罰之在京百官到任假告事故出三日不報者則糾舉之大臣入內奏事則隨以入凡不可與聞之人則糾避之知班四人通事譯史各一人

察院秩正七品監察御史三十二員司耳目之寄任刺舉之事至元五年始置御史十一員悉以漢人爲之八年增置六員十九年增置一十六員始參用蒙

古人爲之至元二十二年參用南儒二人書吏三十二人

江南諸道行御史臺設官品秩同內臺至元十四年始置江南行御史臺于揚州尋徙杭州又徙江州二十三年遷于建康以監臨東南諸省統制各道憲司而總諸內臺初置大夫中丞侍御史治書侍御史各一員統淮東淮西湖北浙東浙西江東江西湖南八道提刑按察司十五年增江南湖北嶺南廣西福建廣東三道二十三年以淮東淮西山南三道撥隸內臺三十年增海北海南一道大德元年定爲江南諸道行御史臺設官九員以監江浙江西湖廣三省統江東江西浙東浙西湖南湖北廣東廣西福建海南十道大夫一員中丞二員侍御史二員治書侍御史二員經歷一員都事二員照磨一員架閣庫管勾一員承發管勾兼獄丞一員令史一十六人譯史四人回回掾史通事知印各二人宣使十人典吏庫子臺醫各有差

察院品秩如內察院至元十四年置監察御史十員二十三年增蒙古御史十四員書吏十四人又增漢人御史四員書吏四人後定置御史二十八員書吏二十八人

陝西諸道行御史臺設官品秩同內臺至元二十七年始置雲南諸路行御史臺官止四員大德元年移雲南行臺於京兆爲陝西行臺而雲南改立廉訪司延祐元年罷二年復立統漢中隴北四川雲南四道定置大夫一員御史中丞二員侍御史二員治書侍御史二員經歷一員都事二員照磨一員架閣庫管勾一員承發司管勾兼獄丞一員掾史一十二人蒙古必闍赤二人回回掾史一人通事二人知印一人宣使十人典吏五人庫子二人

察院品秩同內察院監察御史二十員書吏二十人

肅政廉訪司國初立提刑按察司四道曰山東東西道曰河東陝西道曰山北東西道曰河北河南道至元六年以提刑按察司兼勸農事八年置河東山西道陝西四川道十二年分置燕南河北道十三年以省併衙門罷按察司十四年復置增立八道曰江北淮東道曰淮西江北道曰山南江北道曰浙東海右道曰江南浙西道曰江東建康道曰江西湖東道曰嶺北湖南道十五年復增三道曰江南湖北道曰嶺南廣西道曰福建廣東道十九年增西蜀四川道二十年增海北廣東道改福建廣東道曰福建閩海道以雲南七路置雲南道以女直之地置海西遼東道二十三年以淮東淮西山南三道撥隸內臺二十四年增河西隴右道是年罷雲南道二十五年罷海西遼東二十七年以雲南按察司所治立雲南行御史臺二十八年改按察司曰肅政廉訪司大德元年徙雲南行臺于陝西復立雲南道三十年增海北海南道其後遂定爲二十二道每道廉訪使二員正三品副使二員正四品僉事四員兩廣海南止二員正五品經歷一員從七品知事一員正八品照磨兼管勾一員正九品書吏十六人譯史通事各一人奏差五人典吏二人

內道八隸御史臺

山東東西道濟南路置司

河東山西道冀寧路置司

燕南河北道眞定路置司

江北河南道汴梁路置司

山南江北道中興路置司

淮西江北道廬州路置司

江北淮東道揚州路置司

山北遼東道大寧路置司

江南十道隸江南行臺

江東建康道寧國路置司

江西湖東道龍興路置司

江南浙西道杭州路置司

浙東海右道婺州路置司

江南湖北道武昌路置司

嶺北湖南道天臨路置司

嶺南廣西道靜江府置司

海北廣東道廣州路置司

海北海南道雷州路置司

福建閩海道福州路置司

陝西四道隸陝西行臺

陝西漢中道鳳翔府置司

河西隴北道甘州路置司

西蜀四川道成都路置司

雲南諸路道中慶路置司

元史卷八十七

明翰林學士亞中大夫知制誥兼修國史宋　濂等修

百官志第三十七

百官三

大宗正府秩從一品國初未有官制首置斷事官曰札魯忽赤會決庶務凡諸王駙馬投下蒙古色目人等應犯一切公事及漢人姦盜詐僞蠱毒厭魅誘掠逃驅輕重罪囚及邊遠出征官吏每歲從駕分司上都存留住冬諸事悉掌之至元二年置十員三年置八員九年降從一品銀印止理蒙古公事以諸王爲府長餘悉御位下及諸王之有國封者又有怯薛人員奉旨署事別無頒受宣命十四年置十四員十五年置十三員二十一年置二十一員二十二年增至三十四員二十八年增至四十六員大德四年省五員十一年四十一員皇慶元年省二員以漢人刑名歸刑部泰定元年復命兼理置札魯忽赤四十二員令史改爲掾史致和元年以上都大都所屬蒙古人并怯薛軍站色目與漢人相犯者歸宗正府處斷其餘路府州縣漢人蒙古色目詞訟悉歸有司刑部掌管正官札魯忽赤四十二員從一品郎中二員從五品員外郎二員從六品都事二員從七品承發架閣庫管勾一員從八品掾史十八人蒙古必闍赤十三人通事知印各三人宣使十人蒙古書寫一人典吏三人庫子一人醫人一人司獄二員

大司農司秩正二品凡農桑水利學校饑荒之事悉掌之至元七年始立置官五員十四年罷以按察司兼領勸農事十八年改立農政院置官六員二十年又改立務農司秩從三品置達魯花赤一員務農使一員同知二員是年又改司農寺達魯花赤一員司農卿二員司丞一員二十三年仍爲大司農司秩仍正二品大德元年增領大司農事一員皇慶二年陞從一品增大司農一員定置大司農四員從一品大司農卿二員正二品少卿二員從二品大司農丞二員從三品經歷一員從五品都事二員從七品架閣庫管勾一員照磨一員並正八品掾史十二人蒙古必闍赤二人回回掾史一人知印二人通事一人宣使一人典吏五人

籍田署秩從六品掌耕種籍田以奉宗廟祭祀至元七年始立隸大司農十四年罷司農隸太常寺二十三年復立大司農司仍隸焉署令一員從六品署丞一員從七品司吏一人

供膳司秩從五品掌供給應需貨買百色生料并桑哥籍入貲產至元二十二年始置隸司農置達魯花赤一員提點一員並從五品司令一員正六品丞一員正七品吏一人

輔用庫秩正九品掌規運息錢以給供需大使一員副使一員

興中州等處油戶提領所秩從九品提領一員大使一員副使一員歲辦油十萬斤以供內庖至元二十九年始置

蔚州麵戶提領所提領一員副使一員掌辦白麵葱菜以給應辦歲計十餘萬斤　右屬供膳

永平屯田總管府秩從三品達魯花赤一員總管一員同知一員知事一員司吏四人至元二十四年始立於永平路南馬城縣以北京探木三千人隸之所轄昌國濟民豐贍三署各置署令一員署丞一員直長一人吏目二人吏二人

翰林兼國史院秩正二品中統初以王鶚爲翰林學士未立官署至元元年始置秩正三品六年置承旨三員學士二員侍讀學士二員侍講學士二員直學士二員八年陞從二品十四年增承旨一員十六年增侍讀學士一員十七年增承旨二員二十年省併集賢院爲翰林國史集賢院二十一年增學士二員二十二年復分立集賢院二十三年增侍講學士一員二十六年置官吏五員掌管教習亦思替非文字二十七年增承旨一員大德九年陞正二品改典簿爲司直置都事一員至大元年置承旨九員皇慶元年陞從一品改司直爲經歷延祐元年別置回回國子監學以掌亦思替非官屬歸之五年置承旨八員後定置承旨六員從一品學士二員正二品侍讀學士二員從二品侍講學士二員從二品直學士二員從三品屬官待制五員正五品修撰三員從六品應奉翰林文字五員從七品編修官十員正八品檢閱四員正八品典籍二員正八品經歷一員從五品都事一員從七品掾史四人譯史通事知印各二人蒙古書寫五人書寫十人接手書寫十人典吏三人典書二人

蒙古翰林院秩從二品掌譯寫一切文字及頒降璽書並用蒙古新字仍各以其國字副之至元八年始立新字學士於國史院十二年別立翰林院置承旨一員直學士一員待制二員修撰一員應奉四員寫聖旨必闍赤十有一人令史一人知印一人十八年增承旨一員學士三員省漢兒令史置蒙古必闍赤四人二十九年

增承旨一員侍讀學士一員知印一人三十年增管勾一員大德五年陞正二品九年置司直一員都事一員皇慶元年改陞從一品設官二十有八吏屬二十有四延祐二年改司直爲經歷後定置承旨七員學士二員侍讀學士二員侍講學士二員直學士二員待制四員修撰二員應奉五員經歷一員都事一員品秩並同翰林國史院承發架閣庫管勾一員正九品必闍赤一十四人掾史三人通事一人譯史一人知印二人書寫一人典吏三人

蒙古國子監秩從三品至元十四年始立置司業一員二十九年准漢人國學例置祭酒司業監丞延祐四年陞正三品七年復降爲從三品後定置祭酒一員從三品司業二員正五品監丞一員正六品令史一人必闍赤一人知印一人

蒙古國子學秩正七品博士二員助教二員教授二員學正學錄各二員掌教習諸生於隨朝百官怯薛台蒙古漢兒官員家選子弟俊秀者入學至元八年置官五員後以每歲從駕上都教習事繁設官員少增學正二員學錄二員三十一年增助教一員典給一人後定置博士二員正七品助教二員教授二員並正八品學正學錄各二員典書一人典給一人

內八府宰相掌諸王朝覲儐介之事遇有詔令則與蒙古翰林院官同譯寫而潤色之謂之宰相云者其貴似侍中其近似門下故特寵之以是名雖有是名而無授受宣命品秩則視二品焉大德九年以滅怯秃等八人爲之天曆元年爲內八府宰之職故附見于此云

集賢院秩從二品掌提調學校徵求隱逸召集賢良凡國子監玄門道教陰陽祭祀占卜祭遁之事悉隸焉國初集賢與翰林國史院同一官署至元二十二年分置兩院置大學士三員學士二員直學士二員典簿一員吏屬七人二十四年增置學士一員侍讀學士一員待制一員尋陞正二品置院使一員正二品大學士二員從二品學士三員從二品侍讀學士一員從三品侍講學士一員從三品直學士二員從四品司直一員從五品待制一員正五品二十五年增都事一員從七品修撰一員從六品元貞元年增院使一員大德十一年陞從一品置院使六員經歷二員至大四年省院使六員皇慶二年省漢人經歷一員後定置大學士五員從一品學士二員正二品侍讀學士二員侍講學士二員並從二品直學士二員從三品經歷一員從五品都事二員從七品待制一員正五品修撰一員從六品兼管勾承發架閣庫一員正八品掾史六人譯史知印各二人通事一人宣使七人典吏三人

國子監至元初以許衡爲集賢館大學士國子祭酒教國子與蒙古大姓四怯薛人員選七品以上朝官子孫爲國子生隨朝三品以上官得舉凡民之俊秀者入學爲陪堂生伴讀至元二十四年始置監祭酒一員從三品司業二員正五品掌國之教令皆德尊望重者爲之監丞一員正六品專領監務典簿一員令史二人譯史知印典吏各一人

國子學秩正七品置博士二員掌教授生徒考較儒人著述教官所業文字助教四員分教各齋生員大德八年爲分職上都增置助教二員學正二員學錄二員督習課業典給一員掌生員膳食至元二十四年定置生員額二百人伴讀闕 四年生員三百人延祐二年增置生員一百人伴讀二十人

典文署秩從六品署令一員以翰林修撰兼之署丞一員以翰林應奉兼之至治二年罷置典簿一員從七品掌提調諸生飲膳與凡文牘簿書之事仍置典吏一人

宣政院秩從一品掌釋教僧徒及吐蕃之境而隸治之遇吐蕃有事則爲分院往鎮亦別有印如大征伐則會樞府議其用人則自爲選其爲選則軍民通攝僧俗並用至元初立總制院而領以國師二十五年因唐制吐蕃來朝見於宣政殿之故更名宣政院置院使二員同知二員副使二員參議二員經歷二員都事四員管勾一員照磨一員二十六年置斷事官四員二十八年增僉院同僉各一員元貞元年增院判一員大德四年罷斷事官至大初省院使一員至治三年置院使六員天曆二年罷功德使司歸宣政定置院使一十員從一品同知二員正二品副使二員從二品僉院二員正三品同僉三員正四品院判三員正五品參議二員正五品經歷二員從五品都事三員從七品照磨一員管勾一員並正八品掾史十五人蒙古必闍赤二人回回掾史二人怯里馬赤四人知印二人宣使十五人典吏有差

斷事官四員從三品經歷知事各一員令史五人知印奏差譯史通事各一人至元二十五年始置

客省使秩從五品大使二員副使一員至元二十五年置

大都規運提點所秩正四品達魯花赤一員提點一員大使一員副使一員至元二十八年置

上都規運提點所秩正四品達魯花赤一員提點一員大使一員副使一員知事一員至元二十八年置

大都提舉資善庫秩從五品達魯花赤一員提舉一員同提舉一員副提舉一員掌錢帛之事至元二十六年置

上都利貞庫秩從七品提領一員副使一員掌飲膳好事金銀諸物元貞元年置

大濟倉監支納一員大使一員

興教寺管房提領一員

吐蕃等處宣慰司都元帥府秩從二品宣慰使五員經歷二員都事二員照磨一員捕盜官二員儒學教授一員鎮撫二員其屬二

脫思麻路軍民萬戶府秩正三品達魯花赤一員萬戶一員副達魯花赤一員副萬戶一員經歷一員知事一員鎮撫一員

西夏中興河州等處軍民總管府秩正三品達魯花赤一員總管一員同知一員治中一員府判一員經歷一員知事一員屬官稅務提領寧河縣官寧河脫脫禾孫五員寧河弓甲匠達魯花赤

洮州元帥府秩從三品達魯花赤一員元帥二員知事一員

十八族元帥府秩從三品達魯花赤一員元帥一員同知一員知事一員

積石州元帥府達魯花赤一員元帥一員同知一員知事一員脫脫禾孫一員

禮店文州蒙古漢軍西番軍民元帥府秩正三品達魯花赤一員元帥一員同知一員經歷知事各一員鎮撫二員蒙古奧魯官一員蒙古奧魯相副官一員

禮店文州蒙古漢軍奧魯軍民千戶所秩從五品達魯花赤一員千戶一員副千戶一員總把五員百戶八員

禮店文州蒙古漢軍西番軍民上千戶所秩正四品達魯花赤一員千戶一員百戶一員新附千戶二員

禮店階州西水蒙古漢軍西番軍民總把二員

吐蕃等處招討使司秩正三品招討使二員知事一員鎮撫一員其屬附

脫思麻探馬軍四萬戶府秩正三品萬戶五員千戶八員經歷一員鎮撫一員

脫思麻路新附軍千戶所秩從五品達魯花赤一員千戶一員副千戶一員

文扶州西路南路底牙等處萬戶府秩從三品達魯花赤一員萬戶二員

鳳翔等處千戶所秩從五品達魯花赤一員千戶一員百戶二員

慶陽寧環等處管軍總把一員

文州課程倉糧官一員

岷州十八族迴迴捕盜官二員

常陽帖城阿不籠等處萬戶府秩從三品達魯花赤一員千戶一員

階文扶州等處番漢軍上千戶所秩正五品達魯花赤一員千戶二員

貴德州達魯花赤知州各一員同知州判各一員脫脫禾孫一員捕盜官一員

必呈萬戶府達魯花赤二員萬戶四員

松潘客疊威茂州等處軍民安撫使司秩正三品達魯花赤一員安撫使一員同知一員僉事一員經歷知事照磨各一員鎮撫一員威州保寧縣茂州文山縣文川縣皆隸焉

靜州茶上必里溪安鄉等二十六族軍民千戶所達魯花赤一員千戶一員

龍木頭都留等二十二族軍民千戶所達魯花赤一員千戶一員

岳希蓬蘿葡村等處二十二族軍民千戶所達魯花赤一員千戶一員

折藏萬戶府達魯花赤一員萬戶一員

吐蕃等路宣慰使司都元帥府宣慰使四員同知二員副使一員經歷都事各二員捕盜官三員鎮撫二員

朶甘思田地裏管軍民都元帥府都元帥一員經歷一員鎮撫一員

刺馬兒剛等處招討使司達魯花赤一員招討使一員經歷一員

奔不田地裏招討使司招討使一員經歷一員鎮撫一員

奔不兒亦思剛百姓達魯花赤一員

碉門魚通黎雅長河西寧遠等處軍民安撫使司秩正三品達魯花赤一員安撫使一員同知一員副使

一員僉事一員經歷知事照磨各一員鎭撫二員

六番招討使司達魯花赤一員招討使一員經歷一員知事一員雅州嚴道縣名山縣隸之

天全招討使司達魯花赤一員招討二員經歷知事各一員

魚通路萬戶府達魯花赤一員萬戶一員經歷知事各一員黎州隸之

碉門魚通等處管軍守鎭萬戶府達魯花赤一員萬戶二員經歷知事各一員鎭撫二員千戶八員百戶二十員彈壓四員

長河西管軍萬戶府達魯花赤一員萬戶二員

長河西裏管軍招討使司招討使二員經歷一員

朶甘思招討使一員

朶甘思哈答李唐魚通等處錢糧總管府達魯花赤二員總管一員副總管一員答剌答脫脫禾孫一員哈裏脫脫禾孫一員朶甘思毳吉剌滅吉思千戶一員

亦思馬兒甘萬戶府達魯花赤一員萬戶二員

烏思藏納里速古魯孫等三路宣慰使司都元帥府宣慰使五員同知二員副使一員經歷一員鎭撫一員捕盜司官一員其屬附見

納里速古兒孫元帥二員

烏思藏管蒙古軍都元帥二員

擔裏管軍招討使一員

烏思藏等處轉運一員

沙魯思地裏管民萬戶一員

搽里八田地裏管民萬戶一員

烏思藏田地裏管民萬戶一員

速兒麻加瓦田地裏管民官一員

撒剌田地裏管民官一員

出蜜萬戶一員

嗸籠答剌萬戶一員

思答籠剌萬戶一員

伯木古魯萬戶一員

湯卜赤八千戶四員

加麻瓦萬戶一員

札由瓦萬戶一員

牙里不藏思八萬戶府達魯花赤一員萬戶一員千戶一員擔裏脫脫禾孫一員

迷兒軍萬戶府達魯花赤一員萬戶一員初厚江八千戶一員卜兒八官一員

宣徽院秩正三品掌供玉食凡稻粱牲牢酒醴蔬菓庶品之物燕享宗戚賓客之事及諸王宿衛怯憐口糧食蒙古萬戶千戶合納差發係官抽分牧養孳畜歲支芻草粟菽羊馬價直收受闌遺等事與尚食尚藥尚醞三局皆隸焉所轄內外司屬用人則自爲選至元十五年置院使一員同知同僉各二員主事二員照磨一員二十年陞從二品增院使一員置經歷二員典簿三員二十三年陞正二品置院判二員省典簿置都事三員三十一年院使四員大德二年增同知二員三年陞從一品四年置副使二員皇慶元年增院使三員始定怯薛丹一萬人本院掌其給授後定置院使六員從一品同知二員正二品副使二員從二品僉院二員正三品同僉二員正四品院判二員正五品經歷二員從五品都事三員從七品照磨一員承發架閣庫一員並正八品掾史二十人蒙古必闍赤六人回回掾史二人怯里馬赤二人知印二人典吏六人蒙古書寫二人其屬附見

光祿寺秩正三品掌起運米麴諸事領尚飲尚醞局沿路酒坊各路布種事至元十五年罷都提點置寺設卿一員少卿三員主事一員照磨一員管勾一員二十年改尚醞監正四品二十三年復爲光祿寺卿二員少卿丞各一員二十四年增少卿一員二十五年撥隸省部三十一年復隸宣徽延祐七年降從三品後復正三品定置卿四員正三品少卿二員從四品丞二員從五品主事二員從七品令史八人譯史知印各二人通事一人奏差二十四人典吏三人蒙古書寫一人

大都尚飲局秩從六品中統四年始置設大使副使各一員俱帶金符掌醞造上用細酒至元十二年增副使二員十五年陞從五品置提點一員後定置提點一員從五品大使一員正六品副使二員正七品

上都尚飲局秩正五品皇慶中始置提點一員大使副使各一員品秩同上

大都尚醞局秩從六品掌醞造諸王百官酒醴中統四年立御酒庫設金符宣差至元十一年始設提點十六年改尚醞局從五品置提點一員從五品大使一員正六品副使二員正七品直長一員正八品

上都尚醞局秩從五品至元二十九年始置設提點一員大使一員副使直長各一員品秩同上

大都醴源倉秩從六品掌受香莎蘇門等酒材糯米麴貢麴藥以供上醞及歲賜諸王百官者至元二十五年始置設提舉一員從六品大使一員從七品副使一員正八品

上都醴源倉秩從九品掌受大都轉輸米麴并醞造車駕臨幸次舍供給之酒至元二十五年始置設大使一員直長一員

尚珍署秩從五品掌收濟寧等處田土子粒以供酒材至元十三年始立十五年罷入有司二十三年復置設達魯花赤一員令一員並從五品丞二員正七品吏目二員

安豐懷遠等處稻田提領所秩從九品掌稻田布種歲收子粒轉輸醴源倉定置提領二員

尚舍寺秩正四品掌行在帷幙帳房陳設之事牧養駱駝供進愛蘭乳酪至元三十一年始置監至大元年改爲寺陞正三品四年仍爲監尋復爲寺延祐三年復降爲正四品定置太監二員少監二員監丞二員知事二員

諸物庫秩從七品掌出納大德四年置設提領一員大使一員副使一員

闌遺監秩正四品掌不闌奚人口頭疋諸物至元二十年初立闌遺所秩九品二十五年改爲監正四品二十八年陞正三品至大四年復正四品尋復正三品延祐七年復爲正四品定置太監一員正四品少監二員正五品監丞二員正六品知事一員從八品提控案牘一員從九品令史五人譯史一人知印兼通事一人奏差五人

尚食局秩從五品掌供御膳及出納油麪酥蜜諸物至元二年置提點領進納百色生料二十年省併尚藥局爲尚食局別置生料庫本局定置提點一員從五品大使一員正六品副使二員正七品直長一員正八品

大都生料庫秩從五品至元十一年置生料野物庫隸尚食局二十年別置庫擬內藏庫例置提點二員從五品大使二員正六品副使三員正七品

上都生料庫秩從五品掌受弘州大同虎賁司農等歲辦油麪大都起運諸物供奉內府放支宮人宦者飲膳提點一員大使一員副使二員品秩同上直長一員正八品

大都大倉上都大倉秩正六品掌內府支持米豆及酒材米麴藥物至元五年初立設官三員俱受制國用使司箚付十二年改立提舉大倉設官三員隸宣徽二十五年陞正六品定置二倉各設提舉一員正六品大使一員從六品副使一員從七品

大都上都柴炭局各一至元十二年置秩從六品十六年改提舉司陞五品大德八年仍爲局降正七品置達魯花赤各一員正七品大都大使一員上都大使三員各正七品副使各二員正八品直長各一人掌葦場典吏各一人

尚牧所秩從五品至大四年始置設提舉二員從五品同提舉一員從六品副提舉一員從七品吏目一員

沙糖局秩從五品掌沙糖蜂蜜煎造及方貢果木至元十三年始置秩從六品十七年置提點一員十九年陞從五品置達魯花赤一員從五品提點一員從五品大使一員正六品副使一員正七品

永備倉秩從五品至元十四年始置給從九品印掌受兩都倉庫起運省部計置油麪諸物及雲需府所辦羊物以備車駕行幸膳羞二十四年陞從五品置提點一員從五品大使一員正六品副使各一員正七品

豐儲倉秩從九品大使一員掌出納車駕行幸支持膳羞

淮東淮西屯田打捕總管府秩正三品掌獻田歲入以供內府及湖泊山場漁獵以供內膳至元十四年始立總管府并管漣海高郵河泊提舉司沂州等處提舉司事十六年置揚州鷹房打捕達魯花赤總管府二十二年省併爲淮東淮西屯田打捕總管府二十五年以兩淮新附手號軍千戶所隸本府及分置提舉司一十處定置達魯花赤一員正三品總管一員正三品同知一員正五品府判一員正六品經歷一員從七品知事一員從八品提控案牘一員從九品司吏六人

淮安州屯田打捕提舉司高郵屯田打捕提舉司招泗屯田打捕提舉司安東海州屯田打捕提舉司揚州通泰屯田打捕提舉司安豐廬州等處打捕提舉司鎭巢等處打捕提舉司塔山徐邳沂州等處山場屯田提舉司凡九處秩俱從五品每司各設達魯花赤一員提舉一員並從五品同提舉一員從六品副提舉一員從七品吏目二人

抽分場提領所凡十處曰柴墟東西口曰海州新

堧曰北砂太倉曰安河桃源曰大湖東西口曰時
堡興化曰高郵寶應曰汶湖等處曰雲山白水曰
安東州每所各設提領一員同提領一員副提領
一員俱受宣徽院劄付
滿浦倉秩正八品掌收受各處子粒米麪等物以
待轉輸京師至元二十五年始置設大使一員正
八品副使一員正九品
圓米棋子局軟皮局各置提領一員同提領一員
副提領一員俱受宣徽院劄付
手號軍人打捕千戶所秩從四品管軍人打捕野
物皮貨至元二十五年始置設達魯花赤一員上
千戶一員上副千戶一員彈壓一員
上百戶七所各置百戶二員
鍾離縣　定遠縣　眞揚州　安慶
安豐　招泗　和州
下百戶二所各置百戶一員
瑭海　懐遠軍
龍慶栽種提舉司秩從五品管領縉山歲輸梁米并
易州龍門淨邊官園瓜菓桃梨等物以奉上供至元
十七年始置提舉司延祐七年縉山改爲龍慶州因
以名之定置達魯花赤一員提舉一員並從五品同
提舉一員從六品副提舉一員從七品
弘州種田提舉司秩正六品掌輸納麥麪之事以供
內府定置達魯花赤一員提舉一員並正六品同提
舉一員正七品副提舉一員正八品直長一員
豐潤署秩從五品掌歲入芻粟以給飼養駞馬之事
定置達魯花赤一員令一員並從五品丞一員從六
品直長一員正八品
常湖等處茶園都提舉司秩正四品掌常湖二路茶
園戶二萬三千有奇採摘茶芽以貢內府至元十三
年置司統提領所凡十有三處十六年陞都提舉司
又別置平江等處榷茶提舉司掌歲貢御茶二十四
年罷平江提舉司併掌其職定置達魯花赤一員提
舉一員俱從五品同提舉一員從六品副提舉一員
從七品提控案牘一員都目一員
提領所七處每所各設正同副提領各一員俱受
宣徽院劄付掌九品印
烏程　武康德淸　長興　安吉　歸安
湖汶　宜興
建寧北苑武夷茶場提領所提領一員受宣徽院
劄掌歲貢茶芽直隸宣徽
大禧宗禋院秩從一品掌神御殿朔望歲時諱忌日辰
禋享禮典天曆元年罷會福殊祥二院改置大禧院以
總制之初院官秩正二品陞從一品置參議二員改令
史爲掾史二年改大禧宗禋院置院使六員增副使二
員立諸總管府爲之屬凡錢糧之出納營繕之作輟悉
統之定置院使都典制神御殿事六員同知兼佐儀神
御殿事二員副使兼奉贊神御殿事二員僉院兼祗承
神御殿事二員同僉兼肅治神御殿事二員院判供應
神御殿事二員參議二員經歷二員都事二員管勾照
磨各一員掾史二十人譯史四人知印二人怯里馬赤
二人宣使一十五人斷事官四員客省使大使副使各
二員
隆禧總管府秩正三品至大元年建立南鎭國寺初
立規運提點所二年改爲規運都總管府三年陞爲
隆禧院天曆元年罷會福殊祥二院以隆禧殊祥併
立殊祥總管府尋又改爲隆禧總管府定置達魯花
赤一員總管一員副達魯花赤一員同知一員治中
一員判官一員經歷一員知事照磨各一員令史六
人譯史知印各一人怯里馬赤一人奏差四人
福元營繕司秩正五品達魯花赤一員司令一員大
使一員副使一員吏目一人司吏一人天曆元年以
南鎭國寺所立怯憐口事產提舉司改爲崇恩福元
提點所三年又改爲福元營繕司
普安智全營繕司秩五品達魯花赤一員司令一員
大使副使各一員吏目一人司吏一人天曆元年以
太玉山普安寺大智全寺兩規運提點所併爲一置
提點二員三年又改爲營繕司
祐國營繕都司秩五品達魯花赤一員司令一員大
使副使各一員知事一員提控案牘一員天曆元年
初置萬聖祐國營繕提點所三年改爲營繕都司
平松等處福元田賦提舉司秩五品置達魯花赤一
員提舉二員同提舉副提舉各一員
田賦提舉司秩五品置提舉一員同提舉一員副提
舉一員
資用庫提領一員大使一員
萬聖庫提領一員大使一員副使一員
會福總管府秩正三品至元十一年建大護國仁王
寺及昭應宮始置財用規運所秩正四品十六年改
規運所爲總管府至大元年改都總管府從二品尋
陞會福院置院使五員延祐三年陞正二品天曆元
年改爲會福總管府正三品定置達魯花赤一員總
管一員同知一員治中一員府判一員經歷知事提
控案牘各一員令史八人譯史通事知印各一人奏
差四人
仁王營繕司正五品至元八年立護國仁王寺鎭
遏提舉司十九年改鎭遏所二十八年併三提領
所爲諸色人匠提領所天曆元年改爲鎭遏民匠
提領所三年改爲仁王營繕司置達魯花赤一員
司令一員大使一員副使一員
襄陽營田提舉司秩從五品初置襄陽等處水陸
地土人戶提領所設官四員大德元年改提舉司
天曆二年仍爲襄陽營田提舉司定置達魯花赤
一員提舉一員同提舉一員副提舉一員
江淮等處營田提舉司秩從五品至元二十七年
始置達魯花赤一員提舉一員同提舉一員副提
舉一員
大都等路民佃提領所至元二十九年以武淸等
一十處併立大都水陸地土種田人民提領所十
五年又設隨路管民都提領所天曆元年併爲大
都等路民佃提領所定置提領一員大使副使各
一員
會福財用所秩從七品掌大護國仁王寺糧草諸
物至元十七年始立財用庫二十六年立盈益倉
天曆元年併財用盈益爲所提領一員大使一員
副使二員
崇祥總管府秩正三品至大元年立大承華普慶寺
都總管府二年改延禧監尋改崇祥監四年陞爲崇
祥院秩二品泰定四年復改爲大承華普慶寺總管
府天曆元年改爲崇祥總管府定置達魯花赤一員
總管一員副達魯花赤一員同知治中府判各一員
經歷知事提控案牘兼照磨各一員令史六人譯史
知印各一人怯里馬赤一人奏差四人
永福營繕司秩正五品延祐三年以起建新寺始
置營繕提點所天曆元年改爲永福營繕提點所
三年改營繕司設達魯花赤一員司令一員大使
一員副使一員都目一員
昭孝營繕司秩正五品天曆元年立壽安山規運
提點所三年改昭孝營繕司定置達魯花赤一員
司令一員大使副使各一員
普慶營繕司天曆元年始置普慶營繕提點所三
年改爲營繕司定置達魯花赤一員司令一員大
使副使各一員
崇祥財用所至大二年始置諸物庫四年置普贍
倉天曆二年併諸物庫普贍倉改爲崇祥財用所
定置官提領一員大使副使各一員
永福財用所掌出納顏料諸物延祐三年始置諸
物庫又置永積倉天曆二年以諸物庫永積倉併
改置爲所設提領大使副使各一員
鎭江稻田提舉司達魯花赤提舉同提舉副提舉
各一員
汴梁稻田提舉司達魯花赤提舉同提舉副提舉
各一員
平江等處田賦提舉司達魯花赤提舉同提舉副
提舉各一員
冀寧提領所提領二員
隆祥使司秩正三品天曆二年中宮建大承天護聖
寺立隆祥總管府設官八員至順二年陞爲隆祥使
司秩從二品置官司使四員同知副使司丞各二員
經歷一員都事二員照磨兼架閣一員令史十人譯
史通事知印各二人宣使十人典吏六人
普明營繕都司秩正四品天曆元年栁大龍興普
明寺于海南置規運提點所設官六員二年撥隷
龍祥總管府三年改爲都司品秩仍舊以掌營造
出納錢糧之事定置達魯花赤司令大使副使各
一員知事一員提控案牘一員
集慶萬壽營繕都司秩正四品天曆二年建龍翔
萬壽兩寺于建康立龍翔萬壽營繕提點所爲隆
祥總管府屬三年改爲營繕都司秩仍舊以掌營
造錢糧之事定置達魯花赤司令大使副使各一
員知事提控案牘各一員
元興營繕都司秩正四品掌營造錢糧之事天曆
元年始置大元興規運提點所置官五員三年改
都司置達魯花赤二員司令大使副使各一員知
事提控案牘各一員
宣農提舉司秩從五品達魯花赤提舉同提舉副
提舉各一員掌徵收田賦子粒之事天曆二年以
大都等處田賦提舉司隷隆祥總管府三年改提
舉司
護聖營繕司秩正五品達魯花赤司令大使副使

各一員掌營造工匠寺僧衣糧收徵房課之事天
曆二年始立大承天護聖營繕提點所三年改爲
司
平江善農提舉司秩從五品達魯花赤提舉同提
舉副提舉各一員天曆二年立田賦提舉司設官
四員二年改爲善農提舉司
善盈庫天曆二年隸龍祥總管府置提領一員大
使副使各一員掌金銀錢糧之事
荆襄等處濟農香戶提舉司秩正五品天曆三年
以荆襄提舉司所領河南湖廣田土爲大承天護
聖寺常住改爲荆襄濟農香戶提舉司隸隆祥總
管府置達魯花赤司令提舉同提舉副提舉各一
員
龍慶州等處田賦提領所秩九品提領副提領各
一員天曆二年置掌龍慶州所有土田歲賦平江
集慶崇禧田賦提領所提領同提領副提領各一
員天曆三年始置
集慶崇禧財用所大使副使各一員天曆三年始
置
壽福總管府掌祭供錢糧之事秩正三品至大四年
因建大聖壽萬安寺置萬安規運提點所秩正五品
延祐二年陞都總管府秩正三品尋陞爲壽福院正
二品天曆元年改立總管府仍正三品定置官達魯
花赤總管副達魯花赤同知治中府判各一員經歷
知事案牘照磨各一員令史六人知印通事譯史各
一人奏差四人典吏二人
萬安營繕司秩正五品三年以萬安規運提點所
既廢復立萬安營繕司定置達魯花赤司令大使
副使都目各一人
萬寧營繕司秩正四品大德十年始置萬寧規運
提點所天曆元年改營繕司定置達魯花赤司令
大使副使都目各一員
收支庫提領一員大使一員
延聖營繕司秩正五品初立天源營繕提點所天
曆三年改營繕司定置達魯花赤司令大使副使
都目各一員
諸物庫提領一員大使一員

元史卷八十八

明翰林學士亞中大夫知制誥兼修國史宋　濂等修

百官志第三十八

百官四

太常禮儀院秩正二品掌大禮樂祭享宗廟社稷封贈
諡號等事中統元年中都立太常寺設寺丞一員至元
二年翰林兼攝太常寺九年立太常寺設卿一員正三
品少卿以下五員品秩有差十三年省併衙門以侍儀
司併入太常寺十四年增博士一員十六年又增法物
庫子掌公服法服之藏二十年陞正三品別置侍儀司
至大元年改陞院設官十二員正二品四年復爲太常
寺正三品延祐元年復改陞院正二品以大司徒領之
七年降從二品天曆二年復陞正二品定置院使二員
正二品同知二員正三品僉院二員從三品同僉二員
正四品院判二員正五品經歷一員從五品都事一員
從七品照磨兼管勾承發架閣一員正八品屬官博士
二員正七品奉禮郞二員奉禮兼檢討一員並從八品
協律郞二員從八品太祝十員從八品禮直管勾一員
從九品令史四人通事知印譯史各二人宣使四人典
吏三人
太廟署秩從六品掌宗廟行禮兼廩犧署事至元三
年始置令二員從六品丞一員從六品
郊祀署秩從六品大德九年始置掌郊祀行禮兼廩
犧署事令二員從六品丞二員從七品
社稷署秩從六品大德元年始置令二員從六品丞
一員從七品
大樂署秩從六品中統五年始置令二員從六品丞
一員從七品掌管禮生樂工四百七十九戶
典瑞院秩正二品掌寶璽金銀符牌中統元年始置符
寶郞二員至元十六年立符寶局給六品印十七年陞
正五品十八年改典瑞監秩正三品二十年降爲正四
品省卿二員二十九年復正三品仍置監卿二員大德
十一年陞典瑞院正二品置院使四員正二品同知二
員正三品僉院二員從三品同僉二員正四品院判二
員正五品經歷二員從五品都事二員從七品照磨兼
管勾承發架閣庫一員正八品令史四人譯史四人知
印通事各一人宣使四人典吏三人
太史院秩正三品掌天文曆數之事至元十五年始立
院置太史令等官一員至大元年陞從二品設官十員
延祐三年陞正二品設官十五員後定置院使五員正
二品同知二員正三品僉院二員從三品同僉二員正
四品院判二員正五品經歷一員從五品都事一員從
七品管勾一員從九品令史三人譯史一人知印二人
通事一人宣使二人典吏二人
春官正兼夏官正一員正五品
秋官正兼冬官正中官正一員正五品
保章正五員正七品
保章副五員正八品
掌曆二員正八品
腹裏印曆管勾一員從九品
各省司曆十二員正九品
印曆管勾二員從九品
靈臺郞一員正七品
監候六員從八品
副監候六員正九品
星曆生四十四員
挈壺正一員從八品
司辰郞二員正九品
燈漏直長一人
教授一員從八品
學正一員從九品
校書郞二員正八品
太醫院秩正二品掌醫事製奉御藥物領各屬醫職中
統元年置宣差提點太醫院事給銀印二十年改爲尚
醫監秩正四品二十二年復爲太醫院給銀印置提點
四員院使副使判官各二員大德五年陞正二品設官
十六員十一年增院使二員皇慶元年增院使二員二
年增院使一員至治二年定置院使一十二員正二品
同知二員正三品僉院二員從三品同僉二員正四品
院判二員正五品經歷二員從七品都事二員從七品
照磨兼承發架閣庫一員正八品令史八人譯史二人
知印二人通事二人宣使七人
廣惠司秩正三品掌修製御用回回藥物及和劑以
療諸宿衞士及在京孤寒者至元七年始置提舉二
員十七年增置提舉一員延祐六年陞正三品七年
仍正五品至治二年復爲正三品置卿四員少卿丞
各二員後定置司卿四員少卿二員司丞二員經歷
知事照磨各一員
大都上都回回藥物院二秩從五品掌回回藥事
至元二十九年始置至治二年撥隸廣惠司定置
達魯花赤一員大使二員副使一員
御藥院秩從五品掌受各路鄉貢諸蕃進獻珍貴藥
品修造湯煎至元六年始置達魯花赤一員從五品
大使二員從五品副使三員正七品直長一員都監
二員
御藥局秩從五品掌兩都行篋藥餌至元十年始置
大德九年分立行御藥局掌行篋藥物本局但掌上
都藥倉之事定置達魯花赤一員從五品局使二員
從五品副使二員正七品
行御藥局秩從五品達魯花赤一員大使二員副使
三員品秩仝上掌行篋藥餌大德九年始置
御香局秩從五品提點一員司令一員掌修合御用
諸香至大元年始置
大都惠民局秩從五品掌收官錢經營出息市藥修
劑以惠貧民中統二年始置受太醫院劄至元十四
年定從六品秩二十一年陞從五品
上都惠民司提點一員司令一員中統四年始置品
秩並同上
醫學提舉司秩從五品至元九年始置十三年罷十
四年復置掌考校諸路醫生課義試驗太醫教官校
勘名醫撰述文字辨驗藥材訓誨太醫子弟領各處
醫學提舉一員副提舉一員
官醫提舉司秩從五品掌醫戶差役詞訟至元二
十五年置
大都保定彰德東平四路設提舉同提舉副提舉
各一員
河間大名晉寧大同濟寧廣平冀寧濟南遼陽興
和十路設提舉副提舉各一員
衞輝懷慶大寧設提舉一員
奎章閣學士院秩正二品天曆二年立於興聖殿西命
儒臣進經史之書考帝王之治大學士二員正三品尋
陞爲學士院大學士正二品侍書學士從二品承制學
士正三品供奉學士正四品參書從五品多以它官兼
領其職至順元年增大學士二員共四員侍書學士二
員承制學士二員供奉學士二員首領官參書二員典
籤二員照磨一員內掾四人譯文內掾二人知印二人
怯里馬赤一人宣使四人典書五人屬官授經郞二員
羣玉內司秩正三品天曆二年始置掌奎章圖書寶
玩及凡常御之物監司一員正三品司尉一員從三
品亞尉一員正四品僉司二員從四品司丞二員正

五品典簿一員正七品令史二人知印一人怯里馬赤一人奏差典吏各二人給使八人司膳四人

藝文監秩從三品天曆二年置專以國語敷譯儒書及儒書之合校讐者俾兼治之大監檢校書籍事二員從三品少監同檢校書籍二員從四品監丞參檢校書籍事二員從五品典簿一員照磨一員令史四人譯史一人怯里馬赤一人奏差二人典吏三人

監書博士秩正五品天曆二年始置品定書畫擇朝臣之博識者爲之博士二員正五品書吏一人

藝林庫秩從六品提點一員從六品大使一員副使一員正七品庫子二人本把二人掌藏貯書籍天曆二年始置

廣成局秩七品掌傳刻經籍及印造之事天曆二年始置大使一員從七品副使一員正八品直長二人正九品司吏二人

侍正府秩正二品至順二年置侍正十四員正二品同知二員正三品參府二員從三品侍判二員正四品經歷一員從六品都事一員從七品照磨一員從八品掌內廷近侍之事領速古兒赤四百人奉御二十四員拱衛直都指揮使司爲其屬掾史八人譯史四人通事知印各二人宣使八人典吏五人

奉御二十四員秩五品尚冠奉御二員從五品尚冠副奉御二員從六品尚衣奉御二員從五品尚衣副奉御二員從六品尚鞶奉御二員從五品尚鞶副奉御二員從六品尚沐奉御二員從五品尚沐副奉御二員從六品尚飾兼尚筆奉御二員正六品尚飾兼尚筆副奉御二員正七品奉御掌簿四員從七品天曆初置以四怯薛之速古兒赤爲之

給事中秩正四品至元六年始置起居注左右補闕掌隨朝省臺院諸司凡奏聞之事悉紀錄之如古左右史十五年改陞給事中兼修起居注左右補闕改爲左右侍儀奉御兼修起居注皇慶元年陞正三品延祐七年仍四品後定置給事中兼修起居注二員右侍儀奉御同修起居注一員左侍儀奉御同修起居注一員令史一人譯史四人通事兼知印一人

將作院秩正二品掌成造金玉珠翠犀象寶貝冠佩器皿織造刺繡段疋紗羅異樣百色造作至元三十年始置院使一員經歷都事各一員三十一年增院使二員元貞元年又增二員延祐七年省院使二員後定置院使七員正二品同知二員正三品同僉二員正四品院判二員正五品經歷一員從五品都事一員從七品照磨管勾一員正八品令史六人譯史知印各二人宣使四人

諸路金玉人匠總管府秩正三品掌造寶貝金玉冠帽繫腰束帶金銀器皿并總諸司局事中統二年初立金玉局秩正五品至元三年改總管府置總管一員經歷提控案牘各一員十二年又置同知副總管各一員二十五年置達魯花赤一員大德四年又置副達魯花赤副總管各一員後定置達魯花赤二員正三品總管二員正三品副達魯花赤二員正四品同知二員從四品副總管二員正五品經歷一員從七品知事一員從八品照磨管勾各一員令史五人譯史一人奏差二人

玉局提舉司秩從五品提舉一員正七品同提舉一員從七品副提舉一員正八品中統二年以和林人匠置局造作始設直長至元三年立玉匠局用正七品印十五年改提舉司

金銀器盒提舉司秩從五品提舉一員同提舉一員副提舉一員品秩同上吏目一員至元十五年始置金銀局秩從七品二十四年改爲提舉司秩正六品大德間陞從五品

瑪瑙提舉司秩從五品提舉一員同提舉一員吏目一員至元九年置大都等處瑪瑙局秩從七品管領瑪瑙匠戶五百有奇置提舉三員受金玉府劄十五年改立提舉司領大都弘州兩處造作陞從五品三十年減副提舉一員定置如上

陽山瑪瑙提舉司秩從五品至元十五年置提舉一員同提舉一員副提舉一員品秩同前

金絲子局秩從五品大使一員從五品副使一員正七品直長一員中統二年設二局二十四年併爲一

鞓帶斜皮局秩從八品至元十五年置大使副使各一員

瓘玉局秩從八品至元十五年置大使一員

浮梁磁局秩正九品至元十五年立掌燒造磁器并漆造馬尾椶藤笠帽等事大使副使各一員

畫局秩從八品掌描造諸色樣製至元十五年置大使一員

管領珠子民匠官正七品掌採撈蛤珠於楊村直沽等處中統二年立管領官子孫世襲

粧釘局從八品至元十五年置大使一員

大小雕木局秩從八品至元十五年置大使一員

宣德隆興等處瑪瑙人匠提舉司秩正六品至元十五年置提舉一員從七品副提舉一員從八品

溫犀玳瑁局秩從八品至元十五年置大使一員

上都金銀器盒局秩從六品至元十六年置大使一員副使一員直長一員

漆紗冠冕局至元十五年置大使副使各一員

大同路採砂所至元十六年置管領大同路撥到民一百六戶歲採磨玉夏水砂二百石起運大都以給玉工磨礲之用大使一員

管匠都提領所秩從七品至元十三年置掌金玉府諸人匠詞訟都提領一員

監造諸般寶貝官秩正五品至元二十一年置達魯花赤二員

收支諸物庫秩從八品至元十五年置大使副使各一員

行諸路金玉人匠總管府秩從三品至大間始置于杭州路達魯花赤總管各一員並從三品同知一員正五品副總管一員從五品經歷一員從七品知事一員從八品提控案牘一員

異樣局總管府秩正三品中統二年立提點所至元六年改爲總管府總管一員十四年置同知副總管各一員二十一年增總管一員二十九年置達魯花赤一員三十年減同知副總管各一員後定置達魯花赤一員總管一員並正三品同知一員從四品副總管一員從五品經歷一員從七品知事一員從八品

異樣紋繡提舉司秩從五品中統二年立局至元十四年改提舉司提舉一員從五品同提舉一員正七品副提舉一員正八品

綾綿織染提舉司秩從五品至元二十四年改局置提舉司提舉一員同提舉一員副提舉一員品秩同上

紗羅提舉司秩從五品至元十二年改局置提舉司提舉同提舉副提舉各一員品秩同上

紗金顏料總庫秩從九品中統二年置大使副使各一員從九品

大都等路民匠總管府秩正三品府官總管一員從三品同知一員正五品副總管一員從五品經歷一員從七品知事一員從八品提控案牘一員至元七年初立府秩從三品十四年改陞正三品

備章總院秩正六品大使副使各一員至元十三年省併楊蘭等八局爲總局

尚衣局秩從五品至元二年置達魯花赤一員從五品提舉一員從五品同提舉一員正七品副提舉一員正八品都目一人

御衣局秩從五品至元二年置達魯花赤提舉各一員從五品同提舉一員正七品副提舉一員正八品都目一人

御衣史道安局秩從六品至元二年置以史道安掌其職因以名之大使副使各一員

高麗提舉司秩從五品至元二十二年置提舉一員

織佛像提舉司秩從五品延祐四年改提領所爲提舉司提舉副提舉各二員

通政院秩從二品國初置驛以給使傳設脫脫禾孫以辨奸僞至元七年初立諸站都統領使司以總之設官六員十三年改通政院十四年分置大都上都兩院二十九年又置江南分院大德七年罷至大元年陞正二品四年罷以其事歸兵部是年兩都仍置止管達達站赤延祐七年復從二品仍兼領漢人站赤大都院使四員從二品同知二員正三品副使二員從三品僉院一員正四品同僉一員從四品院判一員正五品經歷一員從五品都事一員從七品照磨兼管勾承發架閣一員正八品令史十三人通事一人知印二人宣使十八人上都院使同知副使僉院判官各一員經歷都事各一員品秩並同大都令史四人譯史三人通事一人知印一人宣使十八人

廩給司秩從七品掌諸王諸蕃各省四方邊遠使客飲食供張等事至元十九年置提領司令司丞各一員

中政院秩正二品院使七員正二品同知二員正三品僉院二員從三品同僉二員正四品院判二員正五品掌中宮財賦營造供給并番衞之士湯沐之邑元貞二年始置中御府秩正三品大德四年陞中正院秩正二品至大三年陞從一品院使七員同知僉院同僉院判各二員四年省併入典內院皇慶二年復爲中政院設官如舊其幕職則司議二員從五品長使二員正六品照磨兼管勾承發架閣一員正八品吏屬蒙古必闍赤

四人掾史十二人回回掾史二人怯里馬赤二人知印二人宣使十八人

中瑞司秩正三品掌奉寶冊卿五員正三品丞二員正四品典簿二員從七品寫懿旨必闍赤四人譯史一人令史四人知印一人通事一人奏差二人典吏二人

內正司秩正三品掌百工營繕之役地產孳畜之儲以供膳服備賜予卿四員正三品少卿二員正四品丞二員從五品典簿二員從七品照磨兼管勾一員正九品吏屬各有差領署二提舉司一及其司屬凡十有六歲賦之額工作之程終歲則會其數以達焉

尚工署秩從五品令一員從五品丞二員從六品書史一人書吏四人掌營繕雜作之役凡百工名數與造程式與其材物皆經度之而責其成功皇慶元年始置隸內正司

玉列赤局秩從七品提領一員大使一員副使一員直長二員掌裁製縫綫之事延祐六年始置隸尚工署

贊儀署秩正五品提領一員大使一員副使一員直長二員掌車輿器備雜造之事皇慶二年始置隸內正司

管領六盤山等處怯憐口民匠都提舉司秩正四品達魯花赤一員都提舉一員同提舉二員副提舉二員知事一員提控案牘一員吏四人奏差二人至大四年始置國初未有官署賦無所稽後遣使覈實始著爲籍設司以領之

奉元等路平涼等處開城等處甘肅寧夏等路察罕腦兒等處長官司凡五處秩正五品各設達魯花赤一員長官一員副長官一員提控案牘一員都目一員吏十人延祐二年以民匠提舉司所領地里闊遠人戶散處於政不便乃酌遠近衆寡立長官司提領所以分理之

提領所凡十並正七品奉元等路鳳翔等處平涼寧環等處開城等處察罕腦兒等處甘州等路肅沙等路永昌寧夏等路長城等路各設提領一員同提領一員副提領一員典史一人分掌怯憐口地方隸各長官司

翊正司秩正三品令五員正三品丞四員正四品典簿二員從七品照磨一員從八品譯史二人令史六人知印二人通事奏差典吏各二人掌怯憐口民匠五千餘戶歲辦錢糧造作以供公上至元三十一年始置御位下管領隨路民匠打捕鷹房納綿等戶總管府正三品復隸正宮位下延祐六年改翊正司歲終會其出納以達于院而糾其弊領提舉司二提領所一

管領上都等處諸色人匠提舉司秩從五品達魯花赤一員提舉一員並從五品同提舉一員從六品副提舉一員從七品直長一員都目一員吏目一員司吏四人部役二人元貞元年始置管戶二千五百有奇隸翊正司

管領隨路打捕鷹房納綿等戶提舉司秩從五品達魯花赤一員提舉一員同提舉一員副提舉一員品秩同上直長一員都目一員吏目一員司吏四人部役二人元貞元年始置隸翊正司

管領歸德亳州等處管民提領所秩從七品提領一員同提領一員副提領一員典史一員司吏一人國初平江南收附歸德楚通等三百五十六戶令脫忽伯管領大德二年始置提領所隸翊正

典飲局秩正七品大使二員副使二員典史一員攢典二人掌醞造酒醴以供內府及祭祀宴享賓客賜頒之給初置嘉醞局秩六品隸家令至大二年改典飲兩都分置皇慶元年撥隸中宮

管領大都等路打捕民匠等戶總管府秩正三品達魯花赤一員總管一員並正三品同知一員正四品副總管一員正五品經歷一員從七品知事一員從八品提控案牘照磨一員譯史一人令史奏差各四人掌錢糧造作之事國初平定河南諸郡收聚人戶一萬五千有奇置官管領至元八年屬有司二十年改隸中尚監二十六年始置總管府領提舉司十有一提領所二十有五

在京提舉司二秩從五品達魯花赤一員提舉一員從五品同提舉一員從六品副提舉一員從七品都目一員分管各處人戶至元十六年給從七品印大德四年省併爲十一處改提舉司歷從五品涿州保定眞定冀寧河南大名東平東昌濟南等路提舉司凡九處各設達魯花赤一員提舉一員同提舉一員副提舉一員都目一員

提領所凡二十五處大都等路東安州濟寧曹州新州完州河間濟南濟陽大同元氏冀寧晉寧歸德南陽懷孟汝寧衞輝曹州涿州眞定中山平山大名高唐等處每處各設提領一員同提領一員副提領一員典史一員

管領諸路打捕鷹房民匠等戶總管府秩正三品達魯花赤一員總管一員正三品同知一員正五品副總管二員從五品經歷三員從七品知事一員從八品提控案牘一員照磨一員譯史一人令史四人奏差二人掌錢糧造作之事大德三年始置元貞元年撥隸中宮位下領提舉司四提領所十有一

管民提舉司大都等路冀寧等路南陽唐州等處河南路府等處凡四司秩從五品每司設達魯花赤一員提舉一員同提舉一員副提舉一員都目一員吏二人

提領所凡十有一大都保定河間眞定南陽鄧州濟南嵩汝汴梁裕州汝濟陳州唐州泌陽襄陽湖廣晉寧冀寧等處各設所秩正七品每所提領二員同提領一員副提領一員典史一員司吏二人至元十六年置至大元年改提領所

江浙等處財賦都總管府秩正三品達魯花赤一員都總管一員並正三品同知一員正五品副總管一員從五品經歷一員從七品知事一員從八品照磨一員提控案牘一員從九品譯史一人令史一十五人奏差一十五人典吏二人掌河南沒入貲產課其所賦以供內儲至大元年置領提舉司三庫局各一

平江松江建康等處提舉司凡三處秩並正五品每司各設達魯花赤一員提舉一員同提舉一員副提舉一員都目一員吏目一員司吏六人

豐盈庫提領一員大使一員副使一員典吏一人掌收本府錢帛

織染局局使一員典吏一人掌織染歲造段匹

管領種田打捕鷹房民匠等戶萬戶府秩正三品掌歸德亳州永宿二十餘城各蒙古漢軍種田戶差稅中統二年置初隸塔察兒王位下其後改屬中宮萬戶一員經歷一員知事一員提控案牘一員令史四人領司屬凡十處

管領大名等處種田諸色戶總管府秩正五品總管一員副總管一員都目一員中統二年置至元二十三年置府大名

管領本投下大都等處諸色戶計都達魯花赤秩正五品達魯花赤一員提控案牘一員都目一員中統三年置至元十五年置司大都

管領大都河間等路打捕鷹房總管府秩正五品總管一員副總管一員都目一員司吏二人中統二年置三年給印

管領東平等路管民官秩正五品總管一員相副官一員都目一員吏一人中統二年置至元二十二年給印

管領大名等路宣撫司燕京路管民千戶所秩從七品提領一員副提領一員中統二年置

管領曹州等處本投下民戶管領東明等處本投下戶計管領蒲城等處本投下諸色戶計管領汴梁等路本投下種田打捕軀戶四提領所秩正七品提領各二員同提領副提領各一員典史各一人司吏各一人中統二年置至元十四年頒印

海西遼東哈思罕等處鷹房諸色人匠怯憐口萬戶府秩正三品達魯花赤一員萬戶一員副萬戶一員經歷一員知事一員提控案牘兼照磨一員譯史一人掌錢糧造作之事管領哈思罕等處肇州朵因溫都兒諸色人匠四十戶仍領鎭撫所千戶所

鎭撫司鎭撫一員吏一人延祐四年始置

哈思罕等處打捕鷹房怯憐口千戶所秩從五品達魯花赤一員千戶一員副千戶一員吏目一員司吏四人彈壓一人部役二人至大二年置提舉司延祐六年改千戶所

諸色人匠怯憐口千戶所秩從五品達魯花赤一員千戶一員副千戶一員都目一員司吏四人部役二人初爲提舉司後改千戶所

肇州等處女直千戶所達魯花赤一員千戶一員副千戶一員吏目一員司吏四人延祐三年置

朵因溫都兒乃良哈千戶所延祐三年置

灰亦兒等處怯憐口千戶所至治元年置

開元等處怯憐口千戶所至治元年置

石州等處怯憐口千戶所延祐七年置

瀋陽等處怯憐口千戶所至治元年置

遼陽等處怯憐口千戶所至治二年置

蓋州等處怯憐口千戶所延祐五年置

幹盤等處怯憐口千戶所至治元年置

遼陽等處金銀鐵冶都提舉司秩正四品都提舉一員同提舉一員副提舉一員提控案牘一員譯史一人吏六人奏差二人掌辦金銀砒鐵等課分納中書省及中政院七年以其賦盡歸中宮

管領本位下怯憐口隨路諸色民匠打捕鷹房都總管府秩正三品達魯花赤一員都總管一員並正三品同知一員正五品副總管一員從五品掌怯憐口二萬九千戶田萬五千餘頃出賦以備兵奉營繕之事中統二年置府大德十年隸詹事院至大三年隸徽政院延祐三年改善政司至治二年徽政院及其屬盡廢天曆三年復立府仍正三品設官如上其首領官則經歷一員從七品知事一員從八品照磨一員從九品吏屬令史一十二人譯史四人通事知印各二人奏差一十人典吏六人

管領諸路打捕鷹房民匠等戶總管府秩正三品達魯花赤一員總管一員同知一員副總管一員品秩如上經歷一員知事一員提控案牘一員照磨一員令史四人譯史一人奏差二人大德三年置其屬附見

大都等路管民提舉司達魯花赤一員同提舉一員副提舉一員都目一員

大都保定提領所提領二員同提領一員副提領一員典史一員

河間真定提領所提領二員同提領一員副提領一員典史一員

唐州提舉司達魯花赤一員提舉一員同提舉一員副提舉一員都目一員

南陽鄧州提領所提領二員同提領一員副提領一員典史一員

唐州泌陽提領所提領二員同提領一員副提領一員典史一員

襄陽湖陽提領所提領二員同提領一員副提領一員典史一員

汝寧陳州提領所提領二員同提領一員副提領一員典史一員

河南提舉司達魯花赤一員提舉一員同提舉一員都目一員

汴梁裕州提領所提領二員同提領一員副提領一員典史一員

河南嵩汝提領所提領二員同提領一員副提領一員典史一員

南陽唐州提領所提領二員同提領一員副提領一員典史一員

冀寧提舉司達魯花赤一員提舉一員都目一員

冀寧提領所提領二員同提領一員副提領一員典史一員

晉寧提領所提領二員同提領一員副提領一員典史一員

寶昌庫提領一員大使一員掌受金銀碙鐵之課以待儲運

金銀場提領所凡七粱家寨銀場明世銀場密務銀場寶山銀場燒炭峪銀場胡寶峪金場七寶山碙炭場俱從七品每所各設提領一員同提領一員副提領一員

鐵冶管勾所凡二處各設管勾一員同管勾一員副管勾一員

奉宸庫秩五品提點四員副使二員提控案牘一員庫子六人掌中藏寶貨錢帛給納之事大德元年置

廣禧庫達魯花赤一員提舉一員大使一員副使二員提控案牘一員庫子四人大德八年置掌收支御膳野物職視生料庫

元史卷八十九

明翰林學士亞中大夫知制誥兼修國史宋　濂等修

百官志第三十九

百官五

儲政院秩正二品至元十九年立詹事院備左右輔翼皇太子之任置左右詹事各一員副詹事詹事丞院判各二員吏屬六十有二人別置宮臣賓客二員左右諭德左右贊善各一員校書郎二員中庶子中允各一員三十一年太子裕宗既薨乃以院之錢糧選法工役悉歸太后位下改爲徽政院以掌之大德九年復立詹事院尋罷十一年更置詹事院秩從一品設官十二員至大四年罷延祐四年復立七年罷泰定元年罷徽政院改立詹事如前天曆元年改詹事院爲儲慶使司二年罷復立詹事院未幾改儲政院院使六員正二品同知二員正三品僉院二員從三品同僉二員正四品院判二員正五品司議二員從五品長史二員正六品照磨二員管勾二員俱正八品掾史一十二人譯史四人回回掾史二人通事知印各二人宣使十八人典吏六人其屬附見

家令司秩三品家令家丞各二員典簿二員照磨一員掌太子飲膳供帳倉庫至元二十年置三十一年改內宰司隸徽政大德十一年復立秩陞從二至大四年罷延祐四年復立秩正三品七年罷泰定元年復以內宰司爲家令司天曆元年罷未幾復立二年又罷

典幄署掌太子供帳令丞各二員書史書吏各二人

府正司秩從三品掌鞍轡弓矢等物至元二十年置府正府丞各二員典簿二員照磨一員三十一年改官正司大德十一年復爲府正司至大四年罷延祐四年復立七年罷泰定元年復立天曆二年增府正府丞各二員尋罷

資武庫掌軍器提點一員大使一員

冀用庫掌鞍轡提點一員大使一員

延慶司秩正三品掌修建佛事使二員同知一員副使典簿各二員照磨一員至元二十一年始立隸詹事院三十一年隸徽政院大德十一年立詹事院別立延慶司秩仍正三品置卿丞等員泰定元年改隸詹事院天曆元年罷二年復立增丞二員

典用監卿四員太監二員少監二員丞二員經歷知事各一員照磨一員掌供須文成藏珍三庫內府供給段匹寶貨等物至大元年立天曆二年設官如故以三庫隸內宰司

典醫監秩正三品領東宮太醫修合供進藥餌至元十九年置典醫署秩從五品三十一年改掌醫署尋罷大德十一年復立典醫監至大四年罷泰定四年復立署天曆二年改典醫監秩正三品置達魯花赤二員卿三員太監二員少監二員丞二員經歷知事各一員吏屬凡十八人其屬司一局二

廣濟提舉司達魯花赤一員提舉同提舉副提舉各一員掌修合藥餌以施貧民

行典藥局達魯花赤一員大使副使各二員掌供奉東宮藥餌

典藥局達魯花赤一員大使副使直長各二員掌修製東宮藥餌

典牧監秩正三品卿二員太監二員少監二員丞二員經歷知事各一員照磨一吏屬凡十六人掌孳畜之事天曆二年始置

儲膳司秩正三品卿四員少卿二員丞二員主事二員照磨一員令史六人譯史通事知印各二人奏差六人典吏四人掌皇太子飲膳之事天曆二年立

典寶監秩正三品卿太監少監丞各二員經歷知事各一員吏屬八人至元十九年立典寶署從五品二十年陞正五品三十一年罷大德十一年立監秩正三品至大四年罷延祐四年復立七年罷泰定元年復置天曆元年罷二年復置

以上俱係詹事院司屬

掌謁司秩正三品司卿四員少卿四員丞二員典簿二員典書九人奏差二人知印譯史通事各一人至元三十一年改典寶署爲掌謁司秩從五品設官如之元貞元年陞四品設官四員大德十一年陞正三品至治三年罷

甄用監秩正三品卿三員太監少監丞各二員經歷知事照磨各一員掌供須文成藏珍三庫出納之事至大元年設至治三年罷

延福司秩正三品令丞各四員典簿二員照磨一員掌供帳及扈從蓋造之人大德十一年置後併入孳牧監

章慶使司秩正三品司使四員同知副使司丞各二員經歷都事各二員照磨管勾各一員至大三年立至治三年罷

奉徽庫秩從五品提點大使各二員副使四員庫子六人掌內府供給至治三年罷併入文成等庫

壽和署秩正五品署令四員署丞六員舊隸儀鳳司皇慶元年改隸徽政院遂爲章慶使司之屬至治二年罷

上都掌設署秩正五品署令五員署丞二員至大四年立至治三年罷

掌醫監秩正五品領監官一員達魯花赤一員卿四員太卿五員太監五員少監六員丞二員至元三十一年改典醫爲掌醫署秩五品至大元年陞監設已上官員至治三年罷

修合司藥正司秩從五品達魯花赤一員副使直長各二員掌藥六人掌修合御用藥餌至治三年罷

行僕司藥局秩從五品達魯花赤一員使副使各二員掌供奉御用藥餌至治三年罷

廣濟提舉司秩從五品達魯花赤提舉同提舉副提舉各一員掌修合藥餌以濟貧民

羣牧監秩正二品掌中宮位下孳畜卿三員太卿少卿監丞各二員至大四年立至治三年罷

掌儀署秩正五品令丞各二員掌戶口房舍等至元

二十年立隸詹事院三十一年改隸徽政院泰定元
年改典設署
上都掌儀署秩五品令丞各一員掌戶口房舍等大
德十一年立至治三年罷
江西財賦提舉司秩從五品達魯花赤一員提舉同
提舉副提舉各一員掌事產戶口錢糧造作等事至
元二十七年立至治二年罷
織染局局使副使局副各一員相副官一員
桑落娥眉洲管民提領所提領副提領各一員
封郭等州管民提領所提領同提領副提領各一員
龍興打捕提領所提領副提領各一員
鄂州等處民戶水陸事產提舉司達魯花赤一員提
舉同提舉副提舉各一員掌太子位下江南園囿地
土莊宅人戶至元二十一年立隸詹事後改隸徽政
至治三年罷
瑞州上高縣戶計長官司秩從五品達魯花赤一員
長官副長官各一員領本處戶八千後隸徽政院至
治三年罷
以上俱係徽政院司屬
左都威衛使司秩正三品使三員副使二員僉事二員
經歷知事照磨各一員至元十六年以侍衛親軍一萬
戶撥屬東宮立侍衛都指揮使司三十一年改隆福宮
左都威衛使司隸中宮至大三年選造作軍士八百人
立千戶所一百戶翼八以領之而分局造作延祐二年
置教授二至治三年罷軍匠千戶所
鎮撫所鎮撫二員都目一員
行軍千戶所千戶二員副千戶二員知事彈壓各一
員百戶二十員
屯田左右千戶二所千戶二員都目一員彈壓一員
百戶每所二十員
弩軍千戶所千戶二員都目一員彈壓一員
資食倉大使一員副使一員
右都威衛使司秩正三品衛使三員副使二員僉事二
員經歷知事照磨各一員中統三年以世祖五投下探
馬赤立總管府秩四品設總管一員二十一年撥屬東
宮二十二年改蒙古侍衛親軍都指揮使司秩正三品
三十一年改隆福宮右都威衛使司秩仍舊延祐二年
置儒學教授一員四年增蒙古字教授一員其屬附見
鎮撫司鎮撫二員都目一員
行軍千戶凡五所秩正四品千戶五員副千戶五員
知事五員百戶五十員彈壓五員
屯田千戶所秩正五品千戶二員彈壓一員百戶七
員都目一人
廣貯倉秩從九品大使一員副使一員攢典一人
衛候直都指揮使司秩正四品至元二十年以控鶴一
百三十五人隸府正司三十年隸家令司三十一年增
控鶴六十五人立衛候司以領之兼掌東宮儀從金銀
器物置衛候一員副衛候二員及儀從庫百戶大德十
一年復增懷孟從行控鶴二百人陞都指揮使司秩正
四品延祐元年陞正三品七年降正四品至治三年罷
四年以控鶴六百三十人歸中宮位下泰定四年復立
司秩仍正四品達魯花赤二員佩三珠虎符都指揮使
二員佩三珠虎符副指揮使二員佩雙珠虎符知事一
員提控案牘一員令史四人譯史通事各一人奏差二
人其屬附見
百戶所凡六秩從七品每所置百戶二員
儀從庫秩從七品大使二員副使一員
內宰司秩三品至元三十一年既立徽政院改家令爲
內宰司泰定元年復爲家令司天曆元年罷未幾復立
二年罷復改內宰司內宰六員司丞四員典簿二員照
磨一員令史十有二人譯史知印通事各二人奏差六
人典吏四人其屬附見
典膳署秩五品令二員丞二員書史一員倉赤三十
五人掌內府飲膳之事至元十九年始立隸家令司
三十一年改掌膳隸內宰泰定元年復改爲典膳
洪濟鎮提領三員掌辦納鷹隻隸典膳署
柴炭局秩從七品提領一員大使一員副使一員至
元二十年以東宮位下民一百戶燒炭二月軍一百
人採薪二月供內府歲用立局以主其出納設官三
員俱受詹事院劄大德十一年隸徽政院藏珍文成
供須三庫秩俱從五品各設提點二員大使二員副
使二員分掌金銀珠玉寶貨段匹絲綿皮氊鞍轡等
物國初詹事出納之事未有官署印信至元二十七
年分爲三庫各設官六員及庫子有差
提舉備用庫秩從五品達魯花赤一員提舉一員大
使一員提控案牘一員掌出納田賦財賦差發課程
一切錢糧規運等事至元二十年置二十二年設達
魯花赤及首領官
嘉醞局秩五品至元十七年立掌飲局大德十一年
改掌飲司秩陞正四品延祐六年降掌飲司爲局至
治三年罷泰定四年復立天曆二年改嘉醞局提點
二員大使二員副使二員書史一員書吏四人
西山煤窯場提領一員大使一員副使二員俱受徽
政院劄至元二十四年置領馬安山大峪寺石灰煤
窯辦課奉皇太后位下
保定等路打捕提領所秩從七品提領四員典史一
員至元十一年收集人戶爲打捕戶計及招到管絲
銀差發稅糧等戶立提領所
廣平彰德課麥提領所秩從七品至元三十年以二
路渡江時駐蹕之地召民種佃遂立所置官統之
廣惠庫大使一員副使一員至元三十年以鈔本五
千錠立庫放典收息納于備用庫
豐裕倉秩從七品掌收貯中宮位下糯米至治二年
設提領等官三年罷天曆二年立儲政院復給印置
監支納一員倉使一員攢典二人
備物庫秩從七品掌東宮造作顏料及雜器等物至
元二十五年置隸詹事院大德元年給印十一年置
官四員至治三年罷泰定三年復立大使二員副使
二員庫子二人攢典二人
管領怯憐口諸色民匠都總管府秩正三品達魯花赤
一員總管一員並正三品同知一員正四品副總管二
員正五品經歷一員從七品知事一員從八品提控案
牘照磨管勾各一員令史十人知印二人通事一人譯
史二人奏差六人典吏四人領怯憐口人匠造作等事
至大三年立總管府至治三年罷天曆元年復立隸儲
政院其屬附見
管領大都怯憐口諸色人匠提舉司秩正五品達魯
花赤一員提舉一員同提舉副提舉各一員首領官
一員司吏四人部役二人
管領上都怯憐口諸色人匠提舉司秩正五品達魯
花赤一員提舉一員同提舉副提舉各一員首領官
一員司吏四人部役二人
典製局秩從七品大使副使各一員直長二員
典設署秩從五品令丞各四員書史一員書史四人
掌內府朮剌赤二百二十戶至元二十年置三十一
年改掌儀署隸內宰司泰定元年復爲典設天曆二
年隸本府
雜造人匠提舉司秩從四品達魯花赤一員提舉一
員同提舉副提舉各一員都目一員司吏二人部役
二人至元八年置初隸繕珍司至大三年改隸章慶
司章慶罷凡造作之事悉歸之天曆二年隸本府
雜造局秩正九品院長一員直長一員管勾一員
隨路諸色人匠都總管府秩正三品中統五年命招集
析居放良還俗僧道等戶習諸色匠藝立管領怯憐口
總管府以司其造作秩正四品至元九年陞正三品大
德十一年改繕珍司延祐六年陞徽儀使司秩正二品
七年仍爲繕珍司官屬如舊至治三年復改都總管府
達魯花赤一員總管二員並正三品同知一員正五品
副總管二員從五品經歷知事照磨提控案牘各一員
令史四人譯史一人奏差二人典吏一人其屬附見
上都諸色民匠提舉司秩從五品提舉一員同提舉
副提舉吏目各一員至元十九年立至大元年增達
魯花赤一員至治三年省增置之員設官如舊
金銀器盒局秩從八品大使一員副使一員至元七
年置
染局秩正八品大使一員副使一員至元七年置
雜造局正八品大使副使各一員至元七年置
泥瓦局大使副使各一員至元七年置
鐵局大使一員副使一員至元七年置
上都葫蘆局大使一員副使一員至元七年置
器物局副使一員中統五年置
砑金局大使一員至元二十年置
鞍子局大使一員至元七年置
雲州管納色提領所提領一員掌納色人戶至元七
年置
大都等路諸色人匠提舉司秩從五品提舉同提舉
副提舉各一員至元十六年置其屬附見
雙線局提領一員副使一員至元十八年置受詹
事院劄
大小木局大使一員副使一員直長一員至元十
八年置受詹事院劄元貞元年併領皇后位下木
局
盒鉢局大使一員副使一員直長一員至元七年
立受府劄
管納色提領一員受府劄管銅局筋局鎖兒局粧
釘局雕木局至元三十年置
成製提舉司秩從五品達魯花赤一員提舉一員同
提舉副提舉各一員吏目一員司吏四人部役二人
掌縫製之事至元二十九年置設官四員受院劄大
德二年陞提舉司至治三年罷泰定四年復置

上都大都貂鼠軟皮等局提領所，提領二員。至元九年置，受府劄。二十七年給從七品印，改受省劄。大德十一年給從六品印，改受勑牒。至治三年仍改受省劄。其屬附見：

大都軟皮局，使一員，副使一員。至元十三年置。

斜皮局，局使一員，副使一員。至元十三年置。

上都軟皮局，局使一員，副使一員。至元十三年置。

牛皮局，大使一員。至元十三年置。

金絲子局，大使一員，副使一員，直長一員。至元十二年置，掌金絲子匠造作之事。

畫油局，大使一員，副使一員，直長一員。至元二十年置，受詹事院劄。

氈局，提領一員，大使一員，副使一員，直長一員。至元十三年收集人戶爲氈匠，二十六年始立局。

材木庫，大使、副使各二員。至元十六年置，掌造作材木。

瑪瑙玉局，大使、副使各一員，直長二員。至元十四年置。

大都奧魯提領所，提領一員，掌理人匠詞訟。至元十八年置，受詹事院劄。

上都奧魯提領所，提領一員，同提領一員，掌理人匠詞訟。至元十八年置，受詹事院劄。

上都異樣毛子局，大使一員，副使一員。至元二十年置，受詹事院劄。

上都氈局，大使一員，副使一員，直長一員。至元二十年置，受詹事院劄。

上都斜皮等局，大使一員，副使一員。至元二十年置，受詹事院劄。

蔚州定安等處山場採木提領所，秩正八品。提領一員，大使一員，副使二員。至元十二年置。

上都隆興等路雜造鞍子局，提領一員，大使一員，直長二員。至元二十二年置，受詹事院劄。

真定路冀州雜造局，大使一員，副使一員，掌造作之事。至元十九年置。

珠翠局，大使、副使各一員，直長一員。至元三十年置。

管領大都等路打捕鷹房臙粉人戶總管府，秩正四品。至元十四年，打捕鷹房達魯花赤招集平灤散逸人戶，二十九年立總管府。大德十一年，撥隸皇太后位下。延祐六年，陞正四品。置達魯花赤一員，總管一員，首領官一員，令史四人，譯史一人，奏差二人。

管領本投下大都等路怯憐口民匠總管府。國初，招集怯憐口哈赤民匠一千一百餘戶。中統元年立總管府，二年給六品印，掌戶口錢帛差發等事。至元九年，撥隸安西王位下。皇慶元年，又屬公主皇后位下。延祐元年，改隸章慶司。天曆二年，又改隸儲政院。達魯花赤一員，總管一員，俱受御寶聖旨；同知一員，副總管一員，俱受安西王令旨；知事一員，令史二人。其屬附見：

織染提舉司，秩正七品，掌織造段匹。提舉一員，受安西王令旨；同提舉一員，本府擬人；副提舉一員，都目一員，俱受安西王傅劄；司吏一人。

管民提領所，凡三：大都路兼奉聖州提領六員，曹州提領二員，河間路提領三員，受本府劄。

管地提領所，凡二：奉聖州提領三員，東安州提領三員，受本府劄。

管領諸路怯憐口民匠都總管府，秩正三品。至元七年，招集析居從良還俗僧道，編籍人戶爲怯憐口，立總管府以領之。十四年，以所隸戶口善造作，屬中宮。十六年，立織染、雜造二局以司造作，立提領所以司徭役。二十五年，改陞正三品。延祐六年，改繕用司，仍三品。七年，復改府。達魯花赤一員，總管一員，並正三品；同知二員，正五品；副總管二員，從五品；經歷、知事、提控案牘兼照磨各一員，令史五人，譯史一人。其屬附見：

各處管民提領所，秩正七品。

河間　益都　保定　冀寧　晉寧　大名　濟寧　衞輝　宣德

以上九所，提領、副提領各一員，相副官二員，典史一人，司吏二人。

汴梁　曹州　大同　開元　大寧　上都　濟南　眞定

以上八所，提領、副提領、相副官各一員，典史一人，司吏一人。

大都　歸德　鄂漢

以上三所，提領、同提領、副提領各一員，相副官一員，大都增一員，典史、司吏各一人。

織染局，秩正七品。大使、副使、相副官各一員，典史、司吏各一人。

雜造局，秩正七品。大使、副使、相副官各一員，典史、司吏各一人。

弘州衣錦院，秩正七品。大使、副使、直長各一員，典史、司吏各一人。

豐州毛子局，秩正七品。大使、副使各一員，典史、司吏各一人。

縉山毛子旋匠局，秩正七品。大使一員，典史、司吏各一人。

徐邳提舉司，秩正五品。提舉、同提舉、副提舉各一員，吏目、司吏各一人。

廣備庫，大使、副使各一員，俱受院劄。

汴梁等路管民總管府，秩正三品。達魯花赤、總管、同知、府判各一員，經歷、知事、提控案牘各一員。國初，立息州總管府，領歸附六千三百餘戶。元貞元年，又併壽潁歸附民戶二千四百餘戶，改汴梁等路管民總管府，掌各屯佃戶差發子粒，隸徽政院。泰定元年，改隸詹事院，後隸儲政院。其屬庫一，提領所八，管佃提領十二。

常盈庫，大使、副使各一員。

提領所

新降戶　眞陽新蔡　息州　汝寧　陳州　汴梁　鄭州　眞定

以上八所，每所提領各一員，副提領、相副官有差。

管佃提領

汝陽五里岡　許州堰城縣　青龍宋岡　陳州須城商水等屯　分山曲堰　許州臨潁屯　許州襄城屯　汝陽金鄉屯　潁豐堰　遂平橫山屯　上蔡浮召屯　汝陽縣烟亭屯

以上十有二處，各設提領二員。

江淮等處財賦都總管府，秩正三品。達魯花赤、總管各一員，並正三品；同知一員，正五品；副總管二員，從五品；經歷、知事、照磨兼提控案牘各一員；令史十五人，奏差十五人，譯史一人，典吏三人。至元十六年，以宋謝太后、福王所獻事產及賈似道地土、劉堅等田，立總管府以治之。大德四年罷，命有司掌其賦。天曆二年，復立，其賦復歸焉。

儲用庫，提領、大使、副使各一員。

杭州織染局，大使、副使、相副官各一員。

揚州等處財賦提舉司，達魯花赤、提舉、同提舉、副提舉各一員，提控案牘、都目各一員。其屬附見：

安慶等處河泊所，提領、大使、副使各一員。

建康等處財賦提舉司，達魯花赤、提舉、同提舉、副提舉各一員，提控案牘、都目各一員。

建康織染局，大使、副使、相副官各一員。

黃池織染局，大使、副使、相副官各一員。

建康等處三湖河泊所，提領、大使、副使、相副官各一員。

池州等處河泊所，提領、大使、副使各一員。

平江等處財賦提舉司，達魯花赤、提舉、同提舉、副提舉各一員，提控案牘、都目各一員。

杭州等處財賦提舉司，設官仝上。

陝西等處管領毛子匠提舉司，達魯花赤、提舉各一員。國初，收集織造毛子人匠。至元三年，置官二員，皆世襲。

昭功萬戶都總使司，秩正三品。都總使二員，正三品；同知一員，從三品；副使二員，正四品；經歷、知事、照磨各一員；令史六人，譯史六人，知印二人，怯里馬赤二人，奏差六人，典吏四人。至順二年立。凡文宗潛邸扈從之臣，皆領於是府。其屬則宮相、膳工等司。

宮相都總管府，秩正三品。達魯花赤二員，都總管一員，副達魯花赤二員，同知二員，副總管二員，經歷、知事、提控案牘承發架閣各一員。至順二年，罷宮相府并鶻駁司，改怯憐口錢糧總管府爲本府。

織染雜造人匠都總管府，秩正三品。達魯花赤一員，總管一員，同知一員，副總管二員，經歷、知事、提控案牘照磨各一員。至元二十年，爲管領織染段匹人匠，設總管府。元貞二年，以營繕浩繁，事務冗滯，陞爲都總管府，隸徽政院。天曆元年，改隸儲慶使司。三年，改屬宮相。

織染局，秩從七品。大使一員，副使一員。至元二十三年，改織染提舉司爲局。

綾錦局，秩從七品。大使一員，副使一員。至元八年置。九年，以招收析居放良還俗僧道爲工匠，二百八十有二戶，教習織造之事，遂定置以上官。

紋錦局，秩從七品。大使一員，副使一員。國初以招收漏籍人戶，各管教習，立局領送納絲銀物料，織造段匹。至元八年，設長官。十二年，以諸人匠賜東宮。十三年，罷長官，設以上官掌之。

中山局，秩從七品。大使一員，副使一員。國初，以招收隨路漏籍不當差人戶，立局管領，教習織造。至元十二年，以賜東宮，遂定置局官如上。

眞定局，秩從七品。大使一員。國初，招收戶計中

統元年置掌織染造作至正十六年以賜東宮設官悉如舊

弘州蕁麻林納失失局秩從七品二局各設大使一員副使一員至元十五年招收析居放良等戶教習人匠織造納失失於弘州蕁麻林二處置局十六年併爲一局三十一年徽政院以兩局相去一百餘里管辦非便後爲二局

大名織染雜造兩提舉司秩正六品至元二十一年置掌大名路民戶內織造人匠一千五百四十有奇各置提舉同提舉副提舉一員三十年增置雜造達魯花赤一員

供用庫秩從九品大使副使各一員受徽政院劄國初爲綾錦總庫至元二十一年改爲供用庫

管領諸路打捕鷹房納綿等戶總管府秩正三品達魯花赤都總管同知治中府判各一員經歷知事提控案牘各一員掌人匠一萬三千有奇歲辦稅糧皮貨採捕野物鷹鶻以供內府至元十二年賜東宮位下遂以眞定所立總管府移置大都隸詹事十六年合併所管之戶置都總管以總治之三十一年詹事院罷隸徽政至大四年隸崇祥院延祐六年又隸詹事天曆元年隸儲慶使司至順元年改屬宮相府

管領上都等處打捕鷹房納綿等戶大使司大使副使各一員

管領順德等處打捕鷹房納綿等戶提領所達魯花赤提領副提領各一員

管領冀寧等處打捕鷹房納綿等戶提領所提領副提領各一員

管領大都左右巡院等處打捕鷹房納綿等戶提領所提領副提領各一員

管領固安等處打捕鷹房納綿等戶提領所提領副提領各一員

管領中山等處打捕鷹房納綿等戶提領所提領副提領各一員

管領濟南等處打捕鷹房納綿等戶提領所提領副提領各一員

管領德州等處打捕鷹房納綿等戶提領所提領副提領各一員

管領益都等處打捕鷹房納綿等戶提領所提領副提領各一員

管領大同等處打捕鷹房納綿等戶提領所提領副提領各一員

管領濟寧等處打捕鷹房納綿等戶提領所提領副提領各一員

管領興和等處打捕鷹房納綿等戶提領所提領副提領各一員

管領晉寧等處打捕鷹房納綿等戶提領所提領副提領各一員

管領順州稻田提領所提領副提領各一員

管領懷慶稻田提領所提領一員

管領檀州等處打捕鷹房納綿等戶提領所提領副提領各一員

管領大寧等處打捕鷹房納綿等戶提領所提領副提領各一員

管領薊州等處打捕鷹房納綿等戶提領所提領副提領各一員

管領眞定等處打捕鷹房納綿等戶提領所設官仝上

管領趙州等處打捕鷹房納綿等戶提領所設官仝上

管領保定等處打捕鷹房納綿等戶提領所設官仝上

管領冀州等處打捕鷹房納綿等戶提領所設官仝上

管領汴梁等處打捕鷹房納綿等戶提領所設官仝上

廣衍庫大使一員

管領滑山炭場所大使一員

繕工司秩正三品卿二員少卿二員丞二員經歷知事照磨兼提控案牘管勾承發架閣各一員令史四人譯史二人知印二人怯里馬赤一人典吏三人掌人匠營造之事天曆二年置其屬附見

金玉珠翠提舉司達魯花赤提舉同提舉副提舉各一員吏目一員司吏四人

大都織染提舉司提舉二員同提舉副提舉各一員吏目一員司吏四人

大都雜造提舉司達魯花赤提舉同提舉副提舉各一員吏目一員司吏四人

富昌庫大使一員副使一員庫子二人攢典一人

內史府秩正二品內史九員正二品中尉六員正三品司馬四員正四品諮議二員從五品記室二員從六品照磨兼管勾承發架閣庫從八品掾史八人譯史四人知印通事各二人宣使五人典吏二人至元二十九年封晉王于太祖四斡耳朵之地改王傅爲內史秩從二置官十四員延祐五年陞正二品給印分司京師并分置官屬

延慶司秩正三品掌王府祈禳之事使三員正三品同知二員正四品典簿一員從七品令史二人譯史知印通事各一人奏差二人至元二十七年置

斷事官秩正三品理王府詞訟之事斷事官一十六員正三品經歷知事各一員令史三人

典軍司秩從七品掌控鶴百二十有六人典軍二員副使二員大德四年置

隨路諸色民匠打捕鷹房都總管府秩正二品總四斡耳朵位下戶計民匠造作之事達魯花赤二員都總管一員同知一員副總管二員經歷知事提控案牘各一員令史四人奏差二人至元二十四年置官吏不入常調凡斡耳朵之事復置四總管以分掌之

管領保定等路阿哈探馬兒諸色人匠總管府秩從二品掌太祖大斡耳朵一切事務達魯花赤總管同知副總管各一員知事一員吏二人至元十七年置

管領曹州東平等路民匠提舉司秩從五品達魯花赤提舉同提舉副提舉各一員至元十七年置

管領大都納綿提舉司秩從六品達魯花赤提舉同提舉副提舉各一員至元十七年置

管領上都大都奉聖州長官司秩從六品管領出征軍五十有一戶達魯花赤長官各一員至元十七年置

管領保定織染局秩從六品管匠一百有一戶達魯花赤提舉同提舉副提舉各一員至元十七年置

管領豐州提只局頭目一員掌織造花毯至元十七年置

管領打捕鷹房民匠達魯花赤總管府秩正四品掌二皇后斡耳朵位下歲賜財物造作等事達魯花赤總管同知副總管知事各一員吏二人至元二十一年置

管領口子迤北長官司秩從五品掌領戶計二百有六達魯花赤長官副長官各一員至元二十一年置

管領隨路諸色民匠達魯花赤等官秩正五品統民匠一千五百二十有五戶達魯花赤總管同知副總管各一員至元二十一年置

管領隨路打捕納綿民匠長官司秩從五品掌民匠一百七十有九戶達魯花赤長官各一員至元二十一年置

管領大都民匠提舉司秩正七品掌民匠二百有二戶提舉同提舉副提舉各一員至元二十一年置

管領涿州成錦局人匠提舉司秩從五品領匠一百有二戶達魯花赤提舉同提舉副提舉各一員至元二十一年置

管領河間民匠提舉司秩從四品掌民匠二百一十戶達魯花赤提舉同提舉副提舉各一員至元二十一年置

管領河間滄州等處長官司秩正五品領戶計五百四十有八達魯花赤長官副長官各一員至元二十一年置

管領河間臨邑等處軍民長官司秩正七品掌軍民二百有二戶達魯花赤長官副長官各一員至元二十一年置

管領隨路諸色民匠打捕鷹房等戶總管府秩從四品掌太祖斡耳朵四季行營一切事務達魯花赤總管同知副總管知事各一員司吏二人大德二年置

管領涿州等處民匠異錦局秩正五品掌民匠一百五十戶達魯花赤提舉同提舉副提舉各一員大德二年置

管領上用織染局秩從七品掌工匠七十有八戶提舉同提舉副提舉各一員大德二年置

管領上都大都麪米等長官司秩從七品領民匠七十有九戶達魯花赤長官副長官各一員大德二年置

管領彰德等處長官司秩從七品掌民一百一十有七戶達魯花赤長官副長官各一員大德二年置

管領上都大都等處長官司秩從五品掌民二百六十有一戶達魯花赤長官副長官各一員大德二年置

管領泰安等處長官司秩正七品掌民一百有一戶達魯花赤長官副長官各一員大德二年置

管領曹州等處長官司秩從五品管民一百有五戶達魯花赤長官副長官各一員大德二年置

管領隨路打捕鷹房諸色民匠怯憐口總管府秩從三品掌太祖四皇后位下四季行營并歲賜造作之事達魯花赤總管同知副總管各一員經歷知事提控案牘兼照磨各一員司吏二人延祐五年置

管領大都上都打捕鷹房納米麪提舉司秩從五品統領一百九十有五戶達魯花赤提舉各一員延祐五年

置

管領大都涿州織染提舉司秩從七品掌領九十有六戶達魯花赤提舉各一員延祐五年置

管領河間路清州人匠提舉司秩從五品掌戶計二百三十有四戶達魯花赤提舉各一員延祐五年置

隨路打捕鷹房諸色民匠總管府秩正四品掌北安王位下歲賜錢糧之事達魯花赤總管同知副總管知事各一員至元二十二年置

管領大都等處納綿提舉司秩正七品掌納綿戶計七百有三戶達魯花赤提舉副提舉各一員至元二十二年置

管領大都等處金玉民匠稻田提舉司秩從五品掌納綿人匠五百二十有二戶達魯花赤提舉副提舉各一員至元二十二年置

管領大都薊州等處打捕提舉司秩從五品掌打捕戶及民匠六百餘戶達魯花赤提舉副提舉各一員至元二十二年置

雜造局秩正六品達魯花赤一員提舉同提舉副提舉各一員至元十六年置

怯憐口諸色民匠達魯花赤并管領上都納綿提舉司秩正五品掌迭只斡耳朵位下怯憐口諸色民匠及歲賜錢糧等事達魯花赤長官同知副長官各一員提控案牘一員

上都人匠提領所秩從七品達魯花赤提領同提領副提領各一員至元二十四年置

上都大都提領所秩從七品掌本位下怯憐口等事達魯花赤大使副使各一員至元二十七年置

歸德長官司秩從六品達魯花赤長官副長官各一員至治三年置

管領上都大都諸色人匠納綿戶提舉司秩從五品掌斡耳朵位下歲賜等事達魯花赤提舉同提舉各一員至元十七年置

致用庫秩從七品提領大使各一員副使二員至元二十七年置

提領司秩從八品提領三員副提領一員至元十一年置

上都人匠局秩從七品達魯花赤二員副使二員至元二十七年置

諸王傅官寬徹不花太子至齊王位下凡四十五王每位下各設王傅傅尉司馬三員傅尉唯寬徹不花也不千斡羅溫三王有之自此以下皆稱府尉別於王傅之下司馬之上而三員並設又多寡不同或少至一員或多至三員者齊王則又獨設王傅一員

都護府秩從二品掌領舊州城及畏吾兒之居漢地者有詞訟則聽之大都護四員從二品同知二員從三品副都護二員從四品經歷一員從六品都事一員從七品照磨兼承發架閣庫管勾一員正八品令史四人譯史二人通事知印各一人宣使四人典吏二人至元十一年初置畏吾兒斷事官秩三品十七年改領北庭都護府秩二品置官十二員二十年改大理寺秩正三品二十二年復為大都護府秩如舊延祐三年陞正二品七年復從二品定官制如上

崇福司秩二品掌領馬兒哈昔列班也里可溫十字寺祭享等事司使四員從二品同知二員從三品副使二員從四品司丞二員從五品經歷一員從六品都事一員從七品照磨一員正八品令史二人譯史通事知印各一人宣使二人至元二十六年置延祐二年改為院置領院事一員省併天下也里可溫掌教司七十二所悉以其事歸之七年復為司後定置已上官員

元史卷九十

明翰林學士亞中大夫知制誥兼脩國史宋　濂等脩

百官志第四十

百官六

大都留守司秩正二品掌守衞宮闕都城調度本路供億諸務兼理營繕內府諸邸都宮原廟尚方車服殿廡供帳內苑花木及行幸湯沐宴游之所門禁關鑰啓閉之事留守五員正二品同知二員正三品副留守二員正四品判官二員正五品經歷一員從六品都事二員從七品管勾承發架閣庫一員正八品照磨兼覆料官一員部役官兼壕寨一員令史十八人宣使十七人典吏五人知印二人蒙古必闍赤三人回回令史一人通事一人至元十九年罷宮殿府行工部置大都留守司兼本路都總管知少府監事二十一年別置大都路都總管府治民事并少府監歸留守司皇慶元年別置少府監延祐七年罷少府監復以留守兼監事其屬附見

修內司秩從五品領十四局人匠四百五十戶掌修建宮殿及大都造作等事提點一員大使一員副使一員直長五員吏目一員照磨一員部役七員司吏六人中統二年置至元中增工匠計一千二百七十有二戶其屬附見

大木局提領七員管勾三員掌殿閣營繕之事中統二年置

小木局提領二員同提領一員副提領三員管勾二員提控四員中統四年置

泥廈局提領八員管勾二員中統四年置

車局提領二員管勾一員中統五年置

粧釘局提領二員同提領二員中統四年置

銅局提領一員同提領一員管勾一員中統四年置以上六局秩從八品

竹作局提領二員提控一員中統四年置

繩局提領二員中統五年始置

祗應司秩從五品掌內府諸王邸第異巧工作修禳應辦寺觀營繕領工匠七百戶大使一員從五品副使一員正七品直長三員正八品吏目一員司吏二人國初建兩京殿宇始置司以備工役其屬附見

油漆局提領五員同提領副提領各一員掌兩都宮殿髹漆之工中統元年置

畫局提領五員管勾一員掌諸殿宇藻繪之工中統元年置

銷金局提領一員管勾一員掌諸殿宇裝鍌之工中統四年置

裱褙局提領一員掌諸殿宇裝潢之工中統二年置

燒紅局提領二員掌諸宮殿所用心紅顏料至元元年置

器物局秩從五品掌內府宮殿京城門戶寺觀公廨營繕及御用各位下鞍轡忽哥轎子帳房車輛金寶器物凡精巧之藝雜作匠戶無不隸焉大使一員從五品副使一員正七品直長二員正八品吏目一員司吏二人中統四年始立御用器物局受省劄至元七年改為器物局秩如上其屬附見

鐵局提領三員管勾三員提控一人掌諸殿宇輕細鐵工中統四年置

減鐵局管勾一員提控二人掌造御用及諸宮邸繫腰中統四年置

盒鉢局提領二員掌製御用繫腰中統四年置

成鞍局提領三員掌造御用鞍轡象轎中統四年置

羊山鞍局提領一員提控一員掌造常課鞍轡諸物至元十八年置

網局提領二員管勾一員掌成造宮殿網扇之工中統四年置

刀子局提控二員掌造御用及諸宮邸寶貝佩刀之工中統四年置

旋局提領二員掌造御用異樣木植器物之工中統四年置

銀局提領一員掌造御用金銀器盒繫腰諸物中統四年置

轎子局提領一員掌造御用異樣木植鞍子諸物中統四年置

採石局秩從七品大使副使各一員掌夫匠營造內府殿宇寺觀橋牐石材之役至元四年置石局總管十一年撥採石之夫二千餘戶常任工役置大都等處採石提舉司二十六年罷立采石局

山場提領一員管勾五員至元四年置

大都城門尉秩正六品尉二員副尉一員掌門禁啓閉管鑰之事至元二十年置以四怯薛八剌哈赤為之二十四年復以六衞親軍參掌凡十有一門曰麗正曰文明曰順承曰平則曰和義曰肅清曰安貞曰建德曰光熙曰崇仁曰齊化每門設官如上

犀象牙局秩從六品大使副使直長各一員司吏一人掌兩都宮殿營繕犀象龍床卓器繫腰等事中統四年置設官一員至元五年增副使管匠戶一百有五十其屬附見

雕木局提領一員掌宮殿香閣營繕之事至元十一年置

牙局提領一員管勾一員掌宮殿象牙龍床之工至元十一年置

大都四窰場秩從六品提領大使副使各一員領匠夫三百餘戶營造素白琉璃磚瓦隸少府監至元十三年置其屬三

南窰場大使副使各一員中統四年置

西窰場大使副使各一員至元四年置

琉璃局大使副使各一員中統四年置

凡山採木提舉司秩從五品掌採伐車輛等雜作木植及造只孫繫腰刀把諸物達魯花赤提舉各一員並從五品同提舉一員正七品副提舉一員正八品吏目一員司吏六人至元十四年置

上都採山提領所秩從八品提領副提領提控各一

員至元九年以採伐材木鍊石爲灰徵發夫匠一百六十三戶遂置官以統之

凡山宛平等處管夫匠所提領二員同提領二員管領催車材戶提領一員至元十五年置

器備庫秩從五品提點一員從五品大使一員從六品副使二員正七品直長四員正八品掌殿閣金銀寶器二千餘事至元二十七年置

甸皮局秩正七品大使一員管匠三十餘戶至元七年置十四年始定品秩二十一年改隸留守司歲辦熟造紅甸羊皮二千有奇

上林署秩從七品署令署丞各一員直長一員掌宮苑栽植花卉供進蔬菓種苜蓿以飼駝馬備煤炭以給營繕至元二十四年置

養種園提領二員掌西山淘煤羊山燒造黑白木炭以供修建之用中統三年置

花園管勾二員掌花卉果木至元二十四年置

苜蓿園提領三員掌種苜蓿以飼馬駝膳羊

儀鸞局秩正五品掌殿庭燈燭張設之事及殿閣浴室門戶鎖鑰苑中龍舟圈檻珍異禽獸給用內府諸宮太廟等處祭祀庭燎縫製簾帷灑掃掖庭領燭剌赤水手樂人禁蛇人等二百三十餘戶輪直怯薛大使四員正五品副使二員從六品直長二員正八品都目一員書吏二人庫子一人至元十一年置局秩正七品二十三年陞正五品至大四年仁宗御西宮又別立儀鸞局設置亦同延祐七年增大使二員以宦者爲之領四提領所

燭剌赤提領八員提控四員

水手提領二員

針工提領一員

蠟燭局提領一員

木場提領一員大使一員副使一員掌受給營造宮殿材木至元四年置南東二木場十七年併爲一場

大都路管領諸色人匠提舉司秩從五品掌大都諸色匠戶理斷昏田詞訟等事提舉一員從五品同提舉一員正七品副提舉一員正八品吏目一人司吏二人中統四年置人匠奧魯總管府秩從四品至元十二年改提舉司十五年兼管採石人戶秩如舊

眞定路東平路管匠官秩從七品每路大使一員副使一員中統四年置

保定路宣德府管匠官秩從七品保定大使一員副使一員管匠官一員宣德二員中統四年置

大名路管匠官秩從七品大使一員管匠官三員中統四年置

晉寧冀寧大同河間四路管匠官秩從七品每路大使副使各一員中統四年置

收支庫秩正九品掌受給營繕提點一員大使一員副使二員直長二員庫子二人至元四年置

諸色庫秩從八品掌修內材木及江南徵索異樣木植井應辦官寺齋事大使一員副使一員司庫二人至大四年置

太廟收支諸物庫秩從八品大使副使各一員司庫四人至治二年以營治太廟始置

南寺北寺收支諸物二庫秩從七品提領大使各一員副使二員司庫之屬凡十人至治元年以建壽安山寺始置

廣誼司秩正二品司令二員正三品同知二員正四品副使二員正五品判官二員正六品經歷知事各二員照磨一員總和顧和買營繕織造工役供億物色之務至元十四年改覆實司辦驗官兼提舉市令司大德五年又分大都路總管府官屬置供需府至順二年罷之立廣誼司

武備寺秩正三品掌繕治戎器兼典受給卿四員正三品同判六員從三品少卿四員從四品丞四員從五品經歷知事各一員照磨兼提控案牘一員承發架閣庫管勾一員辨驗弓官二員辨驗筋角翎毛等官二員令史十有三人至元五年始立軍器監秩四品十九年陞正三品二十年立衛尉院改軍器監爲武備監秩正四品隸衛尉院二十一年改監爲寺與衛尉並立大德十一年陞爲院至大四年復爲寺設官如舊其所轄屬官則自爲選擇其匠戶之能者任之

壽武庫秩從五品提點二員從五品大使二員正六品副使四員正七品庫子一十八人至元十年以衣甲庫改置

利器庫秩從五品提點三員大使二員副使二員秩品同壽武庫庫子一十八人至元五年始立軍器庫十年通掌隨路軍器改利器庫

廣勝庫秩從五品掌平陽太原等處歲造兵器以給北邊征戍軍需達魯花赤一員大使副使各一員庫子一人

大同路軍器人匠提舉司秩從五品達魯花赤一員提舉一員並從五品同提舉一員正七品副提舉一員正八品其屬豐州甲局院長一員應州甲局院長一員平地縣甲局院長一員山陰縣甲局院長一員白登縣甲局頭目一人豐州弓局使一員賽甫丁弓局頭目一人

平陽路軍器人匠提舉司秩正六品達魯花赤一員提舉同提舉副提舉各一員其屬本路投下雜造局大使一員副使一員絳州甲局大使一員

太原路軍器人匠局秩正七品達魯花赤一員局使一員副使一員吏目一員

保定軍器人匠提舉司秩從六品達魯花赤提舉同提舉副提舉各一員其屬河間甲局院長一員祈州安平縣甲局院長一員陵州箭局頭目一人

眞定路軍器人匠提舉司秩從六品達魯花赤提舉同提舉副提舉各一員其屬冀州甲局院長一人

懷孟河南等路軍器人匠局秩正七品局使局副各一員其屬懷孟路弓局院長一員

汴梁路軍器局秩正七品局使局副各一員其屬常課弓局院長一員常課甲局院長一員

益都濟南箭局秩正七品局使一員

彰德路軍器人匠局秩正七品大使一員副使一員

大名軍器局秩正七品大使副使各一員

上都甲匠提舉司秩從五品提舉同提舉副提舉各一員其屬興州白局子甲局院長一員興州千戶寨甲局院長一員松州五指崖甲局院長一員松州勝安甲局院長一員

遼河等處諸色人匠提舉司秩從五品達魯花赤提舉同提舉各一員其屬遼蓋弓局大使副使各一員

蓋州甲局局使一員

上都雜造局秩正七品大使副使各一員

奉聖州軍器局秩從七品大使副使各一員

蔚州軍器人匠提舉司秩正六品達魯花赤提舉同提舉副提舉各一員

宣德府軍器人匠提舉司秩正六品達魯花赤提舉同提舉副提舉各一員

廣平路甲局院長一員

東平等路軍器人匠提舉司秩從五品達魯花赤提舉同提舉副提舉各一員

通州甲匠提舉司秩正六品達魯花赤提舉同提舉副提舉各一員

薊州甲匠提舉司秩正五品達魯花赤提舉同提舉副提舉各一員

欠州武器局秩從五品大使副使各一員

大都甲匠提舉司秩正六品達魯花赤提舉同提舉副提舉各一員

大都箭局秩從七品大使副使各一員

大寧路軍器人匠提舉司秩從六品達魯花赤提舉同提舉副提舉各一員

豐州雜造局秩正六品達魯花赤大使副使各一員

歸德府軍器局院長一員

汝寧府軍器局院長一員

陳州軍器局院長一員

許州軍器局秩從七品大使副使各一員

咸平府軍器人匠局秩從七品達魯花赤大使副使各一員

大都弓匠提舉司秩正五品達魯花赤提舉同提舉副提舉各一員其屬雙搭弓局大使副使各一員成吉里弓局大使副使各一員通州弓局院長一員大都茲局大使副使各一員至元三十年改提舉司置局

隆興路軍器人匠局達魯花赤大使副使各一員至元三十年置

平灤路軍器人匠局大使副使各一員至元三十年置

大都雜造局提領二員元貞二年置

太僕寺秩從二品掌阿塔思馬疋受給造作鞍轡之事中統四年設羣牧所至元十六年改尚牧監十九年又改太僕院二十年改衛尉院二十四年罷院立太僕寺又別置尚乘寺以管鞍轡而本寺止管阿塔思馬疋二十五年隸中書置提調官二員大德十一年復改太僕院至大四年仍爲寺卿二員從二品少卿二員從四品丞二員從五品經歷知事照磨管勾各一員令史七人譯史知印通事各二人奏差四人回回令史一人典吏二人

尚乘寺秩從三品掌上御鞍轡輿輦阿塔思羣牧騸馬驢騾及領隨路局院鞍轡等造作收支行省歲造鞍轡理四怯薛阿塔赤詞訟起取南北遠方馬疋等事卿四員正三品少卿二員從四品丞二員從五品經歷知事照磨管勾各一員令史六人譯史二人知印二人通事二人奏差五人典吏二人至元二十四年罷衛尉院始

設尙乘寺領資乘庫大德十一年陞爲院秩從二品至大四年復爲寺延祐七年降從三品

資乘庫秩從五品提點四員從五品大使三員正六品副使四員正七品庫子四人掌收支鞍轡等物至元十三年置二十年隸衞尉三十四年隸尙乘寺

長信寺秩正三品領大斡耳朶怯憐口諸事卿四員正三品少卿二員從四品寺丞二員從五品經歷知事各一員令史六人譯史知印各二人通事一人奏差四人大德五年置至大元年改陞爲院四年仍爲寺卿五員增少卿一員以宦者爲之延祐七年省寺卿少卿各一員定置如上

怯憐口諸色人匠提舉司秩從五品領大都上都二鐵局并怯憐人匠以材木鐵炭皮貨諸色備斡耳朶各枝房帳之需達魯花赤一員提舉同提舉副提舉各一員吏目一人司吏四人至元二十五年置

大都鐵局秩從五品掌斡耳朶上下往來造作粧釘房車大使一員副使一員直長一員至元十二年置

上都鐵局大使一員副使一員至元十六年置掌戧如前

長秋寺秩正三品掌武宗五斡耳朶戶口錢糧營繕諸事寺卿五員正三品少卿二員從四品寺丞二員從五品經歷知事各一員令史六人譯史知印各二人通事一人奏差四人皇慶二年置其屬二

怯憐口諸色人匠提舉司秩從五品掌正宮造作之役達魯花赤一員同提舉副提舉各一員吏目一人司吏四人至大元年斡耳朶三位下撥到人匠五百九十三戶始置提舉司隸中政院後屬長信寺

怯憐口諸色人匠提舉司秩從五品掌領武宗軍上北來人匠達魯花赤一員提舉一員同提舉副提舉各一員吏目一人司吏二人至大元年置

承徽寺秩正三品掌荅兒麻失里皇后位下錢糧營繕等事寺卿五員正三品少卿二員從四品寺丞二員從五品經歷知事各一員令史六人譯史知印各二人通事一人奏差四人至治元年置其屬二

怯憐口諸色人匠提舉司二秩正五品各設達魯花赤一員提舉同提舉副提舉各一員吏目一人司吏三人至治三年置

長寧寺秩正三品掌英宗速哥八剌皇后位下戶口錢糧營繕等事寺卿六員正三品少卿二員從四品寺丞二員從五品經歷知事各一員吏屬令史六人譯史知印各二人怯里馬赤一人奏差四人至治三年置

長慶寺秩正三品掌成宗斡耳朶及常歲管辦禾失房子行幸怯薛台人等衣糧之事寺卿六員少卿二員寺丞一員品秩同長寧寺經歷知事各一員令史六人譯史知印各二人怯里馬赤一人奏差四人泰定元年置

寧徽寺秩正三品隸八不沙皇后位下寺卿六員少卿四員丞二員品秩同長慶寺經歷知事各一員天曆二年置

太府監秩正三品領左右藏等庫掌錢帛出納之數太卿六員正三品太監六員從三品少監五員從四品丞五員正五品經歷知事照磨各一員令史八人譯史三人通事知印各一人奏差四人中統四年置至元四年爲宣徽太府監凡內府藏庫悉隸焉八年陞正二品大德九年改爲院秩從二品院判參用宦者至大四年復爲監定置如上

內藏庫秩從五品掌出納御用諸王叚疋納失失紗羅絨錦南綿香貨諸物提點四員從五品大使二員正六品副使二員正七品至元二年置署上都十九年始署大都以宦者領之復有行內藏二十八年省之止存內藏及左右二庫

右藏提點四員大使二員副使二員品秩同上掌收支金銀寶鈔只孫叚疋水晶瑪瑙玉璞諸物至元十九年置

左藏提點四員大使二員副使二員品秩同上掌收支常課和買紗羅布絹絲綿絨錦木綿鋪陳衣服諸物至元十九年置

度支監秩正三品掌給馬駝芻粟卿三員正三品太監二員從三品少監三員從四品監丞二員從五品經歷二員知事一員提控案牘一員照磨兼管勾一員令史十四人譯史四人通事知印三人奏差四人典吏五人國初置孛可孫至元八年以重臣領之十三年省孛可孫以宣徽兼其任至大二年改立度支院四年改爲監

利用監秩正三品掌出納皮貨衣物之事監卿八員正三品太監五員從三品少監五員從四品監丞四員正五品經歷知事照磨管勾各一員令史八人譯史二人通事知印各一人奏差六人典吏二人至元十年置二十年罷二十六年復置大德十一年改爲院至大四年復爲監

資用庫秩從五品提點二員從五品大使三員正六品副使五員正七品庫子五人至元二年置隸太府十年隸利用

怯憐口皮局人匠提舉司秩正五品提舉二員同提舉一員提控案牘一員中統元年置局至元六年改提舉司

雜造雙線局秩從八品造內府皮貨鷹帽等物大使副使直長典史各一員

熟皮局掌每歲熟造野獸皮貨等物大使副使直長各一員至元二十年置

軟皮局掌內府細色銀鼠野獸諸色皮貨大使副使直長各一員至元二十五年置

斜皮局掌每歲熟造內府各色野馬皮胯副使一員至元二十年置

貂鼠局提舉司秩從五品提舉一員同提舉副提舉各一員至元二十年置

貂鼠局副使二員直長一員至元十九年立

染局副使一員直長一員管勾一員掌每歲變染皮貨至元二十年始置

熟皮局秩從七品大使一員副使一員典史一人司吏一人至元六年置

中尚監秩正三品掌大斡耳朶位下怯憐口諸務及領資成庫氈作供內府陳設帳房帟幕車輿雨衣之用監卿八員正三品太監二員從三品少監二員從四品監丞二員正五品經歷知事照磨各一員令史七人譯史三人通事二人知印二人奏差五人至元十五年置尚用監二十年罷二十四年改置中尚監三十年分置兩都灤河三庫怯憐口雜造等九司局而總領之至大元年陞爲院四年復爲監參用宦者三人

資成庫秩從五品掌造氈貨提點三員從五品大使三員正六品副使三員正七品至元二年置隸太府二十三年始歸于監

章佩監秩正三品掌宦者速古兒赤所收御服寶帶監卿五員正三品太監四員從三品少監二員從四品監丞二員正五品經歷知事照磨各一員令史七人譯史二人通事二人奏差四人至元二十二年置至大元年陞爲院秩從二品四年復爲監定置如上

御帶庫秩從五品掌繫腰偏束等帶併條環諸物供奉御用以備賜予提點三員大使三員副使二員品秩同資成至元二十八年置俱以中官爲之元貞二年增二員兼署上都之事

異珍庫秩從五品掌御用珍寶后妃公主首飾寶貝提點三員大使三員副使二員品秩同上至元二十八年置

經正監秩正三品掌營盤納鉢及標撥投下草地有詞訟則治之太卿一員正三品太監二員從三品少監二員從四品監丞二員正五品經歷知事各一員令史八人譯史四人至大四年置監卿太監少監並奴都赤爲之監丞流官爲之

都水監秩從三品掌治河渠并隄防水利橋梁牐堰之事都水監二員從三品少監一員正五品監丞二員正六品經歷知事各一員令史十人蒙古必闍赤一人回回令史一人通事知印各一人奏差十人壕寨十六人典吏二人至元二十八年置二十九年領河道提舉司大德六年陞正三品延祐七年仍從三品

大都河道提舉司秩從五品提舉一員從五品同提舉一員從六品副提舉一員從七品

祕書監秩正三品掌歷代圖籍并陰陽禁書卿四員正三品太監二員從三品少監二員從四品監丞二員從五品典簿一員從七品令史三人知印奏差各二人譯史通事各一人典書二人典吏一人屬官著作郎二員從六品著作佐郎二員正七品祕書郎二員正七品校書郎二員正八品辨驗書畫直長一員正八品至元九年置其監丞皆用大臣奏薦選世家名臣子弟爲之大德九年陞正三品給銀印延祐元年定置卿四員參用宦者二人

司天監秩正四品掌凡曆象之事提點一員正四品司天監三員正四品少監五員正五品丞四員正六品知事一員令史二人譯史一人通事兼知印一人屬官提學二員教授二員並從九品學正二員天文科管勾二員算曆科管勾二員三式科管勾二員測驗科管勾二員漏刻科管勾二員並從九品陰陽管勾一員押宿官二員司辰官八員天文生七十五人中統元年因金人舊制立司天臺設官屬至元八年以上都承應闕官增置行司天監十五年別置太史院與臺並立頒曆之政歸院學校之設隸臺二十三年置行監二十七年又立行少監皇慶元年陞正四品延祐元年特陞正三品七年仍正四品

回回司天監秩正四品掌觀象衍曆提點一員司天監三員少監二員監丞二員品秩同上知事一員令史二員通事兼知印一人奏差一人屬官教授一員天文科管勾一員算曆科管勾一員三式科管勾一員測驗科

管勾一員漏刻科管勾一員陰陽人一十八人世祖在潛邸時有旨徵回回爲星學者札馬剌丁等以其藝進未有官署至元八年始置司天臺秩從五品十七年置行監皇慶元年改爲監秩正四品延祐元年陞正三品置司天監二年命秘書卿提調監事四年復正四品

上都留守司監本路都總管府品秩職掌如大都留守司而兼治民事車駕還大都則領上都諸倉庫之事留守六員正二品同知二員正三品副留守二員正四品判官二員正五品經歷二員都事四員照磨兼管勾一員令史四十四人譯史六人回回令史三人通事知印各二人宣使一十二人國初置開平府中統四年改上都路總管府至元三年又給留守司印十九年併爲上都留守司兼本路都總管府其屬附見

修內司秩從五品掌營修內府之事大使一員從五品副使三員正七品直長三員正八品至元八年置

祇應司秩從五品掌粧鑾油染表褙之事大使一員從五品副使二員正七品直長三員正八品

器物局秩從五品掌造鐵器內府營造釘線之事大使一員副使一員直長二員

儀鸞局秩正五品大使二員副使三員直長二員至大四年罷典設署改置爲局

兵馬司局正四品指揮使三員副指揮使二員知事一員提控案牘一員司吏八人至元二十九年置

警巡院秩正六品達魯花赤一員警巡使一員副使二員判官二員司吏八人

開平縣秩正六品達魯花赤一員尹一員丞一員主簿一員尉一員典史一員司吏八人

平盈庫大使一員副使一員至元三十年置

萬盈庫達魯花赤監支納大使副使各一員中統初置

廣積倉達魯花赤監支納大使副使各一員中統初置永盈倉大德間改爲廣積倉

萬億庫秩正五品達魯花赤一員提舉一員同提舉副提舉各一員提控案牘一員司吏六人譯史一人至元二十三年置

行用庫提點一員大使一員副使一員

稅課提舉司秩正五品提舉二員同提舉副提舉提控案牘各一員元貞元年置

八作司品秩職掌悉與大都左右八作司同達魯花赤一員提領大使副使各一員至元十七年置

饌廩司掌諸王駙馬使客飲食大使一員副使一員至元二年置上都應辦所延祐五年改爲饌廩司

尚供總管府秩正三品掌守護東涼亭行宮及遊獵供需之事達魯花赤一員總管一員並正三品同知一員從四品副總管一員從五品判官一員正六品經歷知事提控案牘各一員令史譯史知印奏差有差至元十三年置只哈赤八剌哈孫達魯花赤延祐二年改總管府其屬附見

香河等處巡檢司巡檢一員司吏一人

景運倉秩從五品提點一員從五品大使一員正六品副使一員正七品至元二十一年置

法物庫秩從九品大使副使各一員至元二十九年置

雲需總管府秩正三品掌守護察罕惱兒行宮及行營供辦之事達魯花赤一員總管一員並正三品同知一員從四品副總管一員從五品判官一員正六品經歷一員知事一員提控案牘一員延祐二年置

大都路都總管府秩正三品達魯花赤二員都總管一員副達魯花赤二員同知二員治中二員判官二員推官二員經歷二員知事二員提控案牘四員照磨兼管勾一員令史九十有五人譯史二人回回令史一人通事知印各二人奏差二十一人國初爲燕京路總管大興府中統五年稱中東路至元九年改號大都二十一年始專置大都路總管府秩從三品置都達魯花赤都總管等官二十七年陞爲都總管府進秩正三品領府一州十有一凡本府官吏唯達魯花赤一員及總管推官專治路政其餘皆分任供需之事故又號曰供需府焉其屬附見

大都路兵馬都指揮使司凡二秩正四品掌京城盜賊姦僞鞫捕之事都指揮使二員副指揮使五員知事一員提控案牘一員吏十四人至元九年改千戶所爲兵馬司隸大都路而刑部尚書一員提調司事凡刑名則隸宗正且爲宗正之屬二十九年置都指揮使等官其後因之一置司於北城一置司於南城

司獄司凡三秩正八品司獄一員獄丞一員獄典二人掌四繫獄具之事一置於大都路一置於北城兵馬司通領南城兵馬司獄事皇慶元年以兩司異禁遂分置一司於南城

左右警巡二院秩正六品達魯花赤各一員使各一員副使判官各一員典史各三人司吏各二十五人至元六年置領民事及供需視大都路大德五年分置供需院以副使判官典史各一員主之大都警巡院品職分置如左右院達魯花赤一員使一員副使二員判官二員典史二員司吏二十八人大德九年置以治都城之南

大都路提舉學校所秩正六品提舉一員教授二員學正二員學錄一員至元二十四年既立國學以故孔子廟爲京學而提舉學事者仍以國子祭酒繫銜

管領諸路打捕鷹房總管府秩正三品達魯花赤一員總管一員副達魯花赤一員同知一員副總管一員經歷知事各一員至元十七年置

宛平縣秩正六品達魯花赤一員尹一員丞三員主簿三員尉一員典史三員司吏二十六人至元十一年置治大都麗正門以西

大興縣秩正六品達魯花赤一員尹一員丞一員主簿二員尉一員典史三員司吏一十五人至元十一年置治大都麗正門以東

東關廂巡檢司秩從九品巡檢三員司吏一人掌巡捕盜賊奸宄之事至元二十一年置

西北南關廂兩巡檢司設置並同上

元史卷九十一

明翰林學士亞中大夫知制誥兼脩國史宋　濂等脩

百官志第四十一上

百官七

行中書省凡十秩從一品掌國庶務統郡縣鎭邊鄙與都省爲表裏國初有征伐之役分任軍民之事皆稱行省未有定制中統至元間始分立行中書省因事設官官不必備皆以省官出領其事其丞相皆以宰執行某處省事繫銜其後嫌於外重改爲某處行中書省凡錢糧兵甲屯種漕運軍國重事無不領之至元二十四年改行尚書省尋復如舊至大二年又改行尚書省二年復如舊每省丞相一員從一品平章二員從一品右丞一員左丞一員正二品參知政事二員從二品甘肅嶺北二省各減一員郎中二員從五品員外郎二員從六品都事二員從七品掾史蒙古必闍赤回回令史通事知印宣使各省設員有差舊制參政之下有簽省有同簽之屬後罷不置丞相或置或不置尤愼於擇人故往往缺焉

河南江北等處行中書省至元五年罷隨路奧魯官詔參政阿里僉行省事于河南等路立省二十八年以河南江北係要衝之地又新入版圖宜於汴梁立省以控治之遂署其地統有河南十二路七府

江浙等處行中書省至元十三年初置江淮行省治揚州二十一年以地理民事非便遷于杭州二十二年割江北諸郡隸河南改曰江浙行省統有三十路一府

江西等處行中書省至元十四年置十五年併入福建行省十七年仍置省于龍興府而福建自爲行省治泉州二十二年以福建行省併入江西二十三年又以福建省併入江浙本省統有十八路

湖廣等處行中書省至元十一年右丞相伯顏伐宋行中書省事于襄陽尋以別將分省鄂州爲荆湖等路行中書省十三年取潭州卽署省治之十八年復徙置鄂州統有三十路三府

陝西等處行中書省中統元年以商挺領秦蜀五路四川行省事三年改立陝西四川行中書省治京兆至元三年移治利州十七年復還京兆十八年分省四川尋改立四川宣慰司二十一年仍合爲陝西四川行省二十三年四川立行樞密院本省所轄之地惟陝西四路五府

四川等處行中書省國初其地總于陝西至元十八年以陝西行中書分省四川二十三年始置四川行省署成都統有九路五府

遼陽等處行中書省至元二十四年置治遼陽路統有七路一府

甘肅等處行中書省中統二年立行省于中興十年罷之十八年復立二十二年復罷改立宣慰司二十三年徙置中興省于甘州立甘肅行省三十一年分省按治寧夏尋倂歸之本省治甘州路統有七路二州

嶺北等處行中書省國初太祖定都于哈剌和林河之西因名其城曰和林立元昌路中統元年世祖遷都中興始置宣慰司都元帥府大德十一年改立和林等處行中書省右丞相左丞相各一員至大四年省右丞相皇慶元年改嶺北等處行中書省設官如上治和寧路統有北邊等處

雲南等處行中書省卽古南詔之地初世祖征取以爲郡縣嘗封建宗王鎭撫其軍民至元十一年始置行省治中慶路統有三十七路五府

征東等處行中書省至元二十年以征日本國命高麗王置省典軍與之務師還而罷大德三年復立行省以中國之法治之旣而王言其非便詔罷行省從其國俗

至治元年復置以高麗王兼領丞相得自奏選屬官治瀋陽統有二府一司五道

各省屬官

檢校所檢校一員從七品書吏二人

照磨所照磨一員正八品

架閣庫管勾一員正八品

理問所理問二員正四品副理問二員從五品知事一員提控按牘一員

都鎮撫司都鎮撫一員副都鎮撫一員

宣慰司掌軍民之務分道以總郡縣行省有政令則布于下郡縣有請則爲達于省有邊陲軍旅之事則兼都元帥府其次則止爲元帥府其在遠服又有招討安撫宣撫等使品秩員數各有差等

宣慰使司秩從二品每司宣慰使三員從二品同知一員從三品副使一員正四品經歷一員從六品都事一員從七品照磨兼架閣管勾一員正九品凡六道

山東東西道 益都路置　河東山西道 大同路置

淮東道 揚州置　浙東道 慶元路置

荊湖北道 中興路置　湖南道 天臨置

宣慰使司都元帥府秩從二品使三員同知二員副使二員經歷二員知事二員照磨兼架閣管勾一員

廣東道 廣州置　大理金齒等處

蒙慶等處

右二府設官如上唯蒙慶一府使二員同知副使各一員經歷都事亦減一員

廣西兩江道 靜江路置　海北海南道

福建道　八番順元等處

察罕腦兒等

右五府宣慰使都元帥三員副都元帥僉都元帥事各二員餘同上

宣慰使兼管軍萬戶府每府宣慰使三員同知副使各一員經歷一員都事二員照磨兼管勾一員

曲靖等路　羅羅斯

臨安廣西道元江等處

都元帥府都元帥二員副元帥二員經歷知事各一員

北庭 隸土番宣慰司　曲先塔林 都元帥三員

蒙古軍　征東 二府都元帥各一員副一員

元帥府秩正三品達魯花赤一員元帥一員經歷知事各一員

李店文州　帖城河里洋脫

朶甘思　當陽

岷州　積石州

洮州路　脫思馬路

十八族

右九府唯李店文州增置同知副元帥各一員其餘八府隸土番宣慰司設官並同

宣撫司秩正三品每司達魯花赤一員宣撫一員同知副使各二員僉事一員計議經歷知事各一員提控案牘架閣一員損益不同者各附見于後

廣南西道 不置副使僉事　麗江路 以上隸雲南省

順元等處　播州

思州 以上隸湖廣省　敘南等處 隸四川行省不置僉事計議

安撫司秩正三品每司達魯花赤一員安撫使一員同知副使僉事各一員經歷知事各一員損益不同者各附見于後

師壁洞 不置達魯花赤　永順等處

散毛洞 以上隸四川省　羅番遏蠻軍 不置達魯花赤

程番武盛軍　金石番太平軍

臥龍番南寧州　小龍番靜蠻軍 不置同知副使

大龍番應天府　洪番永盛軍

方番河中府　盧番靜海軍 不置知事

新添葛蠻 以上隸湖廣省

招討司秩正三品達魯花赤一員招討使一員經歷一員

土蕃　刺馬剛等處

天全　弈不思

諸番　征沔

沿邊溪洞 以下各置副使一員無達魯花赤　唆尼

長河西裏管軍　檐裏管軍

脫思馬田地

諸路萬戶府

上萬戶府管軍七千之上達魯花赤一員萬戶一員俱正三品虎符副萬戶一員從三品虎符

中萬戶府管軍五千之上達魯花赤一員萬戶一員俱從三品虎符副萬戶一員正四品金牌

下萬戶府管軍三千之上達魯花赤一員萬戶一員俱從三品虎符副萬戶一員從四品金牌其官皆世襲有功則陞之每府設經歷一員從七品知事一員從八品提控案牘一員

鎮撫司鎮撫二員蒙古漢人參用上萬戶府正五品中萬戶府從五品俱金牌下萬戶府正六品銀牌

上千戶所管軍七百之上達魯花赤一員千戶一員俱從四品金牌副千戶一員正五品金牌

中千戶所管軍五百之上達魯花赤一員千戶一員俱正五品金牌副千戶一員從五品金牌

下千戶所管軍三百之上達魯花赤一員千戶一員俱從五品金牌副千戶一員正六品銀牌

彈壓二員蒙古漢人參用上千戶所從八品中下二所正九從九品內銓注

上百戶所百戶二員蒙古一員漢人一員俱從六品銀牌

下百戶所百戶一員從七品銀牌

儒學提舉司秩從五品各處行省所署之地皆置一司統諸路府州縣學校祭祀教養錢糧之事及考校呈進著述文字每司提舉一員從五品副提舉一員從七品吏目一人司吏二人

蒙古提舉學校官秩從五品提舉一員從五品同提舉一員從七品至元十八年置惟江浙湖廣江西三省行之餘省不置

官醫提舉司秩從六品提舉一員同提舉一員副提舉一員掌醫戶差役詞訟至元二十五年置河南江浙江西湖廣陝西五省各立一司餘省並無

兩淮都轉運鹽使司秩正三品國初兩淮內附以提舉馬里范章專掌鹽課之事至元十四年始置司于揚州使二員正三品同知一員正四品副使一員正五品運判二員正六品經歷一員從七品知事一員從八品照磨一員從九品三十年悉罷所轄鹽司以其屬置場官大德四年復置批驗所于眞州釆石等處

鹽場二十九所每場司令一員從七品司丞一員從八品管勾一員從九品辦鹽各有差

呂四場　餘東場　餘中場　餘西場

西亭場　金沙場　石港場　掘港場

豐利場　馬塘場　拼茶場　角斜場

富安場　安豐場　梁垛場　東臺場

河垛場　丁溪場　小海場　草堰場

白駒場　劉莊場　五祐場　新興場

廟灣場　莞瀆場　板浦場　臨洪場

徐瀆浦場

批驗所每所提領一員正七品大使一員正八品副使一員正九品掌批驗鹽引

兩浙都轉運鹽使司秩正三品使二員同知二員運判二員經歷知事各一員照磨一員至元十四年置司杭州大德三年定其產鹽之地立場有差仍於杭州嘉興紹興溫台等處設檢校四所專驗鹽袋毋過常度

鹽場三十四所每所司令一員從七品司丞一員從八品管勾一員從九品

仁和場　許村場　西路場　下沙場

青村場　表部場　浦東場　橫浦場

蘆瀝場　海沙場　鮑郎場　西興場

錢清場　三江場　曹娥場　石堰場

鳴鶴場　清泉場　長山場　穿山場

袋山場　玉泉場　蘆花場　大嵩場

昌國場　永嘉場　雙穗場　天富南監

長林場　黃巖場　杜瀆場　天富北監

長亭場　龍頭場

福建等處都轉運鹽使司秩正三品使二員同知二員運判二員經歷知事各一員照磨一員至元十四年始置市舶司領煎鹽徵課之事二十四年改立鹽運使司二十九年罷立提舉司大德四年復爲運司九年復罷併入元帥府兼掌之十年復立都提舉司至大四年復陞運司徑隸行省凡置鹽場七所

鹽場七所每所司令一員從七品司丞一員從八品管勾一員從九品

海口場　牛田場　上里場　惠安場

潯美場　浯州場　洒州場

廣東鹽課提舉司至元十三年始從廣州煎辦鹽課十六年隸江西鹽鐵茶都轉運司二十二年併入宣慰司二十三年置市舶提舉司大德四年改廣東鹽課提舉司提舉一員從五品同提舉一員從六品副提舉一員從七品其屬附見

鹽場十三所每所司令一員從七品司丞一員從八品管勾一員從九品

靖康場　歸德場　東莞場　黃田場

香山場　矬峒場　雙恩場　咸水場

淡水場　石橋場　隆井場　招收場

小江場

四川茶鹽轉運司成都鹽井九十五處散在諸郡山中至元二年置興元四川轉運司專掌煎熬辦課之事八年罷之十六年復立轉運司十八年併入四道宣慰司

十九年復立陝西四川轉運司通轄諸課程事二十二年置四川茶鹽運司秩從三品使一員同知副使運判各一員經歷知事照磨各一員

鹽場一十二所每所司令一員從七品司丞一員從八品管勾一員從九品

簡鹽場　隆鹽場　綿鹽場　潼川場
遂實場　順慶場　保寧場　嘉定場
長寧場　紹慶場　雲安場　大寧場

廣海鹽課提舉司至元三十一年置專職鹽課秩正四品都提舉二員從四品同提舉二員從五品副提舉二員從六品知事一員提控案牘一員

市舶提舉司至元二十三年立鹽課市舶提舉司隸廣東宣慰司三十年立海南博易提舉司至大四年罷之禁下番船隻延祐元年弛其禁改立泉州廣東慶元三市舶提舉司每司提舉二員從五品同提舉二員從六品副提舉二員從七品知事一員

海道運糧萬戶府至元二十年置秩正三品掌每歲海道運糧供給大都達魯花赤一員萬戶一員並正三品副萬戶四員從三品經歷一員從七品知事一員從八品照磨一員從九品鎮撫二員正五品其屬附見

海運千戶所秩正五品達魯花赤一員千戶二員並正五品副千戶三員從五品若溫台若慶元紹興若杭州嘉興若崑山崇明常熟江陰等處凡五所而平江又有海運香莎糯米千戶所

諸路總管府至元初置二十年定十萬戶之上者爲上路十萬戶之下者爲下路當衝要者雖不及十萬戶亦爲上路上路秩正三品達魯花赤一員總管一員並正三品兼管勸農事江北則兼諸軍奧魯同知治中判官各一員下路秩從三品不置治中員而同知如治中之秩餘悉同上至元二十三年置推官二員專治刑獄下路一員經歷一員知事一員或二員照磨兼承發架閣一員司吏無定制隨事繁簡以爲多寡之額譯史通事各一人其屬附見

儒學教授一員秩九品諸路各設一員及學正一員學錄一員其散府上中州亦設教授一員下州設學正一員

蒙古教授一員正九品

醫學教授一員

陰陽教授一員

司獄司司獄一員丞一員

平準行用庫提領大使副使各一員

織染局局使一員副使一員

雜造局大使一員副使一員

府倉大使一員副使一員

惠民藥局提領一員

稅務提領一員大使副使各一員

錄事司秩正八品凡路府所治置一司以掌城中戶民之事中統二年詔驗民戶定爲員數二千戶以上設錄事司候判官各一員二千戶以下省判官不置至元二十年置達魯花赤一員省司候以判官兼捕盜之事典史一員若城市民少則不置司歸之倚郭縣在兩京則爲警巡院獨杭州置四司後省爲左右兩司

散府秩正四品達魯花赤一員知府或府尹一員領勸農奧魯與路同同知一員判官一員推官一員知事一員提控案牘一員所在有隸諸路及宣慰司行省者有直隸省部者有統州縣者有不統縣者其制各有差等

諸州中統五年併立州縣未有差等至元三年定一萬五千戶之上者爲上州六千戶之上者爲中州六千戶之下者爲下州江南既平二十年又定其地五萬戶之上者爲上州三萬戶之上者爲中州不及三萬戶者爲下州於是陞縣爲州者四十有四縣戶雖多附路府者不改上州達魯花赤州尹秩從四品同知秩正六品判官秩正七品中州達魯花赤知州並正五品同知從六品判官從七品下州達魯花赤知州並從五品同知正七品判官正八品兼捕盜之事參佐官上州知事提控案牘各一員中州吏目提控案牘各一員下州吏目一員或二員

諸縣至元三年合併江北州縣六千戶之上者爲上縣二千戶之上者爲中縣不及二千戶者爲下縣二十年又定江淮以南三萬戶之上者爲上縣一萬戶之上者爲中縣一萬戶之下者爲下縣上縣秩從六品達魯花赤一員尹一員丞一員簿一員尉一員典史二員中縣秩正七品不置丞餘悉如上縣之制下縣秩從七品置官如中縣民少事簡之地則以簿兼尉後又別置尉尉主捕盜之事別有印典史一員　巡檢司秩九品巡檢一員

諸軍唯邊遠之地有之各統屬縣其秩如下州其設官置吏亦如之

諸蠻夷長官司西南夷諸溪洞各置長官司秩如下州達魯花赤長官副長官參用其土人爲之

各處脫脫禾孫掌辨使臣奸僞正一員從五品副一員正七品

勳一十階

上柱國正一品　柱國從一品　上護軍正二品
護軍從二品　上輕車都尉正三品　輕車都尉從三品
上騎都尉正四品　騎都尉從四品　驍騎尉正五品
飛騎尉從五品

爵八等

王正一品　郡王從一品　國公正一品
郡公從二品　郡侯正三品　郡侯從三品
郡伯正四品　郡伯從四品　縣子正五品
縣男從五品

右勳爵若上柱國郡王國公時有除拜者餘則止於封贈用之

文散官四十二

開府儀同三司　儀同三司
特進　崇進
金紫光祿大夫　銀青榮祿大夫以上俱正一品
光祿大夫　榮祿大夫以上從一品
資德大夫　資政大夫
資善大夫以上正二品　正奉大夫
通奉大夫　中奉大夫以上從二品
正議大夫　通議大夫
嘉議大夫以上正三品　太中大夫
中大夫　亞中大夫以上從三品舊爲少中延祐改亞中
中議大夫　中憲大夫
中順大夫以上正四品　朝請大夫
朝散大夫　朝列大夫以上從四品
奉政大夫　奉議大夫以上正五品
奉直大夫　奉訓大夫以上從五品
承德郎　承直郎以上正六品
儒林郎　承務郎以上從六品
文林郎　承事郎以上正七品
徵事郎　從事郎以上從七品
登仕郎　將仕郎以上正八品
登仕佐郎　將仕佐郎以上從八品

右文散官四十二階由一品至五品爲宣授六品至九品爲勅授勅授則中書署牒宣授則以制命之一品至五品者服紫六品至七品者服緋八品至九品者服綠武官以下皆如之其官常對品惟九品無散官則但舉其職而已武官雜職亦如之

武散官三十四階

龍虎衛上將軍　金吾衛上將軍
驃騎衛上將軍以上正二品　奉國上將軍
輔國上將軍　鎮國上將軍以上從二品
昭武大將軍　昭勇大將軍
昭毅大將軍以上正三品　安遠大將軍
定遠大將軍　懷遠大將軍以上從三品
廣威將軍　宣威將軍
明威將軍以上正四品　信武將軍
顯武將軍　宣武將軍以上從四品
武節將軍　武德將軍以上正五品
武義將軍　武畧將軍以上從五品
承信校尉　昭信校尉以上正六品
忠武校尉　忠顯校尉以上從六品
忠勇校尉　忠翊校尉以上正七品
修武校尉　敦武校尉以上從七品
保義校尉　進義校尉以上正八品
保義副尉　進義副尉以上從八品

右武散官三十四階自龍虎衛上將軍至進義副尉由正二品至從八品其除授具前

內侍散官一十四

中散大夫正二品　中引大夫從二品
中御大夫正三品　侍中大夫從三品
中衛大夫正四品　中涓大夫從四品
通侍郎正五品　通御郎從五品
侍直郎正六品　內直郎從六品
司謁郎正七品　司闈郎從七品
司奉郎正八品　司引郎從八品

右內侍品秩一十四階自中散至司引由正二品至從八品其除授具前

司天散官一十四

欽象大夫從三品　明時大夫
頒朔大夫以上正四品　保章大夫從四品
司玄大夫正五品　授時郎從五品
靈臺郎正六品　候儀郎從六品
司正郎正七品　平秩郎從七品
正紀郎　挈壺郎以上正八品
司曆郎　司辰郎以上從八品

右司天品秩一十四階自欽象至司辰由從三品至從八品其除授具前

太醫散官一十五

保宜大夫　保康大夫以上從三品
保安大夫　保和大夫以上正四品
保順大夫從四品　保沖大夫正五品
保全郎從五品　成安郎正六品
保和郎從六品　成全郎正七品
醫正郎從七品　醫效郎
醫侯郎以上正八品　醫痊郎
醫愈郎以上從八品

右太醫品秩一十五階自保宜至醫愈亦由從三品至從八品其除授具前

教坊司散官十五

雲韶大夫　儀韶大夫以上從三品
長寧大夫　德和大夫以上正四品
協律大夫從四品　嘉成大夫正五品
純和郎從五品　調音郎正六品
司樂郎從六品　協樂郎正七品
和樂郎從七品　司音郎
司律郎以上正八品　和聲郎
和節郎以上從八品

右教坊品秩一十五階自雲韶至和節由從三品至從八品其除授具前

元史卷九十二

明翰林學士亞中大夫知制誥兼修國史宋　濂等修

百官志第四十一下

百官八

元之官制其大要具見于前自元統至元以來頗有沿革增損之異至正兵興四郊多壘中書樞密俱有分省分院而行中書省行樞密院增置之外亦有分省分院自省院以及郡縣又各有添設之員而各處總兵官以便宜行事者承制擬授具姓名以軍功奏聞則宣命勑牒隨所索而給之無有考覈其實者於是名爵日濫紀綱日紊疆宇日蹙而遂至于亡矣惜其掌故之文缺軼不完今據有司所送上者緝而載之以附前志庶覽者得以參考其得失治亂之槩云

中書省元統三年七月中書省奏請自今不置左丞相十月命伯顏獨長台司詔天下至元五年十月加右丞相伯顏爲大丞相六年十月命脫脫爲右丞相復置左丞相至正七年置議事平章四人十二年二月以賈魯爲添設左丞三月以悟良哈台爲添設參知政事七月又以杜秉彝爲添設參政八月以哈麻爲添設右丞十三年六月命皇太子領中書令如舊制十四年九月以呂思誠爲添設左丞二十七年八月以樞密知院蠻子爲添設第三平章以大尉帖里帖木兒爲添設左丞相

中書分省至正十一年置中書分省于濟寧以松壽爲參知政事十二年二月中書右丞玉樞虎兒吐華左丞韓大雅開分省于彰德十四年升濟寧分省參政帖里帖木兒爲平章政事是後嘗置右丞以守禦焉十五年四月彰德分省除右丞左丞各一員十七年七月以平章答蘭參政俺普崔敬分省陵州十一月平章臧卜分省冀寧十八年三月掃地王沙劉陷冀寧臧卜遁五月王劉北行總兵官察罕帖木兒遣瑣住院判來冀寧鎮守臧卜復回十九年臧卜卒二十年正月以右丞不花參政王時分省冀寧三月鐵甲韓至分省官皆遁二十一年以平章答蘭鎮守二十二年答蘭還京師以左丞剌馬乞剌參政脫禾兒領分省事二十三年三月又以平章愛不花鎮之八月擴廓帖木兒兵至冀寧分省遂罷二十七年八月以添設平章蠻子兼知院分省保定九月命太保左丞相也速統領軍馬分省山東沙藍答里仍中書左丞相知樞密院分省大同以哈剌那海爲大同分省平章阿剌不花爲參知政事又置分省于冀寧陞冀寧總管爲參政鑄印與之凡事必咨大同分省而後行之十月又置分省于眞定

六部至元三年十二月伯顏太師等奏准吏部考功郎中員外郎主事各設一員至正元年四月吏部置司績一員正七品掌百官行止以憑叙用廕襲六月中書奏准戶部事繁見設司計四員宜依前至元二十八年例添設二員十一月吏部兵刑分爲二庫戶工二部分二庫各設管勾一員十二年正月刑部添設尚書侍郎郎中員外郎各一員十五年十月濟寧分省置兵刑工戶四部

樞密院至正七年知樞密院阿吉剌奏樞密院故事亦設議事平章二人有旨令復置十三年六月令皇太子領樞密使如舊制十五年四月添設僉院一員院判一員

樞密分院至正十五年三月置樞密分院于衛輝四月彰德分院添設同知副樞各一員都事一員直沽分院添設副樞一員都事一員十六年又置分樞密院于沂州以指揮使司隸焉

大宗正府至元元年閏十二月中書省奏准世祖時立大宗正府至仁宗時減去大字今宜遵世祖舊制仍爲大宗正府至正十年十二月大宗正府添設掌判二員

宣文閣至元六年十一月罷奎章閣學士院至正元年九月立宣文閣不置學士唯授經郎及監書博士以宣文閣繫銜云

崇文監至元六年十二月改藝文監爲崇文監至正元年三月奉旨令翰林國史院領之

詳定使司至正十七年七月置四方獻言詳定使司正三品掌考其所陳之言擇其善者以聞于上而舉行之詳定使二員正三品副使二員正四品掌書記二員正七品中書官提調之

司禋監至正元年十二月奉旨依世祖故事復立司禋監給四品印掌師翁祭祀祈禳之事置內監少監監丞各二員知事一員譯史令史奏差各二名自後復升爲三品

延徽寺至元六年二月中書省奉旨依累朝故事起蓋懿璘質班皇帝幹耳朵置延徽寺以掌之

規運提點所至元六年十一月罷大禧宗禋院隆祥使司十二月中書奏以宗禋院所轄會福崇福隆禧壽福四總管府并隆祥使司俱改爲規運提點所正五品仍添置萬寧提點所一處並隸宣政院

諸路寶泉都提舉司至正十年十月置其屬有鼓鑄局正七品永利庫從七品掌鼓鑄至正銅錢印造交鈔

徽政院元統元年十二月依太皇太后故事爲皇太后置徽政院設立官屬三百六十有六員

資正院至元六年十二月中書省奉旨爲完者忽都皇后置資正院正二品院使六員同知僉院同僉院判各二員首領官經歷都事各一員管勾照磨各一員將昭功萬戶府司屬除已罷繕工司外集慶路錢糧并入有司每年驗數撥付資正院其餘司屬並付資正院領之自後正宮皇后崩冊立完者忽都爲皇后改置崇政院

東宮官屬至正六年四月立皇太子宮傅府以長吉等爲宮傅官時太子猶未受冊寶至九年冬立端本堂爲皇太子學宮置諭德一員正二品贊善二員正三品文學二員正五品正字二員正七品司經二員正七品十三年六月冊立皇太子定置皇太子賓客二員正二品左右諭德各一員從二品左右贊善各一員從二品文學二員從五品中庶子中允各一員從六品

詹事院至正十三年六月立詹事院罷宮傅府置詹事三員從一品同知詹事二員正二品副詹事二員從二品詹事丞二員正三品首領官四員中議二員從五品長史二員從六品管勾照磨各一員正八品蒙古必闍赤六人回回掾史二人掾史十八人知印二人怯里馬赤二人宣使十八人其屬有家令司家令二員正三品二員正四品家丞二員正五品典簿二員正七品照磨一員正九品有府正司府正二員正二品府丞二員正五品典簿二員從七品照磨一員正九品有典寶監典寶卿二員正三品大監二員從三品少監二員從四品監丞一員正五品經歷一員從七品知事一員從八品照磨一員正九品有儀衛司指揮二員從四品副二員從五品知事一員從八品十一月置典藏庫從五品掌收皇太子錢帛十七年十月置分詹事院詹事一員同知副使各一員詹事丞二員經歷二員都事二員照磨兼架閣一員斷事官二員知事一員

大撫軍院二十七年八月乙巳命皇太子總天下軍馬九月皇太子置大撫軍院從一品知院四員同知二員副使一員同僉一員首領官經歷都事各二員照磨兼管勾一員二十八年閏七月詔罷之

大都分府至正十八年三月東安漷州柳林日有警報京師備禦四隅俱立大都分府其官吏數視都府減半

警巡院至正十一年七月陞左右兩巡院爲正五品十八年又於大都在城四隅各立警巡分院官吏視本院減半

行中書省至正十二年正月江西江浙行省皆除添設平章陝西行省除添設右丞閏三月置淮南江北等處行中書省于揚州以淮西宣慰司兩淮鹽運司揚州淮安徐州唐州安豐蘄黃皆隸焉除平章二員右丞左丞各一員參政二員及首領官屬官共二十五員爲頭平章兼提調淮南王傅府事至十一月始鑄淮南江北等處行中書省印給之是年江浙行省添設右丞參政四川行省添設參政十六年五月置福建等處行中書省于福州鑄印設官一如各處行省之制以江浙行中書

省平章左答納失里南臺中丞阿魯溫沙爲福建行中書省平章政事福建閩海道廉訪使莊嘉爲右丞福建元帥吳鐸爲左丞司農丞訥都赤益都路總管卓思誠爲參政以九月至福州罷帥府開省署十七年九月置山東行省以大司農哈剌章爲平章政事鑄印與之十八年福建行省右丞朶歹分省建寧參政訥都赤分省泉州二十三年三月置廣西行中書省以廉訪使也兒吉尼爲平章政事又置膠東行省于萊陽總制東方事二十六年八月置福建江西等處行中書省

行樞密院至元三年伯顏右丞相奏准於四川及湖廣江西之境及江淛凡三處各置行樞密院以鎭遏奸亂之民每處設知院一員同知僉院院判各一員湖廣江西二省所轄地里險遠添設同僉一員各院經歷一員都事二員照磨一員客省副使一員斷事官一員蒙古必闍赤二人掾史六人宣使六人知印怯里馬赤各一人斷事官譯史一人令史二人怯里馬赤知印各一人奏差二人至四年二月遂罷之至正十三年五月嶺北行樞密院添設斷事官二員先已設四員共六員又立鎭撫司除鎭撫二員立管勾所置管勾一員兼照磨後又添設僉院二員都事一員十五年十月置淮南江北等處行樞密院于揚州十二月河南行樞密院添設院判一員十六年三月置江淛行樞密院于杭州知院二員同知二員副樞二員僉院二員同僉二員院判二員首領官經歷知事各一員斷事官二員經歷一員十八年以參政崔敬爲山東等處行樞密院副使分院於漷州兼領屯田事十九年八月以察罕帖木兒爲河南行省平章政事兼河南山東等處行樞密院知院二十六年八月置福建江西等處行樞密院

行御史臺至正十六年九月二十八日命太尉納麟爲江南諸道行御史臺御史大夫以文官員各依等第選用是日御史臺奉旨移置行臺于紹興十二月合臺官屬開臺署事是年置河南廉訪司于沂州　十八年御史臺奏准江西湖東道肅政廉訪司權於建寧路開司署事二十二年九月權置山北廉訪司于惠州二十三年六月濟南路復置肅政廉訪司二十五年閏十月御史大夫完者帖木兒奏江南諸道行御史臺衙門嘗奉旨於紹興路開設近因道梗湖南湖北廣東廣西海北江西福建等處凡有文書北至南臺風信不便徑申內臺未委事情虛實宜於福建置分臺給降印信俾湖南湖北廣東廣西海北江西福建各道文書由分臺以達內臺於事體爲便有旨從之十一月仍置河東廉訪司于冀寧

行宣政院元統二年正月革罷廣教總管府一十六處置行宣政院于杭州除院使二員同知二員副使二員同僉院判各一員首領官經歷二員都事知事照磨各一員令史八人譯史二人宣使八人至元二年五月西番寇起置行宣政院以也先帖木兒爲院使往討之至正二年江淛行宣政院設崇教所擬行中書省理問官秩四品以理僧民之事

河南山東都水監至正六年五月以連年河決爲患置都水監以專疏塞之任

行都水監至正八年二月河水爲患詔於濟寧鄆城立行都水監九年又立山東河南等處行都水監十一年十二月立河防提舉司隸行都水監掌巡視河道從五品十二年正月行都水監添設判官二員十六年正月又添設少監監丞知事各一員

都水庸田使司至元二年正月置都水庸田使司于平江既而罷之至五年復立至正十二年因海運不通京師闕食詔河南窪下水泊之地置屯田八處於汴梁添立都水庸田使司正三品掌種植稻田之事庸田使二員副使二員僉事二員首領官經歷知事照磨各一員司吏十二人譯史二人

都總制庸田使司至正十年置河南江北等處都總制庸田使司定置都總制庸田使二員從二品副使二員從三品僉司六員從四品首領官經歷二員從六品都事二員從七品照磨兼管勾承發架閣一員從八品蒙古必闍赤回回令史怯里馬赤知印各一人令史十八人宣使十八人壕寨十八人典吏四人其屬官則有軍民屯田總管府凡五處置達魯花赤各一員從三品總管各一員正五品同知各一員正六品府判各一員從七品首領官經歷各一員從八品知事各一員從九品提控案牘兼管勾承發架閣各一員蒙古譯史各一人司吏各六人典吏各二人又有農政司置農政一員正五品農丞一員正六品提控一員司吏二人又有豐盈庫置提領一員正八品大使副使各一員正九品

分司農司至正十三年正月命中書右丞悟良哈台左丞烏古孫良楨兼大司農卿給分司農司印西自西山南至保定河間北至檀順州東至遷民鎭凡係官地及元管各處屯田悉從分司農司立法募民佃種之

大兵農司至正十五年詔有水田去處置大兵農司招誘夫丁有事則乘機招討無事則栽植播種所置司之處曰保定等處大兵農使司河間等處大兵農使司武淸等處大兵農使司景薊等處大兵農使司其屬有兵農千戶所共二十四處百戶所共四十八處鎭撫司各一

大都督兵農司至正十九年二月置大都督兵農司于西京以孛羅帖木兒領之從其所請也仍置分司十道專掌屯種之事

茶運司元統元年十一月復置湖廣江西榷茶都轉運司

鹽運司至正二年十一月中書省奏旨講究鹽法奏准於杭州嘉興紹興溫台四處各置檢校批驗所直隸運司專掌批驗鹽商引目均平袋法稱盤等事每所置檢校批驗官一員從六品相副官一員正七品

漕運司至元二年五月京畿都漕運司添設提調官運副運判各一員九年添設海道巡防官給降正七品印信掌統領軍人水手防護糧船巡防官二員相副官二員

防禦海道運糧萬戶府至正十五年七月陞台州海道巡防千戶所爲防禦海道運糧萬戶府九月置分府于平江

添設兵馬司至正十年十月中書省奏東南千里外妖氣見合立兵馬司四處掌防禦之職遂置大名兵馬司東平兵馬司濟南兵馬司徐州兵馬司每司置都指揮指揮各二員副指揮各四員經歷知事提控案牘各一員譯史各二人司吏各十二人奏差各八人貼書各二十四人忽剌罕赤各三十人司獄各一員獄丞各一員十五年罷沂州分元帥府改立兵馬指揮使司十五年十月濟寧兵馬司添設副指揮一員

各處寶泉提舉司十一年十月置寶泉提舉司于河南行省及濟南冀寧等處凡九所江淛江西湖廣行省各一所十二年三月置銅冶場于饒州路德興縣信州路鉛山州韶州岑水凡三處每所置提領一員正八品大使一員從八品副使一員正九品流官內銓注直隸寶泉提舉司掌浸銅事

湖南道宣慰使司都元帥府至元元年六月奏准湖南道宣慰使司兼都元帥府總領所轄路分鎭守萬戶軍馬

邦牙等處宣慰使司都元帥府至元四年十二月置先是以緬地處雲南極邊就立其酋長爲帥三年一貢方物至是來貢故改立官府以獎異之

永昌等處宣慰使司都元帥府至正三年七月中書省奏闕端阿哈所分地方接連西番自脫脫木兒旣沒之後無人承嗣達達人口頭疋時被西番劫奪殺傷深爲未便遂定置永昌等處宣慰使司都元帥府以治之置宣慰使三員同知二員副使二員首領官經歷知事照磨各一員令史十人蒙古譯史四人知印二人怯里馬赤一人奏差八人典吏二人

山東東西道宣慰使司都元帥府至正六年十二月改立掌闢設屯田屯駐軍馬之事

荆湖北道宣慰使司都元帥府至正十一年十一月奏准荆湖北道宣慰使司兼都元帥府

淛東宣慰司至正十二年正月添設宣慰使一員同知一員都事二員

淮東等處宣慰使司都元帥府至正十五年二月置統率濠泗義兵萬戶府并洪澤等處義兵招誘富民出丁壯五千名者爲萬戶五百名者爲千戶一百名者爲百戶降宣敕牌面與之命置司于泗州天長縣

興元等處宣慰使司都元帥府至正十五年十二月置

江州等處宣慰使司都元帥府至正十六年九月奏准宣慰使都元帥廷授佐貳僚屬命江西行省平章政事道童火你赤承制署之

河南宣慰司至正十九年十月罷洛陽招討軍民萬戶府置宣慰司以張俊爲宣慰使

東路都蒙古軍都元帥府至正八年正月置

分元帥府至正八年十二月以福建盜起詔汀漳二州立分元帥府以討捕之十一月命買列的開分元帥府于沂州以鎭禦東海羣盜十一年正月湖南寶慶路置分元帥府又置寶武分元帥府三月置山東分元帥府于登州提調登萊寧海三州三十六處海口事十二年二月置安東安豐二處分元帥府

水軍元帥府至正二十六年二月置河淮水軍元帥府于孟津縣

紹熙軍民宣撫司至元四年因監察御史言四川在宋時有紹熙一府統六州二十縣一百五十二鎭近年雍梁淮甸人民見彼中田疇廣闊開墾成業者凡二十餘萬戶省部議定遂奏准置紹熙等處軍民宣撫司正官六員宣撫使同知副使各二員首領官二員經歷知事提控案牘各一員司獄一員蒙古儒學教授各一員令史八人譯使知印怯里馬赤各一人奏差四人所隸貢

普昌隆下州四處盤石內江安岳昌元貴平下縣五處巡檢司一十三處各設官如制又置都總使司命御史大夫脫脫兼都總使治書侍御史吉當普爲副都總使至元六年十一月中書又因臺臣言裁減冗官事遂罷

紹熙軍民宣撫司

永順宣撫司至正十一年四月改陞永順安撫司爲宣撫司

平緬宣撫司至正十五年八月以雲南死可伐等降令其子莽三入貢方物乃置平緬宣撫司以羈縻之

忠孝軍民安撫司至正十一年七月革罷四川省所轄大奴管勾等洞長官司立忠孝軍民府至十五年四月詔改爲忠孝軍民安撫司

忠義軍民安撫司至正十五年四月罷四川羊母甲洞臭南王洞長官司置忠義軍民安撫司又罷盤順府置盤順軍民安撫司

宣化鎮南五路軍民府至正十五年四月命於四川置立提調軍民鎮撫所蠻夷軍民千戶所

團練安撫勸農使司至正十八年九月置奉元延安等處團練安撫勸農使司于耀州鞏昌等處團練安撫勸農使司于邠州以行省丞相朶朶行臺大夫完者帖木兒領之各設參謀一人每道置使二人同知副使各二人檢督六人經歷知事照磨各一人

防禦使至正十七年正月淮山東分省咨團結義兵每州添設州判一員每縣添設主簿一員詔有司正官俱兼防禦使事聽宣慰使司節制

屯田使司至正十五年十二月置軍民屯田使司于沛縣正三品

屯田打捕總管府至元四年五月升兩淮屯田打捕總管府爲正三品

黎兵萬戶府元統二年十月湖廣行省咨海南僻在極邊南接占城西隣交趾環海四千餘里中盤百洞黎獠雜居宜立萬戶府以鎭之中書省奏准依廣西屯田萬戶府例置黎兵萬戶府萬戶三員正三品千戶所一十三處正五品每所領百戶所八處正七品

水軍萬戶府至正十三年十月置水軍都萬戶府于崑山州以淛東宣慰使納麟哈剌爲正萬戶宣慰使董摶霄爲副萬戶十四年二月立鎭江水軍萬戶府命江淛行省右丞佛家閭領之十五年十月置水軍萬戶府于黃河小淸河口

義兵萬戶府至正十四年二月詔河南淮南兩省並立義兵萬戶府五月置南陽鄧州等處毛胡蘆義兵萬戶府募土人爲軍免其差役令討賊自効先是鄉人自相團結號毛胡蘆故因以名之十五年四月置汴梁等處義兵萬戶府十二月置忠義忠勤萬戶府于宿州及武安州

招討軍民萬戶府至正二十年以鞏縣爲招討軍民萬戶府二十六年三月置嵩州軍民招討萬戶府

義兵千戶所至正十年七月中書奏准於廣西平樂等古城竹山院桑江隘尋化鄉剌埸嶺湖南道州路武岡路湖北靖州路等處置義兵千戶所每所置千戶一員彈壓一員百戶十員仍於義兵內推選才勇功能充千戶彈壓百戶之職首領官都目各一員於本省都吏目選內注授並從本道帥府節制湖南道州二處千戶所於帥府分司處設立本司調遣湖北靖州一處從本省標撥鎭守調遣總定九十六員給降宣勑牌面印信十三年十一月立義兵千戶水軍千戶于江西

奉使宣撫至正五年十月遣官分道奉使宣撫布宣德意詢民疾苦疏滌冤滯蠲除煩苛體察官吏賢否明加黜陟有罪者四品以上停職申請五品以下就便處決民間一切興利除害之事悉聽舉行其餘必合上聞者條具入告兩淛江東道以江西行省左丞忽都不丁吏部尚書何執禮爲之宣政院都事吳密爲首領官江西福建道以雲南行省右丞散散將作院使王士弘爲之國子典簿孟昉爲首領官江南湖廣道以大都路達魯花赤拔實江淛參政秦從德爲之留守司都事月忽難爲首領官海北廣東道以平江路達魯花赤左答納失理都水使買惟冀爲之都水照磨楊文在爲首領官燕南山東道以資正院使蠻子兵部尚書李獻爲之大醫院都事賈魯爲首領官河東陝西道以兵部尚書不花樞密院判官靳義爲之翰林應奉王繼善爲首領官山北遼東道以宣政院同知伯家奴宣徽僉院王也速迭兒爲之工部主事明理不花爲首領官雲南省以荆湖宣慰阿乞剌兩淛鹽運使杜德遠爲之通政院都事楊矩爲首領官甘肅永昌道以上都留守阿牙赤陝西行省左丞王紳爲之沁源縣尹喬遜爲首領官四川省以大都留守答爾麻失里河南參政王守誠爲之宣政院都事武祺爲首領官京畿道以西臺中丞定定集賢侍講學士蘇天爵爲之大史院都事留思誠爲首領官河南江北道以吏部尚書定僧宣政院僉院魏景道爲之中書檢校哈爾丹爲首領官至正十七年九月詔以中書左丞也先不花御史中丞成遵奉使宣撫彰德大名廣平東昌東平曹濮等處奬厲將帥

經畧使至正十八年九月初六日命經畧使問民疾苦招諭叛逆果有怙終不悛總督一應大小官吏治兵裒粟精練士卒審用成筭申明紀律先定江西湖廣江淛福建諸處併力犄角務收平復之効不尚屠戮之威江南各省民義忠君親上姓名不能上達者優加撫存量才驗功授以官爵旌表孝子順孫義夫節婦高年耆德常令有司存恤鰥寡孤獨選官二員爲經畧使參謀官辟名士一人掌案牘設行軍司馬一員秩正五品掌軍律

選舉附錄

科目

元以科目取士自延祐至元統凡七科具見前志既罷復興之後至正二年二月戊寅廷試舉人賜拜住陳祖仁等進士及第進士出身同進士出身有差凡七十有八人國子生員十有八人蒙古人六名從六品出身色目人六名正七品出身漢人南人共六名從七品出身五年三月辛卯廷試舉人賜普顏不花張士堅等進士及第進士出身同進士出身有差如前科之數國子生員亦如之八年三月癸卯廷試舉人賜阿魯輝帖穆而王宗哲等進士及第進士出身同進士出身有差如前科之數國子生員亦如之是年四月中書省奏准監學生員每歲取及分生員四十人三年應貢會試者凡一百二十人除例取十八人外今後再取副榜二十人於內蒙古色目各四名前二名充司鑰下二名充侍儀舍人漢人取一十二人前三名充學正司樂次四名充學錄典籍管勾以下五名充舍人不願者聽其還齋十一年三月丙辰廷試舉人賜朶列圖文允中等進士及第進士出身同進士出身有差凡八十有三人國子生員如舊制十二年三月有旨省院臺不用南人似有偏負天下四海之內莫非吾民宜依世祖時用人之法南人有才學者皆令用之自是累科南方之進士始有爲御史爲憲司官爲尚書者矣十四年三月乙巳廷試舉人賜薛朝晤牛繼志等進士及第進士出身同進士出身有差凡六十有二人國子生員如舊制十七年三月廷試舉人賜倪徵王宗嗣等進士及第進士出身同進士出身有差凡五十有一人國子生員如舊制十九年中書左丞成遵建言宋自景祐以來百五十年雖無兵禍常設寓試名額以待四方遊士今淮南河南山東四川遼陽等處及江南各省所屬州縣避兵士民會集京師如依前代故事別設流寓鄉試之科令避兵士民就試許在京官員及請俸掾譯史人等縏其鄉里親戚者結罪保舉行移大都路印卷驗其人數添差試官別爲考校依各處元額選合格者充之則國有得人之效野無遺賢之歎矣既而監察御史亦建言此事中書送禮部定擬會經殘破處所其鄉試元額蒙古色目漢人南人總計一百三十有二人如今流寓儒人應試名數難同全盛之時其寓試解額合照依元額減半量擬取合格蒙古色目各十五名漢人二十名南人十五名通六十有五名中書省奏准如所擬行之而是歲福建行中書省初設鄉試定取七人爲額而江西流寓福建者亦與試焉通取十有五人充貢于京師而陝西行省平章政事察罕帖木兒又請今歲八月鄉試河南舉人及避兵儒士不拘籍貫依河南省元額數就陝州置貢院應試詔亦從之二十年三月廷試舉人賜買住魏元禮等進士及第進士出身同進士出身有差凡三十有五人國子生員如舊制二十三年三月丁未廷試舉人賜寶寶楊輗等進士及第進士出身同進士出身有差凡六十有二人國子生員如舊制是年六月中書省奏江淛福建舉人涉海道以赴京有六人者已後會試之期宜授以教授之職其下第三人亦以教授之職授之非徒慰其跋涉險阻之勞亦以激勸遠方忠義之士二十五年皇太子撫軍河東適當大比之歲擴廓帖木兒以江南四川等處皆阻于兵其鄉試不廢者唯燕南河南山東陝西河東數道而已乃啓皇太子倍增鄉貢之額二十六年三月廷試舉人賜赫德溥化張棟等進士及第進士出身同進士出身有差凡七十有三人優其品秩第一甲授承直郎正六品第二甲授承務郎從六品第三甲授從仕郎從七品國子生員蒙古七名正六品色目六名從六品漢人七名正七品通二十八人兵興已後科目取士莫盛于斯而元之設科亦止於是歲云

元史卷九十三

明翰林學士亞中大夫知制誥兼修國史宋　濂等修

食貨志第四十二

食貨一

洪範八政食爲首而貨次之蓋食貨者養生之源也民非食貨則無以爲生國非食貨則無以爲用是以古之善治其國者不能無取於民亦未嘗過取於民其大要在乎量入爲出而已傳曰生財有大道生之者衆食之者寡爲之者疾用之者舒此先王理財之道也後世則不然以漢唐宋觀之當其立國之初亦頗有成法及數傳之後驕侈生焉往往取之無度用之無節於是漢有告緡算舟車之令唐有借商稅間架之法宋有經總制二錢皆掊民以充國卒之民困而國亡可歎也已元初取民未有定制及世祖立法一本於寬其用之也於宗戚則有歲賜於凶荒則有賑恤大率以親親愛民爲重而尤惓惓於農桑一事可謂知理財之本者矣世祖嘗語中書省臣曰凡賜與雖有朕命中書其斟酌之成宗亦嘗謂丞相完澤等曰每歲天下金銀鈔幣所入幾何諸王駙馬賜與及一切營建所出幾何其會計以聞完澤對曰歲入之數金一萬九千兩銀十萬兩鈔三百六十萬錠然猶不足於用又於至元鈔本中借二十萬錠矣自今敢以節用爲請帝嘉納焉世稱元之治以至元大德爲首者蓋以此自時厥後國用寖廣除稅糧科差二者之外凡課之入日增月益至于天曆之際視至元大德之數蓋增二十倍矣而朝廷未嘗有一日之蓄則以其不能量入爲出故也雖然前代告緡借商經總等制元皆無之亦可謂寬矣其能兼有四海傳及百年者有以也夫故倣前史之法取其出入之制可攷者一曰經理二曰農桑三曰稅糧四曰科差五曰海運六曰鈔法七曰歲課八曰鹽法九曰茶法十曰酒醋課十有一曰商稅十有二曰市舶十有三曰額外課十有四曰歲賜十有五曰俸秩十有六曰常平義倉十有七曰惠民藥局十有八曰市糴十有九曰賑卹具著于篇作食貨志

經理

經界廢而後有經理魯之履畝漢之覈田皆其制也夫民之强者田多而稅少弱者產去而稅存非經理固無以去其害然經理之制苟有不善則其害又將有甚焉者矣仁宗延祐元年平章章閭言經理大事世祖已嘗行之但其間欺隱尚多未能盡實以熟田爲荒地者有之懼差而析戶者有之富民買貧民田而仍其舊名輸稅者亦有之由是歲入不增小民告病若行經理之法俾有田之家及各位下寺觀學校財賦等田一切從實自首庶幾稅入無隱差徭亦均於是遣官經理以章閭等往江浙尚書你咱馬丁等往江西左丞陳士英等往河南仍命行御史臺分臺鎭遏樞密院以軍防護焉其法先期揭榜示民限四十日以其家所有田自實于官或以熟爲荒以田爲蕩或隱占逃亡之產或盜官田爲民田指民田爲官田及僧道以田作弊者並許諸人首告十畝以下其田主及管幹佃戶皆杖七十七二十畝以下加一等一百畝以下一百七以上流竄北邊所隱田沒官郡縣正官不爲查勘致有脫漏者量事論罪重者除名此其大畧也然期限猝迫貪刻用事富民黠吏並緣爲姦以無爲有虛具于籍者往往有之於是人不聊生盜賊並起其弊反有甚於前者仁宗知之明年遂下詔免三省自實田租二年時汴梁路總管塔海亦言其弊於是命河南自實田自延祐五年爲始每畝止科其半汴梁路凡減二十二萬餘石至泰定天曆之初又盡革虛增之數民始獲安今取其數之可攷者列于后云

河南省總計官民荒熟田一百一十八萬七百六十九頃

江西省總計官民荒熟田四十七萬四千六百九十三頃

江浙省總計官民荒熟田九十九萬五千八十一頃

農桑

農桑王政之本也太祖起朔方其俗不待蠶而衣不待耕而食初無所事焉世祖即位之初首詔天下國以民爲本民以衣食爲本衣食以農桑爲本於是頒農桑輯要之書于民俾民崇本抑末其睿見英識與古先帝王無異豈遼金所能比哉中統元年命各路宣撫司擇通曉農事者充隨處勸農官二年立勸農司以陳邃崔斌等八人爲使至元七年立司農司以左丞張文謙爲卿司農司之設專掌農桑水利仍分布勸農官及知水利者巡行郡邑察舉勤惰所在牧民長官提點農事歲終第其成否轉申司農司及戶部秩滿之日注於解由戶部照之以爲殿最又命提刑按察司加體察焉其法可謂至矣是年又頒農桑之制一十四條條多不能盡載其所可法者縣邑所屬村疃凡五十家立一社擇高年曉農事者一人爲之長增至百家者別設長一員不及五十家者與近村合爲一社地遠人稀不能相合各自爲社者聽其合爲社者仍擇數村之中立社長官司長以教督農桑爲事凡種田者立牌橛於田側書某社某人於其上社長以時點視勸誡不率教者籍其姓名以授提點官責之其有不敬父兄及凶惡者亦然仍大書其所犯于門俟其改過自新乃毀如終歲不改罰其代充本社夫役社中有疾病凶喪之家不能耕種者衆爲合力助之一社之中災病多者兩社助之凡爲長者復其身郡縣官不得以社長與科差事農桑之術以備旱暵爲先凡河渠之利委本處正官一員以時濬治或民力不足者提舉河渠官相其輕重官爲導之地高水不能上者命造水車貧不能造者官具材木給之俟秋成之後驗使水之家俾均輸其直田無水者鑿井井深不能得水者聽種區田其有水田者不必區種仍以區田之法散諸農民種植之制每丁歲種桑棗二十株土性不宜者聽種榆柳等其數亦如之種雜果者每丁十株皆以生成爲數願多種者聽其無地及有疾者不與所在官司申報不實者罪之仍令各社布種苜蓿以防饑年近水之家又許鑿池養魚并鵝鴨之數及種蒔蓮藕雞頭菱芡蒲葦等以助衣食凡荒閑之地悉以付民先給貧者次及餘戶每年十月令州縣正官一員巡視境內有蟲蝗遺子之地多方設法除之其用心周悉若此亦仁矣哉九年命勸農官舉察勤惰於是高唐州官以勤陞秩河南陝縣尹王仔以惰降職自是每歲申明其制十年令探馬赤隨處入社與編民等二十五年立行大司農司及營田司於江南二十八年頒農桑雜令是年又以江南長吏勸課擾民罷其親行之制命止移文諭之二十九年以勸農司併入各道肅政廉訪司增僉事二員兼察農事是年八月又命提調農桑官帳冊有差者驗數罰俸故終世祖之世家給人足天下爲戶凡一千一百六十三萬三千二百八十一爲口凡五千三百六十五萬四千三百三十七此其敦本之明效可睹也已成宗大德元年罷妨農之役十一年申擾農之禁力田者有賞游惰者有罰縱畜牧損禾稼桑棗者責其償而後罪之由是大德之治幾於至元然旱暵霖雨之災迭見饑毀荐臻民之流移失業者亦已多矣武宗至大二年淮西廉訪僉事苗好謙獻種蒔之法其說分農民爲三等上戶地一十畝中戶五畝下戶三畝或一畝皆築垣牆圍之以時收採桑椹依法種植武宗善而行之其法出齊民要術等書茲不備錄三年申命大司農總挈天下農政脩明勸課之令除牧養之地其餘聽民秋耕仁宗皇慶二年復申秋耕之令惟大都等五路許耕其半蓋秋耕之利掩陽氣於地中蝗蝻遺種皆爲日所曝死次年所種必盛於常禾也延祐三年以好謙所至植桑皆有成效於是風示諸道命以爲式是年十一月令各社出地共蒔桑苗以社長領之分給各社四年又以社桑分給不便令民各畦種之法雖屢變而有司不能悉遵上意大率視爲具文而已五年大司農司臣言廉訪司所具栽植之數書于冊者類多不實觀此則惰於勸課者又不獨有司爲然也致和之後莫不申明農桑之令天曆二年各道廉訪司所察勸官內丘何主簿等凡六人惰官濮陽裴縣尹等凡四人其可攷者蓋止於此云

稅糧

元之取民大率以唐爲法其取於內郡者曰丁稅曰地稅此倣唐之租庸調也取於江南者曰秋稅曰夏稅此倣唐之兩稅也丁稅地稅之法自太宗始行之初太宗每戶科粟二石後又以兵食不足增爲四石至丙申年乃定科徵之法令諸路驗民戶成丁之數每丁歲科粟一石驅丁五升新戶丁驅各半之老幼不與其間有耕種者或驗其牛具之數或驗其土地之等徵焉丁稅少而地稅多者納地稅地稅少而丁稅多者納丁稅工匠僧道驗地官吏商賈驗丁虛配不實者杖七十徒二年仍命歲書其數于冊由課稅所申省以聞違者各杖一百逮及世祖申明舊制於是輸納之期收受之式關防之禁會計之法莫不備焉中統二年遠倉之糧命止於沿河近倉輸納每石帶收腳錢中統鈔三錢或民戶赴河倉輸納者每石折輸輕賫中統鈔七錢五年詔僧道也里可溫答失蠻儒人凡種田者白地每畝輸稅三升水地每畝五升軍站戶除地四頃免稅餘悉徵之至元三年詔窩戶種田他所者其丁稅於附籍之郡驗丁而科地稅於種田之所驗地而取漫散之戶逃於河南等路者依見居民戶納稅八年又定西夏中興路西寧州兀剌海三處之稅其數與前僧道同十七年遂命戶部大定諸例全科戶丁稅每丁粟三石驅丁粟一石地稅每畝粟三升減半科戶丁稅每丁粟一石新收交參戶第一年五斗第三年一石二斗五升第四年一石五斗第五年一石七斗五升第六年入丁稅協濟戶丁稅每丁粟一石地稅每畝粟三升隨路近倉輸粟遠倉每粟一石折納輕賫鈔二兩富戶輸遠倉下戶輸近倉郡縣

各差正官一員部之每石帶納鼠耗三升分例四升凡糧到倉以時收受出給朱鈔權勢之徒結攬稅石者罪之仍令倍輸其數倉官攢典斗腳人等飛鈔作弊者並寘諸法輸納之期分爲三限初限十月中限十一月末限十二月違者初犯笞四十再犯杖八十成宗大德六年申明稅糧條例復定上都河間輸納之期上都初限次年五月中限六月末限七月河間初限九月中限十月末限十一月秋稅夏稅之法行于江南初世祖平宋時除江東浙西其餘獨徵秋稅而已至元十九年用姚元之請命江南稅糧依宋舊例折輸綿絹雜物是年二月又用耿左丞言令輸米三之一餘並入鈔以折焉以七百萬錠爲率歲得羨鈔十四萬錠其輸米者止用宋斗斛蓋以宋一石當今七斗故也二十八年又命江淮寺觀田宋舊有者免租續置者輸稅其法亦可謂寬矣成宗元貞二年始定徵江南夏稅之制於是秋稅止命輸租夏稅則輸以木綿布絹絲綿等物其所輸之數視糧以爲差糧一石或輸鈔三貫二貫一貫或一貫五百文一貫七百文輸三貫者若江浙省婺州等路江西省龍興等路是已輸二貫者若福建省泉州等五路是已輸一貫五百文者若江浙省紹興路福建省漳州等五路是已皆因其地利之宜人民之衆酌其中數而取之其折輸之物各隨時估之高下以爲直獨湖廣則異於是初阿里海牙克湖廣時罷宋夏稅依中原例改科門攤每戶一貫二錢蓋視夏稅增鈔五萬餘錠矣大德二年宣慰張國紀請科夏稅於是湖湘重罹其害俄詔罷之三年又改門攤爲夏稅而併徵之每石計三貫四錢之上視江浙江西爲差重云其在官之田許民佃種輸租江北兩淮等處荒閑之地第三年始輸大德四年又以地廣人稀更優一年令第四年納稅凡官田夏稅皆不科泰定之初又有所謂助役糧者其法命江南民戶有田一頃之上者於所輸稅外每頃量出助役之田具書于冊里正以次掌之歲收其入以助充役之費凡寺觀田除宋舊額其餘亦驗其多寡令出田助役焉民賴以不困因并著于此云

天下歲入糧數總計一千二百十一萬四千七百八石

腹裏二百二十七萬一千四百四十九石

行省九百八十四萬三千二百五十八石遼陽省七萬二千六十六石河南省二百五十九萬一千二百六十九石陝西省二十二萬九千二十三石四川省一十一萬六千五百七十四石甘肅省六萬五百八十六石雲南省二十七萬七千七百一十九石江浙省四百四十九萬四千七百八十三石江西省一百一十五萬七千四百四十八石湖廣省八十四萬三千七百八十七石

江南三省天曆元年夏稅鈔數總計中統鈔一十四萬九千二百七十三錠三十三貫

江浙省五萬七千八百三十錠四十貫

江西省五萬二千八百九十五錠一十一貫

湖廣省一萬九千三百七十八錠二貫

科差

科差之名有二曰絲料曰包銀其法各驗其戶之上下而科焉絲料之法太宗丙申年始行之每二戶出絲一斤并隨路絲線顏色輸于官五戶出絲一斤并隨路絲線顏色輸于本位包銀之法憲宗乙卯年始定之初漢民科納包銀六兩至是止徵四兩二兩輸銀二兩折收絲絹顏色等物逮及世祖而其制益詳中統元年立十路宣撫司定戶籍科差條例然其戶大抵不一有元管戶交參戶漏籍戶協濟戶於諸戶之中又有絲銀全科戶減半科戶止納絲戶止納鈔戶外又有攤絲戶儲也速䚟兒所管納絲戶復業戶并漸成丁戶戶既不等數亦不同元管戶內絲銀全科係官戶每戶輸係官絲一斤六兩四錢包銀四兩全科係官五戶絲戶每戶輸係官絲一斤五戶絲六兩四錢包銀之數與係官戶同減半科戶每戶輸係官絲八兩五戶絲三兩二錢包銀二兩止納係官絲戶若上都隆興西京等路十戶十斤者每戶輸一斤大都以南等路十戶十四斤者每戶輸一斤六兩四錢止納係官五戶絲戶每戶輸係官絲一斤五戶絲六兩四錢交參戶內絲銀戶每戶輸係官絲一斤六兩四錢包銀四兩漏籍戶內止納絲戶每戶輸絲之數與交參絲銀戶同止納鈔戶初年科包銀一兩五錢次年遞增五錢增至四兩併科絲料協濟戶內絲銀戶每戶輸係官絲十兩二錢包銀四兩止納絲戶每戶輸係官絲之數與絲銀戶同攤絲戶每戶科攤絲四斤儲也速䚟兒所管戶每戶科細絲其數與攤絲同復業戶并漸成丁戶初年免科第二年減半第三年全科與舊戶等然絲料包銀之外又有俸鈔之科其法亦以戶之高下爲等全科戶輸一兩減半戶輸五錢於是以合科之數作大門攤分爲三限輸納被災之地聽輸他物折焉其物各以時估爲則凡儒士及軍站僧道等戶皆不與二年復定科差之期絲料限八月包銀初限八月中限十月末限十二月三年又命絲料無過七月包銀無過九月及平江南其制益廣至元二十八年以至元新格定科差法諸差稅皆司縣正官監視人吏置局均科諸夫役皆先富强後貧弱貧富等者先多丁後少丁成宗大德六年又命止輸絲戶每戶科俸鈔中統鈔一兩包銀戶每戶科二錢五分攤絲戶每戶科攤絲五斤八兩絲料限八月包銀俸鈔限九月布限十月大率因世祖之舊而增損云

科差總數

中統四年絲七十一萬二千一百七十一斤鈔五萬六千一百五十八錠

至元二年絲九十八萬六千九百一十二斤包銀等鈔五萬六千八百七十四錠布八萬五千四百一十二疋

至元三年絲一百五萬三千二百二十六斤包銀等鈔五萬九千八十五錠

至元四年絲一百九萬六千四百八十九斤鈔七萬八千一百二十六錠

天曆元年包銀差發鈔九百八十九錠𧴪一百一十三萬三千一百一十九索絲一百九萬八千八百四十三斤絹三十五萬五百三十疋綿七萬二千一十五斤布二十一萬一千二百二十三疋

海運

元都于燕去江南極遠而百司庶府之繁衞士編民之衆無不仰給於江南自丞相伯顏獻海運之言而江南之糧分爲春夏二運蓋至于京師者一歲多至三百萬餘石民無輓輸之勞國有儲蓄之富豈非一代之良法歟初伯顏平江南時嘗命張瑄朱清等以宋庫藏圖籍自崇明州從海道載入京師而運糧則自浙西涉江入淮由黃河逆水至中灤旱站陸運至淇門入御河以達于京後又開濟州泗河自淮至新開河由大清河至利津河入海因海口沙壅又從東阿旱站運至臨清入御河又開膠萊河道通海勞費不貲卒無成效至元十九年伯顏追憶海道載宋圖籍之事以爲海運可行於是請于朝廷命上海總管羅璧朱清張瑄等造平底海船六十艘運糧四萬六千餘石從海道至京師然創行海洋沿山求嶴風信失時明年始至直沽時朝廷未知其利是年十二月立京畿江淮都漕運司二仍各置分司以督綱運每歲令江淮漕運司運糧至中灤京畿漕運司自中灤運至大都二十年又用王積翁議令阿八赤等廣開新河然新河候潮以入船多損壞民亦苦之而忙兀䚟言海運之舟悉皆至焉於是罷新開河頗事海運立萬戶府二以朱清爲中萬戶張瑄爲千戶忙兀䚟爲萬戶府達魯花赤未幾又分新河軍士水手及船於揚州平灤兩處運糧命三省造船二千艘於濟州河運糧猶未專於海道也二十四年始立行泉府司專掌海運增置萬戶府二總爲四府是年遂罷東平河運糧二十五年內外分置漕運司二其在外者於河西務置司領接運海道糧事二十八年又用朱清張瑄之請併四府爲都漕運萬戶府二止令清瑄二人掌之其屬有千戶百戶等官分爲各翼以督歲運至大四年遣官至江浙議海運事時江東寧國池饒建康等處運糧率令海船從揚子江逆流而上江水湍急又多石磯走沙漲淺糧船俱壞歲歲有之又湖廣江西之糧運至真州泊入海船船大底小亦非江中所宜於是以嘉興松江秋糧并江淮江浙財賦府歲辦糧充運海漕之利蓋至是博矣凡運糧每石有腳價鈔至元二十一年給中統鈔八兩五錢其後遞減至于六兩五錢至大三年以福建浙東船戶至平江載糧者道遠費廣通增爲至元鈔一兩六錢香糯一兩七錢四年又增爲二兩香糯二兩八錢稻穀一兩四錢延祐元年斟酌遠近復增其價福建船運糙粳米每石一十三兩溫台慶元船運糙粳香糯每石一十兩五錢紹興浙西船每石一十一兩白粳價同稻穀每石八兩黑豆每石依糙白糧例給焉初海運之道自平江劉家港入海經揚州路通州海門縣黃連沙頭萬里長灘開洋沿山嶴而行抵淮安路鹽城縣歷西海州海寧府東海縣密州膠州界放靈山洋投東北路多淺沙行月餘始抵成山計其水程自上海至楊村馬頭凡一萬三千三百五十里至元二十九年朱清等言其路險惡復開生道自劉家港開洋至撐腳沙轉沙觜至三沙洋子江過匾檐沙大洪又過萬里長灘放大洋至青水洋又經黑水洋至成山過劉島至芝罘沙門二島放萊州大洋抵界河口其道差爲徑直明年千戶殷明畧又開新道從劉家港入海至崇明州三沙放洋向東行入黑水大洋取成山轉西至劉家島又至登州沙門島於萊州大洋入界河當舟行風信有時自浙西至京師不過旬日而已視前二道爲最便云然風濤不測糧船漂溺者無歲無之間亦有船壞而棄其米者至元二十三年始責償於運官人船俱溺者乃免然視河漕之費則其所得蓋多矣

歲運之數

至元二十年四萬六千五十石至者四萬二千一百七十二石　二十一年二十九萬五百石至者二十七萬五千六百一十石　二十二年一十萬石至者九萬七百七十一石　二十三年五十七萬八千五百二十石至者四十三萬三千九百五石　二十四年三十萬石至者二十九萬七千五百四十六石　二十五年四十萬石至者三十九萬七千六百五十五石　二十六年九十三萬五千石至者九十一萬九千九百四十三石　二十七年一百五十九萬五千石至者一百五十一萬三千八百五十六石　二十八年一百五十二萬七千一百五十石至者一百二十八萬一千六百一十五石　二十九年一百四十萬七千四百石至者一百三十六萬一千五百一十三石　三十年九十萬八千石至者八十八萬七千五百九十一石　三十一年五十一萬四千五百三十三石至者五十萬三千五百三十四石　元貞元年三十四萬五百石　二年三十四萬五百石至者三十三萬七千二十六石　大德元年六十五萬八千三百石至者六十四萬八千一百三十六石　二年七十四萬二千七百五十一石至者七十萬五千九百五十四石　三年七十九萬四千五百石　四年七十九萬五千五百石至者七十八萬八千九百一十八石　五年七十九萬六千五百二十八石至者七十六萬九千六百五十石　六年一百三十八萬三千八百八十三石至者一百三十二萬九千一百四十八石　七年一百六十五萬九千四百九十一石至者一百六十二萬八千五百八石　八年一百六十七萬二千九百九石至者一百六十六萬三千三百一十三石　九年一百八十四萬三千三石至者一百七十九萬五千三百四十七石　十年一百八十萬八千一百九十九石至者一百七十九萬七千七十八石　十一年一百六十六萬五千四百二十二石至者一百六十四萬四千六百七十九石　至大元年一百二十四萬一百四十八石至者一百二十萬二千五百三石　二年二百四十六萬四千二百四石至者二百三十八萬六千三百石　三年二百九十二萬六千五百三十二石至者二百七十一萬六千九百十三石　四年二百八十七萬三千二百一十二石至者二百七十七萬三千二百六十六石　皇慶元年二百八萬三千五百五石至者二百六萬七千一百七十二石　二年二百三十一萬七千二百二十八石至者二百一十五萬八千六百八十五石　延祐元年二百四十萬三千二百六十四石至者二百三十五萬六千六百六石　二年二百四十三萬五千六百八十五石至者二百四十二萬二千五百五石　三年二百四十五萬八千五百一十四石至者二百四十三萬七千七百四十一石　四年二百三十七萬五千三百四十五石至者二百三十六萬八千一百一十九石　五年二百五十五萬三千七百一十四石至者二百五十四萬三千六百一十一石　六年三百二萬一千五百八十五石至者二百九十八萬六千一十七石　七年三百二十六萬四千六石至者三百二十四萬七千九百二十八石　至治元年三百二十六萬九千四百五十一石至者三百二十三萬八千七百六十五石　二年三百二十五萬一千一百四十石至者三百二十四萬六千四百八十三石　三年二百八十一萬一千七百八十六石至者二百七十九萬八千六百一十三石　泰定元年二百八萬七千二百三十一石至者二百七萬七千二百七十八石　二年二百六十七萬一千一百八十四石至者二百六十三萬七千五十一石　三年三百三十七萬五千七百八十四石至者三百三十五萬一千三百六十二石　四年三百一十五萬二千八百二十石至者三百一十三萬七千五百三十二石　天曆元年三百二十五萬五千二百二十石至者三百二十一萬五千四百二十四石　二年三百五十二萬二千一百六十三石至者三百三十四萬三百六石

鈔法

鈔始于唐之飛錢宋之交會金之交鈔其法以物爲母鈔爲子子母相權而行卽周官質劑之意也元初倣唐宋金之法有行用鈔其制無文籍可攷世祖中統元年始造交鈔以絲爲本每銀五十兩易絲鈔一千兩諸物之直並從絲例是年十月又造中統元寶鈔其文以十計者四曰一十文二十文三十文五十文以百計者三曰一百文二百文五百文以貫計者二曰一貫文二貫文每一貫同交鈔一兩兩貫同白銀一兩又以文綾織爲中統銀貨其等有五曰一兩二兩三兩五兩十兩每一兩同白銀一兩而銀貨蓋未及行云五年設各路平準庫主平物價使相依準不至低昂仍給鈔一萬二千錠以爲鈔本至元十二年添造釐鈔其例有三曰二文三文五文初鈔印用木爲板十三年鑄銅易之十五年以釐鈔不便於民復命罷印然元寶交鈔行之旣久物重鈔輕二十四年遂改造至元鈔自二貫至五文凡十有一等與中統鈔通行每一貫文當中統鈔五貫文依中統之初隨路設立官庫貿易金銀平準鈔法每花銀一兩入庫其價至元鈔二貫出庫二貫五分赤金一兩入庫二十貫出庫二十貫五百文僞造鈔者處死首告者賞鈔五錠仍以犯人家產給之其法爲最善至大二年武宗復以物重鈔輕改造至大銀鈔自二兩至二釐定爲一十三等每一兩準至元鈔五貫白銀一兩赤金一錢元之鈔法至是蓋三變矣大抵至元鈔五倍於中統至大鈔又五倍於至元然未及期年仁宗卽位以倍數太多輕重失宜遂有罷銀鈔之詔而中統至元二鈔終元之世蓋常行焉凡鈔之昏爛者至元二年委官就交鈔庫以新鈔倒換除工墨三十文三年減爲二十文二十二年復增如故其貫伯分明微有破損者並令行用違者罪之所倒之鈔每季各路就令納課正官解赴省部焚毀隸行省者就焚之大德二年戶部定昏鈔爲二十五樣泰定四年又定焚毀之所皆以廉訪司官監臨隸行省者行省官同監其制之大畧如此若錢自九府圜法行于成周歷代未嘗或廢元之交鈔寶鈔雖皆以錢爲文而錢則弗之鑄也武宗至大三年初行錢法立資國院泉貨監以領之其錢曰至大通寶者一文準至大銀鈔一釐曰大元通寶者一文準至大通寶錢一十文歷代銅錢悉依古例與至大錢通用其當五當三折二並以舊數用之明年仁宗復下詔以鼓鑄弗給新舊資用其弊滋甚與銀鈔皆廢不行所立院監亦皆罷革而專用至元中統鈔云

歲印鈔數

中統元年中統鈔七萬三千三百五十二錠　二年中統鈔三萬九千一百三十九錠　三年中統鈔八萬錠　四年中統鈔七萬四千錠　至元元年中統鈔八萬九千二百八錠　二年中統鈔一十一萬六千二百八錠　三年中統鈔七萬七千二百五十二錠　四年中統鈔一十萬九千四百八十八錠　五年中統鈔二萬九千八百八十錠　六年中統鈔二萬二千八百九十六錠　七年中統鈔九萬六千七百六十八錠　八年中統鈔四萬七千錠　九年中統鈔八萬六千二百五十六錠　十年中統鈔一十一萬一百九十二錠　十一年中統鈔二十四萬七千四百四十錠　十二年中統鈔三十九萬八千一百九十四錠　十三年中統鈔一百四十一萬九千六百六十五錠　十四年中統鈔一百二萬一千六百四十五錠　十五年中統鈔一百二萬三千四百錠　十六年中統鈔七十八萬八千三百二十錠　十七年中統鈔一百一十三萬五千八百錠　十八年中統鈔一百九萬四千八百錠　十九年中統鈔九十六萬九千四百四十四錠　二十年中統鈔六十一萬六百二十錠　二十一年中統鈔六十二萬九千九百四錠　二十二年中統鈔二百四萬三千八十錠　二十三年中統鈔二百一十八萬一千六百錠　二十四年中統鈔八萬三千二百錠至元鈔一百萬一千一十七錠　二十五年至元鈔九十二萬一千六百一十二錠　二十六年至元鈔一百七十八萬九十三錠　二十七年至元鈔五十萬二百五十錠　二十八年至元鈔五十萬錠　二十九年至元鈔五十萬錠　三十年至元鈔二十六萬錠　三十一年至元鈔一十九萬三千七百六錠　元貞元年至元鈔三十一萬錠　二年至元鈔四十萬錠　大德元年至元鈔四十萬錠　二年至元鈔二十九萬九千九百一十錠　三年至元鈔九十萬七十五錠　四年至元鈔六十萬錠　五年至元鈔五十萬錠　六年至元鈔二百萬錠　七年至元鈔一百五十萬錠　八年至元鈔五十萬錠　九年至元鈔五十萬錠　十年至元鈔一百萬錠　十一年至元鈔一百萬錠　至大元年至元鈔一百萬錠　二年至元鈔一百萬錠　三年至大銀鈔一百四十五萬三百六十八錠　四年至元鈔二百一十五萬錠中統鈔一十五萬錠　皇慶元年至元鈔二百二十二萬二千三百三十六錠中統鈔一十萬錠　二年至元鈔二百萬錠中統鈔二十萬錠　延祐元年至元鈔二百萬錠中統鈔一十萬錠　二年至元鈔一百萬錠中統鈔一十萬錠　三年至元鈔四十萬錠中統鈔一十萬錠　四年至元鈔四十八萬錠中統鈔一十萬錠　五年至元鈔四十萬錠中統鈔一十萬錠　六年至元鈔一百四十八萬錠中統鈔一十萬錠　七年至元鈔一百四十八萬錠中統鈔一十萬錠　至治元年至元鈔一百萬錠中統鈔五萬錠

二年至元鈔八十萬錠中統鈔五萬錠　三年至元鈔七十萬錠中統鈔五萬錠　泰定元年至元鈔六十萬錠中統鈔一十五萬錠　二年至元鈔四十萬錠中統鈔一十萬錠　三年至元鈔四十萬錠中統鈔一十萬錠　四年至元鈔四十萬錠中統鈔一十萬錠　天曆元年至元鈔三十一萬九百二十錠中統鈔三萬五百錠　二年至元鈔一百一十九萬二千錠中統鈔四萬錠

元史卷九十四

明翰林學士亞中大夫知制誥兼修國史宋　濂等修

食貨志第四十三

食貨二

歲課

山林川澤之產若金銀珠玉銅鐵水銀朱砂碧甸子鉛錫礬硝鹻竹木之類皆天地自然之利有國者之所必資也而或以病民者有之矣元興因土人呈獻而定其歲入之課多者不盡收少者不強取非知理財之道者能若是乎產金之所在腹裏曰益都檀景遼陽省曰大寧開元江浙省曰饒徽池信江西省曰龍興撫州湖廣省曰岳澧沅靖辰潭武岡寶慶河南省曰江陵襄陽四川省曰成都嘉定雲南省曰威楚麗江大理金齒臨安曲靖元江羅羅會川建昌德昌柏興烏撒東川烏蒙產銀之所在腹裏曰大都真定保定雲州般陽晉寧懷孟濟南寧海遼陽省曰大寧江浙省曰處州建寧延平江西省曰撫瑞韶湖廣省曰興國郴州河南省曰汴梁安豐汝寧陝西省曰商州雲南省曰威楚大理金齒臨安元江產珠之所曰大都曰南京曰羅羅曰水達達曰廣州產玉之所曰于闐曰匪力沙產銅之所在腹裏曰益都遼陽省曰大寧雲南省曰大理澂江產鐵之所在腹裏曰河東順德檀景濟南江浙省曰饒徽寧國信慶元台衢處建寧興化邵武漳福泉江西省曰龍興吉安撫袁瑞贛臨江桂陽湖廣省曰沅潭衡武岡寶慶永全常寧道州陝西省曰興元雲南省曰中慶大理金齒臨安曲靖澂江羅羅建昌產朱砂水銀之所在遼陽省曰北京湖廣省曰沅潭四川省曰思州產碧甸子之所曰和林曰會川產鉛錫之所在江浙省曰鉛山台處建寧延平邵武江西省曰韶州桂陽湖廣省曰潭州產礬之所在腹裏曰廣平冀寧江浙省曰鉛山邵武湖廣省曰潭州河南省曰廬州河南產硝鹻之所曰晉寧若竹木之產所在有之不可以所言也初金課之興自世祖始其在益都者至元五年命于從剛高興宗以漏籍民戶四千於登州棲霞縣淘焉十五年又以淘金戶二千僉軍者付益都淄萊等路淘金總管府依舊淘金其課於太府監輸納在遼陽者至元十年聽李德仁於龍山縣胡碧峪淘採每歲納課金三兩十三年又於遼東雙城及和州等處採焉在江浙者至元二十四年立提舉司以建康等處淘金夫凡七千三百六十五戶隸之所轄金場凡七十餘所未幾以建康無金革提舉司罷淘金戶其徽饒池信之課皆歸之有司在江西者至元二十三年撫州樂安縣小曹周歲辦金一百兩在湖廣者至元二十年撥常德澧辰沅靖民萬戶付金場轉運司淘焉在四川者元貞元年以其病民罷之在雲南者至元十四年諸路總納金一百五錠此金課之興革可攷者然也銀在大都者至元十一年聽王庭璧於檀州奉先等洞採之十五年令關世顯等於薊州豐山採之在雲州者至元二十七年撥民戶於望雲煽煉設從七品官掌之二十八年又開聚陽山銀場二十九年遂立雲州等處銀場提舉司在遼陽者延祐四年惠州銀洞三十六眼立提舉司辦課在江浙者至元二十一年建寧南劍等處立銀場提舉司煽煉在湖廣者至元二十三年韶州路曲江縣銀場聽民煽煉每歲輸銀三千兩在河南者延祐三年李允直包羅山縣銀場課銀三錠四年李珪等包霍丘縣豹子崖銀洞課銀三十錠其所得礦大抵以十分之三輸官此銀課之興革可攷者然也珠在大都者元貞元年聽民於楊村直沽口撈採命官買之在南京者至元十一年命滅怯安山等於宋阿江阿爺苦江忽呂古江採之在廣州者採於大步海他如兀難曲朵剌渾都忽三河之珠至元五年徙鳳哥等戶撈焉勝州延州乃延等城之珠十三年命朵魯不䚟等撈焉此珠課之興革可攷者然也玉在匪力沙者至元十一年迷兒麻合馬阿里三人言淘玉之戶舊有三百經亂散亡存者止七十戶其力不充而匪力沙之地旁近有民戶六十每同淘焉於是免其差徭與淘戶等所淘之玉於忽都勝忽兒舍里甫丁三人所立水站遞至京師此玉課之興革可攷者然也銅在益都者至元十六年撥戶一千於臨朐縣七寶山等處採之在遼陽者至元十五年撥採木夫一千戶於錦瑞州雞山巴山等處採之在澂江者至元二十二年撥漏籍戶於薩矣山煽煉凡一十有一所此銅課之興革可攷者然也鐵在河東者太宗丙申年立爐於西京州縣撥冶戶七百六十煽焉丁酉年立爐於交城縣撥冶戶一千煽焉至元五年始立洞冶總管府七年罷之十三年立平陽等路提舉司十四年又罷之其後廢置不常大德十一年聽民煽煉官爲抽分至武宗至大元年復立河東都提舉司掌之所隸之冶八曰大通曰興國曰惠民曰利國曰益國曰閏富曰豐寧豐寧之冶蓋有二云在順德等處者至元三十一年撥冶戶六千煽焉大德元年設都提舉司掌之其後亦廢置不常至延祐六年始罷兩提舉司併爲順德廣平彰德等處提舉司所隸之冶六曰神德曰左村曰豐陽曰臨水曰沙窩曰固鎮在檀景等處者太宗丙申年始於北京撥戶煽焉中統二年立提舉司掌之其後亦廢置不常大德五年始併檀景三提舉司爲都提舉司所隸之冶有七曰雙峰曰暗峪曰銀崖曰大峪曰五峪曰利貞曰錐山在濟南等處者中統四年拘漏籍戶三千煽焉至元五年立洞冶總管府其後亦廢置不常至大元年復立濟南都提舉司所隸之監有五曰寶成曰通和曰昆吾曰元國曰富國其在各省者獨江浙江西湖廣之課爲最多凡鐵之等不一有生黃鐵有生青鐵有青瓜鐵有簡鐵每引二百斤此鐵課之興革可攷者然也朱砂水銀在北京者至元十一年命蒙古都喜以恤品人戶於吉思迷之地採煉在湖廣者沅州五寨蕭雷發等每年包納朱砂一千五百兩羅管賽包納水銀二千二百四十兩潭州安化縣每年辦朱砂八十兩水銀五十兩碧甸子在和林者至元十年命烏馬兒採之在會川者二十一年輸一千餘磈此朱砂水銀碧甸子課之興革可攷者然也鉛錫在湖廣者至元八年辰沅靖等處轉運司印造錫引每引計錫一百斤官收鈔三百文客商買引赴各冶支錫販賣無引者比私鹽減等杖六十其錫沒官此鉛錫課之興革可攷者然也礬在廣平者至元二十八年路鵬舉獻磁州武安縣礬窯一十所周歲辦白礬三千斤在潭州者至元十八年李日新自具工本於瀏陽永興礬場煎烹每十斤官抽其二在河南者二十四年立礬課所於無爲路每礬一引重三十斤價鈔五兩此礬課之興革可攷者然也竹之所產雖不一而腹裏之河南懷孟陝西之京兆鳳翔皆有在官竹園國初皆立司竹監掌之每歲令稅課所官以時採斫定其價爲三等易于民間至元四年始命制國用使司印造懷孟等路司竹監竹引一萬道每道取工墨一錢凡發賣皆給引至二十二年罷司竹監聽民自賣輸稅明年又用郭畯言於衞州復立竹課提舉司凡輝懷嵩洛荆襄益都宿开等處竹貨皆隸焉在官者辦課在民者輸稅二十三年又命陝西竹課提領司差官於輝懷辦課二十九年丞相完澤言懷孟竹課頻年斫伐已損課無所出科民以輸宜罷其課長養數年世祖從之此竹課之興革可攷者也若夫硝鹻木課其興革無籍可攷故不著焉

天曆元年歲課之數

金課腹裏四十錠四十七兩三錢　江浙省一百八十錠一十五兩一錢　江西省二錠四十兩五錢　湖廣省八十錠二十兩一錢　河南省三十八兩六錢　四川省麩金七兩二錢　雲南省一百八十四錠一兩九錢

銀課腹裏一錠二十五兩　江浙省一百二十五錠三十九兩二錢　江西省四百六十二錠三兩五錢　湖廣省二百三十六錠九兩　雲南省七百三十五錠三十四兩三錢

銅課雲南省二千三百八十斤

鐵課江浙省額外鐵二十四萬五千八百六十七斤課鈔一千七百三錠一十四兩　江西省二十一萬七千四百五十斤課鈔一百七十六錠二十四兩　湖廣省二十八萬二千五百九十五斤　河南省三千九百三十斤　陝西省一萬斤　雲南省一十二萬四千七百一斤

鉛錫課江浙省額外鉛粉八百八十七錠九兩五錢鉛丹九錠四十二兩二錢黑錫二十四錠一十兩二錢　江西省錫一十七錠七兩　湖廣省鉛一千七百九十八斤

礬課腹裏三十三錠二十五兩八錢　江浙省額外四十二兩五錢　河南省額外二千四百一十四錠三十三兩一錢

硝鹻課晉寧路二十六錠七兩四錢

竹木課腹裏木六百七十六錠一十五兩四錢額外木七十三錠二十五兩三錢竹二錠四十兩額外竹一千一百三錠二兩二錢　江浙省額外竹木九千三百五十五錠二十四兩　江西省額外竹木五百九十錠二十三兩三錢　河南省竹二十六萬九千六百九十五竿板木五萬八千六百條額外竹木一千七百四十八錠三十兩一錢

鹽法

國之所資其利最廣者莫如鹽自漢桑弘羊始榷之而後世未有遺其利者也元初以酒醋鹽稅河泊金銀鐵冶六色取課於民歲定白銀萬錠太宗庚寅年始行鹽法每鹽一引重四百斤其價銀一十兩世祖中統二年減銀爲七兩至元十三年旣取宋而江南之鹽所入尤廣每引改爲中統鈔九貫二十六年增爲五十貫元貞丙申每引又增爲六十五貫至大己酉至延祐乙卯七年之間累增爲一百五十貫凡僞造鹽引者皆斬籍其家產付告人充賞犯私鹽者徒二年杖七十止籍其財產之半有首告者於所籍之內以其半賞之行鹽各有郡邑犯界者減私鹽罪一等以其鹽之半沒官半賞告者然歲辦之課難易各不同有因自凝結而取者解池之顆鹽也有煑海而後成者河間山東兩淮兩浙福建等處之末鹽也惟四川之鹽出於井深者數百尺汲水煑之視他處爲最難今各因其所產之地言之

大都之鹽太宗丙申年初於白陵港三叉沽大直沽等處置司設熬煎辦每引有工本錢世祖至元二年又增寶坻二鹽場竈戶工本每引爲中統鈔三兩與清滄等八年以大都民戶多食私鹽因虧國課驗口給以食鹽十九年罷大都及河間山東三鹽運司設戶部尚書員外郎各一員別給印令於大都置局賣引鹽商買引赴各場關鹽發賣每歲竈戶工本省臺遣官逐季分給之十九年改立大都蘆臺越支三叉沽鹽使司二十五年復立三叉蘆臺越支三鹽使司二十八年增竈戶工本每引爲中統鈔八兩二十九年以歲饑減鹽課一萬引入京兆鹽運司添辦大德元年遂罷大都鹽運司併入河間

河間之鹽太宗庚寅年始立河間稅課所置鹽場撥竈戶二千三百七十六隸之每鹽一袋重四百斤甲午年立鹽運司庚子年改立提舉鹽榷所歲辦三萬四千七百袋癸卯年改立提舉滄清鹽課使所歲辦鹽九萬袋定宗四年改眞定河間等路課程所爲提舉鹽榷滄清鹽使所憲宗二年又改河間課程所爲提舉滄清深鹽使所八年每袋增鹽至四百五十斤世祖中統元年改立宣撫司提領滄清深鹽使所四年改滄清深鹽提領所爲轉運司是年辦銀七千六十五錠米三萬三千三百餘石至元元年又增三之一焉二年改立河間都轉運司歲辦九萬五千袋七年始定例歲煎鹽十萬引辦課銀一萬錠十二年改立都轉運使司添竈戶九百餘增鹽課二十萬引十八年以河間竈戶勞苦增工本爲中統鈔三貫是年又增竈戶七百八十六十九年罷河間都轉運司改立清滄鹽使司至二十二年復立河間等路都轉運鹽使司增鹽課爲二十九萬六百引二十三年改立河間都轉運司通辦鹽酒稅課二十五年增工本爲中統鈔五貫二十七年增竈戶四百七十辦鹽三十五萬引至大元年又增至四十五萬引延祐元年以虧課停煎五萬引自是至天曆皆歲辦四十萬引所隸之場凡二十有二

山東之鹽太宗庚寅年始立益都課稅所撥竈戶二千一百七十隸之每銀一兩得鹽四十斤甲午年立山東鹽運司中統元年歲辦銀二千五百錠三年命課稅隸山東都轉運司四年令益都山東民戶月買食鹽三斤竈戶逃亡者招民戶補之是歲辦銀三千三百錠至元二年改立山東轉運司辦課銀四千六百錠一十九兩是年戶部造山東鹽引六年增歲辦鹽爲七萬一千九百九十八引自是每歲增之至十二年改立山東都轉運司歲辦鹽一十四萬七千四百八十七引十八年增竈戶七百又增鹽爲一十六萬五千四百八十七引竈戶工本錢亦增爲中統鈔三貫二十三年歲辦鹽二十七萬一千七百四十二引二十六年減爲二十二萬引大德十年又增爲二十五萬引至大元年之後歲辦正餘鹽爲三十一萬引所隸之場凡一十有九

河東之鹽出解州鹽池池方一百二十里每歲五月場官伺池鹽生結令夫搬撻鹽花其法必値亢陽池鹽方就或遇陰雨則不能成矣太宗庚寅年始立平陽府徵收課稅所從實辦課每鹽四十斤得銀一兩癸巳年撥新降戶一千命鹽使姚行簡等修理鹽池損壞處所憲宗壬子年又增撥一千八十五戶歲撈鹽一萬五千引辦課銀三千錠世祖中統二年初立陝西轉運司仍置解鹽司於路村三年以太原民戶自煎小鹽歲辦課銀一百五十錠五年又增小鹽課銀爲二百五十錠至元三年諭陝西四川以所辦鹽課赴行制國用使司輸納鹽引令制國用使司給降四年立陝西四川轉運司六年立太原提舉鹽使司直隸制國用使司十年命撈鹽戶九百八十餘每丁撈鹽一石給工價鈔五錢歲辦鹽六萬四千引計中統鈔一萬一千五百二十錠二十三年改立陝西都轉運司兼辦鹽酒醋竹等課二十九年減大都鹽課一萬引入京兆鹽司添辦是年五月又革京兆鹽司一止存鹽運司大德十一年增歲額爲八萬二千引至大元年又增煎餘鹽爲二萬引通爲一十萬二千引延祐三年以池爲雨所壞止辦課鈔八萬二千餘錠於是晉寧陝西之民改食常仁紅鹽懷孟河南之民改食滄鹽五年乃免河南懷孟南陽三路今歲陝西鹽課仍授鹽運使暨所臨路府州縣正官兼知渠堰事責以疏通壅塞六年改陝西運司爲河東解鹽等處都轉運鹽使司直隸中書省十月罷陝西行省所委巡鹽官六十八員添設通判一員別鑄分司印二又罷撈鹽提領二十員改立提領所二增餘鹽五百料是年實撈鹽一十八萬四千五百引天曆二年辦課鈔三十九萬五千三百九十五錠

四川之鹽爲場凡一十有二爲井凡九十有五在成都夔府重慶敍南嘉定順慶潼川紹慶等路萬山之間元初設拘榷課稅所分撥竈戶五千九百餘隸之從實辦課後爲鹽井廢壞四川軍民多食解鹽至元二年立興元四川鹽運司修理鹽井仍禁解鹽不許過界八年罷四川茶鹽運司十六年復立之十八年併鹽課入四川道宣慰司十九年復立陝西四川轉運司通辦鹽課三十二年改立四川鹽茶運司分京兆運司爲二歲煎鹽一萬四百五十一引二十六年一萬七千一百五十二引皇慶元年以竈戶艱辛減煎餘鹽五千引天曆二年辦鹽二萬八千九百一十引計鈔八萬六千七百三十錠

遼陽之鹽太宗丁酉年始命北京路徵收課稅所以大鹽泊硬鹽立隨車隨引載鹽之法每鹽一石價銀七錢半滯納匠人米五升癸卯年合懶路歲辦課白布二千匹恤品路布一千匹至元四年立開元等路運司三年禁東京懿州乞石兒硬鹽不許過塗河界是年論各位下鹽課如例輸納二十四年灤州四處鹽課舊納羊一千者亦令如例輸鈔延祐二年又命食鹽人戶歲辦課鈔每兩率加五焉

兩淮之鹽至元十三年命提舉馬里范張依宋舊例辦課每引重三百斤其價爲中統鈔八兩十四年立兩淮都轉運使司每引始改爲四百斤十六年額辦五十八萬七千六百二十三引十八年增爲八十萬引二十六年減一十五萬引三十年以襄陽民改食揚州鹽又增八千二百引大德四年諭兩淮鹽運司設關防之法凡鹽商經批驗所發賣者所官收批引牙錢其不經批驗所者本倉就收之八年以竈戶艱辛遣官究議停煎五萬餘引天曆二年額辦正餘鹽九十五萬七十五引計中統鈔二百八十五萬二百二十五錠所隸之場凡二十有九其工本鈔亦自四兩遞增至十兩云

兩浙之鹽至元十四年立運司歲辦九萬二千一百四十八引每引分作二袋每袋依宋十八界會子折中統鈔九兩十八年增至二十一萬八千五百六十二引十九年每引於舊價之上增鈔四貫二十一年置常平局以平民間鹽價二十三年增歲辦爲四十五萬引二十六年減十萬引三十年置局賣鹽魚鹽於海濱漁所三十一年併煎鹽地四十四所爲三十四場大德三年立兩浙鹽運司檢校所四五年增額爲四十萬引至大元年又增餘鹽五萬引延祐六年罷四檢校所立嘉興紹興等處鹽倉官三十四場各場監運官一員歲辦五十萬引七年各運司鹽課以十分爲率收白銀一分每銀一錠準鹽課四十錠其工本鈔浙西一十一場正鹽每引遞增至二十兩餘鹽至二十五兩浙東二十三場正鹽每引遞增至二十五兩餘鹽至三十兩云

福建之鹽至元十三年始收其課爲鹽六千五十五引十四年立市舶司兼辦鹽課二十年增至五萬四千二百引二十四年改立福建等處轉運鹽使司歲辦鹽六萬引二十九年罷福建鹽運司及鹽使司改立福建鹽課提舉司增鹽爲七萬引大德四年復立鹽運司九年又罷之併入本道宣慰司十年又立鹽課都提舉司增鹽至十萬引至大元年又增至十三萬引四年改立福建鹽運司至順元年實辦課三十八萬七千七百八十三錠其工本鈔煎鹽每引遞增至二十貫曬鹽每引至一十七貫四錢所隸之場有七

廣東之鹽至元十三年克廣州因宋之舊立提舉司從實辦課十六年立江西鹽鐵茶都轉運司所轄鹽使司六各場立管勾是年辦鹽六百二十一引二十二年分江西鹽隸廣東宣慰司歲辦一萬八百二十五引二十三年併廣東鹽司及市舶提舉司爲廣東鹽課市舶提舉司每歲辦鹽一萬一千七百二十五引大德四年增至正餘鹽二萬一千九百八十二引十年又增至三萬引十一年三萬五千五百引至大元年又增餘鹽一萬五千引延祐二年歲煎五萬五百引五年又增至五萬五百五十二引所隸之場凡十有二

廣海之鹽至元十三年初立廣海鹽課提舉司辦鹽二萬四千引三十年又立廣西石康鹽課提舉司大德十年增一萬一千引至大元年又增餘鹽一萬五千引延祐二年正餘鹽通爲五萬一百六十五引

凡天下一歲總辦之數唯天曆爲可攷今併著于后

鹽總二百五十六萬四千餘引

鹽課鈔總七百六十六萬一千餘錠

茶法

榷茶始于唐德宗至宋遂爲國賦額與鹽等矣元之茶課由約而博大率因宋之舊而爲之制焉世祖至元五年用運使白賡言榷成都茶於京兆鞏昌置局發賣私自採賣者其罪與私鹽法同六年始立西蜀四川監榷茶場使司掌之十二年既平宋復用左丞呂文煥言榷江西茶以宋會五十貫準中統鈔一貫十三年定長引短引之法以三分取一長引每引計茶一百二十斤收鈔五錢四分二釐八毫短引計茶九十斤收鈔四錢二分八毫是歲徵一千二百餘錠十四年取三分之半增至二千三百餘錠十五年又增至六千六百餘錠十七年置榷茶都轉運司于江州總江淮荆湖福廣之稅而遂除長引專用短引每引收鈔二兩四錢五分草茶每引收鈔二兩二錢四分十八年增額至二萬四千錠十九年以江南茶課官爲置局令客買引通行貨賣歲終增二萬錠二十一年轉運使言各處食茶課程抑配于民非便於是革之而以其所革之數於正課每引增一兩五分通爲三兩五錢二十三年又以李起南言增爲五貫是年徵四萬錠二十五年改立江西等處都轉運司二十六年丞相桑哥增引稅爲一十貫三十年又改江南茶法凡管茶提舉司一十六所罷其課少者五所併入附近提舉司每茶商貨茶必令賫引無引者與私茶同引之外又有茶由以給賣零茶者初每由茶九斤收鈔一兩至是自三斤至三十斤分爲十等隨處批引局同每引收鈔一錢元貞元年有獻利者言舊法江南茶商至江北者又稅之其在江南賣者亦宜更稅如江北之制於是朝議復增江南課三千錠而弗稅是年凡征八萬三百錠至大元年以龍興瑞州爲皇太后湯沐邑其課入徽政院四年增額至一十七萬一千一百三十一錠皇慶二年更定江南茶法又增至一十九萬二千八百六十六錠延祐元年改設批驗茶由局官五年用江西茶副法忽魯丁言立減引添課之法每引增稅爲一十二兩五錢通辦鈔一十五萬錠七年遂增至二十八萬九千二百一十一錠天曆二年始罷榷司而歸諸州縣其歲征之數蓋與延祐同至順之後無籍可攷他如范殿帥茶西番大葉茶建寧胯茶亦無從知其始末故皆不著

酒醋課

元之有酒醋課自太宗始其後皆著定額爲國賦之一焉利之所入亦厚矣初太宗辛卯年立酒醋務坊場官榷沽辦課仍以各州府司縣長官充提點官隸徵收課稅所其課額驗民戶多寡定之甲午年頒酒麴醋貨條禁私造者依條治罪世祖至元十六年以大都河間山東酒醋商稅等課併入鹽運司二十二年詔免農民醋課是年二月命隨路酒課依京師例每石取一十兩三月用右丞盧世榮等言罷上都醋課其酒課亦改榷沽之制令酒戶自具工本官司拘賣每石止輸鈔五兩二十八年詔江西酒醋之課不隸茶運司福建酒醋之課不隸鹽運司皆依舊令有司辦之二十九年丞相完澤等言杭州省酒課歲辦二十七萬餘錠湖廣龍興歲辦止九萬錠輕重不均於是減杭州省十分之二令湖廣龍興南京三省分辦大德八年大都酒課提舉司設槽房一百所九年併爲三十所每所一日所醖不許過二十五石之上十年復增三所至大三年又增爲五十四所其制之可攷者如此若夫累朝以課程撥賜諸王公主及各寺者凡九所云

天下每歲總入之數

酒課腹裏五萬六千二百四十三錠六十七兩一錢　遼陽行省二千二百五十錠一十一兩二錢　河南行省七萬五千七十七錠一十一兩五錢　陝西行省一萬一千七百七十四錠三十四兩四錢　四川行省七千五百九十錠二十兩　甘肅行省二千七十八錠三十五兩九錢　雲南行省貝二十萬一千一百一十七索　江浙行省一十九萬六千六百五十四錠二十一兩三錢　江西行省五萬八千六百四十錠一十六兩八錢　湖廣行省五萬八千八百四十八錠四十九兩八錢

醋課腹裏三千五百七十六錠四十八兩九錢　遼陽行省三十四錠二十六兩五錢　河南行省二千七百四十錠三十六兩四錢　陝西行省一千五百七十三錠三十九兩二錢　四川行省六百一十六錠一十二兩八錢　江浙行省一萬一千八百七十錠一十九兩六錢　江西行省九百五十一錠二十四兩五錢　湖廣行省一千二百三十一錠二十七兩九錢

商稅

商賈之有稅本以抑末而國用亦資焉元初未有定制太宗甲午年始立徵收課稅所凡倉庫院務官并合干人等命各處官司選有產有行之人充之其所辦課程每月赴所輸納有貿易借貸者並徒二年杖七十所官擾民取財者其罪亦如之世祖中統四年用阿合馬王光祖等言凡在京權勢之家爲商賈及以官銀賣買之人並令赴務輸稅入城不弔引者同匿稅法至元七年遂定三十分取一之制以銀四萬五千錠爲額有溢額者別作增餘是年五月以上都商旅往來艱辛特免其課凡典賣田宅不納稅者禁之二十年詔各路課程差廉幹官二員提調增美者遷賞虧兌者陪償降黜凡隨路所辦每月以其數申部違期不申及雖申不圓者其首領官初犯罰俸再犯決一十七令史加一等三犯正官取招呈省其院務官俸鈔於增餘錢內給之是年始定上都稅課六十分取一舊城市肆院務遷入都城者四十分取一二十二年又增商稅契本每一道爲中統鈔三錢減上都稅課於一百兩之中取七錢半二十六年從丞相桑哥之請遂大增天下商稅腹裏爲二十萬錠江南爲二十五萬錠二十九年定諸路輸納之限不許過四孟月十五日三十一年詔天下商稅有增餘者毋作額元貞元年用平章剌眞言又增上都之稅至大三年契本一道復增作至元鈔三錢逮至天曆之際天下總入之數視至元七年所定之額蓋不啻百倍云

商稅額數

大都宣課提舉司一十萬三千六錠一十一兩四錢　大都路八千二百四十二錠九兩七錢　上都留守司一千九百三十四錠五兩　上都稅課提舉司一萬五百二十五錠五兩　興和路七百七十錠一十七兩一錢　永平路二千二百七十二錠四兩五錢　保定路六千五百七錠二十三兩五錢　嘉定路一萬七千四百八錠三兩九錢　順德路二千五百七錠九兩九錢　廣平路五千三百七錠二十兩二錢　彰德路四千八百五錠四十二兩八錢　大名路一萬七百九十五錠八兩五錢　懷慶路四千九百四十九錠二兩　衛輝路三千六百六十三錠七兩　河間路一萬四百六十六錠四十七兩二錢　東平路七千一百四十一錠四十八兩四錢　東昌路四千八百七十九錠三十二兩　濟寧路一萬二千四百三錠四兩一錢　曹州六千一十七錠四十六兩三錢　濮州二千六百七十一錠七錢　高唐州四千二百五十九錠六兩　泰安州二千一十三錠二十五兩四錢　冠州七百三十八錠一十九兩七錢　寧海州九百四十四錠三錢　德州二千九百一十九錠四十二兩八錢　益都路九千四百七十七錠一十五兩　濟南路一萬二千七百五十二錠三十六兩六錢　般陽路三千四百八十六錠九兩　大同路八千四百三十八錠一十九兩一錢　冀寧路一萬七百一十四錠三十四兩六錢　晉寧路二萬一千三百五十九錠四十兩二錢

嶺北行省四百四十八錠四十五兩六錢　遼陽行省八千二百七十三錠四十一兩四錢　河南行省一十四萬七千四百二十八錠三十二兩三錢　陝西行省四萬五千五百七十九錠三十九兩二錢　四川行省一萬六千六百七十六錠四兩八錢　甘肅行省一萬七千三百六十一錠三十六兩一錢　江浙行省二十六萬九千二十七錠三十兩三錢　江西行省六萬二千五百一十二錠七兩三錢　湖廣行省六萬八千八百四十四錠九兩九錢

市舶

互市之法自漢通南粵始其後歷代皆嘗行之至宋置市舶司于浙廣之地以通諸番貨易則其制爲益詳矣元自世祖定江南凡隣海諸郡與番國往還互易舶貨者其貨以十分取一麤者十五分取一以市舶官主之其發船迴帆必著其所至之地驗其所易之物給以公文爲之期日大抵皆因宋舊制而爲之法焉於是至元十四年立市舶司一於泉州令忙古觪領之立市舶司三於慶元上海澉浦令福建安撫使楊發督之每歲招集舶商於番邦博易珠翠香貨等物及次年迴帆依例抽解然後聽其貨賣時客舡自泉福販土產之物者其所徵亦與番貨等上海市舶司提控王楠以爲言於是定雙抽單抽之制雙抽者番貨也單抽者土貨也十九年又用耿左丞言以鈔易銅錢令市舶司以錢易海外金珠貨物仍聽舶戶通販抽分二十年遂定抽分之法是年十月忙古觪言舶商皆以金銀易香木於是下令禁之唯鐵不禁二十一年設市舶都轉運司於杭泉二州官自具船給本選人入番貿易諸貨其所獲之息以十分爲率官取其七所易人得其三凡權勢之家皆不得用己錢入番爲賈犯者罪之仍籍其家產之半其諸番客旅就官船賣買者依例抽之二十二年併福建市舶司入鹽運司改曰都轉運司領福建漳泉鹽貨市舶二十三年禁海外博易者毋用銅錢二十五年又禁廣

州官民毋得運米至占城諸番出糶二十九年命市舶驗貨抽分是年十一月中書省定抽分之數及漏稅之法凡商旅販泉福等處已抽之物於本省有市舶司之地賣者細色於二十五分之中取一麤色於三十分之中取一免其輸稅其就市舶司買者止於賣處收稅而不再抽漏船物貨依例斷沒三十年又定市舶抽分雜禁凡二十一條條多不能盡載擇其要者錄焉泉州上海澉浦溫州廣東杭州慶元市舶司凡七所獨泉州於抽分之外又取三十分之一以爲稅自今諸處悉依泉州例取之仍以溫州市舶司併入慶元杭州市舶司併入稅務凡金銀銅鐵男女並不許私販入番行省行泉府司市舶司官每年於迴帆之時皆前期至抽解之所以待船船之至先封其堵以次抽分違期及作弊者罪之三十一年成宗詔有司勿拘海舶聽其自便元貞元年以舶船至岸隱漏物貨者多命就海中逆而閱之二年禁海商以細貨於馬八兒唄喃梵答剌亦納三番國交易別出鈔五萬錠令沙不丁等議規運之法大德元年罷行泉府司二年併澉浦上海入慶元市舶提舉司直隸中書省是年又置制用院七年以禁商下海罷之至大元年復立泉府院整治市舶司事二年罷行泉府院以市舶提舉司隸行省四年又罷之延祐元年復立市舶提舉司仍禁人下番官自發船貿易迴帆之日細物十分抽二麤物十五分抽二七年以下番之人將絲銀細物易于外國又併提舉司罷之至治二年復立泉州慶元廣東三處提舉司申嚴市舶之禁三年聽海商貿易歸徵其稅泰定元年諸海舶至者止令行省抽分其大略如此若夫中買寶貨之制泰定三年命省臣依累朝呈獻例給價天曆元年以其蠹耗國財詔加禁止凡中獻者以違制論云

額外課

元有額外課謂之額外者歲課皆有額而此課不在其額中也然國之經用亦有賴焉課之名凡三十有二其一曰曆日二曰契本三曰河泊四曰山場五曰窯冶六曰房地租七曰門攤八曰池塘九曰蒲葦十曰食羊十一曰荻葦十二曰煤炭十三曰撞岸十四曰山查十五曰麴十六曰魚十七曰漆十八曰酵十九曰山澤二十曰蕩二十一曰柳二十二曰牙例二十三曰乳牛二十四曰抽分二十五曰蒲二十六曰魚苗二十七曰柴二十八曰羊皮二十九曰磁三十曰竹葦三十一曰薑三十二曰白藥其歲入之數唯天曆元年可攷云

曆日總三百一十二萬三千一百八十五本計中統鈔四萬五千九百八十錠三十二兩五錢內腹裏七萬二千一十本計鈔八千五百七十錠三十一兩一錢行省二百五十五萬一千一百七十五本計鈔三萬七千四百一十錠一兩四錢大曆二百二十萬二千二百三本每本鈔一兩計四萬四千四十四錠三兩小曆九十一萬五千七百二十五本每本鈔一錢計一千八百三十一錠三十二兩五錢回回曆五千二百五十七本每本鈔一兩計一百五錠七兩

契本總三十萬三千八百道每道鈔一兩五錢計中統鈔九千一百一十四錠內腹裏六萬八千三百三十二道計鈔二千四十九錠四十八兩行省二十三萬五千四百六十八道計鈔七千六十四錠二兩

河泊課總計鈔五萬七千六百四十三錠二十三兩四錢內腹裏四百六錠四十六兩二錢行省五萬七千二百三十六錠二十七兩一錢

山場課總計鈔七百一十九錠四十九兩一錢內腹裏二百三十九錠一十三兩四錢行省四百八十錠三十五兩六錢

窯冶課總計鈔九百五十六錠四十五兩九錢內腹裏一百九十七錠三十二兩四錢行省七百五十九錠一十三兩

房地租錢總計鈔一萬二千五十三錠四十八兩四錢內腹裏九百六十六錠五兩三錢行省一萬一千八十七錠四十三兩一錢

門攤課總計鈔二萬六千八百九十九錠一十九兩一錢內湖廣省二萬六千一百六十七錠三兩四錢江西省三百六十錠一兩五錢河南省三百七十二錠一十四兩一錢

池塘課總計鈔一千九錠二十六兩五錢內江浙省二十四錠二十二兩七錢江西省九百八十五錠三兩八錢

蒲葦課總計鈔六百八十六錠三十三兩四錢內腹裏一百四十二錠五兩八錢行省五百四十五錠二十七兩六錢

食羊等課總計鈔一千七百六十錠二十九兩七錢內大都路四百三十八錠上都路三百錠興和路三百錠大同路三百九十三錠羊市二百二十九錠二十九兩七錢煤木所一百錠

荻葦課總計鈔七百二十四錠六兩九錢內河南省六百四十四錠五兩八錢江西省八十錠一兩八錢

煤炭課總計鈔二千六百一十五錠二十六兩四錢內大同路一百二十九錠一兩九錢煤木所二千四百九十六錠二十四兩五錢

撞岸課總計鈔一百八十六錠三十七兩五錢內般陽路一百六十錠二十四兩寧海州二十六錠一十三兩五錢恩州一十三兩八錢

山查課總計鈔七十五錠二十六兩四錢內眞定路一錠二十五兩八錢廣平路四十錠五兩一錢大同路三十三錠四十五兩四錢

麴課江浙省鈔五十五錠三十七兩四錢

魚課江浙省鈔一百四十三錠四十兩四錢

漆課總計鈔一百一十二錠二十六兩內四川省廣元路一百一十一錠二十五兩八錢

酵課總計鈔二十九錠三十七兩八錢內腹裏永平路二十三錠二十五兩四錢江西行省六錠一十二兩五錢

山澤課總計鈔二十四錠二十一兩一錢內彰德路一十三錠四十兩懷慶路一十錠三十一兩一錢

蕩課平江路八百八十六錠七錢

柳課河間路四百二錠一十四兩八錢

牙例課河間路二百八錠三十三兩八錢

乳牛課眞定路二百八錠三十兩

抽分課黃州路一百四十四錠四十四兩五錢

蒲課晉寧路七十二錠

魚苗課龍興路六十五錠八兩五錢

柴課安豐路三十五錠一十一兩七錢

羊皮課襄陽路一十錠四十八兩八錢

磁課冀寧路五十八錠

竹葦課奉元路三千七百四十六錠三兩六錢

薑課興元路一百六十二錠二十七兩九錢

白藥課彰德路一十四錠二十五兩

元史卷九十五

明翰林學士亞中大夫知制誥兼修國史宋　濂等修

食貨志第四十四

食貨三

歲賜

自昔帝王於其宗族姻戚必致其厚者所以明親親之義也元之爲制其又厚之至者歟凡諸王及后妃公主皆有食采分地其路府州縣得薦其私人以爲監秩祿受命如王官而不得以歲月通選調其賦則五戶出絲一斤不得私徵之皆輸諸有司之府視所當得之數而給與之其歲賜則銀幣各有差始定於太宗之時而增於憲宗之日及世祖平江南又各益以民戶時科差未定每戶折支中統鈔五錢至成宗復加至二貫其親親之義若此誠可謂厚之至矣至於勳臣亦然又所以大報功也故詳著其所賜之人及其數之多寡于後

諸王

太祖叔荅里眞官人位

歲賜銀三十錠段一百匹

五戶絲丙申年分撥寧海州一萬戶延祐六年實有四千五百三十二戶計絲一千八百一十二斤

江南戶鈔至元十八年撥南豐州一萬一千戶計鈔四百四十錠

太祖弟搠只哈撒兒大王淄川王位

歲賜銀一百錠段三百匹

五戶絲丙申年分撥般陽路二萬四千四百九十三戶延祐六年實有七千九百五十四戶計絲三千六百五十六斤

江南戶鈔至元十三年分撥信州路三萬戶計鈔一千二百錠

太祖弟哈赤溫大王子濟南王位

歲賜銀一百錠綿六百二十五斤小銀色絲五千斤段三百匹羊皮一千張

五戶絲丙申年分撥濟南路五萬五千二百戶延祐六年實有二萬一千七百八十五戶計絲九千六百四十八斤

江南戶鈔至元十八年分撥建昌路六萬五千戶計鈔二千六百錠

太祖弟斡眞那顏位

歲賜銀一百錠絹五千九十八匹綿五千九十

八斤段三百匹諸物折中統鈔一百二十錠羊皮五百張金一十六錠四十五兩
五戶絲丙申年分撥益都路等處六萬二千一百五十六戶延祐六年實有二萬八千三百一戶計絲一萬一千四百二十五斤
江南戶鈔至元十八年分撥建寧路七萬一千三百七十七戶計鈔二千八百五十五錠

太祖弟孛羅古䚟大王子廣寧王位
歲賜銀一百錠段三百匹
五戶絲丙申年分撥恩州一萬一千六百三戶延祐六年實有二千四百二十戶計絲一千三百五十九斤
江南戶鈔至元十八年分撥鉛山州一萬八千戶計鈔七百二十錠

太祖長子朮赤大王位
歲賜段三百匹常課段一千匹
五戶絲丙申年分撥平陽四萬一千三百二戶
戊戌年眞定晉州一萬戶
江南戶鈔至元十八年分撥永州六萬戶計鈔二千四百錠

太祖次子茶合䚟大王位
歲賜銀一百錠段三百匹綿六百二十五斤常課金六錠六兩
五戶絲丙申年分撥太原四萬七千三百三十戶戊戌年眞定深州一萬戶延祐六年實有一萬七千二百一十一戶計絲六千八百三十八斤
江南戶鈔至元十八年分撥澧州路六萬七千三百三十戶計鈔二千六百九十三錠

太祖第三子太宗子定宗位
歲賜銀一十六錠三十三兩段五十匹
五戶絲丙申年分撥大名六萬八千五百九十三戶延祐六年實有一萬二千八百三十五戶計絲五千一百九十三斤

太祖第四子睿宗子阿里不哥大王位
歲賜銀一百錠段三百匹
五戶絲丙申年分撥眞定路八萬戶延祐六年實有一萬五千二十八戶計絲五千一十三斤
江南戶鈔至元十八年分撥撫州路一十萬四千戶計鈔四千一百六十錠

太祖第五子兀魯赤太子無嗣

太祖第六子闊列堅太子子河間王位
歲賜銀一百錠段三百匹
五戶絲丙申年分撥河間路四萬五千九百三十戶延祐六年實有一萬一百四十戶計絲四千四百七十九斤
江南戶鈔至元十八年分撥衡州路五萬三千九百三十戶計鈔二千一百五十七錠

太宗子合丹大王位
歲賜銀一十六錠三十三兩段五十匹
五戶絲丁巳年分撥汴梁在城戶至元三年改撥鄭州延祐六年實有二千三百五十六戶計絲九百三十六斤
江南戶鈔至元十八年分撥常寧州二千五百戶計鈔一百錠

太宗子滅里大王位
歲賜銀一十六錠三十三兩段五十匹
五戶絲丁巳年分撥汴梁在城戶至元三年改撥鈞州一千五百八十四戶延祐六年實有二千四百九十六戶計絲九百九十七斤

太宗子合失大王位
歲賜銀一十六錠三十三兩段五十匹
五戶絲丁巳年分撥汴梁路在城戶至元三年改撥蔡州三千八百一十六戶延祐六年實有三百八十八戶計絲一百五十四斤

太宗子闊出太子位
歲賜銀六十六錠三十三兩段一百五十匹
五戶絲丁巳年分撥汴梁路在城戶至元三年改撥睢州五千二百一十四戶延祐六年實有一千九百三十七戶計絲七百六十四斤

太宗子闊端太子位
歲賜銀一十六錠三十三兩段五十匹
五戶絲丙申年分撥東京路四萬七千七百四十一戶延祐六年實有一萬七千八百二十五戶計絲三千五百二十四斤
江南戶鈔至元十八年分撥常德路四萬七千七百四十戶計鈔一千九百九錠

睿宗長子憲宗子阿速台大王位
歲賜銀八十二錠段三百匹又泰定二年晃兀帖木兒大王改封并王增歲賜銀一十錠班禿大王銀八錠又泰定三年明里忽都魯皇后位下添歲賜中統鈔一千錠段五十匹絹五十匹
五戶絲癸丑年查過衛輝路三千三百四十二戶延祐六年實有二千二百八十戶計絲九百一十六斤

睿宗子世祖次子裕宗位
裕宗妃伯藍也怯赤
歲賜銀五十錠
江南戶鈔延祐三年分撥江州路德化縣二萬九千七百五十戶計鈔一千一百九十錠

裕宗子順宗子武宗
五戶絲丁巳年分撥懷孟一萬一千二百七十二戶
江南戶鈔大德八年分撥瑞州路六萬五千戶計鈔二千六百錠

睿宗子旭烈大王位
歲賜銀一百錠段三百匹
五戶絲丁巳年分撥彰德路二萬五千五十六戶延祐六年實有二千九百二十九戶計絲二千二百一斤

睿宗子阿里不哥大王位見前

睿宗子末哥大王位
歲賜銀五十錠段三百匹
五戶絲丁巳年分撥河南府五千五百五十二戶延祐六年實有八百九戶計絲三百三十三斤
江南戶鈔至元十八年分撥茶陵州八千五十二戶計鈔三百二十四錠

睿宗子撥綽大王位
歲賜銀五十錠段三百匹
五戶絲丁巳年分撥眞定蠡州三千三百四十七戶延祐六年實有一千四百七十二戶計絲六百一十二斤
江南戶鈔至元十八年分撥耒陽州五千三百四十七戶計鈔二百一十三錠

睿宗子歲哥都大王位
五戶絲壬子年元查認濟南等處五千戶延祐六年實有五十戶計絲二十斤

世祖長子朵兒只太子位
腹裏江南無分撥戶

世祖次子裕宗后位
歲賜段一千匹絹一千匹
江南戶鈔至元十八年分撥龍興路一十萬五千戶計鈔四千二百錠又四怯薛伴當江南戶鈔至元十八年撥瑞州上高縣八千戶計鈔三百三十錠

世祖次子安西王忙哥剌位
歲賜段一千匹絹一千匹
江南戶鈔至元十八年分撥吉州路六萬五千戶計鈔二千六百錠

世祖次子北安王那木罕位
歲賜段一千匹絹一千匹
江南戶鈔至元二十二年分撥臨江路六萬五千戶計鈔二千六百錠

世祖次子平遠王闊闊出位
歲賜段匹物料折鈔一千六百五十六錠銀五十錠折鈔一千錠
江南戶鈔泰定元年分撥永福縣一萬三千六百四戶計鈔五百四十四錠

世祖次子西平王奧魯赤位
歲賜段匹物料折鈔一千六百五十六錠銀五十錠折鈔一千錠
江南戶鈔大德七年分撥南恩州一萬三千六百四戶計鈔五百四十四錠

世祖次子愛牙赤大王位
歲賜銀五十錠折鈔一千錠段匹物料折鈔一千六百五十六錠
江南戶鈔皇慶元年分撥邵武路光澤縣一萬三千六百四戶計鈔五百四十四錠

世祖次子鎮南王脫歡位
歲賜銀五十錠段匹物料折鈔一千六百五十六錠
江南戶鈔皇慶元年分撥福州路寧德縣一萬三千六百四戶計鈔五百四十四錠

世祖次子雲南王忽哥赤位
歲賜銀五十錠折鈔一千錠段匹物料折鈔一千六百五十六錠
江南戶鈔皇慶元年分撥福州路福安縣一萬三千六百四戶計鈔五百四十四錠

世祖次子忽都帖木兒太子位

歲賜銀五十錠折鈔一千錠段匹物料折鈔一千六百五十六錠
江南戶鈔皇慶元年分撥泉州路南安縣一萬三千六百四戶計鈔五百四十四錠
裕宗長子晉王甘麻剌位
歲賜段一千匹絹一千匹又朶兒只延祐元年爲始年例支中統鈔一千錠
五戶絲闊闊不花所管益都二十九戶
江南戶鈔皇慶元年分撥南康路六萬五千戶又迭里哥兒不花湘寧王分撥湘鄉縣六萬五千戶計鈔二千六百錠
順宗子阿木哥魏王位
江南戶鈔皇慶元年分撥慶元路六萬五千戶計鈔二千六百錠
順宗子武宗子明宗位
江南戶鈔延祐二年分撥湘潭州六萬五千戶計鈔二千六百錠
合丹大王位
五戶絲戊午年分撥濟南漏籍二百戶延祐六年實有一百九十三戶計絲七十七斤
阿魯渾察大王
五戶絲丁巳年分撥廣平三十戶延祐三年實有五戶計絲二斤
霍里極大王
五戶絲丁巳年分撥廣平等處一百五十戶延祐三年實有八十七戶計絲三十四斤
阿剌忒納失里豫王
天曆元年分撥江西行省南康路
后妃公主
太祖四大斡耳朶
大斡耳朶
歲賜銀四十三錠紅紫羅二十匹染絹一百匹雜色絨五千斤針三千箇段七十五匹常課段八百匹
五戶絲乙卯年分撥保定路六萬戶延祐六年實有一萬二千六百九十三戶計絲五千二百七斤
江南戶鈔至元十八年分撥贛州路二萬戶計鈔八百錠
第二斡耳朶
歲賜銀五十錠段七十五匹常課段一千四百九十匹
五戶絲丁巳年分撥河間青城縣二千九百戶延祐六年實有一千五百五十六戶計絲六百五十七斤
江南戶鈔至元十八年分撥贛州路一萬五千戶計鈔六百錠
第三斡耳朶
歲賜銀五十錠段七十五匹常課段六百八十二匹
五戶絲壬子年查認過眞定等處畸零三百一十八戶延祐六年實有一百二十一戶計絲四十八斤
江南戶鈔至元十八年分撥贛州路二萬一千戶計鈔八百四十錠
第四斡耳朶
歲賜銀五十錠段七十五匹
五戶絲壬子年分撥眞定等處二百八十三戶延祐六年實有一百一十六戶計絲四十六斤又八不別及妃子位至元二十五年分撥河間清州五百一十戶計絲二百四斤
世祖四斡耳朶
大斡耳朶
歲賜銀五十錠
江南戶鈔大德三年分撥袁州路宜春縣一萬戶計鈔一千六百錠
第二斡耳朶
歲賜銀五十錠又七錠段一百五十匹
江南戶鈔至元二十一年分撥袁州路分宜縣四千戶計鈔一百六十錠大德四年分撥袁州路萍鄉州四萬二千戶計鈔一千六百八十錠
第三斡耳朶
歲賜銀五十錠
江南戶鈔大德十年分撥袁州路宜春縣二萬九千七百五十戶計鈔一千一百九十錠
第四斡耳朶
歲賜銀五十錠
江南戶鈔大德十年分撥袁州路萬載縣二萬九千七百五十戶計鈔一千一百九十錠
順宗后位
歲賜段五百匹
江南戶鈔大德二年分撥三萬二千五百戶
武宗斡耳朶
眞哥皇后位
歲賜銀五十錠鈔五百錠
江南戶鈔延祐二年分撥湘陰州四萬二千戶計鈔一千六百八十錠
完者台皇后位
歲賜銀五十錠
江南戶鈔延祐二年分撥潭州路衡山縣二萬九千七百五十戶計鈔一千一百九十錠
阿昔倫公主位
至元六年分撥葭州等處種田三百戶
趙國公主位
五戶絲丙申年分撥高唐州二萬戶延祐六年實有六千七百二十九戶計絲二千三百九十九斤
江南戶鈔至元十八年分撥柳州路二萬七千戶計鈔一千八十錠
魯國公主位
五戶絲丙申年分撥濟寧路三萬戶延祐六年實有六千五百三十戶計絲二千二百九斤
江南戶鈔至元十八年分撥汀州四萬戶計鈔一千六百錠
昌國公主位
五戶絲丙申年分撥一萬二千六百五十二戶延祐六年實有三千五百三十一戶計絲二千七百六十六斤
江南戶鈔至元十八年分撥廣州路二萬七千戶計鈔一千八十錠
鄆國公主位
五戶絲丙申年分撥濮州三萬戶延祐六年實有五千九百六十八戶計絲一千八百三十六斤
江南戶鈔至元十八年分撥橫州等處四萬戶計鈔一千六百錠
塔出駙馬
五戶絲壬子年元查眞定等處畸零二百七十戶延祐六年實有二百三十二戶計絲九十五斤
帶魯罕公主位
歲賜銀四錠八兩段一十二匹
五戶絲延祐六年實有代支戶六百二十戶計絲二百五十四斤
大雷公主位
五戶絲丙申年分撥延安府九千七百九十六戶延祐六年實有代支戶一千八百九戶計絲七百二十二斤
奔忒古兒駙馬
五戶絲庚辰年分撥眼戶五百七十三戶延祐六年實有五十六戶計絲二十二斤
獨木干公主位
五戶絲丁巳年分撥平陽一千一百戶延祐六年實有五百六十戶計絲二百二十四斤
江南戶鈔至元十八年分撥梅州程鄉縣一千四百戶計鈔五十六錠
勳臣
木華黎國王
五戶絲丙申年分撥東平三萬九千一十九戶延祐六年實有八千三百五十四戶計絲三千三百四十三斤
江南戶鈔至元十八年分撥韶州等路四萬一千一十九戶計絲一千六百四十斤
孛羅先鋒
五戶絲丙申年分撥廣平等處種田一百戶延祐六年實有七十戶計絲二十八斤
行丑兒
五戶絲丙申年分撥大名種田一百戶延祐六年實有三十八戶計絲一十五斤
闊闊不花先鋒
五戶絲壬子年元查益都等處畸零二百七十五戶延祐六年實有一百二十七戶計絲一十五斤
撒吉思不花先鋒
五戶絲壬子年元查汴梁等處二百九十一戶延祐六年實有一百二十七戶計絲一十五斤
阿里侃斷事官
五戶絲壬子年元查濟寧等處三十五戶計絲一十四斤
乞里歹拔都

五戶絲丙申年分撥東平一百戶計絲四十斤

孛羅海拔都

五戶絲壬子年元查德州等處一百五十三戶計絲六十一斤

拾得官人

五戶絲壬子年元查東平等處畸零一百一十二戶計絲八十四斤

伯納官人

五戶絲壬子年元查東平五十二戶延祐六年實有四十戶計絲一十八斤

笑乃帶先鋒

五戶絲丙申年分撥東平一百戶延祐六年實有七十八戶計絲三十一斤

帶孫郡王

五戶絲丙申年分撥東平東阿縣一萬戶延祐六年實有一千六百七十五戶計絲七百二十斤

江南戶鈔至元十八年分撥部州路樂昌縣一萬七千戶計鈔四百二十八錠

愠里荅兒薛禪

五戶絲丙申年分撥泰安州二萬戶延祐六年實有五千九百七十一戶計絲二千四百二十五斤

江南戶鈔至元十八年分撥桂陽州二萬一千戶計鈔八百四十錠

朮赤台郡王

五戶絲丙申年分撥德州二萬戶延祐六年實有七千一百四十六戶計絲二千九百四十八斤

江南戶鈔至元十八年分撥連州路二萬一千戶計鈔八百四十錠

阿兒思蘭官人

江南戶鈔至元十八年分撥潯州路三千戶計鈔一百二十錠

孛魯古妻佟氏

五戶絲丙申年分撥眞定一百戶延祐六年實有三十九戶計絲一十五斤

八荅子

五戶絲丙申年分撥順德路一萬四千八十七戶延祐六年實有四千四百四十六戶計絲二千四百六斤

江南戶鈔至元十八年分撥欽州路一萬五千八十七戶計鈔六百二錠

右手萬戶三投下孛羅台萬戶

五戶絲丙申年分撥廣平路洺水州一萬七千三百三十三戶延祐六年實有四千七百三十三戶計絲一千七百三十八斤

江南戶鈔至元十八年分撥全州路清湘縣一萬七千九百一十九戶計鈔七百一十六錠

忒木台駙馬

五戶絲丙申年分撥廣平路磁州九千四百五十七戶延祐六年實有二千四百七戶計絲九百八十九斤

江南戶鈔至元二十二年分撥全州路錄事司九千八百七十六戶計鈔三百九十五錠

斡闊烈闍里必

五戶絲丙申年分撥廣平路一萬五千八百七戶延祐六年實有一千七百三戶計絲六百八十斤

江南戶鈔至元二十年分撥全州路灌陽縣一萬六千一百五十七戶計鈔六百四十六錠

左手九千戶合丹大息千戶

五戶絲丙申年分撥河間路齊東縣一千二十三戶延祐六年實有三百六十六戶計絲一百六十斤

江南戶鈔至元十八年分撥藤州蒼梧縣一千二百四十四戶計鈔九錠

也速不花等四千戶

五戶絲丙申年分撥河間路陵州一千三百一十七戶延祐六年實有五百五十九戶計絲二百二十三斤

也速兀兒等三千戶

五戶絲丙申年分撥河間路寧津縣一千七百七十五戶延祐六年實有七百二十二戶計絲二百八十八斤

江南戶鈔至元十八年分撥藤州等處三千七百三十二戶計絲二百八十八斤

帖柳兀禿千戶

五戶絲丙申年分撥河間路臨邑縣一千四百五十戶延祐六年實有三百五十四戶計絲二百六斤

江南戶鈔至元十八年分撥藤州一千二百四十四戶計鈔四十九錠

和斜溫兩投下一千二百戶

五戶絲丙申年分撥曹州一萬戶延祐六年實有一千九百二十八戶計絲七百四十八斤

江南戶鈔至元十八年分撥貴州一萬五百戶計鈔四百二十錠

忽都虎官人

五戶絲壬子年查認過廣平等處四千戶

江南戶鈔至元十八年分撥部州曲江縣五千三百九戶計鈔二百十二錠

滅古赤

五戶絲丙申年分撥鳳翔府實有一百三十戶

江南戶鈔至元二十二年分撥永州路祁陽縣五千戶計鈔二百錠

塔思火兒赤

五戶絲丙申年分撥東平種田戶并壬子年續查戶共六百八十戶延祐六年實有三百八十九戶計絲一百五十五斤

塔丑萬戶

五戶絲壬子年元查平陽等處一百八十六戶延祐六年實有八十一戶計絲三十七斤

察罕官人

五戶絲壬子年元查懷孟等處三千六百六戶延祐六年實有五百六十戶計絲二百二十四斤

孛羅渾官人

五戶絲壬子年元查保定等處四百一十五戶丁巳年分撥衛輝路淇州一千一百戶延祐六年實有一千九十九戶計絲四百四十九斤

江南戶鈔至元二十七年大德六年分撥四千戶計鈔一百六十錠

速不台官人

五戶絲丁巳年分撥汴梁等處一千一百戶延祐六年實有五百七十七戶計絲二百三十斤

江南戶鈔至元二十年分撥欽州靈山縣一千六百戶計鈔六十四錠

宿敦官人

五戶絲丁巳年分撥眞定一千一百戶延祐六年實有六十四戶計絲二十八斤

也苦千戶

五戶絲丁巳年分撥東平等處一千一百戶延祐六年實有二百九十五戶計絲一百一十八斤

江南戶鈔至元十八年分撥梅州一千四百戶計鈔五十六錠

阿可兒

五戶絲癸丑年分撥益都路高苑縣一千戶延祐六年實有一百九十六戶計絲七十八斤

伯八千戶

五戶絲癸丑年分撥太原一千一百戶延祐六年實有三百五十一戶計絲一百四十斤

兀里羊哈歹千戶

五戶絲戊午年分撥東平等處一千戶延祐六年實有四百七十九戶計絲一百九十一斤

禿薛官人

五戶絲丁巳年分撥興元等處種田六百戶延祐六年實有二百戶計絲八十斤

塔察兒官人

五戶絲壬子年元查平陽二百戶延祐六年實有二百戶計絲八十斤

折米思拔都兒

五戶絲丙申年分撥懷孟等處一百戶延祐六年實有五十戶計絲二十斤

猻虎官人

五戶絲丁巳年分撥平陽一千戶延祐六年實有六百戶計絲二百四十斤

孛哥帖木兒

五戶絲丁巳年分撥眞定等處五十八戶計絲二十三斤

也速魯千戶

五戶絲壬子年分撥眞定路一百六十九戶延祐六年實有四十戶計絲一十六斤

鎭海相公

五戶絲壬子年元查保定九十五戶延祐六年實有五十三戶計絲二十一斤

按察兒官人

五戶絲壬子年分撥太原等處五百五十戶延祐六年實有九十八戶計絲二十九斤

按攤官人
五戶絲中統元年元查平陽路種田戶六十戶
延祐六年實有四十戶計絲一十六斤
阿木魯拔都
五戶絲壬子年查大名等處三百一十戶延祐
六年實有三百一戶計絲一百二十斤
孛羅口下裴太納
五戶絲壬子年元查廣平等處八十二戶延祐
六年實有三十戶計絲一十二斤
忒木台行省
五戶絲壬子年元查太同等處七百五十一戶
延祐六年實有二百五十五戶計絲一百一十
斤
撒禿千戶
江南戶鈔至元二十年分撥潯州三千戶計鈔
一百二十錠
也可太傳
五戶絲壬子年元查上都五百四十戶延祐六
年實有三百戶計絲一百二十斤
迭哥官人
五戶絲丙申年分撥大名清豐縣一千七百一
十三戶延祐六年實有一千三百七戶計絲五
百七斤
卜迭捏拔都兒
五戶絲壬子年元查懷孟八十八戶延祐六年
實有四十戶計絲一十六斤
黃兀兒塔海
五戶絲丙申年分撥平陽一百四十四戶延祐
六年實有一百戶計絲四十斤
怯來千戶
江南戶鈔至元二十年分撥潯州路三千戶計
鈔一百二十錠
哈剌口溫
五戶絲壬子年元查眞定三十二戶
曳剌中書兀圖撒罕里
五戶絲壬子年元查大都等處八百七十戶延
祐六年實有四百四十九戶計絲一百一十七
斤
欠帖木
五戶絲壬子年元查曹州三十四戶延祐六年
實有三十四戶
欠帖溫
歲賜絹一百匹弓絃一千條
江南戶鈔至元十九年分撥梅州安仁縣四千
戶計鈔一百六十錠
扎八忽娘子
歲賜常課段四百七十四
魚兒泊八剌千戶
五戶絲大德元年分撥眞定等處一千戶延祐
三年實有六百戶計絲二百四十斤
昔寶赤
江南戶鈔至元二十一年分撥衡州路安仁縣
四千戶計鈔一百六十錠
八剌哈赤
江南戶鈔至元二十一年分撥台州路天台縣
四千戶計鈔一百六十錠
阿塔赤
江南戶鈔至元二十一年分撥常德路沅江縣
四千戶計鈔一百六十錠
必闍赤
江南戶鈔至元二十一年分撥袁州路萬載縣
三千戶計鈔一百二十錠
貴赤
江南戶鈔至元二十一年分撥和州歷陽縣四
千戶計鈔一百六十錠
厥列赤
江南戶鈔至元二十一年分撥婺州永康縣五
十戶計鈔二十錠
八兒赤不魯古赤
江南戶鈔至元二十一年分撥衡州路酃縣六
百戶計鈔二十四錠
阿速拔都
江南戶鈔至元二十一年分撥廬州等處三千
四百九戶計鈔一百三十六錠
也可怯薛
江南戶鈔至元二十一年分撥武岡路武縣五
千戶計鈔二百錠
忽都荅兒怯薛
江南戶鈔至元二十一年分撥武岡路新寧縣
五千戶計鈔二百錠
帖古迭兒怯薛
江南戶鈔至元二十一年分撥常德路龍陽縣
五千戶計鈔二百錠
月赤察兒怯薛
江南戶鈔至元二十一年分撥武岡路綏寧縣
五千戶計鈔二百錠
玉龍帖木兒千戶
江南戶鈔至元二十年分撥潯州三千戶計鈔
一百二十錠
別苦千戶
江南戶鈔至元二十年分撥潯州三千戶計鈔
一百二十錠
憧兀兒王
江南戶鈔延祐二年爲始支中統鈔二百錠無
城池
霍木海
五戶絲壬子年元查大名等處三十三戶
哈剌赤禿禿哈
江南戶鈔至元二十一年分撥饒州路四千戶
計鈔一百六十錠
添都虎兒
五戶絲丙申年分撥眞定一百戶
賈荅剌罕
五戶絲壬子年元查大都一十四戶
阿剌博兒赤
五戶絲壬子年元查眞定五十五戶
忽都那顏
五戶絲壬子年元查大名二十戶
忽辛火者
五戶絲壬子年元查眞定二十七戶
大忒木兒
五戶絲壬子年元查眞定二十二戶
布八火兒赤
五戶絲壬子年元查大都八十四戶
塔蘭官人
五戶絲壬子年元查大寧三戶
憨剌哈兒
五戶絲壬子年元查保定二十一戶
昔里吉萬戶
五戶絲壬子年元查大都七十九戶
清河縣達魯花赤也速
五戶絲壬子年元查大名二十戶
塔剌罕劉元帥
五戶絲壬子年元查順德一十九戶
怯薛台蠻子
五戶絲壬子年元查泰安州七戶
必闍赤汪古台
五戶絲壬子年元查汴梁等處四十六戶
阿剌罕萬戶
五戶絲壬子年元查保定一戶
徐都官人
五戶絲壬子年元查大都三十一戶
伯要歹千戶
歲賜段二十四匹
西川城左翼蒙古漢軍萬戶脫力失
歲賜常課段三十三匹
典迭兒
歲賜常課段六十四匹
燕帖木兒太平王
歲賜天曆元年定金十錠銀五十錠鈔一萬錠
分撥江東道太平路地五百頃

元史卷九十六

明翰林學士亞中大夫知制誥兼修國史宋　濂等修

食貨志第四十五上

食貨四

俸秩

官必有祿所以養廉也元初未置祿秩世祖卽位之初首命給之內而朝臣百司外而路府州縣微而府史胥徒莫不有祿大德中以外有司有職田於是無職田者復益之以俸米其所以養官吏者不亦厚乎

祿秩之制凡朝廷職官中統元年定之六部官二年定

之隨路州縣官是年十月定之至元六年又分上中下縣爲三等提刑按察司官吏六年定之自經歷以下七年復增之轉運司官及諸匠官七年定之其運司依民官例於差發內支給至十七年定奪俸祿凡內外官吏皆住支十八年更命公事畢而無罪者給之公事未畢而有罪者逐之二十二年重定百官俸始於各品分上中下三例視職事爲差事大者依上例事小者依中例二十三年又命內外官吏俸以十分爲率添支五分二十九年定各處儒學教授俸與蒙古醫學同成宗大德三年詔益小吏俸米六年又定各處行省宣慰司致用院宣撫司茶鹽運司鐵冶都提舉司淘金總管府銀場提舉司等官循行俸例七年始加給內外官吏俸米凡俸一十兩以下人員依小吏例每十兩給米一斗十兩以上至二十五兩每員給米一石餘上之數每俸一兩給米一升無米則驗其時直給價雖貴每石不過二十兩上都大同隆興甘肅等處素非產米之地每石權給中統鈔二十五兩俸三定以上者不給至大二年詔隨朝官員及軍官等俸改給至元鈔而罷其俸米延祐七年又命隨朝官吏俸以十分爲率給米三分凡諸官員上任者不過初二日罷任者已過初五日給當月俸各路官擅割官吏俸者罪之諸職官病假百日之外及因病求醫親老告侍者不給祿後官已至而前官被差者其俸兩給之隨朝官吏每月給俸如告假事故當官立限者全給違限託故者追罰軍官差出者許借俸歿於王事者借俸免徵各投下保充路府州縣等官其俸與王官等職田之制路府州縣官至元三年定之按察司官十四年定之江南行省及諸司官二十一年定之其數減腹裏之半至武宗至大二年外官有職田者三品給祿米一百石四品給六十石五品五十石六品四十五石七品以下四十石俸鈔改支至元鈔其田拘收入官四年又詔公田及俸皆復舊制延祐三年外官無職田者量給粟麥凡交代官芒種已前去任者其租後官收之已後去任者前官分收後又以爭競者多俾各驗其俸月以爲多寡其大畧如此今取其制之可攷者具列于后

至元二十二年百官俸例各品分上中下三等

從一品　六定　五定

正二品　四定二十五兩　四定一十五兩

從二品　四定　三定三十五兩

三定二十五兩

正三品　三定二十五兩　三定一十五兩

三定

從三品　三定　二定三十五兩

二定二十五兩

正四品　二定二十五兩　二定一十五兩

二定

從四品　二定　一定四十五兩

一定四十兩

正五品　一定四十兩　一定三十兩

從五品　一定三十兩　一定二十兩

正六品　一定二十兩　一定一十五兩

從六品　一定一十五兩　一定一十兩

正七品　一定一十兩　一定五兩

從七品　一定五兩　一定

正八品　一定　四十五兩

從八品　四十五兩　四十兩

正九品　四十兩　三十五兩

從九品　三十五兩

內外官俸數

太師府太師俸一百四十貫米一十五石諮議叅軍俸四十五貫米四石五斗長史俸三十四貫六錢六分米三石　太傅太保府同　監修國史叅軍長史同

中書省右丞相俸一百四十貫米一十五石左丞相同平章政事俸一百二十八貫六錢六分六釐米一十二石右丞俸一百一十八貫六錢六分六釐米一十二石左丞同叅知政事俸九十五貫三錢三分三釐米九石五斗叅議俸五十九貫米六石郎中俸四十二貫米四石五斗員外郎俸三十四貫六錢六分六釐米三石都事俸二十八貫米三石　承發管勾俸二十五貫三錢三分三釐米二石照磨省架閣庫管勾回回架閣庫管勾竝同檢校官俸二十八貫米三石五斗　斷事官內一十八員俸各八十二貫六錢六分六釐米八石五斗一十四員俸各五十九貫三錢三分三釐米六石一員俸五十四貫六錢六分六釐米五石五斗一員俸四十貫六錢六分六釐米四石經歷俸二十三貫六錢六分六釐米二石五斗知事俸二十二貫米二石　客省使俸三十九貫三錢三分三釐米三石五斗副使俸二十八貫米三石　直省舍人俸三十四貫六錢六分六釐米三石　六部尚書俸七十八貫米八石侍郎俸五十三貫三錢三分三釐米五石郎中俸三十四貫六錢六分六釐米三石員外郎俸二十八貫米三石主事俸二十六貫六錢六分六釐米二石五斗戶部司計俸二十八貫米三石工部司程俸一十八貫米二石五斗刑部獄丞俸一十一貫米一石司籍提領俸一十二貫六錢六分六釐米一石同提領俸一十一貫三錢三釐米五斗

樞密院知院俸一百二十九貫三錢三分三釐米一十三石五斗同知俸一百六貫米一十一石副樞俸九十五貫三錢三分三釐米九石五斗僉院俸九十貫一錢八分六釐米九石五斗同僉俸五十九貫三錢三分三釐米六石院判俸四十二貫米四石五斗　叅議俸三十九貫三錢三分三釐米三石五斗經歷俸三十四貫六錢六分六釐米三石都事俸二十八貫米二石照磨俸二十二貫米二石管勾同　斷事官俸五十九貫三錢三分三釐米六石經歷俸二十五貫三錢三分三釐米二石知事俸二十貫六錢六分六釐米一石五斗　客省使俸三十一貫三錢三分三釐米三石副使俸二十二貫米二石　右衞都指揮使俸七十貫米七石五斗副都指揮使俸五十九貫三錢三分三釐米六石僉事俸四十八貫六錢六分六釐米四石五斗經歷俸二十五貫三錢三分三釐米二石知事俸二十貫六錢六分六釐米一石五斗照磨俸一十八貫六錢六分六釐米一石五斗　鎭撫俸二十貫六錢六分六釐米一石五斗　行軍官千戶俸二十五貫三錢三分三釐米二石副千戶俸二十貫六錢六分六釐米一石五斗百戶俸一十七貫三錢三分三釐米一石五斗彈壓俸一十二貫六錢六分六釐米一石知事俸一十一貫三錢三分三釐米一石　弩軍官千戶俸二十貫六錢六分六釐米一石五斗百戶俸一十二貫六錢六分六釐米一石彈壓俸一十一貫三錢三分三釐米五斗都目俸一十貫米五斗屯田千戶所同弩軍官例　左衞前衞後衞中衞武衞左阿速衞右阿速衞左都威衞右都威衞左欽察衞右欽察衞左衞率府宗仁衞西域司唐兀司貴赤司並同右衞例　忠翊侍衞都指揮使俸一百貫副使俸八十三貫三錢三分三釐僉事俸六十六貫六錢六分六釐經歷俸三十三貫三錢三分三釐知事俸二十六貫六錢六分六釐照磨俸二十四貫六錢六分六釐　行軍官千戶俸三十三貫三錢三分三釐副千戶俸二十六貫六錢六分六釐百戶俸二十三貫三錢三分三釐彈壓俸一十六貫六錢六分六釐知事俸一十五貫三錢三分三釐　弩軍官千戶俸二十六貫六錢六分六釐百戶俸一十六貫六錢六分六釐彈壓俸一十三貫三錢三分三釐　右手屯田千戶所千戶俸二十六貫六錢六分六釐百戶俸一十六貫六錢六分六釐左手屯田千戶所同　隆鎭衞右翊蒙古侍衞並同忠翊侍衞例

御史臺御史大夫俸一百一十八貫六錢六分米一十二石中丞俸一百六貫米一十一石侍御史俸九十六貫三錢五分米九石五斗治書侍御史俸九十貫一錢八分米九石五斗經歷俸三十四貫六錢六分米三石都事俸二十八貫米三石　殿中俸四十八貫六錢六分米四石五斗知班俸一十四貫米一石五斗　監察御史俸二十八貫米三石

奎章閣學士院大學士俸一百一貫三錢三分三釐米一十石五斗侍書學士俸九十五貫三錢三分三釐米九石五斗承制學士俸七十八貫米八石供奉學士俸五十九貫三錢三分三釐米六石叅書俸三十四貫三錢三分三釐米三石典籤俸二十八貫米三石　鑑書博士俸四十一貫米四石五斗　授經郎二十八貫米三石

太禧宗禋院院使俸一百一十八貫六錢六分六釐米一十二石同知俸一百貫米一十石副使俸九十五貫三錢三分三釐米九石五斗僉院俸九十貫一錢八分米九石同僉俸五十九貫三錢三分三釐米六石院判俸四十二貫米四石五斗叅議俸三十九貫三錢三分三釐米三石五斗經歷俸三十四貫六錢六分六釐米三石都事俸二十八貫米三石照磨俸二十二貫米二石管勾同　斷事官俸五十九貫三錢三分米六石經歷俸二十五貫三錢三分米二石知事俸二十貫六錢六分米一石五斗　客省使俸三十一貫三錢三分米三石副使俸二十二貫米二石

宣政院院使俸一百一十八貫六錢六分米一十二石同知俸一百六貫米一十一石副使俸九十五貫三錢三分米九石五斗僉院俸九十貫一錢八分米九石五斗同僉俸五十九貫三錢三分米六石院判俸四十二貫米四石五斗叅議俸三十九貫三錢三分米三石五斗經歷俸三十四貫六錢六分米三石五斗都事俸二十八貫米三石照磨俸二十二貫米二石管勾同　斷事官客省使並同太禧宗禋院例　宣徽院同

翰林國史院承旨俸一百一十八貫六錢六分米一十二石學士俸一百六貫米一十一石侍讀學士俸九十五貫三錢三分米九石五斗侍講學士同直學士俸五十九貫三錢三分三釐米六石經歷俸三十四貫六錢六分六釐米三石都事俸二十八貫米三石　待制俸三十九貫三錢三分三釐米三石五斗修撰俸二十八貫米三石應奉俸二十五貫三錢三分三釐米二石編修俸二十二貫米二石檢閱同典籍俸二十貫六錢六分六釐米一石五斗　翰林院集賢院大學士同承旨餘並同上例

中政院院使俸一百一貫三錢三分三釐米一十石五斗同知俸八十二貫六錢六分六釐米八石五斗僉院俸七十貫米七石五斗同僉俸五十九貫三錢三分三釐米六石院判俸四十三貫米四石五斗司議俸三十四貫六錢六分六釐米三石長史俸二十八貫米三石照磨俸二十二貫米二石管勾同　太醫院典瑞院將作院太史院儲政院並同

太常禮儀院院使俸八十二貫六錢六分米八石五斗同知俸七十二貫米七石五斗僉院俸四十八貫六錢六分六釐米四石五斗同僉俸四十二貫米四石五斗院判俸三十七貫三錢三分三釐米四石經歷俸二十八貫米三石都事俸二十五貫三錢三分米二石照磨俸二十二貫米二石　太祝俸二十貫六錢六分米一石五斗奉禮協律同

通政院院使俸八十二貫六錢六分六釐米八石五斗同知俸七十貫米七石五斗副使俸五十九貫三錢三分三釐米六石僉院俸四十八貫六錢六分六釐米四石五斗同僉俸四十四貫米四石五斗院判俸三十九貫三錢三分三釐米三石五斗經歷俸三十四貫六錢六分六釐米三石都事俸二十六貫六錢六分六釐米二石五斗照磨俸二十二貫米二石

太宗正府也可扎魯忽赤內一員俸一百一十八貫六錢六分六釐米一十二石二十七員俸八十二貫六錢六分六釐米八石五員俸六十七貫三錢三分三釐米六石五斗郎中俸三十六貫米三石五斗員外郎俸三十一貫三錢三分三釐米三石都事俸二十六貫六錢六分六釐米二石五斗照磨俸二十二貫米二石管勾同

大司農司大司農俸一百一十八貫六錢六分米一十二石大司農卿俸一百三貫米一十一石大司農少卿俸九十五貫三錢三分米九石五斗大司農丞俸九十貫一錢八分米九石五斗經歷俸三十四貫六錢六分米三石都事俸二十八貫米三石照磨俸二十二貫米二石管勾同

內史府內史俸一百四十三貫三錢三分中尉俸一百一十六貫六錢六分六釐司馬俸八十三貫三錢三分三釐諮議俸四十六貫六錢六分六釐記室俸四十貫照磨俸三十貫

大都留守司留守俸一百一貫三錢三分米一十石五斗同知俸八十二貫六錢六分米八石五斗副留守俸五十九貫三錢三分三釐米六石留判俸四十二貫米四石五斗經歷俸三十四貫六錢六分六釐米三石都事俸二十八貫米三石照磨俸二十二貫米二石

都護府大都護俸八十二貫六錢六分六釐米八石五斗同知俸七十二貫米七石五斗副都護俸五十九貫三錢三分三釐米六石經歷俸二十八貫米三石都事俸二十六貫六錢六分六釐米二石五斗照磨俸二十二貫米二石

崇福司司使俸八十二貫六錢六分六釐米八石同知俸七十貫米七石五斗副使俸五十九貫三錢三分米六石司丞俸三十九貫三錢三分米三石五斗經歷俸二十八貫米三石都事俸二十六貫六分六釐米二石五斗照磨俸二十二貫米二石

給事中俸五十三貫三錢三分三釐米五石左右侍儀奉御俸四十八貫六錢六分六釐米四石五斗

武備寺卿俸七十貫米七石五斗同判俸五十九貫三錢三分三釐米六石少卿俸四十二貫米四石五斗寺丞俸三十九貫三錢三分三釐米三石五斗經歷俸二十五貫三錢三分三釐米二石知事俸二十四貫米二石照磨俸二十二貫米二石

太僕寺卿俸七十貫米七石五斗少卿俸四十二貫米四石五斗寺丞俸三十九貫三錢三分米三石五斗經歷俸二十五貫三錢三分三釐米二石知事俸二十二貫米二石照磨俸二十貫六錢六分米一石五斗　光祿長慶長新長秋承徽長寧尚乘長信等寺並同

尚舍寺太監俸四十八貫六錢六分米四石少監俸三十九貫三錢三分米三石五斗監丞俸三十一貫三錢三分米二石知事俸二十二貫米二石

侍儀司侍儀使俸七十貫米七石五斗引進使俸四十八貫六錢六分米四石五斗典簿俸二十五貫三錢三分米二石　承奉班都知俸二十六貫六錢六分米二石五斗通事舍人俸二十五貫三錢三分米二石侍儀舍人俸一十七貫三錢三分米一石五斗

拱衛司都指揮使俸七十貫米七石五斗副都指揮使俸五十九貫三錢三分三釐米六石僉事俸四十八貫六錢六分六釐米四石五斗經歷俸二十五貫三錢三分三釐米二石知事俸二十貫六錢六分六釐米一石五斗

內宰司內宰俸七十貫米七石五斗司丞俸四十五貫米四石五斗典簿俸二十五貫三錢三分米二石照磨俸二十貫六錢六分米一石五斗　翊正司同

延慶司延慶使俸一百貫同知俸六十三貫三錢三分三釐副使俸四十六貫六錢六分六釐司丞俸三十四貫六錢六分六釐米三石典簿俸二十五貫三錢三分三釐米二石照磨俸二十貫六錢六分六釐米一石五斗

內正司司卿俸七十貫米七石五斗少卿俸四十七貫米四石五斗司丞俸三十九貫三錢三分三釐米三石五斗典簿俸二十五貫三錢三分三釐米二石照磨俸二十貫六錢六分米一石五斗　中瑞司同

京畿運司運使俸五十六貫米六石同知俸三十九貫三錢三分米三石五斗運副俸三十四貫六錢六分米三石運判俸二十六貫六錢六分米二石五斗經歷俸二十貫六錢六分米一石五斗知事俸一十四貫米一石五斗提控案牘俸一十四貫六錢六分米一石

太府監卿俸七十貫米七石五斗太監俸五十九貫三錢三分米六石少監俸四十二貫米四石五斗監丞俸三十九貫三錢三分米三石五斗經歷俸二十五貫三錢三分米二石知事俸二十四貫米二石照磨俸二十二貫米二石　秘書章佩利用中尚度支等監並同

國子監祭酒奉五十九貫三錢三分米六石司業俸三十九貫三錢三分米三石五斗監丞俸三十貫三錢三分米三石典簿俸一十五貫三錢三分米二石　博士俸二十六貫六錢六分米二石五斗太常博士回回國子博士同助教俸二十二貫米二石教授同學錄俸一十一貫三錢三分米五斗蒙古國子監同

經正監卿俸七十貫米七石五斗太監俸五十貫米五石少監俸四十二貫米四石五斗監丞俸三十四貫六錢六分六釐米三石經歷俸二十五貫三錢三分三釐米二石知事俸二十二貫米二石

闌遺監太監俸四十八貫六錢六分米四石少監俸三十九貫三錢三分三釐米三石監丞俸三十一貫三錢三分米三石知事俸二十二貫米二石提控案牘俸二十貫六錢六分米一石五斗

司天監提點俸五十九貫三錢三分米六石司天監俸五十三貫三錢三分米五石監丞俸三十一貫三錢三分米三石知事俸二十貫六錢六分六釐米一石五斗　教授俸一十貫六錢六分米一石管勾同司辰俸八貫六錢六分米五斗學正押宿並同　回回司天監少監俸四十二貫米四石五斗餘同上

都水監都水卿俸五十三貫米六石少監俸三十九貫三錢三分米三石五斗監丞俸三十貫米三石經歷俸二十五貫三錢三分米二石知事俸二十二貫米二石

大都路達魯花赤俸一百三十貫總管同副達魯花赤一百二十貫同知八十貫治中同判官五十五貫推官五十貫經歷四十貫知事三十貫提控案牘二十五貫照磨同並中統鈔

行省左丞相俸二百貫平章政事一百六十六貫六錢六分六釐右丞左丞同參知政事一百三十三

貫三錢三分三釐郎中四十六貫六錢六分六釐員外郎三十貫都事二十六貫六錢六分六釐檢校同管勾二十三貫三錢三分三釐　理問所理問俸四十六貫六錢六分六釐副理問俸三十貫知事俸一十六貫六錢六分六釐提控案牘同

宣慰司　腹裏宣慰使俸中統鈔五百八十貫三錢三分同知五百貫副使四百一十六貫六錢六分經歷四百貫都事一百八十三貫三錢三分照磨一百五十貫　行省宣慰使俸至元鈔八十七貫五錢同知四十九貫副使四十二貫經歷二十八貫都事二十四貫照磨一十七貫五錢

廉訪司廉訪使俸中統鈔八十貫副使四十五貫僉事三十貫經歷二十貫知事一十五貫照磨一十二貫

鹽運司　腹裏運使俸一百二十貫同知五十貫副使三十五貫判官三十貫經歷二十貫知事一十五貫照磨一十三貫　行省運使八十貫同知五十貫運副四十貫判官三十貫經歷二十五貫知事一十七貫提控案牘一十五貫

上路達魯花赤俸八十貫總管同同知四十貫治中三十貫判官二十貫推官一十九貫經歷一十七貫知事一十二貫提控案牘一十貫　下路達魯花赤俸七十貫總管同同知三十五貫判官二十貫推官一十九貫經歷一十七貫知事一十二貫提控案牘一十貫

散府達魯花赤俸六十貫知府同同知三十貫判官一十八貫推官同知事一十二貫提控案牘一十貫

上州達魯花赤俸五十貫州尹同同知二十五貫判官一十八貫知事一十二貫提控案牘一十貫

中州達魯花赤俸四十貫知州同同知二十貫判官一十五貫提控案牘一十貫都目八貫　下州達魯花赤俸三十貫知州同同知一十八貫判官一十三貫吏目四才貫

上縣達魯花赤俸二十貫縣尹同縣丞一十五貫主簿一十三貫縣尉一十二貫典史三十五貫巡檢一十貫　中縣達魯花赤俸一十八貫縣尹同主簿一十三貫縣尉一十二貫典史三十五貫　下縣達魯花赤俸一十七貫縣尹同主簿一十二貫縣尉同典史三十五貫

諸署諸局諸庫等官及掾吏之屬其目甚多不可勝書然其俸數之多寡亦皆以品級之高下爲則觀者可以類推故畧而不錄

職田數

至元三年定隨路府州縣官員職田上路達魯花赤一十六頃總管同同知八頃治中六頃府判五頃　下路達魯花赤一十四頃總管同同知七頃府判五頃　散府達魯花赤一十頃知府同同知六頃府判四頃　上州達魯花赤一十頃州尹同同知五頃州判四頃　中州達魯花赤八頃知州同同知四頃州判三頃　下州達魯花赤六頃知州同州判三頃　警巡院達魯花赤五頃警使同警副四頃警判三頃　錄事司達魯花赤三頃錄事同錄判二頃　縣達魯花赤四頃縣尹同縣丞三頃主簿二頃縣尉主簿兼尉並同　經歷四頃

至元十四年定按察司職田各道按察使一十六頃副使八頃僉事六頃

至元二十一年定江南行省及諸司職田比腹裏減半上路達魯花赤八頃總管同同知四頃治中三頃府判二頃五十畝　下路達魯花赤七頃總管同同知三頃五十畝府判二頃五十畝經歷二頃知事一頃提控案牘同　散府達魯花赤六頃知府同同知三頃府判二頃提控案牘一頃　上州達魯花赤五頃知州同同知二頃州判同提控案牘一頃　中州達魯花赤四頃知州同同知二頃州判一頃五十畝都目五十畝　下州達魯花赤三頃知州同同知二頃州判一頃五十畝　上縣達魯花赤二頃縣尹同縣丞一頃五十畝主簿一頃縣尉同　中縣同上無縣丞　下縣達魯花赤一頃五十畝縣尹同主簿兼尉一頃　錄事司達魯花赤一頃五十畝錄事同錄判一頃　司獄一頃巡檢同

按察使八頃副使四頃僉事三頃經歷二頃知事一頃　運司官運使八頃同知四頃運副三頃運判同經歷二頃知事二頃提控案牘同　鹽司官鹽使二頃鹽副二頃鹽判一頃　各場正同管勾各一頃

常平義倉

常平起于漢之耿壽昌義倉起于唐之戴冑皆救荒之良法也元立義倉于鄉社又置常平於路府使饑不損民豐不傷農粟直不低昂而民無菜色可謂善法漢唐者矣今攷其制常平倉世祖至元六年始立其法豐年米賤官爲增價糴之歉年米貴官爲減價糶之於是八年以和糴糧及諸河倉所撥糧貯焉二十三年定鐵法又以鐵課糴糧充焉義倉亦至元六年始立其法社置一倉以社長主之豐年每親丁納粟五斗驅丁二斗無粟聽納雜色歉年就給社民於是二十一年新城縣水二十九年東平等處饑皆發義倉賑之皇慶二年復申其令然行之既久名存而實廢豈非有司之過與

惠民藥局

周官有醫師掌醫之政令凡邦有疾病疕瘍者造焉則使醫分而治之此民所以無夭折之患也元立惠民藥局官給鈔本月營子錢以備藥物仍擇良醫主之以療貧民其深得周官設醫師之美意者與初太宗九年始於燕京等十路置局以奉御田闊闊太醫王璧齊楫等爲局官給銀五百定爲規運之本世祖中統二年又命王祐開局四年復置局於上都每中統鈔一百兩收息錢一兩五錢至元二十五年以陷失官本悉罷革之至成宗大德三年又準舊例於各路置焉凡局皆以各路正官提調所設良醫上路二名下路府州各一名其所給鈔本亦驗民戶多寡以爲等差今併著于后

腹裏三千七百八十定

河南行省二百七十定

湖廣行省一千一百五十定

遼陽行省二百四十定　四川行省二百四十定

陝西行省二百四十定　江西行省三百定

江浙行省二千六百一十五定

雲南行省眞𧴩一萬一千五百索

甘肅行省一百定

市糴

和糴自唐始所以備邊庭軍需也其弊至於害民者蓋有之矣元和糴之名有二曰市糴糧曰鹽折草率皆增其直而市於民於是邊庭之兵不乏食京師之馬不乏芻而民亦用以不困其爲法不亦善乎

市糴糧之法世祖中統二年始以鈔一千二百定於上都北京西京等處糴三萬石四年以解鹽引一萬五千道和中陝西軍儲是年三月又命扎馬剌丁糴糧仍敕軍民官毋沮五年諭北京西京等路市糴軍糧至元三年以南京等處和糴四十萬石四年命沔州等處中納官糧續還其直八年驗各路糧粟價直增十分之一和糴三十九萬四千六百六十石十六年以兩淮鹽引五萬道募客旅中糧十九年以鈔三萬定市糴於隆興等處二十年以鈔五千定市於北京六萬定市於上都二千定市於應昌二十一年以河間山東兩浙兩淮鹽引募諸人中糧是年四月以鈔四千定於應昌市糴九月發鹽引七萬道鈔三萬定於上都和糴二十二年以鈔五萬定令木八剌沙和糴於上都是年二月詔江南民田秋成官爲定例收糴次年減價出糶二十三年發鈔五千定市糴沙靜隆興軍糧二十四年官發鹽引聽民中糧是年十二月以揚州杭州鹽引五十萬道兌換民糧二十七年和糴西京糧其價每一十兩之上增一兩延祐三年中糴和林糧二十三萬石五年六年又各和中二十萬石

鹽折草之法成宗大德八年定其則例每年以河間鹽令有司於五月預給京畿郡縣之民至秋成各驗鹽數輸草以給京師秣馬之用每鹽二斤折草一束重一十斤歲用草八百萬束折鹽四萬引云

賑恤

救荒之政莫大於賑恤元賑恤之名有二曰蠲免者免其差稅卽周官大司徒所謂薄征者也曰賑貸者給以米粟卽周官大司徒所謂散利者也然蠲免有以恩免者有以災免者賑貸有以鰥寡孤獨而賑者有以水旱疫癘而賑者有以京師人物繁湊而每歲賑糶者若夫納粟補官之令亦救荒之一策也其爲制各不同今並著于后以見其仁厚愛民之意云

恩免之制世祖中統元年量減絲料包銀分數二年免西京北京燕京差發是年二月以眞定大名河南陝西東平益都平陽等路兵興之際勞於轉輸其差發減輕科取三年北京等路以兵興供給繁重免本歲絲料包銀是年閏九月以濟南路遭李璮之亂軍民皆饑盡除差發四年以西京民戶值渾都海阿藍䚟兒之亂人民流散免差稅三年至元元年詔減明年包銀十分之三全無業者十之七是年四月逃戶復業者免差稅三年三年減中都包銀四分之一十二年蠲免包銀絲線俸鈔是年八月免河南路包銀三分之二其餘路府亦免十之五十九年免諸路民戶明年包銀俸鈔及逃移戶差稅二十年免大都平灤民戶絲線俸鈔二十二年除民間包銀三年不使帶納俸鈔盡免大都軍民地稅二十四年免東京軍民絲線包銀俸鈔是年九月除北京馬五百匹二十五年免遼陽武平等處差發二十七年

減河間保定平灤三路絲線之半大都全免二十八年詔免腹裏諸路包銀俸鈔其大都上都隆興平灤大同太原河間保定武平遼陽十路絲線並除之二十九年免上都隆興平灤保定河間五路包銀俸鈔三十年免大都差稅三十一年成宗卽位詔免天下差稅有差是年六月免腹裏軍站匠船鹽鐵等戶稅糧及江南夏稅之半元貞元年除大都民戶絲線包銀稅糧大德元年以改元免大都上都隆興民戶差稅三年三年詔免腹裏包銀俸鈔及江南夏稅十分之三四年詔免上都大都隆興明年絲銀稅糧其數亦如之江南租稅減十分之一九年又下寬免之令以恤大都上都隆興腹裏江淮之民十年逃移民戶復業者免差稅三年十一年武宗卽位詔免內外郡縣差稅有差至大二年上尊號詔免腹裏江淮差稅三年又免大都上都中都秋稅及民間差稅之負欠者四年免腹裏包銀及江南夏稅十分之三是年四月免大都上都中都差稅三年延祐元年以改元免大都上都差稅二年其餘被災經賑者免一年流民復業者免差稅三年二年免各路差稅絲料七年免腹裏絲綿十分之五外郡十分之三江淮夏稅所免之數與外郡絲綿同民間逋欠差稅並除之是年免丁地稅糧包銀絲料各有差至治二年寬恤軍民站戶三年免臨清萬戶府軍民船戶差稅三年福建蛋戶差稅一年泰定三年罷江淮以南包銀天曆元年免諸路差稅絲料有差及海北鹽課三年二年免達達軍站之貧乏者及各路差稅有差是年十月免人民逋欠官錢及奉元商稅各處竈戶雜役至順元年以改元免諸路差稅有差減方物之貢免河南府懷慶路門攤海北鹽課存恤紅城兒屯田軍三年

災免之制世祖中統元年以各處被災驗實減免科差三年以蠻寇攻掠免三叉沽竈戶一百六十五戶其年絲料包銀四年以秋旱霜災減大名等路稅糧至元三年以東平等處蠶災減其絲料五年以益都等路禾損蠲其差稅六年以濟南益都懷孟德州淄萊博州曹州真定順德河間濟州東平恩州南京等處桑蠶災傷量免絲料七年南京河南蝗旱減差徭十分之六十九年減京師民戶科差之半二十年以水旱相仍免江南稅糧十分之二二十四年免北京饑民差稅是年揚州及浙西水其地稅在揚州者全免浙西減二分二十五年南安等處被寇兵者稅糧免徵二十六年紹興路水免地稅十之三是年六月以禾稼不收免遼陽差稅二十七年大都遼陽被災免其包銀俸鈔是年六月以霖雨免河間等路絲料之半十月以興松二州霜免其地稅二十八年遼陽被災者稅糧皆免徵其餘量徵其半是年五月以太原去歲不登杭州被水其太原丁地稅糧杭州地稅並除之九月又免州路所負歲糧二十九年以北京地震量減歲課是年以大都去歲不登流移者衆免其稅糧及包銀俸鈔元貞元年以供給繁重及水傷禾稼免咸平府邊民差稅大德二年以旱蝗除揚州淮安兩路稅糧五年各路被災重者其差稅並除之六年免大都平灤差稅七年以內郡饑荆湖川蜀供給軍餉其差稅減免各有差八年以平陽太原地震免差稅三年至大元年以江南江北水旱民饑其科差夏稅並免之二年以腹裏江淮被災其科差夏稅亦並免之皇慶二年免益都饑民貸糧延祐二年河南歸德南陽徐邳陳蔡許州荆門襄陽等處水三年肅州等處連歲被災皆免其民戶稅糧天曆元年陝西霜旱免其科差一年鹽官州海潮免其秋糧夏稅是年十二月詔經寇盜剽掠州縣免差稅一年二年以關陝旱免差稅三年至順元年以河南懷慶旱其門攤課程及逋欠差稅皆免徵

鰥寡孤獨賑貸之制世祖中統元年首詔天下鰥寡孤獨廢疾不能自存之人天民之無告者也命所在官司以糧贍之至元元年又詔病者給藥貧者給糧八年令各路設濟衆院以居處之於糧之外復給以薪十年以官吏破除入已凡糧薪並勅於公廳給散十九年各路立養濟院一所仍委憲司點治二十年給京師南城孤老衣糧房舍二十八年給寡婦冬夏衣二十九年給貧子柴薪日五斤三十一年特賜米絹元貞二年詔各處孤老凡遇寬恩人給布帛各一大德三年詔遇天壽節人給中統鈔二貫永爲定例六年給死者棺木錢

水旱疫癘賑貸之制中統元年平陽旱遣使賑之二年遷曳捏卽地貧民就食河南平陽太原三年濟南饑以糧三萬石賑之是年七月以課銀一百五十定濟甘州貧民四年以錢糧幣帛賑東平濟河貧民鈔四千定賑諸王只必帖木兒部貧民至元二年以鈔百定賑闊闊出所部軍五年益都民饑驗口賑之六年東平河間一十五處饑亦驗口賑之八年以糧賑西京路急遞鋪兵卒十二年濮州等處饑貸糧五千石十六年以江南所運糯米不堪用者賑貧民十九年真定饑賑糧兩月二十年以帛千疋鈔三百定賑水達達地貧民二十三年大都屬郡六處饑賑糧三月二十四年斡端民饑賑鈔萬定是年四月以陳米給貧民七月以糧給諸王阿只吉部貧民大口二斗小口一斗二十六年京兆旱以糧三萬石賑之是年又賑左右翼屯田蠻軍及月兒魯部貧民糧各三月二十七年大都民饑減直糶糧五萬石二十八年以去歲隕霜害稼賑宿衞士怯憐口糧二月以饑賑徽州溧陽等路民糧三月三十一年復賑宿衞士怯憐口糧三月元貞元年諸王阿難答部民饑賑糧二萬石是年六月以糧一千三百石賑隆興府饑民二千石賑千戶滅禿等軍七月以遼陽民饑賑糧二月大德元年以饑賑遼陽水達達等戶糧五千石公主囊加真位糧二千石是年臨江揚州等路亦饑賑糧有差腹裏并江南災傷之地賑糧三月二年賑隆興臨江兩路饑民又賑金復州屯田軍糧二月四年鄂州等處民饑發湖廣省糧十萬石賑之七年以鈔萬定賑歸德饑民九年澧陽縣火賑糧二月十一年以饑賑安州高陽等縣糧五千石潮州穀一萬石奉符等處鈔二千定兩浙江東等處鈔三萬餘定糧二十萬餘石又勸率富戶賑糶糧一百四十餘萬石凡施米者驗其數之多寡而授以院務等官是年又以鈔一十四萬七千餘定鹽引五千道糧三十萬石賑紹興慶元台州三路饑民皇慶元年寧國饑賑糧兩月自延祐之後腹裏江南饑民歲加賑恤其所賑或以糧或以鹽引或以鈔

京師賑糶之制至元二十二年始行其法於京城南城設鋪各三所分遣官吏發海運之糧減其市直以賑糶焉凡白米每石減鈔五兩南粳米減鈔三兩歲以爲常成宗元貞元年以京師米貴益廣世祖之制設肆三十所發糧七萬餘石糶之白粳米每石中統鈔一十五兩白米每石一十二兩糙米每石六兩五錢二年減米肆爲一十所其每年所糶多至四十餘萬石少亦不下二十餘萬石至大元年增兩城米肆爲一十五所每肆日糶米一百石四年增所糶米價爲中統鈔二十五貫自是每年所糶率五十餘萬石泰定二年減米價爲二十貫致和元年又減爲一十五貫云賑糶糧之外復有紅貼糧紅貼糧者成宗大德五年始行初賑糶糧多爲豪强嗜利之徒用計巧取弗能周及貧民於是令有司籍兩京貧乏戶口之數置半印號簿文貼各書其姓名口數逐月對貼以給大口三斗小口半之其價視賑糶之直三分常減其一與賑糶並行每年撥米總二十萬四千九百餘石閏月不與焉其愛民之仁於此亦可見矣

入粟補官之制元初未嘗舉行天曆三年內外郡縣亢旱爲災於是用太師答剌罕等言舉而行之凡江南陝西河南等處定爲三等令其富實民戶依例出米無米者折納價鈔陝西每石八十兩河南并腹裏每石六十兩江南三省每石四十兩實授茶鹽流官如不仕讓封父母者聽錢穀官考滿依例陞轉陝西省一千五百石之上從七品一千石之上正八品五百石之上從八品三百石之上正九品二百石之上從九品一百石之上上等錢穀官八十石之上中等錢穀官五十石之上下等錢穀官三十石之上旌表門閭河南并腹裏二千石之上從七品一千五百石之上正八品一千石之上從八品五百石之上正九品三百石之上從九品二百石之上上等錢穀官一百五十石之上中等錢穀官一百石之上下等錢穀官江南三省一萬石之上正七品五千石之上從七品三千石之上正八品二千石之上從八品一千石之上正九品五百石之上從九品三百石之上上等錢穀官二百五十石之上中等錢穀官二百石之上下等錢穀官先已入粟遙授虛名今再入粟者驗其糧數照依資品實授茶鹽流官陝西一千石之上從七品六百六十石之上正八品三百三十石之上從八品二百石之上正九品一百三十石之上從九品河南并腹裏一千三百三十石之上從七品一千石之上正八品六百六十石之上從八品三百三十石之上正九品二百石之上從九品江南三省六千六百六十石之上正七品三千三百三十石之上從七品二千石之上正八品一千三百三十石之上從九品先已入粟實授茶鹽流官今再入粟者驗其糧數加等升除陝西七百五十石之上五百石之上二百五十石之上一百五十石之上一百石之上河南并腹裏一千石之上七百五十石之上五百石之上二百五十石之上僧道入粟三百石之上賜六字師號都省給之二百石之上四字師號一百石之上二字師號禮部給之四川省富實民戶有能入粟赴江陵者依河南省補官例行之夫入粟補官雖非先王之政然荒札之餘民賴其助者多矣故特識于篇末而不敢畧云

元史卷九十七

明翰林學士亞中大夫知制誥兼修國史宋　濂等修

食貨志第四十五下

食貨五

食貨前志據經世大典爲之目凡十有九自天曆以前載之詳矣若夫元統以後海運之多寡鈔法之更變鹽茶之利害其見於六條政類之中及有司采訪事蹟凡有足徵者具錄於篇以備參考而喪亂之際其亡逸不存者則闕之

海運

元自世祖用伯顏之言歲漕東南粟由海道以給京師始自至元二十年至于天曆至順由四萬石以上增而爲三百萬以上其所以爲國計者大矣歷歲既久弊日以生水旱相仍公私俱困疲三省之民力以充歲運之恆數而押運監臨之官與夫司出納之吏恣爲貪黷脚價不以時給收支不得其平船戶貧乏耗損益甚兼以風濤不測盜賊出沒剽劫覆亡之患自仍改至元之後有不可勝言者矣由是歲運之數漸不如舊至正元年益以河南之粟通計江南三省所運止得二百八十萬石二年又令江浙行省及中正院財賦總管府撥賜諸人寺觀之糧盡數起運僅得二百六十萬石而已及汝潁倡亂湖廣江右相繼陷沒而方國珎張士誠竊據浙東西之地雖縻以好爵資爲藩屏而貢賦不供剥民以自奉於是海運之舟不至京師者積年矣至十九年朝廷遣兵部尚書伯顏帖木兒戶部尚書齊履亨徵海運於江浙由海道至慶元抵杭州時達識帖睦邇爲江浙行中書省丞相張士誠爲太尉方國珎爲平章政事詔命士誠輸粟國珎具舟達識帖睦邇總督之既達朝廷之命而方張互相猜疑士誠慮方氏載其粟而不以輸于京也國珎恐張氏掣其舟而因乘虛以襲已也伯顏帖木兒白于丞相正辭以責之巽言以諭之乃釋二家之疑克濟其事先率海州俟于嘉興之澉浦而平江之粟展轉以達杭之石墩又一舍而後抵澉浦乃載于舟海灘淺澁躬履艱苦粟之載于舟者爲石十有一萬二十年五月赴京是年秋又遣戶部尚書王宗禮等至江浙二十一年五月運糧赴京如上年之數九月又遣兵部尚書徹徹不花侍郞韓祺往徵海運一百萬石二十二年五月運糧赴京視上年之數僅加二萬而已九月遣戶部尚書脫脫歡察爾兵部尚書帖木至江浙二十三年五月仍運糧十有三萬石赴京九月又遣戶部侍郞博羅帖木兒監丞賽因不花往徵海運士誠託辭以拒命由是東南之粟給京師者遂止於是歲云

鈔法

至正十年右丞相脫脫欲更鈔法乃會中書省樞密院御史臺及集賢翰林兩院官共議之先是左司都事武祺嘗建言云鈔法自世祖時已行之後除撥支料本倒易昏鈔以布天下外有合支名目於寶鈔總庫料鈔轉撥所以鈔法疏通民受其利比年以來失祖宗元行鈔法本意不與轉撥故民間流轉者少致僞鈔滋多遂准其所言凡合支名目已於總庫轉支至是吏部尚書偰哲篤及武祺俱欲迎合丞相之意偰哲篤言更鈔法以楮幣一貫文省權銅錢一千文爲母而錢爲子衆人皆唯唯不敢出一語惟集賢大學士兼國子祭酒呂思誠獨奮然曰中統至元自有母子上料爲母下料爲子比之達達人乞養漢人爲子是終爲漢人之子而已豈有故紙爲父而以銅爲過房兒子者乎一坐皆笑思誠又曰錢鈔用法以虛換實其致一也今歷代錢及至正錢中統鈔及至元鈔交鈔分爲五項若下民知之藏其實而棄其虛恐非國之利也偰哲篤武祺又曰至元鈔多僞故更之爾思誠曰至元鈔非僞人爲僞爾交鈔若出亦有僞者矣且至元鈔猶故戚也家之童稚皆識之矣交鈔猶新戚也雖不敢不親人未識也其僞反滋多爾況祖宗成憲豈可輕改偰哲篤曰祖宗法弊亦可改矣思誠曰汝輩更法又欲上誣世皇是汝又欲與世皇爭高下也且自世皇以來諸帝皆謚曰孝改其成憲可謂孝乎武祺又欲錢鈔兼行思誠曰錢鈔兼行輕重不倫何者爲母何者爲子汝不通古今道聽塗說何足以行徒以口舌取媚大臣可乎偰哲篤曰我等策既不可行公有何策思誠曰我有三字策曰行不得行不得又曰丞相勿聽此言如向日開金口河成則歸功汝等不成則歸罪丞相矣脫脫見其言直猶豫未決御史大夫也先帖木兒言曰呂祭酒言有是者有非者但不當坐廟堂高聲厲色若從其言此事終不行耶明日諷御史劾之思誠歸臥不出遂定更鈔之議而奏之下詔云朕聞帝王之治因時制宜損益之方在乎通變惟我世祖皇帝建元之初頒行中統交鈔以錢爲文雖鼓鑄之規未遑而錢幣兼行之意已具厥後印造至元寶鈔以一當五名曰子母相權而錢實未用歷歲滋久鈔法偏虛物價騰踊姦僞日萌民用匱乏爰詢廷臣博采輿論僉謂拯弊必合更張其以中統交鈔一貫文省權銅錢一千文准至元寶鈔二貫仍鑄至正通寶錢與歷代銅錢並用以實鈔法至元寶鈔通行如故子母相權新舊相濟上副世祖立法之初意十一年置寶泉提舉司掌鼓鑄至正通寶錢印造交鈔令民間通用行之未久物價騰踊價逾十倍又值海內大亂軍儲供給賞賜犒勞每日印造不可數計舟車裝運軸轤相接交料之散滿人間者無處無之昏軟者不復行用京師料鈔十錠易斗粟不可得既而所在郡縣皆以物貨相貿易公私所積之鈔遂俱不行人視之若弊楮而國用由是遂乏矣

鹽法

大都之鹽元統二年四月御史臺備監察御史言竊覩京畿居民繁盛日用之中鹽不可闕大德中因商販把握行市民食貴鹽乃置局設官賣之中統鈔一貫買鹽四斤八兩後雖倍其價猶敷民用及泰定間因所任局官不得其人在上者失於鈐束致有短少之弊於是巨商趨利者營屬當道以局官侵盜爲由輒奏罷之復從民販賣自是鈔一貫僅買鹽一斤無籍之徒私相犯界煎賣獨受其利官課爲所侵礙而民食貴鹽益甚貧者多不得食甚不副朝廷恤小民之意如朝廷仍舊設局官爲發賣庶課不虧而民受賜矣既而大都路備三巡院及大興宛平縣所申又戶部尚書建言皆如御史所陳戶部乃言以謂榷鹽之法本以裕國而便民始自大德七年罷大都運司令河間運司兼辦每歲存留鹽數散之米鋪從其發賣後因富商專利遂於南北二城設局凡十有五處官爲賣之當時立法嚴明民甚便益泰定二年因局官綱船人等多有侵盜之弊復從民販賣而罷所置之局未及數載有司屢言富商高擡價直之害運司所言綱船作弊蓋因立法不嚴失於關防所致且各處俱有官設鹽鋪與商賈販賣並無窒礙豈有京城之內乃革罷官賣之局宜准本部尚書所言及大都路所申依舊制於南北二城置局十有五處每局日賣十引設賣鹽官二員以歲一周爲滿責其奉公發賣每中統鈔一貫買鹽二斤四兩毋令雜灰土其中及權衡不得其平凡買鹽過十貫者禁之不及貫者從所買與之如滿歲無短少失陷及元定分數者減一界升用之若有侵盜者依例追斷其合賣鹽數令河間運司分爲四季起赴京廒用官定法物兩平稱收分給各局其所賣價鈔逐旬起解委本部官輪次提調之仍委官巡視如有豪強兼利之徒頻買局鹽而增價轉賣於外者從提調巡督官痛治之仍令運司嚴督押運之人設法防禁毋致縱令綱船人等作弊其客商鹽貨從便相參發賣四月二十六日中書省上奏如戶部所擬行之至元三年三月大都京廒申戶部云近奉文帖起運至元二年京廒發賣食鹽一萬五千引令兩平稱收如數具實申部除各綱渰沒短少鹽計八百四十八引本廒實收一萬四千一百五十有二引已支一萬一百引付各局發賣見存鹽四千五十有二引支撥欲盡所據至元三年食鹽宜依例於河間運司起運一萬五千引赴都庶民間食用不闕戶部准其所言乃議京廒食鹽今歲宜從河間運一萬五千引其脚價薦索等費令運司於鹽課錢內通算支用仍召募有產業船戶互相保識每一千引爲一綱就差各該場官一員幷本司奏差或監運巡鹽官每名管押一綱於大都興國等場見收鹽內驗數分泒分司官監視如數兩平支收限三月內赴京廒交卸取文憑赴部銷照但有雜和沙土濕潤短少數並令本綱船戶押運場官奏差監運諸人如數均賠依例坐罪中書如戶部所議行之至正三年監察御史王思誠侯思禮等建言京師自大德七年罷大都鹽運司設官賣鹽置局十有五處泰定二年以其不便罷之元統二年又復之迨今十年法久弊生在船則有侵盜滲溺之患入局則有和雜灰土之奸名曰一貫二斤四兩實不得一斤之上其潔淨不雜而斤兩足者唯上司提調數處耳又常白鹽一千五百引用船五十艘每歲以四月起運官鹽二萬引用船五十艘每歲以七月起運而索截河道舟楫往來無不被擾名爲和顧實乃强奪一歲之中千里之內凡富商巨賈之載米粟者達官貴人之載家室者一槩遮截得重賂而放行所拘留者皆貧弱無力之人耳其舟小而不固滲溺侵盜弊病多端旣達京廒又不得依時交收淹延歲月困守無聊鬻妻子質舟楫者往往有之此客船所以狠顧不前使京師百物湧貴者實由於此竊計官鹽二萬引每引脚價中統鈔七貫總爲鈔三千錠而十五局官典俸給以一歲計之又五百七十六錠其就支房之資短脚之價薦草諸物又在外焉當時置局設官但爲民食貴鹽殊不料官賣之弊反不如商販之賤豈忍徒費國家而使百物貴也宜從憲臺具呈中書省議罷其監局及來歲起運之時出榜文播告鹽商從便入京興販若常白鹽所用船五十艘亦宜於江南造小料船處如數造之旣成之後付運司顧人運載庶舟楫通而商賈集則京師百物

賤而鹽亦不貴矣御史臺以其言具呈中書而河間運司所申亦如前議戶部言運司及大都路講究卽同監察御史所言元設監局合准革罷聽從客旅興販其常白鹽繫內府必用之物起運如故宜從都省聞奏二月初五日中書省上奏如戶部所擬行之

河間之鹽至正二年河間運司申戶部云本司歲辦額餘鹽共三十八萬引計課鈔一百一十四萬錠以供國用不爲不重近年以來各處私鹽及犯界鹽販賣者衆蓋因軍民官失於禁治以致侵礙官課鹽法澁滯實由於此乞轉呈都省頒降詔旨宣諭所司欽依規辦本部具呈中書省遂於四月十七日上奏降旨戒飭之七月又據河間運司申本司辦課全籍郡縣行鹽地方買食官鹽去歲河間等路旱蝗闕食累蒙賑卹民力未蘇食鹽者少又因古北口等處把隘官及軍人不爲用心詰捕大都路所屬有司亦不奉公巡禁致令諸人裝載疙疸鹽於街市賣之或量以斗或盛以盤明相饋送今紫荆關捕獲犯人張狡羣等所載疙疸鹽計一千六百餘斤自至元六年三月迄今犯者將及百起若不申聞恐年終課不如數虛負其咎本部具呈中書省照會樞密院給降榜文禁治之三年又據河間運司申生財節用固治國之常經薄賦輕傜實理民之大本本司歲額鹽三十五萬引近年又添餘鹽三萬引元簽竈戶五千七百七十四戶除逃亡外止存四千三百有一戶每年額鹽勒令見在疲乏之戶勉强包煎今歲若依舊煎辦人力不足又兼行鹽地方旱蝗相仍百姓焉有買鹽之資如蒙矜憫自至正二年爲始權免餘鹽三萬引俟豐稔之歲煎辦如舊本部以錢糧支用不敷權擬住煎一萬引具呈中書省正月二十八日上奏如戶部所擬行之既而運司又言至元三十一年本司辦鹽額二十五萬引自後累增至三十有五萬元統元年又增餘鹽三萬引已經具呈蒙都省奏准住煎一萬引外有二萬引若依前勒令見戶包煎實爲難堪如幷將餘鹽二萬引住煎誠爲便益戶部又以所言具呈中書省權擬餘鹽二萬引住煎一年至正四年煎辦如故四月十二日上奏如戶部所擬行之

山東之鹽元統二年戶部呈據山東運司准濟南路牒依副達魯花赤完者同知闍里帖木兒所言比大都河間運司改設巡鹽官一十二員專一巡禁本部詳山東運司歲辦鈔七十五萬餘錠行鹽之地周圍三萬餘里止是運判一員豈能遍歷恐私鹽來往侵礙國課本司既與濟南路講究便益宜准所言中書省令戶部復議之本部言河間運司定設奏差一十二名巡鹽官一十六名山東運司設奏差二十四名今既比例添設巡鹽官外據元設奏差內減去一十二名具呈中書省如所擬行之三年二月又據山東運司備臨朐沂水等縣申本縣十山九水居民稀少元係食鹽地方後因改爲行鹽民間遂食貴鹽公私不便如蒙仍舊改爲食鹽令居民驗戶口多寡以輸納課鈔則官民俱便抑且可革私鹽之弊運司移文分司幷益都路及下滕嶧等州從長講究互言食鹽爲便及准本司運使辛朝列牒云所據零鹽擬依登萊等處銓注局官給印置局散賣於民非惟大課無虧官釋私鹽之憂民免刑配之罪戶部議山東運司所言於滕嶧等處增置十有一局如登萊三十五局之例於錢穀官內通行銓注局官散賣食鹽官民俱便旣經有司講究宜從所議具呈中書省如所擬行之至元二年御史臺據山東肅政廉訪司申准濟南路備章丘縣申見奉山東運司爲本司額辦鹽課二十八萬引除客商承辦之外見存十三萬引絕無買者將及年終歲課不能如數所據新城章丘長山鄒平濟南俱近鹽場與大小清河相接客旅興販宜依商河滕嶧等處改爲食鹽權泒八千引責付本處有司自備席索脚力赴已擬固堤等場於元統三年依例支出均散於民等事竊照山東運司初無上司明文輒擅散民食鹽追納課鈔使民不得安業今於至元元年正月二月兩次奉到中書戶部符文行鹽食鹽地分已有定例毋得椿配於民本司不遵省部所行寢匿符文依前差人馳驛督責州縣臨逼百姓追徵食鹽課鈔不無擾害據本司恣意行事玩法擾民理應取問緣繫辦課之時宜從憲臺區處又據監察御史所呈亦爲茲事若便行取問卽繫辦課時月具呈中書省區處戶部議呈行鹽食鹽已有定所宜從改正若准御史臺所呈取問運司郄緣鹽法例應從長規畫似難別議中書省如所擬行之

陝西之鹽至元二年九月御史臺准陝西行臺咨備監察御史帖木兒不花建言近蒙委巡歷奉元東道至元元年各州縣戶口額辦鹽課其陝西運司官不思轉運之方每年豫期差人分道賫引遍散州縣甫及旬月杖限追鈔不問民之無有竊照諸處運司之例皆運官召商發賣惟陝西等處鹽司近年散於民戶且如陝西行省食鹽之戶該辦課二十萬三千一百六十四錠有餘於內鞏昌延安等處認定課鈔一萬六千二百七十一錠慶陽環州鳳翔興元等處歲辦課一萬七千九百八十五錠其餘課鈔先因關陝旱饑民多流亡准中書省咨至順三年鹽課十分爲率減免四分于今三載尚有虧負蓋因戶口凋殘十亡八九縱或有復業者家產已空爾來歲頗豐收而物價甚賤得鈔爲艱本司官皆勒有司徵辦無分高下一槩給散少者不下二三引每一引收價三錠富家無以應辦貧下安能措畫糶終歲之糧不酬一引之價緩則輸息而借貸急則典鬻妻子縱引目到手力窘不能裝運止從各處鹽商勒價收買舊債未償新引又至民力有限官賦無窮又寧夏所產韋紅鹽池不辦課程除鞏昌等處循例認納乾課從便食用外其池隣接陝西環州百餘里紅鹽味甘而價賤解鹽味苦而價貴百姓私相販易不可禁約以此參詳河東鹽池除撈鹽戶口食鹽外辦課引數今後宜從運官設法募商興販但遇行鹽之處諸人毋得侵擾韋紅鹽法運司每歲分輪官吏監視聽民采取立法抽分依例發賣每引收價鈔三定自黃河以西從民食用通辦運司元額課鈔因時夾帶至黃河東南者同私鹽法罪之陝西興販解鹽者不禁如此庶望官民兩便而課亦無虧矣又據陝西漢中道肅政廉訪使胡通奉所陳云陝西百姓許食解鹽近脫荒儉流移漸復正宜安輯而鹽吏不察民瘼止以恢辦爲名不論貧富散引收課或納錢入官動經歲月猶未得鹽蓋因地遠脚力艱澁今後若令大河以東之民分定課程買食解鹽其以西之民計口攤課任食韋紅之鹽則官不被擾民無蕩產之禍矣且解鹽結之於風韋紅之鹽產之於地東鹽味苦西鹽味甘又豈肯舍其美而就其惡乎使陝西百姓一槩均攤解鹽之課令食韋紅之鹽則鹽吏免巡禁之勞而民亦受惠矣本臺詳所言鹽法宜從省部定擬具呈中書省送戶部議之本部議云陝西行臺所言鹽事宜從都省選官前赴陝西與行省行臺及河東運司官一同講究是否便益明白咨呈三年都督移咨陝西行省仍摘委河東運司正官一員赴省一同再行講究三月初二日陝西行省官及李御史運司同知郝中順會鞏昌延安興元奉元鳳翔邠州等官與總帥汪通議等俱稱當從御史帖木兒不花及廉使胡通奉所言限以黃河爲界令陝西之民從便食用韋紅二鹽解鹽依舊西行紅鹽不許東渡其咸寧長安錄事司三處未散者依已散州縣一體斟酌認納乾課與運同已散食鹽引價同見納乾課辦鈔七萬錠通行按季輸納運司不須散引如此則民不受害而課以無虧矣郝同知獨言運司每歲辦課四十五萬錠陝西該辦二十萬錠今止認七萬錠餘十三萬錠從何處恢辦議不合而散本省檢照運司逐年申報文冊陝西止辦七萬二千六十餘錠郝遂稱疾不出其後訖無定論戶部參照至順二年中書省嘗遣兵部郎中幷朝散與陝西行省官一同講究以涇州白家河永爲定界聽民食用仍督所在軍民官嚴行禁約毋致韋紅二鹽犯境侵課中書如所擬行之

兩淮之鹽至元六年八月兩淮運司准行戶部尚書運使王正奉牒本司自至元十四年刱立當時鹽課未有定額但從實恢辦自後累增至六十五萬七十五引客人買引自行赴場支鹽場官逼勒竈戶加其斛面以通鹽商壞亂鹽法大德四年中書省奏准改法立倉設綱儧運撥袋支發以革前弊本司行鹽之地江浙江西河南湖廣所轄路分上江下流鹽法通行至大間煎添正額餘鹽三十萬引通九十五萬七十五引客商運至揚州東關俱於城河內停泊聽候通放不下三四十萬餘引積疊數多不能以時發放至順四年前運使韓大中等又言歲賣額鹽九十五萬七十五引客商買引關給勘合赴倉支鹽雇船脚力每引遠倉該鈔十二三貫近倉不下七八貫運至揚州東關俟候以次通放其船梢人等恃以鹽主不能照管視同已物恣爲侵盜弊病多端及事敗到官非不嚴加懲治莫能禁止其所盜鹽以鈔計之不過折其舊船以償而已安能如數徵之是以裏河客商虧陷資本外江興販多被欺侮而百姓高價以買不潔之鹽公私俱受其害竊照揚州東關城外沿河兩岸多有官民空閑之地如蒙聽從鹽商自行貨買基地起造倉房支運鹽袋到稿籍定資次貯置倉內以俟通放臨期用船載往眞州發賣旣防侵盜之患可爲悠久之利其於鹽法非小補也旣申中書戶部及河南行省照勘議擬文移往復紛紜不決久之戶部乃定議令運司於已收在官客商帶納挑河錢內撥鈔一萬錠起蓋倉房仍從都省移咨河南行省委官與運司偕往相視空地果無違礙而後行之

兩浙之鹽至元五年兩浙運司申中書省云本司自至元十三年刱立當時未有定額至十五年始立額辦鹽十五萬九千引自後累增至四十五萬引元統元年又增餘鹽三萬引每歲總計四十有八萬每引初定官價中統鈔五貫自後增爲九貫十貫以至三十五十六十一百今則爲三錠矣每年辦正課中統鈔一百四十四

萬錠較之初年引增十倍價增三十倍課額愈重煎辦愈難兼以行鹽地界所拘戶口有限前時聽從客商就場支給設立檢校所稱檢出場鹽袋又因支查停積延祐七年比兩淮之例改法立倉綱官押船到場運鹽赴倉收貯客旅就倉支鹽始則爲便經今二十餘年綱場倉官任非其人惟務掊克況淮浙風土不同兩淮跨涉四省課額雖大地廣民多食之者衆可以辦集本司地界居江枕海煎鹽亭竈散漫海隅行鹽之地裏河則與兩淮鄰接海洋則與遼東相通番船往來私鹽出沒侵礙官課雖有刑禁難盡防禦鹽法隳壞亭民消廢其弊有五本司所轄場司三十四處各設令丞管勾典史管領竈戶火丁用工之時正當炎暑之月晝夜不休饑值陰雨束手彷徨貧窮小戶餘無生理衣食所資全藉工本稍存抵業之家十無一二有司不體其勞又復差充他役各場元簽竈戶一萬七千有餘後因水旱疫癘流移死亡止存七千有餘卽今未蒙簽補所據拋下額鹽唯勒見戶包煎而已若不早爲簽補優加存恤將來必致損見戶而虧大課此弊之一也又如所設三十五綱監運綱司專掌召募船戶照依隨場日煎月辦課額官給水腳錢就場支裝所煎鹽袋每引元額四百斤又加折耗等鹽十斤裝爲二袋綱官押運前赴所撥之倉而交納爲客人到倉支鹽如自二月至於十月河凍之時以運足爲度其立法非不周密也今各綱運鹽船戶經行歲久奸弊日滋凡遇到場裝鹽之時私屬鹽場官吏司秤人等重其斤兩裝爲硬袋出場之後沿途盜賣雜以灰土補其所虧及到所赴之倉而倉官司秤人又各受賄既不加辨秤盤又不如法在倉日久又復消折袋法不均誠非細故不若仍舊令客商就場支給既免綱運俸給水腳之費又鹽法一新此弊之二也本司歲辦額鹽四十八萬引行鹽之地兩浙江東凡一千九百六萬餘口每日食鹽四錢一分八釐總而計之爲四十四萬九千餘引雖賣盡其數猶剩鹽三萬一千餘引每年督勒有司驗戶口請買又值荒歉連年流亡者衆兼以瀕江並海私鹽公行軍民官失於防禦所以各倉停積累歲未賣之鹽凡九十餘萬引無從支散如蒙早降定制以憑遵守賞罰既明私鹽減少戶口食鹽不致廢弛此弊之三也又每季拘收退引凡遇客人運鹽到所賣之地先須住報水程及所止店肆繳納退引豈期各處提調之官不能用心檢舉縱令吏胥坊里正等需求分例錢不滿所欲則多端留難客人或因發賣遲滯轉往他所水程雖住引不拘納遂有埋沒致容奸民藏匿在家影射私鹽所司亦不檢勘拘收其懦善者賣過官鹽之後卽將引目投之鄉胥又有狡猾之徒不行納官通同鹽徒執以爲憑興販私鹽如蒙將有司官吏明定黜降罪名使退引盡實還官不致影射私鹽此弊之四也本司自延祐七年改立杭州等七倉設置部轄掌收各綱船戶運到鹽袋貯頓在倉聽候客人依次支鹽俱有定制比年以來各倉官攢肆其貪欲出納之間兩收其利凡遇綱船到倉必受船戶之賄縱其雜和灰土收納入倉或船戶運至好鹽無錢致賄則故生事留難以致停泊河岸侵欺盜賣其倉官與監運人等爲弊多端是以各倉積鹽九十餘萬引新舊相並充溢廊屋不能支發走鹵消折利害非輕雖繫客人買過之物課鈔入官實恐年復一年爲患益甚若仍舊令客商自備腳力就場支裝庶免停積此弊之五也五者之中各倉停積最爲急務驗一歲合賣之數止該四十四萬餘引儘賣二年尚不能盡又復煎運到倉積累轉多如蒙特賜奏聞選委德望重臣與拘該官府從長講究參酌時宜更張法制定爲良規惠濟黎元庶望大課無虧見爲住煎餘鹽三萬引差人賫江浙行省咨文赴中書省請照詳焉戶部詳運司所言除餘鹽三萬引別議外其餘事理未經行省明白定擬呈省移咨從長講究六年五月中書省奏選官整治江浙鹽法命江浙行省右丞納麟及首領官趙郎中等提調既而納麟又以他故辭至正元年運使霍亞中又言兩淮福建運司俱有餘鹽已行住免本司繫同一體如蒙依例住煎三萬引庶大課易爲辦集中書省上奏得旨權將餘鹽三萬引倚閣俟鹽法通行而後辦之二年十月中書右丞相脫脫平章鐵木兒塔識等奏兩浙食鹽害民爲甚江浙行省官運司官屢以爲言擬合欽依世祖皇帝舊制除近鹽地十里之內令民認買革罷見設鹽倉綱運聽從客商赴運司買引就場支鹽許於行鹽地方發賣革去派散之弊及設檢校批驗所四處選任廉幹之人直隸運司如遇客商載鹽經過依例秤盤均平袋法批驗引目運司官常行體究又自至元十三年歲辦鹽課額少價輕今增至四十五萬額多價重轉運不行今戶部定擬自至正二年爲始將兩浙額鹽量減一十萬引俟鹽法流通復還元額散派食鹽擬合住罷有旨從之

福建之鹽至元六年正月江浙行省據福建運司申本司歲辦額課鹽十有三萬九引一百八十餘斤今查勘得海口等七場至元四年閏八月終積下附餘增辦等鹽十萬一千九百六十二引二百六十二斤看詳既有積儹附餘鹽數據至元五年額鹽擬合照依天曆元年住煎正額五萬引不給工本將上項餘鹽五萬准作正額省官本鈔二萬錠免致亭民重困本年止辦額鹽八萬九引一百八十餘斤計鹽十有三萬九引有奇通行發賣辦納正課除留餘鹽五萬餘引預支下年軍民食鹽實爲官民便益本省如所擬咨呈中書省送戶部參詳亦如所擬其下餘鹽五萬一千九百六十二引發賣爲鈔通行起解回咨本省從所擬行之至正元年詔福建山東俵賣食鹽病民爲甚行省監察御史廉訪司拘該有司官宜公同講究二年六月江浙行省左丞與行臺監察御史福建廉訪司官及運使常山李鵬舉漳州等八路正官講究得食鹽不便其目有三一曰餘鹽三萬引難同正額擬合除免二曰鹽額太重比依廣海例止收價二錠三曰住罷食鹽並令客商通行福建鹽課始自至元十三年見在鹽六千五十五引每引鈔九貫二十年煎賣鹽五萬四千二百引每引鈔十四貫二十五年增爲一錠三十一年始立鹽運司增鹽額爲七萬引元貞二年每引增價十五貫大德八年罷運司併入宣慰使司恢辦十年立都提舉司增鹽額爲十萬引至大元年各場煎出餘鹽三萬引四年復立運司遂定額爲十三萬引增價鈔爲二錠延祐元年又增爲三錠運司又從權改法建延汀邵仍舊客商興販而福興漳泉四路椿配民食流害迄今三十餘年本道山多田少土瘠民貧民不加多鹽額增重八路秋糧每歲止二十七萬八千九百餘石夏稅不過一萬一千五百餘錠而鹽課十三萬引該鈔三十九萬錠民力日敝每遇催徵貧者質妻鬻子以輸課至無可規措往往逃移他方近年漳寇擾攘亦由於此運司官耳聞目見蓋因職專恢辦惠無所施如蒙欽依詔書事意罷餘鹽三萬引革去散賣食鹽之弊聽從客商八路通行發賣誠爲官民兩便其正額鹽若依廣海鹽價每引中統鈔二錠宜從都省區處江浙行省遂以左丞所講究咨呈中書省送戶部定擬自至正三年爲始將餘鹽三萬引權令減免散派食鹽擬合住罷其減正額鹽價卽與廣海提舉司事例不同別難更議十月二十八日右丞相脫脫平章帖木兒達失等以所擬奏而行之

廣東之鹽至元二年御史臺准江南諸道行御史臺咨備監察御史韓承務建言廣東道所管鹽課提舉司自至元十六年爲始止辦鹽額六百二十一引自後累增至三萬五千五百引延祐間又增餘鹽通正額計五萬五百五十二引竈戶窘於工程官民迫於催督呻吟愁苦已逾十年泰定間蒙憲臺及奉使宣撫交章敷陳減免餘鹽一萬五千引元統元年都省以支持不敷權將已減餘鹽依舊煎辦今已二載未蒙住罷竊意議者必謂廣東控制海道連接諸番船商輳集民物富庶易以辦納是蓋未能深知彼中事宜本道所轄七路八州平土絕少加以嵐瘴毒癘其民刀耕火種巢顛穴岸崎嶇辛苦貧窮之家經歲淡食額外辦鹽賣將誰售所謂富庶者不過城郭商賈與舶船交易者數家而已竈戶鹽丁十逃三四官吏畏罪止將見存人戶勒令帶煎又有大可慮者本道密邇蠻獠民俗頑惡誠恐有司責辦大嚴斂怨生事所繫非輕如蒙捐此微利以示大信疲民幸甚具呈中書省送戶部定擬自元統三年爲始廣東提舉司所辦餘鹽量減五千引十月初九日中書省以所擬奏聞得旨從之

廣海之鹽至元五年三月湖廣行省咨中書省云廣海鹽課提舉司額鹽三萬五千一百六十五引餘鹽一萬五千引近因黎賊爲害民不聊生正額積虧四萬餘引卧收在庫若復添辦餘鹽困苦未甦恐致不安事關利害如蒙憐憫聞奏除免庶期元額可辦不致遺患邊民戶部議云上項餘鹽若全恢辦緣非元額兼以本司僻在海隅所轄竈民累遭劫掠死亡逃竄民物凋敝擬於一萬五千引內量減五千引以紓民力中書以所擬奏聞得旨從之

四川之鹽元統三年四川行省據鹽茶轉運使司申至順四年中書坐到添辦餘鹽一萬引外又帶辦兩浙運司五千引與正額鹽通行煎辦已後支用不闕再行議擬卑司爲各場別無煎出餘鹽不免勒令竈戶承認規劃幸已足備以後年分若不申覆誠恐竈戶逃竄有妨正課如蒙憐憫備咨中書省於所辦餘鹽一萬引內量減帶辦兩浙之數又准分司運官所言云四川鹽井俱在萬山之間比之腹裏兩淮優苦不同又行帶辦餘鹽竈民由此而疲矣行省咨呈中書省上奏得旨權以帶辦餘鹽五千引倚閣之

茶法

至元二年江西湖廣兩行省具以茶運司同知萬家閭所言添印茶由事咨呈中書省云本司歲辦額課二十八萬九千二百餘錠除門攤批驗鈔外數內茶引一百

萬張每引十二兩五錢共爲鈔二十五萬錠末茶自有官印筒袋關防其零斤草茶由帖每年印造一千三百八萬五千二百八十九斤該鈔二萬九千八十餘錠茶引一張照茶九十斤客商興販其小民買食及江南產茶去處零斤採賣皆須由帖爲照春首發賣茶由至於夏秋茶由盡絕民間闕用以此考之茶由數少課輕便於民用而不敷茶引課重數多止於商旅興販年終尚有停閑未賣者每歲合印茶由以十分爲率量添二分計二百六十一萬七千五十八斤算依引目內官鈔每斤收鈔一錢三分八釐八毫八絲計增鈔七千二百六十九錠七兩比驗減去引目二萬九千七十六張庶幾引不停閑茶無私積中書戶部定擬江西茶鹽司歲辦公據十萬道引一百萬計鈔二十八萬九千二百餘錠茶引便於商販而山場小民全憑茶由爲照歲辦茶由一千三百八萬五千二百八十九斤每斤一錢一分一釐一毫二絲計鈔五千八百一十六錠七兩四錢一分減引二萬三千二百六十四張茶引一張造茶九十斤納官課十二兩五錢如於茶由量添二分計二百六十一萬七千五十八斤每斤添收鈔一錢三分八釐八毫八絲計鈔七千二百六十九錠七兩積出餘零鈔數官課無虧而便於民用合准本省所擬具呈中書省移咨行省如所擬行之至正二年李宏陳言內一節言江州茶司據引不便事云摧茶之制古所未有自唐以來其法始備國朝既於江州設立榷茶都轉運司仍於各路出茶之地設立提舉司七處專任散據賣引規辦國課莫敢誰何每至十二月初差人勾集各處提舉司官吏關領次年據引及其到司旬月之間司官不能偕聚吏貼需求各滿所欲方能給付據引此時春月已過及還本司方欲點對給散又有分司官吏到各處驗戶散據儘之賫提舉司雖以榷茶爲名其實不能專散據賣引之任不過爲運司官吏營辦資財而已上行下效勢所必然提舉司既見分司官吏所爲若是亦復倣效遷延及茶戶得據還家已及五六月矣中間又存留茶引二三千本以茶戶消乏爲名轉賣與新興之戶每據又多取中統鈔二十五兩上下分泒各爲已私不知此等之錢自何而出其爲茶戶之苦有不可言至如得據在手碾磨方興吏卒踵門催併初限不知茶未發賣何從得錢間有充裕之家必須別行措辦其力薄者例被拘監無非典鬻家私以應官限及終限不能足備上司緊併重復勾追非法苦楚此皆由運司給引之遲分司苛取之過茶戶本圖求利反受其害日見消乏逃亡情實堪憫今若申明舊制每歲正月須要運司盡將據引給付提舉司隨時泒散無得停留在庫多收分例妨誤造茶時月如有過期別行定罪仍不許運司似前分司自行散賣據引違者從肅政廉訪司依例糾治如此庶茶司少革貪黷之風茶戶免損乏之害中書省以其言送戶部定擬復移咨江西行省委官與茶運司講究如果便益如所言行之

元史卷九十八

明翰林學士亞中大夫知制誥兼修國史宋　濂　等修

兵志第四十六

兵一

兵者先王所以威天下而折奪姦宄戡定禍亂者也三代之制遠矣漢唐而下其法變更不一大抵用得其道則兵力富而國勢強用失其宜則兵力耗而國勢弱故兵制之得失國勢之盛衰繫焉元之有國肇基朔漠雖其兵制簡略然自太祖太宗滅夏剪金霆轟風飛奄有中土兵力可謂雄勁者矣及世祖即位平川蜀下荊襄繼命大將帥師渡江盡取南宋之地天下遂定于一豈非盛哉考之國初典兵之官視兵數多寡爲爵秩崇卑長萬夫者爲萬戶千夫者爲千戶百夫者爲百戶世祖時頗修官制內立五衛以總宿衛諸軍衛設親軍都指揮使外則萬戶之下置總管千戶之下置總把百戶之下置彈壓立樞密院以總之遇方面有警則置行樞密院事已則廢而移都鎭撫司屬行省萬戶千戶百戶分上中下萬戶佩金虎符符趺爲伏虎形首爲明珠而有三珠二珠一珠之別千戶金符百戶銀符萬戶千戶死陣者子孫襲爵死病則降一等總把百戶老死萬戶遷他官皆不得襲是法尋廢後無大小皆世其官獨以罪去者則否若夫軍士則初有蒙古軍探馬赤軍蒙古軍皆國人探馬赤軍則諸部族也其法家有男子十五以上七十以下無衆寡盡僉爲兵十人爲一牌設牌頭上馬則備戰鬭下馬則屯聚牧養孩幼稍長又籍之曰漸丁軍既平中原發民爲卒是爲漢軍或以貧富爲甲乙戶出一人曰獨戶軍合二三而出一人則爲正軍戶餘爲貼軍戶或以男丁論嘗以二十丁出一卒至元七年十丁出一卒或以戶論二十戶出一卒而限年二十以上者充士卒之家爲富商大賈則又取一人曰餘丁軍至十五年免或取匠爲軍曰匠軍或取諸侯將校之子弟充軍曰質子軍又曰禿魯華軍是皆多事之際一時之制天下既平嘗爲軍者定入尺籍伍符不可更易詐增損丁產者覺則更籍其實而以印印之病死戍所者百日外役次丁死陣者復一年貧不能役則聚而一之曰合併貧甚者老無子者落其籍戶絕者別以民補之奴得縱自便者俾爲其主貼軍其戶逃而還者復三年又逃者杖之投他役者還籍其繼得宋兵號新附軍又有遼東之乣軍契丹軍女直軍高麗軍雲南之寸白軍福建之畬軍則皆不出戍他方者蓋鄕兵也又有以技名者曰砲軍弩軍水手軍應募而集者曰荅剌罕軍其名數則有憲宗二年之籍世祖至元八年之籍十一年之籍而新附軍有二十七年之籍以兵籍係軍機重務漢人不閱其數雖樞密近臣職專軍旅者惟長官一二人知之故有國百年而內外兵數之多寡人莫有知之者今其典籍可考者曰兵制曰宿衛曰鎭戍而馬政屯田站赤弓手急遞鋪兵鷹房捕獵非兵而兵者亦以類附焉作兵志

兵制

太宗元年十一月詔兄弟諸王諸子并衆官人等所屬去處僉軍事理有妄分彼此者達魯花赤并官員皆罪之每一牌子僉軍一名限年二十以上三十以下者充仍定立千戶百戶牌子頭其隱匿不實及知情不首并隱藏逃役軍人者皆處死　七年七月僉宣德西京平陽太原陝西五路人匠充軍命各處管匠頭目除織匠及和林建宮殿一切合千人等外應有回回河西漢兒匠人并札魯花赤及札也種田人等通驗丁數每二十人出軍一名　八年七月詔燕京路保州等處每二十戶僉軍一名令荅不葉兒統領出軍眞定河間邢州大名太原等路除先僉軍人外於斷事官忽都虎新籍民戶三十七萬二千九百七十二人數內每二十丁起軍一名亦令屬荅不葉兒領之　十三年八月諭總管萬戶劉黑馬據斜烈奏忽都虎等元籍諸路民戶一百萬四千六百五十六戶除逃戶外有七十二萬三千九百一十戶隨路總僉軍一十萬五千四百七十一名點數過九萬七千五百七十五人餘因近年蝗旱民力艱難往往在逃有旨今後止驗見在民戶僉軍仍命逃戶復業者免三年軍役

世祖中統元年六月詔罷解鹽司軍一百人初解鹽司元籍一千鹽戶內每十戶出軍一人後阿藍荅兒倍其役世祖以重困其民罷之七月以張榮實從南征多立功命爲水軍萬戶兼領霸州民戶諸水軍將吏河陰路達魯花赤胡玉千戶王端臣軍七百有四人八柳樹千戶斡來軍三百六十一人孟州龐抄兒赤張信軍一百九十人濱棣州海口總把張山軍一百人滄州海口達魯花赤塔剌海軍一百人睢州李總管麾下孟春等五十五人霸州蕭萬戶軍一百九十五人悉聽命焉　三年三月詔眞定彰德邢州洺磁東平大名平陽太原衛輝懷孟等路各處有舊屬按札兒孛羅笑乃䚟闊闊不花不里合拔都兒等官所管探馬赤軍人乙卯歲籍爲民戶亦有僉充軍者若壬寅甲寅兩次僉定軍已入籍冊者令隨各萬戶依舊出征其或未嘗爲軍及蒙古漢人民戶內作數者悉僉爲軍六月以軍士訴貧乏者衆命貧富相兼應役實有不能自存者優恤　三年十月諭山東東路經略司益都路匠軍已前曾經僉把者可遵別路之例俾令從軍以鳳翔府屯田軍人準充平陽軍數仍於鳳翔屯田勿遣從軍刁國器所管重僉軍九百一十五人卽日放罷爲民陝西行省言士卒戍金州者諸奧魯已嘗服役今重勞苦詔罷之併罷山東大名河南諸路新僉防城戍卒　四年二月詔統軍司及管軍萬戶千戶等可遵太祖之制令各官以子弟入朝充禿魯花其制萬戶禿魯花一名馬一十匹牛二具種田人四名千戶見管軍五百或五百以上者禿魯花一名馬六匹牛一具種田人二名雖所管軍不及五百其家富強子弟健壯者亦出禿魯花一名馬匹牛具種田人同萬戶千戶子弟充禿魯花者挈其妻子同至從人不拘定數馬匹牛具除定去數目已上復增餘者聽若有貧乏不能自備者於本萬戶內不該出禿魯花之人通行津濟起發不得因而科及衆軍萬戶千戶或無親子或親子幼弱未及成人者以弟姪充候親子年及十五卻行交換若委有親子不得隱匿代替委有氣力不得妄稱貧乏及雖到來氣力卻有不完者並罪之是月帝以太宗舊制設官分職軍民之事各有所司後多故之際不暇分別命阿海充都元帥專於北京東京平灤懿州蓋州路管領見管軍人凡民間之事毋得預焉五月立樞密院凡蒙古漢軍並聽樞密節制統軍司都元帥府除遇邊面緊急事務就便調度外其軍情一切大小公事並須申覆合設奧魯官並從樞密院設置七月詔免河南保甲丁壯射生軍三千四百四十一戶雜泛科差專令把守巡哨八月諭成都路行樞密院近年軍人

多逃亡事故者可於各奧魯內盡實僉補自乙卯年定入軍籍之數悉僉起赴軍十一月一直水達達及乞烈賓地合僉鎮守軍命亦里不花僉三千人付塔匣來領之并達魯花赤官之子及其餘近上戶內亦令僉軍聽亦里不花節制　至元二年八月陝西五路西蜀四川行省言新僉軍七千人若發民戶恐致擾亂今鞏昌已有舊軍三千諸路軍二千餘二千人亦不必發民戶當以便宜起補從之十一月省院官議收到私走間道盜販馬匹曾過南界人三千八百四戶悉令充軍以一千九百七十八人與山東路統軍司一千人與蔡州萬戶餘八百二十六戶有旨留之軍中　三年七月漆內外巡軍外路每百戶選中產者一人充之其賦令餘戶代輸在都增武衛軍四百　四年正月僉蒙古軍每戶二丁三丁者一人四丁五丁者二人六丁七丁者三人二月詔遣官僉平陽太原人戶爲軍除軍站僧道也里可溫荅失蠻儒人等戶外於係官投下民戶運司戶人匠打捕鷹房金銀鐵冶丹粉錫碌等不以是何戶計驗酌中戶內丁多堪當人戶僉軍三千人定立百戶牌子頭前赴陝西五路西蜀四川行中書省所轄東川出征復於京兆延安兩路僉軍一千人如平陽太原例五月詔河南路驗酌中戶內丁多堪當軍人戶僉軍四百二十名歸之樞密院俾從軍復其徭役南京路除邳州南宿州外依中書省分間定應僉軍人戶驗丁數僉軍二千五百八十名管領出征十二月僉女直水達達軍三千人　五年閏正月詔益都李璮元僉軍仍依舊數充役二月詔諸路奧魯毋隸總管府別設總押所官聽樞密院節制六月省臣議僉起禿魯花官員皆已僉轉或物故黜退者於內復有貧難蒙古人氏除隨路總管府達魯花赤總管及掌兵萬戶合令應當其次官員禿魯花宜放罷其自願留質者聽之十月禁長軍之官不得侵漁士卒違者論罪十一月僉山東河南沿邊州城民戶爲軍遇征進則選有力之家同元守邊城漢軍一體出征其無力之家代守邊城及屯田勾當　六年二月僉懷孟衛輝路丁多人戶充軍益都淄萊所轄登萊州李璮舊軍內起僉一萬人差官部領出征其淄萊路所轄淄萊等處有非李璮舊管者僉五百二十六人其餘諸色人戶亦令酌驗丁數僉軍起遣至軍前赴役十月從山東路統軍司言應係逃軍未獲者令其次親丁代役身死軍人亦令親丁代補無親丁則以少壯驅丁代之　七年三月定軍官等級萬戶千戶百戶總把以軍士爲差六月成都府括民三萬一千七十五戶僉義士軍八千六十七人七月分揀隨路砲手軍始太祖太宗征討之際於隨路取發并攻破州縣招取鐵木金火等人匠充砲手管領出征壬子年俱作砲手附籍中統四年揀定除正軍當役外其餘戶與民一體當差後爲出軍正戶煩難至元四年取元充砲手民戶津貼其間有能與不能者影占不便至是分揀之　八年二月以瓜州沙州鷹房二百人充軍　九年正月河南省請益兵勑諸路僉軍三萬詔元帥府統軍司總管萬戶府閱實軍籍二月命阿朮典行省蒙古軍劉整阿里海牙典漢軍四月詔諸路軍戶驅丁除至元六年前從良入民籍者當差七年後凡從良文書寫從便爲民者亦如之餘雖從良並令津助本戶軍役七月閱大都京兆等處探馬赤戶名籍九月詔樞密諸路正軍貼戶及同籍親戚僮奴丁年堪役依諸王權要以避役者並還之軍惟匠藝精巧者以名聞十二月命府州司縣達魯花赤及治民長官不妨本職兼管諸軍奧魯各路總管府達魯花赤總管別給宣命印信府州司縣達魯花赤長官止給印信任滿則別具解由申樞密院　十年正月合剌請於渠江之北雲門山及嘉陵西岸虎頭山立二戍以其圖來上仍乞益兵二萬勑給京兆新僉軍五千人益之陝西京兆延安鳳翔三路諸色人戶約六萬戶內僉軍六千五月禁乾討虜人其願充軍者於萬戶千戶內結成牌甲與大軍一體征進八月禁軍吏之長舉債不得重取其息以損軍力違者罪之九月襄陽生券軍至都釋械繫免死聽自立部伍俾征日本仍於蒙古漢人內選官率領之　十一年正月初立軍官以功陞散官格五月便宜總帥府言本路軍經今四十年間或死或逃無丁不能起補見在軍少乞選擇堪與不堪丁力放罷貧乏無丁者於民站內別選充役從之詔延安府沙井靜州等處種田白達達戶選其可充軍者僉起出征六月潁州屯田總管李珣言近爲僉軍事乞依徐邳州屯田例每三丁內一丁防城二丁納糧可僉丁壯七百餘人并元撥保甲丁壯令珣通領鎮守潁州代見屯納合監戰軍馬別用從之　十二年三月遣官往遼東僉揀蒙古達魯花赤千戶百戶等官子弟出軍詔隨處所置襄陽生券軍之爲農者或自願充軍具數以聞五月正陽萬戶劉復亨言新下江南三十餘城俱守以兵及江北淮南潤揚等處未降軍力分散調度不給以致鎮巢軍滁州兩處復叛乞僉河西等戶爲軍併力勦除庶無後患有旨命肅州達魯花赤并遣使同往驗各色戶計物力富强者僉起之六月僉平陽西京延安等路達魯花赤弟男爲軍萊州酒稅官王貞等上言國家討平殘宋吊伐爲事何嘗以賄利爲心彼不紹事業小人貪圖貨利作乾討虜名目侵掠彼地所得人口悉皆貨賣以充酒食之費勝則無益朝廷敗則實爲辱國其招討司所收乾討虜人可悉罷之第其高下籍爲正軍命各萬戶管領征進一則得其實用二則正王師吊伐之名實爲便益從之　十四年正月詔上都隆興西京北京四路編民捕獵等戶僉選丁壯軍二千人防守上都中書省議從各路荅配二十五戶內取軍一名選善騎射者充官給行資中統鈔一錠仍自備鞍馬衣裝器仗編立牌甲差官部領前來赴役十二月樞密院臣言收附亡宋州城新附請糧官軍并通事馬軍人等軍官不肯存恤多逃散者乞招誘之命左丞陳巖等分揀堪當軍役者收係充軍依舊例月支錢糧其生券不堪當軍者官給牛具糧食屯田種養　十五年正月定軍官承襲之制凡軍官之有功者陞其秩元受之職令他有功者居之不得令子姪復代陣亡者始得承襲病死者降一等總把百戶老病死不在承襲之例凡將校臨陣中傷還營病創者亦令與陣亡之人一體承襲禁長軍之官不恤士卒及士卒亡命避役侵擾初附百姓者俱有罪雲南行省言雲南舊屯駐蒙古軍甚少遂取漸長成丁怯困都等軍以備出征雲南瀰遠多未降之地必須用兵已僉爨僰人一萬爲軍續取新降落落和泥等人亦令充軍然其人與中原不同若赴別地出征必致逃匿宜令就各所居一方未降處用之九月併軍士初至元九年僉軍三萬止擇精銳年壯者不復問其貲產且無貼戶之助歲久多貧乏不堪樞密院臣奏宜縱爲民遂併爲一萬五千諸軍戶投充諸侯王怯憐口人匠或託爲別戶以避其役者復令爲軍有良匠則別而出之樞密臣又言至元八年於各路軍之爲富商大賈者一百四十三戶各增一軍號餘丁軍今東平等路諸奧魯總管府言往往人死產乏不能充二軍乞免餘丁充役者制可十二月樞密院官議諸軍官在軍籍者除百戶總把權準軍役其元帥招討萬戶總管千戶或首領官俱合再當正軍一名　十六年正月罷五翼探馬赤重役軍三月括兩淮造回回礮新附軍匠六百人及蒙古回回漢人新附人能造礮者至京師五月淮西道宣慰司官昂吉兒請招諭亡宋通事軍俾屬之麾下初亡宋多招納北地蒙古人爲通事軍遇之甚厚每戰皆列於前行願效死力及宋亡無所歸朝議欲編入版籍未暇也人人疑懼皆不自安至是昂吉兒請招集列之行伍以備征戍從之九月詔河西地未僉軍之官及富强戶有物力者僉軍六百人十月壽州等處招討使李鐵哥請召募有罪亡命之人充軍其言使功不如使過始南宋未平時蒙古諸色人等因得罪皆亡命往依焉今已平定尚逃匿林藪若釋其罪而用之必能效力無不一當十者矣十一月罷太原平陽西京延安路新僉軍還籍　十七年七月詔江淮諸路招集荅剌罕軍初平江南募死士願從軍者號荅剌罕屬之劉萬戶麾下南北既混一復散之其人皆無所歸率羣聚剽掠至是命諸路招集之令萬奴部領如故聽范左丞李拔都二人節制　十八年二月併貧乏軍人三萬戶爲一萬五千取貼戶津貼正軍充役四月置蒙古漢人新附軍總管六月樞密院議正軍貧乏無丁者令富强丁多貼戶權充正軍應役驗正軍物力却令津濟貼戶其正軍仍爲軍頭如故或正軍實係單丁者許傭雇練習之人應役丁多者不得傭雇軍官亦不得以親從人代之　十九年二月諸侯王阿只吉遣使言探馬赤軍凡九處出征各奧魯內復徵雜泛徭役不便詔免之并詔有司毋重役軍戶六月禁長軍之官毋得占役士卒散定海荅剌罕軍還各營及歸戍城邑十月僉發漸丁軍士遵舊制家止一丁者不作數凡二丁至五丁六丁之家止存一人餘皆充軍　二十年二月命各處行樞密院造新附軍籍冊六月從丞相伯顏議所括宋手號軍八萬三千六百人立牌甲設官以統之十月定出征軍人亡命之罪爲首者斬餘令減死一等　二十一年八月江東道僉事馬奉訓言劉萬奴乾討虜軍私相糾合結爲徒黨張弓挾矢或詐稱使臣莫若散之各翼萬戶千戶百戶牌甲內管領爲便省院官以聞有旨可令問此軍欲從脫歡出征虜掠耶欲且放散還家耶回奏衆軍皆言自圖襄樊渡江以來與國效力願令還家少息遂從之籍亡宋手記軍宋時有是軍死則以兄弟若子承代有旨依漢軍例籍之毋涅其手　二十二年正月立行樞密院於江南三省其各處行省見管軍馬悉以付焉九月詔福建黃華畲軍有恒產者放爲民無恒產與妻子者編爲守城軍征交趾蒙古軍五百人漢軍二千人除留蒙古軍百人漢軍四百人爲鎮南王脫歡宿衛餘悉遣還別以江淮行樞密院蒙古軍戍江西十月從月的迷失言以乾

討虜軍七百人籍名數立牌甲命將官之無軍者領之　十一月御史臺臣言昔宋以無室家壯士爲鹽軍內附之初有五千人除征占城運糧死亡者今存一千一百二十二人此徒皆性習凶暴民患苦之宜給以衣糧使屯田自贍庶絕其擾從之十二月從樞密院請嚴立軍籍條例選壯士及有力之家充軍舊例丁力强者充軍弱者出錢故有正軍貼戶之籍行之旣久而强者弱弱者强籍亦如故其同戶異居者私立年期以相更代故有老稚不免從軍而强壯家居者至是革焉江淛省募鹽徒爲軍得四千七百六十六人選軍官麾下無士卒者相參統之以備各處鎮守　二十四年閏二月樞密院臣言諸軍貼戶有正軍已死者有充工匠者放爲民者有元係各投下戶回付者似此歇閑一千三百四十戶乞差人分揀貧富定貼戶正軍制可　二十六年八月樞密院議諸管軍官萬戶千戶百戶等或治軍有法鎮守無虞鎧仗精完差役均平軍無逃竄者許所司薦舉以聞不次擢用諸軍吏之長非有上司之命毋擅離職諸長軍者及蒙古漢軍毋得妄言邊事

成宗大德二年十二月定各省提調軍馬官員凡用隨從軍士蒙古長官三十名次官二十名漢人一十名萬戶千戶百戶人等俱不得占役行省鎮撫止用聽探外亦不得多餘役占十一年四月詔禮店軍還屬土番宣慰司初西川也速迭兒按住奴帖木兒等所統探馬赤軍自壬子年屬籍禮店隸王相府後王相府罷屬之陝西省桑哥奏屬土番宣慰司咸以爲不便大德十年命依壬子之籍至是復改屬焉

武宗至大元年正月以通惠河千戶劉粲所領運糧軍九百二十人屬萬戶赤因帖木爾兵籍十二月丞相三寶奴等言國制行省佐貳及宣慰使不得提調軍馬若遙授平章揚州宣慰使阿憐帖木兒者嘗與成宗同乳母故得行之非常憲也今命沙的代之宜遵國制勿令提調制可

仁宗皇慶元年三月中書省臣奏李馬哥等四百戶爲民初李馬哥等四百戶屬諸侯王脫脫乙未年定籍爲民高麗林衍及乃顏叛皆嘗僉爲軍至元八年置軍籍以李馬哥等非七十二萬戶內軍數復改爲民至大四年樞密院復奏爲軍至是省官以爲言命遵乙未年已定之籍後樞密復奏竟以爲軍戶十二月省臣言先是樞密院奏準雲南省宜遵各省制其省官居長者二員得佩虎符提調軍馬餘佐貳者不得預已受虎符者悉收之今雲南省言本省籍軍士之力以辦集錢穀遇有調遣則省官親率衆上馬故舊制雖牧民官亦得佩虎符領軍務視他省爲不同臣等議已受虎符者依故事未受者宜頒賜之制可　二年正月詔雲南省鎮遠方掌邊務凡事涉軍旅者自平章至僚佐須同署押其長官二員復與哈必赤　延祐元年二月四川省軍官闕員詔依民官遷調之制差人與本省提調官及監察御史同銓注　三年三月命伯顏都萬戶府及紅胖襖總帥府各調軍九千五百人往諸侯王所更代守邊士卒其屬都萬戶府者軍一名馬三匹屬總帥府者軍一名馬二匹令人自爲計其貧不能自備者則命行伍之長及百戶千戶等助之悉遣精銳練習騎射之士每軍一百名百戶一員五百名千戶一員復命買住囊加解二人分左右部領之

元史卷九十九

明翰林學士亞中大夫知制誥兼修國史宋　濂等修

兵志第四十七

兵二

宿衛

宿衛者天子之禁兵也元制宿衛諸軍在內而鎮戍諸軍在外內外相維以制輕重之勢亦一代之良法哉方太祖時以木華黎赤老溫博爾忽博爾术爲四怯薛領怯薛歹分番宿衛及世祖時又設五衛以象五方始有侍衛親軍之屬置都指揮使以領之而其後增置改易於是禁兵之設殆不止於前矣夫屬櫜鞬列宮禁宿衛之事也而其用非一端用之於大朝會則謂之圍宿軍用之於大祭祀則謂之儀仗軍車駕巡幸用之則曰扈從軍守護天子之帑藏則曰看守軍或夜以之警非常則爲巡邏軍或歲漕至京師用之以彈壓則爲鎮遏軍今總之爲宿衛而以餘者附見焉

四怯薛　太祖功臣博爾忽博爾术木華黎赤老溫時號掇里班曲律猶言四傑也太祖命其世領怯薛之長怯薛者猶言番直宿衛也凡宿衛每三日而一更申酉戌日博爾忽領之爲第一怯薛卽也可怯薛博爾忽早絕太祖命以別速部代之而非四傑功臣之類故太祖以自名領之其云也可者言天子自領之故也亥子丑日博爾术領之爲第二怯薛寅卯辰日木華黎領之爲第三怯薛巳午未日赤老溫領之爲第四怯薛赤老溫後絕其後怯薛常以右丞相領之凡怯薛長之子孫或由天子所親信或由宰相所薦舉或以其次序所當爲卽襲其職以掌環衛雖其官卑勿論也及年老旣久則遂擢爲一品官而四怯薛之長天子或又命大臣以總之然不常設也其它預怯薛之職而居禁近者分冠服弓矢食飲文史車馬廬帳府庫醫藥卜祝之事悉世守之雖以才能受任使服官政貴盛之極然一日歸至內庭則執其事如故至於子孫無改非甚親信不得預也其怯薛執事之名則主弓矢鷹隼之事者曰火兒赤昔寶赤怯憐赤書寫聖旨曰扎里赤爲天子主文史者曰必闍赤親烹飪以奉上飲食者曰博爾赤侍上帶刀及弓矢者曰云都赤闊端赤司閽者曰八剌哈赤掌酒者曰荅剌赤典車馬者曰兀剌赤莫倫赤掌內府尚供衣服者曰速古兒赤牧駱駝者曰帖麥赤牧羊者曰火你赤捕盜者曰忽剌罕赤奏樂者曰虎兒赤又名忠勇之士曰霸都魯勇敢無敵之士曰拔突其名類蓋不一然皆天子左右服勞侍從執事之人其分番更直亦如四怯薛之制而領於怯薛之長若夫宿衛之士則謂之怯薛歹亦以三日分番入衛其初名數甚簡後累增爲萬四千人揆之古制猶天子之禁軍是故無事則各執其事以備宿衛禁庭有事則惟天子之所指使比之樞密各衛諸軍於是爲尤親信者也然四怯薛歹自太祖以後累朝所御斡耳朶其宿衛未嘗廢是故一朝有一朝之怯薛總而計之其數滋多每歲所賜鈔幣動以億萬計國家大費每敝於此焉

右衛　中統三年以侍衛親軍都指揮使董文炳兼山東東路經略使共領武衛軍事命益都行省大都督撒吉思驗壬子年已定民籍及照李璮總籍軍數每千戶內選練習軍士二人充侍衛軍并海州東海漣州三處之軍屬焉至元元年改武衛爲侍衛親軍分左右翼置都指揮使八年改立左右中三衛掌宿衛扈從兼屯田國有大事則調度之

左衛

中衛　並至元八年侍衛親軍改立

前衛　至元十六年以侍衛親軍創置前後二衛掌宿衛扈從兼營屯田國有大事則調度之置都指揮使

後衛　亦至元十六年置

武衛　至元二十五年尚書省奏那海那的以漢軍一萬人如上都所立虎賁司營屯田修城隍二十六年樞密院官暗伯奏以六衛六千人塔剌海孛可所掌大都屯田三千人及近路迤南萬戶府一千人總一萬人立武衛親軍都指揮使司掌修治城隍及京師內外工役之事

左都威衛　至元十六年世祖以新取到侍衛親軍一萬戶屬之東宮立侍衛親軍都指揮使司三十一年復以屬皇太后改隆福宮左都威衛使司至大三年選其軍之善造作者八百人立千戶所一及百戶翼八以掌之而分局造作皇慶元年以王平章舊所領軍一千人立屯田至治三年罷匠軍千戶所

右都威衛　國初木華黎奉太祖命收扎剌兒兀魯忙兀納海四投下以按察兒孛羅笑乃解不里海拔都兒闊闊不花五人領探馬赤軍旣平金隨處鎮守中統三年世祖以五投下探馬赤立蒙古探馬赤總管府至元十六年罷其軍各於本投下應役十九年仍令充軍二十一年樞密院奏以五投下探馬赤軍俱屬之東宮復置官屬如舊二十二年改蒙古侍衛親軍指揮使司三十一年改隆福宮右都威衛使司

唐兀衛　至元十八年阿沙阿東言今年春奉命總領河西軍三千人但其所帶虎符金牌者甚衆征伐之重若無官署何以防閑之樞密院以聞遂立唐兀衛親軍都指揮使司以總之

貴赤衛　至元二十四年立

西域親軍　元貞元年依貴赤唐兀二衛例始立西域親軍都指揮使司

衛候直都指揮使司　至元元年裕宗招集控鶴一百三十五人三十一年徽政院增控鶴六十五人立衛候司以領之且掌儀從金銀器物元貞元年皇太后復以晉王校尉一百人隸焉大德十一年益以懷孟從行控鶴二百人陞衛候直都指揮使司至大元年復增控鶴百人總六百人設百戶所六以爲其屬至治三年罷之四年以控鶴六百三十人歸于皇后位下後復置立

右阿速衛　至元九年初立阿速拔都達魯花赤後招集阿速正軍三千餘名復選阿速揭只揭了溫怯薛丹軍七百人扈從車駕掌宿衛城禁兼管潮河蘇沽兩川屯田并供給軍儲二十三年爲阿速軍南攻鎮巢殘傷者衆遂以鎮巢七百戶屬之并前軍總爲一萬戶隸前

後二衛至大二年始改立右衛阿速親軍都指揮使司

左阿速衛　亦至大二年改立

隆鎭衛　睿宗在潛邸嘗於居庸關立南北口屯軍徼巡盜賊各設千戶所至元二十五年以南北口上千戶所總領之至大四年改千戶所爲萬戶府分欽察唐兀貴赤西域左右阿速諸衛軍三千人并南北口大和嶺舊隘漢軍六百九十三人屯駐東西四十三處立十千戶所置隆鎭上萬戶府以統之皇慶元年始改爲隆鎭衛親軍都指揮使司延祐二年又以哈兒魯軍千戶所隸焉至治元年置蒙古漢軍籍

左衛率府　至大元年命以中衛兵萬人立衛率府屬之東宮時仁宗爲皇太子曰世祖立五衛象五方也其制猶中書之六部殆不可易遂命江南行省萬戶府選漢軍之精銳者一萬人爲東宮衛兵立衛率府延祐元年改爲忠翊府未幾復改爲御臨親軍都指揮使司又以御臨非古典改爲羽林六年英宗立爲皇太子復以隸東宮仍爲左衛率府

右衛率府　延祐五年以詹事禿滿迭兒所管速怯那兒萬戶府及迤東女直兩萬戶府右翼屯田萬戶府兵合爲右衛率府隸皇太子位下

康禮衛　武宗至大三年定康禮軍籍凡康禮氏之非者皆別而黜之驗其實始得入籍及諸侯王阿只吉火郞撒所領探馬赤屬康禮氏者令樞密院康禮衛遣人乘傳往置籍焉

忠翊侍衛　至元二十九年始立屯田府大德十一年增軍數立爲大同等處侍衛親軍都指揮使司至大四年四月皇太后修五臺寺遂移屬徽政院并以京兆軍三千人增入延祐元年改中都威衛使司仍隸徽政院至治元年始改爲忠翊侍衛親軍都指揮使司

宗仁衛　至治二年右丞相拜住奏先脫別鐵木叛時没入亦乞列思人一百戶與今所收蒙古子女三千戶清州匠二千戶合爲行軍五千請立宗仁衛以統之於是命右丞相拜住總衛事給降虎符牌面如右衛率府又置行軍千戶所隸焉

右欽察衛　至元二十三年依河西等衛例立欽察衛至治二年分爲左右兩衛天曆二年以本衛屬大都督府

左欽察衛　亦至治二年立始至元中立衛時設行軍千戶十有九所屯田三所大德中置只兒哈郞鐵哥納兩千戶所至大元年復設四千戶所至是始分爲左右二衛亦屬大都督府

龍翊侍衛　天曆元年十二月立龍翊衛親軍都指揮使司以左欽察衛唐吉失等九千戶隸焉

虎賁親軍都指揮使司

左翊蒙古侍衛親軍都指揮使司

右翊蒙古侍衛親軍都指揮使司

宣忠斡羅思扈衛親軍都指揮使司

威武阿速衛親軍都指揮使司

東路蒙古侍衛親軍都指揮使司

女直侍衛親軍萬戶府

高麗女直漢軍萬戶府管女直侍衛親軍萬戶府

鎭守海口侍衛親軍屯儲都指揮使司

宣鎭侍衛

世祖中統元年四月諭隨路管軍萬戶有舊從萬戶三哥西征軍人悉遣至京師充防城軍忙古䚟軍三百一十九人嚴萬戶軍一千三百四十五人濟南路軍一百四十人脫赤剌軍一百四十九人乣查剌軍一百四十五人馬總管軍一百四十四人　三年十月諭益都大小管軍官及軍人等先李璮懷逆蒙蔽朝廷恩命驅駕爾等以爲已惠爾等雖有效過功勞殊無聞報一旦泯絕此非爾等不忠之愆實李璮懷逆之罪也今侍衛親軍都指揮使董文炳來奏其詳言爾等各有願爲朝廷出力之語此復見爾等存忠之久也今命董文炳仍爲山東東路經略使收集爾等直隸朝廷充武衛軍近侍勾當比及應職且當守把南邊隄防外隙庶內境軍民各得安業爾等宜益盡心以圖勳效　至元二年十二月增侍衛親軍一萬人內選女直軍三千高麗軍三千阿海三千益都路一千每千人置千戶一員百人置百戶一員以領之仍選丁力壯銳者以應役焉　三年五月帝謂樞密臣曰侍衛親軍非朕命不得發充夫役修瓊華島士卒卽日放還　四年七月諭東京等路宣撫司命於所管戶內以十等爲率於從上第三等戶僉選侍衛親軍一千八百名若第三等戶不敷於第二等戶內僉補仍定立千戶百戶牌子頭并其家屬同來赴中都應役　十四年五月以蒙古軍與漢軍相參備都城內外及萬壽山宿衛仍以也速不花領圍宿事

十五年五月總管胡翔請還侍衛軍先是宿州蘄縣等萬戶府士卒百人有旨俾充侍衛軍後從僉省嚴忠範征西川旣而嘉定重慶䕫府皆下忠範回軍留西道翊上言從之九月以總管張子良所匿軍二千二百二十二人充侍衛軍士　十六年四月選揚州省新附軍二萬人充侍衛親軍併其妻子遷赴京師　二十四年十月總帥汪惟和選麾下銳卒一千人請擇昆弟中一人統之以備侍衛從之

成宗元貞四年八月詔蒙古侍衛所管探馬赤軍人子弟投充諸王位下身役者悉遵世祖成憲發還元役充軍　大德六年二月調蒙古侍衛等軍一萬人往官山住夏

仁宗延祐六年九月知樞密院事塔失鐵木兒言諸漢人不得點圍宿軍士圖籍係軍數者雖御史亦不得預知此國制也比者領圍宿官言中書命司計李處恭巡視守倉庫軍卒有曠役者則罪之以懲其後使無怠而已而李司計擅取軍數華士卒在法爲過臣等議宜自中書與樞密遣人案之驗實以聞制可　七年六月以紅城中都威衛係掌軍務之司屬徽政院不便命遵舊制俾樞密總之

圍宿軍

世祖至元二十六年七月命大都侍衛軍內復起一萬人赴上都以備圍宿

成宗元貞二年十月樞密院臣言昔大朝會時皇城外皆無墻垣故用軍環繞以備圍宿今墻垣已成南北西三畔皆可置軍獨御酒庫西地窄不能容臣等與丞相完澤議各城門以蒙古軍列衛及於周橋南置戍樓以警昏旦從之

武宗至大四年正月省臣等傳皇太子命以大朝會調蒙古漢軍三萬人備圍宿仍遣使發山東河北河南淮北諸路軍至京師復命都府左右翼右都威衛整器仗車騎六月以諸侯王駙馬等來朝命發各衛色目漢軍八百二十六人至上京復命指揮使也干不花領之

仁宗皇慶元年六月命衛率府軍士備圍宿守隆福宮內外禁門十一月樞密院臣言皇太后有旨禁掖門可嚴守衛臣等議增置百戶一員及於欽察貴赤西域唐兀阿速等衛調軍士九十人增守諸掖門復命千戶一員帥領百戶一員備巡邏從之　延祐三年十月以諸侯王來朝命圍宿軍士六千人增至一萬人復命也了干禿魯分左右部領其事十一月詔圍宿軍士除舊有者更增色目軍萬人以備禁衛十二月樞密院臣言圍宿軍士不及數其已發各衛者地遠至不能如期可還刈葦草及青塔寺工役軍先備守衛其各衛還家軍士亦發二萬五千人令備車馬器械俱會京師制可　六年閏八月命知樞密院事衆嘉領圍宿發五衛軍代羽林軍士仍以千戶二員百戶十員擇士卒精銳者二百人屬之

英宗至治元年正月帝詣石佛寺以其墻垣踈壞命副樞朮溫台僉院阿散領圍宿士卒以備巡邏八月東內皇城建宿衛屋二十五楹命五衛內摘軍二百五十人居之以備禁衛

文宗天曆二年二月樞密院臣言去歲嘗奉旨依先制調軍把守圍宿此時各翼軍人皆隨處出征亦有潰散者故不及依次調遣止於右翼侍衛及右都威衛內發軍一千一百二十六名以備圍宿今歲車駕行幸臣等議於河南山東兩都府內起遣未差軍士一千三名以備扈從制可五月樞密臣又言比奉令旨放散軍人臣等議常制以三月一日放散六月一日赴限今放散旣遲可令於八月一日赴限從之

儀仗軍

世祖至元十二年十二月上尊號受冊告祭天地宗廟調左右中三衛軍五千人爲蹕街清路軍

武宗至大二年十二月上尊號百官行朝賀禮樞密院調軍一千人備儀仗　三年十月上皇太后尊號行冊寶禮用內外儀仗軍數及防護五色甲馬軍二百人　四年二月合祭天地太廟社稷用蹕街清道及守內外壝門軍一百八十人命以圍宿軍爲之事畢還役七月以奉迎武宗玉冊祔廟用清路蹕街軍一百五十人管軍千戶百戶各一員九月以祭享太廟用蹕街清路軍一百五十人千戶百戶各一員

仁宗皇慶元年三月天壽節行禮用內外儀仗軍一千人

英宗至治元年十一月命有司選控鶴衛士及色目漢軍以備鹵簿儀仗十二月定鹵簿隊仗用軍士二千三百三十八人萬戶千戶百戶四十五員仍議用軍士一千九百五十八人萬戶千戶百戶五十九員以備儀仗

致和元年六月以享太廟用蹕街清路軍一百名看粿盆軍一百名管軍官千戶百戶各一員九月行大禮用擎執儀仗蒙古漢軍一千名

文宗天曆元年十一月親祭太廟內外用儀仗并五色甲馬軍一千六百五十名仍命指揮青山及洪副使攝折衛都尉提調　二年正旦行禮用儀仗軍一千人享太廟用蹕街清路軍一百名看守粿盆軍一百名管軍千戶百戶各一員天壽節行禮用儀仗軍一千名皇后

冊寶擎執儀仗用軍一千二百名軍官四員

扈從軍

世祖至元十七年三月發忙古䚟抄兒赤所領河西軍士及阿魯黑麾下二百人入備扈從

武宗至大二年太后將幸五臺徽政院官請調軍扈從省臣議昔大太后嘗幸五臺於住夏探馬赤及漢軍內各起扈從軍三百人今遵故事從之十一月樞密院臣言去歲六衛漢軍內以諸處興建工役故用六千軍士於上都臣等議來歲車駕行幸復令騎卒六千人備車馬器仗與步卒二千人扈從制可

看守軍

世祖至元二十五年十一月以軍守都城外倉初大都城內倉敖有軍守之城外豐閏豐實廣貯通濟四倉無守者至是收糧頗多丞相桑哥以爲言乃依都城內倉例每倉發軍五人守之十二月中書省臣言樞密院公廨後有倉貯糧乞調軍五人看守從之

成宗大德四年二月調軍五百人於新浚河內看閘

武宗至大四年六月帝御大安閣樞密院官奏嘗奉旨令各門置軍守備臣等議探馬赤軍士去其所戍地遠卒莫能至擬發阿速唐兀等軍參漢軍用之各門置五十人制可

仁宗延祐元年閏三月隆禧院官言初世祖影殿有軍士守之今武宗御容於大崇恩福元寺安置宜依例調軍守衛從之○三年二月嶺北省乞軍守衛倉庫命於丑漢所屬萬戶三千探馬赤軍內摘軍三百人與之○

英宗至治元年增守太廟墻垣軍初以衛士軍人共守園宿故止用蒙古軍四百人至是以衛士守內墻垣其外壖止用軍士乃增至八百復命僉院哈散院判阿剌鐵木兒領之四月敕搠思吉斡節兒八哈失寺內常令軍士五人守衛

巡邏軍

仁宗皇慶元年三月丞相鐵木迭兒奏每歲既幸上京於各宿衛中留衛士三百七十人以備巡邏今歲多盜賊宜增百人以嚴守禦制可仍命樞密與中書分領之延祐七年五月詔留守司及虎賁司官親率衆於夜巡邏

鎮遏軍

仁宗延祐元年閏三月樞密院官奏中書省言江淛春運糧八十三萬六千二百六十石取日開洋前來直沽請預差軍人鎮遏詔依年例調軍一千名命右衛副都指揮使伯顏往鎮遏之○三年四月海運至直沽樞密院官奏今歲軍數不敷乞調軍士五百人巡鎮從之○七年四月調海運鎮遏軍一千如舊制

鎮戍

元初以武功定天下四方鎮戍之兵亦重矣然自其始而觀之則太祖太宗相繼以有西域中原而攻取之際屯兵蓋無定向其制殆不可考也世祖之時海宇混一然後命宗王將兵鎮邊徼襟喉之地而河洛山東據天下腹心則以蒙古探馬赤軍列大府以屯之淮江以南地盡南海則名藩列郡又各以漢軍及新附等軍戍焉皆世祖宏規遠略與二三大臣之所共議達兵機之要審地理之宜而足以貽謀於後世者也故其後江南三行省嘗以遷調戍兵爲言當時莫敢有變其法者誠以祖宗成憲不易於變更也然卒之承平既久將驕卒惰軍政不修而天下之勢遂至於不可爲夫豈其制之不善哉蓋法久必弊古今之勢然也今故著其調兵屯守之制而列之爲鎮戍焉

世祖中統元年五月詔漢軍萬戶各於本管新舊軍內摘發軍人備衣甲器仗差官領赴燕京近地屯駐萬戶史天澤一萬四百三十五人張馬哥二百四十人解成一千七百六十人糺叱剌四百六十六人斜良拔都八百九十六人扶溝馬軍奴一百二十九人內黃鐵木兒一百四十四人趙奴懷四十一人鄢陵勝都古六十五人十一月命右三部尚書怯烈門平章政事趙璧領蒙古漢軍於燕京近地屯駐平章塔察兒領武衛軍一萬人屯駐北山漢軍質子軍及僉到民間諸投下軍於西京宣德屯駐復命怯列門爲大都督管領諸軍勾當分達達軍爲兩路一赴宣德德興一赴興州其諸萬戶漢軍則令赴潮河屯守後復以興州達達軍合入德興宣德命漢軍各萬戶悉赴懷來縉山川中屯駐○三年十月詔田德實所管固安質子軍九百十六戶及平灤州劉不里剌所管質子軍四百戶還元管地面屯駐○至元七年以金州軍八百隸東川統軍司還成都忽朗吉軍戍東川○十一年正月以忙古帶等新舊軍一萬一千人戍建都調襄陽府生券軍六百人熟券軍四百人由京兆府鎮戍鴨池命金州招討使欽察部領之十二月調西川王安撫楊總帥軍與火尼赤相合與丑漢黃兀剌同鎮守合荅之城○十二年二月詔以東川新得城寨逼近夔府恐南兵來侵發鞏昌路補僉軍三千人戍之三月海州丁安撫等來降選五州丁壯四千人守海州東海○十三年十月命別速䚟忽別列八都兒二人爲都元帥領蒙古軍二千人河西軍一千人守斡端城○十五年三月分揚州行省兵於隆興府初置行省分兵諸路調遣江西省軍爲最少至是以南廣地闊阻山谿之險命鐵木兒不花領兵一萬人赴之合元帥塔出軍以備戰守四月詔以伯顏阿朮所調河南新僉軍三千人還守廬州六月命荊湖北道宣慰使塔海調遣夔府諸軍士七月詔以塔海征夔軍之還戍者及揚州江西舟師悉付水軍萬戶張榮實將之守禦江中八月命江南諸路戍卒散歸各所屬萬戶屯戍初渡江所得城池發各萬戶部曲士卒以戍之久而亡命死傷者衆續至者多不著行伍至是縱還各營以備屯戍安西王相府言川蜀既平城邑山砦洞穴凡八十三所其渠州禮義城等處凡三十三所宜以兵鎮守餘悉撤去從之九月詔發東京北京軍四百人往戍應昌府其應昌舊戍士卒悉令散歸十一月定軍民異屬之制及蒙古軍屯戍之地先是以李璮叛分軍民爲二而異其屬後因平江南軍官始兼民職遂因之凡以千戶守一郡則率其麾下從之百戶亦然不便至是令軍民各異屬如初制士卒以萬戶爲率擇可屯之地屯之諸蒙古軍士散處南北及還各奧魯者亦皆收聚令四萬戶所領之衆屯河北阿朮二萬戶屯河南以備調遣餘丁定其版籍編入行伍俾各有所屬遇征伐則遣之○十六年二月命萬戶孛朮魯敬領其麾下舊有士卒守湖州先是以唐鄧均三州士卒二百八十八人屬敬麾下後遷戍江陵府至是還之四月定上都戍卒用本路元籍軍士國制郡邑鎮戍士卒皆更相易置故每歲以他郡兵戍上都軍士罷於轉輸至是以上都民充軍者四千人每歲令備鎮戍罷他郡戍兵六月碉門魚通及黎雅諸處民戶不奉國法議以兵戍其地發新附軍五百人蒙古軍一百人漢軍四百人往鎮戍之七月以西川蒙古軍七千人新附軍三千人付皇子西安王命闊里鐵木兒以戍杭州軍六百九十人赴京師調兩淮招討小廝蒙古軍及自北方迴探馬赤軍代之八月調江南新附軍五千駐太原五千駐大名五千駐衛州又發探馬赤軍一萬人及夔府招討張萬之新附軍俾四川西道宣慰使也罕的斤將之戍斡端○十七年正月詔以他令不罕守建都布吉䚟守長河西之地無令遷易三月同知淛東道宣慰司事張鐸言江南鎮戍軍官不便請以時更易置之國制既平江南以兵戍列城其長軍之官皆世守不易故多與富民樹黨因奪民田宅居室蠹有司政事爲害滋甚鐸上言以爲皆不遷易之弊請更其制限以歲月遷調之庶使初附之民得以安業也五月命樞密院調兵六百人守居庸關南北口七月廣州鎮戍士卒初以丞相伯顏等麾下合必赤軍二千五百人從元帥張弘範征廣王因留戍焉歲久皆貧困多死亡者至是命更代之復以揚州行省四萬戶蒙古軍更戍潭州十月發砲卒千人入甘州備戰守十二月八番羅甸宣慰司請增戍卒先是以三千人戍八番後征亦奚不薛分摘其半至是師還宣慰司復請益兵以備戰守從之

十八年正月命萬戶張珪率麾下往就潭州還其祖父所領亳州士卒并統之二月以合必赤軍三千戍揚州十月高麗王并行省皆言金州合浦固城全羅州等處沿海上下與日本正當衝要宜設立鎮邊萬戶府屯鎮從之十一月詔以征東留後軍分鎮慶元上海澉浦三處上船海口○十九年二月命唐兀䚟於沿江州郡視便宜置軍鎮戍及諭鄂州揚州隆興泉州等四省議用兵戍列城從淛東宣慰司於溫州分軍戍守江南自歸州以及江陰至三海口凡二十八所四月調揚州合必軍三千人鎮泉州又潭州行省以臨川鎮地接占城及未附黎洞請立總管府一同鎮戍從之七月以隆興西京軍士代上都戍卒還西川先是上都屯戍士卒其奧魯皆在西川而戍西川者多隆興西京軍士每歲轉餉不勝勞費至是更之○二十年八月留蒙古軍千人戍揚州餘悉縱還揚州所有蒙古士卒九千人行省請以三分爲率留一分鎮戍史塔剌渾曰蒙古士卒悍勇孰敢當留一千人足矣從之十月發乾討虜軍千人增戍福建行省先是福建行省以其地險常有盜負固爲亂兵少不足戰守請增蒙古漢軍千人樞密院議以劉萬奴所領乾討虜軍益之○二十一年四月詔潭州蒙古軍依揚州例留一千人餘悉放還諸奧魯十月增兵鎮守金齒國以其地民戶剛狠舊嘗以漢軍新附軍三千人戍守今再調探馬赤蒙古軍二千人令藥剌海率赴之○二十二年二月詔改江淮江西元帥招討司爲上中下三萬戶府蒙古漢人新附諸軍相參作三十七翼上萬戶宿州蘄縣真定沂郯益都高郵沿海七翼中萬戶棗陽十字路邳州鄧州杭州懷州孟州真州八翼下萬戶常州鎮江潁州廬州亳州安慶江陰水軍益都新軍湖州淮安壽春揚州泰州弩手保甲處州上都新軍黃州安豐松江鎮江水軍建康二十二翼每翼設達

魯花赤萬戶副萬戶各一人以隸所在行院○二十四年五月調各衞諸色軍士五百人於平灤以備鎭戍十月詔以廣東係邊徼之地山險人稀兼江西福建賊徒聚集不時越境作亂發江西行省忽都鐵木兒麾下軍五千人往鎭守之○二十五年二月調揚州省軍赴鄂州代鎭戍士卒三月詔黃州蘄州壽昌諸軍還隸江淮省始三處舊置鎭守軍以近鄂州省嘗分隸領之至是軍官以爲言遂仍其舊遼陽行省言懿州地接賊境請益兵鎭戍從之四月調江淮行省全翼一下萬戶軍移鎭江西省從皇子脫歡士卒及劉二拔都麾下一萬人皆散歸各營十一月增軍戍咸平府以察忽亦兒思合言其地實邊徼請益兵鎭守以備不虞故也○二十六年二月命萬戶劉得祿以軍五千人鎭守八番○二十七年六月調各行省軍於江西以備鎭戍俟盜賊平息而後縱還九月以元帥那懷麾下軍四百人守文州調江淮省下萬戶府軍於福建鎭戍十一月江淮行省言先是丞相伯顏及元帥阿术阿塔海等守行省時各路置軍鎭戍視地之輕重而爲之多寡厥後忙古䚟代之悉更其法易置將吏士卒殊失其宜今福建盜賊已平惟淛東一道地極邊惡賊所巢穴請復還三萬戶以戍守之合剌帶一軍戍沿海明台亦怯烈一軍戍溫處札忽帶一軍戍紹興婺州其寧國徽州初用土兵後皆與賊通今盡遷之江北更調高郵泰州兩萬戶漢軍戍之揚州建康鎭江三城跨據大江人民繁會置七萬戶府杭州行省諸司府庫所在置四萬戶府水戰之法舊止十所今擇瀕海沿江要害二十二所分兵閱習伺察諸盜錢塘控扼海口舊置戰艦二十艘今增置戰艦百艘海船二十艘樞密院以聞悉從之○二十八年二月調江淮省探馬赤軍及漢軍二千人於脫歡太子側近揚州屯駐○二十九年以咸平府東京所屯新附軍五百人增戍女直地○三十年正月詔西征探馬赤軍八千人分留一千或二千餘令放還皇子奧魯赤大王朮伯言切恐軍散釁生宜留四千還四千從之五月命思播黃平鎭遠拘刷亡宋避役手號軍人以增鎭守七月調四州行院新附軍一千人戍松山

成宗元貞元年七月樞密院官奏劉二拔都兒言初鄂州省安置軍馬之時南面止是潭州等處後得廣西海外四州八番洞蠻等地疆界闊遠闕少戍軍復增四萬人今將元屬本省四翼萬戶軍分出軍力減少臣等謂劉二拔都兒之言有理雖然江南平定之時沿江安置軍馬伯顏阿朮阿塔海阿里海牙阿剌罕等俱係元經攻取之人又與近臣月兒魯孛羅等樞密院官同議安置者乞命通軍事知地理之人同議增減安置庶後無弊從之○二年五月江淛行省言近以鎭守建康太平保定萬戶府全翼軍馬七千二百一十二名調屬湖廣省乞分兩淮戍兵於本省沿海鎭遏樞密院官議沿江軍馬係伯顏阿朮安置勿令改動止於本省元管千戶百戶軍內發兵鎭守之制可九月詔以兩廣海外四州城池戍兵歲一更代往來勞苦給俸錢選良醫往治其疾病者命三二年一更代之○三年二月調揚州翼鄧新萬戶府全翼軍馬分屯蘄黃○大德元年三月陝西平章政事脫烈伯領總帥軍三千人收捕西番回詔留總帥軍百人及階州舊軍禿思馬軍各二百人守階州餘軍還元翼湖廣省請以保定翼萬人移鎭郴州樞密院官議此翼乃張柔所領征伐舊軍宜遷入鄂州省屯駐別調兵守之七月招收亡宋左右兩江土軍千人從思明上思等處都元帥昔剌不花言也十一月河南行省言前揚州立江淮行省江陵立荊湖行省各統軍馬上下鎭遏後江淮省移於杭州荊湖省遷於鄂州黃河之南大江遶北汴梁古郡設立河南江北行省通管江淮荊湖兩省元有地面近年併入軍馬通行管領所屬之地大江最爲緊要兩淮地險人頑宋亡之後始來歸順當時沿江一帶斟酌緩急安置定三十一翼軍馬鎭遏後遷調十二翼前去江南餘有一十九翼於內調發止存原額十分中一二況兩淮荊襄自古隘要之地歸附至今雖即寧靜宜慮未然乞照沿江元置軍馬遷調江南翼分并各省所占本省軍人發還元翼仍前鎭遏省院官議以爲沿江安置三十一翼軍馬之說本院無此簿書問之河南省官孛魯歡其省亦無樞密院文卷內但稱至元十九年伯顏玉速鐵木兒等共擬其地安置三萬二千軍後增二千總三萬四千今悉令各省差占及逃亡事故者還充役足矣又孛魯歡言去年伯顏點視河南省見有軍五萬二百之上又若還其占役事故軍人則共有七八萬人此數之外脫歡太子位下有一千探馬赤一千漢軍阿剌八赤等哈剌魯亦在其地設有非常皆可調用據各省占役總計軍官軍人一萬三千八百八十一名軍官二百九名軍人一萬三千六百七十二名內漢軍五千五百八十名新附軍八千二十八名蒙古軍六十四名江淛省占役軍官軍人四千九百五十七名湖廣省占役軍官軍人七千六百三名福建省占役軍官軍人一千二百七十二名江西省出征收捕未回新附軍四十九名悉令還役江淛省亦言河南行省見占本省軍人八千八百三十三名亦宜遣還鎭遏有旨兩省各差官赴闕辨議○二年正月樞密院臣言阿剌䚟脫忽思所領漢人女直高麗等軍二千一百三十六名內有稱海對陣者有久戍四五年者物力消乏乞於六衞軍內分一千二百人大同屯田軍八百人徹里台軍二百人總二千二百人往代之制可三月詔各省合併鎭守軍福建所置者合爲五十三所江淛所置者合爲二百二十七所江西元立屯軍鎭守二百二十六所減去一百六十二所存六十四所○三年三月沅州賊人嘯聚命以畊陽萬戶府鎭守辰州鎭巢萬戶府鎭守沅州靖州上均萬戶府鎭守常州澧州○五年三月詔河南省占役江淛省軍一萬一千四百七十二名除洪澤芍陂屯田外餘令發還元翼○七年四月調碉門四川軍一千人鎭守羅羅斯○八年二月以江南海口軍少調蘄縣王萬戶翼漢軍一百人甯萬戶翼漢軍一百人新附軍二百人守慶元自乃顏來者蒙古軍三百人守定海

武宗至大二年七月樞密院臣言去年日本商船焚掠慶元官軍不能敵江淛省言請以慶元台州沿海萬戶府新附軍往陸路鎭守以蘄縣宿州兩萬戶府陸路漢軍移就沿海屯鎭臣等議自世祖時伯顏阿朮等相地之勢制事之宜然後安置軍馬豈可輕動前行省忙古䚟等亦言以水陸軍互換遷調世祖有訓曰忙古䚟得非狂醉而發此言以水路之兵習陸路之伎驅步騎之士而從風水之役難成易敗於事何補今欲禦備姦宄莫若從宜於水路沿海萬戶府新附軍三分取一與陸路蘄縣萬戶府漢軍相參鎭守從之○四年十月以江浙省嘗言兩淛沿海瀕江隘口地接諸番海寇出沒兼收附江南之後三十餘年承平日久將驕卒惰帥領不得其人軍馬安置不當乞斟酌衝要去處遷調鎭遏樞密院官議慶元與日本相接且爲倭商焚毀宜如所請其餘遷調軍馬事關機務別議行之十二月雲南八百媳婦大小徹里等作耗調四川省蒙古漢軍四千人命萬戶囊加䚟部領赴雲南鎭守其四川省言本省地方東南控接荊湖西北襟連秦隴阻山帶江密邇番蠻素號天險古稱極邊重地乞於存恤歇役六年軍內調二千人往從之

仁宗皇慶元年十一月詔江西省瘴地內諸路鎭守軍各移近地屯駐○延祐四年四月河南行省言本省地方寬廣關係非輕所屬萬戶府俱於臨江沿淮上下鎭守方面相離省府近者千里之上遠者二千餘里不測調度卒難相應況汴梁國家腹心之地設立行省別無親臨軍馬較之江淛江西湖廣陝西四川等處俱有隨省軍馬惟本省未蒙撥付樞密院以聞命於山東河北蒙古軍河南淮北蒙古軍兩都萬戶府調軍一千人與之十一月陝西都萬戶府言碉門探馬赤軍一百五十名鎭守多年乞放還元翼樞密院臣議彼中亦係要地不宜放還止令於元翼起遣一百五十名三年一更鎭守元調四川各翼漢軍一千名鎭守碉門黎雅亦令一體更代

泰定四年三月陝西行省嘗言奉元建立行省行臺別無軍府唯有蒙古軍都萬戶府遠在鳳翔置司相離三百五十餘里緩急難用乞移都萬戶府於奉元置司軍民兩便及後陝西都萬戶府言自大德三年命移司酌中安置經今三十餘年鳳翔離天都土番甘肅俱各三千里地面酌中不移爲便樞密議陝西舊例未嘗提調軍馬況鳳翔置司三十餘年不宜移動制可十二月河南行省言所轄之地東連淮海南限大江北抵黃河西接關陝洞蠻草賊出沒與民爲害本省軍馬俱在瀕海沿江安置遠者二千近者一千餘里乞以砲手弩軍兩翼移於汴梁并各萬戶府摘軍五千名世祖命知地理省院官共議於瀕海沿江六十三處安置軍馬時汴梁未嘗置軍揚州衝要重地置五翼軍馬并砲手弩軍今親王脫歡太子鎭遏揚州提調四省軍馬此軍不宜更動設若河南省果用軍則不塔剌吉所管四萬戶蒙古軍內三萬戶在黃河之南河南省之西一萬戶在河南省之南脫別台所管五萬戶蒙古軍俱在黃河之北河南省東北阿剌鐵木兒安童等兩侍衞蒙古軍在河南省之北共十一衞翼蒙古軍馬俱在河南省周圍屯駐又本省所轄一十九翼軍馬俱在河南省之南沿江置列果用兵卽馳奏於諸軍馬內調發從之

明翰林學士亞中大夫知制誥兼修國史宋　濂等修

兵志第四十八

兵三

馬政

西北馬多天下秦漢而下載籍蓋可考已元起朔方俗善騎射因以弓馬之利取天下古或未之有蓋其沙漠萬里牧養蕃息太僕之馬殆不可以數計亦一代之盛哉世祖中統四年設羣牧所隸太府監尋陞尚牧監又陞太僕院改衞尉院院廢立太僕寺屬之宣徽院後隸中書省典掌御位下大斡耳朶馬其牧地東越躭羅北踰火里禿麻西至甘肅南曁雲南等地凡一十四處自上都大都以至玉你伯牙折連怯呆兒周迴萬里無非牧地馬之羣或千百或三五十左股烙以官印號大印子馬其印有兵古貶古闊卜川月思古斡欒等名牧人曰哈赤哈剌赤有千戶百戶父子相承任事自夏及冬隨地之宜行逐水草十月各至本地朝廷歲以九月十月遣寺官馳驛閱視較其多寡有所產駒卽烙印取勘收除見在數目造蒙古回回漢字文册以聞其總數蓋不可知也凡病死者三則令牧人償大牝馬一二則償二歲馬一一則償牝羊一其無馬者以羊驝牛折納太廟祀事暨諸寺影堂用乳酪則供牝馬駕仗及宮人出入則供尚乘馬車駕行幸上都太僕卿以下皆從先驅馬出健德門外取其肥可取乳者以行汰其羸瘦不堪者還于羣自天子以及諸王百官各以脫羅氈置撒帳爲取乳室車駕還京師太僕卿先期遣使徵馬五十醞都來京師醞都者承乳車之名也旣至俾哈赤哈剌赤之在朝爲卿大夫者親秣飼之日釀黑馬乳以奉玉食謂之細乳每醞都牝馬四十每牝馬一官給芻一束菽八升駒一給芻一束菽五升菽貴則其半以小稻充自諸王百官而下亦有馬乳之供醞都如前之數而馬減四之一謂之粗乳芻粟要旬取給於度支寺官亦以旬詣閑廐閱肥瘠又自世祖而下山陵各有醞都取馬乳以供祀事號金陵擠馬越五年盡以與守山陵使者凡御位下正宮位下隨朝諸色目人員甘肅土番耽羅雲南占城蘆州河西亦奚卜薛和林斡難怯魯連阿剌忽馬乞哈剌木連亦乞里思亦思渾察成海阿察脫不罕折連怯呆兒等處草地內及江南腹裏諸處應有係官孳生馬牛駝驢羊點數之處一十四道牧地各千戶百戶等名目如左

東路折連怯呆兒等處　玉你伯牙上都周圍　哈剌木連等處　阿剌忽馬乞等處　斡斤川等處　阿察脫不罕　甘州等處　左手永平等處　右手固安州等處　雲南亦奚卜薛　蘆州　益都　火里禿麻　高麗耽羅國

一折連怯呆兒等處御位下　折連怯呆兒地哈剌赤千戶買買的撒台怯兒八思闊闊來塔失鐵木兒哈剌那海伯要䚟也兒的思撒的迷失教化太鐵木兒塔都也先木薛肥不思塔八不兒都麻失不顏台撒敦　按赤忽里哈赤千戶下百戶脫脫木兒　兀魯兀內土阿八剌哈赤闊闊出　徹徹地撒剌八薛裏溫你里溫斡脫忽赤哈剌鐵木兒　哈思罕地僧家奴　玉你伯牙斷頭山百戶哈只

一玉你伯牙等處御位下　玉你伯牙地哈剌赤百戶忽兒禿哈兀都蠻燕鐵木兒暗出忽兒也先禿滿玉龍鐵木兒月思哥明里不蘭

大斡耳朶位下　乞剌里郭羅赤馬某等　哈里牙兒苟赤別鐵木兒　伯只剌苟赤阿藍荅兒　阿察兒伯顏苟赤教化的等　塔魯內亦兒哥赤塔里牙赤等　伯只剌阿塔赤忽兒禿哈　桃山太師月赤察兒分出鐵木兒等　伯顏只魯于阿塔赤禿忽魯等　玉你伯牙奴禿赤火你赤

一塔剌木連等處御位下　阿失溫忽都地八都兒希徹禿地吉兒䚟　哈察木敦　火石腦兒哈塔咬羅海牙撒的　換撒里眞按赤哈荅　須知忽都哈剌赤別乞　軍腦兒哈剌赤火羅思　玉龍粘徹　雲內州拙里牙赤昌罕　察罕腦兒欠昔思　棠樹兒安魯罕　右頭山禿忽魯　牙不罕你里溫脫脫木兒　開城路黑水河不花

大斡耳朶位下完者

一阿剌忽馬兒等處御位下　阿剌忽馬乞地哈剌赤百戶按不憐乾鐵哥火石鐵木兒末赤卯罕不蘭奚孛羅罕　怯魯連地哈剌赤千戶床八失百戶怯兒的小薛于別鐵列不作孛羅串都也速典列坦的里也里迷失忙兀䚟　斡難地蘭蓋兒末者哈只不花等

大斡耳朶位下　阿剌忽馬乞按灰等　闊苦地闊赤斤等

一斡斤川等處御位下　斡斤川地哈剌赤千戶月魯阿剌鐵木兒塔塔察兒　拙里牙赤斡羅孫馬塔哈兒哈地哈剌赤千戶當失燕忽里歡差大難　闊闊地兀奴忽赤忙兀䚟　怯魯連八剌哈赤八兒麻思

大斡耳朶位下　馬塔哈兒哈怯連口只兒哈忽

一阿察脫不罕等處御位下　阿察脫不罕地哈赤守納　斡川札馬昔寶赤忙哥撒兒　火羅罕按赤禿忽赤　成海後火義罕塔兒罕按赤也先　黃兀兒不剌按赤未兒哥忽林失　應里哥地按赤哈丹忽台迷失　應吉列古哈剌赤不魯　亦兒渾察西哈剌赤　荅蘭速魯哈剌赤八只吉兒哈兒哈孫不剌哈剌赤阿兒禿

大斡耳朶位下　怯魯連火你赤塔剌海

一甘州等處御位下　口千子哈剌不花一所　奥魯赤一所　阿剌沙阿蘭山兀都蠻　亦不剌金一所　寬徹千　塔塔安地普安　勝回地劉子總管　闊闊思地　太鐵木兒等　甘州等處楊住普　撥可連地撒兒吉思　只哈禿屯田地安童一所　哈剌班忽都拙思牙赤耳眉

一左手永平等處御位下　永平地哈剌赤千戶六十　樂亭地拙里牙赤阿都赤荅剌赤迷里迷失亦兒哥赤馬某撒兒荅　香河按赤定住亦馬赤速哥鐵木兒　河西務愛牙赤孛羅䚟　漷州哈剌赤脫忽察　桃花島青昔寶赤赤班等

大斡耳朶位下　河西務玉提赤百戶馬札兒

一右手固安州四怯薛八剌哈赤平章那懷爲長　固安州哈剌赤脫忽察哈赤忽里哈赤按赤不都兒　眞定昔寶赤脫脫　左衞哈剌赤塔不䚟　靑州哈剌赤阿哈不花　涿州哈剌赤不魯哈思

一雲南亦奚卜薛鐵木兒不花爲長

一蘆州

一益都哈剌赤忽都鐵木兒

一火里禿麻太勝忽兒爲長

一高麗耽羅

屯田

古者寓兵於農漢魏而下始置屯田爲守邊之計有國者善用其法則亦養兵息民之要道也國初用兵征討遇堅城大敵則必屯田以守之海內旣一於是內而各衞外而行省皆立屯田以資軍餉或因古之制或以地之宜其爲慮蓋甚詳密矣大抵勺陂洪澤甘肅瓜沙因昔人之制其地利蓋不減於舊和林陝西四川等地則因地之宜而肇爲之亦未嘗遺其利焉至於雲南八番海南海北雖非屯田之所而以爲蠻夷腹心之地則又因制兵屯旅以控扼之由是而天下無不可屯之兵無不可耕之地矣今故著其建置增損之槩而內外所轄軍民屯田各以次列焉

樞密院所轄

左衞屯田　世祖中統三年三月調樞密院二千人於東安州南永清縣東荒土及本衞元占牧地立屯開耕分置左右手屯田千戶所爲軍二千名爲田一千三百一十頃六十五畝

右衞屯田　世祖中統三年三月調本衞軍二千人於永清益津等處立屯　開耕分置左右手屯田千戶所其屯軍田畝之數與左衞同

中衞屯田　世祖至元四年於武清香河等縣置立十一年以各屯地界相去百餘里往來耕作不便遷於河西務荒莊楊家口青臺楊家白等處其屯軍之數與左衞同爲田一千三十七頃八十二畝

前衞屯田　世祖至元十五年九月以各省軍入備侍衞者於霸州保定涿州荒閑地土屯種分置左右手屯田千戶所屯軍與左衞同爲田一千頃

後衞屯田　置立歲月與前衞同後以永淸等處田畝低下遷昌平縣之太平莊泰定三年五月以太平莊乃世祖經行之地營盤所在春秋往來牧放衞士頭匹不宜與漢軍立屯遂罷之止於舊立屯所耕作如故屯軍與左衞同爲田一千四百二十八頃一十四畝

武衞屯田　世祖至元十八年發迤南軍人三千名於涿州霸州保定定興等處置立屯田分設廣備萬益等六屯別立農政院以領之二十二年罷農政院爲司農寺自後與民相參屯種二十五年別立屯田萬戶府分管屯種軍人二十六年以屯軍屬武衞親軍都指揮使司兼領屯田事仁宗皇慶元年改屬衞率府後復歸之武衞英宗至治元年命以廣備利民二千戶軍人所耕地土與左衞率府忙古䚟屯田千戶所互相更易屯軍三千名爲田一千八百四頃四十五畝

左翼屯田萬戶府　世祖至元二十六年二月罷蒙古侍衞軍從人之屯田者別以斡端別十八里回還漢軍及大名衞輝兩翼新附軍與前後二衞迤東還戍士卒合併屯田設左右翼屯田萬戶府以領之遂於大都路霸州及河間等處立屯開耕置漢軍左右手二千戶新附軍六千戶所爲軍二千五十一名爲田一千三百九

十九項五十二畝

右翼屯田萬戶府　其置立歲月與左翼同成宗大德元年十一月發眞定軍人三百名於武清縣崔黃口增置屯田仁宗延祐五年四月立衞率府以本府屯田并屬詹事院後復歸之樞密分置漢軍千戶所三別置新附軍千戶所以爲軍一千五百四十人爲田六百九十九項五十畝

中翊侍衞屯田　世祖至元二十九年十一月命各萬戶府摘大同隆興太原平陽等處軍人四千名於燕只哥赤斤地面及紅城周迴置立屯田開耕荒田二千項仍命西京宣慰司領其事後改立大同等處屯儲萬戶府以領之成宗大德十一年改侍衞親軍都指揮使司仍領屯田武宗至大四年以黃華領新附屯田軍一千人併歸本衞別立屯署是年改大同侍衞爲中都威衞屬之徽政院分屯軍二千置弩軍翼止以二千人分置左右手屯田千戶所黃華領新附軍屯如故仁宗延祐二年遷紅城屯軍於古北口太平莊屯種五年復僉中都威衞軍八百人於左都威衞所轄地內別立屯署七年十二月罷左都威衞及太平莊白草營等處屯田復於紅城周迴立屯仍屬中都威衞英宗至治元年始改爲忠翊侍衞屯田如故爲田二千項後移置屯所不知其數

左右欽察衞屯田　世祖至元二十四年發本衞軍一千五百一十二名分置左右手屯田千戶所及欽察屯田千戶所於淸州等處屯田英宗至治二年始分左右欽察衞以左右手屯田千戶所分屬之文宗天曆二年創立龍翊侍衞復以隷焉爲軍左手千戶所七百五名右手千戶所四百三十七名欽察千戶所八百名爲田左手千戶所一百三十七項五十畝右手千戶所二百一十八項五十畝欽察千戶所三百項

左衞率府屯田　武宗至大元年六月命於大都路漷州武清縣及保定路新城縣置立屯田英宗至治元年以武衞與左衞率府屯田地界相離隔絕不便耕作命以兩衞屯田互更易之分置三翼屯田千戶所爲軍三千人爲田一千五百項

宗仁衞屯田　英宗至治二年八月發五衞漢軍二千人於大寧等處創立屯田分置兩翼屯田千戶所爲田二千項

宣忠扈衞屯田　文宗至順元年十二月命收聚訖一萬斡羅斯給地一百項立宣忠扈衞親軍萬戶府屯田依宗仁衞例

大農司所轄

永平屯田總管府　世祖至元二十四年八月以北京採取材木百姓三千餘戶於灤州立屯設官署以領其事爲戶三千二百九十爲田一萬一千六百一十四項四十九畝

營田提舉司　不詳其建置之始其設立處所在大都漷州之武清縣爲戶軍二百五十三民一千二百三十五析居放良四百八十不蘭奚二百三十二火者一百七十口獨居不蘭奚一十二口黑瓦木丁八十二名爲田三千五百二項九十三畝

廣濟署屯田　世祖至元二十二年正月以崔黃口空城屯田歲澇不收遷於清滄等處後大司農寺以尚珍署舊領屯夫二百三十戶歸之既又遷濟南河間五百五十戶平灤眞定保定三路屯夫四百五十戶併入本屯爲戶共一千二百三十爲田一萬二千六百項三十八畝

宣徽院所轄

淮東淮西屯田打捕總管府　世祖至元十六年募民開耕漣海州荒地官給禾種自備牛具所得子粒官得十之四民得十之六仍免屯戶徭役屢欲中廢不果二十七年所轄提舉司一十九處併爲十二其後再併止設八處爲戶一萬一千七百四十三爲田一萬五千一百九十三項三十九畝

豐閏署　世祖至元二十二年創立於大都路薊州之豐閏縣爲戶八百三十七爲田三百四十九項

寶坻屯　世祖至元十六年僉大都屬邑編民三百戶立屯於大都之寶坻縣爲田四百五十項

尚珍署　世祖至元二十三年置立於濟寧路之兗州爲戶四百五十六爲田九千七百一十九項七十二畝

腹裏所轄軍民屯田

大同等處屯儲總管府屯田　成宗大德四年以西京黃華嶺等處田土頗廣發軍民九千餘人立屯開耕六年始設屯儲軍民總管萬戶府十一年放罷漢軍還紅城屯所止存民夫在屯仁宗時改萬戶府爲總管府爲戶軍四千二十民五千九百四十五爲田五千項

虎賁親軍都指揮使司屯田　世宗至元十七年十二月月兒魯官人言近於滅捏怯土赤納赤高州忽蘭若班等處改置驛傳臣等議可於舊置驛所設立屯田從之二十八年發虎賁親軍二千人入屯二十九年增軍一千凡立三十四屯於上都置司爲軍三千人佃戶七十九爲田四千二百二項七十九畝

嶺北行省屯田　世祖至元二十一年併和林阿剌觧元領軍一千人入五條河成宗元貞元年摘六衞漢軍一千名赴稱海屯田大德三年以五條河漢軍悉併入稱海仁宗延祐三年罷稱海屯田復立屯於五條河六年分揀蒙古軍五千人復屯田稱海七年命依世祖舊制稱海五條河俱設屯田發軍一千人於五條河立屯英宗時立屯田萬戶府爲戶四千六百四十八爲田六千四百餘項

遼陽等處行中書省所轄屯田

大寧路海陽等處打捕屯田所　世祖至元二十三年以大寧遼陽平灤諸路拘刷漏籍放良孛蘭奚人戶及僧道之還俗者立屯於瑞州之西瀕海荒地開耕設打捕屯田總管府成宗大德四年罷之止立打捕屯田所爲戶元撥并召募共一百二十二爲田二百三十項五十畝

浦峪路屯田萬戶府　世祖至元二十九年十月以蠻軍三百戶女直一百九十戶於咸平府屯種三十年命本府萬戶和魯古斛領其事仍於茶剌罕剌憐等處立屯三十一年罷萬戶府屯田仁宗大德二年撥蠻軍三百戶屬肇州蒙古萬戶府止存女直一百九十戶依舊立屯爲田四百項

金復州萬戶府屯田　世祖至元二十一年五月發新附軍一千二百八十一戶於忻都察置立屯田二十六年分京師應役新附軍一千人屯田哈思罕關東荒地三十年以王龍帖木兒塔失海牙兩萬戶新附軍一千三百六十戶併入金復州立屯耕作爲戶三千六百四十一爲田二千五百二十三項

肇州蒙古屯田萬戶府　成宗元貞元年七月以乃顏不魯古赤及打魚水達達女直等戶於肇州旁近地開耕爲戶不魯古赤二百二十戶水達達八十戶歸附軍三百戶續增漸丁五十二戶

河南行省所轄軍民屯田

南陽府民屯　世祖至元二年正月詔孟州之東黃河之北南至八柳樹枯河徐州等處凡荒閑地土可令阿術阿剌罕等所領士卒立屯耕種并摘各萬戶所管漢軍屯田六年以攻襄樊軍餉不足發南京河南歸德諸路編民二萬餘戶於唐鄧申裕等處立屯八年散還元屯戶別僉南陽諸色戶計立營田使司領之尋罷改立南陽屯田總管府後復罷止隷有司爲戶六千四十一爲田一萬六百六十二項七畝

洪澤萬戶府屯田　世祖至元二十三年立洪澤南北三屯設萬戶府以統之先是江淮行省言國家經費糧儲爲急今屯田之利無過兩淮況盱眙洪澤皆漢唐舊嘗立屯之地若令江淮新附漢軍屯田可歲得糧百五十餘萬石至是從之三十一年罷三屯萬戶止立洪澤屯田萬戶府以統之其置立處所在淮安路之白水塘黃家疃等處爲戶一萬五千九百九十四名爲田三萬五千三百一十二項二十一畝

芍陂屯田萬戶府　世祖至元二十一年二月江淮行省言安豐之芍陂可溉田萬餘項乞置三萬人立屯中書省議發軍士二千人姑試行之後屯戶至一萬四千八百八名

德安等處軍民屯田總管府　世祖至元十八年以各翼取到漢軍及各路拘收手號新附軍分置十屯立屯田萬戶府三十一年改立總管府爲民九千三百七十五名軍五千九百六十五名爲田八千八百七十九項九十六畝

陝西等處行中書省所轄軍民屯田

陝西屯田總管府　世祖至元十一年正月以安西王府所管編民二千戶立櫟陽涇陽終南渭南屯田十八年立屯田所十九年以軍站屯戶拘收爲怯憐口戶計放還而無所歸者籍爲屯戶立安西平涼屯田設提領所以領之二十九年立鳳翔鎭原彭原屯田放罷至元十年所僉接應成都延安軍人置立民屯設立屯田所尋改爲軍屯令千戶所管領三十年復更爲民屯爲戶鳳翔一千一百二十七戶鎭原九百一十三戶櫟陽七百八十六戶後存六百五十戶涇陽六百九十六戶後存六百五十八戶彭原一千二百三十八戶安西七百二十四戶後存二百六十二戶平涼二百八十八戶終南七百七十一戶後存七百一十三戶渭南八百一十一戶後存七百六十六戶爲田鳳翔九十項一十二畝鎭原四百二十六項八十五畝櫟陽一千二十項九十九畝涇陽一千二十項九十九畝彭原五百四十五項六十八畝安西四百六十七項七十八畝平涼一百十五項二十畝終南九百四十三項七十六畝渭南一千二百二十二項三十一畝

陝西等處萬戶府屯田　世祖至元十九年二月以盩厔南係官荒地發歸附軍立孝子林張馬村軍屯二十

年以南山把口子巡哨軍人八百戶於鰲屋之杏園莊寧州之大昌原屯田二十一年發文州鎭戍新附軍九百人立亞柏鎭軍屯復以燕京戍守新附軍四百六十三戶於德順州之威戎立屯開耕爲戶孝子林屯三百一戶張馬村屯三百一十三戶杏園莊屯二百三十三戶大昌原屯四百七十四戶亞柏鎭屯九百戶威戎屯四百六十三戶爲田孝子林二十三頃八十畝張馬村七十三頃八十畝杏園莊一百一十八頃三十畝大昌原一百五十八頃七十九畝亞柏鎭二百六十八頃五十九畝威戎一百六十四頃八十畝

貴赤延安總管府屯　世祖至元十九年以拘收贖身放良不蘭奚及漏籍戶計於延安路探馬赤草地屯田爲戶二千二十七爲田四百八十六頃

甘肅等處行中書省所轄軍民屯田

寧夏等處新附軍萬戶府屯田　世祖至元十九年三月發迤南新附軍一千三百八十二戶往寧夏等處屯田二十一年遣塔塔裏千戶所管軍人九百五十八戶屯田爲田一千四百九十八頃三十三畝

管軍萬戶府屯田　世祖至元十八年正月命肅州沙州瓜州置立屯田先是遣都元帥劉恩往肅州諸郡視地之所宜恩還言宜立屯田遂從之發軍於甘州黑山子滿峪泉水渠鴨子翅等處立屯田爲戶二千二百九十爲田一千一百六十六頃六十四畝

寧夏營田司屯田　世祖至元八年正月僉發己未年隨州鄂州投降人民一千一百七戶往中興居住十一年編爲屯田戶凡二千四百丁二十三年續僉漸丁得三百人爲田一千八百頃

寧夏路放良官屯田　世祖至元十一年從安撫司請以招收放良人民九百四戶編聚屯田爲田四百四十六頃五十畝

亦集乃屯田　世祖至元十六年調歸附軍人於甘州十八年以克屯田軍二十二年還甘州新附軍二百人往屯亦集乃合即渠開種爲田九十一頃五十畝

江西等處行中書省所轄屯田

贛州路南安寨兵萬戶府屯田　成宗大德二年正月以贛州路所轄信豐會昌龍南安遠等處賊人出沒發寨兵及宋舊役弓手與抄數漏籍人戶立屯耕守以鎭遏之爲戶三千二百六十五爲田五百二十四頃六十八畝

江浙等處行中書省所轄屯田

汀漳屯田　世祖至元十八年以福建調軍糧儲費用依腹裏創置立屯田命管軍總管鄭楚等發鎭守士卒年老不堪備征戰者得百有十四人又募南安等縣居民一千八百二十五戶立屯耕作成宗元貞三年命於南詔黎畲各立屯田摘撥見戍軍人每屯置一千五百名及將所招陳弔眼等餘黨入屯與軍人相參耕種爲戶汀州屯一千五百二十五名漳州屯一千五百一十三名爲田汀州屯二百二十五頃漳州屯二百五十頃

高麗國立屯

高麗屯田　世祖至元七年創立是時東征日本欲積糧餉爲進取之計遂以王綧洪茶丘等所管高麗戶二千人及發中衞軍二千人合婆娑府咸平府軍各一千人於王京東寧府鳳州等一十處置立屯田設經畧司以領其事每屯用軍五百人

四川行省所轄軍民屯田二十九處

廣元路民屯　世祖至元十三年從利路元帥言廣元實東西兩川要衝支給浩繁經理係官田畝得九頃六十畝遂以褒州刷到無主人口偶配爲十戶立屯開種十八年發新得州編民七十七戶屯田爲戶共八十七

敍州宣撫司民屯　世祖至元十一年命西蜀四川經畧使起立屯田十五年僉長寧軍富順州等處編民四百七十五戶立屯耕種十九年續僉一百六十戶二十年敍州僉民一千九百戶二十五年富順州復僉民六百八戶增入舊屯二十七年取勘析出屯戶得二百八十四成宗元貞二年復放罷站戶一千一十七戶依舊屯田總之爲戶四千四百四十四

紹慶路民屯　世祖至元十九年於本路未當差民戶內僉二十三名置立屯田二十年於彭水縣籍管萬州寄戶內僉撥二十戶二十一年僉彭水縣未當差民戶三十二戶增入二十六年屯戶貧乏者多負逋復僉彭水縣編民一十六戶補之爲戶九十一

嘉定路民屯　世祖至元十九年僉亡宋編民四戶置立屯田成宗元貞元年撥成都義士軍八戶增入爲戶一十二

順慶路民屯　世祖至元十二年僉順慶民三千四百六十八戶置立屯田十九年復於民戶內差撥一千三百二十六戶置民屯二十年復僉二百一十二戶增入總之五千一十六戶

潼川府民屯　世祖至元十一年僉本府編民及義士軍二千二百二十四戶立屯十三年復僉民一百四十二戶二十一年行省遣使於遂寧府擇監夫之老弱廢疾者得四十六戶僉充屯戶總之二千四百一十二戶

夔路總管府民屯　世祖至元十一年置累僉本路編民至五千二十七戶續於新附軍內僉老弱五十六戶增入

重慶路民屯　世祖至元十一年置累於江津巴縣瀘州忠州等處僉撥編民二千三百八十七戶幷召募共三千五百六十六戶

成都路民屯　世祖至元十二年僉陰陽人四十戶瓣納屯糧二十二年續僉瀘州編民九千七戶充屯田戶三十一年續僉千戶高德所管民一十四戶

保寧萬戶府軍屯　世祖至元一十六年保寧府言本管軍人一戶或二丁三丁父兄子弟應役實爲重併若又遷於成都屯種去家隔遠逃匿必多乞令本府在營士卒及夔路守鎭軍人止於保寧沿江屯種從之僉軍一千二百名二十七年發屯軍一百二十九人從萬戶也速迭兒西征別僉漸丁軍人入屯爲戶一千三百二十九名爲田一百一十八頃二十七畝

敍州等處萬戶府軍屯　成宗元貞二年改立敍州軍屯遷遂寧屯軍二百三十九人於敍州宣化縣喁口上下荒地開耕爲田四十一頃八十三畝

重慶五路守鎭萬戶府軍屯　仁宗延祐七年發軍一千二百人於重慶路三堆中嶆趙市等處屯耕爲田四百二十頃

夔路萬戶府軍屯　世祖至元二十一年從四川行省議除沿邊重地分軍鎭守餘軍一萬人命官於成都諸處擇膏腴地立屯開耕爲戶三百五十一人爲田五十六頃七十畝凡創立十四屯

成都等路萬戶府軍屯於本路崇慶州義興鄉楠木園置立爲戶二百九十九人爲田四十二頃七十畝

河東陝西等路萬戶府軍屯　置立於灌州之青城陶壩及崇慶州之大冊頭等處爲戶一千一百二十八名爲田二百八頃七畝

廣安等處萬戶府軍屯　置立於成都路崇慶州之七寶壩爲戶一百五十名爲田二十六頃二十五畝

保寧萬戶府軍屯　置立於重慶州晉源縣之金馬爲戶五百六十四名爲田七十五頃九十五畝

敍州萬戶府軍屯　置立於灌州之青城爲戶二百二十一名爲田三十八頃六十七畝

五路萬戶府軍屯　置立於成都路崇慶州之大栅鎭孝感鄉及灌州青城縣之懷仁鄉爲戶一千一百六十一名爲田二百三頃一十七畝

興元金州等處萬戶府軍屯　置立於崇慶州晉源縣孝感鄉爲戶三百四十四名爲田五十六頃

隨路八都萬戶府軍屯　置立於灌州青城溫江縣爲戶八百三十二名爲田一百六十二頃五十七畝

舊附等軍萬戶府軍屯　置立於灌州青城縣崇慶州等處爲戶一千二名爲田一百二十九頃五十畝

礮手萬戶府軍屯　置立於灌州青城縣龍池鄉爲戶九十六名爲田一十六頃八十畝

順慶軍屯　置立於晉源縣義興鄉江源縣將軍橋爲戶五百六十五名爲田九十八頃八十七畝

平陽軍屯　置立於灌州青城崇慶州大栅頭爲戶三百九十八名爲田六十九頃六十五畝

遂寧州軍屯爲戶二千名爲田三百五十頃

嘉定萬戶府軍屯　世祖至元二十一年摘蒙古漢軍及嘉定新附軍三百六十八人於崇慶州青城等處屯田二十八年還之元翼止餘屯軍一十三名爲田二頃二十七畝

順慶等處萬戶府軍屯　世祖至元二十六年發軍於沿江下流漢初等處屯種爲戶六百五十六名爲田一百一十四頃八十畝

廣安等處萬戶府軍屯　世祖至元二十七年撥廣安舊附漢軍一百一十八名於新明等處立屯開耕爲田二十頃六十五畝

雲南行省所轄軍民屯田一十二處

威楚提舉司屯田　世祖至元十五年於威楚提舉鹽使司拘刷漏籍人戶充民屯本司就領其事與中原之制不同爲戶三十三爲田一百六十五雙

大理金齒等處宣慰司都元帥府軍民屯　世祖至元十二年命於所轄州縣拘刷漏籍人戶得六千六十有六戶置立屯田十四年僉本府編民四百戶益之十八年續僉永昌府編民一千二百七十五戶增入二十六年立大理軍屯於爨僰軍內撥二百戶二十七年復僉爨僰軍人二百八十一戶增入二十八年續增一百一十九戶總之民屯三千七百四十一戶軍屯六百戶爲田軍民己業二萬二千一百五雙

鶴慶路軍民屯田　世祖至元十二年僉鶴慶路編民一百戶立民屯二十七年僉爨僰軍一百五十二戶立軍屯爲田軍屯六百八雙民屯四百雙俱己業

武定路總管府軍屯　世祖至元二十七年以雲南戍軍糧餉不足於和曲祿勸二州爨僰軍內僉一百八十七戶立屯耕種爲田七百四十八雙

威楚路軍民屯田　世祖至元十五年立威楚民屯拘刷本路漏籍人戶得一千一百一戶內八百六十六戶官給無主荒田四千三百三十雙餘戶自備己業田一千一百七十五雙二十七年始立屯軍於本路爨僰軍內僉三百九十九戶內一十五戶官給荒田六十雙餘戶自備己業田一千五百三十六雙

中慶路軍民屯田　世祖至元十二年置立中慶民屯於所屬州縣內拘刷漏籍人戶得四千一百九十七戶官給田一萬七千二十二雙自備己業田二千六百二雙二十七年始立軍屯用爨僰軍人七百有九戶官給田二百三十四雙自備己業田二千六百一雙

曲靖等處宣慰司兼管軍萬戶府軍民屯田　世祖至元十二年立曲靖路民屯拘刷所轄州郡諸色漏籍人戶七百四十戶立屯十八年續僉民一千五百戶增入其所耕之田官給一千四百八十雙自備己業田三千雙十二年立澂江民屯所僉屯戶與曲靖同凡一千二百六十戶二十六年始立軍屯於爨僰軍內僉一百六十九戶二十七年復僉一百二十六戶增入十二年立仁德府民屯所僉屯戶與澂江同凡八十戶官給田一百六十雙二十六年始立軍屯僉爨僰軍四十四戶二十七年續僉五十六戶增入所耕田畝四百雙俱係軍人己業

烏撒宣慰司軍民屯田　世祖至元二十七年立烏撒路軍屯以爨僰軍一百一十四戶屯田又立東川路民屯屯戶亦係爨僰軍人八十六戶皆自備己業

臨安宣慰司兼管軍萬戶府軍民屯田　世祖至元十二年立臨安民屯二處皆於所屬州縣拘刷漏籍人戶開耕宣慰司所管民屯三百戶田六百雙本路所管民屯二千戶田三千四百雙二十七年續立爨僰軍屯爲戶二百八十八爲田一千一百五十二雙

梁千戶翼軍屯　世祖至元三十年梁王遣使詣雲南行省言以漢軍一千人置立屯田三十一年發三百人備鎭戍巡邏止存七百人於烏蒙屯田後遷於新興州爲田三千七百八十九雙

羅羅斯宣慰司兼管軍萬戶府軍民屯田　世祖至元二十七年立會通民屯屯戶係爨僰土軍二戶十六年立建昌民屯撥編民一百四戶二十三年發爨僰軍一百八十戶立軍屯是年又立會川路民屯發本路所轄州邑編民四十戶十六年立德昌路民屯發編民二十一戶二十年始立軍屯發爨僰軍人一百二十戶

烏蒙等處屯田總管府軍屯　仁宗延祐二年立烏蒙軍屯先是雲南行省言烏蒙乃雲南咽喉之地別無屯戍軍馬其地廣闊土脈膏腴皆有古昔屯田之蹟乞發畏吾兒及新附漢軍屯田俱過至是從之爲戶軍五千人爲田一千二百五十頃

湖廣等處行中書省所轄屯田二處

海北海南道宣慰司都元帥府民屯　世祖至元三十年召募民戶幷發新附士卒於海南海北等處置立屯田成宗元貞元年以其地多瘴癘縱屯田軍二千人還各翼留二千人與召募民之屯種大德三年罷屯田萬戶府屯軍悉令還役止令民戶八千四百二十八戶屯田瓊州路五千一十一戶雷州路一千五百六十六戶高州路九百四十八戶化州路八百四十三戶廉州路六十戶爲田瓊州路二百九十二項九十八畝雷州路一百六十五項五十一畝高州路四十五項化州路五十五項二十四畝廉州路四項八十八畝

廣西兩江道宣慰司都元帥撞兵屯田　成宗大德二年黃聖許叛逃之交趾遺棄水田五百四十五項七畝部民有呂瑛者言募牧蘭等處及融慶溪洞徭撞民丁於上浪忠州諸處開屯耕種十年平大任洞賊黃德寧等以其地所遺田土續置藤州屯田爲戶上浪屯一千二百八十二戶忠州屯六百一十四戶那扶屯一千九戶雷留屯一百八十七戶水口屯一千五百九十九戶續增藤州屯二百八項一十九畝

湖南道宣慰司衡州等處屯田　世祖至元二十五年調德安屯田萬戶府軍士一千四百六十七名分置衡州之清化永州之烏符武岡之白倉置立屯田二十七年募衡陽縣無土產居民得九戶增入清化屯爲戶清化屯軍民五百九戶烏符屯軍民五百戶白倉屯同爲田清化屯一百二十項一十九畝烏符屯一百三項五十畝白倉屯八十六項九十二畝

元史卷一百一

明翰林學士亞中大夫知制誥兼修國史宋　濂等修

兵志第四十九

兵四

站赤

元制站赤者驛傳之譯名也蓋以通達邊情布宣號令古人所謂置郵而傳命未有重於此者焉凡站陸則以馬以牛或以驢或以車而水則以舟其給驛傳璽書謂之鋪馬聖旨遇軍務之急則又以金字圓符爲信銀字者次之內則掌之天府外則國人之爲長官者主之其官有驛令有提領又置脫脫禾孫於關會之地以司辨詰皆總之於通政院及中書兵部而站戶闕乏逃亡則又以時僉補且加賑恤焉於是四方往來之使止則有館舍頓則有供帳饑渴則有飲食而梯航畢達海宇會同元之天下視前代所以爲極盛也今故著其驛政之大者然後紀各省水陸凡若干站而遼東狗站亦因以附見云

太宗元年十一月敕諸牛鋪馬站每一百戶置漢車一十具各站俱置米倉站戶每年一牌內納米一石令百戶一人掌之比使臣每日支肉一斤麵一斤米一升酒一瓶　四年五月諭隨路官員幷站赤人等使臣無牌面文字始給馬之驛官及元差官皆罪之有文字牌面而不給驛馬者亦論罪若係軍情急速及送納顏色絲線酒食米粟段匹鷹隼但係御用諸物雖無牌面文字亦驗數應付車牛

世祖中統四年三月中書省定議乘坐驛馬長行馬使臣從人及下文字曳剌解子人等分例乘驛使臣換馬處正使臣支粥食解渴酒從人支粥宿頓處正使臣白米一升麵一斤酒一升油鹽雜支鈔一十文冬月一行日支炭五斤十月一日爲始正月三十日終住支從人白米一升麵一斤長行馬使臣賫聖旨令旨及省部文字幹當官事者其一二居長人員支宿頓分例次人與粥飯仍支給馬一匹草一十二斤料五升十月爲始至三月三十日終止白米一升麵一斤油鹽雜用鈔一十文投呈公文曳剌解子依部擬宿頓處批支五月雲州設站戶取迤南州城站戶籍內選堪中上戶應當馬站戶馬一匹牛站戶牛二隻於各戶選堪當站役之人不問親軀每戶取二丁及家屬於立站去處安置　五年八月詔站戶貧富不等每戶限四頃除免稅石以供鋪馬祗應已上田畝全納地稅　至元六年二月詔各道憲司如總管府例每道給鋪馬劄子三道　七年正月省部官定議各路總府在城驛設官二員於見役人員內選用州縣驛設頭目二名如見役人即是相應站戶就令依上任事不係站戶則就本站馬戶內別行選用除脫脫禾孫依舊存設隨路見設總站官罷之十一月立諸站都統領使司往來使臣令脫脫禾孫盤問　八年正月中書省議鋪馬劄子初用蒙古字各處站赤未能盡識宜繪畫馬匹數目復以省印覆之庶無疑惑因命今後各處取給鋪馬標附文籍其馬匹數付驛史房書寫畢就左右司用墨印印給馬數目省印印訖別行附籍發行墨印左右司封掌　九年八月諸站都統領使司言朝省諸司局院及外路諸官府應差馳驛使臣所賫劄子從脫脫禾孫辨詰無脫脫禾孫之處令總管府驗之　十一年十月命隨處站赤直隸各路總管府其站戶家屬令元籍州縣管領　十三年正月改諸站都統領使司爲通政院命降鑄印信　十七年二月詔江淮諸路增置水站除海青使臣及事干軍務者方許馳驛餘者自濟州水站爲始並令乘船往來　十八年閏八月詔除上都榆林迤北站赤外隨路官錢不須支給驗其閑劇量增站戶協力自備首思當站　十九年四月詔給各處行省鋪馬聖旨揚州行省鄂州行省泉州行省隆興行省占城行省安西行省四川行省西夏行省甘州行省每省五道南方驗田糧及七十石者准當站馬一匹　九月通政院臣言隨路站赤三五戶共當正馬一匹十三戶供車一輛自備一切什物公用近年以來多爲諸王公主及正宮太子位下頭目識認招收或冒入投下戶計者遂致站赤損弊乞換補站戶從之　十月增給各省鋪馬聖旨西川京兆泉州十道甘州中興各五道　二十年二月和林宣慰司給鋪馬聖旨二道江淮行省增給十道都省遣使繁多亦增二十道給之　七月免站戶和顧和買一切雜泛差役仍令自備首思　十一月增給甘州行省鋪馬聖旨十道總之爲二十道　十二月增各省及轉運司宣慰司鋪馬聖旨三十五道江淮行省十道四川行省十道安西轉運司分司二道荊湖行省所轄湖南宣慰司三道福建行省十道　二十一年二月增給各處鋪馬劄子荊湖占城等處本省一十道荊湖北道宣慰司二道所轄路分一十六處每處二道山東運司二道河南運司七道宣德府三道江西行省五道福建行省所轄路分七處每處二道司農司五道四川行省所轄順元路宣慰司三道思州播

州兩處宣撫司各三道都省二十道四月定增使臣分例正使宿頓支米一升麵一斤羊肉一斤酒一升柴一束油鹽雜支增鈔二分通作三分經過減半從者每名支米一升經過減半九月給阿里海牙所治之省鋪馬聖旨十道所轄宣慰司二處各三道　二十二年四月給陝西行省并各處宣慰司行工部等處鋪馬劄子一百二十六道　二十三年四月福建東京兩行省各給圓牌二面與魯赤出使交阯先給圓牌二面今再增二面於脫歡太子位下給發南京行省起馬三十匹給圓牌二面勑立三處宣慰司給劄子起馬三十匹　二十四年四月增給尚書省鋪馬聖旨一百五十道并先給降一百五十道共三百道五月揚州省言徐州至揚州水馬站兩各分置夏月水潦使臣勞苦請從馬站附併水站一處安置馳驛者白日馬行夜則經由水路況站戶皆是水濱居止者庶幾官民兩便從之七月給中興路陝西行省廣東宣慰司沙不丁等官鋪馬聖旨一十三道　二十五年正月腹裏路分三十八處年銷祗應錢不敷增給鈔三千九百八十一錠併元額七千一百六十九錠總中統鈔一萬一千一百五十錠分上下半年給降二月命南方站戶以糧七十石出馬一匹爲則或十石之下八九戶共之或二三十石之上兩三戶共之惟求稅糧僅足當站之數不至多餘却免其一切雜泛差役若有納糧百石之下七十石之上自請獨當站馬一匹者聽之五月增給遼陽行省鋪馬劄子五道十一月福建行省元給鋪馬聖旨二十四道增給劄子六道二十六年正月給光祿寺鋪馬劄子四道二月從沿海鎮守官蔡澤言以舊有水軍二千人於海道置立水站三月給海道運糧萬戶府鋪馬聖旨五道四月四川紹慶路給鋪馬劄子二道成都府六道龍興行省增給鋪馬聖旨五道太原府宣慰司及儲峙提舉司給降二道八月給遼東宣慰司鋪馬聖旨五道大理金齒宣慰司四道九月增給西京宣慰司鋪馬劄子五道江淮行省所轄浙東道宣慰司三道紹興路總管府給降二道甘肅行省所轄亦集乃總管府沙州肅州三路給六道十一月增給甘肅行省鋪馬聖旨七道　二十七年正月增給陝西行省鋪馬聖旨五道二月都省增給鋪馬聖旨一百五十道江淮行省一十五道六月給營田提舉司鋪馬聖旨二道九月江淮行省所轄徽州路水道不通給鋪馬聖旨二道　二十八年六月隨處設站官二員大都至上都置司吏三名餘設二名祗應頭目攢典各一名站戶及百者設百戶一名七月詔各路府州縣達魯花赤長官依軍戶例兼管站赤奧魯非奉通政院明文不得擅科差役十二月增給省除之任官鋪馬聖旨三百五十道　二十九年三月命通政院分官四員於江南四省整理站赤給印與之　三十年正月南丹州洞蠻來朝立安撫司於其地給鋪馬聖旨二道三月兩淮都轉運鹽使司增給鋪馬聖旨起馬五匹五月給淘金運司鋪馬聖旨起馬五匹大司農司起馬二十匹六月江浙行省言各路遞運站船若止以六戶供船一艘除苗不過十四五石力寡不能當役請令各路除苗不過元額二十四石自六戶之上或至十戶通融僉撥從之八月給劉二拔都兒圓牌三面鋪馬聖旨一十五道十月增給濟南府鹽運司鋪馬聖旨一道　三十一年六月給福建運司鋪馬聖旨起馬五匹

成宗大德八年正月御史臺臣言各處站赤合用祗應官錢多不依時撥降又或數少不給遂令站戶輸當庫子陪備應辦莫若驗使臣起數實支官錢所在官司依時撥降令各站提領收掌祗待毋得科配小民似爲便益詔都省定議行之　十年從江浙省言命站官仍領祗待選站戶之有餘糧者以充庫子止設一名上下半年更代就准本戶里正主首身役

武宗至大三年五月給嘉興松江瑞州三路及汴梁等處管民總管府鋪馬聖旨各三道　四年三月詔拘收各衙門鋪馬聖旨命中書省定議以聞省臣言始者站赤隸兵部後屬通政院今通政院怠於整治站赤消乏合依舊命兵部領之制可四月中書省臣又言昨奉旨以站赤屬兵部今右丞相鐵木迭兒等議漢地之驛命兵部領之其鐵烈于納驎末驎等處蒙古站赤仍付通政院帝曰何必如此但令罷通政院悉隷兵部可也閏七月復立通政院領蒙古站赤八月詔大都至上都每站除設驛令丞外設提領三員司吏三名腹裏路分衝要水陸站赤設提領二員司吏二名其餘閑慢驛分止設提領一員司吏一名如無驛令量擬提領二員每一百戶設百戶一名從拘該路府州縣提調正官於站戶內選用三歲爲滿凡濫設官吏頭目人等盡罷之十一月給中政院鋪馬聖旨二十道

仁宗皇慶二年四月增給陝西行臺鋪馬聖旨八道六月中書省臣言典瑞監掌金字圓牌及鋪馬聖旨三百餘道至大四年凡聖旨皆納之于翰林院以金字圓牌不敷增置五十面蓋圓牌遣使初爲軍情大事而設不宜濫給自今求給牌面不經中書省樞密院者宜勿與從之　延祐元年十月沙瓜州立屯儲總管萬戶府給鋪馬聖旨六道　五年十月中書兵部言各站設置提領止受部劄行九品印職專車馬之役所領站赤多者三二千少者五七百戶比之軍民體非輕細奈何俸祿不給三年一更貪邪得以自縱今擬各處館驛除令丞外見役提領不許交換從之　七年四月詔蒙古漢人站依世祖舊制悉歸之通政院十一月從通政院官請詔腹裏江南漢地站赤依舊制命各路達魯花赤總管提調州縣官勿得預

泰定元年三月遣官賑給帖里干木憐納憐等一百一十九站鈔二十一萬三千三百錠糧七萬六千二百四十四石八斗北方站赤每加津濟至此爲最盛

中書省所轄腹裏各路站赤總計一百九十八處

陸站一百七十五處馬一萬二千二百九十八疋車一千六十九輛牛一千九百八十二隻驢四千九百八頭　水站二十一處船九百五十隻馬二百六十六匹牛二百隻驢三百九十四頭羊五百口　牛站二處牛三百六隻車六十輛

河南江北等處行中書省所轄總計一百七十九處該一百九十六站　陸站一百六處馬三千九百二十八匹車二百一十七輛牛一百九十二隻驢五百三十四頭　水站九十處船一千五百一十二隻

遼陽等處行中書省所轄總計一百二十處

馬六千五百一十五匹車二千六百二十一輛牛五千二百五十九隻

狗站一十五處元設站戶三百狗三千隻後除絕亡倒死外實在站戶二百八十九狗二百一十八隻

江浙等處行中書省所轄總計二百六十二處

馬站一百三十四處馬五千一百二十三匹　轎站三十五處轎一百四十八乘　步站一十一處遞運夫三千三十二戶　水站八十二處船一千六百二十七隻

江西等處行中書省所轄總計一百五十四處

馬站八十五處馬二千一百六十五匹轎二十五乘

水站六十九處船五百六十八隻

湖廣等處行中書省所轄總計一百七十三處

陸站一百處馬二千五百五十五匹車七十輛牛五百四十五隻坐轎一百七十五乘臥轎三十乘水站七十三處船五百八十隻

陝西行中書省所轄八十一處

陸站八十處馬七千六百二十九匹　水站一處船六隻

四川行中書省所轄

陸站四十八處馬九百八十六匹牛一百五十頭

水站八十四處船六百五十四隻牛七十六頭

雲南諸路行中書省所轄站赤七十八處

馬站七十四處馬二千三百四十五匹牛三十隻

水站四處船二十四隻

甘肅行中書省所轄三路

脫脫禾孫馬站六處馬四百九十一匹　牛一百四十九頭驢一百七十一頭羊六百五十口

弓手

元制郡邑設弓手以防盜也內而京師有南北兩城兵馬司外而諸路府所轄州縣設縣尉司巡檢司捕盜所皆置巡軍弓手而其數則有多寡之不同職巡邏專捕獲官有綱運及流徙者至則執兵仗導送以轉相授受外此則不敢役示專其職焉

世祖中統五年隨州府驛路設置巡馬及馬步弓手驗民戶多寡定立額數除本管頭目外本處長官兼充提控官其夜禁之法一更三點鐘聲絕禁人行五更三點鐘聲動聽人行有公事急速及喪病產育之類則不在此限違者笞二十七下有官者笞七下准贖元寶鈔一貫州縣城池相離遠處其間五七十里所有村店及二十戶以上者設立巡防弓手合用器仗必須完備令本縣長官提調不及二十戶者依數差捕若無村店去處或五七十里創立聚落店舍亦須及二十戶數其巡軍別設不在戶數之內關津渡口必當設立店舍弓手去處不在五七十里之限於本路不以是何投下當差戶計及軍站人匠打捕鷹房斡脫窰冶諸色人等戶內每一百戶內取中戶一名充役與免本戶合着差發其當戶推到合該差發數目却於九十九戶內均攤若有失盜勒令當該弓手定立三限盤捉每限一月如限內不獲其捕盜官強盜停俸兩月竊盜一月外據弓手如一月不獲強盜決二十七下竊盜七下兩月不獲強盜二十七下竊盜一十七下三月不獲者強盜三十七下竊盜二十七下如限內獲賊數及一半者全免正罪至元三年省部議隨路戶數多寡不同兼軍站不該差發似難均攤擬合斟酌京府司縣合用人數止於本處包銀絲線并止納包銀戶計內每一百戶選差中戶一名當

役本戶合當差發稅銀却令九十九戶包納從之四年除上都中都已有巡軍其所轄州縣合設弓手俱於本路包銀等戶選丁多强壯者充驗各處州縣戶數多寡驛程緊慢設置合用器仗各人自備八年御史臺言諸路宜選年壯熟閑弓馬之人以備巡捕之職弓手數少者亦宜增置除捕盜防轉不得別行差占十六年分大都南北兩城兵馬司各主捕盜之任南城三十二處弓手一千四百名北城一十七處弓手七百九十五名二十三年省臺官言捕賊巡馬先令執持悶棍以行賊衆多有弓箭反致巡軍被傷今議給各路弓箭十副府州七副司縣五副各令置備防盜從之仁宗延祐二年從江南行御史臺請以各處弓手人等往往致害人命役三年者罷之還當民役別於相應戶內補換

急遞鋪兵

古者置郵而傳命示速也元制設急遞鋪以達四方文書之往來其所繫至重其立法蓋可考焉世祖時自燕京至開平府復自開平府至京兆始驗地里遠近人數多寡立急遞站鋪每十里或十五里二十五里則設一鋪於各州縣所管民戶及漏籍戶內僉起鋪兵中統元年詔隨處官司設傳遞鋪驛每鋪置鋪丁五人各處縣官置文簿一道付鋪遇有轉遞文字當傳鋪所卽注名件到鋪時刻及所轄轉遞人姓名置簿令轉送人取下鋪押字交收時刻還鋪本縣官司時復點刷稽滯者治罪其文字本縣官司絹袋封記以牌書號其牌長五寸闊一寸五分以綠油黃字書號若係邊關急速公事用匣子封鎖於上重別題號及寫某處文字發遣時刻以憑照勘遲速其匣子長一尺闊四寸高三寸用黑油紅字書號已上牌匣俱係營造小尺上以千字文爲號仍將本管地境置立鋪驛卓望地名遞相傳報鋪兵一晝夜行四百里各路總管府委有俸正官一員每季親行提點州縣亦委有俸末職正官上下半月照刷如有怠慢初犯事輕者笞四十贖銅再犯罰俸一月三犯者決總管府提點官比總管減一等仍科三十初犯贖銅再犯罰俸半月三犯者決鋪兵鋪司痛行斷罪至元八年申命州縣官用心照刷及點視闕少鋪司鋪兵凡有遞轉文字到鋪司隨卽分明附籍速令當該鋪兵裹以軟絹包袱更用油絹捲縛夾版束繫貫小回曆一本作急走遞到下鋪交割附曆訖於回曆上令鋪司驗到鋪時刻并文字總計角數及有無開拆磨擦損壞或亂行批寫字樣如此附寫一行鋪司畫字回還若有違犯易爲挨問隨路鋪兵不許顧人領替須要本戶少壯人力正身應役每鋪安置十二時輪子一枚紅綽屑一座并牌額及上司行下諸路申上鋪曆二本每遇夜常明燈燭其鋪兵每名備夾版鈴攀各一付纓槍一軟絹包袱一油絹三尺蓑衣一領回曆一本各處往來文字先用淨檢紙封裹於上更用厚夾紙印信封皮各路承發文字人吏每日逐旋發放及將承發到文字驗視有無開拆磨擦損壞批寫字樣分朗附簿九年左補闕祖立福合言諸路急遞鋪名不合人情急者急速也國家設官署名字必須吉祥者爲美宜更定之遂更爲通遠鋪二十年留守司官言初立急遞鋪時取不能當差貧戶除其差發充鋪兵又不敷者於漏籍戶內貼補今富人規避差發永充鋪兵乞擇其富者令充站戶站戶之貧者却充鋪兵從之二十八年中書省定議近年入遞文字封緘雜亂發遣無時今後省部幷諸衙門入遞文字其常事皆付承發司隨所投下去處類爲一緘如往江淮行省者凡江淮行省不以是何文字通爲一緘其他官府同省部臺院凡有急速之事别置匣子發遣其匣子入遞隨到卽行鋪司須能附寫文曆辨定時刻鋪兵須壯健善走者不堪之人隨卽易換三十一年大都設置總急遞鋪提領所降九品銅印設提領三員英宗至治三年各處急遞鋪每十鋪設一郵長於州縣籍記司吏內差充使之專督其事一歲之內能盡職者從優補用不能者提調官量輕重罪之凡鋪卒皆腰革帶懸鈴持槍挾雨衣賫文書以行夜則持炬火道狹則車馬者負荷者聞鈴避諸旁夜亦以驚虎狼也響及所之鋪則鋪人出以俟其至囊板以護文書不破碎不襞積摺小漆絹以禦雨雪不使濡濕之及各鋪得之則又展轉遞去

鷹房捕獵

元制自御位及諸王皆有昔寶赤蓋鷹人也是故捕獵有戶使之致鮮食以薦宗廟供天庖而齒革羽毛又皆足以備用此殆不可闕焉者也然地有禁取有時而違者則罪之冬春之交天子或親幸近郊縱鷹隼搏擊以爲游豫之度謂之飛放故鷹房捕獵皆有司存而打捕鷹房人戶多取析居放良及漏籍孛蘭奚還俗僧道與凡曠役無賴者及招收亡宋舊役等戶爲之其差發除納地稅商稅依例出軍等六色宣課外並免其雜泛差役自太宗乙未年抄籍分屬御位下及諸王公主駙馬各投下及世祖時行尚書省嘗重定其籍厥後永爲定制焉

御位下打捕鷹房官　一所權官張元大都路寶坻縣置司元額七十七戶　一所王阿都赤世襲祖父職掌十投下中都順天眞定宣德等路諸色人匠打捕等戶元額一百四十七戶　一所管領大都等處打捕鷹房民戶達魯花赤石抹也先世襲祖父職元額一百一十七戶　一所管領大都路打捕鷹房等官李脫歡帖木兒世襲祖父職元額一百二十八戶　一所宣授管領大都等處打捕鷹房人匠等戶達魯花赤黃也速䚟兒世襲祖父職元額五十戶　一所管領鷹房打捕人匠等戶達魯花赤移剌帖木兒世襲祖父職元額一百五十七戶　一所宣授管領打捕鷹房等戶達魯花赤阿八赤世襲祖父職元額三百五十五戶　一所宣授管領大都等路打捕鷹房人戶達魯花赤寒食世襲祖父職元額二百四十三戶

諸王位下　汝寧王位下管領民匠打捕鷹房等戶官元額二百一戶　普賽因大王位下管領本投下大都等路打捕鷹房諸色人匠達魯花赤都總管府元額七百八十戶

天下州縣所設獵戶　腹裏打捕戶總計四千四百二十三戶　河東宣慰司打捕戶五百九十八戶　晉寧路打捕戶三百三十二戶　大同路打捕戶一十五戶　冀寧路打捕戶二百五十一戶　上都留守司打捕戶三百九十七戶　宣德提領所打捕戶一百八十二戶　山東宣慰司打捕戶三百九十七戶　宣德提領所打捕戶一百八十二戶　山東宣慰司打捕戶一百戶　益都路打捕戶四十三戶　濟南路打捕戶三十六戶　般陽路二十一戶　東平路三十四戶　曹州八十四戶　德州一十戶　濮州三十一戶　泰安州五戶　東昌路一戶　眞定路九十一戶　順德路一十九戶　廣平路一十九戶　冠州五戶　恩州二戶　彰德三十七戶　衞輝路一十六戶　大名路二百八十六戶　保安路三十一戶　河間路二百五十二戶　隨路提舉司一千一百九十一戶　河間鷹房府二百七十六名　都總管府七百五十六戶

遼陽大寧等處打捕鷹房官捕戶七百五十九戶

東平等路打捕鷹房官捕戶三百九戶　隨州德安河南襄陽懷孟等處打捕鷹房官捕戶一百七十二戶　拔捕提領所捕戶四十戶　高麗鷹房總管捕戶二百五十戶　河南等路打捕鷹房官捕戶一千一百四十二戶　益都等處打捕鷹房官捕戶五百二十一戶　河北河南東平等處打捕鷹房官捕戶三百戶　隨路打捕鷹房總管捕戶一百五十九戶　眞定保定等處打捕鷹房官捕戶五十戶　淮安路鷹房官捕戶四十七戶　揚州等處打捕鷹房官捕戶七十二戶

宣徽院管轄淮東淮西屯田打捕總管府司屬打捕衙門提舉司十處千戶所一處總一萬四千三百二戶　淮安提舉司八百五十八戶　安東提舉司九百一十二戶　招泗提舉司四百六十五戶　鎭巢提舉司二千五百四十戶　蘄黃提舉司一千一百一十二戶　通泰提舉司七百四十九戶　塔山提舉司六百四十四戶　魚網提舉司二千五百一十九戶　打捕手號軍上千戶所打捕軍六百四戶

元史卷一百二

明翰林學士亞中大夫知制誥兼修國史宋　濂等修

刑法志第五十

刑法一

自古有天下者雖聖帝明王不能去刑法以爲治是故道之以德義而民弗從則必律之以法法復違焉則刑辟之施誠有不得已者是以先王制刑非以立威乃所以輔治也故書曰士制百姓于刑之中以教祇德後世專務黷刑任法以爲治者無乃昧於本末輕重之義乎歷代得失考諸史可見已元興其初未有法守百司斷理獄訟循用金律頗傷嚴刻及世祖平宋疆理混一由是簡除繁苛始定新律頒之有司號曰至元新格仁宗之時又以格例條畫有關於風紀者類集成書號曰風憲宏綱至英宗時復命宰執儒臣取前書而加損益焉書成號曰大元通制其書之大綱有三一曰詔制二曰條格三曰斷例凡詔制爲條九十有四條格爲條一千一百五十有一斷例爲條七百十有七大槩纂集世祖以來法制事例而已其五刑之目凡七下至五十七謂之笞刑凡六十七至一百七謂之杖刑其徒法年數杖數相附麗爲加減鹽徒盜賊既決而又鐐之流則南人

遷於遼陽迤北之地，北人遷於南方湖廣之鄉。死刑則有斬而無絞，惡逆之極者又有陵遲處死之法焉。蓋古者以墨劓剕宮大辟爲五刑，後世除肉刑，乃以笞杖徒流死備五刑之數。元因之，更用輕典，蓋亦仁矣。世祖謂宰臣曰：「朕或怒有罪者，使汝殺，汝勿殺，必遲回一二日乃覆奏。」斯言也，雖古仁君，何以過之。自後繼體之君，惟刑之恤，凡郡國有疑獄，必遣官覆讞而從輕，死罪審錄無冤者，亦必待報，然後加刑。而大德間，王約復上言：「國朝之制，笞杖十減爲七，今之杖一百者，宜止九十七，不當又加十也。」此其君臣之間，唯知輕典之爲尚，百年之間，天下乂寧，亦豈偶然而致哉。然其弊也，南北異制，事類繁瑣，挾情之吏，舞弄文法，出入比附，用譎行私，而兇頑不法之徒，又數以赦宥獲免；至於西僧歲作佛事，或恣意縱囚，以售其奸宄，俾善良者喑啞而飲恨，識者病之。然則元之刑法，其得在仁厚，其失在乎緩弛而不知檢也。今按其實，條列而次第之，使後世有以考其得失，作刑法志。

名例

五刑

笞刑
七下　十七　二十七　三十七　四十七　五十七

杖刑
六十七　七十七　八十七　九十七　一百七

徒刑
一年杖六十七　一年半杖七十七　二年杖八十七　二年半杖九十七　三年杖一百七

流刑
遼陽　湖廣　迤北

死刑
斬　陵遲處死

五服

斬衰　三年
子爲父、婦爲夫之父之類

齊衰　三年　杖期　期　五月　三月
爲母、婦爲夫之母之類

大功　九月　長殤九月　中殤七月
爲同堂兄弟、爲姑姊妹適人者之類

小功　五月　殤
爲伯叔祖父母、爲再從兄弟之類

緦麻　三月
爲族兄弟、爲族曾祖父母之類

十惡

謀反
謂謀危社稷

謀大逆
謂謀毀宗廟山陵及宮闕

謀叛
謂謀背國從僞

惡逆
謂毆及謀殺祖父母父母，殺伯叔父母姑兄姊外祖父母夫夫之祖父母父母者

不道
謂殺一家非死罪三人，及支解人，造畜蠱毒魘魅

大不敬
謂盜大祀神御之物、乘輿服御物，盜及僞造御寶，合和御藥誤不如本方及封題誤，若造御膳誤犯食禁，御幸舟船誤不牢固，指斥乘輿情理切害，及對捍制使而無人臣之禮

不孝
謂告言詛詈祖父母父母，及祖父母父母在別籍異財，若供養有闕，居父母喪身自嫁娶，若作樂釋服從吉，聞祖父母父母喪匿不舉哀，詐稱祖父母父母死

不睦
謂謀殺及賣緦麻以上親，毆告夫及大功以上尊長小功尊屬

不義
謂殺本屬府主刺史縣令見受業師，吏卒殺本部五品以上官長，及聞夫喪匿不舉哀，若作樂釋服從吉及改嫁

內亂
謂姦小功以上親父祖妾，及與和者

八議

議親
謂皇帝袒免以上親，及太皇太后皇太后緦麻以上親，皇后小功以上親

議故
謂故舊

議賢
謂有大德行

議能
謂有大才業

議功
謂有大功勳

議貴
謂職事官三品以上，散官二品以上，及爵一品者

議勤
謂有大勤勞

議賓
謂承先代之後爲國賓者

贖刑附

諸牧民官公罪之輕者，許罰贖。

諸職官犯夜者，贖。

諸年老七十以上、年幼十五以下，不任杖責者，贖。

諸罪人癃篤殘疾有妨科決者，贖。

衞禁

諸掌宿衞，三日一更直，掌四門之鑰，昏閉晨啓，毋敢不慎。　諸欲言事人，闌入宮殿呼籲上聞，杖一百七，發元籍。　諸擅帶刀闌入殿庭者，杖八十七，流遠。　諸登皇城角樓因爲盜者，處死。　諸闌入禁衞盜金玉寶器者，處死。　諸輒入禁苑盜殺官獸者，爲首杖八十七，徒二年，爲從減一等，並刺字，知見不首者笞四十七，掌門衞受財縱放者五十七，坐鋪守把軍人不詞問二十七。

諸漢人南人投充宿衞士，總宿衞官輒收納之，並坐罪。

諸大都上都諸城門，夜有急務須出入者，遣官以夜行象牙圓符及織成聖旨啓門，門尉辯驗明白，乃許啓。雖有牙符而無織成聖旨者，不論何人，並勿啓，違者處死。

職制上

諸官府印章，長官掌收，次官封之，差故，即以牒發次官，次其下者第封之，不得付其私人。　諸郡縣城門鎖鑰，並從有司掌之。　諸有司凡薦舉刑名出納等文字，非有故，並須圓署行之。　諸職官到任，距上司百里之內者公參，百里之外者免，上司輒非理徵會稽失公務者，禁之。　諸內外百司呈署文字，並須由下而上，論定而後行之。　諸省府以下百司，凡行公務，置朱銷簿，按治官以時考之。　諸職官公坐，同職者以先到任居上，輒越次而坐者，正之。　諸有司公事，各官連銜申禀，其上司者並自書其名，有故，從對讀首領官代書之，具述其故於名下，曹吏輒代書其名者，罪之。　諸職官受代，聽除之處從所便，具載解由，私赴都者，禁之。　諸有司案牘籍帳，編次架閣，各路提控案牘兼架閣庫官與經歷知事同掌之，散府州縣知事提控案牘都吏目典史掌之，任滿相沿交割，毋敢不慎。　諸樞密院行省文卷，除軍數及邊關兵機不在考閱，餘並從監察御史考閱之。　諸職官承上司他委，所治闕官者，許回申，不得擅令首領官吏攝事。　諸職官押運官物赴都，除常所不差者，餘並置籍輪差，徇私不均者，罪其上司。　諸吏員遷調，廉訪司書吏奏差避道，路府州縣吏避貫。　諸有司遺失印信，隨即尋獲者，罰俸一月，追尋不獲者，具申禮部別鑄，元掌印官解職坐罪，非獲元印，不得給由求敘。　諸毀匿邊關文字者，流。　諸蒙古人居官犯法，論罪既定，必擇蒙古官斷之，行杖亦如之。　諸四怯薛及諸王駙馬蒙古色目之人，犯姦盜詐僞，從大宗正府治之。　諸以親女獻當路權貴求進用，已得者追奪所受命，仍沒入其家。　諸官吏在任，與親戚故舊及禮應追往之人追往者，聽，餘並禁之。　諸職官到任，輒受所部贄見儀物，比受贓減等論。　諸職官受部民事後致謝食用之物者，笞二十七，記過。　諸上司及出使官，於使所受其燕饗餽遺者，准不枉法減二等論，經過而受者各減一等，從臺憲察之。　諸職官及有出身人，因事受財，枉法者除名不敘，不枉法者殿三年，再犯不敘，無祿者減一等。以至元鈔爲則，枉法，一貫至十貫，笞四十七，不滿貫者，量情斷罪，依例除名；一十貫以上至二十貫，五十七；二十貫以上至五十貫，杖七十七；一百貫之上，一百七。不枉法，一貫至二十貫，笞四十七，本等敘，不滿貫者，量情斷罪，解見任別行求仕；二十貫以上至五十貫，五十七，注邊遠一任；五十貫以上至一百貫，杖六十七，降一等；一百貫以上至一百五十貫，七十七，降二等；一百五十貫以上至二百貫，八十七，降三等；二百貫以上至三百貫，九十七，降四等；三百貫以上，一百七，除名不敘。　諸內外百司官吏受贓，悔過自首，無不盡不實者，免罪；有不盡不實，止坐不盡之贓。若知人欲告而首，及以贓還主，並減罪二等。聞知他處事發首者，計其日程，雖不知，亦以知人欲告而首論。詭名代首者，勿聽。犯人實有病故，許親屬代首。臺憲官吏受贓，不在准首之限。有司受人首告者，罪之。　諸職官恐嚇有罪人求賂，未得財者，笞二十七。　諸告官吏贓有實，取之者有爲遞

度人所譁而官吏初不知者有官吏已知而姑付過度之家事畢而後取之者有本未嘗言而故以錢物賓人家指作過度而誣陷人者止以錢物所在坐之與錢人俱坐　諸職官但犯贓私有罪狀明白者停職聽斷　諸奴賤爲官但犯贓罪除名　諸職官犯贓生前贓狀明白雖死猶責家屬納贓　諸官吏犯贓罪遇原免或自首免罪過錢人即因人致罪不坐　諸官吏贓罰臺官問者歸臺省官問者歸省　諸職官犯贓罪狀已明反誣告與問官者斷後仍徙　諸官吏家人受贓減官吏法二等坐官吏初不知及知即首官吏家人俱免不即首官吏減家人法二等坐家人依本法若官吏知情故令家人受財官吏依本法家人免坐官吏實不知者止坐家人　諸職官受除未任因承差而犯贓者同見任論遷遠遷轉官已任而未受文憑犯贓者亦如之吏未出職受贓既出職事發罷所受職　諸錢穀官吏受贓不枉法者止計贓論罪不殿年敘　諸職官受贓聞知事發回付到主同知人欲告自首論減二等科罪枉法者降先職三等敘不枉法者解職別敘　諸職官侵用官錢者以枉法論雖會赦仍除名不敘　諸職官在任犯贓被問贓狀已明而稱疾者停其職歸對　諸職官所將親屬傔從受所部財而無入己之贓會赦還職　諸外任牧守受贓被問垂成近臣奏徵入朝者執付元問官　諸職官犯贓在逃者同獄成　諸職官受贓丁憂終制日究問軍官不丁憂者不在終制之限　諸職官犯贓已承伏會赦者免罪徵贓黜降如條未承伏者勿論　諸職官受贓即改悔還主其主猶執告者勿論　諸職官受財爲人請託者計贓論罪　諸小吏犯贓並斷罪除名　諸庫子等職已有出身無添給祿米者不與小吏犯贓同論　諸掾吏出身應入流或以職官轉補但犯贓並同吏員坐除名府州縣首領官非朝命者同吏員　諸吏員取受非眞犯者不除名　諸流外官越受民詞者笞一十七首領官二十七記過　諸臨民官於無職田州縣虛徵其入於民者斷罪解職記過　諸職官頻入茶酒市肆及倡優之家者斷罪罷職　諸監臨官私役弓手笞二十七三名已上加一等占騎弓手馬笞一十七並記過名本管官吏輒應付者各減一等　諸內外官吏疾病滿百日者作闕期年後仕　諸職官連犯二罪輕罪已斷重罪始發罪從已斷殿降從後發　諸有過被問詐死逃罪者杖六十七有官者罷職不敘贓多者從重論　諸行省以下大小司存長官非理折辱其首領官者禁之首領官有過失聽申上司不得擅問長官處決不公首領官執覆不從許直申上司　諸隨朝官無故不公聚者坐罪選待　諸職官已受宣敕以地遠官卑輒稱故不赴者奪所受命謫種田或在任詐稱病而去者三年後降二等敘其同僚徇私與文書者降一等敘　諸受命職官闕期已及或有辨證勾稽喪葬疾病公私諸務妨阻不能之任者許具始末詣本處有司自陳保勘給據再敘並任元注地方有司保勘不實者並坐之　諸受除官員闕次未及輒先往任所居住守代者從本管上司究之　諸各衙門輒將聽除及罷閑無祿私已之人差遣者禁　諸職官親死不奔喪杖六十七降先職二等雜職敘未終喪赴官笞四十七降一等終制日敘若有罪詐稱親喪杖八十七除名不敘親久沒稱始死笞五十七解見任雜職敘凡不丁父母憂者罪與不奔喪同　諸官吏私罪被逮無問已招未招罹父母大故者聽其奔赴丁憂終制日追問公罪並矜恕之　諸職官父母亡匿喪縱宴樂遇國哀私家設音樂並罷不敘　諸外任官員謁告應有假故具曹狀報所屬仍置籍以記之有託故者風憲官糾而罪之　諸官吏遷葬祖父母父母給假二十日並除馬程日七十里限內俸錢仍給之違限不至者勒停　諸職官任滿解由應給而不給不應給而給及有過而不開寫者罪及有司解由到部增損功罪不以實者亦如之　諸罷免官吏敘復給由而匿其過名者罪及初給由有司　諸匿過求仕已除事覺者笞四十七追奪不敘　諸職官年及致仕而不知止者廉訪司糾黜之　諸職官被罪理算殿年以被問停職月日爲始　諸遠方官員親年七十以上者許元籍有司保勘量注近闕便養冒濫者坐罪　諸職官沒於王事者其應繼之人降二等蔭敘　諸內外百司五品以上進上表章並以蒙古字書毋敢不敬仍以漢字書其副　諸內外百司凡進賀表箋繕寫謄籍印識各以式其輒犯廟諱御名者禁之　諸內外百司應出給劄付有額設譯史者並以蒙古字書寫　諸內外百司有兼設蒙古回回譯史者每遇行移及勘合文字標譯關防仍兼用之　諸內外百司公移尊卑有序各守定制惟執政出典外郡申部公文書姓不書名　諸人臣口傳聖旨行事者禁之　諸大小機務必由中書惟樞密院御史臺徽政宣政諸院許自言所職其餘不由中書而輒上聞既上聞而又不由中書徑下所司行之者以違制論所司亦不稟白而輒受以行之者從監察御史廉訪司糾之　諸中書機務有泄其議者量所泄事聞奏論罪　諸省部官名隸宿衞者晝出治事夜入番直　諸檢校官勾檢中書及六曹之務其有稽違省掾呈省論罰部吏就錄罪名開呈　諸行省擅役軍人營繕雖公廨不奏請猶議罪　諸行省差使軍官非軍情者禁之　諸行省長官二員給金虎符典軍惟雲南行省官皆給符　諸各處行省所轄軍官軍情怠慢從提調軍馬長官斷遣其餘雜犯受宣官以上咨稟受敕官以下就斷　諸行省歲支錢糧各處行官季一照勘歲終會其成于行省以式稽考濫者徵之實者籍之總其槩咨都省臺憲官閱實之　諸方面人臣受金縱賊成亂者斬僚佐受金或阿順不能匡正並坐罪會赦仍除名　諸樞密院及各省所部軍官其麾下征者戍者出者處者饑寒不贍役使不均代以私人舉債倍息在家曰逃有力曰乏惟單窮是使惟貨賄是圖以苦士卒以耗兵籍百戶有罪罪及千戶千戶有罪罪及萬戶萬戶有罪從樞密院及行省帥府以其狀聞隨事論罪　諸宣徽院所抽分馬牛羊官嚴其程期制其供億謹其鈐束之法以譏察之其有欺官擾民者廉訪司糾之　諸翰林院應譯寫制書必呈中書省共議其稾其文卷非邊遠軍情重事並從監察御史考閱之　諸宣政院文卷除修佛事不在照刷外其餘文卷及所隸內外司存並照刷之　諸徽政院及怯憐口人匠舊設諸府司文卷並從臺憲照刷　諸臺官職掌飭官箴稽吏課內秩羣祀外察行人與聞軍國奏議理達民庶冤辭凡有司刑名賦役銓選會計調度徵收營繕鞫勘審讞勾稽及庶官廉貪厲禁張弛編民惸獨流移强暴兼并悉糾舉之　諸行臺官主察行省宣慰司已下諸軍民官吏之作姦犯科者窮民之流離失業者豪强家之奪民利者按察官之不稱職任者餘視內臺立法同　諸御史臺所轄各道憲司民有冤滯赴愬于臺者咸著于籍歲終則會以考其各道之殿最而黜陟之　諸臺憲所察天下官吏贓汚欺詐稽違罪入于刑書者歲會其數及其罪狀上之藏于中書　諸內外臺歲遣監察御史刷磨各省文卷并察各道廉訪司官吏臧否官弗稱者呈臺黜罰吏弗稱者就罷之　諸風憲薦舉必考其最績彈劾必著其罪狀舉劾失當並坐之　諸殿中侍御史凡遇廷臣奏事必隨入內在廷有不可與聞之人即糾斥之朝會祭祀一切行禮失儀越次及託故不至者即糾罰之文武百官謁假事故三日以外者以曹狀報之凡官府刱置百官禮任及被差往還報曹狀並同　諸廉訪分司官每季孟夏初旬出錄囚仲秋中旬出按治明年孟夏中旬還其憚遠違期託故避事者從監察御史劾之　諸廉訪司分巡各路軍民官吏有過得罪狀明白者六品以下牒總司論罪五品以上申臺聞奏　諸廉訪司官擅封點軍器庫者笞三十七解職別敘　諸官吏受贓事主雖不告言監察御史廉訪司察之實者糾之　諸行省官及首領官受賂隨省廉訪司察知者上之臺已下就問　諸行省理問所見問公事廉訪司輒逮問者禁之　諸職官受贓廉訪司必親臨聽決有必不能親臨者摘敵品有司老成廉能正官問之　諸被按官吏有冤抑者詣御史臺陳理所言實罪被告所言虛罪告者仍加等其有故撼按問官吏以事者禁之　諸按問職官贓毋遠施刑惟衆證已明而不款伏者加刑問之軍官則先奪所佩符而問之　諸風憲官吏但犯贓加等斷罪雖不枉法亦除名　諸方面之臣入覲輒斂所部官吏俸錢備禮物者禁之違者罪之　諸湖南北江西兩廣接境溪洞蠻獠竊發諸監臨禁治不嚴及故縱者軍官笞三十七管民官二十七並削所受階一等記過　諸邊隅鎮守不嚴他盜輒入境殺掠者軍官坐罪民官不坐　諸軍民官鎮撫邊陲三年無嘯聚之盜者民官減一資軍官陞散官一階五年無者軍民官各陞散官一等　諸郡縣版籍所司謹庋置之正官相沿掌之　諸勸農官每歲終則上其所治農桑水利之成績于本屬上司本屬上司會所部之成績以上于大司農若部部考其勤惰成否以上于省而殿最之其在官怠其事廢其法者罪之　諸職官行田受民戶齊斂錢者以一多科斷　諸受財占民差徭者以枉法論　諸額課所在管民正官董其事若以他故出次官通攝之　諸額收錢糧各處計吏歲一詣省會之有齊斂者從按治官舉劾　諸郡縣歲以三限徵收稅糧初限十月終中限十一月終末限十二月終違者初限笞四十再犯杖八十但結攬及自願與結攬人等並沒入其家財仍依元科之數倍徵之若不差正官部糧而以權官部之或致失陷及輸不足者達魯花赤管民官同坐　諸州縣義倉糧數不實監臨失舉察者罪之　諸職官於禁刑之日決斷公事者罰俸一月吏笞二十七記過　諸有司斷諸小罪輒以杖頭非法杖人致死罪坐判署官吏　諸曾訴官吏之人有罪其被訴官吏勿推　諸有司

輒憑妄言帷薄私事逮繫人者笞四十七解職期年後敘　諸職官得代及休致凡有追會並同見任其婚姻田債諸事止令子孫弟姪陳訴有司輒相侵陵者究之

諸職官告吏民毀罵非親聞者勿問違者罪之　諸職官聽訟者事關有服之親并婚姻之家及曾受業之師與所讐嫌之人應迴避而不迴避者各以其所犯坐之有輒以官法臨決尊長者雖會赦仍解職降敘　諸有司事關蒙古軍者與管軍官約會問　諸管軍官奧魯官及鹽運司打捕鷹坊軍匠各投下管領諸色人等但犯強竊盜賊僞造寶鈔畧賣人口發塚放火犯姦及諸死罪並從有司歸問其鬭訟婚田良賤錢債財產宗從繼絕及科差不公自相告言者從本管理問若事關民戶者從有司約會歸問並從有司追逮三約不至者有司就便歸斷　諸州縣鄰境軍民相關詞訟元告就被論官司歸斷不在約會之例斷不當理許赴上司陳訴罪及元斷官吏　諸僧道儒人有爭有司勿問止令三家所掌會問　諸哈的大師止令掌教念經回回人應有刑名戶婚錢糧詞訟並從有司問之　諸僧人但犯姦盜詐僞致傷人命及諸重罪有司歸問其自相爭告從各寺院住持本管頭目歸問若僧俗相爭田土與有司約會約會不至有司就便歸問　諸各寺院稅糧除前宋所有常住及世祖所賜田土免納稅糧外已後諸人布施并己力典買者依例納糧　諸管民官以公事攝所部並用信牌其差人擾衆者禁之　諸掩骼埋胔有司之職或饑歲流莩或中路暴死無親屬收認應聞有司檢覆者檢覆既畢就付地主鄰人收葬不須檢覆者亦就收葬　諸救災卹患鄰邑之禮歲饑輒閉糴者罪之　諸郡縣災傷過時而不申或申不以實及按治官不以時檢踏皆罪之　諸蟲蝗爲災有司失捕路官各罰俸一月州官各笞一十七縣官各二十七並記過　諸水旱爲災人民艱食有司不以時申報賑卹以致轉徙饑莩者正官笞三十七佐官二十七各解見任降先職一等敘　諸有司檢覆災傷或以熟作荒或以可救爲不可救一頃已上者罰俸二十頃者笞一十七二百頃已上者笞二十七五百頃已上笞三十七惟以荒作熟抑民納糧者笞四十七罷之託故不行妨誤檢覆者笞三十七　諸義夫節婦孝子順孫其節行卓異應旌表者從所屬有司舉之監察御史廉訪司察之但有冒濫罪及元舉　諸賜高年帛應受賜而有司不以實報者正官笞四十七解職別敘　諸州縣舉茂異秀才非經監察御史廉訪司體察者不得開申　諸民犯弑逆有司稱故不聽理者杖六十七解見任殿三年雜職敘　諸檢屍有司故遷延及檢覆牒到不受以致屍變者正官笞三十七首領官吏各四十七其不親臨或使人代之以致增減不實移易輕重及初覆檢官相符同者正官隨事輕重論罪黜降首領官吏各笞五十七罷之仵作行人杖七十七受財者以枉法論　諸有司在監囚人因病而死虛立檢屍文案及關覆檢官者正官笞三十七解職別敘已代會赦者仍記其過　諸職官覆檢屍傷屍已焚瘞止傳會初檢申報者解職別敘若已改除仍記其過　諸藩王及軍馬經過郡縣委積館勞並許於應給官物內支遣隨申行省知會或擅移易齊歛者禁之　諸郡縣非過聖旨令旨諸王駙馬大臣經過官吏並免郊迎妨奪公務仍不得贐以錢物按治官常糾察之　諸職官但犯軍情違誤受敕官各路就斷受宣官從都省行省處分其餘公罪各路並不得輒斷　諸部送囚徒中路所次州縣不寄囚於獄而監收旅舍以致反禁而亡者部送官笞三十七還職本處防護官笞四十七就責捕賊仍通記過名○諸有司各處遞至流囚輒主意故縱者杖六十七解職降先品一等敘刑部記過○諸和顧和買依時置估對物給價官吏權豪因緣結攬營私害公者罪之○諸有私和買諸物多餘估計分受其價者準盜官錢論不分受以冒估多寡論監臨及當該官吏詭名中納者物價全沒之尅落價鈔者準不枉法贓論不即支價者臺憲官糾之○諸職官輒以親故人事之物爲散之民鳩歛錢財者計其時直以餘利爲坐減不枉法贓二等科罪錢物各歸其主○諸職官私用民力者笞二十七記過追顧直給其民○諸尅除所屬官吏俸錢爲公用及備進上禮物既去職者並勿論○諸在任官歛屬吏俸贈去官者笞四十七還職○諸職官輒借騎所部內驛馬者笞三十七降先職一等敘記過○諸職官於所部非親故及理應往復之家輒行慶吊之禮者禁之違者罪之

元史卷一百三

明翰林學士亞中大夫知制誥兼修國史宋　濂等修

刑法志第五十一

刑法二

職制下

諸職官戶在軍籍管軍官輒追逮其身者禁之○諸中外大小軍官不能以法撫循軍人而又害之者從監察御史廉訪司糾察之行省官及宣慰司元帥府官無故以軍官自衞者亦如之　諸軍官不法各處憲司就問之樞府不得委官同問　諸管軍官輒以所佩金銀符充典質者笞五十七降散官一等受質者減二等　諸軍官犯贓應罷職殿降者上所佩符再敘日給之　諸軍官役使軍人萬戶八名千戶減萬戶之半彈壓減千戶之半過是數者坐罪　諸軍官驅役軍人致死非命者量事斷罪並罷職徵燒埋銀給苦主　諸管軍官擅放正軍及分受雇役錢者以枉法論除名不敘　諸管軍官吏尅除軍人衣糧鹽菜錢并全未給散會赦尅除已招者追給未招者免徵未給散者給散其私役軍人官牛帶種官地并管民官占種官地所收子粒已招者追沒未招者免徵　諸軍官役其出征軍人家屬又借之錢而多取息者並坐之　諸軍官輒縱軍人誣民以罪嚇取錢物而分贓自厚者計贓科罪除名不敘　諸民間失火鎭守軍官坐視不救而反縱軍剽掠者從臺憲官糾之　諸軍官輒斷民訟者禁之違者罪之　諸軍官挾仇犯分輒持刃欲殺連帥者杖六十七解職別敘　諸投下官吏受贓與常選官同論　諸投下雜職犯贓罪者罷之不以常調殿降論　諸投下妄稱上旨影占民站除其徭役故縱爲民害者杖七十七沒其家財之半所占民杖一百七還元籍　諸王傅文卷監察御史考閱與有司同　諸位下置財賦營田等司歲終則會會畢從廉訪司者閱之　諸投下輕重囚徒並從廉訪司審錄　諸藩邸事務大者奏裁小者移中書擅以教令行者禁之　諸倉庾官吏與府州司縣官吏人等以百姓合納稅糧通同攬納接受折價飛鈔者十石以上各刺面杖一百七十石以下九十七官吏除名不敘退閑官吏豪勢富戶行鋪人等違犯者十石之上杖九十七十石之下八十七其部糧官吏知情分受笞五十七除名不敘有失覺察者監臨部糧官吏二十七府州總部糧官吏一十七若能捕獲犯人者與免本罪若倉官人吏等盜糶官糧與攬納飛鈔同論知情糴買十石以上杖一百七十石之下九十七其漕運官吏有失覺察者驗糧數多寡治罪其盜糶糧價結攬飛鈔追徵沒官正糧於倉官并結攬糴買人均徵還官　諸倉庫官吏人等盜所主守錢糧一貫以下決五十七至十貫杖六十七每二十貫加一等一百二十貫徒一年每三十貫加半年二百四十貫徒三年三百貫處死計贓以至元鈔爲則諸物以當時價估折計之　諸倉庫官知庫子攢典斗腳人等侵盜移易官物匿不舉發者與犯人同罪失覺察者減犯人罪四等　諸倉庫錢糧出納所設首領官及提舉監支納以下攢典合干人以上互相覺察若有違法短少一體均陪任內收支錢糧正收倒除皆完方許給由　諸典守鈔庫官已倒昬鈔不用退印笞五十七解見任提調官失計點笞一十七並記過名　諸鈔庫官輒以自己昬鈔詭名倒換者笞三十七記過　諸平準行用庫倒換昬鈔多取工墨錢庫官知而不曾分贓者減一等並解職別敘主謀又受贓者以枉法論除名不敘　諸白紙坊典守官私受桑楮皮折價者計贓以枉法論除名不敘仍追贓收買本色還官　諸京倉受糧部官董之外倉收糧州縣長官董之收不如法致腐敗者按治官通究之　諸倉官委任親屬爲家丁致盜糶官糧者笞五十七解職殿敘同僚相容隱四十七解職　諸倉官輒翻釘官斛多收民租主謀者笞五十七同僚初不知情既知而不能改正者三十七並解職別敘　諸京師每日散糶官米人止一斗權豪勢要及有祿之家輒糴買者笞二十七追中統鈔二十五貫付告人充賞　諸官局造作典守輒尅除材料者計贓以枉法論除名不敘　諸運司辦課官取受事發辦課畢日追問受代離職者就問之　諸鹽場官勘問人致死者從轉運司差官攝其職發犯人歸有司

諸稅務官輒以民到務文契枉作匿稅稅私其罰錢者以枉法論除名不敘　諸財賦總管淘金提舉司存雖有護持制書事應糾劾者監察御史廉訪司準法行之　諸守庫藏軍官夜不直宿致有盜者笞二十七還職捕盜不獲者圍宿軍官軍人追陪所失物貨俟獲盜徵贓給還若遇強劫軍官軍人力所不及者不在追斷之限　諸雜造局院輒與諸人帶造軍器者禁之　諸兩浙財賦府隸徽政者掌治錢穀造作歲終報成以次年正月至于二月從廉訪司稽其文書違者糾之　諸有司橋梁不修道塗不治雖修治而不牢強者按治及監臨官究治之　諸有司不以時修築隄防霖雨既降

水潦並至漂民廬舍溺民妻子爲民害者本郡官吏各罰俸一月縣官各笞二十七典史各一十七並記過名

諸漕運官輒拘括水陸舟車阻滯商旅者禁之

諸漕運官輒受贓縱水手人等以稭糠盜換官糧者以枉法計贓論罪除名不敘

諸海道都漕運萬戶府所轄千戶已下有罪萬戶問之萬戶有罪行省問之徇情者監察御史廉訪司察之漕事畢然後廉訪司考其案牘

諸海道運糧船戶盜糶官糧詐稱遭風覆没者計贓刺斷雖會赦仍刺之

諸使臣行李脫脫禾孫及驛吏輒敢搜檢者禁之

諸使臣行槖過重壓損驛馬而脫脫禾孫與使臣交賄爲奸不以法稱盤者笞二十七記過

諸急遞鋪輒開所遞實封文書妄入無名文字者笞五十七

諸急遞鋪每上下半月府州判官縣主簿親臨撿視所遞文字但有稽違磨擦沉匿鋪司鋪兵即驗事重輕論罪各路正官一員總之廉訪司察之其有弗職親臨官初犯笞一十七再犯加一等三犯呈省別議總提調官減親臨官一等每季具申上司有無稽違仍於各官任滿日解由開寫而黜陟之

諸使臣輒騎壞驛馬者取與各笞五十七及以車易馬者俱坐之

諸公主下嫁迎送往還並不得由傳置

諸使臣在城輒騎占驛馬者禁之違者罪之

諸驛使在路奪回馬易所乘馬馳至死者償其直若以私事故選良馬馳至死者笞二十七仍償其直

諸使臣多取分例笞一十七追所多還官記過使還人員除軍情急務外日不過三驛驛官仍於關文標寫起止程期違者各笞二十七再犯罷役

諸乘驛使臣或枉道營私橫索祗待或訪舊逸遊餞損馬乘並申聞斷治

諸使臣枉道馳驛者笞五十七脫脫禾孫擅依隨給驛者依例科罰

諸驛使詐改公牒多起馬者杖八十七其部押官馬輒夾帶私馬多取草料者并沒入其私馬

諸朝廷軍情大事奉旨遣使者佩以金字圓符給驛其餘小事止用御寶聖旨諸王公主駙馬亦爲軍情急務遣使者佩以銀字圓符給驛其餘止用御寶聖旨若濫給者從臺憲官糾察之

諸高麗使臣所帶徒從來則俱來去則俱去輒留中路郡邑買賣者禁之易馬出界者禁之

諸出使官員所至輒受官吏筵宴及官吏輒相邀請並從風憲糾察

諸使臣所過州縣無故不得入城有故入城者止於公舘安宿輒宿於官民之家者從風憲糾之

諸遣使開讀詔書所過州郡就便開讀者聽非所經由而輒往者禁之若本宗事須親往者不在此限

諸使臣所至之處有親戚故舊禮應追往者聽

諸受命出使還匿給驛文字符節及錫貢之物久不進者杖六十七記過

諸進表使臣五日外不還職托故稽留他有營者止所給驛籍其姓名罷黜之

諸出使郡國使事之外毋有所與有必須上聞者實封以聞

諸銜命出使輒將有司刑囚審斷者罪之

諸奉使循行郡縣有告廉訪司官不法者若其人嘗爲風憲所黜罷則與監察御史雜問之餘聽專問

諸官吏公差輒受人饋行禮物者隨事論罪官還職吏發隣道貼補

諸捕盜境內若失過盜賊刼獲他境盜賊許令功過相補如獲他境强盜或僞造寶鈔二起各准境內强盜一起無强者准竊盜二起如獲竊盜准亦如之如境內無失但獲强竊盜賊依例理賞若應捕之人及事主等告指捕獲者不賞

諸捕盜官不得差遣違者臺憲官糾之

諸捕盜官任內失過盜賊除獲別境盜準折外三限不獲强盜三起竊盜五起各笞一十七强盜五起竊盜十起各笞二十七强盜十起竊盜十五起各笞三十七鎭守軍官一體捕限者同罪親民提控捕盜減罪二等其限內獲賊及半者免罪若諸人獲盜應賞者賞之

諸南北兵馬司職在巡警非違捕逐盜賊輒理民訟者禁之

諸南北兵馬司罪囚八十七以下決遣應刺配者就刺配之

諸各路在城錄事錄判分番巡捕若有失盜止坐巡捕官

諸職官非應捕之人告獲反賊者陞二等用

諸告獲强盜每名官給賞錢至元鈔五十貫竊盜二十五貫親獲者倍之獲强盜至五人與一官

諸捕獲弒逆兇徒比獲强盜給賞

諸隨處鎭守軍官軍人親獲强竊盜賊者減半給賞

諸郡城失盜一年不獲者勒巡軍陪償所盜財物其敢差占巡軍者禁之

諸捕盜官捕獲强竊盜賊不即牒發淹禁死亡者杖七十七罷職

諸盜牛馬悔過放還者以竊盜已行不得財論不徵倍贓賞錢有司輒以常盜刺斷者以刑名違錯科罰

諸捕盜官輒受人遞至匿名文字枉勘平人爲盜致囚死獄中者杖九十七罷職不敘正問官六十七降先職二等敘首領官笞四十七注邊遠一任承吏杖六十七罷役不敘主意寫匿名文書者杖一百七流遠遞送匿名文書者減二等受命主事遞送者減三等

諸捕盜官搜捕逆賊輒將平人審問蹤跡乘怒毆之邂逅致死者杖六十七解職別敘記過徵燒埋銀給苦主

諸捕盜官受財故縱賊囚者與犯人同罪已敗獲者徒杖並減一等

諸父有罪不坐其子兄有罪不坐其弟

諸大宗正府理斷人命重事必以漢字立案牘以公文移憲臺然後監察御史審覆之

諸有司非法用刑者重罪之已殺之人輒臠割其肉而去者禁之違者重罪之

諸鞫獄不能正其心和其氣感之以誠動之以情推之以理輒施以大披挂及王侍郎繩索并法外慘酷之刑者悉禁止之

諸鞫問罪囚除朝省委問大獄外不得寅夜問事廉訪司察之

諸各路推官專掌推鞫刑獄平反冤滯董理州縣刑名之事其餘庶務毋有所與按治官歲錄其殿最秩滿則上其事而黜陟之凡推官若受差不問上司輒離職者亦坐罪

諸處斷重囚雖叛逆必令臺憲審錄而後斬於市曹

諸內外囚禁從各路正官及監察御史廉訪司以時審錄輕者斷遣重者結案其有冤滯就糾察之

諸正蒙古人除犯死罪監禁依常法有司毋得拷掠仍日給飲食犯眞姦盜者解束帶佩囊散收餘犯輕重者以理對證有司勿執拘之逃逸者監收

諸奏決天下囚值上怒勿輒奏上欲有所誅必遲回一二日乃覆奏

諸有司因公依理決罰邂逅身死者不坐

諸累過不悛年七十以上應罰贖者仍減等科決

諸犯罪二罪俱發以重者論罪等從一若一罪先發已經論決餘罪後發其輕若等勿論重者更論之通計前罪以充後數

諸職官輒以微故乘怒不取招詞斷決人邂逅致死又誘苦主焚瘞其屍者笞五十七解職別敘記過

諸鞫獄輒以私怨暴怒去衣鞭背者禁之

諸鞫問囚徒重事須加拷訊者長貳僚佐會議立案然後行之違者重加其罪

諸弓兵祗候獄卒輒毆死罪囚者爲首杖一百七爲從減一等均徵燒埋銀給苦主其枉死應徵倍贓者免徵

諸有司輒收禁無罪之人者正官並笞一十七記過無招枉禁致自縊而死者笞三十七期年後敘

諸有司輒將無辜枉禁瘐死者解職降先品一等敘

諸有司承告被盜輒將景迹人非理枉勘身死却獲正賊者正問官笞五十七解職期年後降先職一等敘首領官及承吏各五十七罷役不敘均徵燒埋銀給苦主通記過名

諸有司受財故縱正賊誣執非罪非法拷訊連逮妻子衝冤赴獄事未曉白身已就死正官杖一百七除名佐官八十七降二等雜職敘仍均徵燒埋銀

諸有司故入人罪若未決者及囚自死者以所入罪減一等論入人全罪以全罪論若未決放仍以減等論

諸故出人之罪應全科而未決放者從減等論仍記過

諸失入人之罪者減三等失出人罪者減五等未決放者又減一等並記過

諸有司失出人死罪者笞五十七解職期年後降先品一等敘記過正犯人追禁結案

諸有司輒將革前雜犯承問斷遣者以故入論

諸監臨挾仇違法枉斷所監臨職官者抵罪不敘

諸審囚官強愎自用輒將蒙古人刺字者杖七十七除名將已刺字去之

諸爲盜並從有司歸問各投下輒擅斷遣者坐罪

諸鬬毆殺人無輕重並結案上省部詳讞有司輒任情擅斷者笞五十七解職期年後降先品一等敘

諸禁囚因械梏不嚴致反獄者直日押獄杖九十七獄卒各七十七司獄及提牢官皆坐罪百日內全獲者不坐

諸罪在大惡官吏受贓縱令私和者罷之

諸司獄受財縱犯姦囚人在禁疎枷飲酒者以枉法科罪除名

諸流囚強盜持仗不曾傷人但得財若得財至二十貫爲從不持仗不曾傷人得財四十貫爲從及竊盜割車剜房傷事主爲從不曾傷事主但曾得財不曾得財內有舊賊初犯怯烈司盜驅馬牛爲從畧賣良人爲奴婢一人詐雕都省行省印套畫省官押字動支錢糧干礙選法或妄造妖言犯上並杖一百七流奴兒干初犯盜驅馬牛爲首及盜財三百貫以上盜財十貫以下經斷再犯發塚開棺傷屍內應流者挑剜裨湊寶鈔以眞作僞再犯知情買使僞鈔三犯並杖一百七發肇州屯種

諸犯罪流遠逃歸再獲仍流若中路遭亂而逃不再犯及已老病并會赦者釋之

諸流囚居役非遇元正寒食重午等節並勿給假

諸配役囚徒遇閏月通理之

諸應徒流未行會赦者釋之已行未至會赦者亦釋之

諸囚徒配役役所停罷者會赦免放

諸有罪奉旨流遠雖會赦非奏請不得放還

諸徒罪晝則帶鐐居役夜則入囚牢房其流罪發各處屯種者止令監臨關防屯種

諸流遠囚徒惟女直高麗二族流湖廣餘並流奴兒干及取海青之地

諸徒罪無配役之所者發鹽司居役

諸主守失囚者減囚罪三等長押流囚官中路失囚者覷提牢官減主守罪四等旣斷還職

諸大小刑獄應監繫之人並送司獄司分輕重監收

諸掌刑獄輒縱囚徒在禁飲博及帶刀刃紙筆陰陽文字入禁者罪之

諸獄具枷長五尺以上六尺以下闊一尺四寸以上一尺六寸以下死罪重二十五斤徒流二十斤杖罪一十五斤皆以乾木爲之長闊輕重各刻誌其上杻長一尺六寸以上二尺以下橫三寸厚一寸鎖長八尺以上一丈二尺以下鐐連環重三斤笞大頭徑二分七釐小頭徑一分七釐罪五十七

以下用之杖大頭徑三分二釐小頭徑二分二釐罪六十七以上用之訊杖大頭徑四分五釐小頭徑三分五釐長三尺五寸並刊削節目無令筋膠諸物裝釘應決者並用小頭其決笞及杖者臀受拷訊者臀若股分受務令均停　諸郡縣佐貳及幕官每月分番提牢三日一親臨點視其有枉禁及淹延者即舉問月終則具囚數牒次官其在上都囚禁從留守司提之　諸南北兵馬司每月分番提牢仍令提控案牘兼掌囚禁　諸鹽運司監收鹽徒每月佐貳官分番董視與有司同　諸內郡官仕雲南者有罪依常律土官有罪罰而不廢

諸左右兩江所部土官輒興兵相讐殺者坐以叛逆之罪其有妄相告言者以其罪罪之有司受財妄聽者以枉法論諸上官有能愛撫軍民境內寧謐者三年一次保勘陞官其有勳勞及應陞賞承襲文字至帥府輒非理疏駁故爲難阻者罷之

祭令

諸國家有事於郊廟凡獻官及百執事之人受誓戒之後散齊宿於正寢致齊於祀所散齊日治事如故不弔喪問疾不作樂不判署刑殺文字不決罰罪人不與穢惡事致齊日惟祀事得行餘悉禁之　諸嶽鎭名山國家之所秩祀小民輒僭禮犯義以祈禱褻瀆者禁之

諸五嶽四瀆五鎭國家秩祀有常諸王公主駙馬輒遣人降香致祭者禁之　諸郡縣宣聖廟凡官員使臣軍馬輒敢舘穀於內有司輒敢聽訟宴飲於內工官輒敢營造於內並行禁之諸書院同　諸每月朔望郡縣長吏率其參佐僚屬詣孔子廟拜謁禮畢從學官升堂講說其鄉村市鎭亦擇有學問德行可爲師長者於農隙之時以教導民其有視爲迂緩而不務者糾之

學規

諸蒙古漢人國子監學官任內驗其教養出格生員多寡以爲陞遷博士教授有闕從監察御史舉之其不稱職者黜之坐及元舉之官　諸國子生悖慢師長及行禮失儀言行不謹講誦不熟功課不辦無故廢學有故不告輒出告假違限執事失悞忿戾鬭爭並委正錄糾舉除悖慢師長別議餘者初犯戒諭再犯三犯約量責罰其厨人僕夫門子常切在學供給使令違者就便決責　諸國學居首善之地六館諸生以次陞齋毋或躐等其有未應陞而求陞及曾犯學規者輕者降之重者黜之其教之不以道者監察御史糾之○諸國子監私試積分生員其有不事課業及一切違戾規矩初犯罰一分再犯罰二分三犯除名已補高等生員其有違戾規矩初犯殿試一年再犯除名並從學正錄糾舉正錄知見不糾舉者從本監議罰在學生員歲終實歷坐齋不滿半周歲者並除名月假外其餘告假不用準算學錄歲終通行考較漢人生員三年不能通一經及不肯篤勤者勒令出學○諸奎章閣授經郎生員每月朔望上弦下弦給假四日當入宿衞者給假三日餘有故須請假者於授經郎稟說附曆給假無故不入學第一次罰當日會食第二次於師席前罰拜及當日會食第三次於學士院及師席前罰拜及當日會食三次不悛奏聞懲戒黜退○諸隨路學校計其錢糧多寡養育生徒提調正官時一詣學督視必使課講有程訓迪有法賞勸罰惰作成人材其學政不舉者究之○諸教官在任侵盜錢糧荒廢廟宇教養無實行止不臧有忝師席從廉訪司糾之任滿有司輒朦朧給由者究之○諸贍學田土學官職吏或賣熟爲荒減額收租或受財縱令豪右占佃陷沒兼并及巧名冒支者提調官究之○諸貧寒老病之士必爲衆所尊敬者保申本路體覆無異下本學養贍仍移廉訪司察之但有冒濫從提調官改正○諸各處學校爲講習作養之地有司輒侵借其錢糧者禁之教官不稱職者廉訪司糾之　諸在任及己代教官輒攜家入學褻瀆居止者從廉訪司糾之　諸各路醫學大小生員不令坐齋肄業有名無實及在學而訓誨無法課講鹵莽苟應故事者教授正錄提調官罰俸有差　諸醫人於十三科內不能精通一科者不得行醫太醫院不精加考試輒以私妄舉充隨朝太醫及內外郡縣醫官內外郡縣醫學不依法考試輒縱人行醫者並從監察御史廉訪司察之

軍律

諸軍官離職屯軍離營行軍離其部伍者皆有罪　諸軍官不得擅離部署赴闕言事有必合言者實封附遞以聞　諸隨處軍馬有久遠營屯或時暫經過並從官給糧食輒妨擾農民阻滯客旅者禁之　諸臨陣先退者處死　諸統軍捕逐寇盜分守要害約相爲聲援稽留失期致殺死將士仍不即追襲者處死雖會赦罷職不敘　諸軍民官鎭守邊陲帥兵擊賊紀律無統變易號令背約失期形分勢格致令破軍殺將或未戰逃歸或棄城退走復能建招徠之功者減其罪無功者各以其罪罪之　諸防戍軍人於屯所逃者杖一百七再犯者處死若科定出征逃匿者斬以徇　諸軍戶貧乏已經存恤而復逃者杖八十七發遣當軍隱藏者減二等兩鄰知而不首者又減隱藏罪二等　諸軍戶告乏求替者從有司覆實之其詐妄者廉訪司究之　諸各衞扈從漢軍每戶選練習壯丁一人常充仍於貼戶內選兩人輪番供役其有故必合替換者自萬戶及千百戶相視所換之可用然後用之百戶千戶萬戶私換者驗名數多寡論罪解降　諸管軍官吏受錢代替軍空名者驗入己錢數以枉法科罪除名令兄弟子姪驅丁代替者驗名數多寡論罪解降　諸軍馬征伐虜掠良民兇徒射利略賣人口或自賊殺或以病亡棄屍道路暴骸溝壑者嚴行禁止

戶婚

諸匠戶子女使男習工事女習黹繡其輒敢拘刷者禁之　諸係官當差人戶非奉朝省文字輒投充諸王及各投下給使者論罪　諸僧道還俗兄弟析居奴放爲良未入于籍者應諸王諸子公主駙馬毋拘藏之民有敢隱藏者罪之　諸庶民有妄以漏籍戶及土田於諸王公主駙馬呈獻者論罪諸投下輒濫收者亦罪之

諸官吏占人戶供給私用者治罪　諸有司治賦歛急致貧民鬻男女爲輸者追還所鬻男女而正有司罪價勿償　諸生女溺死者沒其家財之半以勞軍首者爲奴即以爲良有司失舉者罪之　諸民戶流移所在有司起遣復業輒以闕遺人收之者禁之　諸鰥寡孤獨老弱殘疾窮而無告者於養濟院收養應收養而不收養不應收養而收養者罪其守宰按治官常糾察之

諸被災流民有司招諭復業其年深不能復業及失所在者蠲其賦輒抑民包納者從臺憲官糾之　諸年穀不熟人民轉徙所至既經賑濟復聚黨持仗剽刼財物毆傷平民者除孤老殘疾不能自贍任便居住有司依前存養其餘有子弟者驗其家口計程遠近支與行糧次第押還元籍沿路復爲民害者從所在有司斷遣

諸蒙古回回契丹女直漢人軍前所俘人口留家者爲奴婢居外附籍者即爲良民已居外復認爲奴婢者沒入其家財　諸收捕叛亂軍人掠取生口並從按治官及軍民官一同審閱實爲賊黨妻屬者給公據付之無公據者以掠良民之罪罪之　諸羣盜降附以所刼掠男女充收捕官饋獻者勿受仍還爲民無親屬可收係者使男女相配聽爲民其留賊所者恣縱之　諸收到被掠婦人忘其鄉里幷無親屬可歸者有司與之嫁聘所得聘財與資粧束　諸軍民官輒隱藏降附人民不令復業者罪之　諸籍沒人口元主私典賣者追收入官徵價還主　諸投下官員招占已籍係官民匠戶計者沒其家財所占戶歸本籍　諸投下所籍戶令出五戶絲餘悉勿與其有橫歛於民從憲臺究之　諸願棄俗出家爲僧道若本戶丁多差役不闕及有兄弟足以侍養父母者於本籍有司陳請保勘申路給據簪剃違者斷罪歸俗　諸河西僧人有妻子者當差發稅糧鋪馬次舍與庶民同其無妻子者蠲除之　諸父母在分財異居父母困乏不共子職及同宗有服之親鰥寡孤獨老弱殘疾不能自存寄食養濟院不行收養者重議其罪親族亦貧不能給者許養濟院收錄　諸典賣田宅從有司給據立契買主賣主隨時赴有司推收稅糧若買主權豪官吏阿徇不即過割止令賣主納稅或爲分派別戶包納或爲立詭名但受分文之贓笞五十七仍於買主名下驗元價追徵以半沒官半付告者首領官及所掌吏斷罪罷役　諸典賣田宅須從尊長書押給據立帳歷問有服房親及隣人典主不願交易者限十日批退違限不批退者笞一十七願者限十五日議價立契成交違限不酬價者笞二十七任便交易親隣典主故相邀阻需求書字錢物者笞二十七業主虛張高價不相由問成交者笞三十七仍聽親隣典主百日收贖限外不得爭訴業主欺昧故不交業者笞四十七親隣典主在他所者百里之外不在由問之限若違例事覺有司不以理聽斷者監察御史廉訪司糾之　諸軍官軍人不歸營屯到任官員不歸官舍往來使臣不歸館驛輒於民家居止爲民害者行省行臺起遣究治到任官無官舍出私錢僦居者聽　諸造謀以已賣田宅誣買主占奪脅取錢物者計贓論罪仍紅泥粉壁書過于門　諸婚田訴訟必於本年結絕已經務停而不結絕者從廉訪司及本管上司正官吏之罪累經務停而不結絕者即與歸結不在務停之限違者罪亦如之其所爭田內租入納稅之外並從有司收貯斷後隨田給付　諸以女子典雇於人及典雇人之子女者並禁止之若已典雇願以婚嫁之禮爲妻妾者聽　諸受錢典雇妻妾者禁其夫婦同雇而不相離者聽　諸受財嫁賣妻妾及過房弟妹者禁　諸乞養過房男女者聽轉賣爲奴婢者禁之奴婢過房良民者禁之　諸守宰抑取部民男女爲奴婢者杖七十七期年後降二等雜職敘　諸妄認良人爲奴非理殘虐者杖八十七有官者罷之　諸訴良得實給據居住候元籍親屬收領無

親屬者聽令自便　諸奴婢背主在逃杖七十七　諸男女議婚有以指腹割衿爲定者禁之　諸嫁娶之家飲食宴好求足成禮以華侈相尚暮夜不休者禁之　諸男女婚姻媒氏違例多索聘財及多取媒利者論衆決遣　諸女子已許嫁而未成婚其夫家犯叛逆應沒入者若其夫爲盜及犯流遠者皆聽改嫁已成婚有子其夫雖爲盜受罪勿改嫁　諸男女既定婚其女犯姦事覺夫家欲棄則追還聘財不棄則減半成婚若夫家輒誣以風聞姦事恐脅成親者笞五十七離之　諸遭父母喪忘哀拜靈成婚者杖八十七離之有官者罷之仍沒其聘財婦人不坐　諸服內定婚各減服內成親罪二等仍離之聘財沒官　諸有女許嫁已報書及有私約或已受聘財而輒悔者笞三十七更許他人者笞四十七已成婚者五十七後娶知情者減一等女歸前夫男家悔者不坐不追聘財五年無故不娶者有司給據改嫁　諸有女納婿復逐婿納他人爲婿者杖六十七後婿同其罪女歸前夫聘財沒官　諸職官娶娼爲妻者笞五十七解職離之　諸有妻妾復娶妻妾者笞四十七離之在官者解職記過不追聘財　諸先通姦被斷復娶以爲妻妾者雖有所生男女猶離之　諸轉嫁已歸未成婚男婦者杖六十七婦歸宗聘財沒官　諸受財以妻轉嫁者杖六十七追還聘財娶者不知情不坐婦人歸宗　諸以書幣娶人女爲妾復受財轉嫁他人者笞五十七聘財沒官妾歸宗有官者罷之　諸僧道悖教娶妻者杖六十七離之僧道還俗爲民聘財沒官　諸典賣佃戶者禁佃戶嫁娶從其父母　諸兄收弟婦者杖一百七婦九十七離之雖出首仍坐主婚笞五十七行媒三十七　諸居父母喪姦收庶母者各杖一百七離之有官者除名　諸漢人南人父沒子收其庶母兄沒弟收其嫂者禁之　諸姑表兄弟嫂叔不相收收者以姦論　諸奴收主妻者以姦論強收主女者處死　諸爲子輒以亡父之妾與人人輒受而私之與者杖七十七受者笞五十七　諸受財強嫁所監臨妻以枉法論杖七十七除名追財沒官妻還前夫　諸良家女願與人奴爲婚者即爲奴婢娶良家女爲妻以爲奴婢賣之者即改正爲良賣主買主同罪價沒官　諸以童養未成婚男婦轉配其奴者笞五十七婦歸宗不追聘財　諸逃奴有女嫁爲良人妻已有男女而本主覺察者追其聘財歸本主婦人不離　諸棄妻已歸宗改嫁者從其後夫　諸棄妻改嫁後夫亡復納以爲妻者離之　諸夫婦不相睦賣休買休者禁之違者罪之和離者不坐　諸出妻妾須約以書契聽其改嫁以手模爲徵者禁之　諸婦人背夫棄舅姑出家爲尼者杖六十七還其夫　諸賣買良人爲娼賣主買主同罪婦還爲良價錢半沒官半付告者或婦人自陳或因事發覺全沒入之良家婦犯姦爲夫所棄或娼優親屬願爲娼者聽　諸娼女孕勒令墮胎者犯人坐罪娼放爲良　諸勒妻妾爲娼者杖八十七以乞養良家女爲人歌舞給宴樂及勒爲娼者杖七十七婦人並歸宗勒奴婢爲娼者笞四十七婦人放從良　諸受財縱妻妾爲娼者本夫與姦婦姦夫各杖八十七離之其妻妾隨時自首者不坐若日月已久纔自首者勿聽

元史卷一百四

明翰林學士亞中大夫知制誥兼脩國史宋　濂等脩

刑法志第五十二

刑法三

食貨

諸犯私鹽者杖七十徒二年財產一半沒官於沒物內一半付告人充賞鹽貨犯界者減私鹽罪一等提點官禁治不嚴初犯笞四十再犯杖八十本司官與總管府官一同歸斷三犯聞奏定罪如監臨官及竈戶私賣鹽者同私鹽法　諸僞造鹽引者斬家產付告人充賞失覺察者鄰佑不首告杖一百商賈販鹽到處不呈引發賣及鹽引數外夾帶鹽引不相隨並同私鹽法鹽已賣五日內不赴司縣批納引目杖六十徒一年因而轉用者同賣私鹽法犯私鹽及犯界斷後發鹽場充鹽夫帶鐐居役役滿放還　諸給散煎鹽竈戶工本官吏通同尅減者計贓論罪　諸大都南北兩城關廂設立鹽局官爲發賣其餘州縣鄉村並聽鹽商興販　諸賣鹽局官煎鹽竈戶販鹽客旅行鋪之家輒插和灰土硝鹻者笞五十七　諸蒙古人私煮鹽者依常法　諸犯私鹽會赦家產未入官者革撥　諸私鹽再犯加等斷徒如初犯三犯杖斷同再犯流遠婦人免徒其博易諸物不論巨細科全罪　諸轉買私鹽食用者笞五十七不用斷沒之令　諸捕獲私鹽止理見發之家勿聽攀指平民有權貨無犯人以權貨解官無權貨有犯人勿問　諸巡捕私鹽非承告報明白不得輒入人家搜檢　諸犯私鹽被獲拒捕者斷罪流遠因而傷人者處死　諸巡鹽軍官輒受財脫放鹽徒者以枉法計贓論罪奪所佩符及所受命罷職不敘　諸茶法客旅納課買茶隨處驗引發賣畢三日內不赴所在官司批納引目者杖六十因而轉用或改抹字號或增添夾帶斤重及引不隨茶者並同私茶法但犯私茶杖七十茶一半沒官一半付告人充賞應捕人同若茶園磨戶犯者及運茶船主知情夾帶同罪有司禁治不嚴致有私茶生發罪及官吏茶過批驗去處不批驗者杖七十其僞造茶引者斬家產付告人充賞　諸私茶非私自入山採者不從斷沒法　諸產金之地有司歲徵金課正官監視人戶自執權衡兩平收受其有巧立名色廣取用錢及多稱金數尅除火耗爲民害者從監察御史廉訪司糾之　諸出銅之地民間敢私鍊者禁之　諸鐵法無引私販者比私鹽減一等杖六十鐵沒官內一半折價付告人充賞僞造鐵引者同僞造省部印信論罪官給賞鈔二錠付告人監臨正官禁治私鐵不嚴致有私鐵生發者初犯笞三十再犯加一等三犯別議黜降客旅赴冶支鐵引後不批月日出給引鐵不相隨引外夾帶鐵沒官鐵已賣十日內不赴有司批納引目笞四十因而轉用同私鐵法凡私鐵農器鍋釜刀鎌斧杖及破壞生熟鐵器不在禁限江南鐵貨及生熟鐵器不得於淮漢以北販賣違者以私鐵論　諸衞輝等處販賣私竹者竹及價錢並沒官首告得實者於沒官物約量給賞犯界私賣者減私竹罪一等若民間住宅內外并闌檻竹不成畝本主自用外貨賣者依例抽分有司禁治不嚴者罪之仍於解由內開寫　諸私造唆魯麻酒者同私酒法杖七十徒二年財產一半沒官有首告者於沒官物內一半給賞　諸蒙古漢軍輒醞造私酒醋麴者依常法　諸犯禁飲私酒者笞三十七　諸犯界酒十瓶以下罰中統鈔一十兩笞二十七十瓶以上罰鈔四十兩笞四十七酒給元主酒雖多罰止五十兩罪止六十　諸匿稅者物貨一半沒官於沒官物內一半付告人充賞但犯笞五十入門不弔引同匿稅法　諸辦課官估物收稅而輒抽分本色者禁之其監臨官吏輒於稅課務求索什物者以盜官物論取與同坐　諸辦課官所掌應稅之物並三十分中取一輒冒估直多收稅錢別立名色巧取分例及不應收稅而收稅者各以其罪罪之廉訪司常加體察　諸在城及鄉村有市集之處課稅有常法其在城稅務官吏輒於鄉村妄執經過商賈匿稅者禁之　諸辦課官侵用增餘稅課者以不枉法贓論罪　諸職官印契不納稅錢者計應納稅錢以不枉法論　諸市舶金銀銅錢鐵貨男女人口絲綿段疋銷金綾羅米糧軍器等不得私販下海違者舶商船主綱首事頭火長各杖一百七船物沒官有首告者以沒官物內一半充賞廉訪司常加糾察　諸市舶司於回帆物內三十分抽稅一分輒以非理受財者計贓以枉法論　諸舶商大船給公驗小船給公憑每大船一帶柴水船八櫓船各一驗憑隨船而行或有驗無憑及數外夾帶即同私販犯人杖一百七船物並沒官內一半付告人充賞公驗內批寫物貨不實及轉變滲泄作弊同漏舶法杖一百七財物沒官舶司官吏容隱斷罪不敘　諸番國遣使奉貢仍具貢物報市舶司稱驗若有夾帶不與抽分者以漏舶論　諸海門鎮守軍官輒與番邦回船頭目等人通情滲泄舶貨者杖一百七除名不敘　諸中賣寶貨耗蠹國財者禁之　諸雲南行使𧴩法官司商賈以他𧴩入境者禁之

大惡

諸大臣謀危社稷者誅　諸無故議論謀逆爲倡者處死和者流　諸潛謀反亂者處死安主及兩鄰知而不首者同罪內能悔過自首者免罪給賞不應捕人首告者官之　諸謀反已有反狀爲首及同情者凌遲處死爲從者處死知情不首者減爲從一等流遠並沒入其家其相須連坐者各以其罪罪之　諸父謀反子異籍不坐　諸謀反事覺捕治得實行省不得擅行誅殺結案待報　諸匿反叛不首者處死　諸妖言惑衆嘯聚爲亂爲首及同謀者處死沒入其家爲所誘惑相連而起者杖一百七　諸假託神異狂謀犯上者處死　諸亂言犯上者處死仍沒其家　諸指斥乘輿者非特恩必坐之　諸妄撰詞曲誣人以犯上惡言者處死　諸職官輒指斥詔旨亂言者雖會赦仍除名不敘　諸子孫弑其祖父母父母者凌遲處死因風狂者處死　諸醉後毆其父母父母無他子告乞免死養老者杖一百七居役百日　諸子弑其繼母者與嫡母同　諸部內有犯惡逆而鄰佑社長知而不首有司承告而不問皆

罪之　諸子弑其父母雖瘐死獄中仍支解其屍以狗　諸毆傷祖父母父母者處死　諸謀殺已改嫁祖母者仍以惡逆論　諸挾讐毆死義父及殺傷幸獲生免者皆處死　諸圖財殺傷義母者處死　諸爲人子孫或因貧困或信巫覡說誘發掘祖宗墳墓盗其財物賣其塋地者驗輕重斷罪移棄屍骸不爲祭祀者同惡逆結案買者知情減犯人罪二等價錢沒官不知情臨事詳審有司仍不得出給賣墳地公據　諸爲人子孫爲首同他盗發掘祖宗墳墓盗取財物者以惡逆論雖遇大赦原免仍刺字徙遠方屯種　諸婦毆舅姑者處死　諸因姦毆死其夫及其舅姑者凌遲處死　諸弟殺其兄者處死　諸父子同謀殺其兄欲圖其財而收其嫂者父子並凌遲處死　諸兄因爭毆其弟弟還毆其兄邂逅致死會赦仍以故殺論　諸嫂叔爭殺死其嫂者處死　諸因爭虐殺其兄者雖死仍戮其屍　諸因爭移怒戮傷其兄者於市曹杖一百七流遠　諸挾讐毆死其伯叔母者處死　諸因爭兄弟同謀毆死諸父者皆處死　諸挾讐故殺其從父偶獲生免者罪與已死同　諸妻因爭殺其夫者處死　諸婦人問醫人買毒藥殺其夫者醫人同處死　諸妻殺傷其夫幸獲生免者同殺死論　諸婿因醉殺其婦翁偶獲生免者罪與已死同　諸奴殺傷本主者處死　諸奴詬詈其主不遜者杖一百七居役二年役滿日歸其主　諸奴故殺其主者陵遲處死　諸奴毆死主婿者處死　諸挾仇殺傷人一家俱獲生免者與已死同其同謀悔過不至者減等論　諸以姦盡殺其母黨一家者凌遲處死　諸兄挾仇與子同謀殺其弟一家者皆處死　諸支解人黄以爲食者以不道論雖瘐死仍徵燒埋銀給苦主　諸魘魅大臣者處死　諸妻魘魅其夫子魘魅其父會大赦者子流遠妻從其夫嫁賣　諸造蠱毒中人者處死　諸採生人支解以祭鬼者凌遲處死仍沒其家產其同居家口雖不知情並徙遠方已行而不曾殺人者比强盗不曾傷人不得財杖一百七徒三年謀而未行者九十七徒二年半其應死之人能自首或捕獲同罪者給犯人家產應捕者減半

姦非

諸和姦者杖七十七有夫者八十七誘姦婦逃者加一等男女罪同婦人去衣受刑未成者減四等强姦有夫婦人者死無夫者杖一百七未成者減一等婦人不坐其媒合及容止者各減姦罪三等止理見發之家私和者減四等　諸指姦不坐　諸無夫婦人有孕稱與某人姦卽同指姦罪止本婦　諸宿衞士與宮女姦者出軍　諸翁欺姦男婦已成者處死未成者杖一百七男婦歸宗和姦者皆處死男婦虛執翁姦已成有司已加翁拷掠男婦招虛者處死虛執翁姦未成已加翁拷掠男婦招虛者杖一百七發付夫家從其嫁賣婦告或翁告同若男婦告翁强姦已成却問得翁欲欺姦未成男婦妄告重事笞三十七歸宗　諸欺姦義男婦杖一百七欺姦不成杖八十七婦並不坐婦及其夫異居當差雖會赦仍異居　諸男婦與姦夫謀誣翁欺姦買休出離者杖一百七從夫嫁賣姦夫減一等買休錢沒官　諸與弟妻姦者各杖一百七姦夫流遠姦婦從夫所欲　諸嫂寡守志叔强姦者杖九十七　諸與同居姪婦姦各杖一百七有官者除名　諸强姦姪婦未成者杖一百七　諸與兄弟之女姦皆處死與從兄弟之女姦減一等與族兄弟之女姦減二等　諸居父母喪欺姦父妾者各杖九十七婦人歸宗　諸姦私再犯者罪加二等婦人聽其夫嫁賣　諸因姦偷遞家財止以姦論　諸雇人之妻爲妾年滿而歸雇主復與通卽以姦論因又與殺其夫者皆處死　諸子犯姦父出首仍坐之　諸姦不理首原　諸姦生男女男隨父女隨母　諸僧尼道士女冠犯姦斷後並勒還俗　諸强姦人幼女者處死雖和同强女不坐凡稱幼女止十歲以下　諸年老姦人幼女杖一百七不聽贖　諸十五歲未成丁男和姦十歲以下女雖和同强減死杖一百七女不坐　諸强姦十歲以上女者杖一百七　諸强姦妻前夫男婦未成及强姦妻前夫女已成並杖一百七妻離之　諸三男强姦一婦者皆處死婦人不坐　諸職官犯姦者如常律仍除名但有祿人犯者同　諸職官求姦未成者笞五十七解見任雜職敍　諸職官因謔部民妻致其夫棄妻者杖六十七罷職降二等雜職敍記過　諸職官强姦部民妻未成杖一百七除名不敍　諸職官因姦買部民妾姦非姦所捕獲止以買部民妾論笞三十七解職別敍　諸監臨官與所監臨囚人妻姦者杖九十七除名　諸職官與倡優之妻姦因娶爲妾者杖七十七罷職不敍　諸監臨令人姦汚所部寡婦者杖八十七除名　諸蠻夷官擅以籍沒婦人爲妻者杖八十七罷職記過婦人笞四十七　諸主姦奴妻者不坐　諸奴有女已許嫁爲良人妻卽爲良人其主輒欺姦者杖一百七其妻縱之者笞五十七其女夫家仍願爲婿者減元議財錢之半不願者追還元下聘財令父收管爲良改嫁　諸奴姦主女者處死　諸以傔從與命婦姦以命婦從姦夫逃者皆處死　諸强姦主妻者處死　諸奴與主妾姦者各杖九十七　諸良民竊奴婢生子子隨母還主奴竊良民生子子隨母爲良仍異籍當差　諸奴婢相姦笞四十七　諸夫受財縱妻爲娼者夫及姦婦姦夫各杖八十七離之若夫受財勒妻妾爲娼者妻量情論罪　諸和姦同謀以財買休却娶爲妻者各杖九十七姦婦歸其夫　諸夫妻不睦夫以威虐逼其妻指與人姦者杖七十七妻不坐離之　諸婿誣妻父與女姦者杖九十七妻離之　諸夫指姦而棄其妻所指姦夫輒停妻而娶之者兩離之　諸姦夫姦婦同謀殺其夫者皆處死仍於姦夫家屬徵燒埋銀　諸因姦殺其本夫姦婦不知情以減死論　諸妻與人姦同謀藥死其夫偶獲生免者罪與已死同依例結案　諸婦人爲首與衆姦夫同謀親殺其夫者凌遲處死姦夫同謀者如常法　諸夫獲妻姦妻拒捕殺之無罪　諸與無夫婦姦約爲妻却毆死正妻者處死　諸與姦婦同謀藥死其正妻者皆處死　諸妻妾與人姦夫於姦所殺其姦夫及其妻妾及爲人妻殺其强姦之夫並不坐若於姦所殺其姦夫而妻妾獲免殺其妻妾而姦夫獲免者杖一百七　諸姦夫殺死姦婦者與故殺常人同　諸求姦不從毆死其婦以强盗持杖殺人論　諸兩姦夫與一姦婦皆有宿約其先至者因鬭殺其後至者以故殺論

盗賊

諸盗賊共盗者併贓論仍以造意之人爲首隨從者各減一等或二罪以上俱發從其重者論之　諸竊盗初犯刺左臂謂已得財者再犯刺右臂三犯刺項强盗初犯刺項並充景跡人官司以法拘檢關防之其蒙古人有犯及婦人犯者不在刺字之例　諸評盗賊者皆以至元鈔爲則除正贓外仍追倍贓其有未獲賊人及雖獲無可追償並於有者名下追徵　諸犯徒者徒一年杖六十七一年半杖七十七二年杖八十七二年半杖九十七三年杖一百七皆先決訖然後發遣合屬帶鐐居役應配役人隨有金銀銅鐵洞冶屯田隄岸橋道一切等處就作令人監視日計工程滿日放還充景跡人　諸盗未發而自首者原其罪能捕獲同伴者仍依例給賞其於事主有所損傷及准首再犯不在原免之例　諸杖罪以下府州追勘明白卽聽斷決徒罪總管府決配仍申合干上司照驗流罪以上須牒廉訪司官審覆無寃方得結案依例待報其徒伴有未獲追會有不完者如復審既定贓驗明白理無可疑亦聽依上歸結　諸强盗持仗但傷人者雖不得財皆死不曾傷人不得財徒二年半但得財徒三年至二十貫爲首者死餘人流遠不持仗傷人者惟造意及下手者死不曾傷人不得財徒一年半十貫以下徒二年每十貫加一等至四十貫爲首者死餘人各徒三年若因盗而姦同傷人之坐其同行人止依本法謀而未行者於不得財罪上各減一等罪之　諸竊盗始謀而未行者笞四十七已行而不得財者五十七得財十貫以下六十七至二十貫七十七每二十貫加一等一百貫徒一年每一百貫加一等罪止徒三年　諸盗庫藏錢物者比常盗加一等贓滿至五百貫以上者流　諸盗駝馬牛驢騾一陪九盗駱駝者初犯爲首九十七徒二年半爲從八十七徒二年再犯加等三犯不分首從一百七出軍盗馬者初犯爲首八十七徒二年爲從七十七徒一年半再犯加等罪止一百七出軍盗牛者初犯爲首七十七徒一年半爲從六十七徒一年再犯加等罪止一百七出軍盗驢騾者初犯爲首六十七徒一年爲從五十七刺放再犯加等罪止徒三年盗羊猪者初犯爲首五十七刺放爲從四十七刺放再犯加等罪止徒三年盗係官駝馬牛者比常盗加一等　諸劇賊旣款附得官復以捕賊爲由虐取民財者計贓論罪流遠　諸强盗再犯仍刺　諸强盗殺傷事主不分首從皆處死　諸强奪人財以强盗論　諸以藥迷瞽人取其財者以强盗論　諸白晝持仗剽掠得財毆傷事主若得財不曾傷事主並以强盗論　諸官民行船遭風著淺輒有搶虜財物者比同强盗科斷若會赦仍不與眞盗同論徵贓免罪　諸强盗出外國其邊臣執以來獻者賜金帛以旌之　諸盗乘輿服御器物者不分首從皆處死知情領賣剋除價錢者減一等　諸盗官錢追徵未盡到官禁繫旣久實無可折償者除之　諸守庫軍但盗庫中財物者處死會赦者仍刺之　諸內藏典守輒盗庫中財物者處死　諸造鈔庫工匠私藏合毀之鈔出庫者杖一百七監臨失關防者笞三十七　諸盗印鈔庫鈔者處死　諸檢昏鈔行人盗取昏鈔爲監臨搜獲不得財者以盗庫藏錢物不得財加等論杖七十七　諸燒鈔庫合干檢鈔行人輒盗昏鈔出庫分使者刺斷　諸盗局院官物雖贓不滿貫仍加等杖七十七刺字　諸工匠

已關出庫物料成造及額餘外不曾還官因盜出局者斷罪免刺
諸盜已到倉官糧而未離倉事覺者以不得財論免刺
諸盜官員符節比常盜加一等計贓坐罪
諸盜守府文卷作故紙變賣者杖七十七同竊盜刺字買卷人笞四十七
諸圖財謀故殺人多者凌遲處死仍驗各賊所殺人數於家屬均徵燒埋銀
諸圖財陷溺人于死幸獲生免者罪與已死同
諸圖財殺死他人奴婢者同圖財殺人論
諸奴盜主財而逃送其逃者輒殺其奴而取其財即以强盜殺人論
諸發塚已開塚者同竊盜開棺槨者同强盜毀屍骸者同傷人仍於犯人家屬徵燒埋銀
諸挾仇發塚盜棄其屍者處死
諸發塚得財不傷屍杖一百七刺配
諸盜發諸王駙馬墳寢者不分首從皆處死看守禁地人杖一百七三分家產一分沒官同看守人杖六十七
諸事主殺死盜者不坐
諸寅夜潛入人家被毆傷而死者勿論
諸於迥野盜伐人材木者免刺計贓科斷
諸被脅從上盜至盜所復逃去不以爲從論
諸竊盜贓不滿貫斷罪免刺
諸子爲盜父殺之不坐
諸爲盜初經刺斷再犯姦私止以姦爲坐不以爲盜再犯論
諸奴婢數爲盜應識過於門者其主不知情不得輒書於其主之門
諸被誘脅上盜不曾分贓而容隱不首者杖六十七免刺
諸先盜親屬財免刺再盜他人財止作初犯論
諸先犯誘姦婦人在逃後犯竊盜二事俱發以誘姦爲重杖從姦刺從盜
諸瘖啞爲盜不論瘖啞
諸詐稱搜稅攔頭剽奪行李財物者以盜論刺斷充景跡人
諸盜米糧非因饑饉者仍刺斷
諸盜塔廟神像服飾無人看守者斷罪免刺
諸事主及盜私相休和者同罪所盜錢物頭疋倍贓等沒官
諸竊盜應徒若有祖父母父母年老無兼丁侍養者刺斷免徒再犯而親尚存者候親終日發遣居役
諸女直人爲盜刺斷同漢人
諸年饑民窮見物而盜計贓斷罪免刺配及徵倍贓
諸竊盜一歲之中頻犯者從一重論刺斷
諸爲盜以所得贓與人博不勝失所得贓事覺追正贓仍坐博者罪
諸父以子同盜子年未出幼不曾分贓免罪
諸年饑迫其子若婿同持杖行劫子若婿減死一等坐免刺充景跡人
諸父爲人誘爲盜疾不能往命其子從之而分其贓者父減爲從一等免刺子以爲從論
諸兄逼未成丁弟同上盜減爲從一等論仍罰贖
諸兄弟同盜罪皆至死父母老而乏養者內以一人情罪可逭者免死養親
諸兄弟同盜皆刺
諸父子兄弟頻同上盜從凡盜首從論
諸父子兄弟同爲强盜者皆處死
諸夫謀爲强盜妻不諫反從之盜者減爲從一等論罪
諸親屬相盜謂本服緦麻以上親及大功以上共爲婚姻之家犯盜止坐其罪並不在刺字倍贓再犯之限其別居尊長於卑幼家竊盜若强盜及卑幼於尊長家行竊盜者緦麻小功減凡人一等大功減二等期親減三等强盜者準凡盜論殺傷者各依故殺傷法若同居卑幼將人盜己家財物者五十貫以下笞二十七每五十貫加一等罪止五十七他人依常盜減一等
諸姑表姪盜姑夫財同親屬相盜論
諸女在室喪其父不能自存有祖父母而不之卹因盜祖父母錢者不坐
諸弟爲首强劫從兄財即以强盜論
諸嘗過房他人子孫以爲子孫輒盜所過房之家財物者即以親屬相盜論
諸奴盜主財應流遠而主求免者聽
諸奴盜主財斷罪免刺
諸盜雇主財者免刺不追倍贓盜先雇主財者同常盜論
諸佃客盜地主財同常盜論
諸同主奴相盜斷罪免刺配不追倍贓
諸盜同受雇人財不以同居論
諸賃屋與房主同居而盜房主財者與常盜論
諸盜同本財者笞五十七不以眞盜計贓論
諸巡捕軍兵因自爲盜者比常盜加一等論罪若自相覺察告捕到官或曾共爲盜首獲同伴者免罪給賞
諸軍人爲盜刺斷免充景跡人仍追賞錢給告者
諸守庫藏軍人輒爲首誘引外人偷盜官物但經二次三次入庫爲盜及提鈴把門軍人受贓縱賊者皆處死爲從者杖一百七刺字流遠
諸見役軍人在逃因爲竊盜得財杖一百七仍刺字杖從逃軍刺從盜
諸軍人在路奪人財物又迫逐人致死非命者爲首杖一百七爲從七十七徵燒埋銀給苦主
諸婦人爲盜斷罪免刺配及景跡人免徵倍贓再犯并坐其夫
諸婦人寡居與人姦盜舅姑財與姦夫令娶已爲妻者姦非姦所捕獲止以同居卑幼盜尊長財爲坐笞五十七歸宗姦夫杖六十七
諸爲僧竊取佛像腹中裝者以盜論
諸僧道爲盜同常盜刺斷徵倍贓還俗充景跡人
諸僧道盜其親師祖師父及同師兄弟財者免刺不追倍贓斷罪還俗
諸幼小爲盜事發長大以幼小論未老疾爲盜事發老疾以老疾論其所當罪聽贖仍免刺配諸犯罪亦如之
諸年未出幼再犯竊盜者仍免刺贖罪發充景跡人
諸竊盜年幼者爲首年長者爲從爲首仍聽贖免刺配爲從依常律
諸掏摸人身上錢物者初犯再犯三犯刺斷徒流並同竊盜法仍以赦後爲坐
諸以七十二局欺誘良家子弟富商大賈博塞錢物者以竊盜論計贓斷配
諸夜發同舟橐中裝取其財者與竊盜眞犯同論
諸略賣良人爲奴婢者略賣一人杖一百七流遠二人以上處死爲妻妾子孫者一百七徒三年因而殺傷人者同强盜法若略而未賣者減一等和誘者又各減一等及和同相賣爲奴婢者各一百七略誘奴婢貨賣爲奴婢者各減誘略良人罪一等爲妻妾子孫者七十七徒一年半知情娶買及藏匿受錢者各遞減犯人罪一等假以過房乞養爲名因而貨賣爲奴婢者九十七引領牙保知情減二等價沒官人給親如無元買契劵有司輒給公據者及承告不即追捕者並笞四十七關津主司知而受財縱放者減犯人罪三等除名不敍失檢察者笞二十七如能告獲者略人每人給賞三十貫和誘每人二十貫以至元鈔爲則於犯人名下追徵無財者徵及知情安主牙保應捕人減半其事未發而自首者若同黨能悔過自首擒獲其徒黨者並原其罪仍給賞之半再犯及因略傷人者不在首原之例
諸婦人誘賣良人罪應徒者免徒
諸職官誘略良人爲奴革後不首仍除名不敍所誘略人給親
諸兄盜牛脅其弟同宰殺者弟不坐
諸白晝剽奪驛馬爲首者處死爲從減一等流遠
諸盜親屬馬牛事未覺自首願償價不從既送官仍以自首論免刺
諸强盜行劫爲主所逐分散奔走爲首者殺傷隣人爲從者不知不以殺傷事主不分首從論爲首者處死爲從者杖一百七刺配
諸竊盜棄財拒捕毆傷事主者杖一百七免刺
諸爲盜先竊後强會赦其下手殺傷事主者不赦餘仍刺而釋之
諸盜賊分贓不均從賊欲首爲首賊所殺者仍以謀故殺人論
諸盜賊聞赦故殺捕盜之人者不赦
諸藏匿强竊盜賊有主謀糾合指引上盜分受贓物者身雖不行合以爲首論若未行盜及行盜之後知情藏匿之家各減强竊從賊一等科斷免刺其已經斷怙終不改者與從賊同
諸謀欲圖人所質之田輒遣人强劫贖田之價者主謀下手一體刺斷其卑幼爲尊長驅役者免刺
諸盜賊應徵正贓及燒埋銀貧無以備令其折庸凡折庸視各處庸價而會之庸滿發元籍充景跡人婦人日準男子工價三分之二官錢役於旁近之處私錢役於事主之家
諸盜賊得財用於酒肆倡優之家不知情止於本盜追徵其所盜即官錢雖不知情於所用之家追徵若用買貨物還其貨物徵元贓
諸奴婢盜人牛馬既斷罪其贓無可徵者以其人給物主其主願贖者聽
諸盜官錢追徵未盡到官禁繫既久實無可折償者除之
諸係官人口盜人牛馬免徵倍贓
諸盜賊正贓已徵給主倍贓無可追理者免徵
諸盜賊正贓或典質於人典主不知情而歸其贓仍徵還元價
諸遐荒盜賊盜駞馬牛驢羊倍贓無可徵者就發配役出軍
諸盜先犯後發與後犯先發罪同者勿論
諸先犯强盜刺斷再犯竊盜止依再犯竊盜刺配
諸出軍賊徒在逃初犯杖六十七再犯加二等罪止一百七仍發元流所出軍
諸强竊盜充景跡人者五年不犯除其籍其能告發及捕獲强盜一名減二年二名比五年竊盜一名減一年應除籍之外所獲多者依常人獲盜理賞不及數者給憑通理籍既除再犯終身拘籍之凡景跡人緝捕之外有司毋差遣出入妨其理生
諸景跡人有不告知隣佑輒離家經宿及游惰不事生產作業者有司究之隣佑有失覺察者亦罪之
諸景跡人受命捕盜既獲其盜却挾恨殺其盜而取其財不以平人殺有罪賊人論
諸色目人犯盜免刺科斷發本管官司設法拘檢限內改過者除其籍無本管官司發付者從有司收充景跡人
諸爲盜經刺自除其字再犯非理者補刺五年不再犯已除籍者不補刺年未滿者仍補刺
諸盜賊赦前擅去所刺字不再犯赦後不補刺
諸應刺左右臂而臂有雕青者隨上下空歇之處刺之
諸犯竊盜已經刺臂却徧文其身覆蓋元刺再犯竊盜於手背刺之
諸累犯竊盜左右項臂刺徧而再犯者於項上空處刺之
諸子盜父首弟盜兄首婿盜翁首並同自首者免罪
諸奴盜主首者斷罪免刺不徵倍贓仍付其主爲奴
諸脅從上盜而不受贓者止以不首之罪罪之杖六十七不刺
諸爲盜悔過以所盜贓還主者免罪
諸爲盜得財者聞有涉疑根捕却以贓還主者減二等論罪免徒刺及倍贓
諸竊盜因事主盤詰而自首服其贓未還主者計贓減二等論罪刺字
諸盜賊爲首者自首免罪爲從不首仍全科
諸無服之親相首爲盜止科其罪免刺配倍贓
諸竊盜悔過以贓還主不盡其餘贓猶及刺罪者仍刺之

元史卷一百五

明翰林學士亞中大夫知制誥兼修國史宋　濂等修

刑法志第五十三

刑法四

詐僞

諸主謀僞造符寶及受財鑄造者皆處死同情轉募工匠及受募刻字者杖一百七僞造制敕者與符寶同

諸妄增減制書者處死

諸近侍官輒詐傳上旨者杖一百七除名不敘

諸僞造省府印信文字但犯制敕者處死若僞造省府劄付者杖一百七再犯流遠知情不首者八十七其文理訛謬不堪行用者九十七若僞造司縣印信文字追呼平民勒取財物者初犯杖七十七累犯不悛者一百七

諸僞造宣慰司印信契本及商稅務青由欺冒商賈者杖一百七

諸赦前僞造省印赦後不曾銷毁杖七十七有官者奪所受宣敕除名不敘

諸掾屬輒造省官押字盜用省印賣放官職者雖會赦流遠

諸僞造稅物雜印私熬顏色僞稅物貨者杖八十七告捕得實者徵中統鈔一百貫充賞物主知情減犯人罪一等其匿稅之物一半沒官沒官物內一半付告人充賞不知情者不坐物給元主其捕獲人擅自脫放者減犯人罪二等受財者與犯人同罪

諸省部小史爲人誤毀行移檢扎輒自刻印信僞補署押求蓋本罪無他情弊者杖七十七發元籍

諸僧道僞造諸王印信及令旨抄題者處死

諸盤獲僞造印信之人同獲強盜給賞

諸告獲私造曆日者賞銀一百兩如無太史院曆日印信便同私曆造者以違制論

諸受財賣他人敕牒及收買轉賣者杖一百七刺面發元籍買者杖八十七發元籍

諸職官被差以疾輒令人代乘驛傳而往者杖六十七代者笞五十七

諸公差於官船夾帶從人冒支分例者笞一十七記過支過分例米追徵還官

諸詐稱使臣僞寫給驛文字起馬匹舟船者杖一百七有司失覺察輒憑無印信關牒倒給者判署官笞三十七首領官吏四十七

諸職官詐傳上司言語擅起驛馬者杖六十七脫脫禾孫依隨擅給驛馬者笞五十七並解職別敘記過驛官二十七還職

諸詐稱按部官恐嚇官吏者杖六十七

諸詐稱監臨長官署置差遣欺取錢物者杖八十七錢物沒官

諸詐稱奉使所委官聽理民訟者杖九十七

諸詐稱隨行令史者笞五十七

諸僞造寶鈔首謀起意并雕板抄紙收買顏料書塡字號窩藏印造但同情者皆處死仍沒其家產兩鄰知而不首者杖七十七坊正主首社長失覺察并巡捕軍兵各笞四十七捕盜官及鎮守巡捕軍官各三十七未獲賊徒依強盜立限緝捕買使僞鈔者初犯杖一百七再犯加徒一年三犯科斷流遠

諸捕獲僞鈔賞銀五錠給銀不給鈔

諸父子同造僞鈔者皆處死

諸父造僞鈔子聽給使不與父同坐子造僞鈔父不同造不與子同坐

諸夫僞造寶鈔者妻不坐

諸僞造寶鈔印板不全者杖一百七

諸僞造寶鈔沒其家產不及其妻子

諸赦前收藏僞鈔赦後行使者杖一百七不曾行使而不首者減一等

諸僞造鈔罪應死者雖親老無兼丁不聽上請

諸捕獲僞造寶鈔之人雖已身故其應得賞鈔仍給其親屬

諸奴婢買使僞鈔其主陳首者不在理賞之例

諸挑剜裨輳寶鈔者不分首從杖一百七徒一年再犯流遠年七十以上者呈稟定奪毋輒聽贖買使者減一等

諸燒造僞銀者徒

諸造賣僞銀買主不知情價錢給主僞銀內銷提眞銀沒官依本犯科罪

諸僞造各倉支發糧籌者笞五十七已支出官糧者準盜係官錢物科罪倉官人等有犯者依監主自盜法贓重者從重論

諸冒支官錢計贓以枉法論並除名不敘

諸冒名入仕者杖六十七奪所受命追俸發元籍會赦不首笞四十七仍追奪之

諸奴受主命冒充職官者杖九十七其主及同僚相容隱者八十七

諸子冒父官居職任事者杖七十七犯在革前革後不出首者笞四十七並追回所受宣敕及支過俸祿還官

諸邊臣輒以子婿詐稱招徠蠻獠保充土官者除名不敘拘奪所授官

諸軍官承襲僞增年者監察御史廉訪司糾察之濫保官吏並坐罪

諸職官妄報出身履歷者除名不敘

諸驛史令史有過不敘詐稱作闕別處補用者笞五十七罷役不敘

諸輸納官物輒增改朱鈔者杖六十七罷之

諸有司長官輒以追到盜贓支使却虛立給主文案者雖會赦解職降先職二等敘承吏除名不敘

諸帥府上功文字詐添有功軍人名數主謀者杖八十七除名不敘隨從書寫者笞五十七

諸詐以軍功受舉入仕者罷之仍奪所受命

諸擅改已奏官員選目姓名者雖會赦除名發元籍

諸曹吏輒於公牘改易年月圖追罪責者笞五十七罷役別敘記過

諸譁強之人輒爲人僞增籍面者杖八十七紅泥粉壁識過其門

諸蒙古譯史能辨出詐僞文字二起以上者減一資陞轉

訴訟

諸告人罪者須明注年月指陳實事不得稱疑誣告者抵罪反坐越訴者笞五十七本屬官司有過及有寃抑屢告不理或理斷偏屈并應合迴避者許赴上司陳之

諸訴訟本爭事外別生餘事者禁其本爭事畢別訴者聽

諸軍民風憲官有罪各從其所屬上司訴之

諸民間雜犯赴有司陳首者聽

諸告言重事實輕事虛免坐輕事實重事虛反坐

諸中外有司發人家錄私書輒興獄訟者禁之若本宗事須引用證驗者仍聽追照其搆飾傅會以文致人罪者審辨之除本宗外餘事並勿聽理

諸教令人告緦麻以上親及奴婢告主者各減告者罪一等若教令人告子孫各減所告罪二等其教令人告事虛應反坐或得實應賞者皆以告者爲首教令爲從

諸老廢篤疾事須爭訴止令同居親屬深知本末者代之若謀反大逆子孫不孝爲同居所侵侮必須自陳者聽

諸致仕得代官不得已與齊民訟許其親屬家人代訴所司毋侵撓之

諸婦人輒代男子告辨爭訟者禁之若果寡居及雖有子男爲他故所妨事須爭訟者不在禁例

諸子證其父奴訐其主及妻妾弟姪不相容隱凡干名犯義爲風化之玷者並禁止之

諸親屬相告並同自首

諸妻訐夫惡比同自首原免凡夫有罪非惡逆重事妻得相容隱而輒告訐其夫者笞四十七

諸妻曾背夫而逃被斷復誣告其夫以重罪者抵罪反坐從其夫嫁賣

諸職官同僚相言者並解職別敘記過

諸告人罪者自下而上不得越訴諸府州司縣應受理而不受理雖受理而聽斷偏屈或遷延不決者隨輕重而罪罰之

諸訴官吏受賂不法徑赴憲司者不以越訴論

諸陳訴有理路府州縣不行訴之省部臺院省部臺院不行經乘輿訴之未訴省部臺院輒經乘輿訴者罪之

諸職官誣告人枉法贓者以其罪罪之除名不敘

諸奴婢告其主者處死本主求免者聽減一等

諸以奴告主私事主同自首奴杖七十七

鬭毆

諸鬭毆以手足擊人傷者笞二十七以他物者三十七傷及拔髮方寸以上四十七若血從耳目出及內損吐血者加一等折齒毁缺耳鼻眇一目及折手足指若破骨及湯火傷人者杖六十七折二齒二指以上及髡髮并刃傷折人肋眇人兩目墮人胎七十七以穢物汚人頭面者罪亦如之折跌人肢體及瞎其目者九十七辜內平復者各減二等卽損二事以上及因舊患令致篤疾若斷舌及毁敗人陰陽者一百七

諸訴毆詈有闕告者勿聽違者究之

諸保辜者手足毆傷人限十日以他物毆傷者二十日以刃及湯火傷人者三十日折跌支體及破骨者五十日毆傷不相須餘條毆傷及殺傷者準此限內死者各依殺人論其在限外及雖在限內以他故死者各依本毆傷法他故謂別增餘患而死者

諸娼女鬭傷良人辜限之外死者杖七十七單衣受刑

諸毆傷人辜限外死者杖七十七

諸以非理毆傷妻妾者罪以本毆傷論並離之若妻不爲父母悅以致非理毆傷者罪減三等仍離之

諸職官毆妻墮胎者笞三十七解職期年後降先品一等注邊遠一任妻離之

諸以非理苦虐未成婚男婦者笞四十七婦歸宗不追聘財

諸舅姑非理陵虐無罪男婦者笞四十七男婦歸宗不追聘財

諸蒙古人與漢人爭毆漢人漢人勿還報許訴于有司

諸蒙古人斫傷他人奴知罪願休和者聽

諸以他物傷人致成廢疾者杖七十七仍追中統鈔一十錠付被傷人充養濟之資

諸因鬭毆斫傷人成廢疾者杖八十七徵中統鈔一十錠付被告人充養濟之資爲父還毆致傷者徵其鈔之半

諸豪橫輒誣平人爲盜捕其夫婦男女於私家拷訊監禁非理陵虐者杖一百七流遠其破害有致殘廢者人徵中統鈔二十錠充養贍之資

諸職官輒將義男去勢以充閹官進納者杖一百七除名不敘記過義男歸宗

諸以微故殘傷義男肢體廢疾者加凡人折跌肢體一等論義男歸宗仍徵中統鈔五百貫充養贍之貲

諸尊長輒以微罪刺傷弟姪雙目者與常人同罪杖一百七追徵贍養鈔二十錠給苦主免流識過于門無罪者仍流

諸弟雖聽其兄之仇同謀剜其兄之眼卽以弟爲首各杖一百七流遠而弟加遠

諸卑幼挾仇輒刺傷尊長雙目成廢疾者杖一百七流遠

諸以刃刺破人兩目成篤疾者杖一百七流遠仍給中統鈔二十錠充養贍之貲主使者亦如之

諸挾讐傷人之目者若一目元損又傷其一目與傷兩目同論雖會赦仍流

諸因爭誤瞎人一目者杖七十七徵中統鈔五十兩充醫藥之貲

諸脫脫禾孫輒毆傷往來使臣者笞四十七解職記過

諸職官輒以他物毆傷使臣者杖六十七

諸司屬官輒毆本管上司幕官者笞四十七解職記過

諸方鎭僚屬輒以他物毆傷主帥者杖六十七幕官使酒罵長官者笞四十七並解職別敘記

過　諸按部官因爭辯輒毆有司官有司官還毆者各笞三十七解職　諸監臨官挾怨當廳扯捽屬官屬官輒毆之者笞四十七解職　諸方面大臣不能以正率下輒與幕屬公堂鬬爭雖會赦並罷免記過赦前無招者還職　諸職官輒毆傷所監臨以所毆傷法論罪記過　諸職官毆傷同署長官者笞五十七解見任降先品一等敘仍記過名　諸有司長官輒毆同位正官者笞三十七毆佐貳官者二十七並解職記過　諸同僚改除復以私忿相毆詈者皆罷其所受新命　諸在閑職官輒毆詈本籍在任長官者杖六十七　諸職官相毆其官等從所傷輕重論罪　諸軍官縱酒因戲而怒故毆傷有司官者笞三十七記過　諸幕僚因公輒以惡言詈長官者笞四十七長官輒還毆者笞一十七並記過名　諸職官乘醉當街毆傷平人者笞四十七記過　諸職官閑居與庶民相毆者職官減一等聽罰贖　諸以他物毆傷職官者加一等笞五十七　諸小民恃年老毆詈所屬官長者杖六十七不聽贖　諸惡少無賴輒毆傷禁近之人者杖七十七

殺傷

諸殺人者死仍於家屬徵燒埋銀五十兩給苦主無銀者徵中統鈔一十錠會赦免罪者倍之　諸部民毆死官長主謀及下手者皆處死同毆傷非致命者杖一百七流遠均徵燒埋銀　諸殺人還自殺不死者仍處死　諸殺人從而加功無故殺之情者會赦仍釋之　諸鬬毆殺人先誤後故者卽以故殺論　諸因鬬毆以刃殺人及他物毆死人者並同故殺　諸因爭以刃傷人幸獲生免者杖一百七　諸持刃方殺人人覺而逃却移怒殺所解勸者與故殺同　諸有司徵科急民弗堪致殺其徵科者仍以故殺論　諸醉中欲殺其妻不得移怒殺死其紛解之人者處死　諸欲誘倡女逃不從輒殺之者與殺常人同　諸鬬毆殺人者結案待報　諸人殺死其父子毆之死者不坐仍於殺父者之家徵燒埋銀五十兩　諸蒙古人因爭及乘醉毆死漢人者斷罰出征並全徵燒埋銀　諸因鬬爭一人誤踩死小兒一人毆人致死毆者結案踩者杖一百七並徵燒埋銀　諸有人戲調其妻夫遇而毆之因傷而死者減死一等論罪仍徵燒埋銀　諸毆死應捕殺惡逆之人者免罪不徵燒埋銀　諸以他物傷人傷毒流注而死雖在辜限之外仍減殺人罪三等坐之　諸因爭以頭觸人與人俱仆肘抵其心邂逅致死者杖一百七全徵燒埋銀　諸出使從人毆死館夫者以毆殺論　諸因戲言相毆致傷人命者杖一百七、諸父亾母復納他人爲夫卽爲義父若逐其子出居於外卽同凡人其有所鬬毆殺傷卽以凡人鬬毆殺傷論　諸彼此有罪之人相格致死者與殺常人同諸諸職官以微故毆死齊民者處死　諸職官受贓爲民所告輒毆死告者以故殺論　諸軍官因公乘怒輒命麾下毆人致死者杖八十七解職期年後降先品一等敘徵燒埋銀給苦主若會赦仍殿降徵銀　諸闍帥侵盜係官錢糧怒吏發其姦輒令人毆死者以故殺論雖會大赦仍追奪不敘倍徵燒埋銀　諸局院官輒以微故毆死匠人者處死　諸父無故以刃殺其子者杖七十七　諸子不孝父與弟姪同謀置之死地者父不坐弟姪杖一百七　諸女已嫁聞女有過輒殺其女者笞五十七追還元受聘財給夫別娶　諸父有故毆其子女邂逅致死者免罪　諸後夫毆死前夫之子者處死　諸妻故殺妾子者杖九十七從其夫嫁賣　諸男婦雖有過舅姑輒加殘虐致死者杖一百七　諸子不孝父殺其子因及其婦者杖七十七婦元有粧奩之物盡歸其父母　諸以細故殺其弟者處死　諸兄以立繼之子主謀殺其嫡弟者主謀下手皆處死其田宅人口財物盡歸死者妻子其子歸宗　諸弟先毆其兄兄還殺其弟卽兄殺有罪之弟不以凡人鬬殺論　諸因爭誤毆死異居弟者杖七十七徵燒埋銀之半　諸因爭故殺族弟者與殺常人同　諸妹爲尼與人私兄聞而諫之不從反詬詈扯捽其兄兄殺之卽兄殺有罪之妹不以凡人鬬殺論　諸兄毆弟妻因傷而死者杖一百七徵燒埋銀　諸嫂溺死其小姑者以故殺論　諸因爭毆死族兄弟之子者杖一百七故以刃殺之者處死並徵燒埋銀　諸毆死兄弟之子而圖其財者處死　諸夫婦同謀殺其兄弟之子者皆處死　諸尊長誤毆卑幼致死者杖七十七異居者仍徵燒埋銀　諸以微過輒殺其妻者處死　諸因夫妻反目輒藥死其妻者與故殺常人同　諸妻悖慢其舅姑其夫毆之致死者杖七十七　諸夫臥疾妻不侍湯藥又詬詈其舅姑以傷其夫之心夫毆之邂逅致死者不坐　諸夫惡妻而愛妾輒求妻微罪而殺之者處死　諸風聞涉疑故殺定婚妻者與殺凡人同論　諸妻以殘酷毆死其妾者杖一百七去衣受刑　諸舅以無實之罪故殺其甥者與殺常人同論　諸因爭俠侁毆死其婿者與殺常人同　諸奴毆詈其主主毆傷奴致死者免罪　諸故殺無罪奴婢杖八十七因醉殺之者減一等　諸毆死擬放良奴婢者杖七十七　諸謀殺已放良奴婢者與故殺常人同　諸良人以鬬毆殺人奴杖一百七徵燒埋銀五十兩　諸良人戲殺他人奴者杖七十七徵燒埋銀五十兩　諸奴毆死其弟弟亦爲同主奴主乞貸死者聽　諸異主奴婢相犯死者同常人同主相犯至重刑者仍依例結案　諸地主毆死佃客者杖一百七徵燒埋銀五十兩　諸醉中誤認他人爲仇人故殺致命者雖誤同故　諸奴受本主命執仇殺人者減死流遠　諸挾仇殺人會赦爲首下手者不赦爲從不曾下手者免死徒一年　諸以老病殺人者不以老病免　諸謀故殺人年七十以上並枷禁歸勘結案　諸兩家之子昏暮奔還中路相迎撞仆于地因傷致死者不坐仍徵鈔五十兩給苦主　諸十五以下小兒過失殺人者免罪徵燒埋銀　諸十五以下小兒因爭毀傷人致死者聽贖徵燒埋銀給苦主　諸瞽者毆人因傷致死杖一百七徵燒埋銀給苦主　諸病風狂毆傷人致死免罪徵燒埋銀　諸庸醫以鍼藥殺人者杖一百七徵燒埋銀　諸颺磚石剝隣之果誤傷人致死者杖八十七徵燒埋銀　諸軍士習射招箭者不謹致被傷而死射者不坐仍徵燒埋銀　諸過誤踏死小兒杖七十七徵燒埋銀給苦主　諸昏夜馳馬誤觸人死杖七十七徵燒埋銀　諸驅車走馬致傷人命者杖七十七徵燒埋銀　諸昏夜行車不知有人在地誤致轢死者笞三十七徵燒埋銀之半給苦主　諸幼小自相作戲誤傷致死者不坐　諸戲傷人命自願休和者聽　諸兩人作戲爭物一人放手一人失勢跌死放者不坐　諸以物戲驚小兒成疾而死者杖六十七追徵燒埋銀五十兩　諸以戲與人相逐致人跌傷而死者其罪徒仍徵燒埋銀給苦主　諸騎驢在牧嚙人而死者牧人笞一十七以騎驢給苦主　諸驛馬在野嚙人而死者以其馬給苦主馬主別買當役　諸奴故殺其子女以誣其主者杖一百七　諸因爭以妻前夫男女溺死誣賴人者以故殺論　諸後夫置毒飲食與前夫子女食而死者與藥死常人同　諸故殺無罪子孫以誣賴仇人者以故殺常人論　諸殺人無苦主者免徵燒埋銀犯人財產人口並付其妻子仍爲民當差　諸殺有罪之人免徵燒埋銀　諸圖財謀故殺人多者皆凌遲處死驗各賊所殺人數於家屬均徵燒埋銀　諸同居相毆而死及殺人罪未結正而死者並不徵燒埋銀　諸殺人者被殺之人或家住他所官徵燒埋銀移本籍得其家屬給之　諸鬬毆殺人應徵燒埋銀而犯人貧窶不能出備并其餘親屬無應徵之人官與支給　諸致傷人命應徵燒埋銀者止徵銀價中統鈔一十錠　諸因爭同毆死人會赦應倍徵燒埋銀者爲首致命徵中統鈔一十錠爲從均徵一十錠　諸毆死人雖不見屍招證明白者仍徵燒埋銀　諸僧道殺人燒埋銀於常住追徵　諸庸作毆傷人命徵燒埋銀不及庸作之家　諸奴毆人致死犯在主家於本主徵燒埋銀不犯在主家燒埋銀無可徵者不徵於其主

禁令

諸度量權衡不同者犯人笞五十七司縣正官初犯罰俸一月再犯笞二十七三犯別議仍記過名路府州縣達魯花赤長官提調失職初犯罰俸二十日再犯別議　諸奏目及官府公文並用國字其有襲用畏兀字者禁之　諸但降詔旨條畫民間輒刻小本賣于市者禁之　諸內外應佩符職官輒以符付其傔從佩服者禁之　諸官員朝會服其朝服私致敬於人臣者罰　諸隨朝文武百官朝賀不至者罰中統鈔十貫失儀者罰中統鈔八貫　諸宰相出入輒敢衝犯者罪之　諸章服惟蒙古人及宿衞之士不許服龍鳳文餘並不禁謂龍五爪二角者職官一品二品許服渾金花三品服金荅子四品五品服雲袖帶襴六品七品服六花八品九品服四花職事散官從一高命婦一品至三品服渾金四品五品服金荅子六品以下惟服銷金并金紗荅子首飾一品至三品許用金珠寶玉四品五品用金玉真珠六品以下用金惟耳環用珠玉同籍者不限親疏期親雖別籍并出嫁同車輿並不得用龍鳳文一品至三品許用間金粧飾銀螭頭繡帶青幔四品五品用素獅頭繡帶青幔六品至九品用素雲頭素帶青幔內外有出身考滿應入流見役人員服用與九品同受各投下令旨鈞旨有印信見任人員亦與九品同庶人惟許服暗花紵絲紬綾羅毛毳不許用赭黃帽笠不得飾以金玉鞾不得裁置花樣首飾許用翠花金釵篦各一事惟耳環許用金珠碧甸餘並用銀車輿黑油齊頭平頂皁幔諸色目人除行營帳外餘並與庶人同職官致仕與見任同解降者依應得品級不敘者與庶人同父祖有官既歿年深非犯除名不敘與命婦及子孫與見任同諸樂人工藝人等服用與庶人同凡承應粧扮之物

不拘上例皁隸公使人惟許服綢絹倡家出入止服皁背不許乘坐車馬應服色等第上得兼下下不得僭上違者職官解見任期年後降一等敍餘人笞五十七違禁之物付告捉人充賞御賜之物不在禁限　諸官員以黃金飾甲者禁之違者甲匠同罪　諸常人鞍轡畫虎兔者聽畫雲龍犀牛者禁之　諸段疋織造周身大龍者禁之胸背小龍者勿禁　諸市造鞍轡箭鏃韉履及諸雜帶用金爲飾者禁之　諸郡縣達魯花赤及諸投下擅造軍器者禁之　諸神廟儀仗止以土木紙綵代之用眞兵器者禁　諸都城小民造彈弓及執者杖七十七沒其家財之半在外郡縣不在禁限　諸打捕及捕盜巡馬弓手巡鹽弓手許執弓箭餘悉禁之　諸漢人持兵器者禁之漢人爲軍者不禁　諸賣軍器者賣與應執把之人者不禁　諸民間有藏鐵尺鐵骨朶及含刀鐵柱杖者禁之　諸私藏甲全副者處死不成副者笞五十七徒一年零散甲片不堪穿繫禦敵者笞三十七鎗若刀若弩私有十件者處死五件以上杖九十七徒三年四件以下七十七徒二年不堪使用笞五十七弓箭私有十副者處死五副以上杖九十七徒三年四副以下七十七徒二年不成副笞五十七凡弓一箭三十爲一副　諸嶽瀆祠廟輒敢觸犯作踐者禁之　諸伏羲媧皇堯舜禹湯后土等廟軍馬使臣敢沮壞者禁之　諸名山大川寺觀祠廟并前代名人遺蹟敢拆毀者禁之　諸改寺爲觀改觀爲寺者禁之　諸祠廟寺觀模勒御寶聖旨及諸王令旨者禁之　諸爲子行孝輒以割肝刲股埋兒之屬爲孝者並禁止之　諸民間喪葬以紙爲屋室金銀爲馬雜綵衣服帷帳者悉禁之　諸墳墓以甎瓦爲屋其上者禁之　諸家廟春秋祭祀輒用公服行禮者禁之　諸民間祖宗神主稱皇字者禁之　諸小民房屋安置鵞項銜脊有鱗爪瓦獸者笞三十七陶人二十七　諸職官居見任雖有善政不許立碑已立而犯贓汙者毀之無治狀以虛譽立碑者毀之　諸夜禁一更三點鐘聲絶禁人行五更三點鐘聲動聽人行違者笞二十七有官者聽贖其公務急速及疾病死喪產育之類不禁　諸有司曉鐘未動寺觀輒鳴鐘者禁之　諸江南之地每夜禁鐘以前市井點燈買賣曉鐘之後人家點燈讀書工作者並不禁其集衆祠禱者禁之　諸犯夜拒捕斮傷徼巡者杖一百七　諸城郭人民鄰甲相保門置水甕積水常盈家設火具每物須備大風時作則傳呼以徇于路有司不時點視凡救火之具不備者罪之　諸遺火延燒係官房舍杖七十七延燒民房舍笞五十七因致傷人命者杖八十七所毀房舍財畜公私俱免徵償燒自己房舍者笞二十七止坐失火之人　諸煎鹽草地輒縱野火延燒者杖八十七因致闕用者奏取聖裁隣接管民官專一關防禁治　諸縱火圍獵延燒民房舍錢穀者斷罪勒償償未盡而會赦者免徵　諸故燒太子諸王房舍者處死　諸故燒官府廨宇及有人居止宅舍無問舍宇大小財物多寡比同强盜免刺杖一百七徒三年因傷人命同殺人其無人居止空房并損壞財物及田塲積聚之物同竊盜免刺計贓斷罪因盜取財物者同强盜刺斷並追陪所燒物價傷人命者仍徵燒埋銀再犯者決配役滿徙千里之外　諸挾仇放火隨時撲滅不曾延燎者比强盜不曾傷人不得財杖七十七徒一年半免刺雖親屬相犯比同常人　諸每月朔望二弦凡有生之物殺者禁之　諸郡縣歲正月五月各禁宰殺十日其饑饉去處自朔日爲始禁殺三日　諸每歲自十二月至來歲正月殺母羊者禁之　諸宴會雖達官殺馬爲禮者禁之其有老病不任鞍勒者亦必與衆驗而後殺之　諸私宰牛馬者杖一百徵鈔二十五兩付告人充賞兩隣知而不首者笞二十七本管頭目失覺察者笞五十七有見殺不告因脅取錢物者杖七十七若老病不任用者從有司辨驗方許宰殺已病死者申驗開剝其筋角卽付官皮肉若不自用須投稅貨賣違者同匿稅法有司禁治不嚴者糾之　諸私宰官馬牛爲首杖一百七爲從八十七　諸助力私宰馬牛者減正犯人二等論罪　諸牛馬驢騾死而筋角不盡實輸官者一副以上笞二十七五副以上四十七十副以上杖六十七仍徵所犯物價付告人充賞　諸毀傷體膚以行丐於市者禁之　諸城郭內外放鴿帶鈴者禁之　諸諸王駙馬及諸權貴豪右侵占山塲阻民樵採者罪之　諸關譏不嚴受財故縱者罪之　諸江河津渡或明知潮信已到及風濤將起貪索渡錢淹延不渡以致中流覆溺傷害人命者爲首處死爲從減一等　諸棄俗出家不從有司體覆輒度爲僧道者其師笞五十七受度者四十七發元籍　諸以白衣善友爲名聚衆結社者禁之　諸色目僧尼女冠輒入民家强行抄化者禁之　諸僧道僞造經文犯上惑衆爲首者斬爲從者各以輕重論刑　諸以非理迎賽祈禱惑衆亂民者禁之　諸俗人集衆鳴鐃作佛事者禁之　諸軍官鳩財聚衆張設儀衛鳴鑼擊鼓迎賽神社以爲民倡者笞五十七其副二十七並記過　諸陰陽家天文圖讖應禁之書敢私藏者罪之　諸陰陽家僞造圖讖釋老家私撰經文凡以邪說左道誣民惑衆者禁之違者重罪之在寺觀者罪及主守居外者所在有司察之　諸妄言禁書者徒　諸陰陽家者流輒爲人燃燈祭星蠱惑人心者禁之　諸妄言星變災祥杖一百七　諸陰陽法師輒入諸王公主駙馬家者禁之　諸以陰陽相法書符呪水凡異端之術惑亂人聽希求仕進者禁之違者罪之　諸寫匿名文書所言重者處死輕者流沒其妻子與捕獲人充賞事主自獲者不賞　諸寫匿名文字許人私罪不涉官事者杖七十七　諸投匿名文字於人家脅取錢物者杖八十七發元籍　諸見匿名文書非隨時敗獲者卽與燒毀輒以聞官者減犯人二等論罪凡匿名文字其言不及官府止欲訐人罪者如所訐論　諸民間子弟不務生業輒於城市坊鎮演唱詞話教習雜戲聚衆淫謔並禁治之　諸弄禽蛇傀儡藏擫撇鈸倒花錢擊魚鼓惑人集衆以賣僞藥者禁之違者重罪之　諸棄本逐末習用角觝之戲學攻刺之術者師弟子並杖七十七　諸亂製詞曲爲譏議者流　諸賭博錢物杖七十七錢物沒官有官者罷見任期年後雜職內敍開張博房之家罪亦如之再犯加徒一年應捕故縱笞四十七受財者同罪有司縱令攀指平人及在前同賭人罪及官吏賭飲食者不坐　諸賭博因事發露追到錢物同賭之人自首者勿論　諸賭博攤塲賭具贓證明白者卽以本法科論不以展轉攀指革撥　諸所在鎮守蒙古漢軍各立營所無故輒入人家求索酒食及縱頭疋食踐田禾桑果罪及主將　諸藩王無都省文書輒於各處徵收差發强取飲食草料爲民害者禁之　諸有虎豹爲害之處有司嚴勒官兵及打捕之人多方捕之其有不應捕之人自能設機捕獲者皮肉不須納官就以充賞　諸職官違例放鷹追奪當日所服用鞍馬衣物沒官　諸所撥各官圍獵山塲並毋禁民樵採違者治之　諸年穀不登人民愁困諸王達官應出圍獵者並禁治之　諸田禾未收毋縱圍獵於迤北不耕種之地圍獵者聽　諸軍人受財僞造火印將所管官馬盜換與人者杖九十七追贓沒官　諸年穀不登百姓饑乏遇禁地野獸搏而食之者毋輒沒入　諸打捕鷹坊官以合進御膳野物賣價自私者計贓以枉法論除名不敍　諸舟車之靡器服之奇方面大臣非錫貢不得擅進　諸闌遺人口到監卽移所稱籍貫召主識認半年之上無主識認者匹配爲戶付有司當差殘疾老病給以文引而縱遣之頭匹有主識認者徵還已用草料價錢然後給主無主識認則籍其毛齒而收養之　諸闌遺奴婢私相配合雖生育子女有主識認者各歸其主無本主者官與收係　諸隱藏闌遺鷹犬者笞三十七沒其家財之半其收拾闌遺鷹犬之人因以爲民害者罪之　諸鋤獲宿藏之物在他人地內者與地主中分在官地內者一半納官在己地內者卽同業主得古器珍寶之物者聞官進獻約量給價若有詐僞隱匿斷罪追沒　諸監臨官輒舉貸於民者取與俱罪之　諸稱貸錢穀年月雖多不過一本一息有輒取贏於人或轉換契券息上加息或占人牛馬財產奪人子女以爲奴婢者重加之罪仍償多取之息其本息沒官　諸典質不設正庫不立信帖違例取息者禁之　諸關廂店戶居停客旅非所知識必問其所奉官府文引但有可疑者不得容止違者罪之　諸官戶行錢商船輒豎旗號置弓箭鑼鼓揭錢主銜門職名往來江河者禁之　諸經商或因事出外必從有司會問鄰保出給文引違者究治　諸投下并其餘有印信衙門並不得濫給文引　諸有毒之藥非醫人輒相賣買致傷人命者買者賣者皆處死不曾傷人者各杖六十七仍追至元鈔一百兩與告人充賞不通醫術製合僞藥於市井貨賣者禁之　諸下海使臣及舶商輒以中國生口寶貨戎器馬匹遺外番者從廉訪司察之　諸商賈收買金銀下番者禁之違者罪之　諸海濱豪民輒與番商交通貿易銅錢下海者杖一百七　諸娼妓之家所生男女每季不過次月十日會其數以上于中書省有未生墮其胎已生輒殘其命者禁之　諸娼妓之家輒買良人爲娼而有司不審濫給公據稅務無憑輒與印稅並嚴禁之違者痛繩之

雜犯

諸鬬爭折辨輒提大名字者罪之　諸職官因公失口亂言者笞二十七　諸快意中或酒後及害風狂疾失口亂言別無情理者免罪　諸惡少無賴結聚朋黨陵轢善良故行鬬爭相與羅織者與木偶連鎖巡行街衢得後犯人代之然後決遣　諸惡少白晝持刀劍於都市中欲殺本部官長者杖九十七　諸無賴軍人輒受財毆人因奪取錢物者杖八十七紅泥粉壁識過其門

免徒　諸先作過犯曾經紅泥粉壁後犯未應遷徙者於元置紅泥粉壁添錄過名　諸豪右權移官府威行鄉井淫暴貪虐累犯不悛者徙遠惡之地屯種　諸頑犯過惡累斷不改者流遠　諸寃人殘害良善彊將男子去勢絕滅人後幸獲生免者杖一百七流遠　諸貴勢之家奴隸有犯輒私置鐵枷釘項禁錮及擅刺其面者禁之　諸獲逃奴輒刺面劓鼻非理殘苦者禁之　諸無故擅刺其奴者杖六十七　諸囉哩回回爲民害者從所在有司禁治

捕亡

諸失盜捕盜官不立限捕盜却令他戶陪償事主財物者罰俸兩月仍立限追捕　諸强盜殺人三限不獲會赦捕盜官合得罪罰革撥仍令捕盜任滿不獲解由內通行開寫依例黜降　諸他境盜入境逃藏捕盜官輒分彼疆此界不即捕捉者笞四十七解職別敍記過　諸已斷流囚在禁未發反獄毆傷禁子已逃復獲者處死未出境者杖一百七發已擬流所　諸發解囚徒經過州縣止宿不寄收牢房輒於逆旅監繫以致脫監在逃者長押官笞二十七還役防送官四十七記過　諸囚徒反獄而逃主守減犯人罪二等提牢官又減主守四等隨時捉獲及半以上者罰俸一月　諸奴婢背主而逃杖七十七誘引窩藏者六十七隣人社長坊里正知不首捕者笞三十七關譏應捕人受贓脫放者以枉法論寺觀軍營勢家影蔽及投下冒收爲戶者依藏匿論自首者免罪　諸告獲逃奴者於所將財物內三分取一付告獲人充賞　諸逃奴拒捕不曾致傷人命者杖一百七

恤刑

諸獄囚必輕重異處男女異室毋或參雜司獄致其愼獄卒去其虐提牢官盡其誠　諸在禁囚徒無親屬供給或有親屬而貧不能給者日給倉米一升三升之中給粟一升以食有疾者凡油炭席薦之屬各以時具其饑寒而衣糧不繼疾患而醫療不時致非理死損者坐有司罪　諸各處司獄司看守囚徒夜支清油一斤　諸路府州縣但停囚去處於鼠耗糧內放支囚糧　諸在禁無家屬囚徒歲十二月至于正月給羊皮爲披蓋袴襪及薪草爲暖匣熏炕之用　諸獄訟有必聽候歸對之人召保知在如無保識有司給糧養濟勿寄養於民家　諸流囚在路有司日給米一升有疾命良醫治之疾愈隨時發遣　諸獄醫囚之司命必試而後用之若有弗稱坐掌醫及提調官之罪　諸獄囚病至二分申報漸增至九分爲死證若以重爲輕以急爲緩誤傷人命者究之　諸獄囚有病主司驗實給醫藥病重者去枷鎖杻聽家人入侍職事散官五品以上聽二人入侍犯惡逆以上及强盜至死奴婢殺主者給醫藥而已　諸有司在禁囚徒饑寒衣食不時病不督醫看候不脫枷杻不令親人入侍一歲之內死至十人以上者正官笞二十七次官三十七還職首領官四十七罷職別敍記過　諸孕婦有罪產後百日決遣臨產之月聽令召保產後二十日復追入禁無保及犯死罪者產時令婦人入侍　諸犯死罪有親年七十以上無兼丁侍養者許陳情奏裁　諸有罪年七十以上十五以下及篤廢殘疾罰贖者每笞杖一罰中統鈔一貫　諸疑獄在禁五年之上不能明者遇赦釋免

平反

諸官吏平反寃獄應賞者從有司保勘廉訪司體覆而後議之其有冒濫不實者罪及保勘體覆官吏　諸路府軍民長官因收捕反叛輒羅織平民强姦室女殺虜人口財產并覆人之家其同僚能理平民之寃正犯人之罪歸其俘虜活其死命者於本官上優陞一等遷用凡職官能平反重刑一起以上陞等同　諸職官能平反寃獄一起之上與減一資　諸路府曹吏能平反寃獄者於各道宣慰司部令史補用

元史卷一百六

明翰林學士亞中大夫知制誥兼修國史宋　濂等修

表第一

后妃表

后妃之制厥有等威其來尚矣元初因其國俗不娶庶姓非此族也不居嫡選當時史臣以爲舅甥之貴蓋有周姬齊姜之遺意歷世守之固可嘉也然其居則有曰斡耳朶之分沒復有繼承守宮之法位號之淆名分之瀆則亦甚矣累朝常詔有司脩后妃傳而未見成書內廷事祕今莫之考則其氏名之僅見簡牘者尚可遺而不錄乎且一代之制存焉闕疑而愼言斯可矣作后妃表

太祖	孛兒台旭眞大皇后弘吉烈氏至元二年追謚光獻至大二年加謚光獻翼聖皇后 忽魯渾皇后 闊里桀担皇后 脫忽思皇后 帖木倫皇后 亦憐眞八剌皇后 不顏渾禿皇后 忽勝海妃子 右大斡耳朶
太宗	孛剌合眞皇后 脫列哥那六皇后乃馬眞氏歲壬寅太宗崩后攝國凡四年至元二年追謚昭慈皇后 昂灰二皇后 乞里吉忽帖尼三皇后 禿納吉納六皇后 業里訖納妃子滅里之母
定宗	斡兀立海迷失三皇后至元二年追謚欽淑皇后
憲宗	火里差皇后火魯剌部 忽都台皇后弘吉剌氏按陳從孫女至元二年追謚貞節皇后 也速兒皇后貞節妹也 出卑三皇后歲己未從憲宗南伐七月憲宗崩九月八日后亦薨于六盤 明里忽都魯皇后泰定三年詔守班禿營帳

忽蘭皇后
哈兒八真皇后
亦乞剌真皇后
脫忽茶兒皇后
也真妃子
也里忽禿妃子
察真妃子
哈剌直妃子
右第二斡耳朵
也速皇后
忽魯哈剌皇后
阿失倫皇后
禿兒哈剌皇后
察兒皇后
阿昔迭失皇后
完者忽都皇后
渾都忽歹妃子
忽魯灰妃子
剌伯妃子
右第三斡耳朵
也速干皇后
忽答罕皇后
哈答皇后
斡者忽思皇后
燕里皇后
禿干妃子
完者妃子
金蓮妃子
完者台妃子
奴倫妃子
卯真妃子
鎖郎哈妃子
右第四斡耳朵
八不別歹妃子
右見歲賜錄不知所守斡耳朵故附于此

世祖

帖古倫大皇后

右大斡耳朵

察必皇后弘吉烈氏魯忠武王按陳那顏女也中統初立爲皇后至元十年授冊寶尊號又上尊號曰貞懿昭聖順天睿文光應皇后十八年崩三十一年上尊謚曰昭睿順聖皇后后性明敏達於事機至元之政左右彌縫當時以爲蓋有力焉

南必皇后弘吉烈氏至元二十年納爲皇后時世祖春秋高后頗預政相臣常不得見帝輒因后奏事焉

右第二斡耳朵
塔剌海皇后
奴罕皇后
右第三斡耳朵
伯要兀真皇后
闊闊倫皇后
右第四斡耳朵
八八罕妃子
右見歲賜錄不知所守斡耳朵
速哥荅思皇后泰定三年詔守世祖斡耳朵
撒不忽妃子

成宗

卜魯罕皇后伯岳吾氏勳臣普化之孫駙馬脫里忽思之女元貞初立爲皇后大德三年授冊寶十一年帝崩武宗立廢后徙東安州尋賜死成宗晚年多疾后居中用事而能信任相臣哈剌哈孫以卒成大德之治議者猶有取焉

失憐荅里元妃弘吉烈氏早薨至大元年追尊謚曰貞慈靜懿皇后配享成廟

乞里吉忽帖尼皇后

武宗

真哥皇后弘吉烈氏至大三年冊爲皇后泰定四年上尊謚曰宣慈惠聖皇后

速哥失里皇后真哥妹也

完者歹皇后

妃子亦乞烈氏明宗母也天歷二年追謚仁獻章聖皇后

妃子唐兀氏文宗母也天歷二年追謚文獻昭聖皇后

仁宗

阿納失舍里皇后弘吉烈氏皇慶二年冊爲皇后延祐七年上尊謚曰莊懿慈聖皇后

答里麻失里皇后

英宗

速哥八剌皇后亦乞烈氏昌國公主益里海涯女也至治元年冊爲皇后泰定四年崩謚曰莊靖懿聖皇后

牙八忽都魯皇后

朶兒只班皇后

泰定

八不罕皇后弘吉烈氏泰定元年冊爲皇后兗王買住罕女也

亦憐真八剌皇后昌國公主益里海涯女也

忽剌皇后

也速皇后

撒荅八剌皇后帝姊壽寧公主女也

卜顏怯里迷失皇后

失烈帖木兒皇后

鐵你皇后

必罕皇后八不罕妹也

速哥荅里皇后必罕妹也

撒荅剌帝姊壽寧公主女

明宗

按出罕皇后

月魯沙皇后

不顏忽都皇后

八不沙皇后

野蘇皇后

脫忽思皇后

邁來迪貞裕徽聖皇后

文宗

卜荅失里皇后弘吉烈氏魯國公主桑哥吉剌女也天歷元年立爲皇后二年授冊寶至順三年尊爲皇太后臨朝稱制元統元年又尊爲太皇太后仍稱制至元六年黜太皇太后之號徙東安州卒徙所

烈祖

宣懿皇后諱月倫至元二年追上尊謚曰宣懿皇后

睿宗

唆魯忽帖尼妃亦怯烈氏至元二年追上尊謚曰莊聖皇后至大三年加謚曰顯懿莊聖皇后

裕宗

伯藍也怯赤妃子弘吉烈氏至元三十一年尊爲皇太后大德四年崩謚曰徽仁裕聖皇后

安真迷失妃子

顯宗

普顏怯里迷失妃子泰定元年追尊謚曰宣懿淑聖皇后

拜拜海妃子

忽上海妃子

順宗

荅吉妃子弘吉烈氏太德十一年尊爲皇太后延祐二年上尊號曰儀天興聖慈仁明懿壽元合德泰寧福慶皇太后七年又尊曰太皇太后加徽文崇祐尊號至治三年崩謚曰昭獻元聖皇后后性聰慧然不事檢飭及正位東朝淫恣益甚內則黑驢母亦列失八用事外則幸臣失列門紐鄰等及時宰迭木帖兒怙寵作非濁亂朝政及英宗立羣倖誅而後勢燄少熄焉

元史一百七

明翰林學士亞中大夫知制誥兼脩國史宋　濂等修

表第二

宗室世系表

自昔帝王之興莫不衆建子弟以蕃王室所以崇本支隆國勢也觀其屬籍有圖玉牒有紀大統小宗秩乎不紊蓋亦愼矣然以唐室之盛自玄宗後諸王不出閤而史已失其世次況後世乎元之宗系藏之金匱石室者甚秘外廷莫能知也其在史官固特其槩而考諸簡牘又未必盡得其詳則因其所可知而闕其所不知亦史氏法也作宗室世系表

脫奔咩哩犍
阿蘭果火

博寒葛

博合覩撒里直

始祖孛端叉兒一子

八林昔里剌禿哈必畜一子

咩麻篤敦七子

旣拏篤兒罕一子　某　某　某　某　某

海都　子

海都位
納真 今兀察兀禿其子孫也
海都　拜住忽兒子一　敦必乃子六
葛术虎 今那哈合兒其子孫也
葛忽剌急哩怛 今大魯剌斯其子孫也
合產 今小八魯剌斯其子孫也
哈剌剌歹 今傳歹阿替其子孫也
葛赤渾 今阿苔里急其子孫也
葛不律寒子七　窠斤八剌哈哈 今岳里斤其子孫也
八里丹子四　蒙哥睹黑顏
聶昆大司
烈祖也速該
苔里眞一子
忽都魯咩聶兒
忽魯剌罕
合丹八都兒
掇端斡赤斤
忽闌八都兒庶子
直拏斯 今大丑兀禿其子孫也
察剌罕曾兒收兄拜住忽兒妻生一子
撩忽眞兀禿迭葛 今昔只兀剌其子孫也

苔里眞位
苔里眞　大納耶耶　小哥大王　寧王闊闊出　也里干大王　哈魯罕王　宣靖王買奴 阿魯大王
寧海王亦思蠻
寧海王拔都兒
寧海王阿海

烈祖神元皇帝五子長太祖皇帝次二搠只哈兒王次三哈赤溫大王次四鐵木哥斡赤斤所謂皇太弟國王次五別里古台王

搠只哈兒王位
搠只哈兒　淄川王也苦　愛哥阿不干王
移相哥大王　勢都兒王　齊王八不沙
必烈虎大王
黃兀兒王　伯木兒王
齊王玉龍帖木兒　齊王月魯帖木兒
別兒帖木兒王
脫忽大王

哈赤溫大王位
哈赤溫　濟南王按只吉歹　合丹大王　瀧王忽剌出　濟南王勝納哈
察忽剌大王　濟南王也里只
忽列虎兒王　吳王木喃子　靈王阿荅里迷失
吳王朶列納　濟陽王發皮

鐵木哥斡赤斤國王位
鐵木哥斡赤斤斡端大王　阿术魯大王
愛牙哈赤王
只不干大王　塔察兒國王　壽王乃蠻台　孛羅大王　遼王脫脫
也不干大王
兀剌兒吉歹大王
與速海大王
察剌海大王
孛羅歹大王　西寧王搠魯蠻　卯罕大王
本伯大王
也只大王
不只兒大王
帖木迭兒王　八乞出大王
襲剌謀大王
撥里吉大王　八里牙大王
三寶大王

別里古台大王位
撒苔吉大王
哈失歹大王
察只剌大王
壽王脫里出　愛牙哈赤大王　別里帖木兒王　囊家大王
斡羅思罕王
斡魯台大王　哈八兒都大王　某大王　忽剌歹大王
帖實大王　脫帖大王
氣都哥大王　脫帖木兒大王　燕錫大王
也堅黃兀兒王　忻都大王
白虎大王
別里古台　也速不花大王　廣寧王爪都　帖木兒大王
乃顏大王　脫鐵木兒大王
口溫不花大王　滅里吉歹大王　潰察大王
抹扎兒王
撒里蠻王
闊闊出大王　定王薛徹干　定王察兒台
兗吉剌歹王　廣寧王徹里帖木兒　廣寧王運按察
罕禿忽大王　霍歷極大王　塔出大王

太祖皇帝六子長朮赤太子次二察合台太子次三太宗皇帝次四拖雷即睿宗也次五兀魯赤無嗣次六闊列堅太子

朮赤太子位
朮赤　拔都大王
撒里苔大王
忙哥帖木兒王
脫脫蒙哥王
寧肅王脫脫　肅王寬徹
伯忽大王
月即列大王　札尼列大王

察合台太子位

察合台　也速蒙哥王
合剌旭烈大王　阿魯忽大王
八剌大王　兗王買住韓
威遠王阿只吉　威遠王忽都鐵木兒 赤因鐵木兒　越王秃剌　豫王阿剌忒納失里
帖木而不花王　南荅失里王　荅兒麻

闊列堅太子位
闊列堅　河間王忽察　忽魯歹大王　也不干大王　八八大王　元秃思帖木兒王
合賓帖木兒王
八八剌大王　安定王脫歡　安定王朶兒只班
也滅干大王　伯荅罕王

太宗皇帝七子長定宗皇帝次二闊端太子次三闊出太子次四哈剌察兒王次五合失大王次六合丹大王次七滅里大王

按憲宗紀有云太宗以子月良不材故不立爲嗣今考經世大典帝系篇及歲賜錄並不見月良名字次序故不敢列之世表謹著于此以俟知者

闊端太子位
闊端　滅里吉歹王　也速不花大王
蒙哥都大王　亦憐真大王
只必帖木兒王
帖必烈大王
曲烈魯大王　汾陽王別帖木兒　荆王也速也不干

闊出太子位
闊出　失烈門太子　孛羅赤大王　靖遠王哈歹　襄寧王也速不干
襄寧王阿魯灰

哈剌察兒王位
哈剌察兒　脫脫大王位　月別吉 沙藍朶兒只

合失大王位
合失　海都大王　汝寧王察八兒　汝寧王完者帖木兒　汝寧王忽剌台

合丹大王位
合丹　覩爾赤王　小薛大王　星吉班大王

也不干大王　隴王火郎撒
也迭兒大王
也孫脫大王
火你大王　咬住大王
那海大王

滅里大王位
滅里　脫忽大王　俺都剌大王　愛牙赤大王　陽翟王太平
陽翟王禿滿　陽翟王曲春　陽翟王帖木兒赤

定宗皇帝三子長忽察大王次二腦忽太子次三禾忽大王

忽察大王位
忽察　亦兒監藏王
完者也不干王

腦忽太子位
腦忽

禾忽大王位
禾忽　南平王禿魯

睿宗皇帝十一子長憲宗皇帝次二忽覩都次三失其名次四世祖皇帝次五失其名次六旭烈兀大王次七阿里不哥大王次八撥綽大王次九末哥大王次十歲都哥大王次十一雪別台大王

忽覩都大王位
忽覩都

旭烈兀大王位
旭烈兀　阿八哈王　阿魯大王　靖遠王合贊
廣平王哈兒班荅　幽王出伯　幽王喃忽里
亦憐真朶兒只王　脫脫木兒王　某　亦憐真八的王

阿里不哥大王位
阿里不哥　威定王玉木忽爾　魏王孛羅帖木兒
乃剌忽不花大王
完者帖木兒王
冀王孛羅　鐵木兒脫
定王藥木忽兒　某　燕大王
剌甘失甘大王　鎮寧王那海

撥綽大王位
撥綽　薛必烈傑兒大王　楚王牙忽都　楚王脫烈鐵木兒　楚王八都兒　燕帖木兒王
速哥帖木兒王
朶羅不花王

末哥大王位
末哥　昌童大王　伯帖木兒大王　永寧王伯顏帖木兒

歲都哥大王位
歲都哥　速不歹大王　荆王脫脫木兒　荆王也速不堅
哈魯孫大王

雪別台大王位
雪別台　某　月魯帖木兒 買閭也先

憲宗皇帝五子長班禿大王次二阿速歹大王次三玉龍荅失大王次四河平王昔里吉次五辯都早卒無嗣

班禿大王位
班禿

阿速歹大王位
阿速歹

玉龍歹失大王位
玉龍歹失　撒里蠻王　鄒王徹徹禿
衛王完澤

河平王昔里吉位
昔里吉　兀魯思不花王
并王晃火帖木兒　嘉王火兒忽
荅沙亦思的王

徹里帖木兒王

世祖皇帝十子長朶而只王次二皇太子眞金卽裕宗也次三安西王忙哥剌次四北安王那木罕無後次五雲南王忽哥赤次六愛牙赤大王次七西平王奧魯赤次八寧王闊闊出次九鎭南王脫歡次十忽都魯帖木兒王

朶兒只王位
朶兒只

安西王忙哥剌位
忙哥剌　安西王阿難荅　月魯帖木兒王
按檀不花

雲南王忽哥赤位
忽哥赤　營王也先帖木兒

愛牙赤大王位
愛牙赤　阿木干大王　也的古不花王
孛顏帖木兒王

西平王奧魯赤位
奧魯赤　鎭西武靖王鐵木兒不花　雲南王老的　武靖王搠思班　豫王阿剌忒納失里　乞八大王　亦只班大王
西平王八的麻的加　貢哥班大王

寧王闊闊出位
闊闊出　寧王薛徹禿
寧王阿都赤

鎭南王脫歡位
脫歡　鎭南王老章　鎭南王脫不花　鎭南王孛羅不花
威順王寬徹普化
宣讓王帖木兒不花

文濟王蠻子
宣德王不荅失里

忽都魯帖木兒王位
忽都魯帖木兒　阿八也不干王　八魯朶而只王

裕宗皇帝三子長晉王甘麻剌卽顯宗也次二荅剌麻八剌太子卽順宗也次三成宗皇帝

顯宗皇帝三子長梁王松山次二泰定皇帝次三湘寧王迭里哥兒不花

梁王松山位
松山　梁王王禪　雲南王帖木兒

湘寧王迭里哥兒不花位
迭里哥兒不花　湘寧王八剌失里

順宗皇帝三子長魏王阿木哥次二武宗皇帝次三仁宗皇帝

魏王阿木哥位
阿木哥　脫不花大王
蠻子大王
西靖王阿魯
魏王孛羅帖木兒
唐兀台王
荅兒蠻失里王
孛羅大王

成宗皇帝一子皇太子德壽早薨無後

武宗皇帝二子長明宗皇帝次文宗皇帝

仁宗皇帝二子長英宗皇帝次安王兀都思不花早隕無後

英宗皇帝無子

泰定皇帝四子長皇太子阿里吉八次二晉王八的麻亦兒間卜次三小薛太子次四允丹藏卜太子俱早隕無後

明宗皇帝二子長子順皇帝次寧宗皇帝

文宗皇帝三子長皇太子阿剌忒荅剌早薨無後次二燕帖古思太子次三太平訥太子俱早隕無後

寧宗皇帝蚤世無子

順皇帝三子長皇太子愛猷識理達臘餘二子蚤世

按十祖世系錄云始祖孛端叉兒收統急里忽魯人氏民戶時嘗得一懷妊婦人曰插只來納之其所生遺腹兒因其母名曰插只來自後別爲一種亦號達靼今以非始祖親子故不列之世表附著于此云

元史卷一百八

明翰林學士亞中大夫知制誥兼修國史宋　濂等修

表第三

諸王表

昔周封列國七十而同姓者五十三人漢申丹書之信而外戚侯者恩寖廣矣詩曰大邦維屏大宗維翰其此之謂乎元興宗室駙馬通稱諸王歲賜之頒分地之入所以盡夫展親之義者亦優且渥然初制簡朴位號無稱惟視印章以爲輕重厥後遂有國邑之名而賜印之等猶前日也得諸掌故具著于篇作諸王表

金印獸紐

燕王	秦王	晉王	梁王	越王	營王	鄃王	寧王	齊王	楚王
真金中統二年封至元十四年冊爲皇太子 阿剌忒答納天歷二年封三年立爲皇太子其年薨	忙哥剌至元十年詔安西王益封秦王別賜金印其府在長安者爲安西在六盤者爲開成皆聽爲宮邸十七年薨二十四年中書奏王子按檀不花襲秦王印詔阿難答既爲安西王其秦王印宜上之然其後猶稱秦王阿難答	甘麻剌至元二十九年由梁王改封出鎮大斡耳朵大德六年薨謚獻武即顯宗也 也孫帖木兒大德六年襲封至治二年立爲皇帝 八的麻赤兒間　泰定元年封天歷元年隕于上都	甘麻剌至元二十七年封出鎮雲南二十九年改封晉王 松山至元三十年封以皇曾孫出鎮雲南 王禪泰定元年由雲南王進封天歷元年帥師與太平王燕帖木兒戰于柳林兵敗見殺	禿剌大德十一年從仁宗平內難有功封至大二年以怨望誅	也先帖木兒大德十一年由雲南王進封	聶古觪駙馬由北平王進封 拙忽難駙馬至大元年襲封	闊闊出大德十一年由寧遠王進封 薛徹禿皇慶二年由寧遠王進封 阿都赤	八不沙大德十一年封 玉龍帖木兒　年由恩王改封 月魯帖木兒泰定元年封	牙忽都大德十一年由鎮遠王進封 朶列帖木兒至大二年封延祐二年被黜天歷元年復故封 八都兒

金印螭紐

安西王	北安王	鎮南王	懷寧王	北寧王	湘寧王	陽翟王	雲陽王	恩平王	北平王	安遠王	汝寧王	宣德王	文濟王
忙哥剌至元九年封出鎮長安 阿難答至元十七年襲封大德十一年誅 月魯帖木兒至治三年封	那木罕至元十九年賜印大德五年薨延祐七年賜謚昭定	脫歡至元二十一年封出鎮揚州二十二年奉旨征安南大德五年薨 老章大德五年襲封 脫不花　缺　年襲封 帖木兒不花　缺　年襲封天歷二年改封宣讓王 孛羅不花天歷二年襲封	海山大德八年封出鎮稱海十一年立爲皇帝	迭里哥兒不花大德十一年封至大二年徙封湘寧王	迭里哥兒不花至大二年徙封 八剌失里至治三年襲封	禿滿至大元年封 曲春 太平泰定元年襲封 帖木兒赤		塔思不花至大四年封	聶古觪駙馬　封後進封鄃王 那木罕至元二年封九年改封北安王	丑漢駙馬皇慶元年改封	察八兒延祐元年封 忽剌台泰定元年襲封	不答失里皇慶二年封	蠻子

豳王	濟王	魏王	魯王	定王	隴王	趙王	嘉王	荆王	昌王	衛王	兖王
出伯大德十一年由威武西寧王進封 喃忽里延祐七年襲封	朶列納大德十一年封皇慶元年改封吳王	阿木哥 孛羅帖木兒	蠻子台駙馬由濟寧王進封 阿不歹駙馬大德十一年襲封 阿里加失至大四年襲封 桑哥八剌駙馬元統元年襲封	藥木忽兒至大元年由定遠王進封 薛徹干至治三年封 察里台泰定四年封	火郎撒至大元年封 忽魯歹 忻都察	主忽駙馬至大元年封 阿魯禿　延祐元年封 馬札罕駙馬泰定元年封	晃火帖木兒延祐四年封後徙封并王 火兒忽	也速不堅 脫脫木兒 脫火赤　年封至順二年來朝	忽隣駙馬 阿失駙馬延祐四年封 八剌失里駙馬　年封 沙藍朶兒　年由懿德王進封	完澤至大三年由衛安王進封	買住韓至大三年封

保恩王	武寧王	威順王	威靖王	西安王	宣讓王	西寧王	柳城王	西靖王	廣寧王	保寧王	無國邑名
玉龍帖木兒延祐二年封　年進封恩王	徹徹禿泰定三年封至順二年進封鄖王	寬徹普化　年賜金印	火里兀察兒駙馬泰定皇后父也泰定二年封	阿忒納答失里天歷九年封	帖木兒不花天歷二年由鎮南王改封	忽答里迷失天歷二年封 速來蠻天歷二年封	亦憐真八天歷三年封	阿魯至順元年封	爪都中統三年封至元十三年賜印 徹里帖木兒 按渾察至順元年封	幹即天歷二年封	移相哥大王　年賜印

金印駝紐

河間王	河平王
兀古帶至元二年封	昔里吉至元四年封

吳王	壽王	周王	安王	遼王	冀王	恩王	岐王	并王	懷王	豫王	肅王
朶列納皇慶元年由濟王徙封 潑皮　年封天歷三年改封濟陽王 木南子天歷三年由濟陽王徙封	脫里出 乃蠻歹至大元年封	木失剌延祐二年封天歷元年立爲皇帝	兀都思不花延祐二年封十年降封順陽王尋被殺	脫脫延祐三年封 牙納失里	孛羅延祐四年由鎮遠王進封	月魯帖木兒延祐四年封 玉龍帖木兒由保恩王進封	脫脫木兒駙馬延祐四年由濮陽王進封 瑣南管卜泰定四年封	晃火帖木兒泰定二年由嘉王徙封	脫脫木兒泰定三年封天歷元年立爲皇帝	阿忒思納失里天歷元年封	寬徹天歷二年封

雲南王	濟南王	威武西寧王	鎮寧王	衛安王	威定王	寧肅王	襄寧王	安南王	武陽王	安定王	永豐郡王	安德王	永寧王	汾陽王	威遠王
忽哥赤 也先帖木兒至元十七年襲封 老的至大二年封	也只里至元二十四年封	出伯大德八年封十一年進封豳王	孛羅大德九年封延祐四年進封冀王 那懷至大三年封	完澤大德九年封至大三年進封衛王	藥木忽爾大德九年由定遠王徙封	脫脫至大元年封	也速不干至大元年封 阿魯灰	迭哥兒不花至大四年封		朶兒只班 脫歡皇慶二年封	丑漢駙馬皇慶元年封旋改封安遠王	不答失里皇慶二年封	卜顏帖木兒 卯澤至順元年封	別帖木兒延祐七年封	巴都帖木兒至治三年封

鄭王	徹徹禿至順二年由武寧王進封
邠王	卜顏帖不花至順二年封
鄖王	懿憐只班至順　年封至順三年立 為皇帝
慶王	
瀋王	高麗王昛大德十一年以駙馬封 高麗王璋延祐六年以駙馬襲封 高麗王暠泰定三年以駙馬襲封
無國名者	按只吉歹大王
駙馬高麗國王	王諶至元　年封
緬國王	
安南國王	陳光昞
金鍍銀印駝紐	
西平王	奧魯赤至元　年封 八剌麻力 管不八
鎮西武靖王	鐵木兒不花大德元年封 搠思班
雲南王	忽哥赤至元五年封出鎮雲南 王禪延祐七年封泰定元年進封梁王 帖木兒不花泰定元年襲封
威順王	寬徹普化泰定三年封分鎮武昌

武平王	帖古思不花泰定三年封 禿滿帖木兒延祐五年封 不花帖木兒至順元年封
寧海王	闊闊出 亦思蠻 八朵兒延祐五年 阿海
昭武王	合伯駙馬大德十年封
順陽王	兀都思不花延祐七年西安王降封 尋見殺
延安王	也不干
濟寧王	蠻子台駙馬後進封魯王
高唐王	闊里吉思駙馬
高昌王	紐林的斤駙馬延祐三年封 帖睦爾普化至治三年封天歷二年讓其弟 篯吉天歷二年襲封 太平奴至順三年封
白蘭王	瑣南藏卜至治元年封後出家 泰定四年還俗復封
無國邑名	也速不花至元二年賜印 王寵答失大王至元三年賜印 帖失帖木兒王大德二年 南木忽里王至大元年 斡羅溫孫王延祐二年 察罕都兒王延祐四年 八八剌大王延祐元年 別失帖木兒王泰定元年
金鍍銀印龜紐	
寧遠王	闊闊出至元二十一年封大德十一 年進封寧王 徹徹篤延祐七年封十一年進封寧 王
鎮遠王	牙忽都至元二十一年封大德十一 年進封楚王
靖遠王	合贊至元二十七年
定遠王	藥木忽兒大德二年封

宣靖王	買奴泰定二年由泰寧王徙封 鎮益都
綏寧王	阿都赤泰定三年封
靖安王	闊不花泰定四年封
廣平王	木剌忽駙馬 哈班天歷二年封
靖恭王	脫隣忽都魯至順元年封
懿德王	沙藍朵兒駙馬至順元年封 後進封昌王
寧海王	
南平王	
廣寧王	爪都中統二年封
建昌王	
無國名邑	拜荅寒大王至元七年賜印仍賜海 青金符 頑荅大王 帖木兒大王 伯帖木兒大王 孛羅赤大王 月魯帖木兒王延祐六年

肅遠王	帖木兒不花至元二十八年封
鎮東王	也先鐵木兒至元二十八年封
泰寧王	買奴至治二年封泰定二年徙封宣 靖王 亦連眞多兒加泰定元年封
無國邑	完澤大王　年賜印大德九年 封衡安王
銀印龜紐	
南平王	禿剌至元九年封仍賜金銀符各 五
永豐郡王	孛羅
寧昌郡王	忽都哥駙馬至元二十三年封 不憐吉歹駙馬
宣寧郡王	帖木兒不花至大四年封 阿憐帖木兒至順元年封
懷仁郡王	亦思丹至大四年封
保德郡王	
寧濮郡王	昌吉駙馬
駙馬濮陽王	脫帖木兒大德十年封延祐四年進 封岐王

無國邑名者
不花駙馬至元四年
別乞帖木兒王至元十七年
忙里歹郡王至元十一年
阿渾帖木兒王
完也者不千王
那木忽思大王
合必赤大王
八八大王延祐四年詔復以世祖所賜 印賜其子合賓帖木兒王
忽都魯帖木兒王
出伯大王至元二十五年後改封威武 西靖王
昌吉駙馬後改封寧濮郡王
岳忽難王大德二年賜印

元史卷一百九

明翰林學士亞中大夫知制誥兼修國史宋　濂等修

表第四

諸公主表

昔者史臣有言婦人內夫家雖天姬之貴史氏猶外而弗詳然元室之制非勳臣世族及封國之君則莫得尚主是以世聯戚畹者親視諸王其藩翰屏垣之寄蓋亦重矣則其世次顧可以弗之著耶且秦漢以來惟帝姬得號公主而元則諸王之女亦槩稱焉是又不可不知也惜乎記載弗備所可見者僅此而已作諸公主表

昌國公主位	趙國公主位	魯國公主位	鄆國公主位
昌國大長公主帖木倫烈祖	趙國大長公主阿剌海別	魯國大長公主也速不花睿宗	禿滿倫公主適赤窟駙
女適昌忠武王孛禿繼	吉太祖女適趙武毅王孛	女也適皇國舅魯忠武王	馬
室以太祖女昌國大長公	要合	按嗔那顏子斡陳駙馬	禿吉八忽公主適赤窟
主火臣別吉	獨木干公主睿宗女適拜	魯國公主薛只干太祖孫女適	孫懷都駙馬
昌國大長公主亦乞列思	哈弟鄃王聶古斛	斡陳弟納陳駙馬	禾眞公主適懷都弟愛
適孛禿子帖堅干繼室以	趙國大長公主月烈世祖	魯國長公主完澤適斡陳	不哥駙馬
昌國大長公主茶倫	女適拜哈子趙武襄王愛	男斡羅陳駙馬	鄆國大長公主忙哥台
昌國大長公主安禿太宗	不花	魯國大長公主囊家眞世	適愛不哥子寧濮郡王
子闊出女適孛禿子昌武	趙國大長公主葉里迷失	祖女適納陳子斡羅陳再	昌吉
定王瑣兒哈	定宗女適孛答子趙忠襄	適帖木兒弟蠻子台	大長公主桑哥不剌適愛
吾魯眞公主世祖女適帖	王君不花	魯國大長公主南哥不剌	不哥子岐王脫脫木兒
木子孛花	趙國大長公主忽答迭迷	裕宗女適蠻子台	札牙八剌公主適駙馬
昌國大長公主也孫眞適鎮	失裕宗女適君不花子趙	魯國徽文懿福貞壽大長	
兒哈子昌武靖王札忽兒陳	忠獻王闊里吉思繼室以	公主祥哥剌吉順宗女適帖	

魯魯罕公主適孛花弟寧昌郡王叟都哥繼室以魯倫公主
昌國大長公主伯雅倫憲宗女適札忽爾陳子昌忠宣王忽憐繼室以昌國大長公主卜蘭奚
普顏可里美思公主適叟都哥子寧昌郡王不憐吉歹
昌國大長公主益里海涯成宗女適忽隣子昌王阿失繼室以昌國大長公主買的憲宗孫女也
昌國大長公主烟合牙適昌王八剌失里
昌國大長公主月魯適八剌失里子昌王沙藍朶兒
奴兀倫公主安西王女適忽隣弟瑣郎哈

高昌公主位
也立可敦公主太祖女適亦都護巴而述阿兒忒的斤
巴巴哈兒公主定宗女適巴而述阿兒忒的斤曾孫亦都護火赤哈兒的斤
不魯罕公主太宗孫女適火赤哈兒子高昌王紐林的斤主薨繼室以其妹八卜叉公主又薨繼室以兀剌真公主世祖之孫安西王阿難答女也
朶而只思蠻公主太宗之子闊端之女適高昌王帖睦兒補化

延安公主位
火魯公主適哈答駙馬
闊闊干公主適亦木赤駙馬
脫脫灰公主世祖孫女適禿滿答兒駙馬
公主適別里迷失駙馬
公主適沙藍駙馬
延安公主適延安王也不干

趙國大長公主愛牙迭失成宗女也
趙國大長公主亦憐眞適君不花子趙忠烈王袞家台
趙國大長公主回紇適君不花弟趙康禧王喬隣察
趙國大長公主阿失秃魯適愛不花子趙忠襄王朮忽難
趙國大長公主桑哥八剌適袞家台子趙王馬札罕

高麗公主位
齊國大長公主忽都魯堅迷失世祖之女適高麗王湛卽王昛也
薊國大長公主高麗王妃卜答失利顯宗女適瀋王王謜卽王璋也
濮國長公主高麗王妃亦怜只班世祖之孫營王也先帖木兒女適瀋王王燾主薨繼室以曹國長公主高麗王妃金童順宗子魏王女也
國公主顯宗之子梁王松山女適瀋王王暠

公主位
公主適塔出駙馬
公主適塔出子朮眞伯駙馬
公主適木眞伯子別合剌駙馬
公主適別合剌子塔八駙馬

木兒子弼阿不剌
魯國大長公主普納適帖木兒子魯王桑哥不剌
祥雍賢寧公主朶兒只班適弼阿八剌子阿里嘉實利
大長公主拜塔沙適按陳裔孫買住罕
台忽普都公主適按陳裔孫安遠王丑漢
唆兒哈罕公主太宗女適按陳孫納合
斡可眞公主適火忽孫不只兒
不魯罕公主適斡薛禪孫脫羅禾繼室以仁宗女闊闊倫公主

阿昔倫公主位
阿昔倫公主適阿脫駙馬
瑚思蠻公主適阿脫弟忽都虎駙馬

獨木罕公主位
獨木罕公主適察忽駙馬
伯要眞公主適察忽子也先駙馬
也里侃公主適也先子迭木迭兒駙馬

公主位
公主適忒不歹駙馬
公主適忒不歹曾孫答賽駙馬
公主適塔賽子哈丹駙馬
公主適哈丹子朶忽駙馬

帶魯罕公主位
帶魯罕公主適拔都駙馬
瑚思蠻公主適拔都子阿木魯駙馬

脫烈公主位
脫烈公主適阿爾思蘭子也先不花駙馬
八八公主適也先不花子忽納答兒駙馬
鐵公主適忽納答兒子剌海涯里那駙馬

各公主位
完者台公主適永寧王卯澤
英壽大長公主妥安燿世祖孫女也

壽寧大長公主顯宗女定皇帝伯姊也
明慧貞懿大長公主不荅昔你明宗之女
公主適合納那顏孫奔忒古鬼駙馬
買買公主
阿剌歹公主
木荅里公主
雪雪的斤公主
阿失秃公主
失憐荅里公主

元史卷一百十

明翰林學士亞中大夫知制誥兼修國史宋　濂等修

表第五上

三公表

古者三公之職寅亮天地燮理陰陽以論道經邦者也元初以太師太傅太保爲三公自木華黎國王始爲太師後凡爲三公者皆國之元勳而漢人則惟劉秉忠嘗爲太保其後鮮有聞矣其制又有大司徒司徒太尉司空之屬然其置否不常人品或混故置者又或開府不開府焉若夫東宮亦嘗置三師三少而不恒有也今固不得而悉著之惟自木華黎而下得拜三公者若干人作三公表

	太師	太傅	太保
太祖皇帝			
丙寅 元年			
丁卯 二年			
戊辰 三年			
己巳 四年			
庚午 五年			
辛未 六年			
壬申 七年			
癸酉 八年			
甲戌 九年			
乙亥 十年			
丙子 十一年			
丁丑 十二年	木華黎		
戊寅 十三年	木華黎		
己卯 十四年	木華黎		
庚辰 十五年	木華黎		
辛巳 十六年	木華黎		
壬午 十七年	木華黎		
癸未 十八年	木華黎		
甲申 十九年			
乙酉 二十年			
丙戌 二十一年			
丁亥 二十二年			
戊子			
太宗皇帝			
己丑 元年	阿海	秃懷	明安
庚寅 二年			
辛卯 三年			
壬辰 四年			
癸巳 五年			
甲午 六年			
乙未 七年			
丙申 八年			
丁酉 九年			
戊戌 十年			
己亥 十一年			
庚子 十二年			

按和林廣記多載國初之事內有太師阿海太傅秃懷太保明安之名及他公牘所報亦間見之然拜罷歲月之先後不可考矣故著于此

年	太師	太傅	太保
辛丑 十三年			
壬寅			
癸卯			
甲辰			
乙巳			
定宗皇帝			
丙午 元年			
丁未 二年			
戊申 三年			
己酉			
庚戌			
憲宗皇帝			
辛亥 元年			
壬子 二年			
癸丑 三年			
甲寅 四年			
乙卯 五年			
丙辰 六年			
丁巳 七年			
戊午 八年			
己未 九年			
世祖皇帝			
庚申 中統元年			
辛酉 二年			
壬戌 三年			
癸亥 四年			
甲子 至元元年			劉秉忠
乙丑 二年			劉秉忠
丙寅 三年			劉秉忠
丁卯 四年			劉秉忠
戊辰 五年			劉秉忠
己巳 六年			劉秉忠
庚午 七年			劉秉忠
辛未 八年			劉秉忠
壬申 九年			劉秉忠
癸酉 十年			劉秉忠
甲戌 十一年			劉秉忠
乙亥 十二年			
丙子 十三年			
丁丑 十四年			
戊寅 十五年			
己卯 十六年			
庚辰 十七年			
辛巳 十八年			
壬午 十九年			
癸未 二十年			
甲申 二十一年			
乙酉 二十二年			
丙戌 二十三年			
丁亥 二十四年			
戊子 二十五年			
己丑 二十六年			
庚寅 二十七年			
辛卯 二十八年			
壬辰 二十九年			
癸巳 三十年			
甲午 三十一年			
成宗皇帝			
乙未 元貞元年			月赤察兒
丙申 二年			月赤察兒
丁酉 大德元年			月赤察兒
戊戌 二年			月赤察兒
己亥 三年			月赤察兒
庚子 四年	月赤察兒	完澤	
辛丑 五年	月赤察兒		
壬寅 六年	月赤察兒		
癸卯 七年	月赤察兒		
甲辰 八年			
乙巳 九年			
丙午 十年			
丁未 十一年		哈剌哈孫	塔剌海
武宗皇帝			
戊申 至大元年			
己酉 二年			
庚戌 三年	阿剌不花	乞台普濟	三寶奴
	脫兒赤顏		
辛亥 四年	脫兒赤顏	忽魯忽荅	
		乞台普濟	
		帖可	
仁宗皇帝			
壬子 皇慶元年	阿撒罕	帖可	曲出
癸丑 二年	阿撒罕	伯忽	曲出
甲寅 延祐元年	阿撒罕	伯忽	曲出
乙卯 二年	阿撒罕	伯忽	曲出
丙辰 三年	鐵木迭兒	伯忽	曲出
丁巳 四年	鐵木迭兒	伯忽	曲出
戊午 五年		伯忽	曲出
己未 六年	鐵木迭兒	伯忽	曲出
庚申 七年	鐵木迭兒	朶䚟	曲出
英宗皇帝			

年	太師	太傅	太保
辛酉 至治元年	鐵木迭兒	朶䚟	曲出
壬戌 二年	鐵木迭兒	朶䚟	曲出
癸亥 三年		朶䚟	
泰定皇帝			
甲子 泰定元年	伯忽	朶䚟	伯顏察兒
乙丑 二年	按塔出	朶䚟	禿忽魯
丙寅 三年		朶䚟	禿忽魯
丁卯 四年		朶䚟	禿忽魯
文宗皇帝			
戊辰 天曆元年	燕鐵木兒	伯荅沙	
己巳 二年	燕鐵木兒	伯荅沙	伯顏
庚午 至順元年	燕鐵木兒	伯荅沙	伯顏
辛未 二年	燕鐵木兒	伯荅沙	伯顏
壬申 三年	燕鐵木兒		

元史卷一百十一

明翰林學士亞中大夫知制誥兼修國史宋　濂等修

表第五下

三公表二

順帝	太師	太傅	太保
癸酉 元統元年	燕鐵木兒　伯顏	撒敦	
甲戌 二年	伯顏	撒敦	燕不憐
乙亥 至元元年	伯顏	撒敦　完者帖木兒	定住
丙子 二年	伯顏		定住
丁丑 三年	伯顏		定住　馬札兒台
戊寅 四年	伯顏		馬札兒台
己卯 五年	伯顏		馬札兒台
庚辰 六年	伯顏　馬札兒台	塔失海牙	探馬赤
辛巳 至正元年	馬札兒台		
壬午 二年	馬札兒台		
癸未 三年	馬札兒台		
甲申 四年	馬札兒台		
乙酉 五年	馬札兒台		伯撒里
丙戌 六年	馬札兒台		伯撒里
丁亥 七年	馬札兒台		別兒怯不花
戊子 八年		脫脫	
己丑 九年		脫脫	
庚寅 十年		脫脫	
辛卯 十一年		脫脫	阿魯圖
壬辰 十二年	脫脫		
癸巳 十三年	脫脫		
甲午 十四年	脫脫	汪家奴	伯撒里
乙未 十五年	汪家奴	衆家奴	定住　伯撒里
丙申 十六年	汪家奴	衆家奴	定住
丁酉 十七年	汪家奴	衆家奴	定住
戊戌 十八年	汪家奴	衆家奴	搠思監　定住
己亥 十九年			搠思監
庚子 二十年		太平	搠思監
辛丑 二十一年	汪家奴	老章	搠思監
壬寅 二十二年	汪家奴	老章	搠思監
癸卯 二十三年	汪家奴	老章	
甲辰 二十四年			孛羅帖木兒
乙巳 二十五年	伯撒里	擴廓帖木兒	禿堅帖木兒
丙午 二十六年	伯撒里	擴廓帖木兒	
丁未 二十七年			也速
戊申 二十八年		擴廓帖木兒	也速

元史卷一百十二

明翰林學士亞中大夫知制誥兼修國史宋　濂等修

表第六上

宰相年表一

宰相者上承天子下統百司治體繫焉元初將相大臣年月疏闊簡牘未詳者則闕之中統建元以來宰執之官其拜罷歲月之可考者列而書之作宰相年表

太祖皇帝	中書令	右丞相	左丞相	平章政事	右丞	左丞	參知政事
丙寅 元年							
丁卯 二年							
戊辰 三年							
己巳 四年							
庚午 五年							
辛未 六年							
壬申 七年							
癸酉 八年							
甲戌 九年							
乙亥 十年							
丙子 十一年							

年	中書令	右丞相	左丞相	平章政事	右丞	左丞	參知政事
丁丑 十二年							
戊寅 十三年							
己卯 十四年							
庚辰 十五年							
辛巳 十六年							
壬午 十七年							
癸未 十八年							
甲申 十九年							
乙酉 二十年							
丙戌 二十一年							
丁亥 二十二年							
戊子							
太宗皇帝							
己丑 元年							
庚寅 二年							
辛卯 三年							
壬辰 四年							
癸巳 五年							
甲午 六年							
乙未 七年							
丙申 八年							
丁酉 九年							
戊戌 十年							
己亥 十一年							
庚子 十二年							
辛丑 十三年							
壬寅							
癸卯							
甲辰							
乙巳							
定宗皇帝							
丙午 元年							
丁未 二年							
戊申 三年							
己酉							
庚戌							
憲宗皇帝							
辛亥 元年							
壬子 二年							
癸丑 三年							
甲寅 四年							
乙卯 五年							
丙辰 六年							
丁巳 七年							
戊午 八年							
己未 九年							
世祖皇帝							
庚申 中統元年 是年置丞相一員		禡禡		王文統 趙璧	廉希憲	張文謙	張啟元
辛酉 二年		不花 史天澤	忽魯不花 耶律鑄	塔察兒 王文統 賽典赤 廉希憲	張	張文謙	商挺 楊果
壬戌 三年		不花 史天澤	忽魯不花 耶律鑄	塔察兒 王文統 賽典赤 廉希憲	粘合 張	闊闊 張文謙	商挺 楊果
癸亥 四年		不花六月 線真代	忽魯不花六月	塔察兒六月陞左丞相	粘合 張	闊闊 張文謙	商挺 楊果
		史天澤	塔察兒代 耶律鑄	王文統 趙璧 賽典赤 廉希憲			姚樞
甲子 至元元年		線真 史天澤	塔察兒 耶律鑄	賽典赤 廉希憲	張 阿里別	張文謙	商挺 楊果
乙丑 二年 是年置丞相五員		安童 忽都察兒 史天澤 耶律鑄 伯顏		趙璧 廉希憲 賽合丁	張		王
丙寅 三年 是年置丞相五員		安童 忽都察兒 史天澤 耶律鑄 伯顏		廉希憲 宋子貞	阿里別	張	王 商挺
丁卯 四年		安童	史天澤	忽都察兒 耶律鑄	伯顏	廉希憲	阿里別 張惠
戊辰 五年		安童	史天澤	忽都察兒 耶律鑄	伯顏	廉希憲	阿里別 張惠
己巳 六年		安童	史天澤	忽都察兒 耶律鑄	伯顏	廉希憲	阿里別 張惠
庚午 七年 是年置尚書省惟設平章政事以下員		安童 中書省	忽都察兒 耶律鑄	阿合馬 張易 尚書省	伯顏 趙	廉希憲 許衡	阿里別 張惠 張惠 李 麥朮督丁
辛未 八年 是年置尚書省		安童 中書省	忽都察兒 耶律鑄	阿合馬	伯顏 趙	廉希憲 許衡	阿里別 張惠 張惠

十二月罷				張易 尚書省			李 麥朮督丁
壬申 九年		安童	忽都察兒	哈伯 張易	趙		李 麥朮督丁
癸酉 十年		安童	忽都察兒	哈伯 阿合馬 張易	趙	張	李 麥朮督丁
甲戌 十一年		安童	忽都察兒	哈伯 阿合馬 張易	趙	張	李 麥朮督丁
乙亥 十二年		安童	忽都察兒	哈伯 阿合馬 張易	趙	張	李 麥朮督丁
丙子 十三年			忽都察兒	哈伯 阿合馬 趙			郝禎
丁丑 十四年			忽都察兒	哈伯 阿合馬	張		郝禎
戊寅 十五年				哈伯 阿里 阿合馬	張		耿仁
己卯 十六年				阿合馬 哈伯	張		郝禎 耿仁
庚辰 十七年				阿合馬 哈伯	張		郝禎 耿仁
辛巳 十八年				阿合馬	張	耿仁 郝禎	阿里
壬午 十九年		甕吉剌䚟 正月至三月 和禮霍孫	阿合馬 耶律鑄		扎珊 張 麥朮督丁	耿仁 郝禎 張阿亦伯	阿里 張鵬舉
		四月至十二月					
癸未 二十年		和禮霍孫	耶律鑄	扎珊	麥朮督丁		張鵬舉 溫迪罕
甲申 二十一年		和禮霍孫	耶律鑄	扎珊	麥朮督丁		張鵬舉 溫迪罕
乙酉 二十二年		安童		阿必失哈 忽都魯	盧世榮	史	撒的迷失 廉
丙戌 二十三年		安童		薛闍干	麥朮督丁	也速䚟兒	楊 郭 廉
丁亥 二十四年 是年置尚書省設官如七年制		安童 中書省		薛闍干 麥朮督丁 桑哥 帖木兒 尚書省	阿魯渾薩 理	葉李	楊 不顏里海 牙 馬紹 忻都
戊子 二十五年 是年置尚書省始增丞相一員		安童 中書省 桑哥 尚書省		伯荅兒 麥朮督丁 帖木兒 阿魯渾薩 理	崔 葉李	馬紹	何 張住哥 忻都 夾谷
己丑 二十六年 是年置尚書省		安童 中書省 桑哥 尚書省		伯荅兒 麥朮督丁 帖木兒 阿魯渾薩 理	崔 葉李	忻都	張吉甫 張住哥 何 夾谷
庚寅 二十七年 是年置尚書省		安童 桑哥 尚書省		伯荅兒 麥朮督丁 帖木兒 阿魯渾薩	崔 葉李 忻都	馬紹	張吉甫 張住哥 何 夾谷十一月
				理			燕真忽都 魯代
辛卯 二十八年 是年置尚書省正月至五月罷		完澤 中書省 桑哥 尚書省		不忽木 咱喜魯丁 帖木兒 阿魯渾薩 理	何榮祖 葉李 忻都	馬紹 馬紹	賀勝 杜 何 燕真忽都 魯
壬辰 二十九年		完澤		帖可 剌真 麥朮督丁 商議省事 不忽木 咱喜魯丁	何榮祖 商議省事 阿里	馬紹	杜 梁暗都剌
癸巳 三十年		完澤		賽典赤 帖可 麥朮督丁 商議省事 剌真 不忽木 咱喜魯丁	何榮祖 商議省事 阿里	張	杜 梁暗都剌
甲午 三十一年		完澤		賽典赤 帖可 剌真 麥朮督丁 不忽木	何榮祖 商議省事 阿里 張 十二月翔增	梁暗都剌	杜 何
成宗皇帝							
乙未 元貞元年		完澤		賽典赤 帖可 剌真	何榮祖 阿里 張九思	梁暗都剌 楊	阿老瓦丁 三月改除 何

					麥术督丁 不忽木			
丙申	二年		完澤		伯顏 帖可 剌真 不忽木 段那海 三月至十二月	張九思 阿里 三月至十二月	梁暗都剌 楊	呂 何
丁酉	大德元年		完澤		賽典赤 段那海 帖可 剌真 也先帖木兒 四月至十二月	阿里 正月至三月 張九思 梁暗都剌 四月至閏十二月	梁暗都剌 正月至三月 八都馬辛 四月至閏十二月 楊	呂 張 六月至十二月 何 正月至五月
戊戌	二年		完澤		賽典赤 段那海 帖可 剌真 也先帖木兒 正月一月 梁暗都剌 四月至十二月	梁暗都剌 正月至二月 張九思 正月至二月	楊 八都馬辛 正月至六月	呂 張
己亥	三年		完澤	哈剌哈孫	賽典赤 帖可 剌真 正月至七月 段那海 梁暗都剌	楊 八都馬辛	月古不花 五月至十二月	迷兒火者 三月至十二月 呂 正月一月 張斯立
庚子	四年		完澤	哈剌哈孫	賽典赤 段那海	八都馬辛 楊	月古不花 呂	迷兒火者 張斯立
					梁俺都剌 阿魯渾薩理 八月至十二月			哈剌蠻子
辛丑	五年		完澤	哈剌哈孫	賽典赤 段那海 梁俺都剌 阿魯渾薩理	八都馬辛 楊	呂 月古不花	迷兒火者 張斯立 哈剌蠻子
壬寅	六年		完澤	哈剌哈孫	賽典赤 阿魯渾薩理 正月至七月 段那海 梁暗都剌	八都馬辛 楊 正月至三月	月古不花 呂 正月至八月	迷兒火者 正月至七月 哈剌蠻子 正月至七月 張斯立
癸卯	七年		完澤 正月至四月 哈剌哈孫 九月至十二月	阿忽台 八月至十二月	賽典赤 正月至二月 阿老瓦丁 三月至十二月 段那海 正月一月 阿魯渾薩理 正月一月 梁暗都剌 正月一月 木八剌沙 三月至十二月	八都馬辛 正月一月 洪雙叔 四月至十二月	月古不花 正月一月 尚文 三月至十二月	哈剌蠻子 正月一月 朶䚟 三月至七月 迷兒火者 正月一月 張 正月一月 董 四月至十三月
甲辰	八年		哈剌哈孫	阿忽台	阿老瓦丁 正月至九月	洪雙叔 正月一月	尚文 火失海牙	朶䚟 迷兒火者
					伯顏 十月至十二月 帖可 阿里 十月至十二月	塔思不花 二月至十二月 八都馬辛 十一月至十二月	十一月一月	十月至十二月 董 正月一月 趙 二月至九月 張 十月至十二月
乙巳	九年		哈剌哈孫	阿忽台	伯顏 阿里 正月至七月 八都馬辛 八月至十二月 段那海 九月至十二月	長壽 正月至八月 八都馬辛 正月至七月	尚文 正月至七月	脫歡 正月至六月 迷兒火者 正月至八月 張 正月至十月
丙午	十年		哈剌哈孫	阿忽台	帖可 三月至十二月 阿散 三月至十二月 伯顏 正月至閏正月 段那海 正月至閏正月 八都馬辛 徹里 二月至十二月	哈剌蠻子	章閭 四月至十二月 迷兒火者 正月至閏正月 杜 三月至十二月	也先伯 三月至十二月
丁未	十一年		哈剌哈孫 正月至八月	阿忽台 正月至二月 又八月至十二月	帖可 正月至二月 阿散 正月至八月 教化	哈剌蠻子 正月至二月 孛羅帖木兒 九月至十二月	杜 正月至三月 章閭 正月至三月 阿都赤	也先伯 正月至八月 劉 正月至三月 撒剌兒

				八月至十二月 八都馬辛 正月至二月 床兀兒 五月至十二月 塔失海牙 八月至十二月 脫脫 八月至九月 法忽魯丁 八月至九月 別不花 八月至九月 阿沙不花 五月至十二月 乞台普濟 六月至十二月 明里不花 六月至十二月	孛羅答失 八月至十二月 王 八月一月 劉 十一月至十二月 郝 十一月至十二月 抄兒赤 六月至十二月 塔海 六月至十二月	正月至七月 阿里伯 正月至十二月 斡羅思 七月至十二月	六月至九月 于璋 十一月至十二月 烏伯都剌 九月至十二月 欽察
武宗皇帝 戊申 至大元年		答剌海 正月至三月 塔思不花 九月至十二月 乞台普濟 閏十一月至十二月	脫脫 閏十一月至十二月 乞台普濟 二月至十一月	塔失海牙 正月至三月 床兀兒 正月至二月 乞台普濟 正月至二月 教化 正月一月 阿沙不花 右丞相行平章政事二月至十二月	孛羅帖木兒 劉 十二月一月 孛羅答失 正月至十一月 扎忽兒解 閏十一月至十二月	尚文 八月至十二月 忽都不丁 八月至十二月 郝 劉 正月至十月 何 十月至十一月 烏伯都剌	烏伯都剌 正月至十一月 郝 十月至十一月 于 正月至九月 伯都 閏十一月至十二月 高昉 閏十一月至十二月
				阿散 四月至六月 脫脫木兒 四月至十二月 赤因帖木兒 閏十一月至十二月 察乃 閏十一月至十二月		閏十一月至十二月	
己酉 二年 是年置尚書省		塔思不花 乞台普濟 中書省 乞台普濟 尚書省	脫脫 九月至十二月 脫脫	哈失海牙 三月至十月 阿散 三月至十月 赤因帖木兒 九月至十二月 察乃 八月至十二月 三寶奴 八月至九月 伯顏 十月至十一月 樂實 八月至十二月	扎忽兒解 劉 保八 八月至十二月	郝 正月至十一月 烏伯都剌 正月至十二月 脫脫 九月至十二月 忙哥帖木兒 八月至十二月	伯都 正月至十月 高昉 王羆 八月至十二月 郝彬 八月至十二月
庚戌 三年 是年置尚書省		塔思不花 中書省 脫脫	脫脫 三寶奴	赤因帖木兒 阿散 察乃 樂實	伯都 正月一月 忽都不丁 七月至十一月 保八	忽都不丁 正月至六月 斡只 八月至十一月 忙哥帖木兒	帖里脫歡 賈 正月至十一月 回回 八月至十二月 王羆
明年正月罷尚書省		尚書省		伯顏			郝彬
辛亥 四年		帖木迭兒	脫脫 正月一月	察乃 赤因帖木兒 李孟 二月至十二月 完澤 二月至八月 阿散 十二月一月	忽都不丁 正月至三月 烏伯都剌 四月至八月	斡只 正月一月 李 二月至十二月	帖里脫歡 正月至八月 賈 正月至八月
仁宗皇帝 壬子 皇慶元年		帖木迭兒	阿散 九月至十二月		烏伯都剌	李 正月至二月 八剌脫因 三月至十二月	察罕 正月至九月 阿海牙 十月至十二月 賈 正月至三月又九月至十二月 許師敬 九月至十二月
癸丑 三年		帖木迭兒 正月 禿忽魯 正月至十二月	阿散	章閭 張珪 正月至五月 烏伯都剌 六月至十二月	烏伯都剌 正月至五月 八剌脫因 六月至十二月	八剌脫因 正月至五月 阿卜海牙 六月至十二月	許師敬 阿卜海牙 正月至五月 禿魯花帖木兒 六月至七月 薛 九月至十二月
甲寅 延祐元年		禿忽魯 正月至二月	阿散	章閭 正月至十月	八剌脫因 正月至十一月	阿卜海牙	趙世延

				烏伯都剌 正月至八月	拜住 十二月一月		
乙卯 二年		帖木迭兒	阿散	烏伯都剌 李孟	拜住	阿卜海牙	曹 趙世延 正月至九月 郭 十一月一月
丙辰 三年		帖木迭兒	阿散	烏伯都剌 李孟 伯帖木兒 六月至十二月 拜住 六月至十二月	拜住 正月至五月 阿里海牙 六月至八月	阿卜海牙 六月至八月 王毅 六月至八月 王 十月至十二月	郭 正月至五月 不花 六月至十二月 曹 正月至七月 乞塔 九月至十二月
丁巳 四年		帖木迭兒 正月至六月 伯荅沙 九月至十二月	阿散	伯帖木兒 正月至七月 赤因帖木兒 六月至十二月 拜住 正月至五月 阿里海牙 六月至十二月 李孟 正月至六月 王毅 八月至十二月 烏伯都剌	阿卜海牙 正月至五月 乞塔 六月至十二月	王毅 正月至五月 高昉 六月至十二月	乞塔 正月至五月 煥住 六月至十二月 高昉 正月至五月 張 六月一月 王 七月至十二月
戊午 五年		伯荅沙	阿散	赤因帖木兒 正月至九月 阿里海牙 亦列赤 十月至十二月 烏伯都剌 王毅	乞塔 正月至四月 亦列赤 六月至九月 高昉 十月至十二月	高昉 正月至九月 煥住 十月至十二月	煥住 正月至九月 王 正月至四月 敬儼 五月至十二月 燕只哥 十月至十二月
己未 六年		伯荅沙	阿散	烏伯都剌 阿里海牙 王毅 亦列赤 正月至十一月	高昉	煥住	敬儼 正月至八月 燕只哥 正月至九月 張思明 閏八月至十二月 欽察 十月至十二月
庚申 七年		伯荅沙 正月一月 帖木迭兒 二月至十二月	阿散 正月至四月 拜住 六月至十二月	荅失海牙 六月至十二月 乃剌忽 六月至七月 帖木兒脫 六月至十二月 拜住 正月一月 烏伯都剌 正月一月 廉米只兒海牙 十一月至十二月 亦列赤 正月一月 阿里海牙 正月至二月 禿滿迭兒 正月至二月 赫驢 三月至四月 趙 三月至七月	高昉 正月至二月 木八剌 三月至十二月	煥住 正月一月 張思明 三月至十二月	欽察 正月至五月 張思明 只兒哈郎 六月至十二月 速速 六月至十二月
英宗皇帝 辛酉 至治元年		帖木迭兒	拜住	廉米只兒海牙 帖木兒脫 正月至十月 塔失海牙 正月至八月 只兒哈郎 七月至十二月	只兒哈郎	張思明	速速 薛 正月至十二月
壬戌 二年		帖木迭兒 正月至八月 拜住 十一月至十二月	拜住 正月至十月	廉米只兒海牙 正月至十一月 欽察 五月至十二月 只兒哈郎 正月至五月 買驢 四月至十二月	只兒哈郎 薛	張思明	速速 薛 正月至二月 王居仁 閏五月至十二月
癸亥 三年		拜住 正月至八月		欽察 赤因帖木兒 十月一、月	只兒哈郎 正月至十月 乃馬䚟 十月至十二月	速速 正月至八月 善僧 九月至十二月	馬剌 王居仁

					張珪			
泰定皇帝								
甲子	泰定元年		旭邁傑	倒剌沙 二月至十二月	倒剌沙 正月一月 烏伯都剌 欽察 正月至二月 張珪 乃蠻䚟 二月至十二月 禿滿迭兒 五月至十二月	乃蠻䚟 正月一月 善僧 二月至十二月	善僧 正月一月 潑皮 六月至十二月	馬剌 正月至四月 王居仁 正月至二月 楊庭玉 三月至十二月 朶朶 五月至十二月
乙丑	二年		旭邁傑 正月至八月 塔失帖木兒 十二月一月	倒剌沙	禿滿迭兒 烏伯都剌 乃蠻䚟 張珪 正月至二月 善僧 五月至十二月	善僧 正月至二月 潑皮 三月至十二月	潑皮 正月至二月 許師敬 四月至十二月	朶朶 楊庭玉 正月至四月 馮不花 五月至十一月
丙寅	三年		塔失帖木兒	倒剌沙	禿滿迭兒 烏伯都剌 乃蠻䚟 正月至二月 察乃 三月至十二月 善僧 正月至十月 伯顏察兒 十二月一月	潑皮 正月至五月 許師敬 十月至十二月	許師敬 正月至十月 朶朶 十一月至十二月	朶朶 正月至十月 史惟良 十一月至十二月 馮不花
丁卯	四年		塔失帖木兒	倒剌沙	禿滿迭兒	許師敬	朶朶	馮不花
					察乃 烏伯都剌 伯顏察兒	正月至十月 趙世延 十月至十二月		史惟良 正月至九月 王士熙 十月至十二月
文宗皇帝								
戊辰	天歷元年		燕鐵木兒	別不花	塔失海牙 九月至十月 速速 九月至十月 闊闊台 九月至十二月 明里董阿 九月至十二月 欽察台 十月至十二月 敬儼 十月至十二月	趙世延 回回 九月至十一月 月魯不花 十一月至十二月	史惟良 九月至十一月	張友諒 十月至十二月 月魯帖木兒 十月至十一月
己巳	二年		燕鐵木兒	別不花 帖木兒不花 正月至八月	闊闊台 正月至八月 明里董阿 正月至四月 敬儼 正月 王毅 正月至八月 哈八兒禿 五月至八月 徹里帖木兒 五月至八月	徹里帖木兒 正月至五月 闊兒吉思 四月至八月 朶兒只 八月至十一月 撒迪	月魯帖木兒 正月至八月 趙世安 十月至十二月	趙世安 正月 左吉 正月至五月 王結 正月至八月 阿榮 八月至十二月
					阿兒思蘭 海牙 九月至十二月 朶兒只 十二月 趙世延 十一月 欽察台	撒迪	史惟良	
庚午	至順元年		燕鐵木兒	伯顏 二月	欽察台 阿兒思蘭 海牙 三月 趙世延 正月至閏七月 阿里海牙 朶兒只 正月至二月 亦列赤		趙世安 二月 張友諒	蔡文淵 正月至五月 和尚 正月至閏七月 張友諒 五月至九月 脫亦納 姚庸
辛未	二年		燕鐵木兒		欽察台 阿里海牙 亦列赤 伯撒里 禿兒哈帖木兒	撒迪	張友諒	脫亦納 正月 姚庸 燕帖木兒 耿煥

元史卷一百十三

明翰林學士亞中大夫知制誥兼修國史宋　濂等修

表第六下

宰相年表二

順帝

年	中書令	右丞相	左丞相	平章政事	右丞	左丞	參知政事
癸酉 元統元年		燕鐵木兒 伯顏	撒敦	欽察歹 脫別歹 阿里海牙 撒迪 阿昔兒 闊兒吉思	闊兒吉思 孛羅	史惟良 王結	忽都海牙 高履亨
甲戌 二年		伯顏	撒敦	脫別歹 阿里海牙 正月除河南丞相 撒迪 阿昔兒 闊兒吉思	孛羅	王結	忽都海牙 許有壬 十月由侍御史除
乙亥 至元元年		伯顏 七月初二日命獨相	撒敦 唐其勢 六月伏誅	脫別歹 定住 九月初七日由樞密知院除爲頭平章 阿昔兒 闊兒吉思 七月遷知院 撒迪 七月初一日由中丞除第二平章十月爲御史大夫 徹里帖木兒 孛羅 七月初四日替闊里吉思 阿吉剌 十一月由知院除 塔失海牙	孛羅 七月升平章 鞏卜班 十月	王結 耿煥 十一月	普化 四月由南臺中丞除 納麟 七月由南臺中丞除 許有壬
丙子 二年		伯顏		定住 塔失海牙 帖木兒不花 孛羅 阿吉剌	鞏卜班	王懋德	納麟 許有壬
丁丑 三年		伯顏		定住 二月卒于位 塔失海牙 孛羅 阿吉剌	鞏卜班	王懋德	納麟 許有壬
戊寅 四年		伯顏		探馬赤 哈八兒禿 孛羅 阿吉剌 只兒瓦歹	鞏卜班	王懋德	納麟 傅巖起
己卯 五年		伯顏		哈八兒禿 孛羅 阿吉剌 只兒瓦歹 三月出爲遼陽平章後罷爲承旨	鞏卜班 三月出爲甘肅平章		納麟 傅巖起
庚辰 六年		伯顏 二月黜爲河南右丞相 馬札兒台 脫脫 三月拜十月罷	鐵木兒不花 十月	孛羅 沙剌班 汪家奴 四月由樞密同知爲平章十月除樞密知院	鐵木兒塔識	傅巖起	納麟 四月除樞密同知 阿魯 傅巖起 二月升左丞 許有壬
辛巳 至正元年		脫脫	鐵木兒不花 三年十月罷	別兒怯不花 十二月除浙江左丞相 脫歡 也先帖木兒 鐵木兒塔識	鐵木兒塔識 四月升平章 阿魯	許有壬	阿魯 四月升右丞 定住 許有壬 四月升左丞 吳忽都不花
壬午 二年		脫脫		也先帖木兒 鐵木兒塔識 也滅怯歹 三月由知院除第四平章	太平 六月	許有壬	定住 吳忽都不花
癸未 三年		脫脫	別兒怯不花 十二月	也先帖木兒 鐵木兒塔識 也滅怯歹 納麟 正月辭	太平	許有壬 正月辭	定住 吳忽都不花 伯顏 韓元善 十月由樞密僉院除
甲申 四年		脫脫 五月辭位 阿魯圖 五月	別兒怯不花	鐵木兒塔識 三月 太平 納麟 三月由河南平章除 伯顏 納哈赤	太平 二月升平章 伯顏 二月至八月升平章 達識帖睦邇 九月	吳忽都不花 姚庸 三月由集賢大學士除九月爲承旨 董守簡 九月由中丞除	伯顏 二月升右丞 搠思監 二月 韓元善 趙德壽 正月由兵部尚書除
乙酉 五年		阿魯圖	別兒怯不花	鐵木兒塔識 七月爲御史大夫 納哈赤 後罷爲承旨 太平	達識帖睦邇 九月罷爲承旨 搠思監	董守簡 後遷中丞	搠思監 九月升右丞 朶兒只班 前資正院使 韓元善

					伯顏 納麟 七月 韃卜班 十月爲御史大夫			十月 呂思誠 十月除司農太卿
丙戌	六年		阿魯圖	別兒怯不花	鐵木兒塔識 韃卜班 納麟 教化 帖木哥	朵兒只班 後除遼陽平章	呂思誠	朵兒只班 升右丞 答兒麻 七月 瑣南班 呂思誠 四月升左丞 魏中立
丁亥	七年		別兒怯不花 正月初九日四月十八再命五月罷 朵兒只 十二月	鐵木兒塔識 九月薨于位 朵兒只 九月由大夫拜 太平 十二月	鐵木兒塔識 四月升左丞相 太平 六月至十二月升左丞相 教化 定住 帖木哥 朵朵 韓加納 十二月除大夫	瑣南班 後遷中丞 定住 四月由承旨除 脫歡 七月 忽都不花 十月	呂思誠	瑣南班 二月升右丞 道童 三月 福壽 六月 魏中立 孔思立 七月
戊子	八年		朵兒只	太平	教化 定住 後以疾辭 韓加納 太不花 忽都不花	忽都不花 十一月拜平章	呂思誠	福壽 孔思立
己丑	九年		朵兒只 七月罷爲國王	太平 七月罷爲承旨	伯顏 韓加納	禿滿迭兒 閏七月除四川右丞	呂思誠 後遷中丞	撒馬篤 玉樞虎兒吐華
			脫脫 閏七月復相		太不花 欽察台 忽都不花 定住	搠思監	韓元善 四月	秦從德 閏七月
庚寅	十年		脫脫		伯顏 太不花 定住 搠思監 正月 普化	玉樞虎兒吐華 正月	韓元善	脫列 韓鏞
辛卯	十一年		脫脫		太不花 定住 搠思監 普化 朵兒只班	玉樞虎兒吐華	韓元善	脫列 韓鏞 松壽 分省濟寧 烏古孫良楨 十二月
壬辰	十二年		脫脫 二月總兵八月出師十一月還朝		定住 搠思監 普化 忽都海牙 月魯不花 正月由宣政院使除	玉樞虎兒吐華 哈麻 八月添設	韓元善 八月卒 賈魯 二月添設	帖里帖木兒 十一月出爲江浙添設右丞 烏古孫良楨 悟良哈台 三月添設 杜秉彝 十月添設
癸巳	十三年		脫脫		定住 搠思監 普化 忽都海牙 答失八都魯	哈麻 正月代玉樞虎兒吐華爲正 禿禿 悟良哈台 正月代哈麻四月爲正	烏古孫良楨 正月	蠻子 杜秉彝 正月由侍御除 正月代烏古孫良楨
甲午	十四年		脫脫 九月總兵出征十二	定住	定住 十二月升左丞相 韓加納	悟良哈台 桑哥失理	烏古孫良楨 呂思誠	蠻子 臧卜
			月詔削官爵淮南安置		搠思監 普化 月赤察兒 九月由知院除 哈麻 十二月 瑣南班 十二月	十二月由中政院使除添設	十二月由湖廣左丞召爲添設	九月由將作院使除 杜秉彝
乙未	十五年		汪家奴 二月 定住 十月辭以太保就第治病	定住 四月拜右丞相 哈麻	搠思監 正月出爲陝西平章九月復入中書 哈麻 四月升左丞相 達識帖睦邇 八月除江浙左丞相 紐的該 桑哥失理	悟良哈台 正月除河南平章 蠻子 九月除中政院使 拜住 九月代蠻子 幹欒 由樞密同知代拜住 臧卜	許有壬 九月爲集賢大學士 呂思誠 烏古孫良楨 杜秉彝	臧卜 實理門 李稷 成遵 月倫失不花 陳敬伯 分省彰德
丙申	十六年		定住 正月辭不允復命	哈麻 二月黜罷 搠思監 四月	搠思監 二月除大夫 帖里帖木兒 桑哥失里 悟良哈台 實理門	幹欒	呂思誠 十月除大司農卿 烏古孫良楨	別怯木兒 完者不花 答蘭 李稷 成遵
丁酉	十七年		搠思監 五月	太平 五月	帖里帖木兒 三月除大夫 悟良哈台 幹欒	別帖木兒 完者帖木兒 七月由中丞除 埜仙普化	烏古孫良楨 成遵 九月除中丞 李獻	完者帖木兒 十一月除宣政同知 俺普 七月

				臧卜 十一月分省太原 老的沙 完不花 荅蘭 十二月	九月 失列門 分省濟寧 八都麻失里	十一月由中丞除	卜顏帖木兒 十一月 哈剌那海 十一月 崔敬 十一月 陳敬伯 十一月 李稷 賈魯 分省濟寧
戊戌 十八年		搠思監 定住 太不花	太平 紐的該	斡欒 完不花 老的沙 脫脫帖木兒 燕古思 也先不花 莊嘉 八都麻失里	八都麻失里 六月升平章 完者帖木兒 搭失帖木兒	李獻 正月除翰林學士 成遵 失你不花	燕只不花 禿魯 三月由治書除 忙哥帖木兒 孛羅帖木兒 安童 普顏不花 十月由經略使除 馬某火者 十一月除崇福司使 瑣住 崔敬
己亥 十九年			太平	斡欒 完不花 帖里帖木兒 九月除陝西左丞相 朵兒只班 莊嘉 也先不花 八都麻失里	搭失帖木兒 不花	成遵	孛羅帖木兒 伯顏 忙哥帖木兒 脫火赤 分省太原 王時 二月由詳定使除 趙中
庚子 二十年		搠思監	太平	老的沙	不花	陳敬伯	也先不花

		三月	二月罷太保	二月由大夫入中書後復爲大夫 斡欒 完不花 完者帖木兒 達識帖木兒 紐住馬 失列門	分省太原		七十 王時 分省太原 危素 丁好禮
辛丑 二十一年				斡欒 失列門 佛家奴 達識帖木兒 定住 九月出爲陝西平章 荅蘭 分省太原	也先不花	也先不花 陳敬伯	哈剌章 七十 達禮麻失里 袁渙 不顏 危素
壬寅 二十二年		搠思監 三月		斡欒 擴廓帖木兒 失列門 愛不花 佛家奴 十二月爲大夫 搭失帖木兒 紐住馬 孛羅帖木兒	也先不花	也速迭兒 七十 剌馬乞剌 分省太原	達禮麻失里 伯顏帖木兒 哈剌那海 脫木兒 分省太原 危素
癸卯 二十三年		搠思監		愛不花 分省太原 完不花 普化 紐住馬	也先不花	七十 袁渙	伯顏帖木兒 札剌兒台 危素 馬良 七月

				咬住 完不花 孛羅帖木兒			
甲辰 二十四年		搠思監 四月貶嶺北 孛羅帖木兒 八月	也速 孛羅帖木兒 七月	瑣住 禿堅帖木兒 七月除大夫 山僧 佛家奴 老的沙	不花帖木兒 脫脫木兒	帖木兒	八都哥 危素 五月除承旨 王時 李士贍 李國鳳
乙巳 二十五年		孛羅帖木兒 七月伏誅 伯撒里 九月二十七	擴廓帖木兒	山僧 老的沙 三月除右大夫 擴廓帖木兒 禿堅帖木兒 失列門 沙藍荅里 十月升爲頭平章 上都馬 帖古思不花 別帖木兒 三月除左大夫 禿魯 脫脫 匡福 慶童 搭失帖木兒 洪寶寶 捏烈禿 不花帖木兒	不花帖木兒 十月升平章 孛羅 曲木 荅兒麻失里 脫脫木兒	帖木兒 袁渙 八月除河南右丞 王時 哈剌章 張晉	明安帖木兒 定住 八都兒 達識帖木兒 黎安道 帖林沙

	(續)	丙午	丁未
		二十六年	二十七年
		伯撒里	完者帖木兒 五月至八月除知院　也速 八月拜相總兵分省山東
		擴廓帖木兒 總兵河南　沙藍荅里 正月	帖里帖木兒 八月除爲添設　擴廓帖木兒 總兵十月罷爲河南王　沙藍荅里 九月分省大同十一月薨
	忽憐台　金那海	失列門　不花帖木兒　月魯帖木兒　七十　蠻子　札剌不台	札剌兒　七十　俺普 七月除大宗正札魯火赤　臧家奴　月魯帖木兒　伯顏帖木兒　哈剌章 十一月爲頭平章分省大同　蠻子　完者帖木兒　不顏帖木兒　哈剌那海 分省河東　陳敬伯　李克彝　火里赤　板築兒　丁好禮　帖林沙　忽林台
		月魯帖木兒　帖林沙　七十　札剌不台	帖林沙　陳敬伯 八月升平章　定住
		袁渙　李國鳳 八月升	定住　董幼安 八月升右丞　張守禮　劉益　孫景益 分省河東
		帖林沙　亦老溫　陳祖仁　董幼安　李國鳳　王朶羅歹	哈海　完者帖木兒　朶兒只　孫景益　阿剌不花　尹炳文　蓋元督　董守訓 十月由僉北參議升　胡濬　普顏不花　陝思丁　鐵憲帖木兒　莊家 分省保定　法都忽剌 供給山東

	(續)	戊申
		二十八年
		也速
		失列門　慶童
	陳秉直　楊誠　貊高　闊保	哈剌章　臧家奴　月魯帖木兒　伯顏帖木兒　完者帖木兒　燕赤不花　魏賽因不花　李思齊　俺普　瑣住
		定住　火里忽荅
		董幼安　張守禮　孫景益
		哈海　張裕　郭庸

元史卷一百十四

明翰林學士亞中大夫知制誥兼修國史宋　濂等修

列傳第一

后妃

太祖光獻翼聖皇后名旭真弘吉剌氏特薛禪之女也特薛禪與子按陳從太祖征伐有功賜號國舅封王爵以統其部族有旨生女爲后生男尚公主世世不絕世祖至元二年十二月追謚光獻翼聖皇后冊文曰朕祖宗致誠孝實王政之攸先法天地建鴻名亦母儀之克稱肆先虔於太室庸昭示於後昆體兹至公節以大惠欽惟光獻皇后宅心淵靜稟德柔嘉當聖神創業之初有夙夜求賢之助功施社稷垂慈訓於景襄慶衍宮闈流徽音於莊聖協贊龍飛之運永詒燕翼之謀惟周人著稱思齊亦推本興王之迹在漢世始謚光烈蓋篤申追遠之情是用稽迪舊章增崇遺美謹遣攝太尉某奉玉冊玉寶加上尊謚曰光獻翼聖皇后伏惟淑靈降格典禮備膺於億萬年茂隆丕祚升祔太祖廟其餘后妃有四斡耳朶四十餘人不記氏族其名悉見于表後皆倣此

太宗昭慈皇后名脫列哥那乃馬真氏生定宗歲辛丑十一月太宗崩后稱制攝國者五年丙午會諸王百官議立定宗朝政多出於后至元二年崩追謚昭慈皇后升祔太宗廟

定宗欽淑皇后名斡兀立海迷失定宗崩后抱子失列門垂簾聽政者六月至元二年追謚欽淑皇后

憲宗貞節皇后名忽都台弘吉剌氏特薛禪孫忙哥陳之女也蚤崩后妹也速兒繼爲妃至元二年追謚貞節皇后升祔憲宗廟

世祖昭睿順聖皇后名察必弘吉剌氏濟寧忠武王按陳之女也生裕宗中統初立爲皇后至元十年三月授冊寶上尊號貞懿昭聖順天睿文光應皇后一日四怯薛官奏割京城外近地牧馬帝既允方以圖進后至帝前將諫先陽責太保劉秉忠曰汝漢人聰明者言則帝聽汝何爲不諫向初到定都時若以地牧馬則可今軍蘸俱分業已定奪之可乎帝默然命寢其事后嘗於太府監支繒帛表裏各一帝謂后曰此軍國所需非私家物后何可得支后自是率宮人親執女工拘諸舊弓弦練之緝爲䌷以爲衣其韌密比綾綺宣徽院羊臑皮置不用后取之合縫爲地毯其勤儉有節而無棄物類如此十三年平宋幼主朝于上都大宴衆皆歡甚惟后不

樂帝曰我今平江南自此不用兵甲衆人皆喜爾獨不樂何耶后跪奏曰妾聞自古無千歲之國毋使吾子孫及此則幸矣帝以宋府庫故物各聚置殿庭上召后視之后徧視卽去帝遣宦者追問后欲何所取后曰宋人貯蓄以遺其子孫子孫不能守而歸於我我何忍取一物耶時宋太后全氏至京不習北方風土后爲奏令回江南帝不允至三奏帝乃荅曰爾婦人無遠慮若使之南還或浮言一動卽廢其家非所以爲愛也苟能愛之時加存䘏使之便安可也后退益厚待之胡帽舊無前簷帝因射日色炫目以語后后卽益前簷帝大喜遂命爲式又製一衣前有裳無衽後長倍於前亦無領袖綴以兩襻名曰比甲以便弓馬時皆倣之后性明敏達於事機國家初政左右匡正當時與有力焉十四年二月崩三十一年成宗卽位五月追謚昭睿順聖皇后其冊文曰奉先思孝臣子之至情節惠易名古今之大典惟殷娀有明德之號而周任著思齊之稱爰考舊章式崇尊謚恭惟先皇后厚德載物正位承天隆內治於公宮綱大倫於天下襄事龍潛之邸及承虎變之秋鄂渚班師洞識事機之會上都踐祚居多輔佐之謀先物之明獨斷于衷進賢之志允叶于上左右我聖祖建帝王之極功撫育我前人嗣社稷之重託臣下之勤勞灼見生民之疾苦周知儷宸極二十年垂慈範千萬世唯全美聖而益聖宜顯冊書而屢書不勝惓惓懇懇之誠敬展尊尊親親之義以揚盛烈以對耿光謹遣某官某奉玉冊玉寶上尊謚曰昭睿順聖皇后欽惟淑靈在天明鑒逮下增輝煒管茂揚徽懿之音合享太宮益衍壽昌之福升祔世祖廟

南必皇后弘吉剌氏納陳孫仙童之女也至元二十年納爲皇后繼守正宮時世祖春秋高頗預政相臣常不得見帝輒因后奏事焉有子一人名鐵蔑赤

成宗貞慈靜懿皇后名失憐荅里弘吉剌氏斡羅陳之女也大德三年十月立爲后生皇子德壽早薨武宗至大三年十月追尊謚貞慈靜懿皇后其冊文曰宗祧定位象天地之有陰陽今古同符通幽明以行典禮哀榮斯備孝敬兼陳恭惟先元妃弘吉剌氏慶毓仙源德昭彤史春宮主饋共瞻采翟之輝椒掖正名莫際飛龍之會惟貞協在中之美而慈推成物之仁靜旣合夫坤元懿益彰於壼則雖小星之逮下豈衆曜之敢齊嗣服云初追懷曷已是用究成先志式闡徽稱謹遣某官某上尊謚曰貞慈靜懿皇后升祔於成宗皇帝殿室伏惟淑靈永伸配侑介以景福佑我無疆

卜魯罕皇后伯岳吾氏駙馬脫里思之女元貞初立爲皇后大德三年十月授冊寶成宗多疾后居中用事信任相臣哈剌哈孫大德之政人稱平允皆后處決京師剏建萬寧寺中塑祕密佛像其形醜怪后以手帕蒙覆其面尋傳旨毀之省院臺臣奏上尊號帝不允車駕幸上都后方自奏請帝曰我病日久國家大事多廢不舉尚寧理此等事耶事遂寢大德十年后嘗謀貶順宗妃荅吉與其子仁宗往懷州明年成宗崩時武宗在北邊恐其歸必報前怨后乃命取安西王阿難荅失里來京師謀立之仁宗自懷州入淸宮禁旣誅安西王幷構后以私通事出居東安州

武宗宣慈惠聖皇后名眞哥弘吉剌氏脫憐子迸不剌之女至大三年四月冊爲皇后其文曰乾爲天坤爲地四時由是以相成日宗陽月宗陰萬象以之而並著后職有關於世敎先猷具載於邦彝惟慈旨之親承亦僉言之允若咨爾皇后弘吉剌氏睿聰淑哲端懿誠莊實婺分輝源天潢之自出纓徽迪慶系綏組以相仍後適皇慶二年立長秋寺掌皇后宮政秩三品泰定四年十一月崩上尊謚曰宣慈惠聖皇后升祔武宗廟

速哥失里皇后按陳哈兒只之女眞哥皇后之從妹也

妃二人亦乞烈氏奴兀倫公主之女實生明宗天歷二年追謚仁獻章聖皇后唐兀氏生文宗天歷二年追謚文獻昭聖皇后

仁宗莊懿慈聖皇后名阿納失失里弘吉剌氏生英宗皇慶二年三月冊爲皇后上冊寶遣官祭告天地於南郊及太廟改典內院爲中政院秩正二品英宗卽位上尊號皇太后其冊文曰坤承乾德所以著兩儀之稱母統父尊所以崇一體之號故因親而立愛宜考禮以正名恭惟聖母溫慈惠和淑哲端懿上以奉宗祧之重下以敘倫紀之常佽王化于二南嗣徽音於三母輔佐先考憂勤警戒之慮深擁佑眇躬撫育提攜之恩至迨于今日紹我丕基規模一出於慈闈付托益彰於祖訓致天下之養以爲樂未足盡於孝心極域中之大以爲尊庶可稱其懿美式遵貴貴之義用罄親親之情謹遣某官某奉冊上尊號曰皇太后伏惟周宗綿綿長信穆穆備洛書之錫福粲坤極之儀天啟佑後人永錫肩祚明日受百官朝賀于興聖宮至治二年崩上謚莊懿慈聖皇后其冊文曰致孝所以揚親易名所以表行矧爲天下母而養弗逮履天子位而報則豐曷勝孺慕之心必盡欽崇之禮欽惟先皇太后夙明壼則克嗣徽音輔佐先朝有恭儉節用之實誕育眇質有劬勞顧復之恩九族咸育於仁四海仰遵其化昊天不弔景命靡融愴聖善之長違念風猷之未泯是用揄揚于彤史正宜敷繹于寶慈爰據彝經追嚴徽號謹遣攝太尉某官某奉玉冊玉寶上尊號曰莊懿慈聖皇后伏惟淑靈如在合饗太宮鑒格孔昭膺茲巨典陰相丕祚億萬斯年升祔仁宗廟

英宗莊靜懿聖皇后名速哥八剌亦啟烈氏昌國公主益里海涯女也至治元年冊爲皇后泰定四年六月崩謚曰莊靜懿聖皇后

泰定帝八不罕皇后弘吉剌氏按陳孫斡留察兒之女泰定元年冊爲皇后

妃二人一曰必罕一曰速哥荅里皆弘吉剌氏兖王買住罕之女也文宗天歷初俱安置東安州

明宗貞裕徽聖皇后名邁來迪生順帝而崩文宗立謚貞裕徽聖皇后

八不沙皇后成宗甥壽寧公主之女也侍明宗潛邸生寧宗天歷二年立寧徽寺掌明宗皇后宮事以鈔萬錠幣帛二千疋供后宮費用十一月后請爲明宗資冥福命帝師率諸僧作佛事七日于大天源延聖寺道士建醮于玉虛天寶太乙萬壽四宮及武當龍虎二山至順元年敕有司供明宗后宮幣帛二百疋是年四月崩

文宗卜荅失里皇后弘吉剌氏父駙馬魯王琱阿不剌母魯國公主桑哥吉剌文宗居建業后亦在行天歷元年文宗卽位立爲皇后二年授冊寶十一月后以銀五萬兩助建大承天護聖寺至順元年以籍沒張珪家田四百頃賜護聖寺爲永業后與宦者拜住謀殺明宗后八不沙三年八月文宗崩于上都后導歘末命申帝初志遂立明宗次子懿璘質班是爲寧宗十一月奉玉冊玉寶尊皇后爲皇太后十二月御興聖殿受朝賀寧宗崩大臣請立太子燕帖古思后曰天位至重吾子尙幼明宗長子妥懽帖睦爾在廣西今十三歲矣理當立之於是奉旨迎至京師以明年六月卽位是爲順帝元統元年尊爲太皇太后仍稱制臨朝至元六年六月詔去尊號安置東安州尋崩

寧宗荅里也忒迷失皇后弘吉剌氏至順三年十月立爲后至正二十八年崩升祔寧宗廟

順帝荅納失里皇后欽察氏太師太平王燕鐵木兒之女至順四年立爲后元統二年授冊寶其冊文曰天之元統二氣配莫厚於坤儀月之道循右行明同貞於乾曜若昔帝王之宅后居多輔相之世勳蓋選德於亢宗亦疇庸於先正造周資任姒之化興漢表馬鄧之功咨爾皇后欽察氏雍肅惠慈謙裕靜淑廼祖廼父夙堅翼亮之心于國于家實獲修齊之助朕纘丕圖之初載親承太后之睿謨眷我元臣簡茲碩媛相嚴禋而率典奉慈極以愉顏用彰褘翟之華式著旂常之舊令攝太尉某官授以玉冊寶章命爾爲皇后備成嘉禮宏賁大猷於戲嵩高生賢予篤懷于良佐關雎正始爾勉嗣於徽音永錫壽康昭示悠久三年后兄御史大夫唐其勢以謀逆誅弟塔剌海走匿后宮后以衣蔽之因遷后出宮丞相伯顏鴆后于開平民舍

伯顏忽都皇后弘吉剌氏宣慈惠聖皇后眞哥姪毓德王孛羅帖木兒之女也至元三年三月立爲皇后其冊文曰帝王之道齊其家而天下平風敎所基正乎位而人倫厚爰擇配以承宗事若稽古以率典常咨爾弘吉剌氏淑哲溫恭齊莊貞一屬選賢於中壼躬受命於慈闈昜帥來嬪蹈榘儀之有度動容中禮謹夙夜以無違茲表式於宮庭宜推崇其位號乃蠲吉旦肅舉彝章遣攝太尉某持節授以玉冊寶章命爾爲皇后於戲乾施坤承克順成於四序日明月儷久照臨於萬方朕欲躋世於乂安爾其助予之德化共御亨嘉之運益延昌熾之期勉爾徽音聿修內治生皇子眞金二歲而夭后性節儉不妬忌動以禮法自持第三皇后奇氏素有寵居興聖西宮帝希幸東內后左右以爲言后無幾微怨望意從帝時巡上京次中道帝遣內官傳旨欲臨幸后辭曰暮夜非至尊往來之時內官往復者三竟拒不納帝益賢之帝嘗問后中政院所支錢糧皆傳汝旨汝還記之否后對曰妾當用則支關防出入必己選人司之妾豈能盡記耶居坤德殿終日端坐未嘗妄踰戶閾至正二十五年八月崩年四十二奇氏后見其所遺衣服敝壞大笑曰正宮皇后何至服此等衣耶其樸素可知踰月皇太子自冀寧歸哭之甚哀

完者忽都皇后奇氏高麗人生皇太子愛猷識理達臘家微用后貴三世皆追封王爵初徽政院使禿滿迭兒進爲宮女主供茗飮以事順帝后性穎黠日見寵幸後荅納失里皇后方驕妬數箠辱之荅納失里旣遇害帝欲立之丞相伯顏爭不可伯顏罷相沙剌班遂請立爲第二皇后居興聖宮改徽政院爲資政院后無事則取女孝經史書訪問歷代皇后之有賢行者爲法四方貢

獻或有珍味輒先遣使薦太廟然後敢食至正十八年京城大饑后命官爲粥食之又出金銀粟帛命資政院使朴不花於京都十一門置冢葬死者遺骼十餘萬復命僧建水陸大會度之時帝頗怠於政治后與皇太子愛猷識理達臘遂謀內禪遣朴不花諭意丞相太平太平不荅復召太平至宮舉酒賜之自申前請太平依違而已由是后與太子啣之而帝亦知后意怒而疏之兩月不見朴不花因后而寵幸既被劾黜后諷御史大夫佛家奴爲之辯明佛家奴乃謀再劾朴不花后知之反嗾御史劾佛家奴謫居潮河初奇氏之族在高麗者怙勢驕橫高麗王怒盡殺之二十三年后謂皇太子曰汝何不爲我復讐耶遂立高麗王族人留京師者爲王以奇族之子三寶奴爲元子遣同知樞密院事崔帖木兒爲丞相用兵一萬并招倭兵共往納之過鴨綠水伏兵四起乃大敗餘十七騎而還后大慚二十四年七月孛羅帖木兒稱兵犯闕皇太子出奔冀寧下令討孛羅帖木兒孛羅帖木兒怒嗾監察御史武起宗言后外撓國政奏帝宜遷后出于外帝不荅二十五年三月遂矯制幽于諸色總管府令其黨姚伯顏不花守之四月庚寅孛羅帖木兒逼后還宮取印章僞爲后書召太子后仍回幽所後又數納美女於孛羅帖木兒至百日始還宮及孛羅帖木兒死召皇太子還京師后傳旨令廓擴帖木兒以兵擁皇太子入城欲脅帝禪位廓擴帖木兒知其意至京城三十里外即遣軍還營皇太子復銜之事見廓擴帖木兒傳會伯顏忽都皇后崩十二月中書省臣奏言后宜正位中宮帝不荅又奏改資政院爲崇政院而中政院亦兼主之帝乃授之冊寶其冊文曰坤以承乾元人道莫先於夫婦后以母天下王化實始於家邦典禮之常古今攸重咨爾肅良合氏篤生名族來事朕躬儆戒相成每勤於夙夜恭儉率下多歷於歲年既發祥元子於儲闈復流慶孫枝於甲觀眷若中宮之位允宜淑配之賢宗戚大臣況僉言而敷請掖庭諸御咸傾望以推尊乃屢遜辭尤可嘉尚今遣攝太尉某持節授以玉冊玉寶命爾爲皇后於戲愼修壼政益勉爾輔佐之心昭嗣徽音同保我延洪之福其欽寵命以衍壽祺二十八年從帝北奔

元史卷一百十四考證

卜魯罕皇后傳伯岳吾氏○臣祖庚按武宗紀作伯要眞氏

元史卷一百十五

明翰林學士亞中大夫知制誥兼修國史宋　濂等修

列傳第二

睿宗

睿宗景襄皇帝諱拖雷太祖第四子太宗母弟也方太祖崩時太宗留霍博之地國事無所屬拖雷實身任之聞燕京盜賊白晝剽掠富民財物吏不能禁遂遣塔察吾圖撒合里往窮治之殺十有六人盜始屏息己丑夏太宗還京八月即位明年庚寅秋太宗伐金命拖雷帥師以從破天城堡拔蒲城縣聞金平章合達參政蒲阿守西邊遂渡河攻鳳翔會前兵戰不利從太宗援之合達乃退辛卯春破洛陽河中諸城太宗還官山大會諸侯王謂曰人言耗國家者實由寇敵今金未殄實我敵也諸君寧無計乎拖雷進曰臣有愚計非衆可聞太宗屏左右亟臨問之其言秘人莫知也鳳翔既下有降人李昌國者言金主遷汴所恃者黃河潼關之險爾若出寶雞入漢中不一月可達唐鄧金人聞之寧不謂我師從天而下乎拖雷然之言於太宗太宗大喜語諸王大臣曰昔太祖嘗有志此舉今拖雷能言之眞賽因也賽因猶華言大好云遂大發兵太宗以中軍自碗子城南下渡河由洛陽進斡陳那顏以左軍由濟南進而拖雷總右軍自鳳翔渡渭水過寶雞入小潼關涉宋人之境沿漢水而下期以明年春俱會于汴遣搠不罕詣宋假道且約合兵宋殺使者拖雷大怒曰彼昔遣苟夢玉來通好遽自食言背盟乎乃分兵攻宋諸城堡長驅入漢中進襲四川陷閬州過南部而還遂由金取房前鋒三千人破金兵十餘萬于武當山趨均州乘騎浮渡漢水遣夔曲涅率千騎馳白太宗太宗方詣漢水將分兵應之會夔曲涅至即遣慰諭拖雷亟合兵焉拖雷既渡漢金大將合達設伏二十餘萬于鄧州之西據險待之時拖雷兵不滿四萬及得諜報乃悉留輜重輕騎以進十二月丙子及金人戰于禹山佯北以誘之金人不動拖雷舉火夜行金合達聞其且至退保鄧州攻之三日不下遂將而北以三千騎命札剌等率之爲殿明旦大霧迷道爲金人所襲殺傷相當拖雷以札剌失律罷之而以野里知給歹代焉未幾敗金軍壬辰春合達等知拖雷已北合步騎十五萬躡其後拖雷按兵遣其將忽都忽等誘之日且暮令軍中曰毋令彼得休息宜夜鼓譟以擾之太宗時亦渡河遣親王口溫不花等將萬餘騎來會天大雨雪金人僵凍無人色幾不能軍拖雷即欲擊之諸將請俟太宗至破之未晚拖雷曰機不可失彼脫入城未易圖也況大敵在前敢以遺君父乎遂奮擊于三峰山大破之追奔數十里流血被道資仗委積金之精銳盡於此矣餘衆迸走睢州伏兵起又敗之合達走鈞州僅遺數百騎蒲阿走汴至望京橋復禽獲之太宗尋至按行戰地顧謂拖雷曰微汝不能致此捷也諸侯王進曰誠如聖諭然拖雷之功著在社稷蓋又指其定冊云爾拖雷從容對曰臣何功之有此天之威皇帝之福也聞者服其不伐從太宗攻鈞州拔之獲合達攻許州又拔之遂從太宗收定河南諸郡四月由半渡入眞定過中都出北口住夏于官山五月太宗不豫六月疾甚拖雷禱于天地請以身代之又取巫覡祓除釁滌之水飲焉居數日太宗疾愈拖雷從之北還至阿剌合的思之地遇疾而薨壽四十有闕妃怯烈氏子十一人長憲宗次四則世祖也憲宗立追謚曰英武皇帝廟號睿宗二年合祭昊天后土以太祖睿宗配享世祖至元二年改謚景襄皇帝

裕宗

裕宗文惠明孝皇帝諱眞金世祖嫡子也母昭睿順聖皇后弘吉烈氏少從姚樞竇默授孝經及終卷世祖大悅設食饗樞等中統三年封燕王守中書令丞相史天倪入啟事王曰我幼未嘗習祖宗典則閑於政體一旦當大任惟汝耆德賴焉復諭贊善王恂曰省臣所啟等國事也爾宜入與聞之四年兼判樞密院事至元初省臣奏請王署勅每月必再至中書於是王將入中書乳母進新衣笑却之曰吾何事美觀也嘗從幸宜興世祖違豫憂形于色夕不能寐聞母皇后暴得風疾即悲泣衣不解帶而行七年秋受詔巡撫稱海至冬還京間謂諸王札剌忽及從官伯顏等曰吾屬適有茲暇宜各悉乃心愼言所守俾吾聞之於是撒里蠻曰太祖有訓欲治身先治心欲責人先責已伯顏曰皇上有訓欺罔盜竊人之至惡一爲欺罔則後雖出善言人終弗信一爲盜竊則事雖未覺心常惴惴若捕者將至札剌忽曰我祖有訓長者梢深者底蓋言貴有終始長必極其杪深必究其底不可中輟也王曰皇上有訓毋持大心大心一持事即隳敗吾觀孔子之語即與聖訓合也至王恂陳說尤多事見恂傳十年二月立爲皇太子仍兼中書令判樞密院事受玉冊皇帝若曰咨爾皇太子眞金仰惟太祖皇帝遺訓嫡子中有克嗣服繼統者豫選定之是用立太宗英文皇帝以紹隆丕構自時厥後爲不顯立冢嫡遂啟爭端朕上遵祖宗宏規下協昆弟僉同之議乃從燕邸即立爾爲皇太子積有日矣比者儒臣敷奏國家定立儲嗣宜有冊命此典禮也今遣攝太尉左丞相伯顏持節授爾玉冊金寶於戲聖武燕謀爾其承奉昆弟宗親爾其和協使仁孝顯于躬行抑可謂不負所托矣尚其戒哉勿替朕命九月丙戌詔立宮師府設官屬三十有八員起處士楊恭懿于京兆太子嘗有疾世祖臨幸親和藥以賜之遣侍臣李衆馳祀嶽瀆名山川太子戒其所至郡邑毋煩吏迎送重擾民也詔以侍衞親軍萬人益隸東宮太子命王慶端董士亨選其驍勇者教以兵法時閱試焉太子服綾袷爲瀋所漬命侍臣重加染治侍臣請織綾更製之太子曰吾欲織百端非難也顧是物未敝豈宜棄之東宮香殿成工請鑿石爲池如曲水流觴故事太子曰古有肉林酒池爾欲吾效之耶不許每與諸王近臣習射之暇輒講論經典若資治通鑑貞觀政要王恂許衡所述遼金帝王行事要略下至武經等書從容片言之間苟有允愜未嘗不爲之灑然改容時侍經幄者如王恂白棟皆朝夕不出東宮而待制李謙太常宋衜尤加咨訪蓋無間也十八年正月昭睿順聖皇后崩太子自獵所奔赴勺飲不入口者終日設廬帳居之命宋衜擇可備顧問者衜以郭祐何瑋徐琰馬紹楊居寬何榮祖楊仁風等爲言太子曰是數人者盡爲我致之宜自近者始遂召瑋于易州琰于東平贊善王恂卒太子聞之嗟悼賻鈔二千五百緡一日顧謂左右曰王贊善當言必言未嘗顧惜隨事規正良多裨補今鮮有其匹也時阿合馬擅國重柄太子惡其姦惡未嘗少假顏色盜知阿合馬所畏憚者獨太子爾因爲僞太子夜入京城召而殺之及和禮霍孫入相太子曰阿合馬死於盜手汝任中書誠有便國利民者毋憚更張苟或沮撓我當力持之中書啟以何瑋參議省事徐琰爲左司郎中瑋琰入見太子諭之曰汝等學孔子之道今始得行宜盡平生所學於行之辟楊仁風于潞州馬紹于東平復辟楊恭懿置省中議事以衞輝總管董文用練達官政與恭懿同置省中按察副使王惲進承華事略一曰廣孝二曰立愛三曰端本四曰進學五曰擇術六曰謹習七曰聽政八曰達聰九曰撫軍十曰明分十一曰崇儒十二曰親賢十三曰去邪十四曰納誨十五曰幾諫十六曰從諫十七曰推惡十八曰尚儉十九曰戒逸二十曰審官太子聞漢成帝不絕馳道唐肅宗改絳紗袍爲朱明服大喜曰使吾行之亦

當若此及說邪峙止齊太子食邪蒿顧宮臣曰菜名邪蒿未必果邪也雖食之豈遽使人不正耶張九思對曰古人設戒義固當爾詔割江西龍興路爲太子分地太子謂左右曰安得治民如邢州張耕者乎誠使之往治俾江南諸郡取法民必安集於是召宋衜大選署守長江西行省以歲課羨餘鈔四十七萬緡獻太子怒曰朝廷令汝等安治百姓百姓安錢糧何患不足百姓不安錢糧雖多安能自奉乎盡卻之阿里以民官兼課司請歲附輸羊三百太子以其越例罷之參政劉思敬遣其弟思恭以新民百六十戶來獻太子問民所從來對曰思敬征重慶時所俘獲者太子蹙然曰歸語汝兄此屬宜隨所在放遣爲民毋重失人心烏蒙宣撫司進馬踰歲獻之額即諭之曰去歲嘗俾勿多進馬恐道路所經數勞吾民也自今其勿復然二十年春辟劉因于保定因以疾辭固辟之乃至拜右贊善大夫以吏部郎中夾谷之奇爲左贊善大夫是時已立國子學李棟宋衜李謙皆以東宮僚友繼典教事至是命因專領之而以衜等仍備咨訪嘗曰吾聞金章宗時有司論太學生廩費太多章宗謂養出一范文正公所償顧豈少哉其言甚善會因復以疾乞去二十二年以長史耶律有尙爲國子司業中庶子伯必以其子阿八赤入見諭令入學伯必即令其子入蒙古學逾年又見太子問讀何書其子以蒙古書對太子曰我命汝學漢人文字耳其亟入胄監遣使辟宋工部侍郎倪堅于開元既至訪以古今成敗得失堅對言三代得天下以仁其失也以不仁漢唐之亡也以外戚閹豎宋之亡也以姦黨權臣太子嘉納賜酒日昃乃罷諭德李謙夾谷之奇嘗進言曰殿下睿性夙成閱理久熟方遵聖訓參決庶務如視膳問安之禮固無待於贊諭至於軍民之利病政令之得失事關朝廷責有臺院有非宮臣所宜言者獨有澄原固本保守成業殿下所當留心臣等不容緘口者也敬陳十事曰正心曰睦親曰崇儉曰親賢曰幾諫曰戢兵曰尙文曰定律曰正名曰革敝其論正心有云太子之心天下之本也太子心正則天心有所屬人心有所繫矣唐太宗嘗言人主一心攻之者衆或以勇力或以辨口或以諂諛或以姦詐或以嗜欲輻輳攻之各求自售人主少懈而受其一則其害有不可勝言者殿下至尊之儲貳人求自售者亦不爲少須常喚醒此心不使爲物欲所撓則宗社生靈之福固本澄原莫此爲切論睦親以宗親爲王室之藩屏人主之所自衞者也大分既定尊卑懸殊必恩意俯逮然後得盡其歡心宗親之歡心得則遠近之歡心得矣其論正名革敝尤切中時政太子在中書日久明於聽斷四方州郡科徵輓漕造作和市有係民休戚者聞之即日奏罷右丞盧世榮以言利進太子意深非之嘗曰財非天降安得歲取贏乎恐生民膏血竭於此也豈惟害民實國之大蠹其後世榮果坐罪桑哥素主世榮聞太子有言訖箝口不敢救至元以來天下臻於太平人材輩出太子優禮遇之在師友之列者非朝廷名德則布衣節行之士德意未嘗少衰宋衜目疾賜鈔千五百緡王磐告老而歸官其婿於東平以終養孔洙自江南入覲則責張九思學聖人之道不知有聖人之後其大雅不羣本於天性中外歸心焉於是世祖春秋高江南行臺監察御史言事者請禪位於太子太子聞之懼臺臣寢其奏不敢遽聞而小人以臺臣隱匿乘間發之世祖怒甚太子愈益懼未幾遂薨壽四十有三成宗即位追謚曰文惠明孝皇帝廟號裕宗祔于太廟

顯宗

顯宗光聖仁孝皇帝諱甘麻剌裕宗長子也母曰徽仁裕聖皇后弘吉剌氏甘麻剌少育於祖母昭睿順聖皇后日侍世祖未嘗離左右畏愼不妄言言必無隱至元中奉旨鎭北邊叛王岳木忽兒等聞其至望風請降既而都阿察八兒諸王遣使求和邊境以寧嘗出征駐金山會大雪擁火坐帳內歡甚顧謂左右曰今日風雪如是吾與卿處猶有寒色彼從士亦人耳腰弓矢荷刃周廬之外其苦可知遂命饔人大爲肉糜親嘗而徧賜之撫循部曲之暇則命也滅堅以國語講通鑑戒其近侍太不花曰朝廷以藩屏寄我事有不逮正在汝輩輔助其或依勢作威不用我命輕者論遣大者奏聞耳宜各愼之使百姓安業主上無北顧之憂則子與卿等亦樂處於此乃所以報國家也二十六年世祖以其居邊日久特命獵于柳林之地率衆至漷州恐廩膳不均令左右司之分給從士仍飭其衆曰汝等飮食既足若復侵漁百姓是汝自取罪謫無悔衆皆如約民賴以安北還覲世祖于上京世祖勞之曰汝在柳林民不知擾朕實嘉焉明年冬封梁王授以金印出鎭雲南過中山又明年春過懷孟從卒馬駝之屬不下千百計所至未嘗擾取於民二十九年改封晉王移鎭北邊統領太祖四大斡耳朶及軍馬達達國土更鑄晉王金印授之中書省臣言于世祖曰諸王皆置傅今晉王守太祖肇基之地視諸王宜有加請置內史世祖從之遂以北安王傅禿歸梁王傅木八剌沙雲南行省平章賽陽並爲內史明年置內史府又明年世祖崩晉王聞訃奔赴上都諸王大臣咸在晉王曰昔皇祖命我鎭撫北方以衞社稷久歷邊事願服厥職母弟鐵木兒仁孝宜嗣大統於是成宗即帝位而晉王復歸藩邸元貞元年塔塔兒部年穀不熟檄宣徽院賑之又答答剌民饑請朝廷賑之詔賜王鈔千萬貫及銀帛有差皇太后復以雲南所貢金器遣朶年來賜是歲冬奉詔以知樞密院事札散同知徽政院事阿里罕爲內史大德二年詔給秫米五百石五年成宗以邊士貧乏分給鈔一千萬貫六年正月乙巳王薨年四十王天性仁厚御下有恩元貞初藩邸屬官審伯年老請以其子代之內史言於王王曰惟天子所命其自守如此故尤爲朝廷所重然崇尙浮屠命僧作佛事歲耗財不可勝計子三人曰也孫帖木兒曰松山曰迭里哥兒不花王薨後十年仁宗即位謚王獻武又十一年英宗遇弒也孫帖木兒以嗣晉王即皇帝位追尊曰光聖仁孝皇帝廟號顯宗祔享太室又六年文宗即位乃毀其廟室

順宗

順宗昭聖衍孝皇帝諱答剌麻八剌裕宗第二子也母曰徽仁裕聖皇后弘吉剌氏至元初裕宗爲燕王答剌麻八剌生于燕邸明年詔裕宗居潮河八月召至京師凡乘輿巡幸及歲時朝賀未嘗不侍裕宗以行稍長世祖賜女侍郭氏其後乃納弘吉剌氏爲妃二十二年裕宗薨答剌麻八剌以皇孫鍾愛兩宮優其出閤之禮二十八年始詔出鎭懷州以侍衞都指揮使梭都尙書王倚從行至趙州從卒有伐民桑棗者民遮訴于道答剌麻八剌怒杖從卒以懲衆遣王倚入奏世祖大悅未至以疾召還明年春世祖北幸留治疾京師越兩月而薨年二十有九子三人長曰阿木哥封魏王郭出也妃所生者曰海山是爲武宗曰愛育黎拔力八達是爲仁宗大德十一年秋武宗即位追謚曰昭聖衍孝皇帝廟號順宗祔享太廟

元史卷一百十六

明翰林學士亞中大夫知制誥兼修國史宋　濂等修

列傳第三

后妃

睿宗顯懿莊聖皇后名唆魯帖尼怯烈氏生子憲宗世祖相繼爲帝至元二年追上尊謚莊聖皇后升祔睿宗廟至大二年十二月加謚顯懿莊聖皇后三年十月又上玉冊其文曰祖功宗德稱誄於天內則閫儀受成於廟行之大者名必顯恩之隆者報則豐上以增佐定之光下以伸遹追之孝欽惟莊聖皇后英明溥博聖善承嘉尊儷景襄陰教純被逮事光獻婦職勤修勳聿著於承天祥兩占於夢日躋聖緒洪源之有漸知深仁厚澤之無垠立符肇自塗山顧前嶽之未稱蒼籙興於文母豈後嗣之能忘是用參攷彝經丕揚景鑠敷繹寶慈之誼形容靑史之規謹遣攝太尉某奉玉冊玉寶加上尊謚曰顯懿莊聖皇后伏惟睿靈昭垂鑒格禮嚴閟宮樂歌夷則億萬斯年承休無斁

裕宗徽仁裕聖皇后伯藍也怯赤一名闊闊眞弘吉剌氏生順宗成宗先是世祖出田獵道渴至一帳房見一女子緝駝茸世祖從覓馬潼女子曰馬潼有之但我父母諸兄皆不在我女子難以與汝世祖欲去之女子又曰我獨居此汝自來自去於理不宜我父母即歸姑待之須臾果歸出馬潼飮世祖世祖既去歎息曰得此等女子爲人家婦豈不美耶後與諸臣謀擇太子妃世祖俱不允有一老臣嘗知向者之言知其未許嫁言于世祖世祖大喜納爲太子妃后性孝謹善事中宮世祖每稱之爲賢德媳婦侍昭睿順聖皇后不離左右至溷廁所用紙亦以面擦令柔軟以進一日裕宗有病世祖往視見牀上設織金臥褥世祖慍而語之曰我嘗以汝爲賢何乃若此耶后跪答曰常時不曾敢用今爲太子病恐有濕氣因用之即時徹去世祖崩成宗至上都諸王畢會先是御史中丞崔彧得玉璽于木華黎國王曾孫世德家其文曰受命于天既壽永昌上之于后至是后手授成宗即皇帝位尊后爲皇太后冊文曰自家而國治道必有所先立愛惟親君德莫先於孝況恩深於鞠我而禮重於正名歷代以來令儀可考人子之職所在天下之母宜尊恭惟聖母聖善本乎天資靜專法乎地道上以奉宗祏之重下以敘倫紀之常助我前人守卷耳憂勤之志保予冲子成思齊雍肅之風肆神器之有歸知孫謀之素定畀付雖由於歷數規摹一出於庭闈

是用率籲衆心章明鉅度不勝拳拳大願謹奉册寶上尊稱曰皇太后伏惟長信穆穆周宗綿綿備洛書之錫福粲慈極之儀天瑤圖寶運於萬斯年命設官屬置徽政院後院官有受獻浙西田七百頃籍於位下太后曰我寡居婦人衣食自有餘況江南率土皆國家所有我曷敢私之即命中書省盡易院官之受獻者后之弟欲因后求官后語之曰若欲求官耶汝自爲之勿以累我也其後弟果被黜人皆服后之先見大德四年二月崩祔葬先陵謚曰裕聖皇后升祔裕宗廟至大三年十月又追尊謚曰徽仁裕聖皇后

顯宗宣懿淑聖皇后名普顏怯里迷失弘吉剌氏顯宗居晉邸納爲元妃生泰定帝泰定元年追尊宣懿淑聖皇后其册文曰祇纘皇圖方弘仁孝之化追崇聖母永懷鞠育之恩匪建鴻名曷彰厚德欽惟皇妣晉王妃弘吉剌氏淑佯周姒賢邁虞嬪儷我先王恪守肇基之地昭其懿範益恢正始之風順坤道以承乾炯月輝以邇日陰功久積衍聖緒於無疆神器攸歸知慶源之有自仰徽音之如在慨至養之莫加聿選休辰爰修縟典謹遣攝太尉某奉玉册玉寶上尊謚曰宣懿淑聖皇后伏惟淑靈在上式垂鑒臨合享太宮永錫蕃祉升祔皇考顯宗廟天歷初復祧顯宗廟祀

順宗昭獻元聖皇后名荅己弘吉剌氏按陳孫渾都帖木兒之女裕宗居燕邸及潮河順宗俱在侍稍長世祖賜女侍郭氏後乃納后爲妃生武宗及仁宗大德九年成宗不豫卜魯罕皇后秉政遣仁宗母子出居懷州十年十二月后至懷州十一年正月成宗崩時武宗總兵北邊左丞相荅剌罕哈剌哈孫陰遣使報仁宗與后奔還京師后與仁宗入內哭復出居舊邸朝夕入奠即遣使迎武宗還以五月即位先是太后以兩太子星命付陰陽家推算問所宜立對曰重光大荒落有災旃蒙作噩長久重光爲武宗生年旃蒙爲仁宗生年太后頗惑其言遣近臣朶耳諭旨武宗曰汝兄弟二人皆我所出豈有親疎陰陽家所言運祚修短不容不思也武宗聞之默然進康里脫脫而言曰我捍北邊十年又肯次居長太后以星命爲言茫昧難信使我設施合於天心民望雖一日之短亦足垂名萬世何可以陰陽家言而乖祖宗之託哉脫脫以聞太后愕然曰修短之說雖出術家吾爲太子遠慮所以深愛太子也太子既如是言今當速來耳詳見康里脫脫傳中五月武宗既立即日尊太后爲皇太后立仁宗爲皇太子三宮協和十一月帝朝太后于隆福宮上皇太后玉册玉寶至大元年三月帝爲太后建興聖宮給鈔五萬錠絲二萬斤二年正月太后幸五臺山作佛事詔高麗王璋從之四月立興聖宮江淮財賦總管府以司太后錢糧三年二月以上皇太后尊號告祀南郊四月以興聖宮鷹坊等戶四千分處遼陽建萬戶府統之十月戊申帝率皇太子諸王羣臣朝興聖宮上皇太后尊號册寶曰儀天興聖慈仁昭懿壽元皇太后庚戌后恭謝太廟以皇太后受尊號詔赦天下四年仁宗即位延祐二年三月帝率諸王百官奉玉册玉寶加上皇太后尊號曰儀天興聖慈仁昭懿壽元全德泰寧福慶皇太后延祐七年英宗即位十二月上尊號太皇太后册文云王政之先無以加孝人倫之本莫大尊親肆予臨御之初首舉推崇之典恭惟太皇太后陛下仁施溥博明燭幽微爰自居淵潛之宮已有母天下之望方武宗之北狩適成廟之賓天旋克振於乾綱諒再安於宗祏雖有在躬之歷數實司創業之艱難儀式表於慈闈動協謀於先帝莫究補天之妙允如扶日之升位履至尊兩翼成於聖子嗣登大寶復擁佑於眇躬紹德邁塗山功高文母是宜加於四字式益衍於徽稱謹奉玉册玉寶加上尊號曰儀天興聖慈仁昭懿壽元全德泰寧福慶徽文崇佑太皇太后於戲茲難涉於强名庶庸申於善頌九州四海養未足於孝心萬歲千秋願永膺於壽祉丙辰太后御大明殿受朝賀戊辰告太廟太后見明宗少時有英氣而英宗稍柔懦諸羣小以立明宗必不利於己遂擁立英宗及既即位太后來賀英宗即毅然見於色后退而悔曰我不擬養此兒耶遂飲恨成疾至治三年二月崩升祔順宗廟配食后性聰慧歷佐三朝教宮中侍女皆執治女功親操井臼然不事檢飭自正位東朝滛恣益甚內則黑驢母亦烈失八用事外則幸臣失烈門紐隣及時宰迭木帖兒相率爲姦以至箠辱平章張珪等濁亂朝政無所不至及英宗立羣倖伏誅而後勢燄頓息焉

元史卷一百十六考證

顯懿莊聖皇后傳至元二年追上尊謚莊聖皇后○臣祖庚按本紀作莊獻

元史卷一百十七

明翰林學士亞中大夫知制誥兼修國史宋　濂等修

列傳第四

別里古台

宗王別里古台者烈祖之第五子太祖之季弟也天性純厚明敏多智畧不喜華飾軀幹魁偉勇力絕人幼從太祖平諸部落掌從馬國法常以腹心遇敗則牽從馬其子孫最多居處近太祖行在所南接按只台營地嘗從太祖宴諸部族或潛圖害別里古台以刀斫其臂傷甚帝大怒欲索而誅之別里古台曰今將舉大事於天下其可以臣故而生釁隙哉且臣雖傷甚幸不至死請勿治帝尤賢之當創業之初征取諸國王未嘗不在軍中摧鋒陷陣不避艱險帝嘗曰有別里古台之力哈撒兒之射此朕之所以取天下也其見稱如此嘗立爲國相又長扎魯火赤別授之印賜以蒙古百姓三千戶及廣寧路恩州二城戶一萬一千六百三以爲分地又以斡難怯魯之地建營以居江南平加賜信州路及鉛山州二城戶一萬八千王薨子曰罕禿忽曰也速不花曰口溫不花罕禿忽性剛猛知兵從憲宗征伐多立戰功及攻釣魚山而還道由河南招來流亡百餘戶悉以入籍罕禿忽子曰霍歷極以疾廢不能軍世祖俾居于恩以統其藩人至大三年霍歷極薨子塔出嗣塔出性溫厚謙恭好學通經史能撫恤其民云也速不花子曰爪都中統三年始以推戴功封廣寧王至元十三年賜銀印口溫不花領兵河南屢建大功子曰滅里吉台甕吉剌台

朮赤

朮赤者太祖長子也國初以親王分封西北其地極遠去京師數萬里驛騎急行二百餘日方達京師以故其地郡邑風俗皆莫得而詳焉朮赤薨子拔都嗣拔都薨弟撒里荅嗣撒里荅薨弟忙哥帖木兒嗣忙哥帖木兒薨弟脫脫忙哥嗣脫脫忙哥薨弟脫脫嗣脫脫薨弟伯忽嗣伯忽薨弟月即別嗣至元二年月即別遣使來求分地歲賜以賑給軍站京師元無所領府治三年中書請置總管府給正三品印至大元年月即別薨子札尼別嗣其位下舊賜平陽晉州永州分地歲賦中統鈔二千四百錠自至元五年已卯歲始給之

禿剌

禿剌太祖次子察合台四世孫也少以勇力聞大德十一年春成宗崩左丞相阿忽台等潛謀立安西王阿難荅而推皇后伯岳吾氏稱制中外洶洶仁宗歸自懷孟引禿剌入內縛阿忽台等以出誅之大事遂定武宗即位第功封越王賜金印以紹興路爲其分地禿剌居常怏怏有怨望意至大元年秋武宗幸凉亭將御舟禿剌前止之帝曰爾何如朕欲登舟禿剌曰人有常言一箭中麋毋曰自能百兔未得未可遽止此蓋國俗儕輩相靳之語而禿剌言之武宗由是銜焉既而大宴萬歲山禿剌醉起解其腰帶擲諸地瞋目謂帝曰爾與我者止此爾帝益疑其有異志二年春命楚王牙忽都丞相脫脫平章赤因鐵木兒鞠之辭服遂伏誅子西安王阿剌忒納失里天歷初以推戴功進封豫王

牙忽都

牙忽都祖父撥綽睿宗庶子也撥綽之母曰馬一實乃馬真氏撥綽驍勇善騎射憲宗命大將軍北征欽察有功賜號拔都歲丁巳分土諸侯王賜蠡州三千三百四十七戶爲其食邑撥綽娶察渾滅兒乞氏生薛必烈傑兒薛必烈傑兒娶弘吉剌氏生牙忽都牙忽都年十三世祖命襲其祖父統軍至元十二年從北安王北征十三年失列吉叛遣人誘脅之牙忽都不從事王益忠謹八魯渾拔都兒粘闓與海都通相率引去王遣牙忽都將兵追之擒八魯渾等以獻未幾失列吉約木忽兒脫帖木兒等反以兵攻王脫帖木兒生致牙忽都使失列吉拘繫之牙忽都與王親臣那台等謀逃歸事覺那台等被殺復繫牙忽都困辱備至十四年兀魯兀台伯顏帥師討叛失吉列約木忽兒迎戰牙忽都潛結赤斤帖木兒禿禿哈亂其陣失列吉軍亂因得脫走見帝鬚髮盡白帝閔之賞賚甚厚至元十八年加封耒陽州五千三百四十七戶二十一年命與禿禿哈同討海都牙忽都先進邏得諜人知其虛實直前衝敵陣破其精兵海都敗走得所俘掠軍民而還朶兒朶哈上其功詔賜鈔幣鎧甲弓矢其後北安王駐帖木兒河乃顏也不堅有異圖也不堅引兵趨怯綠憐河大帳王遣闊闊出禿禿哈率衆追之那懷之民擾攘不知所從牙忽都將三百騎進至阿赤怯地會王帳下遜篤思部兵逃去牙忽都諭之使還時怯必禿忽兒霍台誘蒙古軍二萬從乃顏牙忽都知之夜襲其河上軍突入帳中遇忽都滅兒堅幾獲之間道逸去二十七年海都入寇時朶兒朶哈方居守大帳詔遣牙忽都同力備禦軍未戰而潰牙忽都妻帑輜重駐不思哈剌嶺上悉爲藥木忽兒明理帖木兒所掠牙忽都與其子脫列帖木兒相失獨與十三騎

奔還世祖撫慰嘉歎賜爵鎮遠王塗金銀印以弘吉剌氏女賜之資裝特厚復命納里忽徹徹不花往錫命其部屬同時被剽掠者以故相桑哥家財分賜之仍各賜白金五十兩珠子一酒巵鈔幣稱是又命牙忽都居北安王第二帳王甍帝命掌大帳固辭成宗立命牙忽都常侍左右武宗撫兵漠北請以子脫列帖木兒從大德五年海都篤哇合軍入寇脫列帖木兒將兵千人擁護先後力戰功多在軍十年成宗崩安西王阿難荅與明理帖木兒覬望神器牙忽都曰世祖皇帝之嫡孫在神器所當屬安西藩王也入繼非制武宗即位以其父子勞効忠勤益厚遇之進封楚王賜金印置王傅以駙馬都尉都剌哈之女弟弘吉烈氏爲楚王妃又以叛王察八兒親屬賜之脫列帖木兒襲封鎮遠王至大三年察八兒來歸宗親皆會牙忽都進曰太祖皇帝創平四方惟南土未定列聖嗣位未遑統一世祖皇帝混一四海顧惟宗室諸王弗克同堂而燕今陛下洪福齊天拔都罕之裔首已附順叛王察八兒舉族來歸人民境土悉爲一家地大物衆有可恃者焉有不可恃者焉昔我太祖有訓世祖誦之臣與有聞治亂國者宜以法齊之所以辨上下定民志今請有以整飭之則人將有所勸懲惟陛下鑒之帝嘉納其言牙忽都甍仁宗命脫列帖木兒嗣楚王延祐中明宗西出脫列帖木兒坐累從西番沒入其家貲之半明宗即位制曰脫列帖木兒何罪其轉徙籍沒豈不以我故耶其復故號人民貲帑悉歸之脫列帖木兒甍子八都兒立八都兒甍有子三人曰燕帖木兒曰速哥帖木兒曰朶羅不花燕帖木兒嗣時年十有二妃弘吉剌氏哈只兒駙馬之女孫速哥失里皇后之從妹也

寬徹普化

寬徹普化世祖之孫鎮南王脫歡子也泰定三年封威順王鎮武昌賜金印撥付怯薛丹五百名又自募至一千名設王傅官屬湖廣行省供億錢糧衣裝歲支米三萬石錢三萬二千錠又日給王子諸妃飲饍文宗天歷初賜寬徹普化金銀各五十兩幣三十匹仍鎮湖廣而寬徹普化縱怯薛等官侵奪民利民頗患苦之至元五年太師伯顏矯制召赴京貶之及脫脫爲相始明其無辜命復還鎮至正二年湖北廉訪司糾言寬徹普化恃以宗室恣行不法不報十一年徐壽輝爲亂起蘄黃寬徹普化與其子別帖木兒荅帖木兒引兵至金剛臺壽輝部將倪文俊敗之執別帖木兒十二年壽輝僞將鄒普勝陷武昌寬徹普化與湖廣行省平章和尚棄城走詔追奪寬徹普化印而誅和尚十三年湖廣行省參知政事阿魯輝克復武昌及漢陽寬徹普化復率領王子并本部怯薛丹屢討賊立功十四年詔寬徹普化復鎮武昌還其印十六年命寬徹普化與宣讓王帖木兒不花以兵鎮遏懷慶各賜黃金一錠白金五錠幣帛九匹鈔二十錠未幾復還武昌命其子報恩奴接待奴佛家奴以大船四十餘隻水陸並進至沔陽攻徐壽輝僞將倪文俊且載妃妾以行兵至漢川縣鷄鳴汊水淺船閣不能行文俊以火筏盡焚其船接待奴佛家奴皆遇害而報恩奴自死妃妾皆陷寬徹普化走陝西二十五年侯伯顏荅失奉寬徹普化自雲南經蜀轉戰而去至成州欲之京師李思齊以取蜀爲名扼不令行俾屯田于成州以沒其子曰和尚者封義王侍從順帝左右多著勞効帝出入常與俱至正二十四年孛羅帖木兒稱兵犯闕遂爲中書右丞相總握國柄恣爲淫虐和尚心忿其無君數爲帝言之受密旨與儒士徐士本謀交結勇士上都馬金那海伯顏達兒帖古思不花火你忽都洪寶寶黃哈剌八禿龍從雲陰圖剌孛羅帖木兒帝期以事濟放鴿鈴爲號徐士本掌之明年七月孛羅帖木兒入奏事行至延春閣李樹下伯顏達兒自衆中奮出斫孛羅帖木兒中其腦上都馬等競前斫死之詳見孛羅帖木兒傳二十八年順帝將北奔詔淮王帖木兒不花監國而以和尚佐之及京城將破即先遁不知所之

帖木兒不花

帖木兒不花世祖孫鎮南王脫歡第四子也初世祖第九子脫歡以討安南無成功終身不許見遂封鎮南王出鎮揚州脫歡甍子老章襲封鎮南王老章甍弟脫不花襲封鎮南王脫不花甍子孛羅不花幼帖木兒不花乃嗣爲鎮南王文宗天歷初賜帖木兒不花黃金五十兩白金五十兩幣三十匹二年孛羅不花已長帖木兒不花請以其位復還孛羅不花朝廷以其讓而不居也改封宣讓王賜金印移鎮於廬州順帝至元元年撥廬州饒州牧地一百頃賜之二年賜市宅錢四千錠命其王府官凡班次列于有司之右五年伯顏擅權矯制貶帖木兒不花及威順王寬徹普化至脫脫爲相始言于帝明此兩王者皆無辜詔令復還鎮至正十二年廬州境內賊起淮西廉訪使陳思謙言于帖木兒不花曰王以帝室之冑鎮撫淮甸豈宜坐視且府中官屬及怯薛丹人等數甚多必有可使摧鋒陷陣者惟王圖之帖木兒不花大悟其言曰此吾責也即命以所部兵及諸王乞塔歹等分道擊賊擒其渠帥廬州境內皆平帝聞之賜金帶銀鈔以賞其功十六年命帖木兒不花與寬徹普化以兵鎮遏懷慶路賜金銀各一錠幣帛九匹鈔二十錠既而汝潁之寇南渡淮帖木兒不花復以便宜調芍陂屯軍拒之及廬州不守乃挈身北歸留京師二十七年進封淮王賜金印設王傅等官二十八年大明兵逼京師順帝北奔詔以帖木兒不花監國而拜慶童中書左丞相輔之俄而城破帖木兒不花死之年八十三

元史卷一百十八

明翰林學士亞中大夫知制誥兼修國史宋　濂等修

列傳第五

特薛禪

特薛禪姓孛思忽兒弘吉剌氏世居朔漠本名特因從太祖起兵有功賜名薛禪故兼稱曰特薛禪女曰孛兒台太祖光獻翼聖皇后子曰按陳從太祖征伐凡三十二戰平西夏斷潼關道取回紇尋斯干城皆與有功歲丁亥賜號國舅按陳那顏壬辰賜銀印封河西王以統其國族丁酉賜錢二十萬緡有旨弘吉剌氏生女世以爲后生男世尚公主每歲四時孟月聽讀所賜旨世世不絕又賜所俘獲軍民五千二百仍授萬戶以領之按陳甍葬官人山元貞元年二月追封濟寧王謚忠武妻哈真追封濟寧王妃子斡陳歲戊戌授萬戶尚睿宗女也速不花公主斡陳甍葬不海韓弟納陳歲丁巳襲萬戶奉旨伐宋攻釣魚山又從世祖南涉淮甸下大清口獲船百餘艘又率兵平山東濟兗單等州及阿里不哥叛中統二年與諸王北伐以其子哈海脫歡斡羅陳等十人自從至于莽來由失木魯與阿里不哥之黨八兒哈八兒思等戰追北至孛羅克禿復戰自旦及夕斬首萬級僵尸被野甍葬末懷禿斡羅陳襲萬戶尚完澤公主完澤公主甍繼尚囊加真公主至元十四年甍葬拓剌里無子弟曰帖木兒至元十八年襲萬戶二十四年乃顏叛從帝親征以功封濟寧郡王賜白傘蓋以寵之二十五年諸王哈丹禿魯干叛與諸王及統兵官玉速帖木兒等率兵討之由龜剌兒河與哈丹等遇轉戰至惱木連河殲其衆帝賜名按察兒禿那顏以旌其功甍葬末懷禿子二人長曰琱阿不剌次曰桑哥不剌皆幼至元二十七年以其弟蠻子台襲萬戶亦尚囊加真公主成宗即位封皇姑魯國大長公主以金印封蠻子台爲濟寧王奉旨率本部兵討叛王海都篤哇既與之遇方約戰行伍未定單騎突入陣中往復數四敵兵大擾一戰遂大捷時武宗在藩邸統大軍以鎮朔方有旨令蠻子台總領蒙古軍民官輔武宗莽來以遏北方囊加真公主甍繼尚裕宗女喃哥不剌公主蠻子台甍年五十有二大德十一年三月按荅兒長子琱阿不剌襲萬戶尚祥哥剌吉公主六月封大長公主賜琱阿不剌金印加封魯王至大二年賜平江稻田一千五百頃皇慶間加封皇姊大長公主天歷間加號皇姑徽文懿福貞壽大長公主至大三年琱阿不剌甍葬末懷禿阿里嘉室利琱阿不剌嫡子也至大三年甫八歲襲萬戶四年七月襲封魯王尚朶兒只班公主元統元年阿里嘉室利甍至順間封朶兒只班號肅雍賢寧公主桑哥不剌者魯王琱阿不剌之弟阿里嘉室利之叔也自幼奉世皇旨養于斡可珍公主所是爲不只兒駙馬後襲統其本部民四百戶成宗時奉旨尚普納公主至順間封鄆安大長公主授桑哥不剌金印封鄆安王職千戶元統元年授萬戶二年三月加封鄆安公主號皇姑大長公主加封桑哥不剌魯王以疾甍年六十一此皆以駙馬襲封王爵者也唆兒火都者亦按陳之子以從征功在太祖朝遙授左丞相爲千戶仍賜以塗金銀章及金銀字海青圓符五驛馬券六其子曰阿哈駙馬當憲宗朝嘗率兵破徐州以功受賞黃金一錠白金十錠及銀鞍勒仍命襲父官至世祖時有詔弘吉剌萬戶所受驛券圓符皆仍其舊凡唆兒火都所受者宜皆收之而唆兒火都之諸孫若孛羅沙伯顏蠻子添壽不花大都不花掌吉等及阿哈千戶之孫曰也速達兒與按陳之弟名冊者在太祖世授官本藩蒙古軍站千戶冊之子曰哈兒哈孫以平金功賜號拔都兒哈兒哈孫之孫曰都羅兒至元四年授光祿大夫以銀章封懿國公有脫憐者亦按陳之裔孫也世祖授本藩千戶仍賜驛券圓符各四令以兵守朔土之怯魯連二十四年從族父按荅兒禿征叛王乃顏有功亦賜號拔都兒脫憐卒子迸不剌嗣迸不剌卒子買住罕嗣買住罕尚拜荅沙公主卒弟孛羅帖木兒嗣以金章封也德王孛羅帖木兒甍買住罕孫阿失襲千戶有名丑漢者按陳次子必哥之裔孫尚台忽魯都公主仁宗朝封安遠王以兵守莽來有荅兒罕者亦特薛禪之裔孫也以從軍功世祖亦賜以拔都兒之號加賜黃金一錠其子曰不只兒從征乃顏禽其黨金家奴帝賞以金帶其後有曰伯奢者即其孫也

又按陳之孫納合尙太宗唆兒哈罕公主火忽之孫不只兒尙斡可眞公主又特薛禪諸孫有名脫羅禾者尙不魯罕公主繼尙闊闊倫公主此皆尙公主爲駙馬者也凡其女之爲后者自光獻翼聖皇后以降憲宗貞節皇后諱忽台及后妹也速兒皆按陳從孫忙哥陳之女世祖昭睿順聖皇后諱察必濟寧忠武王按陳之女其諱帖古倫者按陳孫脫憐之女諱喃必冊繼守正宮者納陳孫僊童之女成宗貞慈靜懿皇后諱實憐荅里斡羅陳之女也順宗昭獻元聖皇后諱荅吉大德十一年十一月武宗冊上皇太后至大三年十月加上尊號曰儀天興聖慈仁昭懿壽元皇太后仁宗延祐二年加上尊號曰儀天興聖慈仁昭懿壽元全德泰寧福慶皇太后延祐七年又加徽文崇祐四字尊號太皇太后則按陳孫渾都帖木兒之女武宗宣慈惠聖皇后諱眞哥脫憐子迸不剌之女其諱速哥失里者按陳從孫哈兒只之女泰定皇后諱八不罕按陳孫斡留察兒之女其諱必罕諱速哥荅里者皆脫憐孫買住罕之女文宗皇后諱不荅失里琱阿不剌魯王之女此則弘吉剌氏之爲后者也初弘吉剌氏族居於苦烈兒温都兒斤迭烈木兒也里古納河之地歲甲戌太祖在迭蔑可兒時有旨分賜按陳及其弟火忽冊等農土（農土猶言經界也）若曰是苦烈兒温都兒斤以與按陳及哈撒兒爲農土申諭按陳曰可木兒温都兒荅兒腦兒迭蔑可兒等地汝則居之論冊曰阿剌忽馬乞迤東蒜吉納禿山木兒速拓哈海斡連直至阿只兒哈温都哈老哥魯等地汝則居之當以胡盧忽兒河北爲鄰按赤台爲界又諭火忽曰哈老温迤東塗河潢河之間火兒赤納慶州之地與亦乞列思爲鄰汝則居之又諭按陳之子唆魯火都曰以汝父子能輸忠于國可木兒温都兒迤東絡馬河至于赤山塗河迤南與國民爲鄰汝則居之至至元七年斡羅陳萬戶及其妃囊加眞公主請于朝曰本藩所受農土在上都東北三百里荅兒海子實本藩駐夏之地可建城邑以居帝從之遂名其城爲應昌府二十二年改爲應昌路元貞元年濟寧王蠻子台亦尙囊加眞公主復與公主請於帝以應昌路東七百里駐冬之地剏建城邑復從之大德元年名其城爲全寧路弘吉剌之分邑得任其陪臣爲達魯花赤者有濟寧路及濟兗單三州鉅野鄆城金鄉虞城碭山豐縣肥城任城魚臺沛縣單父嘉祥磁陽寧陽曲阜泗水一十六縣此丙申歲之所賜也至元六年陞古濟州爲濟寧府十八年始陞爲路而濟兗單三州隸焉又汀州路長汀寧化淸流武平上杭連城六縣此至元十三年之所賜也又有永平路灤州盧龍遷安撫寧昌黎石城樂亭六縣此至大元年之所賜也若平江稻田一千五百頃則至大二年所賜也其應昌全寧等路則自達魯花赤總管以下諸官屬皆得專任其陪臣而王人不與焉此外復有王傅府自王傅六人而下其羣屬有錢糧人匠鷹房軍民軍站營田稻田烟粉千戶總管提舉等官以署計者四十餘以員計者七百餘此可得而稽攷者也其五戶絲金鈔之數則丙申歲所賜濟寧路之三萬戶至元十八年所賜汀州路之四萬戶絲以斤計者歲二千二百有奇鈔以錠計者歲一千六百有奇此則所謂歲賜者也

孛秃

孛秃亦乞列思氏善騎射太祖嘗潛遣术兒徹丹出使至也兒古納河孛秃知其爲帝所遣值日暮因留止宿殺羊以享之术兒徹丹馬疲乏復假以良馬及還孛秃待之有加术兒徹丹具以白帝帝大喜許妻以皇妹帖木倫孛秃宗族乃遣也不堅歹等詣太祖因致言曰臣聞威德所加若雲開見日春風解凍喜不自勝帝問孛秃孳畜幾何也不堅歹對曰有馬三十匹請以馬之半爲聘禮帝怒曰婚姻而論財殆若商賈矣昔人有言同心實難朕方欲取天下汝亦乞列思之民從孛秃効忠於我可也何以財爲竟以皇妹妻之既而札赤剌歹札木哈脫也等以兵三萬入寇孛秃聞之遣波欒歹磨里秃秃來告乃與哈剌里札剌兀塔兒哈泥等討脫也等掠其輜重降其民乃蠻叛帝召孛秃以兵至大戰敗之皇妹薨復妻以皇女火臣別吉而命哈兒八台之子也可忽林圖帶弓矢爲之侍哈兒八台曰吾兒豈能爲人臣僕寧死不爲也帝令孛秃與之敵哈兒八台令月列等拒戰於碗圖河孛秃直前擒月列剌殺也可忽林圖哈兒八台走渡拙赤河又擒之盡殺其衆從太師國王木華黎略地遼東西以功封冠懿二州從征西夏病薨贈推忠宣力佐命功臣太師開府儀同三司駙馬都尉上柱國進封昌王謚忠武子鎖兒哈襲爵

鎖兒哈事太宗與木華黎取嘉州降其民遣伯秃兒哈拙赤碣來獻捷帝曰若父宣力國家朕昔見之今鎖兒哈克光前烈賜以金錦金帶七寶鞍召至中都以疾薨鎖兒哈娶皇子斡赤女安秃公主生女是爲憲宗皇后子札忽兒臣從定宗出討萬奴有功太宗命親王安赤台以女也孫眞公主妻之薨贈推誠靖宣佐運贊治功臣太師開府儀同三司駙馬都尉上柱國襲封昌王謚忠靖札忽兒臣有子二人長月列台娶皇子賽因主卜女哈荅罕公主生脫別台與乃顏戰有功次忽憐忽憐尙憲宗女伯牙魯罕公主後脫黒帖木兒叛世祖命忽憐與失列及等討之大戰終日脫黒帖木兒敗走帝嘉之復令尙憲宗孫女不蘭奚公主宋平封以廣州乃顏聲剌哈兒叛世祖親征薛徹堅等與哈剌罕屢戰帝召忽憐至値薛徹堅等戰于程火失温之地哈荅罕衆甚盛忽憐以兵二百迎敵敗之哈荅罕等走度猱河還其巢穴踰年夏帝命忽憐復征之至曲列兒塔兀兒二河之間大戰其衆皆度塔兀河遁去餘百人逃匿山谷忽憐卽率兵二百徒步追之薛徹堅止之曰彼亡命者安得徒行忽憐不聽往殺其衆薛徹堅以聞賜金一鋌銀五鋌又踰年復往征之與哈荅罕遇于兀剌河忽憐夜率千人潛入其軍盡殺之帝賜鈔五萬貫金一鋌銀十鋌忽憐薨贈効忠保德輔運佐理功臣太師開府儀同三司駙馬都尉上柱國追封昌王謚忠宣子阿失事成宗篤哇叛于海都帝遣晉王甘麻剌并武宗帥師討之大德五年戰哈剌答山阿失射篤哇中其膝擒殺甚多篤哇號哭而遁武宗賜之衣成宗加賜珠衣封爲昌王置王府官屬仁宗朝復賜以寧昌縣稅入阿失尙成宗女亦里哈牙公主復尙憲宗曾孫女買的公主阿失薨子八剌失里襲封昌王忽憐從弟不花尙世祖女兀魯眞公主其弟鎖郎哈娶皇子忙哥剌女奴兀倫公主生女是爲武宗仁獻章聖皇后實生明宗

阿剌兀思剔吉忽里

阿剌兀思剔吉忽里汪古部人系出沙陀鴈門之後遠祖卜國世爲部長金源氏塹山爲界以限南北阿剌兀思剔吉忽里以一軍守其衝要時西北有國曰乃蠻其主太陽可汗遣使來約欲相親附以同據朔方部衆有欲從之者阿剌兀思剔吉忽里弗從乃執其使奉酒六尊具以其謀來告太祖時朔方未有酒太祖飲三爵而止曰是物少則發性多則亂性使還酬以馬五百羊一千遂約同攻太陽可汗阿剌兀思剔吉忽里先期而至旣平乃蠻從下中原復爲嚮導南出界垣太祖留阿剌兀思剔吉忽里歸鎭本部爲其部衆昔之異議者所殺長子不顏昔班幷死之其妻阿里黒攜幼子孛要合與姪鎭國逃難夜遁至界垣告守者縋城以登因避地雲中太祖旣定雲中購求得之賜與甚厚乃追封阿剌兀思剔吉忽里爲高唐王阿里黒爲高唐王妃以其子孛要合尙幼先封其姪鎭國爲北平王鎭國薨子聶古台襲爵尙睿宗女獨木干公主略地江淮薨于軍賜興州民千餘戶給其葬孛要合幼從攻西域還封北平王尙阿剌海別吉公主公主明睿有智略車駕征伐四出嘗使留守軍國大政諮稟而後行師出無內顧之憂公主之力居多孛要合未有子公主爲進姬妾以廣嗣續生三子曰君不花曰愛不花曰拙里不花公主視之皆如己出孛要合薨追封高唐王謚武毅後加贈宣忠協力翊衛果毅功臣太傅儀同三司上柱國駙馬都尉追封趙王公主阿剌海別吉追封皇祖姑齊國大長公主加封趙國子君不花尙定宗長女葉里迷失公主愛不花尙世祖季女月烈公主中統初總兵討阿里不哥敗闊不花於按檀火爾歡之地三年圍李璮于濟南獨當一面事平又從征西北敗叛王之黨撒里蠻子孔古烈愛不花卒子闊里吉思

闊里吉思性勇毅習武事尤篤於儒術築萬卷堂於私第日與諸儒討論經史性理陰陽術數靡不該貫尙忽答的迷失公主繼尙愛牙失里公主宗王也不干叛率精騎千餘晝夜兼行旬日追及之時方暑將戰北風大起左右請待之闊里吉思曰當暑得風天贊我也策馬赴戰騎士隨之大殺其衆也不干以數騎遁去闊里吉思身中三矢斷其髮凱還詔賜黃金三斤白金千五百斤成宗卽位封高唐王西北不安請於帝願往平之再三請帝乃許及行且誓曰若不平定西北吾馬首不南大德元年夏遇敵于伯牙思之地衆謂當俟大軍畢至與戰未晚闊里吉思曰大丈夫報國而待人耶卽整衆鼓譟以進大敗之擒其將卒百數以獻詔賜世祖所服貂裘寶鞍及繒錦七百介胄戈戟弓矢等物二年秋諸王將帥共議防邊咸曰敵往歲不冬出且可休兵于境闊里吉思曰不然今秋候騎來者甚少所謂鷙鳥將擊必匿其形備不可緩也衆不以爲然闊里吉思獨嚴兵以待之是冬敵兵果大至三戰三克闊里吉思乘勝逐北深入險地後騎不繼馬躓陷敵遂爲所執敵誘使降惟正言不屈又欲以女妻之闊里吉思毅然曰我帝婿也非帝后面命而再娶可乎敵不敢逼帝嘗遣其家臣阿昔思特使敵境見於人衆中闊里吉思一見輒問兩宮安否次問嗣子何如言未畢左右卽引其去明日遣使者還不復再見竟不屈死焉九年追封高唐忠憲王加贈推忠宣力崇文守正亮節保德功臣太師開府儀同三司上柱國駙馬都尉追封趙王公主忽答的迷失

追封齊國長公主愛牙失里封齊國公主並加封趙國子朮安幼詔以弟木忽難襲高唐王木忽難才識英偉謹守成業撫民御衆境內乂安痛其兄死節遣使如京師表請鄜典又請翰林承旨閻復銘諸石教養朮安過於己子命家臣之謹厚者掌其兄之珍服秘玩待朮安成立悉以付之至大二年木忽難加封趙王卽以讓朮安三年朮安襲趙王尙晉王女阿剌的納八剌公主一日召王傅脫歡司馬阿昔思謂曰先王旅殯卜羅荒遠之地神靈將何依吾痛心欲無生若請於上得歸葬先塋瞑目無憾矣二人言之知樞密院事也里吉尼以聞帝嗟悼久之曰朮安孝子也卽賜阿昔思黃金一瓶得脫歡之子失忽都魯王傅木忽難之子阿魯忽都斷事官也先等一十九人乘驛以往復賜從者鈔五百貫淇陽王月赤察兒丞相脫禾出八都魯差兵五百人護其行至殯所奠告啓視尸體如生遂得歸葬

元史卷一百十九

明翰林學士亞中大夫知制誥兼修國史宋　濂等修

列傳第六

木華黎

木華黎札剌兒氏世居阿難水東父孔温窟哇以戚里故在太祖麾下從平篾里吉征乃蠻部數立功後乃蠻又叛太祖與六騎走中道乏食擒水際橐駝殺之燔以啖太祖追騎垂及而太祖馬斃五騎相顧駭愕孔温窟哇以所乘馬濟太祖身當追騎死之太祖獲免有子五人木華黎其第三子也生時有白氣出帳中神巫異之曰此非常兒也及長沉毅多智畧猿臂善射挽弓二石强與博爾术博爾忽赤老温事太祖俱以忠勇稱號掇里班曲律猶華言四傑也太祖軍嘗失利會大雪失牙帳所在夜臥草澤中木華黎與博爾术張裘氈立雪中障蔽太祖達旦竟不移足一日太祖從三十餘騎行谿谷間顧謂曰此中或遇寇當奈何對曰請以身當之旣而寇果自林間突出矢下如雨木華黎引弓射之三發中三人其酋呼曰爾爲誰曰木華黎也徐解馬鞍持之捍衛太祖以出寇遂引去克烈王可汗與乃蠻部讐戰求援於太祖太祖遣木華黎及博爾术等救之盡殺乃蠻之衆于按臺之下獲甲仗馬牛而還旣而王可汗謀襲太祖其下拔台知之密告太祖太祖遣木華黎選精騎夜斫其營王可汗走死諸部大人聞風款附歲丙寅太祖卽皇帝位首命木華黎博爾术爲左右萬戶從容謂曰國內平定汝等之力居多我與汝猶車之有轅身之有臂也汝等切宜體此勿替初心金之降者皆言其主璟殺戮宗親荒淫日恣帝曰朕出師有名矣辛未從伐金薄宣德遂克德興壬申攻雲中九原諸郡拔之進圍撫州金兵號四十萬陣野狐嶺北木華黎曰彼衆我寡弗致死力戰未易破也率敢死士策馬橫戈大呼陷陣帝麾諸軍並進大敗金兵追至澮河殭尸百里癸酉攻居庸關壁堅不得入遣別將闍別統兵趨紫荆口金左監軍高琪引兵來拒不戰而潰遂拔涿州因分兵攻下益都濱棣諸城遂次霸州史天倪蕭勃迭率衆來降並奏爲萬戶甲戌從圍燕金主請和北還命統諸軍征遼東次高州盧琮金朴以城降乙亥裨將蕭也先以計平定東京進攻北京金守將銀青率衆二十萬拒花道逆戰敗之斬首八萬餘級城中食盡契丹軍斬關來降進軍逼之其下殺銀青推寅荅虎爲帥遂舉城降木華黎怒其降緩欲坑之蕭也先曰北京爲遼西重鎭旣降而坑之後豈有降者乎從之奏寅荅虎留守北京以吾也而權兵馬都元帥鎭之遣高德玉劉蒲速窩兒招諭興中府同知兀里卜不從殺蒲速窩兒德玉走免未幾吏民殺兀里卜推土豪石天應爲帥舉城降奏爲興中尹兵馬都提控錦州張鯨聚衆十餘萬殺節度使稱臨海郡王至是來降詔木華黎以鯨總北京十提控兵從掇忽闌南征未附州郡木華黎密察鯨有反側意請以蕭也先監其軍至平州鯨稱疾逗留復謀遁去監軍蕭也先執送行在誅之鯨弟致憤其兄被誅據錦州叛畧平欒瑞利義懿廣寧等州木華黎率蒙古不花等軍數萬討之州郡多殺致所署長吏降進逼紅羅山主將杜秀降奏爲錦州節度使丙子致陷興中府七月進兵臨興中先遣吾也而等攻溜石山諭之曰今若急攻賊必遣兵來援我斷其歸路致可擒也又遣蒙古不花屯永德縣東候之致果遣鯨子東平將騎兵八千步卒三萬援溜石蒙古不花引兵趨之馳報木華黎夜半引兵疾馳遇于神水縣東夾擊之分麾下兵之半下馬步戰選善射者數千令曰賊步兵無甲疾射之乃麾騎兵齊進大敗之斬東平及士卒萬二千八百餘級拔開義縣進圍錦州致遣張太平高益出戰又敗之斬首三千餘級溺死者不可勝數圍守月餘致憤將校不戮力殺敗將二十餘人高益懼縛致出降伏誅廣寧劉琰懿州田和尙降木華黎曰此叛寇存之無以懲後除工匠優伶外悉屠之拔蘇復海三州斬完顏衆家奴咸平宣撫蒲鮮等率衆十餘萬遁入海島丁丑八月詔封太師國王都行省承制行事賜誓券黃金印曰子孫傳國世世不絕分弘吉剌亦乞烈思兀魯兀忙兀等十軍及吾也而契丹蕃漢等軍並屬麾下且諭曰太行之北朕自經畧太行以南卿其勉之賜大駕所建九斿大旗仍諭諸將曰木華黎建此旗以出號令如朕親臨也乃建行省于雲燕以圖中原遂自燕南攻遂城及蠡州諸城拔之冬破大名府遂東定益都淄登萊濰密等州戊寅自西京由大和嶺入河東攻太原忻代澤潞汾霍等州悉降之遂徇平陽金守臣棄城遁以前鋒拓拔按察兒統蒙古軍鎭之拒金兵以義州監軍李廷植之弟守忠權河東南路帥府事己卯以蕭特末兒等出雲朔攻降岢嵐火山軍以谷里夾打爲元帥達魯花赤攻拔石隰州擊絳州克之庚辰復由燕徇趙至滿城武仙舉眞定來降權知河北西路兵馬事史天倪進言曰今中原粗定而所過猶縱兵抄掠非王者弔民之意也木華黎曰善下令禁無剽掠所獲老稚悉遣還田里軍中肅然吏民大悅兵至滏陽金邢州節度使武貴迎降進攻天平寨破之遣蒙古不花分兵畧定河北衞懷孟州入濟南嚴實籍所隷相魏磁洺恩博滑濬等州戶三十萬詣軍門降時金兵屯黃陵岡號二十萬遣步兵二萬襲濟南木華黎以輕兵五百擊走之遂會大軍薄黃陵岡金兵陣河南岸示以死戰木華黎曰此不可用長兵當以短兵取勝令騎下馬引滿齊發亦下馬督戰果大敗之溺死者衆進攻楚丘楚丘城小而固四面皆水令諸軍以草木塡塹直抵城下嚴實率所部先登拔之攻下單州圍東平以實權山東西路行省戒之曰東平糧盡必棄城走汝伺其去卽入城安輯之勿苦郡縣以敗事也留梭魯忽禿以蒙古軍三千屯守之辛巳四月東平糧盡金行省忙古奔汴梭魯忽禿邀擊之斬七千餘級忙古引數百騎遁去實入城建行省撫其民先是郡王帶孫攻洛不下至是遣石天應拔之五月還軍野狐嶺宋漣水忠義統轄石珪來降以爲濟兗單三州都總管予綉衣玉帶勞之曰汝不憚跋涉數千里慕義而來尋當列奏賜汝高爵爾其勉之京東安撫使張琳皆來降以琳行山東東路益都滄景濱棣等州都元帥府事鄭遵亦以棗鄉蓨縣降陞爲完州以遵爲節度使行元帥府事秋八月從駐青冢監國公主遣使來勞大饗將士田東勝渡河西夏國李王請以兵五萬屬焉冬十月復由雲中歷太和寨入葭州金將王公佐遁以石天應權行臺兵馬都元帥進取綏德破馬蹄寨距延安三十里止舍金行省完顏合達出兵三萬陣于城東蒙古不花以騎三千覘之馳報曰彼見吾兵少有輕敵心明日合戰當佯敗可以伏兵取勝也從之夜半以大軍銜枚齊進伏於城東十五里兩谷間明日蒙古不花進兵望見金兵卽棄鼓旗走金兵果追之伏發鼓聲震天地萬矢齊下金兵大敗斬七千級獲馬八百合達走保延安圍之旬日不下乃南徇洛川克鄜州北京權帥石天應擒送金驍將張鐵槍木華黎責其不降厲聲答曰我受金朝厚恩二十餘年今事至此有死而已木華黎義之欲解其縛諸將怒其不屈竟殺之遂降坊州大饗士卒聞金復取隰州以軒成爲經畧使於是復由丹州渡河圍隰克之留合丑統蒙古軍鎭石隰間以田雄權元帥府事壬午秋七月令蒙古不花引兵出秦隴以張聲勢視山川險夷大兵道雲中攻下孟州四蹄寨遷其民于州拔晉陽義和寨進克三清巖入霍邑山堡遷其人於趙城縣薄青龍堡金平陽公胡天祚拒守裨將蒲察定住監軍王和開壁降遷天祚于平陽八月有星晝見隱士喬靜眞曰今觀天象未可征進木華黎曰主上命我平定中原今河北雖平而河南秦鞏未下若因天象而不進兵天下何時而定耶且違君命得爲忠乎冬十月過晉至絳拔滎州胡瓶堡所至望風歸附河中久爲金有至是復來歸木華黎召石天應謂曰蒲爲河東要害我擇守者非君不可乃以天應權河東南北路陝右關西行臺平陽李守忠太原攸哈剌拔都隰州田雄並受節制命天應造浮梁以濟歸師乃渡河拔同州下蒲城徑趍長安金京兆行省完顏合達擁兵二十萬固守不下乃分麾下兀胡乃太不花兵六千屯守之遣按赤將兵三千斷潼關遂西擊鳳翔月餘不下謂諸將曰吾奉命專征不數年取遼西遼東山東河北不勞餘力前攻天平延安今攻鳳翔皆不下豈吾命將盡耶乃駐兵渭水南遣蒙古不花南越牛嶺關徇宋鳳州而還時中條山賊侯七等聚衆十餘萬伺大兵旣西謀襲河中石天應遣別將吳權府引兵五百夜出東門伏兩谷間戒之曰俟賊過半急擊之我出其前爾攻其後可克也吳權府醉酒失期天應戰死城陷賊燒燬廬舍殺掠人民還走中條先鋒元帥

按察兒邀擊敗之斬數萬級侯七復遁去木華黎以天應子斡可襲領其衆癸未春師還浮梁未成顧諸將曰橋未畢工安可坐待乎復攻下河西堡寨十餘三月渡河還聞喜縣疾篤召其弟帶孫曰我爲國家助成大業擐甲執鋭垂四十年東征西討無復遺恨第恨汴京未下耳汝其勉之薨年五十四厥後太祖親攻鳳翔謂諸將曰使木華黎在朕不親至此矣至治元年詔封孔温窟哇推忠效節保大佐運功臣太師開府儀同三司上柱國魯國王謚忠宣木華黎體仁開國輔世佐命功臣太師開府儀同三司上柱國魯國王謚忠武子孛魯嗣孛魯沈毅魁傑寬厚愛人通諸國語善騎射年二十七入朝行在所時太祖在西域夏國主李王陰結外援蓄異圖密詔孛魯討之甲申秋九月攻銀州克之斬首數萬級獲生口馬駝牛羊數十萬俘監府塔海命都元帥蒙古不花將兵守其要害而還乙酉春復朝行在所同知眞定府事武仙叛殺都元帥史天倪脅居民遁于雙門寨仙弟質於軍中挈家逃歸遣撤寒追及於紫金關斬之命天倪弟天澤代領帥府事丙戌夏詔封功臣戶口爲食邑曰十投下孛魯居其首宋將李全陷益都執元帥張琳送楚州秋九月郡王帶孫率兵圍全于益都冬十二月孛魯引兵入齊先遣李喜孫招諭全全欲降部將田世榮等不從殺喜孫丁亥春三月全突圍欲走邀擊大敗之斬首七千餘級自相蹂踐溺死不可勝計夏四月城中食盡全降諸將皆曰全勢窮出降非心服也今若不誅後必爲患孛魯曰不然誅一人易耳山東未降者尚多全素得人心殺之不足以立威徒失民望表聞詔孛魯便宜處之乃以全爲山東淮南楚州行省鄭衍德田世榮副之郡縣聞風欵附山東悉平時滕州尚爲金守諸將或言炎暑未可進攻孛魯曰主上親督大軍平定西域數年未聞當暑不戰我等安敢自逸乎遂促進兵金兵出戰敗之斬三千餘級其餘老幼開門出降以州屬石天祿俾先鋒元帥蕭乃台統蒙古軍屯濟兗課課不花以兵三千屯濰沂莒以備宋千戶按禮統大軍駐河北備金九月師還至燕獵于昌平民持牛酒以獻卻之及還賜館人銀數百兩聞太祖崩趨赴北庭哀毁遘疾戊子夏五月薨年三十二至治元年詔封純誠開濟保德輔運功臣太師開府儀同三司上柱國魯國王謚忠定子七人長塔思次速渾察次霸都魯次伯亦難次野蔑干次野不干次阿里乞失

塔思一名查剌温幼與常兒異英才大畧綽有祖風木華黎常曰成吾志必此兒也及長每語必先忠孝曰大丈夫受天子厚恩當效死行陣間以圖報稱安能委靡苟且目前以隳先世勳業哉年十八襲爵遂至雲中庚寅秋九月叛將武仙圍潞州太宗命塔思救之仙聞之退軍十餘里大兵未至塔思率十餘騎覘賊形勢仙恐有伏不敢犯塔思曰日暮矣待明旦擊之是夜五皷金將移剌蒲瓦來襲我師與戰不利退守沁南賊還攻潞州城陷主將任存死之冬十月帝親征遣萬戶因只吉台與塔思復取潞州仙夜遁邀擊之斬首七千餘級以任存姪代領其衆十一月帝攻鳳翔命塔思守潼關以備金兵河中自石天應死復爲金有辛卯帝親攻拔之金元帥完顏火燎遁塔思追斬之壬辰春睿宗與金兵相拒于汝漢間金步騎二十萬帝命塔思與親王按赤台口温不花合軍先進渡河以爲聲援至三峯山與睿宗兵合金兵成列將戰會大雪分兵四出塔思冐矢石先挫其鋒諸軍繼進大敗金兵擒移剌蒲瓦完顏合達單騎走鈞州追斬之遂拔鈞州三月帝北還詔塔思與忽都虎統兵畧定河南諸郡皆降惟汴京歸德蔡州未下塔思遣使請曰臣之祖父佐興大業累着勳伐臣襲世爵曾無寸效去歲復失利上黨罪當萬死願分攻汴城一隅以報陛下帝壯其言命卜之不利乃止癸巳秋九月從定宗于潛邸東征擒金咸平宣撫完顏萬奴于遼東萬奴自乙亥歲率衆保東海至是平之甲午秋七月朝行在所時諸王大會帝顧塔思曰先皇帝肇開大業垂四十年今中原西夏高麗回鶻諸國皆已臣附惟東南一隅尚阻聲教朕欲躬行天討卿等以爲何如羣臣未對塔思對曰臣家累世受恩圖報萬一正在今日臣雖駑鈍願仗天威掃清淮浙何勞大駕親臨不測之地哉帝悅曰塔思雖年少英風美績簡在朕心終能成我家大事矣賜黃金甲玻瓈帶及良弓二十命與王子曲出總軍南征乙未冬拔棗陽曲出別徇襄鄧塔思引兵攻郢郢瀕漢江城堅兵精且多戰艦塔思命造木筏遣汶上達魯花赤劉拔都兒將死士五百乘筏進擊引騎兵沿岸迎射大破之溺死者過半餘皆走郢壁堅不能下俘生口馬牛數萬而還丙申冬十月復出鄧州遂至蘄黃蘄州遣使獻金帛牛馬犒師請曰宋小國也進貢大朝有年矣惟王以生靈爲念乃捨之遂進拔符鎭六安縣焦家寨丁酉秋九月申八柳渡河入汴京守臣劉甫置酒人慶殿塔思曰此故金主所居我人臣也不可處此遂宴於甫家冬十月復與口温不花攻光州主將黃舜卿降口温不花別畧黃州塔思攻大蘇山斬首數千級獲生口牛馬以千數戊戌春正月至安慶府官民皆遁于江東至北峽關宋汪統制率兵三千降還之尉氏三月朝行在所秋九月帝宴羣臣于行宮塔思大醉帝語侍臣曰塔思神已逝矣其能久乎冬十二月還雲中己亥春三月薨年二十八子碩篤兒幼弟速渾察襲碩篤兒既長詔別賜民三千戶爲食邑得建國王旗幟降五品印一七品印二付其家臣置官屬如列侯故事碩篤兒薨子忽都華襲忽都華薨子忽都帖木兒襲忽都帖木兒薨子寶哥襲寶哥薨子道童襲

速渾察性嚴厲賞罰明信人莫敢犯與兄塔思從太宗攻鳳翔有功將兵抵潼關與金人戰屢捷既滅金皇子闊出攻宋棗陽入郢速渾察皆與焉歲己亥塔思薨速渾察襲爵即上京之西阿兒查禿置營總中都行省蒙古漢軍凡他行省監鎭事必先白之定其可否而後上聞帝嘗遣使至見其威容凜然倜儻有奇氣所部軍士紀綱整肅還朝以告帝曰眞木華黎家兒也他國使有至者每見皆俛首失次不能措辭必慰撫良久始得盡其所欲言左右或諫曰諸王百司既莫敢越而復示之以威使人怖畏盍少加寬恕以待之速渾察曰爾言誠是也然時有不同寬猛各有所宜施天下初附民心未安萬一守者自縱事變忽起悔之晚矣壽薨延祐三年贈宣忠同德翊運功臣太師開府儀同三司上柱國追封爲東平郡王謚忠宣子四人曰忽林池襲王爵曰乃燕曰相威曰撒蠻相威自有傳

乃燕性謙和好學以賢能稱速渾察既薨憲宗擇於諸子命乃燕襲爵乃燕力辭曰臣有兄忽林池當襲帝曰朕知之然柔弱不能勝忽林池亦固讓乃燕頓首涕泣力辭不得命既而曰若然則王爵必不敢受願代臣兄行軍國之事於是忽林池襲爲國王事無巨細必與乃燕謀議剖決精當無所擁滯世祖在潛藩常與論事乃燕敷陳大義又明習典故世祖謂左右曰乃燕後必可大用因號之曰薛禪猶華言大賢也乃燕雖居顯要而小心謹畏每誨羣從子弟曰先世從太祖皇帝出入矢石間被堅執鋭斬將搴旗勤勞四十餘年遂成功名以故一家蒙恩深厚可謂極矣愼勿驕惰以墮先王之名爾曹戒之病卒世祖聞之爲之悲悼至正八年贈中奉大夫遼陽等處行中書省叅知政事護軍追封魯郡公子二人曰碩德曰伯顏察兒碩德通敏有幹才世祖即位入宿衛典朝儀後同知通政院事嘗言遼東斡拙吉烈滅二種民數爲寇宜遣近臣諭之帝方難其人僉曰惟碩德元勳世胄可使帝深然之以問碩德對曰先臣從太祖皇帝定天下不辭險艱以立勳業陛下不以臣年少愚戇願請行帝大喜賜御衣錫燕以行碩德至集諸萬戶陳兵衛要詰其渠魁誅之脅從者皆降帝大悅賞賚有差後從征乃顏及使西域屢建殊勳卒贈推忠宣惠寧遠功臣謚忠敏加贈資善大夫嶺北等處行中書省右丞上護軍追封魯郡公

霸突魯從世祖征伐爲先鋒元帥累立戰功世祖在潛邸從容語霸突魯曰今天下稍定我欲勸主上駐驆回鶻以休兵息民何如對曰幽燕之地龍蟠虎踞形勢雄偉南控江淮北連朔漠且天子必居中以受四方朝覲大王果欲經營天下駐驆之所非燕不可世祖憮然曰非卿言我幾失之己未秋命霸突魯率諸軍由蔡伐宋且移檄諭宋沿邊諸將遂與世祖兵合而南五戰皆捷遂渡大江傅于鄂會憲宗崩于蜀阿里不哥搆亂和林世祖北還留霸突魯總軍務以待命世祖至開平即位還定都于燕嘗曰朕居此以臨天下霸突魯之力也師還中統二年卒于軍大德八年追贈推誠宣力翊衛功臣太師開府儀同三司上柱國東平王謚武靖夫人帖木倫昭睿順聖皇后同母兄也子四人長安童次定童次霸都虎台他姬子曰和童襲國王安童別有傳

塔塔兒台孔温窟哇第三子帶孫郡王之後父曰忙哥從憲宗征伐累立戰功歲己未攻合州會憲宗崩命塔塔兒台護靈駕赴北會阿里不哥叛拘留數日逃歸追騎執以北還將殺之親王阿速台玉龍塔思曰塔塔兒台乃太師國王之裔不可殺也遂獲免至元元年從阿速台來歸世祖嘉之授懷遠大將軍佩金虎符世襲東平達魯花赤命宿衛士四十人給驛送之官所莅官一紀鎭靜不擾郡人賴之以安卒年四十二子四人只必幼嗜讀書習翰墨至元十四年監東平官少中大夫多善政以清白稱嘗出家藏書二千餘卷置東平廟學使學徒講肄之尋授嘉議大夫江南湖北道提刑按察使改浙西大德四年入覲賜金段十疋明年春卒年五十一子三人皆早喪自只必除按察使弟禿不申嗣其職禿不申性淳靖喜怒不形知民疾苦而能以善道之旱嘗致禱即雨歲饑請於朝發廪以賑之睦同僚興學校加太中大夫士民刻石紀其政績云卒年五十一子五人長不老赤次塔實脫因次阿魯灰次完者不花次留住馬皆以次嗣爲東平達魯花赤

脫脫祖嗣國王速渾察沈深有智畧嘗奉命征討所向克捷父撒蠻幼穎異自襁褓時世祖撫育之若子嘗挾之南征同舟濟大江慮其有失繫之御榻及長常侍左右帝嘗詔之曰男女異路古制也況掖庭乎禮不可不肅汝其司之既而近臣孛羅銜命遽出行失其次撒蠻怒其違禮執而囚之别室帝怪其久不至詢知其故命釋其罪撒蠻因進曰令自陛下出陛下乃自違之何以責臣下乎帝曰卿言誠是也由是有意大任之會以疾卒不果年僅一十有七脫脫幼既失怙其母孛羅海篤意教之孜孜若恐不及稍長直宿衞世祖復親誨導尤以嗜酒爲戒既冠儀觀甚偉喜與儒士語每聞一善言善行若獲拱璧終身識之不忘至元二十四年從征乃顏帝駐蹕於山巔旌旗蔽野鼓未作候者報有隙可乘脫脫卽擐甲率家奴數十人疾馳擊之衆皆披靡不敢前帝望見之大加嗟賞遣使者勞之且召還曰卿勿輕進此寇易擒也視其力已折馬已中箭矣帝顧謂近臣曰撒蠻不幸早死脫脫幼朕撫而教之常恐其不立今能如此撒蠻可謂有子矣遂親解佩刀及所乘馬賜之由是深加器重得預聞機密之事其後哈丹復爲亂成宗時在潛邸督師往征之脫脫引衆率先躍馬蹙之其衆大潰脫脫馬陷于淖泥中哈丹兵復進挑戰脫脫弟阿老瓦丁奮戈衝擊遂大敗之成宗卽位其寵顧爲尤篤常侍禁闥出入惟謹退語家人曰我昔親承先帝訓飭令毋嗜飲今未能絕也豈有爲人知過而不能改者乎自今以往家人有以酒至吾前者卽痛懲之帝聞之喜曰扎剌兒台如脫脫者無幾今能剛制于酒眞可大用矣卽拜資德大夫上都留守通政院使虎賁衞親軍都指揮使政令嚴肅克修其職三年朝議以江浙行省地大人衆非世臣有重望者不足以鎭之進拜榮祿大夫江浙等處行中書省平章政事有旨命中書祖道都門外以餞之始至嚴飭左右毋預公家事且戒其掾屬曰僕從有私囑者愼勿聽若軍民諸事有關於利害者則言之當言而不言爾之責也言而不聽我之咎也聞者爲之悚慄時朱淸張瑄以海運之故致位參知政事恃其勢位多行不法恐事覺以黃金五十兩珠三囊賂脫脫求蔽其罪脫脫大怒繫之有司遣使者以聞帝喜曰脫脫我家老臣之子孫其志固宜與衆人殊賜內府黃金五十兩命回使寵賚之有豪民白晝殺人者脫脫立命有司按法誅之自是豪猾屏息民賴以安帝以浙民狃安之久未及召還大德十一年卒于位年四十四子孛兒只别有傳

博爾朮

博爾朮阿兒剌氏始祖孛端察兒以才武雄朔方父納忽阿兒闌與烈祖神元皇帝接境敦睦隣好博爾朮志意沉雄善戰知兵事太祖於潛邸共履艱危義均同氣征伐四出無往不從時諸部未寧博爾朮每警夜帝寢必安枕寓直於內語及政要或至達旦君臣之契猶魚水也初要兒斤部卒盜牧馬博爾朮與往追之時年十三知衆寡不敵乃出奇從旁夾擊之盜舍所掠去及戰于大赤兀里兩軍相接下令殊死戰跬步勿退博爾朮繫馬於腰跽而引滿分寸不離故處太祖嘉其勇膽又嘗潰圍於怯列太祖失馬博爾朮擁帝累騎而馳頓止中野會天雨雪失牙帳所在臥草澤中與木華黎張氈裘以蔽帝通夕植立足跡不移及旦雪深數尺遂免於難蔑里期之戰亦以風雪迷陣再入敵中求太祖不見急趨輜重則帝已還臥甜車中聞博爾朮至曰此天贊我也丙寅歲太祖卽皇帝位君臣之分益密嘗從容謂博爾朮及木華黎曰今國內平定多汝等之力我之與汝猶車之有轅身之有臂汝等宜體此勿替遂以博爾朮及木華黎爲左右萬戶各以其屬翊衞位在諸將上皇子察哈歹出鎭西域有旨從博爾朮受教博爾朮教以人生經涉險阻必獲善地所過無輕舍止太祖謂皇子曰朕之教汝亦不踰是未幾賜廣平路戶一萬七千三百有奇爲分地以老病薨太祖痛悼之大德五年贈推忠協謀佐運功臣太師開府儀同三司追封廣平王謚武忠子孛欒台襲爵萬戶贈推誠宣力保順功臣太師開府儀同三司追封廣平王謚忠定孫玉昔帖木兒

玉昔帖木兒世祖時嘗寵以不名賜號月呂魯那演猶華言能官也弱冠襲爵統按台部衆器量宏達莫測其際世祖聞其賢驛召赴闕見其風骨龐厚解御服銀貂賜之時重太官內膳之選特命領其事侍宴內殿玉昔帖木兒起行酒詔諸王妃皆爲答禮至元十二年拜御史大夫時江南既定益封功臣後遂賜全州淸湘縣戶爲分地其在中臺務振宏綱弗親細故與利之臣欲援金舊制併憲司入漕府當政者又請以郡府之吏互照憲司檢底玉昔帖木兒曰風憲所以戢奸若是有傷監臨之體其議乃沮遇事廷辯吐辭鯁直世祖每爲之霽威至元二十四年宗王乃顏叛東鄙世祖躬行天討命總戎者先之世祖至半道玉昔帖木兒已退敵僵尸覆野數旬之間三戰三捷獲乃顏以獻詔選乘輿橐駝百蹄勞之謝曰天威所臨猶風偃草臣何力之有世祖還留玉昔帖木兒勦其餘黨乃執其魯金家奴以獻戮其同惡數人於軍前明年乃顏之遺孽哈丹禿魯干復叛再命出師兩與之遇皆敗之追及兩河其衆大衂遂遁時已盛冬聲言俟春方進乃倍道兼行過黑龍江擣其巢穴殺戮殆盡哈丹禿魯干莫知所終夷其城撫其民而還詔賜內府七寶冠帶以旌之加太傅開府儀同三司申命禦邊杭海二十九年加錄軍國重事知樞密院事宗王帥臣咸稟命焉特賜步輦入內位望之崇廷臣無出其右三十年成宗以皇孫撫軍北邊玉昔帖木兒輔行請授皇孫以儲闈舊璽詔從之三十一年世祖崩皇孫南還宗室諸王會于上都定策之際玉昔帖木兒起謂晉王甘麻剌曰宮車晏駕已踰三月神器不可久虛宗祧不可乏主曩者儲闈符璽既有所歸王爲宗盟之長奚俟而不言甘麻剌遽曰皇帝踐祚願北面事之於是宗親大臣合辭勸進玉昔帖木兒復坐曰大事已定吾死且無憾皇孫遂卽位進秩太師賜以尙方玉帶寶服還鎭北邊元貞元年冬議邊事入朝兩宮賜宴如家人禮賜其妻禿忽魯宴服及他珍寶十一月以疾薨大德五年詔贈宣忠同德弼亮功臣依前太師開府儀同三司錄軍國重事御史大夫追封廣平王謚曰貞憲子三人木剌忽仍襲爵爲萬戶次脫憐次脫脫哈爲御史大夫

博爾忽

博爾忽許兀愼氏事太祖爲第一千戶歿於敵子脫歡襲職從憲宗四征不庭有拓地功子失里門鎭徼外從征六詔等城亦歿于兵子月赤察兒性仁厚勤儉事母以孝聞資貌英偉望之如神世祖雅聞其賢且閔其父之死年十六召見帝見其容止端重奏對詳明喜而謂曰失烈門有子矣卽命領四怯薛太官至元十七年長一怯薛明年詔曰月赤察兒秉心忠實執事敬愼卽無不言言無不盡曉暢朝章言輒稱旨不可以其年少而弗陞其官可代線眞爲宣徽使二十六年帝討叛者于杭海衆皆陣月赤察兒奏曰丞相安童伯顏御史大夫月呂祿皆已受命征戰三人者臣不可以後之今勍賊逆命敢禦天戈惟陛下憐臣使臣一戰帝曰乃祖博爾忽佐我太祖無征不在無戰不克其功大矣卿以爲安童輩與爾家同功一體各立戰功自恥不逮然親屬櫜鞬恭衞朝夕爾功非小何必身踐行伍手事斬馘乃快爾心耶二十七年桑哥旣立尙書省殺異己者箝天下口以刑爵爲貨既而紀綱大紊尙書平章政事也速答兒太官屬也潛以其事白月赤察兒請奏劾之桑哥伏誅帝曰月赤察兒口伐大姦發其蒙蔽乃以沒入桑哥黃金四百兩白金三千五百兩及水田水碓別墅賞其淸彊桑哥既敗帝以湖廣行省西連番洞諸蠻南接交趾島夷延袤數千里其間土沃人稠畬丁溪子善驚好鬬思得賢方伯往撫安之月赤察兒舉哈剌哈孫答剌罕以爲行省平章政事凡八年威德交孚洽于海外入爲丞相天下稱賢世以月赤察兒爲知人二十八年都水使者請鑿渠西導白浮諸水經都城中東入潞河則江淮之舟既達廣濟渠可直泊於都城之匯帝亟欲其成又不欲役其細民敕四怯薛人及諸府人專其役度其高深畫地分賦之刻日使畢工月赤察兒率其屬著役者服操畚鍤卽所賦以倡趍者雲集依刻而渠成賜名曰通惠河公私便之帝語近臣曰是渠非月赤察兒身率衆手成不速也成宗卽位制曰月赤察兒盡其誠力深其謀議抒忠於國流惠於人可加開府儀同三司太保錄軍國重事樞密宣徽使大德四年拜太師初金山南北叛王海都篤娃據之不奉正朔垂五十年時入爲寇嘗命親王統左右部宗王諸帥屯列大軍備其衝突五年朝議北師少怠紀律不嚴命月赤察兒副晉王以督之是年海都篤娃入寇大軍分爲五隊月赤察兒將其一鋒既交頗不利月赤察兒怒被甲持矛身先陷陣一軍隨之出敵之背五軍合擊大敗之海都篤娃遁去月赤察兒亦罷兵歸鎭厥後篤娃來請臣附時武宗亦在軍月赤察兒遣使詣武宗及諸王將帥議曰篤娃請降爲我大利固當待命於上然往返再閱月必失事機事機一失爲國大患人民困於轉輸將士疲於討伐無有已時矣篤娃之妻我弟馬兀合剌之妹也宜遣使報之許其臣附衆議皆以爲允旣遣始以事聞帝曰月赤察兒深識機宜旣而馬兀合剌復命由是叛人稍稍來歸十年冬叛王滅里鐵木兒等屯于金山武宗帥師出其不意先踰金山月赤察兒以諸軍繼往壓之以威唆之以利滅里鐵木兒乃降其部人驚潰月赤察兒遣禿滿鐵木兒察忽將萬人深入其部人亦降察八兒者海都長子也海都死嗣領其衆至是掩取其部人凡兩部十餘萬口至大元年月赤察兒遣使奏曰諸王禿苦滅本懷攜貳而察八兒游兵近境叛黨素無悛心倘合謀致死則垂成之功頗爲國患臣以爲昔者篤娃先衆請和雖死宜遣使安撫其子欽察使不我異又諸部既

巳歸明我之牧地不足宜處諸降人於金山之陽吾軍屯田金山之北軍食既饒又戍重戍就彼有謀吾已擣其腹心矣奏入帝曰是謀甚善卿宜移軍阿答罕三撒海地月赤察兒既移軍察八兒禿苦滅果欲奔欽徹不見納去留無所遂相率來降於是北邊始寧帝詔月赤察兒曰卿之先世佐我祖宗常爲大將攻城戰野功烈甚著卿乃國之元老宣忠底績靖謐中外朕入繼大統卿之謀猷居多今立和林等處行中書省以卿爲右丞相依前太師錄軍國重事特封淇陽王佩黃金印宗藩將領實瞻卿麾進退其益懋乃德悉乃心力毋替所服四年月赤察兒入朝帝宴于大明殿眷禮優渥尋以疾薨于第詔贈宣忠安遠佐運弼亮功臣謚忠武

塔察兒一名倴盞居官山伯祖父博爾忽從太祖起朔方直宿衛爲火兒赤火兒赤者佩櫜鞬侍左右者也由是子孫世其職博爾忽從太祖平諸國宣力爲多當時與木華黎等俱以功號四傑塔察兒其從孫也驍勇善戰幼直宿衛太祖平燕睿宗監國聞燕京盜賊恣意殘殺直指富庶之家載運其物有司不能禁乃遣塔察兒耶律楚材窮治其黨誅首惡十有六人由是巨盜屏迹太宗伐金塔察兒從師授行省兵馬都元帥分宿衛與諸王軍士俾統之下河東諸州郡濟河破潼關取陝洛辛卯從圍河中府拔之壬辰從渡白坡時睿宗已自西和州入興元由武關出唐鄧太宗以睿宗與金兵相持久乃遣使約期會兵合進即詔發諸軍至鈞州連日大雪睿宗與金人戰于三峯山大破之詔塔察兒等進圍汴城金主即以兄子曹王訛可爲質太宗與睿宗還河北塔察兒復與金兵戰于南薰門癸巳金主遷蔡州塔察兒復帥師圍蔡甲午滅金遂留鎮撫中原分兵屯大河之上以遏宋兵丙申破宋光息諸州事聞于朝以息州軍民一千戶賜之戊戌卒子別里虎䚟嗣爲火兒赤憲宗即位歲壬子襲父職總管四萬戶蒙古漢軍攻宋兩淮悉定邊地戊午會師圍宋襄陽逼樊城力戰死之次曰宋都䚟至元七年賜金虎符襲蒙古軍萬戶八年悉兵再攻襄陽圍樊城進戰鄂岳漢陽江陵歸峽諸州皆有功十二年加昭毅大將軍受詔爲隆興出征都元帥與李恒等長驅而宋人莫當其鋒戰勝攻取望風迎降盡平江西十一城又徇嶺南廣東宋亡還師未及論功卒

元史卷一百十九考證

木華黎傳克烈王可汗○臣祖庚按聖武親征記作汪可罕即汪罕也

遣別將闊別○臣祖庚按一作遣別

博爾忽傳博爾忽○臣祖庚按元明善勳德碑忽作渾

元史卷一百二十

明翰林學士亞中大夫知制誥兼修國史宋　濂等修

列傳第七

察罕　亦力撒合　立智理威

察罕初名益德唐兀烏密氏父曲也怯律爲夏臣其妾方懷察罕不容於嫡母以配掌羊群者及里木察罕稍長其母以告且曰嫡母已有弟矣察罕武勇過人幼牧羊於野植杖於地脫帽寘杖端跪拜歌舞太祖出獵見而問之察罕對曰獨行則帽在上而尊二人行則年長者尊今獨行故致敬於帽且聞有大官至先習禮儀耳帝異之乃挈以歸語光獻皇后曰今日出獵得佳兒可善視之命給事內廷及長賜姓蒙古妻以宮人弘吉剌氏嘗行困脫靴藉草而寢鴟鳴其旁心惡之擲靴擊之有蛇自靴中墜歸以其事聞帝曰是禽人所惡者在爾則爲喜神宜戒子孫勿殺其類從帝略雲中桑乾金將定薛擁重兵守野狐嶺帝遣察罕覘虛實還言彼馬足輕動不足畏也帝命鼓行而前遂破其軍圍白樓七日拔之以功爲御帳前首千戶從帝征西域孛哈里薛迷思于二城回回國主札剌丁拒守鐵門關兵不得進察罕先驅開道斬其將餘衆悉降又從攻西夏破肅州師次甘州察罕父曲也怯律居守城中察罕射書招之且求見其弟時弟年十三命登城於高處見之且遣使諭城中使早降其副阿綽等三十六人合謀殺曲也怯律父子并殺使者併力拒守城破帝欲盡坑之察罕言百姓無辜止罪三十六人進攻靈州夏人以十萬衆赴援帝親與戰大敗之還次六盤夏主堅守中興帝遣察罕入城諭以禍福衆方議降會帝崩諸將擒夏主殺之復議屠中興察罕力諫止之馳入安集遺民太宗即位從略河南北還清水答蘭答八之地賜馬三百珠衣金帶鞍勒皇子闊出忽都禿伐宋命察罕爲斥候又從親王口溫不花南伐歲乙未克棗陽及光化軍未幾召口溫不花赴行在以全軍付察罕丁酉復與口溫不花進克光州戊戌授馬步軍都元帥率諸翼軍攻拔天長縣及滁壽泗等州定宗即位賜黑貂裘一鑌刀十命拓江淮地憲宗即位召見累賜金五十兩珠衣一金綺二疋以都元帥兼領尚書省事賜汴梁歸德河南懷孟曹濮太原三千餘戶爲食邑及諸處草地合一萬四千五百餘頃戶二萬餘未幾復召賜金四百五十兩金綺弓矢等物乙卯卒贈推忠開濟翊運功臣開府儀同三司上柱國追封河南王謚武宣子十人長木花里木花里事憲宗直宿衛從攻釣魚山以功授四斡耳朶怯憐口千戶賜金幣及黃金馬鞍勒世祖即位賜金五十兩珠二串至元四年攻宋自江陵略地回至安陽灘宋兵扼其歸路木花里奮擊敗之都元帥阿朮墜馬宋軍追及之木花里挾之上馬鏖戰退宋兵由是得免特賜銀二百五十兩佩金虎符爲蒙古軍萬戶復攻襄樊有功卒于軍贈推誠宣力功臣榮祿大夫平章政事柱國追封梁國公謚武毅從孫亦力撒合

亦力撒合祖曲也怯祖太祖時得召見屬皇子察哈台爲扎魯火赤父阿波古事諸王阿魯忽居西域至元十年擇貴族子備宿衛召亦力撒合至闕下以爲速古兒赤掌服御事甚見親幸有大政時以訪之稱之曰秀才而不名嘗奉使河西還奏諸王只必帖木兒用官太濫帝嘉之擢河東提刑按察使逐平陽路達魯花赤泰不花召還賜黃金百兩銀五百兩以旌其直進南臺中丞帝出內中寶刀賜之曰以鎮外臺時丞相阿合馬之子忽辛爲江浙行省平章政事恃勢貪穢亦力撒合發其姦得贓鈔八十一萬錠奏而誅之并劾江淮釋教總攝楊輦眞加諸不法事諸道竦動二十一年改北京宣慰使諸王乃顏鎮遼東亦力撒合察其有異志必反密請備之二十三年罷宣慰司立遼陽行省以亦力撒合爲參知政事已而乃顏果反帝自將征之時諸軍皆會亦力撒合掌運糧儲軍供無乏東方平帝嘉其先見且餉運有勞加左丞二十七年命尚諸王算吉女親爲資裝以送之併賜玉帶一改四川行省左丞二十九年再賜玉帶一元貞元年成宗即位入朝卒弟立智理威

立智理威爲裕宗東宮必闍赤典文書至元十八年蜀初定帝閔其地久受兵百姓傷殘擇近臣撫安之以立智理威爲嘉定路達魯花赤時方以闢田均賦弭盜息訟諸事課守令立智理威奉詔甚謹民安之使者交薦其能會盜起雲南號數十萬聲言欲寇成都立智理威馳入告急言辭懇切繼以泣涕大臣疑其不然帝曰雲南朕所經理未可忽也乃推食以勞之又語立智理威曰南人生長亂離豈不厭兵畏禍耶御之乖方保之不以其道故爲亂耳其歸以朕意告諸將叛則討之服則捨之毋多殺以傷主意則人必定矣立智理威至蜀宣布上旨俄召爲泉府卿後遷刑部尚書有小吏誣告漕臣劉獻盜倉粟宰相桑哥方事聚歛衆阿其意鍛煉枉服立智理威曰刑部天下持平令輦轂之下漕臣以冤死何以正四方乎卽以實聞以是忤丞相出爲江東道宣慰使在官務興學諸生有俊秀者拔而用之爲政嚴明豪民猾吏縮手不敢犯然亦無所刑戮而治元貞二年遷四川行省參知政事蜀有婦人殺夫者繫治數十人加以箠楚卒不得其實立智理威至盡按得之大德三年以參知政事爲湖南宣慰使繼改荊湖荊湖多弊政而公田爲甚部內實無田隨民所輸租取之戶無大小皆出公田租雖水旱不免立智理威問民所不便凡十數事上於朝而言公田尤切朝議遣使理之會有詔凡官無公田者始隨俸給之民力少蘇七年再遷四川行省參知政事八年進左丞雲南王入朝所在以驛騎縱獵立智理威曰驛騎所以傳命令事非有急且不得馳況獵乎王憚爲之止獵蜀人饑親勸分以賑之所活甚衆有死無葬者則以己錢買地使葬且修寬政以撫其民部內以治十年入朝帝以白金對衣賜之加資德大夫湖廣行省左丞湖廣歲織幣上供以省臣領工作遣使買絲他郡多爲奸利工官又爲刻剥故匠戶日貧造幣益惡立智理威不遣使令工視賈入有藏絲者擇買之工不告病歲省費數萬貫他郡推用之皆便至大三年以疾卒於官年五十七初贈資德大夫陝西行省右丞上護軍寧夏郡公謚忠惠再贈推誠亮節崇德贊治功臣榮祿大夫中書平章政事柱國秦國公子二人長買訥翰林學士承旨次韓嘉訥御史大夫孫達理麻內府宰相

札八兒火者

札八兒火者賽夷人賽夷西域部之族長也因以爲氏火者其官稱也札八兒長身美髯方瞳廣顙雄勇善騎射初謁太祖于軍中一見異之太祖與克烈汪罕有隙一夕汪罕潛兵來倉卒不爲備衆軍大潰太祖遽引去從行者僅十九人札八兒與焉至班朱尼河餱糧俱盡荒遠無所得食會一野馬北來諸王哈札兒射之殪遂

剗革爲釜出火于石汲河水煑而啖之太祖舉手仰天而誓曰使我克定大業當與諸人同甘苦苟渝此言有如河水將士莫不感泣汪罕旣滅西域諸部次第亦平乃遣札八兒使金金不爲禮而歸金人恃居庸之塞冶鐵錮關門布鐵蒺藜百餘里守以精銳札八兒旣還報太祖遂進師距關百里不能前召札八兒問計對曰從此而北黑樹林中有間道騎行可一人臣向嘗過之若勒兵銜枚以出終夕可至太祖乃令札八兒輕騎前導日暮入谷黎明諸軍已在平地疾趨南口金鼓之聲若自天下金人猶睡未知也比驚起已莫能支吾鋒鏑所及流血被野關旣破中都大震已而金人遷汴太祖覽中都山川形勢顧謂左右近臣曰朕之所以至此者札八兒之功爲多又謂札八兒曰汝引弓射之隨箭所落悉畀汝爲己地乘輿北歸留札八兒與諸將守中都授黃河以北鐵門以南天下都達魯花赤賜養老一百戶并四王府爲居第札八兒每戰被重甲舞槊陷陣馳突如飛嘗乘槖駞以戰衆莫能當有丘眞人者有道之士也隱居崑崙山中太祖聞其名命札八兒往聘之丘語札八兒曰我嘗識公札八兒曰我亦嘗見眞人他日偶坐問札八兒曰公欲極一身貴顯乎欲子孫蕃衍乎札八兒曰百歲之後富貴何在子孫無恙以承宗祀足矣丘曰聞命矣後果如所願云卒年一百一十八贈推忠佐命功臣太傅開府儀同三司上柱國追封涼國公諡武定二子阿里罕明里察阿里罕蚤從札八兒出入行陣勇而善謀憲宗代蜀爲天下質子兵馬都元帥生哈只終湖南宣慰使贈推誠保德功臣金紫光祿大夫司徒追封涼國公諡安惠生陝西行省平章政事養安太府監丞阿思蘭太僕寺丞補孛養安生阿葩實太僕寺卿明里察贈開府儀同三司上柱國追封涼國公諡康懿生戶部尙書亦不剌金陝西行省參知政事哈剌

术赤台

术赤台兀魯兀台氏其先剌眞八都以材武雄諸部生子曰兀魯兀台曰忙兀與扎剌兒弘吉剌亦乞列思等五人當開創之先協贊大業厥後太祖卽位命其子孫各因其名爲氏號五投下朔方旣定舉六十五人爲千夫長兀魯兀台之孫曰术赤台其一也术赤台有膽略善騎射勇冠一時初怯列王可汗之子鮮昆有智勇諸部畏之怯列亦哈剌哈眞沙陀等帥衆來侵兵戰不利近臣忽因荅兒等馳告太祖曰事急矣臺下忠勇無踰术赤台者宜急遣之拒敵從之术赤台承命單騎陷陣射殺鮮昆降其大將失列門等遂併有怯烈之地乃釁滅兒乞台合兵來侵諸部有陰附之者不虞太祖領兵卒至諸部潰去乘勝敗之术赤台俘其主扎哈堅普及二女以歸諸部悉平與扎哈堅普盟而歸之未幾乃釁復叛术赤台以計襲扎哈堅普殺之遂平其國术赤台始從征怯列亦自罕哈啓行歷班眞海子間關萬里每遇戰陣必爲先鋒帝嘗諭之曰朕之望汝如高山前日影也賜嬪御木八哈別吉引者思百俾統兀魯兀四千人世世無替子怯台材武過人自太宗及世祖歷事四朝以勞封德淸郡王賜金印丙申賜德州戶二萬爲食邑至元十八年增食邑二萬一千戶肇慶路連州德州泊屬邑俱隸焉怯台薨子端眞拔都兒襲爵爲郡王太宗時與亦剌哈台戰勝帝卽以亦剌哈妻賜之世祖之征阿里不哥也怯台子哈荅與忽都忽跪而自獻于前曰臣父祖幸在先朝當軍旅征伐之寄屢立戰功今王師北征臣等幸少壯願如父祖以力戰自効旣得請於是戰于石木溫都之地諸王哈丹騎馬臘眞與兀魯忙兀居右諸王塔察兒及太丑台居左合必赤將中軍兵始交獲其將合丹斬之外剌之軍遂敗衄又戰于失烈延塔兀之地當帝前混戰至日晡勝之帝賜以黃金將佐吏卒行賞各有差李璮叛帝遣哈必赤及兀里羊哈台闊闊出往討之哈荅與兀魯納兒台亦在行璮平與有功焉哈荅子脫歡亦嘗從諸王徹徹都討只兒火台獲之又嘗破失烈吉要不忽兒于野孫漠連及征乃顏脫歡弟慶童亦在軍雖病猶力戰怯台二子曰端眞曰哈荅哈荅三子曰脫歡曰亦憐只班曰慶童脫歡二子曰塔失帖木兒曰朶來塔失帖木兒一子曰匣剌不花自怯台而下凡九人皆封郡王云

鎭海

鎭海怯烈台氏初以軍伍長從太祖同飲班朱尼河水與諸王百官大會兀難河上太祖尊號曰成吉思皇帝歲庚午從太祖征乃蠻有功賜良馬一壬申從攻曲出諸國賜珍珠旗佩金虎符爲闍里必從攻塔塔兒欽察唐兀只溫契丹女直河西諸國所俘生口萬計悉以上獻賜御用服器白金等物命屯田於阿魯歡立鎭海城戍守之壬申從太祖謀定漢地師次隆興與金將忽察虎戰矢中臆問褁瘡而出者復數四軍聲爲之大振旣破燕太祖命於城中環射四箭凡箭所至園池邸舍之處悉以賜之尋拜中書右丞相已丑太宗卽位扈從至西京攻河中河南均州癸巳攻蔡州以功賜恩州一千戶先是收天下童男童女及工匠置局弘州旣而得西域織金綺紋工三百餘戶及汴京織毛褐工三百戶皆分隸弘州命鎭海世掌焉定宗卽位以鎭海爲先朝舊臣仍拜中書右丞相薨年八十四子十人勃古思繼食其封邑從世祖征花馬大理率兵千人結浮橋于金沙江以濟師中統初論功授益州等路宣撫使賜金虎符玉帶二年改東平路副達魯花赤討平叛寇尋遷濟南等路宣慰至元二年遷南京路達魯花赤四年討平蘄縣叛民以病乞謝事特授保定路達魯花赤賜鈔一萬貫歸老于家卒年八十一

肖乃台

肖乃台禿伯怯烈氏以忠勇侍太祖將木華黎傅兒朮既立爲左右萬戶帝從容謂肖乃台曰汝願屬誰麾下爲我宣力對曰願屬木華黎卽日命佩金符領蒙古軍從太師國王爲先鋒兵至河北史天澤之父率老幼數千詣軍門降國王承制授天澤兄天倪河北西路都元帥領眞定乙酉天澤送母還白霫副帥武僊殺天倪以眞定叛經歷王縉追天澤至燕請攝主帥遣監軍李伯祐詣國王軍前言狀且請援兵國王命肖乃台率精甲三千與天澤合兵進圍中山僊遣其將葛鐵槍來援肖乃台撤圍迎之遇諸新樂奮擊敗之會日暮阻水爲營肖乃台料其氣索必宵遁乘勝復進擊大敗之擒鐵槍中山守將亦宵遁遂克中山取無極拔趙州僊棄眞定奔西山抱犢寨肖乃台與天澤入城撫定其民未幾僊潛結水軍爲內應夜開南門納僊復據其城肖乃台倉卒以步兵七十踰城奔藁城遲明部曲稍來集兵威復振襲取眞定僊棄城遁將士怒民之反覆驅萬人出將屠之肖乃台曰金氏慕國威信徯我來蘇此民爲賊所驅脅有何罪焉若不勝一朝之忿非惟自屈其力且堅他城不降之心乃皆釋之初僊之叛也其弟質國王軍中聞之遁去肖乃台遣弟撒寒追及於紫荊關斬之俘其妻子而還乃整兵前進下太原略太行拔長勝寨斬僊守將盧治中圍僊於雙門寨僊遁去引兵出太行山東遇宋將彭義斌與戰敗之追至火炎山破其營擒義斌斬之至大明守將蘇元帥以城降遂引兵臨東平敗安撫王立剛于陽穀圍東平立剛走漣水金守將棄城遁他將邀擊敗之遂定東平又與蒙古不花徇河北懷孟衞從國王定益都壬辰度河略汴京徇睢州遇金將完顏慶山奴與戰敗之追斬慶山奴金主入蔡諸軍圍之肖乃台史天澤攻城北面汝水阻其前結筏潛渡血戰連日金亡朝廷以肖乃台功多命併將史氏三萬戶軍以圖南征賜東平戶三百俾食其賦命嚴實爲治第宅分撥牧馬草地日膳供二羊及衣糧等以老病卒于東平歸葬漠北子七人抹兀荅兒兀魯台知名

抹兀荅兒歲戊戌從國王忽林赤行省于襄陽略地兩淮已未從渡江攻鄂州以功賞銀五十兩中統元年追阿蘭荅兒渾都海預有戰功二年從北征敗阿里不哥於失木禿之地三年又與李璮戰有功國王忽林赤上其功奉旨賞銀五十兩授提舉本投下諸色匠戶達魯花赤卒子四人火你赤江南行臺御史大夫

兀魯台中統三年從石高山奉旨拘集探馬赤軍授本軍千戶至元八年授武略將軍佩銀符十年攻樊城有功換金符武德將軍十一年渡江有功賞銀三百兩改武節將軍十二年四月軍至建安卒于軍子脫落合察兒襲職從參政阿剌罕攻獨松關有功陞宣武將軍尋命管領侍衞軍樞密院錄其渡江以來累次戰功十八年陞懷遠大將軍二十年江西行省命討武寧叛賊董琦平之改授虎符江州萬戶府達魯花赤二十四年移鎭潮州值賊張文惠羅半天等嘯聚江西行樞密院檄討之領兵破賊寨斬賊首羅大老李尊長等獲其僞銀印三卒于軍

吾也而

吾也而珊竹氏狀貌甚偉腰大十圍父曰圖魯華察以武勇稱太祖五年吾也而與折不那演克金東京有功九年從太師木華黎取北京領兵爲先驅下之捷聞授金紫光祿大夫北京總管都元帥留撫其人綏懷有方自京以南相繼來降時金將撻魯以惠州漁河口爲隘有衆數萬圖復北疆吾也而以銳兵千人擊摧其鋒殺數千人獲其旗鼓羊馬斬撻魯於軍中有趙守玉者據興州吾也而討平之十一年張致以錦州叛又攻破之木華黎大喜以馬十匹甲五事賞其功十二年興州監軍重兒以兵叛吾也而往征之賊軍射殺所乘馬軍士憤怒奮戈衝擊大破賊軍十五年從征山東大戰東平馳赴陷陣生挾二將以還木華黎壯之以功上聞十六年從征延安矢中右股力戰破之俄又取葭鄜二州擒金梟將金鐵槍以獻十七年克鳳翔及所屬州郡十八年從帝親征河西明年下之詔賜吾也而馬五匹甲一事二十年從木華黎圍益都越二年下三十餘城太宗元年入覲命與撒里荅火兒赤征遼東下之三年又與撒里荅征高麗下受開龍宣泰葭等十餘城高麗懼請

和吾也而諭之曰若能以子爲質當休兵十三年遣其子綽從吾也而來朝帝大悅厚加賜予俾克北京東京廣寧蓋州平州泰州開元府七路征行兵馬都元帥佩虎符憲宗元年召問東夷事對曰臣雖老倘籍威靈指麾三軍敵國猶可克況東夷小醜乎帝壯其言問飲酒幾何對曰唯所賜時有一駙馬都尉在側素以酒稱命與之角飲帝大咲賜錦衣名馬俄謝病歸七年復來朝帝憫其老謂曰自太祖時效勞至今者獨卿無恙賜賚甚厚以都元帥授其中子阿海八年秋九月辛亥夜中星隕帳前光數丈有聲吾也而曰吾死矣明日卒年九十六子四人雪禮最有名太宗時授北京等路達魯花赤至元七年改授招勇大將軍河間總管

曷思麥里

曷思麥里西域谷則斡兒朶人初爲西遼闊兒罕近侍後爲谷則斡兒朶所屬可散八思哈長官太祖西征曷思麥里率可散等城酋長迎降大將哲伯以聞帝命曷思麥里從哲伯爲先鋒攻乃蠻克之斬其主曲出律哲伯令曷思麥里持曲出律首往徇其地若可失哈兒押兒牽斡端諸城皆望風降附又從征你沙不兒城諭下之帝親征至薛迷思干與其主扎剌丁合戰于月亦心揭赤之地敗之追襲扎剌丁等於阿剌黑城戰于禿馬溫山又敗之追至憨顏城西寨又敗之扎剌丁遁入于海曷思麥里收其珍寶以還取玉兒谷德痕兩城繼而憨顏城亦下帝遣使趣哲伯疾馳以討欽察命曷思麥里招諭曲兒忒失兒灣沙等城悉降至谷兒只部及阿速部以兵拒敵皆戰敗而降又招降黑林城進擊斡羅思於鐵兒山克之獲其國主密只思臘哲伯命曷思麥里獻諸朮赤太子誅之尋征康里至孛子八里城與其主霍脫思罕戰又敗其軍進至欽察亦平之軍還哲伯卒會帝親征河西曷思麥里持所獲珍寶及七寶繖迎見于阿剌思不剌思帝顧羣臣曰哲伯常稱曷思麥里之功其軀幹雖小而聲聞甚大就以所進金寶命隨其力所勝悉賜之仍命與薛徹兀兒爲必闍赤未幾曷思麥里奏向者嘗招安到士卒留亦八里城宜令扈從征河西許之命常居左右至也吉里海牙又討平失的兒威從太祖征汴至懷孟令領奥魯事帝由白坡渡黃河會睿宗兵攻金將合達敗之回駐金蓮川壬辰授懷孟州達魯花赤佩金符癸巳金將强元帥圍懷州曷思麥里率其衆及昔里吉思鎖剌海等力戰金兵退又遣蒲察寒奴乞失烈札魯招諭金總帥范眞率其麾下軍民萬餘人來降己亥六月帝以曷思麥里從軍西域宣力居多命其長子捏只必襲爲懷孟達魯花赤次子密里吉襲爲必闍赤令曷思麥里爲扎魯火赤歸西域大帥察罕行省帖木迭兒奏留之帝允其請庚子進懷孟河南二十八處都達魯花赤所隸州郡不從命者制令籍其家乙卯五月辛子密里吉復爲懷孟達魯花赤中統三年從攻淮西與宋戰死

元史卷一百二十考證

肖乃台傳肖乃台○臣祖庚按一作笑乃䚟

元史卷一百二十一

明翰林學士亞中大夫知制誥兼修國史宋　濂等修

列傳第八

速不台

速不台蒙古兀良合人其先世獵於斡難河上遇敦必乃皇帝因相結納至太祖時已五世矣捏里必者生孛忽都衆目爲折里麻折里麻者漢言有謀略人也三世孫合赤溫生哈班哈班二子長忽魯渾次速不台俱驍勇善騎射太祖在班朱尼河時哈班嘗驅羣羊以進遇盜被執忽魯渾與速不台繼至以槍刺之人馬皆倒餘黨逸去遂免父難羊得達於行在所忽魯渾以百戶從帝與乃蠻部主戰於長城之南忽魯渾射却之其衆奔闊赤檀山而潰速不台以質子事帝爲百戶歲壬申攻金桓州先登拔其城帝命賜金帛一車滅里吉部强盛不附丙子帝會諸將於禿兀剌河之黑林問誰能爲我征滅里吉者速不台請行帝壯而許之乃選裨將阿里出領百人先行覘其虛實速不台繼進速不台戒阿里出曰汝止宿必載嬰兒具以行去則遺之使若挈家而逃者滅里吉見之果以爲逃者遂不爲備己卯大軍至蟾河與滅里吉遇一戰而獲其二將盡降其衆其部主霍都奔欽察速不台追之與欽察戰于玉峪敗之壬午帝征回回國其主滅里委國而去命速不台與只別追之及于灰里河只別戰不利速不台駐軍河東戒其衆人爇三炬以張軍勢其王夜遁復命統兵萬人由不罕川必里罕城追之凡所經歷皆無水之地既度川先發千人爲游騎繼以大軍晝夜兼行比至滅里逃入海不月餘病死盡獲其所棄珍寶以獻帝曰速不台枕干血戰爲我家宣勞朕甚嘉之賜以大珠銀罌癸未速不台上奏請討欽察許之遂引兵繞寬定吉思海展轉至太和嶺鑿石開道出其不意至則遇其酋長玉里吉及塔塔哈兒方聚於不租河縱兵奮擊其衆潰走矢及玉里吉之子逃於林間其奴來告而執之餘衆悉降遂收其境又至阿里吉河與斡羅思部大小密赤思老遇一戰降之略阿速部而還欽察之奴來告其主者速不台縱爲民還以聞帝曰奴不忠其主肯忠他人乎遂戮之又奏以滅里吉乃蠻怯烈杭斤欽察諸部千戶通立一軍從之略也迷里霍只部獲馬萬匹以獻帝欲征河西以速不台比年在外恐父母思之遣令歸省速不台奏願從西征帝命度大磧以往丙戌攻下撒里畏吾特勤赤閔等部及德順鎮戎蘭會洮河諸州得牧馬五千匹悉獻于朝丁亥聞太宗崩乃還己丑太祖即位以禿滅干公主妻之從攻潼關軍失利帝責之睿宗時在藩邸言兵家勝負不常請令立功自効遂命引兵從睿宗經理河南道出牛頭關遇金將合達帥行騎數十萬待戰睿宗問以方略速不台曰城居之人不耐勞苦數挑以勞之戰乃可勝也師集三峯山金兵圍之數匝會風雪大作其士卒僵仆師乘之殺戮殆盡自是金軍不能復振壬辰夏睿宗還駐官山留速不台統諸道兵圍汴癸巳金主渡河北走追敗之於黃龍岡斬首萬餘級金主復南走歸德府未幾復走蔡州汴降俘其后妃及寶器以獻進圍蔡州甲午蔡州破金主自焚死時汴梁受兵日久歲飢人相食速不台下令縱其民北渡以就食乙未太宗命諸王拔都西征八赤蠻且曰聞八赤蠻有膽勇速不台亦有膽勇可以勝之遂命爲先鋒與八赤蠻戰繼又令統大軍遂虜八赤蠻妻子於寬田吉思海八赤蠻聞速不台至大懼逃入海中辛丑太宗命諸王拔都等討兀魯思部主也烈班爲其所敗圍禿里思哥城不克拔都奏遣速不台督戰速不台選哈必赤軍怯憐口等五十人赴之一戰獲也烈班進攻禿里思哥城三日克之盡取兀魯思所部而還經哈咂里山攻馬札兒部主怯憐速不台爲先鋒與諸王拔都吁里兀昔班哈丹五道分進衆曰怯憐軍勢盛未可輕進速不台出奇計誘其軍至漷寧河諸王軍於上流水淺馬可涉中復有橋下流水深速不台欲結栰潛渡繞出敵後未渡諸王先涉河與戰拔都軍爭橋反爲所乘沒甲士三十人并亡其麾下將八哈禿既渡諸王以敵尚衆欲要速不台還徐圖之速不台曰王欲歸自歸我不至禿納河馬茶城不還也乃馳至馬茶城諸王亦至遂攻拔之而還諸王來會拔都曰漷寧河戰時速不台救遲殺我八哈禿速不台曰諸王惟知上流水淺且有橋遂渡而與戰不知我於下流結栰未成今但言我遲當思其故於是拔都亦悟後大會飲以馬乳及蒲萄酒言征怯憐時事曰當時所獲皆速不台功也壬寅太宗崩癸卯諸王大會拔都欲不往速不台曰大王於族屬爲兄安得不往甲辰遂會於也只里河丙午定宗即位既朝會還家于禿剌河上戊申卒年七十三贈効忠宣力佐命功臣開府儀同三司上柱國追封河南王謚忠定子兀良合台

兀良合台初事太祖時憲宗爲皇孫尚幼以兀良合台世爲功臣家使護育之憲宗在潛邸遂分掌宿衞歲乙巳領兵從定宗征女眞國破萬奴於遼東繼從諸王拔都征欽察兀魯思阿孛烈兒諸部丙午又從拔都討孛烈兒乃捏迷思部平之己酉定宗崩拔都與宗室大臣議立憲宗事久未決四月諸王大會定宗皇后問所宜立皆惶惑莫敢對兀良合台對曰此議已先定矣不可復變拔都曰兀良合台言是也議遂定憲宗即位之明年世祖以皇弟總兵討西南夷烏蠻白蠻鬼蠻諸國以兀良合台總督軍事其鬼蠻即赤禿哥國也癸丑秋大軍自旦當嶺入雲南境摩娑二部酋長唆火脫因塔裏馬來迎降遂至金沙江兀良合台分兵入察罕章蓋白蠻也所在寨柵以次攻下之獨阿塔剌所居半空和寨依山枕江牢不可拔使人覘之言當先絕其汲道兀良合台率精銳立砲攻之阿塔剌遣人來拒兀良合台遣其子阿朮迎擊之寨兵退走遂并其弟阿叔城俱拔之進師取龍首關翊世祖入大理國城甲寅秋復分兵取附都善闡轉攻合剌章水城屠之合剌章蓋烏蠻也前次羅部府大酋高昇集諸部兵拒戰大破之於洟可浪山下遂進至烏蠻所都押赤城城際滇池三面皆水既險且堅選驍勇以砲摧其北門縱火攻之皆不克乃大震鼓鉦進而作作而止使不知所爲如是者七日伺其困乏夜五鼓遣其子阿朮潛師躍入亂斫之遂大潰至昆澤擒其國王段智興及其渠帥馬合剌昔以獻餘衆依阻山谷者分命裨將也里脫伯押眞掩其右合台護尉將其左約三日捲而內向及圍合與阿朮引善射者二百騎期以三日四面進擊兀良合台陷陣鏖戰又攻纖寨拔之至乾德哥城兀良合台病委軍事於阿朮環城立砲以草塡塹衆軍始集阿朮已率所部搏戰城上城遂破乙卯攻不花合因阿合阿因等城阿朮先登取其三城又攻赤禿哥山寨阿朮緣嶺而戰遂拔之乘勝擊破魯廝國塔濬城又取忽蘭城魯魯廝國大懼請降阿伯國有兵四萬不降阿朮攻之入其城舉國請降復

攻阿魯山寨進攻阿魯城克之乃搜捕未降者遇赤禿哥軍於合打台山追赴臨崖盡殺之自出師至此凡二年平大理五城八府四郡洎烏白等蠻三十七部兵威所加無不欵附丙辰征白蠻國波麗國阿朮生擒其驍將獻俘闕下詔以便宜取道與鐵哥帶兒兵合遂出烏蒙趨瀘江剗禿剌蠻三城却宋將張都統兵三萬奪其船二百艘於馬湖江斬獲不可勝計遂通道於嘉定重慶抵合州濟蜀江與鐵哥帶兒會丁巳以雲南平遣使獻捷於朝且請依漢故事以西南夷悉爲郡縣從之賜其軍銀五千兩綵幣二萬四千匹授銀印加大元帥還鎮大理遂經六盤山至臨洮府與大營合月餘復西征烏蠻秋九月遣使招降交趾不報冬十月進兵壓境其國主陳日煚隔江列象騎步卒甚盛兀良合台分軍爲三隊濟江徹徹都從下流先濟大師居中駙馬懷都與阿朮在後仍授徹徹都方略曰汝軍既濟勿與之戰彼必來逆我附馬隨斷其後汝伺便奪其船蠻若潰走至江無船必爲我擒矣師既登岸卽縱與戰徹徹都違命蠻雖大敗得駕舟逸去兀良合台怒曰先鋒違我節度軍有常刑徹徹都懼飲藥死兀良合台入交趾爲久駐計軍令嚴肅秋毫無犯越七日日煚請內附於是置酒大饗軍士還軍柙赤城戊午引兵入宋境其地炎瘴軍士皆病遇敵少却亡軍士四人阿朮還戰擒其卒十二人其援復至阿朮以三十騎阿馬禿纔以五十騎擊走之時兀良合台亦病將旋師阿朮戰馬五十疋夜爲禿剌蠻所掠入告兀良合台曰吾馬盡爲盗掠去將何以行卽分軍搜訪知有三寨藏馬山巔阿朮親率將士攀崖而上破其諸寨生擒賊酋盡得前後所盗馬千七百疋乃屠柙赤城憲宗遣使諭旨約明年正月會軍長沙乃率四王騎兵三千蠻僰萬人破橫山寨闢老蒼關徇宋內地宋陳兵六萬以俟遣阿朮與四王潛自間道衝其中堅大敗之盡殺其衆乘勝擊逐蹴貴州蹂象州入靜江府連破辰沅二州直抵潭州城下潭州出兵二十萬斷我歸路兀良合台遣阿朮與大納玉龍帖木兒軍其前而自與四王軍其後夾擊破之兵自入敵境轉鬬千里未嘗敗北大小十三戰殺宋兵四十餘萬擒其將大小三人其州又遣兵來攻追至門濠掩溺殆盡乃不敢復出壁城下月餘時世祖已渡江駐鄂州遣也里蒙古領兵二千人來援且加勞問遂自鄂州之滸黃洲北渡與大軍合庚申世祖卽位夏四月兀良合台至上都後十二年卒年七十二子阿朮自有傳

按竺邇

按竺邇雍古氏其先居雲中塞上父黑公爲金群牧使歲辛未驅所牧馬來歸太祖終其官按竺邇幼鞠于外祖朮要甲家訛言爲趙家因姓趙氏年十四隷皇子察合台部嘗從大獵射獲數麋有二虎突出射之皆死由是以善射名皇子深器愛之甲戌太祖西征尋思干阿里麻里等國以功爲千戸丁亥從征積石州先登拔其城圍河州斬首四十級破臨洮攻德順斬首百餘級攻鞏昌駐兵秦州太宗卽位尊察合台爲皇兄以按竺邇爲元帥戊子鎮刪丹州自燉煌置驛抵玉關通西域從定關隴辛卯從圍鳳翔按竺邇分兵攻西南隅城上礌石亂下選死士先登拔其城斬金將劉興哥分兵攻西和州宋將彊俊領衆數萬堅壁淸野以老我師按竺邇率死士罵城下挑戰俊怒悉衆出陣按竺邇佯走俊追之因以奇兵奪其城伏兵要其歸轉戰數十里斬首數千級擒俊餘衆退保仇池進擊拔之從拔平涼慶陽邠原寧皆降涇州復叛殺守將郭元恕衆議屠之按竺邇但誅首惡師還原州降民棄老幼夜亡走衆曰此必反也宜誅之以警其餘按竺邇曰此輩懼吾驅之北從耳遣人諭之曰汝等若走以軍法治罪父母妻子併誅矣汝歸保無他明年草靑具牛酒迎師於此州民皆復歸豪民陳苟集數千人濳新寨諸洞衆議以火攻之按竺邇曰招諭不出攻之未晚遂偕數騎抵寨縱馬解弓矢召苟遙語折矢與爲誓苟卽相呼羅拜謝更生之恩皆降金人守潼關攻之戰於扇車回不克睿宗分兵由山南入金境按竺邇爲先鋒趣散關宋人已燒絶棧道復由兩當縣出魚關軍沔州宋制置使桂如淵守興元按竺邇假道於如淵曰宋讎金久矣何不從我兵鋒一洗國耻今欲假道南鄭由金洋達唐鄧會大兵以滅金豈獨爲吾之利亦宋之利也如淵度我軍壓境勢不徒還遂遣人導我師由武休關東抵鄧州西破小關金人大駭謂我軍自天而下其平章完顔合達樞密使移剌蒲阿帥十七都尉兵數十萬相拒于鄧我師不與戰直趣鈞州與親王按赤台等兵合陣三峯山下會天大雪金兵成列按竺邇先率所部精兵迎擊於前諸軍乘之金師敗績癸巳金主奔蔡十二月從圍蔡甲午金亡初金將郭斌自鳳翔突圍出保金蘭定會四州至是命按竺邇往取之圍斌于會州食盡將走敗之子城門兵入城巷戰死傷甚衆斌手劒驅其妻子聚一室焚之已而自投火中有女奴自火中抱兒出泣授人曰將軍盡忠忍使絶嗣此其兒也幸哀而收之言畢復赴火死按竺邇聞之惻然命保其孤遂定四州金將汪世顯守鞏州皇子濶端圍之未下遣按竺邇等往招之世顯率衆來降皇兄嘉其材勇賞賚甚厚賜名拔都拜征行大元帥丙申大軍伐蜀皇子出大散關分兵令宗王穆直等出陰平郡期會于成都按竺邇領砲手兵爲先鋒破宕昌殘階州攻文州守將劉祿數月不下諜知城中無井乃奪其汲道率勇士梯城先登殺守陴者數十人遂拔其城祿死之因招徠吐蕃酋長勘陁孟迦等十族皆賜以銀符略定龍州遂與大散軍合進克成都師還而成都復叛丁酉按竺邇言於宗王曰隴州縣方平人心猶貳西漢陽當隴蜀之衝宋及吐蕃利於入寇宜得良將以鎮之宗王曰安反側制寇賊此上策也然無以易汝遂分蒙古千戸五人隷麾下以往按竺邇命侯和尚戍沔州之石門朮魯西戍階州之兩水謹斥堠嚴巡邏西南諸州不敢犯之戊戌從元帥塔海率諸翼兵伐蜀克隆慶己亥攻重慶庚子圖萬州宋人將舟師數百艘遡流迎戰按竺邇順流率勁兵乘巨筏浮草舟於其間弓弩兩射宋人不能敵敗諸夔門辛丑伐西川破二十餘城成都守將田顯開北門以納師宋制置使陳隆之出奔追獲之縛至漢州令誘降守將王夔夔不降進兵攻之夔夜驅火牛突圍出奔遂斬隆之壬寅會大軍破遂寧瀘敘等州癸亥破資州庚戌按竺邇安輯經邠二州宋制置使余玠攻興元文州降將王德新乘隙自階州叛執扈牛二鎮將領衆千餘走江油憲宗召按竺邇還舊鎮按竺邇遣將直擣江油奪扈牛以歸中統元年世祖卽位親王有異謀者其將阿藍荅兒渾都海圖據關隴時按竺邇以老委軍於其子帝遣宗王哈丹哈必赤阿曷馬西討按竺邇曰今內難方殷浸亂關隴豈臣子安臥之時耶吾雖老尚能破賊遂引兵出刪丹之耀碑谷從阿曷馬與之合戰會大風晝晦戰至晡大敗之斬馘無筭按竺邇與總帥汪良臣獲阿藍荅兒渾都海等捷聞帝錫璽書褒美賜弓矢錦衣四年卒年六十九延祐元年贈推忠佐運功臣太保儀同三司上柱國封秦國公謚武宣子十人徹理國寶最知名徹理襲職爲元帥丁巳從父攻瀘州降宋將劉整宋將姚德壁雲頂山戊午大軍圍之徹理率部兵由水門先登破其壁德降後以病廢卒國寶一名黑梓少擊劒學書倜儻好義有謀畧父爲元帥軍務悉以委之故所至多捷從攻重慶降宋都統張實併掠合州以歸中統元年從攻阿藍荅兒有功阿藍荅兒叛將火都據吐蕃之黠西嶺國寶攝帥事討之衆欲速戰國寶曰此窮寇也宜少緩以計破之遂以精兵襲其後火都欲西走國寶據險要之挑戰則斂兵自固相持兩月潛兵出其不意擒殺之捷聞賜弓矢金綺初按竺邇之告老制命徹理襲征行元帥徹理以病不視事國寶乃謂諸弟曰昔我先人耀兵西陲大功旣集關隴雖寧而西戎未靖此吾輩立功之秋也乃遣謝鼎與弟國能持金帛說降吐蕃酋長勘陁孟迦從國寶入覲國寶奏曰文州山川險阨控庸蜀拒吐蕃宜城文州屯兵鎮之從之授國寶三品印爲蒙古漢軍元帥兼文州吐蕃萬戸府達魯花赤與勘陁孟迦皆賜金符時扶州諸羌未附國寶宣上威德於是呵哩禪波哩揭諸酋長皆歸欵從國寶入覲國寶圖山川形勢以獻詔授呵哩禪波哩揭爲萬戸賜金虎符諸酋長爲千戸皆賜金符賜國寶金幣國寶治文州有善政至元四年卒延祐元年贈推誠佐理功臣光祿大夫平章政事柱國封梁國公謚忠定子世榮世延初國寶將卒以世榮幼命弟國安襲其職國安旣襲蒙古漢軍元帥兼文州吐蕃萬戸府達魯花赤後以其兄國寶安邊功賜金虎符進昭勇大將軍十五年討叛王吐魯于六盤獲之請解職授世榮帝曰人爭而汝讓可以敦薄俗錄其六盤功進昭毅大將軍招討使世榮襲懷遠大將軍蒙古漢軍元帥兼文州吐蕃萬戸府達魯花赤後以功進安遠大將軍吐蕃宣慰使議事都元帥佩三珠虎符世延中書平章政事

畏荅兒

畏荅兒忙兀人其先剌眞八都兒有二子次名忙兀兒始別爲忙兀氏畏荅兒其六世孫也與兄畏翼俱事太祖時大疇强盛畏翼率其屬歸之畏荅兒力止之不聽追之又不肯還畏荅兒乃還事太祖太祖曰汝兄旣去汝獨留此何爲畏荅兒無以自明取矢折而誓曰所不終事主者有如此矢太祖察其誠更名爲薛禪約爲按達薛禪者聰明之謂也按達者定交不易之謂也太祖與克烈王罕對陳於哈剌眞師少不敵帝命兀魯一軍先發其將朮徹台橫鞭馬鬣不應畏荅兒奮然曰我猶鑿也諸君斧也鑿匪斧不入我請先入諸軍繼之萬一不還有三黃頭兒在惟上念之遂先出陷陣大敗之至晡時猶追逐不已救使止之乃還腦中流矢創甚帝親傅以善藥留處帳中月餘卒帝深惜之及王罕滅帝以其將只里吉實抗畏荅兒乃分只里吉實民百戸隷其

子且使世世歲賜不絕仍令收完忙兀人民之散亡者太宗思其功復以北方萬戶封其子忙哥爲郡王歲丙申忽都忽太料漢民分城邑以封功臣授忙哥泰安州民萬戶帝訝其少忽都忽對曰臣今差次惟視舊數多寡忙哥舊纔八百戶帝曰不然畏荅兒封戶雖少戰功則多其增封爲二萬戶與十功臣同爲諸侯者封戶皆異其籍兀魯爭曰忙哥舊兵不及臣之半今封顧多於臣帝曰汝忘而先橫鞭馬鬣時耶兀魯遂不敢言忙哥卒孫只里瓦䚟乞荅䚟魯孫忽都忽兀乃忽里哈赤俱襲封爲郡王

博羅歡伯都

博羅歡畏荅兒幼子蘸木曷之孫瑣魯火都之子也時諸侯王及十功臣各有斷事官博羅歡年十六爲本部斷事官從世祖討阿里不哥數有功帝喜而賜馬四十匹金幣稱之中統三年李璮叛命帥忙兀一軍圍濟南分兵掠益都萊州悉平之詔錄燕南獄讞決明允賜衣一襲皇子雲南王愛哥赤爲其省臣寶合丁毒死事覺中書擇可治其獄者四人奏上皆不稱旨丞相線真以博羅歡聞帝可其奏博羅歡辭曰臣不敢愛死第年少不知書恐誤事耳帝乃以吏部尚書別帖木兒輔其行未至雲南寶合丁密以金六䉛迎餽祈勿究其事博羅歡慮其擁兵徼外拒之恐致變陽諾曰吾橐不能容可且持歸待我取之博羅歡至則竟其獄誅毒王者而歸其金于省陛見帝顧謂線真曰卿舉得其人矣賜黃金五十兩詔忙兀事無大小悉統於博羅歡授昭勇大將軍右衛親軍都指揮使大都則專右衛上都則兼三衛軍受伯顏阿朮節度左軍受博羅歡節度俄兼淮東都元帥罷山東經畧司而以其軍悉隸焉遂軍于下邳召將佐謀曰清河城小而固與昭信淮安泗州爲掎角猝未易拔海州東海石秋遠在數百里之外必不嚴備吾頓大兵爲疑兵以輕騎倍道襲之其守將可擒也師至三城果皆下清河亦降宋主以國內附而淮東諸城猶爲之守詔博羅歡進軍拔淮安南堡戰白馬湖及寶應掠高郵自西小河入漕河援灣頭斷通泰援兵遂下揚州淮東平益封桂陽德慶二萬一千戶十四年討叛臣只里斡台於德昌平之賜玉帶文綺與博羅同署樞密院事拜中書右丞行省北京未幾召還時江南新附尚多反側詔募民能從大軍進討者使自爲一軍聽節度於其長而毋役於他軍制命符節皆與正同會博羅歡寢疾乃附樞密董文忠奏曰今疆土寢廣勝兵百萬指揮可集何假此無藉之徒彼一踐南土則掠人貨財俘人妻孥仇怨益滋而叛者將愈衆矣奏上召輿疾賜坐與語帝大悟遂可其奏而常德入訴唐兀一軍殘暴其境內救斬以狥凡所募軍皆罷十六年以哈剌斯博羅思斡羅罕諸部不相統命博羅歡監之十八年以中書右丞行省甘肅二十年拜御史大夫行御史臺事以疾歸諸王乃顏叛帝將親征博羅歡諫曰昔太祖分封東諸侯其地與戶臣皆知之以二十爲率乃顏得其九忙兀兀魯扎剌兒弘吉剌亦其烈思五諸侯得其十一惟徵五諸侯兵自足當之何至上煩乘輿哉臣疾且愈請事東征帝乃賜鎧甲弓矢鞍勒命督五諸侯兵與乃顏戰敗之其黨塔不帶以兵來拒會久雨軍乏食諸將欲退博羅歡曰今兩陣相對豈容先動俄塔不帶引兵退博羅歡以其師乘之轉戰二日身中三矢大破之斬其駙馬忽倫適太師月魯那演大軍來會遂平乃顏擒塔不帶既而其黨哈丹復叛詔與諸侯王乃馬帶討之哈丹游騎猝至博羅歡從三騎返走抵絕澗可二丈許追騎垂及博羅歡策其馬一躍而過三從騎皆沒人以爲有神助云哈丹死斬其子老的於陳往返凡四歲凱旋俘哈丹二妃以獻敕以一賜乃馬帶一賜博羅歡陳其金銀器於延春閣上召諸侯三將帥分賜之博羅歡辭帝曰卿可謂能讓乃賜金銀器五百兩以旌之河南宣慰改行中書省拜平章政事有詔括馬毋及勳臣之家博羅歡曰吾馬成群所治地方三千里不先出馬何以爲吏民之倡乃先入善馬十有八汴南諸州莽爲巨浸博羅歡躬行決口督有司繕完之三十一年成宗立遷陝西行中書省平章政事未行留鎮河南入朝請以泰安州所入五戶絲四千斤易內庫繒帛分給忙兀一軍帝爲敕遞車送軍中賜以銀百五十兩陛辭帝諭之曰卿今白鬚世祖德言寔多聞之宜加愼護因以世祖所佩弓矢鞶帶賜之有頃近臣奏伐宋時右軍分屬伯顏阿朮左軍分屬博羅歡今伯顏阿朮皆受分地而博羅歡未及惟帝裁之帝曰何久不言豈彼恥自請耶乃益封高郵五百戶大德元年叛王藥朮忽兒兀魯速不花來歸博羅歡聞之遣使馳奏曰諸王之叛皆由其父此輩幼弱無所與知今茲來歸宜棄其前惡以勸未至帝深以爲然賜金鞍勒命以平章政事行省湖廣會并福建行省入江浙拜光祿大夫上柱國江浙等處行中書省平章政事居歲餘卒年六十三博羅歡勇有智畧戰常以身先之所獲財物悉與將士故得其死力平居常以國事爲憂聞變卽請行至終其事乃止其忠義蓋天性然也累贈推忠宣力贊運功臣太師開府儀同三司上柱國加封奉安王諡武穆子渾都伯都埜先帖木兒博羅渾都山東宣慰使遙授中書平章政事埜先帖木兒河南江北等處行中書省左丞相卒官開府儀同三司翰林學士承旨博羅陝西等處行中書省平章政事埜先帖木兒子尼摩星吉襲郡王亦思制瓦性吉中政使

伯都幼頴異不以家世自矜長嗜書史大德五年擢江東道廉訪副使拜江南行臺侍御史未幾召入僉樞密院事領舍兒別赤至大二年出爲江南行臺御史中丞遷陝西行臺御史大夫延祐元年拜甘肅行省平章政事時米價騰湧陸輓每石費二百緡乃爲經畫計所省至四百餘萬緡自是諸倉俱充溢甘州氣寒地瘠少稔歲民饑則發粟賑之春闕種則貸之於是兵饟旣足民食亦給詔賜名鷹甲冑弓矢及鈔五千緡以勞焉四年移江浙行省平章政事入爲太子賓客上書陳古先聖王正心脩身之道帝嘉納之遷江南行臺御史大夫皇太后謂東宮官不宜使外止其行遂以疾辭去寓居高郵英宗卽位復命爲江南行臺御史大夫陛見以疾固辭帝慰諭久之命以平章之祿歸養于家復賜鈔十萬緡所服藥須空青詔遣使江南訪求之伯都辭謝曰臣曩膺重寄深懼弗稱今已病廢況敢叨濫厚祿以受重賜乎併以所給平章政事祿歸有司泰定元年還京師卒朝廷知其貧賻鈔二萬五千貫御史臺奏賻三萬五千貫仍還所辭祿妻弘吉剌氏弗受曰始伯都仕于朝不敢虛受廩祿今歿矣苟受是祿非其意也卒辭之子篤爾只將作院判官

抄思

抄思乃蠻部人又號曰荅祿其先泰陽爲乃蠻部主祖曲書律父敞溫太祖舉兵討不庭曲書律失其部落敞溫奔契丹卒抄思尚幼與其母跋涉間行歸太祖奉中宮旨侍宮掖抄思年二十五卽從征伐破代石二州不避矢石每先登焉鴈門之戰屢捷會太宗命睿宗平金抄思執銳以從與金兵戰所向無前壬辰兵次鈞州金兵壘于三峯山抄思察其營壁不堅夜領精騎襲之金兵驚擾遂乘擊之拔三峯山睿宗以抄思功聞于朝有旨以湯陰縣黃招撫等一百一十七戶賜之抄思力辭不受復賜以男女五十口宅一區黃金鞶帶酒壺盃盂各一辭弗許迺受之制受萬戶與內侍胡都虎留乞僉起西京等處軍人征行及鎮守隨州招集民戶每千人以官一員領之丁酉秋七月奉旨調軍得西京大名賓棣懷孟眞定河間邢洺磁威新衛保等府州軍四千六十餘人統之後移鎮頴以疾歸大名歲戊申正月卒年四十四子別的因

別的因在襁褓時父抄思方領兵平金與其祖母康里氏在三皇后宮庭戊申父抄思卒母張氏迎別的因以歸祖母康里氏卒張嘗從容訓之曰人有三成人知恐懼成人知羞恥成人知艱難成人否則禽獸而已別的因受教惟謹甲寅世祖以宗王鎮黑水有旨諭察罕那顏命別的因襲抄思職爲副萬戶鎮守隨頴等處丙辰冬十有二月世祖復諭征鎮軍士悉聽別的因等號令別的因身長七尺餘膂力善刀舞尤精騎射士卒咸畏服之明年庚申世祖卽位委任尤專癸亥正月召赴行在所冬十一月謁見世祖於行在所世祖賜金符以別的因爲壽頴二州屯田府達魯花赤時二州地多荒蕪有虎食民妻其夫來告別的因默然良久曰此易治耳迺立檻設機縛羔羊檻中以誘虎夜半虎果至機發虎墮檻中因取射之虎遂死自是虎害頓息至元十三年授明威將軍信陽府達魯花赤佩金符時信陽亦多虎別的因至未久一日以馬湯置鞍上出獵命左右燔山虎出走別的因以裼擁虎虎搏裼據地而吼別的因旋馬覷虎射之虎立死十六年進宣威將軍常德路副達魯花赤會同知李明季作亂別的因請以單騎往招之直抵賊壘賊輕之不設備別的因諭以朝廷恩德使爲自新計明秀素畏服遂與俱來別的因聞于朝明秀伏誅賊遂平三十一年進懷遠大將軍遷池州路達魯花赤之官道經頴上頴近荆山有野豕時出害民禾稼民莫能制聞別的因至迎拜境上告以其故別的因曰毋慮也遂至荆山以狠牙箭射之豕走數里大德十三年進昭勇大將軍台州路達魯花赤卒年八十一子不花僉嶺南廣西道肅政廉訪司事文圭有隱德贈秘書監著作郎延壽湯陰縣達魯花赤孫守恭曾孫與權皆讀書登進士科人多稱之

元史卷一百二十一考證

速不台傳速不台○臣祖庚按台一作臺

兀良合台傳大會高昇集諸部兵拒戰○臣祖庚按紀作高祥志作高泰祥

遺也里蒙古領兵二千人來援○臣祖庚按廟碑作曲里吉思

後十二年卒○臣祖庚按廟碑作至元八年

元史卷一百二十二

明翰林學士亞中大夫知制誥兼修國史宋　濂等修

列傳第九

巴而木阿而忒的斤

巴而木阿而忒的斤亦都護亦都護者高昌國主號也先世居畏兀兒之地有和林山二水出焉曰禿忽剌曰薛靈哥一夕有神光降于樹在兩河之間人卽其所而候之樹乃生癭若懷妊狀自是光常見越九月又十日而樹癭裂得嬰兒者五土人收養之其最稚者曰不可罕既壯遂能有其民人土田而爲之君長傳三十餘君是爲玉倫的斤數與唐人相攻戰久之議和親以息民罷兵於是唐以金蓮公主妻的斤之子葛勵的斤居和林別力跛力荅言婦所居山也又有山曰天哥里于荅哈言天靈山也南有石山曰胡力荅哈言福山也唐使與相地者至其國曰和林之盛彊以有此山也盍壞其山以弱其國乃告諸的斤曰既爲婚姻將有求於爾其與之乎福山之石於上國無所用而唐人願見的斤遂與之石大不能動唐人以烈火焚之沃以醲醋其石碎乃輦而去國中鳥獸爲之悲號後七日玉倫的斤卒災異屢見民弗安居傳位者又數亡乃遷於交州交州卽火州也統別失八里之地北至阿朮河南接酒泉東至兀敦甲石哈西臨西蕃居是者九百七十餘載而至巴而木阿而忒的斤臣於契丹歲己巳聞太祖興朔方遂殺契丹所置監國等官欲來附未行帝遣使使其國亦都護大喜卽遣使入奏曰臣聞皇帝威德卽弃契丹舊好方將通誠不自意天使降臨下國自今而後願率部衆爲臣僕是時帝征大陽可汗射其子脫脫殺之脫脫之子大都赤剌溫馬札兒禿薛十四人以不能歸全屍遂取其頭涉也兒的石河將奔亦都護先遣使往亦都護殺之四人者至與大戰於襘河亦都護遣其國相來報帝復遣使還諭亦都護遂以金寶入貢辛未朝帝于怯綠連河奏曰陛下若恩顧臣使臣得與陛下四子之末庶幾竭其犬馬之力帝感其言使尚公主也立安敦且得序於諸子與者必那演征罕勉力鎖潭回回諸國將部曲萬人以先紀律嚴明所向克捷又從帝征你沙卜里征河西皆有大功既卒而次子玉古倫赤的斤嗣玉古倫赤的斤卒子馬木剌的斤嗣將探馬軍萬人從憲宗伐宋合州攻釣魚山有功還火州卒至元三年世祖命其子火赤哈兒的斤嗣爲亦都護海都帖木迭兒之亂畏兀兒之民遭亂解散於是有旨命亦都護收而撫之其民人在宗王近戚之境者悉遣還其部畏兀兒之衆復輯十二年都哇卜思巴等率兵十二萬圍火州聲言曰阿只吉奥魯只諸王以三十萬之衆猶不能抗我而自潰爾敢以孤城當吾鋒乎亦都護曰吾聞忠臣不事二主吾生以此城爲家死以此城爲墓終不能從爾也受圍凡六月不解都哇以書繫矢射城中曰我亦太祖皇帝諸孫何以不附我且爾祖嘗尚公主矣爾能以女與我我則休兵不然則急攻爾其民相與言曰城中食且盡力已困都哇攻不止則相與俱亡矣亦都護曰吾豈惜一女而不以救民命乎然吾終不能與之相見以其女也立亦黒迷失別吉厚載以茵引繩縋城下而與之都哇解去其後入朝帝嘉其功錫以重賞妻以公主曰巴巴哈兒定宗之女也又賜鈔十萬錠以賑其民還鎮火州屯於州南哈密力之地兵力尚寡北方軍忽至其地大戰力盡遂死之子紐林的斤尚幼詣闕請兵北征以復父讎帝壯其志賜金幣巨萬妻以公主曰不魯罕太宗之孫女也公主薨又尚其妹曰八卜叉有旨師出河西俟北征諸軍齊發遂留永昌會吐蕃脫思麻作亂詔以榮祿大夫平章政事領本部探馬等軍萬人鎭吐蕃宣慰司威德明信賊用斂迹其民賴以安武宗召還嗣爲亦都護賜之金印復署其部押西護司之官仁宗始稽故實封爲高昌王別以金印賜之設王傅之官其王印行諸內郡亦都護印行諸畏兀兒之境八卜叉公主薨復尚公主曰兀剌眞安西王之女也領兵火州復立畏兀兒城池延祐五年薨子二人長曰帖木兒補化次曰籛吉皆八卜叉公主所生也帖木兒補化大德中尚公主曰朶兒只思蠻闊端太子孫女也至大中從父入覲備宿衞又事皇太后於東朝拜中奉大夫領大都護事又以資善大夫出爲鞏昌等處都總帥達魯花赤奔父喪於永昌請以王爵讓其叔父欽察台叔父力辭乃嗣爲亦都護高昌王至治中領甘肅諸軍仍治其部泰定中召還與威順王寬徹不花宣靖王買奴靖安王闊不花分鎭襄陽俄拜開府儀同三司湖廣行省平章政事文宗召至京師佐平大難時湖廣左丞有以忌嫉害政者詔命誅之帖木兒補化乃爲申請曰是誠有罪然不至死人服其雅量天歷元年拜開府儀同三司上柱國錄軍國重事知樞密院事明年正月以舊官勳封拜中書左丞相三月加太子詹事十月拜御史大夫其弟籛吉乃以讓嗣爲亦都護高昌王

鐵邁赤　虎都鐵木祿　塔海

鐵邁赤合魯氏善騎射初事忽蘭皇后帳前嘗命爲掆馬官從太祖定西夏又從皇子闊出忽都行省鐵木荅兒定河南累有戰功憲宗之伐宋也世祖以皇弟受命攻鄂大駕征西川遣元帥兀良哈台自交趾擣宋與諸軍合歲己未皇弟駐兵鄂渚聞兀良哈台由廣西至長沙遣鐵邁赤將練卒千人鐵騎三千迎兀良哈台于岳州兀良哈台得援抵江夏北涉黃州鐵邁赤與有力焉世祖卽位命從征叛王于失木土之地勞績益著至元七年授蒙古諸萬戶府奧魯總管十九年以疾卒子八人虎都鐵木祿最顯

虎都鐵木祿好讀書與學士大夫遊字之曰漢卿仁宗嘗顧左右曰虎都鐵木祿字漢卿漢名卿不讓也汝等以漢卿名之宜矣其母姓劉氏故人又稱之曰劉漢卿云至元十一年從丞相伯顏渡江旣取宋遣視宋故宮室護帑藏諭下明越等州從平章奧魯入覲授忠顯校尉總把再轉昭信校尉二十二年授奉訓大夫荊湖占城等處行中書省理問官時行省之名曰荊湖占城曰荊湖曰湖廣凡三改理問一日以軍事入奏敷陳辨白有指趣世祖大悅若曰辭簡意明令人樂於聽受昔以其兄阿里警敏捷給令侍左右斯人顧不勝耶敕都護脫因納志之平章政事程鵬飛建議征日本奏漢卿爲征東省郎中帝顧脫因納若曰鵬飛南士也猶知其能姑聽之候還朕自錄任征東省罷徵漢卿還丞相阿里海牙以湖廣行省機密事重舍漢卿無可用者遣郎中岳洛也奴奏留從之二十一年從皇子鎭南王征交趾比還鄂時權臣方擅威福遂退處于家二十八年詔太傳右丞相順德王荅剌罕擒權姦于鄂荅剌罕遂拜湖廣行中書省平章政事詢舊人知方面之務者衆薦漢卿遣使卽南陽家居驛致武昌奏事京師帝嘉之擢給事中居再歲提刑按察司改肅政廉訪司臺臣奏授奉議大夫廣西海北道副使陛辭留之仍舊職既而湖廣行省平章政事劉傑奏伐交趾造戰舡五百于廣東帝曰此重事也須才幹臣乃濟用以漢卿督匠南方敕曰汝還當顯汝于衆因頓首謝事旣集帝崩還福建行省郎中朝列大夫漢陽監府中順大夫湖南宣慰副使嗣會岑雄叛奉詔開諭頑獷怙服改太中大夫河南行中書省郎中通議大夫同僉樞密院事拜禮部尚書大臣奏覈實江南民田漢卿奉詔使江西以田額舊定重擾民不便置不問止奏茶漕置局十有七所以七品印章敕授局官五十一員增中統課緡五十萬轉正議大夫兵部尚書未幾命爲中奉大夫荊湖北道宣慰使已命復留之延祐三年大臣以浙東倭奴商舶貿易致亂奏遣漢卿宣慰閩浙撫戢兵民海陸爲之靜謐云從子塔海

塔海漢卿兄子也世祖時從土土哈充哈剌赤至元二十四年扈駕征乃顏二十六年入覲帝命充寶兒赤扈駕至和林賜只孫冠服大德四年授中書直省舍人遷中書客省副使武宗卽位賜中統鈔五百錠以旌其能尋進和林行省理問所官改通政僉院歷和寧路總管改汴梁先是朝廷令民自實田土有司繩以峻法民多虛報以塞命其後差稅無所於徵民多逃竄流移者塔海以其弊言于朝由是省民間虛糧二十二萬民賴以安後改任廬州時有飛蝗北來民患之塔海禱于天蝗乃引去亦有墮水死者人皆以爲異民乏食開廩減直俾民糴之所活甚衆天歷元年冬十月樞密院臣奏以塔海充樞密僉院守潼關及河中府帝遣人馳賜白金鈔幣宣授僉書樞密院事未幾西軍犯南陽督諸衛兵往平之至其地首率勇士與帖木哥等戰擢其前鋒將奪其旗鼓西軍敗走賜三珠虎符進大都督累官資善大夫

按扎兒

按扎兒拓跋氏嘗扈從太祖南征歲丙子復從定諸部有功命領蒙古軍爲前鋒時木華黎暨博爾朮爲左右萬戶長各以其屬爲翊衛太祖命木華黎爲太師國王都行省承制行事兵臨燕薊營靑齊魯趙韓魏皆下歲己卯河中府降兵北還以按扎兒領前鋒總帥仍統所部兵屯平陽以備金攝國王事時金將乞石烈氏擁兵數爲邊患然畏按扎兒威名不敢輕犯其境歲壬午元帥石天應守河中府屯中條山金候將軍率昆弟兵十餘萬夜襲河中天應遣偏裨吳權府率五百兵出東門

伏兩谷關諭之曰俟其半過卽翼擊之俾腹背受敵卽成禽矣吳醉敵至聲援弗繼城遂陷天應死焉遂屠其城屠其民將趍中條按扎兒進兵擊之斬首數萬級逃免者僅十數歲癸未春至聞喜縣西下馬村木華黎卒詔以子孛魯襲其爵時平陽重地令按扎兒居守歲庚寅孛魯由雲中圍緯州金將武仙恐退保潞東十餘里原上孛魯馳至沁南未立鼓乞石烈引兵襲其後孛魯戰失利輜重人口皆陷沒按扎兒妻奴丹氏亦被獲拘于大梁金主聞按扎兒威名召奴丹氏見奴丹氏色莊言正不爲動金主因謂之曰今縱爾還能俾爾夫來當厚賞爾奴丹氏佯諾之遂得還太宗嘉而義之召見褒賚甚厚遂詔預其夫前鋒事帝率從弟按只吉歹口溫不花大王皇弟四太子暨國王孛魯征潞州鳳翔至鈞州三峯山金將完顏合達引兵十五萬來戰俘其同僉移剌不花等悉誅之明年壬辰春三月帝班師北還命偕都元帥噯伯合圍汴城中識按扎兒旗幟懼曰其妻猶勇且義況其夫乎歲甲午金亡詔封功臣賜平陽戶六百一十有四驛戶三十獵戶四未幾以疾卒子忙漢拙赤哥至元十五年忙漢爲管軍千戶二十四年從征乃顏二十六年從征海都二十七年宣授蒙古侍衞親軍千戶佩金符元貞元年有旨命領探馬赤軍偕哈伯元帥從宗王出伯西征改授昭信校尉右都威衞千戶大德元年召還至大四年卒子乃蠻䚟拙赤哥入宿衞從世祖征鄂漢以功賜白金至元三年從征李璮戰死之子闊闊术爲御史臺都事至元三十一年國王速渾察之子拾得旣沒其家有故璽王將鬻之命闊闊术以示中丞崔彧御史楊桓辯其文曰受命于天旣壽永昌蓋秦璽也彧請獻之徽仁裕聖皇后后以鈔二千五百貫賜拾得家金織文段二賜闊闊术成宗卽位近臣以其事聞授闊闊术漢中廉訪僉事仕至湖南廉訪使

雪不台

雪不台蒙古部兀良罕氏遠祖揑里弼生孛忽都雄勇有智畧曾孫合飭溫生哈班哈不里哈班生二子長虎魯渾次雪不台太祖初建興都于班朱泥河今龍居河也哈班驅羣羊入貢遇盜見執雪不台及兄虎魯渾隨至刺盜殺之衆潰去哈班得以羊進帝所由是父子兄弟以義勇稱虎魯渾以百夫長西征破乃蠻立戰功雪不台以質子襲職七年攻桓州先登下其城賜金幣凡一車十一年戰滅里吉衆于蟾河追其部長玉峪大破之遂有其地扈從征回鶻其主棄國去雪不台率衆追之回鶻竟走死其帑藏之積盡入內府賜寶珠一銀罌十八年討定欽察屢戰斡羅思大小密赤思老降之奏滅里吉乃蠻怯烈斤欽察部千戶通立一軍十九年獻馬萬疋二十一年取駮里畏吾特勤赤憫等部德順鎮戎蘭會洮等州獻牝馬三千疋太宗二年大舉伐金渡河而南睿宗以太弟將兵渡漢水而北會河南之三峯山金大臣合鞬鞬諸將步騎數十萬待戰雪不台從睿宗出牛頭關謀曰城邑兵野戰不利易破耳師集三峯金圍之數匝將士頗懼俄而風雪大作金卒僵踣士氣遂奮敵衆盡殪河南諸州以次降破四年夏雪不台總諸道兵攻汴金義宗走衞州又走歸德又走蔡州癸巳秋汴將以城降其冬攻蔡六年春金亡雪不台以汴民饑縱使渡河就食民德之是年詔宗王拔都西征雪不台爲先鋒戰大捷十三年討兀魯思部主野力班禽之攻馬剳部與其酋怯憐戰鄭寧河遣偏師由下流擣其城拔之是時北庭西域河南北關隴皆底定雪不台功力居多初太祖征西夏問其久於行間敕還省覲雪不台對曰君勞臣佚情所未安帝壯而聽之又金帥合達見獲以不屈死猶問雪不台安在請一識之雪不台出謂曰汝須臾人耳識我何爲曰人臣亦各爲其主卿勇蓋諸將天生英豪其偶然邪吾見卿甘心瞑目矣定宗三年卒於篤列河之地年七十有三至大元年贈効忠宣力佐命功臣開府儀同三司上柱國河南王謚忠定

唵木海

唵木海蒙古八剌忽解氏與父孛合出俱事太祖征伐有功帝嘗問攻城畧地兵仗何先對曰攻城以砲石爲先力重而能及遠故也帝悅卽命爲砲手歲甲戌太師國王木華黎南伐帝諭之曰唵木海言攻城用砲之策甚善汝能任之何城不破卽授金符使爲隨路砲手達魯花赤唵木海選五百餘人教習之後定諸國多賴其力太宗卽位留爲近侍以講武藝歲壬辰從攻河南有功壬子憲宗特授虎符陞都元帥癸丑從宗王旭烈兀征剌里西番斜巨山桃里寺河西諸部悉下之卒子忒木台兒以從戰功授金符襲砲手總管至元十年修立正陽東西二城置砲二百餘座與宋人戰却之十三年從丞相伯顏伐宋駐軍臨安之皐亭山同忙古歹等八人率甲三百入宋宮取傳國寶宋太后請解兵延見內殿期明日奉寶乞降至期果遣賈餘慶等奉寶至軍前以功授行省斷事官復令其子忽都荅兒襲砲手總管十四年進昭勇大將軍砲手萬戶佩元降虎符鎮平江之常熟有叛民擁衆自號太尉者行省會諸軍討之與忽都荅兒父子自爲一軍奮戈陷陣斬賊酋戴太尉擒朱太尉帝嘉其功十五年兼平江路達魯花赤尋遷徽州湖州卒忽都荅兒後陞砲手萬戶改授達魯花赤卒

昔里鈐部

昔里鈐部唐兀人昔里氏鈐部亦云甘卜音相近而互用也太祖時西夏旣臣服大軍西征復懷貳心帝聞之旋師致討命鈐部同忽都鐵穆兒招諭沙州州將僞降以牛酒犒師而設伏兵以待之首帥至伏發馬躓鈐部以所乘馬與首帥使奔自乘所躓馬而殿後擊敗之他日帝聞曰卿臨死地而易馬與人何也鈐部對曰小臣陣死不足重輕首帥乃陛下器使宿將不可失也帝以爲忠進兵圍肅州守者乃鈐部之兄懼城破害及其家先以爲請帝怒城久不下有旨盡屠之惟聽鈐部求其親族家人於死所於是得免死者百有六戶歸其田業歲乙未定宗憲宗皆以親王與速卜帶征西域明年啓行鈐部亦在中又明年至寬田吉思海鈐部從諸王拔都征斡羅斯至也里贊城大戰七日拔之己亥冬十有一月至阿速滅怯思城負固久不下明年春正月鈐部率敢死士十人躡雲梯先登俘十一人大呼曰城破矣衆蟻附而上遂拔之賜西馬西錦鍚名拔都明年班師授鈐部千戶賜只孫爲四時宴服尋遷斷事官丙午定宗卽位進秩大名路達魯花赤憲宗以卜只兒來蒞行臺命鈐部同署旣又別鍚虎符出監大名已未世祖南征供給軍餉未嘗乏絶以疾輿歸卒于家年六十九子

愛魯

愛魯襲爲大名路達魯花赤至元五年從雲南征金齒諸部蠻兵萬人絶縹甸道擊之斬首千餘級諸部震服六年再入定其租賦平火不麻等二十四砦得七馴象以還七年改中慶路達魯花赤兼管爨僰軍十年平章賽典赤行省雲南令愛魯疆理永昌增田爲多十一年閱中慶版籍得隱戶萬餘以四千戶卽其地屯田十三年詔開烏蒙道帥師至玉連等州所過城砦未附者盡擊下之水陸皆置驛傳由是大爲賽典赤信任十四年忙部也可不薛叛以兵二千討平之遷廣南西道左在兩江宣撫使兼招討使十六年遷雲南諸路宣慰使副都元帥十七年復立雲南行省拜參知政事十八年烏蒙羅佐山白水江蠻殺萬戶阿忽以叛復討平之十九年召詣闕進左丞也可不薛復叛詔與西州都元帥也速荅兒湖南行省脫里察會師進討禽也可不薛送京師仁普諸酋長皆降得戶四千諸王相吾兒帥諸將征緬愛魯供餽餉無乏絶二十二年烏蒙阿謀殺宣撫使以叛與右丞拜荅兒往征之拜荅兒以愛魯習知其山川道里令諸軍悉聽指授分道進擊生擒阿蒙以歸二十四年進右丞朝廷立尚書省復改行尚書右丞鎮南王征交趾詔愛魯將兵六千人從之自羅羅至交趾境交趾將昭文王以兵四萬守木兀門愛魯與戰破之擒其將黎石何英比三月大小一十八戰乃至其王城與諸軍會戰又二十餘合功爲多二十五年感瘴癘卒贈平章政事謚毅敏子教化中書平章政事請于朝贈其祖昔里鈐部太師謚貞獻加贈愛魯太師追封魏國公改謚忠節

槊直腯魯華

槊直腯魯華蒙古克烈氏初以其部人二百從太祖征乃蠻西夏有功命將萬人爲太師國王木華黎前鋒下金桓州得其監馬幾百萬匹分屬諸軍軍勢大振歲辛未破遼東西諸州惟東京未下獲金使遣往諭之槊直腯魯華曰東京金舊都備嚴而守固攻之未易下以計破之可也請易服與其使偕往說之彼將不疑俟其門開繼以大軍赴之則可克矣卒如其計狥地河北攻大名小大數十戰城垂陷中流矢而卒武宗時贈太傅追封衞國公謚武敏子撒吉思卜華嗣將其軍太宗元年己丑錫金符安輯河北山東諸州先是眞定同知武仙攻滅都元帥史天倪家其弟天澤擊仙走復眞定以天澤爲眞定河間濟南東平大名五路萬戶庚寅命撒吉思卜華佩金虎符以總師行省監其軍金宣宗之徙都于汴也立河平軍於新衞以自固恃爲北門撒吉思卜華數攻之不拔壬申正月太宗自白波濟河而南睿宗由峭石灘涉漢而北撒吉思卜華集西都水之舟渡自河陰至鄭鄭守馬伯堅降及金義宗勢力窮蹙出奔帝命撒吉思卜華追躡之會其節度斜捻阿卜棄衞入汴撒吉思卜華遂據而有之十二月義宗自黃陵岡濟河謀復衞撒吉思卜華與其將白撒戰白公廟五日夜俘斬萬計餘衆盡潰義宗竄歸德撒吉思卜華追躡其後薄北門而軍左右皆水其舟師日至癸巳四月其將官奴夜來斫營腹背受敵撒吉思卜華與一軍皆沒嗣國王塔思承制以其弟明安荅兒領其行營尋有旨以爲蒙古漢軍萬戶明安荅兒善騎射從征淮安因糧於敵未嘗匱乏軍士免負擔之勞咸樂爲用癸丑憲宗遣從昔烈門太子南伐死于鈞州五子長腯虎幼普闌溪腯

虎從世祖北征叛王挺戈出入其陣帝壯之賜號拔都賞白金四百五十兩及平李璮之亂亦有戰功普蘭溪光祿大夫徽政使金亡命大臣忽都虎料民分封功臣撒吉思卜華妻楊氏自陳曰吾舅及夫皆死國事而獨爾見遺事聞帝曰彼家再世死難宜賜新衛民二百戶撒吉思卜華贈太師謚忠武明安荅兒贈太保謚武毅爵皆衛國公

昔兒吉思

昔兒吉思幼從太祖征回回河西諸國俱有戰功太宗時從睿宗西征師次京兆府會亦來哈觧率諸部兵作亂昔兒吉思挺身斫賊陣下馬搏戰賊衆莫不披靡俄失所乘馬步走至睿宗軍中賊退睿宗嘉其勤勞妻以侍女唆火台世祖尤愛之軍旅田獵未嘗不在左右初昔兒吉思之妻爲皇子乳母於是皇太后待以家人之禮得同飲白馬湩時朝廷舊典白馬湩非宗戚貴冑不得飲也昔兒吉思子塔出爲寶兒赤迭只斡耳朶千戶塔出子千家奴撒里蠻千家奴從征乃顏力戰而死帝命籍乃顏人口財物以賜之撒里蠻年十六從世祖討阿里不哥戰於失門禿有功賜號拔都兒賞賚尤厚授光祿少卿仍襲爲迭只斡耳朶千戶改同僉宣徽院進僉院事以管軍千戶從征乃顏有功賞金盞二金五十兩復入爲同知宣徽院事成宗時拜宣徽使加大司徒卒子帖木迭兒襲爲迭只斡耳朶千戶累遷宣徽院使遂授左丞相

哈散納

哈散納怯烈亦氏太祖時從征王罕有功命同飲班朱尼河之水且曰與我共飲此水者世爲我用後管領阿兒渾軍從太祖征西域下薛迷則于不花剌等城至太宗時仍命領阿兒渾軍并回回人匠三千戶駐于蕁麻林尋授平陽太原兩路達魯花赤兼管諸色人匠後以疾卒子捏古伯襲從憲宗攻釣魚山有功以疾卒子撒的迷失襲撒的迷失卒子木八剌襲尤貴赤千戶遷西域親軍副都指揮使大德元年卒弟禿滿荅襲禿滿荅卒子哈剌章襲

元史卷一百二十二考證

雪不台傳○臣祖庚按一百二十一卷已載速不台傳此傳詳畧不同而實則一傳

元史卷一百二十三

明翰林學士亞中大夫知制誥兼修國史宋　濂等修

列傳第十

布智兒

布智兒蒙古脫脫里台氏父紐兒傑身長八尺有勇力善騎射能造弓矢嘗道逢太祖前驅騎士別那顏邀與俱見太祖視其所挾弓矢甚佳問誰爲造者對曰臣自爲之適有野梟翔于前射之獲其二井以二矢獻而退別那顏隨之至所居布智兒出見別那顏奇之許以女妻之父子遂俱事太祖嘗從征討賜紐兒傑拔都名從征回回斡羅思等國每臨陣布智兒奮身力戰身中數矢太祖親視之令人拔其矢血流蒲體悶仆幾絶太祖命取一牛剖其腹納布智兒于牛腹浸熱血中移時遂甦紐兒傑卒憲宗以布智兒爲大都行天下諸路也可扎魯忽赤印造寶鈔賜七寶金帶燕衣十襲又賜蔚州定安爲食邑布智兒卒有子四人長好禮事世祖備宿衛會丞相伯顏伐宋奏好禮督水軍攻襄樊從渡江入臨安以功授昭毅大將軍水軍翼萬戶府達魯花赤別帖木兒吏部尚書補兒荅思雲南宣慰使不蘭奚襲父職爲水軍翼萬戶招討使鎮守江陰移通州于完者不花遼陽省理問

召烈台抄兀兒

召烈台抄兀兒初事太祖時有哈剌赤散只兒朶魯班塔塔兒弘吉剌亦乞列思等居堅河之濱忽蘭也兒吉之地謀奉扎木合爲帝將不利於太祖抄兀兒知其謀馳以告太祖遂以兵收海剌兒阿帶亦兒渾之地盡誅扎木合等惟弘吉剌入降太祖賜以荅剌罕之名其子那眞事世祖爲也可扎魯花赤那眞歿子伴撒襲其職伴撒卒子火魯忽台襲致和元年八月執倒剌沙起軍之使察罕不花并其金字圓牌以獻天歷元年十一月帝賜金帶仍復其職嘗奏言有犯法者治之當自貴人始窮乏不給者救之當自下始如此則可得衆心矣其言良切於事弊云

闊闊不花

闊闊不花者按攤脫脫里氏爲人魁岸有膂力以善射知名歲庚寅太祖命太師木華黎伐金分探馬赤爲五部各置將一人闊闊不花爲五部前鋒都元帥所向莫能支然不嗜殺惟欲以威信懷附故所至無殘破略定濵棣諸州俘獲焦林諸處民四百餘但籍其姓名遣歸鄉里狥益都守將降得其財物馬畜悉以分賜士卒歲壬辰從太宗渡河攻汴梁歸德分兵渡淮攻壽州守將無降意射書城中諭之城中人感泣以綵輿奉金公主開門送款闊闊不花下令軍中輒入城虜掠者死城中帖然公主義宗之姑也歲丙申太宗命五部將分鎮中原闊闊不花鎮益都濟南按察兒鎮平陽太原孛羅鎮眞定肖乃台鎮大名怯烈台鎮東平括其民匠得七十二萬戶以三千戶賜五部將闊闊不花得分戶六百立官治其賦得薦置長吏歲從官給其所得五戶絲以疾卒官子黃頭代領探馬赤爲元帥從丞相伯顏取宋道死子東哥馬襲其職累遷右都威衛千戶卒

拜延八都魯

拜延八都魯蒙古扎剌台氏幼事太祖賜名八都魯歲乙未太宗命領扎剌軍一千六百人與塔海甘卜同征關西有功癸丑憲宗命與阿脫總帥汪世顯創立利州城甲寅領兵紫金山破宋軍鹿角寨奪其軍餉器械丁巳從都元帥紐鄰城成都及領兵圍雲頂山下其城帝親征元帥紐鄰既進兵涉馬湖江留拜延八都魯鎮成都降屬縣諸城得其民悉撫安之賜黃金五十兩衣九襲諸王哈丹乃歡脫脫等征大理還命拜延八都魯領兵迎之道過新津寨與宋潘都統遇戰敗之殺獲甚衆中統二年元帥紐鄰上其功授蒙古奧魯官子外貌台孫兀渾察至元六年拜延八都魯告老兀渾察代其軍從行省也速荅兒征諸國有功十六年從大軍征斡端又有功賞銀五十兩二十一年諸王术伯命兀渾察往乞失哈里之地爲遊擊軍時敵軍二千餘兀渾察以勇士五十人與戰擒其將也班胡火者以獻王壯之以其功聞賞銀六百兩鈔四千五百貫授蒙古軍萬戶賜三珠虎符三十年以疾卒次子襲授曲先塔林左副元帥尋卒弟塔海忽都襲陞鎮國上將軍都元帥改授四川蒙古副都萬戶至治二年以疾退子孛羅帖木兒襲

阿术魯

阿术魯蒙古氏太祖時命同飲班朱尼河之水扈駕親征有功命領兵收附遼東女直還賞金甲珠衣寶帶他物稱是復命總兵征西夏與敵兵大戰于合剌合察兒之地西夏勢蹙其主懼乞降執之以獻太宗殺之賜以所籍貲產繼領兵收附信安下金二十餘城其後告老諸王塔察兒命其子不花代領其軍

紹古兒

紹古兒麥里吉台氏太祖時命同飲班朱尼河之水扈從親征已而從破信安畧地河西賜金虎符授洺磁等路都達魯花赤領軍出征復從伐金破河南太宗命領濟南大名信安等處軍馬復從國王荅石出征歲辛亥卒子拜都襲拜都卒子忽都虎襲移睢州從世祖渡江攻鄂還鎮邳州中統三年從征李璮有功尋命修立邳州城領兵鎮兩淮十一年從丞相伯顏渡江有戰功又從叅政董文炳沿海出征還鎮嘉興行安撫事十二年加昭勇大將軍職如故十四年授嘉興路總管府達魯花赤尋陞鎮國上將軍黃州路宣慰使尋罷黃州宣慰司復舊任十六年改授浙西道宣慰使加招討使仍鎮國上將軍奉詔征占城以其國降表貢物入見帝嘉之厚加賞賚二十四年從征交趾明年還師授邳州萬戶府萬戶三十年沒于軍

阿剌瓦而思

阿剌瓦而思回鶻八瓦耳氏仕其國爲千夫長太祖征西域駐蹕八瓦耳之地阿剌瓦而思率其部曲來降從帝親征旣破瀚海軍又攻輪臺高昌于闐尋斯干等靡戰不克沒于軍子阿剌瓦丁從世祖北征有功至元二十九年卒壽一百二歲子贍思丁有子五人長烏馬兒陝州達魯花赤次不別隆鎮衛都指揮使次忻都監察御史次阿合馬拱衛直司都指揮使次阿散不別驍勇善騎射歷事成宗武宗仁宗數被寵遇計前後所賜楮幣餘四十萬緡他物稱是積官榮祿大夫三珠虎符子斡都蠻襲職致和元年八月自上都逃來丞相燕帖木兒任爲裨將率壯士百人圍減里帖木兒等于陀羅臺驛擒之以獻特賜衣一襲及禿禿馬失甲金束帶各一白金一百兩鈔二百錠天歷元年九月充行院同僉十月從擊忽剌台馬扎罕等軍于盧溝橋敗之追至紫荆關多所俘獲招降安童所將軍一千五百人復以功受上賞二年進樞僉院三年以隆鎮衛都指揮使兼領拱衛司

抄兒

抄兒別速氏世居汴梁陽武縣從太祖收附諸國有功又從征金沒于陣子抄海從征河南山東復沒于陣子別帖將其父軍從攻鄂州以功賞銀帛衣甲等繼從太子忽哥赤西征大理國復沒于陣子阿必察至元五年授武畧將軍蒙古千戶賜金符從圍襄樊復渡江奪陽羅堡岸口以功賞白金進宣武將軍蒙古軍總管管領左右手兩萬戶軍旣下廣德從平章阿里海牙征海外國率死士鼓戰船進奪岸口擒勇士趙安等以功賞銀帛十六年命管領蒙古侍衛軍以疾卒于軍

也蒲甘卜

也蒲甘卜唐兀氏歲辛巳率衆歸太祖隸蒙古軍籍奉旨同所管河西人從木華黎出征以疾卒子昂吉兒襲領其軍征諸國有功至元六年授金符千戶從征蘄黃安慶等處九年易虎符陞信陽萬戶從平章阿朮南征又有功歷淮西道宣慰使參知政事都元帥廬州蒙古漢軍萬戶府達魯花赤行省左丞相尚書左丞積管龍虎衛上將軍二十一年攜其子昂阿禿入見世祖命昂阿禿充速古兒赤二十四年隨駕征乃顏有功奉旨代其父職二十六年授廬州蒙古漢軍萬戶府達魯花赤大德六年領兵討宋隆濟等以功受上賞還鎮廬州以私財築室一百二十餘間以居軍士之貧者省臺以其事聞特命陞其秩以金束帶賜之泰定四年卒昂阿禿之弟暗普由速古兒赤授金符唐兀禿魯花千戶後改授海北海南道廉訪使

趙阿哥潘

趙阿哥潘土播思烏思臧掇族氏始附宋賜姓趙氏世居臨洮祖巴命富甲諸羌父阿哥昌貌甚偉有力兼人金貞祐中以軍功至熙河節度使金亡保蓮花山以其衆來歸皇子闊端之鎮西土也承制以阿哥昌爲疊州安撫使時兵興城無居人至則招逃亡立城壘課耕桑以安輯之年八十卒于官阿哥潘事親以孝聞從伐蜀與宋都統制曹友聞屢戰勝負略相當以破大安功最授同知臨洮府事斬朝天關乘嘉陵江至閬州獲蜀船三百艘攻利州生得其劉太尉戰敗宋師于潼川宋制置使劉雄飛進攻青居山阿哥潘擊之宵潰四川大震進逼成都略嘉定平峨眉太平寨擒其將陳侍郎田太尉餘衆悉降大小五十餘戰皆先陷陣皇子賜以金甲銀器歲壬子世祖以皇弟南征大理道出臨洮見而奇之命攝元帥城益昌時宋兵屯兩川堡柵相望矢石交擊歷五年而城始完憲宗出蜀以阿哥潘爲選鋒攻西安下之賜金符授臨洮府元帥帝駐釣魚山合州守將王堅夜來斫營阿哥潘率壯士逆戰手殺數十百人堅遂引去明日陛見帝喜曰有臣如此朕復何憂賜黃金五十兩名曰拔都中統建元詔還鎮臨洮歲饑發私廩以賑貧乏給民農種粟二千餘石無菁子百石人賴不饑郡當孔道傳置旁午有司敝于供給阿哥潘以私馬百疋充驛騎羊千口代民輸帝聞而嘉之詔京兆行省酬其直阿哥潘曰我豈以私惠而邀公賞耶卒不受以軍事赴青居山道爲宋兵所邀遂死于敵阿哥潘好畜良馬常千蹄歲擇其上驥五騶貢于朝子孫遵之不替先是勳臣子孫爲祖父請謚者帝每靳之至是勅大臣以美謚謚之謚曰桓勇子重喜始給侍皇子闊端爲親衛癸丑從世祖征哈剌章數有功中統元年渾都海反從總帥汪良臣引兵至拔沙河納火石地逆戰以功授征行元帥四年從討忽都達吉散竹台等克之制必帖木兒王承制使襲父職爲元帥入覲賜金虎符爲臨洮府達魯花赤時解軍職而轉民官者例納所佩符有旨趙氏世世勤勞其金符勿拘常例使終佩之重喜在郡勸農興學省刑教以善治聞請致仕不許詔其長子官卓斯結襲爲達魯花赤陞重喜鞏昌二十四處宣慰使卒謚桓襄官卓斯結性靖退辭官閑處二十餘年仁宗聞其名召不起子德壽雲南左丞

純只海

純只海散木台氏弱冠宿衛太祖帳下從征西域諸國有功歲癸巳太宗命佩金虎符充益都行省軍民達魯花赤從大帥太出破徐州擒金帥國用安丁酉以益都爲皇太子分土遷京兆行省都達魯花赤至懷值大疫士卒困憊有旨以本部兵就鎮懷孟未幾代察罕總軍河南尋復懷孟己亥同僚王榮潛畜異志欲殺純只海伏甲縶之斷其兩足跟以帛緘純只海口置佛祠中純只海妻喜禮伯倫聞之率其衆攻榮家奪出之純只海畏瘡從二子馳旁郡請兵討榮殺之朝廷遣使以榮妻孥貲產賜純只海家且盡驅懷民萬餘口郭外將戮之純只海力爭曰爲惡者止榮一人耳其民何罪若果盡誅徒守空城何爲苟朝廷罪使者以不殺吾請以身當之使者還奏帝是其言民賴不死純只海給榮妻孥券放爲民遂以其宅爲官廨秋毫無所取郡人德之既入覲太宗以純只海先朝舊臣功績昭著賜第一區於和林尋以疾卒勅葬山陵之側皇慶初贈推忠宣力功臣金紫光祿大夫上柱國溫國公謚忠襄仍勅詞臣劉敬中製文樹碑於懷以旌其功云子昂阿剌嗣

苫徹拔都兒

苫徹拔都兒欽察人初事太宗掌牧馬從攻鳳翔戰潼關皆有功後從大將速不台攻汴京金人列木柵於河南苫徹拔都兒率死士往拔之賜良馬十四匹還金將高都尉率衆邀於中路苫徹拔都兒迎擊斬其首以歸賜白金五十兩幣四匹從攻蔡州前鋒答答兒與金將戰金將捽其鬚苫徹拔都兒進斫金將乃得脫蔡州破金守將佩虎符立城上苫徹拔都兒以鐵椎擊殺之取虎符以獻帝嘉其能命從皇子攻棗陽繼從宗王口溫不花攻光州一日五戰光州下賜黃金五十兩白金酒器一事馬三十匹百戶愛不怯赤自以臨陣不勇乞苫徹拔都兒自代遂陞百戶從攻滁州與宋兵大戰至暮宋兵敗走西山苫徹拔都兒與千戶忽孫追殺之歲己未世祖伐宋募能先絕江者苫徹拔都兒首應命率衆逼南岸詔苫徹拔都兒與脫歡領兵百人同宋使諭鄂州使降抵城下鄂守將殺使者以軍來襲苫徹拔都兒與之遇奮擊大破之復賜黃金五十兩中統三年授蔡州蒙古漢軍萬戶冬宋人犯西平苫徹拔都兒逐北踰淮獲其生口甚衆至元二年秋由安慶入廬州聞宋兵至亟設伏于竹林擊殺之四年秋九月元帥阿朮軍襄陽安陽灘宋兵據渡口苫徹拔都兒擊破其衆五年從阿朮圍襄陽擊奪宋將夏貴米舟阿朮入漢江以其戰功俾與扎剌兒引軍南略獲八十人十年八月略地淮東十一年遣招鄂州十二年遣招滁州誅王安撫改武略將軍管軍千戶五月伏兵大江北岸擊宋軍敗走之十三年復略地淮東獲其總管二人以獻遷滁州總管府達魯花赤宋都統姜才率軍取糧高郵苫徹拔都兒從史萬戶奪其馬及糧橐二萬淮東平入朝十四年從討叛人只里瓦丁于懷剌合都改宣武將軍滁州路總管府達魯花赤十七年卒其子脫歡孫麻兀入見奏曰臣老矣幸主上憐之帝命以脫歡爲宣武將軍管軍總管佩金符麻兀爲滁州路總管府達魯花赤其後脫歡以征倭功授明威將軍滁州萬戶府達魯花赤陞昭勇大將軍征行軍萬戶府達魯花赤佩三珠虎符又以征爪哇功陞昭毅大將軍鎮守無爲滁州萬戶府達魯花赤次子鎖住襲其職

怯怯里

怯怯里斡耳那氏太宗七月南伐以千戶從闊端攻安豐壽州又從諸王塔察兒率蒙古軍二千攻荊山破之賜馬二匹與萬戶納鶻以兵守沂郯略漣海又從元帥懷都攻襄陽卒子相兀速襲父職率木部兵從丞相阿朮攻襄樊又從塔出築正陽堡瀘軍乘艦來窺壁壘相兀速率征騎逆之夾淮水而軍射死者甚衆至元十一年賜金符授武略將軍明年從御史大夫博羅罕平漣海秋九月從丞相伯顏渡淮率兵一千騎攻淮安南門破之又從元帥博羅罕築灣頭堡萬戶納兒鶻臥疾令相兀速權領蒙古女直漢人三萬戶夏五月宋揚州都統姜才引兵來侵相兀速率本部兵逆戰有功又從丞相阿朮襲制置使李庭芝及姜才于泰州皆殺之十四年加宣武將軍管軍總管十八年爲蒙古侍衛親軍總管二十三年改千戶三十年陞蒙古侍衛親軍副指揮使司事易金虎符加顯武將軍子捏古鶻元貞元年爲蒙古侍衛親軍百戶大德六年襲父職佩金虎符授宣武將軍延祐四年陞左翊蒙古侍衛親軍都指揮使仍所佩符進懷遠大將軍

塔不已兒

塔不已兒東呂糺氏太宗時以招討使將兵出征破信安河南以功授金虎符征行萬戶歲甲寅以疾卒子脫察剌襲職歲己未率兵渡江破十字寨命其子重喜從行重喜率先引弓射中敵兵又多殺獲旣而與敵兵戰于洋臨口奪戰艦一流矢中左足勇氣愈倍時世祖駐蹕洋臨口北親勞之曰汝年幼能宣力如是深可嘉尚然繼今尤當勉之及脫察剌卒以重喜襲職中統三年從征李璮有功四年以兵鎮莒州至元二年奉旨初築十字路城以備守禦重喜率兵南巡爲游擊軍四年從抄不花出征至泗州北古城時蔡千戶爲敵兵所圍重喜奮戰救而出之五年入覲帝嘉其功賜白金納失失段及金鞍弓矢等十年修正陽城明年宋兵圍正陽從戰敗之十二年從下連海諸城俄奉旨率五千人從出征道過衡陽店與宋將李提轄等戰大敗之殺掠幾盡遂駐兵瓜洲十三年夏六月宋都統姜才領諸軍來圍城堡敗之秋七月從兵襲擊李庭芝等于泰州十四年進昭勇大將軍婺州路總管府達魯花赤佩巳降虎符未幾卒子慶孫襲職初授宣武將軍管軍總管鎮守安樂州十六年移戍鎮江府十八年還鎮通州二十年進明威將軍二十二年移鎮十字路二十四年領諸翼軍鎮太湖教習水戰二十九年從征爪哇陞昭勇大將軍征行上萬戶將行有旨留之皇慶二年卒子孛蘭奚襲

直脫兒

直脫兒蒙古氏父阿察兒事太祖爲博兒赤直脫兒從太宗征欽察康里回回等部有功四年收河南關西諸路得民戶四萬餘以屬莊聖皇太后爲脂粉絲線顏色戶八年建織染七局于涿州明年改涿州路以直脫兒爲達魯花赤卒子哈蘭朮襲佩虎符李璮叛世祖命領諸萬戶爲監戰達魯花赤以討之有功授解萬戶翼監戰領軍遷益都路蒙古萬戶監戰密州没于軍從子忽剌出襲職授昭勇大將軍至元十一年攻宋六安軍有功行中書省命領諸軍戰艦衡宋軍宋軍敗有旨褒賞

九月師次安慶忽剌出及參政董文炳領山東諸軍順流東下至丁家洲遇宋臣夏貴孫虎臣等戰江中宋軍大敗擒其將校三十七人軍五千餘船四十艘十二年三月與宋軍戰朱金沙復有功七月復與宋軍戰焦山江中時丞相阿朮等督戰忽剌出與董文炳身冒矢石泝流鏖戰八十餘里忽剌出身被數傷猶奮力戰遂勝之九月宋臣張殿帥攻奪呂城倉丹陽縣忽剌出與萬戶懷都往救生擒之十月下常州從丞相伯顏略蘇湖秀州至長橋遇宋軍又敗之十三年正月師至杭州丞相伯顏命忽剌出守浙江亭及宋北門五月揚州軍劫揚子橋僅敗之六月敗眞州軍七月追李庭芝至通海口降揚州及高郵寶應眞州滁州等城江南平加昭毅大將軍職如故尋遷湖州路達魯花赤十四年進鎮國上將軍淮東宣慰使已而屯守上都十五年授嘉議大夫行御史臺中丞十九年進資善大夫福建行省左丞黃華叛平之二十年授江淮行省左丞二十三年遷左丞三月進榮祿大夫江浙行省平章政事六月卒

月里麻思

月里麻思乃馬氏歲丁丑太宗命與斷事官忽都那同署歲戊戌又同阿朮魯拔都兒充達魯花赤破南宿州歲辛丑使宋議和從行者七十餘人月里麻思語之曰吾與汝等奉命南下楚人多詐倘遇害當死焉毋辱君命已而馳抵淮上宋將以兵脅之曰爾命在我生死頃刻間耳若能降官爵可立致不然必不汝貸月里麻思曰吾持節南來以通國好反誘我以不義有死而已言辭慷慨不少屈宋將知其不可逼乃囚之長沙飛虎寨三十六年而死世祖深悼之詔復其家以子忽都哈思爲荅剌罕日給糧食其家人忽都哈思自陳於帝曰臣願爲國效死爲父雪恥帝嘉納之授以上均州監戰萬戶十八年以招討使將兵征日本死於敵

捏古剌

捏古剌在憲宗朝與也里牙阿速三十人來歸後從征釣魚山討李璮皆有功子阿塔赤世祖時圍襄陽下江南敗失列及征乃顏皆以功受賞後事成宗武宗爲札撒兀孫仁宗時歷官至左阿速衞千戶卒子教化初爲速古兒赤繼襲父職必里阿禿叛奉旨往平之凱還賜衣一襲天歷元年八月從丞相燕帖木兒戰居庸北有功九月進拱衞直都指揮使尋遷章佩卿子者燕不花初事仁宗爲速古兒赤英宗時爲進酒寶兒赤天歷元年迎文宗于河南賜白金綵段命爲溫都赤九月往居庸關料敵道逢二軍謂探馬赤諸軍曰今北兵且至其避之者燕不花恐搖衆心卽拔所佩刀斬之授兵部郎中招集阿速軍四百餘人十月進兵部尚書授雙珠虎符領軍六百人迎敵通州會丞相燕帖木兒至檀子山與禿滿迭兒戰敗之遷大司農丞

阿兒思蘭

阿兒思蘭阿速氏初憲宗以兵圍阿兒思蘭之城阿兒思蘭偕其子阿散眞迎謁軍門帝賜手詔命專領阿速人且留其軍之半餘悉還之俾鎮其境內以阿散眞置左右道遇閫兒哥叛軍阿散眞力戰死之帝遣使畀屍還葬之阿兒思蘭言于帝曰臣長子死不能爲國效力今以次子捏古來獻之陛下願用之捏古來至帝命從兀良哈台征哈剌章有功兀良哈台賞以白金名馬從伐宋中流矢而死子忽兒都荅充管軍百戶世祖命從不羅那顏使哈兒馬某之地以疾卒子忽都帖木兒武宗潛邸時從征海都以功賞白金至大元年授宣武將軍左衞阿速親軍副都指揮使四年卒

哈八兒禿

哈八兒禿薛亦氏憲宗時從攻釣魚山有功還又從親王塔察兒北征充千戶所都鎮撫從千戶脫倫伐宋沒于陣子察罕從塔察兒攻樊城西門領揚州等處游擊軍與宋兵戰有功至元十一年從忽都帖木兒攻江陵東南城堡又從阿剌罕敗宋兵于陽邏堡之南阿剌罕選爲本萬戶府副鎮撫十二年分隸脫脫總管出廣德游擊軍與宋兵戰敗之賜以白金酒器又從攻獨松千秋嶺出等關及諸山寨其降民悉綏撫之賜白金一百兩十三年中書省檄爲瑞安縣達魯花赤始至招集逃移民十萬餘戶十四年陞忠顯校尉管軍總把併領新附軍五百人從宣慰唐兀台戰于司空山有功命以其職兼都鎮撫俄選充侍衞親軍十六年授銀符忠武校尉管軍總把二十四年賜金符授承信校尉蒙古衞軍屯田千戶二十五年進武義將軍本所達魯花赤二十七年陞左翼屯田萬戶府副萬戶大德五年卒子太納襲

艾貌

艾貌拔都康里氏初從雪不台那演征欽察攻河西城收西關破河南纔從定宗畧地阿奴皆有功又從四太子南伐命充怯憐口阿荅赤孛可孫又從兵渡江攻鄂以疾卒于軍子也速台兒從討阿藍荅渾都海征李璮伐宋累功授管軍總把至元十四年從攻福建興化招古田等處民五千餘戶以功陞武畧將軍千戶賜金符又招手號新軍二千五百餘人陞宣武將軍總管賜虎符有旨征日本也速台兒願効力賜以弓矢進懷遠大將軍萬戶二十年授泰州萬戶府達魯花赤二十三年遷昭勇大將軍欽察親軍都指揮使二十四年從征乃顏有功明年卒後贈金吾衞上將軍追封成武郡公謚顯敏

元史卷一百二十三考證

直脫兒傳○臣祖庚按從子忽剌出已附傳于此及閱一百三十三卷又有忽剌出傳事實皆同後傳重出

元史卷一百二十四

明翰林學士亞中大夫知制誥兼脩國史宋　濂等修

列傳第十一

塔本

塔本伊吾廬人人以其好揚人善稱之曰揚公父宋五設託陀託陀者其國主所賜號猶華言國老也塔本初從太祖討諸部屢阨艱危復從圍燕征遼西下平灤白霫諸城軍士有妄殺人者塔本戒之曰國之本民也殺人得地何益於國且殺無罪以堅敵心非上意太祖聞而喜之賜金虎符俾鎮撫白霫諸郡號行省都元帥管內得承制除縣吏死囚得專決入之從治興平興平兵火傷殘民慘無生意塔本召父老問所苦爲除之薄賦歛役有時民大悅乃相與告教無違約束歸者四集塔本始至戶止七百不一二年乃至萬戶出己馬以寬驛人貸廉吏銀其子錢不能償者焚其券農不克耕亦與之牛比歲告稔民用以饒庚寅詔益中山平定平原隸行省甲午盜李仙趙小哥等作亂塔本止誅首惡宥其詿誤癸卯立春日宴羣僚歸而疾作遂卒是夕星隕隱隱有聲遺命葬以紙衣瓦棺贈推誠定遠佐運功臣太師開府儀同三司上柱國追封營國公謚忠武子阿里乞失鐵木兒

阿里乞失鐵木兒嗣父職爲興平等處行省都元帥其爲治一遵先政興學養士輕刑薄徭雖同僚不敢私役一民從大軍伐高麗有功歲丙辰卒贈宣忠輔義功臣榮祿大夫平章政事柱國追封營國公謚武襄子阿台

阿台當襲父職適罷行省爲平灤路總管府丁巳憲宗命阿台爲平灤路達魯花赤始至請蠲銀鹽酒等稅課八之一細民不征世祖卽位來朝賜金虎符諸侯王道出平灤供給費銀七千五百兩戶部不卽償阿台自陳上前盡取償以歸置甲乙籍籍民丁力民甚便之至元十年進階懷遠大將軍歲饑發粟賑民或持不可阿台曰朝廷不允願以家粟償官於是全活甚衆僚屬始至阿台必遺之鹽米羊畜什器曰非有他也欲其不剝民耳姻族窮者月有常給民有喪不能葬者與之棺槨布帛資糧灤爲孤竹故國乃廟祀伯夷叔齊以勵風俗二十一年進昭武大將軍二十四年乃顏叛獻馬五百疋佐軍太祖大喜已而得乃顏銀甕亟以賜之二十五年入朝以疾卒賜宣力功臣資德大夫中書右丞上護軍追封永平郡公謚忠亮子迭里威失

迭里威失少好讀書成宗時入宿衞授河西廉訪司僉事拜監察御史遷淮西廉訪副使召爲中書左司員外郎改樞密院參議陞判官延祐四年授翰林侍講學士出爲河間路總管屬歲饑出俸金及官庫所積賑之活數十萬人河間當水陸要衝四方供億皆取給焉迭里威失立法調遣民便之復建言增置便習弓馬尉一人益邏兵之數於是盜賊屏息陵州羣凶爲官民害悉收繫死獄中後陞遼陽行省參知政事子鎖咬兒哈的迷失

鎖咬兒哈的迷失年十二宿衞英宗潛邸掌服御諸物英宗卽位拜監察御史至治元年春詔起大剎于京西壽安山鎖咬兒哈的迷失與御史觀音保成珪李謙亨上章極諫以爲東作方始而興大役以耗財病民非所以祈福也且歲在辛酉不宜興築初司徒劉夔妄獻浙右民田旨出內帑鈔六百萬貫丞相帖木迭兒分取其半監察御史發其姦由是疾忌臺諫至是帖木迭兒之子瑣南爲治書侍御史密奏曰彼宿衞舊臣聞事有不便弗卽入白今訕上以揚己之直大不敬帝乃殺鎖咬兒哈的迷失與觀音保杖珪謙亨黥之竄諸遐裔泰定初贈鎖咬兒哈的迷失資德大夫御史中丞上護軍追封永平郡公謚貞愍賜其妻子鈔五百貫良田千畝仍

詔樹碑神道

哈剌亦哈赤北魯

哈剌亦哈赤北魯畏兀人也性聰敏習事國王月仙帖木兒亦都護聞其名自唆里迷國徵爲斷事官月仙帖木兒卒子八兒出阿兒忒亦都護年幼西遼主鞠兒可汗遣使據其國且召哈剌亦哈赤北魯至則以爲諸子師八兒出阿兒忒聞太祖明聖乃殺西遼使更遣阿憐帖木兒都督等四人使西遼阿憐帖木兒都督者哈剌亦哈赤北魯婿也具語以其故於是與其子月朶失野訥馳歸太祖一見大悅卽令諸皇子受學焉仍令月朶失野訥以質子入宿衞從帝西征至別失八里東獨山見城空無人帝問此何城也對曰獨山城往歲大饑民皆流移之它所然此地當北來要衝宜耕種以爲備臣昔在唆里迷國時有戶六十願移居此帝曰善遣月朶失野訥佩金符往取之父子皆留居焉後六年太祖西征還見田野墾闢民物繁庶大悅問哈剌亦哈赤北魯則已死矣遂賜月朶失野訥都督印章兼獨山城達魯花赤月朶失野訥卒子乞赤宋忽兒在太宗時襲爵賜號答剌罕子四人曰塔塔兒曰忽棧曰火兒思蠻曰月兒思蠻世祖命火兒思蠻從雪雪的斤鎭雲南月兒思蠻事憲宗襲父爵兼領僧人後因軍帥札忽兒台據別失八里盡室徙居平涼與其子阿的迷失帖木兒入覲世祖詔入宿衞爲必闍赤命從安西王忙哥剌出鎭六盤安西王薨其子阿難答嗣成宗卽位遣使入朝因奏阿的迷失帖木兒父子本先帝舊臣來事先王服勤二十餘年矣若終老王府非所以盡其才也願以歸陛下用之成宗可其奏授阿的迷失帖木兒汝州達魯花赤積官秘書太監卒子阿隣帖木兒

阿隣帖木兒善國書多聞識歷事累朝繇翰林待制累遷榮祿大夫翰林學士承旨英宗時以舊學日侍左右陳說祖宗以來及古先哲王嘉言善行翻譯諸經紀錄故實總治諸王駙馬番國朝會之事天歷初北迎明宗入正大統一見歡甚顧左右曰此朕師也天歷三年進光祿大夫知經筵事子曰沙剌班曰禿忽魯曰六十曰咱納祿沙剌班累拜中書平章政事大司徒宣政院使

塔塔統阿

塔塔統阿畏兀人也性聰慧善言論深通本國文字乃蠻大敗可汗尊之爲傅掌其金印及錢穀太祖西征乃蠻國亡塔塔統阿懷印逃去俄就擒帝詰之曰大敗人民疆土悉歸於我矣汝負印何之對曰臣職也將以死守欲求故主授之耳安敢有他帝曰忠孝人也問是印何用對曰出納錢穀委任人材一切事皆用之以爲信驗耳帝善之命居左右是後凡有制旨始用印章仍命掌之帝曰汝深知本國文字乎塔塔統阿悉以所蘊對稱旨遂命敎太子諸王以畏兀字書國言太宗卽位命司內府玉璽金帛命其妻吾和利氏爲皇子哈剌察兒乳母時加賜予塔塔統阿召諸子諭之曰上以汝母鞠育太子賜予甚厚汝等豈宜有之當先供太子用有餘則可分受帝聞之顧侍臣曰塔塔統阿以朕所賜先供太子其廉介可知矣由是數加禮遇以疾卒至大元年贈中奉大夫追封鴈門郡公子四人長玉笏迷失次力渾迷失次速羅海次篤綿玉笏迷失少有勇畧渾都海叛於三盤時玉笏迷失守護皇孫脫脫營壘率其衆與渾都海戰敗之追至只必勒適遇阿藍荅兒與之合兵復戰玉笏迷失死之力渾迷失有膂力嘗獵于野與衆相失遇盜三人欲奪其衣力渾迷失搏之盡仆遂縛以還帝召見選力士與之角無與敵者帝壯之賜金令備宿衞速羅海襲父職仍命司內府玉璽金帛篤綿舊事皇子哈剌察兒世祖卽位從其母入見欲官之以無功辭命統宿衞奉使遼東卒封鴈門郡公子阿必實哈陝西行省平章政事

岳璘帖穆爾

岳璘帖穆爾回鶻人畏兀國相暾欲谷之裔也其兄仳理伽普華年十六襲國相荅剌罕時西契丹方强威制畏兀命太師僧少監來臨其國驕恣用權奢溢自奉畏兀王患之謀於仳理伽普華曰計將安出對曰能殺少監挈吾衆歸大蒙古國彼且震駭矣遂率衆圍少監斬之以功加號仳理傑忽底進授明別吉妻號赫思迭林左右有疾其功者譖于其王曰少監珥珠先王寶也仳理伽普華匿之盍急索勿失其王怒索寶甚急仳理伽普華度無以自明乃亡附太祖賜以金虎符獅紐銀印金螭椅一衣金直孫校尉四人仍食三十三郡繼又賜銀五萬兩以弟岳璘帖穆爾爲質仳理伽普華以疾卒岳璘帖穆爾從太祖征討多戰功皇弟斡真求師傅帝命岳璘帖穆爾往訓導諸王子以孝弟敦睦仁厚不殺爲先帝聞而嘉之從平河南徙鄧縣民萬餘戶入樂安俄授河南等處軍民都達魯花赤佩金虎符幷賜宮女四人所得上方賞賚悉輦歸故郡以散親舊且盛陳漢官儀衞以激厲之國人羡慕道出河西所過榛莽或時乏水爲之鑿井置堠居民使客相慶稱便太祖卽位以中原多盜選充大斷事官從斡真出鎭順天等路布德化寬征徭盜遁姦革州郡清寧辭復監河南等處軍民年六十七卒于保定後贈宣力保德功臣曰東宣慰楨謚莊簡子合剌普華見忠義傳

李楨

李楨字榦臣其先西夏國族子也金末楨以經童中選旣長入爲質子以文學得近侍太宗嘉之賜名玉出干必闍赤從皇子闊出伐金帝命之曰凡軍中事須訪楨以行及下河南諸郡闊出遣楨偕吉登哥往唐鄧二州數民實兵餘歲凶流散十八九楨至賑恤饑寒歸者如市十年從大將察罕下淮甸楨以功佩金符授軍前行中書省左右司郎中楨奏辟訪天下儒士令所在優贍之十三年師圍壽春天雨不止楨言於察罕曰頓師城下暑雨疫作將有不利且城久拒命破必屠之則生靈何辜請退舍數里身往招之從之楨遂單騎入敵壘曉以利害明日與其將二人率衆來降以功賜銀五千兩楨表言襄陽乃吳蜀之要衝宋之喉襟得之則可爲他日取宋之基本定宗嘉其言庚戌賜虎符授襄陽軍馬萬戶丙辰憲宗命楨率師巡哨襄樊戊午帝親征召楨同議事秋九月卒于合州年五十九

速哥

速哥蒙古怯烈氏世傳李唐外族父懷都事太祖嘗從飲班朮居河水速哥爲人外若質直而內實沈勇有謀雅爲太宗所知命使金因俾覘其虛實語之曰卽不還子孫無憂不富貴也速哥頓首曰臣死職耳奉陛下威命以行可無慮也帝悅賜所常御馬至河金人閉之舟中七日始登南岸又三旬乃達汴及見金主曰天子念爾土地日狹民力日疲故遣我致命爾能共修歲幣通好不絕則轉禍爲福矣謁者令下拜速哥曰我大國使爲爾屈乎金主壯之取金巵飮之酒曰歸語汝主必欲加兵敢率精銳以相周旋歲幣非所聞也速哥飮畢卽懷金巵以出速哥雖佯爲不智而默識其地理阨塞城郭人民之彊弱旣復命備以虛實告且以所懷金巵獻帝喜曰我得金於汝手中矣復以賜之始下令徵兵南伐兵至河北岸方舟欲渡金軍陣於河南帝令儀衞導速哥居中行親率偏師乘陣西策馬沙河會睿宗軍亦由襄鄧至兩軍夾攻之及金亡詔賜金護駕士五人曰此以旌汝爲使之不辱也昔使過崞州崞人盜殺其良馬至是兼以崞民賜之歲乙未帝從容謂速哥曰我將官汝西域中原惟汝擇之速哥再拜曰幸甚臣意中原便帝曰西山之境八達以北汝其主之汝於城中搆大樓居其上使人皆仰望汝汝俯而諭之顧不偉乎乃以爲山西大達魯花赤受命方出有回回六人訟事不實將抵罪遇諸途急止監者曰姑緩其刑當日奏復見帝曰此六人者名著西域徒以小罪盡誅之恐非所以懷遠人也願以賜臣臣得意辱之使自悔悟遷善爲他日用殺之無益也帝意解召六人謂之曰生汝者速哥也其竭力事之至雲中皆釋之後有至大官者其寬大愛人多類此卒年六十二贈推忠翊運同德功臣太師開府儀同三司上柱國追封宣寧王謚忠襄子六人曰長罕曰玉呂忽都撒曰合里都曰忽蘭曰忽都兒不花曰不花長罕玉呂忽都撒合里都皆從兀魯赤太子出征以戰功顯忽蘭之母以后戚故得襲職鉏彊植弱均役平刑闔郡賴以安輯乙未之抄戶籍也前賜崞人已入官籍更賜山西戶三百西方多盜郡縣捕不得則法當計所失物直倍償郡縣苦之有甄軍判者率羣盜往來阜平曲陽間殺人渾源界而奪之財縣以失捕當償忽蘭曰此大盜也縣豈能制哉卽遣千人捕甄殺之勦捕其餘黨其害乃除忽蘭性純篤然酷好佛嘗施千金修龍宮寺建金輪大會供僧萬人卒年四十二贈太保金紫光祿大夫上柱國追封雲國公謚康忠子天德于思膽倍過人世祖聞其賢令襲父爵養母完顏氏以孝聞自中山北來適有邊釁天德于思督造兵甲撫循其民無有寧息形容盡瘁帝聞而嘉之賜馴豹名鷹使得縱獵禁地當時眷顧最號優渥卒年三十九贈太傅儀同三司上柱國追封雲國公謚顯毅子孫世多顯貴云

忙哥撒兒

忙哥撒兒察哈札剌兒氏曾祖赤老溫愷赤祖搠阿父那海並事烈祖及太祖嗣位年尚幼所部多叛亡搠阿獨不去皇弟槊只哈撒兒陰擿之去亦謝不從搠阿精騎射帝甚愛之號爲默尔傑華言善射之尤者也帝嘗與賊遇將戰有二飛鶩至帝命搠阿射之請曰射其雄乎抑雌者乎帝曰雄者搠阿一發墜其雄賊望見驚曰是善射若此飛鳥且不能逃況人乎不戰而去從征乃蠻敵率銳兵鼓而進搠阿按兵屹不動敵止俄復鼓而進搠阿亦不動敵卒疑畏不敢前世祖征筏里吉兵潰敵乃引退那海事太祖備歷艱險未嘗形於言帝嘉其忠且念其世勳詔封懷洛陽百七十五戶忙哥撒兒事睿宗恭謹過其父嘗從攻鳳翔首立奇功定宗暨爲斷

事官剛明能舉職憲宗在藩邸深知其人從征斡羅思阿剌欽察諸部常身先諸將及以所俘寶玉頒諸將則退然一無所取憲宗由是益重之使治藩邸之分民間出游獵則長其軍士動如紀律雖太后及諸嬪御小有過失知無不言以故邸中人咸敬憚之遁以爲斷事官之長其位在三公之上猶漢之大將軍也既拜命出帳殿外欹橐坐熊席其僚列坐左右者四十人忙哥撒兒問曰主上以我長此官諸公其爲我言當以何道守官衆皆默然又問之有夏人和斡居下坐進曰夫札魯忽赤之道猶宰之刲羊也解肩者不使傷其脊在持平而已忙哥撒兒聞之卽起入帳內衆不知所爲皆咎和斡失言旣入乃爲帝言和斡之言善帝召和斡命之步曰是可用之才也和斡由是知名定宗崩宗王八都罕大會宗親議立憲宗畏兀八剌曰失烈門皇孫也宜立且先帝嘗言其可以君天下諸大臣皆莫敢言忙哥撒兒獨曰汝言誠是然先皇后立定宗時汝何不言耶八都罕固亦遵先帝遺言也有異議者吾請斬之衆乃不敢異八都罕乃奉憲宗立之憲宗之幼也太宗甚重之一日行幸天大風入帳殿命憲宗坐膝下撫其首曰是可以君天下他日用牸按豹皇孫失烈門尚幼曰以牸按豹則犢將安所養太宗以爲有仁心又曰是可以君天下其後太宗崩六皇后攝政竟立定宗故至是二人各舉以爲言云憲宗旣立察哈台之子及按赤台等謀作亂剸車轄藏兵其中以入轅折兵見克薛傑見之上變忙哥撒兒卽發兵迎之按赤台不虞事遽覺倉卒不能戰遂悉就擒憲宗親簡其有罪者付之鞫治忙哥撒兒悉誅之帝以其奉法不阿委任益專有當刑者輒以法刑之乃入奏帝無不報可帝或臥未起忙哥撒兒入奏事至帳前扣箭房帝問何言卽可其奏以所御大帳行扇賜之其見親寵如此癸丑冬病酒而卒帝以忙哥撒兒當國時多所誅戮及是咸騰謗言迺爲詔諭其子曁曰汝高祖赤老溫愷赤暨汝祖搠阿事我成吉思皇帝皆著勞績惟朕皇祖寶褒嘉之汝父忙哥撒兒自其幼時事我大宗朝夕忠勤罔有過咎從我皇考經營四方迨事皇妣及朕兄弟亦罔有過咎暨朕討定斡羅思阿速穩兒別里欽察之域濟大川造方舟伐山通道攻城野戰功多於諸將俘厥寶玉大賚諸將則退然無欲得之心惟朕言是用修我邦憲治我蒐田轄我國家罔不咸乂惟厥忠雖其私親與朕嬪御小有過咎一是無有比私故朕皇妣迨朕昆弟無不嘉賴朝之老臣宿衛者舊無不嚴畏錄其勤勞命爲札魯忽赤治朕皇考受民布昭大公以辨獄愼民爰作朕股肱耳目衆無譁言朕聽以安自時厥後察哈台阿哈之孫太宗之裔定宗闊出之子及其民人越有他志賴天之靈時則有克薛傑者以告于朕汝父肅將大旅以遏亂畧按赤台等謀是用潰悉就拘執朕取有罪者使辨治之汝父體朕之公其刑其宥克比于法又使治也速不里獄亦克比于法惟爾脫歡脫兒赤自朕用汝父用法不阿兄弟親姻咸麗于憲今衆罔不怨曰爾亦有死耶若有橡志人則雖死朕將寵之如生肆朕訓汝爾克明時朕言如是而有福不如是而有禍惟天惟君能禍福人惟天惟君是敬是畏立身正直制行貞潔是汝之福反是勿思也能用朕言則不墜汝父之道人亦不能間汝矣不用朕言則人將伺汝間汝怨汝父者必曰汝亦與我夷矣汝則殆哉汝於朕言弗愼繹之汝則有咎克愼繹之人將敬汝畏汝無間伺汝無慢汝怨汝者矣又而母而婦有讒欺巧佞構亂之言愼勿聽之則盡善矣至順四年追封忙哥撒兒爲兗國公子四人長脫歡次脫兒赤次也先帖木尔次帖木兒不花脫歡爲萬戶無子脫兒赤子明禮帖木兒累官翰林學士承旨從征乃顏有功明禮帖木兒子咬住咬住子也先延徽寺卿也先帖木兒子曰哈剌合孫帖木兒不花子曰塔术納曰哈里哈孫曰伯荅沙

伯荅沙幼入宿衛爲寶兒赤歷事成宗武宗由光祿少卿擢同知宣徽院事陞銀青光祿大夫宣徽院使遙授左丞相武宗崩護梓宮葬于北守山陵三年乃還仁宗卽位眷顧益厚延祐二年拜中書右丞相時承平日久朝廷清明君臣端拱廟堂之上而百姓乂安於下一時號稱極治仁宗崩帖木迭兒執政改授集賢大學士仍開府儀同三司錄軍國重事未幾以大宗正札魯忽赤出鎭北方亦以淸靜爲治邊民按堵泰定間還朝加太保及倒剌沙構兵上都兵潰伯荅沙奉璽綬來上文宗嘉之拜太傅仍爲札魯忽赤至順三年薨伯荅沙爲人淸愼寬厚號稱長者其歿也貧無以爲斂人皆歎其廉詔贈推忠佐理正德秉義功臣開府儀同三司太師上柱國追封威平王三子長馬馬的斤次澱皮次八郞八郞期而孤其母乞咬契氏二十而寡守節不他適八郞後爲大宗正府札魯忽赤能繼其先有成立者母氏之敎也

孟速思

孟速思畏兀人世居別失八里古北庭都護之地幼有奇質年十五盡通本國書太祖聞之召至闕下一見大悅曰此兒目中有火它日可大用以授睿宗使親顯懿莊聖皇后分邑歲賦復事世祖於潛藩日見親用憲宗崩孟速思言于世祖曰神器不可久曠太祖嫡孫唯王最長且賢宜卽皇帝位諸王塔察兒也孫哥合丹等咸是其言世祖卽位眷顧益重南征時與近臣不只兒爲斷事官及諸王阿里不哥叛相拒漠北不只兒有二心孟速思知之奏徙之於中都親監護以往帝以爲忠數命收召豪俊凡所引薦皆極其選詔與安童並拜丞相固辭帝語安童及丞相伯顏御史大夫月魯那演等曰賢哉孟速思求之彼族誠爲罕也孟速思爲人剛嚴謹信蚤居帷幄謀議世莫得聞至元四年卒年六十有二帝尤哀悼特諡敏惠武宗朝贈推忠同德佐理功臣太師開府儀同三司上柱國追封武都王改諡智敏子九人多至大官

元史卷一百二十五

明翰林學士亞中大夫知制誥兼修國史宋　濂等修

列傳第十二

賽典赤贍思丁 子納速剌丁 忽辛附

賽典赤贍思丁一名烏馬兒回回人別菴伯爾之裔其國言賽典赤猶華言貴族也太祖西征贍思丁率千騎以文豹白鶻迎降命入宿衛從征伐以賽典赤呼之而不名太宗卽位授豐靖雲內三州都達魯花赤改太原平陽二路達魯花赤入爲燕京斷事官憲宗卽位命同塔剌渾行六部事遷燕京路總管多惠政擢採訪使帝伐蜀賽典赤主饋餉供億未嘗闕乏世祖卽位立十路宣撫司擢燕京宣撫使中統二年拜中書平章政事皆降制獎諭至元元年置陝西五路西蜀四川行中書省出爲平章政事莅官三年增戶九千五百六十五軍一萬二千二百五十五鈔六千二百二十五錠屯田糧九萬七千二十一石撙節和買鈔三百三十一錠中書以聞詔賞銀五千兩仍命陝西五路四川行院大小官屬並聽節制七年分鎭四川宋將昝萬壽擁彊兵守嘉定與賽典赤軍對壘一以誠意待之不爲侵掠萬壽心服未幾賽典赤召還萬壽請置酒爲好左右皆難之賽典赤竟往不疑酒至左右復言未可飲賽典赤笑曰若等何見之小耶昝將軍能毒我其能盡毒我朝之人乎萬壽嘆服八年有旨大軍見圍襄陽各道宜進兵以牽制之於是賽典赤偕鄭鼎率兵水陸並進至嘉定獲宋將二人順流縱筏斷其浮橋獲戰艦二十八艘等命行省事于興元專給糧餉十一年帝謂賽典赤曰雲南朕嘗親臨比因委任失宜使遠人不安欲選謹厚者撫治之無如卿者賽典赤拜受命退朝卽訪求知雲南地理者畫其山川城郭驛舍軍屯夷險遠近爲圖以進帝大悅遂拜平章政事行省雲南賜鈔五十萬緡金寶無筭時宗王脫忽魯方鎭雲南惑於左右之言以賽典赤至必奪其權具甲兵以爲備賽典赤聞之乃遣其子納速剌丁先至王所請曰天子以雲南守者非人致諸國背叛故命臣來安集之且戒以至境卽加撫循今未敢專顯王遣一人來共議王聞遽罵其下曰吾幾爲汝輩所誤明日遣親臣撒滿位哈乃等至賽典赤問以何禮見對曰吾等與納速剌丁偕來視猶兄弟也請用子禮見皆以名馬爲贄拜跪甚恭觀者大駭乃設宴陳所賜金寶飲器酒罷盡以與之二人大喜過望明日來謝語之曰二君雖爲宗王親臣未有名爵不可以議國事欲各授君行省斷事官以未見王未敢擅授令一人還先禀王王大悅由是政令一聽賽典赤所爲十二年奏雲南諸夷未附者尚多今擬宣慰司兼行元帥府事並聽行省節制又奏哈剌章雲南壤地均也而州縣皆以萬戶千戶主之宜改置令長並從之十三年以所改雲南郡縣上聞雲南俗無禮儀男女往往自相配偶親死則火之不爲喪祭無秔稻桑麻子弟不知讀書賽典赤敎之拜跪之節婚姻行媒死者爲之棺槨奠祭敎民播種爲陂池以備水旱創建孔子廟明倫堂購經史授學田由是文風稍興雲南民以貝代錢是時初行鈔法民不便之賽典赤爲聞于朝許仍其俗又患山路險遠盜賊出沒爲行者病相地置鎭每鎭設土酋吏一人百夫長一人往來者或值刧掠則罪及之有土吏數輩怨賽典赤不已用至京師誣其專僭數事帝顧侍臣曰賽典赤憂國愛民朕洞知之此輩何敢誣告卽命械送賽典赤處治之旣至脫其械且諭之曰若曹不知上以便宜命我故訴我專僭我今不汝罪且命汝以官能竭忠自贖乎皆叩頭拜謝曰某有死罪平章旣生之而又官之誓以死報交趾叛服不常湖廣省發兵屢征不利賽典赤遣人諭以逆順禍福且約爲兄弟交趾王大喜親至雲南賽

典赤郊迎待以賓禮遂乞永爲藩臣蘿槃甸叛往征之有憂色從者問故賽典赤曰吾非憂出征也憂汝曹冒鋒鏑不幸以無辜而死又憂汝曹刼虜平民使不聊生及民叛則又從而征之耳師次蘿槃城三日不降諸將請攻之賽典赤不可遣使以理諭之蘿槃主曰謹奉命越三日又不降諸將奮勇請進兵賽典赤又不可俄而將卒有乘城進攻者賽典赤大怒遽鳴金止之召萬戶叱責之曰天子命我安撫雲南未嘗命以殺戮也無主將命而擅攻於軍法當誅命左右縛之諸將叩首請俟城下之日從事蘿槃主聞之曰平章寬仁如此吾拒命不祥乃舉國出降將卒亦釋不誅由是西南諸夷翕然款附夷酋每來見例有所獻納賽典赤悉分賜從官或以給貧民秋毫無所私爲酒食勞酋長製衣冠襪履易其卉服草履酋皆感悅賽典赤居雲南六年至元十六年卒年六十九百姓巷哭葬鄯闡北門交趾王遣使者十二人齎經爲文致祭其辭有生我育我慈父慈母之語使者號泣震野帝思賽典赤之功詔雲南省臣盡守賽典赤成規不得輒改大德元年贈守仁佐運安遠濟美功臣太師開府儀同三司上柱國咸陽王諡忠惠子五人長納速剌丁次哈散廣東道宣慰使都元帥次忽辛次苦速丁兀默里建昌路總管次馬速忽雲南諸路行中書省平章政事

納速剌丁累官中奉大夫雲南路宣慰使都元帥至元十六年遷帥大理以軍抵金齒蒲驃曲蠟緬國招安夷寨三百籍戶十二萬二百定租賦置郵傳立衞兵歸以馴象十二入貢有旨賞金五十兩衣二襲麾下士賞銀有差會其父贍思丁歿雲南省臣於諸夷失撫綏之方世祖憂之近臣以納速丁爲言十七年授資德大夫雲南行中書省左丞尋陞右丞建言三事其一謂雲南省規措所造金薄貿易病民宜罷其一謂雲南有省有宣慰司又有都元帥府近宣慰司已奏罷而元帥府尚存臣謂行省既兼領軍民則元帥府亦在所當罷其一謂雲南官員子弟入質臣謂達官子弟當遣餘宜罷奏可二十一年進榮祿大夫平章政事奏減合剌章冗官歲省俸金九百餘兩屯田課程專人掌之歲得五千兩三十二年以合剌章蒙古軍千人從皇太子脫歡征交趾論功賞銀二千兩二十八年進拜陝西行省平章政事二十九年以疾卒贈推誠佐理協德功臣太師開府儀同三司上柱國中書左丞相封延安王子十二人伯顏中書平章政事烏馬兒江淛行省平章政事劄法兒荆湖宣慰使忽先雲南行省平章政事沙的雲南行省左丞阿容太常禮儀院使伯顏察兒中書平章政事佩金虎符贈太師開府儀同三司上柱國中書左丞相奉元王諡忠憲

忽辛至元初以世臣子備宿衞世祖善其應對至元十四年授兵部郎中明年出爲河南等路宣慰司同知河南多彊盜往往羣聚山林刼殺行路官軍收捕失利忽辛以招安自任遣土豪持檄諭之未幾賊二人來自歸忽辛賜之冠巾且諭之曰汝昔爲賊今既自歸卽良民矣俾侍左右出入房闥無間悉放還令遍諭其黨數日後招集其爲首者十輩來身長各七尺餘羅拜庭下願視異常衆悉驚怖失措忽辛命吏籍其姓名爲民俾隨侍左右夜則令臥戶外肆呼而飲食之各得其歡心羣盜聞之相繼款附二十一年授雲南諸路轉運使明年轉陝西道又明年授燕南河北道宣慰司同知尋除南京總管三十年授兩淛鹽運使大德九年進江東道宣慰使改陝西行臺御史中丞再改雲南行省右丞既至條具諸不便事言于宗王請更張之王不可忽辛與左丞劉正馳還京師有旨令宗王協力施行由是一切病民之政悉革而新之豪民規避徭役往往投充王府宿衞有司不勝供給忽辛按朝廷元額所無者悉籍爲民去其宿衞三分之二馬龍州酋謀叛陰與外賊通持所受宣敕納賊以示信事覺宗王爲左右所蔽將釋不問忽辛與劉正反覆研鞫姦狀盡得竟斬之軍糧支給地理遠近不同吏貧緣爲姦忽辛籍軍戶姓名及倉廩處所爲吏畨支給吏姦始除先是贍思丁爲雲南平章時建孔子廟爲學校撥田五頃以供祭祀教養贍思丁卒田爲大德寺所有忽辛按廟學舊籍奪歸之乃復下諸郡邑遍立廟學選文學之士爲之教官文風大興王府畜馬繁多悉縱之郊敗民禾稼而牧人又在民家宿食室無寧居忽辛度地置草場構屋數十間使爲牧所民得以安廣南酋沙奴素獷悍宋時嘗賜以金印雲南諸部悉平獨此梗化忽辛遣使誘致待之以禮留數月不遣酋請還忽辛曰汝欲還可納印來酋不得已齎印以納忽辛置酒宴勞諷令偕印入覲帝大悅大德五年緬國主負固不臣忽辛遣人諭之曰我老賽典赤平章子也惟先訓是遵凡官府於汝國所不便事當一切爲汝更之緬國主聞之遂與使者偕來獻白象一且曰此象古來所未有今聖德所致敢效方物旣入帝賜緬國主以世子之號烏蠻等租賦歲發軍徵索乃集忽辛以利害榜諭諸蠻不遺一卒而租賦咸足俄有爲飛語及符讖以惑宗王者忽辛引劉正密爲奏馳報朝廷遣使臨問凡造言之徒悉誅之忽辛偕使者還覲大德八年出爲四川行省左丞改江淛行省至大元年拜榮祿大夫江西行省平章政事明年以母老謝職歸養又明年正月卒天歷元年贈守德宣惠敏政功臣上柱國雍國公諡忠簡子二人伯杭中慶路達魯花赤曲列湖南道宣慰使

布魯海牙

布魯海牙畏吾人也祖牙兒八海牙父吉臺海牙俱以功爲其國世臣布魯海牙幼孤依舅氏家就學未幾卽善其國書尤精騎射年十八隨其主內附充宿衞太祖西征布魯海牙扈從不避勞苦帝嘉其勤賜以羊馬氊帳又以居里可汗女石抹氏配之太祖崩諸王來會選使燕京總理財幣使還莊聖太后聞其廉謹以名求之於太宗凡中宮軍民匠戶之在燕京中山者悉命統之又賜以中山店舍園田民戶二十授眞定路達魯花赤辛卯拜燕南諸路廉訪使佩金虎符賜民戶十未幾授斷事官使職如故時斷事官得專生殺多倚勢作威而布魯海牙小心謹密愼於用刑有民誤毆人死吏論以重法其子號泣請代死布魯海牙戒吏使擒于市懼則殺之既而不懼乃曰誤毆人死情有可宥子而能孝義無可誅遂併釋之使出銀以資葬埋且呼死者家諭之其人悅從是時法制未定奴有罪者主得專殺布魯海牙知其非法而不能救嘗出金贖死者數十人征討之際隸軍籍者憚於行役往往募人代之又軍中多逃歸者朝廷下制募代者杖百逃歸者死命布魯海牙與斷事官十只兒按順天等路及至州縣得募人代者萬一千戶逃者十一人然募者聞命將下已潛遣家人易代募者布魯海牙聞之歎曰募者已懼罪往易逃者因單弱思歸情皆可矜吾可不伸理耶遂奏其狀皆得輕減有丁多產富而家人不往及未至役所而卽逃者則曰此而不殺何以戒後有竊妓逃者吏論當死布魯海牙曰敗亂綱常罪固宜死此妓也豈可例論命杖之其執法平允類如此世祖卽位擇信臣宣撫十道命布魯海牙使眞定眞定富民出錢貸人者不踰時倍取其息布魯海牙正其罪使償者息如本而止後定爲令中統鈔法行以金銀爲本本至乃降新鈔時莊聖太后已命取眞定金銀由是眞定無本鈔不可得布魯海牙遣幕僚邢澤往謂平章王文統曰昔奉太后旨金銀悉送至上京眞定南北要衝之地居民商賈甚多今舊鈔既罷新鈔不降何以爲政且以金銀爲本豈若以民爲本又太后之取金帛以賞推戴之功也其爲本不亦大乎文統不能奪立降鈔五千錠民賴以便俄遷順德等路宣慰使佩金虎符來朝帝命坐慰勞之賜以海東青鶻至元二年秋卒年六十九布魯海牙性孝友造大宅於燕京自畏吾國迎母來居事之得祿不入私室幼時叔父阿里普海牙欺之盡有其產及貴顯築室宅旁迎阿里普海牙居之弟益特思海牙以宿憾爲言常慰諭之終無間言帝嘗賜以太府綾絹五千匹絲絮相等弟求四之一納其國賦盡與之無吝色初布魯海牙拜廉使命下之日子希憲適生喜曰吾聞古以官爲姓天其以廉爲吾宗之姓乎故子孫皆姓廉氏後或奏廉氏仕進者多宜稍汰去世祖曰布魯海牙功多子孫亦朕所知非汝當預大德初贈儀同三司大司徒追封魏國公諡孝懿子希閔希憲希恕希尹希顏希愿希魯希貢希中希括孫五十三人登顯仕者代有之希憲自有傳

高智耀 子睿附

高智耀河西人世仕夏國曾祖逸大都督府尹祖良惠右丞相智耀登本國進士第夏亡隱賀蘭山太宗訪求河西故家子孫之賢者衆以智耀對召見將用之遽辭歸皇子闊端鎭西涼儒者皆隸役智耀謁藩邸言儒者給復已久一旦與厮養同役非便請除之皇子從其言欲奏官之不就憲宗卽位智耀入見言儒者所學堯舜禹湯文武之道自古有國家者用之則治不用則否養成其材將以資其用也宜蠲免徭役以教育之帝問儒家何如巫醫對曰儒以綱常治天下豈方技所得比帝曰善前此未有以是告朕者詔復海內儒士徭役無有所與世祖在潛邸已聞其賢及卽位召見又力言儒術有補治道反覆辯論辭累千百帝異其言鑄印授之命凡免役儒戶皆從之給公文爲左驗時淮蜀士遭俘虜者皆沒爲奴智耀奏言以儒爲驅古無有也陛下方以古道爲治宜除之以風厲天下帝然之卽拜翰林學士命循行郡縣區別之得數千人貴臣或言其詭濫帝詰之對曰士譬則金也金色有淺深謂之非金不可才藝有淺深謂之非士亦不可帝悅更寵賚之智耀又言國初庶政草創綱紀未張宜倣前代置御史臺以糾肅官常至元五年立御史臺用其議也擢西夏中興等路提刑按察使會西北藩王遣使入朝謂本朝舊俗與漢法異今留漢地建都邑城郭儀文制度遵用漢法其故何

如帝求報聘之使以析其問智耀入見請行帝問所荅畫一敷對稱旨卽日遣就道至上京病卒帝爲之震悼後贈崇文贊治功臣金紫光祿大夫司徒柱國追封寧國公諡文忠子睿

睿資禀直亮智耀之北使也攜之以行及卒帝問其子安在近臣以睿見時年十六授符寶郎出入禁闥恭謹詳雅久之授唐兀衞指揮副使歷翰林待制禮部侍郎除嘉興路總管境內有宿盜白晝掠民財捕者積十數輩莫敢近睿下令不旬日生擒之一郡以寧擢江東道提刑按察使部內草竊陸梁聲言圍宣城郡將怯懦城門不開睿召責之曰寇勢方熾官先示弱民何所憑卽命密治兵衞而洞開城門聽民出入貿易自便旣而寇以有備不敢進遂討平之除同僉行樞密院事遷浙西道肅政廉訪使鹽官州民有連結黨與持郡邑短長其目曰十老吏莫敢問睿悉按以法闔境快之拜江南行臺侍御史進御史中丞除淮東道肅政廉訪使盜竊眞州庫鈔三萬緡有司大索追逮平民數百人吏因爲姦利睿躬自詳讞而得其情卽縱遣之未幾果得眞盜復拜南臺御史中丞務持大體有儒者之風焉延祐元年卒年六十有六累贈推忠佐理功臣太傅開府儀同三司上柱國追封寧國公諡貞簡子納麟官至太尉江南諸道行御史臺大夫

鐵哥

鐵哥姓伽乃氏迦葉彌兒人迦葉彌兒者西域築乾國也父斡脫赤與叔父那摩俱學浮屠氏斡脫赤兄弟相謂曰世道擾攘吾國將亡東北有天子氣盍往歸之乃偕入見太宗禮遇之定宗師事那摩以斡脫赤佩金符奉使省民瘼憲宗尊那摩爲國師授玉印總天下釋教斡脫赤亦貴用事領迦葉彌兒萬戶奏曰迦葉彌兒西陲小國尚未臣服請往諭之詔偕近侍以往其國主不從怒而殺之帝爲發兵誅國主元貞元年封代國公諡忠遂斡脫赤之歿鐵哥甫四歲性穎悟不爲嬉戲從那摩入見帝問誰氏子對曰兄斡脫赤子也帝方食雞輟以賜鐵哥鐵哥捧而不食帝問之對曰將以遺母帝奇之加賜一雞世祖卽位幸香山永安寺見書畏吾字於壁問誰所書僧對曰國師兄子鐵哥書也帝召見愛其容儀秀麗語音清亮命隸丞相孛羅備宿衞先是世祖事憲宗甚親愛後以讒稍疏國師導世祖宜加敬愼遂友愛如初至是帝將用鐵哥曰吾以酬國師也於是鐵哥年十七詔擇貴家女妻之辭曰臣母漢人每欲求漢人女爲婦臣不敢傷母心乃爲娶冉氏女久之命掌饔膳湯藥曰益親密至元十六年鐵哥奏曰武臣佩符古制也今長民者亦佩符請省之以彰武職從之十七年進正議大夫尚膳監帝嘗諭之曰朕聞父飲藥子先嘗之君飲藥臣先嘗之今卿典朕膳凡飲食湯藥宜先嘗之又曰朕以宿衞士隸卿其可任使者疏其才能朕將用之詔賜第於大明宮之左留守段圭言逼木局不便帝曰俾居近禁闥以便召使木局稍隘又何害焉高州人言州境多野獸害稼願捕以充貢鐵哥曰捕獸充貢徒濟其私耳且擾民不可聽從之十九年遷同知宣徽院事領尚膳監有食尚食餘餅者帝察知之怒鐵哥曰失餅之罪在臣食者何與焉內府食用圓米鐵哥奏曰計粳米一石僅得圓米四斗請自今非御用止給常米帝皆善之進中奉大夫司農寺達魯花赤從獵百沓兒之地獵人亦不剌金射兔誤中名駝駝死帝怒命誅之鐵哥曰殺人償畜刑太重帝驚曰誤耶史官必書亟釋之庾人有盜鑿粇米者罪當死鐵哥諫曰臣鞫庾人其母病盜粇欲食母耳請貸之牧人有盜割駝峯者將誅之鐵哥曰生割駝峯誠忍人也然殺之恐乖陛下仁恕心詔皆免死二十二年進正奉大夫奏司農寺宜陞爲大司農司秩二品使天下知朝廷重農之意制可進資善大夫司農時司農供膳有司多擾民鐵哥奏曰屯田則備諸物立供膳司甚便從之桓州飢民鬻子女以爲食鐵哥奏以官帑贖之二十四年從征乃顏至撒兒都之地叛王塔不台率兵奄至鐵哥奏曰昔李廣一將耳尚能以疑退敵況陛下萬乘之威乎今彼衆我寡不得地利當設疑以退之於是帝張曲蓋據胡牀鐵哥從容進酒塔不台按兵覘伺懼有伏遂引去帝以金章宗玉帶賜之二十九年進榮祿大夫中書平章政事以病足聽輿轎入殿門帝嘗憶北征事不能悉記鐵哥條舉甚詳帝悅以金束帶賜之初詔遣宋新附民種蒲萄於野馬川晃火兒不剌之地旣獻其實鐵哥以北方多寒奏歲賜衣服從之成宗卽位以鐵哥先朝舊臣賜銀一千兩鈔十萬貫他日又賜以瑪瑙椀謂鐵哥曰此器先皇所用朕今賜卿以卿久侍先皇故也大德元年加光祿大夫三年乞解機務從之仍授平章政事議中書省事時諸王朝見未有知典故者帝曰惟鐵哥知之俾專其事凡廩餼金帛之數皆遵世祖制詔自今饋諸王之禮悉命鐵哥掌之七年復拜中書平章政事平灤大水鐵哥奏曰散財民聚古之道也今平灤水災不加賑恤民不聊生矣從之十年丁母憂詔奪情起復遼王脫脫入朝從者執兵入大明宮鐵哥劾止之王懼謝從幸晉山饑民相望鐵哥輒發廩賑之旣乃陳疏自劾帝稱善不已武宗卽位賜金一百兩加金紫光祿大夫遙授中書右丞相有訴寧遠王闊闊出有逆謀者命誅之鐵哥知其誣廷辨之由是得釋從高麗二年領度支院尋賜江州稻田五千畝仁宗皇慶元年授開府儀同三司太傅錄軍國重事乃進奏世祖子惟寧遠王在宜賜還從之二年奉命詣萬安寺祀世祖感疾歸皇太后令內臣問疾鐵哥附奏曰臣死無日願太后輔陛下布惟新之政社稷之福也是年薨賜賻禮加厚勅有司治喪事贈太師開府儀同三司上柱國追封秦國公諡忠穆加贈推誠守正佐理翊戴功臣封延安王改諡忠獻子六人忽察淮東宣慰使平安奴太平路達魯花赤也識哥同知山東宣慰司事虎里台同知眞定總管府事亦可麻同知都護府事重喜隆禧院副使孫八人伯顏中書平章政事餘多居宿衞

元史卷一百二十六

明翰林學士亞中大夫知制誥兼修國史宋　濂等修

列傳第十三

安童

安童木華黎四世孫霸突魯長子也中統初世祖追錄元勳召入長宿衞年方十三位在百寮上母弘吉剌氏昭睿皇后之姊通籍禁中世祖一日見之問及安童對曰安童雖幼公輔器也世祖曰何以知之對曰每退朝必與老成人語未嘗狎一年少是以知之世祖悅四年執阿里不哥黨千餘將置之法安童侍側帝語之曰朕欲置此屬於死地何如對曰人各爲其主陛下甫定大難遽以私憾殺人將何以懷服未附帝驚曰卿年少何從得老成語此言正與朕意合由是深重之至元二年秋八月拜光祿大夫中書右丞相增食邑至四千戶辭曰今三方雖定江南未附臣以年少謬膺重任恐四方有輕朝廷心帝動容有間曰朕思之熟矣無以踰卿冬十月召許衡至傳旨令衡入省議事衡以疾辭安童卽親候其館與語良久旣還念之不釋者累日三年帝諭衡曰安童尚幼未更事善輔導之汝有嘉謨當先告之以達朕朕將擇焉衡對曰安童聰敏且有執守告以古人所言悉能領解臣不敢不盡心但慮中有人間之則難行外用勢力納人其中則難行臣入省之日淺所見如此四年三月安童奏內外官須用老成人宜令儒臣姚樞等入省議事帝曰此輩雖閒猶當優養其令入省議事五年廷臣密議立尚書省以阿合馬領之乃先奏以安童宜位三公事下諸儒議商挺倡言曰安童國之柱石若爲三公是崇以虛名而實奪之權也甚不可衆曰然事遂罷七年四月奏曰臣近言尚書省樞密院各令奏事並如常制其大政令從臣等議定然後上聞旣得旨矣今尚書一切徑奏似違前旨帝曰豈阿合馬以朕頗信用之故爾專權耶不與卿議非是勅如前旨八年陝西省臣也速迭兒建言比因饑饉盜賊滋橫若不顯戮一二無以示懲勅中書詳議安童奏曰彊竊均死恐非所宜罪至死者宜仍舊待報從之十年春三月奏以玉冊玉寶上皇后弘吉剌氏以玉冊金寶立燕王爲皇太子兼中書令判樞密院事冬十月帝諭安童及伯顏等曰近史天澤姚樞纂定新格朕已親覽皆可行之典汝等亦當一一留心參考豈無一二可增減者各令紀錄促議行之時天下待報死四五十人安童奏其中十三人因鬭毆殺人餘無可疑於是詔以所奏十三人免死從軍十一年奏阿合馬蠹國害民數事又奏各部與大都路官多非才乞加黜汰從之十二年七月詔以行中書省樞密院事從太子北平王出鎮極邊在邊十年二十一年三月從王歸待罪闕下帝卽召見慰勞之頓首謝曰臣奉使無狀有累聖德遂留寢殿語至四鼓乃出冬十一月和禮霍孫罷復拜中書右丞相加金紫光祿大夫二十二年右丞盧世榮敗詔與諸儒條其所用人及所爲事悉罷之二十三年夏中書奏擬漕司諸官姓名帝曰如平章右丞等朕當親擇餘皆卿等職也安童奏曰比聞聖意欲倚近侍爲耳目臣猥承任使若所行非法從其舉奏罪之輕重惟陛下裁處今近臣乃伺隙援引非類曰某居某官某居某職以所署奏目付中書施行臣謂銓選之法自有定制其尤無事例者臣常廢格不行慮其黨有短臣者幸陛下詳察帝曰卿言是也今後若此者勿行其妄奏者卽入言之奏徵前吏部尚書李昶不起復奏賜田十頃二十四年宗王乃顏叛世祖親討平之宗室詿誤者命安童按問多所平反嘗退朝自左掖門出諸免罪者爭迎謝或執轡扶上馬安童毅然不顧有乘間言於帝曰諸王雖有罪皆帝室近親也丞相雖尊人臣也何悖慢如此帝良久曰汝等

小人豈知安童所爲特辱之使改過耳是歲復立尚書省安童切諫曰臣力不能回天乞不用桑哥別相賢者猶或不至虐民誤國不聽二十五年見天下大權盡歸尚書屢求退不許二十八年罷相仍領宿衞事三十年春正月以疾薨于京師樂安里第年四十九雨木冰三日世祖震悼曰人言丞相病朕固弗信果喪予良弼詔大臣監護喪事大德七年成宗制贈推忠同德翊運功臣太師開府儀同三司上柱國東平忠憲王碑曰開國元勳命世大臣之碑子兀都帶

兀都帶器度宏達世祖時襲長宿衞父安童歿凡賵賻之物一無所受以素車樸馬歸葬只蘭禿先塋事母以孝聞成宗卽位拜銀青榮祿大夫大司徒領太常寺事爲請謚尚郊攝太尉奉冊上尊號廟號皇后尊號常侍掖庭贊畫大政帝及中宮咸以家人禮待之大德六年正月薨年三十一至大二年制贈輸誠保德翊運功臣太師開府儀同三司上柱國東平王謚忠簡子拜住自有傳

廉希憲

廉希憲字善甫布魯海牙子也幼魁偉舉止異凡兒九歲家奴四人盜五馬逃去旣獲時於法當死父怒將付有司希憲泣諫止之俱得免死又書侍母居中山有二奴醉出惡言希憲曰是以我爲幼也卽送繫府獄杖之皆奇其有識世祖爲皇弟希憲年十九得入侍見其容止議論恩寵殊絕希憲篤好經史手不釋卷一日方讀孟子聞召急懷以進世祖問其說遂以性善義利仁暴之旨爲對世祖嘉之目曰廉孟子由是知名嘗與近臣校射世祖前希憲屢揷三矢有欲取以射者希憲曰汝以我爲不能耶但吾弓力稍弱耳左右授以勁弓三發連中衆驚服曰眞文武材也歲甲寅世祖以京兆分地命希憲爲宣撫使京兆控制隴蜀諸王貴藩分布左右民雜羌戎尤號難治希憲講求民病抑彊扶弱暇日從名儒若許衡姚樞輩諮訪治道首請用衡提舉京兆學校敎育人材爲根本計國制爲士者無隸奴籍京兆多豪彊廢令不行希憲至悉令著籍爲儒有民妻與卜者厭詛其夫殺之獄成僚佐皆言方大旱卜者宜減死希憲議當伏法已而大雨立應初世祖受命憲宗經理河南關右居數歲讒者謂王府人多專擅不法至是命阿藍荅兒劉太平檢覈所部用酷吏分領其事大開告訐希憲曰宣撫司事由已出有罪固當獨任僚屬何預及事竟卒無獲罪者已未憲宗駐蹕合州世祖渡江取鄂州命希憲入籍府庫希憲引儒生百餘拜伏軍門因言今王師渡江凡軍中俘獲士人宜官贖遣還以廣異恩世祖嘉納之還者五百餘人憲宗崩訃音至希憲啟曰殿下太祖嫡孫先皇母弟前征雲南尅期撫定及今南伐率先渡江天道可知且殿下收召才傑悉從人望子惠黎庶率土歸心今先皇奄棄萬國神器無主願速還京正大位以安天下世祖然之且命希憲先行審察事變對曰劉太平霍魯海在關右渾都海在六盤征南諸軍散處秦蜀太平要結諸將其性險詐素畏殿下英武倘倚關中形勝設有異謀漸不可制宜遣趙良弼往覘人情事宜從之阿里不哥搆亂北邊遣脫忽思發兵河朔大肆凶暴眞定名士李槃嘗奉莊聖太后命侍阿里不哥講讀脫忽思怒槃不附已械之希憲訪槃於獄言於世祖而釋之世祖命希憲賜膳於宗王塔察兒希憲卽以已意白王宜首建翊戴之謀王然之許以身任其事歸啟其言世祖曰若此重事卿何不懼之甚耶庚申至開平宗室諸王勸進謙讓未允希憲復以天時人事進言且曰阿里不哥於殿下爲母弟居守朔方專制有年或覬望神器事不可測宜早定大計世祖然之明日卽位建元中統希憲上言高麗王子倎久留京師今聞其父死宜立爲王遣還國以恩結之又言鄂兵未還宜遣使與宋講好勑諸軍北歸帝皆從之趙良弼還自關右奏劉太平霍魯海反狀皆如希憲言初分漢地爲十道乃併京兆四川爲一道以希憲爲宣撫使太平霍魯海聞之乘驛急入京兆密謀爲變後三日希憲至宣布詔旨遣使安諭六盤未幾斷事官闊闊出遣使來告渾都海已反殺所遣使者朶羅台遣人諭其黨密里火者於成都乞台不花於青居使各以兵來援又多與蒙古軍與魯官兀奴忽等金帛盡起新軍且約太平霍魯海同日俱發希憲得報召僚屬謂曰上新卽位責任吾等正爲今日不早爲之計殆將無及遣萬戶劉黑馬京兆治中高鵬霄華州尹史廣掩捕太平霍魯海及其黨獲之盡得其奸謀悉置於獄復遣劉黑馬誅密里火者總帥汪惟正誅乞台不花具以驛聞時關中無兵備命汪惟良將秦鞏諸軍進六盤惟良以未得上旨爲辭希憲卽解所佩虎符銀印授之曰此皆身承密旨君但辦吾事制符已飛奏矣又付銀一萬五千兩以充功賞出庫幣製軍衣惟良感激遂行又發蜀卒更戍及在家餘丁推節制諸軍蒙古官八春將之謂之曰君所將之衆未經訓練六盤兵精勿與爭鋒但張聲勢使不得東則大事濟矣會有詔赦至希憲命絞太平等於獄尸於通衢方出迎詔人心遂安乃遣使自劾停赦行刑徵調諸軍擅以惟良爲帥等罪帝深善之曰經所謂行權此其是也別賜金虎符使節制諸軍且詔曰朕委卿以方面之權事當從宜毋拘常制坐失事機西川將紐鄰與魯官將皋兵應渾都海八春獲之繫其黨五十餘人于乾州獄送二人至京兆請并殺之二人自分必死希憲謂僚佐曰渾都海不能乘勢東來保無他慮今衆志未一猶懷反側彼軍見其將校執因或別生心爲害不細今因其懼死並加寬釋使之感恩効力就發此軍餘丁往隸八春上策也初八春旣執諸校其軍疑懼騷亂四出莫可禁遏及知諸校獲全紐鄰與魯官得釋大喜過望切諭其屬出兵効力人人感悅八春亦釋然開悟果得精騎數千將與俱西詔以希憲爲中書右丞行秦蜀省事渾都海聞京兆有備遂西渡河趨甘州阿藍荅兒復自和林提兵與之合分結隴蜀諸將又使紐鄰兄宿敦爲書招紐鄰於是成都帥百家奴與元忙古台靑居汪惟正欽察俱遣使言人心危疑事不可測希憲遣使深諭戒之兩川諸將素憚希憲威名按堵從命渾都海阿藍荅兒合軍而東諸將失利河右大震西土親王執畢帖木兒輜重皆空就食秦雍朝議欲棄兩川退守興元希憲力言不可乃止會親王合丹及汪惟良八春等合兵復戰西涼大敗之俘斬略盡得二叛首以送梟之京兆市事聞帝大嘉之曰希憲眞男子也進拜平章政事賜宅一區時希憲年三十矣希憲奏四川降民皆散處山谷宜申勑軍吏禁止俘掠違者千戶以下與犯人同罪又禁諸人無販易生口由是四川遂安降者益衆又罷解鹽戶所摘軍及京兆諸處無籍戶之戍靈州屯田者以寬民力欽察獲宋臣張炳震王政二人俱以母老願賜矜放希憲皆遣之還因爲書與宋四川制置余玠諭以天道人事玠得書愧感自守不敢復輕動鞏昌帥府言鎭戎州有謀爲叛者連引四百餘人希憲詳推之惟誅首惡五人宋將劉整以瀘州降盡繫前歸宋者數百人待報希憲奏釋之且致書宰臣待整以恩當得其死力整後首建取襄陽之策果立勳効宋將家屬之在北者希憲歲給其糧仕於宋者子弟得越界省其親人皆感之李璮反山東事連王文統平章趙璧素忌希憲勲名因言文統爲張易希憲薦引遂至大用且關中形勝之地希憲得民心有商挺趙良弼爲之輔此事宜關聖慮帝曰希憲自幼事朕朕知其心挺良弼皆正士何慮焉蜀人費正寅以私怨譖希憲因李璮叛亦修城治兵潛畜異志帝因惑之命中書右丞南合代希憲行省且覆視所告事卒無實狀詔希憲還京師陛見言曰方關陝叛亂川蜀未寧事急星火臣隨宜行事不謀佐貳如寅所言罪止在臣臣請逮繫有司帝撫御牀曰當時之言天知之朕知之卿果何罪慰諭良久進拜中書平章政事一日夜半召希憲入禁中從容道藩邸時事因及趙璧所言希憲曰昔攻鄂時賈似道作木柵環城一夕而成陛下顧扈從諸臣曰吾安得如似道者用之劉秉忠張易進曰山東王文統才智士也今爲李璮幕僚詔問臣臣對亦聞之實未嘗識其人也帝曰朕亦記此希憲在中書振舉綱維綜覈名實汰逐冗濫裁抑僥倖興利除害事無不便當時翕然稱治典章文物粲然可考又建言國家自開創已來凡納土及始命之臣咸令世守至今將六十年子孫皆奴視部下都邑長吏皆其皂隸僮使前古所無宜更張之使考課黜陟始議行遷轉法至元元年丁母憂率親族行古喪禮勺飲不入口者三日慟則嘔血不能起寢臥草土廬于墓傍宰執以憂制未定欲極力起之相與詣廬聞號痛聲竟不忍言未幾有詔奪情起復希憲雖不敢違旨然出則素服從事入必縗絰及喪父亦如之奸臣阿合馬領左右部專總財賦會其黨相攻擊帝命中書推覆衆畏其權莫敢問希憲窮治其事以狀聞杖阿合馬罷所領歸有司帝諭希憲曰吏廢法而貪民失業而逃工不給用財不贍費先朝患此久矣自卿等爲相朕無此憂對曰陛下聖猶堯舜臣等未能以皐陶稷契之道贊輔治化以致太平懷愧多矣今日小治未足多也因論及魏徵對曰忠臣良臣何代無之顧人主用不用爾有內侍傳旨入朝堂言某事當爾希憲曰此閹宦預政之漸不可啟也遂入奏杖之言者訟丞相史天澤親黨布列中外威權日盛漸不可制詔罷天澤政事使侍鞫問希憲進曰天澤事陛下久知天澤深者無如陛下始自潛藩多經任使將兵牧民悉有治効陛下知其可付大事用爲輔相小人一旦有言陛下當熟察其心跡果有肆橫不臣者乎今日信臣故臣得預此旨他日有訟臣者臣亦遭疑矣臣等備員政府陛下之疑信若此何敢自保天澤旣罷亦當罷臣帝良久曰卿且退朕思之明日帝召希憲諭曰昨思之天澤無對訟者事遂解又有訟四川帥欽察者帝勑中書急遣使誅之明日希憲覆奏帝怒曰尚不遲回耶對曰欽察大帥以一小人言被誅民心必駭收

繫至此與訟者廷對然後明其罪於天下爲宜詔遣使者按問其後事竟無實欽察得免希憲每奏議帝前論事激切無少回惜帝曰卿昔事朕王府多所容受今爲天子臣乃爾木強耶希憲對曰王府事輕天下事重一或面從天下將受其害臣非不自愛也方士請煉大丹勑中書給所需希憲具以秦漢故事奏且曰堯舜得壽不因大丹也帝曰然遂却之時方尊禮國師帝命希憲受戒對曰臣受孔子戒矣帝曰孔子亦有戒耶對曰爲臣當忠爲子當孝孔子之戒如是而已五年始建御史臺繼設各道提刑按察司時阿合馬專總財利乃曰庶務責成諸路錢穀付之轉運今繩治之如此事何由辦希憲曰立臺察古制也內則彈劾奸邪外則察視非常訪求民瘼裨益國政無大於此若去之使上下專恣貪暴事豈可集耶阿合馬不能對七年詔釋京師繫囚西域人匿贊馬丁用事先朝資累鉅萬爲怨家所告繫大都獄既釋之矣時希憲在告實不預其事是秋車駕還自上都怨家訴於帝希憲取堂判補署之曰天威莫測豈可幸其獨不署以苟免耶希憲入見以詔書爲言帝曰詔釋囚耳豈有詔釋匿贊馬丁耶對曰不釋匿贊馬丁臣等亦未聞有此詔帝怒曰汝等號稱讀書臨事乃爾宜得何罪對曰臣等忝爲宰相有罪當罷退帝曰但從汝言即與左丞相耶律鑄同罷一日帝問侍臣希憲居家何爲侍臣以讀書對帝曰讀書固朕所教然讀之而不肯用多讀何爲意責其罷政而不復求進也阿合馬因讒之曰希憲日與妻子宴樂爾帝變色曰希憲清貧何從宴設希憲嘗有疾帝遣醫三人診視醫言須用沙糖作飲時最艱得家人求於外阿合馬與之二斤且致密意希憲却之曰使此物果能活人吾終不以奸人所與求活也帝聞而遣賜之嗣國王頭輦哥行省遼陽有言其擾民不便者十一年詔起希憲爲北京行省平章政事將行肩輿入辭賜坐帝曰昔在先朝卿深識事機每以帝道啟朕及鄂漢班師屢陳天命朕心不忘丞相卿實宜爲顧退托耳遼霫戶不下數萬諸王國壻分地所在彼皆素知卿能故命卿往鎮體朕此意遼東多親王使者傳令旨官吏立聽希憲至始革正之有西域人自稱駙馬營于城外繫富民誣其祖父嘗貸息錢索償甚急民訴之行省希憲命收捕之其人怒乘馬入省堂坐榻上希憲命捽下跪而問之曰法無私獄汝何人敢擅繫民令械繫之其人惶懼求哀國王亦爲之請乃稍寬令待對畢營夜遁俄詔國王歸國希憲獨行省事朝廷降鈔買馬六千五百希憲遣買於東州得羨餘馬千三百希憲曰上之則若自衒即與他郡之不及者以其直還官長公主及國壻入朝縱獵郊原擾民爲甚希憲面諭國壻欲入奏之國壻驚愕入語公主公主出飲希憲酒曰從者擾民吾不知也請以鈔萬五千貫還斂民之直幸勿遣使者自是貴人過者皆莫敢縱十二年右丞阿里海牙下江陵圖地形上於朝請命重臣開大府鎮之帝急召希憲還使行省荊南賜坐諭曰荊南入我版籍欲使新附者感恩未來者向化宋知我朝有臣如此亦足以降其心南土卑濕於卿非宜今以大事付託度卿不辭賜田以養居者馬五十以給從者希憲曰臣每懼才識淺近不能勝負大任何敢辭疾然敢辭新賜復有詔令希憲承制授三品以下官希憲冒暑疾驅以進至鎮阿里海牙率其屬郊迎望拜塵中荊人大駭即日禁剽奪通商販興利除害兵民按堵首錄宋故宣撫制置二司幕僚能任事者以備采訪仍擇二十餘人隨材授職左右難之希憲曰今皆國家臣子也何用致疑時宋故官禮謁大府必廣致珍玩希憲拒之且語之曰汝等身仍故官或不次遷擢當念聖恩盡力報効今所饋者若皆己物我取之爲非義一或係官事同盜竊若斂於民不爲無罪宜戒慎之皆感激謝去令凡俘獲之人敢殺者以故殺平民論爲軍士所虜病而棄之者許人收養病愈故主不得復有立契券質賣妻子者重其罪仍沒入其直先時江陵城外蓄水扞禦希憲命決之得良田數萬畝以爲貧民之業發沙市倉粟之不入官籍者二十萬斛以賑公安之饑大綱既舉乃曰教不可緩也遂大興學選教官置經籍旦日親詣講舍以厲諸生西南溪洞及思播田楊二氏重慶制置趙定應俱越境請降事聞帝曰先朝非用兵不可得地今希憲能令數千百里外越境納土其治化可見也闕吏得江陵人私書不敢發上之樞密臣發之帝前其中有曰歸附之初人不聊生皇帝遣廉相出鎮荊南豈惟人漸德化昆蟲草木咸被澤矣帝曰希憲不嗜殺人故能爾也希憲疾久不愈十五年春近臣董文忠言江陵濕熱如希憲病何即召希憲還江陵民號泣遮道留之不得相與畫像建祠希憲還囊橐蕭然琴書自隨而已帝知其貧特賜白金五千兩鈔萬貫五月至上都太常卿田忠良來問疾希憲謂曰上都聖上龍飛之地天下視爲根本近聞龍岡遺火延燒民居此常事耳慎勿令妄談地理者惑動上意未幾果有數輩以徙置都邑事奏樞密副使張易中書左丞張文謙與之廷辨力言不可帝不悅明日召忠良質其事忠良以希憲語對帝曰希憲病甚猶慮及此耶其議遂止詔徵揚州名醫王仲明視希憲疾既至希憲服其藥能杖而起帝喜謂希憲曰卿得良醫疾向愈矣對曰醫持善藥以療臣疾苟能戒慎則誠如聖諭設或肆惰良醫何益蓋以醫諷諫也會議立門下省帝曰侍中非希憲不可遣中使諭旨曰鞍馬之任不以勞卿坐而論道時至省中事有必須執奏肩輿以入可也希憲附奏曰臣疾何足郵輸忠効力生平所願皇太子亦遣人諭旨曰上命卿領門下省無憚羣小吾爲卿除之竟爲阿合馬所沮十六年春賜鈔萬貫詔復入中書希憲稱疾篤皇太子遣侍臣問疾因問治道希憲曰君天下在用人用君子則治用小人則亂臣病雖劇委之於天所甚憂者大奸專政羣小阿附誤國害民病之大者殿下宜開聖意急爲屏除不然日就沉痼不可藥矣戒其子曰丈夫見義勇爲禍福無預於己謂皐夔稷契伊傅周召爲不可及是自棄也天下事苟無牽制三代可復也又曰汝讀狄梁公傳乎梁公有大節爲不肖子所墜汝輩宜慎之十七年十一月十九夜有大星隕于正寢之旁流光照地久之方滅是夕希憲卒年五十大德八年贈忠清粹德功臣太傅開府儀同三司追封魏國公謚文正加贈推忠佐理翊運功臣太師開府儀同三司上柱國恒陽王謚如故子六人孚僉遼陽等處行中書事恪台州路總管恂中書平章政事忱邵武路總管恒御史中丞惇江西等處行中書省參知政事從弟希賢

希賢字達甫一名中都海牙伯父布魯海牙嘗曰是兒剛果當大吾家年二十餘與從兄希憲同侍世祖出入禁中小心慎密至元初北部王拘殺使者世祖選使往諭之廷臣推希賢至則布上意辭旨條暢王悔謝爲設宴贈貂裘一襲白金一笏還奏帝喜賜以御膳尋進中議大夫兵部尚書左丞相伯顏伐宋既渡江至元十二年春授希賢禮部尚書佩金虎符與工部侍郎嚴忠範秘書丞柴紫芝持國書使宋三月丙戌至廣德軍獨松關守關者不知爲使襲而殺之張濡以爲己功受賞知廣德軍明年宋亡獲張濡殺之詔遣使護希賢喪歸後復籍濡家貲付其家希賢死時年二十九

元史卷一百二十七

明翰林學士亞中大夫知制誥兼修國史宋　濂等修

列傳第十四

伯顏

伯顏蒙古八鄰部人曾祖述律哥圖事太祖爲八鄰部左千戶祖阿剌襲父職兼斷事官平忽禪有功得食其地父曉古台世其官從宗王旭烈兀開西域伯顏長於西域至元初旭烈兀遣入奏事世祖見其貌偉聽其言厲曰非諸侯王臣也其留事朕與謀國事恒出廷臣右世祖益賢之勅以中書右丞相安童女弟妻之若曰爲伯顏婦不慚爾氏矣二年七月拜光祿大夫中書左丞相諸曹白事有難決者徐以一二語決之衆服曰眞宰輔也四年改中書右丞七年遷同知樞密院事十年春持節奉玉冊立燕王眞金爲皇太子十一年大舉伐宋與史天澤並拜中書左丞相行省荊湖時荊湖淮西各建行省天澤言號令不一或致敗事詔改淮西行省爲行樞密院天澤又以病表請專任伯顏乃以伯顏領河南等路行中書省所屬並聽節制秋七月陛辭世祖諭之曰昔曹彬以不嗜殺平江南汝其體朕心爲吾曹彬可也九月甲戌朔會師于襄陽分軍爲三道並進丙戌伯顏與平章阿朮由中道循漢江趨郢州萬戶武秀爲前鋒遇水濼霖雨水溢無舟不能涉伯顏曰吾且飛渡大江而憚此潢潦耶乃召一壯士負甲仗騎而前導麾諸軍畢濟癸巳次鹽山距郢州二十里郢在漢水北以石爲城宋人又於漢水南築新郢橫鐵繩鎖戰艦密樹樁木水中下流黃家灣堡亦設守禦之具堡之西有溝南通藤湖至江僅數里乃遣總管李庭劉國傑攻黃家灣堡拔之破竹席地盪舟由藤湖入漢江諸將請曰郢城我之喉襟不取恐爲後患伯顏曰用兵緩急我則知之攻城下策也大軍之出豈爲此一城哉遂舍郢順流下伯顏阿朮殿後不滿百騎十月戊午行大澤中郢將趙文義范興以騎二千來襲伯顏兀朮未及介胄亟還軍迎擊之伯顏手殺文義擒范興殺之其士卒死者五百人生獲數十人甲子次沙洋乙丑命斷事官楊仁風招之不應復使一俘持黃榜檄文傳趙文義首入城招其守將王虎臣王大用虎臣等斬俘焚黃榜裨將傅益以水軍十七人來降虎臣等又斬其軍之欲降者伯顏復命呂文煥招之又不應日暮風大起伯顏命順風掣金汁砲焚其廬舍烟焰漲天城遂破萬戶忙古歹生擒虎臣大用等四人餘悉屠之丙寅次新城令萬戶帖木

兒史弼列沙洋所馘於城下射黃榜檄文於城中以招之其守將邊居誼邀呂文煥與語丁卯文煥至城下飛矢中右臂奔還戊辰其總制黃順踰城出降即授招討使佩以金符令呼城上軍其部曲即縋城下居誼邀入城悉斬之己巳其副都統制任寧亦降居誼終不出乃令總管李庭攻破其外堡諸軍蟻附而登拔之餘衆三千猶力戰而死居誼舉家自焚遂併誅王虎臣王大用等四人十一月丙戌次復州知州翟貴以城降諸將請點視其倉庫軍籍遣官鎮撫伯顏不聽諭諸將不得入城違者以軍法論阿朮使右丞阿里海牙來言渡江之期伯顏不荅明日又來又不荅阿朮乃自來伯顏曰此大事也主上以付吾二人可使餘人知吾實乎潛刻期而去乙未軍次蔡店丁酉往觀漢口形勢宋淮西制置使夏貴等以戰艦萬艘分據要害都統王達守陽邏堡荆湖宣撫朱禩孫以遊擊軍扼中流兵不得進千戶馬福建言淪河口可通沙蕪入江伯顏使覘沙蕪口夏貴亦以精兵守之乃圍漢陽軍聲言由漢口渡江貴果移兵援漢陽十二月丙午軍次漢口辛亥諸將自漢口開壩引船入淪河先遣萬戶阿剌罕以兵拒沙蕪口逼近武磯巡視陽羅城堡徑趨沙蕪遂入大江壬子伯顏觀艦萬計相踵而至以數千艘泊于淪河灣口屯布蒙古漢軍數十萬騎於江北諸將言沙蕪南岸彼戰船在焉可攻而取伯顏曰吾亦知其可必取慮汝輩貪小功失大事一舉渡江收其全功可也遂令脩攻具進軍陽羅堡癸丑遣人招之不應甲寅再遣人招之其將士皆曰我輩受宋厚恩戮力死戰此其時也安有叛逆歸降之理備吾甲兵決之今日我宋天下猶賭博孤注輸贏在此一擲爾伯顏麾諸將攻之三日不克有術者來言天道南行金木相犯若二星交過則江可渡伯顏卻之使勿言乃密謀於阿朮曰彼謂我必拔此堡方能渡江此堡甚堅攻之徒勞汝今夜以鐵騎三千泛舟直趨上流為擣虛之計詰旦渡江襲南岸已過則速遣人報我乙卯分遣右丞阿里海牙督萬戶張弘範忽失海牙折的迷失等先以步騎攻陽羅堡夏貴來援遂俾阿朮出其不意率萬戶晏徹兒忙古歹史格賈文備四翼軍泝流西上四十里對青山磯而泊是夜雪大作遙見南岸多露沙洲阿朮登舟指示諸將令徑趨是洲載馬後隨萬戶史格一軍徑渡為其都統程鵬飛所卻阿朮橫身蕩決血戰中流擒其將高邦顯等死者無算鵬飛被七創敗走得船千餘艘遂得南岸阿朮與鎮撫何瑋等數十人攀岸步鬭開而復合者數四南軍阻水不得相薄遂起浮橋成列而渡阿里海牙繼遣張榮實解汝楫等四翼軍舳艫相銜直抵夏貴貴引麾下軍數千先遁諸軍乘之殺溺不可數計追至鄂州東門而還丙辰阿朮遣使馳報伯顏大喜揮諸將急攻破陽羅堡斬王達宋軍大潰數十萬衆死傷幾盡夏貴僅以身免走至白虎山諸將謂貴大將不可使逸去請追之伯顏曰陽羅之捷吾欲遣使前告宋人而貴走代吾使不必追也丁巳伯顏登武磯山大江南北皆我軍也諸將稱賀伯顏辭謝之阿朮還渡江議兵所向或欲先取蘄黃阿朮曰若赴下流退無所據先取鄂漢雖遲旬日可為萬全計伯顏從之己未師次鄂州遣呂文煥楊仁風等諭之曰汝國所恃者江淮而已今我大兵飛渡長江如履平地汝輩何不速降鄂恃漢陽將戰乃焚其戰艦三千艘火照城中兩城大恐庚申知鄂州張晏然知漢陽軍王儀知德安府來興國皆以城降程鵬飛以其軍降壬戌定新附官品級撤宋兵分隸諸將先是邊民戍卒陷入宋境者悉縱遣之丁卯遣萬戶也的哥總管忽都歹入奏渡江之捷分命阿剌罕先鋒黃頭取壽昌糧四十萬斛以充軍餉留右丞阿里海牙等以兵四萬分省于鄂規取荆湖己巳伯顏與阿朮以大軍水陸東下俾阿朮先據黃州十二年春正月癸酉朔至黃州甲戌沿江制置副使知黃州陳奕降伯顏承制授奕沿江大都督奕遣書至漣水招其子巖巖降遣呂文煥陳奕以書招蘄州安撫使管宗模復遣阿朮以舟師造其城下癸未伯顏至蘄州宗模出降即承制授以淮西宣撫使留萬戶帶塔兒守之阿朮復以舟師先趨江州兵部尚書呂師夔在江州與知州錢眞孫遣人來迎降丙戌伯顏至江州即以師夔為江州守師夔設宴庾公樓選宋宗室女數人盛飾以獻伯顏怒曰吾奉聖天子明命興仁義之師問罪於宋豈以女色移吾志乎斥遣之知南康軍葉閶來降殿前都指揮使知安慶府范文虎亦奉旨納欵阿朮遂率舟師造安慶文虎出降伯顏至湖口遣千戶甯玉繫浮橋以渡風迅水駛橋不能成乃禱于大孤山神有頃風息橋成大軍畢渡二月壬寅朔伯顏至安慶承制授文虎兩浙大都督文虎以其從子友信知安慶府事命萬戶喬珪戍之丁未次池州都統制張林以城降戊申通判權州事趙昴發與其妻自經死伯顏入城見而憐之令具衣衾瘞焉宋宰臣賈似道遣宋京致書請還已降州郡約貢歲幣伯顏遣武略將軍囊加歹同其介阮思聽報命止京以待且使謂似道曰未渡江議和入貢則可今沿江諸郡皆內附欲和則當來面議也囊加歹還乃釋宋京庚申發池州壬戌次丁家洲賈似道都督諸路軍馬十三萬號百萬步軍指揮使孫虎臣為前鋒淮西制置使夏貴以戰艦二千五百艘橫亘江中似道將後軍伯顏命左右翼萬戶率騎兵夾江而進砲聲震百里宋軍陣動貴先遁以扁舟掠似道船呼曰彼衆我寡勢不支矣似道聞之倉皇失措遽鳴金收軍軍潰衆軍大呼曰宋軍敗矣諸戰艦居後者阿朮促騎召之挺身登舟手柁衝敵船舳艫相盪乍分乍合阿朮以小旗麾何瑋李庭等並舟深入伯顏命步騎左右掎之追殺百五十餘里溺死無算得船二千餘艘及其軍資器仗圖籍符印似道東走揚州貴走廬州虎臣走泰州甲子攻太平州丁卯知州孟之縉及知無為軍劉權知鎮巢軍曹旺知和州王喜俱以城降庚午師次建康之龍灣大賚將士三月癸酉宋沿江制置趙溍遁溍兄淮起兵溧陽就執而死都統徐王榮翁福等以城降命招討使唆都守之知鎮江府洪起畏遁總管石祖忠以城降知寧國府趙與可遁知饒州唐震死而江東諸郡皆下淮西滁州諸郡亦相繼降丙子國信使廉希憲至建康傳旨令諸將各守營壘毋得妄有侵掠希賢與嚴忠範等奉命使宋請兵自衛伯顏曰行人以言不以兵兵多徒為累使事希賢固請與之丙戌至獨松嶺果為宋人所殺庚寅伯顏遣左右司員外郎石天麟詣闕奏事世祖大悅悉可其奏伯顏以行中書省駐建康阿塔海董文炳以行樞密院駐鎮江阿朮別奉詔攻揚州江東歲饑民大疫伯顏隨賑救之民賴以安宋人遣都統洪模移書徐王榮等言殺使之事太皇太后及嗣君實不知皆邊將之罪當按誅之願輸幣請罷兵通好伯顏曰彼為譎詐之計以視我之虛實當擇人以同往觀其事體宣布威德令彼速降乃命議事官張羽等持王榮荅書至平江驛宋人又殺之四月乙丑有詔以時暑方熾不利行師俟秋再舉伯顏奏曰宋人之據江海如獸保險今已扼其吭少縱之則逸而逝矣世祖語使者曰將在軍不從中制兵法也宜從丞相言五月丁亥復命奉御愛先傳旨召伯顏赴闕以阿剌罕為參政留治省事伯顏至鎮江會諸將計事令各還鎮乃渡江北行入見於上都七月癸未進中書右丞相讓功於阿朮遂以阿朮為左丞相八月癸卯受命還行省付以詔書俾諭宋主乃取道益都行視沂州等軍壘調淮東都元帥孛魯歡副都元帥阿里伯以所部兵泝淮而進九月戊寅會師淮安城下遣新附官孫嗣武叩城大呼又射書城中諭守將使降皆不應庚辰招討別里迷失拒北城西門伯顏與孛魯歡阿里伯親臨南城堡揮諸將長驅而登拔之潰兵欲奔大城追襲至城門斬首數百級遂平其南堡丙戌次寶應軍戊子次高郵十月庚戌圍揚州召諸將指授方畧留孛魯歡阿里伯守灣頭新堡衆軍南行壬戌至鎮江罷行院以阿塔海董文炳同署事十一月乙亥伯顏分軍為三道期會于臨安參政阿剌罕等為右軍以步騎自建康出四安趨獨松嶺參政董文炳等為左軍以舟師自江陰循海趨澉浦華亭伯顏及右丞阿塔海由中道節制諸軍水陸並進壬午伯顏軍至常州先是常州守王宗洙遁通判王虎臣以城降其都統制劉師勇與張彥王安節等復拒之推姚訔為守固拒數月不下伯顏遣人至城下射書城中招諭勿以已降復判為疑勿以拒敵我師為懼皆不應乃親督帳前軍臨南城又多建火砲張弓弩晝夜攻之浙西制置文天祥遣尹玉麻士龍來援皆戰死甲申伯顏叱帳前軍先登豎赤旗城上諸軍見而大呼曰丞相登矣師畢登宋兵大潰拔之屠其城姚訔及通判陳炤等死之生獲王安節斬之劉師勇變服單騎奔平江諸將請追之伯顏曰勿追師勇所過城守者膽落矣以行省都事馬恕為常州尹遣蒙古軍都元帥闊里帖木兒萬戶懷都先據無錫州萬戶忙古歹晏徹兒巡太湖遣監戰亦乞里歹招討使唆都宣撫使游顯會闊里帖木兒先趨平江庚寅遣降人游介實奉詔書副本使于宋仍以書諭宋大臣十二月辛丑次無錫宋將作監柳岳等奉其國主及太皇太后書併宋之大臣與伯顏書來見垂泣而言曰太皇太后年高嗣君幼冲且在衰絰中自古禮不伐喪望哀恕班師敢不每年進奉脩好今日事至此者皆奸臣賈似道失信誤國耳伯顏曰主上即位之初奉國書脩好汝國執我行人一十六年所以興師問罪去歲又無故殺害廉奉使等誰之過歟如欲我師不進將效錢王納土乎李主出降乎爾宋昔得天下於小兒之手今亦失於小兒之手蓋天道也不必多言岳頓首泣不已還招討使抄兒赤以柳岳來使事及嚴奉使所賚國書入奏先是平江守潛說友遁通判胡玉等既以城降而復為宋人所據甲辰衆軍次平江都統王邦傑通判王矩之率衆出降庚戌遣囊加歹同其使柳岳還臨安以忙古歹范文虎行兩浙大都督事遣甯玉脩奠江長橋不

旬日而成庚申囊加歹同宋尚書夏士林侍郎呂師孟宗正少卿陸秀夫以書來請尊世祖爲伯父而世脩子姪之禮且約歲幣銀二十五萬兩帛二十五萬匹癸亥遣囊加歹同師孟等還臨安遣忙古歹范文虎會阿剌罕昔里伯取湖州知州趙良淳死之丙寅趙與可以城降伯顏發平江留游顯懷都忽都不花屯兵鎮守別遣甯玉守長橋十三年正月巳巳次嘉興安撫劉漢傑以城降留萬戶忽都虎等戍之癸酉宋軍器監劉庭瑞以其宰臣陳宜中等書來即遣回乙亥宜中遣御史劉岊奉宋主稱臣表文副本及致書伯顏約會長安鎮辛巳衆軍至崇德宜中又令都統洪模持書同囊加歹來見壬午次長安鎮宜中等不至癸未進軍臨平鎮甲申次皋亭山宋主遣知臨安府賈餘慶同宗室保康軍承宣使尹甫和州防禦使吉甫奉傳國璽及降表詣軍前伯顏受訖遣囊加歹以餘慶等還臨安召宋宰臣出議降事時宜中已遁以文天祥代爲丞相不拜自請至軍前乙酉進軍至臨安北十五里分遣董文炳呂文煥范文虎巡視城堡安諭軍民囊加歹洪模來報宜中與張世傑蘇義劉師勇等以益王廣王下浙江航海而南惟謝太后及幼主在宮中伯顏亟遣使諭右軍阿剌罕奧魯赤左軍董文炳范文虎據守浙江以勁兵五千人追之不及而還丙戌禁軍士毋入城遣呂文煥持黃榜諭臨安中外軍民俾安堵如故先是三衙衛士白晝殺人鬨里小民乘亂剽掠至是民皆安之丁亥遣程鵬飛洪雙壽等入宮慰諭謝后戊子謝后遣丞相吳堅文天祥樞密謝堂安撫賈餘慶內官鄧惟善來見伯顏慰遣之顧天祥舉動不常疑有異志留之軍中天祥數請歸伯顏笑而不荅天祥怒曰我此來爲兩國大事彼皆遣歸何故留我伯顏曰勿怒汝爲宋大臣責任非輕今日之事政當與我共之令忙古歹唆都館伴羈縻之令程鵬飛洪雙壽同賈餘慶易宋主削帝號降表巳丑駐軍臨安城北之湖州市遣千戶囊加歹等以宋傳國璽入獻庚寅伯顏建大將旗鼓率左右翼萬戶巡臨安城觀潮於浙江暮還湖州市宋宗室大臣皆來見辛卯萬戶張弘範郎中孟祺同程鵬飛以所易降表及宋主謝后諭未附州郡手詔至軍前令鎮撫唐古歹罷文天祥所招募義兵二萬餘人壬辰伯顏登獅子峯觀臨安形勢命唆都撫諭軍民部分諸將共守其城護其宮癸巳謝后復使人來勞問仍以溫言慰遣之甲午分置其三衙諸司兵于各翼以俟調遣其生募等軍愿歸者聽分遣蕭郁

王世英等招諭衢信諸州二月丁酉遣劉頡等往淮西招夏貴仍遣別將徇地浙東西於是知嚴州方回知婺州劉怡知台州楊必大知處州梁椅並以城降命右丞張惠參政阿剌罕董文炳呂文煥入見謝后宣布德意以慰諭之辛丑宋主率文武百僚望闕拜發降表伯顏承制以臨安爲兩浙大都督府忙古歹范文虎入治府事復命張惠阿剌罕董文炳呂文煥等入城籍其軍民錢穀之數閱實倉庫收百官誥命符印圖籍悉罷宋官府取宋主居之別室分遣新附官招諭南北兩廣四川未下州郡部分諸將分屯要害仍禁人不得侵壞宋氏山陵是日進軍浙江之滸潮不至者三日人以爲天助癸卯謝后命吳堅賈餘慶謝堂家鉉翁劉岊與文天祥並爲祈請使楊應奎趙若秀爲奉表押璽官赴闕請命伯顏拜表稱賀曰臣伯顏言國家之業大一統海岳必明主之歸帝王之兵出萬全蠻夷敢天威之抗始干戈之爰及迄文軌之會同區宇一清普天均慶臣伯顏等誠懽誠忭頓首頓首恭惟皇帝陛下道光五葉統接千齡梯航日出之邦冠帶月支之域際丹崖而述職奄瀚海而爲家獨此島夷弗遵聲教謂江湖可以保逆命舟楫可以敵王師連兵負固逾四十年背德食言難一二計當聖主飛渡江南之日遣行人乞爲城下之盟逮凱奏之言旋輒詐謀之復肆拘囚我信使忘乾坤再造之恩招納我叛臣盜連海三城之地我是以有六載襄樊之討彼居然無一介行李之來禍既出于自求怒致闐于斯赫臣伯顏等肅將禁旅恭行天誅爰從襄漢之上流復出武昌之故渡藩屏一空于江表烽烟直接於錢塘尚無度德量力之心荐有殺使毀書之事屬廟謨之親禀謂根本之宜先乃命阿剌罕取道于獨松董文炳屯師于海渚臣與阿塔海忝司中閫直指僞都犄角之勢既成水陸之師並進常州已下列郡傳檄而悉平臨安爲期諸將連營而畢會彼知窮蹙迭致哀鳴始則有爲姪納幣之祈次則有稱藩奉璽之請顧甘言何益於實事率銳卒直抵于近郊召來用事之大臣放散思歸之衛士崛强心在四郊之橫草都無飛走計窮一片之降旛始竪其宋國主巳於二月初五日望闕拜伏歸附訖所有倉廩府庫封籍待命外臣奉揚寬大撫戢吏民九衢之市肆不移一代之繁華如故茲惟睿算卓冠前王視萬里如目前運天下於掌上致令臣等獲對明時歌七德以告成深切龍庭之想上萬年而爲壽敬陳虎拜之詞臣伯顏等無任瞻天望聖激切屏營之至謹奉

表稱賀以聞戊申堅等發臨安堂不行癸丑宋福王與芮奉書于伯顏辭甚懇切伯顏曰爾國既以歸降南北其爲一家王勿疑宜速來同預大事且遣逆之戊午夏貴以淮南降庚申命囊加歹傳旨召伯顏偕宋君臣入朝三月丁卯伯顏入臨安俾郎中孟祺籍其禮樂祭器冊寶儀仗圖書庚午囊加歹至甲戌與芮來伯顏議以阿剌罕董文炳留治行省事以經畧閩粵忙古歹以都督鎮浙西唆都以宣撫使鎮浙東唐兀歹李庭護送宋君臣北上乙亥伯顏發臨安丁丑阿塔海等宣詔趣宋主母后入覲聽詔畢即日俱出宮惟謝后以疾獨留國夫人黃氏宮人從行者百餘人福王與芮沂王乃猷謝堂楊鎮而下官屬從行者數千人三學之士數百人宋主求見伯顏曰未入朝無相見之禮五月乙未伯顏以宋主至上都世祖御大安閣受朝降授宋主㬎開府儀同三司檢校大司徒封瀛國公宋平得府三十七州百二十八關監二縣七百三十三命伯顏告于天地宗廟大赦天下帝勞伯顏伯顏再拜謝曰奉陛下成算阿朮効力臣何功之有復拜同知樞密院賜銀鼠青鼠只孫二十襲裨校有功者百二十三人賞銀有差初海都稱兵內向詔以右丞相安童佐皇子北平王那木罕統諸軍於阿力麻里備之十四年諸王昔里吉刼北平王拘安童脅宗王以叛命伯顏率師討之與其衆遇於斡魯歡河夾水而陳相持終日俟其懈麾軍爲兩隊掩其不備破之昔里吉走死十八年二月世祖命燕王撫軍北邊以伯顏從仍諭之曰伯顏才兼將相忠於所事故俾從汝不可以常人遇之燕王每與論事尊禮有加是歲頒羣臣食邑詔益以藤州等處四千九百七十七戶伯顏之取宋而還也詔百官郊迎以勞之平章阿合馬先百官半舍道謁伯顏解所服玉鉤絛遺之且曰宋寶玉固多吾實無所取勿以此爲薄也阿合馬謂其輕己思中傷之乃誣以平宋時取其玉桃盞帝命按之無驗遂釋之復其任阿合馬既死有獻此盞者帝愕然曰幾陷我忠良別吉里迷失嘗誣伯顏以死罪未幾以它罪誅勅伯顏臨視伯顏與之酒愴然不顧而返世祖問其故對曰彼自有罪以臣臨之人將不知天誅之公也二十二年秋宗王阿只吉失律詔伯顏代總其軍先是邊兵嘗乏食伯顏令軍中採茂怯葉兒及蓿敦之根貯之人四斛草粒稱是盛冬雨雪人馬賴以不饑又令軍士有捕塔剌不歡之獸而食者積其皮至萬人莫知其意既而遣使輦至京師帝笑曰伯顏以邊地寒軍士無衣

欲易吾絹帛耳遂賜以衣二十四年春二月或告乃顏反詔伯顏窺覘之乃多載衣裘入其境輒以與驛人既至乃顏爲設宴謀執之伯顏覺與其從者趨出分三道逸去驛人以得衣裘故爭獻健馬遂得脫馳還白狀夏四月乃顏反從世祖親征奏李庭董士選將漢軍得以漢法戰乃顏之黨金家奴塔不歹進逼乘輿漢軍力戰乃皆潰卒擒乃顏二十六年進金紫光祿大夫知樞密院事出鎮和林和林置知院自伯顏始二十九年秋宗王明理鐵木兒挾海都以叛詔伯顏討之相值于阿撒忽禿嶺矢下如雨衆軍莫敢登伯顏令之曰汝寒君衣之汝饑君食之政欲効力於此時爾於此不勉將何以報麾諸軍進後者斬伯顏先登陷陣諸軍望風爭奮大破之明里鐵木兒挺身走命速哥梯迷禿兒等追之伯顏引軍夜還至必失禿卒遇伏兵伯顏堅壁不動黎明遂引去伯顏輕騎追至別竭兒速哥梯迷禿兒等兵亦至乃夾擊之斬首二千級俘其餘衆以歸諸將言古禮兵勝必禡旗于所征之地欲用四虜爲牲伯顏不可衆皆歎服軍中獲諜者忻都欲殺之伯顏不許厚賜之遣賚書諭明里鐵木兒以禍福明里鐵木兒得書感泣以衆來歸未幾海都復犯邊伯顏留拒之廷臣有譖伯顏久居北邊與海都通好仍保守無尺寸之材者詔以御史大夫玉昔帖木兒代之居伯顏于大同以俟後命玉昔帖木兒未至三驛會海都兵復至伯顏遣人語玉昔帖木兒曰公姑止待我翦此寇而來未晚也伯顏與海都兵交且戰且却凡七日諸將以爲怯憤曰果懼戰何不授軍於大夫伯顏曰海都懸軍涉吾地邀之則遁誘其深入一戰可擒也諸軍必欲速戰若失海都誰任其咎諸將曰請任之即還軍擊敗之海都果脫去乃召玉昔帖木兒至軍授以印而行時成宗以皇孫奉詔撫軍北邊舉酒以餞曰公去將何以教我伯顏舉所酌酒曰可慎者惟此與女色耳軍中固當嚴紀律而恩德不可偏廢冬夏營駐循舊爲便成宗悉從之三十年冬十二月驛召至自大同世祖不豫明年正月世祖崩伯顏總百官以聽兵馬司請日出鳴晨鐘日入鳴昏鐘以防變故伯顏呵之曰汝將爲賊邪其一如平日適有盜內府銀者宰執以其幸赦而盜欲誅之伯顏曰何時無盜今以誰命而誅之人皆服其有識成宗即位于上都之大安閣親王有違言伯顏握劍立殿陛陳祖宗寶訓宣揚顧命述所以立成宗之意辭色俱厲諸王股栗趨殿下拜五月拜開府儀同三司太傅錄軍國重事依前知樞

密院事賜金銀各有差時相有忌之者伯顏語之曰幸送我兩罌美酒與諸王飲於宮前餘非所知也江南三省累請罷行樞密院成宗問于伯顏時已屬疾張目對曰內而省院各置爲宜外而軍民分隸不便成宗是之三院遂罷冬十二月丙申有大星隕于東北己亥雨木氷庚子伯顏薨年五十九伯顏深畧善斷將二十萬衆伐宋若將一人諸帥仰之若神明畢事還朝歸裝惟衣被而已未嘗言功也大德八年特贈宣忠佐命開濟功臣太師開府儀同三司追封淮安王諡忠武至正四年加贈宣忠佐命開濟翊戴功臣進封淮王餘如故子買的僉樞密院事囊加歹樞密副使孫相嘉失禮同僉樞密院事集賢學士至治末省先塋於白只剌山聞有變赴上都或勸少避之曰我與國同休戚今有難可避乎至上都果見囚久之得釋尋拜河南江北行省平章政事遷江南行臺御史大夫曾孫普達失理皆能世其家

元史卷一百二十七考證

伯顏傳同其介阮思聰報命○臣祖庚按經世大典作袁克己

惟謝后以疾獨留○臣祖庚按下空一字南北板同無從查補

元史卷一百二十八

明翰林學士亞中大夫知制誥兼修國史宋　濂等修

列傳第十五

阿术

阿术兀良氏都帥兀良合台子也沉幾有智畧臨陣勇決氣蓋萬人憲宗時從其父征西南夷率精兵爲候騎所向摧陷莫敢當其鋒至平大理克諸部降交趾無不在行事見兀良合台傳憲宗嘗勞之曰阿术未有名位挺身奉國特賜黃金三百兩以勉將來世祖即位留典宿衛中統三年從諸王拜出帖哥征李璮有功九月自宿衛將軍拜征南都元帥治兵于汴復立宿州至元元年八月畧地兩淮攻取戰獲軍聲大振四年八月觀兵襄陽遂入南郡取僊人鐵城等柵俘生口五萬軍還宋兵邀襄樊間阿术乃自安陽灘濟江留精騎五千陣牛心嶺復立虛寨設疑火夜半敵果至斬首萬餘級初阿术過襄陽駐馬虎頭山宿漢東白河口曰若築壘於此襄陽糧道可斷也五年遂築鹿門新城等堡繼又築臺漢水中與夾江堡相應自是宋兵援襄者不能進六年七月大霖雨漢水溢宋將夏貴范文虎相繼率兵來援復分兵出入水岸林谷間阿术謂諸將曰此張虛形不可與戰宜整舟師備新堡諸將從之明日宋兵果趨新堡大破之殺溺生擒五千餘人獲戰船百餘艘於是治戰船分水軍築圍城以逼襄陽文虎復率舟師來救來興國又以兵百艘侵百丈山前後邀擊於湍灘俱敗走之九年三月破樊城外郛增築重圍以逼之宋裨將張順張貴裝軍衣百船自上流入襄陽阿术攻之順死貴僅得入城俄乘輪船順流東走阿术與元帥劉整分泊戰船以待燃薪照江兩岸如晝阿术追戰至櫃門關擒貴餘衆盡死是年九月加同平章事先是襄樊兩城漢水出其間宋兵植木江中聯以鐵鎖中設浮梁以通援兵樊恃此爲固至是阿术以機鋸斷木以斧斷鎖焚其橋襄兵不能援十二月遂拔樊城襄守將呂文煥懼而出降十年七月奉命畧淮東抵揚州城下宋以千騎出戰阿术伏兵道左佯北宋兵逐之伏發擒其騎將王都統十一年正月入覲與參政阿里海牙奏請伐宋帝命相臣議久不決阿术進曰臣久在行間備見宋兵弱於往昔失今不取時不再來帝乃可其奏詔益兵十萬與丞相伯顏參政阿里海牙等同伐宋三月進平章政事秋九月師次郢之鹽山得俘民言宋沿江九郡精銳盡聚郢江東西兩城今舟師出其間騎兵不得護岸此危道也不若取黃家灣堡東有河口可由其中拖船入湖轉以下江爲便從之遂舍攻郢而去行大澤中忽宋騎兵千人突至時從騎纔數十人阿术即奮槊馳擊所向畀避追斬五百餘級生擒其將趙范二統制進攻沙洋新城拔之前次復州守將翟貴迎降時夏貴鎖大艦扼江漢口兩岸備禦堅嚴阿术用軍將馬福計回舟淪河口穿湖中從陽羅堡西沙蕪口入大江十二月軍至陽羅堡攻之不克阿术謂伯顏曰攻城下策也若分軍船之半循岸西上對青山磯止泊伺隙擣虛可以得志從之明日阿术遙見南岸沙洲即率衆趨之載馬後隨宋將程鵬飛來拒大戰中流鵬飛敗走諸軍抵沙洲急擊拏岸步鬬開而復合者數四敵小却出馬於岸遂力戰破之追擊至鄂東門而還夏貴聞阿术飛渡大驚引麾下兵三百艘先遁餘皆潰走遂拔陽羅堡盡得其軍實伯顏議師所向或欲先取蘄黃阿术曰若赴下流退無所據上取鄂漢雖遲旬日師有所依可以萬全已未水陸並趨鄂漢焚其船三千艘煙燄漲天漢陽鄂州大恐相繼皆降十二年正月黃蘄江州降阿术率舟師趨安慶范文虎迎降繼下池州宋丞相賈似道擁重兵拒蕪湖遣宋京來請和伯顏謂阿术曰有詔令我軍駐守何如阿术曰若釋似道而不擊恐已降州郡今夏難守且宋無信方遣使請和而又射我軍船執我邏騎今日惟當進兵事若有失罪歸於我二月辛酉師次丁家洲遂與宋前鋒孫虎臣對陣夏貴以戰艦二千五百艘橫亘江中似道將兵殿其後時已遣騎兵夾岸而進兩岸樹砲擊其中堅宋軍陣動阿术挺身登舟手自持柂突入敵陣諸軍繼進宋兵遂大潰以上詳見伯顏傳世祖以宋重兵皆駐揚州臨安倚之爲重四月命阿术分兵圍守揚州庚申次眞州敗宋兵于珠金砂斬首二千餘級既抵揚州乃造樓櫓戰具于瓜洲漕粟于眞州樹柵以斷其糧道宋都統姜才領步騎二萬來攻柵敵軍夾河爲陣阿术麾騎士渡河擊之戰數合堅不能却衆軍佯北才逐之遂奮而回擊萬矢雨集才軍不能支擒其副將張林斬首萬八千級七月庚午宋兩淮鎭將張世傑孫虎臣以舟師萬艘駐焦山東每十船爲一舫聯以鐵鎖以示必死阿术登石公山望之舳艫連接旌旗蔽江日可燒而走也遂選強健善射者千人載以巨艦分兩翼夾射阿术居中合勢進擊繼以火矢燒其蓬檣煙燄漲天宋兵既碇舟死戰至是欲走不能前軍爭赴水死後軍散走追至圖山獲黃白鷂船七百餘艘自是宋人不復能軍矣十月詔拜中書左丞相仍諭之曰淮南重地李庭芝狡詐須卿守之時諸軍進取臨安阿术駐兵瓜洲以絕揚州之援伯顏所以兵不血刃而平宋者阿术控制之力爲多十三年二月夏貴舉淮西諸城來附阿术謂諸將曰今宋已亡獨庭芝未下以外助猶多故也若絕其聲援塞彼糧道尚恐東走通泰逃命江海乃柵揚之西北丁村以扼其高郵寶應之餽運貯粟灣頭堡以備捍禦留屯新城以逼泰州又遣千戶伯顏察兒率甲騎三百助灣頭兵勢且戒之曰庭芝水路既絕必從陸出宜謹備之如丁村烽起當首尾相應斷其歸路六月甲戌姜才知高郵米運將至果夜出步騎五千犯丁村柵至曉伯顏察兒來援所將皆阿术牙下精兵旗幟畫雙赤月衆軍望其塵連呼曰丞相來矣宋軍識其旗皆遁才脫身走追殺騎兵四百步卒免者不滿百人壬辰李庭芝以朱煥守揚州挾姜才東走阿术率兵追襲殺步卒千人庭芝僅入泰州遂築壘以守之七月乙巳朱煥以揚州降乙卯泰州守將孫良臣開北門納降執李庭芝姜才奉命戮揚州市揚泰既下阿术申嚴士卒禁暴掠有武衛軍校掠民二馬即斬以徇兩淮悉平得府二州二十二軍四縣六十七九月辛酉入見世祖於大明殿陳宋俘第功行賞實封泰興縣二千戶二十三年受命北伐叛王昔剌木等明年凱旋繼又西征至哈剌霍州以疾卒年五十四追封河南王

阿里海牙

阿里海牙畏吾兒人也初生胞中剖而出其父以爲不祥將棄之母不忍比長果聰辨有膽畧家貧常躬耕舍耒嘆曰大丈夫當立功朝廷何至效細民事畎畝乎去求其國書讀之逾月又棄去用薦者得事世祖于潛邸世祖即位漸見擢用由左右司郎中遷參議中書省事至元二年立諸路行中書省進僉河南行省事五年命與元帥阿术劉整取襄陽又加參知政事始帝遣諸將命毋攻城但圍之以俟其自降乃築長圍起萬山包百丈楚山盡鹿門以絕之宋兵入援者皆敗去然城中糧儲多圍之五年終不下九年二月破樊城外郛其將復閉內城守阿里海牙以爲襄陽之有樊城猶齒之有脣也宜先攻樊城樊城下則襄陽可不攻而得乃入奏帝始報可會有西域人亦思馬因獻新礮法因以其人來軍中十年正月爲礮攻樊破之先是宋兵爲浮橋以通襄陽之援阿里海牙發水軍焚其橋襄援不至城乃拔詳具阿术傳阿里海牙既破樊移其攻具以向襄陽一礮中其譙樓聲如雷霆震城中城中洶洶諸將多踰城降者劉整欲立碎其城執文煥以快其意阿里海牙獨不欲攻乃身至城下與文煥語曰君以孤軍城守者數年今飛鳥路絕主上深嘉汝忠若降則尊官厚祿可必得決不殺汝也文煥狐疑未決又折矢與之誓如是者數四文煥感而出降遂與入朝帝以文煥爲昭勇大將軍侍衛親軍都指揮使襄漢大都督阿里海牙行荊湖等路樞密院事鎭襄陽阿里海牙奏曰襄陽自昔用武之地也今天助順而克之宜乘勝順流長驅宋可必平平章阿术亦贊其說帝命丞相史天澤議之天澤曰朝

廷若遣重臣如丞相安童同知樞密院事伯顏者一人都督諸軍則四海混同可立待也帝曰伯顏可乃大徵兵拜伯顏爲行中書省左丞相阿术爲平章阿里海牙進行省右丞賞鈔二百錠十一年九月會師襄陽遂破郢州及沙洋新城十二月師出沙蕪口宋制置夏貴守諸隘甚固阿里海牙麾兵攻武磯堡貴趨援之阿术遂以兵西渡青山磯宋都統程鵬飛來迎戰敗之江中會貴兵亦敗走廬州宣撫朱禩孫夜遁還江陵知鄂州張晏然以城降鵬飛以水軍降伯顏與諸將會鄂城下議曰鄂襟山帶江江南之要區也且兵糧皆備今蜀江陵岳鄂皆未下不以一大將鎭撫之上流一動則鄂非我有也乃以兵四萬遣阿里海牙戍鄂而與阿术將大兵以東阿里海牙集鄂民宣上德惠禁將士毋侵掠其下恐懼無敢取民之菜者民大悅遣人徇壽昌信陽德安諸郡皆下進徇江陵十有二年春三月與安撫高世傑兵遇巴陵命張榮實擣其中堅解汝楫率諸翼兵左右角之世傑敗走追降之于桃花灘遂下岳州四月至沙市城不下縱火攻之沙市立破宣撫朱禩孫制置高達恐即以城降乃入江陵釋係囚放戍券軍除其徭賦及法令之繁細者傳檄郢歸峽常德澧隨辰沅靖復均房施荊門及諸洞無不降者盡奏官其所降官以兵守峽籍其戶口財賦來上帝喜大宴三日語近臣曰伯顏兵東阿里海牙以孤軍戍鄂朕甚憂之今荊南定吾東兵可無後患矣乃親作手詔褒之命右丞廉希憲守江陵促阿里海牙急還鄂且以沿江諸城新附者委之阿里海牙至鄂招潭州守臣李芾不聽乃移兵長沙拔湘陰冬十月至潭爲書射城中以示芾曰速下以活州民否則屠矣不荅乃決隍水部分諸將以礮攻之破其木堡流矢中胷瘡甚督戰益急奪其城潭人復作月城以相拒凡攻七十日大小數十戰十有三年春正月芾力屈及轉運使鍾蜚英都統陳義皆自殺其將劉孝忠以城降諸將欲屠之阿里海牙曰是州生齒數百萬口若悉殺之非上諭伯顏以曹彬不殺意也其屈法生之復發倉以食饑者遣使徇郴全道桂陽永衡武岡寶慶袁韶南雄諸郡其守臣皆率其民來迎曰聞丞相體皇帝好生之德毋殺虜所過皆秋毫無犯民今復見太平各奉表來降丞相稱阿里海牙也奏官其降官皆如江陵獨宋經畧使馬塈守靜江不下使總管俞全等招之皆爲所殺會宋主以國降降手詔遣湘山僧宗勉諭塈塈復殺之阿里海牙又爲書以天命地利人心開塈許以廣西大都督反覆千餘言終不聽因入朝賀平宋拜平章政事使持詔如靜江諭之十一月前兵至嚴關塈守關弗納破其兵又敗都統馬應麒於小溶江遂逼靜江錄上所賜靜江詔以示塈塈焚之斬其使靜江以水爲固乃築堰斷大陽小溶二江以遏上流決東南埭以涸其隍破其城民聞城破即縱火焚居室多赴水死塈及其總制黃文政總管張虎以殘兵突鬬走執之阿里海牙以靜江民易叛非潭比不重刑之則廣西諸州不服因悉坑之斬塈於市分遣萬戶脫溫不花徇賓融柳欽橫邕慶遠齊榮顧徇鬱林貴廉象脫鄰徇潯容藤梧皆下之特磨王儂士貴南丹州莫大秀皆奉表求內附奏官其降官如潭州以兵戍靜江昭賀梧邕融乃還潭既而宋二王稱制海中雷瓊全永與潭屬縣之民文才喻周隆張虎羅飛咸起兵應之舒黃蘄相繼亦起大者衆數萬小者不下數千詔命討之且畧地海外阿里海牙既定才喻等至雷州使人諭瓊州安撫趙與珞降不聽遂自航大海五百里執與珞冉安國黃之紀皆裂殺之盡定瓊南寧萬安吉陽地降八番羅甸以其總管文龍兒入見置宣慰司八番羅甸臥龍羅蕃大龍過蠻蘆蕃小龍石蕃方蕃洪蕃程蕃並置安撫以鎭之十八年奏請徙省鄂州所定荊南淮西江西海南廣西之地凡得州五十八峒夷山獠不可勝計大率以口舌降之未嘗專事殺戮又其取民悉定從輕賦民所在立祠祀之二十三年入朝加光祿大夫湖廣行省左丞相卒年六十贈開府儀同三司上柱國封楚國公謚武定至正八年進封江陵王子忽失海牙湖廣行中書省左丞貫只哥江西行中書省平章政事

相威

相威國王速渾察之子也性弘毅重厚不飲酒寡言笑喜延士大夫聽讀經史論古今治亂至直臣盡忠良將制勝必爲之擊節稱善以故臨大事決大議言必中節至元十一年世祖命相威總速渾察元統弘吉剌等五投下兵從伐宋由正陽取安豐畧廬克和攻司空山平野人原道安慶渡江東下會丞相伯顏兵于潤州分三道並進相威率左軍參政董文炳爲副部署將校申明約束江陰華亭澉浦上海悉望風款附吏民按堵如故進屯鹽官伯顏已駐師臨安城下得宋幼主降表相威乃移兵瓜洲與阿术兵合臨揚州都統姜才以兵二萬攻楊子橋率諸將擊敗之十三年夏驛召相威秋入覲大饗賚功授金虎符征西都元帥仍賜弓矢甲鞍文錦表裏四鈔萬貫從者賞賜有差時親王海都叛命領汪總帥兵以鎭西土十四年召拜江南諸道行臺御史大夫乃上奏曰陛下以臣爲耳目臣以監察御史按察司爲耳目倘非其人是人之耳目先自閉塞下情何由上達帝嘉之命御史臺清其選每除目至必集幕僚御史議其可否不協公論者即劾去之繼陳便民一十五事其畧曰併行省削冗官鈐鎭戍拘官船業流民錄故官贓罰遺淮浙鹽運司直隸行省行大司農營田司併入宣慰司理訟勿分南北公田召佃仍減其租革宋公吏勿容作弊帝皆納焉浙東盜起浙西宣慰使昔里伯縱兵肆掠俘及平民乃遣御史商琥據錢唐津渡閱治之得釋者以數千計昔里伯遁還都奏執還揚州治其罪十六年入覲會左丞崔斌等言平章阿合馬不法事有旨命相威及知樞密院博羅自開平馳驛大都共鞫之阿合馬稱疾不出博羅欲回相威厲聲曰奉旨按問敢回奏耶令輿疾赴對首責數事既引伏有旨釋免仍喩相威曰朕知卿不惜顏面復命還南行臺十七年有旨命相威檢覈阿里海牙忽失帖木兒等所俘三萬二千餘口並放爲民十八年左丞范文虎參政李庭以兵十萬航海征倭七晝夜至竹島與遼陽省臣兵合欲先攻太宰府遲疑不發八月朔颶風大作士卒十喪六七帝震怒復命行省左丞相塔海征之一時無敢諫者相威遣使入奏曰倭不奉職貢可伐而不可怒可緩而不可急向者師行迫期戰船不堅前車已覆後當改轍今爲之計預修戰艦訓練士卒耀兵揚武使彼聞之深自備禦遲以歲月俟其疲怠出其不意乘風疾往一舉而下萬全之策也帝意始釋遂罷其役又陳皇太子既令中書宜領撫軍監國之任選正人端士立詹事賓客諭德贊善衞翼左右所以樹國本也帝深然之十九年又奏阿里海牙占降民一千八百戶爲奴阿里海牙以爲征討所得有旨果降民也還之有司若征討所得令御史臺籍其數以聞量賜有功者阿里海牙又自陳其功比伯顏當賜養老戶御史滕魯瞻劾之阿里海牙自辨有旨遣使赴行臺逮問相威曰爲臣敢爾欺誑邪滕御史何罪即馳奏使者竟歸二十年以疾請入覲進譯語資治通鑑帝即以賜東宮經筵講讀拜江淮行省左丞相二十一年啓行四月卒于蠡州年四十四訃聞帝悼惜不已子阿老瓦丁南行臺御史大夫孫脫歡集賢大學士

土土哈

土土哈其先本武平北折連川按荅罕山部族自曲出徙居西北玉里伯里山因以爲氏號其國曰欽察其地去中國三萬餘里夏夜極短日暫没即出曲出生唆末納唆末納生亦納思世爲欽察國主太祖征蔑里乞其主火都奔欽察亦納思納之太祖遣使諭之曰汝奚匿吾負箭之麋亟以相還不然禍且及汝亦納思荅曰逃鸇之雀叢薄猶能生之吾顧不如草木耶太祖乃命將討之亦納思已老國中大亂亦納思之子忽魯速蠻遣使自歸於太祖而憲宗受命帥師已扣其境忽魯速蠻之子班都察舉族迎降從征麥怯斯有功率欽察百人從世祖征大理伐宋以強勇稱嘗侍左右掌尚方馬畜歲時挏馬乳以進色清而味美號黑馬乳因目其屬曰哈剌赤土土哈班都察之子也中統元年父子從世祖北征俱以功受上賞班都察卒乃襲父職備宿衞宗王海都搆亂世祖以國家根本之地命皇太子北平王率諸王鎭守之至元十四年諸王脫脫木失烈吉叛寇抄諸部掠憲宗所御大帳以去土土哈率兵討之敗其將脫兒赤顏於納蘭不剌遂諸部以還應昌部族只兒瓦台搆亂脫脫木引兵應之中途遇土土哈將戰先獲其候騎數十脫脫木乃引去遂滅只兒瓦台追脫脫木等至禿兀剌河三宿而後返尋復敗之於斡歡河奪回所掠大帳還諸部之衆於北平十五年大軍北征詔率欽察驍騎千人以從追失烈吉踰金山擒扎忽台等以獻又敗寬折哥等畏瘡力戰獲羊馬輜重甚衆還朝帝召至榻前親慰勞之賜金銀酒器及銀百兩金幣九歲時預宴只孫冠服全海東白鶻一仍賜以奪回所掠大帳而諭之曰祖宗武帳非人臣所得御以卿能歸之故以授卿嘗有旨欽察人爲民及隸諸王者皆別籍之以隸土土哈戶給鈔二千貫歲賜粟帛選其材勇以備禁衞十九年授昭勇大將軍同知太僕院事二十年改同知衞尉院事兼領羣牧司請以所部哈剌赤屯田畿內詔給霸州文安縣田四百頃益以宋新附軍人八百俾領其事二十一年賜金虎符并賜金貂裘帽玉帶各一海東青鶻一水磑壹區近郊田二千畝籍河東諸路蒙古軍子弟四千六百人隸其麾下二十二年拜鎭國上將軍樞密院副使二十三年置欽察親軍衞遂兼都指揮使聽以宗族將吏備官屬海都兵犯金山詔與大將朶兒朶懷共禦之二十四年宗王乃顏叛陰遣使來結也不干勝剌哈爲土土哈所執盡得其情以聞勝剌哈設宴邀二大將朶兒朶懷將往土土哈以爲事不可測遂

止勝剌哈計不得行未幾有旨令勝剌哈入朝將由東道進土土哈言於北安王曰彼分地在東脫有不虞是縱虎入山林也乃命從西道進既而有言也不干叛者衆欲先聞於朝然後發兵土土哈曰兵貴神速若彼果叛我軍出其不意可即圖之否則與約而還即日啓行疾驅七晝夜渡禿兀剌河戰于孛怯嶺大敗之也不干僅以身免世祖時親征乃顏聞之遣使命土土哈收其餘黨沿河而下遇叛王鐵哥軍萬騎擊走之獲馬甚衆并擒叛王哈兒魯等獻俘行在所誅之欽察康里之屬自叛所來歸者即以付土土哈置哈剌魯萬戶府欽察之散處安西諸王部下者悉令統之時成宗以皇孫撫軍於北詔以土土哈從追乃顏餘黨於哈剌溫誅叛王兀塔海盡降其衆二十五年諸王也只里爲叛王火魯哈孫所攻遣使告急從皇孫移師援之敗諸兀魯灰還至哈剌溫山夜渡貴烈河敗叛王哈丹盡得遼左諸部置東路萬戶府世祖多其功以也只里女弟塔倫妻之二十六年從皇孫晉王征海都抵杭海嶺敵先據險諸軍失利惟土土哈以其軍直前鏖戰翼晉王而出追騎大至乃選精銳設伏以待之寇不敢逼秋七月世祖巡幸北邊召見慰諭之曰昔太祖與其臣同患難者飲班朮河之水以記功今日之事何愧昔人卿其勉之還至京師大宴羣臣復謂土土哈曰朔方人來聞海都言杭海之役使彼邊將皆如土土哈吾屬安所置哉論功行賞帝欲先欽察之士土土哈言慶賞之典蒙古將吏宜先之帝曰爾毋飾讓蒙古人誠居汝右力戰豈在汝右耶召諸將頒賞有差初世祖既取宋命籍建康廬饒租戶千爲哈剌赤戶益以俘獲千七百戶賜土土哈仍官一子以督其賦二十八年土土哈奏哈剌赤軍以萬數足以備用詔賜珠帽珠衣金帶玉帶海東青鶻各一復賜其部曲鵞衣縑素萬匹於是率哈剌赤萬人北獵於漢塔海邊寇聞之皆引去二十九年秋略地金山獲海都之戶三千餘還至和林有詔進取乞里吉思三十年春師次欠河氷行數日始至其境盡收其五部之衆屯兵守之奏功加龍虎衞上將軍仍給行樞密院印海都聞取乞里吉思引兵至欠河復敗之擒其將孛羅察三十一年成宗即位詔以邊境事重其免會朝遣使就賜銀五百兩七寶金壺盤盂各一鈔萬貫白氊帳一獨峯駝五冬召至京師賞賚有加別賜其麾下士鈔千二百萬貫元貞元年春仍出守北邊二年秋諸王附海都者率衆來歸邊民驚擾身至玉龍罕界饋餉安集之導諸王岳木忽等入朝帝解御衣以賜又賜金五十兩銀千五百兩鈔五萬貫轎輿各一大德元年正月拜銀青榮祿大夫上柱國同知樞密院事欽察親軍都指揮使奉命還北邊二月至宣德府卒年六十一贈金紫光祿大夫司空追封延國公謚武毅後加封昇王子八人其第三子曰牀兀兒

牀兀兒初以大臣子奉詔從太師月兒魯行軍戰於百搭山有功拜昭勇大將軍左衞親軍都指揮使大德元年襲父職領征北諸軍帥師踰金山攻八鄰之地八鄰之南有荅魯忽河其將帖良臺阻水而軍伐木柵岸以自庇士皆下馬跪坐持弓矢以待我軍矢不能及馬不能進牀兀兒命吹銅角舉軍大呼聲震林野其衆不知所爲爭起就馬於是麾師畢渡湧水拍岸木柵漂散因奮師馳擊追奔五十里盡得其人馬廬帳還次阿雷河與海都所遣援八鄰之將孛伯軍遇河之上有高山孛伯陣於山上馬不利下馳牀兀兒麾軍渡河蹙之其馬多顚躓急擊敗之追奔三十餘里孛伯僅以身免二年北邊諸王都哇徹徹禿等潛師襲火兒哈禿之地其地亦有山甚高敵兵據之牀兀兒選勇而善步者持挺刃四面上奮擊盡覆其軍三年入朝成宗親解御衣賜之慰勞優渥拜鎭國上將軍僉樞密院事欽察親軍都指揮使太僕少卿復還邊是時武宗在潛邸領軍朔方軍事必諮於牀兀兒及戰牀兀兒嘗爲先四年秋叛王禿麥幹魯思等犯邊牀兀兒迎敵於闊客之地及其未陣直前薄之敵不敢支追之踰金山乃還五年海都兵越金山而南止於鐵堅古山因高以自保牀兀兒急引兵敗之復與都哇相持于兀兒禿之地牀兀兒以精銳馳其陣左右奮擊所殺不可勝計都哇之兵幾盡武宗親覩其戰乃嘆曰何其壯耶力戰未有如此者事聞詔遣御史大夫禿只等即赤訥思之地集諸王軍將問戰勝功狀咸稱牀兀兒功第一武宗既命尚雅思禿楚王公主察吉兒及使者以功簿奏帝復出御衣遣使臨賜之七年秋入朝帝親諭之曰卿鎭北邊累建大功雖以黃金周飾卿身猶不足以盡朕意賜以衣帽金珠等物甚厚拜驃騎衞上將軍樞密院副使欽察親軍都指揮使太僕少卿仍賜其軍萬人鈔四千萬貫九年諸王都哇察八兒明里貼木兒等相聚而謀曰昔我太祖艱難以成帝業奄有天下我子孫乃弗克靖恭以安享其成連年搆兵以相殘殺是自隳祖宗之業也今撫軍鎭邊者皆吾世祖之嫡孫吾與誰爭哉且前與土土哈戰既弗能勝今與其子牀兀兒戰又無功惟天惟祖宗意可見矣不若遣使請命罷兵通一家之好使吾士民老者得以着少者得以長傷殘疲憊者得以休息則亦無負太祖之所望於我子孫者矣使至帝許之於是明里帖木兒等罷兵入朝特爲置驛以通往來十年拜榮祿大夫同知樞密院事尋拜光祿大夫知樞密院事欽察左衞指揮太僕少卿皆如故成宗崩武宗時在渾麻出之海上牀兀兒請急歸定大業以副天下之望武宗納其言即日南還及即位賜以先朝所御大武帳等物加拜平章政事仍兼樞密欽察左衞太僕還邊復封容國公授以銀印賜尚服衣段及虎豹之屬至大二年入朝加封句容郡王改授金印帝曰世祖征大理時所御武帳及所服珠衣今以賜卿其勿辭翌日又以世祖所乘安輿賜之且曰以卿有足疾故賜此牀兀兒叩頭泣涕固辭而言曰世祖所御之帳所服之衣固非臣所敢當而乘輿尤非所宜蒙也貪寵過當臣實不敢帝顧左右曰他人不知辭此別命有司置馬輸賜之俾得乘至殿門下仁宗即位入朝特授光祿大夫平章政事知樞密院事欽察親軍都指揮使左衞親軍都指揮使太僕少卿延祐元年敗叛王也先不花等軍于亦忒海迷失之地遣使入報賜以尚服二年敗也不花所遣將也不干忽都帖木兒于赤麥干之地追出其境至鐵門關遇其大軍於扎亦兒之地又敗之四年帝念其功而憫其老召入商議中書省事知樞密院事大理國進象牙金飾轎即以賜之每見必賜坐每食必賜食待以宗室親王之禮牀兀兒常曰老臣受朝廷之賜厚矣吾子孫當以死報國至治二年卒年六十三後累封揚王子六人燕帖木兒荅剌罕太師右丞相太平王撒敦左丞相荅里襲封句容郡王

元史卷一百二十八考證

阿朮傳守將呂文煥懼而出降○臣宗楷按世祖紀及阿里海牙傳俱作十年事

土土哈傳因目其屬曰哈剌赤○臣祖庚按哈剌赤猶言黑也

牀兀兒傳至大二年入朝加封句容郡王○臣祖庚按武宗紀作至大三年正月事仁宗紀作延祐三年六月與此互異

元史卷一百二十九

明翰林學士亞中大夫知制誥兼修國史宋　濂等修

列傳第十六

來阿八赤

來阿八赤寧夏人父朮速忽里歸太祖選居宿衞繼命掌膳事憲宗即位大舉伐宋攻釣魚山命諸將議進取之計朮速忽里言於帝曰川蜀之地三分我有其二所未附者巴江以下數十州而已地削勢弱兵糧皆仰給東南故死守以抗我師蜀地巖險重慶合州又其藩屏皆新築之城依險爲固今頓兵堅城之下未見其利曷若城二城之間選銳卒五萬命宿將守之與成都舊兵相出入不時擾之以牽制其援師然後我師乘新集之銳用降人爲鄉導水陸東下破忠涪萬夔諸小郡平其城俘其民俟冬水涸瞿唐三峽不日可下出荊楚與鄂州渡江諸軍合勢如此則東南之事一舉可定其上流重慶合州孤危無援不降即走矣諸將曰攻城則功在頃刻反以其言爲迂卒不用於是博選宿衞中材力可任用者以阿八赤奉命往監元帥紐鄰軍遏宋人援兵駐重慶下流之銅羅峽夾江據厓爲壘宋都統甘順自夔州泝流西上乘舟來攻阿八赤預積薪於二壘明火鼓譟矢石如雨順流而進宋人力戰不能支退保西岸斂兵自固黎明復至阿八赤身率精兵緣厓而下戰艦復進宋人敗走殺傷數千人帝聞而壯之賜銀二鋌憲宗崩阿八赤從父倍道歸燕世祖即位問以川蜀之事阿八赤歷陳始末誦其父前所言以對世祖撫掌曰當時若從此策東南其足平乎朕在鄂渚日望上流之聲勢耳至元七年南征襄樊發河南北器械糧儲悉聚于淮西之義陽慮宋人剽掠命阿八赤督運二日而畢既還世祖大悅以銀一鋌賜之十四年立尚膳院授中順大夫同知尚膳院事十八年佩三珠虎符授通奉大夫益都等路宣慰使都元帥發兵萬人開運河阿八赤往來督視寒暑不輟有兩卒自傷其手以示不可用阿八赤檄樞密并行省奏聞斬之以懲不律運河既開遷膠萊海道漕運使二十一年調同僉宣徽院事遼左不寧復降虎符授征東招討使阿八赤招徠降附期以自新遠近帖然二十二年授征東宣慰使都元帥皇子鎭南王征交趾授湖廣等處行中書省右丞召見世祖親解衣衣之并金玉束帶及弓矢甲冑賜焉二十四年改湖廣等處行尚書省右丞詔四省所發士馬俾阿八赤閱視九月領中衞親軍千人翊導皇子至思明州賊阻險

拒守於是選精銳與賊戰于女兒關斬馘萬計餘兵棄關走於是大軍深入進至交州陳日烜空其城而遁阿八赤曰賊棄巢穴而匿山海者意待吾之敝而乘之耳將士多北人春夏之交瘴癘作賊弗就擒吾不能持久矣今出兵分定其地招降納附勿縱士卒侵掠急捕日烜此策之善者也時日烜屢遣使約降欲以賂緩我師諸將皆信其說且修城以居而待其至久之軍乏食日烜不降擁衆據竹洞安邦海口阿八赤率兵往攻之屢與賊遇晝夜迎戰賊兵敗逋會將士多疫不能進而諸蠻復叛所得關阨皆失守乃議班師還諸軍步騎命先啓行且戰且行日數十合賊據高險射毒矢將士畏瘡以戰諸軍護皇子出賊境阿八赤中毒矢三首項股皆腫遂卒子寄僧爲水達達屯田總管府達魯花赤乃顏叛戰于高麗雙城調萬安軍達魯花赤平黎蠻有功還雷州路總管卒孫完者不花同知潮州路總管府事次禿滿不花也先不花太不花

紐璘　也速答兒附

紐璘珊竹帶人祖孛羅帶爲太祖宿衞從太宗平金成河南父太答兒佐憲宗征阿速欽察等國有功拜都元帥歲壬子率陝西西海鞏昌諸軍攻宋入蜀癸丑與總帥汪田哥立利州甲寅攻碉門黎雅等城乙卯入重慶獲都統制張實是歲卒紐璘偉貌長身勇力絕人且多謀略常從父軍中丁巳歲憲宗命將兵萬人略地自利州下白水過大獲山出梁山軍直抵夔門戊午還釣魚山引軍欲會都元帥阿答胡等於成都宋制置使蒲擇之遣安撫劉整都統制段元鑑等率衆據遂寧江箭灘渡以斷東路紐璘軍至不能渡自旦至暮大戰斬首二千七百餘級遂長驅至成都帝聞賜金帛勞之蒲擇之命楊大淵等守劍門及靈泉山自將四川兵取成都會阿荅胡死諸王阿卜干與諸將脫林帶等謀曰今宋兵日逼聞我帥死必悉衆來攻其鋒不可當我軍去朝廷遠待上命建大帥然後禦敵恐無及已不若推紐璘爲長以號令諸將出彼不意敵可必破衆然之遂推紐璘爲長紐璘率諸將大破宋軍于靈泉山乘勝追擒韓勇斬之蒲擇之兵潰進圍雲頂山城扼宋軍歸路其主將倉卒失計遂以其衆降城中食盡亦殺其守將以降成都彭漢懷綿等州悉平威茂諸蕃亦來附紐璘奉金銀竹箭銀銷刀遣速哥入獻帝賜黃金五十兩命軍中冀拜都元帥時紐璘軍止二萬以五千命拜延八都魯等守成都自將萬五千人從馬湖趨重慶冬帝進軍至大獲山紐璘率步騎號五萬戰船二百艘發成都遣張威以五百人爲前鋒水陸並進謀鎖重慶江以絕吳蜀之路縛橋資州之口以濟師千戶暗都剌率舟師而下紐璘將步騎而南旌旗輜重百里不絕鼓譟渡瀘放舟而東蒲擇之以兵分道要遮遇輒敗之紐璘至涪造浮橋駐軍橋南北以杜宋援兵聞大軍多瘴癘遣人進牛犬豕各萬頭明年春朝行在所還討思播二州獲其將一人宋將呂文煥攻涪浮橋時新立成都士馬不耐其水土多病死紐璘憂之密旨督戰不得已出師大敗文煥軍獲其將二人斬之遂班師文煥以兵躡其後紐璘戰卻之中統元年世祖即位紐璘入朝賜虎符及黃金五十兩白金二千五百兩馬二匹紐璘遣梁載立招降黎雅碉門巖州偏林關諸蠻得漢番二萬餘戶未幾詔速哥分西川兵及陝西諸軍屬紐璘鎮秦鞏唐兀之地三年宋將劉整以瀘州降呂文煥圍之詔以兵往援文煥敗走遂徙瀘州民於成都潼川四年爲劉整所譖徵至上都驗問無狀詔釋之還至昌平卒子也速答兒也速答兒勇智類其父至元十一年入見世祖以屬行樞密院火都赤使習兵事從圍嘉定以三千人至三龜九頂山相地形勢敗宋安撫昝萬壽兵斬首五百級以功賜虎符授六翼達魯花赤昝萬壽遣部將李立以嘉定三龜九頂紫雲諸城砦降又從行樞密副使忽敦率兵徇下流諸城皆望風來附忽敦以兵二萬會東川行樞密院合荅圍重慶歲餘不下帝命行樞密副使不花代將不花將兵萬餘至城下也速荅兒率二十餘騎攻其門宋都統趙安出戰也速荅兒三入其軍再挾猛士以出大兵四集斬首五百餘級趙安開門降制置使張珏遁追至涪州擒之捷聞帝賜玉帶鈔五千貫授西川蒙古軍馬六翼新附軍招討使遷四川西道宣慰使加都元帥羅氏鬼國亦奚不薛叛詔以四川兵會雲南江南兵討之至會靈關亦奚不薛遣先鋒阿麻阿豆等將數萬衆迎敵也速荅兒馳入其軍挾阿麻阿豆出斬之亦奚不薛懼率所部五萬餘戶降以功拜西川等處行中書省右丞加賜金帛鞍轡西南夷雄左都掌蠻得蘭右叛詔以兵討降之改四川等處行樞密副使冬烏蒙蠻陰連都掌蠻以叛詔以兵會雲南行院拜荅力進討也速荅兒擒烏蒙蠻帝賜玉帶織金服還蒙古軍都萬戶復賜銀鼠裘鎮唐兀之地進同知四川等處行樞密院事仍居鎮成宗即位拜四川等處行中書省平章政事武宗時由四川遷雲南加左丞相仍爲平章政事南征叛蠻感瘴毒還至成都卒弟八剌襲爲蒙古軍萬戶八剌卒次子拜延襲拜四川行省左丞長子南加台官至四川行省平章政事

阿剌罕

阿剌罕札剌兒氏祖撥徹事太祖爲火而赤又爲博而赤攻城掠地數有戰功太宗即位仍以其職從征隴北陝西身先戰士死焉父也柳干幼隸皇子岳里吉爲衞士長歲乙未從皇子闊出忽都禿南征累功授萬戶還天下馬步禁軍都元帥及大將察罕卒也柳干領其職拜諸翼軍馬都元帥統大軍攻淮東西諸郡戊午戰死揚州阿剌罕襲爲諸翼蒙古軍馬都元帥己未從世祖渡江至鄂而還世祖即位從至末黎伯顏孛剌宗王阿里不哥稱兵內向阿剌罕以所部軍擊破阿監帶兒渾都海之兵於昔門禿追至河西以功賜金五十兩中統三年李璮叛據濟南大軍討之阿剌罕與璮戰於老倉口敗之璮伏誅授都元帥賜金虎符銀印四年春改上萬戶從都元帥阿朮伐宋九月師次襄陽西安陽灘逆戰宋兵敗之五年大軍圍襄樊阿剌罕守南面百丈山漫河灘兵累交宋不能師十年春樊城破襄陽降十一年秋丞相伯顏與阿朮會師襄陽遣阿剌罕率諸翼軍攻郢復諸州十月奪郢州南門堡丞相伯顏阿朮親率騎兵行視漢陽城壁欲取漢口渡江宋人以精兵扼漢口乃遣阿剌罕帥蒙古騎兵倍道兼行擊破沙蕪堡遂入江取鄂州阿剌罕同斷事官楊仁風東略壽昌得米四十萬斛遂統左翼軍順流東下沿江州郡悉降乃撫輯其人民十二年六月加昭毅大將軍蒙古漢軍上萬戶屯駐建康丞相伯顏受詔赴闕以阿剌罕留治省事拜中奉大夫參知政事丞相伯顏還軍中分軍爲三道並進阿剌罕由西道趨溧水溧陽攻破銀樹東壩至護牙山慶豐圬敗宋軍斬首七千級又擒其將祝亮幷裨校七十二人斬首三千級又與宋兵戰斬首七千級逐其援兵退走數十里又敗其都統等三人斬首三千級破建平縣殺其守吏進攻廣德軍獨松關先是宋廣德守張濡殺國信使廉希賢嚴忠範等于獨松關及阿剌罕軍次安吉州上栢鎮濡率兵來拒戰大敗之斬首二千級生擒其副將馮翼戮於軍前濡遁走追斬之十三年春宋以國降詔阿剌罕同左丞董文炳率高興等攻浙東溫台衢婺處明越及閩中諸郡降其運使提刑等五百人追襲宋嗣秀王趙與檡至安福縣與檡以軍三萬來拒戰阿剌罕身先士卒率高興撒里蠻等渡江鏖戰四十餘里斬其步帥觀察使李世達生擒與檡及其將吏百八十人悉斬之獲其銅印五軍資器仗無算泉州蒲壽庚降江南平以參知政事佩金虎符行江東宣慰使十四年入覲進資善大夫行中書省左丞俄遷右丞仍宣慰江東十八年召拜光祿大夫中書左丞相行中書省事統蒙古軍四十萬征日本行次慶元卒于軍中子拜降襲累遷江浙行中書省平章政事仍領本軍萬戶拜降卒弟也速迭兒襲由左手蒙古軍萬戶累遷河南江北行省平章政事兼山東河北蒙古軍大都督

阿塔海

阿塔海遜都思人祖塔海拔都兒驍勇善戰嘗從太祖同飲黑河水以功爲千戶父卜花襲職卒阿塔海魁偉有大度才略過人既襲千戶從大帥兀良合歹征雲南身先行陣師還事世祖于潛邸至元九年命馳驛督諸軍攻襄陽襄陽下第功授鎮國上將軍淮西行樞密院副使築正陽東西城五月霖雨宋將夏貴乘淮水溢來爭正陽阿塔海率衆禦之貴走追至安豐城下而還拜中書右丞行樞密院事渡江與丞相伯顏軍合克池州十二月師次建康宋鎮江攝守石祖忠遣使乞降揚州守將李庭芝聞之遣兵突圍出擊阿塔海率師救之宋兵望風退走時眞泰諸城尚爲宋守鎮江地扼襟喉城壁不固阿塔海乃立木柵以保障居民又分兵屯瓜洲以絕揚州之援宋將張世傑孫虎臣帥舟師陳于江中焦山下其勢甚張阿塔海與平章阿朮登南岸督諸軍大破之宋殿帥張彥與平江都統劉師勇襲呂城遣萬戶懷都擊之斬彥十月併行樞密院于行中書省仍以阿塔海爲右丞克常州降平江嘉興十二年正月會兵臨安宋降以其幼主母后入覲詔復趨瓜洲與阿朮議淮南事宜淮南平詳見伯顏阿朮傳十四年授榮祿大夫平章政事行中書省事十五年二月召赴闕拜光祿大夫行中書省左丞相移治臨安二十年遷征東行省丞相征日本遇風舟壞喪師十七八二十二年行同知沿江樞密院事二十三年行江西中書省事入朝二十四年扈從征乃顏師還奉朝請居京師二十六年十二月卒年五十六贈推忠翊運宣力功臣開府儀同三司太師上柱國追封順昌郡王謚武敏子阿里麻江淮行樞密副使累官至江南諸道行御史臺御史大夫卒

唆都　伯家奴

唆都扎剌兒氏驍勇善戰入宿衞從征花馬國有功李璮叛山東從諸王哈必赤平之還言于朝曰郡縣惡少

年多從問道鬻馬于宋境乞免其罪籍爲兵從之得兵三千人以千人隸唆都爲千戶命守蔡州至元五年阿术等兵圍襄陽命唆都出巡邏奪宋金剛臺寨筲箕窩青澗寨大洪山歸州洞諸隘嘗猝遇宋兵千餘持覊勒欲竊馬唆都戰敗之斬首三百級六年宋將范文虎率舟師駐灌子灘丞相史天澤命唆都拒却之陞總管分東平卒八百隸之九年攻樊城唆都先登城遂破襄陽降再與卒五千賜弓矢襲衣金鞍白金等物入見陞郢復等處招討使十一年移戍郢州之高港敗宋師斬首三百級獲裨校九人從大軍濟江鄂漢降十二年建康降參政塔出命唆都入城招集改建康安撫使攻平江嘉興皆下之帥舟師會伯顏于臯亭山宋平詔伯顏以宋主入朝留參政董文炳守臨安令其自擇可副者文炳請留唆都從之時衢婺諸州皆復起兵文炳謂唆都日嚴州不守臨安必危公往鎭之至嚴方十日衢婺徽連兵來攻唆都戰却之獲章知府等二十二人復婺州敗宋將陳路鈐于梅嶺下斬首三千級又復龍游縣攻衢州衢守備甚嚴唆都親率諸軍鼓譟登城拔之宋丞相留夢炎降攻處州斬首七百級又攻建寧府松溪縣懷安縣皆下之十四年陞福建道宣慰使行征南元帥府事聽參政塔出節制塔出令唆都取道泉州泛海會于廣州之富場將行信州守臣來求援曰元帥不來信不可守今邵武方聚兵觀釁元帥旦往邵武兵夕至矣唆都告于衆曰若邵武不下則腹背受敵豈獨信不可守乎乃遣周萬戶等往招降之唆都趨建寧遇宋兵于崇安軍容甚盛令其子百家奴及楊庭璧等數隊夾擊之范萬戶以三百人伏祝公橋移剌荅以四百人伏北門外庭璧陷陣深入宋兵敗走伏兵起邀擊之斬首千餘級宋丞相文天祥南劒州都督張清合兵將襲建寧唆都夜設伏敗之轉戰至南劒敗張清奪其城至福州王積翁以城降攻興化軍知軍陳瓚乞降復閉城拒守唆都臨城諭之矢石雨下乃造雲梯砲石攻破其城巷戰終日斬首三萬餘級獲瓚支解以徇至漳州漳州亦拒守先遣百家奴往會塔出留攻之斬首數千級知府何清降攻潮州知府馬發不降唆都恐失富場之期乃舍之而去十五年至廣州塔出令還攻潮發城守益備唆都塞壍塡濠造雲梯鵝車日夜急攻發潛遣人焚之二十餘日不能下唆都令于衆曰有能先登者拜爵已仕者增秩總管兀良哈耳先登諸將繼之戰至夕宋兵潰潮州平進參知政事行省福州徵入見帝以江南既定將有事于海外陞左丞行省泉州招諭南夷諸國十八年改右丞行省占城十九年率戰船千艘出廣州浮海伐占城占城迎戰兵號二十萬唆都率敢死士擊之斬首并溺死者五萬餘人又敗之于大浪湖斬首六萬級占城降唆都造木爲城闢田以耕伐烏里越里諸小夷皆下之積穀十五萬以給軍二十一年鎭南王脫歡征交趾詔唆都帥師來會敗交趾兵于清化府奪義安關降其臣彰憲昭顯脫歡命唆都屯天長以就食與大營相距二百餘里俄有旨班師脫歡引兵還唆都不知也交趾使人告之弗信及至大營則空矣交趾遮之于乾滿江唆都戰死事聞贈榮祿大夫謚襄愍子百家奴

百家奴至元五年從元帥阿术攻襄陽築新城數立功七年以質子從郡王合達敗宋兵於灌子灘八年夏四月宋殿帥范文虎等督促糧運輸之襄陽晝夜不絕百家奴乘戰船順流至鹿門山欲塞宋糧道出擊范文虎軍累獲戰功於是河南行省命爲管軍總把後隸丞相伯顏麾下擢爲知印從攻鄂州宋都統趙五帥諸軍來迎戰百家奴深入却敵身被數瘡攻沙洋立雲梯於東角樓登城力戰破之奪其旗幟弓矢衣甲攻新城先登拔之宋將王安撫棄城宵遁伯顏以百家奴前後戰功上聞世祖大悅曰此人之名朕心不忘兵還時大用之朕不食言也今且以良家女及銀椀一賜之以爲左驗從圍漢陽自沙武口曳船入江宋制置夏貴來迎戰百家奴與暗荅孫突入敵陣擊之宋兵奔潰遂登江南岸獲其戰船器甲甚多轉戰至黃州會日暮追擊夏貴至白虎山夜分乃還未幾復攻破金牛壩十二年春正月與千戶薛赤干取雞籠洞還至瑞昌縣遇夏貴潰兵復擊敗之是時宋遣兵救瑞昌未至而縣已下矣復擊宋救兵得宋所執北兵五人來歸圍江州宋安撫呂師夔以城降東定池州擊宋平章賈似道及孫虎臣于丁家洲追逐百里餘奪戰船五艘及旗幟器甲擒宋統制王文虎因定黃池略地宣州百家奴爲前鋒與敵兵戰湳呪湖敗之奪其戰船三百艘太平州亦望風款附其父唆都因說下建康於是伯顏令謁只里論諸將功遂賞百家奴銀二錠以旌之仍命爲管軍總把俄從伯顏入朝加進義校尉賜銀符爲管軍總把攻丹陽呂城破常州皆有功至蘇州宋守臣王安撫以城降秀州湖州皆不煩兵而下諸軍乘勝直趨臨安宋主出降十三年領新附軍守鎭江未幾復從平章博羅歡攻泰壽二州中瘡遂罷攻後數日與萬戶葉了虔將兵攻泰州新城而家奴力疾先登破之復被兩瘡已而從阿术攻下揚州諸郡得宋制置李庭芝都統姜才以功陞武略將軍賜金符爲管軍總管鎭高郵白馬湖是時行省以百家奴襲父唆都職復州招討使建康宣撫使仍領本翼軍頃之徇地福建行定衢婺信等州城邑至新安縣擊斬宋趙監軍詹知縣擒江通判道與畬軍遇疾戰敗之鼓行而東沈安撫以建寧府降攻陷南劒州張清聶文慶遁去閩清懷安二縣傳檄而定至福州諭以威德王安撫率衆出降攻破興化擒陳安撫及白牒都統別擊東華鄉張世傑軍于泉州俄領諸軍乘戰船入海追逐張世傑于惠州甲子門進至同安縣荅闊寨瀕海縣鎭悉招諭下之白望丹王虎陳以戰船三千餘艘來降冬十二月宋二王遣倪宙奉表詣軍門降遂進兵至廣州諸郡縣以次降附明年春正月振旅而還復攻下德勝等寨至蒲仙江聶文慶復敗走攻潮州破之誅馬發等數人廣東遂平三月引宙奉降表來朝未至授昭勇大將軍賜虎符管軍萬戶七月遂朝于上都陞鎭國上將軍海外諸蕃宣慰使兼福建道市舶提舉仍領本翼軍守福建俄兼福建道長司宣慰使都元帥是時福建多水災百家奴出私錢市米以賑貧民全活者甚衆十七年朝京師加正奉大夫宣慰使都元帥二十二年從父唆都征交趾唆都力戰死之百家奴遂與脫懽引兵薄交趾境水陸轉戰輒有功二十五年驛召至南京宣慰司命括五路民馬二十七年除建康路總管武宗即位遷鎭江路總管至大四年金瘡發卒于家

李恒

李恒字德卿其先姓於彌氏唐末賜姓李世爲西夏國主太祖經略河西有守兀納剌城者夏主之子也城陷不屈而死子惟忠方七歲求從父死主將異之執以獻宗王合撒兒王留養之及嗣王移相哥立惟忠從經略中原有功淄川王分地以惟忠爲達魯花赤佩金符惟忠生恒恒生有異質王妃撫之猶已子中統三年命恒爲尚書斷事官恒以讓其兄李璮反漣海恒從其父棄家入告變璮怒繫恒闔門獄中璮誅得出世祖嘉其功授淄萊路奧魯總管佩金符併償其所失家貲至元七年改宣武將軍益都淄萊新軍萬戶從伐宋襄陽守將呂文煥時出拒敵殿帥范文虎復援之恒率本軍築堡萬山扼城西絕其陸路文煥等又以漁舟渡漢水窺伺軍形恒設伏敗之水路亦絕遂進攻樊城十年春恒以精兵渡漢自南面先登樊城破襄陽亦降捷聞帝賜以寶刀遷明威將軍佩金虎符十一年丞相伯顏大會師襄陽進至郢州宋以舟師截漢水伯顏由唐港入漢捨郢而進攻沙洋新城留恒爲後拒敗其追兵至陽羅堡宋制置夏貴遣其子松來逆戰恒先陷陣額中流矢伯顏止之恒戰益力卒射松殺之諸軍渡江恒與宋兵戰自寅至申夏貴敗走鄂州漢陽俱下以功遷宣威將軍賜白金五百兩遂從伯顏東下十二年春宋將高世傑復窺漢沔乃遣恒還守鄂州時豪民聚衆侵江陵省命恒往討之恒斂兵不動但諭使出降得生口十餘萬悉縱爲民仍禁軍毋得虜掠饋獻充積一無所受十二年從右丞阿里海牙至洞庭擒高世傑下岳州進攻沙市拔之宋制置高達以江陵降留恒鎭守傳檄歸峽辰沅靖澧常德諸州皆下未幾從鎭常德以扼湖南之衝俄有詔分三道出師以恒爲左副都元帥從都元帥逯都台出江西九月開府于江州師次建昌縣擒都統熊飛遂圍隆興轉運使劉槃請降恒察其詐密爲之備槃果以銳兵突至恒擊敗之殺獲殆盡槃乃降下撫瑞建昌臨江軍中有得宋相文天祥與建昌故吏民書恒焚之人心乃安進攻吉州知州周天驥降遂定贛南安廣東經略徐直諒奉蠟書納其所部十四郡前江西制置黃萬石亦以邵武降隆興帥府誣富民與敵連已誅百三十家恒還審其非罪盡釋之宋丞相陳宜中及其大將張世傑立益王昰於閩中郡縣豪傑爭起兵應之恒遣將破吳浚兵於南豐世傑遣都統張文虎與浚合兵十萬期必復建昌恒復遣將敗之兗港浚走從文天祥於瑞金又破之天祥走汀州遣鎭撫孔遵追之併破趙孟濋軍取汀州元帥府罷授昭勇大將軍同知江西宣慰司事加鎭國上將軍遷福建宣慰使改江西宣慰使天祥復取汀州兵出興國縣連破諸邑圍贛州尤急或言天祥墳墓在吉州者若遣兵發之則必下矣恒曰王師討不服耳豈有發人墳墓之理乃分兵援贛自率精兵潛至興國天祥走追至空坑獲其妻女擒招討使趙時賞巳下二千餘人降其衆二十萬有旨令與右丞阿里罕左丞董文炳合兵追益王衆議所向皆謂宜趨福建恒曰不可若諸軍俱在福建彼必竄廣東則梅嶺江西非我有矣宜從廣東夾攻之衆以爲然兵至梅嶺果與宋兵遇出其不意敗之乃遁走磵州十四年拜參知政事行省江西十五年益王殂其樞密張世傑陸秀夫等復立衞王昺守廣東諸郡詔以恒爲蒙古漢軍都元帥經略之恒進兵取英德府清遠縣敗其制置凌震運使

王道夫遂入廣州世傑等移屯崖山時都元帥張弘範舟師未至恒按兵不動分遣諸將略定梅循諸州凌震等復抵廣州恒擊敗之皆棄舟走赴水死奪其船三百艘擒將吏宋邁以下二百餘人又破其餘軍於茭塘越十六年二月弘範至自漳州直指崖山恒率所部赴之張世傑集海艦千餘艘貫以巨索爲柵以自固恒遣斷其汲路其勢日迫諭降不可乃陣於船尾由北面逆行擣其柵索絕世傑猶戰死自朝至晡弘範督南面諸軍合擊大敗之陸秀夫先沉妻子于海乃抱衞王赴海死從死者十餘萬人獲其金璽後宮及文武之臣其大將翟國秀凌震等皆解甲降焚溺之餘尚得八百餘艘是日黑氣如霧有乘舟南遁者恒以爲衞王追至高化詢之降人始知衞王已死遁者乃世傑也世傑繼亦溺死於海陵港嶺海悉平功成入覲帝賞勞甚厚將士預賜宴者二百餘人十七年拜資善大夫中書左丞行省荆湖掠民爲奴婢者禁之常德澧辰沅靖五郡之饑者賑之獵戶之籍於官者奏請一千戶之外悉放散之十九年乞解軍職乃命其長子同知江西宣慰司事散木鰐襲爲本軍萬戶占城之役恒奉旨給其糧餉器械海艦百艘久留瘴鄉冒疾而還俄有詔命恒從皇子鎮南王征交趾結筏渡海奪天長府交趾遂空其國航海而遁恒封其宮庭府庫追襲於海洋敗之得船二百艘幾獲其世子會盛夏軍中疾作霖潦暴漲浸灌營地議者謂交趾且降請班師恒弗能奪遂還蠻兵追敗後軍王乃攺命恒殿後且戰且行毒矢貫恒膝一卒負恒而逃至思州毒發卒年五十後贈銀青榮祿大夫平章政事諡武愍再贈推忠靖遠功臣太保儀同三司追封滕國公子散木鰐江西行省平章政事囊加眞益都淄萊萬戶遜都台同知湖南宣慰使司事孫薛徹于兵部侍郎薛徹禿益都般陽萬戶

元史卷一百二十九考證

紐璘傳西南夷雄左都掌蠻得蘭右叛〇臣祖庚按紀左作挫右作紐

元史卷一百三十

明翰林學士亞中大夫知制誥兼修國史宋　濂等修

列傳第十七

徹里

徹里燕只吉台氏曾祖太赤爲馬步軍都元帥從太祖定中原以功封徐邳二州因家於徐徹里幼孤母蒲察氏敎以讀書至元十八年世祖召見應對詳雅悅之俾常侍左右民間事時有所咨訪從征東北邊還因言大軍所過民不勝煩擾寒餓且死宜加賑給帝從之乃賜邊民穀帛牛馬有差賴以存活者衆擢利用監二十三年奉使江南省風俗訪遺逸時行省理財方急責所在學田以價輸官徹里曰學田所以供祭禮育人才也安可奪遂止之還朝以聞帝嘉納焉二十四年分中書爲尚書省桑哥爲相引用黨與鉤考天下錢糧凡昔權臣阿合馬積年負逋衆以中書失徵奏誅二參政行省乘風督責尤峻主無所償則責及親戚或逮繫隣黨械禁榜掠民不勝其苦自裁及死獄者以百數中外騷動廷臣顧忌皆莫敢言徹里乃於帝前具陳桑哥姦貪誤國害民狀辭語激烈帝怒謂其毀詆大臣失禮體命左右批其頰徹里辯愈力且曰臣與桑哥無讎所以力數其罪而不顧身者正爲國家計耳苟畏聖怒而不復言則奸臣何由而除民害何由而息且使陛下有拒諫之名臣竊懼焉於是帝大悟卽命帥羽林三百人往籍其家得珍寶如內藏之半桑哥既誅諸枉繫者始得釋復奉旨往江南籍桑哥姻黨江浙省臣烏馬兒蔑列忻都王濟湖廣省臣要束木等皆棄市天下大快之徹里往來凡四道徐皆過門不入進拜御史中丞俄陞福建行省平章政事賜黃金五十兩白金五千兩汀漳劇盜歐狗久不平遂引兵征之號令嚴肅所過秋毫無犯有降者則勞以酒食而慰遣之曰吾意汝豈反者耶良由官吏汙暴所致今旣來歸卽爲平民吾安忍罪汝其返汝耕桑安汝田里毋恐他柵聞之悉款附未幾歐狗爲其黨縛致于軍梟首以徇脅從者不戮一人汀漳平三十一年帝不豫徹里馳還京師侍醫藥帝崩與諸王大臣共定策迎立成宗大德元年拜江南諸道行臺御史大夫一日召都事賈鈞謂曰國家置御史臺所以肅淸庶官美風俗興敎化也乃者御史不存大體按巡以苛爲明徵贓以多爲功至有迫子證父弟證兄奴訐主者傷風敗敎莫茲爲甚君爲我語諸御史毋庸效尤爲也帝聞而善之攺江浙行省平章政事江浙稅糧甲天下平江嘉興湖州三郡當江浙什六七而其地極下水鍾爲震澤震澤之注由吳松江入海歲久江淤塞豪民利之封土爲田水道淤塞由是浸淫泛溢敗諸郡禾稼朝廷命行省疏導之發卒數萬人徹里董其役凡四閱月畢工九年召入爲中書平章政事十月以疾薨年四十七薨之日家貧不滿二百緡人服其廉贈推忠守正佐理功臣太傅開府儀同三司上柱國追封徐國公諡忠肅至治二年加贈宣忠同德弼亮功臣太師開府儀同三司上柱國追封武寧王諡正憲子朵兒只江浙行省左丞

不忽木

不忽木一名時用字用臣世爲康里部大人康里卽漢高車國也祖海藍伯嘗事克烈王可汗王可汗滅卽棄家從數千騎望西北馳去太祖遣使招之荅曰昔與帝同事王可汗今王可汗旣亡不忍改所事遂去莫知所之子十人皆爲太祖所虜燕眞最幼年方六歲太祖以賜莊聖皇后后憐而育之遣侍世祖於藩邸長從征伐有功世祖威名日盛憲宗將伐宋命以居守燕眞曰主上素有疑志今乘輿遠涉危難之地殿下以皇弟獨處安全可乎世祖然之因請從南征憲宗喜卽分兵命趣鄂州而自將攻蜀之釣魚山令阿里不哥居守憲宗崩燕眞統世祖留部覺阿里不哥有異志奉皇后稍引而南與世祖會于上都世祖卽位燕眞未及大用而卒官止衞率不忽木其仲子也資稟英特進止詳雅世祖奇之命給事裕宗東宮師事太子贊善王恂恂從北征乃受學于國子祭酒許衡日記數千言衡每稱之以爲有公輔器世祖嘗欲觀國子所書字不忽木年十六獨書貞觀政要數十事以進帝知其寓規諫意嘉歎久之衡纂歷代帝王名諡統系歲年爲書授諸生不忽木讀數過卽成誦帝召試不遺一字至元十三年與同舍生堅童太荅禿魯等上疏曰臣等聞之學記曰君子如欲化民成俗其必由學乎玉不琢不成器人不學不知道故古之王者建國君民敎學爲先蓋自堯舜禹湯文武之世莫不有學故其治隆於上俗美於下而爲後世所法降至漢朝亦建學校詔諸生課試補官魏道武帝起自北方旣定中原增置生員三千儒學以興此歷代皆有學校之證也臣等今復取平南之君建置學校者爲陛下陳之晉武帝嘗平吳矣始起國子學隋文帝嘗滅陳矣俾國子寺不隸太常唐高祖嘗滅梁矣詔諸州縣及鄉並令置學及至太宗數幸國學增築學舍至千二百間國學太學四門學亦增生員其書算各置博士乃至高麗百濟新羅高昌吐蕃諸國酋長亦遣子弟入學國學之內至八千餘人高宗因之遂令國子監領六學一曰國子學二曰太學三曰四門學四曰律學五曰書學六曰算學各置生徒有差皆承高祖之意也然晉之平吳得戶五十二萬而已隋之滅陳得郡縣五百而已唐之滅梁得戶六十餘萬而已其崇重學校已如此況我堂堂大國奄有江嶺之地計亡宋之戶不下千萬此陛下神功自古未有而非晉隋唐之所敢比也然學校之政尚未全舉臣竊惜之臣等嚮被聖恩俾習儒學欽惟聖意豈不以諸色人仕宦者常多蒙古人仕宦者尚少而欲臣等曉識世務以任陛下之使令乎然以學制未定朋從數少譬猶責嘉禾於數苗求良驥於數馬臣等恐其不易得也爲今之計如欲人材衆多通習漢法必如古昔偏立學校然後可若曰未暇宜且於大都弘闡國學擇蒙古人年十五以下十歲以上質美者百人百官子弟與凡民俊秀者百人俾廩給各有定制選德業充備足爲師表者充司業博士助敎而敎育之使其敎必本於人倫明乎物理爲之講解經傳授以修身齊家治國平天下之道其下復立數科如小學律書算之類每科設置敎授各令以本業訓導小學科則令讀誦經書敎以應對進退事長之節律科則專令通曉吏事書科則專令曉習字畫算科則專令熟閑算數或一藝通然後改授或一日之間更次爲之俾國子學官總領其事常加點勘務要俱通仍以義理爲主有餘力者聽令學作文字日月歲時隨其利鈍各責所就功課程其勤惰而賞罰之勤者則升之上舍惰者則降之下舍待其改過則復升之假日則聽令學射自非假日無故不令出學數年以後上舍生學業有成就者乃聽學官保舉蒙古人若何品級諸色人若何仕進其未成就者且令依舊學習俟其可以從政然後歲聽學官舉其賢者能者使之依例入仕其終不可敎者三年聽令出學凡學政因革生員增減若得不時奏聞則學無弊政而天下之材亦皆觀感而興起矣然後續立郡縣之學求以化民成俗無不可者臣等愚幼見於書聞於師者如此未敢必其可行伏望聖慈下臣此章令諸老先生與左丞王贊善等商議條奏施行臣等不勝至願書奏帝覽之喜十四年授利用少監十五年出爲燕南河北道提刑按察副使帝遣通事脫虎脫護送西僧往作佛事還過眞定箠驛吏幾死訴之按察使不敢問不忽木受其狀以僧下獄脫虎脫直欲出僧辭氣倔强不忽木令去

其冠庭下責以不職脫虎脫逃歸以聞帝曰不忽木素剛正必爾輩犯法故也繼而燕南奏至帝曰我固知之十九年陞提刑按察使有訟靜州守臣盜官物者靜州本隸河東特命不忽木往按之歸報稱旨賜白金千兩鈔五千貫二十一年召參議中書省事時權茶轉運使盧世榮阿附宣政使桑哥言能用己則國賦可十倍於舊帝以問不忽木對曰自昔聚斂之臣如桑弘羊宇文融之徒操利術以惑時君始者莫不謂之忠及其罪稔惡著國與民俱困雖悔何及臣願陛下無納其說帝不聽以世榮爲右丞不忽木遂辭參議不拜二十二年世榮以罪被誅帝曰朕殊愧卿擢吏部尚書時方籍沒阿合馬家其奴張散札兒等罪當死謬言阿合馬家貲隱寄者多如盡得之可資國用遂勾考捕繫連及無辜京師騷動帝頗疑之命丞相安童集六部長貳官詢問其事不忽木曰是奴爲阿合馬心腹爪牙死有餘罪爲此言者蓋欲苟延歲月徼幸不死爾豈可復受其誣嫁禍善良耶急誅此徒則怨謗自息丞相以其言入奏帝悟命不忽木鞫之具得其實散札兒等伏誅其捕繫者盡釋之二十三年改工部尚書九月遷刑部河東按察使阿合馬以貲財諂媚權貴貸錢於官約償羊馬至則抑取部民所產以輸事覺遣使按治皆不伏及不忽木往始得其不法百餘事會大同民饑不忽木以便宜發倉廩賑之阿合馬所善幸臣奏不忽木擅發軍儲又鍛鍊阿合馬使自誣服帝曰使行發粟以活吾民乃其職也何罪之有命移其獄至京師審覆阿合馬竟伏誅吐土哈求欽察之爲人奴者增益其軍而多取編民中書僉省王遇驗其籍改正之吐土哈遂奏遇有不臣語帝怒欲斬之不忽木諫曰遇始令以欽察之人奴爲兵未聞以編民也萬一他衛皆倣此戶口耗矣若誅遇後人豈肯爲陛下盡職乎帝意解遇得不死二十四年桑哥奏立尚書省誣殺參政楊居寬郭佑不忽木爭之不得桑哥深忌之嘗指不忽木謂其妻曰他日籍我家者此人也因其退食責以不坐曹理務欲加之罪遂以疾免車駕還自上都其弟野禮審班侍坐輦中帝曰汝兄必以某日來迎不忽木果以是日至帝見其癯甚問其祿幾何左右對以滿病假者例不給帝念其貧命盡給之二十七年拜翰林學士承旨知制誥兼修國史二十八年春帝獵柳林徹里等劾奏桑哥罪狀帝召問不忽木具以實對帝大驚乃決意誅之罷尚書省復以六部歸于中書欲用不忽木爲丞相固辭帝曰朕過聽桑哥致天下不安今雖悔之已無及矣朕識卿幼時使卿從學政欲備今日之用勿多讓也不忽木曰朝廷勳舊齒爵居臣右者尚多今不次用臣無以服衆帝曰然則孰可對曰太子詹事完澤可嚮者籍沒阿合馬家其賂遺近臣皆有簿籍唯無完澤名又嘗言桑哥爲相必敗國事今果如其言是以知其可也帝曰然非卿無以任吾事乃拜完澤右丞相不忽木平章政事上都留守木八剌沙言改按察司置廉訪司不便宜罷去乃求憲臣贓罪以動上聽帝以責中丞崔彧彧謝病不知不忽木面斥彧不直言因歷陳不可罷之說帝意乃釋王師征交趾失利復謀大舉不忽木曰島夷詭詐天威臨之寧不震懼獸窮則噬勢使之然今其子日燇襲位若遣一介之使諭以禍福彼能悔過自新則不煩兵而下矣如或不悛加兵未晚帝從之於是交趾感懼遣其僞昭明王等詣闕謝罪盡獻前六歲所當貢物帝嘉曰卿一言之力也卽以其半賜之不忽木辭曰此陛下神武不殺所致臣何功焉惟受沉水假山象牙鎮紙水晶筆格而已麥朮丁請復立尚書省專領右三部不忽木庭責之曰阿合馬桑哥相繼誤國身誅家沒前鑒未遠奈何又欲效之乎事遂寢或勸征流求及賦江南包銀皆諫止之桑哥黨人納速剌丁等旣誅帝以忻都長於理財欲釋不殺不忽木力爭之不從日中凡七奏卒正其罪釋氏請以金銀幣帛祠其神帝難之不忽木曰彼佛以去貪爲寶遂弗與或言京師蒙古人宜與漢人間處以制不虞不忽木曰新民乍遷猶未寧居若復紛更必致失業此蓋姦人欲擅貨易之利交結近幸借爲納忠之說耳乃圖寫國中貴人第宅已與民居犬牙相制之狀上之而止有譖完澤徇私者帝以問不忽木對曰完澤與臣俱待罪中書設或如所言豈得專行臣等雖愚陋然備位宰輔人或發其陰短宜使面質明示責降若內懷猜疑非人主至公之道也言者果屈帝怒命左右批其頰而出之是日苦寒解所御黑貂裘以賜帝每顧侍臣稱塞咥旃之能不忽木從容問其故帝曰彼事憲宗常陰資朕財用卿父所知卿時未生誠不知也不忽木曰是所謂爲人臣懷二心者今有以內府財物私結親王陛下以爲若何帝急揮以手曰卿止朕失言三十年有星孛于帝座帝憂之夜召入禁中問所以銷天變之道奏曰風雨自天而至人則棟宇以待之江河爲地之限人則舟楫以通之天地有所不能者人則爲之此人所以與天地參也且父母怒人子不敢疾怨惟起敬起孝故易震之象曰君子以恐懼修省詩曰敬天之怒又曰遇災而懼三代聖王克謹天戒鮮不有終漢文之世同日山崩者二十有九日食地震頻歲有之善用此道天亦悔禍海內乂安此前代之龜鑑也臣願陛下法之因誦文帝日食求言詔帝悚然曰此言深合朕意可復誦之遂詳論欵陳夜至四鼓明日進膳帝以盤珍賜之三十年帝不豫故事非國人勳舊不得入臥內不忽木以謹厚日視醫藥未嘗去左右帝大漸與御史大夫月魯那顏太傅伯顏並受遺詔留禁中丞相完澤至不得入伺月魯那顏伯顏出問曰我年位俱在不忽木上國有大議而不預何耶伯顏歎息曰使丞相有不忽木識慮何至使吾屬如是之勞哉完澤不能對入言於太后太后召三人問之月魯那顏曰臣受顧命太后但觀臣等爲之臣若誤國卽伏誅宗社大事非宮中所當預知也太后然其言遂定大策其後發引升祔請謚南郊皆不忽木領之成宗卽位執政皆迎於上都之北丞相常獨入不忽木至數日乃得見帝問知之慰勞之曰卿先朝腹心顧朕寡昧惟朝夕啓沃以匡朕不逮庶無負先帝付託之重也成宗躬攬庶政聽斷明果廷議大事多采不忽木之言太后亦以不忽木先朝舊臣禮貌甚至河東守臣獻嘉禾大臣欲奏以爲瑞不忽木語之曰汝部內所產盡然耶惟此數莖耶曰惟此數莖爾不忽木曰若如此旣無益於民又何足爲瑞遂罷遣之西僧爲佛事請釋罪人祈福謂之禿魯麻豪民犯法者皆賄賂之以求免有殺主殺夫者西僧請被以帝后御服乘黃犢出宮門釋之云可得福不忽木曰人倫者王政之本風化之基豈可容其亂法如是帝責丞相曰朕戒汝無使不忽木知今聞其言朕甚愧之使人謂不忽木曰卿且休矣朕今從卿言然自是以爲故事有奴告主者主被誅詔卽以其主所居官與之不忽木言若此必大壞天下之風俗使人情愈薄無復上下之分矣帝悟爲追廢前命執政奏以爲陝西行省平章政事太后謂帝曰不忽木朝廷正人先皇帝所付託豈可出之於外耶帝復留之竟以與同列多異議稱疾不出元貞二年春召至便殿曰朕知卿疾之故以卿不能從人人亦不能從卿也欲以段貞代卿如何不忽木曰貞實勝於臣乃拜昭文館大學士平章軍國重事辭曰是職也國朝惟史天澤嘗爲之臣何功敢當此制去重字大德二年御史中丞崔彧卒特命行中丞事三年兼領侍儀司事有因父官受賄賂御史必欲歸罪其父不忽木曰風紀之司以宣政化厲風俗爲先若使子證父何以興孝樞密臣受人玉帶徵贓不敘御史言罰太輕不忽木曰禮大臣貪墨惟曰簠簋不飾若加笞辱非刑不上大夫之意人稱其平恕四年病復作帝遣醫治之不効乃附奏曰臣孱庸無取叨承眷渥大限有終永辭昭代引觴滿飲而卒年四十六帝聞之驚悼士大夫皆哭失聲木素貧躬自爨汲妻織紝以養母後因使還則母已卒號慟嘔血幾不起平居服儒素不尚華飾祿賜有餘卽散施親舊明於知人多所薦拔丞相哈剌哈孫荅剌罕亦其所薦也其學先躬行而後文藝居則簡默及帝前論事吐辭洪暢引義正大以天下之重自任知無不言世祖嘗語之曰太祖有言人主理天下如右手持物必資左手承之然後能固卿實朕之左手也每侍燕閒必陳說古今治要世祖每拊髀歎曰恨卿生晚不得早聞此言然亦吾子孫之福臨崩以白璧遺之曰他日持此以見朕也武宗時贈純誠佐理功臣太傅開府儀同三司上柱國魯國公謚文貞子回回陝西行省平章政事巙巙由江浙行省平章政事入爲翰林學士承旨

完澤

完澤土別燕氏祖土薛從太祖起朔方平諸部太宗伐金命太弟睿宗由陝右進師以擊其不備土薛爲先鋒遂去武休關越漢江略方城而北破金兵于陽翟金亡從攻興元閬利諸州拜都元帥取宋成都斬其將陳隆之賜食邑六百戶父線眞宿衞禁中掌御膳中統初從世祖北征四年拜中書丞相與諸儒臣論定朝制完澤以大臣子選爲裕宗王府僚屬裕宗爲皇太子署詹事長入參謀議出掌環衞小心愼密太子甚器重之一日會燕宗室指完澤語衆曰親善遠惡君之急務善人如完澤者羣臣中豈易得哉自是常典東宮衞兵裕宗薨成宗以皇孫撫軍北方完澤兩從入北至元二十八年桑哥伏誅世祖咨問廷臣特拜中書右丞相完澤入相革桑哥弊政請自中統初積歲逋負之錢粟悉蠲免之民賴其惠三十一年世祖崩完澤受遺詔合宗戚大臣之議啓皇太后迎成宗卽位詔諭中外罷征安南之師建議加上祖宗尊謚廟號致養皇太后示天下爲人子之禮元貞以來朝廷恪守成憲詔書屢下散財發粟不惜鉅萬以頒賜百姓當時以賢相稱之大德四年加太傅錄軍國重事位望益崇成宗倚任之意益重而能處之以安靜不急於功利故吏民守職樂業世稱賢相云七年薨年五十八追封興元王謚忠憲

阿魯渾薩理

阿魯渾薩理畏兀人祖阿台薩理當太祖定西域還時因從至燕會畏兀國王亦都護請于朝盡歸其民詔許之遂復西還精佛氏學生乞台薩理襲先業通經律論業既成師名之曰萬全至元十二年入爲釋教都總統拜正議大夫同知總制院事加資德大夫統制使年七十卒子三人長曰畏吾兒薩理累官資德大夫中書右丞行泉府太卿季曰島瓦赤薩理阿魯渾薩理其中子也以父字爲全氏幼聰慧受業於國師八哈思巴既通其學且解諸國語世祖聞其材俾習中國之學於是經史百家及陰陽歷數圖緯方技之說皆通習之後事裕宗入宿衞深見器重至元二十年有西域僧自言能知天象譯者皆莫能通其說帝問左右誰可使者侍臣脫烈對曰阿魯渾薩理可卽召與論難僧大屈服帝悅命宿衞內朝會有江南人言宋宗室反者命遣使捕至闕下使已發阿魯渾薩理趣入諫曰言者必妄使不可遣帝曰卿何以言之對曰若果反郡縣何以不知言者不由郡縣而言之闕庭必其仇也且江南初定民疑未附一旦以小民浮言輒捕之恐人人自危徒中言者之計帝悟立召使者還俾械繫言者下郡治之言者立伏果以嘗貸錢不從誣之帝曰非卿言幾誤但恨用卿晚耳自是命日侍左右二十一年擢朝列大夫左侍儀奉御遂勸帝治天下必用儒術宜招致山澤道藝之士以備任使帝嘉納之遣使求賢置集賢館以待之秋九月命領館事阿魯渾薩理曰陛下初置集賢以待士宜擇重望大臣領之以新觀聽請以司徒撒里蠻領其事帝從之仍以阿魯渾薩理爲中順大夫集賢館學士兼太史院事仍兼左侍儀奉御士之應詔者盡命館穀之凡飲食供帳車服之盛皆喜過望其弗稱旨者亦請加賚而遣之有官於宣徽者欲陰敗其事故盛陳所給廩餼於內前冀帝見之帝果過而問焉對曰此一士之日給也帝怒曰汝欲使朕見而損之乎十倍此以待天下士猶恐不至況欲損之誰肯至者阿魯渾薩理又言於帝曰國學人材之本立國子監置博士弟子員宜優其廩餼使學者日盛從之二十二年夏六月遷嘉議大夫二十三年進集賢大學士中奉大夫二十四年春立尚書省桑哥用事詔阿魯渾薩理與同視事固辭不許授資德大夫尚書右丞繼拜榮祿大夫平章政事桑哥爲政暴楨且進其黨與阿魯渾薩理數切諍之久與乖剌惟以廉正自持桑哥奏立徵利司理天下逋欠使者相望於道所在囹圄皆滿道路側目無敢言者會地震北京阿魯渾薩理請罷徵利司以塞天變詔下之日百姓皆慶未幾桑哥敗以連坐亦籍其產帝問桑哥爲政如此卿何故無一言對曰臣未嘗不言顧言不用耳陛下方信任桑哥其彼所忌獨臣臣數言不行若抱柴救火秖益其暴不若彌縫其間使無傷國家大本陛下久必自悟也帝亦以爲然且曰吾甚愧卿桑哥臨刑吏猶以阿魯渾薩理爲問桑哥曰我惟不用其言故致於敗彼何與焉帝益信其無罪詔還所籍財產仍遣張九思賜以金帛辭不受二十八年秋乞罷政事并免太史院使詔以爲集賢大學士司天劉監丞言阿魯渾薩理在太史院時數言國家災祥事大不敬請下吏治帝大怒以爲誹謗大臣當抵罪阿魯渾薩理頓首謝曰臣不佞賴陛下天地含容之德雖萬死莫報然欲致言者罪臣恐自是無爲陛下言事者力爭之乃得釋帝曰卿眞長者後雖罷政或通夕召入論事知無不言三十年復領太史院事明年帝崩成宗在邊裕宗太后命爲書趣成宗入正大位又命率翰林集賢禮官備禮冊命明年春加守司徒集賢院使領太史院事初裕宗卽世世祖欲定皇太子未知所立以問阿魯渾薩理卽以成宗爲對且言成宗仁孝恭儉宜立於是大計乃決成宗及裕宗皇后皆莫之知也數召阿魯渾薩理不往成宗撫軍北邊帝遣阿魯渾薩理奉皇太子寶于成宗乃一至其邸及卽位語阿魯渾薩理曰朕在潛邸誰不願事朕者惟卿雖召不至今乃知卿眞得大臣體自是召對不名賜坐視諸侯王等嘗語左右曰若全平章者眞全材也於今殆無其比大德三年復拜中書平章政事十一年薨年六十有三延祐四年贈推忠佐理翊亮功臣大師開府儀同三司上柱國追封趙國公諡文定子三人長岳柱次久著終翰林侍讀學士次買住蚤卒岳柱自有傳阿台薩理贈保德功臣銀青榮祿大夫司徒柱國追封趙國公諡端愿乞台薩理累贈純誠守正功臣太保儀同三司上柱國追封趙國公諡通敏

岳柱字止所一字兼山自幼容止端嚴性穎悟有遠議方八歲觀畫師何澄畫陶母剪髮圖岳柱指陶母手中金釧詰之曰金釧可易酒何用剪髮爲也何大驚卽異之既長就學日記千言年十八從丞相荅失蠻備宿衞出入禁中如老成人至大元年授集賢學士階政議大夫卽以薦賢舉能爲事皇慶元年陞中奉大夫湖廣道宣慰使日接見儒生詢求民瘼延祐三年進資善大夫隆禧院使七年授太史院使英宗親其進止整暇顧謂參政速速曰全院使眞故家令子也泰定元年改太常禮儀院使四年授禮部尚書領會同館事俄授江西等處行中書省參知政事天歷元年進榮祿大夫集賢大學士至順二年除江西等處行中書省平章政事時有誣告富民負永寧王官帑錢八百餘錠者中書遣使諸路徵之使至江西岳柱曰事涉誣罔不可奉命僚佐重違宰臣意岳柱曰民惟邦本傷本以斂怨亦非宰相福也令使者以此意復命時燕帖木兒爲丞相聞其言感悟命刑部詰治得誣罔狀罪誣告者若干人宰相以奏帝嘉之特賜幣帛及上尊酒桂陽州民張思進等嘯聚二千餘衆州縣不能治廣東宣慰司請發兵捕之岳柱曰有司不能撫綏邊民乃欲僥倖興兵以爲民害耶不可宰執皆失色憲司亦以興兵不便爲言岳柱終持不可遣千戶王英往問狀英直抵賊巢諭以禍福賊曰致我爲非者兩巡檢司耳我等何敢有異心哉諭其衆皆使復業一方以寧三年遷河南江北等處行中書省平章政事旋以軍事至揚州得疾明年十二月端坐而卒年五十三岳柱天資孝友母弟久住早卒喪之盡哀尤嗜經史自天文醫藥之書無不究極度量弘擴有欺之者恬不爲意或問之則曰彼自欺也我何與焉母郜氏亦常稱之曰吾子古人也子四人長普達同僉行宣政院事次安僧爲久住後章佩監丞次仁壽中憲大夫長秋寺卿

元史卷一百三十一

明翰林學士亞中大夫知制誥兼修國史宋　濂等修

列傳第十八

速哥

速哥蒙古人父忽魯忽兒國王木華黎麾下卒也後更隸塔海帖哥軍以善馳馬有口辯愼重不泄令佩銀符常居軍中奏白機務往返未嘗失期太宗以爲才賜名動哥居詔動哥居奏事朝至朝入奏夕至夕入奏嘗出金盤龍袍及宮女賜之憲宗時以疾卒速哥亦以壯勇居軍中歲甲寅憲宗命從都元帥帖哥火魯赤等入蜀乙卯萬戶劉七哥阿剌魯阿力與宋兵戰巴州失利陷敵中速哥馳入其軍奪劉七哥等以歸以功賜白金五十兩馬二疋紫羅圈甲一注又從都元帥紐璘敗宋將劉整破雲頂山城紐璘受詔會涪州至馬湖江速哥以革爲舟夜渡江至大獲山行在所陳道梗失期帝慰遣之未幾復自涪州入奏事遇宋軍於三曹山速哥衆僅百餘奮兵疾戰敗之奪其器械旗鼓以歸己未宋兵攻涪州浮橋部將火尼赤戰陷速哥破圍出之又以白事諸王穆哥所復敗宋軍於三曹山還至石羊與劉整遇復擊敗之世祖卽位賜白金弓刀鞍勒中統二年賜銀符命隸紐璘軍至元二年四川行省遣速哥招收降民得三千餘人三年從行院帖赤戰九頂山四年行省也速帶兒署爲本軍總管從征瀘州取瀘州五年立德州以速哥爲達魯花赤擢陝西五路四川行省左右司員外郎從也速帶兒入朝賞賚加厚七年從也速帶兒敗宋軍于馬湖江用平章政事賽典赤薦遷行尚書省員外郎九年建都蠻叛詔諸王與魯赤及也速帶兒討之速哥將千人爲先鋒破黎州水尾砦攻連雲關克之軍至建都戰於東山斬其酋布庫復與元帥八兒禿迎合剌軍于不魯思河所過城邑皆下十年討碉樓諸蠻襲破連環城還敗宋軍于七盤山辟新軍萬戶十一年賜虎符眞授管軍萬戶領成都高哇哥等六翼及京兆新軍教習水戰也速帶兒進圍嘉定速哥率舟師會平康壽於麻平既而行樞密副使忽敦等軍至與也速帶兒城修築懷遠等砦守其要害十二年遣兵敗宋將昝萬會於紅崖遣速哥守龍垻城中大震宋將陳都統鮮于團練率舟師遁速哥追擊溺死者不可勝計遂與中使沈荅罕徇下流諸城紫雲瀘敘皆降進圍重慶速哥以所部兵鎭白水馬湖江口十三年帝遣脫朮敎化的持詔諭其守臣使降不聽乃分兵爲五道水陸並進攻之衆軍不利唯速哥獲戰艦三百艘俘其衆百三十人涪州守將遣書納降速哥率千人往察其情僞速哥至涪州果降遂入其城重慶守臣張萬率衆來襲速哥一日夜出兵凡與十八戰斬首三百餘級萬敗走未幾萬復以積兵三千人來攻又戰敗之十四年行院辟爲鎭守萬戶嘉定總管府達魯花赤時瀘州復叛速哥從大軍討平之重慶受圍久其守將趙安開門出降制置使張珏遁速哥追破之虜百餘人及其舟二十餘艘以功授成都水軍萬戶尋改重慶夔府等路宣撫招討兩司軍民達魯花赤十六年除四川南道宣慰使依前成都水

軍萬戶鎮重慶夔施黔忠萬雲涪瀘等州十九年亦奚不薛蠻叛置順元等路軍民宣慰司以速哥爲宣慰使經理諸蠻二十四年遷河東陝西等路萬戶府達魯花赤播州宣撫賽因不花等赴闕請留之降八番金竹百餘等砦得戶三萬四千悉以其地爲郡縣置順元路金竹府貴州以統之東連九溪十八峒南至交趾西至雲南咸受節制二十九年入朝加都元帥改河東陝西等處萬戶府達魯花赤三十一年僉書四川行樞密院事詔開土番道土番叛以兵圍茂州速哥率師敗之元貞元年行院罷速哥家居數歲卒子壽不赤襲河東陝西等處萬戶府達魯花赤

囊加歹

囊加歹乃蠻人曾祖不蘭伯仕其國位羣臣之右祖合折兒管帳前軍兼統國政仕至太師太祖平乃蠻父麻察來歸太祖命與察剌同總管蒙古漢軍由是從世祖伐宋破阿里不哥於失門禿從諸王哈必赤及闊闊歹平李壇皆有功賞賚甚厚賜金符後以子貴贈太傅追封梁國公謚桓武囊加歹幼從麻察習戰陳有謀畧佩金符爲都元帥府經歷從阿术圍襄陽襄陽降以功授漢陽千戶從丞相伯顏攻復州與宋人戰敗宋兵于風波湖渡江後伯顏南攻鄂州阿术北攻漢陽分戰艦五十囊加歹與張弘範等焚其蒙衝三千艘兩城大恐皆出降伯顏軍次安慶賈似道督師江上遣宋京來請和軍至池州遣囊加歹偕宋京報似道似道復遣阮思聰偕囊加歹至軍中仍請議和時暑雨方漲世祖慮士卒不習水土遣使令緩師伯顏阿术與諸將議乘勢徑前遂進軍至丁家洲似道師潰大軍次建康帝聞囊加歹親與賈似道語召赴闕具陳其說遣還諭旨於伯顏以北邊未靖勿輕入敵境而大軍已入平江矣宋使柳岳夏士林呂師孟劉岊等踵至皆命囊加歹同往報之師逼臨安復遣囊加歹入取降表玉璽徵宋將相文武百官出迎王師宋主乃遣賈餘慶等同囊加歹以降表玉璽至皐亭山伯顏遣囊加歹馳獻世祖還傳密旨遷宋君臣北上賜金符授懷遠大將軍安撫司達魯花赤與阿剌罕董文炳等取台溫福州尋領蒙古軍副都萬戶江東道宣慰使佩金虎符如故擢江東道按察使復爲本道宣慰使領萬戶如故召爲都元帥管領通事軍馬東征日本未至而還詔以元管出役軍與孛羅迷兒見管軍合爲一翼充萬戶守建康改賜三珠虎符拜雲南行省參知政事討金齒緬國得疾召還京師授南京等路宣慰使改河南道宣慰使特旨命襲父職爲蒙古軍都萬戶武宗在潛邸囊加歹嘗從北征與海都戰于帖堅古明日又戰海都圍之山上囊加歹力戰決圍而出與大軍會武宗還師囊加歹殿海都遮道不得過囊加歹選勇敢千人直前衝之海都披靡國兵乃由旭哥耳溫稱海與晉王軍合是役也囊加歹戰爲多以疾而歸成宗崩昭聖元獻太后與仁宗在懷州太后召囊加歹不憐吉歹脫因不花八思台等諭之曰今宮車晏駕皇后欲立安西王阿難荅爾等當毋忘世祖裕宗在天之靈盡力奉二皇子囊加歹頓首曰臣等雖碎身不能仰報兩朝之恩願効死力既至京師仁宗遣囊加歹與八思台諭諸王禿剌議事宜時內外洶洶猶豫莫敢言囊加歹獨贊禿剌定計先發歸白仁宗意猶遲疑固問可否對曰事貴速成後將受制於人矣太后與仁宗意乃決內難既平仁宗監國命同知樞密院事武宗旣位眞拜同知樞密事階資德大夫賜以七寶束帶鞍轡衣甲弓矢黃金五十兩以旌其定策之功尋授幵縣萬戶府達魯花赤仍同知樞密院事仁宗嘗語近臣曰今春之事吾與太后疑不能主賴囊加歹一語而定吾聞周文王有姜太公囊加歹亦予家姜太公也其見稱許如此尋以老病乞骸骨不允仁宗卽位以其家河南特授河南江北行省平章政事佩金虎符終其身封浚都王子教化山東河北蒙古軍副都萬戶執禮和台河南江北行省平章政事孫脫堅山東河北軍大都督世襲有位

忙兀台

忙兀台蒙古達達兒氏祖塔思火兒赤從太宗定中原有功爲東平路達魯花赤位在嚴實上忙兀台事世祖爲博州路奧魯總管至元七年又爲監戰萬戶佩金虎符八年改鄧州新軍蒙古萬戶治水軍于萬山南岸九月以兵攻樊拔古城繼敗宋軍于安陽灘轉戰八十里禽其將鄭高十月大軍攻樊分軍爲五道忙兀台當其一率五翼軍以進樊南岸舟豎雲梯于北岸登櫃子城奪西南角入城命部將據倉粟功在諸將右賞金百兩襄陽降同宋安撫呂文煥入覲賜銀五十兩及衲根甲等物十一年從丞相伯顏平章阿术南征命與萬戶史格率麾下會鹽山嶺遇宋兵忙兀台突陣殺一人諸軍繼進與戰敗之自郢州黃家原盪舟入湖至沙洋堡立砲座十有二豎雲梯先登焚其樓櫓拔羊角壩破沙洋堡擒宋將四人直抵新城鏖戰自晨至晡大敗之宋復州守將翟貴以城降將由漢口入江至蔡店聞宋兵屯漢口乃率舟師經闞龍口至沙步入江遇宋兵三百餘艘分道來拒進擊走之次武磯堡宋將夏貴堅守不下十月乙卯平章阿术率萬戶晏徹兒史格賈文備同忙兀台四軍雪夜泝流西上黎明至青山磯北岸萬戶史格先渡宋將程鵬飛拒敵格被三創喪卒二百人諸將繼進大戰中流鵬飛被七創敗走舟泊中洲宋兵阻水不得近伯顏復遣萬戶張榮實等率舟來援夏貴率麾下數千將弃大軍乘之大敗走黃州遂拔武磯堡斬守將王達阿术既渡南岸翼日丞相伯顏視師則大江南北皆北軍旗幟宋制置使朱禩孫遁還江陵語在阿术傳已未伯顏次鄂州遣忙兀台諭宋守臣張晏然以城降程鵬飛以本軍降知漢陽軍王儀知德安府來興國繼降乃留軍鎮鄂漢率諸將水陸東下十二年正月忙兀台諭蘄黃安慶池州諸郡皆下之次丁家洲宋賈似道孫虎臣來拒忙兀台擊之奪虎臣所乘巨舟與宋降將范文虎以兵五百諭降和州及無爲鎮巢二軍九月攻常州拔其木城宋降將趙溍叛於溧陽伯顏命忙兀台擊之戰於豐登莊斬首五百餘級擒其將三人復招降湖州守將二人十二月行省第其功承制授行兩浙大都督府事十四年改閩廣大都督行都元帥府事時宋二王逃道入海忙兀台奉旨率諸軍與江西右丞塔出會兵收之次漳州諭降宋守將何淸十五年師還福州拜參知政事詔與唆都等行省于福鎮撫瀕海八郡十月召赴闕陞左丞十六年七月沙縣盜起詔忙兀台復行省事討平之初忙兀台北還左丞唆都行省福建一日帝命召唆都李庭言若召唆都則行省無人宜令建康阿剌罕往帝曰何必阿剌罕其命忙兀台卽往候唆都還則令移潭州可也未幾中書言唆都在福建麾下擾民致南劒等路往往殺長吏叛及忙兀台至招來七十二寨建寧漳汀稍獲安集若移之他處而唆都復往恐重勞民有旨忙兀台仍鎮閩十八年轉右丞時宣慰使王剛中以土人饒賞顚擅作威福忙兀台慮其有變奏移之他道二十一年拜江淮行省平章政事初宋降將五虎陳義嘗助張弘範擒史天祥助完者都討陳大舉又賚阿塔海征日本戰艦三千艘福建省臣言其有反側意請除之帝使忙兀台察之至是忙兀台擕義入朝保其無事且乞寵以官爵丞相伯顏亦以爲言乃授義同知廣東道宣慰司事授明珠虎符其從林雄等十人並上百戶二十二年脫忽思樂實傳旨中書省令悉代江浙省臣中書復奏帝曰朕安得此言傳者妄也如忙兀台之通曉政事亦可代耶俄以言者召赴闕封其家貲遣使按驗無狀未幾拜銀青榮祿大夫行省左丞相還鎮江浙時浙西大饑乃弛河泊禁發府庫官貨低其直貿粟以賑之浙東盜起蠲田租以紓民力二十三年奏以販鬻私鹽者皆海島民今征日本可募爲水工從之賜鈔五千貫役旣罷請以戰艦付海漕又言省治在杭州其兩淮江東財賦軍實旣南輸至杭復自杭北輸京城往返勞頓不便請移省治于揚州復言淮東近地宜置屯田歲入糧以給軍所餘餉京師帝悉從其言二十五年詔江淮管內並聽忙兀台節制二十六年朝廷以中原民轉徙江南令有司遣還忙兀台言其不可遂止閩越盜起詔與不魯迷失海牙等合兵討之御史大夫玉速帖木兒奏宜選將帝曰忙兀台已往無慮也未幾悉平之屢以病上疏乞骸骨乃召還二十七年以江西平章奧魯赤不稱職特命爲丞相兼樞密院事出鎮江西謹約束鋤強暴尊卑殊服軍民安業威德並著在官四十日卒忙兀台之在江浙專愎自用又易置戍兵平章不憐吉台言其變更伯顏阿术成法帝每戒敕之旣死臺臣劾郎中張斯立罪狀而忙兀台迫死劉宣及其屯田無成事始聞于帝云子三人帖木兒不花字蘭奚襲萬戶亦剌出中書參知政事

奧魯赤

奧魯赤扎剌台人曾祖豁火察驍果善騎射太祖出征每提精兵爲前驅祖朔魯罕有膂力嘗被讒不許入見一日俟駕出趨前曰臣無罪若果有罪速殺臣臣將從先帝於地下不然赦臣願得自効帝笑而復用之辛未與金人戰于野狐嶺中流矢戰愈力克之旣還拔矢血出昏眩帝親撫視傳以藥竟不起帝悲悼曰朔魯罕朕之一臂今亡矣賜其家馬四百匹錦綺萬段父武木台從太宗征杭里部伊部長以獻復從征西夏有功特命行省事領兀魯忙兀亦怯烈弘吉剌札剌兒五部軍平河南以功賜戶二千嘗駐兵太原平陽河南土人德之皆爲立祠奧魯赤性朴魯智勇過人早事憲宗帶御器械特見親任戊午扈駕征蜀攻釣魚山至元五年攻襄陽授金符蒙古軍萬戶明年賜虎符襲父職領蒙古軍四萬戶十一年春詔丞相伯顏大舉伐宋以所部從渡江圍鄂宋兵固守奧魯赤白丞相可遣使諭降乃遣許千戶同所獲宋將持金符抵其城東南門懸金符以招之其夜守門將崔立啓門出遂引立見丞相復遣入城諭守臣張晏然明日晏然以城降遷奧魯赤昭毅大將

軍諸郡望風而靡分兵出獨松關宋兵堅守奧魯赤令將校益樹旗幟於山上率精騎突之守兵驚潰棄關走追逐百餘里斬馘不可勝計十三年宋主降分討未下州郡詔加鎮國上將軍行中書省叅知政事未幾以叅知政事行湖北道宣慰使兼領蒙古軍時州郡初附戍以重兵民驚懼往往逃匿山澤間奧魯赤止侵暴恤單弱號令嚴明民悉復業會詔所在括逃俘有司拘男女千餘人時軍士已還部所括者無所歸衆議悉以隸官奧魯赤曰斯民不幸被兵幸而骨肉完聚復爲之是重被兵也不若籍之爲民衆從之俄徵詣闕賜賚優渥及還帝曰武昌襟帶江湖實要害地朕嘗用師于彼故遣卿往治爲朕耳目陞驃騎衛上將軍中書左丞行宣慰使十八年詔移行省于鄂宣慰司于潭時湖南劇賊周龍張虎聚黨行劫隨宜招捕梟二賊首餘悉縱遣復召入見拜行省右丞改判湖等處行樞密院副使二十三年春拜湖廣等處行中書省平章政事夏四月赴召上都命佐鎮南王征交趾帝慰諭之曰昔木華黎等致力王室榮名迄今不朽卿能勉之豈不並美于前人乎仍命其子脫桓不花襲萬戶至交趾啓王分軍爲三因險制變蠻不能支竄匿海島餘寇扼師歸路奧魯赤轉戰以出改江西行省平章政事二十六年以疾求退不允俄授同知湖廣等處行樞密院事成宗即位進光祿大夫上柱國江西等處行中書省平章政事大德元年春三月卒年六十六贈金紫光祿大夫大司徒上柱國追封鄭國公謚忠宣子拜住明威將軍蒙古侍衛親軍副都指揮使脫桓不花驃騎衛上將軍行中書省左丞蒙古軍都萬戶

完者都

完者都欽察人父哈剌火者從憲宗征討有功完者都廣顙豐頤髯長過腹爲人驍勇而樂善好施聽讀史書聞忠良則喜遇姦諛則怒歲丙辰以材武從軍己未從攻鄂州先登賞銀五十兩中統三年從諸王合必赤討李璮于濟南凡兩戰皆有功至元元年合必赤因樞密臣以其武勇聞帝特賞賜之四年十月從萬戶木花里略地荊南還至襄陽西安陽灘遇宋軍敗之既而從丞相阿术圍襄樊水陸大戰者四皆有功嘗梯樊城焚樓櫓勇敢出諸軍右幕府上其功十一年授武略將軍爲彰德南京新軍千戶九月從丞相伯顏南征十一月攻沙洋新城始授金符領丞相帳前合必赤軍十二月統舟師由沙蕪口渡江十二年春與宋將孫虎臣戰于丁家洲大捷進武義將軍攻泰州戰揚子橋戰焦山破常州十三年春入臨安下揚州皆有功江南平入見帝顧謂侍臣曰眞壯士也因賜名拔都兒授信武將軍管軍總管高郵軍達魯花赤佩虎符既而軍升爲路遂進懷遠大將軍高郵路總管府達魯花赤十六年授昭勇大將軍遙管軍萬戶漳州陳吊眼聚黨數萬劫掠汀漳諸路七年未平十七年八月樞密副使孛羅請命完者都往討從之加鎮國上將軍福建等處征蠻都元帥率兵五千以往賜翎根甲面慰遣之且曰賊苟就擒聽汝施行時黃華聚黨三萬人擾建寧號頭陀軍完者都先引兵鼓行壓其境軍聲大震賊驚懼納款完者都許以爲副元帥凡征蠻之事一以問之且慮其姦詐莫測因大獵以耀武適有一鶚翔空完者都仰射之應弦而落遂大獵所獲山積華大悅服乃聞于朝請與之俱討賊朝廷從之制授華征蠻副元帥與完者都同署華遂爲前驅至賊所破其五寨十九年三月追陳吊眼至千壁嶺擒之斬首漳州市餘黨悉平軍還至揚州奉旨賞賜有差至高郵病七月入覲帝嘉之賜鈔及銀金綺鞍勒弓矢復授管軍萬戶高郵路總管府達魯花赤有虎爲害完者都挾弓矢出郊射殺之二十二年八月以疾召入朝帝屢遣中使存問仍命良醫視之疾平帝大喜賜醫者鈔萬貫拜完者都驃騎上將軍江浙行省左丞兼管軍萬戶初浙西私鹽吏莫能禁完者都躬詣松江上海收鹽徒五千隸軍籍九月授中書左丞行浙西道宣慰使二十五年遙授尚書省左丞二十六年陞資德大夫江西等處行樞密院副使兼廣東宣慰使疾復作召還成宗即位入見賜玉帶授榮祿大夫江浙行省平章政事大德二年十一月卒年五十九贈効忠宣力定遠功臣開府儀同三司太尉上柱國追封林國公謚武宣子十四人皆仕而帖木禿古思別里怯都尤顯孫二十四人仕者亦多云

伯帖木兒

伯帖木兒欽察人也至元中充哈剌赤入備宿衛以忠謹授武節將軍僉左衛親軍都指揮使司事二十四年征叛王乃顏隸御史大夫玉速帖木兒麾下敗乃顏兵於忽爾阿剌河追至海剌兒河又敗之乃顏黨金家奴別不古率衆走山前從大夫追戰于札剌馬禿河殺其將二人追至夢哥山并擒金家奴二十五年超授顯武將軍冬哈丹王叛從諸王乃麻歹討之至斡麻站兀剌河等處連敗其黨阿禿八剌哈赤軍轉戰至帖麥哈必兒哈又敗之進至明安倫城哈丹迎戰敗走追至忽蘭葉兒又與阿禿一日三戰手殺五人擒裨將一人至帖里揭突擊哈丹挺身陷陣身中三十餘箭而還大夫親視其創而罪潰軍之不救者車駕親征駐蹕兀魯灰河伯帖木兒以兵從大夫至貴列兒河哈丹拒王師伯帖木兒首戰却之獲其黨駙馬阿剌渾帝悅以所獲賊將兀忽兒妻賜之至霸郎兒與忽都禿兒干戰殺其裨將五人生擒曲兒先九月大夫命率師往納兀河東等處招集逆黨乞荅眞一千戶達達百姓及女直押兒撒等五百餘戶二十六年春正月師還復遣戍也眞大王之境五月海都謀擾邊有旨令伯帖木兒以其軍先來行至怯呂連河值拜要叛伯帖木兒即移兵致討擒其黨伯顏以獻帝深加獎諭賜以所得伯顏女荼倫是年冬立東路蒙古軍上萬戶府統欽察乃蠻捏古思那亦勤等四千餘戶陞懷遠大將軍上萬戶佩三珠虎符二十七年哈丹復入高麗伯帖木兒奉命偕徹里帖木兒進討二十八年正月至鴨綠江與哈丹子老的戰失利伯帖木兒以聞帝命乃麻歹薛徹干等征之仍命伯帖木兒爲先鋒薛徹干軍先至禪定州擊敗哈丹踰數日乃麻歹以兵至合攻哈丹又敗之伯帖木兒將百騎追至一大河虜其妻孥追奔逐北哈丹尚有八騎伯帖木兒止餘三騎再戰兩騎士皆重傷不能進伯帖木兒單騎追之至一大山日暮遂失哈丹所在乃麻歹嘉其勇賞以老的妻完者上其功于朝賜金帶衣服鞍馬弓矢銀器等物并厚賚其軍二十九年聞叛王揑怯烈尚在濠來倉伯帖木兒率兵擊虜其妻子畜產追至陳河揑怯烈以二十餘騎脫身走遂定其地得所管女直戶五百餘以聞帝命以充漁戶伯帖木兒度地置馬站七所令歲捕魚馳驛以進成宗即位俾仍其官車駕幸上京徹其兵千人從歲以爲常云

懷都

懷都斡魯納台氏祖父阿术魯與太祖同飲黑河水屢從征討賜銀印總大軍伐遼東女直諸部復帥師討西夏大戰于合剌合察兒擒夏主太祖命盡賜以夏主遺物繼總軍南伐攻拔信安下宿泗等州諸王塔察兒以阿术魯年老俾其子不花襲職中統二年不花卒子幼兒子懷都繼領其職中統三年春李璮叛詔懷都從親王哈必赤討之圍璮濟南夏四月璮夜出兵四面衝突求出懷都直前奮擊斬百餘級俘二百餘人奪兵仗數百璮退走入城懷都晝夜勒兵與戰秋七月破濟南誅璮哈必赤第其功居最詔賜金虎符領蒙古漢軍攻海州署淮南廬州至元三年充邳州監戰萬戶四年領山東路統軍司從主帥南征至襄陽西渡漢江宋遣水軍絕歸路懷都選士卒浮水殺宋軍奪戰艦二十餘艘斬首千餘級六年軍次淮南天長至五河口與宋兵戰敗之七年詔守鹿門山白河口一字城九年春懷都請攻樊之古城堡堡高七層懷都夜勒士卒親冒矢石攻奪之斬宋將韓撥發擒蔡路鈴襄陽既降帥師屯蔡息出巡淮安還城正陽略地安豐獲生口無筭十一年夏宋將夏貴來攻正陽懷都領步卒薄淮西岸至横河口逆戰退之九月略地安慶十二年北渡至栅江堡值宋軍三千餘懷都與戰敗之復南渡江駐兵鎮江諜報宋平江軍出常州懷都領兵千人至無錫與宋兵遇大戰殲其衆秋七月行省檄懷都領軍護焦山江岸仍往揚州灣頭立木城以兵守之九月權樞密院事復守鎮江宋殿帥張彥安撫劉師勇攻呂城懷都與萬戶忽剌出帖木兒追戰至常州奪舟百餘艘擒張殿帥范總管冬十月從右丞阿塔海攻常州宋朱都統自蘇州赴援懷都提兵至横林店與之遇奮擊大破之十一月取蘇州徇秀州仍撫治臨安遂東新附軍民十三年秋同元帥撒里蠻帖木兒張弘範徇溫州福建所至州郡迎降十四年授鎮國上將軍浙東宣慰使討台慶叛者戰于黃奢嶺又戰于溫州白塔屯寨轉戰至于漳泉興化平之十六年召至闕下賜玉帶弓矢授行省叅知政事至處州以疾卒子八忽台兒官至通奉大夫浙東道宣慰使都元帥平浙東建寧盜賊數有功不花子忽都荅兒既長分襲蒙古軍千戶從平宋有功授浙西招討使改邳州萬戶後加榮祿大夫平章政事卒

亦黑迷失

亦黑迷失畏吾兒人也至元二年入備宿衛九年奉世祖命使海外八羅孛國十一年偕其國人以珍寶奉表來朝帝嘉之賜金虎符十二年再使其國與其國師以名藥來獻賞賜甚厚十四年授兵部侍郎十八年拜荆湖占城等處行中書叅知政事招諭占城二十一年召還復命使海外僧迦剌國觀佛鉢舍利賜以玉帶衣服鞍轡二十二年自海上還以叅知政事管領鎮南王府事復賜玉帶與平章阿里海牙右丞唆都征占城戰失利唆都死焉亦黑迷失言於鎮南王請屯兵大浪湖觀釁而後動王以聞詔從之竟全軍而歸二十四年使馬八兒國取佛鉢舍利浮海阻風行一年乃至得其良醫

善藥遂與其國人來貢方物又以私錢購紫檀木殿材并獻之嘗侍帝於浴室問曰汝踰海者凡幾對曰臣四踰海矣帝憫其勞又賜玉帶改資德大夫遙授江淮行尚書省左丞行泉府太卿二十九年召入朝盡獻其所有珍異之物時方議征瓜哇立福建行省亦黑迷失與史弼高興並爲平章詔軍事付弼海道事付亦黑迷失仍諭之曰汝等至瓜哇當遣使來報汝等留彼其餘小國卽當自服可遣招徠之彼若納欵皆汝等之力也軍次占城先遣郝成劉淵諭降南巫里速木都剌不魯不都八剌剌諸小國三十年攻葛郎國降其主合只葛當又遣鄭珪招諭木由來諸小國皆遣其子弟來降瓜哇主婿土罕必闍耶旣降歸國復叛事並見弼傳諸將議班師亦黑迷失欲如帝旨先遣使入奏弼與興不從遂引兵還以所俘及諸小國降人入見帝畀其與弼縱土罕必闍耶沒家貲三之一尋復還之以榮祿大夫平章政事爲集賢院使兼會同館事告老家居仁宗念其屢使絕域詔封吳國公卒

拜降

拜降北庭人父忽都武勇過人由宿衞爲南宿州鎭將分守开縣後從世祖南征年幾七十每率先士卒冒矢石身被數十瘡戰功居多徙居大名路濬豐縣卒贈廣平路總管封漁陽郡侯忽都卒時拜降生甫數月母徐氏鞠育教海甚至每曰吾惟一子已童丱矣不可使不知學顧縣僻左無良師友遂遣從師大名城中郡守每旦望入學見拜降容止講解大異擧兒甚愛獎之比弱冠美髭髯儀表甚偉丞相阿朮南攻襄陽江陵諸郡以偏裨隸麾下軍行至安陽灘與宋軍遇宋騎直前突陣陣爲却拜降卽躍馬出陣前引弓連斃數人宋騎稍却復率衆戰良久宋師大潰至元五年圍襄樊戰有功十一年從阿朮渡江水陸遇敵嘗先登陷陣勇冠一軍宋平以功授江浙省理問官時事方草創省臣有所建白及事有不可便宜自決須奏聞者以拜降善敷奏數令馳驛往奏于朝及引見世祖遙識之喜曰黥髯使臣復來耶其見器重如此二十七年遷江西行尚書省都鎭撫適猺獠擾邊拜降從丞相忙兀台討定之二十九年遷慶元路治中歲大饑狀累上行省不報拜降曰民饑如是而不賑之豈爲民父母意耶卽躬詣行省力請得發粟四萬石民賴全活元貞間兩浙鹽運司同知范某陰賊爲姦州縣吏以賂咸聽驅役由是數侵暴細民民有珍貨腴田必奪爲已有不與則朋結無賴妄訟以羅織之無不蕩破家業者兇儻鑠人人咸側目里人欲殺之不果顧被誣訴逮繫者亡慮數十人俱死獄中蘭溪州民葉一王十四有美田宅范欲奪之不可因誣以事繫獄十年不決事聞于省省下理問所推鞫之適拜降至官究遂得直置范于刑而七人者先瘐死矣惟葉一王十四得釋時論多焉大德元年遷浙東廉訪副使令行禁止豪强懾伏同寅有貪穢者拜降抗章劾之于臺遂免其官後轉工部侍郎賜侍燕服一襲陞工部尚書有能聲至大二年仁宗奉皇太后避暑五臺拜降供給道路無有闕遺恩賚尤渥比至都改資國院使母徐氏卒遂奔喪于杭時酒禁方嚴帝特命以酒十甖官給傳致墓所以備奠禮初徐氏盛年守節敎子甚嚴比拜降貴事上于朝特旌其門及老見拜降歷官有聲譽喜曰有子如是吾死可瞑目矣拜降居喪盡禮未及起復延祐二年卒于家贈資政大夫江浙左丞謚貞惠

元史卷一百三十一考證

忙兀台傳忙兀台○一作忙古歹

元史卷一百三十二

明翰林學士亞中大夫知制誥兼修國史宋　濂等修

列傳第十九

杭忽思

杭忽思阿速氏主阿速國太宗兵至其境杭忽思率衆來降賜名拔都兒錫以金符命領其土民尋奉旨選阿速軍千人及其長子阿塔赤扈駕親征旣還阿塔赤入直宿衞杭忽思還國道遇敵人戰歿敕其妻外麻思領兵守其國外麻思躬擐甲冑平叛亂後以次子按法普代之阿塔赤從憲宗征西川軍于釣魚山與宋兵戰有功帝親飲以酒賞以白金阿里不哥叛從也里可征之至寧夏與阿藍荅兒渾都海戰率先赴敵矢中其腹不懼世祖聞而嘉之賞以白金召入宿衞中統二年扈駕親征阿里不哥追至失木里禿之地以功復賞白金三年從征李璮平之至元五年奉旨同不荅台領兵南征攻破金剛臺六年從攻安慶府戰有功七年從下五河口十一年從下松江諸郡戍鎭巢民不堪命宋降將洪福以計乘醉而殺之世祖憫其死賜其家白金五百兩鈔三千五百貫併鎭巢降民一千五百三十九戶且命其子伯荅兒襲千戶佩金符時失烈吉叛詔伯荅兒領阿速軍一千往征之與襲吉剌只兒瓦台軍戰于押里復與藥木忽兒軍戰于禿剌及斡魯歡之地十五年春至伯牙之地與赤怜軍合戰五月駐兵阿剌牙與外剌台寬赤哥思等軍合戰其大將塔思不花樹木爲柵積石爲城以拒大軍伯荅兒督勇士先登拔之伯荅兒矢中右股別里吉迷失以其功聞賞白金二十年授虎符定遠大將軍後衞親軍都指揮使兼領阿速軍充阿速拔都達魯花赤二十二年征別失八里軍于亦里渾察罕兒之地與禿呵不早麻軍戰有功二十六年征抗海敵勢甚盛大軍乏食其母乃咬眞輸己帑及畜牧等給軍食世祖聞而嘉之賜予甚厚大德四年伯荅兒卒長子斡羅思由宿衞仕至隆鎭衞都指揮使次子福定襲職官懷遠大將軍尋改右阿速衞達魯花赤兼管後衞軍至大四年兒都丹充右阿速衞都指揮使福定復職後衞陞樞密同僉命領軍一千守遷民鎭尋授定遠大將軍僉樞密院事後衞親軍都指揮使提調右衞阿速達魯花赤二年進資善大夫同知樞密院事後至元間進知樞密院事

步魯合荅

步魯合荅蒙古弘吉剌氏祖按主奴太宗時率蒙古軍千人從諸王察合台征河西至山丹攻下定會階文諸州以功爲元帥佩金符駐軍漢陽禮店戍守西和階文南界及西蕃邊境換金虎符眞除元帥父車里襲職從都元帥紐璘攻成都宋將劉整以重兵守雲頂山車里擊敗之進圍其城整遣裨校出戰敗走追至簡州斬之殺三百餘人遂拔其城攻重慶車里將兵千人爲先鋒渡馬湖江敗宋兵于馬老山俘獲百餘人戊午諸軍還屯灰山宋兵夜來刼營車里擊敗之斬首三百級世祖卽位賜金符爲奧魯元帥又改征行元帥至元二年車里以老疾不任事諸王阿只吉命步魯合荅代領其軍至元八年制授管軍千戶佩金符宋將昝萬壽攻成都僉省嚴忠範遣步魯合荅將兵七百人禦之于沙坎流矢中右頰拔矢戰愈力大敗其軍十一年行院汪田哥以兵圍嘉定步魯合荅卽率其衆攻九頂山破之嘉定降進攻重慶宋軍突圍出走銅鑼峽行院忽敦遣步魯合荅追之至廣羊壩斬首二百級瀘州叛還軍討之步魯合荅以所部兵攻寳子寨歲餘不下乃造雲梯先登急擊遂破之殺虜殆盡十六年取重慶以功遷武略將軍征行元帥二十一年命統蒙古探馬赤軍千人從征金齒蠻平之都元帥蒙古歹征羅必甸步魯合荅率游兵先行江水暴溢率衆泅水而渡去城三百步而營居七日諸軍會城下乃進攻之步魯合荅先登拔其城遂屠之又從征八百媳婦國至車厘車厘者其酋長所居也諸王闊闊命步魯合荅將游騎三百往招之降不聽進兵攻之都鎭撫侯正死焉步魯合荅毀其北門木遂入其寨其地悉平賜金虎符授懷遠大將軍雲南萬戶府達魯花赤卒子忙古不花襲管軍千戶初按主奴三子長車里次黑子次帖木兒黑子別賜金符爲奧魯元帥兼文州吐蕃達魯花赤卒其子那懷幼以帖木兒攝其官那懷長解職授之遂改授帖木兒鹽路拔都萬戶後移鎭重慶卒

玉哇失

玉哇失阿速人父也烈拔都兒從其國主來歸太宗命充宿衞歲戊午從憲宗征蜀爲游兵前行至重慶戰數有功嘗出獵遇虎於臨下馬搏虎虎張吻欲噬之以手探虎口抉其舌拔所佩刀刺而殺之帝壯其勇賞黃金五十兩別立阿速一軍使領其衆從世祖征阿里不哥又從親王哈必失征李璮俱有功賜金符授本軍千戶從下襄陽又從下沿江諸城宋洪安撫旣降復叛誘其入城宴乘醉殺之長子也速歹兒代領其軍從攻揚州中流矢卒玉哇失襲父職爲阿速軍千戶從丞相伯顏平宋賜巢縣二千五十二戶只兒瓦歹叛率所部兵擊之至懷魯哈都擒其將失剌察兒斬于軍其衆悉平諸王和林及失剌等叛從皇子北安王討之至斡耳罕河無舟躍馬涉流而渡俘獲甚衆時北安王方戰失利陷敵陣中玉哇失從諸王藥木忽兒追至金山王乃得脫歸賞白金五十兩鈔二千五百貫改賜金虎符進定遠大將軍前衞親軍都指揮使諸王乃顏叛世祖親征玉哇失爲前鋒乃顏遣哈丹領兵萬人來拒擊敗之追至不里古都伯塔哈之地乃顏兵號十萬玉哇失陷陣力戰又敗之追至失列門林遂擒乃顏帝嘉其功賜金帶只孫錢幣甚厚乃顏餘黨塔不歹金家奴聚兵滅捏該從大軍討平之旣而哈丹復叛於曲連江追擊其軍渡河而遁又與海都將八憐帖里哥歹必里察等戰於亦必兒失必兒之地戰屢捷成宗時在潛邸帝以海都連年犯邊命出鎭金山玉哇失率所部在行從皇子闊闊出丞相朶兒朶懷擊海都軍突陣而入大破之復從諸王藥木忽兒丞相朶兒朶懷擊海都將八憐八憐敗海都復以禿苦馬領精兵三萬人直趨撒剌思河欲據險以襲我師玉哇失率善射者三百人守其隘注矢以射

竟全軍而歸帝嘉之賜鈔萬五千緡金織段三十匹海都朶哇以兵來襲擊走之武宗鎮北邊海都復入寇至兀兒秃玉哇失敗之獲其駝馬器仗以獻時扎魯花赤孛羅帖木兒所將兵爲海都困於小谷帝命玉哇失援出之帝喜謂諸將曰今日大丈夫之事舍王哇失其誰能之繼以黃金包其身猶未足以厭朕志武宗南還命玉哇失後從敵懼莫敢近因留之戍邊賜以金察剌二玉束帶渾金段各一仍賜秫米七十石使爲酒以犒其軍後海都子察八兒等遣人詣闕請和朝廷許之遂撤邊備玉哇失乃還帝錄其功賜鈔五萬貫進鎮國上將軍仍舊職大德十年五月晝寢于衞舍不疾而卒子亦乞里歹襲亦乞里歹卒子拜住襲

麥里

麥里徹兀臺氏祖雪里堅那顏從太祖與王罕戰同飲班眞河水以功授千戶領徹里臺部征討諸國卒于河西父麥吉襲職從太宗定中原以疾卒麥里襲職從定宗畧定欽察阿速斡魯思諸國從憲宗伐宋有功世祖卽位諸王霍忽叛掠河西諸城麥里以爲帝初卽位而王爲首亂此不可長與其弟桑忽荅兒率所部擊之一月八戰奪其所掠扎剌亦兒脫脫憐諸部民以還已而桑忽荅兒爲霍忽所殺帝聞而憐之遣使者以銀鈔羊馬迎致麥里賜號曰荅剌罕尋卒子禿忽魯

探馬赤

探馬赤禿立不帶人從諸王沒赤征蜀役以兵從塔海紺卜火魯赤紐璘諸大帥歲戊午紐璘攻涪州還至馬湖江宋兵連艦絕江不得進探馬赤率精兵二千擊之奪其舟以濟又於橫江嘉定宣化三縣造浮橋以達成都紐璘以爲能命將千人從萬戶昔力荅畧地碉門黎雅土蕃昔力荅死行院帖赤以探馬赤爲萬戶領其軍中統四年授蒙古漢軍萬戶至元九年從行省也速帶兒征建都獨以銳卒千五百人與建都兵戰于梅子嶺大敗之夜馳與速哥會直擣其營斬首數十級生擒百餘人獲其輜重以歸復益兵三千人與左丞曲立吉思乘勝進擊建都勢蹙請降又從行院汪田哥忽敦等攻嘉定重慶瀘敘諸州以功兼崇慶府達魯花赤十九年卒子拜延襲蒙古軍萬戶戍甘州

拔都兒

拔都兒阿速氏世居上都宜興憲宗在潛邸與兄兀作兒不罕及馬塔兒沙帥衆來歸馬塔兒沙從憲宗征麥各思城爲前鋒將身中二矢奮戰拔其城又從征蜀至釣魚山歿于軍拔都兒從征李璮圍濟南身二十餘戰世祖嘉其能賞納失思段九命領阿速軍一千常居左右尋於阿塔赤內充怯薛百戶後從塔不合南征與敵軍戰于金剛臺又以功受賞師還言於帝曰臣願從軍爲國效死世祖留之仍命充孛可孫兼領阿速軍御馬必令鞬引至元二十三年授廣威將軍後衞親軍副都指揮使賜虎符明年夏從征乃顏于亦迷河擒僉家奴塔不台以歸賞鈔及衣段加定遠大將軍大德元年卒子別吉連襲至大四年河東陝西鞏昌延安燕南河北遼陽河南山東諸翼衞探馬赤爭草地訟者二百餘起命往究之悉正其罪積官懷遠大將軍致和元年從丞相燕鐵木兒擒倒剌沙黨烏伯都剌等領諸衞軍守居庸關及諸要害地天歷元年十月王禪兵掩至羊頭山攻破隘口勢甚張別吉連從丞相擁衆奮擊之突入其軍王禪敗走文宗賜御衣二襲三珠虎符及弓矢甲冑金帛等物以旌其功尋以疾辭子也連的襲

昂吉兒

昂吉兒張掖人姓野蒲氏世爲西夏將家歲辛巳父甘卜率所部歸太祖以其軍隸蒙古軍籍仍以甘卜爲千戶主之從木華黎出征病卒昂吉兒領其父軍從征諸國有功至元六年授本軍千戶佩金符俄畧地淮南所向無前時國兵初南塞馬當暑往往疥癘昂吉兒以所部馬入太行療之所病良已由是軍中馬病者率以屬焉歲療馬以萬數宋輸糧金剛臺意將深入昂吉兒將兵馳往斷其輸道因上言河南邊郡與宋對境宋兵時爲邊患唐州東南皆大山信陽在蔡州南南直九里武陽平靖五水等關宋兵必經諸關以入信陽實其咽喉守禦莫急焉往年金亡朝廷得壽泗襄郢而不留兵守卒使宋得之請城信陽以扼宋得旨令率河西軍一千三百人城之城成九年加明威將軍信陽軍萬戶佩虎符分木華黎及阿朮所將河西兵俾將之加懷遠大將軍丞相伯顏渡江留阿朮定淮南東道其西道則屬之昂吉兒駐兵和州宋淮西制置夏貴遣侯都統將兵四萬來攻有謀內應者悉誅之潛兵出千秋澗塞其歸路因出城奮擊大敗之獲人馬千計鎮巢軍降阿速軍戍之人不堪其橫都統洪福盡殺戍者以叛昂吉兒攻拔其城擒福及董統制譚正將遂攻廬州夏貴使人來言曰公毋吾攻爲也吾主降吾卽降矣宋亡貴舉所部納欵昂吉兒入廬州民按堵無所犯遷鎮國上將軍淮西宣慰使宋丞相文天祥復起兵海道舒民張德興應之襲破興國德安諸郡還據司空山詔昂吉兒攻之一戰而定殺張德興執其三子以獻江左初平官制草創權臣阿合馬納賂鬻爵江南官僚冗濫爲甚郡守而下佩金符者多至三四人由行省官舉薦起授宣慰使者甚衆民不堪命昂吉兒入朝具爲帝言之且枚舉不循資歷而驟陞者數人帝驚曰有是哉因謂姚樞等曰此卿輩所知而不爲朕言昂吉兒顧言之邪卽命偕平章哈伯左丞崔斌翰林承旨和魯火孫符寶奉御董文忠減汰之選曹以清仍詔諭江淮軍民俾通知之時兩淮兵革之餘荆榛蔽野昂吉兒請立屯田以給軍餉帝從之既而阿塔海言屯田所用人牛農具甚衆今方有事日本若復調發民兵將不勝動搖矣議遂寢未幾宣慰使燕楠復以爲言帝乃遣數千人卽芍陂洪澤試之果如昂吉兒所言乃以二萬兵屯之歲得米數十萬斛加輔國上將軍河南行省參知政事淮西宣慰使都元帥進驃騎衞上將軍行中書省左丞加龍虎衞上將軍行尚書省右丞兩官皆兼淮西使帥日本不庭帝命阿塔海等領卒十萬征之昂吉兒上疏其畧曰臣聞兵以氣爲主而上下同欲者勝比者連事外夷三軍屢衂不一以言氣海內騷然一遇調發上下愁怨非所謂同欲也請罷兵息民不從既而師果無功昂吉兒屢爲直言雖帝怒甚其辭不少屈臺臣慮昂吉兒難制以牙以迷失不畏强禦奏爲本道按察使以察之牙以迷失時捃摭昂吉兒細故以聞及廷辨帝察其無他輒遷其官後竟以微過罪之元貞元年卒子五人其顯者曰昂阿禿廬州蒙古漢軍萬戶府達魯花赤曰晤普海北海南道肅政廉訪使孫教化的世襲千戶

哈剌䚟

哈剌䚟哈魯氏初從軍攻襄樊蒙古四萬戶府辟爲水軍鎮撫至元十二年從丞相伯顏渡江改管軍百戶賞甲冑銀鞘刀十二年秋從丞相阿朮與宋兵戰焦山敗之獲海舟二阿朮與王世强招討造白鷂海船百艘就四十一萬戶翼摘遣漢軍三千五百新附軍一千五百俾哈剌䚟王世强并統之攻宋江陰許浦金山上海崇明金浦皆下之獲海船三百餘艘遂戍澉浦海口十三年春行省檄充沿海招討副使宋將張世傑舟師至慶元朐山東門海界哈剌䚟追之獲船四艘上其功行省增撥軍七百并舊所領士卒守定海港口秋七月宋昌國州朐山秀山戍兵舟師千餘艘攻奪定海港口哈剌䚟迎擊虜其裨將井海船三艘八月宋兵復攻定海港口哈剌䚟擊退之行省檄充蒙古漢軍招討使十月哈剌䚟引兵至溫州青嶼門遇宋兵奪船五艘遣使諭溫州守臣家之柄以城降十一月至福州奪宋海船二十艘擒毛監丞等十四年賜金符宣武將軍沿海招討副使行省檄充沿海經畧副使俾與劉萬戶行元帥府事於慶元鎮守沿海上下南至福建北趾許浦六月行省檄充沿海經畧使兼左副都元帥督造海船千艘八月有旨江西省右丞塔出等進兵攻廣南哈剌䚟以兵從十月進昭勇大將軍沿海招討使時宋處州兵復溫州哈剌䚟率兵復取之進至潮陽縣宋都統陳懿等兄弟五人以畲兵七千人降塔出兵攻廣州踰月未下哈剌䚟引兵繼至諭宋安撫張鎮孫侍郎譚應斗以城降從攻張世傑于大洋獲其軍資器械不可勝計諭南恩州宋閤門宣贊舍人梁國傑以畲軍萬人降十五年還軍慶元秋八月入覲帝問曰汝何氏族對曰臣哈魯人賜金織文衣鞍勒擢昭武大將軍沿海左副都元帥慶元路總管府達魯花赤將所部軍戍海口十六年日本商船四艘篙師二千餘人至慶元港口哈剌䚟謀知其無他言于行省與交易而遣之海賊賀文達顧潤等寇掠海島哈剌䚟諭降之得舟六十餘艘十八年擢輔國上將軍都元帥從國兵征日本值颶風舟回明年二月還戍慶元二十二年罷都元帥改沿海上萬戶府達魯花赤二十四年入朝帝問日本事宜哈剌䚟應對甚悉令還戍海道授浙東宣慰使賜金織文段玉束帶鞍勒弓矢有差二十五年樞密以水軍乏帥奏兼前職冬徵入見明年拜金吾衞上將軍中書左丞行浙東道宣慰使領軍職如故大德五年徵入見擢資德大夫雲南行省右丞偕劉深征八百媳婦國至順元年宋龍濟等叛喪師而還深誅哈剌䚟亦以罪廢十一年以疾卒于汝州皇慶元年贈榮祿大夫平章政事鞏國公謚武惠子哈剌不花襲沿海萬戶府達魯花赤

沙全

沙全哈剌魯氏父沙的世居沙漠從太祖平金戍河南柳泉家焉全初名杪兒赤甫五歲爲宋軍所虜年十八留劉整幕下宋人以其父名沙的使以沙爲姓而名曰全全久居宋險固備知之中統二年整以瀘州來歸全與之同行宋軍追之全力戰得脫授管軍百戶至元三年整出兵雲頂山與宋將夏貴兵遇全擊殺甚衆五年命整領都元帥事出師圍襄樊以全爲鎮撫整遣全率軍攻仙人山陳家洞諸寨破之陞千戶賜銀符敗宋將

張貴拔樊城與劉整軍會修正陽城引兵渡淮與宋將陳安撫戰敗之十二年從丞相阿术與宋將張世傑孫虎臣大戰于焦山水陸並進宋人不能支盡棄鼓旗走獲其將士三十三人從攻常州克之乘勝下沿海諸城至華亭戒士卒毋殺掠遂傾城出降以功授華亭軍民達魯花赤時民心未定有未附鹽徒聚衆數萬掠華亭全擊破之籍其名得六千人請于行省遣屯田于淮之芍陂行省以邑人新附時有叛側委萬戶忽都忽等體察欲屠其城全言鹽卒多非其土人若屠之枉死者衆以死保其不叛遂止賜金符加武略將軍兼領鹽場職如舊尋陞華亭爲府以全爲達魯花赤賜虎符時盜賊蠭起其最盛者有衆數千人全悉招來之境內得安改松江萬戶府達魯花赤始專領軍政二十二年召見遷隆興萬戶府達魯花赤得請復舊名曰杪兒赤未幾帝以爲松江瀕海重地復命鎭之賜三珠虎符卒于官

帖木兒不花

帖木兒不花荅荅里帶人父帖赤歲乙未同都元帥塔海紺卜將兵入蜀并將蒙古也可明安和少馬頓及砲手諸軍攻下興元利劍成都諸郡所降宋將小王大尉之衆悉隸麾下中統二年賜虎符授西川便宜都元帥俄進行樞密院率諸軍略定西川未下郡邑至元元年遷益都等路統軍使死軍中帖木兒不花中統初入備宿衞至元七年授虎符代張馬哥爲淄萊水軍萬戶將其衆赴襄陽與宋將范文虎戰于灌子灘手殺四十餘人奪其戰艦追至雲勝洲大敗之行省上其功賜白金五十兩衣一襲鞍轡一副九年授益都新軍萬戶十一年改益都淄萊新軍萬戶從丞相伯顏伐宋敗其大將夏貴於陽羅堡大軍渡江論其功最多賜白金五百兩又從下鄂蘄黃江建康常秀蘇杭諸郡累加昭武大將軍從參知政事阿剌罕略定紹興溫台福建諸郡授台州路總管府達魯花赤遷廣東宣慰使十六年加都元帥追宋將張世傑於香山島世傑死降其衆數千人廣東諸郡及海島盡平領諸降臣及將校之有功者入見於大安閣命大府監視其身製銀鼠裘成親賜予之授中書左丞行省江西其餘爵賞有差二十五年拜四川等處行尚書省平章政事兼總軍務改行中書省平章政事其兄帖木兒斡初以蒙古軍千戶從伐蜀有功行樞密院承制授萬戶并將列別术塔海帖木兒也速帶兒匣剌撒兒四千戶軍從大軍攻重慶重慶降收其衆狗下流諸城留鎭夔門兼本路安撫司達魯花赤進懷遠大將軍蒙古軍萬戶遷定遠大將軍兼嘉定守鎭萬戶本路總管府達魯花赤尋陞鎭國上將軍諸蠻夷部宣慰使加都元帥亦奚不薛蠻畔與岳剌海會雲南兵討平之改征緬都元帥死于軍子忽都荅兒嗣

元史卷一百三十二考證

杭忽思傳○臣祖庚按後阿塔赤傳作昂和思又阿塔赤事實已備載是傳而一百三十五卷又復立傳顯屬重出

元史卷一百三十三

明翰林學士亞中大夫知制誥兼修國史宋　濂等修

列傳第二十

塔出

塔出蒙古札剌兒氏父札剌台歷事太祖憲宗歲甲寅奉旨伐高麗命桑古忽剌出諸王並聽節制其年破高麗連城舉國遁入海島已未正月高麗計窮遂內附札剌台之功居多塔出以勳臣子至元十七年授昭勇大將軍東京路總管府達魯花赤十八年召見賜鈔六十錠旌其廉勤陞昭毅大將軍開元等路宣慰使改遼東宣慰使二十二年入覲帝慰勞久之且問曰太祖命爾父札剌台聖旨爾能記否塔出應對周旋不踰禮節帝嘉之賜以玉帶弓矢拜龍虎衞上將軍東京等路行中書省右丞復授遼東道宣慰使塔出探知乃顏謀叛遣人馳驛上聞有旨命領軍一萬與皇子愛也赤同力備禦女直水達達官民與乃顏連結塔出遂棄妻子與麾下十二騎直抵建州距咸平千五百里與乃顏黨太撒拔都兒等合戰兩中流矢繼知其黨帖哥抄兒赤等欲襲皇子愛也赤以數十人退戰千餘人扈從皇子渡遼水乃顏軍來襲塔出轉鬬而前射其酋帖古歹中其口鏃出于項墮馬死追兵入退遂軍懿州州老幼千餘人焚香羅拜道傍泣曰非宣慰公吾屬無遺種矣塔出曰今日之事上賴皇帝洪福下賴將士之力吾何功焉至遼西鼈山北小龍泊得叛酋史禿林台盧全等納欵書期而不至塔出卽遣將討擒之又獲其黨王賽哥復與曲迭兒大王等戰破之將士欲俘掠塔出一切禁止與僉院漢爪監司脫脫台追乃顏餘黨北至金山戰捷帝嘉其功召賜黃金珠璣錦衣弓矢鞍勒二十八年賜明珠虎符充蒙古軍萬戶是歲復領軍討哈丹于女直還攻建州逐阿海投江死明年哈丹涉海南襲高麗塔出復進兵討之入朝世祖嘉其功眷遇彌渥復賜珍珠上服拜榮祿大夫遼陽等處行中書省平章政事兼蒙古軍萬戶卒子位子荅蘭帖木兒中奉大夫遼陽省參知政事

拜延

拜延河西人父火奪都以質子從太祖征河西太祖立質子軍號禿魯花遂以火奪都爲禿魯花軍百戶太宗朝都元帥紐璘承制以爲千戶從征西川忽都叛于臨洮世祖命火奪都等以蒙古漢軍從大軍往討之火奪都卒拜延襲至元九年制授征行千戶佩金符十年宋師侵成都四川僉省嚴忠範遣拜延迎擊大敗之又從行省也速帶兒攻嘉定從行院忽敦取瀘敘攻重慶數有戰功十二年行院承制以爲東西兩川蒙古漢軍萬戶總帥汪田哥用兵忠州命拜延將兵二千往涪州策應之宋人伺知田哥回以舟師順流而下邀于淸江拜延引兵馳赴擒其部將李春等十七人取其軍資焚其戰艦十三年瀘州復叛行院遣拜延領兵趨瀘之珍珠堡敗其將王世昌俘掠其民人孳畜移兵戍暗溪砦宋合州兵來援拜延生擒百餘人戮之遂克瀘州行院副使卜花進兵圍重慶遣拜延將兵游擊獲大艮平李立所遣諜者四人重慶降制授宣武將軍蒙古漢軍總管十九年從總帥汪田哥入見陞懷遠大將軍管軍萬戶改賜金虎符卒子荅察兒嗣授明威將軍興元金州萬戶府達魯花赤

也罕的斤

也罕的斤匣剌魯人祖匣荅兒密立以斡思堅國哈剌魯軍三千來歸於太祖又獻羊牛馬以萬計以千戶從征回回諸國又從睿宗及折別兒諭降河西諸城後從攻臨洮死焉父密立火者從太宗滅金又從憲宗攻蜀爲萬戶府達魯花赤歿于軍中統二年也罕的斤爲千戶數有戰功下五花石城白馬等砦至元七年宋兵入成都也罕的斤以兵四百人與之相拒四日宋兵退追擊于眉州大破之授蒙古匣剌魯河西漢軍萬戶戍眉州從圍嘉定築候遠砦以守其要害宋兵出戰輒敗十二年入朝賜對衣玉束帶白金百兩加昭勇大將軍上萬戶益兵萬人會圍重慶盡督馬湖江兩岸水陸軍馬十四年從圍瀘州攻神臂門先登拔之從行樞密副使卜花攻重慶屯佛圖關屢戰有功移屯堡子頭宋守將趙安開門降重慶旣平復將其衆畧地思州得降將百餘人加昭毅大將軍帝以西川新附選能鎭撫之者授嘉定軍民西川諸蠻夷部宣撫司達魯花赤增戶萬餘進奉國上將軍四川宣慰使都元帥十七年征斡端拜雲南行省參知政事二十一年與右丞大卜諸王相吾荅兒分道征緬造舟于阿昔阿禾兩江得二百艘進攻江頭城拔之獲其銳卒萬人命都元帥來世安守之且圖其地形勢遣使詣闕具陳所以攻守之方先是旣破江頭城遣黑的兒楊林等諭緬使降不報而諸叛蠻據建都大公城以拒大軍復遣僧諭以禍福反爲所害遂督其軍水陸並進擊破之建都金齒等十二城皆降命都元帥合帶萬戶不都蠻等以兵五千戍之二十八年改四川行樞密副使卒子二人火你赤的斤雲南都元帥也連沙襲蒙古軍萬戶

葉僊鼐

葉僊鼐畏吾人父土堅海牙以才武從太祖太宗平金及西夏俱有功僊鼐幼事世祖于潛藩從征土蕃雲南常爲前驅歲已未伐宋至鄂州先登奪其外城中統元年從征阿里不哥與其黨遇大呼馳擊之其衆駭潰賞白金貂裘明年討李璮以功賞白金五百兩授西道都元帥金虎符土蕃宣慰使僊鼐素熟夷情隨地阨塞設屯鎭撫之恩威兼著頑獷皆悅服賜金幣鈔及玉束帶爲宣慰使歷二十四年遷雲南行省平章政事尋改江西行省平章政事巨盜鍾明亭積年爲害僊鼐討擒之至元三十一年成宗卽位召還賜玉帶改陝西行省平章政事謝事歸隴右十年卒贈協恭保節功臣太保儀同三司上柱國鞏國公謚敏忠子完澤太子詹事進金紫光祿大夫中書平章政事

脫力世官

脫力世官畏吾人也祖八思忽都探花愛忽赤國初領畏吾阿剌溫滅乞里八思四部以兵從攻四川歿于軍父帖哥朮探花愛忽赤憲宗命長渴密里及曲先諸宗藩之地渾都海阿藍荅兒叛執帖哥朮械繫之帖哥朮破械脫走入覲世祖賜金符襲父職命率所部兵就征之以功賜衣服弓矢鞍勒又命從諸王奧魯赤討建都平之陞昭勇大將軍羅羅斯副都元帥同知宣慰司事至西蕃境上蕃酋必剌充遮道不得進帖哥朮戰却之道遂通事聞賜金虎符賞白金及衣二襲卒于官脫力世官襲職爲武德將軍羅羅斯副都元帥同知宣慰司事其所部有產金戶叛服不常脫力世官往討平之定昌路總管谷納叛與其千戶阿夷謀率衆渡不思魯河脫力世官引兵戰擒阿夷殺之德平路落來民又叛脫

力世官又討平之亦奚不薛地未附民多立寨依險自保詔雲南行省調羅羅斯蒙古軍四百人羅羅章六百人屬脫力世官從左丞愛魯往討之脫力世官先至拔其寨愛魯命率兵攻羅羽抵落穿奪其關獲馬牛羊以給士卒又命與萬戶兀都蠻攻怯兒地其酋長阿失據山寨不下脫力世官先登破之愛魯遂命脫力世官總左手四翼兵討平亦奚不薛又有蠻子童者立寨于納土原山行省復命脫力世官以蒙古爨僰軍與行省參政阿合八失攻之子童窮蹙遂降進兼管軍副萬戶蠻細狗折與等及威龍州判官阿遮皆憑險爲亂脫力世官夜入據其寨賊散走遣兵搜山谷獲阿遮于深菁斬之籍其民五百餘戶爲農脫力世官入覲授三珠虎符加懷遠大將軍羅羅斯宣慰使兼管軍萬戶既還治括戶口立賦稅以給屯戍昌州蘇你巴翠等作亂脫力世官以雲南王命討降之從其衆于昌州平川鎮守千戶任世祿以所部二千人乘間道去屯威龍州脫力世官先據其要路阨之世祿降未幾入覲卒于京師子唆南班由宿衛襲職佩三珠金虎符官至鎮國上將軍

忽剌出

忽剌出蒙古氏曾祖阿察兒事太祖爲博兒赤祖赤脫兒從太宗征欽察康里回回等國有功爲涿州達魯花赤卒伯父哈蘭术襲職佩金符以功陞遷益都路蒙古萬戶歿于軍忽剌出襲哈蘭术職初授昭勇大將軍至元十二年攻宋六安軍行省命領諸軍戰艦遇宋軍敗之有旨褒賞軍次安慶忽剌出及參政董文炳領山東諸軍與宋孫虎臣等戰于丁家洲大敗之俘其將校三十七軍五千船四十艘于朱金沙又敗之七月及宋人戰于焦山江中時丞相阿术督戰忽剌出與董文炳昌矢石泝流鏖戰八十里身被數傷累創殊死戰宋張殿帥攻呂城忽剌出與萬戶懷都生擒之從下常州畧地蘇湖秀州至長橋大敗宋軍大軍至臨安伯顏命忽剌出守浙江亭及北門敗揚州軍于揚子橋又敗眞州軍追李庭芝至通州海口盡降淮東諸州江南平加昭毅大將軍尋遷湖州路達魯花赤十四年進鎮國上將軍淮東宣慰使奉旨屯守上都改嘉議大夫行臺御史中丞陞資善大夫福建行省左丞遷江淮行省除右丞拜榮祿大夫江浙行省平章政事以疾卒

重喜

重喜東呂糺氏祖塔不已兒事太宗爲招討使征信安河南授金虎符改征行萬戶卒父脫察剌襲職歲己未從南征破十字寨時重喜從行戰亦屢捷左足中流矢勇氣益倍世祖親勞之曰汝年幼能爲朕宣力如是深可嘉尚父卒重喜襲職中統三年從征李璮有功四年命領兵鎮莒州至元十二年奉旨築十字路城備守禦重喜常率兵游擊四年從抄不花征泗州時蔡千戶爲宋兵所圍重喜奮戰救之五年入覲帝嘉其功賜白金全鞍弓矢修正陽城十一年宋兵圍正陽從大軍戰敗之十二年從下漣海諸城又敗宋將李提轄遂駐兵瓜洲十三年夏六月宋都統姜才率師來攻迎戰卻之秋七月從大軍襲擊宋將李庭芝于泰州進昭勇大將軍婺州路總管府達魯花赤卒子慶孫襲

旦只兒

旦只兒蒙古荅荅帶人至元七年從征蜀敗宋兵于馬湖江斬首百餘級九年從征建都蠻十一年從攻嘉定敗宋兵於夾江又從攻下瀘敘諸州進圍重慶敗宋將張萬瀘州叛諸軍將攻瀘旦只兒先將其衆據紅米灘與宋兵戰敗之進至安樂山復敗宋軍斬首五百餘級獲戰艦四宋兵邀漕舟於安樂山擊走之遂破其石磐寨十四年春抵瀘州奪其戰艦五艘還至安樂山復與宋兵戰殺數十人從諸軍拔瀘州張萬舉兵欲向合州旦只兒以銳卒千人邀擊於龍坎斬首百餘級萬引卻賜銀符授管軍千戶從征斡端至甘州賜金符陞總管十九年從諸王合班元帥忙古帶軍至斡端與叛王元盧等戰勝之二十年諸王八巴叛以兵來攻旦只兒獨破其五百餘衆拔亡卒二千餘人以出進副萬戶還戍長寧軍宋好止寨以兵來襲旦只兒擊走之斬首百餘級生獲三十餘人二十六年賜金虎符授信武將軍平陽等路萬戶府達魯花赤卒子建都不花襲

脫歡

脫歡札剌兒台氏祖莿者父脫端爲萬戶從皇子闊出忽都禿畧汴宋睢宿等州歲癸丑鎮蔡州脫端卒子不花襲不花卒弟阿藍荅兒襲阿藍荅兒卒弟長壽襲並爲千戶守蔡長壽卒脫歡襲加武畧將軍佩金符從丞相阿术攻陽邏堡累有戰功渡江攻鄂漢諸州下之會宋軍于丁家洲脫歡突入奪戰艦數艘攻建康太平等郡下之宋都統姜才攻楊子橋堡脫歡率精兵出堡東逆之斬殺幾盡俄而宋軍復集堡北遂奮擊走追至揚州殺傷甚衆會萬戶昔里罕入朝道滁州爲宋兵所遮擊敗宋兵出昔里罕從攻揚州至泥湖遇宋軍奪三十餘艘遂進兵蘇州與宋軍戰擒柳奉使至元十三年右丞相遣脫歡援高郵軍未至二十里會宋將率兵來漕高郵粟與戰擒之有頃宋高郵都統復率二萬人至擊敗之十四年春授懷遠大將軍太平路總管府達魯花赤會只里瓦帶寇北邊帝命脫歡往討之戰左臂中流矢二帝慰勞之賜鎧甲弓矢鞍勒鈔千五伯緡十五年春從親王幹魯忽台丞相孛羅西征有功加定遠大將軍福州路總管府達魯花赤平閩盜改武昌路卒

完者拔都

完者拔都欽察氏其先彰德人以才武從軍歲己未從世祖攻鄂州登城斬馘賞銀五十兩中統三年從諸王合必赤征李璮於濟南力戰有功至元四年從萬戶木花里掠地荆南至襄陽與宋兵戰屢勝之遂爲梯登樊城焚樓櫓勇冠三軍十一年授武畧將軍彰德南充新軍千戶攻沙洋新城始授金符領丞相伯顏帳前合必赤軍渡江論功改武義將軍戰于丁家洲及楊子橋焦山破常州入臨安攻泰州新城皆預焉江南歸附入見賜號拔都兒佩金虎符遷信武將軍管軍總管高郵軍達魯花赤首以興學勸農爲務四方則之郡有虎傷人手格殺之既而高郵陞爲路進懷遠大將軍高郵路達魯花赤十六年進昭勇大將軍管軍萬戶十八年閩賊陳吊眼作亂擢鎮國上將軍福建等處征蠻都元帥賜翎根甲命往討之破其營擒吊眼至漳州斬以示衆加驃騎衛上將軍江浙等處行中書省左丞仍管軍萬戶遷浙西行中書省右丞行浙西宣慰使二十七年轉資德大夫江西等處行樞密院副使兼廣東宣慰使元貞元年入朝拜榮祿大夫江浙等處行中書省平章政事卒于官年五十九贈効忠宣力定遠功臣開府儀同三司太尉上柱國追封林國公謚武宣

失里伯

失里伯蒙古人祖怯古里禿從太祖經畧西夏有功又隸諸王术赤台領寶兒赤與金人戰歿于陣父莫剌台嗣從征阿藍荅兒亦有功世祖賜以白金五十兩失里伯世其職由樞密院斷事官爲河南行中書省斷事官至元七年佩金虎符引水軍四萬攻襄陽八年七月宋將范文虎來援失里伯敗其軍進圍樊城先登戰于鹿門與諸軍擒其將張貴十年遷昭勇大將軍爲眈羅國招討使奉旨入見上都改管軍萬戶領襄陽諸路新軍從丞相伯顏等渡江破獨松關下長興取湖州行安撫司事十四年授湖州總管進鎮國上將軍淮西道宣慰使十八年卒子塔剌赤曲靖等路宣慰使

孛蘭奚

孛蘭奚雍吉烈氏世居應昌祖忙哥以后族備太祖宿衛父律實狀貌魁偉有謀善騎射太宗嘗問以軍旅之事應對稱旨卽命爲千戶尋以爲齊王府司馬後從睿宗伐金有功詔還宿衛以疾卒孛蘭奚英邁有父風幼孤能自刻厲如成人暇日習弓馬夜則讀書其母嘗訓之曰汝父忠勇絕人天不假年汝能自立則汝父歿無憾矣孛蘭奚由是感激期以成父之志從軍有功襲父官爲齊王司馬世祖親征乃顏以齊王兵從兵始交孛蘭奚躍馬陷陳斬其旗所嚮披靡世祖遙望見壯之有頃乃顏兵遁走孛蘭奚馳歸以捷聞世祖大悅勞之曰無忝爾父矣賜黃金五十兩金織文二疋授宣威將軍信州路達魯花赤時江南初附布宣上意與民更始期年郡中大治部使者以聞帝獎嘆久之卽遣使賜以上尊俄以疾卒年三十三贈河間路達魯花赤追封范陽郡侯子脫穎溥化歷監察御史河南廉訪副使郴州路達魯花赤

怯烈

怯烈西域人世居太原由中書譯史從平章政事賽典赤經畧川陝至元十二年立雲南行省署爲幕官諸洞蠻夷酋長款附怯烈功居多十五年分省大理會緬人入寇怯烈卽以戰具資軍士討平之授行中書省左右司員外郎十八年平章納速剌丁遣詣闕敷奏邊事世祖愛其聰辨練達錫虎符拜鎮西緬麓川等路宣撫司達魯花赤兼管軍招討使成都烏蒙諸驛阻絕怯烈市馬給傳往來便之俄被召上京問以征緬事宜奏對稱旨賜幣帛及翎根甲諸王相吾荅兒右丞太卜征緬命怯烈率兵船爲鄕導拔其江頭城振旅而還復從雲南王入緬總兵三千屯鎮驃國設方畧招徠其黨由是復業者衆後入覲世祖慰勞之詢以緬國始末擢正議大夫僉緬中行中書省事佩金符頒詔于緬宣布威德緬王稽顙稱謝遣世子信合八的入貢還遷奉大夫雲南諸路行中書省參知政事進資善大夫雲南諸路行中書省左丞大德四年以疾卒

暗伯

暗伯唐兀人祖僧吉陀迎太祖于不倫荅兒哈納之地太祖嘉其效順命爲禿魯哈必闍赤兼怯里馬赤父禿兒赤襲職事憲宗累官至文州禮店元帥府達魯花赤暗伯弱冠入宿衛性嚴重剛果有大志嘗親迎于燉煌

阻兵不得歸乃客居於于闐宗王阿魯忽之所世祖遣薛徹干等使阿魯忽以通好阿魯忽留使者數年弗遣暗伯悉以己馬駝厚贐之令逃去薛徹干等得脫歸具以白世祖世祖稱嘆久之既而命元帥不花帖木兒等征于闐暗伯乘間至行營見薛徹干於帳中薛徹干曰公之忠義已上聞矣不花帖木兒遂承制命暗伯權充樞密院客省使俄有旨護送暗伯妻子來京師未幾宗王乃顏叛世祖親征暗伯在行間屢捷命爲克流速不魯合不周兀等處萬戶又諸王哈魯駙馬禿綿荅兒等叛暗伯率所部兵戰于克流速石巴禿之地身中七創所乘馬亦中二矢自旦至晡鏖戰愈力刺禿綿荅兒殺之生擒哈魯以獻世祖嘉其功命長唐兀衞兼僉樞密院事凡分立諸色五衞軍職襲替屯戍之法多所更定歷同僉副樞同知至知樞密院事以疾終于位贈推忠保節功臣資善大夫甘肅等處行中書省右丞上護軍寧夏郡公諡忠遂子阿乞剌知樞密院事亦憐真班湖廣省左丞

也速䚟兒

也速䚟兒康里人父愛伯伯牙兀太祖時率衆來歸初以五十戶從軍南征力戰而死也速䚟兒世其官從丞相伯顏經畧襄樊攻百丈山鶻子灘功居最及襄樊圍合卽被甲先登賞銀鈔百兩明年破復州殺其將以功陞百戶主帥言賞不足酧其勞世祖賜金符加爲千戶督五路招討至元十六年改金虎符管軍總管江南平錄功進懷遠大將軍管軍萬戶領江淮戰艦數百艘東征日本全軍而還有旨特賜養老一百戶衣服弓矢鞍轡有加二十二年移鎮泰州時籍民丁爲兵得萬人以也速䚟兒爲欽察親軍指揮使統之大德三年以疾卒子七人曰教化的曰黑厮襲父職以疾卒曰黑的牧馬同知曰延壽襲兄職曰拜顏領哈剌赤曰完澤帖木兒廣德路萬戶達魯花赤曰哈剌章

昔都兒

昔都兒欽察氏父禿孫隸蒙古軍籍中統二年從丞相伯顏討李璮叛以功授百戶至元十年告老以昔都兒代之十一年昔都兒從大軍南征攻取襄陽唐鄧申裕鈞許等州累功授忠顯校尉管軍總把賜銀符將其父軍十四年從諸王伯木兒追擊折兒凹台岳不思兒等於黑城哈剌火林之地平之十七年賜金符陞武畧將軍侍衞軍百戶時亡宋猶有未附城邑昔都兒言于省願自舉兵下之省從其請諸城聞風而附二十四年賜虎符進宣武將軍漢洞右江萬戶府達魯花赤是年秋七月領洞軍從鎮南王征交趾冬十月至其境駐兵萬刼左丞阿八命進兵拔其一字城射交人奪其戰艦七明年春正月大兵進逼僞興道王居與交人戰于塔兒山奮戈撞擊之右臂中毒矢流血盈掬灑血奮戰射死交人二十餘仍督諸軍乘勝繼進大敗之遂入其都城四月戰于韓村堡擒其將黃澤是夜二鼓交人突至謀刼營官軍堅壁以待敵失計詰旦鳴鼓出營交人卻追殺甚衆還營立木栅增邏卒交人不敢犯五月鎮南王引兵還以昔都兒爲前軍行次陷泥關戰數十合交人卻遂還迎鎮南王于女兒關交人四萬餘截其要道時我軍乏食且疲于戰將佐相顧失色昔都兒率勇士奮戈衝擊之交人卻二十餘里遂得全師而還鎮南王閔其勞命樞密臣奏陞其秩二十六年賜虎符授廣威將軍砲手軍匠萬戶府達魯花赤大德二年卒子也先帖木兒襲

元史卷一百三十四

明翰林學士亞中大夫知制誥兼修國史宋　濂等修

列傳第二十一

撒吉思

撒吉思囘鶻人其國阿大都督多和思之次子也初爲太祖弟斡真必闍赤領王傅斡真薨長子只不干蚤世嫡孫塔察兒幼庶兄脫迭狂恣欲廢嫡自立撒吉思與火魯和孫馳白皇后乃授塔察兒以皇太弟寶襲爵爲王撒吉思以功與火魯和孫分治黑山以南撒吉思理之其北火魯和孫理之從憲宗攻釣魚山建言乘勢定江南帝嘉納焉憲宗崩阿里不哥爭立諸王多附之者撒吉思馳見塔察兒力言宜協心推戴世祖塔察兒從之及世祖卽位聞撒吉思所言授北京宣撫賜宮人甕吉剌氏及金帛章服及至鎮鋤奸抑彊遼東以寧會高麗有異志帝遣使究治則委罪于其臣洪察忽械送京師道遼東撒吉思訪知洪察忽以直諫迕意卽奏疏爲直其事帝命釋之李璮叛命撒吉思帥師從宗王哈必赤討之李璮伏誅哈必赤欲屠城撒吉思力爭曰王者之師誅止元惡脅從罔治因撫摩其人衆情大悅授山東行省都督遷經畧統軍二使兼益都路達魯花赤辭不拜上言山東重鎭宜選貴戚臨之帝不許賜京城宅一區益都田千頃及璮馬羣園林水磑海青銀鼠裘之屬兵後民乏牛具爲之上聞驗民丁力官給之統軍抄不花田遊無度害稼病民元帥野速荅尒據民田爲牧地撒吉思隨事表聞有旨杖抄不花一百令野速荅尒還其田璮故將毛璋欲率諸部謀執撒吉思以歸宋璋黨上變乃襲璋斬之撒吉思嘗慕古人舉親舉讎之義叛帥故卒得與子姪參用公論多之山東歲屢歉爲請于朝發粟賑卹又奏蠲其田租山東人刻石頌德卒年六十六後贈安邊經遠宣惠功臣諡襄惠

月乃合

月乃合字正卿其先屬雍古部徙居臨洮之狄道金畧地盡室遷遼東曾祖帖木爾越哥仕金爲馬步軍指揮使官名有馬因以馬爲氏祖把掃馬野禮屬徙靜州之天山以財雄邊宣宗遷汴父昔里吉思辟尚書省譯史試開封判官改鳳翔府兵馬判官死國事贈輔國上將軍恒州刺史廟號褒忠月乃合好學負氣父死時年方十七奮然投冠于地曰吾父死國難吾獨不能紓家難乎會國兵破汴侍母北行艱關鋒鏑中北見憲宗辭容端謹帝嘉賞之命贊卜只兒斷事官事以燕故城爲治所月乃合慨然以治道自任政事修舉歲壬子料民丁于中原凡業儒者試通一經卽不同編戶著爲令甲儒人免丁者實月乃合始之也性好施予嘗建言立常平倉舉海內賢士楊春卿張孝純輩分布諸郡號稱得人又羅致名士敬鼎臣授業館下薦引馬文玉牛應之輩爲參佐後皆位至卿相歲己未世祖以親王南征從行至汴令專饋運濟南鹽百萬斤以給公私之費所過州郡汴蔡汝潁之間商農安業軍政修舉月乃合與有力焉及卽位降詔褒獎世祖將親征阿里不哥月乃合出私財市馬五百以助軍帝厚贈其家曰當償汝也拜禮部尚書佩金虎符四年南邊不靖月乃合建言光潁等處立榷塲歲可得鐵一百三萬七千餘斤鑄農器二十萬事用易粟四萬石輸官不惟官民兩便因可以鎭服南方詔以本職兼領已括戶三千興煽鐵冶蒙古漢軍並聽節制未行以疾卒年四十八贈推忠宣力翊運功臣正議大夫僉書樞密院事上輕車都尉梁郡侯諡忠懿子孫登仕籍者甚衆至仁宗朝詔行科舉曾孫祖常博學能文章鄉試會試皆爲舉首由翰林應奉拜監察御史直言忤上官意去居浮光數年起爲翰林待制累遷御史中丞卒諡文貞

昔班

昔班畏吾人也父闊里別斡赤身長八尺智勇過人闊太祖北征領兵來歸從征回回國數立功將重賞之自請爲本國坤閭城達魯花赤從之仍賜種田戶二百卒昔班事世祖潛邸命長必闍赤中統元年以爲眞定路達魯花赤改戶部尚書宗正府札魯花赤阿里不哥之叛帝命昔班詣河西督糧運給軍還至西京北聞萬戶阿失鐵木兒等方選士卒將從阿里不哥昔班矯制召其軍赴行在阿失鐵木兒狐疑未決昔班委曲諭之且曰皇帝兄也阿里不哥弟也從兄順事也又何疑焉阿失鐵木兒等請夜議之期以翌日復命且以兵圍昔班以待明日皆至曰從爾之言矣卽便宜以西京錢糧給其軍遂率之以行入見帝嘆曰戰陣之間得一夫之助猶爲有濟昔班以二萬軍至其功豈少哉海都叛世祖大閱兵將討之先命昔班使海都使之罷兵置驛來朝昔班至海都傳旨諭之海都聽命旣退軍置驛而丞相安童軍先已克火和大王部曲盡獲其輜重海都懼將逃謂昔班曰我不難於殺汝念我父嘗受書於汝姑遣汝歸以安童之事聞非我罪也昔班以聞帝曰汝言是也先是來者亦嘗有此言尋命爲中書右丞商議政事妻以宗王之女不魯眞公主明年復使海都諭之來歸且曰苟不從我爾能敵諸王藩衞之兵乎海都辭以畏死不敢昔班奉使奔走三年風沙翳目時年已七十矣命爲翰林承旨給全俸養老年八十九而卒子斡羅思密至元二十三年授浙東宣慰使浙東盜起僞鑄印璽僭稱天降大王斡羅思密討平之移鎮廣西峒蠻羅天佑作亂招諭降之年六十九卒子咬住至大三年授典用監卿有盜竊世祖御帶者懸賞五千錠以購賊咬住擒獲之盜伏誅咬住辭賞武宗嘉其不伐予之千錠官至榮祿大夫宗正府札魯火赤

鐵連

鐵連乃蠻人也居絳州祖伯不花爲宗王拔都王傅鐵連魁偉寡言有謀畧早歲宿衞王府拔都分地平陽以鐵連監隰州中統初調平陽馬步站達魯花赤至元初宗王海都叛廷議欲伐之世祖曰朕以宗室之情惟當懷之以德其擇謹密足任大事者往使焉左右以鐵連對遂召見語及大事鐵連應對稱旨帝嘉其辯慧曰此事非汝不可然必先詣拔都蒙哥鐵木王所相與計事而後行使二人副之鐵連既奉命欲直造海都境覘其虛實然後議于諸王副者弗從曰上命我輩先議于王

今遣造敵境不可鐵連曰親承睿旨汝輩違則當誅副者懼而從之行旣至海都日召宗親宴飲將伺其隙謀害之鐵連乃厲聲斥之曰且食勿語望語言脫口相捷爲罪耶良久海都曰直哉酒半鐵連求衣爲歡海都嘉其雄辯將解與之其妃止之以皮服二襲付之因語其屬曰爲使者當如是矣厚贈以行旣至拔都蒙哥鐵木王所具告以故王曰祖宗有訓叛者人得誅之如遇好不從奉師以行天罰我卽外應掩襲勦絕不難矣鐵連還悉以事聞因言於帝曰海都兵繁而銳不宜速戰來則堅壘待之去則勿追自守旣固則無虞矣帝深然之勑所受海都皮服全飾以金凡朝會宜服以表示焉其賞賜不可勝計後屢使拔都王所道遇海都游兵副者前行失對遇害鐵連後至曰我爲天子使可以非禮犯之耶游兵語屈乃曰前者僞使此眞使也釋之遂獨得還帝嘗謂侍臣曰有鐵連則朕之宗族將不失和矣海都覘伺拔都王爲備已嚴意乃帖然鐵連始終凡四往返歷十四年帝謂鐵連曰在朝官之要重者惟汝所擇對曰臣志在王室其事未辦不敢奉命今臣母在絳州老且病得侍朝夕幸也詔從其請授絳州達魯花赤至元十五年平陽李二謀亂鐵連捕問盡得其狀中書奏進其秩帝曰鐵連豈惟能辦此耶加宣武將軍至元十八年病卒於官年六十四子荅刺帶嗣官信武將軍同知大同路總管府事

愛薛

愛薛西域弗林人通西域諸部語工星歷醫藥初事定宗直言敢諫時世祖在藩邸器之中統四年命掌西域星歷醫藥二司事後改廣惠司仍命領之世祖嘗詔都城大作佛事集教坊妓樂及儀仗以迎導愛薛奏曰高麗新附山東初定江南未下天下疲獘此無益之費甚無謂也帝嘉納之至元五年從獵保定日且久乃從容于帝前語供給之民曰得無妨爾耕乎帝爲罷獵至元十三年丞相伯顏平江南還姦臣以飛語譖之愛薛叩頭諫得解尋奏詔使西北宗王阿魯渾所旣還拜平章政事固辭擢秘書監領崇福使遷翰林學士承旨兼修國史大德元年授平章政事八年京師地震上弗豫中宮召問災異殆下民所致耶對曰天地示警民何與焉成宗崩內旨索星歷秘文愛薛厲色拒之仁宗時封秦國公卒追封太師開府儀同三司上柱國拂林忠獻王子五人也里牙秦國公崇福使腆合翰林學士承旨黑廝光祿卿闊里吉思同知泉府院事魯合廣惠司提舉

闊闊

闊闊字子淸本蔑里吉氏部族世居不里罕哈里敦之地其俗驍勇善騎射諸族頗憚之國初舉族內附世祖居潛邸選闊闊爲近侍歲甲辰世祖聞王鶚賢遣兵居保州遣使徵至問以治道命闊闊與廉希憲皆師事之旣而闊闊出使于外迨還而鶚已行思慕號泣不食者累日世祖聞而異之歲庚戌憲宗復召鶚至和林仍命闊闊從之游每旦起盛飾其冠服鶚讓之曰聖王好賢樂善徵天下士命若從學若等不能稱主上心惟誇衒鮮華以益驕貴之氣恐望于外而塞于中道義之言無自而入吾所不取也闊闊深自悔悟明日俱純素以進鶚乃悅歲壬子奉命僉諸路軍籍以丁壯產多者充之所至編籍無撓人皆德之及還帝悅命領燕京匠局世祖卽位特授中書左丞未幾遷大名路宣撫使以疾卒年四十子堅童字永叔少孤甫十歲卽從王鶚游旣長奉命入國學復從許衡游弱冠入侍禁廷授中順大夫侍儀奉御遷中議大夫同修起居注及奉使濟南見楊桓賢遂力薦之至元二十三年授嘉議大夫禮部尙書遷吏部尙書秩未滿特授通議大夫御史臺侍御史二十四年扈從東征屢戰有功還燕南河北道提刑按察使二十八年授正議大夫燕南河北道肅政廉訪使遂拜河南行省平章政事驛召赴闕未拜以疾卒年三十九

禿忽魯

禿忽魯字親臣康里亦納之孫亞禮達石第九子也自幼入侍世祖命與也先鐵木兒不忽木從許衡學帝一日問其所學禿忽魯與不忽木對曰三代治平之法也帝喜曰康秀才朕初使汝往學不意汝卽知此除蒙古學士奉議大夫客省使進兵部郎中遷僉太史院謄宴見世祖屢開說古今治亂政要多所裨益至元二十年遷中書右司郎中未幾太宗正薛徹干薦掌其府判署閱諸獄文案嘗暮歸愀然若有求而未獲者家人問之曰今日所議死案也於我心有疑欲求所以活之未得其方耳他日歸喜曰我得之矣於法當流徙邊地遷吏部尙書時哈剌哈孫爲湖廣平章嘗與禿忽魯同在太宗正素知其賢舉以自輔遂授資德大夫湖廣右丞時湖南北盜賊乘舟縱橫刼掠哈剌哈孫患之禿忽魯曰樹茂鳥集樹伐則散戮一人足矣盜首喬大使者居九江郡守曳剌馬丹取賂蔽之遣使擒以來獄成殺而令諸市羣盜頓息湖南宣慰張國紀創徵夏稅民弗堪禿忽魯屢請罷之至元二十九年辰州蠻叛副樞劉國傑僉院晙木蘭往討之不利移文索辰澧沅民間弩士三千哈剌哈孫以民弗習戰强之徒傷吾民弗許禿忽魯曰兵貴訓練乃可用也漢軍不習弩因蠻攻蠻古所利遂與之果以此獲勝成宗卽位遷江浙右丞適歲旱方至而雨民心大悅未幾平章不忽木卒帝思之問近侍曰羣臣孰有似不忽木者賀伯顏對曰禿忽魯其人也且先帝所知遂驛召還賜雕鞍弓矢俄遷樞密副使大德七年卒年四十八贈推忠翊亮佐理功臣榮祿大夫江浙等處行中書省平章政事柱國大司徒趙國公諡文肅子山僧仕至晉寧路總管

唐仁祖

唐仁祖字壽卿畏兀人祖曰唐古直子孫因以唐爲氏初畏兀舉國效順唐古直時年十七給事太祖因屬之睿宗曰唐古直可任大事睿宗未及用莊聖皇后擢爲札魯火赤父驎豪爽好射獵世祖卽位命驎爲裕宗潛邸必闍赤歷達魯花赤仁祖少穎悟父沒母教之讀書通諸方語言尤邃音律中統初詔諸貴胄爲質帝親閱之見仁祖曰是唐古直孫邪聰明無疑也俾習國字至元六年中書省選充蒙古掾十六年錄囚平陽平反寃滯免死者凡十七人十八年授翰林直學士時中書奏眞定保定兩路錢穀逋負屢歲不決遣仁祖往閱其牘皆中統舊案亟還奏罷之轉工部侍郎除中書右司郎中拜參議尙書省事時丞相桑哥秉政威焰方熾仁祖論議不回屢忤桑哥人皆危之仁祖自若也遷工部尙書桑哥以曹務煩劇特重困之仁祖處之甚安尋出使雲中桑哥考工部織課稍緩怒曰誤國家歲用亟遣驛騎追還就見桑哥相府中遽命直吏拘往督工且促其期曰違期必致汝于法左右皆爲之懼仁祖退召諸署長從容諭之曰丞相怒在我不在爾也汝等勿懼宜力加勉衆皆感激晝夜倍其功期未及而辦乃罷已而桑哥繫獄有旨命仁祖往籍其家明日桑哥以左右之援得釋衆見駭然目仁祖曰怒虎之威可再犯邪悉踰垣以竄仁祖獨不爲之動桑哥竟敗二十八年除翰林學士承旨中奉大夫遼陽饑奉旨偕近侍速哥左丞忻都往賑忻都欲如戶籍口數大小給之仁祖曰不可昔籍之小口今已大矣可借以大口給之忻都曰若要善名而陷我于惡邪仁祖笑曰吾二人善惡衆已的知豈至是而始要名哉我知爲國恤民而已何卹爾言卒以大口給之俄除通奉大夫將作院使成宗卽位尊大母元妃爲皇太后以仁祖善書特勑書冊文復奉詔督工織絲像世祖御容越三年告成大德五年再授翰林學士承旨資善大夫知制誥兼修國史以疾卒年五十三贈榮祿大夫平章政事追封恒國公諡文貞子恕初授奉訓大夫壽武庫提點至大中遷翰林待制後累遷至亞中大夫侍儀使

朶兒赤

朶兒赤字道明西夏寧州人父斡扎簀世掌其國史初守西涼率父老以城降太祖有旨副撒都忽爲中興路管民官國兵西征運餉不絕無毫髮私時號曰蒲朝淸世祖卽位斡扎簀寢疾卒遺奏因高智耀以進請謹名爵節財用帝嘉納爲朶兒赤年十五通古注論語孟子尙書帝以西夏子弟多俊逸欲試用之召見于香閣帝曰朕聞儒者多嘉言朶兒赤奏曰陛下聖明仁智奄有四海唯當親君子遠小人爾自古帝王未有不以小人而亡者惟陛下察焉帝曰朕于廷臣有戇直忠言未嘗不悅而受之違忤者亦未嘗加罪蓋欲養忠直而退諛佞也汝言甚合朕意因問欲何仕朶兒赤對曰西夏營田實占正軍儻有調用則又妨耕作土瘠野壙十未墾一南軍屯聚以來子弟蕃息稍衆若以其成丁者別編入籍以實屯力則地利多而兵有餘矣請爲其總管以盡措畫帝可之乃授中興路新民總管至官錄其子弟之壯者墾田塞黃河九口開其三流凡三載賦額增倍就轉營田使秩滿入覲帝大悅陞潼川府尹時公府無祿田朶兒赤乃以官曠地給民視秩分畝而薄其稅潼川仕者有祿自此始未幾臺臣奏爲雲南廉訪副使時雲南諸蠻叛僚佐悉稱故而去朶兒赤獨居守又八月省臣大懼歸符印欲遁朶兒赤乃白于梁王得檄而後出遷山南廉訪副使未幾復調雲南廉訪使會行省丞相帖木迭兒貪暴擅誅殺羅織安撫使法花魯丁將置于極刑朶兒赤謂之曰生殺之柄繫于天子汝以方面之臣而專殺意將何爲小民罹法且必審覆況朝廷之臣耶法花魯丁竟獲免尋復其官僰夷與蠻相讐殺時省臣受賄助其報仇乃詐奏蠻叛起兵殺良民朶兒赤奏劾竟廢之年六十二卒子官于仁通爲雲南省理問天歷二年三月雲南諸王與萬戶伯忽等叛仁通率官軍抗之沒于陳

和尙

和尙玉耳別里伯牙吾台氏祖哈剌察兒率所部歸太祖父忽都思膂力過人歲壬辰從睿宗破金大將合達

軍於鈞州三峯山以功賜號拔都魯甲午金亡乙未授管軍百戶從攻宋唐鄧穎蔡襄陽郢復信陽光等州屢立戰功辛亥賜名馬文錦白金甲胄弓矢乙卯從攻漢上鐵城寨歿于軍贈竭忠宣力功臣資德大夫中書右丞上護軍沇國公謚武愍和尚襲父職己未從世祖攻鄂州中統三年李壇叛從國兵討之戰老僧口斬獲甚衆陞阿剌罕萬戶府經歷至元五年攻襄陽軍務繁劇贊畫一有方都元帥阿朮薦其才可大用十一年從丞相伯顏渡江與宋軍戰于柳子曾洑新灘沌口伯顏上其功世祖嘉獎不已十三年從平章阿里海牙攻拔岳州取沙市至江陵宋安撫使高達城守拒戰和尚直抵城下諭以禍福達遂開門出降以功陞行省郎中從國兵圍潭州潭守臣李芾堅守攻之三月不下十二年城破芾死諸將利於虜畧欲屠其城和尚宣言曰拒我師者宋將耳其民何罪既受其降即是吾民殺之何忍且今列城多未附降而殺之是堅其效死之心也左丞崔斌曰郎中言是平章阿里海牙意亦與合遂從之一城之人賴以全活由是湖南諸郡聞風皆下世祖聞之賞賜加厚改行省斷事官徇地廣西督前軍攻破靜江遂兼行宣撫事廣西平授太中大夫常德路達魯花赤以治最聞擢嶺南廣西道提刑按察使時阿里海牙恃功頗驕恣和尚劾奏不少貸遷江南浙西道提刑按察使浙西宋故都民衆事繁在職惟務鎮靜人服其知大體卒於官年四十九贈宣忠守正功臣銀青榮祿大夫司徒上柱國追封沇國公謚莊肅子千奴千奴以御史大夫月魯那延薦入見大安閣世祖念其功臣子即以其父官授之拜武德將軍江南浙西道提刑按察使時江浙行中書省行御史臺皆治杭千奴上言行省專控江浙在杭為宜行臺總鎮江南不宜偏在杭且兩大府並立勢偪則事窒情通則威褻盍移行臺於要便之所後數年遂移行臺於江東遷山南湖北道提刑按察使二十六年加明威將軍遷淮西江北道提刑按察使時桑哥秉政擅權勢焰熏灼人莫敢言千奴乘間入朝見帝於柳林極陳其罪狀帝為之改容未幾桑哥伏誅又上言其黨猶布中外宜早處分改立肅政廉訪司進廣威將軍授江北淮東道肅政廉訪使三十一年遷江東建康道肅政廉訪使丁祖母憂服闋東平大名諸路有諸王牧馬草地與民田相間互相侵冐有司視强弱為予奪連歲爭訟不能定乃命起千奴治之其訟遂息大德二年授大中大夫建康路總管未行奉詔使淮東西問民疾苦察官吏能否千奴勤於咨訪興利除害還奏軍民便宜三十事多見采用歷江西湖東江南湖北兩道廉訪使時中書平章伯顏等固位日久黨與衆盛所任之人徇情弄法綱紀漸壞千奴摭其實上于憲臺以聞伯顏等皆被黜前後七持憲節剛正不撓聞朝廷事有不便必上章極論未嘗以内外為嫌七年授嘉議大夫大都路總管兼大興府尹馭吏治民有方以暇日正街衢表里巷國學興工尤盡其力俄進通議大夫同僉樞密院事上疏言蒙古軍在山東河南者往戍甘肅跋涉萬里裝槖鞍馬之資皆其自辦每行必鬻田產甚則賣妻子戍者未歸代者當發前後相仍困苦日甚今邊陲無事而虛殫兵力誠為非計請以近甘肅之兵戍之而山東河南前戍者官為出錢贖其田產妻子庶使少有瘳也詔從之未幾遷參議中書省事贊決機務精練明敏凡干祿之人由他道進者一切不用時論翕然稱焉成宗崩迎仁宗于潛邸奉武宗即位危疑之際彌綸補益之功為多拜榮祿大夫平章政事商議樞密院事左翼萬戶府達魯花赤提調屯田事賜玉帶延祐五年乞致仕帝憫其衰老從其請仍給半俸終其身退居濮上築先聖宴居祠堂於歷山之下聚書萬卷延名師敎其鄉里子弟出私田百畝以給養之有司以聞賜額歷山書院家居七年而卒年七十一贈推忠輔治功臣光祿大夫河南江北等處行中書省平章政事上柱國追封衛國公謚景憲子龍寶監察御史壽童洪澤屯萬戶早卒不蘭奚南臺御史觀音保襲洪澤屯萬戶孛顏忽都起進士知鄭州以治行第一入為翰林國史院經歷

劉容

劉容字仲寬其先西寧青海人高祖阿華西夏主尙食西夏平徙西寧民於雲京容父海川在徙中後遂為雲京人容幼穎悟稍長喜讀書其俗素尙武容亦善騎射然弗之好也中統初以國師薦入侍皇太子於東宮命專掌庫藏每退直即詣國子祭酒許衡衡亦與進之至元七年世祖駐蹕鎮海聞容知吏事召至命權中書省掾事畢復前職以忠直稱十五年奉旨使江西撫慰新附之民或勸其頗受送遺歸賂權貴人可立致榮寵容曰剝民以自利吾心何安使還惟載書籍數車獻之皇太子忌嫉者從而讒之由是稍疎容然容亦終不辯會立詹事院容上言曰太子天下本苟不得端人正士左右輔翼之使傾邪側媚之徒進必有損令德聞者是之俄命為太子司議改祕書監未幾出為廣平路總管富民有同姓爭財產者訟連年不決容至取籍考二人父祖名字得其實立斷之爭者遂服皇子雲南王至汴其達魯花赤某欲厚歛以通賄於王容請自往乃減其費後以疾卒於官年五十二

迦魯納答思

迦魯納答思畏吾兒人通天竺敎及諸國語翰林學士承旨安藏扎牙答思薦於世祖召入朝命與國師講法國師西番人言語不相通帝因命迦魯納答思從國師習其法及言與字期年皆通以畏吾字譯西天西番經論既成進其書帝命鋟板賜諸王大臣西南小國星哈剌的威二十餘種來朝迦魯納答思於帝前敷奏其表章諸國驚服朝議興兵討暹國羅斛馬八兒俱藍蘇木都剌諸國迦魯納答思奏此皆蕞爾之國縱得之何益興兵徒殘民命莫若遣使諭以禍福不服而攻未晚也帝納其言命兵刺也奴帖滅等往使降者二十餘國至元二十四年丞相桑哥奏為翰林學士帝曰迦魯納答思之官非汝所當奏也既而擢翰林學士承旨中奉大夫遣侍成宗於潛邸且俾以節飲致戒成宗即位思其忠遷榮祿大夫大司徒憐其老命乘車入殿仁宗即位廷議汰冗官獨迦魯納答思為司徒如故仍加開府儀同三司賜玉鞍一是年八月卒

闊里吉思

闊里吉思蒙古按赤歹氏曾祖八思不花從攻乃蠻欽察兀羅思馬扎兒回回諸國常為先鋒破敵太祖嘉之賜以虎符及諭降豐州雲州擢充宣撫使祖忽押忽辛襲職佩虎符憲宗嘗語之曰汝所佩金符舊矣何以旌世功命改製以賜之中統三年改河中府達魯花赤卒父藥失謀擢襄陽統軍司經歷改宿州達魯花赤皆不拜樞密副使孛羅御史中丞木八剌引見世祖奏曰此忽押忽辛子也乞以其祖父虎符授之擢中順大夫金剛臺達魯花赤繼改光州屢遷安東州河中府及温州潞州以建康路達魯花赤致仕闊里吉思初以宿衛充博兒赤至元二十五年擢朝列大夫司農少卿賜金束帶遷中議大夫司農卿又明年拜榮祿大夫大司農之夫行湖廣平章將兵討海南生黎諸峒寨又明年平之師還徵入見賜玉束帶金銀幣帛弓矢甲胄及寶鈔鞍勒得旨還鎮成宗即位入見賜海東青鶻白鶻各一及衣服有差大德二年改福建行省平章未幾以福建隸江浙改福建道宣慰使都元帥陞征東省平章政事高麗刑政無節官冗民稀闊里吉思因悉加裁正以聞有旨徵入見俾條析便民事宜大德五年復拜湖廣平章踰年改陝西以目疾還京師加官至金紫光祿大夫雲南諸路行中書省左丞相卒年六十六子完澤湖廣右丞征廣西賊卒於軍

小雲石脫忽憐 八丹附

小雲石脫忽憐畏吾人仕其國為吾魯愛兀赤猶華言大臣也太祖時與其父來歸從征回回國還事睿宗於潛邸眞定睿宗分地以為本路斷事官子八丹事世祖為寶兒赤鷹房萬戶從征哈剌張有功賜男女各一人金一鋌及銀甕等物征阿里不哥戰於昔門禿日三合殺獲甚衆賜金一鋌後以鷹房萬戶從裕宗北征至鎮海你里溫賜銀椅及鈔一萬五千貫命歸守眞定未幾命行省揚州八丹辭曰臣自幼未嘗去陛下願留侍左右改隆興府達魯花赤遥授中書右丞諭之曰是朕舊所居汝往居之八丹又辭帝不允居三年海都叛奉旨從甘麻剌太子往征之師還以功賜金一鋌卒贈銀青光祿大夫司徒子阿里鷹房千戶石得安西王相府官德服汝定府達魯花赤阿散甘肅行省平章政事瓜眞由會同館使同知通政院有政蹟官至榮祿大夫中書省平章政事兼翰林學士承旨通政院使卒子察乃金紫光祿大夫中書省平章政事察乃子十人老章知樞密院事撒馬篤中書省參知政事

斡羅思

斡羅思康里氏曾祖哈失伯要國初欵附為莊聖太后宮牧官祖海都從憲宗征釣魚山歿於陣父明里帖木兒世祖時為必闍赤後為太府少監斡羅思至元十九年為内府必闍赤二十一年拜監察御史遷雲南行省理問領雲南王府事後以忤桑哥被譖籍其家唯金玉帶各一黃金五十兩皆上所賜者乃以公用係官孳畜加之罪帝曰口腹之事其寢之二十六年置八番羅甸宣慰司進嘉議大夫宣慰使時諸蠻叛服不常斡羅思平之乃立安撫等司以守焉二十八年平楊都要等九月進中奉大夫錫虎符明年為八番順元等處宣慰使都元帥賜三珠虎符大德六年授通奉大夫羅羅思宣慰使兼管軍萬戶進正奉大夫武宗立召還授資善大夫中書左丞領武衛親軍都指揮使大都屯田府事尋進榮祿大夫中書右丞兼翰林國史承旨仍領武衛屯田屢奉旨賜貲產第宅固辭遷四川行省平章政事至大二年召還以瘴癘卧病不起皇慶二年卒年五十有六贈光祿大夫益國公子博羅普化初直宿衛為速古

兒赤至大元年爲翰林侍講學士以父疾歸侍延祐四年復入侍爲速古兒赤扎撒孫至治元年爲速古兒赤五十人之長兼領皇后宮寶兒赤二年襲授河南府同知子察罕不花領其所掌宿衛天歷元年見文宗於汴入直宿衛爲温都赤拜監察御史繼遷御史臺經歷中書右司郎中授中憲大夫隆禧總管府副達魯花赤

朶羅台

朶羅台唐兀氏祖小丑太祖既定西夏括諸色人匠小丑以業弓進賜名怯延兀蘭命爲怯憐口行營弓匠百戶徙居和林卒父塔兒忽台襲職阿里不哥叛塔兒忽台從戰於失畝里禿之地死之朶羅台從萬戶也速解兒玉哇赤等累戰有功授前衛親軍百戶積官昭信校尉芍陂屯田千戶所達魯花赤後以疾退朶羅台之弟闊闊出亦業弓嘗獻所造弓帝稱善問其父何名闊闊出對曰塔兒忽台臣之父也帝見其狀貌魁偉且問其能射乎左右對曰能試之果然遂命爲近侍明年武備寺臣復以其弓獻且奏用之帝曰孔子言三綱五常人能自治而後能治人能齊家而後能治國汝可以此言諭之而後用之俄擢爲大同路廣勝庫達魯花赤廣勝者貯兵器之所時總管唐兀海牙以庫作公署寘甲仗於虛廡中多被蟲鼠之害闊闊出言於帝復之且責其償兵器之既壞者使者薛禪不花納速魯丁以檄取鷹房軍衣甲弓矢若干闊闊出責其入文書領去時憲副速魯蠻令毋入文書且命有司封鑰其庫將黜視之闊闊出不從事聞帝命笞速魯蠻罷之大德元年陞大同路武州達魯花赤兼管本州諸軍奧魯勸農事又監建州利州改僉四川道廉訪司事拜監察御史累官中大夫大寧路總管卒于官朶羅台之子脫歡初直宿衛歷御史臺譯史拜監察御史遷四川行省左右司員外郎四川廉訪司僉事樞密院都事陞斷事官其在四川時嘗上疏曰內外修寺雖支官錢而一椽一瓦皆勞民力百姓嗟怨感傷和氣宜且停罷仍減省供佛飯僧之費以紓國用如此則上應天心下合民志不求福而福自至矣回回户計多富商大賈宜與軍民一體應役如此則賦役均矣爲國以善爲寶凡子女玉帛羽毛齒革珍禽奇獸之類皆喪德喪志之具今後回回諸色人等不許齎寶中賣以虛國用違者罪而沒之如此則富商大賈無所施其奸僞而國用有畜積矣其辭懇直剴切當時稱之

也先不花

也先不花蒙古怯烈氏祖曰昔剌斡忽勒兄弟四人長曰脫不花次曰怯烈哥季曰哈剌阿忽剌方太祖微時怯烈哥已深自結納後兄弟四人皆率部屬來歸太祖以舊好遇之特異他族命爲必闍赤長朝會燕饗使居上列昔剌斡忽勒早世其子孛魯歡幼事睿宗入宿衛憲宗即位與蒙哥撒兒密贊謀議拜中書右丞相遂專國政賜眞定之束鹿爲其食邑至元元年以黨附阿里不哥論罪伏誅子四人長曰也先不花次曰木八剌初立御史臺爲中丞次曰荅失蠻累官至銀青榮祿大夫次曰不花帖木兒拜榮祿大夫四川省平章政事也先不花初世其職爲必闍赤長裕宗封燕王世祖命也先不花爲之傅且謂之曰也先不花吾舊臣子孫端方明信閑習典故爾每事問之必不使爾爲不善也二十三年拜上柱國光祿大夫雲南諸路行中書省平章政事時阿郎可馬丁諸種僰夷爲變討平之遂立登雲等路府州縣六十餘所得戶二十餘萬官其酋長定其貢稅邊境以寧大德二年遷湖廣行省平章爲政不怒而威不察而明大事集議衆論不齊徐決一言切中事理咸出人意表會汴梁行省有妖獄飛語連湖廣平章政事劉漢傑右丞燕公楠朝廷驛召二人者入二人與也先不花嘗有違言也先不花急遣使附奏明其無他二人皆得釋八年遷平章河南行省河決落黎堤勢甚危督有司先士卒以備之汴以無患九年進拜上柱國銀青榮祿大夫湖廣等處行中書省左丞相賞賜無虛月方面以安至大二年卒天歷二年贈推忠守正佐運翊戴功臣太師開府儀同三司上柱國恒陽王謚文貞子五人曰亦憐眞曰禿魯曰荅思曰怯烈曰按攤亦憐眞事裕宗於東宮爲家令累拜銀青榮祿大夫湖南等處行中書省左丞相延祐元年卒天歷元年贈推誠輔治宣化保德功臣太傅開府儀同三司上柱國追封武昌王謚忠定禿魯歷事四朝起家宗正府也可扎魯花赤拜開府儀同三司中書右丞相御史大夫太傅錄軍國重事薨天歷二年贈懷忠秉義昭宣弼亮功臣太師開府儀同三司上柱國追封廣陽王荅思仕至資德大夫湖南宣慰使怯烈仕至中政使按攤事成宗襲長宿衛有旨給七乘傳使往侍其父也先不花于湖廣諸道憲司以按攤孝行聞拜中奉大夫海北海南道宣慰使都元帥海康與安南占城諸夷接境海島生黎叛服不常按攤威望素著夷人帖服生黎王高等二十餘洞皆願輸貢稅在鎭期年以省親辭去至大二年拜資德大夫中書右丞行浙東道宣慰使司都元帥未幾奔父喪于武昌以哀毀致疾卒天歷二年贈秉義效忠著節佐治功臣太保開府儀同三司上柱國追封特進趙國公中書左丞相謚貞孝子阿榮由宿衛起家湖南道宣慰副使歷拜奎章閣大學士榮祿大夫太禧宗禋院使都典制神御殿事

元史卷一百三十五

明翰林學士亞中大夫知制誥兼修國史宋　濂等修

列傳第二十二

鐵哥朮

鐵哥朮高昌人世居五城後徙京師曾祖父達釋有謀畧爲國人所信服太祖西征高昌國主懼以錦衣白貂帽召達釋與謀達釋知天命有歸勸其主執贄稱臣以安其國由是號爲尙書太祖班師諸王言於帝曰達釋之子野里朮驍勇善戰所將部落又强大聞其人每思率衆効順而未有機便盍致之乎太祖是其議卽詔給驛馬五百迎與俱來旣至引見甚器重之丙午太祖西征野里朮別從親王按只台與敵戰有功甚見親遇王方以絳蓋障日而坐及聞野里朮議事喜見顏色稱善久之旣退撤其蓋送之十里遂得兼長四環衞之必闍赤壬辰從國兵討金以戰功最多賞賚優渥甲午副忽都虎籍漢戶口籌其賦役分諸功臣以地人服其敏鐵哥朮野里朮長子也尤沉毅有才畧有擁兵叛者鐵哥朮率族人與戰于魚兒濼時軍興簿檄繁急鐵哥朮一以其國書識之無遺失者帝甚嘉焉至元中擢爲隸州達魯花赤遷德安府達魯花赤適士人蔡知府者以衆叛鐵哥朮率衆先登冒矢石身被數槍鏖戰不已遂討平之主將怒將屠其城鐵哥朮請曰叛者蔡知府數人而已城中之人何預焉盍誅其黨與而止毋令濫及非辜主將嘉其誠懇城遂得全累官至嘉議大夫婺州路達魯花赤所在咸著政績大德己亥卒成宗勅其孫海壽載其柩歸葬京師贈榮祿大夫江浙行省平章政事柱國封榮國公謚簡肅子四人義堅亞禮幼給事裕宗宮至元十五年爲中書省宣使嘗使河南適汴鄭大疫義堅亞禮命所在村郭搆室廬備藥醫以畜病者由是軍民全活者衆遷直省舍人承中書檄徵考上都儲偫及還帝賜錦衣貂裘一襲以旌其能出爲湖州路達魯花赤卒于官月連朮同知宣政院事八扎同知宣政院事孫九人海壽義堅亞禮子也由宿衞世祖朝累官至太中大夫杭州路達魯花赤招復流民有恩惠卒贈翰林直學士封范陽郡侯謚惠敏

塔出

塔出布兀剌子也幼孤長善騎射至元元年入侍世祖占對多稱旨賜以寶貨衣物四年給以察罕食邑賦稅之半又還其所俘逋戶三十七年降金虎符授昭勇大將軍山東統軍使鎭莒密膠沂郯邳宿卽墨等城設方畧謹斥堠宋人不敢北嚮九年詔更統軍司爲行樞密院改僉樞密院事數將兵攻下瀕淮堡柵畧地漣海獲人畜萬計宋人蔣德勝來降塔出表言宜加賞賚以勸來者於是賜黃金五十兩白金倍之十年改僉淮西等處行樞密院事城正陽以扼淮海諸州兵宋陳奕率安豐盧壽等州兵數撓其役塔出選精銳日十數戰奕遁去卒城正陽宋人復造戰艦於六安欲攻正陽塔出詗知之率騎兵焚其艦餽饟久不繼出兵據險潛取安豐麥以餉軍宋兵壁橫河口塔出將奇兵大破之十一年朝議淮上諸郡宋之北藩城堅兵精攻之不可猝下徒老我師宜先度江剪其根本留兵淮甸絕其救援則長江可乘虛而度也於是以塔出爲鎭國上將軍淮西行省參知政事帥師攻安豐廬壽等州俘生口萬餘來獻賜蒲萄酒二壺仍以曹州官園爲第宅給城南閑田爲牧地宋夏貴帥舟師十萬圍正陽決淮水灌城幾陷帝遣塔出往救之道出潁州遇宋兵攻潁戍卒僅數百人盛暑塔出卽發公庫弓矢驅市人出戰顧度潁之北關攻易破乃急徙民入城伏兵以待是夜宋人果焚北關火光屬天塔出率衆從暗中射之矢下如雨宋軍退走至沙河大破之溺死者不可勝計明日長驅直走正陽時方霖雨突圍入城遂堅壁不出俄復開壽與右丞阿塔海分帥銳師以出渡淮至中流皆殊死戰宋軍大潰追數十里斬首數千級奪戰艦五百餘艘遂解正陽之圍塔出乃上奏方事之殷宜明賞罰俾將士有所懲勸帝納其言頒賞有差秋八月淮西行省復爲行院塔出引兵渡淮屯廬揚間十二年從丞相伯顏以舟師與宋軍戰宋軍大潰其臣賈似道奔揚州遂分兵四出克池州取太平順流東下至建康丹徒江陰常州皆望風迎降時揚州未附諜告揚州人將夜襲丹徒守將乞援塔出設伏以待揚州軍果夜至塔出扼西津邀擊之殺獲

溺死者甚衆入朝帝賜玉帶旌其功授淮東左副都元帥仍佩金虎符十三年加通奉大夫參知政事領淮西行中書省事時沿淮諸州新附塔出禁侵掠撫瘡痍綏士卒備姦宄境內帖然俄遷江西都元帥征廣東塔出宣布恩信所至溪峒納款廣東遂平十四年加賜雙虎符爲江西宣慰使宋益王昰廣王昺走保嶺海復改江西宣慰司爲行中書省遷治贛州授塔出資政大夫中書左丞行中書省事十五年以二王事入議帝命張弘範李恒總兵進討塔出留後以供軍費初江西甫定帝命褒其城塔出卽袁言豫章諸郡皆瀕江爲城霖潦泛溢無城必至墊溺褒之不便帝從之降附之初有謀畔者旣敗獲矣塔出謂同僚曰撫治乖方之所致也中閒豈無詿誤止誅其渠魁盡釋餘黨瑞州張公明怨左丞呂師夔謀爲不軌塔出廉知其誣曰狂夫欲豹求貨耳若以曖昧言達聞之朝廷則大獄茲興連及無辜且師夔旣居相職詎肯爲狂妄之事若遲疑不決恐彼驚疑反生異謀乃斬公明而後聞帝是之十七年入覲賜勞有加復命行省于江西尋以疾卒於京師時年三十七妻明理氏以貞節稱旌其門閭二子長辛牙襲爵中奉大夫江西宣慰使次必辛牙仕至征東行中書省左丞妻曰牙倫泰安郡武穆王孛魯歡之女亦守義有賢行

塔里赤

塔里赤康里人其父也里里白太祖時以武功授帳前總校奉旨南征至洛陽得唐白樂天故址遂家焉塔里赤幼穎異好讀書尤善騎射襲父職參佐戎幕調度軍馬動合事宜行省奏充斷事官時南北民戶主客良賤雜揉蒙古軍牧馬草地互相占據命塔里赤至其地理之軍民各得其所由是世祖知其能俾領蒙古軍圍樊襄塔里赤躬冒矢石所向摧陷樊城破襄陽降從丞相伯顏渡江駐臨安尋命平章奧魯赤等分爲六路追襲宋二王塔里赤領軍至福建所過秋毫無犯降者如歸宋都統陳宗榮率衆來降以功遷福建招討使時諸郡盜起其最盛者陳吊眼擁衆五萬陷漳州行省承制命塔里赤爲閩廣大都督征南都元帥總四省軍復漳州生擒陳吊眼戮于市餘黨悉伏誅繼從征交趾擊敗黃聖許等積功加鎭國上將軍三珠虎符廣西兩江道宣慰使都元帥賀州盜起塔里赤討平之改福建宣慰使又改淛東金耆發卒賻輔國上將軍淛東道宣慰使都元帥護軍追封臨安郡公子二人脫脫木兒邵武汀州新軍萬戶府達魯花赤萬奴廣西宣慰使都元帥

塔海帖木兒

塔海帖木兒荅荅里帶人其先在太祖時事國王木華黎將左手大萬戶下蒙古軍領太原以西八州破金將王公佐軍斬公佐從攻陝右征河西滅金皆有功賜種田戶二百七十曾祖忒木勒哥嗣從都元帥塔海紺卜征蜀死於興元祖扎剌帶嗣扎剌帶卒父拜荅兒尚幼從祖扎里荅术相繼襲其職扎里從都元帥大荅征蜀以所統軍二百人破宋軍于巴州斬首三百級生擒五十餘人荅术以西川行樞密院檄領兵三千人救硼門大敗宋軍斬首三百餘級俘百餘人以歸拜荅兒旣長始以父官從行省也速帶兒征建都死軍中塔海帖木兒襲父職初從行院忽敦圍嘉定嘉定降進圍重慶守將張珏出師迎敵塔海帖木兒力戰陷陣功最多十五年又以都督軍二百人破宋軍於白水江奪戰船一俘其衆十三人陞宣武將軍管軍總管從也速荅兒征亦奚不薛又從征都掌蠻皆以爲前鋒殺獲甚衆九溪蠻散猫大盤蠻尙木的世用等叛從行省曲立吉思帥師往討皆擒之及殺其酋長頭狗等也速荅兒藥剌罕率兵萬人會雲南兵討烏蒙蠻至闊龍其酋長阿蒙率五百餘衆奔麻布蠻地塔海帖木兒以四百人追至山箐中大敗之擒阿蒙以歸二十六年又從也速荅兒西征不知所終

口兒吉

口兒吉阿速氏憲宗時與父福得來賜俱直宿衞領阿速軍二十戶世祖時口兒吉以百戶從元帥阿术伐宋有功賜以白金等物宋平命充大宗正府也可扎魯花赤領阿速軍從征海都以功受上賞師還成宗命宣撫湖廣等處訪求民瘼仍還舊職至大元年武宗命充左衞阿速親軍都指揮使進階廣威將軍四年卒子的迷的兒由玉典赤改百戶領阿速軍從指揮玉爪失征叛王乃顏郤金剛奴軍于鍱寶直之地降哈丹禿魯干累以功受賞至大四年襲父職授明威將軍阿速親軍都指揮使子香山事武宗仁宗直宿衞天歷元年九月兵興從戰宜興擊殺敵兵七人自旦至暮郤敵兵凡一十三處以功賜金帶一授左阿速衞都指揮使

忽都

忽都蒙古兀羅帶氏父孛罕事太祖備宿衞至太宗時爲鎭西行省領蒙古漢軍從攻河中潼關河南與拜只思扎忽歹阿思蘭攻秦鞏及仁和諸堡又與拜只思守京兆歲乙未授左手萬戶從都元帥荅海紺卜出征卒軍中憲宗命忽都將其軍從都元帥大荅攻巴州又從都元帥紐璘渡馬湖江破宋敘州兵於老君山下中統元年宋將以舟師二千犯成都新津忽都逆擊敗之斬首百五十級至元元年授蒙古漢軍總管二年從都元帥百家奴敗宋將夏貴於懷安五年卒子扎忽帶時在宿衞弟忽都荅立襲其職忽都荅立卒扎忽帶嗣爲千戶從行樞密院圍重慶重慶守張珏遣勁兵數千出挑戰扎忽帶力戰大破之回軍圍瀘州未下行樞密院遣入朝計事授宣武將軍管軍總管復還攻瀘登城與瀘兵搏戰而死子阿都赤嗣

孛兒速

孛兒速脫脫忒氏世祖時直宿衞扈駕征哈剌章還帝駐蹕高阜見河北有駕舟而來者顧謂左右曰是賊也奈何孛思速進曰臣請禦之卽解衣徑渡揮戈刺死舟尾二人挈其舟就岸舟中之人倉皇失措帝命左右悉擒之哈剌章平以功論賞子荅荅呵兒從征孛可有功由宿衞歷武德將軍揭只揭烈溫千戶所達魯花赤從征叛王乃顏也不干等奮戈擊死數人擒也不干收其所管欽察之民武宗時進懷遠大將軍元帥卒

月舉連赤海牙

月舉連赤海牙畏兀兒從憲宗征釣魚山奉命修麴藥以療師疫賞白金五十兩繼從太子滿哥都征雲南戰數勝中統三年火都暨荅離叛領兵與討平之至元十二年佩虎符爲隴右河西道提刑按察使兀朗孫火石顏謀亂從皇太子安西王往鎭之皇太子賜以白金五十兩十五年與伯速帶平土魯皇子復賜金衣腰帶金椀且以其功聞十七年進官嘉議大夫仍居舊職二十年進中奉大夫四川等處行中書省參知政事尋以疾歸泰州大德八年卒至順中贈推忠宣力定遠功臣資善大夫陝西行省左丞護軍追封威寧郡公謚襄靖

阿荅赤

阿荅赤阿速氏父昂和思憲宗時佩虎符爲萬戶阿荅赤扈從憲宗南征與敵兵戰于劍州以功賞白銀阿里不哥叛從也兒怯等征之有功世祖中統三年從征李壇身二十餘戰累功授金符千戶丞相伯顏平章阿术之平江南也阿荅赤皆在行中著戰功歿于陳帝幃之特賜鈔七十錠白金五百兩爲葬具仍賜鎭巢之民一千五百三十九戶命其子伯荅兒襲職伯荅兒從別急列迭失北征與覺吉剌只兒瓦台戰于牙里伴朵之地以功受上賞尋進定遠大將軍後衞都指揮使兼右阿速衞事將阿速軍往征別失八里與敵兵累戰累捷樞密臣以其功聞賞白金貂裘弓矢鞍轡等尋復以銀坐椅賜之子斡羅思由宿衞陞僉隆鎭衞都指揮使司事賜一珠虎符天歷元年論降上都軍凡若干數特賜三珠虎符陞本衞都指揮使

明安

明安康里氏至元十三年世祖詔民之蕩析離居及僧道漏籍諸色人不當差徭者萬餘人充貴赤令明安領之明安歲扈駕出入克勤于事二十年授定遠大將軍中衞親軍都指揮使明年賜佩虎符領貴赤軍北征又明年立貴赤親軍都指揮使司命爲本衞達魯花赤尋奉旨領蒙古軍八千北征明年至別失八剌哈思之地與海都軍戰有功二十六年冬十二月別乞憐叛刼取官站脫脫火孫塔剌海等明安率衆追擊之五戰五捷悉還之至杭海强民闊闊台撒兒塔台等率衆作亂奪三站地刼脫脫火孫明安引兵又追擊之却其軍二十七年秋七月布四麻當先別乞失出春伯駙馬兀者台朶羅台兀兒荅兒荅里雅赤等掠四怯薛牛馬畜牧及刼滅烈太子昔博赤幷斡脫布伯各投下民殆盡明安將兵追擊于汪吉昔博赤之城賊軍敗走還所掠之民并獲其牛馬畜牧等以歸時出伯伯都所領軍乏食奉旨以明安所獲畜牧濟之二十九年以功陞定遠大將軍貴赤親軍都指揮使司達魯花赤時別失八剌哈孫盜起詔以兵討之戰于別失八里禿兒古闊有功賊軍再合四千人於忽蘭兀孫明安設方畧與戰大敗之大德二年復將兵北征與海都戰七年歿于軍子曰帖哥台曰孛蘭奚帖哥台初爲昭勇大將軍貴赤親軍都指揮使司達魯花赤及改充萬戶則以其叔父脫迭出代之帖哥台後以萬戶改中衞親軍都指揮使進銀青榮祿大夫平章政事子曰普顏忽里曰善住普顏忽里懷遠大將軍貴赤親軍都指揮使司達魯花赤善住初直宿衞歷中書直省舍人諸色人匠達魯花赤遷奉議大夫僉中衞親軍都指揮使司事天歷元年九月賜佩一珠虎符從丞相燕帖木兒禦敵檀州等處又率其家人那海等一十一人自出乘馬與遼軍戰却其軍俘八十四人以歸丞相嘉之孛蘭奚昭武大將軍中衞親軍都指揮使積官銀青榮祿大夫太尉子桑兀孫中衞親軍都指揮使桑兀孫卒弟乞荅海襲職

忽林失

忽林失八魯剌䚟氏曾祖不魯罕罕劄事太祖從平諸

國充八魯剌思千戶以其軍與太赤溫等戰重傷墜馬帝親勒兵救之以功陞萬戶賜黃金五十兩白金五百兩俾直宿衞祖許兒台年十五能馳射賜以勇略稱從定宗欽察爲千戶領兵下西番從世祖伐宋至亳州與宋人迎敵敗之父覺吉剌帶初爲軍器監官從世祖親征阿里不哥以功受上賞俄奉旨使西域籍地產悉得其實帝方欲大用之而卒忽林失初直宿衞後以千戶從征乃顏馳馬奮戈衝擊敵營矢下如雨身被三十三創成宗親督左右出其鏃命醫療之以其功聞世祖以克宋所得銀甕及金酒器等賜之命領太府監後以千戶從皇子闊闊出征還留鎭軍中後從成宗與海都都兀等戰有功成宗嘉之特命爲翰林承旨俄改萬戶與叛王朶羅思察八兒等戰以功授榮祿大夫司徒賜銀印武宗嘗曰羣臣中能爲國宣力如忽林失者實鮮其厚賚之於是遣使召見未幾武宗崩仁宗即位念其舊勳賞賚特厚子燕不倫初奉興聖太后旨充千戶俄改萬戶代其父職尋罷歸其父所受司徒印及萬戶符於有司仍直宿衞致和元年秋八月在上都思武宗之恩與同志合謀奉迎文宗會同事者見執乃率其屬奔還大都特賜龍衣一襲命爲通政院使天歷元年九月同丞相燕帖木兒敗王禪等兵于紅橋又戰于白浮又戰于昌平東又戰于石槽帝嘉其功拜榮祿大夫知樞密院事以世祖常御金帶賜之

失剌拔都兒

失剌拔都兒阿速氏父月魯達某憲宗時領阿速十人入覲充阿塔赤從世祖至哈剌之地戰數勝兀里羊哈台以其功聞賜所俘人一口以賞之後以金瘡發卒失剌拔都兒至自脫別之地帝特賜白金楮幣牛馬等物至元二十一年從丞相伯顏南征有功仍充阿塔赤帝嘗命放海青曰能獲者賞之失剌拔都兒即援弓射一兔二禽以獻賞沙魚皮雜帶及貂裘且命於尚乘寺爲少卿於阿速爲千戶二十四年授武畧將軍管阿速軍千戶賜金符乃顏叛從諸王和元魯往征之力戰有功乃顏平帝賞以金腰帶及銀交牀等二十五年進武德將軍尚乘寺少卿兼阿速千戶從征給荅安等敗之獲其駝馬等物成宗嘉其功以軍二千益之討叛王脫脫擒之以功受賞大德六年卒子那海產襲其職至大二年進宣武將軍右衞阿速親軍都指揮使賜二珠虎符泰定二年單加明威將軍

徹里

徹里阿速氏父別吉八在憲宗時從攻釣魚山以功受賞徹里事世祖克火兒赤從征海都奮不擊其前鋒官軍二人陷陳掖而出之以功受賞後從征杭海獲其牛馬畜牧悉以給軍食帝嘉之賞鈔三千五百錠仍以分賚士卒成宗時盜據博落脫兒之地命將兵討之獲三千餘人誅其酋長還奉命同客省使拔都兒等往八兒胡之地以前所獲人口畜牧悉給其主軍還帝特賜鈔一百錠武宗居潛邸亦以銀酒器賞之至大二年立左阿速衞授本衞僉事賜金符皇慶二年從湘寧王北征以功賜一珠虎符子失列門直宿衞至和元年秋八月從知院脫脫木兒至潮河川獲完者八都兒愛的斤等十二人戮八人執四人歸京師復於宜興遇失剌乃馬台等迎戰奮戈擊死二人以功賞白金楮幣天歷元年從擊禿滿台兒之兵於兩家店殺其四人復以功受賞從戰薊州又殺其四人十一月又追殺十二人于檀子山以功授左衞阿速親軍都指揮使司僉事

曷剌

曷剌兀速兒吉氏至元九年見世祖詔入太官直從討叛王乃顏賜白金楮幣甲胄櫜鞬鞍馬以其才堪使遠成宗時使高麗使和林使江西福建不失使指授忠勇校尉中書直省舍人出監息州還奉訓大夫武宗詔曰曷剌世祖舊臣可授奉議大夫都水監卿明年加嘉議大夫又明年佩金虎符兼直東水韃靼女直萬戶府達魯花赤延祐元年特授資善大夫遼陽等處行中書省左丞仍監其軍三年召還特授榮祿大夫大司農卒年六十三贈推誠宣力保德功臣太師開府儀同三司上柱國追封薊國公謚安穆子不花宿衞仁宗潛邸及即位特授中順大夫中書直省舍人改客省副使遷太中大夫典瑞太監改左司員外郎參議中書省事拜中奉大夫中書參知政事資德大夫宣徽副使同知宣徽事改典瑞院事兼世其父監軍佩金虎符改翰林學士至治元年仍翰林學士監軍領東蕃諸部奉事

乞台

乞台察台氏至元二十四年爲欽察衞百戶從土土哈征叛王失烈吉及乃顏有功賜金符陞千戶從征忽剌出戰于阿里台之地元貞二年以疾卒子哈贊赤襲職從創兀兒於鬼烈兒之地與哈荅安戰有功大德五年從戰杭海從武宗親征哈剌阿荅復從創兀兒征不別八憐爲前鋒以功受賞賚皇慶二年授金符爲千戶明宗居潛邸延祐四年命從西征與兀滿帖木兒戰于失剌塔兒馬失之地以功復受厚賞居其地十五年天歷二年賜金符授昭勇大將軍同知大都督府事卒

脫因納

脫因納荅荅义氏世祖時從征乃顏以功受上賞大德七年授欽察衞親軍千戶所達魯花赤武德將軍賜金符八年改太僕少卿十年遷阿兒魯軍萬戶府達魯花赤易金虎符進階懷遠大將軍尋改中奉大夫太僕少卿仍兼前職至大二年拜甘肅行尚書省參知政事通奉大夫四年入爲太僕卿陞正奉大夫皇慶元年授阿兒魯萬戶府襄陽漢軍達魯花赤仍領太僕卿延祐三年拜資德大夫甘肅行中書右丞至治二年改通政使轉會福院使尋復通政致和元年分院上都秋八月爲倒剌沙所殺文宗即位特贈宣力守義功臣榮祿大夫上柱國中書平章政事追封冀國公謚忠景有子曰定童只沈哈朗定童襲父職阿兒魯萬戶府襄陽萬戶府漢軍達魯花赤佩金虎符明威將軍只沈哈朗初授欽察親軍千戶所達魯花赤佩金符武畧將軍改授朝列大夫通政院副使歷同知陞院使積官中奉大夫

和尚

和尚蒙古乃蠻台氏祖海速克昔烈木千戶所蒙古軍百戶伯父兀魯不花初克蒙古軍五十戶至元七年從昔烈木千戶南征以功命權百戶從僉省阿速海牙攻樊城十一年從攻新城又從攻鄂東門攻處州屢立戰功二十五年賜銀符授敦武校尉後衞親軍百戶是年秋卒父怯烈吉襲怯烈吉卒和尚襲至大三年進忠翊校尉後衞親軍副千戶賜金符延祐三年江西寧都寇起殺守土官吏從元帥乞住等總兵討之生擒賊酋蔡五九誅之擣其巢穴致和元年八月西安王以兵討倒剌沙命從丞相燕帖木兒擒烏伯都剌分兵備禦天歷元年九月從戰通州以功賞名馬從擊犯紅橋之兵手戈刺死二人敗之奪紅橋及紐鄰澤大夫等力戰於白浮殺其四人和尚白丞相曰兩軍相戰當有辨今號纓俱黑無辨我軍宜易以白丞相然之戰于昌平栗園殺二人又與亞失帖木兒戰于石槽殺三人十月從擊禿滿台兒於檀州南桑口敗之又從丞相追擊其軍于檀州之北有功十一月命領八衞把總金鼓都鎭撫司事

元史卷一百三十六

明翰林學士亞中大夫知制誥兼修國史宋　濂等修

列傳第二十三

哈剌哈孫

哈剌哈孫斡剌納兒氏曾祖啓昔禮始事王可汗脫斡璘王可汗與太祖約爲兄弟及太祖得衆陰忌之謀害太祖啓昔禮潛以其謀來告太祖乃與二十餘人一夕遁去諸部聞者多歸之還攻滅王可汗併其衆擢啓昔禮爲千戶賜號荅剌罕從平河西西域諸國祖博理察太宗時從太弟睿宗攻河南取汴蔡滅金賜順德以爲分邑父囊加台從憲宗伐蜀卒于軍哈剌哈孫威重不妄言笑善騎射工國書又雅重儒術至元九年世祖錄勳臣後命掌宿衞襲號荅剌罕自是人稱荅剌罕而不名帝嘗諭之曰汝家勳載王府行且大用汝矣又語皇太子曰荅剌罕非常人比可善遇之十八年割欽廉二州益其食邑二十二年拜大宗正用法平允審錄冤滯所活數百人時相請以江南獄隸宗正哈剌哈孫曰江南新附教令未孚且相去數千里欲遙制其刑獄得無冤乎事遂止二十八年拜榮祿大夫湖廣行省平章政事臺臣言其在宗正決獄平即去恐難其繼者帝曰湖廣之地朕嘗駐蹕非斯人不可遂行時江湖間盜賊出沒剽取商旅貨財哈剌哈孫至則發卒悉擒誅之水陸之途始皆無梗初樞密置行院於各省分兵民爲二奸人植黨自蔽後因入覲極陳其不便帝爲罷之因問曰風憲之職人多言其撓吏治信乎對曰朝廷設此以糾奸慝貪吏疾之妄爲謗耳帝然其言三十年平章劉國傑將兵征交趾哈剌哈孫戒將吏無擾民會有奪民魚菜者杖其千戶軍中肅然俄有旨發湖湘富民萬家屯田廣西以圖交趾哈剌哈孫密遣使奏曰往年遠征無功瘡痍未復今又徙民瘴鄉必將怨叛吏莫知其奏抱卷請署弗荅吏再請則曰姑緩之未幾使還報罷民皆感悅及廣西元帥府請募南丹五千戶屯田事上行省哈剌哈孫曰此土著之民誠爲便之內足以實空地外足以制交趾之寇可不煩士卒而饋餉有餘即命度地立爲五屯統以屯長給牛種農具與之湖南宣慰張國紀建言欲按唐宋末徵民間夏稅哈剌哈孫曰亡國弊政失寬大之意聖朝其可行耶奏止其議大德二年入朝上都成宗拜光祿大夫江浙行省左丞相視政七日徵拜中書左丞相進階銀青光祿大夫既拜命斥言利之徒一以節用愛民爲務有大政事必引儒臣雜議京

師久闕孔子廟而國學寓他署乃奏建廟學選名儒爲學官采近臣子弟入學又集羣議建南郊爲一代定制五年同列有以雲南行省左丞劉深計倡議曰世祖以神武一海內功蓋萬世今上嗣大歷服未有武功以彰休烈西南夷有八百媳婦國未奉正朔請往征之哈剌哈孫曰山嶠小夷遼絕萬里可諭之使來不足以煩中國不聽竟發兵二萬命深將以往道出湖廣民疲於餽餉及次順元深脅蛇節求金三千兩馬三千疋蛇節因民不堪舉兵圍深於窮谷首尾不能相救事聞遣平章劉國傑往援擒蛇節斬軍中然士卒存者纔十一二轉餉者亦如之訖無成功帝始悔不用其言會赦有司議釋深罪哈剌哈孫曰徼民首釁喪師辱國非常罪比不誅無以謝天下奏誅之七年進中書右丞相嘗言治道必先守令近用多不得其人於是精加遴選定官吏贓罪十二章及丁憂婚聘盜賊等制禁獻戶及山澤之利每歲車駕幸上都哈剌哈孫必留守京師時帝弗豫制出中宮群邪黨附哈剌哈孫以身匡之天下晏然十年加開府儀同三司監修國史置僚屬冬十一月帝寢疾篤甚入侍醫藥出總宿衞藩王欲入侍疾者不聽日理機務如故十一年春成宗崩時武宗撫軍北邊仁宗侍太后在懷慶諸奸臣謀斷北道請成后垂簾聽政立安西王阿難答哈剌哈孫密遣使北迎武宗南迎仁宗悉收京城百司符印封府庫稱疾臥闕下內旨日數至並不聽文書皆不署衆欲害之未敢發及仁宗至近郊衆猶未知也三月朔列牘請署后決以三月三日御殿聽政乃立署之衆大喜莫知所爲明日迎仁宗入執左丞相阿忽台及安西王阿難答等就誅內難悉平自冬至春未嘗一至家休沐夏五月武宗至自北卽皇帝位拜太傅錄軍國重事仍總百揆賜宅一區以其子脫歡入侍初仁宗之入也阿忽台有勇力人莫敢近諸王禿剌實手縛之以功封越王三宮盡幸其第賜與甚厚以慶元路爲其食邑哈剌哈孫力爭之曰祖宗之制非親王不得加一字之封禿剌疎屬豈得以一日之功廢萬世之制哉帝不聽禿剌因譖於帝曰方安西王謀干大統哈剌哈孫亦嘗署文書由是罷相出鎮北邊詔曰和林爲北邊重鎮今諸部降者又百餘萬非重臣不足以鎮之念無以易哈剌哈孫者賜黃金三百兩白銀三千五百兩鈔十五萬貫帛四萬端乳馬六十匹以太傅右丞相行和林省事太后亦賜帛二百端鈔五萬貫至鎮斬爲盜者一人分遣使者賑降戶奏出鈔帛易牛羊以給之近水者教取魚食會大雪民無取得食命諸部置傳車相去各三百里凡十傳轉米數萬石以餉饑民不足則益以牛羊又度地置內倉積粟以待來者浚古渠溉田數千頃治稱海屯田教部落雜耕其間歲得米二十餘萬北邊大治至大元年賜大帳如諸王藩禮十一月寢疾語其屬曰吾不復能佐理國事矣行省之務汝曹勉之毋貽朝廷憂薨年五十二帝聞之驚悼曰喪我賢相賻鈔二萬五千貫詔歸葬昌平追贈推誠履政佐運功臣太師開府儀同三司上柱國追封順德王諡忠獻子脫歡由太子賓客拜御史中丞襲號荅剌罕進御史大夫行臺江南尋拜平章行省江浙進左丞相兼領行宣政院重厚有父風喜讀書爲政不尚苛暴得衆心致和元年卒于官年三十七子蠻蠻

阿沙不花

阿沙不花者康里國王族也初太祖拔康里時其祖母苦滅古麻里氏新寡有二子曰曲律牙牙皆幼而國亂家破無所依欲去而歸朝廷念無以自達一夕有數駞皆重負突入營中驅之不去旦乃繫駞營外置所負其旁夜復納營中候有求者歸之如是十餘日終無求者乃發視其裝皆西域重寶驚曰殆天欲資我而東耶不然此豈吾所宜有遂驅駞載二子越數國至京師時太祖已崩太宗立盡獻其所有帝深異之命有司治邸舍具廩餼以居焉居二年聞國中已定謁帝欲歸帝曰汝昔何爲而來今何爲而去且問其所欲對曰臣妾昔以國亂無主遠歸陛下今賴陛下威德聞國已定欲歸守墳墓耳妾惟二子雖愚無知願留事陛下帝大喜立召二子入宿衞而禮遣之後十三年復來則二子已從憲宗伐蜀矣逮至和寧聞憲宗崩諸將皆還而二子獨後心方以爲憂過一古廟因入禱焉若聞神語連稱好好而不知其故問其國人通漢語者知爲吉語還至合則二子已至矣遂留居焉曲律無子牙牙後封康國王生六子阿沙不花最賢年十四入侍世祖世祖賜土田給奴隸使居與和之天城會西蕃遣使者有所奏請旣諭遣之後數日帝問近侍諸大臣曰前日西使何請朕何辭以遣諸大臣莫能對阿沙不花從傍代對甚詳悉帝因怒諸大臣曰卿等任天下之重如此反不若一童子耶嘗扈從上都方入朝而宮草多露跣足而行帝御大安閣望而見之指以爲侍臣戒一日故命諸門衞勿納阿沙不花阿沙不花至諸門衞皆不納乃從水竇中入帝問故以實對且曰臣一日不入侍身將何歸帝大悅更諭諸門衞聽其出入命飭四宿衞兵器無敢或慢復使掌門無敢闌入帝曰可用矣乃顏叛諸王納牙等皆應之帝問計將安出對曰臣愚以爲莫若先撫安諸王乃行天討則叛者勢自孤矣帝曰善卿試爲朕行之卽北說納牙曰大王聞乃顏反耶曰聞之曰大王知乃顏已遣使自歸耶曰不知也曰聞大王等皆欲爲乃顏外應今乃顏旣自歸矣是獨大王與主上抗幸主上聖明亦知非大王意置之不問然二三大臣不能無惑大王何不往見上自陳爲萬全計納牙悅許之於是諸王之謀皆解阿沙不花還報帝乃議親征命徵兵遼陽以千戶帥昔寶赤之衆從行及乃顏平阿沙不花以大同與和兩郡當車駕所經有帷臺嶺者數十里無居民請詔有司作室嶺中徙邑民百戶居之劃境內昔寶赤牧地使耕種以自養從之阿沙不花旣領昔寶赤帝復欲盡徙興和桃山數十村之民以其地爲昔寶赤牧地阿沙不花固請存三千戶以給鷹食帝皆聽納民德之至今飲食必祭至元三十年海都叛成宗以皇孫撫軍於北阿沙不花從行踰金山戰杭海有功成宗卽位會大宗正扎魯火赤脫兒速以贓汚聞詔鞫問之脫兒速伏罪就命代之成宗目之曰阿卽剌阿卽剌譯言閻羅王也有訴朱清張瑄陰私旣抵罪帝遣兵馬都指揮使忽剌朮籍沒其家以受賂誅更命阿沙不花往具以實聞賜宅一區鈔萬五千緡兼兩城兵馬都指揮使事武宗時爲懷寧王總軍漠北問今日材可大用者爲誰對曰毋弟脫脫將相材也無以易之遂命從行後果爲名臣成宗崩安西王阿難荅秉間謀繼大統成后及丞相阿忽台諸王迷里帖木兒皆陰爲之助時武宗猶在北邊太后及仁宗亦在懷孟未至適武宗遣脫脫計事京師丞相哈剌哈孫令急還報武宗而成后已密諭通政使只兒哈郎止其驛馬阿沙不花知事急與同知通政院事察乃謀作先日署文書給馬去只兒哈郎鬫脫脫已去方詰問吏閱案牘乃止太后及仁宗旣至京師有言安西王謀以三月三日僞賀仁宗千秋節因以舉事者阿沙不花言之哈剌哈孫且曰先人者勝後人者敗后一垂簾聽政我等皆受制於人矣不若先事而起哈剌哈孫曰善乃前二日白仁宗詐稱武宗遣使召安西王計事至卽執送上都盡誅丞相阿忽台以下諸姦臣與哈剌哈孫皆居禁中仁宗以太子監國遣使北迎武宗而武宗遲迴不進遣使還報太后曰非阿沙不花往不可乃遣奉衣帽尙醞以往至野馬川見武宗備道兩宮意及陳安西王謀變始末且言太子監國所以備他變以待陛下臣萬死保其無他武宗大悅解衣衣之拜中書平章政事軍國大事並聽裁決因奏平內難之有功者燕只哥以下十人爲兵馬指揮爲直省舍人詔先奉蒲萄酒及錦綺還報兩宮仁宗卽日率羣臣出迎武宗入上都加阿沙不花特進太尉依前平章政事命與丞相塔思不花還京師治安西王黨諸連坐囊加真等三十餘人皆釋之嘗命出太府金分賜諸王貴戚及近侍方出朝見一人倉皇若有所懼狀曰此必盜金者召詰問之果得黃金五十兩白金百兩以聞就以金賜之命誅盜者辭曰盜誅固當金非臣所宜得願還金以贖盜死帝悅而從之有近臣蹴踘帝前帝卽命出鈔十五萬貫賜之阿沙不花頓首言曰以蹴踘而受上賞則奇技淫巧之人日進而賢者日退矣將如國家何臣死不敢奉詔乃止帝又嘗御五花殿丞相塔思不花三寶奴中丞伯顏等侍阿沙不花見帝容色日悴乃進曰八珍之味不知御萬金之身不知愛此古人所戒也陛下不思祖宗付託之重天下仰望之切而惟麴糵是沉姬嬪是好是猶兩斧伐孤樹未有不顚仆者也且陛下之天下祖宗之天下也陛下之位祖宗之位也陛下縱不自愛如宗社何帝大悅曰非卿孰爲朕言繼自今毋愛於言朕不忘也因命進酒阿沙不花頓首謝曰臣方欲陛下節飲而反勸之是臣之言不信於陛下也臣不敢奉詔左右皆賀帝得直臣遂進開府儀同三司中書右丞相行御史大夫俄復平章政事錄軍國重事兼廣武侍衞親軍都指揮使封康國公有以左道惑衆者諸世臣大家多信趨之竟寘于法遷知樞密院事以至大二年十月薨于位年四十七至正元年贈純誠一德正憲保大功臣開府儀同三司中書右丞相上柱國追封順寧王諡忠烈其繼室別哥倫氏亦有至行寡居三十年未嘗妄言笑身不服華綵詔旌其門與元配達海的斤氏並封順寧王夫人子伯嘉訥廉直剛敏憂國如憂家嘗爲京尹屯儲衞誘小民梅東兒誣首海商一百十有六人爲盜而掠其貲獄具械送刑部命伯嘉訥審錄之盡得其寃狀白丞相釋之還其貲後遷翰林侍讀學士

拜住

拜住安童孫也五歲而孤太夫人教養之稍長宏遠端亮有祖風至大二年襲爲宿衞長仁宗卽位延祐二年拜資善大夫太常禮儀院使四年進榮祿大夫大司徒五年進金紫光祿大夫六年加開府儀同三司餘並如

故每議大政必問曰合典故否同官有異見者曰大朝止說典故耶拜住徵笑曰公試言之國朝何事不依典故同官不能對太常事簡每退食必延儒士諮訪古今禮樂刑政治亂得失盡日不倦嘗曰人之仕宦隨所職司事皆可習至於學問有本施於事業此儒者之能事宰相之資也英宗在東宮問宿衞之臣於左右咸稱拜住賢遣使召之欲與語拜住謂使者曰嫌疑之際君子所愼我長天子宿衞而與東宮私相往來我固得罪亦豈太子福耶竟不往英宗登極拜中書平章政事會諸侯王于大明殿詔進讀太祖金匱寶訓威儀整暇語音明暢莫不注目竦聽夏五月宣徽使失烈門要束木妻也里失八等謀爲逆帝密得其事御穆淸閣召拜住謀之對曰此輩擅權亂政久矣今猶不懲陰結黨與謀危社稷宜速施天威以正祖宗法度帝動容曰此朕志也命率衞士擒斬之其黨皆伏誅拜中書左丞相先時近侍傳旨以姓名赴中書銓注者六七百員選曹爲之壅滯拜住奏罷之注授一依選格次第吏無容姦刑曹事有情可矜者寬恕之貪暴不法必不少容帝常諭左右曰汝輩愼之苟陷國法我雖曲赦拜住不汝恕也至治元年春正月帝欲結綵樓於禁中元夕張燈設宴時居先帝喪參議張養浩上疏拜住謂當進諫卽袖其疏入奏帝悅而止仍賜養浩帛以旌直言三月從幸上都次察罕腦兒帝以行宮亨麗殿制度卑隘欲更廣之奏曰此地苦寒入夏始種粟黍陛下初登大寶不求民瘼而遽興大役以妨農務恐失民望從之帝嘗謂拜住曰朕委卿以大任者以乃祖木華黎從太祖開拓土宇安童相世祖克成善治也卿念祖宗令聞豈有不盡心者乎拜住再拜曰陛下委臣以大任臣有所畏者三畏辱祖宗畏天下事大識見有所未盡畏年少不克負荷無以上報聖恩惟陛下垂閔時加訓飭幸甚延祐間朔漠大風雪羊馬駝畜盡死人民流散以子女鬻人爲奴婢拜住以興王根本之地其民宜加賑卹請立宗仁衞總之命縣官贖置衞中以遂生養至元十四年始建太廟于大都至是四十年親享之禮未暇講肄拜住奏曰古云禮樂百年而後興郊廟祭享此其時矣帝悅曰朕能行之預勑有司以親享太室儀注禮節一遵典故毋擅增損冬十月始有事于太廟二年春正月孟享始備法駕設黃麾大仗帝服通天冠絳紗袍出自崇天門拜住攝太尉以從帝見羽衞文物之美顧拜住曰朕用卿言舉行大禮亦卿所共喜也對曰陛下以帝王之道化成天下非獨臣之幸實四海蒼生所共慶也致齋大次行酌獻禮升降周旋儼若素習中外肅然明日還宮鼓吹交作萬姓縱觀百年廢典一旦復見有感泣者拜住率百僚稱賀于大明殿執事之臣賜金帛有差又奏建太廟前殿議行祫禘配享等禮帝從容謂拜住曰朕思天下之大非朕一人思慮所及汝爲朕股肱毋忘規諫以輔朕之不逮拜住頓首謝曰昔堯舜爲君每事詢衆善則舍己從人萬世稱聖桀紂爲君拒諫自賢悅人從己好近小人國滅而身不保民到于今稱爲無道之主臣等仰荷洪恩敢不竭忠以報然事言之則易行之則難惟陛下力行臣等不言則臣之罪也帝加納之時右丞相鐵木迭兒貪濫譎險屢殺大臣鬻獄賣官廣立朋黨凡不附己者必以事去之尤惡平章王毅右丞高昉因在京諸倉糧儲失陷欲奏誅之拜住密言於帝曰論道經邦宰相事也以金穀細務責之可乎帝然之俱得不死鐵木迭兒復引參知政事張思明爲左丞以助己思明爲盡力忌拜住方正每與其黨密語謀中害之左右得其情乘間以告且請備之拜住曰我祖宗爲國元勳世篤忠貞百有餘年我今年少叨受寵命蓋以此耳大臣協和國之利也今以右相讐我我求報之非特吾二人之不幸亦國家之不幸吾知盡吾心上不負君父下不負士民而已死生禍福天實鑒之汝輩毋復言未幾奉旨往立忠憲王碑于范陽鐵木迭兒久稱疾聞拜住行將出蒞省事入朝至內門帝遣速速賜之酒且曰卿年老宜自愛待新年入朝未晚遂怏怏而還然其黨猶布列朝中事必稟於其家以拜住故不得大肆其奸百計傾之終不能遂在京倉漕管庫之職歲終例應注代時張思明亦稱疾不出衆皆顧望拜住雖朝夕帝前以事不可緩乃日坐省中謂僚屬曰左丞病省事遂廢乎郎中李處恭曰金穀之職須愼選擇不得其人未敢遽擬拜住曰汝爲賣官之計耳遣人善慰思明乃出其畢銓事拜住每以學校政化大源似緩實急而主者不務盡心遂致廢弛請令內外官議拯治之有言佛教可治天下者帝問之對曰清淨寂滅自治可也若治天下捨仁義則綱常亂矣又嘗謂拜住曰今亦有如唐魏徵之敢諫者乎對曰槃圓則水圓盂方則水方有太宗納諫之君則有魏徵敢諫之臣帝並善之六月壬寅敕賜平江腴田萬畝拜住辭曰陛下命臣釐正庶務若先受賜田人其謂何帝曰汝勳舊子孫加以廉愼人或援例朕自諭之秋七月奏召張思明詣上都數其罪杖而逐之鐵木迭兒繼亦病卒拜住哭之慟初浙民吳機以累代失業之田賣於司徒劉夔夔賂宣政使八剌吉思買置諸寺以益僧廩矯詔出庫鈔六百五十萬貫酬其直田已久爲他人之業鐵木迭兒父子及鐵失等上下蒙蔽分受之爲贓鉅萬眞人蔡道泰以奸殺人獄已成鐵木迭兒納其金令有司變其獄拜住舉奏二事命臺察鞫之盡得其情以田歸主劉夔八剌吉思等皆坐死餘論罪有差特敕鐵失冬十二月進右丞相監修國史帝欲爵以三公懇辭遂不置左相獨任以政首薦張珪復平章政事召用致仕老臣優其祿秩議事中書不次用才唯恐少後日以進賢退不肖爲重務患法制不一有司無所守奏詳定舊典以爲通制帝幸五臺拜住奏曰自古帝王得天下以得民心爲本失其心則失天下錢穀民之膏血多取則民困而國危薄斂則民足而國安帝曰卿言甚善朕思之民爲重君爲輕國非民將何以爲君今理民之事卿等當熟慮而愼行之三年春二月將進仁宗實錄先一日詔翰林國史院臣讀首卷書大德十一年事不書左丞相哈剌哈孫定策功惟書越王禿剌勇決從容謂史官曰無左丞相雖百越王何益錄鷹犬之勞而畧發蹤指示之人可乎立命書之其他筆削未盡善者一一正之人皆服其識見夏六月拜住以海運糧視世祖時頓增數倍今江南民力困極而京倉充滿奏請歲減二十萬石帝遂併鐵木迭兒所增江淮糧免之時鐵木迭兒過惡日彰拜住悉以奏聞帝悟奪其官仆其碑奸黨鐵失等甚懼帝在上都夜寐不寧命作佛事拜住以國用不足諫止之旣而懼誅者復陰誘羣僧言國當有厄非作佛事而大赦無以禳之拜住叱曰爾輩不過圖得金帛而已又欲庇有罪耶奸黨聞之益懼乃生異謀晉王也孫帖木兒時鎭北邊鐵失潛遣人至王所告以逆謀約事成推王爲帝王命囚之遣使赴上都告變未至車駕南還次南坡鐵失與赤斤鐵木兒等夜以所領阿速衞兵爲外應殺拜住遂弑帝於行幄晉王卽位鐵失等伏誅詔有司備儀衞百官耆宿前導輿拜住畫相於海雲寺大作佛事觀者萬數無不歎惜泣下拜住憂國忘家常直內庭知無不言太官以酒進則憂形于色有盜其家金器百餘兩他寶直鉅萬繼而獲盜得金家僮來告色無喜慍自延祐末水旱相仍民不聊生及拜住入相振立紀綱修舉廢墜裁不急之務杜僥倖之門加惠兵民輕徭薄斂英宗倚之相與勵精圖治時天下晏然國富民足遠夷有古未通中國者皆朝貢請吏而奸臣畏之卒搆禍難云母怯烈氏年二十二寡居守節初拜住爲太常禮儀院使年方二十吏就第請署字適在後圃閱羣戲出稍後母厲聲呵之曰官事不治若爾所爲豈大人事耶拜住深自克責一日入內侍宴英宗素知其不飲是日強以數卮旣歸母戒之曰天子試汝量故強汝飲汝當日益戒懼無酣于酒又常代祀睿宗原廟歸侍左右母問之曰眞定官府待汝若何對曰所待甚重母曰彼以天子戚寵汝先世勳德故耳汝何有焉拜住之賢母之教也後封東平王夫人泰定初中書奏丞相拜住盡忠效節殞于羣兇乞賜褒崇以光後世制贈清忠一德功臣太師開府儀同三司上柱國追封東平王諡忠獻至正初改至仁孚道一德佐運功臣餘如故子篤麟鐵穆爾

元史卷一百三十七

明翰林學士亞中大夫知制誥兼修國史宋　濂等修

列傳第二十四

察罕

察罕西域板勒紇城人也父伯德那歲庚辰國兵下西域舉族來歸事親王旭烈授河東民賦副總管因居河中猗氏縣後從解州贈榮祿大夫宣徽使柱國芮國公察罕魁偉穎悟博覽強記通諸國字書爲行軍府奧魯千戶奧魯赤參政湖廣辟爲蒙古都萬戶府知事奧魯赤進平章復辟爲理問政事悉委裁決且令諸子受學焉至元二十四年從鎭南王征安南師次瀘江安南世子遣其叔父詣軍門自陳無罪王命察罕數其罪而責之使者辭屈世子舉衆逃去二十八年授樞密院經歷未幾從奧魯赤移治江西寧都民言某鄉石上雲氣五色有物焉視之玉璽也不以兵取恐爲居人所有衆惑之察罕曰妄也是必搆害仇家者覈問之果然前後從奧魯赤出入湖廣江西兩省凡二十一年多著勳績成宗大德四年御史臺奏僉湖南憲司事中書省奏爲武昌路治中丞相哈剌哈孫曰察罕廉潔固宜居風憲然武昌大郡非斯人不可治竟除武昌廣西妖賊高仙道

以左道惑衆平民詿誤者以數千計旣敗湖廣行省命察罕與憲司雜治之鞫得其情議誅首惡數人餘悉縱遣且焚其籍衆難之察罕曰吾獨當其責諸君無累也以治最聞擢河南省郎中成宗崩仁宗自藩邸入誅羣臣之爲異謀者迎武宗于邊河南平章囊加台薦察罕卽驛召至上都賜廐馬二匹鈔一千貫銀五十兩曰卿少留行用卿矣武宗卽位立仁宗爲皇太子授察罕詹事院判進僉詹事院事賜銀百兩錦二匹遣先還大都立院事仁宗至謂曰上以故安西王地賜我置都總管府卿其領之愼揀僚屬勿以詹事位高不屑此也進卿秩資德大夫察罕叩頭謝曰都府之職敢不恭命進秩非所敢當固辭改正奉大夫授以銀印至大元年閱戶口江南諸省還進太子府正加昭文館大學士遷家令武宗崩仁宗哀慟不已察罕再拜啓曰庶民脩短尚云有數聖人天命夫豈偶然天下重器懸於殿下縱自苦如宗廟太后何仁宗輟泣曰曩者大喪必命浮屠何益吾欲發府庫以賑鰥寡孤獨若何曰發政施仁文王所以爲聖殿下行之幸甚東宮故有左右衞兵命囊加台察罕總右衞且令審擇官屬仁宗卽位拜中書參知政事但總持綱維不屑細務識者謂得大臣體帝嘗賜枸杞酒曰以益卿壽又語宰相曰察罕淸素可賜金束帶鈔萬貫前後賞賚不可勝計皇慶元年進榮祿大夫平章政事商議中書省事乞歸解州立碑先塋許之暮年居德安白雲山別墅以白雲自號嘗入見帝望見曰白雲先生來也其被寵遇如此帝嘗問張良何如人對曰佐高帝興漢功成身退賢者也又問狄仁傑對曰當唐室中衰能卒保社稷亦賢相也因誦范仲淹所撰碑詞甚熟帝歎息良久曰察罕博學如此邪嘗譯貞觀政要以獻帝大悅詔繕寫徧賜左右且詔譯帝範又命譯脫必赤顏名曰聖武開天紀及紀年纂要太宗平金始末等書俱付史館嘗以病請告暨還朝帝御萬歲山圓殿與平章李孟入謝帝曰白雲病愈邪頓首對曰老臣衰病無補聖明荷陛下哀矜放歸田里幸甚不覺沉痾去體爾命賜茵以坐顧李孟曰知止不辱今見其人朕始以荅剌罕不憐吉台囊加台等言用之誠多裨益有言察罕不善者其人卽非善人也又語及科舉并前古帝王賜姓命氏之事因賜察罕姓白氏初察罕生於河中其夜天氣淸肅月白如晝相者賀曰是兒必貴國人謂白爲察罕故名察罕察罕天性孝友田宅之在河中者悉分與諸昆弟昆弟貧來歸者復分與田宅奴婢縱奴爲民者甚衆故人多稱長者旣致仕優游八年以壽終子外家奴太中大夫武岡路總管李家奴早卒忽都篤承直郎高郵府判官孫九人仕者二人闊闊不花哈撒

曲樞

曲樞西土人曾祖達不台祖阿達台父質理花台世贈功臣追封王爵曲樞七歲失怙恃旣壯沈密靜專爲徽仁裕聖皇太后宮臣仁宗幼時以曲樞可任保傅左右擁翼曲樞入則佐視食飲出則抱負游衍鞠躬盡力夙夜匪懈大德三年武宗總戎北邊九年讒人亂國仁宗侍皇太后之國于懷未幾復之雲中連年奔走不暇曲樞櫛風沐雨跋涉艱險無倦色成宗崩仁宗奉太后入朝殲姦黨迎武宗卽皇帝位仁宗爲皇太子天下以安拜曲樞榮祿大夫平章政事行太司農未幾進光祿大夫領詹事院事加特進封應國公至大元年拜開府儀同三司太子詹事平章軍國重事上柱國依前大司農應國公進太子太保領典醫監事四年授太保錄軍國重事集賢大學士兼太司農領崇祥院司天臺事官爵勳封如故後以疾薨子二人長伯都大德十一年特授翰林學士嘉議大夫遷中奉大夫典寶監卿加資德大夫治書侍御史至大元年陞榮祿大夫遙授中書平章政事改侍御史明年拜中書叅知政事進右丞年三十二而卒子咬住次伯帖木兒大德十一年特授正議大夫懷孟路總管府達魯花赤兼管諸軍奧魯管內勸農事改府正至大二年遷中奉大夫陝西等處行尚書省參知政事明年入爲太子家令遷正奉大夫明年遷資德大夫太都留守兼少府監擢侍御史改除翰林學士承旨知制誥兼修國史未幾復爲大都留守兼少府監武衞親軍都指揮使佩金虎符皇慶元年加榮祿大夫子二人桓澤都蠻子

阿禮海牙

阿禮海牙長吾氏集賢大學士脫列之子也兄野訥事仁宗於潛邸大德九年仁宗奉興聖太后出居懷州從者單弱多懷去計野訥獨無所畏難成宗崩權臣阿附中宮不遣使告哀宗藩仁宗有聞將自懷州入京宮臣或持不可野訥屛人密啓曰天子晏駕而皇子已早卒天下無主邪謀方興懷寧王及殿下世祖裕皇賢孫人心所屬久矣宜急奉大母入定大計邪謀必止迎立懷寧王以正天器在此行矣仁宗卽白太后以二月至京師遂誅柄臣二人遣使迎武宗武宗卽位召野訥賜玉帶授嘉議大夫秘書監仁宗居東宮兼太子右庶子遷侍御史崇祥院使兼將作院使閩有綉工工官大集民間子女居肆督責吏因爲奸利野訥奏罷之閩人感悅尋兼太醫院使仁宗卽位請召文武老臣咨以朝政又請以中都苑囿還諸民拜樞密院副使進同知樞密院事命爲中書平章政事辭不拜野訥之在臺及侍禁中於國家事有不便輒言之言無不納然韜晦惡盈不泄於外延祐四年卒年四十贈推誠保節翊運功臣金紫光祿大夫行中書省左丞相上柱國趙國公謚忠靖阿禮海牙亦早事武宗仁宗爲宿衞以淸愼通敏與父兄並見信任十餘年間數歷華近入侍帷幄出踐省闥廷無間言至治初出爲平章政事歷鎭江浙湖廣河南陝西四省皆有惠政汴人尤懷思之歸朝拜翰林學士承旨丁父憂解官家居天歷元年秋文宗入承大統阿禮海牙卽易服南迎至於汴郊見焉帝命復鎭汴省時當艱難之際阿禮海牙高價糴粟以峙糧儲命近郡分治戎器閱士卒括馬民間以備不虞先是文宗卽位之詔已播告天下而陝西官府結連靖安王等起兵東擊潼關阿禮海牙開府庫量出鈔二十五萬緡屬諸行省參政河南淮北蒙古軍都萬戶朶列圖廉訪副使萬家閭犒軍河南以禦之令都鎭撫卜伯率軍吏巡行南陽高門武關荊子諸隘南至襄川二江之口督以嚴備萬戶博羅守潼關不能軍是月二十五日只兒哈率小汪總帥脫帖木兒萬戶等之兵突出潼關東掠閿鄉披靈寶澠陝州新安諸郡邑放兵四劫迤邐前進河南告急之使狎至而朶列圖亦以兵寡爲言十月一日阿禮海牙集省憲官屬問以長策無有言者阿禮海牙曰汴在南北之交使西人得至此則江南三省之道不通于畿甸軍旅應接何日息乎夫事有緩急輕重今重莫如足兵急莫如足食吾徵湖廣之平陽保定兩翼軍與吾省之鄧新翼廬州沂郯砲弩手諸軍以備虎牢裕州哈剌魯鄧州孫萬戶兩軍以備武關荊子口以屬郡之兵及蒙古兩都萬戶左右兩衞諸部丁壯之可入軍者給馬乘貲裝立行伍以次備諸隘芍陂等屯兵本自襄鄧諸軍來田者還其軍益以民之丁壯使守襄陽白土峽州諸隘別遣塔海以備自蜀至者以汴汝荊襄兩淮之馬以給之府庫不足則命郡縣假諸殷富之家安豐等郡之粟遡黃河運至于陝羅諸汴汝近郡者則運諸滎陽以達於虎牢吾與諸軍各奮忠義以從王事宜無不濟者衆曰唯命卽日部分行事自伯顏不花王以下省都事李元德等凡省之屬吏與有官而家居者各授以事而出廉訪使董守中僉事沙沙在南陽右丞脫帖木兒廉訪使卜顏在虎牢分遣兵馬以聽其調用餽餉之行千車相望阿禮海牙親閱實之必豐必良信以期會自虎牢之南至於襄漢無不畢給蓋爲粟二十萬石豆如之兵甲五十五萬芻萬萬是時朝廷置行樞密院以總西事襄漢荊湖河南郡縣皆缺官阿禮海牙便宜擇材以處之朝廷皆從其請是月西兵逼河南行院使來報曰西人北行者度河中以趨懷孟磁南行者帖木哥過武關掠鄧州而殘之直趨襄陽攻破郡邑三十餘橫絕數千里所過殺官吏焚廬舍虜民人婦女財物賊虐殄盡西結囊家䚟以蜀兵至矣阿禮海牙益督餉西行遣行院官塔海領兵攻帖木哥而又設備於江黃置鐵繩於峽口作舟艦以待戰十九日師與西兵遇於鞏縣之石渡而湖廣所徵太原之兵最爲可用甫至未及食或趣之倍道以進轉戰及暮兩軍殺傷與墮澗谷死者相等而虎牢遂爲敵有兵儲巨萬阿禮海牙盡其心民殫其力者一旦悉亡焉行省院與諸軍斂兵退二十二日至汴民大恐阿禮海牙前後遣使告于朝輒爲也先捏留不遣不得朝廷音問已二十日阿禮海牙亦憂之親出行撫其民乃修城闕以備衝突立四門以通往來戒卒伍以嚴守衞時雖甚危急阿禮海牙朝夕出入聲色不動怡然如平時衆賴以安十一月六日西師逼城將百里而近阿禮海牙召行院將帥憲司與凡在官者而告之曰吾荷國厚恩唯有一死以報上耳行院之出唯敵是圖而退保吾城不亦怯乎然敵亦烏合之衆何所受命而敢犯我乎且吾甲兵非不堅勁芻峙非不豐給而弗利者太平日久將校不知兵吏士不練習彼所以得披猖至此彼誠知我聖天子之命則衆沮而散爾何足慮乎吾今遣使告于朝請降詔大赦脅從詿誤比詔下先募士以卽位詔及朝廷招諭之文入其軍明示利害吾整大軍西嚮以征之別遣驍將率精騎數千上龍門繞出其後使之進無所投退無所歸成擒於鞏洛之間必矣而我軍所獲陝西官吏命有司糲而食之一無所戮衆曰諾唯命卽日與行院整兵南薰門外以行會有使者自京師還言齊王已克上都奉天子寶璽來歸刻日至京矣阿禮海牙乃置酒高會於省堂以賀發書告屬郡報諸江南三省而募士得蘭住者賚書諭之西人猶榜掠蘭住訊以其實而朝廷亦遣都護月魯帖木兒從十餘人奉詔放散西軍之在虎牢者西人殺其從者之半械都護以送諸荊王所荊王時在河南之白馬寺

以是西人雖未解散各已駭悟又聞行省院以兵至猶豫不敢進朝廷又使參政禡不花親諭之乃信服靖安王遣使四輩與蘭住來請命遂巡而去難平阿禮海牙乃解嚴報捷斂餘財以還民從陝西求民人之被俘掠者歸其家凡數千人陝西官吏被獲者皆遣還其所阿禮海牙自始至鎮迨乎告功居汴省者數月後以功遷陝西行御史大夫復拜中書省平章政事

奕赫抵雅爾丁

奕赫抵雅爾丁字太初回回氏父亦速馬因仕至大都南北兩城兵馬都指揮使奕赫抵雅爾丁幼穎悟嗜學所讀書一過目卽終身不忘尤工其國字語初爲中書掾以年勞授江西行省員外郎入爲吏部主事不再閱月固辭擢刑部員外郎四方所上獄反復披閱成牘多所平反遷陝西漢中道肅政廉訪司僉事不赴改中書右司員外郎尋陞郎中一日與同列共議獄有異其說者奕赫抵雅爾丁曰公等讀律苟不能變通以適事宜譬之醫者雖熟於方論而不能切脈用藥則於疾痛奚益哉同列雖不平議者服其爲名言大德八年肆赦廷議惟官吏因事受贓者不預奕赫抵雅爾丁曰不可恩如雨露萬物均被贓吏固可嫉比之盜賊則有間矣宥盜而不宥吏何耶刑部嘗有獄事上讞旣論決已而丞相知其失以譴右司主者奕赫抵雅爾丁初未嘗署其案因取成案閱之竊署其名於下或訝之曰玆獄之失公實不與丞相方譴怒而公反追署其案何也奕赫抵雅爾丁曰吾偶不署此案耳豈有與諸君同事而獨幸免哉丞相聞而賢之同列因以獲免遷左司郎中時左司闕一都事平章梁暗都剌謂奕赫抵雅爾丁曰人之材幹固嘗有之惟篤實不欺爲難得公當以所知舉奕赫抵雅爾丁遂以王毅李迪爲言一時輿論莫不稱允又嘗論朝士如王仁卿賈元播高彥敬敬威卿李清臣輩可大用時諸公處下僚後皆如其言遷翰林侍講學士知制誥兼修國史轉中奉大夫集賢大學士未幾除江東建康道肅政廉訪使始視事見以獄具陳列庭下甚備問之乃前官紛製以待有罪者奕赫抵雅爾丁蹙然曰凡逮至臬司皆命官及有出身之吏廉得其情則將服罪獄具毋庸施也卽屏去之監憲一年贓吏削跡至大初元立尚書省拜參議尚書省事召至京師懇辭不就改立中書省復拜參議中書省事亦以疾辭延祐元年卒年四十有七

脫烈海牙

脫烈海牙畏吾氏世居別失拔里之地曾祖闊華八撒朮當太祖西征導其主亦都護迎降帝嘉其有識欲官之辭以不敏祖八剌朮始從眞定仕至帥府鎭撫富而樂施或貸不償則火其券人稱爲長者父闊里赤性純正知讀書脫烈海牙幼嗜學警敏絕人性整暇雖居倉卒未嘗見其急遽喜從文士游犬馬聲色之娛一無所好由中書宣使出爲寧晉主簿改隆平縣達魯花赤均賦興學邵農平訟橋梁水防備荒之政無一不舉及滿去民勒石以紀其政拜監察御史時江西胡參政殺其弟訟久不決脫烈海牙一訊竟伏其辜出僉燕南道肅政廉訪司事務存大體不事苛察在任六年黜汙吏百四十有奇召爲戶部郎中轉右司員外郎陞右司郎中贊書之力居多仁宗在東宮知其嗜學出祕府經籍及聖賢圖像以賜時人榮之母霍氏卒哀毀骨立事聞賜鈔五萬貫給葬事起爲吏部尚書量能敘爵以平允稱改禮部尚書領會通館事進中奉大夫荊湖北道宣慰使適峽人艱食脫烈海牙先發廩賑之而後以聞朝議韙之至治三年遷淮東宣慰使七月以疾卒于廣陵年六十有七贈通奉大夫河南江北等處行中書省參知政事護軍追封恒山郡公弟觀音奴廉明材幹亦仕至清顯云

元史卷一百三十八

明翰林學士亞中大夫知制誥兼修國史宋　濂等修

列傳第二十五

康里脫脫

康里脫脫父曰牙牙由康國王封雲中王阿沙不花之弟也脫脫姿貌魁梧少時從其兄幹禿蠻獵於燕南幹禿蠻使歸獻所獲世祖見其骨氣沉雄步履莊重歎曰後日大用之才已生於今卽命入宿衛成宗初丞相伯顏在北鄙脫脫奉詔以名鷹賜伯顏伯顏見之驚問曰汝爲何人子脫脫以實對伯顏語之曰吾老矣他日可大用者未見汝比大德三年武宗以皇子撫軍北鄙脫脫從行五年叛王海都犯邊脫脫從武宗討之師次杭海進擊海都大破其衆脫脫手斮一士之首連背胛以獻武宗壯之兵之始交也武宗銳欲出戰脫脫執轡力諫武宗怒揮鞭抶其手不退乃止已而武宗與大將朶兒答哈語及之朶兒答哈曰太子在軍中如身有首如衣有領脫有不虞衆安所附脫脫之諫可謂忠矣武宗深然之成宗大漸丞相哈剌哈孫答剌罕稱疾臥直廬中脫脫適以使事至京師卽俾馳告武宗以國恤語在阿沙不花傳時仁宗奉興聖太后至自懷孟旣定內難而太后以兩太子星命付陰陽家推算問所宜立者曰重光大荒落有災旃蒙作噩長久重光爲武宗年榦旃蒙爲仁宗年榦於是太后頗惑其言遣近臣朶耳諭旨武宗曰汝兄弟二人皆我所出豈有親疏陰陽家所言運祚修短不容不思武宗聞之默然進脫脫而言曰我捍禦邊陲勤勞十年又次序居長神器所歸灼然何疑今太后以星命休咎爲言天道茫昧誰能豫知設使我卽位之後所設施者上合天心下副民望則雖一日之短亦足垂名萬年何可以陰陽之言而乖祖宗之託哉此蓋近日任事之臣擅權專殺恐我他日或治其罪故爲是奸謀動搖大本耳脫脫汝爲我往察事機疾歸報我脫脫承命卽行武宗親率大軍由西道進按灰由中道牀兀兒由東道各以勁卒一萬從脫脫馳至大都入見太后道武宗所授旨以聞太后愕然曰修短之說雖出術家爲太子周思遠慮乃出我深愛貪慈已除宗王大臣議已定太子不速來何爲時諸王禿剌等侍咸曰臣下翊戴嗣君無二心者旣而太后仁宗屏左右留脫脫與語曰太子天性孝友中外屬望今聞汝所致言殆有讒間汝歸速爲我彌縫闕失使我骨肉無間相見怡愉則汝功爲不細矣脫脫頓首謝曰太母太弟不煩過慮臣侍藩邸歷年頗見信任今歸當卽推誠竭忠以開釋太子後日三宮共處靡有嫌隙斯爲脫脫所報効矣先是太后以武宗遲迴不至已遣阿沙不花往道諸王羣臣推戴之意及是脫脫繼往行至旺古察武宗在馬轎中望見其來趣使疾馳與之共載脫脫具致太后仁宗之語武宗乃大感悟釋然無疑遂遣阿沙不花還報仁宗卽日命駕奉迎于上都武宗正位宸極尊太后爲皇太后立仁宗爲皇太子三宮協和脫脫兄弟之力爲多脫脫之至京師也武宗嘗命其同知樞密院比還問曾視事否脫脫對曰今正殿未御宗親未見爲扈從之臣攙取名位誠恐有累聖德是以未敢祗事武宗嘉歎久之知樞密院只兒哈忽在潛邸時常有不遜語將寘于法脫脫諫曰陛下新正位大信未立而輒行誅戮知者以爲彼自有罪不知者以爲報仇恐人人自危況只兒哈忽習於先朝典故今固不可少也乃宥之繼海都而王者曰察八兒素服武宗威名至是率諸王內附詔特設宴於大庭故事凡大宴必命近臣敷宣王度以爲告戒脫脫薦只兒哈忽令具其言以進果稱旨武宗歎曰博爾忽博爾朮前朝人傑脫脫今世人傑也卽以所進之言授脫脫及諸王大臣被宴服就列脫脫卽席陳西北諸藩始終離合之由去逆効順之義辭旨明暢聽者傾服自同知樞密院事進中書平章政事拜御史大夫遷江南行臺御史大夫尋召拜錄軍國重事中書省丞相脫脫知無不言言無不行中外翕然稱爲賢相至大三年尚書省立遷右丞相三寶奴等勸武宗立皇子爲皇太子脫脫方獵于柳林遣使亟召之還三寶奴曰建儲議急故相召耳脫脫驚曰何謂也曰皇子寖長聖體近日倦勤儲副所宜早定脫脫曰國家大計不可不愼曩者太弟躬定大事功在宗社位居東宮已有定命自是兄弟叔姪世世相承孰敢紊其序者我輩臣子於國憲章縱不能有所匡贊何可隳其成三寶奴曰今日兄已授弟後日叔當授姪能保之乎脫脫曰在我不可渝彼失其信天實鑒之三寶奴雖不以爲然而莫能奪其議也是時尚書省暘子無節遷敘無法財用日耗名爵日濫脫脫進言曰爵賞者帝王所以用人也今爵及比德賞及罔功緩急之際何所賴乎中書所掌錢糧工役選法刑獄十有二事若從臣言恪遵舊制則臣願與諸賢黽勉從事不然用臣何補遂有詔俾濫受宣勑者赴所屬繳納僥倖之路旣塞奔競之風頓衰中臺有贓罰鈔五百萬緡脫脫請出以賑孤寡老疾諸窮而無告者宗王南忽里部人告其主爲不軌脫脫辯其誣抵告者罪宗王牙忽禿徵其舊民於齊王八不沙部中鄰境諸王欲奉齊王攻牙忽禿齊王懼奔牙忽禿以避之遂告齊王反脫脫簿問得實乃釋齊王而徙諸王于嶺南邊將脫火赤請以新軍萬人益宗王丑漢廷議俾脫脫往給其資裝脫脫謂時方寧謐不宜挑變生事辭不行遂遣丞相禿忽魯等二人往給之幾以激變四年正月復爲中書左丞相仁宗卽位眷待彌篤欲使均逸于外二月拜江浙行省左丞相下車進父老問民利病咸謂杭城故有便河通于江淤堙廢已久若疏鑿以通舟楫

物價必平僚佐或難之脫脫曰吾陛辭之日密旨許以便宜行事民以爲便行之可也俄有旨禁勿輿土功脫脫曰敬天莫先勤民民蒙其利則災沴自弭土功何尤不一月而成是時鐵木迭兒爲丞相欲固位取寵乃議立仁宗子英宗爲皇太子而明宗以武宗子封周王出鎮于雲南又譖脫脫爲武宗舊臣詔逮至京師居數日牀兀兒失列門傳兩宮旨諭脫脫曰初疑汝親於所事故召汝今察汝無他其復還鎮脫脫入謝太后曰臣雖被先帝知遇而受太后及今上恩不爲不深豈敢昧所自乎還江浙未幾遷江西行省左丞相英宗嗣位召拜御史大夫時帖赤先爲大夫陰忌之奏改江南行臺御史大夫復嗾言者劾其擅離職守將徙之雲南會帖赤伏誅乃解家居不出者五年泰定四年薨年五十六至正初贈推誠全德守義佐運功臣太師開府儀同三司上柱國追封和寧王謚忠獻脫脫嘗卽宣德別墅延師以訓子鄉人化之皆向學朝廷賜其椅舍額曰景賢書院爲設學官其没也卽其中祠焉子九人其最顯者二人曰鐵木兒塔識曰達識帖睦邇各有傳

燕鐵木兒

燕鐵木兒欽察氏牀兀兒第三子世系見土土哈傳武宗鎮朔方備宿衛十餘年特愛幸之及卽位拜正奉大夫同知宣徽院事皇慶元年襲左衛親軍都指揮使泰定二年加太僕卿三年遷同僉樞密院事致和元年進僉書樞密院事泰定帝崩于上都丞相倒刺沙專政宗室諸王脫脫王禪附之利於立幼燕鐵木兒時總環衛事留大都自以身受武宗寵拔之恩其子宜纂大位而一居朔漠一處南陲實天之所置將以啓之由是與公主察吉兒族黨阿刺帖木兒及腹心之士孛倫赤刺刺等議以八月甲午昧爽率勇士納禿曾等入興聖宮會集百官執中書平章烏伯都刺伯顏察兒兵皆露刃誓衆曰祖宗正統屬在武皇帝之子敢有不順者斬衆皆潰散遂捕姦黨下獄而與西安王阿刺忒納失里入守內庭分處腹心於樞密自東華門夾道重列軍士使人傳命往來其中以防漏泄卽命前河南行省叅知政事明里董阿前宣政院使荅刺麻失里乘驛迎文宗于中興且令密以意諭河南行省平章伯顏選兵備扈從於是封府庫拘百司印遣兵守諸要害推前湖廣行省左丞相別不花爲中書左丞相詹事塔失海涯爲平章前湖廣行省右丞速速爲中書左丞前陝西行省叅政王不憐吉台爲樞密副使蕭忙古䚟仍爲通政院使與中書右丞趙世延樞密同僉燕鐵木兒通政院使寒食分典庶務貸在京寺觀鈔募死士買戰馬運京倉粟以餉守禦士卒復遣使於各行省徵發錢帛兵器當時有諸衛軍無統屬者又有謁選及罷退軍官皆給之符牌以待調遣旣受命未知所謝注目而立乃指使南向拜衆皆愕然始知有定向矣燕鐵木兒宿衛禁中夜則更遷無定居坐以待旦者將一月第撒敦子唐其勢時留上都密遣塔失帖木兒召之皆棄其妻子來歸丁酉再遣撒里不花鎮南班往中興趣大駕早發令塔失帖木兒設爲南使云諸王帖木兒不花寬徹普化湖廣河南省臣及河南都萬戶合軍扈駕旦夕且至民勿疑懼丁未命撒敦以兵守居庸關唐其勢屯古北口戊申復令乃馬台爲北使稱明宗從諸王兵整駕南轅中外乃安辛亥撒里不花自中興云乘輿已啓塗詔拜燕鐵木兒知樞密院事丙辰率百官備法駕郊迎丁巳文宗至京師入居大內己未上都王禪及太尉不花丞相塔失帖木兒平章買閭御史大夫紐澤等軍次榆林九月庚申詔燕鐵木兒帥師禦之撒敦先驅至榆林西乘其未陣薄之北軍大敗甲子詔還都戊辰遼東平章禿滿迭兒以兵犯遷民鎮斬關以入遣撒敦往拒至薊州東沙流河累戰敗之燕鐵木兒以爲擾攘之際不正大名不足以係天下之志與諸王大臣伏闕勸進文宗固辭曰大兄在朔方朕敢紊天序乎燕鐵木兒曰人心向背之機間不容髮一或失之噬臍無及文宗悟乃曰必不得已當明詔天下以著予退讓之意而後可壬申文宗卽位改元天歷赦天下癸酉封燕鐵木兒爲太平王以太平路爲其食邑甲戌加開府儀同三司上柱國錄軍國重事中書右丞相監修國史知樞密院事賜黃金五百兩白金二千五百兩鈔一萬錠金素織段色繒二千匹海東白鶻一青鶻二豹一平江官地五百頃卽日詔將兵出薊州拒禿滿迭兒乙亥次三河而王禪等軍已破居庸關遂進屯三冢丙子燕鐵木兒蓐食倍道而還丁丑抵榆河關帝出都城將親督戰燕鐵木兒單騎請見曰陛下出民心必驚凡剪寇事一以責臣願陛下亟還宮以安黎庶文宗乃還明日丁丑阿速衞指揮使忽都不花塔海帖木兒同知太不花構變事覺械送京師斬以狥己卯與王禪前軍遇于榆河北我師奮擊敗之追至紅橋北王禪將樞密副使阿刺帖木兒指揮忽都帖木兒引兵會戰阿刺帖木兒執戈入刺燕鐵木兒側身以刀格其戈就斫之中左臂部將和尚馳擊忽都帖木兒亦中左臂二人驍將也敵爲奪氣遂卻因據紅橋兩軍阻水而陣命善射者射之遂退師于白浮南命知院也速答兒八都兒亦訥思等分爲三隊張兩翼以角之敵軍敗走辛巳敵軍復合鏖戰于白浮之野周旋馳突戈戟戛靡燕鐵木兒手斃七人會日晡對壘而宿夜二鼓遣阿刺帖木兒孛倫赤岳來吉將精銳百騎鼓譟射其營敵衆驚擾互自相擊至旦始悟人馬死傷無數明日天大霧獲敵卒二人云王禪等脫身竄山谷矣癸未天清明王禪集散卒成列出山我師駐白浮西堅壁不動是夜又命撒敦潛軍繞其後部曲八都兒壓其前夾營吹銅角以震盪之敵不悟而亂自相撾擊三鼓後乃西遁遲明追及昌平北斬首數千級降者萬餘人帝遣賜上尊諭旨曰丞相每戰親冒矢石脫有不虞其若宗社何自今後但凭高督戰察將士之用命不用命者以賞罰之可也對曰臣以身先之爲諸將法敢後者軍法從事託之諸將萬一失利悔將何及是日敵軍再戰再北王禪單騎亡命也速答兒也不倫撒敦追之就命也速答兒及僉院徹里帖木兒統卒三萬守居庸關還至昌平南俄報古北口不守上都軍掠石槽丙戌遣撒敦爲先驅燕鐵木兒以大軍繼其後至石槽敵軍方炊掩其不備直蹂之大軍并進追擊四十里至牛頭山擒駙馬孛羅帖木兒平章蒙古荅失牙失帖木兒院使撒兒討溫等獻俘闕下戮之各衞將士降者不可勝紀餘兵奔竄夜遣撒敦襲之逐出古北口丁亥禿滿迭兒及諸王也先帖不兒軍陷通州將襲京師燕鐵木兒急引軍還十月己丑朔日將昏至通州乘其初至擊之敵軍狼狽走渡潞河庚寅夾河而軍敵列植黍稭衣以氈衣然火爲疑兵夜遁辛卯率師渡河追之癸巳駐檀子山之棗林也速帖木兒禿滿迭兒合陽翟王太平國王朶羅台平章塔海軍來鬭士皆殊死戰至晚唐其勢陷陣殺太平死者蔽野餘兵宵潰已而撒敦將輕兵要之弗及而還乙未上都諸王忽刺台指揮阿刺鐵木兒安童入紫荆關犯良鄉游騎逼南城燕鐵木兒卽率諸將兵循北山而西令脫銜繫囊盛芻豆以飼馬士行且食晨夜兼程至于盧溝河忽刺台聞之望風西走是日凱旋入自肅清門都人羅拜馬首以謝更生之惠燕鐵木兒曰此皆天子威靈吾何力焉入見帝大悅賜燕興聖殿盡懽而罷賜太平王黃金印并降制書及賜玉盤龍衣珠衣寶珠金腰帶等物是日撒敦遣報禿滿迭兒軍復入古北口燕鐵木兒遂以師赴之戰于檀州南野敗之東路蒙古萬戶哈刺那懷率麾下萬人降餘兵東潰禿滿迭兒走還遼東獲忽刺台阿刺帖木兒安童朶羅台塔海等戮之先是齊王月魯帖木兒東路蒙古元帥不花帖木兒聞文宗卽位乃起兵趍上都圍之時上都屢敗勢蹙壬寅倒刺沙肉袒奉皇帝寶出請死齊王調兵護送至京師庚戌文宗御興聖殿受皇帝寶下倒刺沙于獄兩都平丁巳加燕鐵木兒以答刺罕之號使其世世子孫襲之仍賜珠衣二七寶束帶一白金甕一黃金瓶二海東白鶻三青鶻三白鷹一豹二十十二月置龍翊衞命領其事先是至治二年以欽察衞士多爲千戶所者凡三十五故分置左右二衞至是又折爲龍翊衞二年立都督府以統左右欽察龍翊三衞哈刺魯東路蒙古二萬戶府東路蒙古元帥府而以燕鐵木兒兼統之尋陞爲大都督府燕鐵木兒乞解相印還宿衞帝勉之曰卿已爲省院惟未入臺其聽後命二月遷御史大夫依前開府儀同三司上柱國錄軍國重事太平王未幾復拜中書右丞相監修國史知樞密院事領都督府龍翊侍衞親軍都指揮使司事就佩元降虎符依前開府儀同三司上柱國錄軍國重事答刺罕太平王先是文宗以天下旣定可行初志遣治書侍御史撒迪迎大兄明宗于漠北三月辛酉乃詔燕鐵木兒護璽寶北上明宗嘉其功五月特拜開府儀同三司上柱國錄軍國重事中書右丞相監修國史大都督領龍翊親軍都指揮使事答刺罕太平王六月加拜太師餘如故從明宗南還八月朔明宗次王忽察都之地文宗以皇太子見庚寅明宗暴崩燕鐵木兒以皇后命奉皇帝璽寶授文宗疾驅而還晝則率宿衞士以扈從夜則躬擐甲胄繞幄殿巡護癸巳達上都遂與諸王大臣陳勸復正大位己亥文宗復卽位於上都十二月丁亥文宗以燕鐵木兒有大勳勞于王室封其曾祖父班都察溧陽王曾祖妣王龍徹溧陽王夫人祖父土土哈昇王祖妣太塔你昇王夫人父牀兀兒揚王母也先帖你公主察吉兒竝爲揚王夫人三年二月文宗欲昭其勳詔命禮部尚書馬祖常製文立石於北郊至順元年五月乙丑帝又以屢頒寵數未足以報大勳下詔命獨爲丞相以尊異之詔曰燕鐵木兒勳勞惟舊忠勇多謀奮大義以成功致治平於期月宜專獨運以重秉鈞授以開府儀同三司上柱國太師太平王答刺罕中書右丞相錄軍國重事監修國史提調燕王宮相府事大都督領龍翊親軍都指揮使司事凡號令刑名選法錢糧造作一切中書政務悉

聽總裁諸王公主駙馬近侍人員大小諸衙門官員人等敢有隔越聞奏以違制論六月知樞密院事闊徹伯脫脫木兒等十人惡其權勢之重欲謀害之也的迷失脫迭以其謀告燕鐵木兒即率欽察軍掩捕按問皆誅之二年二月爲建第於興聖宮之西南三月賜鷹坊百人十一月癸未詔養其子塔剌海爲子辛酉以燕鐵木兒兼奎章閣太學士領奎章閣學士院事賜龍慶州之流盃園池水磑土田又賜平江松江江陰蘆場蕩山沙塗沙田等地因言平江松江圩田五百頃有奇糧七千七百石願增爲萬石入官以所得餘米贍弟撒敦詔從之四年文宗大漸遺詔立兒明宗之子已而文宗崩明宗次子懿璘質班即位四十三日而崩文宗后臨朝燕鐵木兒與羣臣議立文宗子燕帖古思文宗后曰天位至重吾兒年方幼沖豈能任耶明宗有子妥懽貼睦爾出居廣西今年十三矣可嗣大統於是奉太后命召還京師至良鄉具鹵簿迎之燕鐵木兒與之竝馬而行於馬上舉鞭指畫告以國家多難遣使奉迎之故而妥懽貼睦爾卒無一語酬之燕鐵木兒疑其意不可測且明宗之崩實與逆謀恐其即位之後追舉前事故宿留數月而心志日以昏亂先是燕鐵木兒自秉大權以來挾震主之威肆意無忌一宴或宰十三馬取泰定帝后爲夫人前後尚宗室之女四十人或有交禮三日遽遣歸者而後房充斥不能盡識一日宴趙世延家男女列坐名鴛鴦會見座隅一婦色甚麗問曰此爲誰意欲與俱歸左右曰此太師家人也至是荒淫日甚體羸溺血而薨燕鐵木兒既死妥懽貼睦爾始即位是爲順帝乃以撒敦爲左丞相唐其勢爲御史大夫元統二年四月命唐其勢總管高麗女直漢軍萬戶府達魯花赤授撒敦開府儀同三司上柱國錄軍國重事答剌罕榮王大傅中書左丞相賜廬州路爲食邑宥世世子孫九死贈燕鐵木兒太師公忠開濟弘謨同德協運佐命功臣開府儀同三司太師中書右丞相上柱國追封德王謚忠武至元元年三月立燕鐵木兒女伯牙吾氏爲皇后是時撒敦已死唐其勢爲中書左丞相伯顏獨用事唐其勢忿曰天下本我家天下也伯顏何人而位居吾上遂與撒敦弟答里潛蓄異心交通所親諸王晃火帖木兒謀援立以危社稷帝數召答里不至郯王徹徹禿遂發其謀六月三十日唐其勢伏兵東郊身率勇士突入宮闕伯顏及完者帖木兒定住闊里吉思等掩捕獲之唐其勢及其弟塔剌海皆伏誅而其黨北奔答里所答里即應以兵殺使者哈兒哈倫阿魯灰用以禡旗帝遣阿弼諭之又殺阿弼而率其黨和尚剌剌等逆戰爲擲思監火兒灰哈剌那海等所敗遂奔晃火帖木兒命孛羅晃火兒不花追襲之力窮勢促阿魯渾察執答里等送上都戮之晃火帖木兒自殺怯薛官阿察赤亦預唐其勢之謀欲殺伯顏後擒付有司具伏其辜伏誅初唐其勢事敗被擒攀折殿檻不肯出塔剌海走匿皇后坐下后蔽之以衣左右曳出斬之血濺后衣伯顏奏曰豈有兄弟爲逆而皇后黨之者并執后后呼帝曰陛下救我帝曰汝兄弟爲逆豈能相救邪乃遷皇后出宮尋酖之于開平民舍遂簿錄唐其勢家

伯顏

伯顏蔑兒吉䚟氏曾大父探馬哈兒給事宿衛大父稱海從憲宗伐宋歿於王事父謹只兒總宿衛隆福太后宮伯顏弘毅深沉明達果斷年十五奉成宗命侍武宗于藩邸大德三年從北征海都五年從至迭怯里古之地力戰又至哈剌塔之地累捷功爲諸將先十年斡羅思失班等逃奔察八兒之地武宗命伯顏追降之十一年武宗大會諸王駙馬於和林錫號曰伯顏拔都兒武宗即位拜吏部尚書俄改尚服院使又拜御史中丞至大二年十一月拜尚書平章政事特賜蛟龍虎符領右衛阿速親軍都指揮使司達魯花赤三年加特進延祐三年仁宗命爲周王常侍府常侍四年拜江南行臺御史中丞五年就陞御史大夫六年拜江浙行省平章政事七年拜陝西行臺御史大夫至治二年復遷南臺御史大夫泰定二年遷江西行省平章政事三年遷河南行省平章政事舊所賜河南田五千頃以二千頃奉帝師祝釐八百頃助給宿衛自取不及其半宿姦頑豪富毒民者必深治之致和元年七月泰定帝崩八月丞相燕鐵木兒遣明里董阿迎立武宗子懷王於江陵道過河南使以謀密告伯顏伯顏歎曰此吾君之子也吾夙荷武皇厚恩委以心膂今爵位至此非覬萬一爲已富貴計大義所臨曷敢顧望即集僚屬明告以故於是會計倉廩府庫穀粟金帛之數乘輿供御牢餼膳羞徒旅委積士馬芻糒供億之須以及賞賚犒勞之用靡不備至不足則檄州縣募民折輸明年田租及貸商人貨貲約倍息以償又不足則邀東南常賦之經河南者輒止之以給其費徵發民丁增置驛馬補城櫓浚濠池修戰守之具嚴徼邏斥堠日被堅執銳與僚佐曹掾籌其便宜即遣蒙哥不花以其事馳告懷王又使羅里報燕鐵木兒曰公盡力京師河南事我當自効伯顏別募勇士五千人以迎帝于南而躬勒兵以俟叅政脫別台曰今蒙古軍馬與宿衛之士皆在上都而令探馬赤軍守諸隘吾恐此事之不可成也我等圖保性命他何計哉伯顏不從其言其夜脫別台手刃欲殺伯顏爲變伯顏覺遂拔劍殺之奪其所部軍器收馬千二百騎懷王命撒里不花拜伯顏河南行省左丞相懷王至河南伯顏屬櫜鞬擐甲胄與百官父老導入咸俯伏稱萬歲即上前叩頭勸進懷王解金鎧御服寶刀及海東白鶻文豹賜伯顏明日扈從北行九月懷王即皇帝位是爲文宗特加伯顏銀青榮祿大夫仍領宿衛尋加太尉賜黃金二百五十兩白金一千兩楮幣二十五萬緡進開府儀同三司錄軍國重事御史大夫中政院使天歷二年正月拜太保二月加授儲慶使加賜虎符特授忠翊侍衛親軍都指揮使未幾明宗即位文宗居東宮拜太子詹事太保開府如故八月拜中書左丞相明宗崩文宗嗣位加儲政院使三年正月拜知樞密院事至順元年文宗以伯顏功大不有異數不足以報稱特命尚世祖闊出太子女孫曰卜顏的斤分賜虎士三百怯薛丹百默而吉軍百阿速軍百隸左右宿衛又賜黃金雙龍符鐫文曰廣忠宣義正節振武佐運功臣組以寶帶世爲明券又命凡宴飲視諸宗王禮二年八月進封浚寧王特加授侍正府侍正追封其先三世爲王又加伯顏昭功宣毅萬戶忠翊侍衛都指揮使三年拜太傅加徽政使八月文宗崩十月伯顏奉太皇太后命立明宗之子懿璘質班是爲寧宗十一月寧宗崩四年六月順帝至自南服入踐大位嘉伯顏翊戴之功拜中書右丞相上柱國監修國史元統二年進太師奎章閣大學士領太史院兼領司天監威武阿速諸衛奏復經筵加知經筵事十一月進封秦王繼領太禧宗禋院中政院宣政院隆祥使司宮相諸內府總領蒙古欽察斡羅思諸衛親軍都指揮使三年六月唐其勢及其弟塔剌海私蓄異志謀危社稷伯顏奉詔誅之餘黨稱兵又親率師往上都擊破其衆七月伯顏鴆殺皇后伯牙吾氏爲匿唐其勢塔剌海于后宮伯顏怒曰豈有兄弟謀不軌而姊妹黨之者乎遂鴆之詔諭天下用國初故事賜伯顏以塔剌罕之號俾世襲之至元元年伯顏贊帝率遵舊章奏寢妨農之務停海內土木營造四年息彰德萊蕪冶鐵一年罷京圻漕戶雜徭減河間兩淮福建鹽額歲十八萬五千有奇賑沙漠貧戶及南北饑民至千萬計帝允而行之其知經筵日當進講必與講官敷陳格言以盡啓沃之道太皇太后賜第時雍坊有旨雄麗視諸王邸伯顏力辭制度務從損約四年求解政柄三宮交勉留五年十月詔爲大丞相加號元德上輔賜七寶玉書龍虎金符鐫刻如前先數日伯顏面奏請以賜田歲入所積鈔一萬錠賑帖列堅末隣納隣三道驛置及關北十三驛之困乏者然伯顏自誅唐其勢之後獨秉國鈞專權自恣變亂祖宗成憲虐害天下漸有姦謀帝患之初伯顏欲以其姪脫脫宿衛伺帝起居慴涉物議乃以樞密知院汪家奴翰林承旨沙剌班同侍禁近實屬意脫脫故脫脫政令日修而衛士拱聽約束伯顏自領諸衛精兵以燕者不花爲屏蔽導從之盛塡溢街衢而帝側儀衛反落落如晨星勢燄薰灼天下之人惟知有伯顏而已脫脫深憂之乘間自陳忘家狥國之意帝猶未之信遣阿魯世傑班日以忠義與之往復論難益知其心無他遂聞于帝帝始無疑是年車駕自上都還京伯顏數以兵巡行紅城諸處歸輒在後三人謀益堅伯顏不知益逞凶虐搆陷郯王徹徹篤奏賜死帝未允輒傳旨行刑復奏貶宣讓王帖木兒不花威順王寬徹普化辭色憤厲不待旨而行帝益忿之伯顏且日益立威鍜鍊諸獄延及無辜六年二月伯顏自領兵衞請帝出田脫脫告帝托疾不往伯顏固請太子燕帖古思出大柳林脫脫欲有所爲遂與世傑班阿魯合議白于帝戊戌脫脫悉拘門鑰受密旨領軍阿魯世傑班侍帝側傳命是夜帝御玉德殿士符檄發號令詳見脫脫傳中夜二鼓遣太子怯薛月可察兒率三十騎抵太子營取之入城夜半見帝四鼓命只兒瓦歹奉詔往柳林出伯顏爲河南行省左丞相己亥伯顏遣人來城下問故脫脫倨城門上宣言有旨黜丞相一人諸從官無罪可各還本衛伯顏奏乞陛辭不許遂行道出眞定父老奉觴酒以進伯顏問曰爾曾見子殺父事耶父老曰不曾見子殺父惟見臣殺君伯顏俛首有慙色三月辛未詔徙南恩州陽春縣安置病死于龍興路驛舍

馬札兒台

馬札兒台世系見兄伯顏傳馬札兒台蚤扈從武宗後侍仁宗於潛邸出入恭謹涖事敏達仁宗說之及立爲皇太子以爲中順大夫典用太監尋遷吏部郎中陞侍郎進兵部尚書遷利用卿進度支卿轉同知典瑞院事陞院使歷大都路達魯花赤佩虎符領虎賁親軍都指揮使泰定四年拜陝西行臺治書侍御史關陝大饑賑

貸有不及者盡出私財以周貧民所活甚衆轉太府卿又轉都功德使改宣政使三遷皆仍太府卿佩元降虎符領高麗女直漢軍萬戶府達魯花赤拜御史大夫仍領高麗女直漢軍兼右衞阿速親軍都指揮使司達魯花赤提調承徽寺尋遷知樞密院事兼前職加提調武備寺事加金牌領欽察闖闖帖木兒千戶所又仍以知樞密院事加鎮守海口侍衞親軍屯儲都指揮使司達魯花赤餘如故至元三年議進爵封王辭以兄伯顏既封秦王兄弟不宜並王乃拜太保分樞密院往鎮北邊至鎮邊民藏有徭役悉蠲除之後爲定例六年伯顏既罷黜召拜太師中書右丞相奏罷各處船戶提舉廣東採珠提舉二司兼領右衞阿速軍又兼領羣牧監未幾以疾辭帝優詔起之其請益堅遂以太師就第明年以其子脫脫爲右丞相而封馬札兒台爲忠王至正七年別兒怯不花譖于帝詔安置甘肅以疾薨年六十三馬札兒台所至不以察察爲明赫赫爲威僚屬各効其勤至於事功既成未嘗以爲己出也以仁宗寵遇之深忌日必先百官詣原廟致敬或一食一果之美必持獻廟中仁宗嘗建寺雲州九峯山未成而崩馬札兒台以私財成之曰是雖未足以報先帝之恩而先帝嘗駐蹕於玆誠不忍過其所而坐視蕪廢也又建寺都城健德門東十二年特命改封德王令翰林儒臣製詞立碑仍賜旌忠昭德之額長子脫脫次子也先帖木兒

脫脫字大用生而岐嶷異於常兒及就學請於其師浦江吳直方曰使脫脫終日危坐讀書不若日記古人嘉言善行服之終身耳稍長膂力過人能挽弓一石年十五爲皇太子怯憐口怯薛官天歷元年襲授成製提舉司達魯花赤二年入覲文宗見之悅曰此子後必可大用遷內宰司丞兼前職五月命爲府正司丞至順二年授虎符忠翊侍衞親軍都指揮使元統二年同知宣政院事兼前職五月遷中政使六月遷同知樞密院事至元元年唐其勢陰謀不軌事覺伏誅其黨答里及剌剌等稱兵外應脫脫選精銳與之戰盡禽以獻歷太禧宗禋院使拜御史中丞虎符親軍都指揮使提調左阿速衞四年進御史大夫仍提調前職大振綱紀中外肅然扈從上都還至雞鳴山之渾河帝將畋于保安州馬蹶脫脫諫曰古者帝王端居九重之上日與大臣宿儒講求治道至於飛鷹走狗非其事也帝納其言授金紫光祿大夫兼紹熙宣撫使是時其伯父伯顏爲中書右丞相既誅唐其勢益無所忌擅爵人赦死罪任邪佞殺無辜諸衞精兵收爲已用府庫錢帛聽其出納帝積不能平脫脫雖幼養於伯顏常憂其敗私請於其父曰伯父驕縱已甚萬一天子震怒則吾族赤矣曷若於未敗圖之其父以爲然復懷疑久未決質之直方直方曰傳有之大義滅親大夫但知忠於國家耳餘復何顧焉當是時帝之左右前後皆伯顏所樹親黨獨世傑班阿魯爲帝腹心日與之處脫脫遂與二人深相結納而錢唐楊瑀嘗事帝潛邸爲奎章閣廣成局副使得出入禁中帝知其可用每三人論事使瑀參焉五年秋車駕留上都伯顏時出赴應昌脫脫與世傑班阿魯謀欲禦之東門外讋弗勝而止會河南范孟矯殺省臣事連廉訪使段輔伯顏風臺臣言漢人不可爲廉訪使時別兒怯不花亦爲御史大夫畏人之議已辭疾不出故其章未上伯顏促之急監察御史以告脫脫脫脫曰別兒怯不花位吾上且掌印我安敢專邪別兒怯不花聞之懼且將出脫脫度不能遏謀於直方直方曰此祖宗法度決不可廢盍先爲上言之脫脫入告于帝及章上帝如脫脫言伯顏知出於脫脫大怒言於帝曰脫脫雖臣之子其心專佑漢人必當治之帝曰此皆朕意非脫脫罪也及伯顏擅貶宣讓威順二王帝不勝其忿決意逐之一日泣語脫脫脫脫亦泣下歸與直方謀直方曰此宗社安危所繫不可不密議論之際左右爲誰曰阿魯及脫脫木兒直方曰子之伯父挾震主之威此輩苟利富貴其語一泄則主危身戮矣脫脫乃延二人于家置酒張樂晝夜不令出遂與世傑班阿魯議候伯顏入朝禽之戒衞士嚴宮門出入螭坳悉爲置兵伯顏見之大驚召脫脫責之對曰天子所居防禦不得不爾伯顏遂疑脫脫益增兵自衞六年二月伯顏請太子燕帖古思獵于柳林脫脫與世傑班阿魯合謀以所掌兵及宿衞士拒伯顏戊戌遂拘京城門鑰命所親信列布城門下是夜奉帝御玉德殿召近臣汪家奴沙剌班及省院大臣先後入見出五門聽命又召瑀及江西范匯入草詔數伯顏罪狀詔成夜已四鼓命中書平章政事只兒瓦歹賫赴柳林己亥脫脫坐城門上而伯顏亦遣騎士至城下問故脫脫曰有旨逐丞相伯顏所領諸衞兵皆散而伯顏遂南行詳見伯顏傳中事定詔以馬札兒台爲中書右丞相脫脫知樞密院事虎符忠翊衞親軍都指揮使提調武備寺阿速衞千戶所兼紹熙等處軍民宣撫都總使宣忠兀羅思護衞親軍都指揮使司達魯花赤昭功萬戶府都總使十月馬札兒台移疾辭相位詔以太師就第至正元年遂命脫脫爲中書右丞相錄軍國重事詔天下脫脫乃悉更伯顏舊政復科舉取士法復行太廟四時祭雪郯王徹徹禿之冤召還宣讓威順二王使居舊藩以阿魯圖正親王之位開馬禁減鹽額蠲負逋又開經筵遴選儒臣以勸講而脫脫實領經筵事中外翕然稱爲賢相二年五月用參議孛羅等言於都城外開河置閘放金口水欲引通州船至麗正門役丁夫數萬訖無成功事見河渠志三年詔修遼金宋三史命脫脫爲都總裁官又請修至正條格頒天下帝嘗御宣文閣脫脫前奏曰陛下臨御以來天下無事宜留心聖學頗聞左右多沮撓者設使經史不足觀世祖豈以是教裕皇哉卽秘書監取裕宗所授書以進帝大悅皇太子愛猷識理達臘嘗保育于脫脫家每有疾飲藥必嘗之而進帝嘗駐蹕雲州遇烈風暴雨山水大至車馬人畜皆漂溺脫脫抱皇太子單騎登山乃免至六歲還帝慰撫之曰汝之勤勞朕不忘也脫脫乃以私財造大壽元忠國寺於健德門外爲皇太子祝釐其費爲鈔十二萬二千錠四年閏月領宣政院事諸山主僧請復僧司且曰郡縣所苦如坐地獄脫脫曰若復僧司何異地獄中復置地獄邪時有疾漸羸且術者亦言年月不利乃上表辭位帝不允表凡十七上始從之有旨封鄭王食邑安豐賞賚巨萬俱辭不受乃賜松江田爲立稻田提領所以領之七年別兒怯不花爲右丞相以宿憾譖其父馬札兒台詔徙甘肅脫脫力請俱行在道則閱騎乘廬帳食則視其品之精粗及至其地馬札兒台安之復移西域撒思之地至河召還甘州就養十一月馬札兒台薨帝念脫脫勳勞召還京師八年命脫脫爲太傅提調宮傅綜理東宮之事九年朶兒只太平皆罷相遂詔脫脫復爲中書右丞相賜上尊名馬襲衣玉帶脫脫既復入中書恩怨無不報時開端本堂皇太子學於其中命脫脫領端本堂事又提調阿速欽察二衞內史府宣政院太醫院事十年五月居母薊國夫人憂帝遣近臣諭之俾出理庶務於是脫脫用烏古孫良楨龔伯遂汝中柏伯帖木兒等爲僚屬皆委以腹心之寄小大之事悉與之謀事行而羣臣不知也吏部尚書偰哲篤建言更造至正交鈔脫脫信之詔集樞密院御史臺翰林集賢院諸臣議之皆唯唯而已獨祭酒呂思誠言其不可脫脫不悅既而終變鈔法而鈔竟不行事見思誠傳河決白茅堤又決金堤方數千里民被其患五年不能塞脫脫用賈魯計請塞之以身任其事出告羣臣曰皇帝方憂下民爲大臣者職當分憂然事有難爲猶疾有難治自古河患卽難治之疾也今我必欲去其疾而人人異論皆不聽乃奏以賈魯爲工部尚書總治河防使發河南北兵民十七萬役之築決堤成使復故道凡八月功成事見河渠志於是天子嘉其功賜世襲荅剌罕之號又勅儒臣歐陽玄製河平碑以載其功仍賜淮安路爲其食邑郡邑長吏聽其自用已而汝潁之間妖寇聚衆反以紅巾爲號襄樊唐鄧皆起而應之十一年脫脫乃奏以弟御史大夫也先帖木兒爲知樞密院事將諸衞兵十餘萬討之克上蔡既而駐兵沙河軍中夜驚也先帖木兒盡棄軍資器械北奔汴梁收散卒屯朱仙鎮朝廷以也先帖木兒不習兵詔別將代之也先帖木兒徑歸昏夜入城仍爲御史大夫陝西行臺監察御史十二人劾其喪師辱國之罪脫脫怒乃遷西行臺御史大夫朶兒直班爲湖廣行省平章政事而御史皆除各府添設判官由是人皆莫敢言事十二年紅巾有號芝麻李者據徐州脫脫請自行討之以逯魯曾爲淮南宣慰使募鹽丁及城邑趫捷通二萬人與所統兵俱發九月師次徐州攻其西門賊出戰以鐵翎箭射馬首脫脫不爲動麾軍奮擊之大破其衆入其外郛明日大兵四集亟攻之賊不能支城破芝麻李遁去獲其黃繖旗鼓燒其積聚追擒其僞千戶數十人遂屠其城帝遣中書平章政事普化等卽軍中命脫脫爲太師依前右丞相趣還朝而以樞密院同知秃赤等進師平頴亳師還賜上尊珠衣白金寶鞍皇太子錫燕于私第詔改徐州爲武安州而立碑以著其績十三年三月脫脫用左丞烏古孫良楨右丞悟良哈台議屯田京畿以二人兼大司農卿而脫脫領大司農事西至西山東至遷民鎮南至保定河間北至檀順州皆引水利立法佃種歲乃大稔十四年張士誠據高郵屢招諭之不降詔脫脫總制諸王諸省軍討之黜陟予奪一切庶政悉聽便宜行事省臺院部諸司聽選官屬從行禀受節制西域西番皆發兵來助旌旗累千里金鼓震野出師之盛未有過之者師次濟寧遣官詣闕里祀孔子過鄒縣祀孟子十一月至高郵辛未至乙酉連戰皆捷分遣兵平六合賊勢大蹙俄有詔罪其老師費財以河南行省左丞相太不花中書平章政事月闊察兒知樞密院事雪雪代將其兵削其官爵安置淮安先是脫脫之西行也別兒怯不花欲陷之死哈麻屢言于帝召還近地脫脫深德之至是引爲中書右丞而是時脫脫信用汝中柏由左司郎中參議中

書省事平章以下見其議事莫敢異同惟哈麻不爲之下汝中栢因譖之脫脫改爲宣政院使位居第三於是哈麻深銜之哈麻嘗與脫脫議授皇太子册寶禮脫脫每言中宮有子將寘之何所以故久不行脫脫將出師也以汝中栢爲治書侍御史使輔也先帖木兒居中汝中栢恐哈麻必爲後患欲去之脫脫猶豫未決令與也先帖木兒謀也先帖木兒以其有功於已不從哈麻知之遂譖脫脫於皇太子及皇后奇氏會也先帖木兒方移疾家居監察御史袁賽因不花等承哈麻風旨上章劾之三奏乃允奪御史臺印出都門外聽旨以汪家奴爲御史大夫而脫脫亦有淮安之命十二月辛亥詔至軍中參議龔伯遂曰將在軍君命有所不受且丞相出師時嘗被密旨今奉密旨一意進討可也詔書且勿開開則大事去矣脫脫曰天子詔我而我不從是與天子抗也君臣之義何在弗從旣聽詔脫脫頓首謝曰臣至愚荷天子寵靈委以軍國重事蚤夜戰兢懼弗能勝一旦釋此重負上恩所及者深矣卽出兵甲及名馬三千分賜諸將俾各帥所部以聽月闊察兒雪雪節制客省副使哈剌荅曰丞相此行我輩必死他人之手今日寧死丞相前拔刀刎頸而死初命脫脫安置淮安俄有旨移置亦集乃路十五年三月臺臣猶以謫輕劾疏其兄弟之罪於是詔流脫脫于雲南大理宣慰司鎭西路流也先帖木兒于四川碉門脫脫長子哈剌章肅州安置次子三寶奴蘭州安置家產簿錄入官脫脫行至大理騰衝知府高惠見脫脫欲以女事之許築室一程外以居雖有加害者可以無虞脫脫曰吾罪人也安敢念及此巽辭以絕之九月遣官移置阿輕乞之地高惠以脫脫前不受其女故首發鐵甲軍圍之十二月己未哈麻矯詔遣使鴆之死年四十二訃聞中書遣尚舍卿七十六至其地易棺衣以斂脫脫儀狀雄偉頎然出於千百人中而器宏識遠莫測其蘊功施社稷而不伐位極人臣而不驕輕貨財遠聲色好賢禮士皆出于天性至於事君之際始終不失臣節雖古之有道大臣何以過之惟其惑於羣小急復私讎君子譏焉二十三年監察御史張冲等上章雪其寃於是詔復脫脫官爵并給復其家產召哈剌章三寶奴還朝而也先帖木兒是亦已死乃授哈剌章中書平章政事封申國公分省大同三寶奴知樞密院事二十六年監察御史聖奴也先撒都失里等復言奸邪構害大臣以致臨敵易將我國家兵機不振從此始錢糧之耗從此始盜賊縱橫從此始生民之塗炭從此始設使脫脫不死安得天下有今日之亂哉乞封一字王爵定謚及加功臣之號朝廷皆是其言然以國家多故未及報而國亡

元史卷一百三十九

明翰林學士亞中大夫知制誥兼修國史宋　濂等修

列傳第二十六

乃蠻台

乃蠻台木華黎五世孫曾祖曰孛魯祖曰阿禮吉失追封莒王謚忠惠父曰忽速忽爾嗣國王追封薊王乃蠻台身長七尺摯靜有威性明果善斷射能貫札大德五年奉命征海都朶哇以功賜貂裘白金授宣徽院使階榮祿大夫七年拜嶺北行省右丞舊制募民中糧以餉邊是歲中者三十萬石用事者挾私爲市殺其數爲十萬民進退失措乃蠻台請于朝凡所輸者悉受之以爲下年之數民感其德至治二年改甘肅行省平章政事佩金虎符甘肅歲糴糧於蘭州多至二萬石距寧夏各千餘里至甘州自甘州又千餘里始達亦集乃路而寧夏距亦集乃僅千里乃蠻台下諭令輓者自寧夏徑趨亦集乃歲省費六十萬緡天歷二年遷陝西行省平章政事關中大饑詔募民入粟予爵四方富民應命輸粟露積關下初河南饑告糴關中而關中民遏其糴至是關吏乃河南人修宿怨拒粟使不得入乃蠻台杖關吏而入其粟京兆民掠人而食之則命分健卒爲隊捕強食人者其患乃已時入關粟雖多而貧民乏鈔以糴乃蠻台取官庫未燬昏鈔得五百萬緡識以省印給民行用俟官給賑饑鈔如數易之先時民或就食他所多毀牆屋以往乃蠻台諭之曰明年歲稔爾當復還其勿毀之民由是不敢毀及明年還皆得按堵如初拜西行臺御史大夫賜金幣玩服等物奉命送太宗皇帝舊鑄皇兄之寶於其後嗣燕只哥䚟乃蠻台威望素嚴至其境禮貌益尊至順元年遷上都留守佩元降虎符虎賁親軍都指揮使進階開府儀同三司知嶺北行樞密院事封宣寧郡王賜金印尋奉命出鎭北邊錫子尤重國初諸軍置萬戶千戶百戶時金銀符未備惟加緵於槍以爲等威至是乃蠻台爲請于朝皆得綰符後至元三年詔乃蠻台襲國王授以金印繼又以安邊睦鄰之功賜珠絡半臂并海東名鷹西域文豹國制以此爲極恩六年拜嶺北行省左丞相仍前國王知行樞密院事至正二年遷遼陽行省左丞相以年踰六十上疏辭職歸念其軍士貧乏以麥四百石馬二百匹羊五百頭徧給之八年薨于家帝聞之震悼命有司厚致賻儀詔贈攄忠宣惠綏遠輔治功臣太師開府儀同三司上柱國追封魯王謚忠穆子二長野仙溥化入宿衞掌速古兒赤特授朝列大夫給事中拜監察御史繼除河西廉訪副使淮西宣慰副使累遷中書參知政事由御史中丞爲中書右丞次晃忽而不花

朶兒只

朶兒只木華黎六世孫脫脫子也朶兒只生一歲而孤稍長備宿衞事母至孝喜讀書不屑屑事章句於古君臣行事忠君愛民之道多所究心至治二年授中奉大夫集賢學士時年未及冠一時同寅如郭貫趙世延鄧文原諸老皆器重之天歷元年朶羅台國王自上都領兵至古北口與大都兵迎敵事定文宗殺朶羅台二年朶兒只襲國王位扈蹕上都詔便送至遼陽之國順帝至元四年朶羅台弟乃蠻台恃太師伯顏勢謂國王位乃其所當襲愬于朝伯顏妻欲得朶兒只大珠環價直萬六千錠朶兒只無以應則慨然曰王位我祖宗所傳不宜從人求買我從不得爲設爲之亦我宗族人耳於是乃蠻台以賂故得爲國王而除朶兒只遼陽行省左丞相以安靖爲治民用不擾六年遷河南行省左丞相爲政如在遼陽時先是河南范孟爲亂以詿誤連繫者千百計朶兒只至頗知其寃力欲直之而平章政事納麟乃元問官執其說不從已而納麟還言于朝以謂朶兒只心徇漢人朶兒只爲人寬弘有度亦不卹也至正四年遷江浙行省左丞相時杭城荐經災燬別兒怯不花先爲相庶務寬紓朶兒只繼之咸仍其舊民心翕然汀州冦竊發朶兒只調遣將士招捕之威信所及數月卽平帝嘉其績錫九龍衣上尊酒居二年方面晏然杭之耆老請建生祠如前丞相故事朶兒只辭之曰昔者我父平章官浙省我實生於此宜尔父老有愛於我我於尔杭人得無情乎然今天下承平我叨居相位於此唯知謹守法度不辱先人足矣何用虛名爲七年召拜御史大夫會丞相虛位秋拜中書左丞相冬陞右丞相監修國史而太平爲左丞相是時朝廷無事稽古禮文之事有墜必舉請賜經筵講官坐以崇聖學選清望官專典陳言以求治道嚴守令六事沙汰僧尼舉隱逸士事見太平傳歲餘留守司行致賀禮其物先留鴻禧觀將饋二相朶兒只家臣寓觀中察知物有豐殺其致左相者特豐家臣具白其事請郤之朶兒只曰彼縱不送我亦又何恤卽命受之鄭王家產旣籍于官朶兒只俾掾史錄其數明日掾史以復韓嘉訥爲平章不知出丞相命勃然變色叱掾史曰公事須自下而上何竟白丞相令客省使扶出朶兒只不爲動知者咸服其量九年罷丞相位復爲國王之國遼陽十四年詔脫脫總兵南討中書參議龔伯遂建言宜分遣諸宗王及異姓王俱出軍吳王朶爾赤厚賂伯遂獲免朶兒只獨曰吾國家世臣天下有事效力之秋也吾豈暇與小子輩通賄賂哉卽領兵出淮南聽脫脫節制脫脫遣朶兒只攻六合拔之旣而詔削脫脫官爵罷其兵權朶兒只乃以本部兵守揚州十五年薨于軍年五十二初朶兒只爲集賢學士從其從兄丞相拜住在上都南坡之變拜住遇害賊臣鐵失赤斤鐵木兒等并欲殺朶兒只其從子朶爾直班方八歲走詣怯薛官失都兒求免以故朶兒只得脫於難朶兒只爲相務存大體而太平則兼理庶務一時政權頗出於太平趨附者衆朶兒只處之凝然不與較然太平亦能推讓盡禮中外皆號爲賢相云二子朶蠻帖木兒翰林學士俺木哥失里襲國王

朶爾直班

朶爾直班字惟中木華黎七世孫祖曰碩德父曰別理哥帖木爾朶爾直班甫晬而孤育於從祖母拜住從父也請于仁宗降璽書護其家稍長好讀書年十四見文宗適將幸上都親閱御衣命錄于簿顧左右無能書漢字者朶爾直班引筆書之文宗喜曰世臣之家乃能知學豈易得哉命爲尚衣奉御尋授工部郎中元統元年擢監察御史首上疏請親祀宗廟赦命不宜數又陳時政五事其一曰太史言三月癸卯望月食旣四月戊午朔日又食皇上宜奮乾綱修刑政疎遠邪佞顓任忠良庶可消弭災變以爲禎祥二曰親祀郊廟三曰博選勳舊世臣之子端謹正直之人前後輔導使嬉戲之事不接於目俚俗之言不及於耳則聖德日新矣四曰樞機之臣固宜尊寵然必賞罰公則民心服五曰弭安盜賊振救饑民是時日月薄蝕烈風暴作河北山東旱蝗爲災乃復條陳九事上之一曰比日倖門漸啓刑罰漸差

無功者覬覦希賞有罪者僥倖求免恐刑政漸隳紀綱漸紊勢臣何以示勸姦臣無所警懼二曰天下之財皆出于民民竭其力以佐公上而用猶不足則嗟怨之氣上干陰陽之和水旱災變所由生也宜顓命中書省官二員督責戶部詳定減省罷不急之工役止無名之賞賜三曰禁中常作佛事權宜停止四曰官府日增選法愈敝宜省冗員五曰均公田六曰鑄錢幣七曰罷山東田賦總管府八曰蠲河南自實田糧九曰禁取姬妾於海外正月元日朝賀大明殿朶爾直班當糾正班次即上言百官踰越班制者當同失儀論以懲不敬先是教坊官位在百官後御史大夫撒迪傳旨俾入正班朶爾直班執不可撒迪曰御史不奉詔耶朶爾直班曰事不可行大夫宜覆奏可也西僧爲佛事內廷醉酒失火朶爾直班劾其不守戒律延燒宮殿震驚九重撒迪傳旨免其罪朶爾直班又執不可一日間傳旨者八乃已丞相伯顏御史大夫唐其勢二家家奴怙勢爲民害朶爾直班巡歷至漷州悉捕其人致于法民大悅及還唐其勢怒曰御史不禮我已甚辱我家人我何面目見人耶答曰朶爾直班知奉法而已它不知也唐其勢從子馬馬沙爲欽察親軍指揮使恣橫不法朶爾直班劾奏之馬馬沙因集無賴子欲加害會唐其勢被誅乃罷遷太府監改奎章閣學士院供奉學士進承制學士皆兼經筵官又陞侍書學士同知經筵事是時朶爾直班甫弱冠又世家子乃獨以經術侍帝左右世以爲盛事至正元年罷學士院除翰林學士陞資善大夫於是經筵亦歸翰林仍命朶爾直班知經筵事是時康里巙巙以翰林學士承旨亦在經筵在上前敷陳經義朶爾直班則爲翻譯曲盡其意多所啓沃禁中語秘不傳俄遷大宗正府也可扎魯火赤聽訟之際引論律令曲當事情有同僚年老者歎曰吾居是官四十年見公論事殆神人也宗王有殺其大母者朶爾直班與同僚拔實力請于朝必正其罪時相難之出爲淮東肅政廉訪使遷江南行臺治書侍御史未行又遷江西行省左丞以疾不赴北還養疾黃厓山中起爲資正院使五年拜中書參知政事同知經筵事提調宣文閣時纂集至正條格朶爾直班以謂是書上有祖宗制誥安得獨稱今日年號又律中條格乃其一門耳安可獨以爲書名時相不能從唯除制誥而已有以善音樂得幸者有旨用爲崇文監丞朶爾直班它擬一人以聞帝怒曰選法盡由中書省耶朶爾直班頓首曰用倖人居清選臣恐後世議陛下今選它人臣之罪也省臣無與焉帝乃悅陞右丞尋拜御史中丞監察御史劾奏別兒怯不花章甫上黜御史大夫懿憐眞班爲江浙行省平章政事朶爾直班曰若此則臺綱安在乃再上章劾奏并留大夫不允臺臣皆上印綬辭職帝諭朶爾直班曰汝其毋辭對曰憲綱隳矣臣安得獨留帝爲之出涕朶爾直班即杜門謝賓客尋出爲遼陽行省平章政事階榮祿大夫至官詢民所疾苦知米粟羊豕薪炭諸貨皆藉鄉民販負入城而貴室僮奴公府隸卒爭强買之僅酬其半直又其俗編柳爲斗大小不一豪賈猾儈得以高下其手民咸病之即飭有司厲防禁齊稱量諸物乃畢集而價自平又存恤孤老平準錢法淸銓選汰胥吏愼勾稽興廢墜鉅細畢舉苟有罪雖勳舊不貸王邸百司聞風悚懼召爲太常禮儀院使俄遷中政使又遷資正使會盜起河南帝憂之拜中書平章政事階光祿大夫首言治國之道綱常爲重前西臺御史張桓伏節死義不污於寇宜首旌之以勸來者又言宜守荆襄湖廣以絕後患又數論祖宗之用兵匪專於殺人蓋必有其道焉今倡亂者止數人顧乃盡坐中華之民爲畔逆豈足以服人心其言頗迕丞相脫脫意時脫脫倚信左司郎中汝中柏員外郎伯帖木兒故兩人因擅權用事而朶爾直班正色立朝無所附麗適陝州危急因出爲陝西行臺御史大夫行至中途聞商州陷武關不守即輕騎晝夜兼程至奉元而賊已至鴻門吏白涓日署事不許曰賊勢若此尚何顧陰陽拘忌哉即就署省臺素以舉措爲嫌不相聚論事朶爾直班曰多事如此惡得以常例論乃與行省平章朶朶約五日一會集尋有旨命與朶朶便宜同討賊即督諸軍復商州乃修築奉元城壘募民爲兵出庫所藏銀爲大錢射而中的者賞之由是人皆爲精兵金商義兵以獸皮爲矢房狀如瓠號毛葫蘆軍甚精銳列其功以聞賜勅書褒獎之由是其軍遂盛而國家獲其用金州由興元鳳翔達奉元道里迴遠乃開義谷創置七驛路近以便時御史大夫也先帖木兒師敗于河南西臺御史蒙古魯海牙范文等十二人劾奏之朶爾直班當署字顧謂左右曰吾其爲平章湖廣矣未幾命下果然也先帖木兒者脫脫之弟章既上脫脫怒故左遷朶爾直班而御史十二人皆見黜關中人遮道涕泣曰生我者公也何遽去我而不留乎朶爾直班慰遣之不聽乃從間道得出至重慶聞江陵陷道路阻不可行或請少留以俟之不從期必達乃已湖廣行省時權治澧州既至律諸軍以法而授納粟者以官人心翕然汝中柏伯帖木兒言於丞相曰不殺朶爾直班則丞相終不安蓋謂其帝意所眷屬必復用耳乃命朶爾直班職專供給軍食時官廩所儲無幾即延州民有粟者親予酒諭勸之而貸其粟約俟朝廷頒鈔至即還以直民無不從者又遣官糴粟河南四川之境民聞其名爭輸粟以助軍餉右丞伯顏不花方總兵承順風旨數侵辱之朶爾直班不爲動會官軍復武昌至蘄黃伯顏不花百計徵索無不給之猶欲言其供需失期達剌罕軍帥王不花奮言曰平章國之貴臣今坐不重茵食無珍味徒爲我曹軍食耳今百需立辦顧猶欲誣之是無人心也我曹便當散還鄉里矣脫脫遣國子助教完者至軍中風使害之完者至則反加敬禮語人曰平章勳舊之家國之祥瑞吾苟傷之則人將不食吾餘矣朶爾直班素有風疾軍中感霧露所患日劇遂卒于黃州蘭溪驛年四十朶爾直班立朝以扶持名教爲已任薦拔人才而不以爲私恩留心經術凡伊洛諸儒之書未嘗去手喜爲五言詩於字畫尤精翰林學士承旨臨川危素嘗客於朶爾直班諫之曰明公之學當務安國家利社稷毋爲留神於末藝朶爾直班深服其言其在經筵開陳大義爲多間采前賢遺言各以類次爲書凡四卷一曰學本二曰君道三曰臣職四曰國政明道厚倫制行稽古游藝五者學本之目也敬天愛民知人納諫治內五者君道之目也宰輔臺察守令將帥暬御五者臣職之目也興學訓農理財審刑議兵五者國政之目也帝覽而善之賜名曰治原通訓藏于宣文閣二子鐵固思帖木而篤堅帖木而

阿魯圖

阿魯圖博爾术四世孫父木忽剌阿魯圖由經正監襲職爲怯薛官掌環衛遂拜翰林學士承旨遷知樞密院事至元三年襲封廣平王至正四年脫脫辭相位順帝問誰可代脫脫爲相者脫脫以阿魯圖薦五月詔拜中書右丞相監修國史而別兒怯不花爲左丞相從駕行幸每同車出入一時朝野以二相協和爲喜時詔修遼金宋三史阿魯圖爲總裁五年三史成十月阿魯圖等既以其書進帝御宣文閣阿魯圖復與平章政事帖木兒塔識太平上奏太祖取金世祖平宋混一區宇典章圖籍皆歸祕府今陛下以三國事績命儒士纂修而臣阿魯圖總裁臣素不讀漢人文書未解其義今者進呈萬機之暇乞以備乙覽帝曰此事卿誠未解史書所繫甚重非儒士汎作文字也彼一國人君行善則國興朕爲君者宜取以爲法彼一朝行惡則國廢朕當取以爲戒然豈止儆勸人君其間亦有爲宰相事善則卿等宜倣效惡則宜監戒朕與卿等皆當取前代善惡爲勉朕或思有未至卿等其言之阿魯圖頓首舞蹈而出右司郎中陳思謙建言諸事阿魯圖曰左右司之職所以贊助宰相今郎中有所言與我輩共議見諸行事何必別爲文字自有所陳耶郎中若居他官則可建言今居左右司而建言是徒欲顯一已自能言耳將置我輩於何地思謙大慙服一日與僚佐議除刑部尚書宰執有所舉或難之曰此人柔軟非刑部所可用阿魯圖曰廟堂即今選儈子耶若選儈子須選强壯人尚書欲其詳讞刑牘耳若不枉人不壞法即是好刑官何必求强壯人耶左右無以荅其爲治知大體類如此先是別兒怯不花嘗與阿魯圖謀擠害脫脫阿魯圖曰我等豈能久居相位當亦有退休之日人將謂我何別兒怯不花屢以爲言終不從六年別兒怯不花乃諷監察御史劾奏阿魯圖不宜居相位阿魯圖即避出城其姻黨皆爲之不平請曰丞相所行皆善而御史言者無理丞相何不見帝自陳帝必辯爲阿魯圖曰我博爾术世裔豈丞相爲難得耶但帝命我不敢辭今御史劾我我宜即去蓋御史臺乃世祖所設置我若與御史抗即與世祖抗矣爾等無復言阿魯圖即罷去明年別兒怯不花遂爲右丞相不久亦去十一年阿魯圖復起爲太傅出守和林邊薨無嗣

紐的該

紐的該博爾术之四世孫也早歲備宿衛累遷同知樞密院事既而廢處于家順帝至元五年奉使宣撫達達之地整理有司不公不法事三十餘條由是朝廷知其才陞知嶺北行樞密院事至正十五年召拜中書平章政事遷知樞密院事十七年以太尉總山東諸軍守鎭東昌路擊退田豐兵十八年田豐復陷濟寧進逼東昌紐的該以乏糧棄城退屯柏鄉東昌遂陷還京師拜中書添設左丞相與太平同居相位紐的該有識量處事平允倭人攻金復州殺紅軍據其州者即奏遣人往賞賚而撫安之浙西張士誠既降紐的該處置江南諸事咸得其宜士誠大服興和路富民調戲子婦繫獄車載楮幣至京師行路以故刑部官持其事久不決紐的該乃除刑部侍郞爲興和路達魯花赤俾決其事富民遂自縊死凡授官惟才是選不用私人衆稱其有大臣體

已而遂罷相遷知樞密院事嘗臥病謂其所知曰太平眞宰相才也我疾固不起而太平亦不能久於位此可歎也朝官至門候疾者皆謝遣之二十年正月卒

元史卷一百四十

明翰林學士亞中大夫知制誥兼修國史宋　濂等修

列傳第二十七

別兒怯不花

別兒怯不花字大用燕只吉䚟氏曾祖忙怯禿以千戶從憲宗南征有功父阿忽台事成宗爲丞相被誅後贈和寧忠獻王別兒怯不花蚤孤八歲以興聖太后及武宗命侍明宗于藩邸尋入國子學爲諸生會明宗以周王出鎭雲南別兒怯不花從行至大同而還仁宗召入宿衞一日從殿中望見其儀榘奐異卽召對慰諭之八番宣撫司長乃其世職英宗遂授懷遠大將軍八番宣撫司達魯花赤旣至宣布國家恩信峒民咸悅有累歲不服者皆喜曰吾故賢帥子孫也其敢違命率其十四部來受約束別兒怯不花以其事入奏天子嘉而留之泰定三年特授同知太常禮儀院事益從耆老文學之士雍容議論尋拜監察御史明年遷中書右司郎中又明年陞參議中書省事居二年除吏部尚書至順元年其兄治書侍御史自當諫止明里董阿子闊闊不當爲監察御史幷出別兒怯不花爲廣西兩江道宣慰使司都元帥未幾丁內艱還京起復爲江浙行省參知政事江浙歲漕米由海道達京師別兒怯不花董其事尋除禮部尚書遷徽政院副使擢侍御史特命領宿衞陞榮祿大夫宣徽使加開府儀同三司凡宿衞士有從掌領官薦用者往往所擧多其親暱至別兒怯不花獨推擇歲久者擧之衆論翕服宣徽所造酒橫索者衆歲費陶瓶甚多別兒怯不花奏製銀瓶以貯而索者遂止至元四年拜御史大夫知經筵事尋遷中書平章至正二年拜江浙行省左丞相行至淮東聞杭城大火燒官廨民廬幾盡仰天揮涕曰杭浙省所治吾被命出鎭而火如此是我不德累杭人也疾馳赴鎭卽下令錄被災者二萬三千餘戶戶給鈔一錠焚死者亦如之人給月米二斗幼穉給其半又請日減酒課爲錢千二百五十緡織坊減元額之半軍器漆器權停一年泛稅皆停事聞朝廷從之又大作省治民居附其旁者增直買其基募民就役則厚其傭直又請歲減江浙福建鹽課十三萬引或遇淫雨亢旱輒出禱于神祠所禱無不應在鎭二年雖兒童女婦莫不感其恩召還除翰林學士承旨仍掌宿衞四年拜中書左丞相朝廷議選奉使宣撫使問民疾苦察吏貪廉且選習北藩風土及知典故者俾別兒怯不花周行沙漠洗冤除弊不可勝計又奏發使諭諸王賜以金衣重寶使各撫其民毋踰法制於是內外震肅明年歲大饑流民載道令有司賑之欲還鄉者給路糧又錄在京貧民日糶以糧帝還自上都遣中使數輩趣使迎謁比見帝親酌酒勞之七年進右丞相明年御史劾奏別兒怯不花而徽政院使高龍卜在帝側爲解帝遂不允乃出御史大夫亦憐眞班爲江浙左丞相中丞下皆辭職詔復加太保於是兩臺各道言章交至別兒怯不花益不自安尋謫居渤海縣十年正月卒後子達世帖木而用子朝遂贈弘仁輔治秉文守正寅亮同德功臣開府儀同三司上柱國太師追封冀王謚忠宣達世帖木而字原理仕至中書平章政事有學識能世其家

太平

太平字允中初姓賀氏名惟一後賜姓蒙古氏名太平仁傑之孫勝之子也初勝以非罪死太平年尚幼泰定帝雪其父寃而撫卹之太平資性開朗正大雖在弱齡儼然如老成人嘗受業於趙孟頫又師事雲中呂弼太平始襲父職爲虎賁親軍都指揮使尋擢陝西漢中道廉訪副使文宗召爲工部尚書都主管奎章閣工事又除上都留守同知順帝元統初命爲樞密副使尋陞同知樞密院事遷御史中丞時中書有參議佛家閭者憸人也御史劾其罪時宰庇之事寢不行太平辭疾臥家至正二年詔起爲中書參知政事辭進右丞又辭會御史祁君璧復劾佛家閭黜之乃起就職宗室諸王歲賜廩食衣幣不均太平請於帝均其厚薄守令多失職請選臺閣名臣充之仍遣使覈其治行其治最者則增秩賜金幣遼金宋三史久未克修至是太平力贊其事爲總裁官修成之時粟貴而金銀賤太平請出官本委官收市之所得不貲其後兵興卒獲其用四年陞中書平章政事五年遷宣徽院使宣徽典飲饍權勢多橫索太平取簿閱之惟太常禮儀使阿剌不花一無所需太平因言於帝請擢居近職且厚賜之六年拜御史大夫故事臺端非國姓不以授太平因辭詔特賜姓而改其名七年遷中書平章政事班同列上國王朶而只爲左丞相請于帝曰臣藉先臣之蔭蚤襲位國王昧於國家之理今備位宰相非得太平不足與共事十一月拜太平左丞相朶而只爲右丞相太平辭帝不允仍詔示天下明年正月詔修后妃功臣傳特命太平同監修國史蓋異數也太平請僧道有妻子者勒爲民以減蠹耗給校官俸以防虛冒請賜經筵講官坐以崇聖學立行都水監以治黃河擧隱士完者篤執禮哈郎董立張樞李孝光是時天下無事朝廷稽古禮文之典有墜必擧平生好訪問人材不問南北必記錄于冊至是多進用之初脫脫既罷相出居西土會其父馬札兒台卒太平力請令脫脫歸葬以全孝道左右以爲難太平曰脫脫乃心王室大義滅親今父歿而不克奔訃爲善者不幾於怠乎爲之固請以故脫脫得還脫脫既得還朝卽拜爲太傅然不知太平之有德於己也因汝中柏讒間成隙遂欲中傷之是時中書參政孔思立等皆一時名人太平所拔用者悉誣以罪黜去九年七月罷爲翰林學士承旨既又誣劾其過失而幷論其子也先忽都不宜僭娶宗室女脫脫之母聞之謂脫脫兄弟曰太平好人也何害於汝而欲去之汝兄弟若違吾言非吾子也侍御史撒馬篤揚言于朝曰御史欲害正人壞臺綱如天下後世何卽臥病不起故吏田復勸太平自裁太平曰吾無罪當聽於天若自殺則誠有慊矣遂還奉元杜門謝客以書史自適河南盜起十五年詔命太平爲江浙行省左丞相未行改爲淮南行省左丞相兼知行樞密院事總制諸軍駐于濟寧時諸軍久出糧餉苦不繼太平命有司給牛具以種麥自濟寧達于海州民不擾而兵賴以濟議立土兵元帥府輪番耕戰十六年移鎭益都未幾除遼陽行省左丞相糴粟以給京師處置有法所致甚多而民不擾十七年五月召爲中書左丞相時毛貴據山東明年由河間入寇官軍屢敗漸逼京都中外大駭廷議遷都以避之和者如出一口太平力爭以爲不可起同知樞密院事劉哈剌不花于彰德引兵擊之大敗賊衆京城遂安會張士誠以浙西降而晉冀關陝之間察罕鐵木兒屢以捷奏聞於是中外人心翕然有中興之望矣太平又考求凡死節之臣雖布衣亦加贈謚有官者就官其子孫人尤感動當時右丞相搠思監家人以造僞鈔事覺刑部欲連逮搠思監太平力爲解之曰堂堂宰相烏得有此事四海聞之若國體何搠思監旣劾罷太平所得俸祿多分饋之二皇后奇氏與皇太子謀欲內禪遣宦者資正院使朴不花諭意於太平太平不答皇后又召太平至宮中擧酒申前意太平依違而已是時皇太子欲盡逐帝近臣又令監察御史劾帝親暱臣御史中丞禿魯鐵木兒未及奏而所劾御史被遷爲他官皇太子疑也先忽都泄其事益決意去太平政柄知樞密院事紐的該聞而歎曰善人國之紀也苟去之國將何賴乎數於帝前左右之以故皇太子之志未及逞會紐的該死皇太子遂令監察御史買住桑哥失理劾左丞成遵參政趙中等下獄死以二人爲太平黨也太平知勢有不可留數以疾辭位二十年二月拜太保俾養疾于家臺臣奏言以謂當時事之艱危政賴賢材之宏濟太平以師保兼相職爲宜帝不能從會陽翟王阿魯輝鐵木兒倡亂騷動北邊勢逼上都皇太子乃言于帝命太平留守上都實欲置之死地太平遂往有同知太常院事脫歡者也先忽都故將也聞陽翟王將至乃引兵縛王至軍前太平不受令生致闕下北邊以寧太平終不以爲己功未幾詔拜太傅賜田若干頃俾歸奉元帝欲以伯撒里爲丞相伯撒里辭曰臣老不足以任宰相陛下必以命臣非得太平同事不可於是密旨令伯撒里留太平毋行太平至沙井聞命而止宿留久之皇太子惡其旣去而復留也二十三年令御史大夫普化劾太平故違上命當正其罪詔乃悉拘所授宣命及所賜物俾往陝西之西居焉搠思監因誣奏之安置土蕃尋遣使者逼令自裁太平至東勝賦詩一篇乃自殺年六十三二十七年監察御史辯其非辜請加褒贈也先忽都名均字公秉少好學有俊才累遷殿中侍御史治書侍御史翰林侍讀學士皆兼襲虎賁親軍都指揮使太平之爲相也務廣延才彥而也先忽都以丞相子又傾己下士以故名稱籍然已而被劾罷從親還奉元居六年召爲兵部尚書同知樞密院事除通政院使太平再相授知樞密院事遷太子詹事十九年羣盜由開平東屯遼陽冬詔也先忽都以知樞密院事兼太子詹事率師往討太平以其年少數請改命不允至則遣將拔懿州省治盜踰遼河東奔而朝廷議搆日甚罷爲上都留守尋改宣政院使以丁內艱不起搠思監再相復奏强起之卽日監察御史也先帖木李好直又劾罷之已而搠思監徇皇太子旨搆成大獄誣老的沙

蠻子按難達識理沙加識理也先忽都及脫懽等不軌執脫懽煅鍊其獄連逮不已帝知其無辜欲釋其事特命大赦而搠思監增入條畫內獨不赦前獄惟老的沙逃于孛羅鐵木兒大同軍中蠻子按難達識理等遂皆貶死也先忽都當貶撒思嘉之地道由朶思麻行宣政院使桓州闊素受知太平因留居其地執政知其故奏也先忽都違命杖死之年四十四有詩集十卷

鐵木兒塔識

鐵木兒塔識字九齡國王脫脫之子資稟宏偉補國子學諸生讀書穎悟絕人事明宗於潛邸文宗初出同知都護府事累遷禮部尚書進參議中書省事擢陝西行臺侍御史留爲奎章閣侍書學士除大都留守尋同知樞密院事後至元六年拜中書右丞至正改元陞平章政事伯顏罷相庶務多所更張鐵木兒塔識盡心輔贊每入番直帝爲出宿宣文閣賜坐榻前詢以政道必夜分乃罷二年郊鐵木兒塔識言大祀竣事必有實惠及民以當天心乃賜民明年田租之半嶺北地寒不任稼事歲募富民和糴爲邊餉民雖稍利而費官鹽爲多鐵木兒塔識乃請別輸京倉米百萬斛儲于和林以爲備日本商百餘人遇風漂入高麗高麗掠其貨表請沒入其人以爲奴鐵木兒塔識持不可曰天子一視同仁豈宜乘人之險以爲利宜資其還已而日本果上表稱謝俄有日本僧告其國遣人刺探國事者鐵木兒塔識曰刺探在敵國固有之今六合一家何以刺探爲設果有之正可令覩中國之盛歸告其主使知嚮化兩浙閩鹽額累增而課愈虧江浙行省請減額鐵木兒塔識奏歲減十三萬引五年拜御史大夫務以靜重持大體不爲苛嬈以立聲威建言近歲大臣獲罪重者族滅輕者籍其妻孥祖宗聖訓父子罪不相及請除之著爲令近畿飢民爭赴京城奏出贓罰鈔糴米萬石即近郊寺觀爲糜食之所活不可勝計居歲餘遷平章政事位居第一大駕時巡留鎭大都舊法細民糴於官倉出印券月給之者其直三百文謂之紅帖米賦籌而給之盡三月止者其直五百文謂之散籌米貧民買其籌貼以爲利鐵木兒塔識請別發米二十萬石遣官坐市肆使人持五十文即得米一升姦弊遂絕七年首相去位帝召鐵木兒塔識諭旨若曰爾先人事我先朝顯有勞績爾實能世其家今命爾爲左丞相鐵木兒塔識扣頭固辭不允乃拜命鐵木兒塔識修飭綱紀立內外通調之法朝官外補許得陛辭親授帝訓責以成效郡邑賢能吏次第甄拔入補朝闕分海漕米四十萬石置沿河諸倉以備凶荒先是僧人與齊民均受役于官其法中變至是奏復其舊孔子後襲封衍聖公階止四品奏陞爲三品歲一再詣國學進諸生而獎勵之中書故事用老臣預議大政久廢不設鐵木兒塔識奏復其規起腆合張元朴等四人爲議事平章曾未半年捄偏補弊之政以次舉舉中外咸悅從幸上京還入政事堂甫一日俄感暴疾薨年四十六贈開誠濟美同德翊運功臣太師中書右丞相追封冀寧王謚文忠鐵木兒塔識天性忠亮學術正大伊洛諸儒之書深所研究帝嘗問爲治何先對曰法祖宗帝曰王文統奇才也朕恨不得如斯人者用之對曰世祖有堯舜之資文統不以王道告君而乃尚霸術要近利世祖之罪人也使今有文統正當遠之又何足取乎初伯顏議罷科舉鐵木兒塔識時在參議府茫不署奏牘及入中書乃議復行之徵用處士待以不次之擢或疑爲太優鐵木兒塔識曰隱士無求於朝廷朝廷有求於隱士區區名爵奚足惜哉識者謂之時修遼金宋三史鐵木兒塔識爲總裁官多所協贊云

達識帖睦邇

達識帖睦邇字九成幼與其兄鐵木兒塔識俱入國學爲諸生讀經史悉能通大義尤好學書初以世胄補官爲太府監提點擢治書侍御史以言罷除樞密院同知陞中書右丞翰林承旨還大司農至正七年出爲江浙行省平章政事明年又入爲大司農九年爲湖廣行省平章政事沅靖柳桂等路傜獠竊發朝廷以溪洞險阻下詔招諭之達識帖睦邇謂寇情不可料請置三分省一治靜江一治沅靖一治柳桂以左右丞參政分兵鎭其地罷靖州路總管府改立靖州軍民安撫司設萬戶府益以戍兵朝廷皆如其言已而諸傜獠悉降召還復爲大司農十一年台州方國珍起海上達識帖睦邇奉詔與江浙行省參知政事樊執敬往招諭之明年盜起河南拜河南行省平章政事至則修城池飭備禦賊不敢犯其境遷淮南行省平章政事十五年入爲中書平章政事時中書庶務多爲吏胥遲留至則責委控掾史二人分督左右曹悉爲剖決出爲江浙行省左丞相尋兼知行樞密院事許以便宜行事時江淮盜勢日盛南北阻隔達識帖睦邇獨治方面而任用非人肆通賄賂賣官鬻爵一視貨之輕重以爲高下於是謗議紛然所部郡縣往往淪陷亦恬不以爲意十六年正月張士誠陷平江七月逼杭州達識帖睦邇即棄城遁于富陽萬戶普賢奴力拒之而苗軍帥楊完者時駐嘉興亦引兵至敗走張士誠達識帖睦邇乃還初達識帖睦邇以完者爲海北宣慰使都元帥尋陞江浙行省參政至是遂陞右丞而苗軍素無紀律肆爲鈔掠所過蕩然無遺達識帖睦邇方倚完者以爲重莫敢禁遏故完者矜驕日肆而不可制明年士誠寇嘉興屢爲完者所敗士誠乃遣蠻子海牙以書詐降蠻子海牙嘗爲南行臺御史中丞以軍結水寨屯釆石爲大明兵所敗因走歸士誠故士誠使之來而書詞多不遜完者欲納之達識帖睦邇不可曰我昔在淮南嘗招安士誠知其反覆其降不可信完者固勸乃許之士誠始要王爵達識帖睦邇不許又請爵爲三公達識帖睦邇曰三公非有司所定今我雖便宜行事然不敢專也完者又力以爲請達識帖睦邇雖外爲正詞然實幸其降又恐忤完者意遂授士誠太尉其弟士德淮南行省平章政事士信同知行樞密院事其黨皆授官有差士德尋爲大明兵所擒復陞士信淮南行省平章政事然士誠雖降而城池府庫甲兵錢穀皆自據如故於是朝廷以招安張士誠爲達識帖睦兒功詔加太尉當是時徽州建德皆已陷完者屢出師不利士誠素欲圖完者而完者時又強娶平章政事慶童女達識帖木兒雖主其婚然亦甚厭之乃陰與士誠定計除完者揚言使士誠出兵復建德完者營在杭城北不爲備遂被圍苗軍悉潰完者與其弟伯顏皆自殺其後事聞于朝贈完者潭國忠愍公伯顏衡國忠烈公完者既死士誠兵遂據杭州十九年朝廷因授士信江浙行省平章政事士信乃大發浙西諸郡民築杭城先是海漕久不通朝廷遣使來徵糧士誠運米十餘萬石達京師方面之權悉歸張氏達識帖睦邇徒存虛名而已俄而士誠令其部屬自頌功德必欲求王爵達識帖睦邇謂左右曰我承制居此徒籍口舌以馭此輩今張氏復要王爵朝廷雖微終不爲其所脅但我今若逆其意則目前必受害當忍恥含垢以從之耳乃爲具文書聞于朝至再三不報士誠遂自立爲吳王即平江治宮闕立官屬時荅蘭帖木兒爲江浙行省右丞眞保爲左右司郎中二人諂事士誠多受金帛數媒孽達識帖睦邇之短以故張氏遂有不相容之勢二十四年士信乃使王晟等面數達識帖睦邇過失勒其移咨省院自陳老病願退又言丞相之任非士信不可士信即逼取其諸所掌符印而自爲江浙行省左丞相徙達識帖睦邇至嘉興與士信峻其垣墻錮其門闔所以防禁之者甚嚴達識帖睦邇皆不以爲意日對妻妾飲酒放歌自若士誠令有司公牘皆首稱吳王令旨又諷行臺爲請實授于朝行臺御史大夫普化帖木兒皆不從至是旣拘達識帖睦邇即使人至紹興從普化帖木兒索行臺印章普化帖木兒封其印置諸庫曰我頭可斷印不可與又迫之登舟曰我可死不可辱也從容沐浴更衣與妻子訣賦詩二章乃仰藥而死臨死擲杯地上曰我死矣逆賊當踵我亡也後數日達識帖睦邇聞之歎曰大夫且死吾不死何爲遂命左右以藥酒進飲之而死士誠乃使載其柩及妻孥北返于京師普化鐵木兒字兼善荅魯乃蠻氏行臺御史大夫帖木哥子也累遷福建行省平章政事時境內皆爲諸豪所據不能有所施設及遷南行臺又爲張士誠所逼而死然論者以爲其死視達識帖睦邇爲差勝云

元史卷一百四十一

明翰林學士亞中大夫知制誥兼修國史宋　濂等修

列傳第二十八

太不花

太不花弘吉剌氏世爲外戚官最貴顯太不花沉厚有大度以世胄入官累遷雲南行省右丞歷通政使上都留守遼陽行省平章政事至正八年太平爲丞相力薦太不花可大用召入爲中書平章政事明年太平旣罷脫脫復爲相太不花因黨於脫脫謀欲害太平衆由是不平之十二年盜起河南知樞密院事老章出師久無功詔拜太不花河南行省平章政事加太尉將兵往代之未期月平南陽汝寧唐隨又下安陸德安等路招降服叛動合事宜軍聲大振十四年脫脫以太師右丞相總大兵征高郵尋詔奪其兵柄而陞太不花本省左丞相與太尉月闊察兒樞密知院雪雪代總其兵山東河北諸軍悉令太不花節制而太不花乃以軍士乏糧之故頗驕傲不遵朝廷命令軍士又往往剽掠爲民患十五年監察御史也里忽都等劾其慢功虐民之罪於是天子下詔盡奪其職俾率領火赤溫從平章政事荅失八都魯征進頃之復拜湖廣行省左丞相節制湖廣荊

襄諸軍招捕沔陽湖廣等處水陸賊徒會朝廷復拜太平爲中書左丞相太不花聞之意不能平歎曰我不負朝廷朝廷負我矣太平漢人今乃復居中用事安受逸樂我反在外勤苦邪及擊賊賊且退諸將皆欲乘勝渡江而太不花乃反勒兵而退以養銳爲名其後賊犯汴梁守臣請援兵至十往反太不花乃始率兵援汴梁而猶按甲不進時雎亳太康俱已陷邊警日急或諫之曰賊旦夕且至丞相兵不進何也太不花顧左右大言曰我在何物小寇敢犯境邪若等毋多言我自有神算也既而縱軍出掠百里之內蕩然無遺繼又渡師河北聲取曹濮遂駐於彰德衞輝俄而曹濮之賊奔竄晉冀大同亦相繼不守遂蔓延不可制朝廷以爲憂兩遣重臣諭以密旨授之成算而太不花恬不爲意是時其子壽童以同知樞密院事將兵分討山東久無功嘗以事入奏語言有驕慢意帝由是惡之十八年山東賊愈充斥且逼近京畿於是詔拜太不花中書右丞相總其兵討山東既渡河即上疏以謂賊勢張甚軍行宜以糧餉爲先昔漢韓信行軍蕭何餽糧方今措畫無如丞相太平者如今太平至軍中供給事乃可濟不然兵不能進矣其意實銜太平欲其至軍中即害之也時參知政事卜顏帖木兒張晉等分省山東二人者嘗劾壽童不進兵太不花至則以其傀遲不前斷遣之又以知樞密院事完者帖木兒爲右丞之日嘗劾其非亦加以失悮專制之罪擅改其官徵至軍欲害之事聞廷議喧然而太平與太不花久有隙會其疏來上以其欲害己也遂諷監察御史迷只兒海等劾其緩師拒命之罪而於帝前力譖之於是乃下詔削其官爵奪其兵柄安置于蓋州以知樞密院事悟良哈台總其兵太不花聞有詔夜馳詣劉哈剌不花求救解劉哈剌不花者太不花故部將也以破賊累有功拜淮南行省平章政事時駐兵保定見太不花來因張樂大宴舉酒慷慨言曰丞相國家柱石有大勳勞如此天子終不害丞相是必讒言間之耳我當自往見上言之丞相毋憂也哈剌不花即走至京首見太平太平問其來何故哈剌不花具以其故告之太平曰太不花大逆不道今詔已下爾乃敢輒妄言邪不審處禍將及爾矣哈剌不花聞太平言畏懼噤不能發太平度太不花必在哈剌不花所即語之曰爾能致太不花以來吾以爾見上爾功不細矣哈剌不花因許之太平乃引入見帝賜賚良渥初劉哈剌不花之爲部將於太不花也與倪晦者同在幕下太不花每委任晦而哈剌不花計多沮不行哈剌不花心嘗以爲怨及是知事已不可解還縛太不花父子送京師未至皆殺之於路

察罕帖木兒

察罕帖木兒字廷瑞系出北庭曾祖闊闊台元初隨大軍收河南至祖乃蠻台父阿魯溫皆家河南爲潁州沈丘人察罕帖木兒幼篤學嘗應進士舉有時名身長七尺脩眉覆目左頰有三毫或怒則毫皆直指居常慨然有當世之志至正十一年盜發汝潁焚城邑殺長吏所過殘破不數月江淮諸郡皆陷朝廷徵兵致討卒無成功十二年察罕帖木兒乃奮義起兵沈丘之子弟從者數百人與信陽之羅山人李思齊合兵同設奇計襲破羅山事聞朝廷授察罕帖木兒中順大夫汝寧府達魯花赤於是所在義士俱將兵來會得萬人自成一軍屯沈丘數與賊戰輒克捷十五年賊勢滋蔓由汴以南陷鄧許嵩洛察罕帖木兒兵日益盛轉戰而北遂戍虎牢以遏賊鋒賊乃北渡盟津焚掠至覃懷河北震動察罕帖木兒進戰大敗之餘黨柵河洲殲之無遺類河北遂定朝廷奇其功除中書刑部侍郎階中議大夫苗軍以滎陽叛察罕帖木兒夜襲之虜其衆幾盡乃結營屯中牟已而淮右賊衆三十萬掠汴以西來擣中牟營察罕帖木兒結陳待之以死生利害諭士卒士卒賈勇決死戰無不一當百會大風揚沙自率猛士鼓譟從中起奮擊賊中堅賊勢遂披靡不能支棄旗鼓遁走追殺十餘里斬首無算軍聲益大振十六年陞中書兵部尚書階嘉議大夫繼而賊西陷陝州斷殽函勢欲趍秦晉知樞密院事荅失八都魯方節制河南軍調察罕帖木兒與李思齊往攻之察罕帖木兒即鼓行而西夜拔殽陵立柵交口陝爲城阻山帶河險且固而賊轉南山粟給食以堅守攻之猝不可拔察罕帖木兒乃焚馬矢營中如炊烟狀以疑賊而夜提兵拔靈寶城守既備賊始覺不敢動即渡河陷平陸掠安邑蹂晉南鄙察罕帖木兒追襲之蹴之以鐵騎賊回扼下陽津赴水死者甚衆相持數月賊勢窮皆遁潰以功加中奉大夫僉河北行樞密院事十七年賊尋出襄樊陷商州攻武關官軍敗走遂直趍長安至灞上分道掠同華諸州三輔震恐陝西省臺來告急察罕帖木兒即領大衆入潼關長驅而前與賊遇戰輒勝殺獲以億萬計賊餘黨皆散潰走南山入興元朝廷嘉其復關陝有大功授資善大夫陝西行省左丞未幾賊出自巴蜀陷秦隴據鞏昌遂窺鳳翔察罕帖木兒即先分兵入守鳳翔城而遣諜者誘賊圍鳳翔賊果來圍之厚凡數十重察罕帖木兒自將鐵騎晝夜馳二百里往赴比去城里所分軍張左右翼掩擊之城中軍亦開門鼓譟而出內外合擊呼聲動天地賊大潰自相踐蹂斬首數萬級伏屍百餘里餘黨皆遁還關中悉定十八年山東賊分道犯京畿朝廷徵四方兵入衞詔察罕帖木兒以兵屯涿州察罕帖木兒即留兵戍清湫義谷屯潼關塞南山口以備他盜而自將銳卒往赴召而曹濮賊方分道踰太行焚上黨掠晉冀陷雲中鴈門代郡烽火數千里復大掠南且還察罕帖木兒先遣兵伏南山阻隘而自勒重兵屯聞喜絳陽賊果走南山縱伏兵橫擊之賊皆棄輜重走山谷其得南還者無幾乃分兵屯澤州塞碗子城屯上黨塞吾兒谷屯并州塞井陘口以杜太行諸道賊屢至守將數血戰擊郤之河東悉定進陝西行省右丞兼陝西行臺侍御史同知河南行樞密院事於是天子乃詔察罕帖木兒守禦關陝晉冀撫鎮漢沔荊襄便宜行閫外事察罕帖木兒益務練兵訓農以平定四方爲己責是年安豐賊劉福通等陷汴梁造宮闕易正朔號召羣盜巴蜀荊楚江淮齊魯遼海西至甘肅所在兵起勢相聯結察罕帖木兒乃北塞太行南守鞏洛而自將中軍軍沔池會叛將周全棄覃懷入汴城合兵攻洛陽察罕帖木兒下令嚴守備別以奇兵出宜陽而自將精騎發新安來援賊至城下見堅壁不可犯退引去因追至虎牢塞成皋諸險而還拜陝西行省平章政事仍兼同知行樞密院事便宜行事十九年察罕帖木兒圖復汴梁五月以大軍次虎牢先發遊騎南道出汴南略歸亳陳蔡北道出汴東戰船浮于河水陸並下略曹南據黃陵渡乃大發秦兵出函關過虎牢晉兵出太行踰黃河俱會汴城下首奪其外城察罕帖木兒自將鐵騎屯杏花營諸將環城而壘賊屢出戰戰輒敗遂嬰城以守乃夜伏兵城南旦日遣苗軍跳梁者略城而東賊傾城出追伏兵鼓譟起邀擊敗之又令弱卒立柵外城以餌賊賊出爭之弱卒佯走薄城西因突鐵騎縱擊悉擒其衆賊自是益不敢出八月諜知城中計窮食且盡乃與諸將閻思孝李克彝虎林赤賽因赤荅忽脫因不花呂文完哲賀宗哲安童張守禮伯顏孫翥姚守德魏賽因不花楊履信關關等議各分門而攻至夜將士鼓勇登城斬關而入遂拔之劉福通奉其僞主從數百騎出東門遁走獲僞后及賊妻子數萬僞官五千符璽印章寶貨無算全居民二十萬軍不敢私市不易肆不旬日河南悉定獻捷京師歡聲動中外以功拜河南行省平章政事兼知河南行樞密院事陝西行臺御史中丞仍便宜行事詔告天下先是中原亂江南海漕不復通京師屢苦饑至是河南既定檄書達江浙海漕乃復至察罕帖木兒既定河南乃以兵分鎮關陝荊襄河洛江淮而重兵屯太行營壘旌旗相望數千里乃日修車船繕兵甲務農積穀訓練士卒謀大舉以復山東先是山西晉冀之地皆察罕帖木兒所平定而荅失八都魯之子曰孛羅帖木兒以兵駐大同因欲并據晉冀遂至兵爭天子屢下詔和解之終不聽事見本紀及荅失八都魯傳中二十一年諜知山東羣賊自相攻殺而濟寧田豐降于賊六月察罕帖木兒乃輿疾自陝抵洛大會諸將與議師期發并州軍出井陘遼沁軍出邯鄲澤潞軍出磁州懷衞軍出白馬及汴洛軍水陸俱下分道並進而自率鐵騎建大將旗鼓渡孟津踰覃懷鼓行而東復冠州東昌八月師至鹽河遣其子擴廓帖木兒及諸將等以精卒五萬擣東平與東平賊兵遇兩戰皆敗之斬首萬餘級直抵其城下察罕帖木兒以田豐據山東久軍民服之乃遣書諭以逆順之理豐及王士誠皆降遂復東平濟寧時大軍猶未渡羣賊皆聚于濟南而出兵齊河禹城以相抗察罕帖木兒分遣奇兵取間道出賊後南略泰安逼益都北徇濟陽章丘中循瀕海郡邑乃自將大軍渡河與賊將戰于分齊大敗之進逼濟南城而齊河禹城俱來降南道諸將亦報捷再敗益都兵于好石橋東至海濱郡邑聞風皆送款攻圍濟南三月城乃下詔拜中書平章政事知河南山東行樞密院事陝西行臺中丞如故察罕帖木兒遂移兵圍益都環城列營凡數十大治攻具百道並進賊悉力拒守復掘重塹築長圍遏南洋河以灌城中仍分守要害收輯流亡郡縣戶口再歸職方號令煥然矣二十二年時山東俱平獨益都孤城猶未下六月田豐王士誠陰結賊復圖叛田豐之降也察罕帖木兒推誠待之不疑數獨入其帳中及豐既謀變乃請察罕帖木兒行觀營壘衆以爲不可往察罕帖木兒曰吾推心待人安得人人而防之左右請以力士從又不許乃從輕騎十有一人行至王信營又至豐營遂爲王士誠所刺訃聞帝震悼朝廷公卿及京師四方之人不問男女老幼無不慟哭者先是有白氣如索長五百餘丈起危宿掃太微垣太史奏山東當大水帝曰不然山東必失一良將即馳詔戒察罕帖木兒勿輕舉未至而已及於難詔

贈推誠定遠宣忠亮節功臣開府儀同三司上柱國河南行省左丞相追封忠襄王諡獻武及葬賜賻有加改贈宣忠興運弘仁效節功臣追封潁川王改諡忠襄食邑沈丘縣所在立祠歲時致祭封其父阿魯溫汝陽王後又進封梁王於是復起擴廓帖木兒拜銀青榮祿大夫太尉中書平章政事知樞密院事皇太子詹事仍便宜行事襲總其父兵擴廓帖木兒旣領兵柄銜哀以討賊攻城益急而城守益固乃穴地通道以入十一月拔其城執其渠魁陳猱頭二百餘人獻闕下而取田豐王士誠之心以祭其父餘黨皆就誅卽遣關保以兵取莒州於是山東悉平擴廓帖木兒本察罕帖木兒之甥自幼養以爲子當是時東至淄沂西踰關陝皆晏然無事擴廓帖木兒乃駐兵于汴洛朝廷方倚之以爲安孛羅帖木兒自察罕帖木兒旣沒復數以兵爭晉冀帝雖屢解諭之而釁隙日深二十三年御史大夫老的沙與知樞密院事禿堅帖木兒得罪于皇太子皇太子欲誅之皆奔于大同爲孛羅帖木兒所匿老的沙者帝母舅以故帝數爲皇太子寢其事而皇太子不從帝無如之何則傳旨密令孛羅帖木兒隱其迹而丞相搠思監宦者朴不花皆附皇太子必窮竟其事皇太子又方倚重於擴廓帖木兒時擴廓帖木兒駐太原與孛羅帖木兒搆兵勢相持不可解二十四年搠思監朴不花因誣孛羅帖木兒老的沙謀爲不軌而皇太子亦怒不已三月天子以故下詔數孛羅帖木兒罪削其官職而奪其兵孛羅帖木兒不受詔遂遣兵逼京師必欲得搠思監朴不花乃已天子不得已縛兩人與之語在搠思監孛羅帖木兒傳七月孛羅帖木兒又與老的沙合禿堅帖木兒兵同犯闕時擴廓帖木兒遣部將白鎖住以萬騎衞京師駐于龍虎臺與戰不利遂奉皇太子奔于太原孛羅帖木兒旣入朝據相位白鎖住又將二萬騎屯漁陽爲朝廷聲援二十五年擴廓帖木兒以兵擣大同取之皇太子乃趣擴廓帖木兒大舉以討逆發丞相也速丘屯東鄙魏遼齊吳豫豳諸王兵駐西邊而自率擴廓帖木兒兵取中道抵京師亡何孛羅帖木兒旣伏誅帝詔白鎖住兵守京城遂詔皇太子還京而擴廓帖木兒亦扈從入朝九月詔拜伯撒里右丞相擴廓帖木兒左丞相伯撒里累朝舊臣而擴廓帖木兒以後生晚出乃與並相居兩月卽請南還視師是時中原雖無事而江淮川蜀皆非我所有皇太子累請出督師而帝難之乃詔封擴廓帖木兒河南王俾總天下兵而代之行擴廓帖木兒於是分省以自隨官屬之盛幾與朝廷等而用孫翥趙恒等爲謀主二十六年二月自京師還河南欲廬墓以終喪左右咸以謂受命出師不可中止乃復北渡居懷慶又移居彰德初李思齊與察罕帖木兒同起義師齒位相等及是擴廓帖木兒總其兵思齊心不能平而張良弼首拒命孔興脫列伯等亦皆以功自恃各懷異見請別爲一軍莫肯統屬釁隙旣開遂成讎敵擴廓帖木兒乃遣關保虎林赤以兵西攻良弼于鹿臺而思齊亦與良弼合兵連不能罷擴廓帖木兒始受命南征而顧乃退居彰德又惟務用兵陝西天子之命置而不問朝廷因疑其有異志皇太子之奔太原也欲用唐肅宗靈武故事因而自立擴廓帖木兒與孛蘭奚等不從及還京師皇后奇氏傳旨令擴廓帖木兒以重兵擁太子入城欲脅帝禪之位擴廓帖木兒知其意比至京城三十里卽散遣其軍由是皇太子心銜之及是屢趣其出師江淮擴廓帖木兒第遣弟脫因帖木兒及部將完哲貊高以兵往山東而西兵互相勝負終不解帝又下詔和解之顧乃戕殺詔使天下奴等而跋扈之跡成矣二十七年八月帝乃下詔命皇太子親出總天下兵馬而分命擴廓帖木兒以其兵自潼關以東肅清江淮李思齊以其兵自鳳翔以西進取川蜀禿魯以其兵與張良弼孔興脫列伯等取襄樊王信以其兵固守山東信地然詔書雖下皇太子亦竟止不行而分兵之命擴廓帖木兒終扞拒不肯受於是貊高關保等皆叛擴廓帖木兒關保自察罕帖木兒起兵以來卽爲將勇冠諸軍功最高而貊高善論兵尤爲察罕帖木兒所信任及是兩人見擴廓帖木兒有不臣之心故皆叛之列其罪狀聞于朝舉兵共攻之而皇太子用沙藍答兒帖林沙伯顏帖木兒李國鳳等計立撫軍院總制天下軍馬專備擴廓帖木兒以貊高等能倡大義賜號忠義功臣十月詔落擴廓帖木兒太傅中書左丞相依前河南王以汝州爲食邑與弟脫因帖木兒同居河南府而以河南府爲梁王食邑從行官屬悉令還朝凡擴廓帖木兒所總諸軍在帳前者白鎖住虎林赤領之在河南者李克彝領之在山東者也速領之在山西者沙藍答兒領之在河北者貊高領之擴廓帖木兒旣受詔卽退軍屯澤州詔又命禿魯與李思齊張良弼孔興脫列伯率兵東向以正天討二十八年朝廷命左丞孫景益分省太原關保以兵爲之守擴廓帖木兒卽遣兵據太原而盡殺朝廷所置官皇太子乃命魏賽因不花及關保皆以兵與思齊良弼諸軍夾攻澤州而天子又下詔削奪擴廓帖木兒爵邑令諸軍共誅之其將士官吏効順者與免本罪惟孫翥趙恒罪在所不赦二月擴廓帖木兒退守于平陽而關保遂據澤潞二州以與貊高合時李思齊張良弼孔興脫列伯與擴廓帖木兒相持旣久大明兵時已及河南思齊良弼皆遣使詣擴廓帖木兒告以出師非本心乃解兵大掠西歸七月貊高關保進攻平陽當是時擴廓帖木兒氣稍沮而關保貊高勢甚振數請戰擴廓帖木兒不應或師出卽復退一日諜知貊高分軍掠祁縣卽夜出師薄其營掩擊之大敗其衆貊高關保皆就擒朝廷聞之遽罷撫軍院而帖林沙伯顏帖木兒李國鳳等以誤國皆受黜旣而擴廓帖木兒上疏自陳其情悃帝尋亦悔悟下詔滌其前非於是大明兵已定山東及河洛中原俱不守閏七月帝乃下詔復命擴廓帖木兒仍前河南王太傅中書左丞相孫翥趙恒並復舊職以兵從河北南討也速以兵趣山東禿魯兵出潼關李思齊兵出七盤金商以圖復汴洛未幾也速兵遂潰禿魯思齊兵亦未嘗出而擴廓帖木兒又自平陽退守太原不復敢南向事已不可爲矣已而大明兵迫京城帝北奔國遂以亡及大明兵至太原擴廓帖木兒卽棄城遁領其餘衆西奔于甘肅

元史卷一百四十二

明翰林學士亞中大夫知制誥兼修國史宋　濂等修

列傳第二十九

答失八都魯

答失八都魯曾祖紐璘祖也速答兒有傳答失八都魯南加台子也以世襲萬戶鎭守羅羅宣慰司土人作亂答失八都魯捕獲有功四川省舉充船橋萬戶出征雲南歷大理宣慰司都元帥至正十一年特除四川行省叅知政事撥本部探馬赤軍三千從平章咬住討賊於荊襄九月次安平站時咬住兵旣平江陵答失八都魯請自攻襄陽十二年進次荊門時賊十萬官軍止三千餘遂用宋廷傑計招募襄陽官吏乃土豪避兵者得義丁二萬編排部伍申其約束行至蠻河賊守要害兵不得渡卽令屈萬戶率奇兵由間道出其後首尾夾攻賊大敗追至襄陽城南大戰生擒其僞將三十人腰斬之賊自是閉門不復出答失八都魯乃相視形勢內列八翼包絡襄城外置八營軍峴山楚山以截其援自以中軍四千據虎頭山以瞰城中署從征人李復爲南漳縣尹黎可舉爲宜城縣尹拊循其民以賦軍饋城中之民受圍日久夜半二人縋城叩營門具告虛實願爲內應答失八都魯與之定約以五月朔日四更攻城授之密號而去至期民垂繩以引官軍先登者近十人時賊船百餘艘在城北陰募善水者鑿其底天將明城破賊巷戰不勝走就船船壞皆溺水死僞將王權領千騎西走遇伏兵被擒襄陽遂平加答失八都魯資善大夫賜上尊及黃金束帶以其弟識里木爲襄陽達魯花赤子孛羅帖木兒爲雲南行省理問比賊再犯荊門安陸沔陽答失八都魯輒引兵敗之尋詔益兵五千以烏撒烏蒙元帥成都不花聽其調發十三年定青山荊門諸寨九月率兵略均房平穀城攻開武當山寨數十獲僞將杜將軍十二月趨攻峽州破僞將趙明遠木驢寨陞四川行省右丞賜金繫腰十四年正月復峽州三月陞四川行省平章政事兼知樞密院事總荊襄諸軍五月命玉樞虎兒吐華代答失八都魯守中興荊門且令答失八都魯以兵赴汝寧十月詔與太不花會軍討安豐是月復苗軍所據鄭均許三州十二月復河陰鞏縣十五年命答失八都魯就管領太不花一應諸王藩將兵馬許以便宜行事六月拜河南行省平章政事進次許州長葛與劉福通野戰爲其所敗將士奔潰九月至中牟收散卒團結屯種賊復來劫營掠其輜重遂與孛羅帖木兒相失劉哈剌不花進兵來援大破賊兵獲孛羅帖木兒歸之復駐汴梁東南青堽十二月調兵進討大敗賊于太康遂爲亳州僞宋主小明王遁十六年加金紫光祿大夫三月朝廷差脫歡知院來督兵答失八都魯父子親與劉福通對敵自巳至酉大戰數合答失八都魯墜馬孛羅帖木兒扶令上馬先還自持弓矢連發以斃追者夜三更步回營中十月移駐陳留十一月攻取夾河劉福通寨十二月庚申次高柴店偪太康三十里是夜二鼓賊五百餘騎來劫以有備亟遁火而追之比曉督陣力戰自寅至巳四門皆陷壯士緣城入其郛斬首

數萬擒僞將軍張敏孫韓等九人殺僞丞相王羅二人辛酉太康悉平遣孛羅帖木兒告捷京師帝賜勞內殿王其先臣二世拜河南行省左丞相仍兼知樞密院事守禦汴梁議里木雲南行省左丞孛羅帖木兒四川行省左丞將校僚屬賞爵有差十七年三月詔朝京師加開府儀同三司太尉四川行省左丞相九月取溝城東明長垣三縣十月詔遣知院達理麻失理來援分兵雷澤濮州而達理麻失理爲劉福通所殺達達諸軍皆潰荅失八都魯力不能支退駐石村朝廷頗疑其玩寇失機使者促戰相踵賊覘知之詐爲荅失八都魯通和書遺諸道路使者果得之以進荅失八都魯覺知一夕憂憤死十二月庚子也子孛羅帖木兒別有傳

慶童

慶童字明德康里氏祖明里帖木兒父斡羅思皆封益國公慶童早以勳臣子孫受知仁廟給事內廷遂長宿衞授太宗正府掌判三遷爲上都留守又累遷爲江西河南二行省平章政事入爲太府卿復爲上都留守出爲遼陽行省平章政事以寬厚爲政遼人德之至正十年遷平章行省江浙適時承平頗沉湎于宴樂凡遺逸之士舉校官者輒擯斥不用由是不爲物論所與明年盜起汝潁已而蔓延于江浙江東之饒信徽宣鉛山廣德浙西之常湖建德所在不守慶童分遣僚佐往督師旅曾不踰時以次克復既乃令長吏按視民數凡詿誤者悉置不問招徠流離俾安故業發官粟以振之省治燬于兵則拓其故址俾之一新募貧民爲工役而償之以錢杭民賴以存活者尤衆十四年脫脫以太師右丞相統大兵南征一切軍資衣甲器仗穀粟薪藁之屬咸取具於江浙慶童規措有方陸運川輸千里相屬朝廷賴之明年盜起常之無錫衆議以重兵殲之慶童曰赤子無知迫於有司故弄兵耳苟諭以禍福彼無不降之理盜聞之果投戈解甲請爲良民十六年平江湖州陷義兵元帥方家奴以所部軍屯杭城之北關鈎結同黨相煽爲惡劫掠財貨白晝殺人民以爲患慶童言于丞相達識帖睦邇曰我師無律何以克敵必斬方家奴乃可出師丞相乃與慶童入其軍數其罪斬首以徇民大悅繼而苗軍帥楊完者以其軍守杭城丞相達識帖睦邇既承制授完者江浙行省右丞而完者益以功自驕因求娶慶童女慶童初不許時苗軍勢甚張比識帖睦邇方倚以爲重强爲主婚慶童不得已以女與之明年出鎮海寧州距杭百里地瀕海磽瘠民甚貧居二年盜息而民阜至是慶童在江浙已七年涉歷險艱勞績甚優著召拜翰林學士承旨改淮南行省平章政事未行仍任江浙十八年遷福建行省平章政事未行拜江南行臺御史大夫賜以御衣上尊時南行臺治紹興所轄諸道皆阻絕不通紹興之東明台諸郡則制於方國珍其西杭蘇諸郡則據於張士誠憲臺綱紀不復可振徒存空名而已二十年召還朝慶童乃由海道趨京師拜中書平章政事俄有譖其子剛僧私通宮人者帝怒殺之慶童因鞅鞅不得志移疾家居久之日飲酒以自遣二十五年詔拜陝西行省左丞相時李思齊擁兵關中慶童至則御之以禮待之以和居三年關陝用寧召還京師二十八年七月大明兵逼京城帝與皇太子及六宮至於宰臣近戚皆北奔而命淮王帖木兒不花監國慶童爲中書左丞相以輔之八月二日京城破淮王與慶童出齊化門皆被殺

也速

也速蒙古人倜儻有能名由宿衞歷尚乘寺提點遷宣政院參議至正十四年河南賊芝麻李據徐州也速從太師脫脫南征徐州城堅不可猝拔脫脫用也速計以巨石爲礮晝夜攻之不息賊困不能支也速又攻破其南關外城賊遂遁走以功除同知中政院事繼又領軍從父太尉月闊察兒征淮西會賊圍安豐卽往援之渡淮無舟因策馬探水深淺浮而過賊大駭撤圍去進攻濠州有詔班師乃遷陞將作院使復從太尉征淮東取盱眙還淮南行樞密院副使陞同知樞密院事討賊淮州大敗之賊走航海襲山東盡有其地也速計賊必乘勝北侵急引兵北還表裏擊之復滕兗二州及費鄒曲阜寧陽泗水五縣賊勢遂衄未幾復泰安州及平陰肥城萊蕪新泰四縣又平安水等五十三寨陞知樞密院事討莆臺賊杜黑兒擒送京師磔之東昌賊將北寇道出陵州也速邀擊於景州斬獲殆盡復阜城縣有詔命也速以軍屯單家橋斷賊北路賊轉攻長蘆也速往與戰流矢貫左手不顧轉鬭無前殺賊五百餘人奪馬三千匹於是分兵下山寨民爭來歸拜中書平章政事改行省淮南雄州蔚州賊纔起也速悉平之知樞密院事劉哈剌不花所部卒掠懷來雲州欲爲亂也速以輕騎擊滅其首禍者降其衆隸麾下賊陷大寧詔也速往討之賊兵次侯家店也速遇賊卽前與戰自昏抵曙散而復合也速遣別騎繞出賊後賊腹背受敵大敗遂拔大寧擒首賊湯通周成等三十五人磔于都市召入覲賞賚優渥進階金紫光祿大夫知樞密院事既而賊雷帖木兒不花程思忠等陷永平詔也速出師遂復灤州及遷安縣時遼東郡縣惟永平不破兵儲粟十萬芻藁山積居民殷富賊乘間竊入增土築城因河爲塹堅守不可下也速乃外築大營絕其樵采數與賊戰獲其僞帥二百餘人平山寨數十又復昌黎撫寧二縣擒雷帖木兒不花送京師賊急乃乞降于參政徹力帖木兒爲請命于朝詔許之命也速退師也速度賊必以計怠我師乃嚴備以偵之程思忠果棄城遁去亟追至瑞州殺獲萬計賊遂東走金復州詔還京師拜遼陽行省左丞相知行樞密院事撫安遼東兵農委以便宜開省于永平總兵如故金復海蓋乾王等賊竝起西侵興中州陰出海道趨永平聞也速開省乃止也速亟分兵防其衝突賊乃轉攻大寧爲守將王聚所敗斬其渠魁衆潰皆西走也速慮賊窺上都卽調右丞忽林台提兵護上都簡精銳自躡賊後賊果寇上都忽林台擊破之賊衆又大潰永平大寧於是始平乃分命官屬勞來安輯其民使什伍相保以事耕種民爲立石頌其勳德二十四年孛羅帖木兒與右丞相搠思監宦者朴不花有怨遣兵犯闕執二人以去而也速遂拜中書左丞相七月孛羅帖木兒留兵守大同自率兵復向闕京師大震百官從帝城守皇太子統兵迎於清河命也速軍於昌平而孛羅帖木兒前鋒已度居庸關至昌平也速一軍皆無鬭心不戰而潰皇太子馳入城尋出奔于太原孛羅帖木兒遂入京城爲中書右丞相語具孛羅帖木兒傳二十五年皇太子在太原與擴廓帖木兒謀清內難承制調甘肅嶺北遼陽陝西諸省諸王兵入討孛羅帖木兒孛羅帖木兒乃遣御史大夫禿堅帖木兒率兵攻上都附皇太子者且以禦嶺北之兵又調也速率兵南禦擴廓帖木兒部將竹貞貊高等也速軍次良鄉不進謀之於衆皆以謂孛羅帖木兒所行狂悖圖危宗社中外同憤遂勒兵歸永平西連太原擴廓帖木兒東連遼陽也先不花國王軍聲大振孛羅帖木兒患之遣其將同知樞密院事姚伯顏不花以兵往討軍過通州白河水溢不能進駐虹橋築壘以待姚伯顏不花素輕也速無謀不設備也速覘知之襲破其軍擒姚伯顏不花孛羅帖木兒大恐自將討也速至通州大雨三日乃還孛羅帖木兒先以部將保安不附己殺之至是又失姚伯顏不花二人皆驍將也如失左右手鬱鬱不樂事敗遂伏誅二十七年詔以也速爲中書右丞相分省山東二十八年大明兵取山東閏七月也速與部將哈剌章田勝周達等禦於莫州衆敗潰乃盡掠莫州殘民北遁

徹里帖木兒

徹里帖木兒阿魯溫氏祖父累立戰功爲西域大族徹里帖木兒幼沉毅有大志早備宿衞擢中書直省舍人遂拜監察御史時右丞相帖木迭兒用事生殺予奪皆出其意道路側目徹里帖木兒抗言歷詆其姦帖木迭兒欲中傷之會山東水鹽課大損除山東轉運司副使甫浹月補其虧數皆足轉刑部尚書京師豪右憚之不敢犯法而以非罪麗法者多所全脫天歷二年拜中書右丞尋陞中書平章政事出爲河南行省平章政事黃河清有司以爲瑞請聞于朝徹里帖木兒曰吾知爲臣忠爲子孝天下治百姓安爲瑞餘何益于治歲大饑徹里帖木兒議賑之其屬以爲必自縣上之府府上之省然後以聞徹里帖木兒慨然曰民饑死者已衆乃欲拘以常格耶往復累月民存無幾矣此蓋有司畏罪將歸怨于朝廷吾不爲也大發倉廩賑之乃請專擅之罪文宗聞而悅之賜龍衣上尊至順元年雲南伯忽叛以知行樞密院事總兵討之治軍有紀律所過秋毫無犯賊平賞賚甚厚悉分賜將士師旋囊裝惟巾櫛而已除留守上都先是上都官買商旅之貨其直不卽酬給以故商旅不得歸至有饑寒死者徹里帖木兒爲之請有旨出鈔四百萬貫償之遷江浙行省平章政事以嚴厲爲政部內肅然尋召拜御史中丞朝廷憚之風紀大振至元元年拜中書平章政事首議罷行舉又欲損太廟四祭爲一祭監察御史呂思誠等列其罪狀劾之帝不允詔徹里帖木兒仍出署事時罷科舉詔已書而未用寶參政許有壬入爭之太師伯顏怒曰汝風臺臣言徹里帖木兒邪有壬曰太師以徹里帖木兒宣力之故擢寘中書御史三十人不畏太師而聽有壬豈有壬權重于太師耶伯顏意解有壬乃曰科舉若罷天下人才觖望伯顏曰舉子多以贓敗又有假蒙古色目名者有壬曰科舉未行之先臺中贓罰無算豈盡出於舉子舉子不可謂無過較之於彼則少矣伯顏因曰舉子中可任用者唯參政耳有壬曰若張夢臣馬伯庸丁文苑輩皆可任大事又如歐陽元功之文章豈易及邪伯顏曰科舉雖罷士之欲求美衣美食者皆能自向學豈有不至大官者邪有壬曰所謂士者初不以衣食爲事其事在治國平天下耳伯顏又曰今科舉取人實妨選法有壬曰古人有言立賢無方科舉取士豈不愈於通事知印等

出身者今通事等天下凡三千三百二十五名歲餘四百五十六人玉典赤太醫控鶴皆入流品又路吏及任子其途非一今歲自四月至九月白身補官受宣者七十二人而科舉一歲僅三十餘人太師試思之科舉於選法果相妨邪伯顏心然其言然其議已定不可中輟乃爲溫言慰解之且謂有壬爲能言有壬聞之曰能言何益於事徹里帖木兒時在座曰參政坐無多言也有壬曰太師謂我風人劾平章可共坐邪徹里帖木兒笑曰吾固未嘗信此語也有壬曰宜平章之不信也設有壬果風人言平章則言之必中矣豈止如此而已衆皆笑而罷翌日崇天門宣詔特令有壬爲班首以折辱之有壬懼及禍勉從之治書侍御史普化誚有壬曰參政可謂過河拆橋者矣有壬以爲大恥遂移疾不出初徹里帖木兒之在江浙也會行科舉驛請考官供張甚盛心頗不平故其入中書以罷科舉爲第一事先論學校貢士莊田租可給怯薛衣糧動當國者以發其機至是遂論罷之徹里帖木兒嘗指斥武宗爲那壁那壁者猶謂之彼也又嘗以妻弟阿魯渾沙女爲已女冒請珠袍等物於是臺臣復劾其罪而伯顏亦惡其忤已欲斥之詔貶徹里帖木兒于南安人皆快之久之卒于貶所至正二十三年監察御史野仙帖木兒等辯其罪可依寒食國公追封王爵定謚加功臣之號事不行

納麟

納麟智耀之孫睿之子也大德六年納麟以名臣子用丞相哈剌哈孫荅剌罕薦入備宿衞十年除中書舍人至大四年遷宗正府郎中皇慶元年擢僉河南廉訪司事延祐初拜監察御史以言事忤旨仁宗怒叵測中丞朶兒只力救之乃解又言風憲特糺劾之權而受人賂者宜刑而加流四年遷刑部員外郎六年出爲河南行省郎中至治三年入爲都漕運使泰定中擢湖南湖北兩道廉訪使天歷元年除杭州路總管鋤姦去蠹吏畏民悅明年改江西廉訪使南昌歲饑江西行省難於發粟納麟曰朝廷如不允我當以家貲償之乃出粟以賑民全活甚衆平章政事把失忽都貪縱不法納麟劾罷之至順元年拜湖廣行省參知政事元統初召爲刑部尚書未至改江南行臺治書侍御史尋陞中丞至元元年召拜中書參知政事遷同知樞密院事尋出爲江浙行省右丞乞致仕不允除浙西廉訪使力辭不赴至正二年除行宣政院使上天竺耆舊僧彌戒徑山耆舊僧惠洲恣縱犯法納麟皆坐以重罪請行宣政院設崇教所擬行省理問官秩四品以治僧獄訟從之尋爲江浙行省平章政事三年遷河南行省平章政事明年入爲中書平章政事七年出爲江南行臺御史大夫尋召拜御史大夫所薦用御史必老成更事者八年進金紫光祿大夫請老不許加太尉御史劾罷之退居姑蘇十二年江淮盜起帝命爲南臺御史大夫納麟承詔卽起仍命兼太尉設僚屬總制江浙江西湖廣三省軍馬詔遣直省舍人海玉傳旨慰諭之納麟北面再拜曰臣雖耄老敢不黽勉從事盡餘生以報陛下至則修築集慶城郭會江浙杭城失守淮南行省平章政事失列門引兵往援次于釆石納麟使止之曰聞杭賊易破不足憂今宣城危急先宜以兵救宣城乃調典瑞院使脫火赤率蒙古軍應之大破賊于墹下門宣州以安已而賊陷徽州廣德常州宜興溧水溧陽蔓延丹陽金壇句容略上元江寧游兵至鍾山集慶勢甚危納麟乃力疾治兵部署士卒命治書侍御史左荅納失理守城中中丞伯家奴戍東郊是時湖廣行省平章政事也先帖木兒軍和州納麟遣使求援也先帖木兒曰我奉命鎭江北不敢往援江東納麟復遣監察御史鄭郊力促其行也先帖木兒引步騎度釆石至臺城入候納麟疾納麟喜卽以其故聞于朝已而也先帖木兒兵東趨秣陵殺賊二千餘人平湖熟鎭盡復上元江寧境乘勝入溧陽溧水賊潰奔廣德其據龍潭力山者奔常州時江浙行省平章政事三旦八右丞佛家閭亦引兵來會所在羣賊皆敗北州郡悉平十三年納麟固請謝事從之命太尉如故乃退居慶元十六年九月詔以江南行臺移置紹興復以納麟爲御史大夫仍太尉明年移治紹興十八年赴召由海道入朝至黑水洋阻風而還十九年復由海道趨直沽山東僉寳率戰艦斷糧道納麟命其子安安及同舟人拒之破其衆於海口八月抵京師帝遣使勞以上尊皇太子亦饋酒脯而納麟感疾日亟卒于通州年七十有九

元史卷一百四十三

明翰林學士亞中大夫知制誥兼修國史宋　濂等修

列傳第三十

馬祖常

馬祖常字伯庸世爲雍古部居靖州天山有錫里吉思者於祖常爲高祖金季爲鳳翔兵馬判官以節死贈恒州刺史子孫因其官以馬爲氏曾祖月合乃從世祖征宋留汴掌饋餉累官禮部尚書父潤同知漳州路總管府事家于光州祖常七歲知學得錢卽以市書十歲時見燭欲燒屋解衣沃水以滅火咸嗟異之旣長益篤于學蜀儒張頦講道儀眞往受業其門質以疑義數十頦甚器之延祐初科舉法行鄉貢會試皆中第一廷試爲第二人授應奉翰林文字拜監察御史是時仁宗在御已久猶居東宮飲酒常過度祖常上書請御正衙立朝儀御史執簡太史執筆則雖有懷姦利已乞官求賞者不敢出諸口天子承天地祖宗之重當極調攝至於酒醴近侍進御當思一獻百拜之義英宗爲皇太子又上書請愼簡師傅於是姦臣鐵木迭兒爲丞相威權自恣祖常知其盜觀國史率同列劾奏其十罪仁宗震怒黜罷之秦州山移祖常言山不動之物今而動焉由在野有當用不用之賢在官有當言不言之佞故致然爾疏聞大臣皆家居待罪祖常薦賢拔滯知無不言俄改宣政院經歷月餘辭歸起爲社稷署令亡何姦臣復相左遷開平縣尹因欲中傷之遂退居光州久之姦臣旣死乃除翰林待制泰定建儲擢典寶少監太子左贊善尋兼翰林直學士除禮部尚書丁祖母憂起爲右贊善復除禮部尚書尋辭歸天歷元年召爲燕王內尉仍入禮部兩知貢舉一爲讀卷官時稱得人陞參議中書省事參定親郊禮儀充讀冊祝官拜治書侍御史歷徽政副使遷江南行臺中丞元統元年召議新政賜白金二百兩鈔萬貫又歷同知徽政院事遂拜御史中丞帝以其有疾詔特免朝禮光祿日給上尊祖常持憲務存大體西臺御史劾其僚禁酤時面有酒容以苛細黜之山東廉訪司言孔氏訟事以事關名教不行按者亦引去除樞密副使頃之辭職歸光州復除江南行臺中丞又遷陝西行臺中丞皆以疾不赴至元四年卒年六十賻攄忠宣憲協正功臣河南行省右丞上護軍魏郡公謚文貞祖常立朝旣久多所建明嘗議今國族及諸部旣誦聖賢之書當知尊諸母以厚彝倫又議將家子弟驕脆有孤任使而庶民有挽強蹶張老死草對者當建武學武舉儲材以備非常時雖弗用識者韙之祖常工於文章宏贍而精核務去陳言專以先秦兩漢爲法而自成一家之言尤致力於詩圜密清麗大篇短章無不可傳者有文集行于世嘗預修英宗實錄又譯潤皇圖大訓承華事略又編集列后金鑑千秋記略以進受賜優渥文宗嘗駐蹕龍虎臺祖常應制賦詩尤被歎賞謂中原碩儒唯祖常云

巙巙

巙巙字子山康里氏父不忽木自有傳祖燕眞事世祖從征有功巙巙幼肄業國學博通羣書其正心修身之要得諸許衡及父兄家傳長襲宿衞風神凝遠制行峻潔望而知其爲貴介公子其遇事英發掀髯論辨法家拂士不能過之始授承直郞集賢待制遷兵部郞中轉祕書監丞奉命往取泉舶芥視珠犀不少留目改同僉太常禮儀院事拜監察御史陞河東廉訪副使未上遷祕書太監陞侍儀使尋擢中書右司郞中遷集賢直學士轉江南行臺治書侍御史拜禮部尚書監羣玉內司巙巙正色率下國制大樂諸坊咸隸本部遇公讌衆伎畢陳巙巙視之泊如僚佐以下皆肅然還領會同館事尚書監羣玉內司如故尋兼經筵官復除江南行臺治書侍御史未行留爲奎章閣學士院承制學士仍兼經筵官陞侍書學士同知經筵事復陞奎章閣學士院大學士知經筵事除浙西廉訪使復留爲大學士知經筵事尋拜翰林學士承旨知制誥兼修國史知經筵事提調宣文閣崇文監先是文宗勵精圖治巙巙嘗以聖賢格言講誦帝側裨益良多順帝卽位之後翦除權姦思更治化巙巙侍經筵日勸帝務學帝輒就之習授欲寵以師禮巙巙力辭不可凡四書六經所載治道爲帝紬繹而言必使辭達感動帝衷敷暢旨意而後已若柳宗元梓人傳張商英七臣論尤喜誦說嘗於經筵力陳商英所言七臣之狀左右錯愕有嫉之之色然素知其賢不復肆慍帝暇日欲觀古名畫巙巙卽取郭忠恕比干圖以進因言商王受不聽忠臣之諫遂亡其國帝一日覽宋徽宗畫稱善巙巙進言徽宗多能惟一事不能帝問何謂一事對曰獨不能爲君爾身辱國破皆由不能爲君所致人君貴能爲君它非所尚也或遇天變民災必憂見於色乘間則進言于帝曰天心仁愛人君故以變示儆譬如慈父於子愛則教之戒之子能起敬起孝則父怒必釋人君側身脩行則天意必回帝察其眞誠虛己以聽特賜只孫燕服九襲及玉帶楮幣以旌其言

㬢㬢嘗謂人曰天下事在宰相當言宰相不得言則臺諫言之臺諫不敢言則經筵言之備位經筵得言人所不敢言於天子之前志願足矣故於時政得失有當匡救者未嘗緘默大臣議罷先朝所置奎章閣學士院及藝文監諸屬官㬢㬢進曰民有千金之產猶設家塾延館客豈有堂堂天朝富有四海一學房乃不能容耶帝聞而深然之卽日改奎章閣爲宣文閣藝文監爲崇文監存設如初就命㬢㬢董治又請置檢討等職十六員以備進講帝皆俞允時科舉旣輟㬢㬢從容爲帝言古昔取人材以濟世用必有科舉何可廢也帝采其論尋復舊制一日進讀司馬光資治通鑑因言國家當及斯時修遼金宋三史歲久恐致闕逸後置局纂修實由㬢㬢發其端又請行鄉飲酒于國學使民知遜悌及請褒贈唐劉蕡宋邵雍以旌道德正直帝從其請爲之下詔㬢㬢以重望居高位而雅愛儒士甚於饑渴以故四方士大夫翕然宗之萃於其門達官有怙勢者言曰儒有何好君酷愛之㬢㬢曰世祖以儒足以政治命裕宗學於贊善王恂今祕書所藏裕宗倣書當時御筆於學生之下親署御名習書謹呈其敬愼若此世祖嘗暮召我先人坐寢榻下陳說四書及古史治亂至丙夜不寐世祖喜曰朕所以令卿從許仲平學正欲卿以嘉言入告朕耳卿益加懋敬以副朕志今汝言不愛儒寧不念聖祖神宗篤好之意乎且儒者之道從之則君仁臣忠父慈子孝人倫咸得國家咸治違之則人倫咸失家國咸亂汝欲亂而家吾弗能禦汝愼勿以斯言亂我國也儒者或身若不勝衣言若不出口然腹中貯儲有過人者何可易視也達官色慙旣而出拜江浙行省平章政事明年復以翰林學士承旨召還時中書平章闕員近臣欲有所薦用以言覘帝意帝曰平章已有其人今行半途矣近臣知帝意在㬢㬢不復薦人至京七日感熱疾卒寔至正五年五月辛卯也年五十一家貧幾無以爲斂帝聞爲震悼賜賻銀五錠其所負官中營運錢臺臣奏以罰布爲之代償㬢㬢善眞行草書識者謂得晉人筆意單牘片紙人爭寶之不翅金玉謚文忠兄回回字子淵敎默寡言嗜學能文在成宗朝宿衞擢太常寺少卿寺改爲院爲太常院使武宗正位以藩邸舊臣出使稱旨至大間調大司農卿除山南廉訪使改江南行臺治書侍御史遷淮西廉訪使皆有政聲再改河南廉訪使行省丞相行事多不法太尉納璘爲郎中每格不下丞相怒欲出之回回察其賢抗章舉任風憲後歷三臺爲名臣駙馬平章家奴强市人物按之無所貸英宗卽位丞相拜住首薦爲戶部尚書尋拜南臺侍御史改參議中書以議定刑書如法帝嘉納其奏泰定初廷議漕運事奏減糧數以紓東南民力授太子詹事丞改山東廉訪使未上陞翰林侍講學士遷江浙行省右丞文宗立除宣政院使上言乞沙汰僧道其所有田宜同民間徵輸擢中書右丞力辭還第聞明宗崩流涕不能食自是杜門不出者數年以疾卒與弟㬢㬢皆爲時之名臣世號爲雙璧云㬢㬢子維山材質淸劭侍禁廷起崇文監丞擢給事中遷同僉太常禮儀院事調崇文太監

自當

自當蒙古人也英宗時由速古兒赤擢監察御史錄囚大興縣有以冤事繫獄者其人嘗見有槖駝死道傍因舁至其家醢之置數甕中會官槖駝被盜捕索甚亟乃執而勘之其人自誣服自當審其獄辭疑爲冤卽以上御史臺臺臣以爲贓旣具是特御史畏殺人耳不聽改委他御史鞫之竟處死後數日遼陽行省以獲盜聞冤始白人以是服其明泰定二年扈從至上都糾言參知政事楊庭玉贓罪不報卽納印還京師帝遣使追之俾復任卽再上章劾庭玉竟如其言又劾奏平章政事禿滿迭兒入怯薛之日英宗被弑必預聞其謀不省乃賜禿滿迭兒黃金繫腰自當遂辭職改工部員外郎中書省委閱混河自當往視之以爲水性不常民力亦瘁難以成功言于朝河役乃罷會次三皇后殂命工部撤行殿車帳皆新作之自當未卽興工尚書曰此奉特旨員外有悞則罪歸於衆矣自當曰卽有罪我獨任之未幾帝果問成否省臣乃召自當責問之自當請自入對旣見帝奏曰皇后行殿車帳尚新若改作之恐勞民費財且先皇后無惡疾居之何嫌必欲捨舊更新則大明殿乃自世祖所御列聖嗣位豈皆改作乎帝大悅語省臣曰國家用人當擇如自當者庶不悞大事特賜上尊金幣遷吏部員外郎帝欲加號太后曰太皇太后命朝堂議之自當獨曰太后稱太皇太后於典禮不合衆皆曰英宗何以加皇太后號曰太皇太后自當曰英宗孫也今上子也太皇太后之號孫可以稱之子不可以稱之也議遂定遷中書客省使俄改同僉宣政院事文宗卽位除中書左司郎中有使持詔自江浙還言行省臣意若有不服者帝怒命遣使問不敬狀將悉誅之自當言於丞相燕帖木兒曰皇帝新卽位雲南四川且猶未定乃以使臣一言殺行省大臣恐非盛德事况江浙豪奢之地使臣或不得厭其所需則造言以陷之耳燕帖木兒以言于帝事乃止旣而陞參議中書省事燕帖木兒議封太保伯顏王爵衆論附之自當獨不言燕帖木兒問故自當曰太保位列三公而復加王封後再有大功將何以處之且丞相封王出自上意今欲加太保王封丞相宜請于上王爵非中書選法也遂罷其議拜治書侍御史初文宗在集慶潛邸欲創天霽寺令有司起民夫江南行臺監察御史亦乞剌台言曰太子爲好事宜出錢募夫若欲役民則朝廷聞之非便也至是文宗悉召江南行臺監察御史俾皆入爲監察御史而欲黜亦乞剌台自當諫曰當陛下在潛邸時御史盡心爲陛下言乃忠臣也今無罪而黜之非所以示天下乃除亦乞剌台僉憲湖南文宗嘗欲游西湖自當諫曰陛下以萬乘之尊而況舟自樂如天下何不聽自當遂稱疾不從行文宗在舟中顧謂臺臣曰自當終不滿朕此游耶臺臣嘗奏除目文宗以筆塗一人姓名而綴將作院官闍闍之名自當言闍闍爲人詼諧惟可任敎坊司若以居風紀則臺綱掃地矣文宗乃止已而出爲陝西行臺侍御史順帝初除福建都轉運鹽使先是自當爲左司郎中時泰定帝嘗欲以河間江浙福建鹽引六萬賜中書參議撒迪自當執不可僅以福建鹽引二萬賜之至是自當復建言鹽引宜盡資國用以紓民力時撒迪方爲御史大夫不以爲怨數遣人省自當母于京師所居旣而丁母憂居間久之復起爲浙西肅政廉訪使時有以駙馬爲江浙行省丞相者其宦豎恃公主勢坐杭州達魯花赤位令有司强買民間物不從輒毆之有司來白自當自當卽逮之械以令衆自是丞相府無敢爲民害者尋召爲同僉樞密院事尋復爲治書侍御史同知經筵事寧夏人有告買買等謀害太師伯顏者伯顏委自當與中書樞密等官往寧夏鞫問無其情乃以誣罔坐告者罪伯顏怒自當前曰太師所以令吾三人勘之者以國法所在也必以罪吾三人則自當實主其事宜獨當之伯顏乃左遷自當同知徽政院事自當歷事四朝官自從仕郎累轉至通奉大夫常衎衎在位剛介弗回終始一節有古遺直之風然卒以是忤權貴而不復柄用君子皆惜焉

阿榮

阿榮字存初怯烈氏父按攤中書右丞阿榮幼事武宗備宿衞累遷官爲湖南道宣慰副使溫迪罕奉使宣撫湖南事無大小悉以委之會列郡歲饑阿榮分其廩祿爲粥以食餓者仍發粟賑之所活甚衆廣西寇起衆皆洶懼阿榮鎭之以靜督有司治兵守其境寇不敢入遷湖廣行省左右司郎中召僉會福院事尋除吏部尚書泰定初出爲湖南宣慰使改浙東道宣慰使都元帥以疾辭天歷初復起爲吏部尚書尋參議中書省事二年拜中書參知政事知經筵事進奎章閣大學士榮祿大夫太禧宗禋院使都典制神御殿事文宗眷遇之甚而阿榮亦盡心國政知無不言久之心忽鬱鬱不樂謁告南歸武昌至元元年卒初阿榮閒居以文翰自娛博究前代治亂得失見其會心者則扼腕曰忠臣孝子國家之寶爲奇男子烈丈夫者固不當如是耶日與韋布之士游所至山水佳處鳴琴賦詩日夕忘返尤深於數學逆推事成敗利不利及人禍福壽夭貴賤多奇中天歷三年春策士于廷阿榮與虞集會于直廬慨然興歎語集曰更一科後科舉當輟輟兩科而復復則人材彬彬大出矣又歎曰榮不復見之矣君猶及見之集應曰是士之多幸如存初言今文治方興未必有中輟之理存初國家世臣妙於文學以盛年登朝在上左右斯文屬望集老且衰見亦何補耶阿榮又歎曰數當然耳集問何以知之弗答後三年卒元統三年科舉果罷至正元年始復如其言

小雲石海涯

小雲石海涯家世見其祖阿里海涯傳其父楚國忠惠公名貫只哥小雲石海涯遂以貫爲氏復以酸齋自號母廉氏夜夢神人授以大星使吞之已而有娠及生神彩秀異年十二三膂力絕人使健兒驅三惡馬疾馳持槊立而待馬至騰上之越二而跨三運槊生風觀者辟易或挽彊射生逐猛獸上下峻阪如飛諸將咸服其趫捷稍長折節讀書目五行下吐辭爲文不蹈襲故常其旨皆出人意表初襲父官爲兩淮萬戶府達魯花赤鎭永州御軍極嚴猛行伍肅然稍暇輒投壺雅歌意所暢適不爲形跡所拘一日呼弟忽都海涯語之曰吾生宦情素薄顧祖父之爵不敢不襲今已數年矣願以讓弟弟幸勿辭語已卽解所綰黃金虎符佩之比從姚燧學燧見其古文峭厲有法及歌行古樂府慷慨激烈大奇之仁宗在東宮聞其以爵位讓弟謂宮臣曰將相家子弟其有如是賢者邪俄選爲英宗潛邸說書秀才宿衞禁中仁宗踐祚上疏條六事一曰釋邊戍以修文德二曰敎太子以正國本三曰設諫官以輔聖德四曰表姓氏以旌勳胄五曰定服色以變風俗六曰舉賢才以恢

至道書凡萬餘言未報拜翰林侍讀學士中奉大夫知制誥同修國史會議科舉事多所建明忽喟然嘆曰辭尊居卑昔賢所尚也今禁林清選與所讓軍資孰高人將議吾後矣乃稱疾辭還江南賣藥於錢唐市中詭姓名易服色人無有識之者偶過梁山濼見漁父織蘆花爲被欲易之以紬漁父疑其爲人陽曰君欲吾被當更賦詩遂援筆立成竟持被去人間喧傳蘆花被詩其依隱玩世多類此晚年爲文日邃詩亦冲澹草隸等書稍取古人之所長變化自成一家所至士大夫從之若雲得其片言尺牘如獲拱璧其視死生若晝夜絕不入念慮翛翛若欲遺世而獨立云泰定元年五月八日卒年三十九贈集賢學士中奉大夫護軍追封京兆郡公謚文靖有文集若干卷直解孝經一卷行于世子男二人阿思蘭海牙慈利州達魯花赤次八三海涯孫女一人有學識能詞章歸懷慶路總管段謙云

泰不華

泰不華字兼善伯牙吾台氏初名達普化文宗賜以今名世居白野山父塔不台入直宿衞歷仕台州錄事判官遂居於台家貧好讀書能記問集賢待制周仁榮養而敎之年十七江浙鄉試第一明年對策大廷則進士及第授集賢修撰轉秘書監著作郎拜江南行臺監察御史時御史大夫脫歡怙勢貪暴泰不華劾能之文宗建奎章閣學士院擢爲典籤拜中臺監察御史順帝即位加文宗后太皇太后之號大臣燕鐵木兒伯顏皆列地封王泰不華率同列上章言嬸母不宜加徽稱相臣不當受王上太后怒欲殺言者泰不華語衆曰此事自我發之甘受誅戮決不敢累諸公也已而太后怒解曰風憲有臣如此豈不能守祖宗之法乎賜金幣二以旌其直出僉河南廉訪司事俄移淮西繼遷江南行御史臺經歷辭不赴轉江浙行省左右司郎中浙西大水害稼會泰不華入朝力言於中書免其租擢秘書監改禮部侍郎至正元年除紹興路總管革吏弊除沒官牛租令民自實田以均賦役行鄉飲酒禮敎民興讓越俗大化召入史館與修遼宋金三史書成授秘書卿陞禮部尚書兼會同館事黃河決奉詔以珪玉白馬致祭河神竣事上言淮安以東河入海處宜倣宋置撩清夫用輥江龍鐵掃撼蕩沙泥隨潮入海朝廷從其言會用夫屯田其事中廢八年台州黃巖民方國珍爲蔡亂頭王伏之讎逼遂入海爲亂劫掠漕運糧輓海道千戶德流于實事聞詔江浙參政朶兒只班總舟師捕之追至福州五虎門國珍知事危焚舟將遁官軍自相驚潰朶兒只班遂被執國珍迫其上招降之狀朝廷從之國珍兄弟皆授之以官國珍不肯赴勢益暴橫九年詔泰不華察實以聞既得其狀遂上招捕之策不聽尋除江東廉訪使改翰林侍讀學士知制誥同修國史已而出爲都水庸田使十年十二月國珍復入海燒掠沿海州郡十一年二月詔孛羅帖木兒爲江浙行省左丞總兵至慶元以泰不華諳知賊情狀遷浙東道宣慰使都元帥分兵于溫州使夾攻之未幾國珍寇溫泰不華縱火筏焚之一夕遁去既而孛羅帖木兒密與泰不華約以六月乙未合兵進討孛羅帖木兒乃以壬辰先期至大閭洋國珍夜率勁卒縱火鼓譟官軍不戰皆潰赴水死者過半孛羅帖木兒被執反爲國珍飾辭上聞泰不華聞之痛憤輟食數日朝廷弗之知復遣大司農達識帖木邇等至黃岩招之國珍兄弟皆登岸羅拜退止民間小樓是夕中秋月明泰不華欲命壯士襲殺之達識帖木邇適夜過泰不華密以事白之達識帖木邇曰我受詔招降耳公欲擅命耶事乃止徹泰不華親至海濱散其徒衆拘其海舟兵器國珍兄弟復授官有差既而還泰不華台州路達魯花赤十二年朝廷征徐州命江浙省臣募舟師守大江國珍懷疑復入海以叛泰不華自分以死報國發兵扼黃巖之澄江而遣義士王大用抵國珍示約信使之來歸國珍益疑拘大用不遣以小舸二百突海門入州港犯馬鞍諸山泰不華語衆曰吾以書生登顯要誠慮負所學今守海隅賊甫招徠又復爲變君輩助我擊之其克則汝衆功也不克則我盡死以報國耳衆皆踴躍願行時國珍戚黨陳仲達往來計議陳其可降狀泰不華率部衆張受降旗乘潮而前船觸沙不能行垂與國珍遇呼仲達申前議仲達目動氣索泰不華覺其心異手斬之即前搏賊船射死五人賊躍入船復斫死二人賊舉槊來刺輒斫折之賊羣至欲抱持過國珍船泰不華瞋目叱之脫起奪賊刀又殺二人賊攢槊刺之中頸死猶植立不仆投其屍海中年四十九時十二年三月庚子也僮名抱琴及臨海尉李輔德千戶赤盞義士張君璧皆死之泰不華既沒除江浙行省參知政事行台州路達魯花赤事不及聞命已後三年追贈榮祿大夫江浙行省平章政事柱國封魏國公謚忠介立廟台州賜額崇節泰不華尚氣節不隨俗浮沈太平爲臺臣劾去相位泰不華獨餞送都門外太平曰公且止勿以我累公泰不華曰士爲知己死寧畏禍耶後雖爲時相擯斥人莫不韙之善篆隸溫潤遒勁嘗重類復古編十卷攷正譌字於經史多有據云

余闕

余闕字廷心一字天心唐兀氏世家河西武威父沙剌臧卜官廬州遂爲廬州人少喪父授徒以養母與吳澄弟子張恒游文學日進元統元年賜進士及第授同知泗州事爲政嚴明宿吏皆憚之俄召入應奉翰林文字轉中書刑部主事以不阿權貴棄官歸尋以修遼金宋三史召復入翰林爲修撰拜監察御史改中書禮部員外郎出爲湖廣行省左右司郎中會莫徭蠻反右丞沙班當帥師堅不往無敢讓之者闕曰右丞當往受天子命爲方嶽重臣不思執弓矢討賊乃欲自逸邪右丞當往沙班曰郎中語固是如芻餉不足何闕曰右丞第往此不難致也闕下令趣之三日皆集沙班行復以集賢經歷召入遷翰林待制出僉浙東道廉訪司事丁母憂歸廬州盜起河南陷郡縣至正十三年行中書於淮東改宣慰司爲都元帥府治淮西起闕副使僉都元帥府事分兵守安慶于時南北音問隔絕兵食俱乏抵官十日而寇至拒却之乃集有司與諸將議屯田戰守計環境築堡砦選精甲外扞而耕稼于中屬縣灊山八社土壤沃饒悉以爲屯明年春夏大饑人相食乃捐俸爲粥以食之得活者甚衆民失業者數萬咸安集之請于中書得鈔三萬錠以賑民陞同知副元帥又明年秋大旱爲文祈灊山神三日雨歲以不饑盜方據石蕩湖出兵平之令民取湖魚而輸魚租十五年夏大雨江漲屯田禾半没城下水湧有物吼聲如雷闕祠以少牢水輒縮秋稼登得糧三萬斛闕度軍有餘力乃浚隍增陴隍外環以大防深塹三重南引江水注之環植木爲柵城上四面起飛樓表裏完固俄陞都元帥廣西猫軍五萬從元帥阿思蘭沿江下抵廬州闕移文謂猫蠻不當使之窺中國詔阿思蘭還軍猫軍有暴於境者即收殺之凜凜莫敢犯時羣盜環布四外闕居其中左提右挈屹爲江淮一保障論功拜江淮行省參知政事仍守安慶通道于江右商旅四集池州趙普勝帥衆攻城連戰三日敗去未幾又至相拒二旬始退懷寧縣達魯花赤伯家奴戰死十七年趙普勝同青軍兩道攻我拒戰一月餘竟敗而走秋拜淮南行省右丞安慶倚小孤山爲藩蔽命義兵元帥胡伯顏統水軍戍焉十月沔陽陳友諒自上游直擣小孤山伯顏與戰四日夜不勝急趨安慶賊追至山口鎭明日癸亥遂薄城下闕遣兵扼於觀音橋俄饒州祝寇攻西門闕斬却之乙巳賊乘東門紅旗登城闕簡死士力擊賊復敗去戊申賊幷軍攻東西二門又却之賊恚甚乃樹柵起飛樓庚戌復來攻我金鼓聲震地闕分諸將各以兵扞賊晝夜不得息癸卯賊益生兵攻東門丙午普勝軍東門友諒軍西門祝寇軍南門羣盜四面蟻集外無一甲之援西門勢尤急闕身當之徒步提戈爲士卒先士卒號哭止之揮戈愈力仍分麾下將督三門之兵自以孤軍血戰斬首無算而闕亦被十餘創日中城陷城中火起闕知不可爲引刀自剄墮清水塘中闕妻耶卜氏及子德生女福童皆赴井死同時死者守臣韓建一家被害建方臥疾罵賊不屈賊執之以去不知所終城中民相率登城樓自捐其梯曰寧俱死此誓不從賊焚死者以千計其知名者萬戶李宗可紀守仁陳彬金承宗元帥府都事帖木補化萬戶府經歷段桂芳千戶火失不花新李盧廷玉葛延齡丘巹許元琰奏差兀都蠻百戶黃寅孫安慶推官黃禿倫歹經歷楊恒知事余中懷寧尹陳巨濟凡十八人其城陷之日則至正十八年正月丙午也闕號令嚴信與下同甘苦然稍有違令即斬以徇闕嘗病不視事將士皆籲天求以身代闕聞強衣冠而出當出戰矢石亂下如雨士以盾蔽闕闕却之曰汝輩亦有命何蔽我爲故人爭用命稍暇即注周易帥諸生謁郡學會講立軍士門外以聽使知尊君親上之義有古良將風烈或欲挽闕入翰林闕以國步危艱辭不往其忠國之心蓋素定也卒時年五十六事聞贈攄誠守正清忠諒節功臣榮祿大夫淮南江北等處行中書省平章政事柱國追封豳國公謚忠宣議者謂自兵興以來死節之臣闕與褚不華爲第一云闕留意經術五經皆有傳注爲文有氣魄能達其所欲言詩體尚江左高視鮑謝徐庾以下不論也篆隸亦古雅可傳初闕既死賊義之求屍塘中具棺斂葬於西門外及安慶內附大明皇帝嘉闕之忠詔立廟於忠節坊命有司歲時致祭云

元史卷一百四十三考證

巙巙傳○臣祖庚按字典云巙音撓俗作巎者誤

元史卷一百四十四

明翰林學士亞中大夫知制誥兼修國史宋　濂等修

列傳第三十一

荅里麻

荅里麻高昌人大父撒吉斯爲遼王傅世祖稱其賢從討李璮以勳授山東行省大都督荅里麻弱冠入宿衞大德十一年授御藥院達魯花赤遷回回藥物院尋出僉湖北山南兩道廉訪司事召拜監察御史時丞相帖木迭兒專權貪肆荅里麻帥同寅亦憐真馬祖常劾其罪高昌僧恃丞相威違法娶婦南城荅里麻詰問之奮不顧利害風紀由是大振擢河東道廉訪副使隰州村民賽神因醉毆殺姚甲爲首者乘鬧逃去有司逮同會者繫獄歷歲不決荅里麻曰殺人者旣逃存亡不可知此輩皆詿誤無罪而反桎梏耶悉縱之至治元年帖木迭兒復相以復讎爲事荅里麻辭去明年改燕南道廉訪副使開州達魯花赤石不花歹頗著政績同僚忌之嗾民誣其與民妻俞氏飲荅里麻察知俞氏乃八十老嫗石不花歹實不與飲酒於是抵誣告者罪石不花歹復還職行唐縣民欲桑道側偶有人借斧削其杖其人夜持杖劫民財事覺并逮斧主與盜同下獄荅里麻原其未嘗知情卽縱之深州民媼怒毆兒婦死婦方抱其子子亦誤觸死媼年七十同僚議免刑荅里麻不可曰國制罪人七十免刑爲其血氣已衰不任刑也媼旣能殺二人何謂衰老卒死獄中至治元年除濟寧路總管興學勸農百廢具修府無停事濟陽縣有牧童持鐵連結擊野雀誤殺同牧者繫獄數歲荅里麻曰小兒誤殺同牧者實無殺人意難以定罪罰銅遣之泰定元年陞福建廉訪使朝廷遣宦官伯顏催督綉段橫取民財宣政院判官术鄰亦取賂于富僧荅里麻皆劾之遷浙西廉訪使會文宗發江陵阿兒哈禿來諭旨求賂不獲還譖于朝召至京處以重罪比至帝怒解遷上都同知留守天歷元年八月明宗崩文宗入正大統使者旁午荅里麻朝暮盡力事無缺失帝特賜錦衣以嘉之天歷三年遷淮東廉訪使明年召拜刑部尚書國制新君卽位必賜諸王駙馬妃主及宿衞官吏金帛荅里麻曰必唱名給散無虛增之數國費大省帝復賜黃金腰帶以旌其能元統元年陞遼陽行省參知政事高麗國使朝京道過遼陽謁省官各奉布四疋書一幅用征東省印封之荅里麻詰其使曰國制設印以署公牘防姦僞何爲封私書況汝出國時我尚在京未爲遼陽省官今何故有書遺我汝君臣何欺詐如是耶使辭屈還其書與布元統三年遷山東廉訪使時山東盜起陳馬騾及新李白晝殺掠荅里麻以爲官吏貪汚所致先劾去之而後上擒賊方略朝廷嘉納之卽遣兵擒獲齊魯以安除太都路留守帝宴大臣於延春閣特賜荅里麻白鷹以表其貞廉帝嘗命荅里麻脩七星堂先是脩繕必用赤綠金銀裝飾荅里麻獨務樸素令畫工圖山林景物左右年少皆不然是歲秋車駕自上京還入觀之乃大喜以手撫壁歎曰有心哉留守也賜白金五十兩錦衣一襲至正六年陞河南行省右丞改翰林學士承旨至正七年遷陝西行臺中丞時年六十九致事後召商議中書平章政事不拜全俸優養終身

月魯帖木兒

月魯帖木兒卜領勤多禮伯臺氏曾祖貴裕事太祖爲管領怯憐口怯薛官祖合剌襲父職事世祖父普蘭奚由宿衞爲中書右司員外郎與丞相哈剌哈孫建議迎立武宗累遷至山北遼東道肅政廉訪使月魯帖木兒幼警穎讀書強記倜儻有大志年十二成宗命與哈剌哈孫之子脫歡同入國學仁宗時入宿衞一日帝顧問左右曰斯人容貌不凡誰之子耶左右忘其父名月魯帖木兒卽對曰臣父普蘭奚也帝曰汝父贊謀以定國難朕未嘗忘因命脫忽台傳旨四怯薛扎撒火孫令常侍禁廷毋止其入哈剌哈孫欲用爲中書蒙古必闍赤氣辭焉哈剌哈孫曰汝年幼欲何爲乎對曰欲爲御史爾人壯其志久之遂拜監察御史巡按上都劾奏太師右丞相帖木迭兒受張弼賕六萬貫貸死帝怒碎太師印賜月魯帖木兒鈔萬貫除兵部郎中拜殿中侍御史遷給事中左侍儀同脩起居注尋爲右司郎中賜坐便殿帝顧左右謂曰月魯帖木兒識量明遠可大用者也他日帝語近臣曰朕聞前代皆有太上皇之號今皇太子且長可居大位朕欲爲太上皇與若等遊觀西山以終天年御史中丞蠻子翰林學士明里董阿皆稱善月魯帖木兒獨起拜曰臣聞昔之所謂太上皇若唐玄宗宋徽宗皆當禍亂不得已而爲之者也願陛下正大位以保萬世無疆之業前代虛名何足慕哉帝善其對仁宗崩帖木迭兒復入中書據相位參議乞失監以受人金帶繫獄帖木迭兒乃使乞失監誣月魯帖木兒爲御史時誣丞相受賕皇太后命丞相哈散等卽徽政院推問不實事遂釋帖木迭兒乃奏以月魯帖木兒爲山東鹽運司副使降亞中大夫爲承事郎期月間鹽課增以萬計丁外艱扶喪西還擢山南江北道肅政廉訪副使泰定初遷汴梁路總管再調總管武昌以養親不赴致和元年河南行省平章伯顏矯制起月魯帖木兒爲本省參知政事共議起兵月魯帖木兒固辭曰皇子北還問參政受命何人則將何辭以對伯顏怒會明里董阿迓皇子過河南而月魯帖木兒爲御史時嘗劾其娶娼女冒受封明里董阿因說伯顏收之丞相別不花亦與之有隙乃謫月魯帖木兒乾寧安撫司安置至順四年移置雷州至元六年順帝召之還至正二年入覲帝欲留之以母喪未葬辭四年乃起同知將作院事尋除大宗正府也可扎魯花赤九年由太醫院使拜翰林學士承旨知經筵事進讀之際引援經史壹本於王道帝嘉納焉十二年江南諸郡盜賊充斥詔拜月魯帖木兒平章政事行省江浙因言于丞相脫脫曰守禦江南爲計已緩若得從權行事猶有可爲不從陛辭賜尚醞御衣弓矢甲冑衞卒十人鈔萬五千貫以行比至鎭引僚屬集父老詢守備之方招募民兵數千人號令明肅統師次建德獲首賊何福斬于市遂復淳安等縣俘獲萬餘人復業者三百餘家是年七月次徽州以疾卒于軍中

卜顏鐵木兒

卜顏鐵木兒字珍卿唐兀吾密氏性明銳倜儻早備宿衞歷事武宗仁宗英宗天歷初由太常署丞拜監察御史陞殿中侍御史累除大都路達魯花赤都轉運鹽使肅政廉訪使由行中書省參知政事陞左右丞擢行御史臺中丞遂拜江浙行省平章政事至正十二年春蘄黃賊徐壽輝遣兵陷湖廣侵江東西詔卜顏鐵木兒率軍討之卜顏鐵木兒益募壯健爲兵得驍勇士三千人戰艦三百艘時湖廣平章政事也先帖木兒江西平章政事星吉江南行臺御史中丞蠻子海牙皆以兵駐太平宿留不進卜顏帖木兒至乃與俱前賊方聚丁家洲官軍猝與遇奮擊敗之遂復銅陵縣擒其賊帥復池州遂分遣萬戶普賢奴屯陽陵王建中屯白面渡閭兒討無爲州而自率鎭撫不花萬戶明安駐池口以防遏上流爲之節度已而江州再陷星吉死之蠻子海牙及威順王寬徹普化軍俱潰而東安慶被圍益急遣使來求援諸將皆欲自守信地卜顏鐵木兒曰何言之不忠耶安慶與池止隔一水今安慶固守是其節也而救患之義我其可緩且上流官軍雖潰然皆百戰之餘所乏者錢穀器具而已吾受命總兵其可視之而不恤哉卽大發帑藏以周之潰軍皆大集而兩軍之勢復振安慶之圍遂解十三年三月賊衆復來攻池州衆且十萬諸縣皆應之卜顏帖木兒會諸將謀曰賊表裏連結若俟其築壘成而坐食諸縣之粟破之實難今新至疲弊如乘其驕惰盡銳攻之則頃刻之間功可成矣衆曰諾遂分番與戰果大敗之擒其僞帥浮斬無算諸縣復平遂乘勝率舟師以進五月與戰于望江又戰小孤山及彭澤又戰龍開河皆破走之進復江州留兵守之七月進兵攻蘄州擒其僞帥鄒普泰遂克其城進兵道士洑焚其柵抵蘭溪口賊之巢曰黃連砦又克而燬之分兵平兩巴河於是江路始通十一月與蠻子海牙四川行省參知政事哈臨禿左丞桑禿失里西寧王牙罕沙軍合而湖廣左丞伯顏不花等軍皆會十二月分道進攻蘄水縣拔其僞都獲僞將相而下四百餘人徐壽輝僅以身免以功詔賜上尊黃金帶時丞相脫脫方總戎南征聞諸賊皆已破乃檄伯顏不花征淮東蠻子海牙守裕溪口威順王還武昌而卜顏鐵木兒獨控長江十六年六月復以軍守池州十一月卒卜顏鐵木兒持身廉介人不敢干以私其爲將所過不受禮遺宴犒民不知有兵性至孝幼養於叔父阿术事之如親父常乘花馬時稱爲花馬兒平章云

星吉

星吉字吉甫河西人曾祖朶吉祖搠思吉朶而只父搠思吉世事太祖憲宗世祖爲怯里馬赤星吉少給事仁宗潛邸以精敏稱至治初授中尚監改右侍儀兼修起居注拜監察御史有直聲自是十五遷爲宣政院使出爲江南行御史臺御史大夫時承平日久內外方以觀望爲政星吉獨持風裁御史行部必勅厲而遣之湖東僉事三寶住儒者也性廉介所至摶貪猾無所貸御史有以自私請者拒不納則誣以事劾之章至星吉怒曰若人之廉孰不知之乃敢爲是言耶卽奏杖御史而白其誣執政者惡之移湖廣行省平章政事湖廣地連江北威順王歲嘗出獵民病之又起廣樂園多萃名倡巨賈以網大利有司莫敢忤星吉至謁王王閽中門啓左扉名以入星吉引繩牀坐王中門西言曰吾受天子命來作牧非王私臣也焉得由不正之道入乎閽者懼入告王王命啓中門星吉入責王曰王帝室之懿古之所謂伯父叔父者也今德音不聞而騁獵宣淫賈怨於下恐非所以自貽多福也王急握星吉手謝之爲悉罷其所爲有胡僧曰小住持者服三品命恃寵橫甚數以事凌轢官府星吉命掩捕之得妻妾女樂婦女十有八人

獄具罪而籍之由是豪强斂手貧弱稱快至正十一年汝潁妖賊起會僚屬議之或曰有鄭萬戶老將也宜起而用之星吉乃命募土兵完城池修器械嚴巡警悉以其事屬鄭賊聞之遣其黨二千來約降星吉與鄭謀曰此詐也然降而卻之於是爲不宜宜受而審之可也果得其情乃殲之械其渠魁數十人以俟命適有旨召爲大司農同僚受賊賂且嫉其功乃誣鄭罪釋其所械者明日賊大至內外響應城遂陷武昌之人騈首夜泣曰大夫不去吾豈爲俘囚乎星吉既入見具陳賊本末帝大喜命賜食時宰不悅奏爲江西行省平章政事員外置星吉至江東詔令守江州時江州已陷賊據池陽太平官軍止有三百人賊號百萬衆皆欲走星吉曰畏賊而逃非勇也坐而待攻非智也汝等皆有妻子財物縱逃其可免乎乃貸富人錢募人爲兵先是行臺募兵人給百五十千無應者至是星吉募兵人五十千衆爭赴之一日得三千人乃具舟楫直趨銅陵克之又破賊白馬灣賊敗走分兵躡之抵白湄賊窮急回拒官軍官軍乘勝奮擊賊盡殪擒其渠魁周驢奪船六百艘軍聲大振遂復池州乃命諸將分道討賊復石埭諸縣賊復來攻命王惟恭列陣當之鋒始交出小艦從旁橫擊大破走之進據清水灣伺者告賊艦至自上流順風舉帆衆且數十倍諸將失色星吉曰無傷也風勢盛彼倉卒必不得泊但伏橫港中偃旗以待俟過而擊之無不勝矣風怒水駛賊奄忽而過乃命舉旗張帆鼓譟而薄之官軍殊死戰風反爲我用又大破之時賊久圍安慶捷聞賊燒營走進復湖口縣克江州留兵守之命王惟恭柵小孤山而星吉自據番陽口綴江湖要衝以圖恢復時湖廣已陷江西被圍淮浙亦多故卒無繼援之者日久糧益乏士卒咸困或曰東南完實盍因糧以圖再舉乎星吉曰吾受命守江西必死於此衆莫敢復言有頃賊乘大船四集來攻我軍取蒹葦編爲大筏塞上下流火之我軍力戰衆死且盡星吉之從子伯不華與親兵數十人死之星吉猶堅坐不動賊發矢射星吉乃昏仆賊素聞星吉名不忍害舁置密室中至旦乃蘇賊羅拜爭饋以食星吉斥之遂不復食凡七日乃自力而起北面再拜曰臣力竭矣遂絕年五十七星吉爲人公廉明決及在軍中能與將士同甘苦以忠義感激人心故能以少擊衆得人死力云

福壽

福壽唐兀人幼俊茂知讀書尤善應對既長入備環衛用年勞授長寧寺少卿改引進使歷知侍儀使進正使出爲饒州路達魯花赤擢淮西廉訪副使入爲工部侍郎僉太常禮儀院事拜監察御史改戶部侍郎歷尚書出爲燕南廉訪使又五遷爲同知樞密院事至正十一年潁州以賊反告時車駕在上都朝堂皆猶豫未決欲驛奏以待命福壽獨以謂比使得請還則事有弗及矣於是決議調兵五百遣衛官哈剌章忻都怯來討之而後以聞順帝善其處事得宜明年改也可札魯忽赤未幾出爲淮南行省平章政事是時濠泗俱已陷師久無功福壽至督戰甚急而上游賊勢甚洶湧福壽乃議築石頭斷江面守禦有方衆恃以爲固十五年遷江南行臺御史大夫先是集慶嘗有警阿魯灰以湖廣平章政事將苗軍來援事平其軍鎮揚州而阿魯灰御軍無紀律苗蠻素獷悍日事殺虜莫能治俄而苗軍殺阿魯灰以叛而集慶之援遂絕及高郵廬和等州相繼淪陷而集慶勢益孤人心益震恐且倉庫無積蓄計未知所出於是民乃願爲兵以自守福壽因下令民多貲者皆助以糧餉激厲士衆爲完守計朝廷知其勞數賞賚焉十六年三月大明兵圍集慶福壽數督兵出戰盡閉諸城門獨開東門以通出入而城中勢不復能支城遂破百司皆奔潰福壽乃獨據胡牀坐鳳凰臺下指麾左右或勸之去叱之曰吾爲國家重臣城存則生城破則死尚安往哉達魯花赤達尼達思見其獨坐若有所爲者從問所決留弗去俄而亂兵四集福壽遂遇害不知所在達尼達思亦死之又同時死者有治書侍御史賀方達尼達思字思明賀方字伯京晉寧人以文學名事聞朝廷贈福壽金紫光祿大夫江浙行省左丞相上柱國追封衛國公謚忠肅

道童

道童高昌人自號石巖性深沉寡言以世冑入官授直省舍人歷官清顯素負能名調信州路總管移平江皆以善政稱至正元年遷大都路達魯花赤出爲江浙行省參知政事尋召參政中書頃之又出爲江浙行省右丞遂陞本省平章政事十一年詔仍以平章政事行省江西是年賊起蘄黃平章政事禿堅理不花將兵捍江州既而土寇蠭起道童素不知兵事倉皇無所措左右司郎中普顏不花曰今賊勢衝突城中無備萬一失守柰何有章伯顏左丞者致仕居撫州其人熟知軍務宜以便宜禮請之使署本省左丞事專任調遣軍旅庶幾事有可濟道童從其言而伯顏亦欣然爲起曰此正我報國之秋也至則與普顏不花設禦敵計甚悉明年正月湖廣陷禿堅里不花由江州遁還二月普顏不花將兵往江州至石頭渡遇賊戰敗道童聞之大恐即懷省印遁走普顏不花還與伯顏定爲城守之計後數日道童始自南昌民家來歸遂議分門各守以備敵三月賊衆來圍城城中置各廂官及各巷長晝夕堅守衆心翕然而道童素恤民能任人有功者必賞無功或不加罪故多爲之用賊圍城凡兩月而民無離志道童密名死士數千人面塗以青額抹黃布衣黃衣爲前鋒又別選精銳數千爲中軍而募助陣者殿後命萬戶章妥曰卜魯哈歹領之夜半開門伏兵柵下黎明鉦鼓大震因奮擊賊賊驚以爲神敗走遂乘勝擣其營復分兵捕其餘黨是時章伯顏普顏不花之功居多伯顏尋以疾卒朝廷以道童捍城有功加大司徒開府仍賜龍衣御酒及秋朝廷命亦憐真班爲江西行省左丞相火你赤爲左丞同將兵來江西未幾亦憐真班卒道童屬火你赤平富瑞二州分鎮其地適歲大旱公私匱乏道童乃移咨江浙行省借米數十萬石鹽數十萬引凡軍民約三日人糴官米一斗入昏鈔貳貫又三日買官鹽十觔入昏鈔貳貫民皆便之由是按堵如故而賊亦不敢犯其境十八年夏四月陳友諒復攻江西城時火你赤已陞平章政事加營國公行便宜事任專兵柄而素與道童不相能且負忍不得將士心見城且陷遂夜遁去道童亦棄城退保撫州路欲集諸縣義兵以圖克復而勢已不可爲因嘆曰我爲元朝大臣官至極品今城陷不守尚何面目復見人乎適賊追者至道童欲迎敵渡水未登岸賊衆乘之遂爲所害事聞賜謚忠烈

元史卷一百四十五

明翰林學士亞中大夫知制誥兼修國史宋　濂等修

列傳第三十二

亦憐真班

亦憐真班西夏人父俺伯以忠勤事世祖爲知樞密院事亦憐真班性剛正動有禮法仁宗召見令入宿衛延祐六年超拜翰林侍講學士中奉大夫至治二年調同知通政院事擢虎符唐兀親軍都指揮使泰定初遷資善大夫典瑞院使天歷二年以選爲太子家令尋陞資政大夫同知樞密院事擢侍御史仍兼指揮使至順初拜翰林學士承旨榮祿大夫遷功德使指揮使如故尋出爲陝西行省平章政事未行復爲翰林學士承旨元統至元之間伯顏爲丞相專權擅政嫉其論事不阿出爲江南行臺御史大夫尋殺其子荅里麻而謫置海南及伯顏敗乃得召還朝至正六年拜光祿大夫御史大夫盡選中外廉能之官置諸風憲一時號稱得人遷宣政院使出爲甘肅行省平章政事設法弭西羌之寇民賴以安立石頌之召還爲銀青榮祿大夫知樞密院事提調太醫院尋加金紫光祿大夫復爲御史大夫則經筵事兼宣忠斡羅思扈衛親軍指揮使嘗奏言風俗人心日趨於薄請禁故吏不許彈劾所事官長太師馬扎兒台與子丞相脫脫既謫居在外時相欲傾之嗾人告變且扳臺臣同上奏亦憐真班曰凡爲相者孰無閑退之日况脫脫父子在官無大咎過柰何迫之於險終不從經筵進講必詳必愼故每讀譯文必被嘉納監察御史劾奏時相帝不聽亦憐真班反復論奏不已由是忤上意出爲江浙行省平章政事遷拜湖廣行省左丞相復召知樞密院事十一年潁亳兵起朝廷命將出師多失律致敗數進言于時相不見聽復出爲江浙行省左丞相十二年移江西行省左丞相於是妖寇由蘄黃陷饒州饒之屬邑安仁與龍興相接境其民皆相挻爲亂亦憐真班道出安仁因駐兵招之來者厚加賞賚不從者命子哈藍朶兒只與江西左丞火你赤等乘高縱火攻散之餘干久爲盜區亦聞風順服先是江西行省平章政事道童以寬容爲政軍民懈弛亦憐真班既至風采一新威聲大振所在羣盜咸謀歸款矣十四年八月以疾卒于官所部爲之喪氣事聞贈推忠佐運正憲秉義同德功臣追封齊王謚忠獻子九人長荅里麻次普達失理翰林學士承旨知制誥兼修國史桑哥八剌同知稱海宣慰司事哈藍朶兒只宣政院使桑哥荅思嶺北行省平章沙嘉室理嶺北行省參政易納室理大宗正也可扎魯火赤馬的室理簽書樞密院事馬剌室理內八府宰相

廉惠山海牙

廉惠山海牙字公亮布魯海牙之孫希憲之從子也父阿魯渾海牙廣德路達魯花赤惠山海牙幼孤言及父輒泣下獨養母而家日不給垢衣糲食不以爲恥母喪哀毀踰禮負喪渡江而風濤作舟人以神龍忌屍爲言即仰天大呼曰吾將祔母于先人神柰何阨我也風遂止年弱冠大臣欲俾入宿衛辭曰吾大父事世祖以通

經號廉孟子今方設科取士願讀書以科第進乃入國學積分至治元年登進士第授承事郎同知順州事有弓匠提舉馬都剌者怙勢奪州民田同列畏之惠山海牙至即治其事在官期年用薦者召入史館預修英宗仁宗實錄尋拜監察御史時中書省有大臣貪猥狠籍即抗章劾之語同列曰儻以言責獲罪吾之職也既又劾奉明里董阿不當攝祭太廟遷都水監疏會通河隄濼漆二水又修京東閘歷秘書丞會福總管府治中上疏言二月迎佛費財蠹俗時論韙之出僉淮東廉訪司事遷江浙行省左右司員外郎既而歷僉河東河南江西廉訪司事陞江南行御史臺經歷時山東鹽法大壞以選除都轉運使會未朞月用課最賞賚金幣上尊至正三年初行郊禮召拜侍儀使明年預修遼金宋三史遷崇文太監自是累遷爲河南行省右丞時有詔發民治決河徧騷屬郡亟以不便上言而時宰不用遷湖廣行省右丞以武昌失守連坐既而事白遷江西行省右丞時所隸郡縣多陷于賊乃與平章政事司徒道童協謀殫力以定守禦招捕之策就除本道廉訪使未幾江西省治亦陷惠山海牙遁往福建久之除僉江浙行樞密院事改拜福建行省右丞以兵鎮延平邵武境內以寧居歲餘奉詔還治省事總備禦事且督賦稅由海道供京師朝廷賴焉遷行宣政院使明年拜翰林學士承旨知制誥兼修國史卒年七十有一

月魯不花

月魯不花字彥明蒙古遜都思氏生而容貌魁偉咸以令器期之未冠父脫帖穆耳以千戶職戍越因受業于韓性先生爲文下筆立就粲然成章就試江浙鄉闈中其選居右榜第一方揭曉試官夢月中有花象已而果符其名人以爲異遂登元統元年進士第授將仕郎台州路錄事司達魯花赤縣未有學乃首建孔子廟既又延儒士爲之師以教後進丁外艱至正元年朝廷立行都水監以選爲其監經歷尋擢廣東廉訪司經歷會廷議將治河決以行都水監丞召之比至改集賢待制除吏部員外郎奉命至江浙糴粟二十四萬石至則第戶產之高下以爲糴之多寡不擾而事集既而軍餉不給又奉命出糴于江浙召父老諭曰今天子宵衣旰食惟恐澤不下民而民不得其所耳然奈盜賊何夫討賊者必先糧餉以我不汝擾故命我復來蓋討賊即所以安民耳父老其謂何衆咸應曰公言是也不踰月糧事以畢丁母憂中書遣驛且起復不應未幾太師右丞相脫脫南征辟從軍事督饋餉饋餉用舒陞吏部郎中尋拜監察御史首上疏言郊廟禮甚缺天子宜躬祀南郊殷祭太室繼又上疏言皇太子天下之本當簡老成重臣爲輔導以成其德帝皆嘉納之陞吏部侍郎銓選於江浙時稱其公允適朝廷有建議欲於河間長蘆置局造海船三百艘者月魯不花即爲書具言其非便言入中書件議者遷工部侍郎後分部彰德道過河間民遮擁拜謝曰微公言吾民其斃矣會方重選守令以保定密邇京畿除保定路達魯花赤陛辭詔諭諄切保定歲輸糧數十萬石於新鄉苦弗便月魯不花請輸京倉以便之俄除吏部尚書保定父老百數詣闕言乞留監郡以撫吾民遂以尚書仍知郡事會賊北渡河日修城浚濠爲戰守具廷議發五省八衞軍出戍外鎮月魯不花疏願留其兵護本郡遂兼統黑軍數千人及團結西山八十二寨民義軍勢大張賊再侵境皆不利遁去陞中奉大夫錫上尊四馬百疋僚佐增秩有差別降宣敕俾賞有功者召還爲詳定使保定民不忍其去繪像以祀之去保定一月而城陷矣朝廷以月魯不花夙負民望令入城招諭之抵城賊堅壁不出民多竊出謁拜者改大都路達魯花赤有執政以故中書令耶律楚材先塋地冐奏與蕃僧爲業者月魯不花格之卒弗與轉吏部尚書會劇賊程思忠據永平其佐雷帖木兒不花僞降事覺被擒殺之思忠壁守遂益堅詔令月魯不花招撫之衆忿難其行月魯不花毅然曰臣死君命分也奈何先計禍福哉竟入城諭賊賊皆感泣羅拜納降還遷翰林侍講學士俄復爲大都路達魯花赤入見帝宣文閣有旨若曰朕以畿甸之民疲敝特選爾撫吾民爾毋峻威毋弛法或挾權以干汝於非法其即以聞視事之初帝及皇后皇太子皆遣使賜之酒有權臣以免役事來謁月魯不花面斥曰聖訓在耳不敢違轉資善大夫拜江南行御史臺中丞陛辭之日帝御嘉禧殿慰勞之且賜以上尊金幣皇太子亦書成德誠明四大字賜之月魯不花乃由海道趨紹興爲政寬猛不頗詔進階一品爲榮祿大夫既而除浙西肅政廉訪使會張士誠據浙西僭王號度弗可與並處謂姪同壽曰吾家世受國恩恨不能剌賊以報國矧乃與賊同處邪令同壽具舟載妻子而匿身木櫃中蔽以藁秸脫走至慶元士誠部下察知之遣鐵騎百餘追至曹娥江不及而返俄改山南道廉訪使浮海北而往道阻還抵鐵山遇倭賊船甚衆乃挾同舟人力戰拒之倭賊紿言投降弗納於是賊即登舟擾月魯不花令拜伏月魯不花罵曰吾朝廷重臣寧爲賊拜邪遂遇害當遇害時麾家奴那海剌殺首賊次子樞密院判官老安姪百家奴扞敵亦死之同舟死事者八十餘人事聞朝廷贈攄忠宣武正憲徇義功臣銀青榮祿大夫遼陽等處行中書省平章政事上柱國謚忠肅

達禮麻識理

達禮麻識理字遵道怯烈台氏其先北方大族六世祖始居開平父曰阿剌不花江西行省參知政事追封趙國公謚襄惠達禮麻識理幼穎敏從師授經史過目輒領解至正五年經筵選充譯史益自砥礪于學搢紳先生皆以遠大期之轉補御史臺譯史遂除御史臺照磨十五年拜監察御史出僉山北道肅政廉訪司事未行留爲詹事院長史俄遷工部員外郎復留爲長史明年除中議尋陞參議詹事院事十七年爲太子家令十八年歷祕書太監吏部侍郎御史臺經歷中書右司郎中十九年除刑部尚書提調南北兵馬司巡綽事盜逼畿甸人心大恐達禮麻識理能鎮之以靜民恃以爲安二十一年由中書參議陞中書參知政事同知經筵事二十三年冬還上都留守兼開平府尹加榮祿大夫分司士嶺東鎮三州以督轉輸二十四年朝廷以前中書平章政事塔失帖木兒來爲留守時孛羅帖木兒擁兵京師而皇太子出居于外達禮麻識理與塔世帖木兒皆以忠義許國相與結人心以觀時變未幾改授塔世帖木兒爲大司農塔世帖木兒謂達禮麻識理曰我至京師則制於强臣未易圖也因留不行適脫吉兒以孛羅帖木兒命屯兵蓋里泊託腹心於宗王也速也不堅授以金印俾駐上都之東郊而以留守善安集兵於兀吉剌部落達禮麻識理遇之有禮善安辭去孛羅帖木兒復調帖木兒託忽速哥至上都以守禦爲名事益矛盾達禮麻識理與之周旋畧無幾微見於外而密遣前宗正扎魯忽赤月魯帖木兒潛通音問于罕哈哈剌海行樞密知院益老荅兒請亟調兵南行又遣留守司照磨陳恭取兵興州訪求在閑官吏之有才者約束東西手八剌哈赤虎賁司糺集丁壯苗軍火銃什伍相聯一旦布列鐵旛竿山下揚言四方勤王之師皆至帖木兒等大駭一夕東走其所將兵盡潰由是達禮麻識理增修武備城守益嚴二十五年皇太子在冀寧命立上都分省達世帖木兒爲平章政事達禮麻識理爲右丞便宜行事以固護根本七月禿堅帖木兒用孛羅帖木兒命以兵犯上都先遣利用少監帖里哥赤至上都令廣備糧餼遠迓大軍達禮麻識理開陳大義戮之於市民情乃定已而禿堅帖木兒帥鐵甲馬步軍蔽野而至呼聲動天達禮麻識理飭軍士城守申明逆順之理以安人心巡視城壁晝夜不少息夜遣死士縋城而下焚其攻具而調副留守禿魯迷失海牙引兵由小東門出與之大戰臥龍岡敗之未幾孛羅帖木兒伏誅禿堅帖木兒皆奔潰而上都以安拜中書右丞兼上都留守提調虎賁司加光祿大夫賜黃金繫腰仍命提調東西手八剌哈赤既而上都分省罷遙授中書平章政事上都留守位居第一力辭不允明年召爲大宗正府也可扎魯忽赤又明年拜太子詹事奉詔至軍中宣明大義藩將感悅遷翰林學士承旨秋除知樞密院事大撫軍院事初大撫軍院之立皇太子用完者帖木兒荅爾麻帖林沙伯顏帖木兒李國鳳等計專以備禦擴廓帖木兒既而政權不一事務益乖各復引去而達禮麻識理之至事且無可爲者達禮麻識理之卒也先一夕怯薛官哈剌章者阿兒剌氏阿魯圖孫也夜夢太祖召見語之曰我以勤勞取天下以傳于安歡帖睦爾而愛猷識理達臘不克肖似廢壞我家法苟不即改圖天命不可保矣爾吾功臣之後且誠實故召汝語汝明旦亟以吾言告而主及愛猷識理達臘汝不以告吾即殛汝告而不改則吾它有處之達禮麻識理其人庶幾識事宜者然知而不言將焉用之吾其先殛之矣明旦哈剌章入見帝具以夢告帝令以告皇太子比出則達禮麻識理已無疾而卒矣

元史卷一百四十六

明翰林學士亞中大夫知制誥兼修國史宋　濂等修

列傳第三十三

耶律楚材 子鑄附

耶律楚材字晉卿遼東丹王突欲八世孫父履以學行事金世宗特見親任終尚書右丞楚材生三歲而孤母楊氏教之學及長博極羣書旁通天文地理律歷術數及釋老醫卜之說下筆爲文若宿構者金制宰相子例試補省掾楚材欲試進士科章宗詔如舊制問以疑獄數事時同試者十七人楚材所對獨優遂辟爲掾後仕

爲開州同知貞祐二年宣宗遷汴完顏復興行中書事留守燕辟爲左右司員外郎太祖定燕聞其名召見之楚材身長八尺美髯宏聲帝偉之曰遼金世讎朕爲汝雪之對曰臣父祖嘗委質事之既爲之臣敢讎君耶帝重其言處之左右遂呼楚材曰吾圖撒合里而不名吾圖撒合里蓋國語長髯人也已卯夏六月帝西討回回國禡旗之日雨雪三尺帝疑之楚材曰玄冥之氣見於盛夏克敵之徵也庚辰冬大雷復問之對曰回回國主當死于野後皆驗夏人常八斤以善造弓見知於帝因每自矜曰國家方用武耶律儒者何用楚材曰治弓尚須用弓匠爲天下者豈可不用治天下匠耶帝聞之甚喜日見親用西域歷人奏五月望夜月當蝕楚材曰否卒不蝕明年十月楚材言月當蝕西域人曰不蝕至期果蝕八分壬午八月長星見西方楚材曰女直將易主矣明年金宣宗果死帝每征討必命楚材卜帝亦自灼羊胛以相符應指楚材謂太宗曰此人天賜我家爾後軍國庶政當悉委之甲申帝至東印度駐鐵門關有一角獸形如鹿而馬尾其色綠作人言謂侍衛者曰汝主宜早還帝以問楚材對曰此瑞獸也其名角端能言四方語好生惡殺此天降符以告陛下陛下天之元子天下之人皆陛下之子願承天心以全民命帝即日班師丙戌冬從下靈武諸將爭取子女金帛楚材獨收遺書及大黃藥材既而士卒病疫得大黃輒愈帝自經營西土未暇定制州郡長吏生殺任情至孥人妻女取貨財兼土田燕薊留後長官石抹咸得卜尤貪暴殺人盈市楚材聞之泣下即入奏請禁州郡非奉璽書不得擅徵發囚當大辟者必待報違者罪死於是貪暴之風稍戢燕多劇賊未夕輒曳牛車指富家取其財物不與則殺之時睿宗以皇子監國事聞遣中使偕楚材往窮治之楚材詢察得其姓名皆留後親屬及勢家子盡捕下獄其家賂中使將緩之楚材示以禍福中使懼從其言獄具戮十六人于市燕民始安己丑秋太宗將即位宗親咸會議猶未決時睿宗爲太宗親弟故楚材言於睿宗曰此宗社大計宜早定睿宗曰事猶未集別擇日可乎楚材曰過是無吉日矣遂定策立儀制乃告親王察合台曰王雖兄位則臣也禮當拜王拜則莫敢不拜王深然之及即位王率皇族及臣僚拜帳下既退王撫楚材曰眞社稷臣也國朝尊屬有拜禮自此始時朝集後期應死者衆楚材奏曰陛下新即位宜宥之太宗從之中原甫定民多誤觸禁網而國法無赦令楚材議請肆宥

衆以云迁楚材獨從容爲帝言詔自庚寅正月朔日前事勿治且條便宜一十八事頒天下其畧言郡宜置長吏牧民設萬戶總軍使勢均力敵以遏驕橫中原之地財用所出宜存恤其民州縣非奉上命敢擅行科差者罪之貿易借貸官物者罪之蒙古回鶻河西諸人種地不納稅者死監主自盜官物者死應犯死罪者具由申奏待報然後行刑貢獻禮物爲害非輕深宜禁斷帝悉從之惟貢獻一事不允曰彼自願饋獻者宜聽之楚材曰蠹害之端必由於此帝曰凡卿所奏無不從者卿不能從朕一事耶太祖之世歲有事西域未暇經理中原官吏多聚斂自私貲至鉅萬而官無儲偫近臣別迭等言漢人無補於國可悉空其人以爲牧地楚材曰陛下將南伐軍需宜有所資誠均定中原地稅商稅鹽酒鐵冶山澤之利歲可得銀五十萬兩帛八萬匹粟四十餘萬石足以供給何謂無補哉帝曰卿試爲朕行之乃奏立燕京等十路徵收課稅使凡長貳悉用士人如陳時可趙昉等皆寬厚長者極天下之選參佐皆用省部舊人辛卯秋帝至雲中十路咸進廩籍及金帛陳于廷中帝笑謂楚材曰汝不去朕左右而能使國用充足南國之臣復有如卿者乎對曰在彼者皆賢於臣臣不才故留燕爲陛下用帝嘉其謙賜之酒即日拜中書令事無鉅細皆先白之楚材奏凡州郡宜令長吏專理民事萬戶總軍政凡所掌課稅權貴不得侵之又舉鎭海粘合均與之同事權貴不能平咸得卜以舊怨尤疾之譖於宗王曰耶律中書令率用親舊必有二心宜奏殺之宗王遣使以聞帝察其誣責使者罷遣之屬有訟咸得卜不法者帝命楚材鞫之奏曰此人倨傲故易招謗今將有事南方他日治之未晚也帝私謂侍臣曰楚材不較私讎眞寬厚長者汝曹當効之中貴可思不花奏採金銀役夫及種田西域與栽蒲萄戶帝令於西京宣德徙萬餘戶充之楚材曰先帝遺詔山後民質朴無異國人緩急可用不宜輕動今將征河南請無殘民以給此役帝可其奏壬辰春帝南征將涉河詔逃難之民來降者免死或曰此輩急則降緩則走徒以資敵不可宥楚材請製旗數百以給降民使歸田里全活甚衆舊制凡攻城邑敵以矢石相加者即爲拒命既克必殺之汴梁將下大將速不台遣使來言金人抗拒持久師多死傷城下之日宜屠之楚材馳入奏曰將士暴露數十年所欲者土地人民耳得地無民將焉用之帝猶豫未決楚材曰奇巧之工厚藏之家皆萃于此若盡殺之將無所獲

帝然之詔罪止完顏氏餘皆勿問時避兵居汴者得百四十七萬人楚材又請遣人入城求孔子後得五十一代孫元措奏襲封衍聖公付以林廟地命收太常禮樂生及召名儒梁陟王萬慶趙著等使直釋九經進講東宮又率大臣子孫執經解義俾知聖人之道置編修所於燕京經籍所於平陽由是文治興焉時河南初破俘獲甚衆軍還逃者十七八有旨居停逃民及資給者滅其家鄉社亦連坐由是逃者莫敢舍多殍死道路楚材從容進曰河南既平民皆陛下赤子走復何之奈何因一俘囚連死數十百人乎帝悟命除其禁金之亡也唯秦鞏二十餘州久未下楚材奏曰往年吾民逃罪或萃于此故以死拒戰若許以不殺將不攻自下矣詔下諸城皆降甲午議籍中原民大臣忽都虎等議以丁爲戶楚材曰不可丁逃則賦無所出當以戶定之爭之再三卒以戶定時將相大臣有所驅獲往往寄留諸郡楚材因括戶口並令爲民匿占者死乙未朝議將四征不廷若遣回回人征江南漢人征西域深得制御之術楚材曰不可中原西域相去遼遠未至敵境人馬疲乏兼水土異宜疾疫將生宜各從其便從之丙申春諸王大集帝親執觴賜楚材曰朕之所以推誠任卿者先帝之命也非卿則中原無今日朕所以得安枕者卿之力也西域諸國及宋高麗使者來朝語多不實帝指楚材示之曰汝國有如此人乎皆謝曰無有殆神人也帝曰汝等唯此言不妄朕亦度必無此人有于元者奏行交鈔楚材曰金章宗時初行交鈔與錢通行有司以出鈔爲利收鈔爲諱謂之老鈔至以萬貫唯易一餅民力困竭國用匱乏當爲鑒戒今印造交鈔宜不過萬錠從之秋七月忽都虎以民籍至帝議裂州縣賜親王功臣楚材曰裂土分民易生嫌隙不如多以金帛與之帝曰已許奈何楚材曰若朝廷置吏收其貢賦歲終頒之使毋擅科徵可也帝然其計遂定天下賦稅每二戶出絲一斤以給國用五戶出絲一斤以給諸王功臣湯沐之資地稅中田每畝二升又半上田三升下田二升水田每畝五升商稅三十分而一鹽價銀一兩四十斤既定常賦朝議以爲太輕楚材曰作法於涼其弊猶貪後將有以利進者則今已重矣時工匠制造糜費官物十私八九楚材請皆考覈之以爲定制時侍臣脫歡奏簡天下室女詔下楚材尼之不行帝怒楚材進曰向擇美女二十有八人足備使令今復選拔臣恐擾民欲覆奏耳帝良久曰可罷之又欲收民牝馬楚材曰田蠶之地非馬所產

今若行之後必爲人害又從之丁酉楚材奏曰制器者必用良工守成者必用儒臣儒臣之事業非積數十年殆未易成也帝曰果爾可官其人楚材曰請校試之乃命宣德州宣課使劉中隨郡考試以經義詞賦論分爲三科儒人被俘爲奴者亦令就試其主匿弗遣者死得士凡四千三十人免爲奴者四之一先是州郡長吏多借賈人銀以償官息累數倍曰羊羔兒利至奴其妻子猶不足償楚材奏令本利相侔而止永爲定制民間所負者官爲代償之至一衡量給符印立鈔法定均輸布遞傳明驛券庶政畧備民稍蘇息焉有二道士爭長互立黨與其一誣其讎之黨二人爲逃軍結中貴及通事楊惟忠執而虐殺之楚材按收惟忠中貴復訴楚材違制帝怒繫楚材既而自悔命釋之楚材不肯解縛進曰臣備位公輔國政所屬陛下初令繫臣以有罪也當明示百官罪在不赦今釋臣是無罪也豈宜輕易反覆如戲小兒國有大事何以行焉衆皆失色帝曰朕雖爲帝寧無過舉耶乃溫言以慰之楚材因陳時務十策曰信賞罰正名分給俸祿官功臣考殿最均科差選工匠務農桑定土貢制漕運皆切於時務悉施行之太原路轉運使呂振副使劉子振以贓抵罪帝責楚材曰卿言孔子之教可行儒者爲好人何故乃有此輩對曰君父教臣子亦不欲令陷不義三綱五常聖人之名教有國家者莫不由之如天之有日月也豈得緣一夫之失使萬世常行之道獨見廢於我朝乎帝意乃解富人劉忽篤馬涉獵發丁劉廷玉等以銀一百四十萬兩撲買天下課稅楚材曰此貪利之徒罔上虐下爲害甚大奏罷之常曰興一利不如除一害生一事不如省一事任尚以班超之言爲平平耳千古之下自有定論後之負譴者方知吾言之不妄也帝素嗜酒日與大臣酣飲楚材屢諫不聽乃持酒槽鐵口進曰麴糵能腐物鐵尚如此況五臟乎帝悟語近臣曰汝曹愛君憂國之心豈有如吾圖撒合里者耶賞以金帛勅近臣日進酒三鍾而止自庚寅定課稅格至甲午平河南歲有增羨至戊戌課銀增至一百一十萬兩譯史安天合者諂事鎭海首引奧都剌合蠻撲買課稅又增至二百二十萬兩楚材極力辨諫至聲色俱厲言與涕俱帝曰爾欲搏鬭耶又曰爾欲爲百姓哭耶姑令試行之楚材力不能止乃歎息曰民之困窮將自此始矣楚材嘗與諸王宴醉臥車中帝臨平野見之直幸其營登車手撼之楚材熟睡未醒方怒其擾已忽開目視始知帝至驚起謝帝曰有酒獨醉

不與朕同樂耶笑而去楚材不及冠帶馳詣行宮帝爲置酒極歡而罷楚材當國日久得祿分其親族未嘗私以官行省劉敏從容言之楚材曰睦親之義但當資以金帛若使從政而違法吾不能徇私恩也歲辛丑二月三日帝疾篤醫言脈已絕皇后不知所爲召楚材問之對曰今任使非人賣官鬻獄囚繫非辜者多古人一言而善熒惑退舍請赦天下囚徒后卽欲行之楚材曰非君命不可俄頃帝少蘇因入奏請肆赦帝已不能言首肯之是夜醫者候脈復生適宣讀赦書時也翌日而瘳冬十一月四日帝將出獵楚材以太乙數推之亟言其不可左右皆曰不騎射無以爲樂獵五日帝崩于行在所皇后乃馬眞氏稱制崇信姦回庶政多紊奧都剌合蠻以貨得政柄廷中悉畏附之楚材面折廷爭言人所難言人皆危之癸卯五月熒惑犯房楚材奏曰當有驚擾然訖無事居無何朝廷用兵事起倉卒后遂令授甲選腹心至欲西遷以避之楚材進曰朝廷天下根本根本一搖天下將亂臣觀天道必無患也後數日乃定后以御寶空紙付奧都剌合蠻使自書塡行之楚材曰天下者先帝之天下朝廷自有憲章今欲紊之臣不敢奉詔事遂止又有旨凡奧都剌合蠻所建白令史不爲書者斷其手楚材曰國之典故先帝悉委老臣令史何與焉事若合理自當奉行如不可行死且不避況截手乎后不悅楚材辨論不已因大聲曰老臣事太祖太宗三十餘年無負於國皇后亦豈能無罪殺臣也后雖憾之亦以先朝舊勳深敬憚焉甲辰夏五月薨于位年五十五皇后哀悼賻贈甚厚後有譖楚材者言其在相位日久天下貢賦半入其家后命近臣麻里扎覆視之惟琴阮十餘及古今書畫金石遺文數千卷至順元年贈經國議制寅亮佐運功臣太師上柱國追封廣寧王謚文正子鉉鑄

鑄字成仲幼聰敏善屬文尤工騎射楚材薨嗣領中書省事時年二十三鑄上言宜疏禁網遂采歷代德政合於時宜者八十一章以進戊午憲宗征蜀詔鑄領侍衞驍果以從屢出奇計攻下城邑賜以尚方金鎖甲及內廐驄馬己未憲宗崩阿里不哥叛鑄棄妻子挺身自朔方來歸世祖嘉其忠卽日召見賞賜優厚中統二年拜中書左丞相是年冬詔將兵備禦北邊後徵兵扈從敗阿里不哥于上都之北至元元年加光祿大夫奏定法令三十七章吏民便之二年行省山東未幾徵還初淸廟雅樂止有登歌詔鑄製宮懸八佾之舞四年春三月樂舞成表上之仍請賜名大成制曰可六月改榮祿大夫平章政事五年復拜光祿大夫中書左丞相十年遷平章軍國重事十三年詔監修國史朝廷有大事必咨訪焉十九年復拜中書左丞相二十年冬十月坐不納職印妄奏東平人聚謀爲逆閒諜幕僚及黨罪四阿里沙遂罷免仍沒其家貲之半徙居山後二十二年卒年六十五子十一人希徵希勃希亮希寬希素希固希周希光希逸淮東宣慰使餘失其名至順元年贈推忠保德宣力佐治功臣太師開府儀同三司上柱國懿寧王謚文忠

粘合重山 子南合

粘合重山金源貴族也國初爲質子知金將亡遂委質焉太祖賜畜馬四百匹使爲宿衞官必闍赤從平諸國有功圍涼州執大旗指麾六軍手中流矢不動已而爲侍從官數得侍宴內廷因諫曰臣聞天子以天下爲憂憂之未有不治忘憂未有能治者也置酒爲樂此忘憂之衞也帝深加納之立中書省以重山有積勳授左丞相時耶律楚材爲右丞相凡建官立法任賢使能與夫分郡邑定課賦通漕運足國用多出楚材而重山佐成之太宗七年從伐宋詔軍前行中書省事許以便宜師入宋境江淮州邑望風欵附重山降其民三十餘萬取定城天長二邑不誅一人復入中書視事賜中廐馬十匹貫珠袍一卒贈太尉封魏國公謚忠武十年詔其子江淮安撫使南合嗣行軍前中書省事時大將察罕圍壽春七日始下欲屠其城南合曰不降者獨守將耳其民何罪由是獲免初世祖伐宋軍于汴南合進曰李璮承國厚恩坐制一方然其人多詐叛無日矣帝亦患之中統元年兩遷宣撫使明年授中書右丞中興等路行中書省事三年遷秦蜀五路四川行中書省事其年李璮反益都帝使諭南合曰卿言猶在耳璮果反矣卿宜謹守西鄙對曰臣謹受詔不敢以西鄙爲陛下憂明年授中書平章政事四年病卒封魏國公謚宣昭子博溫察兒知河中府

楊惟中

楊惟中字彥誠弘州人金末以孤童子事太宗知讀書有膽略太宗器之年二十奉命使西域三十餘國宣暢國威敷布政條俾皆籍戶口屬吏乃歸帝於是有大用意皇子闊出伐宋命惟中於軍前行中書省事克宋棗陽光化等軍光隨郢復等州及襄陽德安府凡得名士數十人收伊洛諸書送燕都立宋大儒周惇頤祠建太極書院延儒士趙復王粹等講授其間遂通聖賢學慨然欲以道濟天下拜中書令太宗崩太后稱制惟中以一相負任天下定宗卽位平陽道斷事官斜徹橫恣不法詔惟中宣慰惟中按誅之金亡其將武仙潰于鄧州餘黨散入太原眞定間據大明川用金開興年號衆至數萬剽掠數千里詔會諸道兵討之不克惟中仗節開諭降其渠帥餘黨悉平憲宗卽位世祖以太弟鎭金蓮川得開府專封拜乃立河南道經略司於汴梁奏惟中等爲使俾屯田唐鄧申裕嵩汝蔡息亳潁諸州初滅金時以監河橋萬戶劉福爲河南道總管福貪鄙殘酷虐害遺民二十餘年惟中至召福聽約束福稱疾不至惟中設大梃於坐復召之使謂福曰汝不奉命吾以軍法從事福不得已以數千人擁衞見惟中惟中卽握大梃擊仆之數日福死河南大治遷陝右四川宣撫使時諸軍帥橫侈病民郭千戶者尤甚殺人之夫而奪其妻惟中戮之以徇關中肅然語人曰吾非好殺國家綱紀不立致此輩賊害良民無所控告雖欲不去可乎歲己未世祖總統東師奏惟中爲江淮京湖南北路宣撫使俾建行臺以先啓行宣布恩信蒙古漢軍諸帥並聽節制師還卒于蔡州年五十五中統二年追謚曰忠肅公

元史卷一百四十七

列傳第三十四

明翰林學士亞中大夫知制誥兼修國史宋　濂等修

張柔

張柔字德剛易州定興人世力農柔少慷慨尚氣節善騎射以豪俠稱金貞祐間河北盜起柔聚族黨保西山東流寨選壯士結隊伍以自衞盜不敢犯郡人張信假柔聲勢納流人女爲妻柔鞭信百而還其女信憾之謀結黨害柔未幾信有罪當誅柔救之得免於是驍勇之士多慕義從之中都經畧使苗道潤承制授柔定興令累遷靑州防禦使道潤表其才加昭毅大將軍遙領永寧軍節度使兼雄州管內觀察使權元帥左都監行元帥府事繼而道潤爲其副賈瑀所殺瑀遣使以好辭來告曰吾得除道潤者以君不助兵故也柔怒叱使者曰瑀殺吾所事吾食瑀肉且未足快意反以此言相戲耶遂移檄道潤部曲會易州軍市川誓衆爲之復讎衆皆感泣適道潤麾下何伯祥得道潤所佩金虎符以獻因推柔行經畧使事事聞加驃騎將軍中都留守兼大興府尹本路經畧使行元帥事戊寅國兵出紫荊口柔率所部逆戰於狼牙嶺馬蹶被執遂以衆降太祖還其舊職得以便宜行事柔招集部曲下雄易安保諸州攻破賈瑀於孔山誅瑀剖其心祭道潤瑀黨郭收亦降盡有其衆徙治滿城金眞定帥武仙會兵數萬來攻柔以兵數百出奇迎戰大破之乘勝攻完州下之獲州佐甄仝仝慷慨就戮柔義而釋之且升爲守使將部曲以從己卯仙復來攻敗走之進拔郎山祁陽曲陽諸城寨閏之皆降既而中山叛柔引兵圍之與仙將葛鐵鎗戰于新樂流矢中柔頷折其二齒拔矢以戰斬首數千級擒藁城令劉成遂拔中山仙復會兵攻滿城柔登城拒戰復爲流矢所中仙兵大呼曰中張柔矣柔不爲動開門突戰皆敗走畧地至鼓城單騎入城諭以禍福城遂降又敗仙於祁陽進攻深澤寧晉安平克之分遣別將攻下平棘藁城無極欒城諸縣闢地千餘里由是深冀以北鎭定以東三十餘城緣山反側鹿兒野貍等寨相繼降附一月之間與仙遇者凡十有七每戰輒勝方獻捷于行在所行次宣德而易州軍叛逐其守盧應妻子據西山馬頭寨柔聞之卽棄輜重還出奇計破其寨而誅叛者歸其妻子加榮祿大夫河北東西等路都元帥號拔都魯置官屬將士遷授有差燕帥孛赤台數凌柔柔不爲下乃譖柔於中都行臺曰張柔驍勇無敵向被執而降今委以兵柄戰勝攻取威震河朔失今不圖後必難制常欲殺我我不敢南也行臺召柔幽之土室孛赤台施帳寢其上環以甲騎明日將殺之孛赤台一夕暴死柔乃得免金經畧使固安王子昌善戰知名與信安張進連兵阻水爲固遠近憚之柔出其不意率兵徑渡生擒以還乙酉眞定武仙殺其帥史天倪其弟天澤使來求援柔遣驍將喬惟忠等率千餘騎赴之與仙戰敗之遂分遣惟忠宋演畧彰德狥齊魯聶福堅畧靑魏山東璽書授柔行軍千戶保州等處都元帥丙戌遣將以兵從國王孛魯攻李全于益都降之丁亥移鎭保州保自兵火之餘荒廢者十五年盜出沒其間柔爲之晝市井定民居置官廨引泉入城疏溝渠以瀉卑濕通商惠工遂致殷富遷廟學于城東南增其舊制壬辰從睿宗伐金語其衆曰吾用兵殺人多矣寧無冤者自今以往非與敵戰誓不殺也圍汴京柔軍於城西北金兵屢出拒戰柔單騎陷陣出入數四金人莫能支金主自黃陵岡渡河大潰麻岡欲取衞州柔以兵合擊金主敗走睢陽其臣崔立以汴京降柔於金帛一無所取獨入史館取金實錄幷祕府圖書訪求耆德及燕趙故族十餘家衞送北歸遂圍睢陽金主走汝南汝南恃柴潭爲阻會宋

孟珙以兵糧來會珙決其南潭水涸金人懼啓南門求死戰柔以步卒二十餘突其陣促聶福堅先登擒二校以歸又遣張信據其內隍諸軍齊進金主自殺汝南既破下令屠城一小校縛十人以待一人貌獨異柔問之狀元王鶚也解其縛賓禮之入朝太宗歷數其戰功班諸帥上賜金虎符升軍民萬戶乙未從皇子闊出拔棗陽繼從大帥太赤攻徐邳丁酉詔屯兵曹武以逼宋道出九里關柔欲率所部徑往或言關甚險宋必設伏不若與大軍俱進不聽與二十騎直前據關方解甲而食宋兵出兩山間圍數重騎皆失色柔單騎馳突潰圍大軍繼至遂達曹武悉下綠山諸堡攻洪山寨破之遂營山下柔率衆出畧地他處宋兵乘虛來襲柔還與之遇自旦至暮凡十餘戰大敗宋師斬其將校十有三人遂會諸軍取光州又進趣黃州破三山寨至大湖中得戰艦沿江接戰壁於黃州西北隅有乘舟出者柔曰此偵伺我隙者也夜必襲吾不備乃分軍爲三以待之二鼓時宋師果至柔邀擊之俘數百人溺死者不可計攻其東門矢石雨注軍少却柔率死士十餘奮戈大呼所向仆踣執俘而還宋師懼請和乃還軍大帥察罕攻滁州柔以二百騎往時盧泗盱眙安豐間宋屯戍相望斥堠甚嚴或勸柔勿行不聽且戰且前凡二十餘戰北至滁察罕以滁久不拔欲解去柔請決戰從之既陣宋驍將出挑戰柔佯却宋將驕柔馳及之撾擊墜地宋將執柔轡曳入其陣飛石中柔鼻兩軍鬨柔得還裹瘡復戰夜遣肇彥輝劫其營焚城東南隅柔銳卒五十七人先登拔之己亥以本官節制河南諸翼兵馬征行事河南三十餘城皆屬焉庚子詔柔等八萬戶伐宋辛丑升保州爲順天府賜御衣數襲名馬二尚廐馬百柔率師自五河口濟淮畧和州諸城師還分遣部下將千人屯田于襄城察罕奏柔總諸軍鎮杞初河決於汴西南入陳留分而爲三杞居其中潬宋兵恃舟楫之利駐亳泗犯汴洛以擾河南柔乃卽故杞之東西中三山夾河順殺水勢築連城結浮梁爲進戰退耕之計敵不敢至會諸軍攻破壽州柔欲留兵守之察罕不從又敗宋師于泗州還杞上帳下吏夾谷顯祖得罪亡走上變誣柔執柔以北大臣多以闔門保柔者卒辨其誣顯祖伏誅辛亥憲宗卽位換授金虎符仍軍民萬戶甲寅移鎮亳州環亳皆水非舟楫不達柔焚城壁爲橋梁屬汴堤以通商賈之利復建孔子廟設校官弟子員入奏帝悅賜衣一襲錫根甲一金符九銀符十九頒將校之有功者己未分裨將張果王仲仁從憲宗征蜀王安國胡進田伯榮宋演從宗王塔察兒攻荆山柔從世祖攻鄂世祖由大勝關柔由虎頭關與宋兵遇於沙窩柔子弘彥擊破之進與守關兵戰敗之世祖自陽羅渡江促柔會兵攻鄂百餘日不能下世祖諭之曰吾猶獵者不能擒圈中豕野獵以供汝食汝可破圈而取之柔乃令何伯祥作鵝車洞掘其城別遣勇士先登攻其西南陬屢破之會憲宗凶問至宋亦行成世祖北還命柔統領蒙古漢軍以俟後命城白鹿磯爲久駐計中統元年世祖卽位詔班師阿里不哥反世祖北征詔柔入衞至盧朐河有詔止之分其兵三千五百衞京師以子弘慶爲質二年以金寶錄獻諸朝且請致仕封安肅公命第八子弘畧襲職至元三年加榮祿大夫判行工部事城大都四年進封蔡國公五年六月卒年七十九贈推忠宣力翊運功臣太師開府儀同三司上柱國諡武康延祐五年加封汝南王諡忠武子十有一人弘畧弘範最顯弘範自有傳

弘畧字仲傑柔第八子也有謀畧通經史善騎射嘗從柔鎮杞從亳歲乙卯入朝憲宗授金符權順天萬戶從征蜀以其幼賜錦衣令還鎮柔既致仕授弘畧金虎符順天路管民總管行軍萬戶仍總宣德河南懷孟等路諸軍屯亳者中統三年李璮反求救於宋將夏貴貴自蘄乘虛北奪亳滕徐宿邳滄濱七州新蔡符離蘄利津四縣殺守將弘畧率戰船遏之于渦口貴退保蘄弘畧發亳軍攻之水陸並進宋兵素憚亳軍焚城宵遁追殺殆盡獲軍貲不可計盡復所失地李璮既誅追問當時與璮通書者獨弘畧書皆勸以忠義事得釋朝廷懲璮叛逆務裁諸侯權以保全之因解弘畧兵職宿衞京師賜只孫冠服以從宴享至元三年城大都佐其父爲築宮城總管八年授朝列大夫同行工部事兼領宿衞親軍儀鸞等局十三年城成賜內帑金釦瑇瑁巵授中奉大夫淮東道宣慰使十四年宋廣王昺據閩廣時東海縣儲粟數萬行省檄弘畧將兵二千戍之仍命造舟運粟入淮安弘畧顧民舟有能載粟十石者與一石人爭趍之一月而畢十六年遷江西宣慰使會饒州盜起犯都昌弘畧以爲饒雖屬江東與南康止隔一湖此寇不滅則吾境必有相扇而起者乃使人直擣其巢穴生縛賊酋磔于市餘黨潰散下令曰不操兵者皆爲平民餘無所問頃之以疾歸亳有讒貴臣子在江南買田宅樂而忘歸者詞引弘畧或謂弘畧曰公但居亳未嘗在江南入見宜自明弘畧曰明之則言者獲譴矣吾寧稱疾家居二十九年見世祖於龍虎臺請曰臣之子玠長矣願備宿衞從之且賜以酒曰卿年未老謝事何爲特命爲河南行省參知政事元貞二年卒贈推忠佐理功臣銀青榮祿大夫平章政事上柱國蔡國公諡忠毅子三人玠瑾琰

史天倪

史天倪字和甫燕之永清人曾祖倫少好俠因築室發土得金始饒於財金末中原塗炭乃建家塾招徠學者所藏活豪士甚衆以俠稱於河朔士族陷爲奴虜者輒出金贖之甲子歲大侵發粟八萬石賑饑者士皆爭附之祖成珪倜儻有父風遭亂盜賊四起乃悉散其家財唯存廩粟而已父秉直讀書尚氣義癸酉太師國王木華黎統兵南伐所向殘破秉直聚族謀曰方今國家喪亂吾家百口何以自保既而知降者皆得免乃率里中老稚數千人詣涿州軍門降木華黎欲用秉直秉直辭而薦其子乃以天倪爲萬戶而命秉直管領降人家屬屯霸州秉直拊循有方遠近聞而附者十餘萬家尋遷之漠北降人道饑秉直得所賜牛羊悉分食之多所全活甲戌從木華黎攻北京乙亥北京降木華黎承制以烏野兒爲北京路都元帥秉直行尚書六部事主餽餉軍中未嘗乏絕庚寅以老謝事歸鄉里卒年七十一三子長天倪次天安次天澤天澤自有傳天倪始生之夕白氣貫庭成童姿貌魁傑有道士見而異之曰封侯相也及長好學日誦千言天安未舉進士不第乃歎曰大丈夫立身獨以文乎哉使吾遇荒鷄夜鳴擁百萬之衆功名可唾手取也木華黎見而奇之既以萬戶統諸降卒從木華黎畧地三關已南至于東海所過城邑皆下因進言於木華黎曰金棄幽燕遷都于汴已失策矣遼水東西諸郡金之腹心也我若得大寧以扼其喉襟則金雖有遼陽終不能保矣木華黎善之先倫卒時河朔諸郡結清樂社四十餘社近千人歲時像倫而祠之至是天倪選其壯勇萬人爲義兵號清樂軍以從兄天祥爲先鋒所向無敵分兵畧三河薊州諸砦望風款服甲戌朝太祖于燕之幄殿所陳皆奇謀至計大稱旨賜金符授馬步軍都統管領二十四萬戶從木華黎攻高州又從攻北京皆不戰而克乙亥授右副都元帥改賜金虎符奉詔南征圖平州金經畧使乞住降進兵眞定所屬部邑無不欵附而眞定帥武仙固守不下遂移軍圍大名衆謂城堅不可擊天倪使攻其西南角勁卒屢上屢却天倪先登守者辟易遂破其城丙子會木華黎兵於燕南清州監軍王守約平州推官合達俱以城叛連謀越海歸金天倪追襲至樂安合達以益都行省忙古兵來拒敗之殺守約擒忙古斬首萬級丁丑徇山東諸郡部卒有殺民豕者立斬以徇軍中肅然遠近響應知中山李明趙州李瑀邢州武貴威州武振磁州李平洺州張立等望風皆下己卯從木華黎徇河東至絳州其團樓甃以石牢不可破天倪命穴其旁地虛樓陷遂拔之木華黎喜賞以繡衣金鞍名馬庚辰還軍眞定武仙降木華黎承制以天倪爲金紫光祿大夫河北西路兵馬都元帥行府事仙副之天倪乃言於木華黎曰今中原粗定而所過猶縱鈔掠非王者弔民伐罪意也且王奉天子命爲天下除暴豈復效其所爲乎王曰善下令敢有剽虜者以軍法從事辛巳金懷州元帥王榮潞州元帥裴守謙澤州太守王珍皆以城降壬午攻濟南水砦破之癸未徇山西遂克三關不浹旬定四十餘砦兵至河衞喜曰河衞者夷門之限也河衞既破則夷門不能守矣嚴實以兵來會請自攻河衞天倪曰合達蒲瓦亦勍敵也實曰易與耳保爲公破之明日實與蒲瓦兵遇於南門合達兵自北奄至實兵敗竟爲所執天倪曰合達以實歸汴必以今夕急命馮存杜必貴率壯士一千三百伏延津柳渡果夜縛實過延津遇存等與戰敗之實得脫歸必貴戰死未幾帝命天倪回軍眞定甲申夏大名總管彭義斌以宋兵犯河朔天倪逆戰於恩州義斌敗入保大名乙酉師還聞武仙之黨據西山腰水鐵壁二砦以叛天倪直擣其巢穴盡掩殺之仙怒謀作亂乃設宴邀天倪有知其謀者止天倪毋往天倪不從遂爲仙所殺天倪之赴眞定也秉直密戒之曰觀武仙之辭氣終不爲我用宜備之天倪曰我以赤心待人人或相負天必不容顧無慮秉直乃携其孫楫權還北京至是人服其先識先是天倪擊鞠夜歸有大星隕馬前有聲心惡之果及禍天倪死時年三十九妻程氏聞亂恐汚於賊乃自殺子五人其三人尚幼俱死於難惟楫權在

楫字大濟歲己亥知中山府事尋遷征南行軍萬戶翼經畧徇地蘄黃善撫士卒所向有功壬寅天澤引楫入見太宗奏曰臣兄天倪死事時二子尚幼臣受詔攝行府事今楫已成人乞解職授之帝嘉歎曰今之爭官者多讓官者少卿此舉殊可嘉尚朕自有官與之卽以楫爲眞定兵馬都總管佩金虎符辛亥朝廷始徵包銀楫請以銀與物折仍減其元數詔從之著爲令各道以楮

幣相貿易不得出境二三歲輒一易鈔本日耗商旅不通楫請立銀鈔相權法人以爲便或請運鹽按籍計口給民以食楫爭其不可曰鹽鐵從民貿易何可若差稅例配之議遂寢元氏民有怨府僚於達官者實之無實將抵之死楫力爲營解達官曰是人陷汝輩死地而反抹之何耶楫曰誅之固足以懲後未若宥之以愧其心況人命至重豈宜以妄言之故而加以極刑乃杖而遣之中統元年授眞定路總管同判本道宣撫司事眞定表山帶河連屬三十餘城生殺進退咸倚專決楫謹身率先明政化信賞罰任賢良汰貪墨恤煢獨民咸德之所舉州縣佐史有文學者三十餘人後皆知名會天澤言兵民之柄不可併居一門行之請自臣家始楫卽日解綬歸卒年五十九子炫常德管軍總管煇知孟州燧同知東昌府事煊潼關提舉煬蓁廣西按察司事

權字伯衡勇而有謀初以權萬戶從天澤南征歲壬子天澤以萬戶改河南經略使乃以權代其任甲寅屯軍鄧州敗宋將高達於樊城己未世祖自將伐宋權出迎於淮西世祖渡江次鄂州而憲宗崩世祖北還乃命權總兵鎭江北岸之武磯山中統元年降詔獎諭賜金虎符授眞定河間濱棣邢洺衛煇等州路并木烈乣軍兼屯田州城民戶沿邊鎭守諸軍總管萬戶其所屬千戶萬戶悉聽號令至元六年召至闕下問以征南之策對曰襄陽乃江陵之藩蔽樊城乃襄陽之外郛我軍若先攻樊城則襄陽不能支梧不戰自降矣然後駐兵嘉定耀武淮泗事必有濟帝善其計七年宋兵侵邊權引兵趍剌子口大破之帝賜白金五百兩權悉以分勞士卒宋將夏貴以船萬艘載壯士欲奪江而權進攻破之帝賜以衣幣弓矢鞍勒旣而轉糧于隨貴復引兵扼我前路權戰破之賜白金七百兩制授河南等路宣撫使未上賜金虎符充江漢大都督總制軍馬總管屯田萬戶會天澤言一門不可兼掌兵民之柄乃授權鎭國上將軍眞定等路總管兼府尹從東平又從河間卒

樞字子明父天安字全甫秉直仲子也歲癸酉從秉直降太師木華黎以其兄天倪爲萬戶而質天安軍中丁丑從討錦州叛人張致平之己卯從畧地關右生擒鄜州驍將張資祿號張鐵槍者乙酉武仙殺天倪於眞定天安率衆來會天澤併力攻仙敗走之以功授行北京元帥府事撫治眞定庚寅宋聚兵邢之西山聲言爲仙援遣其徒趙和行間城中誣卒副李甲劉清嘗輸款爲內應守將械兩人送府大帥趣命戮之天安揣知其詐請自鞫之果得其情遂斬和以狗壬辰從伐金師還討劇盜梁滿蘇傑等悉平之甲午宣權眞定等路萬戶賜金符丙午入覲賜黃金五十兩白狐裘一牝馬百乙卯卒樞年二十餘以勳臣子知中山府有治績甲寅初籍新軍天澤以長兄二子各有官位而仲兄之子未仕乃奏樞爲征行萬戶配以眞定彰德衞州懷孟新軍戍唐鄧乙卯敗宋舟師於漢水之鸑鸞灘賜金虎符戊午憲宗伐宋入自蜀從天澤詣行在朝帝于大散關帝勞之曰卿久鎭東方茲復遠來勤亦至矣樞對曰臣之祖父受國厚恩今陛下親御六師暴露萬里之外臣獨不能出死力以報萬分之一邪帝壯其言命爲前鋒立宋劍州僑治於苦竹崖前阻絕澗深數百尺恃險而不備帝使樞偵之樞率健卒數十縋而下得其所以致師處以聞帝趣樞急取之宋人懼乃降翼日大宴帝顧皇后命飲樞酒且諭新附渠帥曰我國家自開創以來未有皇后賜臣下酒者特以樞父子世篤忠貞故寵以殊禮有能盡瘁事國者禮亦如之已未從天澤擊敗宋將呂文德於嘉陵江追至重慶而還賜黃金五十兩白金二百兩錦一匹世祖卽位改賜金虎符中統二年從天澤扈駕北征三年李璮叛據濟南復從天澤往討之城西南有大澗亙歷山樞一軍獨當其險夾澗而城塹木柵於澗中潦雨暴漲木柵盡壞樞曰賊乘吾隙俟夜必出命作葦炬數百置城上逮三鼓賊果至飛炬擲之風怒火烈弓弩齊發賊衆大潰自相蹂躪死者不可勝計未幾璮就擒至元四年宋兵圍開達諸州以樞爲左壁總帥佩虎符凡河南山東懷孟平陽太原京兆延安等軍悉統之宋兵聞之解去六年高麗人金通精據珍島以叛討之歲餘不下七年進樞昭勇大將軍鳳州經畧使樞至謂諸將佐曰賊勢方張未易力勝況炎暑海氣蒸鬱弓力弛弱猝不可用宜分軍爲三多張旗幟以疑之吾與諸君潛師擣其巢穴破之必矣與戰大破之其地悉平十二年復以萬戶從丞相伯顏伐宋賜錦衣一襲鞍一弓一矢百甲十注馬十二疋仍給天澤帳下士十人以從宋平署安吉州安撫使時新附之初民所在依險阻自保樞以威信招懷之復業爲民者以千萬計十四年移疾還十九年起爲東京路總管辭不赴二十三年拜中奉大夫山東東西道宣慰使治濟南後又治益都二十四年卒年六十七子煥昭勇大將軍後衞親軍都指揮使佩金虎符煇奉訓大夫祕書少監

史天祥

史天祥父懷德尚書秉直之弟也歲癸酉大師國王木華黎從太祖伐金天祥隨秉直迎降於涿木華黎命懷德就領其黑軍隸帳下署天祥都鎭撫選降卒長身武勇者二百人使領之招徠丁壯得衆萬餘從取霸州文安大城滄濱長山等二十餘城東下淄沂密三州所至皆先登詔賜以銀符從大軍攻燕不克甲戌畧地高州拔惠和金源和衆龍山利建富庶等一五城惟大寧固守不下天祥獲金將完顏胡速木華黎欲殺之天祥曰殺一人無損於敵適驅天下之人爲吾敵也且其降時嘗許以不死今殺之無以取信於後不若從而用之乃以爲千戶復合衆攻其衆懷德先登擒其二將爲流矢所中歿于軍乃以所統黑軍命天祥領之天祥憤痛其父之死攻之愈急乙亥與大帥烏野兒降其北京留守銀荅忽同知烏古倫進攻北京傍近諸寨磨雲山王都統首詣軍門降天祥命人刈崖擒都統不剌釋其縛仍曉以大義不剌感泣願效死天祥察其誠許與王都統往說降城子崖王家奴乃命三人各將舊卒付空名告身使諭樓子崖等二十餘寨悉降得老幼數萬勝兵八千西乾河荅魯五指山楊趙奴獨固守不下天祥擊之大小百餘戰趙奴死荅魯敗走得戶二萬授西山總帥兵馬興州節度使趙守玉反天祥與烏野兒分道討平之荅魯復聚衆攻龍山以槊刺烏野兒中胷墮馬天祥馳救得免復整陣出戰大敗之斬首八千級荅魯戰死進克中興府張致盜據錦州從木華黎討平之會契丹漢軍擒關肅復利州殺劉祿於銀治斬首五十級失山香爐紅螺塔山大蟲嶺駐團崖諸寨悉平虜生口萬餘得錦州舊將杜節并黑軍五百人卽命統之丙子春覲太祖於魚兒濼賜金符授提控元帥拔蓋金蘇復等州獲金完顏奴耶律神都馬遷鎭國上將軍利州節度使所部降民都總管監軍兵馬元帥丁丑夏山賊祁和恐戮武平討平之縛金將巢元帥又滅重兒盜衆萬人城庚州之車河己卯權兵馬都元帥蒙古漢軍黑軍並聽節制下河東平陽河中岢嵐絳石隰吉鄜等八十餘城庚辰至眞定木華黎使天祥攻城天祥因請曰攻之恐戮及無辜不如先往諭之苟其不從加兵未晚木華黎許之天祥往見守將武仙諭以禍福仙悟乃降吾也而請留天祥守眞定木華黎曰天下未定智勇士可離左右乎吾將別處之乃以秉直之子天倪爲河北西路兵馬都元帥鎭眞定以天祥爲左副都元帥餘如故引兵南屯邢西遙木山下仙兄貴以萬人壁於山上負固不下天祥攜完顏胡速及黑軍百人由鳥道扳援而上盡擒捕之仙驚曰公若有羽翼者不然何其能也遂下邢磁相三州從戰黃龍岡破單勝兗三州木華黎圍東平久不下怒吾也而不盡力將手斬之天祥請代攻木華黎喜付皮甲一又與已鐵鎧并被之鏖戰不已木華黎使人止之曰爾力竭矣宜少休復以金鞍名馬與之辛巳從取綏德鄜坊等五十餘城壬午木華黎攻青龍金勝諸堡花帽軍堅守不下既破欲屠之天祥力諫而止獲壯士五千人癸未春還軍河中木華黎上其功賜金虎符授蒙古漢軍兵馬都元帥總十二萬戶鎭河中冬狗西夏破賀蘭山還遇賊射傷額出血目爲之昏甲申歸北京授右副北京等七路兵馬都元帥庚寅朝太宗於盧朐河乞致仕不允辛卯太宗用兵河南强之從行轉漕河上給餉諸軍壬辰命天祿領汴京百工數千屯霸州之益津行元帥府事賜錦衣一襲初天祥夜中流矢鏃入頰骨不能出至是金瘡再發鏃自口出睿宗聞而閔之授海濱和衆利州等處總管兼領霸州御衣局人匠都達魯花赤行北京七路兵馬都元帥府事憲宗卽位俾仍舊職戊午秋九月以疾卒年六十八天祥幼有大志長身騈脅力絕人性不嗜酒喜稼穡好施予乙未括戶縱其奴千餘口俾爲民晚雖喪明憂國愛民之心未嘗忘也子彬江東提刑按察副使槐襲霸州爲衣局人匠都達魯花赤

元史卷一百四十八

明翰林學士亞中大夫知制誥兼修國史宋　濂等修

列傳第三十五

董俊子文蔚　文用　文忠　文直

董俊字用章眞定藁城人少力田長涉書史善騎射金貞祐間邊事方急藁城令立的募兵射上中者拔爲將衆莫能弓獨俊一發破的遂將所募兵迎敵歲乙亥國王木華黎帥兵南下俊遂降已卯以勞擢知中山府事佩金虎符金將武僊據眞定定武諸城皆應僊俊率衆夜入眞定逐僊走之定武諸城復去僊來附庚辰春金

大發兵益僊治中李全叛中山應之俊軍時屯曲陽僊銳氣來戰敗之黃山下僊脫走獻捷于木華黎由是僊以窮降木華黎承制授俊龍虎衞上將軍行元帥府事駐稾城俊嘗謁木華黎曰武僊黠不可測終不爲我用請備之木華黎然其言承制授左副元帥陞稾城縣爲永安州號其衆爲匡國軍事一委俊己酉僊果殺都元帥史天倪據眞定以叛旁郡縣皆爲僊守俊提孤軍居反側間戰士不滿千人拒守永安僊攻之朞年無所利乃縱兵蹂禾稼俊呼語之曰汝欲得民而奪之食無道賊不爲也僊慙而去俊出兵掩擊之僊敗走久之俊復夜入眞定僊走死乃納史天倪弟天澤爲帥壬辰會諸軍圍汴明年金主棄汴奔歸德追圍之金兵夜出薄諸軍於水俊力戰死焉時年四十有八俊早喪父事母以孝聞歲時廟祭非疾病跪拜必盡禮子雖孩孔亦使之序拜曰祀以孝先也禮宜如是待族親故人皆有恩意里夫家僮亦接之有道克汴時以侍其軸爲賢延歸敎諸子嘗曰射百日事耳詩書非積學不通屢誡諸子曰吾一農夫耳遭天下多故徒以忠義事人僅立門戶深願汝曹力田讀書勿求非望爲吾累也俊忠實自許不爲夷險少移臨陣勇氣懾衆立矢石間怡然若無事雖中傷亦不爲動每慕馬援爲人曰馬革裹屍援固可壯故戰必持矛先士卒或諫止之俊曰我人臣也敵在前不死乃趨安脫危乎先是戊子歲朝於行在諸將獻戶口各增數要利吏請如衆俊曰民實少而欺以數多他日上需求無應必重斂以承命是我獨利而民困也行元帥府時狂男子三百餘人期日作亂事覺戮其渠魁餘並釋之深冀間妖人惑衆圖爲不軌逮者數萬人有司議當族俊力請主者但誅首惡永安節度使劉成叛降武僊於威州俊下令曰逆者一人餘能去逆卽忠義士與其家財仍奏官之衆果去成降沃州民岩天臺爲盜旣破降之他將利其子女欲掠之俊曰城降而俘其家仁者不爲也衆義不取南征時人多歸俊願爲奴者旣全其家歸悉縱爲民鄰境人有被掠賣者亦與直贖還之其天性之美類如此俊器度弘遠善戰而不妄殺故人樂爲之用大小百戰無不克捷爲政寬明見人善治田廬必召與歡語有惰者則怒罰之故其部完實民惟恐其去也贈翊運効節功臣太傅開府儀同三司上柱國封壽國公謚忠烈加贈推忠翊運効節功臣太傅開府儀同三司上柱國改封趙國公子文炳文蔚文用文直文忠文炳自有傳

文蔚字彥華俊之次子也重厚寡言不事嬉戲立志勤苦讀書忘倦及長善騎射膂力絕人事母至孝接人謙恭凡所與交貴賤長幼待之無異至於一揖必正容端體俛首幾至于地徐徐起拱人所難能兄文炳爲稾城令厲精於政家務悉委之凡供給祭祀賓客之事無不盡心辛丑起民兵南征文炳命文蔚率十有七人私整鞍馬衣甲自爲一隊與衆軍渡淮甲寅世祖收大理還駐六盤山文炳以文蔚孝謹公勤可委以事解所佩金符以讓帝嘉賞之授稾城等處行軍千戶南鎭鄧州與荆襄接境沿邊城壁未築是年冬十一月修光化乙卯立毘陽丙辰築棗陽文蔚悉總之治板幹具畚鍤儲餱糧運木石程其工力時其饑飽藥其疾病見執役者常以善言撫之弗事威猛衆咸感曰他將領役鞭箠怒辱不恤困苦今董侯慈惠若此我曹安忍負之各盡力成之丁巳攻襄樊城南據漢江北阻湖水卒不得渡文蔚夜領兵士於湖水狹隘之處伐木拔根立於水實以薪草爲橋梁頃之卽成至曉師悉渡圍已合城中大驚異之文蔚復統拔都軍以當前行奪其外城論功居最己未憲宗伐宋入川蜀文蔚奉詔將鄧之選兵西上由褒斜歷劍閣而劍閣諸州平地不能守置州事於山師行大獲雲頂長寧苦竹諸砦長驅而前至釣魚山崖壁巉峭惟一徑可登恃險阻未卽降帝命攻之文蔚以大往攻迺激厲將士挾雲梯冒飛石履崎嶇以登直抵其寨苦戰頃之兵士被傷迺還帝親見之加以賞賚中統二年世祖置武衞軍文蔚以鄧兵入爲千戶帝北狩留屯上都三年李璮反據濟南文蔚以麾下軍圍其南面春秋力戰城破璮誅奏功還至元五年七月十七日以疾卒于上都之炭山弟文忠時爲樞密僉院乞護喪南還帝甚憫之泰定中贈明威將軍僉右衞使司事上騎都尉隴西郡伯

文用字彥材俊之第三子也生十歲父死長兄文炳敎諸弟有法文用學問早成弱冠試詞賦中選時以眞定稾城奉莊聖太后湯沐庚戌太后命擇邑中子弟來上文用始從文炳謁太后于和林城世祖在潛藩命文用主文書講說帳中常見許重癸丑世祖受命憲宗自河西征雲南大理文用與弟文忠從軍督糧械贊軍務丁巳世祖命授皇子經是爲北平王雲南王也又命召遺老竇默姚樞李俊民李冶魏璠於四方己未伐宋文用發沿邊蒙古漢人諸軍理軍需將攻鄂州宋賈似道呂文德將兵來拒水陸軍容甚盛九月世祖臨江閱戰文炳求先進戰文用與文忠固請偕行世祖親料甲冑擇大艦授之大破宋師世祖卽位建元中統文用持詔宣諭邊郡且擇諸軍充侍衞七月還朝中書左丞張文謙宣撫大名等路奏文用爲左右司郞中二年八月以兵部郞中參議都元帥府事三年李璮叛據濟南從元帥闊闊帶統兵誅之山東平阿术奉詔伐宋召文用爲其屬文用辭曰新制諸侯總兵者其子弟勿復任兵事今吾兄文炳以經略使總重兵鎭山東我不當行阿术曰潛邸舊臣不得引此爲說文用謝病不行至元改元召爲西夏中興等路行省郞中中興自渾都海之亂民間相恐動竄匿山谷文用至鎭之以靜乃爲書置通衢諭之民乃安始開唐來漢延秦家等渠墾中興西涼甘肅瓜沙等州之土爲水田若干於是民之歸者戶四五萬悉授田種頒農具更造舟置黃河中受諸部落及潰叛之來降者時諸王只必鐵木兒鎭西方其下縱橫需索無算省臣不能支文用坐幕府輒面折以法其徒積忿譖文用於王王怒召文用使左右雜問之意叵測文用曰我天子命吏非汝等所當問請得與天子所遣爲王傅者辨之王卽遣其傅訊文用其傅中朝舊臣不肯順王意文用謂之曰我漢人生死不足計所恨者仁慈寬厚如王以重戚鎭遠方而其下毒虐百姓凌暴官府傷王威名於事體不便因歷指其不法者數十事其傅驚起去白王王卽召文用謝之曰非郞中我殆不知郞中持此心事朝廷宜勿怠自是譖不行而省府事頗立二年入奏經畧事宜還以上旨行之中興遂定八年立司農司授山東東西道巡行勸農使山東自更叛亂野多曠土文用巡行勸勵無問幽僻入登州境見其墾開有方以郡守移剌某爲能作詩表異之於是列郡咸勸也利畢興五年之間政績爲天下勸農使之最十二年丞相安童奏文用爲工部侍郞代紇石里紇石里阿合馬私人也其徒旣讒間安童罷相卽使鷹監奏曰自紇石里去工部侍郞不給鷹食鷹且瘦死帝怒促召治之因急捕文用入見帝望見曰董文用乃爲爾治鷹食者耶置不問別令取給有司十三年出文用爲衞輝路總管佩金虎符郡當衝要民爲兵者十之九餘皆單弱貧病不堪力役會初得江南圖籍金玉財帛之運日夜不絕于道警衞輸輓日役數千夫文用憂之曰吾民弊矣而又重妨耕作殆不可乃從轉運主者言州縣吏卒足以備用不必重煩吾民也主者曰汝言誠然萬一有不虞則罪將誰歸文用卽手書具官姓名保任之民得以時耕而運事亦不廢諸郡運江淮粟于京師衞當運十五萬石文用曰民籍可役者無幾且江淮風水舟不能以時至而先爲期會是未運而民已困矣乃集旁郡通議立驛置法民力以舒十四年詔汴漕司言事適漕司議通沁水北東合流御河以便漕者文用曰衞爲郡地最下大雨時行沁水輒溢出百十里間雨更甚水不得達于河卽浸淫及衞今又引之使來豈惟無衞將無大名長蘆矣會朝廷遣使相地形上言衞州城中浮屠最高者纔與沁水平勢不可開也事遂寢十六年受代歸田里茅茨數椽僅避風雨讀書賦詩怡然燕居裕宗在東宮數爲臺臣言董文用勳舊忠良何以不見用十八年臺臣奏起文用爲山北遼東道提刑按察使不赴十九年朝廷選用舊臣召文用爲兵部尚書自是朝廷有大議未嘗不與聞二十年江淮省臣有欲專肆而忌廉察官建議行臺隸行省狀上集朝臣議之文用議曰不可御史臺譬之臥虎雖未噬人人猶畏其爲虎也今處名僅存紀綱猶不振一旦摧抑之則風采薾然無可復望者矣昔阿合馬用事時商賈賤役皆行賄入官及事敗欲盡去其人廷議以爲不可使阿合馬售私恩而朝廷驟斂怨也乃使按察司劾去其不可者然後吏有所憚民有所赴訴則是按察司者國家當飭勵之不可摧抑也悉從文用議轉禮部尚書遷翰林集賢二院學士知秘書監時中書右丞盧世榮以貨利得幸權要爲貴官陰結貪刻之黨以錙銖掊克爲功乃建議曰我立法治財視常歲當倍增而民不擾也詔下會議人無敢言者文用陽問曰此錢取於右丞之家耶將取之於民耶取於右丞之家則不敢知若取諸民則有說矣牧羊者歲嘗兩剪其毛今牧人日剪其毛而獻之則主者固悅其得毛之多矣然而羊無以避寒熱卽死且盡毛又可得哉民財亦有限取之以時猶懼其傷殘也今盡刻剝無遺猶有百姓乎世榮不能對丞相安童謂坐中曰董尚書眞不虛食俸祿者議者出皆謝文用曰君以一言折聚斂之臣而厚邦本眞仁人之言哉世榮竟以是得罪二十二年拜江淮行中書省參知政事文用力辭帝曰卿家世非他人比朕所以任卿者不在錢穀細務也卿當察其大者事有不便但言之文用遂行省長官者素貴多傲同列莫敢仰視跪起稟白如小吏事上官文用至則坐堂上侃侃與論是非可否無所遷就雖數忤之不顧也有以帝命建佛塔於宋故宮者有司奉行甚急天大雨雪入山伐木死者數百人猶欲併建大寺文

用謂其人曰非時役民民不堪矣少徐之如何長官者曰參政奈何格上命耶文用曰非敢格上命今日之困民力而失民心者豈上意耶其人意沮遂稍寬其期二十三年朝廷將用兵海東徵斂益急有司大爲奸利文用請入奏事大畧言疲國家可寶之民力取僻陋無用之小邦列其條目甚悉言上事遂罷二十五年拜御史中丞文用曰中丞不當理細務吾當先舉賢才乃舉胡祗遹王惲雷膺荆幼紀許楫孔從道十餘人爲按察使徐琰魏初爲行臺中丞當時以爲極選方是時桑哥當國恩寵方盛自近戚貴人見之皆屏息遜避無敢誰何文用以舊臣任中丞獨不附之桑哥令人風文用頌己功於帝前文用不荅桑哥又自謂文用曰百司皆具食於丞相府矣文用又不荅會朔方軍興糧糗粗備而誅求愈急文用謂桑哥曰民急矣外難未解而內伐其根本丞相宜思之於是遠邇盜賊蜂起文用持外憲所上盜賊之目謂桑哥曰百姓豈不欲生養安樂哉急法暴歛使至此爾御史臺所以救政事之不及丞相當助之不當抑之也御史臺不得行則民無所赴愬民無所赴愬而政日亂將不止於臺事之不行也忤其意益深乃摭拾臺事百端文用日與辨論不爲屈於是具奏桑哥姦狀詔報文用語密而外人不知也桑哥日譖文用于帝曰在朝惟董文用戇傲不聽令沮撓尚書省請痛治其罪帝曰彼御史之職也何罪之有且董文用端謹朕所素知汝善視之遷大司農時欲奪民田爲屯田文用固執不可遷爲翰林學士承旨二十七年隆福太后在東宮以文用舊臣欲使文用授皇孫經具奏上以帝命命之文用每講說經旨必附以朝廷故事丁寧譬喻反覆開悟皇孫亦特加敬禮三十一年帝命文用以其諸子入見文用曰臣蒙國厚恩死無以報臣之子何能爲命至再三終不以見是歲世祖崩成祖將即位上都太后命文用從行既即位巡狩三不剌之地文用曰先帝新棄天下陛下巡狩不以時還無以慰安元元宜趣還京師且臣聞人君猶北辰然居其所而衆星拱之不在勤遠畧也帝悟即日可其奏是行也帝每召入帳中問先朝故事文用亦盛言先帝虛心納賢開國經世之務談說或至夜半文用自先帝時每侍燕與蒙古大臣同列裕宗嘗就榻上賜酒使毋下拜跪飲皆異數也帝在東宮時正旦受賀於衆中見文用召使前曰吾向見至尊甚稱汝賢輒親取酒飲之至是眷賚益厚是年詔修先帝實錄陞資德大夫知制誥兼修國史文用於祖宗世系功德近戚將相家世勳績皆記憶貫穿史館有所考究質問文用應之無遺失大德元年上章請老賜中統鈔萬貫以歸官一子鄉郡侍養六月戊寅以疾卒年七十有四子八人士貞士亨士楷士英士昌士恒士廉士方贈銀青光祿大夫少保壽國公謚忠穆

文直字彥正俊之第四子也剛毅莊栗簡言笑通經史法律爲藁城長官佩金符初兄文炳及季弟文忠去事世祖次文用亦在朝俱有仰於家而食者餘百口文直勤儉始終不替內則養生送死之合禮外則中表賓問之中度奉上接下一敬一愛藹乎其睦也性好施而甚仁里閈或貧不自立每陰濟其急不使之知恩所從來微至僮病必手予粥藥或止之曰不忍以其賤違吾愛心及棄官浮沉里社任眞適意親賓過從尊酒相勞家門日以烜赫已獨恬然不見諸辭色以病卒年五十有二

文忠字彥誠俊第八子也歲壬子入侍世祖潛邸王鶚嘗言詩因問文忠能之乎文忠曰吾少讀書惟知入則孝於親出則忠於君而已詩非所學也癸丑從征南詔己未伐宋與兄文炳文用敗宋兵於陽羅堡得賞銜百緵進圍鄂世祖即位置符寶局以文忠爲郎授奉訓大夫居益近密嘗呼董八而不名文忠不爲容悅隨事獻納中禁事秘外多不聞至元二年安童以右丞相入領中書建陳十事言忤旨文忠曰丞相素有賢名今秉政之始人方傾聽所請不得復何以爲遂從旁代對懇惻詳切如身條是疏者始得允可八年侍講學士徒單公履欲奏行貢舉知帝於釋氏重教而輕禪乃言儒亦有之科舉類教道學類禪帝怒召姚樞許衡與宰臣廷辨文忠自外入帝曰汝日誦四書亦道學者文忠對曰陛下每言士不治經講孔孟之道而爲詩賦何關修身何益治國由是海內之士稍知從事實學臣今所誦皆孔孟之言焉知所謂道學而俗儒守亡國餘習欲行其說故以是上惑聖聽恐非陛下教人修身治國之意也事遂止十一年伐宋民困供饋文忠奏免常歲橫征從之帝嘗見宋降將從容問宋所以亡者皆曰賈似道當國薄武人而重文儒將士怨之莫有鬭志故大軍既至爭解甲歸命也帝問文忠此言何如文忠因詰之曰似道薄汝矣而君則貴汝以官富汝以祿未嘗薄汝也今有怨於相而移於君不肯一戰坐視國亡如臣節何然則似道薄汝者豈非預知汝曹不足恃乎帝深善之有旨徙大都獵戶於郢中文忠奏止之又請罷官鬻田器之稅聽民自爲時多盜詔犯者皆殺無赦在處繫囚滿獄文忠言殺人取貨與竊一錢者均死慘黷莫甚恐乖陛下好生之德勑革之或告漢人毆傷國人及太府監屬盧甲盜剪官布帝怒命殺以懲衆文忠言今刑曹於囚罪當死者已有服辭猶必詳讞是豈可因人一言遽加之重典宜付有司閱實以俟後命乃遣文忠及近臣突滿分覈之皆得其誣狀遂詔原之帝因責侍臣曰方朕怒時卿曹皆不敢言非董文忠開悟朕心則殺二無辜之人必取議中外矣因賜文忠金尊曰用旌卿直裕宗亦語宮臣曰方天威之震董文忠從容諫正實人臣難能者太府監屬奉物詣文忠泣謝曰鄙人賴公復生文忠曰吾素非知子所以相救於危急者蓋爲國平刑豈望子見報哉却其物不受自安童北伐阿合馬獨當國柄大立親黨懼廉希憲復入爲相害其私計奏希憲以右丞行省江陵文忠言希憲國家名臣今宰相虛位不可使久居外以孤人望宜早召還從之十六年十月奏曰陛下始以燕王爲中書令樞密使纔一至中書自冊爲太子累使明習軍國之事然十有餘年終守謙退不肯視事者非不奉明詔也蓋朝廷處之未盡其道爾夫事已奏決而始啓太子是使臣子而可否君父之命故惟有唯默避遜而已以臣所知不若令有司先啓而後聞其有未安者則以詔勑斷之庶幾理順而分不踰太子必不敢辭其責矣帝即日召大臣面諭其意使行之復語太子曰董八崇立國本者其勿忘之禮部尚書謝昌元請立門下省封駁制勑以絕口書風曉近習奏請之弊帝銳意欲行之詔廷臣雜議且怒翰林學士承旨王磐曰如是有益之事汝不入告而使南方後至之臣言之汝用學問何爲必今日開是省三日廷臣奏以文忠爲侍中及其屬數十人近臣乘便言曰陛下將別置省此實其時然得人則可以寬聖心新民聽今聞盜詐之臣與居其間不可其言多指文忠文忠忿辨曰上每稱臣不盜不詐今汝顧臣而言意實在臣其顯言臣盜詐何事帝令言者出文忠猶訴不止且攻其害國之姦帝曰朕自知之彼不言汝也其人忌文忠欲中害之然以文忠清慎無過乃奏鈔萬緡爲壽求交驩文忠却之文炳爲中書左丞卒太傅伯顏乃表文忠可相帝使繼其官文忠辭曰臣兄有平定南方之勞可居是位臣嘗給事居中所宣何力敢冒居重職乎十八年陞典瑞局爲監郎爲卿仍以文忠爲之授正議大夫俄授資德大夫僉書樞密院事卿如故車駕行幸詔文忠毋扈從留居大都凡宮苑城門直舍徼道環衛營屯禁兵太府少府軍器尚乘諸監皆領焉兵馬司舊隸中書并付文忠時權臣累請奪還中書不報是冬十月二十有五日鷄鳴將入朝忽病仆帝遣中使持藥投救不及遂卒甚悼惜之賻錢數十萬後制贈光祿大夫司徒封壽國公謚忠貞

嚴實 子忠濟

嚴實字武叔泰安長清人畧知書志氣豪放不治生產喜交結施與落魄里社間屢以事繫獄俠少輩爲出死力乃得脫去癸酉秋太祖率兵自紫荆口入分畧山東河北河東而歸金東平行臺調民爲兵以實爲衆所服命爲百戶甲戌春泰安張汝楫據靈巖遣別將攻長清實破走之以功授長清尉戊寅權長清令宋取益都乘勝而西行臺檄實備芻糧爲守禦計實出督租比還而長清破俄以兵復之有譖于行臺者謂實與宋有謀行臺以兵圍之實挈家避青崖宋因以實爲濟南治中分兵四出所至無不下於是太行之東皆受實節制庚辰三月金河南軍攻彰德守將單仲力不支數求救實請於主將張林林逗遛不行實獨以兵赴之比至而仲被擒實知宋不足恃七月謁太師木華黎於軍門挈所部彰德大名磁洺恩博滑濬等州戶三十萬來歸木華黎承制拜實金紫光祿大夫行尚書省事進攻曹濮單三州皆下之偏將李信留鎮青崖嘗有罪懼誅乘實之出殺其家屬降于宋辛巳實以兵復青崖擒信誅之進攻東平金守將和立剛棄城遁實入居之壬午宋將彭義斌率師取京東州縣實將晁海以青崖降盡掠實家義斌軍西下郡縣多歸之乙酉四月遂圍東平實潛約次將孛里海合兵攻之兵久不出城中食且盡乃與義斌連和義斌亦欲藉實取河朔而後圖之請以兄事實時麾下衆尚數千義斌聽其自領而青崖所掠者則留不遣七月義斌下眞定道西山與孛里海等軍相望分實以帳下兵陽助而陰伺之實知勢迫急赴孛里海軍與之合遂與義斌戰宋兵潰擒義斌不旬月京東州縣復爲實有是冬木華黎之弟帶孫取彰德明年取濮東平又明年木華黎之子孛魯取益都實皆有功焉庚寅四月朝太宗于牛心之幄殿帝賜之坐宴享終日賜以虎符數顧實謂侍臣曰嚴實眞福人也甲午朝于和林授東平路行軍萬戶偏裨賜金符者八人先是實之所統凡五十餘城至是惟德兗濟單隸東平丁酉九月詔實毋事征伐初彰德既下又破水柵帶孫怒其反覆驅老

幼數萬欲居之實曰此國家舊民吾兵力不能及爲所脅從果何罪耶帶孫從之繼破濮州復欲居之實言百姓未嘗敵我豈可與執兵刃者同戮不若留之以供芻秣濮人免者又數萬其後於曹楚丘定陶上黨皆然時兵由武關出襄鄧實在徐邳間以爲河南破居數必多乃載金繒往贖之且約束諸將毋敢妄有殺掠靈壁一縣當誅者五萬人實悉救之會大饑民北徙者多餓死又法藏匿逃者保社皆坐逃亡無所託殭尸蔽野實命作糜粥盛置道傍全活者衆實部曲有逃歸益都者數十人益都破皆獲之以爲必殺實置不問王義深者義斌之别將聞義斌敗將奔河南實族屬在東平者皆爲所害河南破實獲義深妻子厚周郎之送還鄉里終不以舊怨爲嫌其寬厚長者類若此庚子卒年五十九遠近悲悼野哭巷祭旬月不已中統二年追封實爲魯國公謚武惠子忠貞金紫光祿大夫忠濟忠嗣忠範忠傑忠裕忠祐

忠濟一名忠翰字紫芝實之第二子也儀觀雄偉善騎射辛丑從其父入見太宗命佩虎符襲東平路行軍萬戶管民長官開府布政一法其父養老尊賢治爲諸道第一領兵畧地淮漢偏裨部曲戮力用命定宗憲宗即位之始皆加褒寵忠濟初統千戶十有七乙卯朝命括新軍山東益兵二萬有奇忠濟弟忠嗣忠範爲萬戶以大諸弟暨勲將之子爲千戶城戍宿衛蘄縣而忠濟皆統之已未世祖南伐詔率師由閶道會鄂親率勇士梯衝登城師還忠濟選勇敢二千人命千戶將之甲仗精銳所向無前大臣有言其威名太盛者中統二年召還京師命忠範代之忠濟治東平日借貸於人代部民納逋賦歲久愈多及謝事債家執文券來徵帝聞之悉命發內藏代償東平廟學故隘陋改卜高爽地于城東教養諸生後多顯者幕僚如宋子貞劉肅李昶徐世隆俱爲名臣至元二十三年特授資德大夫中書左丞行江浙省事以老辭二十九年賜鈔萬五千緡宅一區召其子瑜入侍三十年卒忠濟統理方郡凡十一年嘗人命官生殺予奪皆自己出及謝去大權貴而能貧安于義命世以是多之後謚莊孝

忠嗣實之第三子也少從張澄商挺李楨學畧知經史大義辛亥其兄忠濟授以東平人匠總管遙領單州防禦使事乙卯充東平路管軍萬戶丁巳從忠濟畧地揚州取邵伯埭首立戰功己未南征從忠濟渡淮分兵出桂車嶺與宋兵相拒三晝夜殺獲甚衆始達蘄州及渡江抵鄂分部攻城九十餘日戰甚力師還授金虎符中統三年李璮叛宋兵攻蘄州勢張甚徐州總管李杲哥降于宋齊魯山寨爲宋兵所據忠嗣從大帥按脫救蘄縣復徐州執李杲哥殺之攻鄒之嶧山滕之牙山多所殺獲按脫論功以聞賜銀二百兩幣五十端四年朝廷懲青齊之亂居大藩者子弟不得親政於是罷官家居至元十年卒

元史卷一百四十八考證

文忠傳謚忠貞○臣祖庚按名臣事畧作正獻

元史卷一百四十九

明翰林學士亞中大夫知制誥兼修國史宋　濂等修

列傳第三十六

耶律留哥

耶律留哥契丹人仕金爲北邊千戶太祖起兵朔方金人疑遼遺民有他志下令遼民一戶以二女眞戶夾居防之留哥不自安歲壬申遁至隆安韓州糾壯士剽掠其地州發卒追捕留哥皆擊走之因與耶的合勢募兵數月衆至十餘萬推留哥爲都元帥耶的副之營帳百里威震遼東太祖命按陳那衍渾都古行軍至遼遇之問所從來留哥對曰我契丹軍也往附大國道阻馬疲故逗遛於此按陳曰我奉旨討女眞適與爾會庸非天乎然爾欲效順何以爲信留哥乃率所部會按陳于金山刑白馬白牛登高北望折矢以盟按陳曰吾還奏當以征遼之責屬爾金人遣胡沙帥軍六十萬號百萬來攻留哥聲言有得留哥骨一兩者賞金一兩肉一兩者賞銀亦如之仍世襲千戶留哥度不能敵亟馳表聞帝命按陳孛都歡阿魯都罕引千騎會留哥與金兵對陳于迪吉腦兒留哥以姪安奴爲先鋒橫衝胡沙軍大敗之以所俘輜重獻帝召按陳還而以可特哥副留哥屯其地衆以遼東未定癸酉三月推留哥爲王立妻姚里氏爲妃以其屬耶廝不爲郡王坡沙僧家奴耶的李家奴等爲丞相元帥尚書統古與著撥行元帥府事國號遼甲戌金遣使靑狗誘以重祿使降不從靑狗度其勢不可反臣之金主怒復遣宣撫萬奴領軍四十餘萬攻之留哥逆戰于歸仁縣北河上金兵大潰萬奴收散卒奔東京安東同知阿憐懼遣使求附於是盡有遼東州郡遂都咸平號爲中京金左副元帥移剌都以兵十萬攻留哥拒戰敗之乙亥留哥破東京可特哥娶萬奴之妻李僊娥留哥不直之有隙既而耶廝不等勸留哥稱帝留哥曰向者吾與按陳那衍盟願附大蒙古國削平疆宇倘食其言而自爲東帝是逆天也逆天者必有大咎衆請愈力不獲已稱疾不出潛與其子薛闍奉金幣九十車金銀牌五百至按坦孛都罕入覲帝曰漢人先納欵者先引見太傅阿海奏曰劉伯林納欵最先帝曰伯林雖先然迫於重圍而來未若留哥仗義效順也其先留哥既見帝大悅謂左右曰凡留哥所獻白之於天乃可受遂以白氈陳於前七日而後納諸庫因問舊何官對曰遼王帝命賜金虎符仍遼王又問戶籍幾何對曰六十餘萬帝曰可發三千人爲質朕遣蒙古三百人往取之汝亦遣人偕往留哥遣大夫乞奴安撫禿哥與俱且命詰可特哥曰汝妻萬奴之妻悖法尤甚其拘縶以來可特哥懼與耶廝不等紿其衆曰留哥已死遂以其衆叛殺所遣三百人惟三人逃歸事聞帝諭留哥曰爾毋以失衆爲憂朕倍此數封爾無吝也草青馬肥資爾甲兵往取家孥丙子乞奴金山青狗統古與等推耶廝不僭帝號於澄州國號遼改元天威以留哥兄獨剌爲平章置百官方閱月其元帥青狗叛歸于金耶廝不爲其下所殺推其丞相乞奴監國與其行元帥鴉兒分兵民爲左右翼屯開保州關金蓋州守將衆家奴引兵攻敗之留哥引蒙古軍數千適至得兄獨剌并妻姚里氏戶二千鴉兒引敗軍東走留哥追擊之還渡遼河招撫懿州廣寧徙居臨潢府乞奴走高麗爲金山所殺金山又自稱國王改元天德統古與復殺金山而自立喊舍又殺之亦自立戊寅留哥引蒙古契丹軍及東夏國元帥胡土兵十萬圍喊舍高麗助兵四十萬克之喊舍自經死徙其民於西樓自乙亥歲留哥納欵遼東反覆耶廝不僭號七十餘日金山二年統古與喊舍亦僭二年至己卯春留哥復定之庚辰留哥卒年五十六妻姚里氏入奏會帝征西域皇太弟承制以姚里氏佩虎符權領其衆者七年丙戌帝還姚里氏攜次子善哥鐵哥永安及從子塔塔兒孫收國奴見帝于河西阿里湫城帝曰健鷹飛不到之地爾婦人乃能來耶賜之酒慰勞甚至姚里氏奏曰留哥既沒官民乏主其長子薛闍扈從有年願以次子善哥代之使歸襲爵帝曰薛闍今爲蒙古人矣其從朕之征西域也回回圍太子於合迷城薛闍引千軍救出之身中槊又於蒲華尋思干城與回回格戰傷於流矢以是積功爲拔都魯不可遣當令善哥襲其父爵姚里氏拜且泣曰薛闍者留哥前妻所出嫡子也宜立善哥者婢子所出若立之是私己而蔑天倫婢子竊以爲不可帝歎其賢給驛騎四十從征河西賜河西俘人九口馬九匹白金九錠幣器皆以九計許以薛闍襲爵而留善哥塔塔兒收國奴於朝惟遣其季子永安從姚里氏東歸丁亥帝召薛闍謂曰昔女眞倡掀爾父起兵自遼東會朕師又能割愛以爾事朕其情貞慤可尚繼而奸人耶廝不等叛人民離散欲食爾父子之肉者今豈無人乎朕以兄弟視爾父則爾猶吾子爾父亡矣爾其與吾弟孛魯古台並轄軍馬爲第三千戶薛闍受命己丑從太宗南征有功賜馬四百牛六百羊二百庚寅帝命與撒兒台東征收其父遺民移鎭廣寧府行廣寧路都元帥府事自庚寅至丁酉連征高麗東夏萬奴國復戶六千有奇戊戌薛闍卒年四十六子收國奴襲爵行廣寧府路總管軍民萬戶府事易名石剌征高麗有功辛亥睿宗以石剌爲國宣力者三代命益金吏造所佩虎符賜之佐諸王也苦及扎剌台控制高麗己未卒年四十五長子古乃嗣中統元年征河西三年征李璮破嶧山以功皆受賞至元六年朝廷併廣寧于東京去職是歲卒年三十六子忒哥薛闍弟善哥賜名蒙古歹命從親王口溫不花己丑從攻破天城堡鳳翔府以功襲充拔都魯壬辰引兵三千渡河會大軍平金後伐宋拔光州棗陽由千戶遷廣寧尹至元元年卒年五十二子天祐襲廣寧千戶改廣寧縣尹

劉伯林

劉伯林濟南人好任俠善騎射金末爲威寧防城千戶壬申歲太祖圍威寧伯林知不能敵乃縋城詣軍門請降太祖許之遣禿魯花等與偕入城遂以城降帝問伯林在金國爲何官對曰都提控卽以元職授之命選士卒爲一軍與太傅耶律禿懷同征討招降山後諸州太祖北還留伯林屯天成過金兵前後數十戰進攻西京錄功賜金虎符以本職充西京留守兼兵馬副元帥癸酉從征山東攻梁門遂城下之乙亥同國王木華黎攻破燕京丁丑復從大軍攻下山東諸州木華黎上其功賜名馬二十匹錦衣一襲戊寅同攻下太原平陽己卯破潞絳及火山聞喜諸州縣時論欲徙聞喜民實天成伯林以北地喪亂人艱於食力爭而止之部曲所獲俘虜萬計悉縱之在威寧十餘年務農積穀與民休息隣境瘡瘵而威寧獨爲樂土嘗曰吾聞活千人者後必封吾之所活何啻萬餘人子孫必有興者乎辛巳以疾卒年七十二累贈太師封秦國公謚忠順子黒馬

黒馬名嶷字孟方始生時家有白馬產黒駒故以爲小

字後遂以小字行驍勇有志略年幾弱冠隨父征伐大小數百戰出入行陣略無懾色嘗獨行遇金兵圍本部十三人卽奮劒入圍手殺金兵數人十三人皆得脫歲壬午襲父職爲萬戶佩虎符兼都元帥癸未從國王木華黎攻鳳翔不克回屯絳州又從孛羅攻西夏唐兀甲申從按眞那衍攻破東平大名乙酉金降將武僊據眞定以叛從孛羅討之破眞定武僊遁去金將忽察虎以兵四十萬復取山後諸州黑馬逆戰隘胡嶺大破之斬忽察虎歲己丑太宗卽位始立三萬戶以黑馬爲首重喜史天澤次之授金虎符充管把平陽宣德等路管軍萬戶仍僉太傅府事總管漢軍從征回回河西諸國及破鳳翔西河汚州諸城堡庚寅睿宗入自大散關假道於宋以伐金命黑馬先由興元金房東下至三峰山遇金大將合達與戰大破之虜合達斬首數萬級乘勝攻破香山寨及鈞州賜西錦良馬貂鼠衣以旌其功會增立七萬戶仍以黑馬爲首重喜史天澤嚴實等次之癸巳從破南京賜繡衣玉帶甲午從破蔡州滅金乙未同都元帥荅海紺卜征西川辛丑改授都總管萬戶統西京河東陝西諸軍萬戶夾谷忙古歹田雄等並聽節制入覲帝慰勞之賜銀鼠皮三百爲直孫衣壽命巡撫天下察民利病應州郭志全反脅從詿誤者五百餘人有司議盡戮之黑馬止誅其爲首者數人餘悉從輕典癸丑從憲宗至六盤山商州與宋接境數爲所侵命黑馬守之宋人斂兵不敢犯丁巳入覲請立成都以圖全蜀帝從之成都旣立就命管領新舊軍民小大諸務賜號也可禿立中統元年廉希憲商挺宣撫川陝時密力火者握重兵居成都希憲與挺慮其爲變以黑馬有膽智使乘驛矯詔竟誅之其子訴于朝世祖諭之曰茲朕命也其勿復言三年命兼成都路軍民經略使瀘州破闔黑馬已屬疾猶親督轉輸不輟左右諫其少休黑馬曰國事方急以此死無憾遂卒年六十三累贈太傅封秦國公謚忠惠子十二人元振元禮顯

元振字仲舉黑馬長子也隨父入蜀立成都會商鄧間有警命黑馬往鎭商鄧以元振攝萬戶時年方二十旣涖事號令嚴明賞罰不妄麾下宿將皆敬服之憲宗伐宋駐蹕釣魚山以元振與紐鄰爲先鋒中統元年世祖卽位廉希憲商挺奏以爲成都經略使總管萬戶宋瀘州守將劉整密送款求降黑馬遣元振往受之諸將皆曰劉整無故而降不可信也元振曰宋權臣當國賞罰無章有功者往往以計除之是以將士離心且整本非南人而居瀘南重地事勢與李全何異整此舉無可疑者遂行黑馬戒之曰劉整宋之名將瀘乃蜀之衝要今整遽以瀘降情僞不可知汝無爲一身慮事成則爲國家之利不成則當效死乃其分也元振至瀘整開門出迎元振棄衆而先下馬與整相見示以不疑明日請入城元振釋戎服從數騎與整聯轡而入飲燕至醉整心服焉獻金六千兩男女五百人元振以金分賜將士而歸還其男女宋瀘州主帥俞興率兵圍瀘州晝夜急攻自正月至五月城幾陷左右勸元振曰事勢如此宜思變通整本非吾人與俱死無益也元振曰人以誠歸我旣受其降豈可以急而棄之且瀘之得失關國家利害吾有死而已食將盡殺所乘馬犒將士募善游者齎蠟書至成都求援又權造金銀牌分賞有功未幾援兵至元振與整出城合擊興兵大敗之斬其都統一人興退走捷聞且自陳擅造金銀牌罪帝嘉其通於權變賜錦衣一襲白金五百兩入朝又賜黃金五十兩弓矢鞍轡黑馬卒元振居喪起授成都軍民經略使至元七年時議以勳舊之家事權太重宜稍裁抑遂降爲成都副萬戶十一年命兼潼川路副招討使十二年卒年五十一子緯數從父行軍元振卒緯襲職佩虎符爲萬戶守潼川創立遂寧諸處山寨從圍釣魚山數戰有功攻合州授潼川路副招討遷副都元帥復授管軍萬戶遷同知四川西道宣慰司事入朝進四川西道宣慰使拜陝西行省參知政事卒

元禮黑馬第五子也性渾厚有謀常從父在軍中歲甲寅授金符爲京兆路奧魯萬戶中統四年遷興元成都等路兵馬左副元帥至元元年遷潼川路漢軍都元帥二年九月宋制置夏貴率軍五萬犯潼川元禮所領纔數千衆寡不敵諸將登城望貴軍有懼色元禮曰料敵制勝在智不在力乃出戰屢破之復大戰蓬溪自寅至未勝負不決激厲將士曰此去城百里爲敵所乘則城不可得入潼川非國家有矣丈夫當以死戰取功名時不可失也卽持長刃大呼突入陣所向披靡將士咸奮無一不當百大敗貴兵斬首萬餘級生擒千餘人捷奏賜錦衣二襲白金三錠名馬一匹金鞍轡弓矢召入朝命復還潼川立蓬溪寨元禮又奏嘉定去成都三百六十里其間舊有眉州城可修復之屯兵以扼嘉定往來之路世祖從之四年命平章趙寶臣往視可否或以爲眉州荒廢已久立之無關利害徒費財力元禮力爭之寶臣是其言遂與役七日而畢宋人駭其速元禮鎭守眉州五年召入朝乞解官養母從之九年起授懷遠大將軍延安路總管卒

郭寶玉

郭寶玉字玉臣華州鄭縣人唐中書令子儀之裔也通天文兵法善騎射金末封汾陽郡公兼猛安引軍屯定州歲庚午童謠曰搖搖罟罟至河南拜闕氏旣而太白經天寶玉歎曰北軍南汴梁卽降天改姓矣金人以獨吉思忠僕散揆行中書省領兵築烏沙堡會太師木華黎軍忽至敗其兵三十餘萬思忠等走寶玉舉軍降木華黎引見太祖問取中原之策寶玉對曰中原勢大不可忽也西南諸蕃勇悍可用宜先取之藉以圖金必得志焉又言建國之初宜頒新令帝從之於是頒條畫五章如出軍不得妄殺刑獄惟重罪處死其餘雜犯量情笞決軍戶蒙古色目人每丁起一軍漢人有田四頃人三丁者僉一軍年十五以上成丁六十破老站戶與軍戶同民匠限地一頃僧道無益於國有損於民者悉行禁止之類皆寶玉所陳也帝將伐西蕃患其城多依山險問寶玉攻取之策對曰使其城在天上則不可取如不在天上至則取矣帝壯之授抄馬都鎭撫癸酉從木華黎取永淸破高州降北京龍山復帥抄馬從錦州出燕南破太原平陽諸州縣甲戌從帝討契丹遺族歷古徐鬼國訛夷朶等城破其兵三十餘萬寶玉胸中流矢帝命剖牛腹置其中少頃乃蘇尋復戰收別失八里別失蘭等城次忽章河西人列兩陣迎拒戰方酣寶玉望其衆疾呼曰西陣走矣其兵果走追殺幾盡進兵下撏思干城次暗木河敵築十餘壘陳船河中俄風濤暴起寶玉令發火箭射其船一時延燒乘勝直前破護岸兵五萬斬大將佐里遂屠諸壘收馬里四城辛巳可弗叉國唯算端罕破乃滿國引兵據撏思干聞帝將至棄城南走入鐵門屯大雪山寶玉追之遂奔印度帝駐大雪山前時谷中雪深二丈寶玉請封山川神壬午三月封崑崙山爲玄極王大鹽池爲惠濟王從柘柏速不台二先鋒收契丹渤海等諸國有功累遷斷事官卒于賀蘭山子德海德山德山以萬戶破陝州攻潼關卒

德海字大洋資貌奇偉亦通天文兵法金末爲謀克擊宋將彭義斌於山東敗之知父寶玉北降遁入太行山大軍至乃出降爲抄馬彈壓從先鋒柘柏西征渡乞則里八海攻鐵山衣𢧵與敵軍不相辨乃焚蒿爲號煙焰漫野敵軍動乘之斬首三萬級踰雪嶺西北萬里進軍欢答里國悉平之乙酉還至崢山吐蕃帥尼倫回紇帥阿必丁反復破斬之戊子春從元帥闊闊出游騎入關中金人閉關拒守德海引驍騎五百斬關入殺守者三百人直擣凌風渡寨後兵不至引還己丑秋破南山八十三寨陝西平德海導大將魁欲那拔都假道漢中歷荆襄而東與金將武僊軍十萬遇於白河德海提孤軍轉戰僊敗走斬首二萬餘級復破金移剌粘哥軍于鄧冬十一月至鈞州辛卯春正月睿宗軍白洛陽來會于三峰山金人溝地立軍圍之睿宗令軍中斫雪又燒羊胛骨卜得吉兆夜大雪深三尺溝中軍僵立刀槊凍不能舉我軍衝圍而出金人死者三十餘萬其帥完顏哈達移剌蒲兀走匿浮圖上德海命掘浮圖基出其柱而焚之完顏斜烈單騎遁還洛陽又破金將合喜兵於中牟完顏斜烈復帥軍十萬來拒戰于鄭先登破之殺其都尉左崇以功遷右監軍壬辰正月破金師於黃龍岡癸巳取申唐二州甲午河南復叛德海往討之砲傷其足以疾歸卒先是太宗詔大臣忽都虎等試天下僧尼道士選精通經文者千人有能工藝者則命小通事合住等領之餘皆爲民又詔天下置學廩育人材立科目選之入仕皆從德海之請也子侃

侃字仲和幼爲丞相史天澤所器重留于家而教養之弱冠爲百戶鷙勇有謀略壬辰金將伯撒復取衞州侃拒之破其兵四萬於新衞州遂渡河襲金主至歸德敗其兵於閼伯臺卽從速不台攻汴西門金元帥崔立降以功授總把從天澤屯太康復以下德安功爲千戶壬子送兵仗至和林改抄馬那顏從宗王旭烈兀西征癸丑至木乃兮其國塹道置毒水中侃破其兵五萬下一百二十八城斬其將忽都荅而兀朱算灘算灘華言王也丙辰至乞都卜其城在檐寒山上懸梯上下守以精兵悍卒乃築夾城圍之莫能克侃架砲攻之守將卜者納失兒開門降旭烈兀遣侃往說兀魯兀乃算灘來降其父阿力據西城侃攻破之走據東城復攻破殺之丁巳正月至兀里兒城伏兵下令聞鉦聲則起敵兵果來伏發盡殺之海牙算灘降又西至阿剌汀破其游兵三萬禡拶荅而算灘降至乞石迷部忽里算灘降西戎大國也地方八千里父子相傳四十二世勝兵數十萬侃兵至破其兵七萬屠西城又破其東城東城殿宇皆構以沉檀木舉火焚之香聞百里得七十二絃琵琶五尺珊瑚燈檠兩城間有大河侃預造浮梁以防其遁城破合里法算灘登舟覩河有浮梁扼之乃自縛詣軍門降其將紂荅兒遁去侃追之至暮諸軍欲頓舍侃不聽又

行十餘里乃止夜暴雨先所欲舍處水深數尺明日獲紂答兒斬之拔三百餘城又西行三千里至大房其將住石致書請降左右以住石之請爲信然易之不爲備侃曰欺敵者亡軍機多詐若中彼計恥莫大焉乃嚴備以待住石果來邀我師侃與戰大敗之巴兒算灘降下其城一百八十五又西行四十里至密昔兒會日暮已休復驅兵起留數病卒西行十餘里頓軍下令軍中銜枚轉箭敵不知也潛兵夜來襲殺病卒可乃算灘大驚曰東天將軍神人也遂降戊午旭烈兀命侃西渡海收富浪侃喻以禍福兀都算灘曰吾昨所夢神人乃將軍也卽來降師還西南至石羅子敵人來拒侃直出掠陣一鼓敗之換斯干阿答畢算灘降至賓鐵侃以奇兵奄擊大敗之加葉算灘降已未破兀林游兵四萬阿必丁算灘大懼來降得城一百二十西南至乞里彎忽都馬丁算灘來降西域平侃以捷告至釣魚山會憲宗崩乃還鄧開屯田立保障世祖卽位侃上疏陳建國號築都城立省臺興學校等二十五事及平宋之策其略曰宋據東南以吳越爲家其要地則荆襄而已今日之計當先取襄陽既克襄陽彼揚廬諸城彈丸地耳置之勿顧而直趨臨安疾雷不及掩耳江淮巴蜀不攻自平後皆如其策中統二年擢江漢大都督府理問官二年二月益都李璮及徐州總管李杲哥俱反宋夏貴復來犯邊史天澤薦侃召入見世祖問計所出曰羣盜竊發猶柙中虎內無資糧外無救援築城環之坐待其困計日可擒也帝然之賜尚衣弓矢馳至徐斬杲哥夏貴焚廬舍徙軍民南去侃追貴過宿遷縣奪軍民萬餘人而還賜金符爲徐邳二州總管杲哥之弟驢馬復與夏貴以兵三萬來擾邊境侃出戰斬首千餘級奪戰艦二百至元二年有言當解史天澤兵權者天澤遂遷他官侃亦調同知滕州三年侃上言宋人羈留我使宜興師問罪淮北可立屯田三百六十所每屯置牛三百六十具計一屯所出足供軍旅一日之需四年從高唐令兼治夏津武城等五縣五年邑人吳乞兒濟南道士胡王反討平之七年改白馬令僧臧羅漢與彰德趙當驢反又平之帝以侃習於軍務擢爲萬戶從軍下襄陽由陽羅上流渡江江南平遷知寧海州居一年卒侃行軍有紀律野營露宿雖風雨不入民舍所至興學課農吏民畏服子秉仁秉義

石天應

石天應字瑞之興中永德人善騎射豪爽不羈頗知讀書鄉里人多歸之太祖時太師國王木華黎南下天應率衆迎謁軍門木華黎卽承制授興中府尹兵馬都提控俾從南征天應造戰攻之具臨機應變捷出如神以功拜龍虎衞上將軍元帥右監軍戍燕天應旌旗色用黑人目之曰黑軍屢從木華黎大小二百餘戰常以身先士卒累功遷右副元帥辛巳秋八月從木華黎征陝右假道西夏自東勝濟河南攻葭州拔之天應因說太師曰西戎雖降實未可信此州當金夏之衝居人健勇倉庫豐實加以長河爲限脫爲敵軍所梗緩急非便宜命將守之多造舟楫以備不虞此萬世計也木華黎然之表授金紫光祿大夫陝西河東路行臺兵馬都元帥以勁兵五千留守葭蘆遂造舟楫建浮橋諸將多言木㵎波惡恐勞費無功天應下令曰有沮吾事者斷其舌橋成諸將悅服先時葭守王公佐收合餘燼攻函谷關將圖復故地及見橋成遂潰去於是分兵四出悉定葭綏之地一日謁木華黎於汾水東木華黎諭以進取之策天應還鎭召將佐謂曰吾累卿等留屯於此今聞河東西皆平川廣野可以駐軍規取關陝諸君以爲如何或諫曰河中雖用武之地南有潼關西有京兆皆金軍所屯且民新附其心未一守之恐貽噬臍之悔天應曰葭州正通鄜延今鄜已平延不孤立若發國書令夏人取之猶掌中物耳且國家之急本在河南此州路險地僻轉餉甚難河中雖迫於二鎭實用武立功之地北接汾晉西連同華地五千餘里戶數十萬若起漕運以通餽餉則關內可尅期而定關內既定長河以南在吾目中矣吾年垂六十老耄將至一旦臥病床笫聞後生輩立功名死不瞑目矣男兒要當死戰陣以報國是吾志也秋九月遂移軍河中既而金軍果潛入中條襲河中天應知之先遣驍將吳澤伏兵要路澤勇而嗜酒是夕方醉臥林中金兵由間道已直抵城下時兵燼後守具未完新附者爭縋而去敵乘隙入天應見火舉知敵已入奮身角戰左右從者四十餘騎皆曰吳澤誤我或勸西渡河天應曰先時人諫我南遷吾違衆而來此事急棄去是不武也縱太師不罪我何面目以見同列乎今日惟死而已汝等勉之少頃敵兵四合天應飲血力戰至日午死之木華黎聞而痛惜焉子煥中知興中府事執中行軍千戶受中興中府相副官初天應死事時弟天禹子佐中在軍中伺敵少懈倒抽其斧反斫之突城而出趨木華黎行營求得蒙古軍數千回與敵戰敗之木華黎嘉其勇奏授金符行元帥尋詔將官各就本城授興中府千戶子安琬襲職佩金符從征大理討李璮皆有功十三年隆興之分寧叛行省檄安琬討之賊背山而陣安琬引兵出陣後賊驚潰退而距守安琬揮兵直抵壘門賊揚言曰願少容行伍而戰死且不憾安琬從之賊果出陣安琬突陣而入大呼曰吾止誅賊首庸卒非我敵也手刃中賊背生擒之累功至右衞親軍副都指揮使進階懷遠大將軍賜金虎符後授大同等處萬戶領江左新附卒萬人屯田紅城大德三年李萬戶當戍和寧親老且病安琬請代其行及還以病卒子居謙襲職後改忠翊侍衞親軍都指揮使

移剌捏兒

移剌捏兒契丹人也幼有大志膂力過人沉毅多謀略遼亡金以爲參議留守等官皆辭不受聞太祖舉兵私語所親曰爲國復讎此其時也率其黨百餘人詣軍門獻十策帝召見與語奇之賜名賽因必闍赤又問爾生何地對曰霸州因號爲霸州元帥乙亥拜兵馬都元帥佐太師木華黎取北京下高利興松義錦等二十六城破五十四寨平利州賊劉四祿及錦州賊張致兵勢方熾且盜名號木華黎命捏兒與大將烏也兒榻斡兒合兵討之致拒戰捏兒出奇兵掩擊斬致木華黎第功以聞還龍虎衞上將軍兵馬都提控元帥總取遼東西廣寧金復海蓋等十五城興州監州重兒反復與烏也兒討平之帝遣使者詔之曰自汝効順戰功日多今錫汝金虎符居則理民有事則將其勿替朕意戊寅從攻東平辛巳從攻延安壬午從圍鳳翔先登手殺數十人左臂中流矢創甚裹創進攻丹延木華黎止之對曰創未至死敢自愛耶木華黎壯之與所乘白馬明日介其馬飾以朱纓簡驍衞七十人與金兵戰木華黎乘高見其馳突萬衆中曰此霸州元帥也諸軍繼進金兵敗走丹延十餘城皆降還軍民都達魯花赤都提控元帥兼興勝府尹癸未從帝征河西取甘合辛蛇等州師還復從木華黎攻益都下萊膠淄等三十二城戊子得疾歸高州卒贈推忠宣力保德功臣太尉開府儀同三司上柱國追封興國公謚武毅子買奴

買奴蚤從父習戰陣初入見太祖問曰汝年小能襲父爵乎對曰臣年雖小國法不小帝異其對顧左右曰此兒甚肖乃父以爲高州等處達魯花赤兼征行萬戶庚寅命攻高麗花京城監軍張翼劉霸都殞於敵買奴怒曰兩將陷賊義不獨生趨出戰破之誅首將撫安其民進攻開州州將金沙密逆戰擒之城中人出童男女及金玉器以獻卻不受遂下龍宣雲泰等十四城癸巳從諸王按赤台征女直萬奴部有功未幾召還興州趙祚反土豪楊買驢等附之帝命從親王察合台帥師討之斬賊將董蠻等圍買驢於險樹寨三月不能下買奴令健卒劉五兒卽寨北小徑上大樹以繩潛引百人登寨直前劫之買驢投崖死餘黨悉平太宗卽位錄功賜金鞍良馬乙未從征高麗入王京取其西京而還賜金鎖甲加鎭國上將軍征東大元帥佩金符復命出帥高麗將行以疾卒年四十贈推誠效義功臣榮祿大夫平章政事追封興國公謚顯懿子元臣

元臣別名哈剌哈孫年十六入宿衞應對進止有度世祖謂丞相和魯火孫曰此勳臣子非凡器也以爲怯薛必闍赤襲千戶將其父軍從伐宋攻淮西戍淸口取瓜洲下通泰累有功至元十二年從丞相伯顏平宋進階武義將軍中衞親軍總管佩金虎符十四年只兒瓦台叛圍應昌府時皇女魯國公主在圍中元臣以所部軍馳擊只兒瓦台敗走追至魚兒濼擒之公主賜賚甚厚奏請暫留元臣鎭應昌以安反側居一歲召至京師還明威將軍後衞親軍副都指揮使還鎭應昌又三歲召還加昭勇大將軍十九年帝以所籍入權臣家婦賜之元臣辭曰臣家世淸素不敢以汚帝嘉歎不已二十二年進昭毅大將軍同僉江淮行樞密院事行院罷歸高州帝親征乃顏元臣率家僮五十人見行在所願效前驅八年移僉湖廣行樞密院時溪洞施容等州蠻獠作亂元臣親入其境喻以禍福賊首魯萬丑降三十年卒于官贈安遠功臣龍虎衞上將軍同知樞密院事追封興國公謚忠靖子廸中奉大夫湖宣宣慰使都元帥

耶律禿花 禿滿荅兒　古帶

耶律禿花契丹人世居桓州太祖時率衆來歸大軍入金境爲嚮導獲所牧馬甚衆後侍太祖同飲班木河水從伐金大破忽察虎軍又從木華黎收山東河北有功拜太傅總領也可那延封濮國公賜虎符銀印歲給錦幣三百六十疋統萬戶扎剌兒劉黑馬史天澤伐金卒于西河州子朱哥嗣仍統劉黑馬等七萬戶與都元帥塔海紺卜同征四川卒于軍子寶童嗣以疾不任事朱哥弟買住嗣而以寶童充隨路新軍總管買住言於憲宗曰今欲略定西川下流諸城當先定成都以爲根本臣請往相其地帝從之遂率諸軍往成都攻嘉定未下而卒子忽林帶嗣總諸軍立成都府卒于軍以兒百家奴嗣自朱哥至百家奴並襲太傅總領也可那延禿滿

荅兒者百家奴之弟忽林帶之兄也常留中宿衞後百家奴解兵柄爲他官乃授成都管軍萬戶代將其軍至元十一年從忽敦攻嘉定修平康寨以守之十二年從汪田哥攻九頂山破之殺都統一人嘉定降從忽敦徇下瀘敘諸城圍重慶守合江口又以舟師塞龍門濠遏其援兵十三年瀘州叛從汪田哥攻之重慶遣兵援瀘邀擊破之獲七十人瀘堅守不下禿滿荅兒夜率兵攻奪水城以進黎明先登入瀘城克之斬其將王世昌李都統復從不花圍重慶守將張珏搏戰敗之城下重慶降賜虎符授夔路招討使遷四川東道宣慰使仍兼夔路招討改同僉四川等處行樞密院事遷四川等處行中書省左丞尚書省立改行尚書省左丞進右丞卒忙古帶寶童之子也世祖時賜金符襲父職爲隨路新軍總管統領山西兩路新軍從行省也速帶兒征蜀及思播建都諸蠻夷有功陞萬戶從攻羅必甸至雲南詔以其衆入緬迎雲南王金齒白衣荅奔諸蠻往往伏險要爲備忙古帶奮擊破之凡十餘戰至緬境開金齒道奉王以還遷副都元帥從諸王阿台征交趾至白鶴江與交趾僞昭文王戰奪其戰艦八十七艘又從雲南王攻羅必甸破之二十九年入覲成宗即位授烏撒烏蒙等處宣慰使兼管軍萬戶還大理金齒等處宣慰使都元帥六年烏撒羅羅斯叛雲南行省命率師討平之事聞賜鈔三千貫銀五十兩金鞍轡及弓矢以旌其功九年討普安羅雄州叛賊阿塡擒殺之進驃騎衞上將軍遙授雲南諸路行中書省左丞行大理金齒等處宣慰使都元帥卒于軍至大四年贈龍虎衞上將軍平章政事仍追封濮國公謚威愍子火你赤襲萬戶

王珣 子榮祖

王珣字君寶本姓耶律氏世爲遼大族金正隆末契丹窩斡叛祖成從母氏避難遼西更姓王氏遂爲義州開義人父伯俊伯父伯亨無子以珣爲後珣武力絕人善騎射尤長於擊鞠年三十餘遇道士謂珣曰君之相甚奇它日因一青馬而貴珣未之信居歲餘有客以青馬來鬻珣私喜曰道士之言或驗乎乃倍價買之後乘以戰其進退周旋無不如意又嘗行凌水濱得一古刀其背銘曰舉無不克動必成功常佩之每有警必先鳴故所向皆捷初河朔兵動豪強各擁衆據地珣慨然曰世故如此大丈夫當自振拔否則爲人所制乃召諸鄉人諭以保親族之計衆從之推珣爲長旬月之間招集遺民至十餘萬歲乙亥太師木華黎略地奚霫珣率吏民出迎承制以珣爲元帥兼領義川二州事丙子春張致僭號錦州陰結開義楊伯傑等來掠義州珣出戰伯傑引去會致兄子以千騎來衝珣選十八騎突其前復合左右犄角之一卒以鎗刺珣珣揮刀殺之其衆潰走獲其馬幾盡時興中亦叛木華黎圍之召珣以全軍來會致窺覘其虛夜襲之家人皆遇害及興中平珣無所歸木華黎留之興中遣其子榮祖馳奏其事帝諭之曰汝父子宣力我家不意爲張致所襲歸語汝父善撫其軍自今以往當忍恥蓄銳俟逆黨平彼之族屬城邑人民一以付汝吾不吝也仍免徭賦五年使汝父子世爲大官珣以木華黎兵復開義擒伯傑等殺之進攻錦州致部將高益縛致妻子及其黨千餘人以獻木華黎悉以付珣珣但誅致家其餘皆釋之始還義州丁丑入朝帝嘉其功賜金虎符加金紫光祿大夫兵馬都元帥鎭遼東便宜行事兼義川等州節度使珣貌黑人呼爲哈剌元帥哈剌中國言黑也從木華黎兵略山東至滿城令還鎭戒之曰彼新附之民恃山海之險反覆不常非盡坑之終必爲變對曰國朝經略中夏宜以恩信結人若降者則殺後寧復有至者乎遂還以子榮祖代領其衆甲申春正月卒年四十八珣爲政簡易賞罰明信誅強撫弱毫髮無徇子四人榮祖襲

榮祖字敬先珣長子也性沉厚語音如鍾勇力絕人珣初附於木華黎以榮祖爲質稍見任用珣卒襲榮祿大夫崇義軍節度使義州管內觀察使從嗣國王孛魯入朝帝問其勇選力士三人迭與之博皆應手而倒欲留置宿衞會金平章政事葛不哥行省於遼東咸平路宣撫使蒲鮮萬奴僭號於開元遂命榮祖還副撒里台進討之拔益州宣城等十餘城葛不哥走死金帥郭琛完顏曳魯馬趙遵李高奴等猶據石城復攻拔之曳魯馬戰死遵與高奴出降虜生口千餘撒里台欲散於麾下榮祖屢請皆放爲民方城未下時榮祖遣部卒賈實亢其城城崩壓衆謂已死弗顧也榮祖曰士忘身死國安忍棄去發石取之猶生一軍感激樂爲效死有言義人懷反側者撒里台將屠之榮祖馳驛奏辨事乃止已丑授北京等路征行萬戶換金虎符伐高麗圍其王京高麗王力屈遣其兄淮安公奉表納貢進討萬奴擒之趙祁以興州叛從諸王按只台平之祁黨猶剽掠景薊間復從大將唐兀台討之將行榮祖曰承詔討逆人耳豈可戮及無辜宜惟抗我者誅大將然之由是免死者衆再從征高麗破十餘城高麗遣子綽入質帝賜錦衣旌其功又從諸王也忽略地三韓降天龍諸堡皆禁暴掠民悅服之破五里山城請於主將全其民逢下甕子城竹林寨苦苦數島帝嘉其功賜以金幣官其子興千戶仍賞其部曲移鎭高麗平壤帝遣使諭之曰彼小國負險自守釜中之魚非久自死緩急可否卿當熟思榮祖乃募民屯戍闢地千里盡得諸島嶼城壘高麗遣其世子倎出降遂以倎入朝中統元年夏詔榮祖詣闕帝撫慰之曰卿父子勤勞於國誠節如一進沿邊招討使兼北京等路征行萬戶賜寶鞍弓矢還鎭以病卒年六十五子十三人顯者六人通興中府尹秦權知義錦川等州總管興征東千戶遇襄陽路管軍萬戶達東京五處征行萬戶廷鎭國上將軍中衞親軍都指揮使琎江西湖東道提刑按察使

元史卷一百五十

明翰林學士亞中大夫知制誥兼修國史宋　濂等修

列傳第三十七

石抹也先

石抹也先者遼人也其先嘗從蕭后舉族入突厥及后還而族留至遼爲述律氏號稱后族遼亡改述律氏爲石抹氏其祖庫烈兒誓不食金祿率部落遠徙年九十夜得疾命家人候日出則以報及旦沐浴拜日而卒父脫羅華察兒亦不仕有子五人也先其仲子也年十歲從其父問宗國之所以亡即大憤曰兒能復之及長勇力過人善騎射多智略豪服諸部金人聞其名徵爲奚部長即讓其兄贍德納曰兄姑受之爲保宗族計遂深自藏匿居北野山射狐鼠而食聞太祖起朔方匹馬來歸首言東京爲金開基之地蕩其根本中原可傳檄而定也太祖悅命從太師國王木華黎取東京師過臨潢次高州木華黎令也先率千騎爲先鋒也先曰兵貴奇勝何以多爲諜知金人新易東京留守將至也先獨與數騎邀而殺之懷其所受誥命至東京謂守門者曰我新留守也入據府中問吏列兵於城何謂吏以邊備對也先曰吾自朝廷來中外晏然奈何欲陳兵以動搖人心乎即命撤守備曰寇至在我無勞爾輩是夜下令易置其將佐部伍三日木華黎至入東京不費一矢得地數千里戶十萬八千兵十萬資糧器械山積降守臣寅荅虎等四十七人定城邑三十二金人喪其根本之地始議遷河南歲乙亥移師圍北京城久不下及城破將屠之也先曰王師拯人水火彼既降而復屠之則未下者人將死守天下何時定乎因以上聞赦之授御史大夫領北京達魯花赤時石天應與豪酋數十據興中府也先分兵降之奏以爲興中尹又命也先副脫忽闌闍里必監張鯨等軍征燕南未下州郡至平州鯨稱疾不進也先執鯨送行在所帝責之曰朕何負汝鯨對曰臣實病非敢叛帝曰今呼汝弟致爲執當活汝鯨諾而宵遁也先追戮之致已殺使者應其兄矣致既伏誅也先籍其私養敢死之士萬二千人號黑軍者上于朝賜虎符進上將軍以御史大夫提控諸路元帥府事舉遼水之西灤水之東悉以付之從國王木華黎攻蠡州北城先登中石死時年四十一子四人曰查剌曰咸錫曰博羅曰侃查剌亦善射襲御史大夫領黑軍戊寅從木華黎攻平陽太原隰吉岢嵐關西諸郡下之遂攻益都久不下及降衆欲屠其城查剌曰殺降不祥且得空城將安用之由是遂免己卯詔以黑軍分屯眞定固安太原平陽隰吉岢嵐諸郡及南征盡以黑軍爲前列敗金將白撒官奴于河渡河再戰盡殺之長驅破汴京入自仁和門收圖籍而還帝悉以諸軍俘獲賜黑軍癸巳從國王塔思征金帥宣撫萬奴於遼東之南京先登衆軍乘之而進遂克之王解錦衣以賜辛丑太宗嘉其功授眞定北京兩路達魯花赤癸卯卒于柳城年四十四子庫祿滿襲職中統三年從征李璮中流矢卒子良輔襲黑軍總管至元十七年以功累陞昭毅大將軍沿海副都元帥二十一年改沿海上副萬戶大德十一年告老子繼祖襲萬戶咸錫之子度剌攻樊城戰死贍德納後亦棄金官來歸爲別失八里達魯花赤卒其孫赤剌馬丹仕至遼陽省左丞亦剌馬丹子倉赤爲湖廣行省平章政事

何伯祥 子瑋

何伯祥易州易縣人幼從軍于金從張柔來歸太祖定河朔惟保定王子昌信安張進堅守不下子昌金驍將也柔命伯祥取之兵逼其城子昌出走追及之伯祥執槍馳馬子昌反射之中手而貫槍伯祥拔矢棄槍策馬直前徒手搏之擒子昌進聞之亦遁去伯祥遂攻西山

諸寨悉平之後攻汴梁拔洛陽圍歸德破蔡州論功居多授易州等處軍民總管丁酉從主帥察罕伐宋伯祥拔三十餘柵獲戰艦千餘艘又破芭蕉望鄉大洪張家等寨俘獲其衆器械山積察罕以其功聞賜錦衣金甲壬子諸軍入宋境察罕自他道遽還諸軍倉皇失措伯祥曰此必爲敵所遏不若出其不意而遂深入其地彼不我測乃可出也遂率兵突戰直抵司空寨疏布營壘陵高伐木爲攻取勢旣夜命爲五營營火十炬伏精銳于營側險要之地天將明令士卒速行而鳴鼓其後宋兵果來追伏發驚駭潰去追擊大破之轉戰百餘里他軍不能歸者皆賴以出帝聞之賜金二百兩世祖南伐伯祥參預軍事多所獻納卒于軍贈儀同三司太保上柱國追封易國公謚武昌子瑋

瑋始襲父職知易州兄行軍千戶卒瑋復襲之鎭亳州從圍襄樊宋將夏貴率舟師來救瑋時建營於城東北當其衝貴兵縱火焚北關遂進逼瑋萬戶脫因不花等呼瑋入城瑋曰建功立業此其時也何避焉乃率其衆誓以死戰開營門以身先之貴敗走至元十一年丞相伯顏受命伐宋辟瑋爲帳前都鎭撫師次陽羅堡夏貴率戰艦列江上下瑋從元帥阿木率衆先渡諸軍繼之貴復敗走宋丞相賈似道率舟師拒于丁家洲瑋將勇敢士出戰奪舟千餘艘似道遁去授武德將軍管軍總管佩金虎符宋旣平進懷遠大將軍太平路軍民達魯花赤俄陞昭勇大將軍行戶部尚書兩淮都轉運使至元十八年擢參議中書省事二十年擢爲江浙按察使二十二年改大名路總管二十八年遷湖南宣慰使三十一年拜中書參知政事時宰執凡十一人瑋曰古者一相專任賢也今宰執員多政出多門轉相疑忌請損之不從遂乞代大德四年授侍御史以母病辭七年授御史中丞陳當世要務十條成宗嘉納之京師孔子廟成瑋言唐虞三代國都閭巷莫不有學今孔廟旣成宜建國學於其側從之賽典赤八都高等還自貶所復相位瑋言姦黨不可復用宜選正人以居廟堂帝深然之監察御史郭章劾郎中哈剌哈孫受贓具服而哈剌哈孫密結權要以枉問誣章瑋率臺臣入奏辨論剴切章遂得釋九年冬將有事于南郊議配享瑋曰嚴父配天萬世不易不果行成宗崩丞相阿忽台奉皇后旨集廷臣議祔廟及攝政事瑋難之阿忽台變色曰中丞謂不可行獨不畏死耶衆皆危懼瑋從容曰死畏不義耳苟死於義夫復何畏未幾以疾去位武宗卽位于上都授太子副詹事遣使促使就職復遙授平章政事商議中書省事武宗至自上都臨朝問曰孰爲何中丞瑋出拜帝曰朕知卿能以忠直爲國朕有不逮卿當勉輔至大元年還太子詹事兼衞率使俄拜中書左丞仍平章政事商議中書省事未幾擢河南行省平章政事佩金虎符提調屯田事帝召至榻前面諭曰汴省事重屯田久廢卿當爲國竭力賜黑貂裘一錦衣二襲瑋至汴建諸葛亮祠立書院以地三千畝贍之三年改河南行尚書省平章政事卒贈太傅開府儀同三司上柱國追封梁國公謚文正

李守賢

李守賢字才叔大寧義州人也祖小字放軍嘗從金將攻宋淮南飛石傷髀錄功賞生口七十主將分命將校殺所掠俘苟有失亡者罪死放軍當殺五百人皆縱之去金大安初守賢暨兄庭植弟守正守忠從兄伯通伯溫歸欵於太師國王木華黎入朝太祖于行在所卽命庭植爲龍虎衞上將軍右副元帥崇義軍節度使守賢授錦州臨海軍節度觀察使弟守忠爲都元帥守河東朝廷以全晉爲要害之地人心危疑未定非守賢鎭撫之不可乃自錦州遷河東南路兵馬都總管旣至河東人皆曰吾等可恃以生矣歲戊子朝于和林加金紫光祿大夫知平陽府事兼本路兵馬都總管庚寅太宗南伐道平陽見田野不治以問守賢對曰民貧窘乏耕具致然詔給牛萬頭仍徙關中生口墾地河東辛卯平陽當移粟萬石輸雲中守賢奏以百姓疲敝不任輓載帝嘉納之時河中未下守賢建言以爲將士逗留沮撓多所傷溺臣請自北面鑿城先登如其言城果下遂搆浮橋明年蒲津南濟潼關二月大破趙雄兵于芮城時方會師圍汴留守賢屯嵩汝金兵十餘萬保少室山太平寨守賢以三千人介其中度其帥完顏延壽無守禦之才癸巳正月望夕延壽擊毬爲嬉守賢潛遣輕捷者數十人緣崖蟻附以登殺其守卒遂大縱兵入破之下令禁無抄掠悉收餘衆以歸不兩旬連天交牙蘭若香爐諸寨皆望風俱下守賢未嘗妄殺一人及攻河南其渠魁强元帥者以其衆出奔守賢追及降之秦藍帥王祐聚衆數萬據虢之南山守賢使人責祐祐素憚守賢威略卽以所部來附關東洛西遂定甲午冬十月卒年四十六子彀嗣歲丁酉從太師塔海紺卜征蜀漢有功明年攻磵門又明年征萬州會戰於瞿塘獲戰艦千餘艘辛丑朝行在所授河東道行軍萬戶兼總管己巳進兵攻成都由廣元出葭萌度木瓜坡蜀之餘孽團聚爲梗閬彀至潛爲伏以待彀諜知之令衆銜枚疾進出其不意賊兵敗走長驅至成都破之壬子襲嘉定戊午秋憲宗南伐己未入梁州師次江上造舟爲梁以通援兵且斷宋人往來之路會江漲梁中絕宋將率舟師萬艘逆戰彀以一旅先犯之諸軍繼進遂破之明日帝召謂諸將曰汝輩平日自負驍勇及臨敵不能爲朕立尺寸功獨李彀身犯矢石摧鋒陷陣覘敵篾如言勇者如彀乃可耳賜白金二百五十兩中統三年改河東路總管佩金虎符移京兆路加昭勇大將軍未幾轉洺磁路至元七年正月卒年四十九子十一人伯溫見忠義傳

耶律阿海

耶律阿海遼之故族也金桓州尹撒八兒之孫尚書奏事官脫迭兒之子也阿海天資雄毅勇略過人尤善騎射通諸國語金季遣使王可汗見太祖姿貌異常因進言金國不治戎備俗日侈肆亡可立待帝喜曰汝肯臣我以何爲信阿海對曰願以子弟爲質明年復出使與弟禿花俱往慰勞加厚遂以禿花爲質直宿衞阿海得參預機謀出入戰陣常在左右歲壬戌王可汗叛盟謀襲太祖太祖與宗親大臣同休戚者飲辨屯河水爲盟阿海兄弟皆預焉旣敗王可汗金人訝其使久不還拘家屬于瀛阿海殊不介意攻戰愈厲帝聞之妻以貴臣之女給戶俾食其賦癸亥冬進攻西夏諸國累有功丙寅帝建龍旂卽大位勑左帥閣別略地漢南阿海爲先鋒辛未破烏沙堡鏖戰宣平大捷滄河遂出居庸耀兵燕北癸酉拔宣德德興乘勝次北口閣別攻下紫荆關阿海奏曰好生乃聖人之大德也興創之始願止殺掠以應天心帝嘉納焉遂分兵略燕南山東諸郡還駐燕之近郊金主懼請和論其使曰阿海妻子何故拘縶弗遣卽送來歸師還出塞甲戌金人走汴阿海以功拜太師行中書省事封禿花爲太傅濮國公每宴享必賜坐命禿花從木華黎取中原阿海從帝攻西域俘其酋長只闌禿下蒲華尋斯干等城留監尋斯干專任撫綏之責未幾以疾薨于位年七十三至元十年追封忠武公子三人長忙古台次綿思哥次捏兒哥忙古台在太祖時爲御史大夫佩虎符監戰左副元帥官金紫光祿大夫管領契丹漢軍守中都招安水泊等處卒無子捏兒哥在太祖時佩虎符爲右丞行省遼東萬奴叛舉家遇害綿思哥襲太師監尋斯干城久之請還內郡守中都路也可達魯花赤佩虎符卒子二人買哥通諸國語太祖時爲奉御賜只孫服襲其父中都之職時供億浩繁屢貸于民買哥悉以私帑償之事聞賜銀萬兩戊午從攻蜀師次釣魚山卒于軍妻移剌氏以哀毀卒特贈貞靜子七人老哥歷提刑按察使入爲中書左丞驢馬備宿衞爲必闍赤仕至右衞親軍都指揮使至元二十四年世祖宴于柳林命驢馬居其父位次賜只孫服二十五年戊哈丹禿有戰功以老乞骸骨子六人五臺奴襲職拔都兒中書右丞文謙與國路總管卜花早卒蒙古不花荆湖北道宣慰使虎都不花一名文炳湖州同知萬奴爲人匠副總管

何實

何實字誠卿其先北京人曾祖摶霄雄於貲好施與鄉里以善人稱祖鼎敬父道忠仕金爲北京留守實少孤依叔父居氣節不凡家人常入臥內見一青蛇蜒衣被中駭而視之乃實也及長通諸國譯語驍勇善騎射倜儻不羈遠近之民慕其雄略咸歸心焉歲乙亥中原盜起錦州張鯨自立爲臨海郡王遣使納欵于太祖尋以叛伏誅鯨弟致初以叛謀於實實厲聲叱曰天之歷數在朔方汝等悉爲不軌徒自斃耳乃籍戶口一萬募兵三千丙子春來歸大將木華黎與論兵事奇變百出拊髀欣躍大加稱賞遂引見太祖獻軍民之數帝大悅賜鞘劒一命從木華黎選充前鋒時張致復據錦州實與賊遇於神水縣挺身陷陣殊死戰殺三百餘人獲戰馬兵械甚衆木華黎奏賜鞍馬弓矢以勵之以功爲帳前軍馬都彈壓詔封木華黎太師國王東下齊數郡使實帥師四千取燕南齊西之地首擊邢州徇趙郡取魏鄴下博關襲曹濮恩德泰安濟寧勢如破竹薄濰州與木華黎會遷兵馬都鎭撫從取大同鴈門石隰等州悉平之引兵掠太原平陽河中京兆諸城所向欵附木華黎錄其功表實爲元帥左監軍癸未木華黎卒子孛魯嗣武仙復叛據邢實帥師五千圍之立雲梯先士卒登堞橫梢突之城破武仙走逐北四十里大破之斬首二百餘級是夜仙黨遁去實下令敢有擅剽掠者斬軍中肅然士民按堵孛魯命戍于邢多著善政邢民敬之如神明甲申孛魯征西夏以實分兵攻汴陳蔡唐鄧許鈞睢鄭亳潁所至有功計梟首一千五百餘級俘工匠七百餘人孛魯復命駐兵邢州分織匠五百戶置局課織丁亥賜金虎符便宜行元帥府事邢因武仙之亂歲屢饑請移匠局于博孛魯從之憫其勞瘁使勿出征更檄東平嚴實與之分治軍民事博值兵火後物貨不通實

以絲數印置會于權行一方民獲貿遷之利庚寅宥旨收諸將金符乙未孛魯以實子仲澤爲質子丁酉太宗數召入見賞賚金幣紋綺三篚大陵州遇寇實與左右射之斃二十餘人生獲十餘人朝于幄殿帝歎甚問遇盜之故命所獲寇勿殺仍以賜實是日賜坐與論軍中故事良久曰思卿效力有年朕欲授以征行元帥後當重任實叩頭謝曰小臣被堅執銳從事鋒鏑二十餘年身被十餘槍右臂不能舉已爲廢人矣臣不敢辱命願辭監軍之職幸得元佩金符督治工匠歲獻織幣優游以終其身於臣足矣帝默然不悅令射以觀其强弱實不能射命入宿衞密使人覘之實臂果不能舉固辭十餘始可其奏遂錫宴取金符親賜之授以漢字宣命充御用局人匠達魯花赤子孫世其爵更賜白貂帽減鐵繫腰貂衣一襲弓一矢百遣歸丁巳卒于博子九人孫十七人子崇禮授應奉翰林文字從仕郎同知制誥兼國史院編修官

郝和尚拔都

郝和尚拔都太原人以小字行幼爲蒙古兵所掠在郡王迄忒麾下長通譯語善騎射太祖遣使宋往返數四以辯稱歲戊子以爲九原府主帥佩金符庚寅率兵南伐略地潼陜有功辛卯授行軍千戶乙未從皇子南伐至襄陽宋兵四十萬逆戰漢水上領先鋒數百人直前衝其陣宋兵大潰丙申從都元帥塔海征蜀下興元宋將王連以重兵守劍閣乃募敢死士十二人乘夜破關入蜀諸城悉下明年取夔府抵大江宋兵三十萬軍於南岸郝和尚拔都選驍勇九人乘輕舸先登橫駛陣中既出復入宋兵不能支由是以善戰名庚子歲太宗於行在所命解衣數其瘡痕二十一嘉其勞進拜宣德西京太原平陽延安五路萬戶易佩金虎符以兵二萬屬之復賜馬六騎金錦弓鎧有差甲辰朝定宗於宿甕都之行宮賜銀萬鋌辭以賞過厚臣不應獨受臣得效微勞皆將校協力之功遂奏將校劉天祿等十一人皆賜之金銀符戊申奉詔還治太原請凡遠道租稅監課過重者悉蠲除之歲饑出白金六十鋌粟千石羊數千以助國用己酉歷萬戶府爲河東北路行省得以便宜從事凡四年壬子三月卒追贈太保儀同三司冀國公諡忠定子十二人長天益佩金符太原路軍民萬戶都總管次仲威襲五路萬戶札剌不花鎮蠻都元帥軍民宣慰使天臯大都路總管兼府尹天祐陝西奧魯萬戶天澤夔州路總管天麟京兆等路諸軍奧魯萬戶天挺河南江北行中書省平章政事

趙瑨

趙瑨雲中蔚州人父昆仕金爲帥府評事兄珪以萬戶守飛狐城歲庚午昆卒珪挈其母如蠡州留瑨於飛狐瑨自幼不羈閑習武事癸酉太祖南伐先鋒至飛狐城中不知所爲瑨詣縣曰大兵壓境不降何待衆從之丁丑太師國王木華黎駐兵桓州署爲百戶從攻蠡州金兵閉城拒守國王禪將石抹也先戰死王怒將屠其城瑨泣曰母與兄在城中乞以一身贖一城之命哀懇切至國王義而許之從攻相州抵其門死士突出瑨直前擊之流矢中鼻側鏃出腦後拔矢再戰七日破其城論功授冀州行軍都元帥佩金虎符瑨讓其兄珪朝廷從之改授瑨軍民總管稍遷易州達魯花赤佩金符太宗下河南瑨自易州馳驛輸矢二十餘萬至行在帝大喜命權中都省事癸巳趙揚據興州叛瑨進軍平之遷中山眞定二路達魯花赤中統元年詔立十道宣慰司以瑨爲順天宣慰使至元元年轉淄萊路總管六年改太原路總管十二年陞燕南道提刑按察使十四年遷河南道十六年致仕明年卒年八十皇慶元年贈儀同三司太保上柱國追封定國公諡襄穆子秉溫

秉溫事世祖潛邸命受學於太保劉秉忠從征吐蕃雲南大理中統初詔行右三部事至元七年創習朝儀閱試稱旨授尚書禮部侍郎知侍儀司事明年授秘書少監購求天下秘書十九年遷昭文館大學士知太史院侍儀司事授時歷成賜鈔二百錠進階中奉大夫二十九年編國朝集禮成帝特命其子慧襲侍儀使皇慶元年贈金紫光祿大夫司徒雲國公諡文昭子慧後仕至昭文館大學士

石抹明安

石抹明安桓州人性寬厚不拘小節爲童子時嘗騎杖爲馬令羣兒前導行列整肅無敢喧譁者父老見而異之曰是兒體貌不凡進退有度他日必貴既長歎曰士生于世當立功名書竹帛以傳無窮寧肯碌碌無聞與草木同腐邪歲壬申太祖率師攻破金之撫州將遂南向金主命招討紇石烈九斤來援時明安在其麾下九斤謂之曰汝嘗使北方素識蒙古國主其往臨陣問以舉兵之由不然卽訽之明安初如所教俄策馬來降帝命縛以俟戰畢問之旣敗金兵召明安詰之曰爾何以詈我而後降也對曰臣素有歸志向爲九斤所使恐其見疑故如所言不爾何由瞻奉天顏帝善其言釋之命領蒙古軍撫定雲中東西兩路旣而帝欲休兵於北明安諫曰金有天下一十七路今我所得惟雲中東西兩路而已若置不問待彼成謀併力而來則難敵矣且山前民庶久不知兵今以重兵臨之傳檄可定兵貴神速豈宜猶豫帝從之卽命明安引兵南進所至民皆具簞食壺漿以迎盡有河北諸郡而還帝復命明安及三合拔都將兵由古北口徇景薊檀順諸州諸將議欲屠之明安奏曰此輩當死今若生之則彼之未附者皆聞風而自至矣帝從之乙亥春正月取通州金右副元帥蒲察七斤以其衆降明安命復其職置之麾下遂駐軍于京南建春宮金御史中丞李英元帥左都監烏古論慶壽領兵護軍食以援中都帝遣右副元帥神撒將四百騎迎戰明安將五百騎繼之遇于永淸將戰命士卒佯敗金兵來追迴擊大破之死及溺水者甚衆獲李英及所佩虎符得糧千餘車遂招諭永淸不降拔而屠之未幾金將完顏合住監軍阿興鬆哥復以步兵萬二千人糧車五百兩援中都明安復將三千騎往擊之遇于涿州宜封寨獲鬆哥合住遁去盡得其輜重還屯建春宮四月攻萬寧宮克之取富昌豐宜二關攻拔固安縣初順州之破兵士縛密雲主簿完顏壽孫以獻明安釋而用之不久逸去復來問其故對曰有老父在城中恐不能存謀歸欲得侍養今已歿故復來明安義而釋之五月明安將攻中都金相完顏復興飲藥死辛酉城中官屬父老緇素開門請降明安諭之曰負固不服以至此極非汝等罪守者之責也悉令安業仍以粟賑之衆皆感悅明安早從軍旅料敵制勝算無遺策雖祁寒盛暑未嘗不與士卒均勞逸同甘苦其得金府庫珠玉錦綺明安悉具其數上進未嘗以纖毫爲己有中都旣下加太傅邵國公兼管蒙古漢軍兵馬都元帥丙子以疾卒于燕城年五十三子二人長咸得不襲職爲燕京行省次忽篤華太宗時爲金紫光祿大夫燕京等處行尚書省事兼蒙古漢軍兵馬都元帥

張榮

張榮字世輝濟南歷城人狀貌奇偉嘗從軍爲流矢貫眥拔之不出令人以足抵其額而拔之神色自若金季山東羣盜蜂起榮率鄉民據濟南黌堂嶺衆稍盛遂略章丘鄒平濟陽長山辛市蒲臺新城及淄州之地而有之兵至則淸野入山歲丙戌東平順天皆內屬榮遂舉其兵與地納欵於按赤台那衍引見太祖問以孤軍數載獨抗王師之故對曰山東地廣人稠悉爲帝有臣若但有倚恃亦不欵服太祖壯之拊其背曰眞賽因八都兒也授金紫光祿大夫山東行尚書省兼兵馬都元帥知濟南府事時貿易用銀民爭發墓劫取榮下令禁絕庚寅朝廷集諸侯議取汴榮請先六軍以淸蹕道帝嘉之賜衣三襲詔位諸侯上辛卯軍至河上榮率死士宵濟守者潰詰旦敵兵整陣至榮馳之望風披靡奪戰船五十艘麾抵北岸濟師衆軍繼進乘勝破張盤二山寨俘獲萬餘大將阿朮魯恐生變欲盡殺之榮力爭而止癸巳汴梁下從阿朮魯爲先鋒攻睢陽議欲殺俘虜烹其油以灌城又力止之旣而城下榮單騎入城撫其民甲午攻沛沛拒守稍嚴其將唆蛾夜來擣營榮覺之唆蛾返走率將士追殺之乘勝急攻城破就攻徐州守將國用安引兵突出榮逆擊之亦破其城用安赴水死乙未拔邳州丙申從諸王闊端破宋棗陽光化等三縣時河南民北徙至濟南榮下令民間分屋與地居之俾得樹畜且課其殿最曠野闢爲桑土是歲中書考績爲天下第一李璮據益都私饋以馬蹄金榮曰身旣許國何可擅交鄰境卻之年六十一乞致仕後十九年世祖卽位封濟南公致仕卒年八十三子七人長邦傑襲爵先卒邦直行軍萬戶邦彥權濟南行省邦允知淄州邦孚大都督府郎中邦昌奧魯總管邦憲淮安路總管孫四十人宏襲邦傑爵改眞定路總管

劉亨安

劉亨安其先范陽人後遷遼東川州初國王木華黎經略遼東兄世英率宗族鄉人隸麾下分兵收燕趙雲朔河東以功充行軍副總管庚辰平陽諸郡被兵之餘民物空竭世英言於王曰自古建國以民爲本今河東殺掠殆盡異日我師復來孰給轉輸收存恤亡此其時也王善之以絳州邊地難其人奏授世英絳州節度使兼行帥府事卒于師無子國王孛魯命其族兄德仁襲職丙戌歲金將移剌副樞攻絳州城陷死之木華黎承制命亨安領其衆奏賜金虎符授鎭國上將軍絳州節度使行元帥府事兼觀察使庚寅冬從王師渡河入關辛卯春克鳳翔歷秦隴屯渭陽秋出階城沿漢抵鄧壬辰會大軍於鈞州敗金人於三峰山甲午平蔡旣而宋兵二十萬攻汴將趨洛都元帥塔察兒俾亨安往拒之與宋軍遇龍門北遂橫槊躍馬奮突而前衆因乘之宋師奔潰追擊百餘里塔察兒拊其背曰眞驍將也延坐諸將之右勞賜甚厚丙申都元帥塔海征巴蜀攻散關破劍門出奇制勝戰功居多進圍成都亨安爲先鋒大破

之於城西生擒宋將陳侍郎有喬長官與亨安爭功未幾攻城喬爲砲所傷亨安負之以出喬感愧亨安從軍十年累著勳伐所獲金帛悉推與將佐故士卒咸樂爲用癸卯冬十二月卒子貞嗣職孫三人弘彊弼

元史卷一百五十一

明翰林學士亞中大夫知制誥兼修國史宋　濂等修

列傳第三十八

薛塔剌海

薛塔剌海燕人也剛勇有志歲甲戌太祖引兵至北口塔剌海帥所部三百餘人來歸帝命佩金符爲砲水手元帥屢有功進金紫光祿大夫佩虎符爲砲水手軍民諸色人匠都元帥便宜行事從征回回河西欽察畏吾兒康里乃蠻阿魯虎忽纏帖里麻賽蘭諸國俱以礮立功太宗二年睿宗引兵自洛陽渡河塔剌海由龍右假道金商遂會師于均州三峰山敗金師四年破南京及唐鄧均許諸州取鄢陵扶溝四月卒子奪失剌襲爲都元帥南攻江淮有功歲庚戌卒弟軍勝襲憲宗八年從世祖攻釣魚山苦竹崖大林平青居山破重慶馬湖天水賜以白金鞍馬等物中統三年李璮叛濟南又以礮破其城至元五年從圍襄陽三月卒丞相阿术欲以千戶劉添喜攝帥府事于四家奴年方十六請從軍自効帝壯而許之八年始襲父爵十年冬十二月襄樊未下四家奴立砲攻之明年正月襄陽守呂文煥降繼從丞相伯顏南伐十月至郢州先登師既渡江四家奴自鄭州下沿海諸城堡至建康十二年授武節將軍六月與宋將夏貴戰于峪溪口奪其船二百餘艘十一月屠常州十二月取蘇州十三年攻鎮巢七月圍揚州守臣李庭芝棄城走追獲之九月進階懷遠將軍將兵平浙東諸郡從征福建漳江與宋兵力戰破之獲戰艦千餘艘十六年進階鎮國將軍鎮揚州二十二年改爲萬戶

高闊兒

高闊兒女直人事太祖從征西域復從闊出太子察罕那演連歲出征累有功授金符總管管領山前十路匠軍歲己未憲宗憫其老命其子元長襲其職從世祖渡江攻鄂還鎮隨州至元二年移鎮李陽五年從元帥阿木修立白河口新城鹿門山等處城堡圍襄樊七年充李陽軍馬總管十年從攻樊城先登十一年從渡江鼓戰艦上流與宋人戰殺三百餘人奪其船及鎧仗以功賜虎符陞宣武將軍進兵丁家洲與宋臣孫虎臣等大戰殺五百餘人奪其船及鎧仗無算敗夏貴于焦湖從征常州先登又攻杭州宋平護送宋太后至京師以功進懷遠大將軍萬戶二十一年領軍二千從太子脫歡征交趾追襲交趾世子于大海口奪其戰艦以還二十三年陞安遠大將軍李陽萬戶府萬戶是年夏復以兵追襲交趾世子于海之三叉口與敵軍合戰中毒矢而死子滅里干初直宿衞襲父職領兵鎮廣東尋移戍惠州平盜譚大獠朱珍等元貞元年移戍袁州盜陀頭以衆犯境悉剿除之尋廣之南恩盜起復領兵平之還沒于袁州贈懷遠大將軍李陽萬戶府萬戶輕車都尉渤海郡侯

王義

王義字宜之眞定寧晉人家世業農義有膽智沉默寡言讀書知大義金人遷汴河朔盜起縣人聚而謀曰時事如此吾儕欲保全家室宜有所統屬乃相與推義爲長攝行縣事尋號爲都統太師國王木華黎兵至城下義率衆以寧晉歸焉入覲太祖賜駿馬二匹授寧晉令兼趙州以南招撫使是時兵亂民廢農耕所在人相食寧晉東有藪澤周回百餘里中有小堡曰瀝城義曰瀝城雖小而完且有魚藕菱芡之利不可失也留偏將李直守寧晉身率衆保瀝城由是全活者衆歲己亥金將李伯祥據趙州木華黎遣義擣其城會天大風雨義帥壯士挾長梯疾趨夜四鼓四面齊登殺守陴者城中亂伯祥挺身走天壇寨一州遂定木華黎承制授義趙州太守趙冀二州招撫使丁丑大軍南取鉅鹿洺州二城還軍至唐陽西九門遇金監軍納蘭率冀州節度使柴茂等將兵萬餘北行義伏兵桑林以先百騎挑之納蘭趨來迎戰因稍却誘之近桑林伏起金兵大亂奔還獲納蘭二弟及萬戶李虎戊寅拔束鹿進攻深州守帥以城降順天都元帥張柔上其功陞深州節度使深冀趙三州招撫使金將武仙以兵四萬來攻束鹿仙論軍士曰束鹿兵少無糧城無樓櫓一日可拔也盡銳來攻義隨機應拒積三十日不能下大小數十戰皆捷一夕義召將佐曰今城守雖有餘然外無援兵糧食將盡豈可坐而待斃椎牛饗士率精銳三千銜枚夜出直擣仙營仙軍亂乘暗攻之殺數千人仙率餘衆遁還眞定悉獲其軍資器仗木華黎聞之遣使送銀牌十命義賜有功者庚辰拔冀州獲柴茂械送軍前木華黎張柔復上其功授龍虎衞上將軍武安軍節度使行深冀二州元帥府事賜金虎符辛巳仙復遣其將盧秀李伯祥率兵謀襲趙州并取瀝城率戰艦數百艘沿江而下義具舟楫於紀家莊截其下流邀擊之義士卒皆水鄉人善水戰回旋開闔往來如風雨船接則躍登彼船奮戈疾擊敵莫能當殺千餘人擒秀伯祥退保瀝城義引兵拔之伯祥西走二子死焉邢州盜號趙大王聚衆數千據任縣固城水寨眞定史天澤集諸道兵攻之不能下甲午義引兵薄其城一鼓下之獲趙大王俟縣令等數人殺之餘黨悉平義乃布教令招集散亡勸率種藝深冀之間遂爲樂土云

王玉　忱附

王玉趙州寧晉人長身駢脅多力金季爲萬戶鎮趙州太師國王木華黎下中原玉率衆來附領本部軍從攻邢洺磁三州濟南諸郡號長漢萬戶從攻澤潞諸州獨潞州堅壁不下玉力戰流矢中左目竟拔其城又破平陽下太原汾代等州師還署元帥府監軍以趙州四十寨隸焉先是金將武仙既降復叛殺元帥史天倪宋將彭義斌在大名陰與仙合玉從笑乃帶史天澤攻敗武仙生擒義斌駐軍寧晉東里寨仙遣人賫誥命誘玉妻妻拒曰妾豈可使夫懷二心於國家耶仙圍之數匝殺其子寧壽玉聞之領數騎突其圍斬獲數百人而還仙遣人追之不敢進皆曰王將軍膽氣驍雄我輩非敵也仙乃盡發玉先世二十七冢棄骸滿道玉從史天澤詣將擊仙於趙州仙糧絕走雙門寨圍之會大風仙獨脫走斬其將四十三人眞定遂平加定遠將軍權眞定五路萬戶假趙州慶源軍節度副使有民負西域賈人銀倍其母不能償玉出銀五千兩代償之又出家奴二百餘口爲良民中統元年二月卒年七十子忱

忱字允中幼讀書明敏有才識平章趙璧引見裕宗潛邸語稱旨命宿衞掌錢穀計簿授山北遼東道提刑按察司副使駙馬伯忽里數馳獵蹂民田忱以法繩之憲吏耿熙言徵北京宣慰司積年逋負計可得鈔二十萬錠帝遣使覈實熙懼事露擅增制語有并打算大小一切諸衙門等事凡十二字追繫官吏至數百人忱驗問知其詐熙乃欵伏裕宗薨于潛邸忱建言陛下春秋高當早建儲嗣平章不忽木以聞帝嘉納焉改河北河南道提刑按察副使忱以江南人鬻子北方各爲養子實爲奴也乞禁之又省部以正軍餘田出調發忱言士卒衝冒寒暑遠涉江海宜加優恤皆從之潁州朱喜嘗俘於兵既自贖主家利其貲復欲以爲奴又有誣息州汪清爲奴殺而奪其妻子及田宅者獄久不決忱皆正之劾罷鎮南帥唐兀台唐兀台結援大臣誣奏于帝繫忱至京師得面陳其事世祖大悟抵唐兀台罪按察司改廉訪司起忱爲燕南河北道肅政廉訪副使累遷嶺南廣西河東山西兩道肅政廉訪使江陵汴梁兩路總管至大三年拜中奉大夫雲南行省參知政事未行卒

趙迪

趙迪眞定槀城人也幼孤事母孝多力善騎射金末爲義軍萬戶郡將出六鈞强弩立賞募能挽者迪能之帥署眞定尉遷槀城尉陞爲丞太祖兵至槀城迪率衆迎降歲壬午改槀城爲永安軍以迪同知節度使事嘗從帝西征他將校豪橫俘掠獨迪治軍嚴所過無犯先是眞定既破迪亟入索槀城人在城中者得男女千餘人諸將欲分取之迪曰是皆我所掠當以歸我諸將許諾迪乃召其人謂曰吾懼若屬爲他將所得則分奴之矣故索以歸之我今縱汝往以各遂生產爲良民衆感泣而去時兵荒之餘骸骨蔽野迪爲大冢收瘞壬子歲卒年七十子七人樁齡眞定路轉運使

邸順

邸順保定行唐人占籍於曲陽縣金末盜起順會諸族集鄉人豪壯數百人與其弟常築兩砦于石城玄保分據以守歲甲戌率衆來歸太祖授行唐令丙子眞定饑羣盜據城叛民皆穴地以避之盜發地而噉其人順擒數百人殺之朝廷陞曲陽爲恒州以順爲安撫使金將武仙據眞定帥衆來攻順與戰大敗之賜金虎符加鎮國上將軍恒州等處都元帥庚辰武仙屯兵于黃堯兩山順及弟常又擊敗之時西京郝道章陰結武仙抄掠州縣順擒道章殺之仙退眞定以自保順從木華黎攻之敗之於王柳口仙遂棄眞定南走以功賜順名察納合兒陞驃騎衞上將軍充山前都元帥弟常賜名金那合兒辛卯春從太宗攻河南諸郡招降民十餘萬以順知中山府己亥佩金符爲行軍萬戶管領諸路元差軍五千人從大軍破歸德府留順戍之丁未駐師五河口宋兵夜襲營順掩殺其衆生獲十五人癸丑攻漣水甲寅舉部屬肖撒八撕隣之功以奏上賜肖撒八撕隣金銀符仍隸麾下丙辰春順卒年七十四子浹襲職己未

從世祖渡江圍鄂州有戰功中統元年世祖卽位淶以所部張宣等十二人奏聞于朝遂以金銀符賜之三年圍李璮還守息州至元十一年賜虎符授金州招討副使後又遷懷遠大將軍金州萬戶十三年改襄陽管軍萬戶三月以樞密院奏行淮西總管萬戶府事守廬州十四年移龍興仍管領本翼軍人十五年復爲管軍萬戶攻贛州崖石寨太平岩賊有功十七年陞鎭國上將軍都元帥鎭龍興諸路兼管本萬戶府事賜銀印吉贛盜起行省遷元帥府以鎭之二十一年元帥府罷復爲萬戶二十三年佩元降虎符爲歸德萬戶鎭守吉安未幾統領江西各萬戶集兵七千戍廣東凡二載大德三年卒年七十七贈輔國上將軍北庭元帥府都元帥護軍追封高陽郡公諡襄敏子榮仁襲佩其虎符爲宣武將軍歸德萬戶鎭廣東惠州感瘴疾不任事子貫襲貫卒子士忠襲士忠卒子文襲顯族弟琮

琮太祖時從族兄行唐元帥常來降歲乙酉金降將武仙復據眞定叛琮敗之于黃臺癸巳從元帥倴盞滅金于蔡有功眞定五路萬戶選充總管府推官尋奉旨賜金符授管軍總押管領七路兵馬鎭徐州宋兵入境琮戰却之己亥從大將察罕攻滁州力戰流矢中膂明年卒子澤襲移鎭潁州宋兵攻潁澤戰敗之至元四年從元帥阿术克平塞寨及老鵶山十一年從沙洋奪六艦皆論功受賞有差十二年授武德將軍管軍總管從攻潭州及靜江累官懷遠大將軍管軍萬戶郴州路總管府達魯花赤二十二年改授廬州蒙古漢軍萬戶尋遷潁州翼會徽州績溪縣盜起澤討平之二十八年移鎭杭州卒子元謙襲爲潁州萬戶元謙卒子祺襲祺卒子忠襲

王善 子慶端附

王善字子善眞定藁城人父增監本縣酒務以孝行稱善資儀雄偉其音若鐘多智略尤精騎射金貞祐播遷田疇荒蕪人無所得食善求食以奉母乙亥羣盜蜂起衆推善爲長善約束有法備禦有方盜不能犯擢本縣主簿戊寅權中山府治中時武仙鎭眞定陰蓄異志忌善威名密令知府李濟府判郭安圖之己卯秋濟安張宴伏兵召善計事善覺卽還治衆倉卒得八十人慷慨與盟人爭自奮遂誅濟安乃諭其黨曰造釁者李郭耳餘無所問善夜臥北城上戒麾下曰勿以我累汝家當取吾首獻帥府衆曰公何爲出此言我輩惟有効死而已遂率衆來歸授金符同知中山府事是年冬以兵三百攻武仙仙遣將率精銳二千拒戰善擒斬之仙走獲鹿委其佐段琛城守復戰拔之入據其城軍勢大振白中山以南降州郡四十二庚辰還中山眞定等路招討使尋加右副元帥驃騎大將軍屯藁城壬午陞藁城爲匡國軍以善行帥府事癸未進金吾衞大將軍左副元帥仙窮迫請降詔命復舊鎭善奏仙狼子野心終必反覆請修城隍備之未幾仙果叛率衆來攻火及西門善出戰却之仙使其部下宋元仔老幼四千人南奔善追奪之俾復故業仙自是不敢復入眞定其部曲多來降丙戌以功賜金虎符仍行帥府事壬辰從征河南至鄭州州將馬伯堅素聞善名登陴大呼曰藁城王元帥在軍中否願以城降之善直前免胄與語伯堅果率衆出降善令軍中秋毫無犯民皆按堵願從善北渡者以萬計授之土田以安集之丙申兼河北西路兵馬副都總管辛丑授知中山府事屬縣新樂地居衝要迎送供給倍於他縣皆取於民善均其勞逸所徵或未給輒出家貲代輸民德之又放家僮五百人爲民咸懷其恩癸卯卒年六十一皇慶元年贈銀青榮祿大夫司徒追封冀國公諡武靖子慶淵爲行軍千戶征淮南死次慶端

慶端字正甫初爲鄆莞庫進水軍提領訓練士卒常如臨敵敗李璮於老僧口以功佩金符爲千戶監築大都城移戍清口宋兵來攻守將戰死城欲陷慶端拔刀誓衆裹創力戰城得以全羣盜四起復擊走之進武節將軍管軍總管領左右中衞兵從世祖北征還遷右親軍副都指揮使進侍衞軍都指揮使建威武營以處衞兵經畫田廬使各安業別立神鋒軍親敎以蹶張弩技作整暇堂畀利局浚渠構室如治家事至元十九年改詹事丞時有司欲就威武貸粟數萬石濟饑民裕宗在東宮以問慶端慶端對曰兵民等耳何間焉卽命與之帝嘗遣近侍夜出伺察爲邏卒所執近侍以實告卒曰軍中惟知將軍令不知其他近侍以聞帝賞以黑貂裘及親征乃顏命慶端以所部從時年六十餘與士卒同甘苦晝則擐甲執兵迎敵夜臥不解衣暇則俾士卒爲軍市自相懋遷征東之功慶端贊畫居多成宗卽位論翼戴功拜金吾衞上將軍中書左丞行徽政副使兼隆福宮左都威衞使進階資德大夫大德二年加榮祿大夫平章政事僉書樞密院事兼使如故以疾卒

杜豐

杜豐字唐臣汾州西河人父珪以積德好施鄉稱善人豐少有大志倜儻不羣通兵法仕金爲平遙義軍謀克佩銀符太祖取太原豐率所部來降皇舅按赤那延授兵馬都提控從國王按察兒攻平陽先登克絳州解州諸堡招集流民三萬餘家以功賜金虎符陞征行元帥左堅軍金人南遁遂以豐守河北庚辰上黨張開以萬衆寇汾州豐率精騎五千敗之從國王阿察兒下懷孟破溫谷木澗等寨輒先登攻洪洞西山斬首六百餘級攻松平山破之賊墜崖死以萬計獲生口甚衆金將武仙等往來鈔掠平陽太原間行路梗塞壬午授豐龍虎衞上將軍河東南北路兵馬都元帥便宜行事遂破玉女割渠等寨俘獲千餘人丙戌從按赤那延攻益都金守將突圍出豐戰扼之斬首千級捕虜二十人益都下遂略地登萊降島民萬餘己丑以本部取沁州由是銅鞮武鄉襄垣綿山沁源諸縣皆下辛卯命豐撫定平陽太原眞定及遼沁未降山寨皆平之乙未陞沁州長官長官者國初高爵也在沁十餘年寬繇薄賦勸課農桑民以富足丁未請老丙辰疾卒于家年六十有七沁人立祠歲時祀焉子三人思明思忠思敬思敬事世祖潛邸由平陽路同知累遷治書侍御史阿合馬敗臺臣皆罷去思敬以帝所眷知獨留出爲安西路總管僉陝西行省事歷汴梁總管再入中臺爲侍御史時桑哥以罪誅風紀爲之振肅未幾拜參知政事改四川行省左丞不赴陞中書左丞致仕年八十六卒諡文定

石抹孛迭兒

石抹孛迭兒契丹人父桃葉兒從霸州孛迭兒仕金爲霸州平曲水寨管民官太師國王木華黎率師至霸州孛迭兒迎降木華黎察其智勇奇之擢爲千戶歲甲戌從木華黎覲太祖於雄州佩以銀符充漢軍都統帝次牛闌山欲盡戮漢軍木華黎以孛迭兒可用奏釋之因請隷麾下從平高州乙亥授左監軍佩金符與北京都元帥吾也兒分領錦州紅羅山北京東路漢軍二萬又從奪忽闌閭里必御地山東大名比至洛州城守甚堅師不得進孛迭兒不避矢石率衆先登遂拔之丁丑從平益都沂密萊濰戊寅從定太原忻代平陽吉隰岢嵐汾石絳州河中潞澤遼沁辛巳木華黎承制陞孛迭兒爲龍虎衞上將軍霸州等路元帥佩金虎符以黑軍鎭守固安水寨既至令兵士屯田且耕且戰披荊棘立廬舍數年之間城市悉完爲燕京外蔽庚寅朝太宗于行在所賜金符辛卯從國王塔思征河南癸巳從討萬奴於遼東平之孛迭兒始從征伐及後爲將大小百戰所至有功年七十以疾卒子紮查剌查茶剌

賈塔剌渾

賈塔剌渾冀州人太祖用兵中原募能用砲者籍爲兵授塔剌渾四路總押佩金符以將之及攻益都下之加龍虎衞上將軍行元帥左監軍便宜行事師還駐謙謙州卽古烏孫國也歲己丑將所部及契丹女直唐兀漢兵攻斡脫剌兒城塔剌渾督諸軍穴城先入破之卽軍中拜元帥改銀青光祿大夫從睿宗入散關略關外四州經興元渡漢江略唐鄧申裕諸州鼓行而東河南平陞金紫光祿大夫總領都元帥從大帥太赤攻徐邳平之十六年卒子抄兒赤襲從諸王也孫哥塔察兒南征戊午卒于軍子忒驢襲卒弟六十八襲至元五年諸軍圍襄樊九年六十八帥所部戍駱駝嶺一字城立砲樊城南不發以息敵心俄帥銳卒突出攻其城西破之以功賜銀幣鞍馬弓矢十一年諸軍南征渡江明年加宣武將軍宋常州守臣姚訔堅守不下六十八發砲摧其城壁以納諸軍宋援兵突至力戰却之常州旣克帥府令總新附砲手軍臨安降加懷遠大將軍從諸軍追宋二王至海下三十餘城十四年加昭勇大將軍十五年領南軍精銳者入衞加輔國上將軍十八年論功授奉國上將軍管領砲手軍都元帥二十年罷都元帥更授砲手軍匠萬戶佩三珠虎符二十六年卒

奧敦世英

奧敦世英女眞人也其先世仕金爲淄州刺史歲癸酉太祖兵下山東淄州民奉世英及弟保和迎降皆授以萬戶世英倜儻有武略由萬戶遷德興府尹時金經略使苗道潤率衆欲復山西世英與戰克之將盡殺所俘其母責之曰汝華族也畏死而降此卒伍爾驅之死戰何恐殺之耶遂止世英從數騎巡部定襄卒於軍保和由萬戶陞昭勇大將軍德興府元帥錫虎符改雄州總管尋以元帥領眞定保定順德諸道農事凡闢田二十餘萬畝改眞定路勸農事兼領諸署賜居第戎器袞馬給戶食其租年五十六致仕保和四子希愷希元希魯希尹希愷襲勸農事皇太后錫以錦服曰無墜汝世業郡縣有水旱必力請蠲租調民賴之南征時置軍儲倉于汴衞歲輸河北諸路粟以實之分冬月三限失終限者死吏徵歛舞法民甚苦之希愷知其弊蠲煩苛而民不擾尋以勸農使兼知冀州希愷至爲束約健訟之俗爲變蒙古軍取民田牧久不歸希愷悉奪歸之軍無怨言至元二年遷順天治中三月改順德又踰月陞知河中府秩滿歸調時阿合馬專政官以賄成希愷不往見

之降武德將軍知景州數月卒希元彰德漕運使希魯澧州路總管希尹中統三年李璮叛濟南世祖命丞相史天澤討之希尹謁天澤面陳利害願擊賊自効試其騎射壯之命充眞定路行軍千戶與賊戰矢無虛發賊敗走入城中諸王哈必赤賞銀五十兩希尹請築外城圍之深溝高壘俟其糧絕不戰而坐待其困天澤從之璮旣就擒至元十一年樞密錄其功自右衛經歷六遷至同知廣東道宣慰司事卒

田雄

田雄字毅英北京人也幼孤能樹立以驍勇善騎射知名金末署軍都統歲辛未太祖軍至北京雄率衆出降太祖以雄隸太師國王木華黎麾下從征興中廣寧諸郡定府州縣二十有九平錦州張鯨兄弟之亂從攻栢鄉邢相辛巳從攻鄜坊綏葭諸州有功木華黎承制受雄鎭吉州刺史兼鎭戎軍節度使行都元帥府事平汾西霍山諸柵壬午以木華黎命授河中帥聽石天應節制太宗時從攻西和興元諸州又從攻夔萬諸州論功尤最賜金符授行軍千戶召爲御前先鋒頭之使攻破楨州雷家堡奉旨招納河南降附得戶十三萬七千有奇民皆按堵而別部將校縱兵擄掠民惶懼悔降雄力爲救護至出己財與之民得免於害癸巳授鎭撫陝西總管京兆等路事時關中苦於兵革郡縣蕭然雄披荊棘立官府開陳禍福招徠四山堡砦之未降者獲其人皆慰遣之由是來附者日衆雄乃敎民力田京兆大治事聞賜金符定宗時入覲于和林以疾卒年五十八後追封西秦王子八人大明襲職知京兆等路都總管府事

張拔都

張拔都昌平人歲辛未太祖南征拔都率衆來附願爲前驅遂留備宿衞從近臣漢都虎西征回紇河西諸蕃道隴蜀入洛屢戰流矢中頰不少卻帝聞而壯之賜名拔都自是漢都虎亦專任之甲午金亡以漢都虎爲砲手諸色軍民人匠都元帥守眞定漢都虎卒無子以拔都代之及漢都虎兄子斡闊少長拔都請于朝歸其政而終老焉子忙古台從憲宗攻蜀釣魚山苦竹二壘冒犯矢石屢捷而不沮遂以勇敢聞中統元年賜銀符預議砲手軍府事尋易金符爲行軍千戶從征襄樊有功卒子世澤襲從丞相伯顏南征大小十餘戰皆有功又從平廣西明年收瓊萬諸州拜宣武將軍行軍總管未幾遷副萬戶加明威將軍從鎭南王脫歡伐交趾旣還及再舉將校舊嘗往者許留恤之有脫歡者當行適病不能起世澤曰吾祖父以武勇稱吾蒙其餘澤荷國厚恩當輸忠王室增光前人豈可茍爲自安計耶力請代之軏還人服其義云

張榮

張榮清州人役從鄆陵歲甲戌從金太保明安降太祖賜虎符授懷遠大將軍元帥左都監乙亥正月奉旨略東平益都諸郡戊寅領軍匠從太祖征西域諸國庚辰八月至西域莫蘭河不能涉太祖召問濟河之策榮請造舟太祖復問舟卒難成濟師當在何時榮請以一月爲期乃督工匠造船百艘遂濟河太祖嘉其能而賞其功賜名兀速赤癸未七月陞鎭國上將軍砲水手元帥甲申七月從征河西乙酉從征關西五路十月攻鳳翔砲傷右髀帝命賜銀三十錠養病於雲內州庚寅七月卒年七十三子奴婢襲佩虎符砲水手元帥領諸色軍匠太祖代金命由關西小口收附金昌州等郡乙未金亡戊戌授懷遠大將軍癸卯三月陞輔國大將軍甲辰二月領蒙古漢軍守均州戊申九月宋兵襲均州奴婢拒戰大敗宋師己酉十一月復與宋兵戰流矢中右臂中統三年卒年七十五子君佐襲佩虎符砲水手元帥戍蔡州五年都元帥阿木命將砲手兵攻襄陽至元八年調守襄陽一字城橐駝嶺攻南門牛角堡破之攻樊城親立砲摧其角樓樊城破十年襄陽降參政阿魯海牙以宋降將呂文煥入朝奉旨召蒙古漢人萬戶凡二十人陛見各以功受賜帝親諭之令還鎭十一年從軍下漢江至沙洋丞相伯顏命率砲手軍攻其北面火砲焚城中民舍幾盡遂破之賜以良馬金鞍金段又以火砲攻陽邏堡破之十二年從大軍與宋將孫虎臣戰于丁家洲復從丞相阿术攻揚州是年冬又從諸軍破常州十三年陞懷遠大將軍仍砲水手元帥秋君佐屯軍眞揚間絕宋糧道宋制置李庭芝都統姜才棄城走揚州平以君佐爲安慶府安撫司軍民達魯花赤十四年春安慶野人原及司空山天堂賊將攻安慶君佐密察知之時城中軍僅數百人君佐命搤賊出沒要道賊不敢入乃寇黃州行省命君佐率衆復黃州因以爲黃州達魯花赤十五年加鎭國上將軍仍砲水手元帥十九年命率新附漢軍萬人修膠西閘埧以通漕運二十一年兼海道運糧事是年卒

趙天錫　賁亨

趙天錫字受之冠氏人屬金季兵起其祖以財雄鄉里爲衆所歸貞祐之亂父林保冠氏有功授冠氏丞俄陞爲令大安末天錫入粟佐軍補修武校尉監洺水縣酒太祖遣兵南下防禦使蘇政以爲冠氏令乃挈縣人壁桃源天平諸山歲辛巳春歸行臺東平嚴實實素知天錫名遂擢隸帳下從征上黨以功授冠氏令俄遷元帥左都監兼令如故甲申宋將彭義斌據大名冠氏元帥李全降之人心頗搖天錫令衆姑少避其鋒以圖後舉乃率將佐往依大將孛里海軍未幾破義斌於眞定授左副元帥同知大名路兵馬都總管事李全在大名結其帥蘇椿納金河南從宜鄭倜日以取冠氏爲事天錫每戰輒勝一日倜自將萬人來攻天錫率死士乘城力戰三晝夜倜度不能下乘風霾遁去己丑朝行在所上便民事優詔從之戊戌從征宋駐兵蘄黃間被病還卒于冠氏年五十子六人賁亨嗣

賁亨字文甫襲行軍千戶己未從國兵渡江攻鄂有功至元五年總管山東諸翼軍征宋攻襄樊賁亨出抄斷黃以五百人拔野人原寫山砦修白河新城七年偕元帥劉整朝京師命爲征行千戶賜金符及衣帶鞍馬攻樊城冒矢石擁盾先登破之十一年修東西正陽城三月敗夏貴于淮岔以濟南汴梁二路新軍十二年正月從攻鎭江與宋將孫虎臣張世傑大戰于焦山殺掠甚衆十三年江南平以功陞宣武將軍十四年授虎符懷遠大將軍處州路總管府達魯花赤未行適盜發漱浦行省檄爲招討使率兵平之未幾處州靑田縣季文龍章焱殺趙知府以叛賁亨獲其黨始知七縣俱反季文龍自署爲兩浙安撫使據處州天慶觀賁亨率衆圍之將騎士三百陳于下河門賊出戰以精騎蹂之遂棄城突圍散走斬首三級賁亨入城乃招散亡立官府章焱復合二萬衆來攻陣惡溪南賁亨分兵拒守自將精銳亂流衝擊屬萬戶忽都台以援兵至自巳至亥賊方退文龍溺死忽都台以處郎亂山爲州無城壁可恃且反側欲屠之賁亨曰我受命來監此郡賊固可殺良民何辜不從將士虜掠子女金帛賁亨捕得倡率者杖之仍各求所失還之州民悅服十五年龍泉縣張三八合衆二萬殺慶元縣達魯花赤也速台兒且屠其家賁亨將騎士五百往討與賊將鄭先鋒陳壽山三千餘人戰于浮雲鄉斬首三百餘級三八軍于縣西賊三戰俱敗軍還賊衆水陸俱設伏賁亨擇步卒驍悍者使前賊不敢近旣而衢州賊陳千二聚二萬人遂昌葉丙六亦聚三千人助之賁亨前後斬首三千餘級悉平之十七年改處州路管軍萬戶二十二年還冠氏卒年五十七

元史卷一百五十二

明翰林學士亞中大夫知制誥兼修國史宋　濂等修

列傳第三十九

張晉亨　好古

張晉亨字進卿冀州南宮人也其兄同知安武軍節度使事領棗强令顯以冀州數道之衆附嚴實于青崖後從實來歸進顯安武軍節度使西征戰沒歲戊寅太師國王木華黎承制署晉亨襲顯爵晉亨涉獵書史小心畏愼臨事周密實器之以女妻焉實征澤路偏將李信晁海相繼降于宋晉亨跋涉險阻晝伏夜行僅免於難實遣子忠貞入質命晉亨與俱丁亥從國王孛羅征益都以功遷昭毅大將軍領恩州刺史兼行臺馬步軍都總領再遷鎭國大將軍實征淮楚河南晉亨畢從甲午從實入覲命爲東平路行軍千戶圍安慶其守將走邀擊之斬首百級俘獲無算攻光之定城俘其將士十有五人略信陽執復州將金之才攻六安拔之大小數十戰策功居多實卒其子忠濟奏晉亨權知東平府事東平貢賦率倍他道迎送供億簿書獄訟日不暇給歷七年吏畏而民安之辛亥憲宗即位從忠濟入覲時包銀制行朝議戶賦銀六兩諸道長吏有輙請試行於民者晉亨面責之曰諸君職在親民民之利病且不知乎今天顏咫尺知而不言罪也承命而歸事不克濟罪當何如且五方土產各異隨其產爲賦則民便而易足必責輸銀雖破民之產有不能辦者大臣以聞明日召見如其言以對帝是之乃得蠲戶額三之一仍聽民輸他物遂爲定制欲賜晉亨金虎符辭曰虎符國之名器長一道者所佩臣隸忠濟麾下復佩虎符非制也臣不敢受帝益喜改賜璽書金符恩州管民萬戶中統三年李璮叛晉亨從嚴忠範戰於遙牆濼勝之改本道奧魯萬戶四年授金虎符分將本道兵充萬戶戍宿州首言汴堤

南北沃壤閒曠宜屯田以資軍食乃分兵列營以時種藝選千夫長督勸之事成期年皆獲其利至元八年改懷遠大將軍淄萊路總管尋兼軍事十一年詔伐宋晉亨在選中閫命就道曰此報效之秋也分道由安慶渡江丞相伯顏留之戍鎭江兼與民政壹以鎭靜爲務戰焦山瓜洲皆有功十三年卒於官子好古

好古字信甫少讀書善屬文器識宏遠勇而有謀父晉亨權知東平府事嚴忠濟承制以好古權其父軍戍宿州戊午奏眞授行軍千戶攻樊城身中流矢戰不少郤主將旌其功賞銀百兩略揚循泰興海門而還擊邵伯埭拔之從大軍攻鄂中統元年還宿州忠濟命兼恩州刺史訪民瘼革吏弊立爲條約未幾移戍蘄州李璮叛據濟南宋人攻蘄好古率兵迎擊力不敵死之時晉亨在濟南軍中聞之哭曰吾兒死得其所矣弟好義襲下江淮有功

王珍

王珍字國寶大名南樂人世爲農家珍慷慨有大志金末喪亂所在盜起南樂人楊鐵槍聚衆保鄉里太祖遣兵攻破河朔鐵槍以兵應之行營帥按只署珍軍前都彈壓鐵槍與金軍戰死衆推蘇椿代領其衆宋將彭義斌帥師侵大名椿戰不利降之義斌遂據大名珍棄其家間道走還軍中按只嘉其誠待遇益厚以爲假子復從速魯忽擊走義斌蘇椿以大名降珍妻子故在涿語之曰吾非棄汝輩誠不以私愛奪吾報國之心耳聞者稱歎授鎭國上將軍大名路治中軍前行元帥府事俄以取寧海胙城功遷輔國上將軍復授統攝開曹滑濬等處行元帥府事兼大名路安撫使蘇椿復欲叛歸金珍覺之與元帥梁仲先發兵攻椿椿開南門而遁國王斡眞授仲行省珍驃騎衛上將軍同知大名府事兼兵馬都元帥從刺不台經略河南破金將武仙于鄭州復與金人戰于蕭縣斬其將瑱之仲死國王命仲妻冉守眞權行省事珍爲大名路尙書省下都元帥將其軍國用安據徐邳珍從太赤及阿术魯攻拔之授同簽大名行省事從軍伐宋破光州棗陽廬壽滁州珍常身先諸將屢有功宋城五河口珍帥死士二十人奪之宋人遁乘勝進師連破濠泗渦口歲庚子入見太宗授總帥本路軍馬管民次官佩金符珍言於帝曰大名困於賦調貸借西域賈人銀八十錠及逋糧五萬斛若復徵之民無生者矣詔官償所借銀復盡蠲其逋糧已而朝廷議分蒙古漢軍戍河南以珍戍睢州修城隍明斥候宋兵不敢犯己酉入朝定宗進本路征行萬戶加金虎符在鎭九年卒年六十五子文幹善騎射襲爲行軍萬戶己未從世祖攻鄂州先登中流矢賜以良馬金帛李璮叛從哈必赤討平之哈必赤論功語以官賞文幹對曰增秩則榮及一身賜金則恩逮麾下迺以白金二千兩器皿百事雜綵數百縑賞之文幹悉頒之軍中中統三年制父兄弟子並仕同塗者罷其弟子文幹弟文禮爲千戶文幹自陳願解己官而留文禮詔從之改同知大名路總管府事累遷河東山西道提刑按察副使近臣言其鄂州之功陞簽東川行樞密院事歷全州衛輝東平總管改江東建康道提刑按察使卒于官年五十八發其篋中錢僅七緡貧不能歸葬人以此稱之

楊傑只哥

楊傑只哥燕京寶坻人家世業農傑只哥少有勇略太祖略地燕趙率族屬降附從攻遼左及從元帥阿术魯定西夏諸部有功己丑睿宗賜以金幣命從阿术魯攻信安阿术魯知其材略出諸將右命裁決軍務信安城四面阻水其帥張進數月不降傑只哥曰彼恃巨浸我師進不得利退不得歸不若往說之進見其來怒曰吾已斬二使汝不懼死耶傑只哥無懼色從容言曰今齊魯燕趙地方數千里郡邑聞風納降獨君恃此一城內無軍儲外無兵援亡可立待爲君計者不如請降可以保富貴而免死亡進默然曰姑待之凡三往乃降辛卯大名守蘇椿叛討獲之衆議屠城傑只哥曰怒一人而族萬家非招來之道也衆是其言由是滑濬等州聞風納款壬辰師次徐州阻河不得濟傑只哥探知有賊兵操舟楫伏草澤中率勁卒數人憑河擊之悉奪舟楫衆遂得渡獲河南諸郡降人三萬餘戶進攻徐州金將國用安拒戰傑只哥率百餘騎突入陣中迎擊於後大敗之擒一將而還皇太弟國王駐兵河上見之賜名拔都授金符命總管新附軍民乙未太宗特賜傑只哥種田民戶租賦丁酉從阿术魯攻歸德傑只哥麾諸將縛草作筏渡濠抵城下梯城先登拔之由是進攻得五州十縣四堡二寨己亥宋兵至己登歸德城傑只哥率衆拒戰敗之率舟師追擊轉戰中流溺死年四十子孝先孝友孝先僉江北淮東道肅政廉訪司事孝友鎭江路總管

劉通

劉通字仲達東平齊河人也初從嚴實來歸繼從收濮曹相潞定陶楚兵實薦于太帥木華黎以通爲齊河總管尋授鎭國上將軍左副都元帥濟南知府德州總管行軍千戶太宗賜金符陞上千戶宋將彭義斌攻齊河城率衆夜登通與六七人鼓譟而進宋人驚懼墜溺死者甚衆明日復合圍城三匝通令守陴者植梁如櫛俄從撤去宋人懼其向己也大潰義斌僅以數騎免歲丁酉遷德州等處二萬戶軍民總管歲丙辰卒子復亨襲爲行軍千戶從嚴實略安豐通泰淮濠泗蘄黃安慶諸州憲宗西征復亨攝萬戶統東平軍馬攻釣魚山苦竹寨有功師還兼德州軍民總管中統元年奉旨戍和林還授虎符進武衞軍副都指揮使李璮叛遣使招復亨復亨立斬之時遣兵討賊集濟南乏食復亨盡出其私蓄以濟師世祖嘉之賜白金五千兩復亨固辭至元二年進左翼侍衛親軍都指揮使四年遷右翼九年加昭勇大將軍鳳州等處經略使十年遷征東左副都元帥統軍四萬戰船九百征日本與倭兵十萬遇戰敗之還招降淮南諸郡邑十二年授昭信路總管十四年遷黃州宣慰使十五年改太平路總管俄授鎭國上將軍爲淮西道宣慰使都元帥二十年加奉國上將軍三月卒子五人浩澤灃淵淮浩中統四年襲千戶至元八年殁于兵澤由近侍出爲荆湖北道宣慰使灃知長寧州俱蚤卒淵至元十一年佩金符授進義副尉爲徐邳屯田總管下丁壯千戶九月領兵巡邏泗州至淮河九里灣遇宋軍戰勝奪其船三十餘艘十二年三月與宋安撫朱煥戰于清河敗之擒十四人奪其輜重九月從右丞別里迷失攻淮安十三年與宋人戰昭信軍南靖平山俱有功十四年北覲進武略將軍管軍總管十五年從元帥張弘範征閩廣漳韶諸州以功授武德將軍十六年從攻崖山弘範命淵領後翼軍水戰有功十七年進安遠大將軍爲副招討二十一年遷潁州副萬戶二十四年從征交趾鎭南王脫歡命領水步軍二萬攻萬劫江擒十六人繼攻靈山城賊衆迎敵大敗之師還二十八年捕寇淛東獲其酋長三人三十一年兼領紹興淛江五翼軍守杭州繼以疾卒大德十一年子無晦至大元年襲授昭信校尉潁州副萬戶俄進武德將軍延祐五年以病免六年改河南江北行省都鎭撫泰定四年加宣武將軍

岳存

岳存字彥誠大名冠氏人初歸東平嚴實承制授存武德將軍帥府都總領保冠氏會金從宜鄭倜復據大名距冠氏僅三十里遣兵來攻倜不得志復自將萬人合圍其勢甚張存率死士百餘突出西門勇氣十倍金人退走存追之越境乃還歲己丑從嚴實及武仙戰于彰德西敗之遷明威將軍行冠氏主簿明年存率騎兵二百步卒三百自彰德北還至開州南與金將張開遇開衆萬餘存軍依大林戒其軍曰彼衆我寡不可輕動當聽吾鼓聲爲節乃命騎士居前步卒次之與敵相去僅二十步一鼓作氣無不一當百開衆大潰追二十餘里不損一卒而還破河南攻淮漢無役不與辛丑陞本縣丞庚戌移治楚丘數年有惠政乙卯告老退休田里中統三年以疾卒年六十九子天禎襲父職冠氏縣軍民彈壓從圍襄樊帥府承制授管軍百戶修立百丈山鹿門等堡天禎率銳士冒矢石從樊城東北先登爲櫓木所傷墮地復躡梯以登手刃數人築正陽東西城及於鎭江造戰船天禎咸董其役戰焦山平奉化賊錄功陞管軍千戶江南平從元帥張弘範覲帝于柳林賜金錦銀鞍勒授昭勇大將軍福州路總管平尤溪賊秩滿改吉州平永新賊後遷贛州七年遷建康首定救荒之政民立碑以紀遺愛爲至大二年卒于建康年七十二子果會昌州同知

張子良　懋

張子良字漢臣涿州范陽人金末四方兵起所在募兵自保子良率千餘人入燕薊間耕稼已絕遂聚州人阻水治舟筏取蒲魚自給從之者衆至不能容子良部勒定興新城數萬口就食東平東平守納之久之守棄東平還汴檄子良南屯宿州又南屯壽州夏全劫其民出睢口李敏據州子良率麾下造敏敏欲害之走歸宿因以宿帥之衆奪全所劫老幼數萬以還全怒連徐邳之軍來攻子良與宿帥斫其營全失其軍符走死揚州時金受重圍於汴聲援盡絕有國用安者圖以漣水之衆入援道阻游兵不能進子良與一偏將晝伏夜行得入汴達用安意金君臣以爲自天降也曲賜勞來凡所欲皆如用安請因以徐宿授子良明年子良進米五百石于汴授榮祿大夫總管陝西東路兵馬仍治宿州當是時令已不行於陝而用安亦卒不得志徐宿之間民無食者出城拾穭穟以食子良嚴兵護之以防鈔掠猝遇敵子良被重傷乃率其衆就食泗洲泗守閔兵將圖之子良與麾下十數人即軍中生縛其守民不欲北歸者欲走傍郡子良資以舟楫無敢掠其財物歲戊戌率泗州西城二十五縣軍民十萬八千餘口因元帥阿术來歸太宗命爲東路都總帥授銀青榮祿大夫陞京東路

行尚書省兼都總帥管領元附軍民進金紫光祿大夫庚子賜金符自兵興以來子艮轉徙南北依之以全活者不可勝計癸丑憲宗命爲歸德府總管管領元附軍民中統二年夏四月世祖命爲歸德泗州總管降虎符仍管領泗州軍民總管七年罷元管戸隸諸郡縣改授昭勇大將軍大名路總管兼府尹八年卒年七十八贈昭勇大將軍僉樞密院事上輕車都尉追封清河郡侯謚翼敏子二人長懋次亨亨佩金虎符爲管軍千戸子輿立襲卒子鑑襲

懋字之美未弱冠已有父風侍子艮官京東故懋領其衆從丞相阿术軍立歸德府以其軍鎮之移鎮下邳知歸德府事李璮叛濟南以其兵戍蔡州中統元年宣授泗州軍總把佩金符至元七年擢濟南諸路新軍千戸九年從破襄樊有功十一年丞相伯顏南征其行陣以鏵車弩爲先而衆軍繼之懋以勇鷙將弩前行凡所過山川道路險隘通塞茂平塹穽安營設伏出納奇計伯顏信用之擢爲省都鎮撫水陸並進其任甚重師壓臨安滅宋以其主及母后羣臣北還駐瓜洲伯顏命懋往諭淮西夏貴副以兩介將騎士直趨合肥貴出迎設賓禮懋示以逆順禍福辭旨雄厲貴受命頓首上地圖降書馳還報伯顏大喜復令行徇鎮東安豐壽春懷遠淮安濠等州郡皆下復使之徧諭列城軍民使知帝之德意十三年懋馳驛至上都伯顏上其功宣授懋明威將軍泗州安撫司達魯花赤十四年改安撫司爲總管府置宣慰使以統之拜同知淮西道宣慰司事十六年改授懷遠大將軍吉州路總管懋惡衣糲食率之以儉愼刑平政處之以公新府治設義倉雖能吏不過也部使者劉宣薦之凡有所懲治朝至夕報豪強竦然郡萬戸蘇艮恃勢爲暴爲之翼者有十虎之目民甚苦之乃上其實於憲府盡誅十虎者奪艮虎符而黥之民大悅羣盜有率衆將白晝劫城者懋聞之率從騎擣其穴縛其酋長以歸民之流亡與遠郡之來歸者數千家相率爲生祠以祀之十七年二月卒年六十三贈昭勇大將軍龍興路總管上輕車都尉追封清河郡侯謚宣敏子二人文煥以父蔭任承務郎江州路瑞昌縣尹文炳三汊河巡檢文煥子珪初爲高安縣尹有異政由是擢爲江西檢校拜南臺御史繼爲淮西江西二道廉訪僉事用能世其家云

唐慶

唐慶不知何許人事太祖爲管軍萬戸太祖伐金以慶權元帥左監軍歲丁亥賜虎符授龍虎衞上將軍使金壬辰太宗復以慶爲國信使取金質子督歲幣以金曹王來見帝於官山七月使慶再往令金主黜帝號稱臣金主不聽慶輙以語侵之金君臣遂謀害慶夜半令兵入館舍殺慶及其弟山祿興祿并從行者十七人旣滅金購求慶屍不得厚恤其家賜金五十斤詔官其子仍計其家人口給糧以養焉

齊榮顯

齊榮顯字仁卿聊城人父旺金同知山東西路兵馬都總管榮顯幼聰悟總角與羣兒戲晝地爲戰陳端坐指揮各就行列九歲代父任爲千戸佩金符從外舅嚴實來歸屢立戰功攻濠州宋兵背城爲陳榮顯薄之所向披靡其屬王孝忠力戰中鉤戟榮顯斷戟拔孝忠出復逐北入其郛而還主帥察罕壯之賜馬鎧銀器兵趣五河口抵大堤榮顯偕數騎前行覘敵値邏騎數十從者將退走榮顯曰彼衆我寡若示以怯必爲所乘援弓策馬射殺兩人乃還進拔五河口陞權行軍萬戸守宿州墮馬傷股不能復從軍改提領本路課稅又改本路諸軍鎭撫兼提控經歷司値斷事官鉤校諸路積逋官吏往往遭詬辱榮顯從容辨理悉爲蠲貸從實入朝授東平路總管府叅議兼領博州防禦使時十投下議各分所屬不隸東平榮顯力辯於朝遂止及攻淮南道出東平民間供給費銀二萬錠榮顯詣斷事官懇之得折充賦稅民賴以不困中統元年謁告侍親閑居十年卒

石天祿

石天祿父珪山東諸路都元帥陷金死節見忠義傳天祿襲爵孛魯承制授龍虎衞上將軍東平路元帥佩金虎符時宋將彭義斌取大名及中山天祿與孛里海率兵敗之獲義斌又敗金將武仙屢立戰功丙戌孛魯以功奏遷金紫光祿大夫都元帥鎭戍邊隅數與金人戰未嘗敗北壬辰皇太弟拖雷南渡河天祿爲前鋒戰退金兵奪戰船數艘夜至歸德城下襲其營殺三百餘人金將陳防禦出兵追圍天祿天祿潰圍復戰金兵退走提兵掠亳及徐所過望風附降癸巳秋九月破考城復圍歸德冬十二月歸德降甲午入覲改授征行千戸濟兗單二州管民總管乙未從扎剌溫火兒赤渡淮攻隨州至襄陽夾河寨戰退宋兵扎剌溫火兒赤賞以戰馬又從攻蘄黃功居其首時詔天祿括戸東平軍民賦稅並依天祿已括籍册嚴實不得科收天祿以病不任職以子興祖襲明年天祿卒年五十四子十人興祖襲千戸官武略將軍己未從伐宋攻鄂州至元四年繇宿州率兵抄沿淮諸郡獲宋覘伺者十餘輩統軍司賞馬二十匹銀五百兩錦二十端十二年攻常州爲先鋒功在諸將上宋亡第功陞宣武將軍管軍總管戍溫州土賊林大年等構亂出兵圍之斬首千餘級招輯南溪山寨歸農者三萬餘戸十六年陞顯武將軍佩金虎符十九年七月卒于軍子璉嗣

石抹阿辛

石抹阿辛迪列紇氏歲乙亥率北京等路民一萬二千餘戸來歸太師國王木華黎奏授鎭國上將軍御史大夫從擊蠡州死焉子查剌仍以御史大夫領黑軍初其父阿辛所將軍皆猛士衣黑爲號故曰黑軍歲己卯詔黑軍分屯眞定固安太原平陽隰吉岢嵐間頃之南征以黑軍爲前列與南兵遇于河查剌大呼馳之陷其陣渡河再戰盡殪之所遇城邑爭先款附長驅擣汴州入自仁和門收圖籍振旅而還論功黑軍爲最及從國王軍征萬奴圍南京城堅如立鐵查剌命偏將先警其東北親奮長槊大呼登西南角摧其飛櫓手斬陴卒數十人大軍乘之遂克南京詰旦木華黎解錦衣賞之累授眞定路達魯花赤卒于柳城子庫祿滿襲職從攻襄樊與從弟度剌立雲梯衝其堞度剌死焉中統三年庫祿滿從征李璮先登飛矢中額而卒

劉斌 思敬

劉斌濟南歷城縣人少孤鞠于大父有勇力從濟南張榮起兵爲管軍千戸歲壬辰攻河南以功授中翼都統攻睢陽軍杏堆距陳州七十里聞陳整軍於近郊斌率衆夜破之又擊走太康守兵擒其將三日太康陷榮言於帥阿术魯曰太康之平摧其鋒者斌也移屯襄陽軍乏食斌知靑陵多積穀前阻大澤水深不可涉陳可取狀衆難之斌叱之曰彼恃險不我虞取可必也乃率百騎夜發獲敵人使道之前行汙澤中五十餘里遇敵兵斌捨馬揮槊突敵敗之得其糧數千斛遷官知中外諸軍事從攻六安先登破其城癸卯擢濟南推官辛亥授本道左副元帥乙卯陞濟南新舊軍萬戸移鎭邳州宋將憚之己未病謂其子曰居官當廉正自守毋黷貨以喪身敗家語畢而逝年六十有二贈中奉大夫參知政事護軍彭城郡公謚武莊子思敬

思敬賜名哈八兒都襲父職爲征行千戸世祖南征從董文炳攻臺山寨先登中流矢傷甚帝親勞賜酒易金符中統二年授武衞軍千戸從討李璮賜銀六十錠四年授濟南武衞軍總管捕盜有功又賜銀千兩至元三年授懷遠大將軍侍衞親軍左翼副都指揮使四年命築京城八年授廣威將軍西川副統軍佩金虎符九年宋嘉定守臣昝萬壽乘虛攻成都哈八兒都邀擊敗之戰于青城宋兵大敗奪所俘二千人還十二年轉同簽行樞密院事復攻嘉定取之瀘敘忠涪諸部及巴縣壽勝龜雲石筍等寨十九族及西南夷五十六部悉來降十三年圍重慶敗宋將張萬得其舟百餘六月瀘州復叛哈八兒都妻子沒焉乃率兵討擒其將任慶攻破盤山寨俘九千餘戸又獲其將劉雄及王世昌等夜入東門巷戰殺王安撫等遂克瀘州復攻重慶其將趙牛子降禽守臣張珏十六年蜀平拜中奉大夫四川行省叅知政事行省罷改四川北道宣慰使十七年授正奉大夫江西行省叅知政事治吉贛盜民賴以安二十年卒年五十三贈推忠宣力果毅功臣平章政事柱國封濱國公謚忠肅子思恭字安道累官昭毅大將軍右衞親軍都指揮使思義宣武將軍昌國州軍民達魯花赤

趙柔

趙柔淶水人有膽略善騎射好施予金末避兵西山構險以保鄉井時劉伯元蔡友資李純等亦各聚衆數千聞柔信義共推爲長柔明號令嚴約束重賞罰爲衆所服歲癸酉太祖遣兵破紫荆關柔以其衆降行省八札奏聞以柔爲涿易二州長官佩金符丙戌羣盜並起柔單騎徧入諸柵說降其衆以功遷龍虎衞上將軍眞定涿等路兵馬都元帥佩金虎符兼銀冶總管庚寅太宗命兼管諸處打捕總管丙申加金紫光祿大夫卒至順元年追封天水郡公謚莊靜曾孫世安榮祿大夫江西行省左丞

元史卷一百五十三

明翰林學士亞中大夫知制誥兼修國史宋　濂等修

列傳第四十

劉敏

劉敏字有功宣德靑魯人歲壬申太祖師次山西敏時年十二從父母避地德興禪房山兵至父母棄敏走大將憐而收養之一日帝宴諸將於行營敏隨之入帝見其貌偉異之召問所自俾留宿衞習國語閱二歲能通諸部語帝嘉之賜名玉出干出入禁闥初爲奉御帝征遼西諸國破之又征回回國破其軍二十萬悉收其地

敏皆從行癸未授安撫使便宜行事兼燕京路徵收稅課漕運鹽場僧道司天等事給以西域工匠千餘戶及山東山西兵士立兩軍戍燕置二總管府以敏從子二人佩金符爲二府長命敏總其役賜玉印佩金虎符奏佐吏宋元爲安撫副使高逢辰爲安撫僉事各賜銀章佩金符李臻爲參謀初耶律楚材總裁都邑契丹人居多其徒往往中夜挾弓矢掠民財官不能禁敏戮其渠魁令諸市又豪民冒籍良民爲奴者衆敏悉歸之選民習星曆者爲司天太史氏興學校進名士爲之師己丑太宗即位改造行宮幄殿乙未城和林建萬安宮設宮闈司局立驛傳以便貢輸旣成宴賜甚渥辛丑春授行尚書省詔曰卿之所行有司不得與聞俄而牙魯瓦赤自西域回奏與敏同治漢民帝允其請牙魯瓦赤素剛尚氣恥不得自專遂俾其屬忙哥兒誣敏以流言敏出手詔示之乃已帝闢之命漢察火兒赤中書左丞粘合重山奉御李簡詰問得實罷牙魯瓦赤仍令敏獨任復辟李臻爲左右司郎中臻在幕府二十年參贊之力居多丙午定宗即位詔敏與奧都剌同行省事辛亥夏六月憲宗即位召赴行在所仍命與牙魯瓦赤同政甲寅請以子世亨自代帝許之賜世亨銀章佩金虎符賜名塔塔兒台帝諭世亨以不從命者黜之又賜其子世濟名散祝台爲必闍赤入宿衛帝伐宋幸陝右敏輿疾請見帝曰卿有疾不召而來將有言乎敏曰臣聞天子出巡義當扈從敢辭疾乎但中原土曠民貧勞師遠伐恐非計也帝弗納敏還退居年豐世祖南征過年豐敏入見論之曰我太祖勵精圖治見而知者惟卿爾汝春秋高其黨次以爲後法未幾病歸于燕夏四月卒年五十九

王檝

王檝字巨川鳳翔虢縣人父適金武節將軍麟游主簿檝性倜儻弱冠舉進士不第乃入終南山讀書涉獵孫吳泰和中復下第詣闕上書論當世急務金主俾給事縉山元帥府尋用元帥高琪薦特賜進士出身授副統軍守涿鹿隘太祖將兵南下檝鏖戰三日兵敗見執將戮之神色不變太祖問曰汝曷敢抗我師獨不懼死乎對曰臣以布衣受恩誓捐軀報國今旣僨軍得死爲幸帝義而釋之授都統佩以金符令招集山西潰兵從大軍破紫荊關取涿易保州中山軍次雄州節度使孫吳堅守不下檝入城喻以禍福吳遂以城降甲戌授宣撫使兼行尚書六部事從三合拔都太傅猛安率兵南征下古北口攻薊雲順等州所過迎降得漢軍數萬遂圍中都乙亥中都降檝進言曰國家以仁義取天下不可失信於民宜禁虜掠以慰民望時城中絕粒人相食乃許軍士給糧入城轉糶故士得金帛而民獲粒食又議田野久荒而兵後無牛宜差官瀘溝橋索軍回所驅牛十取其一以給農民用其說得數千頭分給近縣民大悅復業者衆三合猛安俾檝招諭保定新城信安雄霸文安淸滄諸城皆望風款附乃置行司于滄州以鎭之遂從猛安入覲授銀青榮祿大夫仍前職兼御史大夫世襲千戶時河間淸滄復叛帝命檝討之復命駙馬孛禿分蒙古軍及乣漢軍三千屬檝遂復河間得軍民萬口孛禿惡其反覆欲盡誅之檝解之曰驅羣羊使東西者牧人也羊何知哉殲其渠魁足矣釋此輩遷之近縣强者使從軍弱者使爲農此天之所以畀我也何以殺爲孛禿曰汝能保此輩不復反耶檝曰可卽移文保任之俱得全活帝命闍里畢與皇太弟國王分撥諸侯王城邑論闍里畢曰漢人中若王宣撫者可任使之遂以前職兼判三司副使後又命省臣總括歸附工匠之數將俾大臣分掌之太師阿海具列諸大臣名以聞帝曰朕有其人偶忘姓名耳良久曰得之矣舊人王宣撫可任是職遂命檝掌之時都城廟學旣燬於兵檝取舊樞密院地復創立之春秋率諸生行釋菜禮仍取舊岐陽石鼓列廡下丙戌從征西夏及秦州夏人盡撤橋梁爲備軍阻不得前帝問諸將皆不知計所出檝夜督士卒運木石比曉橋成軍乃得進戊子奉監國公主命領省中都屬盜起信安結北山盜李密轉掠近縣檝曰都城根本之地何可無備引水環城調度經費檝自爲券假之貿人而斂不及民人心稍安遣男守謙率軍討諸盜平之庚寅從征關中長驅入京兆進克鳳翔請于太宗曰此臣鄉邦也願入城訪求親族果得族人數十口以歸壬辰從攻汴京癸巳奉命持國書使宋以兀魯剌副之至宋宋人甚禮重之卽遣使以金幣入貢檝前後凡五往以和議未決隱憂致疾卒于南宋人重賻之仍遣使歸其柩葬于燕子六人

王守道

王守道字仲履其先眞定平山人金亡羣盜並起州縣吏多乘亂貪暴不法民往往殺令丞及屬吏宣撫司署守道爲縣尉衆悅之因轉攝令改眞定主簿史天倪爲河北西路兵馬都元帥鎭眞定旣收大名澤潞懷孟城邑之未附者以爲府經歷及金恒山公武仙降署爲史天倪副帥守道謂天倪曰是人位居公下意有不平安能鬱鬱於此宜先事爲備天倪不以爲然未幾果爲所害及仙以城反爲金史氏之人與屬縣旁近豪傑納天倪之弟天澤爲主帥攻仙時史天安在白霫聞變率兵亦至遂復眞定仙走保西山諸砦執守道家人以重幣誘之守道不顧日與史氏部曲昆弟徵發調度以復讎卒逐仙遁去後擢慶源軍節度使天澤爲五路萬戶署守道行軍參謀兼檢察使莊聖太后以眞定爲湯沐邑守道在鎭以幕寮頻歲致覲敷對稱旨得賜金符錦衣金錢中統三年天澤入拜左丞相卽授眞定等路萬戶府參謀至元七年卒至大元年以子顒貴特贈銀青榮祿大夫大司徒追封壽國公謚忠惠仁宗卽位復加推忠協力秉義功臣金紫光祿大夫大司徒上柱國

高宣

高宣遼陽人太宗元年詔宣爲元帥賜金符統兵從睿宗攻大名宣進曰今奉命出師伐罪弔民願勿嗜殺以稱上意睿宗召元帥朮乃諭之下令軍中如宣言及城破兵不血刃民心悅服四年正月從破金兵三峯山降宣者三千餘戶籍以獻立打捕鷹坊都總管府統之以宣爲都總管賜金符仍令子孫世其職卒皇慶二年贈宣力功臣銀青榮祿大夫大司徒追封營國公謚簡僖子天錫事世祖潛邸爲必闍赤入宿衛甚見親幸中統二年授以其父官爲鷹坊都總管四年改燕京諸路奧魯總管遷按察副使仍兼鷹坊都總管天錫語丞相孛羅左丞張文謙曰農桑者衣食之本不務本則民衣食不足教化不可興古之王政莫先於此願留意焉丞相以聞帝悅命立司農司以天錫爲中都山北道巡行勸農使兼司農丞尋遷司農少卿巡行勸農使又遷戶部侍郎進嘉議大夫兵部尙書卒後贈推忠保義功臣太保儀同三司上柱國追封營國公謚莊懿子諒裕宗初封燕王以諒爲符寶郎俄命襲其父官爲鷹坊都總管裕宗甚愛之謂符寶郎董文忠曰汝爲我奏請以諒所管民戶隸於我庶得諒盡力爲我用文忠入奏帝從之未幾授諒嘉議大夫遷兵部尙書卒仁宗時贈推誠保德贊治功臣太師開府儀同三司上柱國追封營國公謚宣靖子塔失不花成宗命世其祖父官以居喪辭大德元年授奉議大夫章佩監丞四年改朝列大夫利用監丞八年陞少監武宗卽位授中議大夫秘書監丞仁宗居東宮召入宿衛至大三年冬遷少中大夫納綿府達魯花赤且諭之曰此先世所守舊職也皇慶元年春改授嘉議大夫同知崇祥院事冬進資德大夫爲院使延祐四年夏四月帝謂塔失不花曰汝祖嘗爲司農今復以授汝遂遷榮祿大夫大司農英宗居東宮塔失不花撰集前代嘉言善行名曰承華事略并畫豳風圖以進帝覽之獎諭曰汝能輔太子以正朕甚嘉之命置圖書東宮俾太子時時觀省六年改集禧院使退居于家卒

王玉汝

王玉汝字君璋鄆人少習吏事金末遷民南渡玉汝奉其親從間道還行臺嚴實入據鄆署玉汝爲掾史稍遷補行臺令史中書令耶律楚材過東平奇之版授東平路奏差官以事至京師遊楚材門待之若家人父子然實年老艱於從戎玉汝奏請以本府總管代之行夏津災玉汝奏請復其民一歲濟州長官欲以州直隸朝廷大名長官欲以冠氏等十七城改隸大名玉汝皆辨正之戊戌以東平地分封諸勳貴裂而爲十各私其入與有司無相關玉汝曰若是則嚴公事業存者無幾矣夜静哭於楚材帳後明日召問其故曰玉汝爲嚴公之使今嚴公之地分裂而不能救止無面目還報將死此荒寒之野是以哭耳楚材惻然良久使詣帝前陳愬玉汝進言曰嚴實以三十萬戶歸朝廷崎嶇兵間三棄其家室卒無異志豈與他降者同今裂其土地析其人民非所以旌有功也帝嘉玉汝忠款且以其言爲直由是得不分遷行臺知事仍遙領平陰令辛丑實子忠濟襲職授左右司郎中遂總行臺之政分封之家以嚴氏總握其事頗不自便定宗卽位皆聚闕下復欲剖分東平地是時衆心危疑將俛首聽命玉汝力排羣言事遂已憲宗卽位有旨令常賦外歲出銀六兩謂之包垜銀玉汝曰民力不支矣糾率諸路管民官愬之闕下得減三分之一累官至龍虎衛上將軍泰定軍節度使兼兗州管內觀察使充行臺參議壬子以病謝事杜門日以經史自娛乙卯忠濟使人謂玉汝曰君間久矣可暫起爲吾分憂玉汝堅辭以參議印强委之不得已起視事僅五六日裁畫署置煥然一新八月旣望有星隕庭中已而玉汝卒

焦德裕

焦德裕字寬父其遠祖贊從宋丞相富弼鎭瓦橋關遂爲雄州人父用仕金由束鹿令陞千戶守雄州北門太祖兵至州人開南門降用猶力戰遂生獲之帝以其忠壯釋不殺復舊官徇地山東未嘗妄殺一人年六十二

卒後以德裕貴追贈中書左丞封恒山郡公諡正毅德裕通左氏春秋少拳勇善射從其舅解昌軍中金將武仙殺眞定守史天倪仙旣敗走其黨趙貴王顯齊福等保仙故壘數侵掠太行太宗擇廷臣有才辯者往招之楊惟中以德裕薦遂使眞定降齊福擒趙貴王顯亡走德裕追射殺之其地悉平詔賜井陘北障城田中統三年李璮平世祖命德裕曲赦益都四年賜金符爲閬蓬等處都元帥府參議宋臣夏貴圍宣撫使張庭瑞于虎嘯山寶薪土塞水源人無從得飲帥府檄德裕援之德裕夜薄貴營令卒各持三炬貴驚走追及鵝谿馘千人獲馬畜兵仗萬計陞京畿漕運使至元六年僉陝西道提刑按察使事八年轉西夏中興道按察副使十一年從丞相伯顏南征授僉行中書省事遂從下安慶至鎭江焦山寺主僧誘居民叛丞相阿朮旣誅其魁欲盡阬其徒德裕諫止之命德裕先入城撫定宋平賜予有加奉旨求異人異書平章阿合馬譖丞相伯顏殺丁家洲降卒事奏以德裕爲中書參政欲假一言證成之德裕辭不拜久之復僉行省事十四年改淮東宣慰使淮西賊保司空山檄淮東四郡守爲應元帥帖哥邏得其檄即械郡守許定國等四人使承反狀將籍其家德裕言四人者皆新降將天子旣寵綏之有地有民盈所望矣方誓報効安有他覬柰何以疑似殺四守寧知非反間耶盡復其官拜福建行省參知政事二十五年卒年六十九贈榮祿大夫平章政事追封恒國公諡忠肅子簡餘姚州知州澤信州治中

石天麟

石天麟字天瑞順州人年十四入見太宗因留宿衛天麟好學不倦於諸國書語無不習帝命中書令耶律楚材釐正庶務選賢能爲參佐天麟在選賜名蒙古台宗王征西域以天麟爲斷事官憲宗六年遣天麟使海都拘留久之旣而邊將劫皇子北安王以往寓天麟所天麟輒與其用事臣相親狎因語以宗親恩義及臣子逆順禍福之理海都聞之悔悟遂遣天麟與北安王同歸天麟旣拘留二十八年始得還世祖大悅賞賚甚厚拜中書左丞兼斷事官天麟辭曰臣奉使無狀陛下幸赦弗誅何可復叨榮寵況臣才識淺薄年力衰憊豈能任政恐徒貽廟堂羞不敢奉詔帝嘉其誠褒慰良久從之有譖丞相安童嘗受海都官爵者帝怒天麟奏曰海都寔宗親偶有違言非仇敵比安童不拒絕之所以釋其疑心導其臣順也帝怒乃解江南道觀偶藏宋主遺像有僧素與道士交惡發其事將置之極刑帝以問天麟對曰遼國主后銅像在西京者今尚有之未聞有禁令也事遂寢天麟年七十餘帝以所御金龍頭杖賜之曰卿年老出入宮掖杖此可也時權臣用事凶焰薰炙人莫敢言天麟獨言其姦無所顧忌人服其忠直成宗即位加榮祿大夫司徒大宴玉德殿召天麟與宴賜以御藥命左右勸之酒頗醉命御輦送還家武宗即位進平章政事至大二年秋八月卒年九十二贈推誠宣力保德翊戴功臣開府儀同三司太師上柱國追封冀國公諡忠宣子珪累官治書侍御史遷樞密副使復爲侍御史拜河南行中書省右丞陞榮祿大夫南臺御史中丞卒次子懷都初襲斷事官累遷刑部尚書荆湖北道宣慰使孫哈藍赤襲斷事官

李邦瑞

李邦瑞字昌國以字行京兆臨潼人世農家邦瑞幼嗜學讀書通大義嘗被掠逃至太原爲金將小史從守閻漫山寨國王木華黎攻下諸城堡金將走邦瑞率衆來歸復居太原守臣惜其材具鞍馬遣至行在所中書以其名聞歲庚寅受旨使宋至寶應不得入未幾命復往仍諭山東淮南路行尚書省李全護送宋仍拒之復奉旨以行邦瑞道出蘄黃宋遣賤者來迎邦瑞怒叱出之宋改命行人乃議如約而還太宗慰勞賜車騎旃裘衣裝及銀十錠邦瑞因奏干戈之際宗族離散乞歸尋訪帝諭速不䚟察罕匣剌達海等邦瑞馳驛南京詢訪親戚或以隸諸部者悉歸之甲午從諸王瀾出經略河南凡所歷河北陝西州郡四十餘城繪圖以進授金符宣差軍儲使乙未夏六月卒子榮

楊奐

楊奐字煥然乾州奉天人母嘗夢東南日光射其身旁一神人以筆授之已而奐生其父以爲文明之象因名之曰奐年十一母殁哀毁如成人金末舉進士不中乃作萬言策指陳時病皆人所不敢言者未及上而歸教授鄉里歲癸巳金元帥崔立以汴京降奐微服北渡冠氏帥趙壽之即延致奐待以師友之禮門人有自京師載書來者因得聚而讀之東平嚴實聞奐名數問其行藏奐終不一詣戊戌太宗詔宣德稅課使劉用之試諸道進士奐試東平兩中賦論第一從監試官北上謁中書耶律楚材楚材奏薦之授河南路徵收課稅所長官兼廉訪使奐將行言於楚材曰僕不敏誤蒙不次之用以書生而理財賦已非所長又況河南兵荒之後遺民無幾烹鮮之喻正在今日急而擾之糜爛必矣願假以歲月使得撫摩瘡痍以爲朝廷愛養基本萬一之助楚材甚善之奐旣至招致一時名士與之議政事約束一以簡易爲事按行境內親問監務月課幾何難易若何有以增額言者奐責之曰剝下欺上汝欲我爲之耶即減元額四之一公私便之不踰月政成時論翕然以爲前此漕司未之有也在官十年乃請老于燕之行臺壬子世祖在潛邸驛召奐參議京兆宣撫司事累上書得請而歸乙卯疾篤處置後事如平時引觴大笑而卒年七十賜諡文憲奐博覽強記作文務去陳言以蹈襲古人爲恥朝廷諸老皆折行輩與之交關中雖號多士名未有出奐右者奐不治生產家無十金之業而喜周人之急雖力不贍猶勉強爲之人有片善則委曲稱獎唯恐其名不聞或小過失必盡言勸止不計其怨怒也所著有還山集六十卷天興近鑑三卷正統書六十卷行于世

賈居貞

賈居貞字仲明真定獲鹿人年十五汴京破奉母居天平甫冠爲行臺從事時法制未立人以賄賂相交結有餽黃金五十兩者居貞卻之太宗聞而嘉歎敕有司月給白金百兩以旌其廉世祖在潛邸知其賢召用之俾監築上都城訖事以母喪歸世祖即位中統元年授中書左右司郎中從帝北征每陳說資治通鑑雖在軍中未嘗廢書一日帝問郎俸幾何居貞以數對帝謂其大薄敕增之居貞辭曰品秩宜然不可以臣而紊制劉秉忠奏居貞爲參知政事又辭曰他日必有由郎官援例求執政者將何以處之不拜至元元年參議中書省事詔與左丞姚樞行省河東山西罷侯置守五年再爲中書郎中時阿合馬擅權忌之改給事中同丞相史天澤等纂修國史十一年丞相伯顏伐宋居貞以宣撫使議行省事旣渡江下鄂漢伯顏以大軍東下留左丞阿里海涯與居貞分省鎭之居貞曰江陵要地乃宋制閫重兵所屯聞諸將不睦遷徙之民盈城復皆疾疫芻薪乏闕杜門不敢樵採不乘隙先取之迨春水漲恐上流爲彼所乘則鄂危矣驛聞十二年春命阿里海涯領兵取江陵居貞以僉行省事留鄂於是發倉廩以賑流亡宋宗室子孫流寓者廩食之不變其服而行其楮幣東南未下州郡商旅留滯者給引以歸之免括商稅并湖荻禁造舟百數艘駕以水軍不致病民一方安之妻安邦以信陽來歸遣入覲禪將陳思聰居其家居貞以計召至數思聰罪而誅之宋幼主旣降其相陳宜中等挾二王逃閩廣所在扇惑民爭應之蘄州寇起司空山屬縣民傅高亦起兵應居貞移檄諭以禍福其下往往渙散壓以官軍遂剗平之高變姓名逃逸獲而戮之初遣鄭萬戶討賊鄭言鄂之大姓皆與傅高通請先除之以絕禍本居貞曰高鼠子無知行就戮矣大姓何預吾能保其無他鄭旣領兵出留其所善部將戒曰聞吾還軍汝即舉烽城樓內外合發當盡殺城中大姓會其人戰敗溺死其事始彰十四年拜湖北宣慰使命未下居貞閉門不出而驕將悍卒合謀擾民乃復出視事人恃以無恐及行鄂之老幼號送于道刻其像于石祠之泮宮十五年遷江西行省參知政事未至民爭千里迎訴時逮捕民間受宋二王文帖者甚急坐繫巨室三百餘居貞至悉出之投其文帖于水火士卒有挾兵入民家誣爲藏匿以取財者取人子女爲奴妾者皆痛繩以法大水壞民廬居貞發廩賑之南安李梓發作亂居貞慮將帥出兵擾民請親往卒纔千人營于城北遣人諭之賊衆聞居貞至皆散匿不復爲用梓發閉妻子一室自焚死北還不戮一人杜萬一亂都昌居貞調兵擒之有列巨室姓名百數來上云與賊連居貞曰元惡誅矣蔓延何爲命火其牒十七年朝廷再征日本造戰艦于江南居貞極言民困如此必致亂將入朝奏罷其事未行以疾卒于位年六十三贈推忠輔義功臣銀青榮祿大夫中書平章政事追封定國公仲子鈞

鈞字元播幼讀書淵默有容由推茶提舉拜監察御史僉淮東廉訪司事行臺都事入爲刑部郎中改右司郎中參議中書省事仁宗即位拜參知政事議罷尚書省所立法遷僉書樞密院復參知政事賜錦衣寶帶寵賚有加爲政持大體風裁峻整不孑孑釣名譽皇慶元年從幸上都遇疾卒于家前後詔賻鈔三萬貫供葬事子汝立嗣

元史卷一百五十四

明翰林學士亞中大夫知制誥兼修國史宋　濂等修

列傳第四十一

洪福源　俊奇　君祥　萬

洪福源其先中國人唐遣才子八人往教高麗洪其一也子孫世貴於三韓名所居曰唐城父大宣以都領鎮麟州福源爲神騎都領因家焉歲丙子金源契丹九萬餘衆竄入高麗丁丑九月奪江東城池據之戊寅冬十二月太祖命哈赤吉扎剌將兵追討大宣迎降與哈赤吉等共擊之降其元帥趙忠壬午冬十月又遣着古與等十二人窺覘納款虛實還遇害辛卯秋九月太宗命將撒里答討之福源率先附州縣之民與撒禮塔併力攻未附者又與阿兒禿等進至王京高麗王瞰乃遣其弟懷安公請降遂置王京及州縣達魯花赤七十二人以鎮之師還壬辰夏六月高麗復叛殺所置達魯花赤悉驅國人入據江華島福源招集北界四十餘城遺民以待秋八月太宗復遣撒禮塔將兵來討福源盡率所部合攻之至王京處仁城撒里塔中流矢卒其副帖哥引兵還唯福源留屯癸巳冬十月高麗悉衆來攻西京屠其民劫大宣以東福源遂盡以所招集北界之來攻歸處於遼陽瀋陽之間帝嘉其忠甲午夏五月特賜金符爲管領歸附高麗軍民長官仍令招討本國未附人民又降旨諭高麗之民有執王瞰及元搆難之人來朝者與洪福源同於東京居之優加恩禮擢用若大兵既加拒者死降者生其降民令福源統之乙未帝命唐古拔都兒與福源進討攻拔龍崗咸從二縣鳳海洞三州山城及慈州又拔金山歸信昌朔州己亥春二月入朝賜以鎧甲弓矢及金織文段金銀器金鞍勒等乙巳定宗命阿母罕將兵與福源共拔威州平虜城辛亥憲宗即位改授虎符仍爲前後歸附高麗軍民長官癸丑從諸王耶虎攻禾山東州春州三角山楊根天龍等城拔之甲寅與扎剌台合兵攻光州安城忠州玄風珎原甲向玉果等城又拔之戊午福源遣其子茶丘從扎剌台軍會高麗族子王綧入質陰欲併統本國歸順人民譖福源于帝遂見殺年五十三後贈嘉議大夫瀋陽侯諡忠憲子七人俊奇君祥最知名

俊奇小字茶丘福源第二子也幼從軍以驍勇受知世祖嘗以小字呼之中統二年秋茶丘雪父冤世祖閔之詔諭之曰汝父方加寵用誤罹刑章故於已廢之中庸沛維新之澤可就帶元降虎符襲父職管領歸附高麗軍民總管至元六年高麗權臣林衍叛冬十一月詔以其軍三千從國王頭輦哥討平之遷江華島所有臣民復歸王京十二月帝命茶丘率兵往鳳州等處立屯田總管府八年二月入朝賜鈔百緡林衍餘黨裴仲孫等立高麗王禃親屬承化侯爲王引三別抄軍據珎島以叛五月茶丘奉旨偕經略使欣都進兵討之破其軍殺承化侯其黨金通精率餘衆走躭羅帝遣侍衞親軍千戶王岑與茶丘議征取之策茶丘表陳通精之黨多在王京可使招之招而不從擊之未晚從之俄奉旨往羅州道監造戰船且招降躭羅茶丘得通精之姪金永等七人俾招之通精不從留金永餘盡殺之十年詔茶丘與欣都率兵渡海擊破躭羅獲通精殺之悉免其脅從者高麗始平十一年又命監造戰船經營日本國事三月授昭勇大將軍安撫使高麗軍民總管如故己卯命茶丘提點高麗農事八月授東征右副都元帥與都元帥忽敦等領舟師二萬渡海征日本拔對馬一岐宜蠻等島十四年正月授鎮國上將軍東征都元帥鎮高麗二月率蒙古高麗女直漢軍從丞相伯顏北征叛臣只魯瓦歹等四月至脫剌河猝與賊遇茶丘突陣無前伯顏以其勇聞賜白金五十兩金鞍勒弓矢十七年授龍虎衞上將軍征東行省右丞十八年與右丞欣都將舟師四萬由高麗金州合浦以進時右丞范文虎等將兵十萬由慶元定海等處渡海期至日本一岐平戶等島合兵登岸兵未交秋八月風壞舟而還十九年十月命茶丘於平灤黑塌兒監造戰船七百艘以圖後舉二十一年十一月復授征東行省右丞二十三年命往江浙等處遣漢人復業二十四年乃顏叛車駕親征賜以鈿根甲寶刀命率高麗女直漢軍扈從猝遇乃顏騎兵萬餘時茶丘兵不滿三千衆有懼色茶丘夜令軍中多裂裳帛爲旗幟斷馬尾爲旄掩映林木張設疑兵乃顏兵大驚以爲官兵大至遂降帝聞之厚加旌賞凱還授遼陽等處行尚書省右丞二十七年以疾辭叛王哈丹等寇入高麗侵擾其國西京距遼陽二千里皆騷動中書省特起茶丘鎮遼左帝遣闍里台孛羅兒賜以金字圓符命茶丘以便宜行事二十八年以疾卒年四十八子四人長曰萬

君祥小字雙叔福源第五子也年十四隨兄茶丘見世祖于上京帝悅命劉秉忠相之秉忠曰是兒目視不凡後必以功名顯但當致力于學耳令選師儒誨之至元三年籍高麗民三百人爲兵令君祥統之從禿花禿烈伯顏等軍築萬壽山復從開通州運河帝親諭之曰爾守志忠勤朕所知也帝嘗坐便殿閱江南海東輿地圖欲召知者詢其險易左丞相伯顏樞密副使合達以君祥應旨奏對詳明帝悅酌以巨觥顧謂伯顏曰是兒遠大器也六年林衍叛從頭輦哥征之八年戍河南九年掠淮西破其大阿城十年從元帥孛魯罕襲淮東之陽湖俘其男女牛馬十一年入朝帝命伯顏伐宋朝議以宋之兵力多聚兩淮聞我欲渡江彼必移師拒守遂命右衞指揮使禿滿歹率輕銳二萬攻淮安以牽制之君祥以蒙古漢軍都鎮撫從行役伯顏既渡江帝命禿滿歹還軍蕭縣時君祥奉使伯顏軍中宋黃州制置使陳奕降其子知漣水軍伯顏遣三十騎往招之因令君祥入奏帝曰卿可急還陳知府降即偕來也及與俱入朝宴勞甚厚從元帥孛魯罕攻清河拔之海州安撫丁順約降孛魯罕令君祥以聞時伯顏方朝上京見君祥甚喜遂從南伐伯顏克淮安至揚州分兵攻淮西宋制置夏貴遣牛都統以書抵伯顏曰諺云殺人一萬自損三千願勿廢國力攻奪邊城若行在歸附邊城焉往伯顏遣君祥以牛都統入見留三日還軍中仍傳旨諭伯顏曰事難遙度宜臨機審圖之伯顏師次鎮江諜報有宋洪都統者爲都督府將伯顏謂君祥曰汝同姓可往招致也洪都統即欣然來見君祥因厚遇之師進次臨平山距臨安五十里洪都統來報曰宋丞相陳宜中殿帥張世傑皆已逃去惟三宮未行宜早定計以活生民伯顏遂令洪都統護宋三宮令君祥隨之宋降歷武略將軍中衞親軍千戶十五年命僉江南民兵還歷明威將軍中衞親軍副都指揮使十七年進昭勇大將軍十九年授樞密院判官二十三年轉昭武大將軍同僉樞密院事二十四年乃顏叛從世祖親征每駐蹕君祥輒以兵車外環爲營衞布置嚴密帝嘉之凱還加輔國上將軍頻次車駕起居爲東征錄二十八年授遼陽行省右丞用樞密院留復居舊職俄加集賢大學士依舊同僉樞密院事議者欲自東南海口辛橋開河合灤河運糧至上都奉旨與中書右丞阿里相其利害還極言不便罷之復奉使高麗還改僉書樞密院事成宗即位詔裁減久任官知樞密院暗伯等奏君祥在樞密十六年最爲久者帝曰君祥始終一心可勿遷也大德二年詔使高麗臺臣劾君祥以他事中道追回已而事罷三年奉使江浙問民疾苦使還退居昌平之皇華山絕口不論時事者五年大德九年擢司農俄拜中書右丞十年春改浙江行省右丞秋改遼陽右丞請於朝宜新省治增巡兵設儒學提舉官都鎮撫等員以興文化修武備事未成會武宗即位徵爲同知樞密院事進榮祿大夫平章政事商議遼陽等處行中書省事改遼陽行省平章政事俄改商議行省事至大二年卒子邁奉訓大夫同知開元總管府事

萬小字重喜至元十三年入宿衞十八年襲職爲懷遠大將軍安撫使高麗軍民總管仍佩父茶丘所佩虎符二十四年乃顏叛率兵征之六月至撒里禿魯之地同都萬戶闊里鐵木兒與乃顏將黃海戰大敗之又從世祖與塔不台戰又敗之是月至乃顏之地奉旨留蒙古女直漢軍鎮哈剌河復選精騎扈駕至失剌斡耳朶從御史大夫玉速帖木兒討乃顏七月至扎剌麻禿與金家奴戰敗之追至蒙可山那兀江等處遂平金家奴塔不台等九月師還哈丹八剌哈赤再叛十月重喜從諸王愛牙哈赤平章塔出都萬戶闊里鐵木兒征之十二月次木骨不剌時諸王脫歡監司脫台以兵四千餘人與其黨戰稍却重喜率騎兵援之冒鋒陷陣大破其衆又從諸王乃蠻愛牙哈赤平章薛闍干與叛王兵戰于兀朮站又戰于黑龍江又戰于貼滿哈處皆敗之二十五年重喜又從玉速帖木兒出師五月至貼列可與哈丹禿魯干戰獲功至木骨兒抄剌又戰八月至貴列河重喜卒兵先涉與戰勝之十月又從玉速帖木兒往征木八蘭十二月與古土禿魯干戰克之二十七年六月賜白金五十兩甲一襲九月至禪春與哈丹禿魯干戰丹戰八日又戰大敗之六月班師授昭勇大將軍佩三珠虎符職如故十月薛闍干以重喜入朝且以其功聞帝嘉之賜玉帶一白金五十兩授龍虎衞上將軍遼陽等處行中書省右丞二十九年仍佩元降虎符總管高麗女直漢軍萬戶兼安撫使高麗軍民總管六月改資德大夫遼陽等處行中書省右丞大德十年以其叔父君祥代之十一年武宗即位重喜朝于上都七月復授遼陽行省右丞至大二年謫漳州行至杭遇赦而止明年卒子溢襲爵

鄭鼎

鄭鼎澤州陽城人幼孤能自立讀書曉大義不妄言笑既長勇力過人尤善騎射初爲澤潞遼沁千戶歲甲午從塔海紺卜征蜀攻二里散關屢立戰功還屯秦中未幾宋將余侍郎燒絕棧道以兵圍興元鼎率衆修復之

破宋兵解與元之圍乙巳遷陽城縣軍民長官庚戌從憲宗征大理國自六盤山經臨洮下西蕃諸城抵雪山山徑盤屈舍騎徒步嘗背負憲宗以行敵據扼險要鼎奮身力戰敵敗北帝壯之賜馬三匹至金沙河波濤洶湧帝臨水傍危石立馬觀之鼎諫曰此非聖躬所宜親扶下馬帝嘉之俄圍大理晝夜急攻城陷禽其主大理平師還命鼎居後道經吐蕃全軍而歸辛亥入朝帝問以時務鼎敷對詳明帝嘉納之賜名曰也可拔都己未賜白金千兩從世祖南伐攻大勝關破之繼破臺山寨禽其守者胡知縣乘勝獨進前陷泥淖遇伏兵突出葭葦間鼎奮擊連殺三人餘衆遁去帝急召鼎還使者以聞帝曰爲將當慎重不可恃勇輕進遂分畀衛士三百人以備不虞且戒之曰自今非奉朕命毋得輕與敵接秋九月帝駐蹕江滸命諸將南渡先達彼岸者舉烽火爲應鼎首奪南岸衆軍畢渡進圍鄂州戰益力別攻興國軍遇宋兵五千力戰破之擒其將桑太尉責以懦怯不忠所事斬之中統元年以功遷平陽太原兩路萬戶阿藍答兒渾都海之亂鼎分率本道兵討之二年詔鼎統征西等軍戍雁門關隘遷河東南北兩路宣撫使三年改授平陽太原宣慰使至元三年遷平陽路總管是歲大旱鼎下車而雨平陽地狹人衆常乏食鼎乃導汾水漑民田千餘頃開潞河鵰黃嶺道以來天黨之粟修學校厲風俗建橫澗故橋以便行旅民德之七年改僉書西蜀四川行尚書省事將兵巡東川過嘉定遇蜀兵與戰江中擒其將李越悉獲戰船八年五月改軍前行尚書省事十一年從伐宋十二年鎭黃州夏四月改授淮西宣慰使十三年加昭毅大將軍賜白金五百兩十四年改湖北道宣慰使移鎭鄂州夏五月蘄黃二州叛鼎將兵討之戰于樊口舟覆溺死年六十有三十七年董文忠等奏鄭也可拔都遇害其叛人家屬物産宜悉與其子納懷帝從之贈中書右丞謚忠毅後加贈宣忠保節功臣平章政事柱國追封潞國公謚忠肅子制宜

制宜小字納懷性聰敏莊重有器局通習國語至元十四年襲父職太原平陽萬戶仍戍鄂州時鄂闕守俾攝府事十九年朝廷將征日本造樓船何家洲洲地狹衆欲徙旁居民制宜不從改授寬地居民德之城中屢災或言于制宜曰恐姦人乘間爲變宜捕其疑似者痛治之制宜曰吾但嚴守備而已柰何濫及無辜不笞一人災亦遂息有盜伏近郊晨暮剽劫流言將入城俄有數男子自城外至顧盼異常制宜命吏縛入獄問之無驗行省疑其非將釋之不從明日再出城東遇一人乘白馬貌服殊異制宜叱下訊之乃與前數男子同爲盜者遂正其罪一郡帖然二十四年扈駕東征乃顏請赴敵自效帝顧左右曰而父歿王事惟有一子毋使在行陣制宜請愈力乃命從月兒呂那顏別爲一軍以戰功授懷遠大將軍樞密院判官明年車駕幸上都舊制樞府官從行歲留一員司本院事漢人不得與至是以屬制宜制宜遜辭帝曰汝豈漢人比耶竟留之二十八年遷湖廣行省參知政事陛辭帝曰汝父死王事賞未汝及近者要束木伏誅已籍沒其財產人畜汝可擇其佳者取之制宜對曰彼以贓敗臣復取之寧無汚乎帝賢其所守賜白金五千兩未幾徵拜內臺侍御史安西舊有牧地圉人恃勢冒奪民田十萬餘頃訟于有司積年不能理制宜奉詔而往按圖籍以正之訟由是息三十年除湖廣行樞密副使湖南地闊遠羣寇依險出沒昭賀二州及廬陵境民常被害制宜率偏師徇二州道經廬陵永新獲首賊及其黨皆殺之茶鄉譚計龍者聚惡少年匿兵器爲姦既捕獲其家納賂以緩獄事制宜悉以旁軍斬計龍于市自是湖以南無復盜賊元貞元年有制行樞密院添置副使一員與制宜連署制宜以員非常設先任者當罷俄入朝特授大都留守領少府監兼武衛親軍都指揮使知屯田事大德八年晉地大震平陽尤甚壓死者衆制宜承命存恤懼緩不及事晝夜倍道兼行至則親入里巷撫瘡殘給粟帛存者賴之成宗素知其名眷遇殊厚每侍宴輒不敢飮終日無惰容帝察其忠勤屢賜內醞輒持以奉母帝聞之特封其母蘇氏爲潞國太夫人十年制宜以疾終年四十有七贈推忠贊治功臣銀青榮祿大夫平章政事追封澤國公謚忠宣子阿兒思蘭嗣

李進

李進保定曲陽人幼隸軍籍初從萬戶張柔屯杞之三叉口時荊山之西九十里曰龍岡者宋境也歲庚戌春張柔引兵築堡岡上會淮水汎漲宋以舟師卒至主帥察罕率軍逆戰進以兵十五人載一舟轉鬭十餘里奪一巨艦遂以功陞百戶戊午憲宗西征丞相史天澤時爲河南經略大使選諸道兵之驍勇者從遂命進爲總把是年秋九月道由陳倉入興元度米倉關其地荒塞不通進伐木開道七百餘里冬十一月至定遠七十關其關上下皆築連堡宋以五百人守之巴渠江水環堡東流天澤命進往關下說降之不從進潛視間道歸白天澤曰彼可取也是夜二鼓天澤遣進率勇士七十人掩其不備攻之脫門樞而入者二十人守門者覺拔刀拒之進被傷不以爲病懸門俄閉諸軍不得入進與二十人力戰殺傷三十人後兵走上堡進乃毀懸門納諸軍追至上堡殺傷益衆宋兵不能敵棄走夜將旦進遂得其堡守之關路始通諸軍盡度進以功受上賞己未春二月天澤兵至行在所圍合州釣魚山寨夏五月宋由嘉陵江以舟師來援始大戰三槽山西六月戰山之東有功秋七月宋兵戰船三百餘泊黑石峽東以輕舟五十爲前鋒北軍之船七十餘泊峽西相距一里許帝立馬東山擁兵二萬夾江而陣天澤乃號令於衆曰聽吾鼓視吾旗無少怠也頃之聞鼓聲視其旗東指諸軍遂鼓譟而入兵一交宋前鋒潰走戰艦繼亂順流縱擊死者不可勝計帝指顧謂諸將曰白旗下服紅半臂突而前者誰也天澤以進對賞錦衣名馬八月又戰浮圖關前後凡五戰皆以功受上賞世祖即位入爲侍衛親軍中統二年宣授總把賜銀符三年從征李璮有功至元八年領兵赴襄陽十二年從略地湖北湖南宋平以兵馬使分兵屯鄂州十三年領軍三千屯田河西中興府十四年加武略將軍陞千戶十五年移屯六盤山加武毅將軍賜金符十七年陞明威將軍管軍總管十九年賜虎符復進懷遠大將軍命屯田西域別石八里二十三年秋海都及篤娃等領軍至洪水山進與力戰衆寡不敵軍潰進被擒從至摻八里遁還至和州收潰兵三百餘人且戰且行還至京師賞金織紋衣二襲鈔一千五百貫二十五年授蒙古侍衛親軍都指揮使司僉事明年改授左翼屯田萬戶元貞元年春卒子雯襲授武德將軍左翼屯田萬戶佩虎符皇慶二年加宣武將軍延祐六年仁宗念其父進嘗北征被掠特賜雯中統鈔五百錠以恤之泰定元年春以疾辭子朶耳只襲

石抹按只

石抹按只契丹人世居太原父大家奴率漢軍五百人歸太祖歲戊午按只代領其軍從都元帥紐璘攻成都時宋兵聚於虛泉按只以所部兵與戰大敗之殺其將韓都統又從都元帥按敦攻瀘州按只以戰艦七十艘至馬湖江宋軍先以五百艘控扼江渡按只擊敗之時宋兵於沿江撤橋據守按只相地形造浮橋師至無留行宋欲撓其役兵出輒敗自馬湖以達合江涪江清江凡立浮橋二十餘所及四川平浮橋之功居多己未宋以巨艦載甲士數萬屯清河浮橋相距七十日水暴張浮橋壞西岸軍多漂溺按只軍東岸急撤浮橋聚舟岸下士卒得不死又援出別部軍五百餘人先鋒奔察火魯赤以聞憲宗遣使慰諭賞賜甚厚敘州守將橫截江津軍不得渡按只聚軍中牛皮作渾脫及皮船乘之與戰破其軍奪其渡口爲浮橋以濟師中統三年授河中府船橋水手軍總管佩金符以立浮橋功也至元四年從行省也速帶兒攻瀘州按只以水軍與宋將陳都統張總制戰于馬湖江按只身被二創戰愈力敗之六年正月也速帶兒領兵趨瀘州遣按只以舟運其器械糧食由水道進宋兵復扼馬湖江按只擊敗之生獲四十人奪其船五艘復以水軍一千運糧於眉簡二州軍中賴之九年從征建都蠻歲餘不下按只先登其城力戰遂降之軍還道病卒行省承制以其子不老代領其軍不老從攻嘉定以巨艦七十艘載勇士數千人據其上流於府江紅崖灘造浮橋以渡十二年嘉定降宋將鮮于都統率衆遁不老追至大佛灘盡斃之行院汪田哥攻取紫雲瀘敘等城不老功最多及諸軍圍重慶不老先以戰艦三百艘列陣於觀灘絶其走路十三年領隨翼軍五百人會招討藥刺海暨楊於白水江岸以爲備不老乘夜襲宋軍直抵重慶城下攻千斯門宋軍驚潰溺死者衆生擒三十餘人獲其旗幟甲仗以獻宋涪州守將李舟師來援不老擊敗之於廣陽壩生獲六十餘人奪其船十艘十四年從攻瀘州不老勒所部兵攻神臂門蟻附以登斬首五十級明日復戰破之十五年復攻重慶太平門不老先登殺其守陴卒數十人宋都統趙安以城降總管黃亮乘舟遁不老追擒之及其兵士五十人奪戰艦五十艘十六年命襲父職爲懷遠大將軍船橋軍馬總管更賜金虎符兼夔路守鎭副萬戶十八年大小盤諸峒蠻叛命領諸翼蒙古漢軍三千餘人戍施州既而蠻酋向貴誓用等降其餘峒蠻之未服者悉平遂以爲保寧等處萬戶

謁只里

謁只里女直人也大父昔寶味也不干登金進士第金亡歸太宗謁只里幼穎悟能記誦及長以孝友聞事世祖潛邸得備宿衛中統初命參議陝西行樞密院事以商挺佐之比行入奏曰關陝要地軍務非輕阿脫仰刺國之先臣陛下方委任之伏慮臨時議論不協必誤大計儻有異同臣請得以上聞帝可其奏賜宴而遣之未幾改行省斷事官復入宿衛李璮平朝議選宿衛之士監漢軍謁只里佩虎符監軍於邳陽至元七年命爲監

戰以所領諸軍圍襄陽築一字堡以張軍勢一時名將㕲都劉國傑李庭等皆隸麾下攻樊城率其軍先登破之所受賞賜悉分將士十一年從丞相伯顏次郢州將數騎而出與宋兵遇有部卒墮馬爲其所得謁只里單騎橫戈直入其軍取之以還因殺獲四人時糧儲不繼諸將以爲憂謁只里乃西攻江陵龍灣堡取其粟萬石衆賴以濟元兵東下宋將夏貴迎戰於訪邏洑伯顏未至衆欲少俟之謁只里曰兵貴神速機不可失宜及其未定而擊之遂直前衝貴軍獲戰船百餘貴敗走伯顏上其功加定遠大將軍十二年攻常州謁只里造雲梯繩橋以登遂克之奉省檄徇安吉諸州皆下十三年宋降伯顏命謁只里監守其宮號令嚴肅秋毫無犯入朝錄功遷昭勇大將軍未幾拜鎮國上將軍浙東宣慰使鎮守紹興十九年卒年四十二子亦老溫襲爲萬戶累遷江東廉訪使脫脫淮東宣慰使

鄭溫

鄭溫眞定靈壽人初從中書粘合南合南征有功爲合必赤千戶從丞相史天澤爲新軍萬戶鎮撫憲宗征西川溫四月不解甲天澤以溫見具言其功帝曰朕所親見也賜名也可拔都賞以鞍勒還至閬州奉旨分軍守邏青居釣魚等山天澤命溫統四千人警邏釣魚山中統元年佩金虎符爲總管三年李璮叛詔溫以軍還討至濟南大軍圍其城賊將楊拔都等乘夜破營溫力戰至黎明賊退諸王哈必赤丞相史天澤厚賞之七月城破命溫率兵三千往定益都以功復受上賞命爲侍衛親軍總管至元六年進懷遠大將軍右衞副都指揮使九年詔溫統蒙古漢人女直高麗諸部軍萬人渡海征耽羅平之十二年陞右衞親軍都指揮使率三衞軍萬人從攻岳州江州沙市潭州皆有功平章阿里海涯賞銀十錠十四年入朝遷昭勇大將軍樞密院判官十八年改輔國上將軍江淮行省參知政事杭民飢出米二十萬石糶之俄賜以常州官田三十頃二十二年召還二十三年陞江浙左丞命以新附漢軍萬五千於淮安雲山泉塘立屯田二十八年卒年八十一子欽利用監丞釭榷茶都運使銓右衞親軍千戶鏞袁州路判官

元史卷一百五十四考證

洪福源傳甲寅與扎剌台合兵。臣宗萬按憲宗紀作乙卯年事

元史卷一百五十五

明翰林學士亞中大夫知制誥兼修國史宋濂等修

列傳第四十二

汪世顯 德臣 良臣 惟正

汪世顯字仲明鞏昌鹽州人系出旺古族仕金屢立戰功官至鎮遠軍節度使鞏昌便宜總帥金平郡縣望風款附世顯獨城守及皇子闊端駐兵城下始率衆降皇子曰吾征四方所至皆下汝獨固守何也對曰臣不敢背主失節耳又問曰金亡已久汝不降果誰爲耶對曰大軍迭至莫知適從惟殿下仁武不殺竊意必能保全闔城軍民是以降也皇子大悅承制錫世顯章服官從其舊即從南征斷嘉陵擣大安田楊諸蠻結陣迎敵世顯以輕騎馳撓之宋曹將軍潛兵相爲犄角世顯單騎突之殺數十人黎明大將四合殺其主將入武信遂進逼資普軍葭萌宋將依山爲柵世顯以數騎往奪之乘勝定資州略嘉定峨眉進次開州時方泥潦由間道攀緣以達宋軍屯萬州南岸世顯即水北造船以疑之夜從上游鼓革舟襲破之宋師大擾追奔至夔峽過巫山與宋援軍遇斬首三千餘級明年師還攻重慶會大暑乃罷歸覲太宗錫金符易其名曰中山且歷數其功世顯拜謝曰此皆聖明福德所致臣何預焉辛丑蜀帥陳隆之貽書請戰聲言有衆百萬皇子集諸將議之咸謂隆之可生擒也世顯曰顧臨敵何如無庸誇辭爲軍薄成都隆之戰屢卻堅壁不出其部曲田顯約夜降隆之覺之世顯曰事急矣亟梯城入救顯得與從者七十餘人出獲隆之斬之世顯復簡精銳五百人擣漢州州兵三千出戰城閉盡沒三日大軍薄其城又三日克之癸卯春皇子第功承制拜便宜總帥秦鞏等二十餘州事皆聽裁決賜虎符錦衣玉帶世顯先已遘疾至是加劇皇子遣醫絡繹往療竟不起年四十九中統三年論功追封隴西公謚義武延祐七年加封隴右王子七人忠臣鞏昌便宜副總帥次德臣次直臣鞏昌中路都總領殁於王事次良臣次翰臣奧魯兵馬都元帥佐臣鞏昌左翼都總領殁於王事清臣四川行樞密院副使

德臣賜名田哥字舜輔年十四侍太子游獵矢無虛發襲爵鞏昌等二十四路便宜都總帥從征蜀將前軍出忠涪所向克獲進攻運山率麾下先所乘馬中飛石死步戰拔外城宋將余玠攻漢中德臣馳赴之玠聞遁去憲宗素聞其名及入覲所陳悉嘉納賜印符命城沔州沔據嘉陵要路德臣繕治室廬部署官屬數日而集進攻嘉定敵潛軍夜出德臣迎戰殺百人還至左綿雲頂宋軍乘夜斫營覺之殺千人生擒百人進次隆慶宋軍仍夜出與力戰盡殺之及馬潰溝遇伏兵與戰獲其統制羅廷鶚又詔德臣城益昌諸戍皆聽節制世祖以皇弟有事西南德臣入見乞免益昌賦稅及徭役漕糧屯田爲長久計並從之卽命置行部于鞏立漕司于沔通販鬻給餽餉奏乞以兄忠臣攝府事使己得專事益昌益昌爲蜀喉襟蜀人憚其威名諸郡環視莫敢出闕甲寅春旱嘉陵漕舟水澁議者欲棄去德臣曰國家以蜀事托我有死而已柰何棄之盡殺所乘馬饗士襲嘉川得糧二千餘石雲頂呂達將兵五千邀戰卽陣擒之復得糧五千石既而魚關金牛水陸運偕至屯田麥亦登食用遂給夏獲宋提轄崔忠鄭再立縱令持檄諭苦竹守將南清以城降所俘城中民悉歸之東南戍卒數百有去志德臣揣知之給劵縱去皆泣謝未幾山寨相繼輸款宋將余晦遣都統甘闓以兵數萬城紫金山德臣卽選精卒銜枚夜進大破之闓僅以身免南清北覲其下殺清妻子以叛蜀將焦遠領兵餉之德臣擊敗遠盡獲所餉資糧冬蜀兵二萬復至又敗之獲糧百餘艘魚關至沔水迂回爲渡百有八至是悉爲橋梁戊午歲帝親征次漢中德臣朝行在所初諸路軍成都猝爲宋人所圍德臣遣將赴之約曰先破敵者奏領此城圍遂解詔候江南事定如約以城與之帝幸益昌駐北山謂德臣曰來者言汝立利州之功今見汝身甚小而膽甚大不知敵會薄汝城否德臣對曰賴陛下洪福未嘗一來帝曰彼憚卿威名耳賜金帶且俾立石紀功嘉陵白水交會勢洶急帝問船幾何可濟德臣曰大軍百萬非可淹延當別爲方略卽命繫舟爲梁一夕而成如履坦途帝顧謂諸王曰汪德臣言不虛發賜白金三十斤仍命刻石紀功苦竹既逆命至是攻之巖壁峭絕或請建天橋帝以問德臣曰臣知先登陷陣而已建橋非所知也既而橋果無功乃率將士魚貫而進帝望見歎曰人言其膽勇豈虛舉邪宋將趙仲武納欵而楊禮猶拒戰奮擊盡殺之德臣微疾帝勞之曰汝疾皆爲我家飲以葡萄酒解玉帶賜之曰飲我酒服我帶疾其有瘳乎德臣泣謝宋龍州守將王德新遣所親願効順以郡民爲祈奏如其請進攻長寧拔之斬守將王佐帝東下德臣爲先鋒抵大獲山奪水門宋將楊大淵遣子乞活數萬人命引至帝前爲請旦日大淵率衆降已而運山青居大梁皆降攻釣魚山守臣王堅負險五月不下德臣單騎至城下大呼曰王堅我來活汝一城軍民宜早降語未既幾爲飛石所中遂感疾帝遣使問勞俾還益昌奏曰陛下尊爲天子猶冒寒暑服勞于外臣待罪行伍死其分也又遣丞相兀眞賜湯劑卒不起年三十有六中統三年追封隴西公謚忠烈子六人長惟正次惟賢大司徒惟和昭文館大學士惟明以質子爲元帥惟能征西都元帥惟純權便宜都總帥

良臣年十六七卽從兄德臣出征每戰輒當前鋒以功擢裨帥兼便宜都府叅議癸丑歲以德臣薦爲鞏昌帥領所部兵屯田白水蜀邊寨不敢復出鈔略憲宗親征軍至六盤良臣還鞏昌供億所須事集而民不擾詔權便宜總帥府事良臣奏願與兄德臣効力定四川帝曰行軍餽餉所係不輕汝任其責自可立功良臣既奉命治橋梁平道路營舟車水陸無壅儲積充牣有旨賜黃金弓矢旌其能世祖卽位阿藍台兒渾都海逆命劫六盤府庫西垂騷動詔良臣討之兵至山丹置營按兵不戰者凡二月俄大軍至耀碑谷兩軍相當良臣慷慨誓諸將曰今日之事係國安危勝則富貴可保敗則身戮家亡苟能用命縱死行間不失忠孝之名衆聞踊躍而前會大風揚沙晝晦良臣手刃數十人賊勢沮衆軍乘勝擣之賊大潰獲阿藍台兒渾都海殺之西鄙輯寧捷聞賜金虎符權便宜都總帥中統二年火里叛復討平之入覲賜燕屢稱其功良臣拜謝曰臣奉諸王成算何功之有世祖嘉其能讓復賜金鞍甲胄弓矢轉同簽鞏昌路便宜都總帥宋將昝萬壽帥戰船二百泝江而上欲掩青居良臣伏甲數十艘其後身先逆戰萬壽敗走伏發幾獲之三年授閬蓬廣安順慶等路征南都元帥良臣以釣魚山險絕不可攻奏請就近地築城曰武勝以扼其往來四年春良臣攻重慶命元帥康土禿先驅與宋將朱禩孫兵交良臣塞其歸路引兵橫擊之斷敵兵爲二敵敗走趨城不得入盡殺之至元六年授東川副統軍八年兄子惟正請於朝謂良臣久勞戎行乞身代之九年復授良臣昭勇大將軍鞏昌等二十四處便宜都總帥兼本路諸軍奧魯總管明年召入帝曰成都被兵久須卿安集之授鎮國上將軍樞密副使西川行樞密院事蜀人安之十一年進攻嘉定昝萬壽堅守不出良臣度有伏兵大搜山谷果得而殺之進壘薄城萬壽悉軍出戰大破之伏尸蔽江萬壽乞降良臣奏免其死居民按堵良臣統兵順流而下紫雲瀘敘相繼欵附還圍重慶十三年宋涪州安撫楊立帥兵救重慶者再

良臣皆敗走之宋安撫張珏遣將乘虛襲據瀘州良臣還軍平之復攻重慶十五年春張珏遣衆鏖戰良臣奮擊大破之身中四矢明日督戰益急珏所部趙安開門納降珏潛遁良臣禁俘掠發粟賑饑民大悅四川悉平捷聞世祖喜甚召良臣入覲授資善大夫中書左丞行四川中書省事賜白貂裘良臣陳治蜀十五事世祖喜納良臣至成都以蜀瘡痍之餘極意循撫行省罷改授安西王相不赴十八年夏疾卒年五十一贈儀同三司謚忠惠加贈推誠保德宣力功臣儀同三司陝西等處行中書省平章政事柱國追封梁國公子七人惟勤雲南諸路行省平章政事惟簡保寧萬戶惟某同知屯田總管府事惟永征西都元帥惟恭階州同知惟仁人匠總管達魯花赤惟新漢軍千戶

惟正字公理幼穎悟藏書二萬卷喜從文士論議古今治亂尤喜談兵時出游獵則勒從騎爲攻守狀父卒于軍皇姪壽王俾權襲父爵守青居山世祖卽位遂眞授焉初憲宗遣渾都海以騎兵二萬守六盤又遣乞台不花守青居至是渾都海叛乞台不花發兵應惟正卽命力士縛乞台不花殺之世祖嘉其功詔東川軍事悉聽處分中統二年入朝賜甲冑寶鞍三年詔還鞏昌部長火都叛民大擾惟正謂將吏曰火都今若猘犬方肆狂噬苟一戰不利則城邑爲墟當勝以不戰乃發兵踵之賊欲戰不得休則撓之若是者兩月知其糧盡勢蹙曰可矣與戰屢捷火都遣三十人來約降卽遣其十人還俾火都自來因潛兵躡其後出其不意擒殺之至元七年宋人修合州詔立武勝軍以拒之惟正臨嘉陵江作柵扼其木道夜懸燈柵間編竹爲籠中置火炬順地勢轉走照百步外以防不虞宋人知有備不敢近九年帥兵掠忠涪獲令簿各一破寨七擒守將六降戶千六百有奇捕虜五百會丞相伯顏克襄陽議取宋惟正奏曰蜀未下者數城耳宜併力攻餘杭本根既拔此將焉往願以本兵由嘉陵下夔峽與伯顏會錢塘帝優詔答曰四川事重舍卿誰託異日蜀平功豈伯顏下邪未幾兩川樞密院合兵圍重慶命益兵助之惟正奪其洪崖門獲宋將何統制皇子安西王出鎮秦蜀召惟正還十四年冬皇子北伐而藩王土魯叛於六盤王相府命別速帶領兵進討惟正爲副別速帶不習兵師行無紀惟正爲正部曲肅行陳嚴斥候凡軍政一倚重焉進次平凉簡鞏兵銳者八十人與俱至六盤土魯先據西山惟正分安西兵爲左右翼鞏兵獨居中去土魯一里許皆下馬手弓土魯遣百騎突陳惟正令引滿毋發將及又命曰視必中而發於是矢下如雨突騎中者三之一餘盡馳還土魯軍遂走惟正麾兵逐之三踰山至蕭河擒叛將燕只哥復進兵土魯亦就擒安西王至惟正迎謁王歷稱其功明日大燕賞以金尊杯貂裘王妃賜其母珠絡帽衣且曰吾皇家兒婦也爲汝母製衣汝母眞福人也詔惟正入朝世祖推玉食食之賜白金五千兩錦衣一襲授金吾衛上將軍開城路宣慰使十七年遷龍虎衛上將軍中書左丞行秦蜀中書省事賜玉帶以省治在長安去蜀遠乃命惟正分省于蜀蜀土荐罹兵革民無完居一聞馬嘶輒奔竄避匿惟正留意撫循人便安之二十年進階資德大夫二十二年改授陝西行中書省左丞入覲上都得腹疾還至華州卒年四十四謚貞肅二子嗣昌武略將軍成都管軍副萬戶壽昌資德大夫江南行御史臺中丞

史天澤 格

史天澤字潤甫秉直季子也身長八尺音如洪鍾善騎射勇力絕人從其兄天倪帥眞定乙酉天倪遣護送其母歸北京既而天倪爲武仙所害府僚王縉王守道追及天澤於燕曰變起倉猝部曲散走多在近郊公能迴轡南行不招自至矣天澤毅然曰兄弟之讐義所當復雖死不避況未必死邪卽傾貲裝易甲仗南還行次滿城得士馬甚衆天澤攝行軍事遣監軍李伯祐詣國王孛魯言狀且乞濟師天澤時爲帳前軍總領孛魯承制命紹兄職爲都元帥俾笑乃䚟將蒙古軍三千人援之合勢進攻盧奴仙驍將葛鐵槍者擁衆萬人來拒戰天澤迎擊之身先士卒勇氣百倍賊退阻泒河乘夜而遁天澤追及之生擒葛鐵槍餘衆悉潰獲其兵甲輜重軍威大振遂下中山略無極拔趙州進軍野頭會天澤兄天安亦提兵來赴擊仙敗之仙奔雙門遂復眞定未幾宋大名總管彭義斌陰與仙合欲取眞定天澤同笑乃䚟扼諸贊皇仙不得進義斌勢蹙焚山自守天澤遣銳卒五十摧鋒而入自以鐵騎繼其後縛義斌斬之未幾仙復令諜者結死士於城中大歷寺爲內應夜斬關而入據其城天澤引步卒數十踰城東出至藁城求援於董俊俊授以銳卒數百夜赴眞定而笑乃䚟兵亦至捕叛者三百餘人仙從數騎走保西山抱犢砦笑乃䚟怒忿民之從賊驅萬餘人將殺之天澤曰彼皆吾民但爲賊所脅耳殺之何罪力爭得釋乃繕城壁立樓櫓爲不可犯之計招集流散存恤困窮以抱犢諸砦仙之巢穴不卽剪覆終遺後患急攻下之仙乃遁去繼又取蟻尖馬武等砦而相衛亦降己丑太宗卽位議立三萬戶分統漢兵天澤適入覲命爲眞定河間大名東平濟南五路萬戶庚寅冬武仙復屯兵於衛天澤合諸軍圍之金將完顏合達以衆十萬來援戰不利諸將皆北天澤獨以千人繞出其後敗一都尉軍與大軍合攻之仙遁去遂復衛州壬辰春太宗由白波渡河詔天澤以兵由孟津會河南至則睿宗已破合達軍于三峰山乃命略地京東招降太康柘縣瓦岡睢州追斬金將完顏慶山奴於陽邑夏帝北還留睿宗總兵圍汴癸巳春金主突圍而出令完顏白撒自黃龍岡來襲新衛天澤率輕騎馳赴之比至圍己合天澤奮戈突至城下呼守者曰汝等勉力援兵且至復躍出其衆皆披靡遂與大軍夾擊之白撒等敗走蒲城天澤尾其後白撒等兵尚八萬俘斬殆盡金主以單舸東走歸德天澤追至歸德與諸軍會新衛達魯花赤撒吉思不花欲薄城背水而營天澤曰此豈駐兵之地乎彼若來犯則進退失據矣不聽會天澤以事之汴北還撒吉思不花全軍皆沒金主遷蔡帝命元帥倴盞率大軍圍之天澤當其北面結栰潛渡汝水血戰連日甲午春正月蔡破金主自經死天澤還眞定時政煩賦重貸錢於西北賈人以代輸累倍其息謂之羊羔利民不能給天澤奏請官爲償一本息而止繼以歲饑假貸充貢賦積銀至一萬三千錠天澤傾家貲率族屬官吏代償之又請以中戶爲軍上下戶爲民著爲定籍境內以寧金亡移軍伐宋乙未從皇子曲出攻棗陽天澤先登拔之及攻襄陽宋兵以舟數千陳於峭石灘天澤挾一舟載死士直前擣之覆溺者萬計丁酉從宗王口溫不花圍光州天澤先破其外城攻子城又破之師次復州宋兵以舟三千鎖湖面爲柵天澤曰柵破則復自潰親執桴鼓督勇士四十人攻其柵不踰時柵破復人懼請降進攻壽春天澤獨當一面宋兵夜出斫營天澤手擊殺數人麾下兵繼至悉驅其兵入淮水死乘勝而南所向輒克壬子入覲憲宗賜衛州五城爲分邑世祖時在藩邸極知漢地不治河南尤甚請以天澤爲經略使至則興利除害政無不舉誅郡邑長貳之尤貪橫者二人境內大治阿藍答兒鉤較諸路財賦鍛鍊羅織無所不至天澤以勳舊獨見優容天澤曰我爲經略使今不我責而罪餘人我何安乎由是得釋者甚衆戊午秋從憲宗代宋由西蜀以入己未夏駐合州之釣魚山軍中大疫咸議班師宋將呂文德以艨艟千餘泝嘉陵江而上北軍迎戰不利帝命天澤禦之乃分軍爲兩翼跨江注射親率舟師順流縱擊三戰三捷奪其戰艦百餘艘追至重慶而還中統元年世祖卽位首召天澤問以治國安民之道卽具疏以對大略謂朝廷當先立省部以正紀綱設監司以督諸路霈恩澤以安反側退貪殘以任賢能頒奉秩以養廉禁賄賂以防姦庶能上下丕應內外休息帝嘉納之繼命往鄂渚撤江上軍還授河南等路宣撫使俄兼江淮諸翼軍馬經略使二年夏五月拜中書右丞相天澤既秉政凡前所言治國安民之術無不次第舉行又定省規十條以正庶務憲宗初年括戶餘百萬至是諸色占役者大半天澤悉奏罷之秋九月扈從世祖親征阿里不哥次昔木土之地詔丞相線眞將右軍天澤將左軍合勢蹙之阿里不哥敗走三年春李璮陰結宋人以益都叛遂據濟南詔親王哈必赤總兵討之兒勢甚盛繼命天澤往天澤聞璮入濟南笑曰豕突入苙無能爲也至則進說於哈必赤曰璮多譎而兵精不宜力角當以歲月斃之乃深溝高壘絕其奔軼凡四月城中食盡軍潰出降生擒璮斬于軍門誅同惡者數十人餘悉縱歸明日引軍東行未至益都城中人已開門迎降初天澤將行帝臨軒授詔責以專征俾諸將皆聽節度天澤未嘗以詔示人及還帝慰勞之悉歸功於諸將其愼密謙退如此天澤在憲宗時嘗奏臣始攝先兄天倪軍民之職天倪有二子一子管民政一子掌兵權臣復入叨寄遇一門之內處三要職分所當辭臣可退休矣帝曰卿奕世忠勤有勞於國一門三職何愧何嫌竟不許至是言者或謂李璮之變由諸侯權太重天澤遂奏兵民之權不可併於一門行之請自臣家始於是史氏子姪卽日解兵符者十七人至元元年加光祿大夫右丞相如故三年皇太子燕王領中書省兼判樞密院事以天澤爲輔國上將軍樞密副使四年復授光祿大夫改中書左丞相六年帝以宋未附議攻襄陽詔天澤與駙馬忽剌出往經畫之賜白金百錠楮幣萬緡至則相要害立城堡以絕其聲援爲必取之計七年以疾還燕八年進開府儀同三司平章軍國重事仍敕右丞相安童諭旨曰兩省院臺或一月一旬遇大事卿可商量小事不煩卿也十年春與平章阿术等進攻樊城拔之襄陽降十一年詔天澤與丞相伯顏總大軍自襄陽水陸並進天澤至郢州遇疾還襄陽帝遣侍臣賜以葡萄酒且諭之曰卿自朕祖宗以來躬擐甲冑跋履山川宣力多矣又卿首事南伐異日

功成皆卿力也勿以小疾阻行爲憂可且北歸善自調護還至眞定帝又遣其子杠與尙醫馳視賜以藥餌天澤因附奏曰臣大限有終死不足惜但願天兵渡江愼勿殺掠語不及它以十二年二月七日薨年七十四訃聞帝震悼遣近臣賻以白金二千五百兩贈太尉諡忠武後累贈太師進封鎭陽王立廟天澤平居未嘗自矜其能及臨大節論大事毅然以天下之重自任年四十始折節讀書尤熟於資治通鑑立論多出人意表拜相之日門庭悄然或勸以權自張天澤舉唐韋澳告周墀之語曰願相公無權爵祿刑賞天子之柄何以權爲因以謝之言者慙服當金末名士流寓失所悉爲治其生理而賓禮之後多致顯達破歸德釋李大節不殺而送至眞定著爲叅謀衞爲食邑命王昌齡治之擢人多不平而莫能間其知人之明用人之專如此是以出入將相五十年上不疑而下無怨人以比於郭子儀曹彬云子格湖廣行省平章政事樟眞定順天新軍萬戶棣衞輝路轉運使杠湖廣行省右丞杞淮東道廉訪使梓同知澧州楷同知南陽府彬中書左丞

格字晉明歲壬子憲宗賜天澤以衞城授格節度使憲宗崩格北留謙州五年而歸爲鄧州舊軍萬戶旣又代張弘範爲亳州萬戶而以故所將鄧州舊軍授弘範從攻襄陽襄陽下賜白金衣裘弓矢鞍馬衆軍渡江平章阿朮將二十三萬戶居前每五十戶擇一人爲帥統之格居其一格軍先渡爲宋將程鵬飛所却格被三創喪其師二百尋復大戰中流矢鵬飛身亦被七創乃敗走其後樞密院奏格輕進請罪之帝念其功而薄其罪俾從平章阿里海牙攻潭州砲激柵木傷肩矢貫其手裹創先登拔之遂以軍民安撫留戍入覲加定遠大將軍賜以天澤所服玉帶從攻靜江衆以轒轀自蔽鑿城格所當砲礌蔽地車不可至乃伺隙率衆攀堞蟻附而上拔之徇廣西十三州廣東三州皆下靜江受兵之初溪洞諸夷皆降雲南格遣使諭之來者五十州雲南爭之事聞詔聽格節度陞廣西宣撫使改鎭國上將軍廣南西道宣慰使宋亡陳宜中張世傑挾益王昰廣王昺據福州立益王傳檄嶺海欲復其地詐言夏貴已復瀕江州郡諸戍將以江路既絕不可北歸皆託計事還靜江格曰君等亦爲虛聲所懼邪待貴踰嶺審不可北歸吾與諸君取塗雲南而歸未爲不可敢輒棄戍哉行省議棄廣東之肇慶德慶封州併兵戍梧州格曰棄地撤備示敵以怯不可宜增兵戍之劇賊蘇仲集潰卒據鎭龍山稱王劫掠於外耕植於內至秋畢穫聞大兵至則僞出降官軍畏暑不敢深入橫象賓貴四州皆被其害格築堡於其界守以土兵令官軍火其廬柵民踐其禾稼仲窮蹙遂降益王餘衆破潯州斬李辰李福靜江北抵泉永皆城守羅飛圍永凡七月不下判官潘澤民間道來告急格分兵赴之殄其衆益王死衞王立趣廣州避海中崖山遣曾淵子據雷州諭之降不聽進兵攻之淵子犇碙洲世傑將兵數萬欲復取雷州戍將劉仲海擊走之後悉衆來圍城中絕糧士以草爲食格漕欽廉高化諸州糧以給之世傑解圍去詔格戍雷州衞王死廣東西悉平張弘範請復將亳州軍乃還格鄧州舊軍拜叅知政事行廣南西道宣慰使入覲拜資德大夫湖廣行中書省右丞移江西右丞尋復爲湖廣右丞進平章政事卒年五十八子燿福建行省平章政事榮鄧州舊軍萬戶

元史卷一百五十六

明翰林學士亞中大夫知制誥兼修國史宋　濂等修

列傳第四十三

董文炳

董文炳字彥明俊之長子也父歿時年始十六率諸幼弟事母李夫人夫人有賢行治家嚴篤於教子文炳師侍其先生警敏善記誦自幼儼如成人歲乙未以父任爲槀城令同列皆父時人輕文炳年少吏亦不之憚文炳明於聽斷以恩濟威未幾同列束手下之吏抱案求署字不敢仰視里人亦大化服縣貧重以旱蝗而徵斂日暴民不聊生文炳以私穀數千石與縣縣得以寬民前令因軍興乏用稱貸於人而貸家取息歲倍縣以民蠶麥償之文炳曰民困矣吾爲令義不忍視也吾當爲代償乃以田廬若干畝計直與貸家復籍縣閒田與貧民爲業使耕之於是流離漸還數年間民食以足朝廷初料民令敢隱實者誅籍其家文炳使民聚口而居少爲戶數衆以爲不可文炳曰爲民獲罪吾所甘心民亦有不樂爲者文炳曰後當德我由是賦斂大減民皆富完旁縣民有訟不得直者皆詣文炳求決文炳嘗上謁大府旁縣人聚觀之曰吾亟聞董令董令顧亦人耳何其明若神也時府索無厭文炳抑不予或譖之府府欲中害之文炳曰吾終不能剝民求利也卽棄官去世祖在潛藩癸丑秋受命憲宗征南詔文炳率義士四十六騎從行人馬道死殆盡及至吐番止兩人能從兩人者挾文炳徒行躑躅道路取死馬肉續食日行不能二三十里然志益厲期必至軍會使者過遇文炳還言其狀時文炳弟文忠先從世祖軍世祖卽命文忠解尙廐五馬載糗糧迎文炳旣至世祖壯其忠且閔其勞賜賚甚厚有任使皆稱旨由是日親貴用事己未秋世祖伐宋至淮西臺山寨命文炳往取之文炳馳至寨下諭以禍福不應文炳脫胄呼曰吾所以不極兵威者欲活汝衆也不速下今屠寨矣守者懼遂降九月師次陽羅堡宋兵築堡于岸陳船江中軍容甚盛文炳請於世祖曰長江天險宋所恃以爲國勢必死守不奪其氣不可臣請嘗之卽與敢死士數十百人當其前率弟文用文忠載艨艟鼓櫂疾趨叫呼畢奮鋒旣交文炳麾衆趨岸搏之宋師大敗命文用輕舟報捷世祖方駐香爐峯因策馬下山問戰勝狀則扶鞍起立竪鞭仰指曰天也且命他師毋解甲明日將圍城旣渡江會憲宗崩閏十一月班師庚申世祖卽位于上都是爲中統元年命文炳宣慰燕南諸道還奏曰人久弛縱一旦遽束以法不可危疑者尙多宜赦天下與之更始世祖從之反側者遂安二年擢山東東路宣撫使方就道會立侍衞親軍帝曰親軍非文炳難任卽遞授侍衞親軍都指揮使佩金虎符三年李璮反濟南璮劇賊善用兵文炳會諸軍圍之璮不得遁久之賊勢日蹙文炳曰窮寇可以計擒乃抵城下呼璮將田都帥者曰反者璮耳餘來卽吾人毋自取死也田縋城降田璮之愛將旣降衆遂亂禽璮以獻璮兵有浙漣兩軍二萬餘人勇而善戰主將怒其與賊配諸軍使陰殺之文炳當殺二千人言于主將曰彼爲璮所脅耳殺之恐乖天子仁聖之意向天子伐南詔或妄殺人雖大將亦罪之是不宜殺也主將從之然他殺之者已衆皆大悔璮伏誅山東猶未靖乃以文炳爲山東東路經畧使率親軍以行出金銀符五十有功者聽與之閏九月文炳至益都留兵于外從數騎衣冠而入居府不設警衞召璮故將吏立之庭曰璮狂賊詿誤汝等璮已誅死汝皆爲王民天子至仁聖遣經畧使撫汝當相安毋懼經畧使得便宜除擬將吏汝等勉取金銀符經畧使不敢格上命不予有功者所部大悅山東以安至元二年帝懲李璮之亂欲潛銷方鎭之橫以文炳代史氏兩萬戶爲鄧州光化行軍萬戶河南等路統軍副使到官造戰艦五百艘習水戰預謀取宋方畧凡阨塞要害皆列柵築堡爲備禦計帝嘗召文炳密謀欲大發河北民丁文炳曰河南密邇宋境人習江淮地利宜使河北耕以供軍河南戰以闢地俟宋平則河北長隸兵籍河南削籍爲民如是爲便又將校素無俸給連年用兵至有身爲大校出無馬乘者臣卽所部千戶私役兵士四人百戶二人聽其雇役稍食其力帝皆從之始頒將校俸錢以秩爲差七年改山東路統軍副使治沂州沂與宋接境鎭兵仰內郡餉運有詔和糴本部文炳命收州縣所移文衆諫以違詔文炳曰但止之乃遣使入奏畧曰敵人接壤知吾虛實一不可邊民供頓甚勞重苦此役二不可困吾民以懼來者三不可帝大悟罷之九年遷樞密院判官行院事於淮西築正陽兩城兩城夾淮相望以綴襄陽及擣宋腹心十年拜叅知政事夏霖雨水漲宋淮西制置使夏貴帥舟師十萬來攻矢石雨下文炳登城禦之一夕貴去復來飛矢貫文炳左臂着脇文炳拔矢授左右發四十餘矢箙中矢盡顧左右索矢又十餘發矢不繼力亦困不能張滿遂悶絕幾殆明日水入外郭文炳麾士卒卻避貴乘之壓軍而陳文炳病創甚子士選請代戰文炳壯而遣之復自起束創手劍督戰士選以戈擊貴將仆不死獲之以獻貴遂去不敢復來是歲大舉兵伐宋丞相伯顏自襄陽東下與宋人戰陽羅堡文炳以九月發正陽十一年正月會伯顏于安慶安慶守將范文虎以城降文炳請于伯顏曰大軍旣疲於陽羅堡吾兵當前行伯顏許之宋都督賈似道來禦師陳於蕪湖似道棄師走次當塗文炳復言于伯顏曰采石當江之南和州對峙不取必有後顧遂進攻之降知州事王喜三月有詔以時向暑熱命伯顏軍駐建康文炳軍駐鎭江時揚州眞州堅守不下常州蘇州旣降復叛張世傑孫虎臣約眞揚兵誓死戰眞揚兵戰每敗不敢出世傑等陳大艦萬艘碇焦山下江中勁卒居前文炳身犯之載士選別船弟之子士表請從文炳顧曰吾弟僅汝一子脫吾與士選不返士元士秀猶足殺敵吾不忍汝往也士表固請乃許文炳乘輪船建大將旗鼓士選士表船翼之大呼突陳諸將繼進飛矢蔽日戰酣短兵相接宋兵亦殊死戰聲震天地橫屍委仗江水爲之不流自寅至午宋師大敗世傑走文炳追及于夾灘世傑收潰卒復戰又破之遂東走於海文炳船小不可入海夜乃還俘甲士萬餘人悉縱不殺獲

戰船七百艘宋力自此遂窮十月諸軍分三道而進文炳居左由江並海趨臨安先是江陰軍僉判李世脩欲降不果文炳檄諭之世脩以城來附令權本軍安撫使所過民不知兵凡獲生口悉縱遣之無敢匿者威信前布皆望旗而服張瑄有衆數千負海爲橫文炳命招討使王世强及士選往降之士選單舸至瑄所論以威德瑄降得海船五百十三年春正月次鹽官鹽官臨安劇縣俟教至招之再返不下將佐請屠之文炳曰縣去臨安不百里聲勢相及臨安約降已有成言吾輕殺一人則害大計況屠一縣耶於是遣人入城諭意縣降遂會伯顏于臨安城北張世傑欲以其主逃之海文炳繞出臨安城南戍浙江亭世傑計不行乃竊宋主弟吉王昰廣王昺南走而宋主㬎遂降伯顏命文炳入城罷宋官府散其諸軍封庫藏收禮樂器及諸圖籍文炳取宋主諸璽符上於伯顏伯顏以宋主入覲有詔留事一委文炳禁戢豪猾撫慰士女宋民不知易主時翰林學士李槃奉詔招宋士至臨安文炳謂之曰國可滅史不可沒宋十六主有天下三百餘年其太史所記具在史館宜悉收以備典禮乃得宋史及諸注記五十餘冊歸之國史院宋宗室福王與芮赴京師偏以重寶致諸貴人文炳獨卻不受及官錄與芮家具籍受寶者惟文炳無名伯顏入朝奏曰臣等奉天威平宋宋既已平懷徠安集之功董文炳居多帝曰文炳吾舊臣忠勤朕所素知乃拜資德大夫中書左丞時張世傑奉吉王昰據台州而閩中亦爲宋守勑文炳進兵所過禁士馬無敢履踐田麥曰在倉者吾既食之在野者汝又踐之新邑之民何以續命是以南人感之不忍以兵相向次台州世傑遁諸將先俘州民文炳下令曰台人首效順於我我不暇有故世傑據之其民何罪敢有不縱所俘者以軍法論得免者數萬口至溫州溫州未下令曰毋取子女毋掠民有衆曰諾其守將火城中逃文炳亟命滅火追擒其將數其殘民之罪斬以徇逾嶺閩人扶老來迎漳泉建寧邵武諸郡皆送款來附凡得州若干縣若干戶口若干閩人感文炳德最深廟而祀之十四年帝在上都適北邊有警欲親將北伐正月急召文炳四月文炳至自臨安比至帝日問來期及至即召入文炳拜稽首曰今南方已平臣無所效力請事北邊帝曰朕召卿意不在是也豎子盜兵朕自撫定山以南國之根本也盡以託卿卒有不虞便宜處置以聞中書省樞密院事無大小咨卿而行已勑主者卿其勉之文炳避謝不許因奏曰臣在臨安時阿里伯奉詔檢括宋諸藏貨寶追索沒匿甚細人寔苦之宋人未洽吾德遽苦之以財恐非安懷之道即詔罷之又曰昔者泉州蒲壽庚以城降壽庚素主市舶謂宜重其事權使爲我扞海寇誘諸蠻臣服因解所佩金虎符佩壽庚矣惟陛下恕其專擅之罪帝大嘉之更賜金虎符蒸勞畢即聽陛辭文炳求見皇太子帝許之復勑太子曰董文炳所任甚重見畢即遣行旣見慰諭懇至文炳留士選宿衞即日就道凡在上都三日至大都更日至中書樞密不署中書案平章政事阿合馬方恃寵用事生殺任情惟畏文炳奸狀爲之少斂嘗執筆請曰相公官爲左丞當署省案請至再四不肯署皇太子聞之謂宮臣竹忽納曰董文炳深慮非爾曹所知後或私問其故文炳曰主上所付託者在根本之重非文移之細且吾少狥則濟姦不狥則致譏譏行則身危而深失付託本意吾是以預其大政而略其細務也十五年夏文炳有疾奏請解機務詔曰大都暑熾非病者宜卿可來此固當愈文炳至上都奏曰臣病不足領機務西北高寒筋骸舒暢當復自愈請盡力北邊帝曰卿固忠孝是不足行也樞密事重以卿僉書樞密院事中書左丞如故文炳辭不許遂拜八月天壽節禮成賜宴帝命坐文炳上坐諭宗室大臣曰董文炳功臣也理當坐是每尚食上食輒輟賜文炳是夜文炳疾復作勑賜御醫日來診視九月十三日疾篤洗沐而坐召文忠等曰吾以先人死王事恨不爲國死邊今至此命也願董氏世有男能騎馬者勉力報國則吾死瞑目矣言畢就枕卒帝聞悼痛良久命文忠護喪葬槀城令所過有司以禮弔祭贈金紫光祿大夫平章政事諡忠獻子士元士選

士元一名不花字長卿文炳長子也自襁褓喪母祖母李氏愛之謂文炳曰俟兒能言即令讀書數歲從名儒受學及長善騎射憲宗征蜀士元年二十三從叔父文蔚率鄧州一軍西行師次釣魚山宋人堅壁拒守士元請代文蔚攻之以所部銳卒先登力戰良久以它軍不繼而還憲宗壯之賜以金帛中統初文蔚入典禁兵士元以世家子選供奉內班從車駕巡狩北方嘗預武定山之役帝知其忠勤可任以事會文蔚病卒無子命士元襲爲千夫長出師南征襄漢分禁兵戍淮上士元在軍中脩勑武備號令肅然丞相伯顏克江南宋兵保兩淮未下士元數與戰拔淮安堡以功遷武節將軍從大師博魯歡攻揚州駐師灣頭堡時方大暑博魯歡病還京師以行省阿里代領諸軍揚州守將姜才乘隙來攻阿里素不習兵率輕騎數百出堡士元與別將哈剌禿以百騎從之日已暮宋兵至者萬餘士元謂左右曰大丈夫報國正在今日勿懼也方整陣欲戰阿里趣令左旋已乃遁去士元與哈剌禿以部兵赴敵死戰鼓譟震地泥淖馬不能馳乃棄馬步戰至四更敵衆始退及旦阿里來視戰地見士元臥泥中身被十七鎗甲裳盡赤肩舁至營而絕年四十二哈剌禿亦戰死江淮既平伯顏入朝言於帝曰淮海之役所損者二將而已帝問其人以士元與哈剌禿對帝曰不花健捷過人晝戰必能制敵夜戰而死甚可惜也至大元年贈鎮國上將軍僉書樞密院事諡節愍後加贈推誠効節功臣資政大夫中書左丞護軍追封趙郡公改諡忠愍

士選字舜卿文炳次子也幼從文炳居兵間晝治武事夜讀書不輟文炳總師與宋兵戰金山士選戰甚力大敗之追至海而還及降張瑄等丞相伯顏臨陣觀之壯其驍勇遣使問之始知爲文炳子奏功佩金符爲管軍總管戰數有功宋降從文炳入宋宮取宋主降表及收其文書圖籍靜重識大體秋毫無所取軍中稱之宋平班師詔置侍衞親軍諸衞以士選爲前衞指揮使號令明正得士大夫心未幾以其職讓其弟士秀帝嘉其意命士秀將前衞而以士選同僉行樞密院事於湖廣久之召還宗王乃顏叛帝親征召士選至行在所與李勞山同將漢人諸軍以禦之乃顏軍飛矢及乘輿前士選等出步卒橫擊之其衆敗走緩急進退有禮帝甚善之桑哥事敗帝求直士用之以易其弊於是召士選論議政事以中書左丞與平章政事徹理往鎮浙西聽辟舉僚屬至部察病民事悉以帝意除之民大悅有聚斂之臣爲奸利事發得罪且死詐言所遣船商海外未至請留以待之士選曰海商至則捕錄之不至則無如之何不係斯人之存亡也苟此人幸存則無以謝天下遂竟其罪浙多湖泊廣蓄泄以藝水旱率爲豪民占以種藝水無所居積故數有水旱士選與徹理力開復之成宗即位僉行樞密院於建康未幾拜江西行省左丞贛州盜劉六十僞立名號聚衆至萬餘朝廷遣兵討之王將觀望退縮不肯戰守吏又因以擾良民賊勢益盛士選請自往衆欣然託之即日就道不求益兵但率掾史李霆鎮元明善二人持文書以去衆莫測其所爲至贛境捕官吏害民者治之民相告語曰不知有官法如此進至興國縣去賊巢不百里命擇將校分兵守地待命察知激亂之人悉寘于法復誅奸民之爲囊橐者於是民爭出請自效不數日遂擒賊魁散餘衆歸農軍中獲賊所爲文書旁近郡縣富人姓名具在霆鎮明善請焚之民心益安遣使以事平報于朝中書平章政事不忽木召其使謂之曰董公上功簿邪使者曰某旦行左丞授之言曰朝廷若以軍功爲問但言鎮撫無狀得免罪幸甚何功之可言因出其書但請黜贓吏數人而已不言破賊事廷議深歎其知體而不伐拜江南行御史臺中丞廉威素著不嚴而肅凜然有大臣風入僉樞密院事俄拜御史中丞前中丞崔彧久任風紀善斡旋以就事功旣卒不忽木以平章軍國重事繼之方正持大體天下望之而已多病遂以屬之士選風采明俊中外竦然時丞相完澤用劉深言出師征八百媳婦國遠冒煙瘴及至未戰士卒死者十已七八驅民轉粟餉軍谿谷之間不容舟車必負擔以達一夫致粟八斗率數人佐之凡數十日乃至由是民死者亦數十萬中外騷然而完澤說帝江南之地盡世祖所取陛下不與此役則無功可見於後世帝入其言用兵意甚堅故無敢諫者士選率同列言之奏事殿中畢同列皆起士選乃獨言今劉深出師以有用之民而取無用之地就令當取亦必遣使諭之論之不從然後聚糧選兵視時而動豈得輕用一人妄言而致百萬生靈於死地帝色變士選猶明辯不止侍從皆爲之戰慄帝曰事已成卿勿復言士選曰以言受罪臣之所當他日以不言罪臣臣死何益帝麾之起左右擁之以出未數月帝聞師敗績慨然曰董二哥之言驗矣吾愧之因賜上尊以旌直言始爲罷兵誅劉深等世祖嘗呼文炳曰董大哥故帝以二哥呼士選久之出爲江浙行省右丞遷汴梁行省平章政事又遷陝西士選平生以忠義自許尤號廉介自門生部曲無敢持一毫獻者治家甚嚴而孝弟尤篤時言世家有禮法者必歸之董氏其禮敬賢士尤至在江西以屬掾元明善爲賓友旣又得吳澄而師之延虞汲於家塾以教其子諸老儒及西蜀遺士皆以書院之祿起之使以所學教授遷南行臺又招汲子集與俱後又得范梈等數人皆以文學大顯於時故世稱求賢薦士亦必以董氏爲首晚年好讀易澹然終其身每一之官必賣先業田廬爲行貲故老而益貧子孫不異布衣之士仕者往往稱廉吏云子守忠雲南行省叅知政事守愍侍正府判官守思知威州

張弘範

張弘範字仲疇柔第九子也善馬槊頗能爲歌詩年二十時兄順天路總管弘畧上計壽陽行都留弘範攝府事吏民服其明決蒙古軍所過肆暴弘範杖遣之入其境無敢犯者中統初授御用局總管三年改行軍總管從親王哈必赤討李璮於濟南柔戒之曰汝圍城勿避險地汝無怠心則兵必致死主者慮其險苟有來犯必赴救可因以立功勉之弘範營城西璮出軍突諸將營獨不向弘範弘範曰我營險地璮乃示弱於我必以奇兵來襲謂我弗悟也遂築長壘內伏甲士而外爲壕開東門以待之夜令士卒浚壕益深廣璮不知也明日果擁飛橋來攻未及岸軍陷壕中得跨壕而上者突入壘門遇伏皆死降兩賊將柔聞之曰眞吾子也璮旣誅朝廷懲璮盡專兵民之權故能爲亂議罷大藩子弟之在官者弘範例罷至元元年弘畧旣入宿衞帝召見意其兄弟有可代守順天者且念弘範有濟南之功授順天路管民總管佩金虎符二年移守大名歲大水漂沒廬舍租稅無從出弘範輒免之朝廷罪其專擅弘範請入見進曰臣以爲朝廷儲小倉不若儲之大倉帝曰何說也對曰今歲水潦不收而必責民輸倉庫雖實而民死亡殆盡明年租將安出曷若活其民使不致逃亡則歲有恒收非陛下大倉庫乎帝曰知體其勿問六年括諸道兵圍宋襄陽授益都淄萊等路行軍萬戶復佩金虎符朝廷以益都兵乃李璮所教練之卒勇悍難制故命領之戍鹿門堡以斷宋餉道且絕郢之救兵弘範建言曰國家取襄陽爲延久之計者所以重人命而欲其自斃也曩者夏貴乘江漲送衣糧入城我師坐視無禦之者而其境南接江陵歸峽商販行旅士卒絡繹不絕寧有自斃之時乎宜城萬山以斷其西柵灌子灘以絕其東則庶幾速斃之道也帥府奏用其言移弘範兵千人戍萬山旣城與將士較射出東門宋師奄至將佐皆謂衆寡不敵宜入城自守弘範曰吾與諸君在此何事敵至將不戰乎敢言退者死即擐甲上馬立遣偏將李庭當其前弛將攻其後親率二百騎爲長陣令曰聞吾鼓則進未鼓勿動宋軍步騎相間突陣弘範軍不動再進再却弘範曰彼氣衰矣鼓之前後奮擊宋師奔潰八年築一字城逼襄陽破樊城外郭九年攻樊城流矢中其肘裹瘡見主帥曰襄樊相爲脣齒故不可破若截江道斷其援兵水陸夾攻樊必破矣樊破則襄陽何所恃從之明日復出銳卒先登遂拔之襄陽旣下偕宋將呂文煥入覲賜錦衣白金寶鞍將校行賞有差十一年丞相伯顏伐宋弘範率左部諸軍循漢江東畧郢西南攻武磯堡取之北兵渡江弘範爲前鋒宋相賈似道督兵阻蕪湖殿帥孫虎臣據丁家洲弘範轉戰而前諸軍繼之宋師潰弘範長驅至建康十二年五月帝遣使諭丞相毋輕敵貪進方暑其少駐以待弘範進曰聖恩待士卒誠厚然緩急之宜非可遙度今敵已奪氣正當乘破竹之勢取之無遺策矣豈宜迂緩使敵得爲計耶丞相然之馳驛至闕面論形勢得旨進師十二年次瓜洲分兵立柵據其要害揚州都統姜才所統兵勁悍善戰至是以二萬人出揚子橋弘範佐都元帥阿朮禦之與宋兵夾水陣弘範以十三騎徑度衝之陣堅不動弘範引却一騎躍馬揮刀直趨弘範弘範旋轡反迎刺之應手頓斃馬下其衆潰亂追至城門斬首萬餘級自相蹂藉溺死者過半宋將張世傑孫虎臣等率水軍於焦山決戰弘範以一軍從旁橫衝之宋師遂敗追至圖山之東奪戰艦八十艘俘馘千數上其功改亳州萬戶後賜名拔都從中書左丞董文炳由海道會丞相伯顏進次近郊宋主上降表以伯姪爲稱往返未決弘範將命入城數其大臣之罪皆屈服竟取稱臣降表來上十三年台州叛討平之誅其爲首者而已十四年師還授鎭國上將軍江東道宣慰使十五年宋張世傑立廣王昺於海上閩廣響應俾弘範往平之授蒙古漢軍都元帥陛辭奏曰漢人無統蒙古軍者乞以蒙古信臣爲首帥帝曰汝知而父與察罕之事乎其破安豐也汝父欲留兵守之察罕不從師旣南安豐復爲宋有進退幾失據汝父深悔恨良由委任不專故也豈可使汝復有汝父之悔乎今付汝大事能以汝父之心爲心則予汝嘉面賜錦衣玉帶弘範不受以劍甲爲請帝出武庫劍甲聽其自擇且諭之曰劍汝之副也不用令者以此處之將行薦李恒爲己貳從之至揚州選將校水陸二萬分道南征以弟弘正爲先鋒戒之曰選汝驍勇非私汝也軍法重我不敢以私橈公勉之弘正所向克捷進攻三江寨寨據隘乘高不可近因連兵向之寨中持滿以待弘範下令下馬治朝食若將持久者持滿者疑不敢動而他寨不虞也忽麾軍連拔數寨迴擣三江盡拔之至漳州軍其東門命別將攻南門西門乃乘虛破其北門拔之攻鮑浦寨又拔之由是瀕海郡邑皆望風降附獲宋丞相文天祥于五坡嶺使之拜不屈弘範義之待以賓禮送至京師獲宋禮部侍郎鄧光薦命子珪師事之十六年正月庚戌由潮陽港發船入海至甲子門獲宋斥候將劉青顧凱乃知廣王所在辛酉次崖山宋軍千餘艘碇海中建樓櫓其上隱然堅壁也弘範引舟師赴之崖山東西對峙其北水淺舟膠非潮來不可進乃由山之東轉南入大洋始得逼其舟又出奇兵斷其汲路燒其宮室世傑有甥在弘範軍中三使招之世傑不從甲戌李恒自廣州至授以戰艦二使守北面二月癸未將戰或請先用砲弘範曰火起則舟散不如戰也明日四分其軍軍其東南北三面弘範自將一軍相去里餘下令曰宋舟潮至必東遁急攻之勿令得去聞吾樂作乃戰違令者斬先麾北面一軍乘潮而戰不克李恒等順潮而退樂作宋將以爲且宴少懈弘範舟師犯其前衆繼之豫構戰樓於舟尾以布幛障之命將士負盾而伏令之曰聞金聲起戰先金而妄動者死飛矢集如蝟伏盾者不動舟將接鳴金撤障弓弩火石交作頃刻并破七舟宋師大潰宋臣抱其主昺赴水死獲其符璽印章世傑先遁李恒追至大洋不及世傑走交趾風壞舟死海陵港其餘將吏皆降嶺海悉平磨崖山之陽勒石紀功而還十月入朝賜宴內殿慰勞甚厚未幾瘴癘疾作帝命尚醫診視遣近臣臨議用藥勅衞士監門止雜人毋擾其病病甚沐浴易衣冠扶掖至中庭面闕再拜退坐命酒作樂與親故言別出所賜劍甲命付嗣子珪曰汝父以是立功汝佩服勿忘也語竟端坐而卒年四十三贈銀青榮祿大夫平章政事諡武畧至大四年加贈推忠効節翊運功臣太師開府儀同三司上柱國齊國公改諡忠武延祐六年加保大功臣加封淮陽王諡獻武子珪自有傳

元史卷一百五十七

明翰林學士亞中大夫知制誥兼修國史宋　濂等修

列傳第四十四

劉秉忠

劉秉忠字仲晦初名侃因從釋氏又名子聰拜官後始更今名其先瑞州人也世仕遼爲官族曾大父仕金爲邢州節度副使因家焉故自大父澤而下遂爲邢人庚辰歲木華黎取邢州立都元帥府以其父潤爲都統事定改署州錄事歷鉅鹿內丘兩縣提領所至皆有惠愛秉忠生而風骨秀異志氣英爽不羈八歲入學日誦數百言年十三爲質子於帥府十七爲邢臺節度使府令史以養其親居常鬱鬱不樂一日投筆嘆曰吾家累世衣冠乃汩沒爲刀筆吏乎丈夫不遇於世當隱居以求志耳即棄去隱武安山中久之天寧虛照禪師遣徒招致爲僧以其能文詞使掌書記後遊雲中留居南堂寺世祖在潛邸海雲禪師被召過雲中聞其博學多材藝邀與俱行旣入見應對稱旨屢承顧問秉忠於書無所不讀尤邃於易及邵氏經世書至於天文地理律歷三式六壬遁甲之屬無不精通論天下事如指諸掌世祖大愛之海雲南還秉忠遂留藩邸後數歲奔父喪賜金百兩爲葬具仍遣使送至邢州服除復被召奉旨還和林上書數千百言其略曰典章禮樂法度三綱五常之教備於堯舜三王因之五霸敗之漢興以來至于五代一千三百餘年由此道者漢文景光武唐太宗玄宗五君而玄宗不無疵也然治亂之道係乎天而由乎人天生成吉思皇帝起一旅降諸國不數年而取天下勤勞憂苦遺大寶於子孫庶傳萬祀永保無疆之福愚聞之曰以馬上取天下不可以馬上治昔武王兄也周公弟也周公思天下善事夜以繼日每得一事坐以待旦以匡周室以保周天下八百餘年周公之力也君上兄也大王弟也思周公之故事而行之在乎今日千載一時不可失也君之所任在內莫大乎相相以領百官化萬民在外莫大乎將將以統三軍安四域內外相濟國之急務必先之也然天下之大非一人之可及萬事之細非一心之可察當擇開國功臣之子孫分爲京府州郡監守督責舊官以遵王法仍差按察官守治者升否者黜天下不勞力而定也天下戶過百萬自忽都那演斷事之後差徭甚大加以軍馬調發使臣煩擾官吏乞取民不能當是以逃竄宜比舊減半或三分去一就見在之民以定差稅招逃者復業再行定奪官無定次清潔者無以遷汙濫者無以降可比附古例定百官爵祿儀仗使家足身貴有犯於民設條定罪威福者君之權奉命者臣之職今百官自行威福進退生殺惟意之從宜從禁治天下之民未聞教化見在囚人宜從赦免明施敎令使之知畏則犯者自少也敎令旣設則不宜繁因大朝舊例增益民間所宜設者十數條足矣敎令旣施罪不至死者皆提察然後決犯死刑者覆奏然後聽斷不致刑及無辜天子以天下爲家兆民爲子國不足取於民民不足取於國相須如魚水有國家者置府庫設倉廩亦爲助民民有身者營產業闢田野亦爲資國用

也今宜打筭官民所欠債負若實爲應當差發所借宜依合罕皇帝聖旨一本一利官司歸還凡陪償無名虛契所負及還過元本者並行赦免納糧就遠倉有一廢十者宜從近倉以輸爲便當驛路州城飲食祗待偏重宜計所費以準差發關市津梁正稅十五分取一宜從舊制禁横取減稅法以利百姓倉庫加耗甚重宜令權量度均爲一法使錙銖圭撮尺寸皆平以存信去詐珍貝金銀之所出淘砂鍊石實不易爲一旦以纓緌縷飾皮革塗木石雖器仗取一時之華麗廢爲塵而無濟甚可惜也宜從禁治除帝胄功臣大官以下章服有制外無職之人不得僭越今地廣民微賦斂繁重民不聊生何力耕耨以厚產業宜差勸農官二員率天下百姓務農桑營產業實國之大益古者庠序學校未嘗廢今郡縣雖有學並非官置宜從舊制脩建三學設教授開選擇才以經義爲上詞賦論策次之兼科舉之設已奉合罕皇帝聖旨因而言之易行也開設學校宜擇開國功臣子孫受教選達才任用之天下莫大於朝省親民莫近於縣宰雖朝省有法縣宰宜擇縣宰正民自安矣關西河南地廣土沃以軍馬之所出入治而未豐宜設官招撫不數年民歸土闢以資軍馬之用實國之大事移剌中丞拘榷鹽鐵諸產商賈酒醋貨殖諸事以定宣課雖使從實恢辦不足亦取於民拖兌不辦已不爲輕與魯合蠻奏請於舊額加倍榷之往往科取民間科榷並行民無所措手足宜從舊例辦榷更或減輕罷繁碎止科徵無從獻利之徒削民害國鰥寡孤獨廢疾者宜設孤老院給衣糧以爲養使臣到州郡宜設館不得於官衙民家安下孔子爲百王師立萬世法今廟堂雖廢存者尚多宜令州郡祭祀釋奠如舊儀近代禮樂器具靡散宜令刷會徵太常舊人教引後學使器備人存漸以脩之實太平之基王道之本今天下廣遠雖成吉思皇帝威福之致亦天地神明陰所祐也宜訪名儒循舊禮尊祭上下神祇和天地之氣順時序之行使神享民依德極於幽明天下賴一人之慶見行遼歷日月交食頗差聞司天臺改成新歷未見施行宜因新君即位頒歷改元令京府州郡置更漏使民知時國滅史存古之常道宜撰脩金史令一代君臣事業不墜於後世甚有勵也國家廣大如天萬中取一以養天下名士宿儒之無營運產業者使不致困窮或有營運產業者會前聖旨種養應輸差稅其餘大小雜泛並行蠲免使自給養實國家養才勵人之大也明君用人如大匠用材隨其巨細長短以施規矩繩墨孔子曰君子不可小知而可大受小人不可大受而可小知蓋君子所存者大不能盡小人之事或有一短小人所拘者狹不能同君子之量或有一長盡其才而用之成功之道也君子不以言廢人不以人廢言大開言路所以成天下安兆民也天地之大日月之明而或有所蔽且蔽天之明者雲霧也蔽人之明者私欲佞說也常人有之蔽一心也人君有之蔽天下也常選左右諫臣使諷諭於未形忖畫於至密也君子之心一於理義懷於忠良小人之心一於利欲懷於讒佞君子得位有容於小人小人得勢必排於君子明君在上不可不辨也孔子曰遠佞人又曰惡利口之覆邦家者此之謂也今言利者衆非圖以利國害民實欲殘民而自利也宜將國中人民必用場冶付各路課稅所以定榷辦其餘言利者並行罷去古者明王不寶遠物所寶惟賢如使賢者在位能者在職此皆一人之睿知賢王之輔成也古者治世均民產業自廢井田爲阡陌後世因之不能復今窮之者益損富盛者增加宜禁行利之人勿恃官勢居官在位者勿侵民利商賈與民和好交易不生擅奪欺罔之害眞國家之利也笞箠之制宜會古酌今均爲一法使無敢過越禁私置牢獄淫民無辜鞭背之刑宜禁治以彰愛生之德立朝省以統百官分有司以御衆事以至京府州縣親民之職無不備紀綱正於上法度行於下是故天下不勞而治也今新君即位之後可立朝省以爲政本其餘百官不在員多惟在得人焉耳世祖嘉納焉又言邢州舊萬餘戶兵興以來不滿數百凋壞日甚得良牧守如眞定張耕洺水劉肅者治之猶可完復朝廷即以耕爲邢州安撫使肅爲副使由是流民復業升邢爲順德府癸丑從世祖征大理明年征雲南每贊以天地之好生王者之神武不殺故克城之日不妄戮一人已未從伐宋復以雲南所言力贊於上所至全活不可勝計中統元年世祖即位問以治天下之大經養民之良法秉忠采祖宗舊典參以古制之宜於今者條列以聞於是下詔建元紀歲立中書省宣撫司朝廷舊臣山林遺逸之士咸見錄用文物粲然一新秉忠雖居左右而猶不改舊服時人稱之爲聰書記至元元年翰林學士承旨王鶚奏言秉忠久侍藩邸積有歲年參帷幄之密謀定社稷之大計忠勤勞績宜被褒崇聖明御極萬物惟新而秉忠猶仍其野服散號深所未安宜正其衣冠崇以顯秩帝覽奏即日拜光祿大夫位太保參預中書省事詔以翰林侍讀學士竇默之女妻之賜第奉先坊且以少府宮籍監戶給之秉忠既受命以天下爲己任事無巨細凡有關於國家大體者知無不言言無不聽帝寵任愈隆燕閑顧問輒推薦人物可備器使者凡所甄拔後悉爲名臣初帝命秉忠相地於桓州東灤水北建城郭于龍岡三年而畢名曰開平繼升爲上都而以燕爲中都四年又命秉忠築中都城始建宗廟宮室八年奏建國號曰大元而以中都爲大都他如頒章服舉朝儀給俸祿定官制皆自秉忠發之爲一代成憲十一年扈從至上都其地有南屏山嘗築精舍居之秋八月秉忠無疾端坐而卒年五十九帝聞驚悼謂羣臣曰秉忠事朕三十餘年小心愼密不避艱險言無隱情其陰陽術數之精占事知來若合符契惟朕知之他人莫得聞也出內府錢具棺斂遣禮部侍郎趙秉溫護其喪還葬大都十二年贈太傅封趙國公謚文貞成宗時贈太師謚文正仁宗時又進封常山王秉忠自幼好學至老不衰雖位極人臣而齋居蔬食終日澹然不異平昔自號藏春散人每以吟咏自適其詩蕭散閑淡類其爲人有文集十卷無子以弟秉恕子蘭璋後

秉恕字長卿好讀書年弱冠受易於劉肅遂明理學兄秉忠事世祖以薦士自任嫌於私親獨不及秉恕左右以聞召見遂同侍潛邸世祖嘗賜秉忠白金千兩辭曰臣山野鄙人僥倖遭際服器悉出尚方金無所用世祖曰卿獨無親故遺之邪辭不允乃受而散之以二百兩與秉恕秉恕曰兄勤勞有年宜蒙茲賞秉恕無功可冒恩乎終不受中統元年擢禮部侍郎邢州安撫副使二年賜金符遷吏部侍郎三年升邢爲順德府賜金虎符爲順德安撫使至元元年轉官法行改嘉議大夫歷彰德懷孟淄萊順天太原五路總管淄萊府有死囚六人獄已具秉恕疑之詳讞得其實六人賴以不死他所至皆有惠政召除禮部尚書出爲淮西宣慰使會省宣慰司歷湖州平陽兩路總管平陽歲荒民艱食輒開倉以賑之全活者衆年六十卒于官

張文謙

張文謙字仲謙邢州沙河人幼聰敏善記誦與太保劉秉忠同學世祖居潛邸受邢州分地秉忠薦文謙可用歲丁未召見應對稱旨命掌王府書記日見信任邢州當要衝初分二千戶爲勳臣食邑歲遣人監領皆不知撫治徵求百出民弗堪命或訴於王府文謙與秉忠言于世祖曰今民生困弊莫邢爲甚盍擇人往治之責其成效使四方取法則天下均受賜矣於是乃選近侍脫兀脫尚書劉肅侍郎李簡往三人至邢協心爲治洗滌蠹敝革去貪暴流亡復歸不期月戶增十倍由是世祖益重儒士任之以政皆自文謙發之歲辛亥憲宗即位文謙與秉忠數以時務所當先者言於世祖悉施行之世祖征大理國主高祥拒命殺信使遁去世祖怒將屠其城文謙與秉忠姚樞諫曰殺使拒命者高祥爾非民之罪請宥之由是大理之民賴以全活己未世祖帥師伐宋文謙與秉忠言王者之師有征無戰當一視同仁不可嗜殺世祖曰期與卿等守此言既入宋境分命諸將毋妄殺毋焚人室廬所獲生口悉縱之中統元年世祖即位立中書省首命王文統爲平章政事文謙爲左丞建立綱紀講明利病以安國便民爲務詔令一出天下有太平之望而文統素忌克謨謀之際屢相可否積不能平文謙遽求出詔以本官行大名等路宣撫司事臨發語文統曰民困日久況當大旱不量減稅賦何以慰來蘇之望文統曰上新即位國家經費止仰稅賦苟復減損何以供給文謙曰百姓足君孰與不足俟時和歲豐取之未晚也於是蠲常賦什之四商酒稅什之一二年春來朝復留居政府始立左右部講行庶務鉅細畢舉文謙之力爲多三年阿合馬領左右部總司財用欲專奏請不關白中書詔廷臣議之文謙曰分制財用古有是理中書不預無是理也若中書弗問天子將親莅之乎帝曰仲卿言是也至元元年詔文謙以中書左丞行省西夏中興等路羌俗素鄙野事無統紀文謙得蜀士陷於俘虜者五六人理而出之使習吏事旬月間簿書有品式子弟亦知讀書俗爲一變浚唐來漢延二渠溉田十數萬頃人蒙其利三年還朝諸勢家言有戶數千當役屬爲私奴者議久不決文謙謂以乙未歲戶帳爲斷奴之未占籍者歸之勢家可也其餘良民無爲奴之理議遂定守以爲法五年淄州妖人胡王惑衆事覺逮捕百餘人丞相安童以文謙言奏曰愚民無知爲所詿誘誅其首惡足矣詔即命文謙往決其獄惟三人坐棄市餘皆釋之七年拜大司農卿奏立諸道勸農司巡行勸課請開籍田行祭先農先蠶等禮復與竇默請立國子學詔以許衡爲國子祭酒選貴胄子弟教育之時阿合馬議拘民間鐵官鑄農器高其價以配民創立行戶部於東平大名以造鈔及諸路轉運司干政害民文謙悉於帝前極論罷之十三年遷御史中丞阿合馬慮憲臺發其姦乃奏罷諸道按察司以撼之文謙奏復

其舊然自知爲姦臣所忌力求去會世祖以大明歷歲久寖差命許衡等造新歷乃授文謙昭文館大學士領太史院以總其事十九年拜樞密副使歲餘以疾薨于位年六十八文謙蚤從劉秉忠洞究術數晚交許衡尤粹於義理之學爲人剛明簡重凡所陳於上前莫非堯舜仁義之道數忤權倖而是非得喪一不以經意家惟藏書數萬卷尤以引薦人材爲己任時論益以是多之累贈推誠同德佐運功臣太師開府儀同三司上柱國追封魏國公謚忠宣長子晏仕至御史中丞贈陝西行省平章政事封魏國公謚文靖

郝經

郝經字伯常其先潞州人徙澤州之陵川家世業儒祖天挺元裕嘗從之學金末父思溫辟地河南之魯山河南亂居民匿窖中亂兵以火熏灼之民多死經母許亦死經以蜜和寒菹汁決母齒飲之即蘇時經九歲人皆異之金亡徙順天家貧晝則負薪米爲養暮則讀書居五年爲守帥張柔賈輔所知延爲上客二家藏書皆萬卷經博覽無不通往來燕趙間元裕每語之曰子貌類汝祖才器非常勉之憲宗元年世祖以皇弟開邸金蓮川召經諮以經國安民之道條上數十事大悅遂留王府是時連兵於宋憲宗入蜀命世祖總統東師經從至濮會有得宋國奏議以獻其言謹邊防守衝要凡七道遂下諸將議經曰古之一天下者以德不以力彼今未有敗亡之釁我乃空國而出諸侯窺伺於內小民疲弊於外經見其危未見其利也王不如脩德布惠敦族簡賢綏懷遠人控制諸道結盟飭備以待西師上應天心下繫人望順時而動宋不足圖也世祖以經儒生愕然曰汝與張拔都議邪經對曰經少館張柔家嘗聞其論議此則經聽說耳柔不知也進七道議七千餘言乃以楊惟中爲江淮荊湖南北等路宣撫使經爲副將歸德軍先至江上宣布恩信納降附惟中欲私還汴經曰我與公同受命南征不聞受命還汴也惟中怒弗聽經率麾下揚旌而南惟中懼謝乃與經俱行經聞憲宗在蜀師久無功進東師議其略曰經聞圖天下之事於未然則易救天下之事於已然則難已然之中復有未然者使往者不失而來者得遂是尤難也國家以一旅之衆奮起朔漠斡斗極以圖天下馬首所向無不摧破滅金源并西夏蹂荊襄克成都平大理躪躒諸夷奄征四海有天下十八盡元魏金源故地而加多廓然莫與侔大也惟宋不下未能混一連兵構禍踰二十年何曩時掇取之易而今日圖惟之難也夫取天下有可以力并有可以術圖并之以力則不可久久則頓弊而不振圖之以術則不可急急則僥倖而難成故自漢唐以來樹立攻取或五六年未有踰十年者是以其力不弊而卒能保大定功晉之取吳隋之取陳皆經營比次十有餘年是以其術得成而卒能混一或久或近要之成功各當其可不妄爲而已國家建極開統垂五十年而一之以兵遺黎殘姓游氣驚魂虔劉劘盪殆欲殲盡自古用兵未有如是之久且多也其力安得不弊乎且括兵率賦朝下令而夕出師躬擐甲冑跋履山川闔國大舉以之代宋而圖混一以志則銳以力則强以土則大而其術則未盡也苟於諸國既平之後息師撫民致治成化創法立制敷布條綱上下井井不撓不紊任老成爲輔相起英特爲將帥選賢能爲任使鳩智計爲機衡平賦以足用屯農以足食內治既舉外禦亦備如其不服姑以文誥拒而不從而後伺隙觀釁以正天伐自東海至于襄鄧重兵數道聯幟接武以爲正兵自漢中至于大理輕兵捷出批亢抵脅以爲奇兵帥臣得人師出以律高拱九重之內而海外有截矣是而不爲乃於間歲遽爲大舉上下震動兵連禍結底安于危是已然而莫可止者也東師未出大王仁明則猶有未然者可不議乎國家用兵一以國俗爲制而不師古不計師之衆寡地之險易敵之强弱必合圍把矟獵取之若禽獸然聚如丘山散如風雨迅如雷電捷如鷹鶻鞭弭所屬指期約日萬里不忒得兵家之詭道而長於用奇自滄河之戰乘勝下燕雲遂遺兵而去似無意於取者既破回鶻滅西夏乃下兵關陝以敗金師然後知所以深取之是長於用奇也既而爲斡腹之舉由金房繞出潼關之背以攻汴爲擣虛之計自西和徑入石泉威茂以取蜀爲示遠之謀自臨洮吐番穿徹西南以平大理皆用奇也夫攻其無備出其不意而後可以用奇豈有連百萬之衆首尾萬餘里六飛雷動乘輿親出竭天下倒四海騰擲宇宙軒豁天地大極於遐徼之土細窮於委巷之民撞其鐘而掩其耳嚙其臍而蔽其目如是用奇乎是執千金之璧而投瓦石也其初以奇勝也關隴江淮之北平原曠野之多而吾長於騎故所向不能禦兵鋒新銳民物稠夥擁而擠之郡邑自潰而吾長於攻故所擊無不破是以用其奇而驟勝今限以大山深谷阨以重險薦阻迂以危途緜徑我之乘險以用奇則難彼之因險以制奇則易況於客主勢懸蘊蓄情露無虜掠以爲資無俘獲以備役以有限之險雖有奇謀秘略無所用之力無所用與無力同勇無所施與不勇同計不能行與無計同黍山壓卵之勢河海濯爇之舉擁遏頓滯盤桓而不得進所謂强弩之末不能射魯縞者也爲今之計則宜救已然之失防未然之變而已西師既構猝不可解如兩虎相鬬猝入于巖阻見之者辟易不暇又焉能以理相喻使之逡巡自退彼知其危竭國以并命我必其取無由以自悔兵連禍結何時而已殿下宜遣人稟命於行在所大軍壓境遣使喻宋示以大信令降名進幣割地納質彼必受命姑爲之和偃兵息民以全吾力而圖後舉天地人神之福也稟命不從殿下之義盡而後進吾師重慎詳審不爲躁輕飄忽爲前定之謀而一之以正大假西師以爲奇而用吾正比師南轅先示恩信申其文移喻以禍福使知殿下仁而不殺非好攻戰鬬土地不得已而用兵之意誠意昭著恩信流行然後閱實精勇別爲一軍爲帳下之卒舉老成知兵者俾爲將帥更直宿衞以備不虞其餘師衆各畀侯伯使吾府大官元臣分師總統爲戰攻之卒其新入部曲舊不知兵雖名爲兵其實役徒者使沿邊進築與敵郡邑犬牙相制爲屯戍之卒推擇單弱究竟逃匿編葺部伍使閫望重臣爲之撫育總押近裏故屯爲鎮守之卒使掣肘之計不行妄意之徒屏息內外備禦無有缺綻則制節以進既入其境敦陳固列緩爲之行彼善於守而吾不攻彼恃城壁以不戰老吾吾合長圍以不攻困彼吾用吾之所長彼不能用其長選出入便利之地爲久駐之基示必取之勢毋焚廬舍毋傷人民開其生路以攜其心亟肆以疲多方以誤以弊其力兵勢既振蘊蓄既見則以輕兵掠兩淮杜其樵採而遏其糧路使血脈斷絕各守孤城示不足取即進大兵直抵于江沿江上下列屯萬竈號令明肅部曲嚴整首尾締構各具舟楫聲言徑渡彼必震疊自起變故蓋彼之精銳盡在兩淮江面闕越恃其巖阻兵皆柔脆用兵以來未嘗一戰焉能當我百戰之銳一處崩壞則望風皆潰肱髀不續外內限絕勇者不能用而怯者不能敵背者不能返而面者不能禦水陸相擠必爲我乘是兵家所謂避堅攻瑕避實擊虛者也如欲存養兵力漸次以進以圖萬全則先荊後淮先淮後江彼之素論謂有荊襄則可以保淮甸有淮甸則可以保江南先是我嘗有荊襄有淮甸有上流皆自失之今當從彼所保以爲吾攻命一軍出襄鄧直渡漢水造舟爲梁水陸濟師以輕兵綴襄陽絕其糧路重兵皆趨漢陽出其不意以伺江隙不然則重兵臨襄陽輕兵捷出穿徼均房遠叩歸峽以應西師如交廣施黔選鋒透出夔門不守大勢順流即并兵大出摧拉荊郢橫潰湘潭以成犄角一軍出壽春乘其銳氣并取荊山駕淮爲梁以通南北輕兵抄壽春而重兵支布於鍾離合淝之間掇拾湖濼奪取關隘據濡須塞皖口南入舒和西及於蘄黃徜徉恣肆以覘江口烏江采石廣布戍邏偵江渡之險易測備禦之疎密徐爲之謀而後進師所謂潰兩淮之腹心抉長江之襟要也一軍出維揚連楚蟠亘蹈跨長淮鄰我强對通泰海門揚子江面密彼京畿必皆備禦堅厚若遽攻擊則必老師費財當以重兵臨維揚合爲長圍示以必取而以輕兵出通泰直塞海門瓜步金山柴墟河口游騎上下吞江吸海並著威信遲以月時以觀其變是所謂圖緩持久之勢也三道並出東西連衡殿下或處一軍爲之節制使我兵力常有餘裕如是則未來之變或可弭已然之失一日或可救也議者必曰三道並進則兵分勢弱不若併力一向則莫我當也曾不知取國之術與爭地之術異併力一向爭地之術也諸道並進取國之術也昔之混一者皆若是矣晉取吳則六道進隋取陳則九道進宋之於南唐則二面皆進未聞以一旅之衆而能克國者或者有之僥倖之舉也豈有堂堂大國師徒百萬而爲僥幸之舉乎況彼渡江立國百有餘年紀綱脩明風俗完厚君臣輯睦內無禍釁東西南北輪廣萬里亦未可小自敗盟以來無日不討軍實而申警之彷徨百折當我强對未嘗大敗不可謂弱豈可蔑視謂秦無人直欲一軍倖而取勝乎秦王問王翦以伐荊翦曰非六十萬不可秦王曰將軍老矣命李信將二十萬往不克卒畀翦以兵六十萬而後舉楚蓋衆有所必用事勢有不可懸料而倖取者故王者之舉必萬全其倖舉者崛起無賴之人也嗚呼西師之出已及瓜戍而猶未即功國家全盛之力在於東左若亦直前振迅銳而圖功一舉而下金陵舉臨安則可也如兵力耗弊役成遷延進退不可反爲敵人所乘悔可及乎固宜重慎詳審圖之以術若前所陳以全吾力是所謂坐勝也雖然猶有可憂者國家掇取諸國飄忽凌厲本以力勝今乃無故而爲大舉若又措置失宜無以挫英雄之氣服天下之心則稔惡懷姦之流得以窺其隙而投其間國內空虛易爲搖蕩臣愚所以諄諄於東師反覆致論謂不在於已然而在於未然者此也遂會兵渡江圍鄂州聞憲宗崩召諸將屬議經

復進議曰易言知進退存亡而不失其正者其惟聖人乎殿下聰明睿知足以有臨發强剛毅足以有斷進退存亡之正知之久矣嚮在沙陀命經曰時未可也又曰時之一字最當整理又曰可行之時爾自知之大哉王言時乘六龍之道知之久矣自出師以來進而不退經有所未解者故言于眞定于曹濮于唐鄧亟言不已未賜開允乃今事急故復進狂言國家自平金以來惟務進取不遵養時晦老師費財卒無成功三十年矣蒙哥罕立政當安靜以圖寧謐忽無故大舉進而不退畀王東師則不當亦進也而遽進以爲有命不敢自逸至于汝南既聞凶訃卽當遣使徧告諸帥各以次退脩好于宋歸定大事不當復進也而遽進以有師期會于江濱遣使喻宋息兵安民振旅而歸不當復進也而又進既不宜渡淮又豈宜渡江既不宜妄進又豈宜攻城若以幾不可失敵不可縱亦既渡江不能中止便當乘虛取鄂分兵四出直造臨安疾雷不及掩耳則宋亦可圖如其不可知難而退不失爲金兀朮也師不當進而進江不當渡而渡城不當攻而攻當速退而不退當速進而不進役成遷延盤桓江渚情見勢屈舉天下兵力不能取一城則我竭彼盈又何俟乎且諸軍疾疫已十四五又延引月日冬春之交疫必大作恐欲還不能彼既上流無虞呂文德已并兵拒守知我國疵關氣自倍兩淮之兵盡集白鷺江西之兵盡集隆興嶺廣之兵盡集長沙閩越沿海巨舶大艦以次而至伺隙而進如遏截於江黃津渡邀遮于大城關口塞漢東之石門限郢復之湖濼則我將安歸無已則突入江浙擣其心腹聞臨安海門已具龍舟則已徒往還抵金山并命求出豈無韓世忠之儔且鄂與漢陽分據大別中挾巨浸號爲活城肉薄骨并而拔之則彼委破壁孤城而去泝流而上則入洞庭保荆襄順流而下則精兵健櫓突過滸黃未易遏也則亦徒費人命我安所得哉區區一城勝之不武不勝則大損威望復何俟乎雖然以王本心不欲渡江既渡江不欲攻城既攻城不欲并命不焚廬舍不傷人民不易其衣冠不毀其墳墓三百里外不使侵掠或勸徑趨臨安曰其民人稠夥若往雖不殺戮亦被踐蹂吾所不忍若天與我不必殺人若天弗與殺人何益而竟不往諸將歸罪士人謂不可用以不殺人故不得城曰彼守城者秖一士人賈制置汝十萬衆不能勝殺人數月不能拔汝輩之罪也豈士人之罪乎益禁殺人歸然一仁上通于天久有歸志不能遂行耳然今事急不可不斷也宋人方懼大敵自救之師雖則畢集未暇謀我第吾國內空虛塔察國王與李行省肱髀相依在於背脅西域諸胡窺覘關隴隔絕旭烈大王病民諸姦各持兩端觀望所立莫不覬覦神器染指垂涎一有狡焉或啓戎心先人舉事腹背受敵大事去矣且阿里不哥已行赦令令脫里赤爲斷事官行尚書省據燕都按圖籍號令諸道行皇帝事矣雖大王素有人望且握重兵獨不見金世宗海陵之事乎若彼果決稱受遺詔便正位號下詔中原行赦江上欲歸得乎昨奉命與張仲一觀新月城自西南隅萬人敵上可並行大車排槎串樓締構重複必不可攻秪有許和而歸耳斷然班師亟定大計銷禍於未然先命勁兵把截江面與宋議和許割淮南漢上梓夔兩路定疆界歲幣置輜重以輕騎歸渡淮乘驛直造燕都則從天而下彼之姦謀僭志冰釋瓦解遣一軍逆蒙哥罕靈輿收皇帝璽遣使召旭烈阿里不哥摩哥及諸王駙馬會喪和林差官於汴京京兆成都西涼東平西京北京撫慰安輯召眞金太子鎭燕都示以形勢則大寶有歸而社稷安矣會宋守帥賈似道亦遣間使請和遹班師明年世祖卽位以經爲翰林侍讀學士佩金虎符充國信使使宋告卽位且定和議仍勑沿邊諸將毋鈔掠經入辭賜蒲萄酒詔曰朕初卽位庶事草創卿當遠行凡可輔朕者亟以聞經奏便宜十六事皆立政大要辭多不載時經有重名平章王文統忌之既行文統陰屬李璮潛師侵宋欲假手害經經至濟南璮以書止經經以璮書聞于朝而行宋敗璮軍于淮安經至宿州遣副使劉仁傑參議高翻請入國日期不報遺書宰相及淮帥李庭芝庭芝復書果疑經而賈似道方以却敵爲功恐經至謀泄竟館經眞州經乃上表宋主曰願附魯連之義排難解紛豈知唐儉之徒欵兵誤國又數上書宋主及宰執極陳戰和利害且請入見及歸國皆不報驛吏棘垣鑰戶晝夜守邏欲以動經經不屈經待下素嚴又久羈困下多怨者經諭曰嚮受命不進我之罪也一入宋境死生進退聽其在彼我終不能屈身辱命汝等不幸宜忍以待之我觀宋祚將不久矣居七年從者怒鬭死者數人經獨與六人處別館又九年丞相伯顏奉詔南伐帝遣禮部尚書中都海牙及經弟行樞密院都事郝庸入宋問執行人之罪宋懼遣總管段佑以禮送經歸賈似道之謀既泄尋亦竄死經歸道病帝勑樞密院及尚醫近侍迎勞所過父老瞻望流涕明年夏至闕錫燕大庭咨以政事賞賚有差秋七月卒年五十三官爲護喪還葬謚文忠明年宋平經爲人尚氣節爲學務有用及被留思託言垂後撰續後漢書易春秋外傳太極演原古錄通鑑書法玉衡貞觀等書及文集凡數百卷其文豐蔚豪宕善議論詩多奇崛拘宋十六年從者皆通於學書佐苟宗道後官至國子祭酒經還之歲汴中民射鴈金明池得繫帛書詩云霜落風高恣所如歸期回首是春初上林天子援弓繳窮海纍臣有帛書後題曰至元五年九月一日放鴈獲者勿殺國信大使郝經書于眞州忠勇軍營新館其忠誠如此二弟彝庸皆有名彝字仲常隱居以壽終庸字季常終潁州守子采麟亦賢起家知林州仕至山南江北道肅政廉訪使

元史卷一百五十八

明翰林學士亞中大夫知制誥兼修國史宋　濂等修

列傳第四十五

姚樞

姚樞字公茂柳城人後遷洛陽少力學內翰宋九嘉識其有王佐略楊惟中乃與之偕觀太宗歲乙未南伐詔樞從惟中卽軍中求儒道釋醫卜者會破棗陽主將將盡坑之樞力辯非詔書意他日何以復命乃蹙數人逃入篁竹中脫死拔德安得名儒趙復始得程頤朱熹之書辛丑賜金符爲燕京行臺郎中時牙魯瓦赤行臺惟事貨賂以樞幕長分及之樞一切拒絕因棄官去攜家來輝州作家廟別爲室奉孔子及宋儒周惇頤等象刊諸經惠學者讀書鳴琴若將終身時許衡在魏至輝就錄程朱所註書以歸謂其徒曰曩所授受皆非今始聞進學之序既而盡室依樞以居世祖在潛邸遣趙璧召樞至大喜待以客禮詢及治道乃爲書數千言首陳二帝三王之道以治國平天下之大經彙爲八目曰脩身力學尊賢親親畏天愛民好善遠佞次及救時之弊爲條三十曰立省部則庶政出一綱舉紀張令不行於朝而變於夕辟才行舉逸遺愼銓選汰職員則不專世爵而人才出班俸祿則贓穢塞而公進閑定法律審刑獄則收生殺之權于朝諸侯不得而專丘山之罪不致苟免毫髮之過免罹極法而冤抑有伸設監司明黜陟則善良姦窳可得而舉刺閣徵斂則部族不橫於誅求簡驛傳則州郡不困於需索脩學校崇經術旌節孝以爲育人才厚風俗美教化之基使士不偸於文華重農桑寬賦稅省傜役禁游惰則民力紓不趨於浮僞且免習工技者歲加富溢勤耕織者日就飢寒肅軍政使田里不知行營闕　之擾賑困窮恤鰥寡使顚連無告者有養布屯田以實邊戍通漕運以廩京都倚債負則賈胡不得以子爲母破稱貸之家廣儲畜復常平以待凶荒立平準以權物估部利便以塞倖塗杜告訐以絕訟原各疏弛張之方其下本末兼該細大不遺世祖奇其才動必召問且使授世子經憲宗卽位詔凡軍民在赤老溫山南者聽世祖總之世祖既奉詔宴羣下罷酒將出遣人止樞問曰頃者諸臣皆賀汝獨默然何耶對曰今天下土地之廣人民之殷財賦之阜有加漢地者乎軍民吾盡有之天子何爲異時廷臣間之必悔而見奪不若惟持兵權供億之需取之有司則勢順理安世祖曰慮所不及者乃以聞憲宗從之樞又請置屯田經略司於汴以圖宋置都運司于衞轉粟于河憲宗大封同姓勑世祖於南京關中自擇其一樞曰南京河徙無常土薄水淺舃鹵生之不若關中厥田上上古名天府陸海於是世祖願有關中壬子夏從世祖征大理至曲先腦兒之地夜宴樞陳宋太祖遣曹彬取南唐不殺一人市不易肆事明日世祖據鞍呼曰汝昨夕言曹彬不殺者吾能爲之吾能爲之樞馬上賀曰聖人之心仁明如此生民之幸有國之福也明年師及大理城飭樞裂帛爲旗書止殺之令分號街陌由是民得相完保丙辰樞入見或讒王府得中土心憲宗遣阿藍荅兒大爲鉤考置局關中以百四十二條推集經略宣撫官吏下及征商無遺曰俟終局日入此罪者惟劉黑馬史天澤以聞餘悉誅之世祖聞之不樂樞曰帝君也兄也大王爲皇弟臣也事難與較遠將受禍莫若盡王邸妃主自歸朝廷爲久居謀疑將自釋及世祖見憲宗皆泣下竟不令有所白而止因罷鉤考局世祖卽位立十道宣撫使以樞使東平既至郡置勸農檢察二人以監之推物力以均賦役罷鐵官二年拜太子太師樞曰皇太子未立安可先有太師以所受制還中書事見許衡傳改大司農樞奏曰在太宗世詔孔子五十一代孫元措仍襲封衍

聖公卒其子與族人爭求襲爵訟之潛藩帝時日第往力學侯有成德達才我則官之又曲阜有太常雅樂憲宗命東平守臣輦其歌工舞郎與樂色俎豆至日月以帝親臨觀飭東平守臣員闕充補無輟肄習且陛下閔聖賢之後詩書不通與凡庶等旣命洛士楊庸選孔顏孟三族諸孫俊秀者教之乞眞授庸教官以成國家育材待聘風動四方之美王鏞鍊習故實宜令提舉禮樂使不致崩壞皆從之詔赴中書議事及講定條格且勉諭曰姚樞辭避台司朕甚嘉焉省中庶務須賴一二老成同心圖贊其與尚書劉肅往盡乃心其尚無隱及脩條格成與丞相史天澤奏之帝深嘉納李璮謀叛帝問樞料何如對曰使璮乘吾北征之釁濒海擣燕閉關居庸惶駭人心爲上策與宋連和負固持久數擾邊使吾罷於奔救爲中策如出兵濟南待山東諸侯應援此成擒耳帝曰今賊將安出對曰出下策初帝嘗論天下人材及王文統樞曰此人學術不純以游說干諸侯他日必反至是文統果因璮伏誅四年拜中書左丞奏罷世侯置牧守或言中書政事大壞帝怒大臣罪且不測者樞上言太祖開創跨越前古施治未遑自後數朝官盛刑濫民困財殫陛下天資仁聖自昔在潛聽聖典訪老成日講治道如邢州河南陜西皆不治之甚者爲置安撫經略宣撫三使司其法選人以居職頒俸以養廉去汚濫以淸政勸農桑以富民不及三年號稱大治諸路之民望陛下之拯己如赤子之求母先帝陟遐國難並興天開聖人纘承大統卽用歷代遺制內立省部外設監司自中統至今五六年間外侮內叛繼繼不絕然能使官離債負民安賦役府庫粗實倉廩粗完鈔法粗行國用粗足官吏遷轉政事更新皆陛下克保祖宗之基信用先王之法所致今創始治道正宜上答天心下結民心睦親族以固本建儲副以重祚定大臣以當國開經筵以格心脩邊備以防虞蓄糧餉以待歉立學校以育才勸農桑以厚生是可以光先烈成帝德遺子孫流遠譽以陛下才略行此有餘邇者伏聞聰聽日煩朝廷政令日改月異如木始栽而復移屋旣架而復毀遠近臣民不勝戰懼惟恐大本一廢遠業難成爲陛下之後憂國家之重害帝怒爲釋十年拜昭文館大學士詳定禮儀事其年襄陽下遂議取宋樞奏如求大將非右丞相安童知樞密院伯顏不可十一年樞言陛下降不殺人之詔伯顏濟江兵不踰時西起蜀川東薄海隅降城三十戶踰百萬自古平南未有如此之神捷者今自夏徂秋一城不降皆由軍官不思國之大計不體陛下之深仁利財剽殺所致揚州焦山淮安人殊死戰我雖克勝所傷亦多宋之不能爲國審矣而臨安未肯輕下好生惡死人之常情蓋不敢也惟懼吾招徠止殺之信不堅耳宜申止殺之詔使賞罰必立恩信必行聖慮不勞軍力不費矣又請禁宋鞭背黥面及諸濫刑十三年拜翰林學士承旨十七年卒年七十八諡曰文獻樞天質含弘而仁恕恭敏而儉勤未嘗疑人欺已有負其德亦不留怨憂患之來不見言色有來卽謀必反復告之子煒仕爲平章政事從子燧官至翰林學士承旨以文章大家知名卒諡曰文

許衡

許衡字仲平懷之河內人也世爲農父通避地河南以泰和九年九月生衡於新鄭縣幼有異質七歲入學授章句問其師曰讀書何爲師曰取科第耳曰如斯而已乎師大奇之每授書又能問其旨義久之師謂其父母曰兒穎悟不凡他日必有大過人者吾非其師也遂辭去父母强之不能止如是者凡更三師稍長嗜學如飢渴然遭世亂且貧無書嘗從日者家見書疏義因請寓宿手抄歸旣逃難徂徠山始得易王輔嗣說時兵亂中衡夜思晝誦身體而力踐之言動必揆諸義而後發嘗暑中過河陽渴甚道有梨衆爭取啖之衡獨危坐樹下自若或問之曰非其有而取之不可也人曰世亂此無主曰梨無主吾心獨無主乎轉魯留魏人見其有德稍稍從之居三年聞亂且定乃還懷往來河洛間從柳城姚樞得伊洛程氏及新安朱氏書益大有得尋居蘇門與樞及竇默相講習凡經傳子史禮樂名物星歷兵刑食貨水利之類無所不講而慨然以道爲己任嘗語人曰綱常不可一日而亡於天下苟在上者無以任之則在下之任也凡喪祭娶嫁必徵於禮以倡其鄉人學者寖盛家貧躬耕粟熟則食粟不熟則食糠覈菜茹處之泰然謳誦之聲聞戶外如金石才有餘卽以分諸族人及諸生之貧者人有所遺一毫弗義弗受也樞嘗被召入京師以其雪齋居衡命守者館之衡拒不受也有果熟爛墮地童子過之亦不睨視而去其家人化之如此甲寅世祖出王秦中以姚樞爲勸農使教民畊植又思所以化秦人乃召衡爲京兆提學秦人新脫於兵欲學無師聞衡來人人莫不喜幸來學郡縣皆建學校民大化之世祖南征乃還懷學者攀留之不得從送之臨潼而歸中統元年世祖卽皇帝位召至京師時王文統以言利進爲平章政事衡樞輩入侍言治亂休戚必以義爲本文統患之且竇默日於帝前排其學術疑衡與之爲表裏乃奏以樞爲太子太師默爲太子太傅衡爲太子太保陽爲尊用之實不使數侍上也默以屢攻文統不中欲因東宮以避禍與樞拜命將入謝衡曰此不安於義也姑勿論禮師傅與太子位東西鄉師傅坐太子乃坐公等度能復此乎不能則師道自我廢也樞以爲然乃相與懷制立殿下五辭乃免改命樞大司農默翰林侍講學士衡國子祭酒未幾衡亦謝病歸至元二年帝以安童爲右丞相欲衡輔之復召至京師命議事中書省衡乃上疏曰臣性識愚陋學術荒疎不意虛名偶塵聖聽陛下好賢樂善舍短取長雖以臣之不才自甲寅至今十有三年凡八被詔旨中懷自念何以報塞又日者面奉德音叮嚀懇至中書大務容臣盡言臣雖昏愚荷陛下知待如此其厚敢不罄竭所有裨益萬分孟子以責難於君謂之恭陳善閉邪謂之敬孔子謂以道事君不可則止臣之所守大意蓋如此也伏望陛下寬其不佞察其至懷則區區之愚亦或有小補云其一曰自古立國皆有規模循而行之則治功可期否則心疑目眩變易分更未見其可也昔子產相衰周之列國孔明治西蜀之一隅且有定論終身由之而堂堂天下可無一定之說而妄爲之哉考之前代北方之有中夏者必行漢法乃可長久故後魏遼金歷年最多他不能者皆亂亡相繼史冊具載昭然可考使國家而居朔漠則無事論此也今日之治非此奚宜夫陸行宜車水行宜舟反之則不能行幽燕食寒蜀漢食熱反之則必有變以是論之國家之當行漢法無疑也然萬世國俗累朝勳舊一旦驅之下從臣僕之謀改就亡國之俗其勢有甚難者切嘗思之寒之與暑固爲不同然寒之變暑也始於微溫溫而熱熱而暑積百有八十二日而寒始盡暑之變寒其勢亦然是亦積之之驗也苟能漸之摩之待以歲月心堅而確事易而常未有不可變者此在陛下尊信而堅守之不雜小人不責近效不恤流言則致治之功庶幾可成矣二曰中書之務不勝其煩然其大要在用人立法二者而已矣近而譬之髮之在首不以手理而以櫛理食之在器不以手取而以匕取手雖不能而用櫛與匕是卽手之爲也上之用人何以異此然人之賢否未知其詳固不可得而遽用也然或已知其孰爲君子孰爲小人而復患得患失莫敢進退徒曰知人而實不能用人亦何益哉人莫不飲食也獨膳夫爲能調五味之和莫不睹日月也獨星官爲能步虧食之數者誠以得其法故也古人有言曰爲高必因丘陵爲下必因川澤爲政必因先王之道今里巷之談動以古爲詬戲不知今日口之所食身之所衣皆古人遺法而不可違者豈天下之大國家之重而古之成法反可違邪其亦弗思甚矣夫治人者法也守法者人也人法相維上安下順而宰執優游於廊廟之上不煩不勞此所謂省也夫立法用人今雖未能遽如古昔然已任者當給俸以養其廉未仕者當寬立條格俾就叙用則失職之怨少可舒矣外設監司以察汚濫內專吏部以定資歷則非分之求漸可息矣再任三任抑高舉下則人才爵位略可平矣至於貴家之世襲品官之任子版籍之數續當議之亦不可緩也其三曰民生有欲無主乃亂上天眷命作之君師此蓋以至難任之非予之可安之地而娛之也是以堯舜以來聖帝明王莫不兢兢業業小心畏愼者誠知天之所畀至難之任初不可以易心處之也知其爲難而以難處則難或可爲不知爲難而以易處則他日之難有不可爲者矣孔子曰爲君難爲臣不易爲臣之道臣已告之安童矣至爲君之難尤陛下所當專意也臣請言其切而要者夫人君不患出言之難而患踐言之難知踐言之難則其出言不容不愼矣昔劉安世行一不妄語七年而後成夫安世一士人也所交者一家之親一鄉之衆也同列之臣不過數十百人而止耳而言猶若此況天下之大兆民之衆事有萬變日有萬機人君以一身一心而酬酢之欲言之無失豈易能哉故有昔之所言而今日忘之者今之所命而後日自違者可否異同紛更變易紀綱不得布法度不得立臣下無所持循姦人因以爲弊天下之人疑惑驚眩且議其無法無信一至於此也此無他至難之地不以難處而以易處故也苟從大學之道以脩身爲本凡一言一行必求其然與其所當然不牽於愛不蔽於愉不因於喜不激於怒虛心端意熟思而審處之雖有不中者蓋鮮矣奈何爲人上者多樂舒肆爲人臣者多事容悅容悅本爲私也私心盛則不畏人矣舒肆本爲欲也欲心盛則不畏天矣以不畏天之心與不畏人之心咸合無間則其所務者皆快心事耳快心則口欲言而言身欲動而動又安肯兢兢業業以脩身爲本一言一動熟思而審處之乎此人君踐言之難而又難於天下之人也人之情僞有易有險險者難知易者易知此特係夫人之險易者然也然又有衆寡之分焉寡則易

知衆則難知故在上者難於知下而在下者易於知上其勢然也處難知之地御難知之人欲其不見欺也難矣昔包拯剛嚴峭直號爲明察然一小吏而能欺之然拯一京尹耳其見欺於人不過誤一事害一人而已人君處億兆之上操予奪進退賞罰生殺之權不幸見欺則以非爲是以是爲非其害有不可勝旣也人君惟無喜怒也有喜怒則贊其喜以市恩鼓其怒以張勢人君惟無愛憎也有愛憎則假其愛以濟私藉其憎以復怨甚至本無喜也詐之使喜本無怒也激之使怒本不足愛也而誑譽之使愛本無可憎也而強短之使憎若是則進者未必爲君子退者未必爲小人予者未必爲有功奪者未必爲有罪以至賞之罰之生之殺之鮮有得其正者人君不悟其受欺也而反任之以防天下之欺欺而至此尚可防邪大抵人君以知人爲貴以用人爲急用得其人則無事於防矣旣不出此則所近者爭進之人耳好利之人耳無恥之人耳彼挾其詐術千蹊萬徑以蠱君心欲防其欺雖堯舜不能也夫賢者以公爲心以愛爲心不爲利回不爲勢屈寘之周行則庶事得其正天下被其澤其於人國重固如此也夫賢者遭時不偶務自韜晦世固未易知也雖或知之而無所援引則人君無由知也人君知之然召之命之況如厮養賢者有不屑也雖或接之以貌待之以禮然而言不見用賢者不處也或用其言也而復使小人參之責小利期近效有用賢之名無用賢之實賢者亦豈肯尸位素餐以取譏於天下哉此特難進者也而又有難合者焉人君處崇高之地大抵樂聞人過而不樂於聞己之過務快己之心而不務快民之心賢者必欲匡而正之扶而安之如堯舜之正堯舜之安而後已故其勢恒難合況夫奸邪佞倖醜正而惡直肆爲詆毀多方以陷之將見罪戾之不免又可望其庶事得其正而天下被其澤邪自古及今端人雅士所以重於進而輕於退者蓋以此耳大禹聖人聞善即拜益猶戒之以任賢勿貳去邪勿疑後世人主宜如何也此任賢之難也奸邪之人其爲心也險其用術也巧惟險也故千態萬狀而人莫能知惟巧也故千蹊萬徑而人莫能禦其諂似恭其訐似直其欺似可信其佞似可近務以窺人君之喜怒而迎合之竊其勢以立己之威濟其欲以結主之愛愛隆於上威擅於下大臣不敢議近親不敢言毒被天下而上莫之知至是而求去之亦已難矣雖然此特人主之不悟者也猶有說焉如宇文士及之佞大宗灼見其情而不能斥李林甫妒賢嫉能明皇洞見其奸而不能退邪之或人有如此者可不畏哉夫上以誠愛下則下以忠報上感應之理然也然考之往昔有不可以常情論者禹抑洪水以救民啓又能敬承繼禹之道其澤深矣然一傳而太康失道則萬姓仇怨而去者何邪漢高帝起布衣天下影從滎陽之難紀信至捐生以赴急則人心之歸可見矣及天下已定而沙中有謀反者又何邪竊嘗思之民之戴君本於天命初無不順之心特由使之失望使之不平然後怨怒生焉禹啓愛民如赤子而太康逸豫以滅德是以失望漢高以寬仁得天下及其已定乃以愛憎行誅賞是以不平古今人君凡有恩澤於民而民怨且怒者皆類此也夫人君有位之初旣出美言而告天下矣旣而實不能副故怨生焉等人臣耳無大相遠人君特以已之私而厚一人則其薄者已疾之矣況於薄有功而厚有罪人得不怒於心邪必如古者大學之道以脩身爲本一言一動舉可以爲天下之法一賞一罰舉可以合天下之公則億兆之心將不求而自得又豈有失望不平之累哉三代而下稱盛治者無如漢之文景然考之當時天象數變山崩地震未易遽數是將小則有水旱之災大則有亂亡之應非徒然而已也而文景克承天心一以養民爲務今年勸農桑明年減田租懇愛如此宜其民心得而和氣應也臣竊見前年秋孛出西方彗出東方去年冬彗見東方復見西方議者謂當除舊布新以應天變臣以爲曷若直法文景之恭儉愛民爲理明義正而可信也天之樹君本爲下民故孟子謂民爲重君爲輕書亦曰天視自我民視天聽自我民聽以是論之則天之道恒在於下恒在於不足也君人者不求之下而求之高不求之不足而求之有餘斯其所以召天變也其變已生其象已著乖戾之幾已萌猶且因仍故習抑其下而損其不足謂之順天不亦難乎此六者皆難之目也舉其要則脩德用賢愛民三者而已此謂治本本立則紀綱可布法度可行治功可必否則愛惡相攻善惡交病生民不免於水火以是以治萬不能也其四曰語古之聖君必曰堯舜語古之賢相必曰稷契蓋堯舜能知天道而順承之稷契又知堯舜之心而輔贊之此所以爲法於天下可傳於後世也夫天道好生而不私堯與舜亦好生而不私若克明俊德至於黎民於變敬授人時至於庶績咸熙此順承天道之實也稷播百穀以厚民生契敷五教以善民心此輔贊堯舜之實也臣嘗復熟推衍思之又思參之往古聖賢之言無不同驗之歷代治亂之迹無不合蓋此道之行民可使富兵可使強人才可使盛國勢可使重夙夜念之至熟也今國家徒知斂財之巧而不知生財之由徒知防人之欺而不欲養人之善徒患法令之難行而不患法令無可行之地誠能優重農民勿擾勿害毆游惰之人而歸之南畝課之種藝懇喻而督行之十年之後倉府之積當非今日之比矣自都邑而至州縣皆設學校使皇子以下至於庶人之子弟皆入於學以明父子君臣之大倫自灑掃應對以至平天下之要道十年已後上知所以御下下知所以事上上下和睦又非今日之比矣二者之行萬目斯舉否則他皆不可期也是道也堯舜之道也孟子曰我非堯舜之道不敢以陳於王前臣愚區區竊亦願學也其五曰天下所以定者民志定則士安於士農安於農工商安於爲工商則在上之人有可安之理矣夫民不安於白屋必求祿仕仕不安於卑位必求尊榮四方萬里輻輳並進各懷無厭無恥之心在上之人可不爲寒心哉臣聞取天下者尚勇敢守天下者尚退讓取也守也各有其宜君人者不可不審也夫審而後發發無不中否則觸事而遽喜怒之色見於貌言出於口人皆知之徐考其故知其無可喜者則必悔其喜之失無可怒者則必悔其怒之失甚至先喜而後怒先怒而後喜號令數變喜怒不節之故也是以先王潛心恭默不易喜怒其未發也雖至近莫能知其發也雖至親莫能移是以號令簡而無悔則無不中節矣夫數變不可也數失信尤不可也周幽無道故不恤此今無此何若使人之不信也書奏帝嘉納之衡自見帝多奏陳及退皆削其草故其言多秘世罕得聞所傳者特此耳衡多病帝聽五日一至省時賜尚方名藥美酒以調養之四年乃聽其歸懷五年復召還奏對亦秘六年命與太常卿徐世隆定朝儀儀成帝臨觀甚悅又詔與太保劉秉忠左丞張文謙定官制衡歷考古今分併統屬之序去其權攝增置冗長側置者凡省部院臺郡縣與夫后妃儲藩百司所聯屬統制定爲圖七年奏上之翌日使集公卿雜議中書院臺行移之體衡曰中書佐天子總國政院臺宜具呈時商挺在樞密高鳴在臺皆不樂欲定爲咨稟因大言以動衡曰臺院皆宗親大臣若一忤禍不可測衡曰吾論國制耳何與於人遂以其言質帝前帝曰衡言是也吾意亦若是未幾阿合馬爲中書平章政事領尚書省六部事因擅權勢傾朝野一時大臣多阿之衡每與之議必正言不少讓已而其子又有僉樞密院之命衡獨執議曰國家事權兵民財三者而已今其父典民與財子又典兵不可帝曰卿慮其反邪衡對曰彼雖不反此反道也阿合馬由是銜之亟薦衡宜在中書欲因以事中之俄除左丞衡屢入辭免帝命左右掖衡出衡出及闕還奏曰陛下命臣出豈出省邪帝笑曰出殿門耳從幸上京乃論列阿合馬專權罔上蠹政害民若干事不報因謝病請解機務帝惻然召其子師可入諭旨且命舉自代者衡奏曰用人天子之大柄也臣下汎論其賢否則可若授之以位則當斷自宸衷不可使臣下有市恩之漸也帝久欲開太學會衡請罷益力乃從其請八年以爲集賢大學士兼國子祭酒親爲擇蒙古弟子俾教之衡聞命喜曰此吾事也國人子大朴未散視聽專一若置之善類中涵養數年將必爲國用乃請徵其弟子王梓劉季偉韓思永耶律有尚呂端善姚燧高凝白棟蘇郁姚燉孫安劉安中十二人爲伴讀詔驛召之來京師分處各齋以爲齋長時所選弟子皆幼稚衡待之如成人愛之如子出入進退其嚴若君臣其爲教因覺以明善因明以開蔽相其動息以爲張弛課誦少暇即習禮或習書筭少者則令習拜跪揖讓進退應對或射或投壺負者罰讀書若干遍久之諸生人人自得尊師敬業下至童子亦知三綱五常爲生人之道十年權臣屢毀漢法諸生廩食或不繼衡請還懷帝以問翰林學士王磐磐對曰衡教人有法諸生行可從政此國之大體宜勿聽其去帝命諸老臣議其去留竇默爲衡懇請之乃聽衡還以贊善王恂攝學事劉秉忠等奏乞以衡弟子耶律有尚蘇郁白棟爲助教以守衡規矩從之國家自得中原用金大明歷自大定是正後六七十年氣朔加時漸差帝以海宇混一宜協時正日十三年詔王恂定新歷恂以爲歷家知歷數而不知歷理宜得衡領之乃以集賢大學士兼國子祭酒教領太史院事召至京衡以爲冬至者歷之本而求歷本者在驗氣今所用宋舊儀自汴還至京師已自乖舛加之歲久規環不叶乃與太史令郭守敬等新製儀象圭表自丙子之冬日測晷景得丁丑戊寅己卯三年冬至加時減大明歷十九刻二十分又增損古歲餘歲差法上考春秋以來冬至無不盡合以月食衝及金木二星距驗冬至日躔校舊歷退七十六分以日轉遲疾中平行度驗月離宿度加舊歷三十刻以綫代管闚測赤道宿度以四正定氣立損益限以定日之盈縮分二十八限爲三百三十六以定月之

遲疾以赤道變九道定月行以遲疾轉定度分定朔而不用平行度以日月實合時刻定晦而不用虛進法以躔離朓朒定交食其法視古皆密而又悉去諸歷積年日月法之傳會者一本天道自然之數可以施之永久而無弊自餘正訛完闕蓋非一事十七年歷成奏上之賜名曰授時歷頒之天下六月以疾請還懷皇太子爲請於帝以子師可爲懷孟路總管以養之且使東宮官來諭衡曰公毋以道不行爲憂也公安則道行有時矣其善藥自愛十八年衡病革家人祠衡曰吾一日未死寧不有事於祖考扶而起奠獻如儀既撤家人餕怡怡如也已而卒年七十三是日大雷電風拔木懷人無貴賤少長皆哭於門四方學士聞訃皆聚哭有數千里來祭哭墓下者衡善教其言煦煦雖與童子語如恐傷之故所至無貴賤賢不肖皆樂從之隨其才昏明大小皆有所得可以爲世用所去人皆哭泣不忍舍服念其教如金科玉條終身不敢忘或未嘗及門傳其緒餘而折節力行爲名世者往往有之聽其言雖武人俗士異端之徒無不感悟者丞相安童一見衡語同列曰若輩自謂不相上下蓋十百與千萬也翰林承旨王磐氣槩一世少所與可獨見衡曰先生神明也大德二年贈榮祿大夫司徒謚文正至大二年加正學垂憲佐運功臣太傅開府儀同三司封魏國公皇慶二年詔從祀孔子廟廷延祐初又詔立書院京兆以祀衡給由奉祠事名魯齋書院魯衡居魏時所署齋名也子師可

竇默 李俊民附

竇默字子聲初名傑字漢卿廣平肥鄉人幼知讀書毅然有立志族祖旺爲郡功曹令習吏事不肯就會國兵伐金默爲所俘同時被俘者三十人皆見殺惟默得脫歸其鄉家破母獨存驚怖之餘母子俱得疾母竟亡扶病藁葬而大兵復至遂南走渡河依母黨吳氏醫者王翁妻以女使業醫轉客蔡州遇名醫李浩授以銅人針法金主遷蔡默恐兵且至又走德安孝感令謝憲子以伊洛性理之書授之默自以爲昔未嘗學而學自此始適中書楊惟中奉旨招集儒道釋之士默乃北歸隱於大名與姚樞許衡朝暮講習至忘寢食繼還肥鄉以經術教授由是知名世祖在潛邸遣召之默變姓名以自晦使者俾其友人往見而微服躡其後默不得已乃拜命既至問以治道默首以三綱五常爲對世祖曰人道之端孰大於此失此則無以立於世矣默又言帝王之道在誠意正心心既正則朝廷遠近莫敢不一於正一日凡三召與語奏對皆稱旨自是敬待加禮不令暫去左右世祖問今之明治道者默薦姚樞即召用之俄命皇子真金從默學賜以玉帶鉤諭之曰此金內府故物汝老人佩服爲宜且使我子見之如見我也久之請南還命大名順德各給田宅有司歲具衣物以爲常世祖即位召至上都問曰朕欲求如唐魏徵者有其人乎默對曰犯顏諫諍剛毅不屈則許衡其人也深識遠慮有宰相才則史天澤其人也天澤時宣撫河南帝即召拜右丞相以默爲翰林侍講學士時初建中書省平章政事王文統頗見委任默上書曰臣事陛下十有餘年數承顧問與聞聖訓有以見陛下急於求治未嘗不以利生民安社稷爲心時先帝在上姦臣擅權總天下財賦操執在手貢進奇貨衒耀紛華以娛悅上心其扇結朋黨離間骨肉者皆此徒也此徒當路陛下所以不能盡其初心救世一念涵養有年矣今天順人應誕登大寶天下生民莫不懽忻踴躍引領盛治然平治天下必用正人端士脣吻小人一時功利之說必不能定立國家基本爲子孫久遠之計其賣利獻勤乞憐取寵者使不得行其志斯可矣若夫鉤距揣摩以利害驚動人主之意者無他意在擯斥諸賢獨執政柄耳此蘇張之流也惟陛下察之伏望別選公明有道之士授以重任則天下幸甚他日默與王鶚姚樞俱在帝前復面斥文統曰此人學術不正久居相位必禍天下帝曰然則誰可相者默曰以臣觀之無如許衡帝不悅而罷文統深忌之乃請以默爲太子太傅默辭曰太子位號未正臣不敢先受太傅之名乃復以爲翰林侍講學士詳見許衡傳默俄謝病歸未幾文統伏誅帝追憶其言謂近臣曰曩言王文統不可用者惟竇漢卿一人向使更有一二人言之朕寧不之思耶召還賜第京師命有司月給廩祿國有大政輒以訪之默與王磐等請分置翰林院專掌蒙古文字以翰林學士承旨撒的迷底里主之其翰林兼國史院仍舊纂修國史典制誥備顧問以翰林學士承旨兼修起居注和禮霍孫主之帝可其奏默又言三代所以風俗淳厚歷數長久者皆設學養士所致今宜建學立師博選貴族子弟教之以示風化之本帝嘉納之默嘗與劉秉忠姚樞劉肅商挺侍上前默言君有過舉臣當直言都俞吁咈古之所尚今則不然君曰可臣亦以爲可君曰否臣亦以爲否非善政也明日復侍帝於幄殿獵者失一鶻帝怒侍臣或從旁大聲謂宜加罪帝惡其迎合命杖之釋獵者不問既退秉忠等賀默曰非公誠結主知安得感悟至此至元十二年默年八十公卿皆往賀帝聞之拱手曰此輩賢者安得請於上帝減去數年留朕左右共治天下惜今老矣悵然者久之默既老不視事帝數遣中使以珍玩及諸器物往存問焉十七年加昭文館大學士卒年八十五訃聞帝深爲嗟悼厚加賵賜皇太子亦賻以鈔二千貫命有司護送歸葬肥鄉默爲人樂易平居未嘗評品人物與人居溫然儒者也至論國家大計面折廷諍人謂汲黯無以過之帝嘗謂侍臣曰朕求賢三十年惟得竇漢卿及李俊民二人又曰如竇漢卿之心姚公茂之才合而爲一斯可謂全人矣後累贈太師封魏國公謚文正子履集賢大學士

李俊民字用章澤州人得河南程氏傳受之學金承安中舉進士第一應奉翰林文字未幾棄官不仕以所學教授鄉里從之者甚盛至有不遠千里而來者金源南遷隱於嵩山後徙懷州俄復隱於西山既而變起倉猝人服其先知俊民在河南時隱士荊先生者授以邵雍皇極數時之知數者無出劉秉忠之右亦自以爲弗及先世祖在潛藩以安車召之延訪無虛日遂乞還山世祖重違其意遣中貴人護送之又嘗令張仲一問以禎祥及即位其言皆驗而俊民已死賜謚莊靜先生

元史卷一百五十八考證

竇默傳醫者王翁妻以女○臣宗萬按通鑑王翁作李浩

元史卷一百五十九

明翰林學士亞中大夫知制誥兼修國史宋　濂等修

列傳第四十六

宋子貞

宋子貞字周臣潞州長子人也性敏悟好學工詞賦弱冠領薦書試禮部與族兄知柔同補太學生俱有名於時人以大小宋稱之金末潞州亂子貞走趙魏間宋將彭義斌守大名辟爲安撫司計議官義斌歿子貞率衆歸東平行臺嚴實實素聞其名招置幕府用爲詳議官兼提舉學校先是實每令人請事于朝托近侍奏決不經中書因與丞相耶律楚材有違言子貞至勸實致禮丞相通慇懃凡奏請必先咨稟丞相喜自是交懽無間實因此益委信子貞太宗四年實戍黃陵金人悉力來攻與戰不利敵勢頗張曹濮以南皆震有自敵中逃歸者言今兵且大至人情恟懼子貞請於實斬揭言者首以令諸城境內乃安汴梁既下飢民北徙餓殍盈道子貞多方賑救全活者萬餘人金士之流寓者悉引見問給且薦用之拔名儒張特立劉肅李昶輩於羈旅與之同列四方之士聞風而至故東平一時人材多於他鎮七年太宗命子貞爲行臺右司郎中中原略定事多草創行臺所統五十餘城州縣之官或擢自將校或起由民伍率昧於從政甚者專以掊克聚斂爲能官吏相與爲貪私以病民子貞倣前代觀察采訪之制命官分三道糾察官吏立爲程式與爲期會黜貪墮獎廉勤官府始有紀綱民得蘇息東平將校占民爲部曲戶謂之腳寨擅其賦役幾四百所子貞請罷歸州縣實初難之子貞力言乃聽人以爲便實卒子忠濟襲爵尤敬子貞請于朝授參議東平路事兼提舉太常禮樂子貞作新廟學延前進士康曄王磐爲教官招致生徒幾百人出粟贍之俾習經藝每季程試必親臨之齊魯儒風爲之一變歲己未世祖南伐召子貞至濮問以方略對曰本朝威武有餘仁德未洽所以拒命者特畏死爾若投降者不殺脅從者勿治則宋之郡邑可傳檄而定也世祖善其言中統元年授益都路宣撫使未幾入覲拜右三部尚書時新立省部典章制度多子貞裁定李璮叛據濟南詔子貞參議軍前行中書省事子貞單騎至濟南觀璮形勢因說丞相史天澤曰璮擁衆東來坐守孤城宜增築外城防其奔突彼糧盡援絕不攻自破矣議與天澤合遂擒璮子貞還上書陳便宜十事大略謂官爵人主之柄選法宜盡歸吏部律令國之紀綱宜早刊定監司總統一路用非其材不厭人望乞選公廉有才德者爲之令州縣官相傳以世非法賦斂民窮無告宜遷轉以革其弊又請建國學教胄子敕州郡提學課試諸生三年一貢舉有旨命中書次第施行之至元二年始罷州縣官世襲遣子貞與左丞相耶律鑄行山東遷調所部官還授翰林學士參議中書省事奏請班俸祿定職田從之俄拜中書平章政事復陳時務之切要者十二策帝頗悔用子貞晚未幾以年老求退帝曰卿氣力未衰勉爲朕留措置大事俟百司差有條理聽卿自便三年十一月懇辭乃得請特敕中書凡有大事即其家訪

問子貞私居每聞朝廷事不便必封疏上奏愛君憂國不以進退異其心卒年八十一始病家人進醫藥却之曰死生有命吾年踰八十何以藥爲病危諸子請遺言子貞曰吾平昔教汝者不少今尚何言耶子渤字齊彥有才名官至集賢學士

商挺

商挺字孟卿曹州濟陰人其先本姓殷氏避宋諱改爲父衡僉陝西行省員外郎以戰死挺年二十四汴京破北走依冠氏趙天錫與元好問楊奐遊東平嚴實聘爲諸子師實卒子忠濟嗣辟挺爲經歷出爲曹州判官未幾復爲經歷贊忠濟興學養士癸丑世祖在潛邸受京兆分地聞挺名遣使徵至鹽州入對稱旨宇而不名問陪宴語因曰挺來時李璮城朐山東平當餽米萬石東平至朐山率十石致一石且車淖于雨必後期後期罪死請輸沂州使璮軍取食便世祖曰愛民如此忍不卿從楊惟中宣撫關中挺爲郎中兵火之餘八州十二縣戶不滿萬皆驚憂無聊挺佐惟中進賢良黜貪暴明尊卑出淹滯定規程主簿責印楮幣頒俸祿務農薄稅通其有無期月民乃安誅一大猾羣吏咸懼且請減關中常賦之半明年惟中罷廉希憲來代陞挺爲宣撫副使丙辰徵京兆軍需布萬疋米三千石帛三千段械器稱是輸平涼軍期迫甚郡人大恐挺曰他易集也運米千里妨我蠶麥鄧長王姓者平涼人也挺召與謀對曰不煩官運僕家有積粟請以代輸挺大悅載價與之他輸亦如期復命兼治懷孟境內大治丁巳憲宗命阿藍荅兒會計河南陝右戊午罷宣撫司挺還東平憲宗親征蜀世祖將趨鄂漢軍于小濮召問軍事挺對曰蜀道險遠萬乘豈宜輕動世祖默然久之曰卿言正契吾心憲宗崩世祖北還道遣張文謙與挺計事挺曰軍中當嚴符信以防姦詐文謙急追及言之世祖大悟罵曰無一人爲我言此非商孟卿幾敗大計速遣使至軍立約未幾阿里不哥之使至軍中執而斬之召挺北上至開平挺與廉希憲密贊大計世祖既卽位挺奏曰南師宜還壓乘輿西師宜軍便地從之以廉希憲及挺宣撫陝蜀中統元年夏五月至京兆哈剌不花者征蜀時名將也渾都海嘗爲之副時駐六盤山以兵應阿里不哥挺謂希憲曰爲六盤有三策悉銳而東直擣京兆上策也聚兵六盤觀釁而動中策也重裝北歸以應和林下策也希憲曰彼將何從挺曰必出下策已而果然於是與希憲定議令八春汪良臣發兵禦之事具希憲傳六盤之兵旣北而阿藍荅兒自和林引兵南來與哈剌不花渾都海遇於甘州哈剌不花以語不合引其兵北去阿藍荅兒遂與渾都海合軍而南時諸王合丹率騎兵與八春汪良臣兵合乃分爲三道以拒之旣陣大風吹沙良臣令軍士下馬以短兵突其左繞出陣後潰其右而出八春直擣其前合丹勒精騎邀其歸路大戰于甘州東殺阿藍荅兒渾都海事聞帝大悅曰商孟卿古之良將也改宣撫司爲行中書省進希憲爲右丞挺爲僉行省事二年進參知政事宋將劉整以瀘州降繫前降宋者數百人來歸軍吏請誅以戒挺盡奏而釋之興元判官費寅有罪懼誅以借兵完城事訟挺與希憲于朝帝召挺便殿問曰卿在關中懷孟兩著治効而毁言日至豈同寅有沮卿者耶抑位高而志怠耶比年論王文統者甚衆卿獨無一言挺對曰臣素知文統之爲人嘗與趙璧論之想陛下有能記也臣在秦三年多過其或從權以應變者有之若功成以歸已事敗分咎於人臣必不敢請就戮挺旣出帝顧駙馬忽剌出樞副合荅等數挺前後大計凡十有七因嘆曰挺有功如是猶自言有罪若此誰復爲朕戮力耶卿等識之四年賜金符行四川行樞密院事至元元年入拜參知政事建議史事附脩遼金二史宜令王鶚李治徐世隆高鳴胡祗遹周砥等爲之甚合帝意二年分省河東俄召還三年帝留意經學挺與姚樞竇默王鶚楊果纂五經要語凡二十八類以進六年同僉樞密院事七年遷僉書八年陞副使數軍食定軍官品級給軍吏四千人屯田開懇三萬畝收其穫以餉親軍汰不勝軍者戶三萬戶一丁者亦汰去丁多業寡業多丁寡財力相資合出一軍九年封皇子忙阿剌爲安西王立王相府以挺爲王相十四年詔王北征王命挺曰關中事有不便者可悉更張之挺曰延安民兵數千宜使李忽蘭吉練習之以備不虞未幾禿魯叛以延安兵應敵果獲其力挺進十策於王曰睦親鄰安人心敬民時備不虞厚民生一事權淸心源謹自治固本根察下情王爲置酒嘉納王薨王妃使挺請命于朝以子阿難荅嗣帝曰年少祖宗之訓未習卿姑行王相府事初運使郭琮郎中郭叔雲與王相趙炳搆隙或告炳不法妃命囚之六盤獄以死朝廷疑擅殺之執琮叔雲鞫問伏辜事具趙炳傳初無一毫及挺惟王府女奚徹徹以預二郭謀臨刑望以求生始有曖昧語連挺及其子瓛帝怒召挺拘炳家瓛下獄帝命趙氏子曰商孟卿老書生可與諸儒讞其罪吏部尚書靑陽夢炎以議勳奏曰臣宋儒不知挺向來之功可補今之過否帝不悅曰是同類相助之辭也符寶郎董文忠奏曰夢炎不知挺何如人臣以曩時推戴之功語之矣帝良久曰其事果何如對曰臣目未覩耳固聞之殺人之謀挺不與也帝默然十六年春有旨挺不可全以無罪釋之籍其家是冬始釋挺及瓛二十年復樞密副使俄以疾免二十一年趙氏子復訟父寃挺又被繫百餘日乃釋二十五年帝問中丞董文用曰商孟卿今年幾何對曰八十帝甚惜其老而嘆其康强是歲冬十有二月卒有詩千餘篇尤善隸書延祐初贈推誠協謀佐運功臣太師開府儀同三司上柱國魯國公謚文定子五人琥璘瑭瓛琦琥字合符至元十四年以姚樞許衡薦拜江南行御史臺監察御史建康戍卒有利湯氏財者投戈于其家誣爲反具琥知其寃罪誣者而釋之華亭蟠龍寺僧思月謀叛被擒其黨縱火來刦民大擾琥亟誅其魁文法吏責琥擅誅行臺中丞張雄飛曰江南殘毁之餘盜賊屢起顧尚循常例安用憲臺爲哉吏議遂屈都昌妖賊杜辛一僭號倡亂行臺檄琥按問械繫脅從者盈獄琥悉以詿誤縱遣之黨與竄伏者猶衆琥揭牓招徠不三日雲集二十七年徵拜中臺監察御史屬地震琥上書言昔漢文帝有此異而無其應蓋以躬行德化而弭也因條陳漢文時政以進又言爲國之道在立法任人二者而已法不徒立須人而行人不濫用惟賢是擇因舉天下名士十餘人帝從之皆召用待以不次三十年遷國子司業卒有彝齋文集瑭字禮符仕爲右衛屯田千戶歲餘謝病侍親時年纔三十三後還鄉里築室曰晦道堂蓋取七世祖宗弼宋仁宗時爲太子中舍八年五十掛冠所築堂名也琦字德符大德八年成召備宿衛仁宗在東宮奏授集賢直學士調大名路治中不赴皇慶元年授集賢侍講學士延祐四年陞侍讀官通奉大夫賜鈔二萬五千貫泰定元年遷秘書卿病歸卒琦善畫山水嘗使蜀持平守法秋毫無私

趙良弼

趙良弼字輔之女直人也本姓朮要甲音訛爲趙家因以趙爲氏父愨金威勝軍節度使謚忠閔愨長子良貴嵩汝招討使良貴子蘊許州兵官愨從子良材守太原俱死事良弼明敏多智略初舉進士教授趙州世祖在潛藩召見占對稱旨會立邢州安撫司擢良弼爲幕長邢久不得善吏且當要衝使者旁午民多逃去良弼區畫有方事或掣制則請諸藩邸再閱歲凡六往返所請無不從脫兀脫以斷事官鎭邢其屬要結罪廢者交搆嫌隙動相沮撓世祖時征雲南良弼馳驛白其事遂黜脫兀脫罷其屬邢大治戶口增倍世祖在潛藩時分地在關陝奏以廉希憲商挺宣撫陝西以良弼參議司事阿藍荅兒當國憚世祖英武讒于憲宗遂以阿藍荅兒爲陝西省左丞相劉太平參知政事鉤校京兆錢穀煆煉羣獄死者二十餘人衆皆股栗良弼力陳大義詞氣懇款二人卒不能誣故宣撫司一無所坐己未七月世祖南征召參議元帥事兼江淮安撫使親執桴鼓率先士卒五戰皆捷禁焚廬舍殺降民所至宣布恩德民皆按堵旣渡江攻鄂州聞憲宗崩世祖北還良弼陳時務十二事言皆有徵至衛遣如京兆察訪秦蜀人情事宜不踰月具得實還報曰宗王穆哥無他心宜以西南六盤悉委屬之渾都海屯軍六盤士馬精强咸思北歸恐事有不意紐鄰總秦川蒙古諸軍多得秦蜀民心年少鷙勇輕去就當寵以重職疾解其兵柄劉太平霍魯懷今行尚書省事聲言辦集糧餉陰有據秦蜀志百家奴劉黑馬汪惟正兄弟蒙被德惠俱悉心俟命其言皆見采用庚申良弼凡五上言勸進曰今中外皆願大王早進正宸以安天下事勢如此豈容中止社稷安危間不容髮世祖嘉之旣卽位立陝西四川宣撫司復以廉希憲商挺爲使副良弼爲參議良弼先行諜諸斷事官八春曰今渾都海日夜思北歸紐鄰遷延不卽行當先遣使奉上旨促紐鄰入朝劉太平速還京兆八春從其議至則紐鄰果移營將入涇劉太平將趨六盤聞命乃止後渾都海果叛北歸良弼與汪惟正劉黑馬二宣撫決議執渾都海之黨元帥乞台不花迷立火者誅之希憲及挺慮有擅殺名遣使入奏待罪良弼具密狀授使者言始遣捕二帥時止令囚以俟報臣竊以爲張惶不便宜急誅之擅殺在臣實不在宣撫司若上怒希憲等願使者卽出此奏帝竟不問使者以奏白政府咸以良弼爲長者陞參議陝西省事蜀人費寅以私憾誣廉希憲商挺在京兆有異志者九事以良弼爲徵帝召良弼詰問良弼泣曰二臣忠良保無是心願剖臣心以明之帝意不釋會平李璮得王文統交通書益有疑二臣意切責良弼無所不至欲斷其舌良弼誓死不少變帝意乃解費寅卒以反誅至元七年以良弼爲經略使領高麗屯田良弼言屯田不便固辭遂以良弼奉使日本先是至元初數遣使通日本卒不得要領於是良弼請行帝憫其老不許良弼固請乃授秘書監以行良弼奏臣

父兄四人死事于金乞命翰林臣文其碑臣雖死絕域無憾矣帝從其請給兵三千以從良弼辭獨與書狀官二十四人俱舟至金津島其國人望見使舟欲舉刃來攻良弼捨舟登岸喻旨金津守延入板屋以兵環之滅燭大譟良弼凝然自若天明其國太宰府官陳兵四山問使者來狀良弼數其不恭罪仍喻以禮意太宰官愧服求國書良弼曰必見汝國王始授之越數日復來求書且曰我國自太宰府以東上古使臣未有至者今大朝遣使至此而不以國書見授何以示信良弼曰隋文帝遣裴淸來王郊迎成禮唐太宗高宗時遣使皆得見王王何獨不見大朝使臣乎復索書不已詰難往復數四至以兵脅良弼良弼終不與但頗錄本示之後又聲言大將軍以兵十萬來求書良弼曰不見汝國王寧持我首去書不可得也日本知不可屈遣使介十二人入覲仍遣人送良弼至對馬島十年五月良弼至自日本入見帝詢知其故曰卿可謂不辱君命矣後帝將討日本三問良弼言臣居日本歲餘覩其民俗狠勇嗜殺不知有父子之親上下之禮其地多山水無耕桑之利得其人不可役得其地不加富況舟師渡海海風無期禍害莫測是謂以有用之民力填無窮之巨壑也臣謂勿擊便帝從之十一年十二月以良弼同僉書樞密院事丞相伯顏伐宋良弼言宋重兵在揚州宜以大軍先擣錢唐後訖如其計又言宋亡江南士人多廢學宜設經史科以育人材定律令以戢姦吏卒皆用其議帝嘗從容問曰高麗小國也匠工奕技皆勝漢人至於儒人皆通經書學孔孟漢人惟務課賦吟詩將何用焉良弼對曰此非學者之病在國家所尚何如耳尚詩賦則人必從之尚經學則人亦從之良弼屢以疾辭十九年得旨居懷孟良弼別業在溫縣故有地三千畝乃析爲二六與懷州四與孟州皆永隸廟學以贍生徒自以出身儒素示不忘本也或問爲治良弼曰必有忍乃其有濟人性易發而難制者惟怒爲甚必克己然後可以制怒必順理然後可以忘怒能忍所難忍容所難容事斯濟矣二十三年卒年七十贈推忠翊運功臣太保儀同三司追封韓國公謚文正子訓陝西平章政事

趙璧

趙璧字寶臣雲中懷仁人世祖爲親王聞其名召見呼秀才而不名賜三僮給薪水命后親製衣賜之視其試服不稱輒爲損益寵遇無與爲比命馳驛四方聘名士王鶚等又令蒙古生十人從璧授儒書敕璧習國語譯大學衍義時從馬上聽璧陳說辭旨明貫世祖嘉之憲宗即位召璧問曰天下何如而治對曰請先誅近侍之尤不善者憲宗不悅璧退世祖曰秀才汝渾身是膽耶吾亦爲汝握兩手汗也一日斷事官牙老瓦赤持其印請于帝曰此先朝賜臣印也今陛下登極將仍用此舊印抑易以新者耶時璧侍旁質之曰用汝與否取自聖裁汝乃敢以印爲請耶奪其印置帝前帝爲默然久之既而曰朕亦不能爲此也自是牙老瓦赤不復用壬子爲河南經略使河南劉萬戶貪淫暴戾郡中婚嫁必先賂之得所請而後行咸呼之爲翁其黨董主簿尤恃勢爲虐強取民女有色者三十餘人璧至按其罪立斬之盡還民女劉大驚時天大雪因詣璧相勞苦且酌酒賀曰經略下車誅鋤強猾故雪爲瑞應璧曰如董主簿比者尚有其人俟盡誅之瑞應將大至矣劉屏氣不復敢出語歸臥病而卒時人以爲懼死己未伐宋爲江淮荊湖經略使兵圍鄂州宋賈似道遣使來願請行人以和璧請行世祖曰汝登城必謹視吾旗旗動速歸可也璧登城宋將宋京曰北兵若旋師願割江爲界且歲奉銀絹疋兩各二十萬璧曰大軍至濮州時誠有是請猶或見從今已渡江是言何益賈制置今焉在耶璧適見世祖旗動遽曰俟他日復議之遂還憲宗崩世祖即位中統元年拜燕京宣慰使時供給蜀軍府庫已竭及用兵北邊璧經畫饋運相繼不絕中書省立授平章政事議加答剌罕之號力辭不受二年從北征命還燕以平章政事兼大都督領諸軍是年始製太廟雅樂樂工党仲和郭伯達以知音律在選中爲造僞鈔者連坐繫獄璧曰太廟雅樂大饗用之聖上所以昭孝報本也豈可繫及無辜而廢雅樂之成哉奏請原之三年李璮反益都從親王合必赤討之璮已據濟南諸軍乏食璧從濟河得粟及羊豕以饋軍軍復大振至元元年官制行加榮祿大夫帝欲作文檄宋執筆者數人不稱旨乃召璧爲之文成帝大喜曰惟秀才曲盡我意改樞密副使六年宋守臣有遣間使約降者帝命璧詣鹿門山都元帥阿木營密議命璧同行漢軍都元帥府事宋將夏貴率兵五萬饋糧三千艘自武昌遡流入援襄陽時漢水暴漲璧據險設伏待之貴果中夜潛上璧策馬出鹿門行二十餘里發伏兵奪其五舟大呼曰南船已敗我水軍宜速進貴懾不敢動明旦阿朮至領諸將渡江西追貴騎兵璧率水軍萬戶解汝楫等追貴舟師遂合戰於虎尾洲貴大敗走士卒溺死甚衆奪戰艦五十擒將士三百餘人高麗王植爲其臣林衍所逐帝召璧還改中書左丞同國王頭輦哥行東京等路中書省事聚兵平壤時衍已死璧與王議曰高麗遷居江華島有年矣外雖卑辭臣貢內恃其險故使權臣無所畏忌擅逐其主今衍雖死王實無罪若朝廷遣兵護歸使復國于古京可以安兵息民策之上者也因遣使以聞帝從之時同行者分高麗美人璧得三人皆還之師還遷中書右丞冬祀太廟有司失黃幔索得於神庖竈下已甚汙獘帝聞大怒曰大不敬當斬璧曰法止杖斷流遠其人得不死十年復拜平章政事十三年卒年五十七大德三年贈大司徒謚忠亮子二人仁榮同知歸德府事仁恭集賢直學士孫二人崇郊祀署令弘左藏庫提點

元史卷一百六十

明翰林學士亞中大夫知制誥兼修國史宋　濂等修

列傳第四十七

王磐

王磐字文炳廣平永年人世業農歲得麥萬石鄉人號萬石王家父禧金末入財佐軍興補進義副尉國兵破永年將屠其城禧復罄家貲以助軍費衆賴以免金人遷汴乃舉家南渡河居汝之魯山磐年方冠從麻九疇學于郾城客居貧甚日作糜一器畫爲朝暮食年二十六擢至大四年經義進士第授歸德府錄事判官不赴自是大肆力於經史百氏文辭宏放浩無涯涘及河南被兵磐避難轉入淮襄間宋荊湖制置司素知名辟爲議事官丙申襄陽兵變乃北歸至洛西會楊惟中被旨招集儒士得磐深禮遇之遂寓河內東平總管嚴實興學養士迎磐爲師受業者常數百人後多爲名士中統元年即拜益都等路宣撫副使居頃之以疾免李璮素重磐以禮延致之磐亦樂青州風土乃買田瀰河之上題其居曰鹿菴有終焉之意及璮謀不軌磐覺之脫身至濟南得驛馬馳去入京師因侍臣以聞世祖即日召見嘉其誠節撫勞甚厚璮據濟南大軍討之帝命磐參議行臺事璮平遂挈妻子至東平召拜翰林直學士同脩國史出爲眞定順德等路宣慰使邢水縣達魯花赤忙兀䚟貪暴不法縣民苦之有趙淸者發其罪既具伏矣適初置監司其妻懼無以滅口召家人飲酒至醉以利啗之使夜殺淸淸逃獲免乃盡殺其父母妻子淸訴諸官權要蔽忙兀䚟不爲理又欲反其具獄磐竟奏置諸法籍其家貲以半給淸郡有西域大賈稱貸取息有不時償者輒置獄于家拘繫榜掠其人且恃勢干官府直來坐廳事指麾自若磐大怒叱左右捽下箠之數十時府治寓城上即擠諸城下幾死郡人稱快未幾蝗起眞定朝廷遣使者督捕役夫四萬人以爲不足欲牒鄰道助之磐曰四萬人多矣何煩他郡使者怒責磐狀期三日盡捕蝗磐不爲動親率役夫走田間設方法督捕之三日而蝗盡滅使者驚以爲神復入翰林爲學士入謁宰相首言方今害民之吏轉運司爲甚至稅人白骨宜罷去之以蘇民力由是運司遂罷阿合馬諷大臣請合中書尚書兩省爲一拜右丞相安童爲三公陰欲奪其政柄有詔會議磐言合兩省爲一而以右丞相總之寔便不然則宜仍舊三公既不預政事則不宜虛設其議遂沮遷太常少卿乞致仕不允時宮闕未建朝儀未立凡遇稱賀臣庶雜至帳殿前執法者患其諠擾不能禁磐上疏曰按舊制天子宮門不應入而入者謂之闌入闌入之罪由第一門至第三門輕重有差宜令宣徽院籍兩省而下百官姓名各依班序聽通事舍人傳呼贊引然後進其越次者殿中司糾察定罰不應入而入者準闌入罪庶朝廷之禮漸可整肅於是儀制始定曲阜孔子廟歷代給民百戶以供灑掃復其家至是尚書省以括戶之故盡收爲民磐言林廟戶百家歲賦鈔不過六百貫僅比一六品官終年俸耳聖朝疆宇萬里財賦歲億萬計豈愛一六品官俸不以待孔子哉且於府庫所益無多其損國體甚大時論韙之帝以天下獄因滋多敕諸路自死罪以下縱遣歸家期秋八月悉來京師聽決因如期至帝惻然憐之盡原其罪他日命詞臣作詔戒喻天下皆不稱旨意磐獨以縱囚之意命辭帝喜曰此朕所欲言而不能者卿乃能爲朕言之嘉獎不已取酒賜之再乞致仕不允國子祭酒許衡將告歸帝遣近臣問磐磐言衡素廉介意其所以求退者得非生員數少坐縻廩祿有所不安耶宜增益生員使之施敎則庶幾人才有成衡之受祿亦可少安矣詔從之磐移疾家居帝遣使存問賜以名藥磐嘗於會集議事之際

數言前代用人二十從政七十致仕所以資其材力閔其衰老養其廉恥之心也今入仕者不限年而老病者不能退彼既不自知耻朝廷亦不以爲非甚不可也至是以疾請斷月俸毋給自秋及春堅乞致仕帝遣使慰諭之曰卿年雖老非任劇務何以辭爲仍詔祿之終身併還所斷月俸磐不得已復起時方伐宋凡帷幄謀議有所未決卽遣使問之磐所敷陳每稱上意帝將用兵日本問以便宜磐言今方伐宋當用吾全力庶可一舉取之若復分立東夷恐曠日持久功卒難成俟宋滅徐圖之未晚也江南既下磐上疏大畧言禁戢軍士選擇官吏賞功罰罪推廣恩信所以撫安新附銷弭寇盜其言要切皆見施行朝議汰冗官權近私以按察司不便欲併省之磐奏疏曰各路州郡去京師遙遠貪官汙吏侵害小民無所控告惟賴按察司爲之申理若指爲冗官一例罷去則小民冤死而無所訴矣若曰京師有御史臺糾察四方之事是大不然夫御史臺糾察朝廷百官京畿州縣尚有弗及況能周徧外路千百城之事乎若欲併入運司運司專以營利增課爲職與管民官常分彼此豈暇顧細民之冤抑哉由是按察司得不罷朝廷錄平宋功遷至宰相執政者二十餘人因議更定官制磐奏疏曰歷代制度有官品有爵號有職位官爵所以示榮寵職位所以委事權臣下有功有勞隨其大小酬以官爵有才有能稱其所堪處以職位此人君御下之術也臣以爲有功者宜加遷散官或賜五等爵號如漢唐封侯之制可也不宜任以職位日本之役師行有期磐入諫曰日本小夷海道險遠勝之則不武不勝則損威臣以爲勿伐便帝震怒謂非所宜言且曰此在吾國法言者不赦汝豈有他心而然耶磐對曰臣赤心爲國故敢以言苟有他心何爲從叛亂之地冒萬死而來歸乎今臣年已八十況無子嗣他心欲何爲耶明日帝遣侍臣以溫言慰撫使無憂懼後閱內府珍玩有碧玉寶枕因出賜之磐以年老累乞骸骨丞相和禮霍孫爲言詔允其請進資德大夫致仕仍給半俸終身皇太子聞其去召入宮賜食慰問良久行之日公卿百官皆設宴以餞明日皇太子賜宴聖安寺公卿百官出送麗澤門外縉紳以爲榮磐無子命其壻著作郎李稈賓爲東平判官以便養每大臣燕見帝數問磐起居狀始終眷顧不衰磐資性剛方閑居不妄言笑每奏對必以正不肯阿意承順帝嘗以古直稱之雖權倖側目弗顧也阿合馬方得權致重幣求文于磐磐拒弗與所薦宋衜雷膺魏初徐琰胡祗遹孟祺李謙後皆爲名臣年至九十二卒之夕有大星隕正寢之東贈端貞雅亮佐治功臣太傅開府儀同三司追封洛國公謚文忠

王鶚

王鶚字百一曹州東明人曾祖成祖立父琛鶚始生有大鳥止於庭鄉先生張大淵曰鶚也是兒其有大名乎因名之幼聰悟日誦千餘言長工詞賦金正大元年中進士第一甲第一人出身授應奉翰林文字六年授歸德府判官行亳州城父令七年改同知申州事行蔡州汝陽令丁母憂天興二年金主遷蔡詔尚書省移書恒山公武仙進兵金主覽書問誰爲之右丞完顏仲德曰前翰林應奉王鶚也曰朕卽位時狀元耶召見惜擢用之晚起復授尚書省右司都事陞左右司郎中三年蔡陷將被殺萬戶張柔聞其名救之輦歸館于保州甲辰冬世祖在藩邸訪求遺逸之士遣使聘鶚及至使者數輩迎勞召對進講孝經書易及齊家治國之道古今事物之變每夜分乃罷世祖曰我雖未能卽行汝言安知異日不能行之耶歲餘乞還賜以馬仍命近侍闊闊柴禎等五人從之學繼命徙居大都賜宅一所嘗因見請曰天兵克蔡金主自縊其奉御絳山焚葬汝水之傍禮爲舊君有服願往葬祭世祖義而許之至則爲河水所沒設具牲酒爲位而哭庚申世祖卽位建元中統首授翰林學士承旨制誥典章皆所裁定至元元年加資善大夫上奏自古帝王得失興廢可考者以有史在也我國家以神武定四方天戈所臨無不臣服者皆出太祖皇帝廟謨雄斷所致若不乘時紀錄竊恐久而遺亡宜置局纂就實錄附修遼金二史又言唐太宗始定天下置弘文館學士十八人宋太宗承太祖開創之後設內外學士院史冊爛然號稱文治堂堂國朝豈無英才如唐宋者乎皆從之始立翰林學士院鶚遂薦李冶李昶王磐徐世隆高鳴爲學士復奏立十道提舉學校官有言事者謂宰執非其人詔儒臣廷議可任宰相者時阿合馬巧佞欲乘隙取相位大臣復助之衆知其非莫敢言鶚奮然擲筆曰吾以衰老之年無以報國卽欲舉任此人爲相吾不能插驢尾矣振袖而起奸計爲之中止五年乞致仕詔有司歲給廩祿終其身有大事則遣使就問之十年卒年八十四謚文康鶚性樂易爲文章不事雕飾嘗曰學者當以窮理爲先分章析句乃經生舉子之業非爲已之學也著論語集義一卷汝南遺事二卷詩文四十卷曰應物集無子以壻周鐸子之綱承其祀之綱官至翰林侍講學士

高鳴

高鳴字雄飛眞定人少以文學知名河東元裕上書薦之不報諸王旭烈兀將征西域聞其賢遣使者三輩召之鳴乃起爲王陳西征二十餘策王數稱善卽薦爲彰德路總管世祖卽位賜誥命金符已而召爲翰林學士兼太常少卿至元五年立御史臺以鳴爲侍御史風紀條章多其裁定尋立四道按察司選任名士鳴所薦居多時論咸稱其知人天下初定中書樞密事多壅滯言者請置督事官各二人鳴曰官得人自無滯政臣職在奉憲願舉察之毋爲員外置人也七年議正三省鳴上封事曰臣聞三省設自近古其法由中書出政移門下議不合則有駁正或封還詔書議合則還移中書中書移尚書尚書乃下六部郡國方今天下大於古而事益繁取決一省猶曰有壅況三省乎且多置官者求免失政也但使賢俊萃于一堂連署參決自免失政豈必别官異坐而後無失政乎故曰政貴得人不貴多官不如一省便世祖深然之議遂罷川陝盜起省臣患之請專戮其尤者以止盜朝議將從之鳴諫曰制令天下上死四必待論報所以重用刑惜民生也今從其請是開天下擅殺之路害仁政甚大世祖曰善令速止之鳴每以敢言被上知嘗入內值大風雪帝謂御史大夫塔察兒曰高學士年老後有大政就問可也賜太官酒肉慰勞之其見敬禮如此九年遷吏禮部尚書十一年病卒年六十六有文集五十卷

李冶

李冶字仁卿眞定欒城人登金進士第調高陵簿未上辟知鈞州事歲壬辰城潰冶微服北渡流落忻崞間聚書環堵人所不堪冶處之裕如也世祖在潛邸聞其賢遣使召之且曰素聞仁卿學優才贍潛德不耀久欲一見其勿他辭既至問河南居官者孰賢對曰險夷一節惟完顏仲德又問完顏合答及蒲瓦何如對曰二人將略短少任之不疑此金所以亡也又問魏徵曹彬何如對曰徵忠言讜論知無不言以唐諍臣觀之徵爲第一彬伐江南未嘗妄殺一人擬之方叔召虎可也漢之韓彭衛霍在所不論又問今之臣有如魏徵者乎對曰今以側媚成風欲求魏徵之賢寔難其人又問今之人材賢否對曰天下未嘗乏材求則得之舍則失之理勢然耳今儒生有如魏璠王鶚李獻卿蘭光庭趙復郝經王博文輩皆有用之材又皆賢王所嘗聘問者舉而用之何所不可但恐用之不盡耳然四海之廣豈止此數子哉王誠能旁求於外將見集於明廷矣又問天下當何以治之對曰夫治天下難則難於登天易則易於反掌蓋有法度則治控名責實則治進君子退小人則治如是而治天下豈不易於反掌乎無法度則亂有名無實則亂進小人退君子則亂如是而治天下豈不難於登天乎且爲治之道不過立法度正紀綱而已紀綱者上下相維持法度者賞罰示懲勸今則大官小吏下至編氓皆自縱恣以私害公是無法度也有功者未必得賞有罪者未必被罰甚則有功者或反受辱有罪者或反獲寵是無法度也法度廢紀綱壞天下不變亂已爲幸矣又問昨地震何如對曰天裂爲陽不足地震爲陰有餘夫地道陰也陰太盛則變常今之地震或姦邪在側或女謁盛行或讒慝交至或刑罰失中或征伐驟舉五者必有一于此矣夫天之愛君如愛其子故示此以警之耳苟能辨姦邪去女謁屏讒慝省刑罰慎征討上當天心下協人意則可轉咎爲休矣世祖嘉納之冶晚家元氏買田封龍山下學徒益衆及世祖卽位復聘之欲處以清要冶以老病懇求還山至元二年再以學士召就職朞月復以老病辭去卒于家年八十八所著有敬齋文集四十卷壁書藂削十二卷泛說四十卷古今難四十卷測圓鏡海十二卷益古衍疑三十卷

李昶

李昶字士都東平須城人父世弼從外家受孫明復春秋得其宗旨金貞祐初三赴廷試不第推恩授彭城簿志壹鬱不樂遂復求試一夕夢在李彥榜下及第閱計偕之士無之時昶年十六已能爲程文乃更其名曰彥興定二年父子廷試昶果以春秋中第二甲第二人世弼第三甲第三人父子褒貶各異時人以比向歆而世弼遂不復仕晚乃授東平教授以卒昶穎悟過人讀書如風習無故不出戶外鄰里罕識其面初從父入科場儕輩少之譏議紛紜監試者遠其次舍伺察甚嚴昶肆筆數千言比午已脫藁釋褐授徵事郎孟州溫縣丞至大改元超授儒林郎賜緋魚袋鄭州河陰簿三年召試尚書省掾再調漕運提舉國兵下河南奉親還鄉里行臺嚴實辟授都事改行軍萬戶府知事實卒子忠濟嗣陞昶爲經歷居數歲忠濟怠於政事貪佞抵隙而進昶言於忠濟曰比年內外裘馬相尚飲宴無度庫藏空虛百姓匱乏若猶循習故常恐或生變惟閤下接納正士黜遠小人去浮華敦朴素損騎從省宴游雖不能救已

然之失尚可以弭未然之禍時朝廷裁抑諸侯法制寖密忠濟縱侈自若昶以親老求解不許俄以父憂去官杜門教授一時名士若李謙馬紹吳衍輩皆出其門歲己未世祖伐宋次濮州聞昶名召見問治國用兵之要昶上疏論治國則以用賢立法賞罰君道務本清源爲對論用兵則以伐罪救民不嗜殺爲對世祖嘉納之明年世祖卽位召至開平訪以國事昶知無不言眷遇益隆時徵需煩重行中書省科徵稅賦雖逋戶不貸昶移書時相其略曰百姓困於弊政久矣聖上龍飛首頒明詔天下之人如獲更生拭目傾耳以徯太平半年之間人漸失望良以渴仰之心太切興除之政未孚故也側聞欲據丁巳戶籍科徵租稅比之見戶或加多十六七止驗見戶應輸猶恐不逮復令包補逃故必致艱難茍不以撫字安集爲心惟事供億則諸人皆能之豈聖上擢賢更化之意哉於是省府爲蠲逋戶之賦中統二年春內難平昶上表賀因進諷諫曰患難所以存儆戒禍亂將以開聖明伏願日新其德雖休勿休戰勝不矜功成不有和輯宗親撫綏將士增脩庶政選用百官儉以足用寬以養民安不忘危治不忘亂恒以北征宵旰之勤永爲南面逸豫之戒世祖稱善久之世祖嘗燕處望見昶輒斂容曰李秀才至矣其見敬禮如此會嚴忠濟罷以其弟忠範代之忠範表請昶師事之特授翰林侍講學士行東平路總管軍民同議官昶條十二事剗除宿弊至元元年遷轉之制行減併路府州縣官員於是謝事家居五年起爲吏禮部尚書品格條式選舉禮文之事多所裁定凡議大政宰相延置上座傾聽其說六年姦臣阿合馬議陞制國用使司爲尚書省昶請老以歸七年詔授南京路總管兼府尹不赴八年授山東東西道提刑按察使務持大體不事苛細未幾致仕二十二年昶年已八十三復遣使徵之以老疾辭賜田千畝二十六年卒年八十有七昶嘗集春秋諸家之說折中之曰春秋左氏遺意二十卷早年讀語孟見先儒之失考訂成編及得朱氏張氏解往往脗合其書遂不復出獨取孟子傳說新說矛盾者參考歸一附以己見爲孟子權衡遺說五卷

劉肅

劉肅字才卿威州洺水人金興定二年詞賦進士嘗爲尚書省令史時盜內藏官羅及珠盜不時得逮繫貨珠牙儈及藏吏誣服者十一人刑部議皆置極刑肅執之曰盜無正贓殺之寃金主怒有近侍夜見肅具道其旨肅曰辯折寃獄我職也惜一己而戕十一人之命可乎明日詣省辯愈力右司郎中張天綱曰吾爲汝具奏辯折之奏入金主悟四得不死調新蔡令先時縣賦民以牛多寡爲差民匿不耕肅至命樹畜繁者不加賦民遂殷富潁淮民有竄入宋境籍爲兵而僂其糧間有歸者頗艱於衣食時出怨言曰不如渡淮告者以謀叛論肅曰淮限宋境一水耳果欲叛不難往也口雖言而心無實準律當杖八十奏可繼擢戶部主事金亡依東平嚴實辟行尚書省左司員外郎又改行軍萬戶府經歷東平歲賦絲銀復輸綿十萬兩色絹萬匹民不能堪肅贊實奏罷之庚子世祖居潛邸以肅爲邢州安撫使肅興鐵冶及行楮幣公私賴焉中統元年擢眞定宣撫使時中統新鈔行罷銀鈔不用眞定以銀鈔交通于外者凡八千餘貫公私囂然莫知所措肅建三策一曰仍用舊鈔二曰新舊兼用三曰官以新鈔如數易舊鈔中書從其第三策遂降鈔五十萬貫二年授左三部尚書官書典憲多所議定未幾兼商議中書省事三年致仕給半俸四年卒年七十六肅性舒緩有執守嘗集諸家易說曰讀易備忘後累贈推忠贊治功臣榮祿大夫上柱國大司徒邢國公謚文獻子憲禮部侍郎懋大名路總管孫賡翰林學士承旨

王思廉

王思廉字仲常眞定獲鹿人幼師太原元好問旣冠張德輝宣撫河東辟掌書記復謝歸至元十年董文忠薦之世祖問文忠曰汝何由知王思廉賢對曰鄉人之善者稱之也遂召見授符寶局掌書十三年姚樞舉爲昭文館待制遷奉訓大夫符寶局直長十四年改翰林待制嘗進讀通鑑至唐太宗有殺魏徵語及長孫皇后進諫事帝命內官引至皇后閤講衍其說后曰是誠有益於宸衷爾宜擇善言進講愼勿以瀆辭煩上聽也每侍講帝命御史大夫玉速帖木兒大師月赤察兒御史中丞撒里蠻翰林學士承旨撒立察等咸聽受焉帝嘗御延春閣大賚羣臣俾十人爲列以進思廉偶在衞士之列帝責董文忠曰思廉儒臣豈宜列衞士十八年進中順大夫典瑞少監十九年帝幸白海時千戶王著矯殺姦臣阿合馬於大都辭連樞密副使張易帝召思廉至行殿屛左右問曰張易反若知之乎對曰未詳也帝曰反已反何未詳也思廉徐奏曰僭號改元謂之反亡入他國謂之叛羣聚山林賊害民物謂之亂張易之事臣實不能詳也帝曰朕自卽位以來如李璮之不臣豈以我若漢高帝趙太祖遽陟帝位者乎思廉曰陛下神聖天縱前代之君不足比也帝歎曰朕往者有問於竇默其應如響蓋心口不相違故不思而得朕今有問汝能然乎且張易所爲張仲謙知之否思廉卽對曰仲謙不知帝曰何以明之對曰二人不相安臣故知其不知也二十年陞太監思廉以儒素進帝眷注優渥嘗疾賜御藥顧問安否扈蹕失所乘馬給內廐馬五疋盜竊所賜玉帶更以玉帶賜之裕宗居東宮思廉進曰殿下府中宜建學官俾左右近侍嘗親正學必能裨輔明德裕宗然之裕宗嘗欲買甲第賜思廉思廉固辭二十三年改嘉議大夫同知大都留守兼少府監事藩王乃顏叛帝親征思廉間謂留守段貞曰藩王反側地大故也漢鼂錯削地之策實爲良圖盍爲上言之貞見帝遂以聞帝曰汝何能出是言也貞以思廉對帝嘉之二十九年遷正議大夫樞密院判官大德元年成宗卽位遷中奉大夫翰林學士仍樞密院判官以病歸三年起爲工部尚書拜征東行省參知政事七年總管大名路八年召爲集賢學士十一年授正奉大夫太子賓客仁宗卽位以翰林學士承旨資善大夫致仕延祐七年卒年八十三贈翰林學士承旨資德大夫河南江北等處行中書省右丞上護軍追封恒山郡公謚文恭

李謙

李謙字受益鄆之東阿人祖元以醫著名父唐佐性恬退不喜仕進謙幼有成人風始就學日記數千言爲賦有聲與徐世隆孟祺閻復齊名而謙爲首爲東平府教授生徒四集累官萬戶府經歷復教授東平先時教授無俸郡斂儒戶銀百兩備束脩謙辭曰家幸非甚貧者豈可聚貨以自殖乎翰林學士王磐以謙名聞召爲應奉翰林文字一時制誥多出其手至元十五年陞待制扈駕至上都賜以銀壺藤枕十八年陞直學士爲太子左諭德侍裕宗於東宮陳十事曰正心曰睦親曰崇儉曰幾諫曰戢兵曰親賢曰尚文曰定律曰正名曰革弊裕宗崩世祖又命傅成宗於潛邸所至以謙自隨轉侍讀學士世祖深加器重嘗賜坐便殿飲羣臣酒世祖曰聞卿不飲然能爲朕強飲乎因賜蒲萄酒一鍾曰此極醉人恐汝不勝卽令三近侍扶掖使出二十六年以足疾辭歸三十一年成宗卽位驛召至上都旣見勞曰朕知卿有疾然京師去家不遠且多良醫能愈疾卿當與課國政餘不以勞卿也陞學士元貞初引疾還家大德六年召爲翰林承旨以年七十一乞致仕九年又召至大元年給半俸仁宗爲皇太子徵爲太子少傅謙皆力辭仁宗卽位召十六人謙居其首乃力疾見帝于行在疏言九事其略曰正心術以正百官崇孝治以先天下選賢能以居輔相之位廣視聽以通上下之情恤貧乏以重邦家之本課農桑以豐衣食之源興學校以廣人材之路頒律令使民不犯練士卒居安慮危至於振肅紀綱糾察內外臺憲之官尤當選素著清望深明治體不事苛細者爲之帝嘉納焉遷集賢大學士榮祿大夫致仕加賜銀一百五十兩金織幣及帛各三匹歸卒于家年七十九謙文章醇厚有古風不尚浮巧學者宗之號野齋先生子偘官至大名路總管

徐世隆

徐世隆字威卿陳州西華人弱冠登金正大四年進士第辟爲縣令其父戒世隆曰汝年少學未至毋急仕進更當讀書多識往事以益智識俟三十入官未晚也世隆遂辭官益篤于學歲壬辰父歿癸巳世隆奉母北渡河嚴實招致東平幕府俾掌書記世隆勸實收養寒素一時名士多歸之憲宗卽位以爲拘榷燕京路課稅官世隆固辭壬子世祖在潛邸召見于日月山時方圖征雲南以問世隆對曰孟子有言不嗜殺人者能一之夫君人者不嗜殺人天下可定況蕞爾之西南夷乎世祖曰誠如卿言吾事濟矣實時得金太常登歌樂世祖遣使取之觀世隆典領以行旣見世祖欲留之世隆以母老辭實子忠濟以世隆爲東平行臺經歷於是益贊忠濟興學養士中統元年擢燕京等路宣撫使世隆以新民善俗爲務中書省檄諸路養禁衞之羸馬數以萬計芻秣與其什器前期戒備世隆曰國馬牧於北方往年無飼於南者上新臨天下京畿根本地煩擾之事必不爲之馬將不來吏白此軍需也其責勿輕世隆曰責當我坐遂弗爲備馬果不至滄濟鹽課前政虧不及額世綜覈覈之得增羨若干賜銀三十鋌二年移治順天歲饑世隆發廩貸之全活甚衆三年宣撫司罷世隆還東平請增宮縣大樂文武二舞令舊工教習以備大祀制可除世隆太常卿以掌之兼提舉本路學校事四年世祖問堯舜禹湯爲君之道世隆取書所載帝王事以對帝喜曰汝爲朕直解進讀我將聽之書成帝命翰林承旨安藏譯寫以進至元元年遷翰林侍講學士兼太常卿朝廷大政諮訪而後行詔命典冊多出其手世隆奏陛下帝中國當行中國事事之大者首惟祭祀祭必有廟因以圖上乞勑有司以時興建從之踰年而廟成遂

迎祖宗神御奉安太室而大饗禮成帝悅賞賜優渥俄兼戶部侍郎承詔議立三省遂定內外官制上之時朝儀未立世隆奏曰今四海一家萬國會同朝廷之禮不可不肅宜定百官朝會儀從之七年遷吏部尚書世隆以銓選無可守之法爲撰選曹八議九年乞補外佩虎符爲東昌路總管至郡專務以德率下不事鞭箠吏不忍欺民亦化服朞年而政成郡人頌之十四年起爲山東提刑按察使時有妖言獄所司逮捕凡數百人世隆剖析詿誤者十八九悉縱遣之十五年移淮東宋將許瓊家童告瓊匿官庫財有司繫其妻孥徵之世隆曰瓊所匿者故宋之物豈得與今盜官財者同論耶同僚不從世隆獨抗章辯明行臺是之釋不問會征日本世隆上疏諫止語頗剴切當路者不卽以聞已而帝意悟其事亦寢十七年召爲翰林學士又召爲集賢學士皆以疾辭世隆儀觀魁昂量度宏博慈祥樂易人忤之無慍色喜賓客樂施與明習前代典故尤精律令善決疑獄二十二年安童再入相奏世隆雖老尚可用遣使召之仍以老病辭附奏便宜九事賜田十頃時年八十卒所著有瀛洲集百卷文集若干卷

孟祺

孟祺字德卿宿州符離人世以財雄鄉里父仁業儒有節行壬辰北渡寓濟州兼臺州帥石天祿禮之辟兼詳議府事祺幼敏悟善騎射早知問學侍父徙居東平時嚴實脩學校招生徒立考試法祺就試登上選辟掌書記廉希憲宋子貞皆器遇之以聞于朝擢國史院編脩官遷從仕郎應奉翰林文字兼太常博士一時典冊多出其手至元七年持節使高麗還稱旨授承事郎山東東西道勸農副使十二年丞相伯顏將兵伐宋詔選宿望博學可贊畫大計者與俱行遂授祺承直郎行省諮議久之遷郎中伯顏雅信任之時軍書塡塞祺酬應剖決略無疑滯師駐建康伯顏以兵事詣闕政無大小祺與執政並裁決之及戰焦山宋軍下流祺曰不若乘勢速進以奪彼氣如其言遂大破之伯顏聞之喜曰不意書生乃知兵若是諸將利虜掠爭趨臨安伯顏問計祺對曰宋人之計惟有竄閩爾若以兵迫之彼必逃一旦盜起臨安三百年之積焚蕩無遺矣莫若以計安之令彼不懼正如取果稍待時日耳伯顏曰汝言正合吾意乃草書遣人至臨安以安慰之宋乃不復議遷閩先是宋降表稱姪稱皇帝屢拒不納祺自請爲使徵降表至則會宋相于三省夜三鼓議未決祺正色曰國勢至此夫復何待遂定議書成宋謝太后內批用寶攜之以出復起謝太后於內殿取國璽十二枚出伯顏將親封之祺止之曰管鑰自有主者非所宜親一有不謹恐異時姦人妄相染汙終不可明遂止江南平伯顏奏祺前後功多且言祺可任重有旨褒陞授少中大夫嘉興路總管佩虎符祺至首以興學爲務創立規制在官未久竟以疾解官歸東平至元十八年擢太中大夫浙東海右道提刑按察使疾不赴卒年五十一贈宣忠安遠功臣中奉大夫參知政事護軍魯郡公諡文襄子二人遹遹

閻復

閻復字子靖其先平陽和州人祖衍仕金殁王事父忠避兵山東之高唐遂家焉復始生有奇光照室性簡重美丰儀七歲讀書穎悟絕人弱冠入東平學師事名儒康曄時嚴實領東平行臺招諸生肄進士業迎元好問校試其文預選者四人復爲首徐琰李謙孟祺次之歲己未始掌書記於行臺擢御史掾至元八年用王磐薦爲翰林應奉以才選充會同館副使兼接伴使扈駕上京賦應制詩二篇寓規諷意世祖顧和禮霍孫曰有才如此何可不用十二年陞翰林修撰十四年出僉河北河南道提刑按察司事階奉訓大夫十六年入爲翰林直學士以州郡校官多不職建議定銓選之法十九年陞侍講學士明年改集賢侍講學士同領會同館事二十三年陞翰林學士帝屢召至榻前面諭詔旨具草以進帝稱善二十八年尚書省罷復立中書省帝勵精圖治急於擇相一日召入便殿諭之曰朕欲命卿執政何如復屢謝不足勝任帝謂侍臣曰書生識義理存謙讓是也勿强御史臺改提刑按察司爲肅政廉訪司首命復爲浙西道肅政廉訪使先是姦臣桑哥當國嘗有旨命翰林撰桑哥輔政碑桑哥旣敗詔有司踣其碑復等亦坐是免官三十一年成宗卽位以舊臣召入朝賜重錦玉環白金除集賢學士階正議大夫元貞元年上疏言京師宜首建宣聖廟學定用釋奠雅樂從之又言曲阜守塚戶昨有司併入民籍宜復之其後詔賜孔林灑掃二十八戶祀田五千畝皆復之請也三年因星變又上疏言定律令頒封贈增俸給通調內外官且曰古者刑不上大夫今郡守以徵租受杖非所以厲廉隅江南公田租重宜減以貸貧民後多采用大德元年仍還翰林學士二年詔賜楮幣萬貫四年帝召至榻前密諭之曰中書庶務繁重左相難其人卿爲朕舉所知復以哈刺哈孫對帝大喜卽遣使召入相之復亦拜翰林學士承旨階正奉大夫十一年春武宗踐祚復首陳三事曰惜名器明賞罰擇人材言皆剴切未幾進階榮祿大夫遙授平章政事餘如故復力辭不許上疏乞骸骨詔從其請給半俸終養時仁宗居東宮賜以重錦俾公卿祖道都門外及卽位遣使召復復以病辭皇慶元年三月卒年七十七諡文康有靖軒集五十卷

元史卷一百六十一

明翰林學士亞中大夫知制誥兼修國史宋　濂等修

列傳第四十八

楊大淵 文安附

楊大淵天水人也與兄大全弟大楫皆仕宋大淵總兵守閬州歲戊午憲宗兵至閬州之大獲城遣宋降臣王仲入招大淵大淵殺之憲宗怒督諸軍力攻大淵懼遂以城降憲宗命誅之汪田哥諫止乃免命以其兵從招降蓬廣安諸郡進攻釣魚山擢大楫爲管軍總管從諸王攻禮義城己未冬拜大淵侍郎都行省悉以閬外之寄委之世祖中統元年詔諭大淵曰尚厲忠貞之節共成康乂之功大淵拜命踴躍卽遣兵進攻禮義城掠其饋運獲總管黃文才路鈐高坦之以歸二年秋調兵出通川與宋將鮮恭戰獲統制白繼源秦蜀行省以大淵及青居山征南都元帥欽察麾下將校六十三人有功言于朝詔給虎符一金符五銀符五十七令論功定官以名聞三年春世祖命出開達與宋兵戰于平田復戰于巴渠擒其知軍范燮統制魏興路分黃廸節幹陳子潤等先是大淵建言謂取吳必先取蜀取蜀必先據夔乃遣其姪文安攻宋巴渠至萬安寨守將盧埴降復使文安相夔達要衝城蟠龍山山四面巖阻可以進攻退守城未畢宋夔路提刑鄭子發曰蟠龍夔之咽喉使敵得處之則夔難守矣此必爭之地也遂率兵來爭文安悉力備禦大淵聞有宋兵卽遣姪安撫使文仲將兵往援宋兵宵遁追敗之秋七月詔以大淵麾下將士有功賜金符十銀符十九別給海青符二俾事亟則馳以聞其後賞合州之功復賜白金五十兩大淵欲於利州大安軍以鹽易軍糧請于朝從之冬大淵入覲拜東川都元帥俾與征南都元帥欽察同署事大淵還復於渠江濱築虎嘯城以逼宋大良城不踰時而就四年宋夏似道遣楊琳賚空名告身及蠟書金幣誘大淵南歸文安擒之以聞詔誅琳五月世祖以大淵及張大悅復神山功詔獎諭仍賜蒙古漢軍鈔百錠至元元年大淵進花羅紅邊絹各百五十段詔曰所貢幣帛已見忠勤卿守邊陲宜加優恤今後以此自給俟有旨乃進既而大淵擅殺其部將王仲詔戒敕之令免籍仲家冬十月大淵諜知宋總統祁昌由間道運糧入得漢城并欲遷其郡守向良及官吏親屬於內地乃自率軍掩襲遇之于椒坪連戰三日擒祁昌白良等俘獲輜重以數千計明日宋都統張思廣引兵來援復大破之擒其將盛總管及祁昌之弟二年大淵遣文安以向良等家人往招得漢城未下四月大淵以疾卒八年追封大淵閬中郡公諡肅翼子文粲襲爲閬蓬廣安順慶夔府等路都元帥兄子文安

文安字泰叔父大全仕宋守敘州壬寅國兵入蜀大全戰死贈武節大夫眉州防禦使諡愍忠官其長子文仲文安方二歲母劉氏鞠之依叔父大淵于閬州戊午憲宗以兵攻大獲大淵以郡降授侍郎都行省文仲亦授安撫使中統元年授文安監軍攻禮義城殺傷甚衆奪其粮船繞出通川獲宋將黃文才高坦之二年復出通川與宋將鮮恭大戰擒統制白繼源三年出開達戰屢勝擒知軍范燮統制魏興黃廸陳子潤等授文安開達忠萬梁山等處招討使軍於巴渠萬安寨主盧埴降遂築蟠龍城以據夔達要路宋兵來爭相持半月文仲以兵來援宋兵宵遁文安追擊大敗之四年佩銀符陞千戶監軍如故進築虎嘯城以困大良至元元年宋都統張喜引兵攻蟠龍大戰敗之喜潛師宵遁出得漢城文安遣兵追襲又敗之擒禪將陳亮復築方斗城爲蟠龍聲援令禪將高先守之宋兵攻潼川行省命文安赴援敗宋師于射洪之納埧斬獲甚衆宋都統祈昌以重兵運糧餉得漢且遷其官屬於內地大淵命文安先邀之昌立柵椒原以守合兵攻之連戰三日獲祁昌俘得漢守臣向良家屬以招良良以城降以所俘獻闕下二年改授金符仍前職還攻宋開達等州擒其統制張剛總管伏林八月宋兵由開州運糧餉達文安率奇兵間道邀擊之獲總管方富等行省上其功命充夔東路征行元帥令以前後所俘入見詔賜黃金鞍馬有差還攻奪宋金州斷虎隘殺其將梁富擒路鈐趙貴等三年春與千戶李吉等略開州之大通與宋將硬弓張大戰獲統制陳德等冬總帥汪惟正遣其將李木波等由間道襲

開州文安遣千戶王福引兵助之福先登破其城宋將龐彥海投崖死擒副將劉安仁留兵戍其地宋諸路兵來救圍城三匝築壘城外文安密遣人入城諭以堅守四年春行省命文安往援卽率兵斷其糧道宋兵戰甚力飛矢中文安面拔矢力戰大破之殺其將張德等二月文安以創甚還蟠龍宋兵遂復開州文安乃遣總把馬才楊彪掠達州盧灘峽與宋兵遇擒其將蕭德五年文仲卒詔文安就佩金虎符充閬州蓬東路安撫使軍民元帥仍相副都元帥府事閬州累遭兵燹戶口凋耗文安乃敎以耕桑鰥寡不能自存願相配偶者併爲一戶充役民始復業冬遣千戶馬才張琪畧達州擒宋將范仲王德解明等六年遣蔡邦光李吉嵇永與畧達州之朱師鄭市擒總管周德新裨將王遷秋遣總把王顯畧達州之泥埧擒總管張威冬遣兵掠大寧之曲木擒副將王仁七年從嚴僉省攻重慶大戰于龍坎敗宋兵攻鏵鐵寨擒其將袁宜何世賢等捷聞詔賜白金寶鈔幣帛有差秋攻達州之聖耳城擒宋將楊普時仲芟其禾而還又遣元帥蔡邦光畧開州擒宋將陳俊冬文粲入見帝諭之曰汝兄弟宣力邊陲朕所知也進文安階爲明威將軍八年春遣蔡邦光攻達州戰于聖耳城下擒其將蒲桂又戰開州之沙平擒其將王順時宋以朱禩孫帥蜀禩孫閬人也數遣間諜動搖人心文安屢獲其諜閬州竟無虞秋八月文安會東川統軍匣剌攻達州三戰三捷尋遣千戶嵇永與攻開州戰于平墩曲水擒總管王道等軍還以所俘入見帝深加獎諭擢招勇大將軍東川路征南招討使賜金銀寶鈔鞍馬弓矢幣帛有差九年秋領軍出小寧措置屯田遣韓福攻達州九軍山擒宋將張俊遣元帥蔡邦光會蓬州兵邀宋師于永睦戰勝之復遣嵇永與楊彪追襲宋裨將劉威等破聖耳外城獲寨主楊桂縱兵焚掠而還九月築金湯城以積屯田之糧且以逼宋龍爪城慮宋兵必來爭遣韓福出兵通川以牽制之與宋兵遇于鏵耳山敗之俘總管蔡雲龍等出達州牛門斷宋兵回路擒總管李佺李德宋兵輸糧達州遣兵于盧灘峽邀擊之擒統制孫聰張順等夏遣元帥李吉畧開州戰于渦油坡擒其提舉李貴及石筍寨主雍德宋兵復由羅頂山輸糧開達遣蔡邦光李吉伏兵邀之擒裨將吳金等覆其糧船閏十月蓬州兵攻拔龍爪城東川統軍司命文安兼領之時蓬州兵已去宋都統趙章復來據之且出兵迎敵文安與戰破之擒總管王元而還秋宋都統閻國寶監軍張應庚運糧于達州文安邀之于渦油坡奪其糧并擒二將宋開州守將鮮汝忠邀遮歸路與戰敗之獲總轄秦興祖譚友孫十一年春三月文安率軍屯小寧得俘者言鮮汝忠等將取蟠龍之麥卽遣千戶王新德楊彪等散掠宋境文安自戍蟠龍以備之李吉畧由山戰于城下擒其將葉勝遣蔡邦光楊彪掠竹山寨與趙統制戰擒其將鄭桂莊俊秋與蒙古漢軍萬戶怯必烈等攻宋夔東拔高陽夔巫等寨擒守將嚴貴寶世忠趙興因跨江爲橋以斷宋兵往來之路宋兵來爭戰却之還攻牛頭城以火箭焚其官舍民居十一月遣蔡邦光畧九君山擒其將孫德柳榮趙威時宋以鮮汝忠趙章易鎭開達二州而汝忠家屬尚留開文安曰達未易攻若先拔開州俘其家屬以招汝忠則達可不煩兵而下矣乃遣蔡邦光率千戶呼延順等往攻開州而盛兵駐蟠龍以爲聲援十二年正月諸軍夜銜枚薄開州城下遣死士先登斬關以入及城中人知則千戶景疇已立旗幟于城之絕頂矣宋軍潰散擒趙章而守將韓明父子猶率所部兵巷戰力屈亦就擒文安遷汝忠家屬于蟠龍遣元帥王師能持檄往達州招之曰降則家屬得全不降則闔城塗炭汝宜早爲計汝忠遂遣趙榮來約降王師能以兵入據其城汝忠率所部將士詣文安軍門降悉還其妻孥財物趙章子桂楫守師姑城遣兵招之亦降獨洋州龍爪城守將謝益固守併力攻之擒統制王慶益棄城走於是遣元帥李吉嵇永與千戶王新德等將兵以鮮汝忠往招由山等處八城皆望風迎降凱還遣經歷陳德勝以鮮汝忠趙桂楫等十餘人獻捷京師帝悅加授文安驃騎衛上將軍兼宣撫使賜鈔一千錠文粲加授鎭國上將軍文安尋遣其兄子應之往招都勝茂竹廣福三城自將大軍以爲聲援皆降之秋七月兵至樂勝城宋將蒲濟川降進攻梁山宋將袁世安堅守文安焚其外城梁山軍恃忠勝軍爲固力攻拔之殺守將王智擒部轄景福圍梁山四十日世安隨方備禦竟不降文安乃移兵攻萬州之牛頭城殺守將何威還其民進圍萬州守將上官夔戰守甚力文安乃遣監軍楊應之鎭撫彭福壽會東川行院兵出小江口以牽制援兵果與之遇戰敗之擒總管李皐花茂實等萬州固守不下文安乃解圍去攻石城堡諭降守將譚汝和攻雞冠城諭降守將杜賦又招石馬鐵平小城三聖由木牟家下隘等城冬進白帝城夔帥張起巖堅守不出文安以師老乃還宋都統弋德復據開州文安乃築城神仙山以逼之令元帥蔡邦光萬戶紀天英屯守十三年進階金吾衛上將軍賜玉帶一夏朝廷遣安西王相李德輝經畫東川課程宋梁山守將袁世安遣使約降文安以白德輝德輝大喜卽遣文安將兵奉王旨往招之世安遂降秋七月進軍攻萬州遣經歷徐政諭守臣上官夔降夔不從圍之數匝踰月攻拔外城夔守張起巖來救遣鎭撫彭福壽迎擊破之盡殺其舟師俘其將宋明萬州奪氣文安復傳王旨諭夔使降夔終不屈文安盡入攻城潛遣勇士梯城宵登斬關而入夔巷戰而死萬州旣定遣使招鐵檠三寶兩城守將楊宜黎拱辰降分兵畧施州擒統制薛忠會大雪遣蔡邦光夜攻殺守帥何艮奪其城十四年夏進兵攻咸淳府時宋以六郡鎭撫使馬塈爲守文安與塈同里閈諭之使降塈不從乃列柵攻城冬十一月潛遣勇士躡雲梯宵登斬關納外兵塈悉力巷戰達州安撫使鮮汝忠與宋兵力戰死比曉宋兵大敗塈力屈就擒十五年進兵攻紹慶守將鮮龍迎敵二月潛遣勇士夜以梯衝攻破其北門鮮龍大驚收散卒力戰兵敗就擒蜀境已定獨夔堅守不下朝廷命荊湖都元帥達海由巫峽進兵取夔州而西川劉僉院挾夔守將親屬往招之文安乃遣元帥王師能將舟師與俱張起巖竟以城降夏入覲文安以所得城邑繪圖以獻帝勞之曰汝攻城畧地之功何若是多也擢四川南道宣慰使解白貂裘以賜之十七年遣辯士王介諭降散毛諸洞蠻以散毛兩字入覲因進言曰元帥蔡邦光昔征散毛蠻而死可念也帝曰散毛旣降而殺之其何以懷遠乃擢蔡邦光之子歷爲管軍總管佩虎符賜散毛兩子金銀符各一并賜其酋長以金虎符遂授文安叅知政事行四川南道宣慰使十九年春入覲擢龍虎衛上將軍中書左丞行江西省事到官踰月以疾卒子艮之襲佩虎符昭勇大將軍管軍萬戶歷湖南宣慰副使岳州路總管卒

劉整

劉整字武仲先世京兆樊川人徙鄧州穰城整沉毅有智謀善騎射金亂入宋隸荊湖制置使孟珙麾下珙攻金信陽整爲前鋒夜縱驍勇十二人渡塹登城襲擒其守還報珙大驚以爲唐李存孝率十八騎拔洛陽今整所將更寡而取信陽乃書其旗曰賽存孝累遷潼川十五軍州安撫使知瀘州軍州事整以北方人扞西邊有功南方諸將皆出其下呂文德忌之所畫策輒擯沮有功輒掩而不白以俞興與整有隙使之制置四川以圖整與以軍事召整不行遂誣搆之整遣使訴臨安又不得達及向士壁曹世雄二將見殺整益危不自保乃謀欵附中統二年夏整籍瀘州十五郡戶三十萬入附世祖嘉其來授夔府行省兼安撫使賜金虎符仍賜金銀符以給其將校之有功者俞興攻瀘州整出寶器分士卒激使戰戰數十合敗之復遣使以宋所賜金字牙符及佩印入獻請益屯兵厚儲積爲圖宋計三年入朝授行中書省於成都潼川兩路賜銀萬兩分給軍士之失業者仍兼都元帥立寨諸山以扼宋兵同列嫉整功將謀陷之整懼請分帥潼川七月改潼川都元帥宣課茶鹽以餉軍四年五月宋安撫高達溫和進逼成都整馳援之宋兵聞賽存孝至遁去將擣潼川又與整遇于錦江而敗至元三年六月遷昭武大將軍南京路宣撫使四年十一月入朝進言宋主弱臣悖立國一隅今天啓混一之機臣願效犬馬勞先攻襄陽撤其扞蔽廷議沮之整又曰自古帝王非四海一家不爲正統聖朝有天下十七八何置一隅不問而自棄正統邪世祖曰朕意決矣五年七月遷鎭國上將軍都元帥九月偕都元帥阿朮督諸軍圍襄陽城鹿門堡及白河口爲攻取計率兵五萬鈔畧沿江諸郡皆嬰城避其銳俘人民八萬六年六月擒都統唐永堅七年三月築實心臺于漢水中流上置弩砲下爲石囤五以扼敵船且與阿朮計曰我精兵突騎所當者破惟水戰不如宋耳奪彼所長造戰艦習水軍則事濟矣乘驛以聞制可旣還造船五千艘日練水軍雖雨不能出亦畫地爲船而習之得練卒七萬八月復築外圍以遏敵援八年五月宋帥范文虎遣都統張順張貴駕輪船饋襄陽衣甲邀擊斬順獨貴得入城九月陞參知河南行中書省事九年三月加諸翼漢軍都元帥襄陽帥呂文煥登城觀敵整躍馬前曰君昧於天命害及生靈豈仁者之事而又齷齪不能戰取羞於勇者請與君決勝負文煥不荅伏弩中整三月破樊城外郭斬首二千級擒裨將十六人諜知文煥將遣張貴出城求援乃分部戰艦縛草如牛狀傍漢水綿亘叅錯衆莫測所用九月貴果夜出乘輪船順流下走軍士覘知之傍岸爇草牛如晝整與阿朮麾戰艦轉戰五十里擒貴于櫃門關餘衆盡殺之十一月詔統水軍四萬戶宋荊湖制置李廷芝以金印牙符授整漢軍都元帥盧龍軍節度使封燕郡王爲書使永寧僧持送整所期以間整永寧令得之驛以聞于朝敕張易姚樞雜問適整至自軍言宋怒臣畫策攻襄陽故設此以殺臣臣

實不知詔令整復書謂整受命以來惟知督厲戎兵舉垂亡孤城耳宋若果以生靈爲念當重遣信使請命朝廷顧爲此小數何益於事時圍襄陽已五年整計樊襄唇齒也宜先攻樊城樊城人以栅蔽城斬木列置江中貫以鐵索整言於丞相伯顏令善水者斷木沉索督戰艦趨城下以回回砲擊之而焚其栅十年正月遂破樊城屠之遣唐永堅入襄陽諭呂文煥乃以城降上功賜整田宅金幣良馬整入朝奏曰襄陽破則臨安搖矣若將所練水軍乘勝長驅長江必皆非宋所有遂改行淮西樞密院事駐正陽夾淮而城南逼江斷其東西衞十一年陞驃騎衞上將軍行中書左丞宋夏貴悉水軍來攻破之于大人洲十二年正月詔整別將兵出淮南整銳欲渡江首將止之不果行丞相伯顏入鄂捷至整失聲曰首帥止我顧使我成功後人善作者不必善成果然其夕憤惋而卒年六十三贈龍虎衞上將軍中書右丞謚武敏子垣嘗從父戰敗昝萬壽于通泉埏管軍萬戶均榷茶提舉垓都元帥孫九人克仁知房州

元史卷一百六十二

明翰林學士亞中大夫知制誥兼修國史宋　濂等修

列傳第四十九

李忽蘭吉

李忽蘭吉一名庭玉隴西人父節仕金歲乙未自鞏昌石門山從汪世顯以城降忽蘭吉隸皇子闊端爲質子從征西川辛丑以功爲管軍總領兼總帥府知事從征西番南澗有功癸丑世祖在潛邸用汪德臣言承制命忽蘭吉佩銀符爲管軍千戶都總領佐汪惟正立利州乙卯正月將兵三萬取合江大獲山宋劉都統率衆謀焚利州沙市次青山忽蘭吉以伏兵取之俘獲甚衆都元帥阿答忽以聞陞本帥府經歷兼軍民都彈壓丙辰憲宗更賜金符仍命爲千戶都總領戊午忽蘭吉以兵先趨劒門覘伺宋兵運糧於長寧追至運曲垻奪之俘將校五人而還憲宗南征忽蘭吉掌橋道饋餉之事有功賜璽書從攻苦竹隘山寨先登斬守將楊立獲都統張寔招降長寧清居大獲山運山龍州等寨十一月大獲山守臣楊大淵納款已而逃歸憲宗怒將屠其城衆不知所爲德臣諭忽蘭吉曰大淵之去事頗難測亟追之迺單騎至城下門未閉大呼入城曰皇帝使我來撫汝軍民一卒引入甲士環立忽蘭吉下馬執大淵手謂之曰上方宣諭賜賞不待而來何也大淵曰誠不知國朝禮體且久出恐城寨有他變是以亟歸非敢有異謀也遂與偕來一軍皆喜忽蘭吉入奏憲宗曰楊安撫反乎對曰無也憲宗曰汝何以知之對曰軍馬整肅防內亂也城門不閉無他心也一聞臣言即撫綏軍民從臣以出以是知之憲宗曰汝不懼乎對曰臣恐上勞聖慮下苦諸軍又爲一郡生靈命脉所寄故不知其懼憲宗悅賜蒲萄酒大淵遂以故官侍郎都元帥聽命而民得生全憲宗命忽蘭吉與怯里馬哥領戰船二百艘掠釣魚山奪其糧船四百艘憲宗次釣魚山忽蘭吉作浮梁以通往來己未與怯里馬哥扎胡打魯都赤闊闊术領蒙古漢軍二千五百畧重慶六月總帥汪德臣沒于軍命忽蘭吉以其軍殿後宋兵水陸晝夜接戰皆敗之都軍皆青居人賞賚獨厚遂與蒲察都元帥守青居治城壁儲芻糧招納降附宗王穆哥承制命忽蘭吉佩金符爲鞏昌元帥中統元年德臣子惟正襲總帥至青居五月忽蘭吉等赴上都時渾都海據六盤山以叛世祖遣忽蘭吉亟還與汪良臣發所統二十四州兵追襲之十月從宗王哈必赤等次合納忽石溫之地力戰殺渾都海等於陣餘黨悉平二年六月以功授鞏昌後元帥賜金幣鞍馬弓矢九月火都叛於西蕃點西嶺汪惟正帥師襲之至怯里馬之地火都以五百人遁入西蕃詔宗王只必鐵木兒以答刺海察吉里速木赤將蒙古軍二千忽蘭吉將總帥軍一千追襲火都于西蕃十月擒之四年首將答刺海言忽蘭吉功高詔賜虎符忽蘭吉不受問其故對曰臣聞國制將萬軍者佩虎符若汪氏將萬軍已佩之臣何可復佩帝是其言命於總帥汪惟正下充鞏昌路元帥所屬官悉聽節制六月答機叛於西蕃帝命好里燕納與惟正追之松州忽蘭吉以千騎先往執答機至元元年入覲命與同僉總帥汪良臣還蜀守青居是時國兵猶與宋兵相持于釣魚山三年宋兵陷大梁平山寨平章賽典赤令忽蘭吉領兵千餘騎掠其境先與七百人覘之闖寨中擁老幼西去追擊之斬首三百級得馬二百八十都元帥欽察等家屬百餘口先爲宋兵所得亦奪還之四年以本職充閬蓬廣安順慶夔府等處蒙古漢軍都元帥參議六年賜虎符授昭勇大將軍夔東路招討使以軍三千立章廣平山寨置屯田出兵以絕大梁平山兩道十年正月成都失利帝遣人問所以失之之故及今措置之方忽蘭吉附奏曰初立成都惟建子城軍民止於外城別無城壁宋軍乘虛來攻失於不備軍官皆年少不經事之人以此失利西川地曠人稀宜修置城寨以備不虞選任材智廣畜軍儲最爲急務今蒙古漢軍多非正身半以驅奴代宜嚴禁之所謂修築城寨練習軍馬措畫屯田規運糧餉創造舟楫完繕軍器六者不可缺一又當任賢遠讒信賞必罰內治外戰勝攻取選用良將隨機應變修則邊陲無虞矣六月將兵赴成都與察不花同權省事十一月復還守章廣平山寨前後七年每戰輒勝十三年引兵畧重慶復取簡州十四年承制授延安路管軍招討使十五年禿魯叛于六盤山忽蘭吉以延安路軍會別速台趙炳及總帥府兵于六盤敗禿魯于武川俘其孥還承制授京兆延安鳳翔三路管軍都尉兼屯田守衞事十月改同知利州宣撫使夔東招討如故入覲賜虎符授四川北道宣慰使忽蘭吉請以先受鞏昌元帥之職及虎符與其弟庭望二十年改四川南道宣慰使二十二年奉旨與參政曲里吉思僉省巴八左丞汪惟正分兵進取五溪洞蠻時思播以南施黔鼎澧辰沅之界蠻獠叛服不常往往刼掠邊民乃詔四川行省討之曲里吉思惟正一軍出黔中巴八一軍出思播都元帥脫察一軍出澧州忽蘭吉一軍自夔門會合十一月諸將鑿山開道綿亘千里諸蠻設伏險隘木弩竹矢伺間竊發亡命迎敵者皆盡殺之遣諭諸蠻酋長率衆來降獨散毛洞潭順走避崖谷力屈始降二十三年入覲以老病乞歸田里帝憫之得還鞏昌二十六年行省列奏忽蘭吉之功請用范殿帥故事商議本省軍事二十七年拜資善大夫遙授陝西等處行尚書省左丞商議軍事食左丞之祿元貞二年入覲授資德大夫陝西等處行中書省右丞議本省公事卒泰定元年謚襄敏

李庭

李庭小字勞山本金人蒲察氏金末來中原改稱李氏家於濟陰後徙壽光至元六年以材武選隸軍籍權管軍千戶從伐宋圍襄陽宋將夏貴率戰船三千艘來援泊鹿門山西岸諸翼水軍攻之相持七日庭時將步騎自請與水軍萬戶解汝楫擊之斬其裨將王玘元勝河南行省承制授庭益都新軍千戶宋襄陽守將呂文煥以萬五千人來攻萬山堡萬戶張弘範方與接戰庭單騎橫槍入陣殺二人槍折倒持回擊一人墜馬庭亦被二創復奪後軍槍裹創力戰敗之八年春眞除益都新軍千戶賜號拔都兒與宋兵戰襄陽城下追奔逐北直抵城門流矢中左股而止九年春攻樊城外郛砲傷額及左右手奪其土城遂進攻襄陽東堡砲傷右肩焚其樓破一字城文煥麾下有胖山王總管者驍將也庭設伏誘擒之以功授金符十年春大軍攻樊城庭運薪芻土牛塡城壕立雲梯城上矢石如雨庭屢中砲墜城下絕而復甦裹創再登如是者數四殺獲甚多樊城破襄陽降以功授金虎符爲管軍總管十一年九月從伯顏發襄陽次郢州郢在漢水東宋人復於漢水西築新郢以遏我軍黃家灣有溪通藤湖至漢水數里宋兵亦築堡設守備焉庭與劉國傑先登拔之遂溢舟而進攻沙洋新城砲傷左脅破其外堡復中砲墜城下矢貫于胷氣垂絕伯顏命剖水牛腹納其中良久乃甦以功加明威將軍授益都新軍萬戶師次漢口宋將夏貴鎖戰艦橫截江面軍不得進乃用庭及馬福等計由沙蕪口入江武磯堡四面皆水庭決其水而攻之大軍渡江武磯堡亦破遂從阿术轉戰至鄂州順流而東十二年春與宋將孫虎臣戰丁家洲奪船二十餘宋軍潰以功加宣威武軍宋兵斷眞州江路庭焚其船二百餘擊斬其護岸軍聞夏貴欲由太湖援臨安亟出兵逆戰袥溪口敗之諸軍攻常州庭陷陣奪北門而入十三年春至臨安宋主降伯顏命庭等護其內城收集符印珍寶仍令庭與唐兀台等防護宋主赴燕世祖嘉其勞大宴命坐於左手諸王之下百官之上賜金百錠金珠衣各一襲仍諭之曰劉整在時不曾令坐於此爲汝有功故加以殊禮汝子孫宜謹志之勿忘繼有旨汝在江南多出死力男兒立功要在西北上也今有違我太祖成憲者汝其往征之乃別降大虎符加鎭國上將軍漢軍都元帥仍命其次子大椿襲萬戶職庭至哈刺和林兀兒兀兒之地越嶺北與撒里蠻諸軍大戰敗之移軍河西擊走叛臣霍虎追至大磧而還諸王昔里吉脫脫木兒反庭襲擊生獲之畧皇子只必帖木兒賜之死復引兵會諸王納里忽渡塔迷兒河擊走其餘黨兀斤末台要朮忽兒等河西悉平十四年入朝世祖勞之賜以益都居第單河官莊鈔萬五千貫及弓矢諸物拜福建行中書省參知政事改福建道宣慰使召赴闕備宿衞十七年拜驃騎衞上將軍中書左丞東征日本十八年軍次竹島遇風船盡壞庭抱壞船板漂流抵岸下收餘衆由高麗還京師士卒存者十一二繼以父歿歸益都召拜中書左丞司農卿不赴二十四年宗王乃顏叛驛召至上都統諸衞漢軍從帝親征塔不合金家奴來拒戰衆號十萬帝

親麾諸軍圍之庭調阿速軍繼進流矢中胷貫脅墨創復戰帝遣止之乃已令軍中衞百弩侯敵列陣百弩齊發乃不復出帝問庭彼今夜當何如庭奏必遁去乃引壯士十人持火砲夜入其陣砲發果自相殺潰散帝問何以知之庭曰其兵雖多而無紀律見車駕駐此而不戰必疑有大軍在後是以知其將遁帝大喜賜以金鞍良馬庭奏若得漢軍二萬從臣便宜用之乃顏可擒也帝難之命與月兒魯蒙古軍並進遂縛乃顏以獻帝既南還庭又親獲塔不台金剛奴以功加龍虎衞上將軍遙授中書省左丞二十五年乃顏餘黨哈丹秃魯干復叛於遼東詔庭及樞密副使喀答討之大小數十戰弗克而還既而庭整軍再戰流矢中左脅及右股追至一大河選鋭卒潛負火砲夜泝上流發之馬皆驚走大軍潛於下流畢渡天明進戰其衆無馬莫能相敵俘斬二百餘人哈丹秃魯干走高麗死拜資德大夫尚書左丞商議樞密院事官其長子大用仍賜鈔二萬五千貫庭因奏今漢軍之力困於北征若依江南軍每歲二八放散以次番上甚便帝可其奏令著爲令宗王海都將犯邊伯顏以聞帝命月兒魯與庭議所以爲備庭請下括馬之令凡得馬十一萬匹軍中賴其用拜榮祿大夫平章政事商議樞密院事提調諸衞屯田事三十一年春世祖崩月兒魯與伯顏等定策立成宗庭翊贊之功居多成宗與太后眷遇甚至每進食必分賜之大宴仍命序坐於左手諸王之下百官之上賜以珠帽珠半臂金帶各一銀六鋌莊田諸物稱是奉旨整點江浙軍馬五百三十二所還入見成宗親授以衣慰勞之初武宗出鎭北邊庭請從行成宗憫其老不許賜鈔五萬貫依前榮祿大夫平章政事商議樞密院事提調諸衞屯田兼後衞親軍都指揮使奉旨北征懷都至野馬川而還俄有中使傳旨拘漢軍之馬以濟北軍且令焚其鞍轡行糧諸物庭因感疾詔內醫二人診視之疾稍間扈從上都特降旨存護其家大德八年二月卒至大二年贈推忠翊衞功臣儀同三司太保柱國追封益國公謚武毅子大用同知歸德府事以哀毁卒大楷襲職佩金虎符爲宣武將軍益都新軍萬戶戍建康大誠襲職後衞親軍都指揮使

史弼

史弼字君佐一名塔剌渾蠡州博野人曾祖彬有膽勇太師國王木華黎兵南下居民被虜彬守閉城自守彬謂諸子曰吾所恃者郡守也今棄民自保吾與其束手以死曷若死中求生乃率鄉人數百家詣木華黎請降木華黎書帛爲符遣還既而州破獨彬與同降者得免弼長通國語膂力絕人能挽强弓里門鑿石爲獅重四百斤弼舉之置數步外潼關守將王彥弼奇其材妻以女又薦其材勇於左丞相耶律鑄弼從鑄往北京近侍火里台見弼所挽弓以名聞世祖召之試以遠垛連發中的令給事左右賜馬五匹中統末授金符管軍總管命從劉整伐宋攻襄樊嘗出挑戰射殺二人因橫刀呼曰我史奉御也宋兵却退至元十年諸將分十三道圍樊城弼攻東北隅凡十四晝夜破之殺其將牛都統襄陽降上其功賜銀及衣錦金鞍陞懷遠大將軍副萬戶遂從丞相伯顏南征攻沙洋堡飛矢中臂城拔凝血盈袖事聞賜金虎符軍至陽羅堡伯顏誓衆曰先登南岸者爲上功弼率健卒直前宋兵逆戰奮呼擊走之伯顏登南岸論弼功第一進定遠大將軍鄂州平進軍而東至大孤山風大作伯顏命弼禱于大孤山神風立止兵駐瓜州阿塔海言揚子橋乃揚州出入之道宜立堡選驍將守之伯顏授弼三千人立木堡據其地弼遂以數十騎抵揚州城或止之曰宋將姜才偏强未可易也弼曰吾柵揚子橋據其所必爭之地才乘未固必來攻我則我之利也才果以萬衆乘夜來攻人挾束薪塡塹弼戒軍中無譁俟其至下檑木發砲石擊之殺千餘人才乃退弼出兵擊之會相威阿朮兵繼至大戰才敗走擒其將張都統十三年六月才復以兵夜至弼三戰三勝天明才見弼兵少進迫圍弼弼復奮擊之騎士二人挾火鎗刺弼弼揮刀禦之左右皆仆手刃數十百人及出圍追者尚數百騎弼殿後敵不敢近會援兵至大破之才奔泰州及守將朱煥以揚州降使麥朮受其降於南門外而弼從數騎由保城入揚州出南門與之會以示不疑制授昭勇大將軍揚州路總管府達魯花赤兼萬戶冬遷黃州等路宣慰使十五年入朝陞中奉大夫江淮行中書省參知政事行黃州等路宣慰使盜起淮西司空山弼平之十七年南康都昌盜起弼往討誅其親黨數十人脅從者宥之江州宣課司稅及民米米商避去民皆閉門罷市弼立罷之十九年改浙西宣慰使二十一年黃華反建寧春復霖雨米價湧貴弼即發米十萬石平價糶之而後聞于省省臣欲增其價弼曰吾不可失信寧輟吾俸以足之省不能奪益出十萬石民得不飢改淮東宣慰使弼凡三官揚州人喜刻石頌之號三至碑遷僉書沿江行樞密院事鎭建康二十六年平台州盜楊鎭龍拜尚書左丞行淮東宣慰使冬入朝時世祖欲征爪哇謂弼曰諸臣爲吾腹心者少欲以爪哇事付汝對曰陛下命臣臣何敢自愛二十七年遙授尚書省左丞行浙東宣慰使平處州盜二十九年拜榮祿大夫福建等處行中書省平章政事往征爪哇以亦黑迷失高興副之付金符百五十幣帛各二百以待有功十二月弼以五千人合諸軍發泉州風急濤湧舟掀簸士卒皆數日不能食過七洲洋萬里石塘歷交趾占城界明年正月至東董西董山牛崎嶼入混沌大洋橄欖嶼假里馬答勾闌等山駐兵伐木造小舟以入時爪哇與鄰國葛郎搆怨爪哇主哈只葛達那加剌已爲葛郎主哈只葛當所殺其壻土罕必闍耶攻哈只葛當不勝退保麻喏八歇聞弼等至遣使以其國山川戶口及葛郎國地圖迎降求救弼與諸將進擊葛郎兵大破之哈只葛當走歸國高興言爪哇雖降倘中變與葛郎合則孤軍懸絕事不可測弼遂分兵三道與興及亦黑迷失各將一道攻葛郎至答哈城葛郎兵十餘萬迎敵自旦至午葛郎兵敗入城自守遂圍之哈只葛當出降併取其妻子官屬以歸土罕必闍耶乞歸易降表及所藏珍寶入朝弼與亦黑迷失許之遣萬戶担只不丁甘州不花以兵二百人護之還國土罕必闍耶於道殺二人以叛乘軍還夾路攘奪弼自斷後且戰且行行三百里得登舟行六十八日夜達泉州士卒死者三千餘人有司數其俘獲金寶香布等直五十餘萬又以沒理國所上金字表及金銀犀象等物進事具高興及爪哇國傳於是朝廷以其亡失多杖十七沒家貲三之一元貞元年起同知樞密院事月兒魯奏弼等以五千人渡海二十五萬里入近代未嘗至之國俘其王及諭降傍近小國宜加矜憐遂詔以所籍還之拜榮祿大夫江西等處行中書省右丞三年陞平章政事加銀青榮祿大夫封鄂國公卒於家年八十六

高興

高興字功起蔡州人也其先自薊徙汴曾祖拱之祖子洵世以農爲業金末兵亂父青又徙蔡而生興興少慷慨多大節力挽二石弓嘗步獵南陽山中遇虎跳踉大吼衆皆驚走興神色自若發一矢斃之至元十一年冬挾八騎詣黃州謁宋制置陳奕奕使隸麾下且奇興相貌以甥女妻之十二年丞相伯顏伐宋至黃州興從奕出降伯顏承制授興千戶從破瑞昌之烏石堡張家寨進拔南陵行省上其功世祖命興專將一軍常爲先鋒宋張濡殺使者嚴忠範等於獨松關伯顏使興討之師次溧陽再戰斬其將二人士卒三人虜四十二人遂破溧陽斬首七千級授金符爲管軍總管從戰銀墅斬宋將三人士卒二千人拔建平斬其總制二人虜知縣事黃君濯由間道奪獨松關進至武康擒張濡十三年春宋降伯顏北還留興以兵取郡縣之未下者降建德守方回婺州守劉怡衢婺二州已降復叛章焴自爲婺守興以五千人討之七戰至破溪相持四十餘日興兵少不敵力戰潰圍出至建德境與援兵合復進戰蘭溪斬首三千級復取婺州擒章焴斬之進戰衢城下斬首五百級連戰赤山陳家山園江山縣斬首三千級虜五百人獻魏福興等七人于行省餘盡戮之衢州平追宋嗣秀王與擇入閩與擇據橋陣水南興率奇兵奪橋進戰殺其觀察使李世達斬首三千餘級擒與擇父子及其小王二裨將二獲印五馬五百匹下興化降宋叅知政事陳文龍制置印德傳等百四十人軍三千水手七千獲海船七千餘艘遷鎭國上將軍管軍萬戶十四年春還鎭婺州佩元降虎符充衢婺招討使東陽玉山羣盜張念九强和尚等殺宣慰使陳祐於新昌興捕斬之復從都元帥忙古臺平福建漳三州破敏陽寨畧福成寨十五年夏詔忙古臺立行省於福建興立行都元帥府於建寧以鎭之政和人黃華邵武人高日新高從周聚衆叛皆討降之以招討使行右副都元帥十六年秋召入朝侍燕大明殿悉獻江南所得珍寶世祖曰卿何不少留以自奉對曰臣素貧賤今幸富貴皆陛下所賜何敢隱俘獲之物帝悅曰直臣也興因奏所部士卒戰功乞官之帝命自定其秩須爵賞有差遷興浙東道宣慰使賜西錦服金線鞍轡奉省檄討處州福建及溫台海洋羣盜平之十七年漳州盜數萬據高安寨官軍討之二年不能下詔以興爲福建等處征蠻右副都元帥與與都元帥完者都等討之直抵其壁賊乘高瞰下擊之興命人挾束薪蔽身進至山半棄薪而退如是六日誘其矢石殆盡乃燃薪焚其柵遂平之斬賊魁及其黨首二萬級十八年盜陳吊眼聚衆十萬連五十餘寨扼險自固興攻破其十五寨吊眼走保千壁嶺興上至山半誘與語接其手掣下擒斬之漳州境悉平十九年入朝賜銀五百兩鈔二千五百貫及錦服鞍轡弓矢改淛西道宣慰使降人黃華復叛有衆十萬興與戰于鉛山獲八千人華急攻建寧興疾趨與福建軍合獲華將二人華走江山洞追至赤巖華敗走赴火死二十一年改淮

東道宣慰使二十三年拜江淮行中書省參知政事平婺州盜施再十改制東道宣慰使二十四年尚書省立拜行尚書省參知政事捕斬柳分司於婺州丁母憂詔起復討處州盜詹老鷂溫州盜林雄與滑由青田擣其巢穴戰葉山擒老鷂及雄等二百餘人斬于溫州市又奉省檄平徽州盜汪千十等二十八年罷福建行省以參知政事行福建宣慰使諭漳州盜歐狗降之召入朝拜江西行省左丞二十九年復立福建行省拜右丞瓜哇黥使者孟琪詔興爲平章政事與史弼亦黑迷失帥師征之賜玉帶錦衣甲冑弓矢大都良田千畝三十年春浮海抵爪哇亦黑迷失將水軍興將步軍會八節澗瓜哇主婿土罕必闍耶降進攻葛郎國降其主哈只葛當事見弼傳又諭降諸小國哈只葛當子昔剌八的昔剌丹不合逃入山谷興獨帥千人深入虜昔剌丹不合還至答哈城史弼亦黑迷失已遣使護土罕必闍耶歸國具入貢禮興深言其失計土罕必闍耶果殺使者以叛合衆來攻興等力戰却之遂誅哈只葛當父子以歸詔治縱爪哇者弼與亦黑迷失皆獲罪興獨以不預議且功多賜金五十兩成宗卽位復拜福建行省平章政事賜玉帶大德三年汀州總管府同知阿里挾怨告興不法召入對盡得其誣狀阿里伏誅改江浙行省平章政事賜海東青鶻命其子伯顏入宿衞四年遣使賜海東白鶻蒲萄酒良藥八年授樞密副使十年進同知樞密院事皆兼平章改河南行省平章政事武宗卽位召見拜左丞相商議河南省事賜以先朝御服仁宗寵眷勳舊賜與尤厚皇慶二年秋九月卒年六十九贈太師開府儀同三司上柱國追封梁國公謚武宣元統三年加封南陽王子久住泉州總管長壽同知建寧路總管府事忙古台襲萬戶伯顏同知建國路總管府事完者都辰州路總管寶哥治書侍御史

劉國傑

劉國傑字國寶本女眞人也姓烏古倫後入中州改姓劉氏父德寧爲宗王斡臣必闍赤授管領益都軍民公事國傑貌魁雄善騎射膽力過人少從軍漣海以材武爲隊長至元六年選其兵取襄陽以益都新軍千戶從張弘範戍萬山堡宋兵窺伺衆出取薪大出兵來攻堡國傑等以數百人敗之斬首四千餘級由是有名從畧荆南抵歸峽轉戰數千里還破宋兵襄陽下從攻樊城破外城火砲傷股畏創復戰平其外城授武畧將軍佩金符從破張貴兵櫃門關戰甚力再攻樊城被傷數處血戰竟破之襄陽降世祖聞其勇召見遷武德將軍管軍總管賜銀百兩錦衣弓矢以寵之從伯顏南征十一年次郢州宋兵扼漢水不得下伯顏謀取黃家灣堡以入漢國傑先登拔之加武節將軍從破沙洋新城敗孫虎臣丁家洲戰甚力進萬戶復從阿术取淮南別軍揚子橋扼宋兵道宋以萬衆夜奪堡擊走之擒其都統張林宋將張世傑盛兵出焦山來禦師施鐵繩聯戰船碇江中以示必死阿术率諸軍進戰萬戶劉琛由江南繞其後國傑與董文炳左右夾擊之焚其戰船世傑軍大潰追奔圌山奪黃鵠船數百艘帝壯之詔加懷遠大將軍賜號霸都國傑行第二因呼之曰劉二霸都而不名霸都華言敢勇之士也宋亡入朝加僉書西川行樞密院事選淮南兵使將之平蜀未行會北邊有警加鎭國上將軍漢軍都元帥將衞兵定北方冬召還帝親解衣加玉帶賜之十五年復將左右中三衞兵戍北邊詔有不用命者斬之以聞十六年諸王脫脫木反寇和林國傑度其衆悉至營中必虛選輕騎襲之獲其衆萬計脫脫木屢戰不利又殘暴失衆心衆殺之來降十八年加輔國上將軍十九年征東兵無功而還帝怒將盡罷大小將校召國傑爲征東行省左丞旣至帝語之故國傑曰罪在元帥耳偏裨聖慈復諸將之職彼必人人思奮以雪前恥矣帝從之盡復其官以屬國傑征日本會黃華反建寧乃命國傑以征東兵會江淮參政伯顏等討之國傑破赤巖寨黃華自殺餘衆皆潰福建行省左丞忽剌出將兵來會梧桐川欲搜賊潰去者盡殺之國傑曰首亂者華也餘皆脅從招諭不歸誅之未晚未幾衆果出降二十二年罷征東省除僉書沿江行樞密院改僉院二十三年朝廷以湖廣重地且多盜拜本省左丞國傑至首平湖南盜李萬二明年廣東盜起寇肇慶其魁鄧太獠居前寨劉太獠居後寨相依以爲固國傑趨擣後寨破之遂拔前寨擒斬二人捕民結盜者皆杖殺之加資德大夫二十五年湖南盜詹一仔誘衡永寶慶武岡人嘯聚四望山官軍久不能討國傑破之斬首盜餘衆悉降將校請曰此輩久亂急則降降而有釁復反矣不如盡阬之國傑曰多殺不可況殺降耶吾有以處之矣乃相要地爲三屯在衡曰清化在永曰烏符在武岡曰白倉遷其衆守之每屯五百人以備賊且墾廢田榛棘使賊不得爲巢穴降者有故田宅盡還之無者使雜耕屯中後皆爲良民有詔討江西諸盜國傑趨赴之十一月破藁太獠於陳古水斬數百人進平懷集諸寨賊二十六年春東入肇慶攻閆太獠於清遠還攻蕭太獠於懷集擒之復攻走嚴太獠四月攻曾太獠於金林又破走之賊深入保險國傑鑿山而入賊衆五千人掩殺畧盡七月次賀州兵士冒瘴皆疫國傑親撫視之療以醫藥多得不死會國傑亦病乃移軍道州廣東盜陳太獠寇道州國傑討擒之遂攻拔赤水賊寨二十七年江西盜起龍泉下令往擊之諸將交諫曰此他省盜也國傑曰縱寇生患患將難圖豈可以彼此言耶乃選輕兵棄旗鼓去纓飾一日夜趍賊境賊衆數千逆戰望見軍容不整曰此鄉丁也易之國傑以數十騎陷陣衆從之賊大敗斬首五百餘級奪所掠男女日暮忽收兵去堡中民望見怪之莫知其誰明日又忽至召堡民歸其男子曰吾劉二霸都也民皆驚以爲神因告別盜鍾太獠居南安十八耒國傑乘霧突入其巢賊衆驚亂自相蹂踐官軍擣之自旦至午所擒殺甚衆還兵桂東二月龍泉盜復寇鄠縣國傑遂還鄠賊退保大井山乃分軍三道趍之道險棄馬而入時天大雨賊不爲備盡掩殺之還鎭道州八月永州盜李末子千七寇全州敗官兵殺郡長官土魯國傑進討擒之梟首而還以前後功加湖廣右丞二十八年置湖廣等處行樞密院遷副使還軍武昌秋廣東盜再起國傑復出道州時知上思州黃勝許恃其險遠與交趾爲表裏寇邊二十九年詔國傑討之賊衆勁悍出入巖洞篁竹中如飛鳥發毒矢中人無愈者國傑身率士奮戰賊不能敵走象山山近交趾皆深林不可入乃度其出入列柵圍之徐伐山通道且戰且進二年拔其寨勝許挺身走交趾擒其妻子殺之國傑三以書責交趾索勝許交趾竟匿不與夏師還盡取賊巢地爲屯田募度遠諸撞人耕之以爲兩江蔽障後蠻人謂屯爲省地莫敢犯者詔遣使卽軍中以玉帶賜之三十年入朝帝謂朝臣曰湖廣重地惟劉二霸都足以鎭此他人不能也命無遷他官俄議問罪交趾加湖廣安南行平章事以諸王亦吉列台爲監軍征之未行會帝崩乃止成宗卽位復置行樞密院於衡州仍除副使初黔中諸蠻酋旣內附復叛又巴洞何世雄犯澧州泊崖洞田萬頃楠木洞孟再師犯辰州朝廷嘗討降之升泊崖爲施溶州以萬頃知州事三十一年萬頃復叛攻之不能下至是帝卽位赦天下幷赦萬頃等亦不降帝以命國傑九月國傑馳至辰進攻明溪賊酋萬丑擁衆自上流而下千戶崔忠百戶馬孫兒戰死十月進兵桑木溪萬丑復以千人拒戰擊却之明日萬丑倍衆來攻國傑鼓之百戶李旺率死士陷陣衆軍齊奮賊敗遂破其巢焚之進攻施溶部將田榮祖請曰施溶萬頃之腹心石農次三羊峰其左右臂也宜先斷其臂而後腹心乃可攻國傑曰甚善麾諸軍攻石農次賊不能支棄寨遁遂拔施溶擒萬頃斬之復窮捕其黨攀崖緣木而進凡千餘里元貞元年卽軍中加榮祿大夫湖廣行省平章政事辰澧地接溪洞宋嘗選民立屯免其繇役使禦之在澧者曰隘丁在辰者寨兵宋亡皆廢國傑悉復其制班師繼又經畫茶陵衡郴道桂陽凡廣東江西盜所出入之地南北三千里置戍三十有八分屯將士以守之由是東盡交廣西亘黔中地周湖廣四境皆有屯戍制度周密諸蠻不能復寇盜賊遂息六月入朝賜玉帶錦衣弓矢臺臣言國傑在軍中每以家貲賞將士帝命倍償之部曲有功者各遷官大德五年羅鬼女子蛇節反烏撒烏蒙東川芒部諸蠻從之皆叛陷貴州詔國傑將諸翼兵合四川雲南思播兵以討之賊兵勁利且多健馬官軍戰失利國傑令人持一盾布釘其上俟陣合卽棄盾僞遁賊果逐之馬奮不能止遇盾皆倒國傑鼓之賊大敗旣而復合衆請戰國傑不應數日度其氣衰一鼓破走之追戰數千里七年春擒斬蛇節宋隆濟阿女等西南夷悉平詔領其將士入見張宴享之賞賜甚厚進光祿大夫償其賞士金一千九百兩鈔萬五千錠將士遷官有差命還益都上冢八年還鎭國傑久行邊患瘴至是病篤平章卜隣吉台率僚屬問之國傑曰交賊不臣若病幸小愈得滅此虜則死無憾矣問以家事不言二月卒年七十二國傑性雄猛視死如歸嘗語人曰吾爲國宣力雖身棄草野不恨何必馬革裹屍還葬哉且善推誠得士心故能立功如此訃聞帝深悼惜贈推忠効力定遠功臣光祿大夫司徒柱國封齊國公謚武宣子脫歡湖廣行省平章政事尚憲宗孫女

元史卷一百六十三

明翰林學士亞中大夫知制誥兼修國史宋　濂等修

列傳第五十

李德輝

李德輝字仲實通州潞縣人生五歲父且卒指德輝謂其家人曰吾爲吏治獄不任苛刻人蒙吾力者衆天或報之是兒其大吾門乎及卒德輝號慟如成人適歲凶家儲粟纔五升其母舂蓬稗炊藜莧而食之德輝天性孝悌操履淸愼旣就外傳嗜讀書束於貧無以自資乃輟業年十六監酒豐州祿食充足甘旨有餘則市筆札

錄書夜誦不休已乃厭糟麴歎曰志士顧安此耶事不足以匡君福民隱不足以悅親善身天地之間人壽幾何惡可無聞同腐草木也乃謝絕所與游少年求先生長者講學以卒其業時世祖在潛藩用劉秉忠薦使侍裕宗講讀乃與竇默等皆就辟癸丑憲宗封宗親劃京兆隸世祖潛藩擇廷臣能理財賦者俾調軍食立從宜府以德輝與李得乃爲使時汪世顯宿兵利州扼四川衿喉以規進取數萬之師仰哺德輝乃募民入粟綿竹散錢幣給鹽券爲直陸挽興元水漕嘉陵未期年而軍儲充羨取蜀之本基於此矣中統元年爲燕京宣撫使燕多劇賊造僞鈔結死黨殺人德輝悉捕誅之令行禁止然事多不白中書由是忤平章王文統意去位三年文統以反誅德輝遂起爲山西宣慰使權勢之家籍民爲奴者咸按而免之復業近千人至元元年罷宣慰司授太原路總管時潛藩故傳相無有出爲二千石者帝以太原難治故以德輝爲守至郡崇學校表孝節勸耕桑立社倉一權度凡可以阜民者無不爲之嘉禾瑞麥六出其境五年徵爲右三部尚書人有訟財而失其兄子者德輝曰此叔殺之無疑遂竟其獄權貴人爲請者甚衆德輝不應罪狀既明請者乃慚服七年帝以蝗旱爲憂命德輝錄囚山西河東行至懷仁民有魏氏發得木偶持告其妻挾左道爲厭勝謀不利於己移數獄詞皆具德輝察其冤知其有愛妾疑妾所爲將搆陷其妻也召妾鞫之不移時而服遂杖其夫而論妾以死皇子安西王鎭關中奏以德輝爲輔遂改西西王相至則視瀕涇營牧故地可得數千頃起廬舍疏溝澮假牛種田具與貧民二千家屯田其中歲得粟麥芻藁萬計十二年詔以王相撫蜀時重慶猶城守不下朝廷各置行樞密院於東西川合兵萬人圍之德輝至成都兩府爭遣使咨受兵食方略德輝戒之曰宋已亡矣重慶以彈丸之地不降何歸政以公輩利其剽殺民不得有子女懼而不來耳嚮日兵未嘗戢中使奉璽書來赦公輩既不能正言明告嚴備止攻以須其至反購得軍吏杖之僞爲得罪使懼而叛去水陸之師雷鼓繼進是堅其不下也中使不諭詐計竟以不奉明詔復命如是者非玩寇而何況復軍政不一相訾紛紛朝夕敗矣豈能成功哉德輝出未至秦瀘州叛而重慶圍果潰再退守瀘州十四年詔以德輝爲西川行樞密院副使仍兼王相諸軍既發德輝留成都給軍食是年復瀘州十五年再圍重慶踰月拔之紹興南平夔施思播諸山壁水柵皆下而東川樞府猶故將也懲前與西川相視望致敗惡相屬願獨軍圍合州德輝乃出合俘繫順慶獄者縱之使歸語州將張珏以天子威德遠著宋室既亡三宮皆北我朝含弘錄功忘過能早自歸必取將相與夏呂比又爲書以禮義禍福反復譬解之以爲汝之爲臣不親於宋之子孫合之爲州不大於宋之天下彼子孫已舉天下而歸我汝猶偃然負阻窮山而曰吾忠於所事不亦惑哉且昔此州之人不自爲謀者以國有主恥被不義之名故爾得制其死命主今亡矣猶欲以是行之則戲下盜遇君竊君首以徼福一旦不難也珏未及報而德輝還王邸既而合州遣李興張郃十二人詷事成都皆獲之釋不殺復爲書縱歸使諭其將王立如諭珏者而辭益剴切立亦計夙與東府有深怨懼誅卽使與等導帥幹楊獬懷蠟書間至成都降德輝從兵纔數百人赴之東府害其來皆曰公昔爲書招珏誠亦極矣竟無功而還今立珏牙校也習狙詐不信特以計致公來使與吾爭垂成之功延命晷刻耳未必誠降德輝曰昔合以重慶存故力可以同惡今已孤絕窮而來歸亦其勢然吾非攘人之功者誠懼公等憤其後服誣以嘗抗蹕先朝利其剽奪而快心於屠城也吾爲國活此民豈計汝嫌怒爲哉卽單舸濟江薄城下呼立出降安集其民而罷置其吏合人自立而下家繪事之川蜀平復以王相還邸十七年置行中書省以德輝爲安西行省左丞是年西南夷羅施鬼國旣降復叛詔雲南湖廣四川合兵三萬人討之兵且壓境德輝適被命在播乃遣安珪馳驛止三道兵勿進復遣張孝思諭鬼國趣降其酋阿察熟德輝名曰是活合州李公耶其言明信可恃卽身至播州泣且告曰吾屬百萬人微公來死且不降今得所歸蔑有二矣德輝以其言上聞乃改鬼國爲順元路以其酋爲宣撫使其後有以受鬼國馬千數譖德輝于朝者帝曰是人朕所素知雖一羊不妄受寧有是耶德輝卒年六十三蠻夷聞訃哭之哀如私親爲位而祭者動輒千百人合州安撫使王立衰絰率吏民拜哭聲震山谷爲發百人護喪與元播州安撫使何彥淸率其民立廟祀之

張雄飛

張雄飛字鵬舉琅琊臨沂人父琮仕金守盱眙金人疑之罷其兵柄徙居許州尋復命守河陰仍留家人於許雄飛幼失母琮妾李氏養之國兵屠許惟工匠得免有田姓者琮故吏也自稱能爲弓且詐以雄飛及李氏爲家人由是獲全遂徙朔方雄飛時方十歲至霍州李欲逃恐其累己雄飛知之頃刻不去左右李乃變服與俱還寓潞州雄飛旣長往師前進士王寶英於趙城金亡雄飛不知父所在往來澤潞求之十餘年常客食僧舍已而入關陝歷懷孟潼華終求其父弗得遂入燕居數歲盡通國言及諸部語至元二年廉希憲薦之于世祖召見陳當世之務世宗大悅授同知平陽路轉運司事搜抉蠹弊悉除之帝問處士羅英誰可大用者對曰張雄飛眞公輔器帝然之命驛召雄飛至問以方今所急對曰太子天下本願早定以繫人心閭閻小人有升斗之儲尚知付託天下至大社稷至重不早建儲貳非至計也向使先帝知此陛下能有今日乎帝方臥矍然起稱善者久之他日與江孝卿同召見帝曰今任職者多非材政事廢弛譬之大廈將傾非良工不能扶卿輩能任此乎孝卿謝不敢當帝顧雄飛雄飛對曰古有御史臺爲天子耳目凡政事得失民間疾苦皆得言百官姦邪貪穢不職者卽糾劾之如此則紀綱舉天下治矣帝曰善乃立御史臺以前丞相塔察兒爲御史大夫雄飛爲侍御史且戒之曰卿等旣爲臺官職在直言朕爲汝君苟所行未善亦當極諫況百官乎汝宜知朕意人雖嫉妬汝朕能爲汝地也雄飛益自感勵知無不言叅議樞密院事費正寅素憸狡有告其罪者詔丞相線眞等與雄飛雜治之請托交至雄飛無所顧盡得其罪狀以聞正寅與其黨管如仁等皆伏誅會議立尚書省雄飛力爭於帝前忤旨左遷同知京兆總管府事宗室公主有家奴逃渭南民間無賴壻主適過臨潼識之捕其奴與妻及妻之父母皆械繫之盡沒其家貲雄飛與主爭辨辭色俱厲主不得已以奴妻及妻之父母家貲還之惟挾其奴以去入爲兵部尚書平章阿合馬在制國用司時與亦麻都丁有隙至是羅織其罪同僚爭相附會雄飛不可曰所犯在制國用時平章獨不預耶衆無以答秦長卿劉仲澤亦以忤阿合馬皆下吏欲殺之雄飛亦持不可阿合馬使人啗之曰誠能殺此三人當以叅政相處雄飛曰殺無罪以求大官吾不爲也阿合馬怒奏出雄飛爲澧州安撫使而三人竟死獄中時澧州初下民懷反側雄飛至布宣德敎以撫綏之民遂安有巨商二人犯匿稅及毆人事僚佐受賂欲寬其罪雄飛繩之益急或曰此細事何執之堅雄飛曰吾非治匿稅毆人者欲改宋弊政懲不畏法者爾細民以乏食羣聚發富家廩所司欲論以強盜雄飛曰此盜食欲救死非強也寬其獄全活者百餘人澧西南接溪洞傜人乘間抄掠居民雄飛遣楊應申等往諭以威德諸傜悉感服十四年改安撫司爲總管府命雄飛爲達魯花赤遷荊湖北道宣慰使有告常德富民十餘家與德山寺僧將爲亂衆議以兵討之雄飛曰告者必其仇也且新附之民當以靜鎭之兵不可遽用苟有他吾自任其責遂止徐察之果如所言先是荊湖行省阿里海牙以降民三千八百戶沒入爲家奴自置吏治之歲責其租賦有司莫敢言雄飛言于阿里海牙請歸其民於有司不從雄飛入朝奏其事詔還籍爲民十六年拜御史中丞行御史臺事阿合馬以子忽辛爲中書右丞行省江淮恐不爲所容奏留雄飛不遣改陝西漢中道提刑按察使未行阿合馬死朝臣皆以罪去拜叅知政事阿合馬用事日久賣官鬻獄紀綱大壞雄飛乃先自降一階於是僥倖超躐者皆降之忽辛有罪敕中貴人及中書雜問忽辛歷指宰執曰汝曾使我家錢物何得問我雄飛曰我曾受汝家錢物否曰惟公獨否雄飛曰如是則我當問汝矣忽辛遂伏辜二十一年春冊上尊號議大赦天下雄飛諫曰古人言無赦之國其刑必平故赦者不平之政也聖明在上豈宜數赦帝嘉納之語雄飛曰大獵而後見善射集議而後知能言汝所言者是朕今從汝遂止降輕刑之詔雄飛剛直廉愼始終不易其節嘗坐省中詔趣召之見於便殿謂雄飛曰若卿可謂眞廉者矣聞卿貧甚今特賜卿銀二千五百兩鈔二千五百貫雄飛拜謝將出又詔加賜金五十兩及金酒器雄飛受賜封識藏於家後阿合馬之黨以雄飛罷政詣省乞追奪賜物裕宗在東宮聞之命叅政溫迪罕諭丞相安童曰上所以賜張雄飛者旌其廉也汝豈不知耶毋爲小人所詐塔卽古阿散請檢核前省錢穀復用阿合馬之黨竟矯詔追奪之塔卽古阿散等俄以罪誅帝慮校核失當命近臣伯顏閱之中書左丞耶律老哥勸雄飛詣伯顏自辨雄飛曰上以老臣廉故賜臣然臣未嘗敢輕用而封識以俟者政慮今日耳又可自辨乎二十一年盧世榮以言利進用雄飛與諸執政同日皆罷二十三年起爲燕南河北道宣慰使決壅滯黜姦貪政化大行卒于官子五人師野師諤師白師儼師約師野宿衞東宮時太子請以師野爲荊南總管雄飛固止之歸謂師野曰今日欲有官汝者汝宿衞日久固應得官然我方爲執政天下必以我私汝我一日不去此位汝輩勿望有官

也其介愼如此

張德輝

張德輝字耀卿冀寧交城人少力學數舉於鄉金貞祐間兵興家業殆盡試掾御史臺會盜殺卜者有司蹤跡之獲僧匿一婦人搒掠誣服獄具德輝疑其冤其後果得盜趙秉文楊雲翼成器其材金亡北渡史天澤開府眞定辟爲經歷官歲乙未從天澤南征籌畫調發多出德輝天澤將誅逃兵德輝救止配令穴城光州華山農民爲寨以自固天澤議攻之德輝請招之降全活甚衆歲丁未世祖在潛邸召見問曰孔子歿已久今其性安在對曰聖人與天地終始無往不在殿下能行聖人之道性卽在是矣又問或云遼以釋廢金以儒亡有諸對曰遼事臣未周知金季乃所親睹宰執中雖用一二儒臣餘皆武弁世爵及論軍國大事又不使預聞大抵以儒進者三十之一國之存亡自有任其責者儒何咎焉世祖然之因問德輝曰祖宗法度具在而未盡設施者甚多將如之何德輝指銀槃喻曰創業之主如制此器精選白金良匠規而成之畀付后人傳之無窮當求謹厚者司掌乃永爲寶用否則不惟缺壞亦恐有竊而去之者矣世祖良久曰此正吾心所不忘也又訪中國人材德輝舉魏璠元裕李冶等二十餘人又問農家作勞何衣食之不贍德輝對曰農桑天下之本衣食之所從出者也男耕女織終歲勤苦擇其精者輸之官餘麤惡者將以仰事俯育而親民之吏復橫斂以盡之則民鮮有不凍餒者矣歲戊申春釋奠致胙於世祖世祖曰孔子廟食之禮何如對曰孔子爲萬代王者師有國者尊之則嚴其廟貌修其時祀其崇與否於聖人無所損益但以此見時君崇儒重道之意何如耳世祖曰今而後此禮勿廢世祖又問典兵與宰民者爲害孰甚對曰軍無紀律縱使殘暴害固非輕若宰民者頭會箕斂以毒天下使祖宗之民如蹈水火爲害尤甚世祖默然曰然則柰何對曰莫若更遣族人之賢如口溫不花者使掌兵權勳舊則如忽都虎者使主民政若此則天子均受賜矣是年夏德輝得告將還更薦白文舉鄭顯之趙元德李進之高鳴李槃李濤數人陛辭又陳先務七事敦孝友擇人才察下情貴兼聽親君子信賞罰節財用世祖以字呼之賜坐錫賚優渥有頃奉旨教冑子孛羅等壬子德輝與元裕北覲請世祖爲儒教大宗師世祖悅而受之因啓累朝有旨蠲儒戶兵賦乞令有司遵行從之仍命德輝提調眞定學校世祖卽位起德輝爲河東南北路宣撫使下車擊豪强黜贓吏均賦役耆耋不遠數千里來見曰六十年不復見此太平官府矣戴之若神明西川帥紐鄰重取兵千餘人守吏畏其威莫敢申理隸鳳翔屯田者八百餘人屯罷兵不歸籍會僉防戍兵河中浮梁故有守卒不以充數悉條奏之帝可其請兵後虜民多依庇豪右及有以身傭藉衣食歲久掩爲家奴悉遣還之爲民二年考績爲十路最陛見帝勞之命疏所急務條四事一曰嚴保舉以取人材二曰給俸祿以養廉能三曰易世官而遷都邑四曰正刑罰而勿屢赦帝嘉納焉遷東平路宣慰使春旱禱泰山而雨東平賦斂繁視河東相倍徙凡遇贓奸悉窮之不少貸奏免遠輸豆粟二十萬斛和糴粟十萬斛寶合丁議賦置絲令民稅而後輸德輝曰是誣上以毒下也且後期之責孰任之遂罷其事孀婦馬氏將鬻其女以代納逋賦分己俸代償之仍蠲其額至元三年秋參議中書省事五年春擢侍御史辭不拜有言沿邊將校冒代軍士虛縻廩帑者敕按之奏曰在昔將校備嘗艱阻與士卒同甘苦今年少子弟襲爵或以微勞進用豈知軍旅之事乎政使朝廷遣使覆按此省院素失約束耳痛繩之則人不自安第易其部署選武毅才略者任之庶使軍政自新又時委司憲者體究庶革其弊有旨命德輝議御史臺條例德輝奏曰御史執法官今法令未明何據而行此事行之不易陛下宜愼思之有頃復召曰朕慮之熟矣卿當力行之對曰必欲行之乞立宗正府以正皇族外戚得以糾彈女謁毋令奏事諸局承應人皆得究治帝良久曰其徐行之德輝請老命舉任風憲者疏烏古倫貞等二十人以聞初河東歉請於朝發常平貸之幷減其秋租有差賦役不均官吏並緣爲姦賦一征十年不勝其困苦民率流亡德輝閱實戶編均其等第出納有法數十年之弊一旦革去德輝天資剛直博學有經濟器毅然不可犯望之知爲端人然性不喜嬉笑與元裕李冶游封龍山時人號爲龍山三老云卒年八十

馬亨

馬亨字大用邢州南和人世業農以貲雄鄉里亨少孤事母孝金季習爲吏庚寅太宗始建十路徵收課稅使河北東西路使王晉辟亨爲掾以才幹稱甲午晉薦於中書令耶律楚材授轉運司知事尋陞經歷擢轉運司副使庚戌太保劉秉忠薦亨於世祖召見潛邸甚器之旣而籍諸路戶口以亨副八春忙哥撫諭西京太原平陽及陝西五路俾民弗擾旣還圖山川形勢以獻餘使者多以賄敗惟亨等各賜衣九襲癸丑從世祖征雲南留亨爲京兆榷課所長官京兆藩邸分地也亨以寬簡治之不事掊克凡五年民安而課裕丁巳憲宗遣阿藍答兒等覈藩府錢穀亨時董歲辦課銀五百錠輸之藩府道出平陽適與之遇亨策曰見之則銀必拘留不見則必以罪加我與其銀弗達王府寧獲罪焉避而過之阿藍答兒果怒遣使逮之王府世祖詢亨曰汝往得無撫汝罪耶對曰無害願一行乃慰遣亨旣至拘係之窮治百端竟無所得惟以支竹課分例錢充公用及餽公解聾運脚價爲不應勒償其直而已世祖知其誣吏賜銀三十二錠己未從世祖攻鄂州泊北還遣亨馳驛往西京等處罷所僉軍幷撫諭山西河東陝右漢中旣還復遣轉餉江上軍實中統元年世祖卽位陝西四川立宣撫司詔亨議陝西宣撫司事尋賜金符遷陝西四川規措軍儲轉運使時阿藍答兒等叛亨與宣撫使廉希憲商挺合謀誅劉太平等悉定關輔尋建行省命亨兼陝西行省左右司郎中時興元畜糧五萬石欲轉餉太安軍計傭直萬緡衆推亨往時丁內艱以攝省府事强起之至則以兵官丁產均其役不閱月而事集無勞民傷財之歎與元判官費正寅狡悍不法莫有能治之者亨自省府欲以法繩之反誣購行省前保關中有異謀詔右丞粘合珪讞之亨力辯之冤購釋然四年遷陝西五路西蜀四川廉訪都轉運使未幾朝廷以考課覈諸路轉運使至則倂轉運司入總管府咸奪其制書授亨工部侍郎解鹽副使亨乃上言以考課定賞罰其人甫集而一切罷之則是非安在宜還其命書俾仕者有所勸勉從之亨復上便宜六事一曰東宮保傅當用正人以固國本二曰中書大政擇任儒臣以立朝綱三曰任相惟賢官不必備今宰相至十七員宜加裁汰四曰左右郎署毗贊大政今用豪貴子弟豈能贊襄五曰六曹之職分理萬機今止設左右二部事何由辦六曰建元以來使民條畫已多有司往往視爲文具宜令憲司糾舉務在必行疏聞帝卽召見有旨卿比安在胡不早言亨對曰新自陝西來覲帝諭曰卿久著忠勤自今不令卿遠出矣至元三年進嘉議大夫左三部尚書尋改戶部尚書金穀出納有條不紊時有賈胡恃制國用使阿合馬欲貿交鈔本私平準之利以增歲課爲辭帝以問亨對曰交鈔可以權萬貨者法使然也法者主上之柄今使一賈擅之廢法從私將何以令天下事遂寢亨又建言立常平義倉謂備荒之具宜亟舉行而時以財用不足止設義倉七年立尚書省仍以亨爲尚書領左部亨上言尚書省專領金穀百工之事其銓選宜歸中書以示無濫尋爲平章阿合馬所忌以誣免官會國兵圍襄樊廷議河南行省調發軍餉詔以阿里爲右丞姚樞爲左丞亨爲僉省任其事水陸供饋未嘗有闕亨之力爲多十年還京師帝方欲柄用之遽嬰末疾十四年卒年七十一子紹庭雲南諸路肅政廉訪司副使

程思廉

程思廉字介甫其先洛陽人元魏時以豪右徙雲中遂家東勝州父恒國初佩金符爲沿邊監榷規運使解州鹽使思廉用太保劉秉忠薦給事裕宗潛邸以謹愿聞命爲樞密院監印平章政事哈丹行省河南署爲都事丞相史天澤尤器之時方規取襄樊使任轉餉築城置倉以受粟轉輸者與民爭門不時至思廉令行者異路粟至冬露積一夕大雨思廉安臥不起省中詰之思廉曰此去敵近中夜騷動衆必驚疑或致他變縱有漂濕不過軍中一日糧耳聞者韙之至元十二年調同知洪州從東平路判官入爲監察御史以劾權臣阿合馬繫獄其黨巧爲機穽思廉居之泰然卒不能害累遷河北河南道按察副使道過彰德聞兩河歲饑而徵租益急欲止之有司謂法當上請思廉曰若然民已不堪命矣卽移文罷徵後果得請二十年河北復大饑流民渡河求食朝廷遣使者集官屬絕河止之思廉曰民急就食豈得已哉天下一家河北河南皆吾民也亟令縱之且曰雖得罪死不恨章上不之罪也衛輝懷孟大水思廉臨視賑貸全活甚衆水及城不沒者數板卽修隄防露宿督役水不爲患衛人德之遷陝西漢中道按察使以母老不赴俄丁母憂二十六年立雲南行御史臺起復思廉爲御史中丞始至蠻夷酋長來賀詞若遜而意甚倨思廉奉宣上意綏懷遠人且明示禍福使毋自外聞者懾服雲南舊有學校而禮教不興思廉力振起之始有從學問禮者成宗卽位除河東山西廉訪使太原歲飼諸王駝馬一萬四千餘匹思廉爲請止飼千匹平陽諸郡歲輸租稅於北方民甚苦之思廉爲請得輸河東近倉舊法決事咸有議劄權歸曹吏思廉自判牘尾某當某罪吏皆束手思廉累任風憲剛正疾惡言事剴切如請早建儲貳訪求賢俊辨卑服議付謚養軍力定律令皆急務也與人交有終始或有疾病死喪問遺賙卹往返數百里不憚勞仍爲之經紀家事撫視其子孫其於家族尤盡恩意好薦達人物或者以爲好名思廉

曰若避好名之譏人不復敢爲善矣卒年六十二謚敬肅

烏古孫澤

烏古孫澤字潤甫臨潢人其先女眞烏古部因以爲氏祖璧仕金爲明威將軍資用庫使從金主遷汴汴城陷轉徙居大名父仲偶儻有奇節遭金季世憤無所施用高言危行親交避之遂縱酒陽狂以自晦然敎澤特嚴澤性剛毅讀書舉大畧一切求諸已不事章句才幹過人世祖將取江南澤以選輸鈔至淮南餉軍丞相阿朮見而奇之補淮東大都督府掾至元十四年元帥唆都下兵閩越見澤與語而合卽辟元帥府提控案牘時宋廣王據福州改元炎興度我軍且至遂入于海復聚兵甲子門其將張世傑攻泉州興化守臣陳瓚舉郡應之文天祥置都督府于南劍州守臣張清行都督府事謀復建寧閩中郡縣往往復從宋江東大擾唆都時軍浙東建信告急唆都謀于衆曰我軍當何先澤曰彼據閩廣而我往浙右非策之善譬之伐木務除其根當先向南會行省檄唆都與左丞塔出會兵甲子門遂度兵閩關八戰而至南劍殺其守臣張清宋師遂退冬十月收福州進攻興化拔之唆都怒其民反覆下令屠城澤屢諫不聽復前說曰世傑不虞我軍遽至方急攻泉州謀固其植我新得泉州民志未固旦暮且失守比我定興化整兵而南彼樹植將日固矣莫若開其遺民使走泉南扇動之世傑將膽落而走是我不戰而完泉州提於吾兵之馳救也唆都喜開南門縱民去因得脫死者甚衆世傑得逃民知興化已破乃解泉州圍去唆都至泉州部署別將裝大艦趣甲子門自將下漳州軍于海豐引精騎與塔出會十二月入廣州十五年春正月還擊潮州守將馬發備禦甚固澤曰潮人所以城守不下者以外多壁壘爲之援應也第覊其外應潮必覆矣乃分兵攻其一大壘破之餘壘盡散走二旬而潮拔馬發死焉旣而文天祥軍潰於江西廣王昺張世傑死于海中唆都還軍福建夏五月詔立行中書省于福建以唆都行參知政事澤行省都事從朝京師命知興化軍賜金織衣賞其善謀也繼改興化軍爲路授澤行總管府事民歌舞迎候于道曰是吾民復生之父母也喜極而繼以泣郡新殘于兵白骨在野首下令掩埋之又衣食其流離之民有棄子于道者置慈幼曹籍而撫育之郡中惡年少喜爲不義以資求竄名卒伍冀後得計功版授官吏恐激變不敢詰澤悉追毀所授誅其尤無良者貪暴始戢始陳瓚以郡應張世傑民多戰死者至是吏援例將籍其產澤語吏曰國家至仁誅止陳瓚從瓚者猶蒙宥民奈何連坐亟爲令曰民不幸詿誤從陳瓚誅及鬭死無後者其田廬貲產並給其族姻有司無所與吏不能逆乃止當江南未定盜賊所在有之民自相什伍保衞鄕里及時平行省議籍爲兵上下洶洶澤白行省曰國兵非少今籍民以示少非所以安反側也且當籍者衆民或有他心議遂格澤又興學校召長老及諸生講肄經義行鄕飲酒禮旁郡聞而慕之興化故號多士士咸知嚮慕以澤與常袞方儀並肖像祠于學宮至元二十一年調永州路判官湖廣平章政事要束木貪縱淫虐誅求無厭或妄言初歸附時州縣長吏及吏胥富人比屋斂銀將輸之官銀已具而事遂中止要束木卽下令責民自實使者旁午臨地置獄株連蔓引備極慘酷民以考掠瘐死者載道所獲不貲要束木盡掩有之有使至永澤戒吏美供帳豐酒食務順適其意使者感愧無所發其毒因間以利害曉之一郡由是獲安是歲盜起寶慶武岡皆永旁郡也行省遣澤討平之俘獲五百餘人簡出其詿誤者百有五十人上書言狀誅其首惡者三十一人餘得減死二十六年丞相桑哥建議考校錢穀天下騷動澤歎曰民不堪命矣卽自上計行省要束木怒曰郡國錢糧無不增美永州何爲獨不然此直孫府判倚其才辨慢我亟拘縶之非死不釋也明年桑哥敗要束木伏誅澤始得釋二十九年湖廣平章政事闊里吉思薦澤才堪將帥以行省員外郎從征海南黎黎人平軍還上功授廣南西道宣慰副使秋七月併左右兩道歸廣西宣慰司置元帥府澤爲廣西兩江道宣慰副使僉都元帥府事兩江荒遠瘴癘與百夷接不知禮法澤作司規三十有二章以漸爲敎其民至今遵守之又省廐置二十二所以紓民力歲饑上言錮其田租發象州賀州官粟三千五百石以賑饑者旣發乃上其事時行省平章哈剌哈孫察其心誠愛民不以專擅罪之邕管徼外蠻數爲寇澤循行並徼得阸塞處布畫遠邇募民伉健者四千六百餘戶置雷留那扶十屯列營堡以守之陂水墾田築八堨以節瀦洩得稻田若干畝歲收穀若干石爲軍儲邊民賴之海北元帥薛赤干贓利事覺行省檄澤驗治澤馳至雷州盡發其奸贓縱所掠男女四百八十二口牛數千頭金銀器物稱是海北之民忻忭相慶御史臺言烏古孫澤奉使知大體如汲長孺爲將計萬全如趙充國可屬大任詔擢爲海北海南廉訪使故例圭田至秋乃入租後遂計月受之澤視事三月民輸租計米五百石澤曰夫子有言事君者先其事後其食吾涖政日淺而受祿四倍非情所安量食而入餘悉委學官給諸生以勸業常曰士非儉無以養廉非廉無以養德身一布袍數年妻子朴素無華人皆言之澤不以爲意也雷州地近海潮汐齧其東南陂塘鹻農病焉而西北廣衍平袤宜爲陂塘澤行視城陰曰三溪徒走海而不以灌溉此史起所以薄西門豹也乃敎民浚故胡築大堤堨三溪瀦之爲斗門七堤堨六以制其贏耗釃爲渠二十有四以達其注輸渠皆支別爲牐設守視者時其啓閉計得良田數千頃瀕海廣潟並爲膏土民歌之曰舄鹵爲田兮孫父之敎渠之泱泱兮長我秔稻自今有生兮無旱無澇至大元年改福建廉訪使澤宿有德於閩閩人安之有芝五色產於憲司之澄淸堂士民以爲澤之所致以母年踰八十求歸養長沙歲餘母喪澤以哀毀卒妻社以夫死飲食不入口者十有三日不死乃復食澤積官自承直郎至中大夫謚正憲子良禎仕至中書右丞以功名終

趙炳

趙炳字彥明惠州灤陽人父弘有勇畧國初爲征行兵馬都元帥積階奉國上將軍炳幼失怙恃鞠於從兄歲饑往平州就食遇盜欲殺之兄解衣就縛炳年十二泣請代兄盜驚異舍之而去甫弱冠以勳閥之子侍世祖於潛邸恪勤不怠遂蒙眷遇世祖次桓撫間以炳爲撫州長城邑規制爲之一新己未王師伐宋未幾北方有警括兵斂財燕薊騷動王師北還炳遠迓中途具以事聞追所括兵及橫斂財物悉歸於民世祖嘉其忠中統元年命判北京宣撫司事北京控制遼東番夷雜處號稱難治時參知政事楊果爲宣撫使聞炳至喜曰吾屬無憂矣三年括北京鷹坊等戶丁爲兵蠲其賦令炳總之時李璮叛據濟南炳請討之國兵圍城炳將千人獨當北面有所俘獲卽縱遣去曰脅從之徒不足治也濟南平入爲刑部侍郎兼中書省斷事官時有攜妓登龍舟者卽按之以法未幾其人死其子犯蹕訴冤詔讓之炳曰臣執法尊君職當爲也帝怒命之出旣而謂侍臣曰炳用法太峻然非循情者改樞密院斷事官濟南妖民作亂賜金虎符加昭勇大將軍濟南路總管炳至止罪首惡餘黨解散歲凶發廩賑民而後以聞朝廷不之罪也遷遼東提刑按察使遼東聞其來豪猾屏跡至元九年帝念關中重地風俗強悍思得剛鯁舊臣以臨之授炳京兆路總管兼府尹皇子安西王開府於秦詔治宮室悉聽炳裁製王府吏卒橫暴擾民者卽建白繩以法王命之曰後有犯者勿復啓請若自處之自是豪猾斂戢秦民以安有旨以解州鹽賦給王府經費歲久積逋二十餘萬緡有司追理僅獲三之一民已不堪炳密啓王曰十年之逋責償一日其孰能堪與其裒斂病民孰若惠澤加於民乎王善其言遽命免徵會王北伐詔以京兆一年之賦充軍資炳復請曰所徵逋課足佐軍用可貸歲賦以蘇民力令下秦民大悅十四年加鎭國上將軍安西王相王府冬居京兆夏徙六盤山歲以爲常王旣北伐六盤守者構亂炳復京兆率兵往捕甫及再旬元惡授首十五年春六盤再亂復討平之王還自北嘉賞戰功賚賜有加是歲十一月王薨十六年秋被旨入見便殿帝勞之曰卿去數載衰白若此關中事煩可知已詢及民間利病炳悉陳之因言王薨之後運使郭琮郎中郭叔雲竊弄威柄恣爲不法帝臥聽遽起曰聞卿斯言使老者增健飲以上尊馬湩改中奉大夫安西王相兼陝西五路西蜀四川課程屯田事餘職如故卽令乘傳偕勑使數人往按琮等至則琮假嗣王旨入炳罪收炳妻孥囚之時嗣王之六盤徙炳等於平凉北崆峒山囚閉益嚴炳子仁榮訴於上卽詔近侍二人馳驛而西脫炳且械琮黨偕來琮等留使者醉以酒先遣人毒炳於平凉獄中其夜星隕有聲如雷年五十九實十七年三月也帝聞之撫髀歎曰失我良臣俄械琮等百餘人至帝親鞫問盡得其情旣各伏辜命仁榮手刃琮叔雲於東城籍其家以付仁榮仁榮曰不共戴天之人所蓄之物皆取於民何忍受之帝善之別賜鈔二萬二千五百緡爲治喪具國朝舊制無賻臣下禮蓋殊恩也六月詔雪炳冤特贈中書左丞謚忠愍子六人仁顯早亡次仁表仁榮仁旭仁舉仁軌仁榮仕至中書平章政事餘俱登顯仕

元史卷一百六十四

明翰林學士亞中大夫知制誥兼修國史宋　濂等修

列傳第五十一

楊恭懿

楊恭懿字元甫奉元人力學強記日數千言雖從親逃亂未嘗廢業年十七西還家貧服勞爲養暇則就學書無不讀尤深於易禮春秋後得朱熹集注四書歎曰人倫日用之常天道性命之妙皆萃此書矣父沒水漿不入口者五日居喪盡禮宣撫司行省以掌書記辟不就至元七年與許衡俱被名召恭懿不至衡拜中書左丞日於右相安童前稱譽恭懿之賢丞相以聞十年詔遣使召之以疾不起十一年太子下教中書俾如漢惠聘四皓者以聘恭懿丞相遣郎中張元智爲書致命乃至京師既入見世祖遣國王和童勞其遠來繼又親詢其鄉里族氏師承子姓無不周悉十二年正月二日帝御香殿以大軍南征使久不至命筮之其言秘侍讀學士徒單公履請設取士科詔與恭懿議之恭懿言明詔有謂士不治經學孔孟之道日爲賦詩空文斯言誠萬世治安之本今欲取士宜勑有司舉有行檢通經史之士使無投牒自售試以經義論策夫旣從事實學則士風還淳民俗趨厚國家得才矣奏入帝善之會北征恭懿遂歸田里十六年詔安西王相敦遣赴闕入見詔於太史院改曆十七年二月進奏曰臣等徧考自漢以來曆書四十餘家精思推算舊儀難用而新者未備故日行盈縮月行遲疾五行周天其詳皆未精察今權以新儀木表與舊儀所測相較得今歲冬至晷景及日躔所在與列舍分度之差大都北極之高下晝夜刻長短參以古制創立新法推算成辛巳曆雖或未精然比之前改曆者附會元曆更日立法全踵故習顧亦無愧然必每歲測驗修改積三十年庶盡其法可使如三代日官世專其職測驗良久無改歲之事矣又合朔議曰日行曆四時一周謂之一歲月踰一周復與日合謂之一月言一月之始日月相合故謂合朔自秦廢曆紀漢太初止用平朔法大小相間或有二大者故日食多在晦日或二日測驗時刻亦鮮中宋何承天測驗四十餘年進元嘉曆始以月行遲速定小餘以正朔望使食必在朔名定朔法有三大二小時以異舊法罷之梁虞劆造大同曆隋劉焯造皇極曆皆用定朔爲時所阻唐傅仁均造戊寅曆定朔始得行貞觀十九年四月頻大人皆異之竟改從平朔李淳風造麟德曆雖不用平朔遇四大則避人言以平朔間之又希合當世爲進朔法使無元日之食至一行造大衍曆謂天事誠密四大二小何傷誠爲確論然亦循常不改臣等更造新曆一依前賢定論推算皆改從實今十九年曆自八月後四月併大實日月合朔之數也詳見郭守敬傳是日方列跪未讀奏帝命許衡及恭懿起曰卿二老毋自勞也授集賢學士兼太史院事十八年辭歸二十年以太子賓客名二十二年以昭文館學士領太史院事名二十九年以議中書省事名皆不行三十一年卒年七十

王恂

王恂字敬甫中山唐縣人父良金末爲中山府掾時民遭亂後多以詿誤繫獄良前後所活數百人已而棄去吏業潛心伊洛之學及天文律曆無不精究年九十二卒恂性穎悟生三歲家人示以書帙輒識風丁二字母劉氏授以千字文再過目卽成誦六歲就學十三學九數輒造其極歲己酉太保劉秉忠北上途經中山見而奇之及南還從秉忠學於磁之紫金山癸丑秉忠薦之世祖召見于六盤山命輔導裕宗爲太子伴讀中統二年擢太子贊善時年二十八三年裕宗封燕王守中書令兼判樞密院事敕兩府大臣凡有咨稟必令王恂與聞初中書左丞許衡集唐虞以來嘉言善政爲書以進世祖嘗令恂講解且命太子受業焉又詔恂於太子起居飲食愼爲調護非所宜接之人勿令得侍左右恂言太子天下本付託至重當延名德與之居處況兼領中書樞密之政詔條所當徧覽庶務亦當屢省官吏以罪免者毋使更進軍官害人改用之際尤不可非其人民至愚而神變亂之餘吾不之疑則反覆化爲忠厚帝深然之恂早以算術名裕宗嘗問焉恂曰算數六藝之一定國家安人民乃大事也每侍左右必發明三綱五常爲學之道及歷代治忽興亡之所以然又以遼金之事近接耳目者區別其善惡論著其得失上之裕宗問以心之所守恂曰許衡嘗言人心如印板惟板本不差則雖摹千萬紙皆不差本旣差則摹之於紙無不差者裕宗深然之詔擇勳戚子弟使學於恂師道卓然及恂從裕宗撫軍稱海乃以諸生屬之許衡及衡告老而去復命恂領國子祭酒國學之制實始於此帝以國朝承用金大明曆歲久浸疏欲釐正之知恂精於算術遂以命之恂薦許衡能明曆之理詔驛召赴闕命領改曆事官屬悉聽恂辟置恂與衡及楊恭懿郭守敬等徧考曆書四十餘家晝夜測驗創立新法參以古制推算極爲精密詳在守敬傳十六年授嘉議大夫太史令十七年曆成賜名授時曆以其年冬頒行天下十八年居父喪哀毀日飲勺水帝遣內侍慰諭之未幾卒年四十七初恂病裕宗屢遣醫診治及葬賻鈔二千貫後帝思定曆之功以鈔五千貫賜其家延祐二年贈推忠守正功臣光祿大夫司徒上柱國定國公諡文肅子寬賓並從許衡游得星曆之傳於家學裕宗嘗召見語之曰汝父起於書生貧無貲蓄今賜汝鈔五千貫用盡可復以聞恩恤之厚如此寬由保章正歷兵部郎中知蠡州賓由保章副累遷秘書監

郭守敬

郭守敬字若思順德邢臺人生有異操不爲嬉戲事大父榮通五經精於算數水利時劉秉忠張文謙張易王恂同學於州西紫金山榮使守敬從秉忠學中統三年文謙薦守敬習水利巧思絕人世祖召見面陳水利六事其一中都舊漕河東至通州引玉泉水以通舟歲可省雇車錢六萬緡通州以南於蘭榆河口徑直開引由蒙村跳梁務至楊村還河以避浮雞淘盤淺風浪遠轉之患其二順德達泉引入城中分爲三渠灌城東地其三順德澧河東至古任城失其故道沒民田千三百餘頃此水開修成河其田卽可耕種自小王村徑滹沱合入御河通行舟栰其四磁州東北滏漳二水合流處引水由滏陽邯鄲洺州永年下經雞澤合入澧河可灌田三千餘頃其五懷孟沁河雖澆灌猶有漏堰餘水東與丹河餘水相合引東流至武陟縣北合入御河可灌田二千餘頃其六黃河自孟州西開引少分一渠經由新舊孟州中間順河古岸下至溫縣南復入大河其間亦可灌田二千餘頃每奏一事世祖歎曰任事者如此人不爲素餐矣授提舉諸路河渠四年加授銀符副河渠使至元元年從張文謙行省西夏先是古渠在中興者一名唐來其長四百里一名漢延長二百五十里它州正渠十皆長二百里支渠大小六十八灌田九萬餘頃兵亂以來廢壞淤淺守敬更立牐堰皆復其舊二年授都水少監守敬言舟自中興沿河四晝夜至東勝可通漕運及見查泊兀郎海古渠甚多宜加修理又言金時自燕京之西麻峪村分引盧溝一支東流穿西山而出是謂金口其水自金口以東燕京以北灌田若干頃其利不可勝計兵興以來典守者懼有所失因以大石塞之今若按視故蹟使水得通流上可以致西山之利下可以廣京畿之漕又言當於金口西預開減水口西南還大河令其深廣以防漲水突入之患帝善之十二年丞相伯顏南征議立水站命守敬行視河北山東可通舟者爲圖奏之初秉忠以大明曆自遼金承用二百餘年浸以後天議欲脩正而卒十三年江左旣平帝思用其言遂以守敬與王恂率南北日官分掌測驗推步於下而命文謙與樞密張易爲之主領裁奏於上左丞許衡參預其事守敬首言曆之本在于測驗而測驗之器莫先儀表今司天渾儀宋皇祐中汴京所造不與此處天度相符比量南北二極約差四度表石年深亦復欹側守敬乃盡考其失而移置之旣又別圖高爽地以木爲重棚創作簡儀高表用相比覆又以爲天樞附極而動昔人嘗展管望之未得其的作候極儀極辰旣位天體斯正作渾天象象雖形似莫適所用作玲瓏儀以表之矩方測天之正圜莫若以圜求圜作仰儀古有經緯結而不動守敬易之作立運儀日有中道月有九行守敬一之作證理儀表高景虛罔象非眞作景符月雖有明察景則難作闚几曆法之驗在於交會作日月食儀天有赤道輪以當之兩極低昂標以指之作星晷定時儀又作正方案九表懸正儀座正儀爲四方行測者所用又作仰規覆矩圖異方渾蓋圖日出入永短圖與上諸儀互相參攷十六年改局爲太史院以恂爲太史令守敬爲同知太史院事給印章立官府及奏進儀表式守敬當帝前指陳理致至於日晏帝不爲倦守敬因奏唐一行開元間令南宮說天下測景書中見者凡十三處今疆宇比唐尤大若不遠方測驗日月交食分數時刻不同晝夜長短不同日月星辰去天高下不同卽目測驗人少可先南北立表取直測景帝可其奏遂設監候官一十四員分道而出東至高麗西極滇池南踰朱崖北盡鐵勒四海測驗凡二十七所十七年新曆告成守敬與諸臣同上奏曰臣等竊聞帝王之事莫重於曆自黃帝迎日推策帝堯以閏月定四時成歲舜在璇璣玉衡以齊七政爰及三代曆無定法周秦之間閏餘乖次西漢造三統曆百二十年而後是非始定東漢造四分曆七十餘年而儀式方備又百二十一年劉洪造乾象曆始悟月行有遲速又百八十年姜岌造三紀甲子曆始悟以月食衝檢日宿度所在又五十七年何承天造元嘉曆始悟以朔望及弦皆定大小餘又六十五年祖冲之造大明曆始悟太陽有歲差之數極星去不動處一度餘又五十二年張子信始悟日月交道有表裏五星有遲疾留逆又三十三年劉焯造皇極曆始悟日

行有盈縮又三十五年傅仁均造戊寅元歷頗采舊儀始用定朔又四十六年李淳風造麟德歷以古歷章蔀元首分度不齊始爲總法用進朔以避晦晨月見又六十三年一行造大衍歷始以朔有四大三小定九服交食之異又九十四年徐昂造宣明歷始悟日食有氣刻時三差又百三十六年姚舜輔造紀元歷始悟食甚泛餘差數以上計千一百八十二年歷經七十改其創法者十有三家自是又百七十四年聖朝專命臣等改治新歷臣等用創造簡儀高表憑其測實數所考正者凡七事一曰冬至自丙子年立冬後依每日測到晷景逐日取對冬至前後日差同者爲準得丁丑年冬至在戊戌日夜半後八刻半又定丁丑夏至在庚子日夜半後七十刻又定戊寅冬至在癸卯日夜半後三十三刻己卯冬至在戊申日夜半後五十七刻庚辰冬至在癸丑日夜半後八十一刻各減大明歷十八刻遠近相符前後應準二曰歲餘自大明歷以來凡測景驗氣得冬至時刻眞數者有六用以相距各得其時合用歲餘今考驗四年相符不差仍自宋大明壬寅年距至今日八百一十年每歲合得三百六十五日二十四刻二十五分其二十五分爲今歷歲餘合用之數三曰日躔用至元丁丑四月癸酉望月食既推求日躔得冬至日躔赤道箕宿十度黃道箕九度有奇仍憑每日測到太陽躔度或憑星測月或憑月測日或徑憑星度測日立術推算起自丁丑正月至己卯十二月凡三年共得一百三十四事皆躔於箕與日食相符四曰月離自丁丑以來至今憑每日測到逐時太陰行度推算變從黃道求入轉極遲疾并平行處前後凡十三轉計五十一事內除去不眞的外有三十事得大明歷入轉後天又因考驗交食加大明歷三十刻與黃道合五日入交自丁丑五月以來憑每日測到太陽去極度數比擬黃道去極度得月道交於黃道共得八事仍依日食法度推求皆有食分得入交時刻與大明歷所差不多六日二十八宿距度自漢太初歷以來距度不同互有損益大明歷則於度下餘分附以太半少皆私意牽就未嘗實測其數今新儀皆細刻周天度分每度爲三十六分以距線代管窺宿度餘分並依實測不以私意牽就七曰日出入晝夜刻大明歷日出入晝夜刻皆據汴京爲準其刻數與大都不同今更以本方北極出地高下黃道出入內外度立術推求每日日出入晝夜刻得夏至極長日出寅正二刻日入戌初二刻晝六十二刻夜三十八刻冬至極短日出辰初二刻日入申正二刻晝三十八刻夜六十二刻永爲定式所創法凡五事一曰太陽盈縮用四正定氣立爲升降限依立招差求得每日行分初末極差積度比古爲密二曰月行遲疾古歷皆用二十八限今以萬分日之八百二十分爲一限凡析爲三百三十六限依垛疊招差求得轉分進退其遲疾度數逐時不同蓋前所未有三曰黃赤道差舊法以一百一度相減相乘今依算術句股弧矢方圓斜直所容求到度率積差差率與天道實脗合四曰黃赤道內外度據累年實測內外極度二十三度九十分以圜容方直矢接句股爲法求每日去極與所測相符五曰白道交周舊法黃道變推白道以斜求斜今用立渾比量得月與赤道正交距春秋二正黃赤道正交一十四度六十六分擬以爲法推逐月每交二十八宿度分於理爲盡十九年恂卒時歷雖頒然其推步之式與夫立成之數尚皆未有定藁守敬於是比次篇類整齊分杪裁爲推步七卷立成二卷歷議擬藁三卷轉神選擇二卷上中下三歷注式十二卷二十三年繼爲太史令遂上表奏進又有時候箋注二卷修改源流一卷其測驗書有儀象法式二卷二至晷景考二十卷五星細行考五十卷古今交食考一卷新測二十八舍雜坐諸星入宿去極一卷新測無名諸星一卷月離考一卷並藏之官二十八年有言灤河自永平挽舟踰山而上可至開平有言盧溝自麻峪可至尋麻林朝廷遣守敬相視灤河既不可行盧溝舟亦不通守敬因陳水利十有一事其一大都運糧河不用一畝泉舊原別引北山白浮泉水西折而南經甕山泊自西水門入城環匯於積水潭復東折而南出南水門合入舊運糧河每十里置一牐比至通州凡爲牐七距牐里許上重置斗門互爲提閼以過舟止水帝覽奏喜曰當速行之於是復置都水監俾守敬領之帝命丞相以下皆親操畚牐倡工待守敬指授而後行事先是通州至大都陸運官糧歲若干萬石方秋霖雨驢畜死者不可勝計至是皆罷之三十年帝還自上都過積水潭見舳艫蔽水大悅名曰通惠河賜守敬鈔萬二千五百貫仍以舊職兼提調通惠河漕運事守敬又言於澄清牐稍東引水與北壩河接且立牐麗正門西令舟楫得環城往來志不就而罷三十一年拜昭文館大學士知太史館事大德二年召守敬至上都議開鐵幡竿渠守敬奏山水頻年暴下非大爲渠堰廣五七十步不可執政吝於工費以其言爲過縮其廣三之一明年大雨山水注下渠不能容漂沒人畜廬帳幾犯行殿成宗謂宰臣曰郭太史神人也惜其言不用耳七年詔內外官年及七十竝聽致仕獨守敬不許其請自是翰林太史司天官不致仕定著爲令延祐三年卒年八十六

楊桓

楊桓字武子兗州人幼警悟讀論語至宰予晝寢章慨然有立志由是終身非疾病未嘗晝寢弱冠爲郡諸生一時名公咸稱譽之中統四年補濟州教授後由濟寧路教授召爲太史院校書郎奉敕撰儀表銘歷日序文辭典雅賜楮幣千五百緡辭不受遷秘書監丞至元三十一年拜監察御史有得玉璽於木華黎曾孫碩德家者桓辨識其文曰受天之命旣壽永昌乃頓首言曰此歷代傳國璽也亡之久矣今宮車晏駕皇太孫龍飛而璽復出天其彰瑞應於今日乎即爲文述璽始末奉上于徽仁裕聖皇后成宗即位桓疏上時務二十一事一曰郊祀天地二曰親享太廟備四時之祭三曰先定首相四曰朝見羣臣訪問時政得失五曰詔儒臣以時侍講六曰設太學及府州儒學教養生徒七曰行誥命以褒善敘勞八曰異章服以別貴賤九曰正禮儀以肅宮庭十曰定官制以省內外冗員十一曰講究錢穀以裕國用十二曰訪求曉習音律者以協太常雅樂十三曰國子監不可隸集賢院宜正其名十四曰試補六部寺監及府州司縣吏十五曰增內外官吏俸祿十六曰禁父子骨肉奴婢相告訐者十七曰定婚姻聘財十八曰罷行用官錢營什一之利十九曰復笞杖以別輕重之罪二十日郡縣吏自中統前仕宦者宜加優異二十一日爲治之道宜各從本俗疏奏帝嘉納之未幾歷秘書少監預修大一統志秩滿歸兗州以貲業悉讓弟楷鄉里稱焉大德三年以國子司業召未赴卒年六十六桓爲人寬厚事親篤孝博覽羣籍尤精篆籀之學著六書統六書泝源書學正韻大抵推明許慎之說而意加深皆行于世

楊果

楊果字正卿祁州蒲陰人幼失怙恃自宋還亳復徙居許昌以章句授徒爲業流寓轗軻十餘年金正大甲申登進士第會參政李蹊行大司農於許果以詩送之蹊大稱賞歸言於朝用爲偃師令到官以廉幹稱改蒲城改陝皆劇縣也果有應變材能治煩劇諸縣以果治效爲最金亡歲己丑楊奐徵河南課稅起果爲經歷未幾史天澤經略河南果爲參議時兵革之餘法度草創果隨宜贊畫民賴以安世祖中統元年設十道宣撫使命果爲北京宣撫使明年拜參政知事及例罷猶詔與左丞姚樞等日赴省議事至元六年出爲懷孟路總管大修學廟以前嘗爲中書執政官移文申部特不署名以老致政卒于家年七十五謚文獻果性聰敏美風姿工文章尤長於樂府外若沈默內懷智用善諧謔聞者絕倒微時避亂河南娶羈旅中女後登科歷顯仕竟與偕老不易其初心人以是稱之有西菴集行於世

王構

王構字肯堂東平人父公淵遭金末之亂其兄三人挐家南奔公淵獨誓死守墳墓伏草莽中諸兄呼之不出號慟而去卒得存其家而三兄不知所終構少穎悟風度凝厚學問該博文章典雅弱冠以詞賦中選爲東平行臺掌書記參政賈居貞一見器重俾其子受學焉至元十一年授翰林國史院編修官時遣丞相伯顏伐宋先下詔讓之命構屬草以進世祖大悅宋亡構與李槃同被旨至杭取三館圖籍太常天章禮器儀仗歸于京師凡所薦拔皆時之名士十三年秋還入覲遷應奉翰林文字陞修撰丞相和禮霍孫由翰林學士承旨拜司徒辟構爲司直時丞相阿合馬爲盜擊死世祖亦悟其姦復相和禮霍孫更張庶務構之謀畫居多歷吏部禮部郎中審囚河南多所平反改太常少卿定親享太廟儀注擢淮東提刑按察副使召見便殿親授制書賜上尊酒以遣之尋以治書侍御史召屬桑哥爲相俾與平章卜忽木檢覆燕南錢穀而督其逋負以十一月輒行期歲終復命明年春還宿盧溝驛度逾期禍且不測謂卜忽木曰設有罪構當以身任之不以累公也會桑哥死乃免有旨出銓選江西入翰林爲侍講學士世祖崩構撰謚冊成宗立由侍講爲學士纂修實錄書成參議中書省事時南士有陳利便請搜括田賦者執政欲從之構與平章何榮祖共言其不可辯之甚力得不行以疾歸東平久之起爲濟南路總管諸王從者怙勢行州縣民莫敢忤視構聞諸朝徙之北境學田爲牧地所侵者理而歸之官貸民粟歲飢而責償不已構請輸以明年武宗即位以纂修國史趣召赴闕拜翰林學士承旨未幾以疾卒年六十三構歷事三朝練習臺閣典故凡祖宗謚冊冊文皆所撰定朝廷每有大議必咨訪焉喜薦引寒士前後省臺翰苑所辟無慮數十人後居清要皆有名于時子士熙仕至中書參政卒官南臺御史中丞士點淮西廉訪司僉事皆能以文學世其家

魏初

魏初字大初，弘州順聖人。從祖璠金貞祐三年進士補尚書省令史金宣宗求直言璠首論將相非人及不當立德陵事疏奏不報後復上言國勢危逼四方未聞有勤王之舉隴右地險食足其帥完顏胡斜虎亦可委仗宜遣人往諭大計大臣不悅而止閱數月胡斜虎兵來援已無及金主悔焉金將武仙軍次五朶山不進求使仙者或薦璠卽授朝列大夫翰林修撰給騎四人以從至則仙已遁去部曲亦多散亡璠撫循招集得數千人推其中材勇者爲帥長仍制符印予之以矯制自劾金主謂其處置得宜繼聞仙率餘衆保留山璠直趨仙所宣諭之或譏於仙謂璠欲奪其軍仙怒命士拔刃若欲鏦璠璠然且引一吏與璠辨璠不爲動大言曰王人雖微序于諸侯之上將軍縱不加禮奈何聽讒邪之言欲以小吏置對耶且將軍跳山谷而左右無異心者以天子大臣故也苟不知尊天子安知麾下無如將軍者不然吾有死無辱命仙不能屈璠復激使進兵不應比還金主已遷歸德復遷蔡州金亡璠無所歸乃北還鄉里庚戌歲世祖居潛邸聞璠名徵至和林訪以當世之務璠條陳便宜三十餘事舉名士六十餘人以對世祖嘉納後多采用焉以疾卒于和林年七十賜謚靖肅初其從孫也璠無子以初爲後初好讀書尤長於春秋爲文簡而有法比冠有聲中統元年始立中書省辟爲掾史兼掌書記未幾以祖母老辭歸隱居教授會詔左丞許衡學士竇默及京師諸儒各陳經史所載前代帝王嘉言善政選進讀之士有司以初應詔帝雅重璠名方之古直詢知初爲璠子歎獎久之卽授國史院編修官尋拜監察御史首言法者持天下之具御史臺則守法之司也方今法有未定百司無所持循宜參酌考定頒行天下帝宴群臣於上都行宮有不能釂大卮者免其冠服初上疏曰臣聞君猶天也臣猶地也尊卑之禮不可不肅方今內有太常有史官有起居注以議典禮記言動外有高麗安南使者入貢以觀中國之儀昨聞錫宴大臣威儀弗謹非所以尊朝廷正上下也疏入帝欣納之仍諭侍臣自今毋復爲此舉時襄樊未下將括民爲兵或請自大興始初言京師天下之本要在殷盛建邦之初詎宜騷動遂免括大興兵初又言舊制常參官諸州剌史上任三日舉一人自代況風紀之職與常員異請自今監察御史按察司官在任一歲各舉一人自代所舉不當有罰不惟砥礪風節亦可爲國得人遂舉勸農副使劉宣自代出僉陝西四川按察司事歷陝西河東按察副使入爲治書侍御史又以侍御史行御史臺事于揚州擢江西按察使尋徵拜侍御史行臺移建康出爲中丞卒年六十一子必復集賢侍講學士

焦養直

焦養直字無咎東昌堂邑人夙以才器稱至元十八年世祖改符寶郎爲典瑞監思得一儒者居之近臣有以養直薦者帝卽命召見敷對稱旨以眞定路儒學教授超拜典瑞少監二十四年從征乃顏二十八年賜宅一區入侍帷幄陳說古先帝王政治帝聽之每忘倦嘗語及漢高帝起自側微誦所舊聞養直從容論辨帝卽開納由是不薄高帝大德元年成宗幸柳林命養直進講資治通鑑因陳規諫之言詔賜酒及鈔萬七千五百貫二年賜金帶象笏三年遷集賢侍講學士賜通犀帶七年詔傅太子於宮中啓沃誠至帝聞之大悅八年代祀南海九年進集賢學士十一年陞太子諭德至大元年授集賢大學士謀議大政悉與焉告老歸而卒贈資德大夫河南等處行中書省右丞謚文靖子德方以廕爲興國路總管府判官

孟攀鱗

孟攀鱗字駕之雲內人曾祖彥甫以明法爲西北路招討司知事有疑獄當死者百餘人彥甫執不從後三日得實皆釋之祖鶴父澤民皆金進士攀鱗幼日誦萬言能綴文時號奇童金正大七年擢進士第仕至朝散大夫招討使歲壬辰汴京下北歸居平陽丙午爲陝西帥府詳議官遂家長安世祖中統三年授翰林待制同修國史至元初召見條陳七十事大抵勸上以郊祀天地祠太廟制禮樂建學校行科舉擇守令以字民儲米粟以贍軍省無名之賦罷不急之役百司庶府統於六部紀綱制度悉由中書是爲長久之計世祖悉嘉納之咨問諄諄後論王百一許仲平優劣對曰百一文華之士可置翰苑仲平明經傳道可爲後學矜式帝深然之又嘗召問宗廟郊祀儀制攀鱗悉據經典以對時帝將親祀詔命攀鱗會太常議定禮儀攀鱗夜畫郊祀及宗廟圖以進帝皆親覽焉復以病請西歸帝令就議陝西五路四川行中書省事四年卒年六十四延祐三年贈翰林學士承旨資德大夫上護軍平原郡公謚文定

尚野

尚野字文蔚其先保定人徙滿城野幼穎異祖母劉厚資之使就學至元十八年以處士徵爲國史院編修官二十年兼典文署丞出爲汝州判官廉介有爲憲司屢薦之二十八年遷南陽縣尹初至官獄訟充斥野裁決無留滯涉旬遂無事改懷孟河渠副使會遣使問民疾苦野建言水利有成法宜隸有司不宜復置河渠官事聞于朝河渠官遂罷大德六年遷國子助教諸生入宿衞者歲從幸上都丞相哈剌哈孫始命野分學於上都以教諸生仍鑄印給之上都分學自野始俄陞國子博士誨人先經學而後文藝每謂諸生曰學未有得徒事華藻若持錢買水所取有限能自鑿井及泉而汲之不可勝用矣時學舍未備野啓請御史臺乞出帑藏所積大建學舍以廣教育仁宗在東宮野爲太子文學多所裨益時從賓客姚燧諭德蕭𣂏入見帝爲加禮至大元年除國子司業近臣奏分國學西序爲大都路學帝已可其奏野謂國學府學混居不合禮制事遂寢四年拜翰林直學士知制誥同修國史詔野赴吏部試用廕補官野多所優假或病其太寬野曰今初設此法冀將來者習詩書知禮義耳非必責效目前也衆乃服皇慶元年陞翰林侍講學士延祐元年改集賢侍講學士兼國子祭酒二年夏移疾歸滿城四方來學者益衆六年卒于家年七十六贈通奉大夫太常禮儀院使護軍追封上黨郡公謚文懿野性開敏志趣正大事繼母以孝聞文辭典雅一本於理子師易蘄州路總管府判官師簡中奉大夫奎章閣侍書學士同知經筵事

李之紹

李之紹字伯宗東平平陰人自幼穎悟聰敏從東平李謙學家貧教授鄉里學者咸集至元三十一年纂修世祖實錄徵名儒充史職以馬紹李謙薦授將仕佐郎翰林國史院編修官直學士姚燧欲試其才凡翰林應酬之文積十餘事併以付之之紹援筆立成併以藁進燧驚喜曰可謂名下無虛士也大德二年聞祖母疾辭歸復除編修官陞將仕郎六年陞應奉翰林文字七年遷太常博士九年丁母憂累起復終不能奪至大三年仍授太常博士階承事郎四年陞承直郎翰林待制皇慶元年遷國子司業延祐三年陞奉政大夫國子祭酒夙夜孳孳惟以敎育人材爲心四年十二月陞朝列大夫同僉太常禮儀院事六年改翰林直學士復以疾還七年召爲翰林直學士至治二年陞翰林侍講學士知制誥同修國史三年告老而歸泰定三年八月卒年七十三子昴蔭父職同知諸暨州事之紹平日自以其性遇事優游少斷故號果齋以自勵有文集藏于家

元史卷一百六十五

明翰林學士亞中大夫知制誥兼修國史宋　濂等修

列傳第五十二

張禧

張禧東安州人父仁義金末從家益都及太宗下山東仁義乃走信安時燕薊已下獨信安猶爲金守其主將知仁義勇而有謀用之左右國兵圍信安仁義率敢死士三百開門出戰圍解以功署軍馬總管守信安踰十年度不能支乃與主將舉城內附率其部曲從宗王合伍平定河南授管軍元帥後攻歸德飛矢入口折其二齒鐵出項後卒賜爵縣侯禧年十六從大將阿术魯南攻徐州歸德復從元帥察罕攻壽春安豐廬滁黃泗諸州皆有功禧素峭直爲主將所忌誣以他罪欲眞之法時王鶚侍世祖於潛邸禧密往依之鶚請左丞闊闊薦禧與其子弘綱俱入見歲己未從世祖南伐濟江與宋兵始接戰卽擒其一將進攻鄂州諸軍穴城以入宋樹柵爲夾城於內入戰者輒不利乃命以厚賞募敢死士禧與子弘綱俱應募由城東南入戰將至城下帝憫其父子俱入險地遣阿里海牙諭禧父子止一人進戰禧所執槍中弩矢而折取弘綱槍以入破城東南角有逗留不進者十餘人立城下弘綱復奪其槍入轉戰良久禧身中十八矢一矢鏃貫腹悶絕復甦曰得血竭飲之血出可生世祖亟命取血竭遣人往療之瘡既愈復從大將納剌忽與宋兵戰于金口李家洲皆捷世祖卽位賜金符授新軍千戶三年從征李璮時宋乘璮判遣夏貴襲取蘄縣宿州等城禧移兵攻之貴走盡復諸城至元元年陞唐鄧等州盧氏保甲丁壯軍總管宋侵均州總管李玉山敗走帝命禧代之三年與宋將呂文煥戰于高頭赤山乘勝復均州四年改水軍總管益其軍二千五百令習水戰五年從攻襄樊六年七月夏貴率兵援襄陽禧從元帥阿术戰却之八年江水暴溢宋遣范文虎以戰艦千餘艘來援元帥阿术命禧率輕舟夜銜枚入其陣中插葦以識水之深淺及還阿术卽命禧率四翼水軍進戰宋兵潰追至淺水奪戰艦七十餘艘九年攻樊城焚其串樓敗宋將張貴于鹿門山十年行省集諸將問破襄陽之策禧言襄樊夾漢江而城敵人橫鐵鎖置木樧于水中今斷鎖毁樧以絕其援則樊城必下樊城下則襄陽可圖矣行省用其計乃破樊城而襄陽繼降帝遣使錄諸將功授宣武將軍水軍萬戶佩金虎符丞相伯顏因命禧爲水軍先鋒十二年敗宋將孫

虎臣于丁家洲尋移屯黃池以斷宋救兵九月從阿朮與宋都統姜才戰有功加信武將軍十三年從下溫台福建十四年加懷遠大將軍江陰路達魯花赤水軍萬戶十六年入朝進昭勇大將軍招討使十七年加鎮國上將軍都元帥時朝廷議征日本禧請行即日拜行中書省平章政事與右丞范文虎左丞李庭同率舟師泛海東征至日本禧即捨舟築壘平湖島約束戰艦各相去五十步止泊以避風濤觸擊八月颶風大作文虎庭戰艦悉壞禧所部獨完文虎等議還禧曰士卒溺死者半其脫死者皆壯士也曷若乘其無回顧心因糧於敵以進戰文虎等不從曰還朝問罪我輩當之公不與也禧乃分船與之時平湖島屯兵四千乏舟禧曰我安忍棄之遂悉棄舟中所有馬七十疋以濟其還至京師文虎等皆獲罪禧獨免子弘綱弘綱字憲臣年十八父禧爲主將所誣繫獄將殺之弘綱直入獄中獄卒幷繫之弘綱佯狂譃笑守者易之既寢遂與其父逸去後從其父攻城徇地屢有功自昭信校尉管軍總把佩銀符換金符爲千戶陞總管廣威將軍招討副使加定遠大將軍招討使襲鎮江陰盜起安吉弘綱率兵往捕未踰旬擒之從參政高興破建德溪寨諸賊後賜三珠虎符授昭勇大將軍河南諸翼征行萬戶從右丞劉深征八百媳婦國師次八番與叛蠻宋隆濟等力戰而歿贈宣忠秉義功臣資善大夫湖廣等處行中書省左丞上護軍追封齊郡公諡武宣子漢當襲職讓其弟鼎漢後爲監察御史累官至集賢直學士鼎襲江陰水軍萬戶

賈文備

賈文備字仲武祁州蒲陰人父輔仕金爲祁州刺史武仙憚輔膽略密令所親圖之輔以衆歸太祖詔隸張柔以兵攻蠡州慶都安平束鹿諸縣皆下之柔開帥府於滿城命輔行元帥府事於祁州從定山東遷左副元帥柔將兵在外輔常居守累功改行軍千戶賜金符尋領順天河南等路軍民萬戶卒文備襲父千戶職張柔命屯三汊口備宋兵宋以雲梯三十餘架攻文備率兵鏖戰却之憲宗賜弓矢銀盂歲乙卯復命襲父左副元帥職兼領順天路中統三年升開元府路女眞水達達等處宣撫使佩金虎符三年遷開元東京懿州等處宣慰使四年改授萬戶領張柔所部軍屯亳州宋兵時鈔掠淮甸文備戰却之至元二年加昭勇大將軍眞定路總管兼府尹六年調衞輝路總管七年授西蜀成都統軍以疾不赴八年授宿州萬戶尋改河南等路統軍圍襄樊九年移蔡州兼水陸漕運宋兵時掠糧餉文備敗之併奪其船詔罷統軍文備入覲賜弓矢金鞍錦衣白金十一年復授萬戶漢軍都元帥領劉整軍駐亳州宋將夏貴知亳無備盛引兵來襲文備出奇邀擊大破之帝賜金鞍金織文段白金丞相伯顏伐宋文備領左翼諸軍以從抵郢州宋築二城夾江布戰艦數千艘于江中陳兵兩岸軍不得進文備泛舟由淪河徑出大江攻武磯堡乃從阿朮先渡江大軍繼之遂取鄂漢以功賜白金加昭毅大將軍守鄂州十二年從平章政事阿里海牙趣湖南至潭州城下文備冒鋒鏑砲傷右手流矢中左臂攻戰愈急宋臣李芾死之轉運判官鍾蜚英等以城降十三年加昭武大將軍守潭州十四年衡永郴等郡寇發文備悉討平之十五年進鎮國上將軍湖南道宣慰使徇瓊崖等州及廣東瀕海諸城追宋衞王昺十六年召還拜淮東宣慰使加金吾上將軍鎮慶元十八年復授都元帥二十年改江東宣慰使討建寧盜黃華二十二年拜荊湖占城行中書省參知政事二十三年改湖廣行省參知政事二十四年致仕後十七年以疾卒延祐四年贈江西等處行中書省左丞追封武威郡公諡莊武

解誠

解誠易州定興人善水戰從伐宋設方略奪敵船千計以功授金符水軍萬戶兼都水監使焦湖之戰獲戰艦三百艘宋以舟師來援誠據舟厲聲呵之援兵不敢動急移舟抵岸乘勢追殺之奪其軍餉三百餘斛既又從攻安豐壽泗亳諸州俱有功又從下雲南大理國以功賜金虎符從攻鄂奪敵艦千餘艘殺溺敵軍甚衆世祖嘉其功嘗降制褒之至元三十年卒贈推忠宣力功臣龍虎衞上將軍同知樞密院事上護軍追封易國公諡武定子汝楫襲從討李璮平宋累獲功賞卒贈推忠效節功臣資德大夫中書右丞上護軍追封易國公諡忠毅子帖哥襲從征廣西下靜江府改授水軍招討使尋復爲萬戶從征交趾有功陞廣東道宣慰使卒贈資德大夫河南江北等處行中書省左丞上護軍平陽郡公諡武宣子世英由監察御史遷山南江北道僉事

管如德

管如德黃州黃陂縣人父景模爲宋將以蘄州降授淮西宣撫使如德爲江州都統制至元十二年亦以城降先是如德嘗被俘虜思其父與同輩七人間道南馳爲邏者所獲械送于郡如德伺邏者怠即引械擊死數十人各破械脫走間關萬里達父所景模喜曰此眞吾兒也至是入覲世祖笑曰是孝於父者必忠於我矣一日授以強弓二如德以左手兼握右手悉引滿之帝曰得無傷汝臂乎後毋復然嘗從獵遇大溝馬不可越如德即解衣浮渡帝壯之由是稱爲拔都賞賚優渥帝問我何以得天下宋何以亡如德對曰陛下以福德勝之襄樊宋咽喉也咽喉被塞不亡何待帝曰善帝又命習國書曰習成當爲朕言之一日帝語如德曰朕治天下重惜人命凡有罪者必令面對再四果實也而後罪之非如宋權姦擅權書片紙數字即殺人也汝但一心奉職毋懼忌嫉之口授湖北招討使總管本部軍馬佩金虎符是年六月丞相阿朮南攻宋如德以軍爲前鋒至揚州揚子橋與宋戰晝夜不息如德先登陷陣擒其帥張都統等宋軍遂潰七月進軍焦山江上復大戰奪宋帥夏都統牌印衣甲及餉軍海船悉送阿朮所事聞帝命賞之軍至鎮江如德招安諸郡守將皆望風降附丞相伯顏取臨安復選能招諭郡者衆推如德如德銜命往喩紹興諸郡皆下初世祖以寶刀賜如德及與敵戰刀亦盡缺宋平入覲如德以刀上呈曰陛下向所賜刀從軍以來刀缺如是矣帝嘉其朴十二年遷浙西宣慰使上時政五條一曰立額薄征二曰息兵懷遠三曰立法用人四曰省役恤民五曰設官制祿時法制未備仕多冗員又方用兵日本倭國而軍民之官廩祿未有定制故如德言及之權臣抑不得上二年丞相阿塔海命馳驛奏出征事入見世祖問曰江南之民得無有二心乎如德對曰往歲旱澇相仍民不聊生今累歲豐稔民沐聖恩多矣敢有貳志使果有貳志臣曷敢飾辭以欺陛下乎帝善其言且諭之曰阿塔海有未及者卿善輔導之有當奏聞者卿勿憚勞宜馳捷足之馬來告於朕二十四年遷江西行省參知政事破豪猾去姦吏居民大悅是時贛汀二州盜起如德指揮諸將討平之其脅從者多所全宥二十六年遷江西行尚書省左丞時鍾明亮以循州叛殺掠州縣千里丘墟帝命如德統四省兵討之諸將欲直擣其巢穴如德曰嘻今田野之民疲於轉輸介冑之士病於暴露重困斯民而自爲功吾不爲也於是遣使諭以禍福賊咸如德誠信即擁十餘騎詣贛州石城縣降平章政事奧魯赤怒其跋扈不臣欲以事殺明亮如德聞之曰皇元仁厚未嘗殺降明亮叛人何足惜所重者信不可失耳年四十有四卒子軍贈江西行省左丞平昌郡公諡武襄子九淳祖積官中順大夫龍興路富州尹

趙匣剌

趙匣剌者始以父任爲千戶佩金符中統三年守東川四年宋夏貴以兵侵虎嘯山寨元帥欽察遣匣剌率兵往禦之貴敗走追至新明縣斬首三十餘級宋劉雄飛以兵犯青居山舊府匣剌與戰於都尉壩敗之斬首十餘級欽察攻釣魚山遣匣剌以兵千五百人略地至南瀾擊敗宋軍生獲軍士五十七人老幼三百四十人從攻大良平宋荅萬壽運糧至渠江之鵞灘匣剌邀擊之斬首五十餘級宋兵大敗匣剌亦被三創矢鏃中左肩不出欽察惜其驍勇取死囚二人刲其肩視骨節淺深知可出即爲鑿其創拔鏃出之匣剌神色不爲動至元三年爲東川路先鋒使四年元帥拜荅攻開州至萬寶山遣匣剌以兵五百人擊宋軍生獲四十人五年兼管京兆延安兩路新軍戍東安虎嘯山兩城宋楊立以兵護糧送大良平匣剌察知之遂率所部兵與立戰於三重山斬首百五十級擒獲四十餘人立敗走棄其糧千餘石因盡奪其甲仗旗幟而還六年行院遣匣剌攻釣魚山之沙市焚其敵樓從左丞曲力吉思等入朝詔賞白金五十兩細甲一注九年統軍合剌攻釣魚山時匣剌爲先鋒領兵千人略地至葛樹坪與宋兵遇生獲二十餘人斬首四十級十年三月復從行院合荅攻釣魚山之沙市匣剌乘夜蟻附而登殺其守兵燒其積聚生獲二十餘人以歸又擊敗宋將張珏兵於武勝軍行院新拔禮義山皆命匣剌守之十二年率舟師會攻釣魚山戰數有功進團重慶宋將趙安勒兵出戰匣剌迎擊之夜至二鼓敵衆大潰行院以其功上聞未報而疾作乃遣往瀘州治疾至之夕瀘州復叛匣剌輿疾出戰遂爲其所獲與從者二十人皆死之子世顯船橋副萬戶

周全

周全其先汝寧光州人仕宋爲武翼大夫廣南西路馬步軍副總管至元十二年丞相伯顏總兵下江南全率衆來歸遂以行省檄遙授衡州知州是年秋七月入覲賜金符授明威將軍遙授泉州知州兼管軍千戶冬十月從元帥宋都䚟下江西諸城邑明年進兵福建宋制置使黃萬石降冬十月從大軍征廣東十一月至韶州城下嚴攻具率勇士先登與宋兵合戰斬馘甚衆殺其安撫使熊飛十二月以遊騎巡廣中過靈星海石門敵勢甚張全奮戈殺敵乘勝奪其旗鼓火其船及諸軍下廣州全功居多十四年從攻廣西靜江府宋安撫李夔

龍率衆來降其有負固不下者悉戰敗之奪敵艦以千計殺敵溺死者無算兩廣以平第功賜虎符授管軍總管十五年盜據贛州崖石山寨全率兵討平之焚其寨十七年進廣威將軍管軍副萬戶鎮守龍興二十年以疾去官大德九年卒贈懷遠大將軍南安寨兵萬戶府萬戶輕車都尉追封汝南郡侯子祖瑞襲職

孔元

孔元字彥亨眞定人驍勇有智略歲丁酉棄家從軍隸丞相史天澤麾下戊戌從取焦湖閭壽春先登拔其西堡己亥從征安豐力戰却敵己酉從圍泗州拔之辛亥從攻五堂山寨俘其衆以歸戊午從攻樊城親王塔察兒命取樊西堡元率死士挺槍大呼擊殺數百人斬首十九級以獻中統元年扈駕北征二年宣授管軍總把至元十一年從伐宋爲前鋒所向克捷十四年進武略將軍管軍千戶明年還軍北征進武義將軍侍衛親軍千戶賜佩金符又明年國兵討叛王失里木等從行院別乞里迷失追其衆至兀速洋而還分軍之半扼其要害地餘衆遂潰獲輜重牛馬帝大悅賞賚甚厚加宣武將軍右衛親軍總管十九年以疾卒子鷹揚襲授昭信校尉右衛親軍弩軍千戶仍佩金符至大元年以疾卒子成祖襲延祐二年卒子那海襲

朱國寶

朱國寶其先徐州人後徙寶坻父存器歷官至修內司使嘗夜行盧溝橋獲金一囊坐而待其主以付之其人請中分存器笑而遣之憲宗將攻宋募兵習水戰國寶以職官子從軍隸水軍萬戶解誠麾下己未世祖以兵攻鄂國寶攝千戶率銳卒於中流與宋師鏖戰凡十七戰諸軍畢濟中統二年授千戶佩銀符三年圍李璮於濟南佩金符鎮戍海東從征襄陽攝四翼鎮撫督造戰艦築萬山堡至元十一年拔沙洋濼新城皆與有力焉初師次江上國寶請於丞相伯顏願當前鋒既而奪船二十艘以獻伯顏壯之宋據上流方舟數百結爲堡柵伯顏指示曰復能奪取是乎國寶卽奮往破柵既渡江下鄂漢十二年進兵臨岳州與宋兵戰於岳之桃花灘獲其將高世傑進昭信校尉管軍總管既降湖右加宣武將軍統蒙古諸軍鎭常德府知安撫司事時宋諸郡邑多堅守不下國寶傳檄招諭踰月悉平惟辰沅靖鎮遠未下宋將李信李發結武岡洞蠻分據扼塞國寶擊敗之其衆退保飛山新城思播蠻來援國寶復與戰破之擒張星沈舉等三百餘人進攻新城獲信發等獻俘江陵行省奏功賜金虎符十四年會諸道兵攻廣西靜江拔之進秩管軍萬戶鎮守梧州領安撫司事十五年加懷遠大將軍初宋臨安之破也張世傑挾二王由閩蹈海衆復滋蔓時南恩新州何華張翼舉兵興復軍勢甚盛國寶選精銳擊殺華翼擒其黨二人斬首萬餘級俘五百餘人船七百艘奪其兵器無算降其將十餘軍士二百民三萬餘戶十六年遷定遠大將軍海北海南道宣慰使蠻賊連結欝林廉州諸洞恣行剽掠國寶悉平之磔戶高化以懲反側任龍光等率所部五千戶降移瓊州立官程更弊政訓兵息民具有條制南寧謝有奎負固不服國寶開示信義有奎感悟以其屬來歸於是黎民降者三千戶蠻洞降者三十所十八年破臨高蠻寇五百人招降居亥番毫銅鼓博吐桐油等十九洞遣部將韓旺率兵略大黎密塘橫山誅首惡李實火其巢生致犬鍾小鍾諸部長十有八人加鎮國上將軍海北海南道宣慰使都元帥供給占城軍餉事集而民不擾二十三年遷廣南西道宣慰使二十四年入覲帝慰勞之二十五年進輔國上將軍都元帥參知政事行尚書省事以軍事至贛州得疾卒于傳舍年五十九子斌襲職累官加賜金虎符海北海南宣慰使都元帥斌上副萬戶佩金虎符鎮福州次鼎次鉉

張立

張立泰安長淸人初隸嚴實麾下略江淮有功署爲百戶歲戊午憲宗征蜀徵諸道兵立從行次大獲山宋人阻山爲城帶江爲池恃以自固立統銳卒攻陷外堡奪戰船百餘艘復從攻釣魚山有功賜金帛中統初從世祖北征還授管軍總把賜銀符進侍衛軍鎮撫換金符改侍衛軍千戶尋遷左衛親軍副都指揮使賜金虎符十四年春率步卒十人轉粟赴和林道出應昌會西帥吽換謀不軌以射士三千踵其後欲乘間奪其資糧立覺其有異急命環車爲柵以備之賊衆已合矢如雨下初立之發上都也每車載二板以備不虞至是建板于車矢不能入騎卒稍前卽以戈撞之强弩繼發賊不得近相持連日乃解去是歲增置前後衛兵進明威將軍後衛親軍都指揮使賜雙珠虎符加昭勇大將軍以老乞退子珪襲珪卒子伯晉襲

齊秉節

齊秉節字子度濱州蒲臺人父珪從嚴實攻歸德廬州有功授無棣縣尹攝征行千戶後兼總管鎭棗陽中統三年李璮以益都叛徵諸道兵進討棗陽精銳盡行僅留羸卒千餘珪時攝萬戶府事與宋襄郢對壘敵來覘虛實珪城守周密以東門外壕狹小可越命浚之爲備宋將聶都統陳總管果率兵萬餘抵城東門以板渡壕壕廣板不能及珪率衆力戰敵退走城賴以完事聞賜金符眞授千戶至元三年告老舉秉節自代秉節魁偉沈毅涉獵書史稍知兵法襲父爵仍鎭棗陽五年從伐宋築新城白河口堡鹿門山略地郢州大洪山黃仙洞數著戰功七年陞上千戶權萬戶十一年從丞相伯顏至郢泛舟由陸入江攻武磯堡擒宋將闞都統十二年國兵敗宋賈似道孫虎臣舟師于丁家洲命秉節屯建康與宋將趙淮戰于西離山追至溧陽自辰及午宋軍乃退八月遷武義將軍十二月從定太平安慶諸郡與宋將張洛議戰于崑山殺之十四年授宣武將軍管軍總管時黃州復叛命秉節往討斬余總轄于陣十七年授明威將軍二十三年移鎭饒州安仁劇賊蔡福一叛秉節與有司會兵討之擒福一餘黨悉平二十五年陞廣威將軍棗陽萬戶府副萬戶二十八年卒年六十二子英襲

張萬家奴

張萬家奴父札古帶事睿宗於潛邸從破金有功賜虎符授河南北路船橋隨路兵馬都總管萬戶東從西征下興元閬嘉定殁于軍萬家奴數從都元帥大答火魯征討有功中統二年從都元帥紐璘入朝授以父官宋兵入成都從行院阿脫擊破之至元四年帥師會立眉簡二州從也速答兒攻瀘州大敗宋軍殺傷過半俘四十餘人以歸七年率諸軍城張廣平與宋人戰斬首三百餘級獲都統一人從攻重慶破朝陽寨圍嘉定柵平康太和懷遠諸寨分兵以守之且日出師水陸接戰功居多而諸將攻瀘州往往失利乃詣闕請自任以攻取之效許之遂率舟師百五十艘自桃竹灘至折魚灘分守江面謹風火嚴號令約日進攻先據神臂門爲梯衝登城殺二百餘人斬關而入遂拔之加昭勇大將軍會圍重慶將其衆斷馬湖江分兵水陸往來爲游徼加昭毅大將軍以所部轉餉成都及下流諸屯尋遷招討使與都元帥藥剌海討赤溪不薛蠻平之進副都元帥詔其子孝忠爲船橋萬戶以萬家奴將四川湖南兵征哈剌章時雲南惡昌多與羅羅諸蠻皆叛殺掠使者刼奪人民州郡莫能制遂以其兵討之勦其衆民爲之立祠二十年從征緬戰死之雲南王命其子保童將其軍從征入太公城有功襲副都元帥又從征至甘州山丹赤戰死孝忠少從父軍中好攻戰至元十九年從都元帥也速答兒討亦奚不薛蠻遇其衆于會靈關追至沙谿敗之進攻龍家寨阿那關克之遂攻亦奚不薛營大破之又以八百人敗阿永蠻於鹿札河乘勝至打鼓寨連破之諸蠻平以功賜金帛弓矢鞍轡還軍成都二十二年從討烏蒙蠻復擊降大㙛都掌蟻子諸蠻加明威將軍二十七年詔從西征至沙瓜諸州還賜虎符僉書四川等處行樞密院事院罷以本軍萬戶鎭成都卒

郭昂

郭昂字彥高彰德林州人習刀槊能挽强稍通經史尤工於詩至元二年上書言事平章廉希憲材之授山東統軍司知事尋改經歷遷襄陽總軍司轉沅州安撫司同知佩金符招降溪洞八十餘柵播州張華聚衆容山昂率兵屠之山猺木猫土獠諸洞盡降十六年以諸洞酋入朝帝賜金綺衣鞍轡進安遠大將軍徇沅州西南界復新化安仁二縣擒劇賊張虎縱之曰汝非吾敵願降卽來不然吾復擒汝不難也明日虎降并其衆三千餘人悉使歸民籍軍還衆斂白金以獻一無所受行至江陵衆復從致金而去昂悉上之行省宰臣令藏於庫以示諸將二十六年江西盜起昂討之進逼南安明揚上龍巖湖綠村石門鴈湖赤水黑風峒諸蠻立太平寨而還會大饑以賊酋家資分賑之授萬戶賜金虎符鎭撫州未幾省檄昂赴廣東監造戰船行至廣東界遇賊移檄諭以禍福廣東素服其威信及見其檄卽俱降授廣東宣慰使卒年六十一子震杭州路鎭守萬戶惠僉江西廉訪司事豫知寧都州

綦公直

綦公直益都樂安人世業農至元五年爲益都勸農官九年爲沂莒膠密寧海五州都城池所千戶十年賜金符命造征日本戰船于高麗時宋未下世祖知其勇遣使召見俾與孛不烈拔都等領兵同行荊南等處招討司事抵峽州青草灘霖雨不進還屯玉泉山率兵二千攻安進下寨破之殺宋軍百餘人獲牛馬七百還至襄陽樞密院命督造戰艦運舟襄陽既下奉旨領鄧州光化唐州漢軍及郢復熟券軍九千二百人從諸軍南伐二十年冬至隆興宋軍突出城門逆戰公直敗之追抵城下遂踰壕拔木焚其樓櫓斬首萬餘級生擒七百人隆興降由是南安吉贛皆望風款附平堡柵六百餘所公直又令第三子忙古台攻梅關破淮德山寨入廣東至南海皆下之詔授公直武毅將軍管軍上千戶召入

加昭勇大將軍管軍萬戶佩金虎符領侍衛親軍時伯延伯答罕禿忽魯叛于西夏命公直率軍討平之十八年五月陞輔國上將軍都元帥宣慰使鎮別十八里初帝詔以長子泰襲萬戶公直自陳父年老乞以泰爲樂安縣尹就養其父制可仍終身勿從他職至是乃以忙古台襲萬戶佩金虎符從之鎮公直陛辭曰臣父喪五年願葬以行帝許之至家葬事畢遂計樂安稅課及貧民逋負悉以賜金代輸之乃行二十三年諸王海都叛侵別十八里公直從丞相伯顏進戰於洪水山敗之追擊浸遠援兵不至第五子瑗力戰而死公直與妻及忙古台俱陷焉二十四年忙古台奔還授定遠大將軍中侍衛親軍副都指揮使改湖州砲手軍匠萬戶討衢州山賊有功加昭勇大將軍泰後終於知寧海州

楊賽因不花

楊賽因不花初名漢英字熙載賽因不花賜名也其先太原人唐季南詔陷播州有楊端者以應募起竟復播州遂使領之五代以來世襲其職五傳至昭無子以族子貴遷嗣又八傳至粲粲生价生文文生邦憲皆仕宋爲播州安撫使至元十三年宋亡世祖詔諭之邦憲奉版籍內附授龍虎衞上將軍紹慶珍州南平等處沿邊宣慰使播州安撫使卒年四十三贈推忠效順功臣平章政事追封播國公謚惠敏漢英邦憲子也生五歲而父卒二十二年母田氏攜至上京見世祖於大安殿帝呼至御榻前熟視其眸子撫其頂者久之乃諭宰臣曰楊氏母子孤寡萬里來庭朕甚憫之遂命襲父職錫金虎符因賜名賽因不花及陛辭詔中書錫宴賜金幣絲緡賚其從者有差二十五年再入覲時年十二帝見其應對明敏稱善者三復因宰臣奏安邊事帝益嘉之是年改安撫司爲宣撫司授宣撫使尋陞侍衞親軍都指揮使成宗卽位賽因不花兩入見贈謚二代大德五年宋隆濟及折節等叛詔湖廣行省平章劉二拔都指揮使也先忽都魯率兵偕賽因不花討之六年秋九月師出播境連與賊遇破之前駐蹉泥賊騎猝至賽因不花奮擊先進大軍繼之賊遂潰乘勝逐北殺獲不可勝計遂降阿苴下窄籠望塵送款者相繼七年正月進屯暮窩賊衆復合又與戰于墨特川大破之折節懼乞降斬之又擒斬隆濟等西南夷悉平八年賽因不花復入見進資德大夫至大四年加勳上護軍詔許世襲播南盧崩蠻內侵詔賽因不花暨思州宣慰使田茂忠率兵討之以疾卒於軍年四十贈推誠秉義功臣銀青榮祿大夫平章政事柱國追封播國公謚忠宣子嘉貞嗣

鮮卑仲吉

鮮卑仲吉中山人歲乙亥國兵定中原仲吉首率平灤路軍民詣軍門降太祖命爲灤州節度使從阿术魯南征克右副元帥攻取信安關州諸城以功賜虎符授河北等路漢軍兵馬都元帥歲壬辰平蔡有功加金吾衞上將軍興平路都元帥右監軍永安軍節度使兼灤州管內觀察使提舉常平倉事開國侯尋卒子準克管軍千戶從札台火兒赤東征高麗中統元年賜金符扈駕征阿里不哥以功受上賞三年從征李璮至元十年授侍衞親軍千戶昭武大將軍大都屯田萬戶佩虎符卒子誠襲授宣武將軍高郵上萬戶府副萬戶佩虎符改授懷遠大將軍僉武衞親軍都指揮使司事領兵征瓜哇攻八百媳婦國使廣東克勤于役尋以疾卒子忽篤土襲

完顏石柱

完顏石柱祖德住仕金爲管軍千戶父拿住歸太祖從征西域河西又從太宗攻下鳳翔同州有功賜號八都兒佩銀符爲同州管民達魯花赤改賜金符兼征行千戶總管八都軍憲宗以拿住年老命石柱襲其職己未石柱從世祖征合刺章還都元帥紐璘攻馬湖江石柱奪浮橋與宋兵戰有功賞白金七百五十兩軍龍化縣與宋兵戰大敗之中統二年授征行萬戶佩金符三年從都元帥帖哥攻嘉定有功改賜金虎符至元四年敗宋兵于九頂山生獲四十餘人五年攻瀘州之水寨擊五獲寨渡馬湖江迎擊宋兵敗之從行省也速帶兒攻建都建都降從攻嘉定復瀘州取重慶石柱之功居多十四年遷招勇大將軍十六年授四川東道宣慰使十七年改鎮國上將軍四川西道宣慰使總管隨路八都萬戶二十年拜四川行省參知政事卒弟員童襲爲隨路八都萬戶

元史卷一百六十六

明翰林學士亞中大夫知制誥兼修國史宋　濂等修

列傳第五十三

王綧

王綧高麗王瞮之猶子也美容儀慷慨有志略善騎射讀書通大義以質子入朝歲癸丑高麗權臣高令公叛憲宗命耶虎大王東征綧奉旨爲使講和仍鎮守其地時高麗人戶新附者就命綧總之中統元年授金符總管陞佩虎符兼領軍民二年率兵征濟南李璮至元七年高麗臣林衍叛世祖遣頭輦哥國王討之綧簽領部民一千三百戶與國王同行是年十一月以疾辭還家居二十年九月卒壽六十一子三人阿剌帖木兒襲職授虎符總管高麗人戶至元八年將兵討叛賊金通精賊敗走躭羅十一年進昭勇大將軍從都元帥忽都征日本國預有戰功五年加鎮國上將軍安撫使高麗軍民總管尋陞輔國上將軍東征左副都元帥十八年復征日本遇風濤遂沒于軍闊闊帖木兒入侍武宗潛邸積勞授太中大夫管民總管兀愛襲兄阿剌帖木兒職佩金虎符授安遠大將軍安撫使高麗軍民總管東征左副都元帥二十四年乃顏叛力戰屢捷復從月魯兒那演討塔不歹朵歡大王于蒙可山那江統兵五千餘衆與八剌哈赤脫歡相拒絕流戰黑龍江箭中右臂忍傷復戰敵大敗二十五年征哈丹禿魯隸平章闊里帖木兒麾下論功居多冬十二月賊軍古都禿魯干攻於斡禿魯塞平章率兀愛討降之明年加授昭武大將軍遼陽等處行中書省事又明年哈丹等入寇高麗國境遣兀愛鎮守仍修城壁嚴卒伍軍威大振賊遂潛遁九月哈丹禿魯干復寇羅春兀愛引兵擊却之二十八年入覲世祖于內殿嘉其戰功賜尚方玉帶及銀酒器二十九年改東征左副都元帥府立總管高麗女直漢軍萬戶府乃授兀愛三珠虎符陞鎮國上將軍總管高麗女直漢軍萬戶府兼瀋陽安撫使高麗軍民總管

隋世昌

隋世昌其先登州棲霞人父寶從居萊陽金末隸軍伍主帥奇其貌以爲管軍謀克俄授懷遠大將軍管軍都總領鎮行村海口太宗下山東寶遂來歸授萊陽令歷萊州節度判官終高密令世昌其第四子也涉獵書史善騎射身長八尺銀渾鐵爲鎗重四十餘斤能左右擊刺歲癸丑選充隊長宋兵來攻海州世昌戰却之壬戌克東海世昌先登陞馬軍隊官己未攻漣水城世昌樹雲梯攀緣而上身被數鎗衆從之遂克其城陞馬軍千戶中統元年宋將夏貴軍淮南新城世昌夜乘艨艟抵城下宋兵出戰斬首數百級刺殺其守將二人未幾漣水復叛歸宋世昌軍于東馬寨城外宋兵來攻世昌擊走之三年改步軍千戶還鎮行村海口至元元年朝議分揀正軍奥魯授萊陽縣諸軍奥魯長官六年伐宋七年以世昌爲淄萊萬戶府副都鎮撫守萬山堡建言修一字城以圍襄樊陞管軍千戶九年敗宋兵于鹿門山元帥劉整築新門使世昌總其役樊城出兵來爭且拒且築不終夜而就整授軍二百令世昌立礮簾於樊城欄馬牆外夜大雪城中矢石如雨軍校多死傷達旦而礮簾立宋人列艦江上世昌乘風縱火燒其船百餘樊城出兵鏖戰欄馬牆下世昌流血滿甲勇氣愈壯而樊城竟破襄陽亦下遷武略將軍引兵由黃涴堡入漢江破沙洋攻新城世昌坎其城而先登中數矢傷臂兜鍪皆裂昏眩墜地少蘇復進遂下新城明日丞相伯顏視所坎城高一丈五尺餘論功爲上從諸軍渡江抵南岸宋兵聯舟來拒世昌合舟師率蒙古哈必赤軍步戰斬其將一人宋師潰世昌追之復與戰大敗之十三年從戰于丁家洲以功陞管軍千戶佩金符十三年圍揚州世昌絕其糧道兼搜湖泊宋兵聞鐵鎗名不敢近揚州平充四城兵馬使從平章阿术入見授宣武將軍管軍總管十四年戍揚州擊野人原司空山等七寨皆下之進安撫使佩金虎符鎮澉浦十七年拜定遠大將軍管軍萬戶尋以獲海賊功進階安遠大將軍二十三年改沂郯上副萬戶世昌前後數百戰體皆金瘡竟以是疾卒年六十一封定海郡侯謚忠勇子國英嗣

羅璧

羅璧字仲玉鎮江人父大義爲宋將璧年十三而孤長從朱禩孫入蜀累官武翼大夫利州西路馬步軍副總管禩孫移荆湖璧從之至江陵右丞阿里海牙領軍江陵璧從禩孫降授宣武將軍管軍千戶隸丞相阿术麾下招收進軍討歛寇有功領本州安撫事至元五年從元帥張弘範定廣南賜金符陞明威將軍管軍總管鎮金山居四年海盜屏絕徙鎮上海督造海舟六十艘兩月而畢至元十二年始運江南糧而河運弗便十九年用丞相伯顏言初通海道漕運抵直沽以達京城立運糧萬戶三而以璧與朱清張瑄爲之乃首部漕舟由海洋抵楊村不數十日入京師賜金虎符進懷遠大將軍管軍萬戶兼管海道運糧二十四年乃顏叛璧復以漕

舟至遼陽浮海抵錦州小麥河至廣寧十寨諸軍賴以濟加昭勇大將軍二十五年督漕至直沽倉潞河決水溢幾及倉壁樹柵率所部畚土築堤捍之陞昭毅大將軍同知淮西道宣慰司事請兩淮荒閑之田給貧民耕墾二年而後量收其入從之歲得粟數十萬斛陞鎭國上將軍海北海南道宣慰使都元帥大德三年除饒州路總管改廣東道宣慰使都元帥山海獠夷不沾王化負固反側乃誘致諸洞蠻夷酋長假以官位曉以禍福由是咸率衆以歸除都水監改正奉大夫通州復多水患鑿二渠以分水勢又浚阜通河而廣之歲增漕六十餘萬石奉命括兩淮屯田得疾歸鎭江而卒年六十六子坤載

劉恩

劉恩字仁甫洺之洺水人後從威州父辛歸國署貝州長恩幼知讀書勇而有謀以材武隸軍籍累功爲百戶俄遷管軍總管佩銀符大傅府經歷從入蜀數有戰功宋劉整將兵守瀘州中統三年都元帥紐璘遣恩諭整降以功易賜金符至元三年宋將以戰船五百艘載甲士三萬人夾江上游先以一萬人據雲頂山欲取漢州恩率千人渡江與戰殺其將二人士卒三千餘人溺死者不可勝計授成都路管軍副萬戶六年從平章賽典赤攻嘉定過九頂山與宋軍遇生擒其部將十八人械送京師賞賚甚厚九年從皇子西平王行省也速帶兒征建都恩將游兵爲先鋒師次其地一日三戰皆捷建都兵夜來犯圍恩禦之死者千餘人時師久駐食且盡恩晝策招諭公江諸蠻得糧三萬石牛羊二萬頭士氣益振建都因山爲城山有七巔恩奪其五斷其汲道建都窮蹙乃降入朝升管軍萬戶戍眉州十二年昝萬壽以嘉定降恩移戍嘉定安西王遣使召恩至六盤山問曰江南已平四川未下奈何恩曰若以重臣之不狗私者奉詔督責之則半年可下矣王卽遣恩與府僚木兒赤乘傳以聞帝以爲然命丞相不花等行樞密院於西川授恩同僉院事十五年重慶降守將張萬走夔府以兵固守不花遣恩招之萬以城降旬月之間得其大小州邑六十四十六年入朝賞賚有加授四川西道宣慰使改副都元帥率蒙古漢軍萬人征斡端進都元帥宣慰使如故賜宿烈孫皮衣一錦衣一及弓刀諸物師次甘州奉詔留屯田得粟二萬餘石十八年命恩進兵斡端海都將玉論亦撒率兵萬人迎戰游騎先至恩設伏以待大敗之海都又遣八把率衆三萬來侵恩以衆寡不敵成師而還二十二年僉行樞密院事卒子德祿襲成都管軍萬戶

石高山

石高山德興府人父忽魯虎以侍衞軍從太祖定中原太宗賜以東昌廣平四十餘戶遂徙居廣平之洺水中統三年高山因平章塔察兒入見世祖因奏曰在昔太祖皇帝所集按察兒孛羅窟里台孛羅海拔都闊闊不花五部探馬赤軍金亡之後散居牧地多有入民籍者國家土宇未一宜加招集以備驅策帝大悅曰聞卿此言猶寐而覺卽命與諸路同招集之旣籍其數仍命高山佩銀符領之四年授管軍總管鎭息州軍令嚴肅寇不敢窺居四年邊境晏然賜金符以獎之至元八年從取光州克棗陽進攻襄樊皆有功十年從阿术略地淮上十一年從下江南以功陞顯武將軍十二年冬丞相伯顏命以所部兵取寧國下令無虜掠旣至城下諭以禍福寧國開門迎降秋毫無犯復令兵從至焦山與宋將孫虎臣張世傑轉戰百餘里殺獲甚多以功賜金虎符進信武將軍鎭高郵宋平伯顏等朝京師帝問有瘦而善戰者朕忘其名伯顏以高山對且盛稱其功帝卽召見命高山自擇一大郡以佚老而以所部軍俾其子領之高山辭曰臣筋力尚壯猶能爲國驅馳豈敢爲自安計帝從之進顯武將軍領兵北征屯亦脫山十六年命同忽都魯領三衞軍戍和林因屯田以給軍儲歲不乏用乃顏叛督戰有功賜三珠虎符蒙古侍衞親軍都指揮使守衞東宮成宗憫其老以其子闊闊不花襲職賜鈔三百錠大德七年卒於家年七十六

鞏彥暉

鞏彥暉易州人與兄彥榮俱以武勇稱初彥榮以百夫長隸千戶何伯祥麾下累有戰功後告老以彥暉代之諸軍伐宋彥暉從破棗陽斬首甚衆萬戶張柔之駐曹武也彥暉與伯祥別將一軍破大洪諸寨宋人出荆鄂選兵二萬救之彥暉與伯祥逆戰斬首五百級生擒曹路分等一十六人是夜宋兵來攻彥暉率甲士三十人追擊于曹武鎭敵潰走擒其主將以歸戰光州柔軍于東北夜二鼓命彥暉率勁卒二百伏西南五鼓東北聲振天地彥暉植梯先登衆繼之破其外城遂急攻幷其子城破之戰滁州彥暉率浮渾脫者十人夜渡池水入欄馬牆殺守軍三鋪焚其東南角排寨木簾大軍繼之比明拔其城會大軍攻黃州諸將壁壘未定有舟來覘柔遣彥暉伏甲二百於赤壁之下敵軍夜半果水陸並至彥暉等曳鍬俟其半過而擊之敵大撓死者無算生擒十七人師還又破張家寨以守將獻從攻壽州奪其門生擒三人以出泗州之役諸將自四鼓集城下爲塹水所阻黎明無敢度者兩軍交射如雨彥暉被重甲徑渡敵將來禦彥暉刺其胸搏殺之衆畢渡至晡得其外城尋登其月城彥暉將下顧伯祥失所在乃與王進反求之敵復追襲彥暉力戰翼伯祥以出由是伯祥與彥暉如親昆弟然事聞賜彥暉銀符俾兼鎭撫事歲己未十一月兵渡江次武昌宋援兵四集彥暉逆戰有舟數十來挑戰彥暉逐之入湖中伏出圍彥暉數匝左右莫能近彥暉矢盡短兵接身被重傷度不可免遂投水中敵援之出載歸江州見宋官不屈問以事不對竟死年五十六長子信襲授銀符易州等處管軍總把中統三年從征李璮至元四年從元帥阿术南征九年從攻樊城先登奪其土城焚西南角樓殺敵軍十人擒五人宋將矮張以舟兵來援自高頭堡戰闘八十餘里抵襄陽城下奪戰艦二獲其裨將二人軍八人十一年從丞相伯顏攻沙陽堡率勇士五十人火焚其寨敵軍大亂遂破之是年從渡江與宋兵戰俘生口十一奪戰艦二繼又領軍由陸進直抵鄂城下殺宋兵數十人擒江路分一人以歸十二年戰丁家洲殺宋兵七十餘人奪戰艦二江南平以功陞武略將軍管軍千戶鎭太平州十六年以疾辭子思明思溫思恭思明初患目疾以思溫襲及思溫卒而思明疾愈復以思明襲思明卒以思恭襲懷孟萬戶府管軍下千戶佩金符

蔡珍

蔡珍彰德安陽人父興幼隸軍籍從宗王口溫不花出征權管軍百戶興告老以珍代之珍素驍勇歲戊午從憲宗攻宋合州釣魚山中統元年從世祖征阿里不哥三年從征李璮後從鎭襄陽徇安慶攻五河所至有功南方平遂入備宿衞十四年授忠顯校尉管軍總把尋命權千戶是年冬扈駕駐黑城珍遣兵士儲芻藁築土室軍府賴其用道遇凍者必扶入密室溫煦之軍糧必爲撙節不使頓絕以致饑困十五年充本衞都鎭撫十七年陞忠武校尉中衞親軍總把俄改屬後衞賜銀符時白海初建行營命珍督役卒事民不知擾雖草木無纖介損帝臨幸問其故近臣以蔡珍號令嚴肅爲對帝嘉之賞以鈔若干二十一年改授膠東海道都漕運司丁壯萬戶府都鎭撫二十七年進後衞親軍千戶佩金符元貞元年進階武略俄告老而歸子恕襲

張泰亨

張泰亨堂邑縣人父山爲管軍百戶泰亨襲職從攻宋釣魚山及樊城征女兒阿塔有功中統二年授銀符侍衞軍總把三年從圍李璮有功至元四年賜金符陞京東歸德等處新軍千戶從征西川有功授元帥府鎭撫六年改省都鎭撫七年從攻襄陽矢中右臂十年從攻樊城十二年進武略將軍管軍總管尋進明威將軍從攻潭州矢中鼻拔矢奮戰却敵兵十三年賜虎符進階武德從征廣西破靜江府十四年還軍潭州金瘡發卒子繼祖襲移鎭鄂州舟過洞庭溺死子震幼以兄顯祖代之二十四年從征交趾陷沒震襲職授金符昭信校尉管軍上千戶延祐二年覃恩加武略將軍尋進階武德五年陞武節將軍潁州萬戶府副萬戶天歷二年卒子斑襲

賀祉

賀祉益都人父進嘗平漣水有功爲元帥左監軍守淄州改千戶守膠州祉初以質子入宿衞至元六年襲父職爲千戶仍守膠州七年宋兵攻膠州祉固守戰退之十年領舟師五百艘爲先鋒攻五河口城軍還殿後時宋兵以巨索橫截淮水號混江龍祉用大刀斷之却其救兵清河城遂降攻高郵寶應戰淮安城下尸塡壕中丞相伯顏以其功上聞授武節將軍攻泗州獲戰船五百艘還從右丞別乞里迷失入朝帝賜以弓矢錦衣鞍勒加宣武將軍鎭新城絕淮安寶應糧道降之得戰船六百艘及器械上於行樞密院遂命領寶應軍民事十四年特賜金虎符懷遠大將軍二十年建寧路黃華反以所領軍捕之有功二十四年以征交趾請行湖廣行省檄令守輜重屯思明州軍還至建康卒

孟德

孟德濟南人國初由鄒平縣令淄州節度使累官至同知濟南路事太宗卽位之八年諸王闊端命德爲元帥佩金符領濟南軍攻宋徐州光州降其衆而有其地歲甲辰定宗母六皇后稱制大王按只台以德爲萬戶攻濠蘄黃等州積有戰功憲宗卽位之三年命德守雎州五年移守海州宋安撫呂文德以兵擾邊德敗之俘其太尉劉海丁巳從伯顏攻襄樊己未與子義從世祖攻鄂州先登中統三年從征李璮璮平德以老告歸義襲爲萬戶領兵守沂郯四年賜虎符至元元年城郯六年從山東統軍帖赤如五河宋軍拒南岸義率兵渡河擊之凡數戰有功九年授懷遠大將軍遷宿州萬戶十一

年宋制置夏貴攻正陽義奪戰艦數艘遂敗之十二年掠地至安慶等處攻楊子橋獲功十三年三月改守杭州九月從下福建溫台等處十四年四月授昭勇大將軍瑞州路達魯花赤十月從鎮閩州十六年授昭勇大將軍招討使二十二年復爲沂郯萬戶元貞元年以老辭職子智襲職授三珠虎符宣武將軍爲萬戶延祐二年進明威將軍以病去職子安世襲

鄭義

鄭義河間人也初事太宗佩金符山東路都元帥兼景州軍民人匠長官從伐金歲壬辰與敵戰于歸德死之弟德溫襲甲午從攻徐州陷陣而死子澤襲從萬戶史天澤出征多立戰功年老弟江代其職世祖北征賜金符授侍衞親軍副都指揮使判武衞軍事兼景州軍民人匠長官中統三年李璮據濟南叛世祖令各州縣長官子弟充千戶於是以江子鄆爲千戶領景州新簽軍千餘敗賊衆于王馬橋諸王哈必赤賞銀五十兩璮平鄆以剛罷江陞爲武衞親軍都指揮使賜虎符尋改屬左衞至元八年從攻襄陽歿于陣鄆襲其職

張榮實子玉附

張榮實霸州保定縣人父進金季封北平公守信安城壬辰歲率所部兵民降太宗命爲征行萬戶甲午征河南與金將國用安戰徐州死焉榮實始以質子入宿衞繼授金符充征行水軍千戶丁酉改雄州保定新城長官庚子復命統領水軍甲辰從大將察罕軍至淮上遇宋將呂文德與戰俘五十餘人賞銀椀戰馬從攻江陵略襄陽宋以舟師橫截漢水兵不得度榮實戰却之獲人百餘戰船數十艘察罕以聞賜錦袍及銀十五斤破宋軍于大湖賞銀百兩己未從世祖南征駐陽羅渡宋兵十萬舟二千迎戰橫截江水帝以榮實習於水命居前列遂取輕舟率麾下水校鏖戰北岸獲宋大船二十俘二百溺死不可勝計斬宋將呂文信中統元年帝卽位錄其勳勞授金虎符水軍萬戶仍以其子顏代爲霸州七處管民萬戶三年李璮叛榮實從史天澤討平之賞金盌及銀二百五十兩馬一疋命鎮鄴西至元五年從丞相阿術攻襄陽敗夏貴擒張順又攻樊城俘其二將賞銀百兩及弓矢鞍勒十一年增領新軍從丞相伯顏南征榮實以所部軍先進諸將飛渡鄂漢皆降論功授昭毅大將軍從阿里海牙攻岳州降宋將高世傑破沙洋新市降江陵以功加昭武大將軍僉元帥宋都台征江西隆興擒宋將密佑撫州降十三年授同知江西道宣慰使司事未旬日陞鎮國上將軍福建道宣慰使進兵廣東破降韶州十四年改江東宣慰使行省參知政事帝以廣東餘黨未附命與右丞塔出撫定之十五年入覲帝賜酒慰勞授湖北道宣慰使諸路水軍萬戶是年以疾卒年六十一子顏玉珪

玉襲父職爲懷遠大將軍諸路水軍萬戶十六年討吉安叛賊有功入朝賜金織文衣弓矢佩刀加輔國上將軍都元帥兼水軍萬戶鎮黃州繼奉旨與元帥唐兀台改立蘄黃等路都元帥府仍管領本道鎮守軍馬二十年廣東盜起遏絕占城糧運二十一年玉率兵討平之從參知政事也的迷失入朝賜金織文衣鞍勒弓刀會元帥罷命玉充保定水軍上萬戶二十二年番陽湖賊起詔從水軍萬戶府於南康二十四年從參知政事烏馬兒征交趾累戰有功二十五年師還安南以兵迎戰大戰連日水涸舟不能行玉死焉子輔襲萬戶輔卒子道重襲

石抹狗狗

石抹狗狗契丹人其先曰高奴歲辛未太祖至威寧高奴與劉伯林夾谷常哥等以城降會置三萬戶三十六千戶以總天下兵遂以高奴爲千戶遙授青州防禦使佩金符己丑從太宗伐金爲征行千戶卒于軍子常山襲爲千戶癸丑陞總管領興元諸軍與魯屯田并寶雞驛軍權都總管萬戶歲餘卒子乞兒襲領本萬戶諸翼軍馬從都元帥紐璘攻重慶瀘敘諸城數有戰功時忽都叛於臨洮乞兒等以蒙古漢軍從往討之至元二年從都元帥按敦移鎮潼川四年九月從攻蓬溪砦死焉子狗狗襲狗狗少從征伐以壯勇稱八年從僉省嚴忠範以兵圍重慶攻朝陽砦先登九年宋將昝萬壽率衆襲成都狗狗以蒙古軍二千擊敗之十六年朝廷錄其前後功賜金虎符授宣武將軍管軍總管戍遂寧十七年進明威將軍管軍副萬戶亦奚不薛蠻叛從招討使藥刺海討平之行省也速帶兒討都掌烏蒙蛾子諸蠻戰于鴨樓關狗狗最有功二十一年以蒙古軍八百從征散猫蠻戰於茉園坪滲水溪皆敗之壁守石砦月餘散猫降大盤諸蠻亦降二十四年遷懷遠大將軍夔路萬戶移戍重慶二十六年卒子安童襲

楚鼎

楚鼎安豐蒙城人父玠仕金爲鎮國上將軍壽春府防禦使金亡歸宋命守宿州歲己亥以州降阿木魯命玠守之宋兵來攻宿州城破玠死之宋人囚鼎於鎮江府凡十有四年會赦免至元十二年師渡江鼎從知太平州孟之縉降行省遣鼎諭寧國府守將孫世賢下之承制授鼎管軍總管制下加懷遠大將軍領兵鎮寧國平建平南湖廣德諸盜鼎與權萬戶孛羅台護送徽州招撫使李銓男漢英歸徽州諭銓下其城十三年漢英與李世達叛旌德太平兩縣附之鼎與兀忽納進兵用徽人鄭安之策按兵而入兵不血刃而亂定十五年鼎始受符印十八年東征日本鼎率千餘人從左丞范文虎渡海大風忽至舟壞鼎挾破舟板漂流三晝夜至一山會文虎船因得達高麗之金州合浦海屯駐散兵亦漂泛來集遂領之以歸

樊楫

樊楫冠州人初爲軍吏從參政阿里海牙下鄂江陵有功以行省命爲都事宋平從入朝改員外郎從定廣西陞郎中從攻匡山進參議行中書省事同知湖南宣慰司事二十一年擢僉荊湖占城行中書省事從阿里海牙征交趾無功而還二十四年復征交趾進行中書省參知政事時三道進兵皇子鎮南王與右丞程鵬飛分二道一入永平一入女兒關楫與參政烏馬兒將舟師入海與賊舟遇安邦口楫擊之斬首四千餘級及生擒百餘人獲船百餘艘兵仗無算遂至萬刼山合鎮南王兵十二月進攻交趾陳日烜棄城走敢喃堡二十五年正月王攻敢喃堡破之日烜走入海中交人皆匿其粟而逃張文虎饋餉不至二月天暑食且盡於是王命班師楫與烏馬兒將舟師還爲賊邀遮白藤江潮下楫舟膠賊舟大集矢下如雨力戰自卯至酉楫被創投水中賊鈎執毒殺之至順元年贈推忠宣力効節功臣資德大夫江浙行省右丞上黨郡公謚忠定

張均

張均濟南人也父山從軍伐宋以功爲百戶俄陞總把戰死均襲百戶從親王塔察兒攻鄂州面中流矢中統三年從征李璮有功以總帥命陞千戶領兵守淄州至元六年從左丞董文炳攻宋五河口轉戰濠州北遇其伏兵均率衆力戰敗之十年攻漣州奪孫村堡十二年賜金符授忠翊校尉沂郯翼千戶從攻蕪湖奪宋戰船俘四十餘人又從丞相阿塔海戰有功加武略將軍十四年賜虎符加宣武將軍二十二年陞松江萬戶二十四年從鎮南王征交趾二十六年從北征擢明威將軍前衞親軍副都指揮使三十年世祖親征乃顏以扈從受賞成宗卽位命屯田和林規畫備悉有法諸王藥木忽兒北征給餉賴之未嘗乏絕帝加其能賜予有加大德元年改和林等處副元帥歷宣慰司同知陞都元帥加鎮國上將軍延祐元年卒子世忠襲前衞親軍副都指揮使

信苴日

信苴日僰人也姓段氏其先世爲大理國王後累爲權臣高氏所廢歲癸丑憲宗朝世祖奉命南征誅其臣高祥以段興智主國事乙卯興智與其季父信直福入覲詔賜金符使歸國丙辰獻地圖請悉平諸部并條奏治民立賦之法憲宗大喜賜興智名摩訶羅嵯命悉主諸蠻白爨等部以信苴福領其軍與智遂委國任其弟信苴日自與信苴福率僰爨軍二萬爲前鋒導大將兀良合台討平諸爨之未附者攻降交趾入朝興智在道上卒中統二年信苴日入覲世祖復賜虎符詔領大理善闡威楚統失會川建昌騰越等城自各萬戶以下皆受其節制至元元年舍利畏結威楚統失善闡及三十七部諸爨各殺守將以叛善闡屯守官不能禦遣使告急信苴日率衆進討大敗之於威楚寶滿齋復遣孛羅攻賊於統失城又大破之遂定統失其秋舍利畏又以衆十萬謀攻大理詔都元帥也先與信苴日討之師至安寧遇舍利畏擊破走之遂復善闡降威楚定新興進攻石城肥腻皆下之爨部平三年信苴日入覲錄功賜金銀衣服鞍勒兵器十一年賽典赤爲雲南行省平章政事更定諸路名號以信苴日爲大理總管未幾舍利畏復叛信苴日遣石買等詭爲商旅執贄往見挺矛撞殺之及其黨一人梟首于市行省以聞復賜金一錠及金織紋衣於是置郡縣署守令行賦役施政化與中州等十三年緬國擁象騎數萬掠金齒南甸欲襲大理行省遣信苴日與萬戶忽都領騎兵千人禦之信苴日以功授大理蒙化等處宣撫使十八年信苴日與其子阿慶復入覲帝嘉其忠勤進大理威楚金齒等處宣慰使都元帥留阿慶宿衞東宮及陛辭復拜爲雲南諸路行中書省參知政事十九年詔同右丞拜答兒迎雲南征緬之師行至金齒以疾卒信苴日治大理凡二十三年子阿慶襲爵累授鎮國上將軍大理金齒等處宣慰使都元帥佩金虎符

王昔剌

王昔剌保定人初事世祖以其有勇略遂賜名昔剌拔都從攻釣魚山及阿里不哥累功賜金符授武衞親軍千戶中統三年從征李璮於濟南屢捷四年春元帥阿

木駐兵河南遣昔剌將蒙古漢軍復立宿州至元六年賜虎符陞海州萬戶引兵攻鹽林山寨多所俘獲十年授東川行樞密院同僉十五年征夔府有功十六年從鎮萬州卒于軍子二曰宏曰寧宏先佩金符爲左衛千戶及樞密院擬寧襲武職寧讓其兄宏於是授宏中衛都指揮使佩父虎符而以寧代宏爲千戶佩金符寧從阿剌台憨合孫北征追擊脫脫木兒之軍于阿納禿阿之地師還又從別急里迷失等擊賊外剌斬首百餘級復從忽魯忽孫北征有功陞右衛親軍總管後改前衛都指揮使司僉事子處恭襲宏職仕至侍御史

趙宏偉

趙宏偉字子英甘陵人後從潁川至元十三年國兵攻宋宏偉以書謁元帥宋都䚟於軍中奇之俾以兵略地臨江至吉州宋主將管忠節路分鄒超悉衆出戰宏偉敗之追北二十餘里薄其城示以禍福知州周天驥以城降宋都䚟嘉宏偉有功賞銀三十兩署爲吉州叅佐官吉民有爲亂者宏偉設伏橋下以火攻之賊戰退走伏發衆蹂踐殆盡乘勝擣其巢穴餘黨悉出拒戰宏偉旋兵襲其背斬其渠魁一州遂安宋廂禁軍總管王昌勇敢軍總管張雲誘新附五營軍爲亂事覺昌就擒宏偉夜襲雲斬首以獻俘其黨五百人宋都䚟欲盡誅之宏偉曰此屬詿誤非得已也今悉就誅何以安反側衆得免死以功授泰和縣尹宋相文天祥署其將羅開禮葉艮臣集衆謀復吉贛臨江宏偉斬艮臣俘開禮釋其餘衆十五年以功賜金符遷瓜州河渡提舉十七年改衡州路總管府治中草盜出没其境宏偉計其地與屯田民既足食盜亦爲農境遂寧謐大德五年用中丞董士恒薦起僉浙西道肅政廉訪司事鎮江旱蠲民租九萬餘石吏畏飛語復徵于民民無所出行臺令宏偉核實卒蠲之大風海溢潤常江陰等州廬舍多蕩没民乏食宏偉將發廪以賑有司以未得報爲辭宏偉曰民旦暮餓擅發有罪我先坐遂發之全活者十餘萬遷江南行臺都事十一年江南大饑宏偉請以贓罰錢賑之民賴以生至大二年召爲內臺都事仁宗在東宮時聞其名遇之甚厚常以字呼之及出爲浙東廉訪副使陛辭之日仁宗出幣帛俾擇所欲者即賜之宏偉至浙東聞婺人許謙得朱熹道學之傳延致爲師於是人知向慕未幾擢江南行臺治書侍御史皇慶二年致仕延祐二年復起爲福建道肅政廉訪使未幾以疾辭泰定三年卒年四十四贈嘉議大夫禮部尚書 上輕車都尉追封天水郡侯謚貞獻子思恭追封天水郡侯思敬以處士徵爲教授趙璉別有傳

元史卷一百六十七

明翰林學士亞中大夫知制誥兼修國史宋　濂等修

列傳第五十四

張立道

張立道字顯卿其先陳留人後徙大名父善登金進士第歲壬辰國兵下河南善以策干太弟拖雷命爲必闍赤立道年十七以父任備宿衛世祖即位立道從北征未嘗去左右至元四年命立道使西夏給所部軍儲以幹敏稱皇子忽哥赤封雲南王往鎮其地詔以立道爲王府文學立道勸王務農以厚民即署立道大理等處勸農官兼領屯田事佩銀符尋與侍郎寧端甫使安南定歲貢之禮雲南三十七部都元帥寶合丁專制歲久有竊據之志忌忽哥赤來爲王設宴置毒酒中且賂王相府官無泄其事立道聞之趨入見守門者拒之立道怒與爭王聞其聲使人名立道乃得入爲王言之王引其手使探口中肉已腐矣是夕王薨寶合丁遂據王座使人諷王妃索王印立道潛結義士得十三人約共討賊刺臂血和金屑飲之推一人走京師告變事頗露寶合丁乃囚立道將殺之人匠提舉張忠者燕人也於立道爲族兄結壯士夜劫諸獄出之共亡至土番界遇帝所遣御史大夫博羅歡王傅別帖與告變人俱來二人者遂與立道俱還按寶合丁及王府官嘗受賂者皆伏誅有旨召立道等入朝問王薨時狀帝聞立道言泣數行下歔欷久之曰汝等爲我家事甚勞苦今欲事朕乎事太子乎事安西王乎惟汝意所向立道等奏願留事陛下於是賜立道金五十兩以旌其忠張忠等亦皆授官有差八年復使安南宣建國號詔立道並黑水跨雲南以至其國歲貢之禮遂定十年三月領大司農事中書以立道熟於雲南奏授大理等處巡行勸農使佩金符其地有昆明池介碧鷄金馬之間環五百餘里夏潦暴至必冒城郭立道求泉源所自出役丁夫二千人治之洩其水得壤地萬餘頃皆爲良田爨僰之人雖知蠶桑而未得其法立道始教之飼養收利十倍於舊雲南之人由是益富庶羅羅諸山蠻慕之相率來降收其地悉爲郡縣十五年除中慶路總管佩虎符先是雲南未知尊孔子祀王逸少爲先師立道首建孔子廟置學舍勸士人子弟以學擇蜀士之賢者迎以爲弟子師歲時率諸生行釋菜禮人習禮讓風俗稍變矣行省平章賽典赤表言於朝有旨進官以褒之十七年入朝力請於帝以雲南王子也先帖木兒襲王爵帝從之遂命立道爲臨安廣西道宣撫使兼管軍招討使仍佩虎符陛辭賜以弓矢衣服鞍馬始赴任會禾泥路大首領必思反扇動諸蠻夷亟發兵討之拔其城邑鼓行而前徇金齒甸七十城越麻甸抵可蒲皆下之有遺以馴象金鳳異物者悉獻諸朝二十二年又籍兩江儂士貴岑從毅李維屏所部戶二十五萬有奇以其籍歸有司遷臨安廣西道軍民宣撫使復創廟學於建水路書清白之訓于公廨以警貪墨風化大行入朝值權臣用事遂退居散地條陳十二策皆切當世之務帝嘉納焉二十七年北京地陷人民震驚命立道爲本路總管未行安南世子陳日燇遣其臣嚴仲羅陳子艮等詣京師告襲爵先是其國主陳日烜累召不至僅遣其族父遺愛入貢朝廷因封爲安南王遺愛還日烜陰害之遣使問罪日烜拒使者不受命遂遣將討之失利而還帝怒欲再發兵丞相完澤平章不忽木言蠻夷小邦不足以勞中國張立道嘗再使安南有功今復使往宜無不奉命帝召至香殿論之曰小國不恭今遣汝往論朕意宜盡乃心立道對曰君父之命雖蹈水火不敢辭臣愚恐不足專任乞重臣一人與俱臣爲之副帝曰卿朕腹心臣使一人居卿上必敗卿謀遂授禮部尚書佩三珠虎符賜衣段金鞍弓矢以行至安南界謂郊勞者曰語爾世子當出郭迎詔日燇乃率其屬焚香伏謁道左既抵府日燇拜跪聽詔如禮立道傳上命數其罪爲書曉之日燇曰比三世辱公使公大國之卿小國之師也何以教我立道曰昔鎮南王奉詞致討汝非能勝之也由其不用嚮導率衆深入不見一人遲疑而還曾未出險風雨驟至弓矢盡壞衆不戰而自潰天子亦既知之汝所恃者山海之險瘴癘之惡耳且雲南與嶺南之人習俗同而技力等今發而用之繼以北方之勁卒汝復能抗哉汝戰不利不過遁入海中島夷乘釁必來寇抄汝汝食少不能支必爲彼屈汝爲其臣孰若爲天子臣乎今海上諸夷歲貢於汝者亦畏我大國之爾與也聖天子有德於汝甚厚前年之師殊非上意邊將讓汝爾汝曾不悟不能遣一介之使謝罪請命輒稱兵抗拒逐我使人以怒我大國之師今禍且至矣惟世子計之日燇拜且泣涕而言曰公之言良是也爲我計者皆不知出此前日之戰救死而已寧不知懼天子使公來必能活我北面再拜誓死不敢忘天子之德遂迎立道入出奇寶爲賄立道一無所受但要日燇入朝日燇曰貪生畏死人之常情誠有詔貸以不死臣將何辭乃先遣其臣阮代之何惟嚴等隨立道上表謝罪脩歲貢之禮如初且言所以願朝之意廷臣有害其功者以爲必先朝而後赦日燇懼卒不敢至議者惜之二十八年遣立道奉使按行兩浙等以爲四川南道宣慰使遷陝西漢中道肅政廉訪使三十年皇曾孫松山封梁王出鎮雲南大德二年廷議求舊臣可爲梁王輔行者立道遂以陝西行臺侍御史拜雲南行省參政視事期月卒于官立道凡二使安南官雲南最久頗得土人之心爲之立祠廟鄯善城西立道所著詩文有效古集平蜀總論安南錄雲南風土記六詔通說若干卷子元雲南行省左右司郎中

張庭珍 庭瑞

張庭珍字國寶臨潢全州人父楫金商州南倉使歲壬辰籍其民數千來降太宗命監榷北京等路賦課俄改北京都轉運使因家北京歲辛亥憲宗即位以庭珍爲必闍赤高麗不請命擅徙居海中江華島遣庭珍往問之其王言臣事本朝未嘗不謹而大軍歲入侵掠避而走險不得已也且賂庭珍金銀數千兩庭珍却之而歸以狀聞帝爲禁戍兵無擅入其地高麗以安帝伐宋至閬州授安撫使世祖即位自將北伐以庭珍熟知西京入漠南路遣立沙井諸驛兼給糧運俄授同僉土蕃經畧使至元六年安南入貢不時以庭珍爲朝列大夫安南國達魯花赤佩金符由吐蕃大理諸蠻至于安南世子光昞立受詔庭珍責之曰皇帝不欲以汝土地爲郡縣而聽汝稱藩遣使諭旨德至厚也王猶與宋爲脣齒妄自尊大今百萬之師圍襄陽拔在旦夕席卷渡江則宋亡矣王將何恃且雲南之兵不兩月可至汝境覆汝宗祀有不難者其審謀之光昞惶恐下拜受詔既而語庭珍曰聖天子憐我而使者來多無禮汝官朝列我王也相與抗禮古有之乎庭珍曰有之王人雖微序於諸侯之上光昞曰汝過益州見雲南王拜否庭珍曰雲南

王天子之子，汝蠻夷小邦特假以王號豈得比雲南王況天子命我爲安南之長位居汝上耶光昞曰既稱大國何索吾犀象庭珍曰貢獻方物藩臣職也光昞無以對益慚憤使衞兵露刃環立以恐庭珍庭珍解所佩弓刀坦臥室中曰聽汝何爲光昞及群下皆服明年遣使隨庭珍入貢庭珍見帝以所對光昞之言聞帝大悅命付翰林承旨王磐紀之授襄陽行省郎中與阿里海牙從數騎抵襄陽南門呼宋將呂文煥語曰我師所攻無不取者汝孤城路絕外無一兵之援而欲以死守求空名如閤郡之人何汝宜早圖之文煥帳前將田世英曹彪執其總管武榮來降文煥益孤明日遣黑楊都統來議納款將遣之還報庭珍曰彼來或以計覘我未能必其果降此人呂氏腹心不如留之以伐其謀元帥阿朮然之乃留不遣又明日文煥舉城降以功遷中順大夫遙授知歸德府行樞密院經歷諸軍南渡復爲行省郎中俄授金虎符襄陽總管兼府尹改郢復二州達魯花赤宋平遷平江路達魯花赤改同知浙東宣慰使司事未行拜大司農卿連居親憂起復南京路總管兼開封府尹開封有控鶴軍士十餘人賃大宅聚居縱橫街陌庭珍始至察其必爲盜急捕之得寶玩器服子女滿室窮索其黨俱殺之民以爲神河決灌大康漂溺千里庭珍括商人漁子船及縛木爲筏載糗糧四出救之全活甚衆水入善利門庭珍親督夫運薪土捍之不能止乃頹城爲堰水既退即發民增外防百三十里人免水憂俄卒於官庭珍性清慎丞相伯顏嘗人語曰諸將渡江無不荒貪唯我與國寶始終自守聞者以爲知言弟庭瑞

庭瑞字天表幼以功業自許兵法地志星曆卜筮無不推究以宿衞從憲宗伐蜀爲先鋒中統二年授元帥府參議留戍青居諸軍攻開州達州庭瑞將兵築城虎嘯山扼二州路宋將夏貴以師數萬圍之城當砲皆穿築柵守之柵壞乃依大樹張牛馬皮以拒砲貴以城中人飲于澗外絕其水庭瑞取人畜溲沸煮之濾土中以洩臭人日飲數合脣皆瘡裂堅守踰月援兵不敢進庭瑞度宋兵稍懈三分其兵夜劫貴營宋兵驚潰殺都統欒俊雍貴胡世雄等五人斬千餘級庭瑞亦被傷數處以功授奉議大夫知高唐州改濮州尹遷陝西四川道按察副使政過於猛上官弗便陷以罪徙四川屯田經畧副使東西川行樞密院發兵圍重慶朝廷知庭瑞練習軍事換成都總管佩虎符舟楫兵仗糧儲皆倚以辦蜀平陞諸蠻夷部宣慰使甚得蠻夷心碉門羌與婦人老幼入市爭價殺入碉門魚通司繫其人羌酋怒斷繩橋謀入劫之魚通司來告急左丞汪惟正問計庭瑞曰羌俗暴悍以鬬殺爲勇今如蜂蠆一人而即以門牆之寇待之不可宜遣使往諭禍福彼悟當自回矣惟正曰使者無過於君遂從數騎抵羌界羌陳兵以待庭瑞進前語之曰殺人償死羌與中國之法同有司繫諸人欲以爲見讁耳而汝即肆無禮如行省聞于朝召近郡兵空汝巢穴矣其酋長棄槍弩羅拜曰我近者生裂羊脾卜之視肉之文理何如則吉其兆曰有白馬將軍來可不勞兵而罷今公馬果白敢不從命乃論殺人者餘盡縱遣之遂與約自今交市者以碉門爲界無相出入官買蜀茶增價鬻於羌人以爲患庭瑞更變引法使每引納二緡而付文券與民聽其自市於羌羌蜀便之先時運糧由楊山泝江往往覆陷庭瑞始立屯田人得免患都掌蠻叛蠻善飛鎗聯松枝爲牌自蔽行省命庭瑞討之庭瑞所射矢出其牌半幹蠻驚曰何物弓矢如此之力即請服惟斬其酋蘭德酉等十餘人而招復其餘民授敘州等處蠻夷部宣撫使改潭州路總管時湖廣省臣方剝民爲功庭瑞知不可拒乃辭歸關中三年思成都遂從漢中分家奴往居焉以疾卒庭瑞初屯青居其土多橘時中州艱得蜀藥其價倍常庭瑞課閹卒日入橘皮若干升儲之人莫曉也賈人有喪其貲不能歸者人給橘皮一石得錢以濟莫不感之家有愛妾一日見老人與之語乃其父也妾以告庭瑞召視之其貌甚似問欲得汝女歸耶其人以爲幸侍左右非敢求與歸庭瑞曰汝女居吾家不過羣婢歸嫁則良人矣盡取奩裝書券還之時人以爲難

張惠

張惠字廷傑成都新繁人宋尚書右僕射商英之裔孫也其先徙居青河後徙蜀歲丙申惠年十四兵入蜀被俘至杭海居數年盡通諸國語丞相蒙速速愛而薦之入侍世祖藩邸以謹敏稱賜名兀魯忽訥特世祖即位授燕京宣慰副使爲政寬簡奏免分數錢罷硝碱局俄遷侍中至元元年冬遷參知政事行省山東以銀贖俘囚三百餘家爲民其不能歸者使爲僧建寺居之李璮之亂山東民被軍士虜掠者甚衆惠至大括軍中悉縱之又奏選良吏去冗官以蘇民瘼遷制國用司副使會改制國用司爲尚書省拜參知政事遷中書左丞進右丞伯顏帥師伐宋十二年夏詔惠主其饋餉凡江淮錢穀皆領之十二年春宋降伯顏命惠與參知政事阿剌罕等入城按閱府庫版籍收其太廟及景靈宮禮樂器物冊寶郊天儀仗籍江南民爲工匠凡三十萬戶惠選有藝業者僅十餘萬戶餘悉奏還爲民伯顏以宋主北還俾惠居守惠不待命輒啓府庫封鑰伯顏以聞詔左丞相阿朮平章政事阿塔海詰之徵還京師二十年拜榮祿大夫平章政事行省揚州二十二年入朝復命以平章政事行省杭州至無錫卒年六十二惠所至有能聲及老頗以沉浮取譏子遵誨

劉好禮

劉好禮字敬之汴梁祥符人父仲澤金大理評事遙授同知許州徙家保定之完州好禮幼有志知讀書通國言憲宗時廉訪府辟爲參議歲乙卯改永興府達魯花赤至元元年以侍儀廉希逸薦召見言舉人材數事稱旨五年應詔建言凡有司奏請宜先啓皇太子俾得閱習庶政以爲社稷生民之福陝西重地宜封皇子諸王以鎮之創築都城宜給直以市民地選格不宜以中統三年爲限後是者不錄帝是其言勅中書施行七年遷益蘭州等五部斷事官以比古之都護治益蘭其地距京師九千餘里民俗不知陶冶水無舟航好禮請工匠於朝以教其民迄今稱便或言榷鹽酒可以佐經費好禮曰朝廷設官要荒務以綏遠寧欲奪其利耶言者慚服十年北方諸王叛執好禮軍中幾死其大將以好禮善應對釋之十六年春叛王召好禮至欠欠州曰皇帝疑我至有今日好禮曰不疑果疑王召王至京師肯還之耶十七年春好禮率衆走別部守隘以待兵至遇叛王軍迫好禮西踰雪嶺好禮自度踰是則無望其還遂以衣服賂叛王千戶始獲東出鐵壁山口間道南走數日從者纔至且千人中道糧絶捕獵以爲食七月至菊海始與戍兵接得乘傳至昌州入見帝賜之食與鈔十八年授嘉議大夫澧州路總管十九年入爲刑部尚書俄改禮部又改吏部好禮建言中書象力最巨上往還兩都乘輿象駕萬有一變從者雖多力何能及未幾象驚幾傷從者二十一年出爲北京路總管再入爲戶部尚書二十五年六月卒年六十二子最爲河西隴右道肅政廉訪使

王國昌 子通

王國昌膠州高密人初爲膠州千戶中統元年入覲世祖察其能遷左武衞親軍千戶佩金符召問軍旅之事國昌奏對甚悉帝嘉之賜白金錦袍至元五年人有上書言高麗境內黑山海道至宋境爲近帝命國昌往視之泛海千餘里風濤洶湧從者恐勸還國昌神色自若徐曰奉天子威命未畢事而遽返可乎遂至黑山乃還帝延見慰勞而東夷皆內屬惟日本不受正朔帝知隋時曾與中國通遣使諭以威德令國昌率兵護送道經高麗時高麗有叛臣據珍島城帝因命國昌與經畧使印突史樞等攻拔之八年復遣使入日本乃命國昌屯於高麗之義安郡以爲援冬十月卒于軍子通嗣

通初襲爵爲左衞親軍千戶十二年從諸軍伐宋渡江鎮鄂州時潭州不下兵薄其城通以所將千人破其柵宋兵遁去通縱兵追擊殺獲甚衆以功進武節將軍從攻靜江下之十四年改侍衞親軍千戶明年通上書言今南方已定而北陲未安請屯田于和林率所部自效帝慰勞遣之從破敵兵于金山俘獲生口及馬羊牛駝不可勝計進顯武將軍賜金虎符陞僉左衞親軍都指揮使從討叛王乃顏遷副都指揮使明年屯田瓜沙諸州進階明威將軍武宗即位命總京城衞兵樞密院復奏通攝左丞領諸衞屯田兵尋遷屯儲衞親軍都指揮使鎮海口以疾卒子燕出不花襲武德將軍左衞親軍副都指揮使

姜彧

姜彧字文卿萊州萊陽人也父椿避亂往依濟南張榮因家焉彧幼穎悟好學榮守濟南辟爲掾歷左右司知事尋遷郎中進參議官中統三年彧與榮孫宏入朝因言益都李璮反狀已露宜先其未發制之未報明年春璮果反時諸郡不爲兵備璮即襲據濟南彧棄家從榮招集散亡迎諸王哈必赤進兵討之秋七月捕得生口言城中糧盡勢蹙彧乃昏夜請見王曰聞王陛辭時面受詔曰發兵誅璮耳毋及無辜今旦夕城且破王宜早諭諸將分守城門勿令縱兵不然城中無噍類矣王曰汝言城破解陰陽耶彧曰以人事知之若待城破言於王晚矣王悟明日賊衆開門出降王下令諸軍敢入城者論以軍法璮就擒城中按堵如故彧以功授大都督府參議改知濱州時行營軍士多占民田爲牧地縱牛馬壞民禾稼桑棗彧言於中書遣官分畫疆畔捕其強猾不法者寘之法乃課民種桑歲餘新桑徧野人名爲太守桑及遷東平府判官民遮請留馬爲之不行至元五年召拜治書侍御史出爲河北河南道提刑按察使賜金虎符改信州路總管後累遷陝西漢中河東山西道提刑按察使拜行臺御史中丞後以老病歸濟南尋

擢燕南河北道提刑按察使。三十年二月以疾卒，年七十六。子迪吉。

張礎

張礎字可用，其先渤海人。金末，曾祖琛徙燕之通州。祖伯達從忽都忽那顏畧地燕薊，金守其﨟察斤以城降，忽都忽承制以伯達爲通州節度判官，遂知通州。父範爲真定勸農官，因家焉。礎業儒，丙辰歲，平章廉希憲薦于世祖潛邸。時真定爲諸王阿里不哥分地，阿里不哥以礎不附己，銜之，遣使言於世祖曰：「張礎我分地中人，當以歸我。」世祖命使者復曰：「兄弟至親，寧有彼此之間。且我方有事於宋，如礎者實所倚任，待天下平定，當遣還也。」己未，從世祖伐宋，凡徵發軍旅文檄，悉出其手。中統元年，立中書省，以礎權左右司事，尋出爲彰德路拘榷官，復入爲三部員外郎，賜金符，爲平陽路同知轉運使，改知獻州，同知東平府事，又改知威州。有婦人乘驢過市者，投下官暗赤之奴引鳴鏑射婦人墜地，奴匿暗赤家，礎將以其事聞，暗赤懼，乃出其奴，論如法。至元十四年，立諸道提刑按察司，以礎爲江南浙西道提刑按察副使，佩金符。宣慰使失里貪暴，掠良民爲奴，礎劾黜之。遂安縣民聚衆負險爲亂，命礎與同知浙西道宣慰使劉宣領兵捕之，宣即欲進兵，礎曰：「江南新附，守吏或失撫字，宜遣人招諭，以全衆命。」宣不可，礎曰：「諭之不來，加誅未晚。」遂遣人諭之，逆黨果自縛請罪，礎釋之，宣乃歎服。遷嶺南廣西道提刑按察使。廣西宣慰使也里脫强奪民財，礎按其罪。遷嶺北湖南道提刑按察副使，授濟州路總管，不赴，拜國子祭酒，尋出爲安豐路總管。三十一年卒于官，年六十三。贈昭文館大學士、正奉大夫，封清河郡公，謚文敏。子淑，衛輝路推官。

呂域

呂域字伯充，河內人。七世祖公緒，與宋丞相公著爲從昆弟。祖庭，金末避亂去鄉里。父佑，歸附，初隸兵籍，轉從北郡，復至關中，家焉。廉希憲宣撫京兆，聘許衡教授生徒，域從衡學。衡爲國子祭酒，舉域爲伴讀，輔成教養之功爲多。至元十三年，擢陝西道按察司知事，未行，會宋降者言襄漢新附，民情未安，有呂子開者，向爲襄陽制置司參謀官，今退居鄂，其人悉知宋事，宜徵用之。朝廷議遣使而難其人，或言子開舊名偉，金亂入宋，更名文蔚，字子開，於域爲從叔父，宜遣域行。時江淮兵猶未戢，域聞之，慨然請行。子開既入覲，陳安撫襄漢便宜，詔以子開爲翰林直學士，辭不就。十四年，授域四川行樞密院都事。時宋制置使張珏守重慶，安撫使王立守合州，詔樞府分兵取之。李德輝行西院事于成都，獲立偵卒張郃等數人，將殺之，域曰：「彼不即降者，以昔嘗抗命，城降懼誅耳。今宜釋郃等，俾歸諭立。」未幾，立果遣郃等齎蠟書至成都，德輝請與東院同受降，後期不至，德輝承制授立仍爲安撫使，知合州，開倉賑民，禁戢剽掠，而瀘、敘、崇慶、思、播、夔、萬等郡聞之，相繼送款。巴黔民感域與德輝之惠，並祠事之。東院恥其無功，誣德輝越境邀功，械立于長安獄，將誅之。域適以事至京師，言于許衡，白留守賀仁傑，遂奏釋立，賜金虎符，仍舊官。域亦以平定四川功，詔賜金織衣、弓刀、鞍勒、白金，歷奉訓大夫、四川行省左右司郎中。十九年，調同知順慶路總管府事，以疾辭。二十年，徵爲國子司業，以未終喪辭。三十年，改華州知州，勸農興學，具有成效，及代，民爭留之。大德中，河東關隴地震，月餘不止，域與集賢學士蕭㪺各設問答數千言，以究其理，且移書廟堂，陳救災弭患之道。仁宗即位，召拜翰林侍讀學士。時方議行科舉，域曰：「經明行修，質而少華，非惟士有實行，國家當得真才，以登治平。」未幾致仕。延祐元年，遣使給驛送還關中。十二月，以疾卒，年七十八。贈陝西行省參知政事，追封東平郡公，謚文穆。子三人：杲、果、楨，皆顯仕。孫魯，濟寧路總管。

譚資榮

譚資榮字茂卿，與德懷來人。敦厚寡言，頗知讀書。仕金爲縣令。歲己卯，河朔歸版圖，資榮率衆款附，主帥稔聞其名，即日以金符授元帥左都監，爲縣令如故。後從征以功賜金虎符，陞行元帥府事，復以其弟資用代。克元帥左監軍。歲壬辰，資榮從攻汴梁有功，既而舉資用自代，退而耕田讀書，以爲逸老計，時年四十。子二人：曰澄，曰山阜。澄好讀書，又習國語，爲監縣，多善政。世祖在潛邸時，澄入見，世祖嘉其容止安詳，留居藩府，稱其官而不名，以其弟山阜代爲縣。遣邇臣出使，必以澄偕。中統元年，制書褒美，以爲懷孟路總管。明年入覲，賜金符。四年，易虎符。居官時，訟至立決，教民力田務本。歷彰德同知，遷河南路總管兼府尹。明年，奔父喪，中書不聽其終制，奏其復涖職。後歷司農少卿，遷陝西四川提刑按察使。踰年，西南夷羅羅斯內附，帝以澄文武兼資，可使鎮撫新國，以爲副都元帥、同知宣慰使司事。至其境，諭之曰：「皇元一視同仁，不間遠近，特置大帥安集招懷，以捍外侮，非利徵求於汝也。」夷人大悅。尋以疾卒。子克脩，事裕宗于東宮，出爲江南湖北、河南、陝西漢中三道提刑按察使。孫男三人：曰忠，曰質，曰文。

王惲

王惲字仲謀，衛州汲縣人。曾祖經，祖宇，仕金官敦武校尉。父天鐸，金正大初以律學中首選，仕至戶部主事。惲有材幹，操履端方，好學，善屬文，與東魯王博文、渤海王旭齊名。史天澤將兵攻宋，過衛，一見接以賓禮。中統元年，左丞姚樞宣撫東平，辟爲詳議官。時省部初建，令諸路各上儒吏之能理財者一人，惲以選至京師，上書論時政，與渤海周正並擢爲中書省詳定官。二年春，轉翰林修撰、同知制誥兼國史院編修官，尋兼中書省左右司都事，治錢穀，擢材能，議典禮，考制度，咸究所長，同僚服之。至元五年，建御史臺，首拜監察御史，知無不言，論列凡百五十餘章。時都水劉晸交結權勢，任用頗專，陷沒官糧四十餘萬石，惲劾之，暴其姦利，權貴側目。又言晸監修太廟，畢功特轉官錫賞，今纔數年，梁柱摧朽，事涉不敬，宜論如法，晸竟以憂卒。秩滿，陳天祐、雷膺交薦於朝。九年，授承直郎、平陽路總管府判官。初，絳之太平縣民有陳氏者，殺其兄，行賂緩獄，蔓引逮繫者三百餘人，至五年不決，朝廷委惲鞫之，一訊即得其實，乃盡出所逮繫者。時絳久旱，一夕大雨。十三年，奉命試儒人于河南。十四年，除翰林待制，拜朝列大夫、河南北道提刑按察副使。尋改置諸道，制下，遷燕南河北道，按部諸郡，贓吏多所罷黜。十八年，拜中議大夫、行御史臺治書侍御史，不赴。裕宗在東宮，惲進承華事畧，其目曰廣孝、立愛、端本、進學、擇術、謹習、聽政、達聰、撫軍、崇儒、親賢、去邪、納誨、幾諫、從諫、推恩、尚儉、戒逸、知賢、審官，凡二十篇。裕宗覽之，至漢成帝不絕馳道、唐肅宗改服絳紗爲朱明服，心甚喜，曰：「我若遇是禮，亦當如是。」又至邢峙止齊太子食邪蒿，顧侍臣曰：「一菜之名，遽能邪人耶？」詹事丞張九思從旁對曰：「正臣防微，理固當然。」太子善其說，賜酒慰諭之，令諸皇孫傳觀，稱其書弘益居多。十九年春，改山東東西道提刑按察副使，在官一年，以疾還衛。二十二年春，以左司郎中召。時右丞盧世榮以聚斂進用，屢趣之，不赴。或問其故，惲曰：「力小任大，剝衆利己，未聞能全者。遠之尚恐見浼，況可近乎！」既而果敗，衆服其識。二十六年，授少中大夫、福建閩海道提刑按察使，糾官吏貪汙不法者凡數十人，察繫囚之冤滯者決而遣之，戒戍兵無得寓民家，而創營屋以居之。每謂爲治之本在於得人，乃進言於朝曰：「福建所轄郡縣五十餘，連山距海，實爲邊徼重地，而民情輕詭，由平定以來，官吏貪殘，故山寇往往嘯聚，愚民因而蟻附，剽掠村落，官兵致討，復蹂踐之，甚非朝廷一視同仁之意也。今雖不能一一擇任守令，而行省官僚如平章、左丞尚缺，宜特選清望素著、簡在帝心、文足以撫綏黎庶、武足以折衝外侮者，使鎮靜之，庶幾治安可期矣。」時行省討劇賊鍾明亮無功，惲復條陳利害曰：「福建歸附之民戶幾百萬，黃華一變，十去四五。今劇賊猖獗，又酷於華，其可以尋常草竊視之？況其地有溪山之險，東擊西走，出沒難測，招之不降，攻之不克，宜選精兵，申明號令，專命重臣節制，以計討之，使彼勢窮力竭，庶可取也。」二十八年，召至京師。二十九年春，見帝於柳林行宮，遂上萬言書，極陳時政，授翰林學士、嘉議大夫。成宗即位，獻守成事鑑一卷五篇，所論悉本諸經旨。元貞元年，加通議大夫、知制誥、同修國史，奉旨纂修世祖實錄，因集聖訓六卷上之。大德元年，進中奉大夫。二年，賜鈔萬貫。乞致事，不許。五年，再上章求退，遂授其子公孺爲衛州推官以便養，仍官其孫笴祕書郎。大德八年六月卒，贈翰林學士承旨、資善大夫，追封太原郡公，謚文定。其著述有相鑑五十卷，汲郡志十五卷，承華事畧、中堂事記、烏臺筆補、玉堂嘉話，并雜著詩文，合爲一百卷。

元史卷一百六十八

明翰林學士亞中大夫知制誥兼修國史宋　濂等修

列傳第五十五

陳祐天祥

陳祐，一名天祐，字慶甫，趙州寧晉人。世業農。祖忠，博究經史，鄉黨皆尊而師之，既歿，門人謚曰茂行先生。祐少好學，家貧，母張氏嘗剪髮易書使讀之，長遂博通經史。時諸王得自辟官屬，歲癸丑，穆王府署祐爲其府尚書，賜其父母銀十鋌、錦衣一襲。王既分土於陝洛，表祐爲河南府總管。下車之日，首禮金季名士李國維、楊杲、李微、薛玄杏，訪治道，商議古今，奏免征西軍數百家，及榷竹諸稅、糧料等錢，又上便民二十餘事，朝廷皆從之。世祖即位，分陝洛爲河南西路。中統元年，真除祐爲總管。時州縣官以未給俸，多貪暴，祐獨以清慎見稱，在官八年，如始至之日。至元二年，調官法行，改南京路治中。適東方大蝗，徐、邳尤甚，責捕至急，祐部民丁數萬人至其地，謂左右曰：「捕蝗慮其傷稼也，今蝗雖盛，而穀已熟，不如令早刈之，庶力省而有得。」或以事涉專擅，不可，祐曰：「救民獲罪，亦所甘心。」即諭之使散去，兩州之民皆賴焉。三年，朝廷以祐降官無名，乃賜虎符，授嘉議大夫、衛輝路總管衞當四方之衝號爲難治祐申明法令創立孔子廟修比干墓且請于朝著于祀典及去官民爲立碑頌德嘗上書世祖言樹太平之本有三一曰太子國本建立宜早二曰中書政本責成宜專三曰人材治本選舉宜審事雖未能盡行時論稱之六年置提刑按察司首以祐爲山東東西道提刑按察使時中書尚書二省並立世祖厭其煩欲合爲一集大臣雜議之祐還朝特命預其議阿合馬爲尚書平章政事欲奏陞中書右丞相安童爲太師因罷中書省懼祐有異議許進祐爲尚書叅知政事以啗之及入議祐極言中書政本祖宗所立不可罷三公古官今徒存其虛位未須設事遂罷阿合馬怒其忤已除祐僉中興等路行尚書省事西涼隸永昌王府其達魯花赤及總管爲人誣搆家各百餘口王欲悉致之法祐力辯其冤王怒甚祐執議彌固王亦尋悟二人皆獲免持祐泣曰公再生父母也朝廷大舉伐宋遣祐僉軍山東民多逃匿聞祐來皆曰陳按察來必無私遂皆出應期而辦十二年授南京總管兼開封府尹吏多震懾失措祐因謂曰何必若是前爲盜跖今爲顏子吾以顏子待之前爲顏子今爲盜跖吾以盜跖待之由是吏知修飭不敢弄法許蔡間有巨盜聚衆劫掠祐捕之急逃入宋境宋亾隨制置夏貴過汴祐斥下馬撾殺之於市民間帖然十四年遷浙東道宣慰使時江南初附軍士俘虜温台民男女數千口祐悉奪還之未幾行省榷民商酒稅祐請曰兵火之餘傷殘之民宜從寬恤不報遣祐檢覆慶元台州民田及還至新昌值玉山鄉盜倉猝不及爲備遂遇害年五十六詔贈推忠秉義全節功臣江浙等處行中書省左丞追封河南郡公諡忠定父老請留葬會稽不得乃立祠祀之祐能詩文有節齋集子夔芍陂屯田萬戶初在揚州聞祐遇盜死泣請于行省願復父讎擒其賊魁戮于紹興市阜昌國州知州與侍儀司通事舍人孫思魯襲芍陂屯田萬戶思謙湖廣行省叅知政事弟天祥

天祥字吉甫因兄祐仕河南自寧晉從家洛陽天祥少隸軍籍善騎射中統三年李璮叛據濟南結宋爲外援河北河南宣慰司承制以天祥爲千戶屯三汊口防遏宋兵事平罷歸居偃師南山有田百餘畝躬耕讀書從之遊者甚衆其居近緱氏山因號曰緱山先生初天祥未知學祐未之奇也別去數歲獻所爲詩於祐祐疑假手它人及與語出入經史談辯該博乃大稱異至元十一年起家從仕郎鄂復州等處招討司經歷從國兵渡江因論軍中事深爲行省叅政賈居貞所器重十三年興國軍以籍兵器致亂行省命天祥權知本軍事天祥領軍士纔十人入其境去城近百里止二日乃至城中父老來謁天祥諭之曰捍衞鄉井誠不可無兵任事者籍之過當故致亂爾今令汝輩權置兵仗以自衞何如民皆稱便乃條陳其事於行省曰鎮遏姦邪當實根本若內無備禦之資則外生窺覦之釁此理勢必然者也推此軍變亂之故正由當時處置失宜疎於外而急於內凡在軍中者寸鐵尺杖不得在手遂使姦人得以竊發公私同被其害今軍中再經殘破單弱至此若猶相防而不相保信豈惟外寇可憂第恐舟中之人皆敵國矣莫若布推赤心於人使戮力同心與均禍福人則我之人兵則我之兵靖亂止姦無施不可惟冀少加優容然後責其必成之効行省許以從便處置天祥凡所設施皆合衆望由是流移復業以至隣郡之民來歸者相繼伐茅斬木結屋以居天祥命以十家爲甲十甲有長弛兵禁以從民便人心既安軍勢稍振用土兵收李必聰山寨不戮一人他寨聞之各自散去境內悉平時州縣官吏未有俸祿天祥從便規措而月給之以止其貪民用弗擾鄰邑分寧爲變謀者時至吏請捕之天祥曰彼以官吏貪暴故叛今我一軍三縣官無侵漁民樂其業使之歸告其黨則謀者反爲我用矣遂一無所問及敗逃入興國境者數千人天祥命驗口給糧仍戒土人勿侵陵事定皆得保全而歸莫不服其威信居歲餘詔改本軍爲路有代天祥爲總管者務變更舊政治隱匿兵者甚急天祥去未久而興國復變鄰郡壽昌府及大江南北諸城邑多乘勢殺守將以應之時方改行省爲宣慰司叅政忽都帖兒賈居貞萬戶鄭鼎臣爲宣慰使鼎臣帥兵討之至樊口兵敗死黃州遂聲言攻陽羅堡鄂州大震時忽都帖木兒怯不敢出兵天祥言於居貞曰陽羅堡依山爲壘素有嚴備彼若來攻我之利也且南人浮躁輕進易退官軍憑高據險而區區烏合之衆與之相敵不二三日死傷必多遁逃者十八九我出精兵以擊之惟疾走者乃始得脫乘此一勝則大勢已定然後取黃州壽昌如摧枯拉朽耳居貞深然之而忽都帖木兒意猶未決聞至陽羅堡居貞力趣之乃引兵宿於青山明日大敗其衆皆如天祥所料初行省聞變盡執鄂州城中南人將殺之以防內應居貞救之不能得天祥曰是州之人與彼勢本不相接欲殺之者利其財耳力止之至是被執者皆縱去復遣天祥權知壽昌府事授兵二百餘人爲亂者聞官軍至皆棄城依險而自保天祥以衆寡不敵非可以力服乃遣諭其徒使各歸田里惟生擒其長毛遇順周監斬于鄂州市得金二百兩詢知爲鄂州賈人之物名而還之其黨王宗一等十三人繼亦就擒以冬至日放令還家約三日來歸獄皆如期而至白宣慰司盡縱之由是無復叛者百姓爲立生祠二十一年三月拜監察御史會右丞盧世榮以掊克聚斂驟陞執政權傾一時御史中丞崔彧言之帝怒欲致之法世榮勢燄益張左司郎中周戭因議事微有可否世榮誣以沮法奏令杖一百然後斬之於是臣僚震懾無敢言者二十二年四月天祥上疏極言世榮姦惡其畧曰盧世榮素無文藝亦無武功惟以商販所獲之貲趨附權臣營求入仕輿贓輦賄輸送權門所獻不充又別立欠少文券銀一千錠由白身擢江西榷茶轉運使於其任專務貪饕所犯贓私動以萬計其隱祕者固難悉舉惟發露者乃可明言凡其掊取於人及所盜官物畧計鈔以錠計者二萬五千一百一十九金以錠計者二十五銀以錠計者一百六十八茶以引計者一萬二千四百五十有八馬以疋計者十五玉器七事其餘繁雜物件稱是已經追納及未納見追者人所共知今竟不悔前非狂悖愈甚以苛刻爲自安之策以誅求爲干進之門既懷無饜之心廣畜攘掊之計而又身當要路手握重權雖位在丞相之下朝省大政實得專之是猶以盜蹠而掌阿衡之任不止流殃於當代亦恐取笑於將來朝廷信其虛誑之說俾居相位名爲試驗實授正權校其所能敗闕如此考其所行毫髮無稱此皆既往之眞跡可謂已試之明驗若謂必須再試止可敎以他官宰相之權豈宜輕授夫宰天下譬猶製錦初欲驗其能否先當試以布帛如無能効所損或輕今捐相位以試驗賢愚猶試美錦以校量工拙脫致隳壞悔將何追國家之與百姓上下如同一身民乃國之血氣國乃民之膚體血氣充實則膚體康强血氣損傷則膚體羸病未有耗其血氣能使膚體豐榮者是故民富則國富民貧則國貧民安則國安民困則國困其理然也昔魯哀公欲重斂於民問於有若對曰百姓足君孰與不足百姓不足君孰與足以此推之民必須賦輕而後足國必待民足而後豐書曰民爲邦本本固邦寧歷考前代因百姓富安以致亂百姓困窮以致治自有天地以來未之聞也夫財者土地所生民力所集天地之間歲有常數惟其取之有節故其用之不乏今世榮欲以一歲之期將致十年之積危萬民之命易一世之榮廣邀增羨之功不恤顚連之患期錙銖之誅取誘上下以交征視民如讐爲國斂怨果欲不爲國家之遠慮惟取速效於目前肆意誅求何所不得然其生財之本既已不存斂財之方復何所頼將見民間由此凋耗天下由此空虛安危利害之機殆有不可勝言者計其任事以來百有餘日驗其事跡備有顯明今取其所行與所言而已不相副者畧舉數端始言能令鈔法如舊鈔今愈虛始言能令百物自賤物今愈貴始言課程增添三百萬錠不取於民而辦今却迫脅諸路官司增數包認始言能令民快樂凡今所爲無非敗法擾民者若不早有更張須其自敗正猶蠹雖除去木病亦深始嫌曲突徙薪終見焦頭爛額事至於此救將何及臣亦知阿附權要則榮寵可期違忤重臣則禍患難測緘默自固亦豈不能正以事在國家關繫不淺憂深慮切不得無言世祖聞其語遣使召天祥與世榮俱至上都面質之既至即日有內官傳旨縛世榮於宮門外明日入對天祥於帝前再舉其所言與未及盡言者帝皆稱善世榮遂伏誅五月朝廷錄天祥從軍渡江及平興國壽昌之功進秩五品擢吏部郎中二十三年四月除治書侍御史六月命理算湖北湖南行省錢糧天祥至鄂州即上疏劾平章岳束木凶暴不法時桑哥竊國柄與岳束木姻黨爲其爪牙羽翼誣天祥以罪欲致之死繫獄幾四百日二十五年春正月遇赦得釋二十八年擢行臺侍御史未幾以疾辭歸三十年授燕南河北道廉訪使元貞元年改山東西道廉訪使時盜賊群起山東居多詔求弭盜方畧天祥上奏曰古者盜賊之起各有所因除歲凶饑饉誘之天時宜且勿論他如軍旅不息工役薦興聚斂無厭刑法紊亂之類此皆羣盜所起之因中間保護存養之者赦令是也赦者小人之幸君子之不幸一歲再赦善人喑啞前人言之備矣彼强梁之徒各執兵杖殺人取後不顧其生有司盡力以擒之朝廷加恩以釋之旦脫縲囚暮即行劫又復督勒有司給限追捕賊皆經慣習以爲常既不感恩又不畏法兇殘悖逆性已頑定誠非善化能移惟以嚴刑可制所擬事條皆切於時用於是嚴督有司捕得盜賊甚衆皆杖殺之其亾入他境者揣知所向選捕盜官及弓兵密授方畧示以賞罰使追捕之南至漢江二千餘里悉皆就擒無得免者由是東方羣盜屏息平陰縣女子劉金蓮假妖術以惑衆所至官爲建立神堂愚民皆奔走奉事之天祥謂同僚

日此婦以神怪惑衆聲勢如此若復有狡獪之人輔翼之倣漢張角晉孫恩之爲必成大害遂命捕縶而杖於市自此神怪屏息天祥言山東宣慰司官冗宜罷因劾奏其使貪暴不法事格不行遂以任滿辭去大德三年六月遷河北河南廉訪使以疾不起人有寃抑往往就天祥家求直天祥以不在其位却去之六年陞河南行臺御史中丞上章論征西南夷事曰兵有不得已而不已者亦有得已而不已者惟能得已則已可使兵力永強以備不得已而不已之用是之謂善用兵者也去歲行省右丞劉深遠征八百媳婦國此乃得已而不已之兵也彼荒裔小邦遠在雲南之西南又數千里其地爲僻陋無用之地人皆頑愚無知取之不足以爲利不取不足以爲害深欺上罔下帥兵伐之經過八番縱橫自恣恃其威力虐害居民中途變生所在皆叛深既不能制亂反爲亂衆所制軍中乏糧人自相食計窮勢蹙倉皇退走土兵隨擊以致大敗深棄衆奔逃僅以身免喪兵十八九棄地千餘里朝廷再發陝西河南江西湖廣四省諸軍使劉二霸都總管以圖收復叛地湖北湖南大起丁夫運送軍糧至播州交納其正夫與擔負自己糧食者通計二十餘萬正當農時興此大役驅愁苦之人往迴數千里中何事不有或所負之米盡到固爲幸矣然數萬之軍止仰今次一運之米自此以後又當如何比問西征敗卒及其將校頗知西南遠夷之地重山複嶺陡澗深林竹木叢茂苦有長刺軍行徑路在於其間窄處僅容一人一騎上如登天下如入井賊若乘險邀擊我軍雖衆亦難施爲也又其毒霧烟瘴之氣皆能傷人羣蠻既知大軍將至若皆清野遠遁阻其要害以老我師或進不得前旁無所掠士卒饑餓疫病死亡將有不戰自困之勢不可不爲深慮也且自征伐倭國占城交趾爪哇緬國以來近三十年未嘗見有尺土一民內屬之益計其所費錢財死損軍數可勝言哉去歲西征及今此舉亦復何異前鑑不遠非難見也軍勞民擾未見休期只深一人是其禍本又聞八番羅國之人向爲征西之軍擾害捐棄生業相繼逃叛怨深入於骨髓皆欲得其肉而分食之人心皆惡天意亦憎惟須上承天意下順人心早正深之罪續下明詔示彼一方以聖朝數十年撫養之恩仍諭自今再無遠征之役以此招之自有相續歸順之日使其官民上下皆知未須遠勞王師與區區小醜爭一旦之勝負也昔大舜退師而苗氏格充國緩戰而羌衆安事載經傳爲萬世法爲今之計宜且駐兵近境使其水路遠近得通或用鹽引茶引或用寶鈔多增米價和市軍糧但法令嚴明官不失信可使米船蔽江而上軍自足食民亦不擾內安根本外固邊陲以我之鎮靜御彼之猖狂布恩以柔其心畜威以制其力期之以久漸次服之此王者之師萬全之利也若謂業已如此欲罷不能亦當慮其關繫之大審詳成敗算定而行彼溪洞諸蠻各有種類今之相聚者皆烏合之徒必無久能同心敵我之理但急之則相救緩之則相疑以計使之互相讎怨待彼有可乘之隙我有可動之時徐命諸軍數道俱進服從者恩之以仁拒敵者威之以武恩威相濟功乃易成若舍恩任威以蹈深之覆轍恐他日之患有甚於今日也不報遂謝病去七年召拜集賢大學士商議中書省事八月地震河東尤甚詔問弭災之道天祥上章極言陰陽不和天地不位皆人事失宜所致執政者以其言切直抑不以聞天祥自被召還京至是且一歲未嘗得見帝言事輸忠無地常鬱鬱不自釋又不欲苟糜廩祿八年正月移疾謝去至通州中書遣使追留不還帝聞之賜鈔五千貫仍命給傳專官護送至其家天祥望闕拜謝辭所賜鈔而行九年五月拜中書右丞議樞密院事提調諸衛屯田使者五致詔以年老不能辭十一年仁宗在懷州遣使賜幣帛上尊酒至大四年仁宗卽位復遣使召之辭以老疾不起延祐三年四月卒于家年八十累贈推忠正義全德佐理功臣河南江北等處行中書省平章政事追封趙國公謚文忠

劉宣

劉宣字伯宣其先潞人也因出戍留居忻金末避地于陝後徙太原宣沉毅清介居家孝友自幼喜讀書有經世之志宣撫張德輝至河東見而器重之還朝薦爲中書省掾宣暇則往從國子祭酒許衡講明理學初命爲河北河南道巡行勸農副使至元十二年入爲中書戶部郎中收行省郎中從丞相伯顏平章伯术統軍平江南贊畫居多伯顏嘗命宣詣闕上捷書世祖召見親問以南征事應對稱旨賜器服寵嘉之江南平命宣沙汰江淮冗官其所存革悉合公論除知松江府未幾同知浙西宣慰司事在官五年威惠並著陞江淮行省參議擢江西湖東道提刑按察使二十三年入爲禮部尚書遂遷吏部時將伐交趾宣上言曰連年日本之役百姓愁戚官府擾攘今春停罷江浙軍民歡聲如雷安南小邦臣事有年歲貢未嘗愆期邊帥生事興兵彼因避竄海島使大舉無功將士傷殘今又下令再征聞者莫不恐懼自古興兵必須天時中原平土猶避盛夏交廣炎瘴之地毒氣害人甚於兵刃今以七月會諸道兵于靜江比至安南病死必衆緩急遇敵何以應之又交趾無糧水路難通無車馬牛畜馱載不免陸運一夫擔米五斗往還自食外官得其半若十萬石用四十萬人止可供一二月軍糧搬載船料軍須通用五六十萬衆廣西湖南調度頻數民多離散戶令供役亦不能辦況湖廣密邇溪洞寇盜常多萬一姦人伺隙大兵一出乘虛生變雖有留後人馬疲弱衰老卒難應變何不與彼中軍官深知事體者論量萬全方畧不然將復蹈前轍矣及再征日本宣又上言其畧曰近議復置征東行省再興日本之師此役不息安危繫焉唆都建伐占城海牙言平交趾三數年間湖廣江西供給船隻軍須糧運官民大擾廣東羣盜並起軍兵遠涉江海瘴毒之地死傷過半卽日連兵未解且交趾與我接境蕞爾小邦遣親王提兵深入未見報功唆都爲賊所殺自遺羞辱況日本海洋萬里疆土闊遠非二國可比今次出師動衆艱險縱不遇風可到彼岸倭國地廣徒衆猥多彼兵四集我師無援萬一不利欲發救兵其能飛渡耶隋伐高麗三次大舉數見敗北喪師百萬唐太宗以英武自負親征高麗雖取數城而還徒增追悔且高麗平壤諸城皆居陸地去中原不遠以二國之衆加之尚不能克況日本僻在海隅與中國相懸萬里哉帝嘉納其言二十三年十二月中書傳旨議更鈔用錢宣獻議曰原交鈔所起漢唐以來皆未嘗有宋紹興初軍餉不繼造此以誘商旅爲沿邊糴買之計比銅錢易於齎擎民甚便之稍有滯礙卽用見錢尚存古人子母相權之意日增月益其法浸弊欲求目前速效未見良策新鈔必欲創造用權舊鈔只是改換名目無金銀作本稱提軍國支用不復抑損三數年後亦如元寶矣宋金之弊足爲殷鑒鑄造銅錢又當詳究秦漢隋唐金宋利病著在史策不待縷陳國朝廢錢已久一旦行之功費不貲非爲遠計大抵利民權物其要自不妄用始若欲濟丘壑之用非惟鑄造不敷抑亦不久自弊矣屬桑哥謀立尚書省以專國柄錢議遂罷二十五年由集賢學士除行臺御史中丞時江浙行省丞相忙古臺悍戾縱恣常慮臺臣糾言其罪而尤忌宣一日御史大夫與中丞出建康城點視軍船輩御史從有以軍船載葦者御史張諒詰之知爲行省官所使請揚州覆實忙古臺盛怒卽圖報復時大夫之父官于屬郡隨被按劾遣其黨造建康伺臺中違失臺官皆竦懼陰往懇求自解惟宣屹然不動忙古臺怨宣愈甚羅織宣之子繫揚州獄又令建康酒務淘金等官及錄事司官以罪免者誣告行臺沮壞錢糧以聞于朝必欲寘宣死地朝廷爲遣官二員置獄于行省鞫問其事宣及御史六人俱就逮既登舟行省以軍船列兵衞驅迫之至則分異各處不使往來九月朔宣自剄于舟中始宣將行時書後事緘付從子自誠令勿啓視宣死視其書辭云觸怒大臣誣搆成罪豈能與經斷小人交口辯訟屈膝爲容於怨家之前身爲臺臣義不受辱當自引決但不獲以身殉國爲恨耳嗚呼天乎實鑒此心且別有公文言忙古臺罪伏後得其藁塗注勾抹辭句難辯前治書侍御史霍肅爲敘次其文讀者悲憤宣既引決行省白于朝以爲宣知罪重自殺前後搆成其事者郎中張斯立也然宣忠義節操爲世所重聞者莫不嗟悼延祐四年從子自持上宣行實御史臺以聞制贈資善大夫御史中丞上護軍追封彭城郡公謚忠憲

何榮祖

何榮祖字繼先其先太原人父瑛金貞祐間試文法入優等補吏後授明威將軍守鉅鹿尹權軍器監主事金亡從家廣平榮祖狀貌魁偉額有赤文如雙樹背負隆起有相者謂曰子位極人臣且壽相也何氏世業吏榮祖尤所通習遂以吏累遷中書省掾擢御史臺都事始折節讀書日記數千言阿合馬方用事置總庫于其家以收四方之利號曰和市監察御史范方等斥其非論甚力阿合馬知榮祖主其謀奏爲左右司都事以隸己未幾御史臺除治書侍御史升侍御史又出爲山東按察使而阿合馬莫遂其志矣有帖木剌思者以貪墨爲僉事李唐卿所劾帖木剌思計無所出適濟南有上變告者唐卿察其妄取訟牒焚之帖木剌思乃摭取爲辭告唐卿縱反者逮繫數十人獄久不決詔榮祖與左丞郝禎參政耿仁傑鞫之榮祖得其情欲抵告者罪禎仁傑議以失口亂言之罪坐之榮祖不可俄遷河南按察使二執政竟以失口亂言杖其人而株連者俱得釋唐卿之誣遂白平涼府言有南人二十餘輩叛歸江南安西行省欲上聞會榮祖來爲參政止之曰何必上聞朝廷此輩去者皆人奴耳今聞江南平適往求其家移文召捕之可也已而逃者俱獲果人奴也治以本罪而付其主其於事明決多類此除雲南行省參知政事以母老辭又拜御史中丞復出爲山東東西道按察使時宣

慰使樂實姚演開膠州海道有制禁戢諸人沮撓糧船遇暴風多漂覆樂實弗信督諸漕卒償之搒掠操毒自殺者相繼按察官懼違制莫敢言榮祖曰第言之若朝廷見譴吾自當之卽草辭以奏詔免其徵召入爲尚書叅知政事時桑哥專政亟於理算錢穀人受其害榮祖數請罷之帝不從屢懇請不已乃稍緩之而畿內民苦尤甚榮祖每以爲辭同僚曰上旣爲免諸路惟未及在京可少止勿言也榮祖執愈堅至於忤旨不少屈竟不署其牘未踰月而害民之弊告聞帝乃思榮祖言召問所宜榮祖請於歲終立局考校人以爲便立爲常式詔賜以鈔萬一千貫榮祖條中外有官規程欲矯時敝桑哥抑不爲通榮祖旣與之異議乃以病告特授集賢大學士未幾起爲尚書右丞桑哥敗改中書右丞奏行所定至元新格請改提刑按察司爲肅政廉訪司而立監治之法又上言國家用度不可不足天下百姓不可不安今理財者弗顧民力之困言治者弗圖國計之大且當用之人恒多而得用之人恒少要之省部實爲根本必擇材而用之按察司雖監臨一道其職在於除蠹弊安斯民苟有弗至則臺省又當遣官體察之庶有所益帝深然之屢以老疾乞解機務詔免署事惟預議中書而食其祿尋拜昭文館大學士預中書省事又加平章政事以水旱請罷不允先是榮祖奉旨定大德律令書成已久至是乃得請于上詔元老大臣聚聽之未及頒行適子祕書少監惠没遂歸廣平卒年七十九贈光祿大夫大司徒柱國追封趙國公謚文憲榮祖身至大官而儉第以居飲器用青甆杯中官聞之賜以上尊及金五十兩銀五百兩鈔二萬五千貫俾置器買宅以旌其廉所著書有大畜十集又有學易記載道集觀物外篇等書

陳思濟

陳思濟字濟民柘城人也幼讀書卽曉大義以才器見稱于時董間世祖在潛邸聞其名召之以備顧問旣卽位始建省部俾掌敷奏世祖以京兆爲國重鎭命廉希憲等行中書省于陝西思濟實與偕行多所贊畫中統三年詔誅王文統召廉希憲入中書思濟還仍掌敷奏事無巨細悉就準繩姚樞許衡皆器重之會阿合馬入省恥其位在希憲左每欲肆意而行希憲守正不從及希憲去位省臣晨集掾屬皆憚阿合馬不敢前思濟獨先以文牘進阿合馬輒于希憲位署押思濟據掩以手曰此非君相署位也阿合馬怒目視之衆爲之懼思濟神色自若除右司都事從希憲行省山東未幾召還至元五年分命中書省總百揆御史臺正百官一時黜陟登庸憲章程式多出其手遷承務郎同知高唐州事以績最闢拜監察御史時阿合馬立尚書省權在中書右思濟與魏初等劾其不法帝命近臣正之御史各以次對思濟獨厲聲曰御史言官也非爲辯訟設拂袖而出授奉訓大夫知沁州爲政簡要不務苛察遷中順大夫同知紹興路總管府事承檄讞獄桐廬有囚嬴瘠將死縱遣還家候期來決囚拜請曰聞公名久矣若不早決恐終不可保爲閱其案而釋之轉同知兩浙都轉運司事胥吏侵漁民困于賦役悉錮除之調陝西漢中道提刑按察副使丁母憂去官二十三年加少中大夫同知浙東道宣慰司事時浙西大水民饑浙東倉廩殷實卽轉輸以賑之全活者衆檄上中書奏允之浙東復旱禱于名山雨大澍民頼以甦兩淮鹽課不敷授嘉議大夫兩淮都轉運使奸弊盡革商賈通行歲課以足擢嶺北湖南道肅政廉訪使改池州路總管江浙行省平章也速答兒威勢赫然摘淘金戶三千括民間田畝檄下力上章以止之累遷中議大夫僉河南江北等處行中書省事大德五年冬以疾卒年七十贈正議大夫吏部尚書上輕車都尉追封潁川郡侯謚文肅子誠襲蔭入官拜監察御史朝大夫僉廣西道肅政廉訪司事

秦長卿

秦長卿洛陽人也姿貌魁偉性俶儻有大志世祖在京兆潛藩已聞其名旣卽位務收攬時才以布衣徵至京師長卿尚風節好論事與劉宣同在宿衞以氣岸相高是時尚書省立阿合馬專政長卿上書曰臣愚戇能識阿合馬其爲政擅生殺人人畏懼之固莫敢言然怨毒亦已甚矣觀其禁絕異議杜塞忠言其情似秦趙高私蓄踰公家貲覬覦非望其事似漢董卓春秋人臣無將請及其未發誅之爲便事下中書阿合馬爲人便佞善伺人主意又其貲足以動人中貴人力爲救解事遂寢然由是大恨長卿除興和宣德同知鐵冶事竟誣以折閱課額數萬緡逮長卿下吏籍其家產償官又使獄吏殺之獄吏濡紙塞其口鼻卽死未幾王著聚徒殺阿合馬帝後悟亦追罪之斲棺戮屍并誅其子而長卿寃終不白長卿從子山甫爲建康府判官聞長卿寃狀卽日棄官累薦不起以卒山甫子從龍仕至南臺治書侍御史從德江浙行省叅知政事

趙與票

趙與票字晦叔宋宗室子嘗登進士第爲鄂州教授至元十一年丞相伯顏旣渡江與票率其宗人之在鄂州者詣軍門上書力陳不嗜殺人可以一天下且乞全其宗黨後伯顏朝京師世祖問宋宗室之賢者伯顏首以與票對十三年秋九月遣使召至上京幅巾深衣以見言宋敗亾之故悉由誤用權奸詞旨激切令人感動世祖念之卽授翰林待制朝廷立法多所咨訪與票忠言讜論無所顧惜進直學士轉侍講疏陳江南科斂急督移括大姓宋世丘壟暴露皆大臣擅易明詔所爲二十七年京師霧四塞明年正月甲寅虎入南城與票又疏言權臣專政之咎退而家居待罪未幾桑哥敗平章不忽木奏與票貧窶有守有抱負世祖曰得非指權臣爲虎者邪賜鈔萬三千貫歲給其妻子衣糧後累遷翰林學士其伯祖師淵嘗從朱熹學家庭受授具有端緒於是與許衡論伊洛閫奧衡雅敬之與票旣老成宗命特官其子孟實以終養大德七年以疾卒家貧無以爲葬成宗命有司賻鈔五千貫給舟車還葬台州之黃岩贈通議大夫禮部尚書上輕車都尉天水郡侯謚文簡

姚天福

姚天福字君祥絳州人父居實避兵徙鴈門天福幼讀春秋通大義及長以材辟懷仁丞至元五年詔立御史臺以天福爲架閣管勾尋拜監察御史每廷折權臣帝嘉其直錫名巴兒思謂其不畏强悍猶虎也仍厚賜以旌其忠天福曰臣職居糾彈惟負爵祿是懼敢貪厚賞以重臣罪時御史臺置二大夫綱紀無統天福言于世祖曰古稱一蛇九尾首動尾隨一蛇二首不能寸進今臺綱不張有一蛇二首之患陛下不急拯之久則紊不可理帝詔玉速帖木兒及孛羅諭之孛羅以年幼自劾天福時按行畿內有出使者凌民取賄天福乃易服間行得其狀奏戮之以徇豪右慴服十二年詔罷各道按察司天福白大夫玉速帖木兒曰是司之設所以廣視聽虞非常慮至深遠不但繩有司而已也大夫駭然曰微公言幾失之夜入帝臥內奏其言帝大悟詔復立之權臣不悅左遷天福朝列大夫衡州路同知不就起爲河東道提刑按察副使時北鄙兵興轉輸煩急河東民苦徭役天福以反側爲憂劾執政失計奏罷其役徵拜中順大夫治書侍御史十六年江南旣平授嘉議大夫淮西道按察使淮甸當兵衝將吏有豪猾爲民害者悉剗除之民大悅轉湖北道按察使發省臣贓事數十以聞帝以其嘗有勳勞特原之而流其黨與州郡稱治二十年遷山北道按察使其民鮮知稼穡天福教以樹藝皆致蕃富民爲建祠而刻石以紀之二十二年入爲刑部尚書尋出爲揚州路總管二十六年復爲淮西按察使按鉅姦一人没其家貲政化大行二十八年桑哥敗考訊黨援平陽爲多以天福爲平陽總管俾窮治其事俄拜甘肅行省參知政事以母老辭三十一年授陝西漢中道肅政廉訪使尋除眞定路總管眞定驛傳之需多爲民害天福更議措置之方使不擾民憲長爭之省臣以其事聞詔從之須其制爲天下式大德二年授江西行省參政以疾辭四年拜參知政事大都路總管兼大興府尹畿甸大治後之尹京者以天福爲稱首六年以疾卒年七十三初天福拜御史時其母戒之曰古稱公爾忘私委質爲臣當罄所衷以塞其職勿以未亾人爲卹俾吾追蹤陵母死之日猶生之年也天福亦請於憲府曰監察責當言路有犯無隱苟獲譴乞不爲親累或以聞帝嘆曰巴兒思母子雖生今世其義烈之言當於古人中求之子祖舜祕書監著作郎侃內藏庫副使

許國禎

許國禎字進之絳州曲沃人也祖濟金絳州節度使父日嚴榮州節度判官皆業醫國禎博通經史尤精醫術金亂避地嵩州永寧縣河南平歸寓太原世祖在潛邸國禎以醫徵至翰海留守掌醫藥莊聖太后有疾國禎治之刻期而愈乃張宴賜坐太后時年五十三遂以白金鋌如年數賜之伯撒王妃病目治者鍼誤損其明世祖怒欲坐以死罪國禎從容諫曰罪當固死然原其情乃恐怖失次所致卽誅之後誰敢復進世祖意解且獎之曰國禎之直可作諫官宗王昔班屢請以國禎隸帳下世祖重違其請將遣之辭曰國禎蒙恩拔擢誓盡心以報不敢易所事乃不果遣世祖過飲馬湩得足疾國禎進藥味苦卻不服國禎曰古人有言良藥苦口利於病忠言逆耳利於行已而足疾再作召國禎入視世祖曰不聽汝言果困斯疾對曰良藥苦口旣知之矣忠言逆耳願留意焉世祖大悅以七寶馬鞍賜之憲宗三年癸丑從征雲南機密皆得參與朝夕未嘗離左右或在告帝輒爲之不悅九年己未世祖帥師圍鄂州獲宋人數百族諸將欲盡阬之國禎立請止誅其兇暴餘皆獲免及師還招降民數十萬口疲餓顚仆者滿道國禎曰發蔡州軍儲糧賑之全活甚衆世祖卽位錄前勞授榮祿大夫提點太醫院事賜金符至元三年改授金虎符十二年遷禮部尚書國禎嘗上疏言愼財賦禁服色明

法律嚴武備設諫官均衛兵建學校立朝儀事多施行凡所薦引皆知名士士亦歸重之帝與近臣言及勳舊大臣因謂國禎曰朕昔出征同履艱難者惟卿數人在爾遂拜集賢大學士進階光祿大夫每進見帝呼爲許光祿而不名由是內外諸王大臣皆以許光祿呼之陞翰林集賢大學士卒年七十六時大臣非有勳德爲帝所知者罕得贈謚特贈國禎金紫光祿大夫謚忠憲人以爲榮後加贈推誠廣德協恭翊亮功臣翰林學士承旨上柱國追封薊國公初國禎母韓氏亦以能醫侍莊憲太后又善調和食味稱旨凡四方所獻珍膳旨酒皆命掌之太后閔其勞賜以眞定宅一區歲給衣廩終身國禎由是家焉子扆

扆字君黼一名忽魯火孫從其父國禎事世祖于潛邸進退莊重世祖喜之賜今名俾從許衡學入備宿衛忠愼小心嘗因事忤旨欲罪之帝後悔謂近侍帖哥曰朕欲罪忽魯火孫汝何不言汝二人自今結爲兄弟有所譴責則更相進諫乃置金酒中賜二人飲以爲盟時裕宗居東宮帝又諭忽魯火孫曰若太子罪汝將誰諫耶遂命東宮臣慶山奴亦同飲金酒俄除禮部尚書提點太醫院事賜日月龍鳳紋綺衣二襲每外國使至必命與之語辭理明辨莫不傾服改尚醫太監帝嘗命畫工寫其像賜之輔正議大夫仍提點太醫院事有竊大安閣禱神之幣者將誅之羣臣莫敢言忽魯火孫獨諫曰敬神善事也因置人於死地臣恐神不享所祭帝卽命釋之忽魯火孫與丞相安童善國政多所贊益桑哥忌之數譖於上帝不之信桑哥敗繫于左掖門帝命忽魯火孫往唾其面辭不可帝稱其仁厚賜以白玉帶且諭之曰以汝明潔無瑕有類此玉故以賜汝也成宗卽位遷中書右丞行太常卿力辭乃命以中書右丞署太常事俄改陝西行中書省右丞時關中饑議發倉粟賑之同列以未得請于朝不可忽魯火孫曰民爲邦本今饑餓如此若俟命下無及矣擅發之罪吾當獨任之不以累公等遂大發粟不數日命亦下明年旱禱于終南山而雨歲以大熟民皆畫像祀之忽魯火孫不事生業田宅皆上所賜有足疾不能行仁宗以爲先朝老臣特敕乘小輿入禁中訪以舊事後足益弱不可出每國有大政詔使近侍卽其家問之特授榮祿大夫大司徒食其祿終身贈推忠守正佐理功臣光祿大夫陝西等處行中書省平章政事柱國追封趙國公謚僖簡

元史卷一百六十九

明翰林學士亞中大夫知制誥兼修國史宋　濂等修

列傳第五十六

賀仁傑

賀仁傑字寬甫其先河東隰州人祖種德從關中遂爲京兆鄠人父貴有材畧善攻戰數從軍有功關中兵後積屍滿野貴買地金天門外爲大塚收瘞之遠近聞者爭輦屍來葬復以私錢勞之嘗治室於毀垣中得白金七千五百兩謂其妻鄭曰語云匹夫無故獲千金必有非常之禍時世祖以皇太弟受詔征雲南駐六盤山乃持五千兩往獻之世祖曰天以賜汝爲用獻對曰殿下新封秦金出秦地此天以授殿下臣不敢私願以助軍且言其子仁傑可用狀卽召入宿衛其軍帥怒貴不先白己而專獻金下貴獄世祖聞之大怒執帥將殺之以勳舊而止世祖卽位賜貴金符總管京兆諸軍奧魯卒贈輸忠立義功臣銀青榮祿大夫大司徒追封雍國公謚貞憲仁傑從世祖南征雲南北征乃顏皆著勞績後與董文忠居中事上同志協力知無不言言無不聽多所裨益而言不外泄帝深愛重之至元十三年宋平惟川蜀久不下四川制置使張珏守重慶合州安撫使王立守釣魚山相拒二十餘年詔建東西行樞密院督兵進伐合丹闍里吉思領東院攻釣魚山不花李德輝領西院攻重慶德輝分守成都獲王立鈔卒張合縱之使論立降立復遣張合等奉蠟書告德輝能自來卽降德輝遂從五百騎至釣魚山與東院同受立降東院復奏誅立并言德輝越境邀功下立長安獄西院從事呂域至都以兵事告許衡許衡告仁傑仁傑爲言於帝帝召樞密臣責之曰汝等以人命爲戲耶今召王立立生則已死則汝等亦從之立至賜金虎符仍以爲合州安撫使帝一日召仁傑至榻前出白金謂之曰此汝父六盤所獻者聞汝母來可持以歸養辭不許乃歸白母盡散之宗族帝欲選民間童女充後宮及有司買物多非其土產山後鹽禁久爲民害皆奏罷之民爲之立祠十七年上都留守闕宰相擬廷臣以十數皆不納帝顧仁傑曰無以易卿者特授正議大夫上都留守兼本路總管開平府尹明年賜三珠虎符進資德大夫兼虎賁親軍都指揮使尋加榮祿大夫中書右丞留守如故尚書省立桑哥用事奏上都留守司錢穀多失實召留守刺忽耳及仁傑廷辨仁傑曰臣漢人不能禁吏戢姦致錢穀耗傷臣之罪忽刺忽耳曰臣爲長印在臣手事未有不關白而能行者臣之罪帝曰以爵讓人者有之未有爭引咎歸己者置勿問仁傑在官五十餘年爲留守者居半車駕春秋行幸出入供億未嘗致上怒其妻劉沒帝欲爲娶貴族固辭乃娶民間女已而喪明夫妻相敬如初未嘗置媵妾大德九年年七十二請老拜光祿大夫平章政事商議陝西行中書省事賜白金楮幣錦袍玉帶歸第以子勝襲上都留守虎賁指揮使後成宗崩仁宗入淸內難念世祖舊臣欲有所咨訪召赴闕行至樊橋而卒贈恭勤竭力功臣儀同三司太保上柱國追封雍國公謚忠貞延祐六年加贈推誠宣力翊運功臣太師開府儀同三司上柱國追封奉元王子勝自有傳

賈昔剌

賈昔剌燕之大興人也本姓賈氏其父仕金爲庖人昔剌體貌魁碩有志於當世歲甲申因近臣入見莊聖太后遂從睿宗於和林典司御膳以其鬚黃賜名昔剌俾氏族與蒙古人同甚親幸之又慮其漢人不習於風土今徙居灤州帝復思之曰昔剌在吾左右飲食殊安適促召入供奉諸庖人皆隸焉世祖在潛邸知其重厚使從迎皇后於弘吉剌之地自是預謀帷幄動中機會內出銀三千兩使買珍膳乘傳上太官恣其出入不問又賜以牝馬及駒三十匹并牧戶與之是時兵餘數以所賜分遺鄉里世祖卽位立尚食尚藥二局賜金符提點局事兼領進納御膳生料年老謝事病篤索所賜衣衣之而卒追封聞喜郡侯謚敬懿子丑妮子方幼時世祖愛之嘗坐之御席傍從征雲南躍馬入水斫戰船破其軍帝奇其勇敢而戒其輕銳已未從伐宋還自鄂州卒追封臨汾郡公謚顯毅子虎林赤智勇絕人阿里不哥之叛出其家名馬以助官軍從幸和林中道值大風晝晦敵猝至擊走之還佩其大父金符提點尚食尚藥二局歷尚膳使兼司農嘗入侍帝問治天下何爲本曰重農爲本何爲先曰用賢爲先用賢則天下治重農則百姓足帝深善之超拜宣徽使辭改僉院事仍領尚膳使卒子禿堅不花襲世職爲尚藥尚食局提點世祖以故家子獨奇之謂他日可大用使在左右從征乃顏軍次杭海敵猝至帝令急擊之諸近侍見其勢盛多畏避禿堅不花卽馳入其陣疾戰破走之擒其首將以歸移軍哈罕大風晝晦敵兵千人鼓譟以進禿堅不花奮擊身被十餘瘡猶力戰復大破之帝奇其勇杭海叛者請降衆議以爲親犯王師宜誅之禿堅不花獨曰杭海本吾人或誘之以叛豈其本心哉且兵法殺降不祥宜赦之帝曰禿堅不花議是以此益知其可用陞同僉宣徽院事每論政帝前言直而氣不懾帝亦知其直令察宿衛之士有才器者以名聞所論薦數十人用之皆稱職時論歸之成宗卽位諸侯王會于上京凡芻餼宴享之節賜予多寡疏戚之分無一不當其意帝喜曰宣徽得禿堅不花足矣進同知宣徽院事四年帝弗豫召入侍疾一食一飲必嘗乃進帝體旣安賜錢不受解衣賜之嘗從遊幸禁中衛士感奮有所欲言帝命進而問之皆曰臣等宿衛有年矣日膳克歲賜以時者誠荷陛下厚恩亦由宣徽有能官禿堅不花其人也帝悅賜珠袍超拜宣徽使辭曰先臣服勤於茲三世矣位不過僉佐臣何敢有加於先臣乎帝嘉其退讓乃允其請九年北方乞祿倫部大雪奏買駝馬補其死損出衣幣於內府身往給之全活者數萬人還賜七寶笠十年帝病甚入侍疾愈謹及大漸內難將作援以正義無所回撓武宗入卽位深嘉其忠進階榮祿大夫遙授平章政事商議宣徽院事行金復州新附軍萬戶府達魯花赤至大二年詔出金帛大賚北邊諸軍以禿堅不花明習事宜能不憚勞苦使卽軍中與其帥月赤察兒定議而給之諸部大悅帝深器之拜宣徽使出內藏兼金帶賜之爲同官賈廷瑞所嫉廷瑞請以宣徽院爲門下省尚書省奏廷瑞擅易官制帝大怒欲殺之禿堅不花力諫不可帝曰賈廷瑞毀卿不直一錢卿何力言邪對曰廷瑞所坐不當死不敢以臣私隙誤陛下失刑廷瑞遂得免帝訪羣臣以治道禿堅不花以爲治國安民之實在於生財節用帝嘉納焉轉光祿大夫仁宗卽位加金紫光祿大夫延祐四年朔方又被風雪爲災禿堅不花請賑之如大德時且出私家馬二百匹以爲助賜錢酬其價不受解御衣賜之托恩幸以求賞者輒抑弗予帖失王廷顯皆同官也帝賜帖失海舶禿堅不花曰此軍國之所資上不宜賜下不宜受帝賜廷顯玉帶廷顯欲取太官羊錢一萬五千緡充其價又執不可於是怨之者衆七年以疾去官英宗卽位帖失竟譖殺之後帖失以大逆伏誅事乃白贈推忠宣力守諒功臣太傅開府儀同三司上柱國追封冀國公謚忠愍後進封冀安王加贈其曾祖昔剌推忠翊運功臣金紫光祿大夫太保進封絳國公祖丑妮子崇德効節功臣儀同三司太傅柱國追封絳國公父虎林赤推誠宣力守德功臣太師開府儀同三司上柱國進封臨汾王子班卜忽里台也速古禿忽赤皆至顯官

劉哈剌八都魯

劉哈剌八都魯河東人本姓劉氏世家業醫至元八年世祖駐蹕白海以近臣言得召見世祖謂其目有火光異之遂留侍左右初賜名哈剌斡脫赤十七年擢太醫院管勾昔里吉叛宗王別里鐵穆而奉命往征之帝諭哈剌八都魯曰當行者多避事汝善醫復習騎射能從行乎對曰事君不辭難臣不行將何爲卽請受甲帝曰汝安用甲對曰臣願備一戰士帝曰醫汝事也甲不可得惟賜以環刀弓矢裘馬等物將行聞母疾請歸省帝命給驛而歸既見母不敢以遠役告母亦微知之謂曰汝第行我疾安矣遂卽辭去忍淚不下而鼻血暴出數里弗止馳至王所一日獵於野有狐竄草中王射之不中哈剌八都魯一發中之王大喜王妃有疾與藥卽愈王又喜奏爲其府長史及將戰從王請甲王曰上不與汝我何敢與因留之使領輜重哈剌八都魯不肯曰大丈夫當効命行陳乃守營帳如婦人耶見有甲者飲以酒高價取之明日被以往王望見其介而馳走使人問之免胄曰我也因慨然曰一人與善萬人可激我爲萬人激耳中道三遇賊賊射之皆不中王喜甚解衣衣之曰此所以識也師次金山路隘頓兵未能進有使者云自脫忽王所來曰我受大祖分地守此不敢失凡上所使與昔里吉之過我者吾並飲食供給之無二心也且願見天子而道遠無援今聞王來甚喜得一見可乎王以爲信左右曰此詐也脫忽所居要害殆與昔里吉爲耳目願勿聽乃羈其人遣兵間道窺之獲其游騎三十人訊之得其情知脫忽方飲酣遂出其不意進擊大敗之因獲昔里吉所遣使知其不爲備又乘勢進擊大破擒之王乃命哈剌八都魯獻俘行宮帝見其瘠甚輟御膳羊胾以賜既拜受先割其美者懷之帝問之故對曰臣始與母訣今歸母幸存請以君賜遺之帝嘉其志命自今凡賜之食必先賜其母以功授和林等處宣慰副使賜與甚厚二十三年陞同知宣慰司事二十四年又陞宣慰使二十五年海都犯邊尚書省以和林屯糧當得知緩急輕重者掌其出納奏用怯伯帝曰錢穀非怯伯所知哈剌斡脫赤可使也進階嘉議大夫職如故使怯伯與俱二十六年海都兵至皇子北安王使報怯伯率其民避去怯伯與哈剌八都魯南行六日止八見不剌距海都軍五六十里怯伯大懼曰事急矣不如順之哈剌八都魯語其弟欽祖榮祖曰怯伯有二心矣遂潛遁與探馬赤千戶忽剌思遇從騎百餘人問之忽剌思曰吾在海都軍中聞怯伯反宣慰脫身歸報天子我故追以來哈剌八都魯察其誠與之謀結陳乘高立於西南令之曰吾將往責怯伯汝曹勿動見吾執弓而起卽相應也既見怯伯怯伯盛言海都之令以威之哈剌八都魯詭辭自解得間疾趨忽剌思整陣以出怯伯遣騎來追屢拒却之道遇送軍裝者因護之至鹽海及入見帝喜曰人言汝陷賊乃能來耶命與酒饌顧謂侍臣曰譬諸畜犬得美食而棄其主怯伯是也雖未得食而不忘其主此人是也更其名曰察罕斡脫赤賜以鈔五千貫頓首辭謝乞以所賜與同來者帝特命受之而令中書定其同來者之賞有差二十七年遷正奉大夫河東山西道宣慰使奏曰臣累戰而歸衣裘盡弊河東臣故鄉也願乞錦衣以爲榮帝以金織文衣賜之居二年召還帝諭之曰自此而北乃顏故地曰阿八剌忽者產魚吾今立城而以兀速憨哈納思乞里吉思三部人居之名其城曰肇州汝往爲宣慰使仍別賜汝名曰小龍兒或曰哈剌八都魯汝可自擇之對曰龍非臣下所敢承帝曰然則哈剌八都魯可也復賜以繡衣玉帶及鈔五千貫其爲人主所眷注如此既至定市里安民居一日得魚九尾皆千斤遣使來獻俄召還三十一年春世祖崩太傅伯顏奉皇太后旨命之曰東方汝嘗鎭之今以屬汝勿俟制命乃以爲咸平宣慰使元貞元年召爲御史中丞行至懿州病卒

石抹明里

石抹明里契丹人姓石抹世典內膳國制內膳爲近臣非篤敬素著者不得爲明里祖曷魯事太祖睿宗嘗求之於帝帝聽以其僚十人往勑之曰皇子方總兵鬬地朕輟爾以事之能以事朕之恭事之將用黃金覆周汝身矣顯懿莊聖皇后語憲宗世祖曰曷魯事太祖聖躬或小不豫其烹庖之精百倍平日汝兄弟當終始遇之睿宗嘗從太宗西征在道絕汲曷魯晨起聚草上霜煮羹以進睿宗問曰何從得水因告之故師還賜金帛甚厚年八十卒中統初明里入見世祖令侍臣送明里於裕宗且曰明里朕親臣之子也今以事汝令典膳事已而世祖嘗命裕宗令從人十人來朕將行賞焉十人者至帝前四人列於明里上帝曰第五人非明里耶對曰然帝曰上之明里越一人立帝又曰更上之明里又越一人立帝曰止賜金紋衣一襲明里出侍臣以明里後來反居上相與耳語帝聞之曰明里之祖曷魯事太祖睿宗以及朕兄弟爾時汝輩安在顧謂後來耶帝親討反者於北方明里請備持矛師還第功賜白金百兩至元二十八年爲典膳令成宗卽位加朝列大夫賜金帶又賜御衣一襲鈔萬五千貫詔曰明里舊臣其令諸子入宿衞可假禮部尚書進階嘉議大夫食尚書祿以老武宗卽位詔曰明里夫婦歷事帝后保抱朕躬朕甚德之可特令明里榮祿大夫司徒其妻梅仙封順國夫人賜黃金二百五十兩白金千五百兩衣一襲仁宗在東宮語宮人曰昔朕有疾甚危徽仁裕聖皇后憂之梅仙守視不解帶者七十日今不敢忘其賜明里寶帶錦衣輿及四騾至大三年二月卒年六十有九子皆顯貴

謝仲溫

謝仲溫字君玉豐州豐縣人父𡎓歡以貲雄鄉曲間大兵南下轉客兀剌城太祖攻西夏過其城𡎓歡與其帥迎降從攻西京𡎓歡力戰先登中三矢仆城下太宗見而憐之命軍校拔其矢縛牛刳其腸裸而納諸牛腹中良久乃甦誓以死報每遇敵必身先之官至太原路金銀鐵冶達魯花赤仲溫豐頤廣額聲音洪亮略涉書史壬子歲見世祖於野狐嶺命備宿衞凡所行幸必在左右丙辰城上都仲溫爲工部提領董其役帝曰汝但執梃雖百千人寧不懼汝耶己未大軍圍鄂令督諸將時守江軍士乏食仲溫教之罾魚以充其食帝喜謂侍臣曰朕思不及此飲以駝乳他日不忘汝也一夕帝聞敵軍讙譟命警備仲溫奉繩床帝憑其肩以行至旦不能寐中統元年擢平陽太原兩路宣撫使二年改西京至元九年遷順德路總管時方用兵江淮有寡婦鬻子以償轉輸之直仲溫出俸金贖還之十六年爲湖南宣慰使二十二年改淮東歲旱仲溫導白水塘溉民田公私賴焉三十年春入見帝曰汝非謝仲溫乎朕謂汝死矣從容語及攻鄂時事帝喜甚諭曰汝將復官乎朕當爲卿擇之對曰臣老矣無能爲也一子早亡惟有孫孛完幸陛下憐之卽日命備宿衞大德六年卒年八十子蘭江州達魯花赤先卒孫孛完承事郎冀寧等路管民提舉司達魯花赤

高觿

高觿字彥解渤海人世仕金祖彝從居上黨父守忠國初爲千戶太祖九年從親王口溫不花攻黃州歿于兵觿事世祖備宿衞頗見親幸至元初立燕王爲皇太子詔選才儁士充官屬以觿掌藝文兼領中醞宮衞監門事又監作皇太子宮規制有法帝嘉之錫以金幣廐馬因賜名失剌十八年授中議大夫工部侍郎行同知王府都總管府事十九年春皇太子從帝北幸時丞相阿合馬留守大都專權貪恣人厭苦之益都千戶王著與高和尚等因搆變謀殺之三月十七日觿宿衞宮中西蕃僧二人至中書省言今夕皇太子與國師來建佛事省中疑之俾嘗出入東宮者雜識視之觿等皆不識也乃作西蕃語詢二僧曰皇太子及國師今至何處二僧失色又以漢語詰之倉皇莫能對遂執二僧屬吏訊之皆不伏觿恐有變乃與尚書忙兀兒張九思集衞士及官兵各執弓矢以備頃之樞密副使張易亦領兵駐宮外觿問果何爲易曰夜後當自見觿固問乃附耳語曰皇太子來誅阿合馬也夜二鼓忽聞人馬聲遙見燭籠儀仗將至宮門其一人前呼啓關觿謂九思曰他時殿下還宮必以完澤賽羊二人先請得見二人然後啓關觿呼二人不應卽語之曰皇太子平日未嘗行此門今何來此也賊計窮趨南門觿留張子政等守西門亟走南門伺之但聞傳呼省官姓名燭影下遙見阿合馬及左丞郝禎已被殺觿乃與九思大呼曰此賊也叱衞士急捕之高和尚等皆潰去惟王著就擒黎明中丞也先帖木兒與觿等馳驛往上都以其事聞帝以中外未安當益嚴武備遂勞使遣亟還高和尚等尋皆伏誅二十二年遷嘉議大夫同知大都留守司事兼少傅監久之遷中奉大夫河南等路宣慰使卒年五十三

張九思

張九思字子有燕宛平人父滋薊州節度使至元二年九思入備宿衞裕皇居東宮一見奇之以父蔭當補外特留不遣江南既平宋庫藏金帛輸內府而分授東宮者多置都總管府以主之九思以工部尚書兼府事十九年春世祖巡幸上都皇太子從丞相阿合馬留守妖僧高和尚千戶王著等謀殺之夜聚數百人爲儀衞稱太子入建德門直趨東宮傳令啓關甚遽九思適直宿宮中命主者不得擅啓關語在高觿傳賊知不可紿循垣趨南門外擊殺丞相阿合馬左丞郝禎時變起倉卒且昏夜衆莫知所爲九思審其詐叱宿衞士併力擊賊盡獲之賊之入也矯太子命徵兵樞密副使張易易不加審遽以兵與之易既坐誅而刑官復論以知情將傳首四方九思啓太子曰張易應變不審而授賊以兵死復何辭若坐以與謀則過矣請免傳首皇太子言於帝遂從之九思討賊時右衞指揮使顏進在行中流矢卒怨家誣爲賊黨將籍其孥九思力辯之得不坐阿合馬既敗和禮霍孫拜右丞相中書庶務更新省部用人多

所推薦是年冬立詹事院以九思爲丞遂舉名儒上黨宋道保定劉因曹南夾谷之奇東平李謙分任東宮官屬二十二年皇太子薨朝議欲罷詹事院九思抗言曰皇孫宗社人心所屬詹事所以輔成道德者也柰何罷之衆以爲允三十年進拜中書左丞兼詹事丞明年世祖崩成宗嗣位改詹事院爲徽政以九思爲副使十一月進資德大夫中書左丞會修世祖裕宗實錄命九思兼領史事大德二年拜榮祿大夫中書平章政事五年加大司徒六年進階光祿大夫薨年六十一子金界奴光祿大夫河南省右丞

王伯勝

王伯勝霸州文安人兄伯順給事內廷爲世祖所親幸因以伯勝入見命使宿衞時伯勝年十一廣顙巨鼻狀貌屹然帝顧謂伯順曰此兒當勝卿可名伯勝帝嘗沃盥水溫冷甚稱旨問進水爲誰內侍李邦寧曰伯勝帝曰此兒他日必知爲政達人情矣至元二十五年從征乃顏以功授朝列大夫拱衞直都指揮使元貞元年賜金虎符進階嘉議大夫成宗即位復進通議大夫初拱衞直隸教坊衞卒多市井無賴竄名宿衞及伯勝爲指揮使乃盡募良家子易之五年扈從上都天久雨夜聞城西北有聲如戰鼙然伯勝率衞卒百人出視之乃大水暴至立具畚鍤集土石甕罌以塞門分決壕隍以泄其勢至旦始定而民弗知丞相完澤以聞帝嘉之九年以侍成宗疾忤安西王出爲大寧路總管伯順亦出爲梁王傅武宗即位召拜通奉大夫也可札魯花赤刑部尚書至大二年加右丞明年進銀青榮祿大夫大都留守兼少府監初大都土城歲必衣葦以禦雨日久土益堅勞費益甚伯勝奏罷之仁宗立正百官品秩降授資德大夫尋復陞榮祿大夫拜遼陽等處行中書省平章政事遼陽省治懿州州弊陋民不知學伯勝始至爲增郡學弟子員擇賢師以敎之使客至無所舍皆館于民民苦之伯勝乃擇隙地爲館廡度閑田百頃募民耕種以廩餼之歲大旱伯勝齋戒以禱禱畢即雨人謂之平章雨延祐二年召爲大都留守遼陽民狀其行事言於中書乞留伯勝不報民涕泣而去三年特授銀青榮祿大夫至治二年賜金虎符授武衞親軍都指揮使兼大都屯田事仍大都留守奉詔監修文武樓栱成寧殿建太廟泰定三年冬以疾卒賜翊忠宣力保惠功臣太保金紫光祿大夫上柱國追封薊國公諡忠敏長子恪初名安童累官至兵部尚書南臺治書侍御史僉宣徽院事次馬兒以宣武將軍襲武衞親軍都指揮使孫善果襲伯順官至大司徒

元史卷一百七十

明翰林學士亞中大夫知制誥兼修國史宋濂等修

列傳第五十七

尚文

尚文字周卿世爲祁州深澤人後徙保定遂占籍焉文幼穎悟負奇志張文謙宣撫河東參政王椅薦其才遂辟掌書記未幾西夏行中書省復辟之至元六年始立朝儀太保劉秉忠言於世祖詔文與諸儒採唐開元禮及近代禮儀之可行於今者斟酌損益凡文武儀仗服色差等皆文掌焉七年春二月朝儀成百官肄習帝臨觀之大悅遂爲定制冬十一月立侍儀司擢右直侍儀使轉司農都事十七年出守輝州時河朔大旱輝獨以禱得雨境內大稔懷孟民馬氏宋氏誣伏殺人積歲獄不能決提刑使者命文讞以論報文推迹究情得獄吏獄卒羅織狀兩獄皆釋十九年進戶部郎中奉罷懷衞竹稅提舉司民便之二十二年除御史臺都事行臺御史上封事言上春秋高宜禪位皇太子太子聞之懼中臺秘其章不發答即古阿散等知之請收內外百司吏案大索天下埋沒錢糧而實欲發其事乃悉拘封御史臺吏案文拘留秘章不與答即古聞于帝命宗正薛徹干取其章文曰事急矣即白御史大夫曰是欲上危太子下陷大臣流毒天下之民其謀至奸也且答即古乃阿合馬餘黨贓罪狼籍宜先發以奪其謀大夫遂與丞相議即入言狀帝震怒曰汝等無罪耶丞相進曰臣等無所逃罪但此輩名載刑書此舉動搖人心宜選重臣爲之長庶靖紛擾帝怒稍解可其奏既而答即古受人金與其黨竟坐姦贓論死其機實自文發之陞大司農丞轉少卿遷吏部侍郎改江南湖北道肅政廉訪使三十一年召爲刑部尚書元貞初拜中臺侍御史時行臺御史及浙西憲司劾江浙行省平章不法者十七事制遣文往詰之左驗明著猶力爭不服文以上聞平章乃言御史違制取會防鎭軍數成宗命省臺大臣雜議咸曰平章勳臣之後所犯者輕事宜宥御史取會軍數法當死文抗言平章罪狀明白不受簿責無人臣禮其罪非輕御史糾事之官因兵卒爭愬責其帥如舊均役情無害法即有罪亦輕廷辯數四與省臺入奏帝意始悟平章御史各杖遣之其守正不阿類如此元貞二年建言治平之世不宜數赦不急之役宜且停罷咸爲成宗所嘉納授河北河南肅政廉訪使大德元年河決蒲口臺檄令文按視防河之策文建言長河萬里西來其勢湍猛至孟津而下地平土疏移徙不常失禹故道爲中國患不知幾千百年矣自古治河處得其當則用力少而患遲事失其宜則用力多而患速此不易之定論也今陳留抵睢東西百有餘里南岸舊河口十一已塞者二自涸者六通川者三岸高於水計六七尺或四五尺北岸故堤其水比田高三四尺或高下等大槩南高於北約八九尺堤安得不壞水安得不北也蒲口今決千有餘步迅疾東行得河舊瀆行二百里至歸德橫堤之下復合正流或强湮遏上決下潰功不可成揆今之計河西郡縣順水之性遠築長垣以禦泛濫歸德徐邳民避衝潰聽從安便被患之家宜於河南退灘地內給付頃畝以爲永業異時河決他所者亦如之信能行此亦一時救荒之良策也蒲口不塞便朝廷從之會河朔郡縣山東憲部爭言不塞則河北桑田盡爲魚鼈之區塞之便帝復從之明年蒲口復決塞河之役無歲無之是後水北入復河故道竟如文言三年調山東憲使歷行省參知政事行御史臺中丞七年召拜資善大夫中書右丞湖西饑發廩不足募民入粟補官以賑之山東歲凶盜賊竊發出鈔八百五十餘萬貫以弭之選十道使者奏請巡行天下問民疾苦又奏斥罷南方白雲宗與民均事賦役西域賈人有奉珍寶進售者其價六十萬錠省臣平章顧謂文曰此所謂押忽大珠也六十萬酬之不爲過矣一坐傳玩文問何所用之平章曰含之可不渴熨面可使目有光文曰一人含之十萬人不渴則誠寶也若一寶止濟一人則用已微矣吾之所謂寶者米粟是也一日不食則饑三日不食則疾七日則死有則百姓安無則天下亂以功用較之豈不愈於彼乎平章固請觀之文竟不爲動年六十九因疾告老而歸十年拜昭文館大學士中書右丞商議中書省事召不起武宗仁宗之世屢延致訪以國事賜燕及金帛有加進階自光祿大夫轉銀青榮祿大夫仍中書左丞丐還田里延祐六年拜太子詹事使三往乃起仁宗命盡言以敎太子待以殊禮泰定三年以中書平章政事致仕明年卒于家年九十二

申屠致遠

申屠致遠字大用其先汴人金末從其父義徙居東平之壽張致遠肄業府學與李謙孟祺等齊名世祖南征駐兵小濮荆湖經畧使乞寔力台薦爲經畧司知事軍中機務多所謨畫師還至隨州所俘男女致遠悉縱遣之至元七年崔斌守東平聘爲學官十年御史臺辟爲掾不就授太常太祝兼奉禮郎帝遣太常卿孛羅問毛血之薦致遠對曰毛以告純血以告新禮也宋平焦友直楊居寬宣慰兩浙辟爲都事首言宋圖籍宜上之朝江南學田當仍以贍學行省從之轉臨安府安撫司經歷臨安改爲杭州遷總管府推官宋駙馬楊鎭從子玠節家富於貲守藏吏姚溶竊其銀懼事覺誣玠節陰與宋廣益二王通有司榜笞誣服獄具致遠讞之得其情溶服辜玠節以賄爲謝致遠怒絕之杭人金淵者欲冒籍爲儒儒學教授彭宏不從淵誣宏作詩有異志揭書于市邏者以上致遠察其情執淵窮詰罪之屬縣械反者十七人訊之蓋因寇作以兵自衞實非反者皆得釋西僧楊璉眞加作浮圖于宋故宮欲取高宗所書九經石刻以築基致遠力拒之乃止改壽昌府判官時盜寇竊發加之造征日本戰船遠近騷然致遠設施有方衆賴以安二十年拜江南行臺監察御史江淮行省宣使郄顯李兼愬平章忙兀台不法有詔勿問仍以顯等付忙兀台鞫之繫于獄必抵以死致遠慮囚浙西知其冤狀將縱之忙兀台脅之以勢致遠不爲動親脫顯等械使從軍自贖桑哥當國治書侍御史陳天祥使至湖廣劾平章要束木桑哥摘其疏中語誣以不道奏遣使往訊之天祥就逮時行臺遣御史按部湖廣咸憚之莫敢往致遠慨然請行比至累章極論之桑哥方促定天祥罪會致遠章上桑哥氣沮江西行省平章馬合謀於商稅外橫加徵取忽辛籍鄉民爲匠戶轉運使盧世榮榷茶牟利致遠并劾之又言占城日本不可涉海遠征徒費中國銓選限以南北優苦不均宜考其殿最量地遠近定爲立制則銓衡平而吏弊革他如罷香莎米弛竹課禁設司獄官醫學職員皆致遠發之二十八年丁父憂起復江南行臺都事以終制辭二十九年僉江東建康道肅政廉訪司事未至移疾還元貞元年纂修世祖

實錄召爲翰林待制不赴大德二年僉淮西江北道肅政廉訪司事行部至和州得疾卒致遠淸修苦節恥事權貴聚書萬卷名曰墨莊家無餘產敎諸子如師友所著忍齋行藁四十卷釋奠通禮三卷杜詩纂例十卷集驗方二十卷集古印章三卷子七人伯騏徵事郎嶺北湖南道肅政廉訪司知事驥驪俱爲學官駉奉政大夫兵部員外郎

雷膺

雷膺字彥正渾源人父淵金監察御史膺生七歲而孤金末母侯氏挈膺北歸渾源艱險備嘗織紝以爲業課膺讀書膺篤志於學事母以孝聞太宗時詔郡國設科選試凡占儒籍者復其家膺年甫弱冠得與其選愈自砥礪遂以文學稱丞相史天澤鎭眞定辟爲萬戶府掌書記世祖卽位初置十路宣撫司詔選耆舊使副子弟爲僚屬授膺大名路宣撫司員外郎中統二年翰林承旨王鶚王磐薦膺爲翰林修撰同知制誥兼國史院編修官五年調陝西西蜀四川按察司參議至元二年改陝西五路轉運司諮議四年用兵于蜀佩金符參議左壁總帥府事師還陞承務郎同知恩州事憲府表薦其能遂入拜監察御史首以正君心正朝廷百官爲言又斥聚斂之臣不宜作相十一年加奉議大夫僉河東山西道提刑按察司事以稱職聞十四年進朝列大夫山南湖北道提刑按察副使是時江南新附諸將市功且利俘獲往往濫及無辜或強籍新民以爲奴隸膺出令得還爲民者以數千計十八年轉淮西江北道提刑按察副使以母老辭二十年遷行臺侍御史奉母之官分司湖廣江西奏劾按察使二人及行省官吏之不法者二十二年丁母憂去官明年起復授中議大夫江南浙西道提刑按察使時蘇湖多雨傷稼百姓艱食膺請于朝發廩米二十萬石賑之江淮行省以發米太多議存三之一膺曰布宣皇澤惠養困窮行省臣職耳豈可效有司出納之吝耶行省不能奪悉給之時年六十二卽致仕歸老于山陽二十九年徵拜集賢學士成宗卽位朝會上都召諸故老諮詢國政膺爲稱首多所建白一日延見便殿奏對稱旨賜白玉帶環一明年賜鈔五千貫進秩二品大德元年夏六月以疾卒于京師年七十三贈通奉大夫河南江北等處行中書省參知政事護軍追封馮翊郡公諡文穆子肇順德路總管府判官孫豫南陽府穰縣尹

胡祗遹

胡祗遹字紹開磁州武安人少孤既長讀書見知於名流中統初張文謙宣撫大名辟員外郎明年入爲中書詳定官至元元年授應奉翰林文字尋兼太常博士調戶部員外郎轉右司員外郎尋兼左司時阿合馬當國進用羣下官冗事煩祗遹建言省官莫如省吏省吏莫如省事以是忤權奸出爲太原路治中兼提舉本路鐵冶將以歲賦不辦責之及其蒞職乃以最聞改河東山西道提刑按察副使宋平爲荆湖北道宣慰副使有佃民訴其田主謀爲不軌者祗遹察其冤坐告者十九年爲濟寧路總管上八事於樞府言軍政曰役重曰逃戶曰貧難曰正身入役曰僞署文牒曰官吏保結曰有名無實曰合併偏頗樞府是之以其言著爲定法濟寧移治鉅野縣自國初經兵戈其廢已久民居未集風俗朴野祗遹選郡子弟擇師敎之親爲講論期變其俗久之治効以最稱升山東東西道提刑按察使所至抑豪右扶寡弱以敦敎化以厲士風民有父子兄弟相訟者必懇切諭以天倫之重不獲已則繩以法召拜翰林學士不赴改江南浙西道提刑按察使未幾以疾歸二十九年朝廷徵耆德者十人祗遹爲之首以疾辭三十年卒年六十七延祐五年贈禮部尚書諡文靖子持太常博士

王利用

王利用字國賓通州潞縣人遼贈中書令太原郡公籍之七世孫高祖以下皆仕金利用幼穎悟弱冠與魏初同學遂齊名諸公交口稱譽之初事世祖於潛邸中書辟爲掾辭不就中統初命監鑄百司印章歷太府內藏官出爲山東經略司詳議官遷北京奧魯同知歷安肅汝蠡趙四州知州入拜監察御史薊州有禁地民不得射獵其中邏者誣州民冒禁籍其家利用料之邏者訴于上利用辨愈力得以所沒入悉歸之民擢翰林待制兼興文署奉旨程試上都隆興等路儒士陞直學士與耶律鑄同修實錄出爲河東陝西燕南三道提刑按察副使四川提刑按察使四川土豪有持官府長短者問得其實而當以罪民賴以安都元帥塔海抑巫山縣民數百口爲奴民屢訴不決利用承檄覆問盡出爲民大德二年改安西興元兩路總管其在興元減職田租額站戶之役於他郡者悉除之民甚便焉有婦毒殺其夫問藥所從來吏教婦指爲富商所貨獄上利用曰家富而貨毒藥豈人情哉訊之果冤也未幾致仕居漢中成宗朝起爲太子賓客首以切於時政者疏上十七事曰謹畏天戒取法祖宗孝事母后敬奉至尊撫愛百姓敦本抑末淸心聽政寡欲養身酒宜節飮財宜節用有功必賞有罪必罰杜絕讒言求納直諫官職量材而授工役相時而動俾近侍時赴經筵講讀經史帝及太子嘉納之皇后聞之命錄別本以進利用以老病不能朝帝遣醫診視之利用謂弟利貞利亨曰吾受國厚恩愧不能報死生有命藥不能爲也遂卒年七十七利用每自言平生讀書於恕字有得焉廉希憲當時名相簡重愼許可嘗語人曰方今文章政事兼備者王國賓其人也武宗卽位以官僚舊臣制贈榮祿大夫柱國中書平章政事封潞國公諡文貞

暢師文

暢師文字純甫南陽人祖淵贈中順大夫上騎都尉魏郡伯父訥有詩名注地理指掌圖仕爲汴幕官贈太中大夫上輕車都尉魏郡侯師文幼警悟家貧無書手錄口誦過目輒不忘弱冠謁許衡與衡門人姚燧高凝皆相友善至元五年陳時政十六策丞相安童奇其才辟爲右三部令史十二年丞相伯顏攻宋選爲掾屬從定江南及歸舟中惟載書籍而已十三年編平宋事蹟上之十四年除東川行樞密院都事盡心贊畫多所裨益十六年安西王承制改四川北道宣慰司經歷尋除承直郎潼川路治中修府舍發地得銀五十錠同僚分師文十錠不受用以修廟學及傳舍餘作酒器給公用十九年承制改同知保寧路事治尚平簡反側以安二十二年僉西蜀四川道提刑按察司事二十三年拜監察御史糾劾不避權貴上所纂農桑輯要書二十四年遷陝西漢中道巡行勸農副使置義倉敎民種藝法二十八年改僉陝西漢中道提刑按察司事時更提刑按察司爲肅政廉訪司就僉本道肅政廉訪司事黜姦舉才咸服其公三十一年徙山南道松滋枝江有水患歲發民防水往返數百里苦於供給師文以江水安流悉罷其役駙馬亦都護家人怙勢不法師文治其甚惡者流之大德二年改山東道入爲國子司業七年出爲陝西行中書省理問官決滯獄不少阿狥頃之以疾家居九年擢陝西漢中道肅政廉訪副使又以疾不赴十年改太常少卿轉翰林侍讀學士朝請大夫知制誥同修國史至大元年修成宗實錄賜鈔一百錠不受時制作多出其手二年加少中大夫三年請補外任除太平路總管時大旱師文捐俸致禱不數日澍雨大降遂爲豐年當塗人坐殺牛祈雨因繫者六十餘人師文憫而出之公田米積之盈屋曰我家幾人能盡食此乎呼貧士及細民恣其取去廉訪分司官前後至者必先謁師文稱爲先生師文在任未久境內晏然皇慶二年復召爲翰林侍讀學士中奉大夫知制誥同修國史奉旨撰王勃成道記序等文賜銀二錠不受除燕南河北道肅政廉訪使以病去官延祐元年徵拜翰林學士資德大夫行至河南復以病歸襄陽四年秋八月考河南鄉試歸次襄縣卒于傳舍年七十一葬襄陽峴山泰定二年贈資政大夫河南江北等處行中書省左丞上護軍追封魏郡公諡文肅後至元八年加贈推忠守正亮節功臣三子長曰篤仕至太中大夫江東道肅政廉訪副使

張炤

張炤字彥明濟南人父信以商賈起家貲雄於鄉壬辰歲饑出粟賑貸鄉人賴以全活炤幼穎悟力學始補史濟南上計壽陽行省有積年勾考未輸銀一十萬五千兩炤條陳利害切至遂獲免徵民得無擾中統元年辟爲中書省掾俄遷右司提控案牘四年出爲山東東路大都督府員外郎至元四年轉陝西五路西蜀四川行中書省左右司員外郎八年進階奉訓大夫知兗州事時州境亢旱吏民懇禱不雨炤始至甘雨霑足聞屬邑有桀黠吏挾官府肆爲暴橫炤繩之以法杖出境外民害遂息十一年改授淮西等路行中書省左右司郎中丞相阿塔海領軍進攻瓜州鎭江炤運糧儲給戰具凡二年贊畫之力居多十三年揚州未下丞相阿术提兵攻之五月宋將李庭芝棄城遁泰州炤領兵追揚州城下躬往招諭制置朱煥以城降庭芝亦就擒炤傳檄未下州郡皆望風款附從阿术入覲世祖賜錦衣鞍勒十三年陞太中大夫揚州路總管府達魯花赤商議行中書省事佩金虎符時行省在揚州據南北要津炤撫綏勞來上下安之十六年改鎭江路總管府達魯花赤謝病歸購書八萬卷以萬卷送濟南府學資敎育二十一年起爲東昌路總管蒞政二年吏民畏服以治最稱二十五年卒年六十四延祐五年贈太中大夫東昌路總管追封淸河郡侯諡敬惠子用中沂州山場同提舉

袁裕

袁裕字仲寬洛陽人幼孤從兄避難聊城因家焉稍長嗜學中統初由聊城縣丞辟中書右司掾始建言給重囚衣糧醫藥免籍其孥產止令出焚瘞錢後著爲令順天路民王住兒因鬬誤殺人其母年七十言於朝曰妾寡且老恃此兒以爲生兒死則妾亦死矣裕言於執政

日因誤殺人情非故犯當矜其母乞宥之執政以聞帝從之囚得免死南京總管劉克興掠良民爲奴隸後以矯制獲罪當籍孥產之半裕言于中書止籍其家奴隸得復爲民者數百至元六年遷開封府判官洧川縣達魯花赤貪暴盛夏役民捕蝗禁不得飲水民不勝忿擊之而斃有司當以大逆寘極刑者七人連坐者五十餘人裕曰達魯花赤自犯衆怒而死安可悉歸罪於民議誅首惡者一人餘各杖之有差部使者錄囚至縣疑其太寬裕辨之益力遂陳其事狀于中書刑曹竟從裕議八年拜監察御史俄有旨授西夏中興等路新民安撫副使兼本道巡行勸農副使奉直大夫佩金符時徙鄂民萬餘于西夏有司雖與廩食而流離顛沛猶多裕與安撫使獨吉請于朝計丁給地立三屯使耕以自養官民便之又言西夏羌渾雜居驅良莫辨宜驗已有從良書者則爲良民從之得八千餘人官給牛具使力田爲農十三年進甘州等路宣撫副使兼西夏中興等路新民安撫副使明年移鎮甘州十八年調南陽知府明年召拜刑部侍郎出爲順德路總管郡有鐵冶提舉張鑑無子買妾其妻妬而殺之裕捕其妻訊之服辜裕用法平允而疾惡不少貸如此二十一年卒于官年五十九裕以其兄有鞠育之恩令其子師愈推蔭兄子仁師愈後仕至侍御史

張昉

張昉字顯卿東平汶上人父汝明金大安元年經義進士官至治書侍御史昉性縝密遇事敢言確然有守以任子試補吏部令史金亡還鄉里嚴實行臺東平辟爲掾鄉人有執左道惑衆謀不軌者事覺逮捕詿誤甚衆諸僚佐莫敢言昉獨別白出數百人實才之進幕職時兵後吏曹雜進不習文法東平轄郡邑五十四民衆事繁簿書塡委謾無統紀昉坐曹躬閱案牘左酬右荅咸得其當事無留滯初有將校死事以弟襲其職者至是革去昉辯明復之持金夜饋昉昉郤之懇謝而去同里張氏以絲五萬兩寄昉家而他適俄而昉家被火家人惶駭走避貲用悉焚惟力完所寄絲付張氏乙卯權知東平府事以疾辭家居養母中統四年參知中書省事商挺鎮巴蜀表爲四川等處行樞密院參議至元元年入爲中書省左右司郎中甄別能否公其黜陟人無怨言三年遷制國用使司郎中制司專職財賦時宰領之倚任集事尤號煩重昉竭誠贊畫出納惟謹賦不加斂而國用以饒四年丁內憂哀毀踰制尋詔起復錄囚東平多所平反七年轉尚書省左右司郎中九年改中書省左右司郎中昉有識慮損益古今裁定典憲時皆宜之名爲稱職十一年拜兵刑部尚書上疏乞骸骨致其事卒贈中奉大夫參知政事追封東平郡公謚莊憲子克遹平陰縣尹孫振秘書著作郎掾中書省左司都事拱常德路蒙古學教授

郝彬

郝彬字景文霸州信安人也世祖初年十六充太子宿衞擢揚州路治中宋末鄞縣賊顧聞聚衆海島時出攻剽宋羈縻以官內附後益橫侵揚州境彬討擒之秦興人有被殺二年而捕賊不獲者吏誣平人獄已具彬疑其誣讞之果得眞賊御史薦彬同知淮西道宣慰司事覈戶版理屯田諸廢修舉江淮財賦總管府掌東宮田賦其官屬皆從詹事院奏授不隸中書往往爲姦利誅求無厭彬爲總管入見請受憲司糾察以革私弊罷所隸六提舉司以蘇民瘼從之遂罷其四國家經費鹽利居十之八而兩淮鹽獨當天下之半法日以壞以彬行戶部尚書經理之彬請度舟楫所通道理所均建六倉煑鹽于場運積之倉歲首聽羣商於轉運司探倉籌定其所乃買券又定河商江商市易之不如法者著爲法入爲工部尚書改戶部尚書拜中書參知政事俄免歸尚書省立拜參知政事辭不獲命同列務生事要功殺無罪之人彬積誠意開引或從或違橫不可制命兼大司徒不拜仁宗在東宮彬懇辭至力因稱疾篤時相强起之至奏重賜以餌之彬不爲動議罪之罪無從得彬堅卧一榻至數月尚書省臣皆得罪彬不與焉家居七年足跡未嘗一出門外仁宗思之以爲大司農卿未幾謝病延祐七年三月卒

高源

高源字仲淵晉州人高祖揖爲州法吏用法公平父汝霖爲眞定廉訪司照磨使東平道高唐遇盜死源幼力學事母孝補縣吏中統初擢衞輝路知事累陞齊河縣尹有遺愛去官十年民猶立碑頌之遷行臺都事僉江南浙西道提刑按察司事劾常州路達魯花赤馬怒奪民田及他不法事怒懼走路權臣阿合馬以他事誣源旣繫獄一日忽釋之莫知所由先時源所居隣里多阿合馬姻戚素知源事母至孝至是聞源坐非辜悉詣阿合馬曰源孝子也非但我知之天必知之况媒孽之罪非實若妄殺源悖天不祥阿合馬感悟得不死尋除河間等路都轉運副使撫治有條竄戶逃者皆復業常賦外羨餘幾十萬緡至元二十四年爲江東道勸農營田使二十八年遷都水監開通惠河由文明門東七十里與會通河接置閘七橋十二人蒙其利授同知湖南道宣慰司事卒年七十七子夢弼良弼公弼

楊湜

楊湜字彥淸眞定藁城人習章程學工書筭始以府吏遷檢法中統元年辟爲中書掾與中山楊珍無極楊卞齊名時人以三楊目之中書省初立國用不足湜論鈔法宜以權貨制國用朝廷從之因俾掌其條制四年授益都路宣慰司諮議遷左司提控掾請嚴贓吏法至元二年除河南大名諸處行中書省都事三年立制國用司總天下錢穀以湜爲員外郎佩金符改宣徽院參議湜計帑立籍具其出入之筭每月終上之遂定爲令加諸路交鈔都提舉上鈔法便宜事謂平準行用庫白金出入有偸濫之弊請以五十兩鑄爲鋌文以元寶用之便七年改制國用司爲尚書省拜戶部侍郎仍兼交鈔提舉時用壬子舊籍定民賦役之高下湜言貧富不常歲久浸易其可以昔時之籍而定今之賦役哉廷議善之因俾第其輕重人以爲平湜心計精析時論經費者咸推其能焉子克忠安豐路總管孫貞

吳鼎

吳鼎字鼎臣燕人至元十七年見裕宗於東宮命入宿衞二十五年授織染雜造局總管府副總管後積官至禮部尚書宣徽副使大德十一年山東諸郡饑詔鼎往賑之朝廷議發米四萬石鈔折米一萬石鼎謂同使者曰民得鈔將何從易米同使者曰朝議已定恐不可復得鼎曰人命豈不重於米耶言于朝卒從所請至大元年改正奉大夫保定路總管時皇太后欲幸五臺言者請開保定西五廻嶺以取捷徑遣使卽鼎使視地形計工費鼎言荒山斗入人跡久絕非乘輿所宜往還報太后喜爲寢其役三年召授資善大夫同知中政院事兩浙財賦隸中政者鉅萬計前往者率多取其贏鼎治之一無私焉浙有兩富豪曰朱張家多貸與民錢其後兩家誅沒而劵之已償者亦入于官官唯驗劵徵理民不能堪鼎力爲辨白始獲免四年改京畿漕運使皇慶二年特旨復命宣徽院事四月進資政大夫崇祥院使延祐三年卒年五十有三贈榮祿大夫平章政事柱國追封薊國公謚孝敏

梁德珪

梁德珪字伯温大興良鄉人初給事昭睿順聖皇后宮令習國語通奏對年十一見世祖至元十六年爲中書左司員外郎俄陞郎中六遷至參議尚書省事至元二十一年執政入奏事帝詢其曲折不能對德珪從旁辯析明白通暢帝大悅拜參知政事在省日久凡錢穀出納之制銓選進退之宜諸藩賜予之節命有驟至不暇閱簡牘同列莫知措辭德珪數語卽定間遇疑事則曰某事當如某律某年嘗有此旨驗之皆然北京地震帝問州郡報囚之數怪其過多德珪方在右司詔問焉對曰當國者急於徵索蔓延收繫以致此爾帝感悟爲大赦中外逋負民賴以蘇大德間成宗卽位一遵祖武廟堂以安靜爲治求進者不得逞其志朋聚興怨摭事中傷德珪會帝有疾言者盛氣致詰德珪以位居執政不受凌轢慷慨引咎遂安置湖廣帝疾愈問知之召使復位旣至帝問卿安在德珪涕泣不能語賜酒饌使往拜其母因以氣疾乞骸骨歸大德八年九月卒於家年四十有六

元史卷一百七十一

明翰林學士亞中大夫知制誥兼修國史宋　濂等修

列傳第五十八

劉因

劉因字夢吉保定容城人世爲儒家五世祖琮生敦武校尉臨洮府錄事判官昉昉生秉議大夫中山府錄事俁俁生秉善金貞祐中南徙其弟國寶登興定進士第終奉直大夫樞密院經歷秉善生述述因之父也歲壬辰述始北歸刻意問學邃性理之說好長嘯中統初左三部尚書劉肅宣撫眞定辟武邑令以疾辭歸年四十未有子歎曰天果使我無子則已有子必令讀書因生之夕述夢神人馬載一兒至其家曰善養之旣覺而生乃名曰駰字夢驥後改今名及字因天資絕人三歲識書日記千百言過目卽成誦六歲能詩七歲能屬文落筆驚人甫弱冠才器超邁日閱方冊思得如古人者友之作希聖解國子司業硯彌堅教授眞定因從之游同舍生皆不能及初爲經學究訓詁疏釋之說輒歎曰聖人精義殆不止此及得周程張邵朱呂之書一見能發其微曰我固謂當有是也及評其學之所長而曰邵至大也周至精也程至正也朱子極其大盡其精而貫之

以正也其高見遠識率類此因蚤喪父事繼母孝有父祖喪未葬投書先友翰林待制楊恕憐而助之始克襄事因性不苟合不妄交接家雖甚貧非其義一介不取家居教授師道尊嚴弟子造其門者隨材器教之皆有成就公卿過保定者衆聞因名往往來謁因多遜避不與相見不知者或以爲傲弗恤也嘗愛諸葛孔明靜以修身之語表所居曰靜修不忽木以因學行薦于朝至元十九年有詔徵因擢承德郎右贊善大夫初裕皇建學宮中命贊善王恂教近侍子弟恂卒乃命因繼之未幾以母疾辭歸明年丁內艱二十八年詔復遣使者以集賢學士嘉議大夫徵因以疾固辭且上書宰相曰因自幼讀書接聞大人君子之餘論雖他無所得至如君臣之義自謂見之甚明如以日用近事言之凡吾人之所以得安居而暇食以遂其生聚之樂者是誰之力與皆君上之賜也是以凡我有生之民或給力役或出知能亦必各有以自效焉此理勢之必然亘萬古而不可易而莊周氏所謂無所逃於天地之間者也因生四十三年未嘗效尺寸之力以報國家養育生成之德而恩命連至因尚敢偃蹇不出貪高尚之名以自媚以負我國家知遇之恩而得罪於聖門中庸之教也哉且因之立心自幼及長未嘗一日敢爲崖岸卓絕甚高難繼之行平昔交友苟有一日之雅者皆知因之此心也但或者得之傳聞不求其實止於縱跡之近似者觀之是以有高人隱士之目惟閤下亦知因之未嘗以此自居也向者先儲皇以贊善之命來召即與使者俱行再奉旨令教學亦即時應命後以老母中風請還家省視不幸彌留竟遭憂制遂不復出初豈有意於不仕邪今聖天子選用賢良一新時政雖前日隱晦之人亦將出而仕矣況因平昔非隱晦者邪況加以不次之寵處之以優崇之地邪是以形留意往命與心違病臥空齋惶恐待罪因素有羸疾自去年喪子憂患之餘繼以痁瘧歷夏及秋後雖平復然精神氣血已非舊矣不意今歲五月二十八日瘧疾復作至七月初二日蒸發舊積腹痛如刺下血不已至八月初偶起一念自歎旁無期功之親家無紀綱之僕恐一旦身先朝露必至累人遂遣人於容城先人墓側修營一舍儻病勢不退當居處其中以待盡遣人之際未免感傷由是病勢益增飲食極減至二十一日使者持恩命至因初聞之惶怖無地不知所措徐而思之竊謂供職雖未能扶病而行而恩命則不敢不扶病而拜因又慮若稍涉遲疑則不惟臣子之心有所不安而蹤跡高峻已不近於人情矣是以即日拜受留使者候病勢稍退與之俱行遷延至今服藥百至略無一效乃請使者先行仍令學生李道恒納上鋪馬聖旨待病退自備氣力以行望閤下俯加矜憫曲爲保全因實疏遠微賤之臣與帷幄諸公不同其進與退苦非難處之事惟閤下始終成就之書上朝廷不強致帝聞之亦曰古有所謂不召之臣其斯人之徒歟三十年夏四月十有六日卒年四十五無子聞者嗟悼延祐中贈翰林學士資善大夫護軍追封容城郡公諡文靖歐陽玄嘗贊因畫像曰微點之狂而有沂上風雩之樂資由之勇而無北鄙鼓瑟之聲於裕皇之仁而見不可留之四皓以世祖之略而遇不能致之兩生烏乎麒麟鳳凰固宇內之不常有也然而一鳴而六典作一出而春秋成則其志不欲遺世而獨往也明矣亦將從周公孔子之後爲往聖繼絕學爲來世開太平者邪論者以爲知言因所著有四書精要三十卷詩五卷號丁亥集因所自選又有文集十餘卷及小學四書語錄皆門生故友所錄惟易繫辭說乃因病中親筆云

吳澄

吳澄字幼清撫州崇仁人高祖曄初居咸口里當華蓋臨川二山間望氣者徐覺言其地當出異人澄生前一夕鄉父老見異氣降其家鄰媼復夢有物蜿蜒降其舍旁池中旦以告于人而澄生三歲穎悟日發教之古詩隨口成誦五歲日受千餘言夜讀書至旦母憂其過勤節膏火不多與澄候母寢燃火復誦習九歲從羣子弟試鄉校每中前列既長於經傳皆通之知用力聖賢之學嘗舉進士不中至元十三年民初附盜賊所在蜂起樂安鄭松招澄居布水谷乃著孝經章句校定易書詩春秋儀禮及大小戴記侍御史程鉅夫奉詔求賢江南起澄至京師未幾以母老辭歸鉅夫請置澄所著書於國子監以資學者朝廷命有司即其家錄上元貞初游龍興按察司經歷郝文迎至郡學日聽講論錄其問答凡數千言行省掾元明善以文學自負嘗問澄易詩書春秋奧義歎曰與吳先生言如探淵海遂執子弟禮終其身左丞董士選延之於家親執饋食曰吳先生天下士也既入朝薦澄有道擢應奉翰林文字有司敦勸久之乃至而代者已到官澄即日南歸未幾除江西儒學副提舉居三月以疾去官至大元年召爲國子監丞先是許文正公衡爲祭酒始以朱子小學等書授弟子久之漸失其舊澄至旦燃燭堂上諸生以次受業日昃退燕居之室執經問難者接踵而至澄各因其材質反覆訓誘之每至夜分雖寒暑不易也皇慶元年陞司業用程純公學校奏疏胡文定公六學教法朱文公學校貢舉私議約之爲教法四條一曰經學二曰行實三曰文藝四曰治事未及行又嘗爲學者言朱子於道問學之功居多而陸子靜以尊德性爲主問學不本於德性則其敝必偏於言語訓釋之末故學必以德性爲本庶幾得之議者遂以澄爲陸氏之學非許氏尊信朱子本意然亦莫知朱陸之爲何如也澄一夕謝去諸生有不謁告而從之南者俄拜集賢直學士特授奉議大夫俾乘驛至京師次眞州疾作不果行英宗即位超遷翰林學士進階太中大夫先是有旨集善書者粉黃金爲泥寫浮屠藏經帝在上都使左丞速速詔澄爲序澄曰主上寫經爲民祈福甚盛舉也若用以追薦臣所未知蓋福田利益雖人所樂聞而輪迴之事彼習其學者猶或不言不過謂爲善之人死則上通高明其極品則與日月齊光爲惡之人死則下淪汚穢其極下則與沙蟲同類其徒遂爲薦拔之說以惑世人今列聖之神上同日月何庸薦拔且國初以來凡寫經追薦不知幾舉若未效是無佛法矣若已效是誣其祖矣撰爲文辭不可以示後世請俟駕還奏之會帝崩而止泰定元年初開經筵首命澄與平章政事張珪國子祭酒鄧文原爲講官在至治末詔作太廟議者習見同堂異室之制乃作十三室未及遷奉而國有大故有司疑於昭穆之次命集議之澄議曰世祖混一天下悉攷古制而行之古者天子七廟廟各有宮太祖居中左三廟爲昭右三廟爲穆昭穆神主各以次遞遷其廟之宮頗如今之中書六部夫省部之設亦倣金宋豈以宗廟敘次而不攷古乎有司急於行事竟如舊次云時澄已有去志會修英宗實錄命總其事居數月實錄成未上即移疾不出中書左丞許師敬奉旨賜宴國史院仍致朝廷勉留之意宴罷即出城登舟去中書聞之遣官驛追不及而還言於帝曰吳澄國之名儒朝之舊德今請老而歸不忍重勞之宜有所褒異詔加資善大夫仍以金織文綺二及鈔五千貫賜之澄身若不勝衣正坐拱手氣融神邁答問亹亹使人渙若冰釋弱冠時嘗著說曰道之大原出於天神聖繼之堯舜而上道之元也堯舜而下其亨也洙泗鄒魯其利也濂洛關閩其貞也分而言之上古則羲黃其元堯舜其亨禹湯其利文武周公其貞乎中古之統仲尼其元顏曾其亨乎子思其利孟子其貞乎近古之統周子其元程張其亨也朱子其利也孰爲今日之貞乎未之有也然則可以終無所歸哉其早以斯文自任如此故出登朝署退歸于家與郡邑之所經由士大夫皆迎請執業而四方之士不憚數千里躡屩負笈來學山中者常不下千數百人少暇即著書至將終猶不置也於易春秋禮記各有纂言盡破傳註穿鑿以發其蘊條歸紀敘精明簡潔卓然成一家言作學基學統二篇使人知學之本與爲學之序尤有得於邵子之學校定皇極經世書又校正老子莊子太玄經樂律及八陣圖郭璞葬書初澄所居草屋數間程鉅夫題曰草廬故學者稱之爲草廬先生天歷三年朝廷以澄耆老特命次子京爲撫州教授以便奉養明年六月得疾有大星墜其舍東北澄卒年八十五贈江西行省左丞上護軍追封臨川郡公諡文正長子文終同知柳州路總管府事京終翰林國史院典籍官孫當自有傳

元史卷一百七十二

明翰林學士亞中大夫知制誥兼修國史宋　濂等修

列傳第五十九

程鉅夫

程鉅夫名文海避武宗廟諱以字行其先自徽州徙郢州京山後家建昌叔父飛卿仕宋通判建昌世祖時以城降鉅夫入爲質子授宣武將軍管軍千戶他日召見問賈似道何如人鉅夫條對甚悉帝說給筆札書之乃書二十餘幅以進帝大奇之因問今居何官以千戶對帝謂近臣曰朕觀此人相貌已應貴顯聽其言論誠聰明有識者也可置之翰林丞相火禮霍孫傳旨至翰林以其年少奏爲應奉翰林文字帝曰自今國家政事得失及朝臣邪正宜皆爲朕言之鉅夫頓首謝曰臣本疏遠之臣蒙陛下知遇敢不竭力以報陛下尋進翰林修撰屢遷集賢直學士兼秘書少監至元十九年奏陳五事一曰取會江南仕籍二曰通南北之選三曰立考功歷四曰置貪贓籍五曰給江南官吏俸朝廷多采行之賜地京師安貞門以築居室二十年加翰林集賢學士同領會同館事二十三年見帝首陳興建國學乞遣使江南搜訪遺逸御史臺按察司並宜參用南北之人

帝嘉納之二十四年立尚書省詔以爲參知政事鉅夫固辭又命爲御史中丞臺臣言鉅夫南人且年少帝大怒曰汝未用南人何以知南人不可用自今省部臺院必參用南人遂以鉅夫仍爲集賢直學士拜侍御史行御史臺事奉詔求賢於江南初書詔令皆用蒙古字及是帝特命以漢字書之帝素聞趙孟藡葉李名鉅夫當臨行帝密諭必致此二人鉅夫又薦趙孟頫余恁萬一鶚張伯淳胡夢魁曾晞顏孔洙曾沖子凌時中包鑄等二十餘人帝皆擢置臺憲及文學之職還朝陳民間利病五事拜集賢學士仍還行臺二十六年時相桑哥專政法令苛急四方騷動鉅夫入朝上疏曰臣聞天子之職莫大於擇相宰相之職莫大於進賢苟不以進賢爲急而惟以殖貨爲心非爲上爲德爲下爲民之意也昔文帝以決獄及錢糧問丞相周勃勃不能對陳平進曰陛下問決獄責廷尉問錢穀責治粟內史宰相上理陰陽下遂萬物之宜外鎭撫四夷內親附百姓觀其所言可以知宰相之職矣今權姦用事立尚書鉤考錢穀以剝割生民爲務所委任者率皆貪饕邀利之人江南盜賊竊發良以此也臣竊以爲宜清尚書之政損行省之權罷言利之官行恤民之事於國爲便桑哥大怒羈留京師不遣奏請殺之凡六奏帝皆不許鉅夫旣還行臺二十九年又召鉅夫與胡祗遹姚燧王惲雷膺陳天祥楊恭懿高凝陳儼趙居信等十人赴闕賜對三十年出爲閩海道肅政廉訪使興學明敎吏民畏愛之大德四年遷江南湖北道肅政廉訪使至官首治行省平章家奴之爲民害者上下肅然八年召拜翰林學士商議中書省事十年以亢旱暴風星變鉅夫應詔陳弭災之策其目有五曰敬天曰尊祖曰清心曰持體曰更化帝皆然之雲南省臣言世祖親平雲南民願刻石點蒼山以紀功德詔鉅夫撰其文十一年拜山南江北道肅政廉訪使復留爲翰林學士至大元年修成宗實錄二年召至上都三年復拜山南江北道肅政廉訪使四年與李謙尚文等十六人同赴闕賜對便殿拜浙東海右道肅政廉訪使留爲翰林學士承旨皇慶元年修武宗實錄二年旱鉅夫應詔陳桑林六事忤時宰意明日帝遣近侍賜上尊勞之曰中書集議惟卿所言甚當後臨事其極言之於是詔鉅夫偕平章政事李孟參知政事許師敬議行貢舉法鉅夫建言經學當主程頤朱熹傳註文章宜革唐宋宿弊命鉅夫草詔行之三月以病乞骸骨歸田里不允命尚醫給藥物官其子大本郊祀署令以便侍養時令近臣撫視且勞之曰卿世祖舊臣惟忠惟貞其勉加餐粥少留京師以副朕心鉅夫請益堅特授光祿大夫賜上尊命廷臣以下餞于齊化門外給驛南還勅行省及有司常加存問居五年而卒年七十泰定二年贈大司徒柱國追封楚國公諡文憲

趙孟頫

趙孟頫字子昂宋太祖子秦王德芳之後也五世祖秀安僖王子偁四世祖崇憲靖王伯圭高宗無子立子偁之子是爲孝宗伯圭其兄也賜第于湖州故孟頫爲湖州人曾祖師垂祖希永父與訔仕宋皆至大官入國朝以孟頫貴累贈師垂集賢侍讀學士希永太常禮儀院使並封吳興郡公與訔集賢大學士封魏國公孟頫幼聰敏讀書過目輒成誦爲文操筆立就年十四用父蔭補官試中吏部銓法調眞州司戶參軍宋亡家居益自力於學至元二十三年行臺侍御史程鉅夫奉詔搜訪遺逸于江南得孟頫以之入見孟頫才氣英邁神采煥發如神仙中人世祖顧之喜使坐右丞葉李上或言孟頫宋宗室子不宜使近左右帝不聽時方立尚書省命孟頫草詔頒天下帝覽之喜曰得朕心之所欲言者矣詔集百官於刑部議法衆欲計至元鈔二百貫贓滿者死孟頫曰始造鈔時以銀爲本虛實相權今二十餘年間輕重相去至數十倍故改中統爲至元又二十年後至元必復如中統使民計鈔抵法疑於太重古者以米絹民生所須謂之二實銀錢與二物相權謂之二虛四者爲直雖升降有時終不大相遠也以絹計贓最爲適中況鈔乃宋時所創施於邊郡金人襲而用之皆出於不得已適欲以此斷人死命似不足深取也或以孟頫年少初自南方來譏國法不便意頗不平責孟頫曰今朝廷行至元鈔故犯法者以是計贓論罪汝以爲非豈欲沮格至元鈔耶孟頫曰法者人命所係議有重輕則人不得其死矣孟頫奉詔與議不敢不言今中統鈔虛故改至元鈔謂至元鈔終無虛時豈有是理公不揆於理欲以勢相陵可乎其人有愧色帝初欲大用孟頫議者難之二十四年六月授兵部郎中兵部總天下諸驛時使客飲食之費幾十倍於前吏無以供給强取於民不勝其擾遂請於中書增鈔給之至元鈔法滯澁不能行詔遣尚書劉宣與孟頫馳驛至江南問行省丞相慢令之罪凡左右司官及諸路官則徑笞之孟頫受命而行北還不笞一人丞相桑哥大以爲譴時有王虎臣者言平江路總管趙全不法卽命虎臣往按之葉李執奏不宜遣虎臣帝不聽孟頫進曰趙全固當問然虎臣前守此郡多强買人田縱賓客爲姦利全數與爭虎臣怨之虎臣往必將陷全事縱得實人亦不能無疑帝悟乃遣他使桑哥鐘初鳴時卽坐省中六曹官後至者則笞之孟頫偶後至斷事官遽引孟頫受笞孟頫入訴於都堂右丞葉李曰古者刑不上大夫所以養其廉恥敎之節義且辱士大夫是辱朝廷也桑哥亟慰孟頫使出自是所笞唯曹史以下他日行東御牆外道險孟頫馬跌墮于河桑哥聞之言於帝移築御牆稍西二丈許帝聞孟頫素貧賜鈔五十錠二十七年遷集賢直學士是歲地震北京尤甚地陷黑沙水涌出人死傷數十萬帝深憂之時駐蹕龍虎臺遣阿剌渾撒里馳還召集賢翰林兩院官詢致災之由議者畏忌桑哥但泛引經傳及五行災異之言以修人事應天變爲對莫敢語及時政先是桑哥遣忻都及王濟等理算天下錢糧已徵入數百萬未徵者尚數千萬害民特甚民不聊生自殺者相屬逃山林者則發兵捕之皆莫敢沮其事孟頫與阿剌渾撒里甚善勸令奏帝赦天下盡與蠲除庶幾天變可弭阿剌渾撒里入奏如孟頫所言帝從之草詔已具桑哥怒謂必非帝意孟頫曰凡錢糧未徵者其人死亡已盡何所從取非及是時除免之他日言事者倘以失陷錢糧數千萬歸咎尚書省豈不爲丞相深累耶桑哥悟民始獲蘇帝嘗問葉李留夢炎優劣孟頫對曰夢炎臣之父執其人重厚篤於自信好謀而能斷有大臣器葉李所讀之書臣皆讀之其所知所能臣皆知之能之帝曰汝以夢炎賢於李耶夢炎在宋爲狀元位至丞相當賈似道誤國罔上夢炎依阿取容李布衣乃伏闕上書是賢於夢炎也汝以夢炎父友不敢斥言其非可賦詩譏之孟頫所賦詩有往事已非那可說且將忠直報皇元之語帝歎賞焉孟頫退謂奉御徹里曰帝論賈似道誤國責留夢炎不言桑哥罪甚於似道而我等不言他日何以辭其責然我疏遠之臣言必不聽侍臣中讀書知義理慷慨有大節又爲上所親信無踰公者夫捐一旦之命爲萬姓除殘賊仁者之事也公必勉之旣而徹里至帝前數桑哥罪惡帝怒命衛士批其頰血涌口鼻委頓地上少間復呼而問之對如初時大臣亦有繼言者帝遂按誅桑哥罷尚書省大臣多以罪去帝欲使孟頫與聞中書政事孟頫固辭有旨令出入宮門無禁每見必從容語及治道多所裨益帝問汝趙太祖孫耶太宗孫耶對曰臣太祖十一世孫帝曰太祖行事汝知之乎孟頫謝不知帝曰太祖行事多可取者朕皆知之孟頫自念久在上側必爲人所忌力請補外二十九年出同知濟南路總管府事時總管闕孟頫獨署府事官事清簡有元掀兒者役於鹽場不勝艱苦因逃去其父求得他人屍遂誣告同役者殺掀兒旣誣服孟頫疑其寃留弗決踰月掀兒自歸郡中稱爲神明僉廉訪司事韋哈剌哈孫素苛虐以孟頫不能承順其意以事中之會修世祖實錄召孟頫還京師乃解久之遷知汾州未上有旨書金字藏經旣成除集賢直學士江浙等處儒學提舉遷泰州尹未上至大三年召至京師以翰林侍讀學士與他學士撰定祀郊南祝文及擬進殿名議不合謁告去仁宗在東宮素知其名及卽位召除集賢侍講學士中奉大夫延祐元年改翰林侍講學士遷集賢侍講學士資德大夫三年拜翰林學士承旨榮祿大夫帝眷之甚厚以字呼之而不名帝嘗與侍臣論文學之士以孟頫比唐李白宋蘇子瞻又嘗稱孟頫操履純正博學多聞書畫絕倫旁通佛老之旨皆人所不及有不悅者間之帝初若不聞者又有上書言國史所載不宜使孟頫與聞者帝乃曰趙子昂世祖皇帝所簡拔朕特優以禮貌置於館閣典司述作傳之後世此屬呶呶何也俄賜鈔五百錠謂侍臣曰中書每稱國用不足必持而不與其以普慶寺別貯鈔給之孟頫嘗累月不至宮中帝以問左右皆謂其年老畏寒勅府賜貂鼠衣初孟頫以程鉅夫薦起家爲郞及鉅夫爲翰林學士承旨求致仕去孟頫代之先往拜其門而後入院時人以爲衣冠盛事六年得請南歸帝遣使賜衣幣趣之還朝以疾不果行至治元年英宗遣使卽其家俾書孝經二年賜上尊及衣二襲是歲六月卒年六十九追封魏國公諡文敏孟頫所著有尚書註有琴原樂原得律呂不傳之妙詩文清邃奇逸讀之使人有飄飄出塵之想篆籀分隸眞行草書無不冠絕古今遂以書名天下天竺有僧數萬里來求其書歸國中寶之其畫山水木石花竹人馬尤精緻前史官楊載稱孟頫之才頗爲書畫所掩知其書畫者不知其文章知其文章者不知其經濟之學人以爲知言云子雍奕並以書畫知名

鄧文原

鄧文原字善之一字匪石綿州人父漳徙錢塘文原年十五通春秋在宋時以流寓試浙西轉運司魁四川士至元二十七年行中書省辟爲杭州路儒學正大德二年調崇德州敎授五年擢應奉翰林文字九年陞修撰

謁告還江南至大元年復爲修撰預修成宗實錄三年授江浙儒學提舉皇慶元年召爲國子司業至官首建白更學校之政當路因循重於改作論不合移病去科舉制行文原校文江浙處士守舊習大書朱熹貢舉私議揭于門延祐四年陞翰林待制五年出僉江南浙西道肅政廉訪司事平江僧有憾其府判官理熙者嗾其徒告熙贓熙誣服文原行部按問得實杖僧而釋熙吳興民夜歸巡邏者執之繫亭下其人遁去有追及之者刺其脅仆地明旦家人得之以歸比死其兄問殺汝者何如人曰白帽青衣長身者也其兄愬於官有司問直初更者曰張福兒執之使服焉械繫三年文原錄之曰福兒身不滿六尺未見其長也刃傷右脅而福兒素用左手傷宜在左何右傷也鞫之果得眞殺人者而釋福兒桐廬人戴汝惟家被盜有司得盜獄成送郡夜有焚戴氏廬者而不知汝惟所之文原曰此必有故也乃得其妻葉氏與其弟謀殺汝惟狀而於水涯樹下得屍與漬血斧俱在焉人以爲神六年移江東道徽寧國廣德三郡歲入茶課鈔三千錠後增至十八萬錠竭山谷所產不能充其半餘皆鑿空取之民間歲以爲常時轉運司官聽用鄉里譁狡動以犯法誣民而轉運司得專制有司凡五品官以下皆杖決州縣莫敢如何文原請罷其專司俾郡縣領之不報徽民謝蘭家僮汪姓者死蘭姪回賂汪族人誣蘭殺之蘭誣服文原錄之得其情釋蘭而坐回時久旱不雨決獄乃雨至治二年召爲集賢直學士地震詔議弭災之道文原請決滯囚罷倉廩河北諸羨粟以賑饑復申前議請罷榷茶轉運司又不報明年兼國子祭酒江浙省臣趙簡請開經筵泰定元年文原兼經筵官以疾乞致仕歸二年召拜翰林侍講學士以疾辭四年拜嶺北湖南道肅政廉訪使以疾不赴天歷元年卒年七十一文原內嚴而外恕家貧而行廉初客京師有一書生病篤取橐中金囑文原以歸其親既死而同舍生竊金去文原買金償死者家終身不以語人有文集若干卷內制集若干卷藏于家子衎蔭授江浙等處儒學副提舉未任卒至順五年制贈文原江浙行省參知政事謚文肅

袁桷

袁桷字伯長慶元人宋同知樞密院事韶之曾孫爲童子時已著聲部使者舉茂才異等起爲麗澤書院山長大德初閻復程文海王構薦爲翰林國史院檢閱官時初建南郊桷進十議曰天無二日天既不得有二五帝不得謂之天作昊天五帝議祭天歲或爲九或爲二作祭天名數議圜丘不見於五經郊不見於周官作圜丘非郊議后土社也作后土卽社議三歲一郊非古也作祭天無間歲議燔柴見于古經周官以禋祀爲天其義各有旨作燔柴泰壇議祭天之牛角繭栗用牲于郊牛二合配而言之增羣祀而合詞非周公之制矣作郊不當立從祀議郊質而尊之義也明堂文而親之義也作郊明堂禮儀異制議郊用辛魯禮也卜不得常爲辛作郊非辛日議北郊不見於三禮尊地而遵北郊鄭玄之說也作北郊議禮官推其博多采用之陞應奉翰林文字同知制誥兼國史院編修官請購求遼金宋三史遺書歷兩考遷待制又再任拜集賢直學士久之移疾去官復仍以直學士召入集賢未幾改翰林直學士知制誥同修國史至治元年遷侍講學士泰定初辭歸桷在詞林朝廷制册勳臣碑銘多出其手所著有易說春秋說淸容居士集泰定四年卒年六十一贈中奉大夫江浙等處行中書省參知政事護軍追封陳留郡公謚文淸

曹元用

曹元用字子貞世居阿城後徙汶上祖義不仕父宗輔德淸縣主簿元用資禀俊爽幼嗜書一經目輒成誦每夜讀書常達曙不寢父憂其致疾止之輒以衣蔽窗默觀之始以鎭江路儒學正考滿游京師翰林承旨閻復於四方士少所許可及見元用出所爲文示之元用輒指其疵復大奇之因薦爲翰林國史院編修官卽論史院僚屬非材請較試取其優者用之御史臺辟爲掾史元用初不習吏事而見事明決吏反師之轉中書省右司掾與淸河元明善濟南張養浩同時號爲三俊除應奉翰林文字遷禮部主事時累朝皇后既崩者猶以名稱而未有謚號元用言后爲天下母豈可直稱其名宜加徽號以彰懿德改尚書省右司都事轉員外郎及尚書省罷退居任城久之齊魯間從學者甚衆延祐六年授太常禮儀院經歷屬英宗躬修祀事銳意禮樂其親祀儀注鹵簿輿服之制率所裁定初太廟九室合饗于一殿仁宗崩無室可祔乃于武宗室前結彩爲次英宗在上京召禮官集議元用言古者宗廟有寢有室宜以今室爲寢當更營大殿于前爲十五室帝嘉其議授翰林待制陞直學士至治三年八月鐵失之變賊黨赤斤鐵木兒遽至京師收百司印趣召兩院學士北上元用獨不行曰此非常之變吾寧死不可曲從也未幾賊果敗人皆稱其有先見之明泰定二年授太子贊善轉禮部尚書兼經筵官及大朝會爲糾儀官申卷班之令俾以序退無爭門而出之擾又謂太醫儀鳳教坊等官不當序正班當自爲一列後皆行之時宰執有欲罷科舉法者元用以爲國家文治正在於此胡可罷也又有欲損太廟四時之享止存冬祭者元用謂禴祠嘗烝四時之享不可闕一乃經禮之大者其可惜費而廢禮乎三年夏帝以日食地震星變詔議所以弭災者元用謂應天以實不以文修德明政應天之實也宜撙浮費節財用選守令恤貧民嚴禋祀汰佛事止造作以紓民力愼賞罰以示勸懲皆切中時弊又論科舉取士之法當革冒濫嚴考覈俾得眞才之用議上朝廷咸是之拜中奉大夫翰林侍講學士兼經筵官預修仁宗英宗兩朝實錄又奉旨纂集甲令爲通制譯唐貞觀政要爲國語書成皆行於時凡大制誥率元用所草文宗時草寬恤之詔帝覽而善之賜金織文錦天歷二年代祀曲阜孔子廟還以司寇像及代祀記獻帝甚喜值太禧宗禋院副使缺中書奏以元用爲之帝不允曰此人翰林中所不可無者將大用之矣會卒帝嗟悼久之謂侍臣曰曹子貞盡忠宣力今亡矣可賜賻鈔五千緡贈正奉大夫江浙等處行中書省參知政事護軍追封東平郡公謚文獻詩文四十卷號超然集二子偉儀

齊履謙

齊履謙字伯恒父義善算術履謙生六歲從父至京師七歲讀書一過卽能記憶年十一教以推步星歷盡曉其法十三從師聞聖賢之學自是以窮理爲務非洙泗伊洛之書不讀至元十六年初立太史局改治新歷履謙補星歷生同輩皆司天臺官子太史王恂問以算數莫能對履謙獨隨問隨荅恂大奇之新歷既成復預修歷經歷議二十九年授星歷教授都城刻漏舊以木爲之其形如碑故名碑漏內設曲筒鑄銅爲丸自碑首轉行而下鳴鐃以爲節其漏經久廢壞晨昏失度大德元年中書俾履謙視之因見刻漏旁有宋舊銅壺四於是按圖考定蓮花寶山等漏制命工改作又請重建鼓樓增置更鼓幷守漏卒當時遵用之二年遷保章正始專歷官之政三年八月朔時加巳依歷日蝕二分有奇至其時不蝕衆皆懼履謙曰當蝕不蝕在古有之矧時近午陽盛陰微宜當蝕不蝕遂考唐開元以來當蝕不蝕者凡十事以聞六年六月朔時加戌依歷日蝕五十七抄衆以涉交既淺且復近濁欲匿不報履謙曰吾所掌者常數也其食與否則係於天獨以狀聞及其時果食衆嘗爭沒日不能決履謙曰氣本十五日而間有十六日者餘分之積也故歷法以所積之日命爲沒日不出本氣者爲是衆服其議七年八月戊申夜地大震詔問致災之由及弭災之道履謙按春秋言地爲陰而主靜妻道臣道子道也三者失其道則地爲之弗寧弭之之道大臣當反躬責己去專制之威以荅天變不可徒爲禳禱也時成宗寢疾宰臣有專威福者故履謙言及之九年冬始立南郊祀昊天上帝履謙攝司天臺官舊制享祀司天雖掌時刻無鐘鼓更漏往往至旦始行事履謙白宰執請用鐘鼓更漏俾早晏有節從之至大二年太常請修社稷壇及浚太廟庭中井或以歲君所直欲止其役履謙曰國家以四海爲家歲君豈專在是三年升授時郎秋官正兼領冬官正事四年仁宗卽位嘉尚儒術臺臣言履謙有學行可教國學子弟擢國子監丞改授奉直大夫國子司業與吳澄並命時號得人每五鼓入學風雨寒暑未嘗少怠其教養有法諸生皆畏服未幾復以履謙僉太史院事皇慶二年春彗星出東井履謙奏宜增修善政以荅天意因陳時務八事仁宗爲之動容顧宰臣命速行之自履謙去國學吳澄亦移病歸學制稍爲之廢延祐元年詔擇善教者於是復以履謙爲國子司業履謙律己益嚴教道益張每齋置伴讀一人爲長雖助教闕員而諸生講授不絕時初命國子生歲貢六人以入學先後爲次第履謙曰不攷其業何以興善而得人乃酌舊制立陞齋積分等法每季攷其學行以次遞升既升上齋又必踰再歲始與私試孟月仲月試經疑經義季月試古賦詔誥章表策蒙古色目試明經策問辭理俱優者一分辭平理優者爲半分歲終積至八分者充高等以四十人爲額然後集賢禮部定其藝業及格者六人以充歲貢三年不通一經及在學不滿一歲者並黜之帝從其議自是人人勵志多文學之士五年出爲濱州知州丁母憂不果行至治元年拜太史院使泰定二年九月以本官奉使宣撫江西福建黜罷官吏之貪汙者四百餘人蠲免括地虛加糧數萬石州縣有以先賢子孫充房夫諸役者悉罷遣之福建憲司職田每畝歲輸米三石民不勝苦履謙命准令輸之由是召怨及還京憲司果誣以他事未幾詆履謙者皆坐事免履謙始得直復爲太史院使天歷二年九月卒履謙篤學勤苦家貧無書及爲星歷生在太史局會秘書監輦亡宋故書留置本院因晝夜諷誦深究自

得故其學博洽精通自六經諸史天文地理禮樂律歷下至陰陽五行醫藥卜筮無不淹貫尤精經籍著大學四傳小註一卷中庸章句續解一卷論語言仁通旨二卷書傳詳說一卷易繫辭旨略二卷易本說四卷春秋諸國統紀六卷以皇極之名見於洪範皇極之數始於邵氏經世書數非極也特寓其數於極耳著經世書入式一卷經世書有內外篇內篇則因極而明數外篇則由數而會極著外篇微旨一卷授時歷行五十年未嘗推考履謙日測晷景井晨昏五星宿度自至治三年冬至至泰定二年夏至天道加時眞數各減見行歷書二刻著二至晷景考二卷授時歷雖有經串而經以著定法串以紀成數然求其法之所以然數之所從出則略而不載作經串演撰八法一卷元立國百有餘年而郊廟之樂沿襲宋金未有能正之者履謙謂樂本於律律本於氣而氣候之法具載前史可擇僻地爲密室取金門之竹及河內葭莩候之上可以正雅樂薦郊廟和神人下可以同度量平物貨厚風俗列其事上之又得黑石古律管一長尺有八寸外方內爲圓空中有隔隔中有小竅蓋以通隔上九寸其空均直約徑三分以應黃鐘之數隔下九寸其空自小竅迤邐殺至管底約徑二寸餘蓋以聚其氣而上之其製與律家所說不同蓋古所謂玉律者是也適遷他官事遂寢有志者深惜之至順三年五月贈翰林學士資善大夫上護軍追封汝南郡公謚文懿

元史卷一百七十三

明翰林學士亞中大夫知制誥兼修國史宋　濂等修

列傳第六十

崔斌

崔斌字仲文馬邑人性警敏多智慮魁岸雄偉善騎射尤攻文學而達政術世祖在潛邸召見應對稱旨命佐卜憐吉帶將遊騎戍淮南斌負才略卜憐吉帶甚敬禮之兵駐揚州西城俾斌領騎兵覘敵形勢斌視敵兵亂潛出襲之多所殺獲俄丁父憂襲授金符爲總管中統元年改西京參議宣慰司事世祖嘗命安童舉漢人識治體者一人安童舉斌入見敷陳時政得失曲中宸慮時世祖銳意圖治斌危言讜論直指面斥是非立判無有所諱帝幸上都嘗召斌斌下馬步從帝命之騎因問爲治大體今當何先斌以任相對帝曰汝其爲我舉可爲相者斌以安童史天澤對帝默然良久斌曰陛下豈以臣猥鄙所舉未允公議有所惑歟今近臣咸在乞采輿言陛下裁之帝俞其請斌立馬颺言曰有旨問安童爲相可否衆驩然呼萬歲帝悅遂以二人並爲相除斌左右司郎中每論事帝前羣言終日不決者斌以數言決之進見必與近臣偕其所獻替雖密近之臣有不得與聞者以此人多忌之會阿合馬立制國用使司專總財賦一以掊克爲事斌曰與其有聚斂之臣寧有盜臣於帝前屢斥其姦惡至元四年出守東平五年大兵南征道壽張卒有撤民席投其赤子於地以死訴於斌斌馳謂主將曰未至敵境而先殺吾民國有常刑汝亦當坐於是下其卒于獄自是莫敢犯歲大祲徵賦如常年斌馳奏以免復請于朝得楮幣十萬緡以賑民饑六年除同僉樞密院事襄樊之役命斌僉河南行省事方議攻鹿門山斌曰自峴山西抵萬山北抵漢江築城浚塹以絕餉援則襄陽可坐制矣時調曹濮民丁屯田南陽斌議罷曹濮屯民以近地兵多者補之民以爲便又議戶部給濱棣靑滄鹽券付行省募民以米貿之仍增價和糴遠近輸販者輻輳餽餉不勞而集有旨河南四路籍兵二萬以益襄樊斌卽馳奏曰河南戶少而調度繁多實不堪命減其半爲宜從之襄陽旣下轉嘉議大夫仍僉行中書省十年詔丞相伯顏總兵南征改行省爲河南宣慰司加中奉大夫賜金虎符充宣慰使是時襄陽正陽諸軍悉道河南供億雖繁而事無缺失伯顏旣渡江分阿里海牙定湖南詔斌貳之拜行中書省參知政事十月圍潭州斌攻西北鐵壩阿里海牙中流矢不能軍斌以軍夜集柵下黎明畢登不利斌曰彼軍小捷而驕弛吾今焚其角樓斷其援道塹城爲三周如此則城可得諸將然之迺誓師銜枚潛登鐵壩人賫芻階梯其樓火之且豎木柵城上詰旦布雲梯鼓譟而上斌挾盾先登阿里海牙持酒勞曰取此城公之力也斌自語阿里海牙曰潭人膽破矣若斂兵不進許其來降則土地人民皆我有自重湖以南連城數十可傳檄而定若縱兵急攻彼無噍類得一空城何益從之明日卽遣開示禍福城中爭出降諸將怒其抗敵持久咸欲屠之斌諭以興師本意諸將曰編民當如公說敵兵必誅之斌曰彼各爲其主耳宜旌之以勸未附者且殺降不祥諸將迺止捷聞帝嘉之進資善大夫行中書省左丞潭人德之爲立生祠十一年奉旨撫諭廣西尋命還治湖南潭屬邑安化湘鄉衡山以南賊周龍張唐張虎等所在蜂起斌駐兵南嶽凡來降者同僚議欲盡戮以懲反側斌但按誅其首惡脅從者盡釋之十五年被召入覲時阿合馬擅權日甚廷臣莫敢誰何斌從帝至察罕腦兒帝問江南各省撫治如何斌對以治安之道在得人今所用多非其人因極言阿合馬姦蠹帝乃令御史大夫相威樞密副使孛羅按問之汰其冗員黜其親黨檢覈其不法罷天下轉運司海內無不稱快適尚書留夢賢謝元昌言江淮行省事至重而省臣無一人通文墨者乃命斌還江淮行省左丞旣至凡前日蠹國漁民不法之政悉釐正之仍條具以聞阿台馬慮其害己捃摭其細事遣留使不獲上見因誣搆以罪竟爲所害裕宗在東宮聞之方食投箸惻然遣使止之已不及矣天下冤之年五十六至大初贈推忠保節功臣太傅開府儀同三司追封鄭國公謚忠毅子三人良知威恩孫一人敬皆爲大官

崔彧

崔彧字文卿小字拜帖木兒弘州人負才氣剛直敢言世祖甚器重之至元十六年奉詔偕牙納木至江南訪求藝術之人明年自江南回首言忽都帶兒根索亡宋財貨煩擾百姓身爲使臣乃挈妻子以往所在取索鞍馬芻粟世祖雖聽其言然虛實竟不辨決也十九年除集賢侍讀學士彧言于世祖謂阿合馬當國時同列皆知其惡無一人孰何之者及旣誅乃各自以爲潔誠欺罔之大者先有旨凡阿合馬所用之人皆革去臣以爲守門卒隸亦不可留如參知政事阿里請以阿散襲父職倘使得請其害又有不可勝言者賴陛下神聖灼知其奸拒而不可臣已疏其奸惡十餘事乞召阿里廷辯帝曰已勑中書凡阿合馬所用皆罷之窮治黨與纖悉無遺事竟之時朕與汝別有言也又請以郝禎剖棺戮屍從之尋奉旨鉤考樞密文牘遂由刑部尚書拜御史中丞彧言臺臣於國家政事得失生民休戚百官邪正雖王公將相亦宜糾察近唯御史得有所言臣以爲臺官皆當建言庶於國家有補選用臺察官若由中書必有偏徇之弊御史宜從本臺選擇初用漢人十六員今用蒙古十六員相參巡歷爲宜皆從其言二十年復以刑部尚書上疏言時政十八事一曰開廣言路多選正人番直上前以司喉舌庶免黨附壅塞之患二曰當阿合馬擅權臺臣莫敢糾其非迨其事敗然後接踵隨聲徒取譏笑宜別加選用其舊人除蒙古人取聖斷外餘皆當問罪三曰樞密院定奪軍官賞罰不當多聽阿合馬風旨宜擇有聲望者爲長貳庶幾號令明而賞罰當四曰翰苑亦頌阿合馬功德宜博訪南北耆儒碩望以重此選五曰郝禎耿仁等雖在典刑若是者尚多罪同罰異公論未伸合次第屏除六曰貴游子弟用卽顯官幼不講學何以從政得如左丞許衡教國子學則人才輩出矣七曰今起居注所書不過奏事檢目而已宜擇蒙古人之有聲望漢人之重厚者居其任分番上直帝主言動必書以垂法於無窮八曰憲曹無法可守是以奸人無所顧忌宜定律令以爲一代之法九曰官冗若徒省一官員併一衙門亦非經久之策宜參衆議而立定成規十曰官僚無以養廉責其貪則苛乞將諸路大小官有俸者量增無俸者特給然不取之於官惟賦之於民蓋官吏旣有所養不致病民少增歲賦亦將樂從十一曰內地百姓流移江南避賦役者已十五萬戶去家就旅豈人之情賦重政繁驅之致此乞特降詔旨招集復業免其後來五年科役其餘積欠並蠲事產卽日給還民官滿替以戶口增耗爲黜陟其徒江南不歸者與土著一例當役十二曰凡丞相安童遷轉良臣悉爲阿合馬所擯黜或居散地或在遠方並令拔擢十三曰簿錄奸黨財物本國家之物不可視爲橫得遂致濫用宜以之實帑藏供歲計十四曰大都非如上都止備巡幸不應立留守司此皆阿合馬以此位置私黨今宜易置總管府十五曰中書省右丞二而左丞相宜改所增右丞置諸左十六曰在外行省不必置丞相平章止設左右丞以下庶幾內重不致勢均彼謂非隆其名不足鎭壓者姦臣欺罔之論也十七曰阿剌海牙掌兵民之權子姪姻黨分列權要官吏出其門者十之七八其威權不在阿合馬下宜罷職理算其黨雖無污染者亦當遷轉他所勿使久據湖廣十八曰銓選類奏賢否莫知自今三品已上必引見而後授官疏奏卽日命中書行其數事餘命與御史大夫玉昔帖木兒議行之又言江南盜賊相挻而起凡二百餘所皆由拘刷水手與造海船民不聊生激而成變日本之役宜姑止之又江西四省軍需宜量民力勿強以土產所無凡給物價與民者必以實召募水手當從其所欲伺民氣稍蘇我力粗備三二年後東征未晚也世祖以爲不切曰爾之所言如

射然挽弓雖可觀，發矢則非是矣。」彧又言：「昨中書奉旨差官度量大都州縣地畝，本以革權勢兼并之弊，欲其明白，不得不於軍民諸色人戶通行覈實。又因取勘畜牧數目，初意本非擾民，而近者浮言胥動，恐失農時，乞降旨省諭。」詔中書即行之。又言：「建言者多，執是執否，中書宜集議，可行者行之，不可則明諭言者爲便。」又言：「各路每歲選取室女，宜罷。」又言：「宋文思院小口斛，出入官糧無所容隱，所宜頒行。」皆從之。二十一年，彧劾奏盧世榮不可居相職，忤旨，罷。二十三年，加集賢大學士、中奉大夫、同僉樞密院事，尋出爲甘肅行省右丞。召拜中書右丞，與中書平章政事麥木丁奏曰：「近者桑哥當國四年，中外諸官鮮有不以賄而得者，其昆弟故舊妻族皆授要官美地，唯以欺蔽九重、朘削百姓爲事，宜令兩省嚴加考覈，凡入其黨者皆汰逐之。其出使之臣及按察司官受賕者，論如律，仍追宣勑，除名爲民。」又奏：「桑哥所設衙門，其閑冗不急之官，徒費祿食，宜令百司集議汰罷。及自今調官，宜如舊制，避其籍貫，庶不害公。」又：「大都高貲戶多爲桑哥等所容庇，凡百徭役止令貧民當之，今後徭役不以何人，宜皆均輸，有敢如前以賄求入容庇者，罪之。」又：「軍站諸戶，每歲官吏非名取索，賦稅倍徙，民多流移，請自今非奉旨及省部文字，敢私歛民及役軍匠者，論如法。」又：「忽都忽那顏籍戶之後，各投下毋擅招集，太宗旣行之，江南民爲籍已定，乞依太宗所行爲是。」皆從之。二十八年，由中書右丞遷御史中丞。彧奏：「太醫院使劉岳臣，嘗仕宋，練達政事，比者命其叅議機務，衆皆稱善，乞以爲翰林學士，俾議朝政。」又言：「行御史臺言，建寧路總管馬謀，因捕盜延及平民，搒掠至死者多，又俘掠人財，迫通處女，受民財積百五十錠，獄未具，會赦。如臣等議，馬謀以非罪殺人，不在原例，宜令行臺詰問明白定罪。」又言：「昔行御史臺監察御史周祚，劾尚書省官忙兀帶、教化的、納速剌丁滅里姧贓，納速剌丁滅里反誣祚以罪，遣人詣尚書省告桑哥，桑哥曖昧以聞，流祚于憨答孫，妻子家財並沒入官。祚至和林，遇亂走還京師，桑哥又遣詣雲南理算錢穀，以贖其罪。今自雲南回，臣與省臣閱其伏詞，爲罪甚微，宜復其妻子。」皆從之。二十九年，彧偕御史大夫玉昔帖木兒等奏：「四方之人來聚闕下，率言事以干進，國家名器，資品高下，具有定格，臣等以爲中書、樞密宜早爲銓定，應格者與之，不當與者，明語其故，使去。」又言：「事有是非當否，宜早與詳審，言之當者，即議施行，或所陳有須詰難條具者，即令其人講究，否則罷遣。」帝嘉納之。又奏：「納速剌丁滅里、忻都、王巨濟，黨比桑哥，恣爲不法，楮幣、銓選、鹽課、酒稅，無不更張變亂之，銜命江南理算積久逋賦，期限嚴急，胥卒追逮，半於道路，民至嫁妻賣女，殃及親隣。維揚、錢塘受害最慘，無故而殞其生者五百餘人。近者閭里按問，悉皆首實請死，士民乃知聖天子仁愛元元，而使之至此極者，實桑哥及其兇黨之爲也，莫不願食其肉。臣等共議，此三人者旣已伏辜，宜令中書省、御史臺從公論罪，以謝天下。」從之。又言：「河西人薛闍干領兵爲宣慰，其吏詣廉訪司告其三十六事，檄僉事薄問，而薛闍干率軍人禽問者辱之，且奪告者以去。臣議從行臺選御史往按問，薛闍干仍先奪其職。」又言：「行臺官言，去歲桑哥旣敗，使臣至自上所者，或不持璽書，口傳聖旨，縱釋有罪，擅籍人家，眞僞莫辨。臣等請自今凡使臣必降璽書，省、臺、院諸司必給印信文書，以杜姧欺。」帝曰：「何人乃敢爾耶？」對曰：「咬剌也奴、伯顏察兒比嘗傳旨縱罪人。」帝悉可其奏。又奏：「松州達魯花赤長孫自言不願爲錢穀官，願備員廉訪司，令木八剌沙上聞，傳旨至臺，特令委用。臺臣所宜奉行，但徑自陳獻，又且嘗有罪，理應區別。」帝曰：「此自卿事，宜審行之。」又奏：「江南李淦言葉李過愆，被旨赴京以辯，今葉李物故，事有不待辯者，李淦本儒人，請授以教官，旌其直言。」又奏：「鄂州一道，舊有按察司，要束木惡其害已，令桑哥奏罷之，臣觀鄂州等九郡，境上亦廣，宜復置廉訪司。行御史臺舊治揚州，今揚州隸南京，而行臺移治建康，其淮東廉訪司舊治淮安，今宜移治揚州。」又奏：「諸官吏受賕，在朝則詣御史臺首告，在外則詣按察司首告，已有成憲。自桑哥持國，受賕者不赴憲臺、憲司，而詣諸司首，故爾反覆牽延，事久不竟，臣謂宜如前旨，惟於本臺、行臺及諸道廉訪司首告，諸司無得輒受。」又：「監察御史塔的失言，女直人教化的，去歲東征，妄言以米千石餉闍里鐵木兒軍萬人，奏支鈔四百錠，宜令本處廉訪司究問，與本處行省追償議罪。」皆從之。三月，中書省臣奏請以彧爲右丞，世祖曰：「崔彧不愛於言，惟可使任言責。」閏六月，又同御史大夫玉昔帖木兒奏：「近耿熙告河間鹽運司官吏盜官庫錢，省臺遣人同告者雜問，凡負二萬二千餘錠，已徵八千九百餘錠，猶欠一萬三千一百餘錠。運使張庸，嘗獻其妹於阿合馬有寵，阿合馬旣沒，以官婢事桑哥，復有寵，故庸貪縱，戚屬得久居漕司，獨盜三千一百錠。臣等議，宜命臺省遣官同廉訪司倍徵之。」又言：「月林伯察江西廉訪司官朮兒赤帶、河東廉訪司官忽兒赤擅縱盜賊，抑奪民田，貪汚不法，今月林伯以事至京，宜就令詰問。」又言：「揚州鹽運司受財，多付商賈鹽，計直該鈔二萬二千八百錠，臣等以謂追徵足日課以歸省，贓以歸臺，斟酌定罪，以清蠹源。」並從之。又奏：「江西詹玉，始以妖術致位集賢，當桑哥持國，遣其掊核江西學糧，貪酷暴橫，學校大廢。近與臣言，撒里蠻、答失蠻傳旨，以江南有謀叛者，俾乘傳往鞫。明日訪知爲禿速忽、香山欺罔奏遣，玉在京師猶敢誑誕如此，宜亟追還訊問。」帝曰：「此惡人也，遣之往者，朕未嘗知之，其亟禽以來。」三十年，彧言：「大都民食唯仰客糴，頃緣官括商船載遞諸物，致販鬻者少，米價翔踊，臣等議，勿令有司括船爲便。」從之。寶泉提舉張簡及子乃蠻帶，告彧常受鄒道源、許宗師銀萬五千兩，又其子知微訟彧不法十餘事，有旨就辯中書。彧已書簡等所告與已宜對者爲牘，袖之，覲而後對，簡父子所告皆無驗，並繫獄，簡瘐死，仍籍其家，一女入官，乃蠻帶、知微皆坐杖罪除名。三十一年，成宗即位。先是，彧得玉璽于故臣扎剌氏之家，其文曰「受命于天，旣壽永昌」，即以上之徽仁裕聖皇后，至是，皇后手以授于成宗。彧以久任憲臺，乞遷他職，不許。成宗諭之曰：「卿若辭避，其誰抗言哉！」彧言：「肅政廉訪司案牘，而令總管府檢劾，非宜。」成宗曰：「朕知難行，當時事由小人擅奏耳，其改之。」大德元年，彧又條陳臺憲諸事，皆見於施行。於是彧居御史臺久，又守正不阿，以故人疾之。監察御史斡羅失剌劾奏中丞崔彧兒在先朝嘗有罪，還其所籍家產非宜等事，成宗怒其妄言，詈而遣之。十一月，御史臺奏大都路總管沙的盜支官錢及受贓，計五千三百緡，准律當杖百七不敘，以故臣子從輕論，而成宗欲止權停其職，彧與御史大夫只而合郎執不可。已而御史又奏彧任中丞且十年，非所宜，彧遂以病辭。成宗諭之曰：「卿之辭退，誠是，已然，勉爲朕少留之。」閏十二月，兼領侍儀司事。與太常卿劉無隱奏：「新正朝賀，歲常習儀大萬安寺。」成宗曰：「去歲兀都帶以雪故來後，今而復然，諸不至及失儀者，殿中司、監察御史同糾之。」二年，加榮祿大夫、平章政事。尋與御史大夫禿赤奏：「世祖聖訓，凡在籍儒人，皆復其家。今歲月滋久，老者已矣，少者不學，宜遵先制，俾廉訪司常加勉勵。」成宗深然之，命彧與不忽木、阿里渾撒里同翰林、集賢議，特降詔條，使作成人材，以備選舉。彧以是歲九月卒。至大元年七月，贈推誠履正功臣、太傅、開府儀同三司，追封鄭國公，謚忠肅。

葉李

葉李字太白，一字舜玉，杭州人。少有奇質，從學於太學博士義烏施南學，補京學生。宋景定五年，彗出于柳，理宗下詔罪已求直言。是時，世祖南伐，駐師江上，宋命賈似道領兵禦之。會憲宗崩，世祖班師，鄂州圍解，似道自詭以爲已功，因復入相，益驕肆自顓，擅置公田關子，其法病民甚，中外毋敢指議。李乃與同舍生康棣而下八十三人伏闕上書攻似道，其略曰：「三光舛錯，宰執之愆。似道繆司台鼎，變亂紀綱，毒害生靈，人神共怒，以干天譴。」似道大怒，知書稾出於李，嗾其黨臨安尹劉良貴誣李僭用金飾齋扁，鍛鍊成獄，竄漳州。似道旣敗，乃得自便。會宋亡，歸隱富春山。江淮行省及宣、憲兩司爭辟之，署蘇、杭、常等郡教授，俱不應。至元十四年，世祖命御史大夫相威行臺江南，且求遺逸，以李姓名上。初，李攻似道書，其末有「前年之師，適有天幸，克成厥勳」之語，世祖習聞之，每拊掌稱歎，及是以姓名聞，世祖大悅，即授奉訓大夫、浙西道儒學提舉。李聞命欲遁去，而使者致丞相安童書，有云：「先生在宋，以忠言讜論著稱，簡在帝心，今授以五品秩，士君子當隱見隨時，其尚悉心以報殊遇。」李乃幡然北向再拜曰：「仕而得行其言，此臣夙心也，敢不奉詔。」二十三年，侍御史程文海奉命搜賢江南，世祖諭之曰：「此行必致葉李來。」李旣至京師，勅集賢大學士阿魯渾撒里館于院中。它日，召見披香殿，勞問：「卿遠來良苦。」且曰：「卿嚮時訟似道書，朕嘗識之。」更詢以治道安出，李歷陳古帝王得失成敗之由，世祖首肯，賜坐錫宴，更命五日一入議事。時各道儒司悉以曠官罷，李因奏曰：「臣欽覩先帝詔書，當創業時，軍務繁夥，尚招致士類，今陛下混一區宇，偃武修文，可不作養人才以弘治道。各道儒學提舉及郡教授，實風化所係，不宜罷。請復立提舉司，專提調學官，課諸生，講明治道，而上其成才者於太學，以備錄用。凡儒戶徭役，乞一切蠲免。」可其奏。是時，乃顏叛北邊，詔李庭出師討之，而將校多用國人，或其親暱，立馬相鄉語，輒釋仗不戰，逡巡退郤，帝患之。李密啓曰：「兵貴奇不貴衆，臨敵當以計取。彼旣親暱，誰肯盡力，徒費陛下糧餉，四方轉輸甚勞。臣請用漢軍列前步戰，而聯大車斷其後，以示死鬭，彼嘗玩我，必不設備，我以大衆踣之，無不勝矣。」帝嘉其謀，諭將帥，果奏捷。自是帝益奇李，每罷朝，必召見論事。二十四年，特拜御史中丞，兼商議中書省事。李固辭曰：「臣本羈旅，荷蒙眷知，使備顧問，固當竭盡愚衷。御史臺總察中外機務臣愚不足當此任且臣昔罹瘴癘素染足疾比歲尤劇帝笑曰卿足艱於行心豈不可行耶李固辭得許因叩首謝曰臣今雖不居是職然御史臺天子耳目常行事務可以呈省至若監察御史奏疏西南兩臺咨禀事關軍國利及生民宜令便宜聞奏以廣視聽不應一一拘律遂成文具臣請詔臺臣言事各許實封幸甚又曰憲臣以繩愆糾繆爲職苟不自檢於擊搏何有其有貪惏敗度之人宜付法司增條科罪以懲欺罔制曰可由是臺憲得實封言事會尚書省立授李資善大夫尚書左丞李復固辭以詔諭臣資格未宜遽至此帝曰商起伊尹周舉太公豈循格耶尚書係天下輕重朕以煩卿卿其勿辭賜大小車各一許乘小車入禁中仍給扶升殿始定至元鈔法又請立太學一日從至柳林奏曰善政不可以徒行人才不可以驟進必訓以德義摩以詩書使知古聖賢行事方略然後賢良輩出膏澤下流唐虞三代咸有胄學漢唐明主數幸辟雍匪爲觀美也乃薦周砥等十人爲祭酒等官凡廟學規制條具以聞帝皆從之時帝欲徙江南宋宗室及大姓於北方李乘間言宋已歸命其民安於田里今無故聞徙必將疑懼萬一有奸人乘釁而起非國之利也帝大悟事遂寢歷尚書右丞轉資德大夫時淮浙饑饉穀價騰踴李奏免江淮租稅之半運湖廣江西糧十七萬石至鎮江以賑饑民帝欲伐交趾召李入議李曰遐方遠夷得之無益軍旅一興費廩鉅萬今山路險巇深入敵境萬一蹉跌非所以威示遠人也乃止二十五年陞平章政事李固辭許之賜以玉帶視秩一品及平江田四千畝於是桑哥爲尚書丞相顓擅國政急於財利毒及生民事具桑哥傳李雖與之同事然莫能有所匡正會桑哥敗事頗連及同列久之李獨以疾得請南還揚州儒學正李淦上書言葉李本一黥徒受皇帝簡知可爲千載一遇而纔近天光即以舉桑哥爲第一事禁近侍言事以非罪殺叅政郭佑楊居寬迫御史中丞劉宣自裁錮治書侍御史陳天祥罷御史大夫門答占侍御史程文海杖監察御史變鈔法拘學糧徵軍官俸減兵士糧立行司農司木綿提舉司增鹽酒醋稅課官民皆受其禍尤可痛者要束木禍湖廣沙不丁禍江淮滅貴里禍福建又大鉤考錢糧民怨而盜發天怒而地震水災洊至尚賴皇帝聖明更張政化人皆知桑哥用羣小之罪而不知葉李舉桑哥之罪葉李雖罷相權刑戮未加天下往往竊議宜斬葉李以謝天下書聞帝覽然曰葉李廉介剛直朕所素知者寧有是耶有旨驛召淦詣京師二十九年二月李南還至臨清帝遣使召之俾爲平章政事佐丞相完澤治省事李上表力辭未幾卒年五十一李既卒而淦至詔以淦爲江陰路教授以旌直言帝嘗問兵部郎中趙孟頫李與留夢炎孰優孟頫對夢炎優帝笑曰不然夢炎以掄魁位宰相而附賈似道病民誤國伴食中書無所可否李舊由諸生力詆似道其過夢炎甚遠然其性剛直人不能容而朕獨愛之也李前後被賜之物甚多而自奉甚儉嘗戒其子曰吾世業儒甘貧約唯以忠義結主知汝曹其清慎自持勿增吾過指所賜物曰此終當還官也比卒悉表送官一毫不以自私至正八年贈資德大夫江浙等處行中書省右丞上護軍追封南陽郡公謚文簡

燕公楠

燕公楠字國材南康之建昌人宋禮部侍郎肅之七世孫母雷氏夢五色巨翼入幃遂生公楠十歲能屬文居父喪廬墓三年再貢于鄉不第後以連帥辟五遷至通判贛州事至元十三年世祖既平江南帥臣板授同知贛州事十四年以平廣南功遷同知吉州路總管府事二十二年夏召至上都奏對稱旨世祖賜名賽因囊加帶命叅大政辭乞補外除僉江淮行中書省事俄移江淮尚書省立就僉江淮行尚書省事江淮在宋爲邊陲故多閑田公楠請置兩淮屯田勸導有方田日以墾二十五年除大司農領八道勸農營田司事按行郡縣興利舉弊績用大著劾江西營田使沙不丁貪橫罷之二十七年拜江淮行中書省叅知政事桑哥既敗而蠹政未盡去民不堪命公楠赴闕極陳其故請更張以固國本世祖悅會欲易政府大臣以問公楠公楠薦伯顔不厎闍里闊里吉思史弼徐琰趙琪陳天祥等十人又問孰可以爲首相對曰天下人望所屬莫若安童問其次曰完澤可明日拜完澤爲丞相以公楠及不厎爲平章政事固辭改江浙行中書省叅知政事賜弓矢及衛士十人以行三十年復爲大司農得藏匿公私田六萬九千八百六十二頃歲出粟十五萬一千一百斛鈔二千六百貫帛千五百疋麻絲二千七百斤元貞元年進河南行省右丞釐正鹽法民便之召入覲成宗以公楠先帝舊臣慰勞良至改拜江浙行省右丞明年遷湖廣行省右丞轉運司判官唐申家沅州豪横奪民田武昌縣尹劉權殺主簿誣繫其妻子悉正其罪五年召還朝以卒帝聞甚傷悼之賻贈有加特命朝臣護喪南歸

馬紹

馬紹字子卿濟州金鄉人從上黨張播學丞相安童入侍世祖奏言宜得儒士講論經史以資見聞平章政事張啟元以紹應詔授左右司都事出知單州民刻石頌德至元十年僉山東東西道提刑按察司事益都寧海饑紹發粟賑之十三年移僉河北河南道提刑按察司事未行屬江淮甫定選官撫治遷同知和州路總管府事民賴以安十九年詔割隆興爲東宮分地皇太子選署總管召至京師爲刑部尚書萬億庫吏盜絨四兩時相欲置之重典紹言物情俱輕宜從貸減乃決杖釋之河間李移住妄言惑衆謀爲不軌紹被檄按問所全活幾百人二十年叅議中書省事二十二年改兵部尚書踰年復爲刑部尚書二十四年分立尚書省擢拜叅知政事賜中統鈔五千緡時更印至元鈔前信州三務提舉杜璠言至元鈔公私非便平章政事桑哥怒曰杜璠何人敢沮吾鈔法耶欲當以重罪紹從容言曰國家導人使言言可采用之不可采亦不之罪今重罪之豈不與詔書違戾乎璠得免罪尚書左丞親王戍邊其士卒有過支廩米者有司以聞帝欲究問加罪紹言方邊庭用兵罪之懼失將士心所支踰數者當剋年之數可也制可宗親海都作亂其民來歸者七十餘萬散居雲朔間桑哥議徙之內地就食紹持不可桑哥怒曰馬左丞愛惜漢人欲令餓死此輩耶紹徐曰南土地燠北人居之慮生疾疫若恐餓死曷若計口給羊馬之資俾還本土則未歸者孰不欣慕言有異同丞相何以怒爲宜取聖裁乃如紹言以聞帝曰馬秀才所言是也桑哥集諸路總管三十人導之入見欲以趣辦財賦之多寡爲殿最帝曰財賦辦集非民力困竭必不能然朕之府庫豈少此哉紹退至省追錄聖訓付太史書之議增鹽課紹獨力爭山東課不可增議增賦紹曰苟不節浮費雖重歛數倍亦不足也事遂寢都城種苜蓿地分給居民權勢因取爲己有以一區授紹紹獨不取桑哥欲奏請賜紹紹辭曰紹以非才居政府恒憂不能塞責詎敢徼非分之福以速罪戾桑哥敗跡其所嘗行賂者索其籍閱之獨無紹名桑哥既敗乃曰使吾早信馬左丞之言必不至今日之禍帝曰馬左丞忠潔可尚其復舊職尚書省罷改中書左丞居再歲移疾還家元貞元年還中書右丞行江浙省事大德三年移河南省明年卒有詩文數百篇

元史卷一百七十四

明翰林學士亞中大夫知制誥兼修國史宋　濂等修

列傳第六十一

姚燧

姚燧字端甫世系見燧伯父樞傳父格燧生三歲而孤育於伯父樞樞隱居蘇門謂燧蒙暗教督之甚急燧不能堪楊奐馳書止之曰燧令器也長自有成爾何以急爲且許醮以女年十三見許衡於蘇門十八始受學於長安時未嘗爲文視流輩所作惟見其不如古人則心弗是也二十四始讀韓退之文試習爲之人謂有作者風稍就正於衡衡亦賞其辭且戒之曰弓矢爲物以待盜也使盜得之亦將待之文章固發聞士子之利器然先有能一世之名將何以應人之見役者哉非其人而與之與非其人而拒之鈞罪也非周身斯世之道也至元七年衡以國子祭酒教貴胄奏召舊弟子十二人燧自太原驛致館下燧年三十八始爲秦王府文學未幾授奉議大夫兼提舉陝西四川中興等路學校十二年以秦王命安輯庸蜀明年漢嘉新附入諭其民又奉命招王立於合州又明年撫循夔府凡三使蜀皆稱職十七年除陝西漢中道提刑按察司副使錄囚延安逮繫詿誤皆縱釋之人服其明決調山南湖北道按部澧州興學賑民孜孜如弗及二十三年自湖北奉旨趨朝明年爲翰林直學士二十七年授大司農丞元貞元年以翰林學士召修世祖實錄初置檢閱官究覈故事燧與侍讀高道凝總裁之書成大德五年授中憲大夫江東廉訪使移病太平九年拜中奉大夫江西行省叅知政事至大元年仁宗居藩邸開宮師府燧年已七十遣正字呂洙如漢徵四皓故事起燧爲太子賓客未幾除承旨學士尋拜太子少傳武宗面諭燧燧拜辭謝曰昔臣先伯父樞嘗除是官尚不敢拜臣何敢受明年授榮祿大夫翰林學士承旨知制誥兼修國史四年得告南歸中書以承旨召明年復召燧以病俱不赴卒于家年七十六謚曰文燧先在蘇門山時讀通鑑綱目嘗病國統散於逐年不能一覽而得其離合之槩至告病江東著國統離合表若干卷年經而國緯之如史記諸表將附朱熹凡例之後復取徽建二本校讎得三誤爲序於表首略曰其一建安二十五年徽本作延康元年凡例中歲改元在興廢存亡之際以前爲正當從建本於建安三十五年下注改元延康其二章武三年徽本大書三年後主禪建興元年建本無三年則昭烈爲無終徽建

皆曰後主於君臣父子之教所害甚大是起十四卷盡十六卷凡曰後主者皆失於刊正也當於三年下注帝禪建興元年明年大書帝禪建興二年庶前後無齟齬也其三天寶十五載注肅宗皇帝至德元載明年惟曰二載爲無始當大書二載上加肅宗皇帝至德使上同於開元三者鈞失而建安之取至德之去統固在也若章武之距建興纔三年耳遽有帝父主子之異豈不於統大有關乎詳見序篇燧之學有得於許衡由窮理致知反躬實踐爲世名儒爲文閎肆該洽豪而不宕剛而不厲春容盛大有西漢風宋末弊習爲之一變蓋自延祐以前文章大匠莫能先之或謂世無知燧者曰豈惟知之讀而能句句而得其意者猶寡燧曰世固有厭空桑而思閣鼓缶者乎然文章以道輕重道以文章輕重彼復有班孟堅者出表古今人物九品中必以一等置歐陽子則爲去聖賢也有級而不遠其文雖無謝尹之知不害於行後豈有一言幾乎古而不閒之將來乎當時孝子順孫欲發揮其先德必得燧文始可傳信其不得者每爲愧恥故三十年間國朝名臣世勲顯行盛德皆燧所書每來謁文必其行業可嘉然後許可辭無溢美又稍廣置燕樂燧則爲之喜而援筆大書否則弗易得也時高麗瀋陽王父子連姻帝室傾貲結朝臣一日欲求燧詩文燧靳不與至奉旨乃與之王贈謝幣帛金玉名畫五十篚盛陳致燧燧即時分散諸屬官及史胥侍從止留金銀付翰林院爲公用器皿燧一無所取人問之燧曰彼藩邦小國唯以貨利爲重吾能輕之使知大朝不以是爲意其器識豪邁過人類如此然頗恃才輕視趙孟頫元明善輩故君子以是少之平生所著有牧庵文集五十卷行于世子三墉圻城

郭貫

郭貫字安道保定人以才行見推擇爲樞密中書掾調南康路經歷擢廣西道提刑按察司判官會例格授濟南路經歷至元二十七年拜監察御史承詔分江北沿淮草地劾淮西宣慰使昂吉兒父子專權久不還調蠹政害民三十年僉湖南肅政廉訪司事大德初還湖北道言令四省軍馬以數萬計征八百媳婦國深入炎瘴萬里不毛之地無益於國五年還江西道賑恤饑民有惠政入爲御史臺都事八年還集賢待制進翰林直學士奉詔與遼陽行省平章政事別速合徹里帖木兒往鎮高麗十一年召爲河東廉訪副使至大二年仁宗至五臺山貫進見仁宗因問廉訪使臧里吉歹何以有善政左右對曰皆副使郭貫之教也因賜貫瑪瑙數珠金織文幣入爲吏部考功郎遂拜治書侍御史四年除禮部尚書帝親書其官階曰嘉議大夫以授有司皇慶元年擢淮西廉訪使尋留不遣改侍御史俄還翰林侍講學士明年出爲淮西廉訪使建言宜置常平倉考校各路農事延祐二年召拜中書參知政事明年陞左丞加集賢大學士五年除太子詹事貫言皇太子受金寶已三年宜行冊禮又輔導之官早宜選置從之六年加太子賓客謁告還家至治元年復起爲集賢大學士尋致仕泰定元年還翰林學士承旨不起至順二年以疾卒年八十有二贈光祿大夫河南行省平章政事柱國追封蔡國公謚文憲貫博學精於篆籀當世冊寶碑額多出其手云

夾谷之奇

夾谷之奇字士常其先出女眞加古部後訛爲夾谷由馬紀領撒曷水徙家於滕州之奇少孤舅杜氏攜之至東平因受業於康曄授濟寧教授辟中書省掾大兵南伐宋授行省左右司都事時行省官與中書權臣有隙特遣使覈其財用而之奇職文書亦被按問張弘範率其屬詣使者言夾谷都事素公清若少有侵漁弘範當與連坐會御史臺立擢之奇僉江南浙西道提刑按察司事既而移僉江北淮東至元十九年召爲吏部郎中立陟降澄汰之法著爲令式歲大旱有司議平糓價以遏騰涌之患之奇言莫若省經費輟土木之役庶足召和氣弭災變而有豐稔之期二十一年還左贊善大夫時裕宗爲皇太子每進見必賜坐顧遇甚優權臣有欲以均輸法益國賦者慮提刑按察司撓其事請令與轉運司併爲一職詔集羣臣議之之奇言按察司者控制諸路發擿姦伏責任匪輕若使理財則心勞事冗將彌縫自救之不暇又安能糾他人哉併之弗便事遂寢又與諭德李謙條具時政十事上之皇太子一曰正心二曰睦親三曰崇儉四曰幾諫五曰戢兵六曰親賢八曰尚友九曰定律十曰正名會皇太子薨除翰林直學士改吏部侍郎遂拜侍御史二十五年丁母憂以吏部尚書起復屢請終制不許明年卒之奇慮識精審明於大體而不忽細微爲政卓卓可稱雖老於吏學者自以爲不及爲文章尤簡嚴有法多傳於世云

劉賡

劉賡字熙載洺水人五世祖逵以郡吏治獄有陰德祖肅爲右三部尚書賡幼有文名師事翰林學士王磐至元十三年用薦者授國史院編修官十六年遷應奉翰林文字辟爲司徒府長史仍兼應奉補外同知德州事考滿擢太廟署丞太常博士拜監察御史是時御史中丞崔彧好盛氣待人他御史拜謁或不受之獨見賡則待以上客大德二年陞翰林直學士六年奉使宣撫陝西由侍講學士陞學士至大二年遷禮部尚書仍兼翰林學士尋拜侍御史頃之還翰林爲學士承旨兼國子祭酒國學故事伴讀生以次出補吏莫不爭先出時有一生親老且貧同舍生有名在前者因博士以告曰我齒頗少請讓之先賡曰讓德之恭也從其讓別爲書薦其人朝廷反先用之自是六館之士皆知讓之爲美德也皇慶元年遷集賢大學士仍兼國子祭酒延祐元年復爲承旨六年拜太子賓客七年復入集賢爲大學士尋又入翰林爲承旨泰定元年加光祿大夫會集議上尊號賡獨抗言其不可事遂已天歷元年卒年八十一賡久典文翰當時大製作多出其手以耆年宿德爲朝廷所推重云

耶律有尚

耶律有尚字伯强遼金丹王十世孫祖父在金世嘗官于東平因家焉有尚資識絕人篤志于學受業許衡之門號稱高第弟子其學邃於性理而尤以誠爲本儀容辭令動中規矩識與不識莫不服其爲有道之君子至元八年衡罷中書左丞除集賢大學士兼國子祭酒以教國人之子弟乃奏以門人十二人爲齋長以伴讀有尚其一也十年衡告免還鄉里朝廷乃以有尚等爲助教嗣領其學事居久之拜監察御史不赴除秘書監丞出知薊州爲政以寬簡得民情裕宗在東宮召爲詹事院長史自有尚既去而國學事頗廢廷議以謂非有尚無足以繼衡者除國子司業時學館未建師弟子皆寓居民屋有尚屢以爲言二十四年朝廷乃大起學舍始立國子監立監官而增廣弟子員於是有尚陞國子祭酒儒風爲之丕振二十七年以親老辭職歸大德改元復召爲國子祭酒尋除集賢學士兼其職頃之遷太常卿又遷集賢學士八年葬父還鄉里已而朝廷思用老儒以安車召之于家累辭不允復起爲昭文館大學士兼國子祭酒階中奉大夫有尚前後五居國學其立教以義理爲本而省察必眞切以恭敬爲先而踐履必端慤凡文詞之小技綴緝雕刻足以破裂聖人之大道者皆屏黜之是以諸生知趨正學崇正道以經術爲尊以躬行爲務悉爲成德達材之士大抵其教法壹遵衡之舊而勤謹有加焉身爲學者師表者數十年海內宗之猶如昔之宗衡也有尚既以年老力請還家朝廷復頒楮幣七千緡即其家賜之卒年八十六賜謚文正

郝天挺 子佑附

郝天挺字繼先出於朵魯別族自曾祖而上居安肅州父和上拔都魯太宗憲宗之世多著武功爲河東行省五路軍民萬戶天挺英爽剛直有志略受業於遺山元好問以勲臣子世祖召見嘉其容止有旨宜任以政俾執文字備宿衛春宮裕宗遇之甚厚建省雲南選官屬遂除參議雲南行尚書省事尋陞參知政事又擢陝西漢中道廉訪使未幾入爲吏部尚書尋除陝西行御史臺中丞又遷四川行省參政及江浙行省左丞俱不赴拜中書右丞與宰相論事有不合輒面斥之一日以奏事敷陳明允特賜黃金百兩帝曰非利汝也第旌汝肯言耳成宗崩仁宗以太后命首定大難及武宗還自朔方遂入正大統定策之際天挺與有力焉仁宗臨御收召故老天挺與少保張閭等十人共議大政革尚書省之弊遂成皇慶之治又出爲江西河南二省右丞召拜御史中丞入見首陳紀綱之要以獵爲喻曰御史職在擊奸猶鷹揚焉禽之弱者易獲也其力大者必借人力不然不惟失其前禽仍或有傷鷹之患矣帝嘉其言既出臺臣皆以爲賀風紀大振又上疏陳七事曰惜名爵抑浮費止括田久任使論好事獎農務本勵學養士詔中書省舉行之尋俾均逸于外拜河南行省平章政事時河南王卜憐吉反爲丞相待以師禮由是政化大行皇慶二年卒年六十七贈光祿大夫中書平章政事柱國追封冀國公謚文定天挺嘗修雲南實錄五卷又註唐人鼓吹集一十卷行于世子佑字君輔小字朵魯別台由宿衛補官仁宗時拜殿中侍御史以廉直著名大受知遇遷陝西行省參知政事拜陝西行御史臺侍御史

張孔孫

張孔孫字夢符其先出遼之烏若部爲金人所幷遂遷隆安父之純爲東平萬戶府參議夜夢謁孔子廟得賜嘉果已而孔孫生因丐名於衍聖公遂名今名既長以文學名辟萬戶府議事官萬戶嚴忠範之兄爲陝西行省平章政事聘孔孫以母老不應時汴梁既下太常樂師流寓東平舊章缺落止存登歌一章而已世祖居潛邸嘗召樂師至日月山觀之至是徐世隆奏帝宜增設宮縣及文武二舞以備大典因詔徐世隆爲太常卿而

孔孫以奉禮郎爲之副以董樂師肄成獻之京師廉希憲居政府辟爲掾及安童爲相尤禮重之授戶部員外郎出爲南京總管府判官時方議下襄樊朝廷急用兵孔孫謂今以越境私販坐罪者動以千數宜開自新之條俾得効戰贖死朝論釆之僉四川道提刑按察司事尋陞湖北道提刑按察副使行部巴陵有囚三百人因怒龔乙建言興銀利發其墳墓而燒其家燒死者三人有司以眞圖財殺人坐之孔孫原其情減罪遷浙西提刑按察副使改同知保定路總管府事俄拜侍御史行御史臺事至元二十二年安童復入相言于帝曰阿合馬顓政十年親故迎合者往往驟進擢顯位獨劉宣張孔孫二人恬守故常終始如一乃除宣吏部尚書孔孫禮部侍郎尋陞孔孫禮部尚書擢燕南提刑按察使二十八年提刑按察司改肅政廉訪司仍爲使蒞治于大名一以所没贓羅粟五千斛賑饑民拜僉河南江北行中書省事亡何除大名路總管兼府尹大興學校有獻故河隄三百餘里于太后者卽上章謂宜悉還細民從之擢淮東道肅政廉訪司使因鹺獄鹽場民尹執中兄弟誣伏爲强盜平反之召還拜集賢大學士中奉大夫商議中書省事丞相完澤卒孔孫與陳天祥上封事薦和禮霍孫可爲相會地震詔問弭災之道孔孫條對八事其略曰蠻夷諸國不可窮兵遠討濫官放譴不可復加任用賞善罰惡不可數赦宥獻鬻寶貨不可不爲禁絶供佛無益不可虛費財用上下豪侈不可不從儉約官冗吏繁不可不爲裁減太廟神主不可不備祭享帝悉嘉納之賜鈔五千貫又累疏言凡七十致仕者宜加一官丁憂服闋者宜待起復宿衞之冒濫者必當革州郡之職必當遴選久任達魯花赤宜量加遷轉又宜增給官吏俸祿修建京師廟學設國子生徒給賜曲阜孔廟洒掃戶相位宜參用儒臣不可專任文吏故相安童伯顏和禮霍孫與廉希憲等各宜贈諡久之請老還家拜翰林學士承旨資善大夫致仕集賢大學士如故大德十一年卒年七十有五孔孫素以文學名且善琴工書山水竹石而騎射尤精及其立朝讜言嘉論有可觀者士論服之

元史卷一百七十五

明翰林學士亞中大夫知制誥兼修國史宋　濂等修

列傳第六十二

張珪

張珪字公端弘範之子也少能挽强命中嘗從其父出林中有虎珪抽矢直前虎人立洞其喉一軍盡讙至元十六年弘範平廣海宋禮部侍郎鄧光薦將赴水死弘範救而禮之命珪受學光薦嘗遺一編書目曰相業語珪曰熟讀此後必賴其用師還道出江淮珪年十六攝管軍萬戶十七年眞拜昭勇大將軍管軍萬戶佩其父虎符治所統軍鎭建康未幾弘範卒喪畢世祖召見親撫之奏曰臣年幼軍事重聶禎者從臣父祖久歷行陣幸以副臣帝歎曰求老成自副常見不知出此厚賜而遣之徧及其從者十九年太平宣徽羣盜起行省檄珪討之士卒數爲賊所敗卒有殺民家豕而并傷其主者珪曰此軍之所以敗也斬其卒悉平諸盜二十九年入朝時朝廷言者謂天下事定行樞密院可罷江浙行省參知政事張瑄領海道亦以爲言樞密副使暗伯問於珪珪曰見上當自言之召對珪曰縱使行院可罷亦非瑄所宜言遂得不罷命爲樞密副使太傅月兒魯那演言珪尚少姑試以僉書果可大用請俟他日帝曰不然是家爲國滅金滅宋盡死力者三世矣而可吝此耶拜鎭國上將軍江淮行樞密副使成宗卽位行院罷大德三年遣使巡行天下珪使川陝問民疾苦振卹孤貧罷冗官黜貪吏還擢江南行御史臺侍御史換文階中奉大夫遷浙西肅政廉訪使劾罷郡長吏以下三十餘人府史胥徒數百徵贓巨萬計珪得監司奸利事將發之事干行省有內不自安者欲以危法中珪賂遺近臣妄言珪有厭勝事且沮鹽法帝遣官雜治之得行省大小吏及鹽官欺罔狀皆伏罪召珪拜僉樞密院事入見賜只孫冠服侍宴又命買宅以賜辭不受拜江南行臺御史中丞因上疏極言天人之際災異之故其目有修德行廣言路進君子退小人信賞必罰減冗官節浮費以法祖宗成憲累數百言劾大官之不法者不報併及近侍之熒惑者又不報遂謝病歸久之拜陝西行臺中丞不赴武宗卽位召拜太子諭德未數日拜賓客復拜詹事辭不就尚書省立中外洶洶中丞久闕方議擇人仁宗時在東宮曰必欲得眞中丞惟張珪可卽日召拜中丞至大四年帝崩仁宗將卽位廷臣用太皇后旨行大禮於隆福宮法駕已陳矣珪言當御大明殿御史大夫止之曰議已定雖百奏無益珪曰未始一奏詎知無益入奏帝悟移仗大明既卽位賜只孫衣二十襲金帶一帝嘗親解衣賜珪明日復召謂之曰朕欲賜卿寶玉非卿所欲以帨拭面類納諸珪懷曰朕澤之所存朕心之所存也皇慶元年拜榮祿大夫樞密副使徽政院使失列門請以洪城軍隸興聖宮而已領之以上旨移文樞密院衆恐懼承命珪因不署事遂不行延祐二年拜中書平章政事請減煩冗還有司以清政務得專修宰相之職帝從之著爲令教坊使曹咬住拜禮部尚書珪曰伶人爲宗伯何以示後世力諫止之皇太后以中書右丞相鐵木迭兒爲太師萬戶別薛參知行省政事珪曰太師論道經邦鐵木迭兒非其人別薛無功不得爲外執政車駕度居庸失列門傳皇太后旨召珪切責杖之珪創甚輿歸京師明日遂出國門珪子景元掌符璽不得一日去宿衞至是以父病篤告還歸帝驚曰卿別時卿父無病景元頓首涕泣不敢言帝不懌遣參議中書省事換住往賜之酒遂拜大司徒謝病家居繼丁母憂廬墓寢苫啜粥者三年六年七月帝憶珪生日賜上尊御衣至治二年英宗召見於易水之上曰四世舊臣朕將畀卿以政珪辭歸遣近臣設醴丞相拜住問珪曰宰相之體何先珪曰莫先於格君心莫急於廣言路是年冬起珪爲集賢大學士先是鐵木迭兒旣復爲丞相以私怨殺平章蕭拜住御史中丞楊朶兒只上都留守賀伯顏大小之臣不能自保會地震風烈勅廷臣集議弭災之道珪抗言於坐曰弭災當究其所以致災者漢殺孝婦三年不雨蕭楊賀冤死非致沴之端乎死者固不可復生而情義猶可昭白毋使朝廷終失之也又拜中書平章政事侍宴萬壽山賜以玉帶三年秋八月御史大夫鐵失旣行弑逆夜入都門坐中書堂矯制奪執符印珪密疏言賊黨罪不可逭旣皆伏誅鐵木迭兒之子治書侍御史鎖南獨議遠流珪曰於法强盜不分首從發冢傷尸者亦死鎖南從弑逆親斫丞相拜住臂乃欲活之耶遂伏誅盜竊仁廟神主時參知政事馬剌兼領太常禮儀使當遷左丞珪曰以參政遷左丞姑曰敘進而太常奉宗祏不謹當待罪而反遷官何以謝在天之靈命遂不下泰定元年六月車駕在上都先是帝以災異詔百官集議珪乃與樞密院御史臺翰林集賢兩院官極論當世得失與左右司員外郎宋文瓚詣上都奏之其議曰國之安危在乎論相昔唐玄宗前用姚崇宋璟則治後用李林甫楊國忠天下騷動幾致亡國雖賴郭子儀諸將效忠竭力克復舊物然自是藩鎭縱橫紀綱亦不復振矣良由李林甫妬害忠良布置邪黨奸惑蒙蔽保祿養禍所致死有餘辜如前宰相鐵木迭兒奸狡險深陰謀叢出專政十年凡宗戚忤已者巧飾危間陰中以法忠直被誅竄者甚衆始以贓敗諂附權姦失列門及嬖幸也里失班之徒苟全其生尋任太子太師未幾仁宗賓天乘時幸變再入中書當英廟之初與失列門等恩義相許表裏爲姦誣殺蕭楊等以快私怨天討元凶失列門之黨旣誅坐要上功遂獲信任諸子內布宿衞外據顯要蔽上抑下杜絶言路賣官鬻獄威福已出一令發口上下股栗稍不附已其禍立至權勢日熾中外寒心由是羣邪並進如逆賊鐵失之徒名爲義子實其腹心忠良屏迹坐待收繫先帝悟其姦惡仆碑奪爵籍沒其家終以遺患構成弑逆其子鎖南親與逆謀所由來者漸矣雖剖棺戮尸夷滅其家猶不足以塞責今復回給所籍家產諸子尚在京師夤緣再入宿衞世祖時阿合馬貪殘敗事雖死猶正其罪況如鐵木迭兒之姦惡者哉臣等議宜遵成憲仍籍鐵木迭兒家產遠竄其子孫外郡以懲大姦君父之讐不共戴天所以明綱常別上下也鐵失之黨結謀弑逆君相遇害天下之人痛心疾首所不忍聞比奉旨以鐵失之徒旣伏其辜諸王按梯不花孛羅月魯鐵木兒曲呂不花兀魯思不花亦已流竄逆黨脅從者衆何可盡誅後之言事者其勿復舉臣等議古法弑逆凡在官者殺無赦聖朝立法强盜刼殺庶民其同情者猶且首從俱罪況弑逆之黨天地不容宜誅按梯不花之徒以謝天下書曰惟辟作福惟辟作威臣無有作福作威臣而有作福作威害于而家凶于而國蓋生殺與奪天子之權非臣下所得盜用也遼王脫脫位冠宗室居鎭遼東屬任非輕國家不幸有非常之變不能討賊而乃覬幸赦恩報復讐忿殺親王妃主百餘人分其羊馬畜產殘忍骨肉盜竊主權聞者切齒今不之罪乃復厚賜放還仍守爵土臣恐國之紀綱由此不振設或效尤何法以治且遼東地廣素號重鎭若使脫脫久居彼旣縱肆將無忌憚況令死者含冤感傷和氣臣等議累朝典憲闘赦殺人罪在不原宜奪削其爵土置之他所以彰天威刑以懲惡國有常憲武備卿卽烈前太尉不花以累朝待遇之隆俱致高列不思補報專務姦欺詐稱奉旨令鷹師强收鄭國寶妻古哈貪其家人畜產自恃權貴莫敢如何事聞之官刑曹逮鞫服實竟原其罪輦轂之下肆行無忌遠在

外郡何事不為夫京師天下之本縱惡如此何以為政古人有言一婦銜冤三年不雨以此論之即非細務臣等議宜以即烈不花付刑曹鞫之中賣寶物世祖時不聞其事自成宗以來始有此弊分珠寸石售直數萬當時民懷憤怨臺察交言且所酬之鈔率皆天下生民膏血錙銖取之從以捶撻何其用之不吝夫以經國有用之寶而易此不濟飢寒之物又非有司聘要和買大抵皆時貴與斡脫中寶之人妄稱呈獻冒給回賜高其直且十倍蠶蠹國財暗行分用如沙不丁之徒項以增價中寶事敗具存吏牘陛下即位之初首知其弊下令禁止天下欣幸臣等比聞中書乃復奏給累朝未酬寶價四十餘萬錠較其元直利已數倍有事經年遠者三十餘萬錠復令給以市舶番貨計今天下所徵包銀差發歲入止十一萬錠已是四年徵入之數比以經費弗足急於科徵臣等議番舶之貨宜以資國用紓民力寶價請俟國用饒給之日議之太廟神主祖宗之所妥靈國家孝治天下四時大祀誠為重典比者仁宗皇帝皇后神主盜利其金而竊之至今未獲斯乃非常之事而捕盜官兵不聞杖責臣等議庶民失盜應捕官兵尚有三限之法監臨主守倘失官物亦有不行知覺之罪今失神主宜罪太常請揀其官屬免之國家經賦皆出於民量入為出有司之事比者建西山寺損軍害民費以億萬計刺繡經幡馳驛江浙逼迫郡縣雜役男女動經年歲窮奢致怨近詔雖已罷之又聞姦人乘間奏請復欲興修流言喧播群情驚駭臣等議宜守前詔示民有信其刱造刺繡事非歲用之常者悉罷之人有冤抑必當昭雪事有枉直尤宜明辨平章政事蕭拜住中丞楊朶兒只等枉遭鐵木迭兒誣陷籍其家以分賜人聞者嗟悼比奉明詔還給元業子孫奉祀家廟修葺苟完未及寧處復以其家財仍賜舊人止酬以直即與再罹斷沒無異臣等議宜如前詔以元業還之量其直以酬後所賜者則人無冤憤矣德以出治刑以防姦若刑罰不立姦宄滋長雖有智者不能禁止比者也先鐵木兒之徒遇朱太醫妻女故省門外強拽以入姦宿館所事聞有司以扈從上都為解竟弗就鞫輦轂之下肆惡無忌京民憤駭何以取則四方臣等議宜遵世祖成憲以姦人命有司鞫之臣等又議天下囚繫冤滯不無方今盛夏宜命省臺選官審錄結正重刑疏決輕繫疑者申聞詳讞邊鎮利病宜命行省行臺體究興除廣海鎮戍卒更病者給粥食藥力死者人給鈔二十五貫責所司及同鄉者歸骨於其家歲貢方物有常制廣州東莞縣大步海及惠州珠池始自大德元年姦民劉進程連言利分蜑戶七百餘家官給之糧三年一採僅獲小珠五兩六兩入水為蟲魚傷死者眾遂罷珠戶為民其後同知廣州路事塔察兒等又獻利於失列門剏設提舉司監採廉訪司言其擾民復罷歸有司既而內正少卿魏暗都剌冒啟中旨馳驛督採耗廩食疲民驛非舊制請悉罷遣歸民善良死於非命國法當為昭雪鐵失獄逆之變學士不花指揮不顏忽里院使禿古思皆以無罪死未褒贈鐵木迭兒專權之際御史徐元素以言事鎖項死東平及賈禿堅不花之屬皆未申理臣等議宜追贈死者優敘其子孫且命刑部及監察御史體勘其餘有冤抑者具實以聞政出多門古人所戒今內外增置官署員冗俸濫白丁驟陞出身入流壅塞日甚軍民俱蒙其害夫為治之要莫先於安民安民之道莫急於除濫費汰冗員世祖設官分職俱有定制至元三十年已後改陞期設日積月增雖嘗奉旨取勘減降近侍各私其署夤緣保祿姑息中止至英宗時始銳然減罷崇祥壽福院之屬十有三署徽政院斷事官江淮財賦之屬六十餘署不幸遭罹大故未竟其餘比奉詔凡事悉遵世祖成憲若復循常取勘調虛文延歲月必無實效即與詔旨異矣臣等議宜勅中外軍民署置官吏有非世祖之制及至元三十年已後改陞期設員冗者詔格至日悉減併除罷之近侍不得巧詞復奏不該常調之人亦不得濫入常選累朝斡耳朶所立長秋承徽長寧寺及邊鎮屯戍別議處之自古聖君惟誠於治政可以動天地感鬼神初未嘗徼福於僧道以厲民病國也且以至元三十年言之醮祠佛事之目止百有二大德七年再立功德使司積五百有餘今年一增其目明年即指為例已倍四之上矣僧徒又復營幹近侍買作佛事指以算卦欺昧奏請增修布施莽齋自稱特奉傳奉所司不敢較問供給恐後況佛以清淨為本不奔不欲而僧徒貪慕貨利自違其教一事所需金銀鈔幣不可數計歲用鈔數千萬錠數倍於至元間矣凡所供物悉為已有布施等鈔復出其外生民脂膏縱其所欲取以自利畜養妻子彼既行不修潔適足褻慢天神何以要福比年佛事愈繁累朝享國不永致災愈速事無應驗斷可知矣臣等議宜罷功德使司其在至元三十年以前及累朝忌日醮祠佛事名目止令宣政院主領修舉餘悉減罷近侍之屬並不得巧計擅奏妄增名目若有特奉傳奉從中書復奏乃行古今帝王治國理財之要莫先於節用蓋侈用則傷財傷財必至於害民國用匱而重斂生如鹽課增價之類皆足以厲民矣比年游惰之徒妄投宿衛部屬及宦者女紅太醫陰陽之屬不可勝數一人收籍一門蠲復一歲所請衣馬芻糧數十戶所徵入不足以給之耗國損民為甚臣等議諸宿衛宦女之屬宜如世祖時支請之數給之餘悉簡汰闊端赤牧養馬駝歲有常法分布郡縣各有常數而宿衛近侍委之僕御役民放牧始至即奪其居俾飲食之殘傷桑果百害蠭起其僕御四出無所拘鈐私鬻芻豆瘠損馬駝大德中始責州縣正官監視蓋暖棚團槽櫪以牧之至治初復散之民間其害如故監察御史及河間路守臣屢言之臣等議宜如大德團槽之制正官監臨閱視肥瘠拘鈐宿衛僕御著為令兵戎之興號為凶器擅開邊釁非國之福蠻夷無知少梗王化得之無益失之無損至治三年參卜郎盜始者劫殺使臣利其財物而已至用大師勞年不戢傷我士卒費國資糧臣等議好生惡死人之恒性宜令宣政院督守將嚴邊防遣良使抵巢招諭簡罷冗兵明勅邊吏謹守禦勿生事則遠人格矣天下官田歲入所以贍衛士給戍卒自至元三十一年以後累朝以是田分賜諸王公主駙馬及百官宦者寺觀之屬遂令中書酬直海漕虛耗國儲其受田之家各任土著姦吏為莊官催甲斗級巧名多取又且驅迫郵傳徵求餼廩折辱州縣閉償逋負至倉之日變鬻以歸官司交忿農民窘竄臣等議惟諸王公主駙馬寺觀如所與公主桑哥剌吉及普安三寺之制輸之公廩計月直折支以鈔令有司兼令輸之省部給之大都其所賜百官及宦者之田悉拘還官著為令國家經費皆取於民世祖時淮北內地惟輸丁稅鐵木迭兒為相專務聚斂遣使括勘兩淮河南田土重併科糧又以兩淮荊襄沙磧作熟收徵徵名與利農民流徙臣等議宜如舊制止徵丁稅其括勘重併之糧及沙磧不可田畝之稅悉除之世祖之制凡有田者悉役之民典賣田隨收入戶鐵木迭兒為相納江南諸寺賄賂奏令僧人買民田者毋役之以里正主首之屬逮今流毒細民臣等議惟累朝所賜僧寺田及亡宋舊業如舊制勿徵其僧道典買民田及民間所施產業宜悉役之著為令僧道出家屏絕妻孥蓋欲超出世表是以國家優視無所係役且處之宮寺宜清淨絕俗為心誦經祝壽比年僧道往往畜妻子無異常人如蔡道泰班講主之徒傷人逞欲壞教干刑者何可勝數俾奉祠典豈不褻天瀆神臣等議僧道之畜妻子者宜罪以舊制罷遣為民賞功勸善人主大柄豈宜輕以與人世祖臨御三十五年左右之臣雖甚愛幸未聞無功而給一賞者比年賞賜汎濫蓋因近侍之人窺伺天顏喜悅之際或稱乏財無居或稱嫁女取婦或以技物呈獻殊無寸功小善遞互奏請要求賞賜回奉奄有國家金銀珠玉及斷沒人畜產業似此無功受賞何以激勸既傷財用復啟倖門臣等議非有功勳勞效著明實蹟不宜加以賞賜乞著為令臣等所言弒逆未討姦惡未除忠憤未雪冤枉未理政令不信賞罰不公賦役不均財用不節民怨神怒皆足以感傷和氣惟陛下裁擇以答天意消弭災變帝不從珪復進曰臣聞日食修德月食修刑應天以實不以文動民以行不以言刑政失平故天象應之惟陛下矜察允臣等議乞悉行之帝終不能從未幾珪病增劇非扶掖不能行有詔常見免拜跪賜小車得乘至殿門下帝始開經筵令左丞相與珪領之珪進翰林學士吳澄等以備顧問自是辭位甚力猶封蔡國公知經筵事別刻蔡國公印以賜泰定二年夏得旨暫歸三年春上遣使召珪期於必見珪至帝曰卿來時民間如何對曰臣老少賓客不能遠知眞定保定河間臣鄉里也民饑甚朝廷雖賑以金帛惠未及者十五六惟陛下念之帝惻然勅有司畢賑之拜翰林學士承旨知制誥兼修國史國公經筵如故帝察其誠病命養疾西山繼得旨還家未幾起珪商議中書省事以疾不起四年十二月薨遺命上蔡國公印珪嘗自號曰澹菴子六人

李孟

李孟字道復潞州上黨人曾祖執金末舉進士祖昌祚歸朝授金符潞州宣撫使父唐歷仕秦蜀因徙居漢中孟生而敏悟七歲能文倜儻有大志博學強記通貫經史善論古今治亂閉門授徒遠近爭從之一時名人商挺王博文皆折行輩與交郭彥通名能知人嘗語唐曰此兒骨相異常宰輔之器也至元十四年隨父入蜀行省辟為掾不赴調晉原縣主簿又辭行御史臺交薦之亦不就後以事至京師中書右丞楊吉丁一見奇之薦于裕宗得召見東宮未幾裕宗薨不及擢用成宗立首命採訪先朝聖政以備史官之紀述陝西省使孟討論編次乘驛以進時武宗仁宗皆未出閤徽仁裕聖皇后求名儒輔導有薦者曰布衣李孟有宰相才宜令為太子師傅大德元年武宗撫軍北方仁宗留宮中孟日陳

善言正道多所進益武宗聞而嘉之詔授太常少卿執政以孟未嘗一造其門沮之不行改禮部侍郎命亦中止仁宗侍昭獻元聖皇后降居懷州又如官山孟常單騎以從在懷州四年誠節如一左右化之皆有儒雅風由是上下益親每進言曰堯舜之道孝悌而已矣今大兄在朔方大母有居外之憂殿下當迎奉意旨以娛樂之則孝悌之道皆得矣仁宗深納其言日問安視膳婉容愉色天下稱孝焉有暇則就孟講論古先帝王得失成敗及君君臣臣父父子子之義孟特善論事忠愛懇惻言之不厭而治天下之大經大法深切明白厥後仁宗入清內難敬事武皇篤孝母后端拱以成太平之功文物典章號爲極盛嘗與羣臣語握拳示之曰所重乎儒者爲其握持綱常如此其固也其講學之功如此者實孟啓之也成宗崩安西王阿難答謀繼大統成后爲之主丞相樞密同聲附和中書左丞相哈剌哈孫答剌罕密使來告仁宗疑而未行孟曰支子不嗣世祖之典訓也今宮車晏駕大太子遠在萬里宗廟社稷危疑之秋殿下當奉大母急還宮庭以折奸謀固人心不然國家安危未可保也仁宗猶豫未決孟復進曰邪謀得成以一紙書召還則殿下母子且不自保豈暇論宗族乎仁宗悅曰先生之言宗廟社稷之福乃奉太后還都時哈剌哈孫稱病堅臥仁宗遣孟往問之適成后使人問疾絡繹不絕孟入長揖而坐已而前引其手胗其脉衆以爲醫乃不疑之既得知安西王即位有日還告曰事急矣先發者制人後發者制於人不可不早圖之左右之人皆不能決惟曲出伯鐵木兒勸其行或曰皇后深居九重八璽在手四衞之士一呼而應者累萬安西王府中從者如林殿下侍衞寡弱不過數十人兵仗不備奮赤手而往事未必濟不如靜守以俟阿合之至然後圖之未晚也阿合中國稱兄謂武宗也孟曰羣邪違棄祖訓黨附中宮欲立庶子天命人心必皆弗與殿下入造內庭以大義責之則凡知君臣之義者無不捨彼爲殿下用何求而弗獲克清宮禁以迎大兄之至不亦可乎且安西既正位號縱大太子至彼安肯兩手進璽退就藩國必將鬭于國中生民塗炭宗社危矣且危身以及其親非孝也遺禍難於大兄非悌也得時弗爲非智也臨機不斷無勇也仗義而動事必萬全仁宗曰當以卜決之命召卜人有儒服持囊遊于市者召之至孟出迎語之曰大事待汝而決但言其吉乃入筮遇乾三五皆九立而獻卦曰是謂乾之睽乾剛也睽外也以剛處外乃定內也君子乾乾行事也飛龍在天上治也輿曳牛掣其人髡且劓內兌廢也厥宗噬膚往必濟也大君外至明相麗也乾而不乾事乃睽也剛運善斷無惑疑也孟曰筮不違人是謂大同時不可以失仁宗喜振袖而起乃共扶上馬孟及諸臣皆步從入自延春門哈剌哈孫自東掖來就之至殿廊收首謀及同惡者悉送都獄奉御璽北迎武宗中外翕然隨以定仁宗監國使孟參知政事孟久在民間備知閭閻幽隱損益庶務悉中利病遠近無不悅服然特抑絕僥倖羣小多不樂孟不爲變事定乃言于仁宗曰執政大臣當自天子親用今鑾輿在道孟未見顏色誠不敢冒當重任固辭弗許遂逃去不知所之夏五月武宗即位有言于帝曰內難之初定也李孟嘗勸皇弟以自取如彼言豈有今日武宗察其誣弗聽仁宗亦不敢復言孟至大二年仁宗爲皇太子嘗侍帝同太后內宴飲半仁宗深思戚然改容帝顧語曰吾弟今日不樂何所思耶仁宗從容起謝曰賴天地祖宗神靈神器有歸然成今日母子兄弟之懽者李道復之功爲多適有所思不自知其變於色也帝甚友愛感其言即命搜訪之得之許昌陘山遣使召之三年春正月入見武宗于玉德殿帝指孟謂宰執大臣曰此皇祖妣命爲朕賓師者宜速任之三月特授榮祿大夫中書平章政事集賢大學士同知樞密院事仁宗嗣立眞拜中書平章政事進階光祿大夫推恩其三世且諭之曰卿朕之舊學其盡心以輔朕之不及孟感知遇力以國事爲己任節賜與重名爵覈太官之濫費汰宿衞之冗員貴戚近臣惡其不便於己而心服其公無間言焉司空司徒太尉古之三公自大德以來封拜繁多釋老二教設官統治權抗有司撓亂政事僧道尤苦其擾孟言人君之柄在賞與刑賞一善而天下勸罰一惡而天下懲柄乃不失所施失當不足勸懲何以爲治僧道士既爲出世法何用官府繩治乃奏雪寃死者復其官蔭濫冒名爵者悉奪之罷僧道官天下稱快仁宗初出居懷深見吏弊欲痛剗除之孟進言曰吏亦有賢者在乎變化激厲之而已帝曰卿儒者宜與此曹氣類不合而曲相護祐如此眞長者之言卿在朕前惟舉人所長而不斥其短尤朕所深嘉也時承平日久風俗奢靡車服僭擬上下無章近臣恃恩求請無厭時宰不爲裁制乃更相汲引望幸恩賜耗竭公儲以爲私惠孟言貴賤有章所以定民志賜與有節所以勸臣下請各爲之限制帝皆從之孟在政府雖多所補益而自視常若不及嘗因間請曰臣學聖人道遭遇陛下陛下堯舜之主也臣不能使天下爲堯舜之民上負陛下下負所學乞解罷政權避賢路帝曰朕在位必卿在中書朕與卿相與終始自今其勿復言繼賜爵秦國公帝親授以印章命學士院降制又圖其像敕詞臣爲之贊及御書秋谷二字識以璽而賜之入見必賜坐語移時稱其字而不名其見尊禮如此帝常語近臣曰道復以道德相朕致天下蒙澤賜之鈔十萬貫令將作爲治第孟辭曰臣布衣際遇所望於陛下者非富貴之謂也悉辭不受皇慶元年正月授翰林學士承旨知制誥兼修國史仍平章政事未幾請告歸葬其父母帝勞餞之曰事訖宜速還毋久留孤朕所望十二月入朝帝大悅慰勞甚至因請謝事優詔不允請益堅乃命以平章政事議中書省事承旨翰林二年夏乞還國公印奏三上始如所請帝每與孟論用人之方孟曰人材所出固非一途然漢唐宋金科舉得人爲盛今欲興天下之賢能如以科舉取之猶勝於多門而進然必先德行經術而後文辭乃可得眞材也帝深然其言決意行之延祐元年十二月復拜平章政事二年春命知貢舉及廷策進士爲監試官七月進金紫光祿大夫上柱國改封韓國公職任如故已而以衰病不任事乞解政權歸田里帝不得已從所請復爲翰林學士承旨入侍宴間禮遇尤厚延祐七年仁宗崩英宗初立太師鐵木迭兒復相以孟前共政時不附己讒構誣謗盡收前後封拜制命降授集賢侍講學士嘉議大夫度其必辭因中害之孟拜命欣然適翰林學士劉賡來慰問即與同入院宣徽使以聞曰李孟今日供職舊例當賜酒帝愕然曰李道復乃肯俯就集賢耶時鐵木迭兒子八爾吉思侍帝側帝顧謂曰爾輩謂彼不肯爲是官今定何如由是讒不得行嘗語人曰老臣待罪中書無補于國聖恩寬宥不奪其祿今老矣其何以報稱帝聞而善之恩意稍加至治九年卒御史累章辨其誣詔復元官至治中贈舊學同德翊戴輔治功臣太保儀同三司上柱國進封魏國公謚文忠孟宇量閎廓材略過人三入中書民間利害知無不言引古證今務歸至當士無貴賤苟賢矣不進拔不已遊其門者後皆知名退居一室蕭然如布衣爲文有奇氣其論必主於理其獻納謀議常自毀其稾家無幾存皇慶延祐之世每一政之繆人必以爲鐵木迭兒所爲一令之善必歸之於孟焉子獻御史中丞同知經筵事

張養浩

張養浩字希孟濟南人幼有行義嘗出遇人有遺楮幣于途者其人已去追而還之年方十歲讀書不輟父母憂其過勤而止之養浩晝則默誦夜則閉戶張燈竊讀山東按察使焦遂聞之薦爲東平學正游京師獻書于平章不忽木大奇之辟爲禮部令史仍薦入御史臺一日病不忽木親至其家問疾四顧壁立歎曰此眞臺掾也及爲丞相掾選授堂邑縣尹人言官舍不利居無免者竟居之首毀淫祠三十餘所罷舊盜之朔望參者曰彼皆良民飢寒所迫不得已而爲盜耳既加之以刑猶以盜目之是絕其自新之路也衆皆感泣互相戒曰毋負張公有李虎者嘗殺人其黨暴戾爲害民不堪命舊尹莫敢詰問養浩至盡寘諸法民甚快之去官十年猶爲立碑頌德仁宗在東宮召爲司經未至改文學拜監察御史初議立尚書省養浩言其不便既立又言變法亂政將禍天下臺臣抑而不聞乃揚言曰昔桑哥用事臺臣不言後幾不免今御史既言又不以聞臺將安用時武宗將親祀南郊不豫遣大臣代祀風忽大起人多凍死養浩于祀所揚言曰代祀非人故天示之變大違時相意時省臣奏用臺臣養浩歎曰尉專捕盜縱不稱職使盜自選可乎遂疏時政萬餘言一曰賞賜太侈二曰刑禁太踈三曰名爵太輕四曰臺綱太弱五曰土木太盛六曰號令太浮七曰倖門太多八曰風俗太靡九曰異端太橫十曰取相之術太寬言皆切直當國者不能容遂除翰林待制復構以罪罷之戒省臺勿復用養浩恐及禍乃變姓名遁去尚書省罷始召爲右司都事在堂邑時其縣達魯花赤嘗與之有隙時方求選養浩爲白宰相授以美職還翰林直學士改秘書少監延祐初設進士科遂以禮部侍郎知貢舉進士詣謁皆不納但使人戒之曰諸君子但思報効奚勞謝爲擢陝西行臺治書侍御史改右司郎中拜禮部尚書英宗即位命參議中書省事會元夕帝欲於內庭張燈爲鼇山即上疏于左丞相拜住拜住袖其疏入諫其畧曰世祖臨御三十餘年每值元夕閭閻之間燈火亦禁況闕庭之嚴宮掖之邃尤當戒愼今燈山之構臣以爲所翫者小所繫者大所樂者淺所患者深伏願以崇儉慮遠爲法以喜奢樂近爲戒帝大怒既覽而喜曰非張希孟不敢言即罷之仍賜尚服金織幣一帛一以旌其直後以父老棄官歸養召爲吏部尚書不拜丁父憂未終喪復以吏部尚書召力辭不起泰定元年以太子詹事丞兼經筵說書召又辭改淮東廉訪使進翰林學士皆不赴天歷

二年關中大旱饑民相食特拜陝西行臺中丞旣聞命卽散其家之所有與鄉里貧乏者登車就道遇餓者則賑之死者則葬之道經華山禱雨于嶽祠泣拜不能起天忽陰翳一雨二日及到官復禱于社壇大雨如注水三尺乃止禾黍自生秦人大喜時斗米直十三緡民持鈔出糴稍昏卽不用詣庫換易則豪猾黨蔽易十與五累日不可得民大困乃檢庫中未毀昏鈔文可驗者得一千八十五萬五千餘緡悉以印記其背又刻十貫伍貫爲券給散貧乏命米商視印記出糶詣庫驗數以易之於是吏弊不敢行又率富民出粟因上章請行納粟補官之令聞民間有殺子以奉母者爲之大慟出私錢以濟之到官四月未嘗家居止宿公署夜則禱于天晝則出賑饑民終日無少怠每一念至卽撫膺痛哭遂得疾不起卒年六十關中之人哀之如失父母至順二年贈攄誠宣惠功臣榮祿大夫陝西等處行中書省平章政事柱國追封濱國公謚文忠二子彊引彊先卒

敬儼

敬儼字威卿其先河東人後徙易水五世祖嗣徽仕金官至參知政事曾祖子淵樂陵令祖鑑同知嵩州事皆以進士起家父元長有學行官至太常博士儼其仲子也幼不爲嬉戲事長嗜學善屬文御史中丞郭貞弼薦爲殿中知班著憲章若干卷受知於廣平王月呂祿那演連辟太傅太師兩府掾調高郵縣尹未赴選充中書省掾朱淸張瑄爲海運萬戶豪縱不法適儼典其文牘嘗致厚賂儼怒拒之二人以罪伏誅權貴多以賄敗連坐獨儼不與大德二年授吏部主事改集賢司直會湖湘有警丞相哈剌哈孫答剌罕奏儼奉詔恤民且覘釁甚稱旨意六年擢禮部員外郎有故郡守子當以廕補官繼母訴其非嫡者儼察其誣按之果如所言七年拜監察御史時省臣有旣黜而復收用者參預官巧佞與相比周以贖貨撓法卽日劾去之江浙行省與浙西憲司交章相攻擊事聞命省臺遣官往治之儼與阿思蘭海牙偕行議多不合兩上之朝廷卒是儼議七月遷中書左司都事扈從上京西京賈人有以運糧供餉北邊而得官者盜用至數十萬石以利啗主者匿不發儼按徵之以輸邊九年授吏部郎中以父病辭已而父卒旣終喪復入御史臺爲都事中丞何某與執政有隙省議欲嚴臺選之當否儼曰適者省除吏千餘人臺亦當分別之邪語聞議遂寢江南行御史臺與江浙省爭政事聞儼曰省臺政事風化本原各宜盡職顧乃以小故忿爭而瀆上聽乎建康路總管侯珪貪縱事敗儼亟遣官決其事及其貪緣近倖奏請原之命下已無及矣武宗撫軍北邊成宗昇遐宰臣有異謀者事定命儼預鞫問之悉得其情除山北廉訪副使入爲右司郎中武宗臨御湖廣省臣有僞爲警報馳驛入奏以圖柄用者儼面詰之曰汝守方面旣有警豈得離職是必虛誕耳其人竟以狀露被斥旱蝗爲災民多因饑爲盜有司捕治論以眞犯獄旣上朝議互有從違儼曰民饑而盜迫於不得已非故爲也且死者不可復生宜在所矜貸用是得減死者甚衆至大元年授左司郎中擢江南諸道行御史臺治書侍御史先是儼以議立尚書省忤宰臣意適兩淮鹽法久滯乃左遷儼爲轉運使欲以陷之比至首劾場官之貪汚者法旣大行課復增羨至二十五萬引河南行省參政來會鹽筴將以羨數爲歲入常額儼以亭戶凋弊已甚以羨爲額民力將殫病人以爲已非宰臣事事遂止仁宗踐阼召爲戶部尚書廷議欲革尚書省弊政儼言遽罷錢不用恐細民失利不從以疾辭皇慶元年除浙東道廉訪使有錢塘退卒詐服僧衣稱太后旨建婺州雙谿石橋因大興工役以病民儼命有司發其奸贓杖遣之仍請奏罷其役郡大火焚數千家儼令發廩以賑貧餒取憲司廢堂材木及諸路學廩之羨者建孔子廟二年拜江西等處行中書省參知政事舊俗民有爭往往越訴于省吏得並緣爲奸利訟以故繁儼令下省府非有司不得侵民訟事遂簡詔設科舉儼薦臨川吳澂金陵楊剛中爲考試官得人爲多其年冬移疾退居眞州除江南諸道行御史臺侍御史不赴四年春詔促就前職以疾辭七月召爲侍御史十月遷太子副詹事御史大夫脫歡答剌罕奏留之制曰可湖廣省臣以贓敗儼一日五奏卒正其罪臺臣有劾去而復職者御史復劾之章再上有旨命丞相樞密共決之儼曰如是則臺事去矣遂卽帝前奏黜之因伏殿上叩頭請代帝諭之曰事非由汝汝其復位五年夏五月拜中書參知政事臺臣復奏留之儼亦陛辭不允賜大學衍義及所服犀帶每入見帝以字呼之曰威卿而不名其見禮遇如此舊制諸院及寺監得奏除其僚屬者歲久多冒濫富民或以賂進有至大官者儼以名爵當愼惜會臺臣亦以爲言乃奏請悉追奪之遂著爲令六年告病賜衣一襲遣醫視療儼以其鄉在近圻恐復徵用乃徙居淮南雖親故皆不接見至治元年除陝西諸道行御史臺中丞泰定元年改江南諸道行御史臺中丞皆不赴年六十五卽告老朝廷雖命其子自强爲安慶總管府判官而未從其請四年春遣使賜酒徵爲集賢大學士榮祿大夫商議中書省事儼令使者先返而挈家歸易水九月帝特署爲中政院使復賜酒召之乃輿疾入見賜食慰勞親爲差吉日使視事命朝會日無下拜是月拜中書平章政事復以老病辭不從天歷改元朝議欲盡戮朝臣之在上京者儼抗論謂是皆循常歲例從行殺之非罪衆賴之獲免居月餘傷足告歸家居十餘年痺不能行猶勑書不廢臨終戒子弟曰國恩未報而至不祿奈何汝曹當淸白守恒業無急仕進正冠幘端坐而逝贈翰林學士承旨光祿大夫柱國封魯國公謚文忠自强朝散大夫禮部員外郎儼有詩文若干卷藏於家叔祖鉉與太原元好問同登金進士第國初爲中都提學著春秋備忘四十卷仁宗朝命刻其書今行于世

元史卷一百七十六

明翰林學士亞中大夫知制誥兼修國史宋　濂等修

列傳第六十三

曹伯啓

曹伯啓字士開濟寧碭山人弱冠從東平李謙游篤於問學至元中歷仕爲蘭溪主簿尉獲盜三十械徇諸市伯啓以無左驗未之信俄得眞盜尉以是黜累遷常州路推官豪民黃甲恃財殺人賂佃客誣伏伯啓讞得其情遂坐甲殺人罪遷河南省都事台州路治中御史潘昂霄廉訪使王俁交薦擢拜西臺御史改都事關陝自許衡倡道學教多士伯啓請建祠立學以表其績朝議是之涇陽民誣其尹不法伯啓覈實抵民罪四川廉訪僉事闊闊木以苛刻聞伯啓糾黜之延祐元年陞內臺都事遷刑部侍郎丞相鐵木迭兒專政一日召刑曹官屬問曰西僧訟某之罪何爲久弗治衆莫敢對伯啓從容言曰犯在赦前丞相雖甚怒莫之奪也宛平尹盜官錢鐵木迭兒欲併誅守者伯啓執不可杖遣之八番帥擅殺起邊釁朝廷已用帥代之矣命伯啓往詰其事次沅州道梗伯啓恐兵往則彼驚將致亂乃遣令史楊鵬單騎往諭新帥備得其情止奏坐前帥擅興罪邊民以安大同宣慰使法忽魯丁撲運嶺北糧歲數萬石肆爲欺罔累贓鉅萬朝廷遣使督徵前後受賂皆反爲之游言最後伯啓往其人已死喩其子弟曰負官錢雖死必徵與其納賂於人曷若償之於官第條汝父所賂之數官爲徵之諸受賂者皆懼而潛歸賂於其子爲鈔五百餘萬緡民之逋負而無可理者卽列上與免之出爲眞定路總管治尚寬簡民甚安之延祐五年遷司農丞奉旨至江浙議鹽法罷檢校官置六倉於浙東西設運鹽官輪運有期出納有次船戶倉吏盜賣漏失者有罰歸報著爲令尋拜南臺治書侍御史因言揚淸激濁屬在臺憲諸被枉赴愬者實則直之妄則加論可也今訟冤一切不問豈風紀定制乎俄去位英宗立召拜山北廉訪使時勅建西山佛宇甚亟御史觀音奴等以歲饑請緩之近臣激怒上聽遂誅言者伯啓曰主上聰明睿斷是不可以不諍遂劾臺臣緘默使昭代有殺諫臣之名帝爲之悚聽俄拜集賢學士御史臺侍御史有詔同刊定大元通制伯啓言五刑者刑異五等今黥杖徒役於千里之外百無一生還者是一人身備五刑非五刑各底於人也法當改易丞相是之會伯啓除浙西廉訪使不果行泰定初引年北歸優游鄉社碭人賢之表所居爲曹公里伯啓性莊肅奉身淸約在中臺所奬借名士尤多爲侍讀學士考試國子首取呂思誠姚紱雲南僉事范震言宰臣欺上罔下不報范飮恨死伯啓具其事書于太史眞州知州呂世英以剛直獲罪伯啓白其枉進擢風憲其好彰善率類此天歷中起伯啓爲淮東廉訪使陝西諸道行御史臺中丞使驛敦遣伯啓喟然曰吾年且八十尚忘知止之戒乎終不起一時被命者因相繼去位天下之士高之至順三年長子震亨卒于毗陵伯啓往拊之明年二月卒于毗陵年七十九有詩文十卷號漢泉漫稿續集三卷行世子六人孫十人皆顯仕

李元禮

李元禮字庭訓眞定人資性莊重燕居不妄言笑歷易州大都路儒學教授遷太常太祝陞博士定撰世祖聖德神功文武皇帝昭睿順聖皇后裕宗文惠明孝皇帝尊謚議稱頌功德體製溫雅請謚圜丘升祔太室禮文多其所詳定元貞元年擢拜監察御史彈劾無所回撓二年有旨建五臺山佛寺皇太后將臨幸元禮上疏曰古人有言曰生民之利害社稷之大計惟所見聞而不係職司者獨宰相得行之諫官得言之今朝廷不設諫

官御史職當言路卽諫官也烏可坐視得失而無一言以裨益聖治萬分之一哉伏見五臺創建寺宇土木旣興工匠夫役不下數萬附近數路州縣供億煩重男女廢耕織百物踊貴民有不聊生者矣伏聞太后親臨五臺布施金幣廣資福利其不可行者有五時當盛夏禾稼方茂百姓歲計全仰秋成扈從經過千乘萬騎不無蹂躪一也太后春秋已高親勞聖體往復暑途數千里山川險惡不避風日輕冒霧露萬一調養失宜悔將何及二也今上登寶位以來遵守祖宗成法正當兢業持盈之日上位舉動必書簡冊以貽萬世之則書而不法將焉用之三也夫財不天降皆出於民今日支持調度方之曩時百倍而又勞民傷財以奉土木四也佛本西方聖人以慈悲方便爲敎不與物競雖窮天下珍玩奇寶供養不爲喜雖無一物爲獻而一心致敬亦不爲怒今太后爲國家爲蒼生崇奉祈福福未獲昭受而先勞聖體聖天子曠定省之禮軫思親之懷五也伏願中路回轅端居深宮儉以養德靜以頤神上以循先皇后之懿範次以盡聖天子之孝心下以慰元元之望如此則不祈福而福至矣臺臣不敢以聞大德元年侍御史萬僧與御史中丞崔彧不合詣架閣庫取前章封之入奏曰崔中丞私黨漢人李御史爲大言謗佛不宜建寺帝大怒遣近臣賫其章勅右丞相完澤平章政事不忽木等鞫問不忽木以國語譯而讀之完澤曰其意正與吾同往吾嘗以此諫太后曰我非喜建此寺蓋以先皇帝在時嘗許爲之非汝所知也或與萬僧面質於完澤不忽木抗言曰他御史懼不肯言惟一御史敢言誠可賞也完澤等以章上聞帝沉思良久曰御史之言是也乃罷萬僧復元禮職未幾改國子司業以疾卒贈亞中大夫翰林直學士輕車都尉追封隴西郡侯子端仕至禮部尚書

王壽

王壽字仁卿涿郡新城人幼穎敏嗜學長以通國字爲中書掾旣而用朝臣薦入侍裕宗眷遇特異至元十九年授兵部員外郎二十二年陞吏部郎中二十四年分置尚書省遂革二十八年罷尚書省歸中書復任吏部郎中以壻康里不忽木柄用當道卽自免去明年拜大司農丞不赴元貞二年出爲燕南河北道廉訪副使大德二年不忽木爲中執法復棄官歸三年授集賢直學士秩滿就陞侍讀學士俄擢御史臺侍御史論事剴切六年二月召壽奉香江南徧祠嶽鎭海瀆密旨去歲風水爲災百姓艱食凡所經過採聽入對使還具奏民之利病繫於官吏善惡在今宜選公廉材幹存心愛物者事撫字剛方正大深識治體者居風憲天災代有賑濟以時無勞聖慮惟是豪右之家仍據權要當罷其職處之京師以保全之此長久之道也初壽與臺臣奏宰相內統百官外均四海位尊任重不可輕假非人三代以降國之興衰民之休戚未有不由相臣之賢否也世祖初置中書省以忽魯不花塔察兒線眞安童伯顏等爲丞相史天澤劉秉忠廉希憲許衡姚樞等實左右之當時稱治比唐貞觀之盛迨至阿合馬郝禎耿仁盧世榮桑哥忻都等壞法黷貨流毒億兆近者阿忽台伯顏八都馬辛阿里等專政擅權中禁幾搖神器君子小人已試之驗較然如此臣願推愛君思治之心邪正互陳成敗對舉庶幾上悟天衷懲其既往知所進退天下之事可從而理也九年參議中書省事十年改吏部尚書十一年武宗卽位首拜御史中丞未幾更拜左丞俄復拜御史中丞至大二年三月臥疾求代三年夏還太子賓客集賢大學士秋九月卒年六十明年贈銀青榮祿大夫平章政事上柱國薊國公諡文正

王倚

王倚字輔臣其先東萊人也父永福金末避地徙燕爲宛平著姓富雄閭里倚爲人孝友樂易重然諾與人交不苟合讀書務躬行不專事章句世祖選良家子入侍東宮時倚年弱冠在衆中儀觀獨偉太保劉秉忠深器重之卽以充選倚服勤守恪遂見信任有詔皇太子裁決天下事凡時政所急民瘼所係倚知無不言是時官職未備而湯沐分邑地廣事繁當有統屬乃拜倚工部尚書行本位下隨路民匠都總管至元二十一年詔立東宮官屬以倚爲家丞又置儲用司掌貨幣出納令倚兼之後以疾辭職仍給太子家丞祿以優養之倚上言不事事而苟竊祿食臣心誠所未安不許力辭再四方許之二十六年皇孫出鎭懷孟帝爲選老成練達舊臣護之乃以屬倚陛辭帝目之良久謂侍臣曰倚修潔人也左右皇孫得人矣及行營幕所在軍政肅然未幾召還二十八年授禮部尚書以疾辭明年卒年五十三贈正議大夫禮部尚書追封太原郡侯諡忠肅子二人鵬異樣總管府總管

劉正

劉正字淸卿淸州人也年十五知讀書習吏事初辟制國用使司令史遷尚書戶部令史至元八年罷諸路轉運司立局考核逋欠正掌其事大都運司負課銀五百四十七錠逮繫倪運使等四人徵之視本路歲入簿籍實無所負辭久不決正察其冤遍閱吏牘得至元五年李介甫關領課銀文契七紙適合其數驗其字畫皆司庫辛德柔所書也辛貧窶時已富實交結權貴莫敢誰何正廉得其實始白尚書捕鞫之悉得課銀辛旣伏辜而四人得釋正由是知名轉樞密院令史辟掾中書十四年分省上都會諸王昔里吉叛至居庸關守者告前有警急使姑退正曰職當進而弗往後至者益怯矣馳出關至上都邊將請黃白金符充戰賞主者告乏中書檄工部造給之後帝以爲欺罔欲詰治正曰軍賞貴速先造符印而後稟命豈不可乎帝釋之十五年擢左司都事時阿合馬當國與江淮行省阿里伯崔斌有隙誣以盜官糧四十萬命刑部尚書李子忠與正馳驛往按其事獄弗具阿合馬復遣北京行省參知政事張澍等四人雜治之竟寘二人于死正乃移疾還家十八年徵爲左司員外郎十九年春阿合馬併中書左右司爲一遂爲左右司員外郎三月阿合馬敗火魯霍孫爲右丞相復爲左司員外郎謁告歸九月中書傳旨捕正與參政咱喜魯丁等偕至帝前問曰汝等皆黨於阿合馬能無罪乎正曰臣未嘗阿附惟法是從耳會日暮車駕還內俱械繫于闌東隙地踰數日姦黨多伏誅復械繫正于拱衞司火魯霍孫日上嘗謂劉正衣白衣行炭穴十年可謂廉潔者乃免歸二十年春樞密院奏爲經歷陞參議樞密院事二十五年桑哥旣立尚書省擢爲戶部侍郎陞戶部尚書嘗舉覈河間鹽運官虧課事幾陷于罪乃移疾歸二十八年桑哥敗完澤爲丞相復擢爲戶部尚書陞參議尚書省罷仍參議中書省事湖南馬宣慰庶子因爭廕不得誣告其兄匿亡宋官金正知其誣罪之仍官其兄濟南張同知子求爲兩淮運使正知其不稱弗與張遂作飛語搆其事帝召正詰之曰匿金事在右司爭廕事在左司參議乃幕長寢右而舉左寧無私乎正辨析明事遂釋三十年御史臺奏爲侍御史中書省奏爲吏部尚書已而復留爲侍御史遷江南行御史臺中丞大德元年改同僉樞密院事尋出爲雲南行中書省左丞右丞忙兀突魯迷失請征緬正以爲不可俄俱被徵又極言其不可不從師果無功雲南民歲輸金銀近中慶城邑戶口則詭稱逃亡甸寨遠者季秋則遣官領兵往徵人馬芻糧往返之費歲以萬計所差官必重賂省臣乃得遣徵收金銀之數必十加二而拆閱之數又如之其送迎饋贐亦如納官之數所遺者又以銅雜銀中納官正首疏其弊給官秤俾土官身詣官輸納其弊始革始至官儲𧴩二百七十萬索白銀百錠比四年得𧴩一千七十萬索金百錠銀三千錠七年秋還淸州八年六月以左丞行省江西冬十月改江浙武宗卽位召爲中書左丞陞右丞二年立尚書省懇辭還家仁宗卽位召諸老臣入議國事正詣闕言八事一曰守成憲二曰重省臺三曰辨邪正四曰貴名爵五曰正官符六曰開言路七曰愼賞罰八曰節財用會行赦改元集議行之仁宗初政風動天下正與諸老臣陳贊之力居多累乞致仕不許拜榮祿大夫平章政事議中書省事時議經理河南淮浙江西民田增茶鹽課額正極言不可弗從歲大旱野無麥穀種不入土臺臣言燮理非其人姦邪蒙蔽民多冤滯感傷和氣所致有旨會議平章李孟曰燮理之責儒臣獨孟一人請避賢路平章忽都不丁曰臺臣不能明察奸邪臧否時政可還詰之正言臺省一家當同心獻替擇善而行豈容分異耶孟搖首竟如忽都不丁言右丞相帖木迭兒傳旨廉訪司權大重故按事失實自今不許事決六品以下官平章忽都不丁李孟將議行之正言但當擇人法不可易也事遂寢延祐六年卒後贈宣力贊治功臣光祿大夫司徒柱國趙國公諡忠宣子秉德官秘書監丞歷兵工二部侍郎出爲安慶路總管秉仁以廕爲中書架閣管勾累官工部尚書致仕

謝讓

謝讓字仲和潁昌人祖義有材勇金貞祐間爲義軍千戶讓幼穎悟好學及壯推擇爲吏補宣慰司令史國兵取宋立行中書省於江西讓以選爲令史調河間等路都轉運鹽司經歷先是竈戶在軍籍者悉除其名以丁多寡爲額輸鹽其役多顧舊戶代爲煮鹽而顧錢甚薄讓言軍戶旣落籍爲民當與舊竈戶均役旣令代役豈宜復薄其傭使重困乎自今顧人必厚與直乃聽先是逃亡戶率令見戶包納其鹽由是豪強者以計免而貧弱愈困讓令驗物力多寡比次甲乙以均之擢南臺御史舉湖廣行省平章政事哈剌哈孫荅剌罕可爲御史大夫山東廉訪使陳天祥可爲御史中丞右司員外郎高昉可任風憲劾江浙省臣聽詔不恭及不法事帝遣使雜問旣欵服詔令讓與俱來人皆危之讓恬然若無事者臺綱以之益振大德間詔立陝西行御史臺以讓爲都事凡御史封章及文移其可否一決于讓入爲中

書省右司都事遷戶部員外郎時東勝雲豐等州民饑乞糴鄰郡憲司懼其販鬻爲利閉其糴事聞于朝讓設法立禁閉糴者有罪三州之民賴以全活者甚衆四年授宗正府郎中擢監察御史遷中書省右司員外郎出爲湖廣行省左右司郎中時廣西兩江岑雄黃聖許等屢相讐殺爲邊患讓謂此曹第可懷柔不宜力競寬其法以羈縻之使不至跳梁可也若乃舍中國有用之民爭炎荒不毛之地非長策也因書榜招諭以攜其黨湖廣宣慰使張國紀建言科江南夏稅讓極言其非便遷河南行省左右司郎中是時江淮屯戍軍二十餘萬親王分鎮揚州皆以兩淮民稅給之不足則漕於湖廣江西是歲會計兩淮僅少三十萬石讓請以淮鹽三十萬引鬻之收其價鈔以給軍食不勞遠運公私便之至大元年轉戶部侍郎時京倉主計吏以倉廩多鏵漏惟久雨米壞請覆糠粃其上因揉諸米中以給內外工人及宿衞者讓察其奸以爍桔易之奸弊悉除二年拜西臺治書侍御史三年拜治書侍御史未上改同僉樞密院事尋拜戶部尚書仁宗在東宮以讓先朝舊人召見賜酒以示眷注四年改刑部尚書仁宗即位加讓正議大夫入謝賜以巵酒讓痛飲之帝曰人言老尚書不飲何飲耶讓曰君賜不敢違也少頃醉不能立命扶出之翼日讓謝帝曰老尚書誠不飲也初尚書省柄臣搆殺留守鄭阿爾思蘭籍其家中外冤之尚書省罷未有直其冤者讓明其事以所籍貲產給還之有旨六部事疑不決者須讓共議而後上聞於是戶部更定鈔法禮部議正禮文讓皆與焉刑部有案讓未署字而誤用印吏懼遂私效讓署事覺度無損於事且憐吏以罪廢遂祕之日吾署也其寬厚多類此讓上言古今有天下者皆有律以輔治堂堂聖朝詎可無法以準之使吏任其情民罹其毒乎帝嘉納之乃命中書省纂集典章以讓精律學使爲校正官賜青鼠裘一襲侍宴服六襲二年朝廷以吏多滯事責曹掾不如程者令下讓曰刑獄非錢穀銓選之比寬以歲月尚慮失實豈可律以常法乎乃入白于宰相曰尚書言是也由是刑曹獨得不責稽違拜陝西行省參知政事未幾拜西臺侍御史命甫下詔罷西臺復立就拜侍御史四年十月卒于官年六十有六贈正奉大夫河南行省參知政事追封陳留郡公諡憲穆子好古奉政大夫覆實司提舉

韓若愚

韓若愚字希賢保定滿城人由武衞府史授通惠河道所都事開河有功詔賜錦衣一襲遷留守司都事尋陞經歷出知薊州改中書左司都事時監燒昏鈔者欲取能名槩以所燒鈔爲僞鈔使管庫者誣服獄既具若愚知其冤覆之得免死者十餘人遷刑部郎中提舉諸路寶鈔庫擢吏部郎中仁宗即位故事凡潛邸官吏不次遷轉若愚以歲月定其資品遂著爲令皇慶元年遷內臺都事改刑部侍郎尋擢中書左司郎中時議禁民田獵犯者抵死若愚曰昔齊宣王之囿方四十里殺其麋鹿者如殺人之罪孟子非之衆以爲然遂輕其刑時參政曹鼎新辭職帝曰若效韓若愚廉勤足矣何用辭爲繼命若愚參議中書省事鐵木迭兒爲右丞相以憎愛進退百官恨若愚不附己羅織以事帝知其枉不聽拜戶部尚書延祐六年命理河間等路囚輕重各得其情復拜參議中書省事丞相鐵木迭兒復入相以舊憾誣若愚罪欲殺之帝不從復奏奪其官除名歸鄉里至治三年詔雪其冤泰定元年命復其官尋拜刑部尚書遷湖廣省參知政事未行改詹事丞八月命宣撫江浙復留爲侍御史時左丞相倒剌沙擅威福以事誣侍御史亦憐珍等下樞密獄無敢言其冤若愚以計奏左丞相倒剌沙爲右大夫其事遂解三年擢浙西廉使未行拜河南省左丞會文宗平內難若愚畫策中機帝嘉之進資政大夫天曆三年遷淮西江北道廉訪使九月以疾卒年六十八贈資德大夫江浙等處行中書省左丞上護軍追封南陽郡公諡貞肅

趙師魯

趙師魯字希顏霸州文安縣人父趾祕書少監贈禮部尚書師魯爲人風采端莊在太學力學如寒士延祐初爲興文署丞五年遷將作院照磨七年辟爲御史臺掾後補中書省掾於朝廷典章故實律令文法無不練習臨事明敏果斷執政奇之及典銓選平允無私人無不服擢工部主事遷中書省檢校官咸著能名泰定中拜監察御史時大禮未舉師魯言天子親祀郊廟所以通精誠逆福釐生烝民阜萬物百王不易之禮也宜鑒成憲講求故事對越以格純嘏帝嘉納焉元夕令出禁中命有司張燈山爲樂師魯上言燕安怠惰肇荒淫之基奇巧珍玩發奢侈之端觀燈事雖微而縱耳目之欲則上累日月之明疏聞遽命罷之賜師魯酒一上尊且命御史大夫傳旨以嘉忠直是時宰相倒剌沙密專命令不使中外預知師魯又上言古之人君將有言也必先慮之於心咨之於衆決之於故老大臣然後斷然行之渙若汗不可反未有獨出柄臣之意不咨衆謀者也不報倒剌沙雖剛狠亦服其敢言有朝士年未及致仕其子請預廕其官而執政者爲之地師魯駁其非事遂止遷樞密院都事改本院經歷致和初陞奉政大夫參議樞密院事天曆中遷樞密院判官改兵部侍郎丁父憂特旨起爲同僉樞密院事師魯固辭不就服除復爲樞密判官持節治四川軍馬諭上威德大閱于郊寬簡有法士卒懷其恩信未幾遷中順大夫刑部侍郎樞密院復奏爲其院判官久之出爲河間路轉運鹽使除害興利法度修飭絕巡察之奸省州縣廚傳贈遺之費竈戶商人無不便之歲課遂大增暇日又割己俸率僚吏新孔子廟命吏往江右製雅樂聘工師春秋釋奠士論稱之師魯由從官久典金穀每鬱鬱不樂疾篤棄官歸京師至元三年九月卒年五十有三贈嘉議大夫禮部尚書天水郡侯諡文清

劉德溫

劉德溫字純甫大興人起家中書省宣使大德十一年以年勞授從仕郎內宰司照磨監建興聖宮又調承務郎掌儀署令未幾陞奉訓大夫內宰司丞奉中旨徵河南民逋糧德溫輒平其價令出鈔以償民甚便之復陞朝列大夫延福司丞奉旨代祀嶽瀆比還遷中憲大夫同知大都路都總管府事輦轂之下供億浩繁德溫措置有法民用不擾遷甄用少監陞亞中大夫禮部侍郎復陞嘉議大夫同知上都留守司事省檄和糴糧民以價不時得逓相觀望德溫下令曰糧入價出吏有敢爲弊者罪之於是糧不踰期而集轉大司農丞耕籍之儀取具一時德溫欲考訂典禮集爲成書未畢俄授通議大夫永平路總管永平當天曆兵革之餘野無居民德溫爲政一年而戶口增倉廩實遂興學校以育人材庶事畢舉歲大旱禱而雨歲以不歉灤漆二水爲害有司歲發民築堤德溫曰流亡始集而又役之是重困民也遂罷其役而水亦不復至有豪民武斷于鄉里前吏莫敢治德溫按得其罪論如法杖之書其過于門後竟以不道伏誅永平古孤竹國也國初郡守楊阿台請于朝諡伯夷曰淸惠叔齊曰仁惠爲廟以祀之而祀禮猶未具也德溫請命有司春秋具牢禮致祭從之著爲式賜廟額曰聖淸士論韙之至順四年卒年六十九贈正議大夫禮部尚書上輕車都尉彭城郡侯諡淸惠

尉遲德誠

尉遲德誠字信甫絳州人祖天澤仕金爲庫官郡王帶孫拔絳州天澤在俘中道見兵死者輒涕泣收瘞之帶孫令佩金符授霍州御衣局人匠總管父顯仕至潞州知州德誠歷官太子率更丞至大元年改詹事院都事二年遷家令司丞仁宗以爲謹恪常賜酒帛得侍左右數薦士出則未嘗語人聽事前有粟苗不種而萌偶出一莖雙穗衆以爲嘉禾陞家令四年選爲河東山西道宣慰司同知擊姦吏寬稅歛上計京師入見帝方食賜以餕餘擢工部尚書未拜改陝西行臺治書侍御史延祐元年遷京畿都漕運使二年拜遼東道肅政廉訪使上疏言事其畧曰勞諸王以懷其心防出入以嚴宮禁立諫官以遠讒佞崇科舉以求人材立常平以備荒年汰僧道以寬民力舉賢良以勵忠孝抑奢侈以厚風俗及拯鈔法裁冗官等事未報而卒年五十三

秦起宗

秦起宗字元卿其先上黨人後徙廣平深水縣曾大父當金季兵起竄山麓爲洞奉其親以居傍竄大洞匿其里中百人閉之具牛酒出待兵兵入索惟見其親屬曰孝士也釋之去里人曰秦父生我起宗生長兵間學書無從得紙父削柳爲簡寫以授之成誦削去更書年十七會立蒙古學輒成辟武衞譯史御史中丞塔察兒愛其才遷中臺史是時尚書省專制吏張起宗持文嚴密無所泄仁宗即位罷尚書省轉中書史累遷太子家令司典簿官上言東宮官屬輔導德義財賦非所治也朝廷是之遷南臺御史建康多水或實災而有司抑之或無災而訴災起宗微行得實人以爲神明文宗初立命威順王征八番是時蜀省襄加台拒命未平起宗極言武昌重鎭當備上流之師親王不可遠去力止之及王入見帝謂曰八番之行非秦元卿幾爲失計其後八番師還無敢擾於道路者朝議以起宗治蜀幕府忘其名曰秦元卿帝引筆改曰起宗其眷注如此拜中臺御史劾中丞和尚受人婦人賂買縣官屋不報起宗從臺官入見跽辯久之勅令起宗不起會日暮出明日立太子有赦起宗又奏不罪和尚無以正國法和尚服辜帝曰爲御史當如是矣元會賜只孫服令得與大宴又劾闊闊卜咱耳竊父妾以逃其父憤死瀆亂天常流之嶺南自是盡言無諱皆見聽用有御史奏議一卷遷都漕運使帝召諭之曰漕輸事多廢闕賴御史治之爾出爲撫州路總管至官有司供帳甚盛問其費所從出小吏不敢隱曰借辦於民遂亟使歸之几席僅給而已自是官府僚佐有宴集成禮即止因諭衆曰我素農家

安儉約務安靜庶使吾民化之居一歲以老去官明年以兵部尚書致仕居一歲卒諡昭肅子四人鈞銓鐸鏞鈞西臺御史鏞延徽寺經歷銓都省掾鐸蚤卒

元史卷一百七十七

明翰林學士亞中大夫知制誥兼修國史宋　濂等修

列傳第六十四

張思明

張思明字士瞻其先獲嘉人後徙居輝州思明穎悟過人讀書日記千言至元十九年由侍儀司舍人辟御史臺掾又辟尚書省掾左丞相阿合馬既死世祖追咎其奸欺命尚書簿問遺孽一日召右丞何榮祖左丞馬紹盡輸其贓以入思明抱牘從日已昏命讀之自昏達曙帝聽忘疲曰讀人吐音大似侍儀舍人右丞對曰正由舍人選爲掾帝奇之曰斯人可用明日擢爲大都路治中思明以超遷踰等固辭乃改湖廣行省都事元貞元年召爲中書省檢校六曹無滯案遷戶部主事大德初擢左司都事有獻西域秤法思明以惑衆不用初立海道運糧萬戶府于江浙受除者憚涉險不行思明請陞等以優之因著爲令五年轉吏部郎中九年改集賢司直十年除江浙行中書省左右司郎中十一年春兩浙大饑首贊發廩賑之至大三年遷兩淛鹽運使未上入參議樞密院事改中書省左司郎中皇慶元年再授兩浙鹽運使歲課充羨僚屬請上增數思明曰羨縮不常萬一以增爲額是我希一己之賞遺百世之害二年召爲戶部尚書延祐元年進參議中書省事三年拜中書參知政事仁宗即位浮屠妙總統有寵勅中書官其第五品思明執不可帝大怒召見切責之對曰選法天下公器徑路一開來者雜遝故寧違旨獲戾不忍隳祖宗成憲使四方得窺陛下淺深也帝心然其言而業已許之曰卿可姑與之後勿爲例乃爲萬億庫提舉不與散官久之近臣疾其持法峭直日搆讒間出爲工部尚書帝問左右曰張士瞻居工部得無怏怏乎對曰勤政如初帝嘉歎之命授宣政院副使五年除西京宣慰使嶺北戍士多貧者歲凶相挺爲變思明威惠並行邊境乃安因疏和林運糧不便事十一條帝勞以端硯上尊會左丞相哈散辭職帝不允其請益堅帝詰之曰朕任卿未專邪曰非曰近臣有撓政者邪曰無有也然則何爲而辭對曰臣自揆才薄恐悞陛下國事若必欲任臣願薦一人爲助帝問爲誰朕能從汝哈散再拜謝曰臣願得張思明即日拜思明中書參知政事比召至車駕幸上都見於道慰勉之曰卿向不負朕注委故朕用哈散言復起汝未幾陞左丞帝崩英宗宅憂右丞相帖木迭兒用事日誅大臣不附己者中外洶洶思明諫曰山陵甫畢新君未立丞相恣行殺戮國人皆謂陰有不臣之心萬一諸王駙馬疑而不至將奈之何不可不熟慮也衆皆危之帖木迭兒大悟曰非左丞言幾誤吾事帝造壽安山寺監察御史觀音保瑣咬兒哈的迷失成珪李謙亨強諫帝震怒殺觀音保瑣咬兒哈的迷失以成珪李謙亨屬吏思明白丞相曰言事御史職也祖宗已來未嘗殺諫臣成李既屬吏當論法丞相乃力言之二人得從輕典及拜住爲左丞相與帖木迭兒各樹朋黨賊害忠良思明懼禍及累表辭不獲後竟謫以不支掌古子女口糧餓死四百人遂廢于家杜門六年文宗天歷元年起爲江浙行中書省左丞會陝西大饑中書撥江浙鹽運司歲課十萬錠賑之吏白周歲所入已輸京師當回咨中書思明曰陝西饑民猶鮒在涸轍往復踰月是索之枯魚之肆也其以下年未輸者如數與之有罪吾當坐朝廷韙之二年復以中書左丞召入覲慈仁殿敷陳累朝任賢使能治民足國之道因以衰老辭帝未允明日即移告去重紀至元三年卒年七十八思明平生不治產不畜財收書三萬七千餘卷尤明於律與謝仲和曹鼎新同稱三絕贈推忠翊治守義功臣依前中書左丞上護軍清河郡公諡貞敏

吳元珪

吳元珪字君璋廣平人父鼎燕南提刑按察副使元珪簡重好深沈之思凡征謀治法律令章程皆得於家庭之所授受至元十四年世祖召見命侍左右授後衞經歷佩金符十七年從幸上都受命取御藥於大都萬歲山元珪乘傳未盡一晝夜而至帝奇其速擢樞密都事陞經歷嘗從同知樞密院事俺伯進西蕃鎧甲帝問其制度元珪應對詳明帝益奇之初江南既定樞密奏裁定官屬京師五衞行省萬戶府設官有差均俸祿給醫藥設學校置屯田多元珪所論建二十六年參議樞密院事時繕修宮城尚書省奏役軍士萬人留守司主之元珪亟陳其不便乃立武衞繕理宮城以留守段天祐兼都指揮使凡有興作必以聞於樞府尋陞樞密院判官奏定萬戶用軍士八人千戶四人百戶二人多役者有罰二十八年除禮部侍郎遷左司郎中三十一年參議中書省事大德元年除吏部尚書選曹銓注多有私其鄉里者元珪曰此風不可長川黨朔黨之興宋之所由衰也請謁悉皆謝絕三年宣撫燕南劾貪吏若干人遷工部尚書河朔連年水旱五穀不登元珪言春秋之義以養民爲本凡用民力者必書蓋民力息則生養遂生養遂則教化行而風俗美宰相嘉其言土木之工稍爲之息六年僉河南行中書省事將行拜江浙行省參知政事初朱清張瑄以財雄江南編以金幣連結當路及伏誅錄其家具籍所交諸公貴人而江浙省臣爲尤甚惟元珪一無所污武宗即位由僉樞密院事拜樞密副使詔元珪二十餘人議政中書若惜人力嚴選舉節財用定律令謹賞罰建科舉課農桑汰冗員易封贈皆切於世務者初詔發軍萬人屯田稱海以實邊海都之亂被俘者衆至是頗有來歸者飢寒不能存至鬻子以活元珪具其事以聞詔賜錢贖之帝在軍中即聞元珪名至是特加平章政事賜白金二百五十兩只孫衣四襲仁宗即位詔元珪與十六人議時政皇慶元年出拜江浙行省左丞江淮漕臣言江南殷富蓋由多匿腴田若再行檢覈之法當益田畝累萬計元珪曰江南之平幾四十年戶有定籍田有定畝一有動搖其害不細執其論固爭月餘不能止移疾去延祐元年拜甘肅行省左丞歲餘召還俾宣撫遼陽諸郡復爲樞密副使召見嘉禧殿帝曰卿先朝舊臣宜在舊服特加榮祿大夫賜鈔五千緡貂裘二襲元珪奏曰昔世祖限田四百畝以給軍需餘田悉貢賦稅今經理江淮田土第以增多爲能加以有司頭會箕斂俾元元之民困苦日甚臣恐變生不測非國之福惟陛下少加意焉帝曰凡軍士之田並遵舊制至治元年英宗即位元珪與知樞密院事帖木兒不花上軍民之政十餘事大抵言諸王近侍不可千軍政管軍官吏不可漁取軍戶軍官之材者當遷其職有司賦役當務均一而軍民不可有所偏軍官襲職惟傳適嗣而支庶不可有所亂帝並嘉納即降旨施行之元珪以年老致仕至治二年起商議中書省事三年卒泰定元年贈光祿大夫河南等處行省平章政事柱國追封趙國公諡忠簡三年復加推誠佐理功臣光祿大夫司徒

張昇

張昇字伯高其先定州人後徙平州昇幼警敏過人學語時輒能辨字音應對異於常兒既長力學工文辭至元二十九年用薦者授將仕郎翰林國史院編修官預修世祖實錄陞應奉翰林文字尋陞修撰歷興文署令遷太常博士成宗崩大臣承中書議奉徽號饗宗廟昇曰在故典凡有事于宗廟必書嗣皇帝名今將何書議遂寢武宗即位議躬祀禮昇據經引古參酌時宜以對帝嘉納之至大初改太常寺爲太常禮儀院即除昇爲判官久之外補知汝寧府民有告寄東書於其家者驗三年取閱有禁書一編且記里中大家姓名于上昇亟呼吏焚其書曰妄言誣民且再更赦矣勿論同列懼皆引起既而事聞廷議謂昇脫姦軌遣使窮問卒無跡可指乃詰以擅焚書狀昇對曰事固類姦軌然昇備位郡守爲民父母今斥誣訴免寃濫雖重得罪不避乃坐奪俸二月旁郡移文報吳人侯君遠者言歲直壬子六月朔日蝕其占爲兵寇歲癸丑其應在吳分野同列欲召屬縣爲備禦計昇曰此訛言久當自息毋用惑民聽斥其無稽衆論韙之部使者舉治行爲諸郡冣歷江西行省左右司郎中除紹興路總管初大德至大間越大饑且疫癘民死者殆半賦稅鹽課責里胥代納吏並緣爲姦害富家昇爲証于簿籍白行省鐫之前守有爲江淛行省參知政事者爭代者祿米有隙欲內之罪移平江歲輸海運糧布囊三萬俾紹興製如數民患苦之不能堪吏數守謂歲例如此置弗問昇言麻非越土所生海漕實吳郡事於越無與章上卒罷之昇旣謹於繩吏又果於去民瘼故人心悅服歷湖北道廉訪使江南行臺治書侍御史召爲參議中書省事改樞密院判官尋復中書參議至治二年又出爲河東道廉訪使未行拜治書侍御史明年出爲淮西道廉訪使泰定二年拜陝西行省參知政事加中奉大夫尋遷遼東道廉訪使屬禾平大水民多捐瘠昇請發海道糧十八萬石鈔五萬緡以賑饑民且蠲其歲賦朝廷從之民得全活者衆明年召拜侍御史天歷初出爲山東道廉訪使時方有警有司請完城以爲備昇曰民恃吾以生完城是棄民也由是民皆安之文宗賜尚醞文幣以賞其功踰年召爲太禧院副使兼奉贊神御殿事除河南省左丞復遷淮西道廉訪使昇時年六十有九上書乞致仕至順二年復起爲集賢侍講學士文宗眷待之意甚隆元統元年願

元史卷一百七十八

明翰林學士亞中大夫知制誥兼修國史宋　濂等修

列傳第六十五

梁曾

梁曾字貢父，燕人。祖守正父德皆以曾貴贈安定郡公曾少好學日記書數千言中統四年以翰林學士承旨王鶚薦辟中書左三部令史三轉爲中書省掾至元十年用累考及格授雲南諸路行省都事佩銀符久之歷員外郎十五年轉同知廣南西道左右兩江宣撫司事明年除知南陽府唐鄧二屬州爲襄陽府所奪曾按圖經稽國制以聞事得復舊南陽在宋末爲邊鄙桑柘未成而歲賦絲民甚苦之曾請折輸布民便之十七年朝廷以安南世子陳日烜不就徵選曾使其國召見賜三珠金虎符貂裘一襲進兵部尚書與禮部尚書柴椿偕行至安南語祕不傳明年日烜遣其叔遺愛奉表從曾又獻方物帝封遺愛爲安南國王賜幣帛遣歸二十一年除曾湖南宣慰司副使居三年以疾去二十九年改淮西宣慰司副使復以親老辭召至京師入見內殿有旨令曾再使安南授吏部尚書賜三珠金虎符襲衣乘馬弓矢器幣以禮部郎中陳孚爲副十二月改授淮安路總管而行三十年正月至安南其國有三門中曰陽明左曰日新右曰雲會部臣郊迎將由日新門入曾大怒曰奉詔不由中門是我辱君命也即回館既而請開雲會門入曾復執不可始自陽明門迎詔入又責日燇親出迎詔且講新朝尚右之禮以書往復者三次具宣布天子威德而風其君入朝世子陳日燇大感服三月令其國相陶子奇等從曾詣闕請罪並上萬壽頌金冊表章方物而以黃金器幣奇物遺曾爲贐曾不受以還諸陶子奇八月還京師入見進所與陳日燇往復議事書帝大悅解衣賜之且令坐地上右丞阿里意不然帝怒曰梁曾兩使外國以口舌息兵戈爾何敢爾是日有親王至自和林帝命酌酒先賜曾謂親王曰汝所辦者汝事梁曾所辦吾與汝之事汝勿以爲後也復於便殿賜酒饌留宿禁中語安南事至二鼓方出明日陶子奇等見詔陳其方物象鸚鵡于庭而命曾引所獻象曾以袖引之象隨曾轉如素馴者復命引他象亦然帝以曾爲福人且問曰汝亦懼否對曰雖懼君命不敢違帝稱善或譏曾受安南賂者帝以問曾曾對曰安南以黃金器幣奇物遺臣臣不受以屬陶子奇矣帝曰苟受之何不可也尋賜白金一錠金幣二勅中書以使安南三珠金虎符與之仍乘傳之任淮安到官興學校勵風俗河南行省事有疑者皆委曾議之大德元年除杭州路總管戶口復者五萬二千四百戶請禁莫夜鞫囚游街酷刑朝廷是之著爲令四年丁內艱先是丁憂之制未行曾上言請如禮七年除潭州路總管以未終制不赴明年遷兩浙都轉運鹽使又明年拜雲南行省參知政事賜三珠金虎符尋召還京辭以母喪未葬扶柩北歸至長蘆有旨賜鈔一百錠使營葬十年召爲中書參議營預燕賜只孫一襲十一年轉正奉大夫出爲河南行省參知政事尋遷湖廣行省參知政事四年以疾辭歸勑賜藥物存問備至皇慶元年仁宗以曾前朝舊臣特授昭文館大學士資德大夫累章乞致仕不允復起爲集賢侍講學士國有大政必命曾與諸老議之延祐元年奉詔代祀中岳等神還至汴梁以病不復職寓居淮南杜門不通賓客惟日以書史自娛至治二年卒年八十一卒之前十日有大星隕于所居流光燭地人皆異之

劉敏中

劉敏中字端甫濟南章丘人幼卓異不凡年十三語其父景石曰昔賢足於學而不求知豐於功而不自衒此後人所弗逮也父奇之鄉先生杜仁傑愛其文亟稱之敏中嘗與同儕各言其志曰自幼至老相見而無愧色乃吾志也至元十一年由中書掾擢兵部主事拜監察御史權臣桑哥秉政敏中劾其奸邪不報遂辭職歸其鄉既而起爲御史臺都事時同官王約以言去敏中杜門稱疾臺臣請視事敏中曰使約無罪而被劾吾固不當出誠有罪耶則我旣爲同僚又爲交友不能諫止亦不無過也出爲燕南肅政廉訪副使入爲國子司業遷翰林直學士兼國子祭酒大德七年詔遣宣撫使巡行諸道敏中出使遼東山北諸郡守令恃貴倖暴橫者一繩以法錦州雨水爲災輒發廩賑之除東平路總管擢陝西行臺治書侍御史九年召爲集賢學士商議中書省事上疏陳十事曰整朝綱省庶政進善良剔姦蠹顯公道杜私門廣恩澤實鈔法嚴武備舉封贈成宗崩姦臣希中旨贊其邪謀敏中援禮力爭之武宗即位召敏中至上京庶政多所更定授集賢學士皇太子贊善仍商議中書省事賜金幣有加頃之拜河南行省參知政事俄改治書侍御史出爲淮西肅政廉訪使轉山東宣慰使遂召爲翰林學士承旨召公卿集議弭災之道敏中疏列七事帝嘉納焉以疾還鄉里敏中平生身不慣帑口不論錢義不苟進進必有所匡救援據今古雍容

帝即位首詔在廷者艾訪問治道昇條上時所宜先者十事尋兼經筵官廷試進士特命昇讀卷事已告省先墓帝賜金織文袍以寵其歸明年以奎章閣大學士資善大夫知經筵事召賜上尊趣就職昇以疾辭帝察其不可強許之尋命本郡月給祿半以終其身至正元年卒年八十一贈資德大夫河南等處行中書省左丞謚文憲

臧夢解　陸垕

臧夢解慶元人宋末中進士第未官而國亡至元十三年從其鄉郡守將內附授奉訓大夫婺州路軍民人匠提舉未幾例革其所司而淛東宣慰司舉夢解才兼儒吏可試州郡朝廷是之授息州知州未行改海寧知州時淮東按察副使王慶之按行至其州見夢解剛直廉慎而學有淵奧自任職以來門無私謁官署蕭然凡有差役皆當其貧富而吏無所預於是民以戶計者新增七百六十有四田以頃計者新闢四百四十有三桑柘榆柳交蔭境內而政平訟簡爲諸州縣最乃舉夢解才德兼備宜擢清要以展所蘊而御史臺亦以其廉能抗章薦之二十七年夢解滿去者至是已五年矣屬江陰饑江淛行省委夢解賑之夢解不爲文具皆躬至其地而人給以米所活四萬五千餘人江南行臺治書侍御史苟宗道聞而韙之舉其名上聞除同知桂陽路總管府事三十年擢奉議大夫廣西肅政廉訪副使故事烟瘴之地行部者多不躬至而夢解咸遍歷焉遂按問賓州藤州兩路達魯花赤與凡貪官姦吏置于法者無慮八十餘人又平反邕州黃震被誣贓罪及藤州唐氏婦被誣殺夫罪凡兩冤獄大德元年遷江西肅政廉訪副使有臨江路總管李倜素狡猾而又附大臣勢以控持省憲夢解按其贓罪而一道澄清六年遷浙東肅政廉訪副使九年除廣東肅政廉訪使夢解至是既老且病乃納祿退居杭州以亞中大夫湖南宣慰副使致仕後至元元年卒夢解博學治聞爲時名儒然不少迂腐而敏於政事其操守尤爲介特所著書有周官考三卷春秋徵一卷夢解嘗自號魯山大夫士之稱之者不以官皆曰魯山先生云同時有陸垕者與夢解齊名監察御史鄭鵬南嘗以二人並薦于朝垕字仁重江陰人也自幼以孝友聞至元間丞相伯顏以師南下垕是時年未冠而志強氣銳率其鄉人見之論議有合兵遂不涉其境鄉人義之伯顏奏授爲同知徽州路總管府事以廉能擢置臺憲累遷至湖南肅政廉訪副使歷浙西廉訪使所至以無贓吏洗冤獄爲已任且嘗上章奏免儒役及舉行浙西助役法年五十卒賜謚莊簡

陳顥

陳顥字仲明其先居盧龍有名山者仕金爲謀克監軍太祖得之以爲平陽等路軍民都元帥子孫徙清州遂爲清州人顥幼頴悟日記誦千百言稍長遊京師登翰林承旨王磐安藏之門磐熟金典章安藏通諸國語顥兼習之安藏乃薦顥入宿衞尋爲仁宗潛邸說書於是仁宗奉母后出居懷慶顥從行日開陳以古聖賢居艱貞之道會成宗崩仁宗入定內難以迎武宗顥皆預謀及仁宗即位以推戴舊勳特拜集賢大學士榮祿大夫仍宿衞禁中政事無不與聞科舉之行顥贊助之力尤多顥時伺帝燕閒輒取聖經所載大經大法有切治體者陳之每見嘉納帝嘗坐便殿羣臣入奏事望見顥喜曰陳仲明在列所奏必善事矣顥以父年老力請歸養清州帝特命顥長子孝伯爲知州以就養顥固辭乃以孝伯爲州判官帝欲用顥爲中書平章政事顥叩首謝曰臣無汗馬之功又乏經濟之畧一旦寘之政塗徒速臣咎臣願得朝夕左右獻替可否庶少裨萬一亦以全臣愚忠帝乃允仁宗崩辭祿家居者十年文宗即位復起爲集賢大學士上疏勸帝大興文治增國子學弟子員蠲儒之徭役文宗皆嘉納焉顥先後居集賢署薦士牘累數百有許之者顥曰吾寧以謬舉受罰蔽賢誠所不恐順帝元統初顥扈蹕行幸上都至龍虎臺帝命造膝前而握其手曰卿累朝老臣更事多矣凡議政事宜極言無隱顥頓首謝不敏顥每集議其言無不剴切後至元四年致政命食全俸于家明年卒年七十六至正十四年贈攄誠秉義佐理功臣光祿大夫河南江北等處行中書省平章政事柱國追封薊國公謚文忠顥出入禁闥數十年樂談人善而惡聞人過大夫士因其薦拔以至顯列有終身莫知所自者是以結知人主上下無有怨尤歐陽玄爲國子祭酒與顥同考試國子伴讀每出一卷顥必拾而觀之苟得其片言善即以寘選列爲之色喜玄歎曰陳公之心蓋篤於仁而踰於厚者與可使鄙夫寬薄夫敦矣玄子敬伯至正中仕爲中書參知政事歷左丞右丞二十七年拜中書平章政事

不迫每以時事爲憂或鬱而弗伸則感形于色中夜歎息至淚濕枕席爲文辭理備辭明有中菴集二十五卷延祐五年卒年七十六贈光祿大夫柱國追封齊國公謚文簡

王約

王約字彥博其先汴人祖通北徙眞定約性頴悟風格不凡從中丞魏初游博覽經史工文辭務達國體時好不以動其心至元十三年翰林學士王磐薦爲從事承旨火魯火孫以司徒開府奏授從仕郎翰林國史院編修官兼司徒府掾既而辟掾中書除禮部主事二十四年拜監察御史授承務郎首請建儲及修史事時丞相桑哥銜參政郭佑爲中丞時奏誅右丞盧世榮等故誣以他罪約上章直佑冤按治成都鹽運使王鼎不法罷官除名轉御史臺都事南臺侍御史程文海入言事多斥桑哥罪桑哥怒又以約與之表裏六奏殺之上不從約以隴西地遠請立行臺陝西詔從之出賑河間饑民均藏有方全活甚衆三十一年遷中書右司員外郎四月成宗即位言二十二事曰實京師放差稅開獵禁蠲逋負賑窮獨停冗役禁鷹房振風憲除宿蠹慰遠方却貢獻詢利病利農民勵學校立義倉覈稅戶重名爵明賞罰擇守令汰官屬定律令革兩司又請中書去繁文一取信於行省一責成於六部調兵部郎中改禮部郎中請行贈謚之典以旌忠勳付時政記於史館以備纂錄立供需府以專供億皆從而行之拜翰林直學士知制誥同修國史奉詔賑京畿東道饑民發米五十萬石所活五十餘萬人因條疏京東利病十事請發米續賑之中書用其言民獲以甦高麗王昛年老傳國子謜有不安其政者飛讒離間及謜朝京師潛使人賂用事者留謜不遣昛復位乃委用小人厚斂淫刑國人羣愬于朝中書令執其首惡繫刑部其黨復不悛奏屬約驗問約至宣布明詔而諭之曰天地間至親者父子至重者君臣彼小人知自利寧肯爲汝家國地耶昛感泣謝曰臣年耄聽信憸邪是以致此今聞命矣願奉表自雪且請子謜還國其小人黨與悉聽使者治翼日約逮捕覆按其罪流二十二人杖三人黜有官者二人命故臣洪子藩爲相俾更弊政罷非道水驛十三免耽羅貢非土產物東民大喜還報稱旨除太常少卿尋詔約同宗正御史讞獄京師約辭職在清廟帝不允乃閱諸獄決二百六十六人當死者七十二人釋無罪者八十六人平反吳得誠冤嫁良家入倡女十八人杖流元旦帶刀闌入殿庭者八十人因議鬭毆殺人者宜減死一等著爲令又以浙民於行省南臺互訟不決命約訊之約至杭二十日而理省臺無異辭特拜刑部尚書以錄前功大德十一年仁宗至自懷州肅清宮禁以平章賽典赤安西王阿難荅與左丞相阿忽台潛謀爲變命刑曹按責其狀約曰在法謀逆不必拷掠竟當伏誅由是結知仁宗富寧庫失金約疑畨直宿衞者盜之未幾果得實庫官吏獲免監察御史言通州倉米三萬石因雨而濕約謂必積氣所蒸驗且堪用釋守者罪宗王兄弟二人守邊兄陰有異志弟諫不聽即上馬馳去兄遣奴挾弓矢追之弟發矢斃其奴兄訴因其弟獄當死約慮囚曰兄之奴即弟之奴況殺之有故立釋之遷禮部尚書請定丁憂之制申旌表之恩免都城煤炭之徵皆從之京民王氏仕江南而歿有遺腹子其女育之年十六乃訴其姊匿貲若干有司責之急約視其牘曰無父之子育之成人且不絕王氏祀姊之恩居多誠利其貲寧育之至今日耶改前議而斥之柴氏初無子命張氏子後既得己子張出爲僧柴之子又歿僧乃訟家產詔約詰之約問曰汝出家既分承汝師衣鉢又何爲得柴氏業乎僧不能荅遂歸柴氏應後者至大二年正月上武宗尊號及冊皇后凡典禮儀注約悉總之如制仁宗在東宮雅知約名思用以自輔擢太子詹事丞從幸五臺山約諫不可久留即日還上京初安西王封於秦既以謀逆誅國除版賦入詹事院至是大臣奏請封其子復國仁宗以問約曰安西以何罪誅今復之何以懲將來議遂寢明年進太子副詹事約抗章諫節飲辭意懇切仁宗嘉納焉承制立左衞率府統侍衞軍萬人同列欲署軍官約持不可衆難之曰東宮非樞密使耶約曰詹事東宮官也預樞密事可乎仁宗復召問約對曰皇太子事不敢不爲天子事不敢爲仁宗悟竟罷議同列復傳命增立右衞率府取河南蒙古軍萬人統之約屏人語曰左衞率府舊制有之今置右府何爲諸公宜深思之不可累儲宮也又命取安西兵器給宿衞士約謂詹事完澤曰詹事移文數千里取兵器人必驚疑主上聞之奈何完澤色慙曰實慮不及此又命福建取繡工童男女六人約言曰福建去京師六七千里使人父子兄弟相離有司承風動擾豈美事耶仁宗止之稱善再三家令薛居敬上言陝西分地五事因被命往理之約不爲署行語之曰太子潛龍也當勿用之時爲飛龍之事可乎遂止薦翰林學士李謙爲太子少傳請立故丞相淮安忠武王伯顏祠于杭皆從之仁宗以詹事院諸事循軌大喜面賜犀帶力辭又賜江南所取書籍亦辭仁宗常字而不名諭羣臣曰事未經王彥博議者勿啓又謂中丞朶觧曰在詹事而不求賜予者惟彥博與汝二人耳一日仁宗西園觀角觝戲有旨取綵帛賜之約入遥見問曰汝何爲來仁宗遽止之又欲觀倂戲事已集而約至即命罷去其見敬禮如此四年三月仁宗正位宸極欲用陰陽家言即位光天殿即東宮也約言於太保曲樞曰正名定分當御大內太保入奏遂即位於大明殿中書奏約陝西行省參知政事帝大怒特拜河南行省右丞約陛辭帝賜巵酒及弓矢先是至大間尚書省用建言者冒獻河汴官民地爲無主奏立田糧府歲輸數萬石是歲詔罷之竄建言人於海外命河南行省復其舊業部會詔更銅錢銀鈔法且令天下稅盡收至大鈔約度行省方並緣爲奸田猶未給約至立期檄郡縣釐正如河南歲用鈔七萬錠必致上供不給乃下諸州凡至大至元鈔相半衆以方詔命爲言約曰吾豈不知第歲終諸事不集責亦匪輕丞相卜憐吉台贊之曰善遣使白中書省臣大悅遂徧行天下南陽宇木魯翀以書謁約大奇之即署爲郡學正既又薦之中書擢翰林國史院編修官皇慶改元元日詔中書省曰汴省王右丞可即召之約以三月一日至召見慰勞特拜集賢大學士推恩三世贈謚樹碑約首奏河南行省丞相卜憐吉台勳閥舊臣不宜久外召至封河南王約又建議行封贈禁服色興科舉皆著爲令甲上疏薦國子博士姚登孫應奉翰林文字揭傒斯成都儒士楊靜請起復中山知府致仕輔惟良前尚書參議李源左司員外郎曹元用皆除擢有差辯奏故左丞竇履有遺腹子棄外宜收養歸宗爲竇氏後延祐二年丞相帖木迭兒專政奏遣大臣分道奉使宣撫命約巡行燕南山東道約至衞輝有毆母寘獄者其母泣訴言老妾惟此一息死則一門絕矣約原其情杖一百而遣之冠州民有兄訐其弟厭詛者讞之則曰我求嗣也索授時歷驗其日良信乃立縱之使還拜樞密副使視事明日召見賜酒帝謂左右曰人言彥博老病朕今見之精力尚强可堪大任也是夕知院嚇馬塔失帖木兒宿衞帝戒之曰彥博非汝友宜師事之至治元年英宗即位帖木迭兒復相約辭職不出二年以年七十致仕三年丞相拜住一新政務尊禮老臣傳詔起約復拜集賢大學士商議中書省事以其祿居家每日一至中書省議事至治之政多所參酌又嘗奉詔與中書省官及他舊臣條定國初以來律令名曰大元通制頒行天下朝廷議罷征東省立三韓省制式如他省詔下中書雜議約對曰高麗去京師四千里地瘠民貧夷俗雜尚非中原比萬一梗化疲力治之非幸事也不如守祖宗舊制丞相稱善奏罷議不行高麗人聞之圖公像歸祠而事之曰不絕國祀者王公也泰定元年奉詔廷策天下士第八剌張益等八十五人始增乙科員額至一十五人天歷元年文宗踐祚約入賀賜宴大明殿帝勞問甚歡時年七十有七平居襟度和粹謙抑自持後進謁見必加禮貌俸祿所入布散姻族外及貧士從父居貧月奉錢米餽肴膳事之如父歲時朔望攜子姓至先塋展拜懷戀謹時祭及五祀動稽古禮邦人以爲矜式至順四年二月己酉卒年八十二皇太后聞之嗟悼以尚醞二尊遣徽政院臣臨弔致奠敕中書省以下賻有差是月庚申葬城西岡子原約平生著作有史論三十卷高麗志四卷潛丘槀三十卷行於世子思誠奉議大夫祕書監著作郎

王結

王結字儀伯易州定興人祖逖勤以質子軍從太祖西征娶阿魯渾氏自西域徙戍秦隴又徙中山家焉結生而聰頴讀書數行俱下終身不忘嘗從太史董朴受經深於性命道德之蘊故其措之事業見之文章皆悉有所本憲使王仁見之曰公輔器也年二十餘游京師上執政書陳時政八事曰立經筵以養君德行仁政以結民心育英材以備貢舉擇守令以正銓衡敬賢士以厲名節革冗官以正職制辨章程以定民志務農桑以厚民生其言剴切純正皆治國之大經大法宰相不能盡用之時仁宗在潛邸或薦結充宿衞乃集歷代君臣行事善惡可爲鑒戒者日陳于前仁宗嘉納焉武宗即位以仁宗爲皇太子大德十一年命置東宮官屬以結爲典牧太監階太中大夫近侍以俳優進結言昔唐莊宗好此卒致禍敗殿下方育德春宮視聽宜謹仁宗優納之仁宗即位遷集賢直學士出爲順德路總管教民務農興學孝親弟長戢奸禁暴悉登于書俾朝夕閱習之屬邑巨鹿沙河有唐魏徵宋璟墓乃祠二公于學表其言論風旨以勵多士遷揚州又遷寧國以從弟紳僉江東廉訪司事辭不赴改東昌路境有黃河故道而會通堤過其下流夏月潦水壞民麥禾結疏爲斗門以泄之民獲耕治之利至治二年參議中書省事時拜住爲丞相結言爲相之道當正己以正君正君以正天下除惡

不可猶豫猶豫恐生它變服用不可奢僭奢僭則害及于身丞相是其言未幾除吏部尚書薦名士宋本韓鏞等十餘人泰定元年春廷試進士以結充讀卷官遷集賢侍讀學士中奉大夫會有月食地震烈風之異結昌言于朝曰今朝廷君子小人混淆刑政不明官賞太濫故陰陽錯謬咎徵薦臻宜修政事以弭天變是歲詔結知經筵扈從上都結援引古訓證時政之失冀帝有所感悟中宮聞之亦召結等進講結以故事辭明年除浙西廉訪使中途以疾還歲餘拜遼陽行省參知政事遼東大水穀價翔湧結請于朝發粟數萬石以賑饑民召拜刑部尚書天歷元年文宗即位拜陝西行省參知政事改同知儲慶司事二年拜中書參知政事入謝光天殿以親老辭帝曰忠孝能兩全乎是時迎立明宗于朔方明宗命文宗居皇太子位於是遣大臣奉寶北迓近侍有求除拜賞賚者結曰俟天子至議之初上都之變失皇太子寶更鑄新寶近侍請視舊璽宜加大結曰此寶當傳儲嗣不敢踰舊制也或致人于死而籍其妻孥貲產者結復論之近侍益怒譖詆日甚遂罷政又命爲集賢侍讀學士丁內艱不起元統元年復除浙西廉訪使未行召拜翰林學士資善大夫知制誥同修國史與張起巖歐陽玄修泰定天歷兩朝實錄拜中書左丞中宮命僧尼於慈福殿作佛事已而殿災結言僧尼褻瀆當坐罪左丞相疾革家人請釋重囚禳之結極陳其不可先時有罪者北人則徙廣海南人則徙遼東去家萬里往往道死結請更其法移鄉者止千里外改過聽還其鄉因著爲令職官坐罪者多從重科結曰古者刑不上大夫今貪墨雖多然士之廉恥不可以不養也聞者謂其得體至元元年詔復入翰林養疾不能應詔二年正月二十八日卒年六十有二結立言制行皆法古人故相張珪曰王結非聖賢之書不讀非仁義之言不談議者以爲名言晚邃於易著易說一卷臨川吳澄讀而善之及卒公卿唁于朝士大夫弔于家曰正人亡矣四年五月詔贈資政大夫河南江北等處行中書省右丞護軍追封太原郡公謚文忠有詩文十五卷行于世

宋衜

宋衜字弘道潞州長子人金兵部員外郎元吉之孫衜善記誦年十七避地襄陽已而北歸屏居河內者十有五年趙璧經畧河南聞其名禮聘之中統三年擢翰林修撰李璮畔璧行中書省事於濟南至元五年大兵守襄陽璧行元帥府事衜皆從爲軍事多所咨訪六年高麗權臣林衍廢其國王而立其弟溫詔遣國王頭輦哥暨璧將兵討之以衜爲行省員外郎持詔徙江華島居民於平壤復命慰勞良厚仍賜衣段授河南路總管府判官不赴十三年入爲太常少卿屬省官制行兼領籍田署事十六年太子以耆德召見應對詳雅大愜睿旨自是數蒙召問侍講經幄開論爲多十八年除祕書監十九年江西分地當署郡邑守令皆命衜銓舉二十年初立詹事院首命衜爲太子賓客每燕見優賜容接多所錫賚二十三年卒有稚山集十卷行于世

張伯淳

張伯淳字師道杭州崇德人少舉童子科以父任銓受迪功郎淮陰尉改揚州司戶參軍尋舉進士監臨安府都稅院陞觀察推官除太學錄入本朝至元二十三年授杭州路儒學教授遷浙東道按察司知事二十八年擢爲福建廉訪司知事歲餘有薦伯淳於帝前者遣使召問明年入見帝問宂官風憲鹽筴楮幣皆當時大議所對悉稱旨命至政事堂將重用之固辭遂授翰林直學士進階奉訓大夫謁告以歸授慶元路總管府治中行省檄按疑獄衢秀皆得其情大德四年即家拜翰林侍講學士明年造朝扈從上都又明年卒有文集若干卷藏于家

元史卷一百七十九

明翰林學士亞中大夫知制誥兼修國史宋　濂等修

列傳第六十六

賀勝

賀勝仁傑子也字貞卿一字舉安小字伯顏以小字行膂從許衡學通經傳大義年十六入宿衛凝重寡言世祖甚器重之大臣有密奏輒屏左右獨留勝許聽之出則參乘輿入則侍帷幄非休沐不得至家至元二十四年乃顏叛帝親征勝直武帳中雖親王不得輒至勝傳旨飭諸將詰旦合戰還侍帝側矢交帳前勝立侍不動乃顏既敗帝還都乘輿夜行足苦寒勝解衣以身溫之帝一日獵還勝參乘伶人蒙采毳作獅子舞以迎駕輿象驚奔逸不可制勝投身當象前後至者斷靷縱象乘輿乃安勝退創甚帝親撫之遣尚醫尚食視護拜集賢學士領太史院事賜一品服盧議世榮桑哥秉政勢焰熏灼勝父仁傑留守上都不肯爲之下桑哥欲陷中之累數十奏帝皆不聽至元二十八年桑哥敗罷尚書省政歸中書帝問誰可相者勝對曰天下公論皆屬完澤遂相完澤而以勝參知政事三十年僉樞密院事遷大都護大德九年勝父仁傑請老以勝代爲上都留守兼本路都總管開平府尹虎賁親軍都指揮使既至通商賈抑豪縱出納有法裁量有度供億不匱民賴以安諸權貴子弟奴隸有暴橫驕縱者悉繩以法至大三年進光祿大夫左丞相行上都留守兼本路總管府達魯花赤尋又加開府儀同三司上柱國奉聖州民高氏籍虎賁以貲雄鄉里身死子幼有達官利其財使其部曲強娶高氏婦勝白帝斥之高氏以全歲大饑輒發倉廩賑民乃自劾待罪帝報曰祖宗以上都之民付卿父子欲安之也卿能如此朕復何憂卿其視事民德之爲立祠上都西門外帝聞之復命工寫其像以賜俾傳示子孫未幾以足疾請老不許曰卿臥護足矣賜小車出入禁闥初開平人張弼家富弼死其奴索錢民家弗得毆貧錢者至死有治其獄者數奴引弼子并下之獄丞相鐵木迭兒受其賂六萬緡終不爲直勝素惡鐵木迭兒貪暴居同巷不與往來聞弼事以語御史中丞楊朵兒只楊朵兒只以語監察御史玉龍帖木兒徐元素遂劾奏丞相逮治其左右得所賂事實以聞帝亦素惡鐵木迭兒欲誅之鐵木迭兒走匿太后宮中太后爲言僅奪其印綬而罷之及英宗即位在諒闇中鐵木迭兒遂復出據相位乃執楊朵兒只及中書平章政事蕭拜住同日戮于市且復誣勝乘賜車迎詔不敬并殺之勝死之日百姓爭持紙錢哭于屍傍甚哀泰定初詔雪其冤贈推忠宣力保德功臣太傅開府儀同三司上柱國追封秦國公謚惠愍至正三年加贈推忠亮節同德翊戴功臣太師開府儀同三司上柱國追封涇陽王改謚忠宣子二人惟一開府儀同三司中書丞相監脩國史左惟賢太中大夫同知上都留守司事孫均太子詹事

楊朵兒只

楊朵兒只河西寧夏人少孤與其兄皆幼即知自立語言儀度如成人事仁宗于藩邸甚見倚重大德丁未從遷懷孟仁宗聞朝廷有變將北還命朵兒只與李孟先之京師與右丞相哈剌哈孫定議迎武宗于北藩仁宗還京師朵兒只譏察禁衛密致警備仁宗嘉賴焉親解所服帶以賜既佐定內難仁宗居東宮論功以爲太中大夫家令丞日夕侍側雖休沐不至家衆敬憚之會兄卒涕泣不勝哀仁宗憐之存問優厚事寡嫂有禮待兄子不異己子家人化之進正奉大夫延慶使武宗聞其賢召見之仁宗曰此人誠可任大事然剛直寡合武宗顧視之曰然仁宗始總大政執誤國者將盡按誅之朵兒只曰爲政而尚殺非帝王治也帝感其言特誅其尤者民大悅服帝他日與中書平章李孟論元從人材孟以朵兒只爲第一帝然之拜禮部尚書初尚書省改作至大銀鈔視中統一當其二十五又鑄銅爲至大錢至是議罷之朵兒只曰法有便否不當視立法之人爲廢置銀鈔固當廢銅錢與楮幣相權而用之昔之道也國無棄寶民無失利錢未可遽廢也言雖不盡用時論是之遷宣徽副使御史請遷爲臺官帝以宣徽賸用素不會計特以委之未之許也有言近臣受賄者帝怒其非所當言將誅之時張珪爲御史中丞叩頭諫不聽朵兒只言于帝曰誅告者失刑違諫者失誼世無諍臣久矣張珪眞中丞也帝喜竟用珪言拜朵兒只爲侍御史帝宴閒時羣臣侍坐者或言笑踰度帝見其正色爲之改容有犯法者雖貴幸無所容貸怨者因共譖之帝知之深譖不得行拜資德大夫御史中丞中書平章政事張閭以妻病謁告歸江南奪民河渡地朵兒只以失大體劾罷之江東西奉使斡來不稱職權臣匿其奸贓不問朵兒只劾而杖之斡來媿死御史納璘言事忤旨帝怒叵測朵兒只救之一日至八九奏曰臣非愛納璘誠不願陛下有殺御史之名帝曰爲卿宥之可左遷爲昌平令昌平畿內劇縣欲以是困納璘朵兒只又言曰以御史宰京邑無不可者但以言事而得左遷恐後之來者用是爲戒不肯復言矣帝不允後數日帝讀貞觀政要朵兒只侍側帝顧謂曰魏徵古之遺直也朕安得用之對曰直由太宗太宗不聽徵雖直將焉用之帝笑曰卿意在納璘耶當赦之以成爾直名也有上書論朝政闕失而觸宰相宰相怒將取旨殺之朵兒只曰詔書云言雖不當無罪今若此何以示信天下果誅之臣亦負其職矣帝悟釋之於是特加昭文館大學士榮祿大夫以獎其直言時位一品者多乘間邀王爵贈先世或謂朵兒只眷倚方重苟言之當可得也朵兒只曰家世寒微

幸際遇至此已懼弗稱尚敢求多乎且我爲之何以風勵僥倖者遷中政院使未幾復爲中丞遷集賢大學士爲權臣鐵木迭兒所害而死年四十二初武宗崩皇太后在興聖宮鐵木迭兒爲丞相踰月仁宗卽位因遂相之居兩歲得罪斥罷更自結徽政近臣復再入相恃勢貪虐克𥡴愈甚中外切齒羣臣不知所爲御史中丞蕭拜住拜中書右丞又拜平章政事稍牽制之朶兒只自侍御史拜御史中丞慨然以糾正其罪爲已任上都富民張弼殺人繫獄鐵木迭兒使大奴脅留守賀伯顏出之及强以他奸利事不能得一日坐都堂盛怒以官事召留守將罪之留守昌言大奴所干非法不敢從他實無罪鐵木迭兒語詘得解去朶兒只廉得其所受弼賍鉅萬萬大奴猶數千使御史徐元素按得實入奏而御史亦輦真又發其私罪二十餘事帝震怒有詔逮問鐵木迭兒逃匿帝爲不御酒數日以待決獄盡誅其大奴同惡數人鐵木迭兒終不能得朶兒只持之急徽政近臣以太后旨召朶兒只至宫門責以違旨意者對曰待罪御史奉行祖宗法必得罪人非敢違太后旨也帝仁孝恐誠出太后意不忍重傷咈之但罷其相位而遷朶兒只爲集賢學士帝猶數以臺事問之對曰非臣職事臣不敢與聞所念者鐵木迭兒雖去君側反得爲東宮師傅在太子左右恐售其奸則禍有不可勝言者仁宗崩英宗猶在東宮鐵木迭兒復相乃宣太后旨召蕭拜住朶兒只至徽政院與徽政使失里門御史大夫秃忒哈雜問之責以前違太后旨之罪朶兒只曰中丞之職恨不卽斬汝以謝天下果違太后旨汝其有今日耶鐵木迭兒又引同時爲御史者二人證成其獄朶兒只顧二人唾之曰汝等嘗得備風憲乃爲是犬彘事耶坐者皆慚俯首卽起入奏未幾稱旨執朶兒只載諸國門之外與蕭拜住俱見殺是日風沙晦冥都人恟懼道路相視以目英宗卽位詔書遂加以誣罔大臣之罪鐵木迭兒權勢旣成毫髮之怨無不報者太后驚悔而帝亦覺其所譖毁者皆先帝舊臣未及論治而鐵木迭兒以病死會有天灾求直言會議廷中集賢大學士張珪中書參議回回皆稱蕭楊等死甚冤是致不雨聞者失色言終不得達及珪拜平章卽告丞相拜住曰賞罰不當枉抑不伸不可以爲治若蕭楊等冤何可不亟昭雪也丞相善之遂請於帝詔昭雪其冤特贈思順佐理功臣金紫光祿大夫司徒上柱國夏國公謚襄愍朶兒只死時權臣欲奪其妻劉氏與人劉氏剪髮毁容以自誓乃免

子不花

不花幼有才氣能以禮自持好讀書善書初仁宗聞而召之應對稱旨欲以爲翰林直學士力辭後遭家難益自勵節爲學以蔭補武備司提點轉僉河東廉訪司事嘗出按部民有殺子以誣怨者獄成不花讞之曰以十歲兒受十一創且彼以斧殺怨必盡其力何創痕之淺反不入膚耶遂得其情平反出之河東民饑先捐已貲以賑請未得命卽發公廩繼之民遂賴不死天歷初文宗入繼大統除通政院判將行値陝西諸軍拒詔郡邑守吏率民逃之不花獨率衆出禦呼西人諭之曰民者祖宗艱難所致國家大事何與於民汝等旣昧逆順又欲殘此無辜吾有爲民死爾不汝從也陣潰遂見殺二僕亦見執曰吾主旣爲國死吾縱爲人奴今苟得生他日何以見吾主於地下不若死從吾主欲起殺讐讐要斬之至順二年贈嘉議大夫禮部尚書以褒其忠

蕭拜住

蕭拜住契丹石抹氏也曾祖醜奴有膂力善騎射識見明敏仕金爲古北口屯戍千戶歲庚午國兵南下金將招燈必舍遁醜奴於暮夜潛領兵三千人力戰不克矢中其胸遂開關遣使納降太祖命醜奴襲招燈必舍追及平灤降之因攻取平灤檀順深冀等州及昌平紅螺平頂諸砦又兩敗金兵於邦君甸授檀州軍民元帥太祖方西征醜奴驛送竹箭弓弩弦各一萬擢檀順昌平萬戶仍管打捕鷹房人匠卒于官後追封順國公謚忠毅弟老瓦始以揚城漁寨來降爲醜奴弟充質子多立戰功襲檀州節度使言安以水柵未下陰誘湯河川人叛去老瓦追之不克死焉醜奴子青山中統元年襲萬戶至元十一年從丞相伯顏平宋還授湖北提刑按察使追封順國公謚武定青山子哈剌帖木兒少事裕宗於東宮典宿衛仕爲檀州知州追封順國公謚康惠拜住乃哈剌帖木兒之子也嘗從成宗北征特授檀州知州入爲禮部郎中擢同知大都路總管府事出知中山府以憂去官屬仁宗過中山有同官者譖於近侍曰知州去官實憚迎候煩勞耳帝頷之適行田野間見老嫗問之曰府中官孰賢嫗對曰有蕭知府餘不知也復過神祠有數老人焚香羅拜遣問之曰汝輩何所禱合辭對曰蕭知府奔喪還欲速其來是以禱也帝意遂釋武宗卽位起復爲中書左司郎中出爲河間路總管召爲右衛率使遷戶部尚書遂拜御史中丞皇慶元年遷陝西行中書省右丞延祐三年進中書平章政事除典瑞院使超授銀青榮祿大夫崇祥院使英宗卽位之十有九日右丞相鐵木迭兒怨拜住在省中牽制其所爲又發其姦贓專制等事遂請依皇太后旨幷前御史中丞楊朶兒只皆殺之帝曰人命至重刑殺非輕不宜倉卒二人罪狀未明當白太后使詳讞之若果無冤誅之未晚竟殺之並籍其家語見楊朶兒只及鐵木迭兒傳泰定間贈守正佐治功臣太保儀同三司柱國追封薊國公謚忠愍拜住之死有吳仲者潛守其屍三日不去竟收葬之

元史卷一百八十

明翰林學士亞中大夫知制誥兼修國史宋　濂等修

列傳第六十七

耶律希亮

耶律希亮字明甫楚材之孫鑄之子也初六皇后命以赤帖吉氏歸鑄生希亮於和林南之凉樓曰秃忽思六皇后遂以其地名之憲宗嘗遣鑄聚錢糧于燕鑄曰臣先世皆讀儒書儒生俱在中土願攜諸子至燕受業憲宗從之乃命希亮師事北平趙衍時方九歲未浹旬已能賦詩歲丙辰憲宗召鑄還和林希亮獨留燕歲戊午憲宗在六盤山希亮詣行在所已而鑄扈從南伐希亮亦在行明年憲宗崩於蜀希亮將輜重北歸陝右又明年爲中統元年世祖卽位阿里不哥反遣使召主將渾都海鑄說渾都海等入朝皆不從則棄其妻子挺身來歸旣而渾都海知鑄去怒遣百騎追之不及乃使百人監視希亮母子迫脅使從行自靈武過應吉里城至西凉甘州阿里不哥遣大將阿藍荅兒自和林帥師至焉支山希亮見之阿藍荅兒問而父安在希亮曰不知與吾父同任事者宜知之渾都海怒詰曰我焉得知之其父今亡命東見皇帝矣希亮曰若然則何爲不知阿藍荅兒熟視渾都海曰此言深有意焉詰希亮甚急希亮曰使吾知之亦從而去安得獨留阿藍荅兒以爲實免其監涖旣而阿藍荅兒渾都海爲大兵所殺其殘卒北走衆推哈剌不花爲帥希亮潛匿甘州北黑水東沙陀中殿兵已過十餘里有尋馬者適至老婢漏言衆奄至驅至肅州哈剌不花與鑄有婚姻之好又哈剌不花在蜀時嘗疾病鑄召醫視之遺以酒食因釋希亮縛謂曰我受恩於汝父此圖報之秋也及抵沙川北州希亮與兄弟徒步負任不火食者數日是冬涉雪踰天山至北庭都護府二年至昌八里城夏踰馬納思河抵葉密里城乃定宗潛邸湯沐之邑也時六皇后之妹主后位與宗王火忽皆欲東覲希亮母竊知其事攜希亮入見已而事不果冬至于火孛之地三年定宗幼子大名王悶其不能歸遣以幣帛鞍馬乃從大名王至忽只兒之地會宗王阿魯忽至誅阿里不哥所用鎭守之人唆羅海欲附世祖復從大名王及阿魯忽二王還至葉密里城王遺以耳環其二珠大如榛實價値千金欲穿其耳使帶之希亮辭曰不敢因是以傷父母之遺體也且無功受賞於禮尤不可王又解金束帶遺之且曰繫此於遺體宜無傷五月又爲阿里不哥兵所驅西行千五百里至孛劣撒里之地六月又西至换扎孫之地又從至不剌城又西行六百里至徹徹里澤剌之山后妃輜重皆留于此希亮母及兄弟亦在焉希亮單騎行二百餘里至出布兒城又百里至也里虔城而哈剌不花之兵奄至希亮又從二王與師還至不剌城與哈剌不花戰敗之盡殲其衆二王乃函其頭遣使報捷十月至于亦思寬之地四年至可失哈里城四月阿里不哥兵復至希亮又從征至渾八升城時希亮母從后避暑於阿體八升山先是鑄嘗言于世祖臣之妻子皆在北邊至是世祖遣不華出至二王所因以璽書召希亮馳驛赴闕六月由苦先城至哈剌火州出伊州涉大漠以還八月入覲世祖于上都之大安閣備陳邊事及羇旅困苦之狀世祖憐之賜鈔千錠金帶一幣帛三十命爲速古兒必闍赤至元八年授奉訓大夫符寶郎十二年旣平宋世祖命希亮問諸降將日本可伐否夏貴呂文煥范文虎陳奕等皆云可伐希亮奏曰宋與遼金攻戰且三百年干戈甫定人得息肩俟數年興師未晚世祖然之十三年太府監令史盧贄言於監官各路所貢布長三丈唯平陽加一丈諸怯薛歹以故爭取平陽布苟截其長者與他郡等則無所爭而以其所截者爲髹漆宮殿器皿之用甚便監官從之適左右以其事聞帝以詰監官監官倉皇莫知所以對歸罪於贄帝命斬之希亮遇諸塗贄以冤告希亮命少緩具以實入奏有旨令董文用讞之竟釋贄而召御史大夫塔察兒等讓之曰此事言官當言而不言向微秃忽思不悞誅此人耶十四年轉嘉議大夫禮部尚書尋還吏部尚書帝駐蹕察納兒台之地希亮至奏對畢董文用問大都近事希亮曰囹圄多囚耳世祖方欹枕而臥忽竊問其故希亮奏曰近奉旨漢人盜鈔六文者殺以是囚多帝驚問孰傳此語省臣曰此旨實脫兒察所傳脫兒察曰陛下在南坡以語掌

古兒童帝曰前言戲耳曷嘗著爲令式乃罪脫兒察希亮因奏曰令旣出矣必明其錯誤以安民心帝善其言卽命希亮至大都諭旨中書十七年希亮以跋涉西土足病痿攣謝事而去退居濼陽者二十餘年至大三年武宗訪求先朝舊臣特除翰林學士承旨資善大夫尋改授翰林學士承旨知制誥兼修國史希亮以職在史官乃類次世祖嘉言善行以進英宗取其書置禁中久之閑居京師四方之士多從之游泰定四年卒年八十一希亮性至孝困厄遐方家貲散亡已盡僅藏祖考畫像四時就穹廬陳列致奠盡誠盡敬朔漠之人咸相聚來觀歎曰此中土之禮也雖疾病不廢書史或中夜起坐取燭以書所著詩文及從軍紀行錄三十卷目之曰愫軒集贈推忠輔義守正功臣資善大夫集賢學士上護軍追封漆水郡公謚忠嘉

趙世延

趙世延字子敬其先雍古族人居雲中北邊曾祖㬋公爲金羣牧使太祖得其所牧馬㬋公死之祖按竺邇幼孤鞠於外大父术要甲訛爲趙家因氏爲趙驍勇善騎射從太祖征伐有功爲蒙古漢軍征行大元帥鎭蜀因家成都父黑梓以門功襲父元帥職兼文州吐蕃萬戶達魯花赤世延天資秀發喜讀書究心儒者體用之學弱冠世祖召見俾入樞密院御史臺肄習官政至元二十一年授承事郎雲南諸路提刑按察司判官時年二十有四烏蒙蠻酋叛世延會省臣以軍烏之蠻兵大潰卽請降二十六年擢監察御史與同列五人劾丞相桑哥不法中丞趙國輔桑哥黨也抑不以聞更以告桑哥於是五人者悉爲其所擠而世延幸免奉旨按平陽郡監也先忽都贓鉅萬鞫左司郎中董仲威殺人獄皆明允二十九年轉奉議大夫出僉江南湖北道肅政廉訪司事敎儒學立義倉撤淫祠脩澧陽縣壞隄嚴常澧掠賣良民之禁部內晏然元貞元年除江南行御史臺都事丁內艱不赴大德元年復除前官三年移中臺都事俄改中書左司都事臺臣奏仍爲都事中臺六年由山東肅政廉訪副使改江南行臺治書侍御史十年除安西路總管安西故京兆省臺所治號稱會府前政壅滯者三千牘世延旣至不三月剖決殆盡陝民饑省臺議請于朝賑之世延曰捄荒如捄火願先發廩以賑朝廷設不允世延當傾家財若身以償省從之所活者衆至大元年除紹興路總管改四川肅政廉訪司蒙古軍士科差繁重而軍士就戍往來者多害人且軍官或抑良爲奴世延皆除其弊而正其罪又脩都江堰民尤便之四年陞中奉大夫陝西行臺侍御史先是八百媳婦爲邊患右丞劉深往討之兵敗而還坐罪棄市及是右丞阿忽台當繼行世延言蠻夷事在羈縻而重煩天討致軍旅亡失誅戮省臣藉使盡得其地何補於國今窮兵黷武實傷聖治朝廷第當選重臣知治體者付以邊寄兵宜止勿用事聞樞密院臣以爲用兵國家大事不宜以一人之言爲輕輟世延聞之章再上事卒罷皇慶二年拜江浙行省參知政事尋召還拜侍御史延祐元年省臣奏比奉詔漢人參政用儒者趙世延其人也帝曰世延誠可用然雍古氏非漢人其署宜居右遂拜中書參知政事居中書二十月遷御史中丞有旨省臣自平章以下率送之官其禮前所無有由是爲權臣所忌乃用皇太后旨出世延爲雲南行省右丞陛辭帝特命仍還御史臺爲中丞三年世延劾奏權臣太師右丞相帖木迭兒罪惡十有三詔奪其官職尋陞翰林學士承旨兼御史中丞世延固辭乃解中丞五年進光祿大夫昭文館學士守大都留守乞補外拜四川行省平章政事世延議卽重慶路立屯田物色江津巴縣閑田七百八十三頃摘軍千二百人墾之歲得粟萬一千七百石明年仁宗崩帖木迭兒復居相位銳意報復屬其黨何志道誘世延從弟胥益兒哈呼誣告世延罪逮世延置對至夔路遇赦世延以疾抵荆門留就醫帖木迭兒遣使督追至京師俾其黨煅煉使成獄會有旨事經赦原勿復問帖木迭兒更以它事白帝繫之刑曹逼令自裁世延不爲動居四再歲胥益兒哈呼自以所訴涉誣欺亡去中書左丞相拜住屢言世延亡辜得旨出獄就舍以養疾先是帝獵北涼亭顧謂侍臣曰趙世延先帝所尊禮而帖木迭兒妄入其罪數請誅之此殆報私怨耳朕豈能從之侍臣皆叩頭稱萬歲帖木迭兒在上京聞世延出獄索省牘視之怒曰此左丞相罔上所爲也事聞帝語之曰此朕意耳未幾帖木迭兒死事乃釋世延出居於金陵泰定元年召還朝除集賢大學士明年出爲江南行臺御史中丞四年入朝復爲御史中丞又遷中書右丞明年有旨趙世延頃爲權姦所誣中書宜偏移天下昭雪其非辜仍加翰林學士承旨光祿大夫經筵開兼知經筵事選揀勸講者皆一時名流又加同知樞密院事泰定帝崩燕鐵木兒與宗王大臣議武宗二子周王懷王於法當立周王遠在朔漠而懷王久居民間備嘗艱險民必歸之天位不可久虛不如先迎懷王以從民望八月卽定策迎之于江陵懷王卽位是爲文宗當是時世延贊畫之功爲多文宗卽位世延仍以御史中丞兼翰林學士承旨以疾乞歸田里詔不允天歷二年正月復除江南行臺御史中丞行次濟州三月改集賢大學士六月又加奎章閣大學士八月拜中書平章政事冬世延至京固辭不允詔以世延年高多疾許乘小車入內至順元年詔世延與虞集等纂修皇朝經世大典世延屢奏臣衰老乞解中書政務專意纂修帝曰老臣如卿者無幾求退之言後勿復陳四月仍加翰林學士承旨封魯國公秋以疾移文中書致其事明日卽行養疾於金陵之茅山詔徵還朝不能行二年改封涼國公元統二年詔賜世延錢凡四萬緡至元改元仍除奎章閣大學士翰林學士承旨中書平章政事魯國公明年五月至成都十一月卒享年七十有七至正二年贈世忠執法佐運翊亮功臣太保金紫光祿大夫上柱國追封魯國公謚文忠世延歷事凡九朝敭歷省臺五十餘年負經濟之資而將之以忠義守之以清介飾之以文學凡軍國利病生民休戚知無不言而於儒者名教尤拳拳焉爲文章波瀾浩瀚一根於理嘗較定律令彙次風憲宏綱行于世五子達者三人野峻台黃州路總管次月魯江浙行省理問官伯忽夔州路總管天歷初囊加台據蜀叛死于難特贈推忠秉義効節功臣資善大夫中書右丞上護軍追封蜀郡公謚忠愍

孔思晦

孔思晦字明道孔子五十四世孫也資質端重而性簡默童丱時讀書已識大義及長授業於導江張須講求義理於詞章之習薄而弗爲家貧躬耕以爲養雖劇寒暑而爲學未嘗懈遠近爭聘爲子弟師大德中游京師祭酒耶律有尚欲薦之以母老辭而歸母臥疾躬進藥餌衣不解帶居喪勺水不入口者五日至大中舉茂才爲范陽儒學教諭延祐初調寧陽學先是兩縣校官率以廩薄不能守職而思晦以儉約自將教養有法比代去學者皆不忍舍之於是孔氏族人相與議思晦適長且賢宜襲封爵奉祀事狀上政府事未決仁宗在位雅崇尚儒道一日問孔子之裔今幾世襲爵爲誰廷臣具對曰未定帝親取孔氏譜牒按之曰以嫡應襲封者思晦也復奚疑特授中議大夫襲封衍聖公月俸百緡加至五百緡賜四品印泰定三年山東廉訪副使王鵬南言襲爵上公而階止四品於格弗稱且失尊崇意明年陞嘉議大夫至順二年改賜三品印思晦以宗祀責重恒懼弗勝每遇祭祀必敬必愼初廟燬于兵後雖苟完而角樓圍墻未備思晦竭力營度以復其舊金絲堂壞又一新之祭器禮服悉加整飭又以尼山乃毓聖之地故有廟已毀民且耕祭田且百年思晦復其田里請置尼山書院以列于學官朝廷從之三氏學舊有田三千畝占于豪民子思書院舊有營運錢萬緡貸於民取子錢以供祭祀久之民不輸子錢并負其本思晦皆理而復之聖父舊封齊國公思晦言于朝曰宣聖封王而父爵猶公願加褒崇乃詔加封聖父啓聖王聖母王夫人五季時孔末之後方盛欲以僞滅眞害宣聖子孫幾盡至是其裔復欲昌稱宣聖後思晦以爲不早辨則眞僞久益不可明彼與我不共戴天乃列于族與共拜殿廷可乎遂會族人稽典故斥之旣又重刻宗譜于石而孔氏族裔益明矣元統元年卒年六十七卒之日有鶴百餘翔其屋上又見神光自東南落其舍北至正中朝廷加贈其官而賜謚曰文肅子曰克堅襲封衍聖公階嘉議大夫旣而進通奉大夫至正十五年召爲同知太常禮儀院事拜陝西行臺侍御史遷國子祭酒擢山東肅政廉訪使不赴孫希學襲衍聖公

元史卷一百八十一

明翰林學士亞中大夫知制誥兼修國史宋　濂等修

列傳第六十八

元明善

元明善字復初大名清河人其先蓋拓跋魏之裔居清河者至明善四世矣明善資頴悟絶出讀書過目輒記諸經皆有師法而尤深於春秋弱冠游吳中已名能文章浙東使者薦爲安豐建康兩學正辟掾行樞密院時董士選僉院事待之若賓友不敢以曹屬御之及士選陞江西左丞又辟爲省掾會贛州賊劉貴反明善從士選將兵討之擒賊三百人明善議緩誅誤得全活者百三十八人一日將佐白宜多數俘獲及尸一切死者以張軍聲明善固爭以爲王者之師恭行天罰小醜陸梁戮其渠魁可爾民何辜焉旣又得賊所書籍吉民丁十萬于籍者有司喜欲滋蔓爲利明善請火其籍以滅跡二郡遂安陞掾南行臺未幾授樞密院照磨轉中書左曹掾掾曹無留事始明善在江西時朱瑄爲其省參政明善有馬駿而瘠瑄假爲從騎久益壯瑄愛之致米三十斛酬其直後瑄敗江浙行省籍其家得金穀之簿書米三十斛從元復初不言以酬馬直明善坐免久之有爲

辨白其事者乃復掾省曹仁宗居東宮首擢爲太子文學及卽位改翰林待制與修成宗順宗實錄陞翰林直學士詔節尚書經文譯其關政要者以進明善舉宋忠臣子集賢直學士文陞同譯潤許之書成每奏一篇帝必稱善曰二帝三王之道非卿莫聞也興聖太后旣受尊號廷臣請因肆赦明善曰數赦非善人之福宥過可也奉旨出賑山東河南饑時彭城下邳諸州連數十驛民餓馬斃而官無文書賑貸明善以鈔萬二千錠分給之曰擅命獲罪所不辭也還修武宗實錄又陞翰林侍講學士預議科舉服色等事延祐二年始會試天下進士明善首充考試官及廷試又爲讀卷官所取士後多爲名臣改禮部尚書正孔氏宗法以宣聖五十五世孫思晦襲封衍聖公事上制可之擢參議中書省事旋復入翰林爲侍讀歲中拜湖廣行省參知政事又召入集賢爲侍讀議廣廟制陞翰林學士修仁宗實錄英宗親祼大室禮官進祝冊請署御名命明善代署者三眷遇之隆當時莫並焉至治二年卒于位泰定間贈資善大夫河南行省左丞追封清河郡公諡曰文敏明善早以文章自豪出入秦漢間晚益精詣有文集行世初在江西金陵每與虞集劇論以相切劘明善言集治諸經惟朱子所定者耳自漢以來先儒所嘗盡心者考之殊未博集亦言凡爲文辭得所欲言而止必如明善云若雷霆之震驚鬼神之靈變然後可非性情之正也二人初相得甚驩至京師乃復不能相下董士選之自中臺行省江浙也二人者俱送出都門外士選曰伯生以教導爲職當早還復初宜更送我集還明善送至二十里外士選下馬入邸舍中爲席出橐中肴酒同飲乃舉酒屬明善曰士選以功臣子出入臺省無補國家惟求得佳士數人爲朝廷用之如復初與伯生他日必皆光顯然恐不免爲人構間復初中原人也仕必當道伯生南人將爲復初摧折今爲我飲此酒愼勿如是明善受卮酒跪而釂之起立言曰誠如公言無論他日今隙已開矣請公再賜一卮明善終身不敢忘公言乃再飲而別眞人吳全節與明善交尤密嘗求明善作文旣成明善謂全節曰伯生見吾文必有譏彈吾所欲知成季爲我治具招伯生來觀之若已入石則無及矣明日集至明善出其文問何如集曰公能從集言去百有餘字則可傳矣明善卽泚筆屬集凡刪百二十字而文益精當明善大喜乃驩好如初集每見明經之士亦以明善之言告之明善一子晦蔭受峽州路同知早卒

虞集 弟槃　范梈

虞集字伯生宋丞相允文五世孫也曾祖剛簡爲利州路提刑有治績嘗與臨邛魏了翁成都范仲黼李心傳輩講學蜀東門外得程朱氏微旨著易詩書論語說以發明其義蜀人師尊之祖珏知連州亦以文學知名父汲黃岡尉宋亡僑居臨川崇仁與吳澄爲友澄稱其文清而醇嘗再至京師贖族人被俘者十餘口以歸由是家益貧晚稍起家教授於諸生中得孛木魯翀歐陽玄而稱許之以翰林院編修致仕娶楊氏國子祭酒文仲女咸淳間文仲守衡以汲從未有子爲禱於南岳集之將生文仲晨起衣冠坐而假寐夢一道士至前牙兵啓曰南嶽眞人來見旣覺聞甥館得男心頗異之集三歲卽知讀書歲乙亥汲挈家趨嶺外干戈中無書冊可攜楊氏口授論語孟子左氏傳歐蘇文聞輒成誦比還長沙就外傅始得刻本則已盡讀諸經通其大義矣文仲世以春秋名家而族弟參知政事棟明於性理之學楊氏在室卽盡通其說故集與弟槃皆受業家庭出則以契家子從吳澄遊授受具有源委左丞董士選自江西除南行臺中丞延集家塾大德初始至京師以大臣薦授大都路儒學教授雖以訓迪爲職而益自充廣不少暇佚除國子助教卽以師道自任諸生時其退每挾策趍門下卒業他館生多相率詣集請益丁內艱服除再爲助教除博士監祭殿上有劉生者被酒失禮俎豆間集言諸監請削其籍大臣有爲劉生謝者集持不可曰國學禮義之所出也此而不治何以爲教仁宗在東宮傳旨諭集勿竟其事集以劉生失禮狀上之移詹事院竟黜劉生仁宗更以集爲賢大成殿新賜登歌樂其師世居江南樂生皆河北田里之人情性不相能集親教之然後成曲復請設司樂一人掌之以俟考正仁宗卽位責成監學拜臺臣爲祭酒除吳澄司業皆欲有所更張以副帝意集力贊其說有爲異論以沮之者澄投檄去集亦以病免未幾除太常博士丞相拜住方爲其院使問從集問禮器祭義甚悉集爲言先生制作以及古今因革治亂之由拜住歎息益信儒者有用朝廷方以科舉取士說者謂治平可力致集獨以謂當治其源遷集賢修撰因會議學校乃上議曰師道立則善人多學校者士之所受教以致於成德達材者也今天下學官猥以資格授彊加之諸生之上而名之曰師爾有司弗信之生徒弗信之於學校無益也如此而望師道之立可乎下州小邑之士無所見聞父兄所以導其子弟初無必爲學問之實意師友之游從亦莫辨其邪正然則所謂賢材者非自天降地出安有可望之理哉爲今之計莫若使守令求經明行脩成德者身師尊之至誠懇惻以求之其德化之及庶乎有所觀感也其次則求夫操履近正而不爲詭異駭俗者確守先儒經義師說而不敢妄爲奇論者衆所敬服而非鄉愿之徒者延致之日諷誦其書使學者習之入耳著心以正其本則他日亦當有所發也其次則取鄉貢至京師罷歸者其議論文藝猶足以聳動其人非若泛泛莫知根柢者矣六年除翰林待制兼國史院編修官仁宗嘗對左右歎曰儒者皆用矣惟虞伯生未顯擢爾會晏駕不及用英宗卽位拜住爲相頗超用賢俊時集以憂還江南拜住不知也乃言於上遣使求之於蜀不見求之江西又不見集方省墓吳中使至受命趍朝則拜住不及見矣泰定初考試禮部言於同列曰國家科目之法諸經傳注各有所主者將以一道德同風俗非欲使學者專門擅業如近代五經學究之固陋也聖經深遠非一人之見可盡試藝之文推其高者取之不必先有主意若先定主意則求賢之心狹而差自此始矣後再爲考官率持是說故所取每稱得人泰定初除國子司業遷祕書少監天子幸上都以講臣多高年命集與集賢侍讀學士王結執經以從自是歲嘗在行經筵之制取經史中切於心德治道者用國語漢文兩進讀潤譯之際患夫陳聖學者未易於盡其要指時務者猶難於極其情每選一時精於其學者爲之猶數日乃成一篇集爲反覆古今名物之辨以通之然後得以無忤其辭之所達萬不及一則未嘗不退而竊歎焉拜翰林直學士俄兼國子祭酒嘗因講罷論京師恃東南運糧爲實竭民力以航不測非所以寬遠人而因地利也與同列進曰京師之東瀕海數千里北極遼海南濱青齊萑葦之場也海潮日至淤爲沃壤用浙人之法築堤捍水爲田聽富民欲得官者合其衆分授以地官定其畔以爲限能以萬夫耕者授以萬夫之田爲萬夫之長千夫百夫亦如之察其惰者而易之一年勿征也二年勿征也三年視其成以地之高下定額於朝廷以次漸征之五年有積蓄命以官就所儲給以祿十年佩之符印得以傳子孫如軍官之法則東面民兵數萬可以近衞京師外禦島夷遠寬東南海運以紓疲民遂富民得官之志而獲其用江海游食盜賊之類皆有所歸議定于中說者以爲一有此制則執事者必以賄成而不可爲矣事遂寢其後海口萬戶之設大略宗之文宗在潛邸已知集名旣卽位命集仍兼經筵嘗以先世墳墓在吳越者歲久湮沒乞一郡自便帝曰爾材何不堪顧今未可去爾除奎章閣侍書學士時關中大饑民枕籍而死有方數百里無孑遺者帝問集何以救關中對曰承平日久人情宴安有志之士急於近效則怨讟興焉不幸大菑之餘正君子爲治作新之機也若遣一二有仁術知民事者稍寬其禁令使得有所爲隨郡縣擇可用之人因舊民所在定城郭脩閭里治溝洫限畎畝薄征歛招其傷殘老弱漸以其力治之則遠去而來歸者漸至春耕秋歛皆有所助一二歲間勿征勿徭封域旣正友望相濟四面而至者均齊方一截然有法則三代之民將見出於空虛之野矣帝稱善因進曰幸假臣一郡試以此法行之三五年間必有以報朝廷者左右有曰虞伯生欲以此去爾遂罷其議有敕諸兼職不過三免國子祭酒時宗藩睽隔功臣汰侈政教未立帝將策士於廷集被命爲讀卷官乃擬制策以進首以勸親親體羣臣同一風俗協和萬邦爲問帝不用集以入侍燕閒無益時政且娼嫉者多乃舉大學士忽都魯都兒迷失等進曰陛下出獨見建奎章閣覽書籍置學士員以備顧問臣等備員殊無補報竊恐有累聖德乞容臣等辭職帝曰昔我祖宗睿智聰明其於致理之道生而知之朕早歲跋涉難阻視我祖宗旣乏生知之明於國家治體豈能周知故立奎章閣置學士員以祖宗明訓古昔治亂得失日陳於前卿等其悉所學以輔朕志若軍國機務自有省院臺任之非卿等責也其勿復辭有旨采輯本朝典故倣唐宋會要修經世大典命集與中書平章政事趙世延同任總裁集言禮部尚書馬祖常多聞舊章國子司業楊宗瑞素有歷象地理記問度數之學可共領典翰林修撰謝端應奉蘇天爵太常李好文國子助教陳旅前詹事院照磨宋褧通事舍人王士點俱有見聞可助撰錄庶幾是書早成帝以嘗命修遼金宋三史未見成績大典令閣學士專率其屬爲之旣而以累朝故事有未備者請以翰林國史院修祖宗實錄時百司所具事蹟參訂翰林院臣言於帝曰實錄法不得傳於外則事蹟亦不當示人又請以國書脫卜赤顏增修太祖以來事蹟承旨塔失海牙曰脫卜赤顏非可令外人傳者遂皆已俄世延歸集專領其事再閱歲書乃成凡八百帙旣上進以目疾丐解職不允乃舉治書侍御史馬祖常自代不報御史中丞趙世安乘閒爲集請曰虞伯生久居京師甚

貧又病日幸假一外任使醫帝怒曰一虞伯生汝輩不容耶帝方倚用文學以集弘才博識無施不宜一時大典册咸出其手故重聽其去集每承詔有所述作必以帝王之道治忽之故從容諷切冀有感悟承顧問及古今政治得失尤委曲盡言或隨事規諫出不語人諫或不入歸家悒悒不樂家人見其然不敢問其故也時世家子孫以才名進用者衆患其知遇日隆每思有以間之既不效則相與摘集文辭指爲譏訕賴天子察知有自故不能中傷然集遇其人未嘗少變一日命集草制封乳母夫爲營都王使貴近阿榮巎巎傳旨二人者素忌集繆言制封營國公集具藁俄丞相自榻前來索制詞甚急集以藁進丞相愕然問故集知爲所紿卽請易藁以進終不自言二人者愧之其雅量類如此論薦人材必先器識心所未善不爲牢籠以沽譽評議文章不折之於至當不止其說於經者文雖善不與也雖以此二者忤物速謗終不爲動光人龔伯璲以才俊爲馬祖常所喜祖常爲御史中丞伯璲游其門祖常亟稱之欲集爲薦引集不可曰是子雖小有才然非遠器亦恐不得令終祖常猶未以爲然一日邀集過其家設宴酒半出薦牘求集署集固拒之祖常不樂而罷文宗崩集在告欲謀南還弗果幼君崩大臣將立妥歡帖穆爾太子用至大故事召諸老臣赴上都議政集在召列祖常使人告之曰御史有言乃謝病歸臨川初文宗在上都將立其子阿剌忒納荅剌爲皇太子乃以妥歡帖穆爾太子乳母夫言明宗在日素謂太子非其子黜之江南驛召翰林學士承旨阿鄰帖木兒奎章閣大學士忽都魯篤彌實書其事于脫卜赤顏又召集使書詔播告中外時省臺諸臣皆文宗素所信用同功一體之人御史亦不敢斥言其事意在諷集速去而已伯璲後以用事敗殺其身世乃服集知人元統二年遣使賜上尊酒金織文錦二召還禁林疾作不能行屢有勑卽家撰文褒錫勳舊侍臣有以舊詔爲言者帝不懌曰此我家事豈由彼書生耶至正八年五月己未以病卒年七十有七官自將仕郎十二轉爲通奉大夫贈江西行中書省參知政事護軍封仁壽郡公集孝友方二親以故家令德中遭亂亡僑寓下邑左右承順無違弟槃早卒教育其孤無異己子兄采以蕘廕輸賦京師虧數千緡盡力營貸代償之無難色撫庶弟嫁孤妹具有恩意山林之士知古學者必折節下之接後進雖少且賤如敵已當權門赫奕未嘗有所附麗集議中書正言讜論多見容受屢以片言解疑誤出人於瀕死亦不以爲德張珪趙世延尤敬禮之有所疑必咨焉家素貧歸老後食指益衆登門之士相望於道好事爭起邸舍以待之然碑板之文未嘗苟作南昌富民有伍真父者貲產甲一方娶諸王女爲妻充本位下郡總管旣卒其子屬豐城士甘愨求集文銘父墓奉中統鈔五百錠準禮物集不許愨愧歎而去其束修羔鴈之入還以爲賓客費雖空乏弗恤也集學雖博洽而究極本原研精探微心解神契其經緯彌綸之妙一寓諸文藹然慶歷乾淳風烈嘗以江左先賢甚衆其人皆未易知其學皆未易言後生晚進知者鮮矣欲取太原元好問中州集遺意別爲南州集以表章之以病目而止平生爲文萬篇藁存者十二三早歲與弟槃同闢書舍爲二室左室書陶淵明詩於壁題曰陶庵右室書邵堯夫詩題曰邵庵故世稱邵庵先生子四人安民以廕歷官知吉州路安福州游其門見稱許者莆田陳旅旅亦有文行世國學諸生若蘇天爵王守誠輩終身不名他師皆當世稱名卿者其交游尤厚者曰范梈槃字仲常延祐五年第進士授吉安永豐丞丁父憂除湘鄉州判官頗稱癖古有富民殺人使隸己者坐之上下皆阿從槃獨不署殺人者卒不免死而坐者得以不冤有巫至其州稱神降告其人曰某方火卽火又曰明日某方火民以火告者槃皆赴捄至達晝夜告者數十寢食盡廢縣長吏以下皆迎巫至家厚禮之又曰將有大水且兵至州大家皆盡室逃槃得刼火卒一人訊之盡得巫黨所爲坐捕盜司召巫至鞫之無敢施鞭箠者槃謂卒曰此將爲大亂安有神乎急治之盡得黨與數十人羅絡內外果將爲變者同僚皆不敢出視曰君自爲之槃乃斷巫弃其黨如法一時吏民始服儒者爲政若此秩滿除嘉魚縣尹槃已卒槃幼時嘗讀柳子厚非國語以爲國語誠可非而柳子之說亦非也著非非國語時人已歎其有識詩書春秋皆有論著而春秋乃其家學故尤善讀吳澄所解諸經義輒得其旨趣所在澄亟稱之兄集接方外士必扣擊其說嘗以爲聖人之教不明爲學者無所底止苟於吾道異端疑似之間不能深知而欲窮究夫性命之原死生之故其不折而歸之者寡矣槃不然聞諸僧在坐輒不入竟去其爲人方正有如此雖集亦嚴憚之然不幸年不及艾而卒范梈字亨父一字德機清江人家貧早孤母熊氏守志不他適長而教之梈天資穎異所誦讀輒記憶雖癯然清寒若不勝衣於流俗中克自樹立無苟賤意居則固窮守節竭力以養親出則假陰陽之技以給旅食航詩工文用力精深人罕知者年三十六始客京師卽有聲諸公間中丞董士選延之家塾以朝臣薦爲翰林院編修官秩滿御史臺擢海南海北道廉訪司照磨巡歷遐僻不憚風波瘴癘所至興學教民雪理冤滯甚衆還江西湖東長吏素稱嚴明於僚屬中獨敬異之選充翰林供奉御史臺又改擢福建閩海道知事閩俗素汙文繡局取良家子爲繡工無別尤甚梈作歌詩一篇述其弊廉訪使取以上聞皆罷遣之其弊遂革未幾移疾歸故里天歷二年授湖南嶺北道廉訪司經歷以養親辭是歲母喪明年十月亦以疾卒年五十九所著詩文多傳於世梈持身廉正居官不可干以私疏食飲水泊如也吳澄以道學自任少許可嘗曰若亨父可謂特立獨行之士矣爲文志其墓以東漢諸君子擬之

揭傒斯

揭傒斯字曼碩龍興富州人父來成宋鄉貢進士傒斯幼貧讀書尤刻苦晝夜不少懈父子自爲師友由是貫通百氏早有文名大德間稍出游湘漢湖南帥趙淇雅號知人見之驚曰他日翰苑名流也程鉅夫盧摯先後爲湖南憲長咸器重之鉅夫因妻以從妹延祐初鉅夫摯列薦于朝特授翰林國史院編修官時平章李孟監修國史讀其所撰功臣列傳歎曰是方可名史筆若他人直謄吏牘爾陞應奉翰林文字仍兼編修遷國子助教復留爲應奉南歸省母旋復召還傒斯凡三入翰林朝廷之事臺閣之儀靡不閑習集賢學士王約謂與傒斯談治道大起人意授之以政當無施不可天歷初開奎章閣首擢爲授經郎以教勳戚大臣子孫文宗時幸閣中有所咨訪奏對稱旨恒以字呼之而不名每中書奏用儒臣必問曰其材何如揭曼碩間出所上太平政要策以示臺臣曰此朕授經郎揭曼碩所進也其見親重如此富州地不產金官府或於姦民之言爲募淘金戶三百而以其人總之散往他郡采金以獻歲課自四兩累增至四十九兩其人旣死而三百戶所存無什一又貧不聊生有司遂責民之受役於官者代輸民多以是破產中書因傒斯言遂蠲其征民賴以甦富州人至今德之與修經世大典文宗取其所撰憲典讀之顧謂近臣曰此豈非唐律乎特授藝文監丞參檢校書籍事且屢稱其純實欲進用之會文宗崩而止元統初詔對便殿慰諭良久命賜以諸王所服表裏各一躬自辦識以授之遷翰林待制陞集賢學士階中順大夫先是儒學官赴吏部銓者必移集賢考較其所業集賢下國子監監下博士吏文淹稽動踰累月傒斯請更其法以事付本院屬官人甚便之奉旨祀北嶽濟瀆南鎭便道西還時秦王伯顏當國屢促其還傒斯引疾固辭旣而天子親擢爲奎章閣供奉學士乃卽已就道未至改翰林直學士及開經筵再陞侍講學士同知經筵事以對品進階中奉大夫時新格超陞不越二等獨傒斯進四等轉九階蓋異數也經筵無專官曰領曰知多宰執大臣故微辭奧義必屬傒斯訂定而後其言往往寓進獻替之誠務以裨益治道天子嘉其忠懇數出金織文段以賜至正三年年七十致其事而去詔遣使追及于漷南尋復奉上尊諭旨還撰明宗神御殿碑文成賜楮幣萬緡白金五十兩中宮賜白金亦如之求去不許命丞相脫脫及執政大臣面諭毋行傒斯曰使揭傒斯有一得之獻諸公用其言而天下蒙其利雖死于此何恨不然何益之有丞相因問方今致治何先傒斯曰儲材爲先養之於位望未隆之時而用之於周密庶務之後則無失材廢事之患矣一日集議朝堂傒斯抗言當兼行新舊銅錢以救鈔法之弊執政言不可傒斯持之益力丞相雖稱其不阿而竟莫行其言也詔修遼金宋三史傒斯與爲總裁官丞相問修史以何爲本曰用人爲本有學問文章而不知史事者不可與有學問文章知史事而心術不正者不可與用人之道又當以心術爲本也且與僚屬言欲求作史之法須求作史之意古人作史雖小善必錄小惡必記不然何以示懲勸由是毅然以筆削自任凡政事得失人材賢否一律以是非之公至於物論之不齊必反覆辯論以求歸於至當而後止四年遼史成有旨獎諭仍督早成金宋二史傒斯留宿史館朝夕不敢休因得寒疾七日卒時方有使者至自上京錫宴史局以傒斯故改宴日使者以聞帝爲嗟悼賜楮幣萬緡仍給驛舟護送其喪歸江南六年制贈護軍追封豫章郡公謚曰文安有勳爵而無官階者有司失之也傒斯少處窮約事親菽水粗具而必得其歡心暨有祿入衣食稍踰於前輒愀然曰吾親未嘗享是也故平生清儉至老不渝友于兄弟終始無間言立朝雖居散地而急於薦士揚人之善惟恐不及而闘吏之貪墨病民者則尤不曲爲之揜覆也爲文章敍事嚴整語簡而當詩尤清婉麗密善楷書行草朝廷大典册及元勳茂德當得銘辭者必以命焉殊方絕域咸慕其名得其文者莫不以爲榮云

黃溍

黃溍字晉卿婺州義烏人母童氏夢大星墜于懷乃有娠歷二十四月始生溍生而俊異比成童授以書詩不一月成誦迨長以文名於四方中延祐二年進士第授台州寧海丞縣地瀕鹽場亭戶恃其不統於有司肆毒害民編戶隷漕司及財賦府者亦謂各有所憑橫暴尤甚溍皆痛繩以法吏以利害白弗顧也民有後母與僧通而酖殺其父者反誣民所爲獄將成溍變衣冠陰察之具知其姦僞卒直其冤惡少年名在鹽籍者而謀爲刼奪未行邑大姓執之圖中賞格初無獲財左驗事久不決溍爲之疏剔以其獄上論之如本條免死者十餘人遷兩浙都轉運鹽使司石堰西場監運改諸暨州判官巡海官舸例以三載一新費出于官而責足于民有餘則總其事者私焉溍撙節浮蠹以餘錢還民驩呼而去奸民以僞鈔鉤結黨與脅攘人財官若吏聽其謀挾往新昌天台寧海東陽諸縣株連所及數百家民受旣至慘郡府下溍鞫治溍一問皆引伏官吏除名同謀者皆杖遣之有盜繫於錢塘縣獄游民賂獄吏私縱之假署文牒發其來爲向導逮捕二十餘家溍訪得其情以正盜宜傳重議持僞文書來者又非州民俱械還錢塘誣者自明入爲應奉翰林文字同知制誥兼國史院編脩官轉國子博士視弟子如朋交未始以師道自尊輕納人拜而來學者滋益恭業成而仕皆有聞于世時欲增設禮殿配位四配位合東坐而西向學官或議分置於左右同列不敢爭溍獨面折之事乃止出爲江浙等處儒學提舉溍年始六十七不俟引年亟上納祿侍親之請絕江徑歸俄以秘書少監致仕未幾落致仕除翰林直學士知制誥同脩國史尋兼經筵官執經進講者三十有二帝嘉其忠數出金織紋段賜之陞侍講學士知制誥同脩國史同知經筵事階自將仕郎七轉至中奉大夫旋上章求歸不俟報而行帝聞之遣使者追還京師復爲前官久之始得謝南還優游田里間凡七年卒於繡湖之私第年八十一贈中奉大夫江西等處行中書省參知政事護軍追封江夏郡公謚曰文獻溍天資介特在州縣唯以清白爲治月俸弗給每鬻產以佐其費及升朝行挺立無所附足不登鉅公勢人之門君子稱其清風高節如冰壺三尺纖塵弗汙然剛中少容觸物或弦急霆震若未易涯涘一旋踵間煦如陽春溍之學博極天下之書而約之於至精剖析經史疑難及古今因革制度名物之屬旁引曲證多先儒所未發文辭布置謹嚴援據精切俯仰雍容不大聲色譬之澄湖不波一碧萬頃魚鼈蛟龍潛伏不動而淵然之光自不可犯所著書有日損齋稾二十三卷義烏志七卷筆記一卷同郡柳貫吳萊皆浦陽人貫字道傳器局凝定端嚴若神嘗受性理之學於蘭谿金履祥必見諸躬行自幼至老好學不倦凡六經百氏兵刑律曆數術方技異教外書靡所不通作文沉鬱舂容涵肆演迤人多傳誦之始用察舉爲江山縣儒學教諭仕至翰林待制與溍及臨川虞集豫章揭傒斯齊名人號爲儒林四傑所著書有文集四十卷字系二卷近思錄廣輯三卷金石竹帛遺文十卷年七十三卒萊字立夫集賢大學士直方之子也輩行稍後於貫溍天資絕人七歲能屬文凡書一經目輒成誦嘗往族父家日易漢書一帙以去族父迫叩之萊琅然而誦不遺一字三易他編皆如之衆驚以爲神延祐七年以春秋舉上禮部不利退居深裊山中益窮諸書奧旨著尚書標說六卷春秋世變圖二卷春秋傳授譜一卷古職方錄八卷孟子弟子列傳二卷楚漢正聲二卷樂府類編一百卷唐律刪要三十卷文集六十卷他如詩傳科條春秋經說胡氏傳證謬皆未脫稾萊尤喜論文嘗云作文如用兵兵法有正有奇正是法度要部伍分明奇是不爲法度所縛舉眼之頃千變萬化坐作進退擊刺一時俱起及其欲止什伍各還其隊元不曾亂聞者服之貫平生極慎許與每稱萊爲絕世之才溍晚年謂人曰萊之文嶄絕雄深類秦漢間人所作實非今世之士也吾縱操觚一世又安敢及之哉其爲前輩所推許如此萊以御史薦調長薌書院山長未上卒年僅四十有四君子惜之私謚曰淵穎先生

元史卷一百八十二

明翰林學士亞中大夫知制誥兼修國史宋　濂等修

列傳第六十九

張起巖

張起巖字夢臣其先章丘人五季避地禹城高祖迪以元帥右監軍權濟南府事徙家濟南當金之季張榮據有章丘鄒平濟陽長山辛市蒲臺新城淄州之地歲丙戌歸於太祖始終能效忠節迪與其子福實先後羽翼之福仕爲濟南路軍民鎭撫兵鈐轄權府事生東昌錄事判官鐸鐸生四川行省儒學副提舉範範生起巖初其母丘氏有娠見長虵數丈入榻下已忽不見乃驚而誕起巖幼從其父學年弱冠以察舉爲福山縣學教諭值縣官捕蝗移攝縣事久之聽斷明允其民相率曰若得張教諭爲眞縣尹吾屬何患焉政成遷安丘中延祐乙卯進士首選除同知登州事特旨改集賢脩撰轉國子博士陞國子監丞進翰林待制兼國史院編脩官丁內艱服除選爲監察御史中書參政楊廷玉以墨敗臺臣奉旨就廟堂逮之下吏丞相倒剌沙疾其摧辱同列悉誣臺臣罔上欲寘之重辟起巖以新除留臺抗章論曰臺臣按劾百官論列朝政職使然也今以奉職獲戾風紀解體正直結舌忠良寒心殊非盛世事且世皇建臺閣廣言路維持治體陛下卽位詔旨勤法祖宗今臺臣坐譴公論杜塞何謂法祖宗耶章三上不報起巖廷爭愈急帝感悟事乃得釋猶皆坐罷免還鄉里遷中書右司員外郎進左司郎中兼經筵官拜太子右贊善丁外艱服除改燕王府司馬拜禮部尚書文宗親郊起巖充大禮使導帝陟降步武有節衣前後襜如陪位百官望之如古圖畫中所覩帝甚嘉之賜賚優渥轉參議中書省事寧宗崩燕南俄起大獄有妄男子上變言部使者謀不軌按問皆虛法司謂唐律告叛者不反坐起巖奮謂同列曰方今嗣君未立人情危疑不亟誅此人以杜奸謀慮妨大計趣有司具獄都人肅然大事尋定中書方列坐銓選起巖薦一士可用丞相不悅起巖卽攝衣而起丞相以爲忤已遷翰林侍講學士知制誥兼脩國史脩三朝實錄加同知經筵事御史臺奏除淛西廉訪使不允已而擢陝西行臺侍御史將行復留爲侍講學士拜江南行臺侍御史召入中臺爲侍御史轉燕南廉訪使搏擊豪强不少容貸貧民賴以吐氣滹沱河水爲眞定害起巖論封河神爲侯爵而移文責之復脩其隄防淪其湮鬱水患遂息陞江南行臺御史中丞拜翰林學士承旨知制誥兼脩國史知經筵事右丞相別怯里不花爲臺臣所糾去位未幾再入相諷詞臣言臺章之非起巖執不可聞者壯之俄拜御史中丞論事剴直無所顧忌與上官多不合詔脩遼金宋三史復命入翰林爲承旨充總裁官積階至榮祿大夫起巖熟於金源典故宋儒道學源委尤多究心史官有露才自是者每立言未當起巖據理竄定深厚醇雅理致自足史成年始六十有五遂上疏乞骸骨以歸後四年卒謚曰文穆起巖面如紫瓊美髯方頤而眉目清揚可觀望而知爲雅量君子及其臨政決議意所背鄉屹若泰山不可回奪或時面折人面頸發赤不少恕廟堂憚之識者謂其外和中剛不受人籠絡如歐陽脩名聞四裔安南脩貢其陪臣致其世子之辭必候起巖起居性孝友少處窮約下帷教授躬致米百里外以養父母撫弟如石教之宦學無不備至舉親族弗克葬者二十餘喪且買田以給其祭凡獲俸賜必與故人賓客共之卒之日橐無餘粟家無餘財先是至元乙酉三月乙亥太史奏文昌星明文運將興時世祖行幸上京明日丙子皇孫降生於儒州是夜起巖亦生其後皇孫踐祚是爲仁宗始詔設科取士及廷試起巖遂爲第一人論者以爲非偶然也起巖博學有文善篆隷有華峯漫藁華峯類藁金陵集各若干卷藏于家子二人琳琛

歐陽玄

歐陽玄字原功其先家廬陵與文忠公脩同所自出至曾大父新始遷居瀏陽故玄爲瀏陽人幼岐嶷母李氏親授孝經論語小學諸書八歲能成誦始從鄉先生張貫之學日記數千言卽知屬文十歲有黃冠師注目視玄謂貫之曰是兒神氣凝遠目光射人異日當以文章冠世廊廟之器也言訖而去亟追與語已失所之部使者行縣玄以諸生見命賦梅花詩立成十首晚歸增至百首見者駭異之年十四益從宋故老習爲詞章下筆輒成章每試庠序輒占高等弱冠下帷數年人莫見其面經史百家靡不研究伊洛諸儒源委尤爲淹貫延祐元年詔設科取士玄以尚書與貢明年賜進士出身授岳州路平江州同知調太平路蕪湖縣尹縣多疑獄久不決玄察其情皆爲平翻豪右不法虐其驅奴玄斷之從良貢賦徵發及時民樂趨事教化大行飛蝗獨不入境改武岡縣尹縣控制溪洞蠻獠雜居撫字稍乖輒弄兵犯順玄至踰月赤水太清兩洞聚衆相攻殺官曹相顧失色計無從出玄卽日單騎從二人徑抵其地諭之至則死傷滿道戰鬭未已獠人熟玄名棄兵仗羅拜馬首曰我曹非不畏法緣訴其事於縣縣官不爲直反以繇役橫斂掊克之情有弗堪乃發憤就死耳不意煩我清廉官自來玄喩以禍福歸爲理其訟獠人遂安召爲國子博士陞國子監丞致和元年遷翰林待制兼國史院編脩官時當兵興玄領印攝院事日直內廷參決機務凡遠近調發制詔書檄院而改元天歷郊廟建后立儲肆赦之文皆經撰述復條時政數十事實封以聞多推行之明年初置奎章閣學士院又置藝文監隷焉皆選淸望官居之文宗親署玄爲藝文少監奉詔纂脩經

世大典陞太監檢校書籍事元統元年改僉太常禮儀院事拜翰林直學士編脩四朝實錄俄兼國子祭酒召赴中都議事陞侍講學士復兼國子祭酒重紀至元五年足患風痺乞南歸以便醫藥帝不允拜翰林學士未幾懇辭去位帝復不允免其行朝賀禮至正改元更張朝政事有不便者集議廷中玄極言無隱科目之復沮者尤衆玄尤力爭之未幾南歸復起爲翰林學士以疾未行詔脩遼金宋三史召爲總裁官發凡舉例俾論撰者有所據依史官中有悻悻露才論議不公者玄不以口舌爭俟其呈稾援筆竄定之統系自正至於論贊表奏皆玄屬筆五年帝以玄歷仕累朝且有脩三史功諭旨丞相超授爵秩遂擬拜翰林學士承旨及入奏上稱快者再三已而乞致仕帝復不允御史臺奏除福建廉訪使行次淛西疾復作乃上休致之請作南山隱居優游山水之間有終焉之志復拜翰林學士承旨玄屢力辭不獲命奉勑定國律尋乞致仕陳情懇切乃特授湖廣行中書省右丞致仕賜白玉束帶給俸賜以終其身將行帝復降旨不允仍前翰林學士承旨進階光祿大夫十四年汝穎盜起蔓延南北州縣幾無完城玄獻招捕之策千餘言鑿鑿可行當時不能用十七年春乞致仕以中原道梗欲由蜀還鄉帝復不允時將大赦天下宣赴內府玄久病不能步履丞相傳旨肩輿至延春閣下實異數也是歲十二月戊戌卒於崇教里之寓舍年八十五中書以聞帝賜賻甚厚贈崇仁昭德推忠守正功臣大司徒柱國追封楚國公諡曰文玄性度雍容含弘縝密處已儉約爲政廉平歷官四十餘年在朝之日殆四之三三任成均而兩爲祭酒六入翰林而三拜承旨脩實錄大典三史皆大製作屢主文衡兩知貢舉及讀卷官凡宗廟朝廷雄文大冊播告萬方制誥多出玄手金綃上尊之賜幾無虛歲海內名山大川釋老之宮王公貴人墓隧之碑得玄文辭以爲榮片言隻字流傳人間咸知寶重文章道德卓然名世羽儀斯文贊衞治具與有功焉玄無子以從子達老後復先玄卒有圭齋文集若干卷傳于世

許有壬

許有壬字可用其先世居穎後徙湯陰有壬幼頴悟讀書一目五行嘗閱衡州淨居院碑文近千言一覽輒背誦無遺年二十暢師文薦入翰林不報授開寧路學正陞教授未上辟山北廉訪司書吏擢延祐二年進士第授同知遼州事會關中有警鄰州聽民出避棄孩嬰滿道上有壬獨率弓箭手開城門以守卒獲無虞州有追逮不許胥隸足跡至村疃唯給信牌令執里役者呼之民安而事集右族貪虐者懲之寃獄雖有成案皆平翻而釋其罪州遂大治六年己未除山北廉訪司經歷至治元年遷吏部主事二年轉江南行臺監察御史行部廣東以貪墨劾罷廉訪副使哈只蔡衍至江西會廉訪使苗好謙監焚昏鈔檢視鈔者日至百餘人好謙恐其有弊痛鞭之人畏罪率刷真爲僞以迎其意莞庫吏而下榜掠無全膚迄莫能償有壬覆視之率眞物也遂釋之凡勢官豪民人畏之如虎狼者有壬悉擒治以法部內肅然召拜監察御史八月英宗暴崩於南坡賊臣鐵失遣使者自上京至封府庫收百官印有壬知事急卽往告御史中丞董守庸守庸謂宮禁事非子所當問有壬卽疏守庸及經歷朶尔只班監察御史郭也先忽都阿附鐵失之罪以俟十月鐵失伏誅泰定帝發上都御史大夫紐澤先還京師有壬卽袖疏上之及帝至復上章言帖木迭兒之子瑣南與聞大逆乞賜典刑其兄弟勿令出入宮禁中書平章政事王毅右丞高昉橫罹奪爵而四川行省平章政事趙世延受禍尤慘皆請雪寃復職繼上正始十事一曰輔翼太子宜先訓導二曰遴選長官宜先培養三曰通籍宮禁宜別貴賤四曰欲謹兵權宜俾兼領五曰武備廢弛宜加脩飭六曰賊臣妻妾宜禁勢官徵索七曰前赦權以止變宜再詔以正名八曰鐵木迭兒諸子宜籍沒以懲惡九曰考驗經費以減民賦十曰撙節浮蠹以紓國用帝多從之泰定元年初立詹事院選爲中議改中書左司員外郎京畿饑有壬請振之同列讓曰子言固善其如虧國何有壬曰不然民本也不虧民顧豈虧國邪卒白於丞相發糧四十萬斛濟之民賴以活者甚衆國學舊法每以積分次第貢以出官執政用監丞張起巖議欲廢之而以推擇德行爲務有壬折之曰積分雖未盡善然可得博學能文之士若曰惟德行之擇其名固佳恐皆厚貌深情專意外飾或懵不能識丁矣議久不決三年六月陞右司郎中其事遂行已而復寢獲盜例有賞論者多疑其僞有淹四十餘年者羣訴於馬首有壬曰盜賊方熾求疵太甚緩急何以使人但經部使者覆覈者皆予官俄移左司郎中每遇公議有壬屢爭事得失迅掃積滯幾無留牘都事宋本退語人曰此貞觀開元間議事也明年丁父憂天歷三年擢兩淮都轉運鹽司使先是鹽法壞廷議非有壬不能集事故有是命有壬詢究弊端立法而通融之國課遂登至順二年二月召參議中書省事未幾以丁母憂去元統元年復以參議召明年甲戌拜治書侍御史轉奎章閣學士院侍書學士仍治臺事會福達魯花赤完卜藏丞相勢宿衞東宮其行頗淫穢御史劾之完卜藏御史大夫家有壬捕而遣之九月拜中書參知政事知經筵事帝詔羣臣議上皇太后尊號爲太皇太后有壬曰皇上於皇太后母子也若加太皇太后則爲孫矣非禮也衆弗之從有壬曰今制封贈祖父母降於父母一等蓋推恩之法近重而遠輕今尊皇太后爲太皇太后是推而遠之乃反輕矣豈所謂尊之者邪弗之聽中書平章政事徹里帖木兒挾私憾奏罷進士科有壬廷爭甚苦不能奪遂稱疾在告帝強起之拜侍御史會汝寧棒胡反大臣有忌漢官者取賊所造旗幟及僞宣勑班地上問曰此欲何爲耶意漢官諱言反將以罪中之有壬曰此曹建年號稱李老君太子部署士卒以敵官軍其反狀甚明尚何言其語遂塞廷議欲行古劓法立行樞密院禁漢人南人勿學蒙古畏吾兒字書有壬皆爭止之重紀至元初長蘆韓公溥因家藏兵器遂起大獄株連臺省多以贓敗獨無有壬名由是忌者益甚有壬度不可留遂歸彰德已而南遊湘漢間至元六年召入中書仍爲參知政事明年改元至正有壬極論帝當親祀太廟母后虛位徽政院當罷改元命相當合爲一詔冗職當沙汰錢糧當裁節如此之類不一而足人皆嘿之轉中書左丞二年囊加慶善八及孛羅帖木兒獻議開西山金口導渾河踰京城達通州以通漕運丞相脫脫主之甚力有壬曰渾河之水湍悍易決而足以爲害淤淺易塞而不可行舟況地勢高下甚有不同徒勞民費財耳不聽後卒如有壬言先是有壬之父熙載仕長沙日設義學訓諸生既歿而諸生思之爲立東岡書院朝廷賜額設官以爲育才之地南臺監察御史木八剌沙緣睚眦怨言書院不當立并搆浮辭誣衊有壬并其二弟有儀有孚有壬遂稱病歸四年改江淛行省左丞辭六年召爲翰林學士既上又辭監察御史累章辨其誣俄拜淛西廉訪使未上復以翰林學士承旨召仍知經筵事明年夏授御史中丞賜白玉束帶及御衣一襲未幾復以病歸監察御史苔蘭不花銜有壬時短長之奏劾甚力事尋白十二年盜起河南聲撼河朔間有壬畫備禦之策十五條以授郡將民籍以安十三年起拜河南行省左丞朝廷遣將出征環河南境連營以百數一切芻餉皆仰給之有壬從容集事若平時然十五年遷集賢大學士尋改樞密副使復拜中書左丞時以言爲諱有壬力言朝廷務行姑息之政賞重罰輕故將士貪掠子女玉帛而無鬬志遂倡招降之策言多不載有僧名闢自高郵來言張士誠乞降衆幸事且成皆大喜有壬獨疑其妄呼僧詰之果語塞不能對轉集賢大學士兼太子左諭德階至光祿大夫有壬前朝舊德太子頗敬禮之一日入見方臂鷹以爲樂遽呼左右屏去十七年以老病力乞致其事久之始得請給俸賜以終其身二十四年九月二十一日卒年七十八有壬歷事七朝垂五十年遇國家大事無不盡言皆一根至理而曲盡人情當權臣恣睢之時稍忤意輒誅竄隨之有壬絕不爲巧避計事有不便明辨力諍不知有死生利害君子多之有壬善筆札工辭章歐陽玄序其文謂其雄渾閎雋溥如層瀾迫而求之則淵靚深實蓋深許之也所著有至正集若干卷諡曰文忠子一人曰禎

宋本

宋本字誠夫大都人自幼穎拔異羣兒既成童聚經史窮日夜讀之句探字索必通貫乃已嘗從父禎官江陵江陵王奎文明性命義理之學本往質所得造詣日深善爲古文辭必已出峻潔刻厲多微辭年四十始還燕至治元年策天下士于廷本爲第一人賜進士及第授翰林脩撰泰定元年春除監察御史首言逆賊鐵失等雖伏誅其黨樞密副使阿散身親弒逆以告變得不死竄嶺南乞早正天討國制範黃金爲太廟神主仁宗室盜竟竊去本言在法民間失盜捕之違期不獲猶治罪太常失典守及在京應捕官皆當罷去又言中書宰執日趨禁中固寵苟安兼旬不至中堂壅滯機務乞戒飭臣僚自非入宿衞日必詣所署治事皆不報踰月調國子監丞夏風烈地震有旨集百官雜議弭災之道時宿衞士自北方來者復遣歸乃百十爲羣剽刦殺人桓州道中既逮捕旭滅傑奏釋之蒙古千戶使京師宿邸中適民間朱甲妻女車過邸門千戶悅之并從者奪以入朱泣訴於中書旭滅傑庇不問本適與議本復抗言鐵失餘黨未誅仁廟神主盜未得桓州盜未治朱甲寃未伸刑政失度民憤天怨災異之見職此之由辭氣激奮衆皆聳聽冬移兵部員外郎二年轉中書左司都事會議招撫溪洞民故將李牢山之子嘗假兵部尚書從諸王帥兵征鬱林州徭民李在道納妾留不進兵敗歸樞密副使王卜鄰吉台言李平徭有功當遷官本言李棄

軍娶妾逗撓軍期宜亟寘諸法況可官邪王色沮乃不敢言旭滅傑死左丞相倒剌沙當國得君與平章政事烏伯都剌皆西域人西域富賈以其國異石名曰瓓者來獻其估鉅萬或未酬其直諸嘗有過爲司憲褫官或有出其門下者三年冬烏伯都剌自禁中出至政事堂集宰執僚佐命左司員外郎胡彝以詔藁示本乃以星孛地震赦天下仍命中書酬累朝所獻諸物之直擢用自英廟至今爲憲臺奪官者本讀竟白曰今警災異而畏獻物未酬直者憤怨此有司細故形諸王言必貽笑天下司憲褫有罪者官世祖成憲也今上御位累詔法世祖今擢用之是廢成憲而反汗前詔也後復有邪佞贓穢者將治之邪置不問邪宰執聞本言相視歎息罷去明日宣詔竟本遂稱疾不出四年春遷禮部郎中天歷元年冬陞吏部侍郎二年改禮部侍郎是年文宗開奎章閣置藝文監檢校書籍超大監至順元年進奎章閣學士院供奉學士二年冬出爲河東廉訪副使將行擢禮部尚書三年冬寧宗崩順帝未至皇太后在興聖宮正旦議循故事行朝賀禮本言宜上表興聖宮廢大明殿朝賀衆是而從之元統元年兼經筵官冬拜陝西行臺治書侍御史不拜復留爲奎章閣學士院承制學士仍兼經筵官二年夏轉集賢直學士兼國子祭酒兼經筵如故是年冬十一月二十五日卒年五十四階官自承務郎十轉至太中大夫本性高抗不屈持論堅正制行純白不可干以私而篤朋友之義堅若金鐵人有片善稱道不少置尤以植立斯文自任知貢舉取進士滿百人額爲讀卷官增第一甲爲三人父官南中貧賣宅以去居官清愼自持饘粥至不給本未弱冠聚徒以養親殆二十年歷仕通顯猶僦屋以居及卒非賻贈幾不能給棺斂執紼者近二千人皆縉紳大夫門生故吏及國子諸生未嘗有一雜賓時人榮之本所著有至治集四十卷行于世謚正獻弟褧字顯夫登泰定元年進士第授校書郎累官至翰林直學士謚文清褧嘗爲監察御史於朝廷政事多所建明其文學與本齊名人稱之曰二宋云

謝端

謝端字敬德蜀之遂寧人宋末蜀士多避兵江陵因家焉端幼穎異五六歲能吟詩十歲能作賦弱冠與尚書宋本同師明性理爲古文又同敎授江陵城中以文學齊名時號謝宋史杠宣慰荆南數加延禮薦之姚樞樞方以文章大名自負少所許可以所爲文眎端端一讀卽能指摘其用意所在樞歎奬不已語人後二十年若謝端者豈易得哉用薦者署校官不報科舉法行就試河南行省中其舉以內數不會試延祐五年乃擢進士乙科授承事郎潭州路同知湘陰州事歲滿入爲國子博士遷太常博士盜入太廟失第八室黃金主坐罷去端禮官非典守不當坐亦不辨尋除翰林修撰陞待制以選爲國子司業遂爲翰林直學士階太中大夫端善爲政筮仕湘陰猾吏束手不敢舞文法豪民無賴者遠避去部使者行部旁郡滯訟皆委端讞端剖決如流積譽籍然其文章嚴謹有法寧約近瘠無奢滋駁居翰林久至順元統以來國家崇號慈極升祔先朝加封宣聖考妣制冊多出其手預脩文宗明宗寧宗三朝實錄及累朝功臣列傳時稱其有史才初文宗建奎章閣蒐羅中外才俊置其中嘗語阿榮曰當今文學之士朕惟未識謝端亡何文宗崩竟不及用端端又與趙郡蘇天爵同著正統論辨金宋正統甚悉世多傳之至元六年卒年六十二元世蜀士以文名者曰虞集而謝端其次云

元史卷一百八十三

明翰林學士亞中大夫知制誥兼修國史宋　濂等修

列傳第七十

王守誠

王守誠字君實太原陽曲人氣宇和粹性好學從鄧文原虞集游文辭日進泰定元年試禮部第一廷對賜同進士出身授秘書郎遷太常博士續編太常集禮若干卷以進轉藝林庫使與著經世大典拜陝西行臺監察御史除奎章閣鑒書博士拜監察御史僉山東廉訪司事改戶部員外郎中書右司郎中拜禮部尚書與修遼金宋三史書成擢參議中書省事調燕南廉訪使至正五年帝遣使宣撫四方除守誠河南行省參知政事與大都留守荅不麻失里使四川首薦雲南都元帥述律鐸爾直有文武材初四川廉訪使某與行省平章某不相能誣宣使蘇伯延行賄於平章某瘐死獄中至是伯延親屬有愬會茶鹽轉運司官亦訟廉訪使累受金廉訪使倉皇去官至揚州死副使而下皆以事罷憲史四人奏差一人籍其家而寘之餘皆斥去重慶銅梁縣尹張文德出遇少年執兵亦疑爲盜擒執之果拒敵文德斬其首得懷中帛旗書曰南朝趙王賊黨聞之遂焚劫雙山文德捕殺百餘人重慶府官以私怨使縣吏誣之乃議文德罪比不卽捕強盜例加四等遇赦免猶擬杖一百守誠至爲直其事他如以贓罪誣人動至數千緡與夫小民田婚之訟殆百十計守誠皆辨析詳讞辭窮吐實爲之平反州縣官多取職田者累十有四人悉鐫正之因疏言仕於蜀者地僻路遙俸給之薄何以自養請以戶絕及屯田之荒者召人耕種收其入以增祿秩宜賓縣尹楊濟亨欲於蟠龍山建憲宗神御殿儒學提舉謝晉賢請復文翁石室爲書院皆采以上聞成之風采聳動天下論功居諸道最進資政大夫河南行省左丞未上母劉氏歿于京師聞喪亟歸遂遘疾以至正九年正月卒年五十有四帝賜鈔萬緡謚文昭有文集若千卷

王思誠

王思誠字致道兗州嵫陽人天資過人七歲從師授孝經論語卽能成誦家本業農其祖佑訶家人曰兒大不敎力田反敎爲迂儒邪思誠愈自力弗懈後從汶陽曹元用游學大進中至治元年進士第授管州判官召爲國子助敎改翰林國史院編修官尋陞應奉翰林文字再轉爲待制至正元年遷奉議大夫國子司業二年拜監察御史上疏言京畿去年秋不雨冬無雪方春首月蝗生黃河水溢蓋不雨者陽之亢水涌者陰之盛也嘗聞一婦銜冤三年大旱往歲伯顏專擅威福讐殺不辜郯王之獄燕鐵木兒宗黨死者不可勝數非直一婦之冤而已豈不感傷和氣邪宜雪其罪勑有司行禱百神陳牲幣祭河伯發卒塞其缺被災之家死者給葬具庶幾可以召陰陽之和消水旱之變此應天以實不以文也行部至檀州首言采金鐵冶提舉司設司獄掌囚之應徒配者鈦趾以舂金鑛舊嘗給衣與食天歷以來水壞金冶因罷其給蠶草飲水死者三十餘人瀕死者又數人夫罪不至死乃拘囚至於饑死不若加杖而使速死之愈也況州縣俱無囚糧輕重囚不決者多死獄中獄吏妄報其病月日用藥次第請定瘐死多寡罪著爲令又言至元十六年開壩河設壩夫戶八千三百七十有七車戶五千七十出車三百九十兩船戶九百五十出船一百九十艘壩夫累歲逃亡十損四五而運糧之數十增八九船止六十八艘戶止七百六十有一車之存者二百六十七兩戶之存者二千七百五十有五晝夜奔馳猶不能給壩夫戶之存者一千八百三十有二一夫日運四百餘石肩背成瘡顱額如鬼甚可哀也河南湖廣等處打捕鷹房府打捕戶尙玉等一萬三千二百二十五戶阿難荅百姓劉德元等二千三百戶可以簽補使勞佚相資又言燕南山東密邇京師比歲饑饉群盜縱橫巡尉弓兵與提調捕盜官會鄰境以討之賊南則會于北賊西則會于東及與賊會望風先遁請立法嚴禁之又言初開海道置海仙鶴哨船四十餘艘往來警邏今弊船十數止於劉家港口以捕盜爲名實不出海以致寇賊猖獗宜卽萊州洋等處分兵守之不令泊船島嶼禁鎭民與梢水爲婚有能捕賊者以船畀之獲賊首者賞以官仍移江浙河南行省列戍江海諸口以詰海商還者審非寇賊始令泊船下年糧船開洋之前遣將士乘海仙鶴於二月終旬入海庶幾海道寧息朝廷多是其議松州官吏誣搆良民以取賂愬于臺者四十人選思誠鞫問思誠密以他事入松州境執監州以下二十三人皆罪之還至三河縣一囚愬不已俾其黨異處使之言囚曰賊向盜某芝麻某追及刺之幾死賊以是圖復讐今弓手欲捕獲功之數適中賊計其贓實某妻裙也以裙示失主主曰非吾物其黨詞屈遂釋之豐潤縣一囚年最少械繫瀕死疑而問之曰昏暮三人投宿將詣集場約同行未夜半趣行至一冢間見數人如有宿約者疑之衆以爲盜告不從脅以白刃驅之前至一民家衆皆入獨留戶外遂潛奔赴縣未及報而被收思誠遂正有司罪少年獲免出僉河南山西道肅政廉訪司事行部武鄉縣監縣來迓思誠私語吏屬曰此必贓吏未幾果有愬于道側者問曰得無訴監縣斂汝馬乎其人曰然監縣抵罪吏屬問思誠先知之故曰衣弊衣乘駿馬非詐而何陝西行臺言欲疏鑿黃河三門立水陸站以達於關陝移牘思誠會陝西河南省憲臣及郡縣長吏視之皆畏險阻欲以虛辭復命思誠怒曰吾屬自欺何以責人何以待朝廷諸君少留吾當躬詣其地衆惶恐從之河中灘磧百有餘里嶕石錯出路窮舍騎徒行攀藤葛以進衆憊喘汗弗敢言凡三十里度其不可乃作詩歷敘其險執政采之遂寢其議召修遼金宋三史調秘書監丞會國子監諸生相率爲鬨復命爲司業思誠召諸生立堂下黜其首爲鬨者五人罰而降齋者七十人勤者升惰者黜於是更相勉勵超陞兵部侍郎監燒燕南昏鈔忽心悸弗寧已而母病事畢馳還京師侍疾及丁內憂扶櫬南歸甫禫朝廷行內外通調法選郡縣守令起思誠太中大夫河間路總管磁河水頻溢決鐵燈干鐵燈干眞定境也召其邑吏責而

懲之遂集民丁作堤晝夜督工朞月而塞復築夾堤于外亘十餘里命瀕河民及弓手列置草舍於上擊木以防盜決是年民穫耕藝歲用大稔乃募民運碎甓治郭外行道高五尺廣倍之往來者無泥塗之病南皮民父祖嘗瀕御河種柳輸課於官名曰柳課後河決柳俱沒官猶徵之凡十餘年其子孫益貧不能償思誠連請於朝除之郡庭生嘉禾三本一本九莖一本十六莖一本十三莖五六穗僚屬欲上進思誠曰吾嘗惡人行異政沽美名乃止所轄景州廣川鎮漢董仲舒之里也河間尊福鄉博士毛萇舊居也皆請建書院設山長員召拜禮部尚書十二年帝以四方民頗失業命名臣巡行勸課思誠至河間及山東諸路召集父老宣帝德意莫不感泣緘進二麥豌豆帝嘉之賜上尊二召還遷國子祭酒俄復爲禮部尚書知貢舉升集賢侍講學士兼國子祭酒應詔言事一曰置行省丞相以專方面二曰寬內郡徵輸以固根本三曰汰冗兵以省糧運四曰改祿秩以養官廉五曰罷行兵馬司以便詰捕六曰復倚郭縣以正紀綱七曰設常選以起淹滯尋出爲陝西行臺治書侍御史辭以老病不允力疾戒行十七年春紅巾陷商州奪七盤進據藍田縣距奉元一舍思誠會豫王阿剌忒納失里及省院官於安西正月魯帖木兒邸衆洶懼無言思誠曰陝西重地天下之重輕繫焉察罕帖木兒河南名將賊素畏之宜遣使求援此上策也戍將嫉客兵軋已論久不決思誠曰吾兵弱且夕失守咎將安歸乃移書察罕帖木兒曰河南爲京師之庭戶陝西實內郡之藩籬兩省相望互爲脣齒陝西危則河南豈能獨安乎察罕帖木兒新復陝州得書大喜曰先生眞有爲國爲民之心吾寧負越境擅發之罪遂提輕兵五千倍道來援思誠犒軍于鳳凰山還定守禦九事夜宿臺中未嘗解衣同官潛送妻子過渭北思誠止之分守北門其屬聞事急欲圖苟免思誠從容論之曰吾受國重寄安定一方期戮力報効死之可也自古皆有死在遲與速耳衆乃安既而援兵破賊河南總兵官果以察罕帖木兒擅調遣人問之思誠亟請於朝宜命察罕帖木兒專守關陝仍令便宜行事詔從之行樞密院掾史田甲受賂事覺匿豫邸監察御史捕之急并繫其母思誠過市中見之曰嘻古者罪人不孥況其母乎吾不忍以子而繫其母令釋之不從思誠因自劾不出諸御史謁而謝之初監察御史有封事自中丞以下惟署紙尾莫敢聞其由事行始知之思誠曰若是則上下之分安在凡上章必拆視不可行者以臺印封置架閣庫俄起五省餘丁軍思誠爭曰關中方用兵困於供給民多愁怨復有是役萬一爲變所繫豈輕耶事遂寢十七年召拜通議大夫國子祭酒時臥疾聞命卽起至朝邑疾復作十月卒于旅舍年六十有七諡獻肅

李好文

李好文字惟中大名之東明人登至治元年進士第授大名路濬州判官入爲翰林國史院編修官國子助敎泰定四年除太常博士會盜竊太廟神主好文言在禮神主當以木爲之金玉祭器宜貯之別室又言祖宗建國以來七八十年每遇大禮皆臨時取具博士不過循故事應荅而已往年有詔爲集禮而乃令各省及各郡縣置局纂修宜其久不成也禮樂自朝廷出郡縣何有哉白長院者選僚屬數人仍請出架閣文牘以資採錄三年書成凡五十卷名曰太常集禮遷國子博士丁內憂服闋起爲國子監丞拜監察御史時復以至元紀元好文言年號襲舊於古未聞襲其名而不蹈其實未見其益因言時弊不如至元者十餘事錄囚河東有李拜拜者殺人而行兇之仗不明凡十四年不決好文曰豈有不決之獄如是其久乎立出之王傅撒都剌以足蹋人而死衆皆曰殺人非刃當杖之好文曰怙勢殺人甚於用刃況因有所求而殺之其情爲尤重乃置之死河東爲之震肅出僉河南浙東兩道廉訪司事六年帝親享太室召僉太常禮儀院事至正元年除國子祭酒改陝西行臺治書侍御史遷河東道廉訪使三年郊祀召爲同知太常禮儀院事帝之親祀也至寧宗室遣阿魯問曰兄拜弟可乎好文與博士劉聞對曰爲人後者爲之子也帝遂拜由是每親祀必命好文攝禮儀使四年除江南行臺治書侍御史未行改禮部尚書與修遼金宋史除治書侍御史仍與史事俄除參議中書省事視事十日以史故仍爲治書已而復除陝西行臺治書侍御史時臺臣皆缺好文獨署臺事西蜀奉使以私憾摭拾廉訪使曾文博僉事兀馬兒王武事文博死兀馬兒誣服武不屈以輕侮抵罪好文曰奉使代天子行事當問民疾苦黜陟邪正今行省以下至於郡縣未聞舉劾一人獨風憲之司無一免者此豈正大之體乎率御史力辨武等之枉并言奉使不法者十餘事六年除翰林侍講學士兼國子祭酒又還改集賢侍講學士仍兼祭酒九年出參湖廣行省政事改湖北道廉訪使尋召爲太常禮儀院使於是帝以皇太子年漸長開端本堂命皇太子入學以右丞相脫脫大司徒雅不花知端本堂事而命好文以翰林學士兼諭德好文力辭上書宰相曰三代聖王莫不以敎世子爲先務蓋帝王之治本於道聖賢之道存於經而傳經期於明道出治在於爲學關係至重要在得人自非德堪範模則不足以輔成德性自非學臻閫奧則不足以啓迪聰明宜求道德之鴻儒仰成國家之盛事而好文天資本下人望素輕草野之習而久與性成章句之學而寖以事廢驟膺重託負荷誠難必別加選掄庶幾國家有得人之助而好文免妨賢之譏丞相以其書聞帝嘉歎之而不允其辭好文言欲求二帝三王之道必由於孔氏其書則孝經大學論語孟子中庸乃摘其要畧釋以經文又取史傳及先儒論說有關治體而協經旨者加以所見倣眞德秀大學衍義之例爲書十一卷名曰端本堂經訓要義奉表以進詔付端本堂令太子習焉好文又集歷代帝王故事總百有六篇一曰聖慧如漢孝昭後漢明帝幼敏之類二曰孝友如舜文王及唐玄宗友愛之類三曰恭儉如漢文帝却千里馬罷露臺之類四曰聖學如殷宗緝學及陳隋諸君不善學之類以爲太子問安餘暇之助又取古史自三皇迄金宋歷代授受國祚久速治亂興廢爲書曰大寶錄又取前代帝王是非善惡之所當法當戒者爲書名曰大寶龜鑑皆錄以進焉久之陞翰林學士承旨階榮祿大夫十六年復上書皇太子其言曰臣之所言卽前日所進經典之大意也殿下宜以所進諸書參以貞觀政要大學衍義等篇果能一一推而行之則萬幾之政太平之治不難致矣皇太子深敬禮而嘉納之後屢引年乞致仕辭至再三遂拜光祿大夫河南行省平章政事仍以翰林學士承旨一品祿終其身

孛术魯翀 子遠附

孛术魯翀字子翬其先隆安人金泰和間定女直姓氏屬望廣平祖德從憲宗南征因家鄧之順陽以功封南陽郡侯父居謙用翀貴封南陽郡公初居謙辟掾江西以家自隨生翀贛江舟中釜鳴者三人以爲異翀稍長卽勤學父歿家事漸落翀不恤而爲學益力乃自順陽復往江西從新喻蕭克翁學克翁宋參政燧之四世孫也隱居不仕學行爲州里所敬嘗夜夢大鳥止其所居翼覆軒外舉家驚異出視之冲天而去明日翀至翀始名思溫字伯和克翁爲易今名字以夢故後復從京兆蕭𣂏游其學益宏以肆翰林學士承旨姚燧以書抵𣂏曰燧見人多矣學問文章無足與子翬比倫者於是𣂏以女妻之大德十一年用薦者授襄陽縣儒學敎諭陞汴梁路儒學正會修世皇實錄燧首以翀薦至大四年授翰林國史院編修官延祐二年擢河東道廉訪司經歷遷陝西行臺監察御史賑濟吐蕃多所建白五年拜監察御史時英皇未出閤翀言宜擇正人以輔導帝嘉納之尋劾奏中書參議元明善帝初怒不納明日乃命改明善他官而傳旨慰諭翀巡按遼陽有旨給以弓矢環刀後因爲定制還往淮東覆憲司官聲跡淮東憲臣惟尚刑多置獄具翀曰國家所以立風紀蓋將肅清天下初不尚刑也取其獄具焚之時有旨凡以吏進者例降二等從七品以上不得用翀言科舉未立人才多以吏進若一槩屈抑恐未足盡天下持平之議請吏進者宜止於五品許之因著爲令除右司都事時相鐵木迭兒專事刑戮以復私憾翀因避去填之擢翰林修撰又改左司都事於是拜住爲左相使人勞翀曰今規模已定不同往日宜早至也翀強爲起會國子監隸中書俾翀兼領之先是陝西有變府縣之官多罣誤者翀白丞相曰此輩皆脅從非同情者乃悉加銓敘帝方獵柳林駐故東平王安童碑所因獻駐蹕頌皆稱旨命坐賜飮尙尊從幸上京次龍虎臺拜住命翀傳旨中書翀領之行數步還曰命翀傳否拜住歎曰眞謹飭人也間謂翀曰爾可作宰相否翀對曰宰相固不敢當然所學宰相事也夫爲宰相者必福德才量四者皆備乃足當耳拜住大悅以酒觴翀曰非公不聞此言迎駕至行在所翀入見帝賜之坐陞右司員外郎奉旨預修大元通制書成翀爲之序泰定元年遷國子司業明年出爲河南行省左右司郎中丞相曰吾得賢佐矣翀曰世祖立國成憲具在愼守足矣譬若乘舟非一人之力所能運也翀乃開壅除弊省務爲之一新三年擢燕南河北道廉訪使晉州達魯花赤有罪就逮而奉使宣撫以印帖徵之欲緩其事翀發其姦奉使因遁去入僉太常禮儀院事盜竊太廟神主翀言各室宜增設都監員內外嚴置扃鐍晝巡夜警永爲定制從之又纂修太常集禮書成而未上有旨命翀兼經筵官文宗之入也大臣問以典故翀所建白近漢文故事衆皆是之文宗嘗字呼子翬而不名命翀與平章政事溫迪罕等十人商論大事日夕備顧問宿直東廡下文宗虛大位以俟明宗翀極言大兄遠在朔漠北兵有阻神器不可久虛宜攝位以俟其至文宗納其言及文宗親祀天地社稷宗廟翀爲禮儀使詳記行禮節文於笏遇至尊不敢直書必識以兩圈

帝偶取笏視曰此爲皇帝字乎因大笑以笏還翀奏事上天歷太慶詩三章帝命藏之奎章閣擢陝西漢中道廉訪使會立太禧院除僉太禧宗禋院兼祗承神御殿事詔遣使趣之還迎駕至龍虎臺帝問子翬來何緩太禧院使阿榮對曰翀體豐肥不任乘馬從水道來是以緩耳太禧臣日聚禁中以便顧問帝嘗問阿榮曰魯子翬飲食何如對曰與衆人同又問談論如何曰翀所談義理之言也從幸上都嘗奉勑撰碑文稱旨帝曰候朕還大都當還汝潤筆貲也遷集賢直學士兼國子祭酒諸生素已望翀至是私相歡賀翀以古者教育有業退必有居舊制弟子員初入學以羊贄所貳之品與羊等翀曰與其餋口腹孰若爲吾黨燥濕寒暑之虞乎命撙集之得錢二萬緡有奇作屋四區以居學者諸生積分有六年未及釋褐者翀至皆使就試而官之帝師至京師有旨朝臣一品以下皆乘白馬郊迎大臣俯伏進觴帝師不爲動惟翀舉觴立進曰帝師釋迦之徒天下僧人師也余孔子之徒天下儒人師也請各不爲禮帝師笑而起舉觴卒飲衆爲之慄然文宗崩皇太后聽政命別不花塔失海牙阿兒思蘭馬祖常史顯夫及翀六人商論國政翀以大位不可久虛請嗣君卽位早正宸極以幸天下帝旣卽位大臣以爲赦不可頻行翀曰今上以聖子神孫入繼大統當新天下耳目今不赦豈可收怨於新造之君乎皇太后以爲宜從翀言議乃定遷禮部尚書階中憲大夫有大官妻無子而妾有子者其妻以田盡入于僧寺其子訟之翀召其妻詰之曰汝爲人妻不以資產遺其子他日何面目見汝夫於地下卒反其田元統二年除江浙行省叅知政事逾年以遷葬故歸鄉里明年召爲翰林侍講學士以疾辭不上至元四年卒年六十贈通奉大夫陝西行省叅知政事護軍追封南陽郡公諡文靖翀狀貌魁梧不妄言笑其爲學一本於性命道德而記問宏博異言僻語無不淹貫文章簡奧典雅深合古法用是天下學者仰爲表儀其居國學者久論者謂自許衡之後能以師道自任者惟耶律有尚及翀而已有文集六十卷子遠字朋道以翀蔭調秘書郎轉襄陽縣尹須次居南陽賊起遠以忠義自奮傾財募丁壯得千餘人與賊拒戰俄而賊大至遠被害死遠妻甯爲賊所執賊欲妻之乃詆賊曰我曾叅政冢婦縣令嫡妻夫死不貳肯從汝狗彘以生乎賊醜其言將辱之甯號哭大罵不從乃見殺舉家皆被害

李泂

李泂字漑之滕州人生有異質始從學卽穎悟強記作爲文辭如宿習者姚燧以文章負大名一見其文深歎異之力薦于朝授翰林國史院編修官未幾以親老就養江南久之辟中書掾非其志也及考除集賢院都事轉太常博士拜住爲丞相聞泂名擢監修國史長史歷秘書監著作郎太常禮儀院經歷泰定初除翰林待制以親喪未克葬辭而歸天歷初復以待制召於是文宗方開奎章閣延天下知名士充學士員泂數進見奏對稱旨超遷翰林直學士俄特授奎章閣承制學士泂旣爲帝所知遇乃著書曰輔治篇以進文宗嘉納之朝廷有大議必使與焉會詔修經世大典泂方臥疾卽強起曰此大制作也吾其可以不預力疾同修書成旣進奏旋謁告以歸復除翰林直學士遣使召之竟以疾不能起泂骨骼清峻神情開朗秀眉疎髯目瑩如電顏面如冰玉而脣如渥丹然峩冠褒衣望之者疑爲神仙中人也其爲文章奮筆揮灑迅飛疾動汨汨滔滔思態疊出縱橫奇變若紛錯而有條理意之所至臻極神妙泂每以李太白自儗當世亦以是許之嘗游匡廬王屋少室諸山留連久乃去人莫測其意也僑居濟南有湖山花竹之勝作亭曰天心水面文宗嘗勑虞集製文以記之泂尤善書自篆隸草眞皆精詣爲世所珍愛卒年五十九有文集四十卷

蘇天爵

蘇天爵字伯脩眞定人也父志道歷官嶺北行中書省左右司郎中和林大饑救荒有惠政時稱能吏天爵由國子學生公試名在第一釋褐授從仕郎大都路薊州判官丁內外艱服除調功德使司照磨泰定元年改翰林國史院典籍官陞應奉翰林文字至順元年預修武宗實錄二年陞修撰擢江南行臺監察御史明年慮囚于湖北湖北地僻遠民獠所雜居天爵冒瘴毒徧歷其地囚有言冤狀者天爵曰憲司歲兩至不言何也皆曰前此慮囚者應故事耳今聞御史至當受刑故不得不言天爵爲之太息每事必究心雖盛暑猶夜篝燈治文書無倦江陵民文甲無子育其甥雷乙後乃生兩子而出乙乙俟兩子行賣茶卽舟中取斧並斮殺之沉斧水中而血漬其衣跡故在事覺乙具服部使者乃以三年之疑獄釋之天爵曰此事二年半耳且不殺人何以衣汚血又何以知斧在水中又其居去殺人處甚近何謂疑獄遂復寘于理常德民盧甲莫乙汪丙同出傭而甲誤墮水死甲弟之爲僧者欲私甲妻不得訴甲妻與乙通而殺其夫乙不能明誣服擊之死斷其首棄草間屍與仗棄譚氏家溝中吏往索果得髑髏然屍與仗皆無有而譚誣證曾見一屍水漂去天爵曰屍與仗縱存今已八年未有不腐者召譚詰之則甲未死時目已瞽其言曾見一屍水漂去妄也天爵語吏曰此乃疑獄況不止三年俱釋之其明於詳讞大抵此類入爲監察御史道改奎章閣授經郎元統元年復拜監察御史在官四閱月章疏凡四十五上自人君至于朝廷政令稽古禮文閭閻幽隱其關乎大體繫乎得失者知無不言所劾者五人所薦舉者百有九人明年預修文宗實錄遷翰林待制尋除中書右司都事兼經筵叅贊官後至元二年由刑部郎中改御史臺都事三年遷禮部侍郎五年出爲淮東道肅政廉訪使憲綱大振一道肅然入爲樞密院判官明年改吏部尚書拜陝西行臺治書侍御史復爲吏部尚書陞叅議中書省事是時朝廷更立宰相庶務多所弛張而天子圖治之意甚切天爵知無不言言無顧忌夙夜謀畫須髮盡白至正二年拜湖廣行省叅知政事遷陝西行臺侍御史四年召爲集賢侍講學士兼國子祭酒天爵自以起自諸生進爲師長端己悉心以範學者明年出爲山東道肅政廉訪使尋召還集賢充京畿奉使宣撫究民所疾苦察吏之姦貪其興除者七百八十有三事其糾劾者九百四十有九人都人有包韓之譽然以忤時相意竟坐不稱職罷歸七年天子察其誣乃復起爲湖北道宣慰使浙江道廉訪使俱未行拜江浙行省叅知政事江浙財賦居天下十七事務最煩劇天爵條分目別細鉅不遺九年召爲大都路都總管以疾歸俄復起爲兩浙都轉運使時鹽法弊甚天爵拯治有方所辦課爲鈔八十萬錠及期而足十二年妖寇自淮右蔓延及江東詔仍江浙行省叅知政事總兵于饒信所克復者一路六縣其方畧之寄節制之嚴雖老帥宿將不能過之然以憂深病積遂卒于軍中年五十九天爵爲學博而知要長於紀載嘗著國朝名臣事畧十五卷文類七十卷其爲文長於序事平易溫厚成一家言而詩尤得古法有詩藁七卷文藁三十卷於是中原前輩凋謝殆盡天爵獨身任一代文獻之寄討論講辯雖老不倦晚歲復以釋經爲己任學者因其所居稱之爲滋溪先生其他所著文有松廳章疏五卷春風亭筆記二卷遼金紀年黃河原委未及脫藁云

元史卷一百八十四

明翰林學士亞中大夫知制誥兼修國史宋　濂等修

列傳第七十一

王都中

王都中字元俞福之福寧州人父積翁仕宋爲寶章閣學士福建制置使至元十三年宋主納土乃以全閩八郡圖籍來入覲世祖於上京降金虎符授中奉大夫刑部尚書福建道宣慰使兼提刑按察使尋除叅知政事行省江西俄以爲國信使宣諭日本至其境遇害于海上都中生三歲卽以恩授從仕郎南劍路順昌縣尹七歲從其母葉訴闕下世祖閔焉給驛券俾南還賜平江田八千畝宅一區已而世祖追念其父功不置特授都中少中大夫平江路總管府治中時年甫十七僚吏見其年少頗易視之都中遇事剖析動中肯綮皆愕眙不敢欺崑山有詭易官田者事覺而八年不決都中爲披故牘洞見底裏其人乃伏辜吳江有違拒有司築堤護田之令而歸過於衆人者都中詢知其故皆置不問其人乃無所逃罪學舍久壞不治而郡守缺都中曰聖人之道人所共由何獨守得爲乎乃首募大家合錢新其禮殿秩滿除浙東道宣慰副使金華有毆殺人者吏受賕以爲病死都中摘屬吏覆按得其情獄具縣長吏而下皆以贓敗餘姚有豪民張甲居海濱爲不法擅制一方吏無敢涉其境都中捕繫之痛繩以法遷制湖北道宣慰副使適歲祲都中躬履山谷以拯其饑民賴以全活者數十萬武宗詔更鈔法行銅錢以都中爲通才除江淮泉貨監凡天下爲監者六惟所鑄錢江淮號最精改郴州路總管郴居楚上流谿洞徭獠往來民間憚其強猾莫敢與相貿易都中煦之以恩懾之以威乃皆悅服郴民染於蠻俗喜鬬爭都中乃大治學舍作籩豆簠簋笙磬琴瑟之屬使其民識先王禮樂之器延宿儒教學其中以義理開曉之俗爲之變隣州茶陵富民覃乙死無子惟一小妻及其贅壻妻誣其壻拜屍成婚藏匿玉杯夜明珠株連八百餘人奉使宣撫移其獄委之都中窮治悉得其情而正其罪州長吏而下計其贓至十一萬五千餘緡人以爲神明遷饒州路總管年饑米價翔踊都中以官倉之米定其價爲三等言於行省以爲須糶以下等價民乃可得食未報又於下等價減十之二使民就糴時宰怒其專擅都中曰饒去杭幾二千里比議定往還非半月不可人七日不食則死安能忍死以待乎其民亦相與言曰公爲我輩減米價公果得罪

我輩當粥妻子以代公償時宰聞之乃罷郡歲貢金而金戶貧富不常都中考得其實乃更定之包銀之法戶不過二兩而州縣徵之加十倍都中責之一以詔書從事父老或以兩岐之麥六穗之禾爲獻都中曰此聖主之嘉瑞非臣下所敢當遂以聞于朝以內憂去郡民生爲立祠服闋除兩浙都轉運鹽使未上擢海北海南道肅政廉訪使中書省臣奏國計莫重於鹽筴乃如前除鹽亭竈戶三年一比附推排世祖舊制也任事者恐斂怨久不舉行都中曰爲臣子者使皆避謗何以集事乃請于行省徧歷三十四塲驗其物力高下以損益之役旣平而課亦足公私便之擢福建閩海道肅政廉訪使俄遷福建道宣慰使都元帥又改浙東道宣慰使都元帥天歷初被省檄整點七路軍馬境內晏然從廣東道宣慰使都元帥三易鎭皆佩元降金虎符元統初朝廷以兩淮鹽法久壞詔命都中以正奉大夫行戶部尚書兩淮都轉運鹽使仍賜襲衣法酒都中旣至叅酌前所行於兩浙者次第施行之鹽法遂修尋拜河南行省叅知政事中道以疾作南歸於是天子聞其老詔卽其家拜江浙行省叅知政事至正元年卒贈昭文館大學士謚淸獻都中歷仕四十餘年所至政譽輒暴著而治郡之績雖古循吏無以尚之當世南人以政事之名聞天下而位登省憲者惟都中而已又其淸白之操得於家傳所賜田宅之外不增一疃不易一椽廩祿悉以給族姻之貧者人尤以是多之㓜留京師及拜許衡卽知所趨嚮中年尤致力於根本之學自號曰本齋有詩集三卷

王克敬

王克敬字叔能大寧人㓜奇穎嘗戲道旁丞相完澤見之謂左右曰是兒貌秀偉異日必令器也大寧朔土習尚少文而克敬獨孜孜爲儒者事旣仕累遷江浙行省照磨尋陞檢校徽州民汪俊上變誣富人反省臣遣克敬往驗之克敬察其言不實中道數爲開陳禍福俊悔將對簿竟仰藥以死調奉議大夫知順州以內外艱不上除江浙行省左右司都事延祐四年往四明監倭人互市先是往監者懼外夷情叵測必嚴兵自衞如待大敵克敬至悉去之撫以恩意皆帖然無敢譁有吳人從軍征日本陷於倭者至是從至中國訴於克敬願還本鄕或恐爲禍階克敬曰豈有軍士懷恩德來歸而不之納邪脫有釁吾當坐事聞朝廷嘉之番陽大饑總管王都中出廩粟賑之行省欲罪其擅發克敬曰番陽距此千里比待命民且死彼爲仁而吾屬顧爲不仁乎都中因得免拜監察御史用故事監吏部選有履歷當陞者吏故抑之問故吏曰有過克敬曰法笞四十七以上不陞今不至是吏曰責輕罪重曰失出在刑部銓曹安知其罪重卒陞之治書侍御史張伯高曰往者監選以減駁爲能今王御史乃論增品級可爲世道賀矣尋遷左司都事時英宗厲精圖治丞相拜住請更前政不便者會議中書堂克敬首言江南包銀民貧有不能輸者有司以責之役戶甚無謂也當罷之兩浙煎鹽戶牢盆之役其重者尤害民當免其它役議定以聞悉從之泰定初出爲紹興路總管郡中計口受鹽民困於誅求乃上言乞減鹽五千引運司弗從因歎曰使我爲運使當令越民少蘇矣行省檄克敬抽分船貨拘蕃者例籍其貨商人以風水爲解有司不聽克敬曰某貨出某國地有遠近貨有輕重冒重險出萬死舍近而趨遠棄重而取輕豈人情邪具以上聞衆不能奪商人德之擢江西道廉訪司副使轉兩浙鹽運司使首減紹興民食鹽五千引溫州逮犯私鹽者以一婦人至怒曰豈有逮婦人千百里外與吏卒雜處者汚敎甚矣自今毋得逮婦人建議著爲令明年擢湖南道廉訪使調海道都漕運萬戶是歲當天歷之變海漕舟有後至直沽者不果輸復漕而南還行省欲坐罪督運者勒其還趨直沽克敬以謂脫其常年而往返若是信可罪今蹈萬死完所漕而還豈得已哉乃請令其計石數附次年所漕舟達京師省臣從之召爲叅議中書省事有以飛語中大臣者下其事克敬持古八議之法謂勳貴可以不議且罪狀不明而輕罪大臣何以白天下宰相傳旨大長公主爲皇外姑賜錢若干平雲南軍還賜錢若干英后入覲賜錢若干克敬乞覆奏宰相怒曰叅議乃敢格詔命邪克敬曰用財宜有道大長公主供饋素優今賜錢出無名不當也自諸軍征討以來賞格未下平雲南省獨先受賞是不均也英后遠還徒御衆多非大錫賚恩意不能洽今賜物鮮少是不周也宰相以聞帝可其議拜中奉大夫叅知政事行省遼陽俄除江南行臺治書侍御史又遷淮東廉訪使以正綱紀爲已任不縱貪墨不阿宗戚聲譽益著入爲吏部尚書乘傳至淮安墜馬居吳中養疾元統初起爲江浙行省叅知政事請罷富民承佃江淮田從之松江大姓有歲漕米萬石獻京師者其人旣死子孫貧且行乞有司仍歲徵弗足則雜置松江田賦中令民包納克敬曰匹夫妄獻米徼名爵以榮一身今身死家破又已奪其爵不可使一郡之人均受其害國用寧乏此耶具論免之江浙大旱諸民田減租唯長寧寺田不減遂移牘中書以謂不可忽天變而毒疲民歲海猺賊竊發朝廷調戍兵之在行省者往討之會提調軍馬官缺故事漢人不得與軍政衆莫知所爲克敬抗言行省任方面之寄假令萬一有重於此者亦將拘法坐視邪乃調兵往捕之軍行給糧有差事聞于朝卽令江西湖廣二省給糧亦如之視事五月請老年甫五十九謂人曰穴趾而峻墉必危再實之木必傷其根無功德而忝富貴何以異此故常懷止足之分也又曰世俗喜言勿認眞此非名言臨事不認眞豈盡忠之道乎故其歷官所至俱有政績可紀時稱名卿克敬喜讀書其有所得者輒抄爲書又有所著詩文奏議傳于世元統二年卒年六十一贈中奉大夫陝西等處行省叅知政事追封梁郡公謚文肅子時以文學顯歷仕中書叅知政事至左丞以翰林學士承旨致仕

任速哥

任速哥渤海人自㓜事父母以孝稱性倜儻尤峭直疏財而尚氣不尚勢利義之所在必亟爲之有古俠士風而家居恂恂儒者不能過初襲父官爲右衞千戶公卿以其賢薦于朝英宗召見與語奇之由是出入禁闥待以心腹將擇重職處之未幾鐵失與倒剌沙搆謀英宗遇弒遂引去自是不復出仕居常扼腕或醉歸慟哭過市時人目以爲狂莫知其意也泰定中倒剌沙用事天變數見速哥乃密與平章政事速速謀曰先帝之讐孤臣朝夕痛心而不能報者以未有善策也今吾思之武宗有子二人長子周王正統所屬然遠居朔方難以達意次子懷王人望所歸而近在金陵易於傳命若能同心推戴以圖大計則先帝之讐可雪也速速深然之時燕帖木兒方僉樞密院事實握兵柄二人深結納之冬乃告以所謀燕帖木兒初聞之矍然因徐說之曰天下之事惟順逆兩塗以順討逆何患不克況公國家世臣與國同休戚今國難不恤他日有先我而謀者禍必及矣於是燕帖木兒許之致和元年懷王自金陵遷江陵俄而泰定帝崩倒剌沙踰月不立君物情洶洶速哥乃與速速從燕帖木兒奉豫王令率諸豪傑乘時奮義以集闕下諭以翊戴大義遣使迎懷王於江陵懷王至京師羣臣請正大統遂卽皇帝位是爲文宗論功行賞擢速哥爲禮部尚書速哥辭曰臣襲備宿衞南坡之變不能勇效一死以報國士之知今日之舉皆諸將相之力在臣未足贖罪又曷敢言功乎文宗慰勉之乃拜命而其他賞賚一無所受尋遷長寧寺卿繼出爲安豐路總管又入爲壽福府總管又爲都水使者居官恂恂無幾微自伐之意人或詢以翊戴之事往往遜謝終無所言君子尤以是多之

陳思謙

陳思謙字景讓其家世見祖祐傳中思謙少孤警敏好學凡名物度數綱紀本末考訂詳究尤深於邵子皇極經世書文宗天歷初政收攬賢能丞相高昌王亦都護舉思謙時年四十矣召見興聖宮明年三月授典寶監經歷十一月改禮部主事首言教坊儀鳳二司請併入宣徽以淸禮部之選其官屬不當與文武臣並列朝會宜置百官之後大樂之前詔從之而二司隸禮部如故至順元年拜西行臺監察御史建明八事一曰正君道二曰結人心三曰崇禮讓四曰正綱紀五曰審銓衡六曰勵孝行七曰紓民力八曰脩軍政先是關陝大饑民多粥產流徙及來歸皆無地可耕思謙言聽民倍直贖之使富者收兼入之利貧者獲已棄之業從之監察御史李擴行部甘肅金州民劉海延都其男元元自稱流民王延祿非海延都之子告海延都掠其財擴聽之以酷法抑其父思謙劾擴逆父子之天壞朝廷之法遂抵擴罪明年二月遷太禧宗禋院都事九月拜監察御史首陳四事上有宗廟社稷之重下有四海烝民之生前有祖宗垂創之艱後有子孫長久之計中論秦漢以來上下三千餘年天下一統者六百餘年而已我朝開國百有餘年混一六十餘年土宇人民三代漢唐所未有也民有千金之產猶謹守之以爲先人所營況君臨天下承祖宗艱難之業而傳祚萬世者乎臣愚以興亡懇懇言者誠以皇上有元之聖主今日乃皇上盛時圖治之機茲不可失也又言戶部賜田諸怯薛支請海靑獅豹肉食及局院工糧好事布施一切泛支以至元三十年以前較之動增數十倍至順經費缺二百三十九萬餘定宜節無益不急之費以備軍國之用苟能三分損一以惠民夫豈小哉又言軍站消乏僉補則無殷實之戶接濟則無羨餘之財倘有征行必括民間之馬苟遼海地氣高寒水甘草美無非牧養之地宜設置羣牧使司統領十監專治馬政并畜牛羊數年之後馬寔蕃盛或給軍以收兵威或給站以優民力牛羊之富又足

以給國用非小補也又言銓衡之弊入仕之門太多黜陟之法太簡州郡之任太淹朝省之際太速欲設三策以救四弊一曰至元三十年以後增設衙門冗濫不急者從實減并其外有選法者并入中書二曰宜參酌古制設辟舉之科令三品以下各舉所知得才則受賞失實則受罰三曰古者刺史入爲三公郎官出宰百里蓋使外職識朝廷治體內官知民間利病今後歷縣尹有能聲善政者受郎官御史歷郡守有奇才異績者任憲使尚書其餘各驗資品通遷在內者不得三考連任京官在外者須歷兩任乃遷內職績非出類守不敗官者則循以年勞處以常調凡朝缺官員須二十月之上方許遷除帝可其奏命中書議行之時有官居喪者往往奪情起復思謙言三年之喪謂之達禮自非金革不可從權遂著於令有詔起報嚴寺思謙曰兵荒之餘當罷土木以紓民力帝嘉之曰此正得祖宗立臺憲之意繼此事有當言者無隱賜縑綺旌之未幾遷右司都事元統二年五月轉兵部郎中十一月改御史臺都事重紀至元元年五月出爲淮西道廉訪副使至淮未朞月引疾歸六月召爲中書省員外郎上言强盜但傷事主者皆得死罪而故殺從而加之人與鬬而殺人者例杖一百七下得不死與私宰牛馬之罪無異是視人與牛馬等也法應加重因奸殺夫所奸妻妾同罪律有明文今止坐所犯似失推明遂合法曹議著爲定制至正元年轉兵部侍郎俄丁內艱服除召爲右司郎中歲凶盜賊蠭起剽掠州邑思謙力言于執政當竭府庫以賑貧民分兵鎮撫中夏以防後患五年參議中書省事轉刑部尚書改湖廣廉訪使八年遷淮東宣慰司都元帥九年遷浙西廉訪使湖廣行中書省參知政事辭十一年改淮西廉訪使廬州盜起思謙亟命廬州路總管杭州不花領弓兵捕之而賊已不可撲滅矣言于宣讓王帖木兒不花曰承平日久民不知兵王以帝室之胄鎮撫淮甸豈得坐視思謙願與王戮力殄滅且王府屬怯薛人等數亦不少必有能摧鋒陷陣者惟王圖之王曰此吾責也但鞍馬器械未備何能禦敵思謙括官民馬置兵甲不日而集分道並進遂禽渠賊廬州平既而潁寇將渡淮又言于王曰潁寇東侵亟調芍陂屯卒用之王曰非奉詔不敢調思謙言非常之變理宜從權擅發之罪思謙坐之王感其言從之其姪立本爲屯田萬戶召語曰吾祖宗以忠義傳家汝之職乃我先人力戰所致今國家有難汝當身先士卒以圖報效庶無負朝廷也尋召入爲集賢侍講學士俾定國律十二年拜治書侍御史明年陞中丞年近七十上章乞老不允特旨進一品授榮祿大夫仍御史中丞入謝感疾及命下强拜受命明日卒贈宣猷秉憲佐治功臣翰林學士承旨榮祿大夫柱國追封魯國公謚通敏

韓元善

韓元善字大雅汴梁之太康人唐檢校司空贈司徒克以宣武軍節度使兼統義成軍留鎮汴子孫遂爲太康韓氏父克昌至大間仕爲監察御史以論事有名聲元善由國子監生積分中程釋褐除新州判官累擢江南行臺監察御史歷中書左司郎中吏部侍郎吏部尚書僉樞密院事至正三年拜中書參知政事五年遷大司農卿尋出爲江南行御史臺中丞燕南肅政廉訪使九年召拜中書左丞同知經筵事十一年丞相脫脫奏事內廷以事關兵機而元善及參知政事韓鏞皆漢人使退避勿與俱由是遂與右丞玉樞虎兒吐華同分省彰德以給餽餉十二年御史大夫也先帖木兒總兵討汝寧元善至衞輝以病卒元善性純正明達政體歷臺閣三十餘年遂躋丞轄以文學治才羽翼廟謨論議之際秉義陳法不偭鄉上官國是所在倚之以爲重嘗以謁告侍親居家效范文正公遺規置田百畝爲義莊以周貧族至正交鈔初行賜近臣各三百錠元善復以買田六百畝爲義塾延名士以教族人子弟云

崔敬

崔敬字伯恭大寧之惠州人通刑名法律之學淮東山南廉訪司皆辟書吏天歷初辟御史臺察院書吏歷刑部令史徽政院掾史遂歷中書掾至元五年用累考及格授刑部主事六年遷樞密院都事拜監察御史時既毀文宗廟主削文宗后皇太后之號徙東安州而皇弟燕帖古思文宗子也又放之高麗敬上疏畧曰文皇獲不軌之愆已徹廟祀叔母有階禍之罪亦削洪名盡孝正名斯亦足矣惟念皇弟燕帖古思太子年方在幼稚此播遷天理人情有所不忍明皇當上賓之日太子在襁褓之間尚未有知義當矜憫蓋武宗視明文二帝皆親子也陛下與太子皆嫡孫也以武皇之心爲心則皆子孫固無親疎以陛下之心爲心未免有彼此之論臣請以世俗喻之常人有百金之產尚置義田宗族困阨者爲之教養不使失所況皇上貴爲天子富有四海子育黎元當使一夫一婦無不得其所今乃以同氣之人置之度外適足貽笑邊邦取辱外國況蠻夷之心不可測度倘生他變關係非輕與言至此良爲寒心臣願殺身以贖太子之罪望陛下遣近臣迎歸太后太子以全母子之情盡骨肉之義天意回人心悅則宗社幸甚不報又上疏諫天子巡幸上都宜御內殿其畧曰世祖以上都爲清暑之地車駕行幸歲以爲常閣有大安殿有鴻禧睿思所以保養聖躬適起居之宜存畏敬之心也今失剌斡耳朶思乃先皇所以備宴游非常時臨御之所今陛下方以孝治天下屢降德音祗行宗廟親祀之禮雖動植無知罔不歡悅而國家多故天道變更臣備員風紀以言爲職願大駕還大內居深宮嚴宿衞與宰臣謀治道萬機之暇則命經筵進講究古今盛衰之由緝熙聖學乃宗社之福也時帝數以歷代珎寶分賜近侍敬又上疏曰臣聞世皇時大臣有功所賜不過纓革重惜天物爲後世慮至遠也今山東大饑燕南亢旱海潮爲災天文示儆地道失寧京畿南北蝗飛蔽天正當聖主恤民之日近侍之臣不知慮此奏禀承請殆無虛日甚至以府庫百年所積之寶物遍賜僕御閽寺之流孔稚童孩之子帑藏或空萬一國有大事人有大功又將何以爲賜乎乞追回所賜以示恩不可濫庶允公論是年出僉山北廉訪司事按部全寧獄有李秀以坐造僞鈔連數十人而皆與秀不相識敬疑而讞之秀曰吾以訓童子爲業居村落間有司至秀舍謂秀爲僞造鈔者捶楚之下不敢不誣服耳敬詢知始謀者乃大同王濁十餘年事不泄而有司誤以李秀爲王濁也移文至大同果得王濁爲眞造僞鈔者至正初遷河南又遷江東所至抑豪强惠下窮洗寃滯興學勸農百廢具舉除江西行省左右司郎中入爲諸路寶鈔提舉改工部侍郎十一年遷同知大都路總管府事直沽河淤數年中書省委敬浚治之給鈔數萬錠募工萬人不三月告成咸服其能除刑部侍郎遷中書左司郎中十二年歷兵部尚書爲樞密院判官十四年遷刑部尚書廣東府憲讐殺以沙加班處大逆敬詳憲府以私相害致有是變殺人者自有典章得坐一人大逆非謀反則不科得坐一家敬立論全重而就輕朝廷咸以爲然十五年復爲樞密院判官尋拜參知政事行省河南復爲兵部尚書兼濟寧軍民屯田使朝廷給以鈔十萬錠散於有司招致居民軍士立營屯種歲收得百萬斛以給邊防居歲餘其法井井十有七年召爲大司農少卿遂拜中書參知政事盜據齊魯敬與平章政事苔蘭參知政事俺普分省陵州陵州乃南北要衝無城郭而居民散處敬兼領兵刑戶工四部事供給諸軍事無不集丞相以其能上聞賜之上尊仍命其便宜行事敬與俺普密議曰我軍强且勝彼將敗而降如得仗義之士直抵其巢穴而招安之亦方面之幸也有國子生王恪等願請往敬以便宜授以官俾之行至鄆城見李秉彝田豐等諭以逆順禍福之理豐與秉彝皆悔過自新山東郡邑之復敬之策居多敬以軍馬供給浩繁而民力日疲乃請行納粟補官之令中書以其言聞詔從之河北燕南士民踵躡而至積粟百萬石綺段萬疋用以給軍費民獲少蘇十八年除山東行樞密院副使俄遷江浙行省左丞卒年六十七贈資善大夫江浙行省左丞如故謚曰忠敏

元史卷一百八十五

明翰林學士亞中大夫知制誥兼修國史宋　濂等修

列傳第七十二

呂思誠

呂思誠字仲實平定州人六世祖宗禮金進士遼州司戶宗禮生仲堪亦舉進士仲堪生時敏時敏生釗爲千夫長死國事釗生德成德成生允卒平定知州致仕思誠父也母馮氏夢一丈夫烏巾白襴衫紅鞓束帶趨而揖曰我文昌星也及悟思誠生目有神光見者異之及長從蕭𣂏學治經已而入國子學爲陪堂生試國子伴讀中其選擢泰定元年進士第授同知遼州事未赴丁內艱改景州蓨縣尹差民戶爲三等均其徭役刻孔子象令社學祀事每歲春行田樹畜勤敏者賞以農器人爭趨事地無遺力民石安兒等流離積年至是聞風復業印識文簿畀社長藏之季月報縣不孝弟不事生業者悉書之罰其輸作胥吏至社者何人用飲食若干多者責償其直豪猾者寘名職田戶思誠盡袪其斂天歷兵興豫貸鈔於富民令下造軍器事皆先集民用不擾于後得官價亟以還民翟彝自其大父因河南亂被掠爲人奴歲納丁粟以免作思誠知彝力學召其主與之

約終彝身粟三十石仍代之輸彝得爲良民他日買羊劉智社民李持酒來見愬其弟匿羊思誠叱之退王青兄弟四人友愛彌篤思誠至其家取酒勸酬懽同骨肉李之兄弟相謂曰我等終不敢見尹矣各具酒食相切責悔前過析居三十年復還同爨鎭民張復叔母孀居且瞽丐食以活思誠聞之卽日迎養思誠恤其貧令爲媒互人以養之天旱道士持青蛇曰盧師谷小青謂龍也禱之卽雨思誠以其惑人殺蛇逐道士雨亦隨至遂有年縣多淫祠動以百餘計刑牲以祭者無虛日思誠悉命毀之唯存江都相董仲舒祠擢翰林國史院檢閱官俄陞編脩文宗在奎章閣有旨取國史閱之左右舁匱以往院長貳無敢言思誠在末僚獨跪閣下爭曰國史紀當代人君善惡自古天子無觀閱之者事遂寢尋擢國子監丞陞司業拜監察御史與幹玉倫徒等劾中書平章政事徹里帖木兒變亂朝政章上留中不下思誠納印綬殿前遂出僉廣西廉訪司事巡行郡縣土官有于元帥者恃勢魚肉人恐事覺陰遣其子邀思誠於道思誠縛之悉發其陰私痛懲其罪一道震肅移浙西達識帖睦邇時爲南臺御史大夫與江浙省臣有隙嗾思誠劾之思誠曰吾爲天子耳目不爲臺臣鷹犬也不聽已而閩行省平章左吉貪墨浙民多怨之思誠奏疏其罪流之海南復召爲國子司業遷中書左司員外郎盜殺河南省臣以僞檄呼廉訪使段輔入行省事及事敗詿誤者三十餘人將寘於法思誠言於朝皆釋之陞左司郎中思誠素剛直人多嫉之遂以言罷起爲右司郎中拜刑部尚書科舉復行與僉書樞密院事韓鏞爲御試讀卷官改禮部尚書御史臺奏爲治書侍御史總裁遼金宋三史升侍御史樞密院奏爲副使御史臺留爲侍御史會平章政事鞏卜班不法監察御史劾之御史大夫也先帖木兒曰姑徐之思誠趣入奏鞏卜班罷大夫銜思誠將謀擠之思誠卽謁告朝廷知思誠無他遷河東廉訪使未幾召爲集賢侍講學士兼國子祭酒出爲湖廣行省參知政事諸生抗疏留之不可道中授湖北廉訪使入拜中書參知政事陞左丞轉御史中丞劾奏清道官不盡職罷之再任左丞知經筵事提調國子監兼翰林學士承旨知制誥兼修國史加榮祿大夫總裁后妃功臣傳會粹六條政類帝賜玉帶眷顧彌篤又爲樞密副使仍知經筵事復爲中書左丞御史大夫納麟誣參政孔思立受賕事或欲連中思誠納麟曰呂左丞素有廉聲難以及之遂止拜集賢學士仍兼國子祭酒吏部尚書偰哲篤左司都事武祺等建言更鈔法以楮幣一貫文省權銅錢一千文爲母銅錢爲子命廷臣集議思誠曰中統至元自有母子上料爲母下料爲子譬之蒙古人以漢人子爲後皆人類也尚終爲漢人之子豈有故紙爲父而立銅爲子者乎一座咸笑思誠又曰錢鈔用法見爲一致以虛換實也今歷代錢至正錢中統鈔至元鈔交鈔分爲五項慮下民知之藏其實而棄其虛恐不利於國家也偰哲篤曰至元鈔多僞故更之爾思誠曰至元鈔非僞人爲僞爾交鈔若出亦爲僞者矣且至元鈔猶故戚也家之童奴且識之交鈔猶新戚也雖不敢不親人未識也其僞反滋多爾況祖宗之成憲其可輕改哉偰哲篤曰祖宗法弊亦可改矣思誠曰汝輩更法又欲上誣世皇是汝與世皇爭高下也且自世皇以來諸帝皆謚曰孝改其成憲可謂孝乎偰哲篤曰錢鈔兼行何如思誠曰錢鈔兼行輕重不倫何者爲母何者爲子汝不通古今道聽而塗說何足行哉偰哲篤忿曰我等策既不可行公有何策思誠曰我有三字策曰行不得行不得丞相脫脫見思誠言直頗狐疑未決御史大夫也先帖木兒獨曰呂祭酒之言亦有是者但不當在廟堂上大聲厲色爾已而監察御史承望風旨劾思誠狂妄奪其誥命幷所賜玉帶復左遷湖廣行省左丞遣太醫院宣使秦初卽其家迫遣之初窘辱之不遺餘力思誠不爲動貽書參議龔伯遂曰去年許可用爲河南左丞今年呂思誠爲湖廣左丞世事至此足下得無動心乎抵武昌城下語諸將曰賊據城與諸君相持經久必不知吾爲此來出其不意可以入城遂行諸將不獲已隨其後竟不煩轉鬬而入詢其故賊倉卒無備盡驚走思誠乃大會軍民官吏告之曰賊去示吾弱也規將復來於是申號令戒職事脩器械葺城郭明部伍先謀自守徐議出征苗軍暴橫侵辱省憲思誠正色叱之曰若等能殺呂左丞乎自是無敢復至省未數日召還復爲中書左丞思誠去二日城復陷移光祿大夫大司農俄得疾以至正十七年三月十七日卒年六十有五思誠氣宇凝定素以勁拔聞不爲勢利所屈三爲祭酒一法許衡之舊諸生從化後多爲名士嘗病古註疏太繁魏了翁刪之太簡將約其中以成書不果有文集若干卷兩漢通紀若干卷謚忠肅

汪澤民

汪澤民字叔志徽之婺源州人宋端明殿學士藻之七世孫也少警悟家貧力學既長遂通諸經延祐初以春秋中鄕貢上禮部下第授寧國路儒學正五年遂登進士第授承事郎同知岳州路平江州事以母年八十上書願奪所授官一等或二等得近地以便養不允南歸奉母之官州民李氏以貲雄其弟死妻誓不他適兄利其財嗾族人誣婦以奸事獄成而澤民至察知其枉爲直之會朝廷徵江南包銀府檄澤民分辦民不擾而事集尋遷南安路總管府推官鎭守萬戶朶兒赤持官府短長郡吏王甲毆傷屬縣長官訴郡同僚畏朶兒赤托故不視事澤民獨捕甲繫之獄朶兒赤賂巡按御史受甲家人訴欲出之澤民正色與辨御史沮怍夜竟去乃卒罪王甲潮州府判官錢珎以奸淫事殺推官梁楫事連廣東廉訪副使劉珎坐繫者二百餘人省府官凡六委官鞫問皆顧忌淹延弗能白復檄澤民讞之獄立具人服其明遷信州路總管府推官丁母憂服除授平江路總管府推官有僧淨廣與他僧有憾久絕往來一日邀廣飮廣弟子急欲得師財且苦其箠楚潛往他僧所殺之明日訴官他僧不勝考掠乃誣服三經審錄詞無異結案待報澤民取行兇刀視之刀上有鐵工姓名召工問之乃其弟子刀也一訊吐實卽械之而出他僧人驚以爲神調濟寧路兗州知州孔子後衍聖公襲封職三品澤民建議以謂宜陞其品秩以示褒崇宣聖之意廷議從之至正三年朝廷修遼金宋史召澤民赴闕除國子司業與修史書成遷集賢直學士階太中大夫未兩月卽移書告老大學士和尚曰集賢翰林實養老尊賢之地先生何爲遽去願少留以副上意澤民曰以布衣叨榮三品志願足矣遂以嘉議大夫禮部尚書致仕旣歸田里與門生故人相往返嬉遊超然若忘世者十五年蘄黃賊陷徽州時澤民居宣州已而賊來犯宣州江東廉訪使道童雅重澤民日就之詢守禦計城得無虞明年長槍軍瑣南班等叛來寇城或勸澤民去澤民曰我雖無官守故受國厚恩臨危愛死非臣子節留不去凡戰鬬籌畫多澤民參决之累敗賊兵既而寇益衆城陷澤民爲所執使之降大罵不屈遂遇害年七十事聞贈資善大夫江浙行中書省左丞追封譙國郡公謚文節

干文傳

干文傳字壽道平江人祖宗顯宋承信郎父雷龍鄕貢進士宗顯之先世以武弁入官而力敎其子以文易武故雷龍兩舉進士宋亡不及仕及生文傳乃名今名以期之文傳少嗜學十歲能屬文未冠已有聲譽用舉者爲吳及金壇兩縣學敎諭饒州慈湖書院山長仁宗詔舉進士文傳首登延祐二年乙科授同知昌國州事累遷長洲烏程兩縣尹陞婺源知州又知吳江州文傳長於治劇所至俱有善政自其始至昌國卽能柔之以恩信於是海島之民雖頑獷不易治至有剽掠海中若化外然者亦爲之變俗初長官強愎自恣文傳推誠以待之久乃自屈服鹽場官方倚轉運司勢虐使州民家業破蕩文傳語同列曰吾屬受天子命以牧此民可坐視而弗之救乎乃亟爲陳理上官莫能奪民賴以免長洲爲文傳鄕邑文傳徙榻公署無事未嘗輒出而親舊莫敢通私謁會創行助役法凡民田百畝令以三畝入官爲受役者之助文傳旣專任其縣事而行省又以無錫州及華亭上海兩縣之事委焉文傳論豪家大姓以腴田來歸而中人之家自是不病於役其在烏程有富民張甲之妻王無子張納一妾於外生子未晬王誘妾以兒來尋遂妾殺兒焚之文傳聞而發其事得死兒餘骨王厚賂妾之父母買鄰家兒爲妾所生兒初不死文傳令妾抱兒乳之兒啼不就乳妾之父母吐實乃呼鄰婦至兒見之躍入其懷乳之卽飮王遂伏辜丹徒縣民有二弟共殺其姊者獄久不决浙西廉訪司俾文傳鞫之既得其情其母乞貸二子命爲終養計文傳謂二人所承有輕重以首從論則爲首者當死司官從之婺源之俗男女婚聘後富則渝其約有育其女至老死不嫁者親喪貧則不舉有停其柩累數世不葬者文傳下車卽召其耆老使以禮訓告之閱三月而婚喪俱畢宋大儒朱熹上世居婺源故業爲豪民所占子孫訴于有司莫能直文傳論其民以理不煩窮治而悉歸之復募好義者卽其故宅基建祠俾朱氏世守焉有富民江丙出游京師娶娼女張爲婦江旣客死張走數千里返其柩以塟前妻之子困苦之既而殺之瘞其屍山谷間官司知之利其賄不問文傳乃發其事而論如法文傳涖官其所設施多此類故其治行往往爲諸州縣最韓鏞時僉浙西廉訪司事作烏程謠以紀其績論者謂其有古循吏之風至正三年召赴闕承詔預修宋史書成賞賚優渥仍有旨四品以下各進一官擢文傳集賢待制亡何以嘉議大夫禮部尚書致仕卒年七十八文傳氣貌充偉識度凝遠喜接引後進考試江浙江西鄕闈所取士後多知名爲文務雅正不事浮藻其於政事爲尤長云

韓鏞

韓鏞字伯高濟南人延祐五年中進士第授將仕郎翰

林國史院編修官尋遷集賢都事泰定四年轉國子博士俄拜監察御史當時由進士入官者僅百之一由吏致位顯要者常十之九帝乃欲以中書參議傅巖起爲吏部尚書鏞上言吏部掌天下銓衡巖起從吏入官烏足盡知天下賢才況尚書秩三品巖起累官四品耳於法亦不得陞制可其奏天歷元年除僉浙西廉訪司事擊姦暴黜貪墨而特舉烏程縣尹干文傳治行爲諸縣最所至郡縣爲之肅然二年轉江浙財賦副總管至順元年除國子司業尋遷南行臺治書侍御史順帝初歷僉宣徽及樞密院事至正二年除翰林侍講學士既而拜侍御史以剛介爲時所忌言事者誣劾其贓私乃罷去五年臺臣辨其誣遂復起參議中書省事七年朝廷愼選守令參知政事魏中立言于帝當今必欲得賢守令無加鏞者帝乃特署鏞姓名授饒州路總管饒之爲俗尚鬼有覺山廟者自昔爲妖以禍福人爲盜賊者事之尤至將爲盜必卜之鏞至卽撤其祠宇沉土偶人于江凡境內淫祠有不合祀典者皆毀之人初大駭已而皆嘆服鏞知民可教俾俊秀入學宮求宿儒學行俱尊者列爲五經師旦望必幅巾深衣以謁先聖月必考訂課試以示勸勵每治政之暇必延見其師生與之講討經義由是人人自力於學而饒之以科第進者視他郡爲多鏞居官廨自奉澹泊僚屬亦皆化之先是朝使至外郡者官府奉之甚侈一不厭其所欲卽銜之往往騰謗于朝其出使于饒者鏞延見郡舍中供以糲飯退皆無有後言其後有旨以織幣脆薄遣使詰行省臣及諸郡長吏獨鏞無預鏞治政雖細事其詳密多類此十年拜中書參知政事十一年丞相脫脫在位而龔伯遂輩方用事朝廷悉議更張鏞有言不見聽人或以鏞優於治郡而執政非其所長遂出爲甘肅行省參知政事及脫脫罷用事者悉誅而鏞又獨免禍乃遷西行臺中丞歿于官

李稷

李稷字孟豳滕州人稷幼穎敏八歲能記誦經史從其父官袁州師夏鎭又從官鉛山師方回孫鎭回孫皆名進士長於春秋稷兼得其傳泰定四年中進士第授淇州判官淇當要衝稷至能理其劇歲大饑告于朝堂以賑之民獲以蘇游民尚安兒飲博亡賴稷疑其爲非督弓兵擒之果盜隣村王甲家財與其黨五人俱伏辜調海陵縣丞亦有能聲入爲翰林國史院編修官擢御史臺照磨至正初出爲江南行臺監察御史遷都事又入爲監察御史劾奏閹官高龍卜恃賴恩私侵撓朝政擅作威福交通時相請謁公行爲國基禍乞加竄逐以正邦刑章上流高龍卜于征東又言御史封事須至御前開拆以防壅蔽之患言事官須優加擢用以開諫諍之路殿中侍御史給事中起居注須任端人直士書百司奏請及帝所可否月達省臺付史館以備纂修之實承天護聖寺火有旨更作乃上言水旱相仍公私俱乏不宜妄興大役議遂寢會朝廷方注意守令因言下縣尹多從吏部銓注或非其才宜併歸省選茶鹽鐵課責備長吏動受刑譴何以臨民宜分委佐貳投下達魯花赤蠹政害民宜爲佐貳帝悉可其奏遷中書左司都事又四遷爲戶部尚書十一年廷議以中原租稅不實將履畝起稅稷詣都堂言曰方今妖寇竊發民庶流亡此政一行是驅民爲盜也相臣是之尋參議中書省事俄遷治書侍御史十二年從丞相脫脫出師征徐州徐旣平謁告歸滕州遷曾祖父以下十七喪序昭穆以葬勅賜碑樹焉旣而召爲詹事丞除侍御史俄遷中書參知政事皇太子受冊攝大禮使遂除樞密副使帝躬祀郊廟攝太常少卿尋復爲侍御史又爲中書參知政事俄陞資善大夫御史中丞尋特加榮祿大夫至正十九年丁母憂兩起復爲陝西行省左丞樞密副使乞終制不起服闋命爲大都路總管兼大興府尹除副詹事二十四年出爲陝西行臺中丞未行改山東廉訪使得疾上章致仕還京師卒年六十一贈推忠贊理正憲功臣集賢大學士榮祿大夫柱國追封齊國公謚文穆稷爲人孝友恭儉廉愼忠勤處家嚴而有則與人交一以誠恪尤篤於鄉鄰朋友之誼中丞任擇善陳思謙旣沒皆撫其遺孤人以是多之出入臺省者二十年始卒無疵爲時名卿云

蓋苗

蓋苗字耘夫大名元城人幼聰敏好學善記誦及弱冠游學四方藝業大進延祐五年登進士第授濟寧路單州判官州多繫囚苗請疏決之知州以爲囚數已上部使者未報不可決苗曰設使者有問請身任其責知州乃勉從之使者果閱牘而去歲饑白郡府未有以應會他邑亦以告郡府遣苗至戶部以請戶部難之苗伏中書堂下出糠餅以示曰濟寧民率食此況不得此食者尤多豈可坐視不救乎因泣下時宰大悟凡被災者咸獲賑焉有官粟五百石陳腐以借諸民期秋熟還官及秋郡責償甚急部使者將責知州苗曰官粟實苗所貸今民饑不能償苗請代還使者乃已其責單州稅糧歲輸館陶倉距單五百餘里載馱揹負民甚苦之春猶未足是秋館陶大熟苗先期令民糴粟倉下十月初倉券已至省民力什之五辟御史臺掾除山東廉訪司經歷歷禮部主事擢江南行臺監察御史建言嚴武備以備不虞簡兵卒以壯國勢全功臣以隆大體惜官爵以淸銓選考實行以抑奔競明賞罰以杜姦欺計利害以孚民情去民賊以崇禮節皆切於時務公論韙之天歷初文帝詔以建康潛邸爲佛寺務窮壯麗毀民居七十餘家仍以御史大夫督其役苗上封事曰臣聞使民以時使臣以禮自古未有不由斯道而致隆平者陛下龍潛建業之時居民困於供給幸而獲覩今日之運百姓跂足舉首以望非常之恩今奪農時以紛佛寺又廢民居使之家破產蕩豈聖人御天下之道乎昔漢高帝興於豐沛爲復兩縣光武中興南陽免稅三年旣不務此而隆重佛氏何以滿斯民之望哉且佛以慈悲爲心方便爲敎今尊佛氏而害生民無乃違其方便之敎乎臺臣職專糾察表正百司今乃委以修繕之役豈其禮哉書奏御史大夫果免督役入爲監察御史文宗幸護國仁王寺泛舟玉泉苗進曰今頻年不登邊隅不靖政當恐懼修省何暇逸游以臨不測之淵乎帝嘉納之賜以對衣上尊卽日還宮臺臣擬苗僉淮東廉訪司事以聞帝曰仍留蓋御史朕欲聞其讜言也以丁外艱去免喪除太禧宗禋院都事中書檄苗行視河道還言河口淤塞今苟不治後日必爲中原大患都水難之事遂寢至正初用薦者知亳州修學宮完州廨有豪強占民田爲己業民五十餘人訴於苗苗訊治之豪民咸自引服苗曰爾等罪甚重然吾觀皆有改過意遂從輕議至元四年起爲左司都事在左司僅十八日凡決數百事丁內憂宰相惜其去重賻之至正二年起爲戶部郞中俄擢御史臺都事御史大夫欲以故人居言路苗曰非其才也大夫不悅而起其晚邀至私第以謝人兩賢之出爲山東廉訪副使益都淄萊地舊稱產金朝廷建一府六所綜其事民歲買金以輸官至是六十年矣民有忤其官長意輒謂所居地有金礦掘地及泉而後止猾吏爲奸利莫敢誰何苗建言罷之三年入爲戶部侍郞四年由都水監遷刑部尚書初盜殺河南省憲官延坐五百餘家已有詔除首罪外餘從原宥至是宰臣追復欲盡誅戮苗堅持不可御史趣具獄苗曰肆赦復殺在法所無御史獨宜劾苗其敢累朝廷之寬仁乎卒用苗議罷之出爲山東廉訪使民饑爲盜所在羣聚乃上救荒弭盜十二事劾宣慰使骫骳不法者有司援例欲徵苗所得職田苗曰年荒民困吾無以救尚忍征斂以肥己耶輒命已之同僚皆無敢取召參議中書省事五年出爲陝西行臺侍御史遷陝西行省參知政事六年復入爲治書侍御史陞侍御史尋拜中書參知政事同知經筵事大臣以兩京馳道狹隘奏毀民田廬廣之已遣使督有司治之矣苗執曰馳道創自至元初何今日獨爲隘乎力辯乃罷又欲宿衞士悉出爲郡長官俾以養貧苗議曰郡長所以牧民豈養貧之地哉果有不能自存賜之錢可也若任郡寄必擇賢才而後可議遂寢又欲以鈔萬貫與角觝者苗曰諸處告饑不蒙賑恤力戲何功獲此重賞乎又僉四川廉訪司事家人違例收職田奉使宣撫直坐其主宰臣命奉使卽行遣苗請付法司詳議勿使憲司以爲口實於是時相顧謂僚佐曰所以引蓋君至樞機者欲其相助也迺每事相抗何耶今後有公務毋白參政苗歎曰猥以非才待罪執政中書之事皆當與聞今宰相言若此不退何俟將引去而適有旨拜江南行臺御史中丞然宰臣怒苗終不解比至卽除甘肅行省左丞時苗已致仕歸田里矣時宰復奏旨趣赴任苗舁疾就道至鎭卽上言西土諸王爲國藩屛賜賚雖有常制而有司牽於文法遂使恩澤不以時及有匱乏之憂大非隆親厚本之意又言甘肅每歲中糧姦弊百端請以糧鈔兼給則軍民咸利矣朝廷從之遷陝西行御史臺中丞到官數日卽上疏乞骸骨還鄉里明年卒年五十八贈攄誠贊治功臣中書左丞上護軍追封魏國公謚文獻苗學術淳正性孝友喜施與置義田以贍宗族平居恂恂謙謹及至遇事張目敢言雖經剉折無少回撓有古遺直之風焉

元史卷一百八十六

明翰林學士亞中大夫知制誥兼修國史宋　濂等修

列傳第七十三

張楨

張楨字約中汴人幼刻苦讀書登元統元年進士第授彰德路錄事辟河南行省掾楨初娶祁氏祁生貴富家頗驕縱見楨貧不爲禮合巹踰月卽出之祁之兄訟于官且汙楨以贓昧事左右司官聽之楨因移疾不出滯案俱積平章政事月魯帖木兒怒曰張楨剛介士也豈汝曹所當議耶郎中虎者禿謁而謝之乃起范孟爲亂

矯殺月魯帖木兒等城中大擾楨暮夜縋城出得免踰年除高郵縣尹門無私謁縣民張提領尚任俠武斷鄉曲一日至縣有所囑楨執之盡得其罪狀里中受其抑者咸來訴焉乃杖而徙之人以爲快守城千戶徇兒妻崔氏爲其小婦所譖虐死其鬼憑七歲女詣縣訴楨備言死狀尸見瘞舍後楨率吏卒即其所發土得尸拘徇兒及小婦鞫之皆伏辜人以爲神明焉累除中政院判官至正八年拜監察御史劾太尉阿乞剌欺罔之罪幷言明里董阿也里牙月魯不花皆陛下不共戴天之讐伯顏賊殺宗室嘉王郯王一十二口稽之古法當伏門誅而其妻子兄弟尚仕于朝宜急誅竄別兒怯不花阿附權姦亦宜遠貶今災異迭見盜賊蜂起海寇敢於要君閫帥敢於玩寇若不振舉恐有唐末藩鎮噬臍之禍不聽及毛貴陷山東上疏陳十禍根本之禍有六征討之禍有四歷數其弊一曰輕大臣二曰解權綱三曰事安逸四曰杜言路五曰離人心六曰濫刑獄所謂根本之禍六也其言事安逸之禍畧曰臣伏見陛下以盛年入纂大統履艱難而登大寶因循治安不預防慮寬仁恭儉漸不如初今天下可謂多事矣海內可謂不寧矣天道可謂變常矣民情可謂難保矣是陛下警省之時戰兢惕厲之日也陛下宜臥薪嘗膽奮發悔過思祖宗創業之難而今日墜亡之易於是而脩實德則可以荅天意推至誠則可以回人心凡土木之勞聲色之好燕安鴆毒之戒皆宜痛撤勇改有不盡者亦宜防徵杜漸而禁於未然黜宮女節浮費畏天恤人而陛下乃安焉處之如天下太平無事時此所謂根本之禍也至若不愼調度不資羣策不明賞罰不擇將帥所謂征討之禍四也其言不明賞罰之禍畧曰臣伏見調兵六年初無紀律之法又無激勸之宜將帥因敗爲功指虛爲實大小相謾上下相依其性情不一而邀功求賞則同是以有覆軍之將殘民之將怯懦之將貪婪之將曾無懲戒所經之處雞犬一空貨財俱盡及其面諛游說反以克復受賞今克復之地悉爲荒墟河南提封三千餘里郡縣星羅棊布歲輸錢穀數百萬計而今所存者封丘延津登封偃師三四縣而已兩淮之北大河之南所在蕭條夫有土有人有財然後可望軍旅不乏餽餉不竭今寇敵已至之境固不忍言未至之處尤可寒心如此而望軍旅不乏餽餉不竭使天雨粟地湧金朝夕存亡且不能保況以地方有限之費而供將帥無窮之欲哉其爲自啓亂階亦已危矣陛下事佛求福飯僧消禍以天壽節而禁屠宰皆虛名也今天下殺人矣陛下泰然不理而曰吾將以是求福福何自而至哉頴上之寇始結白蓮以佛法誘衆終飾威權以兵抗拒視其所向駸駸可畏其勢不至於亡吾社稷燼吾國家不已也堂堂天朝不思靖亂而反爲階亂其禍至慘其毒至深其關繫至大有識者爲之扼腕有志者爲之痛心此征討之禍也疏奏不省權臣惡其訐直二十一年除僉山南道肅政廉訪司事至則劾中書參知政事也先不花樞密院副使脫脫木兒治書侍御史奴奴弄權誤國之罪又不報方是時孛羅帖木兒駐兵大同察罕帖木兒駐兵洛陽而毛貴據山東勢逼京畿二將玩寇不進方以爭晉冀爲事搆兵相攻互有勝負朝廷乃遣也先不花脫脫木兒奴奴往解之既受命不前進楨又言其貪懦庸鄙苟懷自安之計無憂國致身之忠朝廷將使二家釋憾協心討賊此國之大事謂宜風馳電走而乃迂回退懾枉道延安以西繞曲數千里遲遲而行使兩軍日夜仇殺黎庶肝腦塗地實此三人之所致也宜急殛之以救時危亦不報楨乃慨然嘆曰天下事不可爲矣即辭去居河中安邑山谷間結茅僅容膝有訪之者不復言時事但對之流涕而已二十四年孛羅帖木兒犯闕皇太子出居冀寧奏除贊善又除翰林學士皆不起擴廓帖木兒將輔皇太子入討孛羅帖木兒遣使傳皇太子旨賜以上尊且訪時事楨復書曰今燕趙齊魯之境大河內外長淮南北悉爲丘墟關陝之區所存無幾江左日思荐食上國湘漢荊楚川蜀淫名僭號幸我有變利我多虞閣下國之右族三世二王得不思廉藺之於趙寇賈之於漢乎京師一殘假有不逞之徒崛起草澤借名義尊君父倡其說於天下閣下將何以處之乎守京師者能聚不能散禦外侮者能進不能退紛紛藉藉神分志奪國家之事能不爲閣下憂乎志曰不備不虞不可以爲師僕之惓惓爲言者獻忠之道也然爲言大要有三保君父一也扶社稷二也衛生靈三也請以近似者陳其一二衛出公據國至於不父其父趙有沙丘之變其臣成兌平之不可謂無功而後至於不君其君唐肅宗流播之中怵於邪謀遂成靈武之簒千載之下雖有智辯百出不能爲雪嗚呼是豈可以不鑒之乎然吾聞之天之所廢不驟也驟其得志肆其寵樂使忘其覺悟之心非安之也厚其毒而降之罰也天遂其欲民厭其汰而鬼神弗福也其能久乎閣下覽觀焉謀出於萬全則善矣詢之輿議急則其變不測徐則其勢必起通其往來之使達其上下之情得其情則得其策矣孔子曰君君臣臣父父子子今九重在上者如寄青宮在下者如寄生民之憂國家之憂也可不深思而熟計之哉擴廓帖木兒深納其說是用事克有成後三年卒

歸暘

歸暘字彥溫汴梁人將生其母楊氏夢朝日出東山上有輕雲來掩之故名暘學無師傳而精敏過人登至順元年進士第授同知潁州事鉏奸擊強人不敢以年少易之山東鹽司遣奏差至潁恃勢爲不法暘執以下獄時州縣奉鹽司甚謹頤指氣使輒奔走之暘獨不爲屈轉大都路儒學提舉未上至元五年十一月杞縣人范孟謀不軌詐爲詔使至河南省中殺平章月魯帖木兒左丞劫烈廉訪使完者不花總管撒里麻召官屬及去位者署而用之以暘爲左丞使暘北守黃河口暘力拒不從賊怒縶於獄衆叵測所爲暘無懼色已而賊敗汙賊者皆獲罪暘獨免同里有吳炳者嘗以翰林待制徵不起賊呼炳司卯酉歷炳不敢辭時人爲之語曰歸暘出角吳炳無光暘自此名譽赫然明年轉國子博士拜監察御史及入謝臺臣奏曰此即河南抗賊者也帝曰好事卿宜數爲之暘以上尊已而辭官歸養親汴上親既歿家食久之至正五年除僉河南廉訪司事行部西京以法繩趙王府官屬之貪暴者王三遣使請不爲動宣寧縣有殺人者蔓引數十人一讞得其情盡釋之泌州民郭仲玉爲人所殺有司以蒲察山兒當之暘察其誣踪跡得其殺人者山兒遂不死六年轉僉淮東廉訪司事改宣文閣監書博士兼經筵譯文官七年遷右司都事順江酋長樂孫求內附請立宣撫司及置羣縣二十三處暘曰古人有言鞭雖長不及馬腹使郡縣果設有事不救則孤來附之意救之則罷中國而事外夷所謂獲虛名而受實禍也與左丞呂思誠抗辨甚力丞相太平笑曰歸都事善戇如此何相抗乃爾邪然其策果將焉出暘曰其酋長可授宣撫勿責其貢賦使者賜以金帛遣歸足矣卒從暘言京師苦寒有丐訴丞相馬前丞相索皮服予之仍覈在官所藏皮服之數悉給貧民暘曰宰相當以廣濟天下爲心皮服能幾何而欲給之邪莫若錄寒饑者稍賑之耳丞相悟而止雲南死可伐叛詔以元帥述律鐸道往喻之未幾命平章政事亦都渾將兵討之事久無功二人上疏紛紜中書欲罪述律暘曰彼事未白而專罪一人豈法意乎況一諭之而一討之彼將何所適從然亦非使者之罪也湖廣行省左丞沙班卒其子沙的方爲中書掾請奔喪丞相以沙的有兄弟不許暘曰孝者人子之同情以其有兄弟而沮其請非所以孝治天下也遂從之廣海猺賊入寇詔朵兒只丹將思播楊元帥軍以討之暘曰易軍而將不諳教令恐不能決勝若命楊就統其衆彼悅於恩命必能自効所謂以夷狄攻夷狄中國之利也帝不從後竟無功八年陞左司員外郎中書用暘言損河間餘鹽五萬引以裕民楮幣壅不行廷議出楮幣五百萬錠易銀實內藏暘復持不可曰富商大賈盡易其鈔於私家小民何利哉六月遷參議樞密院事時方國珎未附詔江浙行省參知政事朵兒只丹討之一軍皆沒而朵兒只丹被執將罪之暘曰將之失利其罪固當然所部皆北方步騎不習水戰是驅之死地耳宜募海濱之民習水利者擒之既而國珎遣人從朵兒只丹走京師請降暘曰國珎已敗我王師又拘我王臣力屈而來非眞降也必討之以令四方時朝廷方事姑息卒從其請後果屢叛如暘言遷御史臺都事俄復參議樞密院事十二月陞樞密院判官九年正月轉河西廉訪使未上改禮部尚書會開端本堂皇太子就學召暘爲贊善未幾遷翰林直學士同修國史仍兼前職暘言師傳當與皇太子東西相向授書其屬亦以次列坐虛其中座以待至尊臨幸不然則師道不立矣時衆言人人殊卒從暘議俄以疾辭帝遣左司郎中趙璉賜白金文綺不受初暘在上都時脫脫自甘州還且入相中書參議趙期頤員外郎李稷謁暘私第致脫脫之命屬草詔暘辭曰丞相將爲伊周事業入相之詔當命詞臣視草今屬筆於暘恐累丞相之賢也期頤曰若帝命爲之柰何暘曰事理非順亦當固辭期頤知不可屈乃已十年正月遷四川行省參知政事十二年除刑部尚書十五年再除刑部尚書凡三遷皆以疾辭十七年授集賢學士兼國子祭酒使者迫之暘輿疾至京師臥于南城不起時海內多故暘上三策一曰振紀綱二曰選將材三曰審形勢疊疊數千言時以爲老生常談不能用十一月以集賢學士資德大夫致仕給半俸終身辭不受明年乞骸骨僑居弘州徙蔚州又徙宣德皆間關避兵尋抵大同及關陝小寧來居解之夏縣皇太子出冀寧强起之居數月復還夏縣二十七年卒年六十三

陳祖仁　王遜志

陳祖仁字子山汴人也其父安國仕爲常州晉陵尹祖仁性嗜學早從師南方有文名至正元年科舉復行祖

仁以春秋中河南鄉貢明年會試在前列及對策大廷遂魁多士賜進士及第授翰林脩撰同知制誥兼國史院編脩官歷太廟署令太常博士遷翰林待制出僉山東肅政廉訪司事擢監察御史復出爲山北肅政廉訪司副使召拜翰林直學士陞侍講學士除參議中書省事二十年五月帝欲脩上都宮闕工役大興祖仁上疏其畧曰自古人君不幸遇艱虞多難之時孰不欲奮發有爲成不世之功以光復祖宗之業苟或上不奉於天道下不順於民心緩急失宜舉措未當雖以此道持盈守成猶或致亂而況欲撥亂世反之正乎夫上都宮闕創自先帝脩於累朝自經兵火焚燬殆盡所不忍言此陛下所爲日夜痛心所宜亟圖興復者也然今四海未靖瘡痍未瘳倉庫告虛財用將竭乃欲驅疲民以供大役廢其耕耨而荒其田畝何異扼其吭而奪之食以速其斃乎陛下追惟祖宗宮闕念茲在茲然不思今日所當興復乃有大於此者假令上都宮闕未復固無妨於陛下之寢處使因是而違天道失人心或致大業之隳廢則夫天下者亦祖宗之天下生民者亦祖宗之生民陛下亦安忍而輕棄之乎願陛下以生養民力爲本以恢復天下爲務信賞必罰以驅策英雄親正人遠邪佞以圖謀治道夫如是則承平之觀不日咸復詎止上都宮闕而已乎疏奏帝嘉納之二十三年十二月拜治書侍御史時宦者資正使朴不花與宣政使槖驩內恃皇太子外結丞相搠思監驕恣不法監察御史傅公讓上章暴其過忤皇太子意左遷吐蕃宣慰司經歷它御史連章論諫皆外除祖仁上疏皇太子言御史糾劾槖驩不花姦邪等事此非御史之私言乃天下之公論臺臣審問尤悉故以上啓令殿下未賜詳察輒加沮抑擯斥御史詰責臺臣使姦臣蠹政之情不得達於君父則亦過矣夫天下者祖宗之天下臺諫者祖宗之所建立以二豎之微而於天下之重臺諫之言一切不䘏獨不念祖宗乎且殿下職分止於監國撫軍問安視膳而已此外予奪賞罰之權自在君父今方毓德春宮而使諫臣結舌內人肆志豈惟君父徒擁虛器而天下蒼生亦將奚望疏上皇太子怒令御史大夫老的沙諭祖仁以謂臺臣所言雖是但槖驩等俱無是事御史糾言不實已與美除昔裕宗爲皇太子兼中書令樞密使凡軍國重事合奏聞者乃許上聞非獨我今日如是也祖仁乃復上疏言御史所劾得於田野之間殿下所詢不出宮墻之外所以全此二人者止緣不見其姦昔唐德宗云人言盧杞姦邪朕殊不覺使德宗早覺杞安得相是杞之姦邪當時知之獨德宗不知爾今此二人亦皆姦邪舉朝知之在野知之天下知之獨殿下未知耳且裕宗既領軍國重事理宜先閱其綱若至臺諫封章自是御前開拆假使必皆經由東宮君父或有差失諫臣有言太子將使之聞奏乎不使之聞奏乎使之聞奏則傷其父心不使聞奏則陷父於惡殿下將安所處如知此說則今日糾劾之章不宜阻矣御史不宜斥矣斥其人而美其除不知御史所言爲天下國家乎爲一身官爵乎斥者去來者言言者無窮而美除有限殿下又安所處祖仁疏既再上卽辭職而御史下至吏卒皆辭閑於是皇太子以其事聞朴不花槖驩乃皆辭退而天子令老的沙諭旨祖仁等祖仁復上書天子曰祖宗以天下傳之陛下今乃壞亂不可救藥雖曰天運使然亦陛下刑賞不明之所致也且區區二豎猶不能除況於大者願陛下俯從臺諫之言擯斥此二人不令其以辭退爲名成其姦計使海內皆知陛下信賞必罰自二人始則將士孰不効力天下可全而有以還祖宗若猶優柔不斷則臣寧有餓死于家誓不與之同朝牽聯及禍以待後世正人同罪書奏天子大怒而是時侍御史李國鳳亦上疏言此二人必當斥於是臺臣自老的沙以下皆左遷而祖仁出爲甘肅行省參知政事時天極寒衣單甚以弱女託於其友朱毅卽日就道明年七月孛羅帖木兒入中書爲丞相除祖仁山北道肅政廉訪使召拜國子祭酒遷樞密副使累上疏言軍政利害不報辭職除翰林學士遂拜中書參知政事是時天下亂已甚而祖仁性剛直遇事與時宰論議數不合乃超授其階榮祿大夫而仍還翰林爲學士尋遷太常禮儀院使二十七年大明兵已取山東而朝廷方疑擴廓帖木兒有不臣之心專立撫軍院總兵馬以備之祖仁乃與翰林學士承旨王時待制黃哻編脩黃肅伏闕上書言近者南軍侵陷全齊不踰月而逼畿甸朝廷雖命丞相也速出師軍馬數少勢力孤危而中原諸軍左牽右掣調度失宜京城四面茫無屏蔽宗社安危正在今日臣愚等以爲駁天下之勢當論其輕重强弱遠近先後不宜膠於一偏狃於故轍前日南軍僻在一方而擴廓帖木兒近在肘腋勢將竊持國柄故宜先於致討則南軍遠而輕而擴廓帖木兒近而重也今擴廓帖木兒勢已窮蹙而南軍突至勢將不利於宗社故宜先於救難則擴廓帖木兒弱而輕南軍近而重也陛下寬仁涵育皇太子賢明英斷當此之時宜審其輕重强弱改弦更張而撫軍諸官亦宜以公天下爲心審時制宜令擴廓帖木兒黨與離散豈能復振若止分撥一軍逼襲必就擒獲其餘彼中見調一應軍馬令其倍道東行勤王赴難與也速等聲勢相援仍遣重臣分道宣諭催督庶幾得宜如復膠於前說動以言者爲擴廓帖木兒游說而鉗天下之口不幸猝有意外之變朝廷亦不得聞而天下之事去矣書上不報十二月祖仁又上書皇太子言近日降詔削河南軍馬之權雖所當然然此項軍馬終爲南軍之所忌設使其有悖逆之心朝廷以忠臣待之其心媿沮將何所施今未有所見遽以此名加之彼若甘心以就此名其害有不可言者朝廷苟善用之豈無所助然人皆知之而不敢言者誠恐誣以受財游說罪名無所昭雪也況聞擴廓帖木兒屢上書疏明其心曲是其心未絕於朝廷以待朝廷之開悟當今爲朝廷計者不過戰守遷三事以言乎戰則資其犄角之勢以言乎守則望其勤王之師以言乎遷則假其藩衛之力極力勉厲使行猶恐遲晚豈可使數萬之師棄置於一方當此危急之秋宗社存亡僅在旦夕不幸一日有唐玄宗倉卒之出則是以祖宗百年之宗社朝廷委而棄之此時雖欲碎首殺身何濟於事故今不復避忌惟以宗社存亡爲重奉疏以聞疏上亦不報二十八年秋大明兵進壓近郊有旨命祖仁及同僉太常禮儀院事王遜志等載太廟神主從皇太子北行祖仁等乃奏曰天子有大事出則載主以行從皇太子非禮也帝然之還守太廟以俟命俄而天子北奔祖仁守神主不果從八月二日京城破將出健德門爲亂軍所害時年五十五祖仁一目眇貌寢身短瘠而語音清亮議論偉然負氣剛正似不可犯者其學博而精自天文地理律歷兵乘術數百家之說皆通其要爲文簡質而詩清麗世多稱傳之王遜志字文敏惲之曾孫也以廕授侍儀司通事舍人歷隰州判官太寧縣尹擢陝西行臺監察御史累遷僉漢中河西山北三道肅政廉訪司事入爲工部員外郎遷禮部郎中拜監察御史劾詹事不蘭奚平章宜童皆逆臣子孫當屏諸遐裔除大府少監出爲江西廉訪副使召僉太常禮儀院事京城不守公卿爭出降遜志獨家居衣冠而坐其友中政院判官王翼來告曰新朝寬大不惟不死且仍與官盍出詣官自言狀遜志艴然斥之曰君既自不忠又誘人爲不義耶因戒其子曰汝謹繼吾宗卽自投井中死

成遵

成遵字誼叔南陽穰縣人也幼敏悟讀書日記數千百言年十五喪父家貧勤苦不廢學問二十能文章時郡中先輩無治進士業者遵欲爲以不合程式爲患一日憤然曰四書五經吾師也文無逾於史漢韓柳區區科舉之作何難哉會楊惠初登第來尹穰遵乃書所作數十篇見之惠撫卷大喜語之曰以此取科第如拾芥耳至順辛未至京師受春秋業於夏鎮遂入成均爲國子生時陳旅爲助教喜其文數以語于奎章閣侍讀學士虞集集亟欲見之旅令以己馬俾遵馳詣集集方有目疾見遵來迫而視之曰適觀生文今見生貌公輔器也吾老矣恐不及見生當自愛重也元統改元中進士第授將仕郎翰林國史院編脩官明年預脩泰定明宗文宗三朝實錄後至元四年升應奉翰林文字五年辟御史臺掾至正改元擢太常博士明年轉中書檢校尋拜監察御史扈從至上京上封事言天子宜慎起居節嗜慾以保養聖躬聖躬安則宗社安矣言甚迫切帝改容稱善又言臺察四事一曰差遣臺臣越職問事二曰左遷御史杜塞言路三曰御史不思盡言循敘求進四曰體覆廉訪聲蹟不實賢否混淆帝皆嘉納之諭臺臣曰遵所言甚善皆世祖風紀舊規也特賜上尊旌其忠遵又言江浙火災當賑卹及劾火魯忽赤不法十事皆從之復上封事言時務四事一曰法祖宗二曰節財用三曰抑奔競四曰明激勸奏入帝稱善久之命中書速議以行是歲言事幷舉劾凡七十餘事皆指訐時弊執政者惡之三年自刑部員外郎出爲陝西行省員外郎以母病辭歸五年丁母憂八年擢僉淮東肅政廉訪司事改禮部郎中奉使山東淮北察守令賢否得循良者九人貪懦者二十一人奏之九人者賜上尊幣帛仍加顯擢其二十一人悉黜之九年改刑部郎中尋遷御史臺都事時臺臣有嫉贓吏多以父母之憂免者建論今後官吏凡被案劾贓私雖父母死不許歸葬須竟其獄庶惡人不獲幸免遵曰惡人固可怒然與人倫孰重且國家以孝治天下寧失罪人千百不可使天下有無親之吏御史大夫是其言陞戶部侍郎十年遷中書右司郎中時刑部獄按久而不決者積數百遵與其僚分閱之共議其輕重各當其罪未幾無遺事時有令輸粟補官有匿其姦罪而入粟得七品雜流者爲怨家所告有司議輸粟例無有過不與之文遵曰賣官鬻爵已非盛典況又賣官與姦淫之人其將何以爲治必奪其勑還其

秉著爲令乃可省臣從之除工部尚書先是河決白茅鄆城濟寧皆爲巨浸或言當築堤以遏水勢或言必疏南河故道以殺水勢而漕運使賈魯言必疏南河塞北河使復故道役不大興害不能已廷議莫能決乃命遵偕大司農禿魯行視河議其疏塞之方以聞十一年春自濟寧曹濮汴梁大名行數千里掘井以量地形之高下測岸以究水勢之淺深遍閱史籍博采輿論以謂河之故道不可得復其議有八而丞相脫脫已先入賈魯之言及遵與禿魯至力陳不可且曰濟寧曹鄆連歲饑饉民不聊生若聚二十萬人於此地恐後日之憂又有重於河患者脫脫怒曰汝謂民將反耶自辰至酉辨論終不能入明日執政者謂遵曰脩河之役丞相意已定且有人任其責矣公其毋多言幸爲兩可之議遵曰腕可斷議不可易也由是遂出爲大都河間等處都轉運鹽使初汝汴二郡多富商運司賴之是時汝寧盜起侵汴境朝廷調兵往討括船運糧以故舟楫不通商販遂絕遵隨事處宜國課皆集十四年調武昌路總管武昌自十二年爲沔寇所殘燬民死於兵疫者十六七而大江上下皆劇盜阻絕米直翔湧民心遑遑遵言於省臣假軍儲鈔萬錠募勇敢之士具戈舡截兵境且戰且行糴粟於太平中興民賴以全活者衆會省臣出師遵攝省事於是省中府中惟遵一人乃遠斥候塞城門籍民爲兵得五千餘人設萬夫長四配守四門所以爲防禦之備甚至號令嚴肅賞罰明當賊舡往來江中終不敢近岸城賴以安十五年擢江南行臺治書侍御史召拜參議中書省事時河南之賊數渡河而北焚掠郡縣上下視若常事遵率左右司僚佐持其牘詣丞相言曰今天下州縣喪亂過半河北之民稍安者以天塹黃河爲之障賊兵雖至不能飛渡所以剝膚椎髓以供軍儲而無深怨者視河南之民猶得保其室家故也今賊北渡河而官軍不禦是大河之險已不能守河北之民復何所恃乎河北民心一搖國勢將如之何語未畢哽咽不能言宰相以下皆爲之揮涕乃以入奏帝詔即遣使罪守河將帥而守禦自是亦頗嚴先是湖廣倪賊質威順王之子而遣人請降求爲湖廣行省平章朝臣欲許者半遵曰平章之職亞宰相也承平之時雖德望漢人抑而不與今叛逆之賊挾勢要求輕以與之如綱紀何或曰王子世皇嫡孫也不許是棄之與賊非親親之道也遵曰項羽執太公欲烹之以挾高祖高祖乃以分羹荅之奈何今以王子之故廢天下大計乎衆皆韙其論除治書侍御史俄復入中書爲參知政事離省僅六日丞相每決大議則曰姑少緩之衆莫曉其意及遵拜執政喜曰大政事今可決矣十七年陞中書左丞階資善大夫分省彰德是時太平在相位以事忤皇太子皇太子深銜之欲去之而未有以發以爲遵及參知政事趙中皆太平黨也遵中兩人去則太平之黨孤十九年用事者承望風旨嗾竇坻縣尹鄧守禮弟鄧子初等誣遵與參政趙中參議蕭庸等六人皆受贓皇太子命御史臺大宗正府等官雜問之鍛鍊使成獄遵等竟皆杖死中外寃之二十四年御史臺臣辯明遵等皆誣枉詔復給還其所授宣勅

曹鑑

曹鑑字克明宛平人穎悟過人舉止異常兒既冠南遊具通五經大義大德五年用翰林侍讀學士郝彬薦爲鎭江淮海書院山長十一年南行臺中丞廉恒辟爲掾史丁內艱復起補掾史除興文署命伴送安南使者沿途問難倡和應荅如響使者歎服以爲中國有人至治二年授江浙行省左右司員外郎明年奉旨括釋氏白雲宗田稽檢有方不數月而事集纖毫無擾泰定七年遷湖廣行省左右司員外郎時丞相忽剌歹怙勢恣縱妄爲威福僚屬多畏避鑑遇事徇理輒行獨不爲回撓湖北廉訪司舉鑑宜居風紀不報天曆元年調江浙財賦府副總管屬淮浙大水民以菑告鑑損其賦什六七勢家因而詭免者鑑覈實諭令首輸元統二年陞同僉太常禮儀院鑑習典故達今古凡禮樂度數名物罔不周知因集議明宗皇后祔廟事援禮據經辯析詳明君子多之至元元年以中大夫陞禮部尚書俄感疾而卒年六十五追封譙郡侯謚文穆鑑天性純孝親族貧乏者周卹恐後歷官三十餘年僦屋以居歿之日家無餘貲唯蓄書數千卷皆鑑手較定鑑爲詩賦尚騷雅作文法西漢每篇成學者爭相傳誦有文集若干卷藏于家

鑑任湖廣員外時有故掾顧淵伯以辰砂一包餽鑑鑑漫爾置篋笥中半載後因欲合藥剖命取視之乃有黃金叁兩雜其中鑑驚歎曰淵伯以我爲何如人也淵伯已歿鑑呼其子歸之其廉愼不欺如此

張翥

張翥字仲舉晉寧人其父爲吏從征江南調饒州安仁縣典史又爲杭州鈔庫副使翥少時負其才雋豪放不羈好蹴踘喜音樂不以家業屑其意其父以爲憂翥一日翻然改曰大人勿憂今請易業矣乃謝客閉門讀書晝夜不暫輟因受業於李存先生存字安仁江東大儒也其學傳於陸九淵氏翥從之游道德性命之說多所研究未幾留杭又從仇遠先生學遠於詩最高翥學之盡得其音律之奧於是翥遂以詩文知名一時已而薄游維揚居久之學者及門甚衆至元末同郡傅巖起居中書薦翥隱逸至正初召爲國子助教分教上都生尋退居淮東會朝廷修遼金宋三史起爲翰林國史院編脩官史成歷應奉脩撰遷太常博士陞禮儀院判官又遷翰林歷直學士侍講學士乃以侍讀兼祭酒翥勤於誘掖後進絕去崖岸不徒以師道自尊用是學者樂親炙之有以經義請問者必歷舉衆說爲之折衷論辯之際雜以談笑無不厭其所得而後已嘗奉旨詣中書集議時政衆論蜂起翥獨默然丞相搠思監曰張先生平日好論事今一語不出何耶翥對曰諸人之議皆是也但事勢有緩急施行有先後在丞相所決耳搠思監善之明日除集賢學士俄以翰林學士承旨致仕階榮祿大夫孛羅帖木兒之入京師也命翥草詔削奪擴廓帖木兒官爵且發兵討之翥毅然不從左右或勸之翥曰吾臂可斷筆不能操也天子知其意不可奪乃命他學士爲之孛羅帖木兒雖知之亦不以爲怨也及孛羅帖木兒既誅詔乃以翥爲河南行省平章政事仍翰林學士承旨致仕給全俸終其身二十八年三月卒年八十二翥長於詩其近體長短句尤工文不如詩而每以文自負常語人曰吾於文已化矣蓋吾未嘗搆思特任意屬筆而已它日翰林學士沙剌班示以所爲文請易置數字苦思者移時終不就沙剌班曰先生於文豈猶未化耶何思之苦也翥因相視大咲蓋翥平日善諧謔出談吐語輒令人失咲一座盡傾入其室藹然春風中也所爲詩文甚多無丈夫子及死國遂亡以故其遺稾不傳其傳者有律詩樂府僅三卷翥嘗集兵興以來死節死事之人爲書曰忠義錄識者韙之

元史卷一百八十七

明翰林學士亞中大夫知制誥兼修國史宋　濂等修

列傳第七十四

烏古孫良楨

烏古孫良楨字幹卿世次見父澤傳資器絕人好讀書至治二年蔭補江陰州判官尋丁內艱服除調婺州武義縣尹有惠政改漳州路推官獄有疑者悉平反之上言律徒者不杖今杖而又徒非恤刑意宜加徒減杖遂定爲令移泉州益以能稱轉延平判官拜陝西行臺監察御史劾遼陽行省左丞相達識帖睦邇貢國不忠援漢高帝斬丁公故事以明人臣大義并劾御史中丞胡居祐奸邪皆罷之中外震懾陞都事猶以言不盡行解去復起爲監察御史良楨以帝方覽萬幾不可不求賢自輔於是連疏天歷數年間紀綱大壞元氣傷夷天祐聖明入膺大統而西宮秉政奸臣弄權畜憾十有餘年天威一怒陰晦開明以正大名以章大孝此誠兢兢業業祈天永命之秋其術在乎敬身修德而已今經筵多領以職事臣數日一進講不踰數刻已罷而暬御小臣恒侍左右何益於盛德哉臣願招延儒臣若許衡者數人寘於禁密常以唐虞三代之道啓沃宸衷日新其德實萬世無疆之福也又以國俗父死則妻其從母兄弟死則收其妻父母死無憂制遂言綱常皆出於天而不可變議法之吏乃言國人不拘此例諸國人各從本俗是漢南人當守綱常國人諸國人不必守綱常也名曰優之實則陷之外若尊之內寔侮之推其本心所以待國人者不若漢南人之厚也請下禮官有司及右科進士在朝者會議自天子至於庶人皆從禮制以成列聖未遑之典明萬世不易之道又言隱士劉因道學經術可比許文正公衡從祀孔子廟庭皆不報御史臺作新風憲復疏其所當行者以舉賢才爲綱而以厚風俗均賦役重審理汰冗官選守令出奉使均公田爲目指擿剴切雖觸忌諱亦不顧也宦者罕失變妾殺其妻縻其肉飼犬上疏乞正重刑并論宦寺結廷臣撓政爲害可汰黜之憸佞側目至正四年召爲刑部員外郎轉御史臺都事五年改中書左司都事出爲江東道肅政廉訪司副使上官一日辭歸六年授平江路總管不拜八年復召爲右司員外郎九年陞郎中尋遷廣東道肅政廉訪使未行還爲郎中遷福建道肅政廉訪使中道召還參議中書省事兼經筵官十一年拜治書侍御史陞中書參知政事同知經筵事十三年陞左丞兼大司農卿

仍同知經筵事時中書叅用非人事多異同不得一一如志會軍餉不給請與右丞悟良哈台主屯田歲入二十萬石東宮久未建懇懇爲言車駕幸上都始冊皇太子立詹事院辟召爲副詹事每直端本堂則進正心誠意之説親君子遠小人之道皇太子嘉納焉當時盜賊蠭起帝聞惡之下詔分討必盡誅而後已良楨言平賊在收人心以回天意多殺非道也乃赦以安之十四年遷淮南行省左丞初泰州賊張士誠既降復叛殺淮南行省叅知政事趙璉進據高郵六合太師脫脫奉詔總諸王軍南征而良楨洎叅議龔伯璲刑部主事盧山等從之既平六合垂克高郵會詔罷脫脫兵柄遂有上變告伯璲等勸脫脫勒兵北向者下其事逮問詞連良楨簿對無所驗卽日還中書左丞命分省彰德主調軍食居半歲還中書十六年進階榮祿大夫賜玉帶一十七年除大司農明年陞右丞兼大司農辭不允論罷陷賊延坐之令有惡少年誣知宜興州張復通賊之罪中書將籍其孥吏抱案請署良楨曰手可斷案不可署同列變色卒不署良楨自左曹登政府多所建白罷福建山東食鹽浙東西長生牛租瀕海被灾圍田稅民皆德之嘗論至正格輕重不倫吏得並緣爲奸舉明律者數人叅酌古今重定律書書成而罷家居輒訓諸子曰吾無過人者惟待人以誠人亦以誠遇我汝宜志之晚歲病瘠數謁告病益侵遂卒自號約齋有詩文奏議凡若干卷藏于家

賈魯

賈魯字友恒河東高平人幼負志節既長謀畧過人延祐至治間兩以明經領鄉貢泰定初恩授東平路儒學教授辟憲史歷行省掾除路城縣尹選丞相東曹掾擢戶部主事未上一日覺心悸尋得父書筆勢顫縮卽辭歸比至家父已有風疾未幾卒魯居喪服闋起爲大醫院都事會詔修遼金宋三史召魯爲宋史局官書成選魯燕南山東道奉使宣撫幕官考績居最遷中書省檢校官上言十八河倉近歲淪沒官糧百三十萬斛其弊由富民兼并貧民流亡宜合先正經界然事體重大非處置盡善不可輕發書累數萬言切中其弊俄拜監察御史首言御史有封事宜專達聖聰不宜臺臣先有所可否陞臺都事遷山北廉訪副使復召爲工部郎中言考工一十九事至正四年河決白茅堤又決金堤並河郡邑民居昏墊壯者流離帝甚患之遣使體驗仍督大臣訪求治河方畧特命魯行都水監魯循行河道考察地形往復數千里備得要害爲圖上進二策其一議脩築北堤以制橫潰則用工省其一議疏塞並舉挽河東行使復故道其功數倍會遷右司郎中議未及竟其在右司言時政二十一事皆見舉行調都漕運使復以漕事二十事言之朝廷取其八事一曰京畿和糴二曰優恤漕司舊領漕戶三曰接連委官四曰通州總治豫定委官五曰船戶困於壩夫海運壞於壩戶六曰疏濬運河七曰臨清運糧萬戶府當隸漕司八曰宣忠船戶付本司節制事未盡行既而河水北侵安山淪入運河延袤濟南河間將壞兩漕司鹽場實妨國計九年太傅右丞相脫脫復相論及河決思拯民艱以塞詔旨乃集廷臣郡議言人人殊魯昌言河必當治復以前二策進丞相取其後策與魯定議且以其事屬魯魯固辭丞相曰此事非子不可乃入奏大稱帝旨十一年四月命魯以工部尚書總治河防使進秩二品授以銀章領河南北諸路軍民發汴梁大名十有三路民一十五萬廬州等戍十有八翼軍二萬供役一切從事大小軍民官咸稟節度便宜興繕是月鳩工七月鑿河成八月決水故河九月舟楫通十一月諸埽諸堤成水土工畢河復故道事見河渠志帝遣使報祭河伯召魯還京師魯以河平圖獻帝適覽臺臣奏疏請襃脫脫治河之績次論魯功超拜榮祿大夫集賢大學士賞賚金帛勑翰林丞旨歐陽玄製河平碑以旌脫脫勞績具載魯功且宣付史館幷贈魯先臣三世尋拜中書左丞從脫脫平徐州脫脫旣旋師命魯追餘黨分攻濠州同總兵官平章月可察兒督戰魯誓師曰吾奉旨統八衞漢軍頓兵于濠七日矣爾諸將同心協力必以今日巳午時取城池然後食魯上馬麾進抵城下忽頭眩下馬且戒兵馬弗散病愈亟却藥不肯汗竟卒于軍中年五十七十三年五月壬午也月可察兒躬爲治喪遣士護柩還高平有旨賜交鈔五百錠以給葬事子穎

逯魯曾

逯魯曾字善止脩武人性剛介通經術中天歷二年進士第授翰林國史院編修官辟御史臺掾掌機密監察御史劾中丞史顯夫簡傲魯曾開實封於大夫前曰中丞素持重不能與人周旋御史以人情劾之非公論由是皆知其直除太常博士武宗一廟未立后主配享集羣臣廷議之魯曾抗言先朝以武宗皇后眞哥無子不立其主時伯顏爲右丞相以爲明宗之母亦乞列氏可以配享徽政院傳太后旨以文宗之母唐兀氏可以配享伯顏問魯曾曰先朝既以眞哥皇后無子不爲立主今所立者明宗母乎文宗母乎對曰眞哥皇后在武宗朝已膺玉冊則爲武宗皇后明宗文宗二母后固爲妾也今以無子之故不爲立主以妾后爲正宮是爲臣而廢先君之后爲子而追封先父之妾於禮不可且燕王垂卽位追廢其母后而立其先母爲后以配享先王爲萬世笑豈可復蹈其失乎集賢大學士陳顥素嫉魯曾出曰唐太宗冊曹王明之母爲后是亦二后也豈不可乎魯曾曰堯之母爲帝嚳庶妃堯立爲帝未聞冊以爲后而配嚳皇上爲大元天子不法堯舜而法唐太宗耶衆服其議而伯顏韙之遂以眞哥皇后配焉復拜監察御史劾荅失海牙阿吉剌太尉輦卜班右丞兀突蠻刑部尚書吉當普監察御史哈剌完者月魯不花院使呂思誠郎中皆黜之八人之中惟思誠少過亦變祖宗選法餘皆伯顏之黨朝廷肅然除樞密院都事上言前伯顏專殺大臣其黨利其妻女巧誣以罪今大小官及諸人有罪止坐其身不得籍其妻女鄭王爲伯顏構陷妻女流離當雪其無辜給復子孫從之除刑部員外郎悉辨正橫罹伯顏所誣者遷宗正府郎中出爲遼陽行省左右司郎中除僉山北道肅政廉訪司事入爲禮部郎中至正十二年丞相脫脫討徐州賊以官軍不習水土募瀕海鹽丁爲軍乃超遷魯曾資善大夫淮南宣慰使領征討事遣其募鹽丁五千人從征徐州平繼使領所部軍討淮東卒于軍

貢師泰

貢師泰字泰甫寧國之宣城人父奎以文學名家延祐至治間官京師爲集賢直學士卒謚文靖師泰早肄業國子學爲諸生泰定四年釋褐出身授從仕郎太和州判官丁外艱改徽州路歙縣丞江浙行省辟爲掾尋以土著自劾去大臣有以其名聞者擢應奉翰林文字丁內艱服闋除紹興路總管府推官郡有疑獄悉爲詳讞而剖決之山陰白洋港有大船飄近岸史甲二十人適取鹵海濱見其無主因取其篙櫓而船中有二死人有徐乙者怪其無物而有死人稱爲史等所劫史傭作富民高丙家事遂連高史旣誣服高亦就逮師泰密詢之則里中沈丁載物抵杭而回漁者張網海中因盜網中魚爲漁者所殺史實未嘗殺人奪物高亦弗知情其寃皆白游徼徐裕以巡鹽爲名肆暴村落間一日遇諸暨商奪其所賫錢撲殺之投尸於水走告縣曰我獲私鹽犯人畏罪赴水死矣官驗視以有傷疑之遂以疑獄釋師泰追詢覆按之具得裕所以殺人狀復俾待報餘姚孫國賓以求盜獲姚甲造僞鈔受賕而釋之執高乙誣丙赴有司誣以同造僞高嘗爲姚行用實非自造孫既舍姚因加罪於高而魯與孫有隙故并連之魯與高未嘗相識也師泰疑高等覆造不合以孫詰之辭屈而情見卽釋魯而加高以本罪姚遂處死孫亦就法其於寃獄詳讞之明多類此以故郡民自以不寃治行爲諸郡第一考滿復入翰林爲應奉預修后妃功臣列傳事畢遷宣文閣授經郎歷翰林待制國子司業擢禮部郎中再遷吏部拜監察御史自世祖以後省臺之職南人斥不用及是始復舊制於是南士復得居省臺自師泰始時論以爲得人至正十四年除吏部侍郎時江淮兵起京師食不足師泰奉命和糴于浙右得糧百萬石以給京師遷兵部侍郎朝廷以京師至上都驛戶凋弊命師泰巡視整飭之至則歷究其病原驗其貧富而均其徭役數十郡之民賴以稍蘇豪貴以其不利於巳深嫉之然莫能有所中傷也會朝廷欲仍和糴浙西因除師泰都水庸田使十五年庸田司罷擢江西廉訪副使未行遷福建廉訪使居亡何除禮部尚書時平江缺守廷議難其人師泰又以選爲平江路總管其年冬甫視事張士誠自高郵率衆渡江直抵城下攻圍甚急明年春守將弗能支斬關遁去師泰領義兵出戰力不敵亦懷印綬棄城遁匿海濱者久之士誠既納降江浙行省丞相達識帖睦邇以便宜授師泰兩浙都轉運鹽使至則剔其積蠹通其利源大課以集國用資之丞相復承制除師泰江浙行省叅知政事二十年朝廷除戶部尚書俾分部閩中以閩鹽易糧由海道轉運給京師凡爲糧數十萬石朝廷賴焉二十二年召爲秘書卿行至杭之海寧得疾而卒師泰性倜儻狀貌偉然既以文字知名而於政事尤長所至績效輒暴著尤喜接引後進士之賢不問識不識卽加推轂以故士譽翕然咸歸之有詩文若干卷行于世

周伯琦

周伯琦字伯溫饒州人父應極至大間仁宗爲皇太子召見獻皇元頌爲言于武宗以爲翰林待制後爲皇太子說書日侍英邸仁宗卽位遷集賢待制終池州路同知總管府事伯琦自幼從宦游京師入國學爲上舍生積分及高等去以蔭授將仕郎南海縣主簿三轉爲翰林修撰至正元年改奎章閣爲宣文閣藝文監爲崇文監伯琦爲宣文閣授經郎教戚里大臣子弟每進講輒

稱旨且日被顧問帝以伯琦工書法命篆宣文閣寶仍題扁宣文閣及摹王羲之所書蘭亭序智永所書千文刻石閣中自是累轉官皆宣文崇文之間而眷遇益隆矣帝嘗呼其字伯溫而不名會御史奏風憲宜用近臣特命僉廣東廉訪司事八年召入爲翰林待制預修后妃功臣列傳累陞直學士十二年有旨令南士皆得居省臺除伯琦兵部侍郎遂與貢師泰同擢監察御史兩人皆南士之望一時榮之時御史大夫也先帖木兒以大軍南討而失律喪師陝西行臺監察御史劉希曾等十八人共劾奏之伯琦乃劾希曾等越分干譽希曾等皆坐左遷補郡判官由是不爲公論所與十三年遷崇文太監兼經筵官代祀天妃丁內艱十四年起復爲江東肅政廉訪使長槍鎖南班陷寧國伯琦與僚佐倉皇出見之尋遁走至杭州除兵部尚書未行改浙西肅政廉訪使江南行臺監察御史余觀糾言伯琦失陷寧國宜正其罪十七年江浙行省丞相達識帖睦邇承制假伯琦參知政事招諭平江張士誠士誠既降江南行臺監察御史亦辯釋伯琦罪除同知太常禮儀院事士誠留之未行拜資政大夫江浙行省左丞於是留平江者十餘年士誠既滅伯琦乃得歸鄱陽尋卒伯琦儀觀溫雅粹然如玉雖遭時多艱而善於自保博學工文章而尤以篆隸眞草擅名當時嘗著六書正譌說文字原二書又有詩文稾若干卷

吳當

吳當字伯尚澄之孫也當幼承祖訓以穎悟篤實稱長精通經史百家言侍其祖至京補國子生久之澄既捐館四方學子從澄遊者悉就當卒業焉至正五年以父文蔭授萬億四庫照磨未上用薦者改國子助教勤講解嚴肆習諸生皆樂從之會詔修遼金宋三史當預編纂書成除翰林修撰七年遷國子博士明年陞監丞十年陞司業明年遷翰林待制又明年改禮部員外郎十三年擢監察御史尋復爲國子司業明年遷禮部郎中又明年除翰林直學士時江南兵起且五年大臣有薦當世居江西習知江西民俗且其才可任政事者詔特授江西肅政廉訪使偕江西行省參政火你赤兵部尚書黃昭招捕江西諸郡便宜行事當以朝廷兵力不給既受命至江南即召募民兵由湖入閩至江西境建昌界招安新城孫塔擒殄李三道路既通乃進攻南豐渠兇鄭天瑞遁鄭原自刎死十六年調檢校章迪率本部兵與黃昭夾攻撫州勦殺首寇胡志學進兵復崇仁宜黃於是建撫兩郡悉定是時參知政事朶歹總兵撫建積年無功因忌當屢捷功在已上又以爲南人不宜總兵則搆爲飛語謂當與黃昭皆與寇通有旨解二人兵柄除當撫州路總管昭臨江路總管並供億平章火你赤軍火你赤殺當從事官范淳及章迪將士皆憤怒不平當諭之曰上命不可違也而火你赤又上章言二人者難任牧民尋有旨當與昭皆罷總管除名十八年火你赤自瑞州還龍興當昭皆隨軍不敢去先是當與昭平賊功狀自廣東由海道未達京師而朶歹火你赤等公牘乃先至故朝廷責當昭皆左遷及得當昭功狀乃始知其誣詔拜當中奉大夫江西行省參知政事昭湖廣行省參知政事命未下而陳友諒已陷江西諸郡火你赤棄城遁當乃戴黃冠着道士服杜門不出日以著書爲事友諒遣人辟之當臥床不食以死自誓乃舁床載之舟送江州拘留一年終不爲屈遂隱居廬陵吉水之谷坪逾年以疾卒年六十五所著書有周禮纂言及學言稾

元史卷一百八十八

明翰林學士亞中大夫知制誥兼修國史宋　濂等修

列傳第七十五

董摶霄　弟昂霄

董摶霄字孟起磁州人由國子生辟陝西行臺掾時天大旱從侍御史郭貞讞獄華陰縣有李謀兒累殺商賈于道爲賊十五年至百餘事事覺獄已具賄賂有司謂徒黨未盡獲五年不決人皆以爲憤摶霄知之以言于貞即以尸諸市中天乃大雨授四川肅政廉訪司知事除涇陽縣尹入爲戶部主事陞員外郎拜監察御史又出僉遼東肅政廉訪司事歷江西行省左右司郎中遷浙東宣慰副使其歷官所至往往理冤獄革弊政才譽益著稱于時至正十一年除濟寧路總管奉旨從江浙平章教化征進安豐兵至合肥定林站遇賊大破之時朱皐固始賊復猖獗軍少不足以分討有大山民砦及芍陂屯田軍摶霄皆獎勞而約束之遂得障蔽朱皐我軍屯朱家寺賊至追殺之乃遣進士程明仲往諭賊中招徠者千二百家因悉知其虛實夜縛浮橋於淝水既渡賊始覺賊衆數萬據硐南我軍渡者輒爲其所敗摶霄乃麾騎士別渡淺灘襲賊後賊回東南向與騎士迎敵摶霄忽躍馬渡硐揚言於衆曰賊已敗諸軍皆渡一鼓而擊之賊大敗亟追殺之相藉以死者二十五里遂復安豐十二年有旨命摶霄攻濠州又命移軍援江南遂渡江至湖州德清縣而徽饒賊已陷杭州教化問摶霄計摶霄曰賊皆野人見杭州子女玉帛非平日所有必縱慾不暇爲備宜急攻之今欲退保湖州設使賊乘鋭直趨京口則江南不可爲矣教化猶豫未決而諸將亦難其行摶霄正色曰江浙相君方面既陷於賊今可取而不取誰任其咎復拔劍顧諸將曰諸君荷國厚恩而臨難苟免今相君在是敢有慢令者斬計乃決遂進兵杭城賊迎敵至鹽橋摶霄麾壯士突前斬殺數級而諸軍相繼夾擊之凡七戰追殺至清河坊賊奔接待寺塞其門而焚之賊皆死遂復杭州已而餘杭武康德清次第以平摶霄亦受代去徽饒賊復自昱嶺關寇於潛行省乃假摶霄爲參知政事俾復提兵討之摶霄曰必欲除殘去暴所不敢辭若假以重爵則不敢受即日引兵至臨安新溪是爲入杭要路既分兵守之而始進兵至叫口及虎檻遇賊皆大破之追殺至於潛遂復其縣治既又克復昌化縣及昱嶺關降賊將潘大猷二千人賊又有犯千秋關者摶霄還軍守於潛而賊兵大至焚倚郭廬舍摶霄按軍不動左右請出兵摶霄曰未也遣人執白旗登山望賊約曰賊以我爲怯必少懈伺其有間則麾所執旗又伏兵城外皆授以火礮復約曰見旗動礮即發已而旗動礮發兵乃盡出斬首數千級遂復千秋關未幾賊復攻獨松百丈幽嶺三關摶霄乃先以兵守多溪多溪三關要路也既又分爲三軍一出獨松一出百丈一出幽嶺然後會兵擣賊巢遂乘勝復安吉七戰而克之賊將以其徒來降者數百人既數日賊復來窺獨松摶霄即以兵守苦嶺及黃沙嶺賊帥梅元來降且言復有帥十一人欲降者即遣偏將余思忠至賊砦諭之賊皆入暗室潛議思忠持火投入室內拔劍語衆曰元帥命我來活汝汝復何議已而火起焚其砦叱賊黨散去而引賊帥來降明日進兵廣德克之有斬賊與饒池諸賊復犯徽州賊中有道士能作十二里霧摶霄以兵擊之已而妖霧開豁諸伏兵皆起襲賊兵後賊大潰亂斬首數萬級擒千餘人獲道士焚其妖書而斬之遂平徽州十四年除水軍都萬戶俄陞樞密院判官從丞相脫脫征高郵分戍鹽城興化賊巢在大縱德勝兩湖間凡十有二悉勦平之即其地築芙蓉砦賊入輒迷故道盡殺之自是不復敢犯賊恃習水渡淮北據安東州摶霄招善水戰者五百人與賊戰安東之大湖大敗之遂復安東十六年勦平北沙廟灣沙浦等砦尋進兵泗州不利賊乘勝東下斷我軍糧道乃回軍屯北沙糧且絕與賊死戰凡七晝夜賊敗走奪賊船七十餘乃得渡淮保泗州時方暑雨湖水溢諸營皆避去而摶霄獨守孤城賊環繞數十里攻之摶霄坐城上遣偏將以騎士由四門突出賊後約曰旗一麾即還既而旗動騎士還步卒自城中出夾擊之賊大敗然賊砦猶阻西行之路乃結陣而往翊以奇兵轉戰數十合軍始得至海寧朝廷嘉其功陞同僉淮南行樞密院事摶霄建議于朝曰淮安爲南北襟喉江淮要衝之地其地一失兩淮皆未易復也則救援淮安誠爲急務爲今日計莫若於黃河上下幷瀕淮海之地及南自沭陽北抵沂莒贛榆諸州縣布連珠營每三十里設一總砦就三十里中又設一小砦使斥堠烽燧相望而巡邏往來遇賊則幷力野戰無事則屯種而食然後進有援退有守此善戰者所以常爲不可勝以待敵之可勝也又海寧一境不通舟楫軍糧惟可陸運而凡瀕淮海之地人民屢經盜賊宜加存撫權令軍人搬運其陸運之方每人行十步三十六人可行一里三百六十人可行一十里三千六百人可行一百里每人負米四斗以夾布囊盛之用印封識人不息肩米不著地排列成行日行五百回計路二十八里輕行一十四里重行一十四里日可運米二百石每運給米一升可供二萬人此百里一日運糧之術也又江淮流移之民幷安東海寧沭陽贛榆等州縣俱廢其民壯者既爲軍老弱無所依歸者宜設置軍民防禦司擇軍官材堪牧守者使居其職而籍其民以屯故地於是練兵積穀且耕且戰內全山東完固之邦外禦淮海出沒之寇而後恢復可圖也十七年毛貴陷益都般陽等路有旨命摶霄從知樞密院事卜蘭奚討之而濟南又告急摶霄乃提兵援濟南賊衆自南山來攻濟南望之兩山皆赤摶霄按兵城中先以數十騎挑之賊衆悉來鬭騎兵少卻至硐上伏兵起遂合戰城中兵又大出大破之而般陽賊復約泰安之黨踰南山來襲濟南摶霄列兵城上弗爲動賊夜攻南門獨以矢石禦之黎明乃默開東門放兵出賊後既旦城上兵皆下大開南門合擊之賊敗走復追殺之賊衆悉無遺者於是濟南始寧詔就陞淮南行樞密院副使兼山東宣慰使都元帥仍賜上尊金帶楮幣名馬以勞之有疾其功者譖於總兵太尉紐的該令摶霄依前詔從卜蘭奚同征益

都搏霄卽出濟南城屬老且病請以其弟昂霄代領其衆朝廷從之授昂霄淮南行樞密院判官未幾有旨命搏霄守河間之長蘆十八年搏霄以兵北行且曰我去濟南必不可保既而濟南果陷搏霄方駐兵南皮縣之魏家莊適有使者奉詔拜搏霄河南行省右丞甫拜命毛貴兵已至而營壘猶未完諸將謂搏霄曰賊至當如何搏霄曰我受命至此當以死報國耳因拔劍督兵以戰而賊衆突至搏霄前捽而問曰汝爲誰搏霄曰我董老爺也衆刺殺之無血惟見其有白氣衝天是日昂霄亦死之事聞贈宣忠守正保節功臣榮祿大夫河南行省平章政事柱國追封魏國公諡忠定昂霄贈推誠孝節功臣嘉議大夫禮部尚書上輕車都尉追封隴西郡侯諡忠毅搏霄早以儒生起家輙爲能吏會天下大亂乃復以武功自奮其才略有大過人者而當時用之不能盡其才君子惜之

劉哈剌不花

劉哈剌不花其先江西人倜儻好義不事家產有古俠士風居燕趙有年遂爲探馬赤軍戶至正十二年頳亳盜起朝廷以泰不花爲河南行省平章政事總兵討之哈剌不花上書陳十事其七言兵機及攻守方略泰不花大喜卽辟爲掾史未幾奏除左右司都事泰不花以哈剌不花嘗爲探馬赤有膂力善騎射俾統前八翼軍爲先鋒將明號令信賞罰士皆樂爲之用而料敵成敗所向無失是時答失八都魯軍潰于長葛收集散卒復屯中牟哈剌不花軍於汴梁南彭子岡有自長葛來者言總兵官已爲賊所敗次中牟哈剌不花曰賊既捷兵必再至我不可不往援遂整兵而前既而有使馳報夜四鼓賊從洧川渡河未知其所向哈剌不花曰是必襲答失八都魯營耳我行已緩不及事不若以精銳斷賊歸路覆之必矣於是領軍徐行天未明伏軍其歸路賊果襲答失八都魯營大掠輜重而回哈剌不花伏軍四起賊大敗盡俘獲之當是時答失八都魯雖以平章政事總大兵而哈剌不花功名與之相埒十七年山東毛貴率其賊衆由河間趨直沽遂犯漷州至棗林已而略柳林逼畿甸樞密副使達國珍戰死京師人心大駭在廷之臣或勸乘輿北巡以避之或勸遷都關陝衆議紛然獨左丞相太平執不可哈剌不花時爲同知樞密院事奉詔以兵拒之與之戰于柳林大捷貴衆悉潰退走據濟南京師遂安哈剌不花之功居多哈剌不花後遷河南行省平章政事以卒初哈剌不花與信州人倪晦字孟晰同事泰不花爲掾史晦涉書史粗文墨機識警敏泰不花深委任之言無不從而哈剌不花或有所論白多沮不行由是心銜泰不花及泰不花事敗走詣哈剌不花求援而哈剌不花不能曲爲保全乃縛泰不花送京師致之死地君子以是少之

王英

王英字邦傑益都人性剛果有大節膂力絕人善騎射襲父職爲莒州翼千戶父子皆善用雙刀人號之曰刀王至元二十九年江西行樞密院命帥師南雄討賊丘太老賊六百餘人突至英與戰殺其渠帥劉把東獲九十餘人元貞元年從左丞董士選討大山賊劉貴擒之二年討永新安福二州賊餘黨皆息延祐二年寧都賊起行省命英率各萬戶軍討之賊勢甚張英屢戰皆勝斬獲不可勝數積屍盈野水爲不流行省平章李世安遣英逕江浙平章張閭所領軍於閩境至木麻坑擒賊蔡五九又追賊至上虎嶂遇賊三千餘人盡殲之至治元年以大臣薦授忠武校尉益都淄萊萬戶府副千戶天曆元年授宣武將軍至順二年行省命英招捕桂陽州賊張思進等二千人英至布以威信皆相率請降元統元年授懷遠大將軍同知海北海南道宣慰使司事至元三年萬安軍賊吳汝期等作亂聚衆三千人英至賊皆就擒未幾李志甫起漳州劉虎仔起潮州詔命江西行省右丞燕帖木兒討之方賊起時英已致仕平章政事伯撒里謂僚佐曰是雖鼠竊狗偷非刀王行不可其人雖投老必可以義激乃使迎致之英曰國家有事吾雖老其可坐視乎據鞍橫槊精神飛動馳赴焉及賊平英功居多至正中毛貴陷益都英時年九十有六乃謂其子弘曰我世受國恩美官厚祿備嘗享之今老矣縱不能事戎馬以報天子尚忍食異姓之粟以求生乎水漿不入口者數日遂卒毛貴聞之使具棺衾以葬將斂舉其尸不動焚香祝曰公子弘請公歸葬先塋祝畢尸遂起觀者莫不驚異山東宣慰使普顏不花及憲司請恤典于朝有曰不食寇粟餓死芹泉有夷齊之風爲臣之淸者也芹泉谷名英所居也

石抹宜孫 邁里古思

石抹宜孫字申之其先遼之迪烈紀人五世祖曰也先事太祖爲御史大夫自有傳也先之曾孫曰繼祖字伯善襲父職爲沿海上副萬戶初以沿海軍分鎭台州皇慶元年又移鎭婺處兩州馭軍嚴肅平寧都寇有戰功且明達政事講究鹽策多合時宜爲學本於經術而兼通名法縱橫天文地理術數方技釋老之說見稱薦紳間宜孫其子也宜孫性警敏嗜學問於書務博覽而長於詩歌嘗借嫡弟厚孫廕襲父職爲沿海上副萬戶守處州及弟長卽讓其職還之退居台州至正十一年方國珍起海上江浙行省檄宜孫守溫州宜孫卽起任其事其年閩寇犯處州復檄宜孫以兵平之以功陞浙東宣慰副使分府于台州頃之處之屬縣山寇並起宜孫復奉省檄往討之至則築處州城爲禦敵計十七年江浙行省左丞相達識帖睦邇承制陞宜孫行樞密院判官總制處州分院治于處又以江浙儒學副提舉劉基爲其院經歷蕭山縣尹蘇友龍爲照磨而宜孫又辟郡人胡深葉琛章溢參謀其軍事處爲郡山谷聯絡盜賊憑據險阻輙竊發不易平治宜孫用基等謀或擣以兵或誘以計未幾皆殲殄無遺類尋陞同僉行樞密院事當是之時天下已多故所在守將各自爲計相保守於是浙東則宜孫在處州邁里古思在紹興爲稱首十八年十二月大明兵取蘭谿且逼婺而宜孫母實在婺城宜生泣曰義莫重於君親食祿而不事其事是無君也母在難而不赴是無親也無君無親尙可立天地間哉卽遣胡深等將民兵數萬往赴援而親率精銳爲之殿兵至婺與大明兵甫接卽敗績而還時經略使李國鳳至浙東承制拜宜孫江浙行省參知政事階中奉大夫明年大明兵入處州宜孫將數十騎走福建境上欲圖報復而所至人心已散事不可復爲歎曰處州吾所守者也今吾勢已窮無所於往不如還處州境死亦爲處州鬼耳既還至處之慶元縣爲亂兵所害事聞朝廷贈推誠宣力効節功臣集賢大學士榮祿大夫上柱國追封越國公諡忠愍邁里古思者寧夏人也字善卿至正十四年進士授紹興路錄事司達魯花赤苗軍主將楊完者在杭縱其軍鈔掠莫敢誰何民甚苦之俄有至紹興城中强奪人馬者邁里古思擒斬數人苗軍乃懾不敢復至其境邁里古思名聲遂大振會江南行臺移治紹興檄邁里古思爲行臺鎭撫乃大募民兵爲守禦計處州山賊焚掠婺之永康東陽邁里古思提兵往擊之與石抹宜孫約期夾攻其巢穴山賊以平擢江東廉訪司經歷仍留紹興以兵衞臺治時浙東西郡縣多殘破獨邁里古思保障紹興境內晏然民愛之如父母江浙省臣乃承制授行樞密院判官分院治紹興會方國珍遣兵侵據紹興屬縣邁里古思曰國珍本海賊今既降爲大官而復來害吾民可乎欲率兵往問罪先遣部將黃中取上虞中還將益兵是時朝廷方倚重國珍資其舟以運糧而御史大夫拜住哥與國珍素通賄賂情好甚厚憤邁里古思擅舉兵恐且生事卽使人召邁里古思至其私第與計事至則命左右以鐵鎚撾死之斷其頭擲廁溷中城中民聞之不問男女老幼無不慟哭者黃中乃率其衆復讐盡殺拜住哥家人及臺府官員掾史獨留拜住哥不殺以告于張士誠士誠乃遣其將以兵守紹興拜住哥尋遷行宣政院使監察御史眞童糾言拜住哥陰害帥臣幾致激變不法不忠莫斯爲甚宜稽諸甕典寘于嚴刑於是詔削拜住哥官職安置湖州而邁里古思之冤始白

元史卷一百八十九

明翰林學士亞中大夫知制誥兼修國史宋　濂等修

列傳第七十六

儒學一

前代史傳皆以儒學之士分而爲二以經藝顓門者爲儒林以文章名家者爲文苑然儒之爲學一也六經者斯道之所在而文則所以載夫道者也故經非文則無以發明其旨趣而文不本於六藝又烏足謂之文哉由是而言經藝文章不可分而爲二也明矣元興百年上自朝廷內外名宦之臣下及山林布衣之士以通經能文顯著當世者彬彬焉衆矣今皆不復爲之分別而采取其尤卓然成名可以輔敎傳後者合而錄之爲儒學傳

趙復字仁甫德安人也太宗乙未歲命太子闊出帥師伐宋德安以嘗逆戰其民數十萬皆俘戮無遺時楊惟中行中書省軍前姚樞奉詔卽軍中求儒道釋醫卜士凡儒生掛俘籍者輙脫之以歸復在其中樞與之言信奇士以九族俱殘不欲北因與樞訣樞恐其自裁留帳中共宿既覺月色皓然惟寢衣在遽馳馬周號積屍間無有也行及水際則見復已被髮徒跣仰天而號欲投

而未入樞曉以徒死無益汝存則子孫或可以傳緒百世隨吾而北必可無他復强從之先是南北道絕載籍不相通至是復以所記程朱所著諸經傳註盡錄以付樞自復至燕學子從者百餘人世祖在潛邸嘗召見問曰我欲取宋卿可導之乎對曰宋吾父母國也未有引他人以伐吾父母者世祖悅因不强之仕惟中閒復論議始嗜其學乃與樞謀建太極書院立周子祠以二程張楊游朱六君子配食選取遺書八千餘卷請復講授其中復以周程而後其書廣博學者未能貫通乃原羲農堯舜所以繼天立極孔子顏孟所以垂世立教周程張朱氏所以發明紹續者作傳道圖而以書目條列于后別著伊洛發揮以標其宗旨朱子門人散在四方則以見諸登載與得諸傳聞者共五十有三人作師友圖以寓私淑之志又取伊尹顏淵言行作希賢錄使學者知所嚮慕然後求端用力之方備矣樞既退隱蘇門乃卽復傳其學由是許衡郝經劉因皆得其書而尊信之北方知有程朱之學自復始復爲人樂易而耿介雖居燕不忘故土與人交尤篤分誼元好問文名擅一時其南歸也復贈之言以博溺心末喪本爲戒以自修讀易求文王孔子之用心爲勉其愛人以德類若此復家江漢之上以江漢自號學者稱之曰江漢先生

張䇓字達善其先蜀之導江人蜀亡僑寓江左金華王柏得朱熹三傳之學嘗講道於台之上蔡書院䇓從而受業焉自六經語孟傳註以及周程張氏之微言朱子所嘗論定者靡不潛心玩索究極根柢用功既專久而不懈所學益弘深微密南北之士鮮能及之至元中行臺中丞吳曼慶聞其名延至江寧學官俾子弟受業中州士大夫欲淑子弟以朱子四書者皆遣從䇓游或闢私塾迎之其在維揚來學者尤衆遠近翕然尊爲碩師不敢字呼而稱曰導江先生大臣薦諸朝特命爲孔顏孟三氏教授鄒魯之人服誦遺訓久而不忘䇓氣宇端重音吐洪亮講說特精詳子弟從之者詵詵如也其高第弟子知名者甚多夾谷之奇楊剛中尤顯䇓無子有經說及文集行世吳澄序其書以爲議論正援据博貫穿縱橫儼然新安朱氏之尸祝也至正中眞州守臣以䇓及郝經吳澄皆嘗留儀眞作祠宇祀之曰三賢祠

金履祥字吉父婺之蘭谿人其先本劉氏後避吳越錢武肅王嫌名更爲金氏履祥從曾祖景文當宋建炎紹興閒以孝行著稱其父母疾禱于天而靈應隨至事聞于朝爲改所居鄉曰純孝履祥幼而敏睿父兄稍授之書卽能記誦比長益自策勵凡天文地形禮樂田乘兵謀陰陽律歷之書靡不畢究及壯知向濂洛之學事同郡王柏從登何基之門基則學于黃榦而榦親承朱熹之傳者也自是講貫益密造詣益邃時宋之國事已不可爲履祥遂絕意進取然負其經濟之略亦未忍遽忘斯世也會襄樊之師日急宋人坐視而不敢救履祥因進牽制擣虛之策請以重兵由海道直趨燕薊則襄樊之師將不攻而自解且備叙海舶所經凡州郡縣邑下至巨洋別隝難易遠近歷歷可據以行宋終莫能用及後朱瑄張淸獻海運之利而所由海道視履祥先所上書咫尺無異者然後人服其精確德祐初以迪功郎史館編校起之辭弗就宋將改物所在盜起履祥屏居金華山中兵燹稍息則上下巖谷追逐雲月寄情嘯咏視世故泊如也平居獨處終日儼然至與物接則盎然和懌訓迪後學諄切無倦而尤篤於分義有故人子坐事母子分配爲隸不相知者十年履祥傾貲營購卒贖以完其子後貴履祥終不自言相見勞問辛苦而已何基王柏之喪履祥率其同門之士以義制服觀者始知師弟子之繫於常倫也履祥嘗謂司馬文正公光作資治通鑑秘書丞劉恕爲外紀以記前事不本於經而信百家之說是非謬於聖人不足以傳信自帝堯以前不經夫子所定固野而難質夫子因魯史以作春秋王朝列國之事非有玉帛之使則魯史不得而書非聖人筆削之所加也況左氏所記或闕或誣凡此類皆不得以辟經爲辭乃用邵氏皇極經世歷胡氏皇王大紀之例損益折衷一以尙書爲主下及詩禮春秋旁採舊史諸子表年繫事斷自唐堯以下接于通鑑之前勒爲一書二十卷名曰通鑑前編凡所引書輒加訓釋以裁正其義多儒先所未發既成以授門人許謙曰二帝三王之盛其微言懿行宜後王所當法戰國申商之術其苛法亂政亦後王所當戒則是編不可以不著也他所著書曰大學章句疏義二卷論語孟子集註考證十七卷書表註四卷謙爲益加校定皆傳于學者天歷初廉訪使鄭允中表上其書于朝初履祥旣見王柏首問爲學之方柏告以必先立志且舉先儒之言居敬以持其志立志以定其本志立乎事物之表敬行乎事物之內此爲學之大方也及見何基基謂之曰會之屢言賢者之賢理欲之分便當自今始會之蓋柏字也當時議者以爲基之淸介純實似尹和靜柏之高明剛正似謝上蔡履祥則親得之二氏而並充於己者也履祥居仁山之下學者因稱爲仁山先生大德中卒元統初里人吳師道爲國子博士移書學官祠履祥于鄉學至正中賜謚文安

許謙字益之其先京兆人九世祖延壽宋刑部尙書八世祖仲容太子洗馬仲容之子曰洸曰洞洞由進士起家以文章政事知名于時洸之子實事海陵胡瑗能以師法終始者也由平江徙婺之金華至謙五世爲金華人父觥登淳祐七年進士第仕未顯以歿謙生數歲而孤甫能言世母陶氏口授孝經論語入耳輒不忘稍長肆力於學立程以自課取四部書分晝夜讀之雖疾恙不廢旣乃受業金履祥之門履祥語之曰士之爲學若五味之在和醯醬旣加則酸鹹頓異子來見我已三日而猶夫人也豈吾之學無以感發子耶謙聞之惕然居數年盡得其所傳之奧於書無不讀窮探聖微雖殘文羨語皆不敢忽有不可通則不敢强於先儒之說有所未安亦不苟同也讀四書章句集註有叢說二十卷謂學者曰學以聖人爲準的然必得聖人之心而後可學聖人之事聖賢之心具在四書而四書之義備於朱子顧其辭約意廣讀者安可以易心求之乎讀詩集傳有名物鈔八卷正其音釋攷其名物度數以補先儒之未備仍存其逸義旁采遠援而以己意終之讀書集傳有叢說六卷其觀史有治忽幾微倣史家年經國緯之法起太皥氏迄宋元祐元年秋九月尙書左僕射司馬光卒備其世數總其年歲原其興亡著其善惡蓋以爲光卒則中國之治不可復興誠理亂之幾也故附於續經而書孔子卒之義以致其意焉又有自省編晝之所爲夜必書之其不可書者則不爲也其他若天文地理典章制度食貨刑法字學音韻醫經術數之說亦靡不該貫旁而釋老之言亦洞究其蘊嘗謂學者孰不曰闢異端苟不深探其隱而識其所以然能辯其同異別其是非也幾希又嘗句讀九經儀禮及春秋三傳於其宏綱要領錯簡衍文悉別以鉛黃朱墨意有所明則表而見之其後吳師道購得呂祖謙點校儀禮視謙所定不同者十有三條而已謙不喜矜露所爲詩文非扶翼經義張維世教則未嘗輕筆之書也延祐初謙居東陽八華山學者翕然從之尋開門講學遠而幽冀齊魯近而荆揚吳越皆不憚百舍來受業焉其教人也至誠諄悉內外殫盡嘗曰己有知使人亦知之豈不快哉或有所問難而詞不能自達則爲之言其所欲言而解其所惑討論講貫終日不倦攝其粗疎入於密微聞者方傾耳聽受而其出愈眞切惰者作之鋭者抑之拘者開之放者約之及門之士著錄者千餘人隨其材分咸有所得然獨不以科擧之文授人曰此義利之所由分也謙篤於孝友有絕人之行其處世不膠於古不流於俗不出里閭者四十年四方之士以不及門爲恥縉紳先生之過其鄉邦者必卽其家存問焉或訪以典禮政事謙觀其會通而爲之折衷聞者無不厭服大德中熒惑入南斗句已而行謙以爲災在吳楚竊深憂之是歲大祲謙貌加瘠或問曰豈食不足耶謙曰今公私匱竭道殣相望吾能獨飽耶其處心蓋如此廉訪使劉庭直副使趙宏偉皆中州雅望於謙深加推服論薦于朝中外名臣列其行義者前後章數十上而郡復以遺逸應詔鄉閭大比請司其文衡皆莫能致至其晩節獨以身任正學之重遠近學者以其身之安否爲斯道之隆替焉至元三年卒年六十八嘗以白雲山人自號世稱爲白雲先生朝廷賜謚文懿先是何基王柏及金履祥殁其學猶未大顯至謙而其道益著故學者推原統緒以爲朱熹之世適江浙行中書省爲請于朝建四賢書院以奉祀事而列于學官同郡朱震亨字彥修謙之高第弟子也其淸修苦節絕類古篤行之士所至人多化之

陳櫟字壽翁徽之休寧人櫟生三歲祖母吳氏口授孝經論語輒成誦五歲入小學卽涉獵經史七歲通進士業十五鄉人皆師之宋亡科擧廢櫟慨然發憤致力於聖人之學涵濡玩索貫穿古今嘗以謂有功於聖門者莫若朱熹氏熹沒未久而諸家之說往往亂其本眞乃著四書發明書傳纂疏禮記集義等書亡慮數十萬言凡諸儒之說有畔於朱氏者刊而去之其微辭隱義則引而伸之而其所未備者復爲說以補其闕於是朱熹之說大明於世延祐初詔以科擧取士櫟不欲就試有司强之試鄉闈中選遂不復赴禮部教授於家不出門戶者數十年性孝友尤剛正日用之閒動中禮法與人交不以勢合不以利遷善誘學者諄諄不倦臨川吳澄嘗稱櫟有功於朱氏爲多凡江東人來受業於澄者盡遣而歸櫟櫟所居堂曰定宇學者因以定宇先生稱之元統二年卒年八十三揭傒斯誌其墓乃與吳澄並稱曰澄居通都大邑又數登用于朝天下學者四面而歸之故其道遠而章尊而明櫟居萬山閒與木石俱而足跡未嘗出鄉里故其學必待其書之行天下乃能知之及其行也亦莫之禦是可謂豪傑之士矣世以爲知言

胡一桂字庭芳徽州婺源人父方平一桂生而穎悟好

讀書尤精於易初饒州德興沈貴寶受易於董夢程夢程受朱熹之易於黃榦而一桂之父方平及從貴寶夢程學嘗著易學啓蒙通釋一桂之學出於方平得朱熹氏源委之正宋景定甲子一桂年十八遂領鄉薦試禮部不第退而講學遠近師之號雙湖先生所著書有周易本義附錄纂疏本義啓蒙翼傳朱子詩傳附錄纂疏十七史纂並行于世其同郡胡炳文字仲虎亦以易名家作易本義通釋而於朱熹所著四書用力尤深餘干饒魯之學本出於朱熹而其爲說多與熹牴牾炳文深正其非作四書通凡辭異而理同者合而一之辭同而指異者析而辯之往往發其未盡之蘊東南學者因其所自號稱雲峰先生炳文嘗用薦者署明經書院山長再調蘭溪州學正

黃澤字楚望其先長安人唐末舒藝知資州內江縣卒葬焉子孫遂爲資州人宋初延節爲大理評事兼監察御史累贈金紫光祿大夫澤十一世祖也五世祖拂與二兄播撰同年登進士第蜀人榮之父儀可累舉不第隨兄驥子官九江蜀亂不能歸因家焉澤生有異質慨然以明經學道爲志好爲苦思屢以成疾疾止復思久之如有所見作顏淵仰高鑽堅論蜀人治經必先古注疏澤於名物度數考覈精審而義理一宗程朱作易春秋二經解二禮祭祀述略大德中江西行省相臣聞其名授江州景星書院山長使食其祿以施教又爲山長於洪之東湖書院受學者益衆始澤嘗夢見夫子以爲適然既而屢夢見之最後乃夢夫子手授所較六經字畫如新由是深有感發始悟所解經多徇舊說爲非是乃作思古吟十章極言聖人德容之盛上達於文王周公秩滿卽歸閉門授徒以養親不復言仕嘗以爲去聖久遠經籍殘闕傳注家率多傳會近世儒者又各以才識求之故議論雖多而經旨愈晦必積誠研精有所悟入然後可以窺見聖人之本眞乃揭六經中疑義千有餘條以示學者既乃盡悟失傳之旨自言每於幽閒寂寞顚沛流離疾病無聊之際得之及其久也則豁然無不貫通自天地定位人物未生已前沿而下之凡邃古之初萬化之原載籍所不能具者皆昭若發蒙如示諸掌然後由伏羲神農五帝三王以及春秋之末皆若身在其間而目擊其事者於是易春秋傳注之失詩書未決之疑周禮非聖人書之謗凡數十年苦思而未通者皆渙然冰釋各就條理故於易以明象爲先以因孔子之言上求文王周公之意爲主而其機括則盡在十翼作十翼舉要忘象辯象略辯同論於春秋以明書法爲主其大要則在考覈三傳以求向上之功而脉絡盡在左傳作三傳義例考筆削本旨又作元年春王正月辯諸侯娶女立子通考魯隱公不書卽位義殷周諸侯禘祫考周廟太廟單祭合食說作丘甲辯凡如是者十餘通以明古今禮俗不同見虛辭說經之無益嘗言學者必悟經旨廢失之由然後聖人本意可見若易象與春秋書法廢失大略相似苟通其一則可觸機而悟矣又懼學者得於創聞不復致思故所著多引而不發乃作易學濫觴春秋指要示人以求端用力之方其於禮學則謂鄭氏深而未完王肅明而實淺作禮經復古正言如王肅混郊丘廢五天帝并崑崙神州爲一趙伯循言王者禘其始祖之所自出以始祖配之而不及羣廟之主胡宏家學不信周禮以社爲祭地之類皆引經以證其非其辯釋諸經要旨則有六經補注詆排百家異義則取杜牧不當言而言之義作翼經罪言近代覃思之學推澤爲第一吳澄嘗觀其書以爲平生所見明經士未有能及之者謂人曰能言距楊墨者聖人之徒也楚望眞其人乎然澤雅自愼重未嘗輕與人言李泂使過九江請北面稱弟子受一經且將經紀其家澤謝曰以君之才何經不可明然亦不過筆授其義而已若余則於艱苦之餘乃能有見吾非邵子不敢以二十年林下期君也泂歎息而去或問澤自悶如此寧無不傳之懼澤曰聖經興廢上關天運子以爲區區人力所致耶澤家甚窶貧且年老不復能教授經歲大祲家人采木實草根以療饑晏然曾不動其意惟以聖人之心不明而經學失傳若已有罪爲大戚至正六年卒年八十七其書存于世者十二三門人惟新安趙汸爲高第得其春秋之學爲多

蕭㪺字惟斗其先北海人父仕秦中遂爲奉元人㪺性至孝自爲兒時翹楚不凡稍出爲府史上官語不合卽引退讀書南山者三十年製一革衣由身半以下及臥輒倚其榻玩誦不少置於是博極羣書天文地理律歷筭數靡不研究侯均謂元有天下百年惟蕭惟斗爲識字人學者及其門受業者甚衆嘗出遇一婦人失金釵道旁疑㪺拾之謂曰殊無他人獨翁居後耳㪺令隨至門取家釵以償其婦後得所遺釵愧謝還之鄉人有自城中暮歸者遇寇欲加害詭言我蕭先生也寇驚愕釋去世祖分藩在秦辟㪺與楊恭懿韓擇侍秦邸㪺以疾辭授陝西儒學提舉不赴省憲大臣卽其家具宴爲賀使一從史先詣㪺舍㪺方汲水灌園從史至不知其爲㪺也使飲其馬卽應之不拒及冠帶迎賓從史見㪺有懼色㪺殊不爲意後累授集賢直學士國子司業改集賢侍讀學士皆不赴大德十一年拜太子右諭德扶病至京師入覲東宮書酒誥爲獻以朝廷時尚酒故也尋以病力請去職人問其故則曰在禮東宮東面師傅西面此禮今可行乎俄除集賢學士國子祭酒依前右諭德疾作固辭而歸卒年七十八賜謚貞敏㪺制行甚高眞履實踐其教人必自小學始爲文辭立意精深言近而指遠一以洙泗爲本濂洛考亭爲據關輔之士翕然宗之稱爲一代醇儒所著有三禮說小學標題駁論九州志及勤齋文集行于世韓擇者字從善亦奉元人天資超異信道不惑其教學者雖中歲以後亦必使自小學等書始或疑爲陵節勤苦則曰人不知學白首童心且童蒙所當知而皓首不知可乎擇尤邃禮學有質問者口講指畫無倦容士大夫游宦過秦中必往見擇莫不虛往而實歸焉世祖嘗召之赴京疾不果行其卒也門人爲服緦麻者百餘人侯均者字伯仁亦奉元人父母蚤亡獨與繼母居賣薪以給奉養積學四十年羣經百氏無不淹貫旁通釋老外典每讀書必熟誦乃已嘗言人讀書不至千徧終於己無益故其答諸生所問窮索極探如取諸篋笥名震關中學者宗之用薦者起爲太常博士後以上疏忤時相意不待報可卽歸休田里均貌魁梧而氣剛正人多嚴憚之及其應接之際則和易款洽雖方言古語世所未曉者莫不隨問而答世咸服其博聞

同恕字寬甫其先太原人五世祖遷秦中遂爲奉元人祖昇父繼先博學能文廉希憲宣撫陝右辟掌庫鑰家世業儒同居二百口無間言恕安靜端凝羈丱如成人從鄉先生學日記數千言年十三以書經魁鄉校至元間朝廷始分六部選名士爲吏屬關陝以恕貢禮曹辭不行仁宗踐阼卽其家拜國子司業階儒林郎使三召不起陝西行臺侍御史趙世延請卽奉元置魯齋書院中書奏恕領教事制可之先後來學者殆千數延祐設科再主鄉試人服其公六年以奉議大夫太子左贊善召入見東宮賜酒慰問繼而獻書歷陳古誼盡開悟涵養之道明年春英宗繼統以疾歸致和元年拜集賢侍讀學士以老疾辭恕之學由程朱上遡孔孟務貫浹事理以利於行教人曲爲開導使得趣向之正性整潔平居雖大暑不去冠帶母張夫人卒事異母如事所生父喪哀毀致目疾時祀齋肅詳至嘗曰養生有不備事猶可復追遠有不誠是誣神也可逭罪乎與人交雖外無適莫而中有繩尺里人借騾而死償其直不受曰物之數也何以償爲家無儋石之儲而聚書數萬卷扁所居曰榘菴時蕭㪺居南山下亦以道高當世入城府必主恕家士論稱之曰蕭同恕自京還家居十三年縉紳望之若景星麟鳳鄉里稱爲先生而不姓至順二年卒年七十八制贈翰林直學士封京兆郡侯謚文貞其所著曰榘菴集二十卷恕弟子第五居仁字士安幼師蕭㪺弱冠從恕受學博通經史躬率子弟致力農畝而學徒滿門其宏度雅量能容人所不能容嘗行田間遇有竊其桑者居仁輒避之鄉里高其行義率多化服作字必楷整遊其門者不惟學明而行加修焉卒之日門人相與議易名之禮私謚之曰靜安先生

安熙字敬仲眞定藁城人祖滔父松皆以學行淑其鄉人熙既承其家學及聞保定劉因之學心向慕焉熙家與因所居相去數百里因亦聞熙力於爲己之學深許與之熙方將造其門而因已歿乃從因門人烏叔備問其緒說蓋自因得宋儒朱熹之書卽尊信力行之故其教人必尊朱氏然因之爲人高明堅勇其進莫遏熙則簡靚和易務爲下學之功其告先聖文有曰追憶舊聞卒究前業灑掃應對謹行信言餘力學文窮理盡性循循有序發軔聖途以存諸心以行諸己以及於物以化於鄉其用功平實切密可謂善學朱氏者熙遭時承平不屑仕進家居教授垂數十年四方之來學者多所成就既歿鄉人爲立祠於藁城之西筦鎭其門人蘇天爵爲輯其遺文而虞集序之曰使熙得見劉氏廓之以高明厲之以奮發則劉氏之學當益昌大於時矣

元史卷一百九十

明翰林學士亞中大夫知制誥兼修國史宋　濂等修

列傳第七十七

儒學二

胡長孺字汲仲婺州永康人當唐之季其先自天台來徙宋南渡後以進士科發身者十人持節分符先後相望曾祖棠欽州司法參軍脫略豪雋輕貲急施人以鄭莊稱之祖巖起嘉定甲戌進士知福州閩縣事卓行危論奇文瑰句端平嘉定間士大夫皆自以爲不可及其在江西幕府平贛州之難於指顧之頃全活數十萬人

父居仁淳祐丁未進士知台州軍州事文辭政事亦絕出於四方至長孺其學益大振九經諸史下逮百氏名墨縱橫旁行敷落律令章程無不包羅而撰序之咸淳中外舅徐道隆爲荆湖四川宣撫參議官長孺從之入蜀銓試第一名授迪功郎監重慶府酒務俄用制置使朱禩孫之辟兼總領湖廣軍馬錢糧所僉廳與高彭李湜梅應春等號南中八士已而復拜福寧州倅之命會宋亡退棲永康山中至元二十五年詔下求賢有司强起之至京師待詔集賢院既而召見內殿拜集賢修撰與宰相議不合改教授揚州元貞元年移建昌路錄事闞官檄長孺攝之程文海方貴顯其家氣燄薰灼卽違法人不敢呵問其樹外門侵官道長孺亟命撤之至大元年轉台州路寧海縣主簿階將仕佐郞大德丁未浙東大祲戊申復無麥民相枕死宣慰同知脫歡察議行賑荒之令斂富人錢一百五十萬給之至縣以餘錢二十五萬屬長孺藏去乃行旁州長孺察其有乾沒意悉散於民閱月再至索其錢長孺抱成案進曰錢在是矣脫歡察怒曰汝譫如山耶何所受命而敢無忌若此長孺曰民一日不食當有死者誠不及以聞然官書具在可徵也脫歡察雖怒不敢問新有銅巖惡少年伺其間佰出鈔道爲過客患官不能禁長孺僞衣商人服令蒼頭負貨以從陰戒驍卒十人躡其後長孺至巖中人突出要之長孺方遜辭以謝驍卒俄集皆成擒俾盡逼其黨寘於法夜行無虞民荷溺器糞田偶觸軍卒衣卒扶傷民且碎器而去竟不知主名民來訴長孺陽怒其誣械於市俾左右潛偵之向挟者過焉戲手稱快執詣所隸杖而償其器羣嫗聚浮屠菴誦佛書爲禳祈一嫗失其衣適長孺出鄉嫗訟之長孺以牟麥寘羣嫗合掌中命繞佛誦書如初長孺閉目叩齒作集神狀且曰吾使神監之矣盜衣者行數周麥當芽一嫗屢開掌視長孺指縛之還所竊衣長孺白事帥府歸吏言有姦事屢問弗伏者長孺曰此易易爾夜伏吏案下黎明出姦者訊之辭愈堅長孺佯謂令長曰頗聞國家有詔盍迎之叱隸卒縛姦者東西楹空縣而出庭無一人姦者相謂曰事至此死亦無承行將自解矣語畢案下吏嚾而出姦者驚咸叩頭服罪永嘉民有弟質珠步搖於兄者贖焉兄妻愛之紿以亡於盜屢訟不獲直往告長孺長孺曰爾非吾民也叱之去未幾治盜長孺嗾盜誣兄受步搖爲贓逮兄赴官力辨數弗置長孺曰爾家信有是何謂誣耶兄倉皇曰有固有之乃弟所質者遽持至驗之呼其弟示曰得非爾家物乎弟曰然遂歸焉其行事多類此不能盡載延祐元年轉兩浙都轉運鹽使司長山場鹽司丞階將仕郞未上以病辭不復仕隱杭之虎林山以終長孺初師青田余學古學古師王夢松夢松亦青田人傳龍泉葉味道之學味道則朱熹弟子也淵源既正長孺益行四方訪求其旨趣始信涵養用敬爲最切默存靜觀超然自得故其爲人光明宏偉專務明本心之學慨然以孟子自許唯恐斯道之失其傳誘引不倦一時學者慕之有如饑渴之於食飲方嶽大臣與郡二千石聘致庠序敷繹經義環聽者數百人長孺爲言人雖最靈與物同產初無二本皆躍躍然興起至有太息者爲辭章有精魄金春玉撞壹發其和平之音海內來求者如購拱璧碑版熀煌照耀四裔苟非其人雖一金易一字毅然不與鄉闈取士屢司文衡貴實賤華文風爲之一變晚寓武林病喘上氣者頗久一旦具酒食與比鄰別云將返故鄉門人有識其微意者問曰先生精神不衰何爲遽欲觀化乎長孺曰精神與死生初無相涉也就寢至夜半喘忽止其子駒排戶視之則正衣冠坐逝矣年七十五所著書有瓦缶編南昌集寧海漫抄顏樂齋藁行於世其從兄之綱之純皆以經術文學名之綱字仍仲嘗被薦書其於聲音字畫之說自言獨造其妙惜其書不傳之純字穆仲咸淳甲戌進士踐履如古獨行者文尤明潔可誦人稱之爲三胡云

熊朋來字與可豫章人宋咸淳甲戌登進士第第四人授從仕郞寶慶府簽書判官廳公事未上而宋亡世祖初得江南盡求宋之遺士而用之尤重進士以故相留夢炎爲尙書召甲戌狀元王龍澤爲江南行臺監察御史朋來龍澤榜下進士而聲名不在龍澤下然不肯表襮苟進隱處州里間生徒受學者常百數十人取朱子小學書提其要領以示之學者家傳其書幾遍天下豫章爲江西會府行中書省提刑按察司皆在焉凡居是官者多朝廷名公卿皆以賓禮延見廉希憲之子惇爲參知政事以師禮事朋來終身稱門人劉宣爲提刑按察使尤加禮敬朋來和而不肆介而不猾與羣賢講論經義無虛日儒者咸倚以爲重焉會朝廷遣治書侍御史王構銓外選於江西於是參政徐琰李世安列薦朋來爲閩海提舉儒學官使者報聞而朝廷以東南儒學之士唯福建廬陵最盛特起朋來連爲兩郡教授所至考古篆籀文字調律呂協歌詩以興雅樂制器定辭必則古式學者化焉既滿考以常格調建安縣主簿不赴晚以福清州判官致仕朋來視之漠如也四方學者因其所自號稱爲天慵先生每燕居鼓瑟而歌以自樂嘗著瑟賦二篇學者爭傳誦之門人歸之者日盛旁近舍皆滿至不能容朋來懇懇爲說經旨文義老益不倦得其所指授者多爲聞人延祐初詔以進士科取士時科舉廢已久有司咸不知其典故以不稱明詔爲懼行省官主其事者諮問於朋來動中軌度因以申請四方得遵用之及請爲考試官則曰應試者十九及吾門不可其後江浙湖廣皆畢詞致禮請爲主文朋來屢往應之及對大廷其所選士居天下三之一焉初朋來以周禮首薦鄉郡而元制周官不與設科治戴記者又鮮朋來屢以爲言蓋朋來之學諸經中三禮尤深是以當世言禮樂者咸推宗之至治中英宗始采用古禮親御衮冕祀太廟銳意於制禮作樂之事翰林學士元明善屬言於朝以朋來爲薦未及召而卒年七十八朋來動止有常喜怒不形於色接賓客人人各自以得其意有家集三十卷其大者明乎禮樂之事關於世教其餘若天文地理方技名物度數靡不精究子太古鄉貢進士

戴表元字帥初一字曾伯慶元奉化州人七歲學古詩文多奇語稍長從里師習詞賦輙棄不肯爲咸淳中入太學以三舍法陞內舍生既而試禮部第十人登進士乙科教授建寧府後遷臨安教授行戶部掌故皆不就大德八年表元年已六十餘執政者薦於朝起家拜信州教授再調教授婺州以疾辭初表元閔宋季文章氣萎薾而辭骫骳弊已甚慨然以振起斯文爲已任時四明王應麟天台舒岳祥並以文學師表一代表元皆從而受業焉故其學博而肆其文清深雅潔化陳腐爲神奇蓄而始發間事摹畫而隅角不露施於人者多尤自祕重不妄許與至元大德間東南以文章大家名重一時者唯表元而已其門人最知名者曰袁桷桷之文其體裁議論一取法於表元者也表元晚年翰林集賢以修撰博士二職論薦而老疾不可起年六十七卒有剡源集行於世當表元時有四明任士林者亦以文章知名云

牟應龍字伯成其先蜀人後徙居吳興祖子才仕宋贈光祿大夫謚清忠父巘爲大理少卿應龍幼警敏過人日記數千言文章有渾厚之氣應龍當以世賞補京官盡讓諸從弟而擢咸淳進士第時賈似道當國自儗伊周謂馬廷鸞曰君故與清忠游其孫幸見之當處以高第應龍拒之不見及對策具言上下內外之情不通國勢危急之狀考官不敢寘上第調光州定城尉應龍曰昔吾祖對策以直言忤史彌遠得洪雅尉今固當爾無媿也沿海制置司辟爲屬以疾辭不仕而宋亡矣故相留夢炎事世祖爲吏部尙書以書招之曰苟至翰林可得也應龍不答已而起家教授溧陽州晚以上元縣主簿致仕初宋亡時大理卿已退不任事一門父子自爲師友討論經學以義理相切磨於諸經皆有成說惟五經音攷盛行於世應龍爲文長於叙事時人求其文者車轍交於門以文章大家稱於東南人儗之爲眉山蘇氏父子而學者因應龍所自號稱之曰隆山先生泰定元年卒年七十八

鄭滁孫字景歐處州人宋景定間登進士第知溫州樂清縣累歷宗正丞禮部郞官至元三十年有以滁孫名薦者世祖召見授集賢直學士尋陞侍講學士又陞學士乞致仕歸田里弟陶孫字景潛亦登進士第監西嶽祠先陶孫徵至闕奏對稱旨授翰林國史院編修官會纂修國史至宋德祐末年事陶孫曰臣嘗仕宋宋是年亡義不忍書書之非義矣終不書世祖嘉之陞應奉翰林文字後出爲江西儒學提舉滁孫兄弟在當時最號博洽儒學之士翕然推之隆福宮以其兄弟前朝士乃製衣親賜人以爲異遇焉滁孫所著有大易法象通贊周易記玩等書陶孫有文集若干卷

陳孚字剛中台州臨海人幼清峻穎悟讀書過目輙成誦終身不忘至元中孚以布衣上大一統賦江浙行省爲轉聞於朝署上蔡書院山長考滿謁選京師二十九年世祖命梁曾以吏部尙書再使安南選南士爲介朝臣薦孚博學有氣節調翰林國史院編修官攝禮部郞中爲曾副陛辭賜五品服佩金符以行三十年正月至安南世子陳日燇以憂制不出郊遣陪臣來迎又不由陽明中門入曾與孚回館致書詰日燇以不庭之罪且責日燇當出郊迎詔及講新朝尙右之禮往復三書宣布天子威德辭直氣壯皆孚筆也其所贈孚悉卻之詳見梁曾傳中使還除翰林待制兼國史院編修官帝方欲寘之要地而廷臣以孚南人且尙氣頗嫉忌之遂除建德路總管府治中再遷治中衢州所至多著善政秩滿復請爲鄉郡特授奉直大夫台州路總管府治中大德七年詔遣奉使宣撫循行諸道時台州旱民饑道殣相望江浙行省檄浙東元帥脫歡察兒發粟賑濟而脫歡察兒怙勢立威不卹民隱驅脅有司動寘重刑孚曰使吾民日至莩死不救者脫歡察兒也遂詣宣撫使愬

其不法蠹民事一十九條宣撫使按實坐其罪命有司亟發倉賑饑民賴以全活者衆而孚亦以此致疾卒於家年六十四孚天材過人性任俠不羈其爲詩文大抵任意即成不事雕斲有文集行於世子遴江浙行省左右司員外郎致仕女長嫣適蘽城董士楷太常禮儀院太祝宗緯之母也末嫣適同里韓戒之行樞密院經歷諫之母也俱有貞節朝廷旌表其門閭攸州馮子振其豪俊與孚略同孚極敬畏之自以爲不可及子振於天下之書無所不記當其爲文也酒酣耳熱命侍史二三人潤筆以俟子振據案疾書隨紙數多寡頃刻輒盡雖事料醲郁美如簇錦律之法度未免乖剌人亦以此少之

董朴字太初順德人自幼强記比冠師事樂舜咨劉道濟幡然有求道之志至元十六年用提刑按察使薦起家爲陝西知法官未幾以親老歸養尋召爲太史院主事復辭不赴皇慶初朴年已踰八十詔以翰林修撰致仕延祐二年無疾而終年八十有五朴所爲學自六經及孔孟微言與凡先儒所以開端闡幽者莫不研極其旨而會通之故其心所自得往往有融貫之妙其事親孝與人交智愚貴賤一待以誠或有犯之者夷然不與之校中山王結曰朴之學造詣既深充養交至其爲人淸而通和而介君子人也朴家近龍岡學者因稱之曰龍岡先生云

楊載字仲弘其先居建之浦城後徙杭因爲杭人少孤博涉羣書爲文有跌宕氣年四十不仕戶部賈國英數薦於朝以布衣召爲翰林國史院編修官與修武宗實錄調管領係官海船萬戶府照磨兼提控案牘延祐初仁宗以科目取士載首應詔遂登進士第授承務郎饒州路同知浮梁州事遷儒林郎寧國路總管府推官以卒初吳興趙孟頫在翰林得載所爲文極推重之由是載之文名隱然動京師凡所撰述人多傳誦之其文章一以氣爲主博而敏直而不肆自成一家言而於詩文尤有法嘗語學者曰詩當取材於漢魏而音節則以唐爲宗自其詩出一洗宋季之陋建康之上元有楊剛中字志行自幼厲志操及爲江東憲府照磨風采凜凜有足稱者其爲文奇奧簡澁動法古人而不屑爲世俗平凡語元明善極歎異之仕至翰林待制而卒有霜月集行於世其甥李桓字晉仲同郡人由鄉貢進士累遷江浙儒學副提舉亦以文鳴江東紆餘豐潤學者多傳之載與剛中同輩行而桓則稍後云

劉詵字桂翁吉安之廬陵人性穎悟幼失父知自樹立年十二作爲科場律賦論策之文蔚然有老成氣象宋之遺老鉅公一見即以斯文之任期之既冠重厚醇雅素以師道自居教學者有法聲譽日隆江南行御史臺屢以教官館職遺逸薦皆不報詵爲文根柢六經躪躒諸子百家融液今古而不露其踔厲風發之狀四方求文者日至於門其所爲詩文曰桂隱集桂隱詵所號也至正十年卒年八十三同郡龍仁夫字觀復劉岳申字高仲其文學皆與詵齊名有集行世而仁夫之文尤奇逸流麗所著周易多發前儒之所未發岳申用薦者爲遼陽儒學副提舉仁夫江浙儒學副提舉皆不就

韓性字明善紹興人其先家安陽宋司徒兼侍中魏忠獻王琦其八世祖也高祖左司郎中膺胄扈從南渡家於越性天資警敏七歲讀書數行俱下日記萬言九歲通小戴禮作大義操筆立就文意蒼古老生宿學皆稱異焉及長博綜羣籍自經史至諸子百氏靡不極其津涯究其根柢而於儒先性理之說尤深造其閫域其爲文辭博達儁偉變化不測自成一家言四方學者受業其門戶外之屨至無所容延祐初詔以科舉取士學者多以文法爲請性語之曰今之貢舉悉本朱熹私議爲貢舉之文不知朱氏之學可乎四書六經千載不傳之學自程氏至朱氏發明無餘蘊矣顧行何如耳有德者必有言施之場屋直其末事豈有他法哉凡經其口授指畫不爲甚高論而義理自勝不期文之工而不能不工以應有司之求亦未始不合其繩尺也士有一善必爲之延譽不已及辨析是非則毅然有不可犯之色性出無輿馬僕御所過負者息肩行者避道巷夫街叟至於童穉厮役咸稱之曰韓先生韓先生云憲府嘗舉爲教官謝曰幸有先人之弊廬可庇風雨薄田可具饘粥讀書砥行無愧古人足矣祿仕非所願也受而不赴暮年愈自韜晦然未嘗忘情於斯世郡之良二千石政事有所未達輒往咨訪性從容開導洞中肯綮裨益者多天歷中趙世延以性名上聞後十年門人李齊爲南臺監察御史力舉其行義而性已卒矣年七十有六卒後南臺御史中丞月魯不花嘗學於性言性法當得謚朝廷賜謚莊節先生其所著有禮記說四卷詩音釋一卷書辨疑一卷郡志八卷文集十二卷當性時慶元有程端禮端學兄弟者端禮字敬叔幼穎悟純篤十五歲能記誦六經曉析大義慶元自宋季皆尊尚陸九淵氏之學而朱熹氏學不行於慶元端禮獨從史蒙卿游以傳朱氏明體適用之指學者及門甚衆所著有讀書工程國子監以頒示郡邑校官爲學者式仕爲衢州路儒學教授卒年七十五端學字時叔通春秋登至治辛酉進士第授僊居縣丞尋改國子助教動有師法學者以其剛嚴方正咸嚴憚之遷太常博士命未下而卒後以子徐貴贈禮部尚書所著有春秋本義三十卷三傳辨疑二十卷春秋或問十卷

吳師道字正傳婺州蘭溪人自羇丱知學即善記覽工詞章才思涌溢發爲歌詩清麗俊逸弱冠因讀宋儒眞德秀遺書乃幡然有志於爲己之學刮摩淬礪日長月益嘗以持敬致和之說質於同郡許謙謙復之以理一分殊之旨由是心志益廣造履益深大抵務在發揮義理而以闢異端爲先務登至治元年進士第授高郵縣丞明達文法吏不敢欺再調寧國路錄事會歲大旱饑民仰食於官者三十三萬口師道勸大家得粟三萬七千六百石以賑饑民又言於部使者轉聞於朝得粟四萬石鈔三萬八千四百錠賑之三十餘萬人賴以存活遷池州建德縣尹郡學有田七百畝爲豪民所占郡下其事建德俾師道究治之即爲按其圖籍悉以歸于學建德素少茶而榷稅尤重民以爲病即爲極言於所司榷稅爲減中書左丞呂思誠侍御史孔思立列薦之召爲國子助教尋陞博士其爲教一本朱熹之旨而遵許衡之成法六館諸生人人自以爲得師丁內憂而歸以奉議大夫禮部郎中致仕終於家所著有易詩書雜說春狄胡傳附辨戰國策校註敬鄉錄及文集二十卷師道同郡又有王餘慶字叔善仕爲江南行臺監察御史亦以儒學名重當世云

陸文圭字子方江陰人幼而穎悟讀書過目成誦終身不忘博通經史百家及天文地理律歷醫藥筭數之學宋咸淳初文圭年十八以春秋中鄉選宋亡隱居城東學者稱之曰墻東先生延祐設科有司强之就試凡一再中鄉舉文圭爲文融會經傳縱橫變化莫測其涯際東南學者皆宗師之朝廷數遣使馳幣聘之以老疾不果行卒年八十五文圭爲人剛明超邁以奇氣自負於地理考覈甚詳凡天下郡縣沿革人物土產悉能默記如指諸掌先屬纊一日語門人曰以數考之吾州二十年後必有兵變慘於五代建炎吾死當葬不食之地勿封勿樹使人不知吾墓庶無暴骨之患其後江陰之亂冢墓盡發人乃服其先知有墻東類藁二十卷文圭同里有梁益者字友直其先福州人博洽經史而工於文辭其教人以變化氣質爲先務學徒不遠千里從之自文圭既卒浙以西稱學術醇正爲世師表者惟益而已益所著書有三山藁詩緒餘史傳姓氏纂又有詩傳旁通發揮朱熹氏之學爲精年五十六卒

周仁榮字本心台州臨海人父敬孫宋太學生初金華王柏以朱熹之學主台之上蔡書院敬孫與同郡楊珏陳天瑞車若水黃超然朱致中薛松年師事之受性理之旨敬孫嘗著易象占尚書補遺春秋類例仁榮承其家學又師珏天瑞治易禮春秋而工爲文章用薦者署美化書院山長美化在處州萬山中人鮮知學仁榮舉行鄉飲酒禮士俗爲變後辟江浙行省掾史省臣皆呼先生不以吏遇之泰定初召拜國子博士遷翰林修撰陞集賢待制奉旨代祀嶽瀆至會稽以疾作不復還朝卒年六十有一其所教弟子多爲名人而泰不華實爲進士第一其弟仔肩字本道以春秋登延祐五年進士第終奉議大夫惠州路總管府判官與其兄俱以文學名仁榮同郡有孟夢恂者字長文黃巖人與仁榮同師事楊珏陳天瑞夢恂講解經旨體認精切務見行事四方游從者皆服焉部使者薦其行義署本郡學錄至正十三年以設策禦寇捄鄉郡有功授登仕郎常州路宜興州判官未受命而卒年七十四朝廷賜謚號曰康靖先生所著有性理本旨四書辨疑漢唐會要七政疑解及筆海雜錄五十卷

陳旅字衆仲興化莆田人先世素以儒學稱旅幼孤資稟穎異其外大父趙氏學有源委撫而敎之旅得所依不以生業爲務惟篤志於學於書無所不讀稍長負笈至溫陵從鄉先生傳古直游聲名日著用薦者爲閩海儒學官適御史中丞馬雍古祖常使泉南一見奇之謂旅曰子館閣器也胡爲留滯於此因相勉遊京師既至翰林侍講學士虞集見其所爲文慨然歎曰此所謂我老將休付子斯文者矣即延至館中朝夕以道義學問相講習自謂得旅之助爲多與祖常交口游譽於諸公間咸以爲旅博學多聞宜居師範之選中書平章政事趙世延又力薦之除國子助教居三年考滿諸生不忍其去請於朝再任焉元統二年出爲江浙儒學副提舉至元四年入爲應奉翰林文字至正元年遷國子監丞階文林郎又二年卒年五十有六旅於文自先秦以來至唐宋諸大家無所不究故其文典雅峻潔必求合於古作者不徒以徇世好而已有文集十四卷旅平生於師友之義尤篤每感虞集爲知己其在浙江時集歸田

已數載歲且大比請於行省參知政事孛木魯翀親奉書幣請集主文鄉闈欲爲問候計乃衝冒炎暑千里訪集於臨川集感其來留旬日而别惓惓以斯文相勉慘然若將永訣焉集每於學者語必以旅爲平生益友也一日夢旅舉杯相向曰旅甚思公亦知公之不忘旅也但不得見爾旣而聞旅卒集深悼之同時有程文陳繹曾者皆名士文字以文徽州人仕至禮部員外郎作文明潔而精深集亦多稱之繹曾字伯敷處州人爲人雖口吃而精敏異常諸經註疏多能成誦文辭汪洋浩博其氣鋋如也官至國子助教論者謂二人皆與旅相伯仲云

李孝光字季和溫州樂清人少博學篤志復古隱居鴈蕩山五峯下四方之士遠來受學名譽日聞泰不華以師事之南行臺監察御史闔辭屢薦居館閣至正七年詔徵隱士以秘書監著作郎召與完者圖執禮哈琅董立同應詔赴京師見帝於宣文閣進孝經圖說帝大悅賜上尊明年陞文林郎秘書監丞卒於官年五十三孝光以文章負名當世其文一取法古人而不趨世尚非先秦兩漢語弗以措辭有文集二十卷

宇文公諒字子貞其先成都人父挺祖徙吳與今爲吳興人公諒通經史百氏言弱冠有操行嘉興富民延爲子弟師夜將半聞有叩門者問之乃一婦人公諒厲聲叱去之翌日卽以他事辭歸終不告以其故至順四年登進士第授徽州路同知婺源州事丁內艱改同知餘姚州事夏不雨公諒出禱輒應歲以有年民頌之以爲別駕雨攝會稽縣申明冤滯所活者衆省檄察實松江海塗田公諒以潮汐不常後必貽患請一槩免科省臣從之遷高郵府推官未幾除國子助教日與諸生辯析諸經六館之士資其陶甄者往往出爲名臣調應奉翰林文字同知制誥兼國史院編修官以病得告後召爲國子監丞除江浙儒學提舉改僉嶺南廉訪司事以疾請老公諒平居雖暗室必正衣冠端坐嘗挾手記一冊識其編首曰晝有所爲暮則書之其不可書卽不敢爲天地鬼神實聞斯言其檢飭之嚴如此所著述有折桂集觀光集辟水集以齋詩藁玉堂漫藁越中行藁凡若干卷門人私謚曰純節先生

伯顏一名師聖字宗道哈剌魯氏隸軍籍蒙古萬戶府世居開州濮陽縣伯顏生三歲常以指畫地或三或六若爲卦者六歲從里儒授孝經論語卽成誦蚤喪父其兄曲出買經傳等書以資之日夜誦不輟稍長受業宋進士建安黃坦坦曰此子穎悟過人非諸生可比因命以顏爲氏且名而字之焉久之坦辭曰余不能爲爾師羣經有朱子說具在歸而求之可也伯顏自弱冠卽以斯文爲已任其於大經大法粲然有覩而心所自得每出於言意之表鄉之學者來相質難隨問隨辨咸解其惑於是中原之士聞而從游者日益衆至正四年以隱士徵至京師授翰林待制預修金史旣畢辭歸已而復起爲江西廉訪僉事數月以病免及還四方之來學者至千餘人蓋其爲學專事講解而務眞知力踐不屑事舉子詞章而必期措諸實用士出其門不問知其爲伯顏氏學者至於異端之徒亦往往棄其學而學焉十八年河南賊蔓延河北伯顏言於省臣將結其鄉民爲什伍以自保而賊兵大至伯顏乃渡漳北行邦人從之者數十萬家至磁與賊遇賊知伯顏名士生劫之以見賊將誘以富貴伯顏罵不屈引頸受刃與妻子俱死之年六十有四既死人或剖其腹見其心數孔曰古稱聖人心有七竅此非賢士乎乃納心其腹中覆壙而揜之有司上其事贈奉議大夫僉太常禮儀院事謚文節太常謚議曰以城守論之伯顏無城守之責而死可與江州守李黼一律以風紀論之伯顏無在官之責而死可與西臺御史張桓並駕以平生有用之學成臨義不奪之節乃古之所謂君子人者時以爲確論伯顏平生修輯六經多所著述皆燬於兵

贍思字得之其先大食國人國旣內附大父魯坤乃東遷豐州太宗時以材授眞定濟南等路監榷課稅使因家眞定父斡直始從儒先生問學輕財重義不干仕進贍思生九歲日記古經傳至千言比弱冠以所業就正於翰林學士承旨王思廉之門由是博極羣籍汪洋茂衍見諸踐履皆篤實之學故其年雖少已爲鄉邦所推重延祐初詔以科第取士有勸其就試者贍思笑而不應旣而侍御史郭思貞翰林學士承旨劉賡參知政事王士熙交章論薦之泰定三年詔以遺逸徵至上都見帝於龍虎臺眷遇優渥時倒剌沙柄國西域人多附焉贍思獨不往見倒剌沙屢使人招致之卽以養親辭歸天曆三年召入爲應奉翰林文字賜對奎章閣文宗問曰卿有所著述否明日進所著帝王心法文宗稱善詔預修經世大典以論議不合求去命奎章閣侍書學士虞集諭留之贍思堅以母老辭遂賜幣遣之復命集傳旨曰卿且暫還行召卿矣至順四年除國子博士丁內艱不赴後至元二年拜陝西行臺監察御史卽上封事十條曰法祖宗攬權綱敦宗室禮勳舊惜名器開言路復科舉罷數軍一刑章寬禁網時姦臣變亂成憲帝方虛已以聽贍思所言皆一時羣臣所不敢言者侍御史趙承慶見之歎曰御史言及此天下福也底里有執政陝西行省者恣爲非道贍思發其罪而按之輒棄職夜遁會有詔勿逮問然猶杖其私人及分巡雲南按省臣之不法者其人卽解印以去遠藩爲之震悚襄漢流民聚居宋之紹熙府故地至數千戶私開鹽井自相部署往往劫囚徒殺巡卒贍思乃擒其魁而釋其黨復上言紹熙土饒利厚流戶日增若以其人散還本籍恐爲邊患宜設官府以撫定之詔卽其地置紹熙宣撫司三年除僉浙西肅政廉訪司事卽按問都轉運鹽使海道都萬戶行宣政院等官贓罪浙右郡縣無敢爲貪墨者復以浙右諸僧寺私蔽猾民有所謂道人道民行童者類皆瀆常倫隱徭役使民力日耗契勘嘉興一路爲數已二千七百乃建議請勒歸本族俾供王賦庶以少寬民力朝廷是之卽著以爲令四年改僉浙東肅政廉訪司事以病免歸贍思歷官臺憲所至以理冤澤物爲已任平反大辟之獄先後甚衆然未嘗故出人罪以市私恩嘗與五府官決獄咸寧有婦宋娥者與鄰人通鄰人謂娥曰我將殺爾夫娥曰張子文行且殺之明日夫果死跡盜數日娥始以張子文告其姑五府官以爲非共殺且旣經赦宥宜釋之贍思曰張子文以爲娥固許之矣且娥夫死及旬乃始言之是娥與張同謀度不能終隱故發之也豈赦可釋哉樞密判官曰平反活人陰德也御史勿執常法贍思曰是謂故出人罪非平反也且公欲種陰德於生者奈死者何乃獨上議刑部卒正娥罪其審刑當罪多類此至正四年除江東肅政廉訪副使十年召爲秘書少監議治河事皆辭疾不赴十一年卒於家年七十有四二十五年皇太子撫軍冀寧承制封拜贈嘉議大夫禮部尚書上輕車都尉追封恒山郡侯謚曰文孝贍思邃於經而易學尤深至於天文地理鍾律筭數水利旁及外國之書皆究極之家貧饘粥或不繼其考訂經傳常自樂也所著述有四書闕疑五經思問奇偶陰陽消息圖老莊精詣鎭陽風土記續東陽志重訂河防通議西國圖經西域異人傳金哀宗記正大諸臣列傳審聽要訣及文集三十卷藏於家

元史卷一百九十一

明翰林學士亞中大夫知制誥兼修國史宋　濂等修

列傳第七十八

良吏一

自古國家上有寬厚之君然後爲政者得以盡其愛民之術而良吏興焉班固有曰漢興與民休息凡事簡易禁罔疏闊以寬厚清淨爲天下先故文景以後循吏輩出其言蓋識當時之治體矣元初風氣質實與漢初相似世祖始立各道勸農使又用五事課守令以勸農繫其銜故當是時良吏班班可見亦寬厚之効也然自中世以後循良之政史氏缺於紀載今據其事蹟之可取者作良吏傳

譚澄字彥清德興懷來人父資榮金末爲交城令國兵下河朔乃以縣來附賜金符爲元帥左都監仍兼交城令未幾賜虎符行元帥府事從攻汴有功年四十移病舉弟資用自代資用卒澄襲職澄幼穎敏爲交城令時年十九有文谷水分溉交城田文陽郭帥專其利而堰之訟者累歲莫能直澄折以理令決水均其利於民豪民有持吏短長爲奸者察得其主名皆以法治之歲乙未籍民戶有司多以浮客占籍及征賦逃竄殆盡官爲稱貸積息數倍民無以償澄入覲因中書耶律楚材面陳其害太宗惻然爲免其逋其私負者年雖多息取倍而止亡民能歸者復三年詔下公私便之壬子復大籍其民澄盡劃交城之不土著者賦以時集甲寅世祖還自大理澄進見留藩府凡遣使必以澄偕而以其弟山代爲交城令時世祖以皇弟開藩京兆總天下兵歲丁巳有間之者憲宗疑之遂解兵柄遣阿藍答兒往京兆大集官吏置計局百四十二條以考覈之罪者甚衆世祖每遣左丞闊闊與澄周旋其間以彌縫其缺及親入朝事乃釋中統元年世祖卽位擢懷孟路總管俄賜金符換金虎符歲旱令民鑿唐溫渠引沁水以溉田民用不饑教之種植地無遺利至元二年遷河南路總管改平灤路總管七年入爲司農少卿俄出爲京兆總管居一年改陝西四川道提刑按察使建言不孝有三無後爲大宜令民年四十無子聽取妾以爲宗祀計朝廷從之遂著爲令四川僉省嚴忠範守成都爲宋將昝萬壽所敗退保子城世祖命澄代之至則葬暴骸修焚室賑饑貧集逋亡民心稍安會西南夷羅羅斯內附帝以撫新國宜擇文武全才遂以澄爲副都元帥同知宣慰使司事比至以疾卒年五十八世祖嘗與太保劉秉忠論

一時牧守秉忠曰若邢之張耕懷之譚澄何憂不治哉游顯宜撫大名嘗爲諸路總管求虎符宣麻澄至中書辭曰皇上不識譚澄耶乃爲顯所舉中書特爲去之其介如此子克修歷湖北河南陝西三道提刑按察使

許維禎字周卿遂州人至元十五年爲淮安總管府判官屬縣鹽城及丁溪場有二虎爲害維禎默禱于神祠一虎去一虎死祠前境內旱蝗維禎禱而雨蝗亦息是年冬無雪父老言于維禎曰冬無雪民多疾奈何維禎曰吾當爲爾禱已而雪深三尺朝廷聞其事方欲用之而卒年四十四子殷

許楫字公度太原忻州人幼從元裕學年十五以儒生中詞賦選河東宣撫司又舉楫賢良方正孝廉楫至京師平章王文統命爲中書省椽以不任簿書辭改知印丞相安童左丞許衡深器重之一日從省臣立殿下世祖見其美鬚髯偉問曰汝秀才耶楫頓首曰臣學秀才耳未敢自謂秀才也帝善其對授中書省架閣庫管勾兼承發司事未幾立大司農司以楫爲勸農副使時商挺爲安西王相遇於途楫因言京兆之西荒野數千頃宋金皆嘗置屯如募民立屯田耕種得穀給王府之需挺以其言入奏從之三年屯成果獲其利尋佩金符爲陝西道勸農使至元十三年宋平帝命平章廉希憲行中書於荆南府以楫爲左右司員外郎荆南父老輿金帛求見楫曰汝等已爲大元民矣今置吏以撫字汝輩奚用金帛以求見明年擢嶺北湖南提刑按察副使武岡富民有毆死出征軍人者陰以家財之半誘其佃者代已欵伏楫審得其情釋佃者繫富民人服其明改江西道提刑按察副使行省命招討郭昂討判賊董旗兵士俘掠甚衆楫詢究得良民六百口遣還鄉里二十三年授中議大夫徽州總管桑哥立尚書會計天下錢糧參知政事忻都戶部尚書王巨濟倚勢刻剝遣吏徵徽州民鈔多輸二千錠巨濟怒其少欲更益千錠楫詣巨濟曰公欲百姓死耶生耶如欲其死雖萬錠可徵也巨濟怒解徽州賴以免楫考滿去徽之績溪歙縣民柯三八汪千十等因歲饑阻險爲寇行省右丞教化以兵捕之相拒七月乃使人諭之三八等曰但得許總管來我等皆降矣行省爲驛召楫至命往招之楫單騎趨賊壘衆見楫來皆拜曰我公既來請署榜以付我楫曰教化請退軍一舍聽其來降不聽會以參政高興代教化楫復以前言告之興從其計賊果降二十四年授太中大夫東平總管謝事二年卒壽七十十一子餘慶重慶崇慶餘失其名

田滋字榮甫開封人至元二年由汴梁路總管府知事入爲御史臺掾十二年拜監察御史十三年宋平滋建言江南新附民情未安加以官吏侵漁宜立行御史臺以鎭之詔從其言遂超拜行御史臺侍御史歷兩淮鹽運使河南路總管大德二年遷浙西廉訪使有縣尹張或者被誣以贓獄成滋審之但俛首泣而不語滋以爲疑明日齋沐詣城隍司禱曰張或坐事有冤狀願神相滋明其誣守廟道士進曰曩有王成等五人同持誓狀到祠焚禱火未盡而去之燼中得其遺藁今藏於壁間豈其人耶視之果然明日詣憲司詰成等不服因出所得火中誓狀示之皆驚愕伏辜張或得釋十年改濟南路總管尋拜陝西行省參知政事時陝西不雨三年道過西嶽因禱曰滋奉命來參省事而安西不雨者三年民饑而死滋將何歸願神降甘澤以福黎庶到官果大雨滋卽開倉以麥五千餘石給小民之無種者俾來歲收成以償官民大悅未幾以疾卒于位贈通奉大夫河南行省參知政事追封開封郡公諡莊肅

卜天璋字君璋洛陽人父世昌仕金爲河南孔目官憲宗南征率衆欵附授鎭撫統民兵二千戶陞眞定路管民萬戶憲宗六年籍河北民徙河南者三千餘人俾專領之遂家汴天璋幼穎悟長負直氣讀書史識成敗大體至元中爲南京府史時河北饑民數萬人集河上欲南徙有詔令民復業勿渡衆洶洶不肯還天璋慮其生變勸總管張國寶聽其渡國寶從之遂以無事河南按察副使程思廉察其賢辟爲憲史聲聞益著後爲中臺掾有侍御史倚勢貪財御史發其贓天璋主文牘未及奏顧爲所譖俱拘內廷御史對食悲哽天璋問故御史曰吾老唯一女心憐之聞吾繫不食數日矣是以悲耳天璋曰死職義也柰何爲兒女子泣耶御史慙謝俄見原免丞相順德王當國擢掾中書爲提控事有可否必力辨他相怒天璋言不置王竟從其議且曰掾能如是吾復何憂大德四年爲工部主事蔚州有劉帥者豪奪民產吏不敢決省檄天璋往詢之帥服田竟歸民大德五年以樞密大臣闊伯薦授都事贊其府引見賜錦衣鞍轡弓刀後以扈從勞加奉訓大夫賜侍燕服二襲秩滿當代樞密臣奏留之特以其代爲增員武宗時遷宗正府郎中尚書省立遷刑部郎中適盜賊充斥時議犯者并家屬咸服靑衣巾以別民伍天璋曰赭衣塞路秦弊也尚足法耶相悟而止有告諸侯王謀不軌者劾天璋訊正之賞賚優渥尚書省臣得罪仁宗召天璋入見時興聖太后在座帝指曰此不貪賄卜天璋也因問今何官天璋對曰臣待罪刑部郎中復問誰所薦者對曰臣不才謬蒙擢用帝曰先朝以謝仲和爲尚書卿爲郎中皆朕親薦也汝宜奉職勿怠卽以中書刑部印章付之旣視事入覲賜酒隆福宮及錦衣三襲後被命治反獄帝顧左右曰君璋廉愼人也必得其情天璋承命獄賴不冤皇慶初天璋爲歸德知府勸農興學復河渠河患遂弭時羣盜據要津商旅不通天璋擒百數人悉磔以徇盜爲止息陞浙西道廉訪副使到任閱月以更田制改授饒州路總管天璋旣至聽民自實事無苛擾民大悅版籍爲淸時省臣董田事妄作威福郡縣爭賂之覬免譴饒獨無有省臣銜之將中以危法求其罪無所得縣以饑告天璋卽發廩賑之僚佐持不可天璋曰民饑如是必俟得請而後賑民且死矣失申之責吾獨任之不以累諸君也竟發藏以賑之民賴全活其臨事無所顧慮若此火延饒之東門天璋具衣冠向火拜勢遂熄鳴山有虎爲暴天璋移文山神立捕獲之以治行第一陞廣東廉訪使先是豪民瀕海堰專商舶以射利累政以賂置不問天璋至發卒決去之嶺南地素無氷天璋至始有氷人謂天璋政化所致云尋乞致事天歷二年蜀兵起荆楚大震復拜山南廉訪使人謂公老必不行矣天璋曰國步方艱吾年八十恒懼弗獲死所耳敢避難乎遂行至則厲風紀淸吏治州郡肅然是時穀價翔湧乃下命勿損穀價聽民自便於是舟車爭集米價頓減復止憲司贓罰庫楮錢不輸于臺留用賑饑御史至民遮道稱頌會詔三品官言時政得失因列上二十事凡萬餘言目之曰中興濟治策皆中時病因自引去旣歸汴以餘祿施其族黨家無贏儲天璋處之晏如也至順二年卒贈通議大夫禮部尚書上輕車都尉河南郡侯諡正獻

元史卷一百九十二

明翰林學士亞中大夫知制誥兼修國史宋　濂等修

列傳第七十九

良吏二

耶律伯堅字壽之桓州人氣豪俠喜與名士游用薦舉入官爲工部主事至元九年轉保定路淸苑縣尹初安肅州苦徐水之害訴於大司農司大司農司欲奪水故道導水使東東則淸苑境也地勢不利果導之則淸苑被其害而水亦必反故道爲災伯堅陳其形勢圖其利害要大司農司官及都守行視可否事遂得已縣西有塘水漑民田甚廣勢家據以爲磑民以失利來訴伯堅命毀磑決其水而注之田許以漑田之餘月乃得堰水置磑仍以其事聞于省部著爲定制縣居南北之衝歲爲親王大官治供帳於縣西限以十月成至明年復撤而新之吏得並緣侵漁其費不貲伯堅命築公館以代供帳其弊遂絕凡郡府賦役於縣有重於他縣者輒曰寧得罪於上不可得罪於下必詣府力爭之在淸苑四年民親戴之如父母比去而猶思之立石頌其德焉擢爲恩州同知

段直字正卿澤州晉城人至元十一年河北河東山東盜賊充斥直聚其鄉黨族屬結壘自保世祖命大將略地晉城直以其衆歸之幕府承制署直潞州元帥府右監軍其後論功行賞分土世守命直佩金符爲澤州長官澤民多避兵未還者直命籍其田廬於親戚鄰人之戶且約曰俟業主至當析而歸之逃民聞之多來還者命歸其田廬如約民得安業素無產者則出粟賑之爲他郡所俘掠者出財購之以兵死而暴露者收而瘞之未幾澤爲樂土大脩孔子廟割田千畝置書萬卷迎儒士李俊民爲師以招延四方來學者不五六年學之士子以通經被選者百二十有二人在官二十年多有惠政朝廷特命提舉本州學校事未拜而卒

諳都剌字瑞芝凱烈氏祖阿思蘭嘗從大將阿朮伐宋仕至冀寧路達魯花赤子孫因其名蘭遂以蘭爲氏諳都剌通經史兼習諸國語成宗時爲翰林院札爾里赤職書制誥會有旨命書藩王添力聖旨諳都剌曰此旨非惟有虧國體行且爲民殃矣帝聞之謂近臣曰小吏如此眞難得也事乃止尋授應奉翰林文字凡蒙古傳記多所校正陞待制時方選守令除遼州達魯花赤以政聞賜上尊名幣除集賢直學士至順元年遷襄陽路達魯花赤山西大饑河南行省恐流民入境爲變檄守

武關諳都剌驗其良民輒聽其度關吏曰得無違上命乎諳都剌曰吾防姦耳非仇良民也可不開其生路耶民又煮粥以食之所活數萬人又城臨漢水歲有水患爲築堤城外遂以無虞元統二年除益都路總管俗頗悍黠而諳都剌務興學校以平易治之有上馬賊白晝劫人久不能捕諳都剌生擒之其黨略宣慰使羅鍋誣以枉勘縱其賊已而賊劫河間復被獲乃盡輸其情而諳都剌之誣始白俾再任一考親王買奴鎮益都其府屬病民諳都剌裁抑之民以無擾至正六年卒年七十子癸徹堅同知新喻州事以孝稱

楊景行字賢可吉安太和州人登延祐二年進士第授贛州路會昌州判官會昌民素不知井飲汲于河流故多疾癘不知陶瓦以茅覆屋故多火災景行教民穿井以飲陶瓦以代茅茨民始免於疾癘火災豪民十人號十虎干政害民悉捕寘之法乃創學舍禮師儒勸民斥腴田以贍士絃誦之聲遂盛調永新州判官奉郡府命覈民田租除刬宿弊奸欺不容細民賴焉改江西行省照磨轉撫州路宜黃縣尹理白冤獄之不決者數十事陞撫州路總管府推官發擿奸伏郡無冤獄金溪縣民陶甲厚積而兇險嘗屢誣陷其縣長吏罷去之由是官吏畏其人不敢詰治陶遂暴橫於一郡景行至以法痛繩之徙五百里外金溪豪僧雲住發人冢墓取財物事覺官吏受賄緩其獄景行急按之僧以賄動之不聽乃賂當道者以危語撼之一不顧卒治之如法由是豪猾屏迹良民獲安轉湖州路歸安縣尹奉行省命理荒田租民無欺弊景行所歷州縣皆有惠政所去民皆立石頌之以翰林待制朝列大夫致仕年七十四卒

林興祖字宗起福州羅源人至治二年登進士第授承事郎同知黃巖州事三遷而知鉛山州鉛山素多造僞鈔者豪民吳友文爲之魁遠至江淮燕薊莫不行使友文奸黠悍鷙因僞造致富乃分遣惡少四五十人爲吏於有司伺有欲告之者輒先事戕之前後殺人甚衆奪人妻女十一人爲妾民罹其害銜冤不敢訴者十餘年興祖至官曰此害不除何以牧民卽張榜禁僞造者且立賞募民首告俄有告者至佯以不實斥去又有告獲僞造二人并贓者乃鞫之欵成友文自至官爲之營救興祖命併執之須臾來訴友文者百餘人擇其重罪一二事鞫之獄立具逮捕其黨二百餘人悉寘之法民害旣去政聲籍甚江浙行省丞相別兒怯不花薦諸朝陞南陽知府改建德路同知俱未任至正八年特旨遷爲道州路總管行至城外撞賊已迫其後相去僅二十里時湖南副使哈剌帖木兒屯兵城外聞賊至以乏軍需欲退兵興祖聞卽夜詣說留之哈剌帖木兒曰明日得鈔五千錠楯盾五百乃可破賊興祖許之明日甫入城視事卽以恩信勸諭鹽商貸鈔五千錠且取郡樓舊桐板爲盾日中皆備哈剌帖木兒得鈔盾大喜遂留爲禦賊計賊聞新總管至一日具五百盾以爲大軍且至中夕遁去永明縣洞猺屢竊發爲民害興祖以手牓諭之皆曰林總管廉而愛民不可犯也三年不入境春旱蝗食麥苗興祖爲文禱之大雨三日蝗死而麥稔已而罷興作賑貧乏輕徭薄斂郡中大治憲司考課以道州爲最以年老致仕終于家

觀音奴字志能唐兀人氏居新州登泰定四年進士第由戶部主事再轉而知歸德府廉明剛斷發擿如神民有銜冤不直者雖數十年前事皆千里奔走來訴觀音奴立爲剖決一日悉清彰德富商任甲抵睢陽驢斃命鄒乙剖之任以怒毆鄒經宿而死鄒有妻王氏妾孫氏孫訴于官官吏納任賄謂鄒非傷死反抵孫罪寘之獄王來訴冤觀音奴立破械出孫于獄呼府胥語之曰吾爲文具香幣若爲吾以鄒事禱諸城隍神令神顯於吾有睢陽小吏亦預鄒事畏觀音奴嚴明且懼神顯其事乃以任所賂鈔陳首曰鄒實傷死任賂上下匿其實吾亦得賂敢以首於是罪任商而釋孫妾寧陵豪民楊甲夙嗜王乙田三頃不能得值王以饑携其妻就食淮南而王得疾死其妻還則田爲楊據矣王妻訴之官楊行賄僞作文憑曰王在時已售我觀音奴令王妻挽楊同就崔府君神祠質之楊懼神之靈先期以羊酒浼巫囑神勿泄其事及王與楊詣祠質之果無所顯明觀音奴疑之召巫詰問巫吐其實曰楊以羊酒浼我囑神曰我實據王田幸神勿泄也觀音奴因訊得其實坐楊罪歸其田王氏責神而撤其祠亳州有蝗食民禾觀音奴以事至亳民以蝗訴立取蝗向天祝之以水研碎而飲是歲蝗不爲災後陞爲都水監官

周自強字剛善臨江路新喻州人好學能文練於吏事以文法推擇爲吏泰定間廣西洞猺反自強往見猺酋說以禍福中其要害猺酋立爲罷兵貢方物納欵請命事聞于朝特旨超授廣西兩江道宣慰司都事轉饒州路經歷遷婺州路義烏縣尹周知民情而性度寬厚不爲刻深民有以爭訟訴于庭者一見卽能知其曲直然未遽加以刑責必取經典中語反覆開譬之令其誦讀講解若能悔悟首實則原其罪若迷謬怙惡不悛然後繩之以法不少貸民畏且愛獄訟頓息民間田稅之籍多失實以故差徭不平自強出令履畝覈之民不能欺文簿井井可攷於是賦役均平貧富樂業其聽訟決獄物無遁情黠吏欲以片言欺惑之不可得由是政治大行聲譽籍甚部使者數以廉能譽于朝選授撫州路金溪縣尹階奉議大夫政績愈著以亞中大夫江州路總管致仕

白景亮字明甫南陽人明法律善書算由征東行省譯史有勞超遷南恩知州陞沔陽府尹奏最于朝特授衢州路總管先是爲郡者於民間徭役不盡校田畝以爲則吏得並緣高下其手富民或優有餘力而貧弱不能勝者多至破產失業景亮深知其弊乃始覈驗田畝以均之役之輕重一視田之多寡大小家各使得宜咸便安之由是民不勞而事易集他郡邑皆取以爲法郡學之政久弛從祀諸賢無塑像諸生無廩餼祭服樂器有缺景亮皆爲備之儒風大振搢紳稱頌焉景亮性廉介勤苦自奉甚薄妻尤儉約惟以脫粟對飯而已部使者嘗上其事特詔褒美賜以宮錦改授台州路總管卒于官

王艮字止善紹興諸暨人尙氣節讀書務明理以致用不苟事言說淮東廉訪司辟爲書吏遷淮西會例革南士就爲吏於兩淮都轉運鹽使司以歲月及格授廬州錄事判官淮東宣慰司辟爲令史以廉能稱再調峽州總管府知事又辟江浙行省掾史會朝廷復立諸市舶司艮從省官至泉州建言若買舊有之船以付舶商則費省而工易集且可絕官吏侵欺掊克之弊中書省報如艮言凡爲船六艘省官錢五十餘萬緡歷建德縣尹除兩浙都轉運鹽使司經歷紹興路總管王克敬以計口食鹽不便嘗言於行省未報而克敬爲轉運使集議欲稍損其額以紓民力沮之者以爲有成籍不可改艮毅然曰民實寡而強賦多民之錢今死徙已衆矣顧重改民籍而輕棄民命乎且浙右之郡商賈輻輳未嘗以口計也移其所賦散於商旅之所聚實爲良法於是議歲減紹興食鹽五千六百引尋有復排前議者艮欲辭職去丞相聞之亟遣留艮而議遂定遷海道漕運都萬戶府經歷紹興之官糧入海運者十萬石城距海十八里歲令有司拘民船以備短送吏胥得並緣以虐民及至海次主運者又不卽受有折缺之患艮執言曰運戶旣有官賦之直何復爲是紛紛也乃責運戶自載糧入運船運船爲風所敗者當覈實除其數移文往返連數歲不絕艮取吏牘披閱卽除其糧五萬二千八百石鈔二百五十萬緡運戶乃免於破家遷江浙行省檢校官有詣中書訴松江富民包隱田土爲糧一百七十餘萬石沙蕩爲鈔五百餘萬緡宜立官府料察收追之中書移行省議遣官驗視而松江獨當十九艮至松江條陳曲折以破其誣妄言其不過欲竦朝廷之聽而報宿怨且冀創立衙門爲徼名爵計耳萬一民心動搖患生不測豈國家培養根本之策哉艮言上事遂寢除江西行省左右司員外郎吉之安福有小吏誣民欺隱詭寄田租九千餘石初止八家前後數十年株連至千家行省數遣官按問吏已伏其虛誣而有司喜功生事者復彊其民報合徵糧六百餘石憲司援詔條革去終莫能止艮到官首言是州之糧比元經理已增一千一百餘石豈復有欺隱詭寄者乎准憲司所擬可也行省用艮言悉蠲之艮在任歲餘以中憲大夫淮東道宣慰副使致仕卒年七十一

盧琦字希韓惠安人登至正二年進士第十二年稍遷至永春縣尹始至賑饑饉止橫斂均賦役減口鹽一百餘引蠲包銀榷鐵之無徵者已而訟息民安乃新學宮延師儒課子弟月書季攷文風翕然鄰邑仙遊盜發琦適在邑境盜遙見之迎拜曰此永春大夫也爲大夫百姓者何幸之大乎吾邑長乃以暴毒驅我故至此耳琦因立馬喻以禍福衆皆投刃槊請縛其酋以自新琦許之酋至琦械送帥府自是威惠行於境外十三年泉郡大饑死者相枕籍其能行者皆老幼扶携就食永春琦命分諸浮屠及大家使食之所存活不可勝計十四年安溪寇數萬人來襲永春琦聞召邑民喻之曰汝等能戰則與之戰不能則我當獨死之爾衆皆感憤曰使君何言也使君父母我民赤子其忍以父母畀賊邪且彼寇方將虜掠我妻子焚毀我室盧乃一邑深仇也今日之事有進無退使君其勿以爲憂因踴躍爭奮琦率以攻賊大敗之明日賊復傾巢而至又破之大小三十餘戰斬獲一千二百餘人而邑民無死傷者賊大衄遂遁去時兵革四起列郡皆洶洶不寧獨永春晏然無異承平時十六年改調寧德縣尹而去

鄒伯顏字從吉高唐人爲建寧崇安縣尹崇安之爲邑區別其土田名之曰都者五十五十都之田上送官者爲糧六千石其大家以五十餘家而兼五千石細民以四百餘家而合一千石大家之田連跨數都而細民之

糧或僅升合有司常以四百之細民配五十大家之役故貧者受役旬日而家已破伯顏曰貧弱之受困一至此乎乃取其糧籍而分計從有糧一石者受一石之役有糧升斗者受升斗之役田多者受數都之役而不可辭田少者稱其所出而無倖免貧困無告之民始得以休息崇安賦役之均遂爲四方最邑有宋趙抃所鑿溝溉民田數千畝歲久溝湮而田廢伯顏修長溝十里繞楓樹陂累石以爲固溝悉復抃遺跡而田爲常稔民賴其利安慶路嘗得造僞鈔者遣卒械其四至崇安求其黨而執之四與卒結謀望風入良民家肆虐伯顏捕訊得其狀即執而歸諸安慶自是僞造之連逮無濫及崇安者於是行省帥府御史憲府咸舉其能遷調漳州路判官

劉秉直字清臣大都武清人至正八年來爲衛輝路總管平徭役興教化敎四民之業崇五土之利養鰥寡恤孤獨賊劫汲縣民張聚鈔一千二百錠而殺之賊不獲秉直具詞致禱城隍祠而使人伺于死所忽有村民呵運者戰怖仆地具言賊之姓名及所在乃民尉襲之果得賊于汴遂正其罪秋七月虫螟生民患之秉直禱于八蜡祠虫皆自死歲大饑人相食死者過半秉直出俸米倡富民分粟餒者食之病者與藥死者與棺以葬天不雨禾且槁秉直詣城北太行之蒼峪神祠具詞祈禱有青蛇蜿蜒而出觀者異之辭神而還行及數里雷雨大至秩滿以親老去官侍養

許義夫碭山人爲夏邑縣尹每親詣鄉社教民稼穡見民勤謹者出己俸賞之怠惰者罰之三年之間境內豐足後爲封丘縣尹值至正四年大饑盜賊羣起抄掠州縣義夫聞賊至近境乃單馬出郊十里外迎之見賊數百人義夫力言封丘縣小民貧皆已驚惶逃竄幸無入吾境也言辭愿欵賊遂他往封丘之民得免於難

元史卷一百九十三

明翰林學士亞中大夫知制誥兼修國史宋　濂等修

列傳第八十

忠義一

李伯溫守賢之孫轂之子也長兄惟則懷遠大將軍平陽征行萬戶次伯通歲甲戌錦州張致叛國王木華黎命擊之大戰城北伯通死焉伯溫行平陽元帥府事鎭青龍堡專任東征知平陽已陷弟守忠被執選驍勇拒守久之金人盡銳來攻守卒夜多遁去李成開水門導敵入伯溫登堞樓謂左右曰吾兄弟仗節擁麾受方面之寄今不幸失利當以死報國吾弟已被執我不可再辱汝等宜自逃生士卒皆歔欷不忍去伯溫即拔劍殺家屬投井中以刃植柱刺心而死金人登樓見伯溫抱柱如生無不嗟歎子守正自幼時嘗質於木華黎後爲平陽守活俘虜甚衆以功授銀青榮祿大夫河東南路兵馬都元帥歲庚寅上黨晉陽合兵攻汾州將陷守正以義赴援衆寡不敵別遣老弱百人曳薪揚塵多張旗幟敵懼遂解去汾人持牛酒迎犒者道不絕且泣謝曰幸公完是州德甚大願奉是州以從關中兵屯吉州酋領楊鐵槍以數千人叛守正出兵擒之軒成據隰州守正往擊之中矢傷足及歸瘡甚會金人完顏合達攻平陽守正畀瘡戰殁大帥以其兄守忠代之守忠官至銀青榮祿大夫河東南路兵馬都元帥兼知平陽府事壬午冬平陽公胡景山以青龍堡降嘗從攻益都北還軍將彭智孫乘間據義州叛守忠聞之長驅抵城下力戰復之丁亥夏四月金紇石烈眞襲擊平陽行營招討使權國王按察兒於洪洞守忠出援之會於高梁師潰入城平陽副帥夾谷常德潛獻東門以納金兵城遂陷金人執守忠至汴誘以高爵使降守忠罵之語惡金人怒置守忠鐵籠中火炙死

石珪泰安新泰人宋徂徠先生守道之裔孫也世以讀書力田爲業體貌魁偉膂力過人倜儻不覊金貞祐南渡兵戈四起珪率少壯負險自保與滕陽陳敬宗聚兵山東破張都統李霸王兵於龜蒙山宋將鄭元龍以兵迎敵珪敗之於亳陽遂乘勝引兵入盱眙會宋賈涉誘殺連水忠義軍統轄季先人情不安衆迎珪爲帥呼爲太尉歲戊寅太祖使葛葛不罕與宋議和己卯珪令麾下劉順直抵尋斯干城入覲太祖慰勞順且敕珪曰如宋和議不成吾與爾永結一家吾必榮汝順還告珪珪心感服日夜思降庚辰宋果渝盟珪棄其妻孔氏子金山仗劍渡淮宋將追之曰太尉迴完汝妻子珪不顧宋將沉珪妻子於淮遂率順及李溫因孛里海歸木華黎木華黎悅之謂曰若得東平南京授汝判之辛巳木華黎承制授珪光祿大夫濟兗單三州兵馬都總管山東路行元帥佩金虎符便宜從事後金棄東平珪與嚴實分據收輯濟兗沂滕單諸州癸未太祖詔曰石珪棄妻子提兵歸順戰勝攻取加授金紫光祿大夫東平兵馬都總管山東諸路都元帥餘如故秋七月珪領兵破曹州與金將鄭從宜連戰數晝夜糧絕援兵不至軍無叛意珪臨陣馬仆被擒囚至汴金主壯其爲人誘以名爵欲使揖珪憤然曰吾身事大朝官至光祿復能受封他國耶假我一朝當縛爾以獻金主大怒烝殺於市珪怡然就死色不變其麾下立祠兗州祀焉

攸哈剌拔都渤海人初名興哥世農家善騎以武斷鄉井金末避地大寧國兵至出保高州富庶寨射獵以食屢奪大營孳畜又射死其追者國王木華黎率兵攻寨寨破奔高州國兵圍城下令曰能斬攸興哥首以降則城中居民皆獲生守者召謂曰汝奇男子吾寧忍斷汝首以獻汝其往降乎不然吾一城生靈無噍類矣興哥乃折矢出降諸將怒欲殺之木華黎曰壯士也留之爲吾用俾隸麾下從木華黎攻通州獻計一夕造砲三十雲梯數十附城州將懼出寶貨以降木華黎命興哥恣取之興哥獨取良馬三以賞兵士木華黎以其功聞太祖賜名哈剌拔都從木華黎略地燕南爲先鋒至大名金將徒單登城督戰哈剌拔都射之中左目其部將開門南奔追殺將盡論功賜金符克隨營監察戊寅授金虎符龍虎衛上將軍河東北路兵馬都元帥鎭太原時太原新破哈剌拔都修城池繕兵甲招降屬邑市肆不改遠近聞之皆相率來歸嘗微服夜出聞民間語曰吾屬父母子女相失矣死者不可復生生者無以爲贖奈何明日下令軍中凡俘獲有親者聽贖無貲者官爲贖之民得完聚者衆庚辰二月金梁知府立西風寨奪居民耕牛民羣訴之哈剌拔都領數騎追殺梁知府梟首西門驅耕牛還木華黎由葭州渡河西行哈剌拔都迎之道破隰州及懸窯地洞諸寨辛巳三月金兵攻壽陽縣王胡莊垂破時左右裨將各分兵守險城中見卒不滿百哈剌拔都夜半引甲騎十餘人救之道三交見金兵舉烽東西兩山哈剌拔都趨之大戰天將明金兵遁去擣太原之虛由西門俘獲哈剌拔都家屬哈剌拔都聞之徑趨西山復奪以還五月金趙權府率兵三萬圍太原哈剌拔都將騎三十出西門令騎曳柴揚塵聲言曰國兵三萬至矣金兵懼潰去癸未金馬武京來攻太谷縣桑梓寨哈剌拔都設伏於險將輕騎衝其陣伏發大敗之時太原諸邑皆平唯石家昻及盂州陵井寨忻州淸泉寨爲脣齒皆未下甲申十月將兵至陵井遣卒叩寨門許曰納糧芻守者弗悟門啓徑入蹂踐之衆潰其酋長走石家昻遂平陵井寨乙酉二月淸泉寨酋長王設降石家昻亦降丁亥五月姦人夜獻太原東門於武仙仙引兵入哈剌拔都鏖戰仙兵大至諸將自城外呼曰攸哈剌拔都汝當出哈剌拔都曰眞定史天倪平陽李守忠隰州田雄皆失守矣我又棄太原將何面目見主上及國王乎家屬任公等所俘哈剌拔都誓與城同存亡遂歿於陣太祖以其子幼命其表弟王七十復立太原己丑攻鳳翔府中砲死哈剌拔都長子忙兀台嗣鎭太原

任志潞州人歲戊寅太師國王木華黎略地至潞州志首迎降國王授以虎符俾充元帥收輯山寨數與金兵戰比有功金嘗擒其長子如山以招之曰降則爾子得生不降則死志曰我爲大朝之帥豈愛一子親射其子殪之木華黎嘗召諸將議事志亦預徵道經武安其縣已反爲金志死之國王閔之令其子存襲庚寅歲金將武仙攻潞州存戰死辛卯正月有旨潞州元帥任存妻孥家屬令有司廩給仍賜第以居之十一月以存父子死事子立尚幼先官其姪成爲潞州長官待立長而還授之成卒授立潞州長官佩金符後歷澤州尹遷陳州卒

耶律忒末契丹人父丑哥仕遼爲都統遼亡不屈節夫婦俱死焉金主憫其忠義授忒末都統歲甲戌國兵至金徙於汴忒末及子天祐率衆三萬內附授帥府監軍天祐招討使從元帥史天倪略趙州平棘欒城元氏栢鄉贊皇臨城等縣籍其民五千餘置吏安輯焉歲辛巳太師木華黎統領諸道兵馬承制加忒末洺州等路征行元帥與天祐略邢洺磁相懷孟招花馬劉元帥有功木華黎又承制授忒末眞定路安撫使洺州元帥進兵臨澤潞許其民六千餘戶以功遷河北西路安撫使兼澤潞元帥府事壬午致仕退居眞定天祐襲職從天倪攻取益都諸城略滄棣得戶七千兼滄棣州達魯花赤佩金符時金鹽山衞鎭鹽場未下天祐以計克之歲運鹽四千席以佐軍儲甲申攻大名拔之乙酉金降將武仙據眞定以叛殺守將史天倪忒末父子夜踰城而出將以聞會天倪弟天澤還自北京遇諸滿城合蒙古諸軍南與賊戰走武仙復眞定朝廷以天澤襲兄爵而以天祐鎭趙州明年仙復犯眞定天澤潛師出藁城忒末與其妻石抹氏及家孥在眞定者皆陷焉仙遣其僕劉攬兒持書誘天祐曰汝能誅趙州官吏以降當活汝父母仍授汝元帥不爾盡烹之忒末密令攬兒語天祐曰仙賊狡猾汝所知也毋以我故隨其機穽以虧忠節且忠孝難兩全汝能固守不失國家大計我視刀鋸甘如蜜矣天祐慟哭承命馳至藁城以賊書示天澤天澤曰王陵之事照耀史冊汝能遵父命忠誠許國功不在王

陵下天祐乃趨還趙壁率衆殊死戰仙怒盡殺忒末家一十八人戰於欒城元氏高邑栢鄉仙兵屢挫監軍張林密搆仙黨啓關納賊天祐倉皇巷戰手殺數十人身被十餘瘡斬關出復收散卒圍城丁亥賊棄城走追至槀城合天澤兵夾擊殺林加奉國上將軍洺州征行元帥兼趙州安撫使以傷憊致仕居趙卒孫世榮朝列大夫江西榷茶都轉運使

伯八兒合丹氏祖明里也赤哥嘗隸太祖帳下初怯烈王可罕與太祖爲鄰國誓相親好既而敗盟與其子先髠潛謀欲襲太祖因遣使通問許以女妻太祖弟合撒兒至期太祖欲往明里也赤哥疑其詐諫止之王可罕知謀泄遂謀入寇後爲太祖所滅父脫倫闍里必扈從太祖征西域累立奇功世祖即位以伯八舊臣子孫擢爲萬戶命領諸部軍馬屯守欠欠州至元十二年親王昔列吉脫鐵木兒叛奔海都伯八以聞且願提兵往討之未得命爲彼所襲死焉脫鐵木兒虜其二子八剌不蘭奚分置左右居歲餘待之頗厚八剌陰結脫鐵木兒近侍也里伯秃謀報父仇後爲也伯里秃家人泄其謀八剌知事不成將家族南奔脫鐵木兒遣騎追之至一河八剌馬驚不能渡回拒之射中數人力窮兄弟就擒脫鐵木兒責之曰我待汝厚甚而汝反爲此耶八剌曰汝背叛君上害我父掠我親屬我誓欲殺汝以報君父之讐今力窮被執從汝所爲逼令跪不屈以鐵撾碎其膝終不跪與弟不蘭奚同被害幼子何都兀赤官至河北河南道肅政廉訪使

合剌普華岳璘帖木爾子也幼侍母奧敦氏居益都嘗歎曰幼而不學有不墜吾宗者乎父時以斷事官建牙保定合剌普華往白其志父奇之俾習畏兀書及經史記誦精敏出於天性李璮畔其母攜季子脫烈普華避地登萊間音問隔絕號泣徹晝夜繼從叔父撒吉思平賊山東卒奉其母以歸撒吉思深加器重自謂其才不及言於世祖召給宿衛嘗以事至益都於四腳山下置廣興商山二冶以勞授金符爲商山鐵冶都提舉未及代以職讓其弟時兵南伐餽運繁興被選爲行都漕運使帥諸翼兵萬五千人從事飛輓江南平上疏言親肺腑禮大臣以存國家之體興學校獎名節以勵天下之士正名分嚴考課以定百官之法通泉幣卻貢獻以厚生民之本又言江南新附宜招舊族力穡通商弛征薄入以撫馴其民不然恐尚煩宵旰之慮帝多采用其言屬漕米二十萬錄邗溝達於河舟覆損十之一而又每斛視都斛虧三升時阿合馬專政責償舟人合剌普華伏闕抗言量之踦贏出於元降而水道之虞非人力所及且彼雖罄其家不足以償苟朝廷必不任虧損臣獨當其辜詔勿治阿合馬憤之乃出合剌普華爲寧海路達魯花赤後遷江南宣慰使未至官改廣東都轉運鹽使兼領諸番市舶時盜梗鹽法陳良臣扇東莞香山惠州負販之徒萬人爲亂江西行省命與招討使答失蠻討捕之先驅斬渠魁以訊鹹告躬抵賊巢招誘餘黨復業仍條言鹽法之不便者悉除其害按察使脫歡大爲姦利遂奏罷之羣盜歐南喜僭王號僞署丞相招討衆號十萬因圖上其山川形勢及攻取之策三十餘條遂與都元帥課兒伯海牙宣慰都元帥白佐萬戶王守信等分兵搤之未幾右丞唆都督兵征占城交阯屬護餉道北至東莞博羅二界中遇劇賊歐鍾等橫絕石灣其鋒銳甚合剌普華身先士卒且戰且行矢竭馬創徒步格鬬殺數十人勇氣益厲以衆寡不敵爲所執賊欲奉之爲主不屈遂遇害於中心岡是夕其妻希召特勒氏夢其來告曰吾死矣知事張德劉閏亦夢之二人相繼死而軍中往往見其乘騅督戰云後贈戶部尚書守忠全節功臣諡忠愍子二人偰文質越倫質偰文質官至吉安路達魯花赤贈宣惠安遠功臣禮部尚書追封雲中郡侯諡忠襄子六人偰玉立偰直堅偰哲篤偰朝吾偰列篪皆第進士偰哲篤官至江西行省右丞以文學政事稱於時越倫質子善著偰哲篤子偰百僚遜善著子正宗阿兒思蘭皆相繼登第一門世科之盛當時所希有君子蓋以爲其忠義之報云

劉天孚字裕民大名人由中書譯史爲東平總管府判官改都漕運司判官知冠州再知許州所至有治績時檢核屯田臨潁郾艾口民稻田三百頃有欲害之者指爲右屯陳於中書請復築之中書下天孚按實天孚爲辨其非章數上乃止襄城與葉縣接壤其南爲湛河襄城民食滄鹽葉縣民食解鹽刻石河南岸以爲界葉縣餘家兩縣鬬辨葉縣倚陝漕勢以凌襄城中書遣官察令有貪汚者妄徙石於北二里誣其民食私鹽繫治百其實天孚爲考其元界移石故處而葉縣令被罪去歲大旱天孚禱即雨野有蝗天孚令民出捕俄羣烏來啄蝗爲盡明年麥熟時有青蟲如蠶食麥人無可奈何忽生大花蟲盡嚙之許人立碑頌焉轉萬億寶源庫同提舉遷江西行省左右司郎中以母老不赴俄丁母憂服除起知河中府視事始兩月陝西行省丞相阿思罕爲亂舉兵至河中時事起不虞達魯花赤朶兒只趨晉寧告亂天孚日夜治戰守具選丁壯分守要害令河東縣達魯花赤脫因都守大慶關津口盡收船舫東岸令判官孫伯帖木兒守汾陰推官程謙守禹門河東縣尹王文義守風陵等渡阿思罕軍列柵河西岸使來索舟天孚度不能拒凡八遣人至晉寧乞援兵不報居七日阿思罕縛栰河上欲縱火屠城同知府事鐵哥與河東廉訪副使明安答兒事急且患城中人偪乃詣阿思罕軍阿思罕因之而斂船濟兵兵既入城阿思罕以扼河渡鎖舟梢爲天孚罪欲脅使附己方坐府治號令諸軍天孚佩刀直前衆遏之不得進退謂幕僚王從善等曰吾家本微賤荷朝命至此今不幸遭大變吾何忍從之而負上恩哉且與其辱於阿思罕之手吾寧蹈河以死遂拂衣出時天寒河冰方堅天孚拔所佩刀斫冰開北望爲國語若祝謝者再拜已脫衣帽岸滸乃投水中阿思罕大怒籍其家郡人咸哀痛之事平詔其弟天惠給驛以歸其柩葬於大名贈推誠秉節功臣中奉大夫河東山西道宣慰使護軍彭城郡侯諡毅

蕭景茂漳州龍溪人也性剛直孝友家貧力農重改至元四年南勝縣民李智甫作亂掠龍溪景茂與兄佑集鄉丁拒之據觀音山橋險與賊戰衆敗景茂被執賊脅使從已景茂罵曰狗盜我生爲大元民死作隔洲鬼豈從汝爲逆耶隔洲其所居里也賊怒縛景茂於樹臠其肉使自啖景茂益憤罵賊遂以刃決其口至耳傍景茂罵不絕聲而死有司上其事朝廷命褒表之仍給鈔以葬

元史卷一百九十四

明翰林學士亞中大夫知制誥兼修國史宋　濂等修

列傳八十一

忠義二

張桓字彥威眞定藁城人父木知汝寧府因家焉桓以國子生釋褐授滑之白馬丞入補中書掾擢國子典簿拜陝西行臺監察御史以言事不合去未幾汝寧盜起桓避之確山賊久知桓名襲得之羅拜請爲帥弗聽囚六日擁至渠魁前桓直趨據榻坐與之抗論逆順其徒捽桓起跪桓仰天大呼詈叱彌厲且屢唾賊面賊猶不忍殺謂桓曰汝但一揖亦恕汝死桓瞋目曰吾恨不能手斬逆首肯聽汝誘脅而折腰哉賊知終不可屈遂刺之年四十八賊後語人曰張御史眞鐵漢害之可惜事聞贈禮部尚書諡忠潔

李黼字子威潁人也工部尚書守中之子守中性卞急遇諸子極嚴每一飲酒輒半月醉不解黼百計承順求寧親心終不可得跪而自訟往往達旦無幾微厭怠之意初補國學生泰定四年遂以明經魁多士授翰林修撰明年代祠西嶽省臣謂黼曰救使毋後我今可易邪黼曰王人雖微春秋序於諸侯之上尊君也柰何後乎省臣不敢對改河南行省檢校官遷禮部主事拜監察御史首言禴祠烝嘗古今大祭今太廟唯二祭而日享佛祠神御非禮也宜據經行之成均教化之基不當隸集賢宜屬省臣兼領諸侯王歲賜有定額分封易代之際陳請恩例世系咸疏無成書可攷宜倣先代修正玉牒皆不報轉江西行省郎中入爲國子監丞遷宣文閣監書博士兼經筵官數與勸講每以聖賢心法爲帝言之俄中書命黼巡視河渠黼上言曰蔡河源出京西宋以轉輸之故平地作堤今河底塡淤高出地面秋霖一至橫潰爲災宜按故迹修浚他日東河或有不測之阻江淮運物當由此分道達京萬世之利也亦不報升祕書太監拜禮部侍郎奉旨詳定中外所上封事已而廷議內外官通調授黼江州路總管至正十一年夏五月盜起河南北據徐蔡南陷蘄黃焚掠數千里造舩北岸銳意南攻九江居下流實江東西襟喉之地黼治城壕修器械募丁壯分守要害且上攻守之策於江西行省請兵屯江北以扼賊衝庶幾大江之險賊不得共之不報黼歎曰吾不知死所矣乃獨椎牛饗士激忠義以作士氣數日之間紀綱粗立十二年正月己未賊渡江陷武昌威順王及省臣相繼遁舳艫蔽江而下江西大震賊乘勝破瑞昌右丞孛羅帖木兒方軍于江閫之通黼雖孤立辭氣愈奮厲時黃梅縣主簿也孫帖木兒願出擊賊黼大喜向天瀝酒與之誓言始脫口賊游兵已至境急檄諸鄉落聚木石於險塞處遏賊歸路倉卒無號乃墨士卒面統之出戰黼身先士卒大呼陷陣也孫帖木兒繼進賊大敗逐北六十里鄉丁依險阻乘高下木石橫屍蔽路殺獲二萬餘黼還謂左右曰賊不利於陸必由水道以舟薄我苟失備禦吾屬無噍類矣乃以長木數千冒鐵椎於杪暗植沿岸水中逆刺賊舟謂之七星椿會西南風急賊舟數千果揚帆順流鼓譟而至舟

遇楮不得動進退無措黼帥將士奮擊發火翎箭射之焚溺死者無算餘舟散走行省上黼功請拜江西行省叅政行江州南康等路軍民都總管便宜行事已而賊勢更熾西自荆湖東際淮甸守臣往往棄城遁黼守孤城提孱旅斬馘扶傷無日不戰中外援絕二月甲申賊將薄城分省平章政事秃堅不花自北門遁黼引兵登陴布戰具賊已至甘棠湖焚西門乃張弩箭射之賊趑趄未敢進轉攻東門黼救東門賊已入與之巷戰知力不敵揮劍叱賊曰殺我毋殺百姓賊自巷背來刺黼墮馬黼與從子秉昭俱罵賊而死郡民聞黼死哭聲震天相率具棺葬于東門外黼死踰月叅政之命始下年五十五黼兄冕居潁亦死于賊秉昭冕季子也事聞贈黼攄忠秉義效節功臣資德大夫淮南江北等處行中書省左丞上護軍追封隴西郡公謚忠文詔立廟江州賜額曰崇烈官其子秉方集賢待制

李齊字公平廣平人家甚貧客於江南工辭章元統元年進士第一歷僉河南淮西廉訪司事移知高郵府有政聲至正十年盜突入府驛取十二馬去齊躬追謝長等殺之十一年州人秦觀保造兵仗將圖刦掠復獲而行誅十三年泰州白駒塲亭民張士誠爲亂破泰州河南行省遣齊往招降被拘久之賊曾自相殺始縱齊來歸泰州平賊徒尚盤聚士誠復鼓變殺叅知政事趙璉掠官庫民財走入得勝湖俄陷興化縣行省以左丞偰哲篤偕宗王鎭高郵使齊出守甓社湖夏五月乙未數賊入城一諜呼而省憲官皆遁齊急還救城賊已閉門拒我遂連興化接得勝湖舟艦四塞蔓延入寶應縣已而有詔凡叛逆者赦之詔至高郵不得入賊紿曰請李知府來乃受命行省强齊往至則下齊獄中齊益辯說士誠本無降意特遷延爲繕飭計耳官軍謀知之乃進攻城士誠呼齊使跪齊叱曰吾膝如鐵豈肯爲賊屈士誠怒扼之跪齊立而詬之乃曳倒捶碎其膝而咼之論者謂大科三魁若泰不華沒海上李黼隕九江洎齊之死皆不負所學云

褚不華字君實隰州石樓人沉默有器局泰定初補中瑞司譯史授海道副千戶轉嘉興路治中連拜南臺西臺監察御史遷河西道廉訪僉事移淮東未幾陞副使汝頴盜發勢張甚不華行郡至淮安極力爲守禦計賊至多所斬獲且請知樞密院老章判官劉甲守韓信城相犄角爲聲援復上章劾總兵及諸將逗撓之罪朝廷錄其功陞廉訪使階中奉大夫甲有智勇與賊戰輒勝賊憚之號曰劉鐵頭不華頗賴之總兵者聞不華劾已益恚嫉乃檄甲別將兵擊賊冀以困不華甲去韓信城陷賊乃掘壍相銜揵木寨以圍我既而天長靑軍叛普顏帖木兒所統黃軍復叛賊皆挾之來攻不華知事危退入哈剌章營賊稍引去乃出抵楊村橋賊奄至殺廉訪副使不達失里啖其屍不華以餘兵入淮安時城之東西南三面皆賊惟北門通沭陽阻赤鯉湖指揮使魏岳楊暹駐兵沭陽淮安倚其芻餉而赤鯉湖爲賊據沭陽之路又絕賊計孤城可取進柵南鎖橋不華與元帥張存義出大西門會僉事忽都不花兵突賊柵殊死戰賊敗走追北二十餘里城中食且絕元帥吳德琇運糧萬斛入河竟爲賊所掠德琇僅以身免賊與靑軍攻圍日益急總兵者屯下邳相去五百里按兵不出凡遣使十九輩告急皆不聽城中餓者仆道上卽取啖之一切草木螺蛤魚蛙燕烏及鞾皮鞍韉革箱敗弓之筋皆盡而後父子夫婦老稚更相食撤屋爲薪人多露處坊陌生荆棘力既盡城陷不華猶據西門力鬬中傷見執爲賊所臠次子伴哥冒刃護之亦見殺時至正十六年十月乙丑也不華守淮安五年殆數七百戰精忠大節人比之張巡云朝廷聞之贈翰林學士承旨榮祿大夫柱國追封衛國公謚曰忠肅賻鈔二百錠以卹其家

郭嘉字元禮濮陽人祖昂父惠俱以戰功顯嘉慷慨有大志始由國子生登泰定三年進士第授彰德路林州判官累遷翰林國史院編修官除廣東道宣慰使司都元帥府經歷未幾入爲京畿漕運使司副使尋拜監察御史會朝廷以海寇起欲於浙東溫台慶元等路立水軍萬戶鎭之衆論紛紜莫定擢嘉禮部員外郎乘驛至慶元與江浙行省會議可否嘉至首詢父老知其弗便請罷之會方擇守令綏靖遼東乃授嘉廣寧路總管兼諸奧魯勸農防禦屬盜起軍旅數興供餉無虛日民苦和糴轉輸而吏胥得因時爲奸嘉設法計其戶口第其甲乙民甚便之有詔團結義兵嘉招集民數千教以坐作進退萬千百夫各統以長號令齊一賞罰明信故東方諸郡錢糧之富甲兵之精稱嘉爲最十八年寇陷上京嘉聞之躬率義兵出禦既而遼陽陷嘉將衆巡邏去城十五里遇靑號隊伍百餘人紿言官軍嘉疑其詐俄果脫靑衣變紅嘉出馬射賊分兵兩隊而夾攻之生擒賊數百死者無算嘉見賊勢日熾孤城無援乃集同官議攻守之計衆皆失措嘉曰吾計決矣因竭家所有衣服財物犒義士以勵其勇敢且曰自我祖宗有勳王室今之盡忠吾分內事也況身守此土當生死以之餘不足恤矣頃之賊至圍城亘數十里有大呼者曰遼陽我得矣何不出降嘉挽弓射呼者中其左頰墮馬死賊稍引退嘉遂開西門逐之賊大至力戰以死事聞贈崇化宣力效忠功臣資善大夫河南江北等處行省左丞上護軍封太原郡公謚忠烈

喜同周姓河西人初爲後宮衞士衆稱其才選充承徽寺經歷再調南陽縣達魯花赤居二歲妖賊起陷鄧州人情洶洶俄而賊鋒抵南陽南陽無城無兵賊入之若虛邑喜同以計獲數賊詰之云賊將大至悉斬之以安衆心晝夜督丁壯巡邏守備時大司農錢木爾以兵駐于諸葛菴爲賊所襲死之賊遂乘銳取南陽喜同守西門望見賊勢盛卽以死自許與家人訣曰吾與汝等不能相顧矣但各逃生吾分死此以報國也已而城中皆哭喜同策厲義兵奮力與賊搏賊退去明日復至與戰甚力殺賊凡數百賊知無後援戰愈急南陽遂陷喜同突圍將自拔賊橫刺其馬馬蹶喜同鞭馬躍而起手斬刺馬者俄而爲他賊所追身被數創不能鬬遂見執爲所殺妻邢氏聞喜同力戰死帥家僮數人出走遇賊奪賊刀斫之且罵且前亦見殺一家死者二十餘人贈南陽路判官時襄陽錄事司達魯花赤塔不台字彥暉者元統元年進士魏王軍汝亳塔不台來供餉王嗜酒輕戰備一夕賊刼王王臥未能起爲所執塔不台馳騎奪王亦爲賊所得比明見賊酋王拜乞活塔不台以足蹴王曰猶欲生乎賊復屈其拜塔不台拒而詬之且與縛者角遂支解

韓因字可宗汴梁人少習舉子業負氣不羣盜據汝寧官軍討之久不下會朝廷詔赦叛逆募可持詔入賊者卽借以官因應命乃借因以唐州判官使爲賊渠恐其黨心搖導因止于外納詔不讀詰問再三因荅以恩宥寬大禍福所係甚切不聽乃縱因歸報因出乘馬周賊屯大言曰汝輩好百姓何不出降歸田里而甘從逆賊驅使耶衆愕眙相顧或以告賊渠渠追因責其所言因極口肆詈賊怒寸割因

卞琛大名人世爲農夫早游學京師得補國子生既而丁母憂治農于家至正十二年鄰郡盜起未幾來剽掠琛與從子小十府史李仲亨等協謀統丁壯數百人擊賊丁壯皆民兵無弓矢之備直以鉤鉏白梃當賊賊矢雨集琛衆潰散被擒仲亨小十皆死賊素知琛諭之曰汝從我解汝縛不從殺汝琛唾罵曰我國子生也視汝逆賊眞狗彘也吾寧義死不從賊生罵不止賊屢脅不聽殺之

喬彝字仲常晉寧人性高介有守一時名稱籍甚至正十八年賊由絳州垣曲縣襲晉寧城陷城中死者十二三彝整冠衣聚妻子家有大井彝坐井上令妻子婢輩循次投井中而已隨赴之彝既死賊首王士誠使人卽彝家邀致之至則彝已死矣賊平朝廷贈彝臨汾縣尹賜謚純潔有張𡸁起王佐者皆士人也並以不屈賊而死𡸁起字傳霖汾州人累舉不中嘗用薦者徵爲國子助教居一歲免歸盜既去晉寧復陷汾州𡸁起與妻赴井死王佐字元輔晉寧人從父居上都教授里巷不與時俯仰會賊至倉卒不能避爲所獲欲降之佐傲岸自如詬賊不輟因見害又有吳德新者字止善建昌人工醫留京師久之常往寧夏會盜至德新見執脅使降德新厲聲曰我生爲皇元人死作皇元鬼誓不從爾賊賊乃縛其兩手加白刃頸上迫其畏屈德新罵不已乃曳之井上陽欲擠之德新偶得寬卽自投井中仰罵賊賊下射矢貫其項罵益力賊怒以長槍刺之然亦壯其志憐其死曰此眞丈夫也以土埋井而去

顏瑜字德潤兗州曲阜人兗國復聖公五十七代孫也以行誼用舉者爲鄒及陽曲兩縣教諭至正十八年田豐起山東瑜携家走鄆城道遇賊以刃來脅瑜曰爾何人瑜曰我東魯書生也賊執瑜曰爾書生吾不爾殺可從我見主帥瑜罵曰爾賊何主帥耶賊怒欲殺瑜瑜無懼色復使之寫旗瑜大詬曰爾大元百姓天下亂募爾爲兵而反爲叛逆我腕可斷豈能爲爾寫旗從逆乎賊以槍刺瑜至死罵不絕口其妻子皆爲所害又有曹彥可者亳州人會妖寇起里中多田野無賴子目不知書者既破亳揭帛于竿皆羣趨彥可家刼之使寫旗彥可力辭乃迫以刃斧彥可唾之曰我儒者知有君父寧死耳豈爲汝寫旗者耶賊怒遂見害年七十矣其家素貧又死於亂槖殯其尸賊既定有司具以事聞中書爲給貲以葬賜謚節愍

王士元字堯佐恩州人泰定四年進士由棣州判官累遷知磁州值軍輿餽餉需索日繁民不堪命士元心念其民力爲區畫至爲將士陵辱訶責弗避也改知濬州州濱黃河嘗經盜賊城堞不完市井空荒士元邑邑不得志而臨事未嘗易其素至正十七年賊復迫濬州州兵悉潰散士元坐堂上顧其子致微使避賊曰吾守臣居此職也若可逃生子侍立不忍去賊前問曰爾爲誰

士元叱曰我王知州也强賊識我否賊欲縛士元士元奮拳毆賊賊怒并其子殺之

楊樸字文素河南人早以文學得推擇爲吏仕至滁州全椒縣尹滁界盧江盧江陷於寇滁人震動行省叅政也先總兵于滁不理軍事唯縱飲至暮城門不鑰寇入縱火猶張燭揮杯急踰城出走樸度必死乃盡殺其妻女朝服坐堂上盜欲降之樸指妻女示曰我已戕我屬政欲死官守耳尚何云云乃連唾之賊縶樸倒懸樹上而割其肉至盡猶大罵弗絕

趙璉字伯器宏偉之孫也至治元年登進士第授嵩州判官再調汴梁路祥符縣尹入爲國子助敎累遷湖廣行省左右司郎中除杭州路總管杭於東南爲劇郡地大民夥長吏多不稱其職璉爲人强毅開敏精力絕人吏莫不服其明決而不敢欺浙右病於徭役民充坊里正者皆破其家朝廷令行省召八郡守集議便民之法璉獻議以屬縣坊正爲雇役里正用田賦以均之民咸以爲便有盜誘其同惡持刃出市斫人以索金市民乃戶歛以予之人無敢言者璉曰此不可長也遣卒掩捕之盡戮諸市踰年召拜吏部侍郎杭人思之刻其政績于碑歷中書左司郎中除禮部尚書尋遷戶部拜參議中書省事出爲山北遼東道廉訪使是時河南兵起湖廣荆襄皆陷而兩淮亦騷動朝廷乃析河南地立淮南江北行省于揚州以璉參知政事璉方病水腫卽輿疾而行既至分省鎭淮安又移鎭眞州會張士誠爲亂突起海濱陷泰州興化行省遣兵討之不克乃命高郵知府李齊往招諭之士誠因請降行省授以民職且乞從征討以自効遂移璉鎭泰州璉乃趣士誠治戈船趨濠泗士誠疑懼不肯發又覘知璉無備遂復反夜四鼓縱火登城璉力疾捫佩刀上馬與賊鬬市衢賊圍璉邀至其船璉詰之曰汝輩罪在不赦今既宥爾誅戮又錫以名爵朝廷何負於汝乃既降復反邪汝棄信逆天滅不旋踵我執政大臣豈爲汝賊輩屈乎卽馳騎奮擊賊賊以槊撞璉墜地欲舁登其舟璉瞋目大罵遂死之其僕揚兒以身蔽璉亦俱死及亂定州民收其屍歸殯于眞州事聞賻鈔三百錠仍官其子錡弟琬字仲德仕至台州路總管至正二十七年方國瑛以舟挾琬至黃巖琬潛登白龍奥舍於民家絕粒不食人勸之食輒瞋目卻之七日而死

孫撝字自謙曹州人至正二年進士授濟寧路錄事張士誠據高郵叛或謂其有降意朝廷擇烏馬兒爲使招諭士誠而用撝爲輔行撝家居不知也中書借撝集賢待制給驛就其家起之撝强行抵高郵士誠不迓詔使撝等既入城反覆開諭士誠等皆竦然以聽已而拘之他室或日一饋食或間日一饋食欲以降撝撝唯詬斥而已乃令其黨捶撝肆其陵辱撝不卹也及士誠徙平江撝與士誠部將張茂先謀將撝所授站馬劄子遣壯士浦四許誠赴鎭南王府約日進兵復高郵謀泄執撝訊問撝罵聲不絕竟爲所害後賊中見失節者輒自相咄曰此豈孫待制耶事聞贈翰林侍讀學士中奉大夫護軍追封曹南郡公謚忠烈賜田三頃恤其家

石普字元周徐州人至正五年進士授國史院編修官改經正監經歷淮東西盜起朝廷方用兵普以將略稱同僉樞密院事董鑰嘗薦其材會丞相脫脫討徐州以普從行徐平錄功遷兵部主事尋陞樞密院都事從樞密院官守淮安時張士誠據高郵普詣丞相面陳破賊之策且曰高郵負重湖之險地皆沮洳騎兵卒莫能前與普步兵三萬保取之高郵既平則濠泗易破普請先驅爲天下忠義倡丞相壯之命權山東義兵萬戶府事招民義萬人以行而汝中栢者方用事陰沮之減其軍半初令普便宜行事及行又使聽淮南行省節制普行次范水砦日未夕普令軍中具食夜漏三刻下令銜枚趨寶應其營中更鼓如平時抵縣卽登城樹幟城上賊大驚潰因撫安其民由是諸將疾普功水陸進兵乘勝拔十餘砦斬賊數百將抵高郵城分兵三隊一趨城東備水戰一爲奇兵虞後一普自將攻北門遇賊與戰賊不能支遁入城普先士卒躡之縱火燒關門賊懼謀棄城走而援軍望之按不進且忌普成功總兵者遣蒙古軍千騎突出普軍前欲收先入之功而賊以死扞蒙古軍恇怯卽驟回普止之不可遂爲賊所蹂踐率墜水中普軍亂賊乘之普勒餘兵血戰良久仗劍大呼曰大丈夫當爲國死有不進前者斬奮擊直入賊陣中從者僅三十人至日西援絕被創墮馬復步戰數合賊益至賊指曰此必頭目不可使逸須生致之普叱曰死賊奴我卽石都事何云頭目左脅爲賊鎗所中猶手握其鎗斫賊死賊衆攢鎗以刺普普與從者皆力戰俱死之

盛昭字克明歸德人由儒學官累遷淮南行省照磨會詔使往高郵不得達而還謬稱賊已迎拜但乞名爵耳行省不虞其欺乃遣昭入高郵授所與士誠官士誠拒不聽拘諸舟中昭語所從吏曰吾之止此有死而已既而官軍逼高郵士誠授昭以兵使出拒官軍昭叱曰吾奉命招諭汝汝拘留詔使罪不容斬又欲吾從汝爲賊耶大罵不絕口賊怒先剜其臂肉而後磔之

楊乘字文載濱州渤海人至正初爲介休縣尹民饑散爲盜乘立法招之使自新皆棄兵頓首願爲良民其後累官江浙行省左右司員外郎坐海寇掠漕糧舟免官寓居松江張士誠入平江其徒郭良弼董綬言乘于士誠士誠遣張經招乘乘曰良弼綬皆名臣今已失節顧欲引我以濟其惡邪且讓經平日讀書云何經俛首不能對乘日與客痛飲竟日不言客問盍行乎乘曰乘以一小吏致身顯官有死而已尚何行之有經促其行愈急乘乃整衣冠自經死年六十四

納速剌丁字士瞻其父馬合木從征襄陽以勞擢濬州達魯花赤因家大名納速剌丁起身鄉貢進士補淮東廉訪司書吏丁母憂服闋補兩浙鹽運司掾復辟掾淮東宣慰司至正十年賊發眞州納速剌丁以民兵往襲之獲賊四十二人已而泰州賊大起鎭南王府宣慰司請叅議軍事納速剌丁建議築四城立外寨揵堤穿河募兵與賊抗行省檄其提戰艦六十海舟十四上下巡捕以固江面且護蒙古軍五百往江寧道遇賊斬擊二百餘級生獲十八人遂抵龍潭而還未幾出巡江上賊突至馳船來鬬納速剌丁手射死三十賊奪其放火小船二百賊因遁走俄復據龍潭口又擊走之追斬三百餘級其子寶童擒首賊陳亞虎等及其號旗捷聞賞賚良渥且召納速剌丁還眞州而賊犯蕪湖南行臺檄使來援乃以兵赴及至賊船已薄岸遂三分戰艦縱擊之賊奔潰俘斬甚衆賊不得渡江者多納速剌丁之功也因留守蕪湖江口泰州李二起行省移之捍高郵得勝湖賊船七十餘柁乘風而來卽前擊之焚其二十餘船賊潰去李二失援遂降其黨張士誠殺李二復爲亂戕叅政趙璉入據興化而水陸襲高郵屯兵東門納速剌丁以舟師會諸軍討之距三垜鎭賊衆猝至納速剌丁麾兵挫其鋒後賊皷譟而前乃發火筩火鏃射之死者蔽流而下賊緣船於背盡力來攻而阿速衞軍及眞滁萬戶府等官見賊勢熾皆遁走納速剌丁顧必死謂其三子寶童海魯丁西山驢曰汝輩可脫走寶童等不肯去遂皆死之省憲爲賻其家事聞贈納速剌丁淮西元帥府經歷

元史卷一百九十五

明翰林學士亞中大夫知制誥兼修國史宋　濂等修

列傳第八十二

忠義三

伯顏不花的斤字蒼崖畏吾兒氏駙馬都尉中書丞相封高昌王雪雪的斤之孫駙馬都尉江浙行省丞相封荆南王朶爾的斤之子也倜儻好學曉音律初用父蔭同知信州路事又移建德路會徽寇犯遂安伯顏不花的斤將義兵平之又擒淳安叛賊方清之以功陞本路總管至正十六年授衢州路達魯花赤明年行樞密院判官阿魯灰引兵經衢州軍無紀律所過輒大剽掠伯顏不花的斤曰阿魯灰以官軍而爲民患此國賊也可縱之乎乃帥兵逐之出境郡賴以寧陞浙東都元帥守禦衢州頃之擢江東道廉訪副使階中大夫十八年二月江西陳友諒遣賊黨王奉國等號二十萬寇信州明年正月伯顏不花的斤自衢引兵援焉及至遇奉國城東力戰破走之時鎭南王子大聖奴樞密院判官席閏等屯兵城中聞伯顏不花的斤至爭開門出迎羅拜馬前伯顏不花的斤登城四顧誓以破賊自許後數日賊復來攻城伯顏不花的斤大饗士卒約曰今日破賊不用命者斬乃命大都闆將阿速諸軍及民義爲左翼出南門高義范則忠將信陽一軍爲右翼出北門自與忽都不花將沿海諸軍爲中軍出西門部伍既整因奮擊入賊營斬首數千級賊亂幾擒奉國適賊將突至我軍入其營者咸沒其勢將殆忽都不花復勒兵力戰大破之二月友諒弟友德營于城東繞城植木柵攻我益急又遣僞萬戶周伯嘉來說降高義潛與之通紿忽都不花等謂與奉國相見則兵釁可解忽都不花信之率則忠等十人往見奉國囚之不遣明日奉國令高義以計來誘伯顏不花的斤時伯顏不花的斤坐城上見高義單騎來伯顏不花的斤謂曰汝誘十帥無一人還今復來誘我耶我頭可斷足不可移乃數其罪斬之由是日夜與賊鏖戰蹵蹋矢盡而氣不少衰夏四月有大呼於城下者曰有詔叅謀海魯丁臨城問之曰何來曰江西來海魯丁曰如此乃賊耳吾元朝臣子可受爾僞詔乎呼者曰我主聞信州久不下知爾忠義故來詔爾徒守空城欲何爲耶海魯丁曰汝聞張睢陽事乎僞使者不答而去伯顏不花的斤笑曰賊欲我降爾城存與存城亡與亡吾計之熟矣時軍民唯食草苗茶紙既盡括靴底煮食之又盡掘鼠羅雀及殺老弱以食五月大破賊

兵六月奉國親來攻城晝夜不息者踰旬賊皆穴地百餘所或魚貫梯城而上伯顏不花的斤登城麾兵拒之已而士卒力疲不能戰萬戶顧馬兒以城叛城遂陷席閏出降大聖奴海魯丁皆死之伯顏不花的斤力戰不勝遂自刎其部將蔡誠盡殺妻子及蔣廣奮力巷戰誠遇害死廣爲奉國所執愛廣勇敢使之降廣曰我寧爲忠死不爲降生汝等草中一盜爾吾豈屈汝乎賊怒磔廣于竿廣大罵而絶有陳受者信小民也伯顏不花的斤知受有膂力募爲義兵與戰敗爲賊擒痛罵不屈賊焚殺之先是伯顏不花的斤之援信州也嘗南望泣下曰我爲天子司憲視彼城之危急恐坐視乎吾知上報天子下拯生民餘皆無可恤所念者太夫人耳卽日入拜其母鮮于氏曰兒今不得事母矣母曰爾爲忠臣吾卽死復何憾鮮于氏太常典簿樞之女也伯顏不花的斤因命子也先不花奉其母間道入福建以江東廉訪司印送行御史臺遂力守孤城而死朝廷賜謚曰桓敏

樊執敬字時中濟寧鄆城人性警敏好學由國子生擢授經郎嘗見帝師不拜或謔之曰帝師天子素崇重王公大臣見必俯伏作禮公獨不拜何也執敬曰吾孔氏之徒知尊孔氏而已何拜異教爲歷官至侍御史至正七年擢山南道廉訪使俄移湖北道十年授江浙行省參知政事十二年二月督海運于平江十日將發官大寘犒于海口俄有客船自外至驗其券信令入而不虞其爲海寇也既入港卽縱火鼓譟時變起倉猝軍民擾亂賊竟焚舟劫糧以去執敬既走入崑山自咎於失防心鬱鬱不解及還省而昱嶺關有警平章政事月魯帖木兒引軍拒之賊不得進月魯帖木兒俄以疾卒賊遂犯餘杭執敬時已被命討賊海上至是事急不得舍去與平章政事定定治事省中調兵出戰皆不利掾史蘇友龍素抗直有爲進言於執敬曰賊且至城內空虛無備奈何執敬曰吾淬礪戈矛當殲賊以報國儻或不克有死而已何畏哉俄報賊已至執敬遽上馬帥衆而出中途與賊遇乃射死賊四人賊又逐之射死三人已而賊來方盛塡咽街巷且縱火衆皆潰去賊知其無援呼執敬降執敬怒叱之曰逆賊守關吏不謹汝得至此恨不碎汝萬段何謂降耶乃奮刀斫賊因中槍而墜從僕田也先馳救之亦中槍死事聞贈翰林學士承旨榮祿大夫柱國追封魯國公謚

全普庵撒里字子仁高昌人初爲中書省檢校時太師汪家奴擅權用事臺諫無敢言者普庵撒里獨於衆中歷數其過謇謇無懼色拜監察御史卽首劾汪家奴十罪乃見黜然而氣節益自振不以摧衄遂沮歷詆權貴朝臣莫不畏慄出爲廣東廉訪使尋除兵部尚書未幾授贛州路達魯花赤至郡發擿奸惡一郡肅然至正十一年潁州盜起卽修築城壘旬月之間守禦之具畢備於是發公帑募勇士得兵三千人日練習之皆可用屬邑有爲賊所陷者往往遣兵復之境內悉安十六年以功拜江西行省參政分省於贛十八年江西下流諸郡皆爲陳友諒所據乃與總管哈海赤戮力同守友諒遣其將幸文才率兵圍贛使人脅之降普庵撒里斬其使日擐甲登城拒之力戰凡四月兵少食盡義兵萬戶馬合某沙欲舉城降賊普庵撒里不從遂自剄事聞朝廷贈謚曰敏哀哈海赤守贛尤有功城陷之日賊將脅之使降哈海赤謂之曰與汝戰者我也爾賊毋殺贛民當速殺我耳遂見殺

周鏜字以聲瀏陽州人篤學通春秋登泰定四年進士第授衡陽縣丞再調大冶縣尹縣有豪民持官府短長號爲難治鏜狀若尫懦而毅然有威不可犯抑豪強惠窮民治行遂爲諸縣最累遷國子助教會修功臣列傳擢翰林國史編修官乃出爲四川行省儒學提舉便道還家無何盜起湖南北郡縣皆陷瀏陽無城守盜至民皆驚竄鏜告其兄弟使遠引自謂我受國恩脫不幸必死毋爲相累也賊至得鏜欲推以爲主鏜唯瞠目厲聲大罵賊知其不可屈乃殺之鏜同時有謝一魯字至道者亦瀏陽人至元乙亥鄉貢進士嘗爲石林書院山長賊陷潭州一魯奉親匿岩谷中官兵復郡邑亡者稍歸乃還理故業俄而賊復至生縛一魯一魯罵賊甚厲舉家咸遇害

聶炳字韜夫江夏人元統元年進士授承事郎同知平昌州事炳蚤孤其母改適自平昌還始知之卽迎其母以歸久之轉寶慶路推官會峒猺寇邊湖廣行省右丞禿赤統兵討之屯于武岡以炳攝分省理問官悍卒所至掠民爲俘炳言于禿赤釋其無驗者數千人至正十二年還知荊門州纔半歲淮漢賊起荊門不守炳出募土兵得衆七萬復荊門又與四川行省平章政事咬住復江陵其功居多既而蘄黃安陸之賊其勢復振賊將俞君正合兵來攻荊門炳率孤軍晝夜血戰援絕城陷爲賊所執極口罵不絶賊以刀抉其齒盡乃斷左臂而支解之未幾賊陷潛江縣達魯花赤明安達爾率勇敢出擊擒其僞將劉萬戶進營蘆洑賊衆奄至出鬬死其家殲焉一子桂山海牙懷印綬去得免明安達爾唐兀氏字士元炳同年進士由宿州判官再轉爲潛江云

劉畊孫字存吾茶陵州人至順元年進士授承事郎桂陽路臨武縣尹臨武近蠻獠畊孫至召父老告之曰吾儒士也今爲汝邑尹爾父老當體吾敎訓其子弟孝弟力田暇則事詩書毋自棄以干吾政乃爲建學校求民間俊秀敎之設俎豆習禮讓三年文化大興邑有茶課歲不過五錠後增至五十錠畊孫言于朝除其額歷建德徽州瑞州三路推官所至詳讞疑獄其政績卓然者甚衆至正十二年春蘄黃賊攻破湖南畊孫傾家貲募義丁以援茶陵賊至輒却故茶陵久不失守十五年轉儒林郎寧國路推官歲饑勸富民發粟賑之活者萬計會長鎗瑣南班程述謝璽等攻寧國畊孫分守城西南日署府事夜率兵乘城固守江浙行省遣參知政事吉尼哥兒來援至則兵已疲矣城恃有援不爲備瑣南班知之夜四鼓引衆緣堞而上城遂陷畊孫力戰遇害弟燾孫以國學生下第授常寧州儒學正湖南陷常寧長吏棄城走民奉印請燾孫爲城守城賴以完者一年外援俱絕死之長子頎爲武昌江夏縣魯湖大使起義兵援茶陵亦死之

俞述祖字紹芳慶元象山人由翰林書寫考滿調廣東元帥府都事入爲國史院編修官已而出爲沔陽府推官至正十二年蘄黃賊迫州境述祖領民兵守綠水洪并力捍禦之兵力不支沔陽城陷民兵悉潰述祖爲賊所執械至其僞主徐壽輝所誘之使降述祖罵不輟壽輝怒支解之有子方五歲亦死事聞贈奉訓大夫禮部郎中象山縣男

桂完澤者永嘉人嘗從江西左丞李朶兒留京師得爲平江路管軍鎮撫爲仇家所訴免官會賊攻昱嶺關行省遂假前官令從征完澤勇于討賊凡再戰關下皆勝尋又與賊鬬爲所執其妻弟金德亦被擒皆反縛于樹臨以白刃脅之降金德意未決完澤呼曰金舅男子漢卽死不可聽賊德曰此言最是因大罵賊怒剖二人之腹而死

丑閭字時中蒙古氏登元統元年進士第累官京畿漕運副使出知安陸府至正十二年蘄賊曾法興犯安陸時丑閭募兵得數百人帥以拒賊敗賊前隊乘勝追之而賊自他門入亟還兵則城中火起軍民潰亂計不可遏乃歸服朝服出坐公堂賊脅以白刃丑閭猶喻以逆順一賊排丑閭下使拜不屈且怒罵賊酋不忍害拘之明日又逼其從亂丑閭疾叱曰吾守土臣寧從汝賊乎賊怒以刀斫丑閭左脇斷而死賊憤其不降復以布囊囊其屍舁置其家丑閭妻侯氏出大哭且列酒肉滿前渴者令飲酒饑者令食肉以紿賊之不防已至夜自經死事聞贈丑閭河南行省參知政事贈侯氏寧夏郡夫人立表其門曰雙節有馮三者湖廣省一公使也素不知書湖廣爲寇陷皂隸輩悉起剽殺爲盜亦拉三以從三辭曰賊名惡我等豈可爲衆初強之終弗從怒將殺之三遂唾罵賊乃縛諸十字木舁之以行而刲其肉三益罵不止抵江上斷其喉委去其妻隨三號泣俯拾刲肉納布裙中伺賊遠收三血骸脫衣裹之大泣投江而死

孛羅帖木兒字國賓高昌人由宿衞補官十三轉而爲江東廉訪副使以選爲襄陽路達魯花赤至正十一年盜起汝潁均州鄖縣人田端子等亦聚衆殺官吏孛羅帖木兒將民兵捕斬之未幾行省廉訪司同檄孛羅帖木兒以其所領兵會諸軍於均房同討賊賊始退而穀城光化以急告卽帥兵趍穀城而分遣樊城主簿脫因等趍光化且遣使求糧於襄陽不應遣同知也先不花促之又不應軍乏食不能行乃駐于柴店復遣從子馬哈失力往告詞甚苦切廉訪分司王僉事本路總管柴順禮怒其責望械之適紐眞來獻光化所獲首級且言孛羅帖木兒在穀城與賊相持未知存歿宜急濟其糧少緩恐弗及矣於是脫二人械遣還而命也先不花與萬戶也先帖木耳率數千人會孛羅帖木兒以討賊明年正月襄陽失守也先不花等聞之驚潰孛羅帖木兒領義兵二百人且戰且引至監利縣遇沔陽府達魯花赤咬住同知三山安陸府同知燕只不花荊襄提舉相哥失力之師時濱江有船千餘乃糺合諸義兵丁壯水工五千餘人畀以軍號給以刀稍具哨馬五十水陸繼進比至石首縣聞中興路亦陷乃議趍岳州就元帥帖桀而道阻不得前仍趍襄陽賊方駐楊湖港乘其不虞擊之獲其船二十七艘生擒賊黨劉咬兒訊得其情進次潛江縣又斬賊數百級獲三十餘船梟賊將劉萬戶許堂主等是日甫止兵未食而賊大至與戰抵暮咬住等軍各當一面不能救孛羅帖木兒被重創麾馬哈失力使去曰吾以死報國汝無留此馬哈失力泣曰死生從叔父既而孛羅帖木兒被執賊請同爲逆孛羅帖木兒怒罵之遂遇害馬哈失力帥家奴求其尸復與賊戰俱沒于陣舉家死者凡二十六人

彭庭堅字允誠，溫州瑞安人擢至正四年進士第授承事郎同知沂州爭毀牛皇神祠驅鄰郡上馬賊免民橫急徵斂民甚便之俄以平反獄囚忤上官意遂棄去十年詔選守令以建寧路崇安縣尹起庭堅于家屬鉛山寇周艮竊發犯閩關庭堅禦之有法寇不入境十一年陞同知建寧路總管府事江西寇熾庭堅率民兵克復建陽又進兵平浦城十二年攝僉都元帥府事與邵武路總管吳按攤不花夾攻邵武庭堅設雲梯火礮晝夜攻擊寇遁追斬渠兇董元帥鐵和尚童昌邵武悉平總兵官江浙參政章嘉上功于朝陞同知福建道宣慰使司副都元帥鎮邵武冬寇陷建寧縣十三年庭堅統建陽崇安浦城三縣民兵次泰寧寇懼請降復建寧縣還師邵武江浙行省檄庭堅節制建寧邵武二郡諸軍十四年盜侵政和松溪江南行臺中丞吳鐸督軍建寧檄庭堅至時鎮撫萬戶岳煥隸麾下煥素悍縱卒為暴庭堅欲繩以法煥懼使部卒乘其不備詐為賊兵突入交鋒眾皆潰庭堅獨留不去遂遇害死年四十三故吏張椿儒士夏志行江晃奉柩還崇安民哀泣如喪父母立祠像歲時祭禱數降靈響旁邑立祠亦如之南行臺監察御史余觀行部巡察獲其賊斬之為上其事贈中奉大夫福建道宣慰使都元帥封忠愍侯

王伯顏字伯敬濱州霑化人由湖廣省宣使歷永州祁陽湖州烏程縣尹信州推官至正九年遷知福寧州居三歲陞福建鹽運副使將行憲府以時方俶擾留伯顏仍領州事未幾賊自邵武間道偪福寧乃與監州阿撒都刺募壯兵五萬分扼險阻賊至楊梅嶺立柵伯顏與子相驥破之賊帥王善俄擁眾直壓州西門胥隸皆解散伯顏麾下唯白挺市兒數百人爾伯顏射賊不復反顧賊以長鎗舂馬馬仆遂見執善說伯顏曰閩公有惠政此州那可無尹公為我尹可乎伯顏訶善曰我天子命官不幸失守義當死肯從汝反乎善怒叱左右捽以跪弗屈遂毆之伯顏嚼舌出血噴善面罵曰反賊殺郎殺何以毆為吾民天民也汝不可害大丞相親討叛逆百萬之師雷擊電掃汝輩小醜將無遺種顧敢爾邪賊亦執阿撒都刺至善厲聲責其拒關禁不能對伯顏復唾善曰我殺賊何言拒邪我死當為神以殺汝言訖挺頸受刃頸斷涌白液如乳暴屍數日色不變州人哭聲連巷賊既殺阿撒都刺欲釋相官之相詈曰吾與汝不共戴天恨不寸斬汝我受汝官邪賊殺之相妻潘氏挈二女為賊所獲亦罵賊母子同死伯顏既死賊時覩其引兵出入明年州有僧林德誠者起兵討賊乃望空嘷曰王州尹王州尹宜率陰兵助我斬賊時賊正祠神覩紅衣軍來以為偽帥康將軍亟往迎之無有也四面皆青衣官軍賊大敗斬其酋江二蠻福寧遂平事聞贈嘉議大夫濟南路總管上輕車都尉追封太原郡侯

劉濬字濟川其先興州人曾祖海金進士第一人仕至河南府尹死于國難子孫遂家河南濬由廉訪司書吏調連江縣寧善鄉巡檢至正十三年江西賊帥王善寇閩官軍守羅源縣拒之羅源與連江接壤勢將迫濬妻真定史氏故相家女也有才識謂濬曰事急矣可聚兵以捍一方於是盡出奩中物募壯士百餘命仲子健將之浹旬間眾至數萬賊尋破羅源分兩道攻福州濬拒之辰山三戰三捷俄聞福州陷眾多潰去濬獨帥健兵進遇賊于中麻突其陣斬前鋒五人賊兵大至鏖戰三時頃濬中箭墜馬健下馬掖之俱被獲濬忿戟手大罵賊縛濬階下先斫手一指罵彌厲再斫一指亦如之指且盡斫兩腕次及兩足濬色不少變罵聲猶不絕遂剖其喉舌而死健亦以死拒賊善義之舍健使斂濬屍瘞之健歸請兵於帥府以復父讎弗聽健盡散家貲結死士百人詐為工商流丐入賊中夜半發火大譟賊驚擾自相屠戮健手斬殺其父者張破四并擒善及寇首陳伯祥來獻磔之事聞贈濬福建行省檢校官授健古田縣尹官為濬立祠福州北門外有司歲時致祭云

朶里不花字端甫蒙古人始為宿衛官累歷顯要擢遼陽行省右丞陞平章政事陳友諒陷江西詔拜江西行省平章政事與平章政事阿兒渾沙等分道進討遂泛海南下趍廣東駐師揭陽降土寇金元祐招復循梅惠三州之寇承制官其酋長俾治賊以給兵食又別糴粟四千石輸送京師自是英肇欽連諸郡皆附且治兵由梅嶺以圖江西而元祐有異志託以鎮服其土遮道固留先是制書命劉巨海僉廣東元帥府事未發元祐竊取易其名私畀徭賊劉文遠誘與偕亂事覺文遠伏誅而元祐及其弟元泰子榮寬匿不獲俄榮率外賊突入奪符信殺官吏變起倉卒眾莫能支朶里不花與參政楊泰元等勒兵拒戰而賊來益眾朶里不花為鎗所中創甚其子達蘭不花率麾下力與抗死之朶里不花遂被執擁至太平橋罵不絕口遂為賊殺其妻卜顏氏妾高麗氏在側不去皆大罵曰我平章遇爾父子厚矣爾父子何暴逆至此亦皆遇害其部將哈乞與普顏阿刺不花歹不花等俱戰死

野峻台其父世延自有傳由四川行省左右司郎中西行臺監察御史河西廉訪副使轉黃州路總管湖廣既陷朝廷察其材升四川行省參政命與平章咬住討賊咬住軍五千及分銳卒八百使野峻台為前驅賊方據巴東縣攻拔之是時歸峽等州皆為賊所守野峻台破賊江上斬溺無筭已而歸峽平又進拔枝江松滋兩縣乘勝趍江陵賊出陣清水門鏖戰至夕賊退入城乃據其門俟咬住軍至黎明賊出戰三時頃咬住軍止百步外不救賊飛槍刺之遂死事聞贈榮祿大夫陝西行省平章政事柱國追封涼國公謚忠壯

陳君用字子材延平人少負氣勇猛過人紅巾起江淮由撫盱入閩閩授君用南平縣尹給錢伍萬緡俾募千兵君用散家財繼之導官軍復建陽浦城等縣以功授同知建寧路事亡何賊圍福州君用率兵往援大敗賊眾廉訪僉事郭與祖佩君用明珠虎符使權同知副都元帥遂引兵踰北嶺至連江阻水而陣君用曰今日不盡殺賊吾不復生還矣乃率壯士六十人徒涉斬殺賊稍潰既而復合君用大呼轉戰中槍而死事聞贈懷遠大將軍浙東道宣慰司同知副元帥輕車都尉潁川郡侯謚忠毅

卜理牙敦北庭人累官至山南廉訪使治中興中興為江漢藩屏卜理牙敦每按臨所部威惠翕然至正十二年寇犯中興卜理牙敦以兵與抗射賊多死賊稍退明日復擁眾來襲東門卜理牙敦力與之戰被執不屈而死又明日賊復來攻前中興判官上都統兵出擊之既而東門失守上都倉黃反鬬力屈賊執之使降上都大罵賊怒刳其腹刲其肉而死

潮海扎刺台氏由國子生入官為靖安縣達魯花赤至正十二年蘄黃賊起潮海與縣尹黃紹同集義兵為禦賊計未幾賊兵數萬由武寧來寇紹赴行省求援潮海獨率眾與戰于象湖大破之乃起進士胡斗元塗淵舒慶遠甘棠等謀畫而以勇士黃雲為前鋒自二月至于八月戰屢捷擒賊將洪元帥而賊黨益盛黃雲戰死我軍挫衄潮海遂被圍竟為賊所執殺于富州子民安圖襲父職為本縣達魯花赤十三年帥眾敗走賊將復縣治十四年賊兵復至民安圖迎戰力竭賊執而咼之紹字仲先臨川人登至正八年進士第以求援出靖安而道阻絕遇官軍護紹得入龍興而龍興亦被圍其後圍解紹乃與民安圖招諭叛境過建昌之高坪遇賊紹與戰不勝正衣冠怒罵為賊所害斗元字元浩靖安人至正十年領江西鄉薦第一下第署鰲溪書院山長賊至靖安掠斗元鄉里斗元以鄉兵擊敗之入縣治與潮海共圖戰守及潮海被執賊脅之使降斗元罵不屈乃以土埋其腰不死又縛置暗室斗元仆牆以出逃入深山狂罵而死黃雲撫州人寓靖安素以勇捷稱每接戰獨以身當敵嘗為數十人所圍即奮身躍出至是身中數十鎗噴血罵賊而死

魏中立字伯時濟南人由國子伴讀歷官至陝西行臺御史中丞遷守饒州賊既陷湖廣分攻州郡官軍多疲懦不能拒所在無賴子多乘間竊發不旬日眾輒數萬皆短衣草屨齒木為杷削竹為槍截緋帛為巾襦彌野皆赤中立聞驚即率丁壯分塞險要戒守備俄而賊至達魯花赤馬來出戰不能發一矢賊愈偪中立以義兵擊卻之已而賊復合遂為所執以紅衣被其身中立叱之須髯盡張賊執歸蘄水欲屈其從已中立大罵不已遂被害未幾賊又犯信州信州總管于大本以土兵備禦賊首項甲破東門而入執大本至蘄水為俘獻偽主釋其縛畀偽印一紐且命以官大本投印于地而指偽主痛詈之遂亦遇害大本字德中密州人始由儒學教諭入官云

元史卷一百九十六

明翰林學士亞中大夫知制誥兼修國史宋　濂等修

列傳第八十三

忠義四

普顏不花字希古蒙古氏倜儻有大志至正五年由國子生登右牓進士第一人授翰林修撰調河南行省員外郎十一年遷江西行省左右司郎中蘄黃徐壽輝來寇普顏不花戰守之功為多語在道童傳十六年除江西廉訪副使頃之召還授益都路達魯花赤遷山東廉訪使再轉為中書參知政事十八年詔與治書侍御史李國鳳同經略江南至建寧江西陳友諒遣鄧克明來寇而平章政事阿魯溫沙等皆夜遁國鳳時分鎮延平城陷遁去普顏不花曰我承制來此去將何之誓與此城同存亡耳命築各門甕城前後拒戰六十四日既而大敗賊眾明年召還授山東宣慰使再轉知樞密院事平章山東行省守禦益都大明兵壓境普顏不花捍城力戰城陷而平章政事保保出降普顏不花還告其母曰兒忠孝不能兩全有二弟當為終養拜母趨官舍坐堂上主將素聞其賢召之再三不往既而面縛之普顏不花曰我元朝進士官至極品臣各為其主不屈死之

先是其妻阿魯眞歷呼家人告之曰我夫受國恩我亦封齊國夫人今事至此唯有死耳家人莫不歔息泣下已而普顏不花二弟之妻各抱幼子及婢妾溺舍南井死比阿魯眞欲下而井塡咽不可容遂抱子投舍北井其女及妾女孫女皆隨溺焉是時有申榮者平章山東行省守東昌榮見列郡皆降告其父曰人生世間不能全忠孝者兒也父曰何爲榮曰城中兵少不敵戰則萬人之命由兒而廢但有一死報國耳遂自經

閔本字宗先河內人性剛正敏給而刻志於學早歲得推擇爲禮部令史御史大夫不花奇本之才辟以爲掾平反寃獄甚有聲擢御史臺照磨頃之遷樞密院都事拜監察御史遷中書左司都事五轉爲吏部尚書移刑戶二部皆以能見稱本素貧且有目疾嘗上章乞謝事不允詔授集賢侍講學士大明兵薄京師本謂其妻程氏曰國事至此吾知之久矣愧不能立功補報敢愛六尺軀苟活哉程氏曰君能死忠我尚有愛於君乎本乃朝服與程氏北向再拜大書于屋壁曰元中奉大夫集賢侍講學士閔本死遂各縊焉二女長眞眞次女女見本死呼天號泣亦自縊於其傍有拜住者康里人也字聞善以材累官至翰林國史院都事爲太子司經兵至拜住謂家人曰吾始祖海藍伯封河東公者與太祖同事王可汗太祖取王可汗收諸部落吾祖引數十騎馳西北方太祖使人追問之曰昔者與皇帝同事王可汗王可汗今已滅欲爲之報仇則帝乃天命欲改事帝則吾心有所不忍故避之於遠地以沒吾生耳此吾祖之言也且吾祖生朔漠其言尙如此今吾生長中原讀書國學而可不知大義乎況吾上世受國厚恩至吾又食祿今其國破尙忍見之與其苟生不如死遂赴井死其家人瘞之舍東悉以其書籍焚之爲殉云

趙弘毅字仁卿眞定晉州人少好學家貧無書傭於巨室晝則爲役夜則借書讀之或閱其志但使總其事而不役焉嘗受經於臨川吳澄始辟翰林書寫再轉爲國史院編修官調大樂署令大明兵入京城弘毅嘆息曰忠臣不二君烈女不二夫此古語也我今力不能救社稷但有一死報國耳乃與妻解氏皆自縊其子恭中書管勾與妻子訣曰今乘輿北奔我父子食祿不能效尺寸力吾父母已死尙何敢愛死乎或止之曰我曹官卑何自苦如此恭叱曰爾非我徒也古者忠義人各盡自心豈問職之崇卑乎遂公服北向再拜亦縊死恭女官奴年十七見恭死方大泣適隣媼數輩來相率出避曰我未適人避將何之不聽媼欲力挽之女曰人生在世便百歲亦須一死乃潛入中堂解衣帶自經

鄭玉字子美徽州歙縣人幼敏悟嗜學旣長覃思六經尤邃於春秋絕意仕進而勤於敎學者門人受業者衆所居至不能容學者相與即其地構師山書院以處焉玉爲文章不事彫刻煅煉流傳京師揭傒斯歐陽玄咸加稱賞至正十四年朝廷除玉翰林待制奉議大夫遣使者賜以御酒名幣浮海徵之玉辭疾不起而爲表以進曰名爵者祖宗之所以遺陛下使與天下賢者共之者陛下不得私予人待制之職臣非其才不敢受酒與幣天下所以奉陛下陛下得以私與人酒與幣臣不敢辭也玉旣不仕則家居日以著書爲事所著有周易纂註十七年大明兵入徽州守將將要致之玉曰吾豈事二姓者耶因被拘囚久之親戚朋友攜具餉之則從容爲之盡歡且告以必死狀其妻聞之使語之曰君苟死吾其相從地下矣玉使謂之曰若果從吾死吾其無憾矣明日具衣冠北向再拜自縊而死

黃哻字殷士撫州金谿人博學明經善屬文尤長於詩至正十七年用左丞相太平奏授淮南行省照磨未行除國子助敎遷太常博士轉國子博士陞監丞擢翰林待制兼國史院編修官二十八年京城旣破哻歎曰我以儒致身累蒙國恩爲胄子師代言禁林今縱無我戮何面目見天下士乎遂赴井而死年六十一有詩文傳於世

柏帖穆爾字君壽蒙古人家世歷履無所考居官所至以廉能著聲至正中累遷爲福建行省左右司郎中行省治福州二十七年大明以騎兵出杉關取邵武以舟師由海道趣閩寇至城下柏帖穆爾知城不可守引妻妾坐樓上慷慨謂曰丈夫死國婦人死夫義也今城且陷吾必死於是若等能吾從乎皆泣曰有死而已無他志也縊而死者六人有十歲女度其不能自死則給之曰汝稽顙拜佛庶保我無恙也甫拜即挈米囊壓之死乳媼抱其幼子旁立以泣柏帖穆爾熟視之歎曰父死國母死夫妾與女從父者也皆當死汝三歲兒於義何所從乎爲宗祀計可也乃命媼抱匿旁近民舍而欲金珠畀之曰即有緩急可以此贖兒命有頃兵入城即舉燈自燃四圍窻火大發遂自焚死

迭里彌實字子初回回人性剛介事母至孝年四十猶不仕或問之曰吾不忍舍吾母以去也以宿衞年勞授行宣政院崇敎三遷爲漳州路達魯花赤居三年民甚安之時陳有定據全閩八郡之政皆用其私人以總制之朝廷命官不得有所與大明兵旣取福州興化泉州皆納欵或以告迭里彌實仰天嘆曰吾不材位三品國恩厚矣其何以報乎報國恩者有死而已亡何吏走白招諭使者至請出城迓之迭里彌實從容語之曰爾第往吾行出矣乃詣廳事具公服北面再拜畢引斧斫其印文又大書手版曰大元臣子即入位端坐拔所佩刀剚喉中以死旣死猶手執刀按膝坐儼然如生時郡民相聚哭庭中歛其屍葬東門外時又有獲獨步丁者回回人舊進士累官僉廣東廉訪司事有呂復者爲江西行省左右司都事皆閑居寓福州而復以行省命攝長樂縣尹福州旣下獲獨步丁曰吾兄弟三人皆忝進士受國恩四十年今雖無官守然大節所在其可辱乎以石自繫其腰投井死復亦曰吾世食君祿今雖攝官若不以死報國則無以見先人於地下引繩自經死獲獨步丁兄曰穆魯丁者官建康曰海魯丁者官信州先是亦皆死國難云

朴賽因不花字德中肅良合台人有膂力善騎射由速古兒赤授利器庫提點再轉爲資正院判官累遷同知樞密院事遷翰林學士尋陞承旨賜虎符兼巡軍合浦全羅等處軍民萬戶都元帥除大司農出爲嶺北行省右丞陞平章政事至正二十四年甘肅行省以孛羅帖木兒矯弑皇后皇孫遣人白事平章政事也速荅兒即欲署諭衆榜朴賽因不花持不可曰此大事何得輕信況非符驗公文卒不署牓旣而果妄傳會皇太子撫軍冀寧承制拜朴賽因不花翰林學士承旨遷集賢大學士又爲宣政院使遂拜中書平章政事大明兵逼京師詔朴賽因不花以兵守順承門其所領兵僅數百羸卒而已乃嘆息謂左右曰國事至此吾但知與此門同存亡也城陷被執以見主將唯請速死不少屈主將命留營中終不屈殺之是時有張庸者字存中溫州人性豪爽精太乙數會世亂以策干經略使李國鳳承制授庸福建行省員外郎治兵杉關頃之計事赴京師因進太乙數圖順帝喜之擢祕書少監皇太子立大撫軍院命庸團結房山還同僉將作院事又除刑部尚書仍領團結會諸寨旣降庸守駱駝谷遣從事段禎請援於擴廓帖木兒不報庸獨堅守拒戰衆將潰庸無去志已而寨民李世傑執庸出降以見主將庸不屈與禎同被殺

丁好禮字敬可眞定蠡州人精律算初試吏於戶部辟中書掾授戶部主事擢江南行臺監察御史復入戶部爲員外郎拜監察御史又入戶部爲郎中陞侍郎除京畿漕運使建議置司於通州重講究漕運利病著爲成法人皆便之除戶部尚書時國家多故財用空乏好禮能撙節浮費國家用度賴之以給拜參議中書省事遷治書侍御史出爲遼陽行省左丞未行留爲樞密副使至正二十年遂拜中書參知政事時京師大饑天壽節廟堂欲用故事大讌會好禮言今民父子有相食者君臣當修省以弭大患讌會宜減常度不聽乞謝事乃以集賢大學士致仕給全俸家居擴廓帖木兒扈從皇太子還京輸山東粟以遺朝貴饋好禮麥百石好禮不受二十七年復起爲中書平章政事尋以論議不合謝政去特封趙國公大明兵入京城或勉其謁大將好禮叱之曰我以小吏致位極品爵上公今老矣恨無以報國所欠惟一死耳後數日大將召好禮不肯行舁至齊化門抗辭不屈而死年七十五是日中書參知政事郭庸亦舁至齊化門衆叱之拜庸曰臣各爲其主死自吾分何拜之有語不少屈而死庸字允中蒙古氏由國學生釋褐出身累遷爲陝西行臺監察御史與同列劾知樞密院事也先帖木兒喪師左遷中興總管府判官其後也先帖木兒以罪黜召拜監察御史累轉參政中書其節義與好禮並云

元史卷一百九十七

明翰林學士亞中大夫知制誥兼脩國史宋　濂等修

列傳第八十四

孝友

世言先王沒民無善俗元有天下其敎化未必古若也而民以孝義聞者蓋不乏焉豈非天理民彝之存於人心者終不可泯歟上之人苟能因其所不泯者復加勸奬而興起之則三代之治亦可以漸復矣今觀史氏之所載其事親篤孝者則有臨江劉艮臣汴梁陳善同官强安瀋州高守質安豐高澤鞏昌王欽脩武員思忠榆

縣王士寧河南朱友諒泉州葉森寧陵呂德汲縣劉淇建昌鄭佛生堂邑張復亨保定邢政寧夏趙那海臨潼任居敬隴西周慶徐德輿汝寧李從善華州要敬色目氏沙的其居喪廬墓者則有太原王構萊州任梓平灤王振北京張洪範登封王佐下蔡許從政張鎰富平王賈儈鄭州段好仁趙璧薛明善張齊汴梁韓榮劉斌張裕何泰史恪高成鄧孝祖李文淵杜天麟張顯祖涇陽張國祥延安王旻東昌張暈永平梁訥高唐鄭榮劉居敬同州趙艮南陽周郁陳介劉權大同高著江郁毛翔歸德葛祥張德成張遜王珪劉弼汲縣徐昌祖眞定朱貞王世賢晉寧史貴保定耿德溫張行一賈秉實張昜河南王宗道孫裔夾谷天祐趙州趙德隆安豐王德新石思讓冀寧何溥大都王麟李簡華陰李寧屈秀懷慶侯榮丁用郭天一耀州王思中牟閻讓曹州鄧淵呂政徐州胡居仁張允中衞輝王慶福建朱虞龍隨州高可甍濟寧魏鐸武康王子中淮安翟諟汶上趙恒須城許時中衡山歐陽誠復江陵穆堅薊州王欽定陶元顯祖絳州姚好智宿州孫克忠集慶傅霖濟南宋懷忠牟克孝汝寧張郁泉州黃道賢谷城王禰解州靖與曾般陽戴貞兗州王治沔陽徐勝祖興中石抹昌齡峽州秦桂華蒙古色目氏納魯丁赤思馬改住阿合馬拜住木八剌玉龍帖木兒鎖住唐兀歹晏只哥李朶羅歹塔塔思歹其累世同居者則有休寧朱震雷池州方時發河南李福眞定杜艮華州王顯政建寧王貴甫句容王榮周成鄢陵夏全保定成珪開平溫義大同王瑞之平江湯文英鄜州員從政江州范士奇涇州李子才宿州王玠其散財周急者則有河南高顏和台州程遠大潭州湯居恭李孔英建康湯大有吉州劉如翁嚴用父高唐孟恭松江管仲德章夢賢夏椿江陵陳一寧中輿傳文鼎永州唐必榮濟南李恭寧夏何惠月天子皆嘗表其門閭或復其家故援唐史之例具列姓名於篇端擇其事蹟尤彰著者復別爲之傳云

王閏東平須城人父素多貲既老盡廢之不甘淡薄每食必需魚肉閏朝夕勤苦入市營奉無闕父性復乖戾閏左右承順甚得其歡心鄉里稱焉父嘗臥疾夜燃長明燈室中火延籬壁閏聞火聲驚起馳救火已熾煙燄蔽寢戶閏突入火中解衣蒙父抱而出肌體灼爛而父無少傷一女不能救遂焚死中統二年復其役

郭道卿興化莆田人四世祖義重至孝宋紹興間有詔旌之鄉里爲立孝子祠至元初內附閩盜起居人竄匿道卿與弟佐卿獨守孝子祠不忍去遂俱被執盜將殺佐卿道卿泣告曰吾有兒已長弟弱子幼請代弟死佐卿亦泣告曰吾家事賴兄以理請殺我道卿固引頸請刃盜相顧曰汝孝門兄弟若此吾何忍害兩釋之道卿年八十子延煒爲建寧路平準行用庫使辭歸侍養道卿嘗病痁危甚延煒憂瘁扶護一夕髮盡白有司言狀旌之

蕭道壽京兆興平人家貧鬻薪以自給母年八十餘道壽事養盡禮每旦候母起夫婦親侍盥櫛日三飯必待母食然後退就食至夕必待母寢然後退就寢出外必以告母許乃敢出母或怒欲罰之道壽自進杖伏地以受杖足母命起乃起起復再拜謝違敎拱立左右俟色喜乃退母嘗有疾醫累歲不能療道壽刲股肉啖之而愈至元八年賜羊酒表其門

郭狗狗平陽翼城人父寧爲欽察先鋒使首領官戍大良平宋將史太尉來攻夜陷大良平寧全家被俘史將殺寧狗狗年五歲告史曰勿殺我父當殺我史驚問寧曰是兒幾歲耶寧曰五歲史曰五歲兒能爲是言吾當全汝家卽以騎送寧等往合州道遇國兵騎驚散寧家俱得還御史以事聞命旌之

張閏延安延長縣人隸軍籍八世不異爨家人百餘口無間言日使諸女諸婦各聚一室爲女紅工畢斂貯一庫室無私藏幼稚啼泣諸母見者卽抱哺一婦歸寧留其子衆婦共乳不問孰爲己兒兒亦不知孰爲己母也閏兄顯卒卽以家事付姪聚聚辭曰叔父行也叔宜主之閏曰姪宗子也姪宜主之相讓旣久卒以付聚縉紳之家自謂不如至元二十八年旌表其門又有蕪湖芮世通十世同居峽州向存義汴梁丁煦八世同居州縣請於朝並加旌美

田改住汶上人父病不能愈禱于天去衣臥冰上一月同縣王住兒母病臥冰上半月

寗猪狗山丹州人母年七十餘患風疾藥餌不効猪狗割股肉進啖遂愈歲餘復作不能行猪狗手滌溷穢護視甚周造板輿載母夫婦共舁行園田以娛之後卒居喪有禮鄉閭稱焉潭州萬戶移剌瓊子李家奴九歲母病醫言不可治李家奴刲股肉賁糜以進病乃痊撫州路總管管如林潭州民朱天祥並以母疾刲股旌其家畢也速荅立迷裏氏家泰州父喪廬墓次晝夜悲號有飛鳥翔集墳土踴起又有尹夢龍中興人母喪負土爲墳結廬居其側手書孝經千餘卷散鄉人讀之有羣烏集其冢樹

樊淵建康句容人幼失父事母篤孝至元十二年奉母避兵茅山兵至欲殺其母淵抱母號哭以身代死兵兩釋之三十年江東廉訪使者辟爲吏母亡奔喪哀感行路服闋奉神主事之起居飲食十年如平生臺憲交薦淵不忍去墳墓終不起延祐間汀州寧化人賴祿孫母病值蔡五九作亂負母從邑人避南山盜至衆散走祿孫守母不去盜將刃其母祿孫以身翼蔽曰勿傷吾母寧殺我母渴不得水祿孫含唾煦之盜相顧駭歎不忍害反取水與之有掠其妻去者衆責之曰奈何辱孝子婦使歸之事聞並賜褒表

劉德泉汴梁杞縣人早喪母父榮再娶王氏生二子居敬居元俱幼德泉甚撫之及王氏病卒乃益相友愛至元末歲飢父欲使析居德泉泣止不能得乃各受其業以去久之父卒兄弟相約同爨和好如初至治三年眞定朱顯自至元間其祖父已分財至顯念姪彥昉等年幼無恃謂弟耀曰父子兄弟本同一氣可異處乎乃會拜祖墓下取分券焚之復與同居延祐間蔚州吳思達兄弟六人嘗以父命析居思達爲開平縣主簿父卒還家治葬畢會宗族泣告其母曰吾兄弟別處十餘年矣今多破產以一母所生忍使兄弟苦樂不均耶卽以家財代償其逋更復共居母卒哀毀甚宅後柳連理人以爲友義所感又有朱汝諧濮州人父子明嘗命與兄汝弼別產子明卒汝弼家盡廢汝諧泣請共居仲父子昭子玉貧病汝諧迎至家奉湯藥甘旨甚謹後卒喪葬盡禮鄉人賢之州縣各以名聞表其閭

郭回邵武人素貧年六十無妻奉母寄宿神祠中營養甚艱母年九十八卒回傭身得錢葬之每旦詣墳哭祭十四年不輟州上狀命給衣糧贍濟仍表異之

孔全亳州鹿邑人父成病刲股肉啖之愈後卒居喪盡哀廬墓左負土爲墳日六十肩風雨有虧俟霽則補之三年起墳廣一畝高三丈餘張子夔安西人父喪每夜半以背負土肘膝行地匍匐至葬所篩細土爲墳陳乞兒歸德夏邑人年九歲母喪哀毀親負土爲墳高一丈廣十六步人憫其幼欲助之則泣拜而辭又有娥眉趙國安解州張琛南陽李庭瑞息州移剌伯顏南陽怯烈歹皆居喪有至行廬墓次負土爲墳並以有司所請表異之

楊一懷孟人至元間恰其叔淸家貧竊以分契詣神祠焚之與淸同居者三十年無間言張本東昌茌平人篤孝事伯父叔父皆甚謹伯父嘗病本晝夜不去側復載以巾車步挽詣岱嶽禱之張慶眞定人善事繼母伯父泰異居河南慶聞其貧迎歸養之供饍豐備過於所生元善大名人父有昆弟五人因貧流散江淮久之遂客死至大四年善往尋其骸骨幷迎弟姪等一十五喪而歸改葬祖父母以諸喪序列祔於塋次州縣以聞並旌其家

趙毓唐州人父福遷鄭之管城其先三世同爨毓官福州司獄滿歸以母老不復仕一日會諸弟泣申遺訓願世世無異處且祝天歃血以盟自是大小百口畧無間言同力合作家道以殷毓長兄瑞早世嫂劉氏守志毓率家人事之甚恭次兄遜繼歿嫂王氏毓母以其少許歸改嫁王氏曰婦無再嫁之義願終事姑毓妹贅王佑佑亡妹念佑母無子乞歸朱氏養之人謂孝友節義萃毓一家元貞初旌之

胡光遠太平人母喪廬墓一夕夢母欲食魚晨起號天將求魚以祭見生魚五尾列墓前俱有齧痕鄉里驚異方共聚觀有獺出草中浮水去衆知是獺所獻以狀聞于官表其閭至順間永平麗遵母病腫三年不能起忽思食魚遵求于市不得歸途歎恨忽有鯉躍入其舟作羹以獻母悅病瘥

陳韶孫廣州番禺人父瀏以罪流肇州韶孫年十歲不忍父遠謫朝夕號泣願從父不能奪遂與俱往跋涉萬里不憚勞苦道過遼陽平章塔出見而憫焉語之曰天子寬仁罰不及嗣邊地苦寒非汝所堪吾返汝故鄉汝願之乎韶孫曰旣不能以身代父當死生以之歸非所願也塔出驚異以錢賞之大德六年瀏死韶孫哀慟見者皆爲之泣下肇州萬戶府以聞命遣還鄉里仍旌異之

李忠晉寧人幼孤事母至孝大德七年地大震郇保山移所過居民廬舍皆摧壓傾圮將近忠家分爲二行五十餘步復合忠家獨完吳國寶雷州人性孝友父喪廬墓大德八年境內蝗害稼惟國寶田無損人皆以爲孝感所致云

李茂大名人徙家揚州父與壽臨卒語茂曰吾病且死爾善事母茂泣受命奉母孟氏益謹母嘗病目失明茂禱于泰安山三年復明又願母壽每夕祝天乞損己年益母孟氏竟年八十四而歿居喪哀慟聞者傷之大德九年揚州再火延燒千餘家火及茂廬皆風返而滅事聞旌之

羊仁，廬州廬江人。至元初，阿术兵南下，仁家爲所掠，父被殺，母及兄弟皆散去。仁年七歲，賣爲汴人李子安家奴，力作二十餘年。子安憐之，縱爲良。仁踪蹟得母於潁州蒙古軍塔海家，兄於睢州蒙古軍岳納家，弟於邯鄲連大家，皆爲役，尚無恙。乃徧懇親故，貸得鈔百錠，歷詣諸家求贖之，經營百計，更六年，乃得遂。大小二十餘口復聚居爲良，孝友甚篤，鄉里美之。大德十二年，旌其家。又有黃覺經，建昌人，五歲因亂失母，稍長，誓天誦佛書，願求母所在，乃渡江涉淮，行乞而往，衝冒風雪，備歷艱苦，至汝州梁縣春店得其母以歸。章卿孫，蜀人，本劉氏，幼爲章提刑養子，與母富氏相失三十八年，遍訪於江西諸郡，迎歸養之。俞全，杭州人，幼被掠賣爲劉餘家奴，後獲爲良，自汴步歸杭，尋其母及姊，得之，事母以孝聞。李鵬飛，池州人，生母姚氏，爲嫡母不容，改嫁爲朱氏妻，鵬飛幼不知也。年十九，思慕哀痛，誓學醫以濟人，願早見母。行求三歲，至蘄州羅田縣得焉。時朱氏家方疫，鵬飛起之，遂迎還奉養。久之，復歸朱氏。時渡江省覲，既卒，歲時攜子孫往祭墓，終其身。並以有司所請，旌其閭。

趙一德，龍興新建人。至元十二年，國兵南伐，被俘至燕，爲鄭留守家奴，歷事三世，號忠幹。至大元年，一日拜請於其主鄭阿思蘭及其母澤國太夫人曰：「一德自去父母，得全生依門下者三十餘年矣。故鄉萬里，未獲歸省，雖思慕刻骨，未嘗敢言。今父母已老，脫有不幸，則永爲天地間罪人矣。」因伏地涕泣不能起。阿思蘭母子皆感動，許之歸，期一歲而返。一德至家，父兄已沒，惟母在，年八十餘。一德卜地葬二柩畢，欲少留事母，懼得罪，如期還燕。阿思蘭母子嘆曰：「彼賤隸乃能是，吾可不成其孝乎。」卽裂券縱爲良。一德將辭歸，會阿思蘭以寃被誅，詔簿錄其家，羣奴各亡去。一德獨奮曰：「主家有禍，吾恐同路人耶？」卽留不去，與張錦童詣中書訴枉狀，得昭雪，還其所籍。太夫人勞一德曰：「當吏籍吾家時，親戚不相顧，汝獨冒險以白吾枉，疾風勁草，於汝見之。今吾家業既喪而復存者，皆汝力也，吾何以報汝？」因分美田廬遺之。一德謝曰：「一德雖鄙人，非有利於是也，重哀吾主無罪而受戮，故留以報主。今老母八十餘，得歸侍養，主之賜已厚矣，何以田廬爲。」遂不受而去。皇慶元年，旌其門。

王思聰，延安安塞人。素力田，農隙則教諸生，得束脩以養親。母喪盡哀。父繼娶楊氏，事之如所生。以家多幼稚侵父食，別築室曰養老堂奉之，朝夕定省，愈久不怠。父嘗病劇，思聰憂甚，拜祈于天，額膝皆成瘡，得神泉飮之愈。後復失明，思聰舐之，卽能視。縣上狀，命表異之。

徹徹担，古思氏。幼喪父，事母篤孝。稍壯，母歿，慟哭頓絕，水漿不入口者三日。既葬，居喪有禮，每節序祭祀，哭泣常如袒括時。年四十餘，思慕猶如孩童，每見人父母，則嗚咽流涕。人問其故，曰：「人皆有父母，我獨無，是以泣耳。」至大三年，褒異。

王初應，漳州長泰人。至大四年二月，從父義士樵劉嶺山，有虎出叢棘中，搏義士傷右肩。初應赴救，抽鐮刀刺虎鼻，殺之，義士得生。泰定二年，同縣施合德父眞祐嘗出耘，爲虎扼于田，合德與從弟發仔持斧前殺虎，父得生。並旌其門。

鄭文嗣，婺州浦江人。其家十世同居，凡二百四十餘年，一錢尺帛無敢私。至大間，表其門。文嗣歿，從弟大和繼主家事，益嚴而有恩，家庭中凜如公府。子弟稍有過，頒白者猶鞭之。每遇歲時，大和坐堂上，羣從子皆盛衣冠，鴈行立左序下，以次進拜跪，奉觴上壽。畢，皆肅容拱手，自右趨出，足武相銜，無敢參差者。見者嗟慕，謂有三代遺風。狀聞，復其家。部使者余闕爲書「東浙第一家」以褒之。大和方正，不奉浮屠、老子教，冠婚喪葬，必稽朱熹家禮而行。執親喪，哀甚，三年不御酒肉。子孫從化，皆孝謹，雖嘗仕宦，不敢一毫有違家法。諸婦唯事女工，不使預家政。宗族里閭皆懷之以恩。家畜兩馬，一出則一爲之不食，人以爲孝義所感。有家範三卷傳于世。

王薦，福寧人。性孝而好義。父嘗疾甚，薦夜禱於天，願減己年益父壽。父絕而復甦，告其友曰：「適有神人黃衣紅帕首，恍惚語我曰：『汝子孝，上帝命錫汝十二齡。』」疾遂愈。後果十二年而卒。母沈氏病渴，語薦曰：「得瓜以啖我，渴可止。」時冬月，求於鄉不得，行至深奧嶺，値大雪，薦避雪樹下，思母病，仰天而哭。忽見巖石間青蔓離披，有二瓜焉，因摘歸奉母，母食之，渴頓止。兄孟輅早世，嫂林氏更適劉仲山。仲山嘗以田鬻於薦，及死，不能葬，且無子，族以其貧，莫肯爲之後。薦卽以田還之，使置後，且治葬焉。州禁民死不葬者，時民貧未葬者衆，畏令，悉焚柩弃骨野中。薦哀之，以地爲義阡，收瘞之。有死不能斂者，復買棺以贈，人皆感焉。至大四年，其鄉旱，民艱糴，薦盡出儲粟賑之。有施福等十一家飢欲死，薦聞，惻然欲濟之，家粟已竭，卽以己田易穀百石分給之。福等德其活己，每月朔會佛祠，爲祈福。福建宣慰司上狀旌之。

郭全，遼陽人。幼喪母，哀戚如成人。及壯，父庭玉又卒，居廬三載，啜粥面墨。事繼母唐古氏甚孝。唐古氏生四子，皆幼，全躬耕以養。旣長，娶婦，各求分財異居，全不能止，凡田廬器物，悉自取朽弊者，奉唐古氏以居，甘旨無乏。唐古氏卒，全年六十餘，哀痛毀瘠，廬其墓終喪。又有劉德，奉元人。父娶後妻何氏，德事之如所生。家貧，傭工取直，寸錢尺帛皆上之。四弟並何出，德撫愛尤篤，年五十未娶，稱貸得錢，先爲弟求婦，諸弟亦化其德，一門藹然，鄉里稱爲劉佛子。馬押忽，也里可溫氏，素貧，事繼母張氏、庶母呂氏，克盡子職。劉居敬，大都人，年十歲，繼母郝氏病，居敬憂之，懇天以求代。狀聞，並褒表之。

楊皞，扶風人。父淸，母牛氏。牛氏嘗病劇，皞叩天求代，遂痊，如是者再。後牛氏失明，皞登太白山取神泉洗之，復如故。牛氏歿，哀毀特甚。葬之日，大雨，獨皞墓前後數里密雲蔽之，雨不沾土，送者大悅。葬畢，令妻衞氏家居養淸，皞獨廬墓上，負土爲墳，蔬食水飮，終其喪。淸卒，亦如之。

丁文忠，許州偃城人。業鼓冶。母和氏疾，與弟文孝竭力調侍。母卒，文忠廬墓側，不與妻面者三年。父貴又疾，醫不能療，文忠造車一輛，兄弟共御之，載父禱于嵩山、五臺、泰安、河瀆諸祠，途遇異僧遺藥而愈。延祐七年，旌之。

邵敬祖，宛丘人。父喪，廬墓。母繼歿，河決，不克葬，殯于城西。敬祖露宿依其側，風雨不去。友人哀之，爲縛草舍庇之。前後居廬六年，兩髀俱成濕疾。至治三年，旌其家。其後又有永平李彥忠，父喪，廬墓八年不至家；茶陵譚景星，幼失父，追念之，廬其墓十年；亳州郭成，年七十一，母喪，食粥廬墓一年，朝夕哭臨，人哀其老而能孝。

扈鐸，汴梁蘭陽人。蚤孤，育於伯父。及壯，事伯父如所生。伯父老無子，鐸爲買妾，歲餘，產一女。其妾性頗不慧，熟寐壓女死。久之，伯父卒，鐸喪之甚哀。遺腹生一男，鐸懲前失，告其母及妻妹護視之，已復廬戶外，中夜審察，不敢安寢。弟能食，常自抱哺，與同臥起，十年不少怠。弟有疾，鐸夜稽顙星斗，哀禱曰：「天不伐余家，鐸父子間可去一人，勿喪吾弟，使伯父無後也。」明旦，弟愈。母卒，哀毀踰禮，廬于墓側，不理家事。宗族勸之歸，鐸曰：「今歲凶多盜，吾家雖貧，安知墓中無可欲乎？倘驚吾親之靈，雖生何爲。」卒守廬不去。

孫秀實，大寧人。性剛毅，喜周人急。里人王仲和嘗托秀實貸富人鈔二千錠，貧不能償，棄其親逃去。數年，其親思之疾，秀實日饋薪米存問，終不樂。秀實哀之，悉爲代償，取券還其親，復命奴控馬賫金訪仲和，使歸，父子歡聚，聞者莫不嘆美。又李懷玉等貸秀實鈔一千五百錠，度以無償，盡還其券不徵。復有賈進，大同人。大德九年，地震，民居多傷，且乏食，進給酒藥炭米濟之。每歲冬，製木綿裘數百襲，衣寒者。買地爲義阡，使無墓者葬之。李子敬，陝西三原人，嫁不能嫁者五千餘人，葬不能葬者五十餘喪，焚逋券四萬餘貫。有司以名聞，並旌之。

宗杞，大都人。年十九，父內宰卒，擗踊號泣，絕而復甦，水漿不入口者三日，哀氣傷心，遂成疾，伏臥床榻，猶哭不止，淚盡繼之以血。旣葬，疾轉甚。杞有繼母，無他兄弟，度不能自起，作遺書囑其妻楊氏曰：「汝善守志，以事吾母。」遂卒。楊氏遺腹生一男，人以爲孝感天不絕其嗣云。泰定三年，旌其門。

趙榮，扶風人。母强氏有疾，榮割股肉啖之者三。復負母登太白山禱于神，得聖水飮之，乃痊。後年七十五卒，榮號痛不食三日，方飮水，七日乃食粥。葬之日，白雲庇其墓前後十五里，葬畢而散。榮負土成墳，廬其側終喪。

吳好直，華州蒲城人。父歿，事繼母孝。兄弟嘗求分財，好直勸諭不能止，卽以己所當得悉推與之。出從師學，濬泊三十年，無少悔。又有甄城柴郁、陳舜咨，皆能孝友，以己產分讓兄弟。縣令言狀，並表美之。

余丙，建德遂安人。幼喪母，泣血成疾。父亡，不忍葬，結廬古山下，殯其中，日閉戶守視。有牧童遺火，延殯廬，丙與子慈亟撲不止，欲投身火中與柩俱焚，俄暴雨火滅。

徐鉦，鎮江人。始冠，侍父鎮將之婺源，過丹陽小谿，鎮乘橋失足墮水中，同行者立岸上不能救。鉦投谿擁鎮出，鎮得挽行舟以升，鉦力憊，且水勢湍急，遂溺死，屍流四十五里，得于灘。江浙行省言狀，表異之。

尹莘，汴梁洧川人。至治初，遊學於京師，忽夢母疾，心怪之，馳歸，母已亡。居廬蔬食，哀毀骨立，每雞鳴而起，手治祭饌，詣墓所哭奠之，風雪不廢。父輔臣嘗病疫，莘侍奉湯藥，衣不解帶，嘗其糞以驗差劇，夜則禱於天曰：「莘母亡不能見，父病不能治，爲人子若此，何以自立於世，願死以代父命。」數日愈，鄉里嗟異之。又有高唐孫希賢，母病痢，希賢閱方書，有曰「血溫身熱者死，血冷身涼者生」，希賢嘗之，其血溫，乃號泣祈天，求身代之，母遂愈。高郵卜勝榮，母痢不能藥，日嘗痢以求愈；兄疾，禮北辰，乞減己年延之，並痊。

劉廷讓，大寧武平人。至順初，北方兵起，民被殺掠，廷讓挈家避山中。有幼弟方乳，母王氏置于懷，兵急，廷讓乃棄己子，一手抱幼弟，一手扶母，疾驅得免。事聞，旌之。

劉通，亳州譙縣人。家貧業農。母卜氏好聲樂，每眩技者以簫鼓至門必令娛侍或自歌舞以悅母心卜氏目失明通誓斷酒肉禱之三十年不懈卜氏年八十五忽復明至大間鄱陽黃鎰皇慶間諸暨丁祥一皆以親喪明以舌舐之復能視並命褒表

張旺舅安豐霍丘人幼失父母陳氏居貧守志旺舅九歲賣餳以養及長母病伏枕數月旺舅無貲命醫惟日夜痛哭禮天求代未幾遂愈又自以生業微不能多給竟不娶以終母年縣令言于朝旌之

張思孝華州人母喪以孝聞父疾調護甚至不愈以父涕洟半器垂泣盡飲之復潔齋致禱乞以身代未幾遂痊至順三年表其門

社佑邳州人河南行省署爲三叉水馬站提領父成病于家佑忽心驚舉體沾汗卽棄職歸父病始二日遂禱神求代且嘗糞以驗疾父卒廬墓盡哀有馴兔之瑞

長壽父帖住官平章政事生五子長山壽早世次卽長壽次永壽福壽忙古海牙元統間帖住歿長壽哀毀盡禮服闋當蔭敘與弟羅拜母前曰吾父廉貧諸弟未有所立願以職讓永壽永壽讓福壽福壽曰二兄能讓福壽獨不能耶以讓忙古海牙母從之忙古海牙遂告蔭爲太禧宗禋院神御殿侍禮佐郎階奉議大夫兄弟奉母尤篤邦閬美之至大間河中梁外僧親喪廬墓兄那海爲奧魯官自以嘗遠仕不得養其親卽棄職舉外僧代之人稱外僧能孝那海能義又有畏吾氏秋秋及濠州高中嘉定武進皆以侍親不願仕以祖父蔭讓叔父昆弟云

孫瑾鎭江丹徒人父喪哀毀嚴冬跣足而步停柩四載衣不解帶常食粥誦佛書及葬載柩渡江潮波方湧俄順風巽帆如履平地事繼母唐氏尤孝嘗患癰瑾親吮之又喪目瑾舐之復明唐氏卒卜曰將葬時春苦雨瑾夜號天乞霽至旦雲日開朗甫掩壙陰氣復合雨注數日不止又有吳希曾雎寧人父卒葬之日大雨希曾跪柩前炷艾燃腕火熾雨止既葬廬於墓左縣上狀並旌之

張恭河南偃師人以兵部符署鷹房府案牘親老辭歸侍養懇理先墓身負木灌松栢父喪過哀侍母馮氏尤謹歲凶恭夫婦采野菜爲食而營奉甘旨無乏母有疾恭手除溷穢喂哺飲食且嘗糞以驗疾勢天歷初西兵至河南居民悉竄恭守視母病項中一劍不去母驚悸而歿恭居喪盡禮人稱孝焉有詔旌其閭

訾汝道德州齊河人父與卒居喪以孝聞母高氏治家嚴汝道承順甚恭母嘗寢疾晝夜不去側一日母屏人授以金珠若干曰汝素孝宜無私蓄我一旦不諱此物非汝有矣可善藏之毋令他兄弟知也汝道泣拜曰吾父母起艱難成家業今田宅牛羊已多汝道恨無以報大恩尚敢受此以重不孝之罪乎竟辭之母卒哀毀終喪不御酒肉性尤友愛二弟將析居汝道悉以美田廬讓之二弟早世撫諸孤如已子鄉人劉顯等貧無以爲生汝道割已田各畀之使食其租終身里中嘗大疫有食瓜得汗而愈者汝道卽多市瓜及攜米歷戶饋之或曰癘氣能染人勿入也不聽益周行問所苦然卒無恙有死者復贈以槥櫝人咸感之嘗出麥粟貸人至秋蝗食稼人無以償汝道聚其券焚之縣令李讓爲請旌其家

元史卷一百九十七考證

徹徹担傳○臣祖庚按通考担作袒

尹莘傳○臣祖庚按莘一統志作萃通考作華

元史卷一百九十八

明翰林學士亞中大夫知制誥兼修國史宋　濂等修

列傳第八十五

孝友二

王庸字伯常雄州歸信人事母李氏以孝聞母有疾庸夜禱北辰至叩頭出血母疾遂愈及母卒哀毀幾絕露處墓前旦夕悲號一夕雷雨暴至鄰人持寢席往欲蔽之見庸所坐臥之地獨不霑濕咸嘆異而去復有蜜蜂數十房來止其家歲得蜜蠟以供祭祀

黃贇字止敬臨江人父君道延祐間求官京師留贇江南時贇年幼及既長聞其父娶後妻居永平乃往省之則父歿已三年矣庶母聞贇來盡挾其貲去更嫁拒不見贇贇號哭語人曰吾之來爲省吾父也今不幸吾父已歿思奉其柩歸而窆之莫知其墓苟得見庶母示以葬所死不恨矣尚忍利遺財邪久之聞庶母居海濱亟裹糧往庶母復拒之三日不納庶母之弟憐之與偕至永平屬縣樂亭求父墓又弗得贇哭禱于神一夕夢老父以杖指葬處曰見片磚卽可得明日就其地求之庶母之弟曰眞是已斂時有某物可驗啓朽棺得父骨以歸

石明三者與母居餘姚山中一日明三自外歸覓母不見見壁穿而臥內有三虎子知母爲虎所害乃盡殺虎子礪巨斧立壁側伺母虎至斫其腦裂而死復往倚巖石傍執斧伺候斫殺牡虎明三亦立死不仆張目如生所執斧牢不可拔

劉琦岳州臨湘人生二歲而母劉氏遭亂陷于兵琦獨事其父稍長思其母不置常歎曰人皆有母而我獨無輒歔欷泣下及冠請於父往求其母遍歷河之南北淮之東西數歲不得後求得於池州之貴池迎以歸養其後十五年而父歿又三年而母歿終喪猶蔬食有司上其事旌表其門曰孝義

劉源歸德中牟人母吳氏年七十餘病甚不能行適兵火起且延至其家隣里俱逃源力不能救乃呼天號泣趨入抱母爲火所焚而死

祝公榮字大昌處州麗水人隱居養親事母甚孝母歿居喪盡禮竈突失火公榮力不能救乃伏棺悲哭其火自滅鄉里異之塑二親像於堂朝夕事之如事生焉

陸思孝紹興山陰樵者性至孝母老病痢思孝醫禱久之不效思孝方欲刲股肉爲糜以進忽夢寐間恍若有神人者授以藥劑思孝得而異之卽以奉母其疾遂愈

姜兼嚴州淳安人七歲而孤與二兄養母至孝母死兼哀慕幾絕既葬獨居墓下朝夕哭奠寂焉荒山中躬自樵爨蔬食飲水一衰麻寒暑不易同里陳氏戴氏子不能事其父母聞兼之行慙感而悔皆迎養焉

胡伴侶鈞州密縣人其父實嘗患心疾數月幾死更數醫俱莫能療伴侶乃齋沐焚香泣告于天以所佩小刀於右脇傍刲其皮膚割脂一片煎藥以進父疾遂瘳其傷亦旋愈朝廷旌表其門

王士弘延安中部人父搏有疾士弘傾家貲求醫見醫卽拜遍禱諸神扣額成瘡父歿哀毀盡禮廬墓三年足未嘗至家墓廬上有奇鵲來巢飛鳥翔集與士弘親近若相狎然衆咸異之終喪復建祠於塋前朔望必往奠祭雖風雨不廢也有司上其事于朝旌表之

何從義延安洛川人祖艮祖母李氏偕亡從義廬於墓側旦夕哀慕不脫絰帶不食菜果惟啖疏食而已事父世榮母王氏孝養尤至伯祖溫伯祖母郝氏叔祖恭叔祖母賀氏叔祖讓叔祖母姜氏叔父珍叔母光氏皆無子比其亡也從義咸爲治葬築高墳祭奠以禮時人義之

哈都赤大都固安州人天性篤孝幼孤養母母嘗有疾醫治不痊哈都赤禱其所佩小刀拜天泣曰慈母生我劬勞今當捐身報之乃割開左脇取肉一片作羹進母母曰此何肉也其甘如是數日而病愈

高必達建昌人五歲時父明大忽棄家遠遊莫知所適必達既長晝夜哀慕乃娶妻以養母而歷往四方求其父十餘年不得見心愈悲忽相傳黃州全眞道院中有虛明子者學道三十年矣本姓高氏建昌人也匿姓名爲道人云必達詢問知爲父卽往拜之具言家世及已之所生歲月大父母之喪葬始末因哀號叩頭不已虛明猶瞑坐不顧久之斥曰我非汝父不去何爲必達留侍左右不少懈辭氣哀惻可矜其徒謂虛明曰師有子如此忍弗歸乎虛明不得已乃還家必達孝養篤至鄉里稱之

曾德漁陽人宗聖公五十七代孫母早亡父仲祥再娶左氏仲祥遊襄陽樂其土俗因携左氏家焉亂兵陷襄陽遂失左氏德遍往南土求之五年乃得于廣海間奉迎以歸孝養甚至有司以聞詔旌復其家

靳昺字克昌絳州曲沃人兄榮爲奎章閣承制學士奉母王氏官于朝母歿昺與兄榮護喪還家至平定大雷雨流水驟至昺伏柩上榮呼之避水昺不忍舍去遂爲水所漂沒後得王氏柩於三里外得昺屍於五里外詔賜孝子靳昺碑

黃道賢泉州人嫡母唐無子道賢在襁褓而生母蘇以疾去既長思念生母屢請於父得召之歸道賢竭力養二母得其歡心父病篤道賢晝夜奉湯藥不離膝下遍求良醫莫效乃夜禱于天願減已一紀之算以益父壽其父遂愈至元統二年乃歿果符一紀之數道賢居喪盡禮負土築墳廬于墓側疏食終制至元二年有司上其事旌其門曰孝子黃氏之門

史彥斌邳州人嗜學有孝行至正十四年河溢金鄉魚臺墳墓多壞彥斌母卒慮有後患乃爲厚棺刻銘曰邳州沙河店史彥斌母柩仍以四鐵環釘其上然後葬明年墓果爲水所漂彥斌縛草爲人置水中仰天呼曰母棺被水不知其處願天矜憐哀子之心假此芻靈指示母棺言訖涕泣橫流乃乘舟隨草人所之經十餘日行三百餘里草人止桑林中視之母柩在焉載歸復葬之

張紹祖字子讓潁州人讀書力學以孝行聞于朝特授河南路儒學教授至正十五年奉父避兵山間賊至執其父將殺之紹祖泣曰吾父耆德善人不當害請殺我以代父死且若等非父母所生乎何忍害人父也賊怒

以戈擊之戈應手挫鈍因感而相謂曰此眞孝子不可害乃釋之

李明德瑞州路上高縣人讀書有志操孝行篤至至正十四年亂兵陷袁州因抄掠上高兵執其父欲殺之明德泣告曰子豈不能代父乎願勿害吾父也兵遂殺明德而免其父後以高壽終

張緝字士明益都膠州人性孝友能詩文至正七年與兄紳弟經同領鄉薦由澤州儒學正轉泰州幕職棄之養親居揚州十五年揚州亂緝母姬氏方卧病賊突入卧内舉槍欲刺姬緝以身蔽姬槍中緝脅三日而死

魏敬益字士友雄州容城人性至孝居母喪哀毀骨立素好施與有男女失時者出貲財爲之嫁娶歲凶老弱之饑者爲糜以食之敬益有田僅十六頃一日語其子曰自吾買四莊村之田十頃環其村之民皆不能自給吾深憫焉今將以田歸其人汝謹守餘田可無餒也乃呼四莊村民諭之曰吾買若等業使若等貧不聊生有親無以養吾之不仁甚矣請以田歸若等衆聞皆愕眙不敢受强與之乃受而言諸有司有司以聞於中書請加旌表丞相賀太平歎曰世乃有斯人哉

湯霖字伯雨龍興新建人早喪父事母至孝母嘗病熱更數醫弗能效母不肯飲藥曰惟得冰我疾乃可愈爾時天氣甚燠霖求冰不得累日號哭於池上忽聞池中戛戛有聲拭淚視之乃冰澌也亟取以奉母其疾果愈

孫抑字希武世居晉寧洪洞縣抑登進士第歷仕至刑部郎中關保之變挈父母妻子避兵平陽之栢村有亂兵至村剽掠拔白刃嚇抑母求財不得舉刃欲斫之抑亟以身蔽母請代受斫母乃得釋而抑父被虜去不知所之或語之曰汝父被驅而東矣然東軍得所掠民皆殺之汝愼無往就死也抑曰吾可畏死而棄其父乎遂往出入死地屢瀕危殆卒得父以歸

石永紹興新昌人性淳厚事親至孝值亂兵掠鄉里永父謙孫年八十老不能行永負父匿山谷中亂兵執其父欲殺之永亟前抱父請以身代兵遂殺永而釋其父

王克己延安中部人父伯通歿克己負土築墳廬於墓側貊高縱兵暴掠縣民皆逃竄克己獨守墓不去家人呼之避兵克己曰吾誓守墓三年以報吾親雖死不可棄也遂不去俄而兵至見其身衣衰絰形容憔悴曰此孝子也遂不忍害竟終喪而歸

劉思敬延安宜君人事其繼母沙氏杜氏孝養之至無異親母父年八十兩目俱喪明會亂兵剽掠其鄉思敬負父避於巖穴中有兵至欲殺思敬思敬泣言曰我父老矣又無目我死不足惜使我父何依乎兵憐其孝不忍殺父子皆免於難

呂祐字伯通晉安人至正二十六年郡城破有卒入其室拔白刃脅其母林氏索財貨不得揮刃欲斫母祐急以身蔽母而奪其刃手指盡裂被傷仆地良久而甦開目視母曰母幸無恙我死無憾矣遂瞑目死

周樂溫州瑞安人宋狀元坦之後父日成通經能文海賊竊據溫州拘日成置海舟上樂隨往事其父甚謹一日賊酋遣人沉日成於水樂泣請曰我有祖母幸留父侍養請以己代父死不聽樂抱父不忍捨遂同死焉

元史卷一百九十九

明翰林學士亞中大夫知制誥兼修國史宋　濂等修

列傳第八十六

隱逸

古之君子負經世之術度時不可爲故高蹈以全其志使得其時未嘗不欲仕仕而行所學及物之功豈少哉後世之士其所蘊蓄或未至而好以跡爲高當邦有道之時且遁世離羣謂之隱士世主亦苟取其名而强起之及考其實不如所聞則曰是欺世釣譽者也上下豈不兩失也哉元之隱士亦多矣如杜瑛遺執政書暨張特立居官之政則非徒隱者也蓋其得時則行可隱而隱頗有古君子之風而世主亦不强之使起可謂兩得也已自是以隱逸稱者蓋往往而有今摭其可傳者作隱逸傳

杜瑛字文玉其先霸州信安人父時昇金史有傳瑛長七尺美鬚髯氣貌魁偉金將亡士猶以文辭規進取瑛獨避地河南緱氏山中時兵後文物凋喪瑛搜訪諸書盡讀之讀輒不忘而究其指趣古今得失如指諸掌間關轉徙教授汾晉間中書粘合珪開府爲相瑛赴其聘遂家焉與良田千畝辭不受術者言其所居下有藏金家人欲發視輒止之後來居者果得黃金百斤其不苟取如此歲己未世祖南伐至相召見問計瑛從容對曰漢唐以還人君所恃以爲國者法與兵食三事而已國無法不立人無食不生亂無兵不守今宋皆蔑之殆將亡矣興之在聖主若控襄樊之師委戈下流以擣其背大業可定矣帝悅曰儒者中乃有此人乎瑛復勸帝數事以謂事不如此後當如彼帝納之心賢瑛謂可大用命從行以疾弗果中統初詔徵瑛時王文統方用事辭不就左丞張文謙宣撫河北奏爲懷孟彰德大名等路提舉學校官又辭遺執政書其畧曰先王之道不明異端邪說害之也橫流奔放天理不絕如線今天子神聖俊乂輻輳言納計用先王之禮樂教化興明脩復維其時矣若夫簿書期會文法末節漢唐猶不屑也執事者因陋就簡此焉是務良可惜哉夫善始者未必善終今不能遡流求源明法正俗育材興化以拯數百千年之禍僕恐後日之弊將有不可勝言者矣人或勉之仕則曰後世去古雖遠而先王之所設施本末先後猶可考見故爲政者莫先於復古苟因習舊弊以求合乎先王之意不亦難乎吾又不能隨時俛仰以赴機會將焉用仕於是杜門著書一不以窮通得喪動其志優游道藝以終其身年七十遺命其子處立處愿曰吾即死當表吾墓曰緱山杜處士天歷中贈資德大夫翰林學士上護軍追封魏郡公諡文獻所著書曰春秋地理原委十卷語孟旁通八卷皇極引用八卷皇極疑事四卷極學十卷律呂律歷禮樂雜志三十卷文集十卷其於律則究其始研其義長短清濁周徑積實各以類分取經史之說以實之而折衷其是非其於歷則謂造歷者皆從十一月甲子朔夜半冬至爲歷元獨邵子以爲天開於子取日甲月子星甲辰子爲元會運世之數無朔虛無閏餘率以三百六十爲歲而天地之盈虛百物之消長不能出乎其中矣論閉物開物則曰開於己閉於戊五天之中也六地之中也戊己月之中星也又分卦配之紀年金之大定庚寅交小過之初六國朝之甲寅三月二十有三日寅時交小過之九四多先儒所未發援其要著于篇云

張特立字文舉東明人初名永避金衛紹王諱易今名中泰和進士爲偃師主簿改宣德州司候州多金國戚號難治特立至官俱往謁之有五將軍率家奴劫民羣羊特立命大索閭里遂過將軍家溫言誘之曰將軍宅寧有盜羊者邪聊視之以杜衆口潛使人索其後庭得羊數十遂縛其奴縶獄其子匿他舍捕得之以近族得減死論豪貴由是遵法民賴以全正大初遷洛陽令時軍旅數起郡縣窘迫東帥紇石烈牙兀䚟又侮慢儒士會移鎭陝右道經洛陽見特立淳古不禮之遽責令治糗具期三日足後期如軍法縣民素賢特立爭輸於庭帥大奇之既而拜監察御史首言世宗諸孫不宜幽囚尚書右丞顏盞石魯與細民爭田參知政事徒單兀典諂事近習皆當罷黜執政者忌之會平章政事白撒犒軍陝西特立又劾其掾不法白撒訴于世宗言特立所言事失實世宗宥之遂歸田里特立通程氏易晚教授諸生東平嚴實每加禮焉歲丙午世祖在潛邸受王印首傳旨諭特立曰前監察御史張特立養素丘園易代如一今年幾七十研究聖經宜錫嘉名以光潛德可特賜號曰中庸先生又諭曰先生年老目病不能就道故令趙寶臣諭意且名其讀書之堂曰麗澤壬子歲復降璽書諭特立曰白首窮經誨人不倦無過不及學者宗之昔已賜嘉名今復諭意癸丑特立卒年七十五中統二年詔曰中庸先生學有淵源行無瑕玷雖經喪亂不改故常未遂丘園之賁俄興宅窆之悲可復賜前號以彰寵數特立所著書有易集說歷年係事記

杜本字伯原其先居京兆後徙天台又徙臨江之清江今爲清江人本博學善屬文江浙行省丞相忽剌木得其所上救荒策大奇之及入爲御史大夫力薦於武宗嘗被召至京師未幾歸隱武夷山中文宗在江南時聞其名及即位以幣徵之不起至正三年右丞相脫脫以隱士薦詔遣使賜以金織文幣上尊酒召爲翰林待制奉議大夫兼國史院編修官使者致君相意趣之行至杭州稱疾固辭而致書於丞相曰以萬事合爲一理以萬民合爲一心以千載合爲一日以四海合爲一家則可言制禮作樂而躋五帝三王之盛矣遂不行本湛靜寡欲無疾言遽色與人交尤篤於義有貧無以養親無貲以爲學者皆濟之平居書冊未嘗釋手天文地理律歷度數靡不通究尤工於篆隸所著有四經表義六書通編十原等書學者稱爲清碧先生至正十年卒年七十有五時有張樞子長者婺之金華人亦屢徵不起樞幼聰慧外家潘氏蓄書數萬卷樞盡取而讀之過目輒不忘既長肆筆成章頃刻數千言有問以古今沿革政治得失宇宙之分合禮樂之廢興以至帝號官名歲月先後歷歷如指諸掌其爲文務推明經史以扶翼教道尤長於紀事嘗取三國時事撰漢本紀列傳附以魏吳

載記爲續後漢書七十三卷臨川危素稱其立義精密可備勸講朝廷取其書寘宣文閣浙東部使者交薦之前後章凡九上至正三年命儒臣纂修遼金宋三史右丞相脫脫以監修國史領都總裁辟樞本府長史力辭不拜七年申命史臣纂修本朝后妃功臣傳復以翰林修撰儒林郎同知制誥兼國史院編修官召樞俾與討論復避不就使者强之行至杭州固辭而歸嘗著春秋三傳歸一義三十卷刊定三國志六十五卷林下竊議曲江張公年譜各一卷弊帚編若干卷至正八年卒年五十有七

孫轍字履常其先自金陵徙家臨川轍幼孤母蔡氏教之知警策自樹立比長學行純篤事母甚孝家居教授門庭蕭然而考德問業者日盛郡中俊彥有聲者皆出其門轍與人言一以孝弟忠信爲本辭溫氣和聞者莫不油然感悟待親戚鄉里禮意周洽言論間未嘗幾微及人過失長短士子至郡者必來見部使者長吏以下仁且賢者必造焉轍樂易莊敬接之以禮言不及官府憲司屢辟皆不就江西行省特以遺逸舉轍一人轍善爲文章吳澄嘗敘其集曰所謂仁義之人其言藹如也其見稱許如此元統二年年七十有三卒于家同郡吳定翁字仲谷其先當宋初自金陵來徙定翁幼歲儼如成人寒暑衣冠不少懈清修文雅與孫轍齊名而最善爲詩揭傒斯稱其幽茂疎澹可比盧摯御史及江西之方伯牧守部使者辟薦相望終身不爲動程鉅夫嘗貽書曰臨川士友及門者踵相接也何相望足下耿耿如玉人而不可得見乎定翁嘗曰士無求用於世惟求無媿於世人以爲名言

何中字太虛撫之樂安人少穎拔以古學自任家有藏書萬卷手自校讐其學弘深該博廣平程鉅夫清河元明善柳城姚燧東平王構同郡吳澂揭傒斯皆推服之至順二年江西行省平章全岳柱聘爲龍興郡學師明年六月以疾卒所著有易類象二卷書傳補遺十卷通鑑綱目測海三卷知非堂藁十七卷同郡危復之字見心宋末爲太學生師事湯漢博覽羣書好讀易尤工於詩至元初元帥郭昂屢薦爲儒學官不就至元中朝廷累遣奉御察罕及翰林應奉詹玉以幣徵之皆弗起隱於紫霞山中士友私謚曰貞白先生

武恪字伯威宣德府人初以神童遊學江南吳澄爲江西儒學副提舉薦入國學肄業明宗在潛邸選恪爲說書秀才及出鎭雲南恪在行明宗欲起兵陝西恪諫曰太子北行於國有君命於家有叔父之命今若向京師發一箭史官必書太子反左右惡恪言乃曰武秀才有母在京合遣其回恪遂還京師居陋巷教訓子弟文宗知其名除秘書監典簿秩滿丁內艱再除中瑞司典簿改汾西縣尹皆不起人或勸之仕恪曰向爲親屈今親已死不復仕矣居數歲會朝廷選守令泰不華舉恪爲平陽沁水縣尹亦不赴近臣又薦爲授經郎恪遂陽爲瘖瘂不就恪好讀周易每日堅坐或問之曰先生之學以何爲本恪曰以敬爲本所著有水雲集若干卷其從之學者多有所成佛家奴爲太尉完者不花僉樞密院事皆有賢名

元史卷二百

明翰林學士亞中大夫知制誥兼修國史宋　濂等修

列傳第八十七

列女

古者女子之居室也必有傅姆師保爲陳詩書圖史以訓之凡左右佩服之儀內外授受之別與所以事父母舅姑之道蓋無所不備也而又有天子之后妃諸侯之夫人躬行於上以率化之則其居安而有淑順之稱臨變而有貞特之操者夫豈偶然哉後世此道旣廢女生而處閫閾之中溺情愛之私耳不聆箴史之言目不覩防範之具由是動踰禮則而往往自放於邪僻矣苟於是時而有能以懿節自著者焉非其生質之美則亦豈易致哉史氏之書所以必錄而弗敢畧也元受命百餘年女婦之能以行聞於朝者多矣不能盡書采其尤卓異者具載於篇其間有不忍夫死感慨自殺以從之者雖或失於過中然較於苟生受辱與更適而不知媿者有間矣故特著之以示勸勵之義云

崔氏周朮忽妻也丁亥歲從朮忽官平陽金將來攻城克之下令官屬妻子敢匿者死時朮忽以使事在上黨崔氏急卽抱幼子禎以詭計自言於將將信之使軍吏書其臂出之崔氏曰婦人臂使人執而書非禮也以金賂吏使書之紙吏曰吾知汝誠賢婦然令不敢違令崔自揎袖吏懸筆而書焉旣出有言其詐者將怒命追之崔與禎伏土窖三日得免旣與朮忽會未幾朮忽以病亡崔年二十九卽大慟柩前誓不更嫁斥去麗飾服皁布弊衣放散婢僕躬自紡績悉以資產遺親舊有權貴使人諷求娶輒自爬毀其面不欲生四十年未嘗妄言笑預吉會治家教子有法人比古烈婦云

周氏澤平石城人年十六適李伯通生一子名易金末伯通監豐潤縣國兵攻之城破不知所終周氏與易被虜謂偕行者曰人苟愛其生萬一受辱不如死也卽自投于塹主者怒拔佩刀三刃其體而去得不死遂攜易而逃間關至汴績紝以自給教易讀書有成

楊氏東平須城人夫郭三從軍襄陽楊氏留事舅姑以孝聞至元六年夫死戍所母欲奪嫁之楊氏號痛自誓乃已久之夫骨還舅曰新婦年少終必他適可令吾子鰥處地下耶將求里人亡女骨合瘞之楊氏聞益悲不食五日自經死遂與夫共葬焉

胡烈婦渤海劉平妻也至元七年平當戍棗陽車載其家以行夜宿沙河傍有虎至銜平去胡覺起追及之持虎足顧呼車中兒取刀殺虎虎死扶平還至季陽城求醫以傷卒縣官言狀命恤其母子仍旌異之至大間建德王氏女父出耘舍傍遇豹爲所噬曳之升山父大呼女識父聲驚趨救以父所棄鋤擊豹腦殺之父乃得生

闞文興妻王氏名醜醜建康人也文興從軍漳州爲其萬戶府知事王氏與俱行至元十七年陳吊眼作亂攻漳州文興率兵與戰死之王氏被掠義不受辱乃紿賊曰俟吾葬夫卽汝從也賊許之遂脫得負屍還積薪焚之火旣熾卽自投火中死至順三年事聞贈文興侯爵謚曰英烈王氏曰貞烈夫人有司爲立廟祀之號雙節云

郎氏湖州安吉人宋進士朱甲妻也朱嘗仕浙東以郎氏從至元間朱歿郎氏護喪還至玉山里留居避盜勢家柳氏欲强聘之郎誓不從夜奔裝奉柩遁柳邀之中道復死拒得免家居養姑甚謹姑嘗病郎禱天刲股肉進啖而愈後姑喪以哀聞大德十一年旌美之又有東平鄭氏大寧杜氏安西楊氏並少寡守志割體肉療姑病

秦氏二女河南宜陽人逸其名父嘗有危疾醫云不可攻姊閉戶默禱鑿已腦和藥進飲遂愈父後復病欲絕妹刲股肉置粥中父小啜卽甦孫氏女河間人父病癩十年女禱于天求以身代且吮其膿血旬月而愈許氏女安豐人父疾割股啖之乃瘥張氏女廬州人嫁爲高垕妻母病目喪明張氏歸省抱母泣以舌舐之目忽能視州縣各以狀聞褒表之

焦氏涇陽袁天祐妻也天祐祖父始皆從軍役祖母楊氏母焦氏並家居守志至元二十三年天祐復從征死甘州妻焦氏年少宗族欲改嫁之焦氏哭且言曰袁氏不幸三世早寡自祖姑以來皆守節義豈可至吾而遂廢乎吾生爲袁氏婦死則葬袁氏土爾終不能改容事他人也衆不敢復言周氏澤州人嫁爲安西張興祖妻年二十四興祖歿舅姑欲使再適周氏弗從曰妾家祖父皆早世妾祖母妾母並以貞操聞妾或中道易節是忘故夫而辱先人也夫忘故夫不義辱先人不孝不孝不義妾不爲也遂居嫠三十年奉舅姑生事死葬無違禮其父與外祖皆無後葬祭之禮亦周氏主之有司以聞並賜旌異

趙孝婦德安應城人早寡事姑孝家貧傭織於人得美食必持歸奉姑自啖麤糲不厭嘗念姑老一旦有不諱無由得棺乃以次子鬻富家得錢百緡買杉木治之棺成置于家南隣失火時南風烈甚火勢及孝婦家孝婦亟扶姑出避而棺重不可移乃撫膺大哭曰吾爲姑賣兒得棺無能爲我救之者苦莫大焉言畢風轉而北孝婦家得不焚人以爲孝感所致

霍氏二婦尹氏楊氏夫家鄭州人至元間尹氏夫耀卿歿姑命其更嫁尹氏曰婦之行一節而已再嫁而失節妾不忍爲也姑曰世之婦皆然人未嘗以爲非汝獨何耻之有尹氏曰人之志不同妾知守妾志爾姑不能强楊氏夫顯卿繼歿慮姑欲其嫁卽先白姑曰妾聞娣姒猶兄弟也宜相好焉今姒旣留妾可獨去乎願與共修

婦道以終事吾姑姑曰汝果能若是吾何言哉於是同處二十餘年以節孝聞又有邢州任氏乾州田氏皆一家三婦俱少寡誓不他適戮力蠶桑以養舅姑事聞並命褒表

王德政妻郭氏大名人少孤事母張氏孝謹以女儀聞於鄉及笄富貴家慕之爭求聘張氏不許時德政教授里中年四十餘貌甚古陋張氏以貧不能教二子欲納德政爲婿使教之宗族皆不然郭氏慨然順母志旣婿與德政相敬如賓囑教二弟有成未幾德政卒郭氏年方二十餘勵節自守甚有貞名大德間表其家

只魯花眞蒙古氏年二十六夫忽都病卒誓不再醮孝養舅姑逾二十五年舅姑歿塵衣垢面廬於墓終身至元間旌之其後又有冀城宋仲榮妻梁氏舅歿負土爲墳懷孟何氏大名趙氏並以夫歿守志養舅姑以壽終親負土築其墳高三丈餘

段氏隆興霍榮妻也榮無子嘗乞人爲養子榮卒段氏年二十六養舅姑以孝稱舅姑歿榮諸父仲汶貪其產謂段曰汝子假子也可令歸宗汝無子宜改適霍氏業汝無預焉段曰家貲不可計但再醮非義尚容妾思之卽退入寢室引針刺面墨漬之誓死不貳大德二年府上狀中書給羊酒幣帛仍命旌門復役如制又有興和吳氏自刺其面成紀謝思明妻趙氏自髡其髮冀寧田濟川妻武氏溧水曹子英妻尤氏嚙指滴血並誓不更嫁各以有司爲請旌之

朱虎妻茅氏崇明人大德間虎官都水監坐罪籍其家吏錄送茅氏及二子赴京師太醫提點師甲乞歸家欲妻之茅氏誓死不從母子三人以裙相結連晝夜倚抱號哭形貌銷毀師知不可奪釋之茅氏託居永明尼寺憂憤不食卒

聞氏紹興俞新之妻也大德四年新之歿聞氏年尚少父母慮其不能守欲更嫁之聞氏哭曰一身二夫烈婦所恥妾可無生可無恥乎且姑老子幼妾去當令誰視也卽斷髮自誓父知其志篤乃不忍強姑久病風且失明聞氏手滌溷穢不怠時漱口上堂舐其目目爲復明及姑卒家貧無資傭工與子親負土葬之朝夕悲號聞者惻惻鄉里嘉其孝爲之語曰欲學孝婦當問俞母又有劉氏渤海李五妻也少寡父母使再醮不從舅患疽劉禱于天數日潰吮其血乃愈旣而親挽小車載舅詣岳祠以答神貺

馬英河內人性孝友父喪哀毀二兄繼歿英獨事母甚謹又奉二寡嫂與居使得保全嫠節及喪母卜地葬諸喪親負土爲四墳手植松栢廬墓側終身趙氏女名玉兒冠州人嘗許爲李氏婦未婚夫死遂誓不嫁以養父母父母歿負土爲墳鄉里稱孝焉

馮氏名淑安字靜君大名宦家女山陰縣尹山東李如忠繼室也如忠初娶蒙古氏生子任數歲而卒大德五年如忠病篤謂馮曰吾已矣其奈汝何馮氏引刀斷髮自誓不他適如忠歿兩月遺腹生一子名伏李氏及蒙古氏之族在北聞如忠歿於官家多遺財相率來山陰馮氏方病乘間盡取其貲及子任以去馮不與較一室蕭然唯餘如忠及蒙古氏之柩而已朝夕哭泣隣里不忍聞久之鬻衣權厝二柩戢山下携其子廬墓側時年始二十二羸形苦節爲女師以自給父母來視之憐其孤苦欲使更事人馮爪面流血不肯從居二十年始護喪歸葬汝上齊魯之人聞之莫不嘆息

李君進妻王氏遼陽人大德八年君進病卒卜葬將發引親戚隣里咸會王氏謂衆曰夫婦死同穴義也吾得從良人逝不亦可乎因撫棺大慟嘔血升許卽仆于地死衆爲斂之與夫連柩出葬送者數百人莫不洒泣移刺氏同知湖州路事耶律忽都不花妻也夫歿割耳自誓旣葬廬墓側悲號不食死趙氏名哇兒大寧人年二十夫蕭氏病劇謂哇兒曰我死汝年少若之何哇兒曰君幸自寬脫有不可諱妾不獨生必從君地下遂命匠制巨棺夫歿卽自經死家人同棺斂葬焉又有雷州朱克彬妻周氏大都費巖妻王氏買哥妻耶律氏曹州鄭贓兒妻康氏陝州陳某妻別娥娥大同宋堅童妻琉氏李安童妻胡氏晉州劉恕妻趙氏冀寧王思忠妻張氏饒州劉楫妻趙氏東平徐順妻彭氏大寧趙雕兒妻安氏陳恭妻張氏武壽妻劉氏宋敬先妻謝氏撒里妻蕭氏古城魏貴妻周氏任城郭灰兒妻趙氏棗陽朱某妻丁氏葉縣王保子妻趙氏興州某氏妻魏氏灤州裴某妻董貴哥成都張保童妻郝氏利州高塔必也妻白氏河南楊某妻盧氏蒙古氏太朮妻阿不察相兀孫妻脫脫眞並以早寡不忍獨生以死從夫者事聞悉命褒表或賜錢贈謚云

朱淑信山陰人少寡誓不再嫁一女妙淨幼哭父雙目並失明及長擇偶者不至家貧歲凶母子相依以苦節自厲士人王士貴重其孝乃求娶焉

葛妙眞宣城民家女九歲聞日者言母年五十當死妙眞卽悲憂祝天誓不嫁終身齋素以延母年母後年八十一卒畏吾氏三女家錢塘諸兄遠仕不歸母思之疾三女欲慰母意乃共斷髮誓天終身不嫁以養母同力侍護四十餘年母竟以壽終事上並賜旌異

王氏燕人張買奴妻也年十六買奴官錢塘病歿葬城西十里外王氏每旦被髮步往奠之伏墓大慟欲絕久而致疾舅姑力止其行乃已服闋舅姑謂之曰吾子已歿新婦年尚少宜自圖終身計毋徒淹吾家也王氏泣曰父母命妾奉箕箒於張氏今夫不幸早逝天也此足豈可復履他人門乎固不從煢居三十年貞白無少玷又有馮翊王義妻盧氏睢陽劉澤妻解氏東平楊三妻張氏並守志有節命旌其門

張義婦濟南鄒平人年十八歸里人李伍伍與從子零戍福寧未幾死戍所張獨家居養舅姑甚至父母舅姑病凡四刲股肉救不懈及死喪葬無遺禮旣而歎曰妾夫死數千里外妾不能歸骨以葬者以舅姑父母在無所仰故也今不幸父母舅姑已死而夫骨終暴棄遠土使無妾卽已妾在敢愛死乎乃臥積冰上誓曰天若許妾取夫骨雖寒甚當得不死踰月竟不死鄉人異之乃相率賻以錢大書其事於衣以行行四十日至福寧見零問夫葬地則榛莽四塞不可識張哀慟欲絕夫忽降于童言動無異其生時告張死時事甚悲且指示骨所在處張如其言發得之持骨祝曰爾信妾夫耶入口當如氷雪黏如膠已而果然官義之上于大府使零護喪還給錢使葬仍旌門復其役

丁氏新建鄭伯文妻也大德間伯文病將歿丁氏與訣曰妾自得侍巾櫛誓與偕老君今不幸疾若是脫有不諱妾當從但君父母已老無他子婦侍養妾苟復自亡使君父母食不甘味則君亦不瞑目矣妾且忍死以奉其餘年必不改事他人以負君於冥冥也伯父卒丁氏年二十七居喪哀毀服旣除父母屢議奪嫁之丁氏每聞必慟哭曰妾所以不死者非苟生有他志也與良人約將以事舅姑耳今舅姑在堂固無恙妾可棄去而不信於良人乎父遂止舅姑嘗病丁氏夙夜護視衣不解帶及死喪葬盡禮事上表其門白氏太原人夫慕釋氏道棄家爲僧白氏年二十留養姑不去服勤績紝以供租賦夫一日還迫使他適白斷髮誓不從夫不能奪乃去姑年九十卒竭力營葬畫姑像祀之終身

趙美妻王氏內黃人至治元年美溺水死王氏誓守志舅姑念其年少無子欲使更適人王氏曰婦義無再醮且舅姑在妾可棄而去耶舅姑乃欲以族姪與繼婚王氏拒不從舅姑迫之力王氏知不免卽引繩自經死李冬兒甄城人丁從信妻也年二十三從信歿服闋父母呼婦問之曰汝年少居孀又無子何以自立吾爲汝再擇婿何如冬兒不從詣從信冢哭欲縊墓樹上家人防之不果日暮還從信家夜二鼓入室更新衣自經死李氏濱州惠高兒妻也年二十六高兒歿父欲奪歸嫁之李氏不從自縊而死

脫脫尼雍吉剌氏有色善女工年二十六夫哈剌不花卒前妻有二子皆壯無婦欲以本俗制收繼之脫脫尼以死自誓二子復百計求遂脫脫尼恚且罵曰汝禽獸行欲妻母耶若死何面目見汝父地下二子慙懼謝罪乃析業而居三十年以貞操聞王氏成都李世安妻也年十九世安卒夫弟世顯欲收繼之王氏不從引刃斷髮復自劓其耳創甚親戚驚歎爲醫療百日乃愈狀上並旌之

趙彬妻朱氏名錦哥洛陽人也天歷初西兵掠河南朱氏遇兵五人被執逼與亂朱氏拒曰我良家婦豈從汝賊耶兵怒提曳箠楚之朱氏度不能脫卽紿謂之曰汝幸釋我舍後井傍有瘞金當發以遺汝兵信之乃隨其行朱氏得近井卽抱三歲女踴身赴井中死是歲又有偃師王氏女名安哥從父避兵印山丁家洞兵入搜得之見安哥色美驅使出欲汚之安哥不從投澗死有司言狀並表其廬

貴哥蒙古氏同知宣政院事羅五十三妻也天歷初五十三得罪貶海南籍其家詔以貴哥賜近侍卯罕卯罕親率車騎至其家迎之貴哥度不能免令婢僕以飲食延卯罕於廳事如廁自經死

臺叔齡妻劉氏順寧人也粗知書克修婦道一日地震屋壞壓叔齡不能起家復失火叔齡母前救不得欲就焚叔齡望見呼曰吾已不可得出當亟救吾母劉謂夫妹曰汝救汝母汝兄必死吾不用復生矣卽自投火中死火滅家人得二屍燼中猶手相握不開官嘉其烈上于朝命錄付史臣

李智貞建寧浦城人父子明無子智貞七歲能讀書九歲母病調護甚謹及卒哀慟欲絕不茹葷三年治女工供祭祀及奉父甘旨不乏鄉里稱爲孝女父嘗許爲鄭全妻未嫁從父客邵武邵武豪陳良悅其慧強納采求聘智貞斷髮拒之且數自求死良不能奪卒歸全事舅姑父母皆有道泰定間全病歿智貞悲泣不食數日而死

蔡三玉龍溪陳端才妻也盜起漳州掠龍溪父廣瑞與端才各竄去三玉獨偕夫妹出避鄰祠中盜入斫夫妹見三玉美不忍傷與里婦歐氏同驅納舟中行至柳營江迫妻之三玉佯許諾因起更衣自投江水而死越三日屍流至廣瑞舟側廣瑞識爲女收斂之歐氏脫歸言狀有司高其操爲請表之乃命旌門復役仍給錢以葬

元史卷二百一

明翰林學士亞中大夫知制誥兼修國史宋　濂等修

列傳第八十八

列女

武用妻蘇氏眞定人從家京師用疾蘇氏刲股爲粥以進疾即愈生子德政四歲而寡夫之兄利其貲欲逼而嫁之不聽未幾夫兄舉家死惟餘三弱孫蘇氏取而育之德政長事蘇氏至孝蘇氏死時天大旱德政方掘地求水以供葬事忽二蛇躍出德政因默禱焉二蛇一東一北隨其地掘之果得泉有司上其事旌復其家

任仲文妻林氏寧海人家甚貧年二十八而寡姑患風疾不良於行林氏旦暮扶侍惟謹撫育三子皆有成年一百三歲而卒

江文鑄妻范氏名妙元奉化人年二十一歸于江及門未合巹夫忽以癇疾卒范曰我既入江氏之門即江氏婦也豈以夫亡有異志哉遂居江氏之家撫諸姪江森江道如己子卒年九十五有柳氏者薊郡人爲戶部主事趙野妻未成婚而野卒柳哭之盡哀誓不再嫁其兄將奪其志柳曰業已歸趙氏雖未成婚而夫婦之禮已定矣雖凍餓死豈有他志哉後寢疾不肯服藥曰我年二十六而寡今已逾半百得死此疾幸矣遂卒

姚氏餘杭人居山谷間夫出刈麥姚居家執爨母何氏往汲澗水久而不至俄聞覆水聲亟出視則虎啣其母以走姚倉卒往逐之即以手毆其脇鄰人競執器械以從虎乃置之而去姚負母以歸求藥療之奉養二十餘年而卒又方寧妻官勝娘者建寧人寧爲田勝娘饁之見一虎方攫其夫勝娘即棄饁奮梃連擊之虎舍去勝娘負夫至中途而死有司以聞爲旌復其家

衣氏汴梁儒士孟志剛妻志剛卒貧而無子有司給以棺木衣氏紿匠者曰可寬大其棺吾夫有遺衣服欲盡置其中匠者然之是夕衣氏具鷄黍祭其夫家之所有悉散之隣里及同居王媼曰吾聞一馬不被兩鞍吾夫既死與之同棺共穴可也遂自刎死有侯氏者鈞州曹德妻德病死侯氏語人曰年少夫亡婦人之不幸也欲守吾志而亂離如此其能免乎遂縊死於墓又周經妻吳氏郭惟辛妻郝氏陳輝妻白氏張頑住妻杜氏程二妻成氏李貞妻武氏暗都剌妻張氏並闕　獨生自縊而死事聞咸旌異之

湯煇妻張氏處州龍泉人會兵亂其家財先已移入山砦夫與姑共守之舅以疾未行張歸任藥膳且以輿自隨既而賊至即命以輿載其舅而已遇賊賊以刀脅之曰從我則生否則死張掠髮整衣請受刃賊未忍殺張懼汚即奪其刃自剄死年二十七又湯婍者亦龍泉人有姿容賊殺其父母以刃脅之婍不勝悲咽乞早死因以頭觸刃賊怒斫殺之其妹亦不受辱而死

俞士淵妻童氏嚴州人姑性嚴待之寡恩童氏柔順以事之無少拂其意者至正十三年賊陷威平官軍復之已乃縱兵剽掠至士淵家童氏以身蔽姑衆欲汚之童氏大罵不屈一卒以刀擊其左臂愈不屈又一卒斷其右臂罵猶不絶衆乃皮其面而去明日乃死

張氏女高郵人城亂賊知張女有姿艷叩其家索之女方匿複宇間賊將害其父母女不得已乃出拜賊賊即伏地呼其父母爲丈人媪而以女行女欣欣然從之過橋投水死有高氏婦者同郡人也携其女從夫出避亂見道旁空舍入其中脫金纏臂與女且語夫令疾行夫挈女稍遠乃解足紗自經賊至焚其舍夫抵儀眞夜夢婦來告曰我已縊死彼舍矣其精爽如此

惠士玄妻王氏大都人至正十四年士玄病革王氏曰吾聞病者糞苦則愈乃嘗其糞頗甘王氏色愈憂士玄囑王氏曰我病必不起前妾所生子汝善保護之待此子稍長即從汝自嫁矣王氏泣曰君何爲出此言耶設有不諱妾義當死尚復有他說乎君幸有兄嫂此兒必不失所居數日士玄卒比葬王氏遂居墓側蓬首垢面哀毀逾禮常以妾子置左右飲食寒暖惟恐不至歲餘妾子亦死乃哭曰無復望矣屢引刀自殺家人驚救得免至終喪親舊皆携酒禮祭士玄于墓祭畢衆欲行酒王氏已經死於樹矣又有王氏者良鄉費隱妻也隱有疾王氏數嘗其糞及疾篤囑王氏曰我一子一女雖妾所生無異汝所出也我死汝其善撫育之遂沒王氏居喪撫其子女既而子又死服除謂其親屬曰妾聞夫乃婦之天今夫已死妾生何爲乃執女手語之曰汝今已長稍知人事管鑰在此汝自司之遂相抱慟哭是夜縊死於圍中

李景文妻徐氏名彩鸞字淑和浦城徐嗣源之女略通經史每誦文天祥六歌必爲之感泣至正十五年青田賊寇浦城徐氏從嗣源逃旁近山谷賊持刀欲害嗣源徐氏前曰此吾父也寧殺我賊舍父而止徐氏徐氏語父曰兒義不受辱今必死父可速去賊拘徐氏至桂林橋拾炭題詩壁間有惟有桂林橋下水千年照見妾心清之句乃厲聲罵賊投于水賊競出之既而乘間復投水死

周婦毛氏松陽人美姿色至正十五年隨其夫避亂麻鷺山中爲賊所得脅之曰從我多與若金否則殺汝毛氏曰寧剖我心不願汝金賊以刀磨其身毛氏因大詈曰碎咼賊汝碎則臭我碎則香賊怒刳其腸而去年二十九

丁尚賢妻李氏汴梁人年二十餘有姿容至正十五年賊至欲虜之李氏怒曰吾家六世義門豈能從賊以辱身乎於是闔門三百餘口俱被害

李順兒者許州儒士李讓之女也性聰慧頗涉經傳年十八未嫁至正十五年賊陷鈞州密邇許昌父謂其母曰吾家以詩禮相傳此女必累我女聞之泣曰父母可自逃難勿以我爲憂須臾於後園內自經而死

吳守正妻禹氏名淑靖字素清紹興人至元十六年徙家崇德之石門淑靖嘗從容謂守正曰方今羣盜蜂起萬一不測妾惟有死而已不使人汚此身也是年夏盜陷崇德淑靖倉皇携八歲女登舟以避有盜數輩奔入其舟將犯淑靖淑靖乃抱幼女投河死

黃仲起妻朱氏杭州人至正十六年張士誠寇杭州其女臨安奴倉皇言曰賊至矣我別母求一死也俄而賊驅諸婦至其家且指朱氏母子曰爲我看守日暮我當至也朱氏聞之懼受辱遂與女俱縊死妾馮氏見其母子已死嘆曰我生何爲徒受辱耳亦自縊死繼而仲起弟妻蔡氏抱幼子玄童與乳母湯氏皆自縊及暮賊至見諸屍滿室執仲起將殺之哀求得脫賊遂盡掠其家財而去

焦士廉妻王氏博興人養姑至孝至正十七年毛貴作亂官軍競出虜掠王氏被執紿曰我家墓田有藏金可共取也信之隨王氏至墓所王氏哭曰我已得死所矣實無藏金汝可於此殺我乃與妾杜氏皆遇害又有趙氏者平陽人年二十未嫁寇亂趙被驅迫以行度不能免紿賊曰吾取所藏金以遺汝賊信之遂還投于廁而死

陳淑眞富州陳壁之女壁故儒者避亂移家龍興淑眞七歲能誦詩皷琴至正十八年陳友諒寇龍興淑眞見隣嫗倉皇來告乃取琴坐牖下彈之曲終泫然流涕曰吾絶絃於斯乎父母怪問之淑眞曰城陷必遭辱不如早死明日賊至其居臨東湖遂溺焉水淺不死賊抽矢脅之上岸淑眞不從賊射殺之時同郡李宗頤妻夏氏名婉常亦儒家女與女匿居後圃中賊至挾其女共投井死

秦閏夫妻柴氏晉寧人閏夫前妻遺一子尚幼柴氏鞠如己出未幾柴氏有子閏夫病且死囑柴氏曰我病不復起家貧惟二幼子汝能撫其成立我死亦無憾矣閏夫死家事日微柴氏辛勤紡績遣二子就學至正十八年賊犯晉寧其長子爲賊驅迫在圍中既而得脫初在賊時有惡少與張福爲仇往滅其家及官軍至福訴其事事連柴氏長子法當誅柴氏引次子詣官泣訴曰往從惡者吾次子非吾長子也次子曰我之罪可加於兄乎鞫之至死不易其言官反疑次子非柴氏所出訊之他囚始得其情官義柴氏之行爲之言曰婦執義不忘其夫之命子趨死而能成母之志此天理人情之至也遂釋免其長子而次子亦得不死時人皆以爲難二十四年有司上其事旌其門而復其家

也先忽都蒙古欽察氏大寧路達魯花赤鐵木兒不花之妻以夫恩封雲中郡君夫坐事免官居大寧至正十八年紅巾賊至也先忽都與妾玉蓮走尼寺中爲賊所得令與衆婦縫衣拒不肯爲賊嚇以刃也先忽都罵曰我達魯花赤妻也汝曹賊也我不能爲針工以從賊賊怒殺之玉蓮因自縊者凡三賊併殺之先是其子完者帖本兒年十四與父出城見執于賊完者拜哭請以身代父死賊愛完者姿秀遂挈以從久之乃獲脫歸訪母屍并玉蓮葬焉

呂彥能者陵州人至正十八年賊犯陵州彥能與家人謀所往其姊久嫠居寓彥能家先曰我喪夫二十年又無後不死何爲苟辱身則辱吾弟矣赴井死其妻劉氏語彥能曰妾爲君家婦二十八年茲不幸逢亂離必不負君君可自往妾入井矣彥能二女及子婦王氏二孫女皆隨劉氏溺井一門死者七人

劉公翼妻蕭氏濟南人有姿色頗通書史至正十八年

聞毛貴兵將壓境謀與夫謀曰妾詩書家女誓以氷雪自將儻城陷被執悔將何追妾以二子一女累君去作清白鬼於泉下耳夫曰事未至何急於此居亡何城陷蕭解絛自縊死

袁氏孤女建康路溧水州人年十五其母嚴氏孀居極貧病癱瘓臥于床者數年女事母至孝至正十二年兵火延其里隣婦强携女出避火女泣曰我何忍舍母去乎同死而已遂入室抱母共焚而死

徐允讓妻潘氏名妙圓山陰人至正十九年與其夫從舅避兵山谷間舅被執夫泣以救舅脫夫被兵所殺欲强辱潘氏潘氏因紿之曰我夫既死我從汝必矣若能焚吾夫可無憾也兵信之聚薪以焚其夫火既熾潘氏且泣且語遂投火以死又諸暨蔡氏者王琪妻也至正二十二年張士誠陷諸暨蔡氏避之長寧鄉山中兵猝至有造紙鑊方沸遂投其中而死

趙洙妻許氏集賢大學士有壬之姪女也至正十九年紅巾賊陷遼陽洙時爲儒學提舉夫婦避亂匿資善寺洙以叱賊見害許氏不知也賊甘言誘許氏令指示金銀之處許氏大言曰吾詩書冠冕故家不幸遇難但知守節而死他皆不知也賊以刃脅之許氏色不變已而知其夫死因慟哭仆地罵聲不絶口且曰吾母居武昌死于賊吾女兄弟亦死賊今吾夫又死焉使我得報汝當醢汝矣遂遇害寺僧見許氏死狀哀其貞烈賊退與洙合葬之

張正蒙妻韓氏紹興人正蒙嘗爲湖州德清稅務提領至正十九年紹興兵變正蒙謂韓氏曰吾爲元朝臣子於義當死韓氏曰爾果能死於忠吾必能死於節遂俱縊死其女池奴年十七泣曰父母既亡吾何以獨生亦投崖而死又何氏者處之龍泉縣季銳妻也因避兵于邑之繩門巖賊至何氏被執欲汚之乃與子榮兒女回娘投崖而死

劉氏二女長曰貞年十九次曰孫年十七龍興人皆未許嫁陳友諒寇龍興其母泣謂二女曰城或破置汝何所二女曰寧死不辱父母也城陷二女登樓相繼自縊婢鄭奴亦自縊

于同祖妻曹氏茶陵人父德夫敎授湖湘間同祖在諸生中因以女妻焉至正二十年茶陵陷曹氏聞婦女多被驅逐謂其夫及子曰是尚可全生乎我義不辱身以累汝也顧舅年老汝等善事之遂自刎死妾李氏驚抱持之不得亦引刀自剄絶而復蘇曰得從小君地下足矣是夕死

李仲義妻劉氏名翠哥房山人至正二十年縣大饑平章劉哈剌不花兵乏食執仲義欲烹之仲義弟馬兒走報劉氏劉氏遽往救之涕泣伏地告於兵曰所執者是吾夫也乞矜憐之貸其生吾家有醬一甕米一斗五升窖于地中可掘取之以代吾夫兵不從劉氏曰吾夫瘦小不可食吾聞婦人肥黑者味美吾肥且黑願就烹以代夫死兵遂釋其夫而烹劉氏聞者莫不哀之

李弘益妻申氏冀寧人至正二十年賊陷冀寧申語弘益曰君當速去勿以我婦人相累若賊入吾室必以妾故害及君矣言訖投井死弘益既免於難再娶安氏居二歲而弘益以疾卒安氏時年三十泣謂諸親曰女子一適人終身不改不幸夫死雖生亦何益哉乃竊入寢室膏沐薰裳自縊于柩側

鄭琪妻羅氏名妙安信州弋陽人幼聰慧能暗誦列女傳年二十歸琪琪家世宦族同居百餘口羅氏執婦道無間言琪以軍功擢鉛山州判官羅氏封宜人至正二十年信州陷羅氏度弋陽去州不遠必不免於難輒取所佩刀淬礪令銛甚琪問何爲對曰時事如此萬一遇難爲自全計耳已而兵至羅氏自刎死時年二十九

周如砥女年十九未適人至正二十年鄉民作亂如砥與女避于邑西之客僧嶺女爲賊所執賊曰吾未娶當以汝爲妻女曰我周典史女也死卽死豈能從汝耶賊遂殺之如砥時爲紹興新昌典史

狄恒妻徐氏天台人恒早沒徐氏守節不再醮至正二十年鄉民爲亂避難于牛頭山爲賊所執驅迫以前徐紿之曰吾渴甚欲求水一杯賊令自汲卽投井而死時年十八

柯節婦陳氏者長樂石梁人至正二十一年海賊劫石梁其夫適在縣郭陳氏出避賊道與賊遇被執以行陳氏且行且罵賊亂捶之挾以登舟罵不已忽振厲自投江中其父方臥病見其女至呼之不應駭曰吾豈夢耶旣而有自賊中歸者言陳氏死狀乃知其鬼也明日屍逆流而上止石梁岸傍時盛暑屍已變其夫驗其背有黑子乃慟哭曰是吾妻也舁歸斂之

李馬兒妻袁氏瑞州人至正二十二年李病沒袁氏年十九誓不再嫁以養舅姑有王成者聞袁氏有姿色挾勢欲娶之袁氏曰吾聞烈女不更二夫寧死不失身也遂往夫墓痛哭縊死樹下

王士明妻李氏名賽兒房山人至正二十五年竹貞軍至縣李氏及其女李家奴皆被執士明隨至軍軍怒逐之李氏謂其女曰汝父既爲軍所逐吾與汝必不得脫與其受辱不若死女曰母先殺我李氏卽以軍所遺鐶刀殺其女遂自殺竹貞聞之爲之葬祭仍書其門曰王士明妻李氏貞節之門有司上其事爲樹碑焉

陶宗媛台州人儒士杜思綱妻也歸杜四載而夫亡矢志守節台州被兵宗媛方居姑喪忍死護柩爲游軍所執迫脅之媛曰我若畏死豈留此耶任汝殺我以從姑于地下爾遂遇害其妹宗婉弟妻王淑亦皆赴水死

高麗氏宣慰副使孛羅帖木兒妻也至正二十七年十二月其夫死於兵謂人曰夫旣死矣吾安能復事人乎乃積薪塞戶以火自焚而死

張訥妻劉氏藍田人訥爲監察御史早卒劉守志不二河東受兵劉氏二子衡衍俱以事出外度不能自脫遂與二婦孫氏姚氏決死盡發貲囊分給家人婦姑同縊焉有華氏者大同張思孝妻爲貊高兵所執以不受辱見殺其婦劉氏偃壓姑屍大罵不已兵併殺之後家人殮其屍婦姑之手猶相持不捨

觀音奴妻卜顏的斤蒙古氏宗王黑閭之女大都被兵卜顏的斤謂其夫曰我乃國族且年少必不容於人豈惜一死以辱家國乎遂自縊而死時張棟妻王氏語家人曰吾爲狀元妻義不可辱赴井死其姑哭之慟亦赴井死

安志道妻劉氏順州人志道及劉氏之弟明理並登進士第劉氏避兵匿岩穴中軍至欲汚之劉氏曰我弟與夫皆進士也我豈受汝辱乎軍士以兵磨其體劉大罵不輟聲軍怒乃鉤斷其舌含糊而死

宋謙妻趙氏大都人兵破大都趙氏子婦溫氏高氏孫婦高氏徐氏皆有姿色合謀曰兵且至矣我等豈可辱身以苟全哉趙卽自經死諸婦四人諸孫男女六人衆妾三人皆赴井而死

齊闕妻劉氏河南人闕應募爲千夫長戰死澤潞間劉氏貧無所依守志不奪有來强議婚者劉氏紿曰吾三月三日有心願償畢當從汝所言是日徑往彰德天寧寺登浮圖絶頂祝天曰妾本河南名家劉氏女遭世亂適湖南齊闕爲妻今夫已死不敢失節也遂投地而死

王宗仁妻宋氏進士宋褧之女也宗仁家永平永平受兵宋氏從夫避于鏵子山夫婦爲軍所虜行至玉田縣有窺宋氏色美欲害宗仁者宋氏顧謂夫曰我不幸至此必不以身累君言訖遂携一女投井死時年二十九

王履謙妻齊氏太原人治家嚴肅克守婦道至正十八年賊陷太原齊氏與二婦蕭氏呂氏及二女避難於趙莊石巖賊且至度不能免顧謂二女曰汝家五世同居號爲清白豈可虧節辱身以苟生哉長女曰吾夫已死今爲未亡人得死爲幸呂氏曰吾爲中書左丞之孫義不受辱齊氏大哭乃與二婦二女及二孫女俱投岩下以死

王時妻安氏名正同磁州人平章政事祐孫女也至正十九年時以參知政事分省太原安氏從之二十年賊兵寇太原城陷衆皆逃安氏與其妾李氏同赴井死事聞贈梁國夫人謚莊潔

徐猱頭妻岳氏大都人兵入都城岳氏告其夫曰我等恐被驅逐將奈何其夫曰事急惟有死耳何避也遂火其所居夫婦赴火以死其母王氏二女一子皆抱持赴火死

金氏詳定使四明程徐妻也京城既破謂其女曰汝父出捍城我三品命婦汝儒家女又進士妻不可受辱抱二歲子及女赴井死

汪琰妻潘氏徽州婺源人年二十八而琰卒潘氏誓不他適以其夫從兄之子元圭爲後元圭時始三歲鞠之不啻己出潘氏卒年六十二元圭之子良垕有子燕山燕山卒時妻李氏年二十四無子乃守志自誓父母欲奪而嫁之不聽燕山兄子惟德娶俞氏惟德早死二子甚幼俞氏守節辛勤不墜家業故人賢汪氏之門而稱曰三節同郡歙縣吳子恭之妻蔣氏年二十八而夫亡孀居五十年年七十八卒至正十四年旌表門閭

元史卷二百二

明翰林學士亞中大夫知制誥兼修國史宋　濂等修

列傳第八十九

釋老

釋老之教行乎中國也千數百年而其盛衰每繫乎時君之好惡是故佛於晉宋梁陳黃老于漢魏唐宋而其效可覩矣元興崇尚釋氏而帝師之盛尤不可與古昔同語維道家方士之流假禱祠之說乘時以起曾不及其什一焉宋舊史嘗志老釋厥有旨哉乃本其意作釋老傳

帝師八思巴者土番薩斯迦人族款氏也相傳自其祖朶栗赤以其法佐國主霸西海者十餘世八思巴生七歲誦經數十萬言能約通其大義國人號之聖童故名曰八思巴少長學富五明故又稱曰班彌怛歲癸丑年十有五謁世祖于潛邸與語大悅日見親禮中統元年世祖卽位尊爲國師授以玉印命製蒙古新字字成上之其字僅千餘其母凡四十有一其相關紐而成字者則有韻關之法其以二合三合四合而成字者則有語韻之法而大要則以諧聲爲宗也至元六年詔頒行於天下詔曰朕惟字以書言言以紀事此古今之通制我國家肇基朔方俗尚簡古未遑制作凡施用文字因用漢楷及畏吾字以達本朝之言考諸遼金以及遐方諸國例各有字今文治寖興而字書有闕於一代制度實爲未備故特命國師八思巴創爲蒙古新字譯寫一切文字期於順言達事而已自今以往凡有璽書頒降者並用蒙古新字仍各以其國字副之遂升號八思巴曰大寶法王更賜玉印十一年請告西還留之不可乃以其弟亦憐眞嗣焉十六年八思巴卒訃聞賻贈有加賜號皇天之下一人之上宣文輔治大聖至德普覺眞智佑國如意大寶法王西天佛子大元帝師至治間特詔郡縣建廟通祀泰定元年又以繪像十一頒各行省爲之塑像云亦憐眞嗣爲帝師凡六歲至元十九年卒答兒麻八剌乞列嗣二十三年卒亦攝思連眞嗣三十一年卒乞剌斯八斡節兒嗣成宗特造寶玉五方佛冠賜之元貞元年又更賜雙龍盤紐白玉印文曰大元帝師統領諸國僧尼中興釋教之印大德七年卒明年以輦眞監藏嗣又明年卒都家班嗣皇慶二年卒相兒加思嗣延祐元年卒二年以公哥羅古羅思監藏班藏卜嗣至治三年卒旺出兒監藏嗣泰定二年卒公哥列思八冲納思監藏班藏卜嗣賜玉印降璽書諭天下其年卒天曆二年以輦眞吃剌失思嗣八思巴時又有國師膽巴者一名功嘉葛剌思西番突甘斯旦麻人幼從西天竺古達麻失利傳習梵秘得其法要中統間帝師八思巴薦之時懷孟大旱世祖命禱之立雨又嘗呪食投龍湫頃之奇花異果上尊湧出波面取以上進世祖大悅至元末以不容於時相桑哥力請西歸旣復召還謫之潮州時樞密副使月的迷失鎭潮而妻得奇疾膽巴以所持數珠加其身卽愈又嘗爲月的迷失言異夢及己還朝期後皆驗元貞間海都犯西番界成宗命禱于摩訶葛剌神已而捷書果至又爲成宗禱疾遄愈賜與甚厚且詔分御前校尉十人爲之導從成宗北巡命膽巴以象輿前導過雲州語諸弟子曰此地有靈怪恐驚乘輿當密持神呪以厭之未幾風雨大至衆咸震懼惟幄殿無虞復賜碧鈿盃一大德七年夏卒皇慶間追號大覺普惠廣照無上膽巴帝師其後又有必蘭納識里者初名只剌瓦彌的理北庭感木魯國人幼熟畏兀兒及西天書長能貫通三藏暨諸國語大德六年奉旨從帝師受戒於廣寒殿代帝出家更賜今名皇慶中命繙譯諸梵經典延祐間特賜銀印授光祿大夫是時諸番朝貢表牋文字無能識者皆令必蘭納識理譯進嘗有以金刻字爲表進者帝遣視之廷中愕眙觀所以對必蘭納識理隨取案上墨汁塗金葉審其字命左右執筆口授表中語及使人名氏與貢物之數書而上之明日有司閱其物色與所賚重譯之書無少差者衆無不服其博識而竟莫測其何所從授或者以爲神悟云授開府儀同三司仍賜三臺銀印兼領功德使司事厚其廩餼俾得以養母焉至治三年改賜金印特授沙律愛護持且命爲諸國引進使至順二年又賜玉印加號普覺圓明廣照弘辯三藏國師二年與安西王子月魯帖木兒等謀爲不軌坐誅其所譯經漢字則有楞嚴經西天字則有大乘莊嚴寶度經乾陀般若經大涅槃經稱讚大乘功德經西番字則有不思議禪觀經通若干卷元起朔方固已崇尚釋教及得西域世祖以其地廣而險遠民獷而好鬭思有以因其俗而柔其人乃郡縣土番之地設官分職而領之於帝師乃立宣政院其爲使位居第二者必以僧爲之出帝師所辟舉而總其政於內外者帥臣以下亦必僧俗並用而軍民通攝於是帝師之命與詔勅並行於西土百年之間朝廷所以敬禮而尊信之者無所不用其至雖帝后妃主皆因受戒而爲之膜拜正衙朝會百官班列而帝師亦或專席於坐隅且每帝卽位之始降詔褒護必勅章佩監絡珠爲字以賜蓋其重之如此其未至而迎之則中書大臣馳驛累百騎以往所過供億送迎比至京師則敕大府假法駕半仗以爲前導詔省臺院官以及百司庶府並服銀鼠質孫用每歲二月八日迎佛威儀往迓且命禮部尚書郎中專督迎接及其卒而歸葬舍利又命百官出郭祭餞大德九年專遣平章政事鐵木兒乘傳護送賻金五百兩銀千兩幣帛萬匹鈔三千錠皇慶二年加至賻金五千兩銀一萬五千兩錦綺雜綵共一萬七千匹雖其昆弟子姓之往來有司亦供億無乏泰定間以帝師弟公哥亦思監將至詔中書持羊酒郊勞而其兄瑣南藏卜遂尙公主封白蘭王賜金印給圓符其弟子之號司空司徒國公佩金玉印章者前後相望爲其徒者怙勢恣雎日新月盛氣燄熏灼延于四方爲害不可勝言有楊璉眞加者世祖用爲江南釋教總統發掘故宋趙氏諸陵之在錢唐紹興者及其大臣塚墓凡一百一所戕殺平民四人受人獻美女寶物無算且攘奪盜取財物計金一千七百兩銀六千八百兩玉帶九玉器大小百一十有一雜寶貝百五十有二大珠五十兩鈔一十一萬六千二百錠田二萬三千畝私庇平民不輸公賦者二萬三千戶他所藏匿未露者不論也又至大元年上都開元寺西僧彊市民薪民訴諸留守李璧璧方詢問其由僧已率其黨持白梃突入公府隔案引璧髮捽諸地捶朴交下拽之以歸閉諸空室久乃得脫奔訴于朝遇赦以免二年復有僧龔柯等十八人與諸王合兒八剌妃忽禿赤的斤爭道拉妃墮車毆之且有犯上等語事聞詔釋不問而宣政院臣方奏取旨凡民毆西僧者截其手詈之者斷其舌時仁宗居東宮聞之亟奏寢其令泰定二年西臺御史李昌言嘗經平涼府靜會定西等州見西番僧佩金字圓符絡繹道途馳騎累百傳舍至不能容則假館民舍因迫逐男子奸汚女婦奉元一路自正月至七月往返者百八十五次用馬至八百四十餘匹較之諸王行省之使十多六七驛戶無所控訴臺察莫得誰何且國家之製圓符本爲邊防警報之虞僧人何事而輒佩之乞更正僧人給驛法且令臺憲得以糾察不報必蘭納識里之誅也有司籍之得其人畜土田金銀貨貝錢幣邸舍書畫器玩以及婦人七寶裝具價値鉅萬萬云若歲時祝釐禱祠之常號稱好事者其目尤不一有曰鎭雷阿藍納四華言慶讚也有曰亦思滿藍華言藥師壇也有曰搠思串卜華言護城也有曰朶兒禪華言大施食也有曰朶兒只列朶四華言美妙金剛迴遮施食也有曰察兒哥朶四華言迴遮也有曰籠哥兒華言風輪也有曰喒朶四華言作施食也有曰出朶兒華言出水濟六道也有曰黨剌朶四華言迴遮施食也有曰典朶兒華言常川施食也有曰坐靜有曰魯朝華言獅子吼道場也有曰黑牙蠻答哥華言黑獄帝主也有曰搠思江朶兒麻華言護江神施食也有曰赤思古林搠華言自受主戒也有曰鎭雷坐靜有曰吃剌察坐靜華言秘密坐靜也有曰斟惹華言文殊菩薩也有曰古林朶四華言至尊大黑神迴遮施食也有曰歇白咱剌華言大喜樂也有曰必思禪華言無量壽也有曰覩思哥兒華言白傘蓋呪也有曰收札沙剌華言五護陀羅尼經也有曰阿昔答撒答昔里華言八十頌般若經也有曰撒思納屯華言大理天神呪也有曰闊兒魯弗卜屯華言大輪金剛呪也有曰且八迷屯華言無量壽經也有曰亦思羅八華言最勝王經也有曰撒思納屯華言護神呪也有曰南占屯華言懷相金剛也有曰卜魯八華言呪法也又有作擦擦者以泥作小浮屠也又有作答兒剛者其作答兒剛者或一所二所以至七所作擦擦者或十萬二十萬以至三十萬又嘗造浮屠二百一十有六實以七寶珠玉半置海畔半置水中以鎭海災延祐四年宣徽使會每歲內廷佛事所供其費以斤數者用麪四十三萬九千五百油七萬九千酥二萬一千八百七十蜜二萬七千三百自至元三十年間醮祠佛事之目僅百有二大德七年再立功德司遂增至五百有餘僧徒貪利無已營結近侍欺昧奏請布施莽齋所需非一歲費千萬較之大德不知幾倍又每歲必因好事奏釋輕重囚徒以爲福利雖大臣如阿里閫帥如別沙兒等莫不假是以逭其誅宣政院參議李良弼受賕鬻官直以帝師之言縱之其餘殺人之盜作奸之徒夤緣幸免者多至或取空名宣勅以爲布施而任其人可謂濫矣凡此皆有關乎一代之治體者故今備著焉若夫天下寺院之領於內外宣政院曰禪曰敎曰律則固各守其業惟所謂白雲宗白蓮宗者亦或頗通奸利云

丘處機登州棲霞人自號長春子兒時有相者謂其異日當爲神仙宗伯年十九爲全眞學于寧海之崑崙山與馬鈺譚處端劉處玄王處一郝大通孫不二同師重陽王眞人重陽一見處機大器之金宋之季俱遣使來召不赴歲己卯太祖自乃蠻命近臣札八兒劉仲祿持詔求之處機一日忽語其徒使促裝曰天使來召我我當往翌日二人者至處機乃與弟子十有八人同往見焉明年宿留山北先馳表謝拳拳以止殺爲勸又明年趣使再至乃發撫州經數十國爲地萬有餘里蓋蹀血戰場避寇叛域絶糧沙漠自崑崙歷四載而始達雪山常馬行深雪中馬上舉策試之未及積雪之半旣見太祖大悅賜食設廬帳甚飭太祖時方西征日事攻戰處機每言欲一天下者必在乎不嗜殺人及問爲治之方則對以敬天愛民爲本問長生久視之道則告以清心寡欲爲要太祖深契其言曰天錫仙翁以寤朕志命左

右書之且以訓諸子焉於是錫之虎符副以璽書不斥其名惟曰神仙一日雷震太祖以問處機對曰雷天威也人罪莫大於不孝不孝則不順乎天故天威震動以警之似聞境內不孝者多陛下宜明天威以導有衆太祖從之歲癸未太祖大獵于東山馬踣處機請曰天道好生陛下春秋高數畋獵非宜太祖爲罷獵者久之時國兵踐蹂中原河南北尤甚民罹俘戮無所逃命處機還燕使其徒持牒招求於戰伐之餘由是爲人奴者得復爲良與濱死而得更生者毋慮二三萬人中州人至今稱道之歲乙酉熒惑犯尾其占在燕處機禱之果退舍丁亥又爲旱禱期以三日雨當名瑞應已而亦驗有旨改賜宮名曰長春且遣使勞問制若曰朕常念神仙神仙毋忘朕也六月浴于東溪越二日天大雷雨太液池岸北水入東湖聲聞數里魚鼈盡去池遂涸而北口高岸亦崩處機歎曰山其摧乎池其涸乎吾將與之俱乎遂卒年八十其徒尹志平等世奉璽書襲掌其教至大間加賜金印處機之四傳有曰祁志誠者居雲州金閣山道譽甚著丞相安童嘗過而問之志誠告以修身治世之要安童感其言故其相世祖也以清靜忠厚爲主及罷還第退然若無與於世者人以爲有得於志誠之言其後安童復被召入相辭不可遂往決於志誠志誠曰昔與子同列者何人今同列者何人安童悟入見世祖辭曰臣昔爲宰相年尚少幸不失陛下事者丞佐皆臣所師友今事臣者皆進與臣俱則臣之爲政能有加於前乎世祖曰誰爲卿言是對曰祁眞人世祖歎異者久之

正一天師者始自漢張道陵其後四代曰盛來居信之龍虎山相傳至三十六代宗演當至元十三年世祖已平江南遣使召之至則命廷臣郊勞待以客禮及見語之曰昔歲己未朕次鄂渚嘗令王一清往訪卿父卿父使報朕曰後二十年天下當混一神仙之言驗於今矣因命坐錫宴特賜玉芙蓉冠組金無縫服命主領江南道教仍賜銀印十八年二十五年再入覲世祖嘗命取其祖天師所傳玉印寶劍觀之語侍臣曰朝代更易已不知其幾而天師劍印傳子若孫尚至今日其果有神明之相矣乎嗟歎久之二十九年卒子與棣嗣爲三十七代襲掌江南道教三十一年入覲卒于京師元貞元年弟與材嗣爲三十八代襲掌道教時潮嚙鹽官海鹽兩州爲患特甚與材以術治之一夕大雷電以震明日見有物魚首龜形者磔于水裔潮患遂息大德五年召見于上都幄殿八年授正一教主主領三山符籙武宗卽位來覲特授金紫光祿大夫封留國公錫金印仁宗卽位特賜寶冠組織文金之服延祐三年卒四年子嗣成嗣爲三十九代襲領江南道教主領三山符籙如故其徒張留孫者字師漢信州貴溪人少時入龍虎山爲道士有道人相之曰神仙宰相也至元十三年從天師張宗演入朝世祖與語稱旨遂留侍闕下世祖嘗親祠幄殿皇太子侍忽風雨暴至衆駭懼留孫禱之立止又嘗次日月山昭睿順聖皇后得疾危甚亟召留孫請禱旣而后夢有朱衣長髯從甲士導朱輦白馭行草間者覺而異之以問留孫對曰甲士導輦馭者臣所佩法籙中將吏也朱衣長髯者漢祖天師也行草間者春時也殿下之疾其及春而瘳乎后命取所事畫像以進視之果夢中所見者帝后大悅卽命留孫爲天師留孫固辭不敢當乃號之上卿命尚方鑄寶劍以賜建崇眞宮于兩京俾留孫居之專掌祠事十五年授玄教宗師錫銀印又特任其父信州路治中尋陞江東道同知宣慰司事是時天下大定世祖思與民休息留孫待詔尚方因論黃老治道貴清淨聖人在宥天下之旨深契主衷及將以完澤爲相命留孫筮之得同人之豫留孫進曰同人柔得位而進乎乾君臣之合也豫利侯命相之事也何吉如之願陛下勿疑及拜完澤天下果以爲得賢相大德中加號玄教大宗師同知集賢院道教事且追封其三代皆魏國公官階品俱第一武宗立召見賜坐陛大眞人知集賢院位大學士上尋又加特進進講老子推明謙讓之道及仁宗卽位猶恒誦其言且諭近臣曰累朝舊德僅餘張上卿衞進開府儀同三司加號輔成贊化保運玄教大宗師刻玉爲玄教大宗師印以賜至治元年十二月卒年七十四天歷元年追贈道祖神應眞君其徒吳全節嗣全節字成季饒州安仁人年十三學道于龍虎山至元二十四年至京師從留孫見世祖三十一年成宗至自朔方召見賜古瑪玉蟠螭環一勑每歲侍從行幸所司給廬帳車馬衣服廩餼著爲令大德十一年授玄教嗣師錫銀印視二品至大元年賜七寶金冠織金文之服三年贈其祖昭文館大學士封其父司徒饒國公母饒國太夫人名其所居之鄉曰榮祿里曰具慶至治元年留孫卒二年制授特進上卿玄教大宗師崇文弘道玄德眞人總攝江淮荊襄等處道教知集賢院道教事玉印一銀印二幷授之全節嘗代祀嶽瀆還成宗問曰卿所過郡縣有善治民者乎對曰臣過洛陽太守盧摯平易無爲而民以安靖成宗曰吾憶其人卽日召拜集賢學士成宗崩仁宗至自懷孟有狂士以危言訐翰林學士閻復者事叵測全節力爲言于李孟孟以聞仁宗意解復告老而去當時以爲朝廷得敬大臣體而不以口語傷賢者全節蓋有力焉全節雅好結士大夫無所不傾其交長者尤見親而敬推轂善類唯恐不盡其力至於振窮周急又未嘗以恩怨異其心當時以爲頗有俠氣云全節卒年八十有二其徒夏文泳嗣

眞大道教者始自金季道士劉德仁之所立也其教以苦節危行爲要而不妄取於人不苟侈於己者也五傳而至酈希誠居燕城天寶宮見知憲宗始名其教曰眞大道授希誠太玄眞人領教事內出冠服以賜仍給紫衣三十襲賜其從者至元五年世祖命其徒孫德福統轄諸路眞大道錫銅章二十年改賜銀印二又三傳而至張志清其教益盛授演教大宗師凝神冲妙玄應眞人志清事親孝尤耐辛苦制行堅峻東海珠牢山舊多虎志清往結茅居之虎皆避徙然頗爲人害志清曰是吾奪其所也遂去之後居臨汾地大震城郭邑屋摧壓死者不可勝計獨志清所居裂爲二無少損焉乃徧巡木石間聽呻吟聲救活者甚衆朝廷重其名給驛致之掌教事志清舍傳徒步至京師深居簡出人或不識其面貴人達官來見率告病伏臥內不起至於道德縉紳先生則納屣杖屨求見不以爲難時人高其風至畫爲圖以相傳焉

太一教者始金天眷中道士蕭抱珍傳太一三元法籙之術因名其教曰太一四傳而至蕭輔道世祖在潛邸聞其名命史天澤召至和林賜對稱旨留居宮邸以老請授弟子李居壽掌其教事至元十一年建太一宮于兩京命居壽居之領祠事且禋祀六丁以繼太保劉秉忠之術十三年賜太一掌教宗師印十六年十月辛丑月直元辰勑居壽祠醮奏赤章于天凡五晝夜事畢居壽請間曰皇太子春秋鼎盛宜參預國政且又因典瑞董文忠以爲言世祖喜曰行將及之其後詔太子參決朝政庶事皆先啓後聞者蓋居壽爲之先也

元史卷二百三

明翰林學士亞中大夫知制誥兼修國史宋　濂等修

列傳第九十

方技 工藝附

自昔帝王勃興雖星歷醫卜方術異能之士莫不過絕於人類非後來所及蓋天運也元有中土鉅公異人身兼數器者皆應期而出相與立法創制開物成務以輔成大業亦云盛哉若道流釋子所挾多方事適逢時旣皆別爲之傳其他以術數言事輒驗及以醫著效被光寵者甚衆舊史多闕弗錄今取其事蹟可見者爲方技篇而以工藝貴顯亦附見焉

田忠良字正卿其先平陽趙城人金亡徙中山忠良好學通儒家雜家言嘗識太保劉秉忠於微時秉忠薦于世祖遣使召至帝覩其狀貌步趨顧謂侍臣曰是雖以陰陽家進必將爲國用俄指西序第二人謂忠良曰彼手中握何物忠良對曰雞卵也果然帝喜又曰朕有事縈心汝試占之對曰以臣術推之當是一名僧病耳帝曰然國師也遂遣左侍儀奉御也先乃送忠良司天臺給筆札令秉忠試星歷遁甲諸書秉忠奏曰所試皆通司天諸生鮮有及者詔官之司天帝曰朕用兵江南困于襄樊累年不決柰何忠良對曰在酉年矣至元十一年阿里海牙奏請率十萬衆渡江朝議難之帝密問曰汝試筮之濟否忠良對曰濟帝獵于柳林御幄殿侍臣甚衆顧忠良曰今拜一大將取江南朕心已定果何人耶忠良環視左右目一人對曰是偉丈夫可屬大事帝笑曰此伯顏也爲西王旭烈兀使朕以其才留用之汝識朕心賜鈔五百貫衣一襲七月十五日夜白氣貫三台帝問何祥忠良對曰三公其死乎未幾太保劉秉忠卒八月帝出獵駐蹕召忠良曰朕有所遺汝知何物還可復得否對曰其數珠乎明日二十里外人當有得而來獻者已而果然帝喜賜以貂裘十月有旨問忠良南征將士能渡江否勞師費財朕甚憂之忠良奏曰明年正月當奏捷矣十二年正月師取鄂州丞相伯顏遣使來獻宋寶有玉香爐轂以賜忠良及金織文十疋二月帝不豫召忠良謂曰或言朕今歲不嘉汝術云何忠良對曰聖體行自安矣三月帝疾愈賜銀五百兩衣材三十疋五月車駕清暑上都遣使來召曰叛者浸入山陵久而不去汝與和禮霍孫率衆往視之旣至山陵如故俄而叛兵大至圍之三匝三日不解忠良引衆夜歸敵殊不覺和禮霍孫以爲神白其事于帝賜黃金十兩八

月以海都爲邊患遣皇子北平王那木罕丞相安童征之忠良奏曰不吉將有叛者帝不悅十二月諸王昔里吉刼皇子丞相以入海都帝召忠良曰朕幾信讒言罪汝今如汝言汝祀神致禱雖黃金朕所不吝忠良對曰無事於神皇子未年當還後果然十四年八月車駕駐隆興北忠良奏曰昔里吉之叛以安童之食不彼及也今宿衞之士日食一瓜豈能充饑竊有怨言矣帝怒笞主膳二人俾均其食十五年三月汴梁河清三百里帝曰憲宗生河清朕生河又清今河又清何耶忠良對曰應在皇太子宮矣帝語符寶郎董文忠曰是不妄言殆有徵也十八年特命爲太常丞少府爲諸王昌童建宅於太廟南忠良往仆其柱少府奏之帝問忠良對曰太廟前豈諸王建宅所耶帝曰卿言是也又奏曰太廟前無馳道非禮也卽勅中書闢道國制十月上吉有事于太廟或請牲不用牛忠良奏曰梁武帝用麵爲犧牲後如何耶從之遷太常少卿二十年將征日本國召忠良擇日出師忠良奏曰僻陋海隅何足勞天戈不聽二十四年請建大社於朝右建郊壇於國南俄兼引進使二十九年遷太常卿大德元年遷昭文館大學士中奉大夫兼太常太卿十一年成宗崩阿忽台等持異謀將以皇后教祔成宗於廟忠良爭曰嗣皇帝祔先帝於廟禮也皇后教非制也阿忽台等怒曰制自天降耶汝不畏死敢沮大事忠良竟不從既而仁宗以太弟奉皇太后至自懷州潛與密謀誅阿忽台等武宗既位進榮祿大夫大司徒賜銀印仁宗卽位又進光祿大夫領太常禮儀院事延祐四年正月卒年七十五贈推忠守正佐運功臣太師開府儀同三司上柱國追封趙國公謚忠獻子天澤翰林侍講學士嘉議大夫知制誥兼修國史

靳德進其先潞州人後徙大名祖璇業儒父祥師事陵川郝溫兼善星歷金末兵亂與母相失母悲泣而盲祥訪得之舐其目百日復明人稱其孝國初玉出于劉敏行省于燕辟祥寘幕下佩以金符時藩帥得擅生殺無辜者多賴祥以免贈集賢大學士謚安靖德進爲人材辯幼讀書能通大義父歿益自刻勵尤精於星歷之學世祖命太保秉忠選太史官屬德進以選受天文星歷卜筮三科管勾凡交蝕躔次六氣侵沴所言休咎輒應時因天象以進規諫多所裨益累遷秘書監掌司天事從征叛王乃顏揆度日時率中機會諸將欲勦絕其黨德進獨陳天道好生請緩師以待其降俄奏言叛始由惑於妖言遂謀不軌宜括天下術士設陰陽教官使訓學者仍歲貢有成者一人帝從之遂著爲令成宗以皇孫撫軍北邊帝遣使授皇太子寶德進預在行凡攻戰取勝皆豫尅期日無不驗者亦間言事得失多所裨益成宗卽位歷陳世祖進賢納諫咨詢治亂之原帝嘉納之授昭文館大學士知太史院領司天臺事賜金帶宴服都城以茯苦糜或請以瓦易之帝以問德進對曰若是役驟興物必踴貴民力重困臣愚未見其可議遂寢勑中書自今凡集議政事必使德進預焉所建明多見於施行尋以病丐閒仁宗時在東宮特令中書加官以留之會車駕自上京還召見白海行宮授資德大夫中書右丞議通政院事仁宗卽位命領太史院事力辭不允以疾卒于位贈推誠贊治功臣榮祿大夫大司徒柱國魏國公謚文穆子泰工部侍郎

張康字汝安號明遠潭州湘潭人祖安厚父世英康早孤力學旁通術數宋呂文德江萬里留夢炎皆推重之辟置幕下宋亡隱衡山至元十四年世祖遣中丞崔彧祀南嶽就訪隱逸彧兄湖南行省參政崔斌言康隱衡山學通天文地理彧還具以聞遣使召康與斌偕至京師十五年夏四月至上都見帝親試所學大驗授著作佐郎仍以內嬪松夫人妻之凡召對禮遇殊厚呼以明遠而不名嘗面諭凡有所問使極言之十八年康上奏歲壬午太一理艮宮主大將客參將囚直符治事正屬燕分明年春京城當有盜兵事干將相十九年三月盜果起京師殺阿合馬等帝欲征日本命康以太一推之康奏曰南國甫定民力未蘇且今年太一無算舉兵不利從之嘗賜太史院錢分千貫以與康不受衆服其廉久之乞歸田里優詔不許遷奉直大夫秘書監丞年六十五卒子天祐

李杲字明之鎭人也世以貲雄鄕里杲幼歲好醫藥時易人張元素以醫名燕趙間杲捐千金從之學不數年盡傳其業家既富厚無事於技操有餘以自重人不敢以醫名之大夫士或病其資性高謇少所降屈非危急之疾不敢謁也其學於傷寒癰疽眼目病爲尤長北京人王善甫爲京兆酒官病小便不利目睛凸出腹脹如鼓膝以上堅硬欲裂飲食且不下甘淡滲泄之藥皆不效杲謂衆醫曰疾深矣內經有之膀胱者津液之府必氣化乃出焉今用滲泄之劑而病益甚者是氣不化也啓玄子云無陽者陰無以生無陰者陽無以化甘淡滲泄皆陽藥獨陽無陰其欲化得乎明日以羣陰之劑投不再服而愈西臺掾蕭君瑞二月中病傷寒發熱醫以白虎湯投之病者面黑如墨本證不復見脈沉細小便不禁杲初不知用何藥及診之曰此立夏前誤用白虎湯之過白虎湯大寒非行經之藥止能寒腑藏不善用之則傷寒本病隱曲於經絡之間或更以大熱之藥救之以苦陰邪則他證必起非所以救白虎也有溫藥之升陽行經者吾用之有難者曰白虎大寒非大熱何以救君之治奈何杲曰病隱於經絡間陽不升則經不行經行而本證見矣本證又何難焉果如其言而愈魏邦彥之妻目翳暴生從下而上其色綠腫痛不可忍杲云翳從下而上病從陽明來也綠非五色之正殆肺與腎合而爲病邪乃瀉肺腎之邪而以入陽明之藥爲之使既効矣而他日病復作者三其所從來之經與腎色各異乃曰諸脈皆屬於目脈病則目從之此必經絡不調經不調則目病未已也問之果然因如所論而治之疾遂不作馮叔獻之姪櫟年十五六病傷寒目赤而頓渴脈七八至醫欲以承氣湯下之已煮藥而杲適從外來馮告之故杲切脈大駭曰幾殺此兒內經有言在脈諸數爲熱諸遲爲寒今脈八九至是熱極也而會要大論云病有脈從而病反者何也脈之而從按之不鼓諸陽皆然此傳而爲陰證矣令持薑附來吾當以熱因寒用法處之藥未就而病者爪甲變頓服者八兩汗尋出而愈陜帥郭巨濟病偏枯二指著足底不能伸杲以長針刺骩中深至骨而不知痛出血一二升其色如墨又且謬刺之如此者六七服藥三月病良已裴擇之妻病寒熱月事不至者數年已喘嗽矣醫者率以蛤蚧桂附之藥投之杲曰不然夫病陰爲陽所搏溫劑太過故無益而反害投以寒血之藥則經行矣已而果然杲之設施多類此當時之人皆以神醫目之所著書今多傳於世云

工藝

孫威渾源人幼沈鷙有巧思金貞祐間應募爲兵以驍勇稱及雲中來附守帥表授義軍千戶從軍攻潞州破鳳翔皆有功善爲甲嘗以意製蹄筋翎根鎧以獻太祖親射之不能徹大悅賜名也可兀蘭佩以金符授順天安平懷州河南平陽諸路工匠都總管從攻邠乾突戰不避矢石帝勞之曰汝縱不自愛獨不爲吾甲胄計乎因命諸將衣其甲者問曰汝等知所愛重否諸將對皆失旨意太祖曰能捍蔽爾輩以與我國家立功者非威之甲耶而爾輩言不及此何也復以錦衣賜威每從戰伐恐民有橫被屠戮者輒以蒐簡工匠爲言而全活之歲庚子卒年五十八至大二年贈中奉大夫武備院使神川郡公謚忠惠子拱爲監察御史後襲順天安平懷州河南等路甲匠都總管巧思如其父常製甲二百八十襲以獻至元十一年別製疊盾其製張則爲盾斂則合而易持世祖以爲古所未有賜以幣帛丞相伯顏南征以甲胄不足詔諸路集匠民分製拱董順天河間甲匠先期畢工且象虎豹異獸之形各殊其制皆稱旨十五年授保定路治中適歲饑議開倉賑民或曰宜請于朝拱曰救荒事不可緩也若得請而後發粟以賑之則民餓死矣苟見罪吾自任之遂發粟四千五百石以賑饑民高陽土豪據沙河橋取行者錢人以爲病拱執而罪之二十二年除武備少卿遷大都路軍器人匠總管陞工部侍郎成宗卽位典朝會供給賜銀百兩織紋段五十匹帛二十五匹鈔萬貫元貞二年授大同路總管兼府尹大德五年遷兩浙都轉運使鹽課舊二十五萬引歲不能足拱至增五萬引遂爲定額九年改益都路總管兼府尹仍出內府弓矢寶刀賜之卒于官贈大司農神川郡公謚文莊

阿老瓦丁

阿老瓦丁回回氏西域木發里人也至元八年世祖遣使徵砲匠于宗王阿不哥王以阿老瓦丁亦思馬因應詔二人舉家馳驛至京師給以官舍首造大砲豎于五門前帝命試之各賜衣段十一年國兵渡江平章阿里海牙遣使求砲手匠命阿老瓦丁往破潭州靜江等郡悉賴其力十五年授宣武將軍管軍總管十七年陛見賜鈔五千貫十八年命屯田於南京二十二年樞密院奉旨改元帥府爲回回砲手軍匠上萬戶府以阿老瓦丁爲副萬戶大德四年告老子富謀只襲副萬戶皇慶元年卒子馬哈馬沙襲

亦思馬因回回氏西域旭烈人也善造砲至元八年與阿老瓦丁至京師十年從國兵攻襄陽未下亦思馬因相地勢置砲于城東南隅重一百五十斤機發聲震天地所擊無不摧陷入地七尺宋安撫呂文煥懼以城降既而以功賜銀二百五十兩命爲回回砲手總管佩虎符十一年以疾卒子布伯襲職時國兵渡江宋兵陳于南岸擁舟師迎戰布伯於北岸豎砲以擊之舟悉沉沒後每戰用之皆有功十八年佩三珠虎符加鎭國上將軍回回砲手都元帥明年改軍匠萬戶府萬戶遷刑部尚書以弟亦不剌金爲萬戶佩元降虎符官廣威將軍布伯俄進通奉大夫浙東道宣慰使賜鈔二萬五千貫

俾養老焉子哈散瘞授昭信校尉高郵府同知致和元年八月樞密院檄亦不剌金所部軍匠至京師賜鈔二千五百貫金綺四端與馬哈馬沙造砲天歷三年以疾卒子亞古襲

阿尼哥尼波羅國人也其國人稱之曰八魯布幼敏悟異凡兒稍長誦習佛書期年能曉其義同學有爲繪畫粧塑業者讀尺寸經阿尼哥一聞卽能記長善畫塑及鑄金爲像中統元年命帝師八合斯巴建黃金塔于吐蕃尼波羅國選匠百人往成之得八十人求部送之人未得阿尼哥年十七請行衆以其幼難之對曰年幼心不幼也乃遣之帝師一見奇之命監其役明年塔成請歸帝師勉以入朝乃祝髮受具爲弟子從帝師入見帝視之久問曰汝來大國得無懼乎對曰聖人子育萬方子至父前何懼之有又問汝來何爲對曰臣家西域奉命造塔吐蕃二載而成見彼土兵難民不堪命願陛下安輯之不遠萬里爲生靈而來耳又問汝何所能對曰臣以心爲師頗知畫塑鑄金之藝帝命取明堂針灸銅像示之曰此安撫王檝使宋時所進歲久闕壞無能修完之者汝能新之乎對曰臣雖未嘗爲此請試之至元二年新像成關鬲脉絡皆備金工歎其天巧莫不愧服凡兩京寺觀之像多出其手爲七寶鑌鐵法輪車駕行幸用以前導原廟列聖御容織錦爲之圖畫弗及也至元十年始授人匠總管銀章虎符十五年有詔返初服授光祿大夫大司徒領將作院事寵遇賞賜無與爲比卒贈太師開府儀同三司涼國公上柱國謚敏慧子六人曰阿僧哥大司徒阿述臈諸色人匠總管府達魯花赤有劉元者嘗從阿尼哥學西天梵相亦稱絕藝元字秉元薊之寶坻人始爲黃冠師事青州把道錄傳其藝非一至元中凡兩都名剎塑土範金摶換爲佛像出元手者神思妙合天下稱之其上都三皇尤古粹識者以爲造意得三聖人之微者由是兩賜宮女爲妻命以官長其屬行幸必從仁宗嘗勑元非有旨不許爲人造他神像後大都南城作東嶽廟元爲造仁聖帝像巍巍然有帝王之度其侍臣像乃若憂深思遠者始元欲作侍臣像久之未措手適閱秘書圖畫見唐魏徵像矍然曰得之矣非若此莫稱爲相臣者遽走廟中爲之卽日成士大夫觀者咸歎異焉其所爲西番佛像多秘人罕得見者元官爲昭文館大學士正奉大夫秘書卿以壽終摶換者漫帛土偶上而髹之已而去其土髹帛儼然成像云

元史卷二百四

明翰林學士亞中大夫知制誥兼修國史宋　濂等修

列傳第九十一

宦者

前世宦者之禍嘗烈矣元之初興非能有鑒乎古者然歷十有餘世考其亂亡之所由而初不自奄人出何哉蓋自太祖選貴臣子弟給事內廷凡飲食冠服書記上所常御者各以其職典之而命四大功臣世爲之長號四怯薛故天子前後左右皆世家大臣及其子孫之生而貴者而宦官之擅權竊政者不得有爲於其間雖或有之然不旋踵而遂敗此其詒謀可謂度越前代者矣如李邦寧者以亡國奄豎遭遇世祖進齒薦紳遂躋極品然其言亦有可稱者焉至於朴不花乃東夷之人始以西宮同里因緣柄用遂與權奸同惡相濟訖底于誅戮則固有以致之也用特著之于篇

李邦寧字叔固錢塘人初名保寧宋故小黃門也宋亡從瀛國公入見世祖命給事內庭警敏稱上意令學國書及諸蕃語卽通解遂見親任授御帶庫提點陞章佩少監遷禮部尚書提點太醫院使成宗卽位進昭文館大學士太醫院使帝嘗寢疾邦寧不離左右者十餘月武宗立命爲江浙行省平章政事邦寧辭曰臣以奄腐餘命無望更生先朝幸赦而用之使得承乏中涓高爵厚祿榮寵過甚陛下復欲置臣宰輔臣何敢當宰輔者佐天子共治天下者也奈何辱以寺人陛下縱不臣惜如天下後世何誠不敢奉詔帝大悅使大臣白其言于太后及皇太子以彰其善帝嘗奉皇太后燕大安閣閣中有故篋問邦寧曰此何篋也對曰此世祖貯裘帶者臣聞有聖訓曰藏此以遺子孫使見吾朴儉可爲華侈之戒帝命發篋視之歎曰非卿言朕安知之時有宗王在側遽曰世祖雖神聖然嗇於財邦寧曰不然世祖一言無不爲後世法一予奪無不當功罪且天下所入雖富苟用不節必致匱乏自先朝以來歲賦已不足用又數會宗藩資費無算旦暮不給必將橫歛掊怨豈美事耶太后及帝深然其言俄加大司徒尚服院使遙授丞相行大司農領太醫院事階金紫光祿大夫太廟舊嘗遣官行事至是復欲如之邦寧諫曰先朝非不欲親致饗祀誠以疾廢禮耳今陛下繼成之初正宜開彰孝道以率先天下躬祀太室以成一代之典循習故弊非臣所知也帝稱善卽日備法駕宿齋宮且命邦寧爲大禮使禮成加恩三代曾祖頤贈銀青光祿大夫司徒謚敬懿祖德懋贈儀同三司大司徒謚忠獻父掲贈太保開府儀同三司謚文穆仁宗卽位以邦寧舊臣賜鈔千錠辭弗受國學將釋奠敕遣邦寧致祭于文宣王點視畢至位立殿戶方闔忽大風起殿上及兩廡燭盡滅燭臺底鐵鐏入地尺無不拔者邦寧悚息伏地諸執事者皆伏良久風定乃成禮邦寧因慚悔累日初仁宗爲皇太子丞相三寶奴等用事畏仁宗英明邦寧揣知其意言於武宗曰陛下富於春秋皇子漸長父作子述古之道也未聞有子而立弟者武宗不悅曰朕志已定汝自往東宮言之邦寧慚懼而退仁宗卽位左右咸請誅之仁宗曰帝王歷數自有天命其言何足介懷加邦寧開府儀同三司爲集賢院大學士以疾卒

朴不花

朴不花高麗人亦曰王不花皇后奇氏微時與不花同鄉里相爲依倚及選爲宮人有寵遂爲第二皇后居興聖宮生皇太子愛猷識理達臘於是不花以閹人入事皇后者有年皇后愛幸之情意甚膠固累遷官至榮祿大夫資正院使資正院者皇后之財賦悉隸焉至正十八年京師大饑疫時河南北山東郡縣皆被兵民之老幼男女避居聚京師以故死者相枕藉不花欲要譽一時請于帝市地收瘞之帝賜鈔七千錠中宮及興聖隆福兩宮皇太子皇太子妃賜金銀及他物有差省院施者無算不花出玉帶一金帶一銀二錠米三十四斛麥六斛青貂銀鼠裘各一襲以爲費擇地自南北兩城抵盧溝橋掘深及泉男女異壙人以一屍至者隨給以鈔畀負相踵旣覆土就萬安壽慶寺建無遮大會至二十年四月前後瘞者二十萬用鈔二萬七千九十餘錠米五百六十餘石又於大悲寺修水陸大會三晝夜凡居民病者予之藥不能喪者給之棺翰林學士承旨張翥爲文頌其事曰善惠之碑於是帝在位久而皇太子春秋日盛軍國之事皆其所臨決皇后乃謀內禪皇太子而使不花喻意於丞相太平太平不荅二十年太平乃罷去而獨搠思監爲丞相時帝益厭政不花乘間用事與搠思監相爲表裏四方警報將臣功狀皆抑而不聞內外解體然根株盤固氣焰薰灼內外百官趣附之者十九又宣政院使脫歡與之同惡相濟爲國大蠹二十三年監察御史也先帖木兒孟也先不花傅公讓等乃劾奏朴不花脫歡奸邪當屏黜御史大夫老的沙以其事聞皇太子執不下而皇后庇之尤固御史乃皆坐左遷治書侍御史陳祖仁連上皇太子書切諫之而臺臣大小皆辭職皇太子乃爲言於帝令二人皆辭退而祖仁言猶不已又上皇帝書言二人亂階禍本今不芟除後必不利漢唐季世其禍皆起此輩而權臣藩鎭乘之故千尋之木吞舟之魚其腐敗必由於內陛下誠思之可爲寒心臣願俯從臺諫之言將二人特加擯斥不令以辭退爲名成其姦計海內皆知陛下信賞必罰自此二人始將士孰不効力寇賊亦皆喪膽天下可全而有以還祖宗之舊若優柔不斷彼惡日盈將不可制臣寧餓死于家誓不與同朝牽聯及禍語具陳祖仁傳會侍御史李國鳳亦上書皇太子言不花驕恣無上招權納賂奔競之徒皆出其門駸駸有趙高張讓田令孜之風漸不可長衆人所共知之獨主上與殿下未之知耳自古宦者近君親上使少得志未有不爲國家禍者望殿下思履霜堅冰之戒早賜奏聞投之西夷以快衆心則紀綱可振紀綱振則天下之公論爲可畏法度爲不可犯政治脩而百廢舉矣由是帝大怒國鳳祖仁等亦皆左遷時老的沙執其事頗力皇太子因惡之而皇后又譖之於內帝以老的沙母舅故封爲雍王遣歸國已而復以不花爲集賢大學士崇正院使皇后之力也老的沙至大同遂留孛羅帖木兒軍中是時搠思監朴不花方倚擴廓帖木兒爲外援怨孛羅帖木兒匿老的沙不遣遂誣孛羅帖木兒與老的沙謀不軌二十四年詔削其官使解兵柄歸四川孛羅帖木兒知不出帝意皆搠思監朴不花所爲怒不奉詔宗王不顏帖木兒等爲表言其誣枉而朝廷亦畏其强不可制復下詔數搠思監朴不花互相壅蔽簧惑主聽之罪屏搠思監于嶺北竄朴不花于甘肅以快衆憤而復孛羅帖木兒官爵然搠思監朴不花皆留京城實未嘗行未幾孛羅帖木兒遣禿堅帖木兒以兵向闕聲言清君側之惡是月十二日駐于淸河帝遣達達國師問故往復者數四言必得搠思監朴不花乃退兵帝度其勢不可解不得已執兩人畀之其兵乃退朴不花遂爲孛羅帖木兒所殺事具搠思監孛羅帖木兒傳

元史卷二百五

明翰林學士亞中大夫知制誥兼修國史宋　濂等修

列傳第九十二

姦臣

古之爲史者善惡備書所以示勸懲也故孔子修春秋於亂臣賊子之事無不具載而楚之史名檮杌皆以戒夫爲惡者使知所懼而不敢肆焉後世作史者有酷吏佞幸姦臣叛逆之傳良有以也元之舊史往往詳於記善畧於懲惡是蓋當時史臣有所忌諱而不敢直書之爾然姦巧之徒挾其才術以取富貴竊威福始則毒民誤國而終至於殞身亡家者其行事之槩亦或散見於實錄編年之中猶有春秋之意存焉謹撮其尤彰著者纂文而書之作姦臣傳以爲世鑒而叛逆之臣亦各以類附見云

阿合馬回紇人也不知其所由進世祖中統三年始命領中書左右部兼諸路都轉運使專以財賦之任委之阿合馬奏降條畫宣諭各路運司明年以河南鈞徐等州俱有鐵冶請給授宣牌以興鼓鑄之利世祖陞開平府爲上都又以阿合馬同知開平府事領左右部如故阿合馬奏以禮部尚書馬月合乃兼領已括戶三千興煽鐵冶歲輸鐵一百三萬七千斤就鑄農器二十萬事易粟輸官者凡四萬石至元元年正月阿合馬言太原民煮小鹽越境販賣民貪其價廉競買食之解鹽以故不售歲入課銀止七千五百兩請自今歲增五千兩無問僧道軍匠等戶鈞出其賦其民間通用小鹽從便是年秋八月罷領中書左右部併入中書超拜阿合馬爲中書平章政事進階榮祿大夫三年正月立制國用使司阿合馬又以平章政事兼領使職久之制國用使司奏以東京歲課布疏惡不堪用者就以市羊於彼眞定順天金銀不中程者宜改鑄別怯赤山出石絨織爲布火不能然請遣官採取又言國家費用浩繁今歲自車駕至都已支鈔四千錠恐來歲度支不足宜量節經用十一月制國用使司奏桓州峪所採銀鑛已十六萬斤百斤可得銀三兩錫二十五斤採鑛所需鬻錫以給之悉從其請七年正月立尚書省罷制國用使司又以阿合馬平章尚書省事阿合馬爲人多智巧言以功利成効自負衆咸稱其能世祖急於富國試以行事頗有成績又見其與丞相線眞史天澤等爭辨屢有以詘之由是奇其才授以政柄言無不從而不知其專愎益甚矣丞相安童含容久之言於世祖曰臣近言尚書省樞密院御史臺宜各循常制奏事其大者從臣等議定奏聞已有旨命允今尚書省一切以聞似違前奏世祖曰汝所言是豈阿合馬以朕頗信用敢如是耶其不與卿議非是宜如卿所言又言阿合馬所用部官左丞許衡以爲多非其人然已得旨咨請宣付如不與恐異日有辭宜試其能否久當自見世祖然之五月尚書省奏括天下戶口既而御史臺言所在捕蝗百姓勞擾括戶事宜少緩遂止初立尚書省時有旨凡銓選各官吏部擬定資品呈尚書省由尚書咨中書聞奏至是阿合馬擢用私人不由部擬不咨中書丞相安童以爲言世祖令問阿合馬阿合馬言事無大小皆委之臣所用之人臣宜自擇安童因請自今唯重刑及遷上路總管始屬之臣餘事並付阿合馬庶事體明白世祖俱從之八年三月尚書省再以閱實戶口事奏條畫詔諭天下是歲奏增太原鹽課以千錠爲常額仍令本路兼領九年併尚書省入中書又以阿合馬爲中書平章政事明年又以其子忽辛爲大都路總管兼大興府尹右丞相安童見阿合馬擅權日甚欲救其弊乃奏大都路總管以次多不稱職乞選人代之尋又奏阿合馬張惠挾宰相權爲商賈以網羅天下大利厚毒黎民困無所訴阿合馬曰誰爲此言臣等當與廷辯安童進曰省左司都事周祥中木取利罪狀明白世祖曰若此者徵畢當顯黜之既而樞密院奏以忽辛同僉樞密院事世祖不允曰彼賈胡事猶不知況可責以機務耶十二年伯顏帥師伐宋既渡江捷報日至世祖命阿合馬與姚樞徒單公履張文謙陳漢歸楊誠等議行鹽鈔法于江南及貿易藥材事阿合馬奏樞云江南交會不行必致小民失所公履云伯顏已嘗榜諭交會不換今亟行之失信於民文謙謂可行與否當詢伯顏漢歸及誠皆言以中統鈔易其交會何難之有世祖曰樞與公履不識事機朕嘗以此問陳巖巖亦以宋交會速宜更換今議已定當依汝言行之又奏北鹽藥材樞與公履皆言可使百姓從便販鬻臣等以爲此事若小民爲之恐紊亂不一擬於南京衛輝等路籍括藥材蔡州發鹽十二萬斤禁諸人私相貿易世祖曰善其行之十二年阿合馬又言比因軍興之後減免編民征稅又罷轉運司官令各路總管府兼領課程以致國用不足臣以爲莫若驗戶數多寡遠以就近立都轉運司量增舊額選廉幹官分理其事應公私鐵鼓鑄官爲局賣仍禁諸人毋私造銅器如此則民力不屈而國用充矣乃奏立諸路轉運司以亦必烈金札馬剌丁張暠富珪蔡德潤紇石烈亨阿里和者完顏迪姜毅阿老瓦丁倒剌沙等爲使有亦馬都丁者以負官銀得罪而罷既死而所負尚多中書省奏議裁處世祖曰此財穀事其與阿合馬議之十五年正月世祖以西京饑發粟萬石賑之又諭阿合馬宜廣貯積以備闕乏阿合馬奏自今御史臺非白省毋擅召倉庫吏亦毋究索錢穀數及集議中書不至者罪之其沮抑臺察如此四月中書左丞崔斌奏曰先以江南官冗委任非人遂命阿里等澄汰之今已顯有微驗蔽不以聞是爲罔上杭州地大委寄非輕阿合馬溺於私愛乃以不肖子抹速忽充達魯花赤佩虎符此豈量才授任之道又言阿合馬先自陳乞免其子弟之任乃今身爲平章而子若姪或爲行省參政或爲禮部尚書將作院達魯花赤領會同館一門悉處要津自背前言有虧公道有旨並罷黜之然終不以是爲阿合馬罪世祖嘗謂淮西宣慰使昂吉兒曰夫宰相者明天道察地理盡人事兼此三者乃爲稱職阿里海牙麥朮丁等亦未可爲相回回人中阿合馬才任宰相其爲上所稱道如此十六年四月中書奏立江西榷茶運司及諸路轉運鹽使司宣課提舉司未幾以忽辛爲中書右丞明年中書省奏阿塔海阿里言今立宣課提舉司官吏至五百餘員左丞陳巖范文虎等言其擾民且侵盜官錢乞罷之阿合馬奏昨有旨籍江南糧數屢移文取索不以實上遂與樞密院御史臺及廷臣諸老集議謂設立運司官多俸重宜諸路立提舉司都省行省各委一人任其事今行省未嘗委人卽請罷之乃歸咎臣等然臣所委人有至者僅兩月計其侵用凡千一百錠以彼所管四年較之又當幾何今立提舉司未及三月而罷豈非恐彼姦弊呈露故先自言以絕迹耶宜令御史臺遣能臣同往凡有非法具以實聞世祖曰阿合馬所言是其令臺中選人以往若已能自白方可責人阿合馬嘗奏宜立大宗正府世祖曰此事豈卿輩所宜言乃朕事也然宗正之名朕未之知汝言良是其思之阿合馬欲理算江淮行省平章阿里伯右丞燕帖木兒立行省以來一切錢穀奏遣不魯合荅兒劉思愈等往檢覈之得其擅易命官八百員自分左右司官及鑄造銅印等事以聞世祖曰阿里伯等何以爲辭阿合馬曰彼謂行省昔嘗鑄印矣臣謂昔以江南未定故便宜行之今與昔時事異又擅支糧四十七萬石奏罷宣課提舉司及中書遣官理算徵鈔萬二千錠有奇二人竟以是就戮時阿合馬在位日久益肆貪橫援引奸黨郝禎耿仁驟升同列陰謀交通專事蒙蔽逋賦不蠲衆庶流移京兆等路歲辦課至五萬四千錠猶以爲未實民有附郭美田輒取爲已有內通貨賄外示威刑廷中相視無敢論列有宿衞士秦長卿者慨然上書發其姦竟爲阿合馬所害斃于獄事見長卿傳十九年三月世祖在上都皇太子從有益都千戶王著者素志疾惡因人心憤怨密鑄大銅鎚自誓願擊阿合馬首會妖僧高和尚以秘術行軍中無驗而歸詐稱死殺其徒以尸欺衆逃去人亦莫知著乃與合謀以戊寅日詐稱皇太子還都作佛事結八十餘人夜入京城旦遣二僧詣中書省令市齋物省中疑而訊之不伏及午著又遣崔總管矯傳令旨俾樞密副使張易發兵若干以是夜會東宮前易莫察其僞卽令指揮使顏義領兵俱往著自馳見阿合馬詭言太子將至令省官悉候于宮前阿合馬遣右司郎中脫歡察兒等數騎出關北行十餘里遇其衆僞太子者責以無禮盡殺之奪其馬南入健德門夜二鼓莫敢何問至東宮前其徒皆下馬獨僞太子者立馬指揮呼省官至前責阿合馬數語著卽牽去以所袖銅鎚碎其腦立斃繼呼左丞郝禎至殺之囚右丞張惠樞密院御史臺留守司官皆遙望莫測其故尚書張九思自宮中大呼以爲詐留守司達魯花赤博敦遂持梃前擊立馬者墜地弓矢亂發衆奔潰多就擒高和尚等逃去著挺身請囚中丞也先帖木兒馳奏世祖時方駐蹕察罕腦兒聞之震怒卽日至上都命樞密副使孛羅司徒和禮霍孫參政阿里等馳驛至大都討爲亂者庚辰獲高和尚于高梁河辛巳孛羅等至都壬午誅王著高和尚于市皆醢之并殺張易著臨刑大呼曰王著爲天下除害今死矣異日必有爲我書其事者阿合馬死世祖猶不深知其姦令中書毋問其妻子及詢孛羅乃盡得其罪惡始大怒曰王著殺之誠是也乃命發墓剖棺戮尸于通玄門外縱犬啗其肉百官士庶聚觀稱快子姪皆伏誅沒入其家屬財產其妾有名引住者籍其藏得二熟人皮於櫃中兩耳具存一閹豎專掌其扃鑰訊問莫知爲何人但云詛咒時置神座其上應驗甚速又以絹二幅畫甲騎數重圍守一幄殿兵皆張弦挺刃內向如擊刺之爲者畫者陳其姓又有曹震圭者嘗推算阿合馬所生年月王臺判者妄引圖讖皆言涉不軌事聞勑剝四人者皮以徇

盧世榮大名人也阿合馬專政世榮以賄進爲江西榷茶運使後以罪廢阿合馬死朝廷之臣諱言財利事皆

無以副世祖裕國足民之意有桑哥者薦世榮有才術謂能救鈔法增課額上可裕國下不損民世祖召見奏對稱旨至元二十一年十一月辛丑召中書省官與世榮廷辨論所當爲之事右丞相和禮霍孫等守正不撓爲强詞所勝與右丞麥朮丁參政張雄飛溫迪罕皆罷復起安童爲右丞相以世榮爲右丞而左丞史樞參政不曾迷失海牙撒的迷失參議中書省事拜降皆世榮所薦也世榮既驟被顯用即日奉旨中書整治鈔法徧行中外官吏奉法不虔者加以罪翌日同右丞相安童奏竊見老幼疾病之民衣食不給行乞於市非盛世所宜見宜官給衣糧委各路正官提舉其事又奏懷孟竹園江湖魚課及襄淮屯田事越三日安童奏世榮所陳數事乞詔示天下世祖曰除給丐者衣食外並依所陳乃下詔云金銀係民間通行之物自立平準庫禁百姓私相買賣今後聽民間從便交易懷孟諸路竹貨係百姓栽植有司拘禁發賣使民重困又致南北竹貨不通今罷各處竹監從民貨賣收稅江湖魚課已有定例長流採捕貧民恃以爲生所在拘禁今後聽民採用軍國事務往來全資站驛馬價近增又令各戶供使臣飲食以致疲弊今後除驛馬外其餘官爲支給既而中書省又奏鹽每引十五兩國家未嘗多取欲便民食今官豪詭名罔利停貨待價至一引賣八十貫京師一百二十貫貧者多不得食議以二百萬引給商一百萬引散諸路立常平鹽局或販者增價官平其直以售庶民用給而國計亦得世祖從之世榮居中書未十日御史中丞崔彧言其不可爲相大忤旨下彧吏按問罷職世榮言京師富豪戶釀酒酤賣價高味薄且課不時輸宜一切禁罷官自酤賣明年正月壬午世祖御香殿世榮奏臣言天下歲課鈔九十三萬二千六百錠之外臣更經畫不取於民裁抑權勢所侵可增三百萬錠初未行下而中外已非議臣請與臺院面議上前行之世祖曰不必如此卿但言之世榮奏古有榷酤之法今宜立四品提舉司以領天下之課歲可得鈔千四百四十錠自王文統誅後鈔法虛弊爲今之計莫若依漢唐故事括銅鑄至元錢及製綾券與鈔參行因以所織綾券上之世祖曰便益之事當速行之又奏於泉杭二州立市舶都轉運司造船給本令人商販官有其利七商有其三禁私泛海者拘其先所蓄寶貨官買之匿者許告沒其財半給告者今國家雖有常平倉實無所畜臣將不費一錢但盡禁權勢所擅產鐵之所官立鑪鼓鑄爲器鬻之以所得利合常平鹽課糴粟積於倉待貴時糶之必能使物價恒賤而獲厚利國家雖立平準然無曉規運者以致鈔法虛弊諸物踴貴宜令各路立平準周急庫輕其月息以貸貧民如此則貸者衆而本且不失又隨朝官吏增俸州郡未及可於各都立市易司領諸牙儈人計商人物貨四十分取一以十爲率四給牙儈六爲官吏俸國家以兵得天下不藉糧餽惟資羊馬宜於上都隆興等路以官錢買弊帛易羊馬於北方選蒙古人牧之收其皮毛筋角酥酪等物十分爲率官取其八二與牧者馬以備軍興羊以充賜予帝曰汝先言數事皆善固當速行此事亦善祖宗時亦欲行之而不果朕當思之世榮因奏曰臣之行事多爲人所怨後必有譖臣者臣實懼焉請先言之世祖曰汝言皆是惟欲人無言者安有是理汝無防朕飲食起居間可自爲防疾足之犬狐不愛焉主人豈不愛之汝之所行朕自愛也彼姦僞者則不愛耳汝之職分既定其無以一二人從行亦當謹衞門戶遂諭丞相安童增其從人其爲帝所倚眷如此又十有餘日中書省請罷行御史臺其所隸按察司隸內臺又請隨行省所在立行樞密院世祖曰行院之事前日已議由阿合馬任智自私欲其子忽辛行省兼兵柄而止汝今行之於事爲宜明日奏陞六部爲二品又奏令按察司總各路錢穀擇幹濟者用之其刑名事上御史臺錢穀由部申省世祖曰汝與老臣共議然後行之可也二月辛酉御史臺奏中書省請罷行臺改按察爲提刑轉運司俾兼錢穀臣等竊惟初置行臺時朝廷老臣集議以爲有益今無所損不可輒罷且按察司兼轉運則糾彈之職廢請右丞相復與朝廷老臣集議得旨如所請壬戌御史臺奏前奉旨令臣等議罷行臺及兼轉運事世榮言按察司所任皆長才舉職之人可兼錢穀而廷臣皆以爲不可彼所取人臣不敢止惟言行臺不可罷者衆議皆然世祖曰世榮以爲何如奏曰欲罷之耳世祖曰其依世榮言中書省奏立規措所秩五品所司官吏以善賈者爲之世祖曰此何職世榮對曰規畫錢穀者遂從之又奏天下能規運錢穀者向日皆在阿合馬之門今籍錄以爲汙濫此豈可盡廢臣欲擇其通才可用者然懼有言臣用罪人世祖曰何必言此可用者用之遂以前河間轉運使張弘綱撒都丁不魯合散孫桓並爲河間山東等路都轉運鹽使其他擢用者甚衆世榮既以利自任懼怒之者衆乃以九事說世祖詔天下其一免民間包銀三年其二官吏俸免民間帶納其三免大都地稅其四江淮民失業貧困鬻妻子以自給者所在官爲收贖使爲良民其五逃移復業者免其差稅其六鄉民造醋者免收課其七江南田主收佃客租課減免一分其八添支內外官吏俸五分其九定百官考課升擢之法大抵欲以釋怨要譽而已世祖悉從之既而又奏立眞定濟南江淮等處宣慰司兼都轉運使以治課程仍立條例禁諸司不得追攝管課官吏及遣人輒至辦課處沮擾按察司不得檢察文卷又奏大都酒課日用米千石以天下之衆比京師當居三分之二酒課亦當日用米二千石今各路但總計日用米三百六十石而已其奸欺盜隱如此安可不禁臣等已責各官增舊課二十倍後有不如數者重其罪皆從之三月庚子世榮奏以宣德王好禮並爲淛西道宣慰使世祖曰宣德人多言其惡世榮奏彼入狀中書能歲辦鈔七十五萬錠是以令往從之四月世榮奏曰臣伏蒙聖眷事皆委臣臣愚以爲今日之事如數萬頃田昔無田之者草生其間臣今創田之已耕者有焉未耕者有焉或纔播種或既生苗然不令人守之爲物蹂踐則可惜也方今丞相安童督臣所行是守田者也然不假之以力則田者亦徒勞耳守田者假之力矣而天不雨則亦終無成所謂天雨者陛下與臣添力是也惟陛下憐臣世祖曰朕知之矣令奏行事之目皆從之世榮居中書纔數月恃委任之專肆無忌憚視丞相猶虛位也左司郎中周戭與世榮稍不合坐以廢格詔旨奏而殺之朝中凜凜監察御史陳天祥上章劾之大槩言其苛刻誅求爲國斂怨將見民間凋耗天下空虛考其所行與所言者已不相副始言能令鈔法如舊弊今愈甚始言能令百物自賤今百物愈貴始言課程增至三百萬錠不取於民今迫脅諸路勒令如數虛認而已始言令民快樂今所爲無非擾民之事若不早爲更張待其自敗正猶蠹雖除而木已病矣世祖時在上都御史大夫玉速帖木兒以其狀聞世祖始大悟即日遣唆都八都兒禿剌帖木兒等還大都命安童集諸司官吏老臣儒士及知民間事者同世榮聽天祥彈文仍令世榮天祥同赴上都壬戌御史中丞阿剌帖木兒郭佑侍御史白禿剌帖木兒參政撒的迷失等以世榮所伏罪狀奏曰不白丞相安童支鈔二十萬錠擅升六部爲二品劾李壇令急遞鋪用紅青白三色囊轉行文字不與樞密院議調三行省萬二千人置濟州委漕運使陳柔爲萬戶管領以沙全代萬戶甯玉戍淛西吳江用阿合馬黨人潘傑馮珪爲杭鄂二行省參政宣德爲杭州宣慰餘分布中外者衆以鈔虛閉回易庫民間昏鈔不可行罷白酵課立野麪木植磁器桑棗煤炭匹段青果油坊諸牙行調出縣官鈔八十六萬餘錠丞相安童言世榮昔奏能不取於民歲辦鈔三百萬錠令鈔復實諸物悉賤民得休息數月即有成效今已四閱月所行不符所言錢穀出者多於所入引用儉人紊亂選法翰林學士趙孟傳等亦以爲世榮初以財賦自任當時人情不敢預料將謂別有方術可以增益國用及今觀之不過如御史所言更張之機正在今日若復恣其所行爲害非細阿剌帖木兒同天祥等與世榮對於世祖前一一欵伏遣忽都帶兒傳旨中書省命丞相安童與諸老臣議世榮所行當罷者罷之更者更之所用人實無罪者朕自裁處遂下世榮于獄十一月乙未世祖問忽剌出曰汝於盧世榮有何言對曰近漢人新居中書者言世榮欵伏罪無遺者獄已竟矣猶日養之徒費廩食有旨誅世榮封其肉以食禽獺

桑哥膽巴國師之弟子也能通諸國言語故嘗爲西蕃譯史爲人狡黠豪橫好言財利事世祖喜之及後貴幸乃諱言師事膽巴而背之至元中擢爲總制院使總制院者掌浮圖氏之教兼治吐蕃之事御史臺嘗欲以章閩爲按察使世祖曰此人桑哥嘗言之及盧世榮見用亦由桑哥之薦中書省嘗令李留判者市油桑哥自請得其錢市之司徒和禮霍孫謂非汝所宜爲桑哥不服至與相毆且謂之曰與其使漢人侵盜曷若與僧寺及官府營利息乎乃以油萬斤與之桑哥後以所營息錢進和禮霍孫曰我初不悟此也一日桑哥在世祖前論和雇和買事因語及此世祖益喜始有大任之意嘗有旨令桑哥具省臣姓名以進廷中有所建置人才進退桑哥咸與聞焉二十四年二月復置尚書省遂以桑哥與鐵木兒爲平章政事詔告天下改行中書省爲行尚書省六部爲尚書六部三月更定鈔法頒行至元寶鈔於天下中統鈔通行如故桑哥嘗奉旨檢覈中書省事凡校出虧欠鈔四千七百七十錠昏鈔一千三百四十五錠平章麥朮丁即自伏參政楊居寬微自辯以爲實掌銓選錢穀非所專桑哥令左右拳其面因問曰既典選事果無黜陟失當者乎尋亦引服參議伯降以下凡鉤考違惜耗失等事及參議王巨濟嘗言新鈔不便忤旨各欵伏遣參政忻都奏聞世祖令丞相安童與桑哥共議且論毋令麥朮丁等他日得以脅問誣伏爲辭此

輩固狡獪人也數日桑哥又奏䩄中書參政郭佑多所逋負尸位不言以疾爲託臣謂中書之務隳惰如此汝力不能及何不告之蒙古大臣故毆辱之今已欵服世祖命窮詰之佑與居寬後皆棄市人咸寃焉臺吏王良弼嘗與人議尚書省政事又言尚書鈎校中書不遺餘力他日我曹得發尚書奸利其誅籍無難桑哥聞之捕良弼至與中書臺院札魯忽赤鞫問欵服謂此曹誹謗不誅無以懲後遂誅良弼籍其家有吳德者嘗爲江寧縣達魯花赤求仕不遂私與人非議時政又言尚書今日覈正中書之弊他日復爲中書所覈汝獨不死也耶或以告桑哥亟捕德按問殺之沒其妻子入官桑哥嘗奏以沙不丁遙授江淮行省左丞烏馬兒爲參政依前領泉府市舶兩司拜降福建行省平章既得旨乃言於世祖曰臣前言凡任省臣與行省官並與丞相安童共議今奏用沙不丁烏馬兒等適丞相還大都不及通議臣恐有以前奏爲言者世祖曰安童不在朕若主也朕已允行有言者其令朕前言之時江南行臺與行省並無文移事無巨細必咨內臺呈省聞奏桑哥以其往復稽留誤事宜如內臺例分呈各省又言按察司文案宜從各路民官檢覈遞相糾舉且自太祖時有旨凡臨官事者互相覺察此故事也從之十月乙酉世祖遺諭旨翰林諸臣以丞相領尚書省漢唐有此制否咸對曰有之翊日左丞葉李以翰林集賢諸臣所對奏之且言前省官不能行者平章桑哥能之宜爲右丞相制曰可遂以桑哥爲尚書右丞相兼統制院使領功德使司事進階金紫光祿大夫於是桑哥奏以平章鐵木兒代其位右丞阿剌渾撒里陞平章政事葉李遷右丞參政馬紹陞左丞十一月桑哥言臣前以諸道宣慰司及路府州縣官吏稽緩誤事奉旨遣人遍笞責之今真定宣慰使速哥南京宣慰使荅失蠻皆勳賢舊臣之子宜取聖裁敕罷其任明年正月以甘肅行尚書省參政鐵木哥無心任事又不與協力奏乞牙帶代之未幾又以江西行尚書省平章政事忽都鐵木兒不職奏而罷之兵部尚書忽都荅兒不勤其職桑哥毆罷之而後奏世祖曰若此等不罷汝事何由得行也萬億庫有舊牌條七千餘條桑哥言歲久則腐宜析而他用賜諸王出伯銀二萬五千兩幣帛萬匹藏以官驢至則併以爲賜桑哥言不若以驢載玉而回世祖甚然之其欲以小利結知如此漕運司達魯花赤怯來未嘗巡察沿河諸倉致盜詐腐敗者多桑哥議以兵部侍郎塔察兒代之自立尚書省凡倉庫諸司無不鈎考先摘委六部官復以爲不專乃置徵理司以治財穀之當追者時桑哥以理算爲事毫分縷析入倉庫者無不破產及當更代人皆棄家而避之十月桑哥奏湖廣行省錢穀已責平章要束木自首償矣外省欺盜必多乞以參政忻都戶部尚書王巨濟參議尚書省事阿散山東西道提刑按察使何榮祖札魯忽赤禿忽魯泉府司卿李佑奉御吉丁監察御史戎益僉樞密院事崔彧尚書省斷事官燕眞刑部尚書安祐監察御史伯顏等十二人理算江淮江西福建四川甘肅安西六省每省各二人特給印章與之省部官既去事不可廢擬選人爲代聽食元俸理算之間宜給兵以備使令且以爲衞世祖皆從之當是時天下騷然江淮尤甚而諛佞之徒方且諷都民史吉等爲桑哥立石頌德世祖聞之曰民欲立則立之仍以告桑哥使其喜也於是翰林製文題曰王公輔政之碑桑哥又以總制院所統西蕃諸宣慰司軍民財穀事體甚重宜有以崇異之奏改爲宣政院秩從一品用三臺銀印世祖問所用何人對曰臣與脫因於是命桑哥以開府儀同三司尚書右丞相兼宣政使領功德使司事脫因同爲使世祖嘗召桑哥謂曰朕以葉李言更至元鈔所用者法所貴者信汝無以楮視之其本不可失汝宜識之二十六年桑哥請鈎考甘肅行尚書省及益都淄萊淘金總管府僉省趙仁榮總管明理等皆以罪罷世祖幸上都桑哥言去歲陛下幸上都臣日視內帑諸庫今歲欲乘小輿以行人必竊議世祖曰聽人議之汝乘之可也桑哥又奏近委省臣檢責左右司文簿凡經監察御史稽照者遺逸尚多自今當令監察御史即省部稽照書姓名於卷末苟有遺逸易於歸罪仍命侍御史堅童視之失則連坐世祖從之乃笞監察御史四人是後監察御史赴省部者掾令史與之抗禮但遣小吏持文簿置案而去監察御史遍閱之而臺綱廢矣參政忻都既去尋召赴闕以戶部尚書王巨濟專任理算江淮省左丞相忙兀帶總之閏十月桑哥輔政碑成樹于省前樓覆其上而丹雘之桑哥言國家經費既廣歲入恒不償所出以往歲計之不足者餘百萬錠自尚書省鈎考天下財穀賴陛下福以所徵補之未嘗斂及百姓臣恐自今難用此法矣何則倉庫可徵者少而盜者亦鮮矣臣憂之臣愚以爲鹽課每引今直中統鈔三十貫宜增爲一錠茶每引今直五貫宜增爲十貫酒醋稅課江南宜增額十萬錠內地五萬錠協濟戶十八萬自入籍至今十三年止輸半賦聞其力已完宜增爲全賦如此則國用庶可支臣等免於罪矣世祖曰如所議行之桑哥既專政凡銓調內外官皆由於己而其宣敕尚由中書桑哥以爲言世祖乃命自今宣敕並付尚書省由是以刑爵爲貨而販之咸走其門入貴價以買所欲貴價入則當刑者脫求爵者得綱紀大壞人心駭愕二十八年春世祖畋於漷北也里審班及也先帖木兒徹里等劾奏桑哥專權黷貨時不忽木出使三遣人趣召之至覲於行殿世祖以問不忽木對曰桑哥壅蔽聰明紊亂政事有言者即誣以他罪而殺之今百姓失業盜賊蠭起召亂在旦夕非亟誅之恐爲陛下憂留守賀伯顏亦嘗爲世祖陳其奸欺久而言者益衆世祖始決意誅之三月世祖諭大夫月兒魯曰屢聞桑哥沮抑臺綱杜言者之口又嘗捶撻御史其所罪者何事當與辨之桑哥等持御史李渠等已刷文卷至令侍御史杜思敬等勘驗辯論往復數四桑哥等辭屈明日帝駐蹕土口復召御史臺暨中書尚書兩省官辯論尚書省執卷奏曰前浙西按察使只必因監燒鈔受贓至千錠嘗檄臺徵之三年不報思敬曰文之次第盡在卷中今尚書省拆卷持對其弊可見速古兒赤闍里抱卷至前奏曰用朱印以封紙縫者防欺弊也若輩爲宰相乃拆卷破印與人辨是敎吏爲奸當治其罪世祖是之責御史臺曰桑哥爲惡始終四年其奸贓暴著非一汝臺臣雖云不知中丞趙國輔對曰知之世祖曰知而不劾自當何罪思敬等對曰奪官追俸惟上所裁數日不決大夫月兒魯奏臺臣久任者當斥罷新者存之乃仆桑哥輔政碑下獄究問至七月乃伏誅平章要束木者桑哥之妻黨在湖廣時正月朔日百官會行省朝服以俟要束木召至其家受賀畢方詣省望闕賀如常儀又陰召卜者有不軌言至是中書列其罪以聞世祖命械致湖廣即其省戮之

鐵木迭兒者木兒火赤之子也嘗逮事世祖成宗大德間同知宣徽院事兼通政院使武宗即位爲宣徽使至大元年由江西行省平章政事拜雲南行省左丞相居二載擅離職赴闕尚書省奏奉旨詰問尋以皇太后旨得貸罪還職明年正月武宗崩仁宗在東宮以丞相三寶奴等變亂舊章誅之用完澤及李孟爲中書平章政事銳欲更張庶務而皇太后在興聖宮已有旨召鐵木迭兒爲中書右丞相踰月仁宗即位因遂相之及幸上都命鐵木迭兒留守大都平章完澤等奏故事丞相留治京師者出入得張蓋今右丞相鐵木迭兒大都居守時方盛暑請得張蓋如故事許之是年冬制贈鐵木迭兒曾祖唆海翊運宣力保大功臣太尉謚武烈祖不憐吉帶推誠保德定遠功臣太尉謚忠武父木兒火赤推忠佐理同德功臣太師謚忠貞並開府儀同三司上柱國追封歸德王皇慶元年三月鐵木迭兒奏臣誤蒙聖恩擢任中書年衰且病雖未能深達政體思竭忠力以圖報効事有創行敢不自勉前省弊政方與更新欽惟列聖相承混一區宇日有萬幾若非整飭恐致解弛繼今朝夕視事左右司六部官有不盡心者當論決再不悛者黜勿敘其有託故僥倖他職者亦不敘仁宗是其言既而以病去職延祐改元丞相哈散奏臣非世勳族姓幸逢陛下爲宰相加丞相鐵木迭兒練達政體且嘗監修國史乞授其印俾領翰林國史院軍國重事悉令議之仁宗曰然卿其啓諸皇太后與之印大事必使預聞遂拜開府儀同三司監修國史錄軍國重事居數月復拜中書右丞相合散爲左丞相鐵木迭兒奏蒙陛下憐臣復擢爲首相依阿不言誠負聖眷比聞內侍隔越奏旨者衆倘非禁止致治實難請敕諸司自今中書政務毋輒干預又往時富民往諸蕃商販率獲厚利商者益衆中國物輕蕃貨反重今請以江浙右丞曹立領其事發舟十綱給牒以往歸則征稅如制私往者沒其貨又經用不給苟不預爲規畫必至愆誤臣等集諸老議皆謂動鈔本則鈔法愈虛加賦稅則毒流黎庶增課額則比國初已倍五十矣惟預買山東河間運使來歲鹽引及各冶鐵貨庶可以足今歲之用又江南田糧往歲雖嘗經理多未覈實可始自江浙以及江東西宜先事嚴限格信罪賞令田主手實頃畝狀入官諸王駙馬學校寺觀亦令如之仍禁私匿民田貴戚勢家毋得沮撓請敕臺臣協力以成則國用足矣仁宗皆從之尋遣使者分行各省括田增稅苛急煩擾江右爲甚致贛民蔡五九作亂寧都南方騷動遠近驚懼乃罷其事明年鐵木迭兒奏天下庶務雖統於中書而舊制省臣亦分領之請以錢帛鈔法刑名委平章李孟左丞阿卜海牙參政趙世延等領之其糧儲選法造作驛傳委平章張驢右丞蕭拜住參政曹從革等領之得旨如所請七月詔諭中外命右丞相鐵木迭兒總宣政院事十月進位太師十一月大宗正府奏累朝舊制凡議重刑必決於蒙古大臣今宜聽於太師右丞相從之鐵木迭兒既再入中書居首相怙勢貪虐兇穢滋甚於是蕭拜住自御史中丞爲中書右丞尋拜平章政事稍牽制之而楊朶兒

只自侍御史拜中丞慨然以糾正其罪爲已任上都富人張弼殺人繫獄鐵木迭兒使家奴脅留守賀伯顏使出之伯顏持正不可撓而朶兒只已廉得丞相所受張弼賂有顯徵乃與拜住及伯顏奏之內外監察御史凡四十餘人共劾鐵木迭兒桀黠姦貪陰賊險狠蒙上罔下蠹政害民布置爪牙威讋朝野凡可以誣陷善人要功利已者靡所不至取晉王田千餘畝興教寺後壖園地三十畝衞兵牧地二十餘畝竊食郊廟供祀馬受諸王合兒班荅使人鈔十四萬貫寶珠玉帶氍毹幣帛又計鈔十餘萬貫受杭州永興寺僧章自福賂金一百五十兩取殺人囚張弼鈔五萬貫且既已位極人臣又領宣政院事以其子八里吉思爲之使諸子無功於國盡居貴顯縱家奴凌虐官府爲害百端以致陰陽不和山移地震災異數見百姓流亡已乃恬然略無省悔私家之富又在阿合馬桑哥之上四海疾怨已久咸願車裂斬首以快其心如蒙早加顯戮以示天下庶使後之爲臣者知所警戒奏既上仁宗震怒有詔逮問鐵木迭兒匿興聖近侍家有司不得捕仁宗不樂者數日又恐誠出皇太后意不忍重傷咈之乃僅罷其相位而已鐵木迭兒家居未逾年又起爲太子太師中外聞之莫不驚駭參政趙世延爲御史中丞率諸御史論其不法數十事而內外御史論其不可輔導東宮者又四十餘人然以皇太后故終不能明正其罪明年正月辛丑仁宗崩越四日鐵木迭兒以皇太后旨復入中書爲右丞相又逾月英宗猶在東宮鐵木迭兒宣太后旨召蕭拜住與朶兒只至徽政院與徽政院使失里門御史大夫禿忒哈雜問之責以前違太后旨令伏罪即起入奏遽稱旨執二人棄市是日白晝晦冥都人恟懼英宗將行即位禮鐵木迭兒恒病足中書省啓祖宗以來皇帝登極中書率百官稱賀班首惟上所命英宗曰其以鐵木迭兒爲之既即位鐵木迭兒即奏委平章王毅右丞高昉等徵理在京倉庫所貯糧虧七十八萬石責償於倉官及監臨出內者所貢幣帛紕繆者責償於本處官吏之董其事者仍立程嚴督違者杖之五月英宗在上都鐵木迭兒嫉留守賀伯顏素不附已乃奏其以便服迎詔爲不敬下五府雜治竟殺之都民爲之流涕趙世延時爲四川行省平章政事鐵木迭兒怒其昔嘗論已方入相時即從東宮啓英宗遣人逮捕之世延未至鐵木迭兒使諷世延啗以美官令告引同時異已者世延不肯從至是坐以違詔不敬令法司窮治請寘極刑英宗曰彼罪在赦前所宜釋免鐵木迭兒對曰昔世延與省臺諸人謀害老臣請究其姓名英宗曰事皆在赦前矣又焉用問後數日又奏世延當處死罪又不允有司承望風旨鍛鍊欲使自裁世延終無所屈賴英宗素聞其忠良得免於死鐵木迭兒恃其權寵乘間肆毒睚眦之私無有不報英宗覺其所譖毀者皆先帝舊人滋不悅其所爲乃任拜住爲左丞相委以心腹鐵木迭兒漸見疏外以疾死于家御史蓋繼元宋翼言其上負國恩下失民望生逃顯戮死有餘辜乃命毀所立碑追奪其官爵及封贈制書籍沒其家子班丹知樞密院事尋以贓敗不敘鎖南嘗爲治書侍御史其後鐵失弒英宗鎖南以逆黨伏誅

哈麻

哈麻字士廉康里人父禿魯母爲寧宗乳母禿魯以故封冀國公加太尉階金紫光祿大夫哈麻與其弟雪雪早備宿衞順帝深眷寵之而哈麻有口才尤爲帝所褻幸累遷官爲殿中侍御史雪雪累官集賢學士帝每即內殿與哈麻以雙陸爲戲一日哈麻服新衣侍側帝方啜茶即噀茶於其衣哈麻視帝曰天子固當如是耶帝一笑而已其被愛幸無與爲比由是哈麻聲勢日盛自藩王戚里皆遺賂之尋以謀害脫脫出貶南安召入爲禮部尚書俄遷同知樞密院事至正初脫脫爲丞相其弟也先帖木兒爲御史大夫哈麻日趨附其兄弟之門會脫脫去相位而別兒怯不花爲丞相與脫脫有舊怨頗欲中傷之哈麻每於帝前力營護之以故得免初別兒怯不花與太平韓嘉納禿滿迭兒等十人結爲兄弟情好甚密及別兒怯不花既罷九年太平爲左丞相韓嘉納爲御史大夫乃謀黜哈麻諷監察御史斡勒海壽列其罪惡劾奏之其小罪則受宣讓王等馳馬諸物其大者則設帳房於御幄之後無君臣之分又恃以提調寧徽寺爲名出入脫忽思皇后宮闈無間犯分之罪尤大寧徽寺者掌脫忽思皇后錢糧而脫忽思皇后帝庶母也哈麻知御史有所言先已於帝前析其非罪事皆太平韓嘉納所摭拾及韓嘉納以御史所言奏帝大怒斥弗納明日章再上帝不得已僅奪哈麻雪雪官職居之草地而斡勒海壽爲陝西廉訪副使於是太平罷爲翰林學士承旨韓嘉納罷爲宣政使尋出爲江浙行省平章政事有頃脫忽思皇后泣訴帝謂御史所劾哈麻事爲侵已帝益怒乃詔奪海壽官屏歸田里禁錮之已而脫脫復爲丞相也先帖木兒復爲納史大夫而謫太平居陝西而加韓嘉納以贓罪杖流奴兒干以死別兒怯不花既罷猶出居般陽而禿滿迭兒自中書右丞出爲四川右丞亦誣以罪追至中道殺之已而哈麻復見召用而脫脫兄弟尤德之十二年八月哈麻拜中書添設右丞明年正月正除右丞時脫脫方信任汝中栢由郎中爲參議中書自平章政事以下見其議事皆唯唯而已獨哈麻性剛決與之論數不合汝中栢因譖哈麻於脫脫八月出哈麻爲宣政院使又位居第三哈麻由是深銜脫脫初哈麻嘗陰進西天僧以運氣術媚帝帝習爲之號演揲兒法演揲兒華言大喜樂也哈麻之妹婿集賢學士禿魯帖木兒故有寵於帝與老的沙八郎荅剌馬吉的波迪哇兒禡等十人俱號倚納禿魯帖木兒性姦狡帝愛之言聽計從亦薦西蕃僧伽璘眞於帝其僧善秘密法謂帝曰陛下雖尊居萬乘富有四海不過保有見世而已人生能幾何當受此秘密大喜樂禪定帝又習之其法亦名雙修法曰演揲兒曰秘密皆房中術也帝乃詔以西天僧爲司徒西蕃僧爲大元國師其徒皆取良家女或四人或三人奉之謂之供養於是帝日從事於其法廣取女婦惟淫戲是樂又選采女爲十六天魔舞八郎者帝諸弟與其所謂倚納者皆在帝前相與褻狎甚至男女裸處號所處室曰皆即兀該華言事事無礙也君臣宣淫而羣僧出入禁中無所禁止醜聲穢行著聞于外雖市井之人亦惡聞之皇太子年日以長尤深疾禿魯帖木兒等所爲欲去之未能也十四年秋脫脫領大軍討高郵哈麻乘間遂復入中書爲平章政事脫脫之出師也以汝中栢爲治書侍御史俾輔也先帖木兒汝中栢累言哈麻必當屏斥不然必爲後患而也先帖木兒不從哈麻知之恐終不自保因訴於皇后奇氏曰皇太子既立而冊寶及郊廟之禮不行者脫脫兄弟之意也皇后既頗信之哈麻復與汪家奴之子桑哥實里也先帖木兒之客明理明古譖諸皇太子會也先帖木兒移疾家居於是監察御史袁賽因不花等即承望哈麻風指奏劾也先帖木兒罪惡章凡三上而帝始允詔收御史臺印令也先帖木兒出都門聽旨而遂以知樞密院事汪家奴爲御史大夫尋降詔數脫脫老師費財之罪即軍中奪其兵柄安置淮安既而脫脫也先帖木兒皆就貶逐以死並籍其家貲人口而以所籍也先帖木兒者賜哈麻十五年四月雪雪由知樞密院事拜御史大夫五月哈麻遂拜中書左丞相國家大柄盡歸其兄弟二人矣明年二月哈麻既爲相自以前所進番僧爲恥告其父禿魯曰我兄弟位居宰輔宜導人主以正今禿魯帖木兒專媚上以淫褻天下士大夫必譏笑我將何面目見人我將除之且上日趨於昏暗何以治天下今皇太子年長聰明過人不若立以爲帝而奉上爲太上皇其妹聞之歸告其夫禿魯帖木兒恐皇太子爲帝則已必先見誅即以聞于帝然不敢斥言淫褻事第曰哈麻謂陛下年老故耳帝大驚曰朕頭未白齒未落遽謂我爲老耶帝即與禿魯帖木兒謀去哈麻雪雪計已定禿魯帖木兒走匿尼寺中明日帝遣使傳旨哈麻與雪雪毋早入朝其家居聽旨御史大夫搠思監因劾奏哈麻與雪雪罪惡帝曰哈麻雪雪兄弟二人雖有罪然侍朕日久且與朕弟懿璘質班皇帝實同乳可姑緩其罰令其出征已而中書右丞相定住平章政事桑哥失里復糾劾哈麻雪雪之罪不已乃命其兄弟出城受詔遂詔哈麻於惠州安置雪雪於肇州安置比行俱杖死哈麻既死仍籍其家財也先帖木兒所封之庫藏其封識固未嘗啓也哈麻兄弟寵幸方固而一旦遽見廢外人皆謂帝怒其譖害脫脫兄弟之故而不知其罪蓋由於不軌其兄弟之死人無恤之者

搠思監

搠思監怯烈氏野先不花之孫亦憐眞之子也早歲性寬厚簡言語皆以遠大之器期之泰定初襲長宿衞爲必闍赤怯薛官至順二年除內八府宰相元統初出爲福建宣慰使都元帥居三年通達政治威惠甚著後至元三年拜江浙行中書省參知政事國用所倚海運爲重是歲搠思監被命督其役措置有方所漕米三百餘萬石悉達京師無耗折者六年擢湖北道肅政廉訪使未行改江浙行省右丞福建鹽法久壞詔搠思監往究其私鬻盜鬻及出納之弊至則悉廉得其利病爲罷行之至正元年改山東肅政廉訪使尋召拜中政使明年正月除陝西行臺御史中丞三月復爲中政使八月調太府卿四年拜中書參知政事尋陞右丞六年遷御史中丞遂除翰林學士承旨俄復爲中丞又由資政使遷宣徽使九年除大宗正府也可扎魯火赤宗王國人咸稱其明果尋復入中書爲右丞十年正月陞平章政事階光祿大夫十一年十一月拜御史大夫進銀青榮祿大夫十二年四月復爲中書平章從丞相脫脫平徐州有功十三年復拜御史大夫尋又爲中書平章十四年九月奉命率師討賊淮南身先士卒面中流矢不爲動十五年還陝西行省平章復召還拜知樞密院事俄復

拜中書平章兼大司農分司提調大都留守司及屯田事一日入侍帝見其面有箭瘢深欵問焉進爲首平章十六年復遷御史大夫四月遂拜中書左丞相明年三月進右丞相十八年加太保詔封其曾祖孛魯海爲雲王祖也先不花爲瀛王父亦憐真爲冀王是時天下多故日巳甚外則軍旅煩興疆宇日蹙內則帑藏空虛用度不給而帝方溺於娛樂不恤政務於是搠思監居相位久無所匡救而又公受賄賂貪聲著聞物議諠然是年冬監察御史燕赤不花劾奏搠思監任用私人朶列及妾弟崔完者帖木兒印造僞鈔事將敗令朶列自殺以滅口搠思監乃請謝事解機務詔止收其印綬而御史荅里麻失里王彝言不已帝終不聽也會遼陽賊勢張甚明年遂起爲遼陽行省左丞相未行二十年三月復拜中書右丞相仍降詔諭天下時帝益厭政而宦者資正院使朴不花乘間用事爲姦利搠思監因與結構相表裏四方警報及將臣功狀皆壅不上聞孛羅帖木兒廓擴帖木兒各擁强兵于外以權勢相軋釁隙遂成搠思監與朴不花黨於廓擴帖木兒而誣孛羅帖木兒以非罪二十四年三月帝因下詔削奪其官爵且命廓擴帖木兒以兵討之而宗王不顏帖木兒禿堅帖木兒等皆稱兵與孛羅帖木兒合表言其無罪於是帝爲降詔曰自至正十一年妖賊竊發屬嘗選命將相分任乃職視同心膂凡厥庶政悉以委之豈期搠思監朴不花夤緣爲姦互相壅蔽以致在外宣力之臣因而解體在內忠良之士悉陷非辜又復售其私讐誣搆孛羅帖木兒老的沙等同謀不軌朕以信任之專失於究察遂調兵往討孛羅帖木兒已嘗陳詞而乃寢匿不行今宗王不顏帖木兒等仰畏明威遠來控訴以表其情朕爲惻然興念而搠思監朴不花猶飾虛詞簧惑朕聽其以搠思監屏諸嶺北朴不花竄之甘肅以快衆憤孛羅帖木兒等悉與改正復其官職然詔書雖下而搠思監朴不花仍留京師四月孛羅帖木兒乃遣禿堅鐵木兒稱兵犯闕必得搠思監朴不花乃已帝不得已縛二人畀之遂皆爲孛羅鐵木兒所殺已而監察御史復奏言搠思監矯殺丞相太平盜用鈔板私家草詔任情放還讐獄賣官費耗庫藏居廟堂前後十數年使天下八省之地悉致淪陷乃誤國之姦臣究其罪惡大赦難原曩者姦臣阿合馬之死剖棺戮尸搠思監之罪視阿合馬爲百過今其雖死必剖棺戮尸爲宜有旨從之而臺臣言猶不已遂復沒其家產而竄其子宣徽使觀音奴於遠方怯烈氏四世爲丞相者八人世臣之家鮮與比盛而搠思監早有才望及居相位人皆仰其有爲遭時多事顧乃守之以懦濟之以貪遂使天下至於亂亡而不可爲論者謂元之亡搠思監之罪居多云

元史卷二百五考證

阿合馬傳是年秋八月罷領中書左右部併入中書○臣宗萬按八月世祖紀作十一月

元史卷二百六

明翰林學士亞中大夫知制誥兼修國史宋　濂等修

列傳第九十三

叛臣

李璮小字松壽濰州人李全子也或曰璮本衢州徐氏子父嘗爲揚州司理參軍全蓋養之爲子云太祖十六年全叛宋舉山東州郡歸附太師國王孛魯承制拜全山東淮南楚州行省而以其兄福爲副元帥太宗三年全攻宋揚州敗死璮遂襲爲益都行省仍得專制其地朝廷數徵兵輒詭辭不至憲宗七年又調其兵赴行在璮親詣帝言曰益都乃宋航海要津分軍非便帝然之命璮歸取漣海數州璮遂發兵攻拔漣水相連四城大張尅捷之功中統元年世祖即位加璮江淮大都督璮言近獲生口知宋調兵將攻漣水且諜見許浦射陽湖舟艦相望勢欲出膠西向益都請繕城塹以備詔出金符十銀符五授璮以賞將士有功者且賜銀三百錠降詔獎諭蒙古漢軍之在邊者咸聽節制璮復揚言宋呂文德合淮南兵七萬五千來攻漣水且規築堡以臨我及得賈似道呂文德書辭甚悖傲知朝廷近有內顧之憂必將肆志於我乞選將益兵臣當帥先渡淮以雪慢書之辱執政得奏諭以朝廷方通和議邊將惟當固封圉且南人用間其詐非一彼既不至毋或妄動璮乃上言臣所領益都土曠人稀自立海州今八載將士未嘗釋甲轉輓未嘗息肩民力凋耗莫甚斯時以一路之兵抗一敵國衆寡不侔人所共患賴陛下神武既克漣海二州復破夏貴孫虎臣十餘萬之師然臣豈敢恃此必敵人之不再至哉且宋人今日西無掣肘宜得并力而東若以水陸綴漣而遣舟師遵海以北擣膠萊之虛然後帥步騎直指沂莒滕嶧則山東非我有矣豈可易視而不爲備哉臣昨追敵至淮安非不能乘勝取揚楚徒以執政止臣故臣不敢深入若以棗陽唐鄧陳蔡諸軍攻荆山取壽泗以亳宿徐邳諸軍合臣所統兵攻揚楚則兩淮可定兩淮既定則選兵以取江南自守以寬民力將無施不可此上策也因上將校馮泰等功第狀詔以益都官銀分賞之二年正月璮言于行中書省以宋人聚兵糧數十萬列艦萬三千艘于許浦以侵內郡而宣撫司轉輸不繼恐一日水陸道絕緩急莫報請選精騎倍道來援表裏協攻乘機深入江淮可圖也既而來獻漣水捷詔復獎諭仍給金符十七銀符二十九增賜將士庚寅璮輒發兵修益都城塹且報宋人來攻漣水詔遣阿朮哈剌拔都愛仙不花等悉兵赴之仍諭度宜益兵赴調璮遂請節制諸道所集兵馬且請給兵器中書議與矢三萬詔給矢十萬三年四月又以宋賈似道誘總管張元張進等書來上蓋璮專制山東者三十餘年其前後所奏凡數十事皆恫疑虛喝挾敵國以要朝廷而自爲完繕益兵計其謀亦深矣初以其子彥簡質于朝而僭爲私驛自益都至京師質子嘗至是彥簡遂用私驛逃歸璮遂反以漣海三城獻于宋殲蒙古戍兵引麾下舁舟艦還攻益都甲午入之發府庫以犒其黨遂寇蒲臺民聞璮反皆入保城郭或奔竄山谷由是自益都至臨淄數百里寂無人聲癸卯帝聞璮反遂下詔暴其罪甲辰命諸軍討璮己酉以璮故殺中書平章王文統壬子璮盜據濟南癸酉命史樞阿朮帥師赴濟南璮帥衆出掠輜重將及城官軍邀擊大敗之斬首四千級璮退保濟南五月庚申築環城圍之甲戌圍合璮自是不得復出猶日夜拒守取城中子女賞將士以悅其心且分軍就食民家發其蓋藏以繼不足則家賦之鹽令以人爲食至是人情潰散璮不能制各什伯相結縋城以出璮知城且破乃手刃愛妾乘舟入大明湖自投水中水淺不得死爲官軍所獲縛至諸王合必赤帳前丞相史天澤言宜即誅之以安人心遂與蒙古軍官囊家并誅焉

王文統字以道益都人也少時讀權謀書好以言撼人遍干諸侯無所遇乃往見李璮璮與語大喜即留置幕府命其子彥簡師事之文統亦以女妻璮由是軍旅之事咸與諮決歲上邊功虛張敵勢以固其位用官物樹私恩取宋漣海二郡皆文統謀也世祖在潛藩訪問才智之士素聞其名及即位厲精求治有以文統爲薦者亟召用之乃立中書省以總內外百官之政首擢文統爲平章政事委以更張庶務建元爲中統詔諭天下立十路宣撫司示以條格欲差發辦而民不擾鹽課不失常額交鈔無致阻滯尋詔行中書省造中統元寶交鈔立互市于潁州漣水光化軍是年冬初行中統交鈔自十文至二貫文凡十等不限年月諸路通行稅賦並聽收受明年二月世祖在開平召行中書省事禡禡與文統親率各路宣撫使俱赴闕世祖自去秋親征叛王阿里不哥于北方凡民間差發宣課鹽鐵等事一委文統等裁處及振旅還宮未知其可否何若且以往者急於用兵事多不暇講究所當振其紀綱者宜在今日故召文統等至責以成效用游顯鄭鼎趙良弼董文炳等爲各路宣撫司復以所議條格詔諭各路俾遵行之未幾又詔諭宣撫司并達魯花赤管民官課稅所官申嚴私鹽酒醋麴貨等禁文統爲人忌刻初立中書時張文謙爲左丞文謙素以安國利民自負故凡講論建明輒相可否文統積不能平思有以陷之文謙竟以本職行大名等路宣撫司事而去時姚樞竇默許衡皆世祖所敬信者文統諷世祖授樞爲太子太師默爲太子太傅衡爲太子太保外佯尊之實不欲使朝夕備顧問於左右也默嘗與王鶚及樞衡俱侍世祖面訴文統曰此人學術不正必禍天下不可處以相位世祖曰若是則誰可爲者默以許衡對世祖不懌而罷鶚嘗請以右丞相史天澤監修國史左丞相耶律鑄監修遼史文統監修金史世祖曰監修階銜俟修史時定之又明年二月李璮反以漣海三城獻于宋先是其子彥簡由京師逃歸璮遣人白之中書及反書聞人多言文統嘗遣子蕘與璮通音耗世祖召文統問之曰汝教璮爲逆積有歲年舉世皆知之朕今問汝所策云何其悉以對文統對曰臣亦忘之容臣悉書以上書畢世祖命讀之其間有曰螻蟻之命苟能存全保爲陛下取江南世祖曰汝今日猶欲緩頰於朕耶會璮遣人持文統三書自洺水至以書示之文統始錯愕駭汗書中有期甲子語世祖曰甲子之期云何文統對曰李璮久蓄反心以臣居中不敢即發臣欲告陛下縛璮久矣第緣陛下加兵北方猶未靖也比至甲子猶可數年臣爲是言姑遲其反期耳世祖曰無多言朕拔汝布衣授之政柄遇汝不薄何負而爲此文統猶枝辭傍說終不自言臣罪當死乃命左右斥去始出就縛猶召竇默姚樞王鶚僧子聰及張柔等至示以前書曰汝等謂文統當得何罪文臣皆言人臣無將將而必誅柔獨疾聲大言曰宜剮世祖又曰汝同辭言之諸臣皆曰當死世祖曰渠亦自服朕前矣文統乃

伏誅子羌并就戮詔諭天下曰人臣無將垂千古之彝訓國制有定懷二心者必誅何期輔弼之僚迺蓄姦邪之志平章政事王文統起由下列擢寘台司倚付不爲不深待遇不爲不厚庶收成効以底丕平焉知李璮之同謀潛使子堯之通耗邇者獲親書之數幅審其有反狀者累年宜加肆市之誅以著滔天之惡已於今月二十三日將反臣王文統并其子堯正典刑訖於戲負國恩而謀大逆死有餘辜處相位而被極刑時或未喻咨爾有衆體予至懷然文統雖以反誅而元之立國其規模法度世謂出於文統之功爲多云

阿魯輝帖木兒滅里大王之裔也初太宗生七子而滅里位第七世祖既定天下乃大封宗親爲王滅里其一也滅里生脫忽脫忽生俺都刺俺都刺生禿滿至大元年始封陽翟王賜金印螭紐俾鎮北藩禿滿傳曲春曲春傳太平太平傳帖木兒赤而阿魯輝帖木兒襲其封會兵起汝潁天下皆震動帝屢詔宗王以北方兵南討阿魯輝帖木兒知國事已不可爲乃乘間擁衆數萬屯于木兒古兀徹之地而脅宗王以叛且遣使來言於帝曰祖宗以天下付汝汝何故失其大半盍以國璽授我我當自爲之帝聞神色自若徐曰天命有在汝欲爲則爲之於是降詔開諭俾其悔罪阿魯輝帖木兒不聽乃命知樞密院事禿堅帖木兒等擊之行至稱海起哈剌赤萬人爲軍其人素不習爲兵而一旦驅之使戰旣陣兵猶未接皆脫其號衣奔阿魯輝帖木兒軍中禿堅帖木兒軍遂敗績單騎還上都二十一年更命少保知樞密院事老章以兵十萬擊之且俾阿魯輝帖木兒之弟忽都帖木兒從征軍中遂大敗其衆阿魯輝帖木兒遂謀東遁其部將脫驩知其勢窮乃與宗王囊加玉樞虎兒吐華擒阿魯輝帖木兒送闕下帝命誅之於是加老章太傅脫驩知遼陽行樞密院事仍以忽都帖木兒襲封陽翟王而宗王囊加等悉議加封尋又詔加封老章和寧王以嶺北行省丞相知行樞密院事俾鎮北藩云

元史卷二百七

明翰林學士亞中大夫知制誥兼修國史宋　濂等修

列傳第九十四

鐵失

鐵失者當英宗即位之初以翰林學士承旨宣徽院使爲太醫院使未逾月特命領中都威衛指揮使明年改元至治有珍珠燕服之賜三月持授光祿大夫御史大夫仍金虎符忠翊侍衛親軍都指揮使依前太醫院使英宗嘗御鹿頂殿謂鐵失曰徽政雖隸太皇太后朕視之與諸司同凡簿書宜悉令御史檢覈既而又命領左右阿速衞冬十月英宗親祀太廟以中書左丞相拜住爲亞獻官鐵失爲終獻官明年冬十月江南行臺御史大夫脫脫以疾請于朝未得旨輒去職鐵失奏罷之杖六十七謫居雲南治書侍御史鎖南鐵木迭兒之子也罷爲翰林侍講學士鐵失奏復其職英宗不允十二月鐵失以御史大夫忠翊親軍都指揮使左右衞阿速親軍都指揮使太醫院使兼領廣惠司事英宗嘗謂臺臣曰朕深居九重臣下奸貪民生疾苦豈能周知故用卿等爲耳目曩者鐵失迭兒貪蠹無厭汝等拱默不言其人雖死宜籍其家以懲後也又明年三月申命大夫鐵失振舉臺綱詔諭中外既而御史臺請降旨開言路英宗曰言路何嘗不開但卿等選人未當爾朕知鬻所劾者率因宿怨羅織成獄加之以罪遂玷其人終身不得伸監察御史嘗舉入思吉思可任大事未幾以貪墨伏誅若此者言路選人當乎否乎時鐵木迭兒旣死罪惡日彰英宗委任拜住爲右丞相振立紀綱修舉廢墜以進賢退不肖爲急務鐵失以姦黨不自安潛蓄異圖秋八月癸亥英宗自上都南還駐蹕南坡是夕鐵失與知樞密院事也先鐵木兒大司農失禿兒前中書平章政事赤斤鐵木兒前雲南行省平章政事完者前治書侍御史鎖南鐵失之弟宣徽使鎖南典瑞院使脫火赤樞密副使阿散僉書樞密院事章台衞士禿滿及諸王按梯不花孛羅月魯鐵木兒曲律不花兀魯思不花等以鐵失所領阿速衞兵爲外應殺右丞相拜住而鐵失直犯禁幄手弒英宗于臥所九月四日晉王即位鐵失及其黨皆伏誅

孛羅帖木兒荅失八都魯之子也從父討賊屢立戰功其語見父傳父既歿孛羅帖木兒引兵退駐井陘口十八年正月命孛羅帖木兒爲河南行省平章政事仍總領其父元管諸軍三月擊劉福通於衞輝走之進克濮州四月屯兵眞定六月自武安由彭城邀截沙劉等敗之九月命統領諸軍夾攻曹州十月遣參政匡福統苗軍自西門入孛羅帖木兒自北門入四門並進克復曹州擒殺僞官武宰相仇知院獲僞印信金牌等物十九年二月過代州收山東潰將孟本周諸軍三月詔孛羅帖木兒移兵至大同置大都督兵農司專督屯種以孛羅帖木兒領之當月領兵豐州雲內與關先生戰闕軍奔潰時有楊誠者據蔚州六月詔遣平章月魯不花樞密同知八剌火者督兵捕之八月圍其城俄有旨命回兵十一月再命勦捕二十年正月孛羅帖木兒追誠至飛狐縣東關誠棄軍遁降其潰卒回駐大同二月除中書平章政事三月命討上都程思忠兵次興和思忠奔潰七月擊敗田豐僞將王士誠於臺州詔總領一應達達漢人諸軍便宜行事八月命守石嶺關以北察罕帖木兒守石嶺關以南九月孛羅帖木兒欲得冀寧遣兵自石嶺關直趨圍其城三日復退屯交城十月詔孛羅帖木兒守冀寧遣保保殷興祖高脫因倍道趨之守者不納察罕帖木兒遣鎖住陳秉直以兵來爭孛羅帖木兒部將脫列伯戰敗之二十一年正月命平章荅失帖木兒參政七十往諭解之孛羅帖木兒罷兵還鎭九月命孛羅帖木兒於保定以東河間以南屯田二十二年二月僞平章左李遣楊榮祖至大同降三月孛羅帖木兒遣裨將也速不花等招兵五萬戍大同陞孛羅帖木兒太尉中書平章位居第一張艮弼來受節制李思齊遣兵攻艮弼于武功艮弼伏兵大破之二十三年十月孛羅帖木兒復南侵擴廓帖木兒所守地遂據眞定初朝廷旣黜御史大夫老的沙安置東勝州帝別遣宦官密諭孛羅帖木兒令留軍中而皇太子累遣官索之孛羅帖木兒匿不發二十四年正月孛羅帖木兒陰使人殺其叔父左丞亦只兒不花佯爲不知往弔不哭朝廷知其跋扈又以匿老的沙事三月辛卯詔罷孛羅帖木兒兵權四川安置孛羅帖木兒殺使者拒命遣部將會禿堅帖木兒提兵犯闕揚言索右丞相搠思監資正院使朴不花二人先是朝廷立衞屯田嘗命中書右丞也先不花提督與禿堅帖木兒分院之地相近因擾及其親里搆成嫌隙也先不花乃譖禿堅帖木兒詆毀朝政孛羅帖木兒與禿堅帖木兒相友善且知其誣遣人白其非罪皇太子以孛羅帖木兒握兵跋扈今乃與禿堅帖木兒交通又匿不軌之臣遂與丞相搠思監議請詔削其官分其兵授四川省丞相察罕不花領之孛羅帖木兒謂非帝意故不聽命舉兵助禿堅帖木兒四月壬寅入居庸乙巳至淸河列營將犯闕帝遣達達國師蠻子院使往問故乃命屏搠思監于嶺北竄朴不花于甘肅實執送與之庚戌禿堅帖木兒自健德門入見帝延春閣慟哭請罪帝賜宴慰勉詔赦其罪仍以孛羅帖木兒爲太保中書平章兼知樞密院事守禦大同以禿堅帖木兒爲中書平章政事辛亥孛羅帖木兒還大同皇太子恚怒不已再徵擴廓帖木兒兵保障京師五月詔擴廓帖木兒總兵調諸道軍分討大同擴廓帖木兒自其父察罕帖木兒在時與孛羅帖木兒連年相讐殺朝廷累命官講和二軍已還兵各守其地至是擴廓帖木兒乃大發兵諸道夾攻大同調麾下鎖住守護京師兵不滿萬以其部下靑軍楊同僉守居庸擴廓帖木兒自將至太原調督諸軍七月孛羅帖木兒率兵與禿堅帖木兒老的沙等復犯闕京師震駭丙戌皇太子親統兵迎於淸河丞相也速詹事不蘭奚軍於昌平也速軍士無鬭志靑軍楊同僉被殺於居庸不蘭奚戰敗走皇太子亦馳入城丁亥夜鎖住脅東宮官僚從太子出奔太原戊子孛羅帖木兒兵至駐健德門外欲追襲皇太子老的沙力止之三人入見帝宣文閣泣拜訴冤帝亦爲之泣乃賜宴庚寅就命孛羅帖木兒太保中書左丞相老的沙中書平章政事禿堅帖木兒御史大夫部屬將士布列臺省總攬國柄八月壬寅詔加孛羅帖木兒開府儀同三司上柱國錄軍國重事太保中書右丞相節制天下數月間誅狎臣禿魯帖木兒波迪哇兒禡等罷三宮不急造作沙汰宦官減省錢糧禁西番僧人佛事數遣使請皇太子還朝使至太原拘留不報二十五年皇太子在外日夜謀除內難承制調遣嶺北甘肅遼陽陝西及擴廓帖木兒等軍進討孛羅帖木兒孛羅帖木兒怒出皇后于外幽置百日遣禿堅帖木兒率軍討上都附皇太子者調也速南禦擴廓帖木兒軍也速次良鄕不進而歸永平遣人西連太原東連遼陽軍聲大振孛羅帖木兒患之遣驍將姚伯顏不花統兵出禦至通州河溢營虹橋以待也速出其不意襲而破之擒姚伯顏殺之孛羅帖木兒大恐自將出通州三日大雨而還孛羅帖木兒先嘗以自疑殺其將保安旣又失姚伯顏鬱鬱不樂乃日與老的沙飲宴荒淫無度酗酒殺人喜怒不測人皆畏忌威順王子和尚受帝密旨與徐士本謀結勇士上都馬金那海伯達兒帖古思不花火兒忽達洪寶寶等陰圖刺之七月乙酉值禿堅帖木兒遣人

來告上都之捷孛羅帖木兒起入奏行至延春閣李樹下伯達兒自衆中奮出斫孛羅帖木兒中其腦上都馬及金那海等競前斫死老的沙傷額趨出得馬走其家擁孛羅帖木兒母妻及其子天寶奴北遁有旨令民間盡殺其部黨明日遣使函孛羅帖木兒首級往太原詔皇太子還朝諸道兵聞詔罷歸九月皇太子朝京師十二月獲禿堅帖木兒老的沙皆伏誅

元史卷二百八

明翰林學士亞中大夫知制誥兼修國史宋　濂等修

外夷傳第九十五

高麗

高麗本箕子所封之地扶餘別種嘗居之其地東至新羅南至百濟皆跨大海西北渡遼水接營州而靺鞨在其北其國都曰平壤城卽漢樂浪郡水有出靺鞨之白山者號鴨淥江而平壤在其東南因恃以爲險後闢地益廣并古新羅百濟高句麗三國而爲一其主姓高氏自初立國至唐乾封初而國亾垂拱以來子孫復封其地後稍能自立至五代時代主其國遷都松岳者姓王氏名建自建至燾凡二十七王歷四百餘年未始易姓入元太祖十一年契丹人金山元帥六哥等領衆九萬餘竄入其國十二年九月攻拔江東城據之十三年帝遣哈只吉劄剌等領兵征之國人洪大宣詣軍中降與哈只吉等同攻圍之高麗王名闕奉牛酒出迎王師且遣其樞密院使吏部尚書上將軍翰林學士承旨趙沖共討滅六哥劄剌與沖約爲兄弟沖請歲輸貢賦劄剌曰爾國道遠難於往來每歲可遣使十人入貢十二月劄剌移文取兵糧送米一千斛十四年正月遣其權知閤門祗候尹公就中書注書崔逸以結和牒文送劄剌行營劄剌遣使報之高麗王以其侍御史朴時允爲接伴使迎之帝又遣蒲里帒也持詔往諭高麗王迎拜設宴九月皇太弟國王及元帥合臣副元帥劄剌等各以書遣宣差太使慶都忽思等十人趣其入貢彝以方物進十五年九月大頭領官堪古苦着古歟等復以皇太弟國王書趣之仍進方物十六年七月有旨諭以伐女直事始奉表陳賀八月着古歟使其國十月喜速不瓜等繼使焉十七年十月詔遣着古歟等十二人至其國察其納款之實十八年八月宣差山术斛等十二人復以皇太弟國王書趣其貢獻十九年二月着古歟等復使其國十二月又使焉盜殺之于途自是連七歲絕信使矣太宗三年八月命撒禮塔征其國國人洪福源迎降于軍得福源所率編民千五百戶旁近州郡亦有來歸者撒禮塔卽與福源攻未附州郡又使阿兒禿與福源抵王京招其主王瞮瞮遣其弟懷安公王侹請和許之置京府縣達魯花赤七十二人監之遂班師十一月元帥蒲桃迪巨唐古等領兵至其王京瞮遣使奉牛酒迎之十二月一日復遣使勞元帥于行營明日其使人與元帥所遣人四十餘輩入王城付文牒又明日瞮遣王侹等詣撒禮塔屯所犒師四年正月帝遣使以璽書諭瞮三月瞮遣中郞將池義源錄事洪巨源金謙等賫國贐牒文送撒禮塔屯所四月瞮遣其將軍趙叔章御史薛愼等奉表入朝五月復下詔諭之六月瞮盡殺朝廷所置達魯花赤七十二人以叛遂率王京及諸州縣民竄海島洪福源集餘民保聚以俟大兵八月復遣撒禮塔領兵討之至王京南攻其處仁城中流矢卒別將鐵哥以軍還其已降之人令福源領之十月瞮遣其將軍金寶鼎郞中趙瑞章上表陳情五年四月詔諭瞮悔過來朝且數其五罪自平契丹賊殺劄剌之後未嘗遣一介赴闕罪一也命使賫訓言省諭輒敢射回罪二也爾等謀害着古歟乃稱萬奴民戶殺之罪三也命汝進軍仍令汝弼入朝爾乃抗拒竄諸海島罪四也汝等民戶不拘集見數輒敢妄奏罪五也十月瞮復遣兵攻陷已附西京等處降民劫洪福源家六年福源復請領其降民遷居東京賜佩金符七年命唐古與洪福源領兵征之九年拔其龍岡咸從等十餘城十年五月其國人趙玄習李元祐等率二千人迎降命居東京受洪福源節制且賜御前銀符使玄習等佩之以招未降民戶又李君式等十二人來降待之如玄習焉十二月瞮遣其將軍金寶鼎御史宋彥琦等奉表入朝十一年五月詔徵瞮入朝瞮以母喪辭六月乃遣其禮賓卿盧演禮賓少卿金謙充進奉使副奉表入朝十月有旨諭瞮徵其親朝於明年十二月瞮遣其新安公王佺與寶鼎彥琦等百四十八人奉表入貢十二年三月又遣其右諫議大夫趙修閤門祗候金成寶等奉表入貢五月復下詔諭之十二月瞮遣其禮賓少卿宋彥琦侍御史權韙充行李使入貢是歲攻拔昌朔等州十三年秋瞮以族子綧爲己子入質當定宗憲宗之世歲貢不入故自定宗二年至憲宗八年凡四命將征之凡拔其城十有四憲宗末瞮遣其世子倎入朝世祖中統元年三月瞮卒命倎歸國爲高麗國王以兵衞送之仍赦其境內制曰我太祖皇帝肇開大業聖聖相承代有鴻勳芟夷羣雄奄有四海未嘗專嗜殺也凡屬國列侯分茅錫土傳祚子孫者不啻萬里孰非向之勍敵哉觀乎此則祖宗之法不待言而章章矣今也普天之下未臣服者惟爾國與宋耳宋所恃者長江而長江失險所藉者川廣而川廣不支邊戍自徹其藩籬大軍已駐乎心腹鼎魚幕燕亾在旦夕爾初世子奉幣納款束身歸朝含哀請命良可矜憫故遣歸國完復舊疆安爾田疇保爾室家弘好生之大德捐宿搆之細故也用是已嘗戒敕邊將斂兵待命東方旣定則將迴戈於錢塘迨餘半載乃知爾國內亂渝盟邊將復請戒嚴此何故也以謂果內亂耶權臣何不自立而立世孫以謂傳聞之誤耶世子何不之國而盤桓於境上也豈以世子之歸愆期而左右自相猜疑私憂過計而然耶重念島嶼殘民久罹塗炭窮兵極討殆非本心且御失其道則天下狙詐咸作敵推赤心置人腹中則反側之輩自安矣悠悠之言又何足校申命邊閫斷自子衷無以逋逃間執政無以飛語亂定盟惟事推誠一切勿問宜施曠蕩之恩一新遐邇之化自尚書金仁儁以次中外枝黨官吏軍民聖旨到日已前或有首謀內亂旅拒王師已降附而還叛因仇讐而擅殺無所歸而背主亾命不得已而隨衆脅從應據國人但曾犯法罪無輕重咸赦除之世子其趣裝命駕歸國知政解仇釋憾布德施恩緬惟瘡痍之民正在撫綏之日出彼滄溟宅於平壤賣刀劍而買牛犢捨干戈而操耒耜凡可援濟毋憚勤勞苟富庶之有徵冀禮義之可復亟正疆界以定民心我師不復踰限矣大號一出朕不食言復有敢踵亂犯上者非干爾主乃亂我典刑國有常憲人得誅之於戲世子其王矣往欽哉恭承丕訓永爲東藩以揚我休命四月復降旨諭倎曰朕祗若天命獲承祖宗休烈仰惟覆燾一視同仁無遐邇小大之間也以爾歸欵旣冊爲王還國今得爾與邊將之書因知其上下之情朕甚憫焉倎求出水就陸免軍馬侵擾還被虜及逃民皆從之詔班師乃赦其境內六月倎遣其子承安公僖判司宰事韓卽入賀卽位以國王封冊王印及虎符賜之是月又下詔撫諭之二年三月遣使入貢四月倎入朝六月倎更名禃遣其世子愖奉表以聞八月賜禃玉帶一遣侍衞將軍孛里察禮部郞中高逸民護愖還國九月禃遣其侍御史張鎰奉表入謝十月帝遣阿的迷失焦天翼持詔諭以開榷場事三年正月罷互市諸王塔察兒請置鐵冶從之請立互市不從賜禃歷後歲以爲常禃遣使入謝優詔荅之四月禃遣其左諫議大夫朴倫郞將辛洪成等奉表入朝六月遣使入貢八月朴倫等還賜西錦三段間金熟綾六段十月詔諭禃籍編民出師旅輸糧餉助軍儲是月禃遣使入貢四年二月以禃不荅詔書詰其使者禃表乞俟民生稍集然後惟命帝以其辭意懇實允之朝貢物數亦命稱其力焉自三月至于六月禃凡三遣使入貢賜禃羊五百十一月禃以免置驛籍民等事遣其翰林學士韓就奉表入謝五年正月丁丑朔禃遣使奉表入賀諭還使令禃親朝京師四月以西北諸王率衆款附擬今歲朝王公羣牧于上都又遣必闍赤古乙獨徵禃入朝修世見之禮五月禃遣其借國子祭酒張鎰從古乙獨入見六月乃親朝九月帝以改中統五年爲至元元年遣郞中路得成持敕令與禃郞將康允玿頒其國十月禃入朝十二月遣禃還國是年春禃遣使入貢自是終世祖三十一年其國入貢者凡三十有六至元三年二月立瀋州以處高麗降民帝欲通好日本以高麗與日本鄰國可爲鄉導八月遣國信使兵部侍郞黑的禮部侍郞殷弘司儀官伯德孝先等使日本先至高麗諭旨十二月禃遣其樞密院副使宋君斐借禮部侍郞金贊等導詔使黑的殷弘等往日本不至而還四年正月禃遣君斐等奉表從黑的等入朝六月帝以禃飾辭令去使徒還復遣黑的與君斐等以詔諭禃委以日本事以必得其要領爲期九月禃遣其起居舍人潘阜書狀官李挺充國信使持書詣日本五年正月禃遣其弟淐入朝帝以禃見欺於淐面數其事切責之特遣北京總管兼大興府尹于也孫脫禮部郞中孟甲持詔諭禃其畧曰向請撤兵則已撤之矣三年當去水就陸而前言無徵也又太祖法制凡內屬之國納質助軍輸糧設驛編戶籍置長官已嘗明諭之而稽延至今終無成言在太祖時王綧等已入質驛傳亦粗立餘率未奉行今將問罪於宋其所助士卒舟艦幾何輸糧則就爲儲積至若設官及戶版事其意謂何故以問之三月于也孫脫等至其國四月禃遣其門下侍郞李藏用奉表與也孫脫等入朝五月帝敕藏用曰往諭爾主速以軍數實奏將遣人督之今出軍爾等必疑將出何地或欲南宋或欲日本爾主當造舟一千艘能涉大海可載四千石者藏用曰舟艦之事卽當應命但人民殘少恐不及期往者

臣國有軍四萬三十餘年間死於兵疫今止有牌子頭五十戶百戶千戶之類虛名而無軍卒帝曰死者有之生者亦有之藏用曰賴聖德自撤兵以來有生長者僅十歲耳帝又曰自爾來者言海中之事於宋得便風可三日而至日本則朝發而夕至舟中載米海中捕魚而食之則豈不可行乎又敕藏用曰歸可以此言諭爾主七月詔都統領脫朶兒武德將軍統領王國昌武略將軍副統領劉傑等使其國與其來朝者大將軍崔東秀偕行八月至其國禃出昇天府迎之蓋諭以閱軍造船也九月以禃表奏潘阜等奉使無功而還復遣黑的等使日本詔禃遣重臣導送十二月禃遣其知門下省事申思全禮部侍郎陳井起居舍人潘阜等從國信使黑的等赴日本借禮部侍郎張鎰奉表從脫朶兒入朝六年正月禃遣其大將軍康允紹奉表奏誅權臣金俊等三月禃復遣申思全奉表從黑的入朝六月禃遣其世子愖入朝賜禃玉帶一愖金五十兩從官銀幣有差七月帝遣明威將軍都統領朶兒武德將軍統領王國昌武略將軍都統領劉傑相視耽羅等處道路詔禃選官引達以入言耽羅海道往南宋日本甚易故也八月世子愖入朝奉本國臣下擅廢禃立其弟安慶公淐事詔遣臺臣斡朶思不花李諤等至其國詳問之九月其樞密院副使金方慶奉表從斡朶思不花等入朝樞密院御史臺奏世子愖言朝廷若出征能辦軍三千備糧五月如官軍入境臣宜同往庶不驚擾帝然之詔授世子愖特進上柱國敕愖率兵三千赴其國難命抄不花往征其國以病不果行詔遣蒙哥都代之十月帝以禃淐廢置乃林衍所爲遣中憲大夫兵部侍郎黑的淄萊路總管府判官徐世雄詔禃淐衍等以十二月同詣闕下下面陳情實聽其是非又遣國王頭輦哥等率兵壓境如踰期不至卽當窮治首惡進兵勦戮命趙璧行中書省於東京仍詔諭高麗國軍民十一月高麗都統領崔坦等以林衍作亂挈西京五十餘城入附遣斷事官别同瓦馳驛於王綧洪茶丘所管實科差戶內僉軍至東京付樞密院得三千三百人高麗西京都統李延齡乞益兵遣忙哥都率兵二千赴之樞密院臣議征高麗事初馬亨以爲高麗者本箕子所封之地漢晉皆爲郡縣今雖來朝其心難測莫若嚴兵假道以取日本爲名乘勢可襲其國定爲郡縣亨又言今既有釁端不宜遣兵代之萬一不勝上損國威下損士卒彼或上表言情宜赦其罪戾減其貢獻以安撫其民庶幾感慕聖化俟南宋已平彼有他志回兵誅之亦未晚也前樞密院經歷馬希驥亦言今之高麗乃古新羅百濟高句麗三國併而爲一大抵藩鎮權分則易制諸侯強盛則難臣驗彼州城軍民多寡離而爲二分治其國使權侔勢等自相維制則徐議良圖亦易爲區處耳黑的等至其國禃受詔復位遣借禮部侍郎朴烋從黑的等奉表入朝十二月乃親朝京師七年正月遣使言比奉詔臣已復位今從七百人入覲詔令從四百人來餘留之西京詔西京內屬改東寧府畫慈悲嶺爲界以忙哥都爲安撫使佩虎符率兵戍其西境詔諭其國僚屬軍民以討林衍之故其略曰朕卽位以來憫爾國久罹兵亂冊定爾主撤還兵戍十年之間其所以撫護安全者靡所不至不圖逆臣林衍自作弗靖擅廢易國王禃脅立安慶公淐詔令赴闕復稽延不出豈可釋而不誅已遣行省率兵東下惟林衍一身是討其安慶公淐本非得已在所寬宥自餘脅從詿誤一無所問二月遣軍送禃就國詔諭高麗國官吏軍民曰朕惟臣之事君有死無二不意爾國權臣輒敢擅廢國主彼既驅率兵衆將致爾衆危擾不安以汝黎庶之故特遣兵護送國王禃還國奠居舊京命達魯花赤同往鎮撫以靖爾邦惟爾東土之人不知爲汝之故必生疑懼爾衆咸當無畏按堵如故已别敕將帥嚴戒兵士勿令侵犯汝或妄動汝妻子及汝身當致俘略宜審思之初有旨令頭輦哥行省駐西京而以忙哥都趙良弼充安撫使與禃俱入其京既而復令行省入其王京而以脫脫朶兒充其國達魯花赤罷安撫司四月東京行尚書省軍近西京遣徹徹都等同禃之臣鄭子璵等持省劄召高麗國令公林衍使還言衍已死子惟茂襲令公位其國侍郎洪文係尚書宋宗禮殺惟茂及衍婿崔宗紹惟茂弟惟䄄自刎衍黨同仲孫等復集餘衆立禃庶族承化侯爲王竄入珍島大軍次王京西闕城遣人收繫林衍妻子行省與禃議遷江華島居民於王京仍宣詔撫綏之禃弗從至入居其舊京始從行省之議六月禃遣人報有朝廷逃軍與承化侯者以三别抄軍叛世子愖復言叛兵據江華島宜率軍水陸進擊之禃復報叛兵悉遁去世子愖言叛兵劫府庫燒圖籍逃入海中行省使人覘江華島中百姓皆空島之東南相距約四十里叛兵乘船候風勢欲遁於是卽命乃顏率衆追擊之七月丞相安童等言頭輦哥等遣大托忙古䚟來言令阿海領軍一千五百屯王京伺察其國中遂以阿海爲安撫使十一月中書省臣言於高麗設置屯田經略司以忻都史樞爲鳳州等處經略使佩虎符領軍五千屯田於金州又令洪茶丘以舊領民二千屯田阿剌帖木兒爲副經略司總轄之而罷阿海軍閏十一月世子愖還有詔諭禃以其陪臣元傅等妄奏頭輦哥國王爲頭行省官員數事及其國私與南宋日本交通又往年所言括兵造船至今未有成效且謂自此以往或先有事南宋或先有事日本兵馬船艦資糧早宜措置是月又詔禃曰嚮嘗遣信使通問日本不謂執迷固難以善言開諭此卿所知將經略於彼敕有司發卒屯田爲進取之計庶免爾國他日轉輸之勞仍遣使持書先示招懷卿其悉心盡慮裨贊方略期於有成以稱朕意初林衍之變百姓驚擾至是下詔撫慰之十二月詔諭禃送使通好日本曰朕惟日本自昔通好中國實相密邇故嘗詔卿導達去使講信修睦爲其疆吏所梗竟不獲明諭朕心後以林衍之亂故不暇及今旣輯寧爾家遣少中大夫秘書監趙良弼充國信使期於必達仍以忽林赤王國昌洪茶丘將兵送抵海上比國信使還姑令金州等處屯駐所需糧餉卿專委官赴彼逐近供給并鳩集金州旁左船艦於金州需待無致稽緩匱乏八年正月禃遣其樞密使金鍊奉表入見請給婚安撫使阿海略地珍島與逆黨遇多所亡失中書省臣言諜知珍島餘糧將竭宜乘弱攻之詔不許二月命忽都荅兒持詔諭裴仲孫三月仲孫乞諸軍退屯然後內附忻都未從其請有詔諭之四月忻都言仲孫稽留詔使負固不服乞與忽林赤王國昌分道進討從之以討珍島諭禃五月忻都與史樞洪茶丘大敗珍島賊獲承化侯斬之其黨金通精走耽羅七月禃遣其上將軍鄭子璵奉表謝平珍島世子愖率其尚書右丞宋玢軍器監薛公儉等衣冠胄子二十八人入侍八月忽林赤赴鎮邊合浦縣屯所九月禃遣其通事别將徐稱導送宣撫趙良弼使日本帝遣愖還國十一月禃遣其同知樞密院事李昌慶式表謝許婚事九年正月禃遣其别將白琚偕張鐸等十二人奉表入見世子愖以其國尚書右丞宋玢玢父上將軍完禮討林惟茂狀言其功于中書省遣郎中不花馬璘使高麗諭以供戰船輸軍糧事二月禃致書日本使通好于朝六月遣西京屬城諸達魯花赤及質子金鎰等歸國十年正月禃遣其世子愖入朝四月經略使忻都同洪茶丘領兵入海攻拔耽羅城禽金通精等奉詔誅之六月禃遣其大將軍金忻表奏攻破濟州九月禃屢言小國地狹比歲荒歉其生券軍乞駐東京詔令營北京界仍敕東京路運米二萬石賑之達魯花赤焦天翼還朝十一年正月己卯朔宮闕告成帝始御正殿受皇太子諸王百官朝賀禃遣其少卿李義孫等入賀三月遣木速塔八撒木合持詔使高麗僉軍五千六百人助征日本五月皇女忽都魯揭里迷失下嫁于世子愖七月其樞密院副使奇蘊奉表告王禃薨命世子愖襲爵詔諭高麗國王宗族及大小官員百姓人等其略曰國王王禃存日屢言世子愖可爲繼嗣今令愖襲爵爲王凡在所屬並聽節制八月世子愖還至其國襲位九月遣其齊安侯王淑上表謝恩十一月皇女入京城愖復遣其判閤門事李信孫等奉表入謝十一月以黑的爲高麗達魯花赤李益受代還十一年七月黑的還朝十一月遣使諭愖改官職名號愖遣其帶方侯王澂率衣冠子弟二十人入侍以石抹天衢充副達魯花赤十三年七月愖遣其僉議中贊金方慶奉表賀平宋十一月愖遣其判秘書寺事朱悅奉表奏改名賰十四年正月金方慶等爲亂命愖治之仍命忻都洪茶丘飭兵禦備十五年正月賰以達魯花赤石抹天衢秩滿未代請復留三年從之東征元帥府上言以高麗侍中金方慶與其子愃恂婿趙卞等陰養死士四百人匿鎧仗器械造戰艦積糧餉欲謀作亂捕方慶等按驗得實已流諸海島然高麗初附民心未安可發征日本還卒二千七百人置長吏屯忠清全羅諸處鎮撫外夷以安其民復令士卒備牛畜耒耜爲來歲屯田之計七月改鑄駙馬高麗王印賜賰十六年正月敕其國置大灰艾州東京柳石孛落四驛十七年五月賰以民饑乞貸糧萬石從之七月以其國初置驛站民乏食命給糧一歲仍禁使臣往來勿求索飲食十月直賰開府儀同三司中書左丞相行中書省事十八年二月賰言本國必闍赤不諳行移文字請除郎中員外各一員以爲參佐賰又請易宣命職銜增駙馬字從之六月賰言本國置驛四十民畜凋弊敕併爲二十站仍給馬價八百錠八月陞其僉議府爲從三品十一月金州等處置鎮邊萬戶府以控制日本十九年正月賰以日本寇其邊海郡邑燒居室掠子女而去請發闍里帖木兒麾下蒙古軍五百人戍金州又從之二十年五月立征東行中書省以高麗國王與阿塔海共事二十八年五月以賰子謜爲世子授特進上柱國賜銀印十月以其國饑給以米二十萬斛三十年二月賰遣使入奏復更名距及乞功臣號制曰特進上柱國開府儀同三

司征東行中書省左丞相駙馬高麗王昛世守王爵還尚我家戚旌藩屛之功宜示褒嘉之寵可賜號推忠宣力定遠功臣餘如故益懋厥勳對揚休命十一月昛入朝成宗元貞二年七月陞其僉議司爲二品大德元年十一月封昛爲逸壽王以世子謜爲高麗王從所請也二年七月中書省臣奏謜有罪當廢復以其父昛爲王三年正月昛遣使入貢丞相完澤等言世子時或言高麗僭設省院臺有旨罷之其國遂改立僉議府密直司監察司令謜加其臣趙仁規司徒司空侍中之職又昛給仁規赦九死獎諭文書又擅寫皇朝帝系及自造歷加其女爲令妃又立資政院以崔冲紹爲興祿大夫又嘗奉太后旨公主與謜兩位下怯薛䚟合併爲一謜不奉旨輙又擅殺千戶金呂而以其金符給官者朮合兒又仁規進女侍謜有巫蠱事今乞將仁規冲紹發付京兆鞏昌兩路安置不得他適昛行事不法謜年少妄殺無辜乞降詔戒飭帝命杖仁規冲紹而遣之二月詔諭昛并闔境臣民自今以始勉遵守國之規益謹畏天之戒凡在官者各勤乃事協力匡贊毋蹈前非自干刑憲緇黃士庶各安其業五月哈散使高麗還言昛不能服其衆朝廷宜遣官共理之遂復立征東行省命闊里吉思爲高麗行省平章政事九月昛遣使入貢以朝廷增置行省上表陳情其略言累世有勤王之功凡八十餘年歲修職貢嘗以世子入侍得聯婚帝室遂爲甥舅實感至恩使小國不替祖風永修侯職是所望也四年二月征東行省平章闊里吉思言高麗國王自署官府三百五十八所官四千五十五員衣食皆取之民復苛征之又其大會王曲蓋龍扆警蹕諸臣舞蹈山呼一如朝儀僭擬過甚遣山東宣慰使塔察兒刑部尚書王泰亨賫詔諭之使釐正以聞三月闊里吉思復上言僉議司官不肯供報民戶版籍州縣疆界本國橫科暴斂民少官多刑罰不一若止依本俗行事實難撫治五年二月爲昛罷行省官有詔諭昛秋七月昛上表言昔居海島時嘗用山呼後改呼千秋今既奉明詔一切皆罷又革官府九十餘所汰官吏二百七十餘員他如雜徭病民驛騎煩擾驛傳者亦皆省之詔曰卿其諭朕意所言當始終行之或有不然寧不羞愧昛自大德二年復位八年而薨子謜復襲王位成宗初年尚寶塔實憐公主十一年進爵瀋陽王繼襲位高麗國王生子燾燾受遜位以仁宗皇慶二年四月封高麗國王是年其弟暠立爲世子以其父瀋陽王請於朝故也自瞮傳其子禃禃傳其子昛昛傳其子謜謜傳其子燾燾傳其弟暠禃初名倎昛初名愖又名賰後乃名昛謜則更名章云

耽羅

耽羅高麗與國也世祖既臣服高麗以耽羅爲南宋日本衝要亦注意焉至元六年七月遣明威將軍都統領脫脫兒武德將軍統領王國昌武略將軍副統領劉傑往視耽羅等處道路詔高麗國王王禃選官導送時高麗叛賊林衍者有餘黨金通精遁入耽羅九年中書省臣及樞密院臣議曰若先有事日本未見其逆順之情恐有後辭可先平耽羅然後觀日本從否徐議其事且耽羅國王嘗來朝覲今叛賊逐其主據其城以亂舉兵討之義所先也十年正月命經略使忻都史樞及洪茶丘等率兵船大小百有八艘討耽羅賊黨六月平之於其地立耽羅國招討司屯鎮邊軍千七百人其貢賦歲進毛施布百匹招討司後改爲軍民都達魯花赤總管府又改爲軍民安撫司三十一年高麗王上言耽羅之地自祖宗以來臣屬其國林衍逆黨既平之後尹邦寶充招討副使以計求徑隸朝廷乞仍舊帝曰此小事可使還屬高麗自是遂復隸高麗

日本

日本國在東海之東古稱倭奴國或云惡其舊名故改名日本以其國近日所出也其土疆所至與國王世系及物產風俗見宋史本傳日本爲國去中土殊遠又隔大海自後漢歷魏晉宋隋皆來貢唐永徽顯慶長安開元天寶上元貞元元和開成中並遣使入朝宋雍熙元年日本僧奝然與其徒五六人浮海而至奉職貢并獻銅器十餘事奝然善隸書不通華言問其風土但書以對云其國中有五經書及佛經白居易集七十卷奝然還後以國人來者曰滕木吉以僧來者曰寂照寂照識文字繕寫甚妙至熙寧以後連貢方物其來者皆僧也

元世祖之至元二年以高麗人趙彝等言日本國可通擇可奉使者三年八月命兵部侍郎黑的給虎符充國信使禮部侍郎殷弘給金符充國信副使持國書使日本書曰大蒙古國皇帝奉書日本國王朕惟自古小國之君境土相接尚務講信修睦況我祖宗受天明命奄有區夏遐方異域畏威懷德者不可悉數朕即位之初以高麗無辜之民久瘁鋒鏑即令罷兵還其疆域反其旄倪高麗君臣感戴來朝義雖君臣歡若父子計王之君臣亦已知之高麗朕之東藩也日本密邇高麗開國以來亦時通中國至於朕躬而無一乘之使以通和好尚恐王國知之未審故特遣使持書布告朕志冀自今以往通問結好以相親睦且聖人以四海爲家不相通好豈一家之理哉以至用兵夫孰所好王其圖之黑的等道由高麗高麗國王王禃以帝命遣其樞密院副使宋君斐借禮部侍郎金贊等導詔使黑的等往日本不至而還四年六月帝謂王禃以辭爲解令去使徒還復遣黑的等至高麗諭禃委以日本事以必得其要領爲期禃以爲海道險阻不可辱天使九月遣其起居舍人潘阜等持書往日本留六月亦不得其要領而歸五年九月命黑的弘復持書往至對馬島日本人拒而不納執其塔二郎彌二郎二人而還六年六月命高麗金有成送還執者俾中書省牒其國亦不報有成留其太宰府守護所者久之十二月又命秘書監趙良弼往使書曰蓋聞王者無外高麗與朕既爲一家王國實爲鄰境故嘗馳信使修好爲疆場之吏抑而弗通所獲二人敕有司慰撫俾賫牒以還遂復寂無所聞繼欲通問屬高麗權臣林衍搆亂坐是弗果豈王亦因此輟不遣使或已遣而中路梗塞皆不可知不然日本素號知禮之國王之君臣寧肯漫爲弗思之事乎近已滅林衍復舊王位安集其民特命少中大夫秘書監趙良弼充國信使持書以往如即發使與之偕來親仁善鄰國之美事其或猶豫以至用兵夫誰所樂爲也王其審圖之良弼將往乞定與其王相見之儀廷議與其國上下之分未定無禮數可言帝從之七年十二月詔諭高麗王禃送國信使趙良弼通好日本期於必達仍以忽林失王國昌洪茶丘將兵送抵海上比國信使還姑令金州等處屯駐八年六月日本通事曹介升等上言高麗迂路導引國使外有捷徑倘得便風半日可到若使臣去則不敢同往若大軍進征則願爲鄉導帝曰如此則當思之九月高麗王禃遣其通事別將徐稱導送良弼使日本日本始遣彌四郎者入朝帝宴勞遣之九年二月樞密院臣言奉使日本趙良弼遣書狀官張鐸來言去歲九月與日本國人彌四郎等至太宰府西守護所守者云曩爲高麗所紿屢言上國來伐豈期皇帝好生惡殺先遣行人下示璽書然王京去此尚遠願先遣人從奉使回報良弼乃遣鐸同其使二十六人至京師來見帝疑其國主使之來云守護所者詐也詔翰林承旨和禮霍孫以問姚樞許衡等皆對曰誠如聖算彼懼我加兵故發此輩伺吾強弱耳宜示之寬仁且不宜聽其入見從之是月高麗王禃致書日本五月又以書往令必通好大朝皆不報十年六月趙良弼復使日本至太宰府而還十一年三月命鳳州經略使忻都高麗軍民總管洪茶丘以千料舟拔都魯輕疾舟汲水小舟各三百共九百艘載士卒一萬五千期以七月征日本冬十月入其國敗之而官軍不整又矢盡惟虜掠四境而歸十二年二月遣禮部侍郎杜世忠兵部侍郎何文著計議官撒都魯丁往使復致書亦不報十四年日本遣商人持金來易銅錢許之十七年二月日本殺國使杜世忠等征東元帥忻都洪茶丘請自率兵往討廷議姑少緩之五月召范文虎議征日本八月詔募征日本士卒十八年正月命日本行省右丞相阿剌罕右丞范文虎及忻都洪茶丘等率十萬人征日本二月諸將陛辭帝敕曰始因彼國使來故朝廷亦遣使往彼遂留我使不還故使卿輩爲此行朕聞漢人言取人家國欲得百姓土地若盡殺百姓徒得地何用又有一事朕實憂之恐卿輩不和耳假若彼國人至與卿輩有所議當同心協謀如出一口答之五月日本行省參議裴國佐等言本省右丞相阿剌罕范右丞李左丞先與忻都茶丘入朝時同院官議定領舟師至高麗金州與忻都茶丘軍會然後入征日本又爲風水不便再議定會於一岐島今年三月有日本船爲風水漂至者令其水工畫地圖因見近太宰府西有平戶島者周圍皆水可屯軍船此島非其所防若徑往據此島使人乘船往一岐呼忻都茶丘來會進討爲利帝曰此間不悉彼中事宜阿剌罕輩必知令其自處之六月阿剌罕以病不能行命阿塔海代總軍事八月諸將未見敵喪全師以還乃言至日本欲攻太宰府暴風破舟猶欲議戰萬戶厲德彪招討王國佐水手總管陸文政等不聽節制輒逃去本省載餘軍至合浦散遣還鄉里未幾敗卒于閶脫歸言官軍六月入海七月至平壺島移五龍山八月一日風破舟五日文虎等諸將各自擇堅好船乘之棄士卒十餘萬于山下衆議推張百戶者爲主帥號之曰張總管聽其約束方伐木作舟欲還七日日本人來戰盡死餘二三萬爲其虜去九日至八角島盡殺蒙古高麗漢人謂新附軍爲唐人不殺而奴之閶輩是也蓋行省官議事不相下故皆棄軍歸久之莫青與吳萬五者亦逃還十萬之衆得還者三人耳二十年命阿塔海爲日本省丞相與徹里帖木兒右丞劉二拔都兒左丞募兵造舟欲復征日本淮西宣慰使昂吉兒上言民勞乞寢兵二十一年又以其俗尚佛遣王積翁與補陀僧如智往使舟中有不願行者

共謀殺積翁不果至二十三年帝曰日本未嘗相侵今交趾犯邊宜置日本專事交趾成宗大德二年江浙平章政事也速荅兒乞用兵日本帝曰今非其時朕徐思之三年遣僧寧一山者加妙慈弘濟大師附商舶往使日本而日本人竟不至

元史卷二百九

明翰林學士亞中大夫知制誥兼修國史宋　濂等修

列傳第九十六

安南

安南國古交趾也秦并天下置桂林南海象郡秦亡南海尉趙佗擊併之漢置九郡交趾居其一後女子徵側叛遣馬援平之立銅柱爲漢界唐始分嶺南爲東西二道置節度立五筦安南隸焉宋封丁部領爲交趾郡王其子璉亦爲王傳三世爲李公蘊所奪卽封公蘊爲王李氏傳八世至昊旵陳日煚爲昊旵壻遂有其國元憲宗三年癸丑兀良合台從世祖平大理世祖還留兀良合台攻諸夷之未附者七年丁巳十一月兀良合台兵次交趾北先遣使二人往諭之不返乃遣徹徹都等各將千人分道進兵抵安南京北洮江上復遣其子阿朮往爲之援并覘其虛實交人亦盛陳兵衛阿朮遣軍還報兀良合台倍道兼進令徹徹都爲先鋒阿朮居後爲殿十二月兩軍合交人震駭阿朮乘之敗交人水軍虜戰艦以還兀良合台亦破其陸路兵又與阿朮合擊大敗之遂入其國日煚竄海島得所前遣使於獄中以破竹束體入膚比釋縛一使死因屠其城國兵留九日以氣候鬱熱乃班師復遣二使招日煚來歸日煚還見國都皆已殘毀大發憤縛二使遣還八年戊午二月日煚傳國于長子光昺改元紹隆夏光昺遣其壻與其國人以方物來見兀良合台送詣行在所別遣訥剌丁往諭之曰昔吾遣使通好爾等執而不返我是以有去年之師以爾國主播在草野復令二使招安還國爾又縛還吾使今特遣使開諭如爾等矢心內附則國主親來若猶不悛明以報我光昺曰小國誠心事上則大國何以待之訥剌丁還報時諸王不花鎮雲南兀良合台言于王復遣訥剌丁往諭使遣使偕來光昺遂納疑且曰俟降德音卽遣子弟爲質王命訥剌丁乘傳入奏世祖中統元年十二月以孟甲爲禮部郎中充南諭使李文俊爲禮部員外郎充副使持詔往諭之其略曰祖宗以武功創業文化未修朕纘承丕緒鼎新革故務一萬方適大理國守臣安撫聶只陌丁馳驛表聞爾邦有嚮風慕義之誠念卿昔在先朝已嘗臣服遠貢方物故頒詔旨諭爾國官僚士庶凡衣冠典禮風俗一依本國舊制已戒邊將不得擅興兵甲侵爾疆埸亂爾人民卿國官僚士庶各宜安治如故復諭甲等如交趾遣子弟入覲當善視之毋致寒暑失節重勞苦之也二年孟甲等還光昺遣其族人通侍大夫陳奉公員外郎諸衛寄班阮琛員外郎阮演詣闕獻書乞三年一貢帝從其請遂封光昺爲安南國王三年九月以西錦三金熟錦六賜之復降詔曰卿既委質爲臣其自中統四年爲始每三年一貢可選儒士醫人及通陰陽卜筮諸色人匠各三人及蘇合油光香金銀朱砂沉香檀香犀角玳瑁珍珠象牙綿白磁盞等物同至仍以訥剌丁充達魯花赤佩虎符往來安南國中四年十一月訥剌丁還光昺遣楊安養充員外郎及內令武復桓書舍阮求中奧郎范舉等奉表入謝帝賜來使玉帶繒帛藥餌鞍轡有差至元二年七月使還復優詔荅之仍賜歷及頒改元詔書三年十二月光昺遣楊安養上表三通其一進獻方物其二免所索秀才工匠人其三願請訥剌丁長爲本國達魯花赤四年九月使還荅詔許之仍賜光昺玉帶金繒藥餌鞍轡等物未幾復下詔諭以六事一君長親朝二子弟入質三編民數四出軍役五輸納稅賦六仍置達魯花赤統治之十一月又詔諭光昺以其國有回鶻商賈欲訪以西域事令發遣以來是月詔封皇子爲雲南王往鎮大理鄯闡交趾諸國五年九月以忽籠海牙代訥剌丁爲達魯花赤張庭珍副之復下詔徵商賈回鶻人六年十一月光昺上書陳情言商旅回鶻一名伊温死已日久一名婆婆尋亦病死又據忽籠海牙謂陛下須索巨象數頭此獸軀體甚大步行甚遲不如上國之馬伏候勑旨於後貢之年當進獻也又具表納貢別奉表謝賜西錦幣帛藥物七年十一月中書省移牒光昺言其受詔不拜待使介不以王人之禮遂引春秋之義以責之且令以所索之象與歲貢偕來又前所貢藥物品味未佳所徵回鶻輩託辭欺誑自今已往其審察之八年十二月光昺復書言本國欽奉天朝已封王爵豈非王人乎天朝奉使復稱王人與之均禮恐辱朝廷況本國前奉詔旨命依舊俗凡受詔令奉安于正殿而退避別室此本國舊典禮也來諭索象前恐忤旨故依違未敢直對實緣象奴不忍去家難於差發又諭索儒醫工匠而陪臣黎仲佗等陛見之日咫尺威光不聞詔諭況中統四年已蒙原宥今復諭及豈勝驚愕惟閤下其念之九年以葉式捏爲安南達魯花赤李元副之十年正月葉式捏卒命李元代式捏以合撒兒海牙副之中書省復牒光昺言比歲奉使還者言王每受天子詔令但拱立不拜與使者相見或燕席位加於使者之上今覽來書自謂既受王爵豈非王人乎考之春秋叙王人於諸侯之上釋例云王人蓋下士也夫五等邦君外臣之貴者也下士內臣之微者也以微者而加貴者之上蓋以王命爲重也後世列王爲爵諸侯之尤貴者顧豈有以王爵爲人者乎王寧不知而爲是言耶抑辭令之臣誤爲此言耶至於天子之詔人臣當拜受此古今之通義不容有異者也乃云前奉詔旨並依舊俗本國遵奉而行凡受詔令奉安於正殿而退避別室此舊典禮也讀之至此實頓驚訝王之爲此言其能自安於心乎前詔旨所言蓋謂天壤之間不啻萬國國各有俗驟使變革有所不便故聽用本俗豈以不拜天子之詔而爲禮俗也哉且王之教令行於國中臣子有受而不拜者則王以爲何如君子貴於攻過緬想高明其亮察之十一年光昺遣童子冶黎文隱來貢十二年正月光昺上表請罷本國達魯花赤其文曰微臣僻在海隅得霑聖化與函生驩抃鼓舞乞念臣自降附上國十有餘年雖奉三年一貢然迭遣使臣疲於往來未嘗一日休息至天朝所遣達魯花赤辱臨臣境安能空回況其行人動有所恃凌轢小國雖天子與日月並明安能照及覆盆且達魯花赤可施於邊蠻小醜豈有臣既席王封爲一方藩屏而反立達魯花赤以監臨之寧不見笑於諸侯之國乎與其畏監臨而修貢孰若中心悅服而修貢哉臣恭遇天朝建儲冊后大恩霧霈施及四海輒敢哀鳴伏望聖慈特賜矜恤今後二次發遣綱貢一詣鄯闡奉納一詣中原拜獻凡天朝所遣官乞易爲引進使庶免達魯花赤之弊不但微臣之幸實一國蒼生之幸也二月復降詔以所貢之物無補於用諭以六事且遣合撒兒海牙充達魯花赤仍令子弟入侍十三年二月光昺遣黎克復文粹入貢以所奏就鄯闡輸納貢物事屬不敬上表謝罪并乞免六事十四年光昺卒國人立其世子日烜遣中侍大夫周仲彥中亮大夫吳德卲來朝十五年八月遣禮部尚書柴椿會同館使哈剌脫因工部郎中李克忠工部員外郎董端同黎克復等持詔往諭日烜入朝受命初使傳之通也止由鄯闡黎化往來帝命柴椿自江陵直抵邕州以達交趾閏十一月柴椿等至邕州永平寨日烜遣人進書謂今聞國公辱臨敝境邊民無不駭愕不知何國人使而至於斯乞回軍舊路以進椿回牒云禮部尚書等官奉上命與本國黎克復等由江陵抵邕州入安南所有導護軍兵合乘驛馬宜來界首遠迓日烜差御史中贊兼知審刑院事杜國計先至其太尉率百官自富梁江岸奉迎入館十二月二日日烜就館見使者四日日烜拜讀詔書椿等傳旨曰汝國內附二十餘年向者六事猶未見從汝若弗朝則修爾城整爾軍以待我師又云爾父受命爲王汝不請命而自立今復不朝異日朝廷加罪將何以逃其責請熟慮之日烜仍舊例設宴于廊下椿等弗就宴既歸館日烜遣范明字致書謝罪改宴于集賢殿日烜言先君棄世予初嗣位天使之來開諭詔書使予喜懼交戰于胷中竊聞宋主幼小天子憐之尚封公爵於小國亦必加憐昔諭六事已蒙赦免若親朝之禮予生長深宮不習乘騎不諳風土恐死於道路子弟太尉以下亦皆然天使回謹上表達誠兼獻異物椿曰宋主年未十歲亦生長深宮如何亦至京師但詔旨之外不敢聞命且我四人實來召汝非取物也椿等還日烜遣范明字鄭國瓚中贊杜國計奉表陳情言孤臣稟氣軟弱且道路艱難徒暴白骨致陛下哀傷而無益天朝之萬一伏望陛下憐小國之遼遠令臣得與鰥寡孤獨保其性命以終事陛下此孤臣之至幸小國生靈之大福也兼貢方物及二馴象十六年三月椿等先達京師留鄭國瓚於邕州樞密院奏以日烜不朝但遣使臣報命飾辭托故延引歲時巧佞雖多終違詔旨可進兵境上遣官問罪帝不從命來使入覲十一月留其使鄭國瓚于會同館復遣柴椿等四人與杜國計持詔再諭日烜來朝若果不能自覲則積金以代其身兩珠以代其目副以賢士方技子弟二匠各二以代其土民不然修爾城池以待其審處焉十八年十月立安南宣慰司以卜顏鐵木兒爲參知政事行宣慰使都元帥別設僚佐有差是月詔以光昺既沒其子日烜不請命而自立遣使往召又以疾爲辭止令其叔遺愛入覲故立遺愛代爲安南國王二十年七月日烜致書于平章阿里海牙請還所留來使帝卽遣還國是時阿里海牙爲荆湖占城行省平章政事

帝欲交趾助兵糧以討占城令以己意諭之行省遣鄂州達魯花赤趙翥以書諭日烜十年朝廷復遣陶秉直持璽書往諭之十一月趙翥抵安南日烜尋遣中亮大夫丁克紹中大夫阮道學等持方物從翥入覲又遣中奉大夫范至清朝請郎杜袍直等赴省計事且致書于平章言添軍一件占城服事小國日久老父惟務以德懷之迨于孤子之身亦繼承父志自老父歸順天朝三十年于茲干戈示不復用軍卒毀爲民丁一貢天朝貢獻一示心無二圖幸閤下矜察助糧一件小國地勢瀕海五穀所產不多一自大軍去後百姓流亡加以水旱朝飽暮饑食不暇給然閤下之命所不敢違擬於欽州界上永安州地所俟候輸納續諭孤子親身赴闕面奉聖訓老父在時天朝矜憫置之度外今老父亡沒孤子居憂感病至今尚未復常況孤子生長遐陬不耐寒暑不習水土艱難道塗徒暴白骨以小國陪臣往來尚爲沴氣所侵或十之五六或死者過半閤下亦已素知惟望曲爲愛護敷奏天朝庶知孤子宗族官吏一一畏死貪生之意豈但孤子受賜抑一國生靈賴以安全共祝閤下享此長久自天之大福也二十一年三月陶秉直使還日烜復上表陳情又致書于荆湖占城行省大意與前書畧同又以瓊州安撫使陳仲達聽鄭天祐言交趾通謀占城遣兵二萬及船五百以爲應援又致書行省其畧曰占城乃小國內屬大軍致討所當哀顰然未嘗敢出一言蓋天時人事小國亦知之矣今占城遂爲叛逆執迷不復是所謂不能知天知人者也知天知人而反與不能知天知人者同謀雖三尺兒童亦知其弗與況小國乎幸貴省裁之八月日烜弟昭德王陳璨致書於荆湖占城行省自願納款歸降十一月行省右丞唆都言交趾與眞臘占城雲南暹緬諸國接壤可即其地立省及於越里潮州毗蘭三道屯軍鎮戍因其糧餉以給士卒庶免海道轉輸之勞二十二年二月荆湖占城行省言鎮南王昨奉旨統軍征占城遣左丞唐兀䚟馳驛赴占城約右丞唆都將兵會合又遣理問官曲烈宣使塔海撒里同安南國使阮道學等持行省公文責日烜運糧送至占城助軍鎮南王路經近境令其就見比官軍至衡山縣聞日烜從兄興道王陳峻提兵界上既而曲烈及塔海撒里引安南中亮大夫陳德鈞朝散郎陳嗣宗以日烜書至言其國至占城水陸非便願隨力奉獻軍糧及官軍至永州日烜移牒邕州言貢期擬取十月請前塗預備丁力若鎮南王下車之日希文垂報行省命萬戶趙修己以己意復書復移公文令開路備糧親迎鎮南王及官軍至邕州安南殿前范海崖領兵屯可蘭韋大助等處至思明州鎮南王復令移文與之至祿州復聞日烜調兵拒守丘溫丘急嶺隘路行省遂分軍兩道以進日烜復遣其善忠大夫阮德輿朝請郎阮文翰奉書與鎮南王言不能親見末光然中心欣幸以往者欽蒙聖詔云別勅我軍不入爾境今見邕州營站橋梁往往相接實深驚懼幸昭仞忠誠少加矜恤又以書抵平章政事乞保護本國生靈庶免逃竄之患鎮國王命行省遣總把阿里持書與德輿同往諭日烜以興兵之故實爲占城非爲安南也至急保縣地安南管軍官阮盝屯兵七源州又村李縣短萬劫等處俱有興道王兵阿里不能進行省再命倪閏往覘虛實斟酌調軍然不得殺掠其民未幾撒答兒䚟李邦憲孫祐等言至可離隘遇交兵拒敵祐與之戰擒其管軍奉御杜尾杜祐始知興道王果領兵迎敵官軍過可離隘至洞板隘又遇其兵與戰敗之其首將秦岑中傷死聞興道王在內傍隘又進兵至變住村諭其收兵開路迎拜鎮南王不從至內傍隘奉令旨令人招之又不從官軍遂分六道進攻執其將大僚班段台興道王逃去追至萬劫攻諸隘皆破之興道王尚有兵船千餘艘距萬劫十里遂遣兵士於沿江求船及聚板木釘灰置場椆造選各翼水軍令烏馬兒拔都部領數與戰皆敗之得其江岸遺棄文字二紙乃日烜與鎮南王及行省平章書復稱前詔別勅我軍不入爾境今以占城既臣復叛之故因發大軍經由本國殘害百姓是太子所行違悞非本國違悞也伏望勿外前詔勅回大軍本國當具貢物馳獻復有異於前者行省復以書抵之以爲朝廷調兵討占城屢移文與世子俾開路備糧不意故違朝命俾興道王輩提兵迎敵射傷我軍與安南生靈爲禍者爾國所行也今大軍經爾國討占城乃上命世子可詳思爾國歸附已久宜體皇帝涵洪慈憫之德即令退兵開道安諭百姓各務生理我軍所過秋毫無擾世子宜出迎鎮南王共議軍事不然大軍止於安南開府因令其使阮文翰達之及官軍獲生口乃稱日烜調其聖翊等軍船千餘艘助興道王拒戰鎮南王遂與行省官親臨東岸遣兵攻之殺傷甚衆奪船二十餘艘興道王敗走官軍縛栰爲橋渡富良江北岸日烜沿江布兵船立木柵見官軍至岸即發砲大呼求戰至晚又遣其阮奉御奉鎮南王及行省官書請小却大軍行省復移文責之遂復進兵日烜乃棄城遁去仍令阮效銳奉書謝罪并獻方物且請班師行省復移文招諭遂調兵渡江壁於安南城下明日鎮南王入其國宮室盡空惟留屢降詔勅及中書牒文盡行毀抹外有文字皆其南北邊將報官軍消息及拒敵事情日烜僭稱大越國主憲天體道大明光孝皇帝陳威晃禪位于皇太子立太子妃爲皇后上顯慈順天皇太后表章於上行使昊天成命之寶日烜即居太上皇之位見立安南國王係日烜之子行紹寶年號所居宮室五門額書大興之門左右掖門正殿九間書天安御殿正南門書朝天閣又諸處張榜云凡國內郡縣假有外寇至當死戰或力不敵許於山澤逃竄不得迎降其險隘拒守處俱有庫屋以貯兵甲其棄船登岸之軍猶衆日烜引宗族官吏於天長長安屯聚興道王范殿前領兵船復聚萬劫江口阮盝駐西路永平行省整軍以備追襲而唐兀䚟與唆都等兵至自占城與大軍會合自入其境大小七戰取地二千餘里王宮四所初敗其昭明王兵擊其昭孝王大僚護皆死昭明王遠遁不敢復出又於安演州清化長安獲亡宋陳尚書婿交趾梁奉御及趙孟信葉郎將等四百餘人萬戶李邦憲劉世英領軍開道自永平入安南每三十里立一寨六十里置一驛每一寨一驛屯軍三百鎮安巡邏復令世英立堡專提督寨驛公事右丞寬徹引萬戶忙古䚟孛羅哈答兒由陸路李左丞引烏馬兒拔都由水路敗日烜兵船禽其建德侯陳仲日烜逃去追至膠海口不知所往其宗族文義侯父武道侯及子明智侯婿張懷侯并張憲侯亡宋官曾參政蘇少保子蘇寶章陳尚書子陳丁孫相繼率衆來降唐兀䚟劉珪皆言占城無糧軍難久駐鎮南王令唆都引元軍於長安處就糧日烜至安邦海口棄其舟楫甲仗走匿山林官軍獲船一萬艘擇善者乘之餘皆焚棄復於陸路追三晝夜獲生口稱上皇世子止有船四艘興道王及其子三艘太師八十艘走清化府唆都亦報日烜太師走清化烏馬兒拔都以軍一千三百人戰船六十艘助唆都襲擊其太師等兵復令唐兀䚟沿海追日烜亦不知所往日烜弟昭國王陳益稷率其本宗與其妻子官吏來降乃遣明里昔班等送彰憲侯文義侯及其弟明誠侯昭國王子義國侯入朝文義侯得北上彰憲侯義國侯皆爲興道王所殺彰憲侯死義國侯脫身還軍中官軍聚諸將議交人拒敵官軍雖數敗散然增兵轉多官軍困乏死傷亦衆蒙古軍馬亦不能施其技遂棄其京城渡江北岸決議退兵屯思明州鎮南王然之乃領軍還是日劉世英與興道王興寧王兵二萬餘人力戰又官軍至如月江日烜遣懷文侯來戰行至冊江繫浮橋渡江左丞唐兀䚟等軍未及度而林內伏發官軍多溺死力戰始得出境唐兀䚟等馳驛上奏七月樞密院請調兵以今年十月會潭州聽鎮南王及阿里海牙擇帥總之二十三年正月詔省臣共議遂大舉南伐二月詔諭安南官吏百姓數日烜罪惡言其戕害叔父陳遺愛及弗納達魯花赤不顏鐵木兒等事以陳益稷等自拔來歸封益稷爲安南國王賜符印秀㛹爲輔義公以奉陳祀申命鎮南王脫驩左丞相阿里海牙平定其國以兵納益稷五月發忙古臺麾下士卒合鄂州行省軍同征之官兵入其境日烜復棄城遁六月湖南宣慰司上言連歲征日本及用兵占城百姓罷於轉輸賦役煩重士卒觸瘴癘多死傷者羣生愁歎四民廢業貧者棄子以偷生富者鬻產而應役倒懸之苦日甚一日今復有事交趾動百萬之衆虛千金之費非所以恤士民也且舉動之間利害非一又兼交趾已嘗遣使納表稱藩若從其請以甦民力計之上也無已則宜寬百姓之賦積糧餉繕甲兵俟來歲天時稍利然後大舉亦未爲晚湖廣行省臣線哥是其議遣使入奏且言本省鎮戍凡七十餘所連歲征戰士卒精銳者罷於外所存者皆老弱每一城邑多不過二百人竊恐姦人得以窺伺虛實往年平章阿里海牙出征輸糧三萬石民且告病今復倍其數官無儲畜和糴於民間百姓將不勝其困宜如宣慰司所言乞緩師南伐樞密院以聞帝即日下詔止軍縱士卒還各營益稷從師還鄂二十四年正月發新附軍千人從阿八赤討安南又詔發江淮江西湖廣三省蒙古漢劵軍七萬人船五百艘雲南兵六千人海外四州黎兵萬五千海道運糧萬戶張文虎費拱辰陶大明運糧十七萬石分道以進置征交趾行尚書省奧魯赤平章政事烏馬兒樊楫參知政事總之並受鎮南王節制五月命右丞程鵬飛還荆湖行省治兵六月樞密院復奏令烏馬兒與樊參政率軍士水陸並進九月以瓊州路安撫使陳仲達南寧軍民總管謝有奎延欄軍民總管符庇成出兵船助征交趾並令從征日烜遣其中大夫阮文通等入貢十一月鎮南王次思明留兵二千五百人命萬戶賀祉統之以守輜重程鵬飛孛羅合答兒以漢劵兵萬人由西道永平奧魯赤以萬人從鎮南王由東道女兒關以進阿八赤以萬人爲前鋒烏馬兒樊楫以

兵由海道經玉山雙門安邦口遇交趾船四百餘艘擊之斬首四千餘級生擒百餘人奪其舟百艘遂趨交趾程鵬飛孛羅合荅兒經老鼠陷沙尖竹三關凡十七戰皆捷十二月鎮南王次茅羅港交趾興道王遁因攻浮山寨破之又命程鵬飛阿里以兵二萬人守萬刼且修普賴山及至靈山木柵命烏馬兒將水兵阿八赤將陸兵徑趨交趾城鎮南王以諸軍度富良江次城下敗其守兵日烜與其子棄城走敢喃堡諸軍攻下之二十五年正月日烜及其子復走入海鎮南王以諸軍追之次天長海口不知其所之引兵還交趾城命烏馬兒將水兵由大滂口迓張文虎等糧船奧魯赤阿八赤等分道入山求糧鬭交趾集兵箇沉箇黎磨山魏寨發兵皆破之斬萬餘級三月鎮南王引兵還萬刼阿八赤將前鋒奪關繫橋破三江口攻下堡三十二斬數萬餘級得船二百艘米十一萬三千餘石烏馬兒由大滂口趨塔山遇賊船千餘擊破之至安邦口不見張文虎船復還萬刼得米四萬餘石普賴至靈山木柵成命諸軍居之諸將因言交趾無城池可守倉庾可食張文虎等糧船不至且天時已熱恐糧盡師老無以支久爲朝廷羞宜全師而還鎮南王從之命烏馬兒樊楫將水兵先還程鵬飛塔出將兵護送之三月鎮南王以諸軍還張文虎糧船以去年十二月次屯山遇交趾船三十艘文虎擊之所殺畧相當至綠水洋賊船益多度不能敵又船重不可行乃沉米於海趨瓊州費拱辰糧船以十一月次惠州風不得進漂至瓊州與張文虎合徐慶糧船漂至占城亦至瓊州凡亡士卒二百二十人船十一艘糧萬四千三百石有奇鎮南王次內傍關賊兵大集王擊破之命萬戶張均以精銳三千人殿力戰出關諜知日烜及世子興道王等分兵三十餘萬守女兒關及丘急嶺連亘百餘里以遏歸師鎮南王遂由單巳縣趨盝州間道以出次思明州命愛魯引兵還雲南奧魯赤以諸軍北還日烜尋遣使來謝進金人代己罪十一月以劉庭直李思衍萬奴等使安南持詔諭日烜來朝二十六年二月中書省臣奏既罷征交趾宜拘收行省符印四月日烜遣其中大夫陳克用等來貢方物二十七年日烜卒子日燇遣使來貢二十八年十一月鎮守永州兩淮萬戶府上千戶蔡榮上書言軍事大要以朝廷賞罰不明士不用命將帥不和坐失事機其弊有不可勝言者書上不報二十九年九月遣吏部尚書梁曾禮部郎中陳孚持詔再諭日燇來朝詔曰省表具悉去歲禮部尚書張立道言曾到南安識彼事體請往開諭使之來朝因遣立道往彼今汝國罪愆既已自陳朕復何言若曰孤在制及畏死道路不敢來朝且有生之類寧有長久安全者乎天下亦復有不死之地乎朕所未諭汝當具聞徒以虛文歲幣巧飾見欺於義安在三十年梁曾等使還日燇遣陪臣陶子奇等來貢廷臣以日燇終不入朝又議征之遂拘留子奇於江陵命劉國傑與諸侯王亦里吉斛等同征安南勑至鄂州與陳益稷議八月平章不忽木等奏立湖廣安南行省給二印市蠶船百斛者千艘用軍五萬六千五百七十人糧三十五萬石馬料二萬石鹽二十一萬斤預給軍官俸津遣軍人水手人鈔二錠器仗凡七十餘萬事國傑設幕官十一人水陸分道並進又以江西行樞密院副使徹里蠻爲右丞從征安南陳巖趙修已雲從龍張文虎岑雄等亦令共事益稷隨軍至長沙會寢兵而止三十一年五月成宗卽位命罷征遣陶子奇歸國日燇遣使上表慰國哀并獻方物六月遣禮部侍郎李衎兵部郎中蕭泰登持詔往撫綏之其畧曰先皇帝新棄天下朕嗣守大統踐祚之始大肆赦宥無間遠近惟爾安南亦從寬宥已勑有司罷兵遣陪臣陶子奇歸國自今以往所以畏天事大者其審思之大德五年二月太傅完澤等奏安南來使鄧汝霖竊畫宮苑圖本私買輿地圖及禁書等物又抄寫陳言征收交趾文書及私記北邊軍情及山陵等事宜遣使持詔責以大義三月遣禮部尚書馬合馬禮部侍郎喬宗亮持詔諭日燇大意以汝霖等所爲不法所宜窮治朕以天下爲度勑有司放還自今使价必須選擇有所陳請必盡情悃向以虛文見紿曾何益於事哉勿憚改圖以貽後悔中書省復移牒取萬戶張榮實等二人與去使偕還武宗卽位下詔諭之屢遣使來貢至大四年八月世子陳日爌遣使奉表來朝仁宗皇慶二年正月交趾軍約三萬餘衆馬軍二千餘騎犯鎮安州雲洞殺掠居民焚燒倉廩廬舍又陷祿洞知洞等處虜生口孳畜及居民貲產而還復分兵三道犯歸順州屯兵未退廷議俾湖廣行省發兵討之四月復得報交趾世子親領兵焚養利州官舍民居殺掠二千餘人且聲言昔右江歸順州五次刼我大源路掠我生口五千餘人知養利州事趙珏禽我思浪州商人取金一碾侵田一千餘頃故來讐殺六月中書省俾兵部員外郎阿里溫沙樞密院俾千戶劉元亨同赴湖廣行省詢察之元亨等親詣上中下由村相視地所詢之居民農五又遣下思明知州黃嵩壽往詰之謂是阮盈世子太史之奴然亦未知是否於是牒諭安南國其略曰昔漢置九郡唐立五管安南實聲教所及之地況獻圖奉貢上下之分素明厚往薄來懷撫之惠亦至聖朝果何負於貴國今胡自作不靖禍焉斯啟雖由村之地所係至微而國家輿圖所關甚大兼之所殺所虜皆朝廷係籍編戶省院未敢奏聞然未審不軌之謀誰實主之安南回牒云邊鄙鼠竊狗偷輩自作不靖本國安得而知且以貨賂偕至元亨復牒責安南飾辭不實刼其貨賂且曰南金象齒貴國以爲寶而使者以不貪爲寶來物就付回使請審察事情明以告我而道里遼遠情辭虛誕終莫得其要領元亨等推原其由因交人向嘗侵永平邊境今復傚効成風兼聞阮盈世子乃交趾跋扈之人爲今之計莫若遣使諭安南歸我土田返我人民仍令當國之人正其疆界究其主謀開釁之人戮於境上申飭邊吏毋令侵越却於永平置寨募兵設官統領給田土牛具令自耕食編立部伍明立賞罰令其緩急首尾相應如此則邊境安靜永保無虞事聞有旨俟安南使至卽以諭之自延祐初元以及至治之末疆埸寧謐貢獻不絕泰定元年世子陳日爌遣陪臣莫節夫等來貢益稷久居於鄂遙授湖廣行省平章政事當成宗朝賜田二百頃武宗朝進銀青榮祿大夫加金紫光祿大夫復加儀同三司文宗天歷二年夏益稷卒壽七十有六詔賜錢五千緡至順元年謚忠懿王三年夏四月世子陳日焯遣其臣鄧世延等二十四人來貢方物

元史卷二百一十

明翰林學士亞中大夫知制誥兼修國史宋　濂等修

列傳第九十七

緬

緬國爲西南夷不知何種其地有接大理及去成都不遠者又不知其方幾里也其人有城郭屋廬以居有象馬以乘舟筏以濟其文字進上者用金葉寫之次用紙又次用檳榔葉蓋騰譯而後通也世祖至元八年大理鄯闡等路宣慰司都元帥府遣乞解脫因等使緬國招諭其王內附四月乞解脫因等導其使价博來以聞十年二月遣勘馬剌失里乞解脫因等使其國持詔諭之日間者大理鄯闡等路宣慰司都元帥府差乞解脫因導王國使价博詣京師且言嚮至王國但見其臣下未嘗見王又欲觀吾大國舍利朕矜憫遠來卽使來使覲見又令縱觀舍利詢其所來乃知王有內附意國雖云遠一視同仁今再遣勘馬剌失里及禮部郎中國信使乞解脫因工部郎中國信副使卜云失往諭王國誠能謹事大之禮遣其子弟若貴近臣僚一來以彰我國家無外之義用敦永好時乃之休至若用兵夫誰所好王其思之十二年四月建寧路安撫使賀天爵言得金齒頭目阿郭之言曰乞解脫因之使緬乃故父阿必所指也至元九年三月緬王恨父阿必故領兵數萬來侵執父阿必而去不得已厚獻其國乃得釋之因知緬中部落之人猶孳狗耳比者緬遣阿的八等九人至乃候視國家動靜也今白衣頭目是阿郭親戚與緬爲隣嘗謂入緬有三道一由天部馬一由驃甸一由阿郭地界俱會緬之江頭城又阿郭親戚阿提犯在緬掌五甸戶各萬餘欲內附阿郭願先招阿提犯及金齒之未降者以爲引道雲南省因言緬王無降心去使不返必須征討六月樞密院以聞帝曰姑緩之十一月雲南省始報差人探伺國使消息而蒲賊阻道今蒲人多降道已通遣金齒千額總管阿禾探得國使達緬俱安十四年三月緬人以阿禾內附怨之攻其地欲立砦騰越永昌之間時大理路蒙古千戶忽都大理路總管信苴日總把千戶脫羅脫孩奉命伐永昌之西騰越蒲驃阿昌金齒未降部族駐劄南甸阿禾告急忽都等晝夜行與緬軍遇一河邊其衆約四五萬象八百馬萬匹忽都等軍僅七百人緬人前乘馬次象次步卒象被甲背負戰樓兩旁挾大竹筩置短槍數十於其中乘象者取以擊刺忽都下令賊衆我寡當先衝河北軍親率二百八十一騎爲一隊信苴日以二百三十三騎傍河爲一隊脫羅脫孩以一百八十七人依山爲一隊交戰良久賊敗走信苴日追之三里抵寨門旋濘而退忽南面賊兵萬餘繞出官軍後信苴日馳報忽都復列爲三陣進至河岸擊之又敗走追破其十七砦逐北至窄山口轉戰三十餘里賊及象馬自相蹂死者盈三巨溝日暮忽都中傷遂收兵明日追之至千額不及而還捕虜甚衆軍中以一帽或一兩靴一氊衣易一生口其脫者又爲阿禾阿昌邀殺歸者無幾官軍負傷者雖多惟蒙古軍獲一象不得其性被擊而斃餘無死者十月雲南省遣雲南諸路

慰使都元帥納速剌丁率蒙古爨僰摩些軍三千八百四十餘人征緬至江頭深踩酋首細安立砦之所招降其磨欲等三百餘砦土官曲蠟蒲折戶四千孟磨愛呂戶一千磨奈蒙匡里答八剌戶二萬蒙忙甸土官甫祿堡戶一萬木都彈禿戶二百凡三萬五千二百戶以天熱還師十七年二月納速剌丁等上言緬國輿地形勢皆在臣目中矣先奉旨若重慶諸郡平然後有事緬國今四川已底寧請益兵征之旁以問丞相脫里奪海脫里奪海曰陛下初命發合剌章及四川與阿里海牙麾下士卒六萬人征緬今納速剌丁止欲得萬人帝曰是矣卽命樞密繕甲兵修武備議選將出師五月詔雲南行省發四川軍萬人命藥剌海領之與前所遣將同征緬十九年二月詔思播敘諸郡及亦奚不薛諸蠻夷等處發士卒征緬二十年十一月官軍伐緬克之先是詔宗王相吾答兒右丞太卜參知政事也罕的斤將兵征緬是年九月大軍發中慶十月至南甸太卜由羅必甸進軍十一月相吾答兒命也罕的斤取道於阿昔江達鎮西阿禾江造舟二百下流至江頭城斷緬人水路自將一軍從驃甸徑抵其國與太卜軍會令諸將分地攻取破其江頭城擊殺萬餘人別令都元帥袁世安以兵守其地積糧餉以給軍士遣使持輿地圖奏上二十二年十一月緬王遣其鹽井大官阿必立相至太公城欲來納款爲孟乃甸白衣頭目𧿹塞阻道不得行遣騰馬宅者持信搭一片來告驃甸土官匿俗乞報上司免軍馬入境匿俗給榜遣騰馬宅回江頭城招阿必立相赴省且報西平緬麗川等路宣慰司宣撫司差三擺持榜至江頭城付阿必立相忙直卜算二人期以兩月領軍來江頭城宣撫司率蒙古軍至驃甸相見議事阿必立相乞言於朝廷降旨許其悔過然後差大官赴闕朝廷尋遣鎮西平緬宣撫司達魯花赤兼招討使怯烈使其國二十三年十月以招討使張萬爲征緬副都元帥也先鐵木兒征緬招討司達魯花赤千戶張成征緬招討使並虎符敕造戰船將兵六千人征緬俾禿滿帶爲都元帥總之雲南王以行省右丞愛魯奉旨征收金齒察罕迭吉連地撥軍一千人是月發中慶府繼至永昌府與征緬省官會經阿昔甸差軍五百人護送招緬使怯烈至太公城二十四年正月至忙乃甸緬王爲其庶子不速速古里所執囚於昔里怯荅剌之地又害其嫡子三人與大官木浪周等四人爲逆雲南王所命官阿難荅等亦受害二月怯烈自忙乃甸登舟留元送軍五百人于彼雲南省請今秋進討不聽旣而雲南王與諸王進征至蒲甘喪師七千餘緬始平乃定歲貢方物大德元年二月以緬王的立普哇拿阿迪提牙嘗遣其子信合八的奉表入朝請歲輸銀二千五百兩帛千疋馴象二十糧萬石詔封的立普哇拿阿迪提牙爲緬王賜銀印子信合八的爲緬國世子賜以虎符三年三月緬復遣其世子奉表入謝自陳部民爲金齒殺掠率皆貧乏以致上供金幣不能如期輸納帝憫之止命間歲貢象仍賜衣遣還四年四月遣使進白象五月的立普哇拿阿迪提牙爲其弟阿散哥也等所殺其子窟麻剌哥撒八逃詣京師令忙完禿魯迷失率師往問其罪蠻賊與八百媳婦國通其勢張甚忙完禿魯迷失請益兵又命薛超兀而等將兵萬二千人征之仍令諸王濶濶節制其軍六月詔立窟麻剌哥撒八爲王賜以銀印秋七月緬賊阿撒哥也弟者蘇等九十一人各奉方物入朝命餘人置中慶遣者蘇等來上都八月緬國阿散吉牙等昆弟赴闕自言殺主之罪罷征緬兵五年九月雲南參知政事高慶宣撫使察罕不花伏誅初慶等從薛超兀而圍緬兩月城中薪食俱盡勢將出降慶等受其重賂以炎暑瘴疫爲辭輒引兵還故誅之十月緬遣使入貢

占城

占城近瓊州順風舟行一日可抵其國世祖至元間廣南西道宣慰使馬成旺嘗請兵三千人馬三百匹征之十五年右丞唆都以宋平遣人至占城還言其王失里咱牙信合八剌哈迭瓦有內附意詔降虎符授榮祿大夫封占城郡王十六年十二月遣兵部侍郎教化的總管孟慶元萬戶孫勝夫與唆都等使占城諭其王入朝十七年二月占城國王保寶旦拏囉耶邛南訶占把地囉耶遣使貢方物奉表降十九年十月朝廷以占城國主孛由補剌者吾曩歲遣使來朝稱臣內屬遂命左丞唆都等卽其地立省以撫安之旣而其子補的專國負固弗服萬戶何子志千戶皇甫傑使暹國宣慰使尤求賢亞闌等使馬八兒國舟經占城皆被執故遣兵征之帝曰老王無罪逆命者乃其子與一蠻人耳苟獲此兩人當依曹彬故事百姓不戮一人十一月占城行省官率兵自廣州航海至占城港港口北連海海旁有小港五通其國大州東南止山西旁木城官軍依海岸屯駐占城兵治木城四面約二十餘里起樓棚立回回三梢砲百餘座又木城西十里建行宮孛由補剌者吾親率重兵屯守應援行省遣都鎭撫李天祐總把賈甫招之七往終不服十二月招眞臘國使速魯蠻請往招諭復與天祐甫偕行得其回書云已脩木城備甲兵刻期請戰二十年正月行省傳令軍中以十五日夜半發船攻城至期分遣瓊州安撫使陳仲達總管劉金總把栗全以兵千六百人由水路攻木城北面總把張斌百戶趙達以三百人攻東面沙嘴省官三千人分三道攻南面舟行至天明泊岸爲風濤所碎者十七八賊開木城南門建旗鼓出萬餘人乘象者數十亦分三隊迎敵矢石交下自卯至午賊敗北官軍入木城復與東北二軍合擊之殺溺死者數千人守城供餉饋者數萬人悉潰散國主棄行宮燒倉廩殺永賢亞闌等與其臣逃入山十七日整兵攻大州十九日國主使報荅者來求降二十日兵至大州東南遣報荅者回許其降免罪二十一日入大州又遣博思兀魯班者來言降王命國主太子後當自來行省傳檄召之官軍復駐城外二十二日遣其舅寶脫禿花等三十餘人奉國王信物雜布二百疋大銀三錠小銀五十七錠碎銀一甕爲質來歸款又獻金葉九節標槍曰國主欲來病未能進先使持其槍來以見誠意長子補的期三日請見省官却其物寶脫禿花曰不受是薄之也行省度不可却姑令收置乃以上聞寶脫禿花復令其主第四子利世麻八都八德剌第五子世利印德剌來見且言先有兵十萬故來戰今皆敗散聞敗兵言補的被傷已死國主頰中箭今小愈愧懼未能見也故先遣二子來議赴闕進見事省官疑其非眞子聽其還諭國主早降且以問疾爲辭遣千戶林子全總把栗全李德堅偕往覘之二子在途先歸子全等入山兩程國主遣人來拒不果見寶脫禿花謂子全曰國主遷延不肯出降今反揚言欲殺我可歸告省官來則來不來我當執以往子全等回營是日又殺何子志皇甫傑等百餘人二月八日寶脫禿花又至自言吾祖父伯叔前皆爲國主至吾兄今孛由補剌者吾殺而奪其位斬我左右二大指我實怨之願禽孛由補剌者吾補的父子及大拔撒機兒以獻請給大元服色行省賜衣冠撫諭以行十三日居占城唐人曾延等來言國主逃於大州西北鴉候山聚兵三千餘并招集他郡兵未至不日將與官軍交戰懼唐人泄其事將盡殺之延等覺而逃來十五日寶脫禿花偕宰相報孫達兒及撮及大師等五人來降行省官引曾延等見寶脫禿花詰之曰延等姦細人也請縶縲之國主軍皆潰散安敢復戰又言今未附州郡凡十二處每州遣一人招之舊州水路乞行省與陳安撫及寶脫禿花各遣一人乘舟招諭攻取陸路則乞行省官陳安撫與已往禽國主補的及攻其城行省猶信其言調兵一千屯半山塔遣子全德堅等領軍百人與寶脫禿花同赴大州進討約有急則報半山軍子全等比至城西寶脫禿花背約間行自北門乘象遁入山官軍獲諜者曰國主實在鴉候山立砦聚兵約二萬餘遣使交趾眞臘闍婆等國借兵及徵賓多龍舊州等軍未至十六日遣萬戶張顒等領兵赴國主所棲之境十九日顒兵近木城二十里賊浚濠塹拒以大木官軍斬刈超距奮擊破其二千餘衆轉戰至木城下山林阻隘不能進賊旁出截歸路軍皆殊死戰遂得解還營行省遂整軍聚糧栅木城遣總管劉金千戶劉涓岳榮守禦二十一年三月六日唆都領軍回十五日江淮省所遣助唆都軍萬戶忽都虎等至占城唆都舊制行省舒眉蓮港見營舍燒盡始知官軍已回二十日忽都虎令百戶陳奎招其國主來降二十七日占城主遣王通事者來稱納降忽都虎等諭令其父子奉表進獻國主遣文勞邛大巴南等來稱唆都除蕩其國貧無以獻來年當備禮物令嫡子入朝四月十二日國主令其孫濟目理勒蟄文勞邛大巴南等奉表歸款是年命平章政事阿里海牙奉鎭南王脫歡發兵假道交趾伐占城不果行

暹

暹國當成宗元貞元年進金字表欲朝廷遣使至其國比其表至已先遣使蓋彼未之知也賜來使素金符佩之使急追詔使同往以暹人與麻里予兒舊相讐殺至是皆歸順有旨諭暹人勿傷麻里予兒以踐爾言大德三年暹國主上言其父在位時朝廷嘗賜鞍轡白馬及金縷衣乞循舊例以賜帝以丞相完澤荅剌罕言彼小國而賜以馬恐其隣忻都輩譏議朝廷仍賜金縷衣不賜以馬

爪哇

爪哇在海外視占城益遠自泉南登舟海行者先至占城而後至其國其風俗土產不可考大率海外諸蕃國多出奇寶取貴於中國而其人則醜怪情性語言與中國不能相通世祖撫有四夷其出師海外諸蕃者惟爪哇之役爲大至元二十九年二月詔福建行省除史弼亦黑迷失高興平章政事征爪哇會福建江西湖廣三行省兵凡二萬設左右軍都元帥府二征行上萬戶四發舟千艘給糧一年鈔四萬錠降虎符十金符四十銀

符百金衣段百端用備功賞亦黑迷失等陛辭帝曰卿等至爪哇明告其國軍民朝廷初與爪哇通使往來交好後刺詔使孟右丞之面以此進討九月軍會慶元弼亦黑迷失領省事赴泉州興率輜重自慶元登舟涉海十一月福建江西湖廣三省軍會泉州十二月自後渚啓行三十年正月至构欄山議方畧二月亦黑迷失孫參政先領本省幕官并招諭爪哇等處宣慰司官曲出海牙楊梓全忠祖萬戶張塔剌赤等五百餘人船十艘先往招諭之大軍繼進於吉利門弼與進至爪哇之杜並足與亦黑迷失等議分軍下岸水陸並進弼與孫參政帥都元帥那海萬戶寗居仁等水軍自杜並足由戎牙路港口至八節澗興與亦黑迷失帥都元帥鄭鎮國萬戶脫歡等馬步軍自杜並足陸行以萬戶申元爲前鋒遣副元帥土虎登哥萬戶褚懷遠李忠等乘鑽鋒船由戎牙路於麻喏巴歇浮梁前進赴八節澗期會招諭爪哇宣撫司官言爪哇主壻土罕必闍耶舉國納降土罕必闍耶不能離軍先令楊梓甘州不花全忠祖引其宰相昔剌難荅吒耶等五十餘人來迎三月一日會軍八節澗澗上接杜馬班王府下通莆奔大海乃爪哇咽喉必爭之地又其謀臣希寧官沿河泊舟觀望成敗再三招諭不降行省於澗邊設偃月營留萬戶王天祥守河津土虎登哥李忠等領水軍鄭鎮國省都鎮撫倫信等領馬步軍水陸並進希寧官懼棄船宵遁獲鬼頭大船百餘艘令都元帥那海萬戶寗居仁鄭珪高德誠張受等鎮八節澗海口大軍方遂土罕必闍耶遣使來告葛郎王追殺至麻喏巴歇請官軍救之亦黑迷失張參政先往安慰土罕必闍耶鄭鎮國引軍赴章孤接援興進至麻喏巴歇卻稱葛郎兵未知遠近興回八節澗亦黑迷失尋報賊兵今夜當至召興赴麻喏巴歇七日葛郎兵三路攻土罕必闍耶八日黎明亦黑迷失孫參政率萬戶李明迎賊於西南不遇興與脫歡由東南路與賊戰殺數百人餘奔潰山谷日中西南路賊又至興再戰至晡又敗之十五日分軍爲三道伐葛郎期十九日會荅哈聽砲聲接戰土虎登哥等水軍泝流而上亦黑迷失等由西道興等由東道進土罕必闍耶軍繼其後十九日至荅哈葛郎國主以兵十餘萬交戰自卯至未連三戰賊敗奔潰擁入河死者數萬人殺五千餘人國主入內城拒守官軍圍之且招其降是夕國王哈只葛當出降撫諭令還四月二日遣土罕必闍耶還其地具入貢禮以萬戶捏只不丁甘州不花率兵二百護送十九日土罕必闍耶背叛逃去留軍拒戰捏只不丁甘州不花省掾馮祥皆遇害二十四日軍還得哈只葛當妻子官屬百餘人及地圖戶籍所上金字表以還事見史弼高興傳

瑠求

瑠求在南海之東漳泉興福四州界內彭湖諸島與瑠求相對亦素不通天氣清明時望之隱約若煙若霧其遠不知幾千里也西南北岸皆水至彭湖漸低近瑠求則謂之落漈漈者水趨下而不回也凡西岸漁舟到彭湖已下遇颶風發作漂流落漈回者百一瑠求在外夷最小而險者也漢唐以來史所不載近代諸蕃市舶不聞至其國世祖至元二十八年九月海船副萬戶楊祥請以六千軍往降之不聽命則遂伐之朝廷從其請繼有書生吳志斗者上言生長福建熟知海道利病以爲若欲收附且就彭湖發船往諭相水勢地利然後興兵未晚也冬十月乃命楊祥充宣撫使給金符吳志斗禮部員外郎阮鑒兵部員外郎並給銀符往使瑠求詔曰收撫江南已十七年海外諸蕃罔不臣屬惟瑠求邇閩境未曾歸附議者請卽加兵朕惟祖宗立法凡不庭之國先遣使招諭來則按堵如故否則必致征討今止其兵命楊祥阮鑒往諭汝國果能慕義來朝存爾國祀保爾黎庶若不効順自恃險阻舟師奄及恐貽後悔爾其愼擇之二十九年三月二十九日自汀路尾澳舟行至是日巳時海洋中正東望見有山長而低者約去五十里祥稱是瑠求國鑒稱不知的否祥乘小舟至低山下以其人衆不親上令軍官劉閏等二百餘人以小舟十一艘載軍器領三嶼人陳煇者登岸岸上人衆不曉三嶼人語爲其殺死者三人遂還四月二日至彭湖祥責鑒志斗已到瑠求文字二人不從明日不見志斗蹤跡覓之無有也先志斗嘗斥言祥生事要功欲取富貴其言誕妄難信至是疑祥害之祥顧稱志斗初言瑠求不可往今祥已至瑠求而還志斗懼罪逃去志斗妻子訴于官有旨發祥鑒還福建置對後遇赦不竟其事成宗元貞三年福建省平章政事高興言今立省泉州距瑠求爲近可伺其消息或宜招宜伐不必它調兵力興請就近試之九月高興遣省都鎮撫張浩福州新軍萬戶張進赴瑠求國禽生口一百三十餘人

三嶼

三嶼國近瑠求世祖至元三十年命選人招誘之平章政事伯顏等言臣等與識者議此國之民不及二百戶時有至泉州爲商賈者去年入瑠求軍船過其國國人餉以糧食館我將校無它志也乞不遣使帝從之

馬八兒等國

海外諸蕃國惟馬八兒與俱藍足以綱領諸國而俱藍又爲馬八兒後障自泉州至其國約十萬里其國至阿不合大王城水路得便風約十五日可到比餘國最大世祖至元間行中書省左丞唆都等奉璽書十通招諭諸蕃未幾占城馬八兒國俱奉表稱藩餘俱藍諸國未下行省議遣使十五人往諭之帝曰非唆都等所可專也若無朕命不得擅遣使十六年十二月遣廣東招討司達魯花赤楊庭璧招俱藍十七年三月至其國國主必納的令其弟肯那卻不剌木省書回回字降表附庭璧以進言來歲遣使入貢十月授哈撒兒海牙俱藍國宣慰使偕庭璧再往招諭十八年正月自泉州入海行三月抵僧伽耶山舟人鄭震等以阻風乏糧勸往馬八兒國或可假陸路以達俱藍國從之四月至馬八兒國新村馬頭登岸其國宰相馬因的謂官人此來甚善本國船到泉州時官司亦嘗慰勞無以爲報今以何事至此庭璧等告其故因及假道之事馬因的乃託以不通爲辭與其宰相不阿里相見又言假道不阿里亦以它事辭五月二人蚤至館屏人令其官者爲通情實乞爲達朝廷我一心願爲皇帝奴我使札馬里丁入朝我大必闍赤赴算彈華言國主也告變算彈籍我金銀田產妻孥又欲殺我我詭辭得免今算彈兄弟五人皆聚加一之地議與俱藍交兵及聞天使來對衆稱本國貧陋此是妄言凡回回國金珠寶貝盡出本國其餘回回盡來商賈此間諸國皆有降心若馬八兒既下我使人持書招之可使盡降時哈撒兒海牙與庭璧以阻風不至俱藍遂還哈撒兒海牙入朝計事期以十一月俟北風再舉至期朝廷遣使令庭璧獨往十九年二月抵俱藍國國主及其相馬合麻等迎拜璽書三月遣其臣祝阿里沙忙里八的入貢時也里可溫兀咱兒撒里馬及木速蠻主馬合麻等亦在其國聞詔使至皆相率來告願納歲幣遣使入覲會蘇木達國亦遣人因俱藍主乞降庭璧皆從其請四月還至那旺國庭璧復說下其主忙昂比至蘇木都剌國國主土漢八的迎使者庭璧因喩以大意卽日納款稱藩遣其臣哈散速里蠻二人入朝二十年馬八兒國遣僧撮及班入朝五月將至上京帝卽遣使逆諸途二十三年海外諸蕃國以楊庭璧奉詔招諭至是皆來降諸國凡十曰馬八兒曰須門那曰僧急里曰南無力曰馬蘭丹曰那旺曰丁呵兒曰來來曰急蘭亦䚟曰蘇木都剌皆遣使貢方物

臣祖庚謹言昔明太祖詔廷臣曰元雖亡國事當紀載況史紀成敗示懲勸不可廢也遂以所得十三朝實錄命中書左丞相李善長爲監修前起居注宋濂漳州通判王禕爲總裁徵山東遺逸之士汪克寬等十六人於洪武二年二月開局編纂詔先成者進閱者俟續采補八月書成復遣歐陽佑等往北平等處採訪故元一統及至正事蹟佑等還詔續修仍命濂等爲總裁以儒士趙壎等十四人同纂修之三年二月開局七月成書論者謂爲期太促故不無率略也臣等奉命校勘深愧學識淺陋不能搜採靡遺此書舊刻自南北二本外別無他本可據而諸家文集所載非確有證佐者亦不敢濫爲徵引謹錄考證如干條附諸卷末俾覽者有所取資焉臣謹識

原任詹事臣陳浩洗馬臣陸宗楷編修臣孫人龍
臣韓彥曾臣李龍官候補直隸州知州臣王祖庚
拔貢生臣郭世燦等奉
敕恭校刊